**Rechtsanwaltskanzlei**
**Gerald Munz**
Bismarckstraße 75
70197 Stuttgart
Tel.: 07 11 / 305 888-3
Fax: 07 11 / 305 888-4
E-Mail: info@ra-munz.de
Internet: www.ra-munz.de

D1673640

Beck'scher VOB- und Vergaberechts-Kommentar

Vergabe- und Vertragsordnung für Bauleistungen
Teil B
Herausgegeben von
Ganten/Jagenburg/Motzke

2. Auflage

# Beck'scher VOB- und Vergaberechts-Kommentar

# Vergabe- und Vertragsordnung für Bauleistungen Teil B

Allgemeine Vertragsbedingungen für die Ausführung von Bauleistungen

2. Auflage

Herausgegeben von

**Prof. Dr. Hans Ganten**      **Prof. Dr. Walter Jagenburg †**

**Prof. Dr. Gerd Motzke**

Autoren

**Ulrich Berger**
Rechtsanwalt, München

**Dr. Jörg Bewersdorf**
Präsident des Hanseatischen
Oberlandesgerichts in Bremen a. D.

**Dr. Tassilo Eichberger**
Rechtsanwalt, München

**Prof. Dr. Hans Ganten**
Rechtsanwalt und Notar a. D.
Honorarprofessor, Bremen

**Gerhard Hofmann**
Rechtsanwalt, München

**Prof. Inge Jagenburg**
Rechtsanwältin, Köln
Lehrbeauftragte FH Köln

**Roland Kandel**
Rechtsanwalt, Hamm

**Günther Jansen**
Vorsitzender Richter
am Oberlandesgericht Hamm

**Prof. Dr. Jürgen Kohler**
Universitätsprofessor,
Ernst-Moritz-Arndt-Universität Greifswald

**Prof. Dr. Gerd Motzke**
Vors. Richter am Oberlandesgericht a. D., München
Honorarprofessor, Augsburg

**Prof. Dr. Dr. h. c. Helmut Rüßmann**
Universitätsprofessor,
Universität des Saarlands, Saarbrücken
Richter am Saarländischen Oberlandesgericht a. D.

**Prof. Dr. Wolfgang Voit**
Universitätsprofessor, Philipps-Universität Marburg

**Dr. Alexander Zahn**
Rechtsanwalt, Reutlingen
Dipl.-Betriebswirt (BA)

Verlag C. H. Beck 2008

Zitiervorschlag:
Beck'scher VOB-Komm./*Jansen* B § 2 Nr. 5 Rdn. 20

Verlag C. H. Beck im Internet:
**beck.de**

ISBN 978 3 406 52628 2

© 2008 Verlag C. H. Beck oHG
Wilhelmstraße 9, 80801 München

Satz und Druck: Druckerei C. H. Beck Nördlingen
(Adresse wie Verlag)

Gedruckt auf säurefreiem, alterungsbeständigem Papier
(hergestellt aus chlorfrei gebleichtem Zellstoff)

# Vorwort zur 2. Auflage

Das Erscheinen der 1. Auflage dieses Kommentares liegt inzwischen mehr als zehn Jahre zurück. Die Neuauflage ist von der Praxis immer wieder angemahnt worden, mit besonderem Nachdruck natürlich seit dem Inkrafttreten der Schuldrechtsreform am 1. 1. 2002. Nun endlich kann sie vorgelegt werden. Die Herausgeber bedanken sich dafür bei allen Mitautoren und dem Verlag, der die Aktualisierung mit hohem Interesse verfolgt hat.

Die lange Zeitspanne zwischen den Auflagen hatte sachliche und persönliche Gründe. Inhaltlich hat vor allem die Neukonzeption des BGB-Werkvertragsrechtes im Rahmen der Schuldrechtsmodernisierung (der die VOB/B gefolgt ist) eine völlige Neubearbeitung großer Teile des Werkes erforderlich gemacht. Aber auch andere gesetzliche Entwicklungen und neue Ansätze in der Rechtsprechung ließen ein bloßes „Auf den Stand Bringen" nicht mehr genügen. Die weitgehend von Praktikern des Baurechts geschriebenen Abschnitte benötigten deshalb mehr Zeit als angenommen. – Sodann hat der unerwartete Tod unseres Mitherausgebers und Kollegen Prof. Dr. Walter Jagenburg eine schmerzliche Lücke in das Bearbeiterteam gerissen, die geschlossen werden musste. Die Zeit hat es darüber hinaus mit sich gebracht, dass zur notwendigen Entlastung bisheriger Bearbeitungskontingente auch weitere Autoren hinzugetreten sind, die an dieser Stelle begrüßt werden: Den besonders arbeitsaufwändigen Part des § 2 von Walter Jagenburg hat dankenswerterweise Herr VRiOLG Günther Jansen übernommen; in § 6 Nr. 6, § 9 und § 13 Nr. 4 haben die Herren Kollegen Berger und Eichberger aus München Herrn Prof. Motzke entlastet; die Vorbemerkungen zu § 13 hat nun Herr Rechtsanwalt Zahn aus Reutlingen übernommen. Herr Prof. Dr. Voit (Universität Marburg) hat anstelle des ausgeschiedenen Mitautors Cuypers die §§ 14 und 15 kommentiert und § 16 wird nun von Rechtsanwalt Kandel aus Hamm bearbeitet. – Insgesamt ist ein wieder geschlossenes Team entstanden, das – so hoffen es die Herausgeber – jetzt auch für weitere Auflagen zur Verfügung stehen wird.

Konzeptionell hat sich eine Änderung ergeben. Mit Rücksicht auf den ohnehin deutlich gestiegenen Umfang des Werkes haben wir darauf verzichtet, den allgemeinen AGB-Teil nochmals in einer „Einleitung II" gesondert voranzustellen. Die speziellen AGB-Fragen sind wiederum in den Einzelabschnitten behandelt; grundsätzliche Fragen zum Stand der VOB/B in der Rechtsordnung sind ausführlich auch in der Einleitung bearbeitet. Die Aufnahme dieses Konzeptes wird zeigen, ob wir es dabei auch für künftige Auflagen belassen.

Allen Lesern wünschen wir, dass auch die Neuauflage dieses Kommentars Quelle von Erkenntnissen ist und weiterhin Stoff für Auseinandersetzungen mit den Grundfragen des privaten Baurechts bietet. Erneut sind wir für Hinweise und Anregungen zu Verbesserungen dieser Arbeit dankbar.

Bremen/Mehring, März 2008                                              Ganten, Motzke

# Inhaltsverzeichnis

Vorwort zur 2. Auflage .................................................................... V

Abkürzungsverzeichnis ................................................................ XI

Text der VOB/B, Ausgabe 2006 .................................................. 1

**Einleitung I:** VOB Teil B im Gefüge der Verdingungsordnung *(Motzke)* ............. 17

## § 1 Art und Umfang der Leistung *(W. Jagenburg/I. Jagenburg)* .................. 113
Vorbemerkung § 1 ........................................................................ 113
§ 1 Nr. 1 [Bestimmung der Leistung] .......................................... 136
§ 1 Nr. 2 [Widersprüche im Vertrag] .......................................... 142
§ 1 Nr. 3 [Änderung des Bauentwurfs] ...................................... 146
§ 1 Nr. 4 [Nicht vereinbarte Leistungen] ................................... 161

## § 2 Vergütung *(Jansen)* ............................................................... 169
Vorbemerkung § 2 ........................................................................ 170
§ 2 Nr. 1 [Abgeltung aller vereinbarten Leistungen] .................. 329
§ 2 Nr. 2 [Berechnung der Vergütung] ...................................... 352
§ 2 Nr. 3 [Mengenänderungen beim Einheitspreisvertrag] ........ 365
§ 2 Nr. 4 [Selbstübernahme durch den Auftraggeber] ............... 390
§ 2 Nr. 5 [Vergütung bei Leistungsänderungen] ........................ 399
§ 2 Nr. 6 [Vergütung für Zusatzleistungen] ............................... 431
§ 2 Nr. 7 [Vergütung beim Pauschalvertrag] ............................. 458
§ 2 Nr. 8 [Leistungen ohne Auftrag] .......................................... 490
§ 2 Nr. 9 [Vergütung von Planungsleistungen] ......................... 510
§ 2 Nr. 10 [Vergütung bei Stundenlohnarbeiten] ...................... 515

## § 3 Ausführungsunterlagen *(Hofmann)* ................................... 519
Vorbemerkung § 3 ........................................................................ 519
§ 3 Nr. 1 [Übergabeverpflichtung des Auftraggebers] ............... 569
§ 3 Nr. 2 [Vermessungen durch Auftraggeber] ......................... 582
§ 3 Nr. 3 [Überprüfungs- und Hinweispflicht des Auftragnehmers] .... 590
§ 3 Nr. 4 [Zustandsfeststellung im Baubereich] ........................ 614
§ 3 Nr. 5 [Beschaffungs- und Vorlagepflicht des Auftragnehmers] ..... 621
§ 3 Nr. 6 [Eingeschränkte Verfügungsbefugnis über Unterlagen] .... 627

## § 4 Ausführung *(Hofmann/Ganten/Kohler/I. Jagenburg)* ............... 637
Vorbemerkung § 4 ........................................................................ 638
§ 4 Nr. 1 [Koordination und Überwachung durch Auftraggeber] .... 647
§ 4 Nr. 2 [Eigenverantwortung des Auftragnehmers] ................ 747
§ 4 Nr. 3 [Prüfung und Bedenkenmitteilung durch Auftragnehmer] .... 805
§ 4 Nr. 4 [Überlassungspflichten des Auftraggebers] ................ 832
§ 4 Nr. 5 [Schutzpflichten des Auftragnehmers] ....................... 838
§ 4 Nr. 6 [Beseitigung vertragswidriger Stoffe oder Bauteile] .... 855

# Inhaltsverzeichnis

| | | |
|---|---|---|
| § 4 Nr. 7 | [Mängelbeseitigungs- und Schadensersatzpflicht vor Abnahme] | 869 |
| § 4 Nr. 8 | [Pflicht des Auftragnehmers zur Selbstausführung] | 933 |
| § 4 Nr. 9 | [Funde bei Ausführung der Leistung] | 971 |
| § 4 Nr. 10 | [Zustandsfeststellung von Teilen der Leistung] | 979 |

**§ 5 Ausführungsfristen** *(Motzke)* .......... 983
Vorbemerkung § 5 .......... 983
§ 5 Nr. 1 [Vertragsfristen und Einzelfristen] .......... 1022
§ 5 Nr. 2 [Fehlende Vertragsfrist für Beginn der Ausführung] .......... 1049
§ 5 Nr. 3 [Abhilfe bei mangelhaftem Einsatz des Auftragnehmers] .......... 1065
§ 5 Nr. 4 [Befugnis zu Fristsetzung mit Ablehnungsandrohung] .......... 1075

**§ 6 Behinderung und Unterbrechung der Ausführung** *(Motzke/Berger)* .......... 1105
Vorbemerkung § 6 .......... 1105
§ 6 Nr. 1 [Behinderungsanzeige] .......... 1122
§ 6 Nr. 2 [Verlängerung der Ausführungsfrist] .......... 1158
§ 6 Nr. 3 [Weiterführungspflicht] .......... 1188
§ 6 Nr. 4 [Berechnung der Fristverlängerung] .......... 1205
§ 6 Nr. 5 [Vorzeitige Leistungsabrechnung] .......... 1216
§ 6 Nr. 6 [Schadenersatz bei verschuldeten Behinderungen] .......... 1229
§ 6 Nr. 7 [Kündigung bei längerer Unterbrechung] .......... 1271

**§ 7 Verteilung der Gefahr** *(Rüßmann)* .......... 1287
Vorbemerkung § 7 .......... 1287
§ 7 Nr. 1 [Vom Auftragnehmer nicht zu vertretende Beschädigung] .......... 1296
§ 7 Nr. 2 [In die Substanz der baulichen Anlage eingegangene Leistungen] .......... 1296
§ 7 Nr. 3 [Nicht eingebaute Stoffe und Bauteile sowie Baubehelfe] .......... 1296
Anhang § 7: Die Bauleistungsversicherung .......... 1309

**§ 8 Kündigung durch den Auftraggeber** *(Motzke)* .......... 1361
Vorbemerkung § 8 .......... 1361
§ 8 Nr. 1 [Freies Kündigungsrecht] .......... 1397
§ 8 Nr. 2 [Kündigung bei Vermögensverfall des Auftragnehmers] .......... 1445
§ 8 Nr. 3 [Kündigung bei Qualität- und Zeitstörungen] .......... 1482
§ 8 Nr. 4 [Kündigung bei unzulässiger Wettbewerbsbeschränkung] .......... 1513
§ 8 Nr. 5 [Schriftform der Kündigung] .......... 1524
§ 8 Nr. 6 [Abrechnungsgebot nach Kündigung] .......... 1530
§ 8 Nr. 7 [Vertragsstrafenanspruch bis Kündigung] .......... 1557

**§ 9 Kündigung durch den Auftragnehmer** *(Berger/Motzke)* .......... 1563
Vorbemerkung § 9 .......... 1563
§ 9 Nr. 1 [Gründe für Auftragnehmerkündigung] .......... 1575
§ 9 Nr. 2 [Form- und Verfahrensvoraussetzungen der Kündigung] .......... 1586
§ 9 Nr. 3 [Folgen der Auftragnehmerkündigung] .......... 1597

**§ 10 Haftung der Vertragsparteien** *(Ganten)* .......... 1607
Vorbemerkung § 10 .......... 1607
§ 10 Nr. 1 [Vertragshaftung und Gehilfenzurechnung] .......... 1611
§ 10 Nr. 2 [Schadensausgleich bei Schädigung Dritter] .......... 1635
§ 10 Nr. 3 [Deliktische Haftung des Auftragnehmers gegenüber Dritten] .......... 1644
§ 10 Nr. 4 [Verletzung gewerblicher Schutzrechte] .......... 1670

# Inhaltsverzeichnis

| | |
|---|---|
| § 10 Nr. 5 [Entlastung von gesetzlichen Vertretern und Erfüllungsgehilfen] | 1671 |
| § 10 Nr. 6 [Im Innenverhältnis verantwortliche Vertragspartei] | 1672 |

## § 11 Vertragsstrafe *(Bewersdorf)* ... 1675

| | |
|---|---|
| Vorbemerkung § 11 | 1675 |
| § 11 Nr. 1 [Anwendbarkeit der §§ 339 bis 345 BGB] | 1682 |
| § 11 Nr. 2 [Vertragsstrafe wegen nicht fristgerechter Erfüllung] | 1700 |
| § 11 Nr. 3 [Fristberechnung bei Vertragsstrafen] | 1703 |
| § 11 Nr. 4 [Vorbehalt der Vertragsstrafe bei Abnahme] | 1705 |

## § 12 Abnahme *(I. Jagenburg)* ... 1715

| | |
|---|---|
| Vorbemerkung § 12 | 1715 |
| § 12 Nr. 1 [Abnahme auf Verlangen] | 1760 |
| § 12 Nr. 2 [Teilabnahme] | 1766 |
| § 12 Nr. 3 [Abnahmeverweigerung] | 1770 |
| § 12 Nr. 4 [Förmliche Abnahme] | 1776 |
| § 12 Nr. 5 [Fiktive Abnahme] | 1785 |
| § 12 Nr. 6 [Gefahrübergang] | 1794 |

## § 13 Mängelansprüche *(Zahn/Ganten/Motzke/Kohler)* ... 1795

| | |
|---|---|
| Vorbemerkung § 13 | 1795 |
| § 13 Nr. 1 [Allgemeiner Gewährleistungstatbestand] | 1851 |
| § 13 Nr. 2 [Gewährleistung bei Leistung nach Probe] | 1905 |
| § 13 Nr. 3 [Gewährleistung bei vom Auftraggeber verursachten Mängeln] | 1909 |
| § 13 Nr. 4 [Verjährungsfrist für die Gewährleistung] | 1928 |
| § 13 Nr. 5 [Mängelbeseitigungsanspruch] | 2007 |
| § 13 Nr. 6 [Minderungsanspruch] | 2072 |
| § 13 Nr. 7 [Schadenersatzanspruch] | 2115 |

## § 14 Abrechnung *(Voit)* ... 2191

| | |
|---|---|
| Vorbemerkung § 14 | 2191 |
| § 14 Nr. 1 [Prüfbarkeit der Abrechnung] | 2201 |
| § 14 Nr. 2 [Einvernehmliches Aufmaß] | 2234 |
| § 14 Nr. 3 [Einreichungsfrist für Schlußrechnung] | 2253 |
| § 14 Nr. 4 [Nichteinreichung einer prüfbaren Rechnung] | 2260 |

## § 15 Stundenlohnarbeiten *(Voit)* ... 2269

| | |
|---|---|
| Vorbemerkung § 15 | 2269 |
| § 15 Nr. 1 [Abrechnung von Stundenlohnarbeiten] | 2273 |
| § 15 Nr. 2 [Beaufsichtigung von Stundenlohnarbeiten] | 2280 |
| § 15 Nr. 3 [Dokumentation durch Stundenlohnzettel] | 2284 |
| § 15 Nr. 4 [Rechtzeitige Einreichung von Stundenlohnrechnungen] | 2301 |
| § 15 Nr. 5 [Zweifel über Umfang von Stundenlohnleistungen] | 2307 |

## § 16 Zahlung *(Kandel)* ... 2315

| | |
|---|---|
| Vorbemerkung § 16 | 2315 |
| § 16 Nr. 1 [Abschlagszahlungen] | 2336 |
| § 16 Nr. 2 [Vorauszahlungen] | 2355 |
| § 16 Nr. 3 [Schlußzahlung] | 2364 |

# Inhaltsverzeichnis

§ 16 Nr. 4 [Teilschlußzahlung] ............................................................ 2391
§ 16 Nr. 5 [Zahlung und Zahlungsverzug] ......................................... 2396
§ 16 Nr. 6 [Zahlung an Dritte] ............................................................ 2409

**§ 17 Sicherheitsleistung** *(I. Jagenburg)* ........................................... 2417
Vorbemerkung § 17 ............................................................................. 2418
§ 17 Nr. 1 [Vereinbarte Sicherheitsleistung] ..................................... 2437
§ 17 Nr. 2 [Art der Sicherheitsleistung] ............................................. 2445
§ 17 Nr. 3 [Wahl- und Austauschrecht des Auftragnehmers] ............ 2449
§ 17 Nr. 4 [Bürgschaft] ........................................................................ 2453
§ 17 Nr. 5 [Hinterlegung von Geld] .................................................... 2465
§ 17 Nr. 6 [Einbehalt von Zahlungen] ................................................ 2469
§ 17 Nr. 7 [Frist zur Sicherheitsleistung] ........................................... 2479
§ 17 Nr. 8 [Rückgabe der Sicherheit] .................................................. 2481

**§ 18 Streitigkeiten** *(Bewersdorf)* ..................................................... 2487
Vorbemerkung § 18 ............................................................................. 2487
§ 18 Nr. 1 [Gerichtsstandsvereinbarung] ........................................... 2491
§ 18 Nr. 2 [Meinungsverschiedenheiten mit Behörden] .................... 2507
§ 18 Nr. 3 [Einschaltung von Materialprüfstellen] ............................ 2517
§ 18 Nr. 4 [Leistungspflicht des Auftragnehmers bei Streitigkeiten] ... 2518

Sachverzeichnis .................................................................................. 2527

# Abkürzungsverzeichnis

Verzeichnis der Abkürzungen und der abgekürzt zitierten Literatur

| | |
|---|---|
| a. A. | anderer Ansicht |
| a. a. O. | am angegebenen Ort |
| ABG | Allgemeine Bedingungen für die Kaskoversicherung von Baugeräten |
| Abl. | Amtsblatt der Europäischen Gemeinschaften |
| ABMG | Allgemeine Bedingungen für die Maschinen- und Kaskoversicherung von fahrbaren Geräten |
| ABN | Allgemeine Bedingungen für die Bauwesenversicherung von Gebäudeneubauten durch Auftraggeber |
| Abs. | Absatz |
| ABU | Allgemeine Bedingungen für die Bauwesenversicherung von Unternehmerleistungen |
| AcP | Archiv für zivilistische Praxis |
| a. E. | am Ende |
| a. F. | alte Fassung |
| AFB | Allgemeine Feuerversicherungsbedingungen |
| AFG | Arbeitsförderungsgesetz |
| AG | Auftraggeber |
| AGB | Allgemeine Geschäftsbedingungen |
| AGB-Gesetz | Gesetz zur Regelung des Rechts der Allgemeinen Geschäftsbedingungen |
| Agh-Ackermann/Kuen | Agh-Ackermann/Kuen, Akute Probleme des zeitgemäßen Bauvertrags, 1993 |
| AHB | Allgemeine Haftpflichtversicherungsbedingungen für die Haftpflichtversicherung |
| AKB | Allgemeine Bedingungen für die Kraftverkehrsversicherung |
| AK-BGB/Bearbeiter | Alternativkommentar zum BGB, 1980 ff. |
| AktG | Aktiengesetz |
| AK-ZPO/Bearbeiter | Alternativkommentar zur ZPO, 1987 |
| Alt. | Alternative |
| Altmann | Altmann, Erläuterungen zur VOB Teil A und B |
| a. M. | andere(r) Meinung |
| AMoB | Allgemeine Bedingungen für die Montageversicherung |
| AN | Auftragnehmer |
| Anm. | Anmerkung |
| AO | Abgabenordnung |
| ArbSchG | Arbeitsschutzgesetz |
| ARGE | Arbeitsgemeinschaft |
| ARGE Baurecht | Arbeitsgemeinschaft Baurecht |
| Art. | Artikel |
| ATV | Allgemeine Technische Vertragsbedingungen |
| AÜG | Arbeitnehmerüberlassungsgesetz |
| Aufl. | Auflage |
| AVB | Allgemeine Vertragsbedingungen |
| AVB-BAK | Allgemeine Vertragsbestimmungen der Bundesarchitektenkammer |

# Abkürzungsverzeichnis

| | |
|---|---|
| Bärmann/Pick/Merle WEG | Bärmann/Pick/Merle, Wohnungseigentumsgesetz, 9. Aufl. 2003 |
| Bauer | Bauer, Baubetrieb, 3. Aufl. 2007 |
| Baumbach/Hopt HGB | Baumbach Hopt, Handelsgesetzbuch, 33. Aufl. 2007 |
| Baumbach/Lauterbach/Albers/Hartmann ZPO | Baumbach/Lauterbach/Albers/Hartmann, Zivilprozessordnung, 66. Aufl. 2007 |
| Baumgärtel Beweislast | Baumgärtel/Laumen/Prütting, Handbuch der Beweislast, Bürgerliches Gesetzbuch, Allgemeiner Teil, §§ 1–240, 3. Aufl. 2007 |
| Bauproduktenrichtlinie | Richtlinie des Rates der EG zur Angleichung der Rechts- und Verwaltungsvorschriften der Mitgliedstaaten über Bauprodukte (89/106/EWG) |
| BAG | Bundesarbeitsgericht |
| BAnz. | Bundesanzeiger |
| Baukoordinierungsrichtlinie | Richtlinie 93/37/EWH des Rates der EG vom 14. 6. 1993 zur Koordinierung der Verfahren der Vergabe öffentlicher Bauaufträge (ABl. Nr. 1 199 vom 9. 8. 1993, S. 54) |
| BauO | Bauordnung |
| BauPG | Bauprodukten-Gesetz |
| BaupreisVO | Baupreisverordnung |
| BauR | Baurecht (Zeitschrift für das gesamte öffentliche und zivile Baurecht) |
| Bauwirtschaft | Bauwirtschaft (Zeitschrift); siehe auch BW |
| BayBO | Bayerische Bauordnung |
| BayObLG | Bayerisches Oberstes Landesgericht |
| BayVGH | Bayerischer Verwaltungsgerichtshof |
| BB | Der Betriebsberater |
| BBauG | Bundesbaugesetz |
| Bd. | Band |
| ber. | berichtigt |
| Betr | Der Betrieb |
| BGB | Bürgerliches Gesetzbuch |
| BGBl | Bundesgesetzblatt, Teil I bzw. Teil II |
| BGH | Bundesgerichtshof |
| BGHSt | Bundesgerichtshof, Entscheidungen in Strafsachen |
| BGHZ | Bundesgerichtshof, Entscheidungen in Zivilsachen |
| BHO | Bundeshaushaltsordnung |
| BImSchG | Bundes-Immissionsschutzgesetz |
| Bl. | Blatt |
| BlGBW | Blätter für Grundstücks-, Bau- und Wohnungsrecht |
| Borman/Daub/Eberstein | Bormann/Daub/Eberstein, VPÖA – Die Preise bei öffentlichen Aufträgen, 9. Aufl. 2003 |
| Bschorr/Zanner | Bschorr/Zanner, Die Vertragsstrafe im Bauwesen, 2003 |
| BT-Drucks. | Bundestagsdrucksache |
| BTV | Besondere Technische Vertragsbedingungen |
| Bulletin | Bulletin der Europäischen Gemeinschaften, Beilage 6/88 |
| BVB | Besondere Vertragsbedingungen |
| BVerfG | Bundesverfassungsgericht |
| BVerwG | Bundesverwaltungsgericht |
| BW | Bauwirtschaft |
| bzw. | beziehungsweise |

# Abkürzungsverzeichnis

| | |
|---|---|
| CAD | Computer aided Design |
| CEN | Europäisches Komitee für Normung |
| CENELEC | Europäisches Komitee für elektronische Normung |
| c. i. c. | culpa in contrahendo (Verschulden bei Vertragsabschluß) |
| CR | Computer und Recht (Zeitschrift) |
| Cuypers Bauvertrag | von Cuypers, Das Neue Bauvertragsrecht, 2. Aufl. 2002 |
| Dähne/Schelle | Dähne/Schelle, VOB von A bis Z, 3. Aufl. 2001 |
| Daub/Eberstein | Daub/Eberstein, Kommentar zur VOL/B, 5. Aufl. 2003 |
| Deutsche Gesellschaft für Baurecht | Deutsche Gesellschaft für Baurecht e. V., Seminar-Schriftenreihe, (bisher erschienen: Bauverzögerung, 1987; Abnahme und Gewährleistung in VOB und BGB, 1988; Vergütungsansprüche aus Nachträgen – Ihre Geltendmachung und Abwehr, 1989; Beweissicherungsverfahren in Bausachen und dessen Neugestaltung, 1989; Pauschalvertrag und schlüsselfertiges Bauen, 1991; Ausschreibung und Kalkulation, 1991; ARGE/Generalunternehmer/Subunternehmer, 1992; Harmonisierung des Bauvertragsrechts in Europa, 1994; Schadensersatzprobleme, 1994; Problemstellungen beim Projektmanagement, 1995; Ausschluß von Unternehmen von der Teilnahme am Wettbewerb, 1995) |
| d. h. | das heißt |
| Dienstleistungsrichtlinie | Richtlinie 92/50/EWG des Rates der EG vom 18. 6. 1992 über die Koordinierung der Verfahren zur Vergabe öffentlicher Dienstleistungsaufträge |
| DIN | Deutsche Industrie-Normen |
| DIN-Normen | Regelwerk des deutschen Instituts für Normung e. V. |
| DJ | Deutsche Justiz |
| DJZ | Deutsche Juristen Zeitung |
| DÖV | Die Öffentliche Verwaltung |
| DR | Deutsches Recht |
| DV | Datenverarbeitung |
| DVA | Deutscher Verdingungsausschuß für Bauleistungen |
| DVBl. | Deutsches Verwaltungsblatt |
| DWE | Der Wohnungseigentümer |
| EAG | Europäische Atomgemeinschaft |
| Ebisch/Gottschalk | Ebisch/Gottschalk, Preise und Preisprüfung bei öffentlichen Aufträgen, 7. Aufl. 2001 |
| ECU | Europäische Währungseinheit |
| EDV | Elektronische Datenverarbeitung |
| EEA | Einheitliche Europäische Akte |
| EFB | Einheitliches Formblatt |
| EG | Europäische Gemeinschaft |
| EGBGB | Einführungsgesetz zum Bürgerlichen Gesetzbuch |
| EG-Kommission | Kommission der Europäischen Gemeinschaften |
| EGKS | Europäische Gemeinschaft für Kohle und Stahl |
| EG-Recht | Recht der Europäischen Gemeinschaften |
| EGV | Vertrag zur Gründung der Europäischen Gemeinschaft |
| Einf. | Einführung |
| Einl. | Einleitung |
| Emmerich | Emmerich, Das Recht der Leistungsstörungen, 6. Aufl. 2005 |

# Abkürzungsverzeichnis

| | |
|---|---|
| EN | Europäische Norm |
| Englert/Grauvogl/Maurer | Englert/Grauvogl/Maurer, Handbuch des Baugrund- und Tiefbaurechts, 3. Aufl. 2004 |
| EP | Europäisches Parlament |
| ErlZ | Erläuterungsziffer |
| Erman/Bearbeiter | Erman, Handkommentar zum Bürgerlichen Gesetzbuch, 11. Aufl. 2004 |
| Erwägungsgründe | Erwägungsgründe und Hinweise des Deutschen Verdingungsausschusses für Bauleistungen (DVA) |
| Esser/Schmidt SchuldR I | Esser/Schmidt, Schuldrecht, Allgemeiner Teil, Teilbände I und II, 8. Aufl. 1995 |
| ETB | Einheitliche Technische Bestimmungen |
| EuGH | Europäischer Gerichtshof |
| EuGVÜ | Brüsseler Übereinkommen über die gerichtliche Zuständigkeit und die Vollstreckung gerichtlicher Entscheidungen in Zivil- und Handelssachen |
| EVM | Einheitliche Verdingungsmuster |
| EVM(B)ZVB | Einheitliche Verdingungsmuster (Bau) Zusätzliche Vertragsbedingungen |
| EWG | Europäische Wirtschaftsgemeinschaft |
| EWGV | Vertrag zur Gründung der Europäischen Wirtschaftsgemeinschaft |
| | |
| f., ff. | folgende |
| Fikentscher/Heinemann | Fikentscher/Heinemann, Schuldrecht, 10. Aufl. 2006 |
| FS | Festschrift |
| FS Ganten | Festschrift für Hans Ganten zum 70. Geburtstag, 2007 |
| FS Heiermann | Festschrift für Wolfgang Heiermann zum 60. Geburtstag, 1995 |
| FS Korbion | Festschrift für Hermann Korbion zum 60. Geburtstag, 1986 |
| FS Locher | Festschrift für Horst Locher zum 65. Geburtstag, 1990 |
| FS Soergel | Festschrift für Carl Soergel zum 70. Geburtstag, 1993 |
| | |
| GAEB | Gemeinsamer Ausschuß Elektronik im Bauwesen |
| GBl | Gesetzblatt |
| gem. | gemäß |
| GemHVO | Gemeindehaushaltsverordnung |
| GenG | Gesetz betreffend die Erwerbs- und Wirtschaftsgenossenschaften |
| GewArchiv | Gewerbearchiv |
| GewO | Gewerbeordnung |
| GG | Grundgesetz |
| ggf. | gegebenenfalls |
| Glatzel/Hofmann/Frikell | Glatzel/Hofmann/Frikell, Unwirksame Bauvertragsklauseln nach dem AGB-Gesetz, 10. Aufl. 2003 |
| Glossner/Bredow/Bühler | Glossner/Bredow/Bühler, Das Schiedsgericht in der Praxis, 2006 |
| GmbHG | Gesetz betreffend die Gesellschaften mit beschränkter Haftung |
| GO | Gemeindeordnung |
| GOA | Gebührenordnung für Architekten |
| GOI | Gebührenordnung für Ingenieure |
| GrSZ | Großer Senat in Zivilsachen |

# Abkürzungsverzeichnis

| | |
|---|---|
| Grundeigentum | Das Grundeigentum (Zeitschrift) |
| GRUR | Gewerblicher Rechtsschutz und Urheberrecht |
| GVBl. | Gesetz- und Verordnungsblatt |
| GVG | Gerichtsverfassungsgesetz |
| GWB | Gesetz gegen Wettbewerbsbeschränkungen |
| HaftpflG | Haftpflichtgesetz |
| Hartmann | Hartmann u. a., Die neue Honorarordnung für Architekten und Ingenieure (HOAI), Loseblatt |
| Heiermann/Riedl/Rusam | Handkommentar zur VOB Teile A und B, 11. Aufl. 2007 |
| Hereth/Ludwig/Naschold | Hereth/Ludwig/Naschold, Kommentar zur VOB Teil B, 1954 |
| Hereth/Naschold | Hereth/Naschold, Kommentar zur VOB Teil A, 1960 |
| Hesse/Korbion/Mantscheff/Vygen | Hesse/Korbion/Mantscheff/Vygen, Honorarordnung für Architekten und Ingenieure (HOAI), Kommentar, 5. Aufl. 1996 |
| HGB | Handelsgesetzbuch |
| HGrG | Haushaltsgrundsätzegesetz |
| h. M. | herrschende Meinung |
| HO | Handwerksordnung |
| HOAI | Honorarordnung für Architekten und Ingenieure |
| Hofmann/Koppmann | Hofmann/Koppmann, Die neue Bauhandwerkersicherung, Leitfaden zum Bauhandwerkersicherungsgesetz, 4. Aufl. 2000 |
| Horn | Horn, Bürgschaften und Garantien. Aktuelle Rechtsfragen der Bank-, Unternehmens- und Außenwirtschaftspraxis, 2001 |
| HRR | Höchstrichterliche Rechtsprechung |
| Hs. | Halbsatz |
| HU | Hauptunternehmer |
| HVA-StB | Handbuch für die Vergabe und Ausführung von Bauleistungen im Straßen- und Brückenbau, herausgegeben vom Bundesminister für Verkehr |
| IBR | Immobilien- & Baurecht (Zeitschrift) |
| i. d. F. | in der Fassung |
| i. d. R. | in der Regel |
| i. Zw. | im Zweifel |
| Ingenstau/Korbion | Ingenstau/Korbion, VOB Verdingungsordnung für Bauleistungen, Teile A und B, Kommentar, 16. Aufl. 2007 |
| insb. | insbesondere |
| InsO | Insolvenzordnung |
| i. S. | im Sinne |
| i. V. m. | in Verbindung mit |
| Jaeger/Huckel/Gerhardt | Jaeger/Huckel/Gerhardt, Insolvenzordnung, Großkommentar, 2004 ff. |
| Jagenburg/Schröder | Jagenburg/Schröder, ARGE-Vertrag, 2. Aufl. 2007 |
| Jauernig | Jauernig, Bürgerliches Gesetzbuch: BGB, 12. Aufl. 2007 |
| JR | Juristische Rundschau |
| JuS | Juristische Schulung |
| JW | Juristische Wochenschrift |
| JZ | Juristenzeitung |

# Abkürzungsverzeichnis

| | |
|---|---|
| Kainz | Kainz, Skonto und Preisnachlaß beim Bauvertrag, 4. Aufl. 1998 |
| Kaiser Mängelhaftung | Kaiser, Das Mängelhaftungsrecht in Baupraxis und Bauprozeß, 7. Aufl. 1992 |
| Kap. | Kapitel |
| Kapellmann/Lange | Kapellmann/Lange, Einführung in die VOB/B, Basiswissen für die Praxis, 16. Aufl. 2007 |
| Kapellmann/ Messerschmidt | Kapellmann/Messerschmidt, VOB, Teil A und B, Kommentar, 2. Aufl. 2007 |
| Kapellmann/Schiffers | Kapellmann/Schiffers, Vergütung, Nachträge und Behinderungsfolgen beim Bauvertrag. Band 1: Einheitspreisvertrag, 5. Aufl. 2006; Band 2: Pauschalvertrag einschl. Schlüsselfertigbau, 4. Aufl. 2007 |
| Keldungs/Tilly | von Keldungs/Tilly, Beweissicherung im Bauwesen, 2005 |
| KG | Kammergericht, Kommanditgesellschaft |
| Kilger/Schmidt | Kilger/Schmidt, Insolvenzgesetze KO/VglO/GesO, Kommentar, 17. Aufl. 1997 |
| Kleine-Möller/Merl | Kleine-Möller/Merl, Handbuch des privaten Baurechts, 3. Aufl. 2005 |
| Knacke | Knacke, Die Vertragsstrafe im Baurecht, 2. Aufl. |
| Knopp/Albrecht | Knopp/Albrecht, Bodenschutz- und Altlastenklauseln nach dem Schuldrechtsmodernisierungsgesetz, 2. Aufl. 2003 |
| Köhler | Köhler, BGB Allgemeiner Teil, 31. Aufl. 2007 |
| Kopp/Ramsauer | Kopp/Ramsauer, Verwaltungsverfahrensgesetz, Kommentar, 9. Aufl. 2005 |
| Korbion/Hochstein/ Keldungs | Korbion/Hochstein/Keldungs, Der VOB-Vertrag. Handbuch zum System der VOB-Vertragsbedingungen, 8. Aufl. 2002 |
| Korbion/Locher/Sienz | Korbion/Locher/Sienz, AGB und Bauerrichtungsverträge, 4. Aufl. 2006 |
| Korbion/Mantscheff/ Vygen | Korbion/Mantscheff/Vygen, Honorarordnung für Architekten und Ingenieure: HOAI, 6. Aufl. 2004 |
| KTS | Zeitschrift für Insolvenzrecht, Konkurs, Treuhand, Sanierung |
| Kuß | Kuß, Vergabe- und Vertragsordnung für Bauleistungen (VOB) Teile A und B, 4. Aufl. 2003 |
| | |
| LS | Leitsatz |
| Lambsdorff/Skora | Graf Lambsdorff/Skora, Handbuch des Bürgschaftsrechts, 1994 |
| Lampe-Helbig/ Wörmann | Lampe-Helbig/Wörmann, Handbuch der Bauvergabe, 3. Aufl. 2007 |
| LBO | Landesbauordnung |
| LG | Landgericht |
| LHO | Landeshaushaltsordnung(en) |
| lit. | Buchstabe |
| Littbarski | Littbarski, Haftungs- und Versicherungsrecht im Bauwesen, 2. Aufl. 2005 |
| LKR | Richtlinie 93/36 EWG des Rates der EG vom 14. 6. 1993 über die Koordinierung der Verfahren zur Vergabe öffentlicher Lieferaufträge (Abl. Nr. L 199 vom 9. 8. 1993, S. 1) |
| L-M | Lindemaier-Möhring (Nachschlagewerk des Bundesgerichtshofs) |
| Locher AGB | Locher, Das Recht der Allgemeinen Geschäftsbedingungen, 3. Aufl. 1997 |

# Abkürzungsverzeichnis

| | |
|---|---|
| Locher PrivBauR | Locher, Das private Baurecht, 7. Aufl. 2005 |
| Locher-Weiß | Locher-Weiß, Rechtliche Probleme des Schallschutzes, 4. Aufl. 2004 |
| Locher/Koeble/Frik | Locher/Koeble/Frik, Kommentar zur HOAI, 9. Aufl. 2005 |
| LOG | Landesorganisationsgesetz |
| LSP-Bau | Leitsätze für die Ermittlung von Preisen für Bauleistungen aufgrund von Selbstkosten |
| LStrG NW | Landesstraßengesetz Nordrhein-Westfalen |
| LugÜ | Luganer Übereinkommen über die gerichtliche Zuständigkeit und die Vollstreckung gerichtlicher Entscheidungen in Zivil- und Handelssachen |
| LV | Leistungsverzeichnis/Landesverwaltungsgesetz |
| LWG NW | Landeswassergesetz Nordrhein-Westfalen |
| MaBV | Makler- und Bauträgerverordnung |
| Mandelkow | Mandelkow, Chancen und Probleme des Schiedsgerichtsverfahrens, 1995 |
| Mantscheff | Mantscheff, Einführung in die Baubetriebslehre Teil 1: Bauverträge und Ausschreibungen, 7. Aufl. 2004; Teil 2: Baumarkt, Bewertungen, Preisermittlung, 5. Aufl. 2004 |
| Markus/Kaiser/Kapellmann | Markus/Kaiser/Kapellmann, AGB-Handbuch Bauvertragsklauseln, 2004 |
| MDR | Monatsschrift für Deutsches Recht |
| Michel | Michel, Grundstückserwerb und Altlasten, 1990 |
| Michaelis/Rhösa/Greiffenhagen | Michaelis/Rhösa/Greiffenhagen, Preisbildung bei öffentlichen Aufträgen einschließlich Beschaffungswesen, Kommentar, Losbelatt Stand 2007 |
| MinBlFin | Ministerialblatt des Bundesministers der Finanzen |
| Motive | Motive zu dem Entwurfe eines Bürgerlichen Gesetzbuches für das Deutsche Reich |
| Motzke/Wolff | Motzke/Wolff, Praxis der HOAI, 3. Aufl. 2004 |
| MünchHdb.ArbR/Bearbeiter | Münchener Handbuch zum Arbeitsrecht, Bände I–III, 2. Aufl. 2000 |
| MünchKomm./Bearbeiter | Münchener Kommentar zum BGB, 2001 ff. |
| MünchKomm-ZPO/Bearbeiter | Münchener Kommentar zur ZPO Bände I–III, 3. Aufl. 2007 |
| m. w. N. | mit weiteren Nachweisen |
| NachbarG NW | Nachbargesetz Nordrhein-Westfalen |
| n. F. | neue Fassung |
| Nicklisch/Weick | Nicklisch/Weick, VOB Verdingungsordnung für Bauleistungen, Teil B, 3. Aufl. 2001 |
| NJW | Neue Juristische Wochenschrift |
| NJW-RR | NJW Rechtsprechungs-Report Zivilrecht |
| NpV | Nachprüfungsverordnung |
| Nr., Nrn. | Nummer, Nummern |
| NU | Nebenunternehmer |
| NUR | Natur und Recht |
| NVwZ | Neue Zeitschrift für Verwaltungsrecht |

# Abkürzungsverzeichnis

| | |
|---|---|
| Oehl | Oehl, Gesetz über die Sicherung von Bauforderungen (GSB), 2007 |
| o. g. | oben genannt |
| OHG | Offene Handelsgesellschaft |
| OLG | Oberlandesgericht, zugleich Sammlung der Rechtsprechung der OLG in Zivilsachen |
| OLGZ | Entscheidungen der OLG in Zivilsachen |
| OPOCE | Amt für amtliche Veröffentlichungen der Europäischen Gemeinschaft |
| OVG | Oberverwaltungsgericht |
| Palandt/Bearbeiter | Palandt, Bürgerliches Gesetzbuch, Kommentar, 66. Aufl. 2007 |
| Plümecke | Plümecke, Preisermittlung für Bauarbeiten, 26. Aufl. 2007 |
| ProdHG | Gesetz über die Haftung für fehlerhafte Produkte |
| Prölss/Martin | Prölss/Martin, Versicherungsvertragsgesetz, Kurz-Kommentar, 27. Aufl. 2004 |
| Protokolle | Protokolle der Kommission für die zweite Lesung des Entwurfs des Bürgerlichen Gesetzbuches |
| Pünder/Schellenberg | Pünder/Schellenberg, Vergabe- und Preisrecht, Kommentar, 2007 |
| pVV | positive Vertragsverletzung |
| Quack | Quack, Grundlagen des privaten Baurechts, 2. Aufl. 1994 |
| QM | Qualitätsmanagement |
| QS | Qualitätssicherung |
| RA-StB | Richtlinien für das Behandeln der Bewerbungen und Angebote für Bauleistungen im Straßen- und Brückenbau |
| RBBau | Richtlinien für die Durchführung von Bauaufgaben des Bundes im Zuständigkeitsbereich der Finanzbauverwaltungen |
| rd. | rund |
| Rdn. | Randnummer |
| Recht | Recht (Zeitschrift) |
| RG | Reichsgericht |
| RGBl. | Reichsgesetzblatt |
| RGRK-Bearbeiter | RGRK, Kommentar zum BGB, herausgegeben von Reichsgerichtsräten und Bundesrichtern, 12. Aufl. 1975–1999 |
| RGSt | Entscheidungen des Reichsgerichts in Strafsachen |
| RGZ | Entscheidungen des Reichsgerichts in Zivilsachen |
| RL | Richtlinie |
| Rösch/Weeber | Rösch/Weeber, Bauleitung und Projektmanagement für Architekten und Ingenieure, 2007 |
| Röthlein | Röthlein, Private Bausachen, 2. Aufl. 1995 |
| Rspr. | Rechtsprechung |
| RU-StB | Richtlinien für das Aufstellen von Unterlagen zur Vergabe von Bauleistungen im Straßen- und Brückenbau |
| RVA | Reichsverdingungsausschuß |
| RVO | Reichsversicherungsordnung |
| S. | Seite |
| Schäfer/Conzen | Schäfer/Conzen, Praxishandbuch der Immobilien-Projektentwicklung, 2. Aufl. 2007 |
| Schäfer/Finnern/Hochstein | Schäfer/Finnern/Hochstein, Rechtsprechung zum privaten Baurecht, Loseblatt Stand 2007 |

# Abkürzungsverzeichnis

| | |
|---|---|
| Schmalzl/Krause-Allenstein | Schmalzl/Krause-Allenstein, Die Berufshaftpflichtversicherung des Architekten und des Bauunternehmers, 2. Aufl. 2006 |
| Schmalzl/Lauer/Wurm | Schmalzl/Lauer/Wurm, Die Haftung des Architekten und des Bauunternehmers, 5. Aufl. 2006 |
| Schmidt HandelsR | Schmidt, Handelsrecht, 6. Aufl. 2006 |
| Schönke/Schröder StGB | Schönke/Schröder, Strafgesetzbuch, Kommentar, 27. Aufl. 2006 |
| Schüren/Hamann | Schüren/Hamann, Arbeitnehmerüberlassungsgesetz, Kommentar, 3. Aufl. 2007 |
| Schwab/Walter | Schwab/Walter, Schiedsgerichtsbarkeit, 7. Aufl. 2005 |
| Schwärzel-Peters | Schwärzel-Peters, Die Bürgschaft im Bauvertrag, Baurechtliche Schriften Bd. 22, 1992 |
| SGB | Sozialgesetzbuch |
| Siegburg Gewährleistung | Siegburg, Handbuch der Gewährleistung beim Bauvertrag, 4. Aufl. 2000 |
| Siegburg Organisationsverschulden | Siegburg, Dreißigjährige Haftung des Bauunternehmers auf Grund Organisationsverschuldens, 1995 |
| Siegburg Verjährung | Siegburg, Verjährung im Baurecht, 1993 |
| SKR | EG-Sektorenrichtlinie (Richtlinie des Rates betreffend die Auftragsvergabe durch Auftraggeber im Bereich Wasser-, Energie- und Verkehrsversorgung sowie Telekommunikationssektor |
| SKR-ÜwR | Sektorenüberwachungsrichtlinie |
| Slg | Sammlung der Rechtsprechung des Europäischen Gerichtshofs |
| Soergel/Bearbeiter | Soergel/Siebert, Bürgerliches Gesetzbuch, Kommentar, 13. Aufl. 1999 ff. |
| sog. | sogenannt |
| Stammkötter | Stammkötter, Gesetz über die Sicherung der Bauforderungen (GSB), 2. Aufl. 2003 |
| Standardleistungsbuch | Standardleistungsbuch für das Bauwesen (aufgeteilt in einzelne Leistungsbereiche) |
| StAnz | Staatsanzeiger |
| Staub/Bearbeiter | Staub, Handelsgesetzbuch, Großkommentar, 4. Aufl. 1995 ff. |
| Staudinger/Bearbeiter | J. von Staudingers Kommentar zum Bürgerlichen Gesetzbuch, 14. Aufl. 2006 ff. |
| Stein/Jonas/Bearbeiter | Stein/Jonas, Kommentar zur Zivilprozeßordnung, 22. Aufl. 2002 ff. |
| StGB | Strafgesetzbuch |
| st. Rspr. | ständige Rechtsprechung |
| StLB | Standardleistungsbuch für das Bauwesen |
| StLK | Standardleistungskatalog |
| StVO | Straßenverkehrsordnung |
| Thomas/Putzo | Thomas/Putzo, Zivilprozessordnung, Kommentar, 28. Aufl. 2007 |
| TVB | Technische Vertragsbedingungen |
| u. a. | unter anderem |
| Überwachungsrichtlinie (ÜWR) | Richtlinie des Rates der EG zur Koordinierung der Rechts- und Verwaltungsvorschriften für die Anwendung der Nachprüfungs- |

# Abkürzungsverzeichnis

| | |
|---|---|
| | verfahren im Rahmen der Vergabe öffentlicher Liefer- und Bauaufträge (89/665 EWG) |
| Ufita | Archiv für Urheber-, Film-, Funk- und Theaterrecht |
| Uhlenbruck | Uhlenbruck, Insolvenzordnung: InsO, Kommentar, 12. Aufl. 2002 |
| Ulmer/Brandner/Hensen | Ulmer/Brandner/Hensen, AGB-Recht Kommentar, 10. Aufl. 2006 |
| UrhG | Urheberrechtsgesetz |
| Urt. | Urteil |
| UStDVO | Umsatzsteuerdurchführungsverordnung |
| UStG | Umsatzsteuergesetz |
| usw. | und so weiter |
| u. U. | unter Umständen |
| UWG | Gesetz gegen den unlauteren Wettbewerb |
| v. | vom/von |
| VBG | Vorschriften der Bauberufsgenossenschaft |
| VerBAV | Veröffentlichungen des Bundesaufsichtsamts für das Versicherungswesen |
| Verf. | Verfasser |
| VerglO | Vergleichsordnung |
| VersR | Versicherungsrecht (Zeitschrift) |
| vgl. | vergleiche |
| VgV | Verordnung über die Vergabebestimmungen für öffentliche Aufträge vom 22. Februar 1994 |
| VHB | Vergabehandbuch für die Bauaufgaben des Bundes im Zuständigkeitsbereich der Finanzverwaltungen; herausgegeben vom Bundesminister für Raumordnung, Bauwesen und Städtebau |
| VkBl. | Verkehrsblatt, Amtsblatt des Bundesministers für Verkehr |
| VN | Versicherungsnehmer |
| VO | Verordnung |
| VOB | Verdingungsordnung für Bauleistungen |
| VOB/A | Verdingungsordnung für Bauleistungen, Teil A: Allgemeine Bestimmungen für die Vergabe von Bauleistungen DIN 1960 |
| VOB/B | Verdingungsordnung für Bauleistungen, Teil B: Allgemeine Vertagsbedingungen für die Ausführung von Bauleistungen DIN 1961 |
| VOB/C | Verdingungsordnung für Bauleistungen, Teil C: Allgemeine Technische Vertragsbedingungen für Bauleistungen (ATV) Allgemeine Regelungen für Bauarbeiten jeder Art – DIN 18 299 |
| VOL | Verdingungsordnung für Leistungen – ausgenommen Bauleistungen |
| VOPR | Verordnung über die Preise für Bauleistungen bei öffentlichen oder mit öffentlichen Mitteln finanzierten Aufträgen |
| Vor | Vorbemerkung |
| VÜA | Vergabeüberwachungsausschuß |
| VVG | Versicherungsvertragsgesetz |
| VW | Versicherungswirtschaft (Zeitschrift) |
| VwGO | Verwaltungsgerichtsordnung |
| Vygen | Vygen, Bauvertragsrecht nach VOB, 5. Aufl. 2007 |
| Vygen/Schubert/Lang | Vygen/Schubert/Lang, Bauverzögerung und Leistungsänderung, 4. Aufl. 2002 |

# Abkürzungsverzeichnis

| | |
|---|---|
| WE | Wohnungseigentümer |
| WEG | Gesetz über das Wohnungseigentum und das Dauerwohnrecht |
| Weitnauer | Weitnauer, Wohnungseigentumsgesetz, 9. Aufl. 2004 |
| Werner/Pastor | Werner/Pastor, Der Bauprozess, Prozessuale und materielle Probleme des zivilen Bauprozesses, 11. Aufl. 2005 |
| Werner/Pastor/Müller | Werner/Pastor/Müller, Baurecht von A–Z, 7. Aufl. 2000 |
| Westphalen, Graf von | Graf von Westphalen, Vertragsrecht und AGB-Klauselwerke, 20. Aufl. 2007 |
| Weyand | Weyand, Praxiskommentar Vergaberecht, 2. Aufl. 2007 |
| WHG | Wasserhaushaltsgesetz |
| WiB | Wirtschaftsrechtliche Beratung (Zeitschrift) |
| Wirth | Wirth, Rechtsfragen des Baustoffhandels, 1994 |
| wistra | Zeitschrift für Wirtschaft Steuer Strafrecht (Zeitschrift) |
| WiVerw | Wirtschaft und Verwaltung (Beilage zum Gewerbearchiv) |
| WM | Wertpapier-Mitteilungen |
| Wolf/Horn/Lindacher | Wolf/Horn/Lindacher, AGB-Gesetz, Kommentar, 4. Aufl. 1999 |
| WSA | Wirtschafts- und Sozialausschuß der Europäischen Gemeinschaft |
| z. B. | zum Beispiel |
| ZfBR | Zeitschrift für deutsches und internationales Baurecht, Offizielles Organ der deutschen Gesellschaft für Baurecht e. V. und des Instituts für Deutsches und Internationales Baurecht e. V. |
| ZfV | Zeitschrift für das Versicherungswesen |
| ZHR | Zeitschrift für das gesamte Handelsrecht |
| Ziff | Ziffer |
| Zielemann | Zielemann, Vergütung, Zahlung und Sicherheitsleistung nach VOB, 3. Aufl. 2007 |
| ZIP | Zeitschrift für Wirtschaftsrecht |
| zit. | zitiert(e) |
| ZPO | Zivilprozessordnung |
| ZRP | Zeitschrift für Rechtspolitik |
| z. T. | zum Teil |
| ZTV | Zusätzliche Technische Vertragsbedingungen |
| ZUR | Zeitschrift für Umweltrecht |
| ZVB | Zusätzliche Vertragsbedingungen |
| ZVB-StB | Zusätzliche Vertragsbedingungen für die Ausführung von Bauleistungen im Straßen- und Brückenbau |
| ZVersWiss | Zeitschrift für Versicherungswissenschaft |
| ZVStr | Zusatzbedingungen im Straßenbau |

# Vergabe- und Vertragsordnung für Bauleistungen (VOB) Teil B:
# Allgemeine Vertragsbedingungen für die Ausführung von Bauleistungen

## Ausgabe 2006

**Nichtamtliche Inhaltsübersicht**

- § 1 Art und Umfang der Leistung
- § 2 Vergütung
- § 3 Ausführungsunterlagen
- § 4 Ausführung
- § 5 Ausführungsfristen
- § 6 Behinderung und Unterbrechung der Ausführung
- § 7 Verteilung der Gefahr
- § 8 Kündigung durch den Auftraggeber
- § 9 Kündigung durch den Auftragnehmer
- § 10 Haftung der Vertragsparteien
- § 11 Vertragsstrafe
- § 12 Abnahme
- § 13 Mängelansprüche
- § 14 Abrechnung
- § 15 Stundenlohnarbeiten
- § 16 Zahlung
- § 17 Sicherheitsleistung
- § 18 Streitigkeiten

## § 1 Art und Umfang der Leistung

1. Die auszuführende Leistung wird nach Art und Umfang durch den Vertrag bestimmt. Als Bestandteil des Vertrags gelten auch die Allgemeinen Technischen Vertragsbedingungen für Bauleistungen (VOB/C).
2. Bei Widersprüchen im Vertrag gelten nacheinander:
    a) die Leistungsbeschreibung,
    b) die Besonderen Vertragsbedingungen,
    c) etwaige Zusätzliche Vertragsbedingungen,
    d) etwaige Zusätzliche Technische Vertragsbedingungen,
    e) die Allgemeinen Technischen Vertragsbedingungen für Bauleistungen,
    f) die Allgemeinen Vertragsbedingungen für die Ausführung von Bauleistungen.
3. Änderungen des Bauentwurfs anzuordnen, bleibt dem Auftraggeber vorbehalten.
4. Nicht vereinbarte Leistungen, die zur Ausführung der vertraglichen Leistung erforderlich werden, hat der Auftragnehmer auf Verlangen des Auftraggebers mit auszuführen, außer wenn sein Betrieb auf derartige Leistungen nicht eingerichtet ist. Andere Leistungen können dem Auftragnehmer nur mit seiner Zustimmung übertragen werden.

## § 2 Vergütung

1. Durch die vereinbarten Preise werden alle Leistungen abgegolten, die nach der Leistungsbeschreibung, den Besonderen Vertragsbedingungen, den Zusätzlichen Vertragsbedingungen, den Zusätzlichen Technischen Vertragsbedingungen, den Allgemeinen Technischen Vertragsbedingungen für Bauleistungen und der gewerblichen Verkehrssitte zur vertraglichen Leistung gehören.

# VOB/B Text

2. Die Vergütung wird nach den vertraglichen Einheitspreisen und den tatsächlich ausgeführten Leistungen berechnet, wenn keine andere Berechnungsart (z. B. durch Pauschalsumme, nach Stundenlohnsätzen, nach Selbstkosten) vereinbart ist.

3. (1) Weicht die ausgeführte Menge der unter einem Einheitspreis erfassten Leistung oder Teilleistung um nicht mehr als 10 v. H. von dem im Vertrag vorgesehenen Umfang ab, so gilt der vertragliche Einheitspreis.

    (2) Für die über 10 v. H. hinausgehende Überschreitung des Mengenansatzes ist auf Verlangen ein neuer Preis unter Berücksichtigung der Mehr- oder Minderkosten zu vereinbaren.

    (3) Bei einer über 10 v. H. hinausgehenden Unterschreitung des Mengenansatzes ist auf Verlangen der Einheitspreis für die tatsächlich ausgeführte Menge der Leistung oder Teilleistung zu erhöhen, soweit der Auftragnehmer nicht durch Erhöhung der Mengen bei anderen Ordnungszahlen (Positionen) oder in anderer Weise einen Ausgleich erhält. Die Erhöhung des Einheitspreises soll im Wesentlichen dem Mehrbetrag entsprechen, der sich durch Verteilung der Baustelleneinrichtungs- und Baustellengemeinkosten und der Allgemeinen Geschäftskosten auf die verringerte Menge ergibt. Die Umsatzsteuer wird entsprechend dem neuen Preis vergütet.

    (4) Sind von der unter einem Einheitspreis erfassten Leistung oder Teilleistung andere Leistungen abhängig, für die eine Pauschalsumme vereinbart ist, so kann mit der Änderung des Einheitspreises auch eine angemessene Änderung der Pauschalsumme gefordert werden.

4. Werden im Vertrag ausbedungene Leistungen des Auftragnehmers vom Auftraggeber selbst übernommen (z. B. Lieferung von Bau-, Bauhilfs- und Betriebsstoffen), so gilt, wenn nichts anderes vereinbart wird, § 8 Nr. 1 Abs. 2 entsprechend.

5. Werden durch Änderung des Bauentwurfs oder andere Anordnungen des Auftraggebers die Grundlagen des Preises für eine im Vertrag vorgesehene Leistung geändert, so ist ein neuer Preis unter Berücksichtigung der Mehr- oder Minderkosten zu vereinbaren. Die Vereinbarung soll vor der Ausführung getroffen werden.

6. (1) Wird eine im Vertrag nicht vorgesehene Leistung gefordert, so hat der Auftragnehmer Anspruch auf besondere Vergütung. Er muss jedoch den Anspruch dem Auftraggeber ankündigen, bevor er mit der Ausführung der Leistung beginnt.

    (2) Die Vergütung bestimmt sich nach den Grundlagen der Preisermittlung für die vertragliche Leistung und den besonderen Kosten der geforderten Leistung. Sie ist möglichst vor Beginn der Ausführung zu vereinbaren.

7. (1) Ist als Vergütung der Leistung eine Pauschalsumme vereinbart, so bleibt die Vergütung unverändert. Weicht jedoch die ausgeführte Leistung von der vertraglich vorgesehenen Leistung so erheblich ab, dass ein Festhalten an der Pauschalsumme nicht zumutbar ist (§ 313 BGB), so ist auf Verlangen ein Ausgleich unter Berücksichtigung der Mehr- oder Minderkosten zu gewähren. Für die Bemessung des Ausgleichs ist von den Grundlagen der Preisermittlung auszugehen.

    (2) Die Regelungen der Nr. 4, 5 und 6 gelten auch bei Vereinbarung einer Pauschalsumme.

    (3) Wenn nichts anderes vereinbart ist, gelten die Absätze 1 und 2 auch für Pauschalsummen, die für Teile der Leistung vereinbart sind; Nummer 3 Abs. 4 bleibt unberührt.

8. (1) Leistungen, die der Auftragnehmer ohne Auftrag oder unter eigenmächtiger Abweichung vom Auftrag ausführt, werden nicht vergütet. Der Auftragnehmer hat sie auf Verlangen innerhalb einer angemessenen Frist zu beseitigen; sonst kann es auf seine Kosten geschehen. Er haftet außerdem für andere Schäden, die dem Auftraggeber hieraus entstehen.

(2) Eine Vergütung steht dem Auftragnehmer jedoch zu, wenn der Auftraggeber solche Leistungen nachträglich anerkennt. Eine Vergütung steht ihm auch zu, wenn die Leistungen für die Erfüllung des Vertrags notwendig waren, dem mutmaßlichen Willen des Auftraggebers entsprachen und ihm unverzüglich angezeigt wurden. Soweit dem Auftragnehmer eine Vergütung zusteht, gelten die Berechnungsgrundlagen für geänderte oder zusätzliche Leistungen der Nummer 5 oder 6 entsprechend.

(3) Die Vorschriften des BGB über die Geschäftsführung ohne Auftrag (§§ 677 ff. BGB) bleiben unberührt.

9. (1) Verlangt der Auftraggeber Zeichnungen, Berechnungen oder andere Unterlagen, die der Auftragnehmer nach dem Vertrag, besonders den Technischen Vertragsbedingungen oder der gewerblichen Verkehrssitte, nicht zu beschaffen hat, so hat er sie zu vergüten.

(2) Lässt er vom Auftragnehmer nicht aufgestellte technische Berechnungen durch den Auftragnehmer nachprüfen, so hat er die Kosten zu tragen.

10. Stundenlohnarbeiten werden nur vergütet, wenn sie als solche vor ihrem Beginn ausdrücklich vereinbart worden sind (§ 15).

### § 3 Ausführungsunterlagen

1. Die für die Ausführung nötigen Unterlagen sind dem Auftragnehmer unentgeltlich und rechtzeitig zu übergeben.

2. Das Abstecken der Hauptachsen der baulichen Anlagen, ebenso der Grenzen des Geländes, das dem Auftragnehmer zur Verfügung gestellt wird, und das Schaffen der notwendigen Höhenfestpunkte in unmittelbarer Nähe der baulichen Anlagen sind Sache des Auftraggebers.

3. Die vom Auftraggeber zur Verfügung gestellten Geländeaufnahmen und Absteckungen und die übrigen für die Ausführung übergebenen Unterlagen sind für den Auftragnehmer maßgebend. Jedoch hat er sie, soweit es zur ordnungsgemäßen Vertragserfüllung gehört, auf etwaige Unstimmigkeiten zu überprüfen und den Auftraggeber auf entdeckte oder vermutete Mängel hinzuweisen.

4. Vor Beginn der Arbeiten ist, soweit notwendig, der Zustand der Straßen und Geländeoberfläche, der Vorfluter und Vorflutleitungen, ferner der baulichen Anlagen im Baubereich in einer Niederschrift festzuhalten, die vom Auftraggeber und Auftragnehmer anzuerkennen ist.

5. Zeichnungen, Berechnungen, Nachprüfungen von Berechnungen oder andere Unterlagen, die der Auftragnehmer nach dem Vertrag, besonders den Technischen Vertragsbedingungen, oder der gewerblichen Verkehrssitte oder auf besonderes Verlangen des Auftraggebers (§ 2 Nr. 9) zu beschaffen hat, sind dem Auftraggeber nach Aufforderung rechtzeitig vorzulegen.

6. (1) Die in Nummer 5 genannten Unterlagen dürfen ohne Genehmigung ihres Urhebers nicht veröffentlicht, vervielfältigt, geändert oder für einen anderen als den vereinbarten Zweck benutzt werden.

(2) An DV-Programmen hat der Auftraggeber das Recht zur Nutzung mit den vereinbarten Leistungsmerkmalen in unveränderter Form auf den festgelegten Geräten. Der Auftraggeber darf zum Zwecke der Datensicherung zwei Kopien herstellen. Diese müssen alle Identifikationsmerkmale enthalten. Der Verbleib der Kopien ist auf Verlangen nachzuweisen.

(3) Der Auftragnehmer bleibt unbeschadet des Nutzungsrechts des Auftraggebers zur Nutzung der Unterlagen und der DV-Programme berechtigt.

## VOB/B Text

### § 4 Ausführung

**1.** (1) Der Auftraggeber hat für die Aufrechterhaltung der allgemeinen Ordnung auf der Baustelle zu sorgen und das Zusammenwirken der verschiedenen Unternehmer zu regeln. Er hat die erforderlichen öffentlich-rechtlichen Genehmigungen und Erlaubnisse – z. B. nach dem Baurecht, dem Straßenverkehrsrecht, dem Wasserrecht, dem Gewerberecht – herbeizuführen.

(2) Der Auftraggeber hat das Recht, die vertragsgemäße Ausführung der Leistung zu überwachen. Hierzu hat er Zutritt zu den Arbeitsplätzen, Werkstätten und Lagerräumen, wo die vertragliche Leistung oder Teile von ihr hergestellt oder die hierfür bestimmten Stoffe und Bauteile gelagert werden. Auf Verlangen sind ihm die Werkzeichnungen oder andere Ausführungsunterlagen sowie die Ergebnisse von Güteprüfungen zur Einsicht vorzulegen und die erforderlichen Auskünfte zu erteilen, wenn hierdurch keine Geschäftsgeheimnisse preisgegeben werden. Als Geschäftsgeheimnis bezeichnete Auskünfte und Unterlagen hat er vertraulich zu behandeln.

(3) Der Auftraggeber ist befugt, unter Wahrung der dem Auftragnehmer zustehenden Leitung (Nummer 2) Anordnungen zu treffen, die zur vertragsgemäßen Ausführung der Leistung notwendig sind. Die Anordnungen sind grundsätzlich nur dem Auftragnehmer oder seinem für die Leitung der Ausführung bestellten Vertreter zu erteilen, außer wenn Gefahr im Verzug ist. Dem Auftraggeber ist mitzuteilen, wer jeweils als Vertreter des Auftragnehmers für die Leitung der Ausführung bestellt ist.

(4) Hält der Auftragnehmer die Anordnungen des Auftraggebers für unberechtigt oder unzweckmäßig, so hat er seine Bedenken geltend zu machen, die Anordnungen jedoch auf Verlangen auszuführen, wenn nicht gesetzliche oder behördliche Bestimmungen entgegenstehen. Wenn dadurch eine ungerechtfertigte Erschwerung verursacht wird, hat der Auftraggeber die Mehrkosten zu tragen.

**2.** (1) Der Auftragnehmer hat die Leistung unter eigener Verantwortung nach dem Vertrag auszuführen. Dabei hat er die anerkannten Regeln der Technik und die gesetzlichen und behördlichen Bestimmungen zu beachten. Es ist seine Sache, die Ausführung seiner vertraglichen Leistung zu leiten und für Ordnung auf seiner Arbeitsstelle zu sorgen.

(2) Er ist für die Erfüllung der gesetzlichen, behördlichen und berufsgenossenschaftlichen Verpflichtungen gegenüber seinen Arbeitnehmern allein verantwortlich. Es ist ausschließlich seine Aufgabe, die Vereinbarungen und Maßnahmen zu treffen, die sein Verhältnis zu den Arbeitnehmern regeln.

**3.** Hat der Auftragnehmer Bedenken gegen die vorgesehene Art der Ausführung (auch wegen der Sicherung gegen Unfallgefahren), gegen die Güte der vom Auftraggeber gelieferten Stoffe oder Bauteile oder gegen die Leistungen anderer Unternehmer, so hat er sie dem Auftraggeber unverzüglich – möglichst schon vor Beginn der Arbeiten – schriftlich mitzuteilen; der Auftraggeber bleibt jedoch für seine Angaben, Anordnungen oder Lieferungen verantwortlich.

**4.** Der Auftraggeber hat, wenn nichts anderes vereinbart ist, dem Auftragnehmer unentgeltlich zur Benutzung oder Mitbenutzung zu überlassen:
   a) die notwendigen Lager- und Arbeitsplätze auf der Baustelle,
   b) vorhandene Zufahrtswege und Anschlussgleise,
   c) vorhandene Anschlüsse für Wasser und Energie. Die Kosten für den Verbrauch und den Messer oder Zähler trägt der Auftragnehmer, mehrere Auftragnehmer tragen sie anteilig.

**5.** Der Auftragnehmer hat die von ihm ausgeführten Leistungen und die ihm für die Ausführung übergebenen Gegenstände bis zur Abnahme vor Beschädigung und Diebstahl zu schützen. Auf Verlangen des Auftraggebers hat er sie vor Winterschäden und Grundwasser zu schützen, ferner Schnee und Eis zu beseitigen. Obliegt ihm die Verpflichtung nach Satz 2 nicht schon nach dem Vertrag, so regelt sich die Vergütung nach § 2 Nr. 6.

6. Stoffe oder Bauteile, die dem Vertrag oder den Proben nicht entsprechen, sind auf Anordnung des Auftraggebers innerhalb einer von ihm bestimmten Frist von der Baustelle zu entfernen. Geschieht es nicht, so können sie auf Kosten des Auftragnehmers entfernt oder für seine Rechnung veräußert werden.

7. Leistungen, die schon während der Ausführung als mangelhaft oder vertragswidrig erkannt werden, hat der Auftragnehmer auf eigene Kosten durch mangelfreie zu ersetzen. Hat der Auftragnehmer den Mangel oder die Vertragswidrigkeit zu vertreten, so hat er auch den daraus entstehenden Schaden zu ersetzen. Kommt der Auftragnehmer der Pflicht zur Beseitigung des Mangels nicht nach, so kann ihm der Auftraggeber eine angemessene Frist zur Beseitigung des Mangels setzen und erklären, dass er ihm nach fruchtlosem Ablauf der Frist den Auftrag entziehe (§ 8 Nr. 3).

8. (1) Der Auftragnehmer hat die Leistung im eigenen Betrieb auszuführen. Mit schriftlicher Zustimmung des Auftraggebers darf er sie an Nachunternehmer übertragen. Die Zustimmung ist nicht notwendig bei Leistungen, auf die der Betrieb des Auftragnehmers nicht eingerichtet ist. Erbringt der Auftragnehmer ohne schriftliche Zustimmung des Auftraggebers Leistungen nicht im eigenen Betrieb, obwohl sein Betrieb darauf eingerichtet ist, kann der Auftraggeber ihm eine angemessene Frist zur Aufnahme der Leistung im eigenen Betrieb setzen und erklären, dass er ihm nach fruchtlosen Ablauf der Frist den Auftrag entziehe (§ 8 Nr. 3).

(2) Der Auftragnehmer hat bei der Weitervergabe von Bauleistungen an Nachunternehmer die Vergabe- und Vertragsordnung für Bauleistungen, Teile B und C, zugrunde zu legen.

(3) Der Auftragnehmer hat die Nachunternehmer dem Auftraggeber auf Verlangen bekannt zu geben.

9. Werden bei Ausführung der Leistung auf einem Grundstück Gegenstände von Altertums-, Kunst- oder wissenschaftlichem Wert entdeckt, so hat der Auftragnehmer vor jedem weiteren Aufdecken oder Ändern dem Auftraggeber den Fund anzuzeigen und ihm die Gegenstände nach näherer Weisung abzuliefern. Die Vergütung etwaiger Mehrkosten regelt sich nach § 2 Nr. 6. Die Rechte des Entdeckers (§ 984 BGB) hat der Auftraggeber.

10. Der Zustand von Teilen der Leistung ist auf Verlangen gemeinsam von Auftraggeber und Auftragnehmer festzustellen, wenn diese Teile der Leistung durch die weitere Ausführung der Prüfung und Feststellung entzogen werden. Das Ergebnis ist schriftlich niederzulegen.

## § 5 Ausführungsfristen

1. Die Ausführung ist nach den verbindlichen Fristen (Vertragsfristen) zu beginnen, angemessen zu fördern und zu vollenden. In einem Bauzeitenplan enthaltene Einzelfristen gelten nur dann als Vertragsfristen, wenn dies im Vertrag ausdrücklich vereinbart ist.

2. Ist für den Beginn der Ausführung keine Frist vereinbart, so hat der Auftraggeber dem Auftragnehmer auf Verlangen Auskunft über den voraussichtlichen Beginn zu erteilen. Der Auftragnehmer hat innerhalb von 12 Werktagen nach Aufforderung zu beginnen. Der Beginn der Ausführung ist dem Auftraggeber anzuzeigen.

3. Wenn Arbeitskräfte, Geräte, Gerüste, Stoffe oder Bauteile so unzureichend sind, dass die Ausführungsfristen offenbar nicht eingehalten werden können, muss der Auftragnehmer auf Verlangen unverzüglich Abhilfe schaffen.

4. Verzögert der Auftragnehmer den Beginn der Ausführung, gerät er mit der Vollendung in Verzug, oder kommt er der in Nummer 3 erwähnten Verpflichtung nicht nach, so

kann der Auftraggeber bei Aufrechterhaltung des Vertrages Schadensersatz nach § 6 Nr. 6 verlangen oder dem Auftragnehmer eine angemessene Frist zur Vertragserfüllung setzen und erklären, dass er ihm nach fruchtlosem Ablauf der Frist den Auftrag entziehe (§ 8 Nr. 3).

## § 6 Behinderung und Unterbrechung der Ausführung

1. Glaubt sich der Auftragnehmer in der ordnungsgemäßen Ausführung der Leistung behindert, so hat er es dem Auftraggeber unverzüglich schriftlich anzuzeigen. Unterlässt er die Anzeige, so hat er nur dann Anspruch auf Berücksichtigung der hindernden Umstände, wenn dem Auftraggeber offenkundig die Tatsache und deren hindernde Wirkung bekannt waren.
2. (1) Ausführungsfristen werden verlängert, soweit die Behinderung verursacht ist:
    a) durch einen Umstand aus dem Risikobereich des Auftraggebers,
    b) durch Streik oder eine von der Berufsvertretung der Arbeitgeber angeordnete Aussperrung im Betrieb des Auftragnehmers oder in einem unmittelbar für ihn arbeitenden Betrieb,
    c) durch höhere Gewalt oder andere für den Auftragnehmer unabwendbare Umstände.
   
   (2) Witterungseinflüsse während der Ausführungszeit, mit denen bei Abgabe des Angebots normalerweise gerechnet werden musste, gelten nicht als Behinderung.
3. Der Auftragnehmer hat alles zu tun, was ihm billigerweise zugemutet werden kann, um die Weiterführung der Arbeiten zu ermöglichen. Sobald die hindernden Umstände wegfallen, hat er ohne weiteres und unverzüglich die Arbeiten wiederaufzunehmen und den Auftraggeber davon zu benachrichtigen.
4. Die Fristverlängerung wird berechnet nach der Dauer der Behinderung mit einem Zuschlag für die Wiederaufnahme der Arbeiten und die etwaige Verschiebung in eine ungünstigere Jahreszeit.
5. Wird die Ausführung für voraussichtlich längere Dauer unterbrochen, ohne dass die Leistung dauernd unmöglich wird, so sind die ausgeführten Leistungen nach den Vertragspreisen abzurechnen und außerdem die Kosten zu vergüten, die dem Auftragnehmer bereits entstanden und in den Vertragspreisen des nicht ausgeführten Teils der Leistung enthalten sind.
6. Sind die hindernden Umstände von einem Vertragsteil zu vertreten, so hat der andere Teil Anspruch auf Ersatz des nachweislich entstandenen Schadens, des entgangenen Gewinns aber nur bei Vorsatz oder grober Fahrlässigkeit. Im Übrigen bleibt der Anspruch des Auftragnehmers auf angemessene Entschädigung nach § 642 BGB unberührt, sofern die Anzeige nach Nr. 1 Satz 1 erfolgt oder wenn Offenkundigkeit nach Nr. 1 Satz 2 gegeben ist.
7. Dauert eine Unterbrechung länger als 3 Monate, so kann jeder Teil nach Ablauf dieser Zeit den Vertrag schriftlich kündigen. Die Abrechnung regelt sich nach den Nummern 5 und 6; wenn der Auftragnehmer die Unterbrechung nicht zu vertreten hat, sind auch die Kosten der Baustellenräumung zu vergüten, soweit sie nicht in der Vergütung für die bereits ausgeführten Leistungen enthalten sind.

## § 7 Verteilung der Gefahr

1. Wird die ganz oder teilweise ausgeführte Leistung vor der Abnahme durch höhere Gewalt, Krieg, Aufruhr oder andere objektiv unabwendbare vom Auftragnehmer nicht zu vertretende Umstände beschädigt oder zerstört, so hat dieser für die ausgeführten Teile der Leistung die Ansprüche nach § 6 Nr. 5; für andere Schäden besteht keine gegenseitige Ersatzpflicht.

**Text VOB/B**

2. Zu der ganz oder teilweise ausgeführten Leistung gehören alle mit der baulichen Anlage unmittelbar verbundenen, in ihre Substanz eingegangenen Leistungen, unabhängig von deren Fertigstellungsgrad.

3. Zu der ganz oder teilweise ausgeführten Leistung gehören nicht die noch nicht eingebauten Stoffe und Bauteile sowie die Baustelleneinrichtung und Absteckungen. Zu der ganz oder teilweise ausgeführten Leistung gehören ebenfalls nicht Baubehelfe, z. B. Gerüste, auch wenn diese als Besondere Leistung oder selbständig vergeben sind.

### § 8 Kündigung durch den Auftraggeber

1. (1) Der Auftraggeber kann bis zur Vollendung der Leistung jederzeit den Vertrag kündigen.
(2) Dem Auftragnehmer steht die vereinbarte Vergütung zu. Er muss sich jedoch anrechnen lassen, was er infolge der Aufhebung des Vertrags an Kosten erspart oder durch anderweitige Verwendung seiner Arbeitskraft und seines Betriebs erwirbt oder zu erwerben böswillig unterlässt (§ 649 BGB).

2. (1) Der Auftraggeber kann den Vertrag kündigen, wenn der Auftragnehmer seine Zahlungen einstellt, von ihm oder zulässigerweise vom Auftraggeber oder einem anderen Gläubiger das Insolvenzverfahren (§§ 14 und 15 InsO) beziehungsweise ein vergleichbares gesetzliches Verfahren beantragt ist, ein solches Verfahren eröffnet wird oder dessen Eröffnung mangels Masse abgelehnt wird.
(2) Die ausgeführten Leistungen sind nach § 6 Nr. 5 abzurechnen. Der Auftraggeber kann Schadensersatz wegen Nichterfüllung des Restes verlangen.

3. (1) Der Auftraggeber kann den Vertrag kündigen, wenn in den Fällen des § 4 Nr. 7 und 8 Abs. 1 und des § 5 Nr. 4 die gesetzte Frist fruchtlos abgelaufen ist (Entziehung des Auftrags). Die Entziehung des Auftrags kann auf einen in sich abgeschlossenen Teil der vertraglichen Leistung beschränkt werden.
(2) Nach der Entziehung des Auftrags ist der Auftraggeber berechtigt, den noch nicht vollendeten Teil der Leistung zu Lasten des Auftragnehmers durch einen Dritten ausführen zu lassen, doch bleiben seine Ansprüche auf Ersatz des etwa entstehenden weiteren Schadens bestehen. Er ist auch berechtigt, auf die weitere Ausführung zu verzichten und Schadensersatz wegen Nichterfüllung zu verlangen, wenn die Ausführung aus den Gründen, die zur Entziehung des Auftrags geführt haben, für ihn kein Interesse mehr hat.
(3) Für die Weiterführung der Arbeiten kann der Auftraggeber Geräte, Gerüste, auf der Baustelle vorhandene andere Einrichtungen und angelieferte Stoffe und Bauteile gegen angemessene Vergütung in Anspruch nehmen.
(4) Der Auftraggeber hat dem Auftragnehmer eine Aufstellung über die entstandenen Mehrkosten und über seine anderen Ansprüche spätestens binnen 12 Werktagen nach Abrechnung mit dem Dritten zuzusenden.

4. Der Auftraggeber kann den Auftrag entziehen, wenn der Auftragnehmer aus Anlass der Vergabe eine Abrede getroffen hatte, die eine unzulässige Wettbewerbsbeschränkung darstellt. Die Kündigung ist innerhalb von 12 Werktagen nach Bekanntwerden des Kündigungsgrundes auszusprechen. Nummer 3 gilt entsprechend.

5. Die Kündigung ist schriftlich zu erklären.

6. Der Auftragnehmer kann Aufmaß und Abnahme der von ihm ausgeführten Leistungen alsbald nach der Kündigung verlangen; er hat unverzüglich eine prüfbare Rechnung über die ausgeführten Leistungen vorzulegen.

7. Eine wegen Verzugs verwirkte, nach Zeit bemessene Vertragsstrafe kann nur für die Zeit bis zum Tag der Kündigung des Vertrags gefordert werden.

## § 9 Kündigung durch den Auftragnehmer

1. Der Auftragnehmer kann den Vertrag kündigen:
   a) wenn der Auftraggeber eine ihm obliegende Handlung unterlässt und dadurch den Auftragnehmer außerstande setzt, die Leistung auszuführen (Annahmeverzug nach §§ 293 ff. BGB),
   b) wenn der Auftraggeber eine fällige Zahlung nicht leistet oder sonst in Schuldnerverzug gerät.
2. Die Kündigung ist schriftlich zu erklären. Sie ist erst zulässig, wenn der Auftragnehmer dem Auftraggeber ohne Erfolg eine angemessene Frist zur Vertragserfüllung gesetzt und erklärt hat, dass er nach fruchtlosem Ablauf der Frist den Vertrag kündigen werde.
3. Die bisherigen Leistungen sind nach den Vertragspreisen abzurechnen. Außerdem hat der Auftragnehmer Anspruch auf angemessene Entschädigung nach § 642 BGB; etwaige weitergehende Ansprüche des Auftragnehmers bleiben unberührt.

## § 10 Haftung der Vertragsparteien

1. Die Vertragsparteien haften einander für eigenes Verschulden sowie für das Verschulden ihrer gesetzlichen Vertreter und der Personen, deren sie sich zur Erfüllung ihrer Verbindlichkeiten bedienen (§§ 276, 278 BGB).
2. (1) Entsteht einem Dritten im Zusammenhang mit der Leistung ein Schaden, für den auf Grund gesetzlicher Haftpflichtbestimmungen beide Vertragsparteien haften, so gelten für den Ausgleich zwischen den Vertragsparteien die allgemeinen gesetzlichen Bestimmungen, soweit im Einzelfall nicht anderes vereinbart ist. Soweit der Schaden des Dritten nur die Folge einer Maßnahme ist, die der Auftraggeber in dieser Form angeordnet hat, trägt er den Schaden allein, wenn ihn der Auftragnehmer auf die mit der angeordneten Ausführung verbundene Gefahr nach § 4 Nr. 3 hingewiesen hat.

   (2) Der Auftragnehmer trägt den Schaden allein, soweit er ihn durch Versicherung seiner gesetzlichen Haftpflicht gedeckt hat oder durch eine solche zu tarifmäßigen, nicht auf außergewöhnliche Verhältnisse abgestellten Prämien und Prämienzuschlägen bei einem im Inland zum Geschäftsbetrieb zugelassenen Versicherer hätte decken können.
3. Ist der Auftragnehmer einem Dritten nach §§ 823 ff. BGB zu Schadensersatz verpflichtet wegen unbefugten Betretens oder Beschädigung angrenzender Grundstücke, wegen Entnahme oder Auflagerung von Boden oder anderen Gegenständen außerhalb der vom Auftraggeber dazu angewiesenen Flächen oder wegen der Folgen eigenmächtiger Versperrung von Wegen oder Wasserläufen, so trägt er im Verhältnis zum Auftraggeber den Schaden allein.
4. Für die Verletzung gewerblicher Schutzrechte haftet im Verhältnis der Vertragsparteien zueinander der Auftragnehmer allein, wenn er selbst das geschützte Verfahren oder die Verwendung geschützter Gegenstände angeboten oder wenn der Auftraggeber die Verwendung vorgeschrieben und auf das Schutzrecht hingewiesen hat.
5. Ist eine Vertragspartei gegenüber der anderen nach den Nummern 2, 3 oder 4 von der Ausgleichspflicht befreit, so gilt diese Befreiung auch zugunsten ihrer gesetzlichen Vertreter und Erfüllungsgehilfen, wenn sie nicht vorsätzlich oder grob fahrlässig gehandelt haben.
6. Soweit eine Vertragspartei von dem Dritten für einen Schaden in Anspruch genommen wird, den nach Nummern 2, 3 oder 4 die andere Vertragspartei zu tragen hat, kann sie verlangen, dass ihre Vertragspartei sie von der Verbindlichkeit gegenüber dem Dritten befreit. Sie darf den Anspruch des Dritten nicht anerkennen oder befriedigen, ohne der anderen Vertragspartei vorher Gelegenheit zur Äußerung gegeben zu haben.

# Text VOB/B

## § 11 Vertragsstrafe

1. Wenn Vertragsstrafen vereinbart sind, gelten die §§ 339 bis 345 BGB.
2. Ist die Vertragsstrafe für den Fall vereinbart, dass der Auftragnehmer nicht in der vorgesehenen Frist erfüllt, so wird sie fällig, wenn der Auftragnehmer in Verzug gerät.
3. Ist die Vertragsstrafe nach Tagen bemessen, so zählen nur Werktage; ist sie nach Wochen bemessen, so wird jeder Werktag angefangener Wochen als 1/6 Woche gerechnet.
4. Hat der Auftraggeber die Leistung abgenommen, so kann er die Strafe nur verlangen, wenn er dies bei der Abnahme vorbehalten hat.

## § 12 Abnahme

1. Verlangt der Auftragnehmer nach der Fertigstellung – gegebenenfalls auch vor Ablauf der vereinbarten Ausführungsfrist – die Abnahme der Leistung, so hat sie der Auftraggeber binnen 12 Werktagen durchzuführen; eine andere Frist kann vereinbart werden.
2. Auf Verlangen sind in sich abgeschlossene Teile der Leistung besonders abzunehmen.
3. Wegen wesentlicher Mängel kann die Abnahme bis zur Beseitigung verweigert werden.
4. (1) Eine förmliche Abnahme hat stattzufinden, wenn eine Vertragspartei es verlangt. Jede Partei kann auf ihre Kosten einen Sachverständigen zuziehen. Der Befund ist in gemeinsamer Verhandlung schriftlich niederzulegen. In die Niederschrift sind etwaige Vorbehalte wegen bekannter Mängel und wegen Vertragsstrafen aufzunehmen, ebenso etwaige Einwendungen des Auftragnehmers. Jede Partei erhält eine Ausfertigung.
   (2) Die förmliche Abnahme kann in Abwesenheit des Auftragnehmers stattfinden, wenn der Termin vereinbart war oder der Auftraggeber mit genügender Frist dazu eingeladen hatte. Das Ergebnis der Abnahme ist dem Auftragnehmer alsbald mitzuteilen.
5. (1) Wird keine Abnahme verlangt, so gilt die Leistung als abgenommen mit Ablauf von 12 Werktagen nach schriftlicher Mitteilung über die Fertigstellung der Leistung.
   (2) Wird keine Abnahme verlangt und hat der Auftraggeber die Leistung oder einen Teil der Leistung in Benutzung genommen, so gilt die Abnahme nach Ablauf von 6 Werktagen nach Beginn der Benutzung als erfolgt, wenn nichts anderes vereinbart ist. Die Benutzung von Teilen einer baulichen Anlage zur Weiterführung der Arbeiten gilt nicht als Abnahme.
   (3) Vorbehalte wegen bekannter Mängel oder wegen Vertragsstrafen hat der Auftraggeber spätestens zu den in den Absätzen 1 und 2 bezeichneten Zeitpunkten geltend zu machen.
6. Mit der Abnahme geht die Gefahr auf den Auftraggeber über, soweit er sie nicht schon nach § 7 trägt.

## § 13 Mängelansprüche

1. Der Auftragnehmer hat dem Auftraggeber seine Leistung zum Zeitpunkt der Abnahme frei von Sachmängeln zu verschaffen. Die Leistung ist zur Zeit der Abnahme frei von Sachmängeln, wenn sie die vereinbarte Beschaffenheit hat und den anerkannten Regeln der Technik entspricht. Ist die Beschaffenheit nicht vereinbart, so ist die Leistung zur Zeit der Abnahme frei von Sachmängeln,
   a) wenn sie sich für die nach dem Vertrag vorausgesetzte,
   sonst
   b) für die gewöhnliche Verwendung eignet und eine Beschaffenheit aufweist, die bei Werken der gleichen Art üblich ist und die der Auftraggeber nach der Art der Leistung erwarten kann.
2. Bei Leistungen nach Probe gelten die Eigenschaften der Probe als vereinbarte Beschaffenheit, soweit nicht Abweichungen nach der Verkehrssitte als bedeutungslos anzusehen sind. Dies gilt auch für Proben, die erst nach Vertragsabschluß als solche anerkannt sind.

## VOB/B Text

3. Ist ein Mangel zurückzuführen auf die Leistungsbeschreibung oder auf Anordnungen des Auftraggebers, auf die von diesem gelieferten oder vorgeschriebenen Stoffe oder Bauteile oder die Beschaffenheit der Vorleistung eines anderen Unternehmers, haftet der Auftragnehmer, es sei denn, er hat die ihm nach § 4 Nr. 3 obliegende Mitteilung gemacht.

4. (1) Ist für Mängelansprüche keine Verjährungsfrist im Vertrag vereinbart, so beträgt sie für Bauwerke 4 Jahre, für andere Werke, deren Erfolg in der Herstellung, Wartung oder Veränderung einer Sache besteht und für die vom Feuer berührten Teile von Feuerungsanlagen 2 Jahre. Abweichend von Satz 1 beträgt die Verjährungsfrist für feuerberührte und abgasdämmende Teile von industriellen Feuerungsanlagen 1 Jahr.

   (2) Ist für Teile von maschinellen und elektrotechnischen/elektronischen Anlagen, bei denen die Wartung Einfluss auf Sicherheit und Funktionsfähigkeit hat, nichts anderes vereinbart, beträgt für diese Anlagenteile die Verjährungsfrist für Mängelansprüche abweichend von Abs. 1 zwei Jahre, wenn der Auftraggeber sich dafür entschieden hat, dem Auftragnehmer die Wartung für die Dauer der Verjährungsfrist nicht zu übertragen; dies gilt auch, wenn für weitere Leistungen eine andere Verjährungsfrist vereinbart ist.

   (3) Die Frist beginnt mit der Abnahme der gesamten Leistung; nur für in sich abgeschlossene Teile der Leistung beginnt sie mit der Teilabnahme (§ 12 Nr. 2).

5. (1) Der Auftragnehmer ist verpflichtet, alle während der Verjährungsfrist hervortretenden Mängel, die auf vertragswidrige Leistung zurückzuführen sind, auf seine Kosten zu beseitigen, wenn es der Auftraggeber vor Ablauf der Frist schriftlich verlangt. Der Anspruch auf Beseitigung der gerügten Mängel verjährt in 2 Jahren, gerechnet vom Zugang des schriftlichen Verlangens an, jedoch nicht vor Ablauf der Regelfristen nach Nummer 4 oder der an ihrer Stelle vereinbarten Frist. Nach Abnahme der Mängelbeseitigungsleistung beginnt für diese Leistung eine Verjährungsfrist von 2 Jahren neu, die jedoch nicht vor Ablauf der Regelfristen nach Nummer 4 oder der an ihrer Stelle vereinbarten Frist endet.

   (2) Kommt der Auftragnehmer der Aufforderung zur Mängelbeseitigung in einer vom Auftraggeber gesetzten angemessenen Frist nicht nach, so kann der Auftraggeber die Mängel auf Kosten des Auftragnehmers beseitigen lassen.

6. Ist die Beseitigung des Mangels für den Auftraggeber unzumutbar oder ist sie unmöglich oder würde sie einen unverhältnismäßig hohen Aufwand erfordern und wird sie deshalb vom Auftragnehmer verweigert, so kann der Auftraggeber durch Erklärung gegenüber dem Auftragnehmer die Vergütung mindern (§ 638 BGB).

7. (1) Der Auftragnehmer haftet bei schuldhaft verursachten Mängeln für Schäden aus der Verletzung des Lebens, des Körpers oder der Gesundheit.

   (2) Bei vorsätzlich oder grob fahrlässig verursachten Mängeln haftet er für alle Schäden.

   (3) Im Übrigen ist dem Auftraggeber der Schaden an der baulichen Anlage zu ersetzen, zu deren Herstellung, Instandhaltung oder Änderung die Leistung dient, wenn ein wesentlicher Mangel vorliegt, der die Gebrauchsfähigkeit erheblich beeinträchtigt und auf ein Verschulden des Auftragnehmers zurückzuführen ist. Einen darüber hinausgehenden Schaden hat der Auftragnehmer nur dann zu ersetzen,

   a) wenn der Mangel auf einem Verstoß gegen die anerkannten Regeln der Technik beruht,

   b) wenn der Mangel in dem Fehlen einer vertraglich vereinbarten Beschaffenheit besteht oder

   c) soweit der Auftragnehmer den Schaden durch Versicherung seiner gesetzlichen Haftpflicht gedeckt hat oder durch eine solche zu tarifmäßigen, nicht auf außergewöhnliche Verhältnisse abgestellten Prämien und Prämienzuschlägen bei einem im Inland zum Geschäftsbetrieb zugelassenen Versicherer hätte decken können.

(4) Abweichend von Nummer 4 gelten die gesetzlichen Verjährungsfristen, soweit sich der Auftragnehmer nach Absatz 3 durch Versicherung geschützt hat oder hätte schützen können oder soweit ein besonderer Versicherungsschutz vereinbart ist.

(5) Eine Einschränkung oder Erweiterung der Haftung kann in begründeten Sonderfällen vereinbart werden.

## § 14 Abrechnung

1. Der Auftragnehmer hat seine Leistungen prüfbar abzurechnen. Er hat die Rechnungen übersichtlich aufzustellen und dabei die Reihenfolge der Posten einzuhalten und die in den Vertragsbestandteilen enthaltenen Bezeichnungen zu verwenden. Die zum Nachweis von Art und Umfang der Leistung erforderlichen Mengenberechnungen, Zeichnungen und andere Belege sind beizufügen. Änderungen und Ergänzungen des Vertrags sind in der Rechnung besonders kenntlich zu machen; sie sind auf Verlangen getrennt abzurechnen.

2. Die für die Abrechnung notwendigen Feststellungen sind dem Fortgang der Leistung entsprechend möglichst gemeinsam vorzunehmen. Die Abrechnungsbestimmungen in den Technischen Vertragsbedingungen und den anderen Vertragsunterlagen sind zu beachten. Für Leistungen, die bei Weiterführung der Arbeiten nur schwer feststellbar sind, hat der Auftragnehmer rechtzeitig gemeinsame Feststellungen zu beantragen.

3. Die Schlussrechnung muss bei Leistungen mit einer vertraglichen Ausführungsfrist von höchstens 3 Monaten spätestens 12 Werktage nach Fertigstellung eingereicht werden, wenn nichts anderes vereinbart ist; diese Frist wird um je 6 Werktage für je weitere 3 Monate Ausführungsfrist verlängert.

4. Reicht der Auftragnehmer eine prüfbare Rechnung nicht ein, obwohl ihm der Auftraggeber dafür eine angemessene Frist gesetzt hat, so kann sie der Auftraggeber selbst auf Kosten des Auftragnehmers aufstellen.

## § 15 Stundenlohnarbeiten

1. (1) Stundenlohnarbeiten werden nach den vertraglichen Vereinbarungen abgerechnet.

   (2) Soweit für die Vergütung keine Vereinbarungen getroffen worden sind, gilt die ortsübliche Vergütung. Ist diese nicht zu ermitteln, so werden die Aufwendungen des Auftragnehmers für Lohn- und Gehaltskosten der Baustelle, Lohn- und Gehaltsnebenkosten der Baustelle, Stoffkosten der Baustelle, Kosten der Einrichtungen, Geräte, Maschinen und maschinellen Anlagen der Baustelle, Fracht-, Fuhr- und Ladekosten, Sozialkassenbeiträge und Sonderkosten, die bei wirtschaftlicher Betriebsführung entstehen, mit angemessenen Zuschlägen für Gemeinkosten und Gewinn (einschließlich allgemeinem Unternehmerwagnis) zuzüglich Umsatzsteuer vergütet.

2. Verlangt der Auftraggeber, dass die Stundenlohnarbeiten durch einen Polier oder eine andere Aufsichtsperson beaufsichtigt werden, oder ist die Aufsicht nach den einschlägigen Unfallverhütungsvorschriften notwendig, so gilt Nummer 1 entsprechend.

3. Dem Auftraggeber ist die Ausführung von Stundenlohnarbeiten vor Beginn anzuzeigen. Über die geleisteten Arbeitsstunden und den dabei erforderlichen, besonders zu vergütenden Aufwand für den Verbrauch von Stoffen, für Vorhaltung von Einrichtungen, Geräten, Maschinen und maschinellen Anlagen, für Frachten, Fuhr- und Ladeleistungen sowie etwaige Sonderkosten sind, wenn nichts anderes vereinbart ist, je nach der Verkehrssitte werktäglich oder wöchentlich Listen (Stundenlohnzettel) einzureichen. Der Auftraggeber hat die von ihm bescheinigten Stundenlohnzettel unverzüglich, spätestens jedoch innerhalb von 6 Werktagen nach Zugang, zurückzugeben. Dabei kann er Einwendungen auf den Stundenlohnzetteln oder gesondert schriftlich erheben. Nicht fristgemäß zurückgegebene Stundenlohnzettel gelten als anerkannt.

## VOB/B Text

4. Stundenlohnrechnungen sind alsbald nach Abschluss der Stundenlohnarbeiten, längstens jedoch in Abständen von 4 Wochen, einzureichen. Für die Zahlung gilt § 16.
5. Wenn Stundenlohnarbeiten zwar vereinbart waren, über den Umfang der Stundenlohnleistungen aber mangels rechtzeitiger Vorlage der Stundenlohnzettel Zweifel bestehen, so kann der Auftraggeber verlangen, dass für die nachweisbar ausgeführten Leistungen eine Vergütung vereinbart wird, die nach Maßgabe von Nummer 1 Abs. 2 für einen wirtschaftlich vertretbaren Aufwand an Arbeitszeit und Verbrauch von Stoffen, für Vorhaltung von Einrichtungen, Geräten, Maschinen und maschinellen Anlagen, für Frachten, Fuhr- und Ladeleistungen sowie etwaige Sonderkosten ermittelt wird.

### § 16 Zahlung

1. (1) Abschlagszahlungen sind auf Antrag in möglichst kurzen Zeitabständen oder zu den vereinbarten Zeitpunkten zu gewähren, und zwar in Höhe des Wertes der jeweils nachgewiesenen vertragsgemäßen Leistungen einschließlich des ausgewiesenen, darauf entfallenden Umsatzsteuerbetrages. Die Leistungen sind durch eine prüfbare Aufstellung nachzuweisen, die eine rasche und sichere Beurteilung der Leistungen ermöglichen muss. Als Leistungen gelten hierbei auch die für die geforderte Leistung eigens angefertigten und bereitgestellten Bauteile sowie die auf der Baustelle angelieferten Stoffe und Bauteile, wenn dem Auftraggeber nach seiner Wahl das Eigentum an ihnen übertragen ist oder entsprechende Sicherheit gegeben wird.

   (2) Gegenforderungen können einbehalten werden. Andere Einbehalte sind nur in den im Vertrag und in den gesetzlichen Bestimmungen vorgesehenen Fällen zulässig.

   (3) Ansprüche auf Abschlagszahlungen werden binnen 18 Werktagen nach Zugang der Aufstellung fällig.

   (4) Die Abschlagszahlungen sind ohne Einfluss auf die Haftung des Auftragnehmers; sie gelten nicht als Abnahme von Teilen der Leistung.

2. (1) Vorauszahlungen können auch nach Vertragsabschluss vereinbart werden; hierfür ist auf Verlangen des Auftraggebers ausreichende Sicherheit zu leisten. Diese Vorauszahlungen sind, sofern nichts anderes vereinbart wird, mit 3 v. H. über dem Basiszinssatz des § 247 BGB zu verzinsen.

   (2) Vorauszahlungen sind auf die nächstfälligen Zahlungen anzurechnen, soweit damit Leistungen abgegolten sind, für welche die Vorauszahlungen gewährt worden sind.

3. (1) Der Anspruch auf die Schlusszahlung wird alsbald nach Prüfung und Feststellung der vom Auftragnehmer vorgelegten Schlussrechnung fällig, spätestens innerhalb von 2 Monaten nach Zugang. Werden Einwendungen gegen die Prüfbarkeit unter Angabe der Gründe hierfür nicht spätestens innerhalb von 2 Monaten nach Zugang der Schlussrechnung erhoben, so kann der Auftraggeber sich nicht mehr auf die fehlende Prüfbarkeit berufen. Die Prüfung der Schlussrechnung ist nach Möglichkeit zu beschleunigen. Verzögert sie sich, so ist das unbestrittene Guthaben als Abschlagszahlung sofort zu zahlen.

   (2) Die vorbehaltlose Annahme der Schlusszahlung schließt Nachforderungen aus, wenn der Auftragnehmer über die Schlusszahlung schriftlich unterrichtet und auf die Ausschlusswirkung hingewiesen wurde.

   (3) Einer Schlusszahlung steht es gleich, wenn der Auftraggeber unter Hinweis auf geleistete Zahlungen weitere Zahlungen endgültig und schriftlich ablehnt.

   (4) Auch früher gestellte, aber unerledigte Forderungen werden ausgeschlossen, wenn sie nicht nochmals vorbehalten werden.

   (5) Ein Vorbehalt ist innerhalb von 24 Werktagen nach Zugang der Mitteilung nach den Absätzen 2 und 3 über die Schlusszahlung zu erklären. Er wird hinfällig, wenn nicht innerhalb von weiteren 24 Werktagen – beginnend am Tag nach Ablauf der in

Satz 1 genannten 24 Werktage – eine prüfbare Rechnung über die vorbehaltenen Forderungen eingereicht oder, wenn das nicht möglich ist, der Vorbehalt eingehend begründet wird.

(6) Die Ausschlussfristen gelten nicht für ein Verlangen nach Richtigstellung der Schlussrechnung und -zahlung wegen Aufmaß-, Rechen- und Übertragungsfehlern.

4. In sich abgeschlossene Teile der Leistung können nach Teilabnahme ohne Rücksicht auf die Vollendung der übrigen Leistungen endgültig festgestellt und bezahlt werden.

5. (1) Alle Zahlungen sind aufs äußerste zu beschleunigen.

(2) Nicht vereinbarte Skontoabzüge sind unzulässig.

(3) Zahlt der Auftraggeber bei Fälligkeit nicht, so kann ihm der Auftragnehmer eine angemessene Nachfrist setzen. Zahlt er auch innerhalb der Nachfrist nicht, sohat der Auftragnehmer vom Ende der Nachfrist an Anspruch auf Zinsen in Höhe der § 288 BGB angegebenen Zinssätze, wenn er nicht einen höheren Verzugsschaden nachweist.

(4) Zahlt der Auftraggeber das fällige unbestrittene Guthaben nicht innerhalb von 2 Monaten nach Zugang der Schlussrechnung, so hat der Auftragnehmer für dieses Guthaben abweichend von Absatz 3 (ohne Nachfristsetzung) ab diesem Zeitpunkt Anspruch auf Zinsen in Höhe der in § 288 BGB angegebenen Zinssätze, wenn er nicht einen höheren Verzugsschaden nachweist.

(5) Der Auftragnehmer darf in den Fällen der Absätze 3 und 4 die Arbeiten bis zur Zahlung einstellen, sofern die dem Auftraggeber zuvor gesetzte angemessene Nachfrist erfolglos verstrichen ist.

6. Der Auftraggeber ist berechtigt, zur Erfüllung seiner Verpflichtungen aus den Nummern 1 bis 5 Zahlungen an Gläubiger des Auftragnehmers zu leisten, soweit sie an der Ausführung der vertraglichen Leistung des Auftragnehmers aufgrund eines mit diesem abgeschlossenen Dienst- und Werkvertrags beteiligt sind, wegen Zahlungsverzugs des Auftragnehmers die Fortsetzung ihrer Leistung zu Recht verweigern und die Direktzahlung die Fortsetzung der Leistung sicherstellen soll. Der Auftragnehmer ist verpflichtet, sich auf Verlangen des Auftraggebers innerhalb einer von diesem gesetzten Frist darüber zu erklären, ob und inwieweit er die Forderungen seiner Gläubiger anerkennt; wird diese Erklärung nicht rechtzeitig abgegeben, so gelten die Voraussetzungen für die Direktzahlung als anerkannt.

## § 17 Sicherheitsleistung

1. (1) Wenn Sicherheitsleistung vereinbart ist, gelten die §§ 232 bis 240 BGB, soweit sich aus den nachstehenden Bestimmungen nichts anderes ergibt.

(2) Die Sicherheit dient dazu, die vertragsgemäße Ausführung der Leistung und die Mängelansprüche sicherzustellen.

2. Wenn im Vertrag nichts anderes vereinbart ist, kann Sicherheit durch Einbehalt oder Hinterlegung von Geld oder durch Bürgschaft eines Kreditinstituts oder Kreditversicherers geleistet werden, sofern das Kreditinstitut oder der Kreditversicherer
   – in der Europäischen Gemeinschaft oder
   – in einem Staat der Vertragsparteien des Abkommens über den Europäischen Wirtschaftsraum oder
   – in einem Staat der Vertragsparteien des WTO-Übereinkommens über das öffentliche Beschaffungswesen
   **zugelassen ist.**

3. Der Auftragnehmer hat die Wahl unter den verschiedenen Arten der Sicherheit; er kann eine Sicherheit durch eine andere ersetzen.

4. Bei Sicherheitsleistung durch Bürgschaft ist Voraussetzung, dass der Auftraggeber den Bürgen als tauglich anerkannt hat. Die Bürgschaftserklärung ist schriftlich unter Verzicht

auf die Einrede der Vorausklage abzugeben (§ 771 BGB); sie darf nicht auf bestimmte Zeit begrenzt und muss nach Vorschrift des Auftraggebers ausgestellt sein. Der Auftraggeber kann als Sicherheit keine Bürgschaft fordern, die dem Bürgen zur Zahlung auf erstes Anfordern verpflichtet.

5. Wird Sicherheit durch Hinterlegung von Geld geleistet, so hat der Auftragnehmer den Betrag bei einem zu vereinbarenden Geldinstitut auf ein Sperrkonto einzuzahlen, über das beide nur gemeinsam verfügen können („Und-Konto"). Etwaige Zinsen stehen dem Auftragnehmer zu.

6. (1) Soll der Auftraggeber vereinbarungsgemäß die Sicherheit in Teilbeträgen von seinen Zahlungen einbehalten, so darf er jeweils die Zahlung um höchstens 10 v. H. kürzen, bis die vereinbarte Sicherheitssumme erreicht ist. Sofern Rechnungen ohne Umsatzsteuer gemäß § 13 b UStG gestellt werden, bleibt die Umsatzsteuer bei der Berechnung des Sicherheitseinbehalts unberücksichtigt. Den jeweils einbehaltenen Betrag hat er dem Auftragnehmer mitzuteilen und binnen 18 Werktagen nach dieser Mitteilung auf ein Sperrkonto bei dem vereinbarten Geldinstitut einzuzahlen. Gleichzeitig muss er veranlassen, dass dieses Geldinstitut den Auftragnehmer von der Einzahlung des Sicherheitsbetrags benachrichtigt. Nr. 5 gilt entsprechend.

   (2) Bei kleineren oder kurzfristigen Aufträgen ist es zulässig, dass der Auftraggeber den einbehaltenen Sicherheitsbetrag erst bei der Schlusszahlung auf ein Sperrkonto einzahlt.

   (3) Zahlt der Auftraggeber den einbehaltenen Betrag nicht rechtzeitig ein, so kann ihm der Auftragnehmer hierfür eine angemessene Nachfrist setzen. Lässt der Auftraggeber auch diese verstreichen, so kann der Auftragnehmer die sofortige Auszahlung des einbehaltenen Betrags verlangen und braucht dann keine Sicherheit mehr zu leisten.

   (4) Öffentliche Auftraggeber sind berechtigt, den als Sicherheit einbehaltenen Betrag auf eigenes Verwahrgeldkonto zu nehmen; der Betrag wird nicht verzinst.

7. Der Auftragnehmer hat die Sicherheit binnen 18 Werktagen nach Vertragsabschluss zu leisten, wenn nichts anderes vereinbart ist. Soweit er diese Verpflichtung nicht erfüllt hat, ist der Auftraggeber berechtigt, vom Guthaben des Auftragnehmers einen Betrag in Höhe der vereinbarten Sicherheit einzubehalten. Im Übrigen gelten die Nummern 5 und 6 außer Abs. 1 Satz 1 entsprechend.

8. (1) Der Auftraggeber hat eine nicht verwertete Sicherheit für die Vertragserfüllung zum vereinbarten Zeitpunkt, spätestens nach Abnahme und Stellung der Sicherheit für Mängelansprüche zurückzugeben, es sei denn, dass Ansprüche des Auftraggebers, die nicht von der gestellten Sicherheit für Mängelansprüche umfasst sind, noch nicht erfüllt sind. Dann darf er für diese Vertragserfüllungsansprüche einen entsprechenden Teil der Sicherheit zurückhalten.

   (2) Der Auftraggeber hat eine nicht verwertete Sicherheit für Mängelansprüche nach Ablauf von 2 Jahren zurückzugeben, sofern kein anderer Rückgabezeitpunkt vereinbart worden ist. Soweit jedoch zu diesem Zeitpunkt seine geltend gemachten Ansprüche noch nicht erfüllt sind, darf er einen entsprechenden Teil der Sicherheit zurückhalten.

## § 18 Streitigkeiten

1. Liegen die Voraussetzungen für eine Gerichtsstandvereinbarung nach § 38 Zivilprozessordnung vor, richtet sich der Gerichtsstand für Streitigkeiten aus dem Vertrag nach dem Sitz der für die Prozessvertretung des Auftraggebers zuständigen Stelle, wenn nichts anderes vereinbart ist. Sie ist dem Auftragnehmer auf Verlangen mitzuteilen.

2. (1) Entstehen bei Verträgen mit Behörden Meinungsverschiedenheiten, so soll der Auftragnehmer zunächst die der auftraggebenden Stelle unmittelbar vorgesetzte Stelle anrufen. Diese soll dem Auftragnehmer Gelegenheit zur mündlichen Aussprache geben und ihn möglichst innerhalb von 2 Monaten nach der Anrufung schriftlich bescheiden und

dabei auf die Rechtsfolgen des Satzes 3 hinweisen. Die Entscheidung gilt als anerkannt, wenn der Auftragnehmer nicht innerhalb von 3 Monaten nach Eingang des Bescheides schriftlich Einspruch beim Auftraggeber erhebt und dieser ihn auf die Ausschlussfrist hingewiesen hat.

(2) Mit dem Eingang des schriftlichen Antrages auf Durchführung eines Verfahrens nach Absatz 1 wird die Verjährung des in diesem Antrag geltend gemachten Anspruchs gehemmt. Wollen Auftraggeber oder Auftragnehmer das Verfahren nicht weiter betreiben, teilen sie dies dem jeweils anderen Teil schriftlich mit. Die Hemmung endet 3 Monate nach Zugang des schriftlichen Bescheides oder der Mitteilung nach Satz 2.

3. Daneben kann ein Verfahren zur Streitbeilegung vereinbart werden. Die Vereinbarung sollte mit Vertragsabschluss erfolgen.
4. Bei Meinungsverschiedenheiten über die Eigenschaft von Stoffen und Bauteilen, für die allgemeingültige Prüfungsverfahren bestehen, und über die Zulässigkeit oder Zuverlässigkeit der bei der Prüfung verwendeten Maschinen oder angewendeten Prüfungsverfahren kann jede Vertragspartei nach vorheriger Benachrichtigung der anderen Vertragspartei die materialtechnische Untersuchung durch eine staatliche oder staatlich anerkannte Materialprüfungsstelle vornehmen lassen; deren Feststellungen sind verbindlich. Die Kosten trägt der unterliegende Teil.
5. Streitfälle berechtigen den Auftragnehmer nicht, die Arbeiten einzustellen.

# Einleitung
## VOB Teil B im Gefüge der Verdingungsordnung

### Übersicht

| | Rdn. |
|---|---|
| A. Allgemeines | 1–240 |
| I. Entwicklung und Verhältnis der Teile A, B und C | 8–176 |
| 1. Rechtsqualität der VOB/B – Schuldrechtsreform | 35, 36 |
| 2. VOB/B und Verbraucherschutzrichtlinie | 37–40 |
| 3. Angriffe auf die VOB/B und den DVA | 41–88 |
| a) Optimierungsvorschläge | 42–44 |
| b) Kerngehaltseingriffe durch den DVA | 45, 46 |
| c) Reformwillen des DAV | 47, 48 |
| d) Vergleich verschiedener VOB-Fassungen | 49–51 |
| e) Bedarf zur Fortentwicklung | 52–61 |
| f) Änderung im Zuge der VOB/B-Fassung 1992 | 62 |
| g) Änderungen im Zuge der Neufassung 1996 | 63–65 |
| h) Fassungen 1998 und 2000 | 66 |
| i) Änderungen im Zuge der Neufassung 2002 | 67–70 |
| j) Einzelne Änderungswünsche grundsätzlicher Art | 71, 72 |
| k) Unerfüllte Änderungsvorstellungen | 73–75 |
| l) Fortentwicklung mit Augenmaß | 76, 77 |
| m) Fortentwicklung und Transparenzgebot | 78–81 |
| n) Genuiner Anwendungsbereich der VOB/B | 82, 83 |
| o) Zukünftige Entwicklung der VOB/B | 84 |
| p) Besondere Stellung der VOB/B | 85–88 |
| 4. VOB/B als bereit liegende Vertragsordnung | 89 |
| 5. Verknüpfung zwischen VOB/B und VOB/C und Schuldrechtsreform | 90–116 |
| a) VOB/B und VOB/C – Auswirkungen auf den Sachmangelbegriff | 91 |
| b) Beschaffenheitsvereinbarung, VOB/C und Gefahren hieraus | 92, 93 |
| c) Invasion der vereinbarten Beschaffenheit | 94, 95 |
| d) VOB/B und VOB/C vor der Schuldrechtsreform | 96–98 |
| e) VOB/B – VOB/C und Beschaffenheitsvereinbarung/Mangelbegriff | 99, 100 |

| | Rdn. |
|---|---|
| f) VOB/B – VOB/C und der Sachmangelbegriff | 101, 102 |
| g) Beispiele | 103–107 |
| h) Konsequenzen für die Normfassung | 108 |
| i) Auswirkungen auf die Beurteilung von Schönheitsfehlern | 109 |
| j) VOB/B-VOB/C-Technische Regelwerke und Schuldrechtsreform | 110–115 |
| k) VOB/B – VOB/C – DIN-Normen und Schuldrechtsreformverständnis | 116 |
| 6. VOB/B als eigenständige Vertragsordnung | 117–127 |
| a) Besonderer Regelungsbedarf | 118, 119 |
| b) VOB/B als Vorbild – Abnahmefiktion | 120–122 |
| c) VOB/B als Vorbild für Abschlagszahlungsregelung | 123 |
| d) Aspekte des Forderungssicherungsgesetzes | 124–126 |
| e) VOB/B als praxisorientierter Lösungsansatz für den Baubereich | 127 |
| 7. VOB/B mit Richtliniencharakter | 128–136 |
| a) Anordnungskompetenz | 129, 130 |
| b) Überwachungsrechte | 131 |
| c) Prüfungspflichten – Gestellungspflichten | 132 |
| d) Zustandsfeststellung | 133 |
| e) Baustellenbesetzungsrüge | 134 |
| f) Fortsetzungsgebot | 135 |
| g) Abrechenbarkeit bei Unterbrechung | 136 |
| 8. VOB/B als ausgewogenes Vertragswerk | 137–165 |
| a) Für den Auftraggeber vorteilhafte Regelung | 138–146 |
| b) Für den Auftragnehmer vorteilhafte VOB/B-Bestimmungen | 147–159 |
| c) Neutrale Regelungsinhalte der VOB/B | 160–165 |
| 9. Abweichungen der VOB/B vom BGB | 166–176 |
| a) Abweichungen im Detail | 167, 168 |
| b) Das eigenständige VOB/B-Werkvertragssystem | 169 |
| c) Begründung von Auftraggeberpflichten | 170 |

# Einleitung

VOB Teil B im Gefüge der Verdingungsordnung

| | Rdn. |
|---|---|
| d) Begründung von Aufgaben- und Verantwortungsbereichen | 171, 172 |
| e) Kontrollbefugnisse des Auftraggebers | 173 |
| f) Beweis- und Feststellungsregeln | 174 |
| g) Eigenes Leistungsstörungskonzept der VOB/B | 175, 176 |
| II. Rechtsqualität der VOB-Teile | 177–240 |
| 1. Rechtsqualität der VOB/A | 178–185 |
| a) Konkretisierung der Rechtsnormenqualität | 182 |
| b) VOB/A als Verwaltungsvorschrift | 183–185 |
| 2. Rechtsqualität der VOB/B und der VOB/C | 186–205 |
| a) Die Qualität der VOB/C | 187–196 |
| b) VOB/C – eine Bauvertragsordnung der Wahl | 197–200 |
| c) Das Bild vom Bauen | 201 |
| d) Aufgabenteilung und -zuweisung nach VOB/B und VOB/C | 2002, 203 |
| e) VOB/B – VOB/C – Erfolgsbegriff und Schuldrechtsreform | 204 |
| f) Die Qualität der VOB/B | 205 |
| 3. Die Teile der VOB – Ergänzung durch Vertragsbedingungen | 206–228 |
| a) Ergänzungsfähigkeit der VOB um Zusätzliche Technische Vertragsbedingungen | 208 |
| b) Öffnungsklauseln in der VOB/C und VOB/A | 209–212 |
| c) Öffnungsklauseln in der VOB/B | 213–218 |
| d) Zusätzliche Technische Vertragsbedingungen und die Handlungsorientierung – Strukturelle Auswirkungen | 219–221 |
| e) Ergänzungsfunktion der ZTVen | 222 |
| f) Zusätzliche Technische Vertragsbedingungen und Überwachung der Ausführung | 223 |
| g) Einbeziehung von ZTVen in den Vertrag und AGB-Kontrolle | 224 |
| h) Ergänzung der VOB durch Zusätzliche und Besondere Vertragsbedingungen | 225–228 |
| aa) Besondere Vertragsbedingungen (BVB) | 226 |
| bb) Zusätzliche Vertragsbedingungen (ZVB) | 227 |
| cc) Einbeziehung und AGB-Kontrolle | 228 |
| 4. VOB als Gesamtheit | 229–204 |
| a) Leistungsbeschreibung | 231, 232 |

| | Rdn. |
|---|---|
| b) Leistungsänderungen und Zusatzleistungen | 233–235 |
| aa) Beispiel | 234 |
| bb) Besondere Leistungen und Zusatzleistungen | 235 |
| c) Prüfungs- und Mitteilungspflichten | 236, 237 |
| d) Ausführungsfristen und Behinderung | 238 |
| e) Abnahme nach § 12 VOB/B und VOB/C | 239 |
| f) Aufmaß und Abrechnung | 240 |
| **B. BGB- und VOB-Bauvertrag als Werkvertragstypen** | 241–264 |
| I. Bauvertrag nach BGB als Grundordnung – Sonderordnung nach VOB/B | 242–253 |
| 1. Rahmencharakter und Änderungsmöglichkeit | 243 |
| 2. Herstellungsphase | 244–246 |
| 3. Vergütung und Vorfinanzierung | 247 |
| 4. Gefahrtragung | 248 |
| 5. Sachmangeltatbestand | 249, 250 |
| 6. Vergütung und Abrechnung | 251 |
| 7. Abnahme | 252 |
| 8. Bauzeit und Zeitstörungstatbestände | 253 |
| II. Die VOB als Sonderordnung | 254–260 |
| 1. Kein Gesetz | 255–257 |
| 2. Kein Handelsbrauch, keine Verkehrssitte, im Einzelfall Gewerbeüblichkeit | 258, 259 |
| 3. VOB/B als besondere Allgemeine Geschäftsbedingung | 260 |
| III. Parallelgeltung des BGB-Werkvertragsrechts | 261–264 |
| 1. Fortgeltung des BGB | 262, 263 |
| 2. Verdrängende Sonderregelung der VOB/B | 264 |
| **C. Gefüge der VOB – Regelungsprinzipien der einzelnen Teile** | 265–293 |
| I. VOB/A als Vergabe-Regelung | 268–274 |
| 1. Exakte Leistungsbeschreibung und Verdingungsunterlagen | 269–271 |
| 2. Bewertung der Leistungsbeschreibung mit Leistungsverzeichnis mit Rücksicht auf die VOB/C | 272–274 |
| II. Vertragsschluss und Geltung der VOB/B | 275–293 |
| 1. Ergänzende Konfliktbereinigungsregelungen durch die VOB/C | 276, 277 |
| 2. Unterschiedliche Strukturen und Tendenzen in den Teilen B und C der VOB/B | 278–286 |
| a) Kooperationscharakter des Bauvertrages als Langzeitvertrag | 279 |
| b) Kooperation nach der VOB/C | 280–283 |

| | Rdn. | | Rdn. |
|---|---|---|---|
| c) Aufhebung von Frontstellungen | 284 | **D. Anspruch auf Vertragsschluss? – Schadensersatzanspruch** | 294–304 |
| d) Beispiele für diesen Ansatz | 285, 286 | I. Kein Anspruch auf Vertragsschluss | 295 |
| 3. Modifikationen der VOB/B durch die VOB/C | 287–293 | III. Kein Schadensersatzanspruch nach § 823 Abs. 2 BGB | 296, 297 |
| a) Veränderungen im Vergütungsbereich | 288, 289 | III. Schadensersatzanspruch aus Verschulden bei Vertragsverhandlungen | 298–304 |
| b) Sonstige Regelungen hinsichtlich des Vergütungsbereichs | 290 | | |
| c) Veränderungen im Bereich des Technikstandards | 291–293 | | |

**Literatur:** *Anker/Zumschlinge*, Die „VOB/B als Ganzes" eine unpraktikable Rechtsfigur, BauR 1995, 323; *Broß*, Die Ausschreibung von Werkverträgen durch die öffentliche Hand in der Bundesrepublik Deutschland, ZfBR 1990, 255; *Cuypers*, Leistungsbeschreibung und Verstöße gegen die VOB/A, BauR 1994, 426; *Dähne*, Bieteransprüche bei Vergabeverstößen der öffentlichen Hand, FS Soergel, S. 21; *Drittler*, Schadensersatz aus culpa in contrahendo bei nachgewiesenem Verstoß gegen § 25 und § 26 VOB/A. Zu Voraussetzungen und Umfang des negativen und positiven Interesses aus rechtlicher und bauwirtschaftlicher Sicht, BauR 1994, 451; *Endres*, VOB/B und BGB-Bauvertrag im Rechtsvergleich, 1986; *Feber*, Schadensersatzansprüche aus culpa in contrahendo bei VOB/A-Verstößen öffentlicher Auftraggeber, BauR 1989, 553; *Feser*, Totgesagte leben länger: Die VOB 2002 und ihre wesentlichen Änderungen, BTR 2002, 24; *Flach*, Die VOB/B und das Leitbild des gesetzlichen Werkvertragsrechts, 1984; *Frikell*, Schuldrechtsreform und VOB/B als Ganzes, BauR 2002, 671; *Gebauer*, Die AGB-rechtlich entprivilegierte VOB/B, BauR 2004, 1843; *Gehlen*, Rechtssicherheit bei Bauverträgen – VOB/B quo vadis?, NZBau 2004, 313; *Grieger*, Die Kooperationspflicht der Bauvertragspartner im Bauvertrag, Anmerkungen zu BGH, BauR 2000, 409 ff.; *Hailbronner*, Die Vergabe öffentlicher Aufträge in der Rechtsprechung des Gerichtshofs der Europäischen Gemeinschaft, FS Heiermann, S. 93; *ders.*, Die Vergabe öffentlicher Aufträge nach europäischem Gemeinschaftsrecht, WiVerw 1994, 173; *Hoff*, Die VOB/B 2000 und das AGB-Gesetz – Der Anfang vom Ende der Privilegierung?, BauR 2001, 1654; *Hofmann*, Das Kreuz mit den Allgemeinen Geschäftsbedingungen, FS Jagenburg, S. 291; *Horn*, Neue Entwicklungen in der Rechtsprechung des BGH zur Vereinbarung der VOB/B „als Ganzes" und ihre Folgen für die Vertragsgestaltung, BTR 2004, 115; *Jagenburg*, 100 Jahre Kölner VOB, BauR 1989, 17; *Jäckle*, Die Haftung der Öffentlichen Verwaltung aus culpa in contrahendo im Lichte der oberinstanzlichen Rechtsprechung, NJW 1990, 2520; *Joussen/Schranner*, VOB 2006 – Änderungen der VOB Teil B, BauR 2006, 1366; *Keldungs*, Hat die VOB noch zukunftsfähig?, FS Kraus, S. 95; *Kniffka*, Die Kooperationspflichten der Bauvertragspartner im Bauvertrag, Jahrbuch Baurecht 2001, 1; *Koch*, Zum Verbot der isolierten Inhaltskontrolle der VOB/B, BauR 2001, 162; *Kohler*, Werkmangel und Bestellerverantwortung, NJW 1993, 417; *Korbion*, Rechtliche Einordnung des Bauvergabeverfahrens nach deutschem Recht, FS Gelzer, S. 339; *Kratzenberg*, Die neue Verdingungsordnung für Bauleistungen (VOB 2000), NZBau 2000, 265; *ders.*, Der Beschluss des DVA-Hauptausschusses zur Neuherausgabe der VOB 2002 (Teile A und B), NZBau 2002, 177; *ders.*, Die neue Gesamtausgabe der VOB 2006 im Oktober 2006, NZBau 2006, 601; *Kraus*, Das Ende der AGB-rechtlichen Privilegierung der VOB/B?, NJW 1998, 1126; *Kraus/Sienz*, Der Deutsche Verdingungsausschuß für Bauleistungen (DVA): Bremser der VOB/B?, BauR 2000, 631; *Kretschmann*, Hindern Schuldrechtsreform und nachträgliche Änderungen der VOB/B deren Privilegierung?, Jahrbuch Baurecht 2005, 109; *ders.*, Zum Vorschlag des BMJ zur Änderung der BGB-Regelung über die Privilegierung der VOB/B, BauR 2005, 616; *Kutschker*, Richterliche Befugnisse zur Einschränkung des § 23 Abs. 2 Nr. 5 AGBG und der bisherigen Gesamtabwägungsrechtsprechung bei Änderung der VOB/B durch den Verdingungsausschuss?, BauR 1999, 454; *Lampe-Helbig*, Die Verdingungsordnung für Bauleistungen (VOB) und der Bauvertrag, FS Korbion, S. 249; *dies.*, Überprüfung der Verdingungsverfahren der öffentlichen Auftraggeber, FS Soergel, S. 151; *dies.*, Teil A der Verdingungsordnung für Bauleistungen Ausgabe 1992, neue Systematik und Änderungen in den Abschnitten 1 und 2, BauR 1993, 177; *Lampe-Helbig/Zeit*, Die Anwendung der zivilrechtlichen Haftung aus culpa in contrahendo auf die Vergabe von Bauleistungen nach der VOB/A durch die öffentliche Hand, BauR 1988, 659; *Leupertz*, Die Rechtsnatur der VOB/B: Die Bestimmung der VOB/B „als Ganzes" sind keine Allgemeinen Geschäftsbedingungen, Jahrbuch Baurecht 2004, 43; *Locher*, Zur Umgestaltung des deutschen Vergabeverfahrens durch EG-Initiativen, BauR 1992, 293; *Mantscheff*, Die Bestimmungen der VOB/C und ihre vertragsrechtliche Bedeutung, FS Korbion, S. 295; *Markus*, VOB/B-Novelle 2006 – Keine Anordnungsbefugnis des Auftraggebers zur Bauzeit, NZBau 2006, 587; *Nicklisch*, Empfiehlt sich eine Neukonzeption des Werkvertragsrechts? – unter besonderer Berücksichtigung komplexer Langzeitverträge, JZ 1984, 757; *Oberhauser*, Verdient die VOB 2002 die Privilegierung durch das BGB?, Jahrbuch Baurecht 2003, 1; *Pauly*, Zum Verhältnis von VOB/B und AGBG, BauR 1996, 328; *Peters*, Der Deutsche Verdingungsausschuß für Bauleistungen (DVA) – Motor oder Bremse der VOB?, Jahrbuch Baurecht 2000, 52; *E. Peters*, Fälligkeit und Verzug bei den Zahlungsansprüchen des Bauunternehmers nach der VOB/B, NZBau 2002, 305; *Quack*, Gilt die kurze VOB/B-Verjährung noch für Verbraucherverträge?, BauR 1997, 24; *ders.*, VOB/B als Ganzes und die Modernisierung des Schuldrechts, ZfBR 2002, 428; *Schlünder/*

# Einleitung

VOB Teil B im Gefüge der Verdingungsordnung

*Scholz,* Vereinbarung der VOB/B in notariellen Bauverträgen, ZfBR 1997, 168; *Schubert,* Zur Entstehung der VOB (Teile A und B) von 1926, FS Korbion, S. 389; *Schulze-Hagen,* Der öffentliche Auftraggeber muss die Diskussion über die Privilegierung der VOB/B nicht fürchten, FS Thode, S. 167; *Schwarze,* Auswirkungen der werkvertraglichen Kooperationsverpflichtung, BauR 2004, 895; *Schwenker,* Die neue VOB/B 2002, BauR 2002, 1143; *Seidel,* Zur Wandlung des Begriffsinhalts „öffentlicher Auftraggeber" im EG-Vergaberecht vom institutionellen zum funktionellen Begriff sowie zu aktuellen Anwendungsfragen des erweiterten Begriffs, FS Heiermann, S. 293; *Strohs,* Die Berücksichtigung vergabefremder Kriterien bei Vergabe von Bauaufträgen der öffentlichen Hand, BauR 1988, 144; *Tempel,* Ist die VOB/B noch zeitgemäß? – Teil 1, NZBau 2002, 465, Teil 2 NZBau 2002, 532; *Unger,* Rechtsfragen im Zusammenhang mit der Vergabe öffentlicher Aufträge, BauR 1985, 465; *Voppel,* Die AGB-rechtliche Bewertung der VOB/B nach dem neuen Schuldrecht, NZBau 2003, 6; *Vygen,* Kooperationspflichten der Bauvertragspartner beim VOB-Bauvertrag, FS Kraus, S. 249; *Walthelm,* Das öffentliche Auftragswesen, 1979; *Weick,* Vereinbarte Standardbedingungen im deutschen und englischen Bauvertragsrecht, München, 1977; *ders.,* Allgemeine Geschäftsbedingungen oder Verkörperung von Treu und Glauben? Zum Bild der VOB in Rechtsprechung und Literatur, FS Korbion, S. 451; *Weyer,* Die Privilegierung der VOB/B – Eine – nur vorerst? – entschärfte Zeitbombe, BauR 2002, 857; *ders.,* Hält § 13 VOB/B 2002 der isolierten Inhaltskontrolle stand?, NZBau 2003, 521; *Wingsch,* Richtige Vertragsvorbereitung auch ohne „VOB/B als Ganzes", BauR 2004, 1869; *Wolf-Hegerbekermeier,* Die VOB 2000 – Teil B – Neuerungen bei der Ausführung von Bauleistungen, ZfBR 2000, 441.

## A. Allgemeines

1   Seit der Ausgabe 2002 heißt die bisher unter der Bezeichnung „Verdingungsordnung für Bauleistungen" bekannte VOB „Vergabe- und Vertragsordnung für Bauleistungen". Das Vorwort zur Ausgabe 2002 führt als Grund einen Aktualisierungsbedarf der vollständigen Bezeichnung an. Der neue Namen der VOB wird formal damit zu tun haben, dass der bisher unter der Bezeichnung bekannte „Deutscher Verdingungsausschuss für Bauleistungen (DVA) seit der Satzungsänderung vom 18. 10. 2000 den Namen „Deutscher Vergabe- und Vertragsausschuss für Bauleistungen (DVA)" führt. Damit lag es nahe, auch der Verdingungsordnung die entsprechende Bezeichnung zukommen zu lassen. Das entspricht auch sachlich dem Stellenwert der dem DVA nach der Satzung zugewiesenen Aufgabe. Deren § 2 formuliert: „Der DVA hat die Aufgabe, Grundsätze für die sachgerechte Vergabe und Abwicklung von Bauaufträgen zu erarbeiten und weiterzuentwickeln. Dies erfolgt insbesondere durch die Erarbeitung und Fortschreibung der Vergabe- und Vertragsordnung für Bauleistungen (VOB)." Die Konsequenzen aus dieser Satzungsregelung vom 18. 10. 2000 wurden nicht bereits in der VOB Ausgabe 2000, sondern in der von 2002 gezogen. Die Namensänderung entspricht auch dem unterschiedlichen Stellenwert der aus drei Teilen bestehenden VOB. Zu beachten ist allerdings, dass sich lediglich die Gesamtbezeichnung der VOB geändert hat, nicht aber die Teilüberschriften der einzelnen Teile der VOB. In der Altfassung hat die Gesamtüberschrift gelautet „VOB Verdingungsordnung für Bauleistungen"; diese Gesamtüberschrift in der Fassung 2002 heißt „Vergabe- und Vertragsordnung für Bauleistungen (VOB). Die Einzelbezeichnungen der jeweiligen Teile der VOB haben sich im Zuge der Neufassung nicht geändert.

2   Der Teil A lautet nach wie vor „Teil A: Allgemeine Bestimmungen für die Vergabe von Bauleistungen"; die Fassung 2006 fügt die Abkürzung VOB/A hinzu; der Teil B führt weiter die Bezeichnung „Allgemeine Vertragsbedingungen für die Ausführung von Bauleistungen" und der Teil C wird mit „Allgemeine Technische Vertragsbedingungen für Bauleistungen" überschrieben. Den unterschiedlichen rechtsgeschäftlichen Stellenwert bringen die Teilbezeichnungen zum Ausdruck. Der Teil A „Allgemeine Bestimmungen für die Vergabe von Bauleistungen" hat mit der Ausschreibungsphase bis zum Zuschlag zu tun.

3   Der Teil B heißt „Allgemeine Vertragsbedingungen für die Ausführung von Bauleistungen"; die Fassung 2006 fügt die Abkürzung VOB/B hinzu. Dieser Teil betrifft damit die Abwicklung der Bauleistungen, und die in dem Teil C versammelten Ausarbeitungen gewerkespezifischer Art führen seit der Überarbeitung 1988 die Bezeichnung „Allgemeine Technische Vertragsbedingungen für Bauleistungen (ATV)". Damit setzen sie sich von der zuvor gültigen Bezeichnung „Allgemeine Technische Vorschriften für Bauleistungen" ab.

A. Allgemeines  **Einleitung**

Die Teile B und C haben die Abwicklung der Bauleistungen nach dem Vertragsschluss 4
zum Gegenstand, wenn auch der Teil C im Abschnitt 0 Hinweise für das Aufstellen von
Leistungsbeschreibungen enthält, die nicht Vertragsbestandteil werden. Dieser Abschnitt 0
der jeweiligen gewerkespezifischen ATV korrespondiert mit der VOB/A und dort konkret
mit § 9, der in der Nr. 3 Abs. 4 ausdrücklich hervorhebt, für die Beschreibung der Leistung
seien die Hinweise im Abschnitt 0 der Allgemeinen Technischen Vertragsbedingungen für
Bauleistungen DIN 18299 ff. zu beachten.

Deren Stellenwert ist in Literatur und Rechtsprechung streitig.[1] Soweit § 9 VOB/A 5
Geltung als Rechtsnorm bei europaweiten Vergaben erlangt (§ 100 GWB; §§ 2 Nr. 4, 6
Abs. 1 VgV), ist die Beschreibungspflicht durch Außenrecht verbindlich festgelegt. Die
Vorschrift hat als Außenrecht auch bieterschützende Qualität,[2] woran dann konsequenter-
weise auch die im Abschnitt 0.2 der jeweiligen gewerkespezifischen ATV (VOB Teil C)
enthaltenen Regelungen Teil haben. Denn nach § 9 Nr. 4 VOB/A sind die „Hinweise für
das Aufstellen der Leistungsbeschreibung" in Abschnitt 0 der Allgemeinen Technischen
Vertragsbedingungen für Bauleistungen, DIN 18299 ff., zu beachten.

Im Bereich nationaler Vergaben – unterhalb des Schwellenwerts von 5 Millionen Euro 6
(§ 2 Nr. 4 VgV) – ist die Regelung lediglich Verwaltungsinternum.[3] Außenwirkung kann
allein über Rechtsfiguren des Zivilrechts begründet werden, nämlich insbesondere über
Auslegungsgesichtspunkte und Verschulden bei Vertragsverhandlungen nach § 311 Abs. 2
BGB. Wer ausschreibt, schafft bei Ausrichtung am Maßstab des § 9 VOB/A und den
Hinweisen für die Abfassung von Leistungsverzeichnissen nach Abschnitt 0.2 der einschlägigen VOB/-C-Regelungen (vor allem Abschnitt 0.2 der DIN 18299) einen Vertrauenstatbestand.[4] Das gilt auch für Ausschreibungen eines privaten Auftraggebers, dessen Ausschreibung sich an den Vorgaben der VOB/A ausrichtet. Der Bieter darf dann darauf vertrauen,
dass die Ausschreibungsregeln der VOB/A, denen sich der Ausschreibende unterworfen hat,
beachtet. Dem Bieter erschließen sich bei Defiziten des Ausschreibungstextes im Vergleich
zur Maßstabsvorgabe aus § 9 VOB/A und den Hinweisen für das Aufstellen der Leistungsbeschreibung gemäß Abschnitt 0 der ATVen allerdings auch **Risikolagen** mit der Folge, dass
bei deren vorwerfbarer Unkenntnis Schadensersatzansprüche aus Verschulden bei Vertragsverhandlungen (cic; § 311 Abs. 2 BGB) entfallen.[5] Dann ist das Vertrauen nicht mehr
schutzwürdig.

Dem Wortlaut der Leistungsbeschreibung im Vergleich zu den Vorgaben des Abschnitts 0 7
der einschlägigen gewerkespezifischen VOB/C-Regelung kommt ein erheblicher und für
die Beurteilung der Risikolage maßgeblicher Stellenwert zu.[6] Allerdings ist die Frage, ob
diese Gesichtspunkte lediglich für eine solche Ausschreibung gelten, die auf die Einbeziehung der VOB/B und der VOB/C abstellen oder ob eine Erweiterung auch auf Ausschrei-
bungslagen zu erfolgen hat, bei denen der Vertragsschluss nach BGB-Regeln erfolgen soll.
Da die Beurteilung der Rechtsfolgen des Verhaltens im vorvertraglichen Raum ansteht, ist
bedeutungslos nach welchem Regime sich die Abwicklung des Vertrages ausrichtet. Deshalb
müssen bei einer Ausschreibung von Bauleistungen unter Zugrundelegung einer Leistungsbeschreibung, auf die mögliche Bieter Angebote abgeben, dieselben Grundsätze unabhängig
davon gelten, ob die Abwicklung der Bauverträge nach BGB oder VOB/B erfolgen soll.
Unterhalb der Schwellenwerte scheiden die Bestimmungen der VOB/A und damit auch die

---

[1] *Oberhauser* BauR 2003, 1110, 1112; *Vygen* FS Soergel S. 279; *Lederer/Niebuhr* FS Jagenburg S. 455; *Quack* BauR 1998, 381, 384.
[2] *Kapellmann/Messerschmidt* VOB/A § 9 Rdn. 1 m. w. N.
[3] Beck'scher VOB-Komm/*Pietzcker,* Syst II Rdn. 2, 3; *Ziekow* VergabeR 2003, 1, 9; *Dreher* NZBau 2002, 419, 426/427; vgl. aber BGH NJW 1998, 3636/3638.
[4] *Kapellmann/Messerschmidt/Kapellmann-Langen* VOB/B, § 2 Rdn. 122.
[5] *Ingenstau/Korbion/Müller-Wrede* VOB, 15. Aufl., § 100 GWG Rdn. 2, 3; BGH, U. v. 11. 11. 1993, VII ZR 47/93, NJW 1994, 850 = BauR 1994, 236.
[6] BGH, U. v. 11. 11. 1993, VII ZR 47/93, NJW 1994, 850 = BauR 1994, 236; BGH U. v. 27. 6. 1996, VII ZR 59/95, NJW 1997, 61 = BauR 1997, 126; vgl. *Oberhauser* BauR 2003, 1110 ff.; *Erdl* BauR 2004, 166 ff.; *Quack* BauR 1998, 381.

**Einleitung** VOB Teil B im Gefüge der Verdingungsordnung

Regeln der VOB/C als Schutzgesetz aus.[7] Diese Lösung folgt eindeutig aus §§ 97 Abs. 7, 100 GWG.[8] Deshalb können Schadensersatzansprüche aus § 823 Abs. 2 BGB i. V. m. § 9 VOB/A und der VOB/C nicht hergeleitet werden. In Betracht kommen ausschließlich Ansprüche nach den Regeln des Verschuldens bei Vertragsverhandlungen, wenn die VOB/A-Ausschreibungsregeln der Sache nach Pflichtenkreise regeln, die § 311 Abs. 2 BGB zum Inhalt hat.[9] Das ist auch bei einem BGB-Bauvertrag zu bejahen; denn über die Formulierung des Leistungsverzeichnisses, auf welches der potentielle Auftragnehmer bieten soll, erhält der Nachfrager von Bauleistungen i. S. d. § 311 Abs. 2 BGB die Möglichkeit zur Einwirkung zumindest auf die Interessen des anderen. Das für die Angebotsabgabe formulierte Leistungsverzeichnis ist ein Mittel zur Aufnahme von Vertragsverhandlungen, wodurch ein Vertrauensverhältnis entsteht.[10]

## I. Entwicklung und Verhältnis der Teile A, B und C

8   Die drei Teile haben eine gemeinsame Geschichte, über die *Schubert*[11] und *Lampe-Helbig*[12] vorzüglich informieren.[13] Die aus den Teilen A, B und C bestehende VOB wurde am 6. 5. 1926 beschlossen und durch Erlass des Reichsfinanzministers vom 11. 9. 1926 eingeführt. Ihre Veröffentlichung erfolgte in der Zeitschrift Bauwelt 1926, S. 799 ff. Nach dem zweiten Weltkrieg übernahm der Deutsche Verdingungsausschuss für Bauleistungen (DAV), in dem die Auftraggeber- und die Auftragnehmerseite paritätisch vertreten sind, die Fortentwicklungsaufgabe. Die **Teile A und B** wurden **1952 neu** gefasst. Die Neubearbeitung der VOB/C erwies sich wegen des Bemühens um technisch richtige und vertragsrechtlich klare Aussagen als sehr komplex, weswegen die Ausgabe der **VOB/C vom Juli 1955** lediglich 16 neu bearbeitete ATVen umfasste. Die im März 1959 erschienene **Ausgabe 1958** fasste die unverändert gebliebenen Teile A und B sowie 26 bis dahin neu gefasste Allgemeine Technische Vorschriften für Bauleistungen (ATV) aus dem Bereich der VOB/C, sowie sieben ATVen aus dem unverändert gebliebenen alten Bestand in einem Band zusammen. Motor der Fortentwicklung bildete das Bedürfnis, den Altbestand der VOB/C-Regelungen der technischen Entwicklung anzupassen, was **1965** zu einer **Neuausgabe** führte. Die Teile A und B blieben unverändert nach dem Stand der Revisionsarbeiten von 1952 erhalten; die Überarbeitung der VOB/C war abgeschlossen. In der Folge wurden die Teile A und B einer grundlegenden Überarbeitung unterzogen, was zur **Ausgabe 1973** führte. Da bis zu diesem Zeitpunkt die Gesamtrevision der VOB/C-Vorschriften noch nicht abgeschlossen war, erschien 1976 ein Ergänzungsband zur Ausgabe 1973. Zur **Neuausgabe 1979,** zu der Erwägungsgründe und Erläuterungen erschienen sind (ZDB-Schriften 18), kam es im Wesentlichen in Folge des AGB-Gesetzes vom 9. 12. 1976 (BGBl. I S. 3317) und des neuen, ab 1. 1. 1980 in Kraft getretenen Umsatzsteuerrechts (BGBl. I S. 2359). Hiervon wurden die § 6 Nr. 6, § 16 Nr. 1 Abs. 1 und § 17 Nr. 6 VOB/B betroffen. 1984 und 1985 folgten Neuausgaben überarbeiteter VOB/C-Vorschriften, die damals noch die Bezeichnung „Allgemeine Technische Vorschriften für Bauleistungen" trugen.

9   Die **Ausgabe 1988** stand unter dem Motto der Straffung und Vereinfachung der VOB, was sich vor allem im Bereich der VOB/C durch Einführung der DIN 18299 zeigte. Außerdem wechselte deren Bezeichnung von „Allgemeine Technische Vorschriften für

---

[7] OLG Düsseldorf BauR 2003, 538, 540 (allerdings noch auf der Grundlage der haushaltsrechtlichen Lösung).
[8] Hinsichtlich der Verfassungskonformität dieser Regelungen besteht Streit; vgl. *Dreher* NZBau 2002, 419 ff.; *Kirst* VergabeR 2003, 17 ff.
[9] Vgl. OLG Koblenz BauR 2001, 1445.
[10] Palandt/*Heinrichs* BGB § 311 Rdn. 11.
[11] FS Korbion S. 389 ff.
[12] FS Korbion S. 249 ff.
[13] Vgl. auch Beck'scher VOB-Komm/*Müller* VOB/C Syst I.

A. Allgemeines  **Einleitung**

Bauleistungen" in „Allgemeine Technische Vertragsbedingungen für Bauleistungen"; die DIN 18451 (Gerüstarbeiten) wurde in die VOB/C neu aufgenommen. Damit war den verschiedentlich[14] geäußerten Umbenennungsforderungen bezüglich der Allgemeinen Technischen Vorschriften für Bauleistungen in Vertragsbedingungen Rechnung getragen worden. Deren Hintergrund war die Besorgnis, die Bezeichnung „Allgemeine Technische Vorschriften für Bauleistungen" bringe zum Ausdruck, dass es sich dabei um anerkannte technische Regelsätze und Erfahrungen handele, nicht aber um Vertragsbedingungen.[15] Die Entwicklung der drei Teile der VOB verlief demnach im Wesentlichen ohne Brüche konform,[16] wobei allerdings die jeweilige „Vorreiterrolle" je nach Bedürfnislage durchaus wechselte. Geschaffen für die Vergabe durch die öffentliche Hand[17] und für die Verwendung VOB insgesamt sowie im Verbund gedacht, haben alle Teile der VOB im Verlauf der Entwicklung Bedeutungsgehalt auch für den **Bereich des privaten Bauens** erhalten. Das betrifft nicht nur den in erster Linie hierfür prädestinierten Teil B, sondern auch die Teile A und C. Denn zahlreiche private Auftraggeber schreiben die nachgefragten Bauleistungen in Ausrichtung an der VOB/A aus. Der Umfang der hieraus entstehenden Bindungswirkung ist bei Fehlen ausdrücklicher Regelungen in den Verdingungsunterlagen Auslegungssache und eine Frage des Einzelfalles.[18]

Im Übrigen entsteht bei ausschließlich auf der Basis des BGB geschlossenen Bauverträgen problembezogen die Frage, ob und in welchem Umfang Rechtsfiguren der VOB/B in die BGB-Regelung integriert werden dürfen; Aspekte der Sachlogik, Auslegungsmöglichkeiten und Treu und Glauben spielen dabei eine Rolle.[19] Die Bestimmung der Relation der VOB/C-Regelung zum BGB-Werkvertrag ist spröde[20] und hat in Folge der Schuldrechtsreform wegen der Neubestimmung des Sachmangelbegriffs eine neue Dimension enthalten. Wenn nämlich die gewöhnliche Verwendungseignung u. a. danach bestimmt wird, welche Beschaffenheit Werke der gleichen Art üblicher Weise aufweisen und der Besteller erwarten kann, stellt sich die Frage, ob die Anforderungen der VOB/C unabhängig von ihrer Einbeziehung in den Vertrag Festlegungsqualität erhalten. Das hat auch damit zu tun, ob die VOB/C-Regeln Ausdruck von anerkannten Regeln der Technik sind oder letztlich Vertragsrecht repräsentieren.[21] **10**

Im Verlauf der **Fortschreibung der VOB** kommt hoher Stellenwert der im Interesse der Übersichtlichkeit und Vereinfachung 1988 geschaffenen DIN 18299, Allgemeine Technische Vertragsbedingungen für Bauleistungen (ATV), Allgemeine Regelungen für Bauarbeiten jeder Art, zu.[22] Sie enthält insbesondere in den Abschnitten 0 und 4 generelle, für alle Gewerke einschlägige Aussagen. Diese beiden Abschnittsarten waren erstmals 1965 in die Fassung der VOB/C-Vorschriften eingeführt worden.[23] Die dagegen vorgebrachten Bedenken,[24] der umfangreiche Katalog belaste die Vertragsbedingungen, ohne Aussagekraft für die vertraglichen Rechte und Pflichten zu haben, können aus praktischer Sicht nicht **11**

---

[14] *Daub/Piel/Soergel/Steffani* ErlZ B 0.1 ff.; 05; *Lampe-Helbig* FS Korbion S. 249, 252.
[15] *Lampe-Helbig* FS Korbion S. 249, 252.
[16] Vgl. *Lampe-Helbig* FS Korbion S. 249 ff.; 258, 259.
[17] *Lampe-Helbig* FS Korbion S. 249.
[18] Vgl. OLG Köln BauR 1994, 100; OLG Düsseldorf BauR 2000, 149 und BauR 1993, 597; Beck'scher VOB-Komm/*Motzke* VOB/A Syst III Rdn. 266 ff.; *Dähne* BauR 1990, 289/293/301.
[19] Vgl. BGH NJW 1987, 643; BGH JNJW 1996, 1346/1347; OLG Köln NJW 1973, 2111 = BauR 1973, 53, 55; zu einem Detail (§ 12 Nr. 2 lit. a VOB/B) *Marbach/Wolter* BauR 1998, 36/43.
[20] BGH U. v. 28. 2. 2002, VII ZR 376/00, NJW 2002, 1954 = NZBau 2002, 324 = BauR 2002, 935; Vgl. Beck'scher VOB-Komm/*Kuffer* VOB/C Syst VII Rdn. 1 ff. und ebenda *Motzke* Syst IV Rdn. 13 ff.; *Moufang/Klein* Jahrbuch Baurecht 2004, S. 71 ff.; *Grauvogl* Jahrbuch Baurecht 1998, S. 315 ff.
[21] Vor der Einbeziehung warnend *Quack* BauR 2003, 1290; siehe auch *Putzier* BauR 1993, 399 ff.; LG Hamburg BauR 1997, 839; *Ingenstau/Korbion/Oppler* VOB, 15. Aufl., VOB/B, § 4 Nr. 2 Rdn. 42 stuft die anerkannten Regeln als gegenüber der VOB/C vorrangig ein. Vgl. dazu gegenteilig Beck'scher VOB-Komm/*Motzke* VOB/C Syst III Rdn. 60, 61.
[22] Vgl. zu dieser Norm umfassend Beck'scher VOB-Komm VOB/C, DIN 18299 Rdn. 7 ff.
[23] *Lampe-Helbig* FS Korbion S. 249 ff., 259.
[24] *Lampe-Helbig* FS Korbion S. 259.

**Einleitung**  VOB Teil B im Gefüge der Verdingungsordnung

geteilt werden. Im Gegenteil müssen die Abschnitte 0 und 4, mit der Aufteilung in Abschnitt 4.1 und 4.2, nämlich immer zu erbringende und nicht besonders berechnungsfähige **Nebenleistungen** und vergütungspflichtige **Besondere Leistungen,** in vielfältiger Weise im Rahmen der Anwendung der Vergütungsregelungen nach § 2 Nr. 5, Nr. 6 VOB/B wie auch als Auslegungshilfe zur Leistungsbestimmung fruchtbar gemacht werden (vgl. unten Rdn. 19 ff.).

12    Der Zugriff der **Baukoordinierungsrichtlinie**[25] und der **Sektorenrichtlinie**[26] auf die Vergaberegelungen hat in der Folge zu den **Ergänzungsausgaben** der VOB/A und VOB/B vom Juli **1990** (Ergänzungsband 1990 II) und im Bereich der VOB/C zu Änderungen bei vier ATVen geführt, die im Ergänzungsband I zusammengefasst wurden. Dabei wurde die Änderung der Baukoordinierungsrichtlinie vom 18. 7. 1989, 89/440/EWG, die zu einer wesentlichen Erweiterung des Anwenderkreises und einer Neubestimmung des Begriffes „Bauwerk" führte, durch Einfügung der sogenannten a-§§ in die VOB/A und die Neufassung des § 1 Nr. 2 VOB/A berücksichtigt. **AGB-kritische Bestimmungen** wie § 16 Nr. 3 Abs. 2 VOB/B wurden durch eine schriftliche Unterrichtungs- und Hinweispflicht entschärft (→ § 16 Nr. 3 Rdn. 67 ff.). Die genannte **Sektorenrichtlinie** bedingte die **Neufassung 1992,** die in der VOB/A zu einer Abschnittsbildung mit vier Abschnitten führte; der Abschnitt 1 enthält die Basisparagraphen, der Abschnitt 2 die Basisparagraphen mit zusätzlichen Bestimmungen nach der EG-Baukoordinierungsrichtlinie (a-§§), der Abschnitt 3 die Basisparagraphen mit zusätzlichen Bestimmungen nach der EG-Sektorenrichtlinie (b-§§) und der Abschnitt 4 nur die Vergabebestimmungen nach der EG-Sektorenrichtlinie (VOB/A-SKR). Der Bauleistungsbegriff in § 1 VOB/A wurde einer erneuten Revision durch Streichung der Nr. 2 unterzogen.

13    Die **Neufassung der VOB Juni 1996** hat den Teil A unverändert gelassen und im Teil B sachlich zwei Bestimmungen geändert (bei § 2 Nr. 8 Abs. 3, → Kommentierung zu § 2 Nr. 8 und bei § 13 Nr. 4 Abs. 2, → § 13 Nr. 4 Rdn. 186 ff.). Kennzeichnend ist die Abhängigkeit der Verjährungsfrist vom Abschluss eines **Wartungsvertrages** mit dem beauftragten Unternehmer im Bereich maschineller und elektrotechnischer/elektronischer Anlagen. Hierdurch wird die Verantwortung des Auftraggebers für den Zustand der Leistung schon im Verlauf der Verjährungsfrist betont. Das ist bei aller Kritik an dieser Vorschrift, die sogar als ein Kerneingriff des DVA in die VOB/B eingestuft worden ist,[27] ein zukunftsweisender Schritt, dessen Erweiterung auf andere, von Wartung und Pflege abhängige Leistungen zu erwägen ist. Außerdem wurden im Bereich der VOB/C mit der ATV DIN 18385 (Förderanlagen, Aufzugsanlagen, Fahrtreppen und Fahrsteige) und der ATV DIN 18386 (Gebäudeautomation) völlig neue Allgemeine Technische Vertragsbedingungen für Bauleistungen geschaffen; im Übrigen erfolgte eine redaktionelle oder fachtechnische Überarbeitung der anderen Regelungen.

14    Ansonsten erfolgten wesentliche Eingriffe in das System durch **Änderungen des Haushaltsgrundsätzegesetzes** (Zweites Gesetz zur Änderung des Haushaltsgrundsätzegesetzes vom 26. 11. 1993, BGBl. I, 1928) und durch die Schaffung der Verordnung über die Vergabebestimmungen für öffentliche Aufträge (**Vergabeverordnung** – VgV, vom 22. 2. 1994, BGBl. I S. 321) sowie die Verordnung über das Nachprüfungsverfahren für öffentliche Aufträge (**Nachprüfungsverordnung** – NpV, vom 22. 2. 1994, BGBl. I, 324). Diese Gesetze und Verordnungen dienten nach der BT-Drucks. 12/4636 der Umsetzung der Basis- und Überwachungsrichtlinien des EG-Vergaberechts gemäß der sogenannten **haushaltsrechtlichen Lösung** in bewusster Entscheidung gegen ein eigenständiges **Vergabegesetz**

---

[25] Richtlinie des Rates vom 26. 7. 1971 über die Koordinierung der Verfahren zur Vergabe öffentlicher Bauaufträge – 71/305/EWG –, ABl. EG Nr. L 185/5 und Richtlinie 93/37/EWG des Rates vom 14. 6. 1993 zur Koordinierung der Verfahren zur Vergabe öffentlicher Bauaufträge – ABl. EG Nr. L 199/54 vom 9. 8. 1993.

[26] Richtlinie des Rates vom 17. 9. 1990 betreffend die Auftragsvergabe durch Auftraggeber im Bereich der Wasser-, Energie- und Verkehrsversorgung sowie Telekommunikation – 90/531/EWG – ABl. EG Nr. L 297.

[27] *Kraus* Beilage zu Baurecht Heft 4 1997.

A. Allgemeines  **Einleitung**

und belegten die überragende Bedeutung des EG-Vergaberechts, welches das nationale Recht zu berücksichtigen hatte. Hiervon wurde zwar die VOB/B unmittelbar nicht betroffen, wohl aber die Rechtsqualität der VOB Teil A beeinflusst, soweit gem. den a- oder b-§§ EG-weite Vergaben anstanden.

Die Rechtsentwicklung ist dabei jedoch nicht stehen geblieben, Die haushaltsrechtliche **15** Lösung, deren Kennzeichen die Versagung subjektiver Rechte auch im Bereich europaweiter Vergaben war, wurde unter dem Eindruck der europarechtlichen Vorgaben aufgegeben. § 97 Abs. 7. GWB ist sichtbarer Ausdruck dieses Rechtswandels. Den Hintergrund bildet das Vergaberechtsänderungsgesetz, das am 1. 1. 1999 in Kraft getreten ist, und in das GWB einen Vierten Teil (§§ 97 ff.) implementierte.[28]

Dies führte zur **Neuausgabe der VOB 2000.** Auf der Grundlage der Neufassungen der **16** Baukoordinierungsrichtlinie[29] und der Sektorenrichtlinie[30] kam es zu zahlreichen Änderungen im Teil A der VOB. Im **Teil B** wurden die § 2 Nr. 8, § 4 Nr. 8 und Nr. 10, § 6 Nr. 2, 7 Nr. 1, § 8 Nr. 2 und Nr. 3, § 12 Nr. 2 und § 16 Nr. 2 und Nr. 5 Änderungen unterzogen. In § 2 Nr. 8 Abs. 2 VOB/B war bei Bejahung eines Vergütungsanspruchs unklar, ob diese nach Maßgabe des § 632 BGB oder den vertraglichen Preisgrundlagen zu bestimmen war. Deshalb erfolgte der Einschub des Satzes 3: „Soweit dem Auftragnehmer eine Vergütung zusteht, gelten die Berechnungsgrundlage für geänderte oder zusätzliche Leistungen der Nummer 5 oder 6 entsprechend." § 4 Nr. 8 VOB/B wurde um eine eigenständige Sanktionsregelung erweitert, indem der Absatz 1 um einen Satz 3 erweitert wurde. Dessen Formulierung „Erbringt der Auftragnehmer ohne schriftliche Zustimmung des Auftraggebers Leistungen nicht im eigenen Betrieb, obwohl sein Betrieb darauf eingerichtet ist, kann der Auftraggeber ihm eine angemessene Frist zur Aufnahme der Leistung im eigenen Betrieb setzen und erklären, dass er ihm nach fruchtlosem Ablauf der Frist den Auftrag entziehe (§ 8 Nr. 3 VOB/B)" machte den Rückgriff auf die Regelung in § 4 Nr. 7 VOB/B überflüssig. Die Änderung in § 4 Nr. 10 VOB/B steht im Zusammenhang mit der Reduktion des § 11 Nr. 2 auf einen einzigen Satz. In § 12 Nr. 2 VOB/B wurde lit. b) „andere Teile der Leistung, wenn sie durch die weitere Ausführung der Prüfung und Feststellung entzogen werden" in der Absicht gestrichen, dass § 12 VOB/B nur noch die rechtsgeschäftliche Abnahme regelt. Der sich auf die technische Abnahme beschränkende Vorgang wurde unter Vermeidung des Begriffs Abnahme in § 4 Nr. 10 VOB/B integriert und als bloße Zustandsfeststellung deklariert. Die Zuweisung in den Bereich der Ausführung und der neuen Terminologie sollte klar stellen, dass mit der Zustandsfeststellung Rechtsfolgen nach Art der Abnahme gerade nicht verbunden sein sollten. In § 6 Nr. 2 Abs. 1 lit. a VOB/B, wonach Ausführungsfristen dann verlängert wurden, wenn die Behinderung durch einen vom Auftraggeber zu vertretenden Umstand verursacht worden war, ersetzte der Deutsche Verdingungsausschuss die Wörter „durch einen vom Auftraggeber zu vertretenden Umstand" durch die Formel „durch einen Umstand aus dem Risikobereich des Auftraggebers". Diese Regelung erfolgte klarstellend, weil nach der Rechtsprechung des BGH für die Fristverlängerung im Unterschied zur Schadensersatzregelung des § 6 Nr. 6 VOB/B kein Verschulden erforderlich war. In § 7 Nr. 1 VOB/B erweiterte der Verdingungsausschuss im Hinblick auf die Rechtsprechung des BGH[31] die Formulierung „oder andere unabwendbare, vom Auftragnehmer nicht zu vertretende Umstände" um die Einfügung „objektiv", so dass der generelle Ausschlusstatbestand lautet „oder andere objektiv unabwendbare, vom Auftragnehmer nicht zu vertretende Umstände". § 8 Nr. 3 Abs. 1 Satz 1 VOB/B erforderte lediglich die Berücksichtigung der Kündigungsmöglichkeit nach § 4 Nr. 8 Abs. 1 Satz 3

---

[28] BGBl. I 1998, 2546.
[29] Vom 13. 10. 1997 (Richtlinie 93/37/EWG des Rates zur Koordinierung der Verfahren zur Vergabe öffentlicher Bauaufträge, ABl. Nr. L 328 vom 28. 11. 1997 S. 1 ff.).
[30] Vom 16. 2. 1998 (Richtlinie Nr. 93/38 EWG des Rates zur Koordinierung der Auftragsvergabe durch Auftraggeber im Bereich der Wasser-, Energie- und Verkehrsversorgung sowie im Telekommunikationssektor, Abl. Nr. L 101 vom 1. 4. 1998 S. 1 ff.).
[31] U. v. 21. 8. 1997, VII ZR 17/96, BauR 1997, 1019/1020.

**Einleitung** VOB Teil B im Gefüge der Verdingungsordnung

VOB/B; § 8 Nr. 2 Abs. 1 VOB/B bedurfte der Änderung wegen des Außerkrafttretens der Vergleichs- bzw. der Konkursordnung und der Maßgeblichkeit der Insolvenzordnung. Wegen der Ersetzung des Lombardsatzes durch die Spitzenrefinanzierungsfazilität[32] erfolgte in § 16 Nr. 2 Abs. 2 und Nr. 5 Abs. 3 VOB/B die Umstellung vom Lombardsatz auf die Spitzenrefinanzierungsfazilität. Dabei erfuhr der Zinssatz in der Nr. 5 Abs. 3 eine erhebliche Anhebung von 1% auf 5% über dem Zinssatz der Bezugsgröße.

17 Mit In-Kraft-Treten des **Gesetzes zur Modernisierung des Schuldrechts**[33] bestand insbesondere wegen der Eingriffe in das Werkvertragsrecht die Notwendigkeit zu weiteren Anpassungen der VOB/B. Entsprechend der neuen Bezeichnung des Deutschen Vergabe- und Vertragssauschusses[34] heißt die VOB nunmehr „Vergabe – und Vertragsordnung für Bauleistungen (VOB)" und nicht mehr „Verdingungsordnung für Bauleistungen (VOB)". Das folgt so aus § 2 der Satzung,[35] der wie folgt lautet: „§ 2 Zweck und Aufgaben. Der DVA hat die Aufgabe, Grundsätze für die sachgerechte Vergabe und Abwicklung von Bauaufträgen zu erarbeiten und weiterzuentwickeln. Dies erfolgt insbesondere durch die Erarbeitung und Fortschreibung der Vergabe- und Vertragsordnung für Bauleistungen (VOB)." In der Fußnote hierzu heißt es, diese Bezeichnung löst die bisherige „Verdingungsordnung für Bauleistungen (VOB) ab.

18 Im **Teil A** beschränkt sich die Änderung auf den Formularbereich bei europaweiten Vergaben, was der Umsetzung der Richtlinie 2001/78/EG durch die Einführung neuer Bekanntmachungsmuster in den Anhängen der Abschnitte 2–4 dient; außerdem kam es zu wenigen redaktionellen Änderungen. Die Änderungen im Teil B fallen gravierend aus und erfassen zahlreiche Bestimmungen. Neben lediglich redaktionellen oder angeblich redaktionellen Änderungen finden sich gravierende Veränderungen, womit die Anpassung der VOB/B an das Reformprodukt des BGB vorgenommen wird. Allerdings bewahrt die VOB/B stellenweise durchaus ihre Eigenständigkeit; so wird der neue Mangelfreiheitsbegriff nicht total übernommen. Die VOB/B unterstellt in § 13 die Aliudleistung und das Manko nicht der Sachmangelregelung, wogegen das BGB beide Störungstatbestände in § 633 Abs. 2 Satz 3 dem Sachmangel unterwirft.

19 Von der Neuregelung sind folgende Bestimmungen betroffen: **In § 10 Nr. 2 Abs. 2 VOB/B** konnte deshalb, weil Versicherungsbedingungen nicht mehr vorzulegen und auch nicht mehr zu genehmigen sind, der Passus „innerhalb der von der Versicherungsaufsichtsbehörde genehmigten Allgemeinen Versicherungsbedingungen" gestrichen werden. **§ 12 Nr. 5 Abs. 2 VOB/B** übernimmt klarstellend den bereits im Absatz 1 enthaltenen Eingangssatz: „Wird keine Abnahme verlangt".

20 In **§ 13 VOB/B** finden sich zahlreiche Änderungen, die überwiegend mit dem neuen Sachmangelfreiheitsbegriff des § 633 BGB und in der Nr. 7 vor allem mit Bestimmungen in § 309 Nr. 7 BGB zusammen hängen. Die Bestimmung, die bisher mit Gewährleistung überschrieben war, erhält die Bezeichnung „Mängelansprüche", und hat in der **Nr. 1** den Sachmangel zum Gegenstand; der Zeitpunktbezug „zum Zeitpunkt der Abnahme" bleibt ebenso erhalten wie die ausdrückliche Benennung der Ausführung entsprechend den anerkannten Regeln der Technik. Allerdings ist die **Formulierung** an die **Sachmangelfreiheitsbeschreibung** ausgerichtet und lautet demnach nunmehr dahin, dass die Leistung zurzeit der Abnahme frei von Sachmängeln ist, wenn sie die vereinbarte Beschaffenheit hat und den anerkannten Regeln der Technik entspricht. Die **Transparenz dieser Aussage**, die sich an § 307 Abs. 1 Satz 2 BGB messen lassen muss, ist wegen der Verknüpfung mit dem Merkmal „vereinbarte Beschaffenheit" durch die Konjunktion „und" ebenso zu be-

---

[32] § 3 Abs. 2 Nr. 1 des Diskontsatz-Überleitungs-Gesetz vom 9. 6. 1998 (= DÜG BGBl. I, 1242) i. V. m. der Lombardsatz-Überleitungs-Verordnung vom 18. 12. 1998 (BGBl. I, 3819).
[33] Vom 26. 11. 2001 (BGBl. I, 3138).
[34] Vgl. Die Satzung vom 18. 10. 2000, § 1 „Der Verein führt als nicht rechtsfähiger Verein den Namen „Deutscher Vergabe- und Vertragsausschuss für Bauleistungen" (DVA). In der Fußnote heißt es dazu: „Die Bezeichnung löst die bisherige: „Deutscher Verdingungsausschuss für Bauleistungen (DVA)" ab.
[35] Wiedergegeben in „VOB 2000 Kongress in Berlin, Tagungsband, S. 113; erschienen bei *Beuth*.

A. Allgemeines                                                                                                          **Einleitung**

zweifeln, wie deshalb, weil die Einhaltung der anerkannten Regeln der Technik nach ständiger Rechtsprechung des BGH[36] gerade die Sachmangelfreiheit nicht verbürgt. Im Übrigen übernimmt die VOB/B die Aliud- und Mankoregelung des BGB nicht.

§ 13 Nr. 2 VOB/B zieht die Konsequenzen aus der Verbannung der Rechtsfigur  21
„zugesicherte Eigenschaften" und verbindet die Leistung nach Muster mit der vereinbarten Beschaffenheit. Das kann als Beleg dafür verwendet werden, dass die Beschaffenheitsvereinbarung im Werkvertragsrecht die zugesicherte Eigenschaft ersetzt. Zugleich kommt die Vorschrift – wie bisher auch bei der zugesicherten Eigenschaft – zu einer die Einstandspflicht bei Nichterreichung der vereinbarten Beschaffenheiten entschärfenden Aussage. Bei Leistungen nach Probe, wozu auch die Leistung nach Muster gehört, gelten die Eigenschaften der Probe nämlich als vereinbarte Beschaffenheit, soweit nicht Abweichungen nach der Verkehrssitte als bedeutungslos anzusehen sind. Im Unterschied zur strikten Einstandspflicht für eine vereinbarte Beschaffenheit nach § 13 Nr. 1 Satz 2 VOB/B wird damit ein Korrektiv eingeführt, das die Sachmangelhaftung bei Leistungen nach Probe (Muster) reduziert.

§ 13 Nr. 3 VOB/B erfährt nach der Begründung des Deutschen Vergabe- und Vertrags-  22
ausschusses lediglich eine redaktionelle Änderung. Der Begriff „Gewährleistung" wird gestrichen. Erhebliche Schwierigkeiten bereitet jedoch die Umformulierung des ersten Halbsatzes, der nach der Altfassung dann, wenn der Mangel auf Vorgaben im Bereich des Auftraggebers zurückzuführen ist, zur Haftungsfreistellung führte, wogegen es die Neuformulierung bei dem Fortbestand der Haftung belässt; die Befreiung von der Haftung tritt erst ein, wenn der Auftragnehmer die ihm nach § 4 Nr. 3 VOB/B obliegende Mitteilung gemacht hat. Die Altfassung sah in der Verletzung dieser Prüfung- und Mitteilungspflicht einen haftungsbegründenden Tatbestand. Nunmehr stellt sich die Wahrnehmung der Prüfungs- und Mitteilungspflicht als Entlastung dar, was wohl eine entsprechenden Darlegungs- und Beweislast des Auftragnehmers begründet.

§ 13 Nr. 4 VOB/B führt zu einer Verdoppelung der Verjährungsfristen: Aus der zwei-  23
jährigen Verjährungsfrist für Bauwerksmängel wird eine 4-Jahresfrist; aus der Einjahresfrist für Mängel bei Grundstücksarbeiten und Feuerungsanlagen wird eine Zweijahresfrist. Die Sonderregelung für Holzerkrankungen entfällt und für industrielle Feuerungsanlagen wird aus der Zweijahresfrist eine solche von einem Jahre. Bei maschinellen und elektrotechnischen/elektronischen Anlagen oder Anlagenteilen verlängert sich bei Verzicht auf ein Wartungsvertrag die auf ein Jahr verkürzte Verjährungsfrist auf zwei Jahre. Diese Verlängerung der Verjährungsfristen bleibt nicht ohne Auswirkungen auf die Rechtsfolgen der schriftlichen Mängelrüge und der Abnahme der Mängelbeseitigungsarbeiten.

Nach § 13 Nr. 5 VOB/B beginnt nicht mehr die Regelverjährungsfrist neu zu laufen,  24
wie das die bisherige Fassung vorgesehen hat. Neu zu laufen beginnt lediglich eine Zweijahresfrist, die jedoch nicht vor Ablauf der Regelverjährungsfrist oder der an ihrer Stelle vereinbarten Frist endet. Eine Abweichungsmöglichkeit ist nicht vorgesehen.

§ 13 Nr. 6 VOB/B berücksichtigt die Veränderung der Rechtsnatur der Minderung, die  25
nunmehr entsprechend § 638 BGB nicht mehr als Anspruch, sondern als Gestaltungsrecht konzipiert ist; wegen der Berechnung der Minderung wird auf § 638 BGB verwiesen, wobei die VOB/B eigenartigerweise darauf verzichtet, einen praxisgerechteren Zeitpunktbezug zu wählen. § 638 BGB stellt nämlich für die Ermittlung der Minderung auf den Zeitpunkt des Vertragsschlusses ab, was für einen Bauvertrag wenig angemessen erscheint.

§ 13 Nr. 7 VOB/B erfährt wegen der Neufassung der AGB-rechtlichen Vorschriften des  26
§ 309 Nr. 7 BGB eine erhebliche Überarbeitung. Damit befassen sich die Absätze 1 und 2; erst der Absatz 3 knüpft an die Altregelung des Absatzes 1 an und wurde in lit. b) der neuen Begrifflichkeit „vertraglich vereinbarte Beschaffenheit" unter Verzicht auf „vertraglich zugesicherte Eigenschaft" angepasst. Auf lit. a) mit dem bisherigen Inhalt kann verzichtet werden, weil dieser Regelungsinhalt in den Absätzen 1 und 2 aufgegangen ist. § 16 VOB/B wird mehrfach geändert.

---

[36] BGH NJW-RR 1995, 472; NJW-RR 1989, 849 = BauR 1989, 462.

**Einleitung**  VOB Teil B im Gefüge der Verdingungsordnung

27  Die ändernde Formulierung des **§ 16 Nr. 1 Abs. 3 VOB/B** muss in Verbindung mit § 286 Abs. 3 BGB gesehen werden; damit soll betont werden, dass der Ablauf der Frist von 18 Werktagen erst zur Fälligkeit führt und der bloße Fristablauf nicht verzugsauslösend ist. In **§ 16 Nr. 1 Abs. 4 VOB/B** wurde der Begriff Gewährleistung gestrichen, weil das Wort nicht mehr verwendet wird. **§ 16 Nr. 2 Abs. 1 VOB/B** vereinheitlicht die Zinsregelung mit dem BGB: Auf die Bezugsgröße Spitzenrefinanzierungsfazilität wird zu Gunsten einer Vereinheitlichung mit dem BGB verzichtet; die Anknüpfung erfolgt am Basiszinssatz, was wegen der Prozentsatzunterschiede zwischen dem Basiszinssatz und der Spitzenrefinanzierungsfazilität mit einer Anhebung des Erhöhungssatzes (von 1% auf 3%) verbunden ist. **§ 16 Nr. 3 Abs. 1 VOB/B** hebt hervor, dass spätestens der Ablauf der zweimonatigen Prüfungsfrist zur Fälligkeit der Schlussrechnungsforderung führt, womit im Vergleich zu § 286 Abs. 3 BGB Verzug nicht eintritt. **§ 16 Nr. 5 Abs. 3 VOB/B** verzichtet im Interesse der Vereinheitlichung mit dem BGB auf die Anbindung des Verzugszinses an der Spitzenrefinanzierungsfazilität; verwiesen wird auf die Regelung des § 288 BGB, womit auch den Besonderheiten der Verbraucherbeteiligung Rechnung getragen wird. Von gravierende Bedeutung ist **§ 16 Nr. 5 Abs. 4 VOB/B,** weil daraus die Verzinsungspflicht eines unbestrittenen Guthabens unabhängig von einer Fristsetzung zwei Monate nach Rechnungszugang folgt. Der Zinssatz bestimmt sich wieder gemäß § 288 BGB. **§ 16 Nr. 5 Abs. 5 VOB/B** regelt nunmehr eigenständig das Recht zur Einstellung der Leistung, wenn der Auftragnehmer eine angemessene Nachfrist zur Zahlung gesetzt hat. Die **Neuformulierung des § 16 Nr. 6 VOB/B** erfolgt mit Rücksicht auf die Rechtsprechung des BGH,[37] um AGB-Konformität sicher zu stellen. Die schuldbefreiende Wirkung einer Zahlung an den Gläubiger des Auftragnehmers soll nämlich dann gewährleistet sein, wenn die Direktzahlung die Fortsetzung der Leistung gewährleistet.

28  In **§ 17 Nr. 1 Abs. 2 VOB/B** wird das Wort Gewährleistung durch Mängelansprüche ersetzt. **§ 17 Nr. 4 VOB/B** schließt das Recht des Auftraggebers aus, eine Bürgschaft auf erstes Anfordern als Sicherheit zu verlangen. **§ 17 Nr. 8 Abs. 1 VOB/B** befasst sich neu mit der Abwicklung der Vertragserfüllungssicherheit. **§ 17 Nr. 8 Abs. 2 VOB/B** regelt die Rückgabe einer Sachmängelsicherheit bereits nach Ablauf von zwei Jahren, wenn die Vertragsparteien etwas anderes nicht vereinbart haben. Diese Regelung korrespondiert mit der Verjährungsfristverlängerung in § 13 Nr. 4 VOB/B und berücksichtigt die verteuernde Wirkung einer Sicherheitsvorhaltung über 4 Jahre. Dem aufsichtlichen Verfahren **nach § 18 Nr. 2 VOB/B** wird nunmehr eine verjährungshemmende Wirkung beigemessen. Die Anerkennungsfiktion einer aufsichtlichen Entscheidung tritt abweichend von der bisherigen Regelung nach Ablauf von drei Monaten (bisher 2 Monate) ein. Die Hemmungswirkung endet abweichend von § 204 Abs. 2 BGB nicht erst nach 6 Monaten, sondern 3 Monate nach Zugang des schriftlichen Bescheides oder der Mitteilung vom anderweitigen Endes des aufsichtlichen Verfahrens.

29  Die Neufassung der VOB 2002 wurde im Bundesanzeiger am 29. 10. 2002 veröffentlicht. Für die **öffentlichen Auftraggeber** wurde die VOB in der Fassung 2002 jedoch erst mit Inkrafttreten der Vergabeverordnung (VgV) vom 14. 2. 2003[38] verbindlich. Denn die VgV vom 9. 1. 2001[39] hat in §§ 6 und 7 für die europaweiten Vergaben statisch auf die Abschnitte 2 bis 4 der VOB/A in der Fassung der Bekanntmachung vom 30. 5. 2000[40] verwiesen. Diese statische Verweisung verbot trotz Veröffentlichung der VOB am 29. 10. 2002 für die europaweiten Vergaben die Berücksichtigung der Neufassung. Erst die Neufassung der VgV vom 14. 2. 2003 stellte in §§ 6 und 7 die Verweisung auf den Teil A der Vergabe- und Vertragsordnung für Bauleistungen in der Fassung der Bekanntmachung vom 12. 9. 2002[41] her. Um die **einheitliche Anwendung der VOB** durch die öffentliche Hand sicher zu stellen, sollte

---

[37] NJW 1990, 2384.
[38] BGBl. I, 170, in Kraft getreten am 15. 2. 2003.
[39] BGBl. I, 110.
[40] Veröffentlicht im Bundesanzeiger Nr. 120a vom 30. 6. 2000.
[41] Veröffentlicht im Bundesanzeiger Nr. 202a vom 29. 10. 2002.

A. Allgemeines **Einleitung**

die Neufassung generell – also auch bei nationalen Vergaben – erst ab 15. 2. 2003 maßgeblich sein.

Die Anwendbarkeit der Neufassung der VOB Teil B 2002 hat deshalb zwischen privaten **30** und öffentlichen Auftraggebern zu unterscheiden. Die Neufassung gilt für Verträge, die ab 30. 10. 2002 zwischen privaten Auftraggebern und Unternehmern sowie Unternehmern untereinander geschlossen wurden, wenn die Einbeziehung der Neufassung rechtswirksam erfolgte.[42] Die öffentliche Hand schloss bis zum 14. 2. 2003 Verträge auf der Grundlage der Fassung der VOB Teil B von 2000. Der Inhalt dieser Verträge weicht wegen der bereits seit 1. 1. 2002 gültigen Werkvertragsregelung des BGB erheblich insbesondere von § 633 BGB ab.

Die **Neufassung der VOB/B 2006** weist insgesamt 14 Änderungen auf. Sie belegen **31** eine behutsame Anpassung und Fortentwicklung durch den DVA. Grundlegende Änderungsregelungen zu § 1 Nr. 3 und 4 wie auch § 2 Nr. 5 und 6 VOB/B wurden nicht aufgegriffen; insbesondere wurde davon abgesehen, eine diskutierte[43] ausdrückliche Regelung über die Dispositionsbefugnis des Auftraggebers zur Bauzeit in § 1 Nr. 3 VOB/B aufzunehmen. Abgesehen von den Ergänzungen in den Überschriften handelt es sich um der Transparenz dienende Klarstellungen in § 2 Nr. 7 VOB/B, wo der Satz 4 in Absatz 1 zum Absatz 2 gemacht und der bisherige Absatz 2 mit verändertem Wortlaut zum Absatz 3 gemacht wird. Der § 4 Nr. 8 Abs. 2 VOB/B wird im Anschluss an das bisherige Satzende (Vergabe- und Vertragsordnung für Bauleistungen) um die Worte Teile B und C ergänzt. Bei der Weitervergabe von Bauleistungen an Subunternehmer sieht deshalb die VOB/B – abgesehen von gesetzlichen Erfordernissen nach dem GWB – keine Ausschreibungsnotwendigkeit, sondern lediglich den Vertragsschluss auf der Basis der VOB/B und der VOB/C vor. § 6 Nr. 6 VOB/B nimmt mit Rücksicht auf die Rechtsprechung des BGH[44] klarstellend einen weiteren Satz 2 folgenden Inhalts auf: „Im Übrigen bleibt der Anspruch des Auftragnehmers auf angemessene Entschädigung nach § 642 BGB unberührt, sofern die Anzeige nach Nr. 1 Satz 1 erfolgt oder wenn Offenkundigkeit nach Nr. 1 Satz 2 gegeben ist." Die Neufassung des § 8 Nr. 2 Abs. 1 VOB/B berücksichtigt, dass Insolvenzanträge auch vom Auftraggeber und von anderen Gläubigern gestellt werden können. Bezüglich der Antragstellung durch den Auftraggeber hängt die Kündigungsmöglichkeit jedoch davon ab, dass der Eröffnungsantrag vom Auftraggeber zulässigerweise gestellt wird.

Die Neufassung des § 13 Nr. 4 Abs. 1 Satz 1 VOB/B berücksichtigt die Neufassung der **32** Verjährungsregelung in § 634a Abs. 1 Nr. 1 BGB insofern, als dort eine Anknüpfung an Arbeiten an einem Grundstück nicht mehr vorgenommen wird. Die VOB/B übernimmt die nunmehrige Beschreibung in § 634a Abs. 1 Nr. 1 BGB ohne die Erstrecung auf Planungs- oder Wartungsleistungen. § 13 Nr. 4 Abs. 2 VOB/B sellt in der Neufassung klar, dass bei Vereinbarung einer verlängerten Verjährungsfrist für Sachmängelansprüche ohne gleichzeitige Vergabe von Wartungsarbeiten dennoch für die Teile von maschinellen und elektrotechnischen/elektronischen Anlagen die auf zwei jahre verkürzte Wartungsfrist maßgeblich ist.

§ 16 Nr. 1 VOB/B fügt mit Rücksicht auf die BGH-Rechtsprechung zum Verlust der **33** Gesamtprivilegierung bei jeglicher Abweichung von der VOB/B vorsorglich ein, dass Abschlagszahlungen auch zu den vereinbarten Zeitpunkten zu gewähren sind, sobei jedoch auch insoweit der Wert der zu diesem Zeitpunkt nachgewiesenen Leistungen maßgeblich ist. In § 16 Nr. 3 VOB/B führt die Rechtsprechung des BGH[45] zur Einfügung eines Satzes 2 des Inhalts, dass der Einwand der fehlenden Prüfbarkeit nach Ablauf einer Zweimonatsfrist

---

[42] Wegen der Einbeziehungsregeln vgl. Vor § 1.
[43] Vgl. *Markus* NZBau 2006, 537.
[44] U. v. 13. 5. 2004, VII ZR 363/02, BGHZ 159, 161 = NJW 2004, 2373 = NZBau 2004, 432 = BauR 2004, 1285 = ZfBR 2004, 684.
[45] VU. v. 27. 11. 2003 VII ZR 288/02, BGHZ 157, 118 = NJW-RR 2004, 445 = BauR 2004, 316 = NZBau 2004, 216 = ZfBR 2004, 262; U. v. 23. 9. 2004, VII ZR 173/03, BauR 2004, 1937 = NZBau 2005, 40 = NJW-RR 2005, 167 = ZfBR 2005, 56.

**Einleitung** VOB Teil B im Gefüge der Verdingungsordnung

seit dem Zugang der Schlussrechnung nicht mehr erhoben werden kann. Die Neufassung des § 16 Nr. 3 Abs. 5 Satz 2 VOB/B stellt klar, dass die 24-Werktagesfrist für die Einreichung einer prüfbaren Rechnung oder der Vorbehaltsbegründung nach Ablauf der 24-Werktagesfrist für die Vorbehaltserklärung und nicht bereits nach Zugang der Vorbehaltserklärung selbst zu laufen beginnt. In § 16 Nr. 5 Abs. 5 VOB/B wird klar gestellt, dass es – wozu der bisherige Wortlaut Anlass sein konnte – nicht über die in Nr. 5 Abs. 3 angeführte Nachfristsetzung hinaus einer weiteren Fristsetzung bedarf, um die Arbeiten einstellen zu dürfen.

34  In § 17 Nr. 5 Satz 1 VOB/B wird am Satzende eingefügt „(und-Konto)." Damit soll klar gestelltw erden, dass für die Hinterlegung nur ein solches Konto ausreichend ist, über das ausschließlich beide Vertragspartner gemeinsam verfügen können. Das hat auch Auswirkungen auf die Nr. 6 bezüglich des Einbehalts, der wegen des dort enthaltenen Verweises auf die Nr. 5 gleichfalls der Einzahlung auf ein derartiges Konto bedarf, § 17 Nr. 6 Abs. 1 VOB/B erfährt eine Ergänzung um einen Satz 2, wonach bei Rechnungsstellung ohne Umsatzsteuer gemäß § 13b UStG die Umsatzsteuer bei der Berechnung des Sicherheitseinbehalts unberücksichtigt bleibt. § 18 VOB/B wird um eine Nr. 3 betreffend anderweitige Streitbeilegungsverfahren erweitert.

### 1. Rechtsqualität der VOB/B – Schuldrechtsreform

35  Nach der Rechtsprechung steht die Einordnung der VOB/B als einer Allgemeinen Geschäftsbedingung fest.[46] Hieran hat sich in Folge der Schuldrechtsreform nichts geändert; im Gegenteil ist die Qualifizierung als einer Allgemeinen Geschäftsbedingung wegen der in § 308 Nr. 5 und § 309 Nr. 8 lit. b) ff) BGB enthaltenen Regelung bestätigt worden. Die Materialien betonen, dass die Rechtsprechung des Bundesgerichtshofs zur Behandlung der VOB/B auch hinsichtlich ihrer Privilegierung bei Einbeziehung als Ganzes beibehalten wird.[47] Der BGH hat es offen gelassen, ob die Rechtsprechung zur VOB/B als Ganzes auch auf Fälle unter Geltung des Gesetzes zur Modernisierung des Schuldrechts anwendbar ist.[48] Angesichts der Formulierung in § 305 Nr. 5 und § 309 Nr. 8 lit. b) ff) BGB mag zweifelhaft sein, ob damit allein der Gesetzgeber die Privilegierung der VOB/B bei Geltung als Ganzes zum Ausdruck gebracht hat. Denn diese Bestimmungen schließen lediglich die Prüfung der Fiktionsregeln und der Verkürzung der Verjährungsfrist für die Sachmangelansprüche in der VOB/B aus. Aussagen zu sonstigen Bestimmungen der VOB/B fehlen. Würde unabhängig davon jede andere Einzelbestimmung der VOB/B auch bei ihrer Geltung als Ganzes der Einzelkontrolle zugänglich sein, wären z. B. § 8 Nr. 1 oder § 16 Nr. 3 VOB/B[49] wegen Verstoßes gegen § 307 Abs. 2 BGB mit der Folge unwirksam, dass die VOB/B nicht mehr Ganzes gelten würde.

36  Der gesetzgeberische Ansatz, jedenfalls die Fiktionsregeln der VOB/B und die Verkürzung der Verjährungsfristen bei Geltung als Ganzes für wirksam zu halten, wäre damit zunichte gemacht, und käme nicht zum Tragen. Die Privilegierung der VOB/B bei deren Geltung als Ganzes ist zwingende Notwendigkeit, um das gesetzgeberisch in §§ 308 Nr. 5 und 309 Nr. 8 lit. b) ff) BGB verfolgte Ziel zu erreichen. Eine teleologische Auslegung führt zu diesem Ergebnis, das allerdings in der Literatur sehr umstritten ist.[50] Die Anforde-

---

[46] Zuletzt BGH U. v. 22. 1. 2004 VII ZR 419/02 NJW 2004, 1597 = NZBau 2004, 267 = BauR 2004, 668, 669 *Kapellmann/Messerschmidt/von Rintelen* VOB/B Einl. Rdn. 44; *Oberhauser* Bauvertragsrecht, S. 27 ff.; a. A. *Leupertz* Jahrbuch Baurecht 2004, S. 45 ff.; *Siegburg* BauR 1993, 9 ff.

[47] BT-Drucks 14/6040 S. 154.

[48] Zuletzt BGH U. v. 22. 1. 2004 VII ZR 419/02 NJW 2004, 1597 = NZBau 2004, 267 = BauR 2004, 668, 670.

[49] BGH BauR 1991, 740; *Frikell* BauR 2002, 672 ff.

[50] Gegen die fortbestehende Privilegierung der VOB/B nach der Schuldrechtsreform *Peters* NZBau 2002, 113, 115; *Lenkeit* BauR 2002, 196, 223; *Oberhauser*, Jahrbuch Baurecht 2003, S. 1, 27; *Preussner* BauR 2002, 231, 242; *Schwenker/Heinze* BauR 2002, 1143, 1144 ff.: *Hoff* BauR 2001, 1654; *Markus/Kaiser/Kapellmann* AGB-Handbuch Rdn. 61 ff.; für Privilegierung *Kretschmann*, Jahrbuch Baurecht 2005, S. 111, 127; für eine

rungen an die Rechtssicherheit, die den BGH nunmehr dazu bewogen haben, die **Kerneingriffstheorie** zu Gunsten einer **allgemeinen Eingriffstheorie** aufzugeben,[51] gebieten, entweder die Privilegierung auf der Grundlage des **Kompensationsgedankens** zu bejahen oder zu verneinen. Der von *Rintelen* verfolgte Ansatz einer fortentwickelten Einzelklauselkontrolle unter Berücksichtigung einer weiten Kompensation[52] führt zu einer Rechtsunsicherheit und ist mit den Materialien zur Schuldrechtsreform nicht stimmig. Der Gesetzgeber stellt dort klar, dass die Rechtsprechung des BGH zur Gesamtprivilegierung im Gesetz ihre Entsprechung finden soll. Diese Rechtsprechung aber beruht auf einer generell zu bejahenden und nicht in jedem Einzelfall erst noch zu prüfenden berechtigten weiten Kompensation. Wie bisher § 23 Abs. 2 Nr. 5 AGBG bilden §§ 308 Nr. 5 und 309 Nr. 8 lit. b) ff) BGB in Verbindung mit der Rechtsprechung des BGH den Anlass, bei ungestörter Geltung der VOB/B nicht einzelne Bestimmungen der VOB/B einer Kontrolle zu unterwerfen, weil dadurch der durch das Zusammenwirken sämtlicher Bestimmungen verfolgte billige Ausgleich der Interessen gestört wird.[53] Allein aus dem Umstand, dass die zur Schuldrechtsreform einschlägigen Materialien die Grundentscheidung des BGH als den Ausgangspunkt der Rechtsprechung zur Privilegierung nicht nennt[54] und das BGB lediglich Einzelprivilegierungen einführt, schließen zu wollen, das Gesetz lehne die Gesamtprivilegierung ab, wäre überzogen. Nimmt der Auftraggeber eine in der VOB/B ausdrücklich enthaltene Abweichungs- oder Öffnungsklausel wahr und bestimmt z. B. abweichend von § 12 Nr. 1 VOB/B eine andere Frist für die Abnahme, erweist sich dies entgegen OLG Naumburg[55] nicht als Eingriff in die VOB/B mit der Folge, dass eine isolierte Klauselkontrolle jeder Einzelbestimmung erfolgt. Denn die Öffnungsklausel gehört zur VOB/B als Ganzes, was dazu führt, dass dann, wenn davon Gebrauch gemacht wird, die VOB/B als Ganzes nicht betroffen wird, wenn der durch die Klausel auch mit Rücksicht auf § 307 BGB eröffnete Rahmen nicht überschritten wird.

### 2. VOB/B und Verbraucherschutzrichtlinie

Die Richtlinie 93/13/EWG des Rates vom 5. 4. 1993 über missbräuchliche Klauseln in Verbraucherverträgen (Klauselrichtlinie)[56] beschreibt als missbräuchlich solche Vertragsklauseln, die entgegen den Geboten von Treu und Glauben zum Nachteil des Verbrauchers ein erhebliches und ungerechtfertigtes Missverhältnis der vertraglichen Rechte und Pflichten der Vertragspartner verursacht (Art. 3 Abs. 1 der Klauselrichtlinie). Als im Einzelnen nicht ausgehandelte Vertragsklausel definiert Art. 3 Abs. 2 der Klauselrichtlinie solche, die im Voraus abgefasst wurden und der Verbraucher deshalb, insbesondere im Rahmen eines vorformulierten Standardvertrages, keinen Einfluss auf deren Inhalt nehmen konnte. Mit Rücksicht hierauf kann es keinen Zweifel daran geben, dass die VOB/B als eine Ansammlung derartiger Vertragsklauseln zu qualifizieren ist. Wenn auch die Klausel-Richtlinie keinerlei Anhaltspunkte dafür enthält, dass ein von dritter Seite erarbeitetes Klauselwerk unter bestimmten Umständen insgesamt von jeglicher Kontrolle frei gestellt werden kann, ist dem innerstaatlichen Recht eine solche Befugnis nicht abzusprechen. 37

Denn Art. 6 Abs. 2 der Richtlinie bestimmt, dass die Mitgliedstaaten vorsehen, dass missbräuchliche Klauseln in Verträgen, die ein Gewerbetreiben mit einem Verbraucher geschlos- 38

---

Privilegierung besonderer Art *Kapellmann/Messerschmidt/von Rintelen* VOB/B, Einl. Rdn. 51 ff.: verfolgt wird eine erweiterte Kompensationslösung, die abgesehen von § 12 Nr. 5 und § 13 Nr. 4 VOB/B jede Klausel einer Kontrolle zuführt, jedoch Kompensationen zulässt.

[51] NJW 2004, 1597 = NZBau 2004, 267 = BauR 2004, 668.
[52] In *Kapellmann/Messerschmidt* VOB/B Einl. Rdn. 67.
[53] BGH NJW 1983, 816 = BauR 1983, 161/164.
[54] Die BR-Drucks. 14/6040 S. 154 nennt nicht die Ausgangsentscheidung des BGH BGHZ 86, 135 = NJW 1983, 816 = BauR 1983, 161.
[55] BauR 2006, 849, 850; in diese Richtung aber auch OLG Frankfurt BauR 2005, 1939.
[56] Amtsblatt der Europäischen Gemeinschaften Nr. L 95 vom 21. 4. 1993 S. 29; abgedruckt auch in *Schulze/Zimmermann* Basistexte zum Europäischen Privatrecht. 63 ff. und NJW 1993, 1838.

sen hat, für den Verbraucher unverbindlich sind, und die Mitgliedsstaaten die Bedingungen hierfür in ihrem innerstaatlichen Rechtsvorschriften fest legen. Das schließt die Befugnis ein, ein Klauselwerk insgesamt bei fehlendem Missverhältnis der vertraglichen Rechte und Pflichten der Vertragspartner (Art. 3 Abs. 1 der Richtlinie) von jeglicher Kontrolle freizustellen, also zu privilegieren. Im Rahmen dieser Prüfung besteht Übereinstimmung mit der Richtlinie, wenn auf eine weite Kompensation (**Gesamtkompensation**) abgestellt wird. Diesen Ansatz prägt Art. 4 Abs. 1 der Richtlinie, wonach die Missbräuchlichkeit einer Vertragsklausel unbeschadet des Art. 7 der Kläuselrichtlinie unter Berücksichtigung der Art der Güter oder Dienstleistungen, die Gegenstand des Vertrages sind, aller den Vertragsschluss begleitenden Umstände sowie aller anderen Klauseln desselben Vertrages oder eines anderen Vertrages, von dem die Klausel abhängt, zum Zeitpunkt des Vertragsschlusses beurteilt wird.

**39** Die Missbräuchlichkeitsprüfung hat demnach alle anderen Klauseln ohne Rücksicht auf einen engen Regelungsbereich einzubeziehen; die Richtlinie steht damit nicht auf dem Standpunkt der sog. **engen Kompensation.**[57] Im Übrigen enthält der Anhang der Richtlinie, der nach Art. 3 Abs. 3 lediglich als Hinweis und keineswegs erschöpfend zu verstehen ist, unter Ziff. 1 lit. b) hinsichtlich der den Verbraucher in seiner Rechtsstellung bei Fällen der Nichterfüllung oder mangelhaften Erfüllung durch den Gewerbetreibenden einschränkenden Klauseln kein absolutes Verbot, sondern spricht von Ausschluss oder ungebührlicher Einschränkung. Das schließt eine Wertung ein und fordert insbesondere bei einer Klausel, die eine Verkürzung der Verjährungsfrist für die Sachmängelansprüche beinhaltet nicht absolut eine Unwirksamkeit. Ob eine ungebührliche Einschränkung vorliegt, lässt sich nur im Kontext der anderen Klauseln beurteilen, ohne dass an diese zweckkongruente Anforderungen zu stellen wären.[58]

**40** Die **VOB/B** geht vom Gedanken der **Gesamtkompensation** aus; denn gerade die Regelung in § 13 Nr. 4 VOB/B ist mit einem zweckkongruenten Ansatz nicht zu erklären.[59] Eine allseitige Gesamtkompensation kann bei entsprechendem Willen des Gesetzgebers und der Rechtsprechung eine Gesamtprivilegierung eines Bedingungswerks mit der Folge begründen, dass eine Prüfung der Einzelklauseln (Individualkontrolle) ausscheidet.[60] Eine umfassende Kompensationswirkung kommt kollektiv ausgehandelten und anerkannten Klauselwerken wie etwa der VOB/B zu.[61] Das widerspricht der Richtlinie 93/23/EWG (Klausel-Richtlinie) nicht, da nach Art. 6 der Klausel-Richtlinie das innerstaatliche Recht die Unwirksamkeitsbedingungen festlegt.

### 3. Angriffe auf die VOB/B und den DVA

**41** Insbesondere mit der Einführung der Regelung in § 13 Nr. 4 Abs. 2 VOB/B im Jahre 1996 sahen sich die VOB/B und der damals noch so bezeichnete Deutsche Verdingungsausschuss (DVA) verstärkten Angriffen ausgesetzt.[62] *W. Peters*[63] betitelte seine Untersuchung mit „Der deutsche Verdingungsausschuss für Bauleistungen (DVA) – Motor oder Bremse der VOB?" Das Ergebnis seines Überblicks ist, dass der DVA seinem Auftrag, die VOB zeitgemäß und praxisgerecht auszugestalten gerecht wird. *Kraus* hat die Entwicklung der VOB/B

---

[57] *Kapellmann/Messerschmidt/von Rintelen* VOB/B Einl. Rdn. 73, 74; so auch *Nasall*, in: *Gebauer/Wiedmann* Zivilrecht unter europäischem Einfluss Kap. 5 Rdn. 65.
[58] A. A. *Quack* ZfBR 2002, 428; *Tempel* NZBau 2002, 465, 468; *Wolf/Horn/Lindacher* Art. 4 RiLi Rdn. 8; wie hier *Micklitz* ZeuP 1993, 522, 527; *Kapellmann/Messerschmidt/von Rintelen* VOB/B Einl Rdn. 73, 74 mit weiteren Nachweisen.
[59] *Kapellmann/Messerschmidt/von Rintelen* VOB/B Einl. Rdn. 54.
[60] A. A. *Kapellmann/Messerschmidt/von Rintelen* VOB/B Einl. Rdn. 66, 67.
[61] BGH U. v. 29. 11. 1002 V ZR 105/02 NZBau 2003, 145; BGHZ 101, 357, 364 = NJW 1988, 55 = BauR 1987, 694.
[62] *Kraus* NJW 1998, 1126; *ders.* Beilage zu BauR Heft 4 1997; *Schlünder* BauR 1998, 1123; *Koch* BauR 2001, 1654; *Kraus/Sienz* BauR 2000, 631, 636; *Tomic* BauR 2001, 14, *Joussen* Jahrbuch Baurecht 1998, S. 111, 129 ff.; *Voppel* NZBau 2003, 6.
[63] Im Jahrbuch Baurecht 2000, S. 52 ff.

A. Allgemeines **Einleitung**

kritisch begleitet.[64] Das Institut für Baurecht Freiburg i. Br. e. V. hat Empfehlungen an den DVA zur Überarbeitung der VOB/B ausgesprochen und dabei zwischen verschiedenen Dringlichkeitsstufen unterschieden.[65] Nicht alles von diesen Vorschlägen und Empfehlungen ist „unter die Dornen" gefallen; so wurde die technische Abnahme aus § 12 Nr. 2 VOB/B herausgenommen und in § 4 Nr. 10 VOB/B integriert. Die Angriffe gegen die mit 2 Jahren kurze Regelfrist haben schließlich Wirkung gezeigt und die Fristen sind in der Neufassung 2002 auf 4 Jahre verlängert worden. In § 6 Nr. 2 Abs. 1 lit. a) wurde der subjektive Einschlag (zu vertretenden Umstand) in der Fassung 2000 durch eine Objektivierung (Umstand aus dem Risikobereich des Auftraggebers) ersetzt. Die Vorschläge zu § 2 Nr. 8 Abs. 2 und 3 VOB/B wurden aufgegriffen. Manches verhallte ungehört: In § 4 Nr. 1 VOB/B die Verpflichtung des Auftraggebers zur Gestellung eines ausführungsgeeigneten Baugrundstücks; in § 4 Nr. 7 Satz 3 VOB/B angedachte Selbstbeseitigungs- und damit verbundene Kostenerstattungsmöglichkeit; in § 6 Nr. 6 VOB/B die Parallelgeltung des § 642 BGB; die Streichung des § 13 Nr. 4 Abs. 2 VOB/B; die Regelung in § 2 Nr. 7 VOB/B wurde nicht gestrichen und eine Nr. 10, die hinsichtlich des Pauschalvertrages auf die Nummern 1 und 4 bis 9 verweist, nicht hinzugefügt.

**a) Optimierungsvorschläge.** Diese Gesichtspunkte mögen im Einzelfall berechtigte 42
Vorschläge zu einer Optimierung der VOB/B sein. *Oberhauser*[66] hat sich umfassend mit einer möglichen Neukonzeptionierung der VOB/B befasst. Die solche Reformbemühungen tragenden Überlegungen weisen jedoch jeweils einen unterschiedlichen Ausgangspunkt auf. Geht es *Kraus* u. a. mehr darum, die bezweifelte Ausgeglichenheit der gegenseitigen Interessen und die Angemessenheit der Regelungen der VOB/B ins Lot zu bringen, sieht *Oberhauser* den Bedarf eher darin, dass sich die VOB/B den baurechtlichen Entwicklungen zu stellen habe, so z. B. im Bereich der Vertragstypologie und der Konzepte, die Bauleistungen aus einer Hand anzubieten und zu liefern. Sie bleibt dabei jedoch nicht stehen, sondern stellt neben anderem auch zur Diskussion, die Differenzierung zwischen § 2 Nr. 5 und 6 VOB/B aufzuheben oder die Mitwirkungsaufgaben des Auftraggebers als echte Auftraggeberpflichten zu formulieren. Die dazu jeweils vertretene Meinungsvielfalt löst Erörterungsbedarf aus, der zu kontroversen Ergebnissen führt, was schon daraus ersichtlich ist, dass *Oberhauser*[67] und *Kraus*[68] ein Streichen der fiktiven Abnahme erwägen, der BGB-Gesetzgeber aber in der seit 1. 5. 2000 geltenden Fassung des BGB jedoch die fiktive Abnahme sogar in das BGB (§ 640 Abs. 1 Satz 3 BGB) eingefügt hat. Wenn auch die Abnahme als maßgebliche Zäsur für die Rechte und Pflichten beider Vertragsparteien anzusehen ist, hat der BGB-Gesetzgeber den Bedarf für eine Stärkung der Rechtsstellung der Auftragnehmer bejaht. Der diese Vorschläge nicht aufgreifende und damit unveränderte Zustand der VOB/B belegt jedoch nicht eine „gebremste VOB/B" oder gar deren Rückschrittlichkeit.

Im Gegenteil hat sich die VOB/B sogar in den Teilen, die wesentlichen Grundgedanken 43
der gesetzlichen Regelung nicht entsprachen, als ein **Vorbild für die Fortentwicklung** des **BGB** erwiesen. Das gilt so für die fiktive Abnahme in § 12 Nr. 5 Abs. 1 VOB/B, die – allerdings in modifizierter Form – in § 640 Abs. 1 Satz 3 BGB Eingang gefunden hat. § 16 Nr. 1 VOB/B fungiert seit Mai 2000 als Pate für eine – allerdings weiterhin verbesserungsbedürftige – Regelung in § 632a BGB. Das **Forderungssicherungsgesetz** wird für § 632a BGB eine noch verbesserte Anpassung an § 16 Nr. 1 VOB/B bringen, der hinsichtlich der Abschlagszahlungsregelung eine Art Vorbild für die BGB-Regelung geworden ist. So kann in manchen Teilen die VOB/B durchaus als Motor und gerade nicht als Bremse bezeichnet werden. Der DVA unternimmt es, die Entwicklung des privaten Baurechts eigenständig unter Abwägungen der betroffenen Interessen sachgerecht zu betreiben.

---

[64] In Baurecht Beilage zu Heft 4/1997.
[65] BauR 1999, 699 ff.
[66] Bauvertragsrecht im Umbruch, S. 173 ff.
[67] Bauvertragsrecht im Umbruch, S. 276.
[68] Beilage zu BauR Heft 4/1997, S. 23 f.

## Einleitung

**44** Dass dabei der **Ausgleichsgedanke** zu seinem Recht kommt, wird im Zusammenhang mit der Verlängerung der Regelverjährungsfrist für Sachmängelansprüche bei Bauwerken deutlich, wenn die schriftliche Mängelrüge einen neuen Fristlauf von strikt zwei Jahren ohne Abweichungsmöglichkeit nach § 13 Nr. 5 Abs. 1 Satz 2 VOB/B auslöst und bei der Gestellung der Sicherheit für Sachmängelansprüche gemäß § 17 Nr. 8 Abs. 2 VOB/B die Freigabe nach Ablauf von zwei Jahren und Mangelfreiheit der Leistung zu diesem Zeitpunkt zu erfolgen hat. Diesbezüglich wiederum sieht die VOB/B eine Abweichungsmöglichkeit vor.

**45** **b) Kerngehaltseingriffe durch den DVA.** Die von *Kraus*[69] und jüngst von *Oberhauser*[70] aufgestellte Behauptung, der DVA rühre mit seinen Änderungen an den Kerngehalt der VOB/B, ist unbegründet. Der DVA als Schöpfer der VOB/B kann nicht in den **Kerngehalt** der VOB/B eingreifen; solche Eingriffe können allein die Vertragsparteien im Rahmen der Einbeziehung der VOB/B durch ausgehandelte Abweichungen oder vorformulierte zusätzliche Bedingungswerke vornehmen. Maßnahmen des DVA können allerdings dazu führen, dass wegen der dadurch bewirkten **Unausgeglichenheit** der **gegenseitigen Interessen** die der VOB/B zugedachte **„Symmetrie"**[71] und folglich auch die Privilegierung verloren geht. Das muss jedoch im Einzelfall von Fassung zu Fassung geprüft werden.

**46** Das vom DVA geschaffene Ergebnis ist nicht schon durch diesen Schöpfungsakt privilegiert; dem DVA kommt nicht die Rechtsmacht zu, den Erfolg seiner Arbeit auch selbst verbindlich festzustellen. Ob die VOB/B als Ergebnis einer Neubearbeitung des DVA den **Vorzug der Gesamtprivilegierung** für sich in Anspruch nehmen kann, ist wertender Beurteilung durch die Gerichte zugänglich.[72] Eine solche Privilegierung ist – jederzeit widerlegbar – zu vermuten, wofür schon spricht, dass auch der Schuldrechts – Reformgesetzgeber[73] davon ausgeht, die VOB/B schaffe in ihrer jeweils geltenden Fassung einen insgesamt angemessenen Interessenausgleich zwischen den an Bauverträgen Beteiligten. So erscheint es als signifikant, dass die Abschaffung der Fiktionswirkung des § 12 Nr. 5 VOB/B gefordert wurde,[74] sich dann aber der Gesetzgeber selbst im Rahmen des sog. Beschleunigungsgesetzes zu einer Fiktion in § 640 Abs. 1 Satz 3 BGB entschloss. Im Rahmen des Forderungssicherungsgesetzes werden in noch verstärktem Umfang Anlehnungen an die VOB/B erfolgen, wenn für die Abschlagsforderungen eine prüfbare Rechnung gefordert wird.[75] Andererseits erfolgen auch Abgrenzungen insofern, als eine Abschlagszahlung bei wesentlichen Mängeln der bis dahin erbrachten Leistung nicht fällig werden soll. Das wird im Rahmen des § 16 Nr. 1 VOB/B so nicht gehandhabt; vielmehr wird insoweit mit einem Zurückbehaltungsrecht und damit einer Zug-um-Zug-Leistungsverpflichtung gearbeitet.[76]

**47** **c) Reformwillen des DAV.** Vergleicht man die Ausgabe der VOB/B aus dem Jahre 1926 mit der von 2002, wird der Reformwille des DVA bestätigt. Abweichend von BGB, das in seinem werkvertraglichen Teil mehr als 100 Jahre unverändert geblieben ist, ist die VOB/B vielfältigen Veränderungen unterzogen worden. Kein einziger der 18 Paragraphen ist im Verlauf dieser Entwicklung unverändert geblieben. Das spricht für den Willen zur **Ausdifferenzierung** und **Ausbalancierung** der in einem Langzeitvertrag miteinander verbundenen Bauvertragsparteien. Die Beobachtung der Entwicklung fördert auch die Erkenntnis, dass manches von dem, was gegenwärtig als Veränderungsbedarf und Zielvorstellung angemahnt wird, einer „Altformulierung" entspricht, von der im Verlaufe der Entwicklung aus Gründen der Differenzierung abgewichen wurde. Das gilt z. B. für die Forderung nach einer Aufhebung und Vereinheitlichung des § 2 Nr. 5 und 6 VOB/B.

---

[69] In Beilage zu BauR Heft 4/1997 S. 12.
[70] Jahrbuch Baurecht 2003, S. 1, 11.
[71] *Ganten* FS Mantscheff S. 89, 93.
[72] *Ganten* FS Mantscheff S. 89, 97; *Kraus* NJW 1998, 1126.
[73] BR-Drucks 14/6040 S. 154.
[74] *Kraus* Beilage zu Heft 4 BauR 1997, 23, 24.
[75] BR-Drucks. 458/04 zu § 632a BGB.
[76] BGH U. v. 21. 12. 1978 – VII ZR 269/77 BGHZ 73, 140 = NJW 1979, 656 = BauR 1979, 159.

A. Allgemeines **Einleitung**

Einen solchen Reform- und Anpassungswillen belegt auch die VOB/B in der Fassung 48
von 2006 mit ihren insgesamt 14 Änderungen, durch die vor allem Rechtsprechungsergebnisse in zentralen Stellen (§ 6 Nr. 6 und § 16 Nr. 3 VOB/B) übernommen, Klarstellungen vorgenommen und in § 18 VOB/B anderweitige Streitbeilegungsverfahren bedacht werden.

**d) Vergleich verschiedener VOB-Fassungen.** Die Fassung des § 2 Abs. 3 VOB/B hat 49
1926 wie folgt gelautet: „Wird eine Leistung gefordert, die im Vertrage nicht vorgesehen ist, oder werden durch Abänderung des Bauentwurfes oder durch andere Anordnungen des Auftraggebers die Grundlagen der Preisberechnung für eine im Vertrage vorgesehene Leistung wesentlich verändert, so soll die Vergütung vor der Ausführung vereinbart werden." Auch den Umstand, dass der BGH mit Urteil vom 25. 10. 1962[77] der schriftlichen Mängelrüge in § 13 Nr. 5 Abs. 1 VOB/B Fassung 1952 eine verjährungsunterbrechende Wirkung beigemessen hatte, nahm der DVA im Rahmen der Neufassung von 1973 zum Anlass, den Satz 1 der Bestimmung um den Satz 2 (Der Anspruch auf Beseitigung der gerügten Mängel verjährt mit Ablauf der Regelfristen der Nr. 4, gerechnet vom Zugang des schriftlichen Verlangens an, jedoch nicht vor Ablauf der vereinbarten Frist.) zu ergänzen. Ohne Notwendigkeit und durch die Entscheidungsgründe dieses BGH-Urteils nicht veranlasst erfolgte die zusätzliche Erweiterung um den Satz 4, der die Abnahme der Mängelbeseitigungsarbeiten einführte und diesen gleichfalls eine verjährungsunterbrechende Wirkung beimaß. Der DVA hat sich also gerade nicht Erkenntnissen verschlossen, sondern hat nicht nur Anpassung, sondern auch Fortentwicklung betrieben. Das ist so auch an anderen Stellen vorgenommen worden.

Als der BGH mit Urteil vom 17. 9. 1987[78] im Fall einer isolierten Inhaltskontrolle 50
feststellte, dass § 16 Nr. 3 Abs. 2 VOB/B (Fassung 1979) gegen § 9 AGBG verstößt, hat der DVA zwar noch nicht in der Fassung der VOB/B von 1988 wohl aber in der von 1992 die Ausschlusswirkung von der schriftlichen Unterrichtung über die Schlusszahlung und die Ausschlusswirkung abhängig gemacht. Länger dauerte die Anpassung des § 16 Nr. 6 Satz 1 VOB/B: Insoweit hatte der BGH bereits mit Urteil vom 21. 6. 1990[79] festgestellt, dass die Vorschrift in der damaligen Fassung einer isolierten und am Maßstab des § 9 AGBG ausgerichteten Inhaltskontrolle deshalb nicht standhielt, weil danach auch Zahlungen auf Forderungen für bereits abgeschlossene Leistungen schuldbefreiende Wirkung hatten. Der Auftraggeber kann lediglich ein erhebliches Interesse an der gegenüber dem Auftragnehmer befreienden Zahlung an Subunternehmer haben, wenn diese ihrerseits wegen des Verzugs des Auftragnehmers die Fortsetzung der Arbeiten am Bauwerk zu Recht verweigern. Denn dann hat die Direktzahlung den Sinn, die Fortsetzung der Arbeiten sicher zu stellen. Erst die Neufassung von 2002 fügte die damit erforderlich gewordene Voraussetzung für die schuldbefreiende Wirkung der Zahlung durch die Formulierung „und die Direktzahlung die Fortsetzung der Leistung sicherstellen soll" ein.

Dieser Ergänzungsbedarf war nach der Entscheidung des BGH deshalb notwendig geworden, weil das Urteil festgestellt hatte, dass die beanstandete Regelung weder durch Vorteile 51
der Gesamtregelung des § 16 VOB/B noch durch die sonstigen Vorschriften der VOB/B ausgeglichen worden ist. In den Kreis der durch die Rechtsprechung herbeigeführten Änderungen gehört auch § 2 Nr. 8 VOB/B. Diese Vorschrift versagte in der Fassung von 1988 ohne Anzeige auch bei Notwendigkeit einer im Vertrag nicht enthaltenen Leistung dem Auftragnehmer die Vergütung, auch wenn diese Leistung dem mutmaßlichen Willen des Auftraggebers entsprach. Mit der Entscheidung vom 31. 1. 1991 stellte der BGH fest, dass diese Regelung einer isolierten Inhaltskontrolle gemäß § 9 AGBG nicht standhält.[80] Zwar rechtfertigt das Interesse an frühzeitiger Aufklärung zur Überzeugung des BGH eine Anzeigepflicht, nicht jedoch die Versagung gesetzlicher Ansprüche, nämlich solcher aus Ge-

---

[77] VII ZR 68/61 NJW 1963, 810.
[78] VII ZR 155/86 NJW 1988, 55 = BauR 1987, 694.
[79] VII ZR 109/89 NJW 1990, 2384 = BauR 1990, 727 = ZfBR 1990, 272.
[80] VII ZR 291/88 NJW 1991, 1812 = BauR 1991, 331.

**Einleitung** VOB Teil B im Gefüge der Verdingungsordnung

schäftsführung ohne Auftrag. Zwar erfolgte die entsprechende Änderung des § 2 Nr. 8 VOB/B noch nicht in der Ausgabe von 1992, wohl aber in der Ausgabe vom Juni 1996 mit Anfügung des Abs. 3 in § 2 Nr. 8 VOB/B, womit darauf hingewiesen wurde, dass die Vorschriften der Geschäftsführung ohne Auftrag (§§ 677 ff. BGB) unberührt bleiben. Damit hat der DVA ausdrücklich auf das Nebeneinander von BGB- und VOB/B-Vorschriften hingewiesen und den Ausschließlichkeitscharakter der bisherigen VOB/B-Regelung verneint.

52   e) **Bedarf zur Fortentwicklung.** Zahlreiche Vorschriften der VOB/B sind jedoch nicht auf Grund einer kritischen Rechtsprechung der Gerichte geändert oder angepasst worden; vielmehr war Anlass der sonstige Entwicklungsbedarf, dem sich der DVA gestellt hat. Regelmäßig lag dem eine Differenzierung zu Grunde, die durch die Bauwirklichkeit gefordert war. Dabei wurde in gleicher Weise der Interessenlage sowohl der Auftraggeber- als auch der Auftragnehmerseite entsprochen. Hatte z. B. die Fassung 1926 des § 1 Abs. 3 VOB/B – den heutigen Nrn. 3 und 4 entsprechend – noch dahin gelautet, dass Abänderungen des Bauentwurfs anzuordnen dem Auftraggeber vorbehalten bleibt und Leistungen, die im Vertrag nicht vorgesehen sind, dem Auftragnehmer nur mit seiner Zustimmung übertragen werden, hat schon die Fassung 1952 in § 1 Nr. 4 VOB/B – der heutigen Regelung voll entsprechend – formuliert, dass nicht vereinbarte Leistungen, die zur Ausführung der vertraglichen Leistung erforderlich werden, der Auftragnehmer auf Verlangen des Auftraggebers mit auszuführen hat, außer wenn sein Betrieb auf derartige Leistungen nicht eingerichtet ist.

53   Damit wurde das BGB-mäßig vorgegebene Konsensualprinzip zu Lasten des Auftragnehmers eingeschränkt. Hatte die korrespondierende Vergütungsregelung in § 2 Abs. 3 VOB/B in der Fassung von 1926 inhaltlich noch dahin gelautet, dass in den Fällen des § 1 Abs. 3 VOB/B die Vergütung vor der Ausführung vereinbart werden soll, nahm bereits die Ausgabe von 1952 die Unterscheidung zwischen den Nr. 5 und 6 vor. Damit war preislich klar gestellt, dass bei Änderungen oder Zusatzleistungen die preislichen Grundlagen Vertrages galten und für die Zusatzleistung die Vergütungsanzeige Anspruchsvoraussetzung war. Preislich bedeutete dies, dass der Rückgriff auf § 632 BGB ausgeschlossen war, was für beide Vertragspartner die Fortschreibung der durch **den Vertrag herbeigeführten Parität** bedeutete und damit dem Gebot der **Vertragsgerechtigkeit** entsprach. Die Vergütungsanzeige sorgte dafür, dass der Auftraggeber preislich keine Überraschung erlebte. Ist das Baugeschehen angesichts des Spannungsverhältnisses zwischen Planung und Realität durch Überraschungsmomente gekennzeichnet, die insbesondere in der VOB/C an vielen Stellen angeführt werden, sollte preislich der Auftraggeber vor Überraschungen mittels der geforderten Vergütungsanzeige sicher sein.

54   Ein Vergleich der Regelung des § 3 VOB/B Fassung 1926 mit der von 1952 weist aus, dass die **Mitwirkungsaufgabe des Auftraggebers** in der Nr. 1 der Fassung 1952 dem Absatz 1 der Fassung von 1926 entspricht, jedoch in den Nummern 2 und 3 der Fassung 1952 Erweiterungen vorgenommen worden sind. Die Nr. 4 der Fassung von 1952 dient neu im Interesse beider Vertragsparteien deren Feststellungsinteresse. Erst die Nummern 5 und 6 der Fassung von 1952 entsprechen den Absätzen 2 und 3 der Fassung von 1926. Bei § 4 VOB/B erfolgte bei einem Vergleich der Ausgaben von 1926 und 1952 im Wesentlichen eine Bereinigung durch Ausgliederung der Zeitstörungstatbestände in § 5 VOB/B und Streichung von überflüssig gehaltenen Bestimmungen, wie z. B. der Nr. 5 des § 4 VOB/B Fassung 1926, wonach Angestellte oder Arbeiter, die sich dem Auftraggeber gegenüber ungebührlich benehmen auf Verlangen von der Baustelle zu entfernen sind.

55   Im Übrigen belegt der Textvergleich Feinarbeit, so z. B. in § 4 Nr. 1 Abs. 3 VOB/B Fassung 1926 hinsichtlich des dort noch nicht genannten Adressaten für Anordnungen des Auftraggebers. Das wird in der Fassung von 1952 nachgeholt. In der Nr. 3 wurde in der **Ausgabe von 1952** eingeführt, dass der Auftragnehmer die Bedenken dem Auftraggeber gegenüber unverzüglich, möglichst schon vor Beginn der Arbeiten schriftlich mitzuteilen habe. In der **Ausgabe von 1926** hatte es lediglich geheißen, die Bedenken seien vor

A. Allgemeines **Einleitung**

Inangriffnahme der Arbeiten schriftlich mitzuteilen. Präzisierungen erfolgten z. B. auch in § 6 VOB/B durch stärkere Gliederung in der Nr. 2 und Einfügung von Abrechnungsregeln in der Nr. 6. In § 12 Nr. 5 VOB/B wurde den Fiktionseintritt maßgebliche Frist von bisher 10 Werktagen auf 12 Werktage verlängert.

Erhebliche Veränderungen ergibt auch ein Textvergleich des § 17 VOB/B. Dass dabei der **56** DVA vom Bestreben geleitet war, die betroffenen Interessen angemessen zum Ausgleich zu bringen, ergibt ein Textvergleich hinsichtlich der die Aufbringung der Sicherheit betreffenden Vorschriften. Nach der Fassung von 1926 war die Sicherheit innerhalb von 12 Werktagen nach Zuschlag zu erbringen, wenn nicht anderes vereinbart war; ansonsten war der Auftraggeber berechtigt, von dem Guthaben des Auftragnehmers die Sicherheit einzubehalten. Die Fassung von 1952 hat in der Nr. 8 die Möglichkeit vorgesehen, dass die Sicherheit durch Einbehalt in Höhe von höchstens 10% der Zahlungen aufgebracht wird, was klarstellend dann in der **Fassung von 1973** in Verbindung mit der Abschlagszahlung gebracht worden ist. Dabei hat auch erst die Fassung von 1973 in der Nr. 2 grundsätzlich die Möglichkeit geschaffen, dass die Sicherheit durch Einbehalt aufgebracht werden kann. Die Intention der Fassung von 1952 ging dahin, für die Zukunft die allgemeine Anwendung der **VOB** zu erreichen und sie zum **Allgemeingut** aller am Bauschaffen interessierten Kreise zu machen.[81]

Insgesamt entsteht mit Recht der Eindruck, dass der DVA seiner Aufgabe, Grundsätze für **57** die Abwicklung von Bauaufträgen zu erarbeiten und weiter zu entwickeln gerecht wurde. Eine wichtige Zäsur für einzelne Formulierungen der VOB/B bildete nach der Neufassung von 1973 wegen des zum 1. 1. 1977 in Kraft getretenen AGBG die Fassung von 1979. Dabei war aber auch schon die **Neufassung von 1973** nicht ohne Stellenwert und belegt die Aktivitäten des DVA in vielfältiger Weise. Diese beschränkten sich nicht nur auf sprachliche Anpassungen (z. B. in § 1 VOB/B, wo in der Nr. 2 an die Stelle der „Beschreibung der Leistung" in lit. a) die Leistungsbeschreibung und in der Nr. 4 an die Stelle der „Vertragsleistung" der Begriff „vertraglichen Leistung" tritt. Neben solchen sprachlichen Verbesserungen auch in § 2 und 3 VOB/B hat der DVA Grundsätze zum Pauschalvertrag in § 2 Nr. 7 VOB/B neu formuliert. Wesentliche sachliche Änderungen im Interesse beider Vertragsparteien sind auch in § 5 Nr. 2 und 4 VOB/B vorgenommen worden: Zu Gunsten des Auftragnehmers wurde dem Auftraggeber in der Nr. 2 eine Auskunftspflicht hinsichtlich des voraussichtlichen Beginns auferlegt und in der Nr. 4 mit dem Verweis auf § 6 Nr. 6 VOB/B eine Klarstellung vorgenommen, die bezüglich der Rechtsfolgen bereits durch Rechtsprechung und Kommentarliteratur vorbereitet worden war. In § 7 VOB/B wurde der in der Fassung von 1952 noch enthaltene Absatz 2, der sich mit der Möglichkeit der Brandversicherung ersatzlos deshalb gestrichen, weil dem Auftraggeber nach den nunmehr einschlägigen Versicherungsbestimmungen der Abschluss einer Feuerversicherung auch im Rahmen der Feuerversicherung möglich war.

In § 8 VOB/B erfolgte durch Auflösung von Details der Nr. 3 der Fassung von 1952 in **58** die Nrn. 6 und 7 eine klarere Strukturierung; außerdem wurde das Abrechnungsgebot nach der Kündigung als verpflichtend formuliert; in § 9 Nr. 2 VOB/B fügte der DVA entsprechend § 5 Nr. 4 VOB/B die Fristsetzung mit Kündigungsandrohung ein. In § 13 Nr. 5 VOB/B wurde entsprechend der Rechtsprechung des BGH die verjährungsunterbrechende Wirkung der schriftlichen Mängelrüge und der Abnahme der Mängelbeseitigungsarbeiten aufgenommen und dem Auftraggeber der Anspruch auf Minderung auch dann zugestanden, wenn die Beseitigung des Mangels für ihn unzumutbar war; die Neufassung des § 14 Nr. 1 VOB/B führte zu einer Klarstellung hinsichtlich der Erfordernisse an eine prüfbare Schlussrechnung.

Die Änderungen in der Ausgabe 1973 wie auch die in der Fassung von 1979 verdeutli- **59** chen insgesamt, dass sich der DVA mit Übersicht der Aufgabe stellte, die Fortentwicklung der VOB/B im Interesse sowohl der Auftraggeber- als auch der Auftragnehmerseite zu

---

[81] Vgl. Vorwort von *Weil* zu *Heret/Naschold* VOB/A Kommentar 2. Aufl., 1960, S. 15, 16.

gestalten. Die vorgenommenen Änderungen sind auch für einen Außenstehenden unter Begründungsaspekten im Heft 18 der ZDB-Schriften des Zentralverbandes des Deutschen Baugewerbes dokumentiert. Dem AGBG wurde in § 6 Nr. 6 VOB/B insofern Rechnung getragen, als der Ersatz des entgangenen Gewinns nur bei Vorsatz oder grober Fahrlässigkeit in Betracht kam.

60  Die Ausgabe von 1979 ergänzte § 14 Nr. 1 auch um den Satz 4, wonach Änderungen und Ergänzungen des Vertrages in der Rechnung besonders kenntlich zu machen sind und auf Verlangen getrennt abzurechnen sind. In der Fassung von 1979 gab der DVA für die Beibehaltung der 2-Jahresfrist als Verjährungsfrist für die Gewährleistungsansprüche folgende Begründung: „Mängel an Bauwerken seien in der Regel bereits innerhalb von 2 Jahren erkennbar; bei einer längeren Frist könne oft nur noch unter Schwierigkeiten festgestellt werden, ob die Ursache auftretender Fehler auf einen Mangel der Bauleistung, auf Alterung oder auf andere Umständen zurückzuführen ist; soweit Baustoffe für Gewährleistungsansprüche ursächlich sein könnten, müsse die kurze sechsmonatige Verjährungsfrist für Ansprüche gegen den Lieferanten bedacht werden; für die zweijährige Frist spreche auch, dass der Auftraggeber die Verjährungsfrist nach § 13 Nr. 5 VOB/B anders als nach BGB durch einfache schriftliche Mängelrüge unterbrechen könne; unter wirtschaftlichen Gesichtspunkten müsse eine Verlängerung der Verjährungsfrist zu Baupreissteigerungen führen. Ergänzend hat der DVA auf die Möglichkeit einer Verlängerung der Verjährungsfrist hingewiesen wie auch darauf, dass die zum Vergleich immer wieder herangezogene fünfjährige Verjährungsfrist für Bauwerke nach § 638 Abs. 1 BGB auf alten Erhebungen zum BGB beruht, die auf den Einsturz von Bauwerken abgestellt waren, nicht aber auf sonstige Mängelschäden, wie bei der heutigen Differenzierung der Bauarbeiten in vielfältigster Form auftreten können. Trotz der durch § 23 Abs. 2 Nr. 5 AGBG erfolgten Privilegierung sah sich demnach der DVA mit der Frage konfrontiert, ob die kurze Regelverjährungsfrist von 2 Jahren bei Arbeiten bei Bauwerken verlängert werden sollte, was eine verantwortungsbewusste Auseinandersetzung mit dem rechtlich relevanten Umfeld belegt.

61  In der Ausgabe 1988 erfolgte abgesehen von einer Anpassung an europarechtliche Anforderungen in § 17 Nr. 2 VOB/B lediglich ein Austausch von Begriffen; nämlich an die Stelle der Bezeichnung „Allgemeine Technische Vorschriften" trat „Allgemeine Technische Vertragsbedingungen", der Begriff „Zusätzliche Technische Vertragsbedingungen" ersetzte den der „Zusätzliche Technische Vorschriften" und an die Stelle der „Technischen Vorschriften" trat die Bezeichnung „Technische Vertragsbedingungen". 1990 ersetzte der DVA die für die Abschlagszahlungen genannte Fälligkeitsfrist von 12 Werktagen durch eine 18 Werktagesfrist (Begünstigung des Auftraggebers) und machte – auf entsprechende Rechtsprechung hin – die Ausschlusswirkung der Schlusszahlung von einem entsprechenden Hinweis auf die Schlusszahlung und die Ausschlusswirkung der Schlusszahlung abhängig (Begünstigung des Auftragnehmers).

62  **f) Änderung im Zuge der VOB/B-Fassung 1992.** In der **Fassung von 1992** wurde mit Änderungen und Ergänzungen in § 3 VOB/B vor allem dem Umstand Rechnung getragen, dass Datenverarbeitungsprogramme Einzug hielten. Außerdem wurden in § 7 VOB/B die Nummern 2 und 3 neu aufgenommen.

63  **g) Änderungen im Zuge der Neufassung 1996.** Manche Zweifel lösten Änderungen in der Neufassung von 1996 aus. Hieraus und im Zusammenhang mit in der Literatur kritisch begleiteter Rechtsprechung artikulierte sich Reformbestreben, das beredten Ausdruck in einer Stellungnahme von *Kraus*[82] Neben der – positiv zu bewertenden – Ergänzung des § 2 Nr. 8 um einen Absatz 3 – der auf die Parallelgeltung der Ansprüche aus Geschäftsführung hinweist, ersetzte die **Neufassung von 1996** § 13 Nr. 4 VOB/B. Diese Nr. 4 wies in der Fassung von 1992 zwei Sätze auf. In der Neufassung 1996 wurde aus dem Satz 1 ein Absatz 1. Aus dem Satz 2 wurde ein Absatz 3 und als Absatz 2 wurde zum Gegenstand der

---

[82] Beilage zu Heft 4/1997 von BauR.

A. Allgemeines	**Einleitung**

Regelung die Verjährungsfrist für maschinelle und elektrotechnische/elektronische Anlagen oder Teilen davon gemacht, bei denen die Wartung Einfluss auf die Sicherheit und die Funktionsfähigkeit hat. Ohne einen insoweit abschliessbaren Wartungsvertrag wurde die Verjährungsfrist auf ein Jahr verkürzt.

Auch wegen der sog. Vorunternehmerentscheidung des BGH,[83] mit welcher das Gericht die Erfüllungsgehilfenstellung eines Vorunternehmers im Verhältnis des Auftraggebers zum nachleistenden Unternehmer und die parallele Anwendbarkeit des § 642 BGB im Rahmen von § 6 Nr. 6 VOB/B abgelehnt hat, forderte die Kritik Änderungen der VOB/B durch den DVA. Das betraf die Zurücknahme der auf ein Jahr verkürzten Frist nach § 13 Nr. 4 Abs. 2 VOB/B, die Verlängerung der Regelverjährungsfrist über 2 Jahre hinaus auf wenigstens 5 Jahre, eine Ergänzung des § 6 Nr. 6 VOB/B um einen Hinweis, dass Ansprüche aus § 642 BGB unberührt bleiben und im Gefolge einer Verlängerung der Verjährungsfrist auf 5 Jahre eine Streichung der die Verjährungsverlängerung der schriftlichen Mängelrüge betreffenden Regelung in § 13 Nr. 5 VOB/B, sowie eine Streichung von § 13 Nr. 7 Abs. 3 VOB/B. **64**

In einer Dringlichkeitsstufe 2 wurden sieben weitere Änderungen vorgeschlagen, nämlich: Aufnahme einer Ergänzung zur Vergütungsberechnung von auftragslosen Leistungen in § 2 Nr. 8 VOB/B; Einfügung eines Selbsthilferechts in § 4 Nr. 7 VOB/B auch ohne Kündigung, Änderung des § 6 Nr. 2 Abs. 1 lit. a) VOB/B: Risikobereich des Auftraggebers, Einfügung der sog. technischen Teilabnahme in § 4 VOB/B unter Streichung des § 12 Nr. 2 lit. b) VOB/B; Änderung oder Streichung der fiktiven Abnahme in § 12 Nr. 5 VOB/B, Streichung des § 16 Nr. 3 Abs. 2 bis 6 VOB/B (vorbehaltlose Annahme der Schlusszahlung) und Streichung des § 16 Nr. 6 VOB/B (Zahlung an Gläubiger des Auftragnehmers). Im Übrigen wurde weiterer Diskussionsbedarf bezüglich § 2 Nr. 5 und 6, § 2 Nr. 7 VOB/B, und hinsichtlich der Anerkenntnisfiktion in § 15 Nr. 3 Satz 5 VOB/B sowie ein Klarstellungsbedarf bezüglich des § 18 Nr. 4 VOB/B in Richtung Leistungsverweigerungsrecht gesehen. Zusätzliche Aspekte aus AGB-rechtlicher Sicht und sonstige Regelungslücken schlossen die Wunschliste an den DVA ab. Das hat den DVA nicht unberührt gelassen. Allerdings haben sich insoweit Veränderungen 1998 noch nicht ergeben. **65**

**h) Fassungen 1998 und 2000.** Die **Neufassung von 1998** betraf lediglich eine Erweiterung der in Betracht kommenden Kreditinstitute und Kreditversicherer; die **Neufassung von 2000** griff folgende Änderungs-/Ergänzungspunkte auf: In § 2 Nr. 8 Abs. 2 VOB/B wurde der Satz aufgenommen, dass bei Bejahung eines Anspruchs aus den in Absatz 2 genannten Gründen die Berechnungsgrundlagen für geänderte oder zusätzliche Leistungen der Nr. 5 oder Nr. 6 gelten. In § 4 Nr. 10 VOB/B erfolgte unter Streichung des § 12 Nr. 2 lit. b) VOB/B die Aufnahme der technischen Zustandsfeststellung. Die Fassung von 2000 änderte auch § 6 Nr. 2 Abs. 1 lit. a) VOB/B entsprechend der Auslegung durch die Rechtsprechung,[84] die – abweichend vom Wortlaut und damit unabhängig vom Verschulden – für die Fristverlängerung ein in den bauvertraglichen Risikobereich des Auftraggebers fallendes Ereignis für ausreichend hielt. Auf diese Weise wurden von den insgesamt 17 Änderungs- bzw. Ergänzungsempfehlungen 3 umgesetzt. Im Übrigen wurde der Verstoß gegen die Verpflichtung zur Ausführung im eigenen Betrieb nach § 4 Nr. 8 VOB/B durch Einfügung einer Fristsetzung unter Androhung des Auftragsentzugs sanktioniert. Die Entscheidung des BGH zu § 7 Nr. 1 VOB/B[85] führte zu einer entsprechenden Klarstellung in der Vorschrift durch Einfügung des Wortes „objektiv", so dass die Voraussetzungen des § 7 Nr. 1 VOB/B nur dann erfüllt sind, „wenn das Ereignis objektiv unabhängig von der konkreten Situation des betroffenen Unternehmers unvorhersehbar und unvermeidbar war." In § 8 Nr. 2 Abs. 1 VOB/B musste das Außer-Kraft-Treten der Konkursordnung und die Geltung der Insolvenzordnung berücksichtigt werden; und § 8 Nr. 3 Abs. 1 VOB/B war um die Kündi- **66**

---

[83] U. v. 27. 6. 1985 VII ZR 23/84 NJW 1985, 2475 = BauR 1985, 561.
[84] BGH U. v. 21. 12. 1989 VII ZR 132/88 NJW-RR 1990, 403 = BauR 1990, 210.
[85] U. v. 21. 8. 1997 VII ZR 17/96 BauR 1997, 1019.

**Einleitung** VOB Teil B im Gefüge der Verdingungsordnung

gungsmöglichkeit nach § 4 Nr. 8 VOB/B zu ergänzen. In § 16 Nr. 2 und 5 VOB/B musste die Ersetzung des Lombardsatzes durch die Spitzenrefinanzierungsfazilität berücksichtigt werden. Damit hing in § 16 Nr. 5 VOB/B auch die Anhebung des bis dahin geltenden Erhöhungszinssatzes von 1 v. H. über dem Lombardsatz auf 5 v. H. über der Spitzenrefinanzierungsfazilität zusammen.

67 **i) Änderungen im Zuge der Neufassung 2002.** Mit der **Fassung der VOB/B 2002** gingen erhebliche Veränderungen einher. Das waren solche, die durch die Schuldrechtsreform bei Aufrechterhaltung einer gewissen Einheitlichkeit zwischen einem BGB- und einem VOB-Bauvertrag geboten waren. Die Neufassung hat auch die Änderungs- und Ergänzungsbedarfsdiskussion aufgegriffen;[86] allerdings ist dem Begehren insoweit überwiegend nicht Rechnung getragen worden. Einzig die Verlängerung der Verjährungsfrist von 2 Jahre auf 4 Jahre und von einem Jahr auf zwei Jahre in § 13 Nr. 4 Abs. 1 und 2 VOB/B steht im Zusammenhang mit den Änderungsforderungen. Denn die Materialien dazu haben die Notwendigkeit zur Veränderung des § 13 Nr. 4 VOB/B im Hinblick auf die in der Literatur geäußerte Kritik an der 2-jährigen Verjährungsfrist und vor dem Hintergrund der Änderungen des BGB durch das Schuldrechtsmodernisierungsgesetz bejaht. Eine Gleichschaltung mit der BGB-Verjährungsfrist von 5 Jahren wurde wegen der spezifischen baufachlichen Anforderungen und zur Erzielung einer ausgewogenen Regelung abgelehnt. Dabei spannen die Gründe den Bogen zu § 13 Nr. 5 und § 17 Nr. 4 sowie zu § 17 Nr. 8 VOB/B, denn in der Folge wurde die Verlängerung der verjährungsunterbrechenden Wirkung der schriftlichen Mängelrüge auf 2 Jahre limitiert, die Vorhaltung einer Sachmängelsicherheit bei fehlender anderweitiger Regelung auf zwei Jahre begrenzt und die Anforderung einer Bürgschaft auf erstes Anfordern ausgeschlossen. Eine Rolle hat dabei auch gespielt, dass die kaufrechtlich relevante Verjährungsregelung für Baustoffe, die für ein Bauwerk verwendet werden, von 6 Monaten auf 5 Jahre verlängert worden ist (§ 438 Abs. 2 lit. b) BGB).

68 Eine Rücknahme der in § 13 Nr. 4 Abs. 2 VOB/B getroffenen Regelung bezüglich bestimmter wartungsabhängiger Anlagen oder Anlagenteile erfolgte nicht; die Frist wurde allerdings auch verdoppelt. Eine Begründung für diese Haltung erfolgte nicht, kann jedoch aus der Regelung für die vom Feuer berührten Teile einer Feuerungsanlage sowie solcher Teile bei industriellen Feuerungsanlagen erschlossen werden. Die Besonderheiten in der Nutzungsphase für Bauteile, deren konkrete Auswirkungen auf die mit Feuer oder mit heißen Abgasen berührten unbekannt sind, jedoch zu einer kürzeren Lebensdauer führen, rechtfertigen eine Verkürzung der Verjährungsfristen für Sachmängelansprüche. Bei wartungsbedürftigen Anlagen und Anlagenteilen, wie sie in § 13 Nr. 4 Abs. 2 VOB/B beschrieben werden, ist das nicht anders. Der DVA setzt sich mit der Frage, ob es bei der prinzipiellen Verkürzung dieser Frist ohne Abschluss eines Wartungsvertrages verbleiben soll, allerdings nicht besonders auseinander. Bei Geltung der VOB/B im Ganzen hat diese Bestimmung jedoch über § 309 Nr. 8 lit. b) ff) BGB ihre Anerkennung gefunden. Da die Verjährungsfrist durch die VOB/B Fassung 2002 von einem Jahr auf zwei Jahre verlängert worden ist, ist im Vergleich zu der bereits durch § 309 Nr. 8 lit. b) ff) BGB privilegierten Altregelung (Verjährungsfrist ohne Wartungsvertrag nur ein Jahr) eine Verbesserung eingetreten.

69 Das belegt, dass der DVA zur Weiterentwicklung und Fortschreibung der VOB/B[87] bereit und willens ist. Der reklamierte Nachbesserungsbedarf der VOB/B folgt nicht schon daraus, dass im Rahmen der Neufassung 2002 entgegen den Vorschlägen des Instituts für Baurecht Freiburg im Breisgau e. V.[88] § 4 Nr. 1 VOB/B nicht dahin gefasst worden ist, dass der Auftraggeber dem Auftragnehmer das Baugrundstück, die bauliche Anlage sowie die vom Auftraggeber zu liefernden Baustoffe und Bauteile so zur Verfügung zu stellen hat, dass der

---

[86] Vorschläge des Instituts für Baurecht Freiburg im Breisgau E. V. BauR 1999, 699 ff.
[87] Satzung des DVA § 2.
[88] BauR 1999, 699, 702.

A. Allgemeines # Einleitung

Auftragnehmer seine Leistungen vertragsgemäß ausführen kann. Wenn es nach § 642 BGB das Konzept des BGB ist, dass den Auftraggeber hinsichtlich der Zurverfügungstellung eines aufnahmebereiten Grundstücks keine Pflicht, sondern lediglich eine Obliegenheit trifft, besteht kein rechtliches Gebot zur Begründung einer solchen Pflichtenlage. Konnexitätsgesichtspunkte lösen einen Änderungsbedarf auch nicht aus. Abgesehen davon, dass die Änderungsempfehlungen darauf nicht abstellen, ist die Verlängerung der Verjährungsfrist von zwei auf vier Jahre bzw. im Rahmen des § 13 Nr. 4 Abs. 2 VOB/B von einem Jahr auf zwei Jahre kein Anlass für die Begründung einer solchen Gestellungspflicht.

Die VOB/B hat in § 3 Nr. 1 und § 4 Nr. 1 über die Obliegenheitsregelung des BGB **70** hinausgehend Pflichten zu Lasten des Auftraggebers begründet. Das folgt so aus der Formulierung des § 3 Nr. 1 und des § 4 Nr. 1 VOB/B: Sind dem Auftragnehmer rechtzeitig und unentgeltlich die für die Ausführung nötigen Unterlagen zu übergeben, besteht auch hinsichtlich ihrer Erstellung eine Pflicht und nicht lediglich eine Obliegenheit. Allein aus die Bauwirklichkeit, die sich nach *Kapellmann/Schiffers*[89] über das antiquierte Modell des BGB.-Werkvertrages hinaus entwickelt hat, und damit aus der Tatsache, dass der Dachdecker ohne Rohbau das Dach nicht decken kann, lässt sich jedoch keine Rechts- oder Vertragspflicht des Auftraggebers zur entsprechenden Bereitstellung ableiten. Solche Pflichtenlagen bestehen dem Grunde und dem Umfang nach nur insoweit, als der Vertrag und die VOB/B entsprechende Regelungen enthalten. Die Begründung einer solchen Pflicht hätte auch fatale Folgen und käme mit der Wertung aus § 8 Nr. 1 VOB/B in Konflikt. Denn bei einer freien Auftraggeberkündigung ist der Auftraggeber lediglich zur Zahlung der vereinbarten Vergütung abzüglich der Ersparnisse und des anderweitigen Erwerbs verpflichtet. Die freie Auftraggeberkündigung verpflichtet nicht zum Schadensersatz; bleibt der Vertrag aufrecht erhalten, unterlässt der Auftraggeber jedoch im obliegende Handlungen, würde dies bei Einordnung als Pflicht Schadensersatzansprüche auslösen, was der Lösung nach § 9 Nr. 1, 3 VOB/B widerspricht. In Abwägung der verschiedensten Aspekte erweist sich jedenfalls die vom DVA verfolgte Lösung, die auch eine entsprechende Ergänzung des § 6 Nr. 6 VOB/B bezüglich einer Einstandspflicht des Auftraggeber für den eingeschalteten Vorunternehmer nicht in Erwägung gezogen hat,[90] nachvollziehbar.

**j) Einzelne Änderungswünsche grundsätzlicher Art.** Eine grundsätzliche Frage wird **71** aufgeworfen, wenn außerdem der Vorschlag unterbreitet worden ist, entsprechend der Vorunternehmerentscheidung II[91] § 6 Nr. 6 VOB/B um einen Satz 2 wie folgt zu ergänzen: „Im Übrigen bleibt der Anspruch des Auftragnehmers auf angemessene Entschädigung nach § 642 BGB unberührt; die Voraussetzungen der Nr. 1 müssen erfüllt sein."[92],[93] Solche Verweise finden sich in § 9 Nr. 3 und in § 2 Nr. 8 Abs. 3 VOB/B. § 2 Nr. 8, wurde um den Absatz 3 im Hinblick auf eine Entscheidung des BGH eingefügt, wonach allein die Regelung des § 2 Nr. 8 Abs. 1 VOB/B einer isolierten Inhaltskontrolle nicht stand hält.[94] § 2 Nr. 6 VOB/B, der ohne eine ergänzende Auslegung einer isolierten Inhaltskontrolle nicht stand hält,[95] erfuhr keine entsprechende Klarstellung, obwohl eine den Anforderungen der Rechtsprechung genügende Umformulierung möglich wäre. Liegt eine höchstrichterliche Rechtsprechung zum Verständnis einer VOB-Bestimmung vor, die deren Verhältnis zu Regelungen des BGB – wenn auch nach der Literatur strittig –[96] klärt, ist eine Anpassung

---

[89] Vergütung Nachträge und Behinderungsfolgen beim Bauvertrag Band 1 Rdn. 1395.
[90] Dahin *Kapellmann/Schiffers* Vergütung Nachträge und Behinderungsfolgen beim Bauvertrag Band 1 Rdn. 1397.
[91] BGH U. v. 21. 10. 1999 VII ZR 185/98 NJW 2000, 1336 = NZBau 2000, 187 = BauR 2000, 722.
[92] Vorschlag des Instituts für Baurecht Freiburg im Breisgau E. V. BauR 1999, 699, 702.
[93] Diese Erweiterung ist in der Fassung 2006 erfolgt.
[94] BGH NJW 1991, 1812 = BauR 1991, 331.
[95] BGH U. v. 23. 5. 1996 VII ZR 254/94 NJW 1996, 2158 = BauR 1996, 542.
[96] Vgl. nur *Kapellmann/Schiffers* Vergütung Nachträge und Behinderungsfolgen beim Bauvertrag Band 1 Rdn. 1400; *Kapellmann/Messerschmidt* VOB/B § 6 Rdn. 49.

**Einleitung**

der VOB/B zur Sicherung des angemessenen Ausgleichs der gegenseitigen Interessen nicht erforderlich.

72 Nach der kritischen Auffassung in der Literatur ist ein solcher Verweis sogar fehlerhaft, weil hierdurch das über § 6 Nr. 6 und § 9 VOB/B abgestimmte System gesprengt werden würde. Denn § 9 Nr. 3 VOB/B begründet den Übergang zu § 642 BGB unter den dort geregelten näheren Voraussetzungen.[97] Mit der Verlängerung der Verjährungsfristen in § 13 Nr. 4 VOB/B hat der DVA hinsichtlich der Unterbrechungswirkung der schriftlichen Mängelrüge die Konsequenzen gezogen und die neue Verjährungsfrist auf zwei Jahre ohne Abweichungsmöglichkeit limitiert (§ 13 Nr. 5 Abs. 1 Satz 2 VOB/B). Das war notwendig, um den Auftragnehmer nicht im Vergleich zur BGB-Regelung zu massiv zu verschlechtern. Gegen die Rechtswirksamkeit dieser Regelung im Fall einer isolierten Inhaltskontrolle sind Bedenken erhoben worden.[98] Wenn die schriftliche Mängelrüge mit ihrer verjährungsunterbrechenden Wirkung nicht mit dem BGB – Konzept nach § 212 BGB konform ist,[99] so belegen diese die verschiedenen Interessen der Vertragspartner bewertenden Stimmen im Ergebnis lediglich das Bedürfnis, die VOB/B als kollektiv ausgehandelte Allgemeine Geschäftsbedingung nicht einer isolierten Inhaltskontrolle zu unterwerfen, sondern darauf abzustellen, ob insgesamt ein angemessener Ausgleich nicht lediglich durch konnexe, in Wechselbeziehung stehende Klauseln, sondern bei Beachtung umfassender Kompensation erreicht wird.

73 **k) Unerfüllte Änderungsvorstellungen.** Folgende Änderungsvorschläge des Instituts für Baurecht im Breisgau e. V. hat der DVA nicht aufgegriffen. Dies macht das nunmehr in der Fassung 2002 vorliegende Ergebnis deshalb aber nicht zu einem nachbesserungsbedürftigen Werk. Bezogen auf den Pauschalvertrag wurde § 2 Nr. 7 VOB/B nicht wie vorgeschlagen gestrichen und eine Nr. 10 des Inhalts „Die Nummern 1 und 4 bis 9 gelten auch beim Pauschalvertrag" angefügt.[100] Da dieser Änderungsvorschlag lediglich eine Klärung bringt besteht im Ergebnis für eine Anpassung kein Bedarf. Dies ist anders bezüglich des Änderungsvorschlags zu § 2 Nr. 8 Abs. 2, 3 VOB/B, weil die jetzige Regelung ebenfalls abschließender Natur ist,[101] und lediglich Ansprüche aus GoA, nicht aber aus § 812 BGB in Verweisung nimmt. Damit hält die Regelung zwar keiner isolierten Inhaltskontrolle stand; aber das begründet bei insgesamt ausgewogener Gestaltung der VOB/B und bei Geltung der VOB/B als Ganzes keinen Änderungsbedarf. Denn nach dem Konzept der VOB/B und dem Privilegierungsgedanken muss nicht jede einzelne Bestimmung der VOB/B eine isolierten Inhaltskontrolle standhalten. Zum Ausschluss einer dadurch bewirkten unangemessenen Benachteiligung sind wegen der bei kollektiv ausgehandelten Klauselwerken geltenden umfassenden Kompensation andere, den Auftragnehmer bevorzugenden Klauseln heranziehbar. Auf einen **konnexen, in Wechselbeziehung stehenden Ausgleich** kommt es gerade nicht an.[102]

74 Änderungen hat der DVA auch nicht bei § 8 Nr. 3 Abs. 1 Satz 2 VOB/B (Teilkündigung des Auftrags) und bei § 12 Nr. 5 VOB/B (fiktive Abnahme) vorgenommen. Da § 8 Nr. 3 Abs. 1 Satz 2 VOB/B ausgelegt werden kann, muss die Formel „auf einen in sich abgeschlossenen Teil der vertraglichen Leistung" im Zusammenhang mit der in der Nr. 3 geregelten Kündigungstatbeständen nicht notwendig nach Maßgabe des durch § 12 Nr. 2 VOB/B geprägten Verständnisses ausgelegt werden. Der Vorschlag, die Fristen in § 12 Nr. 5 VOB/B auf 24 Werktage zu verlängern, hat etwas für sich, kommt jedoch mit der 12-Werk-

---

[97] *Kapellmann/Schiffers* Vergütung Nachträge und Behinderungsfolgen beim Bauvertrag Band 1 Rdn. 1400.
[98] *Kiesel* NJW 2002, 2064, 2068; *Tempel* NZBau 2002, 532, 536; *Lenkeit* BauR 2002, 196, 220; *Oberhauser* Jahrbuch Baurecht 2003, S. 3, 14; *Schwenker/Heinze* BauR 2002, 1143, 1151; gegenteilig *Weyer* NZBau 2003, 321, 323.
[99] Vgl. *Moufang* BauR 2003, 426 und *Wacke* FS Jagenburg 2002 S. 953, 966.
[100] § 2 Nr. 7 VOB/B Fassung 2006 mit dem neuen Absatz 2, der praktisch den Satz 4 im Absatz 1 unter dessen Wegfall übernimmt, trägt dem jedoch in der Sache Rechnung.
[101] Vgl. BGH U. v. 31. 1. 1991 VII ZR 291/88 NJW 1991, 1812 = BauR 1991, 331.
[102] BGH U. v. 29. 11. 2002 V ZR 105/02 NZBau 2003, 145.

A. Allgemeines                                                                **Einleitung**

tagesfrist des § 12 Nr. 1 VOB/B in Konflikt, weswegen Änderungsbedarf des angemessenen Interessenausgleichs wegen nicht geboten ist. Eine Gleichschaltung der Fristen in Abs. 1 und 2 ist wegen der unterschiedlichen Anknüpfungstatbestände – Fertigstellungsmitteilung und Inbenutzungnahme – nicht erforderlich. Da § 640 Abs. 1 Satz 3 BGB für die dort geregelte Fiktion keine Information über die Bedeutung des Fristablaufs fordert und § 308 Nr. 5 BGB die Regelung bei Geltung der VOB/B als Ganzes unbeanstandet lässt, konnte der DVA einen Änderungsbedarf verneinen.

Die Kritik an § 16 Nr. 3 VOB/B, der einer isolierten Inhaltskontrolle auch in der Neufassung nicht stand hält,[103] fordert wegen des Verstoßes der isoliert betrachteten Bestimmung gegen § 9 AGBG bzw. § 307 Abs. 2 Nr. 1 BGB die ersatzlose Streichung der Absätze 2 bis 6. Das ist unter dem Gesichtspunkt der bei kollektiv ausgehandelten Geschäftsbedingungen geltenden umfassenden Kompensation kein legitimer Ansatz für eine Kritik. Die VOB/B muss gerade nicht hinsichtlich jeder einzelnen Regelung der Kontrolle nach dem AGB-Recht standhalten. Maßgeblich ist, ob diese Bestimmung durch andere, dem Auftragnehmer vorteilhafte Regelung bei abstrakter Beurteilung, also unabhängig davon, ob diese Regelungen sich konkret gerade auswirken, aufgewogen wird. Die Kompensation setzt auch nicht konnexe, in Wechselbeziehung zueinander stehende Klauseln voraus. Für den Auftragnehmer sind vorteilhaft z. B. die kürzere Verjährungsfrist nach § 13 Nr. 4 VOB/B, die Abnahmefiktion nach § 12 Nr. 5 VOV/B, die Regelung in § 2 Nr. 3 VOB/B, die Abschlagszahlungsregeln in § 16 Nr. 1 VOB/B. Da § 16 Nr. 6 VOB/B in der Fassung von 1988 einer isolierten Inhaltskontrolle nicht stand gehalten hat,[104] erfolgte in der Fassung 2002 eine Anpassung an diese Rechtsprechung. Die im Hinblick auf Insolvenzanfechtungsmöglichkeiten nach §§ 130 ff. InsO hieran erhobene Kritik mag in der Sache berechtigt sein, erweist sich jedoch als ein generelles Problem bei jeder Zahlung an einen Dritten. Deshalb ist die VOB/B insoweit nicht als nachbesserungsbedürftig zu bezeichnen. Dasselbe gilt hinsichtlich der kritisierten Regelung in § 17 Nr. 6 Abs. 4 VOB/B, wonach die auf ein Verwahrgeldkonto genommene Sicherheit nicht zu verzinsen ist. Das entspricht den Regeln des Haushaltsrechts; die Anlegung von Geldern mit einer Verzinsung zu Gunsten Dritter ist unzulässig.[105] Wenn nach der Kritik des Instituts für Baurecht Freiburg im Breisgau E. V.[106] § 18 Nr. 4 VOB/B wegen der unterschiedlichen Auslegungsmöglichkeiten wie Missbrauchsmöglichkeiten entweder gestrichen oder um einen Satz bezüglich bestehender Leistungsverweigerungsrechte ergänzt werden sollte, hat letzteres der Klarheit wegen etwas für sich. Der Angemessenheit der Regelung wegen, erscheint aber letzteres nicht zwingend geboten. Denn § 16 Nr. 5 Abs. 5 VOB/B regelt im Fall des Zahlungsverzugs des Auftraggebers das Recht zur Arbeitseinstellung gesondert.

**l) Fortentwicklung mit Augenmaß.** Insgesamt entsteht bei näherer Betrachtung der Eindruck, dass der DVA seine Fortentwicklungsaufgabe mit Augenmaß wahrnimmt. Entscheidend für die an der VOB/B geübten Kritik sind der gewählte Beurteilungsstandpunkt und damit letztlich der Maßstab. Die von *Kniffka*[107] aufgeworfene Frage, ob die VOB/B einige wenige Regelungen enthalten müsse, die der **isolierten Inhaltskontrolle** nicht standhalten, was das Problem der **Gesamtprivilegierung** begründe, bedarf einer Antwort. Andererseits legitimiert der Gesetzgeber durch §§ 308 Nr. 5 und 309 Nr. 8 lit. b) ff) BGB Regelungen der VOB/B, die einer isolierten Klauselkontrolle nicht standhalten, wenn die VOB/B nicht als Ganzes gilt. Insofern erfährt die **VOB/B** eine **Sonderbehandlung,** die wegen des Erfordernisses der Geltung der VOB/B als Ganzes auf der umfassenden Kompensation beruht. Der Gesetzgeber fordert damit eine inhaltliche Fassung der VOB/B, die in jeder ihrer Einzelbestimmungen einer isolierten Inhaltskontrolle standhält, gerade nicht ein.

---
[103] BGH U. v. 19. 2. 1998 VII ZR 116/97 BauR 1998, 614.
[104] BGH U. v. 21. 6. 1990 VII ZR 109/89 NJW 1990, 2384 = BauR 1990, 727.
[105] *Joussen* BauR 2002, Heft 11 a, S. 79; *Ingenstau/Korbion/Joussen* VOB/B § 17 Nr. 6 Rdn. 32.
[106] BauR 1999, 699, 711.
[107] Festschrift 50 Jahre Deutsches Anwaltsinstitut e. V. 2003, S. 131, 137.

## Einleitung

Das schließt eine solche Forderung freilich nicht aus, ihre Erfüllung ist jedoch nicht notwendig geboten. Dabei beruht die VOB/B ersichtlich nicht auf dem Prinzip konnexer, also wechselbezüglicher Kompensation. Denn gerade im Rahmen des § 13 VOB/B ist nicht ersichtlich, auf welche Weise innerhalb des § 13 VOB/B die im Vergleich zur BGB-Verjährungsfrist kürzere Frist kompensiert wird. Allerdings ist auch klärungsbedürftig, welche Anforderungen an konnexe Kompensationsstrukturen gestellt werden. Ob die Unterbrechungswirkung der schriftlichen Mängelrüge, die in das Konzept des § 212 BGB nicht passt, was seinerseits Anlass dafür bietet, § 13 Nr. 5 Abs. 1 Satz 2 VOB/B nicht kontrollfest zu halten,[108] genügt, weil nach Ablauf der Frist die Mängelrüge nichts bewirkt, ist fraglich.

77  Klärungsbedarf besteht hinsichtlich der Anforderungen an eine **konnexe** und damit **wechselbezügliche Kompensation.** Denn bei schriftlicher Mängelrüge innerhalb der 4-Jahresfrist besteht der Vorteil darin, dass die Unterbrechungswirkung nicht auf das gerügte Mangelbild beschränkt ist, sondern alle Mangelerscheinungen erfasst, die auf derselben Ursache beruhen.[109] Das ist ein erheblicher Vorteil für den Auftraggeber, der im Zusammenhang mit der in § 13 VOB/B geregelten Mängelhaftung steht und die Anforderungen an die Konnexität dann erfüllt, wenn damit lediglich abstrakt ein **Sachzusammenhang** gefordert wird. Der Gesetzgeber stellt hierauf jedoch nicht ab; denn die Verkürzung der Verjährungsfrist durch eine Klausel ist nach § 309 Nr. 8 lit. b) ff) BGB dann kontrollfest, wenn die VOB/B insgesamt einbezogen worden ist. Eine mögliche – konnexe – Kompensation durch § 13 VOB/B für sich ist damit nicht ausreichend. Wenn der DVA die fiktive Abnahme in § 12 Nr. 5 VOB/B nicht aufgegeben und auch nicht der Empfehlung entsprochen hat, die Fertigstellungsmitteilung habe den Hinweis zu enthalten, dass mit Ablauf der Frist die Abnahme eintritt, ist abgesehen von der durch § 308 Nr. 5 BGB vorgenommenen Privilegierung bei Gesamtgeltung der VOB/B zu beachten, dass der Gesetzgeber selbst bei der in § 640 Abs. 1 Satz 3 BGB enthaltenen Abnahmefiktion von einer solchen Mitteilungsnotwendigkeit Abstand genommen hat. Danach steht der Abnahme gleich, wenn der Besteller das Werk nicht innerhalb einer ihm vom Unternehmer bestimmten angemessenen Frist abnimmt, obwohl er dazu verpflichtet ist. Ein mit der Fristsetzung verbundener Hinweis auf die Folgen des fruchtlosen Fristablauf wird nicht verlangt.

78  m) **Fortentwicklung und Transparenzgebot.** Die Einhaltung des durch § 307 Abs. 1 Satz 2 und Abs. 3 Satz 2 BGB eingeforderten Transparenzgebots gelingt nicht immer. Das Transparenzgebot verpflichtet den Verwender, die Rechte und Pflichten des anderen Teils in den Allgemeinen Geschäftsbedingungen möglichst klar und anschaulich darzustellen.[110] § 13 Nr. 1 Satz 2 VOB/B ist in der Fassung 2002 nicht transparent. Danach soll die Leistung frei von Mängeln sein, wenn sie die vereinbarte Beschaffenheit hat und den anerkannten Regeln der Technik entspricht. Unklar ist die durch das Wort „und" vorgenommene Verknüpfung, weil sie den Eindruck erweckt, als wäre die Leistung nur bei Vorliegen beider Voraussetzungen mangelfrei. Diese Vorstellung ist falsch, weil zwischen den Vertragsparteien Beschaffenheitsvereinbarungen geschlossen werden können, die vom Anforderungsprofil gerade ein Unterschreiten der anerkannten Regeln der Technik beinhalten können.[111] Auch bei Auslegung dahin, dass beide Voraussetzungen der Sachmangelfreiheit je selbstständig stehen, ist die Regelung in höchstem Grade unklar. Denn nach der ständigen Rechtsprechung des BGH[112] schuldet der Auftragnehmer ein mangelfreies, zweckgerechtes Werk; entspricht es diesen Anforderungen nicht, ist es unabhängig von der Einhaltung der anerkannten Regeln der Technik fehlerhaft. Die Formulierung der VOB/B vermittelt in § 13 Nr. 1 Satz 2 dem entgegen gesetzt den Eindruck, der Auftragnehmer habe sachmangelfrei geleistet, wenn er nur die anerkannten Regeln der Technik eingehalten hat.

---

[108] Vgl. *Lenkeit* BauR 2002, 196, 220 und *Weyer* NZBau 2003, 521, 623.
[109] BGH NJW-RR 1987, 381 = BauR 1987, 84; BGH BauR 1987, 207, 208.
[110] BGH NJW 2001, 2014, 2016; Palandt/*Heinrichs* BGB § 307 Rdn. 17.
[111] → § 13 Nr. 1 Rdn. 77.
[112] BGH NJW-RR 1995, 472; NJW-RR 1989, 849.

A. Allgemeines                                                                              **Einleitung**

Intransparent ist auch § 13 Nr. 2 VOB/B, wenn es dort heißt, bei Leistungen nach Probe   79
gälten die Eigenschaften der Probe als vereinbarte Beschaffenheit, soweit nicht die Abweichung nach der Verkehrssitte als bedeutungslos anzusehen seien. Denn die Beschaffenheitsvereinbarung liegt bei Vereinbarung einer Leistung nach Probe hinsichtlich deren Eigenschaften vor. Das hätte nach den Regeln gemäß § 13 Nr. 1 Satz 2 VOB/B bei Fehlen einer abweichenden Bestimmung zur Folge, dass jede Abweichung der Leistung von den Eigenschaften der Probe den Mangeltatbestand auslöst. Eine solche Rechtsfolge soll nicht eintreten, wenn die Abweichung des Ist-Zustandes von dem Soll-Zustand nach der Verkehrssitte als bedeutungslos anzusehen ist. Die Formulierung sollte deshalb besser wie folgt lauten: „Bei Leistungen nach Probe gelten die Eigenschaften der Probe als vereinbarte Beschaffenheit; nach der Verkehrssitte als bedeutungslos einzustufende Abweichungen begründen abweichend von Abs. 1 Satz 2 keine Mängelansprüche."

Unter Transparenzgesichtspunkten als misslungen muss § 13 Nr. 3 VOB/B Fassung 2002   80
bezeichnet werden. Die Bestimmung ist nach den Materialien des DVA redaktionell insoweit angepasst worden, als der Begriff „Gewährleistung" zu streichen war. Außerdem wurde die Nr. 3 im letzten Halbsatz sprachlich umgestellt, um die Beweislastverteilung zu verdeutlichen, womit eine inhaltliche Änderung nicht verbunden sein soll. Die Neufassung stellt jedenfalls den Auftragnehmer abweichend von der Altfassung von der Sachmangelhaftung nicht schon dann frei, wenn der Mangel ursächlich auf die Leistungsbeschreibung oder die sonstigen in der Sphäre des Auftraggebers liegenden, näher beschriebenen Umstände zurückgeht, sondern erst dann, wenn der Auftragnehmer die ihm nach § 4 Nr. 3 VOB/B obliegende Mitteilung gemacht hat. Die Versäumung dieser Mitteilung begründete nach der Altfassung im Gegensatz zur Neufassung die Sachmangelhaftung, während die Mitteilung nunmehr zur Haftungsfreizeichnung führt.

Die Regelung ist intransparent deshalb, weil sie den Fall überhaupt nicht bedenkt, dass den   81
Auftragnehmer nach § 4 Nr. 3 VOB/B keine Prüfungs- und deshalb auch keine Bedenkenmitteilungspflicht trifft. Nach dem Wortlaut der Regelung bleibt der Auftragnehmer dann in der Haftung, obwohl die Ursache für den Mangel an der Leistung des Auftragnehmers nach dem 1. Halbsatz der Nr. 3 in der Sphäre des Auftraggebers liegt. Die Regelung ist weiter intransparent deshalb, weil sie mit § 13 Nr. 5 Abs. 1 Satz 1 VOB/B nicht konform ist. Danach ist der Unternehmer auf Grund seiner Sachmangelhaftung verpflichtet, alle während der Verjährungsfrist hervortretenden Mängel, die auf vertragswidrige Leistungen zurückzuführen sind, auf seine Kosten zu beseitigen. Die Diskrepanz zu § 13 Nr. 3 1. Hs. VOB/B besteht darin, dass der Unternehmer für einen Mangel auch dann einzustehen hat, wenn dieser seine Ursache in der Leistungsbeschreibung, in Anordnungen des Auftraggebers, in von diesen gelieferten oder vorgeschriebenen Stoffen oder Bauteilen oder in der Vorleistung eines anderen Unternehmers hat. Diese Ursachen, die nicht zum Haftungsausschluss des Unternehmers führen, sind nicht geeignet, die Haftungsvoraussetzung gemäß § 13 Nr. 5 Abs. 1 Satz 1 VOB/B zu begründen, wonach der Unternehmer für Mängel haftet, die auf eine vertragswidrige Leistung zurückzuführen sind. Soweit *Weyer*[113] darauf abhebt, der Auftragnehmer sei dafür beweisbelastet, dass die Ursache in Umständen im Risikobereich des Auftraggebers liege, machte das für die Fassung 2000 des § 13 Nr. 3 VOB/B durchaus Sinn, weil diese Umstände zur Haftungsfreistellung führten. Da die Fassung 2002 die Haftung des Auftragnehmers auch für den Fall bejaht, dass Umstände im Risikobereich des Auftraggebers liegen, macht es keinen Sinn, den Auftragnehmer dahingehend für beweisbelastet zu halten. Er trüge dann die Beweislast für Umstände, die die eigene Haftung begründen.

**n) Genuiner Anwendungsbereich der VOB/B.** Die Problematik der VOB/B als All-   82
gemeine Vertragsbedingungen für die Ausführung von Bauleistungen entsteht zudem nicht im eigentlich angedachten Anwendungsbereich, nämlich der **Verwendung durch die öffentlichen Hände** als Auftraggeber. Da der öffentliche Auftraggeber nach § 10 VOB/A gehalten ist, in einen Bauvertrag die VOB/B zum Vertragsbestandteil zu machen, und gemäß

---

[113] In *Kapellmann/Messerschmidt* VOB/B § 13 Rdn. 85.

# Einleitung VOB Teil B im Gefüge der Verdingungsordnung

§ 2 Nr. 1 VOB/A die Bauleistungen an fachkundige, leistungsfähige und zuverlässige Unternehmer zu vergeben sind, kommt § 310 Abs. 1 Satz 1 BGB zum Tragen. Dem gemäß finden § 305 Abs. 2, 3 und §§ 308 sowie 309 BGB bei der Verwendung der VOB/B gegenüber einem Unternehmer keine Anwendung. Anwendbar bleibt allein § 307 BGB. Damit haben §§ 308 Nr. 5 und 309 Nr. 8 lit. b) ff) BGB für das Verhältnis der öffentlichen Hand zum beauftragten Unternehmer und umgekehrt keine Bedeutung, wenn auch bei einer Kontrolle nach § 307 BGB auf der Basis einer „Parallelwertung in der Unternehmersphäre" zu prüfen ist, ob auch im unternehmerischen Bereich eine Unwirksamkeit anzunehmen ist.[114]

83  Da die Rechtslage im Verhältnis von Generalunternehmer zum Subunternehmer davon nicht abweicht und Gleiches gilt, wenn ein privater Auftraggeber dem Unternehmer die VOB/B stellt, bleibt als wirklich **kritisches Anwendungsfeld** allein die Rechtsbeziehung zwischen Auftragnehmer und privatem Auftraggeber, wenn der Auftragnehmer dem privaten Auftraggeber – damit einem Verbraucher, wenn die weiteren Voraussetzungen des § 13 BGB erfüllt sind – die VOB/B stellt. Denn im Verhältnis der in § 310 Abs. 1 Satz 1 BGB genannten Beteiligten ist wegen der baugewerblichen Erfahrung dieser Beteiligten und des Umstandes, dass die VOB/B einen „Gruppenkompromiss"[115] darstellt, das Bedürfnis nach einer Inhaltskontrolle nicht so groß. Das ist anders, wenn einem Verbraucher die VOB/B gestellt wird. Für diesen Anwendungsbereich ist sie nach ihrem Ausgangspunkt nicht gedacht; aber im Verlauf ihrer Geschichte sollte die VOB/B zum Allgemeingut aller am Bauschaffen interessierten Kreise werden, um eine allgemeine Anwendung der VOB/B zu erreichen.[116] In dem Verhältnis zwischen der öffentlichen Hand und Unternehmern wie auch zwischen Unternehmern sowie bei Stellung durch den privaten Verbraucher ist die Richtlinie 93/13 EWG des Rates vom 5. 4. 1993 über missbräuchliche Klauseln in Verbraucherverträgen (Klausel-Richtlinie) nicht einschlägig, so dass die Rechtsprechung zur Gesamtprivilegierung der VOB/B hiervon nicht beeinflusst wird. Das ist anders bei Verwendung der VOB/B gegenüber einem Verbraucher.

84  **o) Zukünftige Entwicklung der VOB/B.** In Zukunft wird sich für die Fortentwicklung der VOB/B die Frage stellen, ob ihre Beurteilung unter dem Einfluss der Klausel-Richtlinie nach unterschiedlichen Maßstäben zu erfolgen hat. So könnte erwogen werden, bei Einbeziehung der VOB/B in Verbraucherverträgen von einer Gesamtprivilegierung abzusehen und zu einer Einzelkontrolle unter Berücksichtigung konnexer Kompensation zu kommen.

85  **p) Besondere Stellung der VOB/B.** Dass die **VOB/B** als **Gruppenkompromiss** eine besondere Allgemeine Geschäftsbedingung ist, lassen auch die für ihre **Auslegung** erarbeiteten Grundsätze erkennen. Für die Auslegung der VOB/B ist die entscheidende Auslegungsmaxime über den Wortlaut hinaus insbesondere die Berücksichtigung von Sinn und Zweck einer Regelung unter den konkreten Bedingungen des Einzelfalles. Entgegen den ansonsten geltenden Beschränkungen des Verbots einer geltungserhaltenden Reduktion von Klauseln werden Bestimmungen der VOB/B über ein dermaßen geprägtes Auslegungsergebnis sogar einer isolierten Inhaltskontrolle entzogen. Dabei wird feinsinnig auf den **Anwendungsbereich** der jeweils zu prüfenden Bestimmung abgestellt; die Ergebnisse folgen nicht aus dem Wortlaut, sondern aus dem Sinnzusammenhang. Das betrifft § 2 Nr. 6 VOB/B, wonach richtig ausgelegt ein Verlust des Vergütungsanspruchs für eine zusätzliche Leistung nicht eintritt, soweit die Ankündigung im konkreten Fall für den Schutz des Auftraggebers entbehrlich und daher ohne Funktion ist oder wenn die Versäumung der Ankündigung ausnahmsweise entschuldigt ist.[117]

86  Das sprengt den Rahmen, der im Allgemeinen für die Auslegung von Allgemeinen Geschäftsbedingungen gilt. Danach sind Allgemeine Geschäftsbedingungen nach ihrem

---
[114] MünchKomm/*Basedow* BGB § 310 Rdn. 7.
[115] MünchKomm/*Basedow* BGB § 310 Rdn. 8.
[116] Vgl. die Einführung von Weil zu *Hereth/Naschold* VOB/A, 2. Aufl., 1960.
[117] BGH U. v. 23. 6. 1996 VII ZR 245/94 NJW 1996, 2158 = BauR 1996, 542.

A. Allgemeines **Einleitung**

objektiven Inhalt und typischen Sinn einheitlich so auszulegen, wie sie von verständigen und redlichen Vertragspartnern unter Abwägung der Interessen der normalerweise beteiligten Kreise verstanden werden.[118] Ob der Auftraggeber im **konkreten Fall** des Schutzes durch § 2 Nr. 6 VOB/B überhaupt bedurfte, entscheidet über den Anspruchserhalt oder -verlust und über den Anwendungsbereich der Regelung. Diese Betrachtungsweise sprengt den Grundsatz, dass AGB unter Verzicht der Berücksichtigung der individuell-konkreten Momente auszulegen sind, wobei hierunter nicht die Anwendungsaspekte, sondern die regeltypischen oder im Ausnahmefalle auch die individuellen Vertragsschlussumstände verstanden werden.[119] Der BGH rechtfertigt das für § 2 Nr. 6 VOB/B erzielte Auslegungsergebnis damit, dass die Bestimmung Teil des einen Bauvertrag als Langzeitvertrag kennzeichnenden Informationsbedarfs ist, der im Fall des § 2 Nr. 6 VOB/B über die Ankündigung der Vergütung befriedigt wird. Besteht kein Informationsbedarf, wird die Vorschrift im Ergebnis als nicht einschlägig mit der Folge angesehen, dass dann bei fehlender Anzeige – mangels Anwendungsbereichs der Regelung – auch kein Vergütungsverlust eintreten kann.

Diese eigenständige Betrachtungsweise, die letztlich darauf beruht, dass die VOB/B als eine bereit liegende Vertragsordnung einer innersystematischen Auslegung zugänglich ist, auch bei § 12 Nr. 5 VOB/B zu erkennen. Maßgeblich wird die Beschreibung des **Anwendungsbereichs** der Regelung, die – im Ergebnis nach der BGH-Rechtsprechung – in Abweichung vom Wortlaut eine erhebliche Einschränkung erfährt. Obwohl § 12 Nr. 5 VOB/B seinem Wortlaut nach einschränkungsfrei ist, wird die Regelung bei gekündigten Bauverträgen nicht für anwendbar erklärt.[120] Dies geschieht unter Hinweis auf *Kniffka*,[121] wo sich jedoch eine nähere Begründung für die dort vertretene Auffassung nicht findet. Denn gerade dem Wortlaut nach kommt eine fiktive Abnahme nach § 12 Nr. 5 VOB/B deshalb in Betracht, weil § 8 Nr. 6 VOB/B einen Anspruch auf Abnahme nach Kündigung postuliert. Unter der Voraussetzung, dass der Rechtsbegriff „Abnahme" in der VOB/B einheitlich zur Anwendung kommt, müssten für die in § 8 Nr. 6 VOB/B genannte Abnahme sämtliche Abnahmeformen des § 12 VOB/B in Betracht kommen. **87**

Wenn die Kündigung des Vertrages den Umfang der vom Auftragnehmer geschuldeten Werkleistung auf den bis zur Kündigung erbrachten Teil beschränkt und dessen Abnahmefähigkeit § 8 Nr. 6 VOB/B bejaht, ist der Ausschluss der fiktiven Abnahme unter Verneinung der aufgezeigten systematischen Aspekte nur mit der Verwendung des Begriffs „Fertigstellung" in § 12 Nr. 5 VOB/B erklärbar. Dieser allgemeinsprachliche Begriff muss in seiner Anwendbarkeit jedoch nicht auf den Leistungsumfang nach Vertragsschluss fixiert sein, sondern kann sinnvoll auch auf eine **kündigungsbedingte Teilleistung** angewendet werden. **Transparenzgesichtspunkte** fordern einen gegenteiligen Standpunkt nicht. Auf den Anwendungsbereich wird auch bei der isolierten Inhaltskontrolle des § 10 Nr. 2 Abs. 2 VOB/B abgehoben. Die Vorschrift greift entgegen ihrem Wortlaut im Fall groben Verschuldens oder vorsätzlichen Verhaltens des Auftraggebers überhaupt nicht. Das leitet der BGH aus der hinzu zu lesenden Regelung des § 10 Nr. 5 VOB/B und aus der in § 10 Nr. 2 Abs. 2 VOB/B vorausgesetzten Versicherbarkeit des Schadens ab. Der Auftragnehmer würde seinen Versicherungsschutz verlieren, wenn er den Auftraggeber im Innenverhältnis von der Haftung auch für grobe Fahrlässigkeit freistellte.[122] **88**

### 4. VOB/B als bereit liegende Vertragsordnung

Im Vergleich zum BGB weicht die VOB/B an zahlreichen Stellen von der BGB-Regelung ab oder sie regelt Sachlagen, wofür eine Parallelregelung im BGB überhaupt fehlt. **89**

---

[118] BGH U. v. 14. 1. 1999 140/98 NJW 1999, 1105, 1106.
[119] *Wolf/Horn/Lindacher* AGB-Gesetz, 4. Aufl., § 5 Rdn. 5 ff.
[120] BGH U. v. 19. 12. 2002 VII ZR 103/00 NJW 2003, 1450 = NZBau 2003, 265 = BauR 2003, 689.
[121] ZfBR 1998, 113, 115.
[122] BGH U. v. 17. 12. 1998 VII ZR 243/97 NJW 1999, 942 = BauR 1999, 414, 416.

# Einleitung

## 5. Verknüpfung zwischen VOB/B und VOB/C und Schuldrechtsreform

90  Die Beschreibung der VOB Teil B mit „Allgemeine Vertragsbedingungen für die Ausführung von Bauleistungen" und Teil C mit „Allgemeine Technische Vertragsbedingungen für Bauleistungen" markiert deren rechtsgeschäftliche Qualität,[123] wenn der Teil C auch technische Aussagen enthält.[124] An dem „rechts- bzw. vertragsnormativen Charakter"[125] beider Vorschriften kann es keinen Zweifel geben, weil beide Regelwerke von den vertragsschließenden Parteien als Vertragsbestandteile gewollt sind. Das trifft auch auf die VOB/C zu, weil diese nach § 1 Nr. 1 Satz 2 VOB/B bei Vereinbarung der VOB/B als Bestandteil des Vertrags gelten sollen. Der Deutsche Vergabe- und Vertragsausschuss (DVA) stellt den Vertragspartnern mit der VOB/C eine die VOB/B ergänzende und konkretisierende Vertragsordnung zur Verfügung.[126] *Quack*[127] sieht in der VOB/C auch technische Anforderungen als Ausdruck eines technischen Mindeststandards, was angesichts ständigen technischen Fortschritts gerade für den privaten Auftraggeber bei Geltungsvereinbarung durchaus problematisch sein könne. Quack hält deshalb die **Totalverweisung auf die VOB/C** nicht für sachgerecht. Die VOB/C wird mit der rechtswirksamen Einbeziehung der VOB/B zum Vertragsbestandteil; das gilt jedenfalls dann, wenn beide Vertragsparteien im baugewerblichen Bereich nicht unerfahren sind. Der BGH[128] hat sich mit der Einbeziehungsproblematik bei § 1 Nr. 1 Satz 2 VOB/B nicht besonders befassen müssen, da der Bauvertrag zwischen einem Hauptunternehmer und einem Nachunternehmer geschlossen worden ist.

91  a) **VOB/B und VOB/C – Auswirkungen auf den Sachmangelbegriff.** Die VOB/B mit ihrer in § 1 Nr. 1 Satz 2 enthaltenen Verweisung auf die VOB/C kann im Hinblick auf die Schuldrechtreform und den neuen Sachmangelbegriff von erheblicher Bedeutung sein. Den Anknüpfungspunkt liefert die **vereinbarte Beschaffenheit**. Enthält nämlich die VOB/C vertraglich relevante Aussage über die vertraglich vereinbarte Beschaffenheit, verlagert sich das Schwergewicht der Mängelbeurteilung von Auslegungsfragen zu § 13 Nr. 1 VOB/B auf die VOB/C. Dann wäre mit *Quack* die VOB/B samt VOB/C nicht nur für den privaten Auftraggeber problematisch, sondern auch der Unternehmer müsste sich die Frage vorlegen, ob überhaupt VOB-Bauverträge geschlossen werden sollten.

92  b) **Beschaffenheitsvereinbarung, VOB/C und Gefahren hieraus.** Diese Skepsis gilt jedoch hinsichtlich der VOB/C nicht nur für den Auftraggeber, sondern unter Berücksichtigung der Schuldrechtsreform in besonderer Weise auch für den Auftragnehmer. Das Verständnis der Beschaffenheitsvereinbarung nach § 633 Abs. 2 Satz 1 BGB bzw. § 13 Nr. 1 Satz 2 VOB/B kann in Verbindung mit den Einzelregelungen der VOB/C eigenartige Rechtsfolgen bewirken. Wenn nämlich im Abschnitt 3 der einschlägigen Allgemeinen Technischen Vertragsbedingung (VOB/C) die Leistung inhaltlich näher beschrieben und daraus abgeleitet wird, dass es sich hierbei um eine **Beschaffenheitsvereinbarung** handelt, droht dem Auftragnehmer bei deren Verfehlung ohne Rücksicht auf die **Folgen für die Verwendungseignung** die Sachmängelhaftung. Die wohl h. M.[129] sieht in jeder merkmal-

---

[123] *Weick* FS Korbion S. 451, 455; BGHZ 86, 142 = NJW 1983, 816 = BauR 1983, 161, 164; „Die VOB/B ist daher treffend als bereitliegende Vertragsordnung bezeichnet worden."; hinsichtlich der VOB/C als allgemeine Geschäftsbedingung sehr deutlich Beck'scher VOB-Komm/*Kuffer* VOB/C Syst VII Rdn. 17.
[124] *Moufang/Klein* Jahrbuch Baurecht 2004, S. 71, 78; Beck'scher VOB-Komm/*Motzke* VOB/C Syst IV Rdn. 28.
[125] Vgl. hinsichtlich dieser Begrifflichkeit *Quack* ZfBR 2002, 641.
[126] *Moufang/Klein* Jahrbuch Baurecht 2004, S. 73 ff., 76.
[127] BauR 2003, 1290, 1292; Beck'scher VOB-Komm/*Motzke*, VOB/C Syst III Rdn. 60 vertritt die Auffassung, die VOB/C könne in einzelnen Teilen/Abschnitten Ausdruck von anerkannter Regel der Technik sein, nicht jedoch insgesamt.
[128] U. v. 17. 6. 2004 VII ZR 75/03 NZBau 2004, 500 = BauR 2004, 1438 = NJW-RR 2004, 1248 = ZfBR 2004, 778.
[129] *Bamberger/Roth/Voit* BGB § 633 Rdn. 4; *Mundt* NZBau 2003, 70, 73; *Voppel* BauR 2002, 843; *Weyer* BauR 2003, 613, 616; a. A. *Motzke* BTR 2003, 15; *Wirth* betont in *Ingenstau/Korbion* VOB/B § 13 Nr. 1 Rdn. 22 letztlich ebenfalls einen Auslegungsbedarf; *Kniffka/Koeble* Kompendium Teil 6 VOB/B Rdn. 20 gehen ebenfalls von einem Auslegungsbedarf aus.

A. Allgemeines											**Einleitung**

bezogenen Vorgabe in einem Leistungsverzeichnis oder einer Baubeschreibung eine Beschaffenheitsvereinbarung, womit bei Abweichung hiervon ohne Rücksicht auf negative Einflüsse für die Verwendungseignung ein Sachmangeltatbestand gegeben ist.

Dieser Standpunkt müsste konsequent auf leistungsbeschreibende Angaben in der VOB/C übertragen werden, was bei jeder Abweichung zu einem Sachmangeltatbestand führen würde. Denn die VOB/C beschreibt die Leistung im Abschnitt 3 oft näher; wenn davon nach Abschnitt 0.3 durchaus auch Abweichungen oder sonst andere Lösungsansätze möglich sind, erweist sich dies aber gerade als ein Beleg für eine vorformulierte vertragliche Festlegung der Leistung. Wenn dann z. B. die DIN 18351 im Abschnitt 3.4.4.1 bei zweiseitig beschichteten Platten einen Fugenabstand von 10 mm fordert, verfehlt ein solcher von 10,5 oder 11 mm bzw. 9,5 mm die vereinbarte Beschaffenheit und wäre notwendig bereits als ein Sachmangel einzustufen. Die DIN 18352 – Fliesen- und Plattenarbeiten – schreibt im Abschnitt 3.2.2.1 für das Verlegen im Dickbett exakt bestimmte Mörtelbettdicken vor; der Abschnitt 3.5 derselben Norm bestimmt innerhalb einer gewissen Bandbreite die zulässige Breite der Fugenausbildung. Würde es sich dabei jeweils um vereinbarte Beschaffenheiten handeln, wäre die Abweichung hiervon für sich bereits ein Sachmangel, unabhängig davon, ob sich diese auf Tauglichkeit auswirkt.[130] Die Verweisung der VOB/B in § 1 Nr. 1 Satz 2 auf die VOB/C hätte dann für den Unternehmer geradezu fatale Folgen und böte für den Auftraggeber in vielerlei Hinsicht Ansätze für Sachmangelhaftungsansprüche. Wird dieser Standpunkt noch um den Aspekt verschärft, dass jede in Verweisung genommene DIN-Norm mit ihrem Beschreibungen und Detailvorgaben zu vereinbarten Beschaffenheiten führt,[131] würde sich die vereinbarte VOB/B wie ein fesselndes Netzwerk auswirken.

**c) Invasion der vereinbarten Beschaffenheit.** Denn die VOB/C verweist gerade im Abschnitt 2 bezüglich der Stoffe und im Abschnitt 3 für die Ausführung zahlreich auf DIN-Vorschriften. Dieser Standpunkt könnte zu einer **„Invasion" von Beschaffenheitsvereinbarungen** und damit letztlich zu einer „Mangelinvasion" führen. Der **VOB-Vertrag** wäre wegen der Verweisung auf die VOB/C in Folge der Schuldrechtsreform zu einem für den Unternehmer höchst **gefährlichen Vertragstyp** geworden. In dieser Weise dürfen die VOB/C-Regeln jedoch nicht verstanden werden; gegen diese Auffassung sprechen nicht nur die massiven sich ergebenden Rechtsfolgen, sondern auch der Umstand, dass letztlich eine Beschaffenheitsvereinbarung nur dann angenommen werden sollte, wenn der Auftraggeber ein **besonderes Interesse** an dem Vorhandensein des fraglichen Merkmals hat.[132] Da die VOB/C-Regeln bei einem VOB-Bauvertrag jedoch lediglich als Vertragsbestandteil gelten, was letztlich zu einer fiktiven Einbeziehung dieser Allgemeinen Technischen Vertragsbedingungen für Bauleistungen führt, ist diese besondere Interessenlage zu verneinen.

Ein **besonderes Interesse** in diesem Sinne kann nicht schon dann bejaht werden, wenn eine Allgemeine Geschäftsbedingung wie die VOB/B auf die VOB/C und damit die gewerkespezifische ATV verweist, was noch dazu über eine Fiktion erfolgt. In einem Vertrag und seinen Bestandteilen angeführte Beschaffenheitsmerkmale begründen Auslegungs- und Einordnungsbedarf.[133] Bezeichnet man die technischen Regeln der VOB/C mit *Quack*[134] als eine Art technischen Mindeststandard und damit letztlich als etwas, was mit der gewöhnlichen Beschaffenheit i. S. d. § 633 Abs. 2 Satz 2 Nr. 2 BGB bzw. § 13 Nr. 1 Satz 3 lit. b) VOB/B gleich gesetzt werden kann, wäre es widersprüchlich, die inhaltlichen Vorgaben der VOB/C als vereinbarte Beschaffenheiten i. S. d. § 13 Nr. 1 Satz 2 VOB/B zu qualifizieren. In der VOB/C enthaltene Merkmale und Anforderungen, die bei richtiger Betrachtungs-

---

[130] Vgl. wegen des Stellenwert der vereinbarten Beschaffenheit → § 13 Nr. 1 Rdn. 77. Für den Mangel verfehlte Beschaffenheit ist eine Einschränkung in der Verwendungseignung nicht erforderlich. Ausreichend ist jede Abweichung.
[131] In diese Richtung *Henssler/Graf von Westphalen* Praxis der Schuldrechtsreform BGB § 633 Rdn. 8.
[132] *Motzke* BTR 2003, 15; *Bamberger/Roth/Voit* BGB § 633 Rdn. 4.
[133] *Motzke* BTR 2003, 15.
[134] BauR 2003, 1290, 1293.

weise als gewöhnliche Beschaffenheiten einzustufen sind, können nicht in Folge der in § 1 Nr. 1 Satz 2 VOB/B enthaltende Verweisung zum Inhalt einer besonderen Erfolgsqualifzierung werden.

96 **d) VOB/B und VOB/C vor der Schuldrechtsreform.** Bis zum 31. 12. 2001 ist weder in der Rechtsprechung noch in der Literatur erwogen worden, den Verweis in § 1 Nr. 1 Satz 2 VOB/B auf die Allgemeinen Technischen Vertragsbedingungen für Bauleistungen dahin zu verstehen, dass die dort enthaltenen Ausführungs- und Materialvorgaben als zugesicherte Eigenschaften verstanden wurden. Da ausweislich der Regelung in § 13 Nr. 2 VOB/B und auch nach allgemeiner Überzeugung[135] die Beschaffenheitsvereinbarung nach neuem Werksvertragsrecht die zugesicherte Eigenschaft ersetzt, müsste nach der bis 31. 12. 2001 maßgeblichen Auffassung der Verweis auf die VOB/C in § 1 Nr. 1 Satz 2 VOB/B hinsichtlich der in den ATVen genannten Merkmalen und Ausführungshinweisen zu zugesicherten Eigenschaften geführt haben. Das ist so jedoch nicht vertreten worden.

97 Nach der Rechtsprechung des BGH[136] stellte nicht jede Beschreibung in einem Leistungsverzeichnis oder in einem Angebot ohne Weiteres die Zusicherung einer Eigenschaft dar. Im Regelfall sollte es sich dabei um die Beschreibung der vertraglich vorausgesetzten Gebrauchstauglichkeit handeln. Da nach § 1 Nr. 2 VOB/B von der Wertigkeit und der Rangfolge her gesehen, die Allgemeinen Technischen Vertragsbedingungen für Bauleistungen an vorletzter Stelle rangieren und den Vorgaben in der Leistungsbeschreibung bzw. dem Leistungsverzeichnis an erster Stelle stehend oberste Priorität zukommt, kam es im Allgemeinen überhaupt nicht in Betracht, den Vorgaben in der VOB/C die Qualität einer zugesicherten Eigenschaft beizumessen.

98 Wenn das nunmehr in Folge der Anbindung lediglich an eine Beschaffenheitsvereinbarung gegenteilig einzustufen wäre, hätte die VOB/B mit ihrem Verweis auf die VOB/C und damit die gewerkespezifischen ATVen geradezu fatale Konsequenzen.

99 **e) VOB/B – VOB/C und Beschaffenheitsvereinbarung/Mangelbegriff.** Der Verweis auf die VOB/C in § 1 Nr. 1 Satz 2 VOB/B hat erhebliche Auswirkungen auf § 13 Nr. 1 VOB/B (Sachmängelhaftung), wenn die in der VOB/C enthaltenen Vorgaben als vereinbarte Beschaffenheiten einzuordnen wären. Bei einer entsprechend großzügig gehandhabten Praxis bezüglich der Annahme von vereinbarten Beschaffenheiten, könnten sämtlichen ausreichend konkreten Merkmalbeschreibungen und konstruktiven Ausführungsanforderungen der VOB/C Beschaffenheitsvereinbarungen zugeordnet werden. So wäre z. B. die Regelung in der DIN 18332 (Naturwerksteinarbeiten) Abschnitt 3.2.1, wonach Platten und Werkstücke senkrecht, fluchtrecht und waagrecht oder mit dem erforderlichen Gefälle unter Berücksichtigung des angegebenen Höhenbezugspunktes zu versetzen oder zu verlegen sind, jedenfalls hinsichtlich des Gebots zur senkrechten, fluchtgerechten und waagerechten Verlegung eine vereinbarte Beschaffenheit.

100 **Vereinbarte Beschaffenheiten** sind solche Beschaffenheitsangaben, auf die sich die Parteien im Vertrag geeinigt haben. Ein besonderer Einstandswille ist nicht erforderlich. Der Sache nach machen die Beschaffenheit des Werks die ihm anhaftenden Eigenschaften und Faktoren aus, die sich auf die Verwendung auswirken können.[137] Deshalb werden im Allgemeinen Vorgaben in einer Leistungsbeschreibung oder einem Leistungsverzeichnis als vereinbarte Beschaffenheiten bezeichnet.[138] *Weyer*[139] ist sogar der Auffassung, es gäbe überhaupt keine Bauverträge ohne vereinbarte Beschaffenheit, was sich bei einem VOB-Bauvertrag samt allein vorliegender funktionaler Leistungsbeschreibung unabhängig der von *Weyer* angestellten Überlegungen zur verwendungsorientierten Beschaffenheitsvereinbarung ohne

---

[135] *Ingenstau/Korbin/Wirth* VOB/B § 15 Nr. 1 Rdn. 36; *Kapellmann/Messerschmidt/Weyer* VOB/B § 13 Rdn. 19; PWW/*Wirth* BGB § 633 Rdn. 2; MünchKomm/*Busche* BGB § 633 Rdn. 13.
[136] U. v. 10. 10. 1995 VII ZR 303/84 BauR 1986, 95.
[137] Palandt/*Sprau* BGB § 633 Rdn. 5.
[138] *Mundt* NZBau 2003, 73, 75; *Weyer* Baur 2003, 613, 616; *Ingenstau/Korbion/Wirth*, VOB/B, § 13 Nr. 1 Rdn. 20–22.
[139] BauR 2003, 613, 616.

A. Allgemeines                                                                    **Einleitung**

Weiteres wegen der daneben geltenden VOB/C-Regelung rechtfertigen ließe. Denn die VOB/C enthält in ihren gewerkespezifischen ATVen zahlreiche Vorgaben für die Leistungsqualität, die sich bei entsprechend großzügigem Begriffsverständnis als vereinbarte Beschaffenheit einordnen lassen. Der Stellenwert der in § 1 Nr. 1 Satz 2 VOB/B enthaltenen Verweisung auf die VOB/C erhält nach der überwiegenden Meinung vor allem auch deshalb Gewicht, weil danach die Neuregelung des gesamten Sachmängelhaftungsrechts auf eine Einschränkung des Wert oder der Gebrauchstauglichkeit nicht abstellt.[140] Damit würde die Verfehlung der vertraglich vorausgesetzten oder der gewöhnlichen Verwendungseignung für sich bereits genügen, um darauf die Verfehlung der Mangelfreiheit und folglich einen Sachmangeltatbestand zu begründen.[141] Folglich wäre es sogar gleichgültig, ob die in der in Verweisung genommenen VOB/C enthaltenen Merkmale und Anforderungen als vereinbarte Beschaffenheiten oder als Ausdruck vertraglicher oder gewöhnlicher Verwendungseignung zu qualifizieren wären. Der VOB-Bauvertrag hätte unter diesen Voraussetzungen für den Unternehmer erhebliche und hinsichtlich der Folgen im Einzelnen gar nicht absehbare Konsequenzen; das Sachmängelhaftungsrecht würde im Ergebnis dazu führen, dass wegen der damit verbundenen Gefahren der Abschluss eines VOB-Bauvertrages nicht zu empfehlen wäre.

**f) VOB/B – VOB/C und der Sachmangelbegriff.** Das dem Ganzen zu Grunde **101** liegende Missverständnis besteht darin, dass sowohl § 633 Abs. 1 BGB als auch § 13 Nr. 1 VOB/B die **Sachmangelfreiheit** beschreiben. Hinsichtlich des Sachmangeltabestandes entsteht folglich der Bedarf nach dessen inhaltlicher Bestimmung. Wird der Sachmangeltatbestand allein durch das Fehlen der Sachmangelfreiheitskriterien beschrieben, genügt die Verfehlung jeglichen Kriteriums ohne dass es auf eine Einschränkung oder Minderung in der Eignung zur Verwendung oder im Wert ankommt. Dann wäre die nähere rechtliche Kategorisierung des Fehlerfreiheitstatbestandes bedeutungslos. *Oberhauser*[142] formuliert deshalb, die Minderung des Wertes oder der Gebrauchstauglichkeit sei auch bei nicht vereinbarter Beschaffenheit nicht mehr Voraussetzung für das Vorhandensein eines Mangels, so dass jede, im Ergebnis auch unbedeutende Abweichung bereits einen Mangel darstelle. Diese These, die auch von anderen so vertreten wird,[143] nimmt ihren Ausgangspunkt daran, dass der Gesetzgeber wie auch die VOB/B in § 13 Nr. 1 nicht mehr die Kategorien der Aufhebung oder Minderung der Gebrauchstauglichkeit oder des Werts zur Fehlerbeschreibung verwendet, sondern wegen der Ausrichtung an der Beschreibung der Fehlerfreiheit Fehlerfreiheitskriterien benennt, ohne in einem Zusatz bei der Verwendungseignung das Ausbleiben einer Verwendungseinschränkung anzufügen. Man hätte z. B. wie folgt formulieren können: „Ist die Beschaffenheit nicht vereinbart, so ist die Leistung zurzeit der Abnahme frei von Sachmängeln, wenn sie sich ohne Einschränkung in der Verwendungseignung oder im Wert a) für die nach dem Vertrags vorausgesetzte, sonst b) für die gewöhnliche Verwendung eignet und eine Beschaffenheit aufweist, die bei Werken der gleichen Art üblich ist und die der Auftraggeber nach der Art der Leistung auch erwarten kann."

Die von der h. M. vertretene Auffassung hat für den VOB-Bauvertrag allein schon wegen **102** der in § 1 Nr. 1 Satz 2 VOB/B enthaltenen Verweisung auf die VOB/C solche Folgen, dass im Hinblick auf die Schuldrechtsreform und die Auslegung des Sachmangelbegriffs von

---

[140] *Oberhauser* Jahrbuch Baurecht 2003, S. 9; *Mundt* NZBau 2003, 73, 75; Palandt/*Sprau* BGB § 633 Rdn. 5.
[141] *Mundt* NZBau 2003, 73, 75.
[142] Jahrbuch Baurecht 2003, S. 9.
[143] Palandt/*Sprau* BGB § 633 Rdn. 5: „Sachmangel ist jede Abweichung der Istbeschaffenheit des Werks von seiner Sollbeschaffenheit."; *Bamberger/Roth/Voit* BGB § 633 Rdn. 8: „Im Gegensatz zum bisher geltenden Recht ist eine negative Auswirkung auf die Tauglichkeit oder den Wert des Werks nicht erforderlich, um einen Sachmangel des Werks annehmen zu können. Maßgebend ist allein die Abweichung von der Sollbeschaffenheit." Vgl. auch *Mundt* NZBau 2002, 73, 75; *Kraus* BauR 2002, 524, 528; *Preussner* BauR 2002, 231, 232; *Motzke* BTR 2003, 15.

# Einleitung

VOB Teil B im Gefüge der Verdingungsordnung

jedem VOB-Bauvertrag abgeraten werden muss. Dieses Verständnis des Sachmangelbegriffs ist jedoch nicht zwingend; die bei einem VOB-Bauvertrag in Verbindung mit der VOB/C auftauchenden Problemlagen hätten eine „Sachmangelinflation" zur Folge.

103 **g) Beispiele.** Dies soll an einigen Beispielen demonstriert werden. Diese Beispiele belegen zugleich, dass die zum Sachmangelbegriff vertretene herrschende Auffassung falsch ist und § 633 Abs. 2 BGB wie auch die Regelung in § 13 Nr. 1 VOB/B der einschränkenden Auslegung bedarf. Hierzu bietet auch der Wortlaut Anlass, so dass es sich dabei nicht lediglich um ein praktisches Anliegen handelt. Dieses ist lediglich der Anlass, um den Wortlaut der einschlägigen Bestimmungen auf seine Auslegungsfähigkeit und -bedürftigkeit zu hinterfragen.

104 DIN 18300 Abschnitt 3.7.6: Schütthöhe und Anzahl der Arbeitsgänge beim Verdichten sind so festzulegen, dass der geforderte Verdichtungsgrad des Bodens erreicht wird. Wäre dieser Verdichtungsgrad Sachmangelfreiheitskategorie im geschilderten Sinne, nämlich Beschaffenheitsvereinbarung oder Verwendungseignung, wäre jede Verfehlung unabhängig von den Folgen der Nichterreichung ein Sachmangel im Gewerk Erdarbeiten. Würde der Verdichtungsgrad erreicht, sind jedoch die festgelegten Schütthöhen und die Anzahl der Arbeitsgänge beim Verdichten nicht eingehalten worden, wäre der Mangel deshalb zu bejahen, weil diese vereinbarten Beschaffenheiten verfehlt worden sind.

105 DIN 18316 Abschnitt 3.3.1.6: Danach werden Mindesteinbaudicken der einzelnen Schichten in Abhängigkeit vom Größtkorn gefordert, nämlich z. B. bis 32 mm 12 cm, bis 45 mm 15 cm; Ähnliches fordert der Abschnitt 3.3.2.5 für die Deckschichten, nämlich bei Größtkorn bis zu 11 mm eine Mindesteinbaudicke von 3 cm, bei Größtkorn bis zu 16 mm eine Mindesteinbaudicke von 5 cm. Jede Abweichung davon wäre unabhängig von den Auswirkungen und unabhängig davon, welche Flächen betroffen sind, ein Sachmangel wegen verfehlter Sachmangelfreiheitskriterien. So trennscharf lässt sich das Werkvertragsrecht im Bereich Bauen nicht praktizieren. Die DN 18316 enthält auch noch in anderen Abschnitten mehr oder minder exakt beschriebene Vorgaben, deren Verfehlung dann ohne Rücksicht auf die Folgen für die Verwendungseignung des Gesamtwerks Sachmängelansprüche auslösen würde. Paradox wäre dies insbesondere hinsichtlich der Forderung in Abschnitt 3.3.4.7, eine Betondecke müsse mindestens 3 Tage ständig feucht gehalten oder durch andere Maßnahmen gegen Austrocknen geschützt werden.

106 Demonstrationsobjekt sind aber nicht nur die Tiefbau- und Straßenbauregeln. Auch die Hochbau- und Ausbauvorschriften der VOB/C bieten Gelegenheit, die Besonderheiten eines VOB-Bauvertrages samt Verweis auf die VOB/C im Hinblick auf den Sachmangelbegriff zu verdeutlichen. So ist nach DIN 18330 Abschnitt 3.2.1 das Mauerwerk gemäß DIN 1053–1 auszuführen. Sind dann sämtliche in dieser Ausführungsnorm enthaltenen – gar nicht wenigen – Detailvorgaben Beschaffenheitsvereinbarungen[144] – oder auch nur Inhalt der vertraglich vorausgesetzten oder gewöhnlichen Verwendungseignung und genügt eine bloße Abweichung der Istbeschaffenheit von dieser Sollbeschaffenheit zur Sachmangelbegründung, begründet z. B. der Verstoß gegen das Überbindemaß von ≥ 45 mm nach Abschnitt 9.3 der DIN 1053–1 unabhängig davon, ob sich hieraus Folgen für die Standsicherheit ergeben, einen Sachmangel.

107 Dieselbe Problematik stellt sich bezüglich der DIN 18333 Abschnitt 3.6.2, da diese Regelung für Beläge mit bestimmten Kantenlängen ganz bestimmte fixe Mörtelbettdicken vorgibt.

108 **h) Konsequenzen für die Normfassung.** Verfestigt sich diese Überzeugung, dass derartige fixe Vorgaben in VOB/C-Vorschriften und anderen schriftlich niedergelegten technischen Regeln, auf welche im Vertrag verwiesen wird, absolute Maßvorgaben für die Mängelbeurteilung sind, müssen der DVA und die einzelnen Unterausschüsse notwendig Konsequenzen für die Normsetzung und die inhaltliche Ausgestaltung von technischen Normen ziehen. Die h. M. mit ihrer Auffassung, dass allein schon ein negativer Soll – Ist – Vergleich unabhängig von den sich aus einer Differenz ergebenden Folgen einen Sach-

---

[144] In diese Richtung Palandt/*Sprau* BGB § 633 Rdn. 5; *Henssler/Graf von Westphalen* Praxis der Schuldrechtsreform. BGB § 631 Rdn. 8.

A. Allgemeines **Einleitung**

mangel wegen Fehlen des Sachmangelfreiheitskriteriums auslöst, hätte auch hinsichtlich **optischer Mängel** erhebliche Konsequenzen.

**i) Auswirkungen auf die Beurteilung von Schönheitsfehlern.** Für Maler- und Lackiererarbeiten hält die DIN 18363 im Abschnitt 3.1.9 fest, dass alle Anschlüsse an Türen, Fenstern, Fußleisten, Sockeln u. A. **scharf und geradlinig zu begrenzen** seien, und bestimmt im Abschnitt 3.1.4, dass die Oberfläche nach Art des Beschichtungsstoffes und des angewendeten Verfahrens gleichmäßig ohne Ansätze und Streifen erscheinen muss. Gelingt diese Qualität nicht, würde der Mangel unabhängig davon zu bejahen sein, ob einem **gewöhnlichen Betrachter** aus einer gebrauchsüblichen Position diese Abweichung überhaupt auffallen würde.[145] Aufzugeben wäre auch der Aspekt, dass bei optischen Mängeln zwischen einer repräsentativen Fläche und einer von Gestaltungsanforderungen weniger geprägten Fläche unterschieden wird.[146] Dieselben Gesichtspunkte spielen bei Tapezierarbeiten eine nicht unerhebliche Rolle; so wenn nach DIN 18366 Abschnitt 3.2.3.5 Tapetenbahnen in der Länge nicht gestoßen werden dürfen oder nach Abschnitt 3.2.3.8 bei Anschlüssen an Türen, Fenstern, Fußleisten, Sockeln und anderen Bauteilen die Tapete an diese Bauteile anstoßen und scharf begrenzt sein muss. Wenn derartige Arbeiten in einem Kellerabgang vorzufinden sind und es auf eine Beeinträchtigung oder sonstige Folge, wie z. B. den Einfluss auf den Wert der Leistung nicht ankommt, müsste jeder Verstoß gegen die Soll-Vorgaben als Mangeltatbestand gewertet werden.

**j) VOB/B-VOB/C-Technische Regelwerke und Schuldrechtsreform.** Ein entscheidender Teil der Schuldrechtsreform im Werkvertrag, nämlich das Verständnis der Sachmangelfreiheit und dessen Gegenteils – des Sachmangels – bewirkt eine Verrechtlichung in erster Linie technisch geprägter Texte, deren Sinn und Zweck die Sicherstellung der Verwendungstauglichkeit ist. Benennen derartige technisch geprägten Texte im Allgemeinen Materialien, Abmessungen, Ausführungsweisen mit dem Ziel, dass die Leistung den ihr zugedachten Verwendungszweck erfüllt, was es rechtfertigt, den benannten Kriterien eine Hilfsfunktion zuzuweisen, werden diese Merkmale und Qualitäten als Teil von Vertragstexten oder vertraglicher Erwartung unabhängig von der Erreichung des **Verwendungszwecks** zum Tauglichkeitsmaßstab.

Damit findet ein Qualitätswechsel statt, zu dem es zwar im Einzelfall kommen kann, aber nicht generell muss. Diese technischen und mit Merkmalen und Vorgaben angereicherten Texte erfahren durch die Transferrierung in das Vertragsrecht einen Stellenwert, der ihnen nach der Vorstellung der Verfasser mit der strikten Rechtsfolgenseite im Allgemeinen nicht zukommen sollte. Das schließt nicht aus, dass im Einzelfall bei entsprechender Auslegung ein technisches Merkmaldetail vertragsrechtlich strikt und notwendig sowie unabhängig von der sonstigen Verwendungssicherung erreicht werden muss, soll Sachmangelfreiheit bejaht werden können.

Die VOB/A macht im **Anhang TS Technische Spezifikationen** auf diese Zusammenhänge aufmerksam. Der Abschnitt 1.1 führt nämlich aus, dass Technische Spezifikationen sämtliche, insbesondere in den Verdingungsunterlagen enthaltenen, technischen Anforderungen an eine Bauleistung, ein Material, ein Erzeugnis oder eine Lieferung sind, mit deren Hilfe die Bauleistung, das Material, das Erzeugnis oder die Lieferung so bezeichnet werden können, dass sie ihren durch den öffentlichen Auftraggeber festgelegten Verwendungszweck erfüllen. Wenn § 9 Nr. 4 Abs. 2 VOB/A auf diese technische Spezifikationen verweist, wird deutlich, dass die VOB/A den **Vorgaben in technischen Regelwerken** nicht singulär für sich einen Stellenwert, sondern **dienende Funktion** beimisst.

---

[145] Vgl. zu diesem Erfordernis des gewöhnlichen Betrachters aus einer gebrauchsüblichen Position *Osswald/Abel* Hinzunehmende Unregelmäßigkeiten bei Gebäuden, 3. Aufl., S. 17; Leitfaden zur Ermittlung von Zeitwerten und Wertminderungen von Bodenbelägen des Bundesverbandes der vereidigten Sachverständigen für Raum und Ausstattung e. V.; Richtlinie zur visuellen Beurteilung beschichteter Oberflächen (Richtlinie-Oberflächen-Rili-Ofl), Frauenhofer IRB Verlag, 2. Aufl.; Dachziegeloberflächen 5/2002 der Arbeitsgemeinschaft Ziegeldach e. V., www.ziegeldach.de.

[146] *Oswald/Abel* Hinzunehmende Unregelmäßigkeiten bei Gebäuden, 3. Aufl., S. 18.

### Einleitung

**113** Deshalb lässt der Gesamtzusammenhang der VOB in all ihren Teilen zu, den Sachmangel nicht in jeder Hinsicht allein in der Abweichung der Istbeschaffenheit von der Sollbeschaffenheit zu begreifen. Das von der h. M. geprägte Begriffsverständnis des Mangels – Abweichung der Istbeschaffenheit von der Sollbeschaffenheit ohne Rücksicht auf die Folgen[147] – beruht zu einem wesentlichen Teil auf der **Ausblendung der Realität,** womit es zwar das Leben beherrscht, aber seiner Aufgabe, dem Leben zu dienen, nicht gerecht wird.[148] Diese Realität wird in technisch geprägten Bereichen auch von technischen Regelwerksetzern besetzt, an deren Ergebnissen die Gesetzesauslegung im Rahmen der Rechtsfindung nicht vorbei gehen kann und darf. Diese Realität spiegelt sich in den technischen Normen, die ihrerseits nicht generell Absolutheit prägt, die ihr jedoch mittels rechtlicher Begrifflichkeiten vermittelt werden soll.

**114** So formuliert die DIN 1045 in der Fassung von 2001 Prinzipien, von denen nicht abgewichen werden darf, und Anwendungsregeln, denen Abweichungsvorbehalte immanent sind. Hinzuweisen ist auf die DIN 1045 Teil 1 Einleitung, wo es wie folgt heißt: „In dieser Norm wird in Abhängigkeit vom Verbindlichkeitsgrad der einzelnen Regelungen zwischen Prinzipien und Anwendungsregeln unterschieden Die Prinzipien enthalten allgemeine Festlegungen, Definitionen und Angaben, die einzuhalten sind, Anforderungen und Rechenmodelle, für die keine Abweichungen erlaubt sind, sofern dies nicht ausdrücklich angegeben ist. Die Anwendungsregeln sind allgemein anerkannte Regeln, die den Prinzipien folgen und deren Anforderungen erfüllen. Abweichungen hiervon sind zulässig, wenn sie mit den Prinzipien übereinstimmen und hinsichtlich der nach dieser Norm erzielten Tragfähigkeit, Gebrauchstauglichkeit und Dauerhaftigkeit gleichwertig sind. In dieser Norm werden die Prinzipien von den Anwendungsregeln durch die Wortwahl und durch die Schreibweise unterschieden (Prinzipien – gerade Schreibweise; Anwendungsregeln – kursive Schreibweise)." Damit beansprucht nach technischem Verständnis der Inhalt der **Anwendungsregeln** keine absolute Geltung, womit eine Fehlinterpretation unterläuft, derartigen Anwendungsvorgaben bei Bezugnahme im Vertrag rechtlich den Charakter einer Sollbeschaffenheit mit der Folge beizumessen, dass jeder davon abweichende Istzustand ohne Hinzutreten weiterer Erfordernisse einen Sachmangel begründet. Soweit diesbezüglich der Vorrang des subjektiven Mangelbegriffs in Anspruch genommen wird, bleibt unberücksichtigt, dass gerade in einem Leistungsverzeichnis enthaltene Beschreibungen auch dem Zweck dienen können, die vertraglich vorausgesetzte oder gewöhnliche Verwendungseignung zu sichern.

**115** Der BGH[149] hat hinsichtlich der Mangelfrage – jedoch zum alten Recht – ausgeführt, der Begriff des Fehlers dürfe **nicht rein objektiv** verstanden werden, er werde vielmehr **subjektiv vom Vertragswillen** der Parteien (geschuldeter Werkerfolg) **mitbestimmt,** wie dies auch der Neuregelung in § 633 Abs. 2 Satz 1 BGB n. F. entspreche, wonach das Werk dann frei von Sachmängeln ist, wenn es die vereinbarte Beschaffenheit hat. Demnach ist weder eine rein objektive noch eine rein subjektive Beurteilung angezeigt, sondern maßgeblich ist, ob die Abweichung der Istbeschaffenheit von der Sollbeschaffenheit den vertraglich geschuldeten Erfolg beeinträchtigt. Mit dieser Maßgabe hat der BGH in seiner Entscheidung den Rechtsstreit an das OLG zum Zweck diesbezüglicher Feststellungen zurückverwiesen.

**116** **k) VOB/B – VOB/C – DIN-Normen und Schuldrechtsreformverständnis.** Die in der VOB/B in Verweisung genommene VOB/C und die dort punktuell enthaltenen Bezugnahmen auf ganz bestimmte technische Regelwerke belegen den dringende Bedarf einer Interpretation des von der VOB/B übernommenen bürgerlich-rechtlichen Sachmangelfreiheitsbegriffs und damit auch des Verständnisses vom Mangeltatbestand. Wenn *Kniffka*[150] so weit

---

[147] Deutlich vor allem *Bamberger/Roth/Voit* § 633 Rdn. 8; Palandt/*Sprau* BGB § 633 Rdn. 5; *Mundt* NZBau 2003, 73, 75.
[148] Diese Bemerkung geht auf *Putzier* zurück in NZBau 2004, 177, 180.
[149] U. v. 21. 9. 2004, X ZR 244/04, NZBau 2004, 872 = BauR 2004, 1941 = ZfBR 2005, 186.
[150] Online Kommentar BGB § 633 Rdn. 11.

A. Allgemeines **Einleitung**

geht, dass die **anerkannten Regeln der Technik** zur Kategorie der Beschaffenheitsvereinbarung gehören, wird die Dramatik der Rechtslage für die Bauschaffenden in besonderer Weise deutlich. Spricht nämlich eine tatsächliche Vermutung dafür, dass z. B. die Normen des DIN Ausdruck anerkannter Regeln der Technik sind,[151] lösen sämtliche Verstöße gegen DIN-Normen ohne Rücksicht auf die Folgen für die Brauchbarkeit und Verwendungseignung einen Sachmangeltatbestand aus. Das widerspräche in erheblichem Maße dem Selbstverständnis des DIN, das in sein grundsätzlichen Hinweisen an denjenigen, der die Norm anwendet[152] ausführt, die Norm sei nicht die Einzige, sondern nur eine Erkenntnisquelle für technischordnungsmäßiges Verhalten im Regelfall. So wie nach dem bis 31. 12. 2001 maßgeblichen Verständnis nicht in jeder Vorgabe in einem Leistungsverzeichnis oder in einer anzuwendenden DIN-Norm oder sonstigen Regel eines anerkannten Regelwerksetzers eine zugesicherte Eigenschaft gesehen wurde,[153] kann nunmehr solchen Vorgaben nicht generell die Qualität einer Beschaffenheitsvereinbarung i. S. d. § 633 Abs. 2 Satz 1 BGB oder § 13 Nr. 1 Satz 2 VOB/B beigemessen werden. Wollte man sich dem nicht nähern, wäre es geboten, diesbezüglich bei einem VOB-Bauvertrag wegen der Verknüpfung der VOB/B mit dem Regelwerk der ATVen und der DIN-Normen eine eigenständige Auslegung zu entwickeln.

### 6. VOB/B als eigenständige Vertragsordnung

Die VOB/B strukturiert den Werkvertrag in besonderer Weise. Sie legt den Grund für ein den bauvertraglichen Besonderheiten Rechnung tragendes System. Sie unterscheidet sich von anderen vorformulierten Geschäftsbedingungen darin, dass das gesetzliche Werkvertragsrecht um zahlreiche Komponenten, deren Bedarf in der Baupraxis unumstritten ist, erweitert wird. Das VOB-Werkvertragssystem gerät nicht grundsätzlich in Konflikt mit dem Werkvertragsrecht des BGB, sondern entwickelt dieses in Ausrichtung an den praktischen Bedürfnissen weiter. Deshalb kann und darf die VOB/B nicht wie eine gewöhnliche Allgemeine Geschäftsbedingung behandelt werden. Sie ist nicht nur ein Regelwerk, an dessen Entstehung die beteiligten Verkehrskreise im Deutschen Vergabe- und Vertragsausschuss beteiligt sind, was bereits für eine ausgewogene Gewichtung und Beurteilung der Interessen sorgt. Die VOB/B entwickelt das Werkvertragsrecht des BGB einschließlich der Störungstatbestände mit Rücksicht auf die bauspezifischen Besonderheiten weiter. Die **VOB/B** wird auf diese Weise zum **Motor des Baurechts.** 117

**a) Besonderer Regelungsbedarf.** Der Bedarf für eine derartige den bauspezifischen Besonderheiten Rechnung tragende Fortentwicklung ist bereits an den Überlegungen des Gesetzgebers erkennbar, die dieser seit dem sog. **Beschleunigungsgesetz** im Bereich des Werkvertragsrechts umgesetzt hat und nunmehr in ein Forderungssicherungsgesetz münden sollen. Unverkennbar ist, dass dabei in manchen Bereichen die **VOB/B** mit ihren Bestimmungen geradezu **Vorbild** gewesen ist **(Vorbildfunktion der VOB/B).** Ein in sich geschlossenes Regelwerk, dessen damit abgedeckte Lebenssachverhalte allein durch das BGB sachgerecht einer Normierung zugeführt werden, entzieht sich bei einem bejahenden Gesamtausgleich einer individuellen Klauselkontrolle jeder einzelnen Vorschrift nach Maßgabe der §§ 307 ff. BGB. Ein dermaßen abstraktes Gebilde wie das Werkvertragsrecht des BGB, das auf zahlreiche Lebenssachverhalte anwendbar ist, lässt notwendigerweise das Bedürfnis entstehen, für einen zentralen Bereich wie das Bauen besondere Regelungen zu entwickeln. So wurde § 12 Nr. 3 VOB/B zum Vorbild für § 640 Abs. 1 Satz 2 BGB, wonach die Abnahme nur wegen wesentlicher Mängel verweigert werden kann. Wenn die Neuregelung des BGB dies auch abweichend von der VOB/B dahin formuliert, dass die Abnahme wegen unwesentlicher Mängel nicht verweigert werden kann, entspricht der Sinngehalt der Neuregelung der VOB/B jedoch in vollem Umfang. 118

---

[151] Vgl. *Siegburg* BauR 1985, 367 ff.; BGH U. v. 14. 5. 1998, VII ZR 184/97, BauR 1998, 872; OLG Schleswig BauR 2000, 1201; OLG Hamm BauR 1994, 767.
[152] DIN-Normenheft 10, S. 395.
[153] BGH NJW-RR 1996, 783, 784; NJW 1986, 711.

**Einleitung**

119 Hat man vor der Neuregelung durch das Beschleunigungsgesetz in der Beschränkung des Rechts zur Abnahmeverweigerung nur bei Vorliegen von wesentlichen Mängeln gemäß § 12 Nr. 3 VOB/B eine bedenkliche Verkürzung der Rechte des Auftraggebers gesehen,[154] schließt sich der Gesetzgeber angesichts einer speziellen Bedürfnislage der Bauunternehmer mit Wirkung ab Mai 2000 der VOB/B-Regelung an. Der Gesetzgeber des Beschleunigungsgesetzes[155] vermeidet abweichend von seinen Ausführungen zur Begründung eines Abschlagszahlungsanspruchs zwar die ausdrückliche vergleichende Bezugnahme auf die VOB/B, greift in der Begründung jedoch der Sache nach Argumente auf, die von der VOB/B in Erkenntnis der Lage bereits seit langem verwirklicht worden sind. In der BT-Drucks. 14/1246 heißt es, der Werkunternehmer befinde sich nach geltendem Werkvertragsrecht des BGB-Werkvertrages in einer sehr schwachen Position, weil er das Werk vollständig herstellen und der Besteller vor vollständiger Herstellung eine Vergütung nicht zu zahlen hat. Der Gesetzgeber sieht das Werk auch dann schon als abnahmefähig an, wenn es kleinere Mängel aufweist. Die Mängel müssen zwar, so fährt die Begründung fort, zwar im Rahmen der Nacherfüllung beseitigt werden, berechtigen den Besteller aber nicht dazu, den gesamten Werklohn zurückzuhalten; zurückgehalten werden können nur die für die Mängelbeseitigung erforderlichen Teile des Werklohns nebst einem Druckzuschlag, der unterschiedlich bemessen ist. In der Sache findet der Gesetzgeber, der ursprünglich für Satz 2 des § 640 Abs. 1 BGB vorgeschlagen hatte, dass die Abnahme wegen geringfügiger Mängel nicht verweigert werden konnte, schließlich eine an § 12 Nr. 3 VOB/B angelehnte Formulierung, die lediglich aus Beweisgründen negativ gefasst ist. In einer positiven und an der Fassung des § 12 Nr. 3 VOB/B ausgerichteten Beschreibung könnte eine nicht beabsichtigte Beweislastumkehr zu Lasten des Bestellers gesehen werden, die nicht gerechtfertigt wäre.[156]

120 **b) VOB/B als Vorbild – Abnahmefiktion.** Evident ist außerdem die **Neuregelung der Abnahmefiktion** in § 640 Abs. 1 Satz 3 BGB, die in § 12 Nr. 5 VOB/B ein gewisses Vorbild hat. Das BGB kannte bis zum Inkrafttreten des Beschleunigungsgesetzes keine Abnahmefiktion. Das Gesetz zur Beschleunigung fälliger Zahlungen vom 30. 3. 2000[157] hat für zwei Abnahmefiktionen gesorgt, nämlich nach § 640 Abs. 1 Satz 3 BGB und nach § 641a BGB durch die Fertigstellungsbescheinigung. Die Notwendigkeit der Fiktion gemäß § 640 Abs. 1 Satz 3 BGB begründet der Gesetzgeber damit, gegenwärtig sei aus dem Gesetz nicht ablesbar, wie sich die Rechtslage gestaltet, wenn der Besteller das (abnahmefähige) Werk nicht abnimmt, und wie sich der Unternehmer in diesem Fall zu verhalten habe. Wenn auch § 12 Nr. 5 VOB/B für die Fiktion der Abnahme nicht an einem Abnahmeverlangen, sondern an der Fertigstellungsmitteilung und der Inbenutzungnahme anknüpft, geht es dem Gesetzgeber erkennbar um die sichere Beurteilungsfähigkeit der Abnahme als Fälligkeitsvoraussetzung und hält die Fiktion als hierfür geeignet. Entgegen dem Grunderfordernis des § 308 Nr. 5 BGB, wonach bei entsprechenden Klauseln der andere Teil bei Beginn der Frist auf die vorgesehene Bedeutung seines Verhaltens hinzuweisen ist, sieht § 640 Abs. 1 Satz 3 BGB lediglich die Fristsetzung für die Abnahme vor und verlangt vom Auftragnehmer nicht noch zusätzlich in Verbindung mit dem Abnahmeverlangen samt Fristsetzung eine Aufklärung über die Bedeutung des ergebnislosen Fristablaufs.

121 Der BGB-Gesetzgeber hat sich mit dieser Fiktion jedenfalls der aus § 12 Nr. 5 Abs. 1 VOB/B angenähert. Hat der AGB-Gesetzgeber in § 23 Abs. 2 Nr. 5 AGBG bereits eine Privilegierung insofern vorgesehen, als bei Geltung der VOB/B im Ganzen die in der VOB/B enthaltenen Fiktionen nicht an § 10 Nr. 5 AGBG gemessen werden dürfen, sind in Folge der Neuregelung seit 1. 5. 2000 auch ursprünglich gegen § 12 Nr. 5 Abs. 1 VOB/B

---

[154] Staudinger/*Schlosser* AGBG § 9 Rdn. 80; *Wolf/Horn/Lindacher* AGBG, 4. Aufl., § 23 Rdn. 254.
[155] BT-Drucks. 14/1246 S. 6.
[156] BT-Drucks. 14/2752 S. 12.
[157] BGBl. I, 330.

A. Allgemeines **Einleitung**

erhobene Bedenken obsolet. Diese bestanden vor allem in dem fehlenden Hinweis auf die Bedeutung des Fristablaufs, worin auch eine unbillige Benachteiligung nach § 9 AGBG (neu § 307 BGB) gesehen wurde.[158] Nunmehr kennt § 640 BGB seit 1. 5. 2000 selbst eine Fiktion und setzt für die Wirkung der Fiktion eine derartige Belehrung über die Folgen des Fristablaufs nicht voraus. Der Unterschied zwischen der Fiktion des § 12 Nr. 5 Abs. 1 VOB/B und der nach § 640 Abs. 1 Satz 3 BGB besteht darin, dass das BGB das Abnahmeverlangen voraussetzt, was in § 12 Nr. 5 Abs. 1 VOB/B gerade zum Ausschluss der Fiktion führt – nur die Fertigstellungsmitteilung darf erfolgen – und die Fiktion des BGB bei fehlender Abnahmefähigkeit scheitert. Diese Einschränkung, die in § 640 Abs. 1 Satz 3 Hs. 2 BGB enthalten ist, kennt die VOB/B-Fiktion nicht, weswegen die Abnahmefiktion nach § 12 Nr. 5 Abs. 1 VOB/B auch dann greift, wenn das Werk i. S. d. § 12 Nr. 3 VOB/B gar nicht abnahmefähig ist.

Insgesamt stellt die BGB-Fiktion in § 640 Abs. 1 Satz 3 im Ergebnis jedenfalls einen Schritt in Richtung VOB/B dar, für deren Berechtigung ihrerseits bereits § 23 Abs. 2 Nr. 5 AGBG gesorgt hatte. **122**

**c) VOB/B als Vorbild für Abschlagszahlungsregelung.** Die **Vorbildfunktion** der VOB/B ist bei der **Regelung der Abschlagszahlung** in § 632a BGB unverkennbar. Dessen Absatz 1 führt die Regelung des § 16 Nr. 1 Abs. 1 Satz 1 und 2 VOB/B mit leichten Einschränkungen sogar in das gesetzliche Leitbild des BGB-Werkvertrages ein.[159] Die Abweichungen von der VOB/B, die der Gesetzgeber in der seit 1. 5. 2000 gültigen Fassung vorgesehen hat, sollen im Rahmen des Forderungssicherungsgesetzes fallen, so dass die Anwendungsschwierigkeiten, die sich aus der Formulierung ergeben, dass Abschlagszahlungen nur für in sich abgeschlossen Teilleistungen gefordert werden können, beseitigt wären. Nach der in Aussicht genommenen Neufassung des § 632a BGB soll der Unternehmer von dem Besteller Abschlagszahlungen in Höhe des Wertes der jeweils nachgewiesenen vertragsgemäßen Leistungen verlangen können, wobei jedoch als Einschränkung vorgesehen ist, dass die erbrachten Leistungen dem Besteller in nicht mehr entziehbarer Weise zur Verfügung gestellt werden. Wegen unwesentlicher Mängel soll die Abschlagszahlung nicht verweigert werden können. Das bedeutet jedoch, dass bei wesentlichen Mängeln eine Abschlagszahlung nicht gefordert werden kann.[160] Sonderregelungen sollen dann gelten, wenn der Besteller ein Verbraucher ist und der Vertrag die Errichtung oder den Umbau eines Hauses oder eines vergleichbaren Bauwerks zum Gegenstand hat; der Unternehmer hat dem Besteller bei der ersten Abschlagszahlung eine Sicherheit für die rechtzeitige Herstellung des Werks ohne wesentlichen Mängel in Höhe von 5 vom Hundert des Vergütungsanspruchs zu leisten.[161] Die Begründung hebt die Angleichung an die VOB/B-Regelung in § 16 Nr. 1 hervor.[162] **123**

**d) Aspekte des Forderungssicherungsgesetzes.** Der Gesetzgeber will im **Forderungssicherungsgesetz** die Anpassung an die VOB/B auch insoweit vervollkommnen, als bisher der Anspruch auf Abschlagszahlungen für Teilleistungen davon abhängig gemacht wird, dass dem Besteller Eigentum an den Teilleistungen verschafft wird. Damit wurde die Regelung für Nachunternehmer blockiert. Diese Blockade soll im Rahmen des Forderungssicherungsgesetzes aufgehoben werden, womit bei zu erbringenden Teilleistungen zwischen BGB und VOB/B keinerlei Unterschied mehr bestünde. Dann hätte sich die VOB/B mit ihrem Regelungsgehalt durchgesetzt. Allerdings verlangt der Entwurf, dass die nachgewiesene vertragsgemäß erbrachte Leistung dem Besteller in nicht mehr entziehbarer Weise zur Verfügung gestellt wird. Was das genau im Verhältnis zwischen einem General- und einem Subunternehmen bedeutet, ist unklar. **124**

---

[158] *Wolf/Horn/Lindacher* AGBG, 4. Aufl., § 23 Rdn. 255.
[159] BT-Drucks. 14/1246 S. 6.
[160] BT-Drucks. 15/3594 S. 5; 16/511 S. 5.
[161] Vgl. zur Diskussion über diesen Entwurf 1. Deutscher Baugerichtstag BauR 2006, Heft 9a.
[162] BT-Drucks. 16/511 S. 14.

### Einleitung

**125** Die VOB/B wird im Bereich der **Abschlagszahlungen** auch insofern zum Vorbild, als nach der durch das Forderungssicherungsgesetz in Aussicht genommenen Änderung des § 632a BGB für die Geltendmachung der Abschlagsforderung die Leistungen durch eine **prüfbare Aufstellung** nachzuweisen sind, die eine rasche und sichere Beurteilung der Leistungen ermöglichen muss. Diese Formulierung ist wortwörtlich aus § 16 Nr. 1 Abs. 1 Satz 2 VOB/B übernommen. Wie für die VOB-Abschlagsforderung gilt damit auch nach BGB die Prüfbarkeitsanforderung als Fälligkeitsvoraussetzung. Im Hinblick darauf wäre es nur konsequent, auch § 641 BGB dahin zu formulieren, dass die Vergütung bei der Abnahme des Werks gemäß einer prüfbaren Aufstellung über die Leistungen zu entrichten ist.

**126** Wenn der Unternehmer nach § 632a Satz 2 und 3 BGB Abschlagszahlungen auch für erforderliche eigens angefertigte oder angelieferte Baustoffe oder Bauteile eine Abschlagszahlung verlangen kann, wenn dem Besteller hieran Eigentum übertragen oder Sicherheit hierfür geleistet wird, knüpft auch diese Regelung des Beschleunigungsgesetzes an § 16 Nr. 1 Satz 3 VOB/B an.

**127** e) **VOB/B als praxisorientierter Lösungsansatz für den Baubereich.** So ist es konsequent und bedarfsgerecht, dem Auftraggeber im Rahmen des § 1 Nr. 3, 4 VOB/B ein **Leistungsbestimmungsrecht**[163] zuzugestehen, das preisrechtlich in § 2 Nr. 5, 6 VOB/B die Sanktionsfolge erfährt. Dem BGB sind derartige Leistungsbestimmungsrechte nach § 315 BGB nicht fremd. Solche einem Auftraggeber mit bestimmten Einschränkung vorformuliert zuzugestehen, ist angesichts der vielfältigen Abhängigkeiten der Baurealisierung einerseits von der Planung und andererseits von den anderen Baubeteiligten geboten. Dem liegt auch die Erfahrung zu Grunde, dass es vielfach nicht möglich ist, ein Bauvorhaben in jeder Einzelheit absolut verbindlich und frei von Änderungsmöglichkeiten zu planen und so auch zum Gegenstand eines Bauvertrages zu machen. Wenn von manchen[164] erwogen wird, § 1 Nr. 3 VOB/B als Richtlinie für den BGB-Bauvertrag in den durch § 1 Nr. 4 VOB/B gezogenen Grenzen – nämlich wenn es für das Gelingen des Werks erforderlich ist – anzuerkennen, gesteht die VOB/B in § 1 Nr. 3 dem Auftraggeber eine den sachlichen Erfordernissen entsprechende Befugnis zu. Das gilt so auch für § 1 Nr. 4 VOB/B, dessen Inhalt letztlich Treu und Glauben entspringen soll, was für die entsprechende Anwendung im BGB-Bauvertrag spricht.[165] Tragend für die Regelung in § 1 Nr. 4 VOB/B ist jedoch die werkvertragliche Erfolgsverpflichtung nach § 631 BGB bzw. § 4 Nr. 7 und § 13 Nr. 1 VOB/B: Macht der geschuldete Erfolg die Erbringung einer Leistung notwendig, die so nicht vertraglich gemäß § 1 Nr. 1, § 2 Nr. 1 VOB/B beauftragt worden ist, ist sie an sich des Erfolgs wegen geschuldet. Der Auftragnehmer muss allerdings für **Vergütungssicherung** durch die in § 2 Nr. 6 und Nr. 8 VOB/B beschriebenen Vorkehrungen sorgen; vorgeschaltet werden muss nach § 4 Nr. 3 VOB/B die Prüfung und die schriftliche Bedenkenmitteilung, wenn das ausgeschriebene Leistungskonvolut für die Erfolgserzielung nicht ausreichend ist. In den Grenzen der Befugnisse aus § 1 Nr. 3 und 4 VOB/B ist die VOB/B-Regelung deshalb sowohl für den Auftraggeber als auch den Auftragnehmer vorteilhaft. Unter **Bauzeitgesichtspunkten** schafft § 6 Nr. 1 VOB/B Sicherheit, wenn der Auftragnehmer in Folge der Änderung oder der angeordneten Zusatzleistung die vertraglich vereinbarte Bauzeit nicht einhalten kann.

### 7. VOB/B mit Richtliniencharakter

**128** Einzelne VOB-Bestimmungen entfalten für den BGB-Bauvertrag eine Art Richtliniencharakter. Manchen Regelungen der VOB/B wird für den BGB-Bauvertrag Bedeutung zugewiesen. Diese Regelung werden als Ausdruck von Treu und Glauben oder **vertraglich**

---

[163] BGH U. v. 14. 7. 1994, VII ZR 186/93 BauR 1994, 760 = ZfBR 1995, 15; vgl. dazu *Thode* ZfBR 2004, 214, 215.

[164] *Ingenstau/Korbion/Keldungs* VOB/B § 1 Nr. 3 Rdn. 3; kritisch zu § 1 Nr. 3 *Kaufmann* Jahrbuch Baurecht 2006, S. 35, 47 ff.

[165] BGH NJW 1996, 1346 = BauR 1996, 378; *Ingenstau/Korbion/Keldungs* VOB/B § 1 Nr. 4 Rdn. 1.

A. Allgemeines **Einleitung**

**konkretisiertes Billigkeitsrecht** eingestuft.[166] Dieses Phänomen, dessen strukturelle Details näher noch nicht untersucht sind, kann auch unter dem Begriff des allgemeinen Rechtsgedankens erfasst werden. Enthält die VOB/B mit Teilen ihrer Aussagen einen **allgemeinen Rechtsgedanken,** ist dieser Regelungsinhalt wegen seiner Verallgemeinerungsfähigkeit auf einen BGB-Bauvertrag übertragbar. Diese inhaltlich wohl identischen Qualifizierungsmöglichkeiten einer Vorschrift der VOB/B sichern deren Übertragbarkeit auf einen BGB-Bauvertrag, wobei die Grundlage die Vertragsauslegung nach §§ 133, 157 BGB oder §§ 241 Abs. 2, 242 BGB bildet.

a) **Anordnungskompetenz.** So wird im Rahmen eines BGB-Bauvertrages einem Auftraggeber auch ohne ausdrückliche Regelung einer Auftraggeberbefugnis die **Kompetenz zu Änderungsanordnungen** eingeräumt.[167] Die sich aus § 1 Nr. 4 VOB/B ergebende Befugnis des Auftraggebers leitet der BGH auch aus §§ 157, 242 BGB ab.[168] Dieser Grundsatz muss auch für § 1 Nr. 3 VOB/B gelten, denn das zwischen der Realität und der Planung vorhandene Spannungsverhältnis kann auch die Änderung einer ausgeschriebenen Leistung notwendig machen. Die Grenze für die Anordnungsbefugnis liegt in der Identität des geschuldeten Werks; ein totaler Austausch des geschuldeten Erfolgs wird dadurch nicht gerechtfertigt. Damit wird der Inhalt des § 1 Nr. 3, 4 VOB/B zum Ergebnis eines an Treu und Glauben ausgerichteten Auslegungsvorganges gemacht.[169] **129**

Die gegen § 1 Nr. 3 VOB/B erhobenen Bedenken, die darin gipfeln, dass die Regelung einer isolierten Inhaltskontrolle nicht standhält,[170] überzeugen nicht. Das folgt schon daraus, dass der Auftragnehmer nach § 3 Nr. 3 und § 4 Nr. 3 VOB/B zur Prüfung der auftraggeberseitigen Vorgaben mit der Folge verpflichtet ist, dass der Auftraggeber bei beachtlichen Beanstandungen hinsichtlich der Art und Weise der Konstruktion oder der Baustoffwahl reagieren muss. Das schließt Änderungsbedarf wie auch die Notwendigkeit ein, bisher nach § 1 Nr. 1 und § 2 Nr. 1 VOB/B nicht vertragsgegenständliche Leitungen beauftragen zu können. Der Änderung oder Zusatzleistung stehen kompensierend die Vergütungsregeln in § 2 Nr. 5, 6 und § 16 Nr. 1 VOB/B wie auch die Behinderungsregeln in § 6 VOB/B gegenüber. § 4 Nr. 1 Abs. 3 VOB/B eröffnet dem Auftraggeber die Möglichkeit, unter Wahrung der dem Auftragnehmer zustehenden Leitung Anordnungen zu treffen, die zur vertragsgemäßen Ausführung der Leistung notwendig sind. Das begründet zugunsten des Auftraggebers eine Kompetenz zu solchen einseitigen Änderungen, die den Erfolg der beauftragten Leistung sicherstellen sollen. Die sich aus § 1 Nr. 4 VOB/B ergebende Schranke, dass der Betrieb des Auftragnehmers auf derartige Leistungen eingerichtet sein muss, ist nach Maßgabe des § 275 Abs. 1 BGB ohne weiteres übertragbar; denn eine Änderungsanordnung, deren Erfüllung dem Auftragnehmer unmöglich ist, ist unwirksam und ohne Rechtsverbindlichkeit. Im Übrigen ist zu bedeken, dass der Grundsatz „pacta sunt servanda" zugunsten des Auftraggebers eine weitere Einschränkung erfährt, wenn dem Auftraggeber nach § 2 Nr. 4 VOB/B die einseitig ausübbare Möglichkeit zur Selbstübernahme eingeräumt wird. Schließlich erweist sich eine Änderungsanordnung als Minus im Verhältnis zu der auch das BGB nach § 649 kennzeichnenden jederzeitigen Möglichkeit zur freien Auftraggeberkündigung. Deshalb spricht auch für einen BGB-Bauvertrag viel davür, dem Auftraggeber jedenfalls in den sich aus der Erfolgsorientierung ergebenden Grenzen ein einseitig ausübbares Änderungsrecht zuzubilligen. § 645 BGB kann als zusätzliche Argumentationshilfe herangezogen werden; denn die Regelung kennt eine vom Besteller für die Ausführung erteilte Anweisung. Ob dies insgesamt so auch von § 3 Nr. 2 VOB/B angenommen werden kann, ist problematisch. Jedenfalls wird es zutreffend sein, auch bei einem BGB-Bauvertrag nach § 242 und § 642 BGB anzunehmen, dass der Auftraggeber die Grenzen des Geländes zu bezeichnen **130**

---

[166] BGH U. v. 13. 5. 2004 – VII ZR 363/02 NJW 2004, 2373, 2374.
[167] *Ingestau/Korbion/Keldungs* VOB/B § 1 Nr. 3 Rdn. 3.
[168] BGH U. v. 25. 1. 1995 – VII ZR 233/94 NJW 1996, 1346 = BauR 1996, 378, 380.
[169] Kritisch zu § 1 Nr. 3 *Kaufmann* Jahrbuch Baurecht 2006, S. 35, 47 ff., *Anker/Klingenfuß* BauR 2005, 1377; *Bruns* ZfBR 2005, 525.
[170] Vgl. jüngst zusammenfassend *Kaufmann* Jahrbuch Baurecht 2006, 37, 53..

## Einleitung

hat, das dem Auftragnehmer zur Verfügung gestellt wird. Auch hinsichtlich der in § 3 Nr. 2 VOB/B ebenfalls als Auftraggeberpflichten genannten Vorgänge des Absteckens der Hauptachsen der baulichen Anlage und des Schaffens der notwendigen Höhenfestpunkte ist die Übertragbarkeit auf einen BGB-Bauvertrag fraglich. Denn bei einem auf die Erzielung eines bestimmten werkvertraglichen Erfolges ausgerichteten BGB-Werkvertrag kann ohne Weiteres die Auffassung vertreten werden, dass sich um diese vorbereitenden Maßnahmen der Auftragnehmer zu kümmern hat. Bei dieser Betrachtungsweise wäre § 3 Nr. 2 VOB/B insoweit spezifischer Ausdruck eines VOB-Bauvertrages.

131 **b) Überwachungsrechte.** Leitcharakter hat § 4 Nr. 1 Abs. 2 VOB/B mit dem dort niedergelegten Überwachungs- und Anordnungsrecht des Auftraggebers im Erfüllungsstadium. Diese Regelung wird als **allgemeiner und ungeschriebener Rechtsgrundsatz** auch für den BGB-Bauvertrag interpretiert, der jedenfalls aus Treu und Glauben abgeleitet werden könne.[171] Die Befugnis des Auftraggebers zur Überwachung in der Erfüllungsphase kann auch aus § 645 BGB abgeleitet werden; dem dort geregelte Anwendungsfall der Ausführungsanweisung liegt unausgesprochen die Vorstellung zu Grunde, dass der Auftraggeber zur Überwachung der Ausführung befugt ist.

132 **c) Prüfungspflichten – Gestellungspflichten.** Über § 242 BGB wird auch die **Prüfungs-** und **Bedenkenhinweispflicht** des § 4 Nr. 3 VOB/B zum Inhalt eines BGB-Bauvertrages;[172] Dies trifft auch auf § 3 Nr. 3 VOB/B zu, wonach die dem Auftragnehmer vom Auftraggeber zur Verfügung gestellten Unterlagen auf etwaige Unstimmigkeiten zu überprüfen sind und der Auftraggeber auf entdeckte oder vermutete Mängel hinzuweisen ist, soweit es zur ordnungsgemäßen Vertragserfüllung gehört. Ausgangspunkt hierfür ist nämlich die auch für den BGB-Bauvertrag einschlägige Erfolgsverpflichtung; diese hat notwendig zur Konsequenz, dass der Auftragnehmer die sein Werk beeinflussenden Faktoren unabhängig davon, welcher Sphäre sie angehören, auf ihre den Erfolg eventuell beeinträchtigenden Umstände prüft. Nichts anderes kann für die in § 4 Nr. 4 VOB/B zum Ausdruck kommende Regel gelten, wonach der Auftraggeber dem Auftragnehmer bei Fehlen einer anderweitigen Vereinbarung unentgeltlich zur Benutzung oder Mitbenutzung u. a. die notwendigen **Lager- und Arbeitsplätze** auf der Baustelle zur Verfügung zu stellen hat. Wie der Auftraggeber dem Auftragnehmer ein bebaubares Grundstück zur Verfügung zu stellen hat, wenn er die Verwirklichung der Bauidee vorantreibt, hat er dem Auftragnehmer – ableitbar aus § 642 BGB wie auch aus § 242 BGB – auf der Baustelle die Möglichkeit zu schaffen, die Baustelle samt Lager- und Arbeitsplätze einzurichten. **Richtliniencharakter** hat auch die in § 4 Nr. 6 VOB/B ausgesprochene Befugnis des Auftraggebers, bereits im Erfüllungsstadium die Beseitigung vertragswidriger Baustoffe und Bauteile verlangen zu dürfen, um die Entstehung eines Baumangels zu vermeiden.[173]

133 **d) Zustandsfeststellung.** Dieser Charakter ist § 4 Nr. 10 VOB/B **(technische Zustandsfeststellung)** ebenfalls zuzuweisen. Auch bei einem BGB-Bauvertrag ist nach § 242 BGB jedem Teil die Berechtigung zuzubilligen, dann, wenn bei Fortsetzung der Arbeiten die Feststellungsmöglichkeiten verloren gehen oder erschwert werden, eine gemeinsame Feststellung zu beantragen. Das folgt in konsequenter Verfolgung der Erwägungen zur Übertragbarkeit der Überwachungskompetenz aus § 4 Nr. 1 Abs. 2 VOB/B auf den BGB-Bauvertrag.

134 **e) Baustellenbesetzungsrüge.** Eine solche allgemeine Qualität und damit Bedeutungsgehalt für den BGB-Bauvertrag ist auch § 5 Nr. 3 VOB/B zuzuweisen. Wenn § 323 Abs. 4 BGB dem Gläubiger schon vor dem Eintritt der Fälligkeit der Leistung das Rücktrittsrecht zubilligt, wenn offensichtlich ist, dass die Rücktrittsvoraussetzungen eintreten werden, muss

---

[171] *Ingenstau/Korbion/Oppler* VOB/B § 4 Nr. 1 Rdn. 55; *Ganten* Pflichtverletzung und Schadensrisiko im privaten Baurecht S. 211; → § 4 Nr. 1 Rdn. 123.
[172] BGH U. v. 2. 11. 1995 – X ZR 81/93 NJW-RR 789, 791; BGH NJW 1987, 644 = BauR 1987, 86; OLG Köln BauR 2005, 1192; OLG Bremen NZBau 2001, 684; → § 4 Nr. 3 Rdn. 6.
[173] → § 4 Nr. 6 Rdn. 7; *Ingenstau/Korbion/Oppler* VOB/B § 4 Nr. 4 Rdn. 2.

A. Allgemeines                                                    **Einleitung**

nach dem Prinzip a maiore ad minus dem Auftraggeber bei einem BGB-Bauvertrag die in § 5 Nr. 3 VOB/B ausdrücklich niedergelegte Befugnis zugebilligt werden, vom Auftragnehmer eine **Verstärkung der Baustellenbesetzung** oder -beschickung zu verlangen. Was der BGH[174] bezüglich der in § 6 Nr. 7 VOB/B vorgesehenen Möglichkeit zur Kündigung des Bauvertrages bei einer Unterbrechung von mehr als drei Monaten als **vertraglich konkretisiertes Billigkeitsrecht** einstuft, trifft auf § 5 Nr. 3 VOB/B zu. Dies gilt jedoch nicht für die Sanktionserfordernisse und -folgen aus § 5 Nr. 4 VOB/B. Die bürgerlich-rechtliche Sanktionierung einer Verletzung dieser Pflicht erfolgt über § 280 Abs. 1 BGB unter schadensersatzrechtlichen Gesichtspunkten und nach § 323 BGB im Hinblick auf Lösungsmöglichkeiten (Rücktritt).

**f) Fortsetzungsgebot.** Der Charakter von Billigkeitsrecht kommt ebenfalls § 6 Nr. 3 VOB/B zu, wonach der Auftragnehmer alles zu tun hat, was ihm billigerweise zugemutet werden kann, um die Weiterführung der Arbeiten zu ermöglichen. Dies folgt schon aus dem in der Vorschrift ausdrücklich genannten Billigkeitsmoment. **135**

**g) Abrechenbarkeit bei Unterbrechung.** Richtlinencharakter ist auch der Regelung in § 6 Nr. 5 VOB/B zuzubilligen. Denn auf eine **Unterbrechung** für voraussichtliche längere Dauer gibt das BGB für die Abrechenbarkeit der bis dahin erbrachten Leistungen keine Antwort. Unter den in § 632a BGB genannten Voraussetzungen kann der Auftragnehmer lediglich Abschlagszahlungen verlangen, wogegen § 6 Nr. 5 VOB/B die bis dahin erbrachten Leistungen endgültig und abschließend einer Abrechnung zuführt.[175] Die Bestimmung führt zu einer Teilschlussrechnung unabhängig von den spezifisch für eine Teilschlussrechnung nach § 16 Nr. 4 VOB/B geltenden Voraussetzungen einer Teilabnahme in sich abgeschlossener Teilleistungen. Wenn auch § 16 Nr. 4 VOB/B auf das BGB nicht übertragbar ist, verbleibt es bei der Teilschlussrechenbarkeit einer bis zur längeren Unterbrechung erbrachten Leistung. Diese Möglichkeit knüpft nämlich an dem in § 6 Nr. 5 VOB/B enthaltenen **allgemeinen Rechtsgedanken** an. **136**

### 8. VOB/B als ausgewogenes Vertragswerk

Die einzelnen Bestimmungen der **VOB/B** können generell nach **Vorteils- und Nachteilsaspekten** für die Baubeteiligten geordnet werden, wobei manche Bestimmungen auch beiden Seiten Vorteile bringen, also letztlich **neutral** sind. **137**

**a) Für den Auftraggeber vorteilhafte Regelung.** Für den **Auftraggeber von Vorteil** sind: § 1 Nr. 3, 4 VOB/B wegen der damit verbundenen Anordnungsbefugnis. Dieser damit für den Auftragnehmer verbundene Nachteil wird unter Vergütungsgesichtspunkten durch § 2 Nr. 5 und 6 VOB/B ausgeglichen, wobei allerdings die Nr. 6 auch die erforderliche Wachsamkeit des Auftragnehmers einfordert, damit die Vergütungsanzeige als grundsätzliche Anspruchsvoraussetzung[176] nicht versäumt wird. In den Kreis der für den Auftraggeber vorteilhaften Bestimmungen gehören weiter: § 2 Nr. 7 VOB/B (grundsätzliche Unveränderbarkeit des Pauschalpreises, Änderungsmöglichkeit bestehen jedoch bei Änderungsanordnungen und Mengenentwicklung, die nach Treu und Glauben eine Preisanpassung fordert); § 2 Nr. 8 VOB/B: Grundsätzlich keine Vergütung für Leistungen ohne Auftrag oder Abweichung vom Auftrag[177] Vergütung in solchen Fällen nur unter besonderen Voraussetzungen, was dem **Schutzbedürfnis** des Auftraggebers entspricht. **138**

Dieses Schutzbedürfnis des Auftraggebers gegenüber Zahlungsansprüchen des Auftragnehmers realisiert die VOB/B strikt in § 2 Nr. 10; danach werden **Stundenlohnarbeiten** **139**

---
[174] U. v. 13. 5. 2004 – VII ZR 363/02 BGHZ 159, 161 = NJW 2004, 2373 = BauR 2004, 1285 = NZBau 2004, 432 = ZfBR 2004, 684 = IBR 2004, 413.
[175] → § 6 Nr. 5 Rdn. 5.
[176] Vgl. BGH U. v. 23. 5. 1996 VII ZR 245/94 BGHZ 133, 44 = NJW 1996, 2158 = BauR 1996, 542 = ZfBR 1995, 269.
[177] Vgl. dazu die strikte Entscheidung des BGH v. 5. 12. 2004, VII ZR 357/03, BauR 2005, 1173 = Beck RS 2004, 12534..

## Einleitung

nur vergütet, wenn sie als solche vor ihrem Beginn ausdrücklich vereinbart worden sind. Das schließt konkludente Stundenlohnabreden aus und bedingt, dass in einer schriftlichen Stundenlohnabrede die im Stundenlohn auszuführenden Arbeiten genau bestimmt werden müssen. Der **Erfolgssicherung** dient entsprechend den Geboten des Vier-Augen-Prinzips[178] § 3 Nr. 3 Satz 2 VOB/B: Der Auftragnehmer hat die ihm vom Auftraggeber zur Verfügung gestellten Unterlagen auf etwaige Unstimmigkeiten und Mängel zu prüfen und den Auftraggeber auf entdeckte oder vermutete Mängel hinzuweisen. Damit soll möglichst frühzeitig dafür gesorgt werden, dass zur Ausführung geeignete Unterlagen rechtzeitig vorliegen.[179] Der Auftraggeber hat Anspruch auf rechtzeitige Vorlage der vom Auftragnehmer geschuldeten Planungsunterlagen (§ 3 Nr. 5 VOB/B); allerdings hat die Vorlage nur auf Aufforderung zu geschehen. Die Regelung ist im Zusammenhang mit § 5 Nr. 1 VOB/B zu sehen und bedarf der Auslegung; zu klären ist, ob die für die Ausführung bestimmten Fristen lediglich für die Bauleistung gilt, oder auch die in § 3 Nr. 5 VOB/B genannten Planungs- und Berechnungsleistungen zum Gegenstand hat.

140   **Kontrollbedürfnisse** und **Kontrollmöglichkeiten** zu Gunsten des Auftraggebers berücksichtigt § 4 Nr. 1 Abs. 2 bis 4 VOB/B; die damit verbundenen Überwachungsmöglichkeiten und Anordnungsbefugnisse stellen bei sachkundiger Wahrnehmung andererseits zu Gunsten des Auftragnehmers eine sachgerechte Ausführung der Leistung sicher. Selbstverständlich erfolgt diese Überwachung jedoch nicht zu Gunsten des Auftragnehmers und ermöglicht diesem keine Haftungsfreistellung bei Versagen. Für den Auftraggeber von Vorteil sind weiter die in § 4 Nr. 3, 5 bis 7 VOB/B getroffenen Regelungen. Unter dem Aspekt der den Auftragnehmer treffenden Erfolgsverpflichtung hat dieser Vorgaben jedweder Art des Auftraggebers, die für die Tauglichkeit der Leistung von Bedeutung sein können, auf ihre Brauchbarkeit zu prüfen, soweit dies angesichts der zu erwartenden Fachkenntnisse des Auftragnehmers und der sonstigen Umstände zumutbar ist. Diese unter dem Gesichtspunkt der **Erfolgssicherung** den Auftragnehmer treffende Verpflichtung ist für den Auftraggeber nach Maßgabe des Vier-Augen-Prinzips eine zusätzliche Absicherung.

141   Wegen der Erfolgssicherung steht dem Auftrageber nach § 4 Nr. 6, 7 VOB/B bereits im Erfüllungsstadium eine der Überwachungsmöglichkeit korrespondierende **Eingriffsbefugnis** zu. Diese findet sich bereits in § 4 Nr. 1 Abs. 3 VOB/B und setzt sich in § 4 Nr. 6 sowie Nr. 7 VOB/B fort. Allerdings sind zum Schutz des Auftragnehmers der qualitätsbezogenen **Selbsthilfe** des Auftraggebers im Erfüllungsstadium Schranken eingezogen, so dass ein **ausbalanciertes System** von Befugnissen und Rechten entsteht. Die Selbsthilfe setzt in § 4 Nr. 6 VOB/B eine Fristsetzung voraus; bei der Nr. 7 greift die Selbsthilfe grundsätzlich nur nach einer Fristsetzung samt Kündigungsandrohung und nachfolgender Kündigung gem. § 8 Nr. 3 VOB/B. Die **Selbsthilfe** im Erfüllungsstadium unter **Zeitgesichtspunkten** findet ihre Regelung in § 5 Nr. 3 und 4 VOB/B, wobei auch hier die Fristsetzung mit Kündigungsandrohung der schließlich zu erklärenden Kündigung vorausgehen muss (§ 8 Nr. 3 VOB/B). Im Vergleich dazu differenziert das BGB; das Recht zur Selbsthilfe bei Sachmängeln setzt lediglich eine Fristsetzung zur Mängelbeseitigung und deren fruchtlosen Ablauf voraus (§ 637 BGB); bei Zeitstörungstatbeständen arbeitet das BGB nach § 323 BGB grundsätzlich ebenfalls mit einer Fristsetzung und setzt mit einem Rücktritt fort, der jedoch nach § 325 BGB das Recht auf Schadensersatz nicht ausschließt. Bereits vor Eintritt der Fälligkeit der Leistung kann der Rücktritt erklärt werden, wenn offensichtlich ist, dass die Voraussetzungen des Rücktritts eintreten werden. Das System des BGB unterscheidet sich folglich von dem der VOB/B grundlegend.

142   Dem **Vertrauensschutz** zu Gunsten des Auftraggebers ist § 4 Nr. 8 VOB/B verpflichtet, wonach der Auftragnehmer die Leistungen grundsätzlich im eigenen Betrieb auszuführen hat. Diese Bestimmung setzt die Regelungsabsichten in § 10 Nr. 5 Abs. 3 VOB/A fort. Im

---

[178] *Katzenbach/Ennigkeit* DS 2001, Heft 3, 46, 52.
[179] *Hochstein* FS Korbion S. 165, 168.

A. Allgemeines    **Einleitung**

beiderseitigen Interesse zielt § 4 Nr. 10 VOB/B auf eine **private Beweissicherung** durch beidseitig anerkannte Zustandsfeststellung.

Bei Behinderungen kann sich der Auftraggeber darauf berufen, dass der Auftragnehmer alles zu tun hat, was ihm billigerweise zugemutet werden kann, um die Weiterführung der Arbeiten zu ermöglichen (§ 6 Nr. 3 VOB/B). § 6 Nr. 1 VOB/B sichert die Verbindlichkeit vereinbarter Vertragsfristen, indem auch bei Behinderungen aus der Sphäre des Auftraggebers eine Berücksichtigung dieser hindernden Umstände nur bei Behinderungsanzeige oder Offenkundigkeit ihrer hindernden Wirkung erfolgt. Damit wird der Verlängerung von Ausführungsfristen nach § 6 Nr. 2 VOB/B gerade im Vergleich zum BGB ein beachtlicher Riegel vorgeschoben. Denn **Verzug** setzt nach § 286 Abs. 4 BGB Verschulden voraus; geht die Nichteinhaltung einer vertraglich vereinbarten Frist für eine Leistung auf ein Hindernis zurück, wie es in § 6 Nr. 2 VOB/B beschrieben wird, was regelmäßig zur Verlängerung der Vertragsfristen führt, bleibt der Verzugstatbestand zum Nachteil des Unternehmers – und entgegen § 286 Abs. 4 BGB – erhalten, wenn die Behinderung nicht schriftlich gegenüber dem Auftraggeber angezeigt worden ist. Bei einem Leistungshindernis hat der Auftragnehmer gemäß § 6 Nr. 3 VOB/B alles zu tun, was ihm billigerweise im Hinblick auf die Weiterführung der Arbeiten zugemutet werden kann. Er hat ohne Weiteres und unverzüglich die Arbeiten wieder aufzunehmen und den Auftraggeber hiervon zu verständigen. **143**

Die Kündigungsregelung in § 8 VOB/B regelt im Vergleich zur wenig detaillierten Regelung des BGB verschiedene Kündigungsmöglichkeiten samt Rechtsfolgen und klärt auch zu Gunsten des Auftragnehmers Aufmaß und Abrechnung. § 13 Nr. 7 Abs. 1 und 2 VOB/B setzt § 309 Nr. 7 lit. a) und lit. b) BGB um, womit der Auftraggeber konform mit dem BGB bei Verletzungen des Lebens, des Körpers oder der Gesundheit, die auf schuldhaft verursachte Baumängel zurückgehen, geschützt ist. Das gilt auch bei vorsätzlich oder grob fahrlässig verursachten Mängeln; in beiden Fallgestaltungen ist im Vergleich zu § 13 Nr. 7 Abs. 3 VOB/B bedeutungslos, ob es sich um einen wesentlichen oder unwesentlichen Mangel handelt. Verursacht der Baumangel Folgeschäden an der baulichen Anlage, für welche die mangelbehaftete Bauleistung erbracht worden ist, gelten leicht modifiziert die bisherigen Regelungen, was für den Auftraggeber von Nachteil ist. **144**

Die Abrechnungsregeln in § 14 VOB/B schützen den Auftraggeber und sorgen für **Transparenz** in dem gesamten **Abrechnungswesen.** In Verbindung mit § 16 VOB/B, dabei insbesondere dessen Nr. 3, wird deutlich, dass die VOB/B-Regelung die Fälligkeit des Vergütungsanspruchs in **Abweichung vom BGB** nicht nur von der rechtsgeschäftlichen Abnahme, sondern von der Stellung einer prüfbaren Rechnung abhängig macht und Fälligstellung der Abschlussrechnungsforderung spätestens 2 Monate nach Zugang der prüfbaren Rechnung eintritt. Transparenz und Nachprüfbarkeit bestimmen auch das Anliegen des § 15 VOB/B; beides ist für den Auftraggeber von Nutzen. Der Ausschluss von Nachforderungen gemäß § 16 Nr. 3 Abs. 2 VOB/B samt den weiteren Regelungen in Nr. 3 Abs. 3 bis 5 VOB/B begünstigt den Auftraggeber wegen des Verlustes der Durchsetzbarkeit einer dem Grunde nach berechtigten Forderung erheblich. Den Auftraggeber begünstigt § 16 Nr. 5 Abs. 3 VOB/B, weil in Abweichung von § 286 Abs. 3 BGB die Zinszahlungspflicht die Nachfristsetzung voraussetzt, also lediglich der Ablauf von 30 Tagen nach Fälligkeit und Rechnungszugang nicht ausreicht. Für den Auftraggeber vorteilhaft ist auch § 16 Nr. 6 VOB/B, wenn mit befreiender Wirkung an einen Gläubiger des Auftragnehmers unter den genannten Voraussetzungen gezahlt werden darf. Der Satz 2 des § 16 Nr. 6 VOB/B mit seiner Fiktion enthält eine weitere Besserstellung des Auftraggebers, weil die Voraussetzungen für die Direktzahlung als anerkannt gelten, wenn sich der Auftragnehmer auf Verlangen des Auftraggebers innerhalb einer zu bestimmenden Frist nicht darüber erklärt, ob und inwieweit er die Forderung des Gläubigers anerkennt. Diese Fiktion widerspricht zwar den in § 308 Nr. 5 BGB Klauselverboten, wird aber dann, wenn die VOB/B als Ganzes Vertragsbestandteil geworden ist, einer Kontrolle nach diesem Maßstab nicht unterworfen. **145**

### Einleitung
VOB Teil B im Gefüge der Verdingungsordnung

**146** Ist eine Sicherheitsleistung vereinbart, hat der Auftragnehmer diese nach § 17 Nr. 7 VOB/B innerhalb von 18 Werktagen nach Vertragsschluss zu leisten; die Sanktionierung dieser Verpflichtung des Auftragnehmers ist strikt, weil der Auftraggeber ohne Notwendigkeit einer Fristsetzung einfach vom Guthaben des Auftragnehmers einen Betrag in Höhe der vereinbarten Sicherheit einbehalten darf; allerdings ist auch dieser Betrag zur Einzahlung auf ein Sperrkonto zu bringen. Ist der Auftraggeber eine Behörde, bietet § 18 Nr. 2 VOB/B die allerdings nicht zwingende Möglichkeit zu einer Lösung von Meinungsverschiedenheiten im aufsichtlichen Verfahren. Die Nachfrist für die hemmende Wirkung des Antrags auf Durchführung dieses Verfahrens endet in Abweichung von § 204 Abs. 2 BGB jedoch bereits nach drei Monaten und nicht erst nach sechs Monaten.

**147** **b) Für den Auftragnehmer vorteilhafte VOB/B-Bestimmungen.** Die Selbstübernahme durch den Auftraggeber führt nach § 2 Nr. 4 VOB/B zu den sich aus § 8 Nr. 1 Abs. 2 VOB/B ergebenden Vergütungsfolgen, wenn nichts anderes vereinbart ist. Damit behält der Auftragnehmer seinen Vergütungsanspruch, muss sich jedoch die ersparten Aufwendungen und das abziehen lassen, was er übernahmebedingt anderweitig erwirbt oder zu erwerben böswillig unterlässt. § 2 Nr. 5 VOB/B ist die vergütungsrechtliche Konsequenz der Anordnungs- und Änderungsbefugnis des Auftraggebers nach § 1 Nr. 3 VOB/B. Die Regelung ist auch die notwendige Konsequenz aus § 1 Nr. 1 und § 2 Nr. 1 VOB/B, weil der vereinbarte Preis nur die Leistung nach Maßgabe der in diesen Bestimmungen genannten Vorgaben abdeckt. Ändert der Auftraggeber einseitig hieran etwas, muss dies notwendig auch zu einer Änderung des Preises nach Maßgabe der Mehr- oder Minderkosten auf der Basis der Vertragspreise führen. Eines besonderen Schutzes bedarf es insoweit nicht, weil eine Änderung einer vertraglich beschriebenen und geschuldeten Leistung selbstverständlich eine Preisänderung zur Folge hat; eines besonderen Hinweises hierauf bedarf es nicht.

**148** Zu Gunsten des Auftragnehmers wirkt sich § 2 Nr. 9 VOB/B aus. Der Auftraggeber hat Zeichnungen, Berechnungen oder andere Unterlagen, die der Auftragnehmer nach dem Vertrag, besonders nach den Technischen Vertragsbedingungen oder der gewerblichen Verkehrssitte nicht zu beschaffen hat, besonders zu vergüten. Die Bestimmung benachteiligt jedoch den Auftraggeber nicht, weswegen ihr auch ein neutraler Charakter beigemessen werden kann. Denn die Leistung wäre gemäß § 632 BGB auch bei einem BGB-Bauvertrag gesondert zu vergüten, ohne dass es insoweit einer besonderen Vergütungsanzeige bedürfte. Die Vorschrift des § 2 Nr. 9 VOB/B erhält ihre Bedeutung erst mit Berücksichtigung der Technischen Vertragsbedingungen und der Verkehrssitte, wozu in diesem Zusammenhang insbesondere die VOB/C-Regeln gehören.

**149** Zahlreich ATVen weisen dem Auftragnehmer Planungs- und Berechnungsleistungen zu, die im Preis für die Leistung zu berücksichtigen sind. Typisch hierfür ist die DIN 18360 Metallbauarbeiten; nach deren Abschnitt 3.1.1.3 hat der Auftragnehmer für die dort näher bezeichneten Bauteile Zeichnungen und/oder Beschreibungen zu liefern, woraus sich Konstruktion, Maße, Einbau, Befestigung und Bauanschlüsse der Bauteile sowie die Einbaufolge ergeben müssen. Diese Prinzipien gelten z. B. auch nach der DIN 18335 Stahlbauarbeiten, Abschnitt 3.2.1 bis 3.2.3, und der DIN 18351 Fassadenarbeiten, Abschnitt 3.1.3. Aus dem Zusammenspiel der Abschnitte 3.2 und 4.2 der einzelnen ATVen ergibt sich, was ein Auftragnehmer vertraglich im Rahmen der §§ 1 Nr. 1 und 2 Nr. 1 VOB/B an Planungs- und/oder Berechnungsleistungen schuldet und welche Planungsleistungen bei fehlender ausdrücklicher Benennung im Vertrag nicht zum vertraglich geschuldeten Leistungsumfang gehören. Die DIN 19299 Abschnitt 4.2 hebt jedenfalls hervor, dass besondere Leistungen solche Leistungen sind, die nicht Nebenleistungen gemäß Abschnitt 4.1 sind und nur dann zur vertraglichen Leistung gehören, wenn sie in der Leistungsbeschreibung besonders erwähnt sind. Gerade Planungsleistungen gehören nach der vertragsrechtlichen Einordnung durch die VOB/C überwiegend zur Kategorie der besonderen Leistungen und sind damit nicht als Hauptleistung i. S. d. Abschnitts 3 der jeweiligen gewerkespezifischen ATV eingestuft. Nach DIN 18330 Abschnitt 4.2.3 – Mauerarbeiten – und DIN 18331 Abschnitt 4.2.5

A. Allgemeines  **Einleitung**

– Beton- und Stahlbetonarbeiten – ist eine besondere Leistung das Liefern von bauphysikalischen Nachweisen sowie von statischen Berechnungen und Zeichnungen. Nach Abschnitt 4.2.3 der DIN 18352 – Fliesen- und Plattenarbeiten – ist das Erstellen von Ansetz- und Verlegeplänen eine besondere Leistung. Das gilt jeweils nach Abschnitt 4.2.1 DIN 18379 – Raumlufttechnische Anlagen-, DIN 18380 – Heizanlagen und zentrale Wassererwärmungsanlagen – und DIN 18381 – Gas-, Wasser- und Entwässerungsanlagen innerhalb von Gebäuden – auch für Planungsleistungen des Auftragnehmers, wie Entwurfs-, Ausführungs- und Genehmigungsplanung sowie Planung von Schlitzen und Durchbrüchen, was eindeutig mit § 78 Abs. 3 Nr. 3 bis 5 HOAI korrespondiert.

**150** §§ 3 und 4 VOB/B kommt aus der Sicht eines Auftragnehmers erheblicher Stellenwert deshalb zu, weil die einzelnen Nummern zudem die Auftraggebersphäre festlegen und Möglichkeiten des Auftraggebers zur Kontrolle der Leistungen des Auftragnehmers bieten. Dieser für den Auftragnehmer vorteilhafte Charakter der Bestimmungen ist jedoch nicht mit Nachteilen für den Auftraggeber verknüpft; denn damit erfolgt lediglich eine Konkretisierung der dem Auftraggeber auch nach § 642 BGB zukommenden Mitwirkungsaufgabe, die entweder Pflichten- oder Obliegenheitsqualität aufweist. Wer als Auftraggeber bauen will, muss wissen, was er will und dieses dem Auftragnehmer vorgeben, wenn der Vertrag insoweit nicht vorsieht, dass der Auftragnehmer selbst die zur Ausführung nötigen Unterlagen zu schaffen hat. Was im Einzelnen zur Ausführung nötig ist, bestimmt sich nach den ATVen oder nach den einschlägigen anerkannten Regeln der Technik, im Baubereich insbesondere nach DIN-Normen. § 3 Nr. 6 VOB/B sichert dem Auftragnehmer das Verwertungsrecht an den von ihm in § 3 Nr. 5 VOB/B angeführten Zeichnungen, Berechnungen und sonstigen Leistungen.

**151** § 4 Nr. 1 VOB/B weist dem Auftraggeber Aufgaben und Möglichkeiten zu. Die Nr. 1 Abs. 1 erklärt die **Koordinationsaufgabe** als eine Sache des Auftraggebers, was allerdings nicht ausschließt, dass sich Unternehmer mangels Erledigung dieser Koordinierungsaufgabe durch den Auftraggeber selbst koordinieren müssen, wenn sie die ausgebliebene Koordinierung durch den Auftraggeber nicht zum Gegenstand einer Bedenkenmitteilung nach § 4 Nr. 3 VOB/B gemacht haben. Die Planung wie auch die Koordinierung sind bei tatsächlicher Übernahme durch den Auftragnehmer wegen der erfolgsorientierten Einstandspflicht des Auftragnehmers mangelfrei zu erbringen. Der Umstand, dass der Auftraggeber versagt hat, tritt bei ausgebliebener Rüge des Auftragnehmers nach § 4 Nr. 3 VOB/B aber dennoch erbrachter Werkleistung zurück. Die in § 4 Nr. 1 Abs. 2, 3 VOB/B geregelte Befugnislage des Auftraggebers wirkt sich nicht zu Gunsten des Auftragnehmers aus; faktisch kann die Wahrnehmung dieser Kontrollmöglichkeiten ein Beitrag zur Mangelvermeidung sein. Vertragsrechtlich wird hierdurch lediglich ein **Recht des Auftraggebers zur Kontrolle** begründet, nicht aber eine Pflicht; die Unterlassung oder nicht ausreichend sorgfältige Wahrnehmung beinhaltet keine Pflichtverletzungen gegenüber dem Auftragnehmer.[180] Im Einzelfall kann die Unterlassung der Kontrolle oder die Wahrnehmung der Anordnungsbefugnisse eine Verletzung der Obliegenheit darstellen, sich selbst vor Schaden zu bewahren (§ 254 BGB).[181] Hinsichtlich der Baustelleneinrichtung kann der Auftragnehmer nach der VOB/B (§ 4 Nr. 4) davon ausgehen, dass ihm der Auftraggeber die notwendigen Lager- und Arbeitsplätze auf der Baustelle zur Verfügung stellt. Was die Anfahrtmöglichkeiten und die Versorgung mit Wasser und Energie betrifft, bezieht sich die Benutzungsmöglichkeit nur auf die vorhandenen Gegebenheiten.

**152** Diese Regelung wird über den Verweis auf die VOB/C in § 1 Nr. 1 Satz 2 VOB/B durch die DIN 18299 im Abschnitt 0.1 näher konkretisiert. Danach wird vom ausschreibenden Auftraggeber erwartet, dass im Rahmen der Leistungsbeschreibung die Lage der Baustelle, die Umgebungsbedingungen, Zufahrtsmöglichkeiten und Beschaffenheit der Zufahrt sowie

---

[180] BGH U. v. 16. 10. 1997 VII ZR 64/96 BGHZ 137, 35 = BauR 1997, 1021, 1025 = NJW 1998, 456 = ZfBR 1998, 33.
[181] Vgl. BGH U. v. 11. 3. 1999 VII ZR 465/97 NJW-RR 1999, 893 = BauR 1999, 680 = 7/7 1999, 212.

# Einleitung   VOB Teil B im Gefüge der Verdingungsordnung

etwaige Einschränkungen bei ihrer Benutzung beschrieben werden. Solche Angaben werden nach DIN 18299 Abschnitte 0.1.3 bis 0.1.6 auch hinsichtlich der näheren Baustellengegebenheiten erwartet.

153   Im Erfüllungsstadium erfährt der Auftragnehmer im Mangelfall einen besonderen Schutz vor übereilter Selbsthilfe durch § 4 Nr. 7 VOB/B. Dem Auftragnehmer muss zur Mängelbeseitigung eine Frist mit Androhung des Auftragsentzugs gesetzt werden; grundsätzlich darf der Ersatzunternehmer erst nach Kündigung bzw. Teilkündigung mit der Beseitigung der Beanstandungen beginnen.[182] Auf Fristsetzung und Kündigung dann nur bei endgültiger Leistungsverweigerung des Auftragnehmers verzichtet werden.[183] Der Rückgriff auf anderweitige Erstattungsmöglichkeiten nach BGB, die z. B. von *Knütel*[184] gefordert wird, hat der BGH wegen der Sonderregelung der VOB/B abgelehnt.

154   Den Auftragnehmer begünstigt § 5 Nr. 1 und Nr. 2 VOB/B, soweit nach Nr. 1 Satz 2 in einem Bauzeitenplan enthaltene Einzelfristen nur dann als Vertragsfristen gelten, wenn dies im Vertrag ausdrücklich vereinbart worden ist. *Micklitz*[185] hält die Regelung in § 5 Nr. 1 Satz 2 VOB/B für intransparent und deshalb für überraschend, weil ein Bauzeitenplan für unverbindlich erklärt wird. Diese Auffassung lässt außer Acht, dass diese Unverbindlichkeit lediglich für Einzelfristen gilt, die in der Zeitspanne zwischen der verbindlichen Beginnfrist und der verbindlichen Endfrist für Teilleistungen vorgesehen werden.[186] Die Regelung ist mit Rücksicht auf die dem Auftragnehmer nach § 4 Nr. 2 VOB/B zustehende Dispositionsbefugnis zu sehen; grundsätzlich soll der Auftragnehmer über die Beschickung der Baustelle zwischen Anfang und Ende eigenständig disponieren dürfen, wovon bei Vereinbarung verbindlicher Einzelfristen für Teilleistungen abgewichen wird.

155   § 6 Nr. 5 VOB/B ermöglicht dem Auftragnehmer bei voraussichtlich längerer Unterbrechung die Abrechnung der bis dahin erbrachten Leistungen; diese Abrechnungsmöglichkeit tritt eigenständig neben die in § 16 VOB/B geregelten Abrechnungen und bildet bei richtigem Verständnis eine Schlussrechnung als Teilschlussrechnung, ohne dass diesbezüglich die Voraussetzungen nach § 16 Nr. 4 VOB/B vorliegen müssen.[187] Deutlich zu Gunsten des Auftragnehmers fällt § 7 VOB/B mit der Vorverlagerung der Preisgefahr aus, die der Auftragnehmer nach § 644 BGB gewöhnlich bis zur rechtsgeschäftlichen Abnahme bzw. dem Verzug hiermit trägt. § 9 VOB/B fasst die Kündigungsmöglichkeiten des Auftragnehmers auf der Grundlage verschiedener Kündigungsgründe zusammen und differenziert damit nicht so wie das BGB zwischen den Fallgestaltungen nach §§ 642, 643 bei dem Ausbleiben von Mitwirkungshandlungen des Bestellers, die für die Herstellung erforderlich sind und den Rücktrittsmöglichkeiten nach § 323 BGB, wenn der Auftraggeber einer echten Pflichtenlage (z. B. Zahlung) nicht nachkommt.

156   Die VOB/B geht an dieser wie auch anderen Stellen mit der **Kündigung** einen Weg, der sich von der BGB-Lösung über den **Rücktritt** grundsätzlich unterscheidet. Klar für den Auftragnehmer spricht § 12 VOB/B mit einer sehr detaillierten Abnahmeregelung; hervorzuheben ist, dass im Vergleich zum BGB der Unternehmer die Abnahme in sich abgeschlossener Teilleistungen verlangen kann und § 12 Nr. 5 VOB/B fiktive Abnahmen kennt, die sachlich im Vergleich zur BGB-Fiktion nach § 640 Abs. 1 Satz 3 und § 641 a BGB an anderen Umständen anknüpfen und auch bei mangelhafter Leistung nicht ausfallen, wenn die sonstigen Voraussetzungen erfüllt sind.

157   Für den Unternehmer vorteilhaft ist die im Vergleich zur BGB-Regelung günstige Verjährungsfristenbestimmung in § 13 Nr. 4 VOB/B, die jedoch ihrerseits in § 13 Nr. 5 VOB/B der Sache nach vom BGB erheblich abweichende Unterbrechungstatbestände mit

---

[182] BGH U. v. 5. 7. 2001 VII ZR 201/99 BauR 2001, 1577 = NZBau 2001, 623 = ZfBR 2001, 468; U. v. 20. 4. 2000 VII ZR 164/99 NJW 2000, 2997 = BauR 2000, 1479 = NZBau 2000, 421 = ZfBR 2000, 479.
[183] BGH U. v. 13. 9. 2001, VII ZR 113/00, NZBau 2002, 28 = BauR 2001, 1897 = ZfBR 2002, 49.
[184] BauR 2002, 689, 693.
[185] Gutachten S. 97 ff.
[186] → § 5 Nr. 1 Rdn. 56.
[187] → § 16 Nr. 4 Rdn. 14; → § 6 Nr. 5 Rdn. 22.

A. Allgemeines                                                                                        **Einleitung**

der schriftlichen Mängelrüge und der Abnahme der Mängelbeseitigungsarbeiten kennt, was in engem Zusammenhang einen gewissen Ausgleich für die im Vergleich zum BGB kürzeren Verjährungsfristen zu schaffen vermag. Die Regelung in § 13 Nr. 2 VOB/B begünstigt den Auftragnehmer insofern, als bei Leistungen nach Probe, wozu auch solche nach Muster zählen, die damit fiktiv verbundene Beschaffenheitsvereinbarung dann haftungsmäßig entschärft wird, wenn die Abweichung des Istzustandes vom Sollzustand nach der Verkehrssitte als bedeutungslos anzusehen ist.

Der Übergang zur Minderung, den das BGB in der Neufassung nach §§ 634, 638 BGB mit dem Verzicht auf die Fristsetzung mit Ablehnungsandrohung erleichtert und nur noch vom fruchtlosen Ablauf einer Nachfrist abhängig gemacht hat, erschwert die VOB/B-Regelung in § 13 Nr. 6. Damit wird die Nachbesserungsbefugnis des Auftragnehmers gestärkt; abgesehen von den Fällen der Unzumutbarkeit für den Auftragnehmer oder der Unmöglichkeit der Mängelbeseitigung soll der Übergang nur dann stattfinden, wenn der Aufwand für die Mängelbeseitigung unverhältnismäßig ist und der Auftragnehmer sie deshalb verweigert. **158**

Den Auftragnehmer begünstigt die Regelung in § 13 Nr. 7 Abs. 3 VOB/B, weil der Ersatz von Mangelfolgeschäden am Bauwerk abgesehen vom Verschuldenserfordernis davon abhängt, dass der ursächliche Mangel wesentlich ist. Der darüber hinausgehende – also entferntere – Mangelfolgeschaden ist nur bei Vorliegen weiterer Voraussetzungen abhängig, die in lit a) bis c) näher beschrieben werden; das betrifft nicht die haftungsausfüllende, sondern die haftungsbegründende Kausalität, weil die Mangelhaftigkeit des Werks eine bestimmte Qualität aufweisen muss (Verstoß gegen anerkannte Regeln der Technik bzw. Fehlen einer vertraglich vereinbarten Beschaffenheit oder Versicherbarkeit des Schadens). Zu Gunsten des Auftragnehmers wirkt sich die in § 15 Nr. 3 Satz 5 VOB/B enthaltene Fiktion aus. Für den Auftragnehmer vorteilhaft ist § 16 Nr. 1 VOB/B wegen des vorgesehenen Abschlagszahlungsanspruchs. § 16 Nr. 4 VOB/B ermöglicht zu Gunsten des Auftragnehmers die Möglichkeit der Teilschlussrechnung. Im Rahmen der die Sicherheiten betreffenden Regelung ist für den Auftragnehmer günstig, dass bei einem vereinbarten Einbehalt nach § 17 Nr. 6 VOB/B Einzahlung auf ein Sperrkonto nach § 17 Nr. 5 zu erfolgen hat und die Nichtbeachtung dieses Gebots schließlich nach dem Detailinhalt der Nr. 6 zur Freistellung von jeglicher Sicherheit führt. Eine Sicherheit für Mängelansprüche ist gemäß § 17 Nr. 8 Abs. 2 VOB/B bei fehlender anderweitiger Vereinbarung bereits zwei Jahre nach Abnahme zurückzugeben, wenn zu diesem Zeitpunkt keine Sachmängel vorhanden sind. Die Rückgabeverpflichtung hinsichtlich der Vertragserfüllungsbürgschaft ist in § 17 Nr. 8 Abs. 1 VOB/B exakt geregelt. **159**

**c) Neutrale Regelungsinhalte der VOB/B.** Daneben existieren Vorschriften, die neutral formuliert und nicht vom Bestreben getragen sind, einer Vertragspartei in erster Linie einen Vorteil zu verschaffen. Dazu gehören: § 1 Nr. 1 Satz 1 und 2 VOB/B, weil die Nr. 1 lediglich eine Selbstverständlichkeit ausdrückt, die mit § 311 BGB konform ist. Eine vertraglich geschuldete Leistung wird nach Art und Umfang durch den Vertrag bestimmt. Dies darf jedoch nicht dem Missverständnis Vorschub leisten, dass die vertraglich vorgesehene Art wie auch der Umfang der Leistung abschließend über die Erfolgs- und damit die Einstandsverpflichtung unter Sachmangelhaftungsgesichtspunkten befinden. **160**

Der **funktionale Mangelbegriff** ist trotz der Formulierung in § 13 Nr. 1 VOB/B nicht aufgegeben worden.[188] Deshalb folgt aus einer mangelhaften Bestimmung der Leistung im Vertrag, z. B. durch ein **mangelhaftes Leistungsverzeichnis,** nicht die Mangelfreiheit einer daran ausgerichteten Leistung, die den verfolgten Zweck nicht erreicht. § 1 Nr. 1 Satz 1 VOB/B belegt damit zugleich den Auslegungsbedarf der Regelung. Als neutrale Bestimmung ist auch die **Staffelverweisung** in § 1 Nr. 1 Satz 2 VOB/B mit dem **Verweis** **161**

---

[188] *Kniffka* IBR-online-Kommentar BGB § 633 Rdn. 11; *Kniffka/Koeble* Kompendium des Baurechts 6. Teil Rdn. 22 ff.; BGH U. v. 10. 11. 2005, VII ZR 147/04, NZBau 2006, 112 = BauR 2006, 375; U. v. 11. 11. 1999 VII ZR 403/98, NZBau 2000, 74 = NJW-RR 2000, 485 = BauR 2000, 411 = ZfBR 2000, 121.

**Einleitung**  VOB Teil B im Gefüge der Verdingungsordnung

auf die **VOB/C** zu verstehen. Der Verweis stellt eine leistungsbestimmende und im Zusammenhang mit § 2 Nr. 1 VOB/B auch eine preisbestimmende Klausel dar, die dem Transparenzgebot des § 307 Abs. 3 Satz 2 und Abs. 1 Satz 2 BGB unterliegt. Die in Verweisung genommenen Allgemeinen Technischen Vertragsbedingungen enthalten Näheres zur Leistung und zur Abrechnung, was bei Fehlen von ohne weiteres zulässigen Abweichungen für beide Bauvertragsparteien von Vorteil ist.

162  Wird allerdings das von *Micklitz*[189] herausgearbeitete **Transparenzgebot** an die Vorschrift herangetragen, und bildet § 307 Abs. 1 Satz 2 BGB tatsächlich einen Prüfungsmaßstab, könnten **Zweifel an der Neutralität** der Regelung bestehen. Das würde jedenfalls dann gelten, wenn ein Auftragnehmer gegenüber einem von einem Architekten im Rahmen des Vertragsschlusses nicht beratenen privaten Auftraggeber rechtswirksam die VOB/B nach Maßgabe der Regeln des § 305 Abs. 2 BGB einbezieht, und die VOB/C auf der Grundlage der in § 1 Nr. 1 Satz 2 VOB/B enthaltenen Rechtsfolgenanordnung gilt. Denn bilden die Gebote der Klarheit und der Verständlichkeit die maßgeblichen Kriterien für die Transparenz in dem Sinne, dass der Verbraucher weiß, was auf ihn zukommt, genügt der Verweis auf die VOB/C diesen Anforderungen selbst dann nicht, wenn dem Verbraucher die Möglichkeit zur Kenntnisnahme von der einschlägigen ATV verschafft wird. Der Schutz auch eines Verbrauchers muss jedoch nicht so weit gehen. Das Transparenzerfordernis nach Maßgabe dessen, dass der Verbraucher wissen muss, was auf ihn zukommt,[190] besagt nicht notwendig, dass der Verbraucher wissen muss, welche Leistung er im Einzelnen erhält und was er hierfür zu zahlen hat. Vorformulierte Preis- und Leistungsbestimmungen können gemäß § 307 Abs. 3 Satz 3 BGB unwirksam sein, müssen es aber nicht. Entscheidend ist die Wahrung eines gewissen Mindestmaßes an Transparenz;[191] dieser ist bei Verweis auf die ATVen auch bei Auslegungsbedarf mancher Bestimmungen[192] gesichert. § 1 Nr. 2 VOB/B entspricht allgemeinen Auslegungsregeln, wonach bei einem aus mehreren Bestandteilen bestehender Vertrag im Widerspruchsfall die spezielle Aussage der allgemeineren vorgeht. Verträge sind als sinnhaftes Ganzes[193] auszulegen, was bei Widersprüchen zwischen einzelnen Vertragsbestandteilen zum Vorrang der spezielleren Aussage gegenüber der allgemeineren Festlegung führt. Deshalb kann konkret auf das Bauvorhaben bezogenen Vorbemerkungen zu einem Leistungsverzeichnis bei der Auslegung größeres Gewicht beigemessen werden, als nicht genügend angepassten Formulierungen eines **Standardleistungsverzeichnisses**.

163  Nach allgemeinem Kanon von Auslegungsgrundsätzen ist bei Auslegungsfragen, wozu die Klärung von Widersprüchen innerhalb eines Vertrages gehört, die Stellung der Formulierung im Gesamtzusammenhang des Textes bedeutsam.[194] Die in § 1 Nr. 2 VOB/B enthaltene Widerspruchsregelung entspricht den Grundsätzen systematischer Auslegung. Im Wesentlichen zu den neutralen Regelungen zählt auch § 2 Nr. 1 VOB/B, wenn sie auch einen leichten Trend zur Begünstigung des Auftraggebers enthält. Denn der im Vertrag vereinbarte Preis deckt die Leistungen ab, die nach den dort genannten Vertragsbestandteilen einschließlich der gewerblichen Verkehrssitte zur vertraglichen Leistung gehören. In der Sache handelt es sich um eine **Komplettklausel;** denn das, was für den Preis zu erbringen ist, bestimmt sich eben nicht nur nach dem Leistungsverzeichnis, sondern auch nach den gelisteten Nebenbestimmungen einschließlich der gewerblichen Verkehrssitte. Der Umstand, dass auch dies im Einzelfall Auslegungsbedarf auslöst, begründet die Intransparenz der Regelung nicht. Der Hinweis auf diese Vertragsbestandteile, die mit Ausnahme der ATV über § 305 Abs. 2 BGB in den Vertrag einbezogen werden müssen, sichert Vergleichbarkeit

---

[189] Gutachten im Auftrag des Verbraucherzentrale Bundesverbandes e. V. April 2004, S. 85 ff.
[190] Vgl. *Micklitz* Gutachten S. 86.
[191] MünchKomm/*Basedow* BGB § 307 Rdn. 20.
[192] Dazu BGH VII ZR 75/03 U. v. 17. 6. 2004, NZBau 2004, 500 = BauR 2004, 1438 = ZfBR 2004, 778.
[193] BGH NJW-RR 1991, 980 = BauR 1991, 458.
[194] Palandt/*Heinrichs* BGB § 133 Rdn. 14.

A. Allgemeines **Einleitung**

der Angebote, damit auch Wettbewerbstransparenz und entspricht folglich dem Informationsgebot, das sich aus dem Transparenzgebot ableitet. Dem Kreis der bezüglich der Interessen der Vertragsparteien neutralen Bestimmungen gehört auch § 2 Nr. 2 VOB/B an, wonach die Vergütung bei Fehlen einer anderweitigen Regelung nach den vertraglichen Einheitspreisen und den tatsächlich ausgeführten Leistungen berechnet wird. *Micklitz*,[195] der in § 2 Nr. 2 i. V. m. § 5 Nr. 1 lit. a) VOB/A und der Aufmassnotwendigkeit einen Verstoß gegen das Transparenzgebot bejaht, kann diesbezüglich nicht gefolgt werden. Die von *Micklitz* befürchtete Manipulationsgefahr und Erschwernis der Vergleichbarkeit der Angebote, ist von Hause aus nur dann gegeben, wenn die Angebotstexte allein von dem Auftragnehmer stammen; die Vergleichbarkeit leidet nicht, weil der Auftraggeber (Verbraucher) anhand der Vordersätze bemerkt, von welchen Stückzahlen oder sonstigen Mengen/Massen der Bieter ausgeht und anhand der Einheitspreise und der Mengen Vergleiche anstellen kann. Dass sich der letztlich zu zahlende Betrag nach dem Ergebnis der aufzumessenden Mengen richtet, ist den im Angebot enthaltenen Informationen zu entnehmen. Der Zustandssicherung dient die in § 3 Nr. 4 VOB/B getroffene Regelung, die als Maßnahme der privaten **Beweissicherung** für beide Seiten vorteilhaft ist. § 10 VOB/B regelt das Innenverhältnis der Vertragsarbeiten in Übereinstimmung mit Gesamtschuldregeln des BGB (§ 426), was auch § 11 VOB/B gilt, weil die Regelung über die Vertragsstrafe der in §§ 339 ff. BGB entspricht. Konkretisierend ist § 11 Nr. 3 VOB/B, da bei Bemessung der Vertragsstrafe nach Tagen lediglich die Werktage und damit nicht die Sonntage und die Feiertage zählen. Die Samstage gehören als Werktage jedoch dazu. Neutralen Charakter hat die Regelung des § 4 Nr. 9 VOB/B hinsichtlich der Vorgehenweise bei einem Schatzfund.

**164** § 5 Nr. 2 VOB/B bevorteilt oder benachteiligt keinen Bauvertragspartner. *Micklitz*[196] hält den Auftraggeber deshalb für begünstigt, weil mit der Leistung erst nach Aufforderung zu beginnen sei, was § 271 BGB und den sich hieraus ergebenden Grundgedanken der gesetzlichen Regelung widerspreche. Diese Auffassung greift entschieden zu kurz, was daraus folgt, dass der Auftraggeber seinerseits im Verhältnis zum Auftragnehmer in der Pflicht ist. Erst wenn der Auftraggeber seinerseits die Voraussetzungen für den Baubeginn geschaffen hat, z. B. durch Erlangung der Baugenehmigung, Zurverfügungstellung der zur Ausführung nötigen Unterlagen, Einmessung des Baugeländes und Schaffung der nötigen Höhenfestpunkte (vgl. nur § 3 Nr. 1, 2; § 4 Nr. 1 VOB/B), kann der Auftragnehmer mit seinen Leistungen sinnvoll beginnen. Deshalb kommt die Regelung des § 5 Nr. 2 VOB/B beiden Vertragsparteien entgegen; sie dient auch den **Dispositionsinteressen des Auftraggebers,** weil sich dieser darauf einstellen darf, dass der Auftragnehmer innerhalb von 12 Werktagen nach Aufforderung zu beginnen hat. § 5 Nr. 2 Satz 1 VOB/B verschafft dem Auftragnehmer den Ausgangspunkt für eine betriebliche Disposition seiner Kapazitäten, indem er sich auf einen voraussichtlichen Beginn einstellen kann. Wenn auch der Gesetzgeber nach § 271 BGB auf eine schnelle Abwicklung der Schuldverhältnisse setzt,[197] nötigt dies gerade im Baubereich auch den Auftraggeber dazu, seiner Mitwirkungsaufgaben in der Zeit zu entsprechen. Das Gebot der schnellen Abwicklung und die von *Micklitz* attestierte Abweichung davon in § 5 Nr. 2 VOB/B treffen nicht nur den Auftragnehmer, sondern auch den Auftraggeber; bei einem Bauvertrag, in welchem für den Beginn keine Frist vorgesehen ist, soll es – sinnvoll – am Auftraggeber liegen, darüber zu befinden, wann zu beginnen ist.

**165** Der **Auftraggeber** hat es in der Hand, die **Beginnvoraussetzungen** zu schaffen, also dafür zu sorgen, dass das Grundstück bebaut werden kann, die Ausführungspläne vorliegen oder die vorleistenden Unternehmer ihre Leistungen zeitgerecht erbracht haben. Da § 6 Nr. 6 VOB/B mit der Limitierung des Schadensersatzanspruches im Verzögerungsfall (§ 280 Abs. 1 BGB) für beide Seiten gilt, ist die Vorschrift in sich ausgewogen.[198] Eine beide Seiten

---

[195] Gutachten S. 85 ff.
[196] Gutachten S. 101.
[197] Vgl. BGH U. v. 21. 10. 2003, X ZR R 218/01, NZBau 2004, 155 = BauR 2004, 331 = ZfBR 2004, 157; U. v. 8. 3. 2001 VII ZR 470/99 NZBau 2001, 389 = NJW-RR 2001, 806 = BauR 2001, 946.
[198] *Kapellmann/Messerschmidt/Kapellmann* VOB/B § 6 Rdn. 47.

# Einleitung

berücksichtigende Regelung enthält § 6 Nr. 7 VOB/B. Ihr Regelungsgehalt, dass bei einer **Unterbrechung** von mehr als drei Monaten jeder Vertragsteil kündigen darf, kann im Hinblick auf die Schuldrechtsreform mit § 313 BGB – Störung der Geschäftsgrundlage – in Verbindung gebracht werden. Die Vorschrift räumt beiden Parteien die Befugnis zur Regelung des Störungstatbestandes mittels Kündigung ein. § 17 VOB/B enthält neutrale Abwicklungsregeln für zwischen den Vertragsparteien zu vereinbarende Sicherheiten, stellt aber auch den Auftragnehmer in manchen Bereichen sicher. So dient eine vereinbarungsgemäß zu stellende Sicherheit sowohl der vertragsgemäßen Ausführung als auch der Sicherstellung der Mängelansprüche (§ 17 Nr. 1 Abs. 2 VOB/B).

## 9. Abweichungen der VOB/B vom BGB

166   Die VOB/B weicht in vielen Stellen vom BGB ab und macht damit vorformuliert von der Disponibilität der BGB-Regelung Gebrauch. Betroffen ist insbesondere das Recht der Schuldverhältnisse sowohl hinsichtlich des Allgemeinen als auch des Besonderen Teils.

167   **a) Abweichungen im Detail.** § 1 Nr. 3, 4 VOB/B gibt das die BGB-Regelung beherrschende **Konsensualprinzip** zu Gunsten des Anordnungs- und Änderungsrechts des Auftraggebers auf. Das gilt für **Verzugsregelungen** nach § 6 Nr. 1, 2 VOB/B, wenn abweichend von § 286 Abs. 4 BGB die Leistung hindernde Umstände – auch wenn sie nach § 6 Nr. 2 VOB/B der Sphäre des Auftraggebers zuzurechnen sind und eigentlich eine Fristverlängerung auslösen – nur dann Berücksichtigung finden, wenn die Behinderung schriftlich angezeigt worden ist oder die hindernden Umstände wie auch deren Wirkung bekannt waren. Das betrifft: die mangelbedingten Folgeschäden nach § 13 Nr. 7 Abs. 3 VOB/B, denn diese Regelung weicht von §§ 280, 281 BGB ab. Die **Ersatzpflicht** hinsichtlich der über den Schaden an der baulichen Anlage hinausgehenden Nachteile hängt – abgesehen von den in § 13 Nr. 7 Abs. 1 und 2 VOB/B genannten Fällen – davon ab, dass die Schadensursache in ganz bestimmten Mangeltatbeständen besteht oder Versicherbarkeit bestanden hätte.

168   Die **Fälligkeit** des Vergütungsanspruchs des Auftragnehmers, hängt nach §§ 14, 16 VOB/B im Vergleich zur BGB-Regelung in §§ 640, 641 neben der – besonders nicht erwähnten – Abnahme von der Stellung einer prüfbaren Rechnung und dem Ablauf einer Prüfungsfrist ab, die nach längstens 2 Monaten nach Zugang zur Fälligkeit führt. Hat der Auftraggeber eines VOB-Vertrages nicht binnen zwei Monaten nach Zugang der Schlussrechnung Einwendungen gegen die Prüfbarkeit erhoben, wird der Werklohn auch dann fällig, wenn die Rechnung objektiv nicht prüfbar ist.[199] Die Möglichkeit der Teilschlussrechnung, wie dies § 16 Nr. 4 VOB/B vorsieht, kennt das BGB nicht. Die **Zinszahlungspflicht** des Auftraggebers setzt eine Nachfristsetzung nach § 16 Nr. 5 Abs. 3 voraus, also genügt der Ablauf von 30 Tagen nach Rechnungszugang nicht (§ 286 Abs. 3 BGB). Abweichend von § 286 Abs. 3 BGB ist ein unbestrittenes Guthaben mit Ablauf von 2 Monaten nach Zugang der Schlussrechnung zu verzinsen, das von § 286 Abs. 3 BGB deshalb abweicht, weil mit dem Ablauf der Zwei-Monatsfrist erst die Fälligkeit eintritt und nicht noch weitere 30 Tage verstreichen müssen. Die Bestimmung ist jedoch mit § 286 Abs. 2 Nr. 2 BGB konform, weil der Leistung ein Ereignis, nämlich die Rechnungsstellung, vorauszugehen hat und eine angemessene Zeit für die Leistung in der Weise bestimmt ist, dass sie sich von dem Ereignis an nach dem Kalender berechnen lässt. Das ist der Fall, weil der Ablauf von 2 Monaten nach Rechnungszugang nach dem Kalender berechenbar ist. § 16 Nr. 6 VOB/B weicht vom BGB ab, weil der Auftraggeber unter anderen als in § 362 Abs. 2 BGB genannten Voraussetzungen (§ 185 BGB) mit befreiender Wirkung an einen Dritten – Gläubiger des Auftragnehmers – leisten darf. Mit der Regelung der Sicherheiten in § 17 sieht die VOB/B ein von der BGB-Normierung (§§ 232–240), auf die verwiesen

---

[199] BGH U. v. 8. 12. 2005, VII ZR 50/04, NZBau 2006, 179 = BauR 2006, 517 = IBR 2006, 129.

A. Allgemeines **Einleitung**

wird, nicht unerheblich abweichendes System vor. Das betrifft die Arten der Sicherheit wie auch deren Abwicklung.

**b) Das eigenständige VOB/B-Werkvertragssystem.** Die VOB/B realisiert ein eigenständiges, praxisorientiertes und auf das Baugeschehen zugeschnittenes Werkvertragssystem. Die unterschiedlichsten Prinzipien prägen dieses System und drücken ihm einen Stempel auf, der es rechtfertigt, die VOB/B eigenständig auszulegen, auch eine geltungserhaltende Auslegungsreduktion anzuwenden und bei Geltung der VOB/B als Ganzes davon abzusehen, die einzelnen Bestimmungen der VOB/B einer AGB-rechtlichen Kontrolle nach Maßgabe der §§ 307 ff. BGB zu unterziehen. Die **Einzelkontrolle** der **VOB/B-Bestimmungen** verbietet sich bei Geltung der VOB als Ganzes, weil die VOB/B für den Baubereich ein eigenständiges auf Ausgleich bedachtes System darstellt, welches die einzelnen Abweichungen vom BGB rechtfertigt. Eigentlich handelt es sich nicht um Abweichungen, sondern um **Gestaltungen**, die der Planungs- und Bauprozess bedingen. Diese Gestaltungen ermöglichen einseitige Vorgaben, sehen aber auch vertragsrechtlich Abweichungen vor, ohne dass dadurch das abgewogene System gestört werden würde. Das hat mit grundsätzlichen Abweichungen wie auch mit Abweichungen im Detail zu tun, was dazu führt, dass die VOB/B im Hinblick auf ihre Regelungen als ausgeglichen angesehen werden muss. **169**

**c) Begründung von Auftraggeberpflichten.** Aus sachlich gerechtfertigten Gründen strukturiert die VOB/B bereits die **Rechts- und Pflichtenlage** der Vertragsparteien abweichend vom BGB. Kennt das BGB als Auftraggeberpflichten lediglich die Pflicht zur Zahlung und zur Abnahme und verknüpft es die in § 642 BGB angeführten Auftraggebermitwirkungsmaßnahmen mit dem Gläubigerverzug, strukturiert die VOB/B diese **Auftraggeberaufgaben** als **Schuldnerpflichten.** Das wird deutlich an § 3 Nr. 1, 2 und § 4 Nr. 1 Abs. 1 VOB/B wie auch an § 6 Nr. 6 VOB/B; denn die Vorschrift billigt dem Auftragnehmer gegenüber dem Auftraggeber, der hindernde Umstände zu vertreten hat, einen Schadensersatzanspruch zu und nicht wie § 642 BGB lediglich einen Entschädigungsanspruch. Das hat mit der grundsätzlich unterschiedlichen Qualifizierung der Auftraggebermitwirkung zu tun: Das **BGB** ordnet die **Mitwirkung des Auftraggebers** als **Obliegenheit** ein,[200] die VOB/B qualifiziert die **Mitwirkung** im Planungs- und Koordinierungsbereich ausdrücklich als **Pflicht,** was auch im Übrigen aus § 6 Nr. 6 VOB/B wegen der dort angeordneten Schadensersatzverpflichtung folgt.[201] Dieser Pflichtenlage liegt eine besondere Zuweisung von Aufgaben- und Verantwortungsbereichen durch die VOB als Gesamtsystem zu Grunde. **170**

**d) Begründung von Aufgaben- und Verantwortungsbereichen.** Die VOB/B weist **Aufgaben** und **Verantwortungsbereiche** und damit letztlich Sphären zu, was die im Vergleich dazu blasse BGB-Regelung in § 642 konkretisiert Das zeigt sich insbesondere bei §§ 3, 4 VOB/B. Das schließt abweichende Vereinbarungen und tatsächliche Abwicklungen nicht aus, enthält aber den Grundsatz, dass der Auftraggeber dem Auftragnehmer die Gestellung von Planung und Koordinierung ebenso schuldet wie die von Lager- und Arbeitsplätzen auf der Baustelle, vorhandene Zufahrtswege und Anschlussgleise wie auch vorhandene Anschlüsse für Wasser und Energie. Das schließt nicht aus, die Verfehlung einer Aufgabe durch den Auftraggeber über **Gläubigerverzugsregeln** zu sanktionieren. Dem liegt § 9 VOB/B zu Grunde, woraus zu schließen ist, dass nicht sämtliche in den Aufgaben- und Verantwortungsbereich des Auftraggebers fallende Mitwirkungshandlungen als Schuldnerpflichten zu qualifizieren sind. Die Problematik verdeutlichen im Zusammenwirken mit der VOB/B Einzelregelungen der mitgeltenden VOB/C. Entscheidend ist der Zusammenhang der Mitwirkungsmaßnahmen mit §§ 3, 4 VOB/B, nämlich ob es sich insoweit um Konkretisierungen der dort beschriebenen Pflichten handelt. **171**

**Konkretisierung** erfolgt z. B. durch die DIN 18300 in den Abschnitten 3.5.2 und 3.10.2, denen zu entnehmen ist, dass die Festlegung der Abtragungsquerschnitte und der **172**

---

[200] Vgl. nur Palandt/*Sprau* BGB § 642 Rdn. 2; *Bamberger/Roth/Voit* BGB § 642 Rdn. 6.
[201] *Kapellmann/Messerschmidt/Kapellmann* VOB/B § 6 Rdn. 47, 48; *Scheube* Jahrbuch Baurecht 2006, S. 83, 98 ff.

# Einleitung

Tiefe der Baugruben und Gräben grundsätzlich **Sache des Auftraggebers** ist. Nach der DIN 18301 Abschnitt 3.3.4 bestimmt der Auftraggeber die endgültige Tiefe von Bohrungen. Das gilt nach DIN 18302 Abschnitt 3.1.3 auch für die endgültige Ausbautiefe von Brunnen und die Festlegung der Art und Weise der Beseitigung von Hindernissen (DIN 18303 Abschnitt 3.2.2; DIN 18304 Abschnitt 3.5.2). Werden bei der Durchführung von Einpressarbeiten Gefahren für eine Anlage erkennbar, ist die Anordnung des Auftraggebers einzuholen (DIN 18309 Abschnitt 3.1.5). Bei Gleisbauarbeiten hat der Auftraggeber die Sicherungsmaßnahmen durchzuführen; nur im Schutz dieser Sicherungsmaßnahmen dürfen Arbeiten an oder neben befahrenen Gleisen begonnen und durchgeführt werden (DIN 18325 Abschnitt 3.3).

173   e) **Kontrollbefugnisse des Auftraggebers.** Dem Auftraggeber wird im Interesse der Sicherstellung einer einwandfreien Ausführung im Erfüllungsstadium eine **Kontrollbefugnis** nach § 4 Nr. 1 Abs. 2 VOB/B eingeräumt. Diese **Kontrollmöglichkeit** während der Ausführung ist Teil eines Qualitätssicherungssystems und mit ein Argument dafür, dass die Verjährungsfristen für die Sachmängelansprüche nicht notwendig den BGB – Fristen gleichgeschaltet sein müssen. Allerdings setzt dies voraus, dass der Auftraggeber das fachkundig notwendige Instrumentarium zur Verfügung hat, was letztlich nur dann gegeben ist, wenn er sich bei Fehlen eigener Kenntnisse und Fähigkeiten durch einen Planer beraten und betreuen lässt. Dieses vertraglich abgesicherte Kontrollinstrumentarium findet im Werkvertragsrecht des BGB keinerlei Erwähnung. Die Kontrollrechte werden durch **Anordnungsbefugnisse** nach § 4 Nr. 1 Abs. 3 VOB/B ergänzt. Ergänzend legt die VOB/C dem Auftragnehmer teilweise umfangreiche **Dokumentationspflichten** auf. So hat der Auftragnehmer nach DIN 18301 Abschnitt 3.1 die Lage der Bohrlöcher und die Höhe der Ansatzpunkte im Lageplan einzutragen oder näher beschriebene Vorkommnisse in einem zu liefernden Schichtenverzeichnis zu vermerken (Abschnitt 3.3.3). Berichte hat der Auftragnehmer nach DIN 18304 Abschnitte 3.3.1 bis 3.3.3 zu führen und die Lage der nicht oder nur teilweise beseitigten Bauelemente zeichnerisch anzugeben. Derartige Dokumentationspflichten legen dem Auftragnehmer weiter auf: DIN 18305 Abschnitt 3.3.4; DIN 18309 Abschnitte 3.1.6; 3.1.7 und 3.2.4 sowie DIN 18320 Abschnitt 3.1.9 und DIN 18321 Abschnitt 3.3. Diese Protokollierungsgebote erleichtern dem Auftraggeber die Qualitätskontrolle und sichern dem Auftragnehmer die Nachweismöglichkeit sachgerecht durchgeführter Arbeiten.

174   f) **Beweis- und Feststellungsregeln.** Die VOB/B realisiert **Beweisbedarf** durch **private Feststellungsverfahren** in beiderseitigem Interesse, so in § 3 Nr. 4 und § 4 Nr. 10 VOB/B. Diese Regelungen ergänzt die VOB/C durch weitere Bestimmungen; dem Auftragnehmer werden im Interesse beider Vertragsparteien **Nachweispflichten** auferlegt, die teilweise allerdings nur auf Verlangen des Auftraggebers zu erfüllen sind. Folgende Bestimmungen sind einschlägig: DIN 18300 Abschnitte 3.5.4 und 3.7.6; DIN 18301 Abschnitt 3.2.3; DIN 18305 Abschnitt 3.2.1; DIN 18315 sowie DIN 18316 jeweils Abschnitt 2.2.1 und 2.2.2; DIN 18317 Abschnitt 2.2.1 bis 2.2.3.

175   g) **Eigenes Leistungsstörungskonzept der VOB/B.** Die VOB/B weicht im Erfüllungsstadium von der BGB-Regelung ab, die Selbsthilfe bereits nach Ablauf einer für die Mängelbeseitigung gesetzten Frist gem. § 637 BGB möglich macht. Nach wohl h. M.[202] sind die Befugnisse aus §§ 634 Nr. 2, 637 BGB nicht auf das Stadium nach der Abnahme beschränkt, so dass für den Übergang zur Selbsthilfe der bloße fruchtlose Fristablauf ausreichend ist. Der VOB/B genügt im Interesse einer **klaren Aufgaben- und Verantwortungszuweisung** lediglich eine Fristsetzung nicht; erforderlich ist eine insoweit vorzuneh-

---

[202] *Kniffka* IBR-online-Kommentar 11; MünchKommBGB/*Ernst* § 323 Rdn. 23, 239; *Bamberger/Roth/Voit* BGB § 634 Rdn. 11; ohne Festlegung *Ermann/Schwenker* BGB § 633 Rdn. 21; strittig deshalb, weil auch die Auffassung vertreten werden kann, dass vor der Abnahme das allgemeine Leistungsstörungsrecht nach §§ 280 ff. BGB zur Anwendung kommt, vgl. Palandt/*Sprau* Vorbem. BGB § 633 Rdn. 7; *Muffler* BauR 2004, 1356.

A. Allgemeines **Einleitung**

mende Kündigung – auch Teilkündigung –,[203] was durch die in § 8 Nr. 6 VOB/B niedergelegten weiteren Befugnisse des Auftragnehmer verstärkt wird. Danach kann der Auftragnehmer hinsichtlich der gekündigten Leistung das Aufmass verlangen. Der DVA ist der u. a. von *Kraus*[204] geforderten Ergänzung des § 4 Nr. 7 VOB/B um ein kündigungsunabhängiges Selbsthilferecht nicht nachgekommen. Die Regelung der VOB/B weicht hinsichtlich der Regelung der zeitlichen und qualitativen Störungslagen erheblich von der Konzeption des BGB ab; Störungstatbestände im Erfüllungsstadium sanktioniert das BGB unabhängig davon, ob es sich um Zeitstörungen oder Qualitätsstörungen handelt, bereits nach Ablauf der zur Beseitigung gesetzten Frist, wogegen die VOB/B mit Fristsetzung samt angedrohtem Auftragsentzug und zusätzlich mit der Kündigung arbeitet.

Auch im Bereich der **Zeitstörung** findet sich die VOB/B allein mit dem Aspekt der Nichteinhaltung der vorgesehenen Bauzeit und den Umständen hierfür ab. Das BGB verneint Ansprüche aus Verzug, wenn den Auftragnehmer kein Verschulden trifft (§ 286 Abs. 4 BGB). Die VOB/B regelt zwar die Verlängerung von Ausführungsfristen, wenn die Ursache hierfür in Umständen liegt, die unter den Anwendungsbereich des § 6 Nr. 2 VOB/B fallen. Die Vertragsfristen bleiben jedoch wirksam und die tatsächlich gegebene Behinderung bleibt unbeachtlich, wenn der Unternehmer vorwerfbar eine **Behinderungsanzeige** unterlässt. Solche Anzeigepflichten kennt das BGB allenfalls über § 242 BGB, weshalb die **VOB/B** die **Haftung des Auftragnehmers für Zeitstörungen** im Vergleich zum BGB **verschärft**. Nach BGB führt die Verletzung einer nach § 242 BGB bestehenden Mitteilungspflicht über ein Leistungshindernis zu einem Schadensersatzanspruch nach § 280 Abs. 1 BGB,[205] wogegen es nach der VOB-Regelung bei der Einstandspflicht für Verzug gemäß § 6 verbleibt.

**176**

## II. Rechtsqualität der VOB-Teile

Die Beschreibung der VOB/B und der VOB/C mit „Allgemeine Vertragsbedingungen für die Ausführung von Bauleistungen" und „Allgemeine Technische Vertragsbedingungen für Bauleistungen" markiert deutlich deren rechtsgeschäftliche Qualität. Das gilt jedenfalls völlig eindeutig für die VOB/B.[206] Die VOB/B ist eine Allgemeine Geschäftsbedingung mit der Besonderheit, dass sie einen billigen Ausgleich der Interessen zwischen Auftragnehmer und Auftragnehmer bezweckt. Diese Interessenausgleich würde gestört, wenn einzelne Regelungen der VOB/B der Inhaltskontrolle unterzogen würden.[207] Der **VOB/C** kommt eine Doppelnatur zu; als Allgemeine Technische Vertragsbedingung für Bauleistungen erfüllt sie sämtliche Voraussetzungen nach § 305 BGB.[208] Der BGH behandelt die Aufmaßregeln des Abschnitts 5 der DIN 18332 als Allgemeine Geschäftsbedingungen.[209] Inhaltlich kann die VOB/C auch Ausdruck anerkannter Regeln der Technik sein. Keinesfalls weisen die VOB/B und die VOB/C den Charakter materiellen Rechts auf, sie stellen keine Rechtsnormen dar. Ihnen kommt aber auch nicht lediglich die Qualität von Verwaltungsanweisungen zu.

**177**

---

[203] BGH U. v. 13. 9. 2001 VII ZR 113/00 BauR 2001, 1897 = NZBau 2002, 28 = NJW-RR 2002, 160 = ZfBR 2002, 49; U. v. 5. 7. 2001 VII ZR 201/99 BauR 2001, 1577 = NZBau 2001, 623 = ZfBR 2001, 473; U. v. 20. 4. 2000 VII ZR 164/99 BauR 2000, 1479 = NJW 2000, 2997 = NZBau 2000, 421.
[204] Beilage zu BauR Heft 4/1997, 20 ff.
[205] Palandt/*Heinrichs* BGB § 286 Rdn. 39.
[206] BGHZ 86, 142 = NJW 1983, 816 = BauR 1983, 161, 164.
[207] BGH U. v. 22. 1. 2004 VII ZR 419/02; BGHZ 157, 346 = NJW 2004, 1597 = BauR 2004, 668 = NZBau 2004, 267 = ZfBR 2004, 362; BGH U. v. 15. 4. 2004 VII ZR 129/02 BauR 2004, 1142 = NZBau 2004, 385 = NJW-RR 2004, 957 = ZfBR 2004, 555.
[208] Beck'scher VOB-Komm/*Motzke* VOB/C Syst III Rdn. 56 ff.; *Moufang/Klein* Jahrbuch Baurecht 2004, S. 71.
[209] U. v. 17. 6. 2004, VII ZR 75/03, BauR 2004, 1438 = NZBau 2004, 500 = NJW-RR 2004, 1218 = ZfBR 2004, 778.

# Einleitung
VOB Teil B im Gefüge der Verdingungsordnung

Davon unterscheidet sich die VOB/A erheblich. Sie wird nie Vertragsbestandteil. Unter bestimmten Voraussetzungen erhält die VOB/A Rechtsnormencharakter; in anderen Bereichen kommt sie über die Qualität einer Verwaltungsanweisung nicht hinaus. Die VOB/A ist in Folge der Rechtsentwicklung im Bereich der europäischen Vergaben janusköpfig geworden.

## 1. Rechtsqualität der VOB/A

178   Hinsichtlich der Rechtsqualität der VOB/A ist zu unterscheiden. Bezüglich der Anwendbarkeit bei nationalen Vergaben gelten andere Grundsätze als bei europaweiten Vergaben oberhalb der sich aus § 2 der VgV ergebenden Schwellenwerte. Für nationale Vergaben – also unterhalb der Schwellenwerte nach § 2 VgV – hat der BGH[210] in seiner Entscheidung vom 21. 11. 1991 (VII ZR 203/90) festgestellt, dass die VOB/A keine Rechtsnorm ist, sondern vielmehr im Innenverhältnis der öffentlichen Auftraggeber eine Verwaltungsvorschrift darstellt, weswegen unmittelbar Rechtswirkungen nach außen nicht begründet werden. Das trifft dann auch auf § 9 VOB/A zu; die Vorschrift hat nach der Rechtsprechung des BGH[211] keine Außenwirkung in dem Sinne, dass eine gegen § 9 VOB/A verstoßende Ausschreibung als Verstoß gegen ein gesetzliches Verbot nach § 134 BGB anzusehen wäre. In der Entscheidung vom 8. 9. 1998[212] hat der BGH andererseits folgendes ausgeführt: Indem der öffentliche Auftraggeber „ein Vorhaben nach Maßgabe der Verdingungsordnung für Bauleistungen ausschreibt, legt der öffentliche Auftraggeber zugleich den rechtlichen Rahmen für das Ausschreibungsverfahren fest. Damit kommt der Vorschrift für das Verhältnis zwischen ihm und den Teilnehmern an der Ausschreibung schon aus diesem Grunde Rechtssatzqualität zu; eines Eingehens auf die Frage, ob dieses Verständnis darüber hinaus auch im Hinblick auf die Vorgabe der einschlägigen EG-Richtlinie Vergabekoordinierungsrichtlinie (VKR) vom 31. 3. 2004[213] geboten ist, bedarf es daher an dieser Stelle nicht. Angesichts dieser rechtlichen Außenwirkung können die Regelungen durch Verwaltungsvorschrift nicht geändert werden." Hieraus wird stellenweise abgeleitet, die VOB/A weise auch im Bereich der nationalen Vergaben bereits Rechtssatzqualität auf.[214] Das ist jedoch deshalb unzutreffend, weil allein der Umstand, eine verwaltungsinterne Regelung zur Grundlage für eine Ausschreibung und Vergabe zu machen, einen Umschlag in der Rechtsqualität nicht zu begründen vermag.[215]

179   Für europaweite Vergaben sah die Vergabeverordnung vom 22. 2. 1994,[216] die auf der Grundlage des § 57a **Haushaltsgrundsätzegesetz** als Ermächtigungsgrundlage erlassen worden war, für die Vergabe von Bauaufträgen durch die in § 57a Abs. 1 Nr. 1 bis 3 und Nr. 8 des Haushaltsgrundsätzegesetzes bezeichneten Auftraggeber vor, dass diese Auftraggeber bei der Vergabe von Bauaufträgen den Teil A der Verdingungsordnung für Bauleistungen in der Fassung der Bekanntmachung vom 12. 11. 1992 anzuwenden hatten, wenn für den Bauauftrag die in § 1a VOB/A genannten Voraussetzungen vorliegen. Über diese statische Verweisung kam es zur **Inkorporation** der VOB/A in eine Rechtsverordnung mit der Folge, dass die VOB/A innerhalb des Anwendungsbereichs dieser Verordnung zu deren Teil wurde. Denn die **Verweisung** führt zur Übernahme der in Verweisung genommenen Regeln – die VOB/A – in die Vergabeverordnung.[217] Durch die Verweisung wurde der Inhalt der in Bezug genommenen Vorschriften zum Bestandteil des § 2 Abs. 1 VgV und

---

[210] BGHZ 116, 149 = BauR 1992, 221 = NJW 1992, 827 = ZfBR 1992, 67 = MDR 1992, 262.
[211] U. v. 27. 6. 1996 VII ZR 59/95 NJW 1997, 61 = BauR 1997, 126.
[212] X ZR 48/97, NJW 1998, 3636/3638 = BauR 1998, 1232.
[213] Richtlinie 2004/18/EG.
[214] *Dreher* NZBau 2002, 419/426.
[215] Beck'scher VOB-Komm/*Motzke* VOB/A, 1. Aufl., Syst III Rdn. 19.
[216] BGBl. I, 321.
[217] BVerfGE 26, 338 ff., 368; BVerfGE 47, 285, 309; *Sachs/Lücke* GG Art. 82 Rdn. 9; *Clemens* AöR 111 (1986), 63, 65, 66.

A. Allgemeines **Einleitung**

nahm deren Rechtsqualität an.[218] Damit erhielt die **VOB/A** im Rahmen der verweisenden §§ 2, 3, 4 VgV (seit der Fassung der VgV vom Februar 2003:[219] §§ 6, 7 VgV) **Normenqualität**. An sich lässt die Verweisung die Geltung und Wirkungskraft der in Bezug genommenen Vorschrift als solcher unberührt.

**180** Durch die Bezugnahme in §§ 2, 3, 4 VgV (in der Fassung der VgV vom Februar 2003[220] die §§ 6, 7) wurde der VOB/A aber bei EG-weiter Ausschreibung ein zusätzlicher Wirkbereich dadurch erschlossen, dass deren Regelungen in das verweisende Gesetz eingefügt wurden.[221] Im Rahmen dieser lediglich haushaltsrechtlichen Lösung – begründet durch das Zweite Gesetz zur Änderung des Haushaltsgrundsätzegesetz[222] – erhielten die Abschnitte 2 bis 4 wegen der aufgezeigten Inkorporation zwar Rechtsnormencharakter; aber sie wurden lediglich gesetzlicher Teil des Haushaltsrechts. Dieses Konzept, das seinen wesentlichen Inhalt aus § 3 Abs. 2 des Haushaltsgrundsätzegesetzes (HGrG)[223] ableitete, führte jedoch weder zu Ansprüchen noch zu Verbindlichkeiten und war nicht dazu bestimmt, zu Gunsten Dritter subjektive Rechte zu begründen. Ziel war allein die Schaffung einer objektiven Rechtsordnung, in welche für die europaweiten Vergaben die Abschnitte 2 bis 4 der VOB/A einbezogen worden sind.[224] Denn § 3 Abs. 2 HGrG legte fest, dass durch den Haushaltsplan Ansprüche oder Verbindlichkeiten weder begründet noch aufgehoben werden. Wenn auch mit der Absicherung über die §§ 57 a bis c HGrG und der VgV im Vergleich zur bisherigen durch § 30 HGrG und § 55 Bundeshaushaltsordnung gekennzeichneten Lösung die Rechtsänderung von einem bloßen Verwaltungsinternum hin zur VOB/A als Rechtsvorschrift beschritten war, waren damit noch keine subjektiven einklagbaren Rechte der Bieter entstanden.

**181** Das erfolgte erst mit Wirkung ab 1. 1. 1999 mit Inkrafttreten des Vergaberechtsänderungsgesetzes, das zur Anfügung eines 4. Teils im GWB geführt hat.[225] § 97 Abs. 7 GWB ist sichtbarer Ausdruck dieses Wandels, denn danach haben die Unternehmer einen Anspruch darauf, dass der Auftraggeber die Bestimmungen über das Vergabeverfahren einhält. Die Ermächtigungsgrundlage zum Erlass der Bestimmungen über das Vergabeverfahren enthält § 97 Abs. 6 GWB; hiervon hat die Bundesregierung mit Zustimmung des Bundesrates durch Erlass der Vergabeverordnung[226] Gebrauch gemacht. Hinsichtlich der Vergabe von Bauleistungen verweist § 6 VgV für die Auftraggeber nach § 98 Nr. 1 bis 3, 5 und 6 GWB bezüglich der Vergabe von Bauaufträgen und Baukonzessionen ab einem Nettoauftragswert von 5 Millionen Euro auf die Bestimmungen des 2. Abschnitts der VOB/A in der Fassung der Bekanntmachung vom 12. 9. 2002 (Bundesanzeiger Nr. 202a vom 29. 10. 2002). Die in § 98 Nr. 1 bis 3 GWB genannten Auftraggeber, die eine Tätigkeit im Sektorenbereich – § 8 Nr. 1, Nr. 4 lit. b) oder Nr. 4 lit. c) VgV – ausüben, haben bei der Vergabe von Bauaufträgen die Bestimmungen des 3. Abschnitts der VOB/A zu beachten. Der 4. Abschnitt der VOB/A ist von den Auftraggebern nach § 98 Nr. 1 bis 3 GWB, die eine Tätigkeit im Bereich Elektrizitäts- und Gasversorgung, Wärmeversorgung oder Verkehr (Flughäfen), § 8 Nr. 2, 3 und 4 lit. a) VgV, ausüben und von Auftraggebern nach § 98 Nr. 4 GWB bei der Vergabe von Bauaufträgen zu beachten.

**182** **a) Konkretisierung der Rechtsnormenqualität.** Hinsichtlich welcher Bestimmungen der VOB/A bei europaweiten Vergaben die Rechtsnormenqualität zu bejahen ist, ergibt die Auslegung des § 97 Abs. 7 GWB. Abgesehen von reinen Ordnungs- und Definitionsnormen besteht die Tendenz zu einer großzügigen Auslegung. Maßgeblich ist, ob eine Vor-

---

[218] *Hailbronner* WiVerw 1994, 174, 230, 231.
[219] BGBl. I, 170.
[220] BGBl. I, 170.
[221] *Clemens* AöR 111 (1986), 63, 66.
[222] Vom 26. 11. 1993, BGBl. I, 1928.
[223] Vom 19. 8. 1969, BGBl. I, 1273.
[224] Vgl. BT-Drucks. 12/4636 S. 12.
[225] Neufassung des GWB veröffentlicht im BGBl. I 1998, 2547 ff.; Vergaberechtsänderungsgesetz vom 26. 8. 1998 veröffentlicht im BGBl. I 1998, 2512.
[226] Gegenwärtig in der Fassung vom Februar 2003, BGBl. I, 170.

# Einleitung

VOB Teil B im Gefüge der Verdingungsordnung

schrift der VOB/A zumindest auch bieterschützenden Charakter aufweist (sog. Absatznormenlehre).[227]

**183** **b) VOB/A als Verwaltungsvorschrift.** Die VOB/A ist demnach im Anwendungsbereich der Basis-§§ und damit bei Vergaben unterhalb der in § 1a und 1b VOB/A genannten Schwellenwerte entsprechend der Rechtsprechung im Innenverhältnis der öffentlichen Auftraggeber eine **Verwaltungsvorschrift,** womit eine unmittelbare Rechtswirkung nach außen nicht verbunden ist.[228] Durch die Vergabeverordnung trat für deren Geltungsbereich – ab Erreichen der Schwellenwerte – eine Änderung ein: Die VOB/A erhielt Normencharakter mit unmittelbarer Außenwirkung.

**184** Dennoch wurde damit bis zum Inkrafttreten des Vergaberechtsänderungsgesetzes und des 4. Teil des GWB (ab 1. 1. 1999) zu Gunsten des durch die VOB/A geschützten Personenkreises – Auftragnehmer – eine **subjektiv geschützte Rechtsstellung** nicht begründet. Bis zu diesem Zeitpunkt war die Frage, ob die VOB/A – auch in Verbindung mit der VgV – als Schutzgesetz i. S. d. § 823 Abs. 2 BGB eingeordnet werden konnte, im Streit.[229] Nach Auffassung des Kammergerichts hätte nur eine Umsetzung der gemeinschaftsrechtlichen Vergaberegeln in Form eines **Vergabegesetzes** selbstständig einklagbare subjektive öffentliche Rechte begründet und damit die Möglichkeit gerichtlicher Verfahren über die Rechtmäßigkeit von Vergabeentscheidungen eröffnet. Mit der Entscheidung zu Gunsten der haushaltsrechtlichen Lösung und dem Erlass der Vergabeverordnung hatte der Gesetzgeber bei Umsetzung der EG-Richtlinien ausdrücklich das Ziel, individuelle, einklagbare Rechtsansprüche der Bieter nicht entstehen zu lassen.[230] In der BT-Drucks. 12/4636 S. 12 hat es ausdrücklich geheißen, dass im Rahmen der bezweckten Umsetzung sämtlicher EG-Richtlinien über das Öffentliche Auftragwesen wegen der Einhaltung des durch das HGrG gezogenen Rahmens individuelle, einklagbare Rechtsansprüche der Bieter nicht entstehen sollen. Deshalb hatte sich die Einordnung der VOB/A in Verbindung mit der Vergabeverordnung als Schutzgesetz verboten.

**185** Dieser Standpunkt wurde durch das Vergaberechtsänderungsgesetz (VgRÄG) vom 26. 8. 1998[231] aufgegeben. Die Begründung von subjektiven Rechten auf Einhaltung des Vergabeverfahrens erweist sich als ein Paradigmenwechsel.[232] Die Materialien zum Vergaberechtsänderungsgesetz[233] sind von der Kritik an der haushaltsrechtlichen Lösung durch die EG-Kommission wie auch davon ausgegangen, dass nach Meinung des EuGH die einschlägigen Richtlinien den Bewerbern und Bietern Rechtspositionen einräumen, die sich bei korrekter Umsetzung in deutsches Recht als Ansprüche darstellen. Die Bieter sollen deshalb einen Anspruch eingeräumt erhalten, dass die ihn Schutz bezweckenden Vergabevorschriften von den Vergabestellen eingehalten werden. Zu diesen subjektiven Rechten gehören vor allem der Gleichbehandlungs- und Transparenzgrundsatz.[234] § 25 VOB/A ist bieterschützend.[235] Die überwiegende Meinung zieht den hierdurch zu Gunsten der Bewerber/Bieter vorgegebenen Schutzbereich weit; nur reinen Ordnungsvorschriften oder Begriffsbestimmungen soll der Schutzcharakter versagt werden.[236]

---

[227] *Kapellmann/Messerschmidt/Kapellmann* VOB/A § 5 Rdn. 29; *Ingenstau/Korbion/Müller-Wrede* GWB § 97 Rdn. 37; *Reith/Stickler/Glahs* GWB § 97 Rdn. 44, 45; *Kulartz/Kus/Portz/Brauer* GWB § 97 Rdn. 124; *Noch* Vergaberecht kompakt, 3. Aufl., S. 4; *Werner,* in: *Byok/Jaeger* Kommentar zum Vergaberecht 2. Aufl., GWB § 98 Rdn. 287 ff.
[228] BGHZ 116, 149 = BauR 1992, 221, 222 = NJW 1992, 827 = ZfBR 1992, 67 = MDR 1992, 262.
[229] Dafür *Kapellmann/Schiffers* Einführung in die VOB/B, Basiswissen für die Praxis, 5. Aufl., S. 13; dagegen KG BauR 1995, 837, 840 unter Verweis auf BT-Drucks. 12/4636 und *Hailbronner* WiVerw 1994, 173, 229 ff.
[230] BT-Drucks. 12/4636 S. 12.
[231] BGBl. I, 2512.
[232] Beck'scher VOB-Komm/*Prieß* VOB/C, Syst I Rdn. 55, 56.
[233] BT-Drucks. 13/9340 S. 12.
[234] KG BauR 2000, 565, 566; vgl. auch BayOLG BauR 2000, 557.
[235] OLG Celle BauR 2000, 405; vgl. *Erdl* BauR 1999, 1341.
[236] *Ingenstau/Korbion/Müller-Wrede* VOB, 15. Aufl., GWB § 97 Rdn. 37; *Werner,* in: *Byok/Jaeger* Kommentar zum Vergaberecht 2. Aufl. GWB § 98 Rdn. 287 ff.; *Kapellmann/Messerschmidt/Kapellmann* VOB, 1. Aufl.,

A. Allgemeines **Einleitung**

**2. Rechtsqualität der VOB/B und der VOB/C**

Die Rechtsqualität der VOB/B und VOB/C ist vom Gemeinschaftsrecht, die Rechts- **186** änderungen im Bereich der VOB/A in Folge des Vergaberechtsänderungsgesetzes und durch die Vergabeverordnung nicht berührt worden. Dadurch, dass die Vergabeverordnung für die Vergabe auf die VOB/A verweist und diese wiederum in § 10 Nr. 1 Abs. 2 VOB/A den Bezug zur VOB/B und der VOB/C herstellt, erfahren diese Regelwerke keine qualitative Veränderung. § 6 VgV nimmt für den normierten Adressatenkreis allein die Bestimmungen des 2. Abschnitts des Teiles A der Verdingungsordnung für Bauleistungen (VOB/A) in einer bestimmten Fassung in Verweisung. An der Rechtsnatur der VOB/B und der VOB/C hat sich nichts geändert. Beide Vorschriftenkomplexe haben **Vertragscharakter.** Denn die Weiterverweisung auf die VOB/B und die VOB/C im Rahmen des inkorporierten § 10 Nr. 1 Abs. 2 VOB/A begründet keinesfalls eine Änderung der Rechtsnatur der Teile B und C. Dies gilt allein schon deshalb, weil die VgV gem. deren § 1 Abs. 1 die Inkorporation nur für die Vergabezwecke vornimmt. Denn gemäß § 6 VgV haben die angesprochenen Auftraggeber den 2. Abschnitt der VOB/A bei der Vergabe zu beachten. Auf den Inhalt der abzuschließenden Bauverträge wird damit kein Einfluss genommen. An der Qualität der VOB/B als einer vorformulierten Allgemeinen Geschäftsbedingung hat sich im Zuge der Schuldrechtsmodernisierung mit Wirkung ab 1. 1. 2002 ebenfalls nichts geändert. Das Erfordernis ihrer Geltung als Ganzes ist im Gegenteil in § 308 Nr. 5 und § 309 Nr. 8 lit. b) ff) BGB besonders hervorgehoben worden, sollen die insoweit maßgeblichen und Fiktionen bzw. verkürzte Verjährungsfristen für Sachmängelhaftungsansprüche enthaltenden Vorschriften der VOB/B einer Inhaltskontrolle standhalten.[237]

**a) Die Qualität der VOB/C.** Über die zutreffende rechtliche Einordnung der Allge- **187** meinen Technischen Vertragsbedingungen für Bauleistungen (ATV), die in der VOB/C zusammengefasst sind, bestehen nicht unerhebliche Unsicherheiten. Bis zur Neufassung 1988 haben diese einzelnen Regelwerke „Allgemeine Technische Vorschriften für Bauleistungen" geheißen. Das hat den Irrtum begründet, dass es sich dabei um behördliche oder bauordnungsrechtliche Vorschriften handeln würde und hat auch die Vorstellung genährt, das Regelwerk sei mit den **allgemein anerkannten Regeln der Technik** oder mit den anerkannten Regeln der Technik gleichzusetzen. Entgegen solchen Qualifizierungen, wodurch die Allgemeinen Technischen Vorschriften für Bauleistungen in die Nähe technischer Regelwerke gebracht oder dem Bereich der anerkannten Regeln der Baukunst zugeordnet wurden, ist immer wieder auf ihre vertragsrechtliche Bedeutung hingewiesen worden.[238] Die in der VOB/C zusammengefassten Vorschriften bilden als Ganzes keinen Maßstab für einwandfreies technisches Verhalten, der auch für die Rechtsordnung von Bedeutung sein kann.[239]

Allein der Umstand, dass die Allgemeinen Technischen Vertragsbedingungen für Bauleis- **188** tungen als **DIN-Normen** herausgegeben werden, rechtfertigt den generellen Schluss auf ihre Qualität als anerkannten Regel der Technik nicht. Mit der Wahl der nunmehrigen Bezeichnung „Allgemeine Technische Vertragsbedingungen für Bauleistungen" soll gerade derartigen Einordnungen vorgebeugt werden. Damit soll ausgedrückt werden, dass es diesem Regelwerk nicht darum geht, als allgemein anerkannte Regeln der Technik eingeführt zu werden;[240] die Geltung der VOB/C hängt nicht davon ab, dass sich ihre Aussagen als theoretisch richtig und unanfechtbar darstellen und in den Kreisen der betreffenden Tech-

---

VOB/A § 5 Rdn. 29; in: Beck'scher VOB-Komm/*Motzke* VOB/A Syst III Rdn. 80 ff. unterscheidet zwischen Vergabeverfahrensrecht und Vergabevertragsrecht.

[237] Wegen der Klauselkontrolle und den Besonderheiten der VOB/B als einer Allgemeinen Geschäftsbedingung → Syst II.

[238] *Mantscheff* FS Korbion S. 295 ff.; *Lampe-Helbig* FS Korbion S. 249, 252; *Daub/Piel/Soergel/Steffani* ErlZ B 0.5.

[239] Vgl. zu diesem Anspruch an Normen des Deutschen Normenwerks gemäß DIN 820 Blatt 1 Abschnitt 6.1; *Lampe-Helbig* FS Korbion S. 249, 252.

[240] So die Formulierung in DIN 820 Blatt 1 Abschnitt 6.1.

niker bekannt und als richtig anerkannt werden,[241] was den **Geltungsgrund für allgemein anerkannte Regeln der Technik** ausmacht. Maßgeblich ist, dass die Regeln der VOB/C nach § 1 Nr. 1 Satz 2 VOB/B bei einem Bauvertrag, in welchem die VOB/B als Vertragsbestandteil vereinbart worden ist, von selbst mitgelten. Mit der nach § 305 BGB zutreffend erfolgten Einbeziehung der VOB/B in einen Bauvertrag gilt auch die gewerkespezifisch einschlägige VOB/C als Vertragsbestandteil. Damit ist ihre vertragsrechtliche Basis offen gelegt und gewollt. Ihr Geltungsgrund ist demnach das vertragliche Einvernehmen der Vertragspartner und nicht die anonyme Anerkennung von Theorie und Praxis. Das schließt nicht aus, dass einzelne Regelung in den gewerkespezifischen ATVen Ausdruck von anerkannten Regeln der Technik sind.[242]

**189** Dem Typus nach ist deutlich, dass die VOB/C wie auch die VOB/B eine **Vertragsordnung** und nicht eine **Technikordnung** repräsentiert.[243] Denn nur mit dem vertragsrechtlichen Ansatz lässt sich die Tatsache in Einklang bringen, dass nach Abschnitt 0.3 der jeweiligen ATV eine ganze Palette von Ausführungsmöglichkeiten in Abweichung von der in der VOB/C beschriebenen Bauweise gewählt werden kann, wenn diese nur in der Leistungsbeschreibung mit Leistungsverzeichnis eindeutig und im Einzelnen angegeben wird. Für eine Vertragsordnung und gegen eine durch die VOB/C repräsentierte Technikordnung spricht auch, dass die VOB/C-Regeln an zahlreichen Stellen von in DIN-Normen geregelten Ausführungsanordnungen abweichen. Als Beispiel sei auf die DIN 18353 (Estricharbeiten) verwiesen, nach deren Abschnitt 3.2.2 Zementestrich bewehrt sein muss; demgegenüber hält die DIN 18560 Teil 2 Abschnitt 6.3.2 eine Bewehrung nicht für notwendig, allenfalls für zweckmäßig. Widersprüche tun sich auch an anderen Stellen auf, so z. B. in der DIN 18352 (Fliesen- und Plattenarbeiten) im Bereich der im Abschnitt 3.5.2 vorgegebenen Fugenbreiten, die mit den in den Ausführungsnormen DIN 18157 Teile 1 bis 3 enthaltenen Vorgaben zu den Fugenbreiten (Tabelle 2) nicht übereinstimmen. Dass die Abrechnungsregeln und Festlegungen über Besondere Leistungen und Nebenleistungen in den Abschnitten 5 und 4 der jeweiligen VOB/C-Vorschriften nichts mit anerkannten Regeln der Technik zu tun haben, ist unmittelbar einsichtig. Die Abrechnungsregeln der Allgemeinen Technischen Vertragsbedingungen für Bauleistungen (ATV) enthalten vertragsrechtliche Regelungen, weil sie Einfluss auf die Art der Abrechnung nach § 14 Nr. 2 Satz 3 VOB/B nehmen. Wegen ihrer vertragsrechtlichen Bedeutung sind sie Allgemeine Geschäftsbedingungen.

**190** Deren Auslegung ist eine Rechtsfrage und keine Sachverständigenfrage. Abrechnungsregeln der VOB/C sind lediglich insofern dem Sachverständigenbeweis zugänglich, als der Sachverständige Feststellungen dazu trifft, wie eine Abrechnungsregel im Baugewerbe verstanden wird.[244] Auch Kommentierungen der ATV sind grundsätzlich nicht maßgeblich für das objektive Verständnis einer ATV, sondern nur dann eine geeignete Hilfe für die Auslegung, wenn sie vom Baugewerbe als maßgebliche Darstellung akzeptiert wird und deshalb das objektive Verständnis der ATV wiedergibt.[245] Diese Auffassung hat ihren Grund darin, dass Allgemeine Geschäftsbedingungen nach objektiven Maßstäben so auszulegen sind, wie an den geregelten Geschäften typischerweise beteiligte Verkehrskreise sie verstehen können und müssen, wobei eine Differenzierung nach unterschiedlichen Verkehrskreisen geboten sein kann.[246]

---

[241] Diese Merkmale charakterisieren eine allgemein anerkannte Regel der Technik, vgl. *Ingenstau/Korbion* VOB/B § 4 Rdn. 150.

[242] Vgl. dazu im Detail Beck'scher VOB-Komm/*Motzke* VOB/C Syst IV Rdn., 24 ff.; vgl. auch *Moufang/ Klein* Jahrbuch Baurecht 2004, S. 71, 78; *Putzie* in: *Kuffer/Wirth* Handbuch des Fachanwalts, S. 278, 296 ff.

[243] Gegen die Ansatz *Siegburg*, Handbuch Gewährleistung Rdn. 98.

[244] BGH U. v. 17. 6. 2004 VII ZR 75/03 BauR 2004, 1438 = NZBau 2004, 500 = NJW-RR 2004, 1218 = ZfBR 2004, 778.

[245] BGH U. v. 17. 6. 2004 VII ZR 75/03 BauR 2004, 1438 = NZBau 2004, 500 = NJW-RR 2004, 1218 = ZfBR 2004, 778.

[246] BGH U. v. 23. 3. 2004 XI ZR 14/03 BauR 2004, 1292 = NJW-RR 2004, 1347; *Ulmer/Brandner/ Hensen* § 5 Rdn. 16.

A. Allgemeines                                                          **Einleitung**

Soweit ATV Ausdruck von anerkannten Regeln der Technik sind oder sein sollen, kann **191** jedoch nicht – wie bei dem Verständnis Allgemeiner Geschäftsbedingungen – das den Wortlaut sowie den Sinn und Zweck der Regelung berücksichtigende redliche Verständnis der Vertragspartner des Baugewerbes maßgebend sein. Ist der **Verständnishorizont** der typischerweise an Bauverträgen beteiligten Verkehrskreise bei der Auslegung von Allgemeinen Geschäftsbedingungen entscheidend, befindet hinsichtlich der Geltung von Technikregeln als anerkannte Regeln der Technik ein anderes Anerkennungsgremium. Dieses Anerkennungsgremium besteht aus einer hinreichend großen Zahl kompetenter Fachleute der betreffenden Sachgebiete, die von der Richtigkeit der Regel überzeugt sind und diese zur Zweckerreichung für geeignet und bewährt halten.[247] Daraus leitet sich hinsichtlich technisch geprägter Aussagen in ATV ohne Weiteres deren Doppelnatur ab;[248] denn die in den ATV näher beschriebene Art und Weise der Ausführung ist vertragsrechtlich gewollt. Ob diese vertraglich geschuldete Ausführung, deren nähere Einordnung nach Maßgabe der in § 13 Nr. 1 VOB/B bzw. § 633 Abs. 2 BGB genannten Kriterien erfolgen kann, außerdem Ausdruck anerkannter Regeln der Technik ist, bedarf einer eigenständigen Prüfung.

Nur im Einzelfall kann sich rein tatsächlich ergeben, dass die in der VOB/C zu Grunde **192** gelegte Art und Weise der Ausführung mit den anerkannten Regeln der Technik übereinstimmt. Dagegen sind *Ingenstau/Korbion*[249] und andere[250] der Auffassung, die Allgemeinen Technischen Vertragsbedingungen für Bauleistungen würden einen **Unterfall der allgemein anerkannten Regeln der Technik** darstellen. Das geht bereits ansatzweise mit der VOB/B nicht konform und folgt aus der Bezeichnung „Allgemeine Technische Vertragsbedingungen für Bauleistungen." Der Verweis auf die Geltung der ATVen in § 1 Nr. 1 Satz 2 VOB/B wäre völlig überflüssig, wenn die Maßgeblichkeit der VOB/C als Technikregel bereits aus § 4 Nr. 2 Abs. 1 VOB/B folgern würde. *Mantscheff*[251] verknüpft die Abschnitte 2 und 3 der ATVen wegen ihres technischen Einschlags und ihrer Einschätzung als Qualitätsaussage mit den anerkannten Regeln der Baukunst, wogegen *Lampe-Helbig*[252] gegen eine generelle Einordnung als Technikregel und für ein Verständnis als Vertragsbedingung ist. Dem ist zuzustimmen, denn die VOB/C bestätigt diesen Ansatz vielfältig. So verdeutlicht z. B. im Rahmen der DIN 18349 (Betonerhaltung) der Abschnitt 0.3.2, dass von sämtlichen der in den Abschnitten 3.4.1 bis 3.4.4 beschriebenen Möglichkeiten der Betoninstandsetzung abgewichen und andere Methoden gewählt werden können. Das weist die in Abschnitt 3.4 beschriebene **Bauweise** als eine solche der **Wahl** aus, wenn anderes nicht gewünscht wird. Diese Regelungstechnik kennzeichnet die VOB/C generell, weil sie im Abschnitt 0.3 beispielhaft angeführte Abweichungsmöglichkeiten enthält und damit zum Ausdruck bringt, dass die Vertragspartner über die Art und Weise der Ausführung bestimmen. Über diese Abweichungsmöglichkeit disponieren die Parteien; eine Schrankenziehung nimmt die VOB/C nicht vor.

Das unterscheidet deren Regelung von dem typische DIN-Normen kennzeichnenden **193** Abweichungsvorbehalt. Das DIN bringt zum Normenvertrag zwischen der Bundesrepublik und dem DIN folgendes zum Ausdruck: „DIN-Normen haben kraft Entstehung, Trägerschaft, Inhalt und Anwendungsbereich den Charakter von Empfehlungen mit einer technisch-normativen Wirkung. Die Beachtung der DIN-Normen steht jedermann frei. Aus sich heraus besitzen sie keine rechtliche Verbindlichkeit. Wer die DIN-Normen beachtet, folgt einer von der repräsentativen Fachwelt aufgestellten und getragenen Empfehlung. Er

---

[247] *Kamphausen* Jahrbuch Baurecht 2000, S. 218, 220; *Soergel* FS Mantscheff S. 193; *Seibel* BauR 2004, 266, 267.
[248] Beck'scher VOB-Komm/*Motzke* VOB/C Syst III Rdn. 55 ff.
[249] *Kratzenberg* VOB/A § 10 Rdn. 45.
[250] → § 2 Nr. 1 Rdn. 55; *Heiermann/Riedl/Rusam* VOB/B § 4 Rdn. 39; *Kleine-Möller/Merl* § 12 Rdn. 255–257.
[251] In FS Korbion S. 295, 299.
[252] In FS Korbion S. 249, 252.

# Einleitung
VOB Teil B im Gefüge der Verdingungsordnung

verhält sich damit in der Regel technisch ordnungsgemäß. Die Beachtung der DIN-Normen kann technisch geboten sein, ohne dass eine Anwendungszwang vorliegt. Jedermann kann aber von den DIN-Normen abweichen; er begibt sich damit des Vorteils, sich auf eine von der repräsentativen Fachwelt aufgestellte und getragene Empfehlung berufen zu können."[253] Einzelne Normen wie z. B., die DIN 1045 Teil 1 unterscheiden überdies hinsichtlich des Verbindlichkeitsgrades zwischen Prinzipien, von denen eine Abweichung nicht statthaft ist, und Anwendungsregeln. Diesen Anwendungsregeln wird die Qualität einer anerkannten Regel der Technik zugewiesen, wovon Abweichungen bei Gleichwertigkeit der anderen Lösung zulässig sind. Einen solchen Abweichungsvorbehalt unter der Bedingung der Gleichwertigkeit kennt die VOB/C nicht. Über die Abweichung befindet vielmehr ausschließlich der Vertragswille der Parteien.

**194** Die Einschätzung der **VOB/C als Vertrags- oder Technikordnung** hat unmittelbare Auswirkungen. Das gilt nicht nur für den BGB-Bauvertrag, sondern auch für den VOB-Bauvertrag. Denn als Teil der anerkannten Regeln der Technik würde die VOB/C auch den Leistungsinhalt im BGB-Bauvertrag bestimmen;[254] und bei einem VOB-Bauvertrag würde ein Verstoß gegen die Regeln der VOB/C zu dem Sachmangeltatbestand „Nichteinhaltung der allgemein anerkannten Regeln der Technik" nach § 13 Nr. 1 VOB/B führen. Das würde zu dem paradoxen Ergebnis führen, dass bei einem BGB-Bauvertrag die Regeln der VOB/C ohne Weiteres und ohne jegliche Einbeziehungsproblematik gelten würden, für den VOB-Bauvertrag jedoch wegen der in § 1 Nr. 1 Satz 2 VOB/B angeordneten Mitgeltung der VOB/C das Problem der Einbeziehung entstehen würde. Bei vertragsrechtlicher Einordnung könnte der Verstoß gegen die Anforderungen der VOB/C einen Mangeltatbestand in der Variante der Verfehlung der Sachmangelfreiheit nach § 13 Nr. 1 Satz 3 lit. a) oder b) VOB/B begründen. Das ist deshalb von Bedeutung, weil der Technikverstoß allein ohne Rücksicht auf weitere Voraussetzungen zu einem Sachmangeltatbestand führt.[255] Dies ist deshalb problematisch, weil nach manchen[256] für die Bejahung eines Sachmangel nur noch auf den Vergleich des Sollzustandes mit dem Istzustand ohne Rücksicht auf die Auswirkungen der Differenz für die Verwendung abgestellt werden soll.

**195** Diese Auffassung ist jedoch nicht haltbar; sie hätte auch zur Konsequenz, dass zwischen den einzelnen Sachmangelfreiheitskriterien auch damit auch den Sachmangeltatbeständen keinerlei Unterschiede gegeben wären und ein Differenzierungsbedarf nicht bestünde. Dabei bleibt nämlich außer Acht, dass § 633 Abs. 2 BGB (Neufassung) wie auch § 13 Nr. 1 VOB/B Fassung 2002 die Sachmangelfreiheit beschreiben und abgesehen von der vereinbarten Beschaffenheit bzw. Beachtung der anerkannten Regeln der Technik auf die Verwendungseignung abheben. § 633 Abs. 2 BGB in der Altfassung und § 13 Nr. 1 VOB/B (Fassung 2000) haben den Mangeltatbestand beschrieben und deshalb auf die Minderung oder die Aufhebung der Gebrauchstauglichkeit oder des Werts abgestellt. Bei der Zielsetzung nach Maßgabe der Schuldrechtsreform, die Mangelfreiheit zu beschreiben, unterblieb notwendig die besondere Hervorhebung der den Mangel selbst konstituierenden Elemente. Aus dem diesbezüglichen Schweigen des Gesetzes wie auch der VOB/B kann folglich nicht geschlossen werden, den Sachmangel mache nur noch die Differenz zwischen dem Soll und dem Ist aus.

**196** Dagegen spricht schon die Beschreibung der Eignung für die vertraglich vorausgesetzte oder die gewöhnliche Verwendung als Voraussetzung für die Mangelfreiheit. Den Mangel

---

[253] DIN-Normenheft 10, S. 57.
[254] Vgl. *Mantscheff* FS Korbion S. 295, 299; die BR-Drucks. 14/6040 S. 261 führt für den BGB-Werkvertrag aus, dass, soweit nicht etwas anderes vereinbart ist, die anerkannten Regeln der Technik einzuhalten sind, sei nicht zweifelhaft.
[255] → § 13 Nr. 1 Rdn. 77.
[256] Vgl. nur *Bamberger/Roth/Voit* BGB 1. Aufl. § 633 Rdn. 8, 9; *Ingenstau/Korbion/Wirth* VOB, 15. Aufl., VOB/B § 13 Nr. 1 Rdn. 18, 91; für den Einzelfall abwägend *Kleine-Möller/Merl* Hdb. priv. BauR (Mol), 3. Aufl., § 12 Rdn. 168 ff.

A. Allgemeines

macht dann notwendig die fehlende oder eingeschränkte Eignung aus, was sich allein aus der Differenz zwischen dem Ist und dem Soll nicht bestimmen lässt. Eine weitere Prüfung nach Maßgabe der funktionalen Eignungskriterien[257] muss sich dem notwendig anschließen. Eine gegenteilige Betrachtung und Einschätzung würde auch den Unterschied zur Beschaffenheitsvereinbarung überflüssig machen. Eine Dreiteilung der Sachmangelfreiheitskriterien ohne weitere rechtliche Voraussetzungen für das Vorliegen eines Sachmangels bei § 633 Abs. 2 Satz 2 BGB und § 13 Nr. 1 Satz 3 VOB/B macht keinen Sinn.

**b) VOB/C – eine Bauvertragsordnung der Wahl.** Die VOB/C ist ein konstitutives Element des VOB-Bauvertrages als einer Bauvertragsordnung der Wahl. Mit der Wahl, also der rechtwirksamen Einbeziehung der VOB/B als Vertragsbestandteil, erfolgt zugleich auch die Entscheidung für die Maßgeblichkeit der VOB/C. Das folgt notwendig aus § 1 Nr. 1 Satz 2 VOB/B, wonach als Bestandteil des Vertrages auch die Allgemeinen Technischen Vertragsbedingungen für Bauleistungen gelten. Diese Regelung ist deshalb ins Gerede gekommen, weil sie eine Staffelverweisung enthält und mit der Einbeziehungsregelung des § 305 Abs. 2 BGB in Konflikt dann gerät, wenn bezüglich der einschlägigen ATV bei Vertragsschluss nicht die Möglichkeit zur Kenntnisnahme verschafft wird. Fraglich ist dies dann, wenn der Unternehmer die VOB/B stellt und der private Auftraggeber nicht von einem Architekten bezüglich des Vertragsschlusses beraten wird. Wird in einer solchen Situation zwar die VOB/B ausgehändigt, nicht aber die VOB/C – was in der Praxis auch nicht entfernt üblich ist –, entsteht nach § 305 Abs. 2 BGB das Einbeziehungsproblem.[258] Dem ist mit § 308 Nr. 5 BGB zu begegnen. Fiktionen in Klauseln sind dann nicht unwirksam, wenn die VOB/B insgesamt einbezogen worden ist. Die Formulierung in § 1 Nr. 1 Satz 2 VOB/B beinhaltet mit der Formulierung „Als Bestandteil des Vertrags gelten auch die Allgemeinen Technischen Vertragsbedingungen für Bauleistungen" eine Fiktion, mit deren Hilfe die VOB/B die Einbeziehung der ATV unabhängig von der Einbeziehungsregel des § 305 Abs. 2 BGB erreicht. **197**

Diese Fiktion ist AGB-fest, wenn die VOB/B insgesamt ohne Abweichung in den Vertrag einbezogen worden ist. Ist das zu verneinen, wofür nach der Rechtsprechung des BGH[259] unabhängig von einer Ausgleichung an einer anderen Stelle nunmehr jede Abweichung ausreicht, entfällt die Einbeziehung dann, wenn hierfür ansonsten die Regeln des § 305 Abs. 2 BGB einschlägig sind. Wird die Wahl zu Gunsten der VOB/B und damit der VOB/C nicht getroffen, gelten die Standardlösungen der VOB/C grundsätzlich nicht.[260] Der Unternehmer muss nachfragen, was gewollt ist. Die im Abschnitt 0.3 der jeweiligen ATV zur Auswahl gestellten Ausführungsarten müssen vom Unternehmer als dem Fachmann im Einzelfall ermittelt und festgestellt werden. **198**

Die **VOB/C** kommt demnach bei einem **BGB-Bauvertrag** nicht einfach als eine im Baubereich übliche **Sonderregelung** zur ergänzenden Leistungsfestlegung in Betracht. Das kann nur in dem Umfang gelten, als die VOB/C Ausdruck anerkannter Regeln der Technik ist.[261] So gilt z. B. die Leistungsfestlegung in der DIN 18350 Abschnitt 3.2.3, dass Putze als geriebene Putze auszuführen sind, wenn anderes nicht vorgesehen ist (Abschnitt 0.3.2 DIN 18350), typisch bei einem VOB-Bauvertrag, aber nicht bei einem BGB-Bauvertrag. Denn nur mit dem Sondertypus VOB-Bauvertrag ist die **die Leistungsbestimmung ergänzende Funktion** der VOB/C verbunden.[262] Im Übrigen Bereich liegt es am Unter- **199**

---

[257] Vgl. dazu BGH U. v. 10. 11. 2005, VII ZR 147/04, BauR 2006, 375 = NZBau 2006, 112; U v. 15. 10. 2000, X ZR 69/01, NJW 2003, 200 = NZBau 2003, 33 = BauR 2003, 236 = ZfBR 2003, 34.
[258] Vgl. Tempel NZBau 2003, 465; Putzier in: Kuffer/Wirth Handbuch des Fachanwalts, S. 302.
[259] U. v. 22. 1. 2004, VII ZR 419/02, NJW 2004, 1597 = NZBau 2004, 267 = BauR 2004, 668.
[260] A. A. die herrschende Meinung, z. B. Ingenstau/Korbion/Oppler VOB/B § 4 Nr. 2 Rdn. 42; Heiermann/Riedl/Rusam VOB/B § 4 Rdn. 38.
[261] Beck'scher VOB-Komm/Motzke VOB/C Syst IV Rdn. 28 ff.
[262] Wegen dieser Ergänzungsfunktion der VOB/C vgl. Beck'scher VOB-Komm/Motzke VOB/C Syst IV Rdn. 49 ff.

# Einleitung
VOB Teil B im Gefüge der Verdingungsordnung

nehmer, der ein Fachmann ist, sich angesichts der in der DIN 18550 Teil 2 geschilderten Vielzahl von Putzarten, zu vergewissern, was nach dem Vertrag das für den Preis geschuldete Bausoll ist. Nur der VOB-Bauvertrag entlastet. Diese Ergänzungsfunktion prägt die VOB/C auch an anderen Stellen.[263] So bestimmt DIN 18300 Abschnitt 3.10.2, dass bei fehlenden Vorgaben im Leistungsverzeichnis zur Tiefe einer Baugrube oder von Gräben, dass die Leistung dann den Aushub einer Baugrube bis zur einer Tiefe von 1,75 m erfasst; Gräben für Fundamente oder Leitungen sind bis zu einer Tiefe von 1,25 und für Abwasserleistungen und -kanälen sind bis zu einer Tiefe von 1,0 m auszuheben. Die Verknüpfung dieser Regelung mit der VOB/B besagt im Rahmen des § 2 Nr. 1 VOB/B, dass der Preis für näher nicht beschriebene Erdarbeiten lediglich diesen Leistungsumfang nach Maßgabe der DIN 18300 Abschnitt 3.10.2 abdeckt und Anordnungen der Bauleitung, tiefer auszuheben als Vorgaben nach Maßgabe des § 2 Nr. 5 VOB/B zu beurteilen sind. Die **Änderung der Tiefe** erweist sich als eine **Änderung** der **Leistung,** denn die Leistung macht das Ausheben der Baugrube aus. Ein Fall von § 2 Nr. 6 VOB/B liegt nicht vor.

200    Für einen BGB-Bauvertrag ist sehr die Frage, ob ein Unternehmer, dem nähere Vorgaben für das Ausheben der Baugrube für z. B. ein Einfamilienhaus nicht gemacht worden sind und die Leistung pauschal für einen bestimmten Preis angeboten hat, sich zur Bestimmung des für die Pauschale stehenden Leistungsumfanges auf die Leistungsbeschreibung in DIN 18300 Abschnitt 3.10.2 berufen kann. Denn hierbei handelt es sich nicht um eine anerkannte Regel der Technik, sondern um eine die **vertraglich geschuldete Leistung** beschränkende Bestimmung. Die abstrakte Bestimmung der auszuhebenden Tiefe einer Baugrube oder eines Grabens ohne Rücksicht auf die Besonderheiten des Objekts oder die Bodenverhältnisse ist vertragsrechtlicher Natur i. S. d. DIN 820 Teil 1 Abschnitt 5.8. Auch die Entscheidung zu Gunsten von Nadelholz in DIN 18304 Abschnitt 2.2 ist im Vergleich zu den einschlägigen weiteren Technischen Normen, insbesondere DIN 12063 und EAU 1996: E 22, eine vertragsrechtliche Aussage. Der Abschnitt 0.3 der DIN 18304 bestätigt dies deshalb, weil danach auch andere Hölzer vorgegeben werden können. Rein vertragsrechtlichen Inhalts ist auch die Aussage der DIN 18360 – Metallbauarbeiten – in Abschnitt 3.1.5.1, dass die Metallbauleistungen auch die Oberflächenvorbereitung und das Aufbringen einer Grundbeschichtung gemäß ATV DIN 18363 umfassen. Das trifft auch auf die DIN 18355 – Tischlerarbeiten – Abschnitt 2.1.3 zu, wonach für die nach dem Einbau verdeckten Bauteile nach Wahl des Auftragnehmers die für die nicht verdeckten Bauteile vorgeschriebenen Holzart oder ein gleich geeigneter Werkstoff zu verwenden ist. Die gesamte Einteilung der ATV DIN im Abschnitt 4 in Nebenleistungen und Besondere Leistungen hat mit anerkannten Regeln der Technik ebenso wenig zu tun wie die Abrechnungsregeln des Abschnitts 5.

201    c) **Das Bild vom Bauen.** Die **VOB/C** vermittelt auch mehrfach ein **Bild vom Bauen,** das mit dem herkömmlichen Verständnis nicht unbedingt konform ist. Dieses Bild ist nur in Verbindung mit der VOB/B maßgeblich, aber ohne Aufklärung bei einem BGB-Bauvertrag nicht einschlägig. So beginnt der Straßen- und Wegebauer nach den ATVen DIN 18315 ff. mit seinen Arbeiten auf der Unterlage, so dass die erste Leistung die Herstellung der Tragschicht auf dieser Unterlage ist. Das Vorbereiten, wie z. B. das Nachverdichten der Unterlage ist gemäß Abschnitt 4.2.3 der DIN 18315 bereits eine Besondere Leistung. Dieses Bild vom Bauen leuchtet einem Laien, der den Auftrag zur Pflasterung seines Hofes erteilt und für die Pflasterung eine Pauschale vereinbart, nicht ein. Der VOB/C liegt insoweit in gewisser Weise eine **Verantwortungszuweisung zu Lasten des Auftraggebers** zu Grunde, die als Sonderregelung für den Grundtypus des gesetzten Rechts nicht einschlägig sein muss. Den kennzeichnet nämlich auf der Grundlage der Erfolgsverpflichtung, dass sich der Unternehmer der Bedingungen für das Gelingen des von ihm übernommenen Werkes versichert. Stellenweise betonen die ATV DIN deshalb auch massiv die Einflussnahme des

---

[263] Gegen die Tauglichkeit der VOB/C für die Auslegung eines Einzelvertrages *Quack* ZfBR 2005, 427.

A. Allgemeines
# Einleitung

Auftraggebers auf das Gelingen des Bauwerks; so wenn z. B. die DIN 18302 – Brunnenbauarbeiten – in Abschnitt 3.1.3 festlegt, dass die endgültige Ausbautiefe von Brunnen aufgrund der erschlossenen wasserführenden Schichten (Grundwasserleiter) der Auftraggeber im Benehmen mit dem Auftragnehmer bestimmt.

**d) Aufgabenteilung und -zuweisung nach VOB/B und VOB/C.** Mit solchen und ähnlichen Regelungen korrigiert und ergänzt die VOB/C den durch die VOB/B vermittelten Eindruck, dass der VOB-Bauvertrag nach Maßgabe des einseitigen Leistungsbestimmungsrechts aus § 1 Nr. 3, 4 VOB/B[264] durch die Anordnungsbefugnis des Auftraggebers geprägt werden. Über die VOB/C erfolgt die Rückkehr zum **Konsensualprinzip** in zahlreichen Fällen, die insbesondere das Überraschungsmoment kennzeichnet, wenn also zwischen Planung und Realität Spannungen auftreten. **202**

Die VOB/C korrigiert an zahlreichen Stellen den durch § 3 Nr. 1 VOB/B vermittelten Eindruck, die für die **Ausführung nötigen Unterlagen** seien vom Auftraggeber unentgeltlich und rechtzeitig zu übergeben. Die daraus im Allgemeinen abgeleitete **Planungsverantwortung des Auftraggebers** hinsichtlich der Ausführungsplanung[265] rückt die VOB/C in manchen Bereichen nicht unerheblich zurecht. Der Unternehmer wird z. B. in der Planungsverantwortung in folgenden Bereichen gesehen: DIN 18300 (Erdarbeiten) Abschnitte 3.1.1; 3.5.2; 3.5.4; DIN 18301 (Borharbeiten) Abschnitt 3.2.2; DIN 18302 (Brunnenbauarbeiten) Abschnitt 3.2.1; DIN 18303 (Verbauarbeiten) Abschnitt 3.1.2; DIN 18304 (Ramm-, Rüttel- und Pressarbeiten) Abschnitt 3.1.2; der Aufgabenbereich des mit der Wasserhaltung befassten Auftragnehmers ist ausweislich der Abschnitt 3.1.1 und 3.2.1 der DIN 18305 besonders umfangreich. Diese Art der Zuweisung von Planungsaufgaben zu Lasten des Auftragnehmers setzt sich dann in der DIN 18308 (Dränarbeiten) Abschnitt 3.1.1, DIN 18309 (Einpressarbeiten) Abschnitt 3.2.1.1, DIN 18311 (Nassbaggerarbeiten) Abschnitt 3.1.1, DIN 18312 (Untertagebauarbeiten) Abschnitt 3.1.1, 3.4.1 und DIN 18313 (Schlitzwandarbeiten mit stützenden Flüssigkeiten) Abschnitt 3.1.2 und 3.1.3 fort. In all diesen Fällen handelt es sich ausweislich der Zuordnung unter den Abschnitt 3, der sich mit der Ausführung befasst, um eine Ausführungsplanung; diese ist jedoch in Abgrenzung zur Planungsaufgabe des Auftraggebers und damit letztlich des Architekten oder Ingenieurs nicht Sache des Auftraggebers, sondern gewerkespezifisch typisch Aufgabe des Auftragnehmers. Derartige planerische Vorgaben werden mit der DIN 18314 (Spritzbetonarbeiten) noch bezüglich der Herstellung des Spritzbetons als Aufgabe des Unternehmers angeführt (Abschnitt 3.2) fehlen dann ab DIN 18315 (Verkehrswegebauarbeiten Oberbauschichten ohne Bindemittel) bis DIN 18317 (Verkehrswegebauarbeiten Oberbauarbeiten aus Asphalt) und tauchen wieder in der DIN 18318 (Verkehrswegebauarbeiten Pflasterdecken, Plattenbeläge, Einfassungen) sowie in DIN 18319 (Rohrvortriebsarbeiten) jeweils in Abschnitt 3.1.1 und in DIN 18320 (Landschaftsbauarbeiten) Abschnitt 3.1.7 auf. Diese Art der Aufgabenverteilung in Abweichung oder Konkretisierung der in § 3 Nr. 1 VOB/B enthaltenen Vorgabe kehrt erst bei den ATV wieder, die sich mit der technischen Ausrüstung befassen. Teilweise differenzieren jedoch auch die DIN 18335 für Stahlbauarbeiten (Abschnitt 3.2.1) die DIN 18351 für Fassadenarbeiten (Abschnitt 3.1.3) die DIN 18360 für Metallbauarbeiten (Abschnitt 3.1.1.3) zwischen den Planungsleistungen, die dem Auftraggeber obliegen und solchen, die Sache des Auftragnehmers sind. In verstärktem Maße geschieht dies in den ATV für die technische Ausrüstung von Bauwerken ab DIN 18379. Die Montage- und die Werkstattplanung werden als Aufgabe des Auftragnehmers bezeichnet (DIN 18379 – Raumlufttechnik – Abschnitt 3.1.2 und in vergleichbaren Abschnitten der nachfolgenden ATVen). Das planerische Zusammenwirken von Auftraggeber und Auftragnehmer verdeutlicht auch Abschnitt 3.1.5 der DIN 18379, wonach dann, wenn die Lei- **203**

---

[264] Vgl. dazu BGH U. v. 27. 11. 2003, VII ZR 53/03, BGHZ 157, 102 = NJW 2004, 502 = NZBau 2004, 148 = BauR 2004, 488 = ZfBR 2004, 258; U. v. 27. 11. 2003, VII ZR 346/01, BauR 2004, 495 = NJW-RR 2004, 449 = ZfBR 2004, 254; und *Thode* ZfBR 2004, 214 ff.
[265] → § 3 Nr. 1 Rdn. 2.

tungsführung dem Auftragnehmer überlassen bleibt, dieser rechtzeitig einen Ausführungsplan zu erstellen und mit dem Auftraggeber abzustimmen hat, damit die erforderlichen Fundament-, Schlitz-, Durchbruch- und Montagepläne erstellt werden können. Das Anfertigen von Schlitz- und Durchbruchsplänen ist nach § 73 Abs. 3 Nr. 5 HOAI Teil der Ausführungsplanung des Fachplaners.

**204**   **e) VOB/B – VOB/C – Erfolgsbegriff und Schuldrechtsreform.** Stellenweise merkt die VOB/C in Ergänzung zu § 13 Nr. 1 VOB/B Näheres zum **werkvertraglich geschuldeten Erfolg** an. Dadurch wird deutlich, dass die auf die Schuldrechtsreform zurückzuführende Mangeldiskussion fehl leitet. Wenn lediglich auf Beschaffenheiten und Verwendungseignungskriterien abgehoben wird,[266] besteht die Gefahr, dass die Verfehlung des funktional angestrebten Erfolgs kein den Sachmangel bestimmendes Kriterium mehr ist. Einige der ATVen beeinflussen die **Sachmangelbeurteilung** nach § 13 Nr. 1 VOB/B. So hat der Auftragnehmer nach DIN 18302 Abschnitt 3.1.1 nicht für eine bestimmte Ergiebigkeit der Brunnen, für eine bestimmte Absenkung des Wasserspiegels und für eine bestimmte chemische und bakteriologische Beschaffenheit des Wassers einzustehen. Den Erfolgsaspekt führt der Abschnitt 3.1.4 der DIN 18309 (Einpressarbeiten) ein, wenn danach der Auftragnehmer während der Ausführung seiner Arbeiten darauf zu achten hat, ob Verhältnisse vorliegen oder zu erwarten sind, die den **Erfolg** beeinträchtigen, der durch die Einpressarbeiten erreicht werden soll. Besondere **Erfolgsinhalte** präzisiert die DIN 18339 (Klempnerarbeiten), wenn zwischen geforderter **Regensicherheit** und **Wasserdichtigkeit** unterscheidet. So sind nach Abschnitt 3.1.8 dieser DIN Anschlüsse an höhergeführten Bauwerksteilen **regensicher** zu verwahren und nach Abschnitt 3.1.9 Verbindungen **wasserdicht** auszuführen. Damit wird die vertraglich vorausgesetzte Verwendungseignung als Mangelfreiheitskriterium i. S. d. § 13 Nr. 1 Satz 2 lit. a) VOB/B markiert. Ob diese Differenzierung, die für einen VOB-Bauvertrag eindeutig ist, auf einen **BGB-Bauvertrag** in dem Sinne übertragbar ist, dass hierdurch zumindest die gewöhnliche Beschaffenheit bei artgleichen Werken und die berechtigte Bestellererwartung i. S. d. § 633 Abs. 2 Satz 2 Nr. 2 BGB beschrieben werden, ist fraglich. Denn die gewöhnliche Betrachtungsweise – so jedenfalls lehrt die Praxis – macht z. B. diese feinen Unterschiede zwischen regendichter und wasserdichter Ausführung nicht.[267]

**205**   **f) Die Qualität der VOB/B.** Als Allgemeine **Vertragsbedingung** für Bauleistungen ist die VOB/B deutlich eine bereit liegende Vertragsordnung.[268] Sie regelt die Leistung nach Art und Umfang, enthält Aussagen über den für den vereinbarten Preis zu erbringenden Leistungsumfang, bestimmt Näheres zu Anordnungs- und Leistungsbefugnissen, wie auch zu Störungstatbeständen, Kündigung, Abrechnung und dergleichen. Innerhalb des Werkvertragsrechts als einem bestimmten Vertragstypus werden für den Bauvertrag als einer speziellen Vertragsbeziehung wegen dessen typischer Sondersachverhaltslagen **Sonderregelungen** begründet. Das geschieht durch vorformulierte Vertragsbedingungen, deren AGB-Charakter anerkannt ist (→ Einl. II Rdn. 6). Den Bauvertrag als Sondertypus begründen sein **Langzeitcharakter**, der **Rahmencharakter** und der **Kooperationscharakter**.[269] Ausgehend von den in der VOB/B enthaltenen Informationsstrukturen hat der BGH insbesondere die Kooperationspflicht beider Parteien betont.[270] Die VOB/B bietet deshalb Lösungen für Tatbestände, für die das gesetzliche Werkvertragsrecht zwar eine Antwort bereit hält, die jedoch den typischen Anforderungen des Baugeschehens nicht entspricht. Das begründet auch die Einschätzung der VOB/B als einer in der Bauwirtschaft herr-

---

[266] Vgl. Palandt/*Sprau* BGB § 633 Rdn. 5; *Bamberger/Roth/Voit* BGB § 633 Rdn. 8.
[267] Vgl. BGH U. v. 11. 11. 1999, VII ZR 403/38, NZBau 2000, 74 = BauR 2000, 411 = NJW-RR 2000, 485 = ZfBR 2000, 121 zur Dichtheit eines Hallenbades.
[268] BGHZ 86, 142 = BauR 1983, 161, 163 = NJW 1983, 816; → Einl. II Rdn. 3 ff.
[269] *Nicklisch/Weick* VOB/B Einl. Rdn. 2 f.; *Nicklisch* JZ 1984, 757, 762 f.
[270] BGH NJW 2000, 807 = BauR 2000, 409; *Fuchs* NZBau 2004, 65 ff.

schenden Übung oder Ausdruck von Treu und Glauben im Interessenwiderstreit der Baubeteiligten.[271]

**3. Die Teile der VOB – Ergänzung durch Vertragsbedingungen**

Die Teile der VOB sind zwar selbstständig, aber dennoch aufeinander bezogen. Die VOB ist ein in sich geschlossenes, **einheitliches Gebilde.** Mit der VOB kann nur als Ganzem, also mit allen drei Teilen sinnvoll gearbeitet werden; mit der Separierung einzelner Teile gehen notwendige Bezüge verloren,[272] oder diese müssen gerade mit Blick auf einige in der VOB/A enthaltene Definitionsregelungen unter dem Gesichtspunkt der Natur der Sache hergestellt werden. Die VOB enthält als Ganzes jedoch in ihren jeweiligen Teilen auch Öffnungsvorbehalte zu Gunsten zusätzlicher Regelungen, von denen gerade der öffentliche Auftraggeber in vielfältiger Weise in einzelnen Sparten der von ihm veranlassten Baumaßnahmen Gebrauch gemacht hat.

Die Einzelnen **Teile der VOB** sind in vielfältiger Weise miteinander vernetzt, was nach der neuen Begriffsbildung mit Vergabe- und Vertragsordnung für Bauleistungen noch verstärkt wird. Der **Teil C** ist mit Blick auf den **Teil A** zu verstehen und umgekehrt. § 9 Nr. 4 VOB/A verweist auf den Abschnitt 0 der einzelnen ATVen; § 10 Nr. 3 VOB/A betont, dass die Allgemeinen Technischen Vertragsbedingungen grundsätzlich unverändert bleiben sollen. **Zusätzliche Technische Vertragsbedingungen** kommen für solche Auftraggeber in Betracht, die ständig Bauleistungen vergeben und Ergänzungsbedarf für die bei ihnen allgemein gegebenen Verhältnisses sehen. Der Umstand, dass die VOB als ein in sich geschlossenes Ganzes zu verstehen ist, schließt die Ergänzungsfähigkeit und den Ergänzungsbedarf auch im Interesse einer praxisorientierten Abwicklung der Bauverträge nicht aus. Insbesondere der öffentliche Auftraggeber hat hiervon in manchen Bereichen typisierter Bauleistungen umfangreich Gebrauch gemacht.

**a) Ergänzungsfähigkeit der VOB um Zusätzliche Technische Vertragsbedingungen.** Das schafft Raum für die Einführung von Zusätzlichen Bedingungen, wie z. B. den ZTV–Ing- Zusätzliche Technische Vertragsbedingungen und Richtlinien für Ingenieurbauten, Stand März 2003, die ZTV-KOR-Stahlbauten, Zusätzliche Technische Vertragsbedingungen und Richtlinien für den Korrosionsschutz von Stahlbauten oder die Zusätzlichen Technischen Vertragsbedingungen und Richtlinien für Erdarbeiten im Straßenbau (ZTVE-StB 94, Fassung 1997).

**b) Öffnungsklauseln in der VOB/C und VOB/A.** Dabei ist zu beachten, dass die VOB Teil C in ihrem Abschnitt 0 bereits Öffnungsvorbehalte zu Gunsten solcher, von Leistungsvorgaben der VOB/C abweichender Ausführungen enthält. Einschlägig ist jeweils der Abschnitt 0.3.2, der beispielhaft auf abweichende Regelungsmöglichkeiten verweist. Mittels der Zusätzlichen Technischen Vertragsbedingungen kann nach dem Regelungsziel der VOB/A bezüglich der **allgemein gegebenen Verhältnisse** Ergänzendes neben der VOB/C bestimmt werden. Für die Erfordernisse des **Einzelfalles** sind gemäß § 10 Nr. 3 VOB/A Ergänzungen und Änderungen der VOB/C in der Leistungsbeschreibung festzulegen. Öffentliche Auftraggeber machen von solchen Möglichkeiten nicht selten Gebrauch. Die Forschungsgesellschaft für Straßen- und Verkehrswesen gibt zahlreiche derartiger Zusätzlicher Technischer Vertragsbedingungen heraus.[273] Diese enthalten meist auch noch den Zusatz „und Richtlinien; sie heißen also „Zusätzliche Technische Vertragsbedingungen und Richtlinien für ...", womit nach näheren Angaben in diesen ZTVen ein unterschiedlicher Stellenwert der enthaltenen Regelungen verbunden ist.

---
[271] Vgl. *Weick* FS Korbion S. 451, 458.
[272] *Lampe-Helbig* FS Korbion S. 249, 259.
[273] Vgl. z. B. auch die Zusätzlichen Technischen Vertragsbedingungen und Richtlinien für den Bau von Fahrbahndecken aus Asphalt (ZTV Asphalt – Stb 94 oder die Zusätzlichen Technischen Vertragsbedingungen und Richtlinien für Tragschichten im Straßenbau, ZTVT – StB 95).

### Einleitung
VOB Teil B im Gefüge der Verdingungsordnung

210    Die in den ZTVen mit Randstrich gekennzeichneten Absätze sind Zusätzliche Technische Vertragsbedingungen i. S. von § 1 Nr. 2 lit. d) VOB/B. Die im Text kursiv gesetzten und nicht mit Randstrich markierten Textteile sind „Richtlinien". Sie wenden sich an den Auftraggeber und sind von diesem bei der Aufstellung der Leistungsbeschreibung, bei der Überwachung und Abnahme der Bauleistungen zu beachten. Wenn der Auftraggeber in den Verdingungsunterlagen die Geltung derartiger ZTVen postuliert, kann der Bieter und spätere Auftragnehmer im Allgemeinen darauf vertrauen, dass der Ausschreibende diese Regeln bei der Abfassung der Leistungsbeschreibung mit Leistungsverzeichnis beachtet und mit diesem Regelwerk auch hinsichtlich der ihn treffenden Mitwirkungsaufgaben ernst macht. Die ZTVen belegen in vielfältiger Weise im geregelten Leistungsbereich die maßgebliche Verantwortungszuweisung und beinhalten insoweit konkretisierte Risikozuweisungen.

211    **Beispiele:** Die **ZTVT-StB 95** (Zusätzliche Technische Vertragsbedingungen und Richtlinien für Tragschichten im Straßenbau) formuliert die Anforderungen an die Unterlage im Abschnitt 1.3.1 in kursiver Schrift ohne Randstrich, was ein Hinweis darauf ist, dass sich diese Ausführungen an den Auftraggeber richten. Die Unterlage wird bauseits gestellt und ist vom Auftraggeber zu beherrschen, wenn der Vertrag mit dem Auftragnehmer sich auf die Erstellung der Tragschichten beschränkt. Die **ZTV Asphalt – StB 94** (Zusätzliche Technische Vertragsbedingungen und Richtlinien für den Bau von Fahrbahndecken aus Asphalt, Ausgabe 1994 mit Änderungen und Ergänzungen 1998) fordert im Abschnitt 1.5.1 in kursiver Schrift und damit als Richtlinie mit Zielrichtung Auftraggeber in der Leistungsbeschreibung die Angabe der Einbaudicke oder der Einbaugewichte. Damit wird das Defizit, das Abschnitt 0.2.1 der entsprechenden ATV DIN 18317 belegt, wenn es dort lediglich heißt, Angaben zur Ausführung: Aufbau des Oberbaus entsprechend der Beanspruchung, ausgeglichen.

212    Insgesamt wird der Zusammenhang zwischen § 9 VOB/A mit Teil C und den Zusätzlichen Technischen Vertragsbedingungen deutlich. Die VOB/C verwirklicht ihrerseits die in § 10 Nr. 3 VOB/A angedeuteten Öffnungsklauseln in Abschnitt 0.3.2.

213    **c) Öffnungsklauseln in der VOB/B.** Die VOB/B enthält ebenfalls an verschiedenen Stellen Verweise auf derartige Zusätzliche Technische Vertragsbedingungen. Die **Zusätzlichen Technischen Vertragsbedingungen** haben nicht nur mit den Teilen C und A der VOB zu tun. § 10 Nr. 3 VOB/A und § 1 Nr. 2 lit. d) VOB/B stellen hinsichtlich dieser Zusätzlichen Technischen Vertragsbedingungen die Verknüpfung zwischen der VOB/A und der VOB/B her. Die **VOB Teil B** enthält zahlreiche Hinweise auf die Maßgeblichkeit der Zusätzlichen Technischen Vertragsbedingungen vor der VOB/C. In mancherlei Weise erhält die VOB/B ihre praktische Durchsetzbarkeit im Verlauf der Bauausführung und damit ihren baupraktischen Bezug erst über derartige Zusätzliche Technische Vertragsbedingungen. § 1 Nr. 2 lit. d) VOB/B ordnet die Vorrangigkeit der ZTVen vor den Allgemeinen Technischen Vertragsbedingungen für Bauleistungen (VOB/C) und der VOB/B an. Das allein schon betont deren bedeutsamen Stellenwert, was damit zu tun hat, dass sie eine gewerkespezifische Ausrichtung kennzeichnet. Demnach weisen nicht nur die Besonderen und die Zusätzlichen Vertragsbedingungen Verbindungslinien mit der VOB/B auf, sondern auch die ZTVen finden ihre Verankerung in der VOB/B. Welche Leistungen für welchen Preis zu erbringen sind, was bezüglich der **Festlegung des Bausolls** eine maßgebliche Rolle spielt (§ 2 Nr. 1 VOB/B),[274] beeinflussen neben der VOB/C die Zusätzlichen Technischen Vertragsbedingungen, die in § 2 Nr. 1 VOB/B auch nicht zufällig in der Reihenfolge vor den ATVen angeführt werden. Über diese Vorschrift sind die ZTVen auch im Rahmen von Änderungs- und Zusatzleistungen zu berücksichtigen (§ 2 Nr. 5 und 6 VOB/B). Für den vereinbarten Vertragspreis ist nur die ausgeschriebene Leistung, nicht aber notwendig das Leistungspaket

---

[274] Vgl. *Kapellmann/Messerschmidt/Kapellmann* VOB/B, § 2 Rdn. 26; *Kapellmann/Schiffers* Vergütung Nachträge und Behinderungsfolgen beim Bauvertrag Band 1 5. Aufl., Rdn. 100 *Kapellmann* NJW 2005, 182; *Putzier* BauR 1993, 399; *Motzke* NZBau 2002, 641.

A. Allgemeines **Einleitung**

zu erbringen, das unter Sachmängelgesichtspunkten zur mangelfreien Erfolgssicherung erforderlich ist.[275]

Die **VOB/B** nimmt in § 3 Nr. 5 auf die Technischen Vertragsbedingungen Bezug und erklärt, der Auftragnehmer habe Zeichnungen, Berechnungen, Nachprüfungen von Berechnungen oder andere Unterlagen, der er nach dem Vertrag, besonders den **Technischen Vertragsbedingungen,** oder der gewerblichen Verkehrssitte oder auf besonderes Verlangen des Auftraggebers (§ 2 Nr. 9 VOB/B) zu beschaffen hat, dem Auftraggeber nach Aufforderung rechtzeitig vorzulegen. Technische Vertragsbedingungen in diesem Sinne sind sowohl die VOB/C als auch die Zusätzlichen Technischen Vertragsbedingungen. 214

**Beispiel:** Das hat z. B. mit DIN 18360 Abschnitt 3.1.1.3 zu tun, wonach der Auftragnehmer für Bauteile nach den Abschnitte 3.2 bis 3.6 vor Fertigungsbeginn Zeichnungen und/oder Beschreibungen zu liefern hat, die der Freigabe durch den Auftraggeber bedürfen.[276] Nach DIN 18379 Abschnitt 3.1.2 hat der Auftragnehmer die für die Ausführung erforderliche Montage- und Werkstattplanung zu erbringen, und, soweit erforderlich, mit dem Auftraggeber abzustimmen. Die Zusätzlichen Technischen Vertragsbedingungen für Erdarbeiten im Rohrleitungsbau und für Kleinbauwerke bei Wasserversorgungs- und Abwasseranlagen (**ZTV-WA Erdarbeiten Ausgabe 1990**) sieht im Teil C Rammarbeiten, Abschnitt 1.1 vor, dass bei Rammarbeiten eine statische Berechnung in jedem Fall zur Leistung des Auftragnehmers gehört, was auch der Abschnitt 1.2 derselben ZTV bestätigt. 215

Die **VOB/B** nimmt auf **Zusätzliche Technische Vertragsbedingungen** auch in § 4 Nr. 2 Abs. 1 und Nr. 6 Bezug, wenn es dort heißt, dass der Auftragnehmer die Leistungen nach dem Vertrag auszuführen hat (§ 4 Nr. 1 Abs. 1 VOB/B) und Stoffe oder Bauteile, die dem Vertrag nicht entsprechen, von der Baustelle zu entfernen sind (§ 4 Nr. 6 VOB/B). Denn den Vertragsinhalt bestimmen auch diese Zusätzlichen Technischen Vertragsbedingungen. **Beispiele:** Nach den **ZTVT – StB 95,** Abschnitt 3.3.3 muss die Mindesteinbaudicke jeder Betontragschicht im verdichteten Zustand 12 cm betragen. Die Tabelle 1.7 der **ZTV Asphalt – StB 94** bestimmt Grenzwerte für die Unebenheiten bei maschinellem Einbau von Asphalt auf Straßen bestimmter Klassen: Hinsichtlich der **qualitativen Anforderungen an Baustoffe** fordert dieselbe ZTV in Abschnitt 1.4.1, dass Mineralstoffe nach den RG Min – StB für den vorgesehenen Verwendungszweck güteüberwacht sein müssen. Die ansonsten üblichen Baustoffanforderungen enthält der Abschnitt 2 der jeweiligen gewerkespezifischen VOB/C-Regelung. 216

Damit berühren **Zusätzliche Technische Vertragsbedingungen** auch die in § 4 Nr. 7 und § 13 Nr. 1 VOB/B geregelte **Mangelfrage.** Denn die in einschlägigen ZTVen angeführten Qualitätsanforderungen beeinflussen die vertraglich vereinbarte Beschaffenheit oder die vertraglich vorausgesetzte Verwendungseignung i. S. v. § 13 Nr. 1 VOB/B bzw. § 633 Abs. 2 BGB.[277] In den ZTVen angegebene Grenzwerte sind zur Ausfüllung dieser Sachmangelfreiheitskriterien prädestiniert. Denn die Unter- oder Überschreitung der in ZTVen angegebenen Grenzwerte gilt regelmäßig jeweils als ein Mangel.[278] Ob es sich dabei um eine Verfehlung einer vertraglichen Beschaffenheitsvereinbarung oder einer Verfehlung einer vertraglich vorausgesetzten Verwendungseignung handelt, entscheidet die Auslegung des Stellenwerts dieser in den Zusätzlichen Technischen Vertragsbedingungen vorgesehenen Qualitätsvorgaben. Dabei ist auf den Parteiwillen anzuknüpfen. Die wohl mehrheitliche 217

---

[275] Problematisch deshalb zumindest in der Begründung BGH U. v. 28. 2. 2002, VII ZR 376/00, NZBau 1002, 324 = IBR 2002, 482.
[276] Beck'scher VOB-Komm/*Kroll/Reith* VOB/C, DIN 18360 Rdn. 167.
[277] Vgl. BGH U. v. 10. 11. 2005, VII ZR 137/04, NZBau 2006, 177 = BauR 2006, 382.
[278] Vgl. Abschn. 1.7.3 der ZTV Asphalt – StB 94 Ausgabe 1994 mit Änderungen und Ergänzungen Ausgabe 1998 oder ZTVT – StB 95 (Zusätzliche Technische Vertragsbedingungen und Richtlinien für Tragschichten im Straßenbau, Ausgabe 1995/Fassung 1998, Abschnitt 1.7.4; zur AGB-Widrigkeit solcher Klauseln BGH U. v. 29. 4. 2004 VII ZR 107/03 NZBau 2004, 384 = BauR 2004, 1288.

# Einleitung

Tendenz, in jeder vertraglich konkret merkmalorientierten Leistungsanforderung immer eine Beschaffenheitsvereinbarung zu sehen,[279] ist bedenklich.

218    Gerade dann, wenn ZTVen bei Überschreitung oder Unterschreitung von Grenzwerten das dort diffizil geregelte **Abzugsverfahren** vorsehen und parallel dazu auf die Sachmängelrechte verweisen, könnte dies als ein Indiz dafür gesehen werden, dass die nähere rechtliche Einordnung des Sachmangeltatbestandes allein durch die Grenzwertverletzung nicht im Sinne der Verfehlung einer Beschaffenheitsvereinbarung vorentschieden ist. Der BGH[280] hat derartige Abzugsklauseln in ZTV-Asphalt – StB 94 Abschnitt 1.7.3 und 1.7.4 für AGB-widrig deshalb gehalten, weil durch diese Regelung die Haftung des Unternehmers für jede Über- oder Unterschreitung unabhängig davon begründet wird, ob eine zugesicherte Eigenschaft vereinbart ist oder ein Fehler vorliegt, der den Wert oder die Tauglichkeit zu dem gewöhnlichen oder dem nach dem Vertrag vorausgesetzten Gebrauch aufhebt oder mindert. Ob dieser Standpunkt bei Maßgeblichkeit des neuen Rechts ebenfalls gilt, ist deshalb fraglich, weil Grenzwerte bei entsprechendem Verständnis als vertragliche Beschaffenheit oder Verwendungseignung verstanden werden können und es auf eine Beeinträchtigung nicht mehr ankommen soll.[281] Die ZTV-ING Teil 3, Massivbau, Abschnitt 4, sieht im Abschnitt 1.10 bei Grenzwertunterschreitungen die Möglichkeit eines im Anhang A dargestellten Abzugsverfahrens vor, lässt aber die Sachmängelhaftung ausdrücklich unberührt. In dem Zusammenhang kann die Sachmangeleinordnung auch durch § 9 Nr. 4 VOB/A mit dem dort enthaltenen Verweis auf die Technischen Spezifikationen nach dem Anhang TS beeinflusst werden. Die im Abschnitt 1.1 des Anhangs TS enthaltene Begriffsbestimmung legt offen, dass unter Technischen Spezifikationen sämtliche, insbesondere in den Verdingungsunterlagen enthaltenen, technischen Anforderungen an eine Leistung, ein Material, ein Erzeugnis oder die Lieferung zu verstehen sind, mit deren Hilfe die Bauleistung, das Material, das Erzeugnis oder die Lieferung so bezeichnet werden können, dass sie ihren durch den öffentlichen Auftraggeber festgelegten Verwendungszweck erfüllen. Das belegt, dass derartige konkretisierende Vorgaben aus der Sicht der VOB/A in erster Linie der Sicherung des Verwendungszwecks dienen, also unter VOB/B-rechtlichen Gesichtspunkten die Herstellung der vertraglich vorausgesetzten Verwendungseignung, nicht aber eine „**Verabsolutierung**" der technischen Anforderungen verfolgen. Gerade das aber geschieht, wenn vorschnell technisch ausreichend präzise Anforderungen in Leistungsbeschreibungen zu Beschaffenheitsvereinbarungen erklärt werden.

219    **d) Zusätzliche Technische Vertragsbedingungen und die Handlungsorientierung – Strukturelle Auswirkungen.** Im Stadium vor der Abnahme ist eine solche Festlegung nicht unbedingt erforderlich. Denn **§ 4 Nr. 7 VOB/B** stellt sowohl auf die **Mangelhaftigkeit** als auch auf die **Vertragswidrigkeit** ab, womit bloße Verstöße gegen Anforderungen, die z. B. in Zusätzlichen Technischen Vertragsbedingungen formuliert werden, unabhängig davon, ob sie bereits eine Mangelhaftigkeit begründen, beanstandet werden können. Denn der Fall der Vertragswidrigkeit liegt schon vor, wenn auch nur **Handlungsvorgaben** nicht beachtet werden. Soweit in der baurechtlichen Literatur bezüglich § 4 Nr. 7 VOB/B von einer weitgehenden Deckungsgleichheit zwischen der Mangelhaftigkeit und der Vertragswidrigkeit i. S. d. § 4 Nr. 7 VOB/B ausgegangen wird,[282] bleibt **Grundsätzliches** unerkannt und unbeachtet. Die **Mangelhaftigkeit** zeigt sich regelmäßig in einem vom erforderlichen, funktional zu interpretierenden Erfolgssoll abweichenden Bauzustand.[283] Demgegen-

---

[279] *Bamberger/Roth/Voit* BGB § 633 Rdn. 4; Palandt/*Sprau* BGB § 633 Rdn. 6 (allerdings etwas vorsichtiger), *Ingenstau/Korbion/Wirth* VOB 15. Aufl., VOB/B § 13 Nr. 1 Rdn. 17 ff. und 63 ff.; *Mundt* NZBau 2002, 73, 74; kritisch dazu *Motzke* Der Bauträger 2002, 15 ff.
[280] U. v. 29. 4. 2004 VII ZR 107/03 NZBau 2004, 384 = BauR 2004, 1288.
[281] Vgl. *Mundt* NZBau 2004, 73; Palandt/*Sprau* BGB § 633 Rdn. 6; *Bamberger/Roth/Voit* BGB § 633 Rdn. 8.
[282] Siehe nur *Ingenstau/Korbion/Oppler* VOB, 15. Aufl., § 4 Nr. 7 Rdn. 10.
[283] BGH U. v. 10. 11. 2005, VII ZR 147/04, NZBau 2006, 112 = BauR 2006, 375; U. v. 15. 10. 2002, X ZR 69/01, BauR 2003, 236, 238 = NJW 2003, 200 = NZBau 2003, 33 = ZfBR 2003, 34; BGH U. v. 7. 3. 2002, VII ZR 1/00, BauR 2002, 1536 = NJW 2002, 3543 = NZBau 2002, 571 = ZfBR 2002, 767.

A. Allgemeines **Einleitung**

über kann die **Vertragswidrigkeit** im Verstoß gegen bloße **Handlungsregeln** liegen, deren Folge nicht unbedingt Mangeltatbestände sein müssen.

Hat § 4 Nr. 6 VOB/B die Möglichkeit des Auftraggebers zum Gegenstand, mit Zusätzlichen Technischen Vertragsbedingungen oder Abschnitt 2 der einschlägigen VOB/C-Regelung nicht konforme Stoffe beseitigt zu wissen, eröffnet § 4 Nr. 7 VOB/B die Befugnis des Auftraggebers, bloße z. B. aus Zusätzlichen Technischen Vertragsbedingungen sich ergebende Handlungsbedingungen einfordern zu können. Der Stellenwert von Zusätzlichen Technischen Vertragsbedingungen kann gerade bei Fehlen solcher Handlungsanordnungen in der VOB/B und der VOB/C einen Stellenwert erhalten. So kennt z. B. die ZTV Asphalt – StB 94 in der Tabelle 1.6 bestimmte Temperaturen für das abgeladene Mischgut, die beim Einbau nicht unterschritten werden dürfen. Deren Nichteinhaltung wird über diese ZTV und § 4 Nr. 7 VOB/B wegen der in der Temperaturunterschreitung liegenden Vertragswidrigkeit rügfähig. Die Zusätzlichen Technischen Vertragsbedingungen ergänzen demnach die bereits in der VOB/C angelegte **Tätigkeitskomponente**;[284] **Verstöße gegen Tätigkeitsvorgaben** in den Allgemeinen Technischen Vertragsbedingungen für Bauleistungen und den Zusätzlichen Technischen Vertragsbedingungen werden in der Abwicklungsphase durch § 4 Nr. 7 VOB/B rechtssicher sanktioniert. VOB/C und die Zusätzlichen Technischen Vertragsbedingungen ergänzen die erfolgsorientierte Ausrichtung des Werkvertrags um einen **Tätigkeitsaspekt**.[285]

220

Das ist von erheblicher Bedeutung, weil die VOB-Regelung sich damit massiv vom Werkvertragsrecht des BGB absetzt, das nach § 633 Abs. 2 i. V. m. § 634 und den dort angeführten Rechtsfolgeanordnungen am Mangeltatbestand anknüpft und die Vorverlagerung auf bloße Handlungsverstöße ausdrücklich nicht regelt. Tritt im BGB-Werkvertragsrecht die Tätigkeitspflicht als subsidiär mit der Folge in den Hintergrund,[286] dass Gegenstand von Klage und Urteil nicht die für den Erfolg notwendigen Tätigkeiten sein können, und der Unternehmer in der Art und Weise der Erfolgserreichung frei ist, betont § 4 Nr. 7 VOB/B in der Ausführungphase den Anspruch des Auftraggebers auf die vertragsgemäße Leistung. Das schließt den Anspruch auf die Einhaltung der vertragsrechtlichen Vorgaben bezüglich der Bauumstände ein, wozu Handlungsvorgaben gehören.[287] Hat der Auftraggeber eine bestimmte Art und Weise der Verarbeitung vorgegeben, können Abweichung davon nach § 4 Nr. 7 VOB/B abgewehrt und kann auch auf Einhaltung dieser Vorgaben geklagt werden.

221

**e) Ergänzungsfunktion der ZTVen.** Damit ergänzen die ZTVen im Abwicklungsstadium das Regelungsregime der VOB/B an einer ganz zentralen Stelle, wozu auch **§ 9 Nr. 1 lit. a) VOB/B** gehört. Danach kann der Auftraggeber den Vertrag kündigen, wenn der Auftraggeber eine ihm obliegende Handlung unterlässt und dadurch den Auftragnehmer außerstande setzt, die Leistung auszuführen (Annahmeverzug nach §§ 293 ff. BGB). Was danach Sache des Auftraggebers ist, bestimmt sich nicht nur nach den vielfältig in der VOB/B dem Auftraggeber zugewiesenen Aufgaben,[288] sondern folgt auch aus der VOB/C[289] und den Zusätzlichen Technischen Vertragsbedingungen. Insoweit gewinnt deren **Richtlinienteil** erheblichen Stellenwert. Im Einzelfall ist die Anknüpfung an § 3 Nr. 1 VOB/B möglich, wonach der Auftraggeber dem Auftragnehmer die zur Ausführung nötigen Ausführungsunterlagen zur Verfügung zu stellen hat. So erklärt die ZTV Asphalt – StB 94 in Abschnitt 1.5.1, die Anordnung, Art und Ausbildung von Fugen seien schon der Leistungsbeschreibung anzugeben. Wenn diese Angaben und weiter die Einbaudicke oder die Einbaugewichte bereits in der Leistungsbeschreibung enthalten sein müssen, belegt dies, dass der Auftragnehmer insoweit einen Anspruch auf Vorgabe durch den Auftraggeber hat.

222

---

[284] Vgl. Beck'scher VOB-Komm/*Motzke* VOB/C, Syst III Rdn. 30 ff.
[285] Vgl. Beck'scher VOB-Komm/*Motzke* VOB/C, Syst III Rdn. 33.
[286] Staudinger/*Peters* BGB, 2003, § 631 Rdn. 14 ff.
[287] Vgl. Kapellmann/Messerschmidt/*Kapellmann* VOB 1. Aufl., VOB/B, § 2 Rdn. 26 ff., 37, 38.
[288] → § 9 Nr. 1 Rdn. 16 ff.
[289] Ingenstau/Korbion/*Vygen* VOB, 15. Aufl., VOB/B § 9 Nr. 1 Rdn. 20, 21; Beck'scher VOB-Komm/ *Motzke* VOB/C Syst III Rdn. 95.

**Einleitung**  VOB Teil B im Gefüge der Verdingungsordnung

**223**   **f) Zusätzliche Technische Vertragsbedingungen und Überwachung der Ausführung.** Zusätzliche Technische Vertragsbedingungen konkretisieren auch sehr häufig die in § 4 Nr. 1 Abs. 2 und 3 VOB/B lediglich rudimentär und auslegungsbedürftig geregelten Überwachungsrechte des Auftraggebers. Sie sehen oft die **Eigenüberwachung** durch den Auftragnehmer vor und gestehen dem Auftraggeber das Einsichtsrecht in die Ergebnisse der Eigenüberwachung zu. Außerdem wird dem Auftraggeber das Recht eingeräumt, **Kontrollprüfungen** vorzunehmen und sich damit hinsichtlich der Richtigkeit der Eigenüberwachungsergebnisse zu vergewissern.

**224**   **g) Einbeziehung von ZTVen in den Vertrag und AGB-Kontrolle.** Für die Einbeziehung von ZTVen in den Bauvertrag gelten die allgemeinen Regeln nach § 305 BGB und § 310 BGB. Damit muss die Möglichkeit der Kenntnisverschaffung geboten werden. Dabei gilt im Verkehr mit Unternehmern, dass die Aushändigung der Zusätzlichen Vertragsbedingungen nicht in jedem Fall notwendig ist; regelmäßig genügt der klare und eindeutige Hinweis hierauf.[290] Die ZTVen erfahren im Rahmen einer AGB-Kontrolle keine Privilegierung; jede ihrer Bestimmungen ist der Einzelkontrolle nach Maßgabe der §§ 307 bis 309 BGB unterworfen.

**225**   **h) Ergänzung der VOB durch Zusätzliche und Besondere Vertragsbedingungen.** Die VOB lässt die Ergänzung durch Zusätzliche und Besondere Vertragsbedingungen zu. Den Rahmen gibt § 10 Nr. 2 Abs. 1 VOB/A für die Zusätzlichen Vertragsbedingungen und § 10 Nr. 2 Abs. 2 VOB/A für die Besonderen Vertragsbedingungen vor. Deren mögliche Regelungsgegenstände nennt § 10 Nr. 4 VOB/A.[291] Daran knüpft § 1 Nr. 2 lit. b) und c) VOB/B, wonach bei Widersprüchen im Vertrag nacheinander die Leistungsbeschreibung, dann die Besonderen und nachfolgend etwaige Zusätzliche Vertragsbedingungen gelten. Die Allgemeinen Vertragsbedingungen für die Ausführung von Bauleistungen folgen unter lit. f) an letzter Stelle. Diese vorformulierten Bedingungen haben bei rechtswirksamer Einbeziehung in den Vertrag auch Auswirkungen auf Gegenstand und Umfang der für den Preis zu erbringenden Leistung. Denn § 2 Nr. 1 VOB/B bestimmt, dass durch die vereinbarten Preise alle Leistungen abgegolten werden, die nach der Leistungsbeschreibung, den Besonderen Vertragsbedingungen, den Zusätzlichen Vertragsbedingungen, den Zusätzlichen Technischen Vertragsbedingungen, den Allgemeinen Technischen Vertragsbedingungen für Bauleistungen und der gewerblichen Verkehrssitte zur vertraglichen Leistung gehören.

**226**   **aa) Besondere Vertragsbedingungen (BVB).** Besondere Vertragsbedingungen (BVB) sind nach § 10 Nr. 2 Abs. 2 VOB/A dazu bestimmt,[292] die Allgemeinen und die Zusätzlichen Vertragsbedingungen für die **Erfordernisse des Einzelfalles** zu ergänzen. Abweichungen von den Allgemeinen Vertragsbedingungen sollen sich auf die dort geregelten Öffnungstatbestände beschränken. Das sind die in § 12 Nr. 1, § 13 Nr. 4, § 14 Nr. 3, § 15 Nr. 1 Abs. 1 und 2 und Nr. 3, § 17 Nr. 2, Nr. 6, Nr. 7 und Nr. 8 Abs. 2 sowie § 18 Nr. 1 VOB/B ausdrücklich genannten Abweichungsmöglichkeiten, wovon zudem nur wegen der Eigenart der Leistung und ihrer Ausführung Gebrauch gemacht werden soll. Bei europaweiten Vergaben und Erreichen der Schwellenwerte wird dieser Regelung in § 10 Nr. 2 VOB/B von der überwiegenden Meinung nach § 97 Abs. 6, 7 GWB und § 6 VgV auch bieterschützende Normenqualität mit der Folge beigemessen, dass Vergaberechtsschutz nach §§ 102 ff. GWB besteht.[293] Die Öffentliche Hand arbeitet nach dem Vergabehandbuch für die Durchführung von Bauaufgaben des Bundes im Zuständigkeitsbereich der Finanzbauverwaltungen (VHB) mit Besonderen Vertragsbedingungen (z. B. EVM (B) BVB). In der gegenwärtigen Fassung (2002, Austausch-Lieferung 2005) machen diese jedoch von den

---

[290] BGH NJW 1988, 1210 = BauR 1988, 207, 211.
[291] Vgl. dazu Beck'scher VOB-Komm/*Hertwig* VOB/A § 10 Rdn. 4 ff.
[292] *(Fußnote nicht belegt)*
[293] Vgl. *Kapellmann/Messerschmidt/von Rintelen* VOB/A, § 10 Rdn. 69; kritisch Beck'scher VOB-Komm/ *Motzke* VOB/A Syst III Rdn. 80 ff.

A. Allgemeines **Einleitung**

Abweichungsmöglichkeiten keinerlei Gebrauch. Vielmehr erfolgt teilweise lediglich eine Konkretisierung der nach § 10 Nr. 4 VOB/A regelungsfähigen Details.

**bb) Zusätzliche Vertragsbedingungen (ZVB).** Legitimationsgrundlage für Zusätzliche Vertragsbedingungen (ZVB) ist § 10 Nr. 2 Abs. 1 VOB/A. Ihnen kommt hinsichtlich der bei Auftraggebern im Allgemeinen bestehenden Verhältnissen Ergänzungscharakter zu. Inhaltlich dürfen ZVB nicht im Widerspruch zu den Allgemeinen Vertragsbedingungen für Bauleistungen stehen. Damit können ZVB von den ausdrücklich in der VOB/B angeführten Öffnungsklauseln Gebrauch machen. Das sind die in § 12 Nr. 1, § 13 Nr. 4, § 14 Nr. 3, § 15 Nr. 1 Abs. 1 und 2 und Nr. 3, § 17 Nr. 2, Nr. 6, Nr. 7 und Nr. 8 Abs. 2 sowie § 18 Nr. 1 VOB/B ausdrücklich genannten Regelungs- und Abweichungsmöglichkeiten. Bei europaweiten Vergaben und Erreichen der Schwellenwerte wird dieser Regelung von der überwiegenden Meinung nach § 97 Abs. 6, 7 GWB und § 6 VgV auch bieterschützende Normenqualität mit der Folge beigemessen, dass Vergaberechtsschutz nach §§ 102 ff. GWB besteht.[294] Das VHB enthält in den EVM (B) ZVB/E und EVM (Z) ZVB umfangreiche Zusätzliche Vertragsbedingungen, die sich inhaltlich an den Bestimmungen der VOB/B orientieren und darauf Bezug nehmen. **227**

**cc) Einbeziehung und AGB-Kontrolle.** Die öffentliche Hand sorgt für die Einbeziehung ihrer Besonderen und Zusätzlichen Vertragsbedingungen bereits im Rahmen der Aufforderung zur Abgabe eines Angebots (EVM (B) A EG). Der Aufforderung werden die BVB und die ZVB beigefügt. In dem formalisierten Angebotsschreiben des Bieters (EVM (B) Ang fügt der Bieter die BVB und die ZVB als Vertragsbestandteile bei. Damit wird den Anforderungen aus § 305 BGB Rechnung getragen. Bezüglich der AGB-rechtlichen Kontrolle nach Maßgabe der §§ 307 ff. BGB könnte zwischen den Besonderen und den Zusätzlichen Vertragsbedingungen unterschieden werden. Denn die Ausrichtung der **BVB an den Erfordernissen** des **Einzelfalles**[295] könnte für deren Einordnung als Individualvereinbarung sprechen. Das ist jedoch nicht realitätsgerecht. In der Praxis erweisen sich BVB als für eine Vielzahl von Verträgen vorformulierte Vertragsbedingungen. Da die Zusätzlichen Vertragsbedingungen nach § 10 Nr. 2 Abs. 1 VOB/A die VOB Teil B hinsichtlich der allgemein gegebenen Verhältnisse ergänzen, kann an deren AGB-Charakter von vornherein kein Zweifel bestehen. **228**

**4. VOB als Gesamtheit**

So „lebt" der Teil B von Anleihen aus den Teilen A und C. Anwendung und Interpretation des Teiles B haben die Teile A und C zu beachten. Das geht so weit, dass nach § 1 Nr. 1 Satz 2 VOB/B bei einem VOB-Bauvertrag die Allgemeinen Technischen Vertragsbedingungen für Bauleistungen (VOB/C) von selbst Vertragsbestandteil werden (was mit § 305 BGB so ohne Weiteres nicht in Einklang zu bringen ist). Der Teil A schafft Verbindungslinien zum Teil B insofern, als im Ausschreibungsverfahren die Geltung der VOB/B vorzusehen ist. Der Durchgriff erfolgt jedoch auch auf den Teil C; nach § 10 Nr. 1 Abs. 2 VOB/A ist in den Verdingungsunterlagen gleichfalls die Geltung der VOB/C vorzuschreiben. Aber auch sonst erfolgen an vielen Stellen Verweise von einem Teil auf einen anderen (vgl. nur §§ 10 –14 VOB/A). **229**

Bei der Ausschreibung der Bauleistung nach dem Teil A weiß der Bieter demnach um die Beachtlichkeit der Teile C und B und kann sich in der Kalkulation und beim Vertragsschluss darauf einstellen. Die Verknüpfung der Teile und die Bedeutung dieser Verbindung lässt sich vielfaltig belegen.[296] **230**

**a) Leistungsbeschreibung.** § 9 VOB/A steht in Verbindung mit § 2 Nr. 1 VOB/B, wonach durch die vereinbarten Preise alle Leistungen abgegolten werden, die u. a. nach der Leistungsbeschreibung zur vertraglichen Leistung gehören. Diese Leistungsbeschreibung als **231**

---

[294] Vgl. *Kapellmann/Messerschmidt/von Rintelen* VOB/A, § 10 Rdn. 69; kritisch Beck'scher VOB-Komm/ *Motzke* VOB/A Syst III Rdn. 80 ff.
[295] Siehe oben Rdn. 226.
[296] Vgl. dazu auch *Lampe-Helbig* FS Korbion S. 259, 260.

## Einleitung
VOB Teil B im Gefüge der Verdingungsordnung

wesentlicher Schlüssel für Art und Umfang der für den Preis zu erbringenden Leistung (→ § 2 Nr. 1 Rdn. 8 ff.) muss nach § 9 Nr. 1, 2 VOB/A eindeutig und erschöpfend und weiter so beschaffen sein, dass alle Bewerber die Beschreibung im gleichen Sinne verstehen und ihnen kein ungewöhnliches Wagnis aufgebürdet wird. Maßstabsbildend ist neben der Verweisungsregel in § 9 Nr. 3 Abs. 4 VOB/A vor allem der Abschnitt 0 der einzelnen Allgemeinen Technischen Vertragsbedingungen für Bauleistungen (VOB/C). Der **Abschnitt 0 der einzelnen ATVen** konkretisiert die generellen Gebote zur erschöpfenden und eindeutigen Leistungsbeschreibung gewerkespezifisch und bildet zugleich für den Bieter einen Maßstab für die Beurteilung der Tauglichkeit und eventuellen Lückenhaftigkeit des Leistungsverzeichnisses. Der Abschnitt 0 leistet dies in einer vom **Standardleistungsbuch** für das Bauwesen abgegrenzten Weise; denn die für die einzelnen Leistungsbereiche erarbeiteten Standardleistungsbücher[297] verdeutlichen, mit welchem Exaktheitsgrad Leistungsbeschreibungen erfolgen können. Ergänzend kommt hinzu, dass die in der VOB/C beschriebene Leistung nach dem Gesamtkonzept der VOB als **Standardleistung** dann geschuldet ist, wenn Abweichendes nicht eindeutig und im Einzelnen in der Leistungsbeschreibung angegeben ist.

**232** Dieses im Abschnitt 0.3.1 und 0.3.2 jeder ATV zum Ausdruck kommende Prinzip, das dazu führt, die in der VOB/C beschriebene Leistung als vertraglich gewollte Standardleistung zu bezeichnen,[298] muss vorrangig bei Unklarheiten und Unvollständigkeiten der Leistungsbeschreibung (→ § 2 Nr. 1 Rdn. 15 ff.) berücksichtigt werden. Denn das **Schweigen** einer Leistungsbeschreibung mit Leistungsverzeichnis kann über Angaben in der VOB/C gebrochen und hieraus eine Lösung im Sinne der Normalausführung abgelesen werden. Bei der **Auslegung eines Leistungsverzeichnisses** (→ § 2 Nr. 1 Rdn. 22) wie auch zur **Lückenfüllung** ist der Rückgriff auf den Vertragsbestandteil der VOB/C geboten. Das fordert § 2 Nr. 1 VOB/B, der für die Festlegung der Art und Weise der Leistung ausdrücklich auf die Allgemeinen Technischen Vertragsbedingungen für Bauleistungen verweist (→ § 2 Nr. 1 Rdn. 31). Ist z. B. bei Malerarbeiten im Leistungsverzeichnis eine Spachtelung ausgeschrieben, ohne Festlegung, ob diese ganz- oder lediglich teilflächig durchzuführen ist, liegt weder eine Lücke vor, noch besteht Auslegungsbedarf. Abschnitt 3.1.6 der DIN 18363 legt fest, dass bei vorgeschriebener Spachtelung die Flächen ganzflächig einmal mit Spachtelmasse zu überziehen und zu glätten sind. Fehlt es an einer Festlegung, ob die Beschichtung einschichtig oder mehrschichtig auszuführen ist, beseitigt Abschnitt 3. 1. 12 derselben DIN diese Ungewissheit dahin, dass Beschichtungen mehrschichtig auszuführen sind. Diese Regelung führt dazu, dass im Rahmen der Leistungsbestimmung nach § 2 Nr. 1 VOB/B von vornherein keinerlei Unsicherheit besteht. Gerade hinsichtlich des Abschnitts 3. 1. 12 der DIN 18363 belegt das deren Abschnitt 0.3.2, wonach eine ausdrückliche und eindeutige Angabe im Leistungsverzeichnis enthalten sein muss, wenn die Beschichtung nicht mehrschichtig ausgeführt werden soll.

**233** **b) Leistungsänderungen und Zusatzleistungen.** Diese Beurteilung wirkt sich auch im Rahmen der Arbeit mit den in § 2 Nr. 5, Nr. 6 VOB/B enthaltenen Preisregelungen aus. Die VOB/C konkretisiert die Anwendungsregeln der VOB/B-Vergütungsbestimmungen unter gewerkespezifischen Gesichtspunkten. Das betrifft nicht nur die **Nebenleistungen** und **Besonderen Leistungen**. Die Nebenleistungen gehören nach Abschnitt 4.1 der DIN 18299 auch ohne Erwähnung im Vertrag zur vertraglich geschuldeten Leistung gem. § 2 Nr. 1 VOB/B. Die Besonderen Leistungen sind nach Abschnitt 4.2 der DIN 18299 nicht Nebenleistungen und zählen nur dann zur vertraglich geschuldeten Leistung i. S. v. § 2

---

[297] Herausgegeben vom DIN, aufgestellt vom Gemeinsamen Ausschuss für Elektronik im Bauwesen (GAEB) in Verbindung mit dem Deutschen Verdingungsausschuss für Bauleistungen (DVA).
[298] Vgl. *Kapellmann/Schiffers*, Vergütung Nachträge und Behinderungsfolgen beim Bauvertrag Bd. 1, 5. Aufl., Rdn. 128; *Ingenstau/Korbion* Einl. Rdn. 16; zur Bedeutung der Leistungsbeschreibung vgl. auch *Mandelkow* BauR 1996, 31 ff.

A. Allgemeines **Einleitung**

Nr. 1 VOB/B, wenn sie in der Leistungsbeschreibung besonders erwähnt sind. Die VOB/C konkretisiert außerdem in der Leistungsbeschreibung nicht eindeutig und exakt beschriebene Leistungen durch den im Abschnitt 3 der jeweiligen gewerkespezifischen ATV enthaltenen Leistungstext. Anders und an Auslegungsgebote (→ § 2 Nr. 1 Rdn. 22) ausgerichtet lässt sich auch formulieren, dass die VOB/C den **Empfängerhorizont** der potentiellen Bieter und damit auch den Leistungsinhalt bestimmt.[299] Allerdings kommt es nach BGH für die Abgrenzung zwischen unmittelbar vertraglich geschuldeten und zusätzlichen Leistungen auf den Inhalt der Leistungsbeschreibung und nicht auf die Unterscheidung in DIN-Vorschriften zwischen Nebenleistungen und besonderen Leistungen an. Damit wird das Schwergewicht auf die Auslegung der Leistungsbeschreibung gelegt.[300]

**aa) Beispiel:** Aus dem Putz- oder Beschichtungsbereich kann als Beispiel dienen: Ausgeschrieben sind Putz- oder Beschichtungsarbeiten ohne Angabe über die Art und Weise (Maschinenputz oder händisches Verputzen/Beschichten). Der Auftraggeber ordnet die Ausführung per Hand an. Die Leistungsbeschreibung ist nicht lückenhaft. Für die Beschichtung stellt Abschnitt 3.1.2 der DIN 18363 fest, dass Beschichtungen mit der Hand oder maschinell ausgeführt werden dürfen. Will der Auftraggeber eine bestimmte Art, dann muss er es nach Abschnitt 0.3.2 der DIN 18363 im Leistungsverzeichnis festlegen; ansonsten steht die Wahl dem Auftragnehmer frei; Standard ist der Maschinenputz. Dasselbe Prinzip gilt für die Verputzarbeiten, was sich jedoch nicht schon aus der DIN 18350, sondern erst über die dort in Verweisung genommene DIN 18550 Teil 2 Abschnitt 6.5 erschließt. Danach ist der Mörtel für die einzelnen Putzlagen von Hand oder mit einer Maschine aufzubringen. 234

**bb) Besondere Leistungen und Zusatzleistungen.** Besonders eng sind die Beziehungen der VOB/B und der VOB/C hinsichtlich der Zusatzleistungen i. S. d. § 2 Nr. 6 VOB/B und der Besonderen Leistungen. Letztere sind nämlich, wenn sie in der Leistungsbeschreibung nicht besonders aufgeführt sind (Abschnitt 4.2 der DIN 18299) vertraglich nicht geschuldet und damit für den vereinbarten Preis gem. § 2 Nr. 1 VOB/B nicht zu erbringen.[301] Werden sie zur Sicherstellung des versprochenen Erfolgs notwendig, sind deshalb grundsätzlich (vgl. wegen der Ausnahmen unten Rdn. 75 ff.) die vergütungssichernden Anforderungen des § 2 Nr. 6 VOB/B einzuhalten. 235

**c) Prüfungs- und Mitteilungspflichten.** Die dem Auftragnehmer nach § 4 Nr. 3 VOB/B obliegenden Prüfungspflichten erfahren durch die **VOB/C** hinsichtlich der Baumstände und der Tauglichkeit des vorleistenden Unternehmers eine beachtliche **Konkretisierung.** Zwar erfolgt die Auflistung der Prüfungsgesichtspunkte nach der Formulierung im Abschnitt 3 der jeweils einschlägigen ATVen nur beispielhaft;[302] aber auch dies ist für die Praxis bereits eine beachtliche Hilfestellung. Außerdem wird die Bedeutung der Prüfungspflichten dadurch betont, dass die VOB/C-Regelungen regelmäßig den Ausführungsteil (Abschnitt 3) mit der Darstellung dieses Prüfungskomplexes beginnen. Damit erweisen sich diese Pflichten als die Hauptleistung sichernde Nebenleistungen. 236

Teilweise – aber uneinheitlich – erfolgt eine erweiternde Konkretisierung auch hinsichtlich der den Auftragnehmer nach § 3 Nr. 3, § 4 Nr. 3 VOB/B treffenden Prüfungspflichten bezüglich der **Ausführungsunterlagen.** Das geschieht insbesondere in den die technische Gebäudeausrüstung betreffenden ATVen (z. B. DIN 18379 Abschnitt 3.1.3 und DIN 18380 Abschnitt 3.1.3). 237

---

[299] Vgl. *Kapellmann/Schiffers,* Vergütung Nachträge und Behinderungsfolgen beim Bankvertrag, Bd. 1, 5. Aufl., Rdn. 127.
[300] BGH U. v. 28. 2. 2002 VII ZR 376/00 NZBau 2002, 324 = BauR 2002, 935; vgl. dazu *Kapellmann* NJW 2005, 182; *Quack/Keldungs* und *Asam* jeweils in BauR 2002, 1247; *Quack* ZfBR 2002, 641; *Motzke* NZBau 2002, 641.
[301] Vgl. wegen der Problematik BGH U. v. 28. 2. 2002, VII ZR 376/00, NZBau 2002, 324 = BauR 2002, 935; *Quack* ZfBR 2002, 641; *Kapellmann* NJW 2005, 182; *Motzke* NZBau 2002, 641.
[302] BGH U. v. 7. 6. 2001 VII ZR 471/99 NZBau 2001, 495 = BauR 2001, 1414.

# Einleitung
VOB Teil B im Gefüge der Verdingungsordnung

238  d) **Ausführungsfristen und Behinderung.** Der VOB/C-Teil nimmt bei Qualifikation als Standardleistungsbeschrieb auch Einfluss auf die Fristen- und Behinderungsregeln der VOB/B. Denn die in Rdn. 22 angeführten Beispiele belegen den Behinderungstatbestand, wenn der Auftraggeber die Entscheidung zu Gunsten der händischen Ausführung trifft. Umgekehrt fehlt eine Behinderung, wenn der Auftraggeber eine mehrschichtige Ausführung begehrt, dem der Auftragnehmer seine Kalkulation in einschichtiger Ausführung mit entsprechender Schichtdicke entgegenhält. Ohne Festlegung im Leistungsverzeichnis sind Beschichtungen nach DIN 18363 Abschnitt 3. 1. 12 mehrschichtig anzulegen; die ausgeschriebene Spachtelung ist ohne Festlegung im Leistungsverzeichnis ganzflächig und nicht nur punktuell auszuführen. Entsprechende Anordnungen des Auftraggebers begründen demnach keinen Anspruch auf Fristverlängerung nach § 6 Nr. 2 Abs. 1 lit. a) VOB/B. Hierbei handelt es sich sämtlich um **leistungskonkretisierende Anordnungen** nach § 4 Nr. 1 Abs. 3 VOB/B, die lediglich das sich aus § 2 Nr. 1 VOB/B in Verbindung mit der VOB/C ergebende Leistungsvolumen verdeutlichen.

239  e) **Abnahme nach § 12 VOB/B und VOB/C.** Die Allgemeinen Technischen Vertragsbedingungen für Bauleistungen nehmen auch Einfluss auf die Abnahme. Gerade die VOB/C-Vorschriften, die ab DIN 18379 die technische Gebäudeausrüstung zum Gegenstand haben, kennen eine vom Auftragnehmer vorzunehmende **Abnahmeprüfung**, die neben einer Vollständigkeitsprüfung teilweise auch eine **Funktionsprüfung** einschließt und die Lieferung von Unterlagen einschließt (vgl. DIN 18379 Abschnitt 3.5, DIN 18380 Abschnitt 3.6 und DIN 18386 Abschnitt 3.5 und 3.6). Dabei ist die Frage, ob insbesondere die **fiktive Abnahme** nach Fertigstellungsmeldung (§ 12 Nr. 5 VOB/B) die vorausgegangene Abnahmeprüfung und die Aushändigung der mitzuliefernden Unterlagen voraussetzt. Eine einheitliche Lösung wird nicht möglich, sondern auf die Bedeutung der Prüfungsvorgänge und Unterlagen abzustellen sein. Gerade bezüglich der DIN 18386, Gebäudeautomation, dürfte die Übergabe der nach Abschnitt 3.6 mitzuliefernden Unterlagen Vorbedingung für eine **fiktive Abnahme** sein.

240  f) **Aufmaß und Abrechnung.** VOB/B und VOB/C sind bei Aufmaßnahme und Abrechnung eng verknüpft. Nach § 2 Nr. 2 VOB/B muss der Umfang der ausgeführten Leistung festgestellt werden (→ § 2 Nr. 2 Rdn. 16 ff.). Die einschlägigen Aufmaßregeln sind den gewerkespezifischen VOB/C-Vorschriften zu entnehmen. Den Ausgangspunkt bilden die Abrechnungseinheiten nach dem Leistungsverzeichnis, die sich ihrerseits nach der VOB/C ausrichten. Diese **Abrechnungseinheiten** bringen die Allgemeinen Technischen Vertragsbedingungen jeweils im Abschnitt 0.5 in Vorschlag. Mengenmäßig ist die Leistung grundsätzlich aus Zeichnungen zu ermitteln, wenn Ausführungspläne bestehen und die ausgeführte Leistung diesen Plänen entspricht (DIN 18299 Abschnitt 5). Ansonsten sind die Leistungen nach den Regeln der gewerkespezifischen ATVen aufzumessen. Hierfür hält jede VOB/C-Regelung typische Bemessungsregeln bereit. Deren Charakteristikum kann in Abweichung von § 2 Nr. 2 VOB/B auch darin bestehen, dass durch **Übermessungsregeln** die exakte Feststellung des tatsächlichen Leistungsumfangs unterbleibt, sondern Näherungswerte für zulässig erachtet werden (→ § 14 Nr. 2 Rdn. 32 ff.).

## B. BGB- und VOB-Bauvertrag als Werkvertragstypen

241  Das Werkvertragsrecht des BGB repräsentiert den **Grundtyp**. Die VOB begründet mit ihren Teilen B und C einen **Sondertyp**. Die VOB/B und die VOB/C haben typenbildende Kraft, die sich rechtsfolgenbegründend jedoch nur bei Vereinbarung der VOB/B und der VOB/C als Vertragsbestandteil auswirkt.

B. BGB- und VOB-Bauvertrag als Werkvertragstypen **Einleitung**

## I. Bauvertrag nach BGB als Grundordnung – Sonderordnung nach VOB/B

Der Bauvertrag kann durchaus als BGB-Werkvertrag geschlossen werden. Die „blasse Einheitsfigur"[303] des in den §§ 631 ff. BGB geregelten Werkvertrages passt auf den Bauvertrag. Der Grundtypus vermag allerdings den praktischen Bedürfnissen trotz der Änderungen durch das Gesetz zur Beschleunigung fälliger Zahlungen typologischer Sonderformen nicht zu genügen, zu denen der Bauvertrag zählt. Die VOB schafft eine „**Sonderordnung**" für den „**konkreten Lebenstyp**".[304] Zwar lassen sich die praktischen Probleme des Baugeschehens auch mit dem Werkvertragsrecht des BGB lösen, denn das Bauwerk ist typischerweise Gegenstand eines Werkvertrags. Dessen Gegenstand oder geschuldeter Erfolg kann sowohl in der Herstellung als auch in der Veränderung einer Sache bestehen; Sache ist auch ein Bauwerk. Die Lösungen nach dem Werkvertragsrecht des BGB erweisen sich jedoch als schwerfälliger und weniger konfliktorientiert. **242**

### 1. Rahmencharakter und Änderungsmöglichkeit

Änderungen und Zusatzleistungen gelingen nach gesetzlichem Werkvertragsrecht und nach den allgemeinen Regeln der Vertragsschlusslehre nur bei Einvernehmen. Die VOB/B sieht in § 1 Nrn. 3, 4 einseitig ausübbare **Anordnungs-** und **Änderungskompetenzen** des Auftraggebers vor, denen der Auftragnehmer von vornherein unterworfen ist. Änderungen und Anordnung haben lediglich preisliche Konsequenzen, was in § 2 Nrn. 5, 6 VOB/B niedergelegt ist. Damit wird dem Umstand Rechnung getragen, dass bei komplexen Sachverhalten, die durch Entwicklungsbedarf und Störungsanfälligkeit im Miteinander der Planer und der verschiedensten Gewerke gekennzeichnet sind, Anpassung einseitig verbindlich durchsetzbar sein muss. Ist das gesetzliche Werkvertragsrecht auf dem Vertragsprinzip aufbauend statisch ausgelegt, weist die VOB/B eine dynamische Komponente auf.[305] Das verweist sich auch als Mittel zur Bewältigung des Umstandes, dass Bauverträge oft ohne vorausgegangene Ausführungsplanung nach Maßgabe von mehr oder minder typisierten Leistungsbeschreibungen mit Leistungsverzeichnis geschlossen werden, was bei sich konkretisierender Werkplanung Änderungs- und deshalb Anordnungsbedarf auslöst. Damit wird dem Langzeitcharakter, durch den ein Bauvertrag regelmäßig geprägt wird,[306] Rechnung getragen. Den Einfluss auf die **zeitliche Rahmenbedingungen** bewältigt die VOB/B durch Regelungen in § 6 mittels Fristverlängerung. **243**

### 2. Herstellungsphase

Das BGB-Werkvertragsrecht berücksichtigt die Herstellungsphase nicht. Abgesehen von den in § 633 BGB beschriebenen Leistungsanforderungen, deren Verfehlung Erfüllungs- und Gewährleistungsansprüche begründet, und der Möglichkeit, hinsichtlich eines Mangels bereits vor der Ablieferung eine Frist für dessen Beseitigung setzen zu können, die jedoch grundsätzlich nicht vor der Ablieferungsfrist ablaufen darf, geht der Grundtyp des gesetzlichen Werkvertrags auf die Herstellungsphase nicht ein.[307] Eine § 4 Nr. 7 VOB/B vergleichbare Regelung fehlt ebenso wie eine § 4 Nr. 6 VOB/B entsprechende Befugnisgrundlage. Der Lebenssachverhalt, der einem Bauvertrag zu Grunde liegt, ist demgegenüber durch eine Vielzahl von Beteiligten gekennzeichnet, die aufeinander abgestimmt, koordiniert und geleitet werden müssen. Das macht unter **Qualitätssicherungsgesichtspunkten** Eingriffmaßnahmen notwendig, die in der VOB/B in § 4 Nrn. 1, 6 und 7 näher geregelt werden. Der Eingriff betrifft nicht nur die Leistungsqualität, sondern auch den **zeitlichen Ablauf**. **244**

---

[303] *Esser/Weyers* SchuldR II S. 251; *Leenen* Typus und Rechtsfindung S. 148, 164.
[304] Zu diesen Begriffen *Esser/Weyers* SchuldR II S. 253.
[305] *Nicklisch* JZ 1984, 757, 762.
[306] *Nicklisch/Weick* VOB/B Einl. Rdn. 2, 3; *Nicklisch* JZ 1984, 757, 762.
[307] *Kniffka* IBR-online-Kommentar BGB § 634 RDn. 13.

## Einleitung
VOB Teil B im Gefüge der Verdingungsordnung

Nur zeitlich abgestimmtes Verhalten führt zum Erfolg, weswegen dem Auftraggeber bereits bei **verzögertem Beginn** oder **unzulänglicher Beschickung** der Baustelle nach § 5 Nrn. 3, 4 VOB/B Rechte zugestanden werden. § 323 Abs. 4 BGB – Rücktritt vor Fälligkeit – bietet bei einem komplexen Langzeitvertrag, der auch schon Merkmale eines Netzwerks aufweist,[308] keinen adäquaten Lösungsansatz.

245 Eingeschlossen ist die **Mitwirkung des Auftraggebers,** die gerade bei einem Bauvertrag in vielfältiger Weise notwendig und durch §§ 642, 643, 645 Abs. 1 Satz 3 BGB nur unzulänglich berücksichtigt wird. Die VOB/B verschafft demgegenüber Abhilfe durch Festlegung der den Auftraggeber treffenden Mitwirkungsaufgaben (→ die Kommentierung zu §§ 3, 4 VOB/B) und die Sanktionsmöglichkeiten nach § 9 Nr. 1 lit. a VOB/B (→ § 9 Nr. 1 Rdn. 14 ff.) sowie § 6 Nr. 6 VOB/B (→ § 6 Nr. 6 Rdn. 46 ff.).

246 Das BGB schweigt zur Herstellungsphase bewusst. Nach den Motiven[309] wurden nähere Bestimmungen über die Zeit der Herstellung des Werkes, über die Art der Ausführung, die Frage, wer die mit der Ausführung verbundenen Kosten zu tragen und die zur Herstellung erforderlichen Werk- und Fahrzeuge zu stellen hat, sowie über die Art der Vergütung und deren Höhe bewusst nicht aufgenommen. Maßgeblich waren die Gründe, die zu einem Regelungsverzicht auch beim Dienstvertrag geführt haben.

### 3. Vergütung und Vorfinanzierung

247 Das gesetzliche Werkvertragsrecht sieht gem. §§ 640, 641 BGB eine 100%ige Vorfinanzierung des Objekts durch den Auftragnehmer vor. Einen fälligen Anspruch auf die vereinbarte Vergütung erhält der Auftragnehmer ohne abweichende Vereinbarung erst nach Fertigstellung mit der Abnahme. § 632a BGB erweist sich wegen seiner einschränkenden Voraussetzungen bei einem Bauvertrag als ungeeignet. Dieses Ansinnen des gesetzgeberischen Grundtyps geht an der Realität des äußerst kapitalintensiven Bauvertrages vorbei. Die **VOB/B als Sonderordnung** hilft dem durch § 16 Nr. 1 VOB/B ab.

### 4. Gefahrtragung

248 Geht das Werk vor der Abnahme durch höhere Gewalt oder aus sonst von den Vertragspartnern nicht zu vertretenden Umständen unter oder wird es hierdurch beschädigt, wirkt dies nach § 644 BGB zu Lasten des Auftragnehmers, der die Preisgefahr bis zur Abnahme trägt. Der Auftragnehmer erhält keine Vergütung. Hiervon weicht der gesetzliche Grundtyp im Rahmen der Vorgaben des § 645 Abs. 1 Satz 1 BGB ab.[310] Die **Sonderordnung der VOB/B** verlagert den Übergang der Vergütungs-/Preisgefahr zu Gunsten des Auftragnehmers gemäß der in § 7 Nr. 1 getroffenen Regelung erheblich nach vor.

### 5. Sachmangeltatbestand

249 Die Sonderordnung der VOB/B weicht nicht nur im Gewährleistungsgrundtatbestand nach § 13 Nr. 1 erheblich von § 633 Abs. 1 BGB ab, sondern unterscheidet sich auch hinsichtlich der Abwicklung der Gewährleistungsansprüche und der Verjährungsfrist für die Gewährleistungsansprüche. Der **Gewährleistungstatbestand** nach § 633 Abs. 2 BGB enthält vier eigenständige Element, nämlich die Verfehlung der Beschaffenheitsvereinbarung, der vertraglich vorausgesetzten oder gewöhnlichen Verwendungseignung, die Minderleistung und das Aliud. Demgegenüber enthält § 13 Nr. 1 VOB/B neben der Verfehlung der vereinbarten Beschaffenheit und der Verwendungseignung als eigenständigen Sachmangeltatbestand den Verstoß gegen die **anerkannten Regeln der Technik** (→ Kommentierung zu § 13 Nr. 1). Die Eigenständigkeit der VOB-Regelung findet darin ihren Ausdruck, dass die VOB/B den erweiterten Sachmangelbegriff in § 633 Abs. 2 Satz 3 BGB (Manko und

---

[308] Vgl. *Nicklisch* (Hrsg.) Netzwerke komplexer Langzeitverträge, München 1999.
[309] Bd. II, Recht der Schuldverhältnisse, zu § 567, S. 472.
[310] Vgl. zur Leistungs- und Vergütungsgefahr näher *Kohler* NJW 1993, 417 ff.

## B. BGB- und VOB-Bauvertrag als Werkvertragstypen — Einleitung

Aliud) nicht übernimmt. Den **Ausschluss der Sachmängelhaftung** nach § 13 Nr. 3 VOB/B kennt ausdrücklich nur die Sonderordnung der VOB/B; für den gesetzlichen Grundtypus lässt sich die Einschränkung der Gewährleistungspflicht in dem Fall, dass der Mangeltatbestand seine Ursache in Bestellervorgaben hat, nur über § 242 und § 645 BGB erschließen.[311] Die in § 13 Nr. 2 VOB/B enthaltene Regelung ist dem BGB fremd. Die **Abwicklung der Gewährleistungsansprüche** unterscheidet sich erheblich vom Grundtyp. Das Nachbesserungsrecht des Auftragnehmers wird über § 13 Nr. 5 Abs. 2 VOB/B deshalb gestärkt, weil es zur Minderung nur nach den dort geregelten Voraussetzungen und nicht bloß über eine Fristsetzung kommt (so in § 638 Abs. 1 BGB). Die Verjährungsfrist für Mängel bei Bauwerken wird auf vier Jahre verkürzt und hinsichtlich maschineller und elektrotechnischer/elektronischer Anlagen durch die Neufassung des § 13 Nr. 4 Abs. 2 VOB/B (→ § 13 Nr. 4 Rdn. 186 ff.) in Abhängigkeit von einem gleichzeitig zu Stande gekommenen **Wartungsvertrag** festgelegt. Der Schadensersatzanspruch erfährt in § 13 Nr. 7 VOB/B eine völlig eigenständige und von §§ 634, 280 ff. BGB abgesetzte Regelung (→ § 13 Nr. 7 Rdn. 10).

Die **Sonderordnung der VOB** weicht damit von dispositiven Regeln des gesetzlichen 250 Werkvertragsrechts in erheblicher Weise ab. Die die Rechtsstellung des Auftraggebers maßgeblich beeinflussende Verkürzung der Verjährungsfristen wird durch die **Unterbrechungswirkung** der schriftlichen **Mängelrüge** nur unzulänglich aufgefangen.

### 6. Vergütung und Abrechnung

Der Grundtypus nach §§ 631, 632 BGB kennt spezielle Abrechnungsregeln nicht. Die 251 vereinbarte Vergütung wird nach Abnahme ohne Rücksicht auf eine Rechnungsstellung fällig. Das BGB hat nach den Motiven[312] über die Art der Vergütung und deren Höhe bewusst geschwiegen. Der durch die VOB/B bestimmte Sondertypus greift die in der Baupraxis denkbaren Bauvertragsarten und die damit verbundenen Aufmaßnotwendigkeiten und Abrechnungsgrundsätze auf. Der durch den Grundtypus verbliebene Gestaltungsraum wird dem Baugeschehen entsprechend genutzt. Die von der Sonderordnung der VOB geregelten Typen des **Pauschalpreis- und Einheitspreisvertrags** sowie des **Stundenlohn- und Selbstkostenerstattungsvertrages** (§ 5 VOB/A) sind damit nicht zu Gunsten dieser Sonderregelung reserviert, sondern können nach dem Grundsatz der Vertragsfreiheit auch im Rahmen des Grundtyps vereinbart werden. Soweit die Fälligkeit der Vergütung gem. § 16 Nr. 3 Abs. 1 VOB/B von der Rechnungsstellung und dem Ablauf einer Prüfungszeit abhängt (→ § 16 Nr. 3 Rdn. 31 ff.) weicht die **Sonderordnung** in Ausnutzung des **dispositiven Charakters des gesetzten Rechts** von der gesetzlichen Regelung erheblich ab und schafft mit der vorbehaltlosen Entgegennahme der Schlusszahlung oder der schlusszahlungsgleichen Erklärung ein dem gesetzten Recht völlig unbekanntes Durchsetzungshindernis (→ § 16 Nr. 3 Rdn. 62 ff.).

### 7. Abnahme

Das gesetzliche Werkvertragsrecht kennt für die rechtsgeschäftliche Abnahme keinerlei 252 Sonderregelungen. Die VOB/B nimmt in § 12 eine besondere Ausgestaltung vor und erweitert die Abnahmemöglichkeiten in § 12 Nr. 5 VOB/B durch Formen der **fiktiven Abnahme,** die sich von der stillschweigenden Abnahme durch den Verzicht auf einen Abnahmewillen erheblich unterscheiden (→ Kommentierung zu § 12 Nr. 5). Mit der Fiktion wählt die Sonderordnung nach der VOB/B eine Lösung, die nur unter Berücksichtigung von § 308 Nr. 5 BGB Bestandskraft genießt (→ Einl. II Rdn. 40 ff.). Die Befugnis des Auftraggebers, die Abnahme nur bei wesentlichen Mängeln verweigern zu dürfen (§ 12 Nr. 3 VOB/B), hat dessen Rechtsstellung im Vergleich zu der bis 30. 4. 2000

---

[311] Vgl. *Kohler* NJW 1993, 417 ff.; *Siegburg* FS Korbion S. 411, 419.
[312] Bd. II, Recht der Schuldverhältnisse, zu § 567, S. 472.

## Einleitung

geltenden Regelung nach § 640 BGB erheblich begrenzt. Sei 1. 5. 2000 schränkt § 640 Abs. 1 Satz 2 BGB das Recht zur Abnahmeverweigerung in Ausrichtung an § 12 Nr. 3 VOB/B ein.

### 8. Bauzeit und Zeitstörungstatbestände

253   Die Bauzeit- und Zeitstörungsregelung im gesetzlichen Werkvertrag als dem Grundtypus ist erheblich abgemagert. §§ 271, 280, 281, 323 BGB werden den Anforderungen an einen komplexen Langzeitvertrag mit verschiedenen abstimmungsbedürftigen Beteiligten nicht gerecht. Die VOB/B-Sonderordnung entspricht in den §§ 5, 6, 9 den speziellen Bedürfnissen, indem die Herstellungsphase und Eingriffbefugnisse des Auftraggebers berücksichtigt werden.

### II. Die VOB als Sonderordnung

254   Die VOB ist eine Sonderordnung, die für einen bestimmten „**Lebenstyp**"[313] Sonderregelungen schafft.[314] Am **Werkvertrag als dem Grundtyp** soll durch die VOB nichts geändert werden. Die Aufsteller der VOB wollten nur im Rahmen der für den Werkvertrag geltenden Grundsätze die typischen Sachverhalte entsprechend den in einem Bauvertrag zu berücksichtigenden Besonderheiten einer Bauleistung einer Regelung zuführen.[315] Von dieser Sonderordnung muss durch **Vereinbarung** Gebrauch gemacht werden, sollen die Sonderregelungen greifen. Die Regeln der Sonderordnung gelten nicht kraft Verkehrssitte oder Handelsbrauch. Nur im Einzelfall kann für den Grundtyp ein Rückgriff auf die Grundsätze der VOB/B in dem Umfang erfolgen, als Lücken des BGB sinnvoll geschlossen werden sollen.

### 1. Kein Gesetz

255   Die VOB ist in ihrer Gesamtheit weder ein Gesetz noch eine Rechtsverordnung. Soweit der BGH[316] der VOB/B den Charakter einer Rechtsordnung zugewiesen hat, wurde daraus nicht die Unterworfenheit kraft Gesetzes, sondern eine solche allein auf Grund einer mindestens stillschweigenden Vereinbarung abgeleitet. Die VOB/B ist eine bereitliegende Vertragsordnung.[317] Der VOB kann auch **nicht als Gewohnheitsrecht** eingestuft werden. Sie ist nämlich in den Kreisen der Auftraggeber und Auftragnehmer nicht derart verbreitet, dass sie als allgemein anerkannte Rechtsnorm Allgemeingültigkeit besitzt.[318] **Geltungsgrund für Gewohnheitsrecht** ist die allgemeine Rechtsüberzeugung, die sich in einer konstanten Übung manifestiert und dazu führt, dass Gerichte diese Übung in der Überzeugung anwenden, dass es sich um bindende Normen handelt.[319] Die Qualifizierung der VOB/B als einer Vertragsordnung und vorformulierten Geschäftsbedingung (→ Einl. II Rdn. 5, 6) schließt die Wertung als Gewohnheitsrecht aus.

256   Nach Maßgabe der Ausführungen unter Rdn. 183 ff. gilt bei EG-weiter Vergabe etwas anderes für die Regeln der VOB/A: Die **Vergabeverordnung** (VgV) führt zu einer Inkorporation der VOB/A in die Verordnung, womit eine Qualitätsänderung der VOB/A verbunden ist (vgl. oben Rdn. 185).

---

[313] Wegen des Begriffs vgl. *Esser/Weyers* SchuldR II S. 253.
[314] Vgl. *Vogel/Vogel* BauR 1997, 556, 562.
[315] *Lampe-Helbig* FS Korbion S. 249, 256.
[316] LM Nr. 1 zu § 13 VOB/B.
[317] BGH U. v. 25. 1. 1996, VII ZR 233/94, NJW 1996, 1346 = BauR 1996, 378, 381 = ZfBR 1996, 196; U. v. 16. 12. 1982, VII ZR 92/82; BGHZ 86, 142 = NJW 1983, 816 = BauR 1983, 161, 164.
[318] *Ingenstau/Korbion/Vygen* Einl. Rdn. 25, 40; *Nicklisch/Weick* VOB/B Einl. Rdn. 29; *Kaiser* Mängelhaftung Rdn. 11.
[319] *Larenz* Methodenlehre der Rechtswissenschaft, 6. Aufl., S. 433.

B. BGB- und VOB-Bauvertrag als Werkvertragstypen **Einleitung**

Deshalb ist die VOB in ihren Teilen B und C grundsätzlich nur maßgeblich, wenn sie von 257
den Vertragsparteien rechtswirksam zu **Vertragsbestandteilen** erklärt wurde, was individualvertraglich – dabei eventuell auch stillschweigend[320] – geschehen kann. Deren Einbeziehung richtet sich nach § 305 BGB (→ Einl. II Rdn. 20 ff.). Der Teil A der VOB ist für die öffentliche Hand nach Maßgabe der einschlägigen Verwaltungsvorschriften auf der Grundlage der maßgeblichen **Haushaltsordnungen** anzuwenden.[321] Für den Bund bildet § 55 Abs. 1 BHO den Ausgangspunkt; das Weitere regeln die Vorläufigen Verwaltungsvorschriften zur BHO. Dieser Regelung, nach der bei der Vergabe von Lieferungen und Leistungen insbesondere die Verdingungsordnung für Bauleistungen (VOB) anzuwenden ist, entsprechen die Landeshaushaltsordnungen und das kommunale Haushaltsrecht. Für die **EG-weite Vergabe** nach den Abschnitten II bis IV der VOB/A sind seit 1. 1. 1999 §§ 97 ff. GWB und die Vergabeverordnung (VgV vom 22. 2. 1994, BGBl. I S. 321; seit 15. 2. 2003 in der Fassung vom 11. 2. 2003 vorliegend, BGBl. I, 169) einschlägig (vgl. oben Rdn. 183 ff.). Ein Privatmann ist der VOB/A nur in dem Umfang unterworfen, wie er die Bindung hieran im Rahmen der z. B. nach § 15 Abs. 2 Nrn. 6, 7 HOAI bewirkten Einholung von Angeboten vorgesehen hat oder diese auch unabhängig davon z. B. hinsichtlich der Anforderungen an die Leistungsbeschreibung nach den Regeln des Verschuldens bei Vertragsschluss eingreift (vgl. unten Rdn. 298 ff.).

**2. Kein Handelsbrauch, keine Verkehrssitte, im Einzelfall Gewerbeüblichkeit**

Die VOB kann in ihren vertragsrechtlich wirksamen Teilen B und C auch nicht insgesamt 258
als Handelsbrauch oder als Verkehrssitte eingestuft werden. Dagegen spricht bereits rein formal, dass Handelsbrauch gemäß § 346 HGB beachtlich nur im Verkehr unter Kaufleuten ist, was die Baubeteiligten häufig nicht sind (→ Vor § 1 Rdn. 8 ff.). Abgesehen davon fehlt es an einer gleichmäßigen, einheitlichen und freiwilligen Übung über einen längeren, angemessenen Zeitraum.[322] Soweit teilweise Regeln der VOB/B in Verbindung mit Treu und Glauben gebracht und als deren besonderer Ausdruck qualifiziert werden,[323] beruht dies auf der Erkenntnis, dass die VOB/B im Einzelfall einen Anhalt dafür geben kann, was im Bauwesen als **üblich** und den Beteiligten **zumutbar** angesehen werden kann.[324] Die Feststellung einer solchen **Gewerbeüblichkeit** kann sich jedoch ausschließlich auf einzelne VOB/B- und VOB/C-Regelungen beziehen und führt nicht dazu, beide VOB-Teile generell und insgesamt als gewerbeüblich einzustufen.[325] Im Übrigen dürfen nur solche Regelungen der VOB/B und der VOB/C als gewerbeüblich gelten, die den BGB-Regeln nicht widersprechen. Denn die **Gewerbeüblichkeit** bildet lediglich ein Mittel zur **Auslegung** eines Bauvertrages, in dem bestimmte, von der VOB/B oder der VOB/C jedoch erfasste Tatbestände, ungeregelt blieben.[326] Einzelregelungen der VOB/B können auch Ausdruck eines allgemeinen Rechtsgedankens sein. Das trifft z. B. auf § 14 Nr. 4 VOB/B zu, weil die Aufmaßerstellung eine Obliegenheit des Auftragnehmers ist.[327] Gleiches gilt für die Baustellenbeschickung und die Organisation der Baustelle nach § 4 Nr. 2 Abs. 1 Satz 2 VOB/B.

---

[320] BGH LM Nr. 1 zu § 13 VOB/B; LG Berlin BauR 2004, 1781; OLG Stuttgart BauR 1972, 238; *Ingenstau/Korbion* 13. Aufl., Einl. Rdn. 26, 27; → Einl. II Rdn. 21; kritisch zur stillschweigenden Einbeziehung *Werner/Pastor* Rdn. 1015; *Heiermann/Riedl/Rusam* VOB/B § 1 Rdn. 11; *Jagenburg* NJW 1977, 2146; für eine ausdrückliche Einbeziehungsvereinbarung *Ingenstau/Korbion/Vygen,* 15. Aufl., Einl. Rdn. 38.
[321] *Lampe-Helbig/Wörmann* Rdn. 22 ff.
[322] *Ingenstau/Korbion/Vygen* Einl. Rdn. 40.
[323] BGH LM Nr. 1 zu § 13 VOB/B betreffend die Prüfungspflichten; OLG Köln NJW 1973, 2111 betreffend die Grundsätze für die Erstellung einer Rechnung nach § 14 Nr. 1 VOB/B; *Weick* S. 66, 67; *Ingenstau/Korbion/Vygen* Einl. Rdn. 42.
[324] BGH *Schäfer/Finnern* Z 2.0 Bl. 3; OLG München *Schäfer/Finnern* Z 2.0 B. 4; *Weick* S. 66, 67; *Grieger* BauR 2000, 969, 970.
[325] *Ingenstau/Korbion/Vygen* Einl. Rdn. 42; *Korbion* FS Soergel S. 131, 133.
[326] *Ingenstau/Korbion/Vygen* Einl. Rdn. 42; *Korbion* FS Soergel S. 131, 133.
[327] BGH B. v. 5. 6. 1997, VII ZR 54/96, BauR 1997, 1036.

**Einleitung**  VOB Teil B im Gefüge der Verdingungsordnung

259  Beispiele hierfür bilden die **Abrechnungsregeln** nach Abschnitt 5 der jeweiligen gewerkespezifischen ATV, wie auch die Aussagen in Abschnitt 4.1, wonach die dort aufgelisteten Leistungen als **Nebenleistungen** von vornherein zur vertraglich geschuldeten Leistung gehören. Was im Einzelfall als gewerbeüblich zu bezeichnen ist, bedarf der konkreten Feststellung und Überprüfung. Ob z. B. die VOB-Regel, dass Besondere Leistungen ohne ausdrückliche Benennung im Leistungsverzeichnis nicht zur vertraglich geschuldeten Leistung gehören (vgl. oben Rdn. 233 ff.), als gewerbeüblich anzusehen ist, erscheint fraglich und ist von jeweiligen Vertragstyp abhängig. Die Grundsätze der VOB/B können insoweit nicht ohne Weiteres auf einen BGB-Vertrag übertragen werden.[328] Das Ergebnis wird durch die Auslegung bestimmt, wobei mangels Einbeziehung der VOB/B und der VOB/C der **Empfängerhorizont** nicht durch die **VOB als einer Sonderordnung** vorgeprägt ist.

### 3. VOB/B als besondere Allgemeine Geschäftsbedingung

260  Insgesamt belegen die aus der Rechtsprechung ableitbaren Feststellungen hinsichtlich der VOB/B, diese sei nämlich eine Konkretisierung des allgemeinen Grundsatzes von Treu und Glauben, komme in die Nähe der Verkehrssitte und gleiche die betroffenen Interessen einigermaßen aus,[329] dass die VOB/B eine Allgemeine Geschäftsbedingung besonderer Art darstellt (→ Einl. II Rdn. 3 ff.). Diese Geschäftsbedingung begründet in Verbindung mit der VOB/C eine **Sonderordnung/Sonderregelung** für den Bauvertrag. Grundsätzlich entfaltet diese Sonderordnung als Allgemeine Geschäftsbedingung Rechtswirkungen nur bei Einbeziehung nach § 305 BGB (→ Einl. II Rdn. 20 ff.).

### III. Parallelgeltung des BGB-Werkvertragsrechts

261  Erweist sich die VOB als eine Sonderordnung für einen speziellen Lebenssachverhalt, dessen Besonderheiten Anlass für eine eigenständige Vertypung gebildet haben, stellt sich die Frage, ob und in welchem Umfang das **Werkvertragsrecht als Grundtyp** neben der VOB ergänzend **gilt,** oder in welchem Umfang die Sonderordnung den Grundtyp **ersetzt.** Die VOB/B verwirklicht beide Strukturen, weswegen in jedem Einzelfall zu prüfen ist, ob das gesetzte Recht des Grundtyps daneben bestehen bleibt und die VOB/B ergänzt. Dabei spielt eine Rolle, dass auf die VOB/B als Allgemeine Geschäftsbedingung die mit derartigen vorformulierten Bedingungswerken generell verfolgten Zwecke zutreffen, nämlich **Lücken** des BGB zu **füllen** und – soweit der dispositive Grundtypus des BGB unzweckmäßige Regelungen enthält – **Rechtsfortbildung** im Wege der Neuregelung zu betreiben.[330]

### 1. Fortgeltung des BGB

262  Die VOB verdrängt in ihren Teilen A bis C für den Bereich des Bauvertrags das BGB nicht vollständig. Denn die Sonderordnung enthält ihrerseits keine vollständige Regelung aller bauvertraglichen Probleme. Die VOB knüpft in ihren dogmatischen Grundlagen an das BGB an.[331] Schafft die VOB Regelungen für eine spezielle Werkvertragsfigur, bleibt die Regelung nach den Grundsätzen typologischen Denkens dem Werkvertragsrecht in dem Umfang verhaftet oder verbunden, als die Sonderordnung keine Abweichung vom **Grundtypus** vorsieht. Deshalb sind die Vorschriften des Allgemeinen Teils, des Allgemeinen Schuldrechts und des Werkvertragsrechts von Bedeutung. Die Regeln hinsichtlich der Rechtsgeschäftslehre sind ebenso einschlägig wie die Vorschriften für die gegenseitigen Verträge, da der Bauvertrag als Vertrag entsprechend den Lehren zum Vertragsschluss ge-

---

[328] Z.B. hinsichtlich des § 2 Nr. 10 VOB/B die Einschränkung durch *Korbion* in: FS Soergel S. 131, 133, 135.
[329] BGHZ 86, 142 = NJW 1983, 816 = BauR 1983, 161, 164; *Nicklisch/Weick* VOB/B Einl. 29 ff.
[330] Vgl. Palandt/*Heinrichs* Überbl. v. BGB § 305 Rdn. 5, 6; → Vor § 16 Rdn. 45 ff.
[331] *Nicklisch/Weick* VOB/B Einl. Rdn. 39 ff.; *Weick* S. 71.

schlossen und gemäß den Grundsätzen der gegenseitigen Verträge im Störungsfall (§§ 280 ff.; 320 ff. BGB) abgewickelt werden muss. Das Werkvertragsrecht nach §§ 631 ff. BGB bleibt als Begleitrecht konkurrierend einschlägig, weil der Bauvertrag einen Spezialtypus des Werkvertrags (Grundtypus) darstellt, soweit die VOB/B und die VOB/C nicht verdrängende Sonderregelungen aufweisen.

Im Einzelfall besteht das Problem darin, festzustellen, ob die **VOB/B** eine abschließende **263 Sonderregelung** enthält und damit das Werkvertragsrecht des BGB oder sonstige Rechtsinstitute des gesetzten Rechts (wie z. B. Verzugsregelungen oder die Rechtsfigur der positiven Vertragsverletzung) verdrängt.[332]

## 2. Verdrängende Sonderregelung der VOB/B

Denn erfasst die Kategorie Werkvertrag nach §§ 631 ff. BGB eine Vielzahl unterschied- **264** lichster Lebensbeziehungen, kann es gerade Sinn der Sonderregelung sein, für den Spezialtypus Bauvertrag eine abweichende Sonderregelung zu begründen. Verdrängende **Gesetzeskonkurrenz** liegt vor, wenn die VOB/B nach Sinn und Zweck Ausschließlichkeitscharakter für sich in Anspruch nimmt, was mittels einer genauen Analyse der VOB-Bestimmungen zu prüfen ist. Als **verdrängende Sondernormen** erweisen sich z. B. § 1 Nr. 3 und Nr. 4 VOB/B, ebenso § 2 Nr. 3 VOB/B. Verdrängenden Charakter haben die Bestimmungen über die Gewährleistung nach § 13 VOB/B und die Fälligkeitsregeln nach § 16 Nr. 3 VOB/B wobei es allerdings bei der Abnahme als Fälligkeitsvoraussetzung verbleibt (→ Vor § 16 Rdn. 49 ff.; 61). Die Lösung des Problems, ob nach Sinn und Zweck der VOB/B deren konkrete Regelung an Stelle des BGB oder neben den einschlägigen Regelungsbereich des BGB treten soll, um damit über den **Ersetzungs- oder Ergänzungscharakter** der VOB-Regelung befinden zu können, ist von der Beurteilung des jeweiligen konkreten Konkurrenzverhältnisses abhängig.[333]

## C. Gefüge der VOB – Regelungsprinzipien der einzelnen Teile

Die einzelnen Teile der VOB sind vertragsrechtlich unterschiedlicher Struktur. Der **Teil 265 A** befasst sich mit der **Ausschreibung,** der Wertung der Angebote und dem Zuschlag und hat damit das Verfahren bis zum Vertragsschluss zum Gegenstand. Dieser Teil betrifft demnach das vorvertragliche Verhältnis. Strukturiert werden aus vertragsschlussrechtlicher Sicht die Vorschriften ab §§ 145 ff. BGB. Das Regelwerk geht jedoch weit darüber hinaus und befasst sich intensiv mit der Aufforderung zur Angebotsabgabe (Offerte) durch den Bieter (späterer Auftragnehmer im Falle der Zuschlagserteilung). Da das Angebot des Bieters nach § 21 Nr. 1 Abs. 1 VOB/A nur die Preise und die geforderten Erklärungen (§ 8 Nr. 3 Abs. 1 VOB/A) enthalten soll, muss die nachgefragte und dem Wettbewerb unterstellte **Bauleistung eindeutig** und **klar beschrieben** und auch der sonstige Vertragsinhalt bestimmt genug festgelegt sein. Das Ausschreibungsverfahren, dessen Kern die Beschreibung der Leistung nach § 9 VOB/A darstellt, stellt eine besondere Art der geschäftlichen **Kontaktaufnahme** dar, die den Bieter festlegt. Die Aufforderung zur Offerte wird nämlich nach Einfügung der Preise zur Offerte, weswegen der Bieter, dem Änderungen an den Verdingungsunterlagen verboten sind (§ 21 Nr. 1 Abs. 2 VOB/A), sich auf Leistungsbeschreibung, Mengenangaben und sonstige für die Preisberechnung maßgeblichen Umstände verlassen können müssen (§ 9 Nrn. 1, 3 VOB/A). Das maßgebliche Stichwort ist sowohl bei einem öffentlichen Auftraggeber als auch bei einem privaten

---

[332] *Kaiser* Mängelhaftung Rdn. 14 ff.; *Nicklisch/Weick* VOB/B Einl. Rdn. 42; typisch für das Problem die BGH-Rechtsprechung zum Verhältnis zwischen § 6 Nr. 6 VOB/B und § 642 BGB, U. v. 13. 5. 2004, VII ZR 363/02, BGHZ 150, 161 = NJW 2004, 2373 = BauR 2004, 1285 = NZBau 2004, 432 = ZfBR 2004, 684.
[333] *Weick* S. 72, 73; *Nicklisch/Weick* VOB/B Einl. Rdn. 42.

# Einleitung

Auftraggeber, der in Ausrichtung an der VOB/A Bauleistungen ausführt, das Auslegungsvertrauen.[334]

266  Das Ausschreibungsverfahren strukturiert damit das **vorvertragliche Vertrauensverhältnis.** Vertrauensbasis ist neben dem der Ausschreibung zu Grunde liegenden Leistungsbeschreibungstext die VOB mit ihren Teilen B und C; grundlegende **Vertrauensbasis** sind auch die Vergaberegeln der VOB/A, die insbesondere in Vorschriften bezüglich der Zuschlags- und Bindefristen (§ 19 VOB/A), der Prüfung der Angebote (§ 23 VOB/A) und den in § 25 VOB/A enthaltenen Wertungsgrundsätzen ihren Ausdruck finden. So darf der Bieter, der den kalkulierten Preis auf den Mengenangaben im Leistungsverzeichnis aufbaut, darauf bauen, dass § 2 Nr. 3 Abs. 1 VOB/B die Preisänderung bei Mengenänderung sicherstellt. Die Regelung ist eine Ausprägung der Grundsätze des Verschuldens bei Vertragsverhandlungen und geht noch einen Schritt insofern darüber hinaus, als die Preisanpassung verschuldensunabhängig erfolgt.

267  Aus vertragsrechtlicher Sicht ist das Gefüge der Verdingungsordnung unterschiedlicher Struktur. Die Phase bis zum Vertragsschluss kennzeichnet die **Ausschreibung,** die zu den Bewerbern eine finale Sonderbeziehung schafft. Ihr Regelungsgegenstand ist die VOB/A. Bei diesem gesteigerten sozialen Kontakt ist nach den Grundsätzen der **Rechtsfigur der culpa in contrahendo** (§§ 241 Abs. 2, 311 Abs. 2 BGB) gewöhnlich das Geflecht von Schutzpflichten[335] zur Bewahrung des Integritätsinteresses tragend. Demgegenüber ist das mit den Geboten der VOB/A in erster Linie verfolgte Ziel nicht die Bewahrung des **Integritätsinteresses,** sondern der Abschluss eines Bauvertrages mit einem Bieter, nach dessen Angebot eine einwandfreie Ausführung der Leistung einschließlich der Gewährleistung zu erwarten ist.

## I. VOB/A als Vergabe-Regelung

268  Das durch die VOB/A gekennzeichnete vorvertragliche Schuldverhältnis betrifft klar die **Leistungsabrede** und ist deshalb typischerweise von einem vorvertraglichen Schuldverhältnis herkömmlicher Art, dem es um die Bewahrung der nicht in die Leistungsabrede aufgenommenen Rechtsgüter und Vermögensbestände geht,[336] abzugrenzen. Das Ausschreibungsverfahren ist ein besonderes Verfahren mit dem Ziel, Angebote zu erhalten; es regelt die **Grundsätze der invitatio ad offerendum,** bestimmt die Kriterien für die Wertung der eingehenden Angebote und des Zuschlags. Damit dient es der Vorbereitung einer Leistungsbeziehung, innerhalb derer die Leistungsbeschreibung mit Leistungsverzeichnis elementare Bedeutung zukommt.

### 1. Exakte Leistungsbeschreibung und Verdingungsunterlagen

269  Der Nachfrager der Bauleistung wirbt bei den in Betracht kommenden Bewerbern gezielt um die Aufnahme der Sonderbeziehung und der so Angesprochene nimmt die Einladung gezielt an. Der **Bieter** muss zur Abgabe seiner Offerte exakt die vom Einladenden erarbeitete **Leistungsauflistung** verwenden und darf diese nicht abändern (§ 21 Nr. 1 Abs. 2 VOB/A). Damit beherrscht das „Leistungsdenken"[337] diese durch die Leistungsbeschreibung mit Leistungsverzeichnis gekennzeichnete Einladung zur Abgabe eines Angebots. Dieser Ansatz gilt jedenfalls für die in §§ 9–17 VOB/A enthaltenen Prinzipien und wird ab §§ 18 ff. VOB/B von anderen Grundsätzen abgelöst. Das gilt dann erst recht für die bei der Prüfung und Wertung einschlägigen Prinzipien.

---

[334] *Kapellmann/Schiffers* Vergütung Nachträge und Behinderungsfolgen beim Bauvertrag Bd. 1 5. Aufl., Rdn. 128.
[335] *Esser/Schmidt* SchuldR I, Teilband 2, S. 128, 129.
[336] *Esser/Schmidt* SchuldR I, Teilband 2, S. 128.
[337] *Esser/Schmidt* SchuldR I, Teilband 2, S. 130.

C. Gefüge der VOB – Regelungsprinzipien der einzelnen Teile **Einleitung**

Durch die **VgV** (vgl. oben Rdn. 180, 181) wird dieses **vorvertragliche Schuldverhält-** 270
**nis** bei EG-weiten Vergaben einer **gesetzlichen Regelung** zugeführt, womit die Art und
Weise der Begründung des Vertragsverhältnisses gesetzlich geregelt wird. Welche Konsequenzen sich daraus im Einzelnen ergeben, ist gegenwärtig mit den Auswirkungen auf die
weitere Vertragsabwicklung nach der VOB/B noch nicht abschätzbar. Dies gilt z. B. hinsichtlich des § 9 VOB/A, wonach die Leistung eindeutig und erschöpfend so zu beschreiben
ist, dass sie alle Bewerber im gleichen Sinne verstehen müssen und dem Auftragnehmer kein
ungewöhnliches Wagnis aufgebürdet wird (vgl. unten Rdn. 298 ff.). Dabei geht es insbesondere darum, ob der Bieter nach § 823 Abs. 2 BGB eine **geschützte Rechtsposition** erhält
oder die Anspruchssituation weiter auf die Rechtsfigur der culpa in contrahendo (§§ 241
Abs. 2, 311 Abs. 2 BGB) beschränkt bleibt.

§ 10 VOB/A fordert definitive Angaben zu den Vertragsbestandteilen und bestimmt, dass 271
die VOB/B und die VOB/C Bestandteile des Vertrages werden. Das gesamte Vertragswerk
muss im Rahmen der Aufforderung zur Angebotabgabe fix und fertig vorliegen. Dabei gilt
der Grundsatz, dass die VOB/B grundsätzlich unverändert bleiben soll (§ 10 Nr. 2 Abs. 1
VOB/A); besteht bei solchen Auftraggebern, die ständig Bauleistungen vergeben, Ergänzungsbedarf hinsichtlich der bei diesen allgemein gegebenen Verhältnissen, dürfen die hierfür
entwickelten Besonderen oder Zusätzlichen Vertragsbedingungen der VOB/B nicht widersprechen. Mit der VOB/B werden gem. deren § 1 Nr. 1 Satz 2 die Allgemeinen Technischen Vertragsbedingungen für Bauleistungen (ATV) gleichfalls Vertragsbestandteil, so dass
der Bieter zur Prüfung und Kalkulation neben dem Leistungsverzeichnis die VOB/B und
VOB/C als Ausgangspunkt nehmen darf. Die Besonderheiten in Besonderen und Zusätzlichen Vertragsbedingungen, für deren Regelungsgegenstände § 10 Nr. 4 VOB/A Hinweise
erteilt, kommen hinzu.

### 2. Bewertung der Leistungsbeschreibung mit Leistungsverzeichnis mit Rücksicht auf die VOB/C

Die VOB/C beeinflusst die Ausschreibung, den Vertragsinhalt, das Preis-/Leistungsver- 272
hältnis und damit die für die Angebotsabgabe erforderliche Kalkulation. Von eminenter
Praxisbedeutung ist die durch § 1 Nr. 1 Satz 2 VOB/B verfolgte Verknüpfung der Regelungsbereiche der VOB/B und der VOB/C. Das wirkt sich hinsichtlich des Leistungsumfangs gem. § 2 Nr. 1 VOB/B aus: Die für den Preis zu erbringende Leistung wird auch
durch die VOB/C bestimmt. Enthält die Leistungsbeschreibung nähere Details nicht, füllt
die entstehende Lücke die VOB/C auf (vgl. oben Rdn. 231, 232). Die VOB/C wird damit
zum Standardleistungsprogramm, was im Rahmen von § 2 Nr. 1 und Nr. 5 bzw. Nr. 6
VOB/B erhebliche Bedeutung hat. Das bestätigt der jeweilige Abschnitt 0.3 der einschlägigen ATV, wonach dann, wenn andere als die in dieser ATV vorgesehenen Regelungen
getroffen werden sollen, diese in der Leistungsbeschreibung eindeutig und im Einzelnen
anzugeben sind.

Die Lücken des Leistungsverzeichnisses darf der Bieter, der nach dem Gesamtkonzept 273
der durch die Teile A bis C gekennzeichneten Ausschreibung von der Geltung des Teiles
C ausgehen darf, nicht nur für die Zwecke der Kalkulation, sondern auch für die
Festlegung des Vertragsinhalts mit dem Regelwerk der VOB/C auffüllen. Lücken in einen
LV werden deshalb durch die VOB/C auch mit Auswirkungen auf den Teil B geschlossen. Die **VOB/C** konkretisiert damit den Vertragsinhalt, sie statuiert die Normalausführung.[338] Wer als Nachfrager der Bauleistung hiervon Abweichendes nicht will und im
Leistungsverzeichnis Besonderes nicht formuliert, erhält als vertraglich geschuldet diese
Normalausführung. Für diese steht auch der Preis gem. § 2 Nr. 1 VOB/B. Ist z. B. bei
einer Estrichausschreibung nichts zur Festigkeitsklasse ausgesagt, erfolgt die Einbringung

---

[338] Vgl. *Kapellmann/Schiffers* Vergütung Nachträge und Behinderungsfolgen beim Bauvertrag Bd. 1, 5. Aufl., Rdn. 127, 128; *Moufang/Klein* Jahrbuch Baurecht 2004, S. 73, 87 ff.

**Einleitung**   VOB Teil B im Gefüge der Verdingungsordnung

der Mindestfestigkeitsklasse nach der Tabelle 1 der DIN 18353 als der vertraglich geschuldeten Leistung.

274     Eine ähnliche Struktur wird durch die Einteilung des Abschnitts 4 in der VOB/C geschaffen. Die kostenlos zu erbringenden **Nebenleistungen** sind Teil des durch den Preis nach § 2 Nr. 1 VOB/B abgedeckten Leistungsprogramms. Besondere Leistungen werden dafür nicht geschuldet, wenn sie nicht besonders ausgeschrieben sind. Besondere Leistungen sind, wenn sie gefordert werden, Zusätzliche Leistungen und müssen nach § 2 Nr. 6 VOB/B besonders vergütet werden. Denn nach DIN 18299 Abschnitt 4.2 sind Besondere Leistungen solche Leistungen, die nicht Nebenleistungen gemäß Abschnitt 4.1 sind und nur dann zur vertraglichen Leistung gehören, wenn sie in der Leistungsbeschreibung besonders erwähnt sind.[339] Soweit *Putzier*[340] zwischen **fakultativen** und **obligatorischen Besonderen Leistungen** unterscheidet, und auch letztere unter Berufung auf *Oberhauser*[341] ohne Anführung in den Vertragsunterlagen – vor allem im Leistungsverzeichnis – als vom Auftrag erfasst ansieht;[342] bleibt jedenfalls bei einem Einheitspreisvertrag und einem Detailpauschalvertrag die in §§ 2 Nr. 1, 1 Nr. 1 Satz 1 VOB/B getroffene Regelung unbeachtet. Obligatorische Besondere Leistungen sind nach der Qualifizierung von *Putzier* solche, die für die Erzielung des werkvertraglichen Erfolgs absolut notwendig sind. Das allein begründet jedoch nach § 1 Nr. 1 Satz 1 und § 2 Nr. 1 VOB/B nicht die Leistungspflicht des Auftragnehmers nach dem Vertrag; die Erfolgsverpflichtung nötigt nach § 4 Nr. 3 VOB/B zur Anmeldung von Bedenken und nicht dazu, im Rahmen des Angebots bereits bei der Kalkulation die obligatorische Besondere Leistung zu berücksichtigen oder diese Leistungen von sich aus zu erbringen.

### II. Vertragsschluss und Geltung der VOB/B

275     Mit dem Vertragsschluss unter Einbeziehung der **VOB/B als einer Sonderordnung** beurteilen sich die Rechte und Pflichten der Vertragspartner nach den Vorschriften des Teils B der VOB. Das betrifft vor allem die Störungstatbestände in zeitlicher und qualitativer Hinsicht. Primär gilt die VOB/B, sekundär und zur Ergänzung und Vervollständigung können die Regeln des BGB eingreifen (vgl. oben Rdn. 262 ff.). Die VOB/B darf jedoch nicht isoliert, sondern muss auch hinsichtlich vertragsrechtlicher Pflichten und Rechte in **Verbindung mit den VOB/C-Regelungen** gesehen werden. In wichtigen, insbesondere die Vergütung betreffenden Bereichen weicht die VOB/C nämlich von Regelungsprinzipien der VOB/B ab. Nach der **Widerspruchsregelung** in § 1 Nr. 2 lit. e) und f) VOB/B geht in einem solchen Fall die VOB/C vor. In anderen Bereichen erfolgt eine Ergänzung der VOB/B durch die VOB/C.

#### 1. Ergänzende Konfliktbereinigungsregelungen durch die VOB/C

276     Nicht nur die VOB/A, sondern auch die VOB/B ist auf Ergänzung durch die VOB/C angelegt: Die VOB/C konkretisiert Prüfungspflichten nach § 4 Nr. 3 VOB/B. Die VOB/C weist den in § 4 Nr. 3 VOB/B angeführten **Prüfungspflichten** eine bedeutsame Richtung, was allerdings nicht mit abschließender Wirkung geschieht.[343] Der Abschnitt 3 der einschlägigen ATV beginnt meist mit dem Hinweis auf die Beachtung der Prüfungspflichten. Der Abschnitt 3 der ATV betrifft die Ausführung, und diese Ausführung setzt mit dem Hinweis auf die Wahrnehmung der Prüfungsaufgabe ein. Das verschafft den Hinweispflichten nach § 4 Nr. 3 und § 13 Nr. 3 VOB/B einen bedeutsamen Stellenwert.

---

[339] Vgl. *Kapellmann/Schifers* a. a. O. Rdn. 131, 134; *Putzier* Der unvermutete Mehraufwand, S. 105, 106; ders. in: *Kuffer/Wirth* Handbuch des Fachanwalts, S. 290, 291, 311, 312.
[340] In *Kuffer/Wirth* Handbuch des Fachanwalts S. 290, 291.
[341] BauR 2005, 919 ff.
[342] In *Kuffer/Wirth* Handbuch des Fachanwalts S. 313.
[343] BGH U. v. 7. 6. 2001 VII ZR 471/99 NZBau 2001, 495 = BauR 2001, 1414 = NJW-RR 2001, 1102 = ZfBR 2001, 457.

C. Gefüge der VOB – Regelungsprinzipien der einzelnen Teile **Einleitung**

Die VOB/C ergänzt die VOB/B auch im Rahmen von § 3 Nr. 1 VOB/B: Danach hat 277
der Auftraggeber dem Auftragnehmer die für die Ausführung nötigen Unterlagen zu übergeben. Die ATVen sind geeignet diesen Pflichtenkreis zu strukturieren, was zur Konkretisierung bis hinein in § 15 Abs. 2 Nr. 5, § 55 Abs. 2 Nr. 5 oder § 73 Abs. 3 Nr. 5 HOAI führt. Denn wenn die ATVen bestimmte Maßnahmen dem Unternehmer überlassen, bedarf es insoweit nicht der Erledigung durch den Planer im Rahmen der Ausschreibung und der Planung. Das betrifft z. B. die Lieferung von Konstruktionszeichnungen durch den Auftragnehmer nach DIN 18360 Abschnitt 3.1.1.3 oder die Festlegung der Betonzusammensetzung durch den Rohbauunternehmer nach DIN 18331 Abschnitt 3.2. DIN 18386 Abschnitt 3.3 legt dem Unternehmer auf, für behördliche Genehmigungen erforderliche Unterlagen zu besorgen.

**2. Unterschiedliche Strukturen und Tendenzen in den Teilen B und C der VOB/B**

Die Teile B und C sind punktuell unterschiedlich strukturiert. Der Teil B realisiert ein 278
**Anordnungsmodell** des Bauens, das zu einem Konfliktmodell führen kann, der Teil C setzt häufig bei Störungstatbeständen auf ein **Kooperationsmodell**, das mit dem Teil B in Konflikt geraten kann.

a) **Kooperationscharakter des Bauvertrages als Langzeitvertrag.** Die Unter- 279
suchungen von *Nicklisch*[344] haben ergeben, dass der Langzeit- und der Rahmencharakter des Bauvertrages während der gesamten Zeit der Vertragsdurchführung eine intensive und vertrauensvolle Kooperation der Vertragspartner notwendig macht. Bei Meinungsverschiedenheiten über die Notwendigkeit oder die Art und Weise einer Anpassung des Vertrages oder seiner Durchführung an geänderte Umstände, sind alle Vertragspartner grundsätzlich verpflichtet, durch Verhandlungen eine einvernehmliche Beilegung der Meinungsverschiedenheiten zu versuchen.[345] Dass das Kooperationsgebot im Einzelfall auch Konfrontation bedeuten kann, verdeutlicht das Gebot zur Behinderungsanzeige nach § 6 Nr. 1 VOB/B.[346] Ob dem Kooperationsgebot die in der VOB/B gem. § 3 Nr. 1, § 4 Nr. 1, § 2 Nr. 5, Nr. 6 angelegten einseitigen **Anordnungsstrukturen** entsprechen, dem umgekehrt der Anspruch des Auftragnehmers auf Gestellung ausführungsreifer Pläne und das Gebot zur Prüfung und Bedenkenmitteilung korrespondieren, ist fraglich. Ein **Vergleich mit in der VOB/C** gelösten Konfliktlagen bestätigt diese Bedenken. Der Teil C scheint insofern fortschrittlicher zu sein als der Teil B. Allerdings bestehen teilweise sogar in derselben Vorschrift unterschiedliche Ansätze, was im Einzelfall bereinigt werden sollte.

b) **Kooperation nach der VOB/C.** Von der Konzeption der VOB/B unterscheiden 280
sich Regelungen in der VOB/C, die vom Anordnungsmodell abweichen und zum Modell **gemeinsamer Festlegungen** im nicht vorhergesehenen Konfliktfall übergehen. Dort wird echte Kooperation verwirklicht unter Aufgabe des Gedankens, der Auftragnehmer habe einen Anspruch auf Lenkung und Leitung und umgekehrt der Auftraggeber die Pflicht und Befugnis zur einseitigen Disposition. Diese unterschiedlichen Strukturen wirken sich erheblich im **Haftungsfall** wie auch bei **Vergütungsfragen** aus.

**Beispiele nach der DIN 18300 (Erdarbeiten):** Reichen die vertraglich vorgesehenen 281
Maßnahmen für das Beseitigen von Grundwasser, Quellwasser, Sickerwasser u. ä. nicht aus, sind nach Abschnitt 3.3.1 der DIN 18300 die erforderlichen zusätzlichen Maßnahmen **gemeinsam** festzulegen. Diese sind Besondere Leistungen. Damit sind sie – falls nicht im

---

[344] JZ 1984, 757, 763.
[345] BGH U. v. 28. 10. 1999 VII ZR 393/98 BGHZ 143, 89 = NJW 2000, 807 = NZBau 2000, 130 = BauR 2000, 409 = /ZfBR 2000, 1970; zu den Grenzen BGH Nichtannahmebeschluss v. 5. 6. 2003 VII ZR 186/01 NZBau 2003, 433 = BauR 2003, 1383 = ZfBR 2003, 681; vgl. dazu *Fuchs* NZBau 2004, 65 ff.; *Kniffka* Jahrbuch Baurecht 2001, S. 1 ff.
[346] BGH U. v. 21. 10. 1999 VII ZR 185/98 BGHZ 143, 32 = NJW 2000, 1336 = BauR 2000, 722 = NZBau 2000, 187.

### Einleitung
VOB Teil B im Gefüge der Verdingungsordnung

Leistungsverzeichnis enthalten – vertraglich nicht geschuldet (DIN 18299 Abschnitt 4.2) und demnach gem. § 2 Nr. 6 VOB/B gesondert zu vergüten, wenn sie gefordert werden. Diese einseitig angeordnete Maßnahme, von der § 2 Nr. 6 VOB/B ausgeht, ist damit aber nicht mehr darstellbar, wenn sie gemeinsam festzulegen ist. Für die Durchsetzung des Vergütungsanspruchs droht damit aus der Sicht des § 2 Nr. 6 VOB/B Gefahr. Jedoch ist zwischen einer gemeinsamen Festlegung und einer Anordnung, die durch die gemeinsame Festlegung nicht überflüssig wird, zu unterscheiden. Dieses Gebot zu gemeinsamer Festlegung enthält die VOB/C an zahlreichen Stellen, die sich sämtlich durch eine Überraschungs- oder Konfliktsituation kennzeichnen: DIN 18301 Abschnitt 3.3.3; DIN 18303 Abschnitt 3.1.3; DIN 18304 Abschnitt 3.1.5; DIN 18305 Abschnitte 3.1.3 und 3.3.2 sowie 3.4.2, DIN 18311 Abschnitt 3.1.6 und 3. 1. 10 sowie 3.2.3. Auch weitere Stellen sind einschlägig; sie befinden sich allerdings nur selten im Bereich der Hochbau- und der Ausbaugewerke.

282 Die **gemeinsame Festlegung** als Ausdruck einer kooperativen Umgangsform unterscheidet sich auch im Übrigen von der die VOB/B kennzeichnenden Struktur. Dieser liegt die **einseitige Anordnung** durch den Auftraggeber und die Prüfungs- und Bedenkenmitteilungspflicht des Auftragnehmers zu Grunde. Dieses Anordnungsprinzip zeigt sich in der Verpflichtung des Auftraggebers, dem Auftragnehmer ausführungsreife Unterlagen zur Verfügung zu stellen (§ 3 Nr. 1 VOB/B) in der den Auftraggeber gem. § 4 Nr. 1 Abs. 1 VOB/B treffenden **Dispositions- und Koordinationsaufgabe** wie auch darin, dass der Auftraggeber nach § 4 Nr. 1 Abs. 3 VOB/B befugt ist, unter Wahrung der dem Auftragnehmer zustehenden Leitung (§ 4 Nr. 2 VOB/B) Anordnungen zu treffen, die zur vertragsgemäßen Ausführung der Leistung notwendig sind. Das ist ein Modell abgegrenzter Kompetenzen und getrennter Verantwortlichkeiten.

283 Dagegen enthält die VOB/C **Ansätze kooperativer Bauweise,** die bei Fehlschlagen freilich nachteilige Auswirkungen bei der haftungsmäßigen Bewältigung von Störungstatbeständen haben. Da die VOB/B in solchen Fallgestaltungen eine Sonderregelung nicht bereit hält und § 4 Nr. 3, § 13 Nr. 3 VOB/B nicht greifen, ist das Problem im Rückgriff auf allgemeine Regeln zu lösen (§ 254 BGB).

284 c) **Aufhebung von Frontstellungen.** Jedenfalls entfernt sich die VOB/C punktuell von der Frontstellung zwischen Auftraggeber/Planer einerseits und Auftragnehmer andererseits. Der Auftragnehmer wird stärker in die Pflicht genommen und damit § 3 Nr. 1 VOB/B überdeckt. Gerade in der Konfliktsituation soll der Auftragnehmer nicht einen, an sich aus § 3 Nr. 1 VOB/B ableitbaren Anspruch auf Entscheidung durch den Auftraggeber/Planer haben, sondern in den **Entscheidungsfindungsprozess** eingebunden werden. Nach der ständigen Rechtsprechung des BGH[347] gehört es zu den Pflichten des Bauherrn gegenüber dem Bauunternehmer, diesem einwandfreie Pläne und Unterlagen zur Verfügung zu stellen, sowie die Entscheidungen zu treffen, die für die reibungslose Ausführung des Baues unentbehrlich sind, wozu auch die Abstimmung der Leistungen der einzelnen Unternehmer während der Bauausführung (Koordinierungspflicht) gehört.[348] Von diesem VOB/B-Konzept weichen zahllose **VOB/C-Regelungen** ab, wobei es auffällt, dass das **Kooperationsmodell** sich im Bereich Erd- und Wasserbau häuft.

285 d) **Beispiele für diesen Ansatz.** Demonstrieren lässt sich dies z. B. an der DIN 18300 (Allgemeine Technische Vertragsbedingungen für Bauleistungen (ATV) Erdarbeiten, Ausgabe 2006). Nach Abschnitt 3.3.1 hat der Auftragnehmer die erforderlichen Entwässerungsmaßnahmen rechtzeitig auszuführen. Reichen die vereinbarten Maßnahmen für die Beseitigung von Grundwasser, Quellwasser, Sickerwasser u. ä. nicht aus, so sind die erforderlichen zusätzlichen Maßnahmen gemeinsam festzulegen; diese sind Besondere Leistungen (siehe DIN 18300 Abschnitt 4.2.1). Vertragsrechtlich bedeutet dies eine Veränderung der die VOB/B beherrschenden Prinzipien: Der Auftragnehmer hat keinen Anspruch auf Anord-

---

[347] BauR 1972, 112 = NJW 1972, 447.
[348] BGH VersR 1980, 280 = BGH BauR 1970, 57.

C. Gefüge der VOB – Regelungsprinzipien der einzelnen Teile **Einleitung**

nung durch den Auftraggeber, der Auftraggeber hat kein Recht zu einseitiger Festlegung, vielmehr ist vertraglich bindend vorgesehen, dass die Maßnahme von beiden getragen werden muss.

Dieses Prinzip beherrscht auch die Abschnitte 3.5.3, 3.7.4, 3.7.7, 3.8.2 und 3.8.4 derselben DIN-Norm. Davon weichen ab die in den nachfolgend angeführten Abschnitten derselben Regel enthaltenen Vorgehensweisen: 3.1.4, 3.1.5, 3.1.7, 3.5.5, 3.7.2, 3.7.3 und 3.8.3. In den dort bezeichneten Situationen wird nicht gemeinsames, sondern **einseitiges Vorgehen** beschrieben, das in die Grundkonzeption der VOB/B passt. Wenn der Auftragnehmer z. B. nach Abschnitt 3.5.5 das Auftreten von unvorhergesehenen Ereignissen wie Wasserandrang, Bodenauftrieb, Ausfließen von Schichten oder Schäden an der baulichen Anlage, dem Auftraggeber unverzüglich zu melden hat, und die zu treffenden Maßnahmen Besondere Leistungen nach Abschnitt 4.2.1 sind, wird deutlich, dass dieses Konzept von der **einseitig ausübbaren Anordnungskompetenz** ausgeht. Die Frage ist nur, wessen Anordnungskompetenz gemeint ist, die des Auftraggebers oder die Auftragnehmers. Da nach dem Gesamtzusammenhang – gemäß Abschnitt 3.1.1 der DIN 18300 bestimmt der Auftragnehmer die Wahl des Bauverfahrens und des Bauablaufes sowie die Wahl und den Einsatz der Baugeräte – alles dafür spricht, dass der Auftragnehmer die Maßnahme trifft (vgl. auch unten Rdn. 220), erfolgt auch insoweit eine Veränderung der Vergütungsregelung der VOB/B durch die VOB/C. Ausdrückliche Kompetenzregelungen zugunsten des Auftraggebers enthalten z. B. DIN 18301 Abschnitt 3.4.2, DIN 18303 Abschnitt 3.2.2, DIN 18304 Abschnitt 3.5.2, DIN 18309 Abschnitt 3.1.5.

**286**

### 3. Modifikationen der VOB/B durch die VOB/C

Nicht nur konstruktiv, sondern auch im **vergütungsrechtlich** erheblichen Teil kommt es zu Modifikationen der VOB/B durch die VOB/C. § 2 Nr. 6 VOB/B darf nicht als eine unverrückbare Aussage eingestuft werden; Regelungen nach Maßgabe der VOB/C modifizieren die Anspruchsvoraussetzungen des § 2 Nr. 6 VOB/B.

**287**

**a) Veränderungen im Vergütungsbereich.** Belegen lässt sich dies z. B. anhand der DIN 18301, Allgemeine Technische Vertragsbedingungen für Bauleistungen (ATV) – Bohrarbeiten Ausgabe 2006, Abschnitt 3.3.3. Diese Vorschrift lautet: „Außergewöhnliche Erscheinungen, z. B. in der Beschaffenheit und Farbe des Bodens, im Geruch oder in der Färbung des Wassers, Wasser- oder Bodenauftrieb, Austreten des Wassers über Gelände, starkes Absinken des Wasserspiegels, Gasvorkommen, Hohlräume im Boden, sind genau zu beobachten, dem Auftraggeber unverzüglich anzuzeigen, und, sofern ein Schichtenverzeichnis zu liefern ist, dort zu vermerken. Die sofort notwendigen Sicherungen hat der Auftragnehmer unverzüglich zu treffen. Die weiteren Maßnahmen sind gemeinsam festzulegen. Die getroffenen und die weiteren Maßnahmen sind Besondere Leistungen (siehe Abschnitt 4.2.1)."

**288**

Diese Regelung geht mit den Festlegungen in § 2 Nr. 6 VOB/B nicht konform. Nach der VOB/B-Vorschrift erhält der Auftragnehmer diese Leistungen, die insgesamt als Besondere Leistungen eingestuft werden, nur vergütet, wenn sie vom **Auftraggeber gefordert** werden. Außerdem muss der Auftragnehmer zur Sicherung seines Vergütungsanspruchs diesen zuvor ankündigen. Bei den unverzüglich vorzunehmenden notwendigen Sicherungen ist nach der **VOB/C-Regelung** jedoch gerade **keine Anordnung** abzuwarten. Die Maßnahme ist einseitig auszuführen. Deshalb ist die Besondere Leistung hier wegen der nach § 1 Nr. 2 lit. e) VOB/B vorrangigen DIN 18301 auch ohne Anforderung durch den Auftraggeber zu vergüten. Ob nach der Vorschrift auch von der Anzeigeverpflichtung Abstand genommen wird, ist nicht eindeutig erkennbar. Insoweit dürfte es jedoch eher bei der Maßgeblichkeit des § 2 Nr. 6 VOB/B verbleiben. Grundsätzlich vergleichbare Regelungen, die den Auftragnehmer in einer unvorhersehbaren Situation zu einem sofortigen oder unverzüglichen Tätigwerden ohne Anordnung seitens des Auftraggebers bei Einordnung derartiger Leistungen als Besondere Leistungen verpflichten, finden sich auch z. B. in DIN 18300

**289**

### Einleitung
VOB Teil B im Gefüge der Verdingungsordnung

Abschnitt 3.8.4, DIN 18305 Abschnitt 3.1.3, DIN 19311 Abschnitt 3.1.6, DIN 18312 Abschnitt 3.1.6 sowie 3.4.2. und DIN 18313, Abschnitt 3.1.8 und 3.4.3. Neben einer damit begründeten Modifikation der Vergütungsvoraussetzungen nach § 2 Nr. 6 VOB/B kommt eine solche der Vergütungsvoraussetzungen nach § 2 Nr. 8 Abs. 2 VOB/B in Betracht.

**290** **b) Sonstige Regelungen hinsichtlich des Vergütungsbereichs.** Auch sonst stellt sich die Frage, ob anderweitige Regelungen der VOB/C die Voraussetzungen der Vergütungsregelung nach § 2 Nr. 6 VOB/B nicht unbeträchtlich abändern. Wenn es z. B. in Abschnitt 3.5.5 der DIN 18300 heißt, dass unvorhergesehene Ereignisse, z. B. Wasserandrang, Bodenauftrieb, Ausfließen von Schichten, Schäden an der baulichen Anlage, dem Auftraggeber unverzüglich anzuzeigen und die zu treffenden Maßnahmen Besondere Leistungen seien, stellt sich die Frage, ob deren Vergütung von einer Anforderung durch den Auftraggeber und von einer Vergütungsanzeige abhängig sein sollen, was § 2 Nr. 6 VOB/B verlangt. Die genannten VOB/C-Regelung scheint die Anspruchsvoraussetzungen eher abzuändern. Eine ähnliche Situation regelt der Abschnitt 3.1.3 der DIN 18304 (Rammarbeiten) der wie folgt heißt: „Stellt sich während der Ausführung heraus, dass die vorgesehenen Längen der Pfähle, Träger oder Bohlen zu kurz oder zu lang sind, hat der Auftragnehmer dies dem Auftraggeber unverzüglich anzuzeigen. Die zu treffenden Maßnahmen sind Besondere Leistungen." In derselben Norm sind in den Abschnitten 3.1.5 und 3.1.7 vergleichbare Konfliktlagen geregelt. Für einen Sondertatbestand in Abweichung von den Vergütungsvoraussetzungen nach § 2 Nr. 6 VOB/B spricht, dass der Unternehmer die Wahl des Rammverfahrens bestimmt (DIN 18304 Abschnitt 3.1.2), wozu die in Abschnitt 3.1.7 genannten Maßnahmen jedenfalls teilweise gehören, und damit eine Anordnung des Auftraggebers strukturell ausscheidet.

**291** **c) Veränderungen im Bereich des Technikstandards.** Die meisten[349] vertreten den Standpunkt, dass bei einem **Widerspruch** zwischen den Bestimmungen der **VOB/C** und den **anerkannten Regeln der Technik** letztere vorgingen. Dabei haben die angeführten Autoren regelmäßig den Fall im Auge, dass eine VOB/C-Vorschrift von der technischen Entwicklung überholt worden ist. Dies berechtigt jedoch nicht dazu, generell eine Nachrangigkeit der VOB/C gegenüber den allgemein anerkannten Regeln der Technik zu postulieren.

**292** Dagegen spricht bereits die **Widerspruchsregelung** in § 1 Nr. 2 lit. e) und f) VOB/B. Danach gehen die Allgemeinen Technischen Vertragsbedingungen für Bauleistungen, also die VOB/C, den Allgemeinen Vertragsbedingungen für die Ausführung von Bauleistungen vor; die letztgenannten nehmen aber in § 4 Nr. 2 und § 13 Nr. 1 VOB/B die anerkannten Regeln der Technik in Verweisung. Im Übrigen beziehen sich VOB/C-Normen stellenweise auch auf Regeln der Technik, die den **Stand der Technik** repräsentieren, und machen damit fortschrittlichere Verfahrensweisen (→ § 4 Nr. 2 Rdn. 61, 62) zum Maßstab für die Ausführung. Das ist z. B. der Fall in der DIN 18349 Abschnitt 3.1.1, wo auf die Richtlinie für Schutz und Instandsetzung von Betonbauteilen[350] verwiesen wird, die hinsichtlich der dort angeführten Instandsetzungsmethoden nicht immer den anerkannten Regeln der Technik entspricht (z. B. Chloridextraktion). Der damit entstehende Widerspruch zwischen den Anforderungen nach §§ 4 Nr. 2, 13 Nr. 1 VOB/B ist zu Gunsten der Maßgeblichkeit des in der Richtlinie repräsentierten Technikstandards zu lösen. Ähnliches galt nach der DIN 18331 Abschnitt 3.1.1, wo am Ende auf die DIN V ENV 206, einer Europäischen Vornorm, verwiesen worden ist. Die Fassung der DIN 18331 2006 wie auch schon die Fassung 2005 verweist auf die DIN EN 2061.

**293** Letztlich muss in solchen Widerspruchsfällen der maßgebliche, vertraglich geschuldete Technikstandard im Wege der **Vertragsauslegung** ermittelt werden. Die Widerspruchs-

---

[349] *Lampe-Helbig* FS Korbion S. 249, 261; *Kleine-Möller/Merl* § 2 Rdn. 210; *Heiermann/Riedl/Rusam* VOB/B § 4 Rdn. 38; *Ingenstau/Korbion/Oppler* VOB/B § 4 Nr. 2 Rdn. 42.
[350] Herausgegeben vom Deutschen Ausschuss für Stahlbeton (DAfStb) NA Bau. – Fachbereich 07 im DIN, Deutsches Institut für Normung e. V. Scharrenstraße 2–3, 10178 Berlin, zu beziehen bei Beuth-Verlag.

regelung nach § 1 Nr. 2 VOB/B greift nur, wenn andere Auslegungshilfen ergebnislos sind (→ § 1 Nr. 2 Rdn. 10). Es ist auch nicht gesagt, dass ein Auftraggeber, der sich bewusst für die Geltung einer bestimmten VOB/C-Regelung mit einer bestimmten Ausführungsweise entschieden hat, die von anderen Bauweisen abgelöst worden ist, denen nunmehr das Gütesiegel allgemein anerkannte Regel der Technik zuerkannt wird, die Wertung akzeptiert, dass die VOB/C-Regelung hinter die anerkannte Regel der Technik zurücktreten soll. **Vertragsrechtlich** muss der Allgemeinen Technischen Vertragsbedingung für Bauleistungen Priorität vor einer anerkannten Regel der Technik zukommen. Denn letztere gelten nur im Wege der Vermittlung einer Vertragsregelung, der damit Vorrang zukommt. Im Übrigen geht das Vertragsrecht Regelungen nach Technikordnungen schon deshalb vor, weil die anerkannten Regeln der Technik Ausdruck der gewöhnlichen Verwendungseignung i. S. d. § 13 Nr. 1 VOB/B, § 633 Abs. 2 Satz 2 BGB sind, und Vertragsregeln die vertraglich vorausgesetzte Verwendungseignung bestimmen.

## D. Anspruch auf Vertragsschluss? – Schadensersatzanspruch

Die VOB verschafft dem Bieter gegen den Auftraggeber, der sich den Vergaberegeln der VOB unterwirft, **keinen Anspruch** auf einen Vertragsschluss.[351] Würden die Vergaberegeln nach § 25 Nr. 3 Abs. 3 VOB/A bei richtiger Anwendung zum Zuschlag mit einem bestimmten Bieter führen, der nicht berücksichtigt worden ist, bildet ausschließlich der **Schadensersatzanspruch** nach den Regeln des Verschuldens bei Vertragsverhandlungen die Sanktion. Hieran hat sich auch bei einer EG-weiten Ausschreibung und Vergabe über die VgV nichts geändert. Denn die mit der Inkorporation verbundene Geltung der VOB/A als materielles Gesetz (vgl. oben Rdn. 180, 181) hat lediglich dazu geführt, dass die gebotene Beachtung der Vergaberegeln nicht mehr auf einer bloßen Verwaltungsübung, sondern auf gesetzlicher Grundlage beruht. Hierdurch wurde weder ein Anspruch auf Zuschlagserteilung, noch ein solcher auf Beachtung der Vergaberegeln begründet.

**294**

### I. Kein Anspruch auf Vertragsschluss

Da auch die öffentliche Hand bei der Vergabe von Bauaufträgen nicht im Rahmen des öffentlichen, sondern des **Privatrechts** tätig wird, besteht weder für die öffentliche Hand noch für den Bieter eine Sonderstellung.[352] Eine solche wurde bis 31. 12. 1998 auch nicht durch die VgV begründet, denn in Folge der Inkorporation der VOB/A wurde die Ausschreibung lediglich für die fiskalischen Zwecke der öffentlichen Hand einer gesetzlichen Regelung zugeführt.[353] Mit der Regelung bis 31. 12. 1998 hat der Gesetzgeber ausdrücklich das Ziel verfolgt, individuelle, einklagbare **Rechtsansprüche** des Bieters **nicht entstehen** zu lassen.[354] Der Teil A der VOB gab weder als Verwaltungsvorschrift, noch als materiellrechtliche Regelung über die VgV einen klagbaren Anspruch.[355] Denn die VOB/A blieb in jedwedem rechtlichen Gewand lediglich dem Gebot sparsamer Haushaltsführung verpflichtet und dient grundsätzlich nicht dem Schutz des einzelnen Bewerbers.[356] In Folge der Neuregelung durch § 97 Abs. 7 GWB (ab 1. 1. 1999 in Kraft getreten) wurden zwar zu Gunsten der Bieter subjektive Rechte auf Einhaltung der für das Vergabeverfahren geltenden Regeln begründet. Hinsichtlich des Zuschlags und damit der Auftragserteilung bedeutet dies

**295**

---

[351] BGH U. v. 5. 11. 2002 X ZR 232/00 BauR 2003, 240 = NZBau 2003, 168 = ZfBR 2003, 194 = VergabeR 2003, 163.
[352] *Lampe-Helbig/Zeit* BauR 1988, 659, 662.
[353] KG BauR 1995, 837, 840.
[354] BT-Drucks. 12/4636 S. 12; KG BauR 1995, 837, 840; *Hailbronner* WiVerw 1994, 173, 232 ff.
[355] *Ingenstau/Korbion/Vygen* Einl. Rdn. 44.
[356] BGH NJW 1980, 180 = BauR 1980, 63; *Ingenstau/Korbion/Vygen* Einl. Rdn. 44.

**Einleitung** VOB Teil B im Gefüge der Verdingungsordnung

auch die Einhaltung der Regeln nach § 25 VOB/A. Das schließt jedoch Ansprüche auf Erteilung eines Auftrags nicht ein,[357] sondern begründet bei Verstoß gegen bieterschützende Vergabebestimmungen einen Schadensersatzanspruch nach § 126 GWB.

### II. Kein Schadensersatzanspruch nach § 823 Abs. 2 BGB

296 Die VOB/A stellt im Rahmen nationaler Vergaben **kein Schutzgesetz** i. S. d. § 823 Abs. 2 BGB dar. Hierunter ist nach der ständigen Rechtsprechung des BGH[358] eine Norm zu verstehen, die nach Zweck und Inhalt wenigstens auch auf den Schutz von Individualinteressen vor einer bestimmten Art ihrer Verletzung ausgerichtet ist. Nicht ausreichend ist, dass der Individualschutz durch Normbefolgung als Reflex objektiv erreicht werden kann. Vielmehr muss der Individualschutz im Aufgabenbereich der Norm liegen.[359] Als Verwaltungsvorschrift, die das Innenverhältnis betrifft,[360] schied die VOB/A von vornherein als ein Schutzgesetz aus. Denn ihre bloß innerdienstliche Verbindlichkeit konnte unmittelbar Rechtswirkungen nach außen nicht begründen. Deshalb ergeben sich allein daraus, dass ein öffentlicher Auftraggeber gegen Vorschriften der VOB/A verstößt, keine unmittelbaren Rechtswirkungen,[361] was die Unanwendbarkeit des § 823 Abs. 2 BGB begründet.

297 Eine Änderung der Anspruchssituation ist bis 31. 12. 1998 nicht dadurch eingetreten, dass die VOB/A im **Anwendungsbereich der VgV** Normencharakter erhalten hat. Denn mit der VgV sollten subjektive Rechte nicht begründet werden, weswegen ein derartiger zielgerichteter Individualschutz der Bewerber auch nicht der VOB/A unterstellt werden darf.[362] Dies hat sich durch § 97 Abs. 7 GWB für EU-Vorgaben oberhalb der Schwellenwerte geändert. Der Schutzbereich erfasst jedoch nur die Einhaltung des Vergabeverfahrens.

### III. Schadensersatzanspruch aus Verschulden bei Vertragsverhandlungen

298 Nach den Regeln des Verschuldens bei Vertragsverhandlungen kann sich der Auftraggeber, der den Vergaberegeln nach der VOB/A unterworfen ist oder sich diesen – wie ein privater Auftraggeber – freiwillig unterstellt hat,[363] schadensersatzpflichtig machen. Das gilt auch für öffentlich-rechtliche Körperschaften.[364] Denn die **VOB/A** kann, wenn sie Grundlage einer Ausschreibung ist, **mittelbar** über die Rechtsfigur des Verschuldens bei Vertragsschluss **Rechtswirkungen** begründen.[365] § 57 b Abs. 6 Haushaltsgrundsätzegesetz knüpfte hieran an, wenn es dort hieß: „Die Regelungen über die vor den ordentlichen Gerichten geltend zu machenden Schadensersatzansprüche bei Verstößen gegen Vergabevorschriften bleiben unberührt." Erforderlich ist, dass der Ausschreibende **Vorschriften** der VOB/A verletzt, die wenigstens auch dem **Schutz des Bieters zu dienen** bestimmt sind.[366] Das ist z. B. bezüglich der Anforderungen an die Vollständigkeit und Eindeutigkeit der Leistungs-

---

[357] *Ingenstau/Korbion/Vygen* Einl Rdn. 53; *Kaelble* ZfBR 2003, 657; anders OLG Düsseldorf BauR 1999, 741, 742.
[358] U. v. 26. 2. 1993 V ZR 74/92 BGHZ 122, 1, 3 = NJW 1993, 1580; BGH NJW 1985, 812 und 2195, 2196.
[359] BGHZ 122, 1, 3 = NJW 1993, 1580.
[360] BGH U. v. 21. 11. 1991, VII ZR 203/90, BGHZ 116, 149 = NJW 1992, 827 = BauR 1992, 221 = ZfBR 1992, 67; zur Makulatur dieser Entscheidung infolge des neuen Vergaberechts seit 1. 1. 1999 vgl. *Quack* FS Kraus S. 211.
[361] KG BauR 1995, 837, 840.
[362] Vgl. KG BauR 1995, 837, 840; BT-Drucks. 12/4636 S. 12; a. A. *Kapellmann/Langen* Einführung in die VOB/B 5. Aufl., S. 13.
[363] BGH U. v. 21. 2. 2006 X ZR 39/03 BauR 2006, 1140, 1141.
[364] BGH BauR 1992, 761, 762; BGH NVwZ 1990, 403, 406.
[365] BGH U. v. 21. 11. 1991, VII ZR 203/90, BGHZ 116, 149 = NJW 1992, 827 = BauR 1992, 221 = ZfBR 1992, 67.
[366] BGH NJW 1994, 850 = BauR 1994, 236, 238 = ZfBR 1994, 115.

D. Anspruch auf Vertragsschluss? – Schadensersatzanspruch **Einleitung**

beschreibung nach § 9 VOB/A zu bejahen,[367] ist aber auch hinsichtlich der in § 25 VOB/A beschriebenen Wertungskriterien gegeben.[368]

Das zur gegenseitigen Rücksichtnahme verpflichtende **vertragsähnliche Vertrauens-** 299
**verhältnis** wird bereits mit der Aufforderung zur Angebotsabgabe begründet, weswegen der Nachfrager der Bauleistung (Auftraggeber) schon in der Vorbereitung und erst recht in der Abwicklung des Ausschreibungsverfahrens Sorgfaltsregeln zu beachten hat.[369] Die **VOB/A** erweist sich dabei als Ausprägung dieser **vorvertraglichen Sorgfaltspflichten.**[370] Durch eine den Regeln der VOB/A folgende Ausschreibung und die Beteiligung eines Bieters am Ausschreibungsverfahren kommt zwischen den Vertragspartner ein vertragsähnliches Vertrauensverhältnis zustande, das zu gegenseitiger Rücksichtnahme verpflichtet und auf beiden Seiten Sorgfaltspflichten begründet, deren schuldhafte Verletzung zu Schadensersatzführen kann.[371]

Der Verstoß gegen die VOB/A in ihren zumindest auch **drittschützenden Vorschrif-** 300
**ten** stellt jedoch allein keine anspruchsbegründende Schutzpflichtverletzung dar. Für einen Anspruch aus Verschulden bei Vertragsschluss ist erst haftungsbegründend, dass der Bieter in seinem schutzwürdigen **Vertrauen** auf die Einhaltung der VOB/A **enttäuscht** worden ist.[372] Ein Vertrauen ist in diesem Sinne nur gegeben, wenn der Bieter den maßgeblichen Verstoß gegen die VOB/A nicht erkannt hat. Außerdem muss sein **Vertrauen schutzwürdig** sein. Das ist in der Regel nicht der Fall, wenn er den Verstoß bei der ihm im jeweiligen Fall zumutbaren Prüfung hätte erkennen können.[373] Diesen Vertrauensaspekt hält *Erdl*[374] nach Inkrafttreten des neuen Vergaberechts am 1. 1. 1999 jedenfalls für EG-Vergaben deshalb nicht mehr für einschlägig, weil der mit dem neuen Vergaberecht gemäß § 97 Abs. 7 GWB eingeführte Anspruch auf Einhaltung der Vergaberegeln durch § 280 Abs. 1 BGB unabhängig von Vertrauensgesichtspunkten schadensersatzrechtlich sanktioniert wird. Das überzeugt jedoch deshalb nicht, weil zu den in § 126 Satz 2 GWB genannten weitergehenden Schadensersatzansprüchen der Anspruch aus § 311 Abs. 2, § 241 Abs. 2 BGB gehört, der Bietervertrauen und dessen Schutzwürdigkeit voraussetzt.[375] § 126 GWB setzt allerdings für den Bereich der EG-Vergaben als eigenständige Anspruchsgrundlage kein schutzwürdiges Bietervertrauen voraus. Dass jedenfalls für den Anspruch aus § 311 Abs. 2, § 241 Abs. 2 BGB (Verschulden bei Vertragsverhandlungen) bei Ableitung aus Verstößen des Auftraggebers gegen § 9 VOB/A schützenswertes Vertrauen des Bieters, der schließlich auch den Zuschlag erhält, erforderlich ist, belegt *Quack* eindringlich.[376] *Quack* hält § 9 VOB/A bei einer gegen deren Gebote vertoßenden Ausschreibung nicht für geeignet, denjenigen Bieter, der den Zuschlag erhalten hat, vor den zivilrechtlichen Folgen seiner vertragsrechtlichen Erklärungen durch schadensersatzrechtlichen Kompensationen zu schützen. Im Grunde genommen schließt auch *Quack* solche Schadensersatzansprüche dann aus, wenn der Bieter um den Verstoß der Vergabestelle gegen § 9 VOB/A weiß, wenn das Bild vom ertappten Dopingsünder verwendet wird. Jedenfalls ist für den BGH die Schutzwürdigkeit des Bieters Voraussetzung für einen Schadensersatzanspruch, der seinen Grund in der Verletzung des Vertrauens des Bieters darauf findet, dass das Vergabeverfahren nach den einschlägigen Vorschriften des Vergaberechts abgewickelt wird. Ein solches berechtigtes und schutzwürdiges Vertrauen entfällt, wenn der Bieter bei der ihm im jeweiligen Fall zumutbasren Prüfung erkannt hat oder hätte erkennen müssen, dass der Auftraggeber von den für ihn geltenden Regeln abweicht. Darüber hinaus verdient sein Vertrauen auch dann keinen Schutz, wenn

---

[367] BGH NJW 1994, 850 = BauR 1994, 236, 238; vgl. auch *Cuypers* BauR 1994, 426 ff., 429.
[368] *Drittler* BauR 1994, 451 ff.
[369] *Jäckle* NJW 1990, 2520, 2524; *Drittler* BauR 1994, 451.
[370] *Dähne* FS Soergel S. 21, 24; *Drittler* BauR 1994, 451.
[371] BGH U. v. 24. 4. 1977, VII ZR 106/95, NJW 1997, 1107 = BauR 1997, 636.
[372] BGH BauR 1987, 683 = NJW-RR 1987, 1306 = ZfBR 1987, 237.
[373] BGH NJW 1994, 850 = BauR 1994, 236, 238 = ZfBR 1994, 115.
[374] In: FS Kraus S. 285, 297.
[375] BGH U. v. 3. 6. 2004, X ZR 30/03, VergabeR 2004, 604, 607; KG NZBau 2004, 167, 168.
[376] In: FS Kraus S. 211 ff.

### Einleitung

**302** Diese Einschränkung wirkt sich gerade bei **Unzulänglichkeiten in der Leistungsbeschreibung** nach § 9 VOB/A in Verbindung mit dem Abschnitt 0 der jeweiligen gewerkespezifischen VOB/C-Vorschriften aus. Einmal steht dem Auftragnehmer mit den in diesem Abschnitt enthaltenen Katalogpunkten ein Prüfungsraster zur Verfügung, dessen vorwerfbare Nichtbeachtung zur Schutzunwürdigkeit des Vertrauens führt.[378] Zum anderen kommt es darauf an, ob der Ausschreibende die zur Erreichung der in der VOB/A formulierten Ziele notwendigen und vor allem zur Verfügung stehenden Informationen sorgfältig ausgewertet und der Ausschreibung zu Grunde gelegt hat. Dabei ist auf die **Sicht zurzeit der Ausschreibung** und nicht auf erst im Zuge der Bauerrichtung gewonnene Erkenntnisse abzuheben.[379]

sich ihm die ernsthafte Gefahr eines Regelverstoßes des Auftraggebers aufdrängen muss, ohne dass die Abweichung schon sicher erscheint.[377]

**303** Der Auftragnehmer erhält damit über die Rechtsfigur der culpa in contrahendo nicht ein Mittel an die Hand, um erkennbare **Bieterrisiken,** deren Ausgleichung mit Vergütungsansprüchen nach § 2 Nr. 5 oder Nr. 6 VOB/B nicht gelingt, anderweitig zu entschärfen. Denn der Nachfrager einer Bauleistung ist nicht gehalten, den Bietern das Risiko einer Kalkulation der technischen Anforderungen der eigenen Leistung vollständig abzunehmen.[380]

**304** Der Schadensersatzanspruch aus Verschulden bei Vertragsverhandlungen geht gewöhnlich auf den Ersatz des **negativen Interesses,** im einzelnen Fall aber auch auf das **positive Interesse** und damit den entgangenen Gewinn. Ein solcher Anspruch ist jedenfalls dann begründet, wenn bei Beachtung der Vergaberegeln an der Zuschlagserteilung kein vernünftiger Zweifel besteht.[381] Der übergangene Bieter hat Anspruch auf das positive Interesse, wenn er bei ordnungsgemäßer Durchführung des Vorgabeverfahrens den Zuschlag hätte erhalten müssen.[382] Voraussetzung für einen **Erfüllungsanspruch** ist jedoch außerdem, dass der ausgeschriebene Auftrag auch tatsächlich erteilt worden ist; denn ein Bieter muss damit rechnen, dass die Vergabe des Auftrags unterbleiben kann.[383] Im Übrigen ist zu bedenken, dass ein Anspruch auf Zuschlag nicht besteht.[384] Den Hintergrund für diesen Anspruch bildet, dass ein Teilnehmer an einer Auschreibung darauf vertraut, dass die Vorschriften der VOB/A eingehalten werden. Das gilt nicht nur für einen öffentlichen Auftraggeber, sondern auch für **einen privaten Auftraggeber,** der erklärt, dass er die von ihm vorgenommene Ausschreibung nach den Regeln der VOB/A durchführen werde. Damit begründet der private Auftraggeber in derselben Weise wie ein öffentlicher Auftraggeber Vertrauen bei denjenigen, die sich an dem Ausschreibungsverfahren beteiligen. Ein solcher Teilnehmer vertraut berechtigterweise darauf, dass sich der Ausschreibende wie ein öffentlicher Auftraggeber an die Regeln der VOB/A halten werde, es sei denn, die Ausschreibungsunterlagen enthalten entsprechende Einschränkungen.[385] Will der Ausschreibende nur Teile der VOB/A angewendet wissen, muss dies zum Ausdruck gebracht werden.

---

[377] U. v. 3. 6. 2004 X ZR 30/03, VergabeR 2004, 604, 607; U. v. 16. 4. 2003, X ZR 67/00, VergabeR 2002, 463 und 365; U. v. 12. 6. 2001, X ZR 150/99, VergabeR 2001, 293, 297.
[378] BGH NJW 1994, 850 = ZfBR 1994, 115 = BauR 1994, 236, 238.
[379] BGH NJW 1994, 850 = ZfBR 1994, 115 = BauR 1994, 236, 238.
[380] BGH NJW-RR 1987, 1306 = BauR 1987, 683 = ZfBR 1987, 237; BGH NJW 1994, 850 = ZfBR 1994, 116 = BauR 1994, 236, 239.
[381] BGH BauR 1993, 214 = ZfBR 1993, 77 = NJW 1993, 520; OLG Düsseldorf BauR 1989, 195; der BGH hat die Revision gegen dieses Urteil nicht angenommen; vgl. auch *Feber* BauR 1989, 553; *Dähne* FS Korbion S. 21, 29.
[382] BGH NJW 1993, 520 = BauR 1993, 214 = ZfBR 1993, 77; OLG Düsseldorf BauR 1990, 257; *Jäckle* NJW 1990, 2520, 2524; *Vygen* Bauvertragsrecht Rdn. 87.
[383] BGH U. v. 21. 2. 2006 X ZR 39/03, BauR 2006, 1140; BGH U. v. 16. 12. 2003, X ZR 282/02, NJW 2004, 2165 = VergabeR 2004, 480 = BauR 2004, 883 = ZfBR 2004, 404.
[384] BGH U. v. 21. 2. 2006, X ZR 39/03, BauR 2006, 1140, BGH U. v. 5. 11. 2002, X ZR 232/00, BauR 2003, 240 = NZBau 2003, 168 = ZfBR 2003, 194 = VergabeR 2003, 163.
[385] BGH U. f. 21. 2. 2006, X ZR 39/03, BauR 2006, 1140, 1141.

# Vor § 1

## VOB Teil B:
## Allgemeine Vertragsbedingungen für die Ausführung von Bauleistungen

### § 1 Art und Umfang der Leistung

1. Die auszuführende Leistung wird nach Art und Umfang durch den Vertrag bestimmt. Als Bestandteil des Vertrags gelten auch die Allgemeinen Technischen Vertragsbedingungen für Bauleistungen (VOB/C).
2. Bei Widersprüchen im Vertrag gelten nacheinander:
    a) die Leistungsbeschreibung,
    b) die Besonderen Vertragsbedingungen,
    c) etwaige Zusätzliche Vertragsbedingungen,
    d) etwaige Zusätzliche Technische Vertragsbedingungen,
    e) die Allgemeinen Technischen Vertragsbedingungen für Bauleistungen,
    f) die Allgemeinen Vertragsbedingungen für die Ausführung von Bauleistungen.
3. Änderungen des Bauentwurfs anzuordnen, bleibt dem Auftraggeber vorbehalten.
4. Nicht vereinbarte Leistungen, die zur Ausführung der vertraglichen Leistung erforderlich werden, hat der Auftragnehmer auf Verlangen des Auftraggebers mit auszuführen, außer wenn sein Betrieb auf derartige Leistungen nicht eingerichtet ist. Andere Leistungen können dem Auftragnehmer nur mit seiner Zustimmung übertragen werden.

## Vorbemerkung § 1

### Übersicht

| | Rdn. | | Rdn. |
|---|---|---|---|
| A. Sinn und Zweck der Vorschrift | 1–28 | 1. Bauleistungen | 31 |
| I. Verhältnis zu § 631 BGB | 2 | 2. Arbeiten | 34 |
| II. Ergänzende Anwendung der Vorschriften des BGB | 4 | 3. Bauarbeiten | 35 |
| III. Anwendbarkeit des HGB | 7 | II. Umfang der Leistung | 36 |
| 1. Kaufmannseigenschaft des Auftragnehmers | 8 | 1. Die Leistung als vertragliche Gesamtleistung | 37 |
| a) Auftragnehmer als Ist- oder Musskaufmann | 9 | 2. Eine Leistung/Leistungen als Teil der vertraglichen Gesamtleistung | 38 |
| aa) Bauunternehmer | 10 | 3. Teilleistung als Position des Leistungsverzeichnisses | 39 |
| bb) Bauhandwerker | 12 | III. Ziel der Leistung | 40 |
| b) Kann- oder Formkaufmann | 13 | 1. Bauliche Anlage | 41 |
| 2. Anwendbare Vorschriften des HGB | 16 | 2. Bauwerke | 42 |
| a) Werkvertrag | 18 | C. Geltungsbereich der VOB/B | 44–77 |
| b) Werklieferungsvertrag | 21 | I. Leistungen, für die die VOB/B vereinbart werden kann | 45 |
| aa) Herstellung vertretbarer Sachen | 22 | 1. Werkverträge über Bauleistungen (§§ 631 ff. BGB) | 46 |
| bb) Herstellung nicht vertretbarer Sachen | 24 | a) Arbeiten „bei Bauwerken" | 47 |
| c) Anwendung des Kaufrechts (§ 651 BGB n. F.) | 28 | b) Bauvorbereitungs- und Schutzmaßnahmen | 49 |
| B. Begriff der Leistung beim VOB-Vertrag | 29–43 | c) Arbeiten „an einem Grundstück" | 50 |
| I. Art der Leistung | 30 | | |

# Vor § 1

Vorbemerkung § 1. Art und Umfang der Leistung

| | Rdn. | | Rdn. |
|---|---|---|---|
| 2. Werklieferungsverträge über Bauleistungen (§ 651 Abs. 1 a. E. BGB a. F.) | 51 | b) Vergabe nach Leistungsbeschreibung mit Leistungsprogramm | 61 |
| a) Rechtliche Problemstellung | 51 | c) Schlüsselfertigbau mit Planungsverpflichtung des General- und Totalunternehmers | 62 |
| b) Anwendung des Kaufrechts (§ 651 BGB n. F.) | 53 a | | |
| 3. Fertighausverträge | 54 | 2. Bauträgerverträge | 66 |
| 4. Unselbständige Planungsleistungen | 55 | 3. Bausatzverträge | 69 |
| II. Nicht unter die VOB/B fallende Leistungen | 57 | 4. Reine Lieferverträge nach Kaufrecht | 71 |
| 1. Selbständige Planungsleistungen | 58 | 5. Überlassung von Baugerät mit oder ohne Bedienungspersonal | 75 |
| a) Architekten- und Ingenieurverträge | 59 | | |

**Literatur:** *Bartsch,* Die korrekte Vereinbarung der VOB/B, BB 1982, 1699; *Becher,* Zur Rechtsnatur der Verträge über Bausatzhäuser zum Selbstbauen, BauR 1980, 493; *Beckmann/Glose,* Irrtumsanfechtung bei der Mängelrüge nach § 377 HGB, BB 1989, 857; *Böggering,* Rechtsfragen des Baucontrolling, BauR 1983, 402; *Breyer,* Die Vergütung von „anderen Leistungen" nach § 1 Nr. 4 Satz 2 VOB/B, BauR 1999, 459; *Brych,* VOB-Gewährleistung im Bauträgervertrag, NJW 1986, 302; *v. Craushaar,* Der Liefer- und Montagevertrag, FS Korbion, 1986, 27; *Cuypers,* Leistungsbeschreibung, Ausschreibung und Bauvertrag, BauR 1997, 27; *Dausner,* Die Leistungsbeschreibung und VOB – Pflichten des Auftraggebers zur Vermeidung von Schäden an Leitungen, BauR 2001, 713; *Doerry,* Bauträgerschaft, Baubetreuung und Bautreuhandschaft sowie Prospekthaftung bei Baumodellen in der Rechtsprechung des BGH, WM-Sonderbeilage 8/1991; *Ebenroth/Autenrieth,* Der Kaufmann im Baugewerbe, BauR 1980, 211; *Enders,* Existenz und Umfang eines Abänderungsrechts des Bestellers beim BGB-Bauvertrag, BauR 1982, 535; *Englert/Grauvogl,* Die Anwendung der VOB/C im Bauvertrag ATV DIN 18301 – Bohrarbeiten, Jahrbuch Baurecht 2000, 174; *dies.,* Die Anwendung der VOB/C im Bauvertrag – DIN ATV 18302 – Brunnenarbeiten, Jahrbuch Baurecht 2001, 263; *Festge,* Zur Bedeutung der anerkannten Regeln der Technik für den vertraglichen Leistungsumfang und die vertragliche Vergütung, BauR 1990, 322; *Franke,* Die neue VOB und ihre Auswirkungen – Zur neuen ATV DIN 18299, ZfBR 1988, 204; *Grauvogl,* Die VOB Teil C und der Bauvertrag, Jahrbuch Baurecht 1998, 315; *Hamacher,* Rechtsprobleme beim Einsatz von Autokränen, BB 1992, 1540; *Hanhart,* Wahl-, Misch- und andere nicht genau gefasste Vertragspositionen, Seminar „Ausschreibung und Kalkulation", Deutsche Gesellschaft für Baurecht e. V., Bd. 18, 1991, 41; *Hesse,* Vereinbarung der VOB für Planungsleistungen, ZfBR 1980, 259; *Hofmann,* Vergaberechtliche und vertragsrechtliche Fragen bei Nebenangeboten im Bauwesen, ZfBR 1984, 259; *W. Jagenburg,* Stand der Technik gestern, heute, morgen? Der für die anerkannten Regeln der Technik maßgebliche Zeitpunkt, FS Korbion, 1986, 179; *ders.,* Anerkannte Regeln der Technik auf dem Prüfstand des Gewährleistungsrechts, Jahrbuch Baurecht 2000, 200; *W. Jagenburg/Pohl,* DIN 18195 und anerkannte Regeln der Technik am Beispiel der Bauwerksabdichtung mit Bitumendickbeschichtungen, BauR 1998, 1075; *Kamphausen,* Zur Unverzichtbarkeit anerkannter Regeln der Technik – Testfall: Bitumendickbeschichtungen, Jahrbuch Baurecht 2000, 218; *G. Kaiser,* Die handelsrechtliche Rügelast des Bestellers im Schnittpunkt zwischen HGB und privatem Baurecht, ZfBR 1983, 155; *Kappertz,* Anwendung des Begriffs der anerkannten Regeln der Technik, Festschrift Mantscheff, 2000, 241; *Keldungs,* Die Rechtsprechung der Oberlandesgerichte zum privaten Baurecht 2002, ZfBR 2003, 627; *Kemper,* Nachträge und ihre mittelbaren Bauzeitauswirkungen – Zur rechtlichen Behandlung von Bauverzögerungen bei geänderten oder zusätzlichen Leistungen; NZBau 2001, 238; *Konopka/Acker,* Schuldrechtsmodernisierung: Anwendungsbereich des § 651 BGB im Bau- und Anlagenbauvertrag, BauR 2004, 251; *Korbion,* Die Vereinbarung der VOB/B für planerische Leistungen, FS Locher, 1990, 127; *Kraus,* Ansprüche des Auftragnehmers bei einem durch Vorunternehmer verursachten Baustillstand, BauR 1986, 17; *Lammel,* Zu Widersprüchen in Bauverträgen, BauR 1979, 109; *Lampe-Helbig,* Die Verdingungsordnung für Bauleistungen (VOB) und der Bauvertrag, FS Korbion, 1986, 249; *Leinemann,* VOB-Bauvertrag: Leistungsverweigerungsrecht des Bauunternehmers wegen fehlender Nachtragsbeauftragung?, NJW 1998, 3672; *Lenzen,* Bauvertrag verkehrt, Besonderheiten des Abbruchvertrages, Festschrift Jagenburg, 2002, 491; *Liepe,* Nachtragsbeauftragung lediglich dem Grunde nach?, BauR 2003, 320; *Mantscheff,* Sind die DIN 182001/202 anerkannte Regeln der Technik?, Festschrift Jagenburg, 2002, 529; *Marbach,* Der Anspruch auf Vergütungsänderung gem. § 2 Nr. 5 VOB/B, ZfBR 1989, 1 = Seminar „Vergütungsansprüche aus Nachträgen – ihre Geltendmachung und Abwehr", Deutsche Gesellschaft für Baurecht e. V., 1989, 38; *ders.,* Der Anspruch des Auftragnehmers auf Vergütung der Kosten der Bearbeitung von Nachtragsforderungen im VOB-Bauvertrag, BauR 2003, 1794; *Maurer,* Die Anwendung der VOB/C im Bauvertrag ATV DIN 18303 – Verbauarbeiten, Jahrbuch Baurecht 2002, 277; *Mehrings,* Einbeziehung der VOB in den Bauträgervertrag, NJW 1998, 3457; *Motzke,* Installierung eines Heizöltanks als Arbeit bei einem Bauwerk, NJW 1987, 363; *ders.,* Parameter für Zusatzvergütung bei zusätzlichen Leistungen – Eine Auseinandersetzung mit dem Urteil „Konsolträgerüst" des BGH, NZBau 2002, 641; *Noch,* Die Abgrenzung öffentlicher

A. Sinn und Zweck der Vorschrift

Bauaufträge von den Liefer- und Dienstleistungsaufträgen, BauR 1998, 941; *Parmentier,* Die anerkannten Regeln der Technik im privaten Baurecht, BauR 1998, 207; *Piel,* Zur Abgrenzung zwischen Leistungsänderung (§§ 1 Nr. 3, 2 Nr. 5 VOB/B) und Behinderung (§ 6 VOB/B), FS Korbion, 1986, 349; *Preussner,* Das neue Werkvertragsrecht im BGB 2002, BauR 2002, 231; *Prieß,* Die Leistungsbeschreibung – Kernstück des Vergabeverfahrens, Teil 1, NZBau 2004, 20, Teil 2, NZBau 2004, 87; *Putzier,* Der Leistungsbegriff der VOB, Festschrift v. Craushaar, 1997, 349; *Quack,* Zur Leistungsbeschreibung im Bauvertrag. Die Bedeutung der baubetrieblichen Sicht für die vertragsrechtliche Leistungsbeschreibung, ZfBR 2003, 315; *ders.,* VOB/A und VOB/C sollten von privaten Auftraggebern nicht vereinbart werden, BauR 2003, 1290; *Riedl,* Die Vergütungsregelung nach VOB unter besonderer Berücksichtigung der Rechtsprechung, ZfBR 1980, 1; *Roquette,* Sonderprobleme bei Nachträgen, BauR 2003, 1097, *Roquette/Paul,* Vollständigkeitsklauseln: Abwälzung des Risikos unvollständiger oder unrichtiger Leistungsbeschreibungen auf den Auftragnehmer, NZBau 2001, 57; *Rusam,* Anforderungen an die Leistungsbeschreibung zur Vermeidung von Nachträgen, Seminar „Vergütungsprozesse aus Nachträgen – ihre Geltendmachung und Abwehr", 147; *Schelle,* Wahlrecht (§§ 262 ff. BGB) und VOB, BauR 1989, 48; *F. Schmidt,* Ende der VOB/B im Bauträgervertrag, BauR 1986, 53; *Schmitz,* Die Vereinbarung der VOB/B in Verträgen mit Nichtkaufleuten, ZfBR 1979, 184; *Schulze-Hagen,* Aktuelle Probleme des Bauträgervertrages, BauR 1992, 320; *ders.,* Die Anwendung von §§ 1 Nr. 3, 2 Nr. 5 VOB/B einerseits und §§ 1 Nr. 4, 2 Nr. 6 VOB/B andererseits, FS Soergel, 1993, 259; *ders.,* Der Wohnungsbauvertrag und die VOB-Vereinbarung, Festschrift v. Craushaar, 169; *Sienz,* Die Neuregelungen im Werkvertragsrecht nach dem Schuldrechtsmodernisierungsgesetz, BauR 2002, 181; *Stammbach,* Einhaltung der anerkannten Regeln der Technik als Ersatz-Leistungsmaßstab, BauR 1998, 482; *Stewing/Schütze,* Irrtumsanfechtung bei der Mängelrüge nach § 377 HGB, BB 1989, 2130; *Tempel,* Die Einbeziehung der VOB/B und VOB/C in den Bauvertrag – Zugleich ein Beitrag zum Erfordernis der „Möglichkeit zumutbarer Kenntnisnahme" i. S. von § 305 II Nr. 2 BGB, NZBau 2003, 465; *Thode,* Die wichtigsten Änderungen im BGB-Werkvertragsrecht: Schuldrechtsmodernisierungsgesetz und erste Probleme, Teil 1, NZBau 2002, 297, Teil 2, NZBau 2002, 360; *Ulbrich,* Rügepflicht nach HGB bei Anwendung von Werkvertragsrecht?, NZBau 2002, 600; *Vogel/Vogel,* Die VOB/C und das AGB-Gesetz – terra incognita, BauR 2000, 345; *Voit,* Die Änderungen des allgemeinen Teils des Schuldrechts durch das Schuldrechtsmodernisierungsgesetz und ihre Auswirkungen auf das Werkvertragsrecht, BauR 2002, 145; *Vygen,* Rechtliche Probleme bei Ausschreibung, Vergabe und Abrechnung von Alternativ- und Eventualpositionen, BauR 1992, 135; *ders.,* Behinderungen des Auftragnehmers und ihre Auswirkungen auf die vereinbarte Bauzeit, BauR 1983, 210; *ders.,* Behinderungen des Bauablaufs und ihre Auswirkungen auf den Vergütungsanspruch des Unternehmers, BauR 1983, 414; *ders.,* Behinderungen des Auftragnehmers durch verspätete oder mangelhafte Vorunternehmerleistungen, BauR 1989, 387; *Weinkamm,* Bauträgervertrag und VOB/B, BauR 1986, 387; *ders.,* Gewährleistungsfrist beim Bauträgervertrag bei Zugrundelegung der VOB/B, BauR 1992, 585; *Will,* Bauherrenaufgaben: Projektsteuerung nach § 31 HOAI contra „Baucontrolling", BauR 1984, 333; *Weick,* Allgemeine Geschäftsbedingungen oder Verkörperung von Treu und Glauben? Zum Bild der VOB in Rechtsprechung und Literatur, FS Korbion, 1986, 451.

## A. Sinn und Zweck der Vorschrift

§ 1 VOB/B regelt **Art und Umfang** der Leistung, die der Auftragnehmer gegenüber dem Auftraggeber zu erbringen hat. Die Vorschrift bestimmt damit den Inhalt der **Leistungspflicht des Auftragnehmers.**[1] Über die Pflichten des Auftraggebers, insbesondere die von diesem zu erbringende Gegenleistung, ist in § 1 VOB/B nichts gesagt.[2] Die Einzelheiten der vom Auftraggeber geschuldeten Vergütung sind in § 2 VOB/B geregelt.

### I. Verhältnis zu § 631 BGB

Das BGB-Werkvertragsrecht enthält **keine** entsprechenden Vorschriften. § 631 Abs. 1 BGB besagt lediglich, dass durch den Werkvertrag der Unternehmer (von der VOB und im Folgenden „Auftragnehmer" genannt) zur Herstellung des **versprochenen Werkes** verpflichtet wird, und der Besteller (von der VOB und im Folgenden „Auftraggeber" genannt) zur Entrichtung der vereinbarten Vergütung (→ § 2). Art und Umfang der Leistung, die zur Herstellung des versprochenen Werkes erforderlich ist, sind in § 631 Abs. 1 BGB jedoch nicht geregelt.

---

[1] *Ingenstau/Korbion/Keldungs* VOB/B § 1 Rdn. 3; *Nicklisch/Weick* VOB/B § 1 Rdn. 2.
[2] *Ingenstau/Korbion/Keldungs* a. a. O.

**Vor § 1**            Vorbemerkung § 1. Art und Umfang der Leistung

3    § 1 VOB/B baut also auf § 631 Abs. 1 BGB auf, indem er das, was zur Herstellung des versprochenen Werkes erforderlich ist, den **Inhalt** der Leistungspflicht des Auftragnehmers, unter Berücksichtigung der Besonderheiten des Bauvertrages[3] im Einzelnen ausgestaltet.[4]

Daraus ergibt sich, dass § 631 Abs. 1 BGB als **Basisvorschrift** allgemeiner Art auch beim VOB/B-Vertrag gilt und als Grundlage für die weitergehenden Einzelregelungen des § 1 VOB/B über Art und Umfang der Leistung des Auftragnehmers ebenso **vorausgesetzt** wird wie für die Bestimmung des § 2 VOB/B bezüglich der vom Auftraggeber geschuldeten Vergütung.

### II. Ergänzende Anwendung der Vorschriften des BGB

4    Soweit die Regelungen der VOB/B reichen, sind sie grundsätzlich **abschließend,** z. B. hinsichtlich der Vergütung (§ 2 VOB/B) sowie Haftung (§§ 4 ff. VOB/B) und Gewährleistung (§ 13 VOB/B). Im Einzelnen wird insoweit – auch wegen der Ausnahmen – auf die diesbezüglichen Kommentierungen verwiesen.

5    Das schließt jedoch nicht aus, dass in Fragen, zu denen die VOB/B keine Regelungen enthält oder die sie erkennbar nicht abschließend regelt, **ergänzend** die gesetzlichen Bestimmungen heranzuziehen sind. Insoweit kommen vor allem die Bestimmungen des Allgemeinen Teils des BGB in Betracht (§§ 1 bis 240 BGB), insbesondere die Vorschriften über Rechtsgeschäfte (§§ 104 ff. BGB), weiter die Regelungen des Allgemeinen Schuldrechts (§§ 241 bis 432 BGB) einschließlich der **§§ 320 ff. BGB,** soweit §§ 8, 9 VOB/B keine sie ausschließenden, vorrangigen Bestimmungen enthalten, und schließlich die Vorschriften des Werkvertragsrechts (§§ 631 bis 651 BGB).[5]

6    Voraussetzung für die Anwendung der VOB/B ist außerdem in jedem Fall ein **wirksamer Bauvertrag.**[6] Wenn und soweit es an einem solchen fehlt, finden ergänzend die Regelungen des Rechts der Geschäftsführung ohne Auftrag (§§ 677 ff. BGB) und die Vorschriften über die ungerechtfertigte Bereicherung Anwendung (§§ 812 ff. BGB).

### III. Anwendbarkeit des HGB

7    Die Vorschriften des HGB sind nur anwendbar, wenn beide Parteien Kaufleute sind, das Geschäft für sie ein beiderseitiges Handelsgeschäft im Sinne von § 343 HGB ist und die VOB/B keine vorrangigen Sonderregelungen enthält.[7]

#### 1. Kaufmannseigenschaft des Auftragnehmers

8    Insoweit ist gemäß §§ 1 ff. HGB zu unterscheiden zwischen der Eigenschaft als Ist- oder Musskaufmann nach Art oder Umfang des Gewerbebetriebes (§ 1 HGB), als Kannkaufmann kraft Eintragung (§ 2 HGB) und als Formkaufmann kraft Gesetzes (§ 6 HGB).

9    **a) Auftragnehmer als Ist- oder Musskaufmann.** Istkaufmann ist nach § 1 Abs. 1 HGB, wer ein Handelsgewerbe betreibt. Was ein Handelsgewerbe ist, definiert § 1 Abs. 2 HGB nach Inkrafttreten des HRefG 1998 nicht mehr als einen Katalog von Grundhandelsgewerben, sondern einheitlich danach, ob das Unternehmen nach Art oder Umfang einen in kaufmännischer Weise eingerichteten Geschäftsbetrieb erfordert.[8]

Die widerlegbare Vermutung geht auf Vorliegen eines Handelsgewerbes.[9]

---

[3] *Ingenstau/Korbion/Keldungs* Vor VOB/B Rdn. 11.
[4] Vgl. *Heiermann/Riedl/Rusam* VOB/B § 1 Rdn. 1 ff.; *Leinemann/Roquette* VOB/B § 1 Rdn. 1.
[5] Vgl. *Heiermann/Riedl/Rusam* VOB/B § 1 Rdn. 2 a ff. mit ausführlicher Darstellung der Änderungen durch das Schuldrechtsmodernisierungsgesetz.
[6] *Ingenstau/Korbion/Keldungs* Vor VOB/B Rdn. 9; *Heiermann/Riedl/Rusam* VOB/B § 1 Rdn. 1.
[7] *Ingenstau/Korbion/Keldungs* Vor VOB/B Rdn. 11.
[8] *Baumbach/Hopt* HGB § 1 Rdn. 5.
[9] *Baumbach/Hopt* a. a. O.

A. Sinn und Zweck der Vorschrift

**aa) Bauunternehmer.** Die vor Inkrafttreten der HRefG 1998 vertretene Ansicht, dass ein Bauunternehmer kein Handelsgewerbe im Sinne des § 1 HGB a. F. betreibe, trifft nach der Reform des Handelsrechts nicht mehr zu. Nach § 1 Abs. 1 HGB n. F. ist Kaufmann, wer ein Handelsgewerbe betreibt. Nach der Legaldefinition des § 1 Abs. 2 HGB n. F. ist ein Handelsgewerbe **jeder Gewerbebetrieb,** sofern das Unternehmen einen nach Art oder Umfang **in kaufmännischer Weise eingerichteten Geschäftsbetrieb** erfordert. Regelmäßig wird ein Gewerbe als erkennbar planmäßige, auf Dauer angelegte, selbständige, auf Gewinnerzielung ausgerichtete oder jedenfalls wirtschaftliche Tätigkeit am Markt unter Ausschluss freiberuflicher, wissenschaftlicher oder künstlerischer Tätigkeit definiert.[10] Diese Voraussetzungen wird ein Bauunternehmer regelmäßig erfüllen. Auch das Erfordernis einer kaufmännischen Einrichtung des Gewerbebetriebs wird der Bauunternehmer regelmäßig erfüllen. Kaufmännische Einrichtung bedeutet vor allem: kaufmännische Buchführung und Bilanzierung, Firma, kaufmännische Ordnung der Vertretung und kaufmännische Haftung.[11]

Kriterien dafür sind **Art der Geschäftstätigkeit** (z. B. Vielfalt der Erzeugnisse und Leistungen und der Geschäftsbeziehungen, Inanspruchnahme und Gewährung von Kredit, Teilnahme am Wechselverkehr, aktiv oder passiv am Frachtverkehr, lokale oder weiträumigere Tätigkeit, umfangreiche Werbung, größere Lagerhaltung)[12] oder **Umfang der Geschäftstätigkeit** (z. B. Umsatzvolumen, Anlage- und Umlaufvermögen, Zahl und Funktion der Beschäftigten, Schichtbetrieb, Größe und Organisation, Größe des Geschäftslokals, Zahl und Organisation der Betriebsstätten).[13]

Abgrenzungsschwierigkeiten können sich nur ergeben, wenn ein Freiberufler (z. B. Architekt) zugleich ein Bauunternehmen betreibt. Liegt ein derartiger gemischter Betrieb vor, ist eine **Gesamtbetrachtung des Unternehmens** vorzunehmen. Ist danach für einen wesentlichen Teilbetrieb eine kaufmännische Einrichtung erforderlich, liegt ein Handelsgewerbe für den Gesamtbetrieb vor.[14]

**bb) Bauhandwerker.** Die vor Inkrafttreten des HRefG 1998 notwendige Unterscheidung danach, ob der Schwerpunkt der handwerklichen Tätigkeit in der Herstellung des Werkes selbst oder in der vorgefertigten oder katalogmäßigen Lieferung von Waren, hinter der Einbau bzw. Montage als Werkleistung zurücktritt, liegt, ist durch § 1 Abs. 2 HGB n. F. überflüssig geworden. Jeder Handwerker ist Gewerbetreibender, bei Erforderlichkeit einer kaufmännischen Einrichtung des Unternehmens ist er auch ohne Eintragung **Istkaufmann.**[15]

**b) Kann- oder Formkaufmann.** Betreibt der Bauhandwerker nur ein **Kleingewerbe** (bei einem Bauunternehmer wird dies regelmäßig nicht der Fall sein), kann er Kannkaufmann durch Eintragung gemäß § 2 HGB sein.

Sowohl Bauunternehmer als auch Bauhandwerker können Formkaufmann kraft Gesetzes nach § 6 HGB sein, z. B. im Falle einer GmbH, AG, KGaA und eingetragener Genossenschaft.

Dagegen ist für die OHG und KG ein Handelsgewerbe im Sinne des § 1 Abs. 2 HGB erforderlich (§§ 105 Abs. 2, 161 Abs. 2 HGB), anderenfalls entstehen sie erst durch Eintragung.

## 2. Anwendbare Vorschriften des HGB

Sind beide Parteien, Auftraggeber und Auftragnehmer, Kaufleute, ist das Geschäft für sie ein **beiderseitiges Handelsgeschäft** im Sinne von § 343 HGB und enthält die VOB/B

---

[10] *Baumbach/Hopt* HGB § 1 Rdn. 12.
[11] *Baumbach/Hopt* § 1 Rdn. 23.
[12] *Baumbach/Hopt* a. a. O.
[13] *Baumbach/Hopt* a. a. O.
[14] Vgl. *Baumbach/Hopt* HGB § 1 Rdn. 20, 28 ff.
[15] *Baumbach/Hopt* HGB § 1 Rdn. 26.

keine vorrangigen Sonderregelungen, so sind die Vorschriften des HGB ergänzend anwendbar. Welche Vorschriften dafür im Einzelnen in Betracht kommen, ist jedoch unterschiedlich und hängt davon ab, ob es sich bei dem Geschäft um einen Werkvertrag oder einen Werklieferungsvertrag (§ 651 BGB a. F.) handelt bzw. das Kaufrecht Anwendung findet (§ 651 BGB n. F.).

17  Die **Abgrenzung** war entsprechend § 651 BGB a. F. danach vorzunehmen, ob der Auftragnehmer das Werk aus einem von ihm zu beschaffenden Stoff herstellt (Werklieferungsvertrag, § 651 Abs. 1 BGB a. F.) oder lediglich Zutaten oder sonstige Nebensachen beschafft (Werkvertrag, § 651 Abs. 2 BGB a. F.).

§ 651 BGB in der Form des Schuldrechtsmodernisierungsgesetzes kennt diese **Unterscheidung nicht mehr.** Nach § 651 Satz 1 BGB n. F. ist auf einen Vertrag, der die Lieferung herzustellender oder zu erzeugender beweglicher Sachen zum Gegenstand hat, grundsätzlich Kaufrecht anzuwenden. Soweit es sich dabei jedoch um nicht vertretbare Sachen handelt, sind aus dem Werkvertragsrecht die §§ 642, 643, 645, 649 und 650 BGB n. F. anzuwenden. Das bedeutet, dass künftig Werkvertragsrecht im Wesentlichen nur noch auf die Herstellung eines Bauwerks, auf Arbeiten an einem Grundstück, auf Reparaturarbeiten – unabhängig davon, ob an einer beweglichen oder unbeweglichen Sache – und auf nicht körperliche Werke anzuwenden ist.[16]

18  a) **Werkvertrag.** Ein Werkvertrag liegt insbesondere vor im Verhältnis des Auftragnehmers zum Auftraggeber als Grundstückseigentümer, aber auch im Verhältnis von Generalunternehmer/Bauträger zum Nachunternehmer/Subunternehmer, wenn und soweit dieser seine Lieferungen und Leistungen **unmittelbar** für das Bauwerk erbringt, also selbst einbaut. Denn dann sind die vom Auftragnehmer beschafften Baustoffe, die er für die Errichtung des Bauwerks verwendet, lediglich Zutaten und/oder **Nebensachen** im Sinne von § 651 Abs. 2 a. F. BGB, weil das Baugrundstück, auf dem das Bauwerk errichtet wird, die „Hauptsache" ist.[17] Wegen des unmittelbaren Bauwerksbezugs der Lieferungen und Leistungen des Auftragnehmers finden deshalb ausschließlich die Vorschriften über den Werkvertrag Anwendung.[18]

19  In diesen Fällen kommen, wenn beide Parteien Kaufleute sind und das Geschäft für sie ein beiderseitiges Handelsgeschäft ist, **ergänzend** die Vorschriften der §§ 343 bis 372 HGB über Handelsgeschäfte zur Anwendung, insbesondere § 346 (Handelsbrauch), § 348 (Vertragsstrafe ohne Möglichkeit der Herabsetzung), §§ 349, 350 (formfreie Bürgschaft ohne Einrede der Vorausklage), §§ 352, 353 (Kaufmannszinsen ab Fälligkeit), § 362 (Schweigen als Zustimmung), § 366 (gutgläubiger Erwerb von beweglichen Sachen) und §§ 369 ff. HGB (kaufmännisches Zurückbehaltungsrecht).

20  **Unanwendbar** sind, wenn ein Werkvertrag vorliegt, dagegen die Vorschriften der §§ 373 bis 381 HGB über den Handelskauf, vor allem also § 377 HGB über die kaufmännische Untersuchungs- und Rügepflicht.[19] Der Grund dafür ist allerdings nicht, dass insoweit „die VOB zur Erfüllungs- und Gewährleistungsverpflichtung ausdrückliche, abschließende Bestimmungen enthält",[20] denn die diesbezüglichen Regelungen der VOB/B sind nicht mehr und nicht weniger abschließend als die entsprechenden Bestimmungen des BGB, die die Anwendbarkeit der Vorschriften des HGB, soweit deren Voraussetzungen vorliegen, ebenfalls nicht ausschließen. Der Grund für die Unanwendbarkeit des § 377 HGB auf den Bau- und Werkvertrag liegt vielmehr darin, dass diese Vorschrift nach der ausdrücklichen Regelung des § 381 Abs. 2 HGB zwar auf den Werklieferungsvertrag anwendbar ist, dagegen auf den Werkvertrag keine Anwendung findet.

---

[16] *Heiermann/Riedl/Rusam* VOB/B § 1 Rdn. 1 f.
[17] Vgl. MünchnKomm/*Soergel* BGB (bis 3. Aufl. 1997) § 651 Rdn. 5/6 m. N.
[18] Vgl. BGH BB 1971, 1386/1387 (Lieferung und Einbau einer Heizungsanlage für eine Kfz-Halle als Werkvertrag).
[19] Vgl. z. B. BGH a. a. O.; *Kaiser* ZfBR 1983, 155 ff.; *Ingenstau/Korbion/Keldungs* Vor VOB/B Rdn. 11.
[20] So zu Unrecht *Ingenstau/Korbion/Keldungs* a. a. O.

A. Sinn und Zweck der Vorschrift                                         **Vor § 1**

b) **Werklieferungsvertrag** (§ 651 BGB a. F.). Im Gegensatz zum Werkvertrag, bei dem   21
die vom Auftragnehmer gelieferten Stoffe auch eingebaut und durch den so geschaffenen
unmittelbaren Bauwerksbezug im Verhältnis zum Baugrundstück des Auftraggebers zu
Nebensachen werden, ist der Werklieferungsvertrag dadurch gekennzeichnet, dass **kein
unmittelbarer Bauwerksbezug** vorliegt. Der vom Auftragnehmer zu beschaffende Stoff
stellt dann die Hauptsache dar, weil der Auftragnehmer aus ihm zwar ein Werk herstellt,
dieses aber lediglich liefert, nicht auch auf dem Baugrundstück in das Bauwerk einbaut. Das
in diesem Sinne hergestellte Werk, dessen Einbau und Montage anschließend anderweitig
erfolgen, ist bis dahin eine bewegliche Sache.

aa) **Herstellung vertretbarer Sachen.** Das auf Grund Werklieferungsvertrages her-   22
gestellte Werk kann eine vertretbare Sache sein, die im Verkehr nach Zahl, Maß oder
Gewicht bestimmt zu werden pflegt (§ 91 BGB). Dies ist vor allem bei **serienmäßiger**
Herstellung der Fall.[21]

Gemäß § 651 Abs. 1 Satz 2, 1. Hs. BGB a. F. finden dann die Vorschriften des **Kauf-**   23
**rechts** Anwendung, und zwar einschließlich derjenigen über den Handelskauf (§§ 373 ff.
HGB), also auch die über die kaufmännische Untersuchungs- und Rügepflicht nach
§ 377 HGB. Sie können nicht formularmäßig abbedungen werden.[22]

bb) **Herstellung nicht vertretbarer Sachen.** Gegenstand eines Werklieferungsvertrages   24
kann aber auch eine nicht vertretbare Sache sein, die **individuell** nach bestimmten Wünschen und Vorgaben des Bauherrn/Auftraggebers hergestellt wird.[23] Im Baubereich spielt
diese Form des Werklieferungsvertrages vor allem im Verhältnis des Auftragnehmers zum
Nachunternehmer/Lieferant eine Rolle, wenn der Auftragnehmer entsprechend den Vorstellungen des Bauherrn/Auftraggebers für ein bestimmtes Bauvorhaben Bauteile herstellen
und/oder bearbeiten lässt, z. B. bei der Eloxierung von Metallfenstern in einem bestimmten
Farbton,[24] bei der Spezialanfertigung von Fußbodenplatten oder sonstigen Belägen nach
besonderen Wünschen[25] oder bei der Lieferung maßgefertigter Fenster und Türen.[26]

In diesem Fall treten, weil es sich um die Herstellung nicht vertretbarer Sachen handelt,   25
nach § 651 Abs. 1 Satz 2, 2. Hs. BGB a. F. an die Stelle der Vorschriften des Kaufrechts
die über den **Werkvertrag** mit Ausnahme der §§ 647, 648 a BGB. Deswegen hat der
BGH auch mit Recht entschieden, dass sich in diesen Fällen trotz des nur mittelbaren
Bauwerksbezugs die Gewährleistung nach § 638 BGB a. F. (§ 634 a BGB n. F.) richtet.
Lässt deshalb ein Bauhandwerker Gegenstände, die für ein bestimmtes Bauwerk verwendet
werden sollen, von einem anderen Unternehmer zuvor bearbeiten, so handelt es sich um
„Arbeiten bei Bauwerken", auch wenn diese nicht auf der Baustelle ausgeführt werden; die
Verjährungsfrist für die Gewährleistungsansprüche beträgt in einem solchen Fall fünf
Jahre.[27]

Gleiches gilt bei individuell hergestellten Bauteilen, wenn auf Grund eines Werklieferungsvertrages über unvertretbare Sachen Gegenstände zur Verwendung in einem bestimmten Bauwerk hergestellt werden. Auch dann handelt es sich trotz fehlendem unmittelbaren
Bauwerksbezug um „Arbeiten bei Bauwerken", so dass die Verjährungsfrist für die Gewährleistungsansprüche nach § 638 BGB a. F. (§ 634 a BGB n. F.) fünf Jahre beträgt.[28] Die
Rechtsprechung[29] lässt diese Grundsätze sogar auf nachgeschaltete Subunternehmerverhält-
nisse durchgreifen, d. h. sie finden selbst dann Anwendung, wenn ein Subunternehmer
Gegenstände für ein bestimmtes Bauwerk von einem weiteren Subunternehmer **(Sub-**

---

[21] MünchKomm/*Soergel* BGB (bis 3. Aufl. 1997) § 651 Rdn. 2.
[22] BGH NJW 1991, 2633.
[23] MünchKomm/*Soergel* BGB (bis 3. Aufl. 1997) § 651 Rdn. 3.
[24] BGHZ 72, 206 = NJW 1979, 158 = BauR 1979, 54 = ZfBR 1979, 28.
[25] BGH NJW 1980, 2081 = BauR 1980, 355 = ZfBR 1980, 190.
[26] OLG Düsseldorf BauR 1981, 369 m. abl. Anm. *Autenrieth* („Bauelemente-Vertrieb").
[27] BGHZ 72, 206 = NJW 1979, 158 = BauR 1979, 54 = ZfBR 1979, 28 (Fenster-Eloxierung).
[28] BGH NJW 1980, 2081 = BauR 1980, 355 = ZfBR 1980, 190 (spezialangefertigte Fußbodenplatten).
[29] BGH NJW-RR 1990, 1108 = BauR 1990, 516 = ZfBR 1990, 159.

**Vor § 1**

**Subunternehmer)** bearbeiten lässt und dieser die Zweckbestimmung seiner Leistung kennt.

26  Das gilt allerdings nicht, wenn für derartige Bauleistungen, die im Rahmen eines Werklieferungsvertrages erbracht werden, die VOB/B vereinbart ist, was durchaus möglich ist, und wenn dadurch gem. § 13 Nr. 4 VOB/B eine von § 638 BGB a. F. bzw. § 634a BGB n. F. abweichende kürzere Verjährungsfrist für die Gewährleistungsansprüche des Auftragnehmers gilt. Denn auch Bauleistungen im Rahmen eines Werklieferungsvertrages können Gegenstand eines VOB-Vertrages sein.[30]

27  Unabhängig davon finden, sofern die Voraussetzungen dafür gegeben sind (beiderseitige Kaufmannseigenschaft, beiderseitiges Handelsgeschäft), zusätzlich zu den §§ 343 bis 372 HGB über Handelsgeschäfte beim Werklieferungsvertrag über nicht vertretbare Sachen ergänzend die Vorschriften über den **Handelskauf** Anwendung (§§ 373 ff. HGB).

Denn § 381 Abs. 2 HGB a. F. bestimmt, dass die vorgenannten Vorschriften auch dann Anwendung finden, wenn aus einem vom Unternehmer zu beschaffenden Stoff eine nicht vertretbare Sache herzustellen ist. § 381 Abs. 2 HGB n. F. erfasst alle Verträge über die Lieferung herzustellender oder zu erzeugender beweglicher Sachen, unabhängig davon, ob es sich um vertretbare oder nicht vertretbare Sachen handelt. Damit sind bei nach individuellen Wünschen maß- oder in anderer Weise spezialangefertigten Bauteilen unter den genannten Voraussetzungen die Bestimmungen über die kaufmännische Untersuchungs- und Rügepflicht nach § 377 HGB ebenfalls zu beachten. Deshalb hat der BGH auch in der erwähnten Fußbodenplatten-Entscheidung[31] zum Schluss festgestellt, das OLG, an das die Sache zurückverwiesen wurde, habe zu prüfen, ob die Fußbodenplatten etwa „als genehmigt" gelten, weil die Klägerin sie nicht unverzüglich untersucht und die Mängel nicht unverzüglich angezeigt hatte (§§ 381, 377 Abs. 1 und 2 HGB). Das OLG Düsseldorf[32] hat die Fenster und Türen, die von dem dort beklagten Bauelemente-Vertrieb für bestimmte Bauvorhaben nach Maß bestellt worden waren, wegen nicht rechtzeitiger Untersuchung und Rüge gem. §§ 381 Abs. 2, 377 Abs. 2 HGB sogar als **genehmigt** angesehen, so dass die Beklagte wegen solcher Mängel, die bereits bei Anlieferung vorlagen und von ihr bei ordnungsgemäßer Untersuchung festgestellt werden konnten, mit Gewährleistungsansprüchen ausgeschlossen war.

Die Grundsätze kaufmännischer Untersuchungs- und Rügepflicht können nicht formularmäßig abbedungen werden.[33] Wegen weiterer Einzelheiten zur kaufmännischen Untersuchungs- und Rügepflicht muss auf das handelsrechtliche Spezialschrifttum verwiesen werden.[34]

28  **c) Anwendung des Kaufrechts (§ 651 BGB n. F.).** § 651 BGB n. F. dient der Umsetzung der Verbrauchsgüterrichtlinie (99/44/EG) vom 25. 5. 1999. Mit der Neufassung wird bestimmt, dass auf einen Vertrag, der die Lieferung herzustellender oder zu erzeugender beweglicher Sachen zum Gegenstand hat, grundsätzlich die Vorschriften des Kaufrechts Anwendung finden. Soweit es sich bei den herzustellenden bzw. zu erzeugenden beweglichen Sachen um nicht vertretbare Sachen handelt, finden aus dem Werkvertragsrecht ergänzend die §§ 642, 643, 645, 649 und 650 BGB n. F. mit der Maßgabe Anwendung, dass an die Stelle der Abnahme der nach §§ 446, 447 BGB maßgebliche Zeitpunkt – die Übergabe der Sache – tritt. Die Neufassung bedeutet, dass nach § 381 Abs. 2 HGB n. F. auch alle Vorschriften über den Handelskauf Anwendung finden.

---

[30] *Ingenstau/Korbion* VOB/A § 1 Rdn. 48.
[31] BGH NJW 1980, 2081 = BauR 1980, 355 = ZfBR 1980, 190.
[32] BauR 1981, 369 m. abl. Anm. *Autenrieth*; vgl. auch OLG Frankfurt/M. BauR 2000, 423 zur Untersuchungs- und Rügepflicht bei Herstellung und Lieferung nach Maß zugeschnittener Heizmatten.
[33] BGH NJW 1991, 2633.
[34] Zur Irrtumsanfechtung bei der Mängelrüge nach § 377 HGB vgl. *Beckmann/Glose* BB 1989, 857 ff. und *Stewing/Schütze* BB 1989, 2130 ff.

## B. Begriff der Leistung beim VOB-Vertrag

Die VOB verwendet **unterschiedliche Begriffe,** je nachdem, ob sie Art und Umfang der Leistung regelt (§ 1 Nr. 1 VOB/B) oder das Ziel der Leistung im Auge hat. 29

### I. Art der Leistung

Die Art der vom Auftragnehmer zu erbringenden Leistung wird bestimmt durch den Begriff der „Bauleistung", vereinzelt auch allgemeiner mit „Bauarbeiten" oder „Arbeiten" umschrieben. 30

**1. Bauleistungen**

Dies ist der schon im Namen der VOB selbst enthaltene Begriff: Vergabe- und Vertragsordnung für Bauleistungen, der sowohl in Teil A – Allgemeine Bestimmungen für die Vergabe von Bauleistungen (DIN 1960) – und Teil B – Allgemeine Vertragsbedingungen für die Ausführung von Bauleistungen (DIN 1961) – verwendet wird, als auch in den ATV der VOB/C – Allgemeine Technische Vertragsbedingungen für Bauleistungen (DIN 18299 ff.). 31

Der Begriff „Bauleistungen" ist definiert in § 1 VOB/A. Nach dem bis zur Neufassung 1990 geltenden Wortlaut waren Bauleistungen „Bauarbeiten jeder Art mit oder ohne Lieferung von Stoffen oder Bauteilen."[35] Dieser Begriff war zu eng, weil Bauleistungen auch „Arbeiten" umfassen, die keine „Bauarbeiten" sind (dazu im Einzelnen nachst. Rdn. 34 f.). Das zeigte nicht zuletzt der Bauwerksbegriff der EG-Baukoordinierungsrichtlinie, die nach der Änderungsrichtlinie 89/440/EWG vom 18. 7. 1989 bis 19. 7. 1990 in nationales Recht umgesetzt sein musste. Darunter fallen auch **maschinelle Einrichtungen,** die der Herstellung einer baulichen Anlage dienen und durch den Einbau zu wesentlichen Bestandteilen des Bauwerks werden. Seit der Neufassung 1990 galt die VOB deshalb grundsätzlich auch für elektrotechnische und/oder maschinelle Teile, die zur Herstellung einer baulichen Anlage außerhalb der Baustelle gefertigt und an der Baustelle nur noch montiert und eingebaut werden.[36] Im Gegensatz dazu stand „die Lieferung und Montage maschineller Einrichtungen", soweit sie lediglich „der Instandhaltung oder Änderung einer baulichen Anlage dienen". Entsprechend wurde § 1 VOB/A durch die **Neufassung 1990** der VOB insgesamt geändert und erweitert. Dadurch erhielt die Vorschrift folgenden Wortlaut: 32

1. „Bauleistungen sind Arbeiten jeder Art, durch die eine bauliche Anlage hergestellt, instandgehalten, geändert oder beseitigt wird.
2. Lieferung und Montage maschineller Einrichtungen, die der Instandhaltung oder Änderung einer baulichen Anlage dienen, sind keine Bauleistungen."

Durch die am 12. 11. 1992 bekannt gegebene **Neufassung 1992** der VOB ist § 1 Nr. 2 VOB/A 1990 wieder entfallen, d. h. § 1 VOB/A 1992 lautet nur noch:

„Bauleistungen sind Arbeiten jeder Art, durch die eine bauliche Anlage hergestellt, instandgehalten, geändert oder beseitigt wird."

---

[35] Dazu BGH NJW 1973, 368 = BauR 1973, 110; NJW 1973, 754 = BauR 1973, 188; zur Abgrenzung von Planungsleistungen, die für die in der VOB geregelten Bauleistungen grundsätzlich vorausgesetzt werden: BGH NJW 1983, 453 = BauR 1983, 84 = ZfBR 1983, 17; BGHZ 101, 369, 376 = NJW 1988, 142 = BauR 1987, 702 = ZfBR 1988, 33 und nachst. Rdn. 55 f.
[36] Vgl. Nicklisch/Weick Einl. Rdn. 59 a. Allerdings trugen die Regelungen der VOB/B dem noch nicht hinreichend Rechnung. Ebenso enthält die VOB/C in den ATV DIN 18300 ff. noch keine Allgemeinen Technischen Vertragsbedingungen für die Lieferung und Montage maschineller Einrichtungen. Insoweit sollte nach den einführenden Hinweisen zur VOB/A 1990 „möglichst kurzfristig" eine interessengerechte Anpassung erfolgen und bis dahin derartigen Verträgen die VOB/B und VOB/C nicht zugrundegelegt werden (siehe § 10 Nr. 1 Abs. 3 VOB/A 1990). Zur Neuregelung 1992 in Bezug hierauf nachstehend im Text.

## Vor § 1

Vorbemerkung § 1. Art und Umfang der Leistung

Das ist eine **erneute Erweiterung,** denn seitdem fällt unter den Begriff „Bauleistungen" auch die Lieferung und Montage maschineller Einrichtungen, die lediglich der Instandhaltung oder Änderung einer baulichen Anlage dienen. Das ergibt sich aus den Hinweisen zur Abgrenzung des Begriffs der Bauleistungen im Sinne von § 1 VOB/A 1992. Danach fallen unter § 1 nunmehr

„alle zur Herstellung, Instandhaltung oder Änderung einer baulichen Anlage zu montierenden Bauteile, insbesondere die Lieferung und Montage maschineller und elektrotechnischer Einrichtungen.
Nicht unter § 1 fallen Einrichtungen, die von der baulichen Anlage ohne Beeinträchtigung der Vollständigkeit oder Benutzbarkeit abgetrennt werden können und einem selbständigen Nutzungszweck dienen, z. B.:
– maschinelle und elektrotechnische Anlagen, soweit sie nicht zur Funktion einer baulichen Anlage erforderlich sind, z. B. Einrichtungen für Heizkraftwerke, für Energieerzeugung und -verteilung,
– öffentliche Vermittlungs- und Übertragungseinrichtungen,
– Kommunikationsanlagen (Sprach-, Text-, Bild- und Datenkommunikation), soweit sie nicht zur Funktion einer baulichen Anlage erforderlich sind;
– EDV-Anlagen und Geräte, soweit sie nicht zur Funktion einer baulichen Anlage erforderlich sind,
– selbständige medizintechnische Anlagen."

In den **Hinweisen zur ATV** „Allgemeine Regelungen für Bauarbeiten jeder Art" – DIN 18299 – heißt es in Bezug auf die Pflege und Wartung maschineller und elektrotechnischer Anlagen nunmehr:

„Mit dem Ergänzungsband II – 1990 zur VOB-Ausgabe 1988 wurden auch maschinelle und elektrotechnische Anlagen in die VOB aufgenommen. Allerdings war nach A § 10 Nr. 1 Abs. 3 in Verträgen über derartige Leistungen die VOB/B nicht zu vereinbaren. In der VOB-Ausgabe 1992 ist diese Einschränkung entfallen, so dass nunmehr auch in einem Vertrag über maschinelle und elektrotechnische Anlagen die VOB/B und damit die zweijährige Verjährungsfrist als Regelfrist für Gewährleistungsansprüche gilt. Bei maschinellen und elektrotechnischen Anlagen, bei denen eine ordnungsgemäße Pflege und Wartung erheblichen Einfluss auf die Funktionsfähigkeit und Zuverlässigkeit der Anlage haben, ist es beim Auftreten eines Schadens häufig nicht oder nur schwer feststellbar, ob dessen Ursache auf einem Mangel bei der Herstellung oder der Wartung der Anlage beruht. Um Streitigkeiten auszuschließen, muss die Pflege oder Wartung derartiger Anlagen für die Dauer der Verjährungsfrist für Gewährleistungsansprüche dem Auftragnehmer übertragen werden."

33 Damit ist zugleich der Anwendungsbereich der VOB umrissen, weshalb auch in § 4 Nr. 8 Abs. 2 VOB/B von „Bauleistungen" die Rede ist. Denn nur soweit es sich um solche handelt, hat der Auftragnehmer bei der Weitervergabe an Nachunternehmer/Subunternehmer die VOB zugrunde zu legen.

### 2. Arbeiten

34 Dieser Begriff bestimmt seit der Neufassung 1990 Inhalt und Gegenstand dessen, was § 1 Nr. 1 VOB/A unter „Bauleistungen" versteht, nämlich nicht nur „Bauarbeiten", sondern „Arbeiten jeder Art, durch die eine bauliche Anlage hergestellt, instandgehalten, geändert oder beseitigt wird." Demgemäß spricht auch die VOB/B in §§ 3 Nr. 4, 6 Nr. 3 und 4 sowie § 8 Nr. 3 Abs. 3 von „Arbeiten", soweit die Erbringung von Bauleistungen mehr als „Bauarbeiten" verlangt, etwa eine darüber hinausgehende **geistige Tätigkeit,**[37] z. B. in Form (unselbständiger) bauvorbereitender Leistungen.[38]

### 3. Bauarbeiten

35 Wenn die VOB den Begriff „Bauarbeiten" verwendet,[39] ist demgegenüber die zur Erbringung von Bauleistungen erforderliche **körperliche** Tätigkeit des Auftragnehmers gemeint.[40] Das sind „bauhandwerkliche Maßnahmen, mit denen Bauwerke unmittelbar geschaffen, erhalten oder geändert werden".[41]

---

[37] *Ingenstau/Korbion/Keldungs* Vor VOB/B Rdn. 7.
[38] BGHZ 101, 369, 376 = NJW 1988, 142 = BauR 1987, 702 = ZfBR 1988, 33.
[39] So noch in der VOB/C im Untertitel der ATV DIN 18299 – Allgemeine Regelungen für Bauarbeiten jeder Art.
[40] *Ingenstau/Korbion/Keldungs* a. a. O.
[41] BGH NJW 1973, 368 = BauR 1973, 110.

B. Begriff der Leistung beim VOB-Vertrag  Vor § 1

## II. Umfang der Leistung

Wie die Art, so wird auch der Umfang der Leistung nach § 1 Nr. 1 VOB/B durch den  36
Vertrag bestimmt. Im Einzelnen sind insoweit zu unterscheiden:

### 1. Die Leistung als vertragliche Gesamtleistung

Soweit die VOB den Begriff „Leistung" mit bestimmtem Artikel verwendet, also von „die  37
Leistung" spricht (z. B. in § 6 Nr. 1 VOB/B) oder vereinzelt von „die vertragliche Leistung"
(vgl. §§ 4 Nr. 2 Abs. 1 und 8 Nr. 3 Abs. 1 Satz 2 VOB/B), ist damit grundsätzlich die
Gesamtheit der dem Auftragnehmer durch den Bauvertrag übertragenen Bauleistungen
gemeint, also die insgesamt in Auftrag gegebene Leistung im Sinne der gesamten Vertragsleistung oder vertraglichen Gesamtleistung.[42] Allerdings wird dieser weite Begriff in § 7
VOB/B im Hinblick auf den konkreten Schutzzweck der Vorschrift eingeschränkt, indem
dort hinzugefügt ist, dass „die ganz oder teilweise ausgeführte Leistung" betroffen sein muss.
Damit soll klargestellt werden, dass Vorbereitungs- und Schutzmaßnahmen, die gemeinhin
auch zu den Bauarbeiten gerechnet werden, nicht zu den hiernach geschützten Leistungen
zählen, sondern lediglich Hilfsmittel zu ihrer Erbringung sind. Ausgeführte Leistung im
Sinne des § 7 VOB/B ist deshalb nur der Teil der vertraglichen Gesamtleistung, der mit dem
Bauwerk unmittelbar verbunden und in seine materielle Substanz eingegangen ist.[43] Das ist
durch die am 12. 11. 1992 bekannt gegebene Neufassung 1992 insofern klargestellt worden,
als § 7 VOB/B erweitert, der bisherige Wortlaut als Nr. 1 vorangestellt und daran Folgendes
angefügt worden ist:

2. „Zu der ganz oder teilweise ausgeführten Leistung gehören alle mit der baulichen Anlage unmittelbar
verbundenen, in ihre Substanz eingegangenen Leistungen, unabhängig von deren Fertigstellungsgrad.
3. Zu der ganz oder teilweise ausgeführten Leistung gehören nicht die noch nicht eingebauten Stoffe und
Bauteile sowie die Baustelleneinrichtung und Absteckungen. Zu der ganz oder teilweise ausgeführten
Leistung gehören ebenfalls nicht Baubehelfe, z. B. Gerüste, auch wenn diese als Besondere Leistung oder
selbständig vergeben sind."

### 2. Eine Leistung/Leistungen als Teil der vertraglichen Gesamtleistung

Auch in Fällen, in denen die VOB den Begriff „Leistung" mit unbestimmtem Artikel  38
oder in der Mehrzahl verwendet, also von „eine Leistung" oder „Leistungen" spricht, sind
Teile der vertraglichen Gesamtleistung gemeint. Das gilt insbesondere in den Fällen, in
denen solche Teile vom Auftraggeber selbst übernommen, anderweitig vergeben und/oder
dem Auftragnehmer durch (Teil-)Kündigung entzogen werden (vgl. § 2 Nr. 4 VOB/B), wie
auch umgekehrt, wenn sie auf Anordnung des Auftraggebers und/oder als zusätzlich vereinbarte Leistungen zur vertraglichen Gesamtleistung hinzutreten (vgl. § 2 Nrn. 5 und 6
VOB/B). Vereinzelt ist in diesen Fällen auch von „Teil der Leistung" oder „Teile der
Leistung" die Rede (vgl. § 2 Nr. 7 Abs. 2 VOB/B).

### 3. Teilleistung als Position des Leistungsverzeichnisses

Mit Teilleistung ist beim **Einheitspreisvertrag** dagegen der Teil der Leistung gemeint,  39
der in einer Position des Leistungsverzeichnisses unter einem Einheitspreis erfasst ist (vgl. § 2
Nr. 3 VOB/B).[44]

---

[42] *Ingenstau/Korbion/Keldungs* Vor VOB/B Rdn. 3; *Heiermann/Riedl/Rusam* VOB/A § 3 Rdn. 6; *Nicklisch/ Weick* VOB/B § 1 Rdn. 3.
[43] BGH NJW 1973, 368 = BauR 1973, 110.
[44] Vgl. *Ingenstau/Korbion/Keldungs* Vor VOB/B Rdn. 5; *Heiermann/Riedl/Rusam* VOB/B § 1 Rdn. 17.

### III. Ziel der Leistung

40  Die Leistung (vertragliche Gesamtleistung) des Auftragnehmers, in deren Rahmen dieser Bauleistungen (Arbeiten jeder Art) erbringt, dient der Errichtung von Bauwerken bzw. baulichen Anlagen.

#### 1. Bauliche Anlagen

41  In Anlehnung an die **Bauordnungen** der Länder verwendet die VOB seit der Neufassung 1990 in Teil A § 1 – wie vorher auch schon in Teil B § 3 Nrn. 2 und 4, § 12 Nr. 5 Abs. 2 und § 13 Nr. 7 Abs. 1 – anstelle von „Bauwerk" den Begriff „bauliche Anlagen", ohne dass dadurch der im Wesentlichen identische Inhalt beider Begriffe geändert wird. Bauliche Anlagen sind „mit dem **Erdboden** verbundene,[45] aus Baustoffen und Bauteilen hergestellte Anlagen", auch Aufschüttungen und Abgrabungen (vgl. § 2 Abs. 1 BauO NW = § 2 Abs. 2 MusterBauO), sofern sie nur **auf Dauer** errichtet sind.[46]

#### 2. Bauwerke

42  „Bauwerk" ist nach der grundlegenden Definition des Reichsgerichts[47] eine unbewegliche, durch Verwendung von Arbeit und Material in Verbindung mit dem Erdboden hergestellte Sache[48] über und/oder unter der Erdoberfläche.[49]
Die VOB verwendet den Begriff „Bauwerk" nur noch in § 13 Nr. 4 VOB/B, um deutlich zu machen, dass damit derselbe Begriff wie in § 638 BGB a. F. bzw. **§ 634 a Abs. 1 Nr. 2 BGB** n. F. gemeint ist, so dass die Rechtsprechung zur Abgrenzung von Arbeiten „bei Bauwerken" und Arbeiten „an einem Grundstück" auch hier gilt[50] (dazu im Einzelnen unten Rdn. 47 ff.).

43  Diese Abgrenzung hat aber nur Bedeutung für die Anwendung von § 13 Nr. 4 VOB/B bzw. § 638 BGB a. F. (§ 634 Abs. 1 Nr. 2 BGB n. F.), also für die Dauer der Gewährleistung, und § 648 BGB (Bauhandwerkersicherungshypothek) sowie § 648 a BGB (Bauhandwerkersicherung). Die VOB gilt, wenn sie vereinbart ist, dagegen auch für Bauleistungen (Arbeiten jeder Art), die nicht Arbeiten „bei Bauwerken" sind (vgl. unten Rdn. 49/50).

### C. Geltungsbereich der VOB/B

44  Aus dem Leistungsbegriff der VOB (oben Rdn. 29 ff.) ergibt sich, dass die VOB/B nur für Leistungen vereinbart werden kann, die „Bauleistungen" im Sinne von § 1 Nr. 1 VOB/A sind, also „Arbeiten jeder Art, durch die eine bauliche Anlage hergestellt, instandgehalten, geändert oder beseitigt wird." Damit ist gleichzeitig festgelegt, für welche Leistungen und Verträge die VOB/B vereinbart werden kann und für welche nicht. Zur Verein-

---

[45] Eine Verbindung mit dem Erdboden besteht auch dann, wenn die Anlage durch eigene Schwere auf dem Erdboden ruht oder auf ortsfesten Bahnen begrenzt beweglich ist oder wenn die Anlage nach ihrem Verwendungszweck dazu bestimmt ist, überwiegend ortsfest benutzt zu werden (vgl. § 2 Abs. 1 BauO NW = § 2 Abs. 2 MusterBauO).
[46] BVerwG NJW 1977, 2090 = BauR 1977, 109 (Tragluft-Schwimmhalle); vgl. auch *Ingenstau/Korbion/Keldungs* Vor VOB/B Rdn. 8.
[47] RGZ 56, 41, 43.
[48] BGH LM § 638 BGB Nr. 7 (Makadam-Decke): seitdem ständige Rechtsprechung.
[49] BGHZ 57, 60 = NJW 1971, 2219 = BauR 1971, 259; BGHZ 68, 208 = NJW 1977, 1146 = BauR 1977, 203; BGH NJW 1983, 567 = BauR 1983, 64 = ZfBR 1983, 82. Bauwerk ist daher auch ein in die Erde eingebrachtes Schutzrohr (Länge 80 m, Durchmesser 1 m), durch das eine Feuerlöschringleitung geführt werden soll (BGH NZBau 2001, 201). Ebenso ein Maschendrahtzaun, der der Grundstücksform angepasst an Metallpfosten angebracht ist, die in den Erdboden einbetoniert wurden. (LG Weiden NJW-RR 1997, 1108).
[50] Vgl. *Ingenstau/Korbion* VOB/A § 1 Rdn. 6 ff. und *Ingenstau/Korbion/Keldungs* Vor VOB/B Rdn. 9.

## C. Geltungsbereich der VOB/B

barung der VOB/B in diesem Sinne ist eine **wirksame Einbeziehung** im Sinne von § 305 BGB n. F. erforderlich.

Gegenüber einem im Baugewerbe tätigen oder sonst im Baubereich bewanderten Vertragspartner genügt dabei zur wirksamen Einbeziehung der **bloße Hinweis** auf die VOB/B,[51] so gegenüber einem bauerfahrenen Unternehmer, insbesondere einem Bauunternehmer, Subunternehmer oder Handwerker.[52] Gegenüber einem nicht im Baubereich bewanderten Vertragspartner, insbesondere einem privaten und in Bausachen unerfahrenen Auftraggeber, dagegen muss zur wirksamen Einbeziehung die VOB/B **beigefügt** werden,[53] außer wenn der Auftraggeber durch einen Architekten[54] oder bauerfahrenen Treuhänder[55] wirksam vertreten ist und sich dessen Kenntnis der VOB/B zurechnen lassen muss.[56] Gegenüber einer weder im Baugewerbe tätigen noch sonst im Baubereich bewanderten Vertragspartei kann die VOB/B auch nicht durch eine Klausel in den Vertrag einbezogen werden, wonach dem Vertragspartner der Text vom Verwender auf Wunsch kostenlos zur Verfügung gestellt werde.[57]

### I. Leistungen, für die die VOB/B vereinbart werden kann

Auch wenn die VOB/B nur für Leistungen vereinbart werden kann, die Bauleistungen im obigen Sinne sind, bedeutet das nicht, dass ihr Geltungsbereich nur auf reine Bauverträge beschränkt ist.

#### 1. Werkverträge über Bauleistungen (§§ 631 ff. BGB)

Da Gegenstand der VOB/B Arbeiten jeder Art sein können, fallen darunter nicht nur Arbeiten „bei Bauwerken" im Sinne von § 634a Abs. 1 Nr. 2 BGB (§ 13 Nr. 4 VOB/B), die gleichzeitig Gegenstand einer Bauhandwerkersicherungshypothek nach § 648 BGB sein können. Derartige Arbeiten sind zwar der Hauptanwendungsfall der VOB, ihr Anwendungsbereich ist hiervon aber nicht abhängig, sondern geht wesentlich weiter.

**a) Arbeiten „bei Bauwerken".** Hierunter fallen nach § 634a Abs. 1 Nr. 2 BGB (§ 13 Nr. 4 VOB/B) alle Arbeiten, die der Herstellung, Erneuerung oder dem Bestand eines Gebäudes oder Gebäudeteils dienen, auch Umbau-, Reparatur- und Renovierungsarbeiten, die über bloße Schönheitsreparaturen und Gebrauchsverbesserungen hinausgehen.[58]

---

[51] BGHZ 86, 135 = NJW 1983, 816 = BauR 1983, 161 = ZfBR 1983, 85 („im Baugewerbe tätiger Vertragspartner").

[52] Auch gegenüber einem Architekten/Ingenieur, der selbst als Auftraggeber auftritt.

[53] BGHZ 109, 192 = NJW 1990, 715 = BauR 1990, 205 = ZfBR 1990, 69; BGH NJW-RR 1991, 727 = BauR 1991, 328 = ZfBR 1991, 151; BGH NJW-RR 1992, 913 = BauR 1992, 503 = ZfBR 1992, 206; BGH NJW 1994, 2547 = BauR 1994, 617 = ZfBR 1994, 262; ebenso BGH München NJW-RR 1992, 349 = BauR 1992, 69 und OLG Düsseldorf BauR 1995, 890 L (Fertighausvertrag).

[54] OLG Hamm, NJW-RR 1988, 1366 = BauR 1989, 480; BauR 1991, 260 L und NJW-RR 1991, 277 = BauR 1991, 385 L. Dabei darf es sich jedoch nicht um einen Architekten handeln, der vom Bauunternehmer empfohlen wurde, mit diesem ständig zusammenarbeitet und interessenmäßig in dessen „Lager" steht (OLG Hamm, NJW-RR 1992, 27).

[55] LG Stuttgart, NJW 1988, 1936 und OLG Düsseldorf, BauR 1993, 508 L.

[56] Soweit der Auftraggeber selbst Verwender ist, stellt sich das Problem wirksamer Einbeziehung der VOB/B grundsätzlich zwar nicht, doch genügt es dafür nicht, dass der Architekt des Auftraggebers die VOB/B in den Ausschreibungsunterlagen erwähnt und diese dem Vertrag zugrundelegen will, wenn er dazu keine Vollmacht hat (OLG Düsseldorf, BauR 1992, 677/678 L). Auch genügt nicht die bloße Inbezugnahme des Auftraggebers in seinem Auftrags- bzw. Auftragsbestätigungsschreiben, mit dem er das Vertragsangebot des Auftragnehmers annimmt (OLG Köln, BauR 1995, 100).

[57] BGH NJW 1999, 1186.

[58] Dies kann nach BGH BauR 1997, 640 z. B. der Fall sein beim Einbau einer Elektrohängebahn in eine Werkhalle. Ebenso kann eine Förderanlage für die Automobilproduktion ein Bauwerk sein (BGH BauR 1999, 670). Die Einrichtung einer technischen Anlage, die selber kein Bauwerk ist, gehört dann zu den Arbeiten bei Bauwerken, wenn die Anlage in ein Bauwerk integriert ist und dessen Herstellung dient. Dies ist nicht der Fall bei einer Abwasser-Aufbereitungsanlage für eine Autowaschanlage, wenn die Aufbereitungsanlage nicht in der

**Vor § 1** Vorbemerkung § 1. Art und Umfang der Leistung

48 Ihrer Rechtsnatur nach sind **Architekten- und Ingenieurleistungen** zwar ebenfalls werkvertraglicher Art[59] und Arbeiten „bei Bauwerken" gem. §§ 634a Abs. 1 Nr. 2, 648, 648a BGB. Architekten- und Ingenieurleistungen sind jedoch keine Bauleistungen im Sinne von § 1 Nr. 1 VOB/A, weshalb für sie auch die VOB/B **nicht vereinbart** werden kann.[60] Selbiges gilt erst recht für Projektsteuerungsleistungen, die nach Ansicht des BGH zwar regelmäßig Werkvertrags-[61] jedoch keine Bauleistungen sind, so dass hier die VOB ebenfalls nicht vereinbart werden kann.

49 **b) Bauvorbereitungs- und Schutzmaßnahmen.** Zu den Bauleistungen (Arbeiten jeder Art), für die die VOB/B vereinbart werden kann, zählen dagegen weiter Bauvorbereitungsarbeiten, wie die Einrichtung der Baustelle und Gerüststellung (vgl. VOB/C ATV DIN 18451). Dazu heißt es in den Hinweisen zur ATV „Gerüstarbeiten" – DIN 18451 – Ausgabe Dezember 1992:

> „Die bis zur VOB-Ausgabe 1988 als Anhang zur VOB enthaltene DIN 18451 ist als ATV in Teil C aufgenommen worden. Durch die ATV „Gerüstarbeiten" sollen auch für diese Leistungen einheitliche und verbindliche Regelungen durch die VOB vorgegeben werden, die eine sachgerechte Gestaltung und Abwicklung der Verträge ermöglicht. Obwohl ein Vertrag über den Aufbau, die Vorhaltung und den Abbau von Gerüsten kein reiner Werkvertrag nach § 631 BGB ist – er enthält vielmehr wesentliche Elemente eines Mietvertrages –, ist die Vereinbarung der Teile B und C VOB sinnvoll. Insbesondere die an den Auf- und Abbau der Gerüste zu stellenden Anforderungen entsprechen in wesentlichen Punkten den Anforderungen an die Bauleistung. Gerüstarbeiten sind in der Regel wesentliche Voraussetzungen für die Ausführung von Bauleistungen. Sie bilden jedoch keinen eigenen Leistungsbereich; A § 4 kann demzufolge für Gerüstarbeiten nicht angewendet werden. Die Regelungen gelten nicht, soweit Gerüstarbeiten Nebenleistungen sind. Sie gelten nur für die Fälle, in denen Gerüstarbeiten zusammen mit Bauleistungen als Besondere Leistung oder selbständig vergeben werden."

Ebenso gehören zu den Bauleistungen (Arbeiten jeder Art), für die die VOB/B vereinbart werden kann, auch Schutzmaßnahmen wie **Abdeckungen** u. Ä.[62] Dass derartige Bauvorbereitungs- und Schutzmaßnahmen nicht Bestandteil des Bauwerks sind oder werden, ändert daran nichts. Das hat nur zur Folge, dass die Vergütung für derartige Arbeiten nicht gem. § 648 BGB durch Eintragung einer Bauhandwerkersicherungshypothek gesichert werden kann und dass solche Arbeiten bei vorzeitigem Untergang nicht zur vergütungspflichtigen Leistung im Sinne von § 7 VOB/B zählen[63] (vgl. oben Rdn. 37). Unbeschadet dessen ist die Vereinbarung der VOB in diesen Fällen jedoch ohne weiteres möglich.

50 **c) Arbeiten „an einem Grundstück".** Auch für derartige Arbeiten, die ebenfalls nicht gem. § 648 BGB sicherungsfähig sind, kann die VOB/B vereinbart werden,[64] z. B. für Erdarbeiten ohne Zusammenhang an einem Gebäude,[65] reine Innenanstrich- und Verschö-

---

Waschhalle, sondern in einem anderen Gebäude auf dem selben Grundstück montiert wird (BGH BauR 1997, 1018). Arbeiten bei Bauwerken liegen auch vor, wenn bei dem Neubau eines Einfamilienhauses eine Kachelofen-Kaminanlage fest eingebaut wird (OLG Düsseldorf NJW-RR 1999, 814). Der spätere Einbau einer Zusatzheizung (Blockheizkraftwerk) ist keine Arbeit an einem Bauwerk, da die Zusatzheizung für den Bestand des Gebäudes und dessen Bestimmung nicht von wesentlicher Bedeutung ist (OLG Hamm BauR 1998, 343).

[59] St. Rspr.: grundlegend BGHZ 31, 224 = NJW 1960, 431 (Vollarchitektur) und BGHZ 82, 100 = NJW 1982, 438 = BauR 1982, 79 = ZfBR 1982, 15 (Bauleitungsvertrag); Entsprechendes gilt für den Ingenieurvertrag, vgl. im Einzelnen *Bindhardt/Jagenburg* § 2 Rdn. 68 ff. m. N.; *Locher* Das private Baurecht, 7. Auflage 2005, Rdn. 367 m. N. sowie Rdn. 560 m. w. N.

[60] BGH NJW 1983, 453 = BauR 1983, 84 = ZfBR 1983, 17; BGHZ, 369, 376 = NJW 1988, 142 = BauR 1987, 702 = ZfBR 1988, 33; vgl. auch *Hesse* ZfBR 1980, 259 ff. und *Korbion* FS Locher S. 127 ff.

[61] BGH NZBau 2007, 315 m. Anm. *Baldringer*, NZBau 2007, 421.

[62] *Ingenstau/Korbion* VOB/A § 1 Rdn. 31.

[63] BGH NJW 1973, 368 = BauR 1973, 110.

[64] *Ingenstau/Korbion* VOB/A § 1 Rdn. 25.

[65] Ob ein Hofbelag, eine Hofbefestigung aus Verbundsteinpflaster, zu den Arbeiten „an einem Grundstück" zählt, war umstritten (bejahend OLG Stuttgart BauR 1991, 462 und OLG Köln NJW-RR 1992, 408); für Arbeiten „bei Bauwerken" dagegen OLG Schleswig BauR 1991, 463 und anschließend BGH NJW-RR 1992, 849 = BauR 1992, 502 = ZfBR 1992, 161 (gegen OLG Stuttgart, BauR 1991, 462); BGH NJW-RR 1993, 592 = BauR 1993, 217 = ZfBR 1993, 76 (gegen OLG Köln, NJW-RR 1992, 408) sowie OLG Köln, NJW-RR 1993, 593 = BauR 1993, 218. Ebenso sind die Herstellung einer Terrasse und Pflasterung der Garagenzufahrt bei Errichtung eines Einfamilienhauses Arbeiten bei Bauwerken (OLG Düsseldorf BauR

C. Geltungsbereich der VOB/B                                                               **Vor § 1**

nerungsarbeiten,[66] die nicht der Herstellung, Erneuerung oder dem Bestand eines Gebäudes dienen.[67]

### 2. Werklieferungsverträge über Bauleistungen (§ 651 Abs. 1 a. E. BGB a. F.)

**a) Rechtliche Problemstellung.** Entsprechendes gilt für Werklieferungsverträge über nicht vertretbare Sachen, die Bauleistungen zum Gegenstand haben, insbesondere wenn der Auftragnehmer Bauteile nach bestimmten Wünschen und Vorgaben durch Subunternehmer/Lieferanten für ein bestimmtes Bauvorhaben herstellen und/oder bearbeiten lässt, Einbau bzw. Montage aber selbst vornimmt, z. B. bei Eloxierung von Metallfenstern in einem bestimmten Farbton,[68] der Spezialanfertigung von Fußbodenplatten oder sonstigen Belägen nach besonderen Wünschen[69] oder der Lieferung maßgefertigter Fenster und Türen[70] (vgl. oben Rdn. 24 ff.). Gleiches gilt, wenn ein Subunternehmer Gegenstände für ein bestimmtes Bauwerk von einem **weiteren Subunternehmer** bearbeiten lässt und dieser die Zweckbestimmung seiner Leistung kennt.[71] 51

Dann liegt wegen des nur **mittelbaren** Bauwerksbezugs kein Werkvertrag vor, trotzdem handelt es sich aber, wenn die Herstellung und/oder Bearbeitung für ein bestimmtes Bauvorhaben erfolgt, gewährleistungsmäßig um Arbeiten „bei Bauwerken" (§ 638 BGB a. F., § 13 Nr. 4 VOB/B), nur dass derartige Arbeiten nicht sicherungsfähig im Sinne von § 648 BGB sind. Denn die Anwendung dieser Vorschrift ist in § 651 Abs. 1 a. E. BGB a. F. ausdrücklich ausgeschlossen, weil es in derartigen Fällen an der für § 648 BGB erforderlichen Identität von Besteller/Auftraggeber und Grundstückseigentümer fehlt. Jedoch ist für derartige Arbeiten ohne weiteres die **Vereinbarung der VOB/B** möglich, weil auch Bauleistungen im Rahmen eines Werklieferungsvertrages Gegenstand eines VOB/B-Vertrages sein können.[72] 52

Zur Anwendung des HGB, insbesondere der Vorschrift des § 377 HGB über die kaufmännische Untersuchungs- und Rügepflicht in diesen Fällen siehe oben Rdn. 27. 53

**b) Anwendung des Kaufrechts (§ 651 BGB n. F.).** Nach der Neufassung des § 651 BGB durch das **Schuldrechtsmodernisierungsgesetz** ist auf einen Vertrag, der die Lieferung herzustellender oder zu erzeugender beweglicher Sachen zum Gegenstand hat grundsätzlich Kaufrecht anzuwenden. Soweit es sich dabei um nicht vertretbare Sachen handelt, finden aus dem Werkvertragsrecht ergänzend die §§ 642, 643, 645, 649 und 650 BGB n. F. mit der Maßgabe Anwendung, dass an die Stelle der Abnahme der nach §§ 446, 447 BGB maßgebliche Zeitpunkt tritt. Die Neufassung des § 651 BGB führt im Bauvertragsrecht zu ungelösten Problemen und ist deshalb zu Recht kritisiert worden.[73] Ungeklärt ist insbesondere, wie der Begriff „**bewegliche Sache**" in § 651 BGB n. F. auszulegen ist. Sachen sind nach der Legaldefinition des § 90 BGB körperliche Gegenstände. Beweglich ist eine Sache, 53 a

---

2001, 648). Zu den Arbeiten an einem Grundstück zählt auch die Anlage eines einfachen Gartenbrunnens, der aus einem 7 m tiefen Bohrloch und einer Pumpe besteht (OLG Düsseldorf BauR 2000, 734).
[66] Z. B. ein Hausanstrich, der nur zur Verschönerung und nicht zur Substanzerhaltung dient (OLG Köln NJW-RR 1991, 1181), während Malerarbeiten, die für den Bestand des Gebäudes wesentlich sind, Arbeiten „bei Bauwerken" sind (OLG Düsseldorf, BauR 1992, 678/679). Arbeiten an einem Grundstück liegen auch vor, wenn durch eine Drittfirma Mängel an einem neu verlegten Parkettboden beseitigt werden (OLG Hamm NJW-RR 1999, 462).
[67] Ebenso der nachträgliche Einbau einer Alarmanlage in ein Wohnhaus (BGH NJW-RR 1991, 1367 = BauR 1991, 741 = ZfBR 1991, 259 und OLG Düsseldorf, BauR 1994, 280 L) oder in Büroräume (OLG Düsseldorf BauR 2000, 732). Auch dünnschichtige Nachmarkierungsarbeiten an Fahrbahnen sind Arbeiten an Grundstücken (OLG Dresden BauR 2001, 815).
[68] BGHZ 72, 206 = NJW 1979, 158 = BauR 1979, 54 = ZfBR 1979, 28.
[69] BGH NJW 1980, 2081 = BauR 1980, 355 = ZfBR 1980, 190.
[70] OLG Düsseldorf, BauR 1981, 369 mit abl. Anm. *Autenrieth*.
[71] BGH NJW 1990, 1108 = BauR 1990, 516 = ZfBR 1990, 159.
[72] *Ingenstau/Korbion* VOB/A § 1 Rdn. 56.
[73] Vgl. z. B. *Heiermann/Riedl/Rusam* VOB/B § 1 Rdn. 1 f, 1 g; *Sienz* BauR 2002, 181; *Preussner* BauR 2002, 231; *Thode* NZBau 2002, 360; *Konopka/Acker* BauR 2004, 251.

## Vor § 1

Vorbemerkung § 1. Art und Umfang der Leistung

wenn sie kein Grundstück, dem Grundstück nicht gleichgestellt oder kein Grundstücksbestandteil ist.[74] Legt man diese Definitionen zu Grunde, findet das Werkvertragsrecht nach der Neufassung des § 651 BGB Anwendung auf erfolgsorientierte geistige Leistungen, wie z. B. Planungsleistungen, die Erstellung von Gutachten und künstlerische Aufführungen und auf die Verträge am Bau, deren Gegenstand die Herstellung unbeweglicher Sachen ist.[75] Werkverträge sind danach Verträge, die auf die Errichtung eines Gebäudes i. S. d. § 94 Abs. 1 BGB gerichtet sind, oder Verträge, die vorsehen, dass die herzustellende bewegliche Sache so in ein Gebäude eingefügt wird, dass sie **wesentlicher Bestandteil** des Gebäudes wird (§§ 93, 94 Abs. 2 BGB).[76] Dies bedeutet, dass Verträge über ergänzende Leistungen für ein Bauwerk, die die Herstellung von beweglichen Sachen zum Gegenstand haben, nunmehr dem Kaufrecht und nicht mehr dem Werkvertragsrecht unterliegen, ohne dass die für diesen Vertragstyp maßgebliche Zweckbestimmung, die Funktionstauglichkeit für ein spezielles Bauwerk, rechtlich von Bedeutung ist.[77] Verträge über die Herstellung beweglicher Sachen, die der Errichtung eines Bauwerks dienen und die vom Unternehmer auf dem Grundstück eingebaut werden, unterliegen nur dann dem Werkvertragsrecht, wenn sie **wesentlicher Bestandteil des Bauwerks** werden.[78] Dies bedeutet, dass die rechtliche Qualifizierung eines Vertrages, der auf die Herstellung und den Einbau einer beweglichen Sache in ein Bauwerk gerichtet ist, von der im Einzelfall zweifelhaften Frage abhängt, ob die Sache ihre Eigenschaft als bewegliche Sache verliert.[79] Verträge über die Errichtung von Bauwerken sind zwar grundsätzlich Werkverträge. Problematisch sind jedoch Verträge über Bauwerke, die Scheinbestandteile des Grundstücks i. S. d. § 95 BGB sind. Denn diese sind nicht wesentliche Bestandteile des Grundstücks i. S. d. § 94 BGB und daher als bewegliche Sachen zu qualifizieren.[80] Dies hätte zur Folge, dass auch Bauverträge über die Errichtung von Bauwerken, die Scheinbestandteile sind, nach § 651 BGB n. F. dem Kaufrecht unterliegen würden.[81] Dies kann gravierende Folgen für die Vertragsparteien haben, wenn die Parteien die VOB/B vereinbart haben, denn die VOB/B erstreckt ihren Anwendungsbereich auf Bauleistungen (§ 1 VOB/A) ohne Berücksichtigung der sachenrechtlichen Zuordnung des Vertragsgegenstandes.[82] Stellt sich daher nach Vertragsschluss heraus, dass der Vertrag dem Kaufrecht unterliegt, stellt sich die Frage, ob die VOB/B, wenn sie für einen Kaufvertrag vereinbart wird, überhaupt privilegiert ist.[83] Die Mehrheit der Regelungen der VOB/B dürfte unwirksam sein, wenn die der Inhaltskontrolle auf der Grundlage des Kaufrechts unterliegt.[84] Zudem ist die VOB/B für Kaufverträge ungeeignet, da die VOB/B die Geltung des Werkvertragsrechts voraussetzt und durch Regelungen des Werkvertragsrechts ergänzt wird.[85] Ein weiteres Problem ergibt sich bei Anwendung des Kaufrechts aus der Tatsache, dass der Käufer nach § 439 Abs. 1 BGB n. F. als Nacherfüllung zwischen Mängelbeseitigung und Lieferung einer mangelfreien Sache wählen kann, während dieses Wahlrecht im Werkvertrag dem Unternehmer gemäß § 635 Abs. 1 BGB n. F. zusteht.[86] Zudem kennt das Kaufrecht nicht das Recht, Abschlagszahlungen zu fordern[87] (§ 632 a BGB, § 16 Nr. 1 VOB/B). *Sienz*[88] weist zu Recht darauf hin, dass das Kaufrecht in vielen Belangen für die Errichtung eines Bauwerks untauglich ist.

---

[74] *Konopka/Acker* a. a. O.; *Sienz* a. a. O.
[75] *Thode* a. a. O.
[76] *Thode* a. a. O.
[77] *Thode* a. a. O.
[78] *Thode* a. a. O.
[79] *Thode* a. a. O.
[80] *Thode* a. a. O.; *Heiermann/Riedl/Rusam* a. a. O.
[81] *Thode* a. a. O.; *Heiermann/Riedl/Rusam* a. a. O.; *Sienz* a. a. O.; *Preussner* a. a. O. *Konopka/Acker* a. a. O.
[82] *Thode* a. a. O.; *Sienz* a. a. O.; *Konopka/Acker* a. a. O.; ähnlich *Heiermann/Riedl/Rusam* a. a. O.
[83] *Thode* a. a. O.; vgl. auch *Heiermann/Riedl/Rusam* a. a. O. und *Konopka/Acker* a. a. O.
[84] *Thode* a. a. O.
[85] *Thode* a. a. O.
[86] *Heiermann/Riedl/Rusam* a. a. O.; *Sienz* a. a. O.; *Konopka/Acker* a. a. O.
[87] *Konopka/Acker* a. a. O.
[88] BauR 2002, 181.

C. Geltungsbereich der VOB/B                                                                Vor § 1

Diese Probleme können nur teilweise durch eine europarechtliche Auslegung des Begriffs „bewegliche Sache" i. S. v. Art. 1 Abs. 2 b der Verbrauchsgüterrichtlinie dergestalt, dass der jeweilige Gegenstand tatsächlich physisch beweglich ist,[89] gelöst werden.

### 3. Fertighausverträge

In diesen Fällen ist die Vereinbarung der VOB/B insofern unproblematisch, als es sich um **54** reine **Werkverträge über Bauleistungen** handelt.[90] Soweit für deren Erbringung auch Planungsleistungen erforderlich sind, haben diese lediglich begleitenden Charakter und treten gegenüber der im Vordergrund stehenden, „weitaus das Schwergewicht" bildenden Errichtungsverpflichtung zurück[91] (vgl. unten Rdn. 55 f.). Außerdem ist beim Fertighausvertrag – anders als beim Generalunternehmer-, Generalübernehmer- oder Totalunternehmervertrag – die Planung des Auftragnehmers regelmäßig gar nicht Gegenstand des Vertrages der Parteien, sondern eine bei Vertragsschluss längst fertig gestellte Vorleistung des Auftragnehmers, die dieser unabhängig vom Vertrag mit dem Auftraggeber im eigenen akquisitorischen Interesse bereits erbracht hat. Ihre Kosten sind zwar zu irgendeinem Prozentsatz kalkulatorisch im Preis des (Fertig-)Hauses enthalten. Der Auftraggeber erwirbt jedoch ein bei Vertragsschluss bereits fertig geplantes, standardisiertes Haus eines bestimmten Typs, bei dessen Erstellung allenfalls noch einzelne, zumeist ebenfalls schon typenmäßig vorgesehene Sonderwünsche eine Rolle spielen.

### 4. Unselbständige Planungsleistungen

Zulässig ist die Vereinbarung der VOB/B auch für unselbständige Planungsleistungen, **55** wie sie in begrenztem Umfang in § 2 Nr. 9 und § 3 Nr. 5 VOB/B vorgesehen sind.[92] Entscheidend ist, dass es sich um Planungsarbeiten untergeordneter Art handelt, die als Nebenleistung eine bereits vorhandene Planung lediglich ergänzen. Denn „die in der VOB geregelten Bauleistungen setzen ... eine Planung grundsätzlich voraus".[93]

Ob Planungsleistungen „vom Auftragnehmer auf der Grundlage eines Bauvertrages" **56** auszuführen sind, dem die VOB/B zu Grunde liegt, und „im unmittelbaren und untrennbaren Zusammenhang mit der in Auftrag gegebenen Bauleistung" stehen,[94] ist demgegenüber für die Anwendbarkeit der VOB/B nicht von Belang und kein geeignetes Abgrenzungskriterium. Das ist auch bei der Vergabe nach Leistungsverzeichnis mit Leistungsprogramm so, die nach § 9 Nr. 10 bis 12 VOB/A zulässig ist. Trotzdem kann für die in derartigen Fällen zu erbringenden Planungsleistungen nicht die VOB/B vereinbart werden.[95] Denn dies sind nicht „nur unselbständige, allein Bau vorbereitende Leistungen ..., die unter § 1 VOB/A fallen".[96] Gleiches gilt beim **Schlüsselfertigbau**, soweit von einem General- oder Totalunternehmer auch die Planung[97] zu erbringen ist[98] (vgl. unten Rdn. 62 ff.).

---

[89] So *Preussner* BauR 2002, 231; in diesem Sinn wohl auch *Konopka/Acker* BauR 2004, 251; kritisch *Sienz* BauR 2002, 181 und *Thode* NZBau 2002, 360.
[90] BGHZ 87, 112, 116 = NJW 1983, 1489 = BauR 1983, 266 = ZfBR 1983, 128; BGH NJW 1983, 1491 = BauR 1983, 261 = ZfBR 1983, 125.
[91] So *Ingenstau/Korbion* VOB/A § 1 Rdn. 41: die insoweit als zutreffend zitierte Entscheidung OLG Hamm MDR 1987, 407 betrifft allerdings einen Generalunternehmer- bzw. Totalunternehmervertrag und ist mit der dazu zuvor abgelehnten Entscheidung NJW 1987, 2092 = BauR 1987, 560 identisch.
[92] *Ingenstau/Korbion* VOB/A § 1 Rdn. 31.
[93] BGH NJW 1983, 453 = BauR 1983, 84, 87 = ZfBR 1983, 17.
[94] *Ingenstau/Korbion* a. a. O.
[95] So aber *Ingenstau/Korbion* a. a. O.
[96] BGHZ 101, 369, 376 = NJW 1988, 142 = BauR 1987, 702 = ZfBR 1988, 33.
[97] Für sie kann die VOB/B nicht vereinbart werden: vgl. BGH NJW 1983, 453 = BauR 1983, 84 = ZfBR 1983, 17; BGHZ 101, 369, 376 = NJW 1988, 142 = BauR 1987, 702 = ZfBR 1988, 33; vgl. auch *Hesse* ZfBR 1980, 259 ff. und *Korbion* FS Locher S. 127 ff.
[98] A. A. zu Unrecht OLG Hamm NJW 1987, 2092 = MDR 1987, 407 = BauR 1987, 560; ebenso *Ingenstau/Korbion* VOB/A § 1 Rdn. 31, der anschließend unter Berufung auf BGH a. a. O. die Entscheidung des OLG Hamm allerdings ablehnt.

## II. Nicht unter die VOB/B fallende Leistungen

57  Nicht möglich und zulässig ist die Vereinbarung der VOB/B für Leistungen, die keine Bauleistungen im Sinne von § 1 Nr. 1 VOB/A sind, also keine „Arbeiten jeder Art, durch die eine bauliche Anlage hergestellt, instandgehalten, geändert oder beseitigt wird." Keine Bauleistungen sind z. B. die Lieferung und Montage maschineller Einrichtungen, die nicht der Herstellung, sondern lediglich „der Instandhaltung oder Änderung einer baulichen Anlage dienen".

### 1. Selbständige Planungsleistungen

58  Nicht unter die VOB/B fallen auch alle Planungsleistungen, die als Hauptleistung erbracht werden, sei es auf Grund selbständiger Architekten- und Ingenieurverträge, sei es im Rahmen von Bauverträgen nach Leistungsbeschreibung mit Leistungsprogramm oder bei Generalunternehmer-, Generalübernehmer- und Totalunternehmerverträgen sowie Bauträgerverträgen mit eigenständiger Planungsverpflichtung, insbesondere beim Schlüsselfertigbau.

59  **a) Architekten- und Ingenieurverträge.** Dass Planungsleistungen, die auf Grund selbständiger Architekten- und Ingenieurverträge im Rahmen des Leistungsbildes der HOAI erbracht werden, nicht unter die VOB/B fallen, ist so gut wie unbestritten.[99] Das gilt auch, wenn nur Teilleistungen hieraus erbracht werden, also nicht das gesamte Leistungsbild in Auftrag gegeben ist.[100]

60  Zu den nicht unter die VOB/B fallenden Planungsleistungen von **Ingenieuren** zählen nicht nur die herkömmlichen Bereiche wie Geologie (Baugrunduntersuchung), Statik (Tragwerksplanung), Technische Ausrüstung (Haus- und Gebäudetechnik, insb. Heizung, Sanitär, Klima, Lüftung), Bauphysik usw., sondern auch die in neuerer Zeit hinzugekommenen Gebiete wie **Terminplanung, Projektsteuerung** und **Baucontrolling**.[101]

61  **b) Vergabe nach Leistungsbeschreibung mit Leistungsprogramm.** Bei der Leistungsbeschreibung mit Leistungsprogramm hat der Auftragnehmer auch die für die Bauausführung erforderliche Entwurfsbearbeitung zu erbringen, also eine komplette Planungsleistung. Eine solche Form der Ausschreibung und Vergabe ist nach § 9 Nr. 10 bis 12 VOB/A in Ausnahmefällen, wenn es „nach Abwägen aller Umstände zweckmäßig ist", zwar zulässig. Trotzdem kann in diesen Fällen für die Planung nicht die VOB/B vereinbart werden.[102] Denn „die in der VOB/B geregelten Planungsleistungen setzen ... eine Planung grundsätzlich voraus."[103] Bei der Entwurfsbearbeitung auf Grund Leistungsbeschreibung mit Leistungsprogramm handelt es sich auch nicht mehr um „nur unselbständige, allein Bau vorbereitende Leistungen ..., die unter § 1 VOB/A fallen"[104] und eine vorhandene Planung lediglich ergänzen, also bloße Nebenleistung sind, sondern um die für die Bauausführung erforderliche und vorausgesetzte Planung als Hauptleistung.

62  **c) Schlüsselfertigbau mit Planungsverpflichtung des General- und Totalunternehmers.** Ebenso kann in derartigen Fällen für die Planung nicht die VOB/B vereinbart werden. Wird deshalb bei der Vergabe der schlüsselfertigen Herstellung von Wohnhäusern die Anwendung der VOB/B vereinbart, so gelten die VOB-Vorschriften nicht auch für die

---

[99] BGH NJW 1983, 453 = BauR 1983, 84 = ZfBR 1983, 17; BGHZ 101, 369, 376 = NJW 1988, 142 = BauR 1987, 702 = ZfBR 1988, 33; vgl. auch *Hesse* ZfBR 1980, 259 ff. und *Ingenstau/Korbion* VOB/A § 1 Rdn. 31 und 34 sowie *Korbion* FS Locher S. 127 ff.
[100] *Ingenstau/Korbion* VOB/A § 1 Rdn. 31; *Korbion* a. a. O.
[101] *Ingenstau/Korbion* VOB/A § 1 Rdn. 34; zum Baucontrolling im Einzelnen *Böggering* BauR 1983, 402 ff.; gegen ihn *Will* BauR 1984, 333.
[102] A. A. *Ingenstau/Korbion* VOB/A § 1 Rdn. 31.
[103] BGH NJW 1983, 453 = BauR 1983, 84 = ZfBR 1983, 17.
[104] BGHZ 101, 369, 376 = NJW 1988, 142 = BauR 1987, 702 = ZfBR 1988, 33.

## C. Geltungsbereich der VOB/B

**Vor § 1**

Planungsleistungen.[105] Wird in einem Generalunternehmervertrag die VOB/B vereinbart, so gilt sie vielmehr nur für die vom Auftragnehmer geschuldeten Bauleistungen, nicht auch für die daneben übernommenen Architekten- und Ingenieurleistungen.[106]

Wie der BGH in der vorgenannten Entscheidung ausgeführt hat, passen „für die in einem Generalunternehmervertrag ... vereinbarten Architekten- und Ingenieurleistungen ... zahlreiche Vorschriften der VOB/B nicht oder nur bedingt". Auch wenn die VOB/B „als Ganzes" vereinbart ist, sind diese Vorschriften daher „materiell **gegenstandslos**". Tatsächlich können somit nur einzelne Vorschriften der VOB/B vereinbart werden. „Damit aber genießen die verbleibenden, auch auf einen Vertrag über Planungs- und Statikerleistungen noch anwendbaren Einzelbestimmungen nicht mehr die **Privilegierung** des § 23 Abs. 2 Nr. 5 AGB-Gesetz"[107] (§§ 308 Nr. 5 b, 309 Nr. 8 b BGB n. F.). 63

Das hat nach den weiteren Entscheidungen, auf die der BGH sich a. a. O. beruft, zur Folge, dass in Bezug auf die Planungsleistungen der Auftragnehmer als Verwender sich nicht auf die kurze Gewährleistungsverjährung des § 13 Nr. 4 VOB/B berufen kann[108] und umgekehrt dem Auftraggeber als Verwender die Berufung auf vorbehaltlose Annahme der Schlusszahlung gem. § 16 Nr. 3 VOB/B verwehrt ist.[109]

Aus dem Umstand, dass bei einem Generalunternehmervertrag das Ergebnis der Planung sich erst in der Erstellung des Bauwerks niederschlägt und dem Auftraggeber/Bauherrn es regelmäßig weniger auf Teilleistungen als auf den **Enderfolg** ankommt, lässt sich nach Meinung des BGH[110] für die Geltung der VOB/B in Bezug auf Planungsleistungen nichts herleiten. Übernimmt der Auftragnehmer/Unternehmer nicht nur die Bauausführung, sondern auch die Planung und Statik, so ist zwar – ebenso wie beim Bauträgervertrag – Endziel des Vertrages die Erstellung des mangelfreien Werkes. Deshalb stellen jedoch die Architekten- und Ingenieurleistungen „nicht nur vernachlässigbare unbedeutende Teilleistungen" dar, sondern „selbständig zu wertende und eigener Gewährleistung und Verjährung zugängliche Vertragsgegenstände". Denn auch bei der **getrennten Vergabe** von Planungsleistung einerseits und Bauausführung andererseits baut Letztere auf der Ersteren auf.[111] 64

Die Nichtanwendbarkeit der VOB/B auf Architekten-, Ingenieur- und Statikerleistungen knüpft, wie der BGH in der vorgen. Entscheidung klargestellt hat, auch nicht etwa an den Status des selbständigen Architekten oder Bauingenieurs an, „sondern allein an den Inhalt der Leistungsverpflichtung". Architekten- und Ingenieurleistungen bleiben auch dann solche Leistungen, wenn sie von einem Bauunternehmer übernommen werden. „Sie verlieren ihre Eigenart als Planungs- und Statikerleistungen nicht dadurch, dass sie von einem Unternehmen erbracht werden, das zugleich das Bauvorhaben ausführt".[112] 65

---

[105] A. A. zu Unrecht OLG Hamm, NJW 1987, 2092 = MDR 1987, 407 = BauR 1987, 560; ebenso *Ingenstau/Korbion* VOB/A § 1 Rdn. 31, der anschließend unter Berufung auf die nachst. erwähnte gegenteilige Rechtsprechung des BGH die Entscheidung des OLG Hamm allerdings ablehnt.

[106] BGHZ 101, 369, 376 = NJW 1988, 142 = BauR 1987, 702 = ZfBR 1988, 33.

[107] BGH a. a. O.

[108] BGHZ 96, 129 = NJW 1986, 315 = BauR 1986, 89 = ZfBR 1986, 33; BGH NJW 1986, 713 = BauR 1986, 98 = ZfBR 1986, 21; BGH NJW 1987, 2373 = BauR 1987, 438 = ZfBR 1987, 199; BGHZ 100, 391 = NJW 1988, 490 = NJW-RR 1987, 1046 = BauR 1987, 439 = ZfBR 1987, 197; BGH NJW-RR 1989, 85 = BauR 1989, 77 = ZfBR 1989, 28: seitdem ständige Rechtsprechung; vgl. aber auch BGHZ 98, 106 = NJW 1987, 837 = BauR 1987, 205 = ZfBR 1987, 73 (Auftraggeber als Verwender).

[109] Vgl. BGHZ 86, 135 = NJW 1983, 816 = BauR 1983, 161 = ZfBR 1983, 85; BGH NJW 1987, 2582 = BauR 1987, 329 = ZfBR 1987, 146; BGHZ 101, 357 = NJW 1988, 55 = BauR 1987, 694 = ZfBR 1988, 22; BGHZ 102, 392 = NJW 1988, 910 = BauR 1988, 217 = ZfBR 1988, 120; vgl. BGHZ 107, 205 = NJW 1989, 2124 = BauR 1989, 461 = ZfBR 1989, 212 (Ausschluss von Nachforderungen im Bauvertrag unwirksam).

[110] BGHZ 101, 369, 376 = NJW 1988, 142 = BauR 1987, 702 = ZfBR 1988, 33.

[111] BGH a. a. O.

[112] BGH a. a. O.

## 2. Bauträgerverträge

**66** Das vorstehend Gesagte gilt entsprechend für Planungsleistungen, die im Rahmen eines Bauträgervertrages erbracht werden. Auch für sie kann nach der Rechtsprechung des BGH[113] die VOB/B **nicht** vereinbart werden. Gleiches gilt für den gesamten übrigen Bereich, der beim Bauträgervertrag nicht Bauleistungen im Sinne von § 1 VOB/A (Arbeiten jeder Art) betrifft, insbesondere die Grundstücksbeschaffung sowie die wirtschaftliche und finanzielle Betreuung.[114]

**67** Bislang nicht abschließend entschieden, sondern ausdrücklich offengelassen hat der BGH in den vorgen. Urteilen die Frage, ob für die vom Bauträger geschuldeten Bauleistungen die VOB/B vereinbart werden kann. Dagegen bestehen nach dem, was der BGH zum Generalunternehmervertrag vertritt[115] keine Bedenken, wenn die VOB/B **„als Ganzes"** vereinbart wird.

Wie beim Generalunternehmervertrag mit Planungsverpflichtung passen zwar „zahlreiche Vorschriften der VOB/B nicht oder nur bedingt" auf den Bauträgervertrag und sind daher „materiell gegenstandslos".[116] Das betrifft nach der vorgen. Entscheidung des BGH zum Generalunternehmervertrag jedoch nicht die vom Unternehmer – hier Bauträger – geschuldeten Bauleistungen, wenn im Bauträgervertrag die VOB/B „als Ganzes" vereinbart ist.

**68** Das zu dieser Frage vorliegende Schrifttum[117] ist durch die anschließende Rechtsprechung des BGH im Wesentlichen überholt. Soweit in diesem Zusammenhang selbst von Schmidt,[118] der mit am entschiedensten die Anwendbarkeit der VOB/B auf den Bauträgervertrag vertreten hatte, das „Ende der VOB/B im Bauträgervertrag" angenommen worden ist,[119] betrifft dies nicht die Vereinbarung der VOB „als Ganzes", sondern lediglich die Frage der Inhaltskontrolle. Sie hat, weil beim Bauträgervertrag zahlreiche Vorschriften der VOB/B nicht passen und diese auch bei Vereinbarung „als Ganzes" nicht insgesamt gilt, zur Folge, dass die **kurze Gewährleistungsverjährung** des § 13 Nr. 4 VOB/B (nach altem Recht 2 Jahre, nach neuem Recht 4 Jahre) für die vom Bauträger geschuldeten Bauleistungen letztlich doch **„isoliert"** vereinbart und deshalb nicht wirksam ist.[120]

## 3. Bausatzverträge

**69** Bei diesem Vertragstyp werden dem Auftraggeber lediglich Baumaterialien geliefert, in aller Regel vorgefertigte, genormte Bauelemente, mit den entsprechenden Planungsunterlagen, insbesondere Verlegeplänen zum Selbsteinbau (sog. Bausätze). Hier überwiegt deshalb das Liefergeschäft, jedenfalls steht es so sehr im Vordergrund, dass ein Kaufvertrag[121] vorliegt, auf den nach der Rechtsprechung sogar das Abzahlungsgesetz bzw. das Verbraucherkreditgesetz anwendbar war und jetzt die entsprechenden Vorschriften des BGB nach dem Schuldrechtsmodernisierungsgesetz Anwendung finden, wenn der Auftraggeber kein Kaufmann ist und die Bezahlung in Teilbeträgen erfolgt.[122] Das führt dazu, dass bei fehlender Belehrung über das nach dem VerbrKrG bzw. AbzG bzw. gem. **§ 355 BGB n. F.** gegebene **Widerrufsrecht** dem Auftraggeber ein unbefristetes Rücktrittsrecht zusteht.[123]

---

[113] NJW 1983, 453 = BauR 1983, 84 = ZfBR 1983, 17 und BGHZ 101, 369, 376 = NJW 1988, 142 = BauR 1987, 702 = ZfBR 1988, 33.
[114] *Ingenstau/Korbion* VOB/A § 1 Rdn. 35.
[115] BGHZ 101, 369, 376 = NJW 1988, 142 = BauR 1987, 702 = ZfBR 1988, 33.
[116] BGH a. a. O.
[117] Vgl. die Nachweise bei *Ingenstau/Korbion* VOB/A § 1 Rdn. 35.
[118] ZfBR 1986, 53 ff.
[119] Vgl. hierzu auch *Brych* NJW 1986, 302 ff.; dagegen *Weinkamm* BauR 1986, 387 ff. und BauR 1992, 585/586.
[120] BGH ständige Rechtsprechung; vgl. auch *Doerry* WM Sonderbeilage 8/91, 13; *Schulze-Hagen* BauR 1992, 320 ff., 328 und *Heiermann/Riedl/Rusam* VOB/B § 1 Rdn. 14 a; dagegen *Weinkamm* a. a. O.
[121] OLG Düsseldorf NJW-RR 2002, 14; a. A. *Becher* BauR 1980; 493; gegen ihn jedoch die nachst. erwähnte Rechtsprechung des BGH.
[122] BGHZ 78, 375 = NJW 1981, 453 = BauR 1981, 190 m. krit. Anm. *Becher* ZfBR 1981, 27.
[123] OLG Frankfurt, NJW-RR 1989, 1364.

C. Geltungsbereich der VOB/B                                    Vor § 1

Darin liegt der Unterschied zum **Fertighausvertrag** (vgl. oben Rdn. 54), bei dem nicht  70
das Liefergeschäft im Vordergrund steht, sondern die Errichtungsverpflichtung, und deshalb
ein Werkvertrag vorliegt, für den die VOB/B vereinbart werden kann.[124] Gleiches gilt, wenn
der Auftragnehmer auf Grund eines Werklieferungsvertrages nach vorgegebenen Bauplänen
Fertigteilzwischendecken herstellt und liefert, auch wenn er sie nicht selbst einbaut[125] (vgl.
oben Rdn. 24 ff., 51 ff.).

### 4. Reine Lieferverträge nach Kaufrecht

Im Gegensatz zu den vorgen. Werklieferungsverträgen gem. BGB a. F. über nicht vertret-  71
bare Sachen, die dem Werkvertragsrecht unterliegen, weil bei ihnen Baustoffe oder Bauteile
nach bestimmten Wünschen und Vorgaben des Bauherrn/Auftraggebers und in der Regel
für ein bestimmtes Bauvorhaben hergestellt und/oder bearbeitet werden,[126] stehen die reinen
Liefergeschäfte über Baustoffe und Bauteile **ohne Bearbeitung** nach bestimmten Wünschen und Vorgaben. Sie unterliegen **nicht** der VOB/B, sondern richten sich allein nach
Kaufrecht und, falls vereinbart, der VOL (Verdingungsordnung für Leistungen).

Maßgebend für die Abgrenzung ist nicht nur, welche Leistung überwiegt und den  72
**Schwerpunkt** des Geschäfts bildet,[127] denn das Wertverhältnis von Lieferanteil und Bear-
beitung/Montage hängt oft von Zufälligkeiten ab und kann deshalb allein nicht ausschlaggebend sein. Zusätzlich ist vielmehr auch darauf abzustellen, ob und inwieweit die Lieferungen und Leistungen für die **Funktion und Benutzbarkeit** des Bauwerks von entscheidender Bedeutung sind.[128] Dann liegt ein Werk- oder Werklieferungsvertrag über Arbeiten „bei
Bauwerken" vor.[129]

Reine **Liefergeschäfte,** die sich nach Kaufrecht richten und nicht der VOB/B unterlie-  73
gen, sind dagegen angenommen worden bei der Lieferung katalogmäßiger Baumaterialien,
z. B. Dachbaustoffen,[130] aber auch dann, wenn die Montage als Nebenpflicht hinzutritt, z. B.
bei der Lieferung und Montage einer Markise über einem Wintergarten,[131] einer Neon-
Leuchtreklame an einem Ladenlokal,[132] eines Trogkettenförderers und zweier Pendelbecher-
werke aus Serienproduktion[133] und einer aus serienmäßigen Einzelteilen zusammengesetzten
Küche.[134] Gleiches gilt bei einer Lieferung und Montage von **Baufertigteilen** wie Kellerlichtschächten[135] im Gegensatz zu Fertigteil-Garagen[136] und Fertighäusern mit Errich-

---

[124] BGHZ 87, 112 = NJW 1983, 1489 = BauR 1983, 266 = ZfBR 1983, 128 und BGH NJW 1983, 1491 = BauR 1983, 261 = ZfBR 1983, 125.
[125] BGH NJW 1968, 1087.
[126] BGHZ 72, 206 = NJW 1979, 158 = BauR 1979, 54 = ZfBR 1979, 28 (Fenster-Eloxierung); BGH NJW 1980, 2081 = BauR 1980, 355 = ZfBR 1980, 190 (Spezialanfertigung von Fußbodenplatten); OLG Düsseldorf, BauR 1981, 369 (Lieferung maßgefertigter Fenster und Türen).
[127] Vgl. auch *Ingenstau/Korbion* VOB/A § 1 Rdn. 47.
[128] Vgl. *Ingenstau/Korbion* VOB/A § 1 Rdn. 18.
[129] So z. B. bei Teppichbodenverlegung in einem Hochhaus (OLG Köln BauR 1986, 441; ebenso BGH NJW 1991, 2486 = BauR 1991, 603 = ZfBR 1991, 210 unter Hinweis auf BGH NJW-RR 1990, 787 = BauR 1990, 351 = ZfBR 1990, 182) und beim Einbau einer Beschallungsanlage für einen Hotel-Ballsaal (OLG Hamburg, NJW-RR 1988, 1106), während der nachträgliche Einbau einer Alarmanlage in einem Wohnhaus Arbeit „an einem Grundstück" ist (BGH NJW-RR 1991, 1367 = BauR 1991, 741 = ZfBR 1991, 259).
[130] BGH NJW 1981, 2248 = BauR 1982, 175 = ZfBR 1981, 216 (kaufrechtliche Gewährleistung bei der Lieferung von Dämmelementen).
[131] OLG Köln JMBl. NW 1990, 57; ebenso bei Instandsetzung einer Markise OLG Hamm, NJW-RR 1992, 1272 = BauR 1992, 630.
[132] OLG Hamm NJW-RR 1990, 789; OLG München BauR 1992, 631.
[133] BGH NJW 1998, 3197.
[134] BGH NJW-RR 1990, 586 = BauR 1990, 369, während bei Lieferung und Montage einer maßgefertigten Einbauküche Arbeiten „bei Bauwerken" angenommen worden sind (BGH NJW-RR 1990, 787 = BauR 1990, 351 = ZfBR 1990, 182); ebenso bei eingefügten Schrankwänden (OLG Köln NJW-RR 1991, 1077 = BauR 1991, 759).
[135] KG OLGZ 80, 462.
[136] OLG Düsseldorf BauR 1982, 164.

tungsverpflichtung[137] oder einem aus genormten Teilen zusammengesetzten, aber ins Erdreich eingelassenen Fertigschwimmbecken, dessen Stahlblechwand mit einem Magerbetonkranz umgeben war.[138] Insoweit sind Arbeiten „bei Bauwerken" angenommen worden, ebenso beim Umbau einer Scheune in einen Stall für den Einbau von Fütterungsanlagen und Buchtenabtrennungen aus genormten Bauteilen, die demontierbar und austauschbar waren,[139] und bei Errichtung eines **Ladenlokals** aus vorgefertigten Teilen (Ladencontainer als „Verkaufskombination"), die durch Schraubverbindungen zu einer Anlage zusammengefügt und auf im Boden verankerten Betonklötzen aufgestellt worden sind.[140]

74  Andererseits hat der BGH[141] beim Einbau eines serienmäßigen **Heizöltanks,** der lediglich in das Erdreich eingebettet und an die vorhandene Ölzufuhrleitung angeschlossen war, nur ein nach Kaufrecht zu beurteilendes reines Liefergeschäft angenommen, was nicht ganz verständlich erscheint,[142] wenn demgegenüber die Lieferung und Montage eines in Erdreich eingelassenen Fertigschwimmbeckens eine Bauwerksleistung sein soll. Hinzu kommt, dass im entschiedenen Fall nicht nur der alte Erdtank auszubauen und der neue zu installieren war; der neue Öltank war auch für die Funktion und Benutzbarkeit, nämlich die Beheizung des Hauses von ausschlaggebender Bedeutung.[143] Aus den gleichen Gründen kann nicht angenommen werden, dass bei der Lieferung und Montage **serienmäßiger Heizkörper,** selbst wenn keine Sonderanfertigung nach Maß vorliegt, nur ein nach Kaufrecht zu beurteilendes reines Liefergeschäft gegeben ist,[144] weil auch die Heizkörper für die Funktion und Benutzbarkeit des Gebäudes entscheidend sind und deshalb insoweit eine werkvertragliche Leistung angenommen werden muss.[145]

### 5. Überlassung von Baugerät mit oder ohne Bedienungspersonal

75  Auf derartige Verträge ist die VOB/B **nicht** anwendbar, denn bei der Überlassung von Baugerät handelt es sich regelmäßig um einen Mietvertrag (Gerätemiete). Wird das Gerät mit Bedienungspersonal vermietet, liegt ein gemischter Vertrag vor, weil eine Dienstverschaffung hinzutritt.[146]

Ob sich der Vertrag insgesamt nach Miet- oder Dienstvertragsrecht richtet, hängt dann davon ab, wo das Schwergewicht der Leistungspflichten liegt.[147]

76  Wenn an das Gerät und Bedienungspersonal lediglich normale Anforderungen gestellt werden, überwiegt das mietvertragliche Element.[148] In diesem Fall haftet der Vermieter nur für den mangelfreien Zustand des Geräts und die **ordnungsgemäße Auswahl** des Bedienungspersonals. Die sachgerechte Bedienung des Geräts ist dann das Risiko des Mieters, so dass der Vermieter für normale Bedienungsfehler nicht haftet.[149] Das gilt insbesondere dann, wenn das Bedienungspersonal für die Dauer des Überlassungsvertrages nicht mehr seinen Weisungen unterworfen ist. Deshalb haftet in einem solchen Fall der Überlassung von Arbeitsgerät mit Bedienungspersonal der Mieter auch bei Beschädigung des gemieteten

---

[137] BGHZ 87, 112, 116 = NJW 1983, 1489 = BauR 1983, 266 = ZfBR 1983, 128; BGH NJW 1983, 1491 = BauR 1983, 261 = ZfBR 1983, 125.
[138] BGH NJW 1983, 567 = BauR 1983, 64 = ZfBR 1983, 82.
[139] OLG Hamm NJW-RR 1989, 1048.
[140] BGH NJW 1992, 1445 = BauR 1992, 369 = ZfBR 1992, 159.
[141] BGH NJW 1986, 1927 = BauR 1986, 437.
[142] Dagegen mit Recht auch *Motzke* NJW 1987, 363/64.
[143] Das lässt *Ingenstau/Korbion* außer Acht (VOB/A § 1 Rdn. 21, 47), obwohl er bei der Lieferung und Montage von Heizkörpern gerade darauf abstellt (VOB/A § 1 Rdn. 18 gegen OLG Köln BB 1982, 1578).
[144] So OLG Köln BB 1982, 1578.
[145] Ebenso mit Recht *Ingenstau/Korbion* VOB/A § 1 Rdn. 18.
[146] *Ingenstau/Korbion* VOB/A § 1 Rdn. 49; vgl. auch OLG Düsseldorf NJW-RR 1995, 160; OLG Celle NJW-RR 1997, 469.
[147] Zur Abgrenzung siehe insbesondere BAG NJW 1979, 2636.
[148] *Ingenstau/Korbion* a. a. O.
[149] BGH BB 1968, 809 = Betr. 1968, 1317; vgl. auch BGH BauR 1982, 90 sowie OLG Celle VersR 1961, 740; KG NJW 1965, 976; OLG Hamm VersR 1978, 548 und OLG Düsseldorf VersR 1979, 674.

C. Geltungsbereich der VOB/B  **Vor § 1**

Geräts selbst durch ein Verschulden des seinen Weisungen unterworfenen Bedienungspersonals.[150]

Sind zur Bedienung des Geräts dagegen besondere Fachkenntnisse erforderlich, so überwiegt das **dienstvertragliche Element**,[151] z. B. bei der Vermietung eines schweren Spezialkrans.[152] In diesem Fall haftet der Vermieter für Bedienungsfehler und daraus entstehende Schäden, weil die ordnungsgemäße Bedienung des Geräts in seinem Risikobereich liegt.[153]

Das gilt z. B., wenn ein Baukran mit Hilfe eines Autokrans auf ein Baustellengelände gehoben und wieder herausgehoben werden soll und die **Weisungsbefugnis** bzw. Obhut an dem Autokran für die Zeit der Hebearbeiten nicht auf den Bauunternehmer als Betreiber des Baukrans übergeht. In einem solchen Fall kann sogar ein Werkvertrag gegeben sein.[154]

77

---

[150] OGL Düsseldorf BB 1992, 171 = BauR 1992, 270 L.
[151] *Ingenstau/Korbion* VOB/A § 1 Rdn. 50.
[152] OLG Hamm VersR 1966, 641.
[153] OLG Karlsruhe MDR 1972, 325.
[154] OLG Hamm BauR 1992, 271 L; vgl. auch OLG Nürnberg NJW-RR 1997, 19, für den Fall, dass Baggerarbeiten nach Kubikmetern abgerechnet werden.

# § 1 Nr. 1

### § 1 Nr. 1 [Bestimmung der Leistung]

Die auszuführende Leistung wird nach Art und Umfang durch den Vertrag bestimmt. Als Bestandteil des Vertrags gelten auch die Allgemeinen Technischen Vertragsbedingungen für Bauleistungen (VOB/C).

Literatur: Siehe die Hinweise → Vor § 1

**Übersicht**

|  | Rdn. |  | Rdn. |
|---|---|---|---|
| A. Allgemeines | 1–3 | II. Besondere Vertragsbedingungen (BVB) | 21 |
| B. Bestimmung der Leistung durch den Vertrag | 4–6 | III. Zusätzliche Vertragsbedingungen (ZVB) | 23 |
| C. Die einzelnen Vertragsunterlagen | 7–30 | IV. Zusätzliche Technische Vertragsbedingungen (ZTV) | 25 |
| I. Leistungsbeschreibung | 11 | V. Allgemeine Technische Vertragsbedingungen für Bauleistungen (ATV = VOB/C) | 26 |
| 1. Leistungsbeschreibung mit Leistungsverzeichnis | 12 | | |
| a) Gleichrangigkeit der Bauzeichnungen | 14 | VI. Allgemeine Vertragsbedingungen für die Ausführung von Bauleistungen (VOB/B) | 30 |
| b) Alternativ- und Eventualpositionen | 15 | | |
| 2. Leistungsbeschreibung mit Leistungsprogramm | 20 | | |

## A. Allgemeines

1 § 1 VOB/B stellt in Nr. 1 zunächst klar, dass Art und Umfang der auszuführenden Leistung durch den **Vertrag** bestimmt werden. Nr. 2 enthält eine Regelung für den Fall von Widersprüchen im Vertrag. Nr. 3 behandelt Änderungen des Bauentwurfs und Nr. 4 nicht vereinbarte Leistungen.

2 § 1 VOB/B betrifft grundsätzlich nur die **Leistungspflichten** des Auftragnehmers, auch wenn Nr. 2 bei Widersprüchen im Vertrag darüber hinaus als generelle Auslegungsregel heranzuziehen ist.[1] Die den Leistungspflichten des Auftragnehmers entsprechende **Vergütungspflicht** des Auftraggebers ergibt sich aus § 2 VOB/B, der in Nr. 1 eine gleichartige Regelung enthält.[2]

3 § 1 Nr. 1 Satz 1 VOB/B besagt, dass Art und Umfang der auszuführenden Leistung durch den Vertrag bestimmt werden. Das ist an sich eine Selbstverständlichkeit, die für **alle Verträge** gilt, für Werkverträge nach den **§§ 631 ff. BGB** in gleicher Weise wie für Bauverträge, für die die VOB/B vereinbart ist, und für private Bauverträge ebenso wie für solche unter Beteiligung der öffentlichen Hand. „Insoweit ergibt sich keine Abweichung vom allgemeinen Vertragsrecht, denn Art und Umfang der vertraglichen Verpflichtungen werden stets durch den Inhalt des Vertrages bestimmt".[3]

## B. Bestimmung der Leistung durch den Vertrag

4 Mit „Vertrag" meint § 1 Nr. 1 Satz 1 VOB/B nicht nur das Auftragsschreiben bzw. die eigentliche Vertragsurkunde im engeren Sinne,[4] sondern die **Gesamtheit der Vertrags-**

---

[1] So mit Recht *Ingenstau/Korbion/Keldungs* VOB/B § 1 Nr. 2 Rdn. 2f.; *Nicklisch/Weick* VOB/B § 1 Rdn. 22.
[2] *Ingenstau/Korbion/Keldungs* a. a. O. und VOB/B § 2 Nr. 1 Rdn. 1.
[3] *Nicklisch/Weick* VOB/B § 1 Rdn. 7.
[4] *Nicklisch/Weick* VOB/B § 1 Rdn. 9.

**unterlagen.** Erst sie ergeben den maßgeblichen Vertragsinhalt, der bei Unklarheiten und Zweifeln im Wege der Auslegung unter Berücksichtigung dessen bestimmt werden muss, was nach § 1 Nr. 2 VOB/B bei Widersprüchen im Vertrag gilt[5] (dazu im Einzelnen → § 1 Nr. 2 Rdn. 1 ff.).

Dabei ist gem. § 133 BGB zunächst der **wirkliche, erklärte Wille** im Sinne des objektiven Erklärungswertes zu erforschen[6] und erst, wenn dieser nicht feststellbar ist, im Wege der **ergänzenden Vertragsauslegung** zu ermitteln, was die Parteien vereinbart hätten, wenn sie an den konkreten Fall gedacht hätten.[7]

Auf diese Weise lässt sich zugleich im Wege des Umkehrschlusses auch eine **negative Abgrenzung** vornehmen und feststellen, „dass alles, was nicht Inhalt des Bauvertrages ist, auch nicht vom Auftragnehmer geschuldet wird".[8]

## C. Die einzelnen Vertragsunterlagen

Was alles zum Vertrag im Sinne der Gesamtheit der Vertragsunterlagen gehört, die für die Bestimmung des Vertragsinhaltes maßgebend sind, ist in § 1 Nr. 1 VOB/B nicht gesagt. Satz 2 bestimmt dazu lediglich, dass – außer der Vertragsurkunde selbst – bei Vereinbarung der VOB/B, die ohnehin Voraussetzung für die Geltung von § 1 Nr. 1 VOB/B ist, als Bestandteil des Vertrages auch die **Allgemeinen Technischen Vertragsbedingungen für Bauleistungen** gelten. Dies sind die ATV DIN 18299 bis 18451 der VOB Teil C.

Mit dem Begriff **„gelten"** in § 1 Nr. 1 Satz 2 VOB/B ist gemeint, dass in allen Fällen, in denen die VOB/B vereinbart ist, die VOB/C keiner besonderen Vereinbarung bedarf, sondern automatisch Vertragsbestandteil ist. Entgegen dem Wortlaut („gelten") ist dies jedoch keine Fiktion, sondern lediglich eine Auslegungsregel im Sinne einer widerlegbaren Vermutung, denn die Parteien können etwas anderes vereinbaren.[9]

Dabei ist allerdings zu beachten, dass die ATV DIN 18299 bis 18451 der VOB/C gleichzeitig Teil der **anerkannten Regeln der Technik** sind und als solche festlegen, was für das einzelne Gewerk als gewerbeüblich anzusehen ist. Sie gelten deshalb nicht nur für den VOB-Vertrag, sondern sind zur Bestimmung dessen, was anerkannte Regel der Technik und gewerbeüblich ist, grundsätzlich ohne Vereinbarung auch im Rahmen des BGB-Werkvertrages von Bedeutung.[10] Das zeigt nicht zuletzt die durch die VOB 1988 eingeführte ATV DIN 18299, die „Allgemeine Regelungen für Bauarbeiten jeder Art" aufstellt und für alle Bauarbeiten gilt, auch für solche, für die keine Allgemeinen Technischen Vertragsbedingungen im Sinne der DIN 18300 ff. der VOB/C bestehen.[11]

Damit, dass nach § 1 Nr. 1 Satz 2 VOB/B **„auch"** die Allgemeinen Technischen Vertragsbedingungen für Bauleistungen als Bestandteil des Vertrages gelten, ist gleichzeitig klargestellt, dass dies nicht alle Unterlagen sind, die Vertragsbestandteil sind oder sein können. Als weitere Vertragsunterlagen, die im Gegensatz zur VOB/C allerdings vereinbart sein müssen, kommen – außer der Vertragsurkunde selbst – in Betracht:

---

[5] *Ingenstau/Korbion/Keldungs* VOB/B § 1 Nr. 1 Rdn. 2 ff.
[6] *Nicklisch/Weick* VOB/B § 1 Rdn. 13 unter Hinweis auf BGHZ 36, 30, 33 und BGHZ 47, 75, 78 = NJW 1967, 673.
[7] *Nicklisch/Weick* a. a. O. m. N.
[8] *Ingenstau/Korbion/Keldungs* VOB/B § 1 Nr. 1 Rdn. 3.
[9] *Nicklisch/Weick* VOB/B § 1 Rdn. 12; *Leinemann/Schoofs* VOB/B (in der Erstauflage 2002) § 1 Rdn. 11. Anderer Ansicht *Kapellmann/Messerschmidt/von Rintelen* VOB/B § 1 Rdn. 18: Der Begriff „gelten" bringe nicht mehr als eine vereinbarte Rechtsfolge zum Ausdruck. Die VOB/B sei als AGB nicht vertraglicher Natur. Es handele sich nicht um eine Auslegungsregel, da nur der Vertragswille der Parteien zähle und deshalb in einem Vertrag eine Auslegungsregel für eine sofort Geltung beanspruchende Regelung obsolet sei.
[10] *Ingenstau/Korbion/Vygen* Einl. Rdn. 35; *Nicklisch/Weick* Einl. Rdn. 28 a. E.
[11] ATV DIN 18299 Ziff. 1 und Ziff. 1.2 der Erläuterungen hierzu; vgl. auch *Franke* ZfBR 1988, 204 ff.

## § 1 Nr. 1

### I. Leistungsbeschreibung

11  Die Leistungsbeschreibung kann nach § 9 VOB/A in zweierlei Weise erfolgen, als Leistungsbeschreibung mit Leistungsverzeichnis, was die den **Regelfall** bildende Form ist, oder – in Ausnahmefällen – als Leistungsbeschreibung mit Leistungsprogramm.

#### 1. Leistungsbeschreibung mit Leistungsverzeichnis

12  Die Leistungsbeschreibung besteht nach § 9 Nr. 3 VOB/A aus der Baubeschreibung als der allgemeinen Darstellung der Bauaufgabe und dem in Teilleistungen (→ Vor § 1 Rdn. 39) gegliederten Leistungsverzeichnis.

13  Was sonst noch alles zu einer ordnungsgemäßen Leistungsbeschreibung gehört, ergibt sich im Einzelnen aus § 9 VOB/A und den Hinweisen in Ziff. 0 der **ATV DIN 18299** – „Allgemeine Regelungen für Bauarbeiten jeder Art", durch die die Vorschriften, die als „allgemeiner Teil" für alle nachfolgenden Allgemeinen Technischen Vertragsbedingungen DIN 18300 bis 18451 der VOB/C gemeinsam gelten, sozusagen „vor die Klammer gezogen" worden sind. Ergänzend sind die Hinweise für die Leistungsbeschreibung in Ziff. 0 der einzelnen ATV DIN 18300 ff. zu beachten.

14  **a) Gleichrangigkeit der Bauzeichnungen.** Zur Leistungsbeschreibung gehören auch die Bauzeichnungen, denn nach § 9 Nr. 5 Abs. 1 VOB/A ist die Leistung erforderlichenfalls „zeichnerisch ... darzustellen". Die Bauzeichnungen haben deshalb als zeichnerische Darstellung der Bauaufgabe grundsätzlich dieselbe Bedeutung wie die verbale Leistungsbeschreibung und stehen gleichrangig neben dieser.[12] Zu Widersprüchen zwischen der wörtlichen und der zeichnerischen Darstellung siehe → § 1 Nr. 2 Rdn. 1 ff., 12 ff.

15  **b) Alternativ- und Eventualpositionen.** Vielfach sieht die Leistungsbeschreibung nicht nur eine bestimmte Art der Ausführung vor, sondern enthält Leistungsvarianten, die auch in Form von Nebenangeboten des Auftragnehmers eingebracht werden können.[13] Außerdem darf der Auftraggeber nach § 9 Nr. 7 VOB/A in der Leistungsbeschreibung grundsätzlich nicht bestimmte Erzeugnisse (Fabrikate) vorgeben. Das gilt hiernach zunächst zwar nur für den öffentlichen Auftraggeber, ist darüber hinaus jedoch generell aus wettbewerbsrechtlichen Gründen zu beachten.

16  Soweit alternativ mehrere verschiedene Ausführungsarten und/oder Materialien (Erzeugnisse, Fabrikate) ausgeschrieben bzw. angeboten werden, handelt es sich um **Wahlpositionen,** bei denen zwischen den verschiedenen Teilleistungen gewählt werden kann. Demgegenüber sind Eventualpositionen **Bedarfspositionen,** die ausgeführt werden können, ohne dass dies der Fall sein muss.[14]

17  In beiden Fällen steht das Wahlrecht regelmäßig dem **Auftraggeber** zu. § 262 BGB, wonach das Wahlrecht im Zweifel dem Schuldner zusteht, ist hier – wie in der Praxis zumeist auch sonst – also abbedungen.[15] Die Ausübung des Wahlrechts obliegt vielmehr dem Auftraggeber im Rahmen seiner **Mitwirkungspflicht** gem. § 3 Nr. 1 VOB/B.[16]

18  Gerät der Auftraggeber mit der Ausübung seines Wahlrechts in Verzug, stellt dies eine **Behinderung** des Auftragnehmers dar, die diesem Ansprüche aus § 6 VOB/B gibt[17] (siehe

---

[12] *Ingenstau/Korbion/Keldungs* VOB/B § 1 Nr. 2 Rdn. 14; *Heiermann/Riedl/Rusam* VOB/B § 1 Rdn. 28 d; *Nicklisch/Weick* VOB/B § 1 Rdn. 20; *Werner/Pastor* Rdn. 1031; *Marbach* ZfBR 1989, 1, 4 = Seminar „Vergütungsansprüche aus Nachträgen", 38 ff., 51 f.
[13] Dazu ausführlich *Hofmann* Schriftenreihe des Bay. Bauindustrieverbandes Nr. 8 (1983) S. 27 ff. und ZfBR 1984, 259 ff.
[14] Vgl. *Hanhart* Seminar „Ausschreibung und Kalkulation", 41 ff.; *Rusam* Seminar „Vergütungsansprüche aus Nachträgen", 147 ff., 158 ff.; *Schelle* BauR 1989, 48 ff. und *Vygen* BauR 1992, 135 ff.
[15] *Schelle* a. a. O. m. N.
[16] *Ingenstau/Korbion/Keldungs* VOB/B § 1 Nr. 1 Rdn. 6; *Schelle* BauR 1989, 48, 50; vgl. für öffentliche Aufträge auch das Vergabehandbuch (VHB) zu § 28 VOB/A Nr. 2 und § 2 VOB/B Nr. 1.
[17] *Schelle* a. a. O.

im Einzelnen dort → § 6 VOB/B). Außerdem kann der Auftragnehmer gem. § 264 Abs. 2 BGB dem Auftraggeber eine Frist zur Ausübung des Wahlrechts setzen. Nach fruchtlosem Ablauf der Frist geht das Wahlrecht auf den Auftragnehmer über. Allerdings hat der Auftraggeber dann immer noch die Möglichkeit, gem. § 1 Nr. 3 VOB/B eine Änderung des Bauentwurfs anzuordnen und dadurch den Übergang des Wahlrechts auf den Auftragnehmer gem. § 264 Abs. 2 BGB zu unterlaufen. Er muss dann jedoch nach § 2 Nr. 5 VOB/B die dadurch bedingten **Mehrkosten** tragen.[18] Dagegen stellt die rechtzeitige Ausübung des Wahlrechts durch den Auftraggeber keine Änderungsanordnung im Sinne von § 1 Nr. 3 VOB/B dar.[19]

Ob bei einer Eventual- oder Bedarfsposition eine Anpassung des Einheitspreises wegen Mengenänderung i. S. von § 2 Nr. 3 VOB/B in Betracht kommt und z. B. ein überhöhter Eventualpreis herabgesetzt werden kann, hängt davon ab, ob der betreffende Vordersatz eine **bestimmte Mengenangabe** enthält oder – wie zumeist in solchen Fällen – lediglich auf eine einzelne Mengeneinheit abgestellt ist (1 m, m², m³, Stck à ... €). Dann liegt, weil keine bestimmte Menge zu Grunde gelegt ist, keine Mengenänderung vor, so dass auch keine Preisanpassung i. S. einer Einheitspreisänderung in Betracht kommt.[20] Deshalb verstößt in einem derartigen Fall auch der **Ausschluss von Preisanpassungsansprüchen** nach § 2 Nr. 3 VOB/B, da keine Mengenänderung vorliegt, nicht gegen § 307 BGB.[21] Ist dagegen eine bestimmte Mengenangabe vorhanden, so enthält eine Vorschrift, wie etwa Nr. 14 und 15 ZVB – StB 80, wonach die für Bedarfspositionen vereinbarten Preise auch bei Über- oder Unterschreitung des Mengenansatzes bis zu 100% gelten und Ansprüche auf Preisanpassung i. S. echter Anspruchsvoraussetzung unverzüglich vor Ausführung **schriftlich angekündigt** werden müssen, einen Eingriff in den Kernbereich des § 2 VOB/B.[22]

### 2. Leistungsbeschreibung mit Leistungsprogramm

Wenn es „nach Abwägen aller Umstände zweckmäßig" ist, kann gem. § 9 Nr. 10 VOB/A ausnahmsweise statt einer Leistungsbeschreibung mit Leistungsverzeichnis auch eine Leistungsbeschreibung mit Leistungsprogramm erfolgen. Durch sie wird die Ermittlung des Leistungsumfangs, die sonst der Auftraggeber bzw. dessen Architekt mit der Aufstellung des Leistungsverzeichnisses vornimmt, dem Auftragnehmer selbst übertragen und zusammen mit der Bauausführung auch der Entwurf für die Leistung dem Wettbewerb unterstellt (vgl. dazu auch → Vor § 1 Rdn. 61).

## II. Besondere Vertragsbedingungen (BVB)

Hierbei handelt es sich um für den konkreten Einzelfall aufgestellte Bedingungen, die deshalb grundsätzlich den Charakter von **Individualvereinbarungen** haben.[23] Sie ergänzen die Leistungsbeschreibung, weshalb hierzu auch die vielfach der Leistungsbeschreibung vorangestellten Vorbemerkungen zählen, es sei denn, dass sie nicht nur für den Einzelfall, sondern für eine Mehr- oder Vielzahl von Fällen gelten sollen.

Weiterhin gehören zu den BVB in diesem Sinne auch die konkreten einzelvertraglichen Regelungen des Auftragsschreibens bzw. der Vertragsurkunde selbst.

---

[18] *Schelle* a. a. O.
[19] *Ingenstau/Korbion/Keldungs* VOB/B § 2 Nr. 5 Rdn. 28; *Schelle* a. a. O.; vgl. auch VHB zu § 28 VOB/A Nr. 1.3.
[20] OLG Hamm BauR 1991, 352; LG Bamberg BauR 1991, 386 L.
[21] OLG Hamm BauR 1990, 744 (Revision nicht angenommen durch Beschluss des BGH vom 26. 4. 1990 – VII ZR 113/89).
[22] BGH NJW-RR 1991, 534 = BauR 1991, 210 = ZfBR 1991, 101; ebenso LG München BauR 1992, 121 L.
[23] *Ingenstau/Korbion/Keldungs* VOB/B § 1 Nr. 2 Rdn. 6.

## III. Zusätzliche Vertragsbedingungen (ZVB)

**23** Im Gegensatz zu den Besonderen Vertragsbedingungen (BVB) haben die ZVB grundsätzlich **AGB-Charakter**.[24] Sie müssen, um wirksam vereinbart zu sein, deshalb auch gem. § 305 BGB n. F. wirksam in den Vertrag einbezogen werden, wozu es regelmäßig erforderlich ist, dass sie dem Vertrag beigefügt werden.[25]

**24** Zusätzliche Vertragsbedingungen in diesem Sinne sind vor allem die **Einheitlichen Verdingungsmuster** für die mit Bundesmitteln finanzierten Baumaßnahmen (EVM) des Vergabehandbuchs, soweit sie Vertragsbedingungen enthalten.[26]

## IV. Zusätzliche Technische Vertragsbedingungen (ZTV)

**25** Für die ZTV gilt das vorstehend zu den Zusätzlichen Vertragsbedingungen (ZVB) Gesagte entsprechend. Auch die ZTV, die bis zur VOB 1988 Zusätzliche Technische Vorschriften hießen, sind grundsätzlich AGB, nur dass sie für eine Mehr- oder Vielzahl von Fällen geltende ergänzende Regelungen enthalten, die nicht die vertragsrechtliche, sondern die **technische Seite** der Angelegenheit betreffen.

## V. Allgemeine Technische Vertragsbedingungen für Bauleistungen (ATV = VOB/C)

**26** Hierbei handelt es sich um die schon eingangs dieses Abschnitts (oben Rdn. 7) angesprochenen ATV DIN 18299 bis 18451 der **VOB Teil C**. Sie hießen bis zur VOB 1988 Allgemeine Technische Vorschriften für Bauleistungen. Der Begriff „Vorschriften" war jedoch zu eng und entsprach nicht dem tatsächlichen Charakter dieser Bestimmungen als echte technische Vertragsbedingungen.[27]

**27** Da auch die Allgemeinen Technischen Vertragsbedingungen für eine Mehr- oder Vielzahl von Fällen aufgestellt/bestimmt sind, folgt daraus zugleich, dass sie ebenfalls grundsätzlich AGB-Charakter haben.[28] Allerdings brauchen sie zur wirksamen Vereinbarung und Einbeziehung gem. § 305 BGB dem Vertrag nicht beigefügt zu werden.[29] Denn soweit sie zugleich anerkannte Regeln der Technik sind, gelten sie ohnehin automatisch, auch beim BGB-Werkvertrag, und bei Vereinbarung der VOB/B schon auf Grund von § 1 Nr. 1 Satz 2 VOB/B (vgl. oben Rdn. 8/9).

**28** Deshalb kann insoweit auf das verwiesen werden, was für die wirksame Vereinbarung und **Einbeziehung der VOB/B** in den Vertrag gilt, wobei die diesbezüglichen Anforderungen nach der Rechtsprechung unterschiedlich sind, je nachdem, ob der andere Teil ein bauerfahrener Unternehmer, Handwerker oder Architekt bzw. durch einen solchen wirksam

---

[24] *Ingenstau/Korbion/Keldungs* VOB/B § 1 Nr. 2 Rdn. 7.
[25] Vgl. *Nicklisch/Weick* VOB/B § 1 Rdn. 11.
[26] Vgl. *Ingenstau/Korbion/Keldungs* VOB/B § 1 Nr. 1 Rdn. 10.
[27] VOB 1988, Vorwort und Ziff. 1 der Erläuterungen zur ATV DIN 18299; vgl. auch *Franke* ZfBR 1988, 204 ff.
[28] Vgl. auch OLG Celle BauR 2003, 1040: Technische Vertragsnormen der VOB/C, die in einem Bauvertrag angeführt sind, stellen Allgemeine Geschäftsbedingungen dar, die hinter die vertraglich vereinbarte individuelle Leistungsbeschreibung zurücktreten.
[29] Anderer Ansicht *Kapellmann/Messerschmidt/von Rintelen* VOB/B § 1 Rdn. 22: Notwendig sei die Gelegenheit zur Kenntnisnahme des vollen Textes der VOB/C. Ein bloßer Verweis i. S. d. § 1 Nr. 1 Satz 2 VOB/B genüge für die Einbeziehung gegenüber Verbrauchern nicht, da die Privilegierung der VOB/B sich nur auf die inhaltliche Klauselkontrolle beziehe, nicht aber auf die Einbeziehung der VOB/B in den Vertrag selbst. Da aber schon für die Einbeziehung die Voraussetzungen des § 305 BGB n. F. erfüllt sein müssten, gelte dies erst recht für die im Wege einer Staffelverweisung einbezogene VOB/C.

Bestimmung der Leistung                                         § 1 Nr. 1

vertreten ist oder ein Privatmann und in Bausachen unerfahrener Laie (→ Vor § 1 Rdn. 44).

Soweit die Allgemeinen Technischen Vertragsbedingungen ATV DIN 18299 bis 18451 der VOB/C gelten, sind grundsätzlich maßgebend die im **Zeitpunkt des Vertragsschlusses** gültigen Normen.[30] Für die gewährleistungsrechtliche Beurteilung der Leistung des Auftragnehmers soll demgegenüber nach überwiegender Ansicht allerdings der Zeitpunkt der Abnahme maßgebend sein[31] (vgl. dazu im Einzelnen bei → § 13 VOB/B).[32] Haben die Vertragsparteien mit der Vereinbarung der VOB/B über §§ 1 Nr. 1, 13 Nr. 7 VOB/B auch die Geltung der anerkannten Regeln der Technik vereinbart, so ist die Auslegung des VOB/B-Vertrages, die Parteien hätten abweichend von der VOB/B vereinbart, dass die anerkannten Regeln der Technik nicht eingehalten werden müssten, nur unter bestimmten Voraussetzungen möglich.[33] Die Parteien müssen dazu entweder eine entsprechende Abweichung von der VOB/B ausdrücklich vereinbart haben oder es muss auf Grund gewichtiger, für die Auslegung relevanter Umstände feststehen, dass die Parteien entgegen den Regeln der VOB/B konkludent oder stillschweigend eine entsprechende vertragliche Vereinbarung getroffen haben.[34] Die Vereinbarung einer bestimmten Ausführungsart, die den anerkannten Regeln der Technik nicht genügt, reicht für eine derartige Auslegung nicht aus.[35]

29

### VI. Allgemeine Vertragsbedingungen für die Ausführung von Bauleistungen (VOB/B)

Die VOB/B ist schon deshalb Vertragsbestandteil im Sinne von § 1 Nr. 1 VOB/B, weil ohne ihre Vereinbarung § 1 Nr. 1 VOB/B selbst nicht wirksam werden könnte. Zur AGB-rechtlich wirksamen Einbeziehung der VOB/B in den Vertrag siehe die Erläuterungen → Einl. II Rdn. 20 ff.

30

---

[30] So richtig *Ingenstau/Korbion/Keldungs* VOB/B § 1 Nr. 1 Rdn. 7.
[31] *Ingenstau/Korbion/Keldungs* VOB/B § 1 Rdn. 8; vgl. auch *Kapellmann/Messerschmidt/von Rintelen* VOB/B § 1 Rdn. 25; *Heiermann/Riedl/Rusam* VOB/B § 1 Rdn. 23 a; vgl. auch BGH BauR 1998, 872 zu den anerkannten Regeln der Technik als vertraglicher Mindeststandard zur Zeit der Abnahme.
[32] Dafür, auch gewährleistungsmäßig grundsätzlich auf die z. Zt. des Vertragsschlusses geltenden Normen abzustellen, ausführlich *W. Jagenburg* FS Korbion S. 179 ff.; ebenso *Lampe-Helbig* ebendort, 261 und *Kaiser* Mängelhaftungsrecht Rdn. 68 e; vgl. auch OLG Stuttgart BauR 1989, 474: Denn ein Bauherr kann in der Regel nur die Bauausführung verlangen, die z. Zt. des Vertragsschlusses dem Stand der Technik entspricht und daher im vereinbarten Preis enthalten ist. Kritisch und im Sinne der herrsch. Meinung aber wieder *Festge* BauR 1990, 322 ff.
[33] BGH BauR 1999, 37.
[34] BGH a. a. O.
[35] BGH a. a. O.

## § 1 Nr. 2

**§ 1 Nr. 2 [Widersprüche im Vertrag]**

Bei Widersprüchen im Vertrag gelten nacheinander:
a) die Leistungsbeschreibung
b) die Besonderen Vertragsbedingungen
c) etwaige Zusätzliche Vertragsbedingungen
d) etwaige Zusätzliche Technische Vertragsbedingungen
e) die Allgemeinen Technischen Vertragsbedingungen für Bauleistungen
f) die Allgemeinen Vertragsbedingungen für die Ausführung von Bauleistungen.

Literatur: Siehe die Hinweise → Vor § 1.

### Übersicht

| | Rdn. | | Rdn. |
|---|---|---|---|
| A. Allgemeines | 1 | I. Anwendung der allgemeinen Auslegungsgrundsätze | 10 |
| B. Geltung nur bei Widersprüchen der Vertragsunterlagen untereinander | 2–8 | II. Widersprüche innerhalb der Leistungsbeschreibung | 11 |
| I. Vorrang der spezielleren vor der generelleren Regelung | 5 | 1. Widersprüche zwischen Leistungsverzeichnis und Zeichnungen | 12 |
| II. Möglichkeit abweichender vertraglicher Vereinbarung | 7 | 2. Widersprüche innerhalb von Zeichnungen | 14 |
| C. Widersprüche innerhalb der Vertragsunterlagen | 9–14 | | |

## A. Allgemeines

1   Nach dieser Vorschrift gelten bei Widersprüchen im Vertrag die einzelnen Vertragsunterlagen, soweit vorhanden und vereinbart, in einer bestimmten Reihenfolge. Dabei muss allerdings zwischen Widersprüchen der Vertragsunterlagen untereinander und solchen innerhalb einzelner Vertragsunterlagen selbst unterschieden werden.

## B. Geltung nur bei Widersprüchen der Vertragsunterlagen untereinander

2   § 1 Nr. 2 VOB/B gilt nur, wenn die einzelnen Vertragsunterlagen in sich klar und eindeutig sind, aber untereinander Widersprüche enthalten.[1]

3   Nur für diesen Fall, nicht auch für Widersprüche der Unterlagen in sich selbst,[2] enthält § 1 Nr. 2 VOB/B eine Auslegungsregel, nach der die Vertragsunterlagen in der → § 1 Nr. 1 Rdn. 12 ff. genannten Reihenfolge gelten, wie sie auch in § 1 Nr. 2 VOB/B bestimmt ist, wenn es dort heißt, dass bei Widersprüchen im Vertrag nacheinander gelten:
– die Leistungsbeschreibung (Baubeschreibung, Leistungsverzeichnis, Zeichnungen usw.);
– die Besonderen Vertragsbedingungen (BVB);
– etwaige Zusätzliche Vertragsbedingungen (ZVB);
– etwaige Zusätzliche Technische Vertragsbedingungen (ZTV);
– die Allgemeinen Technischen Vertragsbedingungen für Bauleistungen (ATV der VOB/C);
– die Allgemeinen Vertragsbedingungen für die Ausführung von Bauleistungen (VOB/B).

---

[1] *Ingenstau/Korbion/Keldungs* VOB/B § 1 Nr. 2 Rdn. 9; *Nicklisch/Weick* VOB/B § 1 Rdn. 16.
[2] *Ingenstau/Korbion/Keldungs* VOB/B § 1 Nr. 2 Rdn. 10.

Allerdings muss es sich um **echte Widersprüche** der Vertragsunterlagen untereinander handeln. Kein solcher Widerspruch, sondern lediglich eine der Ergänzung zugängliche **Lücke** liegt dagegen vor, wenn ausdrücklich eine abweichende Regelung vorbehalten ist, z. B. in § 13 Nr. 4 VOB/B, wonach die 4-jährige Gewährleistungsverjährung nur gilt, „wenn nichts anderes vereinbart ist".[3] Deshalb besteht auch zwischen BVB oder ZVB bzw. ZTV mit 5-jähriger Gewährleistungsverjährung und § 13 Nr. 4 VOB/B kein Widerspruch.[4]

### I. Vorrang der spezielleren vor der generelleren Regelung

§ 1 Nr. 2 VOB/B enthält zwar keine Rangfolgenregelung in dem Sinne, dass einzelne Vertragsunterlagen wichtiger und bedeutsamer als andere und deshalb diesen gegenüber vorrangig sind.[5] Die Vorrang- und Reihenfolgenregelung des § 1 Nr. 2 VOB/B stellt vielmehr darauf ab, dass entsprechend dem, was auch § 305 b BGB n. F. vorsieht, **Individualvereinbarungen Vorrang vor AGB** haben und innerhalb dieser beiden Gruppen besondere Regelungen den allgemeineren vorgehen.[6] Deshalb hat das konkrete Leistungsverzeichnis auch Vorrang vor pauschalen Leistungsbestimmungsklauseln.[7]

Aus dem gleichen Grunde gehen die BVB den ZVB und ZTV vor und diese wiederum den AVB,[8] obwohl es sich bei den drei letztgenannten jeweils um AGB handelt. Das erklärt zugleich, warum nach der Regelung des § 1 Nr. 2 VOB/B die ATV der VOB/C den Bestimmungen der VOB/B vorgehen.[9]

### II. Möglichkeit abweichender vertraglicher Vereinbarung

Die Auslegungsregel des § 1 Nr. 2 VOB/B gilt naturgemäß nur dann, wenn nicht vertraglich eine andere Reihenfolge vereinbart ist.[10] So kann z. B. vereinbart werden, dass die Regelungen der Besonderen Vertragsbedingungen (BVB) denen der Leistungsbeschreibung vorgehen, die in § 1 Nr. 2 VOB/B insoweit vorgesehene gegenteilige Reihenfolge also umgedreht wird.[11] Nicht selten wird auch vereinbart, dass die VOB/B nicht nur den in § 1 Nr. 2 VOB/B genannten Vertragsunterlagen nachgeht, sondern auch gegenüber dem Werkvertragsrecht der **§§ 631 ff. BGB** nachrangig ist.[12]

Jedoch kann eine solche Änderung der Reihenfolge stets nur **innerhalb einer Gruppe** von Vorschriften erfolgen, also nur die Reihenfolge von Individualvereinbarungen untereinander oder AGB untereinander geändert werden. Dagegen kann nicht vereinbart werden,

---

[3] *Ingenstau/Korbion/Keldungs* VOB/B § 1 Nr. 2 Rdn. 9.
[4] Vgl. etwa BGH NJW-RR 1987, 851 = BauR 1987, 445 = ZfBR 1987, 191 für die ZTV-Stra sowie anschließend generell BGH NJW 1989, 1602 = BauR 1989, 322 = ZfBR 1989, 158.
[5] *Ingenstau/Korbion/Keldungs* VOB/B § 1 Nr. 2 Rdn. 12; zweifelnd *Kapellmann/Messerschmidt/von Rintelen* VOB/B § 1 Nr. 27, der in § 1 Nr. 2 VOB/B wohl eine Rangfolgenregelung sieht.
[6] *Ingenstau/Korbion/Keldungs* VOB/B § 1 Nr. 2 Rdn. 4 ff.; *Nicklisch/Weick* VOB/B § 1 Rdn. 14.
[7] OLG Düsseldorf NJW-RR 1992, 23 = BauR 1991, 747.
[8] Z. B. die 5-jährige Gewährleistungsverjährung der ZTV-Stra der 4-jährigen Verjährungsfrist des § 13 Nr. 4 VOB/B, wie im Falle BGH NJW-RR 1987, 851 = BauR 1987, 445 = ZfBR 1987, 191.
[9] *Ingenstau/Korbion/Keldungs* VOB/B § 1 Nr. 2 Rdn. 8.
[10] Vgl. *Ingenstau/Korbion/Keldungs* VOB/B § 1 Nr. 2 Rdn. 3 ff.; *Nicklisch/Weick* VOB/B § 1 Rdn. 16, 18.
[11] So z. B. im Falle BGH NJW-RR 1986, 825 = BauR 1986, 202 = ZfBR 1986, 78, wo deshalb die 5-jährige Gewährleistungsverjährung in den BVB der 2-jährigen Verjährungsfrist in der Leistungsbeschreibung und dem entsprechenden Angebot des Auftragnehmers vorging (vgl. hierzu auch die Anm. *Hochstein* in EWiR § 5 AGB 1/86, 317).
[12] Wodurch dann zugleich die Haftungsbeschränkung des § 6 Nr. 6 VOB/B (früher § 6 Ziff. 5 Abs. 2) über den Ausschluss des Ersatzes des entgangenen Gewinns abbedungen wird, vgl. in diesem Sinne BGH *Schäfer/Finnern/Hochstein* § 284 BGB Nr. 1 und NJW 1978, 995 = BauR 1978, 139.

dass AGB-mäßige Regelungen dem individuell Vereinbarten vorgehen, weil dem der in § 305 b BGB n. F. verankerte allgemeine Grundsatz entgegensteht, dass Individualvereinbarungen immer Vorrang vor AGB haben.[13] Umgekehrt schließt der Vorrang von Individualabreden nicht aus, dass eine in AGB vereinbarte BGB-Gewährleistung der individuell vereinbarten „Gewährleistung nach VOB" vorgeht, weil diese nur eine Auffangregelung ist, die voraussetzt, dass nichts anderes vereinbart ist. Das kann jedoch auch in AGB der Fall sein.[14]

## C. Widersprüche innerhalb der Vertragsunterlagen

9   Bei Widersprüchen innerhalb der Vertragsunterlagen, wenn diese also in sich selbst unklar sind, ist § 1 Nr. 2 VOB/B nicht anwendbar.[15]

### I. Anwendung der allgemeinen Auslegungsgrundsätze

10   Sind einzelne Vertragsunterlagen in sich widersprüchlich, muss zunächst versucht werden, diesen Widerspruch innerhalb der Vertragsunterlagen durch Auslegung und Ermittlung des wirklichen Parteiwillens zu klären.[16] Dabei ist auch insoweit nach dem Grundsatz zu verfahren, dass die innerhalb der einzelnen Vertragsunterlage speziellere Regelung der generelleren vorgeht. Erst wenn auf diese Weise keine Klärung möglich ist, kann zwecks Ermittlung des Parteiwillens auf die nächstfolgende Vertragsunterlage entsprechend der Reihenfolge in § 1 Nr. 2 VOB/B abgestellt werden.[17]

### II. Widersprüche innerhalb der Leistungsbeschreibung

11   In derartigen Fällen muss entsprechend dem Vorgesagten ebenfalls zunächst versucht werden, den Widerspruch innerhalb der Leistungsbeschreibung selbst zu klären, wobei auch hier bei der Auslegung der **spezielleren** Regelung der Vorrang vor der **generelleren** zu geben ist. Die Leistungsbeschreibung ist dabei als sinnvolles Ganzes auszulegen. Es gibt keinen grundsätzlichen Vorrang des Leistungsverzeichnisses vor den Vorbemerkungen.[18] Konkret auf das Bauvorhaben bezogenen Vorbemerkungen kann bei der Auslegung der Leistungsbeschreibung größeres Gewicht zukommen als nicht genügend angepassten Formulierungen eines Standardleistungsverzeichnisses.[19] Bei der Auslegung einer Position des Leistungsverzeichnisses, das einer Ausschreibung im Vergabeverfahren nach der VOB/A zu Grunde lag, ist auf den objektiven Empfängerhorizont der potenziellen Bieter abzustellen.[20] Dabei kommt dem Wortlaut besondere Bedeutung zu, weil die Ausschreibung auf das möglichst einheitliche Verständnis des Empfängerkreises hin zu formulieren ist.[21] Neben

---

[13] So zutreffend *Nicklisch/Weick* VOB/B § 1 Rdn. 18.
[14] BGH NJW-RR 1991, 980 = BauR 1991, 458 = ZfBR 1991, 200 im Anschluss an BGHZ 107, 75, 81 = NJW 1989, 1602 = BauR 1989, 322 = ZfBR 1989, 158; vgl. dazu auch *Quack* BauR 1992, 18 ff.
[15] *Nicklisch/Weick* VOB/B § 1 Rdn. 20; *Ingenstau/Korbion/Keldungs* VOB/B § 1 Nr. 2 Rdn. 10.
[16] *Ingenstau/Korbion/Keldungs* a. a. O.; *Nicklisch/Weick* a. a. O.
[17] Anderer Ansicht *Ingenstau/Korbion/Keldungs* a. a. O.: Zur Erforschung des Parteiwillens könne nicht auf die Reihenfolge in § 1 Nr. 2 VOB/B zurückgegriffen werden. Der wirkliche Parteiwille könne nicht erforscht werden, da die Partei sich widersprüchlich geäußert habe und nicht erkennbar sei, was sie eigentlich wolle. In derartigen Fällen verbleibe eine Unklarheit, die gemäß § 305 c Abs. 2 BGB n. F. zu Lasten des Verwenders der unklaren Vertragsbestimmung gehe.
[18] BGH BauR 1999, 897 = IBR 1999, 300 = NJW 1999, 2432 = ZfBR 1999, 256.
[19] BGH a. a. O.
[20] BGH NZBau 2002, 500; OLG Düsseldorf BauR 1998, 1025 = NJW-RR 1998, 1033.
[21] OLG Düsseldorf a. a. O.

Widersprüche im Vertrag  § 1 Nr. 2

dem Wortlaut sind bei der Auslegung jedoch auch die Umstände des Einzelfalls, unter anderem die konkreten Verhältnisse des Bauwerks zu berücksichtigen.[22]

### 1. Widersprüche zwischen Leistungsverzeichnis und Zeichnungen

Insoweit ist, wie schon erwähnt (→ § 1 Nr. 1 Rdn. 14), davon auszugehen, dass sämtliche Bestandteile der Leistungsbeschreibung – der verbale Text wie die zeichnerische Darstellung – gleichrangig und gleichbedeutend sind.[23] Insbesondere kann aus § 9 VOB/A nicht entnommen werden, dass die Baubeschreibung vor dem Leistungsverzeichnis und dieses wiederum vor den Zeichnungen Vorrang hat.[24]  **12**

Vielmehr ist regelmäßig eher umgekehrt zu verfahren und nach dem Grundsatz, dass die speziellere Regelung der generelleren vorgeht, den **Zeichnungen** der Vorrang vor dem **Leistungsverzeichnis** und diesem der Vorrang vor der allgemeinen Baubeschreibung einzuräumen.[25]  **13**

### 2. Widersprüche innerhalb von Zeichnungen

Auch insoweit ist entsprechend dem Grundsatz, dass die speziellere Regelung der generelleren vorgeht, den **detaillierteren** Zeichnungen der Vorrang zu geben, z. B. den 1 : 50- und Detailzeichnungen der Ausführungsplanung der Vorrang gegenüber den 1 : 100 Zeichnungen der Entwurfs- und Genehmigungsplanung.[26]  **14**

---

[22] BGH a. a. O.
[23] *Ingenstau/Korbion/Keldungs* VOB/B § 1 Nr. 2 Rdn. 14; *Heiermann/Riedl/Rusam* VOB/B § 1 Rdn. 28 d; *Nicklisch/Weick* a. a. O.; *Werner/Pastor* Rdn. 1031; *Marbach* ZfBR 1989, 1, 4 = Seminar, 38 ff., 51/52; a. A. nur *Daub/Piel/Soergel* ErlZ A 9.86.
[24] So zu Unrecht OLG Düsseldorf *Schäfer/Finnern* Z 2301 Bl. 5 ff. und *Lammel* BauR 1979, 109.
[25] So zutreffend *Ingenstau/Korbion/Keldungs* VOB/B § 1 Nr. 2 Rdn. 11; anderer Ansicht *Kapellmann/Messerschmidt/von Rintelen* VOB/B § 1 Rdn. 44: Die Auslegung bleibe immer eine Frage des Einzelfalles. Die Frage, ob den Zeichnungen ein Vorrang vor dem Leistungsverzeichnistext zukomme oder umgekehrt, lasse sich nicht generell beantworten. Bei üblichen Ausschreibungen sei in der Regel der Text vorrangig, da der Bieter nicht verpflichtet sei, zu überprüfen, ob sich aus weiteren Plänen oder Planungsdetails Widersprüche oder Ergänzungen zum Leistungsverzeichnistext oder den konkret in Bezug genommenen Plänen ergäben. In diesem Sinne auch *Leinemann/Schoofs* (in der Erstauflage 2002) B § 1 Rdn. 14: Grund für die Faustformel „Text geht vor Plan" sei die Annahme, in der Regel sei die Planung vor der endgültigen Abfassung der Leistungsbeschreibung fertig gestellt und daher anzunehmen, der Auftragnehmer müsse im Zweifel davon ausgehen, dass der Auftraggeber bei Widersprüchen zwischen Baubeschreibung und Bauzeichnung das bevorzuge, was in der Leistungsbeschreibung erfasst werde.
[26] Ebenso *Ingenstau/Korbion/Keldungs* a. a. O.

# § 1 Nr. 3

## § 1 Nr. 3 [Änderung des Bauentwurfs]
**Änderungen des Bauentwurfs anzuordnen, bleibt dem Auftraggeber vorbehalten.**

Literatur: Siehe die Hinweise → Vor § 1

### Übersicht

| | Rdn. |
|---|---|
| A. Allgemeines | 1–2 |
| B. Einseitiges Änderungsrecht des Auftraggebers | 3–37 |
|    I. Formlose empfangsbedürftige Willenserklärung | 5 |
|    II. Beschränkung auf Änderungen des Bauentwurfs | 8 |
|       1. Bauentwurf – Leistungsbeschreibung | 9 |
|       2. Keine Änderung des sonstigen Vertragsinhalts | 10 |
|       3. Keine bloßen Massenänderungen (§ 2 Nr. 3 VOB/B) | 12 |
|       4. Keine Zusatzleistungen (§ 1 Nr. 4 i.V.m. § 2 Nr. 6 VOB/B) | 13 |
|       5. Nur Änderungen – keine völlige Neuplanung | 14 |
|          a) Abgrenzung nach der Interessenlage beider Parteien | 17 |
|          b) Änderungsrecht des Auftraggebers nach billigem Ermessen (§ 315 Abs. 1 BGB) | 21 |
|          c) Zumutbarkeit für den Auftragnehmer – Begrenzung auf betriebsspezifische Änderungen | 27 |
|    III. Herausnahme von Teilleistungen | 30 |
|       1. Kein vollständiger Wegfall sämtlicher Leistungen = Auftragsentziehung | 31 |
|       2. Nur ersatzlose Herausnahme entbehrlicher Leistungen | 32 |
|       3. Keine Herausnahme zwecks Selbstübernahme nach § 2 Nr. 4 VOB/B | 34 |
|       4. Keine Herausnahme zwecks anderweitiger Vergabe | 37 |
| C. Auswirkungen im Haupt- und Subunternehmerverhältnis | 38–39 |
| D. Vergütungsrechtliche und sonstige Folgen des Änderungsrechts des Auftraggebers | 40–63 |
|    I. Anpassung der Vergütung des Auftragnehmers | 41 |

| | Rdn. |
|---|---|
|      1. Nicht in Betracht kommende Vorschriften | 42 |
|        a) § 2 Nr. 3 VOB/B | 43 |
|        b) § 2 Nr. 4 VOB/B | 44 |
|        c) § 2 Nr. 6 VOB/B | 45 |
|      2. Anspruch aus § 2 Nr. 5 VOB/B | 46 |
|        a) Keine Ankündigungspflicht des Auftragnehmers | 48 |
|        b) Keine Hinweispflicht auf Vergütungsänderung | 49 |
|        c) Anzeigepflicht bei Behinderung (§ 6 Nr. 1 VOB/B) | 51 |
|        d) Allgemeine Prüfungs- und Hinweispflicht (§ 4 Nr. 3 VOB/B) | 52 |
|    II. Änderung des Bauentwurfs als Behinderung des Auftragnehmers (§ 6 VOB/B) | 53 |
|      1. Notwendigkeit der Behinderungsanzeige (§ 6 Nr. 1 VOB/B) | 54 |
|      2. Verlängerung der Ausführungsfrist (§ 6 Nr. 2 VOB/B) | 55 |
|      3. Schadensersatz nach § 6 Nr. 6 VOB/B | 56 |
|    III. Kein Leistungsverweigerungsrecht des Auftragnehmers bei ungeklärtem finanziellen Ausgleich | 58 |
|    IV. Entgegenstehende Schadensersatzansprüche des Auftraggebers, insbesondere wegen Verletzung der Prüfungs- und Hinweispflicht des Auftragnehmers (§ 4 Nr. 3 VOB/B) | 62 |
| E. Nicht von § 1 Nr. 3 VOB/B erfasste Fälle | 64–68 |
|    I. Ausführung nur bei Vereinbarung | 65 |
|    II. Leistungsverweigerungsrecht des Auftragnehmers bei fehlender Vereinbarung | 66 |

## A. Allgemeines

**1** Nach § 1 Nr. 3 VOB/B bleibt es dem Auftraggeber vorbehalten, d. h. er hat das Recht, Änderungen des Bauentwurfs **anzuordnen**. Damit enthält § 1 Nr. 3 VOB/B, was die

Befugnis des Auftraggebers zu derartigen Änderungsanordnungen angeht, eine Abweichung vom allgemeinen Vertragsrecht. Denn danach kann eine einmal getroffene Regelung – hier: im Sinne einer bestimmten Ausführung – grundsätzlich nur bei beiderseitiger Willensübereinstimmung durch **Vereinbarung** geändert werden. Nach allgemeinem Vertragsrecht ist also eine Vertragsänderung erforderlich.[1]

Demgemäß gibt es beim **BGB-Werkvertrag** ein einseitiges Änderungsrecht des Auftraggebers nur in ganz engen Grenzen, wenn die Änderung aus der Sicht des Auftraggebers notwendig und ihre Ausführung durch den Auftragnehmer deshalb nach Treu und Glauben geboten ist.[2] 2

## B. Einseitiges Änderungsrecht des Auftraggebers

Im Gegensatz zum BGB-Werkvertrag gibt § 1 Nr. 3 VOB/B dem Auftraggeber auch 3 **ohne Vereinbarung** mit dem Auftragnehmer eine einseitige Änderungsbefugnis, deren Sinn und Zweck es ist, „dem Auftraggeber die für die Durchführung des Bauvorhabens erforderliche planerische und gestalterische Freiheit zu erhalten. Insbesondere bei größeren Bauobjekten lassen sich die durchzuführenden Gewerke nicht in allen Einzelheiten verbindlich vorausplanen. Es ist deshalb unumgänglich, die Bauausführung **veränderten Gegebenheiten** anzupassen, die sich – nur beispielhaft – durch vorher nicht erkannte technische Probleme oder Änderungswünsche des Bauherrn oder – bei Mietobjekten – der späteren Mieter ergeben. Es entspricht dem wohlverstandenen Interesse des Auftraggebers, sich gegenüber seinen Auftragnehmern die **Handlungsfreiheit** für derartige Änderungen in der Bauausführung vorzubehalten".[3] Änderungsanordnungen gemäß § 1 Nr. 3 VOB/B und die Forderung nach zusätzlichen Leistungen gemäß § 1 Nr. 4 VOB/B geben dem Auftragnehmer kein Recht für eine außerordentliche Kündigung des Bauvertrages aus positiver Vertragsverletzung.[4] Für das Änderungsanordnungsrecht des Auftraggebers ist es auch unerheblich, ob die Ausführung der ursprünglich vereinbarten Leistung zur Zeit des Änderungsverlangens bereits begonnen hatte.[5]

Zu den Folgen des Änderungsrechts des Auftraggebers, insbesondere hinsichtlich der 4 Vergütung des Auftragnehmers, wie sie in § 2 Nr. 5 VOB/B geregelt sind,[6] siehe unten Rdn. 40 ff.

### I. Formlose empfangsbedürftige Willenserklärung

Nach § 1 Nr. 3 VOB/B bedarf eine Änderungsanordnung des Auftraggebers zu ihrer 5 Wirksamkeit keiner Form, kann also auch mündlich erfolgen.[7] Es handelt sich aber um eine **empfangsbedürftige** Willenserklärung, die gegenüber dem Auftragnehmer oder seinem bevollmächtigten Vertreter abzugeben ist und erst mit dem Zugang bei diesem wirksam wird.[8]

---

[1] *Ingenstau/Korbion/Keldungs* VOB/B § 1 Nr. 3 Rdn. 1; ebenso im Falle von § 1 Nr. 4 VOB/B: vgl. OLG Düsseldorf BauR 1989, 335.
[2] Ähnlich *Ingenstau/Korbion/Keldungs* VOB/B § 1 Nr. 3 Rdn. 11: einseitige Änderungsbefugnis innerhalb der Grenzen, wie sie für die VOB zur Frage des einseitigen Verlangens zusätzlicher Leistungen nach § 1 Nr. 4 VOB/B gezogen sind; zu weitgehend *Enders* BauR 1982, 535.
[3] So wörtlich OLG Düsseldorf NJW-RR 1988, 278 = BauR 1988, 485.
[4] BGH BauR 1997, 300 = ZfBR 1997, 146 = NJW-RR 1997, 403.
[5] OLG Nürnberg BauR 2001, 409.
[6] Wenn nach OLG Düsseldorf a. a. O. das Änderungsrecht des Auftraggebers bestehen soll, „ohne befürchten zu müssen, wegen derartiger Leistungsänderungen Ansprüchen ausgesetzt zu sein", kann damit nicht der Vergütungsanspruch des Auftragnehmers gemeint sein, da nach § 2 Nr. 5 VOB/B „ein neuer Preis unter Berücksichtigung der Mehr- oder Minderkosten zu vereinbaren" ist.
[7] *Ingenstau/Korbion/Keldungs* VOB/B § 1 Nr. 3 Rdn. 21; *Nicklisch/Weick* VOB/B § 1 Rdn. 30.
[8] *Ingenstau/Korbion/Keldungs* VOB/B § 1 Nr. 3 Rdn. 21 ff.; *Nicklisch/Weick* a. a. O. Streitig ist, ob zu den Empfangsbevollmächtigten auch der „für die Leitung der Ausführung bestellte Vertreter" gemäß § 4 Nr. 1

## § 1 Nr. 3 — Änderung des Bauentwurfs

6    Weiterhin ist anerkannt, dass Änderungsanordnungen nicht ausdrücklich erklärt werden müssen, sondern auch **stillschweigend** oder konkludent durch **schlüssiges** Verhalten erfolgen können.[9]

7    Bei Änderungsanordnungen durch den Vertreter des Auftraggebers, insbesondere den **Architekten**, sind aber die **Grenzen der Vollmacht** zu beachten, die wegen der Auswirkungen auf den Vergütungsanspruch des Auftragnehmers derartige Änderungsanordnungen nur in Eil- und Ausnahmefällen umfasst.

### II. Beschränkung auf Änderungen des Bauentwurfs

8    Wenn § 1 Nr. 3 VOB/B dem Auftraggeber vorbehält, Änderungen des Bauentwurfs anzuordnen, so bedeutet das kein unbeschränktes Änderungsrecht.[10] Es darf sich vielmehr lediglich um Änderungen handeln, und zwar um solche beschränkt auf den Bauentwurf.

#### 1. Bauentwurf – Leistungsbeschreibung

9    Mit der Beschränkung der Änderungsbefugnis des Auftraggebers auf den Bauentwurf ist nicht nur der eigentliche **planerische** Bereich im Sinne der zeichnerischen Darstellung der Bauaufgabe gemeint, insbesondere nicht lediglich die Entwurfs- bzw. Genehmigungs- und Ausführungsplanung nach § 15 Abs. 2 Nrn. 3 bis 5 HOAI.[11] „Bauentwurf" im Sinne von § 1 Nr. 3 VOB/B ist vielmehr die gesamte **bautechnische** Leistung, wie sie – vor allem auch textlich – durch die Leistungsbeschreibung bestimmt und umrissen ist.[12]

#### 2. Keine Änderung des sonstigen Vertragsinhalts

10    Eine nach § 1 Nr. 3 VOB/B zulässige Änderung des Bauentwurfs hat zwar vielfach **mittelbar** auch Auswirkungen auf den sonstigen Vertragsinhalt, insbesondere den vertragsrechtlichen Teil der Vereinbarungen der Parteien. Der Auftraggeber ist auf Grund des Änderungsvorbehalts des § 1 Nr. 3 VOB/B jedoch nicht berechtigt, **unmittelbar** und ohne gleichzeitige Änderung des Bauentwurfs oder unabhängig von dieser den übrigen Vertragsinhalt für sich allein einseitig zu ändern, z. B. den vertragsrechtlichen Teil der Vertragsbedingungen hinsichtlich Ausführungsfrist, Abrechnung und Zahlung oder Gewährleistung.[13]

11    Deshalb wird z. B. eine Anordnung des Auftraggebers, die nur den **zeitlichen Bauablauf** ändert oder verschiebt, nicht von dem Änderungsvorbehalt des § 1 Nr. 3 VOB/B erfasst,[14]

---

Abs. 3 VOB/B gehört. Dagegen *Nicklisch/Weick* a. a. O., da Änderungsanordnungen eine andere Qualität und größere Tragweite hätten als die Anordnungen, die zur vertragsgemäßen Ausführung erforderlich seien. Im Ergebnis ebenso *Heiermann/Riedl/Rusam* VOB/B § 1 Rdn. 32: durch Änderungsanordnungen werde in das Vertragsgefüge eingegriffen. Dafür *Ingenstau/Korbion/Keldungs* VOB/B § 1 Nr. 3 Rdn. 22 mit dem Argument, dass auch Änderungsanordnungen zur vertragsgemäßen Ausführung der Leistung erforderlich seien. Im Ergebnis ebenso *Kapellmann/Messerschmidt/von Rintelen* VOB/B § 1 Rdn. 91, unter Hinweis darauf, dass der Bauunternehmer i. d. R. Kaufmann sei. Im Handelsverkehr würden schon die Angestellten am Telefon zur Entgegennahme von Erklärungen als bevollmächtigt gelten. Es sei daher nicht einzusehen, warum der als „Vertreter" des Auftragnehmers für die Leitung der Arbeiten Bestellte nicht einmal Empfangsbevollmächtigter für die Anordnung betreffend der von ihm zu leitenden Ausführungen sein solle. Im Übrigen laufe die Gegenauffassung schon deswegen leer, weil der zur Leitung bestellte Vertreter in jedem Fall Empfangsbote wäre.

[9] BGHZ 50, 25, 30 = NJW 1968, 1234; BGHZ 95, 128 = NJW 1985, 2475 = BauR 1985, 561 = ZfBR 1985, 282; ebenso das Schrifttum: vgl. die Nachweise bei *Ingenstau/Korbion/Keldungs* VOB/B § 2 Nr. 5 Rdn. 12 und *Vygen/Schubert/Lang* Rdn. 184.

[10] OLG Köln *Schäfer/Finnern/Hochstein* § 8 VOB/B 1973 Nr. 4; *Ingenstau/Korbion/Keldungs* VOB/B § 1 Nr. 3 Rdn. 7.

[11] *Ingenstau/Korbion/Keldungs* VOB/B § 1 Nr. 3 Rdn. 7; *Nicklisch/Weick* VOB/B § 1 Rdn. 25; zu eng *Daub/Piel/Soergel/Steffani* ErlZ B 1.25.

[12] *Ingenstau/Korbion/Keldungs* B § 1 Nr. 3 Rdn. 3; *Nicklisch/Weick* a. a. O.

[13] *Nicklisch/Weick* VOB/B § 1 Rdn. 26.

[14] So zutreffend *Vygen/Schubert/Lang* Rdn. 176.

Änderung des Bauentwurfs  § 1 Nr. 3

auch wenn sie Mehrvergütungsansprüche des Auftragnehmers nach § 2 Nr. 5 VOB/B[15] und ggf. Schadensersatzansprüche aus § 6 Nr. 6 VOB/B auslösen kann (vgl. unten Rdn. 46 ff., 56 f.).

### 3. Keine bloßen Massenänderungen (§ 2 Nr. 3 VOB/B)

Keine Änderung des Bauentwurfs im Sinne von § 1 Nr. 3 VOB/B liegt auch vor, wenn sich ohne ändernden Eingriff in Form einer Änderungsanordnung des Auftraggebers lediglich die Massen der Vordersätze des Leistungsverzeichnisses ändern, weil sie lediglich geschätzt sind und bei der Ausführung der ansonsten gleich bleibenden Leistung Mehr- oder Mindermassen anfallen, also im Falle des § 2 Nr. 3 VOB/B.[16] 12

### 4. Keine Zusatzleistungen (§ 1 Nr. 4 i. V. m. § 2 Nr. 6 VOB/B)

Da der Auftraggeber nach § 1 Nr. 3 VOB/B nur Änderungen des Bauentwurfs anordnen darf, ist gleichzeitig klargestellt, dass die Leistung als solche dieselbe bleiben muss. Der Auftraggeber darf deshalb einseitig nur Aufführungsänderungen anordnen, durch die die **Identität** der Leistung nicht berührt wird, er darf die Leistung selbst aber nicht erweitern. Der Begriff der „Änderungen" beinhaltet lediglich, dass die bisher vereinbarte Leistung **„anders ausgeführt"** wird, auch wenn damit Mehr- oder Minderleistungen verbunden sind.[17] Dagegen fallen bislang nicht vereinbarte Leistungen im Sinne von Zusatzleistungen nicht mehr unter § 1 Nr. 3 VOB/B, sondern regeln sich nach § 1 Nr. 4 i. V. m. § 2 Nr. 6 VOB/B. 13

### 5. Nur Änderungen – keine völlige Neuplanung

Damit, dass trotz der Änderung des Bauentwurfs die Identität der Leistung im Sinne des Leistungsziels gewahrt und gleich bleibt, es sich also immer noch um dieselbe Leistung handeln muss, ist schließlich gesagt, dass die Änderung des Bauentwurfs **keine völlige Neuplanung** sein oder so weit gehen darf, dass sie einer Neuplanung gleichkommt.[18] 14

Dadurch ist für die Abgrenzung allerdings noch nicht viel gewonnen, weil „der Begriff der Änderungen von der **geringfügigen Abänderung** des im Bauentwurf enthaltenen Leistungsinhalts (z. B. Versetzen von Eingängen, kleineren Wänden, Fenstern und dgl.) bis zur weitgehenden Umgestaltung des Projektes (Veränderung des Grundrisses, andere Raumeinteilung usw.) reicht".[19] Eine Änderung kann also mehr oder weniger weit gehen, sie kann zu einer Vergrößerung oder Verkleinerung des Bauentwurfs führen und entsprechend zu einer Erweiterung oder Verringerung des Leistungsumfangs des Auftragnehmers, wenn und soweit es sich dabei nicht um Zusatzleistungen im Sinne von § 1 Nr. 4 i. V. m. § 2 Nr. 6 VOB/B handelt, die bislang nicht vereinbart waren (vgl. oben Rdn. 13). 15

Die Kommentare beschränken sich im Allgemeinen auf die Feststellung, die Grenzziehung, wann im Einzelfall noch eine Änderung vorliegt, sei schwierig.[20] Sie lasse sich nicht generell festlegen, sondern sei eine **Wertungsfrage** im Sinne des allgemeinen Problems des Übergangs von Quantität in Qualität.[21] 16

a) **Abgrenzung nach der Interessenlage beider Parteien.** Wann (nur) eine Änderung des Bauentwurfs vorliegt und wann (schon) eine Neuplanung gegeben ist, kann nicht allein aus der Sicht einer Partei beurteilt werden, insbesondere kann hierfür nicht lediglich „das 17

---

[15] BGHZ 95, 128 = NJW 1985, 2475 = BauR 1985, 561 = ZfBR 1985, 282; vgl. auch *Vygen/Schubert/Lang* a. a. O. und *Piel* FS Korbion S. 351; unrichtig und zu eng dagegen *Riedl* ZfBR 80, 2.
[16] *Ingenstau/Korbion/Keldungs* VOB/B § 1 Nr. 3 Rdn. 4; a. A. *Daub/Piel/Soergel/Steffani* ErlZ B 1.32.
[17] *Ingenstau/Korbion/Keldungs* VOB/B § 1 Nr. 3 Rdn. 11.
[18] *Ingenstau/Korbion/Keldungs* VOB/B § 1 Nr. 3 Rdn. 8; *Nicklisch/Weick* VOB/B § 1 Rdn. 28.
[19] So wörtlich *Ingenstau/Korbion/Keldungs* a. a. O. unter Hinweis auf *Hereth/Ludwig/Naschold* B § 1 ErlZ 1.19.
[20] *Ingenstau/Korbion/Keldungs* a. a. O.
[21] So *Nicklisch/Weick* a. a. O.

## § 1 Nr. 3 — Änderung des Bauentwurfs

objektiv berechtigte Interesse des Auftragnehmers als des Leistungsschuldners maßgebend" sein.[22]

18   Zwar hat der Auftragnehmer sich „um eine bestimmte Bauleistung" beworben und auf dieser Grundlage den Vertrag mit dem Auftraggeber abgeschlossen.[23] Trotzdem kann nicht nur danach entschieden werden, ob eine nach Vertragsschluss „neuartige, umgestaltete und die bisherige Vertragsgrundlage im Leistungsinhalt **entscheidend verändernde Arbeit**" nach Treu und Glauben nicht mehr als zulässige einseitige Vertragsänderung durch den Auftraggeber anzusehen ist.[24] Denn ob eine Planungsänderung „dem Auftragnehmer nach Treu und Glauben nicht mehr als zulässige einseitige Vertragsänderung zugemutet werden kann", hängt nicht allein davon ab, in welchem Maße der Auftraggeber „durch sein Änderungsverlangen die vereinbarte Leistung sowohl ihrer Art als auch ihrem Umfang nach ... verändert (und) von der ursprünglich in Auftrag gegebenen Leistung abweicht".[25]

19   Wenn die Abgrenzung zwischen Ausführungsänderung und Neuplanung nur aus der Sicht des **Auftragnehmers** vorgenommen würde, hätte dies zur Folge, dass das, was für einen Auftragnehmer mit beschränktem Auftragsumfang eine sehr weitgehende Ausführungsänderung im Sinne einer Neuplanung ist, für einen anderen, z. B. einen **Generalunternehmer**, lediglich eine begrenzte Ausführungsänderung wäre. Die Abgrenzung hinge also von den Zufälligkeiten des jeweiligen Auftragsumfangs ab, was zeigt, dass dies kein geeignetes Abgrenzungskriterium ist.[26]

20   Die Abgrenzung der zulässigen Änderung des Bauentwurfs von der durch den Änderungsvorbehalt des § 1 Nr. 3 VOB/B nicht mehr gedeckten Neuplanung ist deshalb „nach Treu und Glauben unter Abwägung der berechtigten Interessen **beider Vertragspartner**" vorzunehmen, so dass auch das Interesse des Auftraggebers zu berücksichtigen ist.[27]

21   **b) Änderungsrecht des Auftraggebers nach billigem Ermessen (§ 315 Abs. 1 BGB).** Sinn und Zweck des Änderungsrechts nach § 1 Nr. 3 VOB/B, dem Auftraggeber die erforderliche Handlungsfreiheit zu überlassen, um die Bauausführung veränderten Gegebenheiten anpassen zu können[28] (vgl. oben Rdn. 3), sprechen im Ausgangspunkt für eine weitgehende Änderungsbefugnis des Auftraggebers.

22   Da § 1 Nr. 3 VOB/B dem Auftraggeber jedoch die **einseitige** Befugnis gibt, mit der Änderung des Bauentwurfs auch den Leistungsinhalt zu ändern, ist der Auftraggeber nach § 315 Abs. 1 BGB allerdings gehalten, sein Änderungsrecht – auch hinsichtlich Umfang und Grenzen – nur nach **billigem Ermessen** auszuüben.[29]

23   Das bedeutet, dass der Auftraggeber hiernach zu Änderungen auch **ohne wichtigen Grund** berechtigt ist. Es kommt also nicht darauf an, ob die Änderungen notwendig sind, „ob und bei wem ein Verschulden oder auch nur eine Verursachung vorliegt"[30] oder ob

---

[22] So aber *Ingenstau/Korbion/Keldungs* a. a. O.; dagegen mit Recht *Nicklisch/Weick* a. a. O.
[23] *Ingenstau/Korbion/Keldungs* a. a. O.
[24] So aber *Ingenstau/Korbion/Keldungs* a. a. O.
[25] So zu Unrecht OLG Köln *Schäfer/Finnern/Hochstein* § 8 VOB/B 1973 Nr. 4.
[26] So auch BGHZ 96, 111 = NJW 1986, 711 = BauR 1986, 93 = ZfBR 1986, 23 (unter Abweichung von BGHZ 26, 337, 340 = NJW 1958, 706; BGHZ 42, 232/33 = NJW 1965, 152; BGHZ 58, 7, 9 = NJW 1972, 530 und BGHZ 61, 42, 45 = NJW 1973, 1792) für die Abgrenzung von Nachbesserung und Neuherstellung im Rahmen der Gewährleistung. Dagegen *Kapellmann/Messerschmidt/von Rintelen* VOB/B § 1 Rdn. 80: Der Begriff des Bauentwurfs könne sich nur auf die Leistungen des Auftragnehmers beziehen. Das führe jedoch dazu, dass ein Generalunternehmer eine ihm gegenüber berechtigte Änderung nicht durchreichen könne.
[27] So zutreffend *Nicklisch/Weick* a. a. O.
[28] OLG Düsseldorf NJW-RR 1988, 278 = BauR 1988, 485.
[29] So auch *Nicklisch/Weick* VOB/B § 1 Rdn. 30; a. A. *Ingenstau/Korbion/Keldungs* VOB/B § 1 Nr. 3 Rdn. 11: § 1 Nr. 3 VOB/B sei nicht von § 315 Abs. 1 BGB erfasst, weil es sich nicht um die Bestimmung einer Leistung überhaupt handele, sondern um deren nachträgliche Änderung. Ebenso *Heiermann/Riedl/Rusam* VOB/B § 1 Rdn. 31 c. Einschränkend auch *Kapellmann/Messerschmidt/von Rintelen* VOB/B § 1 Rdn. 49: Bei § 1 Nr. 3 VOB/B handele es sich dogmatisch nicht unmittelbar um ein Leistungsbestimmungsrecht im Sinne des § 315 BGB sondern um einen Änderungsvorbehalt. Daher seien nicht alle Regelungen der §§ 315 ff. BGB anwendbar.
[30] *Ingenstau/Korbion/Keldungs* VOB/B § 1 Nr. 3 Rdn. 5.

Änderung des Bauentwurfs  **§ 1 Nr. 3**

ihnen ein entsprechendes Verlangen eines Dritten zu Grunde liegt, z. B. der Bauaufsichtsbehörde.

Um billigem Ermessen zu entsprechen, genügt es, wenn die verlangten Änderungen nur **zweckmäßig** sind und vom Auftraggeber so **zeitgerecht** angeordnet werden, dass der Auftragnehmer sich auf sie noch einstellen kann. Unzweckmäßige oder gar unvernünftige (schikanöse) Änderungswünsche kann der Auftragnehmer dagegen als **unbillig** zurückweisen, z. B. grundlos und willkürlich verlangte mehrfache Änderungen derselben Sache oder desselben Details. 24

Gleiches gilt für **verspätet** vorgebrachte Änderungswünsche, wenn für sie kein vernünftiger Grund gegeben ist. Demgegenüber ist der Umfang des Änderungsverlangens für sich allein kein geeignetes Abgrenzungskriterium (vgl. oben Rdn. 15, 19). 25

Da der Auftragnehmer hinsichtlich seiner etwaigen **Mehrvergütungsansprüche,** die ihm auf Grund einer Änderung des Bauentwurfs zustehen können, durch **§ 2 Nr. 5 VOB/B** ausreichend geschützt ist (vgl. unten Rdn. 46 ff.), besteht „ein berechtigtes, der Änderungsbefugnis des Auftraggebers entgegenstehendes **Interesse des Auftragnehmers,** an den bisherigen vertraglichen Abmachungen festzuhalten, ... im Grundsatz nicht".[31] Auch das spricht dafür, dem Auftraggeber prinzipiell eine weitgehende Änderungsbefugnis zuzubilligen (vgl. oben Rdn. 21). 26

**c) Zumutbarkeit für den Auftragnehmer – Begrenzung auf betriebsspezifische Änderungen.** Soweit die Zumutbarkeit von Änderungen des Bauentwurfs eine Rolle spielt, ist für die Abgrenzung zu einer über § 1 Nr. 3 VOB/B hinausgehenden Neuplanung – wie erwähnt (oben Rdn. 15, 19) – nicht so sehr Art und Umfang der Planungsänderung maßgebend,[32] weil der Auftragnehmer durch eine entsprechende Anpassung seines Vergütungsanspruchs einen Ausgleich erhält. Soweit das Leistungsänderungsverlangen des Auftraggebers nicht aus anderen Gründen billigem Ermessen widerspricht (dazu oben Rdn. 24/25), ist vielmehr darauf abzustellen, ob der Betrieb des Auftragnehmers auf die geänderte Leistung eingerichtet ist. Dieser bei zusätzlichen Leistungen nach § 1 Nr. 4 VOB/B maßgebliche Gesichtspunkt ist auch hier – im Rahmen von § 1 Nr. 3 VOB/B – zur Abgrenzung heranzuziehen. 27

Für einen Schreinerbetrieb, der nur **Holzfenster** herstellt, bedeutet eine Änderungsanordnung des Auftraggebers, nach der nunmehr **Kunststoff- oder Metallfenster** eingebaut werden sollen, z. B. eine von § 1 Nr. 3 VOB/B nicht mehr gedeckte Neuplanung, weil der Betrieb auf die geänderte Leistung nicht eingerichtet ist. Für ein Bedachungsunternehmen, das Dach- und Fassadenarbeiten aller Art ausführt, spielt es dagegen keine Rolle, ob die Dacheindeckung oder Fassadenverkleidung in Schiefer oder mit einem **anderen Material** erfolgt. Deshalb liegt in einem solchen Fall eine von § 1 Nr. 3 VOB/B gedeckte Änderungsanordnung vor. Gleiches gilt, wenn eine Isolierung, die ursprünglich in Form eines Spezialanstrichs vorgesehen war, anschließend in eine herkömmliche Isolierung durch Abkleben mit einer Schweißbahn u. Ä. geändert wird.[33] 28

Letztlich richtet sich die Zumutbarkeit[34] einer Änderungsanordnung des Auftraggebers für den Auftragnehmer also danach, ob dieser – unabhängig vom Umfang der Änderung – die geänderte Leistung auch übernommen hätte, wenn sie **von Anfang an** so angeordnet gewesen wäre, weil die vergütungsrechtlichen Folgen etwaiger Mehr- oder Minderleistun- 29

---

[31] So mit Recht *Ingenstau/Korbion/Keldungs* a. a. O., anders allerdings Rdn. 11, wo im Widerspruch hierzu gerade unter Hinweis auf den veränderten Vergütungsanspruch allein auf „das objektive berechtigte Interesse des Auftragnehmers als des Leistungsschuldners" abgestellt wird.

[32] So aber fälschlich OLG Köln *Schäfer/Finnern/Hochstein* § 8 VOB/B 1973 Nr. 4 und *Ingenstau/Korbion/Keldungs* VOB/B § 1 Nr. 3 Rdn. 11.

[33] Weshalb im Falle OLG Köln *Schäfer/Finnern/Hochstein* a. a. O. entgegen dem, was dort angenommen worden ist, richtigerweise eine zulässige Änderungsanordnung vorlag, deren vergütungsrechtliche Folgen (Mehrkostenersatz) sich aus § 2 Nr. 5 VOB/B ergaben.

[34] Zur Zumutbarkeit der Änderung der Einbringmenge eines Schädlingsbekämpfungsmittels vgl. OLG Hamm BauR 2001, 1594.

§ 1 Nr. 3

gen sich nach § 2 Nr. 5 VOB/B regeln (→ im Einzelnen dort und unten Rdn. 46 ff.). Da das einseitige Änderungsrecht des Auftraggebers nach § 1 Nr. 3 VOB/B dort seine Grenze findet, wo die Befolgung für den Auftragnehmer unzumutbar wird, hält § 1 Nr. 3 VOB/B auch einer isolierten Inhaltskontrolle nach §§ 305 ff. BGB stand.[35]

### III. Herausnahme von Teilleistungen

30   Wie vorstehend erwähnt (oben Rdn. 15), können Änderungsanordnungen des Auftraggebers zu Mehr-, ebenso aber zu **Minderleistungen** des Auftragnehmers führen. Der Auftraggeber kann einzelne Positionen und Teilleistungen also auch aus dem Auftrag herausnehmen. Allerdings ist dies im Rahmen von § 1 Nr. 3 VOB/B nur unter bestimmten Voraussetzungen möglich.

#### 1. Kein vollständiger Wegfall sämtlicher Leistungen = Auftragsentziehung

31   Die Änderungsbefugnis des Auftraggebers nach § 1 Nr. 3 VOB/B berechtigt diesen lediglich, einzelne **Teilleistungen** aus dem Auftrag des Auftragnehmers herauszunehmen, nicht aber, diesem den **gesamten** Auftrag zu entziehen. Das ist nur nach Maßgabe von § 649 BGB bzw. § 8 VOB/B möglich.

#### 2. Nur ersatzlose Herausnahme entbehrlicher Leistungen

32   Weiterhin ist im Rahmen von § 1 Nr. 3 VOB/B erforderlich, dass die aus dem Auftrag herausgenommenen Positionen bzw. Leistungen objektiv oder nach der subjektiven Meinung des Auftraggebers entbehrlich sind und ersatzlos entfallen.[36] Denn nur eine solche Auftragsreduzierung ist von dem Änderungsvorbehalt des Auftraggebers nach § 1 Nr. 3 VOB/B gedeckt, stellt also **keine Teilkündigung** im Sinne von § 649 BGB bzw. § 8 Nr. 1 VOB/B dar.[37] Insbesondere ist deshalb in diesem Fall keine Schriftform nach § 8 Nr. 5 VOB/B erforderlich.

33   Die **vergütungsrechtlichen Folgen** einer solchen Auftragsreduzierung ergeben sich aus § 2 Nr. 5 VOB/B. Die dort vorgesehene Vereinbarung eines neuen Preises „unter Berücksichtigung der Mehr- oder Minderkosten" führt allerdings in gleicher Weise wie § 649 BGB bzw. § 8 Nr. 1 VOB/B dazu, „dem Auftragnehmer den ursprünglich kalkulierten Gewinn zu erhalten".[38]

#### 3. Keine Herausnahme zwecks Selbstübernahme nach § 2 Nr. 4 VOB/B

34   Der in § 2 Nr. 4 VOB/B geregelte Fall, dass „im Vertrag ausbedungene Leistungen des Auftragnehmers vom Auftraggeber selbst übernommen" werden, fällt **nicht** unter den Änderungsvorbehalt des Auftraggebers nach § 1 Nr. 3 VOB/B,[39] sondern ist „entsprechend" § 8 Nr. 1 Abs. 2 VOB/B zu behandeln.[40]

---

[35] *Ingenstau/Korbion/Keldungs* VOB/B § 1 Nr. 3 Rdn. 15 f. m. w. N.; *Nicklisch/Weick* VOB/B § 1 Rdn. 23 a; a. A. wohl *Heiermann/Riedl/Rusam* VOB/B § 1 Rdn. 30 b.
[36] Vgl. auch OLG Düsseldorf NJW-RR 1988, 278 = BauR 1988, 485.
[37] A. A. offenbar *Ingenstau/Korbion/Keldungs* VOB/B § 1 Nr. 3 Rdn. 20, der es für möglich hält, dass eine Änderung zugleich eine Teilkündigung nach § 8 Nr. 1 VOB/B ist (mit der sich aus § 2 Nr. 4 VOB/B ergebenden Vergütungsfolge, dazu nachst. im Text). Für die Annahme einer Teilkündigung auch OLG Oldenburg BauR 2000, 897.
[38] Vgl. z. B. *Nicklisch/Weick* VOB/B § 2 Rdn. 64.
[39] Ebenso OLG Düsseldorf NJW-RR 1988, 278 = BauR 1988, 485.
[40] Unklar *Ingenstau/Korbion/Keldungs* a. a. O., dass eine Änderung im Sinne von § 1 Nr. 3 VOB/B u. U. „zugleich eine Teilkündigung" nach § 8 Nr. 1 VOB/B mit der sich aus § 2 Nr. 4 VOB/B ergebenden Vergütungsfolge darstellt.

Änderung des Bauentwurfs **§ 1 Nr. 3**

Dass § 2 Nr. 4 VOB/B nicht auch auf § 8 Nr. 1 **Abs. 1** VOB/B verweist, zeigt zugleich, 35
dass dies ebenfalls keine Teilkündigung[41] und auch hier deshalb keine Schriftform erforderlich ist.[42] Vielmehr ist dies ein Sonderfall der Änderung des Vertragsinhaltes, der lediglich hinsichtlich der vergütungsrechtlichen Seite durch Rechtsfolgenverweisung auf § 8 Nr. 1 Abs. 2 VOB/B entsprechend dem Fall der Teilkündigung geregelt ist.[43]

Ohne die Regelung des § 2 Nr. 4 VOB/B und der dortigen Verweisung auf die Rechts- 36
folgen des § 8 Nr. 1 **Abs. 2** VOB/B ergäbe sich dasselbe Ergebnis über § 324 Abs. 1 BGB a. F. bzw. § 326 Abs. 2 BGB n. F., weil dann – ohne das Selbstübernahmerecht des Auftraggebers – ein Angebot auf Vertragsänderung vorläge, das der Auftragnehmer allerdings nicht anzunehmen braucht.[44] Ist der Auftragnehmer nicht mit einer solchen Vertragsänderung einverstanden, führt die Selbstübernahme durch den Auftraggeber zur Unmöglichkeit der Leistung des Auftragnehmers und damit über § 324 Abs. 1 BGB a. F. bzw. § 326 Abs. 2 BGB n. F. zu demselben Ergebnis wie im Falle von § 649 BGB bzw. § 8 Nr. 1 Abs. 2 VOB/B.[45]

**4. Keine Herausnahme zwecks anderweitiger Vergabe**

Werden Teilleistungen aus dem Auftrag des Auftragnehmers herausgenommen, um sie 37
anderweitig zu vergeben, ist dies ebenfalls nicht von dem Änderungsvorbehalt des Auftraggebers nach § 1 Nr. 3 VOB/B gedeckt. In diesem Fall liegt vielmehr eine Teilkündigung nach § 649 BGB bzw. § 8 Nr. 1 Abs. 1 VOB/B vor. Für sie ist beim VOB-Vertrag deshalb auch Schriftform nach § 8 Nr. 5 VOB/B erforderlich.[46] Fehlt es an einer solchen, so ist die Teilkündigung unwirksam.[47] Da durch die anderweitige Vergabe die Leistung des Auftragnehmers gleichzeitig aber auch unmöglich wird, führt entsprechend dem Vorgesagten (oben Rdn. 36) § 324 Abs. 1 BGB a. F. bzw. § 326 Abs. 2 BGB n. F. in diesem Fall vergütungsrechtlich zu demselben Ergebnis.

## C. Auswirkungen im Haupt- und Subunternehmerverhältnis

Im Verhältnis zwischen Haupt- und Subunternehmer/Nachunternehmer ist zu beachten, 38
dass Änderungsanordnungen des Auftraggebers nicht nur den **Hauptunternehmer** betreffen, sondern auf dessen Verhältnis zum **Subunternehmer „durchschlagen"**, und zwar im positiven wie im negativen Sinne. Zum einen sind die Änderungsanordnungen, die der Hauptunternehmer im Verhältnis zum Auftraggeber durchführen muss, gleichzeitig auch Änderungsanordnungen des Hauptunternehmers, zu deren Durchführung dessen jeweiliger Subunternehmer verpflichtet ist. Zum anderen muss der Hauptunternehmer in dem Umfang, in dem die Änderungsanordnungen des Auftraggebers haftungs- und vergütungsmäßig zu dessen Lasten gehen, sich dies auch gegenüber seinem Subunternehmer **zurechnen** lassen.[48] Ist deshalb ein Baumangel unter anderem auf fehlerhafte Planung zurückzuführen, so muss regelmäßig auch der Hauptunternehmer gegenüber seinem Subunternehmer für das Planungsverschulden (des Architekten) seines Auftraggebers (mit) einstehen.[49]

---

[41] OLG Düsseldorf NJW-RR 1988, 278 = BauR 1988, 485; *Nicklisch/Weick* VOB/B § 2 Rdn. 54; ebenso *Heiermann/Riedl/Rusam* VOB/B § 2 Rdn. 95; a. A. *Ingenstau/Korbion/Keldungs* VOB/B § 2 Nr. 4 Rdn. 3 und *Vygen* Bauvertragsrecht Rdn. 768; wie diese auch LG München BauR 1992, 270 L: Werden im Vertrag vereinbarte Leistungen des Auftragnehmers vom Auftraggeber selbst übernommen (z. B. Lieferung von Baustoffen), so handelt es sich zwar um eine Teilkündigung, eine Schriftform ist jedoch nicht erforderlich.
[42] Vgl. *Nicklisch/Weick* VOB/B § 2 Rdn. 55 und 57.
[43] *Nicklisch/Weick* VOB/B § 2 Rdn. 54.
[44] OLG Düsseldorf NJW-RR 1988, 278 = BauR 1988, 485.
[45] Vgl. OLG Düsseldorf a. a. O.
[46] Vgl. *Nicklisch/Weick* VOB/B § 2 Rdn. 57 und Vor §§ 8, 9 Rdn. 32.
[47] *Nicklisch/Weick* vor VOB/B §§ 8, 9 Rdn. 33.
[48] Vgl. *Vygen/Schubert/Lang* Rdn. 179.
[49] BGH NJW 1987, 644 = BauR 1987, 86 = ZfBR 1987, 34 im Anschluss an BGH NJW 1984, 1676 = BauR 1984, 395.

**§ 1 Nr. 3**           Änderung des Bauentwurfs

39    Dagegen können Fehler eines **Vorunternehmers** dem Auftraggeber im Verhältnis zum Nachunternehmer regelmäßig nicht zugerechnet werden, weil der Vorunternehmer insoweit nicht Erfüllungsgehilfe des Auftraggebers ist.[50]

## D. Vergütungsrechtliche und sonstige Folgen des Änderungsrechts des Auftraggebers

40    Änderungsanordnungen des Auftraggebers nach § 1 Nr. 3 VOB/B, durch die dieser zulässigerweise in die dem Auftragnehmer in Auftrag gegebene Ausführung der Leistung eingreift, haben in vielen Fällen zur Folge, dass die vereinbarte Vergütung des Auftragnehmers der geänderten Leistung nicht mehr entspricht. Außerdem können sie Auswirkungen auf die Ausführungszeit haben, z. B. wenn die Ausführung der geänderten Leistung mehr Zeit erfordert und/oder für sie zuvor noch Planungsänderungen durchgeführt werden müssen, ehe mit der Ausführung der geänderten Leistung überhaupt erst begonnen werden kann. Während der Vertragsdurchführung sind die Vertragsparteien eines VOB/B-Vertrages zur Kooperation verpflichtet.[51] Entstehen während der Vertragsdurchführung Meinungsverschiedenheiten zwischen den Parteien über die Notwendigkeit oder die Art und Weise einer Anpassung des Vertrages oder seiner Durchführung an geänderte Umstände, sind die Parteien grundsätzlich verpflichtet, durch Verhandlungen eine einvernehmliche Beilegung der Meinungsverschiedenheiten zu versuchen.[52]

### I. Anpassung der Vergütung des Auftragnehmers

41    Im Gegensatz zu §§ 631 ff. BGB enthält die VOB/B in § 2 eine Reihe von Regelungen für die Anpassung der Vergütung des Auftragnehmers an eine geänderte Leistung. Sie passen jedoch nicht sämtlich auf die Änderung des Bauentwurfs durch den Auftraggeber gem. § 1 Nr. 3 VOB/B, sondern betreffen unterschiedliche Fälle.

#### 1. Nicht in Betracht kommende Vorschriften

42    Als Anspruchsgrundlage für eine Anpassung der Vergütung des Auftragnehmers im Falle des § 1 Nr. 3 VOB/B haben auszuscheiden § 2 Nrn. 3, 4 und 6 VOB/B, denn diese Regelungen betreffen sämtlich nicht den Fall einer Änderung des Bauentwurfs nach § 1 Nr. 3 VOB/B, sondern anders gelagerte Sachverhalte.

43    **a) § 2 Nr. 3 VOB/B.** Diese Vorschrift ermöglicht eine Anpassung der Einheitspreise, wenn sich die dem Vertrag zu Grunde gelegten Massen einer Position um mehr als 10% nach oben oder unten verändern. Die Änderung muss sich aber auf den Bereich der Vordersätze des Leistungsverzeichnisses beschränken, d. h. § 2 Nr. 3 VOB/B betrifft lediglich Massenänderungen „ohne ändernden Eingriff des Auftraggebers".[53] Die Ausführung als solche – Bauentwurf = Leistungsbeschreibung – muss also unverändert bleiben, während § 1 Nr. 3 VOB/B von einer solchen Änderung gerade ausgeht (vgl. oben Rdn. 1 ff., 8 ff.).

44    **b) § 2 Nr. 4 VOB/B.** Die Anwendung dieser Vorschrift scheidet schon deshalb aus, weil sie lediglich den Sonderfall der Selbstübernahme von Leistungen durch den Auftraggeber betrifft, der nicht unter § 1 Nr. 3 VOB/B fällt (vgl. oben Rdn. 34 ff.). Zwar kann auch eine

---

[50] BGHZ 95, 128 = NJW 1985, 2475 = BauR 1985, 561 = ZfBR 1985, 282; dagegen u. a. *Hochstein* in seiner Anm. zu dem Urteil in *Schäfer/Finnern/Hochstein* § 6 Nr. 6 VOB/B 1973 Nr. 3 und *Kraus* BauR 1986, 17 ff. sowie ausführlich *Vygen* BauR 1989, 387 ff.; vgl. aber auch OLG Köln NJW 1986, 71 = BauR 1986, 582.
[51] BGH BauR 2000, 409 = NZBau 2000, 130 = NJW 2000, 807 = IBR 2000, 110.
[52] BGH a. a. O.
[53] Vgl. *Ingenstau/Korbion/Keldungs* VOB/B § 1 Nr. 3 Rdn. 5.

Änderung des Bauentwurfs **§ 1 Nr. 3**

Änderung des Bauentwurfs nach § 1 Nr. 3 VOB/B zu Auftragsreduzierungen führen. Die Leistung muss dann aber als solche verändert und verkleinert werden, d. h. die herausgenommenen Leistungen dürfen vom Auftraggeber nicht selbst übernommen oder anderweitig vergeben werden, sondern müssen ersatzlos entfallen (vgl. oben Rdn. 32).

**c) § 2 Nr. 6 VOB/B.** Veränderungen der auszuführenden Leistung im Sinne dieser 45 Vorschrift fallen ebenfalls nicht unter § 1 Nr. 3 VOB/B, weil dieser voraussetzt, dass die bisher in Auftrag gegebene Leistung, auch wenn sie verändert wird, als solche im Sinne des Leistungsziels dieselbe bleibt und nur anders ausgeführt wird,[54] während es sich bei § 2 Nr. 6 VOB/B um darüber hinausgehende, bislang nicht vereinbarte und damit zusätzliche Leistungen handelt, für die nicht § 1 Nr. 3 VOB/B, sondern § 1 Nr. 4 VOB/B gilt (vgl. oben Rdn. 13 und § 1 Nr. 4 Rdn. 1 ff.).

**2. Anspruch aus § 2 Nr. 5 VOB/B**

Anspruchsgrundlage für eine Anpassung der Vergütung des Auftragnehmers bei Änderungsanordnungen des Auftraggebers im Sinne von § 1 Nr. 3 VOB/B ist allein § 2 Nr. 5 46 VOB/B, der über § 2 Nr. 7 Abs. 1 Satz 4 VOB/B **auch beim Pauschalvertrag** gilt und in Satz 1 bestimmt, dass in den Fällen, in denen sich durch Änderung des Bauentwurfs oder andere Anordnungen des Auftraggebers „die Grundlagen des Preises für eine im Vertrag vorgesehene Leistung" ändern, „ein neuer Preis unter Berücksichtigung der Mehr- oder Minderkosten zu vereinbaren" ist.

Wegen der Einzelheiten dieser Regelung ist auf die Ausführungen zu § 2 Nr. 5 47 VOB/B zu verweisen. Hier ist lediglich vorab festzuhalten, dass nach § 2 Nr. 5 Satz 2 VOB/B die Vereinbarung über die geänderte Vergütung vor der Ausführung getroffen werden soll. Das ist jedoch **keine Anspruchsvoraussetzung,** sondern der Anspruch auf Anpassung der Vergütung besteht auch dann, wenn dies nicht geschieht und eine Vereinbarung über die Änderung der Vergütung vorher nicht getroffen wird („ist ... zu vereinbaren").

**a) Keine Ankündigungspflicht des Auftragnehmers.** Anerkannt ist, dass bei Änderungsanordnungen, die zu Mehrkosten führen, der Mehrvergütungsanspruch des Auftrag- 48 nehmers dem Auftraggeber nicht vorher angekündigt werden muss, also keine Ankündigungspflicht besteht.[55]

**b) Keine Hinweispflicht auf Vergütungsänderung.** Ebenso wie § 2 Nr. 5 VOB/B 49 keine vorherige Ankündigung des Mehrvergütungsanspruchs verlangt, bedarf es keines vorherigen Hinweises darauf, dass sich durch eine Änderungsanordnung zugleich die Vergütung ändern kann. Das gilt sowohl für den Auftraggeber, wenn die Änderungsanordnung zu Minderkosten führt, als auch für den Auftragnehmer im Falle von Mehrkosten. Keiner der Vertragspartner ist also verpflichtet, den anderen vor, während oder nach der Änderungsanordnung darüber zu belehren, dass sich durch diese auch die Vergütung ändert oder ändern kann.

Allenfalls kann im Einzelfall die Verpflichtung bestehen, den Auftraggeber auf von ihm 50 selbst oder seinem Architekten „kostenmäßig nicht voraussehbare Folgen" einer Änderungsanordnung hinzuweisen.[56] Ob dazu allerdings die Notwendigkeit geänderter oder zusätzlicher **Baugenehmigung** gehört,[57] erscheint in dieser Allgemeinheit fraglich, denn über derartige Erfordernisse muss der Auftraggeber bzw. sein Architekt normalerweise auch ohne Hinweis des Auftragnehmers Bescheid wissen oder sich Klarheit verschaffen. Anders liegen die Dinge, wenn der Auftraggeber, der selbst nicht fachkundig und ohne Architekten ist, von dem Auftragnehmer als Spezialfirma erkennbar fachliche Beratung erwartet und/oder

---

[54] *Ingenstau/Korbion/Keldungs* a. a. O.
[55] Vgl. *Ingenstau/Korbion/Keldungs* VOB/B § 1 Nr. 3 Rdn. 10.
[56] *Ingenstau/Korbion/Keldungs* VOB/B § 1 Nr. 3 Rdn. 10.
[57] So *Ingenstau/Korbion/Keldungs* a. a. O.

benötigt. Dann muss ihn der Auftragnehmer z. B. über die Genehmigungsbedürftigkeit einer Fassadenverkleidung aufklären.[58] Ebenso muss ein Unternehmen, das sich mit dem Austausch von Fenstern befasst, einen Bauherrn, der nicht sachverständig durch einen Architekten beraten ist, darauf hinweisen, dass nach der örtlichen Satzungslage möglicherweise der Austausch der Fenster bauanzeigebedürftig ist und insoweit auch unter Denkmalschutzgesichtspunkten unter Umständen besondere Auflagen zu erwarten und zu berücksichtigen sind, die Mehrkosten verursachen.[59]

51  c) **Anzeigepflicht bei Behinderung (§ 6 Nr. 1 VOB/B).** Das Fehlen einer notwendigen Baugenehmigung und/oder die Folgen verlängerter Bauzeit begründen – von den obigen Ausnahmen abgesehen – keine Hinweispflicht des Auftragnehmers im Rahmen seines Vergütungsanspruchs nach § 2 Nr. 5 VOB/B, sondern regeln sich nach § 6 VOB/B. Danach braucht der Auftragnehmer nicht auf Mehrvergütungsansprüche hinzuweisen, jedoch obliegt ihm nach § 6 Nr. 1 VOB/B eine Anzeigepflicht bei Behinderung, die auch Voraussetzung der dort im Einzelnen geregelten Ansprüche ist, insbesondere des Schadensersatzanspruchs aus § 6 Nr. 6 VOB/B (vgl. unten Rdn. 56 ff. und bei § 6 VOB/B).

52  d) **Allgemeine Prüfungs- und Hinweispflicht (§ 4 Nr. 3 VOB/B).** Insoweit wird auf das unter Rdn. 50 Gesagte verwiesen. Im Übrigen berührt die Verletzung der allgemeinen Prüfungs- und Hinweispflicht des Auftragnehmers ebenfalls nicht dessen Anspruch auf Anpassung der Vergütung an die vom Auftraggeber geänderte Ausführung der Leistung, sondern gibt dem Auftraggeber allenfalls einen Schadensersatzanspruch, mit dem er gegen den Vergütungsanspruch des Auftragnehmers aufrechnen kann[60] (vgl. auch unten Rdn. 62).

## II. Änderung des Bauentwurfs als Behinderung des Auftragnehmers (§ 6 VOB/B)

53  Wie schon erwähnt (oben Rdn. 51), können Änderungsanordnungen des Auftraggebers zugleich eine Behinderung des Auftragnehmers darstellen.[61]

### 1. Notwendigkeit der Behinderungsanzeige (§ 6 Nr. 1 VOB/B)

54  Grundsätzlich kann der Auftragnehmer aus einer Behinderung der Ausführung allerdings nur dann etwas herleiten, wenn er sie dem Auftraggeber – nicht nur dessen Architekten – angezeigt hat (§ 6 Nr. 1 Satz 1 VOB/B).[62] Unterlässt der Auftragnehmer die Anzeige, so hat er nur dann Anspruch auf Berücksichtigung der hindernden Umstände, wenn dem Auftraggeber offenkundig die Tatsache und deren hindernde Wirkung bekannt waren (§ 6 Nr. 1 Satz 2 VOB/B). Eine derartige Offenkundigkeit ist jedoch nur selten gegeben, weil sie auch die Auswirkungen und Folgen der Behinderung umfassen muss. Es genügt deshalb nicht, wenn nur die Behinderung selbst offenkundig ist, nicht aber in gleicher Weise, **wie** sie sich auswirkt und **was** aus ihr folgt. Von daher muss für den Regelfall davon ausgegangen werden, dass es „stets einer entsprechenden Anzeige gem. § 6 Nr. 1 VOB/B" bedarf[63] (vgl. im Übrigen bei → § 6 VOB/B).

---

[58] OLG Stuttgart BauR 1980, 67.
[59] OLG Frankfurt NJW-RR 1989, 981.
[60] *Ingenstau/Korbion,* 13. Auflage, VOB/B § 1 Rdn. 33.
[61] BGHZ 48, 78, 81 = NJW 1967, 2262; OLG Koblenz NJW-RR 1988, 851; *Vygen* BauR 1983, 210 ff., 218; *Vygen/Schubert/Lang* Rdn. 130; vgl. auch *Ingenstau/Korbion/Döring* VOB/B § 6 Rdn. 6.
[62] BGHZ 48, 78 ff. = NJW 1967, 2262; OLG Köln NJW 1986, 71 = BauR 1986, 582; OLG Koblenz NJW-RR 1988, 851.
[63] OLG Köln *Schäfer/Finnern/Hochstein* § 6 Nr. 1 VOB/B Nr. 1; OLG Düsseldorf *Schäfer/Finnern/Hochstein* § 6 Nr. 1 VOB/B Nr. 2; OLG Koblenz NJW-RR 1988, 851; anders, wenn der Auftraggeber selbst eine Verschiebung der Bauzeit anordnet und damit nicht nur die Behinderung, sondern zugleich auch ihre Auswirkungen bestimmt: vgl. OLG Köln NJW 1986, 71 = BauR 1986, 582.

Änderung des Bauentwurfs  § 1 Nr. 3

## 2. Verlängerung der Ausführungsfrist (§ 6 Nr. 2 VOB/B)

Sind die vorgenannten Voraussetzungen des § 6 Nr. 1 VOB/B erfüllt, kann der Auftrag- 55
nehmer bei Änderungsanordnungen des Auftraggebers in erster Linie eine der geänderten
Ausführung entsprechende Verlängerung der Ausführungsfrist verlangen,[64] weil die Änderungsanordnung regelmäßig eine Behinderung darstellt, die durch einen vom Auftraggeber
zu vertretenden Umstand im Sinne von § 6 Nr. 2 Abs. 1 lit. a VOB/B verursacht ist (im
Einzelnen vgl. dort → § 6 Nr. 2 VOB/B).

## 3. Schadensersatz nach § 6 Nr. 6 VOB/B

Darüber hinaus kann dem Auftragnehmer, wenn es auf Grund der Änderungsanordnung 56
des Auftraggebers zu **Stillstandskosten** oder anderen Mehrkosten verlängerter Bauzeit
kommt, ein Anspruch auf Schadensersatz nach § 6 Nr. 6 VOB/B zustehen, sofern der
Auftraggeber die mit der Änderungsanordnung verbundene Behinderung im Sinne dieser
Vorschrift **zu vertreten** hat (dazu im Einzelnen bei → § 6 Nr. 6 VOB/B). Das kann z. B.
der Fall sein, wenn die Änderungsanordnung notwendig war, weil der Auftraggeber bzw.
sein Erfüllungsgehilfe (Architekt) unsorgfältig geplant hatte und es dadurch zu Mehrkosten
wegen verlängerter Bauzeit gekommen war.[65]

Zu den Mehrkosten verlängerter Bauzeit im Sinne von § 6 Nr. 6 VOB/B zählen aller- 57
dings nur die unmittelbar durch die Behinderung verursachten Kosten verlängerter **Per-
sonal- und Gerätevorhaltung** u. a. (Stillstandskosten), nicht auch die Kosten von Mehrleistungen, die auf Grund der Änderungsanordnung erforderlich werden. Sie fallen unter § 2
Nr. 5 VOB/B.[66]

### III. Kein Leistungsverweigerungsrecht des Auftragnehmers bei ungeklärtem finanziellen Ausgleich

Da das Änderungsrecht des Auftraggebers „Auswirkungen auf die finanzielle Seite des 58
Vertrages" hat, wäre es „unbillig, dem Auftragnehmer über Änderungen der Planung Mehrleistungen ohne angemessenen finanziellen Ausgleich aufzubürden".[67] Daraus ergibt sich,
dass die Änderungsbefugnis des Auftraggebers nach § 1 Nr. 3 VOB/B und der Anspruch
des Auftragnehmers auf Anpassung der Vergütung (§ 2 Nr. 5 VOB/B) bzw. Schadensersatz
(§ 6 Nr. 6 VOB/B) **„in engem Zusammenhang"** stehen.[68] Diese Preisanpassungsmöglichkeiten stellen „den notwendigen Ausgleich für den Änderungsvorbehalt des Auftraggebers gem. § 1 Nr. 3 VOB/B her".[69]

Der Zusammenhang von Änderungsrecht des Auftraggebers und Preisanpassungsmöglich- 59
keit des Auftragnehmers geht jedoch nicht so weit, dass eine Änderungsanordnung des
Auftraggebers nur wirksam wäre, wenn **gleichzeitig** auch eine Einigung über den finanziellen Ausgleich mit dem Auftragnehmer zustande käme. Das zeigt schon der Wortlaut des § 2
Nr. 5 Satz 2 VOB/B, wonach die Vereinbarung über die geänderte Vergütung zwar „vor der
Ausführung" getroffen werden **soll**. Das ist jedoch kein „Muss" und keine Voraussetzung
für die Wirksamkeit der betreffenden Änderungsanordnung.

Das ist deshalb wichtig, weil vielfach Auftraggeber Änderungen des Bauentwurfs vor- 60
nehmen oder anordnen, zu einer Einigung über eine entsprechende Vergütungsanpassung
jedoch nicht bereit sind oder diese bis zum Abschluss der Arbeiten hinauszögern. In

---

[64] *Ingenstau/Korbion,* 13. Auflage, VOB/B § 1 Rdn. 33; vgl. auch *Piel* FS Korbion S. 349 ff.
[65] *Ingenstau/Korbion* a. a. O.
[66] Zur Abgrenzung zwischen Leistungsänderung (§§ 1 Nr. 3, 2 Nr. 5 VOB/B) und Behinderung (§ 6 Nr. 2 VOB/B) im Einzelnen *Piel* FS Korbion S. 349 ff.
[67] So *Nicklisch/Weick* VOB/B § 1 Rdn. 24.
[68] *Nicklisch/Weick* a. a. O.
[69] *Vygen/Schubert/Lang* Rdn. 155; vgl. auch *Piel* FS Korbion S. 349.

## § 1 Nr. 3 Änderung des Bauentwurfs

derartigen Fällen **ungeklärter oder streitiger** Vergütungsanpassung hat der Auftragnehmer deshalb **kein Zurückbehaltungsrecht,** denn Streitfälle berechtigen den Auftragnehmer nach § 18 Nr. 4 VOB/B nicht, die Arbeiten einzustellen.[70] Das verkennt das OLG Zweibrücken:[71] Danach soll, wenn der Auftraggeber/Hauptunternehmer gegenüber der von ihm bzw. vom Bauherrn ausgeschriebenen und so Vertragsinhalt gewordenen Leistung durch Übergabe entsprechender Pläne eine Änderung anordnet (hier: Einbau von Fenstern auf Mauerwerk statt zwischen Laibungen) und dadurch für den Subunternehmer ein erheblicher Mehraufwand entsteht (hier: 25% des Gesamtpreises), der Subunternehmer berechtigt sein, die Ausführung der Arbeiten bis zur Vereinbarung eines neuen Preises gem. § 2 Nr. 5 VOB/B zu verweigern.

61 Das kann in dieser Allgemeinheit nicht anerkannt werden, weil dem § 1 Nr. 3 VOB/B entgegensteht. Etwas anderes gilt nur, wenn der Auftraggeber einen berechtigten Anspruch des Auftragnehmers auf **Vergütungsanpassung** gem. § 2 Nr. 5 VOB/B oder auf Grund anderer Bestimmungen (z. B. § 6 Nr. 6 VOB/B oder § 242 BGB) **endgültig abgelehnt** hat, weil in diesem Fall dem Auftragnehmer nicht zuzumuten ist, mit den Arbeiten zu beginnen oder diese fortzuführen.[72] Vielmehr steht ihm dann ein Kündigungsrecht gem. § 9 Nr. 1 VOB/B zu.[73] Gleiches gilt, wenn eine vereinbarte – und damit unstreitige – Vergütung bei Fälligkeit nicht gezahlt wird. Dann kann der Auftragnehmer nicht nur nach § 16 Nr. 5 Abs. 3 Satz 3 VOB/B die Arbeiten bis zur Zahlung einstellen, sondern, er kann auch nach § 9 Nr. 1 lit. b VOB/B den Vertrag kündigen, was allerdings nach § 9 Nr. 2 VOB/B schriftlich geschehen muss und erst zulässig ist, wenn der Auftragnehmer dem Auftraggeber vorher eine angemessene Zahlungsfrist mit Kündigungsandrohung für den Fall der Nichtzahlung gesetzt hat.

### IV. Entgegenstehende Schadensersatzansprüche des Auftraggebers, insbesondere wegen Verletzung der Prüfungs- und Hinweispflicht des Auftragnehmers (§ 4 Nr. 3 VOB/B)

62 Sowohl hinsichtlich der ursprünglichen als auch in Bezug auf die gem. § 1 Nr. 3 VOB/B geänderte Leistung obliegt dem Auftragnehmer eine Prüfungs- und Hinweispflicht nach § 4 Nr. 3 VOB/B. Sie besteht allerdings grundsätzlich nur, soweit sich aus der vorgesehenen Ausführung der Leistung Bedenken gegen die Möglichkeit mängelfreier Erbringung der eigenen Leistung des Auftragnehmers ergeben (im Einzelnen siehe hierzu bei → § 4 Nr. 3 VOB/B).[74] Wird eine mit Mehrkosten verbundene Änderungsanordnung des Auftraggebers dadurch erforderlich, dass der Auftragnehmer diese Prüfungs- und Hinweispflicht verletzt oder verspätet Bedenken angemeldet hat, so begründet dies einen Schadensersatzanspruch, mit dem der Auftraggeber aufrechnen und einen etwaigen Mehrvergütungsanspruch des Auftragnehmers ganz oder teilweise zu Fall bringen kann.[75]

63 Entsprechendes gilt, wenn eine Änderungsanordnung des Auftraggebers aus anderen, vom Auftragnehmer zu vertretenden Gründen erforderlich geworden ist, z. B. wegen Mängeln seiner Leistung oder einer sonstigen Pflichtverletzung des Auftragnehmers.[76]

---

[70] Einschränkend *Ingenstau/Korbion/Keldungs* VOB/B § 2 Nr. 5 Rdn. 35.
[71] BauR 1995, 251.
[72] In diesem Sinne auch OLG Düsseldorf NZBau 2002, 276 = BauR 2002, 484 = NJW-RR 2002, 165.
[73] OLG Düsseldorf, BauR 1995, 741 = BauR 1996, 115.
[74] Zur weitergehenden Hinweispflicht des Auftragnehmers auf Grund der allgemeinen Leistungstreuepflicht als vertraglicher Nebenpflicht OLG Köln *Schäfer/Finnern/Hochstein* § 4 Nr. 3 VOB/B Nr. 6 = BauR 1989, 377 L m. N. (Hinweispflicht des Schreiners auf mangelhafte Dachisolierung) und OLG Hamm NJW-RR 1989, 982 (Hinweispflicht des Fliesenlegers auf mangelhafte Bodenisolierung).
[75] *Ingenstau/Korbion*, 13. Auflage, VOB/B § 1 Rdn. 33.
[76] *Ingenstau/Korbion* a. a. O.

## E. Nicht von § 1 Nr. 3 VOB/B erfasste Fälle

Wie vorstehend erwähnt, erfasst § 1 Nr. 3 VOB/B nicht die Fälle, in denen der Auftraggeber nicht nur den **Bauentwurf** im Sinne der Leistungsbeschreibung ändert, sondern darüber hinausgehende Änderungen des sonstigen Vertragsinhaltes verlangt (oben Rdn. 10/11) oder sich nicht auf Änderungen beschränkt, sondern eine völlige Neuplanung anordnet (oben Rdn. 14 ff.), vor allem dann, wenn die geänderte Ausführung von der bisher vorgesehenen nach Art und Inhalt qualitativ so abweicht, dass der Betrieb des Auftragnehmers auf derartige Leistungen nicht eingerichtet, also gar nicht in der Lage ist, sie vertragsgemäß zu erbringen (oben Rdn. 27 ff.). 64

### I. Ausführung nur bei Vereinbarung

In den über § 1 Nr. 3 VOB/B hinausgehenden Fällen hat der Auftraggeber **kein einseitiges Änderungsrecht.** Vielmehr ist in diesen Fällen die Rechtslage vergleichbar dem, was beim BGB-Werkvertrag für jede, auch die unter § 1 Nr. 3 VOB/B fallende Vertragsänderung schon im Normalfall gilt. Insoweit ergibt sich aus dem allgemeinen Vertragsrecht, dass der Auftragnehmer zur Erbringung der veränderten Leistung grundsätzlich nicht verpflichtet ist, weil sich seine Leistungspflicht „allein aus dem Vertrag" ergibt.[77] Eine Änderung des einmal geschlossenen Vertrages ist in Ermangelung eines einseitigen Änderungsrechts des Auftraggebers nur durch **Vereinbarung** mit dem Auftragnehmer möglich,[78] in der dann gleichzeitig auch die Folgen der Änderung und ihre Auswirkungen auf die **Vergütung** des Auftragnehmers geregelt werden können.[79] Anderenfalls gilt hinsichtlich der vergütungsrechtlichen und sonstigen Folgen das oben unter Rdn. 40 ff. Gesagte entsprechend. 65

### II. Leistungsverweigerungsrecht des Auftragnehmers bei fehlender Vereinbarung

Fehlt es an einer Vereinbarung im Sinne einer einverständlichen Vertragsänderung, zu der der Auftragnehmer nicht verpflichtet ist, so braucht er in den über § 1 Nr. 3 VOB/B hinausgehenden Fällen dem Änderungsverlangen des Auftraggebers nicht Folge zu leisten, sondern kann nach allgemeinen Grundsätzen die Leistung, weil er sie nicht schuldet, **verweigern.**[80] Dieses Leistungsverweigerungsrecht kann auch nicht formularmäßig **ausgeschlossen** werden (Verstoß gegen §§ 9, 11 Nr. 2 lit. a AGBG bzw. §§ 309 Nr. 2 a, 307 BGB n. F.).[81] 66

Außerdem kann der Auftragnehmer, wenn der Auftraggeber trotz fehlenden Änderungsrechts unberechtigterweise auf der Ausführung der geänderten Leistung besteht und den Auftragnehmer die vereinbarte Leistung nicht ausführen lässt, den Vertrag – zumindest insoweit – nach § 9 Nr. 1 lit. a VOB/B **kündigen** (Teilkündigung), was allerdings nach § 9 Nr. 2 VOB/B schriftlich geschehen muss und erst zulässig ist, wenn der Auftragnehmer dem Auftraggeber zuvor erfolglos eine angemessene **Frist** zu Vertragserfüllung gesetzt und ihm angedroht hat, dass er nach fruchtlosem Ablauf der Frist den Vertrag kündigen werde. 67

Dagegen liegt allein darin, dass der Auftraggeber unberechtigterweise eine Leistungsänderung nach § 1 Nr. 3 VOB/B **verlangt** und dadurch die vereinbarte Leistung in 68

---

[77] *Vygen/Schubert/Lang* Rdn. 166.
[78] *Ingenstau/Korbion/Keldungs* VOB/B § 1 Nr. 3 Rdn. 18.
[79] *Vygen/Schubert/Lang* a. a. O.
[80] *Ingenstau/Korbion/Keldungs* VOB/B § 1 Nr. 3 Rdn. 19.
[81] *Ingenstau/Korbion/Keldungs* a. a. O.

## § 1 Nr. 3

unzulässiger oder für den Auftragnehmer unzumutbarer Weise ändert, keine Kündigung des Auftraggebers, noch kann angenommen werden, dass dies „einer Kündigung oder zumindest einer Teilkündigung des Auftraggebers im Sinne von Teil B § 8 Nr. 1 gleichkommt".[82] Denn § 8 Nr. 1 Abs. 1 VOB/B berechtigt den Auftraggeber zwar zu jederzeitiger Kündigung. Diese muss aber nach § 8 Nr. 5 VOB/B schriftlich erklärt werden. Nur wenn das der Fall ist, liegt eine wirksame Kündigung des Auftraggebers vor. Dass auch ohne schriftliche Kündigung das bloße Verhalten des Auftraggebers einer Kündigung oder Teilkündigung gleichzusetzen ist, gilt nur für den Ausnahmefall der **Selbstübernahme** des Auftraggebers nach § 2 Nr. 4 VOB/B. Dort ist dies jedoch durch Rechtsfolgenverweisung auf § 8 Nr. 1 Abs. 2 VOB/B ausdrücklich so geregelt (vgl. oben Rdn. 34 ff.).

---

[82] So zu weitgehend *Ingenstau/Korbion/Keldungs* VOB/B § 1 Nr. 3 Rdn. 20 und *Heiermann/Riedl/Rusam* VOB/B § 1 Rdn. 35. Gegen die Annahme einer Kündigung oder Teilkündigung auch *Kapellmann/Messerschmidt/von Rintelen* VOB/B § 1 Rdn. 93.

## § 1 Nr. 4 [Nicht vereinbarte Leistungen]

Nicht vereinbarte Leistungen, die zur Ausführung der vertraglichen Leistung erforderlich werden, hat der Auftragnehmer auf Verlangen des Auftraggebers mit auszuführen, außer wenn sein Betrieb auf derartige Leistungen nicht eingerichtet ist. Andere Leistungen können dem Auftragnehmer nur mit seiner Zustimmung übertragen werden.

Literatur: Siehe die Hinweise zu → Vor § 1

### Übersicht

| | Rdn. | | Rdn. |
|---|---|---|---|
| A. Allgemeines | 1 | 1. § 2 Nr. 6 VOB/B | 19 |
| B. Pflicht des Auftragnehmers zur Übernahme nicht vereinbarter Leistungen (Satz 1) | 2–15 | 2. § 2 Nr. 8 Abs. 2 Satz 2 VOB/B | 22 |
| I. Ausführung nur auf Verlangen des Auftraggebers | 5 | II. Zusatzleistungen als Behinderung des Auftragnehmers (§ 6 VOB/B) | 25 |
| II. Beschränkung auf erforderliche Zusatzleistungen | 8 | III. Kein Leistungsverweigerungsrecht des Auftragnehmers bei ungeklärtem finanziellen Ausgleich | 27 |
| 1. Nur nicht vereinbarte Leistungen (Zusatzleistungen) | 9 | IV. Entgegenstehende Schadensersatzansprüche des Auftraggebers, insbesondere wegen Verletzung der Prüfungs- und Hinweispflicht des Auftragnehmers (§ 4 Nr. 3 VOB/B) | 28 |
| 2. Nur Zusatzleistungen, die zur Ausführung der vertraglichen Leistung erforderlich sind | 11 | E. Nicht von Satz 1 erfasste Fälle | 30–34 |
| III. Nur erforderliche Zusatzleistungen, auf die der Betrieb des Auftragnehmers eingerichtet ist | 14 | I. Übertragung nur mit Zustimmung des Auftragnehmers (Satz 2) | 31 |
| C. Auswirkungen im Haupt- und Subunternehmerverhältnis | 16 | II. Leistungsverweigerungsrecht des Auftragnehmers bei fehlender Vereinbarung | 33 |
| D. Vergütungsrechtliche und sonstige Folgen erforderlicher Zusatzleistungen | 17–29 | | |
| I. Anspruch auf besondere Vergütung | 18 | | |

## A. Allgemeines

Während § 1 Nr. 3 VOB/B die einseitige Änderungsbefugnis des Auftraggebers darauf 1 beschränkt, Änderungen des Bauentwurfs anzuordnen, **erweitert** § 1 Nr. 4 VOB/B die Leistungspflichten des Auftragnehmers dahin, dass er unter den dortigen Voraussetzungen auch nicht vereinbarte Leistungen mit auszuführen hat. Das ist – wie im Falle von § 1 Nr. 3 VOB/B – eine Änderung gegenüber dem Werkvertragsrecht des BGB (→ § 1 Nr. 3 Rdn. 1/2), denn nach den allgemeinen werkvertraglichen Regeln hat der Auftragnehmer „nur die vertraglich festgelegten Leistungen auszuführen", d. h. der Auftraggeber kann „nicht ohne Weiteres Zusatzleistungen verlangen".[1] Der Auftragnehmer kann, wie das OLG Düsseldorf[2] zutreffend entschieden hat, „vielmehr die Ausführung der Zusatzleistungen von der Vereinbarung einer entsprechenden Vergütung abhängig machen oder bei Beauftragung mit der Zusatzleistung ohne Vergütungsvereinbarung eine solche gem. § 632 Abs. 1 und 2 BGB im Rahmen der Üblichkeit begehren. Hierin kommt ein Grundgedanke der gesetzlichen Regelung zum Ausdruck, der darin besteht, dass jede Werkleistung, die den Umstän-

---

[1] OLG Düsseldorf BauR 1989, 335.
[2] A. a. O.

den nach nur gegen Vergütung zu erwarten ist, auch zumindest mit der üblichen Vergütung abzugelten ist ... Anders als in der vorgenannten allgemeinen Regelung, gewährt die VOB/B in § 1 Nrn. 3 und 4 dem Auftraggeber einseitig das Recht, z. B. Zusatzleistungen zu verlangen, die mit der Hauptleistung im Zusammenhang stehen. Für dieses Recht des Auftraggebers auf Zusatzleistung, welches seinen Grund darin hat, dass es in der Hand des Auftraggebers liegt, wie weit er sein Leistungsziel steckt, wird dem Auftragnehmer der notwendige Ausgleich in der Weise gegeben, dass er unter den Voraussetzungen des § 2 Nr. 6 VOB/B eine Vergütung verlangen kann, welche der Grundlage der bisherigen Preisermittlung entspricht" (dazu unten Rdn. 17 ff.). Da § 1 Nr. 4 VOB/B dem Spannungsverhältnis zwischen Planung und Realität Rechnung trägt und gleichzeitig die Grenzen regelt, in denen der Auftraggeber sein Recht ausüben kann, und wegen des Anspruchs des Auftragnehmers auf zusätzliche Vergütung nach § 2 Nr. 6 VOB/B, hält § 1 Nr. 4 VOB/B auch einer isolierten Inhaltskontrolle nach §§ 305 ff. BGB n. F. stand.[3]

## B. Pflicht des Auftragnehmers zur Übernahme nicht vereinbarter Leistungen (Satz 1)

2   Damit, dass nach § 1 Nr. 4 VOB/B der Auftragnehmer die dort bezeichneten Leistungen mit auszuführen hat, ist gesagt, dass er hierzu verpflichtet ist. Er **muss** diese Leistungen also übernehmen und einer entsprechenden Erweiterung seiner Leistungspflichten zustimmen.

3   Da hierdurch – anders als im Falle des § 1 Nr. 3 VOB/B – der vorhandene Vertrag aber nicht nur geändert, sondern erweitert wird, genügt dafür nicht mehr die nur einseitige Forderung des Auftraggebers, sondern es ist eine **beiderseitige** Willensübereinstimmung erforderlich. Deshalb begründet § 1 Nr. 4 VOB/B in Bezug auf die dort genannten Zusatzleistungen eine Übernahmepflicht nach Art eines **Kontrahierungszwanges**.[4]

4   Die Übernahmepflicht des Auftragnehmers ist allerdings **nicht unbegrenzt,** sondern besteht nur in den in § 1 Nr. 4 VOB/B genannten Fällen und nur unter den dortigen Voraussetzungen.

### I. Ausführung nur auf Verlangen des Auftraggebers

5   Wie schon der Wortlaut des § 1 Nr. 4 VOB/B zeigt, ist der Auftragnehmer zur Übernahme der dort genannten Leistungen nur „auf Verlangen des Auftraggebers" verpflichtet. Die Zusatzleistungen müssen vom Auftraggeber also bestimmt und eindeutig **gefordert** werden.[5] Ein lediglich unverbindlicher Wunsch des Auftraggebers genügt nicht.

6   Das Verlangen des Auftraggebers im Sinne von § 1 Nr. 4 VOB/B ist eine **empfangsbedürftige** Willenserklärung,[6] die allerdings keiner Form bedarf. Das Verlangen kann deshalb auch **stillschweigend** gestellt werden. Im Übrigen gilt hierzu das zur Änderungsanordnung Gesagte entsprechend (→ § 1 Nr. 3 Rdn. 5 ff.).

7   Daraus, dass der Auftragnehmer die in § 1 Nr. 4 VOB/B bezeichneten Leistungen nur „auf Verlangen des Auftraggebers" auszuführen hat, ergibt sich umgekehrt, dass der Auftragnehmer derartige Leistungen, selbst wenn sie – objektiv oder nach seiner subjektiven

---

[3] BGHZ 131, 392 = BauR 1996, 378 = NJW 1996, 1346 = NJW-RR 1996, 792.
[4] A. A. BGHZ 131, 392 = NJW-RR 1996, 792 = BauR 1996, 378 = NJW 1996, 1346: vertraglich vereinbartes Leistungsbestimmungsrecht ähnlich wie § 315 BGB. Ebenso *Leinemann/Roquette* B § 1 Rdn. 56 VOB/B § 1 Rdn. 32 a und *Kapellmann/Messerschmidt/von Rintelen* VOB/B § 1 Rdn. 113. Unklar *Leinemann/Schoofs* (1. Auflage 2002) B § 1 Rdn. 31, der zwar auf die o. a. BGH-Entscheidung verweist, aber dennoch davon spricht, dass die Regelung einem vertraglich vorgesehenen Kontrahierungszwang nahe komme.
[5] *Ingenstau/Korbion/Keldungs* VOB/B § 1 Nr. 4 Rdn. 4.
[6] *Ingenstau/Korbion/Keldungs* a. a. O.

Meinung – notwendig sind, nicht von sich aus erbringen darf. Er ist dazu vielmehr nur berechtigt, wenn er vom Auftraggeber hierzu – ggf. auch stillschweigend – **aufgefordert** worden ist. Insoweit wird auf das zur Abgrenzung von § 2 Nr. 6 und § 2 Nr. 8 VOB/B Gesagte verwiesen (siehe unten Rdn. 18 ff., 21 ff. und bei → § 2).

## II. Beschränkung auf erforderliche Zusatzleistungen

Da nach § 1 Nr. 4 VOB/B der Auftragnehmer verpflichtet ist, unter bestimmten Voraussetzungen auch nicht vereinbarte Leistungen mit auszuführen, war es erforderlich, die dafür in Betracht kommenden Leistungen auch **sachlich** einzuschränken. Das ist in § 1 Nr. 4 VOB/B in dreifacher Weise geschehen: 8

### 1. Nur nicht vereinbarte Leistungen (Zusatzleistungen)

Eine erste Einschränkung der Übernahmepflicht des Auftragnehmers nach § 1 Nr. 4 VOB/B ergibt sich daraus, dass es sich um nicht vereinbarte Leistungen im Sinne von Zusatzleistungen handeln muss. Bloße Änderungen der bereits vereinbarten vertraglichen Leistung des Auftragnehmers fallen unter § 1 Nr. 3 VOB/B; sie müssen unter den dortigen Voraussetzungen schon auf Grund des **einseitigen Änderungsrechts** des Auftraggebers ausgeführt werden (→ § 1 Nr. 3 Rdn. 3 ff.). 9

§ 1 Nr. 4 VOB/B betrifft dagegen nur Leistungen, die nicht schon ohnehin – wenn auch unter Umständen in geänderter Form – zu erbringen sind, sondern bislang noch nicht zum Vertragsinhalt gehören,[7] zu den bisherigen Leistungspflichten des Auftragnehmers also **zusätzlich** hinzutreten (vgl. dazu auch bei → § 2 Nr. 6). Dabei kommt es für die Abgrenzung zwischen unmittelbar vertraglich geschuldeten und zusätzlichen Leistungen auf den Inhalt der Leistungsbeschreibung und nicht auf die Unterscheidung in den DIN-Vorschriften zwischen Nebenleistungen und besonderen Leistungen an.[8] 10

### 2. Nur Zusatzleistungen, die zur Ausführung der vertraglichen Leistung erforderlich sind

Weiterhin geht die Übernahmepflicht des Auftragnehmers nach § 1 Nr. 4 VOB/B nicht so weit, dass der Auftraggeber vom Auftragnehmer die Ausführung jeder **beliebigen** Zusatzleistung verlangen kann. Zu den nicht vereinbarten Leistungen, die der Auftragnehmer auf Verlangen des Auftraggebers mit ausführen muss, gehören vielmehr nur solche, die **notwendig** sind, um die vertragliche Leistung überhaupt ordnungsgemäß ausführen zu können. Die Zusatzarbeiten müssen also nicht nur allgemein, sondern für die bisherige vertragliche Leistung erforderlich sein und mit dieser in einem sachlichen Zusammenhang stehen.[9] Dieser kann entweder dergestalt sein, dass ohne die nicht vereinbarte Leistung (Zusatzleistung) die bisherige vertragliche Leistung überhaupt nicht möglich ist, oder so, dass sie ohne die Zusatzleistung nicht ordnungsgemäß und mangelfrei erbracht werden kann. 11

Derartige Fälle kommen in der Baupraxis häufig in der Weise vor, dass Planung und/oder Ausschreibung **unvollständig** sind, weil zur vollständigen und mangelfreien Ausführung der vertraglichen Leistung erforderliche Arbeiten vergessen worden sind oder sich die zu Grunde gelegten Annahmen, etwa hinsichtlich der Boden- und Grundwasserverhältnisse u. Ä., als unzutreffend erwiesen haben.[10] So kann es z. B. zur mangelfreien Ausführung der vertraglichen Leistung erforderlich sein, eine zusätzliche **Isolierung** oder sonst nicht vereinbarte 12

---

[7] *Ingenstau/Korbion/Keldungs* VOB/B § 1 Nr. 4 Rdn. 3; *Nicklisch/Weick* VOB/B § 1 Rdn. 31.
[8] BGH NJW 2002, 1954 = BauR 2002, 935 mit Anmerkungen von *Keldungs* = ZfBR 2002, 482 = NZBau 2002, 324 = IBR 2002, 231; *Quack* und *Asam* BauR 2002, 1247 ff. Ebenso OLG Celle BauR 2003, 1040. Die Entscheidung des BGH ablehnend *Ingenstau/Korbion/Keldungs* VOB/B § 1 Nr. 1 Rdn. 7.
[9] *Ingenstau/Korbion/Keldungs* VOB/B § 1 Nr. 4 Rdn. 3 („Abhängigkeitsvoraussetzung").
[10] *Ingenstau/Korbion/Keldungs* a. a. O.

§ 1 Nr. 4 Nicht vereinbarte Leistungen

**Abdichtung** vorzunehmen, weil anders keine ausreichende Dichtigkeit des Kellers gegen drückendes Wasser zu erreichen ist. Entsprechendes kommt in Betracht, um die notwendige Regendichtigkeit eines Daches zu gewährleisten.[11]

13   Immer aber ist, um eine **Übernahmepflicht** des Auftragnehmers im Sinne von § 1 Nr. 4 VOB/B annehmen zu können, Voraussetzung, dass die vertragliche Leistung als solche im Sinne des Leistungszieles gleich bleibt, weil § 1 Nr. 4 VOB/B nur zur Ausführung der vertraglichen Leistung erforderliche Zusatzarbeiten erfasst. Es darf also nicht die vertragliche Leistung selbst über ihr eigentliches Ziel hinaus erweitert werden, etwa dadurch, dass aus bloßen **Zweckmäßigkeitsgründen** ein zusätzliches Kinder-, Gästezimmer oder Bad, eine Garage für den Zweitwagen o. Ä. verlangt wird. Auch das sind zwar Zusatzleistungen im Sinne von § 2 Nr. 6 VOB/B; zu ihrer Ausführung ist der Auftragnehmer aber nicht in dem Sinne verpflichtet, dass er sie nach § 1 Nr. 4 VOB/B übernehmen muss, weil sie nicht zur Ausführung der vertraglichen Leistung **erforderlich** sind.

### III. Nur erforderliche Zusatzleistungen, auf die der Betrieb des Auftragnehmers eingerichtet ist

14   Schließlich besteht auch bei im vorstehenden Sinne erforderlichen Zusatzleistungen keine Übernahmepflicht des Auftragnehmers, wenn dessen **Betrieb** auf derartige Leistungen nicht eingerichtet ist. Ob und wann das der Fall ist, richtet sich nach den tatsächlichen Verhältnissen, insbesondere der personellen Ausstattung, dem fachlichen Können und der geräte- und maschinenmäßigen Einrichtung des konkreten Betriebes.[12] Zumeist wird es sich dabei um sog. **gewerksfremde** Arbeiten handeln, z. B. wenn die Wasserdichtigkeit des Baukörpers nur durch eine zusätzliche Isolierung in einem **Spezialverfahren** zu erreichen ist, das ein besonderes „Know-how" erfordert, oder wenn für die zusätzliche Abdichtung zuvor Durchbrüche geschlossen und/oder Leitungen verlegt werden müssen, die nur ein zugelassener Fachmann (Elektriker, Installateur) verlegen darf. Ob der Einwand, dass der Betrieb auf derartige Leistungen nicht eingestellt sei, dagegen auch dann erhoben werden kann, wenn ein Installateur für die Leitungsverlegung zusätzliche Schlitze schlagen muss,[13] hängt unter Umständen vom Umfang dieser Zusatzarbeiten ab und ist eine Frage des Einzelfalles, die nicht generell bejaht oder verneint werden kann, weil Installateure üblicherweise auch solche Öffnungen in gewissem Umfang selbst herstellen (vgl. ATV DIN 18381 Ziff. 3.5 und 4.2.5).

15   In jedem Fall kommt es dafür, ob der Betrieb des Auftragnehmers auf die erforderlichen Zusatzarbeiten eingerichtet ist, auf die tatsächlichen Verhältnisse des konkreten **Betriebes selbst** an. Der Auftragnehmer ist also – anders als bei Mängelbeseitigungen, wenn sie gewerksfremde Vor- und Nacharbeiten erfordern[14] – nicht verpflichtet, für derartige Zusatzarbeiten **Nachunternehmer** (Subunternehmer) einzusetzen, wenn solche im konkreten Fall nicht ohnehin bereits zulässigerweise beschäftigt sind.[15]

## C. Auswirkungen im Haupt- und Subunternehmerverhältnis

16   Insoweit gilt das zu § 1 Nr. 3 VOB/B für Änderungsanordnungen des Auftraggebers Gesagte entsprechend (→ § 1 Nr. 3 Rdn. 38/39). Notwendige Zusatzleistungen, die der Auftraggeber im Sinne von § 1 Nr. 4 VOB/B zulässigerweise vom Hauptunternehmer

---

[11] *Ingenstau/Korbion/Keldungs* a. a. O.
[12] *Ingenstau/Korbion/Keldungs* VOB/B § 1 Nr. 4 Rdn. 5.
[13] *Ingenstau/Korbion/Keldungs* a. a. O.
[14] Deren Erledigung schuldet er im Rahmen seiner Nachbesserungspflicht und muss sich dazu ggf. entsprechender Fachfirmen als Subunternehmer bedienen: Vgl. BGHZ 96, 211 = NJW 1986, 922 = BauR 1986, 211 = ZfBR 1986, 67 im Anschluss an BGHZ 72, 31, 33 = NJW 1978, 1626 = BauR 1978, 402 = ZfBR 1978, 17; BGH NJW 1979, 2095 = BauR 1979, 333 = ZfBR 1979, 150.
[15] *Ingenstau/Korbion/Keldungs* a. a. O.

verlangt, kann dieser in gleicher Weise auch von seinem jeweiligen **Nachunternehmer** (Subunternehmer) verlangen. Andererseits muss er sie sich dann aber auch gegenüber seinem Subunternehmer haftungs- und vergütungsrechtlich genauso **zurechnen** lassen, wie er sie selbst gegenüber dem Auftraggeber geltend macht. Soweit Zusatzleistungen auf Planungsfehlern des (Architekten des) Auftraggebers beruhen, muss regelmäßig auch der Hauptunternehmer gegenüber seinem Subunternehmer für diese mit einstehen.[16]

## D. Vergütungsrechtliche und sonstige Folgen erforderlicher Zusatzleistungen

Ebenso wie Änderungsanordnungen nach § 1 Nr. 3 VOB/B (dazu → § 1 Nr. 3 Rdn. 40 ff.), haben auch nicht vereinbarte Leistungen (Zusatzleistungen), die für die Ausführung der vertraglichen Leistung im Sinne von § 1 Nr. 4 VOB/B erforderlich sind, regelmäßig Auswirkungen auf die vereinbarte Vergütung und die Ausführungszeit, weil sie mit einem Mehraufwand an Kosten und Zeit verbunden sind und unter Umständen zuvor auch noch Planungsänderungen erfordern.

### I. Anspruch auf besondere Vergütung

Da Zusatzleistungen im Sinne von § 1 Nr. 4 VOB/B die vertraglich vereinbarte Leistung nicht ändern, sondern **umfangmäßig erweitern** und zu der bisherigen Leistung hinzutreten, genügt in diesem Fall nicht nur eine Anpassung der vereinbarten Vergütung unter Berücksichtigung der Mehr- und Minderkosten gem. § 2 Nr. 5 VOB/B.

#### 1. § 2 Nr. 6 VOB/B

Nach § 2 Nr. 6 VOB/B kann der Auftragnehmer für die im Vertrag zunächst nicht vorgesehene zusätzliche Leistung eine besondere zusätzliche Vergütung verlangen (§ 2 Nr. 6 Abs. 1 Satz 1 VOB/B). Diese Regelung gilt über § 2 Nr. 7 Abs. 1 Satz 4 VOB/B auch beim Pauschalvertrag.

Allerdings muss der Auftragnehmer seinen **Mehrvergütungsanspruch** nach § 2 Nr. 6 Abs. 1 Satz 2 VOB/B dem Auftraggeber ankündigen, bevor er mit der Ausführung der Zusatzleistung beginnt. Die Ankündigung des zusätzlichen Vergütungsanspruchs dient einerseits dem Schutz des Auftraggebers, der über drohende Kostenerhöhungen rechtzeitig informiert werden soll, um danach disponieren zu können. Andererseits soll durch die Ankündigung auch frühzeitig Klarheit geschaffen werden, ob eine geforderte Leistung von der ursprünglichen Beschreibung der Leistung nicht erfasst war, also eine zusätzliche Leistung i. S. d. § 1 Nr. 4 VOB/B ist.[17] Eine Ankündigung ist nur dann entbehrlich, wenn sie für den Schutz des Auftraggebers nicht erforderlich oder wenn ihre Versäumung entschuldigt ist.[18] Zu weiteren Einzelheiten, insbesondere der Frage, ob die vorherige Ankündigung des Mehrvergütungsanspruchs Anspruchsvoraussetzung ist, deren Nichterfüllung zum Anspruchsverlust führt, siehe bei → § 2 Nr. 6 VOB/B.

Nach § 2 Nr. 6 Abs. 2 Satz 2 VOB/B ist die Vergütung „möglichst vor Beginn der Ausführung zu **vereinbaren**". Erforderlich ist das jedoch nicht, um den Mehrvergütungsanspruch des Auftragnehmers zu erhalten, und tatsächlich ist, wie die Prozesspraxis zeigt, eine vorherige Vereinbarung hierüber oft auch nicht zu erreichen. Gleichwohl kann nicht gesagt werden, dass das Recht des Auftraggebers, nach § 1 Nr. 4 Satz 1 VOB/B erforderli-

---

[16] BGH NJW 1987, 644 = BauR 1987, 86 = ZfBR 1987, 34 m. w. N.
[17] BGH BauR 1996, 542 = NJW 1996, 2158.
[18] BGH a. a. O.

## § 1 Nr. 4 — Nicht vereinbarte Leistungen

che Zusatzleistungen zu verlangen, deshalb „nur von begrenzter praktischer Bedeutung" ist.[19]

### 2. § 2 Nr. 8 Abs. 2 Satz 2 VOB/B

22 Ausnahmsweise kann auch ein Anspruch auf besondere Vergütung nach dieser Vorschrift in Betracht kommen, wenn der Auftragnehmer von sich aus notwendige Zusatzleistungen im Sinne von § 1 Nr. 4 VOB/B erbringt, es sich also um nicht vereinbarte Leistungen handelt, die zur Ausführung der vertraglichen Leistung erforderlich sind, aber ein entsprechendes **Verlangen** des Auftraggebers fehlt, weil dieser auf die betreffenden Zusatzleistungen – aus welchen Gründen auch immer – nicht angesprochen worden ist oder nicht erreichbar war.

23 In einem solchen Fall handelt es sich zwar um Zusatzleistungen, die der Auftragnehmer im Sinne von § 2 Nr. 8 Abs. 1 VOB/B **„ohne Auftrag"** ausführt und die deshalb grundsätzlich nicht vergütet werden. Nach § 2 Nr. 8 Abs. 2 Satz 2 VOB/B steht dem Auftragnehmer jedoch ausnahmsweise eine Vergütung zu, wenn die Zusatzleistungen „für die Erfüllung des Vertrages notwendig waren" und dem mutmaßlichen Willen des Auftraggebers entsprachen, also von ihm gem. § 1 Nr. 4 VOB/B verlangt worden wären, wenn er davon gewusst hätte.

24 Allerdings müssen derartige Zusatzleistungen dem Auftraggeber dann wenigstens im Nachhinein **unverzüglich angezeigt** werden. Dazu im Einzelnen bei → § 2 Nr. 8.

### II. Zusatzleistungen als Behinderung des Auftragnehmers (§ 6 VOB/B)

25 Hierzu gilt sinngemäß das, was zur Frage von Änderungsanordnungen als Behinderung bei § 1 Nr. 3 VOB/B ausgeführt worden ist (→ § 1 Nr. 3 Rdn. 53 ff.).

26 Insbesondere ist anerkannt, dass vom Auftraggeber verlangte Zusatzleistungen eine Behinderung des Auftragnehmers darstellen können,[20] dass grundsätzlich jedoch eine **Behinderungsanzeige** im Sinne von § 6 Nr. 1 VOB/B erforderlich ist (→ § 1 Nr. 3 Rdn. 54), damit aus einer solchen Behinderung etwas hergeleitet werden kann, insbesondere eine Verlängerung der **Ausführungsfrist** nach § 6 Nr. 2 lit. a VOB/B (→ § 1 Nr. 3 Rdn. 55) und ggf. auch Schadensersatz wegen Stillstandskosten nach § 6 Nr. 6 VOB/B (→ § 1 Nr. 3 Rdn. 56/57). Im Übrigen siehe hierzu ausführlich bei → § 6 VOB/B.

### III. Kein Leistungsverweigerungsrecht des Auftragnehmers bei ungeklärtem finanziellen Ausgleich

27 Verlangt der Auftraggeber eine notwendige Zusatzleistung im Sinne von § 1 Nr. 4 VOB/B, so kann der Auftragnehmer deren Ausführung nicht davon abhängig machen, dass der Auftraggeber ihm gleichzeitig auch die entsprechende Mehrvergütung dafür zugesteht. Bleibt diese zunächst ungeklärt oder streitig, so gibt dies dem Auftragnehmer – wie bei Änderungsanordnungen des Auftraggebers nach § 1 Nr. 3 VOB/B – **kein Zurückbehaltungsrecht** (→ § 1 Nr. 3 Rdn. 58 ff.). Etwas anderes gilt nur, wenn der Auftraggeber berechtigte Mehrvergütungsansprüche des Auftragnehmers bereits endgültig abgelehnt hat, weil dann dem Auftragnehmer nicht zuzumuten ist, mit den Arbeiten zu beginnen bzw. diese fortzuführen.[21] Ansonsten ist der Auftragnehmer auf die **nachträgliche** Geltendma-

---

[19] So zu Unrecht *Nicklisch/Weick* VOB/B § 1 Rdn. 34.
[20] BGHZ 48, 78, 81 = NJW 1967, 2262; OLG Koblenz NJW-RR 1988, 851; *Vygen* BauR 1983, 210 ff., 218; vgl. auch *Ingenstau/Korbion/Döring* VOB/B § 6 Rdn. 6.
[21] OLG Düsseldorf, BauR 1995, 741 = BauR 1996, 115; zu weitgehend dagegen OLG Zweibrücken, BauR 1995, 251.

chung und Durchsetzung seiner Ansprüche aus § 2 Nr. 6 und § 6 Nr. 6 VOB/B beschränkt. Eine vorherige Vereinbarung hierüber ist in der Praxis oft nicht zu erreichen und zur Erhaltung der Ansprüche des Auftragnehmers auch nicht erforderlich.[22]

### IV. Entgegenstehende Schadensersatzansprüche des Auftraggebers, insbesondere wegen Verletzung der Prüfungs- und Hinweispflicht des Auftragnehmers (§ 4 Nr. 3 VOB/B)

28 Auch hierzu gilt das, was für Änderungsanordnungen des Auftraggebers im Sinne von § 1 Nr. 3 VOB/B gesagt worden ist (→ § 1 Nr. 3 Rdn. 62/63), bei notwendigen Zusatzleistungen nach § 1 Nr. 4 VOB/B entsprechend.

29 Soweit die mangelfreie Erbringung seiner **eigenen Leistung** in Frage steht, trifft den Auftragnehmer eine Prüfungs- und Hinweispflicht nicht nur in Bezug auf die ursprüngliche Vertragsleistung, sondern auch hinsichtlich der vom Auftraggeber verlangten Zusatzleistungen. Erfüllt der Auftragnehmer diese Pflicht nicht oder nicht rechtzeitig und entstehen dem Auftraggeber dadurch Mehrkosten, kann er diese im Wege des Schadensersatzes den Ansprüchen des Auftragnehmers entgegenhalten. Das gilt insbesondere dann, wenn Zusatzleistungen allein oder im Wesentlichen deshalb **erforderlich** geworden sind, weil der Auftragnehmer in Bezug auf die ursprüngliche Vertragsleistung seiner Prüfungs- und Hinweispflicht nicht genügt hat.

## E. Nicht von Satz 1 erfasste Fälle

30 Während § 1 Nr. 3 VOB/B die nicht von dieser Vorschrift gedeckten Änderungsanordnungen ungeregelt lässt (→ § 1 Nr. 3 Rdn. 64 ff.), ist in § 1 Nr. 4 VOB/B auch bestimmt, was bei nicht vereinbarten Leistungen (Zusatzleistungen) gilt, die zur Ausführung der vertraglichen Leistung entweder nicht erforderlich sind oder solcher Art, dass der Betrieb des Auftragnehmers auf derartige Leistungen nicht eingerichtet ist.

### I. Übertragung nur mit Zustimmung des Auftragnehmers (Satz 2)

31 Zusatzleistungen, die nicht unter § 1 Nr. 4 Satz 1 VOB/B fallen, weil sie nicht erforderlich sind oder der Betrieb des Auftragnehmers auf sie nicht eingestellt ist, braucht der Auftragnehmer nur auf Grund **besonderer Vereinbarung** auszuführen, denn § 1 Nr. 4 Satz 2 VOB/B besagt ausdrücklich, dass „andere Leistungen ... dem Auftragnehmer nur mit seiner Zustimmung übertragen werden" können. Insoweit entspricht diese Regelung dem, was auf Grund allgemeinen Vertragsrechts bei über § 1 Nr. 3 VOB/B hinausgehenden Änderungsanordnungen in gleicher Weise gilt (→ § 1 Nr. 3 Rdn. 65).

32 In der erforderlichen Vereinbarung können dann – ebenso wie bei nicht von § 1 Nr. 3 VOB/B gedeckten Änderungsanordnungen – gleichzeitig auch die Ansprüche des Auftragnehmers auf **Mehrvergütung,** Verlängerung der Ausführungszeit und ggf. auch auf Schadensersatz wegen Stillstandskosten für die nicht unter § 1 Nr. 4 Satz 1 VOB/B fallenden Zusatzleistungen geregelt werden. Ansonsten gilt hinsichtlich der vergütungsrechtlichen und sonstigen Folgen das oben Rdn. 17 ff. Gesagte entsprechend.[23] Die Zustimmung des Auftragnehmers kann auch stillschweigend erfolgen, so z. B. wenn der Auftragnehmer ohne Protest nach ihm überlassenen Plänen zu arbeiten beginnt, obwohl die Ausführungspläne

---

[22] Anders in Bezug auf § 2 Nr. 6 VOB/B zu Unrecht *Nicklisch/Weick* VOB/B § 1 Rdn. 34.
[23] A. A. *Ingenstau/Korbion/Keldungs* VOB/B § 1 Nr. 4 Rdn. 7: § 2 Nr. 6 VOB/B finde keine Anwendung, da es sich nicht um die Vergabe zusätzlicher Leistungen handele, sondern um einen Anschlussauftrag.

## § 1 Nr. 4 — Nicht vereinbarte Leistungen

des zu errichtenden Gebäudes eine nach Ansicht des Auftragnehmers nicht vereinbarte Leistung enthalten.[24]

### II. Leistungsverweigerungsrecht des Auftragnehmers bei fehlender Vereinbarung

**33** Verlangt der Auftraggeber vom Auftragnehmer Zusatzleistungen, die nicht unter § 1 Nr. 4 Satz 1 VOB/B fallen, also nicht notwendig sind oder auf die der Betrieb des Auftragnehmers nicht eingerichtet ist, so braucht der Auftragnehmer diese nicht zu übernehmen, sondern kann die Übernahme **ablehnen** und seine Leistung verweigern.

**34** Hierzu ist auf das zu verweisen, was zu nicht unter § 1 Nr. 3 VOB/B fallenden Änderungsanordnungen des Auftraggebers gesagt worden ist (→ § 1 Nr. 3 Rdn. 66 ff.). Die dortigen Ausführungen gelten bei nicht von § 1 Nr. 4 Satz 1 VOB/B gedeckten Zusatzleistungen entsprechend.

---

[24] OLG Düsseldorf NZBau 2002, 226 = BauR 2001, 1737 = NJW-RR 2001, 1567.

### § 2 Vergütung

1. Durch die vereinbarten Preise werden alle Leistungen abgegolten, die nach der Leistungsbeschreibung, den Besonderen Vertragsbedingungen, den Zusätzlichen Vertragsbedingungen, den Zusätzlichen Technischen Vertragsbedingungen, den Allgemeinen Technischen Vertragsbedingungen für Bauleistungen und der gewerblichen Verkehrssitte zur vertraglichen Leistung gehören.
2. Die Vergütung wird nach den vertraglichen Einheitspreisen und den tatsächlich ausgeführten Leistungen berechnet, wenn keine andere Berechnungsart (z. B. durch Pauschalsumme, nach Stundenlohnsätzen, nach Selbstkosten) vereinbart ist.
3. (1) Weicht die ausgeführte Menge der unter einem Einheitspreis erfassten Leistung oder Teilleistung um nicht mehr als 10 v. H. von dem im Vertrag vorgesehenen Umfang ab, so gilt der vertragliche Einheitspreis.

    (2) Für die über 10 v. H. hinausgehende Überschreitung des Mengenansatzes ist auf Verlangen ein neuer Preis unter Berücksichtigung der Mehr- oder Minderkosten zu vereinbaren.

    (3) Bei einer über 10 v. H. hinausgehenden Unterschreitung des Mengenansatzes ist auf Verlangen der Einheitspreis für die tatsächlich ausgeführte Menge der Leistung oder Teilleistung zu erhöhen, soweit der Auftragnehmer nicht durch Erhöhung der Mengen bei anderen Ordnungszahlen (Positionen) oder in anderer Weise einen Ausgleich erhält. Die Erhöhung des Einheitspreises soll im Wesentlichen dem Mehrbetrag entsprechen, der sich durch Verteilung der Baustelleneinrichtungs- und Baustellengemeinkosten und der Allgemeinen Geschäftskosten auf die verringerte Menge ergibt. Die Umsatzsteuer wird entsprechend dem neuen Preis vergütet.

    (4) Sind von der unter einem Einheitspreis erfassten Leistung oder Teilleistung andere Leistungen abhängig, für die eine Pauschalsumme vereinbart ist, so kann mit der Änderung des Einheitspreises auch eine angemessene Änderung der Pauschalsumme gefordert werden.
4. Werden im Vertrag ausbedungene Leistungen des Auftragnehmers vom Auftraggeber selbst übernommen (z. B. Lieferung von Bau-, Bauhilfs- und Betriebsstoffen), so gilt, wenn nichts anderes vereinbart wird, § 8 Nr. 1 Abs. 2 entsprechend.
5. Werden durch Änderung des Bauentwurfs oder andere Anordnungen des Auftraggebers die Grundlagen des Preises für eine im Vertrag vorgesehene Leistung geändert, so ist ein neuer Preis unter Berücksichtigung der Mehr- oder Minderkosten zu vereinbaren. Die Vereinbarung soll vor der Ausführung getroffen werden.
6. (1) Wird eine im Vertrag nicht vorgesehene Leistung gefordert, so hat der Auftragnehmer Anspruch auf besondere Vergütung. Er muss jedoch den Anspruch dem Auftraggeber ankündigen, bevor er mit der Ausführung der Leistung beginnt.

    (2) Die Vergütung bestimmt sich nach den Grundlagen der Preisermittlung für die vertragliche Leistung und den besonderen Kosten der geforderten Leistung. Sie ist möglichst vor Beginn der Ausführung zu vereinbaren.
7. (1) Ist als Vergütung der Leistung eine Pauschalsumme vereinbart, so bleibt die Vergütung unverändert. Weicht jedoch die ausgeführte Leistung von der vertraglich vorgesehenen Leistung so erheblich ab, dass ein Festhalten an der Pauschalsumme nicht zumutbar ist (§ 313 BGB), so ist auf Verlangen ein Ausgleich unter Berücksichtigung der Mehr- oder Minderkosten zu gewähren. Für die Bemessung des Ausgleichs ist von den Grundlagen der Preisermittlung auszugehen.

    (2) Die Regelungen der Nr. 4, 5 und 6 gelten auch bei Vereinbarung einer Pauschalsumme.

    (3) Wenn nichts anderes vereinbart ist, gelten die Absätze 1 und 2 auch für Pauschalsummen, die für Teile der Leistung vereinbart sind; Nummer 3 Abs. 4 bleibt unberührt.

**Vor § 2**　　　　　　　　　　　　　　　　　　　　Vorbemerkung § 2. Vergütung

8. (1) Leistungen, die der Auftragnehmer ohne Auftrag oder unter eigenmächtiger Abweichung vom Auftrag ausführt, werden nicht vergütet. Der Auftragnehmer hat sie auf Verlangen innerhalb einer angemessenen Frist zu beseitigen; sonst kann es auf seine Kosten geschehen. Er haftet außerdem für andere Schäden, die dem Auftraggeber hieraus entstehen.

(2) Eine Vergütung steht dem Auftragnehmer jedoch zu, wenn der Auftraggeber solche Leistungen nachträglich anerkennt. Eine Vergütung steht ihm auch zu, wenn die Leistungen für die Erfüllung des Vertrags notwendig waren, dem mutmaßlichen Willen des Auftraggebers entsprachen und ihm unverzüglich angezeigt wurden. Soweit dem Auftragnehmer eine Vergütung zusteht, gelten die Berechnungsgrundlagen für geänderte oder zusätzliche Leistungen der Nummer 5 oder 6 entsprechend.

(3) Die Vorschriften des BGB über die Geschäftsführung ohne Auftrag (§§ 677 ff. BGB) bleiben unberührt.

9. (1) Verlangt der Auftraggeber Zeichnungen, Berechnungen oder andere Unterlagen, die der Auftragnehmer nach dem Vertrag, besonders den Technischen Vertragsbedingungen oder der gewerblichen Verkehrssitte, nicht zu beschaffen hat, so hat er sie zu vergüten.

(2) Lässt er vom Auftragnehmer nicht aufgestellte technische Berechnungen durch den Auftragnehmer nachprüfen, so hat er die Kosten zu tragen.

10. Stundenlohnarbeiten werden nur vergütet, wenn sie als solche vor ihrem Beginn ausdrücklich vereinbart worden sind (§ 15).

## Vorbemerkung § 2

### Übersicht

| | Rdn. | | Rdn. |
|---|---|---|---|
| A. Sinn und Zweck der Vorschrift | 1–4 | II. Haftung des vollmachtlosen Vertreters | 52 |
| I. Verhältnis zu §§ 631, 632 BGB | 2 | III. Verschulden bei Vertragsschluss/positive Vertragsverletzung gem. §§ 280 I, 311 I und II BGB | 58 |
| II. Verhältnis zu anderweitigen Anspruchsgrundlagen | 4 | IV. Ungerechtfertigte Bereicherung | 60 |
| B. Grundsatz der Entgeltlichkeit der Bauleistung | 5–8 | E. Vergütung sonstiger Leistungen | 64–93 |
| I. Vermutung für entgeltliche Leistungen | 6 | I. Vorarbeiten, Angebotskosten, Kostenanschläge | 64 |
| II. Die Höhe der geschuldeten Vergütung | 7 | 1. Grundsätzliche Unentgeltlichkeit der Angebotsbearbeitung | 67 |
| III. Darlegungs- und Beweislast | 8 | 2. Weitergehende Projektierungsarbeiten | 71 |
| C. Die vereinbarte Vergütung | 9–64 | a) Öffentlicher Auftraggeber | 72 |
| I. Grundsätzlich Geldanspruch | 10 | b) Privater Auftraggeber | 76 |
| II. Die verschiedenen Vertragstypen | 11 | 3. Höhe des – ausnahmsweise gegebenen – Vergütungsanspruchs | 89 |
| 1. Leistungsverträge | 12 | II. Nachträgliche Planungsleistungen des Auftragnehmers | 91 |
| a) Einheitspreisvertrag | 13 | III. Regiekosten | 93 |
| b) Pauschalvertrag | 15 | F. Unwirksamkeit des Vertrages oder der Vergütungsvereinbarung | 94 |
| 2. Stundenlohnvertrag | 17 | I. Nichtigkeit | 95 |
| 3. Selbstkostenerstattungsvertrag | 18 | 1. Unmöglichkeit und Unvermögen | 96 |
| III. Darlegungs- und Beweislast | 19 | 2. Dissens gem. § 155 BGB | 97 |
| D. Vertretungsfragen | 22–60 | | |
| I. Die Vollmacht des Architekten/Baubetreuers | 24 | | |
| 1. Originäre/rechtsgeschäftliche Vollmacht des Architekten | 25 | | |
| 2. Duldungsvollmacht | 35 | | |
| 3. Anscheinsvollmacht | 36 | | |
| 4. Vollmacht des Baubetreuers | 43 | | |

| | Rdn. |
|---|---|
| 3. Verstoß gegen Formvorschriften (§§ 125 ff. BGB) | 98 |
| a) Vereinbarte Form | 99 |
| b) Landes- bzw. kirchenrechtliche Formerfordernisse | 100 |
| c) Notarielle Beurkundung | 102 |
| 4. Verstoß gegen ein gesetzliches Verbot (§ 134 BGB) | 104 |
| a) Schwarzarbeit | 106 |
| aa) Gesetzliche Grundlagen | 107 |
| bb) Rechtsfolgen | 108 |
| cc) o. R.-Abrede, fehlende Eintragung in die Handwerksrolle | 110 |
| b) Verstoß gegen das Gesetz über die Sicherung von Bauforderungen (GSB) | 111 |
| c) Unerlaubte Rechtsberatung | 112 |
| d) Verbot der Architektenbindung | 113 |
| e) Verstoß gegen Kartellvorschriften | 114 |
| f) Baupreisrecht, Vergabeverordnung | 116 |
| 5. Verstoß gegen die guten Sitten (§ 138 BGB) | 117 |
| a) Zahlung von Schmiergeldern, kollusives Zusammenwirken | 118 |
| b) Wucher | 119 |
| 6. Rechtsfolgen der Nichtigkeit | 121 |
| a) Ansprüche aus GoA | 122 |
| b) § 812 BGB | 123 |
| II. Anfechtung oder Widerruf des Vertrages | 124 |
| 1. Irrtumsanfechtung | 125 |
| a) Inhaltsirrtum | 127 |
| b) Erklärungsirrtum | 130 |
| c) Kalkulationsirrtum | 133 |
| aa) Interner Kalkulationsirrtum | 134 |
| bb) Externer Kalkulationsirrtum | 135 |
| d) Beiderseitiger Irrtum | 138 |
| e) Anfechtungsfrist | 146 |
| f) Folgen berechtigter Irrtumsanfechtung | 148 |
| 2. Anfechtung wegen Täuschung oder Drohung (§ 123 BGB) | 152 |
| 3. Widerruf nach HWiG bzw. § 312 BGB | 157 |
| **G. Änderung oder Wegfall der Geschäftsgrundlage gem. § 313 BGB** | 158 |
| I. Begriff der Geschäftsgrundlage | 159 |
| II. Störung der Geschäftsgrundlage | 162 |
| 1. Fehlen der Geschäftsgrundlage | 163 |
| 2. Nachträglicher Wegfall der Geschäftsgrundlage | 166 |

| | Rdn. |
|---|---|
| 3. Zur Bestimmung der Risikosphäre der Vertragsparteien | 168 |
| a) Risikoregelungen zu Lasten des Auftraggebers | 169 |
| b) Risikoregelungen zu Lasten des Auftragnehmers | 173 |
| III. Rechtsfolgen der Störung | 177 |
| IV. Sonderfall: Kündigungsrecht des Auftraggebers wegen wesentlicher Überschreitung des Kostenanschlags (§ 650 BGB) | 180 |
| 1. Sinn und Zweck der Vorschrift | 182 |
| 2. Anwendungsbereich der Vorschrift | 183 |
| a) Unverbindlicher Kostenanschlag | 184 |
| aa) Unanwendbarkeit bei Fest- oder Pauschalpreisvereinbarung | 185 |
| bb) Einheitspreis- und Stundenlohnvertrag | 186 |
| b) Ermittlung der Vordersätze und des Leistungsumfangs durch den Auftragnehmer | 187 |
| aa) Risikobereich des Auftragnehmers | 190 |
| bb) Anwendbarkeit von § 650 BGB auch beim VOB-Vertrag | 192 |
| c) Keine Leistungsänderung durch Änderungsanordnungen des Auftraggebers oder Zusatzarbeiten | 195 |
| d) Wesentliche Überschreitung des Kostenanschlags | 197 |
| e) Verschulden nicht erforderlich | 201 |
| 3. Anzeigepflicht des Auftragnehmers | 202 |
| a) Nebenpflicht im Umfang von § 650 Abs. 1 BGB | 203 |
| b) Zeitpunkt der Anzeige | 207 |
| c) „Richtiger Adressat" der Anzeige | 208 |
| d) Kausalität | 209 |
| 4. Folgen der Anzeigepflichtverletzung | 210 |
| a) Beweislast für die fiktive Kündigung | 211 |
| b) Schadensberechnung | 214 |
| aa) Toleranzgrenze zulässiger Überschreitungen | 215 |
| bb) Vorteilsausgleichung | 216 |
| cc) Mitverschulden des Auftraggebers, § 254 BGB | 217 |
| dd) Wahlrecht des Auftraggebers | 219 |
| c) Bereicherungsausgleich nach §§ 951, 812 ff. BGB | 220 |

| | Rdn. | | Rdn. |
|---|---|---|---|
| H. Vergütungsregelungen in Allgemeinen Geschäftsbedingungen..... | 221 | c) Baubetreuer und Generalunternehmer ......... | 272 |
| I. Allgemeine Grundsätze ......... | 222 | d) Bauträger ............. | 274 |
| 1. Begriff der Allgemeinen Geschäftsbedingungen......... | 222 | 2. Identität von Auftraggeber und Grundstückseigentümer............. | 275 |
| 2. Einbeziehung in den Vertrag.................. | 226 | 3. Arbeiten an mehreren Grundstücken............ | 278 |
| 3. Überraschende Klauseln ...... | 227 | 4. Umfang der zu sichernden Ansprüche ............. | 279 |
| 4. Grenzen der Inhaltskontrolle.. | 228 | 5. Vorliegen von Mängeln ....... | 281 |
| 5. Darlegungs- und Beweislast... | 229 | 6. Fälligkeit der Forderung nicht erforderlich ............. | 282 |
| 6. Unwirksamkeit und geltungserhaltende Reduktion......... | 230 | 7. Ablösung durch anderweitige Sicherheit............. | 286 |
| II. Baurechtliche Besonderheiten ... | 232 | 8. Einredebehaftete Forderungen............. | 287 |
| 1. Leistungsbestimmende Klauseln ............. | 232 | 9. Vertragliche und gesetzliche Beschränkungen............. | 294 |
| a) Preisvereinbarung/Preisnebenabrede............. | 234 | 10. Vormerkung gem. § 885 BGB-Verfahrensfragen......... | 295 |
| b) Inhaltskontrolle der Leistungsbeschreibung? ..... | 236 | a) Zuständigkeit............. | 296 |
| c) Bedeutung des geschuldeten Leistungsumfangs für die Inhaltskontrolle........ | 237 | b) Zustellung und Vollziehung............. | 297 |
| d) Einzelne Klauseln ......... | 239 | c) Widerspruchsverfahren ... | 299 |
| 2. Vergütungsregelnde Klauseln | 240 | d) Rechtfertigungsverfahren | 300 |
| I. Abtretung des Vergütungsanspruchs............. | 241 | e) Kein Austausch der gesicherten Forderung ....... | 301 |
| I. Zulässigkeit der Abtretung ....... | 242 | f) Hauptsacheklage ......... | 302 |
| II. Gesetzliche Einschränkungen der Abtretbarkeit............. | 243 | g) Streitwert................. | 303 |
| III. Vertragliche Abreden ............. | 244 | h) Kosten................. | 304 |
| 1. Verlängerter Eigentumsvorbehalt............. | 244 | II. Gesetz über die Sicherung von Bauforderungen (GSB) ......... | 305 |
| 2. Globalzession/Übersicherung | 245 | 1. Begriff des Baugeldes ......... | 307 |
| 3. Ausschluss oder Beschränkung der Abtretbarkeit durch Parteivereinbarung ........... | 247 | 2. Empfänger von Baugeld ...... | 309 |
| a) Abtretungsverbot......... | 248 | 3. „Durchgriff" durch die juristische Person............. | 312 |
| b) Abtretung nur mit Zustimmung des Auftraggebers............. | 250 | 4. Schadensersatzhaftung – Schutzgesetzcharakter des GSB............. | 313 |
| J. Sicherung des Vergütungsanspruchs............. | 255 | 5. Darlegungs- und Beweislast... | 315 |
| I. Bauhandwerkersicherungshypothek ............. | 256 | 6. Verjährung............. | 317 |
| 1. Kreis der Anspruchsberechtigten............. | 257 | III. Bauhandwerkersicherung nach § 648a BGB ............. | 318 |
| a) Werkunternehmer ........ | 258 | 1. Zweck der Vorschrift ......... | 319 |
| aa) Arbeiten „bei Bauwerken" ............. | 262 | a) Nachteile des § 648 BGB und des GSB ............. | 320 |
| bb) Umbau-, Reparaturund Renovierungskosten.................. | 265 | b) Keine Rückwirkung von § 648a für „Altverträge" | 322 |
| cc) Sonderanfertigungen und andere über die bloße Montage hinausgehende Sonderleistungen............. | 267 | 2. „Anspruch" auf Sicherheit (§ 648a Abs. 1 Satz 1 BGB).. | 324 |
| dd) Beispiele aus der Rechtsprechung............. | 269 | a) Kein klagbarer Anspruch: nur Leistungsverweigerungsrecht ............. | 325 |
| b) Architekten und Ingenieure ............. | 271 | b) Anspruchsteller: jeder Werkunternehmer – auch Subunternehmer, Architekten und Ingenieure .... | 327 |
| | | c) Höhe der Sicherheit (§ 648a Abs. 1 Satz 2 BGB) ............. | 333 |
| | | aa) Volle Sicherheit nicht nur pro rata............. | 334 |

| | Rdn. | | Rdn. |
|---|---|---|---|
| bb) Sicherheit nur für vertragliche Vergütungsansprüche einschließlich Nachträge | 337 | 5. Verhältnis der Sicherheitsleistung nach § 648 a BGB zur Bauhandwerkersicherungshypothek (§ 648 a Abs. 4 BGB) | 374 |
| cc) Berücksichtigung bereits erbrachter Leistungen | 340 | 6. Voraussetzungen und Rechtsfolgen der unberechtigten Verweigerung der Sicherheitsleistung, § 648 a Abs. 1 und 5 BGB | 375 |
| dd) Einfluss von Mängeln | 341 | | |
| ee) Aufrechnung mit Gegenforderungen | 342 | | |
| ff) Überhöhtes Sicherungsverlangen | 344 | a) Leistungsverweigerungsrecht des Unternehmers (§ 648 a Abs. 1 Satz 1 BGB) | 380 |
| gg) Zeitpunkt des Sicherungsverlangens | 345 | | |
| 3. Sicherungsgeber, insb. Kreditinstitute oder Kreditversicherer | 346 | aa) Vorherige Fristsetzung | 383 |
| a) Dritte als Sicherungsgeber für den Besteller (§ 648 a Abs. 1 Satz 3 BGB) | 348 | bb) Androhung der Leistungsverweigerung | 384 |
| aa) Recht zum Widerrufsvorbehalt | 349 | b) Vertragsbeendigung nach § 648 a Abs. 5 i. V. m. § 643 BGB | 386 |
| bb) Wesentliche Verschlechterung der Vermögensverhältnisse des Bestellers | 353 | aa) Weitere Fristsetzung (Nachfrist) | 387 |
| cc) Wirkung des Widerrufs nur für die Zukunft | 355 | bb) Kündigungsandrohung | 389 |
| b) Kreditinstitute oder Kreditversicherer als Sicherungsgeber (§ 648 a Abs. 2 BGB) | 358 | cc) Automatische Vertragsaufhebung ohne Kündigung | 390 |
| aa) Zulassung in der Bundesrepublik Deutschland | 360 | c) Ansprüche nach Vertragsaufhebung | 391 |
| bb) Zahlung nur bei Anerkenntnis des Bestellers oder vorläufig vollstreckbarer Verurteilung | 362 | aa) Vorzeitiger Gefahrenübergang: Vergütung der erbrachten Leistungen | 392 |
| cc) Keine Bürgschaft auf erstes Anfordern | 364 | bb) Ersatz des Vertrauensschadens | 396 |
| dd) Keine Anwendung auf vertraglich vereinbarte Sicherheiten | 365 | 7. Ausnahmen von der Sicherungspflicht (§ 648 a Abs. 6 BGB) | 399 |
| 4. Kosten der Sicherheit (§ 648 a Abs. 3 BGB) | 366 | a) Juristische Personen des öffentlichen Rechts oder öffentlich-rechtliche Sondervermögen (§ 648 a Abs. 6 Nr. 1 BGB) | 400 |
| a) Erstattungspflicht des Unternehmers in Höhe der üblichen Kosten bis zu 2% p. a. (§ 648 a Abs. 3 Satz 1 BGB) | 367 | | |
| aa) Höhere Kostenerstattung ausgeschlossen | 368 | b) Einfamilienhausbau natürlicher Personen (§ 648 a Abs. 6 Nr. 2 BGB) | 401 |
| bb) Niedrigere Kosten möglich | 369 | 8. Unwirksamkeit abweichender Vereinbarungen (§ 648 a Abs. 7 BGB) | 405 |
| b) Keine Erstattung der Mehrkosten verlängerter Sicherheitsleistung bei unbegründeten Einwendungen des Bestellers (§ 648 a Abs. 3 Satz 2 BGB) | 371 | 9. Rückgabe der Sicherheit | 407 |
| | | **K. Verjährung des Vergütungsanspruchs** | 408 |
| | | I. Rechtslage bis zum 31. 12. 2001 | 410 |
| | | 1. Regelfrist von zwei Jahren (§ 196 Abs. 1 Nr. 1 oder Nr. 7 BGB) | 410 |
| | | a) Bauunternehmer | 412 |
| | | b) Generalunternehmer | 416 |
| | | c) Baubetreuer und Bauträger | 419 |
| | | d) Architekten und Ingenieure | 419 |

| | Rdn. | | Rdn. |
|---|---|---|---|
| 2. Vierjährige Verjährung nur im Falle des § 196 Abs. 1 Nr. 1 BGB – Leistungen für den Gewerbebetrieb des Schuldners | 421 | a) Zulässigkeit des Verzichts nach Vollendung der Verjährung | 473 |
| a) Begriff des Gewerbebetriebes | 422 | b) Unwirksamkeit des Verzichts vor Vollendung der Verjährung | 479 |
| b) Kaufmannseigenschaft des Auftraggebers | 424 | aa) Unbefristeter Verzicht | 480 |
| c) Einzelfälle | 426 | bb) Befristeter Verzicht | 481 |
| aa) Bauen als Gewerbebetrieb des Auftraggebers | 427 | c) Ausnahmsweise: Verjährungseinrede als unzulässige Rechtsausübung | 482 |
| bb) Architekt als Auftraggeber | 431 | II. Die Neuregelung des Verjährungsrechts | 492 |
| cc) Öffentlich-rechtliche und/oder gemeinnützige Aufgaben | 433 | 1. Regelfrist von drei Jahren, § 195 BGB | 493 |
| d) Beweislast | 436 | 2. Beginn der Verjährungsfrist – Ultimo-Regel | 494 |
| 3. Verjährung bei Folgeansprüchen und Schuldübernahme | 437 | a) Die Entstehung des Anspruchs | 495 |
| 4. Beginn der Verjährung | 440 | b) Kenntnis bzw. Erkennbarkeit | 496 |
| a) Abschlags- und Vorauszahlungen | 440 | c) Ultimo-Regel | 499 |
| b) Schlusszahlungsanspruch | 442 | d) Umfang der Verjährung | 500 |
| aa) Abnahme | 443 | 3. Hemmung, Ablaufhemmung und Neubeginn der Verjährung | 501 |
| bb) Schlussrechnung beim BGB-Vertrag | 444 | a) Hemmung der Verjährung | 502 |
| cc) Schlussrechnung beim VOB-Vertrag | 447 | aa) Schweben von Verhandlungen, § 203 BGB | 503 |
| dd) Nicht berechnete Leistungen | 450 | bb) Weitere Hemmungstatbestände, § 204 BGB | 504 |
| c) Sicherheitsleistung | 451 | cc) Vereinbarung über Leistungsverweigerungsrecht, § 205 BGB | 506 |
| 5. Hemmung und Unterbrechung der Verjährung des Vergütungsanspruchs | 452 | dd) Schlichtungsverfahren nach § 18 Nr. 2, Gutachteneinholung nach § 18 Nr. 3 VOB/B | 507 |
| a) Hemmung der Verjährung | 454 | ee) Überleitungsregel | 508 |
| b) Unterbrechung der Verjährung | 457 | b) Neubeginn der Verjährung | 509 |
| aa) Anerkenntnis | 458 | aa) Anerkenntnis | 510 |
| bb) Gerichtliche Geltendmachung | 466 | bb) Gerichtliche oder behördliche Vollstreckungshandlung | 511 |
| cc) Anmeldung im Konkurs- bzw. Insolvenzverfahren, Aufrechnung im Prozess, Streitverkündung und Vornahme einer Vollstreckungshandlung | 469 | 4. Vereinbarungen über die Verjährung | 512 |
| dd) Beendigung der Unterbrechung | 470 | L. Verwirkung der Vergütungsforderung | 514 |
| 6. Verzicht auf die Einrede der Verjährung | 471 | | |

**Literatur: Zu A bis C: Sinn und Zweck der Vorschrift, Grundsatz der Entgeltlichkeit der Bauleistung, Die vereinbarte Vergütung:** *Baumgärtel,* Grundlegende Probleme der Beweislast im Baurecht, ZfBR 1989, 231 ff. = Seminar „Pauschalpreisvertrag und schlüsselfertiges Bauen", Deutsche Gesellschaft für Baurecht, Bd. 17 (1991) S. 53 ff., 55, 58; *Biebelheimer/Wazlawik,* Der GMP-Vertrag – Der Versuch einer rechtlichen Einordnung, BauR 2001, 1639; *v. Craushaar,* Abgrenzungsprobleme im Vergütungsrecht der VOB/B bei Vereinbarung von Einheitspreisen, BauR 1984, 311; *Dähne,* Auftragnehmeransprüche bei lückenhafter Leistungsbeschreibung, BauR 1999, 289; *Einfeld,* Die Vergütung von Vorarbeiten im Werkvertragsrecht, BB 1967, 147; *Englert,* „Systemrisiko" – terra incognita des Baurechts? Zur Abgrenzung von

Vorbemerkung § 2. Vergütung

Erfolgs-, Baugrund- und Systemrisiko, BauR 1996, 763; *Feber,* Schadensersatzansprüche aus culpa in contrahendo bei VOB/A-Verstößen öffentlicher Auftraggeber, BauR 1989, 553; *Festge,* Die anerkannten Regeln der Technik – ihre Bedeutung für den vertraglichen Leistungsumfang, die vertragliche Vergütung und die Gewährleistung, BauR 1990, 323; *Ganten,* Das Systemrisiko im Baurecht – Versuch, einen im Tiefbaurecht entwickelten Begriff einzuordnen –, BauR 2000, 643; *Grimme,* Die Vergütung beim Werkvertrag, Schriften zum Bürgerlichen Recht, Band 105 (1987); *Hahn,* Projektierung technischer Anlagen – kostenlos?, BauR 1989, 670; *Hanhart,* Prüfungs- und Hinweispflichten des Bieters bei lückenhafter und unklarer Leistungsbeschreibung, Festschrift Heiermann 1995, 111; *Hass,* Wie sind öffentliche Ausschreibungen auszulegen? NZBau 2001, 613; *Honig,* Probleme um die Vergütung beim Werkvertrag, BB 1975, 447; *Joussen,* Die Privilegierung der VOB nach dem Schuldrechtsmodernisierungsgesetz, BauR 2002, 1759; *Kapellmann,* Die Geltung von Nachlässen auf die Vertragssumme für die Vergütung von Nachträgen, NZBau 2000, 57; *Kniffka/Quack,* Die VOB/B in der Rechtsprechung des Bundesgerichtshofs – Entwicklungen und Tendenzen –, Festschrift 50 Jahre Bundesgerichtshof 2000, 17; *Mainka,* Einige Fragen zur Vergütungsklage des Werkunternehmers, JurBüro 1975, 291; *Marbach,* Nebenangebote und Änderungsvorschläge im Bauvergabe- und Vertragsrecht unter Berücksichtigung der VOB Ausgabe 2000, BauR 2000, 1643; *v. Mettenheim,* Beweislast beim Vergütungsanspruch des Werkunternehmers, NJW 1971, 20; *ders.,* Beweislast für Vereinbarung eines geringeren Werklohns, NJW 1984, 776/77; *Parmentier,* Die anerkannten Regeln der Technik im privaten Baurecht, BauR 1998, 207; *Peters,* Die Wirksamkeit vertraglicher Regelungen zum Baugrundrisiko, BauR 1998, 215; *Peters,* Die Schuldrechtsmodernisierung und das private Baurecht, ZfBR 2002, 108; *Preussner,* Das neue Werkvertragsrecht im BGB 2002, BauR 2002, 231; *Quack,* Über die Verpflichtung des Auftraggebers zur Formulierung der Leistungsbeschreibung nach den Vorgaben von § 9 VOB/A, BauR 1998, 381; *ders.,* Vertragsauslegung und Auslegungsvorgaben in technischen Regelwerken, ZfBR 2002, 641; *ders.,* VOB/B als Ganzes und die Modernisierung des Schuldrechts ZfBR 2002, 428; *Riedl,* Die Vergütungsregelung der VOB unter besonderer Berücksichtigung der Rechtsprechung, ZfBR 1980, 1; *v. Rintelen,* Abschlagszahlung und Werklohn, Jahrbuch Baurecht 2001, 25; *Roquette,* Mehr Mut: Auch Vergütungshöhe darf geschätzt werden, IBR 2007, 173; *Schumann,* Zur Beweislast beim Vergütungsanspruch des Werkunternehmers, NJW 1971, 495; *Sturhan,* Vergütung von Projektierungsarbeiten nach Werkvertragsrecht, BB 1974, 1552; *Tempel,* Ist die VOB/B noch zeitgemäß? NZBau 2002, 465, 532; *Thode,* Die wichtigsten Änderungen im BGB-Werkvertragsrecht: Schuldrechtsmodernisierungsgesetz und erste Probleme, NZBau 2002, *Vygen,* Der Pauschalvertrag – Abgrenzungsfragen zu anderen Vertragstypen im Baugewerbe, ZfBR 1979, 133; *ders.,* Der Vergütungsanspruch des Unternehmers für Projektierungsarbeiten und Ingenieurleistungen im Rahmen der Angebotsabgabe, FS Korbion, 1986, S. 439; *Weyer,* Die Privilegierung der VOB/B: Eine – nur vorerst? – entschärfte Zeitbombe, BauR 2002, 857.

**Zu D. Vertretungsfragen:** *Beigel,* Ersatzansprüche des vollmachtlos handelnden Architekten gegen den Bauherrn, BauR 1985, 40; *Brych,* Die Bevollmächtigung des Treuhänders im Bauherrenmodell, FS Korbion, 1986, 1; *v. Craushaar,* Die Vollmacht des Architekten zur Anordnung und Vergabe von Zusatzarbeiten, BauR 1982, 421; *Herrmann,* Die neue Rechtsprechung zur Haftung Anscheinsbevollmächtigter, NJW 1984, 471; *Jagenburg,* Die Vollmacht des Architekten, BauR 1978, 180; *v. Kaiser,* Der Umfang der Architektenvollmacht, ZfBR 1980, 263; *Meissner,* Vertretung und Vollmacht in den Rechtsbeziehungen der am Bau Beteiligten, BauR 1987, 497; *Quack,* Die „originäre" Vollmacht des Architekten, BauR 1995, 441; *Schmalzl,* Zur Vollmacht des Architekten, MDR 1977, 622.

**Zu E. Vergütung sonstiger Leistungen:** *Einfeld,* Die Vergütung von Vorarbeiten im Werkvertragsrecht, BB 1967, 147; *Feber,* Schadensersatzansprüche aus culpa in contrahendo bei VOB/A-Verstößen öffentlicher Auftraggeber, BauR 1989, 553; *Hahn,* Projektierung technischer Anlagen – kostenlos? BauR 1989, 670; *Sturhan,* Vergütung von Projektierungsarbeiten nach Werkvertragsrecht, BB 1974, 1552; *Vygen,* Der Vergütungsanspruch des Unternehmers für Projektierungsarbeiten und Ingenieurleistungen im Rahmen der Angebotsabgabe, FS Korbion, 1986, 439.

**Zu F. Unwirksamkeit des Vertrages oder der Vergütungsvereinbarung:** *Lerch,* Die richterliche Inhaltskontrolle von notariell beurkundeten Bauverträgen, BauR 1996, 155.

**Unmöglichkeit:** *Canaris,* Die Reform des Rechts der Leistungsstörungen, JZ 2001, 499; *Peters,* Die Schuldrechtsmodernisierung und das private Baurecht, ZfBR 2002, 108; *Teichmann,* Strukturveränderungen im Recht der Leistungsstörungen nach dem Regierungsentwurf eines Schuldrechtsmodernisierungsgesetzes, BB 2001, 1485; *Voit,* Die Änderungen des allgemeinen Teils des Schuldrechts durch das Schuldrechtsmodernisierungsgesetz und ihre Auswirkungen auf das Werkvertragsrecht, BauR 2002, 145; *Zimmer,* Das neue Recht der Leistungsstörungen, NJW 2002, 1.

**Schwarzarbeitsverbot:** *Grünberger,* Gesetz zur Änderung des Gesetzes zur Bekämpfung der Schwarzarbeit, NJW 1995, 15; *Jebens,* Das Gesetz zur Eindämmung illegaler Betätigung im Baugewerbe, NZBau 2001, 533; *Kern,* Die zivilrechtliche Beurteilung von Schwarzarbeitsverträgen, Festschrift für Gernhuber, 1993 S. 191; *Köhler,* Schwarzarbeitsverträge: Wirksamkeit, Vergütung, Schadensersatz, JZ 1990, 466; *Tiedtke,* Die gegenseitigen Ansprüche des Schwarzarbeiters und seines Auftraggebers, Betr. 1990, 2307 –

## Vor § 2

**Unerlaubte Rechtsberatung:** *Heiermann,* Die Tätigkeit der Projektsteuerers unter dem Blickwinkel des Rechtsberatungsgesetzes, BauR 1996, 48; *Kniffka,* Die Zulässigkeit rechtsbesorgender Tätigkeiten durch Architekten, Ingenieure und Projektsteuerer, ZfBR 1994, 253 und 1995, 10 –

**Verstoß gegen Kartellvorschriften:** *Baumann,* Endlich strafrechtliche Verfolgung des Submissionsbetruges, NJW 1992, 1661; *Diehl,* Die Strafbarkeit von Baupreisabsprachen im Vergabeverfahren, BauR 1993, 1; ders., Schadensersatzansprüche und deren Nachweis bei Submissionsabsprachen, ZfBR 1994, 105; *Andreas E. Hahn,* Die Ansprüche des Auftraggebers bei Entziehung des Auftrages wegen wettbewerbswidrigen Verhaltens gem. § 8 Nr. 4 VOB/B, BauR 1989, 284; *Hefendehl,* Fallen Submissionsabsprachen doch unter den Betrugstatbestand?, ZfBR 1993, 164; *Reimann/Schliepkorte,* Die Zulässigkeit der Auftragssperre durch öffentliche Auftraggeber wegen Kartellabsprachen bei der Vergabe von Bauleistungen, ZfBR 1992, 251; *Rutkowsky,* Der Nachweis des Vermögensschadens bei Submissionsabsprachen, ZfBR 1994, 257; ders., Der Schadensnachweis bei unzulässigen Submissionsabsprachen, NJW 1995, 705; *Volhard,* Schadensersatz bei Preisabsprachen in der neueren Rechtsprechung, FS Alfred-Carl Gaedertz, 1992, S. 599. –

**Vergabeverordnung (VgV):** *Bär,* § 13 Satz 4 VgV und rechtswidrig unterlassene Vergabeverfahren, ZfBR 2001, 375; *Byok.* Die Entwicklung des Vergaberechts seit 1999, NJW 2001, 2295; *Byok/Jansen* BB 2003, 2301; *Dieckmann,* Nichtigkeit des Vertrags gem. § 13 VgV bei unterlassener Ausschreibung? NZBau 2001, 481; *Dreher,* Rechtsschutz nach Zuschlag, NZBau 2001, 244 f.; *Erdl* VergabeR 2001, 19; *Gesterkamp,* Das Schriftformerfordernis des § 13 VgV, NZBau 2002, 481; *Gröning* WRP 2001, 1; *Hertwig,* Ist der Zuschlag ohne Vergabeverfahren nichtig? NZBau 2001, 241; *Heuvels/Kaiser* Die Nichtigkeit des Zuschlags ohne Vergabeverfahren, NZBau 2001, 479; *Kau* NZBau 2003, 31; *Kleinhenz,* Informationspflicht des Auftraggebers vor Zuschlagserteilung in Vergabeverfahren-§ 13 Vergabeverordnung, ZfBR 2001, 75; *Kratzenberg,* Die Neufassung der Vergabeverordnung, NZBau 2001, 121; *Heilbronner,* Rechtsfolgen fehlender Information oder unterlassener Ausschreibung bei Vergabe öffentlicher Aufträge (§ 13 VgV), NZBau 2002, 474; *Maier,* Der Ausschluss eines unvollständigen Angebotes im Vergabeverfahren, NZBau 2005, 374; *Ohrtmann,* Korruption im Vergaberecht, NZBau 2007, 201; *Portz,* VergabeR 2002, 215; *Rojahn,* Die Regelung des § 13 VgV im Spiegel der höchstrichterlichen Rechtsprechung, NZBau 2004, 382; *Rosenkötter,* Kehrtwende oder konsequente Fortführung?-§ 13 S. 6 VgV und das OLG Düsseldorf, NZBau 2004, 136; *Steinberg,* Die Entwicklung des Europäischen Vergaberechts seit 2004-Teil 1, NZBau 2007, 150; *Wegmann,* Die Vorabinformation über den Zuschlag bei der öffentlichen Auftragsvergabe, NZBau 2001, 475. –

**Verstoß gegen die guten Sitten:** *Diercks,* Korruption am Bau, BauR 2004, 257; *Ohrtmann,* Korruption im Vergaberecht, NZBau 2007, 201.

**Rechtsfolgen der Unwirksamkeit:** *Leupertz,* Der Anspruch des Unternehmers auf Bezahlung unbestellter Bauleistungen beim BGB-Bauvertrag, BauR 2005, 775; *Oberhauser,* Ansprüche des Auftragnehmers auf Bezahlung nicht „bestellter" Leistungen beim Bauvertrag auf der Basis der VOB/B, BauR 2005, 919.

**Anfechtung:** *Dähne,* Der Kalkulationsirrtum in der Baupraxis, Seminar „Ausschreibung und Kalkulation", Deutsche Gesellschaft für Baurecht, Bd. 18 (1991), S. 68; *Glatzel,* Unwirksame Vertragsklauseln zum Kalkulationsirrtum nach dem AGB-Gesetz, Seminar „Ausschreibung und Kalkulation", S. 31; *Andreas E. Hahn,* Die Ansprüche des Auftraggebers bei Entziehung des Auftrages wegen wettbewerbswidrigen Verhaltens gem. § 8 Nr. 4 VOB/B, BauR 1989, 284; *Heiermann,* Der Kalkulationsirrtum des Bieters beim Bauvertrag, BB 1984, 1836; *Hundertmark,* Die Behandlung des fehlkalkulierten Angebots bei der Bauvergabe nach VOB/A, BB 1982, 16; *Kindl,* Der Kalkulationsirrtum im Spannungsfeld von Auslegung, Irrtum und unzulässiger Rechtsausübung, WM 1999, 2198; *Neusüß,* Irren im Wettbewerb – Konsequenzen von Fehleinschätzungen nach der VOB, Seminar „Ausschreibung und Kalkulation", S. 11; *Schelle,* Anfechtungstatbestände nach §§ 119, 120 BGB im Bauvertragswesen, BauR 1985, 511; *Weber,* Der Kalkulationsirrtum in der Rechtsprechung des BGH, Seminar „Ausschreibung und Kalkulation", S. 82; *Wieser,* Der Kalkulationsirrtum, NJW 1972, 708.

**Zu G. Änderung bzw. Wegfall der Geschäftsgrundlage:** *Acker/Garcia-Scholz,* Möglichkeiten und Grenzen der Verwendung von Leistungsbestimmungsklauseln nach § 315 BGB in Pauschalpreisverträgen, BauR 2002, 550; *v. Craushaar,* Die Rechtsprechung zu Problemen des Baugrundes, FS Locher, 1990, S. 9; *Englert,* Das „Baugrundrisiko" – ein normierungsbedürftiger Rechtsbegriff?, BauR 1991, 537; ders., AGB Spezialtiefbau, BauR 1992, 170; *Heiermann,* Das Problem des Wegfalls der Geschäftsgrundlage im Bauvertrag, BauR 1971, 221; ders., Der Pauschalvertrag im Bauwesen, BB 1975, 991; *Heuchemer,* Das Baugrundrisiko in der internationalen Vertragspraxis, BB Beilage 20/91 S. 12; *Köhler,* Die Überschreitung des Kostenanschlags, NJW 1983, 1633; *Kuffer,* Baugrundrisiko und Systemrisiko, NZBau 2006, 1; *Littbarski,* Neuere Tendenzen zum Anwendungsbereich der Lehre von der Geschäftsgrundlage, JZ 1981, 8; *Mantscheff,* Lohnerhöhungen im Baugewerbe – Festlegung ihrer Abrechnung in Lohngleitklauseln, BauR 1975, 184; *Marbach,* Nachtragsforderung bei mangelnder Leistungsbeschreibung der Baugrundverhältnisse im VOB-Vertrag und bei Verwirklichung des „Baugrundrisikos", BauR 1994, 168; *Nicklisch,* Ergänzende Vertragsauslegung und Geschäftsgrundlagenlehre – ein einheitliches Institut zur Lückenausfüllung, BB 1980, 949; *Niemöller,* Der verunreinigte Baugrund – ausgewählte Rechtsfragen und Probleme des Baugrundes, Seminar „Ausschreibung und Kalkulation", Deutsche Gesellschaft für Baurecht, Bd. 18 (1991), S. 55; *Pahlmann,* Die Bindungswirkung des unver-

Vorbemerkung § 2. Vergütung                                                                                   Vor § 2

bindlichen Kostenvoranschlags, DRiZ 1978, 367; *Putzier,* Nachforderungen infolge unzureichender Beschreibung der Grundwasserverhältnisse. Welches ist die zutreffende Anspruchsgrundlage?, BauR 1994, 596; *Quack,* Baugrundrisiken in der Rechtsprechung des BGH, BB Beilage 20/91 S. 9; *Schenk,* Der Kostenvoranschlag nach § 650 BGB und seine Folgen, NZBau 2001, 470; *Schottke,* Das Baugrundrisiko beim VOB-Vertrag, BauR 1993, 407 und 565; *Stahl,* Wegfall der Geschäftsgrundlage im Architekten- und Bauvertrag bei vereinbartem Pauschalhonorar und Festpreis, BauR 1983, 279; *Vygen,* Der Vergütungsanspruch beim Pauschalvertrag, BauR 1979, 375; *Werner,* Anwendungsbereich und Auswirkungen des § 650 BGB, FS Korbion, 1986, S. 473; *Wiegand,* Bauvertragliche Bodenrisikoverteilung im Rechtsvergleich, ZfBR 1990, 2.

**Zu H. Vergütungsregelungen in AGB:** *Erich Bartsch,* Die rechtlichen Auswirkungen der Gestaltung ergänzender Vertragsbedingungen auf die VOB/B, ZfBR 1984, 1; *Bilda,* Preisklauseln in AGB, MDR 1979, 89; *Brandner,* Schranken der Inhaltskontrolle. Zur Kontrollfähigkeit der Leistungsbeschreibung, FS Hauß (1978), S. 1; *Bunte,* Das Verhältnis der VOB/B zum AGB-Gesetz, BB 1983, 732; *Burck,* AGB-Gesetz und Preisänderungsklauseln, Betr 1978, 1385; *v. Craushaar,* Die Rechtsprechung zu Problemen des Baugrundes, FS Locher (1990), S. 9; *Dähne,* Die Verwirkung von Rückzahlungsforderungen im Bauauftrag der öffentlichen Hand, BauR 1974, 163; *ders.,* Der Rückforderungsanspruch des öffentlichen Bauherrn, FS Korbion, 1986, S. 39; *Denzinger,* Die Auswirkungen des AGB-Gesetzes auf die Verdingungsordnung für Bauleistungen unter Berücksichtigung des § 5 AGB-Gesetz, BB 1981, 1123; *Diehr,* Wirksamkeit von AGB über Vertragserfüllungssicherheiten zugunsten des Auftraggebers gemessen an § 632a BGB und unter Berücksichtigung von § 648a BGB, ZfBR 2001, 435; *Englert,* Das „Baugrundrisiko" – ein normierungsbedürftiger Rechtsbegriff?, BauR 1991, 537; *ders.,* AGB Spezialtiefbau, BauR 1992, 170; *Erkelenz,* Bauvertragsklauseln in Allgemeinen Geschäftsbedingungen, ZfBR 1985, 201 und 1986, 7; *Flach,* Zur Anwendbarkeit des § 9 AGB-Gesetz auf die VOB/B, NJW 1984, 156; *Frey,* Wie ändert sich das AGB-Gesetz, ZIP 1993, 572; *Frieling,* Die EG-Richtlinie über mißbräuchliche Klauseln in Verbraucherverträgen und ihr Einfluß auf das private Bau- und Architektenrecht, BauR 1994, 154 f.; *Füchsel,* Bauvertragsklauseln in bezug auf Nachträge und ihre Wirksamkeit nach dem AGB-Gesetz, Seminar „Vergütungsansprüche aus Nachträgen – ihre Geltendmachung und Abwehr", Deutsche Gesellschaft für Baurecht (1989), S. 9; *Gabriel,* Die Verwendung von Preisgleitklauseln bei öffentlichen Auftragsvergaben, ZFBR 2007, 448; *Glatzel,* Die Überprüfung von AGB im Bauwesen durch Wirtschaftsverbände nach § 13 AGB-Gesetz, FS Soergel, 1993, S. 49; *Grüter,* Das Abschneiden des Werklohns bei Bestellerkündigung in Allgemeinen Geschäftsbedingungen, Betr 1980, 867; *Habersack/Kleindiek/Wiedemann,* Die EG-Richtlinie über mißbräuchliche Klauseln in Verbraucherverträgen und das künftige AGB-Gesetz, ZIP 1993, 1670; *Hahn,* Verwirkung von Rückzahlungsansprüchen der öffentlichen Hand, ZfBR 1982, 139; *ders.,* Verzinsung von Rückforderungsansprüchen, BauR 1989, 143; *Heiermann,* Auswirkungen des Gesetzes zur Regelung des Rechts der Allgemeinen Geschäftsbedingungen auf das Bauvertragswesen, Schriftenreihe der Deutsche Gesellschaft für Baurecht, Band 11 (1977), S. 67 = Betr 1977, 1733; *ders.,* Wirksamkeit des Ausschlusses der Preisanpassungsmöglichkeit nach VOB durch Allgemeine Geschäftsbedingungen, NJW 1986, 2682; *ders.,* Mögliche Abwälzung der Haftungs- und Vergütungsrisikos auf den Auftragnehmer durch ZTV, BauR 1989, 543; *Heinrichs,* Die EG-Richtlinie über mißbräuchliche Klauseln in Verbraucherverträgen, NJW 1993, 1817, 1838; *ders.,* Umsetzung der EG-Richtlinie über mißbräuchliche Klauseln in Verbraucherverträgen durch Auslegung – Erweiterung des Anwendungsbereichs der Inhaltskontrolle, NJW 1995, 153; *ders.,* Die Entwicklung des Rechts der Allgemeinen Geschäftsbedingungen im Jahre 1994; NJW 1995, 1395; *Heuchemer,* Das Baugrundrisiko in der internationalen Vertragspraxis, BB Beilage 20/91, S. 12; *Hoff,* Die VOB/B 2000 und das AGB-Gesetz – Der Anfang vom Ende der Privilegierung? BauR 2001, 1654; *Hommelhoff/Wiedenmann,* Allgemeine Geschäftsbedingungen gegenüber Kaufleuten und unausgehandelte Klauseln in Verbraucherverträgen. Grundsätzliches zur Transformation der EG-Klauselrichtlinie insdeutsche Recht, ZIP 1993, 562; *W. Jagenburg,* Der Einfluß des AGB-Gesetzes auf das private Baurecht, BauR-Sonderheft I/77; *G. Kaiser,* AGB-Gesetz und VOB Teil B, ZfBR 1983, 253; *Kessen,* Das Ende der Verrechnung im Werkvertragsrecht und seine Folgen, BauR 2005, 1477; *Knacke,* Der Ausschluss des Anspruchs des Auftragnehmers aus § 2 Nr. 3 VOB/B durch AGB des Auftraggebers, Festschrift v. Craushaar, 1997, 249; *Kroppen,* Auswirkungen des AGB-Gesetzes auf das Vertragsverhältnis des Generalunternehmers zu seinen Subunternehmern, Schriftenreihe der Deutsche Gesellschaft für Baurecht, Band 11 (1977), S. 85; *Kuffer,* Baugrundrisiko und Systemrisiko, NZBau 2006, 1; *Kutscher,* Die VOB/B, das AGB-Gesetz und die EG-Richtlinie über mißbräuchliche Klauseln in Verbraucherverträgen, BauR 1994, 417; *Lange,* Bauschuttentsorgung: Ein unlösbares bauvertragliches Dauerproblem?, BauR 1994, 187; *Lenzen,* Teilerhaltung AGB-Gesetzwidriger VOB-Verträge, BauR 1985, 261; *Locher,* Die VOB und das Gesetz zur Regelung des Rechts der Allgemeinen Geschäftsbedingungen, BauR 1977, 221; *ders.,* Das AGB-Gesetz und die VOB, NJW 1977, 1801; *ders.,* AGB-Gesetz und Subunternehmerverträge, NJW 1979, 2235; *ders.,* Die AGB-gesetzliche Kontrolle zusätzlicher Leistungen, FS Korbion, 1986, S. 283; *ders.,* Die Richtlinie 93/13/EWG des Rates über mißbräuchliche Klauseln in Verbraucherverträgen und ihre Bedeutung für das Baurecht, BauR 1993, 379; *ders.,* Reformation oder Deformation des Werkvertragsrechts durch die EG, FS Gernhuber, 1993, S. 281; *Marbach,* Nachtragsforderung bei mangelnder Leistungsbeschreibung der Baugrundverhältnisse im VOB-Vertrag und bei Verwirklichung des „Baugrundrisikos", BauR 1994, 168; *Michalski/Römermann,* Die Wirksamkeit der salvatorischen Klausel, NJW 1994, 886; *Niemöller,* Der verunreinigte Baugrund – ausgewählte Rechtsprobleme des Baugrundes, Seminar „Ausschreibung und Kalkulation", Deutsche Gesellschaft für Baurecht, Bd. 18 (1991), S. 55; *Oberhauser,* Kann sich der bewußt mit dem AGB-Gesetz taktierende Kunde auf die Unwirksamkeit einer formularmäßigen Klausel berufen? BauR 2002, 15; *Putzier,* Die zusätzliche

## Vor § 2

Vergütung bei der Bewältigung abweichender Bodenverhältnisse im Erdbau, BauR 1989, 132; *ders.*, Nachforderungen infolge unzureichender Beschreibung der Grundwasserverhältnisse. Welches ist die zutreffende Anspruchsgrundlage?, BauR 1994, 596; *Quack*, Baugrundrisiken in der Rechtsprechung des BGH, BB Beilage 20/91 S. 9; *ders.*, Was ist eigentlich vereinbart, wenn die VOB/C nicht wirksam in den Vertrag einbezogen wurde? ZfBR 2005, 731; *ders.*, Die VOB/B und der Verbraucherschutz, ZfBR 2006, 307; *Ramming*, Überlegungen zur Ausgestaltung von Nachunternehmerverträgen durch AGB, BB 1994, 518; *Recken*, Streitfragen zur Einwirkung des AGB-Gesetzes auf das Bauvertragsrecht, BauR 1978, 417; *Reitz*, Wirksamkeit von Gleit-, Bagatell- und Selbstbeteiligungsklauseln, BauR 2001, 1513; *Roquette*, Vollständigkeitsklauseln: Abwälzung des Risikos unvollständiger oder unrichtiger Leistungsbeschreibungen auf den Auftragnehmer, NZBau 2001, 57; *Roquette/Paul*, Pauschal ist Pauschal, BauR 2004, 736; *Schlünder*, Gestaltung von Nachunternehmerverträgen in der Praxis, NJW 1995, 1057 f.; *Schlüter*, Die VOB Teil B im Verhältnis zum Gesetz zur Regelung des Rechts der Allgemeinen Geschäftsbedingungen, Schriftenreihe der Deutsche Gesellschaft für Baurecht, Band 11 (1977), S. 103; *Schmidt*, Die Vertragserfüllungsbürgschaft auf erstes Anfordern in Allgemeinen Geschäftsbedingungen, BauR 2002, 21; *Schmidt-Salzer*, Transformation der EG-Richtlinie über mißbräuchliche Klauseln in Verbraucherverträgen in deutsches Recht und AGB-Gesetz, BB 1995, 733; *Schottke*, Das Baugrundrisiko beim VOB-Vertrag, BauR 1993, 407 und 565; *Schulz*, Das Vielzahlkriterium nach § 1 AGBG und die Ausschreibung unter dem Vorbehalt der Vergabe von Teillosen, NZBau 2000, 317; *Siegburg*, Zum AGB-Charakter der VOB/B und deren Privilegierung durch das AGB-Gesetz, BauR 1993, 9; *Sienz*, Die Neuregelungen im Werkvertragsrecht nach dem Schuldrechtsmodernisierungsgesetz, BauR 2002, 181; *Thamm*, Zur Unzulässigkeit der Klausel „Fahrtzeiten gelten als Arbeitszeiten", Betr 1985, 375; *Weitnauer*, Einige Fragen zum Verhältnis von VOB und AGB-Gesetz, BauR 1978, 73; *Voit*, Die Änderungen des Allgemeinen Teils des Schuldrechts durch das Schuldrechtsmodernisierungsgesetz und ihre Auswirkungen auf das Werkvertragsrecht, BauR 2002, 145; *v. Westphalen*, Bauvertrag und AGB-Gesetz, Schriftenreihe der Deutsche Gesellschaft für Baurecht, Band 11 (1977), S. 45; *ders.*, VOB-Vertrag und AGB-Gesetz, ZfBR 1985, 252; *v. Westphalen/Dettmann*, Vertragsrecht und AGB-Klauselwerke, 1998; *Wiegand*, Bauvertragliche Bodenrisikoverteilung im Rechtsvergleich, ZfBR 1990, 2.

**Zu I. Abtretung des Vergütungsanspruchs:** *Michael Bartsch,* Zahlung nach § 16 Nr. 6 VOB/B an den Subunternehmer trotz Abtretung oder Pfändung des Werklohns?, BB 1989, 510.

**Zu J. Sicherung des Vergütungsanspruchs:** *Hofmann/Koppmann,* Die neue Bauhandwerkersicherung, Leitfaden zu Bauhandwerkersicherungsgesetz, zur Bauhandwerkersicherungshypothek und zum Gesetz zum Schutz von Bauforderungen, 2. Aufl. 1995; *Kuffer,* Sicherungsvereinbarungen im Bauvertrag, BauR 2003, 155; *Thode,* Aktuelle höchstrichterliche Rechtsprechung zur Sicherungsabrede in Bauverträgen, ZfBR 2002, 4. –

**Bauhandwerkersicherungshypothek (§ 648 BGB):** *Clemm,* Haftung des mit dem Besteller nicht identischen Grundstückseigentümers auf Einräumung einer Bauhandwerkersicherungshypothek, Betr 1985, 1777; *ders.,* Dingliche Durchgriffshaftung im Rahmen des § 648 BGB?, BauR 1988, 558; *Ernst,* Wirksame Sicherung der Bauhandwerkerforderung, BB 1988, 785; *Fehl,* Zur Identität von Besteller und Grundstückseigentümer als Voraussetzung für die Bestellung der Bauhandwerkersicherungshypothek i. S. v. § 648 BGB, BB 1977, 69; *ders.,* Identität von Besteller und Grundstückseigentümer bei der Bauhandwerkersicherungshypothek, BB 1987, 2039; *Groß,* Die Bauhandwerkersicherungshypothek, 1978; *ders.,* Sicherung der Ansprüche aus dem Bauvertrag, RWS-Skript 78, 5. Aufl. 1984; *Hahn,* Neue Rechtsprechung zur Sicherung von Bauforderungen, BauR 1980, 310; *Heyers,* Die Veranlassung zur einstweiligen Verfügung nach §§ 648, 885 BGB im Rahmen des § 93 ZPO, BauR 1980, 20; *Johlen,* Gehört die Ausschachtung zu den Arbeiten am Bauwerk im Sinne der §§ 638 und 648 BGB?, NJW 1974, 732; *Kapellmann,* Einzelprobleme der Handwerkersicherungshypothek, BauR 1976, 323; *Kartzke,* Unternehmerpfandrecht des Bauunternehmers nach § 647 BGB an beweglichen Sachen des Bestellers, ZfBR 1993, 205; *Lenzen,* Bauhandwerker-Sicherungshypothek bei „wirtschaftlicher Identität" von Besteller und Grundstückseigentümer, BauR 1981, 434; *Litzka,* § 648 BGB: Ein zahnloser Tiger gegenüber Lebensversicherungsunternehmen, BauR 2004, 1214; *Mergel,* Die Sicherung des Bauhandwerker in Recht und Praxis, Baurechtliche Schriften Bd. 17 (1989); *Motzke,* Die Bauhandwerkersicherungshypothek, 1982; *ders.,* Installierung eines Heizöltanks als Arbeit bei einem Bauwerk, NJW 1987, 363; *Nettesheim,* Bauhandwerkersicherungshypothek: Schadensersatzpflicht wegen Eintragung einer Vormerkung trotz vorrangiger Auflassungsvormerkung eines Dritten, BB 1994, 301; *Noetzel,* Die mangelhafte Bauhandwerkersicherung und die schweizerische Regelung, BauR 1980, 521; *Peters,* Die Bauhandwerkersicherungshypothek bei Mängeln der Werkleistung, NJW 1981, 2550; *Rathjen,* Sicherungshypothek des Bauunternehmers bei enger Verflechtung zwischen Besteller und Eigentümer, Betr 1977, 987; *Slapnicar,* Die unzulässige Fiktion des Grundstückseigentümers als Besteller einer Bauhandwerkersicherungshypothek, BB 1993, 230; *Schlechtriem,* Die Sicherung des Subunternehmers nach Schweizer Recht, ZfBR 1986, 108; *Siegburg,* Ausgewählte Fragen zur Bauwerksicherungshypothek, BauR 1990, 32; *ders.,* Einstweilige Verfügung auf Eintragung einer Vormerkung zur Sicherung des Anspruchs aus § 648 Abs. 1 BGB, BauR 1990, 290; *Wilhelm,* Bauunternehmerversicherungshypothek und wirtschaftliche Identität von Besteller und Eigentümer, NJW 1975, 2322. –

**Gesetz über die Sicherung von Bauforderungen (GSB):** *Bruns,* Wer ist Baugeldempfänger nach dem Gesetz über die Sicherung der Bauforderungen? NZBau 2000, 180; *Hagenloch,* Handbuch zum Gesetz über

Vorbemerkung § 2. Vergütung                                                                                                    Vor § 2

die Sicherung von Bauforderungen (GSB), Kommentierung mit Gesetzestext, Baubuch, Gesetzesmaterial und Urteilen, 1991; *Korsukewitz,* Das GSB – Eine vergessene Anspruchsgrundlage, BauR 1986, 383; *Lüdtke-Handjery,* Die Sicherung von Geldforderungen des Bauunternehmers, Betr. 1972, 2193; *Maritz,* Das GSB – Eine beschränkte Sicherheit für Bauunternehmen, BauR 1990, 401; *Möller,* Die Haftung des Generalunternehmers nach dem GSB als unmittelbare Haftung des Geschäftsführers/Vorstandes, BauR 2005, 8; *Schlenger,* Schadensersatz bei zweckfremder Verwendung von Baugeld, ZfBR 1983, 104; *Schmidt,* Ansprüche des Auftragnehmers aus dem Gesetz über die Sicherung von Bauforderungen, BauR 2001, 150; *Schulze-Hagen,* Schadensersatz bei zweckwidriger Verwendung von Baugeld, NJW 1986, 2403; *Stammkötter,* Das GSB und die Haftung der Banken, ZfBR 2005, 429. –

**Bauhandwerkersicherungsgesetz und Sicherheitsleistung nach § 648a BGB:** *Arngardt,* Die Anwendung des § 648a BGB bei vom Werkunternehmer zu vertretenden Leistungsstörungen, NZBau 2006, 673; *Boecken,* Die Sicherheit nach § 648a BGB, DAB 2000, 1427; *Brechtelsbauer,* Leistungsverweigerungs- und Kündigungsrecht nach § 648a BGB auch bei eigener Vertragsuntreue des Unternehmers? BauR 1999, 1371; *Bschorr/Putterer,* Zur Frage der Anwendbarkeit des § 648a BGB nach der Abnahme oder Kündigung, BauR 2001, 1497; *Buscher,* Möglichkeit der Befristung der Bürgschaft nach § 648a BGB? BauR 2001, 159; *ders.,*Recht auf Sicherheit gemäß § 648a BGB gegenüber treuhänderischem Sanierungs- und Entwicklungsträger i. S. d. §§ 157, 167 BauGB, BauR 2002, 1288; *Busz,* Die Ansprüche des Werkunternehmers bei nicht fristgemäßer Sicherheitsleistung des Auftraggebers, NZBau 2004, 10; *Diehr,* Wirksamkeit von AGB über Vertragserfüllungssicherheiten zugunsten des Auftraggebers gemessen an § 632a BGB und unter Berücksichtigung von § 648a BGB, ZfBR 2001, 435; *ders.,* Sicherheit gemäß § 648a BGB zugunsten des Gesellschafters gegen seine Bau-ARGE–Die Auflösung einer Kollision von Gesellschafter- und Werkunternehmerinteressen, ZfBR 2004, 3; *Eusani,* Selbstvornahme des Bestellers bei verweigerter Sicherheitsleistung gem. § 648a BGB nach Abnahme, NZBau 2006, 676; *Frank,* Zur Anwendbarkeit des § 648a BGB nach erfolgter Abnahme, Jahrbuch Baurecht 2002, 143; *Gutbrod,* Bauhandwerkersicherung: Der neue § 648a BGB – Schutz oder Hemmnis, Betr. 1993, 1559; *Heiland,* Neue Wege im Kampf gegen den „Justizkredit" nach den BGH-Entscheidungen zu § 648a BGB, BauR 2004, 1209; *Hildebrandt,* Der vom Schutzzweck des § 648a BGB erfasste und berechtigte Unternehmerkreis, BauR 2006, 2; *Hofmann/Koppmann,* Erste Streitfragen bei der Anwendung des neuen § 648a BGB, BauR 1994, 305; *Hofmann,* Allgemeine Geschäftsbedingungen – § 648a und Abwicklungsfragen in der Insolvenz, BauR 2006, 763; *Horsch/Hänsel,* Konzernbürgschaften – taugliche Sicherungsmittel nach § 648a BGB? BauR 2003, 462; *Hütter,* § 648a BGB – Auch anwendbar auf vor dem 1. Mai 1993 abgeschlossene Verträge?, BauR 1993, 670; *Kainz/Neumann,* Auswirkungen auf die Bürgschaft nach § 648a BGB bei Masselosigkeit des Auftraggebers, Festschrift Jagenburg 2002, 311; *Kleefisch/Herchen,* Berücksichtigung des Sicherungseinbehalts nach § 17 Nr. 6 VOB/B bei § 648a BGB oder doppelte Absicherung des Unternehmers? NZBau 2006, 201; *Klein/Moufang,* Die Bürgschaft als bauvertragliche Sicherheit nach der aktuellen Rechtsprechung des VII. Zivilsenats des BGH, Jahrbuch Baurecht 2005, 29; *Kniffka,* Offene Fragen zu § 648a BGB, BauR 2007, 246; *Kohler,* Die künftige Sicherung der Bauwerksunternehmer, KTS 1989, 45; *Leinemann/Klaft,* Erfordert die Neuregelung des § 648 BGB eine restriktive Auslegung zum Schutz des Bestellers?, NJW 1995, 2521; *Leinemann/Sterner,* § 648a BGB: Zu Art und Höhe der Sicherheit sowie zum Zeitpunkt des Sicherungsbegehrens, BauR 2000, 1414; *Leineweber,* § 648a-Alternative Sicherungsformen anstelle der Bürgschaft, BauR 2000, 159; *Lotz,* Der Gerüstbauvertrag und die gesetzlichen Sicherheiten, BauR 2000, 1806; *Mergel,* Zur Reform der Bauhandwerkersicherung – Eine Auseinandersetzung mit den Vorschlägen der Kommission für Insolvenzrecht, BauR 1989, 559; *Nettesheim,* Nochmals: Bauhandwerkersicherung nach Abnahme, NZBau 2005, 323; *Oberhauser,* Inwieweit kann § 648a BGB durch vertragliche Regelungen modifiziert werden?, BauR 2004, 1864; *Peters,* Verbesserung der Zahlungsmoral im Baugewerbe, NZBau 2004, 1; *Rathjen,* Abnahme und Sicherheitsleistung beim Bauvertrag, BauR 2002, 242; *Quack,* Mehr Sicherheit für den „Bauhandwerker" – Zur geplanten Reform des Sicherungssystems für die nicht vorleistungspflichtigen Bauunternehmer, ZfBR 1990, 113; *ders.,* Die Bauhandwerkersicherung – Ketzerisches zu einem immer noch ungelösten Problem, BauR 1995, 319; *Rothfuchs,* Bemessungsgrundlage für den pauschalierten Schadensersatz nach § 648a Abs. 5 Satz 4 BGB, BauR 2005, 1672; *Schliemann/Hildebrandt,* Sicherungsverlangen nach § 648a BGB nach Abnahme und Auflösung des entstehenden Schwebezustandes beim Gegenüberstehen von zwei Leistungsverweigerungsrechten, ZfBR 2004, 278; *Schmitz,* Abwicklungsprobleme mit § 648a BGB – Bürgschaften, BauR 2006, 430; *Schulze-Hagen,* § 648a BGB: Auch nach Abnahme anwendbar? Oder: Wie kann sich ein Unternehmer gegen die sog. „dritte Finanzierung" zur Wehr setzen, BauR 1999, 210; *ders.,* § 648a BGB – eine Zwischenbilanz, BauR 2000, 28; *Siegburg,* Das geplante „Bauhandwerkersicherungsgesetz", BauR 1990, 647; *Sohn/Kandel,* § 648a BGB und Gewährleistungsansprüche des Auftraggebers im Vergütungsprozess des Werkunternehmers, BauR 2003, 1633; *Stammkötter,* Die Fälligkeit der Erstattungsanspruchs gem. § 648a Abs. 3 BGB, ZfBR 1998, 225; *Steingröver,* Bauhandwerkersicherung nach Abnahme – das stumpfe Schwert, NJW 2004, 2490; *Sternberg,* Neuregelung der Bauhandwerkersicherung, BauR 1988, 33; *Stickler,* Die Berechnungsgrundlage für den pauschalierten Schadensersatz nach § 648a V GB, NZBau 2005, 322; *Sturmberg,* § 648a BGB – über das Ziel hinaus? Entspricht die neue Vergütungssicherung den Anforderungen der Vertragspraxis?, BauR 1994, 57; *ders.,* Noch einmal: § 648a BGB – Streitfragen, BauR 1995, 169; *Theurer,* Anlagenbau: Sicherung von Zahlungsansprüchen des Unternehmers gemäß § 648a BGB, BauR 2005, 902; *Thierau,* § 648a BGB nach Abnahme-Rückschlagsicherung gegen Mängeleinreden, NZBau 2000, 14; *ders.,* Das Sicherungsverlangen nach Abnahme, NZBau 2004, 311; *Valerius,* Die Auswirkungen einer Kündigung des Werkvertrages gemäß § 648a Abs. 5

Satz 1, § 643 Satz 1 BGB auf Rechte wegen neuer Mängel, BauR 2005, 23; *Wagner/Sommer,* Zur Entschärfung des § 648 a BGB, ZfBR 1995, 168; *Warner,* § 648 a BGB-Voraussetzungen der Bestellerpflicht zur Sicherheitsleistung und Folgen der Nichtleistung der Sicherheit im Werklohnprozess, BauR 2000, 1261; *Weber,* Das Bauhandwerkersicherungsgesetz, WM 1994, 725; *ders.,*§ 648 a BGB nach Abnahme: Anspruch und Wirklichkeint, Festschrift Jagenburg 2002, 1001; *Zanner,* Zum Umfang der Sicherheit nach § 648 a BGB bei Vereinbarung der VOB/B, BauR 2000, 485.

**Zu K. Verjährung des Vergütungsanspruchs:** *Bartmann,* Inwiefern macht eine Abnahme den Werklohn fällig?, BauR 1977, 16; *Brügmann,* Die ursprünglich vereinbarte und später nicht durchgeführte förmliche Abnahme nach VOB, BauR 1979, 277; *Dähne,* Die „vergessene" förmliche Abnahme nach § 12 Nr. 4 VOB/B, BauR 1980, 223; *Duffek,* Fälligkeit der Schlußzahlung nach VOB/B, BauR 1976, 164; *Grams,* Zum (Schuld-)Anerkenntnis im Baurecht, BauR 2004, 1513; *Grimme,* Rechnungserteilung und Fälligkeit der Werklohnforderung, NJW 1987, 468; *Gsell,* Schuldrechtsreform: Die Übergangsregelungen für die Verjährungsfristen, NJW 2002, 1297; *Hochstein,* Die „vergessene" förmliche Abnahmevereinbarung und ihre Rechtsfolgen im Bauprozeß, BauR 1975, 221; *ders.,* Die Abnahme als Fälligkeitsvoraussetzung des Vergütungsanspruchs beim VOB-Werkvertrag, BauR 1976, 168; *Jagenburg,* Die Bindung an die einmal erteilte Schlußrechnung, BauR 1976, 319; *Junker,* Die Bindung an eine fehlerhafte Rechnung, ZIP 1982, 1158; *Kahlke,* Die Abnahme ist Fälligkeitsvoraussetzung auch beim VOB-Vertrag, BauR 1982, 27; *G. Kaiser,* Fälligkeit und Verjährung des Vergütungsanspruchs des Bauunternehmers nach BGB und VOB/B, ZfBR 1982, 231; *Lenkeit,* Das modernisierte Verjährungsrecht, BauR 2002, 196; *Mantscheff,* Prüfungsfähige Rechnungen, BauR 1972, 205; *Otto,* Zur Frage der Verjährung von Abschlagsforderungen des Architekten und des Werkunternehmers, BauR 2000, 350; *Peters,* Die Handwerkerrechnung und ihre Begleichung, NJW 1974, 552; *ders.,* Die Fälligkeit der Werklohnforderung, FS Korbion 1986, S. 337; *D. Rabe,* Zu den Vorschlägen der Schuldrechtskommission zur Überarbeitung des Schuldrechts in bezug auf die Verjährung, NJW 1992, 2395; *Rieble,* Bindungswirkung einer nicht prüfbaren Architektenschlußrechnung, BauR 1989, 145; *Rother,* Die Bedeutung der Rechnung für das Schuldverhältnis, AcP 164 (1964), S. 97; *Schelle,* Bindung an die Schlußrechnung auch beim VOB-Vertrag, BauR 1987, 272; *Schibel,* Unterlassene Vergütungsvereinbarungen und die Bindung an die eigene Schlußrechnung, BB 1991, 2089; *Schmalzl,* Zur Verjährung des Vergütungsanspruchs der Bauhandwerker nach der VOB/B, NJW 1971, 2015; *ders.,* Ist im VOB-Vertrag die Abnahme der Bauleistung zusätzliche Voraussetzung für die Fälligkeit der Schlußzahlung?, MDR 1978, 619; *H.-W. Schmidt,* Abrechnung und Zahlung nach der VOB, MDR 1965, 621; *Vogel,* Verjährung und Insolvenzverfahren, BauR 2004, 1365; *Weidemann,* Fälligkeit des Werklohns trotz fehlender Abnahme bei einem VOB-Vertrag, BauR 1980, 124.

## A. Sinn und Zweck der Vorschrift

1   § 2 VOB/B regelt die **Vergütung** des Auftragnehmers für die von ihm erbrachte Bauleistung. Was als geschuldete Bauleistung anzusehen ist, ergibt sich aus dem Bauvertrag. In § 1 Nr. 1 VOB/B sind die einzelnen Vertragsbestandteile aufgeführt. Ein **Vorrang bestimmter Vertragsbestandteile** ist daraus nicht herzuleiten. Generell wird man aber davon ausgehen können, dass der Vertragsbestandteil vorrangig ist, in dem die jeweilige Leistung konkreter oder detaillierter dargestellt wird. So kommt der Leistungsbeschreibung gegenüber Plänen jedenfalls dann die größere Bedeutung zu, wenn dort die Leistung im Einzelnen genauer beschrieben wird.[1] Im Übrigen wird insoweit auf die Ausführungen zu § 1 und § 2 Nr. 1 VOB/B verwiesen.

### I. Verhältnis des § 2 VOB/B zu §§ 631, 632 BGB

2   Das BGB-Werkvertragsrecht enthält keine der Regelung des § 2 VOB/B entsprechenden Vorschriften. § 631 Abs. 1 BGB besagt lediglich, dass der Besteller (von der VOB und im Folgenden „Auftraggeber" genannt) dem Unternehmer (von der VOB und im Folgenden „Auftragnehmer" genannt) zur Entrichtung der vereinbarten Vergütung verpflichtet ist. Nach § 632 Abs. 1 BGB gilt eine Vergütung als **stillschweigend** vereinbart, wenn die Herstellung des Werkes den Umständen nach nur gegen eine Vergütung zu erwarten ist. Ist die Höhe der Vergütung nicht bestimmt, so ist nach § 632 Abs. 2 BGB bei Bestehen einer

---

[1] BGH NJW 2003, 743 = NZBau 2003, 149 = BauR 2003, 388.

B. Grundsatz der Entgeltlichkeit der Bauleistung                    Vor § 2

Taxe die taxmäßige Vergütung, in Ermangelung einer Taxe die **übliche Vergütung** als vereinbart anzusehen.

Diese allgemeinen Grundsätze gelten auch für den **VOB-Vertrag**.[2] Sie werden durch § 2 VOB/B also nicht ersetzt,[3] sondern als grundlegende Bestimmungen allgemeiner Art auch für den VOB-Vertrag vorausgesetzt.[4] Sie werden durch § 2 VOB/B unter Berücksichtigung der Besonderheiten des Bauvertrages aber im Einzelnen ausgestaltet, d. h. modifiziert, ergänzt und erweitert. **3**

## II. Verhältnis des § 2 VOB/B zu anderweitigen Anspruchsgrundlagen

Die Vergütungsregelung des § 2 VOB/B ist keineswegs so abschließend, wie es häufig dargestellt wird.[5] So erfasst die Vorschrift nur zusätzliche, nicht aber ihrer Art nach **selbstständige Leistungen**.[6] § 2 VOB/B erfasst auch nicht die zusätzlichen Leistungen, die auf Grund einer von den Parteien getroffenen **Vereinbarung** erbracht werden. Die Rechtsfolgen einer solchen den Vertrag abändernden Vereinbarung sind vielmehr durch Auslegung zu bestimmen, wobei auf die Umstände abzustellen ist, die zur Aufhebung oder Änderung geführt haben.[7] Darüber hinaus wird durch **§ 2 Nr. 8 Abs. 2** und den im Jahre 1996 in die VOB/B eingeführten **Abs. 3 VOB/B** die Möglichkeit eröffnet, weitergehende Zahlungsansprüche insbesondere aus Geschäftsführung ohne Auftrag gemäß §§ 677 ff. BGB geltend zu machen. Das hat zur Folge, dass notwendige zusätzliche Leistungen nunmehr häufig auch dann zu vergüten sind, wenn die weiteren Tatbestandsvoraussetzungen der §§ 2 Nr. 5, 6 bzw. 8 Abs. 2 VOB/B nicht vorliegen. Insoweit wird auf die Kommentierung zu § 2 Nr. 8 VOB/B verwiesen. Von einer abschließenden Regelung durch § 2 VOB/B kann danach kaum noch gesprochen werden. Von praktischer Bedeutung ist die Abgrenzung der einzelnen Tatbestände des § 2 VOB/B voneinander und von den nunmehr eröffneten weiteren Anspruchsgrundlagen in vielen Fällen deshalb nicht mehr, weil der BGH das Ankündigungserfordernis des § 2 Nr. 6 VOB/B erheblich eingeschränkt und die Zahlungsverpflichtung für notwendige Zusatzleistungen damit auch ohne Ankündigung zusätzlicher Vergütungsansprüche praktisch zum Regelfall gemacht hat.[8] Insoweit wird auf die Kommentierung zu § 2 Nr. 6 VOB/B verwiesen. **4**

## B. Grundsatz der Entgeltlichkeit der Bauleistung

Nach § 632 Abs. 1 BGB gilt eine Vergütung als stillschweigend vereinbart, wenn die Herstellung des Werkes den Umständen nach nur gegen eine Vergütung zu erwarten ist. Ob es sich dabei um eine gesetzliche **Vermutung**[9] oder sogar eine auch der Irrtumsanfechtung nicht zugängliche **Fiktion**[10] handelt, ist umstritten. Der Streit hat aber nur theoretische Bedeutung. Beide Auffassungen halten die gesetzliche Annahme für widerleglich. Auch wenn man eine bloße Vermutung annimmt, dürfte es dem Auftraggeber verwehrt sein, seine Erklärung wegen eines Irrtums über die Rechtsfolgen gemäß § 119 Abs. 1 BGB anzufechten. Der Sinn der gesetzlichen Regelung besteht nämlich gerade darin, den unvollständigen **5**

---

[2] BGHZ 80, 257 = NJW 1981, 1442 = BauR 1981, 388 = ZfBR 1981, 170; *Nicklisch/Weick* VOB/B § 2 Rdn. 4.
[3] So *Heiermann/Riedl/Rusam* VOB/B § 2 Rdn. 1.
[4] *Ingenstau/Korbion/Keldungs* VOB/B § 2 Rdn. 16.
[5] *Ingenstau/Korbion/Keldungs* VOB/B § 2 Rdn. 2.
[6] Zur Abgrenzung BGH BauR 2002, 618.
[7] BGH ZfBR 2000, 538.
[8] BGH NJW 1996, 2158 = BauR 1996, 542 = MDR 1996, 902.
[9] *Werner/Pastor* Rdn. 1104; Palandt/*Sprau* § 632 Rdn. 1.
[10] MünchKomm/*Soergel* § 632 Rdn. 1, 3; *Palandt/Sprau* § 632 Rdn. 9.

Vertrag um eine Vergütungsabrede zu ergänzen, weil er anderenfalls schon wegen Dissenses unwirksam wäre. Dass die Parteien bei Vertragsschluss an die Vergütungspflicht nicht gedacht haben, wird dabei vom Gesetzgeber geradezu vorausgesetzt. Haben sie nämlich an die Vergütungsfrage gedacht, wollen diese aber ausklammern und erst später klären, ist § 632 Abs. 1 BGB gar nicht anwendbar. Auch wenn man die gesetzliche Regelung lediglich als Vermutung ansieht, scheidet eine Irrtumsanfechtung daher aus.

### I. Vermutung für entgeltliche Leistungen

6  **Tatbestandlich** setzt § 632 Abs. 1 BGB, der auch für den VOB-Vertrag gilt, zunächst voraus, dass ein Vertrag geschlossen, eine **Vergütungsabrede aber nicht getroffen** ist.[11] Es scheiden daher alle Fälle aus, in denen eine Vergütung zumindest konkludent vereinbart worden ist. Es scheiden auch die Fälle aus, in denen die Parteien die Vergütungsabrede erst später treffen oder die Vergütung durch einen Dritten gemäß §§ 317 ff. BGB bestimmen lassen wollen. Die Vorschrift setzt weiter voraus, dass die Herstellung des Werkes den Umständen nach nur gegen eine Vergütung zu erwarten ist. Es ist daher Sache des Auftragnehmers, Umstände darzulegen und zu beweisen, die bei **objektiver Betrachtung** den Schluss darauf zulassen, dass eine **Vergütung üblich** ist.[12] Die Anforderungen an die Darlegungslast dürfen aber – da Bauleistungen üblicherweise nur gegen Entgelt erbracht werden – nicht zu hoch geschraubt werden.[13] Sache des Auftraggebers ist es dann, diese Vermutung zu widerlegen und Umstände darzulegen bzw. zu beweisen, die den Schluss auf die Unentgeltlichkeit zulassen. Das ist zum Beispiel der Fall, wenn konkrete Umstände darauf hindeuten, dass die erbrachte Leistung – Beispiel: Akquisitionstätigkeit des Architekten – der **werbenden Tätigkeit** des Unternehmers zuzurechnen ist.[14] Bei gegenseitiger **Nachba**rschaftshilfe am Bau spricht die Lebenserfahrung dafür, dass die Arbeitsleistungen unentgeltlich erbracht werden sollen, das notwendige Material aber vom Bauherrn zu bezahlen ist.[15] Probleme können die Fälle bereiten, in denen Arbeiten ausgeführt worden sind, die aus der Sicht des Auftraggebers der **Mängelbeseitigung** dienten. Hier ist in der Regel der erneute Abschluss eines entgeltlichen Vertrages – diesmal über die Mängelbeseitigungsarbeiten – zu verneinen. Anders ist die Rechtslage aber zu beurteilen, wenn die Parteien bei unklarer Schadensursache sich darüber verständigen, dass zunächst der Mangel beseitigt und die Kostentragungspflicht nachträglich geklärt werden soll; stellt sich nachträglich heraus, dass der Auftragnehmer für den Mangel nicht verantwortlich ist, steht ihm aus dieser Abrede ein vertraglicher Vergütungsanspruch gegen den Auftraggeber zu.[16] Anders verhält es sich aber wiederum dann, wenn eine solche Abrede unter den Parteien fehlt[17] oder wenn der Auftraggeber in Verkennung der Sach- bzw. Rechtslage sogar einen entgeltlichen Auftrag zur Mängelbeseitigung erteilt hat. Dann steht dem Auftragnehmer grundsätzlich die vereinbarte Vergütung zu. In derartigen Fällen wird man dem Auftraggeber aber einen auf Freistellung gerichteten Schadensersatzanspruch aus § 280 Abs. 1 BGB zubilligen können, wenn der Auftragnehmer bei Abschluss der Nachbesserungsvereinbarung die ihm obliegenden Hinweispflichten verletzt hat.[18] Anders ist die Rechtslage jedoch dann zu beurteilen,

---

[11] BGH NJW 1965, 1226 und 1970, 700, 701 (jeweils für die entsprechende Regelung des § 653 Abs. 1 BGB beim Maklervertrag); BGH NJW 1979, 2002 = BauR 1979, 509 = ZfBR 1979, 203; KG BauR 1988, 621 (für den Architektenvertrag); MünchKomm/*Soergel* § 632 Rdn. 1; *Werner/Pastor* Rdn. 1103, 1134; *Vygen*, FS Korbion S. 444.
[12] BGH NJW 1987, 2743.
[13] Dazu *Kniffka* IBR-online-Kommentar zum Bauvertragsrecht Stand 4. 1. 2007 § 632 Rdn. 17 ff.
[14] BGH ZfBR 1979, 203; *Kniffka/Koeble* 12. Teil Rdn. 11 ff.; dazu auch *Kniffka* in IBR-online Kommentar Bauvertragsrecht Stand 4. 1. 2007 § 632 Rdn. 18 ff.
[15] OLG Köln NJW-RR 1994, 1239.
[16] BGH BauR 1999, 252.
[17] OLG Hamm BauR 1999, 915.
[18] OLG Düsseldorf NJW-RR 2000, 165.

B. Grundsatz der Entgeltlichkeit der Bauleistung                              Vor § 2

wenn mit der erneuten Auftragserteilung ein Verzicht auf etwaige Gewährleistungsansprüche verbunden war.[19] Das wird man aber nur bei Vorliegen konkreter Anhaltspunkte bejahen können, die erkennen lassen, dass dem Auftraggeber bei Abschluss der Nachbesserungsvereinbarung das Bestehen eines Gewährleistungsanspruches bewusst war, er darauf aber verzichten wollte.

### II. Die Höhe der geschuldeten Vergütung

Der **Höhe** nach schuldet der Auftraggeber die **übliche Vergütung.** Das gilt auch für VOB-Verträge. Zwar spricht § 2 Nr. 1 VOB/A von **angemessenen Preisen.** Diese entsprechen jedoch der üblichen Vergütung im Sinne von § 632 Abs. 2 BGB.[20] Die übliche bzw. angemessene Vergütung ist grundsätzlich nach Einheitspreisen und nur ausnahmsweise nach Stundenlohn zu berechnen.[21] Üblich im Sinne von § 632 Abs. 2 BGB ist die Vergütung, die zurzeit des Vertragsabschlusses nach allgemeiner Auffassung der beteiligten Kreise am Ort der Werkleistung gewährt zu werden pflegt.[22] Gemäß § 25 Nr. 3 VOB/A dürfen die Preise dabei in keinem offenbaren Missverhältnis zur Leistung stehen und müssen das Ergebnis rationellen Baubetriebs und sparsamer Wirtschaftsführung sein. Abzustellen ist auf die jeweilige **Gesamtleistung.** Werden im Rahmen eines Bauvertrages **branchenfremde Nebenleistungen** erbracht, sind die für den betreffenden Berufszweig geltenden Sonderregelungen nicht zur Bewertung heranzuziehen. Daher gelten für Transportleistungen, die im Rahmen eines Bauvertrages ausgeführt werden, z. B. Transport von Baumaterialien, Kies, Erdabfuhr, nicht die im Güterkraftverkehr üblichen Tarife, weil die Beförderung hier lediglich Nebenleistung ist und es sich um Werksverkehr handelt, für den kein Tarifzwang besteht.[23]     7

### III. Darlegungs- und Beweislast

Bei der Beurteilung der **Darlegungs- und Beweislast** sind verschiedene Fallgruppen zu unterscheiden: Macht der Auftragnehmer die übliche Vergütung geltend, während der **Auftraggeber den Abschluss eines entgeltlichen Vertrages bestreitet,** trifft die Darlegungs- und Beweislast zunächst den Auftragnehmer. Er muss Umstände darlegen und nachweisen, die bei objektiver Betrachtung den Schluss auf einen entgeltlichen Auftrag zulassen. Daran sind keine besonders hohen Anforderungen zu stellen, da Bauleistungen üblicherweise gegen Entgelt erbracht werden.[24] Dieses Vorbringen muss der Auftraggeber dann widerlegen. Ihn trifft dann die Darlegungs- und Beweislast dafür, dass entgegen dem Regelfall der Auftragnehmer unentgeltlich tätig werden sollte.[25] Die Beweislast für die Üblichkeit der von ihm geltend gemachten Vergütung und den Umfang der erbrachten Leistungen trifft wiederum den Auftragnehmer. Anders liegt es, wenn der Auftraggeber die Entgeltlichkeit der Bauleistung nicht in Zweifel zieht, aber eine **abweichende Preisvereinbarung** – im Regelfall die Vereinbarung eines **niedrigeren Pauschalpreises** – behauptet. In diesen Fällen muss der Auftragnehmer, der die höhere übliche Vergütung verlangt,     8

---

[19] OLG Düsseldorf NJW-RR 1995, 402 = BauR 1995, 254 und 435 L.
[20] BGHZ 80, 257 = NJW 1981, 1442 = BauR 1981, 388 = ZfBR 1981, 170; OLG Frankfurt NJW-RR 1989, 20.
[21] OLG Frankfurt NJW-RR 1989, 20; MünchKomm/*Soergel* § 632 Rdn. 16; *Werner/Pastor* Rdn. 1138, 1163.
[22] BGH, Urt. v. 26. 10. 2000 – VII ZR 239/98 = BauR 2001, 249.
[23] LG Köln BauR 1980, 80.
[24] Zum „Erfahrungssatz der Entgeltlichkeit" *Kniffka* in IBR-online-Kommentar zum Bauvertragsrecht Stand 4. 1. 2007 § 632 Rdn. 17.
[25] BGH NJW 1987, 2742 = BauR 1987, 454 = ZfBR 1987, 187; *Kniffka* in IBR-online-Kommentar zum Bauvertragsrecht Stand 4. 1. 2007 § 632 Rdn. 22.

beweisen, dass die behauptete Pauschalpreisabrede nicht getroffen worden ist.[26] Das gilt auch für den VOB/Vertrag.[27] Allerdings muss der Auftraggeber zunächst im Einzelnen nachvollziehbar und widerspruchsfrei darlegen, wann, wo, mit wem und unter welchen Umständen die niedrigere Pauschalpreisvereinbarung getroffen worden ist, umso den Auftragnehmer in die Lage zu versetzen, den von ihm geforderten Beweis erbringen zu können.[28] An den Vortrag des Auftraggebers sind hohe Anforderungen zu stellen. Das gilt insbesondere dann, wenn der behauptete Pauschalpreis vom üblichen Preis bzw. vom Angebotspreis erheblich abweicht oder der Vortrag zu den Umständen der Preisvereinbarung im Laufe des Rechtsstreits wechselt.[29] Nur wenn dem Auftraggeber das gelungen ist, trifft den Auftragnehmer die Beweislast für die von ihm behauptete Preisvereinbarung.

## C. Die vereinbarte Vergütung

9   Normalerweise wird die Vergütung für die zu erbringenden Leistungen bei Abschluss des Vertrages oder, wenn sich nachträglich Änderungen, Ergänzungen oder Zusatzleistungen ergeben, vor Ausführung dieser Arbeiten **vereinbart.** Die Vereinbarung kann ausdrücklich oder stillschweigend erfolgen. Wird die Vergütung **ausdrücklich** vereinbart, ist damit regelmäßig zugleich auch ihre Höhe bestimmt.

### I. Grundsätzlich Geldanspruch

10   BGB und VOB gehen davon aus, dass die Vergütung in **Geld** entrichtet wird. Ist eine in einer anderen Währung als Euro ausgedrückte Geldschuld im Inland zu zahlen, kann die Zahlung in Euro erfolgen, sofern nicht die Zahlung in anderer Währung ausdrücklich vereinbart ist, § 244 Abs. 1 BGB. Soll die Vergütung nicht in Geld erfolgen, muss dies besonders vereinbart werden. Beweispflichtig hierfür ist derjenige, der sich auf eine solche von der Regel abweichende Vereinbarung beruft.

### II. Die verschiedenen Vertragstypen

11   Die Berechnung der Vergütung ist abhängig vom Vertragstyp. Die einzelnen Vertragstypen sind in § 5 VOB/A geregelt, finden sich in gleicher Weise aber auch beim **BGB-Vertrag.**[30]

#### 1. Leistungsverträge.

12   Nach § 5 Nr. 1 VOB/A sollen Bauleistungen grundsätzlich so vergeben werden, dass die Vergütung nach Leistung bemessen wird. Insoweit unterscheidet man:

13   **a) Einheitspreisvertrag.** § 5 Nr. 1 VOB/A bestimmt, dass Bauleistungen in der Regel zu Einheitspreisen vergeben werden sollen (vgl. auch § 2 Nr. 2 und 3 VOB/B sowie die Erläuterungen hierzu).

14   Beim Einheitspreisvertrag werden die einzelnen Teilleistungen nach Maß (z. B. m, m$^2$, m$^3$), Gewicht (z. B. kg, t) oder Stück angegeben, die diesbezüglichen Ansätze (sog. Vor-

---

[26] So zu Recht *Kniffka* in IBR-online-Kommentar zum Bauvertragsrecht Stand 4. 1. 2007 § 632 Rdn. 14 ff.
[27] BGH NJW 1981, 1442.
[28] BGH ZfBR 1992, 173; *Kniffka* in IBR-online-Kommentar zum Bauvertragsrecht Stand 4. 1. 2007 § 632 Rdn. 15.
[29] OLG Düsseldorf BauR 2000, 406.
[30] *Werner/Pastor* Rdn. 1163.

C. Die vereinbarte Vergütung  Vor § 2

dersätze) zunächst aber nur geschätzt bzw. überschlägig ermittelt. Für jede Position wird vom Bieter ein **Einheitspreis** angegeben, der mit dem (vorläufigen) Vordersatz multipliziert den **Positionspreis** ergibt. Die Addition der Positionspreise ergibt den **Endpreis**. Dieser ist jedoch nur vorläufig, weil nach Arbeitsausführung die Leistung aufgemessen und durch dieses – möglichst gemeinsame (vgl. § 14 Nr. 2 VOB/B) – **Aufmaß** die genaue Höhe der Vordersätze ermittelt wird. Daraus ergibt sich dann auf dem vorbeschriebenen Weg der genaue Endpreis.

b) **Pauschalvertrag.** In diesem Fall erfolgt kein Aufmaß der vereinbarten Leistung nach Ausführung der Arbeiten, sondern es wird für diese von vornherein die endgültige Vergütung als im Regelfall unabänderlich festgelegt (vgl. § 2 Nr. 7 VOB/B und die Erläuterungen hierzu). 15

Nach § 5 Nr. 1 lit. b VOB/A sollen Bauleistungen nur in geeigneten Fällen zu einer Pauschalsumme vergeben werden, wenn die Leistung nach Ausführungsart und Umfang genau bestimmt und mit einer Änderung nicht zu rechnen ist. In der Praxis wird dies häufig jedoch nicht beachtet, d. h. auch – und gerade – in Fällen, in denen Ausführung und Umfang der Arbeiten (noch) nicht klar sind, ein Pauschalvertrag geschlossen, was dann naturgemäß zu Problemen führt (vgl. dazu im Einzelnen § 2 Nr. 7 VOB/B). 16

**2. Stundenlohnvertrag.**

Bauleistungen geringeren Umfangs, die überwiegend Lohnkosten verursachen, können nach § 5 Nr. 2 VOB/A im Stundenlohn vergeben werden (vgl. auch § 2 Nr. 10 und § 15 VOB/B sowie die Erläuterungen hierzu). Das setzt aber eine entsprechende Vereinbarung der Parteien voraus. Enthält der Bauvertrag keine Vereinbarung über die Vergütung von Stundenlohnarbeiten, können die für eine nachträgliche konkludente Stundenlohnvereinbarung erforderlichen rechtsgeschäftlichen Willenserklärungen im Regelfall nicht allein aus der Unterzeichnung von Stundenlohnnachweisen hergeleitet werden. Das setzt vielmehr voraus, dass mit der Unterzeichnung nicht nur Art und Umfang der erbrachten Leistungen bescheinigt werden sollen, sondern auch der Wille zum Abschluss einer Stundenlohnvereinbarung zum Ausdruck kommt.[31] 17

**3. Selbstkostenerstattungsvertrag.**

Bauleistungen größeren Umfangs dürfen nach § 5 Nr. 3 VOB/A ausnahmsweise nach Selbstkosten vergeben werden, wenn sie vor der Vergabe nicht eindeutig und so erschöpfend bestimmt werden können, dass eine einwandfreie Preisermittlung möglich ist. 18

### III. Darlegungs- und Beweislast

Prinzipiell hat der Auftragnehmer die volle Darlegungs- und Beweislast für den Grund und die Höhe seiner Werklohnforderung. Das gilt nicht nur vor, sondern auch **nach Abnahme**.[32] Der Umfang der Darlegungslast des Auftragnehmers, der seinen Werklohn einklagt, hängt jedoch von der Art der Vergütung ab, ist also unterschiedlich je nachdem, ob der Auftragnehmer Werklohn aus einem Einheitspreis- oder Pauschalvertrag, Stundenlohn- oder Selbstkostenerstattungsvertrag verlangt. 19

In prozessualer Hinsicht ist zunächst zu berücksichtigen, dass die Darlegungslast einer Partei im Zivilprozess sich grundsätzlich darauf beschränkt, die Tatsachen vorzutragen, aus denen sich die geltend gemachte und ihr günstige Rechtsfolge ergibt. An die Darlegungslast dürfen keine zu hohen Anforderungen gestellt werden. Der Sachvortrag zur Begründung eines Anspruchs ist dann schlüssig und erheblich, wenn der Anspruchsteller die Tatsachen

---

[31] BGH MDR 2003, 1413.
[32] BGH BauR 1995, 91 = ZfBR 1995, 33.

**Vor § 2**

vorträgt, die in Verbindung mit einem Rechtssatz geeignet und erforderlich sind, das geltend gemachte Recht als in seiner Person entstanden erscheinen zu lassen. Die Angabe näherer Einzelheiten, die den Zeitpunkt und den Vorgang bestimmter Ereignisse betreffen, ist nicht erforderlich, wenn diese Einzelheiten für die Rechtsfolgen nicht von Bedeutung sind.[33] Zu näheren Angaben, d. h. zur **Substantiierung**, hat die Partei nur Anlass, wenn ihr Vortrag in einer hinsichtlich der geltend gemachten Rechtsfolge bedeutsamen Weise unvollständig, mehrdeutig oder sonst unklar ist oder wird. Vor allem kann das Vorbringen auf Grund der Darstellung des Gegners unklar oder unvollständig werden mit der Folge, dass die Partei ihren Sachvortrag durch Einzelheiten ergänzen muss.[34] So werden z. B., wenn Bezahlung von Werkleistungen aus einem **Einheitspreisvertrag** – oder entsprechend aus einem Stundenlohnvertrag – verlangt wird, ins einzelne gehende Angaben zum Umfang des Auftrages und der erbrachten Leistungen jedenfalls dann erforderlich werden, wenn dieser Umfang streitig wird, wohingegen es beim **Pauschalvertrag** – und entsprechend beim Selbstkostenerstattungsvertrag – insoweit keiner ins Einzelne gehenden Darlegungen bedarf.[35]

20  Bei der Beurteilung der **Beweislast** sind verschiedene Fallgruppen auseinander zu halten. Macht der Auftragnehmer die **übliche Vergütung** geltend und wendet der Auftraggeber die Unentgeltlichkeit der Leistung oder die Vereinbarung einer niedrigeren Vergütung – etwa eines entsprechenden Pauschalpreises – ein, gelten die oben unter B.) Rdn. 8 dargestellten Grundsätze.[36] Im Übrigen muss der Unternehmer grundsätzlich die von ihm behauptete Preisvereinbarung beweisen, weil es sich hierbei um eine Anspruchsvoraussetzung handelt.[37] Streitig ist allerdings, ob bei einem VOB-Vertrag derjenige die Beweislast trägt, der die Vereinbarung einer anderen Berechnungsweise als nach Einheitspreisen behauptet. Der BGH vertritt die Auffassung, § 2 VOB/B sei nicht zu entnehmen, dass nach Einheitspreisen immer dann abzurechnen sei, wenn sich eine Vereinbarung über die Verrechnungsart nicht feststellen lasse.[38] Es sei daher Sache des Auftragnehmers, eine entsprechende Vereinbarung im Streitfall nachzuweisen. Die überwiegende Meinung in der Literatur geht hingegen dahin, dass beim VOB-Vertrag derjenige die Beweislast trage, der eine andere Berechnungsweise als nach Einheitspreisen behaupte. Die VOB gehe vom Einheitspreisvertrag als Normaltyp aus, § 2 Nr. 2 VOB/B erhalte erst durch seine „beweislastumkehrende Funktion" einen Sinn.[39] Dem ist nicht zuzustimmen. Der Regelung in § 2 VOB/B ist nicht zu entnehmen, dass der Einheitspreisvertrag als Regelvertrag anzusehen ist mit der Folge, dass der Auftraggeber für jede andere Vergütungsabrede beweispflichtig wäre. Der Sinn der Regelung in § 2 Nr. 2 VOB/B erschöpft sich vielmehr darin, die Regelung des § 632 Abs. 2 BGB für den VOB-Vertrag dahin zu ergänzen, dass – wenn eine Vergütung nicht vereinbart ist – die übliche bzw. angemessene Vergütung nach Einheitspreisen zu berechnen ist. Die Annahme, dass darüber hinaus daraus auch noch eine Beweislastumkehr

---

[33] BGH NJW 1984, 2888 = BauR 1984, 667 = ZfBR 1984, 289 unter Hinweis auf BGH NJW 1962, 1394 und 1968, 1223; vgl. auch BGH NJW 1986, 919/20.
[34] Vgl. BGH NJW-RR 1992, 278 = BauR 1992, 265 = ZfBR 1992, 66: Der Umfang der jeweils erforderlichen Substantiierung des Sachvortrags lässt sich nur aus dem Wechselspiel von Vortrag und Gegenvortrag bestimmen. Dabei ist die Ergänzung und Aufgliederung des Sachvortrages bei hinreichendem Gegenvortrag immer zunächst Sache der beweisbelasteten Partei.
[35] BGH BauR 1988, 121 = ZfBR 1988, 85.
[36] So auch OLG Naumburg IBR 2007, 63.
[37] So auch *Kniffka* in IBR-online-Kommentar zum Bauvertragsrecht Stand 4. 1. 2007 § 632 Rdn. 15.
[38] BGH BauR 1981, 388 = NJW 1981, 1442 = BauR 1981, 388; BGH BauR 1992, 505; OLG München IBR 2001, 297 (Revision nicht angenommen); OLG Frankfurt IBR 2001, 468 (Revision nicht angenommen); zustimmend *Jagenburg* in der Vorauflage VOB/B § 2 Nr. 2, Rdn. 7, 8; vor § 2 Rdn. 71, 72; *Kniffka/Koeble*, Kompendium des Baurechts, 5. Teil Rdn. 60; eher zweifelnd *Werner/Pastor* Rdn. 1114 f, 1136; *Kapellmann/Schiffers* Band 2 Rdn. 98–122; *Kapellmann/Messerschmidt-Kapellmann* § 2 VOB/B Rdn. 132.
[39] *MünchKomm/Soergel* § 632 Rdn. 16; *Werner/Pastor* Rdn. 1114 f.; *Hochstein* in Anm. zu BGH, SFH, Nr. 1 zu § 2 Nr. 2 VOB/B; *Ingenstau/Korbion/Keldungs* VOB/B § 2 Rdn. 19; *Nicklisch/Weick* VOB/B § 2 Rdn. 28; *Vygen*, Bauvertragsrecht Rdn. 750; *Locher* Rdn. 181; *Kleine-Möller/Merl/Oelmaier* Handbuch § 10 Rdn. 18; *Heiermann/Riedl/Rusam* VOB/B § 2 Rdn. 68 a.

D. Vertretungsfragen                                                                    Vor § 2

herzuleiten ist, ist auch rechtlich bedenklich. Die Regelung wäre als Allgemeine Geschäftsbedingung mit § 309 Nr. 12 BGB n. F. nicht zu vereinbaren.[40] Dem BGH ist daher darin zu folgen, dass der Auftragnehmer auch die von ihm behauptete Einheitspreisvereinbarung beweisen muss. Der Auftragnehmer muss auch die Vereinbarung des von ihm geltend gemachten **Pauschalpreises** beweisen, wenn der Auftraggeber hinreichend substantiiert die Vereinbarung eines niedrigeren Pauschalpreises behauptet. Streiten die Parteien über den dafür **geschuldeten Leistungsumfang,** muss der Auftragnehmer, der zusätzliche Vergütungsansprüche geltend macht, beweisen, dass der Pauschalpreis sich nur auf das geringere Leistungsvolumen bezog.[41] Etwas anderes gilt allerdings dann, wenn dem Vertrag ein detailliertes Leistungsverzeichnis zugrunde lag. Macht der Auftraggeber eine **nachträgliche abändernde Preisvereinbarung** geltend, ist er dafür in vollem Umfang beweispflichtig.[42]

Alle diese Beweisschwierigkeiten, die in der Praxis eine große Rolle spielen, wären 21 vermeidbar, wenn die Vertragsparteien zumindest die wesentlichen Abreden **schriftlich dokumentieren** würden. Leider wird das aber immer wieder unterlassen.

## D. Vertretungsfragen

Häufig wird die Vergütung nicht mit dem Auftraggeber persönlich vereinbart, sondern 22 mit einem Vertreter, z. B. dem Architekten oder Baubetreuer. Nach § 164 Abs. 1 Satz 1 BGB wirkt eine von einem Vertreter im Rahmen seiner Vertretungsmacht abgegebene Willenserklärung auch dann für und gegen den Vertretenen, wenn sie der Vertreter zwar nicht ausdrücklich in dessen Namen abgibt, die **Umstände** jedoch ergeben, dass sie im Namen des Vertretenen erfolgen soll. Als Auslegungsregel beantwortet die Vorschrift nicht nur die Frage, **ob** der Vertreter im Namen eines anderen gehandelt hat. Sie ist vielmehr auch dann maßgebend, wenn **ungewiss** ist, in welchem/wessen Namen der Vertreter einen Vertrag abschließt. Handelt es sich um einen Baubetreuer in der Rechtsform der GmbH & Co. KG und macht die Komplementär-GmbH bei Vertragsschluss nicht deutlich, ob sie im eigenen Namen oder für die KG handelt, so kommt der Betreuungsvertrag mit der KG zustande.[43]

Ist der Vertreter **nicht wirksam** bevollmächtigt, wird der Auftraggeber grundsätzlich 23 nicht verpflichtet. Gleiches gilt im umgekehrten Fall, wenn für den Auftragnehmer ein Vertreter auftritt und z. B. eine zu niedrige Vergütung vereinbart, ohne wirksam bevollmächtigt zu sein.

### I. Die Vollmacht des Architekten/Baubetreuers

In der Baupraxis tritt für den Auftraggeber und an dessen Stelle in der Mehrzahl der Fälle 24 der Architekt auf. Damit stellt sich die Frage, ob und in welchem Umfang der Architekt auch zum Abschluss von Verträgen und **Vergütungsvereinbarungen** für den Auftraggeber bevollmächtigt ist.

#### 1. Originäre/rechtsgeschäftliche Vollmacht des Architekten

Nach allgemeiner Ansicht ist der Architekt zwar Sachwalter des Auftraggebers, jedoch im 25 Wesentlichen beschränkt auf den **technischen Bereich.** Er ist grundsätzlich nicht rechtsgeschäftlicher Vertreter des Auftraggebers und deshalb im Regelfall auch **nicht „origi-**

---

[40] So zutreffend *Kapellmann/Messerschmidt-Kapellmann* § 2 VOB/B Rdn. 132.
[41] OLG Nürnberg IBR 2002, 401.
[42] BGH NJW 1983, 1782 = BauR 1983, 366 = ZfBR 1983, 186; *Werner/Pastor* Rdn. 1117.
[43] BGH NJW-RR 1988, 575 = BauR 1988, 215 = ZfBR 1988, 115 m. N.

när",⁴⁴ d. h. kraft Amtes bevollmächtigt, für diesen Verträge zu schließen und Vergütungsvereinbarungen zu treffen.⁴⁵

26 Das ergibt sich schon aus dem **Leistungsbild** des Architekten, das den Abschluss von Verträgen und die Vereinbarung von Vergütungen für den Bauherrn (Auftraggeber) nicht vorsieht. Schon § 19 Abs. 1 lit. g der bis Ende 1976 geltenden Gebührenordnung für Architekten (GOA) machte dem Architekten im Rahmen der technischen und geschäftlichen Oberleitung nur die „Vorbereitung der erforderlichen Verträge" zur Pflicht. § 15 Abs. 1 HOAI spricht demgemäß in den Leistungsphasen 6 und 7 ebenfalls nur von der Vorbereitung und Mitwirkung bei der Vergabe. Ein Architekt, der (lediglich) die Ausschreibung und Einholung der Angebote vorzunehmen hat, ist zur Vergabe von Aufträgen jedoch nicht bevollmächtigt.⁴⁶ Der Unternehmer, der einen Auftrag direkt vom Architekten erhält, muss sich im Zweifel über die Vollmacht des Architekten **erkundigen**.⁴⁷ Unterlässt er dies, kann er in der Regel weder vom Bauherrn noch vom vollmachtlosen Architekten Zahlung verlangen. Der im Baugewerbe tätige Unternehmer muss wissen, dass der den Vertragsbeziehungen zwischen Bauherrn und Architekten zugrunde liegende Architektenvertrag in der Regel keine Bevollmächtigung zur Auftragsvergabe vorsieht.⁴⁸

27 Der Abschluss von Verträgen und die Vereinbarung der Vergütung ist vielmehr grundsätzlich Sache des **Auftraggebers** selbst. Der Architekt ist hierzu nur auf Grund besonderer rechtsgeschäftlicher Vollmacht berechtigt. Diese muss die Befugnis, für den Bauherrn (Auftraggeber) Verträge abzuschließen und Vergütungen zu vereinbaren, **eindeutig** ergeben. Dafür genügt es nicht, wenn es im Architektenvertrag lediglich allgemein heißt, dass der Architekt zur „Wahrnehmung der Rechte des Auftraggebers" befugt sei, oder wenn er im Architektenvertrag als Vertreter, bevollmächtigter Vertreter oder Bevollmächtigter des Bauherrn gegenüber dem Auftragnehmer bezeichnet wird.

28 Derartige allgemein gehaltene Regelungen, die nicht eindeutig auf eine rechtsgeschäftliche Vollmacht des Architekten hindeuten, sind vielmehr eng auszulegen⁴⁹ und beschränken die Befugnis des Architekten auf den technischen Bereich, bevollmächtigen ihn aber nicht zur Erteilung, Änderung und Erweiterung von Aufträgen einschließlich der damit verbundenen Vergütungsvereinbarungen und auch nicht zu sonstigen **preisbeeinflussenden Absprachen,** z. B. über die Verlängerung der Bauzeit, die Einschränkung der Gewährleistung oder zu Vertragsänderungen, die die bisher bestehenden Verpflichtungen des Auftraggebers wesentlich erweitern.⁵⁰ Vereinbart der Architekt mit dem Bauunternehmer nachträglich einen anderen Abrechnungsmodus, so stellt dies ebenfalls eine wesentliche Vertragsänderung dar, die den Bauherrn nicht bindet und aus der der Auftragnehmer gegenüber dem Architekten nichts herleiten kann, weil der Mangel seiner Vertretungsmacht für ihn erkennbar war.⁵¹ Der Architekt ist auch nicht berechtigt, Stundenlohnarbeiten rechtsgeschäftlich anzuerkennen oder die rechtsgeschäftliche Abnahme zu erklären. Der **Prüfvermerk** auf der Rechnung des Unternehmers stellt in der Regel lediglich eine Wissenserklärung des Architekten dar, aber keine rechtsgeschäftliche Erklärung im Namen des Bauherrn.⁵²

Will der Bauherr sich in jedem Fall vor weiterer Verpflichtung durch den Architekten schützen, ist es ihm unbenommen, den Umfang der Vollmacht im Architektenvertrag

---

⁴⁴ Gegen den Ausdruck „originäre" Vollmacht Quack BauR 1995, 441 ff.
⁴⁵ *Ingenstau/Korbion/Keldungs* VOB/B § 2 Rdn. 29, 30, 31; *Kniffka/Koeble* 5. Teil Rdn. 26; *Kniffka* IBR-online-Kommentar zum Bauvertragsrecht Stand 4. 1. 2007 § 631 Rdn. 104 ff.
⁴⁶ OLG Köln BauR 1992, 812 L und NJW-RR 1992, 915 = BauR 1993, 243.
⁴⁷ OLG Köln NJW-RR 1992, 915; OLG Naumburg NZBau 2000, 143.
⁴⁸ OLG Köln, BauR 1992, 812 L. und NJW-RR 1992, 915 = BauR 1993, 243.
⁴⁹ BGH BauR 1975, 358. Deshalb ist – anders als bei einem Baubetreuer (vgl. unten Rdn. 56 ff.) – auch die einem Generalübernehmer erteilte Vollmacht, die Interessen des Auftraggebers bezüglich des Baues „in jeglicher Hinsicht zu vertreten", auf Gespräche mit Behörden, Architekten etc. begrenzt und schließt die Vergabe von Aufträgen für den Auftraggeber nicht ein (OLG Hamm NJW-RR 1992, 153).
⁵⁰ BGH NJW 1978, 995 = BauR 1978, 139.
⁵¹ LG Bochum, NJW-RR 1989, 1365.
⁵² BauR 2002, 613.

D. Vertretungsfragen

ausdrücklich zu regeln und in die abgeschlossenen Bauverträge die Klausel aufzunehmen: „Zusatzaufträge nur schriftlich durch den Auftraggeber". Diese Klausel ist uneingeschränkt zulässig, da sie nur die ohnehin bestehende Rechtslage wiedergibt.[53]

Andererseits steht es dem Bauherrn natürlich frei, dem Architekten eine weitergehende **rechtsgeschäftliche Vollmacht** zu erteilen. Das vereinfacht den Bauablauf, birgt aber für alle Beteiligten erhebliche Risiken. Der Bauherr läuft Gefahr, unerwarteten Mehrforderungen der Handwerker ausgesetzt zu sein. Der Architekt geht das Risiko ein, sich schadensersatzpflichtig zu machen, etwa weil er bei der rechtsgeschäftlichen Abnahme den Vorbehalt einer verwirkten Vertragsstrafe vergisst.

Selbst wenn der Architekt in Besitz einer **Sondervollmacht** ist, diese jedoch dahin eingeschränkt ist, dass der Architekt gemäß Architektenvertrag zwar „Bauleistungen im Namen und Auftrag des Auftraggebers vergeben" kann, die Auswahl der Auftragnehmer und die Entscheidung über die Vergabe aber von Auftraggeber und Architekt gemeinsam getroffen werden soll oder der Architekt vor der Vergabe zumindest die Zustimmung des Auftraggebers einholen muss, wirkt eine solche Einschränkung nach außen.[54] **29**

War der Architekt gemäß Vertrag nur bevollmächtigt, „die Bauleistungen" im Namen des Auftraggebers zu vergeben, so berechtigt ihn dies nicht zur Vergabe technischer Sonderleistungen und zur Beauftragung von Fachingenieuren, z. B. des Statikers.[55] **30**

Die im **Innenverhältnis** zwischen dem Bauherrn (Auftraggeber) und dem Architekten festgelegten Einschränkungen bestimmen den Umfang der (Sonder-)Vollmacht des Architekten automatisch auch **nach außen.** Die Vollmachtseinschränkung braucht nicht offen gelegt zu werden. War die dem Architekten erteilte Vollmacht ausdrücklich auf Fälle beschränkt, in denen Gefahr in Verzug ist, so wirkt diese Einschränkung auch dann nach außen, wenn sie nicht offen gelegt worden ist.[56] **31**

Hiernach kommt eine im Regelfall konkludent erteilte rechtsgeschäftliche Vollmacht des Architekten zur Vergabe von Bauleistungen und Vereinbarung der Vergütung praktisch nur in zwei Ausnahmefällen in Betracht: **32**
(1) bei **Gefahr im Verzug**,[57] wenn die Leistungen unaufschiebbar dringend und zur Abwendung einer Gefahr für den Auftraggeber zwingend geboten sind,[58] z. B. bei einem Rohrbruch;
(2) bei **kleineren Nachtragsaufträgen,** die durch Änderungen, Erweiterungen oder Zusatzarbeiten erforderlich geworden sind und im Wesentlichen im Rahmen des Hauptauftrages liegen.

Dagegen ist der Architekt nicht befugt, **Zusatzaufträge** zu erteilen, die sich nicht im Wesentlichen in den Grenzen des Hauptauftrages halten, sondern den Werklohn des Auftragnehmers z. B. fast verdoppeln würden.[59] Denn ein Architekt ist grundsätzlich weder auf Grund originärer Vollmacht noch auf Grund Anscheins- oder Duldungsvollmacht berechtigt, zu Lasten des Auftraggebers über den Hauptauftrag (hier: Pauschalauftrag) hinausgehende zusätzliche Aufträge zu erteilen.[60] Ebenso ist der objektüberwachende Architekt ohne rechtsgeschäftliche Vollmacht nicht bevollmächtigt, zusätzliche Bauleistungen in Auftrag zu geben oder einseitige Anzeigen bzw. Ankündigungen von Zusatzvergütungen nach § 2 **33**

---

[53] BGH BauR 1994, 760; OLG Düsseldorf BauR 2000, 1878.
[54] BGHZ 60, 255 = NJW 1973, 757; OLG Köln NJW 1973, 1798; OLG Stuttgart BauR 1974, 423.
[55] Vgl. OLG Köln BauR 1986, 717.
[56] Zu weitgehend deshalb OLG Köln BauR 1986, 443 = *Schäfer/Finnern/Hochstein* § 173 BGB Nr. 1 m. krit. Anm. *Hochstein*.
[57] Auch deshalb bedurfte es im vorgenannten Fall des OLG Köln keiner besonderen Offenlegung der Vollmachtseinschränkung, weil diese nur das besagte, was ohnehin gilt.
[58] v. *Craushaar* BauR 1982, 421; *Ingenstau/Korbion/Keldungs* VOB/B § 2 Rdn. 30, 31.
[59] BGH BauR 1975, 358. Zum Missbrauch der Vertretungsmacht eines mit der Durchführung eines Bauvorhabens umfassend bevollmächtigten Vertreters des Bauherrn bei der Vergabe von Zusatzaufträgen ausführlich BGHZ 113, 315 = NJW 1991, 1812 = BauR 1991, 331 = ZfBR 1991, 146; *Kniffka/Koeble* 5. Teil Rdn. 26.
[60] OLG Stuttgart BauR 1994, 789.

Nr. 6 bzw. Nr. 8 VOB/B entgegenzunehmen. Diese Grundsätze gelten auch für **Stundenlohnarbeiten**.[61] Die Ermächtigung eines Bauleiters oder Architekten, Stundenlohnnachweise abzuzeichnen, ist keine Vollmacht zum Abschluss einer Stundenlohnvereinbarung. Im Übrigen lässt auch allein die Unterzeichnung von Stundenlohnzetteln nicht auf den Willen zum Abschluss einer Stundenlohnvereinbarung schließen.[62]

34   Selbstverständlich ist der Architekt erst recht nicht bevollmächtigt, im Namen des Auftraggebers Aufträge zu erteilen, durch die seine **eigenen Leistungen** betroffen sind, insbesondere ihn selbst oder die Auftragnehmer betreffende Mängel auf Kosten des Auftraggebers beseitigt werden.[63]

## 2. Duldungsvollmacht

35   Von Duldungsvollmacht spricht man, wenn der Vertretene das Handeln des vollmachtlosen Vertreters nicht nur hätte erkennen und verhindern können, sondern positiv kennt. Bei der Duldungsvollmacht kann der Gegner deshalb zulässigerweise davon ausgehen, dass der Vertretene mit dem Handeln des vollmachtlosen Vertreters einverstanden ist, dieser also Vollmacht hat.[64] In vielen Fällen wird sogar eine konkludent erteilte rechtsgeschäftliche Vollmacht vorliegen. So kann die von einem vollmachtlosen Vertreter abgeschlossene Vergütungsvereinbarung den Vertretenen auf Grund Duldungsvollmacht binden, wenn dieser zuvor bereits mehrfach ähnliche Vereinbarungen unwidersprochen honoriert und darauf beruhende Rechnungen bezahlt hatte.[65]

## 3. Anscheinsvollmacht

36   Bei der Anscheinsvollmacht ist der als Vertreter Handelnde tatsächlich nicht bevollmächtigt. Der Vertretene wird jedoch so behandelt, als habe er ihn bevollmächtigt, weil er einen entsprechenden Rechtsschein gesetzt hat. Ob ein solcher zu bejahen ist, hängt von den besonderen Umständen des Einzelfalles ab.[66] Grundsätzlich setzt die Annahme einer Anscheinsvollmacht dreierlei voraus:[67]
(1) dass der Vertretene bei Anwendung der im Verkehr erforderlichen Sorgfalt das Handeln des vollmachtlosen Vertreters hätte erkennen und verhindern können,
(2) dass der Geschäftspartner berechtigtermaßen darauf vertraut hat, der Vertretene kenne und billige das Verhalten des Vertreters und
(3) dass der so gesetzte Rechtsschein für die Entscheidung des Geschäftspartners und das Zustandekommen der Vergütungsvereinbarung ursächlich gewesen ist.[68]
Diese Grundsätze gelten auch gegenüber einer Körperschaft des öffentlichen Rechts, z. B. einer Gemeinde; Voraussetzung ist jedoch stets, dass die jeweils zuständigen Organe den Zustand, durch den der Anschein der Vollmacht erweckt wurde, geduldet bzw. nicht verhindert haben.[69]
Nach diesen Grundsätzen wird nur in Ausnahmefällen eine Anscheinsvollmacht des Architekten zu bejahen sein.

37   Dass der Auftraggeber einen Architekten bestellt hat und dieser für ihn auftritt, genügt dafür nicht, denn die bloße Beauftragung eines Architekten begründet für sich allein keinen Rechtsschein, dass der Architekt uneingeschränkt zur Vergabe von Bauleistungen einschließ-

---

[61] OLG Karlsruhe BauR 1995, 435 L.
[62] BGH MDR 2003, 1413.
[63] *Ingenstau/Korbion/Keldungs* VOB/B § 2 Rdn. 30, 31.
[64] *Palandt/Heinrichs* § 173 Rdn. 11 ff. m. w. N.; OLG Düsseldorf/BGH IBR 2005, 416 mit Anm. *Putzier*.
[65] OLG Köln MDR 1970, 840.
[66] BGH NJW 1980, 122 = BauR 1980, 84 = ZfBR 1980, 24 m. w. N.; *Kniffka/Koeble* 5. Teil Rdn 28; *Kniffka* IBR-online-Kommentar zum Bauvertragsrecht Stand 4. 1. 2007 § 631 Rdn. 107.
[67] BGH NJW 1981, 1728; *Palandt/Heinrichs* § 173 Rdn. 14 ff m. w. N.
[68] *v. Craushaar* BauR 1982, 421 ff.; *Herrmann* NJW 1984, 471 f.
[69] BGH NJW 1972, 940 f m. w. N.

## D. Vertretungsfragen

lich der entsprechenden Vergütungsvereinbarungen bevollmächtigt ist.[70] Ebenso setzt der Bauherr, der einen Architekten mit der Einholung eines Angebots beauftragt, damit gegenüber dem anbietenden Unternehmer nicht den Anschein, der Architekt sei zur Auftragsvergabe bevollmächtigt. Erteilt der Architekt ohne Wissen des Bauherrn und ohne dazu bevollmächtigt zu sein, einen Auftrag, haftet der Bauherr auch nicht aus culpa in contrahendo/§§ 280 Abs. 1, 311 Abs. 2 und 3 BGB.[71] Für eine Anscheinsvollmacht müssen vielmehr weitere, diesen Haftungsgrund rechtfertigende Umstände vorliegen. Das ist z. B. der Fall, wenn der Architekt ohne entsprechende Sondervollmacht bereits den **Hauptauftrag** im Namen und für Rechnung des Bauherrn erteilt und dieser dem nicht widersprochen hatte. Dann kann dadurch für die Zukunft der Rechtsschein begründet sein, dass der Architekt umfassend auch zur Vergabe von Nachtragsaufträgen bevollmächtigt ist.

Entsprechendes gilt, wenn der Auftragnehmer den Auftraggeber unmittelbar auf die Notwendigkeit weiterer Arbeiten hinweist, der Auftraggeber dem nicht widerspricht und der Architekt anschließend die entsprechenden Nachtragsaufträge vergibt. Ebenso kann sich ein die Annahme einer Anscheinsvollmacht begründender Rechtsschein daraus ergeben, dass der Architekt bei Vertragsverhandlungen ständig für den Auftraggeber auftritt, die Preise aushandelt und dem Auftragnehmer den Bauvertrag übersendet, auch wenn der Auftraggeber selbst den Vertrag (mit-)unterzeichnet hat.[72]

Dagegen kommt eine Anscheinsvollmacht nicht in Betracht, soweit es um die Weitergabe von Architektenleistungen geht, die der Architekt selbst zu erbringen hat.[73] Gleiches gilt für die Vergabe technisch notwendiger Sonderleistungen an **Fachingenieure,** z. B. den Statiker. Sonderfachleute darf der Architekt selbst dann nicht beauftragen, wenn er eine rechtsgeschäftliche Sondervollmacht hat, diese aber auf die Vergabe der reinen „Bauleistungen" beschränkt ist.[74] Erst recht kann dann keine Anscheinsvollmacht zur Beauftragung von Sonderfachleuten angenommen werden, wenn nicht einmal eine im obigen Sinne beschränkte Sondervollmacht vorliegt.[75]

Die im Innenverhältnis bestehenden Beschränkungen der Architektenvollmacht wirken – wie erwähnt – auch nach außen, z. B. die Bestimmungen im Architektenvertrag, dass die Entscheidung über die Vergabe der Bauleistungen von Auftraggeber und Architekt **gemeinsam** getroffen wird bzw. der Architekt vor der Vergabe die Zustimmung des Auftraggebers einholen muss.[76] Deshalb kann in einem solchem Fall ebenfalls keine Anscheinsvollmacht des Architekten angenommen werden.[77]

Nach allgemeiner Ansicht kommt eine Anscheinsvollmacht des Architekten nur in Betracht in Bezug auf die Vergabe einzelner im Rahmen des Bauvorhabens liegender Aufträge und Nachtragsaufträge, die insgesamt – im Verhältnis zum Gesamtauftragsvolumen – **unbedeutend** sind und wirtschaftlich nicht ins Gewicht fallen.[78] Bei derartigen kleineren Aufträgen ist es – so sagt man – üblich, die erforderlichen Absprachen ohne Mitwirkung des Auftraggebers unmittelbar zwischen Architekt und Auftragnehmer zu treffen, weshalb insoweit die bloße Bestellung eines Architekten den Rechtsschein begründet, dass dieser zur Vergabe derartiger Arbeiten bevollmächtigt ist.[79] Tatsächlich dürfte in diesen Fällen zumeist

---

[70] BGH NJW 1960, 859; BB 1963, 111; NJW 1972, 940; OLG Stuttgart NJW 1966, 1461 und BauR 1974, 423; OLG Hamm MDR 1975, 488.
[71] OLG Köln NJW-RR 1992, 915 = BauR 1993, 243.
[72] BGH NJW 1983, 816 = BauR 1983, 165 = ZfBR 1983, 83.
[73] BGH NJW 1978, 995 = BauR 1978, 139.
[74] Vgl. OLG Köln BauR 1986, 717.
[75] A. A. *Ingenstau/Korbion/Keldungs* VOB/B § 2 Rdn. 37.
[76] BGHZ 60, 255 = NJW 1973, 757; OLG Köln NJW 1973, 1798; OLG Stuttgart BauR 1974, 423.
[77] Entgegen OLG Köln NJW 1973, 1798 mit zu Recht abl. Anm. *Picker.* Die Beauftragung des Architekten mit der Angebotseinholung begründet, weil diese zu seinem normalen Leistungsbild gehört, ebenfalls nicht den Anschein, dass der Architekt auch zur Auftragsvergabe bevollmächtigt sei (OLG Köln NJW-RR 1992, 915 = BauR 1993, 243 und BauR 1992, 812 L).
[78] BGH BB 1963, 111; BauR 1975, 358; OLG Stuttgart NJW 1966, 1461; OLG Hamm MDR 1985, 448.
[79] BGH NJW 1978, 1631 = BauR 1978, 314; OLG Stuttgart MDR 1982, 1016.

eine konkludent erteilte rechtsgeschäftliche **Vollmacht** des Architekten anzunehmen sein, so dass es des Rückgriffs auf die Grundsätze der Anscheinsvollmacht nicht einmal bedarf.

42  Gleiches gilt, wenn der Bauherr den Architekten an seiner Stelle zu einer **Baubesprechung** schickt, bei der mit Rücksicht auf bereits vorher stattgefundene Gespräche ersichtlich auch rechtsgeschäftliche Dinge zu regeln sind. Dann gibt er gegenüber den anderen Teilnehmern mit hinreichender Deutlichkeit zu erkennen, dass die von ihm entsandte Vertrauensperson auch bevollmächtigt ist, an seiner Stelle zu handeln. Deshalb hat der Architekt in einem solchen Fall Vollmacht zu rechtsgeschäftlichem Handeln.[80] Eine derartige Vollmacht kann ihn sogar zu einem Schuldbeitritt des Bauherrn gegenüber einem Subunternehmer berechtigen. Droht der Subunternehmer dem Bauherrn auf Grund ausbleibender Zahlungen seines Auftraggebers, des Hauptunternehmers, die Einstellung der Arbeiten an und kommt es daraufhin zu einer Besprechung über eine Weiterarbeit des Subunternehmers, an der der Architekt des Bauherrn teilnimmt, so liegt in der Entsendung des Architekten zu dieser Besprechung eine umfassende Vollmacht, die den Architekten aus der Sicht des Subunternehmers auch zu einem Schuldbeitritt für die zukünftigen Leistungen des Subunternehmers bevollmächtigt. Erstellt der Architekt über diese Besprechung eine Aktennotiz, die er auch dem Subunternehmer zuleitet, dass der Bauherr in den Auftrag eintritt und die geleistete Arbeit vergüten wird, falls der Subunternehmer von seinem Auftraggeber keine Vergütung erhält, so liegt darin ein wirksamer Schuldbeitritt bezüglich des Vergütungsanspruchs des Subunternehmers für alle nach dieser Besprechung erbrachten Leistungen.[81]

### 4. Vollmacht des Baubetreuers

43  Im Gegensatz zur Architektenvollmacht wie auch der eines **Generalübernehmers,** der regelmäßig keine Bauaufträge zu Lasten seines Auftraggebers vergeben kann,[82] ist die Vollmacht des Baubetreuers nicht eng auszulegen. Sie berechtigt, auch wenn eine ausdrückliche dahingehende Bevollmächtigung fehlt, den Baubetreuer zum Abschluss von Bauverträgen und Nachtragsaufträgen im Namen des/der betreuten Bauherren einschließlich der entsprechenden Vergütungsvereinbarungen. Denn – anders als beim Architekten – gehört zu den Aufgaben des Baubetreuers auch die rechtsgeschäftliche Abwicklung des Bauvorhabens.

44  Die Vollmacht des Baubetreuers umfasst grundsätzlich den Abschluss eines zur Bauerrichtung vorgesehenen **Generalunternehmervertrages.** Selbst wenn der Bauherr die von ihm geschuldeten Zahlungen vollständig und rechtzeitig an den Baubetreuer geleistet hat, muss er deshalb für etwa offen gebliebene Werklohnforderungen der Unternehmer (anteilig mit den anderen Bauherren) aufkommen.[83]

45  Der Bauherr, der später in eine Bauherrengemeinschaft eintritt und den Baubetreuungsvertrag unterschreibt, **genehmigt** dadurch die von dem Baubetreuer/Treuhänder bereits erteilten Aufträge.[84] Deshalb haftet dem Bauunternehmer, der mit dem Baubetreuer/Treuhänder einer Bauherrengemeinschaft einen Generalunternehmervertrag abgeschlossen hat, auch das erst später in die Bauherrengemeinschaft eingetretene Mitglied,[85] allerdings nicht als Gesamtschuldner, sondern nur anteilig entsprechend seiner Quote.

46  Jedoch umfasst die Vollmacht des Baubetreuers im Zweifel **nicht** Nebenabreden, wie den Abschluss einer Schiedsgerichtsvereinbarung.[86] Insbesondere kann der Bauunternehmer/

---

[80] OLG Köln NJW-RR 1994, 1501 = BauR 1994, 668 L = OLGZ 1994, 157; OLG Nürnberg BauR 2000, 730; OLG Saarbrücken NZBau 2000, 252; OLG Düsseldorf BauR 2000, 1878.

[81] OLG Düsseldorf NJW-RR 1995, 592 = BauR 1995, 257.

[82] OLG Hamm NJW-RR 1992, 153. Zur Bevollmächtigung des Treuhänders im Bauherrenmodell *Brych* FS Korbion, S. 1 ff.

[83] BGHZ 67, 334 = NJW 1977, 294 = BauR 1977, 58; BGHZ 76, 86 = NJW 1980, 992 = BauR 1980, 262 = ZfBR 1980, 73; BGH BauR 1983, 457 = ZfBR 1983, 220.

[84] BGH BauR 1983, 457, 458 = ZfBR 1983, 220.

[85] BGH NJW-RR 1987, 1233.

[86] BGHZ 76, 86, 90 = NJW 1980, 992 = BauR 1980, 262 = ZfBR 1980, 73; BGH BauR 1983, 457 = ZfBR 1983, 220.

D. Vertretungsfragen  **Vor § 2**

Generalunternehmer nicht davon ausgehen, dass der Baubetreuer die Bauherren auch zur Übernahme solcher Kosten verpflichten kann, die auf eine erkennbar unzureichende Finanzierungsplanung des Baubetreuers zurückzuführen sind, z. B. Zwischenfinanzierung über Wechsel oder Stillstandskosten.[87]

Dagegen ist der Baubetreuer auf Grund seiner Vollmacht zur Beauftragung von **Fachingenieuren,** z. B. des Statikers, befugt. Anders verhält es sich mit der Einschaltung eines **Architekten,** weil die Architektenleistungen vom Baubetreuer regelmäßig im Rahmen der technischen Betreuung als eigene Leistung zu erbringen sind und er einen Architekten deshalb grundsätzlich nur in seinem Namen beauftragen darf, nicht namens und in Vollmacht des/der betreuten Bauherren.[88]  47

Auch wenn die Vollmacht des Baubetreuers weiter reicht als die des Architekten, kann sie – wie diese – durch entsprechende Vereinbarungen **eingeschränkt** werden. Wie beim Architekten wirken die im Innenverhältnis vereinbarten Einschränkungen dann auch **nach außen.** Deshalb ist der Baubetreuer nicht zur Vergabe von Bauaufträgen bevollmächtigt, wenn seine Vollmacht die rechtsgeschäftliche Verpflichtung des/der Betreuten nicht umfasst, weil er selbst zur **schlüsselfertigen Erstellung** verpflichtet ist.[89]  48

Andererseits wird eine umfassende Vergabevollmacht des Baubetreuers nicht schon dadurch eingeschränkt oder aufgehoben, dass der Baubetreuer sich verpflichtet hat, das Bauvorhaben zu einem **garantierten Festpreis** zu errichten.[90] In diesem Fall sind die vom Baubetreuer im Namen des/der Betreuten abgeschlossenen Verträge nach außen wirksam; soweit sie den Festpreis überschreiten, muss im Innenverhältnis der Baubetreuer jedoch auf Grund seiner Festpreisgarantie eintreten.[91]  49

Bei **nicht zustande gekommener Bauherrengemeinschaft** haftet dagegen der Baubetreuer/Initiator schon im Außenverhältnis gegenüber Architekt und Statiker sowie den bauausführenden Firmen. Da beim Bauherrenmodell im Planungsstadium in den seltensten Fällen bereits eine Bauherrengemeinschaft existiert, sondern der Baubetreuer/Initiator zunächst gewisse planerische Vorleistungen in Auftrag geben muss, um die Bauherrengemeinschaft überhaupt zustande zu bringen und zu schließen, ist die Vergabe von Architekten- und Statikerleistungen ein für seine Geschäftstätigkeit **typisches Risiko** zur Verwirklichung des Vorhabens. Der Baubetreuer/Initiator kann sich im Falle einer (noch) nicht existenten Bauherrengemeinschaft deshalb grundsätzlich auch nicht darauf berufen, dass der Vertragspartner (Architekt, Statiker, Bauunternehmer) die Nichtexistenz der Bauherrengemeinschaft **gekannt** habe (§ 179 Abs. 3 BGB), weil der Anwendung dieser Vorschrift in einem solchen Fall § 242 BGB entgegensteht.[92] Schließt der Initiator eines im Bauherrenmodell zu errichtenden Bauvorhabens Verträge namens und im Auftrag der Bauherrengemeinschaft, ohne dass eine solche (bereits) besteht, so haftet er selbst nach den Regeln des Handelns unter fremdem Namen, jedenfalls aber nach § 179 Abs. 1, ohne sich nach § 179 Abs. 3 BGB darauf berufen zu können, der Geschäftsgegner habe den Sachverhalt gekannt.[93]  50

Entsprechendes gilt für die Haftung des **Treuhänders** einer noch nicht gebildeten Bauherrengemeinschaft.[94] Schließt dieser mit einem Bauunternehmer einen Vertrag über die Errichtung einer Wohnanlage und kommt die Bauherrengemeinschaft später nicht zustande, so haftet auch er als Vertreter ohne Vertretungsmacht gem. § 179 Abs. 1 BGB. Der Treuhänder kann sich nicht auf den Haftungsausschluss nach § 179 Abs. 3 BGB berufen, wenn dem Bauunternehmer die Vertretung noch nicht existenter Gesellschafter zwar  51

---

[87] BGH BauR 1983, 457 = ZfBR 1983, 220.
[88] BGH NJW 1978, 643 m. Anm. *Häsemeyer* S. 1165 = BauR 1978, 149.
[89] BGH NJW 1978, 1054 = BauR 1978, 220.
[90] BGHZ 67, 334 = NJW 1977, 294 = BauR 1977, 58; OLG Karlsruhe MDR 1984, 142; OLG München NJW 1984, 63 = BauR 1984, 293 gegen OLG Nürnberg NJW 1982, 2326.
[91] BGHZ 67, 334 = NJW 1977, 294 = BauR 1977, 58.
[92] OLG Frankfurt MDR 1984, 490; OLG Hamm BauR 1987, 592.
[93] OLG Köln NJW-RR 1987, 1375 = BauR 1987, 720 L unter Hinweis auf BGHZ 63, 45, 49 = NJW 1974, 1905 und BGHZ 69, 95, 101 = NJW 1977, 1683.
[94] Zur Bevollmächtigung des Treuhänders im Bauherrenmodell *Brych* FS Korbion S. 1 ff.

**Vor § 2**

bekannt war, der Treuhänder jedoch zusätzlich erklärt hat, die Bauherrengemeinschaft werde alsbald entstehen. Der Ausschluss der Vertreterhaftung nach § 179 Abs. 3 BGB widerspricht in diesem Fall dem Grundsatz von Treu und Glauben gem. § 242 BGB.[95]

## II. Die Haftung des vollmachtlosen Vertreters

52   Wenn und soweit der Vertretene nicht wirksam verpflichtet wird, kommt eine Haftung des Handelnden als **vollmachtloser** Vertreter gem. § 179 BGB in Betracht. Dabei ist dem Vertreter, dem im Vorprozess gegen den Vertretenen der Streit verkündet worden war, gegenüber der anschließend gem. § 179 BGB erhobenen Klage der Beweis seiner Vertretungsmacht selbst dann abgeschnitten, wenn die Klage gegen den Vertretenen lediglich deshalb abgewiesen wurde, weil die Bevollmächtigung des Vertreters nicht bewiesen werden konnte (non liquet). Der Schadensersatzanspruch aus § 179 Abs. 2 BGB umfasst in einem solchen Fall auch die Kosten der erfolglosen Klage gegen den Vertretenen.[96]

53   Der Anspruch gegen den vollmachtlosen Vertreter **verjährt** in derselben Frist, wie sie für den vertraglichen Anspruch (Vergütungs- oder Erfüllungsanspruch) gegolten hätte, wenn dieser wirksam zustande gekommen wäre. Der Vergütungsanspruch verjährt regelmäßig gem. § 195 BGB n. F. in drei Jahren.

54   Ebenso haftet der Handelnde selbst, wenn er nicht **erkennbar** zum Ausdruck bringt, dass er als Vertreter des Bestellers auftreten will. Wenn der Wille, in fremdem Namen zu handeln, nicht erkennbar hervortritt, bleibt der Mangel des Willens, im eigenen Namen zu handeln, außer Betracht (§ 164 Abs. 2 BGB). Der „Vertreter" haftet dann persönlich auf Erfüllung.

55   Ist Grundstückseigentümer und Bauherr die Ehefrau, tritt für diese aber der Ehemann auf, ohne deutlich zu machen, dass er als Vertreter seiner Frau handeln will, wird die Ehefrau im Zweifel nicht (mit-)verpflichtet. Gleiches gilt, wenn Grundstückseigentümer und Bauherren minderjährige Kinder sind und für diese die Eltern handeln, ohne deutlich klarzustellen, dass sie als Vertreter auftreten und ihre Kinder verpflichten wollen. Dass der Auftragnehmer dann nicht auf das Baugrundstück als Sicherheit gem. § 648 BGB zurückgreifen kann (vgl. unten Rdn. 275 ff.), ändert hieran nichts, weil es einen Erfahrungssatz, dass der Grundstückseigentümer regelmäßig auch der Auftraggeber ist, nicht gibt. Ein Geschäft „für den es angeht" kann gleichfalls nicht angenommen werden, weil die Person des Vertragspartners für den Auftragnehmer im Allgemeinen von entscheidender Bedeutung ist und es ihm deshalb nicht gleichgültig ist, mit wem er den Vertrag schließt.[97]

56   Es ist grundsätzlich Sache des Unternehmers, darauf zu achten, dass sein Verhandlungspartner eine wirksame Vollmacht hat und diese ihn auch dem Umfang nach berechtigt, den Auftraggeber entsprechend der Vergütungsvereinbarung zu verpflichten. Der Unternehmer, der z. B. einen Auftrag direkt vom **Architekten** erhält, muss sich deshalb im Zweifel erkundigen, ob der Architekt eine entsprechende Vollmacht hat.[98] Ist Auftraggeber eine **Firma** oder Gesellschaft, kommt es darauf an, dass die für sie auftretenden Personen – als Organ, Prokurist oder Handlungsbevollmächtigter – ausreichend zur Vertretung befugt sind. Bei **Körperschaften des öffentlichen Rechts**, z. B. Gemeinden, ist darauf zu achten, dass die Vergütungsvereinbarung nicht nur in der nach dem jeweiligen Kommunalverwaltungsrecht vorgeschriebenen Form, sondern auch von denjenigen getroffen wird, die hiernach allein berechtigt sind, die Gemeinde verbindlich zu verpflichten. Denn eine öffentlich-rechtliche Körperschaft verstößt grundsätzlich nicht gegen Treu und Glauben, wenn sie sich auf

---

[95] BGH NJW 1989, 894 = BauR 1989, 92 = ZfBR 1989, 52.
[96] OLG Düsseldorf BauR 1992, 271 L. Zum Missbrauch der Vertretungsmacht eines mit der Durchführung eines Bauvorhabens umfassend bevollmächtigten Vertreters des Bauherrn bei der Vergabe von Zusatzaufträgen ausführlich BGHZ 113, 315 = NJW 1991, 1812 = BauR 1991, 331 = ZfBR 1991, 146.
[97] BGH *Schäfer/Finnern/Hochstein* § 164 BGB Nr. 3; *Ingenstau/Korbion/Keldungs* VOB/B § 2 Rdn. 29, 30.
[98] OLG Köln BauR 1992, 812 L; *Kniffka* IBR-online-Kommentar zum Bauvertragsrecht Stand 4. 1. 2007 § 631 Rdn. 663.

D. Vertretungsfragen                                                                Vor § 2

Mängel ihrer Vertretung bei Abschluss eines Werkvertrages beruft.[99] Fehlt es an einer wirksamen Verpflichtungserklärung des öffentlichen Auftraggebers, so schließt selbst die mündliche Annahme von Nachtragsangeboten durch den (hierzu nicht bevollmächtigten) Behördenleiter sowie die Durchführung, Entgegennahme und Bezahlung der Arbeiten **Rückforderungsansprüche** der Behörde nach §§ 812 ff. BGB nicht aus,[100] wenn und soweit die (unwirksam) vereinbarten Preise sich auf Grund des Ergebnisses späterer Rechnungsprüfung als überhöht erweisen. Im Übrigen wird auf die Ausführungen unter Rdn. 100 ff. verwiesen.

Auch eine Haftung des vollmachtlosen Vertreters selbst entfällt nach § 179 Abs. 3 BGB, 57 wenn der andere Teil den Mangel der Vertretungsmacht kannte oder kennen musste. Der Unternehmer, der einen Auftrag direkt vom Architekten erhält, sich aber nicht über dessen Vollmacht erkundigt, kann deshalb in der Regel weder vom Bauherrn noch von dem **vollmachtlosen Architekten** Zahlung verlangen. Denn der im Baugewerbe tätige Unternehmer muss wissen, dass den Vertragsbeziehungen zwischen Bauherrn und Architekten gewöhnlich Architektenverträge zugrunde liegen, die gerade keine Bevollmächtigung zur Auftragsvergabe vorsehen.[101] Ebenso entfällt eine Haftung des Auftraggebers und des vollmachtlosen Vertreters gem. § 179 Abs. 3 BGB bei **erkennbarem Missbrauch** einer (an sich bestehenden) Vertretungsmacht.[102] Das ist insbesondere dann anzunehmen, wenn die in Auftrag gegebenen Arbeiten der Beseitigung von Planungsfehlern dienen.[103] Dagegen liegt von vornherein kein Fall vollmachtloser Vertretung vor, wenn der Vertretene auf Grund **Duldungs- oder Anscheinsvollmacht** in Anspruch genommen werden kann.[104]

Ist eine im Privatrechtsverkehr namens der Gemeinde abgegebene Erklärung des Bürgermeisters nur deshalb nicht bindend, weil dieser sie entgegen den kommunalrechtlichen Form- und Vertretungsregeln – hier § 54 Abs. 1 BadWürttGO – nicht unterzeichnet hat, kann er von dem betroffenen Adressaten der Verpflichtungserklärung nicht als Vertreter ohne Vertretungsmacht nach § 179 BGB in Anspruch genommen werden.[105]

### III. Verschulden bei Vertragsschluss – positive Vertragsverletzung/§§ 280 Abs. 1, 311 Abs. 1 und 2 BGB

Ausnahmsweise kommt, auch wenn keine Duldungs- oder Anscheinsvollmacht vorliegt, 58 eine Haftung des Vertretenen in Betracht, wenn er für das Handeln des vollmachtlosen Vertreters auf Grund eigenen **Auswahl-, Überwachungs- oder Instruktionsverschuldens** (mit-)verantwortlich ist.[106]

Daneben haftet der vollmachtlos handelnde Vertreter selbst aus § 179 BGB. Der Vertretene haftet dann mit dem Vertreter als Gesamtschuldner. 59

### IV. Ungerechtfertigte Bereicherung/Geschäftsführung ohne Auftrag

Bereicherungsansprüche sind, wenn und soweit die Voraussetzungen des § 179 BGB 60 vorliegen, weder neben dem Anspruch gegen den vollmachtlosen Vertreter noch an dessen

---

[99] Insoweit sehr instruktiv BGH NJW 1972, 940; vgl. zur Abgrenzung aber auch BGH NJW 1986, 1758 = BauR 1986, 444 (betr. vorbehaltlose Abnahme) und BGH NZBau 2004, 207.
[100] BGH NJW-RR 1992, 1435 = BauR 1992, 761 = ZfBR 1992, 269.
[101] OLG Köln BauR 1992, 812 L.
[102] Zum Missbrauch der Vertretungsmacht eines mit der Durchführung eines Bauvorhabens umfassend bevollmächtigten Vertreters des Bauherrn bei der Vergabe von Zusatzaufträgen ausführlich BGHZ 113, 315 = NJW 1991, 1812 = BauR 1991, 331 = ZfBR 1991, 146.
[103] BGH NJW 2000, 1407; OLG Saarbrücken NJW-RR 2001, 453.
[104] BGHZ 86, 273 = NJW 1983, 1308 = BauR 1983, 253 = ZfBR 1983, 120 im Anschluss an BGHZ 61, 59 (68 ff.) = NJW 1973, 1691; vgl. zu der erstgenannten Entscheidung auch *Herrmann* NJW 1984, 471 f.
[105] BGH NJW 2001, 2626.
[106] Vgl. *v. Craushaar* BauR 1982, 421 ff.

Stelle gegeben,[107] jedenfalls nicht gegen den angeblich Vertretenen. Ansprüche aus §§ 812 ff. BGB scheiden damit aus, wenn – wie im Regelfall – der Vertretene (Auftraggeber) zugleich der Grundstückseigentümer und mit diesem identisch ist.

61 Etwas anderes gilt nur, wenn – ausnahmsweise – der Vertretene nicht auch Grundstückseigentümer ist. Nur in diesem Ausnahmefall, dass Grundstückseigentümer ein von dem Vertretenen verschiedener Dritter ist, kommen neben der Haftung des vollmachtlosen Vertreters aus § 179 BGB Bereicherungsansprüche gegen den Grundstückseigentümer in Betracht, wenn dieser durch die von dem vollmachtlosen Vertreter veranlasste Bauleistung einen Vermögenszuwachs erlangt hat.[108]

62 Voraussetzung hierfür ist allerdings, dass der Grundstückseigentümer diese **aufgedrängte Bereicherung** nicht zurückweist und dem Auftragnehmer zur Verfügung stellt, sondern die Leistung behält. Tut er dies, so schuldet er als Bereicherungsausgleich eine entsprechende Vergütung, wie er sie auch auf Grund eines wirksamen Vertrages hätte zahlen müssen.[109]

63 Der neben der Haftung des vollmachtlosen Vertreters gegebene Bereicherungsanspruch gegen den – mit dem Vertretenen nicht identischen – Grundstückseigentümer **verjährt** in derselben Frist, wie sie für den vertraglichen Zahlungsanspruch gegolten hätte, wenn dieser wirksam zustande gekommen wäre, regelmäßig also gem. § 195 BGB n. F. in drei Jahren.[110]

Ansprüche aus Geschäftsführung ohne Auftrag und aus § 179 BGB können nebeneinander bestehen.[111]

## E. Vergütung sonstiger Leistungen

### I. Vorarbeiten, Angebotskosten, Kostenanschläge

64 Die bei der Angebotsbearbeitung anfallenden Vorarbeiten[112] können sehr unterschiedlich sein, je nachdem, ob der Auftragnehmer lediglich ein ihm übersandtes Leistungsverzeichnis auszufüllen, ein einfaches Angebot bzw. einen Kostenanschlag abzugeben hat oder ob er dafür **umfangreiche Projektierungen** und/oder sonstige Untersuchungen vornehmen muss, die normalerweise der Auftraggeber durch die von ihm beauftragten Planer (Architekt und Fachingenieure) ausführen lässt.

65 In bestimmten Teilbereichen des Bauwesens werden derartige Projektierungen jedoch häufig von den betreffenden **Fachfirmen** ausgeführt, die sie als Vorarbeiten im Rahmen der Angebotsbearbeitung erbringen. Das geht von der (Typen-)Statik bei Hallenbauten und Fertighäusern, dem Dachaufbau bei Flachdacheindichtungen über die Projektierung der gesamten Haustechnik (Sanitär- und Heizungsanlagen) einschl. Schwimmbädern bis hin zur kompletten Planung beim Schlüsselfertigbau von Häusern und Industrieanlagen.

66 Die mit solchen Vorarbeiten verbundenen Kosten werden regelmäßig – teils offen, zumeist aber unausgewiesen – in die Angebotspreise einkalkuliert und sind deshalb im Auftragsfall, wenn der betreffende Bieter den Zuschlag erhält, mit dem Vertragspreis **abgegolten**. Eine andere Frage ist, was in Bezug auf die nicht zum Zuge kommenden Bieter wie auch dann gilt, wenn der Auftraggeber überhaupt keinen Auftrag erteilt, etwa weil er sich

---

[107] OLG Hamburg VersR 1979, 834; *Ingenstau/Korbion/Keldungs* VOB/B § 2 Rdn. 46; *Heiermann/Riedl/Rusam* VOB/B § 2 Rdn. 170 zum Bereicherungsanspruch des vollmachtlos Handelnden.
[108] BGHZ 36, 30 = NJW 1961, 2251; *Ingenstau/Korbion/Keldungs* VOB/B § 2 Rdn. 46; *Heiermann/Riedl/Rusam* VOB/B § 2 Rdn. 175.
[109] BGHZ 55, 128 (130) = NJW 1971, 609 m. w. N.; OLG Hamm MDR 1975, 488; *Ingenstau/Korbion/Keldungs* VOB/B § 2 Rdn. 46.
[110] BGHZ 57, 191, 196 = NJW 1972, 95, 97 = BauR 1972, 109; BGH NJW 1975, 1160 m. w. N.
[111] BGH NZBau 2004, 34 und NJW-RR 1989, 970.
[112] Zum Begriff der „Vorarbeiten" s. Kniffka IBR-online-Kommentar zum Bauvertragsrecht Stand 4. 1. 2007 § 632 Rdn. 30.

E. Vergütung sonstiger Leistungen    **Vor § 2**

für eine andere Lösung entschieden oder seine Bauabsichten, z. B. aus Kostengründen, ganz aufgegeben hat.

**1. Grundsätzliche Unentgeltlichkeit der Angebotsbearbeitung**

Nach § 20 Nr. 2 Abs. 1 Satz 1 VOB/A wird für die Bearbeitung des Angebots grundsätzlich keine Entschädigung gewährt. Dieser Grundsatz gilt auch außerhalb der öffentlichen Auftragsvergabe, und zwar generell für den Bereich von VOB und BGB. 67

Denn die bloße Angebotsbearbeitung, bei der der Auftragnehmer lediglich das ihm übersandte Leistungsverzeichnis ausfüllt oder von sich aus ohne weitergehende Projektierungsarbeiten ein Angebot bzw. einen Kostenanschlag abgibt, stellt schon **keine Werkleistung** i. S. d. § 631 BGB dar, weil kein Werkerfolg im Sinne dieser Vorschrift geschuldet wird.[113] 68

Außerdem macht der Auftraggeber, wenn er den Auftragnehmer zur Angebotsabgabe auffordert, diesem regelmäßig kein Angebot zum Abschluss eines Werkvertrages, das der Auftragnehmer mit der Abgabe seines Angebots annehmen könnte. Somit kommt insoweit kein Werkvertrag zustande, dessen Bestehen § 632 BGB aber voraussetzt. 69

Im Übrigen kann selbst im Sinne dieser Vorschrift nicht davon ausgegangen werden, dass bei bloßer Angebotsbearbeitung die damit verbundenen Vorarbeiten „den Umständen nach nur gegen eine Vergütung zu erwarten" sind. Vielmehr zählen die Kosten der **Angebotsbearbeitung,** jedenfalls wenn mit ihr keine weitergehenden Projektierungsarbeiten verbunden sind, nach allgemeiner Ansicht zu den Kosten, die der Auftragnehmer im Interesse der Geschäftsanbahnung und/oder zum Zwecke der Auftragsbeschaffung als Teilnehmer am Wettbewerb zu eigenen Lasten aufwendet. Zu Recht hat der Gesetzgeber daher in **§ 632 Abs. 3 BGB** nunmehr ausdrücklich klargestellt, dass ein **Kostenanschlag im Zweifel nicht zu vergüten** ist.[114] 70

**2. Weitergehende Projektierungsarbeiten**

Streitig ist dagegen, ob eine Ausnahme von der grundsätzlichen Unentgeltlichkeit der Angebotsbearbeitung zu machen ist, wenn mit dieser umfangreiche Vor- und Projektierungsarbeiten verbunden sind. Insoweit ist zu unterscheiden: 71

**a) Öffentlicher Auftraggeber.** Insoweit ist auf § 20 Nr. 2 Abs. 1 Satz 2 VOB/A zu verweisen. Verlangt der Auftraggeber, dass der Bewerber Entwürfe, Pläne, Zeichnungen, statische Berechnungen, Mengenberechnungen oder andere Unterlagen ausarbeitet, insbesondere in den Fällen, in denen statt der üblichen Leistungsbeschreibung mit **Leistungsverzeichnis** (§ 9 Nr. 3–9 VOB/A) nur eine Leistungsbeschreibung mit **Leistungsprogramm** erfolgt (§ 9 Nr. 10–12 VOB/A), ist einheitlich für alle Bewerber in der Ausschreibung eine angemessene Entschädigung festzusetzen. Diese steht dann jedem Bieter zu, der ein der Ausschreibung entsprechendes Angebot mit den geforderten Unterlagen rechtzeitig eingereicht hat, und zwar auch bei freihändiger Vergabe. 72

Werden somit über die bloße Angebotsbearbeitung hinaus von dem Bieter Projektierungsarbeiten verlangt, ist für diese bei öffentlicher Ausschreibung eine Entschädigung festzusetzen. 73

Verlangt der öffentliche Auftraggeber unter § 20 Nr. 2 Abs. 1 Satz 2 VOB/A fallende Projektierungsarbeiten, ohne gemäß dieser Vorschrift eine Entschädigung festzusetzen, können die zur Angebotsabgabe aufgeforderten Unternehmen **Schadensersatz** aus Verschulden bei den Vertragsverhandlungen verlangen.[115] 74

---

[113] OLG Karlsruhe BB 1971, 1385; *Ingenstau/Korbion/Kratzenberg* VOB/A § 20 Rdn. 12 ff.; *Vygen* FS Korbion S. 440; *Kniffka* in IBR-online-Kommentar Bauvertragsrecht Stand 4. 1. 2007 § 632 Rdn. 9.

[114] So schon BGH BauR 1979, 509 und 1980, 172; vgl. auch *Kniffka* in IBR-online-Kommentar zum Bauvertragsrecht Stand 4. 1. 2007 § 632 Rdn. 26 f.

[115] *Vygen* FS Korbion S. 443.

75  Nicht damit zu verwechseln ist der bei **VOB-widriger Vergabe** mögliche Schadensersatzanspruch aus Verschulden bei den Vertragsverhandlungen/§§ 280 Abs. 1, 311 Abs. 2 und 3 BGB, der nach der Rechtsprechung des BGH[116] allerdings nur demjenigen der übergangenen Bieter zusteht, der bei ordnungsgemäßer Durchführung der Ausschreibung und korrekter Vergabe normalerweise den Zuschlag erhalten hätte. Dieser Schadensersatzanspruch umfasst andererseits nicht nur das negative Interesse, also den **Vertrauensschaden** (Ersatz der vergeblich aufgewendeten Kosten der Angebotsbearbeitung), sondern nach neuerer Auffassung darüber hinaus unter Umständen auch das **Erfüllungsinteresse** (positives Interesse) in Form des Ersatzes des dem betreffenden Bieter entgangenen Gewinns.[117]

76  **b) Privater Auftraggeber.** Für den privaten Auftraggeber gibt es keine § 20 Nr. 2 Abs. 1 VOB/A entsprechende Regelung, noch ist diese auf ihn übertragbar, weil die VOB/A für den privaten Auftraggeber nicht bindend ist.

77  In diesem Fall kommt ein Anspruch des/der nicht zum Zuge kommenden Bieter auf Ersatz der Kosten, die vergeblich für die Angebotsbearbeitung aufgewendet worden sind, grundsätzlich nur in Betracht, wenn für die Vorarbeiten eine Vergütung vereinbart ist. Das gilt unabhängig davon, ob die Angebotsabgabe unaufgefordert oder auf Aufforderung des Auftraggebers erfolgt ist.

78  Auch im letzteren Fall kann der zur Abgabe eines Angebots aufgeforderte Bieter nach Ablehnung seines Angebots regelmäßig **keine Bezahlung** der mit der Ausarbeitung des Angebots verbundenen Leistungen verlangen, und zwar auch dann nicht, wenn diese erhebliche Kosten verursacht haben. Eine Vergütung wird vielmehr nur geschuldet, wenn schon das Angebot selbst Gegenstand einer vertraglich begründeten Verpflichtung gewesen ist und die für die Ausarbeitung des Angebots erforderlichen Leistungen als vertraglich geschuldet erbracht worden sind,[118] was nur in Ausnahmefällen anzunehmen ist.

79  So hat der BGH[119] ausnahmsweise einen vertraglichen Vergütungsanspruch für den **auftragsgemäß** hergestellten Vorentwurf eines Messestandes bejaht, obwohl es anschließend nicht zur Beauftragung gekommen war, der Auftragnehmer jedoch bereits viele Jahre für den Auftraggeber Messestände hergestellt und in seinen Rechnungen die Planungskosten in den letzten Jahren jeweils gesondert ausgewiesen hatte. Dagegen hat der BGH[120] einen vertraglichen Vergütungsanspruch verneint für die Projektierung von **Fußbodenheizungen** für drei Bauvorhaben (Planungsaufwand netto 16 815,14 DM = brutto 18 664,81 DM), die der Bieter auf Anforderung einer Baubetreuungsfirma für über 500 000,– DM angeboten hatte, ohne den Auftrag zu erhalten, weil der Baubetreuer sich anschließend für eine konventionelle Heizung entschieden hatte. Entsprechend sind nach OLG Düsseldorf[121] die zur Abgabe eines spezifizierten Angebots erforderlichen Vorarbeiten und Planungsleistungen in aller Regel selbst dann nicht Gegenstand eines selbstständigen, vergütungspflichtigen Werkvertrages, wenn der Besteller den Unternehmer zur Vorlage des Angebots **aufgefordert** hat.[122]

---

[116] NJW 1981, 1673 = BauR 1981, 368 und BauR 1984, 631; dagegen u. a. *Hochstein* in seinen Anmerkungen zu diesen Entscheidungen in *Schäfer/Finnern/Hochstein* § 26 VOB/A 1973 Nr. 2 und 3.

[117] OLG Düsseldorf BauR 1986, 107 (Revision nicht angenommen durch Beschluss des BGH vom 25. 9. 1986, BauR 1986, 733); vgl. weiter OLG Düsseldorf BauR 1989, 195 und BauR 1990, 257 L sowie LG Duisburg BauR 1988, 126 L und LG Darmstadt BauR 1990, 601; vgl. auch *Feber*, Schadensersatzansprüche bei der Auftragsvergabe nach VOB/A, 1987, und BauR 1989, 553 ff.

[118] OLG Hamm BauR 1975, 418; BGH NJW 1979, 2202 = BauR 1979, 509; NJW 1980, 447 = BauR 1980, 172; ebenso Einfeld BB 1967, 147 ff.; *Werner/Pastor* Rdn. 1105 ff.; *Heiermann/Riedl/Rusam* VOB/B § 2 Rdn. 5.

[119] NJW 1980, 447 = BauR 1980, 172 = ZfBR 1980, 21.

[120] NJW 1979, 2202 = BauR 1979, 509 = ZfBR 1979, 203; vgl. auch OLG Hamm BauR 1975, 418.

[121] BauR 1991, 613.

[122] Vgl. auch OLG Köln BauR 1992, 98: Erstellt eine Bauunternehmung durch fest angestellte Mitarbeiter für einen Bauherrn ein Angebot, obwohl dieser den Bauauftrag bereits an einen Mitbewerber vergeben hat, so kann der Bauunternehmer für die von seinen Angestellten unnütz aufgewandte Arbeitszeit keinen Schadensersatz verlangen. Seine Vermögenslage ist unverändert, es sei denn, seine Angestellten hätten anstelle der Fertigung des Angebots eine andere gewinnbringende Tätigkeit für den Bauunternehmer ausführen können.

E. Vergütung sonstiger Leistungen  **Vor § 2**

Deshalb steht einem **Fertighaushersteller** nach OLG Hamm[123] ohne besondere Vereinbarung grundsätzlich kein Vergütungsanspruch für Umplanungsarbeiten zu, wenn es nicht zum Abschluss des Bauvertrages kommt. Denn bei derartigen Vorarbeiten von Unternehmern ist davon auszugehen, dass der Bauherr sich in aller Regel erst einmal über die zu erwartenden Kosten informieren wird und ihm erkennbar ein rechtlicher Bindungswille, dafür bereits Vergütung zu zahlen, fehlt. Das gilt gerade auch für die Anbieter schlüsselfertiger Häuser. Allein wegen des Umstands, dass hier Planungsarbeiten erbracht wurden, können nicht die Grundsätze für Vorarbeiten von Architekten Anwendung finden. Im Übrigen verlassen auch Architektenleistungen erst dann erkennbar den Akquisitionsbereich, wenn die konkrete Planungsphase erreicht wird.[124] 80

Demgegenüber will der überwiegende Teil des Schrifttums[125] „bei umfangreichen Sonderleistungen" einen **stillschweigend vereinbarten** Vergütungsanspruch annehmen, weil umfangreiche Projektierungsarbeiten, die mit erheblichen Kosten verbunden sind, im Sinne von § 632 Abs. 1 BGB „den Umständen nach nur gegen eine Vergütung zu erwarten" seien. Deshalb liege hier in der Aufforderung zur Angebotsabgabe zugleich ein Angebot des Auftraggebers an den Auftragnehmer zum Abschluss eines Werkvertrages, das der Auftragnehmer mit der Angebotsabgabe annehme. Das ist jedoch abzulehnen, weil damit von der Rechtsfolge auf die Voraussetzung geschlossen und mit Hilfe von § 632 Abs. 1 BGB das Zustandekommen eines Werkvertrages begründet wird, den diese Vorschrift gerade voraussetzt. 81

Ebenso wenig überzeugt das weitere Argument, dass derartige Projektierungskosten dann zu vergüten seien, wenn die Angebotsbearbeitung **nicht als Teilnahme am Wettbewerb** erfolge.[126] Denn dann müsste der Auftraggeber die Kosten der Angebotsbearbeitung unter Umständen zwar ersetzen, wenn er nur einen Bieter zur Angebotsabgabe auffordert, nicht aber wenn er von mehreren Bietern Angebote einholt. Es kann für die Frage, ob Projektierungskosten zu vergüten sind, aber keinen Unterschied machen, ob der Auftraggeber nur einen oder mehrere Bieter zur Angebotsabgabe auffordert. 82

An der bei **einfacher** Angebotsbearbeitung unbestrittenen Tatsache, dass die Aufforderung des Auftraggebers zur Angebotsabgabe kein Angebot zum Abschluss eines Werkvertrages ist, ändert sich nicht dadurch etwas, dass die Angebotsbearbeitung für den Auftragnehmer mit **weitergehenden** Vor- und/oder Projektierungsarbeiten und entsprechend höheren Kosten verbunden ist. Ihr Umfang ist von Fall zu Fall zu unterschiedlich, als dass der – vielfach nicht einmal sachkundige – Auftragnehmer sich über die damit verbundenen Kosten und darüber im klaren wäre, ob die Leistung „den Umständen nach nur gegen eine Vergütung zu erwarten ist" (§ 632 Abs. 1 BGB). Da die Kosten im Falle der Beauftragung außerdem regelmäßig mit der vertraglichen Vergütung abgegolten sind, kann nicht angenommen werden, dass die zugrunde liegende Leistung durch die Nichtbeauftragung rückwirkend Gegenstand eines gesonderten Werkvertrages wird. 83

Es ist vielmehr Sache des Auftragnehmers, vor der Angebotsbearbeitung, deren Umfang und Kosten nur er zuverlässig überblicken kann, klarzustellen, ob er für die damit verbundenen Vor- und/oder Projektierungsarbeiten bei Nichtbeauftragung eine gesonderte Vergütung erwartet. Tut er das, muss er die Angebotsbearbeitung von einer entsprechenden Vereinbarung mit dem Auftraggeber abhängig machen, wie dies außerhalb des Baubereichs längst üblich ist.[127] Wer vor Erteilung eines Reparaturauftrages über ein Kraftfahrzeug, Rundfunk-, Fernseh- oder Haushaltsgerät einen Kostenanschlag verlangt, muss sich regelmäßig verpflichten, dessen Kosten bei Nichterteilung des Reparaturauftrages gesondert zu vergüten. Das muss nach der Rechtsprechung des BGH[128] zudem **individualvertraglich** 84

---

[123] NJW-RR 1993, 1368 = ZfBR 1993, 279.
[124] BGH ZfBR 2000, 28; OLG Hamm BauR 1990, 636; OLG Düsseldorf IBR 2003, 309 und 2006, 504.
[125] *Sturhan* BB 1974, 1552/1553; *Honig* BB 1975, 447; *Ingenstau/Korbion/Kratzenberg* VOB/A § 20 Rdn. 17, 30; *Vygen* FS Korbion S. 439 ff.; vgl. auch MünchKomm/*Soergel* § 632 Rdn. 7.
[126] So insbesondere *Ingenstau/Korbion/Kratzenberg* VOB/A § 20 Rdn. 30; *Vygen* FS Korbion S. 445, 446.
[127] *Kniffka* in IBR-online-Kommentar zum Bauvertragsrecht Stand 4. 1. 2007 § 632 Rdn. 9 ff.
[128] NJW 1982, 765.

*Jansen*

vereinbart werden, d. h. „auf Grund einer die bedingte Entgeltlichkeit ausdrücklich einschließenden Vereinbarung ..., welche sich als ein vom Reparaturauftrag unabhängiger Werkvertrag darstellt", denn eine formularmäßige Bestimmung in „Reparaturbedingungen" (hier: AGB der Elektrogerätebranche), wonach „Kostenvoranschläge, die nicht zur Erledigung der Reparatur führen, mit einer Bearbeitungsgebühr berechnet" werden, benachteiligt die Kunden entgegen den Geboten von Treu und Glauben unangemessen, widerspricht der gesetzlichen Regelung in § 632 Abs. 3 BGB und ist daher unwirksam.[129]

85 Bei Projektierungsarbeiten wird nicht deshalb **stillschweigend** eine solche Verpflichtung begründet, weil die entsprechenden Planungen an sich dem Auftraggeber selbst obliegen und dieser dadurch, dass sie firmenseitig ausgeführt werden, die Kosten für einen Fachingenieur erspart.[130] Denn der Auftraggeber, der sich darüber nicht im Klaren ist, erst recht aber derjenige, der dies weiß und darauf vielleicht sogar spekuliert, hat regelmäßig **keinen Verpflichtungswillen,** der erforderlich wäre, um in der Aufforderung zur Angebotsabgabe gleichzeitig bezüglich der Projektierungsarbeiten ein Angebot zum Abschluss eines Werkvertrages mit dem Auftragnehmer zu sehen.

86 Auch **Bereicherungsansprüche** in Höhe der ersparten Aufwendungen für einen Fachingenieur kommen nicht in Betracht, wenn der Auftraggeber von dem Vorhaben Abstand nimmt oder sich für eine andere Lösung entscheidet und die Projektierungsarbeiten des Bieters für ihn deshalb ohne Wert sind.

87 Nur wenn der Auftraggeber die Projektierungsarbeiten, ohne einen Auftrag zu erteilen, benutzt und anderweitig verwertet, schuldet er dem betreffenden Unternehmer unabhängig von einer Vergütungsvereinbarung die übliche Vergütung aus ungerechtfertigter Bereicherung (§§ 812 ff. BGB).[131]

88 Daneben kommen in einem solchen Fall unter Umständen auch Ansprüche aus **Urheberrechtsverletzung** in Betracht.[132]

### 3. Höhe des – ausnahmsweise gegebenen – Vergütungsanspruchs

89 Sind die Kosten der Angebotsbearbeitung ausnahmsweise zu vergüten, so bestimmt sich ihre Höhe gemäß § 632 Abs. 2 BGB nach der üblichen Vergütung. Diese bemisst sich für Architekten- und Ingenieurleistungen grundsätzlich nach den **Mindestsätzen der HOAI,**[133] denn für deren Anwendung kommt es nicht darauf an, ob die in der HOAI geregelten Leistungen von einem Architekten, Ingenieur oder einem berufsfremden Dritten erbracht worden sind, z. B. der projektierenden Fachfirma oder den anbietenden Unternehmer.[134]

90 Auf die Mindestsätze der HOAI als Maßstab für die übliche Vergütung ist auch im Rahmen des **Bereicherungsausgleichs** gem. §§ 812 ff. BGB abzustellen, wenn der Auftraggeber die Projektierungsarbeiten des Auftragnehmers anderweitig benutzt und dadurch die entsprechenden Kosten eines Ingenieurs erspart.

## II. Nachträgliche Planungsleistungen des Auftragnehmers

91 Verlangt der Auftraggeber Zeichnungen, Berechnungen oder andere Unterlagen, die der Auftragnehmer nach dem Vertrag, besonders den Technischen Vorschriften oder der ge-

---

[129] BGH NJW 1982, 765.
[130] So aber *Ingenstau/Korbion/Kratzenberg* VOB/A § 20 Rdn. 30; *Vygen* FS Korbion S. 445; vgl. auch MünchKomm/*Soergel* § 632 Rdn. 7.
[131] MünchKomm/*Soergel* § 632 Rdn. 8; *Werner/Pastor* Rdn. 1111; *Kniffka* in IBR-online-Kommentar zum Bauvertragsrecht Stand 4. 1. 2007 § 632 Rdn. 12; *Vygen* FS Korbion will selbst in diesem Fall einen vertraglichen Vergütungsanspruch annehmen.
[132] Vgl. *Vygen* FS Korbion S. 444 oben.
[133] Vgl. *Vygen* FS Korbion S. 447.
[134] BGH NJW 1986, 845 L = NJW-RR 1986, 18/383 = BauR 1985, 582; OLG Düsseldorf BauR 1979, 352; 1980, 490; 1982, 86; 1982, 390 = NJW 1982, 1541; OLG Stuttgart BauR 1981, 404; OLG Köln BauR 1986, 467.

F. Unwirksamkeit des Vertrages oder der Vergütungsvereinbarung       Vor § 2

werblichen Verkehrssitte nicht zu beschaffen hat, so hat er sie nach § 2 Nr. 9 Abs. 1 VOB/B zu vergüten. Denn grundsätzlich ist es Sache des Auftraggebers, dem Auftragnehmer die für die Bauausführung erforderlichen Pläne und Zeichnungen zur Verfügung zu stellen. Ausführungszeichnungen für eine Unterfangung (Abfangkonstruktion) in einer Größenordnung von 600 000,– DM, auch wenn sie nur der vorübergehenden Sicherung von Bauteilen dient (Baubehelf), sind deshalb nach OLG Köln[135] keine Nebenleistung i. S. der ATV Gerüstarbeiten DIN 18451, sondern Hauptleistung, zu der auch die erforderlichen Berechnungen, Pläne und Zeichnungen gehören.

Damit begründet die VOB für derartige Fälle einen ausdrücklichen vertraglichen Vergütungsanspruch. Seine Höhe bestimmt sich wiederum gem. § 632 Abs. 2 BGB nach der üblichen Vergütung für derartige Arbeiten, die nach Maßgabe der **HOAI** zu ermitteln ist. Ist die VOB nicht vereinbart, ergibt sich ein entsprechender Vergütungsanspruch gem. §§ 812 ff. BGB. 92

### III. Regiekosten

Regiekosten werden als **pauschalierte Verwaltungsaufwendungen** vielfach bei Sonderwünschen des Auftraggebers berechnet. Nach OLG Köln[136] soll dies üblich und angemessen sein. Richtigerweise ist jedoch auch hier eine vertragliche Vergütungsvereinbarung zu verlangen. Wenn der Auftragnehmer diese Kosten nicht in seine Preise einkalkuliert und damit zum Gegenstand der vertraglichen Vergütungsabrede macht, muss er den Auftraggeber vorher auf die gesonderte Berechnung von Regiekosten **hinweisen** und die Ausführung der Sonderwünsche von entsprechender Beauftragung abhängig machen. Denn für den Auftraggeber ist nicht ohne Weiteres erkennbar, ob Regiekosten „den Umständen nach nur gegen eine Vergütung zu erwarten" sind (§ 632 Abs. 1 BGB).[137] 93

## F. Unwirksamkeit des Vertrages oder der Vergütungsvereinbarung

Der abgeschlossene Bau-Werkvertrag und/oder die Vergütungsvereinbarung können aus einer Vielzahl von Gründen unwirksam sein. In diesem Fall kann dem Unternehmer ein **Aufwendungsersatzanspruch aus auftraglosem Handeln** nach §§ 683, 670 BGB zustehen. Für eine bereicherungsrechtliche Rückabwicklung ist – soweit Ansprüche aus berechtigter Geschäftsführung ohne Auftrag gegeben sind – kein Raum.[138] Ansonsten sind aber auch **Bereicherungsansprüche** denkbar, z. B. wenn wegen eines Dissenses über die Höhe der Vergütung ein wirksamer Werkvertrag mit dem günstigsten Bieter einer Ausschreibung nicht zustande gekommen ist. Allerdings kann der Bieter dann nicht ohne weiteres den Differenzpreis zu dem nächsthöheren Bieter aus dem Gesichtspunkt der Bereicherung des ausschreibenden Bestellers verlangen. Denn **bereicherungsmindernd** wirkt sich aus, dass zwischen dem günstigsten Bieter und dem Besteller kein wirksamer Werkvertrag geschlossen worden ist und daher der (bereicherte) Besteller keine vertraglichen Gewährleistungsrechte erworben hat.[139] 94

### I. Nichtigkeit

Ein Rechtsgeschäft ist u. a. nichtig bei fehlender Geschäftsfähigkeit eines Vertragspartners (§§ 104 ff. BGB) und vollmachtlosem Handeln eines Vertreters (§ 179 BGB), vor allem aber 95

---

[135] NJW-RR 1992, 1437 = BauR 1992, 637.
[136] *Schäfer/Finnern/Hochstein* § 4 Ziff. 2 VOB/B Nr. 2.
[137] Zur Erstattung sog. „Regiekosten" als Schadensersatz im Rahmen der Gewährleistung siehe BGH NJW 1976, 1256 m. Anm. *Schmidt* S. 1932; BGH NJW 1977, 3 sowie *Ganten* BauR 1987, 22 ff.
[138] BGH NJW 1993, 3196 = BauR 1994, 110.
[139] OLG Koblenz NJW-RR 1995, 156 = BauR 1995, 252 (im Anschluss an BGHZ 111, 308, 314 = NJW 1990, 2542).

beim Verstoß gegen zwingende Formvorschriften (§§ 125, 311b BGB) sowie bei Verstoß gegen ein gesetzliches Verbot (§ 134 BGB) und gegen die guten Sitten (§ 138 BGB). Das gilt auch für den Bau-Werkvertrag. Beschränkt sich der Verstoß auf einzelne Punkte, liegt eine sog. Teilnichtigkeit vor, die nach § 139 BGB dazu führt, dass das gesamte Rechtsgeschäft nichtig ist, wenn nicht anzunehmen ist, dass es auch ohne den nichtigen Teil abgeschlossen worden wäre. Die häufig verwendete **salvatorische Klausel,** nach der ein Rechtsgeschäft auch ohne die nichtige Klausel wirksam sein soll, entbindet nicht von der nach § 139 BGB vorzunehmenden Prüfung, ob die Parteien das teilnichtige Geschäft als Ganzes verworfen hätten oder aber den Rest hätten gelten lassen. Bedeutsam ist sie aber für die Zuweisung der Darlegungs- und Beweislast. Diese trifft denjenigen, der entgegen der Erhaltensklausel den Vertrag als Ganzen für unwirksam hält.[140]

### 1. Unmöglichkeit und Unvermögen

96 § 306 BGB a. F. hat im Baurecht nie eine große Rolle gespielt. Den Unternehmer traf vielmehr die werkvertragstypische Erfolgshaftung. Hatte er ein Bauvorhaben nach von ihm gefertigten Plänen zu errichten versprochen, so haftete er, wenn die Planung nicht genehmigungsfähig war, nach den werkvertraglichen Gewährleistungsregeln. Diese stellten eine Sonderregelung dar, die grundsätzlich die Anwendbarkeit des § 306 BGB a. F. ausschloss.[141] Die Rechtsregeln über die Unmöglichkeit fanden auch dann keine Anwendung, wenn die Herstellung einer zugesicherten Eigenschaft technisch objektiv nicht möglich war.[142] Hatte der Auftragnehmer eine technisch nicht ausführbare Leistung übernommen, schuldete er eine dem Leistungsziel entsprechende andere Ausführung.[143] Problematisch war dann allein, ob dem Auftragnehmer zusätzliche Vergütungsansprüche zustanden, wenn die andere Ausführungsart aufwändiger und kostspieliger war. Das war im Regelfall zu verneinen, da es an einer entsprechenden Anordnung des Auftraggebers im Sinne von § 2 VOB/B fehlte und der vereinbarte Leistungserfolg als solcher geschuldet war. Auch die Regeln über den Wegfall der Geschäftsgrundlage/§ 313 BGB n. F. halfen nicht weiter, weil die technische Durchführbarkeit des Vorhabens dem Risikobereich des Auftragnehmers zuzurechnen war. Eine Beteiligung des Auftraggebers an den Mehrkosten nach § 254 BGB[144] schied aus, da dem Auftragnehmer überhaupt keine Ansprüche zustanden, die nach § 254 BGB bzw. richtiger § 242 BGB gekürzt werden konnten. Zu denken war allenfalls daran, ob dem Auftragnehmer ein Schadensersatzanspruch aus pVV/§ 280 Abs. 1 BGB n. F. auf Kostenbeteiligung zustand, wenn der Auftraggeber bzw. der für ihn planende Architekt die Unmöglichkeit der Ausführung in der angebotenen Ausführungsart hätte bemerken müssen. Nur in Ausnahmefällen konnte man eine Unmöglichkeit im Sinne von § 306 BGB annehmen, die zur Nichtigkeit des Vertrages führte.[145]

Diese Rechtslage hat sich durch das zum 1. 1. 2002 in Kraft getretene Schuldrechtsmodernisierungsgesetz geändert. Eines der gesetzgeberischen Ziele war die Abschaffung der Garantiehaftung.[146] § 306 BGB a. F. ist ersatzlos gestrichen. Nach § 275 Abs. 1 BGB n. F. ist der Anspruch auf Leistung ausgeschlossen, soweit diese für den Schuldner oder für jedermann (aus tatsächlichen oder rechtlichen Gründen) unmöglich ist. Nach § 275 Abs. 2 BGB n. F. darf der Schuldner die Leistung verweigern, soweit diese einen Aufwand erfordert, der unter Beachtung des Inhalts des Schuldverhältnisses und der Gebote von Treu und Glauben in einem groben Missverhältnis zu dem Leistungsinteresse des Gläubigers steht. Entfällt danach seine Leistungspflicht, ist er gemäß § 283 BGB n. F. unter den weiteren Vorausset-

---

[140] BGH BauR 2003, 91.
[141] BGH WM 2001, 817.
[142] BGH Z 54, 236.
[143] BGH BauR 1989, 462.
[144] So *Ingenstau/Korbion/Vygen* Vor §§ 8 und 9 VOB/B Rdn. 32.
[145] Kniffka IBR-online-Kommentar zum Bauvertragsrecht Stand 24. 10. 2006 § 631 Rdn. 149.
[146] *Teichmann* BB 2001, 1485, 1487; *Canaris* ZZ 2001, 499, 506.

## F. Unwirksamkeit des Vertrages oder der Vergütungsvereinbarung　　Vor § 2

zungen des § 281 Abs. 1 BGB n. F. schadensersatzpflichtig. Zweifelhaft ist, ob danach weiterhin die werkvertragliche Garantiehaftung bejaht werden kann. Das wird in der Literatur teilweise vertreten.[147] Nimmt man das an, hat der Auftragnehmer die werkvertragliche Erfolgshaftung übernommen, ihm ist in aller Regel die Entlastungsmöglichkeit nach § 280 Abs. 1 S. 2 BGB n. F. verschlossen, er schuldet Schadensersatz wegen Nichterfüllung. Dagegen werden aber zu Recht Bedenken geltend gemacht. *Kniffka*[148] weist zutreffend darauf hin, dass eines der gesetzgeberischen Ziele – wie dargelegt – die Abschaffung der Garantiehaftung gewesen sei. Es liege daher nahe, auf die bisherigen Fälle der Garantiehaftung § 311 a BGB anzuwenden und zwar unabhängig davon, ob es sich um objektive oder subjektive Unmöglichkeit handele. Die Garantiehaftung habe nämlich ohnehin nur den Sinn gehabt, einen bei Nichtigkeit des Vertrages sonst nicht bestehenden Schadensersatzanspruch wegen Nichterfüllung zu gewähren, der nunmehr in § 311 a BGB geregelt sei. Gegen den Fortbestand der Garantiehaftung spreche auch, dass der Gesetzgeber die Garantie als besonders zu vereinbarenden Fall geregelt habe, § 276 BGB. Dem ist zuzustimmen. Folgt man dem, richtet sich die Schadensersatzpflicht des Auftragnehmers in den Fällen der Unmöglichkeit nach § 311 a Abs. 2 BGB. Danach kann der Gläubiger nach seiner Wahl Schadensersatz statt der Leistung oder Ersatz seiner Aufwendungen in dem in § 284 BGB bestimmten Umfang verlangen. Er kann danach also auch den schon nach früherem Recht bestehenden Schadensersatzanspruch wegen Nichterfüllung geltend machen. Das gilt – und hierin liegt die Neuerung – aber nach § 311 a Abs. 2 S. 2 und 3 BGB nicht, wenn der Schuldner das Leistungshindernis bei Vertragsschluss nicht kannte und seine Unkenntnis auch nicht zu vertreten hat, wobei § 281 Abs. 1 S. 2 und 3 und Abs. 5 entsprechende Anwendung finden. Liegen diese Voraussetzungen vor, steht dem Auftraggeber ein Schadensersatzanspruch nicht zu. Das setzt aber – wie dargelegt – voraus, dass der Auftragnehmer das Leistungshindernis nicht kannte und seine Unkenntnis auch nicht zu vertreten hat. Das wird in Bausachen nur ausnahmsweise der Fall sein. Auch *Kniffka*[149] weist darauf hin, dass es Sache des Auftragnehmers ist, sich über das Vorliegen der Baugenehmigung zu vergewissern und auch die technische Durchführbarkeit des Vorhabens eigenverantwortlich zu überprüfen. Damit steht dem Auftraggeber aber in der überwiegenden Zahl der Fälle trotz der gesetzlichen Neuregelung ein Schadensersatzanspruch zu, der dem früher zugebilligten Schadensersatzanspruch wegen Nichterfüllung entspricht.

### 2. Dissens gemäß § 155 BGB

Nur in Ausnahmefällen hat die Rechtsprechung einen Bauvertrag wegen eines Einigungsmangels für unwirksam gehalten. So hat das OLG Koblenz einen Dissens bejaht in einem Fall, in dem das Angebot nicht hinreichend bestimmt war, so dass die Annahmeerklärung ins Leere ging.[150] Der BGH hat den wirksamen Abschluss eines Vertrages in einem Fall verneint, in dem die als Vertragspartei auftretende Gesellschaft überhaupt nicht existierte.[151] Vorrangig ist aber immer zu prüfen, ob nicht trotz unklarer und widersprüchlicher Angaben in den Vertragsgrundlagen im Wege der Auslegung ein übereinstimmender Wille der Vertragsparteien und damit auch ein wirksamer Vertrag festgestellt werden kann.[152] Das wird fast immer der Fall sein.

97

### 3. Verstoß gegen Formvorschriften (§§ 125 ff. BGB)

Der Abschluss eines Bau-Werkvertrages bedarf an sich keiner besonderen Form. Er kann aber aus den nachfolgend aufgeführten Gründen im Einzelfall formbedürftig sein:

98

---

[147] *Voit* BauR 2002, 149; *Zimmer* NJW 2002, 1, 3.
[148] *Kniffka* IBR-online-Kommentar zum Bauvertragsrecht Stand 4. 1. 2007 § 631 Rdn. 151.
[149] A. a. O. Rdn. 148.
[150] OLG Koblenz BauR 1995, 252; ähnlich OLG Jena NZBau 2004, 438.
[151] BGH ZIP 1996, 653, 655.
[152] Auch insoweit instruktiv BGH BauR 2003, 388 = NJW 2003, 743.

99 **a) Vereinbarte Form.** Den Parteien ist es unbenommen, eine besondere Form des Vertrages zu vereinbaren, z. B. die Schriftform (§ 127 BGB) oder die notarielle Beurkundung (§ 128 BGB). Nach § 154 Abs. 2 BGB ist dann der Vertrag im Zweifel nicht geschlossen, bis die Beurkundung erfolgt ist.

Bei **gewillkürter**, d. h. durch Rechtsgeschäft bestimmter (vereinbarter) **Schriftform** muss gem. § 126 BGB die Unterzeichnung des Vertrages durch die Parteien auf derselben Urkunde erfolgen. Werden mehrere gleich lautende Urkunden erstellt, so genügt es, wenn jede Partei die für die andere Partei bestimmte Urkunde unterzeichnet. Der seit dem 1. 8. 2001 geltende § 126 Abs. 3 BGB lässt die Wahrung der Schriftform auch in elektronischer Form zu.

Das Schriftformerfordernis gilt in diesen Fällen auch für spätere Vertragsänderungen, insbesondere die Erteilung von Zusatzaufträgen. Allerdings kann die Formvereinbarung auch stillschweigend aufgehoben werden und damit eine mündliche Vertragsergänzung wirksam sein.[153]

100 **b) Landes- bzw. kirchenrechtliche Schriftformerfordernisse.** Die **Gemeindeordnungen** der Länder, die **Kreisordnungen** und die **Zweckverbandsgesetze** sehen regelmäßig vor, dass – sieht man von den Geschäften der laufenden Verwaltung ab, z. B. nach § 64 Abs. 2 GO NW[154] – eine wirksame Verpflichtung der jeweiligen Körperschaft nur entsteht, wenn ein schriftlicher Vertrag abgeschlossen wird und bestimmte zusätzliche Erfordernisse (Unterschrift des Bürgermeisters und weiterer Personen, Dienstsiegel, Amtsbezeichnung pp.) eingehalten werden.[155] Diese Bestimmungen fallen nicht unter § 125 BGB, weil den Ländern zum Erlass von Formvorschriften fehlt. Sie stellen **Zuständigkeits- bzw. Vertretungsregelungen** dar, nur bei Beachtung dieser Vorschriften können die Gemeindeorgane wirksam als Vertreter handeln. Werden diese Vorschriften nicht eingehalten, beurteilen sich die Rechtsfolgen daher nicht nach § 125 BGB, sondern nach §§ 177 ff. BGB.[156] Das hat zur Folge, dass die auftraggebende Körperschaft den Vertrag genehmigen kann.[157] Verweigert sie die Genehmigung, ist der Vertrag unwirksam. Sind zu diesem Zeitpunkt die Leistungen bereits teilweise oder sogar ganz erbracht, stellt sich die Frage, ob die Berufung auf den Formmangel rechtsmissbräuchlich ist mit der Folge, dass die Körperschaft sich an dem geschlossenen Vertrag festhalten lassen muss. Das ist in aller Regel zu verneinen, weil der Schutzzweck dieser Vorschriften es ausschließt, die Berufung auf den Formmangel als rechtsmissbräuchlich anzusehen.[158] Etwas anderes gilt nur dann, wenn die Berufung auf den Formmangel zu einem schlechthin unerträglichen Ergebnis führen würde. Das hat der BGH in einem Fall angenommen, in dem das zuständige Gemeindeorgan den Abschluss des Verpflichtungsgeschäftes ausdrücklich gebilligt hatte, ohne dass anschließend der erforderliche schriftliche Vertrag geschlossen worden war.[159] Hat der Kreistag aber lediglich die Fortsetzung der Arbeiten beschlossen, ohne sich mit der Auftragserteilung näher zu befassen, stellt dieser Beschluss allein die Ermächtigung der Verwaltung zur weiteren Durchführung des Projektes dar. Versäumt der Auftragnehmer es, auf Einhaltung der Schriftform zu bestehen, verstößt die Berufung auf den Formmangel nicht gegen Treu und Glauben.[160] Der Auftragnehmer läuft in diesen Fällen daher Gefahr, mit seinen Vergütungsansprüchen auszufallen, wenn es letztlich doch nicht zum Abschluss eines schriftlichen

---

[153] BGH BauR 1974, 206.
[154] Das wird nur für kleinere Aufträge/Nachtragsaufträge zu bejahen sein; vgl. auch *Kniffka* IBR-online-Kommentar zum Bauvertragsrecht Stand 4. 1. 2007 § 631 Rdn. 84.
[155] *Kniffka* IBR-online-Kommentar zum Bauvertragsrecht Stand 4. 1. 2007 § 631 Rdn. 78; so jetzt erneut BGH BauR 2002, 1245 für einen Zweckverband.
[156] BGH NJW 1998, 3058 und 2001, 2626; *Kniffka* IBR-online-Kommentar zum Bauvertragsrecht Stand 4. 1. 2007 § 631 Rdn. 86 ff.
[157] BGH BauR 1994, 363; BGH NJW 2001, 2626, 2628.
[158] BGH NJW 1985, 1778; BGH NJW 2001, 2626, 2627; BGH BauR 2002, 1245.
[159] BGH BauR 1994, 363; BGH IBR 2003, 118.
[160] OLG Stuttgart ZfBR 2001, 39; *Kniffka* IBR-online-Kommentar zum Bauvertragsrecht Stand 4. 1. 2007 § 631 Rdn. 91 f.

F. Unwirksamkeit des Vertrages oder der Vergütungsvereinbarung  **Vor § 2**

Vertrages kommt.[161] Nach der früher geltenden DDR-Kommunalverfassung waren rechtsgeschäftliche Erklärungen, die der Bürgermeister als Vertreter der Gemeinde abgab, regelmäßig aber auch dann für die Gemeinde verbindlich, wenn sie der internen gesetzlichen Aufgabenverteilung zwischen Gemeindevertretung und Bürgermeister oder der innergemeindlichen Willensbildung widersprach.[162]

Diese Grundsätze gelten – was häufig übersehen wird – auch für **nachträgliche Vertragsänderungen.**[163] Zu unterscheiden sind in diesen Fällen aber Anweisungen und Abreden, die das bestehende Vertragsverhältnis nur konkretisieren und ausfüllen sollen, von solchen, die einen Eingriff in das Vertragsgefüge darstellen und ggf. sogar zusätzliche Vergütungsansprüche auslösen. Die Ausübung des einseitigen Leistungsbestimmungsrechts nach § 1 Nr. 4 VOB/B begründet unmittelbar einen Anspruch des Auftragnehmers gemäß § 2 Nr. 6 VOB/B auf zusätzliche Bezahlung. Eine derartige Erklärung kann von einem Dritten daher nur wirksam im Rahmen einer gesetzlichen oder rechtsgeschäftlichen Vertretungsmacht abgegeben werden.[164]

101

Zu beachten ist im Übrigen eine rechtliche Besonderheit: Nach § 167 Abs. 2 BGB bedarf die **Erteilung der Vollmacht nicht der Form,** welche für das Rechtsgeschäft bestimmt ist, auf das sich die Vollmacht bezieht. Das führt dazu, dass der Architekt ohne Beachtung dieser Formvorschriften von den vertretungsberechtigten Personen wirksam bevollmächtigt werden und rechtlich verbindliche Aufträge für die Gemeinde erteilen kann.[165]

Entsprechende Grundsätze gelten für Verträge mit **kirchlichen Auftraggebern.** Auch für diese gelten nämlich ähnliche Verwaltungsvorschriften, die als Formvorschriften ausgestaltet sind, bei denen es sich aber tatsächlich um Zuständigkeits- bzw. Vertretungsregelungen handelt.[166]

Um wirkliche Formvorschriften handelt es sich aber, soweit **Sparkassen** betroffen sind. Hier findet sich die erforderliche Rechtsgrundlage für den Erlass entsprechender Regelungen in Art. 99 EGBGB.

Ist ein wirksamer Vertrag nicht zustande gekommen, weil z. B. die Gemeindevertreter die entsprechenden Form- und Vertretungsregeln nicht eingehalten haben, kann dem Auftragnehmer ein **Schadensersatzanspruch** aus §§ 31, 89, 839 BGB bzw. Verschulden bei Vertragsschluss/§§ 280 Abs. 1, 311 Abs. 2 und 3 BGB gegen die Gemeinde zustehen. Deren Amtswalter müssen nämlich die für sie geltenden Zuständigkeits- und Vertretungsregeln besser kennen als der Vertragspartner.[167] Der Auftragnehmer kann von der Gemeinde den Schaden ersetzt verlangen, den er im Vertrauen auf die Gültigkeit der Erklärungen erlitten hat, ggf. gekürzt um seinen Mitverschuldensanteil.[168] Unklar ist aber der Umfang der Haftung. Könnte der Vertragspartner grundsätzlich verlangen, so gestellt zu werden, wie er bei einem wirksamen Vertragsschluss stände, würden die zum Schutz der jeweiligen Körperschaft erlassenen Form- und Vertretungsregeln umgangen.[169] Andererseits deuten die vom BGH angestellten Erwägungen[170] darauf hin, dass dem Auftragnehmer jedenfalls dann ein Anspruch auf Ersatz des Vertrauensschadens bis zum Erfüllungsinteresse zugebilligt werden

---

[161] OLG Dresden IBR 2002, 233.
[162] BGH BauR 1998, 576 und 868.
[163] *Kniffka* IBR-online-Kommentar zum Bauvertragsrecht Stand 4. 1. 2007 § 631 Rdn. 83.
[164] BGH NZBau 2004, 207 zur Vertretungsregelung nach der Thüringer Kommunalordnung = IBR 2004, 121 mit Anm. *Englert,* der zu Recht auf mögliche Ansprüche nach § 2 Nr. 8 VOB/B, GoA, § 812 BGB hinweist.
[165] OLG Köln BauR 1994, 112; *Kniffka* IBR-online-Kommentar zum Bauvertragsrecht Stand 4. 1. 2007 § 631 Rdn. 85.
[166] OLG Hamm NJW-RR 1988, 467; 1992, 1402; 1995, 274; OLG Köln NJW-RR 1994, 211; OLG Frankfurt NJW-RR 1989, 1425 und 1505.
[167] BGH NJW 1985, 1778; *Kniffka* IBR-online-Kommentar zum Bauvertragsrecht Stand 4. 1. 2007 § 631 Rdn. 93 ff.
[168] BGH NJW 2001, 1065 und 2626.
[169] So zu Recht *Kniffka* in *Kniffka/Koeble* 5. Teil Rdn. 23 unter Hinweis auf BGH ZfBR 1992, 269, 270 und NJW 1999, 3335.
[170] BGH BauR 2001, 1415 = IBR 2001, 522.

kann, wenn feststeht, dass bei pflichtgemäßem Verhalten der Vertrag wirksam zustande gekommen wäre.[171] So hat der BGH nunmehr ausdrücklich klargestellt, dass eine öffentlich-rechtliche Körperschaft, die beim Abschluss eines Bauvertrages ihre vorvertragliche Verpflichtung zum Hinweis auf das Erfordernis der Gesamtvertretung verletzt, den Vertrauensschaden ggf. bis zur Höhe des Werklohns zu ersetzen hat.[172] Eine persönliche Haftung des die Form- und Vertretungsregeln nicht einhaltenden Amtswalters aus § 179 BGB kommt daneben nicht in Betracht.[173]

102   c) **Notarielle Beurkundung.** Den Parteien ist es unbenommen, die notarielle Beurkundung als Wirksamkeitserfordernis zu vereinbaren. Auch ohne solche Vereinbarung bedarf der Bauvertrag aber auch schon kraft Gesetzes gemäß **§§ 313 BGB a. F., 311 b BGB n. F.** dieser Form, wenn sich in ihm der eine Teil verpflichtet, das **Eigentum an einem Grundstück zu übertragen oder zu erwerben.** Das gilt auch dann, wenn der Bauvertrag **äußerlich selbstständig** abgeschlossen wird, aber mit einem ebenfalls abgeschlossenen Grundstücksvertrag so verknüpft ist, dass beide Verträge miteinander „stehen und fallen sollen".[174] Das ist z. B. angenommen worden, wenn der Verkäufer/Käufer eines Grundstücks sich gegenüber dem Käufer/Verkäufer gleichzeitig zur Errichtung eines Hauses oder einer Wohnung auf dem Grundstück verpflichtet.[175] Auch ein im Zusammenhang mit einem Grundstückskaufvertrag abgeschlossener Bauvertrag mit einem **Dritten** (z. B. einer anderen Gesellschaft als der Grundstücksverkäuferin) bedarf der notariellen Beurkundung, wenn er mit dem Grundstückskaufvertrag eine Einheit bildet.[176] Eine rechtliche Einheit zwischen Grundstückskaufvertrag und Bauvertrag ist z. B. bei Erwerb eines Grundstücks und Errichtung einer Doppelhaushälfte regelmäßig gegeben. Wird deshalb ein Grundstück mit einem darauf zu errichtenden schlüsselfertigen Haus angeboten, so bedarf der Bauvertrag, der nach dem Willen der Parteien – oder auch nur einer Partei – mit dem noch abzuschließenden Grundstückskaufvertrag eine Einheit bildet („Verknüpfungswille"), ebenfalls der Beurkundung.[177] Entscheidend ist, ob durch den Bauvertrag oder eine Nebenabrede zum Grundstückskaufvertrag ein mittelbarer Zwang zur Veräußerung oder zum Erwerb des Grundstücks herbeigeführt wird.[178] Deshalb bedarf auch die Vereinbarung eines Planungshonorars mit **Wagnispauschale** zwischen Generalunternehmer und Bauherrn, die in Vorbereitung eines Vertrages über Grundstückserwerb und Hausbau erfolgt, als **Vertragsstrafe** zur Wirksamkeit der Form des § 313 BGB a. F./§ 311 b BGB n. F.[179] Kein Beurkundungszwang besteht hingegen, wenn der Bauvertrag vorsieht, dass der Bau durch den Verkauf eines Hauses

---

[171] *Kniffka* in *Kniffka/Koeble* a. a. O.
[172] BGH BauR 2005, 1918.
[173] BGH NJW 2001, 2626.
[174] BGHZ 76, 43; BGH ZIP 2000, 232 (notwendig ist, dass der Grundstückserwerb von dem formfreien Geschäft abhängt); BGH BauR 2003, 1541 = NZBau 2002, 502 = ZfBR 2002, 777; *Kniffka/Koeble* 5. Teil Rdn. 17; *Kniffka* IBR-online-Kommentar zum Bauvertragsrecht Stand 4. 1. 2007 § 631 Rdn. 63 ff.; zur Rechtslage bei unterschiedlichen Beteiligten OLG Köln ZfBR 2001, 42; OLG Karlsruhe IBR 2003, 659 mit Anm. *Steiger* (Nichtzulassungsbeschwerde zurückgewiesen).
[175] BGHZ 78, 346 = NJW 1981, 274 = Bau 1981, 67 = ZfBR 1981, 15; vgl. weiter BGH NJW 1987, 1069 (Mietkaufmodell); BGH NJW 1989, 898 (Nebenabreden) und OLG Hamm NJW-RR 1989, 1366.
[176] BGH NJW-RR 1991, 1031: Ist dagegen keine der Parteien des Grundstückskaufvertrages an dem Bauvertrag beteiligt (z. B. weil das Grundstück von der Frau erworben, der Bauvertrag jedoch von dem Mann abgeschlossen wird), ist in der Regel nicht anzunehmen, dass der Grundstückskaufvertrag in einem rechtlichen Zusammenhang mit dem Bauvertrag stehen soll.
[177] OLG Schleswig NJW-RR 1991, 1175 = BauR 1992, 121 L; vgl. weiter OLG Düsseldorf BauR 1992, 413 L (Formzwang für Baubetreuungsvertrag); OLG Hamm BauR 1992, 414 L (Formbedürftigkeit eines Bauvertrages über die schlüsselfertige Errichtung eines Wohnhauses) und OLG Hamm BauR 1993, 506 L: „Ein Bauvertrag bedarf der notariellen Beurkundung, wenn er mit einem Grundstückskauf rechtlich zusammenhängt. Das ist der Fall, wenn beide Verträge nach dem Willen der Parteien derart voneinander abhängig sind, dass sie miteinander „stehen und fallen" sollen.
[178] Vgl. BGH NJW-RR 1993, 522 = BauR 1993, 78 = ZfBR 1993, 68 (formnichtiger Vorvertrag über den Erwerb eines Grundstücks unter Übernahme eines bereits abgeschlossenen Architektenvertrages, ohne dass eine unzulässige Architektenbindung vorlag).
[179] OLG Düsseldorf NJW-RR 1993, 667.

## F. Unwirksamkeit des Vertrages oder der Vergütungsvereinbarung   Vor § 2

finanziert wird.[180] Schließt ein Generalunternehmer mit einem Eigenheiminteressenten einen Bauvertrag für ein bestimmtes, von dem Interessenten noch zu erwerbendes Grundstück, so kann ein ausdrücklicher Bezug der versprochenen Bauleistung auf dieses konkrete Grundstück ebenfalls für einen einheitlichen Vertragswillen mit Formzwang nach § 313 BGB a. F., § 311 b BGB n. F. sprechen.[181] Ist ein Bauvertrag von einem Grundstückskaufvertrag abhängig, dieser aber nicht von ihm, so ist er nicht gemäß § 313 BGB a. F., § 311 BGB n. F. zu beurkunden.[182] In Zweifelsfällen empfiehlt sich aber die notarielle Beurkundung.[183]

Grundsätzlich beurkundungspflichtig sind **Bauträgerverträge**[184] und mit einem Grundstückserwerb verbundene **Baubetreuungsverträge**.[185] Beurkundungsbedürftig ist auch ein **Fertighausvertrag,** wenn er zur Bebauung eines vom Unternehmer zu beschaffenden Grundstücks dient, ohne dass dieses bei Vertragsschluss bereits bestimmt ist.[186]

Der Formzwang gilt auch für **Nachträge** (Änderungen, Erweiterungen und Zusatzleistungen), die die vertraglich übernommenen Pflichten wesentlich erweitern.[187] **Formfrei** möglich sind aber nachträgliche Vereinbarungen, die **unvorhergesehene Schwierigkeiten** bei der Vertragsdurchführung beheben sollen und die beiderseitigen Verpflichtungen **nicht wesentlich verändern.**[188] Das hat der BGH bejaht für eine nachträglich getroffene Vereinbarung über die Ausführungsfristen.[189] Das mag in dem dort entschiedenen Einzelfall noch angehen. Gleichwohl ist aber große Vorsicht geboten. Die Grenze zu einer wesentlichen Änderung von Vertragspflichten ist – gerade bei der nachträglichen Änderung von Fertigstellungsterminen – schnell überschritten. Überdies besteht die Gefahr, dass der an dieser Vereinbarung nicht beteiligte Bürge nicht mehr aus einer Erfüllungsbürgschaft in Anspruch genommen werden kann. **103**

Das Formerfordernis des § 313 BGB a. F./§ 311 b BGB n. F. erstreckt sich insbesondere bei einem **Bauträgervertrag** auch auf die Baubeschreibung und die sonstigen Unterlagen (Zeichnungen, Baugenehmigung), soweit sich Inhalt und Umfang der Pflichten erst hieraus ergeben.[190] Fehlt es an der notariellen Beurkundung dieser Bestandteile, ist der Bauträgervertrag insgesamt nichtig, § 125 BGB. Der Formmangel wird jedoch **geheilt,** wenn gleichwohl die Auflassung und Eintragung im Grundbuch erfolgen (§ 313 Satz 2 BGB a. F., § 311 b Abs. 1 Satz. 2 BGB n. F.).[191] **104**

Nicht formbedürftig sind hingegen **Änderungsvereinbarungen nach Auflassung** des Grundstücks.[192]

Ein nicht in der erforderlichen Form geschlossener Vertrag ist **unwirksam.** Die Berufung auf den Formmangel verstößt nur in Ausnahmefällen gegen **Treu und Glauben.** Dafür reicht es nicht aus, dass das Scheitern des Rechtsgeschäfts die betroffene Partei hart trifft. Erforderlich ist vielmehr, dass die Folgen für sie schlechthin untragbar sind. Das wird man bejahen können, wenn die Berufung des Vertragspartners auf die Nichtigkeit zu einer Existenzgefährdung führt bzw. in Fällen besonders schwerer Treuepflichtverletzung.[193]

---

[180] BGH BauR 2002, 937.
[181] BGH NJW 1994, 721 = BauR 1994, 239 = ZfBR 1994, 122.
[182] BGH NJW 2000, 951 und BauR 2002, 1541.
[183] So zu Recht *Kieserling* in IBR 2002, 461.
[184] BGH BauR 1981, 282 = ZfBR 1981, 123.
[185] BGH NJW 1985, 730.
[186] OLG Köln NJW-RR 1996, 1484.
[187] *Heiermann/Riedl/Rusam* VOB/B § 1 Rdn. 6.
[188] *Kniffka* IBR-online-Kommentar zum Bauvertragsrecht Stand 4. 1. 2007 § 631 Rdn. 72 ff.
[189] BGH ZfBR 2001, 402.
[190] Dazu auch *Kniffka* IBR-online-Kommentar zum Bauvertragsrecht Stand 4. 1. 2007 § 631 Rdn. 68 ff.
[191] Hans. OLG BauR 2003, 253; *Kniffka* IBR-online-Kommentar zum Bauvertragsrecht Stand 4. 1. 2007 § 631 Rdn. 77.
[192] BGH NJW 1985, 266.
[193] *Kniffka* IBR-online-Kommentar zum Bauvertragsrecht Stand 4. 1. 2007 § 631 Rdn. 76.

# Vor § 2

### 4. Verstoß gegen ein gesetzliches Verbot (§ 134 BGB)

**105** Der Bauvertrag kann aus verschiedenen Gründen gegen ein gesetzliches Verbot verstoßen und deshalb nichtig sein.

**106** **a) Schwarzarbeit, o. R.-Abrede, fehlende Eintragung in die Handwerksrolle.** Der Gesetzgeber hat wiederholt versucht, die Schwarzarbeit in der Baubranche durch Erlass entsprechender Verbotsgesetze in den Griff zu bekommen. Das ist bis heute nicht gelungen.[194] Die zu diesem Zweck erlassenen Vorschriften stellen aber ein gesetzliches Verbot im Sinne von § 134 BGB dar, der Verstoß kann – neben sonstigen Folgen – zur Unwirksamkeit des Vertrages führen.

**107** **aa) Gesetzliche Grundlagen:** Das früher geltende Gesetz zur Bekämpfung der Schwarzarbeit vom 26. 7. 1994[195] – zuletzt in seiner Fassung vom 23. 7. 2002[196] – hatte bereits den Begriff der Schwarzarbeit erheblich erweitert. Danach war **nicht mehr erforderlich,** dass der Schwarzarbeiter – was in der Praxis kaum nachzuweisen war – durch eine selbständige gewerbliche Tätigkeit **erhebliche wirtschaftliche Vorteile** erzielte. Es reichte vielmehr nach der Neufassung aus, wenn er **Dienst- oder Werkleistungen in erheblichem Umfang** erbrachte, § 1 Abs. 1 SchwarzarbG. Nach § 2 genügte es, wenn der Betroffene eine oder mehrere Personen beauftragte, Dienst- oder Werkleistungen unter Verstoß gegen § 1 Abs. 1 zu erbringen. Dieses Gesetz ist durch das Gesetz zur Intensivierung der Bekämpfung der Schwarzarbeit und damit zusammenhängender Steuerhinterziehung vom 23. 7. 2004[197] abgelöst worden. Die Tatbestände der Schwarzarbeit sind noch einmal wesentlich erweitert worden. Es bedarf einer neuen Bewertung, ob diese Tatbestände es erfordern, die zivilrechtlichen Verträge, denen Schwarzarbeit zugrunde liegt, als nichtig anzusehen.[198]

**108** **bb) Rechtsfolgen.** Der BGH hat dem jahrelangen Streit um die Wirksamkeit derartiger Verträge nunmehr ein Ende bereitet. Er hat zur früheren Rechtslage in mehreren Entscheidungen klargestellt, dass der abgeschlossene Bauvertrag nur dann **unwirksam** ist, wenn **beide Vertragspartner bewusst gegen** das **SchwarzarbG verstoßen.**[199] Den Vertragsparteien stehen dann an sich keine Erfüllungs- oder Gewährleistungsansprüche zu. Hat der Auftragnehmer aber bereits Leistungen erbracht, kann ihm dafür entgegen § 817 S. 2 BGB ein **Bereicherungsanspruch** zustehen.[200] Mit dem Ausschluss vertraglicher Ansprüche, verbunden mit der Gefahr einer Strafverfolgung und der Nachzahlung von Steuern und Sozialabgaben, ist der ordnungspolitischen Zielsetzung des SchwarzarbG nämlich Genüge getan. Mit Treu und Glauben und dem Gesetzeszweck wäre es nicht zu vereinbaren, wenn der Auftraggeber den Wert des rechtswidrig Erlangten unentgeltlich behalten dürfte. Wegen der mit der Schwarzarbeit verbundenen Risiken ist aber ein **Abschlag** zu machen. Insbesondere ist mindernd zu berücksichtigen, dass vertragliche Gewährleistungsansprüche wegen der Nichtigkeit des Vertrages nicht gegeben sind.[201] Bereits vorhandene Mängel sind in die Ausgleichsrechnung einzubeziehen. Heftig umstritten ist, ob dem Auftraggeber trotz der Unwirksamkeit des Vertrages nicht doch „**wegen mangelhafter Arbeit sonstige Ansprüche** gegen seinen Vertragspartner" zustehen können. Das wird teilweise mit der Begründung bejaht, es sei eine durch nichts gerechtfertigte Besserstellung des Schwarzarbeiters, wenn er Pfuscharbeit leisten dürfe, ohne deswegen vom Auftraggeber in Anspruch genommen werden zu können; diesem müsse daher nach § 242 BGB ein gewährleistungs-

---

[194] Zum Gesetz zur Eindämmung illegaler Betätigung im Baugewerbe s. *Jebens*, NZBau 2001, 533.
[195] BGBl. I, 1792.
[196] BGBl. I 2002, S. 2787.
[197] BGBl. I 2004, S. 1842.
[198] So auch *Kniffka* IBR-online-Kommentar zum Bauvertragsrecht Stand 4. 1. 2007 § 631 Rdn. 45 f.
[199] BGH BauR 2001, 632 m. w. N.
[200] BGH BauR 1990, 721 = NJW 1990, 2542; OLG München BauR 2002, 1097, 1100.
[201] OLG Düsseldorf BauR 1993, 487 (Abschlag von 15%); dazu auch KG IBR 2007, 182 mit Anm. *Karczewski*.

F. Unwirksamkeit des Vertrages oder der Vergütungsvereinbarung  Vor § 2

ähnlicher Anspruch zugebilligt werden.[202] Dem ist nicht zuzustimmen. Die von § 134 BGB angeordnete Rechtsfolge des beiderseitigen Verstoßes gegen das SchwarzarbG ist die vollständige Unwirksamkeit des Vertrages, eine teilweise Aufrechterhaltung unter Zubilligung vertragsähnlicher Ansprüche ist dem Gesetz fremd. Im Regelfall ist der Auftraggeber auch dadurch geschützt, dass dem Auftragnehmer allenfalls bereicherungsrechtliche Zahlungsansprüche zustehen, bei deren Berechnung – s. o. – bereits erkannte Mängel zu berücksichtigen sind und für das Fehlen der Gewährleistungsansprüche ein Abschlag vorzunehmen ist. Schutzbedürftig ist der Auftraggeber daher allenfalls in den Fällen, in denen nach Zahlung der Vergütung nachträglich Mängel auftreten. Ob die Grundsätze von Treu und Glauben § 242 BGB in diesen Fällen die Zubilligung vertragsähnlicher Gewährleistungsansprüche wirklich gebieten, ist aber sehr zweifelhaft. Schließlich ist der Auftraggeber durch seine bewusste Beteiligung an dem Verstoß gegen das SchwarzarbG und die vorzeitige Zahlung der Vergütung sehenden Auges und um des eigenen Vorteils willen das Risiko eingegangen, das sich nunmehr verwirklicht hat.[203]

**Wirksam** sind danach – jedenfalls nach bisheriger Rechtslage – **Verträge,** durch die **allein der Auftragnehmer** gegen das SchwarzarbG verstößt.[204] Dogmatisch schwer zu begründen ist der Vorschlag, in diesen Fällen von einer Teilnichtigkeit auszugehen, den Auftragnehmer auf Bereicherungsansprüche zu beschränken, dem Auftraggeber aber seine Erfüllungs- und insbesondere Gewährleistungsansprüche zu belassen.[205] Es trifft zu, dass in diesen Fällen allein der Auftragnehmer gegen das Gesetz verstoßen hat. Weshalb dieser Verstoß aber zur Folge haben soll, dass eine dem Gesetz an sich fremde „halbseitige Teilnichtigkeit" anzunehmen sein soll mit der Folge, dass der Auftraggeber bei Aufrechterhaltung aller Ansprüche die vereinbarte Leistung wesentlich billiger bekommt, ist nicht einzusehen. Mit dem Zweck des SchwarzarbG ist das jedenfalls nicht zu erklären. 109

Im Einzelfall kann aber auch bei einem beiderseitigen Verstoß die Berufung auf die Nichtigkeit rechtsmissbräuchlich sein.[206]

cc) „o. R.-Abrede", fehlende Eintragung in die Handwerksrolle. Die Vereinbarung, dass die Leistung ohne Mehrwertsteuer berechnet werden soll („o. R.-Abrede"), führt im Regelfall nicht zur Nichtigkeit des Vertrages. Entgegen dem allgemeinen Sprachgebrauch führt die damit vereinbarte Steuerverkürzung für sich allein noch nicht zu einem Verstoß gegen § 1 des früher geltenden SchwarzarbG. Nichtig sind nach Auffassung des BGH derartige Verträge nur, wenn – was in Bausachen schwer vorstellbar ist – die Steuerhinterziehung Hauptzweck ist.[207] 110

Führt der Auftragnehmer einen Handwerksbetrieb, der nicht in die Handwerksrolle eingetragen ist, sind die von ihm abgeschlossenen Bauverträge zunächst uneingeschränkt wirksam. Der Verstoß gegen die Handwerksordnung stellt eine Ordnungswidrigkeit dar, lässt aber die privatrechtliche Wirksamkeit dieser Verträge unberührt.[208] Er kann aber einhergehen mit einem anderweitigen Verstoß gegen das SchwarzarbG. Eine andere Frage ist, ob der Auftraggeber in diesen Fällen zur Anfechtung wegen arglistiger Täuschung[209] berechtigt ist; dazu unten Rdn. 153 ff.

---

[202] *Ingenstau/Korbion/Oppler* VOB/B § 4 Nr. 1 Rdn. 46 m. w. N.
[203] OLG Düsseldorf BauR 1987, 562 und 1993, 487 = NJW-RR 1994, 884.
[204] BGH BauR 1990, 721; BGH Z 88, 240 = BauR 1984, 58 = NJW 1984, 230; BGH Z 89, 369 = BauR 1984, 290 = NJW 1984, 1175; *Kniffka* IBR-online-Kommentar zum Bauvertragsrecht Stand 4. 1. 2007 § 631 Rdn. 46.
[205] *Ingenstau/Korbion/Oppler* § 4 Nr. 1 VOB/B Rdn. 43; *Canaris* NJW 1985, 2404; LG Bamberg NJW-RR 1991, 180.
[206] BGH NJW 1990, 2542 = BauR 1990, 721.
[207] BGH BauR 2001, 630 = NJW-RR 2001, 380 = NZBau 2001, 195 m. w. N.; *Kniffka* IBR-online-Kommentar zum Bauvertragsrecht Stand 4. 1. 2007 § 631 Rdn. 47.
[208] BGH BauR 1984, 58; 1985, 197 und 2001, 632 = NZBau 2002, 149 = ZfBR 2001, 269; OLG Düsseldorf BauR 1996, 121; OLG Hamm NJW-RR 1990, 523; vgl. auch EuGH ZfBR 2001, 30 und *Hök* ZfBR 2001, 77.
[209] KG IBR 2007, 181 mit Anm. *Karczewski* (Nichtzulassungsbeschwerde zurückgewiesen).

**111 b) Verstoß gegen das Gesetz über die Sicherung von Bauforderungen (GSB).**[210] Über den Regelungsinhalt dieses Gesetzes, das vor allem Nachunternehmer gegenüber Generalunternehmern und Bauträgern schützt, siehe im Einzelnen unten Rdn. 305 ff.[211] Auch hier ist der Bauvertrag nur dann gemäß § 134 BGB nichtig, wenn durch seinen Abschluss beide Parteien gegen das GSB verstoßen. Verpflichtet sich deshalb ein Generalunternehmer oder Bauträger, der Baugeld im Sinne des § 1 GSB empfangen hat, zur Zahlung eines bestimmten Geldbetrages an einen nicht am Bau beteiligten Dritten, z. B. einen Nachunternehmer eines anderen Bauvorhabens, so kann darin ein zur Nichtigkeit nach § 134 BGB führender Verstoß gegen §§ 1, 5 GSB nur dann gesehen werden, wenn die Zahlung erkennbar aus Mitteln erfolgen soll, die dem Generalunternehmer/Bauträger nicht zur freien Verfügung stehen, sondern der Bindung des GSB unterliegen. Denn nur wenn die Vereinbarung mit dem Dritten, der Bauvertrag mit dem nicht an diesem Bauvorhaben beteiligten Unternehmer, zum Inhalt hat, dass die Zahlung ohne Rücksicht auf die in §§ 1, 5 GSB geschützten Belange der beteiligten Baugläubiger erfolgen soll, kommt ein **beiderseitiger** Verstoß gegen ein gesetzliches Verbot mit der Rechtsfolge der Nichtigkeit nach § 134 BGB in Betracht.[212]

**112 c) Unerlaubte Rechtsberatung.** Nach Art. 1 § 1 des Rechtsberatungsgesetzes (RBerG)[213] darf die Besorgung fremder Rechtsangelegenheiten einschließlich der Rechtsberatung und der Einziehung fremder oder zu Einziehungszwecken abgetretener Forderungen geschäftsmäßig – ohne Unterschied zwischen haupt- und nebenberuflicher oder entgeltlicher und unentgeltlicher Tätigkeit – nur von Personen betrieben werden, denen dazu von der zuständigen Behörde die Erlaubnis erteilt ist. Ein Herstellungs- und Liefervertrag über den Einbau von Schallschutzfenstern, in dem „Zahlung durch Abtretung der Erstattungsansprüche" nach den Förderbestimmungen für Schallschutzmaßnahmen vereinbart und der Hersteller bevollmächtigt wird, alle hierfür erforderlichen Anträge zu stellen und die Verhandlungen mit den beteiligten Behörden zu führen, schließt nach OLG Karlsruhe[214] zu einem wesentlichen Teil unerlaubte Rechtsberatung ein und ist deshalb nichtig.[215] Unwirksam kann auch ein Treuhändervertrag sein, dessen Schwerpunkt in der rechtlichen Abwicklung liegt.[216]

**113 d) Verbot der Architektenbindung.** Nach Art. 10 § 3 des Gesetzes zur Verbesserung des Mietrechts und zur Begrenzung des Mietanstiegs sowie zur Regelung von Ingenieur- und Architektenleistungen (Mietrechtsverbesserungsgesetz – MRVG)[217] ist eine Vereinbarung, durch die der Erwerber eines Grundstücks sich im Zusammenhang mit dem Erwerb verpflichtet, bei der Planung oder Ausführung eines Bauwerks auf dem Grundstück die Leistungen eines bestimmten Ingenieurs oder Architekten in Anspruch zu nehmen, unwirksam. Demgemäß kann auch ein Bau-Werkvertrag über die (schlüsselfertige) Erstellung eines Gebäudes, der mit einem gegen das Koppelungsverbot des Art. 10 § 3 MRVG verstoßenden Architektenvertrag untrennbar verbunden ist, zusammen mit diesem nichtig sein, wenn nicht gem. § 139 BGB anzunehmen ist, dass er auch ohne den Architektenvertrag geschlossen worden wäre.[218]

**114 e) Verstoß gegen Kartellvorschriften.** Die Nichtigkeit einer Preisabsprache zwischen mehreren Unternehmen, die nach dem Gesetz gegen Wettbewerbsbeschränkung (GWB) verboten ist, führt dagegen grundsätzlich nicht zur Nichtigkeit des Bau-Werkvertrages, den

---

[210] I. d. F. v. 2. 3. 1974 (BGBl. I S. 469).
[211] Vgl. zusammenfassend auch *Hagenloch* Hdb. z. GSB 1991.
[212] BGH NJW 1986, 1104 = BauR 1986, 115 = ZfBR 1986, 80.
[213] Vom 13. 12. 1935 (RGBl. I S. 1478 = BGBl. III S. 303–312).
[214] BauR 1988, 252 L.
[215] Zur unerlaubten Rechtsberatung durch einen Diplomingenieur (Energieberater) BGH NJW 1995, 3122 = BauR 1995, 727.
[216] Dazu BGH BauR 2001, 397; NJW 2001, 3774; NJW 2002, 66 und 2325; NJW 2003, 1252 und 2088.
[217] I. d. F. v. 12. 11. 1984 (BGBl. I S. 1337).
[218] BGHZ 71, 33 = NJW 1978, 1434 = BauR 1978, 232; OLG Köln BauR 1976, 288, 290.

F. Unwirksamkeit des Vertrages oder der Vergütungsvereinbarung **Vor § 2**

einer der Auftragnehmer daraufhin mit dem Auftraggeber abschließt, auch wenn dabei der verbotswidrig abgesprochene Preis vereinbart wird.[219] Jedoch kann der Auftraggeber in diesem Fall den Bau-Werkvertrag kündigen oder ihn wegen arglistiger Täuschung gem. § 123 BGB anfechten (dazu unten Rdn. 153). Außerdem kann in einer solchen Preisabsprache ein strafrechtlich relevanter Betrug[220] liegen,[221] denn wenn die Anbieter durch Preisabsprachen und Vorspiegelung von Wettbewerb die Bildung des Wettbewerbspreises verhindern, erleidet der Auftraggeber einen Schaden, wenn der mit einem Anbieter vereinbarte Preis höher als der erzielbare Wettbewerbspreis ist. Der Wert der ausgeschriebenen Bauarbeiten bestimmt sich dann nach dem Preis, der bei Beachtung der für das Ausschreibungsverfahren geltenden Vorschriften im Wettbewerb erzielbar ist bzw. gewesen wäre.[222]

Gelegentlich versuchen Auftraggeber, die Rechtsfolgen eines solchen Verstoßes vertraglich zu regeln, insbesondere durch Allgemeine Geschäftsbedingungen. Die Vereinbarung eines **pauschalierten Schadensersatzes** von 3% der Auftragssumme, zu der auch die über den Hauptauftrag hinaus beauftragten Nachtragsangebote zählen,[223] hält der Inhaltskontrolle stand und stellt keinen Verstoß gegen den früheren § 11 Nr. 5 AGB-Gesetz dar.[224] Pauschalierte Schadensersatzabreden in AGB zum Schutz gegen Submissionsbetrug sind hiernach grundsätzlich wirksam.[225] Die von einem öffentlichen Auftraggeber gegenüber Kaufleuten gestellte Klausel

115

„Wenn der Auftragnehmer oder die von ihm beauftragten oder für ihn tätigen Personen aus Anlass der Vergabe nachweislich eine Abrede getroffen haben, die eine unzulässige Wettbewerbsbeschränkung darstellt, hat er als Schadensersatz 3 v. H. der Auftragssumme an die Stadt zu zahlen, es sei denn, dass ein höherer Schaden nachgewiesen wird."

hindert den Auftragnehmer auch nicht daran, einen niedrigeren Schaden nachzuweisen, und verstößt deshalb nicht gegen den früheren § 9 AGB-Gesetz.[226] Dagegen verstößt Nr. 35 der Zusätzlichen Vergabebedingungen für Straßenbauarbeiten (ZVB-StB 75), dass bereits das erfolglose Stattfinden von Verhandlungen über die Abgabe oder Nichtabgabe von Angeboten bei einer Ausschreibung von Bauleistungen eine pauschalierte Schadensersatzpflicht in Höhe von 3% der Auftragssumme auslöse, nach OLG Frankfurt a. M.[227] gegen § 9 AGB-Gesetz. Denn eine solche Auslegung würde die Schadensersatzpflicht an einen Tatbestand knüpfen, der kartellrechtlich nicht relevant ist und keinen **Submissionsschaden** ausgelöst

---

[219] OLG Celle NJW 1963, 2126; *Heiermann/Riedl/Rusam* VOB/B § 2 Rdn. 19; Hahn BauR 1989, 284.

[220] Zum Ausschreibungsbetrug durch Planungsbeauftragte KG ZIP 1992, 1109 = BauR 1992, 813 L: Ein Planungsbeauftragter, der vom Bauherrn mit der Vorbereitung der Vergabe von Bauleistungen beauftragt ist und dabei Kartellabsprachen der Auftragnehmer fördert Oder der ihm günstige Auftragsvergabe zugunsten eines Unternehmers steuert, von dem er eine Vergütung erhält, kann wegen Treuebruchs (§ 263 StGB) und Betruges (§ 263 BGB) verantwortlich sein. Bei der Einflussnahme des Planungsbeauftragten auf die Auftragsvergabe liegt ein Vermögensschaden schon dann vor, wenn dadurch der Vertragsschluss des Bauherrn zu günstigeren Wettbewerbspreisen vereitelt wird.

[221] Im Falle von Baupreisabsprachen, bei denen für die Schutzgewährung keine Ausgleichszahlungen erfolgen, sondern eine Punkteliste geführt wird, auf Grund deren die schützenden Unternehmen damit rechnen können, in Zukunft ihrerseits geschützt zu werden, sind die Absprachen nach dem Willen aller Beteiligten als ein auf Dauer gedachtes System angelegt. Die in gleichartiger Begehungsform und in engem räumlichen und zeitlichen Zusammenhang begangenen Ordnungswidrigkeiten beruhen daher nach OLG Frankfurt (BauR 1992, 660) auf einem Anfang an gefassten Vorsatz. Das für den Gesamtvorsatz erforderliche Wollen eines Gesamterfolges ergibt sich daraus, dass sich die Bedeutung der Einzeltaten erst aus der Gesamtbetrachtung erschließt und erst die mehrmalige Tatbegehung eine „neue Sinneinheit" schafft (OLG Frankfurt a. a. O. unter Hinweis auf *Jähnke* GA 89, 376, 382; zugleich Abgrenzung von BGH, WuW/E 2659, wo die Teilnehmer der Submissionsabsprache für die Abgabe jedes Schutzangebots eine unmittelbare Gegenleistung erhielten).

[222] BGH NJW 1992, 921 mit Besprechung *Baumann* NJW 1992, 1661 ff. = BauR 1992, 383 m. Anm. *Quack* ZfBR 1992, 126; BGH NJW 1995, 737.

[223] LG Berlin BauR 1996, 245.

[224] LG Berlin a. a. O. unter Hinweis auf BGH NJW 1992, 921 = BauR 1992, 383 = ZfBR 1992, 126.

[225] Ebenso schon OLG München NJW 1995, 733.

[226] BGH ZfBR 1996, 141.

[227] ZIP 1991, 1171 = BauR 1993, 101 (Revision nicht angenommen durch Beschluss des BGH vom 22. 10. 1992 – VII ZR 279/91).

hat. Ebenso ergibt eine an § 8 Nr. 4 VOB/B angelehnte Auslegung, dass bloße Verhandlungen über eine lediglich versuchte Submissionsabsprache, die nicht zum Ziel geführt haben, also weder zu einer Absprache noch zu einem abgestimmten Verhalten, keinen Schadensersatzanspruch gegen den Auftragnehmer/Bieter begründen.[228]

**116**  f) **Baupreisrecht/Vergabeverordnung (VgV).**[229] Das für Verträge mit der öffentlichen Hand früher geltende Baupreisrecht ist durch Verordnung vom 16. 6. 1999 mit Wirkung ab 1. 7. 1999 aufgehoben worden.[230] Für die rechtliche Beurteilung von „Altfällen" wird auf die Kommentierung in der Vorauflage verwiesen.

Die zum 1. 2. 2001 in Kraft getretene Vergabeverordnung (VgV)[231] regelt das bei öffentlichen Aufträgen einzuhaltende Verfahren, soweit die geschätzten Auftragswerte die sg. Schwellenwerte überschreiten, § 1 VgV. Danach müssen vor Vergabe des ausgeschriebenen Auftrags die übrigen Bieter darüber informiert werden, wessen Angebot angenommen werden soll und warum ihr eigenes Angebot nicht berücksichtigt werden konnte. Diese Information muss spätestens 14 Tage vor dem Vertragsschluss an die übrigen Bieter abgesandt werden. Ein vor Ablauf dieser Frist oder ein sogar ohne Erteilung dieser Informationen abgeschlossener Vertrag ist nach § 13 VgV nichtig. Nach Auffassung des BGH hat sich der Verordnungsgeber auch mit der Anordnung der Nichtigkeitsfolge noch im Rahmen der ihm eingeräumten Ermächtigung gehalten.[232] Gleichwohl bleiben viele Fragen offen. Löst auch eine inhaltlich unzureichende Information die Nichtigkeitsfolge aus? Ist der verfrüht geschlossene Vertrag auch dann nichtig, wenn die Vergabeentscheidung in der Sache richtig war? Wer kann sich auf die Nichtigkeitsfolge berufen? Erfasst § 13 VgV auch die Fälle, in denen überhaupt kein Vergabeverfahren durchgeführt worden ist?[233]

## 5. Verstoß gegen die guten Sitten (§ 138 BGB)

**117**  Ein Rechtsgeschäft, das gegen die guten Sitten verstößt, ist gemäß § 138 Abs. 1 BGB nichtig. Nichtig ist nach § 138 Abs. 2 BGB insbesondere ein Rechtsgeschäft, durch das jemand unter Ausbeutung der Zwangslage, der Unerfahrenheit, des Mangels an Urteilsvermögen oder der erheblichen Willensschwäche eines anderen sich oder einem Dritten für eine Leistung Vermögensvorteile versprechen oder gewähren lässt, die in einem auffälligen Missverhältnis zu der Leistung stehen.

Im Baubereich sind folgende Fälle von besonderer Bedeutung:

**118**  a) **Zahlung von Schmiergeldern, kollusives Zusammenwirken.** Probleme bereiten in der Praxis immer wieder die Fälle, in denen der Auftragnehmer den Auftrag durch Zahlung eines **Schmiergeldes** an den bevollmächtigten Architekten/Baubetreuer erlangt hat.[234] Klar ist in diesen Fällen, dass die **Provisionsabrede** als solche gegen die guten Sitten verstößt und daher **nichtig** ist,[235] zumal überdies ein Verstoß gegen das gesetzliche Verbot des § 299 StGB vorliegt. **Die Nichtigkeit** der Schmiergeldabrede **erfasst aber nicht ohne weiteres** den daraufhin abgeschlossenen **Folgevertrag.** Dieser muss vielmehr seinerseits von der Rechtsordnung derart missbilligt sein, dass auch ihm die Wirksamkeit zu versagen ist. Dafür reicht es nicht aus, dass die handelnden Personen gegen § 12 UWG bzw. § 299 StGB verstoßen haben.

---

[228] Zu Schadensersatzansprüchen und deren Nachweis bei Submissionsabsprachen vgl. auch *Diehl* BauR 1993, 1 ff. und ZfBR 1994, 105 ff. sowie *Rutkowsky* ZfBR 1994, 257 ff. und NJW 1995, 705 ff.
[229] 2. Verordnung zur Änderung der Vergabeverordnung, BGBl. 2003 I, S. 168.
[230] BGBl 1999 I, S. 1419.
[231] 2. Verordnung zur Änderung der Vergabeverordnung BGBl. I 2003, S. 168.
[232] BGH NZBau 2004, 229; *Kniffka* IBR-online-Kommentar zum Bauvertragsrecht Stand 4. 1. 2007 § 631 Rdn. 96 f; a. A. aber wohl noch Kniffka/Koeble 5. Teil Rdn. 24 m. w. N.
[233] *Kratzenberg* NZBau 2001, 119, 121; *Portz* VergabeR 2002, 215; *Hertwig* NZBau 2001, 241 ff.; *Dreher* NZBau 2001, 244; *Byok* NJW 2001, 2295, 2301; *Wegmann* NZBau 2001, 475 ff.; *Dieckmann* NZBau 201, 481; *Heuvels/Kaiser* NZBau 2001, 479; *Hailbronner* NZBau 2002, 474 ff.; *Gesterkamp* NZBau 2002, 481 ff.; *Rosenkötter* NZBau 2004, 136; *Rojahn* NZBau 2004, 382.
[234] Dazu *Diercks* BauR 2004, 257.
[235] BGH BauR 1999, 1047.

F. Unwirksamkeit des Vertrages oder der Vergütungsvereinbarung    **Vor § 2**

Voraussetzung ist vielmehr, dass der Vertragsschluss als solcher gegen das Anstandsgefühl aller billig und gerecht Denkenden verstößt.[236] Das ist aber nur der Fall, wenn das Rechtsgeschäft nach seinem aus der Zusammenfassung von Inhalt, Beweggrund und Zweck zu entnehmenden Gesamtcharakter mit den guten Sitten nicht zu vereinbaren ist.[237]

Nach Auffassung des BGH ist ein durch Bestechung zustande gekommener Vertrag nur dann sittenwidrig, wenn die Schmiergeldabrede zu einer für den Geschäftsherrn **nachteiligen Vertragsgestaltung** geführt hat.[238] Fehlt ein solcher Nachteil, ist der Vertrag nach Auffassung des BGH trotz der Bestechung nicht sittenwidrig.[239] Dem ist zuzustimmen. Der Geschäftsherr kann an der Aufrechterhaltung des Vertrages sogar ein erhebliches Interesse haben und ihn auch in Kenntnis aller Umstände für sinnvoll und ausgewogen halten.[240] Gibt es für einen derartigen Nachteil keinen Anhaltspunkt, fehlt eine entscheidende Voraussetzung für die Annahme der Sittenwidrigkeit. Ist hingegen ein Anhaltspunkt für einen solchen Nachteil erkennbar, hat nicht der Geschäftsherr das Vorliegen dieses Nachteils, sondern der, der bestochen hat, nach den Grundsätzen über den **Beweis des ersten Anscheins** das Fehlen dieses Nachteils zu beweisen.[241] Die Zahlung des **Bestechungsgeldes** rechtfertigt für sich allein noch nicht die Annahme, dass das Rechtsgeschäft für den Geschäftsherrn nachteilig gewesen sei.[242] Das gilt jedenfalls dann, wenn die vereinbarte Vergütung sich im üblichen Rahmen hält und kein Anhaltspunkt für die Vereinbarung überhöhter Preise besteht. Gleichwohl ist der nicht von vornherein unwirksame Vertrag damit aber noch **nicht endgültig wirksam** zustande gekommen. Der bestochene Vertreter hat bei Vertragsabschluss nämlich für den anderen erkennbar seine Vertretungsmacht missbraucht. Er ist ohne vorherige Information des Geschäftsherrn nicht befugt, für diesen einen Vertrag mit einem Verhandlungspartner abzuschließen, der ihn gerade bestochen hat. Nimmt man das im konkreten Einzelfall an, ist der Vertrag entsprechend § 177 Abs. 1 BGB **schwebend unwirksam.** Der Geschäftsherr hat die Möglichkeit, die Genehmigung zu verweigern, er kann aber auch das Rechtsgeschäft genehmigen.[243] Er kann auch – wenn er Gewährleistungsansprüche für erbrachte Teilleistungen erhalten will – den **Vertrag** an sich **genehmigen,** ihn dann aber sogleich **aus wichtigem Grund kündigen.**[244] Ihm kann dann gegen den Auftragnehmer ein Schadensersatzanspruch wegen Verletzung (vor-)vertraglicher Pflichten aus §§ 280 Abs. 1, 311 Abs. 2 und 3 BGB auf Erstattung des in der Vergütungsforderung enthaltenen Schmiergeldbetrages oder der etwaigen Mehrkosten aus der Beauftragung von Folgeunternehmern zustehen.[245]

Ist hingegen eine für den Geschäftsherrn **nachteilige Vertragsgestaltung** festzustellen, ist der abgeschlossene Vertrag nach Auffassung des BGH **sittenwidrig** und damit nichtig.[246] Diese Rechtsprechung wird in der Literatur aber zu Recht als „zu rigoros" bezeichnet. Der Geschäftsherr kann auch in diesen Fällen ein erhebliches Interesse an der Aufrechterhaltung des Vertrages haben, um den zügigen Bauablauf sicherzustellen oder sich Gewährleistungsansprüche zu erhalten. Es wäre deshalb sinnvoll, auch in diesen Fällen von der schwebenden Unwirksamkeit des Vertrages auszugehen und dem Geschäftsherrn die Möglichkeit der Genehmigung zu lassen.[247]

---

[236] BGH NJW 1977, 2356.
[237] BGH NJW 1989, 1276.
[238] BGH NJW 1989, 26; NJW-RR 1990, 442; NJW 2000, 511.
[239] BGH NJW-RR 1990, 442 und NJW 1999, 2266.
[240] Staudinger/*Sack,* BGB, § 138 Rdn. 473.
[241] BGH NJW 1989, 26 und 1999, 2266, 2267.
[242] BGH a. a. O.
[243] MünchKomm/*Schramm* § 164 Rdn. 102 a; *Palandt/Heinrichs* § 164 Rdn. 14 f.
[244] BGH NJW 1999, 2266, 2268.
[245] BGH NJW 1991, 1819 = BauR 1991, 478 = ZfBR 1991, 152; OLG Stuttgart IBR 2007, 8, Nichtzulassungsbeschwerde zurückgewiesen durch BGH Beschluss vom 28. 9. 2006 – VII ZR 161/05.
[246] BGH NJW 1989, 26; BGH NJW-RR 1990, 442; BGH NJW 2000, 511.
[247] *Kniffka/Koeble* 5. Teil Rdn. 16; *Kniffka* IBR-online-Kommentar zum Bauvertragsrecht Stand 4. 1. 2007 § 631 Rdn. 59.

119 **b) Wucher.** Nach § 138 Abs. 2 BGB sind insbesondere nichtig Rechtsgeschäfte, durch die jemand unter Ausbeutung der Zwangslage, der Unerfahrenheit, des Mangels an Urteilsvermögen oder der erheblichen Willensschwäche eines anderen sich oder einem Dritten für eine Leistung Vermögensvorteile versprechen oder gewähren lässt, die in einem auffälligen Missverhältnis zur Leistung stehen. Die Rechtsprechung bejaht bei einer Preiserhöhung um ca. 100% zum objektiven Wert der Leistung ein auffälliges Missverhältnis zwischen Leistung und Gegenleistung, das den Schluss auf eine verwerfliche Gesinnung rechtfertigen kann.[248] Dabei kommt es aber entscheidend auf die besonderen Umstände des Einzelfalles an. Ein Werkvertrag, bei dem der Werkunternehmer das **Vierfache** der üblichen Vergütung verlangt und das Angebot so abgefasst ist, dass der Eindruck eines erheblich niedrigeren Preises entsteht, ist schon deshalb wegen Sittenwidrigkeit nichtig.[249]

Im Übrigen kommt die Nichtigkeit des Vertrages wegen Sittenwidrigkeit nicht nur bei der Vereinbarung eines überhöhten Werklohns in Betracht, sondern auch bei der Vereinbarung eines **ungewöhnlich niedrigen** Werklohns.[250]

120 Das so zustande gekommene Geschäft ist insgesamt **nichtig** und kann nicht im Wege geltungserhaltender Reduktion auf ein für den Übervorteilten erträgliches Maß zurückgeführt werden, weil sonst für denjenigen, der sich sittenwidrig verhält, das mit dem Geschäft verbundene Risiko entfiele.[251]

### 6. Rechtsfolgen der Nichtigkeit

121 Ist der Vertrag aus einem der genannten Gründe unwirksam, stehenden Parteien **vertragliche Ansprüche** nicht zu. Gleichwohl ist es aber häufig zu einem Leistungsaustausch gekommen, der anderweitige Zahlungs- oder Rückgewähransprüche auslösen kann. Für den VOB-Vertrag wird insoweit auf **§ 2 Nr. 8 VOB/B** verwiesen. Für den BGB-Vertrag fehlt eine gesonderte Regelung. Hier kommen aber Ansprüche aus GoA bzw. § 812 I BGB in Betracht.

122 **a) Ansprüche aus GoA.** Nach ständiger Rechtsprechung des BGH kann ein **Aufwendungsersatzanspruch aus GoA** nicht nur dann bestehen, wenn der Geschäftsführer ein ausschließlich fremdes Geschäft geführt hat, sondern auch, wenn er ein sog. **„auch fremdes"** Geschäft geführt hat.[252] Dieses Institut des „auch fremden" Geschäftes ist ein ganz diffuses Gebilde, das dringend der Konkretisierung und Eingrenzung bedarf. Folgt man der bisherigen Rechtsprechung des BGH, könnte ein an einer Ausschreibung beteiligter Anbieter kurzerhand ohne Auftrag das Bauwerk errichten und dafür dann die übliche Vergütung geltend machen, weil er mit der Errichtung ein „auch fremdes" Geschäft des Bauherrn geführt hat. Auf der anderen Seite ermöglicht diese im Gesetz überhaupt nicht erwähnte Konstruktion aber in vielen Fällen praktisch brauchbare Lösungen. So auch in den Fällen, in denen jemand in der Annahme, vertraglich verpflichtet zu sein, Leistungen für einen anderen erbringt, tatsächlich der **Vertrag** aber **unwirksam** ist. Voraussetzung für einen Aufwendungsersatzanspruch aus GoA gemäß §§ 683, 670 BGB ist aber, dass die Übernahme der Geschäftsführung dem **Interesse und dem wirklichen oder dem mutmaßlichen Willen** des Geschäftsherrn entspricht bzw. die Ausführung des Geschäfts im öffentlichen Interesse liegt, §§ 683, 679 BGB. Vorrangig kommt es auf den wirklichen Willen des Geschäftsherrn an. Diesen muss der Geschäftsführer mit zumutbarem Aufwand erforschen und auch dann beachten, wenn er unvernünftig oder interessenwidrig ist.[253] Hat der Geschäftsherr die Geschäftsführung abgelehnt, kann nicht ersatzweise auf den mutmaßlichen

---

[248] BGHZ 104, 105; 110, 338; OLG Stuttgart BauR 2001, 1275; *Kniffka* IBR-online-Kommentar zum Bauvertragsrecht Stand 4. 1. 2007 § 631 Rdn. 52 ff.
[249] KG NJW-RR 1995, 1422.
[250] *Kniffka* IBR-online-Kommentar zum Bauvertragsrecht Stand 4. 1. 2007 § 631 Rdn. 58.
[251] BGHZ 68, 204 = NJW 1977, 1233.
[252] BGH NJW 1962, 2010.
[253] BGHZ 138, 281.

## F. Unwirksamkeit des Vertrages oder der Vergütungsvereinbarung **Vor § 2**

Willen abgestellt werden. Etwas anderes gilt nur dann, wenn die Ausführung des Geschäfts im öffentlichen Interesse lag, § 679 BGB. Ist ein wirklicher Wille nicht festzustellen und liegt die Ausführung des Geschäfts auch nicht im öffentlichen Interesse, kommt es auf den mutmaßlichen Willen des Geschäftsherrn an. Mutmaßlich ist derjenige Wille des Bestellers, der bei objektiver Beurteilung aller gegebenen Umstände von einem verständigen Betrachter vorauszusetzen ist.[254] Dabei müssen alle Umstände berücksichtigt werden. Auch ein an sich nützliches Bauvorhaben entspricht nicht dem mutmaßlichen Willen des Geschäftsherrn, wenn es für ihn nicht finanzierbar ist.[255] **Zusatz- oder Änderungsaufträge** entsprechen seinem mutmaßlichen Willen dann, wenn sie für die ordnungsgemäße Durchführung des Vorhabens erforderlich sind.[256] Das gilt aber dann nicht, wenn es preisgünstigere Alternativen gegeben hätte[257] oder wenn die Ausführung der Arbeiten der Beseitigung von Mängeln diente, wegen der dem Geschäftsherrn gegen andere Unternehmer oder sogar gegen den Geschäftsführer Gewährleistungsansprüche zustanden.[258]

Streitig ist, ob auch solche Leistungen einen Aufwendungsersatzanspruch aus § 670 auslösen können, die erforderlich sind, weil das **funktional geschuldete Vertragssoll** durch die vertraglich vereinbarte Leistung nicht erreicht werden kann. Es geht dabei um die Fälle, in denen – durch funktionale Leistungsbeschreibung – ein bestimmter Leistungserfolg vereinbart, die detaillierte Leistungsbeschreibung aber unvollständig ist, sodass zur Erreichung des vereinbarten Leistungserfolges **zusätzliche Leistungen** erbracht werden müssen. *Kniffka*[259] weist zunächst zutreffend darauf hin, dass in diesen Fällen eine zusätzliche Vergütung jedenfalls dann verlangt werden könne, wenn darüber eine Vereinbarung erzielt worden sei, der Vertrag eine der Regelung in §§ 1 Nr. 4, 2 Nr. 6 VOB/B entsprechende Regelung enthalte oder die Leistung nachträglich (als vergütungspflichtige Zusatzleistung) anerkannt werde. Das ist richtig, nur in den verbleibenden Fällen stellt sich die Frage nach einem Aufwendungsersatzanspruch aus § 670 BGB. *Leupertz*[260] und wohl auch *Oberhauser*[261] sind der Auffassung, der Unternehmer schulde ein mangelfreies Werk, er müsse alle Leistungen erbringen, die zur Erreichung des funktional beschriebenen Vertragssolls erforderlich seien; es komme allenfalls eine Vertragsanpassung nach den Grundsätzen über den Wegfall der Geschäftsgrundlage gemäß § 313 BGB in Betracht. *Kniffka*[262] hält diese Erwägung nicht für zwingend. Eine Geschäftsführung ohne Auftrag könne auch vorliegen, wenn die erbrachte Leistung nicht vom Leistungssoll abgedeckt sei. Zutreffend sei, dass eine zur mangelfreien Leistung notwendige Leistung in das Äquivalenzverhältnis des Vertrages einbezogen werden sollte. Es sei aber wenig verständlich, dass solche Leistungen nicht mit einer vertraglichen Vergütung abgegolten würden. Der wahre Grund dafür sei, dass der Besteller solche Leistungen nicht als vertragliche anerkenne, obwohl dies geboten sei. Es müsse deshalb überlegt werden, ob die Verweigerung der Anerkennung als vertragliche Leistung nicht gegen das den Bauvertrag beherrschende Kooperationsgebot verstoße.

Letztlich handelt es sich um eine **Frage der Vertragsauslegung.** Haben die Parteien zwar auf der Grundlage eines detaillierten Leistungsverzeichnisses verhandelt, letztlich die geschuldete Leistung aber funktional beschrieben, kommt dem Leistungsverzeichnis hinsichtlich der geschuldeten Einzelleistungen keine eigenständige Bedeutung mehr zu.[263] Ähnlich liegt es, wenn die Parteien letztlich eine sog. „Komplettheitsvereinbarung" treffen, die Vorrang vor dem Leistungsverzeichnis haben soll.[264] In diesen Fällen schuldet der Auftragnehmer auch

---

[254] BGH BauR 1974, 273.
[255] *Kniffka* IBR-online-Kommentar zum Bauvertragsrecht Stand 4. 1. 2007 § 631 Rdn. 627 ff.
[256] OLG Frankfurt BauR 2003, 1045.
[257] OLG Düsseldorf BauR 2000, 1198.
[258] OLG Hamm NJW-RR 1998, 163.
[259] *Kniffka* IBR-online-Kommentar zum Bauvertragsrecht Stand 4. 1. 2007 § 631 Rdn. 627 ff.
[260] *Leupertz* BauR 2005, 775.
[261] Oberhauser BauR 2005, 919.
[262] A. a. O.
[263] BGH BauR 1997, 464 = NJW 1997, 1772.
[264] BGH BauR 1984, 395; KG IBR 2003, 343 mit Anm. *Schulze-Hagen*.

solche Leistungen, die im Leistungsverzeichnis nicht aufgeführt, zur Erreichung des vereinbarten Leistungserfolges aber notwendig sind. Wenn der Auftraggeber sie nicht als zusätzlich zu vergüten anerkennt, macht er lediglich seinen vertraglichen Erfüllungsanspruch geltend, eine Verletzung der bauvertraglichen Kooperationspflicht kann darin nicht gesehen werden. Anders liegt es aber, wenn die Parteien mit der Vereinbarung des Pauschalpreises lediglich die im Leistungsverzeichnis aufgeführten Leistungen abgelten wollten. Dann müssen zusätzliche Leistungen bezahlt werden und können ggf. auch einen Aufwendungsersatzanspruch aus GoA auslösen. Die bloße Pauschalierung der Vergütung auf der Basis einer detaillierten Leistungsbeschreibung verbunden mit der Bestätigung, die kompletten Leistungen zum Pauschalpreis erbringen zu wollen, rechtfertigt für sich allein im Zweifel die Annahme, dass alle zur Erreichung des Leistungserfolges notwendigen Leistungen abgegolten sein sollen, nicht.[265] Es kommt hier also entscheidend auf die Umstände des jeweiligen Falles an.

Der Aufwendungsersatzanspruch aus §§ 683, 670 BGB ist nicht davon abhängig, ob der Geschäftsherr seiner Anzeigepflicht aus § 681 BGB nachgekommen ist, § 681 S. 2 BGB. Die Verletzung der Anzeigepflicht kann aber Schadensersatzansprüche auslösen.[266]

**Höhe des Anspruchs:** Der Geschäftsführer kann gemäß §§ 683, 670 BGB Ersatz seiner Aufwendungen verlangen. Sein Aufwendungsersatzanspruch ist – wenn die Ausführung des Geschäftes in Rahmen des Berufs oder des Gewerbes des Geschäftsführers erfolgt – nach der Rechtsprechung des BGH auf die **übliche Vergütung** gerichtet, die zurzeit des Vertragsschlusses nach allgemeiner Auffassung der beteiligten Kreise am Ort der Werkleistung gewährt zu werden pflegt.[267] Diese Rechtsprechung wird zu Recht kritisiert.[268] *Leupertz* und *Kniffka* ist darin zuzustimmen, dass es an jedem rechtlichen Ansatz dafür fehlt, dem Geschäftsführer die übliche Vergütung zuzubilligen. Entscheidend kommt es vielmehr auf die ihm **tatsächlich entstandenen Aufwendungen** für Gerät, Material, Personal inklusive Baustellengemeinkosten und Kosten der Baustelleneinrichtung an. Diese sind auch nicht nach den üblichen Sätzen zu vergüten, weil eine Entgeltlichkeitsvereinbarung fehlt und die erbrachte Leistung nach Inhalt und Wertigkeit hinter einer vertraglichen Leistung zurückbleibt.[269] Das zeigt sich schon daran, dass dem Geschäftsherrn in diesen Fällen keine Gewährleistungsansprüche zustehen, sondern allenfalls verschuldensabhängige Ansprüche wegen Verletzung der Geschäftsführerpflichten. Die Aufwendungen dürfen daher nicht fiktiv nach üblichen Sätzen berechnet werden. Vielmehr sind die kalkulatorischen Ansätze für Allgemeine Geschäftskosten, Gewinn und Wagnis grundsätzlich nicht ersatzfähig.[270]

Eine mangelhafte Leistung liegt grundsätzlich nicht im Interesse des Geschäftsherrn.[271]

**123** **b) § 812 BGB.** Daneben kommen Ansprüche aus § 812 BGB in Betracht. Das setzt zunächst eine rechtsgrundlose Bereicherung voraus. Daran fehlt es, wenn eine **berechtigte GoA** vorliegt, weil die berechtigte GoA, solange sich der Geschäftsführer in ihrem Rahmen hält, den rechtlichen Grund für die Leistung darstellt.[272] Ist das nicht der Fall, muss der Leistungsempfänger die erlangten Leistungen herausgeben, in Bausachen hat er in der Regel gemäß § 818 Abs. 2 BGB Wertsatz zu leisten. Grundlage für die Bewertung soll nach ständiger Rechtsprechung des BGH das sein, was der Bereicherungsempfänger bei eigener Vergabe für die Durchführung der Arbeiten hätte aufwenden müssen.[273] Geschuldet wäre damit die übliche Vergütung. Das ist nicht unproblematisch. Vielmehr wird man bei der Bemessung des Wertersatzes erhebliche Abschläge für das Baumängelrisiko vornehmen

---

[265] OLG Celle IBR 2003, 231 mit Anm. *Eschenbruch* (Revision nicht angenommen).
[266] *Kniffka* IBR-online-Kommentar zum Bauvertragsrecht Stand 4. 1. 2007 § 631 Rdn. 627 ff.
[267] BGHZ 65, 384; 131, 220; 143, 9; NJW-RR 2005, 639.
[268] Leupertz BauR 2005, 775; *Kniffka* IBR-onlineKommentar zum Bauvertragsrecht Stand 4. 1. 2007 § 631 Rdn. 627 ff.
[269] So zu Recht *Kniffka* und *Leupertz* a. a. O.
[270] *Kniffka* a. a. O.
[271] *Kniffka* a. a. O. Rdn. 601.
[272] BGH NJW 1993, 3196.
[273] BGH NJW-RR 2002, 1176; NZBau 2001, 571 = BauR 2001, 1412.

F. Unwirksamkeit des Vertrages oder der Vergütungsvereinbarung  **Vor § 2**

müssen.[274] *Kniffka*[275] weist im Übrigen zu Recht darauf hin, dass – wenn man die bereits bei den Ansprüchen aus GoA erörterten Bedenken hinsichtlich der Berechnung des Aufwendungsersatzanspruches teilt – der unberechtigte Geschäftsführer einen höheren Ersatzanspruch hätte als der berechtigte Geschäftsführer. Er schlägt deshalb zu Recht vor, den Anspruch aus § 812 BGB der Höhe nach auf den Höchstbetrag des für die berechtigte Geschäftsführung zu zahlenden Aufwendungsersatzes zu begrenzen.[276]

Liegen **Mängel** vor, ist der Anspruch von vornherein um den für die Mangelbeseitigung erforderlichen Betrag zu kürzen.[277] Im Übrigen muss – legt man die übliche Vergütung zu Grunde – von vornherein ein Abschlag dafür vorgenommen werden, dass dem Bereicherten keine Gewährleistungsansprüche zustehen.[278] Die Höhe des Abschlags hängt von der Mangelwahrscheinlichkeit und damit von den Umständen des Einzelfalles ab. *Kniffka*[279] weist aber zu Recht auf die damit verbundenen Risiken und darauf hin, dass es für den Bauherrn günstiger sein kann, die Ausführung der Arbeiten nachträglich zu genehmigen, um auf diese Weise die Gewährleistungsansprüche zu erhalten.

Im Übrigen gelten die allgemeinen Grundsätze zur **aufgedrängten Bereicherung.** Davon wird man aber dann nicht sprechen können, wenn der Bereicherungsempfänger das Bauwerk tatsächlich nutzt.

### II. Anfechtung oder Widerruf des Vertrages

Eine Anfechtung des Vertrages bzw. der Vergütungsvereinbarung ist möglich wegen Irrtums (§ 119 BGB) bzw. Täuschung oder Drohung (§ 123 BGB). Ein Widerruf kommt in Bausachen gelegentlich in Betracht nach §§ 312, 355 BGB (Haustürgeschäft). **124**

**1. Irrtumsanfechtung**[280]

Nach § 119 Abs. 1 BGB ist zur Anfechtung berechtigt, wer bei der Abgabe einer Willenserklärung über ihren **Inhalt** im Irrtum war oder eine **Erklärung** dieses Inhalts überhaupt nicht abgeben wollte, wenn anzunehmen ist, dass er die Erklärung bei Kenntnis der Sachlage und bei verständiger Würdigung des Falles nicht abgegeben haben würde. **125**

Zu unterscheiden ist also zwischen dem sog. **Inhaltsirrtum,** auch Irrtum über den Erklärungsinhalt oder Geschäftsirrtum genannt (§ 119 Abs. 1, 1. Alt. BGB), und dem sog. **Erklärungsirrtum,** auch Irrtum in der Erklärungshandlung genannt (§ 119 Abs. 1, 2. Alt. BGB). Einen Sonderfall stellt der **Kalkulationsirrtum** dar. **126**

**a) Inhaltsirrtum.** In diesem Fall weiß der Erklärende, was er sagt, d. h. der äußere Tatbestand seiner Erklärung entspricht seinem Willen, aber er irrt über Inhalt, Bedeutung oder Tragweite seiner Erklärung, z. B. über die Person des Geschäftspartners, den Geschäftsgegenstand (Geschäftstyp) oder die Rechtsfolgen seiner Erklärung. **Beispiele:**[281] **127**

– Der Auftraggeber schließt den Vertrag statt mit dem Auftragnehmer persönlich irrtümlich mit dessen namensgleicher Firma, die er für ein einzelkaufmännisches Unternehmen hält, obwohl sie – ohne dies auszuweisen – längst in eine GmbH oder in eine GmbH & Co. KG umgewandelt ist (Irrtum über die Person bzw. Identität des Geschäftspartners).[282]

---

[274] OLG Düsseldorf IBR 1993, 278: mindestens 15%; KG IBR 2007, 182 mit Anm. *Karczewski*.
[275] *Kniffka* IBR-online-Kommentar zum Bauvertragsrecht Stand 4. 1. 2007 § 631 Rdn. 642.
[276] So auch Leupertz a. a. O. S. 784.
[277] BGH NJW 1982, 879.
[278] BGH NJW 1990, 2542.
[279] Kniffka IBR-online-Kommentar zum Bauvertragsrecht Stand 4. 1. 2007 § 631 Rdn. 640 ff.
[280] Anfechtungstatbestände nach § 119 BGB im Bauvertragsrecht behandelt *Schelle* BauR 1985, 511 ff.
[281] Weitere Beispiele bei *Schelle* BauR 1985, 511, 512.
[282] Vgl. zu einer ähnlichen Problematik BGH NJW-RR 1987, 335 = BauR 1987, 82 = ZfBR 1987, 30 (treuwidriges Leugnen der Passivlegitimation) und BGH NJW 1987, 1946 = BauR 1987, 351 = ZfBR 1987, 151 (treuwidrige Verweigerung der Zustimmung zum Parteiwechsel).

– Der Auftraggeber, eine ältere geschäftsunerfahrene Frau, will lediglich ein Angebot über eine Fassadenverkleidung oder Neueindeckung des Daches einholen, unterschreibt aber in Unkenntnis der Tragweite eine ihr vorliegende „Bestellung", die bereits einen rechtsverbindlichen Auftrag darstellt (Irrtum über den Geschäftsgegenstand oder die Rechtsfolgen der Erklärung). In einem solchen Fall kann außerdem aber auch ein Verstoß gegen die guten Sitten (§ 138 BGB) oder ein Widerruf nach dem § 312 BGB zu prüfen sein.

128 Als Irrtum über den Inhalt der Erklärung gilt nach § 119 Abs. 2 BGB auch der sog. **Eigenschaftsirrtum**,[283] das ist der Irrtum über solche Eigenschaften der Person oder der Sache, die im Verkehr als wesentlich angesehen werden.[284]

129 So kann der Auftraggeber, der im Vertrauen auf die Werbung und das Auftreten des Auftragnehmers als „Fachbetrieb für Fassaden" diesem einen Auftrag erteilt, obwohl der Auftragnehmer tatsächlich (noch) nicht in der Handwerksrolle eingetragen ist, den Werkvertrag wegen Irrtums über eine verkehrswesentliche Eigenschaft, nämlich die fehlende Erfahrung und Fachkunde des Auftragnehmers, gem. § 119 Abs. 2 BGB anfechten.[285] Auch die **Nichteintragung in die Handwerksrolle** als solche kann ein Anfechtungsgrund sein.[286]

130 b) **Erklärungsirrtum.** Hier entspricht schon die Erklärungshandlung, also der äußere Erklärungstatbestand, nicht dem Willen des Erklärenden. Dazu zählen insbesondere die Fälle des Versprechens und Verschreibens sowie der unrichtigen Übermittlung, die nach § 120 BGB wie eine irrtümlich abgegebene Willenserklärung angefochten werden kann. Ein Erklärungsirrtum liegt auch dann vor, wenn der irrtumsfrei gebildete Wille des Erklärenden auf dem Weg zum Empfänger durch eine unerkannt fehlerhafte Software verfälscht wird.[287]

131 Schreib- und Rechenfehler,[288] die durch falsche Addition oder Multiplikation entstanden und im Angebot selbst enthalten sind, berechtigen deshalb den Bieter/Auftragnehmer zur Anfechtung, wenn sie wesentlich sind.[289]

132 Allerdings ist beim Einheitspreisvertrag zu beachten, dass für die Anfechtung nur ein **falscher Einheitspreis** selbst eine Rolle spielen kann, nicht dagegen eine falsche Multiplikation der Einheitspreise mit den Massen bei Ermittlung der Positionspreise und der **Endsumme**. Sie ist unbeachtlich und unschädlich, weil sie bei der späteren Abrechnung automatisch korrigiert wird.[290]

133 c) **Kalkulationsirrtum.** Der Kalkulations- oder Berechnungsirrtum ist ein Irrtum über die Berechnungsgrundlagen.[291] Seine Behandlung bereitet deshalb Schwierigkeiten, weil der Irrtum in dem der Vertragserklärung vorgelagerten Bereich der Preisermittlung unterläuft, die von dem Bieter abgegebene Erklärung auch tatsächlich so gewollt war und der Preis der Sache auch nicht als Eigenschaft im Sinne von § 119 Abs. 2 BGB anzusehen ist. Die Behandlung des Kalkulationsirrtums bereitet daher kaum überwindbare dogmatische Schwierigkeiten.

Zu unterscheiden ist dabei zwischen dem internen und dem externen Kalkulationsirrtum.

134 aa) **Interner Kalkulationsirrtum.** Bei ihm wird die Kalkulation nicht nach außen hin aufgedeckt, weshalb er auch verdeckter Kalkulationsirrtum genannt wird. Insoweit ist

---

[283] Beispiele bei *Schelle* BauR 1985, 511, 512/513.
[284] Dazu im Einzelnen *Palandt/Heinrichs* § 119 Rdn. 23.
[285] OLG Nürnberg BauR 1985, 322.
[286] OLG Stuttgart NJW-RR 1989, 917 und OLG Hamm NJW-RR 1990, 523; zur Ausführung von Bauaufträgen vor Eintragung einer neu gegründeten GmbH in die Handwerksrolle siehe auch OLG Düsseldorf Betr 1990, 1661 und oben Rdn. 116/117 (Verstoß gegen das Verbot der Schwarzarbeit).
[287] *Kniffka* IBR-online-Kommentar zum Bauvertragsrecht Stand 4. 1. 2007 § 631 Rdn. 117.
[288] Beispiele bei *Schelle* BauR 1985, 511.
[289] OLG Frankfurt BauR 1980, 578; *Heiermann/Riedl/Rusam* VOB/B § 2 Rdn. 22; *Locher* PrivBauR Rdn. 188.
[290] *Heiermann/Riedl/Rusam* VOB/B § 2 Rdn. 22.
[291] Beispiele bei *Schelle* BauR 1985, 511, 513.

## F. Unwirksamkeit des Vertrages oder der Vergütungsvereinbarung  Vor § 2

unstreitig, dass kein Anfechtungsrecht gegeben ist,[292] denn grundsätzlich trägt der Bieter, der auf Grund einer für richtig gehaltenen, in Wirklichkeit aber unzutreffenden Berechnungsgrundlage einen bestimmten Preis oder eine Vergütungsforderung ermittelt und seinem Angebot zugrunde legt, das Risiko dafür, dass seine Kalkulation zutrifft.[293] Der Bieter/Auftragnehmer kann die angebotene oder vereinbarte Vergütung somit nicht deshalb anfechten, weil er sich im Preis geirrt hat, dieser unangemessen niedrig ist und der wirtschaftliche Erfolg des Geschäfts nicht seinen Erwartungen entspricht.[294] Das gilt auch, wenn die falsche Berechnung auf Fehlern einer vom Erklärenden verwendeten Software beruht.[295]

**bb) Externer Kalkulationsirrtum.** Hier wird die fehlerhafte Kalkulation ausdrücklich nach außen hin aufgedeckt oder als Bestandteil des Angebots zum Gegenstand der Vertragsverhandlungen gemacht, weshalb man insoweit auch von einem offenen Kalkulationsirrtum spricht. **135**

Auch beim externen Kalkulationsirrtum scheidet ein Anfechtungsrecht des Erklärenden von vornherein aus, wenn der Erklärungsempfänger den Irrtum **nicht erkannt** hat, ohne sich dieser Erkenntnis treuwidrig verschlossen zu haben. In diesen Fällen liegt ein bloßer Irrtum im Beweggrund (Motivirrtum) vor; der Anbieter trägt das Risiko dafür, dass seine Kalkulation zutrifft.[296] Der Erklärungsempfänger handelt auch nicht treuwidrig, wenn er auf der Durchführung des Vertrages besteht. **136**

Streitig ist aber, wie die Fälle zu beurteilen sind, in denen der Empfänger den Irrtum **positiv erkannt** hat. Dem gleichzustellen ist nach dem Rechtsgedanken des § 162 BGB der Fall **treuwidriger Vereitelung positiver Kenntnis;** es macht rechtlich nämlich keinen Unterschied, ob jemand positive Kenntnis von etwas hat oder ob er sich aus Rechtsgründen so stellen lassen muss, als ob dies der Fall sei.[297] In diesen Fällen wird zunächst zu prüfen sein, ob nicht sogar im Wege der Auslegung eine Einigung über den von dem Erklärenden tatsächlich gewollten Vertragsinhalt festgestellt werden kann.[298] Ein entsprechender Wille des Erklärungsempfängers wird sich aber nur in Ausnahmefällen annehmen lassen. Lässt sich ein solcher Wille nicht feststellen, stellt sich die Frage, ob der Erklärende, dessen Kalkulation ersichtlich falsch ist, zur Anfechtung seiner Erklärung berechtigt ist. In der Literatur werden für diese Fälle verschiedene Lösungsmöglichkeiten angeboten. Teilweise wird dem Erklärenden ein Anfechtungsrecht in Analogie zu § 119 Abs. 1 BGB zugebilligt, da die Unbeachtlichkeit des Kalkulationsirrtums ihren Grund im Schutz des Verkehrsinteresses finde, ein schutzwürdiges Interesse in den Fällen des erkannten Kalkulationsirrtums aber zu verneinen sei; dass hier ein Zwiespalt im Willen vorliege, während § 119 Abs. 1 BGB eigentlich einen Zwiespalt zwischen Wille und Erklärung voraussetze, sei unbeachtlich.[299] Teilweise wird aber auch die Auffassung vertreten, der Erklärende könne durch Beifügung der Berechnungsunterlagen seine Kalkulation zum Gegenstand seines Angebotes und damit auch zum Vertragsinhalt machen. *Heiermann*[300] will dafür sogar die bloße Erklärung des Bieters im Angebot ausreichen lassen, dass die Berechnungsgrundlage für die Angebotspreise Gegenstand des Angebotes sei; das ist aber zu Recht auf Kritik gestoßen. Vorgeschlagen wird in der Literatur eine entsprechende Anwendung von § 119 Abs. 2 BGB[301] bzw. eine Lösung dieser **137**

---

[292] BGH BauR 1972, 381; NJW 1980, 180 = BauR 1980, 63 = ZfBR 1980, 31; NJW-RR 1986, 569 = BauR 1986, 334 = ZfBR 1986, 128; *Heiermann/Riedl/Rusam* VOB/B § 2 Rdn. 21; *Heiermann* BB 1984, 1836.
[293] BGH NJW 1980, 180 = BauR 1980, 63 = ZfBR 1980, 31; NJW-RR 1986, 569 = BauR 1986, 334 = ZfBR 1986, 128.
[294] *Heiermann/Riedl/Rusam* VOB/B § 2 Rdn. 21.
[295] BGH NJW 1998, 3192, 3193.
[296] BGH NJW-RR 1995, 1360; 1986, 569 f.; NJW 1980, 180 f.; *Flume,* Allg. Teil des Bürgerlichen Rechts II, S. 493; *Giesen* JR 1971, 403; *Wieser* NJW 1972, 708, 710.
[297] BGH NJW 1998, 3192, 3193.
[298] *Palandt/Heinrichs* § 119 Rdn. 20.
[299] *Wieser* NJW 1972, 708, 709; *Heiermann* BB 1984, 1836.
[300] *Heiermann* BB 1984, 1836, 1837.
[301] MünchKomm/*Kramer* § 119 Rdn. 106.

Fälle außerhalb der §§ 119 ff. BGB.[302] Der letztgenannten Auffassung hat sich der Bundesgerichtshof aus vorwiegend systematischen Erwägungen angeschlossen,[303] da anderenfalls die Anwendung des § 121 Abs. 1 BGB kaum überwindbare Schwierigkeiten bereite. Ob diese Argumentation wirklich zwingend ist, erscheint zweifelhaft. Der auf dieser Grundlage entwickelte Lösungsansatz für die Fälle des erkannten bzw. treuwidrig nicht zur Kenntnis genommenen Kalkulationsirrtums ermöglicht aber praktisch brauchbare Lösungen. Der Bundesgerichtshof verweist zunächst auf seine frühere Rechtsprechung, nach der der Auftraggeber verpflichtet sein kann, den Bieter auf einen erkannten Kalkulationsfehler hinzuweisen.[304] Es kann eine unzulässige Rechtsausübung gemäß § 242 BGB darstellen, wenn der Empfänger ein Vertragsangebot annimmt und auf der Durchführung des Vertrages besteht, obwohl er weiß (oder sich treuwidrig der Kenntnis entzieht), dass das Angebot auf einem Kalkulationsirrtum des Erklärenden beruht. Maßgeblicher Zeitpunkt für die Kenntnis des Erklärungsempfängers ist, wie § 122 Abs. 2 BGB zeigt, der Zeitpunkt des Vertragsschlusses bzw. des Zuschlags.[305] Allein die positive Kenntnis von einem Kalkulationsirrtum des Erklärenden genügt dafür aber nicht. Das Verhalten des Erklärungsempfängers muss vielmehr angesichts der Gesamtumstände des Falles als so treuwidrig anzusehen sein, dass dem Erklärenden ein Festhalten am Vertrag nicht mehr zuzumuten ist. Dabei kommt dem Ausmaß des Kalkulationsfehlers erhebliche Bedeutung zu. Als mit den Grundsätzen von Treu und Glauben unvereinbar wird man die Annahme eines fehlerhaft berechneten Angebotes und das Bestehen auf der Durchführung des Vertrages nur ansehen können, wenn dieses Ergebnis für denn Erklärenden schlechthin unzumutbar ist, etwa weil er dadurch in erhebliche wirtschaftliche Schwierigkeiten geriete.[306] Im Übrigen wird auf die Ausführungen zum Wegfall der Geschäftsgrundlage verwiesen.

138 **d) Beiderseitiger Irrtum.** Beim beiderseitigen, gemeinschaftlichen Irrtum kommt nach allgemeiner Meinung keine Irrtumsanfechtung in Betracht, z. B. wenn das Angebot einen Rechen- oder Schreibfehler enthält (Erklärungsirrtum), aber beide Parteien irrigerweise von der Richtigkeit des Angebots ausgehen. In einem solchen Fall ist nur eine Vertragsanpassung nach den Regeln über die Änderung oder den Wegfall der Geschäftsgrundlage/§ 313 BGB n. F. möglich, deren sonstige strenge Voraussetzungen (vgl. unten Rdn. 158 ff.) dann nicht vorzuliegen brauchen.[307]

139 *(Nicht belegt)*

140 So hat der BGH[308] den Wegfall der Geschäftsgrundlage angenommen bei Versagung der von beiden Parteien als bestimmt erwarteten Erteilung der bauaufsichtlichen Genehmigung zur Aufstellung von Fertighäusern, während die Nichterteilung der Baugenehmigung ansonsten das alleinige Risiko des Auftraggebers ist und nicht zum Wegfall der Geschäftsgrundlage des Bauvertrages führt.[309]

141 Sind bei der Ermittlung und Vereinbarung der berechneten Preise beide Parteien von einem (wenn auch nicht in der gleichen Weise motivierten, so doch) gleichermaßen erheblichen Irrtum ausgegangen und ist das Festhalten der einen Partei an dem auf Grund des Irrtums zustande gekommenen Preis nicht zumutbar, so ist infolge Fehlens der Geschäftsgrundlage der Vertrag an die bestehende Sachlage anzupassen und der richtige bzw. angemessene Preis festzusetzen.[310]

---

[302] *Flume*, Allg. Teil des Bürgerlichen Rechts II, S. 493; *Soergel/Hefermehl*, BGB, 119 Rdn. 29; *Staudinger/Dilcher* § 119 Rdn. 69.
[303] BGH NJW 1998, 3192, 3194.
[304] BGH NJW 1980, 180; NJW-RR 1986, 569.
[305] BGH NJW 1998, 3192, 3194 m. w. N.; *Staudinger/Dilcher* § 119 Rdn. 69; *Soergel/Hefermehl* § 119 Rdn. 29.
[306] BGH NJW-RR 1995, 1360; 1998, 3192, 3194; *Hundertmark* BB 1982, 16, 19.
[307] BGHZ 25, 390, 392 = NJW 1978, 297; *Heiermann/Riedl/Rusam* VOB/B § 2 Rdn. 24; *Palandt/Heinrichs* § 119 Rdn. 30.
[308] BB 1966, 426 = Betr. 1966, 575.
[309] BGHZ 37, 233, 240 = NJW 1962, 1715, 1717; BGH MDR 1978, 301.
[310] OLG Bremen NJW 1963, 1455, 1456.

F. Unwirksamkeit des Vertrages oder der Vergütungsvereinbarung   Vor § 2

Das kann auch bei einem **gemeinsamen Kalkulationsirrtum** der Fall sein, wenn die 142
vom Bieter/Auftragnehmer offen gelegte Preiskalkulation für die Entschließung des Auftraggebers, sich auf den Abschluss des Vertrages einzulassen, maßgebend war, etwa wenn die Parteien auf Grund der offen gelegten Kalkulation des Bieters/Auftragnehmers (z. B. einem bestimmten qm-Preis) gemeinsam dessen Vergütung für die komplette Neueindeckung eines Flachdachs als Pauschalpreis festgelegt haben, dabei aber beide übereinstimmend von einem viel zu geringen Leistungsumfang ausgegangen sind.

Für eine Änderung oder den Wegfall der Geschäftsgrundlage kann beim beiderseitigen 143
Irrtum schon eine relativ **geringfügige** Über- oder Unterschreitung der vereinbarten Gesamtbausumme ausreichen. So hat das OLG Köln[311] ca. 5% genügen lassen, der BGH[312] ca. 10%. Die dagegen geltend gemachten Bedenken[313] verkennen, dass es sich dabei nicht um normale Fälle der Änderung oder des Wegfalls der Geschäftsgrundlage gehandelt hat, sondern um **Sonderfälle beiderseitigen Irrtums**. Ein Festhalten an dem vereinbarten Preis kann den Parteien aber nicht zugemutet werden, wenn sie sich beiderseits über den Umfang der auszuführenden Arbeiten geirrt haben.[314]

Demgemäß hält der BGH[315] einen beachtlichen gemeinsamen Irrtum in der Preiskalkula- 144
tion für möglich, wenn bei einem Werkvertrag die Vergütung nach der Leistung des Unternehmers bemessen ist und dieser umfangreichere Leistungen, als sie der Kalkulation zugrunde liegen, erbringen muss. Der BGH weist allerdings gleichzeitig darauf hin, dass regelmäßig die Preiskalkulation der einen Partei, auch wenn der andere Teil sie im Laufe der Verhandlungen gebilligt hat, für dessen Vertragsentschluss nicht ausschlaggebend ist. Demgemäß sind Kalkulationsfehler einer Partei auch bei beiderseitigem, gemeinschaftlichen Irrtum grundsätzlich unbeachtlich,[316] solange nicht der andere Teil sich die unrichtige Kalkulation so weit zu eigen gemacht hat, dass eine Verweigerung der Preisanpassung als **unzulässige Rechtsausübung** gegen Treu und Glauben verstieße.[317] Dies sind jedoch seltene Ausnahmefälle.

Dagegen kann ein beiderseitiger Kalkulationsirrtum dann beachtlich sein, wenn eine 145
Partei den gemeinsamen Irrtum erkannt hat, den anderen Teil an dem Irrtum festhält und diesen treuwidrig ausnutzt (vgl. oben Rdn. 136 ff.). Die Vertragspartei, die einen erheblichen Vorteil auf Grund (beiderseitigen) Irrtums erlangt hat und trotz Aufklärung behalten will, handelt **treuwidrig**.[318]

e) **Anfechtungsfrist.** Die Anfechtung muss unverzüglich erklärt werden, nachdem der 146
Berechtigte von den Anfechtungsgründen Kenntnis erlangt hat (§ 121 Abs. 1 Satz 1 BGB). Eine Anfechtung in einer Klageschrift, die dem Beklagten erst über das Gericht zugestellt werden muss, ist keine unverzügliche Erklärung im Sinne dieser Vorschrift.[319] Auch weitere Anfechtungsgründe können nicht nachgeschoben werden, wenn sie als selbstständige Anfechtung verspätet wären.[320]

Dagegen kommt es auf Grund der Sonderregelung des § 121 Abs. 1 Satz 2 BGB zur 147
Fristwahrung nicht darauf an, wann die Anfechtungserklärung dem Anfechtungsgegner zugeht. Es genügt bereits die **unverzügliche Absendung;** das Risiko einer bei der Übermittlung entstehenden Verzögerung hat also grundsätzlich der Anfechtungsgegner zu tragen.[321]

---

[311] MDR 1959, 660.
[312] BGH VersR 1965, 803, 804.
[313] *Heiermann/Riedl/Rusam* VOB/B § 2 Rdn. 34 im Anschl. An *Heiermann* BauR 1971, 221, 225 bei Fn. 10; *Vygen* BauR 1979, 375, 384 ff.
[314] BGH BauR 1972, 118.
[315] NJW 1981, 1551, 1552 (betr. einen Grundstückskaufvertrag).
[316] BGH NJW-RR 1986, 569 = BauR 1986, 334 = ZfBR 1986, 128.
[317] Vgl. *Palandt/Heinrichs* § 119 Rdn. 18.
[318] Vgl. OLG Bremen NJW 1963, 1455, 1456.
[319] BGH NJW 1975, 39.
[320] BGH LM § 143 BGB Nr. 4; BAG BB 1981, 1156.
[321] BGH NJW 1975, 39.

**148** **f) Folgen berechtigter Irrtumsanfechtung.** Wird ein anfechtbares Rechtsgeschäft angefochten, so ist es nach § 142 Abs. 1 BGB als von Anfang an nichtig anzusehen. Wer die Anfechtbarkeit kannte oder kennen musste, wird nach § 142 Abs. 2 BGB im Falle der Anfechtung so behandelt, wie wenn er die Nichtigkeit des Rechtsgeschäftes gekannt hätte oder hätte kennen müssen.

**149** Die Nichtigkeit erfasst grundsätzlich den **gesamten Vertrag,** es sei denn, dass gem. § 139 BGB nur eine Teilnichtigkeit in Betracht kommt.[322] Das ist z. B. der Fall, wenn nur die Preisvereinbarung als solche angefochten wird, der Vertrag im Übrigen nach dem Willen der Parteien aber bestehen bleiben soll und die Bau- bzw. Werkleistung erbracht werden soll. Gleiches gilt, wenn nur ein einzelner Preis als Teil der Gesamtvergütung angefochten wird.[323]

**150** In diesen Fällen tritt, wenn keine andere Preisvereinbarung zustande kommt, an die Stelle der wirksam angefochtenen Vergütung ein angemessener Preis im Sinne der **üblichen Vergütung** gem. § 632 Abs. 2 BGB.[324]

**151** Waren zurzeit der Anfechtung bereits Leistungen erbracht, richtet sich ihre Vergütung nach den Grundsätzen **ungerechtfertigter Bereicherung** (§§ 812 ff. BGB).[325] Sofern die erbrachten Leistungen für den Anfechtungsgegner nicht wertlos sind, schuldet er also auch in diesem Fall die übliche Vergütung im Sinne von § 632 Abs. 2 BGB.

## 2. Anfechtung wegen Täuschung oder Drohung (§ 123 BGB)

**152** Wer zur Abgabe einer Willenserklärung durch arglistige Täuschung oder widerrechtlich durch Drohung bestimmt worden ist, kann die Erteilung nach § 123 Abs. 1 BGB anfechten.

**153** Zur Anfechtung des Bau-Werkvertrages einschließlich der getroffenen Vergütungsvereinbarung wegen arglistiger Täuschung ist der Auftraggeber z. B. dann berechtigt, wenn der Vertrag auf Grund einer verbotenen **Preis- oder Submissionsabsprache** zustande gekommen ist (vgl. oben Rdn. 114). Zur Anfechtung berechtigen kann auch eine Täuschung über die Finanzierungsmöglichkeiten,[326] ebenso eine Täuschung über das Vorhandensein der Gewerbeanmeldung bzw. die Eintragung in die Handwerksrolle.[327]

**154** Eine **widerrechtliche Drohung,** die den Auftragnehmer zur Anfechtung berechtigt, kann unter Umständen gegeben sein, wenn der Auftraggeber, z. B. der Generalunternehmer einen Nachunternehmer zum Abschluss eines preislich weit untersetzten Bau-Werkvertrages dadurch veranlasst, dass er ihm erklärt, er werde ihn sonst künftig bei keiner Vergabe mehr berücksichtigen (unangemessenes Verhältnis von Druckmittel und Zweck).[328]

Eine widerrechtliche Drohung kann auch dann zu bejahen sein, wenn der Auftragnehmer bei einem Streit über die zusätzliche Bezahlung geforderter Leistungen die Einstellung der Arbeiten androht und der Auftraggeber sich daraufhin auf eine **Nachtragsvereinbarung** einlässt. In diesen Fällen kommt es entscheidend darauf an, ob das Zahlungsverlangen des Auftragnehmers nach § 2 Nr. 5–7 VOB/B in der Sache berechtigt war oder nicht.[329]

**155** Die Anfechtung gem. § 123 BGB muss binnen **Jahresfrist** erfolgen, die mit der Entdeckung der Täuschung oder dem Ende der durch die Drohung geschaffene Zwangslage beginnt (§ 124 BGB).

---

[322] BGH NJW 1969, 1759/60.
[323] *Heiermann/Riedl/Rusam* VOB/B § 2 Rdn. 26.
[324] OLG Frankfurt BauR 1980, 578, 579; *Heiermann/Riedl/Rusam* VOB/B § 2 Rdn. 26.
[325] *Heiermann/Riedl/Rusam* VOB/B § 2 Rdn. 26.
[326] BGH BauR 2001, 1428 = NJW 2001, 2021; in diesen Fällen kommt aber auch die Geltendmachung eines Schadensersatzanspruches wegen Verletzung von Beratungspflichten in Betracht.
[327] KG IBR 2007, 181 mit Anm. *Karczewski* (Nichtzulassungsbeschwerde zurückgewiesen).
[328] Vgl. BGH NJW 1982, 2301, 2302 = BauR 1982, 503 (Anfechtbarkeit des Schuldanerkenntnisses eines Käufers/Erwerbers wegen der Drohung des Verkäufers, das Haus sonst nicht zu übergeben) im Gegensatz zu BGHZ 85, 240 = NJW 1983, 384 = BauR 1983, 77 = ZfBR 1983, 75 (keine Anfechtbarkeit des Abnahmeprotokolls wegen der Drohung des Verkäufers, das Haus sonst nicht zu übergeben, weil der Käufer/Erwerber zur – förmlichen – Abnahme verpflichtet war und sich etwaige Ansprüche wegen Mängeln vorbehalten konnte); vgl. auch *Palandt/Heinrichs* § 123 Rdn. 21.
[329] So auch Kniffka IBR-online-Kommentar zum Bauvertragsrecht Stand 4. 1. 2007 § 631 Rdn. 119 ff.

F. Unwirksamkeit des Vertrages oder der Vergütungsvereinbarung　　　　　Vor § 2

Hinsichtlich der Folgen berechtigter Anfechtung gem. § 123 BGB gilt das zur Irrtumsan- 156
fechtung Gesagte entsprechend (vgl. oben Rdn. 148 ff.).

**3. Widerruf nach §§ 312 Abs. 1, 355 BGB (Haustürgeschäft), §§ 505 Abs. 1 Nr. 1, 355 Abs. 1 BGB (Ratenlieferungsvertrag) oder §§ 501 S. 1, 499 Abs. 2, 495 Abs. 1, 355 Abs. 1 BGB (Teilzahlungsgeschäft)**

Gelegentlich werden Bauverträge auch als **Haustürgeschäfte** abgeschlossen.[330] Das 157
kommt insbesondere vor bei Fertighausverträgen, aber auch bei Verträgen über den Einbau
von Fenstern oder Türen bzw. die Errichtung eines Wintergartens, aber auch bei Verträgen
über Sanierungsarbeiten.[331] Solche Verträge sind uneingeschränkt widerruflich, wenn die
gesetzlichen Voraussetzungen vorliegen.[332] Die Anforderungen der Rechtsprechung an den
Inhalt der Belehrung sind sehr hoch.[333] In diesen Fällen wird im Übrigen häufig darüber
gestritten, ob das Widerrufsrecht des Bestellers nach § 312 Abs. 3 Nr. 1 BGB ausgeschlossen
ist, weil die Verhandlungen, auf denen der Vertragsschluss beruht, auf seine Bestellung
geführt worden sind. Eine solche Bestellung zu Vertragsverhandlungen liegt nicht vor, wenn
der Auftragnehmer von sich aus oder lediglich zur Information des Bestellers dessen
Wohnung aufgesucht hat. In diesen Fällen steht dem Besteller daher ein Widerrufsrecht
zu.[334] Das gilt ebenso, wenn der Interessent sich mündlich oder schriftlich mit einem
weiteren Besuch des Vertreters einverstanden erklärt hat.[335] Nicht anwendbar ist § 312 BGB
auf Verträge, die in der Wohnung des Auftragnehmers abgeschlossen worden sind.[336]

Ungeklärt war bislang die Frage, ob dem Verbraucher, der für den Bau eines **schlüsselfertigen Hauses Ratenzahlung** vereinbart hat, ein gesetzliches **Widerrufsrecht** zusteht.
Der BGH hat sich nunmehr in mehreren Entscheidungen mit diesem Problem befasst.
Danach sind zunächst die Fälle auszuscheiden und nach den im Kaufrecht geltenden
Widerrufsmöglichkeiten zu beurteilen, in denen die Verpflichtung des Lieferanten sich
darauf beschränkt, ein standardisiertes und serienmäßig ausgestattetes **Mobilheim** zu liefern
und auf vom Erwerber zu errichtende Fundamente zu setzen. Hier steht der Warenumsatz
im Vordergrund. Die Montagepflicht besteht nur darin, das Mobilheim auf die Fundamente
zu setzen. Dieser Leistung kommt kein solches Gewicht zu, dass sie die Annahme eines
Werkvertrages rechtfertigt.[337] Ähnlich ist die Rechtslage zu beurteilen, wenn der Verkäufer
nur **Bausätze** zu liefern hat, aus denen der Käufer dann selbst ein Wohnhaus errichtet.[338]
Anders liegt es aber, wenn die Errichtung eines **Ausbauhauses** in der Weise geschuldet
wird, dass zum geschuldeten Leistungsumfang planerische Leistungen, die Lieferung der
Bauteile und die Errichtung des Hauses einschließlich Dach, Fußböden und Installationen
gehören. Hier tritt die Lieferverpflichtung hinter die Pflicht zur Erstellung des Hauses
zurück. Das Interesse des Bestellers ist nicht auf die Lieferung vorgefertigter Bauteile
gerichtet, sondern auf die Erstellung eines funktionsfähigen und zum Ausbau geeigneten
Wohngebäudes. Ein solcher Vertrag ist wie ein Vertrag über die Errichtung eines Fertighauses als Werkvertrag einzuordnen.[339] Ein Verbraucher kann einen solchen Vertrag weder
nach §§ 505 Abs. 1 Nr. 1, 355 Abs. 1 BGB (Ratenlieferungsvertrag), noch nach §§ 501
Satz 1, 499 Abs. 2, 495 Abs. 1, 355 Abs. 1 BGB (Teilzahlungsgeschäft) widerrufen. Ein

---

[330] BGH BauR 1990, 347 = NJW 1990, 1732; BauR 1994, 758 = NJW 1994, 3351; BauR 1999, 257 = NJW 1999, 575; BauR 2000, 1195 = ZfBR 2000, 413; *Kniffka/Koeble* 5. Teil Rdn. 32.
[331] *Kniffka* IBR-online-Kommentar zum Bauvertragsrecht Stand 4. 1. 2007 § 631 Rdn. 123 ff.
[332] *Kniffka* IBR-online-Kommentar zum Bauvertragsrecht Stand 4. 1. 2007 § 631 Rdn. 126.
[333] BGH IBR 2007, 356.
[334] BGH ZfBR 1990, 187; 1995, 18; 1999, 152.
[335] Schlesw. Holst. OLG BauR 2002, 1855.
[336] BGH BauR 2000, 1194.
[337] BGH NJW-RR 2004, 1205 = BauR 2004, 1152 = ZfBR 2004, 555.
[338] BGHZ 78, 375 = NJW 1981, 453.
[339] BGH NJW 1983, 1489 und 1985, 632 zum Fertighausvertrag; BGH NZBau 2006, 237 zum Ausbau-
hausvertrag.

**Vor § 2**

**Ratenlieferungsvertrag** nach § 501 Abs. 1 BGB liegt nämlich nur vor, wenn mehrere zusammen gehörende Sachen in Teilleistungen geliefert werden. Das ist bei Verträgen über ein Fertighaus oder ein Ausbauhaus aber nicht der Fall. Hier wird von vornherein die Gesamtleistung geschuldet. Auch eine analoge Anwendung des § 501 Abs. 1 BGB kommt nicht in Betracht.[340] Ein **Teilzahlungsgeschäft** im Sinne von § 499 Abs. 2, 501 BGB liegt auch dann nicht vor, wenn die Vergütung in Teilbeträgen zu entrichten ist. Die Annahme eines Teilzahlungsgeschäftes setzt nämlich voraus, dass die Fälligkeit der vom Verbraucher geschuldeten Zahlung gegenüber dem gesetzlichen Fälligkeitszeitpunkt gegen Zahlung eines Entgelts hinausgeschoben wird, um dem Verbraucher die Zahlung des vereinbarten Preises zu erleichtern. Das ist aber nicht der Fall, wenn die Parteien Voraus- bzw. Abschlagszahlungen in Form von Teilzahlungen vereinbart haben.[341] Damit sind entgegenstehende ältere OLG-Entscheidungen erledigt.

## G. Änderung oder Wegfall der Geschäftsgrundlage

**158** Der Bestand des Bau-Werkvertrages oder der Vergütungsvereinbarung kann auch berührt werden durch eine Änderung oder den Wegfall der Geschäftsgrundlage. Das geschieht, wie die Erfahrungen der Praxis und ein Blick auf die Rechtsprechung zeigen, jedoch nur in ganz **seltenen Ausnahmefällen**.[342] Sie waren früher im Gesetz nicht geregelt. Die Rechtsprechung hat deshalb versucht, aus § 242 BGB Lösungsansätze zu entwickeln. Der Gesetzgeber hat diese Grundsätze nunmehr mit dem durch das Schuldrechtsmodernisierungsgesetz zum 1. 1. 2002 eingeführten § 313 BGB n. F. in Gesetzesform gefasst. Die bisher geltenden Grundsätze werden durch diese Neufassung aber nicht berührt und haben weiterhin Bedeutung. Eine wesentliche Änderung ergibt sich aus ihrer Kodifizierung aber insoweit, als die Anpassung nicht mehr kraft Gesetzes eintritt, sondern verlangt werden muss.[343]

### I. Begriff der Geschäftsgrundlage

**159** Geschäftsgrundlage sind nach § 313 Abs. 1 BGB die Umstände, die zur Grundlage des Vertrages geworden sind.

Zu unterscheiden sind dabei die Umstände, die zur **subjektiven Geschäftsgrundlage** gehören, von denen, die die **objektive Geschäftsgrundlage** bilden. Subjektive Geschäftsgrundlage sind alle bei Abschluss des Vertrages zutage getretenen, dem anderen Teil erkennbar gewordenen und von ihm nicht beanstandeten Vorstellungen der einen Partei oder die gemeinsamen Vorstellungen beider Parteien von dem Vorhandensein oder dem künftigen Eintritt bestimmter Umstände, sofern der Geschäftswille der Parteien auf diesen Vorstellungen aufbaut.[344] Nicht zur Geschäftsgrundlage zählen danach einerseits der eigentliche Vertragsinhalt,[345] andererseits die einseitigen Vorstellungen, Erwartungen und Motive einer der Parteien, die zwar für deren Willensbildung maßgebend waren, aber nicht in den gemeinschaftlichen Geschäftswillen beider Parteien aufgenommen worden sind.[346] Für die Aufnahme in den gemeinschaftlichen Geschäftswillen reicht es nicht, dass eine Partei bei den Vertragsverhandlungen ihre Vorstellungen, Erwartungen und Motive der anderen Partei

---

[340] BGH a. a. O.; *Kniffka* a. a. O. Rdn. 123 ff.
[341] BGH a. a. O.; *Kniffka* a. a. O. Rdn. 123 ff.
[342] BGH BauR 1993, 458, 464; OLG Hamm BauR 1993, 764.
[343] *Palandt/Heinrichs* § 313 Rdn. 29.
[344] RGZ 103, 328, 332; BGH Z 25, 392; 121, 379; 128, 230, 236; NJW 2001, 1204; *Kniffka* IBR-online-Kommentar zum Bauvertragsrecht Stand 4. 1. 2007 § 631 Rdn. 247; *Palandt/Heinrichs* § 313 Rdn. 3 ff. m. w. N.
[345] BGH ZIP 1991, 1600.
[346] BGH NJW-RR 1989, 753; *Kapellmann/Schiffers* Bd. 2 Rdn. 1504; *Werner/Pastor* Rdn. 2479.

mitgeteilt hat.[347] Erforderlich ist vielmehr, dass die andere Partei zu erkennen gegeben hat, dass sie mit der Aufnahme dieses Umstands in den gemeinsamen Geschäftswillen der Parteien einverstanden ist. Diese Einschränkung hat gerade in Bausachen erhebliche Bedeutung. So wird eine Aufnahme in den gemeinsamen Geschäftswillen im Zweifel zu verneinen sein, wenn während der Vertragsverhandlungen eine Partei ihre steuerlichen Erwartungen mitteilt[348] oder die von ihr in Aussicht genommene Finanzierung darlegt.[349]

Daneben erfasst § 313 BGB aber auch die **objektive Geschäftsgrundlage**.[350] Dazu **160** gehören alle Umstände und allgemeinen Verhältnisse, deren Vorhandensein oder Fortbestand objektiv erforderlich ist, damit der Vertrag noch als sinnvolle Regelung bestehen kann. Diese Umstände müssen bei den Verhandlungen nicht angesprochen worden sein. Er genügt, wenn die Parteien sie als selbstverständlich ansahen, ohne sich diese bewusst zu machen.[351]

Diese allgemeinen Grundsätze gelten auch für den Bauvertrag[352] und die ihm zugrunde **161** liegende Vergütungsvereinbarung und zwar unabhängig von dem jeweiligen Vertragstyp bzw. der Vergütungsart (Einheitspreisvertrag, Pauschalvertrag, Stundenlohnvertrag, Selbstkostenerstattungsvertrag).[353] Für den **Pauschalvertrag** enthält § 2 Nr. 7 VOB/B sogar eine besondere Regelung, die in der Sache auf die Grundsätze über die Änderung bzw. den Wegfall der Geschäftsgrundlage verweist (vgl. unten bei § 2 Nr. 7 VOB/B). Dabei ist bei gegenseitigen Verträgen wie dem Bau- und Werkvertrag Geschäftsgrundlage in der Regel die Vorstellung von der Gleichwertigkeit von Leistung und Gegenleistung,[354] für die auch die Preiskalkulation des Auftragnehmers bedeutsam sein kann.[355]

Einen gesetzlich geregelten Sonderfall des Wegfalls der Geschäftsgrundlage stellt § 650 BGB dar. Dazu Rdn. 180 ff.

## II. Störung der Geschäftsgrundlage

Die Geschäftsgrundlage kann **von Anfang an fehlen,** weil die Parteien sich falsche **162** Vorstellungen über die Vertragsgrundlage gemacht haben; dieser Fall ist nunmehr in § 313 Abs. 2 BGB geregelt. Die Geschäftsgrundlage kann sich aber auch **nachträglich verändert** haben; diesen Fall regelt § 313 Abs. 1 BGB. Im Ergebnis sind beide Varianten gleich zu behandeln.[356] Wegen der überragenden Bedeutung, die dem Grundsatz der Vertragstreue zukommt, ist die Berufung auf eine Änderung oder den Wegfall der Geschäftsgrundlage aber nur zulässig, wenn dies zur Vermeidung eines untragbaren Ergebnisses, das mit Recht und Gerechtigkeit nicht mehr vereinbar und deshalb der betroffenen Partei nicht zuzumuten ist, unabweisbar geboten erscheint.[357] Es muss für den Betroffenen ein unzumutbares Opfer vorliegen, durch das die Opfergrenze für ihn überschritten wird.[358] Eine konkrete Existenzgefährdung ist nicht erforderlich,[359] da die Frage der Änderung oder des Wegfalls der Geschäftsgrundlage sonst von der wirtschaftlichen Situation des Vertragspartners abhinge und unterschiedlich zu beantworten wäre, je nachdem, ob es sich um einen wirtschaftlich

---

[347] BGH NJW-RR 1993, 774.
[348] BGH NJW 1967, 1082; NJW-RR 1986, 708; *Palandt/Heinrichs* § 313 Rdn. 5 und 20.
[349] BGH NJW 1983, 1490.
[350] MünchKomm/Roth § 313 Rdn. 43 ff.
[351] BGH Z 131, 209, 215; *Palandt/Heinrichs* § 313 Rdn. 7 ff. auch zur Abgrenzung der „großen" von der „kleinen" Geschäftsgrundlage.
[352] BGH NJW 1959, 2203, 2204; BB 1962, 111 = Betr. 1962, 165; BB 1964, 1397 = WM 1964, 1253; WM 1965, 843.
[353] *Heiermann/Riedl/Rusam* VOB/B § 2 Rdn. 33.
[354] So ausdrücklich BGH MDR 1978, 658 = BB 1978, 1033 m. w. N.
[355] BGH NJW 1981, 1551, 1552.
[356] *Palandt/Heinrichs* § 313 Rdn. 9.
[357] BGH MDR 1978, 658 = BB 1978, 1033 m. w. N.; *Kniffka* IBR-online-Kommentar zum Bauvertragsrecht Stand 4. 1. 2007 § 631 Rdn. 247 f.
[358] *Heiermann/Riedl/Rusam* VOB/B § 2 Rdn. 31.
[359] *Heiermann/Riedl/Rusam* a. a. O.

starken oder einen schwachen Vertragspartner handelt. Es kommt vielmehr auf das finanzielle Ergebnis des jeweiligen Geschäftes und darauf an, welcher tatsächliche Verlust der Partei entstanden ist.[360] Dass der Auftragnehmer statt des erhofften Gewinns mit einem Verlust abschließt, genügt allein jedoch nicht.[361]

Schwierigkeiten bereitet immer wieder die Frage, ob bloße **Mengenänderungen** eine Preisanpassung nach den Grundsätzen über den Wegfall der Geschäftsgrundlage rechtfertigen können. Beim **Einheitspreisvertrag** ist das in der Regel nicht der Fall, da der Endpreis ohnehin aus dem Produkt von Menge und Einheitspreis gebildet wird. Die Abweichung von den ursprünglich geschätzten Vordersätzen ist grundsätzlich preisneutral. Zwar kann sie kalkulatorisch zu Gewinnen oder Verlusten führen, je nach Verteilung der Zuschläge.[362] Diese Abweichung wird aber nur in seltenen Ausnahmefällen zur Änderung oder zum Wegfall der Geschäftsgrundlage führen. Für den VOB-Vertrag wird insoweit auf die Sonderregelung in § 2 Nr. 3 VOB/B verwiesen. Das BGB sieht eine vergleichbare Regelung nicht vor. Beim **Pauschalvertrag** wirken sich Abweichungen der tatsächlich ausgeführten von der vorläufig geschätzten Menge wesentlich deutlicher aus, da der vereinbarte Pauschalpreis davon grundsätzlich unberührt bleibt. Bei erheblichen Mengenabweichungen kommt daher bei diesem Vertragstyp eher eine Anpassung wegen einer Änderung in den Geschäftsgrundlagen in Betracht.[363] Es kann insoweit auf die Ausführungen zu § 2 Nr. 7 VOB/B verwiesen werden.

### 1. Fehlen der Geschäftsgrundlage

**163** Die Geschäftsgrundlage **fehlt von vornherein,** wenn sich die Parteien gemeinschaftlich über einen für die Willensbildung wesentlichen Umstand irren. Dabei kann es sich auch um einen gemeinschaftlichen Motivirrtum handeln.[364] Es genügt, wenn die falsche Vorstellung einer Partei von der anderen widerspruchslos hingenommen und in den dem Vertrag zugrunde liegenden gemeinschaftlichen Geschäftswillen aufgenommen worden ist. Das ist aber zu verneinen, wenn dieser Umstand ausschließlich in die Risikosphäre einer Partei fällt oder die Vertragserfüllung trotz des Irrtums zumutbar ist.[365] Was zur **Risikosphäre** einer Partei gehört, ergibt sich aus dem Vertrag, dem Vertragszweck und dem dispositiven Recht.[366] Danach trägt in der Regel der Auftraggeber u. a. das Finanzierungs-[367] und Verwendungsrisiko. **Steuerliche Fehlvorstellungen** einer Partei, die auch im Wege der ergänzenden Vertragsauslegung nicht zum Inhalt des Vertrages gemacht werden können,[368] fallen in aller Regel ausschließlich in ihren eigenen Risikobereich.[369] Zur gemeinsamen Geschäftsgrundlage können aber werden die Vorstellungen über die öffentlich-rechtlichen Voraussetzungen für die Bebaubarkeit des Grundstücks, über die öffentliche Förderung des Vorhabens[370] und über die Möglichkeiten einer gemeinsamen Vermarktung.[371] Zu den spezifisch bauvertraglichen Problemen bei der Bestimmung der Risikosphäre der Vertragsparteien wird auf die Ausführungen unter Rdn. 167 ff. verwiesen.

**164** Probleme bereiten die Fälle des **Kalkulationsirrtums.** Hier ist zu unterscheiden, ob es sich um einen **verdeckten** oder einen **offenen Kalkulationsirrtum** handelt. Wird dem Geschäftspartner lediglich das Ergebnis der Kalkulation mitgeteilt, stellen etwaige Berech-

---

[360] BGH NJW 1959, 2203; NJW 1961, 1859.
[361] BGH BB 1964, 1397 = WM 1964, 1253.
[362] *Kniffka* IBR-online-Kommentar zum Bauvertragsrecht Stand 4. 1. 2007 § 631 Rdn. 256 ff.
[363] So auch *Kniffka* a. a. O.
[364] BGH NJW 2002, 292.
[365] OLG Hamm NJW-RR 1992, 1416.
[366] BGHZ 74, 370, 373; 101, 152; NJW 1992, 2691; 1998, 2875; 2000, 1714, 1716.
[367] BGH NJW 1983, 1490.
[368] *Palandt/Heinrichs* § 157 Rdn. 13.
[369] BGH NJW 1967, 1082; NJW-RR 1986, 708; DtZ 1994, 282.
[370] BGH NJW-RR 1990, 601.
[371] BGH NJW-RR 1994, 434.

## G. Änderung oder Wegfall der Geschäftsgrundlage

nungsfehler lediglich einen unerheblichen Motivirrtum dar, der nicht zur Anfechtung berechtigt und auch keinen Anlass zur Anpassung wegen Wegfalls der Geschäftsgrundlage gibt. Das gilt auch dann, wenn der Vertragspartner den Kalkulationsfehler bemerkt hat.[372] Der Vertragspartner, der den Irrtum bemerkt bzw. sich treuwidrig dieser Erkenntnis entzogen hat und gleichwohl auf der Durchführung des Vertrages besteht, handelt aber dann treuwidrig, wenn die Vertragserfüllung für den anderen schlechthin unzumutbar ist.[373] Bei einem sich aufdrängenden schwerwiegenden Kalkulationsfehler bejaht die Rechtsprechung[374] eine Prüfungs- und Hinweispflicht, deren Verletzung aber wegen des dann ohnehin bestehenden Leistungsverweigerungsrechtes im Regelfall keine praktischen Konsequenzen hat.[375] Eine Anpassung nach den Grundsätzen zum Wegfall der Geschäftsgrundlage kommt nicht in Betracht.

Streitig ist die Behandlung des **offenen bzw. externen Kalkulationsirrtums.** Dieser liegt vor, wenn die fehlerhafte Kalkulation offen gelegt und zum Gegenstand der Verhandlungen gemacht worden ist. Das Reichsgericht hat in diesen Fällen in ständiger Rechtsprechung ein Anfechtungsrecht wegen eines „erweiterten Inhaltsirrtums" bejaht.[376] Diese Rechtsprechung ist von dem überwiegenden Teil der Literatur[377] und diesen Bedenken folgend auch vom BGH zu Recht abgelehnt worden.[378] Auch der offene Kalkulationsirrtum stellt danach einen Motivirrtum dar, der ein Anfechtungsrecht nicht zu begründen vermag. Es wird insoweit auf die Ausführungen zur Anfechtung des Vertrages (Rdn. 135 ff.) verwiesen. Die Fälle des offenen Kalkulationsirrtums müssen daher auf andere Weise gelöst werden. Zu klären ist zunächst, ob die getroffene Vereinbarung nicht sogar dahin auszulegen ist, dass die Angabe des falschen Endpreises lediglich als falsa demonstratio anzusehen und nach dem wirklichen Willen der Parteien die richtig berechneten bzw. addierten Einzelpreise als vertraglich geschuldete Vergütung zugrunde zu legen sind.[379] Das setzt aber voraus, dass konkrete Anhaltspunkte auf einen derartigen Willen der Parteien schließen lassen, an denen es im Regelfall fehlt. Nur in seltenen Ausnahmefällen[380] wird man einen Dissens und damit die Unwirksamkeit des Vertrages bejahen können. Vorrangig ist nämlich immer zu prüfen, ob nicht trotz unklarer oder widersprüchlicher Angaben in den Vertragsgrundlagen im Wege der Auslegung ein übereinstimmender Wille der Vertragsparteien und damit auch ein wirksamer Vertrag festgestellt werden kann.[381] Der Kalkulationsfehler steht dem nicht entgegen. Ist danach von einem wirksamen Vertrag auszugehen, ist weiter zu klären, ob dem ein gemeinsamer oder ein einseitiger Kalkulationsfehler zugrunde liegt. Handelt es sich um einen gemeinsamen Irrtum der Parteien (falsche Ermittlung der zugrunde zu legenden Massen, gemeinsamer Rechenfehler), fehlt insoweit von vornherein die Geschäftsgrundlage.[382] Ein einseitiger Kalkulationsfehler rechtfertigt hingegen nur dann die Annahme, dass die Geschäftsgrundlage von vornherein fehlte, wenn der andere Teil sich die unrichtige Kalkulation soweit zu eigen gemacht hat, dass eine Verweigerung der Anpassung gegen das Verbot des venire contra factum proprium verstoßen würde.[383] In Ausnahmefällen kann der Schuldner dem Verlangen des Vertragspartners nach Durchführung des Vertrages aber den Einwand des Rechtsmissbrauchs entgegenhalten. Das setzt aber voraus, dass der Vertragspartner den Kalkulationsirrtum kennt bzw. sich dieser Kenntnis treuwidrig verschlossen hat und

---

[372] BGHZ 139, 177; NJW 2002, 2312.
[373] BGH a. a. O.; OLG München NJW 2003, 367.
[374] BGH a. a. O.
[375] *Palandt/Heinrichs* § 119 Rdn. 18 unter Hinweis auf *Medicus* EWiR 1998, 871.
[376] RGZ 64, 268; 162, 201.
[377] *Medicus* AT Rdn. 758; *Larenz/Wolf* § 36 IV 2; *Flume* § 23, 4 e.
[378] BGH Z 139, 177.
[379] OLG Frankfurt WM 2001, 565; *Palandt/Heinrichs* § 119 Rdn. 20 m. w. N.
[380] RGZ 101, 107; OLG Koblenz BauR 1995, 252.
[381] BGH NJW 2003, 743 = BauR 2003, 388 = NZBau 2003, 149 = ZfBR 2003, 253.
[382] OLG Frankfurt MDR 1971, 841; *Larenz/Wolf* § 36 IV 2; *Palandt/Heinrichs* § 119 Rdn. 21 a.
[383] BGH NJW-RR 1995, 1360; *Palandt/Heinrichs* § 119 Rdn. 21 a; *Kniffka* IBR-online-Kommentar zum Bauvertragsrecht Stand 4. 1. 2007 § 631 Rdn. 268 ff.

die Durchführung des Vertrages für den Schuldner schlechthin unzumutbar ist.[384] Daneben kann der unterlassene Hinweis auf den Kalkulationsfehler einen Schadensersatzanspruch aus cic/§§ 280 Abs. 1, 311 Abs. 2 und 3 BGB n. F. begründen,[385] dessen praktische Bedeutung aber gering ist, da in diesen Fällen ohnehin ein Leistungsverweigerungsrecht nach § 242 BGB besteht.[386]

### 2. Nachträglicher Wegfall der Geschäftsgrundlage

**166** Die Geschäftsgrundlage des Vertrages kann sich auch nachträglich ändern oder wegfallen. Das setzt aber eine schwerwiegende Änderung voraus, die ein Festhalten an dem ursprünglich geschlossenen Vertrag als unzumutbar erscheinen lässt. Das kann nur bejaht werden, wenn das Festhalten am Vertrag zu untragbaren, mit Recht und Gerechtigkeit nicht zu vereinbarenden Ergebnissen führen würde.[387] Insoweit kann zunächst auf die Ausführungen unter 1. zum ursprünglichen Fehlen der Geschäftsgrundlage verwiesen werden. Auch der nachträgliche Wegfall der Geschäftsgrundlage setzt voraus, dass es um wesentliche Umstände geht, die die Parteien zur Grundlage ihres gemeinsamen Geschäftswillens gemacht haben und die nicht ausschließlich dem Risikobereich einer der Parteien zuzurechnen sind. So trägt grundsätzlich der Geldleistungsgläubiger das Risiko der Geldentwertung,[388] der Auftraggeber das Finanzierungs- und Verwendungsrisiko.[389] Zu den spezifisch bauvertraglichen Problemen bei der Bestimmung der Risikosphäre wird auf die Ausführungen unter Rdn. 168 ff. verweisen. Den Parteien ist es aber unbenommen, die zunächst einseitigen Vorstellungen einer Partei zur Grundlage ihres gemeinsamen Geschäftswillens zu machen. Insoweit wird auf die Ausführungen unter 1. insbesondere zu den Fällen verwiesen, in denen die Bebaubarkeit des Grundstücks oder die Finanzierbarkeit des Vorhabens zur Grundlage des gemeinsamen Geschäftswillens gemacht worden ist. Hat der Schuldner die Änderung selbst veranlasst oder verschuldet, scheidet eine Vertragsanpassung in aller Regel aus.[390]

**167** **Vorhersehbare Änderungen** begründen ebenfalls kein Recht auf Anpassung des Vertrages, es sei denn, die Parteien sind übereinstimmend davon ausgegangen, dass sie nicht eintreten werden oder eine Vorsorge war gar nicht möglich.[391] Diese Einschränkung hat in Bausachen erhebliche Bedeutung. Danach ist eine Anpassung nach den Regeln über den Wegfall der Geschäftsgrundlage nämlich schon dann ausgeschlossen, wenn mit den aufgetretenen Änderungen zu rechnen war und sie von vornherein einkalkuliert werden konnten. So rechtfertigen insbesondere normale Preiserhöhungen, denen der Auftragnehmer durch Wagniszuschläge und Preisvorbehalte hätte Rechnung tragen können, nicht die Anpassung des Vertrages.[392] Deshalb hat der BGH auch die Ölpreissteigerung im Jahre 1973 nicht als Änderung oder Wegfall der Geschäftsgrundlage ausreichen lassen, weil die die spätere Preisentwicklung auslösenden Faktoren vorher bekannt waren, so dass die betroffene Lieferfirma zur Erfüllung der eingegangenen Verpflichtungen die erforderlichen Mengen rechtzeitig hätte einkaufen und einlagern können.[393] Demgegenüber steht aber ein Teil des Schrifttums auf dem Standpunkt, dass die Ölpreissteigerung 1973 eine Preisänderung rechtfertigen konnte, ebenso wie 1969 die Kostensteigerungen beim Baustahl, als sich der Preis für eine Tonne Baustahl innerhalb kurzer Zeit verdreifachte.[394]

---

[384] BGHZ 139, 177; *Palandt/Heinrichs* § 119 Rdn. 21 b m. w. N; *Kniffka* a. a. O.
[385] BGHZ 139, 177; NJW 2001, 284 und 2002, 2312; *Kniffka* a. a. O. Rdn. 260.
[386] *Medicus* EWiR 1998, 871; *Palandt/Heinrichs* § 119 Rdn. 18.
[387] BGHZ 84, 9; 121, 392; 128, 238; 133, 321.
[388] *Palandt/Heinrichs* § 313 Rdn. 33.
[389] *Palandt/Heinrichs* § 313 Rdn. 15.
[390] BGH NJW-RR 1993, 881; NJW 1995, 2031.
[391] *Palandt/Heinrichs* § 313 Rdn. 18 m. w. N.
[392] OLG Düsseldorf BauR 1974, 348; BGH NJW 1981, 1668.
[393] BGH MDR 1978, 658 = BB 1978, 1033.
[394] *Heiermann* BB 1975, 991, 994; *Vygen* BauR 1979, 375, 388; OLG Hamburg IBR 2006, 80 mit Anm. *Schliemann*.

G. Änderung oder Wegfall der Geschäftsgrundlage  Vor § 2

### 3. Zur Bestimmung der Risikosphäre der Vertragsparteien

Die Grundsätze über die Änderung oder den Wegfall der Geschäftsgrundlage finden keine **168** Anwendung, wenn der Vertrag unmittelbar oder im Wege ergänzender Vertragsauslegung ergibt, dass nach dem Willen der Parteien die Veränderung bestimmter Umstände durch den Vertrag erfasst und abschließend geregelt sein sollte.[395] Umstände, die nach dem Vertrag erkennbar in den Risikobereich einer Partei fallen, geben dieser kein Recht, sich auf eine Störung der Geschäftsgrundlage zu berufen.[396] Anders liegt es erst dann, wenn es sich um ganz außergewöhnliche und nicht vorhersehbare Preissteigerungen handelt.[397]

**a) Risikoregelungen zu Lasten des Auftraggebers.** Das Risiko, dass die **Baugeneh-** **169** **migung** erteilt wird, fällt grundsätzlich in die Sphäre des Auftraggebers. Ihre Versagung gibt ihm daher im Regelfall kein Recht, sich auf eine Änderung oder den Wegfall der Geschäftsgrundlage zu berufen.[398] Anders ist es nur dann, wenn beide Parteien diesen Umstand in ihren gemeinsamen Geschäftswillen aufgenommen haben. Dafür genügt es aber nicht, dass der Auftraggeber seine Erwartung, die Baugenehmigung werde erteilt, bei den Vertragsverhandlungen zum Ausdruck gebracht hat.[399]

In die Risikosphäre des Auftraggebers fällt auch die **Finanzierung** des Vorhabens.[400] **170** Deshalb bleibt auch der Generalunternehmer seinem Nachunternehmer gegenüber zur Zahlung verpflichtet, wenn der Bauherr selbst zahlungsunfähig wird.[401] Auch hier wird man nur in Ausnahmefällen annehmen können, dass die Parteien die Finanzierbarkeit des Vorhabens oder die Zahlungsfähigkeit des Bauherrn in ihren gemeinsamen Geschäftswillen aufgenommen haben.

Ebenso fällt das **Baugrund- und Bodenrisiko**[402] grundsätzlich in die Risikosphäre des **171** Auftraggebers.[403] Unerwarteter Grundwasseranfall und nicht vorhergesehene Abweichungen in der Bodenbeschaffenheit gehen deshalb grundsätzlich nicht zu Lasten des Auftragnehmers, es sei denn, dass dieser sie erkennen konnte.[404] Alle zusätzlichen Arbeiten und Erschwernisse, die auch bei zumutbarer Überprüfung der Bodenverhältnisse nicht voraussehbar waren, fallen vielmehr in den Risikobereich des Auftraggebers. Das gilt auch dann, wenn die Arbeiten auf Grund eines Nebenangebots des Auftragnehmers durchgeführt worden sind, sofern es sich um Risiken handelt, die herkömmlichen Verfahrensweisen ebenso immanent und nicht gerade für das Nebenangebot spezifisch sind.[405] Möglich sind natürlich abweichende vertragliche Vereinbarungen. Die formularmäßige Überwälzung des Baugrundrisikos auf den Auftragnehmer ist aber wegen der gravierenden Risikoabweichung zu § 645 BGB analog mit § 307 BGB unvereinbar und deshalb bei jedem Vertragstyp unwirksam.[406] Andererseits sind die Parteien aber nicht gehindert, individualvertraglich zu vereinbaren, dass Leistungen nach nicht vorhersehbaren Auflagen der Baugenehmigungsbehörde ohne zusätzliche Vergütung zu erbringen sind oder das Risiko nicht bekannter

---

[395] Zu Recht weist *Kniffka* IBR-online-Kommentar zum Bauvertragsrecht Stand 4. 1. 2007 § 631 Rdn. 464 darauf hin, dass die Risikoverteilung eine Frage der Vertragsauslegung ist.
[396] BGH BB 1964, 944 = Betr. 1964, 1168; Betr. 1968, 524; MDR 1978, 658 = BB 1978, 1033; BauR 1979, 245; NJW 1983, 109 = BauR 1983, 66; NJW 1998, 2875; NJW 2000, 1714.
[397] BGH BB 1971, 61, 62.
[398] BGHZ 37, 233, 240 = NJW 1962, 1715, 1717; BGH MDR 1978, 301; *Heiermann/Riedl/Rusam* VOB/B § 2 Rdn. 32.
[399] BGH NJW-RR 1993, 774.
[400] BGH NJW 1983, 1490.
[401] *Heiermann/Riedl/Rusam* VOB/B § 2 Rdn. 34; BGH Sch-F 2510 Bl. 60.
[402] Dazu grundlegend *Kuffer*, NZBau 2006, 1 ff., der zu Recht darauf hinweist, dass der Begriff „Baugrundrisiko" vom VII. Senat des BGH gar nicht und in der OLG-Rechtsprechung und der Literatur sehr uneinheitlich verwandt wird.
[403] BGH NJW 1969 1983, 1320; *Korbion/Locher* AGBG Rdn. 117.
[404] BGH NJW 1969, 233; *Heiermann/Riedl/Rusam* VOB/B § 2 Rdn. 34.
[405] LG Köln *Schäfer/Finnern/Hochstein* § 6 Nr. 6 VOB/B Nr. 2 (Auftreten einer Sandlinse beim Durchpressen eines Tunnelbauwerks).
[406] *Kapellmann/Messerschmidt-Kapellmann* VOB/B § 2 Rdn. 61.

Bodenverhältnisse vom Auftragnehmer zu tragen ist.[407] Auch hier zeigt sich: Risikozuweisungen sind eine Frage der Vertragsauslegung; für Billigkeitserwägungen, die darin keine Grundlage finden, ist kein Raum.[408]

172 Beim **Pauschalvertrag** – s. § 2 Nr. 7 VOB/B – geht das Risiko einer **Massenunterschreitung**, dass also zur Ausführung der vereinbarten Bauleistung eine geringere als die vorausgesetzte Menge an Beton, Stahl usw. erforderlich ist, grundsätzlich zu Lasten des Auftraggebers.[409]

173 **b) Risikoregelungen zu Lasten des Auftragnehmers.** Umgekehrt trifft beim **Pauschalvertrag** das Risiko einer **Massenüberschreitung** grundsätzlich den Auftragnehmer.[410] Sinn eines Pauschalpreisvertrages ist nämlich die Herbeiführung eines bestimmten Leistungserfolges, unabhängig von dem anfallenden Arbeitsumfang und sonstigen Aufwand.[411] Das setzt aber voraus, dass der Inhalt der geschuldeten Bauleistung in den vertraglichen Vereinbarungen der Parteien (Bauvertrag, Leistungsbeschreibung, Zeichnungen pp.) hinreichend klar beschrieben worden ist. Der Umfang des von dem Auftragnehmer übernommenen Risikos hängt dabei von dem Vertragstyp und den näheren Umständen des Vertragsschlusses ab. Ist im Rahmen eines **Globalpauschalvertrages**[412] bzw. einer **funktionalen Leistungsbeschreibung** vorwiegend oder sogar ausschließlich das Leistungsziel beschrieben, übernimmt der Auftragnehmer in der Regel bewusst die Planungsverantwortung und alle sich aus der Unvollständigkeit oder Ungenauigkeit der zur Herbeiführung des geschuldeten Leistungserfolges gemachten Angaben ergebenden Risiken.[413] Das gilt selbst dann, wenn dem Globalpauschalvertrag/der funktionalen Leistungsbeschreibung ein detailliertes Leistungsverzeichnis des Auftragnehmers vorausging, das den Ausgangspunkt der Verhandlungen bildete. Diesem kommt, wenn die Parteien sich letztlich auf eine globale Beschreibung des Leistungsinhalts beschränkt haben, keine entscheidende Bedeutung mehr für die Auslegung des Vertrages und die Bestimmung des Leistungsinhalts zu.[414] Der Auftragnehmer kann sich auch nicht darauf berufen, er habe die Risikoverlagerung als solche oder den Umfang des übernommenen Risikos nicht erkennen können.[415] Bei diesem Vertragstyp findet demnach eine nahezu vollständige Risikoverlagerung statt, eine Anpassung des Vertrages nach den Grundsätzen über das Fehlen oder den Wegfall der Geschäftsgrundlage scheidet daher regelmäßig aus.[416] Anders liegt es, wenn die Parteien im Rahmen eines Detailpauschalvertrages[417] Art und Umfang der geschuldeten Leistung bestimmt haben. Der vereinbarte Pauschalpreis erfasst dann nicht Zusatzarbeiten, die sich später als notwendig erweisen,[418] da bei diesem Vertragstyp für den vereinbarten Pauschalpreis nur die konkret vereinbarte Leistung geschuldet. ist.[419] Im Übrigen haben die Parteien in aller Regel aber die im Vertrag genannten Massen pauschaliert mit der Folge, dass Mehr- oder Minderleistungen für die Vergütung keine Rolle mehr spielen sollen.[420] Eine Anpassung nach den Grundsätzen über das Fehlen oder den Wegfall der Geschäftsgrundlage kommt – da eine bewusste, wenn auch nicht unbegrenzte Risikoübernahme

---

[407] OLG Düsseldorf BauR 2006, 1887; für ungesicherte Lastannahmen OLG Hamm BauR 2006, 1899.
[408] *Kniffka* IBR-online-Kommentar zum Bauvertragsrecht Stand 4. 1. 2007 § 631 Rdn. 464.
[409] BGH Z 129, 236, 253; *Vygen* BauR 1979, 375, 376.
[410] BGHZ 129, 236, 253.
[411] *Werner/Pastor* Rdn. 2487.
[412] Dazu *Kapellmann/Schiffers* Bd. 2 Rdn. 6; *Ingenstau/Korbion/Keldungs* VOB/B § 2 Nr. 2 Rdn. 8 ff. m. w. N.
[413] Dazu *Vygen*, Festschrift für Mantscheff S. 459, 472.
[414] BGH NJW 1997, 1772 = BauR 1997, 464.
[415] BGH NJW 1997, 61 = BauR 1997, 126; *Döring*, Festschrift für *Vygen* S. 175, 180.
[416] *Putzier*, Der Pauschalpreisvertrag Rdn. 349.
[417] Dazu *Kapellmann/Schiffers* Bd. 2 Rdn. 2; *Ingenstau/Korbion/Keldungs* VOB/B § 2 Nr. 2 Rdn. 8; OLG Düsseldorf BauR 1997, 1051 und 2001, 803.
[418] BGH NJW-RR 2002, 740 = BauR 2002, 787 = NZBau 2002, 325; *Werner/Pastor* Rdn. 1189.
[419] MünchKomm/*Soergel* § 631 Rdn. 4; *Kapellmann*, Schlüsselfertiges Bauen Rdn. 64 OLG Düsseldorf NJW-RR 1997, 1378 = BauR 1997, 105.
[420] *Werner/Pastor* Rdn. 1189.

## G. Änderung oder Wegfall der Geschäftsgrundlage — Vor § 2

vorliegt[421] – nur in Ausnahmefällen in Betracht. Eine solche Anpassung setzt voraus, dass die Gesamtleistung in ein unzumutbares Missverhältnis zum vereinbarten Pauschalpreis gerät.[422] Davon wird man nach ständiger Rechtsprechung des BGH aber erst ausgehen können, wenn die Mengenabweichungen über etwa 20% liegen.[423] Dabei kommt es nicht auf einzelne Positionen des Leistungsverzeichnisses, sondern auf das Verhältnis von Gesamtpreis und -leistung an. Für die Beurteilung der Frage, wer das Risiko derartiger Mehrleistungen tragen soll, kommt es überdies darauf an, wer für die ungenauen oder unrichtigen Angaben in den Vertragsgrundlagen verantwortlich ist.[424] Sind diese auf unrichtige Angaben des Auftraggebers zurückzuführen, kommt eine Vertragsanpassung eher in Betracht, als wenn der Auftragnehmer die auszuführenden Massen selbst ermittelt hat. Eine Vertragsanpassung wird auch dann eher in Betracht kommen, wenn die Parteien die auszuführenden Massen gemeinsam falsch eingeschätzt haben; anders liegt es aber wiederum, wenn der Auftragnehmer sich auf eine überschlägige Kalkulation beschränkt hat.[425] Auch eine nachträgliche Änderung des Bauentwurfs kann zu einer Anpassung des Pauschalvertrages bzw. der vereinbarten Vergütung führen.[426] Im Übrigen wird auf die Kommentierung zu **§ 2 Nr. 7 VOB/B** verwiesen.

Ebenso trägt der Auftragnehmer nach § 644 BGB bis zur Abnahme des Werkes die **174 Vergütungsgefahr,** kann also keine Bezahlung verlangen, wenn das Werk vor der Abnahme durch Zufall oder andere von ihm nicht zu vertretende Umstände zerstört oder beschädigt wird, es sei denn, dass diese Umstände aus der Sphäre des Auftraggebers stammen bzw. diesem gemäß § 645 BGB oder § 7 VOB/B zuzurechnen sind.[427]

Weiter geht zu Lasten des Auftragnehmers alles, was im Rahmen des normalen **Unter- 175 nehmerrisikos** liegt und als wirtschaftliches Wagnis diesem zuzurechnen ist, soweit darüber keine besonderen vertraglichen Vereinbarungen getroffen sind. Das gilt z. B. für **Änderungen der Preisermittlungsgrundlagen** in der Zeit zwischen Angebotsabgabe und Vertragsschluss, sofern dieser Zeitraum nicht unangemessen lang ist.[428] Gleiches gilt für Änderungen der Preisermittlungsgrundlagen in der Zeit zwischen Vertragsschluss und Arbeitsausführung.[429] Auch diese gehen zu Lasten des Auftragnehmers, der diesem Risiko aber durch **Wagniszuschläge** und **Preisvorbehalte** Rechnung tragen kann. „Wagnis" ist kalkulatorisch kein eigenständiger Kostenfaktor, sondern Bestandteil des Gewinns oder des Verlustes, also Teil des unternehmerischen Risikos.[430] Preisvorbehaltsklauseln sind dazu bestimmt, auch größere Preisschwankungen auszugleichen. Sie sind aber nicht uneingeschränkt zulässig. Vielmehr können Preisvorbehalte in AGB gemäß § 309 Nr. 1 BGB (früher § 11 Nr. 1 AGBG) nicht für die ersten vier Monate nach Vertragsschluss vereinbart werden. Im Übrigen können Preiserhöhungsklauseln, die einseitig jede beliebige Preiserhöhung zulassen, den anderen Teil entgegen den Geboten von Treu und Glauben unangemessen benachteiligen und deshalb nach § 307 Abs. 1 BGB (früher § 9 AGBG) unwirksam sein.[431] Deshalb muss der Auftragnehmer, der bei Erhöhung der seiner Kalkulation zugrunde liegenden Kosten eine Preiskorrektur geltend macht, seine Kalkulation offen legen und

---

[421] BGH BauR 1972, 118 und NJW 1974, 1864.
[422] OLG Düsseldorf OLGR 1995, 52.
[423] BGH *Schäfer/Finnern,* Z 2311 Bl. 5 und Z 2411 Bl. 28; OLG Düsseldorf BauR 2001, 803, 806; OLG Hamm BauR 1998, 132; *Nicklisch/Weick* VOB/B § 2 Rdn. 77; *Werner/Pastor* Rdn. 1203 m. w. N.
[424] OLG Düsseldorf OLGR 1995, 52.
[425] *Kleine-Möller/Merl/Oelmaier,* Handbuch des privaten Baurechts, § 10 Rdn. 370.
[426] BGH NJW 1974, 1864 = BauR 1974, 416; OLG München NJW-RR 1987, 598.
[427] BGH Z 40, 71; *Heiermann/Riedl/Rusam* VOB/B § 2 Rdn. 28/29; *Acker/Garcia-Scholz* BauR 2003, 1457.
[428] OLG Hamburg IBR 2006, 80 mit Anm. *Schliemann* zu Stahlpreiserhöhungen.
[429] BGH BauR 1986, 334 und 1005, 842; dazu auch *Kniffka* IBR-online-Kommentar zum Bauvertragsrecht Stand 4. 1. 2007 § 631 Rdn. 252.
[430] *Kapellmann/Messerschmidt-Kapellmann* VOB/B § 2 Rdn. 139.
[431] BGH NJW 1980, 2518, 2519; NJW 1985, 855 = BauR 1985, 192 = ZfBR 1985, 134; BGHZ 94, 335 = NJW 1985, 2270 = BauR 1985, 573 = ZfBR 1985, 220; OLG Stuttgart NJW-RR 1988, 786 = BauR 1988, 506.

nachweisen, welche Kosten sich in welchem Zeitraum um welchen Betrag erhöht haben.[432] Im Übrigen wird insoweit verwiesen auf die Ausführungen im folgenden Abschnitt über „Vergütungsregelungen in Allgemeinen Geschäftsbedingungen/Preisklauseln". Im Ergebnis kann der Auftragnehmer daher – wenn auch in begrenztem Umfang – das unternehmerische Risiko zu einem Teil auf den Auftraggeber verlagern. Dazu bedarf es aber einer klaren und eindeutigen Vereinbarung. Die bloße Feststellung, dass die Angebotspreise „auf der derzeitigen Lohn- und Materialpreisbasis kalkuliert sind", reicht dafür nicht aus. Ausreichend ist aber nach Auffassung des OLG Hamm der Vorbehalt, dass die Preise nur bei gleich bleibenden Lohn- und Materialkosten gelten sollen.[433] Hat der Auftragnehmer dem Risiko derartiger Preiserhöhungen durch wirksam vereinbarte Lohn- und Materialpreisgleitklauseln Rechnung getragen, ist nach dieser vertraglichen Abrede der Parteien abzurechnen, ein Rückgriff auf die Grundsätze über den Wegfall der Geschäftsgrundlage kommt jedenfalls wegen dieser Umstände nicht in Betracht.[434]

176    Auch in der Vereinbarung eines **„Festpreises"** liegt eine vertragliche Risikoübernahme.[435] Auch erhebliche Kostensteigerungen führen daher nicht zu einer Anpassung des Preises nach den Grundsätzen über den Wegfall der Geschäftsgrundlage.[436] Etwas anderes gilt allenfalls dann, wenn es sich um ganz außergewöhnliche und nicht vorhersehbare Preissteigerungen handelt.[437] Zu prüfen ist aber immer, ob es sich überhaupt um eine Festpreisabrede handelt. Über den Begriff „Festpreis" bestehen nämlich sehr unterschiedliche und häufig unklare Vorstellungen. Alle vereinbarten Preise – Einheitspreise, Pauschalpreise, Stundensätze – sind zunächst ihrer Natur nach Festpreise, ohne dass das gesonderter Erwähnung bedarf. Die Parteien verfolgen mit der Verwendung des Begriffs „Festpreis" häufig auch ein ganz anderes Ziel. Oft meinen sie in Wirklichkeit einen „Pauschalpreis". Insoweit wird auf die oben stehenden Ausführungen zum Pauschalvertrag verwiesen. In anderen Fällen wollen die Parteien aber auch lediglich die Anwendung von Preisanpassungsklauseln ausschließen.[438] Haben sie aber einen Pauschalpreis als „Festpreis" vereinbart, wird sich der Auftragnehmer in aller Regel nicht mehr auf den Wegfall oder die Änderung der Geschäftsgrundlage berufen können.[439] Das gilt insbesondere dann, wenn der Auftragnehmer eine Festpreiszusage für die gesamte Dauer der Bauzeit abgibt, um auf diese Weise den Auftrag zu erhalten.[440]

### III. Rechtsfolgen der Störung

177    Eine Anpassung des Vertrages kommt danach als **ultima ratio**[441] nur in Betracht, wenn keine anderen Vertragsbestimmungen oder Rechtsbehelfe eine Preisanpassung ermöglichen. Als solche vertraglichen Regelungen kommen beim Bauvertrag vor allem die Regelungen in der VOB/B in Betracht, z. B. in § 2 Nr. 3 ff. VOB/B.[442] Soweit der Anwendungsbereich dieser Vorschriften reicht, scheidet eine Anpassung nach den Regeln über die Änderung oder den Wegfall der Geschäftsgrundlage aus. Das gilt ebenso, wenn andere Rechtsbehelfe

---

[432] OLG Düsseldorf BauR 1983, 470.
[433] OLG Hamm BB 1975, 489, 490.
[434] BGH BauR 1974, 347.
[435] BGHZ 129, 236, 253.
[436] OLG München DB 1983, 2619.
[437] BGH DB 1963, 448; BB 1970, 1192; OLG Hamburg IBR 2006, 80 mit Anm. *Schliemann* zu Stahlpreiserhöhungen.
[438] *Werner/Pastor* Rdn. 1142 m. w. N.
[439] *Ingenstau/Korbion/Keldungs* VOB/B § 2 Nr. 7 Rdn. 34; zu Unrecht wird dort allerdings angenommen, das gelte nicht, wenn die Preisvereinbarung vom Auftraggeber ersichtlich zur Voraussetzung für die Auftragserteilung gemacht worden sei.
[440] OLG München Betr. 1983, 2619.
[441] BGH BauR 1993, 458, 464; OLG Hamm BauR 1993, 764.
[442] BGH NJW 1966, 448; OLG Celle BauR 1995, 552; OLG Köln NJW-RR 1995, 274; *Werner/Pastor* Rdn. 2480.

## G. Änderung oder Wegfall der Geschäftsgrundlage

zur Verfügung stehen, etwa Kündigungsmöglichkeiten, die Geltendmachung von Schadensersatzansprüchen aus §§ 280, 281 BGB bzw. § 6 Nr. 6 VOB/B oder die Geltendmachung von Gewährleistungsansprüchen.[443]

In allen anderen Fällen führt das Fehlen oder der Wegfall der Geschäftsgrundlage gemäß § 313 Abs. 1 und 3 BGB im Regelfall zur **Anpassung des Vertrages** und nur ausnahmsweise zu seiner Auflösung durch Rücktritt oder Kündigung. Anzustreben ist ein optimaler Interessenausgleich bei möglichst weitgehender Aufrechterhaltung des ursprünglichen Vertrages.[444] Wie das zu geschehen hat, ist eine Frage des Einzelfalles. Bei Bauverträgen kommt insbesondere in Betracht die Herab- oder Heraufsetzung des Vergütungsanspruchs,[445] die Aussetzung bzw. Stundung der Vertragspflichten, die Einräumung von Abschlags- oder Teilzahlungen, die Zubilligung weitergehender Vergütungs- oder Aufwendungsersatzansprüche, die Anpassung der beiderseitigen Pflichten an die veränderten rechtlichen Grundlagen. Die vertragliche Vergütungsvereinbarung muss ggf. ersetzt werden durch die übliche Vergütung im Sinne von § 632 Abs. 2 BGB.[446] Dabei sind allerdings die bisherigen Berechnungsgrundlagen insoweit zu berücksichtigen, als ein unbeachtlicher Kalkulationsfehler, der mit der Änderung oder dem Wegfall der Geschäftsgrundlage in keinem Zusammenhang steht, nicht im Zuge der Preisanpassung beseitigt werden darf. Nur wenn eine Anpassung nicht möglich ist, kommt ein Rücktritt oder die **Kündigung** in Betracht. Das Kündigungsrecht ist z. B. zu bejahen, wenn unzureichende Unterlagen über die Bodenbeschaffenheit bzw. Unstimmigkeiten in den Ausführungsunterlagen bei Tiefbauarbeiten eine ganz andere Trassenführung der Straße zur Folge haben. Wenn sich der Vertragspartner dann dem berechtigten Anspruch auf Anerkennung der veränderten Lage zu Unrecht verschließt, ist es für den Betroffenen unzumutbar, noch länger am Vertrag festgehalten zu werden, ohne dass es dafür auf ein Verschulden des Vertragspartners ankommt.[447] Ein Recht zur Kündigung kann dem Auftragnehmer auch dann zustehen, wenn der Auftraggeber ein berechtigtes Nachtragsangebot einfach ablehnt.[448]

Die **Änderung** tritt nicht mehr – wie nach bisherigem Recht – kraft Gesetzes ein, sondern **muss verlangt werden.**[449] Nach den Vorstellungen des Gesetzgebers sollen die Parteien zunächst selbst über die notwendige Anpassung des Vertrages verhandeln.[450] Streitig ist, ob daraus eine Rechtspflicht zu einer Nachverhandlung über die Vertragsanpassung herzuleiten ist. Das wird teilweise verneint; gegen eine vorschnelle klageweise Geltendmachung sei der Gegner durch die Kostenregelung des § 93 ZPO hinreichend geschützt.[451] Demgegenüber weisen aber *Werner/Pastor*[452] zu Recht darauf hin, dass den Baubeteiligten nach ständiger Rechtsprechung des BGH die Pflicht zur Kooperation obliegt[453] und dass eine Verletzung dieser Kooperationspflicht auch dann Auswirkungen auf die in § 313 BGB eingeräumten Gestaltungsrechte haben kann, wenn hierin nur eine Obliegenheitsverletzung gesehen wird.[454] Die vorschnelle Kündigung verbunden mit der Einstellung der Arbeiten kann daher im Einzelfall sogar eine Vertragsverletzung darstellen, die dem Auftraggeber seinerseits ein Recht zur Kündigung aus wichtigem Grund und zur Geltendmachung von

---

[443] BGH NJW-RR 1990, 601 = BauR 1990, 379; BGH BauR 1989, 219 = ZfBR 1989, 58; BGH NJW-RR 1989, 775; AnwKomm-BGB/*Krebs* § 313 Rdn. 17; *Werner/Pastor* Rdn. 2480.
[444] BGH BB 1975, 582; BGH BauR 1996, 107, 111 = ZfBR 1996, 27; MünchKomm/*Roth* § 313 Rdn. 102.
[445] BGH NJW 1958, 758; WM 1971, 276.
[446] *Heiermann/Riedl/Rusam* VOB/B § 2 Rdn. 33.
[447] BGH NJW 1969, 233.
[448] OLG Zweibrücken BauR 1995, 251.
[449] *Schmidt-Kessel/Baldus* NJW 2002, 2076; *Henssler/Graf von Westphalen/Muthers* Teil 3, § 313 Rdn. 27 f; *Werner/Pastor* Rdn. 2482; a. A. *Langenecker* in *Wirtz/Sienz/Englert* § 313 Rdn. 9.
[450] BT-Drucks. 14/6040 S. 176.
[451] *Teichmann* BB 2001, 1491; AnwKom-BGB/*Krebs* § 313 Rdn. 54.
[452] Rdn. 2482.
[453] BGH NJW 2000, 807 = BauR 2000, 409 = NZBau 2000, 130; *Kniffka*, Jahrbuch Baurecht 2001, 1 ff.; *Meurer* MDR 2001, 848 ff.
[454] OLG Düsseldorf NZBau 2000, 427.

Schadensersatzansprüchen geben kann. Führen die Verhandlungen der Parteien zu keiner Einigung, kann sogleich auf die nach dem geänderten Vertrag geschuldete Leistung geklagt werden, nicht erforderlich ist eine vorherige Klage auf Zustimmung oder Anpassung.[455]

**Beweisbelastet** für das Fehlen oder den Wegfall der Geschäftsgrundlage ist derjenige, der daraus Ansprüche oder Gestaltungsrechte herleiten will.[456] Ist der Wegfall der Geschäftsgrundlage unstreitig, muss der Berechtigte die Voraussetzungen für den Fortbestand seines Rechtes beweisen.[457]

### IV. Sonderfall: Kündigungsrecht des Auftraggebers wegen wesentlicher Überschreitung des Kostenanschlages (§ 650 BGB)

180 Eine Sonderregelung der Folgen des Wegfalls oder der Änderung der Geschäftsgrundlage[458] stellt § 650 BGB dar.[459] Nach Absatz 1 dieser Vorschrift hat der Auftraggeber ein Kündigungsrecht, wenn sich abzeichnet, dass ein dem Vertrag zugrunde liegender (unverbindlicher) Kostenanschlag wesentlich überschritten wird.

181 Anders als nach § 649 BGB braucht der Auftraggeber dem Auftragnehmer in diesem Fall jedoch nicht die volle Vergütung abzüglich ersparter Aufwendungen zu zahlen, sondern schuldet gem. § 645 Abs. 1 BGB nur einen der geleisteten Arbeit entsprechenden Teil der Vergütung und Ersatz der in der Vergütung nicht inbegriffenen Auslagen.

#### 1. Sinn und Zweck der Vorschrift

182 § 650 BGB enthält, wie der BGH[460] entschieden hat, eine von der Regel des § 649 BGB abweichende Ausnahme zugunsten des Auftraggebers, die auf der Erwägung des Gesetzgebers beruht, dass die irrige Annahme des Auftraggebers, das Werk zu dem vom Auftragnehmer veranschlagten Preis erhalten zu können, nicht als bloßer **Motivirrtum** unbeachtet bleiben darf.[461] Dem Gesetzgeber erschien es unbillig, dem Auftragnehmer gem. § 649 BGB die volle Vergütung zukommen zu lassen, wenn sich seine Kostenschätzung – und sei es auch unverschuldet – als wesentlich zu niedrig erweist und der Auftraggeber aus diesem Grunde kündigt.[462] Insofern handelt es sich um eine Sonderregelung der Folgen des Wegfalls der Geschäftsgrundlage. Die Geschäftsgrundlage besteht in diesem Fall in dem im Kostenanschlag zum Ausdruck gekommenen Verhältnis zwischen Leistung und Gegenleistung, zwischen dem vom Auftragnehmer zu erbringenden Werk und seiner für diese Leistung kalkulierten Vergütung. Die Sonderregelung des § 650 BGB zugunsten des Auftraggebers rechtfertigt sich hiernach daraus, „dass die wesentliche Überschreitung des Kostenanschlages für das eigene Werk aus dem **Risikobereich des Unternehmers** stammt, mag er sie auch nicht im Sinne von § 276 BGB zu vertreten haben".[463]

#### 2. Anwendungsbereich der Vorschrift

183 Der Anwendungsbereich des § 650 BGB ist allerdings wesentlich enger, als es auf den ersten Blick erscheint. Deshalb spielt die Vorschrift in der Praxis auch nur eine geringe

---

[455] *Palandt/Heinrichs* § 313 Rdn. 29 m. w. N.
[456] BGH WM 1969, 529 und 1973, 1176; BGH NJW 1995, 1892 und 2003, 510.
[457] BGHZ 128, 134; BGH NJW 1995, 1892.
[458] Zur Einordnung unter die Regelung zum Wegfall der Geschäftsgrundlage zutreffend *Schenk*, NZBau 2001, 470 Fn. 7.
[459] BGHZ 59, 339, 342 = NJW 1973, 140 = BauR 1973, 119; MünchKomm/*Soergel* § 650 Rdn. 5; *Köhler* NJW 1983, 1633, 1634; zu den Empfehlungen des Arbeitskreises beim Institut für Baurecht Freiburg s. NZBau 2001, 183 ff.
[460] BGH a. a. O.
[461] Motive II 504 ff.
[462] BGHZ 59, 339, 342 = NJW 1973, 140 = BauR 1973, 119.
[463] BGH a. a. O.

## G. Änderung oder Wegfall der Geschäftsgrundlage    Vor § 2

Rolle. Das ergibt sich daraus, dass § 650 BGB sich nach seinem ausdrücklichen Wortlaut nur auf solche Kostenanschläge bezieht, die dem Vertrag zugrunde gelegt worden sind, „ohne dass der Unternehmer die Gewähr für die Richtigkeit des Anschlags übernommen hat".

**a) Unverbindlicher Kostenanschlag.** Voraussetzung für die Anwendung des § 650 BGB ist zunächst, dass es sich um einen unverbindlichen Kostenanschlag handelt, der den Auftragnehmer also nicht bindet und gegen dessen Überschreitung zu seinen Lasten der Auftraggeber sich deshalb nur durch Kündigung des Vertrages wehren kann. Wenn der Auftragnehmer dagegen gar keinen unverbindlichen Kostenvoranschlag, sondern ein verbindliches Kostenangebot vorgelegt oder für die Richtigkeit des Kostenanschlages eine Gewähr bzw. Garantie übernommen hat, ist **§ 650 BGB unanwendbar.**[464] Der Auftraggeber bedarf dann nicht des Schutzes des § 650 BGB und des dort vorgesehenen Kündigungsrechts, weil der Auftragnehmer in diesem Fall ohnehin an den Kostenanschlag gebunden ist und im Falle seiner Überschreitung grundsätzlich mit Mehrvergütungsansprüchen ausgeschlossen ist.[465] Auch ohne Voranschlag kann der Auftragnehmer aber zu einem Hinweis auf außergewöhnliche, vom Besteller nicht vorherzusehende Kostensteigerungen verpflichtet sein.[466]    **184**

**aa) Unanwendbarkeit bei Fest- oder Pauschalpreisvereinbarung.** Aus dem Vorgesagten folgt, dass § 650 BGB keine Anwendung findet, wenn der Kostenanschlag dadurch bindend geworden ist, dass entsprechend seinem Inhalt ein fester Preis vereinbart worden ist. Das gilt insbesondere bei Vereinbarung eines Pauschalpreises,[467] von dem der Auftragnehmer nur unter den dafür geltenden Voraussetzungen abweichen darf (vgl. die Kommentierung zu § 2 Nr. 7 VOB/B). Ebenso fehlt es an einem unverbindlichen Kostenanschlag, wenn die Parteien einen Höchstpreis vereinbart haben.[468] Schließlich ist § 650 BGB auch nicht anwendbar, wenn ein (unverbindlicher) Richtpreis[469] oder ein sog. ca.-Preis[470] vereinbart worden ist, weil von letzterem – trotz einer gewissen, eingeschränkten Unverbindlichkeit – ebenfalls nicht frei und beliebig abgewichen werden kann.[471]    **185**

**bb) Einheitspreis- und Stundenlohnvertrag.** Bei Einheitspreis- und/oder Stundenlohnverträgen kann § 650 BGB dagegen zum Zuge kommen,[472] weil in diesen Fällen die endgültige Vergütung nicht von vornherein feststeht.    **186**

Dabei kann sich die Unverbindlichkeit des Kostenanschlages, die Voraussetzung für die Anwendbarkeit des § 650 BGB ist, allerdings nicht auf die einzelnen Einheitspreise beziehen, weil diese als solche immer Festpreise sind, solange keine Lohn- und/oder Materialpreisgleitklausel vereinbart ist. Unverbindlich ist der Kostenanschlag in diesem Fall nur in Bezug auf die jeweiligen Vordersätze, d. h. die Mengen- oder Massenansätze beim Einheitspreisvertrag und die Stundenansätze beim Stundenlohnvertrag.    **187**

**b) Ermittlung der Vordersätze und des Leistungsumfangs durch den Auftragnehmer.** Da auch beim Einheitspreis- und -Stundenlohnvertrag nur die Vordersätze unverbindlich sind, kann grundsätzlich nur eine wesentliche Überschreitung des Kostenanschlags in Bezug auf sie oder den sonst zugrunde gelegten Leistungsumfang den Auftraggeber zur Kündigung nach § 650 BGB berechtigen. Daraus folgt als weitere Voraussetzung für die Anwendbarkeit des § 650 BGB, dass der Kostenanschlag hinsichtlich der Vordersätze vom    **188**

---

[464] MünchKomm/*Soergel* Rdn. 2, 15; OLG Frankfurt NJW-RR 1989, 209.
[465] MünchKomm/*Soergel* Rdn. 15.
[466] OLG Köln NJW-RR 1998, 1429.
[467] MünchKomm/*Soergel* Rdn. 2; *Werner* FS Korbion S. 473.
[468] *Werner* a. a. O. S. 474; zur Vereinbarung eines „Garantierten Maximalpreises" (GMP-Vertrag) vgl. Oberhauser BauR 2000, 1397; *Grünhoff* NZBau 2000, 313 ff.; *Ingenstau/Korbion/Vygen* VOB/B Vor §§ 8 und 9 Rdn. 18.
[469] *Werner* a. a. O.
[470] *Werner* a. a. O.
[471] OLG Celle BB 1972, 65; vgl. auch OLG Hamm BauR 1993, 604.
[472] MünchKomm/*Soergel* Rdn. 2.

## Vor § 2

Auftragnehmer selbst erstellt worden sein muss, die jeweiligen Mengen, Massen und/oder Stundenansätze also auf seiner Ermittlung beruhen, und auch die Ermittlung des Leistungsumfangs im Übrigen vom Auftragnehmer stammen muss.

189 Das ist allerdings nicht unbestritten. So wird allgemein angenommen,[473] wer den Kostenanschlag erstellt hat, ob der Unternehmer oder der Besteller, bleibe gleich, entscheidend sei lediglich, dass die Vertragsparteien den Anschlag einvernehmlich dem Vertrag zugrunde gelegt haben. Dem kann nicht zugestimmt werden, denn damit, dass die Parteien den Kostenanschlag einvernehmlich dem Vertrag zugrunde gelegt, also zur Geschäftsgrundlage gemacht haben, ist noch nicht gesagt, in wessen Risikobereich eine etwaige Überschreitung des Kostenanschlags fällt. Eine Überschreitung, die dem Risikobereich des Auftraggebers zuzurechnen ist, kann diesen jedoch nicht gem. § 650 BGB zur Kündigung des Vertrages berechtigen.

190 **aa) Risikobereich des Auftragnehmers.** Wenn das dem Kostenanschlag zugrunde liegende Leistungsverzeichnis (Blankett) – wie zumeist – vom Auftraggeber selbst bzw. seinem als Erfüllungsgehilfen (§ 278 BGB) tätigen Architekten erstellt worden ist und die Überschreitung des Kostenanschlags darauf beruht, dass die vom Auftraggeber selbst stammende Ermittlung der Vordersätze und des Leistungsumfangs nicht gestimmt hat, kann dies dem Auftragnehmer nicht im Sinne der Geschäftsgrundlagenlehre zugerechnet werden und dem Auftraggeber ein Recht zur Kündigung des Vertrages geben. Gleiches gilt, wenn zwar der Auftragnehmer die Vordersätze und den Leistungsumfang ermittelt hat, aber auf Grund **planerischer Vorgaben** des Auftraggebers/Architekten, und der Kostenanschlag deshalb überschritten wird, weil die dem Auftragnehmer zur Ermittlung der Vordersätze und des Leistungsumfangs zur Verfügung gestellten Pläne nicht gestimmt haben. Anderenfalls könnte sich der Auftraggeber in allen diesen Fällen der von ihm selbst zu vertretenden Vordersatzüberschreitung beim Einheitspreis- und Stundenlohnvertrag gem. § 650 BGB vom Vertrag lösen, was noch niemand angenommen hat.

191 Nur wenn der Auftragnehmer die Vordersätze und den Leistungsumfang ermittelt hat, ohne dass die Überschreitung des Kostenanschlags auf falsche Vorgaben des Auftraggebers/ seines Architekten zurückzuführen ist, kann zulässigerweise angenommen werden, dass eine den Auftraggeber nach § 650 BGB zur Kündigung des Vertrages berechtigende Überschreitung des Kostenanschlages vorliegt, die „aus dem **Risikobereich des Unternehmers** stammt", wie es der BGH[474] für erforderlich hält.

192 **bb) Anwendbarkeit von § 650 BGB auch beim VOB-Vertrag.** Ist die Überschreitung des Kostenanschlages darauf zurückzuführen, dass der Auftragnehmer selbst ohne Zutun des Auftraggebers die Vordersätze und/oder den Leistungsumfang falsch ermittelt hat, kann und muss § 650 BGB auch bei Vereinbarung der VOB Anwendung finden.[475] Die die Vergütung und Vergütungsanpassung regelnden Sondervorschriften der VOB, insbesondere § 2 Nrn. 3, 5 und 6 VOB/B, sind nicht abschließend, jedenfalls nicht in dem Sinne, dass sie die Anwendung des § 650 BGB ausschließen. Nur wenn und soweit die Voraussetzungen des § 2 Nr. 3, 5 oder 6 VOB/G vorliegen, ist für die Anwendung von § 650 BGB kein Raum, weil dann schon seine tatbestandlichen Voraussetzungen nicht gegeben sind.[476]

193 **§ 2 Nr. 3 VOB/B** betrifft zwar als Sondervorschrift, die in §§ 631 ff. BGB kein Pendant hat, u. a. auch die Überschreitung der Vordersätze, bezieht sich aber ersichtlich nur auf den – gerade nicht von § 650 BGB erfassten – Regelfall, dass Planung und Leistungsverzeichnis (Angebotsblankett) vom **Auftraggeber** bzw. seinem Architekten erstellt worden sind und die (zu niedrigen) Annahmen bezüglich der Vordersätze deshalb nicht dem Risikobereich des Auftragnehmers zuzurechnen sind. Denn § 2 Nr. 3 VOB/B regelt die Frage, ob und ggf. wie die Einheitspreise des Auftragnehmers in diesem Fall anzupassen sind, stellt also eine

---

[473] MünchKomm/*Soergel* Rdn. 4; ebenso *Werner* FS Korbion S. 475.
[474] BGHZ 59, 339, 342 = NJW 1973, 140 = BauR 1973, 119.
[475] Ebenso RGRK/*Glanzmann* Rdn. 25; MünchKomm/*Soergel* Rdn. 16; *Werner* FS Korbion S. 475.
[476] Vgl. dazu aber auch *Ingenstau/Korbion/Vygen* VOB/B Vor §§ 8 und 9 Rdn. 18.

G. Änderung oder Wegfall der Geschäftsgrundlage  **Vor § 2**

Ausnahme von dem Grundsatz dar, dass die Einheitspreise, soweit keine Lohn- und Materialpreisgleitklauseln vereinbart sind, in jedem Fall Festpreise sind. Davon, dass die Mehrmengen selbst, um die die Vordersätze überschritten werden, zu den vertraglichen oder ggf. anzupassenden Einheitspreisen zu vergüten sind, geht § 2 Nr. 3 VOB/B dagegen als selbstverständlich aus.

§ 2 Nr. 3 VOB/B regelt somit nicht den (umgekehrten) Fall des § 650 BGB, dass der **194** Auftragnehmer die Mehrmengen – zu welchem Preis auch immer – unter Umständen nicht vergütet bekommt, weil er die Vordersätze **selbst ermittelt** hat, und der Auftraggeber, der darauf vertraut hat, wegen ihrer Überschreitung den Vertrag kündigen kann. Deshalb stellt § 2 Nr. 3 VOB/B keine abschließende Regelung dar, sondern lässt in den seltenen Fällen, in denen die Voraussetzungen dafür gegeben sind, die Anwendung des § 650 BGB auch beim VOB-Vertrag zu.[477]

**c) Keine Leistungsänderung durch Änderungsanordnungen des Auftraggebers** **195**
**oder Zusatzarbeiten.** Da das Kündigungsrecht des Auftraggebers nach § 650 BGB nur bei wesentlicher Überschreitung des Kostenanschlages „aus dem Risikobereich des Unternehmers" besteht,[478] ist weitere Voraussetzung eine gleich bleibende Leistung. Die Überschreitung des Kostenanschlags darf also nicht auf Leistungsänderungen des Auftraggebers oder anderen, ihm zuzurechnenden Umständen beruhen. Daraus ergibt sich, dass § 650 BGB nicht anwendbar ist, wenn der Kostenanschlag des Auftragnehmers auf Grund von Änderungsanordnungen des Auftraggebers oder Zusatzleistungen überschritten wird, die vom Auftraggeber verlangt worden oder notwendig und unaufschiebbar sind.[479]

Das Kündigungsrecht des Auftraggebers nach § 650 BGB entfällt also, wenn und soweit – **196** bei Vereinbarung der VOB – die Voraussetzungen von § 2 Nr. 5 und 6 VOB/B gegeben sind[480] (dazu im Einzelnen dort).

**d) Wesentliche Überschreitung des Kostenanschlags.** Nach § 650 Abs. 1 BGB kann **197** der Auftraggeber den Vertrag nur dann wegen Überschreitung des Kostenanschlags kündigen, wenn diese wesentlich ist, das Werk also „nicht ohne eine wesentliche Überschreitung des Anschlags ausführbar ist". Wann das der Fall, eine Überschreitung des Kostenanschlags also wesentlich ist, kann nicht nach Prozentsätzen[481] und einer – wie auch immer bemessenen – Toleranzgrenze[482] bestimmt werden, denn „mathematische Richtwerte" können hierfür nicht angegeben werden, auch wenn dies „im Sinne einer groben Leitlinie" verschiedentlich doch geschieht.[483] So wird bei einer Überschreitung des Endpreises um mehr als 25% vielfach ein Kündigungsrecht des Auftraggebers bejaht, wobei natürlich Kostensteigerungen auf Grund von Planungsänderungen und Zusatzwünschen außer Betracht bleiben müssen.[484]

Erforderlich ist vielmehr eine wertende Betrachtung unter Berücksichtigung der Beson- **198** derheiten des Einzelfalles. *Köhler*[485] nennt hierfür vier Kriterien:

– **Eigenart der Leistung,**
  weil bei (für beide Teile erkennbaren) Unsicherheitsfaktoren in Bezug auf die Bemessung der anfallenden Arbeiten und Materialien eine größere Überschreitung hinzunehmen sei,

---

[477] Ebenso *Werner* FS Korbion S. 475.
[478] BGHZ 59, 339, 342 = NJW 1973, 140 = BauR 1973, 119.
[479] *Werner* a. a. O.
[480] Ebenso *Locher* PrivBauR Rdn. 133.
[481] *Köhler* NJW 1983, 1633; *Werner* FS Korbion S. 475.
[482] Die in Rechtsprechung und Literatur behandelten Grundsätze zur Toleranzgrenze bei Baukostenüberschreitungen des Architekten sind schon deshalb nicht anwendbar, weil der Architekt bei seiner Kostenschätzung fremde Bauleistungen bewertet, der Kostenanschlag des Auftragnehmers aber sein eigenes Werk betrifft (so ausdrücklich BGHZ 59, 339, 342 = NJW 1973, 140 = BauR 1973, 119). Im Übrigen erkennt der BGH eine solche Toleranzgrenze nur noch in Ausnahmefällen an, BGH BauR 2003, 1061.
[483] MünchKomm/*Soergel* Rdn. 9: 10%; ebenso *Pahlmann* DRiZ 1978, 367; dazu *Schenk*, NZBau 2001, 470; 15–20%, in besonderen Ausnahmefällen bis maximal 25%.
[484] *Palandt*/*Sprau* § 650 Rdn. 2; *Rohlfing*/*Thiele* MDR 1998, 632; MünchKomm-*Soergel* § 650 Rdn. 9; *Schenk* NZBau 2001, 470, 471.
[485] NJW 1983, 1633, 1634.

- **Kosten-Nutzen-Verhältnis,**
  weil bei hohen Kosten im Verhältnis zum Nutzen für den Auftraggeber eher eine wesentliche Kostenüberschreitung anzunehmen sei,
- **Zeitpunkt der Erkennbarkeit der Kostenüberschreitung,**
  weil bei einer frühzeitig erkennbaren Kostenüberschreitung der Auftraggeber eher noch sinnvoll umdisponieren und ggf. kündigen könne und deshalb an sie strengere Maßstäbe anzulegen seien als eine Kostenüberschreitung, die erst in einem fortgeschrittenen Stadium der Werkleistung erkennbar ist,
- **Bestimmtheitsgrad des Kostenanschlags,**
  weil auch bei einem unverbindlichen Kostenanschlag die Preisangaben des Auftragnehmers unterschiedlich exakt und der Informationswert des Kostenanschlags entsprechend unterschiedlich groß sein könne.

Das hierfür gegebene Beispiel eines pauschal angebotenen circa-Betrages passt freilich nicht, weil es in einem solchen Fall schon an einem unverbindlichen Kostenanschlag fehlt.

199 Im Übrigen sind die vorgenannten Kriterien nicht abschließend, sondern auch nach Meinung von *Köhler* „stets in eine **Gesamtwürdigung**" einzubeziehen. Mit dieser Einschränkung kann *Köhler* zugestimmt werden, wenn er zusammenfassend feststellt, dass eine Kostenüberschreitung immer dann „wesentlich" ist, wenn sie so erheblich ist, „dass sie einen redlich denkenden Auftraggeber zur Änderung seiner Disposition, insbesondere zur Kündigung, veranlassen kann".[486]

200 Deshalb muss es insoweit auch – schon wegen des Kosten-Nutzen-Verhältnisses – eine Rolle spielen, ob die zur Überschreitung des Kostenanschlages führenden Arbeiten erforderlich, d. h. **notwendig und unaufschiebbar,** sind. Denn eine Überschreitung des Kostenanschlags, die auf derartigen Arbeiten beruht, kann und wird für den Auftraggeber in der Regel **nicht so wesentlich** sein, dass er deswegen von ihrer Ausführung absieht und den Vertrag kündigt. Ähnlich meint *Werner,*[487] dass – rückschauend betrachtet[488] – bei Arbeiten, die objektiv notwendig und unaufschiebbar gewesen oder subjektiv für den Auftraggeber erkennbar von **erheblichem Interesse** sind, der Auftraggeber „nur in seltenen Ausnahmefällen (wird) glaubhaft darlegen und beweisen können, dass er trotzdem den Werkvertrag gekündigt hätte".

201 e) **Verschulden nicht erforderlich.** Zwar wird in den allein für § 650 BGB in Betracht kommenden Fällen, „dass die wesentliche Überschreitung des Kostenanschlags für das eigene Werk aus dem Risikobereich des Unternehmers stammt", zumeist auch ein Verschulden des Auftragnehmers gegeben sein, weil er den Kostenanschlag nicht sorgfältig genug aufgestellt hatte. § 650 BGB setzt aber nach allgemeiner Meinung kein solches Verschulden voraus,[489] sondern ist, sofern nur die Überschreitung des Kostenanschlags aus dem Risikobereich des Auftragnehmers stammt, auch dann anwendbar, wenn der Auftragnehmer die Überschreitung des Kostenanschlags „nicht im Sinne von § 276 BGB zu vertreten" hat.[490]

### 3. Anzeigepflicht des Auftragnehmers

202 Ist eine im vorstehenden Sinne wesentliche Überschreitung des Kostenanschlags des Auftragnehmers zu erwarten, so hat dieser dem Auftraggeber nach § 650 Abs. 2 BGB unverzüglich Anzeige zu machen.

203 a) **Nebenpflicht im Umfang von § 650 Abs. 1 BGB.** Es handelt sich bei § 650 Abs. 2 BGB um eine Nebenpflicht des Auftragnehmers, die im Zusammenhang mit § 650 Abs. 1

---

[486] *Köhler* a. a. O.
[487] FS Korbion S. 479.
[488] Für den Fall der Anzeigepflichtverletzung bei wesentlicher Überschreitung des Kostenanschlages, die bei der hier vertretenen tatbestandlichen Eingrenzung des § 650 BGB von vornherein nicht gegeben ist.
[489] MünchKomm/*Soergel* Rdn. 1, 14; *Werner* a. a. O. S. 475.
[490] BGHZ 59, 339, 342 = NJW 1973, 140 = BauR 1973, 119.

G. Änderung oder Wegfall der Geschäftsgrundlage　　　　　　　　　　　　**Vor § 2**

BGB zu sehen ist und dem Auftraggeber unter den vorgenannten Voraussetzungen bei wesentlicher Überschreitung des Kostenanschlages des Auftragnehmers „die Kündigung ... ermöglichen" soll.[491] Deshalb ist eine Anzeigepflicht nach § 650 Abs. 2 BGB nur gegeben, wenn auch die Voraussetzungen von § 650 Abs. 1 BGB erfüllt sind.

Daraus folgt zugleich, dass § 650 Abs. 2 BGB keine generelle Anzeigepflicht des Auftragnehmers begründet, sondern nur dann eingreift, wenn „die wesentliche Überschreitung des Kostenanschlags ... aus dem Risikobereich des Unternehmers stammt".[492] Entgegen *Soergel*[493] besteht die Verpflichtung daher nicht unabhängig davon, in welcher **Ursache** die Überschreitung des Kostenanschlags zu suchen ist. Insbesondere trifft den Auftragnehmer keine Anzeigepflicht, „wenn nach Vertragsabschluss gegebene Anordnungen des Bestellers die Überschreitung des Kostenanschlages bewirken".[494] Gleiches gilt, wenn die zur Überschreitung des Kostenanschlages führende Erhöhung der Vordersätze (Mengen, Massen, Stunden) oder die sie bewirkende Vergrößerung des Leistungsumfanges aus anderen Gründen nicht „aus dem Risikobereich des Unternehmers" stammt, weil Planung und Ausschreibung (LV und Angebotsblankett) vom **Auftraggeber** bzw. seinem Architekten erstellt worden sind, die Vordersätze und der Leistungsumfang der auszuführenden Arbeiten also nicht vom Auftragnehmer eigenverantwortlich ermittelt worden sind (vgl. oben Rdn. 252/253). Denn in allen diesen Fällen kann der Auftraggeber nicht wegen Überschreitung des Kostenanschlages kündigen, so dass auch keine Anzeigepflicht des Auftragnehmers besteht, die diese Kündigung lediglich ermöglichen soll. **204**

Nach allem beschränkt sich die Anzeigepflicht des § 650 Abs. 2 – ebenso wie § 650 Abs. 1 BGB – auf die Fälle, in denen Vordersätze und/oder Leistungsumfang des Kostenanschlages vom **Auftragnehmer** ohne Zutun des Auftraggebers ermittelt worden und die zur Überschreitung des Kostenanschlages führenden Arbeiten außerdem nicht notwendig und unaufschiebbar sind, also nicht dem mutmaßlichen Willen des Auftraggebers entsprechen. Denn nur dann kann der Auftraggeber nach § 650 Abs. 1 BGB kündigen, z. B. wenn Gegenstand des Kostenanschlages eine Dachreparatur ist, bei der aus finanziellen Gründen wegen fehlender Geldmittel von vornherein nur eine **bestimmte Anzahl** schadhafter Dachpfannen bzw. Schieferplatten ausgewechselt werden soll, der Auftragnehmer bei den Arbeiten dann aber feststellt, dass weitere Dachziegel ebenfalls bereits spröde oder schadhaft sind und deshalb weitergehende Arbeiten zweckmäßig wären, die aber auch noch später erfolgen und deshalb zurückgestellt werden können.[495] Dann muss der Auftragnehmer dem Auftraggeber vor Ausführung der weitergehenden Arbeiten Anzeige machen, weil der Auftraggeber in diesem Fall eine echte **Dispositionsmöglichkeit** hat, die dagegen nicht besteht, wenn die weitergehenden Reparaturarbeiten notwendig und unaufschiebbar sind, um die Benutzbarkeit des Hauses zu gewährleisten. **205**

Die Anzeigepflicht gem. § 650 Abs. 2 BGB geht deshalb nicht so weit wie nach **§ 2 Nr. 8 Abs. 2 VOB/B,** der bei eigenmächtiger Abweichung vom Vertrag eine unverzügliche Anzeige auch dann verlangt, wenn die Leistungen für die Erfüllung des Vertrages notwendig sind und – weil unaufschiebbar – dem mutmaßlichen Willen des Auftraggebers entsprechen (vgl. hierzu im Einzelnen bei § 2 Nr. 8 VOB/B). Das ist jedoch nichts Besonderes, weil die VOB auch in anderen Fällen (z. B. § 2 Nr. 6 VOB/B) zusätzliche Ankündigungs- bzw. Anzeigepflichten enthält. Wenn § 650 Abs. 2 BGB und § 2 Nr. 8 Abs. 2 VOB/B sich in vollem Umfang deckten, hätte es der letztgenannten Regelung nicht bedurft. Allerdings können hierdurch nicht Vergütungsansprüche des Auftragnehmers abgeschnitten werden, die nach § 650 BGB begründet sind, also bei notwendigen und unauf- **206**

---

[491] MünchKomm/*Soergel* Rdn. 12.
[492] BGH a. a. O.
[493] MünchKomm/*Soergel* Rdn. 12.
[494] So aber MünchKomm/*Soergel* Rdn. 12; *Staudinger/Riedel* Rdn. 5; wie hier zutreffend *Werner* FS Korbion S. 476 bei Fn. 29.
[495] So der Fall OLG Frankfurt OLGZ 1984, 198 = BauR 1985, 207, wo der Auftragnehmer die weitergehenden Arbeiten eigenmächtig ausgeführt hatte, ohne dies dem Auftraggeber vorher anzuzeigen.

schiebbaren Arbeiten, die dem mutmaßlichen Willen des Auftraggebers entsprechen und bei denen deshalb weder ein Kündigungsrecht des Auftraggebers nach § 650 Abs. 1 noch eine Anzeigepflicht des Auftragnehmers nach § 650 Abs. 2 BGB besteht.

207 **b) Zeitpunkt der Anzeige.** Wie sich aus § 650 Abs. 2 BGB ergibt, hat der Auftragnehmer dem Auftraggeber unverzüglich, also ohne schuldhaftes Zögern (§ 121 BGB), Anzeige zu machen, wenn eine Überschreitung des Kostenanschlags im Sinne von § 650 Abs. 1 BGB zu erwarten ist, also weitergehende Arbeiten anstehen, die entweder nicht notwendig oder zwar notwendig, aber nicht unaufschiebbar sind. In diesem Fall muss die Anzeige so frühzeitig wie möglich erfolgen, also nicht erst unmittelbar vor oder bei Beginn der weitergehenden Arbeiten, wenn deren Notwendigkeit oder Zweckmäßigkeit früher erkennbar war. Die Anzeige muss hiernach möglichst so rechtzeitig erfolgen, dass der Auftraggeber nicht vor vollendete Tatsachen gestellt wird, sondern noch disponieren und sich entscheiden kann, ob er die weitergehenden Arbeiten ausführen lassen oder kündigen will.

208 **c) „Richtiger Adressat" der Anzeige.** Da die Anzeigepflicht nach § 650 Abs. 2 BGB „zum Schutz des Auftraggebers" besteht[496] und diesem bei einer wesentlichen Überschreitung des Kostenanschlags im vorstehenden Sinne die Kündigung des Vertrages ermöglichen soll, ist „richtiger Adressat" der Anzeige grundsätzlich nur der Auftraggeber selbst. Eine Anzeige an den vom Auftraggeber beauftragten Architekten ist solange nicht ausreichend, wie der Auftraggeber hiervon nicht durch Weiterleitung oder Übersendung einer Kopie Kenntnis erhält. Entsprechend wird auch für § 2 Nr. 8 Abs. 2 VOB/B angenommen, dass eine zuverlässige Benachrichtigung des Bauherrn grundsätzlich durch dessen unmittelbare Information erforderlich ist.[497]

209 **d) Kausalität.** Das pflichtwidrige Verhalten des Auftragnehmers hat dann aber nicht zu einem Schaden geführt, wenn der Auftraggeber auch bei rechtzeitiger Anzeige nicht gekündigt hätte oder wenn er auch ohne Anzeige von der Kostenüberschreitung Kenntnis hatte,[498] etwa durch Hinweise von dritter Seite.[499]

### 4. Folgen der Anzeigepflichtverletzung

210 Da die Anzeigepflicht gem. § 650 Abs. 2 BGB nach herrschender Meinung[500] vertragliche Nebenpflicht ist, deren Nicht- oder nicht rechtzeitige Erfüllung eine positive Vertragsverletzung darstellt, hat ein Verstoß gegen § 650 Abs. 2 BGB zur Folge, dass der Auftragnehmer zum **Schadensersatz** verpflichtet ist[501] und den Auftraggeber so stellen muss, wie dieser bei rechtzeitiger Anzeige stünde bzw. gestanden hätte. Der Auftraggeber wäre dann vor Ausführung der weitergehenden Arbeiten gem. § 650 Abs. 1 BGB zur **Kündigung** berechtigt gewesen.

211 **a) Beweislast für die fiktive Kündigung.** Bestreitet der Auftragnehmer, dass der Auftraggeber bei rechtzeitiger Anzeige vor Weiterführung der Arbeiten von seinem Kündigungsrecht nach § 650 Abs. 1 BGB Gebrauch gemacht hätte, stellt sich die Frage, ob der **Auftraggeber** diese – fiktive – Kündigung oder ob der **Auftragnehmer** beweisen muss, dass der Auftraggeber auch bei rechtzeitiger Anzeige tatsächlich nicht gekündigt hätte. Der Meinungsstand hierzu ist uneinheitlich. Die einen halten nach allgemeinen Beweislastregeln den **Auftraggeber** für beweispflichtig, wollen an seine Darlegungs- und Beweislast aber keine hohen Anforderungen stellen, sondern eine nahe liegende, plausible Begründung

---

[496] *Werner* FS Korbion S. 476.
[497] Anders *Nicklisch/Weick* VOB/B § 2 Rdn. 106 unter Hinweis auf OLG Stuttgart BauR 1977, 291/292 und OLG Hamm BauR 1978, 146.
[498] MünchKomm-*Soergel* § 650 Rdn. 13.
[499] *Schenk* NZBau 2001, 470, 472.
[500] OLG Frankfurt OLGZ 1984, 198 = BauR 1985, 207; *Köhler* NJW 1983, 1633, 1634; *Werner* FS Korbion S. 477.
[501] Ebenso OLG Frankfurt/Kassel NJW-RR 1989, 209 = BauR 1989, 246 L und LG Köln NJW-RR 1990, 1498.

G. Änderung oder Wegfall der Geschäftsgrundlage **Vor § 2**

dafür, dass er bei rechtzeitiger Anzeige gekündigt hätte, genügen lassen.[502] Die anderen wollen grundsätzlich – stets oder regelmäßig – von einer fiktiven Kündigung ausgehen und dem **Auftragnehmer** die Darlegungs- und Beweislast dafür auferlegen, dass der Auftraggeber bei rechtzeitiger Anzeige nicht gekündigt hätte.[503]

Dieser Streit hat jedoch „kaum große praktische Bedeutung",[504] denn ein Unterschied 212 zwischen den Meinungen besteht im Ergebnis nicht, besonders wenn man – wie hier – das Kündigungsrecht des Auftraggebers nach § 650 Abs. 1 BGB und die Anzeigepflicht des Auftragnehmers nach § 650 Abs. 2 BGB auf die Fälle beschränkt, in denen die Kostenüberschreitung aus dem **Risikobereich des Auftragnehmers** stammt, weil er die Vordersätze des Leistungsverzeichnisses und/oder den Leistungsumfang eigenverantwortlich ermittelt und es sich nicht um notwendige und/oder unaufschiebbare Mehrleistungen gehandelt hat.

Damit bleibt für die Anwendung von § 650 BGB zwar nicht mehr viel übrig. Das 213 entspricht letztendlich aber exakt der **tatsächlichen Bedeutung,** die die Vorschrift nach den bislang hierzu entschiedenen Fällen[505] in der Praxis hat. Sind die Arbeiten objektiv notwendig und unaufschiebbar gewesen oder subjektiv für den Auftraggeber erkennbar von erheblichem Interesse, kommt man gar nicht bis zur Annahme von *Werner,*[506] der Auftraggeber werde dann „nur in seltenen Ausnahmefällen glaubhaft darlegen und beweisen können, dass er trotzdem den Werkvertrag gekündigt hätte". Diese Fällen fallen schon tatbestandsmäßig nicht unter § 650 BGB, während es bei Arbeiten, die weder notwendig noch unaufschiebbar waren und somit auch nicht dem mutmaßlichen Willen des Auftraggebers entsprechen, gerechtfertigt erscheint, grundsätzlich von einer **fiktiven Kündigung** auszugehen und anzunehmen, dass der Auftraggeber in diesen Fällen bei rechtzeitiger Anzeige gekündigt hätte. Hier findet also eine **Beweislastumkehr** zu Lasten des Auftragnehmers statt, dem es überlassen bleibt zu beweisen, dass der Auftraggeber auch bei rechtzeitiger Anzeige ausnahmsweise nicht gekündigt hätte.

**b) Schadensberechnung.** Da die Verletzung der Anzeigepflicht des Auftragnehmers 214 nach § 650 Abs. 2 BGB eine positive Vertragsverletzung ist, muss der Auftragnehmer den Auftraggeber schadensersatzrechtlich so stellen, wie wenn er auf Grund rechtzeitiger Anzeige den Vertrag vor eigenmächtiger Weiterführung der Arbeiten gekündigt hätte. Daraus folgt, dass dem Auftragnehmer wie bei rechtzeitiger Anzeige und daraufhin erfolgter Kündigung auch bei fiktiver Kündigung nach § 650 Abs. 1 BGB nur der in § 645 Abs. 1 BGB bestimmte Anspruch zusteht. Er ist auf den Teil der Vergütung und den Ersatz der in der Vergütung nicht inbegriffenen Auslagen beschränkt, der der bis zur – fiktiven – Kündigung geleisteten Arbeit entspricht. Das ist der Betrag des Kostenanschlags; dem Anspruch auf Vergütung der eigenmächtig ausgeführten weitergehenden Arbeiten steht der Schadensersatzanspruch des Auftraggebers aus der Verletzung der Anzeigepflicht des § 650 Abs. 2 BGB entgegen. Damit ist der Auftragnehmer zwar nicht automatisch an den veranschlagten Kostenbetrag gebunden, der dem Mehrvergütungsanspruch entgegenstehende Schadensersatzanspruch des Auftraggebers führt im Endeffekt jedoch zu demselben Ergebnis.[507]

**aa) Toleranzgrenze zulässiger Überschreitung.** *Köhler*[508] hat die obige Auffassung als 215 „wenig interessengerecht" bezeichnet, wenn der Auftragnehmer das Werk vollendet hat. Er will dem Auftragnehmer als Mindestvergütung den Betrag des Kostenanschlags zuzüglich zulässiger Überschreitung zubilligen.[509] Dieser Betrag liege noch innerhalb des vom Auftrag-

---

[502] Wie vor und RGRK/*Glanzmann* § 650 Rdn. 16; *Schenk* NZBau 2001, 470, 472.
[503] *Palandt/Thomas* § 650 Rdn. 3; *Jauernig/Schlechtriem* Anm. 4; *Staudinger/Riedel* Rdn. 5; MünchKomm/ *Soergel* Rdn. 13.
[504] *Köhler* NJW 1983, 1633, 1634.
[505] Vgl. OLG Frankfurt OLGZ 1984, 198 = BauR 1985, 207.
[506] FS Korbion S. 479.
[507] Vgl. auch OLG Frankfurt/Kassel NJW-RR 1989, 209 = BauR 1989, 246 L.
[508] NJW 1983, 1633, 1635.
[509] Ebenso: *Rohlfing/Thiele* MDR 1998, 632, 636; *Palandt/Sprau* § 650 Rdn. 3; *Kleine-Möller/Merl/Oelmaier,* Handbuch des privaten Baurechts, § 14 Rdn. 68 ff.; *Schenk* NZBau 2001, 470, 473; *Werner/Pastor*

geber von vornherein akzeptierten Preisrahmens und schadensersatzrechtlich außerhalb des Schutzzwecks des § 650 Abs. 2 BGB.[510] Das ist jedoch schon deshalb nicht richtig, weil der Auftraggeber schadensersatzrechtlich so zu stellen ist, wie er bei rechtzeitiger Anzeige und daraufhin erfolgter tatsächlicher Kündigung stünde bzw. gestanden hätte. Dann hätte der Auftragnehmer zu dem Betrag des Kostenanschlags aber ebenfalls keinen Toleranzzuschlag erhalten, weil § 645 Abs. 1 BGB einen solchen nicht vorsieht.[511] Ebenso trifft es nicht zu, dass erst bei Überschreitung der Toleranzgrenze der Schadensersatzanspruch entsteht, weil dies „gleichzeitig der fiktive Zeitpunkt der Kündigung" sei.[512] Für die fiktive Kündigung gilt kein anderer Zeitpunkt als für die tatsächliche Kündigung, die bei rechtzeitiger Anzeige ebenso „unverzüglich" wie diese selbst zu erfolgen hat, und zwar dann, wenn eine wesentliche Überschreitung des Kostenanschlags „zu erwarten" ist, also vor der Überschreitung, nicht erst, wenn bereits eine bestimmte (welche?) Toleranzgrenze überschritten ist.

216   **bb) Vorteilsausgleichung.** Eine andere Frage ist, ob der Auftraggeber sich schadensersatzrechtlich nach den Grundsätzen der Vorteilsausgleichung etwaige Vorteile aus der eigenmächtigen Weiterführung der Arbeiten anrechnen lassen muss.[513] Das ist von System her grundsätzlich zu bejahen, darf andererseits aber nicht dazu führen, dass der Auftragnehmer trotz Verletzung der Anzeigepflicht und des dadurch begründeten Schadensersatzanspruchs des Auftraggebers die volle Vergütung erhält, weil der dem Auftraggeber als Wertausgleich anzurechnende Mehrwert der üblichen Vergütung entspricht.[514] Wenn man – wie hier – die Anwendung des § 650 BGB von vornherein schon tatbestandlich auf die Fälle begrenzt, in denen die weitergehenden Arbeiten entweder nicht notwendig oder doch zumindest nicht unaufschiebbar sind und deshalb vom Auftraggeber zurückgestellt worden wären, ist auch für eine Vorteilsausgleichung kein Raum. Das gilt jedenfalls dann, wenn die weitergehenden Arbeiten für den Auftraggeber keinen anrechenbaren Wert haben. Es erscheint auch nicht unbillig, den Auftraggeber in den Fällen unnötiger und/oder aufschiebbarer Arbeiten auf den Betrag seines Kostenanschlags zu beschränken. Etwas anderes ist es, wenn der Auftraggeber auch in einem solchen Fall das Werk ohnehin hätte fertig stellen lassen oder nicht darlegt und ggf. beweist, dass er es durch einen billigeren Drittunternehmer oder in Eigenarbeit hätte vollenden lassen.[515]

217   **cc) Mitverschulden des Auftraggebers, § 254 BGB.** Eine Korrektur des Schadensersatzanspruchs des Auftraggebers zugunsten des Auftragnehmers ist allenfalls dann möglich, wenn den Auftraggeber gem. § 254 BGB ein Mitverschulden trifft, z. B. weil er trotz fehlender Anzeige die Überschreitung des Kostenanschlags erkennen konnte und musste.[516] Das ist aber nur in Ausnahmefällen anzunehmen und vom Auftragnehmer zu beweisen. Die bloße Unterzeichnung von Stundenlohnzetteln durch den Auftraggeber genügt dafür in der Regel nicht,[517] weil sich aus ihnen eine etwaige Überschreitung des Kostenanschlags allenfalls rechnerisch ermitteln lässt, der Auftraggeber dazu wie auch zu sonstigen Ermittlungen jedoch nicht verpflichtet ist.

---

Rdn. 1312; *Werner* FS Korbion S. 478; OLG Frankfurt a. a. O., das die Frage offengelassen hat, weil die Vorinstanz 21% Zuschlag zur Kostenanschlagssumme zugebilligt hatte, der in zweiter Instanz nicht angefochten worden war, während nach OLG Hamm BauR 1993, 604 eine Differenz von 9,81% zwischen Endsumme des Angebots und der Rechnung „noch im üblichen Rahmen der Abrechnung eines Einheitspreisvertrages" liegt.

[510] *Köhler* a. a. O.
[511] OLG Celle BauR 2000, 1493 und NJW-RR 2003, 1243; *Pahlmann* DRiZ 1978, 367.
[512] *Werner* FS Korbion S. 478.
[513] RGRK/*Glanzmann* § 650 Rdn. 15; MünchKomm/*Soergel* § 650 Rdn. 13; *Palandt/Thomas* § 650 Rdn. 3; *Jauernig/Schlechtriem* § 650 Anm. 4 (in Ausnahmefällen).
[514] So auch die zutreffenden Bedenken von *Köhler* NJW 1983, 1633, 1635 und *Werner* FS Korbion S. 478.
[515] So zutreffend LG Köln NJW-RR 1990, 1498.
[516] RGRK/*Glanzmann* § 650 Rdn. 20; MünchKomm/*Soergel* § 650 Rdn. 13; *Palandt/Thomas* § 650 Rdn. 3; *Jauernig/Schlechtriem* § 650 Anm. 4; *Werner/Pastor* Rdn. 1309.
[517] OLG Frankfurt OLGZ 1984, 198 = BauR 1985, 207; aber auch *Ingenstau/Korbion/Vygen* VOB/B Vor §§ 8 und 9 Rdn. 19.

Deshalb kann dem Auftraggeber bei fehlender Anzeige des Auftragnehmers nur eine **218** **offensichtliche,** auf der Hand liegende Überschreitung des Kostenanschlags als Mitverschulden angerechnet werden. Ob und inwieweit dies dann zu einer Schadensteilung führt oder der Schadensersatzanspruch des Auftraggebers ganz entfällt, ist eine Frage des Einzelfalles. Im Zweifel wird nur eine Schadensteilung in Betracht kommen, denn ein völliger Wegfall des Schadensersatzanspruchs des Auftraggebers kann nur angenommen werden, wenn dieser trotz fehlender Anzeige des Auftragnehmers die Kostenüberschreitung positiv erkannt und gekannt hat, weil es dann „an einem ursächlichen Zusammenhang zwischen unterlassener Anzeige und Schaden fehlt".[518]

**dd) Wahlrecht des Auftraggebers?** Abzulehnen ist der Lösungsvorschlag von *Köhler*,[519] **219** der dem Auftraggeber ein Wahlrecht geben will, die weitergehenden Arbeiten entweder dem Auftragnehmer zur Verfügung zu stellen oder zu behalten, wobei der Auftraggeber im letzteren Fall verpflichtet sein soll, ihren Wert zu vergüten. Dieser Weg ist aber schon wegen der bei Bauarbeiten stattfindenden Verbindung, Vermischung und/oder Verarbeitung nicht gangbar und deshalb mit Recht als „unpraktikabel",[520] ja sogar „abwegig"[521] abgelehnt worden.

**c) Bereicherungsausgleich nach §§ 951, 812 ff. BGB.** Auch auf ungerechtfertigte **220** Bereicherung und die Grundsätze der aufgedrängten Bereicherung[522] kann sich der Auftraggeber wegen der ohne Anzeige weitergeführten Arbeiten nicht berufen.[523] Dagegen steht schon, dass die weitergehenden Arbeiten gem. §§ 946 ff. in das Eigentum des Auftraggebers[524] übergangen sind, der zum Ausgleich hierfür geschaffene Bereicherungsanspruch des § 951 BGB als **Rechtsgrundverweisung** jedoch den vollen Tatbestand des § 812 BGB erfordert.[525] Rechtsgrund der weitergehenden Arbeiten ist hier aber der Werkvertrag[526] der Parteien, auch wenn der Auftragnehmer dessen Grenzen überschritten und verletzt hat, weil er die weitergehenden Arbeiten und die damit verbundene Überschreitung des Kostenanschlags dem Auftraggeber nicht angezeigt und dessen Entscheidung nicht abgewartet hat. Damit sind die weitergehenden Arbeiten aber nicht ohne Vertrag und damit nicht rechtsgrundlos erbracht, sondern lediglich ohne vorherige Anzeige. Deren Folge ergibt sich jedoch allein aus § 650 Abs. 1, der ausdrücklich auf § 645 Abs. 1 BGB verweist, so dass weitergehende Bereicherungsansprüche auch tatbestandsmäßig und systematisch-dogmatisch ausgeschlossen sind.[527]

## H. Vergütungsregelungen in Allgemeinen Geschäftsbedingungen

Die Vertragsparteien versuchen häufig, die von ihnen getroffenen vertraglichen Vereinba- **221** rungen und die zum Vertragsinhalt gemachten Bestimmungen der VOB/B durch allgemeine Geschäftsbedingungen abzuändern, zu ergänzen oder einzuschränken.[528] Besondere Aufmerksamkeit widmen sie dabei in aller Regel der Bestimmung der geschuldeten Bauleistung und der Vergütungsregelung. So versuchen Auftraggeber häufig, eigene Risiken auf den Auftragnehmer zu verlagern, seine Leistungspflichten zu erweitern und die Entstehung bzw.

---

[518] *Werner* S. 480; MünchKomm/*Soergel* § 650 Rdn. 13.
[519] NJW 1983, 1633, 1635.
[520] *Werner* FS Korbion S. 478.
[521] OLG Frankfurt OLGZ 1984, 198 = BauR 1984, 207.
[522] Die *Köhler* a. a. O. im Rahmen seines o. e. Lösungsvorschlags heranziehen will.
[523] Palandt/*Sprau* § 650 Rdn. 2; OLG Frankfurt BauR 1985, 207; *Werner/Pastor* Rdn. 1313; Ingenstau/Korbion/*Vygen* VOB/B Vor §§ 8 und 9 Rdn. 19; a. A. *Köhler* NJW 1983, 1633, 1635.
[524] Oder u. U. sogar eines vom Auftraggeber verschiedenen, mit ihm nicht identischen Grundstückseigentümers.
[525] OLG Frankfurt OLGZ 1984, 198 = BauR 1985, 207.
[526] OLG Frankfurt a. a. O.; *Werner* S. 479.
[527] Wie vor.
[528] *Kniffka/Koeble* 3. Teil Rdn. 1.

**Vor § 2**

Durchsetzung seiner Vergütungsansprüche zu erschweren, zu begrenzen oder ganz auszuschließen. Demgegenüber versuchen Auftragnehmer immer wieder, zusätzliche Vergütungsansprüche zu schaffen, die Durchsetzung bestehender Ansprüche zu erleichtern oder sich eine eigentlich gar nicht geschuldete Sicherheit zu verschaffen. Dem Erfindungsreichtum der Parteien sind dabei ersichtlich keine Grenzen gesetzt. Gerade Bauverträge bieten den Kautelarjuristen ein unerschöpfliches Arbeitsfeld. Eine abschließende Kommentierung der in der Praxis verwandten Geschäftsbedingungen zur Regelung der Vergütungsansprüche ist deshalb ausgeschlossen. Gleichwohl lassen sich aber allgemeine Grundsätze zur Behandlung derartiger Vertragsbedingungen aufstellen und schwerpunktmäßig bestimmte immer wieder vorkommende Klauseln erörtern. Soweit durch derartige Klauseln in die Vergütungsregelung der VOB/B eingegriffen wird, kann insoweit auf die nachfolgende Kommentierung zu den einzelnen Vorschriften verwiesen werden. Damit ist die Problematik aber keineswegs erschöpfend behandelt. Vielfach sind derartige Klauseln nämlich sehr allgemein gehalten, keineswegs auf einzelne Vorschriften der VOB/B zugeschnitten bzw. für die Vergütungsregelung nur mittelbar von Bedeutung. Gerade in diesen Fällen bereitet die Klärung der Frage, ob die Klausel den gesetzlichen Anforderungen standhält, erhebliche Probleme.

## I. Allgemeine Grundsätze

### 1. Begriff der Allgemeinen Geschäftsbedingungen

222 **Allgemeine Geschäftsbedingungen im Sinne von § 305 Abs. 1 BGB** sind alle für eine Vielzahl von Verträgen vorformulierten **Vertragsbedingungen,** die eine Vertragspartei der anderen Vertragspartei bei Abschluss des Vertrages stellt.[529] Vertragsbedingungen sind alle Regelungen, die den Vertragsinhalt gestalten sollen, bloße Bitten fallen nicht darunter.[530] **Vorformuliert** sind diese Vertragsbedingungen, wenn sie für eine mehrfache Verwendung in irgendeiner Weise aufgezeichnet sind, ohne dass das schriftlich geschehen muss.[531] Ausreichend ist ein „Speichern im Kopf des Verwenders".[532]

223 Diese Vertragsbedingungen müssen für eine **Vielzahl von Verträgen** aufgestellt worden sein. Dafür genügt es, wenn sie von dritter Seite (Formularbuch, Vordruck pp.) vorformuliert sind, auch wenn der Verwender sie dann nur einmal benutzt.[533] Es reicht aber nicht aus, wenn der Text nur für einen ganz bestimmten Vertrag ausgearbeitet worden ist.[534] Nicht erforderlich ist, dass der Text bereits in einer Vielzahl von Fällen verwendet worden ist. Es reicht die bloße **Absicht der Mehrfachverwendung** – die Untergrenze liegt bei 3–5 Verwendungen[535] –, die §§ 305 ff. BGB gelten dann bereits im ersten Verwendungsfall.[536] Es muss aber die Verwendung bei mehreren Verträgen beabsichtigt sein, es reicht nicht, wenn die Klausel im Rahmen einer Ausschreibung gleichermaßen gegenüber allen Anbietern verwendet worden ist.[537] Beabsichtigt ist dann nämlich nur ein Vertragsschluss. Erteilt der Auftraggeber den Auftrag daraufhin an einen Generalüber- oder -unternehmer und verwendet dieser das Vertragswerk gegenüber seinen Nachunternehmern, so handelt dieser aber in Mehrfachverwendungsabsicht, die §§ 305 ff. BGB sind nunmehr anwendbar.[538] Aus dem

---

[529] Zur Vereinbarung der VOB/B wird auf die Kommentierung zu § 1, zur Vereinbarung der VOB/C auf die Ausführungen zu § 2 Nr. 1 Rdn. 23 verwiesen.
[530] BGH Z 124, 45 und 133, 184.
[531] BGH NJW 2001, 2635.
[532] *Palandt/Heinrichs* § 305 Rdn. 8.
[533] BGH NJW 1991, 843.
[534] BGH NJW-RR 2002, 13 = BauR 2001, 1895.
[535] BGH NJW 1998, 2286; NJW 2002, 138 = BauR 2002, 83 = NZBau 2002, 25.
[536] BGH NJW 1997, 135; *Palandt/Heinrichs* § 305 Rdn. 9.
[537] BGH NJW 1997, 135.
[538] *Kapellmann/Messerschmidt-Kapellmann* VOB/B § 2 Rdn. 51 m. w. N.

## H. Vergütungsregelungen in Allgemeinen Geschäftsbedingungen       Vor § 2

Inhalt und der Gestaltung der in einem Bauvertrag verwendeten Bedingungen kann sich ein von dem Verwender zu widerlegender Anschein dafür ergeben, dass sie zur Mehrfachverwendung vorformuliert worden sind.[539] Das ist insbesondere dann der Fall, wenn der Vertrag formelhafte Klauseln enthält, die nicht auf die individuelle Vertragssituation abgestellt sind. Die Absicht der Mehrfachverwendung ist im Übrigen schon dann zu bejahen, wenn der Auftraggeber sich bei der Ausschreibung vorbehalten hat, den Auftrag in drei oder mehr Losen zu vergeben.[540] Handelt es sich um einen **Verbrauchervertrag,** greift die Inhaltskontrolle auch dann ein, wenn die vorformulierten Texte „nur zur einmaligen Verwendung bestimmt sind", § 310 Abs. 3 BGB n. F.[541]

**Gestellt** sind die Vertragsbedingungen, wenn eine Partei ihre Einbeziehung verlangt.[542]   224
Die Inhaltskontrolle findet grundsätzlich nur zu Lasten des Verwenders statt.[543] Gestellt sind die Vertragsbedingungen auch dann, wenn der Vertragspartner zwischen verschiedenen angebotenen Alternativen wählen kann.[544] Die Bedingungen müssen durch eine **Vertragspartei gestellt** sein, der Vorschlag eines Dritten – etwa des beurkundenden Notars – reicht dafür an sich nicht aus (zur Sonderregelung für Verbraucherverträge siehe aber § 310 Abs. 3 BGB). Anders liegt es aber, wenn der Notar im Auftrag einer Partei ein Vertragsformular entwickelt hat oder eine von der Partei ständig verwendete Klausel übernimmt.[545] **Verlangen beide Vertragsparteien die Einbeziehung** derselben Geschäftsbedingungen – etwa der ebenso zu behandelnden VOB/B[546] – sind die §§ 305 ff. BGB nicht anwendbar.[547] Das gilt aber dann nicht, wenn eine Partei lediglich die von der anderen Partei ständig verwendeten Geschäftsbedingungen mit Rücksicht auf diese Praxis von vornherein in ihr Angebot aufnimmt.[548]

Eine Allgemeine Geschäftsbedingung liegt nicht vor, wenn die entsprechende Klausel im   225
Einzelnen „ausgehandelt" worden ist. Das wird häufig geltend gemacht, ist aber nur selten der Fall. Ein „Aushandeln" ist nämlich nur dann zu bejahen, wenn der Verwender den in seinen AGB enthaltenen gesetzesfremden Kerngehalt inhaltlich ernsthaft zur Disposition stellt und dem Vertragspartner Gestaltungsfreiheit zur Wahrung eigener Interessen einräumt mit zumindest der Möglichkeit, die inhaltliche Ausgestaltung der Vertragsbedingungen zu beeinflussen.[549] Wenn eine Klausel in mehreren Punkten vom Gesetzeskern abweicht, müssen alle Punkte zur Disposition gestellt werden, die „nicht ausgehandelten" Punkte unterliegen anderenfalls der Inhaltskontrolle.[550] Bietet der Verwender Allgemeiner Geschäftsbedingungen der anderen Vertragspartei Alternativen an, steht es einem „Aushandeln" aber nicht entgegen, wenn die Angebotsalternativen mit einem erhöhten Entgelt verbunden sind.[551] Bedeutungslos ist der formularmäßige Zusatz, alle Klauseln seien individuell ausgehandelt.[552] Nach Auffassung des III. Senats des BGH ist im Einzelfall weiter zu fordern, dass der Verwender den Vertragspartner über den Inhalt und die Tragweite der Klausel im Einzelnen belehrt hat.[553]

---

[539] BGH NZBau 2004, 146 = BauR 2004, 488 unter Hinweis auf BGH NJW 1992, 2160.
[540] BGH NJW 1992, 2160 und NZBau 2004, 146.
[541] Dazu *Kniffka/Koeble* 3. Teil Rdn. 8.
[542] BGH Z 130, 57.
[543] *Kniffka/Koeble* 3. Teil Rdn. 17.
[544] *Palandt/Heinrichs* § 305 Rdn. 12 m. w. N.
[545] BGH Z 118, 229, 238; NJW 1985, 2477; OLG Köln VersR 2000, 730; *Palandt/Heinrichs* § 305 Rdn. 10, 11.
[546] *Kniffka/Koeble* 3. Teil Rdn. 4.
[547] *Kniffka/Koeble* a. a. O.
[548] BGH NJW 1997, 2043, bestätigt in NJW-RR 2006, 740.
[549] BGH BauR 1992, 226 = NJW 1992, 1107; BauR 2003, 870 = NZBau 2003, 321 = ZfBR 2003, 447.
[550] BGH BauR 2003, 870 = NZBau 2003, 321 = ZfBR 2003, 447.
[551] BGH IBR 2003, 179 mit Anm. *Leitzke.*
[552] BGH NZBau 2004, 146, 147 und NZBau 2005, 463.
[553] BGH IBR 2005, 519 mit Anm. *Schwenker.*

## 2. Einbeziehung in den Vertrag

**226** Allgemeine Geschäftsbedingungen sind nur dann Vertragsgrundlage, wenn sie wirksam in den Vertrag einbezogen worden sind. Dafür reicht gegenüber Unternehmern im Sinne von § 14 BGB – also Gewerbetreibenden und Freiberuflern – sowie juristischen Personen des öffentlichen Rechts oder dem öffentlich-rechtlichen Sondervermögen der Hinweis auf ihre Geltung aus, sofern er deutlich genug ist, § 310 Abs. 1 BGB. Das gilt auch für die Einbeziehung der VOB/B. Unwirksam sind sog. „Staffelverweisungen", die das Rangverhältnis der mit der VOB/B konkurrierenden Regelungen nicht erkennen lassen.[554] Gegenüber allen anderen Vertragspartnern reicht der Hinweis auf die Geltung der Allgemeinen Geschäftsbedingungen nicht aus, insbesondere nicht gegenüber Verbrauchern im Sinne von § 13 BGB. Diesen muss vielmehr nach § 305 Abs. 2 BGB die Möglichkeit verschafft werden, in zumutbarer Weise von dem Inhalt der AGB Kenntnis zu nehmen. Das gilt auch dann, wenn die VOB/B in den Vertrag einbezogen werden soll. Die geschäftlich unerfahrene Partei muss auch bei Abschluss eines notariellen Vertrages die Möglichkeit gehabt haben, die VOB/B inhaltlich zur Kenntnis zu nehmen.[555] Etwas anderes gilt nur dann, wenn der Vertragspartner im Baubereich bewandert ist oder beim Vertragsschluss durch einen Fachmann – etwa Architekten – vertreten wird.[556] Keinesfalls reicht das Angebot, den Text der VOB/B kostenlos zur Verfügung zu stellen.[557] Zu den Anforderungen an die Einbeziehung der VOB/C wird auf die Ausführungen zu § 2 Nr. 1 Rdn. 23 verwiesen.

### 3. Überraschende Klauseln

**227** Nach § 305 c BGB werden Klauseln, die so ungewöhnlich sind, dass der Vertragspartner mit ihnen nicht zu rechnen brauchte, nicht Vertragsbestandteil. Als überraschend hat der BGH eine von dem Generalübernehmer in einem Vertrag über die schlüsselfertige Errichtung eines Hauses verwendete Klausel, nach der er zur Vergabe der Aufträge im Namen des Auftraggebers bevollmächtigt sein sollte, angesehen.[558] Überraschend ist auch eine Höchstpreisklausel in Allgemeinen Geschäftsbedingungen eines Auftraggebers in einem Einheitspreisvertrag, nach der „auch bei einem Einheitspreisvertrag die Auftragssumme limitiert ist."[559]

### 4. Grenzen der Inhaltskontrolle

**228** Nicht überprüfbar sind **Individualvereinbarungen** im Sinne von § 305 Abs. 1 Satz 3 BGB. Dafür genügt es nicht, dass über eine Klausel verhandelt worden ist.[560] Ein wirkliches Aushandeln liegt vielmehr erst dann vor, wenn der Verwender den gesetzesfremden Kerngehalt seiner AGB inhaltlich ernsthaft zur Disposition stellt und dem Vertragspartner die reale Möglichkeit einräumt, den Inhalt der Vertragsbedingungen zu beeinflussen.[561] Im Übrigen wird auf die Ausführungen unter Rdn. 225 verwiesen.

Der Inhaltskontrolle unterliegen ferner nicht die Geschäftsbedingungen, die **unmittelbar** den **Leistungsinhalt** oder das zu zahlende **Entgelt** festlegen. Der Inhaltskontrolle sind danach entzogen die eigentliche Leistungs- bzw. Baubeschreibung[562] sowie die Preisverein-

---

[554] BGH BauR 1990, 718 = NJW 1990, 3197.
[555] BGH BauR 1991, 328 = NJW-RR 1991, 727; BauR 1990, 205 = NJW 1990, 715; BauR 1992, 503 = ZfBR 1992, 206.
[556] BGH NJW 1983, 816 = ZfBR 1983, 85; BauR 1999, 1186 = NJW-RR 1999, 1246; OLG Hamm NJW-RR 1991, 277; OLGR 1995, 208; OLGR 1998, 90 (Architekt); OLG Düsseldorf BauR 1993, 508.
[557] BGH BauR 1999, 1186 = NJW-RR 1999, 1246.
[558] BGH BauR 2003, 1544 = NZBau 2002, 561.
[559] BGH NZBau 2005, 148; *Kniffka* IBR-online-Kommentar zum Bauvertragsrecht Stand 4. 1. 2007 § 631 Rdn. 478.
[560] BGH NJW 1991, 1679.
[561] BGHZ 85, 308; 104, 236; NJW 1992, 1107 und 2760; NJW 2000, 1110.
[562] BGHZ 100, 173; BGH NJW 1993, 2369; BGH NJW 2001, 2014; BGH NZBau 2005, 453, 454.

H. Vergütungsregelungen in Allgemeinen Geschäftsbedingungen  **Vor § 2**

barungen, soweit sie unmittelbar die Höhe der Vergütung regeln.[563] Überprüfbar sind aber sog. **Preisnebenabreden,** die sich nur mittelbar auf den Preis auswirken, an deren Stelle aber bei Fehlen einer wirksamen vertraglichen Regelung dispositives Gesetzesrecht treten kann.[564] Insoweit wird für den Bauvertrag auf die nachfolgende Erörterung bestimmter Einzelbeispiele unter Rdn. 232 ff. verwiesen.

Nicht der Inhaltskontrolle unterliegen ferner Klauseln, die lediglich den **Inhalt des Gesetzes** wiedergeben.

### 5. Darlegungs- und Beweislast

Der Vertragsgegner muss beweisen, dass es sich um vorformulierte Vertragsbedingungen 229 handelt, die mehrfach verwendet werden sollten.[565] Das entspricht allgemeinen Grundsätzen zur Darlegungs- und Beweislast. Es sind aber die zum „prima-facie-Beweis" entwickelten Grundsätze anwendbar, wenn dem äußeren Erscheinungsbild nach AGB oder Formularbedingungen verwendet worden sind.[566] Es ist dann Sache des Verwenders, darzulegen und zu beweisen, dass die Bedingungen individuell ausgehandelt worden sind.[567] Die Anforderungen daran sind aus den oben dargelegten Gründen sehr hoch.[568]

### 6. Unwirksamkeit und geltungserhaltende Reduktion

Bestimmungen in Allgemeinen Geschäftsbedingungen, die den Vertragspartner des Ver- 230 wenders entgegen den Geboten von Treu und Glauben unangemessen benachteiligen, sind gemäß § 307 Abs. 1 BGB unwirksam.[569] Inhaltlich voneinander trennbare Regelungen können gesondert auf ihre Wirksamkeit überprüft werden.[570] Nach § 306 BGB bleibt der Vertrag – wenn einzelne Klauseln der Prüfung nicht standhalten – im Übrigen wirksam. Soweit einzelne Bestimmungen nicht Vertragsbestandteil geworden oder unwirksam sind, richtet sich der Inhalt des Vertrages nach den gesetzlichen Vorschriften. Nur unter den in § 306 Abs. 3 BGB genannten Voraussetzungen ist ausnahmsweise der ganze Vertrag unwirksam.[571]

Diese Grundsätze gelten aber nicht uneingeschränkt. Vielmehr hat der BGH in Aus- 231 nahmefällen eigentlich unwirksame Klauseln im Wege der Auslegung/geltungserhaltender Reduktion auf einen noch haltbaren Restbestand zurückgeführt. So hat der VII. Senat im Wege ergänzender Vertragsauslegung die formularmäßige Vereinbarung über die Stellung einer Vertragserfüllungsbürgschaft auf erstes Anfordern in die zur Stellung einer einfachen Bürgschaft umgedeutet.[572]

### II. Baurechtliche Besonderheiten

In der täglichen Baupraxis spielen vergütungsregelnde Vertragsklauseln eine besondere 232 Rolle. Ihre Wirksamkeit hängt – wenn es sich um allgemeine Geschäftsbedingungen handelt – davon ab, ob sie nach § 305 Abs. 2 BGB wirksam in den Vertrag einbezogen worden sind, ihnen keine Individualabrede im Sinne von § 305 b BGB vorgeht, sie im Sinne von § 305 c BGB nicht überraschend oder mehrdeutig und gemäß § 307 Abs. 1 Satz 2 BGB/Richtlinie

---

[563] BGHZ 106, 46; BGH NJW 1999, 864; BGH NJW 2002, 2386.
[564] BGHZ 106, 46 und 124, 256.
[565] BGH Z 118, 238 = BauR 1992, 622.
[566] BGH a. a. O.; BGH NZBau 2004, 146 = BauR 2004, 488; *Kniffka* ZfBR 1992, 195.
[567] BGH NJW 1998, 2600.
[568] Dazu *Quack* Höchstrichterliche Rechtsprechung (1996) Rdn. 72, der solche Versuche für nahezu aussichtslos hält.
[569] BGH BauR 1985, 192 = NJW 1985, 855; BauR 2003, 870 = NZBau 2003, 321 = ZfBR 2003, 447.
[570] BGH BauR 1996, 707 = NJW 1996, 2155; BauR 1999, 645 = NJW 1999, 1108; BauR 2001, 791 = NZBau 2001, 257.
[571] Dazu *Kniffka/Koeble* 3. Teil Rdn. 28 f.
[572] BGH BauR 2002, 1533; andere Beispielsfälle in BGHZ 90, 69 (Tagespreisklausel), BGHZ 120, 108, 122 (Tanzlehrerschule), BGH NJW 1990, 115 (Preisanpassung bei Fernmeldeanlagen).

93/13/EWG vom 5. 4. 1993 hinreichend klar und verständlich sind. Sind diese Hürden überwunden, müssen sie – soweit es sich nicht um kontrollfreie Preisvereinbarungen handelt – auch noch der Inhaltskontrolle nach §§ 307 ff. BGB standhalten.

## 1. Leistungsbestimmende Klauseln

233  Breiten Raum nehmen dabei die Klauseln ein, die den von dem Auftragnehmer geschuldeten Leistungsumfang einschränken oder erweitern sollen mit der Folge, dass – bei Verwendung durch den Auftragnehmer – zusätzliche Vergütungsansprüche anfallen oder – bei Verwendung durch den Auftraggeber – eigentlich gegebene Vergütungsansprüche entfallen.

234  a) **Preisvereinbarung oder Preisnebenabrede?** In diesen Fällen ist zunächst zu klären, ob es sich um kontrollfreie Preisvereinbarungen oder aber um Preisnebenabreden handelt, die der Inhaltskontrolle unterliegen.

Der Begriff **„Preisvereinbarung"** ist missverständlich. Es geht dabei nämlich nicht nur um Vertragsbedingungen, die unmittelbar den Preis als zu zahlende Vergütung betreffen, sondern um alle Abreden, die unmittelbar den Umfang der beiderseitigen Hauptleistungspflichten regeln sollen.[573] Derartige Vertragsbedingungen sind nur darauf zu überprüfen, ob sie nach § 305 Abs. 2 BGB Bestandteil des Vertrages geworden sind, eine individuelle Regelung im Sinne von § 305 b BGB vorgeht, die Klausel als solche überraschend im Sinne von § 305 c BGB ist oder ein Verstoß gegen das Transparenzgebot des § 307 Abs. 1 Satz 2 BGB vorliegt.[574] Eine Inhaltskontrolle nach §§ 307 ff. BGB findet nicht statt, da die eigentliche Vereinbarung der Parteien über Leistung und Gegenleistung einer solchen Kontrolle entzogen ist. Durch sie werden keine von Rechtsvorschriften abweichenden oder diese ergänzenden Regelungen vereinbart, § 307 Abs. 3 Satz 1 BGB.

235  Als **Preisnebenabreden** werden hingegen alle Vertragsbedingungen bezeichnet, die nur „mittelbare Auswirkungen auf Preis und Leistung haben, an deren Stelle dispositives Gesetzesrecht tritt, wenn eine wirksame vertragliche Regelung fehlt."[575] Derartige Vertragsbedingungen unterliegen zusätzlich der Inhaltskontrolle nach §§ 307 ff. BGB.

Die Abgrenzung kann im Einzelfall Schwierigkeiten bereiten.[576] Das gilt insbesondere dann, wenn sich derartige Vertragsbedingungen in der Leistungsbeschreibung finden.

**Beispiele:**
**Kontrollfreie Preis/Leistungsvereinbarung:**
Regelung des Entgelts für die Anfahrt[577]
Festsetzung einer Pauschale für den Verbrauch von Bauwasser und Baustrom[578]
Umlage für die Bauwesenversicherung[579]
Auferlegung von Transport- und Entsorgungspflichten[580]
**Kontrollierbare Preisnebenabreden:**
Umlage von Schuttbeseitigungskosten[581]
Rabattklauseln[582]
Klauseln über Nachlässe[583]
Selbstbeteiligungsklausel bei einer Centklausel[584]

---

[573] BGH NJW 1999, 864.
[574] *Palandt/Heinrichs* § 307 Rdn. 54 ff.
[575] BGH NJW 1999, 864 = BauR 1999, 1290.
[576] Dazu *Kniffka/Koeble* 3. Teil Rdn. 22.
[577] BGHZ 116, 117, 119.
[578] BGH BauR 1999, 1290.
[579] BGH NZBau 2000, 466.
[580] KG IBR 2006, 434 mit Anm. *Schwenker*, NZB zurückgewiesen.
[581] BGH NZBau 2000, 466.
[582] OLG Koblenz DB 1988, 892.
[583] Kapellmann/Schiffers Band 1 Rdn. 1047.
[584] Dazu *Kapellmann/Messerschmidt-Kapellmann* VOB/B § 2 Rdn. 55; dazu auc BGH NZBau 2002, 89 und 2006, 572.

**b) Inhaltskontrolle der Leistungsbeschreibung?** Die **Leistungsbeschreibung** legt, 236
soweit sie den Umfang der geschuldeten Leistung regelt, den Inhalt der von dem Auftragnehmer übernommenen Hauptleistungspflicht fest. Dadurch werden keine von Rechtsvorschriften abweichenden oder sie ergänzenden Regelungen vereinbart, § 307 Abs. 3 Satz 1 BGB. Die Leistungsbeschreibung unterliegt, soweit sie nicht darüber hinausgeht, daher nicht der Inhaltskontrolle nach §§ 307 ff. BGB. Das gilt aber nur soweit, wie diese Beschreibung erforderlich ist zur Festlegung des Inhalts der Hauptleistungspflicht des Auftragnehmers. Alle weitergehenden Vertragsbedingungen, durch die diese Hauptleistungspflicht nur noch eingeschränkt, verändert, ausgestaltet oder modifiziert werden soll, unterliegen hingegen der Inhaltskontrolle nach §§ 307 ff. BGB. Abgrenzungskriterium ist dabei die Frage, ob der Vertragsinhalt auch ohne diese Klausel bestimmbar bleibt, sodass ein wirksamer Vertrag auch ohne diese Ergänzung geschlossen werden kann.[585] Das zu beurteilen, kann im Einzelfall erhebliche Probleme bereiten. Für die Abgrenzung kommt es nicht darauf an, ob sich diese Vertragsklausel in den Vorbemerkungen zum Leistungsverzeichnis findet oder ob sie später in einer einzelnen Positionsbeschreibung „versteckt" wird. Der Verwender kann eine derartige Vertragsbestimmung nämlich nicht durch entsprechende Platzierung der Inhaltskontrolle entziehen.[586] Allgemeine Geschäftsbedingungen sind auch die vertragsrechtlichen Normen der VOB/C.[587] Dazu im Einzelnen § 2 Nr. 1 Rdn. 23.

Die Leistungsbeschreibung enthält im Regelfall kontrollfreie Preisbestandteile und kontrollfähige Preisnebenabreden.

**c) Bedeutung des geschuldeten Leistungsumfangs für die Inhaltskontrolle.** Ob 237
eine Vertragsklausel überhaupt die Hauptleistungspflichten einschränkt oder erweitert, hängt vom Inhalt des Vertrages ab.[588] Schuldet der Auftragnehmer ohnehin eine bestimmte Leistung als notwendige Nebenleistung, erübrigt sich die Inhaltskontrolle einer Vertragsklausel, die nichts anderes regelt.

**d) Einzelne Klauseln.** In der Praxis finden sich immer wieder folgende Arten von 238
Klauseln, die die geschuldete Leistung und damit mittelbar auch die zu zahlende Vergütung regeln sollen:

**Aufmaß:** Unzulässig sind Klauseln, nach denen das Aufmaß nicht nach tatsächlich erbrachten 239
Leistungen, sondern nach einem abstrakten Maß genommen werden soll (Pläne pp.).[589] In Ausnahmefällen kann der Auftraggeber aber ein berechtigtes Interesse an einer abweichenden Art der Abrechnung haben, etwa um sich vor allzu großzügigem Materialverbrauch zu schützen. So hat das OLG Frankfurt die Prüfbarkeit der Schlussrechnung in einem Fall verneint, in dem der Unternehmer die tatsächlich eingebauten Massen abrechnen wollte, obwohl vereinbart war, dass der Stahl nach den Stahllisten auf der Grundlage der Bewehrungspläne abgerechnet werden sollte.[590]

**Baugrund:** Die Überwälzung des Baugrundrisikos[591] auf den Auftragnehmer in AGB stellt eine schwerwiegende Abweichung von der gesetzlichen Regelung in § 645 BGB analog dar und ist in jeder Form – auch als Vorkenntnisklausel – und bei jedem Vertragstyp gemäß § 307 BGB unwirksam.[592]

**Baustrom, Bauwasser, Bauschutt:** Unwirksam ist die Festsetzung eines verbrauchsunabhängigen Entgelts.[593] Unwirksam ist auch die anteilige Belastung mit Kosten der Baurei-

---

[585] BGH NJW-RR 1993, 1049.
[586] So zu Recht *Kapellmann/Messerschmidt-Kapellmann* VOB/B § 2 Rdn. 57.
[587] BGH NZBau 2004, 500.
[588] Dazu BGH BauR 2002, 935, 1247 und 1394.
[589] OLG Karlsruhe NJW-RR 1989, 52.
[590] OLG Frankfurt IBR 2002, 403.
[591] Dazu grundlegend *Kuffer*, NZBau 2006, 1.
[592] BGH NJW 1983, 1320; *Korbion/Locher* AGBG Rdn. 117; *Kapellmann/Messerschmidt-Kapellmann* VOB/B § 2 Rdn. 61; Englert/Grauvogl/Maurer, Handbuch des Baugrund- und Tiefbaurechts Rdn. 950.
[593] OLG Hamm NJW-RR 1997, 1042; OLG Stuttgart NJW-RR 1998, 312.

nigung und der Beseitigung von Bauschutt auch für andere Gewerke.[594] Daran ändert auch nichts die weitere Regelung, dass der Auftragnehmer anfallenden Schutt in Container des Auftraggebers entsorgen könne.[595]

**Behördliche Auflagen:** Vielfach finden sich in auftraggeberseitig verwendeten AGB Klauseln, nach denen der Auftragnehmer behördliche Auflagen zu beachten und zu erfüllen hat. Mit diesen Regelungen wird bezweckt, dass der Auftragnehmer ohne zusätzliche Vergütung auf behördliche Anordnungen zurückzuführende Verzögerungen im Bauablauf hinzunehmen und Änderungswünschen nachzukommen hat. Mit derartigen Klauseln wird dem Auftragnehmer in aller Regel ein für ihn nicht kalkulierbares Risiko auferlegt, sie sind daher unwirksam.[596]

**Bestätigungsklauseln:** Derartige Klauseln haben in der Regel zum Inhalt, dass der Auftragnehmer die vom Auftraggeber vorgegebenen Pläne bzw. die Örtlichkeit überprüft hat und bestätigt, dass sie vollständig, richtig bzw. brauchbar sind. Der Auftraggeber verschiebt damit in unzulässiger Weise die Planungsverantwortung auf den Auftragnehmer. Derartige Klauseln sind in AGB des Auftraggebers daher in der Regel unwirksam.[597] Es wird aber verwiesen auf die Ausführungen zu Komplettheitsklauseln.

**Gerüste:** Unwirksam sind Klauseln, die den Unternehmer verpflichten, auch für die Zeit nach Abnahme seiner Leistungen Gerüste auf unbestimmte Zeit kostenlos für Nachunternehmer vorzuhalten.[598]

**Herstellung und Schließen von Schlitzen und Durchbrüchen:** Derartige Klauseln sind nach § 307 BGB unwirksam, wenn dem Auftragnehmer damit ein nicht kalkulierbares Risiko auferlegt wird. Ihre Wirksamkeit wird aber bejaht, wenn auf die bei Angebotsabgabe vorliegenden Pläne Bezug genommen wird, die den Umfang der erforderlichen Arbeiten erkennen lassen.[599]

**Komplettheitsklauseln/Schlüsselfertigklausel:** Insoweit wird zunächst auf die nachfolgenden Ausführungen zu Nebenleistungen/Besonderen Leistungen verwiesen. Mit derartigen Klauseln will der Auftraggeber in aller Regel erreichen, ohne zusätzliche Vergütung ein vollständiges und funktionsfähiges Werk zu erhalten. Er verschiebt damit die Planungsverantwortung zumindest teilweise auf den Auftragnehmer, der nunmehr eigenverantwortlich klären muss, welche weiteren Leistungen zur Herbeiführung des vertraglich geschuldeten Leistungserfolges erforderlich sind. **Individuell** können solche Komplettheitsvereinbarungen getroffen werden.[600] Ihre Wirksamkeit hängt davon ab, ob das Leistungsziel für den Auftragnehmer hinreichend erkennbar war. Das ist der Fall, wenn das Risiko ausdrücklich beschrieben und zugewiesen wird.[601] Zu klären ist aber auch dann immer, ob die Klausel tatsächlich einen derart weitreichenden Inhalt hat oder ob sie den Auftragnehmer lediglich verpflichtet, die zur Ausführung der ausgeschriebenen Einzelpositionen erforderlichen Leistungen komplett zu erbringen.[602]

---

[594] BGH NJW 2000, 3348; s. a. OLG München NJW-RR 1987, 661.
[595] OLG Düsseldorf BauR 2004, 506.
[596] BGH BauR 1997, 1036 Klausel I Nr. 5 und 16, Klausel IV; *Kapellmann/Messerschmidt-Kapellmann* VOB/B § 2 Rdn. 61.
[597] BGH BauR 1997, 1036; *Roquette* NZBau 2001, 57, 60; *Kleine-Möller/Merl/Oelmaier* § 3 Rdn. 41.
[598] OLG München BauR 1986, 579 und 1987, 554; *Kapellmann/Messerschmidt-Kapellmann* VOB/B § 2 Rdn. 61 m. w. N.
[599] OLG München BauR 1987, 554, 556 (Revision vom BGH nicht angenommen); *Kapellmann/Messerschmidt-Kapellmann* VOB/B § 2 Rdn. 61 m. w. N.
[600] Vgl. dazu BGH BauR 1992, 759 (Wasserhaltung I); BauR 1994, 236 (Wasserhaltung II); BauR 1997, 126 (Kammerschleuse); OLG Düsseldorf BauR 2003, 1572 (Ausführung nach der noch zu erstellenden Planung eines italienischen Stararchitekten); KG IBR 2003, 343 zur Wirksamkeit einer individuellen Vollständigkeitsklausel, durch die das Bausoll in der Leistungsbeschreibung ausgeweitet wurde; *Roquette/Paul* BauR 2004, 736, 739.
[601] OLG Düsseldorf BauR 2003, 1572.
[602] BGH NJW-RR 2004, 880; *Kapellmann/Schiffers* Band 2 Rdn. 272; *Kapellmann/Messerschmidt-Kapellmann* VOB/B § 2 Rdn. 244.

H. Vergütungsregelungen in Allgemeinen Geschäftsbedingungen  **Vor § 2**

Die Verantwortlichkeit für eine fehlerhafte Planung bleibt aber immer bei dem Auftraggeber.[603]

Bei der Beurteilung derartiger Regelungen in **AGB** ist zu differenzieren: Wenn der Auftragnehmer im Rahmen eines Global-Pauschalvertrages die Planung selbst übernommen hat, ist es sachgerecht, ihn für die Richtigkeit und Vollständigkeit einstehen zu lassen.[604] Hat der Auftraggeber die Planung vorgegeben, ist eine Klausel in den von ihm verwendeten AGB, durch die die Verantwortlichkeit für die Vollständigkeit und Richtigkeit dieser Planung dem Auftragnehmer zugeschoben wird, aber in aller Regel unwirksam.[605] Anders kann die Rechtslage aber dann zu beurteilen sein, wenn in der Komplettheitsklausel das Risiko ausdrücklich benannt und dem Auftragnehmer auferlegt wird.[606]

Die Klausel in einem auf der Grundlage eines detaillierten Leistungsverzeichnisses mit Mengenangaben geschlossenen Pauschalpreisvertrag, nach der Mehr- und Mindermassen von 5% als vereinbart gelten, regelt das Mengenrisiko. Sie ist dahin zu verstehen, dass bei einer nicht durch Planungsänderungen bedingten Mengenabweichung in den einzelnen Positionen, die über 5% hinaus geht, auf Verlangen ein neuer Preis nach Maßgabe des § 2 Nr. 7 VOB/B gebildet werden muss. Bei der Preisbildung ist das übernommene Mengenrisiko zu berücksichtigen.[607]

**Mangelhafte Vorleistungen:** Unwirksam ist auch eine Klausel, nach der der Auftragnehmer für die Beseitigung von Mängeln an den Vorleistungen anderer Unternehmer keine Vergütung erhält.[608]

**Nebenleistungen/Besondere Leistungen:** Nebenleistungen sind gemäß 4.1 DIN 18299 Leistungen, die auch ohne Erwähnung im Vertrag zur vertraglichen Leistung gehören und daher – wenn keine anderen Abreden getroffen sind – auch nicht gesondert zu vergüten sind. Besondere Leistungen gemäß 4.2 DIN 18299 sind alle Leistungen, die nicht Nebenleistungen gemäß Abschnitt 4.1 sind und nur dann zur vertraglichen Leistung gehören, wenn sie in der Leistungsbeschreibung besonders erwähnt sind. Zu den nicht vergütungspflichtigen Nebenleistungen gehören auch ohne ausdrückliche Erwähnung im Leistungsverzeichnis alle Leistungen, die zur Erbringung des vertraglich geschuldeten Erfolges notwendig sind. Mit dieser Begründung hat der BGH in seiner „Konsoltragegerüst-Entscheidung" dem Auftragnehmer daher einen zusätzlichen Vergütungsanspruch für die im Leistungsverzeichnis nicht erwähnte Anbringung von Gerüsten versagt, die zur Ausführung der Schalungsarbeiten an der Unterseite von Brückenkappen erforderlich waren.[609] Individualvertragliche Regelungen über die zusätzliche Vergütung notwendiger Nebenarbeiten oder die kostenlose Erbringung an sich vergütungspflichtiger besonderer Leistungen sind möglich. Die Parteien sind nicht gehindert, eine von der DIN 18299 abweichende Regelung zu treffen. Derartige Abreden gehen dann den Abrechnungsregeln in der jeweiligen DIN-Norm vor.[610] Bei der Beurteilung derartiger Regelungen in **Allgemeinen Geschäftsbedingungen** ist zu differenzieren: Nach § 307 BGB unwirk-

---

[603] BGH BauR 1997, 126; *Kapellmann/Schiffers* Band 2 Rdn. 272.

[604] *Kapellmann/Messerschmidt-Kapellmann* VOB/B § 2 Rdn. 244; OLG Düsseldorf BauR 2004, 506; *Kniffka* IBR-online-Kommentar zum Bauvertragsrecht Stand 10. 4. 2006 § 631 Rdn. 445; *Roquette/Paul* BauR 2004, 736, 739.

[605] OLG München BauR 1990, 776; *Heiermann/Riedl/Rusam* VOB/A § 9 Rdn. 6 a, 6 b; *Werner/Pastor* Rdn. 1196; *Kapellmann/Messerschmidt-Kapellmann* VOB/B § 2 Rdn. 244; *Kniffka* IBR-online-Kommentar zum Bauvertragsrecht Stand 4. 1. 2007 § 631 Rdn. 472.

[606] LG Berlin BauR 2003, 1905 (Olympiastadion); man kann allerdings darüber streiten, ob in dem zugrunde liegenden Fall das Kontaminationsrisiko wirklich genau genug beschrieben war; dazu *Wirth* BauR 2003, 1909.

[607] BGH BauR 2004, 78.

[608] *Ingenstau/Korbion/Keldungs* VOB/B § 2 Rdn. 5; dazu auch OLG Düsseldorf IBR 2004, 61.

[609] BGH BauR 2002, 935 = NZ Bau 2002, 324; dazu *Keldungs* BauR 2002, 1247, *Quack* BauR 2002, 1248, BauR 2003, 26, ZfBR 2003, 315 und ZfBR 2005, 427; *Asam* BauR 2002, 1248; *Motzke* NZBau 2002, 641, 644; *Schwenker* IBR 2003, 289; *Turner* ZfBR 2003, 511; *Moufang/Klein* Jahrbuch Baurecht 2004, 31; *Markus* Jahrbuch Baurecht 2004, 1; *Kapellmann* NJW 2005, 182.

[610] Vgl. BGH NZBau 2004, 500 m. w. N.

*Jansen*

sam sind zunächst alle Klauseln, die für das jeweilige Gewerk ungewöhnlich sind oder zu einem für den Vertragspartner nicht abschätzbaren Kostenrisiko führen. Im Übrigen ist zu unterscheiden, ob das Leistungsverzeichnis durch den Auftragnehmer oder durch den Auftraggeber erstellt worden ist. Hat der Auftragnehmer auf Grund eigener Planung das Leistungsverzeichnis selbst erstellt, ist eine Klausel in den AGB des Auftraggebers, nach der auch Besondere Leistungen zum Bausoll gehören und nicht gesondert zu vergüten sind, in der Regel zulässig und zwar sowohl bei einem Detail-Pauschalvertrag, als auch bei einem Einheitspreisvertrag.[611] Hat bei einem Detail-Pauschalvertrag der Auftraggeber die Ausführungsplanung/Leistungsverzeichnis erstellt, ist die in seinen AGB verwendete Klausel, nach der pauschal alle Besonderen Leistungen zum Bausoll gehören und nicht gesondert zu vergüten sind, unwirksam.[612] Bei einem Globalpauschalvertrag ist die Wirksamkeit der Klausel in den AGB des Auftraggebers, nach der Besondere Leistungen zum Bausoll gehören, dagegen in der Regel zu bejahen; anders verhält es sich aber dann, wenn die Besonderen Leistungen zu einem Bereich gehören, für den der Auftraggeber eine Detailregelung vorgegeben hat.[613] Letztlich gilt also auch hier: Risikozuweisungen sind immer eine Frage der Vertragsauslegung.[614]

**Pauschalierungsklausel:** Darunter sind klauselmäßige Leistungsnebenabreden zu verstehen, die über die individuelle Vereinbarung hinaus den Leistungsumfang pauschalieren.[615] Insoweit wird auf die Ausführungen zu Komplettheitsklauseln verwiesen.

## 2. Vergütungsregelnde Klauseln

**240** Vielfach versuchen die Vertragsparteien aber auch, durch eine entsprechende Vertragsgestaltung unmittelbar Einfluss zu nehmen auf die Berechnung, Fälligkeit bzw. Durchsetzbarkeit der Werklohnforderung.

**Aufrechnungsverbot:** Grundsätzlich unzulässig ist der Ausschluss der Aufrechnung mit unbestrittenen oder rechtskräftig festgestellten Forderungen, §§ 11 Nr. 3 AGBG, 309 Nr. 3 BGB n. F. Dasselbe gilt, wenn die bestrittene Gegenforderung zur Endentscheidung reif ist.[616] Das gilt auch unter Kaufleuten.[617]

Probleme bereitet die Behandlung weitergehender Aufrechnungsverbote. Der BGH hat seine feinsinnige Rechtsprechung zur **Abgrenzung der Aufrechnung von der Verrechnung**,[618] mit der als unbillig empfundene Aufrechnungsverbote ausgehebelt werden sollten,[619] nunmehr ausdrücklich aufgegeben und klargestellt, dass das Gesetz eine Verrechnung des Werklohns mit einem Anspruch wegen Schlecht- oder Nichterfüllung bei fortbestehendem Vertrag überhaupt nicht vorsehe; allerdings sei stets sorgfältig zu prüfen, inwieweit Aufrechnungsverbote den zur Entscheidung stehenden Fall erfassen, einschränkend nach Sinn und Zweck der jeweils getroffenen Regelung auszulegen oder, z. Bspl. mit Rücksicht auf § 11 Nr. 3 AGBG, § 309 Nr. 3 BGB n. F. oder auf § 9 Abs. 1 AGBG, 307 Abs. 1 BGB n. F., wirksam vereinbart seien.[620] Dem ist uneingeschränkt zuzustimmen. Der BGH stellt aber ausdrücklich klar, dass er an der Begründung der Entscheidungen, aus denen das Institut der Verrechnung hergeleitet worden ist, nicht festhält, er diese Entscheidungen im Ergebnis aber weiter trägt. Das bedeutet, dass im Einzelfall sorgfältig

---

[611] *Kapellmann/Schiffers* Band 2 Rdn. 281.
[612] *Kapellmann/Schiffers* Band 2 Rdn. 280; von *Westphalen/Motzke* Vertragsrecht und AGB-Klauselwerke, Subunternehmervertrag Rdn. 103; *Kapellmann/Messerschmidt-Kapellmann* VOB/B § 2 Rdn. 86.
[613] *Kapellmann/Schiffers* Band 2 Rdn. 549.
[614] *Kniffka* IBR-online-Kommentar zum Bauvertragsrecht Stand 4. 1. 2007 § 631 Rdn. 464.
[615] Dazu *Kniffka* IBR-online-Kommentar zum Bauvertragsrecht Stand 4. 1. 2007 § 631 Rdn. 472.
[616] BGH WM 1978, 620; OLG Düsseldorf NJW-RR 1997, 757; *Palandt/Heinrichs* § 309 Rdn. 17.
[617] BGH Z 92, 316; BGH NJW 1984, 2405; *Werner/Pastor* Rdn. 2574 m. w. N.
[618] BGH BauR 1978, 224 und auch noch 2001, 1928.
[619] *Kniffka* IBR-online-Kommentar zum Bauvertragsrecht Stand 4. 1. 2007 § 631 Rdn. 508.
[620] BGH BauR 2005, 1477; dazu grundlegend Kniffka IBR-online-Kommentar zum Bauvertragsrecht Stand 4. 1. 2007 § 631 Rdn. 508 ff. und *Kessen* BauR 2005, 1691.

H. Vergütungsregelungen in Allgemeinen Geschäftsbedingungen **Vor § 2**

zu prüfen ist, ob ein gesetzliches oder individualvertraglich vereinbartes Aufrechnungsverbot die zur Entscheidung stehende Fallgestaltung überhaupt erfasst oder ob das nicht der Fall ist, weil es nach Sinn und Zweck einschränkend ausgelegt werden muss. Die einschränkende Auslegung eines solchen Aufrechnungsverbotes kann ergeben, dass die Aufrechnung mit solchen Ansprüchen nicht ausgeschlossen sein soll, die in einem besonders engen synallagmatischen Verhältnis zu der geltend gemachten Werklohnforderung stehen. Das wird man – jedenfalls deutet der BGH das an – annehmen können, wenn dem Werklohnanspruch eine Gegenforderung auf Ersatz des durch die Mangelbeseitigung bzw. Fertigstellung entstandenen Schadens entgegen gehalten wird. Es wäre nämlich unangemessen, wenn der Auftraggeber eine mangelhafte oder unfertige Leistung in vollem Umfang vergüten müsste, obwohl ihm Gegenansprüche in Höhe der Mangelbeseitigungs- oder Fertigstellungskosten zustehen. Schließlich könnte er wegen der Mängel auch mindern, ohne dass dem Minderungsbegehren ein Aufrechnungsverbot entgegengehalten werden könnte. Diese enge synallagmatische Verbundenheit, die eine einschränkende Auslegung des Aufrechnungsverbots rechtfertigen kann, erfasst aber nur die Ansprüche auf Ersatz der Kosten der Mangelbeseitigung bzw. der Fertigstellung. Andere mangelbedingte Ansprüche sind mit dem Vergütungsanspruch nicht so eng verbunden, dass mit ihnen die Aufrechnung trotz eines entgegen stehenden Aufrechnungsverbotes zugelassen werden müsste. Im Ergebnis sind gesetzliche und individualvertraglich vereinbarte Aufrechnungsverbote daher einschränkend dahin auszulegen, dass sie eine Aufrechnung gegen die Vergütungsforderung mit einem Anspruch auf Ersatz von Mangelbeseitigungs- oder Fertigstellungskosten nicht ausschließen.[621] Aufrechnungsverbote in AGB, durch die die Aufrechnung gegen die Werklohnforderung mit einem Anspruch auf Ersatz von Mangelbeseitigungs- bzw. Fertigstellungskosten ausgeschlossen wird, sind einer solchen einschränkenden Auslegung in der Regel nicht zugänglich.[622] Sie führen zu einer unangemessenen Benachteiligung des Auftraggebers und sind daher gemäß § 307 Abs. 1 BGB unwirksam.[623] Das dürfte im Prinzip auch im Geschäftsverkehr zwischen Kaufleuten/§ 310 Abs. 1 BGB gelten, wenngleich hier die Rechtslage noch nicht abschließend geklärt ist.[624] Wichtig ist aber, dass derartige Klauseln nicht nur an § 309 Nr. 3 BGB n. F., sondern auch an § 307 Abs. 1 BGB n. F. zu messen sind. Die häufig verwendete Klausel:

Gegen Zahlungsansprüche des Unternehmers kann der Besteller nur mit unbestrittenen oder rechtskräftig festgestellten Ansprüchen aufrechnen"

genügt zwar den Anforderungen des § 309 Nr. 3 BGB, sie ist aber gemäß § 307 Abs. 1 BGB unwirksam. Das gilt umso mehr, als die Klausel auch nach früherer Rechtsprechung des BGH einer Überprüfung wegen Verstoßes gegen das Transparenzgebot des § 307 Abs. 1 S. 2 BGB n. F. nicht standgehalten hätte.[625]

Verlangt der Auftraggeber hingegen großen Schadensersatz, entsteht ein Abwicklungsverhältnis, in dem die beiderseitigen Forderungen lediglich verrechenbare Rechnungsposten darstellen. Dabei dürfte es auch nach der Änderung in der Rechtsprechung des BGH bleiben.[626]

Auch der wirksame Aufrechnungsausschluss hindert den Auftraggeber im Übrigen nicht daran, die Gegenforderung im Wege der **Hilfswiderklage** geltend zu machen.

**Ausschlussregelungen:** Eine vom Auftraggeber gestellte Klausel, nach der jegliche Nachforderungen ausgeschlossen sind, wenn sie nicht auf schriftlichen Zusatz- und Nachtrags-

---

[621] So zu Recht *Kessen* a. a. O; ebenso *Kniffka* a. a. O.
[622] Dazu aber *Kniffka* IBR-online-Kommentar zum Bauvertragsrecht Stand 4. 1. 2007 § 631 Rdn. 508 ff., der es für jedenfalls nicht ausgeschlossen hält, Aufrechnungsverbote in AGB einschränkend dahin auszulegen, dass sie Mängelansprüche nicht erfassen, die zur Herstellung der vertraglichen Leistung dienen.
[623] So auch *Kniffka* a. a. O., falls man eine einschränkende Auslegung ablehnt.
[624] *Kniffka* a. a. O.
[625] So jedenfalls *Kessen* a. a. O.
[626] Darauf deuten jedenfalls die Ausführungen von *Kniffka* in IBR-online-Kommentar zum Bauvertragsrecht Stand 4. 1. 2007 § 631 Rdn. 508 ff. hin.

aufträgen des Auftraggebers beruhen, benachteiligt den Auftragnehmer unangemessen und ist gemäß § 9 AGBG/§ 307 BGB unwirksam.[627] Unwirksam ist auch eine Klausel, nach der der Anspruch aus der Ausführung von Stundenlohnarbeiten erlischt, wenn die Stundennachweise nicht innerhalb einer Woche vorgelegt werden.[628]

**Centklausel:** siehe Gleitklausel

**Fälligkeitsregelungen:** Vertragsbedingungen, durch die die Abnahme/Fälligkeit unangemessen hinausgeschoben wird, sind unwirksam.[629] Unwirksam ist insbesondere eine Regelung, nach der 5% der Vergütung oder mehr erst 60 Monate nach Abnahme fällig wird.[630] Als unwirksam angesehen wurde auch die Klausel eines Fensterherstellers, nach der 80% der Vergütung schon bei Auslieferung zu zahlen war.[631] Unwirksam ist andererseits aber auch eine Fälligkeitsbestimmung in AGB des Auftraggebers, nach der alle Zahlungen innerhalb von 90 Tagen zu erfolgen haben.[632] Auch die Regelung in § 16 Nr. 3 Abs. 1 VOB/B, nach der die Schlussrechnung 2 Monate nach Vorlage fällig wird, dürfte einer isolierten Inhaltskontrolle wegen Verstoßes gegen § 307 Abs. 1 BGB n. F. nicht standhalten.[633]

Unwirksam ist auch eine Klausel in AGB des Hauptunternehmers, in der die Fälligkeit der Vergütung des Nachunternehmers davon abhängig gemacht wird, wann der Besteller des Hauptunternehmers zahlt.[634]

**Festpreisklausel:** Derartige Klauseln sind grundsätzlich unbedenklich, weil sie nur die gesetzliche Regelung wiedergeben, nach der sämtliche Preise ihrer Natur nach grundsätzlich Festpreise sind. Die Festpreisklausel darf aber keine Tatbestände enthalten, durch die nach der gesetzlichen Regelung eigentlich gegebene Mehrvergütungsansprüche ausgeschlossen werden.[635] Im Übrigen wird auf die nachfolgenden Ausführungen zu Gleitklauseln verwiesen.

**Gleitklauseln:** Der vereinbarte Preis ist – gleichgültig ob Einheitspreis, Pauschalpreis oder vereinbarter Stundenlohn – immer ein Festpreis. Will der Auftragnehmer sich eine Anpassung des Preises nach Vertragsschluss vorbehalten, kann er das durch Vereinbarung einer Gleitklausel sicherstellen. Dabei ist zwischen **Lohngleitklauseln** und **Materialpreisgleitklauseln** zu unterscheiden. Lohngleitklauseln finden sich in Form der **Prozentklausel** oder der **Pfennigklausel**. Bei der **Prozentklausel = Centklausel** erhöht sich bei einer Lohnerhöhung um x % ab dem Lohnerhöhungsstichtag der Einheitspreis um einen vertraglich vereinbarten Satz. Bei der **Pfennigklausel** ist Ausgangsbasis für die Vergütung von Lohnmehrkosten die Änderung des jeweils maßgebenden Lohns in Cent pro Stunde.[636] Wegen der weiteren Einzelheiten wird auf die Ausführungen zu § 15 VOB/A verwiesen. Eine Lohngleitklausel in Form einer so genannten Pfennigklausel bedarf als Kostenelementeklausel keiner Genehmigung nach § 3 WährG, wenn sich grundsätzlich nur die entstehenden Lohnkostenveränderungen auf den Werklohn auswirken. **Materialgleitklauseln** können vereinbart werden für konkrete Baustoffe, zu denen bestimmte Preise angegeben werden müssen.[637] Grundsätzlich gilt nämlich, dass alle Preisgleitklauseln nur dann wirksam sind, wenn sie klar erkennen lassen, unter welchen Voraussetzungen der vereinbarte Preis abgeändert werden soll und was dann an Stelle dieses Preises geschuldet sein soll.[638]

---

[627] BGH BauR 2004, 488 = NZBau 2004, 146 = IBR 2004, 125 mit Anm. *Schulze-Hagen*.
[628] OLG Düsseldorf NJW-RR 1997, 784.
[629] BGHZ 107, 75; 131, 92; NJW 1997, 394; KG MDR 1999, 863.
[630] OLG Hamm NJW-RR 1988, 726; OLG München NJW-RR 1996, 534.
[631] OLG Zweibrücken NJW-RR 2002, 274.
[632] OLG Köln NZBau 2006, 317.
[633] OLG München IBR 1995, 8; OLG Bamberg MDR 2001, 927.
[634] *Kniffka* IBR-online-Kommentar zum Bauvertragsrecht Stand 4. 1. 2007 § 631 Rdn. 488 m. w. N.
[635] *Kniffka* a. a. O. Rdn. 264.
[636] *Kapellmann/Messerschmidt/Kapellmann* VOB/B § 2 Rdn. 7.
[637] Dazu *Kapellmann/Messerschmidt/Kapellmann* VOB/B § 2 Rdn. 7.
[638] OLG Köln BauR 1995, 112.

## H. Vergütungsregelungen in Allgemeinen Geschäftsbedingungen  Vor § 2

Besondere Probleme bietet die Verwendung von Preisgleitklauseln bei öffentlichen Auftragsvergaben.[639]

**Höchstpreisklausel:** Die Klausel in den AGB des Auftraggebers in einem Einheitspreisvertrag:

„Auch bei einem Einheitspreisvertrag ist die Auftragssumme limitiert"

ist überraschend und wird daher nicht Vertragsbestandteil.[640]

**Materialpreisgleitklausel:** siehe Gleitklauseln

**Pfennigklausel:** siehe Gleitklauseln

**Preisbestimmungsrecht:** Bei der Vereinbarung eines Pauschalpreises ist eine Bestimmung in den AGB, wonach der Auftraggeber den Preis nach Billigkeit in Relation zu den Vertragspreisen festsetzen kann, wenn einzelne Positionen entfallen, unwirksam.[641] Ebenso wenig kann sich der Auftraggeber einseitig die verbindliche Bestimmung der Höhe der Vergütung des Auftragnehmers vorbehalten.[642]

**Preis- und Kalkulationsirrtum:** Der Ausschluss aller Rechte wegen eines Preis- oder Kalkulationsirrtums stellt eine unangemessene Benachteiligung des Vertragspartners dar.[643]

**Prozentklausel:** siehe Gleitklauseln

**Rechnungsprüfungsfrist:** Unwirksam ist eine Vertragsklausel, in der sich der Auftraggeber eine Rechnungsprüfungsfrist von 3 Monaten vorbehält.[644] Im Übrigen wird auf die Rechtsprechung zu Fälligkeitsregelungen verwiesen.

**Sicherungseinbehalt:** Eine Vertragsklausel, die vorsieht, dass ein Sicherungseinbehalt von 5% für fünf Jahre nur durch Bürgschaft auf erstes Anfordern abgelöst werden kann, stellt eine unangemessene Benachteiligung des Vertragspartners dar.[645] Unwirksam ist auch ein unbefristeter Sicherungseinbehalt von 5%, der durch eine Gewährleistungsbürgschaft abgelöst werden kann, deren Laufzeit der Auftraggeber bestimmt.[646]

**Schriftformklausel:** Mit Schriftformklauseln wollen Auftraggeber häufig die Bezahlung von Zusatzaufträgen oder zusätzlichen Leistungen davon abhängig machen, dass eine schriftliche Vereinbarung über die Vertragsänderung getroffen wird. Das ist im Prinzip nicht unzulässig. Schriftformklauseln sind aber dann unwirksam, wenn sie dazu bestimmt sind, eine nach Vertragsschluss getroffene mündliche Individualabrede zu unterlaufen.[647] Wirksam sind Schriftformklauseln hingegen, wenn der Auftraggeber die Einhaltung der Schriftform für Anordnungen oder Aufträge verlangt, die von den für ihn handelnden Personen – etwa dem Bauleiter – erteilt werden. Er hat nämlich ein berechtigtes Interesse daran, die Kontrolle über die in seinem Namen erteilten Aufträge zu behalten.[648] Unwirksam sind Schriftformklauseln, die jeden Vergütungsanspruch versagen, wenn eine schriftliche Vereinbarung nicht wirksam zustande gekommen ist. Der Ausschluss selbst der Ansprüche aus GoA, § 812 BGB oder § 2 Nr. 8 VOB/B benachteiligt den Auftragnehmer nämlich unangemessen.[649] Die Klausel in AGB des Auftraggebers:

„Zusätzliche Leistungen werden nur nach schriftlich erteiltem Auftrag bezahlt"

ist daher unwirksam.[650]

---

[639] *Gabriel/Schulz* ZfBR 2007, 448.
[640] BGH NZBau 2005, 148.
[641] OLG Frankfurt NJW-RR 1998, 311.
[642] OLG Düsseldorf BauR 1981, 293 und 1983, 470.
[643] BGH NJW 1983, 1671.
[644] OLG München NJW-RR 1990, 1358.
[645] BGH Z 136, 27; NJW 2000, 1863; 2001, 1857; 2002, 1311.
[646] BGH NJW 2003, 2605.
[647] *Kniffka* IBR-online-Kommentar zum Bauvertragsrecht Stand 4. 1. 2007 § 631 Rdn. 479 ff. m. w. N.
[648] *Kniffka* a. a. O. m. w. N.
[649] *Kniffka* a. a. O. m. w. N.
[650] BGH NZBau 2004, 146 = BauR 2004, 488; BGH NZBau 2005, 148.

**Zahlungsfrist:** Unwirksam ist eine Klausel, die für den Besteller eine Zahlungsfrist von 1 Monat vorsieht.[651]

**Zurückbehaltungsrecht:** Eine Klausel, die das Zurückbehaltungs- und Leistungsverweigerungsrecht des Bestellers ohne Einschränkung ausschließt, hält der Inhaltskontrolle nicht stand.[652]

## I. Abtretung des Vergütungsanspruchs

241   Die Abtretung des Vergütungsanspruchs richtet sich nach §§ 398 ff. BGB. Danach kann eine Forderung vom Gläubiger durch Vertrag mit einem anderen auf diesen übertragen werden. Mit dem Abschluss des Vertrages tritt der neue Gläubiger an die Stelle des bisherigen Gläubigers. Die Abtretung als solche stellt ein Verfügungsgeschäft dar und ist von dem schuldrechtlichen Grundgeschäft – Kauf, Geschäftsbesorgung, Sicherungsabrede – zu unterscheiden. Die Abtretung ist grundsätzlich formfrei möglich. Formbedürftig ist sie aber, wenn sie in Zusammenhang steht mit einem formbedürftigen Rechtsgeschäft, etwa einer Vereinbarung im Sinne von § 311 b BGB.

### I. Zulässigkeit der Abtretung

242   Die Abtretung des Vergütungsanspruchs ist grundsätzlich zulässig. Das gilt auch dann, wenn sie keinen besonderen wirtschaftlichen Hintergrund hat, sondern dem alleinigen Zweck dient, den Zedenten in einem bevorstehenden Prozess zum Zeugen zu machen, etwa bei Abtretung des Auftragnehmers an seine Ehefrau als „prozesstaktischen Gründen".[653] Dies ist auch keine bloße Einziehungsermächtigung, sondern fiduziarische Übertragung des Vollrechts.[654] Nicht abtretbar sind allerdings unselbstständige Aktivpositionen einer saldierten Gesamtabrechnung.[655] Die Abtretung „aller Ansprüche aus dem Bauvertrag" erfasst auch Zusatzaufträge und Vergütungsansprüche aus auftragslosen Leistungen.[656]

### II. Gesetzliche Einschränkungen der Abtretbarkeit

243   Ausnahmsweise kann die Abtretung jedoch **gegen Treu und Glauben** verstoßen, z. B. wenn der Zedent einen Teil der Forderung bereits **eingeklagt** hat, den Rest dann abtritt und den Schuldner dadurch zwingt, sich insoweit in einem weiteren Rechtsstreit zu verteidigen.[657] Unzulässig kann es auch sein, wenn ein Generalunternehmer oder Baubetreuer für den Fall der Nichtzahlung seines Auftraggebers seine Ansprüche gegen diesen an Auftragnehmer/Nachunternehmer **„an Zahlung statt"** abtritt und diese damit direkt an den zahlungsunwilligen oder gar zahlungsunfähigen Auftraggeber verweist.[658]

Nach § 399 BGB kann eine Forderung nicht abgetreten werden, wenn die Leistung an einen anderen als den ursprünglichen Gläubiger nicht ohne **Veränderung ihres Inhalts** erfolgen kann. So können nach § 16 Nr. 2 VOB/B Vorauszahlungen vereinbart werden, die dann zweckgebunden sind und die Ausführung einer bestimmten (Teil-)Leistung sicher-

---

[651] OLG München NJW-RR 1989, 276.
[652] BGH NJW 1985, 319.
[653] OLG München BauR 1985, 209.
[654] OLG München a. a. O.
[655] BGH MDR 1999, 292 = BauR 1999, 251 = ZfBR 1999, 94.
[656] BGH MDR 2001, 1189.
[657] OLG Düsseldorf MDR 1981, 669.
[658] OLG Frankfurt NJW 1975, 1662.

H. Vergütungsregelungen in Allgemeinen Geschäftsbedingungen          **Vor § 2**

stellen sollen. Der Anspruch auf **Vorauszahlung** kann deshalb zwar an Baustofflieferanten oder Nachunternehmer abgetreten werden, die zu der betreffenden (Teil-)Leistung mit Material oder Arbeit beitragen, aber selbst dann nur in Höhe dieses Beitrags.[659] Eine weitergehende Abtretung, erst recht eine solche an unbeteiligte Dritte, ist unzulässig, womit gem. § 851 Abs. 1 ZPO zugleich eine materiell-rechtliche Unpfändbarkeit begründet ist, auf die sich auch der Auftraggeber als Drittschuldner berufen kann.[660] Gleiches gilt für **Baugeld** im Sinne des GSB, das ebenfalls zweckgebunden ist. Der Anspruch darauf kann deshalb nicht an bauunbeteiligte Dritte abgetreten werden und unterliegt auch nicht dem in den AGB der Banken und Sparkassen vorgesehenen **Pfandrecht** der Kreditinstitute, wenn und soweit diesen die Baugeldeigenschaft bekannt war.[661] Ohne weiteres abtretbar sind hingegen Ansprüche auf Leistung von **Abschlagszahlungen**.[662]

### III. Vertragliche Abreden

#### 1. Verlängerter Eigentumsvorbehalt

Beim verlängerten Eigentumsvorbehalt ist der Verkäufer damit einverstanden, dass der   244
Käufer die Sache im Rahmen seines **Geschäftsbetriebes** weiterveräußert. Als Ersatz für den Eigentumsvorbehalt, der hierdurch untergeht, wird der Anspruch auf den **Weiterverkaufserlös** im Voraus abgetreten. Im Baubereich, wo der verlängerte Eigentumsvorbehalt insbesondere beim **Baustoffhandel** weit verbreitet ist, tritt an die Stelle des Einverständnisses des Verkäufers mit der Weiterveräußerung das Einverständnis mit der **Weiterverarbeitung,** durch die der Eigentumsvorbehalt in gleicher Weise untergeht. Deshalb wird der Verkäufer/Baustofflieferant hier durch **Vorausabtretung** des (anteiligen) Weiterverarbeitungserlöses gesichert.[663]

Der zum Teil vertretenen Ansicht,[664] dass beim Werkvertrag Ansprüche auf Grund   245
verlängerten Eigentumsvorbehalts nicht begründet werden könnten, weil dessen Anwendungsbereich sich auf Kauf- und Werklieferungsverträge über vertretbare Sachen beschränke, kann deshalb nicht uneingeschränkt gefolgt werden. Der verlängerte Eigentumsvorbehalt muss lediglich ausreichend **bestimmbar** sein und den genauen Umfang der Vorausabtretung des Weiterverarbeitungserlöses erkennen lassen.[665] Der BGH[666] hat einen wirksamen verlängerten Eigentumsvorbehalt jedenfalls dann angenommen, wenn zusätzlich vereinbart war, dass der Auftragnehmer (als Käufer) dem Auftraggeber die gelieferten und eingebauten Baustoffe gesondert in Rechnung zu stellen habe. In der Praxis wird das aber nur selten der Fall sein.

#### 2. Globalzession/Übersicherung

Die Abtretung der Vergütungsforderung kann auch im Rahmen einer Globalzession oder einer anderweitigen weitreichenden Sicherungsabrede vereinbart werden.

Eine an sich zulässige[667] **Globalzession** – Abtretung aller künftigen Forderungen aus dem Geschäftsbetrieb – ist aber sittenwidrig, wenn sie zu einer Täuschung und Gefährdung späterer Gläubiger führt und die Parteien dies in Kauf genommen haben.[668] Bei einem

---

[659] Zur Vorausabtretung des Werklohns eines Bauunternehmers an den Baustofflieferanten LG Tübingen MDR 1991, 248 = BauR 1991, 385 L.
[660] BGH BauR 1978, 499 (für Vorschüsse auf Architektenhonorar).
[661] BGH NJW 1988, 263 = BauR 1988, 107 = ZfBR 1988, 20.
[662] *Kapellmann/Messerschmidt-Messerschmidt* VOB/B § 16 Rdn. 93.
[663] Vgl. *Palandt/Putzo* § 449 Rdn. 18.
[664] *Ingenstau/Korbion/Keldungs* VOB/B § 2 Rdn. 72.
[665] BGHZ 26, 178 = NJW 1958, 417; *Palandt/Putzo* § 449 Rdn. 17, 18.
[666] BB 1959, 355 = Betr 1959, 430 = *Schäfer/Finnern* Z 2332 Bl. 25.
[667] *Palandt/Heinrichs* § 138 Rdn. 77, 97.
[668] BGH DB 1977, 949; *Palandt/Heinrichs* § 138 Rdn. 77 m.w.N.

Konflikt zwischen Globalzession und verlängertem Eigentumsvorbehalt ist – sofern beide wirksam vereinbart sind – vom Grundsatz der Priorität auszugehen.[669]

246 Auch eine erhebliche anfängliche **Übersicherung** kann zur Sittenwidrigkeit der Abtretung gemäß § 138 BGB führen.[670] Das wird aber nur in Ausnahmefällen der Fall sein. Bei der Sicherungsabtretung von Forderungen wird man nämlich nicht ohne weiteres auf die auf die für die Sicherungsübereignung von Warenlagern entwickelten Grundsätze zurückgreifen können.[671] Hier kommt es vielmehr auf die Werthaltigkeit der übertragenen Forderungen an. Die Abtretung von Forderungen in Höhe von 5,8 Mio DM zur Sicherung eines Kredits von 1,1 Mio DM ist daher nicht sittenwidrig, wenn die Quote der ausfallenden Forderungen möglicherweise deutlich über 50% liegt.[672] Die bei revolvierenden Sicherheiten mögliche nachträgliche Übersicherung lässt die Wirksamkeit der Abtretung unberührt, begründet aber ggf. einen Freigabeanspruch.[673] Auch hier kommt es aber entscheidend auf die Werthaltigkeit der übertragenen Forderungen an.

### 3. Ausschluss oder Beschränkung der Abtretbarkeit durch Parteivereinbarung

247 Gem. § 399 BGB kann eine Forderung nicht abgetreten werden, wenn die Abtretung durch Vereinbarung mit dem Schuldner ausgeschlossen ist.

248 **a) Abtretungsverbot.** Abtretungsverbote sind auch in AGB grundsätzlich zulässig,[674] auch wenn dadurch der Auftragnehmer gehindert wird, seinen Vergütungsanspruch als **Sicherungsmittel** zur Finanzierung von Baustofflieferungen oder Nachunternehmerleistungen zu benutzen. Denn vorrangig ist in diesem Fall das Interesse des Auftraggebers, die Werklohnforderung im Wege des Zurückbehaltungsrechts als **Druckmittel** für berechtigte Mängelbeseitigungsansprüche gegen den Auftragnehmer verwenden zu können und sich nicht statt des Auftragnehmers mit einem oder mehreren Abtretungsempfängern auseinandersetzen zu müssen.[675] Eine trotz Abtretungsverbots vorgenommene Abtretung ist daher gegenüber jedermann unwirksam,[676] auch gegenüber dem Konkursverwalter über das Vermögen des Auftragnehmers.[677]

249 Vertraglich vereinbarte Abtretungsverbote können aber nach **§ 354 a HGB**[678] unwirksam sein. Danach kann die Abtretung einer Geldforderung nicht vertraglich ausgeschlossen werden, wenn das zugrunde liegende Rechtsgeschäft für beide Teile ein **Handelsgeschäft** ist. Das Gleiche gilt, wenn der Schuldner eine **juristische Person des öffentlichen Rechts oder ein öffentlich-rechtliches Sondervermögen** ist. Die Vorschrift ist zwingend, § 354 a Satz 3 HGB. Damit sind insbesondere im Rahmen öffentlicher Vergabe durchgesetzte Aufrechnungsverbote unbeachtlich, die Abtretung ist wirksam. Der Schuldner ist aber nach § 354 a Satz 2 HGB nicht gehindert, mit befreiender Wirkung an den bisherigen Gläubiger zu leisten. Eine entsprechende Anwendung des § 354 a HGB auf Rechtsgeschäfte, die nicht für beide Vertragspartner ein Handelsgeschäft darstellen, ist aber nicht möglich.[679]

250 **b) Abtretung nur mit Zustimmung des Auftraggebers.** Einem Abtretungsverbot steht es gleich, wenn die Wirksamkeit der Abtretung von der Zustimmung des Auftraggebers abhängen soll, wie dies vielfach in den Vertragsbedingungen der **öffentlichen Hand** vorgesehen ist. In einem solchen Fall gilt das Vorgesagte entsprechend.

---

[669] *Palandt/Heinrichs* § 398 Rdn. 24.
[670] BGH NJW 1998, 2047; OLG Hamm WM 2002, 451.
[671] Dazu BGH Z 137, 212; *Ganter* WM 2001, 1; OLG Hamm WM 2002, 451.
[672] BGH BB 2003, 1528.
[673] *Palandt/Heinrichs* § 138 Rdn. 97.
[674] BGH BauR 2007, 373.
[675] BGH a. a. O.
[676] BGHZ 40, 156 = NJW 1964, 243.
[677] BGHZ 56, 228 = NJW 1971, 1750.
[678] Eingefügt durch das Gesetz zur Änderung des DM-Bilanzgesetzes und anderer handelsrechtlicher Bestimmungen vom 25. 7. 1994 BGBL. I S. 1682 ff.
[679] BGH BauR 2007, 373.

J. Sicherung des Vergütungsanspruchs    Vor § 2

Eine ohne Zustimmung des Auftraggebers vorgenommene Abtretung ist **schwebend** 251
**unwirksam** und wird durch Verweigerung der Zustimmung endgültig unwirksam. Sie kann aber auch durch Genehmigung (nachträgliche Zustimmung) wirksam werden.[680]
Die Verweigerung der Genehmigung kann im Einzelfall aber unbillig sein.[681]

Nach § 184 Abs. 1 BGB wirkt die nachträgliche Zustimmung (Genehmigung) auf den 252
Zeitpunkt der Vornahme des Rechtsgeschäfts zurück, doch werden nach Absatz 2 durch die Rückwirkung nicht solche **Zwischenverfügungen** unwirksam, die vor der Genehmigung über den Gegenstand des Rechtsgeschäfts von dem Genehmigenden getroffen worden oder im Wege der **Zwangsvollstreckung** erfolgt sind. Deshalb bleibt eine Forderungspfändung, die zwischen der (schwebend unwirksamen) Abtretung und deren Genehmigung von einem Gläubiger des Auftragnehmers ausgebracht worden ist, wirksam.

Erst recht gilt das im Falle eines echten vertraglichen **Abtretungsverbots,** dessen „Ge- 253
nehmigung" schon deshalb nicht zurückwirken kann, weil sie keine nachträgliche Zustimmung zu einem schwebend unwirksamen Rechtsgeschäft im Sinne von § 184 Abs. 1 BGB darstellt, sondern das Einverständnis mit der **Aufhebung** des Abtretungsverbots.[682]

Ist die Abtretung des Vergütungsanspruchs nur mit Zustimmung des Auftraggebers 254
zulässig und verarbeitet der Auftragnehmer gleichwohl Baumaterialien, die er unter **verlängertem Eigentumsvorbehalt** erworben hat, so geht dieser Eigentumsvorbehalt wie beim vertraglich vereinbarten Abtretungsverbot mit der Weiterverarbeitung unter, weil die vereinbarte Zustimmungsbedürftigkeit der Abtretung gegenüber dem verlängerten Eigentumsvorbehalt Vorrang hat.[683] Der **Baustofflieferant** kann wegen des Eigentumsverlusts, der ihn hierdurch trifft, nur Ansprüche gegen den Auftragnehmer als seinen Vertragspartner geltend machen. Gegen den **Auftraggeber,** der lediglich den Einbau der Materialien duldet, stehen ihm **keine Ansprüche** zu, und zwar weder aus ungerechtfertigter Bereicherung (§§ 951, 812 BGB) noch aus unerlaubter Handlung (§ 823 BGB).[684]

## J. Sicherung des Vergütungsanspruchs

Das Risiko des Werkunternehmers besteht darin, dass ihn von Gesetzes wegen eine 255
Vorleistungspflicht trifft. Die Vergütung wird nach der gesetzlichen Regelung des § 641 Abs. 1 BGB erst bei Abnahme fällig, beim VOB-Vertrag muss noch die Erteilung und Prüfung der Schlussrechnung hinzukommen, § 16 Nr. 3 VOB/B. Dieses Vorleistungsrisiko wird dadurch gemindert, dass der Auftragnehmer nach § 632a BGB bzw. § 16 Nr. 1 VOB/B Abschlagszahlungen für erbrachte Leistungen verlangen kann, wenn die dafür erforderlichen Voraussetzungen gegeben sind. Erbringt der Auftraggeber geschuldete Abschlagszahlungen nicht, kann der Auftragnehmer die Fortsetzung der Arbeiten verweigern, §§ 320 BGB; 16 Nr. 5 Abs. 3 Satz 3 VOB/B. Daneben kann er – auch ohne fälligen Anspruch – ein Leistungsverweigerungsrecht geltend machen bei einer wesentlichen Verschlechterung in den Vermögensverhältnissen des Auftraggebers, § 321 BGB. Alle diese Sicherungsmittel schützen den Auftragnehmer aber nicht davor, mit seinen Vergütungsansprüchen für bereits erbrachte Leistungen auszufallen. Es verbleibt daher ein erhebliches Sicherungsbedürfnis. Das Gesetz sieht dafür verschiedene Sicherungsmöglichkeiten vor. So kommt für bereits **erbrachte Leistungen** – aber auch nur für diese[685] – ein Anspruch auf Eintragung einer Bauhandwerkersicherungshypothek gem. § 648 BGB in Betracht, der nach § 885 BGB durch Vormerkung im Wege einstweiliger Verfügung gesichert werden

---

[680] BGH NJW 1964, 243 und 1971, 1311; OLG Celle NJW 1968, 652.
[681] BGH BauR 2000, 569, 571 = NZBau 2000, 245.
[682] BGHZ 70, 229 = NJW 1978, 813.
[683] BGHZ 51, 113 = NJW 1969, 415; BGHZ 56, 173 = NJW 1971, 1311; BGHZ 56, 228 = NJW 1971, 1750; OLG Stuttgart BauR 1980, 580.
[684] BGHZ 56, 228 = NJW 1971, 1750.
[685] *Kniffka* IBR-online-Kommentar zum Bauvertragsrecht Stand 4. 1. 2007 § 648 Rdn. 6.

**Vor § 2**

kann. Weitere Sicherungsmöglichkeiten bietet das Gesetz zur Sicherung von Bauforderungen (GSB). Für **erbrachte** und **noch nicht erbrachte Leistungen,** d. h. erst noch zu erbringende (Vor-)Leistungen kann gemäß § 648 a BGB Sicherheitsleistung insbesondere durch Bankbürgschaft verlangt werden. Letztlich ist es dem Auftragnehmer unbenommen, mit dem Auftraggeber weitergehende Abreden über die Stellung einer Sicherheit zu treffen. Alle diese Möglichkeiten schützen den Auftragnehmer aber nur begrenzt vor dem Risiko der Insolvenz des Auftraggebers. In der Praxis scheut sich der wirtschaftlich unterlegene Subunternehmer häufig, Abschlagsforderungen geltend zu machen und durchzusetzen. Wenn er die Bauleistungen auf fremdem Grund erbracht hat, scheidet die Eintragung einer Sicherungshypothek aus. Die Einstellung der Arbeiten ist, wenn Streit über den Wert der erbrachten Leistungen und das Vorliegen und die Bewertung von Mängeln besteht, mit dem Risiko behaftet, dass sie letztlich unberechtigt erfolgt und der Auftragnehmer später hohen Ersatzforderungen ausgesetzt ist. Trotz dieser Unzulänglichkeiten sind die vom Gesetzgeber eingeräumten Sicherungsmöglichkeiten aber von erheblicher Bedeutung.

### I. Bauhandwerkersicherungshypothek, § 648 BGB

**256** Nach § 648 BGB[686] kann der Unternehmer eines Bauwerks oder einzelner Teile eines Bauwerks für seine Forderungen aus dem Vertrag die Einräumung einer Sicherungshypothek auf dem Grundstück des Bestellers verlangen.[687] Das gilt unstreitig auch beim VOB-Vertrag.[688] Dieses Sicherungsmittel ist auch nach Einführung des § 648 a BGB von erheblicher Bedeutung. Nach wie vor wird nämlich ein Großteil der Bauleistungen ungesichert erbracht, weil viele Auftragnehmer davon absehen, während der Bauphase eine Sicherheit nach § 648 a BGB zu verlangen. Kommt es dann nach Ausführung der Arbeiten zum Streit, stellt sich die Frage nach vorläufiger Sicherung der geltend gemachten Forderungen. In diesen Fällen kommt die Eintragung einer Sicherungshypothek nach § 648 BGB in Betracht, der darauf gerichtete Anspruch kann im Wege der einstweiligen Verfügung durch Eintragung einer Vormerkung gesichert werden. Es kann auf diesem Wege aber keineswegs jede Vergütungsforderung für Bauleistungen grundbuchlich abgesichert werden. Die durch § 648 BGB geschaffene Sicherungsmöglichkeit unterliegt vielmehr – wie die nachfolgenden Ausführungen zeigen – erheblichen Einschränkungen.[689]

#### 1. Kreis der Anspruchsberechtigten

**257** Anspruchsberechtigt ist nach § 648 BGB der **Unternehmer eines Bauwerks** oder einzelner Teile eines Bauwerks. Das darf einerseits nicht zu eng verstanden werden, deckt sich andererseits aber nicht in vollem Umfang mit dem Begriff der Leistung bzw. Bauleistung im Sinne von § 1 Nr. 1 VOB/B, weil darunter auch **Bauvorbereitungs- und Schutzmaßnahmen** fallen, die nicht in das Bauwerk eingehen und in ihm verbleiben. Sie wirken sich nicht im Sinne des § 648 BGB zugrunde liegenden **Mehrwertprinzips** werterhöhend für das Grundstück aus und sind deshalb nicht sicherungsfähig, wie z. B. isoliert in Auftrag

---

[686] Zur Reform der Bauhandwerkersicherung, die inzwischen durch das Bauhandwerkersicherungsgesetz und die Einführung des § 648 a BGB vollzogen ist, siehe Kohler KTS 1989, 45 ff.; *Mergel* BauR 1989, 559 ff.; *Quack* ZfBR 1990, 113 ff.; *Siegburg* BauR 1990, 647 ff. und *Sternberg* BauR 1988, 33 ff.

[687] Zur Bauhandwerkersicherungshypothek bei mehreren Grundstücken mit freistehenden Häusern OLG Köln NJW-RR 1994, 531; zur Bauhandwerkersicherungshypothek bei einem Bauvorhaben auf mehreren, verschiedenen Eigentümern gehörenden Grundstücken OLG Frankfurt BauR 1994, 253 m. N.

[688] *Siegburg* Bauhandwerksicherungshypothek S. 5 m. N.

[689] Aus dem jedoch keine Beschränkung des Sicherungsanspruchs auf den objektiv herbeigeführten Mehrwert abgeleitet werden darf; entscheidend kommt es vielmehr auf die Höhe des vertraglichen Zahlungsanspruchs an; dazu auch *Kniffka* in IBR-online-Kommentar zum Bauvertragsrecht Stand 4. 1. 2007 § 648 Rdn. 4 ff.

J. Sicherung des Vergütungsanspruchs **Vor § 2**

gegebene **Abbrucharbeiten.**[690] Nicht nach § 648 BGB sicherungsfähig sind generell Vergütungsansprüche aus der Ausführung von Arbeiten **am Grundstück** (anders aber nach § 648a BGB).

**a) Werkunternehmer.** Unternehmer eines Bauwerks oder einzelner Teile eines Bauwerks gem. § 648 BGB ist jeder Unternehmer, der auf Grund eines Werkvertrages tätig wird. Das gilt auch bei der Lieferung von Fertighäusern, wenn sie im Rahmen eines Werkvertrages erfolgt.[691] Dagegen sind bei einem Kauf-, Dienst- oder Werklieferungsvertrag nach § 651 BGB a. F.[692] keine Ansprüche aus § 648 BGB gegeben. Auch dem reinen Baustofflieferanten steht kein Anspruch auf Einräumung einer Sicherungshypothek zu.[693] 258

Außerdem muss der Werkvertrag wirksam sein, weil auf Grund eines unwirksamen (nichtigen oder angefochtenen) Werkvertrages wie auch für Ansprüche aus ungerechtfertigter Bereicherung (§§ 812 ff. BGB) keine Sicherung gem. § 648 BGB verlangt werden kann.[694] 259

Werkunternehmer im obigen Sinne ist hiernach auch der **Generalunternehmer,**[695] obwohl er die Arbeiten ganz, überwiegend oder teilweise von Nachunternehmern ausführen lässt, denn der Generalunternehmer steht zu seinem Auftraggeber in werkvertraglichen Beziehungen. Demgegenüber können die **Nachunternehmer** in Ermangelung solcher vertraglichen Beziehungen gegen den Auftraggeber des Generalunternehmers keine Ansprüche aus § 648 BGB stellen und gegen den Generalunternehmer schon deshalb nicht, weil dieser nicht Grundstückseigentümer ist. 260

Anspruchsberechtigt ist, wie der Wortlaut des § 648 BGB zeigt, aber nicht nur der Unternehmer des gesamten Bauwerks, sondern auch der **einzelner Teile** eines Bauwerks, der nur Teilleistungen im Sinne der einzelnen Gewerke erbringt,[696] also der Maurer, Zimmerer, Dachdecker, Installateur, Schreiner, Schlosser, Glaser, Fliesenleger usw.[697] 261

**aa) Arbeiten „bei Bauwerken".** Unternehmer eines Bauwerks oder einzelner Teile eines Bauwerks gem. § 648 BGB ist jeder, der Arbeiten „bei Bauwerken" im Sinne von § 638 BGB erbringt. Darunter fallen nach der üblichen Definition der Rechtsprechung alle Arbeiten, die der Herstellung, Erneuerung oder dem Bestand eines Gebäudes oder Gebäudeteiles dienen.[698] 262

Dazu zählen Hochbau- und Tiefbauarbeiten,[699] also auch **Erd-, Entwässerungs- und Drainagearbeiten,** wenn sie der Herstellung, Erneuerung oder den Bestand eines Gebäudes dienen, ebenso die Ausschachtung der Baugrube.[700] Derartige Arbeiten sind wegen des Zusammenhangs mit dem Bauwerk und der Zweckbestimmung für dieses keine Arbeiten „an einem Grundstück" im Sinne von § 638 BGB, wie man vom Wortlaut her annehmen könnte. Um solche handelt es sich nur, wenn kein Zusammenhang mit einem Bauwerk 263

---

[690] BGH NZBau 2005, 281; *Werner/Pastor* Rdn. 206 m. N.; *Ingenstau/Korbion/Joussen* Anhang 2 Rdn. 6; a. A. *Siegburg* Bauhandwerkersicherungshypothek S. 116 ff.
[691] Vgl. auch OLG Düsseldorf BauR 1982, 164; *Werner/Pastor* Rdn. 205.
[692] Nach der Neufassung durch das Schuldrechtsmodernisierungsgesetz gibt es das Institut des Werklieferungsvertrages nicht mehr, s. § 651 BGB n. F.; § 651 Abs. 1 Satz 2 BGB a. F. nahm die §§ 647, 648 BGB von der Verweisung aus.
[693] *Ingenstau/Korbion/Joussen* Anhang 2 Rdn. 8.
[694] *Heiermann/Riedl/Rusam* VOB/B § 17 Rdn. 101.
[695] BGH MDR 1951, 728; *Heiermann/Riedl/Rusam* VOB/B § 17 Rdn. 100; *Ingenstau/Korbion/Joussen* Anhang 2 Rdn. 11; das gilt allerdings nicht, wenn der Generalunternehmer im Zeitpunkt der Antragstellung lediglich Planungsleistungen erbracht hat, So zu Recht Kniffka in IBR-online-Kommentar zum Bauvertragsrecht Stand 4. 1. 2007 § 648 Rdn. 16 unter Hinweis auf OLG Hamm BauR 2000, 1087.
[696] BGHZ 19, 319 = NJW 1956, 1195; BGHZ 68, 208 = NJW 1977, 1146 = BauR 1977, 203.
[697] *Heiermann/Riedl/Rusam* VOB/B § 17 Rdn. 100; *Werner/Pastor* Rdn. 202.
[698] BGHZ 53, 43 = NJW 1970, 419 = BauR 1970, 45; BGH BauR 1970, 47; NJW 1970, 942 = BauR 1970, 106; BGH NZBau 2005, 281; *Kniffka* in IBR-online-Kommentar zum Bauvertragsrecht Stand 24. 10. 2006 § 648 Rdn. 11.
[699] BGHZ 32, 206 = NJW 1960, 1198.
[700] BGHZ 68, 208 = NJW 1977, 1146 = BauR 1977, 203.

besteht, z. B. bei Erd- und Rohrverlegungsarbeiten im freien Gelände, Aufschüttungsarbeiten, Dammbauten oder Straßenböschungen.

**264** Zu den Arbeiten „bei Bauwerken" im Sinne von § 638 BGB zählen weiter **Baureinigungsarbeiten**[701] und **Bauaustrocknungsarbeiten.**[702] Umstritten ist dies für **Gerüstbauarbeiten,**[703] die zwar auch der Herstellung, Erneuerung oder dem Bestand des Gebäudes dienen (können) und in der DIN 18451 der VOB/C als Bauleistung geregelt sind. Dennoch sind Gerüste aber nur Bauhilfsmittel, die anschließend wieder entfernt werden und nicht werterhöhend in das Grundstück eingehen.[704] Demgemäß wird auch angenommen, dass sich die Gerüstgestellung nicht nach Werkvertragsrecht, sondern nach Mietrecht richtet und Auf- und Abbau lediglich Nebenpflichten sind.[705] Dagegen hat das OLG Hamburg[706] einen Anspruch nach § 648 BGB (und § 1 GSB) auch bei Gerüstbauarbeiten bejaht, wenn diese als Vorbereitungs- und Hilfsarbeiten Teil des Bauvertrages sind und die anschließende Bauerrichtung unter Zuhilfenahme der Gerüste erfolgt, so dass eine entsprechende Wertsteigerung des Grundstücks vorliegt. Aber auch sonst könne es für den Baugläubigerschutz des Gerüstbauers keine Rolle spielen, ob er ausschließlich Gerüstbauarbeiten vornimmt oder diese neben anderen Arbeiten verrichtet oder ob derartige Bauarbeiten von anderen Baubeteiligten ausgeführt werden. Denn die Wertsteigerung des Baugrundstücks orientiere sich nicht an der Person des Leistenden, sondern sei anhand der Leistung selbst zu beurteilen.[707] Entsprechend fallen auch im Übrigen bei **Neubauten sämtliche Einzelgewerke** unter den Begriff der „Arbeiten bei Bauwerken".[708]

**265** **bb) Umbau-, Reparatur- und Renovierungsarbeiten.** Arbeiten „bei Bauwerken" im Sinne von § 638 BGB sind aber auch Umbau-, Erweiterungs-, Reparatur-, Instandsetzungs- und Renovierungsarbeiten, z. B. bei der Sanierung und Modernisierung von Altbauten,[709] wenn sie der Erneuerung oder dem Bestand des Gebäudes dienen und nach Art, Umfang und Bedeutung dem entsprechen, was bei der Ersterstellung zu den Arbeiten „bei Bauwerken" zählt.[710] Darunter fallen insbesondere Dachreparaturen und Außenanstricharbeiten, wenn damit zugleich das Eindringen von Feuchtigkeit verhindert wird.[711] Werden zur Beseitigung von Kellernässe an einem bestehenden Gebäude die Außenwände des Kellers neu isoliert und an den Seiten des Hauses Drainagerohre in Kies verlegt, so sind derartige Isolierungs- und Drainagearbeiten Arbeiten „bei Bauwerken" im Sinne von § 638 BGB.[712]

**266** Demgegenüber zählen **Innenanstricharbeiten,** wie sie nach Mietrecht turnusmäßig vorzunehmen sind, Leitungsverlegungen im Inneren, die nur der Gebrauchsverbesserung dienen[713] (z. B. die Verlegung eines Schalters oder einer Steckdose), nicht zu den Arbeiten „bei Bauwerken", sondern sind **Arbeiten „an einem Grundstück"** im Sinne von § 638

---

[701] OLG Celle BauR 1976, 365.
[702] *Siegburg* Bauhandwerkersicherungshypothek S. 114 und *Werner/Pastor* Rdn. 204.
[703] Dazu grundlegend *Locher,* Festschrift für Gelzer, S. 347 ff,; *Lotz* BauR 2000, 1806 ff.; OLG Zweibrücken BauR 1981, 294.
[704] Ebenso im Ergebnis *Werner/Pastor* Rdn. 204; a. A. *Siegburg* Bauhandwerkersicherungshypothek S. 126 ff. und BauR 1990, 43.
[705] OLG Hamm BauR 1987, 577 und BauR 1991, 260 L; offengelassen in BGH NJW-RR 1989, 148 = BauR 1989, 90 = ZfBR 1989, 23; für Anwendung von Mietrecht, da lediglich entgeltliche Nutzung des Gerüstes auf Zeit, auch LG Frankenthal, BauR 1995, 739 L.
[706] BauR 1994, 123.
[707] OLG Hamburg BauR 1994, 123.
[708] *Werner/Pastor* Rdn. 203.
[709] BGH NZBau 2005, 281; *Werner/Pastor* Rdn. 208–210 m. N.
[710] BGH NJW 1978, 1522 = BauR 1978, 303 = ZfBR 1978, 81; nach OLG Köln NJW-RR 1995, 337 = BauR 1995, 284 L etwa der Einbau der Umbau einer Zentralheizung in einem Wohnhaus im Gegensatz zu bloßen Reparaturarbeiten an einer Wärmepumpe oder bereits errichteten Heizungsanlage.
[711] BGH BauR 1970, 47; anders dagegen bei einem Hausanstrich, der nur zur Verschönerung und nicht zur Substanzerhaltung dient: OLG Köln NJW-RR 1989, 1181.
[712] BGH NJW 1984, 168 = BauR 1984, 64 = ZfBR 1984, 38.
[713] BGH BauR 1971, 128; OLG Düsseldorf BauR 1976, 283 im Gegensatz zur Erneuerung in wesentlichen Teilen: BGH NJW 1978, 1522 = BauR 1978, 303 = ZfBR 1978, 81.

J. Sicherung des Vergütungsanspruchs **Vor § 2**

BGB. Für sie kommt eine Bauhandwerkersicherungshypothek nach § 648 BGB nicht in Betracht. Für die Verlegung von **Teppichböden** durch Aufkleben mit Dispersionskleber hat der BGH[714] dies zunächst offen gelassen. Die Rechtsprechung der Instanzgerichte war uneinheitlich,[715] hat bei einem der Neu- bzw. Erstherstellung vergleichbaren Umfang jedoch einen Anspruch aus § 648 BGB bejaht. Deshalb stellt z. B. die Lieferung und Verlegung (Erneuerung) von Teppichboden für über 200 000,– DM in den Fluren eines Hochhauses Arbeiten „bei Bauwerken" dar.[716] Inzwischen hat sich auch der BGH[717] dem angeschlossen und entschieden, dass das nachträgliche Verlegen eines Teppichbodens mittels Klebers in einer Wohnung Arbeit „bei einem Bauwerk" ist. Gleiches gilt nach OLG Hamburg[718] für die Erneuerung eines **Terrassenbelages**.

**cc) Sonderanfertigungen und andere über die bloße Montage hinausgehende** **267**
**Sonderleistungen.** Arbeiten „bei Bauwerken" im Sinne von § 648 BGB, die dem Auftragnehmer einen Anspruch auf Eintragung einer Bauhandwerkersicherungshypothek geben, können schließlich auch vorliegen bei Lieferungen und Leistungen, die mit einer über die bloße Montage hinausgehenden Bearbeitung im Sinne einer Sonderanfertigung oder Sonderleistung für ein bestimmtes Bauwerk verbunden sind. Denn dann liegt nicht lediglich ein nach Kaufrecht zu beurteilendes Umsatzgeschäft vor,[719] sondern eine werkvertragliche Leistung im Sinne von Arbeiten „bei Bauwerken".

Maßgebend für die Abgrenzung ist dabei einmal, welche Leistung überwiegt und den **268**
**Schwerpunkt** des Geschäfts bildet. Da das jedoch oft von Zufälligkeiten abhängt und das Wertverhältnis von Lieferanteil und Bearbeitung/Montage allein nicht ausschlaggebend sein kann, ist zusätzlich auch darauf abzustellen, ob und inwieweit die Lieferungen und Leistungen für die Funktion und Benutzbarkeit des Bauwerks von entscheidender Bedeutung sind.[720]

**dd) Beispiele aus der Rechtsprechung.** Im vorstehenden Sinne sind z. B. Arbeiten **269**
„bei Bauwerken" angenommen worden:
– für ein aus genormten Teilen zusammengesetztes, ins Erdreich eingelassenes **Fertigschwimmbecken,** dessen Stahlblechwand mit einem Magerbetonkranz umgeben war,[721]
– bei **Fertigteil-Garagen**[722] und **Fertighäusern,**[723] wenn außer der Lieferung auch die Errichtungsverpflichtung übernommen worden ist,[724]
– für den Einbau einer an sich serienmäßigen Ballenpresse bei der Errichtung einer **Papierentsorgungsanlage,** weil der Einbau nach besonderer Zeichnung erfolgen musste und auch der störungsfreie Lauf innerhalb der Gesamtanlage geschuldet war,[725]
– bei einer über vier Meter breiten **Hoftoranlage,** deren Pfosten einen Meter tief einbetoniert waren,[726]

---

[714] NJW 1970, 942 = BauR 1970, 106.
[715] Gegen Arbeiten „bei Bauwerken" LG Hamburg NJW 1979, 721 L; dafür LG Köln NJW 1979, 1608 bei lose verlegten, jedoch zugeschnittenen Teppichböden.
[716] OLG Köln BauR 1986, 441; vgl. auch OLG Düsseldorf NJW-RR 1991, 223 (Estrich- und Oberbelagsarbeiten).
[717] NJW 1991, 2486 = BauR 1991, 603 = ZfBR 1991, 210.
[718] BauR 1995, 242.
[719] Für diese besteht kein Anspruch auf Sicherung; dazu *Kniffka* in IBR-online-Kommentar zum Bauvertragsrecht Stand 4. 1. 2007 § 648 Rdn. 12.
[720] So mit Recht OLG Köln BauR 1986, 441 (Teppichbodenverlegung) und OLG Hamburg NJW-RR 1988, 1106 (Beschallungsanlage für einen Hotelballsaal).
[721] BGH NJW 1983, 567 = BauR 1983, 64 = ZfBR 1983, 82.
[722] OLG Düsseldorf BauR 1982, 164.
[723] BGHZ 87, 112, 116 = NJW 1983, 1489 = BauR 1983, 266 = ZfBR 1983, 128; BGH NJW 1983, 1491 = BauR 1983, 261 = ZfBR 1983, 125.
[724] BGH a. a. O.
[725] BGHZ 99, 160 = NJW 1987, 837 = BauR 1987, 205 = ZfBR 1987, 73.
[726] OLG Koblenz NJW-RR 1989, 336.

- bei einer **Beschallungsanlage,** die nachträglich in einem Hotelballsaal eingebaut worden ist, weil sie für die Zweckbestimmung des Gebäudes und dessen Benutzbarkeit von wesentlicher Bedeutung war,[727]
- für den Einbau einer **Alarmanlage im Kaufhaus,** während dies für den Einbau einer Alarmanlage in ein Wohnhaus abgelehnt worden ist,[728]
- beim Einbau einer nicht tragenden, im Wesentlichen aus Spanplatten, Gips und Stuckmaterial bestehenden **Decke,**[729]
- für den Einbau von Fütterungsanlagen und Buchtenabtrennungen beim **Umbau einer Scheune** in einen Schweinestall, auch wenn es sich um genormte Bauteile handelt, die demontierbar und austauschbar sind,[730]
- beim Austausch sämtlicher Fensterscheiben durch **Isolierglasscheiben,**[731]
- beim Einbau einer maßgefertigten **Einbauküche**[732] im Gegensatz zu einer aus serienmäßigen Einzelteilen zusammengesetzten Küche,[733]
- **Verbundsteinpflaster,**[734]
- für einen **Wintergarten,** der auf dem Flachdach eines Hauses errichtet worden ist,[735]
- beim Einbau eines **Kachelofens**[736] und dem Einbau oder Umbau einer **Zentralheizung** in einem Wohnhaus,[737]
- für eingefügte **Schrankwände** im Gegensatz zu einem speziell angefertigten Doppelbett und Eckschrank[738] sowie Kinderzimmermöbeln,[739]
- beim Verlegen von **Teppichboden** mittels Klebers[740]
- für **Estrich- und Oberbelagsarbeiten**[741] sowie die Erneuerung eines **Terrassenbelages,**[742]
- für **Maler- und Anstreicherarbeiten,** die als Instandsetzungsarbeiten im Rahmen eines grundlegenden Umbauvorhabens der kompletten Renovierung eines Hauses dienen, d. h. für den Bestand des Gebäudes erbracht werden und nach ihrem Umfang und ihrer Bedeutung Neubauarbeiten vergleichbar sind,[743]
- bei Errichtung eines **Ladenlokals** aus vorgefertigten Teilen (Ladencontainer als „Verkaufskombination"), die durch Schraubverbindungen zu einer Anlage zusammengefügt und auf im Boden verankerten Betonklötzen aufgestellt worden sind,[744]
- für die Lieferung von **Leuchten** bei einer Ladenpassage,[745]

---

[727] OLG Hamburg NJW-RR 1988, 1106.
[728] OLG Hamm NJW 1976, 1269 (Kaufhaus); OLG Frankfurt NJW 1988, 2546 (Wohnhaus); ebenso BGH NJW-RR 1991, 1367 = BauR 1991, 741 = ZfBR 1991, 259: der nachträgliche Einbau einer Alarmanlage in ein Wohnhaus ist Arbeit „an einem Grundstück".
[729] OLG Köln NJW-RR 1989, 209.
[730] OLG Hamm NJW-RR 1989, 1048.
[731] LG Düsseldorf NJW-RR 1990, 916.
[732] BGH NJW-RR 1990, 787 = BauR 1990, 351 = ZfBR 1990, 182; vgl. auch OLG Köln, NJW-RR 1995, 818.
[733] BGH NJW-RR 1990, 586 = BauR 1990, 369.
[734] OLG Schleswig BauR 1991, 463; ebenso dann BGH NJW-RR 1992, 849 = BauR 1992, 502 = ZfBR 1992, 161 (gegen OLG Stuttgart BauR 1991, 462) und BGH NJW-RR 1993, 592 = BauR 1993, 217 = ZfBR 1993, 76 (gegen OLG Köln NJW-RR 1992, 408) sowie anschließend OLG Köln, NJW-RR 1993, 593 = BauR 1993, 218.
[735] OLG Hamm BauR 1992, 413 L; anders OLG München NJW-RR 1990, 917 (Dachgarten auf einer Terrasse).
[736] OLG Hamm BauR 1991, 260 L und OLG Koblenz NJW-RR 1995, 655 = BauR 1995, 395.
[737] OLG Köln NJW-RR 1995, 337 = BauR 1995, 284 L.
[738] OLG Köln NJW-RR 1991, 1077 = BauR 1991, 759.
[739] LG Frankfurt NJW-RR 1991, 225.
[740] BGH NJW 1991, 2486 = BauR 1991, 603 = ZfBR 1991, 210.
[741] OLG Düsseldorf NJW-RR 1991, 223.
[742] OLG Hamburg, BauR 1995, 242.
[743] OLG Düsseldorf BauR 1992, 678/679 L, bestätigt durch BGH NJW 1993, 3195 = BauR 1994, 101 = ZfBR 1994, 14.
[744] BGH NJW 1992, 1445 = BauR 1992, 369 = ZfBR 1992, 159.
[745] LG Arnsberg NJW-RR 1993, 341.

J. Sicherung des Vergütungsanspruchs    **Vor § 2**

– für die Anbringung einer mit dem Gebäude fest verbundenen **Leuchtreklame**,[746] wenn die mängelfreie Errichtung wegen ihrer Größe und Befestigung am Bauwerk nur durch spezielle Planung und statische Berechnung gewährleistet ist und sich die Leuchtreklame als erweiternder Bauteil darstellt, in welchem sich das Baurisiko verwirklichen kann.[747]

**Nicht als Arbeiten „bei Bauwerken"** sind dagegen anzusehen: 270

– der Einbau eines serienmäßigen **Heizöltanks,** der lediglich in das Erdreich eingebettet und an die vorhandene Ölzufuhrleitung angeschlossen worden war,[748] was insofern nicht richtig erscheint,[749] als im entschiedenen Fall nicht nur der alte Erdtank auszubauen und der neue zu installieren war,[750] sondern der neue Tank auch für die Funktion und Benutzbarkeit des Hauses, nämlich seine Beheizung, von entscheidender Bedeutung war,
– die Lieferung und Montage serienmäßiger **Heizkörper,** wenn keine Sonderanfertigung nach Maß vorliegt,[751] wogegen ebenfalls spricht, dass Heizkörper für die Funktion und Benutzbarkeit des Gebäudes von ausschlaggebender Bedeutung sind,
– die Lieferung einer **Wärmepumpe**[752] und bloße **Reparaturarbeiten** an einer Wärmepumpe oder einer bereits errichteten Heizungsanlage (Heizungswartung),[753]
– der Einbau einer **Alarmanlage in Wohnhaus,**[754] während der Einbau bei einem Kaufhaus als Arbeiten „bei Bauwerken" angesehen worden ist,[755]
– die Lieferung und Montage einer **Markise,**[756] ebenso bei deren Instandsetzung,[757]
– die Lieferung und Montage vorgefertigter, typisierter und katalogmäßiger **Baufertigteile,** deren Montage bloße Nebenpflicht ist, z. B. bei Kellerlichtschächten,[758] obwohl auch hier Arbeiten „bei Bauwerken" wirken können, wie bei der Lieferung von Fertigteilgaragen[759] und Fertighäusern mit Errichtungsverpflichtung,[760]
– die Lieferung einer **Maschine,** auch wenn sie auf Fundamenten mit dem Boden verankert ist,[761]
– ein **Hausanstrich,** der nur zur Verschönerung und nicht zur Substanzerhaltung dient,[762] im Gegensatz zu Maler- und Anstreicherarbeiten, die als Instandsetzungsarbeiten für den Bestand des Gebäudes von Bedeutung und nach ihrem Umfang Neubauarbeiten vergleichbar sind,[763]

---

[746] OLG Hamm NJW-RR 1995, 213 = BauR 1995, 240.
[747] Abgrenzung zu OLG München BauR 1992, 631 und OLG Hamm NJW-RR 1990, 789, wonach es sich bei Leuchtreklamen nicht um Arbeiten „bei Bauwerken" handeln soll, weil die tatsächliche Benutzung der Geschäftsräume durch die Leuchtreklame nicht beeinflusst wird und die Leuchtreklame keine unerlässliche Voraussetzung für die Funktionsfähigkeit eines Ladengeschäfts ist.
[748] BGH NJW 1986, 1927 = BauR 1986, 437.
[749] So zu Recht auch *Motzke* NJW 1987, 363/64.
[750] Siehe etwa die vergleichbare Entscheidung BGH NJW 1983, 567 = BauR 1983, 64 = ZfBR 1983, 82, wo bei einem genormten, ins Erdreich eingelassenen Fertigschwimmbecken Arbeiten „bei Bauwerken" angenommen worden sind.
[751] OLG Köln BB 1982, 1578.
[752] OLG Hamm BB 1986, 555 = Betr 1986, 688 = BauR 1986, 578.
[753] OLG Köln NJW-RR 1995, 337 = BauR 1995, 284 L.
[754] OLG Frankfurt NJW 1988, 2546; ebenso dann BGH NJW-RR 1991, 1367 = BauR 1991, 741 = ZfBR 1991, 259: der nachträgliche Einbau einer Alarmanlage in ein Wohnhaus ist Arbeit „an einem Grundstück", sowie OLG Düsseldorf BauR 1994, 280 L für den Einbau einer Funkalarmanlage mit Sirenen, Infrarotsendern und Magnetkontakten bei einem Wohnhaus.
[755] OLG Hamm NJW 1976, 1269.
[756] LG Rottweil BB 1982, 2073 = Betr 1982, 2398; OLG Köln JMBl. NW 1990, 57; OLG Düsseldorf NJW-RR 1992, 654 = BauR 1992, 270 L.
[757] OLG Hamm NJW-RR 1992, 1272 = BauR 1992, 630.
[758] KG OLGZ 80, 462.
[759] OLG Düsseldorf BauR 1982, 164.
[760] BGHZ 87, 112/116 = NJW 1983, 1489 = BauR 1983, 266 = ZfBR 1983, 128; BGH NJW 1983, 1491 = BauR 1983, 261 = ZfBR 1983, 125.
[761] OLG Düsseldorf NJW-RR 1987, 563.
[762] OLG Köln NJW-RR 1989, 1181.
[763] OLG Düsseldorf BauR 1992, 678/679 L.

- die Errichtung eines **Dachgartens** auf der Terrasse eines fertigen Wohnhauses,[764]
- die Anbringung der **Neonleuchtreklame** an einem Ladenlokal,[765] außer wenn die mängelfreie Errichtung wegen ihrer Größe und Befestigung am Bauwerk nur durch spezielle Planung und statische Berechnung gewährleistet ist und sich die Leuchtreklame als erweiternder Bauteil darstellt, in welchem sich das Baurisiko verwirklichen kann,[766]
- die Lieferung einer aus serienmäßigen Einzelteilen zusammengesetzten **Küche**[767] im Gegensatz zu einer maßgefertigten Einbauküche,[768]
- Lieferung eines speziell angefertigten Doppelbettes und eines **Eckschranks** im Gegensatz zu eingefügten Schrankwänden,[769]
- Kinderzimmer-Möbel,[770]
- Isoliert in Auftrag gegebene **Abbruch- oder Rodungsarbeiten** oder Arbeiten zur Beseitigung von **Altlasten**.[771]

271 **b) Architekten und Ingenieure.** Nach der Rechtsprechung gilt § 648 BGB sinngemäß auch für Architekten- und Ingenieurleistungen, wenn nach der Planung des Architekten oder Ingenieurs gebaut worden ist, das Baugrundstück durch die Realisierung der Planung also eine Wertsteigerung erfahren hat.[772] Umstritten ist, ob dafür bereits der Aushub/Abtrag des Mutterbodens reicht.[773] Ein Anspruch auf Einräumung einer Sicherungshypothek besteht hingegen nicht, wenn lediglich „dienstvertragliche Leistungen" erbracht worden sind, der Architekt also z. B. bei einer Hausbesichtigung hinzugezogen worden ist.[774]

272 **c) Baubetreuer und Generalunternehmer.** Entsprechendes gilt für den Baubetreuer, jedenfalls soweit es die der Architektentätigkeit vergleichbare **technische** Betreuung angeht.[775]

273 Bei der **wirtschaftlichen** Betreuung dagegen ist dies streitig. Während die überwiegende Meinung[776] insoweit die erforderliche Beziehung zum Bauwerk verneint, wird diese von anderen[777] zu Recht bejaht, weil – wie beim Architekten[778] – auch die wirtschaftliche Betreuung Hauptpflicht ist, die der mangelfreien Herstellung des Bauwerks dient und damit zu der für das Bauwerk zu erbringenden Leistung gehört. Denn es wird nicht nur ein technisch mangelfreies Bauwerk geschuldet, sondern auch dessen Errichtung im Rahmen der vereinbarten Finanzierung und der vorgegebenen Kosten. Außerdem kann bei Vollbetreuung die **einheitliche Leistung** des Baubetreuers ohnehin nicht aufgeteilt werden in eine technische und wirtschaftliche Betreuungsleistung, weil beide ineinander greifen und für sie zudem meist eine einheitliche Vergütung vereinbart ist.[779]

Ein Sicherungsanspruch steht auch dem **Generalunternehmer** zu, soweit seine Leistungen zu einer Wertsteigerung des Grundstücks geführt haben. Eine solche Wertsteigerung ist

---

[764] OLG München NJW-RR 1990, 917; anders dagegen OLG Hamm BauR 1992, 413 L (Wintergarten auf dem Flachdach eines Wohnhauses).
[765] OLG Hamm NJW-RR 1990, 789; ebenso OLG München BauR 1992, 631.
[766] OLG Hamm NJW-RR 1995, 213 = BauR 1995, 240.
[767] BGH NJW-RR 1990, 586 = BauR 1990, 369.
[768] BGH NJW-RR 1990, 787 = BauR 1990, 351 = ZfBR 1990, 182.
[769] OLG Köln NJW-RR 1991, 1077 = BauR 1991 759.
[770] LG Frankfurt NJW-RR 1991, 225.
[771] BGH NZBau 2005, 281.
[772] OLG Düsseldorf NJW 1972, 1863 = BauR 1972, 254; OLG München NJW 1973, 289; KG NJW 1978, 2159 L = BauR 1979, 354; OLG Frankfurt OLGR 1995, 97; OLG Düsseldorf NJW-RR 2000, 166; OLG Hamm OLGR 2000, 198 = BauR 2000, 211; *Werner/Pastor* Rdn. 211; *Ingenstau/Korbion/Joussen* Anhang 2 Rdn. 16 ff.; *Heiermann/Riedl/Rusam* VOB/B § 17 Rdn. 100.
[773] OLG Hamm BauR 2000, 900 und 1087; *Kniffka/Koeble* 10. Teil Rdn. 9.
[774] OLG Hamm BauR 1995, 579 und 1999, 1323.
[775] OLG Frankfurt BauR 1988, 343; *Palandt/Sprau* § 648 Rdn. 2; *Werner/Pastor* Rdn. 219; *Ingenstau/Korbion/Joussen* Anhang 2 Rdn. 15.
[776] OLG Frankfurt a. a. O.; Groß Bauhandwerkersicherungshypothek S. 33; MünchKomm/*Soergel* § 648 Rdn. 10; *Werner/Pastor* Rdn. 220.
[777] *Locher/Koeble* Rdn. 454.
[778] Vgl. *Bindhardt/Jagenburg* § 1 Rdn. 29, § 6 Rdn. 80 ff., 173 ff. m. N.; *Locher* PrivBauR Rdn. 271–285.
[779] *Locher/Koeble* Rdn. 454.

## J. Sicherung des Vergütungsanspruchs　　　　　　　　　　　　　　　　Vor § 2

aber zu verneinen, wenn er im Zeitpunkt der Antragstellung lediglich Planungsleistungen erbracht hat.[780] Ausnahmsweise kann aber auch dann ein sicherungsfähiger Anspruch gegeben sein, wenn der Bauherr den Vertrag grundlos gekündigt und sich dadurch schadensersatzpflichtig gemacht hat.[781]

**d) Bauträger.** Beim Bauträger dagegen wird die Frage nach der Zulässigkeit einer Bauhandwerkersicherungshypothek deshalb nicht akut, weil dieser regelmäßig auf eigenem Grundstück baut und von daher kein Sicherungsbedürfnis besteht. Im Übrigen steht dem Anspruch auf Einräumung einer Sicherungshypothek aber nichts entgegen.[782] **274**

Der im Auftrag des Bauträgers tätige Bauunternehmer wird an der Eintragung einer Sicherungshypothek nicht interessiert sein, wenn zugunsten des Erwerbers bereits eine Auflassungsvormerkung eingetragen ist.[783]

### 2. Identität von Auftraggeber und Grundstückseigentümer[784]

Soweit ein Anspruch auf Einräumung einer Bauhandwerkersicherungshypothek in Betracht kommt, setzt dieser nach dem ausdrücklichen Wortlaut des § 648 BGB **Identität** von Auftraggeber und Grundstückseigentümer voraus, weil die Sicherungshypothek nur an dem **Baugrundstück des Bestellers** verlangt werden kann.[785] Daran fehlt es nach Auffassung des OLG Koblenz, wenn der Auftraggeber den Bauwerkvertrag vor Eintragung im Grundbuch abschließt, bei Abschluss des Vertrages also noch nicht Eigentümer des Grundstücks war, sondern dieses erst später erwirbt.[786] Ob dem zuzustimmen ist, ist aber zweifelhaft; § 648 BGB stellt nicht auf den Zeitpunkt des Vertragschlusses ab, auch der Normzweck erfordert diese Beschränkung nicht. Erforderlich ist eine rechtliche Identität, weil es nach inzwischen wohl vorherrschender Meinung[787] nicht zulässig ist, bei fehlender rechtlicher Identität, d. h. Auseinanderfallen von Grundstückseigentümer und Besteller/Auftraggeber, eine lediglich wirtschaftliche Identität genügen zu lassen,[788] z. B. wenn der Ehemann bestellt, das Grundstück aber der Ehefrau gehört, oder eine GmbH bestellt, das Grundstück aber im Eigentum ihres Gesellschafter-Geschäftsführers steht. **275**

Dem hat sich dann auch der BGH[789] angeschlossen und entschieden, dass der Unternehmer grundsätzlich die Einräumung einer Sicherungshypothek gem. § 648 BGB nur verlangen kann, wenn Grundstückseigentümer und Besteller rechtlich dieselbe Person sind; Übereinstimmung nach wirtschaftlicher Betrachtungsweise genügt regelmäßig nicht.[790] Das **276**

---

[780] OLG Hamm BauR 2000, 900 und 1087; danach reicht der Abtrag des Mutterbodens noch nicht aus. Dazu auch *Kniffka* in IBR-online-Kommentar zum Bauvertragsrecht Stand 4. 1. 2007 § 648 Rdn. 16.
[781] BGH NJW 1969, 419 f.
[782] OLG Hamm BauR 2000, 900; OLG Naumburg BauR 1998, 1105; *Werner/Pastor* Rdn. 221 m. w. N.
[783] *Ingenstau/Korbion/Joussen* Anhang 2 Rdn. 14.
[784] Vgl. hierzu zusammenfassend Wilhelm NJW 1975, 2322 ff.; *Lenzen* BauR 1981, 434 ff.; *Clemm* Betr 1985, 1777 ff. und *Slapnicar* BB 1993, 230 ff.
[785] Ist das Grundstück bereits verkauft und für den Dritten (Erwerber) eine vorrangige Auflassungsvormerkung eingetragen, entfällt der Anspruch; eine gleichwohl eingetragene Sicherungshypothek oder Vormerkung für diese ist zu löschen: OLG Düsseldorf MDR 1991, 440 = BauR 1991, 516 L.
[786] OLG Koblenz BauR 1993, 750.
[787] OLG Braunschweig OLGZ 74, 210 = BB 1974, 624; OLG Bremen NJW 1976, 1320; OLG Hamm NJW 1977, 1640 L = MDR 1977, 843 = BauR 1978, 88; MDR 1982, 142 = BauR 1982, 285 = ZfBR 1982, 65 und NJW-RR 1986, 570; OLG Zweibrücken ZfBR 1983, 264 m. Anm. *Blaesing*; OLG Düsseldorf BauR 1985, 337; OLG Köln NJW-RR 1986, 960; KG BauR 1986, 705, ZfBR 1987, 247 und OLGR 1996, 157 jeweils m. w. N.; OLG Koblenz BauR 1993, 750; ebenso *Wilhelm* NJW 1975, 2322 ff.; *Clemm* Betr 1985, 1777 ff.; *Schlechtriem* FS Korbion S. 359 und *Slapnicar* BB 1993, 230 ff.
[788] So ein Teil der älteren Rechtsprechung und *Rathjen* Betr 1977, 987 ff.; *Fehl* BB 1977, 69 ff. und 1987, 2039 ff.
[789] BGHZ 102, 95 = NJW 1988, 255 = BauR 1988, 88 = ZfBR 1988, 72; *Heiermann/Riedl/Rusam* VOB/B § 17 Rdn. 105 ff.; *Werner/Pastor* Rdn. 258 ff.; *Ingenstau/Korbion/Joussen* Anhang 2 Rdn. 26 ff.; OLG Düsseldorf NJW-RR 1993, 851; OLG Naumburg NJW-RR 2000, 311; LG Augsburg BauR 2002, 331; OLG Celle BauR 2000, 101 weist darauf hin, dass die Ausnahmen von der Identität zwischen Besteller und Eigentümer auch deshalb eng zu sehen seien, weil nunmehr die Möglichkeit der Sicherung nach § 648 a BGB bestehe.
[790] *Kniffka* IBR-online-Kommentar zum Bauvertragsrecht Stand 4. 1. 2007 § 648 Rdn. 17 ff.

schließt, wie der BGH weiter entschieden hat, allerdings nicht aus, dass sich der Grundstückseigentümer, je nach Lage des Einzelfalles gem. § 242 BGB wie ein Besteller behandeln lassen muss, soweit der Unternehmer wegen des ihm zustehenden Werklohns Befriedigung aus dem Grundstück sucht.[791] Diese Grundsätze gelten auch nach Einführung des § 648a BGB uneingeschränkt fort.[792]

**277** Soweit dagegen eingewandt worden ist,[793] eine **dingliche** Durchgriffshaftung im Rahmen des § 648 BGB sei wegen der Akzessorietät der Sicherungshypothek nicht denkbar ohne gleichzeitigen **schuldrechtlichen** Durchgriff, der in dem entschiedenen Fall nicht in Betracht gekommen sei, ist anzunehmen, dass der BGH in derartigen Fällen den Grundstückseigentümer nach Treu und Glauben ausnahmsweise auch schuldrechtlich wie einen Besteller zur Bezahlung der Werklohnforderung für verpflichtet hält. Denn die Entscheidung des BGH läuft im Kern darauf hinaus, dass der Grundstückseigentümer sich das Handeln des Bestellers nach Treu und Glauben **zurechnen** lassen muss. Dazu bedarf es keines Rückgriffs auf das Vertretungs- und Ermächtigungsrecht oder eine – wie auch immer geartete – „Treuhandproblematik im weiteren Sinne". Dem Grundstückseigentümer ist vielmehr die Berufung darauf, er sei nicht Besteller, nach § 242 BGB versagt. Das gilt dann aber nicht nur für das dingliche Sicherungsrecht des Auftragnehmers, sondern auch und erst recht für dessen schuldrechtliche Forderung.[794] Damit lassen sich im Endeffekt dieselben Ergebnisse erzielen, wie bei Zulassung der wirtschaftlichen Betrachtungsweise, nur dass es selbst auf die hiernach erforderliche **wirtschaftliche Identität** dabei nicht mehr ankommt. Vielmehr lässt sich, auch ohne dass eine solche gegeben ist, eine dingliche und schuldrechtliche Haftung des Grundstückseigentümers begründen, wenn z.B. der Ehemann als Besteller der Werkleistung auftritt, das Grundstück aber der Ehefrau gehört oder wenn eine GmbH bestellt, das Grundstück aber im Eigentum ihres Gesellschafter-Geschäftsführers steht. Der mit dem Besteller nicht identische Grundstückseigentümer ist nach § 242 BGB ausnahmsweise als Besteller zu behandeln, wenn besondere Umstände die Berufung auf die Personenverschiedenheit von Besteller und Grundstückseigentümer als **Verstoß gegen Treu und Glauben** erscheinen lassen. Das ist z.B. dann der Fall, wenn der Grundstückseigentümer die als Besteller auftretende GmbH als Mehrheitsgesellschafter und alleiniger Geschäftsführer wirtschaftlich und rechtlich ganz überwiegend beherrscht und von seiner Herrschaft über die Gesellschaft zum Zwecke seiner Bereicherung auch tatsächlich Gebrauch gemacht hat, indem er die GmbH für das ihm gehörende Grundstück werterhöhende Werkleistungen bestellen ließ, die ihm persönlich zugute kamen, ohne dass er die GmbH hinreichend mit Kapital zur Erfüllung der Gegenleistungen der Bauhandwerker ausgestattet hat.[795] Gleiches gilt, wenn an einem Mietshaus, in dem auch der Eigentümer wohnt, von einem (zahlungsunfähigen) Mieter umfangreiche Reparaturen veranlasst/in Auftrag gegeben werden. Dann spricht eine Vermutung dafür, dass der Eigentümer den Mieter vorgeschoben hat, so dass dem Antrag auf Eintragung einer Vormerkung für eine Bauhandwerkersicherungshypothek gegen ihn stattzugeben ist.[796]

### 3. Arbeiten an mehreren Grundstücken

**278** Wird eine nach dem Vertrag einheitlich geschuldete Leistung auf mehreren Grundstücken[797] des Bestellers erbracht, kann die Vormerkung bzw. Hypothek in voller Werklohn-

---

[791] *Kniffka* a.a.O. Rdn. 19.
[792] So zu Recht *Werner/Pastor* Rdn. 257 f. m.w.N.
[793] *Clemm* BauR 1988, 558 ff.
[794] Dagegen zweifelnd *Werner/Pastor* Rdn. 260.
[795] OLG Hamm NJW-RR 1989, 1105 = BauR 1990, 365 im Anschluss an BGHZ 102, 95 = NJW 1988, 255 = BauR 1988, 88 = ZfBR 1988, 72.
[796] OLG Düsseldorf NJW-RR 1993, 851.
[797] Zum Begriff des „einheitlichen Bauwerks" OLG Köln IBR 2003, 300 m. Anm. Roos; das OLG hat die Einheitlichkeit in einem Fall bejaht, in dem vier Doppelhaushälften errichtet worden waren, die als Bestandteil einer Wohnungseigentümergemeinschaft geplant waren.

J. Sicherung des Vergütungsanspruchs                                          **Vor § 2**

höhe auf jedem Grundstück eingetragen werden.[798] Die Forderung ist nicht nach der für jedes Einzelgrundstück erbrachten Leistung aufzuteilen. Auf mehreren Grundstücken wird eine Gesamthypothek eingetragen, § 1132 Abs. 1 BGB. Die Vormerkung auf Bewilligung einer Gesamthypothek behält als Vormerkung für eine Einzelhypothek ihre Wirksamkeit, wenn dem Berechtigten nur noch ein Anspruch auf eine Einzelhypothek zusteht.[799]

**4. Umfang der zu sichernden Ansprüche**

Durch die Bauhandwerkersicherungshypothek können alle mit der erbrachten Bauleistung zusammenhängenden vertraglichen Ansprüche gesichert werden, soweit sie nicht durch (Abschlags-)Zahlung befriedigt oder durch anderweitige Sicherheiten im Sinne von § 648a Abs. 1 und 4 BGB abgesichert sind. Dazu zählen **279**

– Sämtliche Werklohnansprüche für die erbrachten Bauleistungen einschließlich der in der Vergütung nicht inbegriffenen Auslagen, § 648 Abs. 1 Satz 2 BGB. Unerheblich ist, ob der Vergütungsanspruch fällig ist.[800] Noch nicht endgültig gesichertes Skonto wird von der Vergütung nicht abgezogen, ebenso wenig ein Sicherheitseinbehalt.[801] Sicherbar sind auch Ansprüche aus §§ 649, 645 BGB, soweit die Leistungen erbracht sind. Ungeklärt ist bislang, wieweit derartige Ansprüche auch sicherbar sind, soweit das Grundstück keine Wertsteigerung erfahren hat. Das hängt davon ab, ob man aus 648 Abs. 1 BGB einen Anspruch auf Sicherung sämtlicher vertraglicher Ansprüche herleitet oder ob man § 648 Abs. 1 Satz 2 BGB so versteht, dass nur die Vergütungsansprüche aus den zu einer Steigerung des Grundstückswertes führenden Arbeiten sicherungsfähig sind. Der Normzweck legt es aber nahe, den Sicherungsumfang nicht zu sehr zu beschränken und auch Zahlungsansprüche einzubeziehen, denen keine unmittelbare Wertsteigerung des Grundstücks gegenübersteht.[802] Für den Fall der unberechtigten Kündigung hat der BGH jedenfalls den Anspruch auf Schadensersatz aus pVV für sicherungsfähig gehalten,[803] ebenso den Anspruch auf Schadensersatz wegen Nichterfüllung.[804] Das müsste ebenso für Ersatzansprüche aus einer berechtigten Kündigung gelten. Sicherungsfähig sind ferner Ansprüche auf **Beschleunigungsvergütungen** und **Vertragsstrafen**.[805]
– Ansprüche aus **Verzug** einschließlich Verzugszinsen[806]
– **Schadensersatz** wegen Nichterfüllung und positiver Vertragsverletzung[807]
– Ansprüche aus § 642 BGB bzw. § 9 Nr. 3 VOB/B und § 645 BGB[808]
– **entgangener Gewinn** bei Kündigung des Bestellers gem. § 649 BGB bzw. des Auftraggebers nach § 8 Nr. 1 VOB/B[809]
– wohl auch der Anspruch aus **§ 6 Nr. 6 VOB/B**[810]
– Mehrwertsteuer.[811]

---

[798] *Kniffka* in IBR-online-Kommentar zum Bauvertragsrecht Stand 24. 10. 2006 § 648 Rdn. 24.
[799] BGH NJW 2000, 1861 = BauR 2000, 1083; *Ingenstau/Korbion/Joussen* Anhang 2 Rdn. 38 ff.
[800] OLG Hamm BauR 1999, 407 = NJW-RR 1999, 383; *Kniffka* in IBR-online-Kommentar zum Bauvertragsrecht Stand 4. 1. 2007 § 648 Rdn. 30, 31.
[801] BGH NJW-RR 2000, 387; OLG Hamm BauR 1998, 885; OLG Köln BauR 1998, 764.
[802] So auch BGH NJW 2000, 1861, 1862; OLG Naumburg BauR 1998, 1105; *Werner/Pastor* Rdn. 228; *Ingenstau/Korbion/Joussen* Anhang 2 Rdn. 45 ff.; *Kniffka* in IBR-online-Kommentar zum Bauvertragsrecht Stand 4. 1. 2007 § 648 Rdn. 5 und 35; a. A. aber *Siegburg* BauR 1990, 32, 48; Thüringer OLG BauR 1999, 179 = NJW-RR 1999, 384.
[803] BGHZ 51, 190.
[804] BGH NJW 1996, 3270, 3272 = BauR 1996, 846 = ZfBR 1996, 310.
[805] *Heiermann/Riedl/Rusam* VOB/B § 17 Rdn. 101; *MünchKomm/Soergel* § 648 Rdn. 16; *Werner/Pastor* Rdn. 229.
[806] BGH NJW 1974, 1761 = BauR 1974, 419; *Heiermann/Riedl/Rusam* VOB/B § 17 Rdn. 101; *Werner/Pastor* Rdn. 228; OLG Hamm BauR 2000, 1527; OLG Köln BauR 1998, 794.
[807] BGH NJW 1969, 419; *Heiermann/Riedl/Rusam* VOB/B § 17 Rdn. 101; *Werner/Pastor* Rdn. 228.
[808] Wie vor.
[809] OLG Düsseldorf IBR 2004, 139 m. Anm. Roos; *Kniffka/Koeble* 10. Teil Rdn. 10.
[810] So wohl *Kniffka* IBR-online-Kommentar zum Bauvertragsrecht Stand 4. 1. 2007 § 648 Rdn. 36.
[811] BGH NJW 1969, 419; *Heiermann/Riedl/Rusam* VOB/B § 17 Rdn. 101; *Werner/Pastor* Rdn. 230.

280 Die Sicherung kann jedoch stets nur für einen der geleisteten Arbeit entsprechenden Teil der Vergütung verlangt werden, also gem. dem jeweiligen Baufortschritt.[812] Deshalb können künftige Ansprüche und lediglich vorbereitende Arbeiten nicht gesichert werden.[813]

### 5. Vorliegen von Mängeln[814]

281 Soweit die zu sichernde Werkleistung mit Mängeln behaftet ist, fehlt es an einer entsprechenden Werterhöhung des Grundstücks, weshalb insoweit kein Sicherungsanspruch besteht. Die zu sichernde Forderung ist vielmehr um den einfachen Betrag[815] der Mängelbeseitigungskosten zu kürzen,[816] gleichgültig oder der Auftraggeber wegen der Mängel Nachbesserung, Kostenvorschuss, Kostenerstattung, Minderung oder Schadensersatz verlangt.[817] Das gilt auch dann, wenn der Auftragnehmer nur subsidiär haftet.[818] Bei nach Eintragung der Sicherungshypothek auftretenden Mängeln kann der Auftraggeber entsprechende Reduzierung und (teilweise) Löschung der eingetragenen Sicherheit verlangen.[819] Darlegungspflichtig für die Mangelfreiheit ist bis zur Abnahme der Auftragnehmer. Die Höhe des Minderwertes wird im einstweiligen Verfügungsverfahren häufig nur nach § 287 ZPO analog zu schätzen sein.[820]

Soweit für den Anspruch auf Eintragung einer Bauhandwerkersicherungshypothek gem. § 648 BGB, wie es die Regel ist, zunächst nach § 885 BGB eine **Vormerkung** im Wege einstweiliger Verfügung beantragt wird, ist die Meinung vertreten worden, dass in diesem vorläufigen Verfahren vom Auftraggeber behauptete Mängel nur zu berücksichtigen seien, soweit sie nach Grund und Höhe unstreitig sind. Wenn sich dagegen widersprechende eidesstattliche Versicherungen des Auftraggebers und des Auftragnehmers gegenüberstehen, sei dem **Sicherungsanspruch des Auftragnehmers** gleichwohl stattzugeben, weil dieser sonst gezwungen wäre, den vollen Beweis für seine Forderung zu erbringen und das Verfahren zur Hauptsache vorwegzunehmen.[821] Bei widersprechenden eidesstattlichen Versicherungen sei deshalb dem Verlangen des Auftragnehmers der Vorrang einzuräumen, weil dem Sicherungsbedürfnis des Auftragnehmers sonst keine reale Bedeutung mehr zukäme.[822] Das ist sicherlich ein nicht von der Hand zu weisendes Argument, aber im Endeffekt doch wohl nur ein Gesichtspunkt von mehreren, die im Rahmen der Beweiswürdigung eine Rolle spielen, d. h. letztlich wird es auf die Qualität der Glaubhaftmachung ankommen. Dabei hat auch hier nach allgemeinen Beweislastgrundsätzen der Auftragnehmer die Abnahme der Leistung und danach der Auftraggeber den Mangel glaubhaft zu machen.[823] Wenn der Auftragnehmer die vom Auftraggeber bereits vorprozessual behaupteten Mängel in seiner eidesstattlichen Versicherung **substantiiert** widerlegt und der Auftraggeber dem nur eine pauschale Glaubhaftmachung durch eigene eidesstattliche Versicherung oder eine solche seines Architekten entgegensetzt, wird in der Tat dem Verlangen des Auftragnehmers der Vorrang einzuräumen sein, nicht dagegen wenn der Auftraggeber seine Mängelbehauptungen durch ein Sachverständigengutachten glaubhaft untermauert.[824]

---

[812] BGHZ 68, 180 = NJW 1977, 947 = BauR 1977, 208.
[813] BGH a. a. O.
[814] BGH BauR 1977, 208 = NJW 1977, 947; *Peters* NJW 1981, 2550 ff.
[815] OLG Hamm OLGR 2000, 198, 201.
[816] BGHZ 68, 180 = NJW 1977, 947 = BauR 1977, 208; OLG Frankfurt BauR 1987, 343; LG Chemnitz BauR 1994, 413 L; OLG Rostock BauR 1995, 262; *Kniffka* in IBR-online-Kommentar zum Bauvertragsrecht Stand 4. 1. 2007 § 648 Rdn. 32 ff.
[817] *Heiermann/Riedl/Rusam* VOB/B § 17 Rdn. 103; *Werner/Pastor* Rdn. 234; *Ingenstau/Korbion/Joussen* Anhang 2 Rdn. 58 ff.
[818] OLG Celle BauR 1986, 588.
[819] *Heiermann/Riedl/Rusam* VOB/B § 17 Rdn. 103; *Werner/Pastor* Rdn. 236.
[820] OLG Celle BauR 2001, 1623; zustimmend *Kniffka/Koeble* 10. Teil Rdn. 10 Fn. 10.
[821] OLG Köln *Schäfer/Finnern* Z 2321 Blatt 42.
[822] OLG Köln *Schäfer/Finnern/Hochstein* § 648 BGB Nr. 1.
[823] OLG Koblenz NJW-RR 1994, 786.
[824] Ähnlich *Hochstein* in seiner Anmerkung zu OLG Köln a. a. O. und *Werner/Pastor* Rdn. 272/273, die die Frage im Rahmen der Beweiswürdigung und nach Beweislastgrundsätzen entscheiden wollen; ebenso Siegburg Bauhandwerkersicherungshypothek S. 233/234.

J. Sicherung des Vergütungsanspruchs                                                    Vor § 2

Die Eintragung einer Vormerkung oder Sicherungshypothek Zug um Zug gegen Mangelbeseitigung ist nicht praktikabel.[825]

### 6. Fälligkeit der Forderung nicht erforderlich

Andererseits setzt der Anspruch aus § 648 BGB nicht voraus, dass die zu sichernde **282** Forderung bereits fällig ist,[826] so dass bei unstreitigen Mängeln die zu sichernde Werklohnforderung zwar um die Mängelbeseitigungskosten zu kürzen, jedoch keine Berufung auf ein Zurückbehaltungsrecht, etwa bis zum dreifachen Betrag der Mängelbeseitigungskosten, möglich ist. Ebenso schadet nicht fehlende Abnahme, weil es auf die Fälligkeit der zu sichernden Forderung nicht ankommt.[827]

Aus diesem Grunde kann auch für einen noch nicht fälligen **Sicherheitseinbehalt** bereits **283** die Einräumung einer Sicherungshypothek verlangt werden.[828]

Ebenso steht dem Anspruch des Auftragnehmers auf Eintragung einer Sicherungshypo- **284** thek gem. § 648 BGB nicht entgegen, dass seine Forderung bereits von Gläubigern **gepfändet** ist.[829]

Fraglich dagegen ist, ob fehlende Fälligkeit dem Anspruch aus § 648 BGB auch dann **285** nicht entgegensteht, wenn sie darauf beruht, dass **keine prüfbare Rechnung** im Sinne von §§ 14, 16 VOB/B – oder beim Architekten/Ingenieur gem. § 8 HOAI – vorliegt. Insoweit ist zwar darauf hinzuweisen, dass es – siehe oben Rdn. 287 – auf die Fälligkeit der Forderung gar nicht ankommt und nach neuerer Rechtsprechung des BGH auch die nicht prüffähige Schlussrechnung die Fälligkeit der Vergütungsforderung herbeiführt, wenn der Auftraggeber nicht binnen 2 Monaten Einwendungen gegen die Prüfbarkeit erhoben hat.[830] In vielen Fällen wird der Anspruch aus § 648 BGB aber jedenfalls in der geltend gemachten Höhe zu verneinen sein, weil mangels nachvollziehbarer Darlegung schon der Bestand der Forderung nicht hinreichend glaubhaft gemacht ist.

### 7. Ablösung durch anderweitige Sicherheit

Der Anspruch des Auftragnehmers aus § 648 BGB kann zwar grundsätzlich durch **286** anderweitige Sicherheit abgelöst werden. Eine Bankbürgschaft kommt dafür jedoch nur dann in Betracht, wenn sie den Auftragnehmer bis zum Ende des Streits über den Werklohnanspruch sichert.[831] Die Bankbürgschaft muss deshalb speziell zur Ablösung des Anspruchs aus § 648 BGB bestimmt sein. Als anderweitige angemessene Sicherheit genügt hiernach nicht eine selbstschuldnerische Bank- oder Sparkassenbürgschaft, die zur einstweiligen Einstellung der Zwangsvollstreckung aus einem Vollstreckungsbescheid[832] oder zur Abwendung der Zwangsvollstreckung aus einem vorläufig vollstreckbaren Urteil[833] über den Werklohnanspruch selbst gestellt worden ist.

Der Anspruch auf eine Bauhandwerkersicherungshypothek kann auch dann ausgeschlossen sein, wenn der Auftraggeber dem Auftragnehmer eine Bürgschaft über die Hauptsumme

---

[825] Kniffka/Koeble 10. Teil Rdn. 10.
[826] OLG Hamm BauR 1999, 407 = NJW-RR 1999, 383; MünchKomm/Wacke § 885 Rdn. 5; Palandt/Thomas § 648 Rdn. 4; Kniffka IBR-online-Kommentar zum Bauvertragsrecht Stand 4. 1. 2007 § 648 Rdn. 31.
[827] BGHZ 68, 180 = NJW 1977, 947 = BauR 1977, 208.
[828] BGH BauR 2000, 919 = NJW-RR 2000, 387 = NZBau 2000, 198; KG BauR 1971, 265.
[829] OLG Düsseldorf BauR 1985, 334.
[830] BGH NZBau 2005, 40 unter Hinweis auf NZBau 2004, 216; bestätigt durch BGH NZBau 2006, 179 und 231.
[831] OLG Köln NJW 1975, 454; OLG Düsseldorf BauR 1985, 580; OLG Saarbrücken BauR 1993, 348; Werner/Pastor Rdn. 287–289; zurückhaltend RGRK/Glanzmann § 648 Rdn. 19.
[832] OLG Düsseldorf BauR 1985, 580.
[833] OLG Düsseldorf BauR 1985, 334; OLG Hamm BauR 1993, 115.

und die Kosten anbietet[834] oder der Auftragnehmer eine ihm zuvor übergebene Bürgschaft nach § 648a BGB wieder zurückgegeben hat.[835]

### 8. Einredebehaftete Forderungen

**287** Steht der Werklohnforderung die Einrede der Verjährung oder der vorbehaltlosen Annahme der Schlusszahlung im Sinne von § 16 Nr. 3 VOB/B entgegen, so kann ein Anspruch auf Sicherung gem. § 648 BGB nicht mehr geltend gemacht werden.[836] Aus einer vorher bereits eingetragenen Sicherungshypothek kann sich der Auftragnehmer dagegen befriedigen, denn nach § 223 Abs. 1 BGB hindert die Verjährung der Ansprüche, für die die Hypothek bestellt ist, den Berechtigten nicht, sich aus der Hypothek zu befriedigen. Entsprechendes gilt bei vorbehaltloser Annahme der Schlusszahlung.[837]

### 9. Beschränkungen des Anspruchs aus § 648 BGB

**294** **a) Vertragliche Beschränkungen.** Da § 648 BGB abdingbar ist, kann der Anspruch des Auftragnehmers auf Eintragung einer Bauhandwerkersicherungshypothek und Vormerkung für diese durch **Individualvertrag** ausgeschlossen werden.[838] Der vereinbarte Ausschluss kann aber bei arglistigem Verhalten des Auftraggebers oder einer wesentlichen Verschlechterung in seinen Vermögensverhältnissen unwirksam sein.[839]

Dagegen ist ein ersatzloser Ausschluss durch Formularvertrag oder in **Allgemeinen Geschäftsbedingungen** nach allgemeiner Auffassung wegen der Leitbildfunktion des § 648 BGB nicht möglich. Dabei wird zur Begründung sowohl auf § 3 AGB-Gesetz/§ 305c BGB n. F. (überraschende Klauseln) als auch auf die Generalklausel des § 9 AGB-Gesetz/§ 307 BGB n. F. abgestellt.[840] Zweifelhaft ist, ob ein formularmäßiger Ausschluss möglich ist, wenn dem Auftragnehmer eine anderweitige angemessene Sicherheit in ausreichender Höhe – etwa eine Bankbürgschaft – zur Verfügung gestellt wird. Nach überwiegender Auffassung in Rechtsprechung und Literatur ist ein Ausschluss des Anspruchs auf Einräumung einer Sicherungshypothek unter dieser Voraussetzung möglich, weil dem Sicherungsinteresse des Auftragnehmers Genüge getan sei.[841] Dem widersprechen aber Werner/Pastor.[842] Sie sehen eine unangemessene Benachteiligung des Auftragnehmers darin, dass ihm das gesetzliche Wahlrecht zwischen diesen Sicherungsmitteln genommen werde. Ob dem zu folgen ist, ist zweifelhaft. Die gesetzliche Regelung bezweckt die Sicherung der Vergütungsansprüche des Auftragnehmers. Dass dieser ein schutzwürdiges Interesse an einer bestimmten Art der Sicherheit hat, ist nicht zu erkennen. Die gesetzliche Formulierung der Ausschlussregelung in § 648a Abs. 4 BGB zwingt auch nicht unbedingt zu der Annahme, die Bürgschaft gemäß § 648a Abs. 1 und 2 BGB müsse auf Verlangen des Auftragnehmers gestellt worden sein. Hat der Auftraggeber von sich aus eine angemessene Sicherheit zur Verfügung gestellt, die den Anforderungen des Abs. 2 entspricht, dürfte ein Anspruch auf Einräumung einer Sicherungshypothek ebenfalls entfallen. Ist das aber der Fall, wird dem Auftragnehmer keineswegs von Gesetzes wegen ein uneingeschränktes Wahlrecht eingeräumt, dessen Beschränkung eine unangesessene Benachteiligung im Sinne von § 307 BGB darstellt. Dem Auftragnehmer steht

---

[834] OLG Saarbrücken BauR 1993, 348.
[835] LG Bayreuth BauR 2003, 422.
[836] LG Aurich NJW-RR 1991, 1240; *Heiermann/Riedl/Rusam* VOB/B § 17 Rdn. 104.
[837] BGH NJW 1981, 1784 = BauR 1981, 393 = ZfBR 1981, 181.
[838] *Kniffka* IBR-online-Kommentar zum Bauvertragsrecht Stand 4. 1. 2007 § 648 Rdn. 42; *Werner/Pastor* Rdn. 192; *Ingenstau/Korbion/Joussen* Anhang 2 Rdn. 120 ff.
[839] OLG Köln BauR 1974, 282; *Ingenstau/Korbion/Joussen* a. a. O.
[840] BGHZ 91, 139 = NJW 1984, 2100 = BauR 1984, 413 = ZfBR 1984, 188; OLG Karlsruhe BauR 1997, 486; OLG Celle BauR 2001, 834; Saarländisches OLG OLGR 2001, 251; OLG Schleswig NJW-RR 1998, 532.
[841] BGH NJW 1984, 2100; OLG Celle BauR 2001, 834, 835; MünchKomm/*Soergel* § 648 Rdn. 2 m. w. N.; dazu *Kniffka* IBR-online-Kommentar zum Bauvertragsrecht Stand 4. 1. 2007 § 648 Rdn. 42.
[842] *Werner/Pastor* Rdn. 193.

J. Sicherung des Vergütungsanspruchs                                    **Vor § 2**

vielmehr mit der Sicherungsmöglichkeit nach § 648a BGB eine gleichwertige Möglichkeit zur Absicherung seiner Vergütungsansprüche zur Verfügung.[843]

**b) Gesetzliche Beschränkungen.** Die Eintragung einer Sicherungshypothek nach § 648 BGB scheidet aus, wenn das Grundstück, für das der Unternehmer seine Leistungen erbringt, Teil des Deckungsstockes eines Lebensversicherungsunternehmens im Sinne von § 77 VAG ist. In Deckungsstockwerte darf nämlich allein wegen Ansprüchen aus Lebensversicherungsverträgen, für welche die Bildung einer Deckungsrückstellung vorgeschrieben ist, vollstreckt werden.[844] Die Aufnahme in den Deckungsstock setzt aber voraus, dass in der zweiten Abteilung des Grundbuchs ein entsprechender Vermerk eingetragen ist.[845]

**10. Vormerkung gem. § 885 BGB – Verfahrensfragen**

Der Anspruch des Auftragnehmers auf Eintragung einer Bauhandwerkersicherungshypothek kann – wie erwähnt – gem. § 885 BGB im Wege **einstweiliger Verfügung** durch Vormerkung gesichert werden.[846]   **295**

**a) Zuständigkeit.** Zuständig für den Erlass der einstweiligen Verfügung ist nach § 937 ZPO das Gericht der Hauptsache, bei einem Streitwert über 5000,– € also das Landgericht, oder wahlweise nach § 942 Abs. 2 ZPO – auch in nicht dringlichen Fällen – das Amtsgericht der belegenen Sache.   **296**

**b) Zustellung und Vollziehung.** Nach §§ 929 Abs. 2, 936 ZPO muss die einstweilige Verfügung innerhalb eines Monats vollzogen werden. Nach §§ 929 Abs. 3, 936 ZPO ist die Vollziehung vor der Zustellung an den Schuldner zulässig. Sie ist aber ohne Wirkung, wenn die Zustellung nicht innerhalb einer Woche nach der Vollziehung und vor Ablauf der für diese in Abs. 2 bestimmten Frist erfolgt. Beide Fristen müssen gewahrt werden, anderenfalls ist die Vormerkung unwirksam.[847] Die Vollziehungsfrist des § 929 Abs. 2 ZPO beginnt mit der Amtszustellung des Verfügungsbeschlusses an den Antragsteller, § 929 Abs. 2 ZPO, sonst mit der Aushändigung an ihn.[848] Bei der Urteilsverfügung beginnt die Vollziehungsfrist mit der Verkündung, § 929 Abs. 2 ZPO. Vollzogen ist die einstweilige Verfügung mit dem Eingang des Antrages beim Grundbuchamt, § 932 Abs. 3 ZPO. Für die Einhaltung der Frist reicht der rechtzeitige Eingang beim Amtsgericht – auch durch Telefax – aus.[849]   **297**

Zu warnen ist vor dem Antrag, das **Prozessgericht** möge die Eintragung der Vormerkung von Amts wegen veranlassen und das Grundbuchamt entsprechend anweisen, wie dies die Amtsgerichte zuweilen tun. Denn bis die Ausfertigung vom Amtsgericht eingegangen ist, kann der Beschluss dem dortigen Grundbuchamt schon mehrere Tage vorgelegen haben und die **Zustellungsfrist** von einer Woche nicht mehr einzuhalten sein, was zur Folge hat, dass die einstweilige Verfügung auf Antrag wieder aufzuheben ist.   **298**

**c) Widerspruchsverfahren.** Wird die Beschlussverfügung auf Widerspruch durch das erstinstanzliche Gericht aufgehoben, durch das Berufungsgericht jedoch wieder bestätigt, beginnt für den Antragsteller die Frist des § 929 Abs. 2 ZPO mit der Verkündung des Berufungsurteils neu zu laufen.[850]   **299**

Bei einer Abänderung im Widerspruchsverfahren kann die erneute Vollziehung der einstweiligen Verfügung erforderlich werden.[851]

---
[843] *Ingenstau/Korbion/Joussen* Anhang 2 Rdn. 124 m. w. N.
[844] Prölss, VAG § 77 Rdn. 7.
[845] Litzka BauR 2004, 1214.
[846] Dazu auch *Kniffka* IBR-online-Kommentar zum Bauvertragsrecht Stand 4. 1. 2007 § 648 Rdn. 44 ff.
[847] OLG Köln BauR 1987, 361; OLG Düsseldorf BauR 1995, 424; *Ingenstau/Korbion/Joussen* Anhang 2 Rdn. 93 ff.
[848] *Werner/Pastor* Rdn. 283 m. w. N.
[849] BGH NJW 20011134.
[850] OLG Hamm BauR 2000, 900 und 1087; OLG Celle NJW-RR 1987, 64 hält eine erneute Zustellung hingegen für nicht unbedingt erforderlich.
[851] OLG Hamm OLGR 2000, 198 m. w. N.; *Werner/Pastor* Rdn. 283; *Ingenstau/Korbion/Joussen* Anhang 2 Rdn. 97.

300  **d) Rechtfertigungsverfahren.** Wird die einstweilige Verfügung gem. § 942 Abs. 2 ZPO vom Amtsgericht der belegenen Sache erlassen, so bestimmt dieses auf Antrag des Antragsgegners eine Frist, innerhalb der die Ladung des Gegners zur mündlichen Verhandlung über die Rechtmäßigkeit der einstweiligen Verfügung bei dem Gericht der Hauptsache zu beantragen ist.

301  **e) Kein Austausch der gesicherten Forderung.** Die gesicherte Forderung kann nicht nachträglich neu aufgefüllt werden. Ist eine Vormerkung zur Sicherung einer Abschlagsforderung eingetragen und die Forderung dann bezahlt worden, können nicht nachträglich andere Forderungen nachgeschoben werden.[852] Ganz problematisch ist die Rechtslage, wenn eine Vormerkung zur Sicherung einer Abschlagsforderung eingetragen ist und danach Schlussrechnungsreife eintritt. Das OLG Frankfurt ist der Auffassung, in diesem Falle gehe mit dem Anspruch auf Abschlagszahlung auch die Sicherung unter.[853] Dem kann nicht zugestimmt werden. Auch wenn es sich bei dem Anspruch auf Abschlagszahlung um einen rechtlich selbstständigen Anspruch handelt, findet er seine rechtliche Grundlage in dem vertraglichen Vergütungsanspruch. Geht er nach Eintritt der Schlusszahlungsreife in dem Schlusszahlungsanspruch auf, bleiben die bestehenden Sicherheiten erhalten.

302  **f) Hauptsacheklage.** Außerdem kann das Gericht auf Antrag eine Frist zur Erhebung der Hauptsacheklage setzen, wobei zu beachten ist, dass Hauptsacheklage in diesem Fall nicht die Zahlungsklage ist, sondern die Klage auf Einräumung der Bauhandwerkersicherungshypothek gem. § 648 BGB.[854] Die Hauptsachenklage kann aber mit der Zahlungsklage verbunden werden, ohne dass dafür ein über die Zahlungsklage hinausgehender Streitwert entsteht.[855]

303  **g) Streitwert.** Für die einstweilige Verfügung auf Vormerkung beträgt der Streitwert nach überwiegender Meinung[856] ein Drittel der zu sichernden Forderung, nach OLG Bremen[857] 2/5, nach OLG Celle[858] 1/2 und nach LG Saarbrücken[859] sogar 9/10 des Forderungsbetrages.

304  **h) Kosten.** Streitig war lange, wer die Kosten des einstweiligen Verfügungsverfahrens auf Vormerkung trägt, wenn der Auftragnehmer den Auftraggeber vor Antragstellung nicht aufgefordert hatte, eine solche Vormerkung zu bewilligen, und der Auftraggeber den Anspruch im einstweiligen Verfügungsverfahren sofort anerkannt hat. Nach einer früher verbreiteten Meinung[860] sollte eine vorherige Abmahnung des Auftraggebers erforderlich sein, um Kostennachteile für den Auftragnehmer zu vermeiden; der bloße Verzug mit der Zahlung der Werklohnforderung allein sollte nicht genügen. Durchgesetzt hat sich inzwischen jedoch die Gegenmeinung,[861] dass keine vorherige Abmahnung erforderlich ist und die Kosten eines einstweiligen Verfügungsverfahrens auf Eintragung einer Vormerkung zur

---

[852] BGH BauR 2001, 1783.
[853] OLG Frankfurt BauR 2000, 1375.
[854] LG Mainz NJW 1973, 2294; OLG Frankfurt NJW 1983, 1129 = BauR 1984, 535; OLG Düsseldorf NJW-RR 1986, 322 = BauR 1986, 609. Umgekehrt unterbricht die Klage auf Einräumung einer Bauhandwerkersicherungshypothek wie auch der Antrag auf Erlass einer einstweiligen Verfügung zwecks Eintragung einer Vormerkung nicht die Verjährung des zugrunde liegenden schuldrechtlichen Zahlungsanspruchs (LG Aurich NJW-RR 1991, 1240; vgl. dazu auch unten Rdn. 487/88); a. A. OLG Frankfurt BauR 2002, 1435 = NZBau 2002, 456, das auch die Zahlungsklage als Hauptsacheklage ansieht.
[855] OLG Köln Betr 1974, 429; a. A. *Werner/Pastor* Rdn. 313 unter Hinweis auf OLG München BauR 2000, 927; OLG Düsseldorf OLGR 1997, 136; OLG Hamburg OLGR 2001, 217.
[856] KG BauR 1972, 259; OLG Koblenz AnwBl. 1974, 27; *Werner/Pastor* Rdn. 312 m. w. N.
[857] JurBüro 1982, 1052.
[858] JurBüro 1982, 1228.
[859] AnwBl. 1981, 70.
[860] OLG Köln *Schäfer/Finnern/Hochstein* § 93 ZPO Nr. 1; OLG Düsseldorf NJW 1972, 1676 und 1955; OLG Stuttgart NJW 1985, 2069; OLG Hamm NJW 1976, 1459.
[861] OLG Köln NJW 1975, 454; OLG Düsseldorf BauR 1976, 285; OLG Celle NJW 1977, 1731 L = BauR 1976, 365; OLG München BauR 1985, 114 L; LG Ulm BauR 1986, 489 m. w. N.; *Heyers* BauR 1980, 20 ff.; *Werner/Pastor* Rdn. 303 ff.

J. Sicherung des Vergütungsanspruchs                                      **Vor § 2**

Sicherung des Anspruchs auf eine Bauhandwerkersicherungshypothek auch ohne vorherige Aufforderung vom Bauherrn als Antragsgegner zu tragen sind, selbst wenn dieser den Anspruch sofort anerkannt hat.[862] Denn dem Auftragnehmer ist es wegen der Gefahr anderweitiger Belastung des Grundstücks nicht zuzumuten, den Antragsgegner vorher zur Bewilligung der Sicherungshypothek aufzufordern, nachdem dieser das Zahlungsbegehren des Auftragnehmers bereits abgelehnt hatte. Die Darlegungs- und Beweislast für die Voraussetzung der kostenrechtlichen Ausnahmevorschrift des § 93 ZPO liegen insoweit beim Antragsgegner. Jedoch ist die Vermutung der Klageveranlassung widerlegt, wenn der Auftraggeber von sich aus dem Gläubiger die Bewilligung von Hypotheken anbietet und bei Annahme dieses Angebots diesem keine Nachteile gegenüber einer gerichtlichen Inanspruchnahme des Auftraggebers drohen. Nimmt der Auftragnehmer in einem solchen Fall das ihm gemachte Angebot nicht an und beschreitet er den Prozessweg, so ist dies nicht gerechtfertigt und vom Auftraggeber nicht veranlasst, so dass es sachgemäß erscheint, die Kosten dann dem Auftragnehmer aufzuerlegen.[863]

## II. Gesetz über die Sicherung von Bauforderungen (GSB)

Eine wichtige Ergänzung des § 648 BGB ist das Gesetz über die Sicherung von Bau- **305**
forderungen,[864] dessen § 1 lautet:

§ 1 GSB. Der Empfänger von Baugeld ist verpflichtet, das Baugeld zur Befriedigung solcher Personen, die an der Herstellung des Baues auf Grund eines Werk-, Dienst- oder Lieferungsvertrages beteiligt sind, zu verwenden. Eine anderweitige Verwendung des Baugeldes ist bis zu dem Betrag statthaft, in welchem der Empfänger aus anderen Mitteln Gläubiger der bezeichneten Art bereits befriedigt hat.
Ist der Empfänger selbst an der Herstellung beteiligt, so darf er das Baugeld in Höhe der Hälfte des angemessenen Werts der von ihm in den Bau verwendeten Leistung ... für sich behalten.
Baugeld sind Baubeträge, die zum Zwecke der Bestreitung der Kosten eines Baus in der Weise gewährt werden, dass zur Sicherung der Ansprüche des Geldgebers eine Hypothek oder Grundschuld an dem zu bebauenden Grundstück dient oder die Übertragung des Eigentums erst nach gänzlicher oder teilweiser Herstellung des Baus erfolgen soll ...
Die §§ 2 ff. GSB regeln die Führung des Baubuches. §§ 5 ff. enthalten Strafvorschriften für Verstöße gegen das Gesetz. Alle weiteren Vorschriften des Gesetzes sind aufgehoben oder wegen fehlender landesrechtlicher Vorschriften nicht anwendbar.[865]

Unter den Kosten „eines Baues" sind sowohl die Kosten eines **Neubaues** im Sinne von § 2 Abs. 2 GSB zu verstehen als auch die eines von § 2 Abs. 2 GSB nicht erfassten **Umbaues oder Ausbaues** schon errichteter Gebäude.[866] Die Herstellung des Baues i. S. von § 1 Abs. 2 GSB dienen jedoch nur solche Leistungen, die sich auf wesentliche Bestandteile des Gebäudes beziehen.[867] Für die Frage, ob es sich bei einem Einbauteil um einen vom Schutzzweck des § 1 GSB erfassten wesentlichen Bestandteil des Gebäudes handelt, kommt es darauf an, ob nach der Verkehrsanschauung erst seine Einfügung dem Gebäude eine besondere Eigenart, ein bestimmtes Gepräge gibt, ohne das das Gebäude nicht als fertig gestellt gilt, oder ob das Einbauteil dem Baukörper besonders angepasst ist und deswegen mit ihm einen Einheit bildet.[868] Deshalb gehört der Lieferant einer **Einbauküche,** die nicht an den Baukörper angepasst ist und jederzeit entfernt und anderswo wieder aufgebaut werden kann, nicht zu dem Kreis derjenigen Personen, die i. S. von § 1 Abs. 1 GSB „an der Herstellung des Baues ... beteiligt" waren und gegen eine etwaige vorsätzliche

---

[862] OLG Frankfurt BauR 1989, 644; OLG Dresden BauR 2000, 1378; OLG Köln NJW-RR 1997, 1242; *Werner/Pastor* Rdn. 303 m. w. N.; *Ingenstau/Korbion/Joussen* Anhang 2 Rdn. 113.
[863] OLG Stuttgart BauR 1995, 116.
[864] Vom 1. 6. 1909 i. d. F. v. 2. 3. 1974 (BGBl. I S. 469).
[865] *Ingenstau/Korbion/Joussen* Anhang 2 Rdn. 213.
[866] BGH NJW 1988, 263 = BauR 1988, 107 = ZfBR 1988, 20; *Kniffka/Koeble* 10. Teil Rdn. 116.
[867] BGH NJW-RR 1989, 1045 = BauR 1989, 758.
[868] BGH NJW-RR 1990, 914 = BauR 1990, 241.

Zweckentfremdung von Baugeld geschützt sind, weil die Leistungen sich nicht auf **wesentliche Bestandteile** des Gebäudes beziehen.[869]

306 Während eine Sicherung nach § 648 BGB nur für werkvertragliche Zahlungsansprüche in Betracht kommt und diejenigen Auftragnehmer schutzlos lässt, deren Auftraggeber nicht selbst Grundstückseigentümer ist, insbesondere also Nachunternehmer im Verhältnis zum Generalunternehmer oder Baubetreuer/Bauträger, hat das GSB dagegen gerade deren Schutz im Auge und räumt darüber hinaus auch den Lieferanten im Rahmen eines **Kaufvertrages** Sicherungsansprüche ein. Darin liegt die große praktische Bedeutung des GSB und die Ergänzung zu § 648 BGB. Der Schutzbereich des § 1 GSB erstreckt sich deshalb auch auf sog. „Nachmänner", denen als Subunternehmer die Herstellung eines Gebäudes oder Gebäudeteiles bzw. die Erbringung sonstiger Bauleistungen übertragen wurde. Der Schutzbereich reicht aber nur so weit, wie der Generalübernehmer/Generalunternehmer, von dem der Subunternehmer seinen Auftrag erhielt, seinerseits **Anspruch auf Baugeld** hat.[870] Da das GSB dem Schutz der baubeteiligten Handwerker dient, macht sich ein GmbH-Geschäftsführer, der Baugeld nicht zur Bezahlung der beteiligten Bauhandwerker verwendet, sondern zur Begleichung anderer Verbindlichkeiten der Gesellschaft, außerdem nur den baubeteiligten Handwerkern gegenüber schadensersatzpflichtig, nicht aber auch gegenüber der Gesellschaft selbst (GmbH).[871]

### 1. Begriff des Baugeldes

307 Baugeld sind nach § 1 GSB alle **dinglich gesicherten Baufinanzierungsmittel** des Auftraggebers einschließlich grundbuchlich abgesicherter Kontokorrentkredite.[872] Zum Zwecke der Bestreitung der Kosten eines Baues bestimmte Geldbeträge sind auch dann „Baugeld", wenn die zur Sicherung der Ansprüche des Geldgebers bestimmte Hypothek oder Grundschuld erst nach der Darlehensauszahlung im Grundbuch eingetragen wird. Entscheidend ist die Vereinbarung über die dingliche Sicherheit.[873] Die von einem Kreditgeber aus Anlass eines Bauvorhabens zur Verfügung gestellten Mittel sind nur dann kein „Baugeld" i. S. von § 1 Abs. 3 GSB, wenn sie auf Grund einer Vereinbarung zwischen Darlehensgeber und -nehmer oder auf Grund eigener Veranlassung des Darlehensgebers zu anderen Zwecken, z. B. zur Tilgung eines **Grundstücksankaufskredits** verwendet werden.[874] Gewährt eine Bank oder Sparkasse einem Bauträger, der sich mit dem Ankauf, Umbau und Verkauf von Immobilien befasst, lediglich einen **Betriebsmittelkredit zur** beliebigen geschäftlichen Verwendung, so handelt es sich, auch wenn der Kredit auf dem Baugrundstück durch Bestellung einer Grundschuld abgesichert worden ist, nach OLG Karlsruhe[875] nicht um Baugeld, weil es an der erforderlichen **Zweckbindung** der Mittel für die Herstellung und die Bestreitung der Kosten des Baues fehlt. Die Vereinbarung zwischen Kreditgeber und Kreditnehmer, das Geld zur Bestreitung der **Baukosten** zu verwenden, ist Voraussetzung für die gesetzliche Verwendungspflicht des § 1 GSB.

308 Handelt es sich dagegen um Baugeld, dann ist dieses vom Empfänger (Auftragnehmer) **zweckgebunden** im Interesse der Lieferanten und Nachunternehmer für die Herstellung

---

[869] KG BauR 1991, 484 (Revision nicht angenommen durch Beschluss des BGH vom 8. 1. 1991 – VI ZR 213/90) im Anschluss an das dieselbe Sache betr. Revisionsurteil BGH NJW-RR 1990, 914 = BauR 1990, 241; vgl. auch BGH NJW-RR 1990, 586 = BauR 1990, 369.
[870] BGH NJW-RR 1990, 342 = BauR 1990, 246.
[871] BGH NJW-RR 1994, 806.
[872] BGH NJW-RR 1986, 446 = BauR 1986, 370 = ZfBR 1986, 134; *Ingenstau/Korbion/Joussen* Anhang 2 Rdn. 216; *Kniffka/Koeble* 10. Teil Rdn. 118.
[873] BGH NJW 1988, 263 = BauR 1988, 107 = ZfBR 1980, 20.
[874] BGH NJW-RR 1989, 788 = BauR 1989, 230 = ZfBR 1989, 110 im Anschluss an BGH NJW 1986, 1105 = BauR 1986, 235 = ZfBR 1986, 72 und BGH NJW-RR 1986, 446 = BauR 1986, 370 = ZfBR 1986, 134.
[875] BauR 1990, 630.

J. Sicherung des Vergütungsanspruchs                                           **Vor § 2**

des Baues zu verwenden. Wenn der Geschäftsführer einer Bauträger-GmbH keine genaue Kenntnis davon hat, in welcher Höhe die Zahlungen seiner Auftraggeber (Erwerber) Baugeld sind, muss er bei jeder einzelnen Zahlung damit rechnen, dass es sich um Baugeld handelt. Mit der Verwendung zu anderen Zwecken verstößt er deshalb gegen § 1 GSB, weil er einen Verstoß gegen die **Verwendungspflicht** zumindest billigend in Kauf nimmt (bedingter Vorsatz).[876] Da Baugeld zweckgebunden ist, kann es weiterhin nicht an baunbeteiligte Dritte **abgetreten** werden und unterliegt auch nicht dem in den AGB der Banken und Sparkassen vorgesehenen **Pfandrecht** der Kreditinstitute, wenn und soweit dem Kreditinstitut die Baugeldeigenschaft bekannt war.[877]

Kein Baugeld im Sinne des GSB sind hingegen öffentliche Fördermittel, die als verlorene Zuschüsse zur Finanzierung von Baukosten gewährt werden.[878] Kein Baugeld im Sinne des GSB sind auch die Eigenmittel des Bauherrn.[879]

**2. Empfänger von Baugeld**

Das Gesetz regelt nicht, wer als Empfänger von Baugeld anzusehen ist.[880]

Empfänger von Baugeld ist nur – und erst – derjenige, der die **Verfügungsbefugnis** über den Darlehensbetrag erlangt hat. Deshalb liegt keine Beihilfe zur zweckwidrigen Verwendung von Baugeld vor, wenn die **Bank** Baufinanzierungsmittel (eigenmächtig) teilweise für Zinsen und Kreditkosten verwendet.[881] Nur in Ausnahmefällen kommt daher eine Haftung der kontoführenden Bank wegen zweckwidriger Verwendung von Baugeld in Betracht.[882] Die den Bau einer Wohnanlage finanzierende Bank ist auch nicht Baugeldempfängerin i. S. von § 1 GSB hinsichtlich der Gelder, die von den Käufern der Anlage als Kaufpreis auf ein Konto des Bauherrn bei der Bank eingezahlt worden sind, selbst wenn der Bauherr die Kaufpreisansprüche an die Bank abgetreten hat.[883] Andererseits schließt die Eigenschaft als Baugeldgeber nach OLG Karlsruhe[884] eine **Beihilfe** zu zweckwidriger Verwendung durch den Baugeldempfänger nicht aus. Eine Schadensersatzverpflichtung des Baugeldgebers nach §§ 823 Abs. 2, 830, 840 BGB i. V. m. §§ 1 und 5 GSB sowie § 271 StGB setzt jedoch einen **vorsätzlichen Verstoß** des Baugeldgebers voraus (vgl. unten Rdn. 312). 309

Empfänger von Baugeld ist zunächst einmal der **Bauherr** selbst.[885] Ein Subunternehmer, der nach dem Konkurs des Generalunternehmers keinen Werklohn erhält, kann deshalb nach OLG Frankfurt[886] den Bauherrn persönlich auf Schadensersatz in Anspruch nehmen, wenn dieser „Baugeld" zweckwidrig verwendet hat. Empfänger von Baugeld sind weiter **Generalunternehmer/Generalübernehmer** und **Baubetreuer/Bauträger** im Verhältnis zu ihren Lieferanten und Nachunternehmern.[887] Deshalb trifft nach ständiger Rechtsprechung des BGH einen Generalübernehmer die gem. § 5 GSB strafbewehrte Pflicht des § 11 GSB, Baugeld zur Befriedigung der an der Herstellung des Baues beteiligten Personen 310

---

[876] OLG Karlsruhe BauR 1992, 791 = ZfBR 1992, 277 (PKH-Antrag für die Revision vom BGH zurückgewiesen durch Beschluss vom 10. 3. 1992 – IV ZA 16/91).
[877] BGH NJW 1988, 263 = BauR 1988, 107 = ZfBR 1980, 20.
[878] BGH NJW-RR 2000, 1261 = BauR 2000, 1505 = ZfBR 2000, 482; *Ingenstau/Korbion/Joussen* Anhang 2 Rdn. 218.
[879] BGH NJW 1985, 134 = BauR 1984, 658; BGH NJW 1987, 1196 = BauR 1987, 229; BGH NJW-RR 2000, 1261 f. = NZBau 2000, 426, 427 = BauR 2000, 1505; *Stammkötter*, BauR 1998, 954.
[880] *Bruns*, NZBau 2000, 180; *Kniffka/Koeble* 10. Teil Rdn. 128.
[881] BGH NJW-RR 1990, 88 = BauR 1990, 108.
[882] LG Bielefeld IBR 2003, 247 mit Anm. *Kainz* = BauR 2003, 398; OLG Karlsruhe IBR 2004, 140 m. Anm. *Stammkötter*; *Ingenstau/Korbion/Joussen* Anhang 2 Rdn. 236; *Stammkötter* ZfBR 2005, 429.
[883] OLG München NJW-RR 1991, 279 = BauR 1991, 482.
[884] BauR 1990, 630.
[885] OLG Dresden NZBau 2002, 392, 394 für den Fall, dass Bauherr und Darlehnsnehmer nicht identisch sind.
[886] BauR 1992, 813 L.
[887] BGH NJW 1982, 1037 = BauR 1982, 193 = ZfBR 1982, 75 und NJW 1985, 134 m. Anm. *Deutsch* = BauR 1984, 658 = ZfBR 1984, 276 (beide Entscheidungen betreffen denselben Fall); dazu kritisch *Möller* BauR 2005, 8.

zu verwenden.[888] Das gilt auch dann, wenn die Darlehensmittel von dem Bauherrn an den Generalübernehmer weitergegeben worden sind, denn als Empfänger des Baugeldes ist nicht nur der Darlehensnehmer zu betrachten, sondern ebenso derjenige, der – wie der Generalübernehmer – die volle Verfügungsgewalt über das Baugeld zur Finanzierung der Handwerkerleistungen für das Bauvorhaben erhalten hat. Keine Baugeldempfänger sind hingegen die vertretungsberechtigten Organe von juristischen Personen, die Baugeld erhalten.[889] Diese haften aber, soweit sie unmittelbar gegen die Verpflichtung aus § 1 GSB verstoßen haben.[890] Auch **Verkäufer „schlüsselfertiger Häuser"** können deshalb Empfänger von Baugeld im Sinne von § 1 GSB sein, wenn sie über den Erwerber oder unmittelbar von einem Kreditinstitut Geldbeträge erhalten, die dem Erwerber darlehensweise gewährt wurden, sofern zur Sicherung der Ansprüche des Geldgebers eine Hypothek oder Grundschuld auf dem zu bebauenden Grundstück eingetragen worden ist.[891]

**311** Ist der Empfänger von Baugeld selbst an der Herstellung des Baues beteiligt und wird das Baugeld an ihn entsprechend der Makler- und Bauträgerverordnung (MaBV) nach Maßgabe des Baufortschritts gezahlt, so gelten die Verwendungsregeln des § 1 GSB für jede einzelne Rate gesondert („pro rata").[892] Ein Baugeldempfänger bleibt aber auch dann nach § 1 GSB verpflichtet, wenn er nicht selbst an der Herstellung des Baues beteiligt ist, sondern damit Gesellschaften beauftragt, an denen er allein beteiligt ist oder deren Geschäfte er selbstständig führt.[893] Allerdings darf ein Generalübernehmer als Baugeldempfänger einen Anteil des Baugeldes in Höhe der Hälfte der eigenen Aufwendungen für Vorbereitung, Planung, Koordination und Bauleitung sowie der baren Auslagen, die er für die eigene (nicht körperliche) Werkleistung erbracht hat, behalten; in dieser Höhe ist die Weiterleitung an die Subunternehmer nicht gesetzlich geboten.[894] Ebenso können nach BGH[895] auch **Architektenleistungen,** die der Baugeldempfänger selbst erbracht hat (hier: eine später insolvent gewordene Bauträger GmbH), in den Schutzbereich des § 1 GSB einbezogen sein, denn dieser erfasst alle Leistungen, die einen unmittelbaren Beitrag zur Herstellung des Baues bilden, der in der Schaffung von Mehrwert seinen Ausdruck findet. Hierzu gehören auch die Anfertigung von Plänen für den Bau, die Aufsicht über den Bau und die Bauleitung. Dabei spielt es keine Rolle, dass diese vom Baugeldempfänger, der später insolvent gewordenen BauträgerGmbH, selbst erbracht worden sind. Der Baugeldempfänger kann in den Grenzen des § 1 Abs. 2 GSB Baugeld auch für derartige eigene Leistungen beanspruchen, selbst wenn er sie erbracht hat, bevor Baugeld geflossen ist.

Kein Empfänger von Baugeld im Sinne des GSB ist hingegen der lediglich mit einem Teil des Baues beauftragte Unternehmer oder Subunternehmer. Gegen ihn bzw. seine gesetzlichen Vertreter können daher keine Ansprüche aus § 823 Abs. 2 i. V. m. den Vorschriften des GSB hergeleitet werden, wenn er mit den von dem Bauherrn oder dem Generalunternehmer zur Verfügung gestellten Geldern nicht seine Subunternehmer bezahlt.[896]

---

[888] BGH NJW 1986, 1105 = BauR 1986, 235 = ZfBR 1986, 72 (Revisionsurteil zu OLG Koblenz BauR 1985, 697); BGH NJW-RR 1990, 280 = BauR 1990, 244 und NJW-RR 1990, 342 = BauR 1990, 246; NJW-RR 1991, 141 = BauR 1991, 96 = ZfBR 1991, 59 m. N.
[889] OLG Dresden BauR 2002, 486; a. A. *Schulze-Hagen* NJW 1986, 2403, 2407.
[890] BGH NZBau 2001, 445, 446; OLG Dresden BauR 2002, 486; OLG München BauR 2002, 1108; OLG Bamberg BauR 2003, 1056, 1057; OLG Hamburg BauR 2003, 1058, 1059.
[891] BGH NJW 1986, 1105 = BauR 1986, 235 = ZfBR 1986, 72 (Revisionsurteil zu OLG Koblenz BauR 1985, 697).
[892] BGH a. a. O.; vgl. weiter OLG Düsseldorf BauR 1989, 234: Als „Empfänger von Baugeld" haftet gem. § 823 Abs. 2 BGB i. V. m. § 1 des Gesetzes über die Sicherung der Bauforderung auch ein Unternehmer, der auf Grund eines Werkvertrages lediglich teilweise, z. B. als Hersteller des Bodenbelages, an der Herstellung des Baues beteiligt ist und ihn gezahlte Werkvertragsvergütung, soweit sie auf die Leistung eines von ihm beauftragten Subunternehmers entfällt, nicht an diesen weiterleitet.
[893] BGH NJW-RR 1986, 446 = BauR 1986, 370 = ZfBR 1986, 134.
[894] OLG Frankfurt NJW-RR 1989, 789.
[895] NJW-RR 1991, 728 = BauR 1991, 237.
[896] BGH NJW 2000, 956 = ZfBR 2000, 178 = BauR 2000, 573.

*J. Sicherung des Vergütungsanspruchs*  **Vor § 2**

### 3. „Durchgriff" durch die juristische Person

Von besonderer Wichtigkeit ist, dass die Haftung nach dem GSB auch dann nicht entfällt, **312** wenn der Baugeldempfänger eine – inzwischen insolvent gewordene – juristische Person ist. Denn für die zweckentsprechende Verwendung des empfangenen Baugeldes haften neben ihr die konkret verfügungsberechtigten natürlichen Personen, insbesondere also der/die Geschäftsführer, unter Umständen aber auch ein tatsächlich verantwortlicher **Prokurist**[897] oder **Generalbevollmächtigter**[898] sowie der Geschäftsführer der Komplementär-GmbH einer GmbH & Co. KG, der neben der KG als Empfänger von Baugeld haften kann.[899] Außerdem kommt, selbst wenn nach der internen Kompetenzverteilung eine Haftung auf Grund eigener tatsächlicher Verantwortung und Entscheidungskompetenz ausscheidet, eine (Mit-)Haftung aus dem Gesichtspunkt der Beihilfe in Betracht, etwa wenn die Ehefrau des Geschäftsführers einer Bauträger-GmbH als Prokuristin den gesamten Zahlungsverkehr der Gesellschaft abwickelt und auf Anweisung ihres Ehemannes (Geschäftsführer) Zahlungen der Auftraggeber für andere Zwecke als die der betreffenden Bauvorhaben verwendet hat, obwohl sie wusste oder i. S. bedingten Vertrages wissen/damit rechnen musste, dass es sich dabei ganz oder teilweise um Baugeld handelte.[900]

### 4. Schadensersatzhaftung – Schutzgesetzcharakter des GSB

§ 1 GSB ist – im Gegensatz zu § 2 GSB[901] – nach gefestigter Rechtsprechung Schutz- **313** gesetz im Sinne von § 823 Abs. 2 BGB. **Vorsätzlich**[902] zweckfremde Verwendung von Baugeld[903] verpflichtet hiernach den Baugeldempfänger gegenüber den Baubeteiligten zum Schadensersatz.[904] Aufgrund dessen kann der Empfänger von Baugeld, der dieses zweckwidrig verwendet, auch zum Ersatz der von dem Handwerker erfolglos aufgewendeten Kosten für die gerichtliche Durchsetzung seiner Werklohnforderung gegen den ursprünglichen Vertragspartner verpflichtet sein.[905]

Auch wenn eine Schadensersatzpflicht des Baugeldempfängers nur bei vorsätzlicher **314** Zweckentfremdung von Baugeld begründet ist, liegt eine solche zumeist vor, weil im Falle des § 1 GSB der Vorsatz nach der strafrechtlichen **„Schuldtheorie"** zu beurteilen ist. Es genügt bedingter Vorsatz.[906] Dieser ist schon dann zu bejahen, wenn der Baugeldempfänger es zumindest für möglich hielt, dass die empfangenen Gelder aus einem grundpfandrechtlich gesicherten Darlehen stammten, und er gleichwohl ihre zweckwidrige Verwendung billigend in Kauf nahm oder sich zumindest damit abfand.[907] Unkenntnis über Bestehen und Inhalt des GSB entlastet – anders als nach der zivilrechtlichen „Vorsatztheorie" – nicht, wenn – wie zumeist – ein etwaiger Verbotsirrtum als **vermeidbar** angesehen werden

---

[897] BGH NJW 1982, 1037 = BauR 1982, 193 = ZfBR 1982, 75 und NJW 1985, 134 m. Anm. *Deutsch* = BauR 1984, 658 = ZfBR 1984, 276.
[898] BGH NJW 1986, 1105 = BauR 1986, 235 = ZfBR 1986, 72.
[899] KG NJW-RR 1986, 185.
[900] OLG Karlsruhe BauR 1992, 791 = ZfBR 1992, 277 (PKH-Antrag für die Revision vom BGH zurückgewiesen durch Beschluss vom 10. 3. 1992 – VI ZA 16/91).
[901] OLG Naumburg OLGR 2001, 97, 98; *Schulze-Hagen* NJW 1986, 2403, 2404; a. A. *Korsukewitz* BauR 1986, 383, 386.
[902] BGH BauR 2002, 620; *Ingenstau/Korbion/Joussen* Anhang 2 Rdn. 244.
[903] Dazu BGH NZBau 2001, 445, 446; OLG Dresden NZBau 2000, 136 und BauR 2000, 585; *Schmidt* BauR 2001, 150; *Ingenstau/Korbion/Joussen* Anhang 2 Rdn. 237.
[904] BGH NJW 1982, 1037 = BauR 1982, 193 = ZfBR 1982, 75; NJW 1985, 134 m. Anm. *Deutsch* BauR 1984, 658 = ZfBR 1984, 276; NJW 1986, 1104 = BauR 1986, 115 = ZfBR 1986, 80.
[905] BGH NJW-RR 1990, 280 = BauR 1990, 244; ebenso vorher schon OLG Düsseldorf, BauR 1989, 234: Die Haftung des Geschäftsführers einer zahlungsunfähig gewordenen GmbH umfasst auch die Kosten, die dem geschädigten Subunternehmer durch die Erwirkung von Zahlungstiteln gegen die vermögenslos gewordene GmbH entstanden sind.
[906] BGH BauR 1991, 237, 240 = NJW-RR 1991, 728, 730; BGH BauR 2002, 620 = NJW-RR 2002, 740 = NZBau 2002, 392.
[907] BGH a. a. O.; *Ingenstau/Korbion/Joussen* Anhang 2 Rdn. 244.

muss.⁹⁰⁸ Hiernach ist aber, wie der BGH in der vorgenannten Entscheidung ausgeführt hat, für jemanden, der im Geschäftsleben steht, kaum jemals ein Irrtum über das Bestehen eines Schutzgesetzes unvermeidbar, das für seinen Arbeitsbereich erlassen wurde. Jeder ist nämlich im Rahmen seines Wirkungskreises verpflichtet, sich über das Bestehen von Schutzgesetzen zu unterrichten.⁹⁰⁹

### 5. Darlegungs- und Beweislast

Die Anforderungen an die Darlegungs- und Beweislast sind – auch wenn der BGH inzwischen Erleichterungen geschaffen hat⁹¹⁰ – hoch.⁹¹¹ Das führt dazu, dass in der Praxis nur selten derartige Schadensersatzansprüche gerichtlich durchgesetzt werden können.

315 Der Anspruchsteller muss zunächst darlegen und ggf. beweisen, dass ihm eine durch das GSB geschützte **Werklohnforderung** in der geltend gemachten Höhe zusteht und dass diese Forderung infolge der zweckwidrigen Verwendung des Baugeldes nicht erfüllt worden ist und auch in Zukunft nicht erfüllt werden wird. Der Anspruchsteller muss also zunächst sämtliche Anspruchsvoraussetzungen darlegen. Wird die Forderung bestritten, muss das Gericht ggf. der Behauptung des Baugeldempfängers nachgehen, die abgerechneten Arbeiten des Bauhandwerkers seien nicht in Auftrag gegeben, sie seien nicht ordnungsgemäß ausgeführt und abgenommen worden und die angegebenen Massen und Stunden seien nicht angefallen.⁹¹² Der Anspruchsteller muss ferner konkret darlegen, dass er mit seiner Werklohnforderung wegen der **zweckwidrigen Verwendung** des Baugeldes endgültig ausgefallen ist.⁹¹³ Dabei kann er sich auf die Behauptung beschränken, der Anspruchsgegner habe Baugeld in Höhe der nunmehr geltend gemachten Forderung erhalten, das nicht mehr vorhanden sei.⁹¹⁴ Er muss nicht nachweisen, dass er bei ordnungsgemäßer Verwendung des Baugeldes durch den Empfänger auch Geld erhalten hätte.⁹¹⁵ Er ist berechtigt, in das nach § 2 GSB zu führende Baubuch Einblick zu nehmen. Hat der Baugeldempfänger dieses nicht geführt, verweigert er die Einsichtnahme oder gibt es über die Verwendung des Baugeldes keinen hinreichenden Aufschluss, hat der Anspruchsgegner die ordnungsgemäße Verwendung des Baugeldes im Einzelnen darzulegen und zu beweisen.⁹¹⁶ Er muss dann darlegen und beweisen, dass er das ihm zur Verfügung gestellte Baugeld ordnungsgemäß an die auszahlungsberechtigten Gläubiger ausgekehrt hat, ggf. gekürzt um den Eigenanteil nach § 1 Abs. 2 GSB. Eine bestimmte Rangfolge unter den Gläubigern hat er dabei allerdings nicht einzuhalten, es gilt der Prioritätsgrundsatz.⁹¹⁷

316 Darüber hinaus muss der Anspruchsteller konkrete Umstände darlegen, die dem Baugeldempfänger in **subjektiver Hinsicht** zumindest Veranlassung zu der Annahme gaben, es handele sich bei den zur Verfügung gestellten Geldmitteln möglicherweise um Baugeld im Sinne des GSB.⁹¹⁸ An diesen Vortrag sind keine allzu hohen Anforderungen zu stellen. Bei größeren Bauvorhaben muss ein in der Baubranche tätiger Unternehmer grundsätzlich mit einer Fremdfinanzierung auf der Grundlage einer dinglichen Sicherung rechnen.⁹¹⁹ Das gilt

---

⁹⁰⁸ BGH NJW 1985, 134 m. Anm. *Deutsch* BauR 1984, 658 = ZfBR 1984, 276.
⁹⁰⁹ BGH a. a. O. und OLG Karlsruhe NJW-RR 1989, 1182.
⁹¹⁰ BGH NJW-RR 1996, 976 = BauR 1996, 709; BGH NZBau 2002, 392; BGH BauR 2002, 486; auch OLG Celle BauR 2002, 1869; OLG Hamburg BauR 2003, 1058, 1059.
⁹¹¹ So auch *Kniffka/Koeble* 10. Teil Rdn. 16 und 119 ff.
⁹¹² BGH NJW-RR 1991, 141 = BauR 1991, 96 = ZfBR 1991, 59; *Ingenstau/Korbion/Joussen* Anhang 2 Rdn. 247.
⁹¹³ BGH NJW-RR 1989, 788 = BauR 1989, 230; BGH NJW-RR 1991, 141, 142 = BauR 1991, 96, 98; OLG Dresden BauR 2002, 1871.
⁹¹⁴ BGH NZBau 2002, 392; BGH BauR 2002, 486; OLG Celle BauR 2002, 1869; OLG Hamburg BauR 2003, 1058.
⁹¹⁵ *Kniffka/Koeble* 10. Teil Rdn. 134.
⁹¹⁶ BGH NJW 1987, 1196 = BauR 1987, 229; OLG München BauR 2002, 1107; OLG Celle BauR 2002, 1869; OLG Hamburg BauR 2003, 1058.
⁹¹⁷ BGH NJW-RR 1989, 1045 = BauR 1989, 758.
⁹¹⁸ *Kniffka/Koeble* 10. Teil Rdn. 138 ff.
⁹¹⁹ BGH NJW-RR 2002, 740 = NZBau 2002, 392 = BauR 2002, 620 = ZfBR 2002, 349.

*J. Sicherung des Vergütungsanspruchs*                      **Vor § 2**

ebenso für kleinere Vorhaben, die im Rahmen eines Bauträgermodells errichtet werden.[920] Für das Vorliegen der subjektiven Voraussetzungen genügt es dann, wenn der Baugeldempfänger sich trotz dieser Anhaltspunkte nicht darum gekümmert hat, woher die Geldmittel stammten.[921]

**6. Verjährung**

Der Schadensersatzanspruch aus § 823 Abs. 2 BGB i. V. m. § 1 GSB verjährte nach früherem Recht gemäß § 852 BGB a. F. innerhalb von drei Jahren ab Erlangung der Kenntnis vom Schaden und der Person des Schädigers. Dem entspricht die Neuregelung in §§ 195, 199 BGB, wobei für den Verjährungsbeginn auch grob fahrlässige Unkenntnis reicht. Zweifelhaft ist, ob die Kenntnis auch dann bejaht werden kann, wenn der Geschädigte zwar weiß, dass seine Forderung nicht mehr realisiert werden kann, er aber keine Kenntnis von dem Zeitpunkt der Eintragung der Grundschuld hatte und deshalb auch nicht wusste, dass es sich bei den Geldern, über die der Generalunternehmer verfügt hat, um Baugeld im Sinne von § 1 Abs. 3 GSB handelte. Das OLG Düsseldorf hat diesem Umstand keine Bedeutung beigemessen. Es komme nicht darauf an, ob der Unternehmer den Zeitpunkt der Eintragung gekannt habe; es genüge der Verdacht, dass es sich um „Baugeld" gehandelt habe, weil diese bei größeren Bauvorhaben allgemein üblich sei.[922]    **317**

### III. Bauhandwerkersicherung nach § 648 a BGB

§ 648 a BGB ist neu eingefügt worden durch das Bauhandwerkersicherungsgesetz.[923] Die Vorschrift ist zum 1. 5. 1993 in Kraft getreten und gilt daher nur für Verträge, die nach diesem Zeitpunkt abgeschlossen worden sind.[924] Die heute gültige Fassung geht auf das Gesetz zur Beschleunigung fälliger Zahlungen zurück[925] und ist seit dem 1. 5. 2000 in Kraft. Die Änderungen in § 648 a Abs. 1 und 2 und in Abs. 5 Satz 4 BGB gelten nicht für Verträge, die vor dem 1. 5. 2000 abgeschlossen worden sind. Die Ergänzung in § 648 a Abs. 5 Satz 3 BGB gilt auch für davor geschlossene Verträge, Art. 229 § 1 Abs. 2 EGBGB.[926]    **318**

Sicherungsfähig sind nach der Vorschrift nur Ansprüche aus Werkverträgen.[927] Aus der Vorschrift lässt sich kein durchsetzbarer Anspruch auf Einräumung einer Sicherheit herleiten, sie räumt nur ein Leistungsverweigerungs- bzw. Kündigungsrecht ein.[928]

**1. Zweck der Vorschrift.**

§ 648 a BGB gilt **auch für den VOB-Vertrag**[929] und soll entsprechend der Zielsetzung des Bauhandwerkersicherungsgesetzes den Schutz des Werkunternehmers verbessern, der    **319**

---

[920] OLG Bamberg BauR 2003, 1056, 1057.
[921] BGH a. a. O.; OLG Dresden BauR 2002, 486; OLG Bamberg BauR 2003, 1056.
[922] OLG Düsseldorf IBR 2004, 317 mit kritischer Anm. *Stammkötter;* der BGH hat die Revision nicht angenommen.
[923] Art. 1 Nr. 1 des Gesetzes zur Änderung des BGB (Bauhandwerkersicherung) und anderer Gesetze vom 27. 4. 1993 (BGBl. I S. 509). Zur Entstehungsgeschichte: *Kohler* Die künftige Sicherung der Bauwerksunternehmer, KTS 1989, 45; *Mergel,* Zur Reform der Bauhandwerkersicherung – eine Auseinandersetzung mit den Vorschlägen der Kommission für Insolvenzrecht, BauR 1989, 559; *Quack* Mehr Sicherheit für den „Bauhandwerker" – Zur geplanten Reform des Sicherungssystems für die vorleistungspflichtigen Bauunternehmer, ZfBR 1990, 113; *Siegburg,* Das geplante „Bauhandwerkersicherungsgesetz", BauR 1990, 647.
[924] *Werner/Pastor* Rdn. 328; *Kniffka/Koeble* 10. Teil Rdn. 25; a. A. OLG Naumburg BauR 2001, 1603; siehe dazu auch Rdn. 321.
[925] BGBl. I. S. 330.
[926] *Kniffka* IBR-online-Kommentar zum Bauvertragsrecht Stand 4. 1. 2007 § 648 a Rdn. 3.
[927] *Kniffka/Koeble* a. a. O.
[928] Das ist eine Schwäche der gesetzlichen Regelung. In den Thesen zum 1. Deutschen Baugerichtstag 2006 wird deshalb ausdrücklich befürwortet, dem Auftragnehmer einen durchsetzbaren Anspruch auf Sicherheit einzuräumen, Sonderbeilage BauR 2006, Heft 5, S. 4 und 7.
[929] *Ingenstau/Korbion/Joussen* Anhang 2 Rdn. 129.

Jansen                                                                                                      281

## Vor § 2

durch § 648 BGB – Bauhandwerkersicherungshypothek und Vormerkung für diese gem. § 885 BGB – und das GSB – Gesetz über die Sicherung von Bauforderungen – nur unzulänglich gesichert ist.

**320** **a) Nachteile des § 648 BGB und des GSB.** In beiden Fällen kann der Unternehmer Sicherheit nur für bereits erbrachte Leistungen verlangen, trägt also das volle Vorleistungsrisiko, soweit er keine Abschlagszahlungen erhält. Dazu kommt im Falle des § 648 BGB, dass der Unternehmer Absicherung nur auf dem Baugrundstück verlangen kann und wegen der notwendigen Identität von Auftraggeber/Besteller und Grundstückseigentümer nur dann, wenn das Baugrundstück dem Besteller auch gehört, dieser also gleichzeitig Grundstückseigentümer ist.

**321** Damit fällt der gesamte Bereich der **Subunternehmer,** die im Auftrag von Haupt- und Generalunternehmern tätig sind und einen ganz wesentlichen Teil der Bauleistungen erbringen, aus dem Schutzbereich des § 648 BGB heraus. Darüber hinaus hat die Regelung des § 648 BGB den Nachteil, dass bis zur Entstehung sicherungsfähiger Ansprüche aus §§ 648, 885 BGB das Baugrundstück durch vorrangig eingetragene Baufinanzierungsmittel, auf die der Unternehmer in diesem Fall keinen Zugriff hat, zumeist bis an die Grenze seiner Werthaltigkeit belastet ist.

**322** Alle diese Nachteile versucht § 648a BGB zu vermeiden, indem er dem Werkunternehmer die Möglichkeit gibt, auch für **noch nicht erbrachte Leistungen,** d. h. erst noch zu erbringende Vorleistungen, von seinem Auftraggeber/Besteller Sicherheit zu verlangen, auch wenn dieser – wie der Haupt- oder Generalunternehmer – nicht Grundstückseigentümer ist, also unabhängig von der Möglichkeit dinglicher Absicherung auf dem Baugrundstück. Gleichzeitig kann damit der Unternehmer direkt oder indirekt an den Baufinanzierungsmitteln teilhaben, falls der Besteller ihm keine anderweitige Sicherheit gibt.[930]

**323** **b) Keine Rückwirkung von § 648a für Altverträge.** § 648a ist am 1. 5. 1993 in Kraft getreten und gilt deshalb nur für Verträge, die nach dem 1. 5. 1993 zustande gekommen sind. Eine Anwendung auf sog. „Altverträge" kommt schon aus verfassungsrechtlichen Gründen nicht in Betracht.[931]

Bei **Nachtragsaufträgen,** die nach dem 1. 5. 1993 erteilt worden sind, während der Hauptauftrag ein sog. „Altvertrag" ist, kommt es darauf an, ob es sich um mit der Hauptleistung in Zusammenhang stehende unselbstständige Änderungs- oder Zusatzleistungen im Sinne von § 1 Nr. 3 oder 4 VOB/B handelt (siehe dort). Dann teilen sie das Schicksal des Altvertrages. Für selbstständige Anschlussaufträge dagegen, die nach dem 1. 5. 1993 erteilt worden sind, kann Sicherheit nach § 648a BGB verlangt werden.[932]

### 2. Zum „Anspruch" auf Sicherheit (§ 648a Abs. 1 Satz 1 BGB)

**324** Nach § 648a Abs. 1 Satz 1 BGB kann der Werkunternehmer vom Besteller zwingend, d. h. im Sinne eines unabdingbaren Anspruchs (vgl. Abs. 7) Sicherheit für die von ihm zu erbringenden Vorleistungen verlangen, allerdings nicht unmittelbar, sondern nur in der Weise, dass er dem Besteller zur Leistung der Sicherheit eine angemessene Frist setzt und ihm erklärt/androht, „dass er nach dem Ablauf dieser Frist die Leistung verweigere". Die Auswahl der Sicherung bleibt dem Auftraggeber überlassen. Es schadet aber nicht, wenn der Auftragnehmer eine bestimmte Art der Sicherheit verlangt. Es ist dann Sache des koope-

---

[930] Zur Kritik der Neuregelung, die gesetzpolitisch und gesetzestechnisch verfehlt sei und in der Praxis keine große Rolle spiele werde, insbesondere Quack BauR 1995, 319 ff. und *Werner/Pastor* Rdn. 316/17 m. w. N; demgegenüber wird der Vorschrift bei *Ingenstau/Korbion/Joussen* Anhang 2 Rdn. 129 eine allerdings nicht näher belegte „große Bedeutung in der Baupraxis" bescheinigt.

[931] *Hütter* BauR 1993, 670/71; *Slapnicar/Wiegelmann* NJW 1993, 2903; *Sturmberg* BauR 1994, 57/58; *Weber* WM 1994, 725; *Werner/Pastor* Rdn. 314; *Ingenstau/Korbion/Joussen* Anhang 2 Rdn. 130; *Kniffka/Koeble* 10. Teil Rdn. 25; a. A. OLG Naumburg BauR 2001, 1603.

[932] *Hofmann/Koppmann* S. 28.

J. Sicherung des Vergütungsanspruchs           **Vor § 2**

rationspflichtigen Auftraggebers, ggf. eine andere der in § 648a Abs. 1 und 2 BGB aufgeführten Sicherheiten anzubieten.[933] Da sich die Verpflichtung zur Kostenübernahme zwingend aus dem Gesetz ergibt, muss der Auftragnehmer seine Bereitschaft dazu nicht ausdrücklich erklären.[934] Streitig ist, ob die **eigene Vertragstreue des Unternehmers** als ungeschriebenes Tatbestandsmerkmal anzusehen ist.[935]

**a) Kein klagbarer Anspruch; nur Leistungsverweigerungsrecht.** Nach der gesetzlichen Regelung ist der Anspruch des Unternehmers auf Sicherheitsleistung nicht unmittelbar durchsetzbar, etwa in dem Sinne, dass der Unternehmer auf Sicherheitsleistung durch den Besteller klagen könnte,[936] sondern lediglich „durch ein Leistungsverweigerungsrecht des vorleistungspflichtigen Unternehmers bewehrt".[937] **325**

Die Sicherheitsleistung ist also keine Vertragspflicht des Bestellers im Sinne einer Schuldverpflichtung/Schuldnerpflicht, sondern eine **Gläubigerobliegenheit** des Bestellers,[938] deren Verletzung dem Unternehmer lediglich das Recht gibt, nach entsprechender Fristsetzung und Ankündigung die Leistung zu verweigern (Abs. 1 Satz 1) und unter den weiteren Voraussetzungen des § 648a Abs. 5 BGB den Vertrag zu beenden. Er hat – wenn die Sicherheit nicht gestellt wird – keinen Anspruch auf Ersatz eines Verzugsschadens, § 280 Abs. 2 BGB, kann sich nicht nach § 323 BGB vom Vertrag lösen und kann aus der Verweigerung der Sicherheit auch keinen auf Ersatz des Erfüllungsschadens gerichteten Anspruch aus § 281 BGGB auf Zahlung des vollen Werklohns abzüglich ersparter Aufwendungen herleiten.[939] **326**

**b) Anspruchsteller: jeder Werkunternehmer – auch Subunternehmer, Architekten und Ingenieure.** Sicherheit verlangen kann nach § 648a Abs. 1 Satz 1 BGB jeder „Unternehmer eines Bauwerks, einer Außenanlage oder eines Teils davon".[940] **327**

Als **Unternehmer** eines **Bauwerks** sind anzusehen alle Auftragnehmer, die an einem Bauwerk Bauleistungen im Sinne von § 1 VOB/A erbringen, unabhängig von der jeweiligen Unternehmereinsatzform.[941] Die Vorschrift gilt daher auch für Generalunternehmer. Zweifelhaft ist ihre Anwendbarkeit auf den **Bauträger**, der auf eigenem Grundstück baut.[942] Mit dem Begriff **„Bauwerk"** wird angeknüpft an den Begriff der Arbeiten „bei Bauwer-

---

[933] *Ingenstau/Korbion/Joussen* Anhang 2 Rdn. 143; a.A. OLG Koblenz BauR 2000, 936, 937, dessen Auffassung aber mit den vom BGH in NJW 2001, 822 = BauR 2001, 386 dargelegten Erwägungen zur Reaktion auf ein überhöhtes Sicherungsverlangen nicht in Einklang steht.

[934] A. A. *Staudinger/Peters* § 648a Rdn. 20.

[935] So *Reinelt*, BauR 1997, 766; *Brechtelsbauer*, BauR 199, 1371; dagegen aber Armgardt, NZBau 2006, 673, der eine Einschränkung des Anspruchs allenfalls in Ausnahmefällen bejahen will.

[936] *Slapnicar/Wiegelmann* NJW 1993, 2903, 2906; *Sturmberg* BauR 1995, 169/70; *Hofmann/Koppmann* BauR 1994, 305 ff., 311; *Ingenstau/Korbion/Joussen* Anhang 2 Rdn. 175; *Werner/Pastor* Rdn. 331; Palandt/ Sprau § 648a Rdn. 2.

[937] *Jauernig/Schlechtriem* § 648a Anm. 1; *Kniffka/Koeble* 10. Teil Rdn. 73.

[938] *Slapnicar/Wiegelmann* NJW 1993, 2903, 2906; *Hofmann/Koppmann* BauR 1994, 305 ff., 311; *Ingenstau/ Korbion/Joussen* a. a. O.; *Werner/Pastor* Rdn. 311; *Kniffka* IBR-online-Kommentar zum Bauvertragsrecht Stand 4. 1. 2007 § 648a Rdn. 4 ff.

[939] BGH BauR 2005, 861; *Kniffka* BauR 2007, 246 unter Hinweis auf BGH Urt. v. 27. 7. 2006 – VII ZR 202/04; hier legt *Kniffka* zu Recht dar, dass der Grund für diese „Schwäche der gesetzlichen Regelung" darin zu sehen sein dürfte, dass Besteller – insbesondere Bauträger – durch ein durchsetzbares Sicherungsverlangen der übrigen Baubeteiligten in erhebliche Schwierigkeiten geraten können. Der Entwurf eines Forderungssicherungsgesetzes sieht gleichwohl eine Änderung dahin vor, dass dem Unternehmer ein Anspruch auf Sicherung eingeräumt wird. Dem hat auch der Deutsche Baugerichtstag zugestimmt. Auf diese Weise soll der Unternehmer davor geschützt werden, dass im Falle der Insolvenz des Auftraggebers der Insolvenzverwalter die Sicherheit als inkongruente Deckung zurückverlangen kann; vgl. dazu *Hofmann* BauR 2006, 763, 767 und BGH BauR 2005, 1028.

[940] Der Wortlaut des Gesetzes ist – so auch *Kniffka* in IBR-online-Kommentar zum Bauvertragsrecht Stand 4. 1. 2007 § 648a Rdn. 8 – missglückt, da unklar ist, wer mit „Unternehmer eines Bauwerks" gemeint ist.

[941] *Kniffka/Koeble* 10. Teil Rdn. 27ff.; zum Anspruch des Nachunternehmers gegen die Dach-ARGE, deren Gesellschafter er ist: *Diehr*, ZfBR 2004, 3; für eine weite Auslegung des Begriffs: *Schulze-Hagen* BauR 2000, 28.

[942] Dazu auch *Kniffka* IBR-online-Kommentar zum Bauvertragsrecht Stand 4. 1. 2007 § 648a Rdn. 14; bejahend wohl OLG Celle IBR 2004, 146.

**Vor § 2**

ken" im Sinne von § 638 BGB a. F. und § 648 BGB.[943] Unter einem Bauwerk versteht die Rechtsprechung eine unbewegliche, durch Verwendung von Arbeit und Material in Verbindung mit dem Erdboden hergestellte Sache; dazu können auch technische Anlagen gehören.[944] Die Vorschrift erfasst daher zunächst sämtliche Hochbauten, Tiefbauten aller Art, Kanalisationsanlagen, Rohrleitungssysteme und Straßenbauarbeiten. Dazu gehören auch Bauleistungen für Altbauten, die nach Auffassung des BGH schon bei vergleichsweise geringfügigem Umfang als Arbeiten bei Bauwerken anzusehen sind.[945] Unerheblich ist, ob die Leistung für das Grundstück wertsteigernd ist.[946]

328 Keine Arbeiten an einem Bauwerk aber bloße **Bauvorbereitungs- und Schutzmaßnahmen,** die sich nicht unmittelbar werterhöhend auf ein Bauwerk auswirken, wie z. B. den Grundstückswert nicht erhöhende isoliert in Auftrag gegebene Abbrucharbeiten,[947] ebenso wenig Rodungsarbeiten und Arbeiten zur Beseitigung von Altlasten.[948] Umstritten ist dies für Gerüstbauarbeiten, die für die Errichtung eines Bauwerks erbracht werden (vgl. oben Rdn. 268). Die derzeitige Fassung des Gesetzes – abgestellt wird auf den Unternehmer eines Bauwerks und nicht auf den Erbringer einer Bauleistung – lässt es nicht zu, unabhängig von einer Wertsteigerung des Grundstücks sämtliche Bauleistungen in den Schutzbereich der Vorschrift einzubeziehen.[949]

329 Mit dem **Unternehmer einer Außenanlage** ist nach zutreffender Auffassung des BGH[950] der Unternehmer gemeint, der mit Arbeiten an einer Außenanlage beauftragt ist, die mit Arbeiten an einem Bauwerk im weitesten Sinne vergleichbar sind. Das ist aus dem Wortlaut der Vorschrift herzuleiten, die nicht von Außenarbeiten, sondern von Arbeiten an einer Außenanlage spricht. Erforderlich ist danach, dass gestalterische Arbeiten an einer Außenanlage vorzunehmen sind, die der Errichtung einer Anlage oder deren Bestand dienen. Nicht erfasst sind auch hier isoliert in Auftrag gegebene Arbeiten, die lediglich dazu dienen, ein Grundstück zur Bebauung frei zu machen.[951]

330 Da § 648a – über § 648 BGB und die Möglichkeit dinglicher Sicherung am Baugrundstück hinaus – einen **schuldrechtlichen Anspruch auf Sicherheit** gegen den Besteller gibt, auch wenn dieser nicht Grundstückseigentümer ist, können hiernach **Subunternehmer** von ihrem Auftraggeber/Besteller ebenfalls Sicherheit verlangen,[952] und zwar unabhängig davon, ob ihr Haupt- oder Generalunternehmer seinerseits einen entsprechenden Anspruch auf Sicherheit gegen seinen Auftraggeber, den Bauherrn, hat.

331 Ebenso sind „Werkunternehmer" im Sinn von § 648a Abs. 1 Satz 1 BGB **Architekten und Ingenieure,** wobei es – im Gegensatz zu § 648 BGB – hier nicht darauf ankommt, dass sich ihre (geistige) Leistung bereits im Bauwerk verkörpert hat.[953] Denn § 648a BGB

---

[943] *Slapnicar/Wiegelmann* NJW 1993, 2903, 2907; *Sturmberg* BauR 1994, 57/58; *Ingenstau/Korbion/Joussen* Anhang 2 Rdn. 135; BGH NZBau 2005, 281.
[944] *Kniffka* IBR-online-Kommentar zum Bauvertragsrecht Stand 4. 1. 2007 § 648a Rdn. 9 m. w. N.
[945] BGH NJW 1993, 3195 = BauR 1994, 101 = ZfBR 1994, 14 für umfangreichere Malerarbeiten anders allerdings bei nicht werterhöhenden Renovierungsarbeiten; *Kniffka/Koeble* 10. Teil Rdn. 31 f; *Kniffka* IBR-online-Kommentar zum Werkvertragsrecht Stand 4. 1. 2007 § 648a Rdn. 9.
[946] *Kniffka* IBR-online-Kommentar zum Bauvertragsrecht Stand 4. 1. 2007 § 648a Rdn. 16.
[947] BGH NZBau 2005, 281; *Ingenstau/Korbion/Joussen* Anhang 2 Rdn. 139; *Werner/Pastor* Rdn. 206; *Siegburg,* Bauhandwerkersicherung S. 116 ff.; einschränkend auch *Hofmann/Koppmann* S. 31.
[948] BGH NZBau 2005, 281; dazu *Hildebrandt* BauR 2006, 2.
[949] So zutreffend *Ingenstau/Korbion/Joussen* Anhang 2 Rdn 139 m. w. N.: a. A. insbesondere *Schulze-Hagen* BauR 2000, 28; OLG Köln BauR 2000, 1874; *Schmitz* ZfBR 2000, 489; Lotz BauR 2000, 1806, 1811.
[950] BGH NZBau 2005, 281; dazu *Hildebrandt* BauR 2006, 2.
[951] Kniffka IBR-online-Kommentar zum Bauvertragsrecht Stand 4. 1. 2007 § 648a Rdn. 11.
[952] *Sturmberg* BauR 1994, 58/59; *Weber* WM 1994, 725; *Hofmann/Koppmann* S. 29; *Ingenstau/Korbion/Joussen* Anhang 2 Rdn. 138; *Heiermann/Riedl/Rusam* VOB/B § 17 Rdn. 115 ff.; *Werner/Pastor* Rdn. 322; *Palandt/Sprau* § 648a Rdn. 5.
[953] *Slapnicar/Wiegelmann* NJW 1993, 2903, 2907; *Sturmberg* BauR 1994, 57/58; *Weber* WM 1994, 725; *Hofmann/Koppmann* S. 30; *Werner/Pastor* Rdn. 324; *Jauernig/Schlechtriem* § 648a Anm. 2; *Kniffka* IBR-online-Kommentar zum Bauvertragsrecht Stand 4. 1. 2007 § 648a Rdn. 17 f; *Kniffka* BauR 2007, 246, 250; *Kniffka/Koeble* 10. Teil Rdn 28 wollen wie bei § 648 BGB darauf abstellen, „ob sich die Architektenleistung im Grundstück realisiert"; anders aber wohl Rdn. 39; *Weise,* Sicherheiten im Baurecht Rdn. 620; OLG Düssel-

## J. Sicherung des Vergütungsanspruchs    Vor § 2

gibt Anspruch auf Sicherheit für zukünftige, erst noch „zu erbringende Vorleistungen" und gilt deshalb auch für den planenden Architekten, selbst wenn mit dem Bau nicht begonnen und nach seiner Planung noch nicht gebaut worden ist.[954] Das gilt aber nur, wenn die Umsetzung der Planung im Bauwerk „gesichert" ist,[955] und dann so lange, bis definitiv feststeht, dass die Planung tatsächlich nicht verwirklicht wird. Für bloße Studien und sog. „Schubladenplanungen", wenn keine konkrete Bauabsicht des Auftraggebers besteht oder diese endgültig entfallen ist, kann deshalb keine Sicherheit (mehr) verlangt werden. Dieselben Erwägungen gelten für den **Tragwerksplaner/Statiker.**

Keinen Anspruch auf Sicherheit nach § 648 a hat auch, wer nicht auf Grund eines Werkvertrages tätig wird, sondern auf Grund eines Kauf-, Dienst- oder Werklieferungsvertrages, insb. der **Baustoff- oder Fertigteillieferant.**[956]    332

Beim technischen **Baubetreuer** ist die Vorschrift ebenfalls anwendbar, nicht aber beim lediglich wirtschaftlichen Baubetreuer und dem **Treuhänder** im Bauherrenmodell.[957]

**c) Höhe der Sicherheit (§ 648 a Abs. 1 Satz 2 BGB).** Nach § 648 a Abs. 1 Satz 2 BGB kann die Sicherheit für die vom Werkunternehmer zu erbringenden Vorleistungen einschließlich dazugehöriger Nebenforderungen[958] „bis zur Höhe des voraussichtlichen Vergütungsanspruchs verlangt werden, wie er sich aus dem Vertrag oder einem nachträglichen Zusatzauftrag ergibt". Die Höhe der Nebenforderungen wird in § 648 a Abs. 1 Satz 2 Halbsatz 2 BGB mit 10% angesetzt.[959] Was unter Nebenforderungen zu verstehen ist, wird im Gesetz nicht geregelt. Nach der Begründung des Gesetzgebers soll es insbesondere um Zinsansprüche gehen.[960]    333

**aa) Volle Sicherheit – nicht nur pro rata.** Wie der Wortlaut des § 648 a Abs. 1 Satz 2 BGB zeigt, kann der Unternehmer Sicherheit bis zur **vollen Höhe seines voraussichtlichen vertraglichen Vergütungsanspruchs** verlangen,[961] und zwar zu jeder Zeit, vor Vertragsschluss oder danach, während der Bauzeit. Denn vor Vertragsschluss wird der Unternehmer davon regelmäßig absehen, um die Erteilung des Auftrags nicht zu gefährden und seinen Auftraggeber/Besteller nicht vorzeitig zu verärgern. Aber auch danach ist es allein seine Entscheidung, d. h. er hat es in der Hand, in welcher Höhe er bis zur Obergrenze seines voraussichtlichen Vergütungsanspruchs Sicherheit verlangt. Da der Unternehmer nach § 648 a Abs. 3 BGB die Kosten der Sicherheit bis zu 2% p. a. selbst tragen muss, wird er schon aus Kostengründen Sicherheit nur in Höhe seines eigenen Sicherheitsbedürfnisses verlangen.[962] Er kann, wenn er will und ihm das die Kosten wert ist, Sicherheit bis zur vollen Höhe verlangen, aber er muss dies nicht.[963] Der Unternehmer kann die Höhe der Sicherheit auch später anpassen, z. B. im Falle von nachträglichen Zusatzaufträgen.[964]    334

---

dorf BauR 2005, 416; PWW/*Leupertz* § 648 a Rdn. 7; OLG Düsseldorf BauR 2005, 416; OLG Köln BauR 2000, 1874, 1875; a. A. OLG Dresden IBR 1996, 432; OLG Frankfurt IBR 1995, 377.

[954] Einschränkend Hofmann/Koppmann S. 30, *Kniffka/Koeble* 10. Teil Rdn. 28.
[955] *Staudinger/Peters* § 648 a Rdn. 3; *Werner/Pastor* Rdn. 323.
[956] *Staudinger/Peters* § 648 a Rdn. 3; *Ingenstau/Korbion/Joussen* Anhang 2 Rdn. 140; *Palandt/Sprau* § 648 a Rdn. 7; Kniffka IBR-online-Kommentar zum Werkvertragsrecht Stand 4. 1. 2007 § 648 a Rdn. 13; zweifelnd *Kniffka/Koeble* 10. Teil Rdn. 29; a. A. MünchKomm/*Soergel* § 648 a Rdn. 11.
[957] *Kniffka/Koeble* 10. Teil Rdn. 30; Kniffka IBR-online-Kommentar zum Bauvertragsrecht Stand 4. 1. 2007 § 648 a Rdn. 14.
[958] So in der durch das Gesetz zur Beschleunigung fälliger Zahlungen BGBl. I S. 330 zum 1. 5. 2000 geänderten Fassung; zur Überleitung bei früher geschlossenen Verträgen siehe Art. 229 § 1 Abs. 2 EGBGB.
[959] Diese Erweiterung wurde durch Gesetz vom 30. 3. 2000 BGBl. I, S. 330 eingeführt und ist seit dem 1. 5. 2000 in Kraft.
[960] BT-Drucks. 14/1246.
[961] *Sturmberg* BauR 1994, 57 ff., 60 ff. und BauR 1995, 169 ff.; *Leinemann/Klaft* NJW 1995, 2521/2522; *Ingenstau/Korbion/Joussen* Anhang 2 Rdn. 147 ff.; *Palandt/Sprau* § 648 a Rdn. 10; *Kniffka/Koeble* 10. Teil Rdn. 40 ff; *Hofmann* BauR 2006, 763.
[962] *Palandt/Sprau* § 648 a Rdn. 10.
[963] *Sturmberg* BauR 1995, 169.
[964] *Ingenstau/Korbion/Joussen* Anhang 2 Rdn. 147 ff.

335 Durch die Erstreckung des Anspruchs auf Sicherheit bis zur Höhe des **voraussichtlichen** Vergütungsanspruchs soll Streit vermieden und verhindert werden, dass es zu Diskussionen zwischen Unternehmer und Besteller über die Höhe der Sicherheit kommt. Denn das würde dem Sicherheitsbedürfnis des Unternehmers zuwiderlaufen und die Realisierung seines Anspruchs auf eine aus seiner Sicht angemessene Sicherheit erschweren. Darauf braucht sich der Unternehmer nicht einzulassen. Soweit die Höhe der Vergütung nicht feststeht oder fest vereinbart ist, genügt eine Schätzung der voraussichtlichen Höhe, insbesondere beim Einheitspreisvertrag und bei Nachträgen. Allerdings muss der Unternehmer dafür eine prüffähige Aufstellung als Schätzgrundlage vorlegen und trägt insoweit auch die Darlegungs- und Beweislast für sein Verlangen.[965]

336 Lediglich **tatsächlich geleistete Zahlungen,** seien es Vorauszahlungen, Abschlagszahlungen oder Teilschlusszahlungen, mindern den Sicherheitsanspruch des Unternehmers, denn insoweit entfällt sein Sicherheitsbedürfnis.[966] Die bloße **Vereinbarung** von **Abschlagszahlungen** im Sinne eines **Ratenzahlungsplan**es genügt dafür nicht,[967] weil sie nicht sicherstellt, dass tatsächlich entsprechend gezahlt wird. Außerdem ist dies keine „Sicherheit" im Sinne von § 648a BGB, denn Abschlagszahlungen können auch **ohne Vereinbarung** nach § 16 Nr. 1 VOB/B verlangt werden und außerhalb der VOB nach § 632a BGB, sofern dessen Voraussetzungen gegeben sind. Wenn die Vereinbarung oder der Anspruch auf Abschlagszahlungen, der also ohnehin gegeben ist, das Vorleistungsrisiko des Unternehmers so einschränkten, dass er in diesen Fällen keinen Anspruch auf volle Sicherheit mehr hat, hätte dies in § 648a Abs. 1 Satz 2 BGB („bis zur Höhe des voraussichtlichen Vergütungsanspruchs") zum Ausdruck gebracht werden müssen.

337 **bb) Sicherheit nur für vertragliche Vergütungsansprüche einschließlich Nachträge.** Dadurch, dass nach § 648a Abs. 1 Satz 2 BGB die Sicherheit bis zur Höhe des voraussichtlichen Vergütungsanspruchs verlangt werden kann, „wie er sich aus dem Vertrag oder einem nachträglichen Zusatzauftrag ergibt", ist gleichzeitig klargestellt, dass Mehrvergütungsansprüche aus Nachträgen auf Grund von Leistungsänderungen und Zusatzleistungen nach § 2 Nr. 5 und 6 VOB/B ebenfalls in vollem Umfang sicherungsfähig sind.[968] Wenn das Gesetz hierfür einen „nachträglichen Zusatzauftrag" verlangt,[969] steht dem im Falle von § 2 Nrn. 5 und 6 VOB/B die Anordnung im Sinne eines Verlangens des Auftraggebers gleich, weil der Unternehmer nach § 1 Nrn. 3 und 4 VOB/B zu ihrer Befolgung verpflichtet ist und der Hauptauftrag hierdurch automatisch entsprechend erweitert wird. Das kann auch zu einem Anspruch auf nachträgliche **Erhöhung der Sicherheit** führen.[970] Unrichtig ist die Auffassung des OLG Düsseldorf,[971] dass zusätzliche oder geänderte Leistungen dann nicht sicherungsfähig seien, wenn sie nur dem Grunde nach und ohne Vereinbarung über die Höhe der Vergütung beauftragt seien. Sicherungsfähig sind im Prinzip auch Vergütungsansprüche aus § 649 BGB und § 8 Nr. 1 VOB/B, da es sich auch insoweit um vertragliche Vergütungsansprüche handelt.[972] Nach § 648a Abs. 1 Satz 2 BGB in der zum 1. 5. 2000

---

[965] *Sturmberg* BauR 1994, 57 ff., 60; *Ingenstau/Korbion/Joussen* a. a. O.

[966] BGH NJW 2001, 822, 824 = BauR 2001, 386 = NZBau 2001, 129 = ZfBR 2001, 166; *Ingenstau/Korbion/Joussen* Anhang 2 Rdn. 155; *Sturmberg* BauR 1994, 57 ff., 60 und BauR 1995, 169 ff.; *Leinemann/Klaft* NJW 1995, 2521/22; *Palandt/Sprau* § 648a Rdn. 10; *Kniffka/Koeble* 10. Teil Rdn. 40 ff.

[967] BGH NJW 2001, 822 = BauR 2001, 386 m. w. N.; *Hofmann* BauR 2006, 763; a. A. *Quack* ZfBR 1990, 114; *Hofmann/Koppmann* BauR 1994, 307; *Slapnicar/Wiegelmann* NJW 1993, 2903, 2905; *Reinelt* BauR 1997, 766, 772.

[968] *Ingenstau/Korbion/Joussen* Anhang 2 Rdn. 149; *Werner/Pastor* Rdn. 330; *Kniffka/Koeble* 10. Teil Rdn. 40 ff.; zum Umfang einer als Sicherheit gestellten Bürgschaft OLG München IBR 2004, 566 mit Anm. *Koppmann* IBR 2005, 682; *Hofmann* BauR 2006, 763; *Kniffka* BauR 2007, 246, 250; PWW/*Leupertz* § 648a Rdn. 11.

[969] *Sturmberg* BauR 1994, 57 ff., 60.

[970] *Ingenstau/Korbion/Joussen* Anhang 2 Rdn. 152.

[971] OLG Düsseldorf IBR 2005, 321.

[972] So auch MünchKomm/*Soergel* § 648a Rdn. 30; *Werner/Pastor* Rdn. 331; *Staudinger/Peters* § 648a Rdn. 8; *Ingenstau/Korbion/Joussen* Anhang 2 Rdn. 149 und 153; *Kniffka/Koeble* 10. Teil Rdn. 37 ff.; a. A. W. *Jagenburg* in der Vorauflage; *Hofmann/Koppmann* BauR 1994, 305, 307; *Kniffka* BauR 2007, 246, 250.

J. Sicherung des Vergütungsanspruchs    **Vor § 2**

eingeführten Fassung[973] kann Sicherheit auch für Nebenforderungen verlangt werden, also etwa für Zinsen, und zwar in Höhe von 10%, § 648a Abs. 1 Satz 2 Halbsatz 2 BGB. Das bedeutet aber nicht, dass der Auftragnehmer nach Ausführung der Arbeiten einen entsprechend erhöhten Vergütungsanspruch geltend machen kann.[974] Eine Anrechnung des Sicherheitseinbehalts nach § 17 Nr. 6 VOB/B wird allgemein abgelehnt.[975]

Streitig ist, ob Sicherheit auch für **Behinderungs- und Stillstandskosten** nach § 6 Nr. 6 VOB/B und für Entschädigungsansprüche nach § 642 BGB verlangt werden kann. Das wird teilweise wegen ihres vergütungsähnlichen Charakters und ihrer „Nähe" zu den vertraglichen Mehrvergütungsansprüchen aus § 2 Nrn. 5 und 6 VOB/B bejaht.[976] Mit dem Wortlaut des Gesetzes ist diese weite Ausdehnung auf „vergütungsähnliche Ansprüche" aber schwer zu vereinbaren. Auch die im Sicherungsrecht notwendige Formstrenge spricht dagegen.[977]  **338**

Umstritten ist weiter, ob selbst Ansprüche aus **auftraglosem Handeln** nach § 2 Nr. 8 VOB/B bzw. **Geschäftsführung ohne Auftrag** sowie solche aus **ungerechtfertigter Bereicherung** und **unerlaubter Handlung** wie auch **sonstige Schadensersatzansprüche, z. B. aus positiver Vertragsverletzung/§ 280 Abs. 1 BGB** von dem Sicherungszweck des § 648a Abs. 1 Satz 2 BGB umfasst werden. Hier ist zu differenzieren. Ansprüche aus § 2 Nr. 8 Abs. 2 Satz 1 und Satz 2 VOB/B werden vom Sicherungszweck umfasst, da die Leistung mit ihrer Anerkennung durch den Auftraggeber zu einer vertraglichen Leistung wird bzw. – Satz 2 – trotz der fehlenden Anerkennung ein vertraglicher Anspruch gewährt wird.[978] Das gilt allerdings trotz der Verweisung in § 2 Nr. 8 Abs. 3 VOB nicht mehr für Ansprüche aus Geschäftsführung ohne Auftrag, ebenso wenig für Ansprüche aus ungerechtfertigter Bereicherung, unerlaubter Handlung bzw. Schadensersatzansprüche aus positiver Vertragsverletzung/§ 280 Abs. 1 BGB.[979] Diese Ansprüche sind keineswegs so „vergütungsähnlich", wie oft behauptet wird. Sie unterscheiden sich in ihren Anspruchsvoraussetzungen und der Ermittlung der Anspruchshöhe vielmehr so grundlegend von Vergütungsansprüchen, dass eine Einbeziehung in den Schutzbereich des § 648a BGB mit der im Sicherungsrecht notwendigen Formstrenge und der Wahrung der berechtigten Belange des Sicherungsgebers unvereinbar wäre.[980] Die einzige Gemeinsamkeit dieser Ansprüche mit Vergütungsansprüchen besteht nämlich darin, dass sie auf Zahlung von Geld gerichtet sind.  **339**

**cc) Berücksichtigung bereits erbrachter Leistungen.** Der Streit über die Frage, ob auch für bereits erbrachte Leistungen eine Sicherheit nach § 648a BGB verlangt werden kann, dürfte inzwischen ausgestanden sein. Die gesetzliche Formulierung zwingt keineswegs zu der Schlussfolgerung, es könne nur für die noch ausstehenden Leistungen eine Sicherheit verlangt werden.[981] „Zu erbringende Vorleistungen" im Sinne des § 648a BGB sind vielmehr alle vertraglich geschuldeten Leistungen, bei denen es sich insgesamt solange um  **340**

---

[973] Gesetz zur Beschleunigung fälliger Zahlungen BGBl. I S. 330.
[974] *Ingenstau/Korbion/Joussen* Rdn. 160.
[975] Dazu kritisch *Kleefisch/Herchen* NZBau 2006, 201.
[976] *Ingenstau/Korbion/Joussen* VOB/B Anhang 2 Rdn. 153a; MüKo/*Busche* § 648a BGB Rdn. 20; *Weise,* Sicherheiten im Baurecht, Rdn. 636; *Thierau* Jahrbuch Baurecht 2000, 67, 99; *Leinemann/Sterner* BauR 2000, 1414, 1418; *Staudinger/Peters* § 648a Rdn. 8; *Hofmann/Koppmann,* Die neue Bauhandwerkersicherung, 4. Aufl., S. 202.
[977] *Werner/Pastor* Rdn. 331; *Kniffka/Koeble* 10. Teil Rdn. 38; *Kniffka* IBR-online-Kommentar zum Bauvertragsrecht Stand 4. 1. 2007 § 648a Rdn. 36; *Kniffka* BauR 2007, 246, 251.
[978] *Ingenstau/Korbion/Joussen* VOB/B Anhang 2 Rdn. 153a; *Weise,* Sicherheiten im Baurecht, Rdn. 636; *Kniffka* IBR-online-Kommentar zum Bauvertragsrecht Stand 4. 1. 2007 § 648a BGB Rdn. 34; a. A. *Kniffka/Koeble* 10. Teil Rdn. 38; *Sturmberg* BauR 1994, 57, 60; *Kniffka* BauR 2007, 246, 251.
[979] *Kniffka* a. a. O.; PWW/*Leupertz* § 648a Rdn. 11; *Ingenstau/Korbion/Joussen* VOB/B Anhang 2 Rdn. 153a m. w. N. wollen auch Ansprüche aus GoA einbeziehen, sowie Schadensersatzansprüche nach § 6 Nr. 6 VOB/B, wenn sie bei wirtschaftlicher Betrachtungsweise ein Äquivalent für die erbrachte Leistung darstellen und zumindest faktisch dem Vergütungsbereich zuzurechnen sind.
[980] So zu Recht *Kniffka* a. a. O.
[981] So allerdings auch noch *W. Jagenburg* in der Vorauflage; ebenso OLG Schleswig NJW-RR 1998, 532; *Weber* WM 1994, 725; *Siegburg* BauR 1997, 40; *Reinelt* BauR 1997, 766, 770.

Vorleistungen handelt, wie die geschuldete Gegenleistung nicht erbracht ist. Auch der Gesetzeszweck spricht dafür, bereits erbrachte Leistungen einzubeziehen und den Auftragnehmer dadurch möglichst umfassend vor den Risiken zu schützen, die sich aus seiner Vorleistungspflicht ergeben. Auch für bereits erbrachte Leistungen kann daher nach inzwischen herrschender Auffassung[982] eine Sicherheit nach § 648 a BGB verlangt werden. Es darf im Ergebnis nur nicht zu einer „Übersicherung" des Auftragnehmers kommen.

**341** **dd) Einfluss von Mängeln.** Weist die erbrachte Leistung Mängel auf, so geben diese dem Auftraggeber im Prinzip so lange keinen Anspruch auf Verweigerung oder Verminderung der Sicherheit, wie der Auftragnehmer noch zur Nachbesserung in der Lage und bereit ist.[983] Das ist – sofern der Auftragnehmer den Mangel als solchen bzw. seine Bereitschaft zur Beseitigung nicht schlichtweg verneint – schwer zu überprüfen. Das hat in der Vergangenheit häufig dazu geführt, dass der auf Mängelbeseitigung in Anspruch genommene Auftragnehmer diese von der Stellung einer Sicherheit abhängig machte in der sicheren Erwartung, dass der ohnehin verärgerte Auftraggeber dazu nicht bereit sei und er – der Auftragnehmer – dann unter Hinweis auf die fehlende Sicherheit seinen Werklohnanspruch ohne Ausführung weiterer Arbeiten einredefrei durchsetzen könne. Dem hat der BGH durch mehrere im Januar 2004 erlassene Entscheidungen ein Ende gesetzt.[984] Danach kann der Auftragnehmer – soweit die Vergütung nicht gezahlt ist – die Sicherheit auch dann noch verlangen, wenn er nur noch die Mängelbeseitigung schuldet. Das gilt auch nach Abnahme. Wird die Sicherheit nicht geleistet, kann der Werklohn nicht trotz der Mängel in voller Höhe durchgesetzt werden. Ist die Abnahme noch nicht erfolgt, ist der Vergütungsanspruch als solcher nicht fällig; der Auftragnehmer kann aber nach § 648 a Abs. 5 i. V. m. § 643 BGB den Vertrag auflösen; er kann dann nach § 645 BGB eine Vergütung für die vertragsgemäß erbrachte Leistung verlangen; soweit Mängel vorliegen, ist die Leistung nicht vertragsgemäß erbracht. Ist die Abnahme bereits erfolgt, ist der Vergütungsanspruch fällig, nach § 641 Abs. 3 BGB aber wegen der Mängel nicht bzw. nicht in voller Höhe durchsetzbar; noch nicht abschließend geklärt ist, wie hoch das Leistungsverweigerungsrecht in diesen Fällen zu bewerten ist; hier wird – so der BGH[985] – zu berücksichtigen sein, dass der Druckzuschlag möglicherweise entfällt, wenn der Auftraggeber die Sicherheit nicht gestellt hat. Folgt man dem BGH, hat der Auftragnehmer nunmehr verschiedene Handlungsmöglichkeiten: Er kann nach §§ 648 a Absatz 5, 643, 645 BGB vorgehen, den Vertrag auflösen und nach dem Wegfall seiner Verpflichtung zur Mängelbeseitigung den um die Mängelbeseitigungskosten reduzierten Werklohn geltend machen. Er kann aber auch den Vertrag aufrechterhalten, ohne Sicherheitsleistung die Mängel beseitigen und dann den vollen Werklohnanspruch geltend machen. Damit trägt er in jedem Fall die Mängelbeseitigungskosten.[986]

Erst wenn der Auftragnehmer wegen der Mängel einen auf Zahlung gerichteten Gewährleistungsanspruch, also Vorschuss-, Kostenerstattungs- oder Schadensersatzanspruch zur **Aufrechnung**[987] stellen kann, reduziert sich der Vergütungsanspruch des Unternehmers und damit auch die zu stellende Sicherheit entsprechend.[988] Erst dann ist dieser – ebenso wie bei Abschlags- oder Teilschlusszahlungen – anzupassen. Das setzt aber voraus, dass ein

---

[982] BGH NJW 2001, 822, 824 = BauR 2001, 386; OLG Dresden BauR 1999, 1314; OLG Karlsruhe NJW 1997, 263 = BauR 1996, 556; *Leinemann* NJW 1997, 238; *Leinemann/Klaft* NJW 1995, 2521; *Werner/Pastor* Rdn. 329.
[983] BGH NJW 2001, 822 = BauR 2001, 386; *Sturmberg* BauR 1994, 57 ff., 62; *Ingenstau/Korbion/Joussen* Anhang 2 Rdn. 156, 157; *Werner/Pastor* Rdn. 329; *Staudinger/Peters* § 648 a Rdn. 9; *Hofmann* BauR 2006, 763; *Kniffka* BauR 2007, 249; *PWW/Leupertz* § 648 a Rdn. 11.
[984] BGH BauR 2004, 826, 834, 830, 1650; 2005, 548, 749; 1926; NZBau 2007, 38 dazu auch *Kniffka* BauR 2007, 246, 248; ablehnend *Schliemann/Hildebrandt* ZfIR 2004, 278, 280 und *Thierau* NZBau 2004, 311.
[985] BGH BauR 2005, 548.
[986] So zu Recht *Kniffka* a. a. O. unter Hinweis auf die oben zitierte BGH-Rechtsprechung.
[987] Seine frühere Rechtsprechung zur Verrechnung hat der BGH inzwischen ausdrücklich aufgegeben: BGH BauR 2005, 1477; dazu *Kessen* BauR 2005, 1691.
[988] BGH NJW 2001, 822 = BauR 2001, 386 m. w. N.; *Hofmann* BauR 2006, 763.

J. Sicherung des Vergütungsanspruchs         **Vor § 2**

solcher Anspruch überhaupt aufrechenbar entstanden ist. Solange der Auftraggeber die verlangte Sicherheit nicht stellt, ist der Auftragnehmer mit der Ausführung der Mängelbeseitigungsarbeiten nicht in Verzug. Ist die von dem Auftragnehmer gemäß § 643 BGB gesetzte Nachfrist abgelaufen, ist der Erfüllungsanspruch des Auftraggebers untergegangen.[989] Ein Schadensersatzanspruch aus § 281 BGB statt der Leistung ist deshalb nur schwer vorstellbar. Etwas anderes gilt also nur dann, wenn der Auftraggeber schon vor Ablauf der Frist für die Sicherheitsleistung die Voraussetzungen für die Entstehung eines Schadensersatzanspruches geschaffen hat. Eine einmal entstandene aufrechenbare Gegenforderung kann der Auftragnehmer nämlich nicht durch sein Verlangen nach Sicherheit zu Fall bringen.[990] Das dürfte aber nur in Ausnahmefällen zu bejahen sein.

**ee) Aufrechnung mit sonstigen Gegenforderungen.**[991] Gegenforderungen jeglicher  342
Art können bei der Berechnung der Sicherheitsleistung ohnehin nur berücksichtigt werden, wenn die **Aufrechnung** gegen den zu sichernden Vergütungsanspruch **erklärt worden ist.**

Sind die **Gegenansprüche streitig,** sollen sie nach verbreiteter Auffassung überdies erst dann berücksichtigt werden können, wenn sie anerkannt oder nach Grund und Höhe rechtskräftig festgestellt sind.[992] Der Berücksichtigung nicht rechtskräftig festgestellter Forderungen soll das berechtigte Sicherungsinteresse des Auftragnehmers entgegenstehen. Ob das richtig ist, erscheint zweifelhaft.[993] Soweit dem Auftraggeber eine aufrechenbare Forderung zusteht, erlischt mit Abgabe der Aufrechnungserklärung die dem Auftragnehmer zustehende Vergütungsforderung. Er hat daher insoweit – objektiv betrachtet – überhaupt kein schutzwürdiges Sicherungsinteresse mehr.[994] Dass der Gesetzgeber gleichwohl den Auftragnehmer auch für die Zeit der Auseinandersetzung über geltend gemachte Gegenforderungen vor einem möglichen Ausfall seiner Forderungen dadurch schützen wollte, dass bestrittene Gegenforderungen bei der Berechnung der Sicherheitsleistung außer Betracht zu bleiben haben, ist dem Wortlaut der Norm auch nach ihrer Anpassung durch das Gesetz zur Beschleunigung fälliger Zahlungen[995] nicht zu entnehmen. Auch der Normzweck zwingt nicht zu dieser Schlussfolgerung. Der Auftragnehmer hat sicherlich ein schutzwürdiges Interesse daran, dass sein berechtigtes Sicherungsbegehren nicht durch die Geltendmachung zweifelhafter Gegenforderungen unterlaufen wird. Der Auftraggeber hat aber ein ebenso schutzwürdiges Interesse an der Berücksichtigung seiner berechtigten Gegenforderungen, die er – soweit sie auf anderem Rechtsgrund beruhen – möglicherweise von vornherein zur Verrechnung vorgesehen und damit zur Grundlage seiner Finanzierung gemacht hat. Es trifft auch nicht zu, dass ihm keine nennenswerten Nachteile drohen, wenn seine bestrittene Gegenforderung bei der Berechnung der Sicherheitsleistung von vornherein außer Betracht bleibt.[996] Er muss nämlich eine um den Wert dieser Gegenforderung höhere Sicherheit beibringen. Gelingt ihm das nicht, steht dem Auftragnehmer nach § 648a Abs. 1 und 5 BGB das Recht zur Verweigerung der Leistung und zur Kündigung des Vertrages zu. Ihm drohen also ganz erhebliche Nachteile. Das spricht dafür, auch die bereits erklärte Aufrechnung mit einer bestrittenen Gegenforderung bei der Berechnung der Sicherheitsleistung zu berücksichtigen. Die Parteien wären schon im eigenen Interesse gehalten, die geltend gemachte Forderung sorgfältig zu prüfen. Der Auftraggeber, der eine Gegenforderung konstruiert oder aufbauscht, läuft nämlich Gefahr, die Stellung einer Sicherheit in der tatsächlich geschuldeten Höhe zu Unrecht zu verweigern und dem Auftragnehmer damit berechtigten Grund zur

---

[989] Dazu BGH NJW 2004, 1525 = NZBau 2004, 259 und NZBau 2007, 38.
[990] *Kniffka* a. a. O.
[991] Dazu auch *Kniffka* IBR-online-Kommentar zum Bauvertragsrecht Stand 4. 1. 2007 § 648a Rdn. 112 ff.
[992] *Ingenstau/Korbion/Joussen* Anhang 2 Rdn. 158; *Werner/Pastor* Rdn. 330; OLG Düsseldorf BauR 1999, 47, 48; OLG Stuttgart OLGR 2001, 3; OLG Karlsruhe NJW 1997, 263, 264; *Hofmann* BauR 2006, 763.
[993] Zweifelnd auch *Kniffka/Koeble* 10. Teil Rdn. 47.
[994] BGH BauR 2001, 386 = NJW 2001, 822 = NZBau 2001, 129 = ZfBR 2001, 166.
[995] BGBl. I S. 330.
[996] So *Ingenstau/Korbion/Joussen* Anhang 2 Rdn. 158.

Einstellung der Arbeiten oder sogar zur Kündigung zu geben. Der Auftragnehmer, der eine berechtigte Gegenforderung bestreitet und den Auftraggeber damit zur Stellung einer in dieser Höhe gar nicht geschuldeten Sicherheit zwingt, läuft Gefahr, dass er – wenn dieser dem Sicherungsbegehren nicht nachkommt – zu Unrecht von den in § 648 a BGB eröffneten Möglichkeiten Gebrauch und sich selbst dadurch schadensersatzpflichtig macht.

343 Im Übrigen kann der Auftragnehmer sich durch entsprechende vertragliche Abreden vor der Aufrechnung mit bestrittenen Gegenforderungen schützen.[997]

344 **ff) Überhöhtes Sicherungsverlangen.** Verlangt der Auftragnehmer eine zu hohe Sicherheit, darf der zur Kooperation verpflichtete Auftraggeber diesen Anspruch nicht einfach zurückweisen, sondern muss – soweit der Auftragnehmer dazu bereit ist – eine Sicherheit in angemessener Höhe anbieten, soweit diese für ihn feststellbar ist.[998] Unwirksam ist das Sicherungsverlangen aber, wenn der geltend gemachte Zahlungsanspruch stark überhöht ist und der Auftraggeber die Höhe der tatsächlich geschuldeten Zahlung nur mit unzumutbarem Aufwand ermitteln kann.[999]

345 **gg) Zeitpunkt des Sicherungsverlangens.** Das Gesetz lässt dem Unternehmer die Wahl, ob er die Sicherheit sofort bei Vertragsschluss oder erst später und ob er sie in voller Höhe oder nur in Höhe eines Teilbetrages geltend machen will. Es ist ihm daher unbenommen, dieses Verlangen erst nach Ausführung wesentlicher Teilleistungen zu stellen.[1000] Zunächst offen gelassen hat der BGH die Frage, ob dieses Verlangen auch noch nach Abnahme bzw. Kündigung gestellt werden kann. Diese Frage ist zu bejahen, da das Sicherungsinteresse des Auftragnehmers auch über den Zeitpunkt der Abnahme hinaus fortbesteht bis zur endgültigen Zahlung. Das hat nunmehr auch der BGH ausdrücklich klargestellt.[1001]

### 3. Sicherungsgeber, insbesondere Kreditinstitute oder Kreditversicherer

346 Sicherungsgeber kann zunächst der Besteller selbst sein, der dem Unternehmer für die von diesem zu erbringenden Vorleistungen Sicherheit leisten kann, sei es durch Vorauszahlung, sei es durch Einräumung einer Hypothek oder Grundschuld am Baugrundstück oder einem anderen Grundstück seines Vermögens. Insofern gehen die Möglichkeiten, von denen der Besteller freiwillig Gebrauch machen kann, über das hinaus, was der Unternehmer, nachdem er entsprechende Leistungen erbracht hat, gem. § 648 BGB als Bauhandwerkersicherungshypothek vom Besteller erzwingen kann.

347 Sicherungsgeber für den Besteller kann außerdem aber auch ein **Dritter** sein, insbesondere Kreditinstitute und Kreditversicherer, für die § 648 a Abs. 2 BGB eine Sonderregelung enthält, insbesondere was die Voraussetzungen für die Inanspruchnahme einer von ihnen geleisteten Sicherheit angeht. Erforderlich ist aber, dass sich aus der von dem Dritten geleisteten Sicherheit ein **unmittelbarer Zahlungsanspruch** gegen den Dritten selbst ergibt. Daran fehlt es, wenn die Bank lediglich erklärt, dass sie „im Rahmen der ihr erteilten Verwaltungsbefugnis aus den bereit gestellten Mitteln Zahlungen unter den vertraglich vereinbarten Voraussetzungen leisten werde".[1002] Die Sicherung muss auch insolvenzfest sein; Konzernbürgschaften scheiden daher aus.[1003]

---

[997] *Werner/Pastor* Rdn. 2571 ff.
[998] BGH NJW 2001, 822 = BauR 2001, 386 = NZBau 2001, 129 = ZfBR 2001, 166; OLG Düsseldorf BauR 1999, 47; OLG Karlsruhe BauR 1996, 556.
[999] OLG Hamm (21. S.) NZBau 2004, 445 = NJW-RR 2004, 377.
[1000] BGH NJW 2001, 822, 823 = BauR 2001, 386.
[1001] BGH NZBau 2004, 259 und 261 zum Sicherheitsverlangen nach Abnahme und NZBau 2004, 264 zum Sicherheitsverlangen nach Kündigung; dazu *Kniffka* IBR-online-Kommentar zum Bauvertragsrecht Stand 4. 1. 2007 § 648 a Rdn. 76 f., 106 ff., 120 ff.; abl. *Schliemann/Hildebrandt* ZfIR 2004, 278; *Thierau* NZBau 2004, 311; *Heiland* BauR 2004, 128.
[1002] BGH NJW 2001, 822, 825 = BauR 2001, 386, 390 = NZBau 2001, 129, 131; *Ingenstau/Korbion/Joussen* Anhang 2 Rdn. 163 a; eher kritisch Heiland BauR 2004, 1209.
[1003] BGH a. a. O.; *Ingenstau/Korbion/Joussen* Anhang 2 Rdn. 163 a; a. A. *Schulze-Hagen* BauR 2000, 28, 33; *Weise*, Sicherheiten im Baurecht, Rdn. 624.

## J. Sicherung des Vergütungsanspruchs  Vor § 2

Verlangt der Unternehmer vom Besteller Sicherheit nach § 648 a BGB, so stellt die Abtretung der durch Bürgschaft gesicherten Werklohnforderung des Bestellers gegen seinen Auftraggeber an den Unternehmer keine hinreichende Sicherheitsleistung dar.[1004]

**a) Dritte als Sicherungsgeber für den Besteller (§ 648 a Abs. 1 Satz 3 BGB).** 348
Soweit die Sicherheit nicht vom Auftraggeber/Besteller selbst erbracht wird, sondern von einem Dritten, bestimmt § 648 a Abs. 1 Satz 3 BGB, dass es zulässig und „als ausreichend anzusehen" ist, wenn sich der Sicherungsgeber das Recht vorbehält, sein Versprechen im Falle einer wesentlichen Verschlechterung der Vermögensverhältnisse des Bestellers zu widerrufen, allerdings nur für die Zukunft, d. h. für Vergütungsansprüche aus Bauleistungen, die der Unternehmer bei Zugang der Widerrufserklärung noch nicht erbracht hat.[1005]

**aa) Recht zum Widerrufsvorbehalt.** Dass die von einem Dritten gegebene Sicherheit 349 auch dann ausreichend ist, wenn dieser sich das Recht vorbehält, sein Versprechen im Falle einer wesentlichen Verschlechterung der Vermögensverhältnisse des Bestellers für zukünftige Vergütungsansprüche des Unternehmers zu widerrufen, hat seinen Grund darin, dass der Dritte als Sicherungsgeber ein berechtigtes Interesse daran hat, eine von ihm übernommene Sicherheit vom Auftraggeber/Besteller wieder zurückzuerhalten.[1006]

Daraus ergibt sich, dass ein Widerrufsrecht des Dritten als Sicherungsgeber nicht besteht, 350 wenn er für die von ihm übernommene Sicherheit seinerseits ausreichend gesichert ist. So kann sein Ausgleichsinteresse trotz wesentlicher Verschlechterung der Vermögensverhältnisse des Bestellers durch eine von diesem gegebene anderweitige Sicherheit nicht gefährdet sein. Das kann z. B. der Fall sein, wenn der Dritte sich für den Besteller **verbürgt** und von diesem dafür eine Immobiliarsicherheit erhalten oder ausreichend werthaltige Ansprüche abgetreten bekommen hat, die der Besteller als Sicherheit gegenüber dem Unternehmer nicht einsetzen konnte oder wollte.

Soweit § 648 a Abs. 1 Satz 3 BGB außerdem bestimmt, dass sich der Dritte als Sicherungsgeber vorbehalten kann, sein **„Versprechen"** unter den dort genannten Voraussetzungen zu widerrufen, gilt das nicht nur für Bürgschaften und Schuldversprechen im eigentlichen Sinne, sondern auch für tatsächlich hingegebene Sicherheiten, wie etwa eine Hypothek oder Grundschuld auf einem Grundstück des Dritten. Denn auch diese sind im weiteren Sinne nur ein Versprechen, zukünftige Ansprüche des Unternehmers dadurch abzusichern und ggf. zu erfüllen. 351

Im Übrigen gibt § 648 a Abs. 1 Satz 3 BGB dem Dritten als Sicherungsgeber kein 352 Widerrufsrecht, sondern nur das **Recht zum Vorbehalt** eines solchen. Das Recht zum Widerruf der Sicherheit besteht also nicht automatisch, sondern nur, wenn der Dritte als Sicherungsgeber sich das Recht zum Widerruf bei Bestellung der Sicherheit bzw. Abgabe des Sicherheitsversprechens auch tatsächlich vorbehalten hat.[1007]

**bb) Wesentliche Verschlechterung der Vermögensverhältnisse des Bestellers.** 353
Weitere Voraussetzungen dafür, dass der Dritte als Sicherungsgeber von einem Vorbehalt des Widerrufs Gebrauch machen kann, ist eine wesentliche Verschlechterung der Vermögensverhältnisse des Bestellers. Dafür ist es erforderlich, dass sich gegenüber dem Stand bei Abgabe des Versprechens bzw. Hingabe der Sicherheit die Vermögensverhältnisse des Bestellers nachträglich wesentlich verschlechtert haben. Es ist also ein Vergleich der Vermögensverhältnisse bei Bestellung der Sicherheit mit dem Stand zurzeit des Widerrufs erforderlich.[1008]

Waren die Vermögensverhältnisse des Bestellers schon bei Übernahme/Eingehung der 354 Sicherheit ähnlich schlecht und hat der Sicherungsgeber **trotzdem** die Sicherheit über-

---

[1004] BGH IBR 2005, 681 mit Anm. *Thierau*.
[1005] *Ingenstau/Korbion/Joussen* Anhang 2 Rdn. 167.
[1006] *Ingenstau/Korbion/Joussen* Anhang 2 Rdn. 164 ff.
[1007] *Sturmberg* BauR 1994, 59 ff., 63; *Hofmann/Koppmann* S. 66.
[1008] *Ingenstau/Korbion/Joussen* Anhang 2 Rdn. 164 ff.

nommen, fehlt es an einer wesentlichen Verschlechterung in der Zeit bis zum Widerruf, so dass dieser nicht gerechtfertigt ist.[1009]

355   cc) **Wirkung des Widerrufs nur für die Zukunft.** Außerdem gilt nach der ausdrücklichen Regelung des § 648a Abs. 1 Satz 3 BGB der Widerruf nur „mit Wirkung für Vergütungsansprüche aus Bauleistungen, die der Unternehmer bei Zugang der Widerrufserklärung noch nicht erbracht hat". Für schon erbrachte Leistungen wirkt die Sicherheit dagegen fort, zumal diese in das Eigentum des Auftraggebers übergegangen sind und bereits dessen Vermögen vermehrt haben.[1010]

356   Fraglich und eher zu verneinen ist deshalb die Frage, ob zu den schon erbrachten Leistungen, für die die Sicherheit in diesem Fall fortbesteht, auch **Vorbereitungsleistungen** wie die Baustelleneinrichtung zählen und Leistungen, die noch nicht in das Bauwerk eingegangen sind.[1011] Denn dafür hat der Unternehmer in der Regel noch keinen Vergütungsanspruch, so dass es sich vergütungsrechtlich um noch nicht erbrachte Leistungen handelt. Das gilt grundsätzlich selbst dann, wenn es sich um Vorbereitungsleistungen handelt, die für das betreffende Bauvorhaben „speziell angefertigt bzw. angeliefert worden sind und anderweitig vom Auftragnehmer nicht verwertet werden können", z. B. angefertigte und bereitstehende Bauteile, etwa Fertigteile.[1012] Das kann, weil hierdurch das Vermögen des Bestellers noch nicht vermehrt wird, nur unter der weiteren Voraussetzung des § 16 Nr. 1 VOB/B gelten, dass „dem Auftraggeber nach seiner Wahl das Eigentum an ihnen übertragen oder entsprechende Sicherheit gegeben wird". Denn nur dann hat der Unternehmer insoweit bereits einen **Anspruch auf Abschlagszahlung.**

357   Hinsichtlich der Bauleistungen, die bei Zugang der Widerrufserklärung noch nicht erbracht sind, stellt sich für den Unternehmer die Frage, ob er insoweit ungesichert weiterleisten will. Dazu ist er grundsätzlich nicht verpflichtet, denn er hat in diesem Fall die Möglichkeit, vom Besteller nach § 648a Abs. 1 Satz 1 BGB die Beibringung einer anderweitigen Sicherheit zu verlangen. Geschieht dies trotz Fristsetzung und Androhung, ansonsten die Arbeiten einzustellen, nicht, hat der Unternehmer erneut ein Leistungsverweigerungsrecht. Außerdem hat er in diesen Fällen die Möglichkeit der **Arbeitseinstellung** nach § 321 BGB,[1013] ggf. in Verbindung mit § 16 Nr. 5 Abs. 3 Satz 3 VOB/B.[1014] Ebenso kann er, wenn der Auftraggeber keine weiteren Zahlungen leistet, unter den Voraussetzungen des § 9 Nr. 1 lit. b VOB/B unter Umständen auch kündigen.[1015]

358   **b) Kreditinstitute oder Kreditversicherer als Sicherungsgeber (§ 648a Abs. 2 BGB).** Diese Grundsätze gelten auch für Kreditinstitute und Kreditversicherer als Sicherungsgeber, insbesondere den häufigen Fall der Bankbürgschaft. Denn Banken als Bürgen sind ebenfalls Dritte im Sinne von § 648a Abs. 1 Satz 3 BGB.[1016]

359   Das ergibt sich im Übrigen indirekt daraus, dass nach § 648a Abs. 2 BGB die Sicherheit „auch durch eine Garantie oder ein sonstiges Zahlungsversprechen eines Kreditinstituts oder Kreditversicherers geleistet werden kann". Damit ist nicht nur die übliche Sicherheit durch Bankbürgschaft zugelassen, sondern jede andere gesetzlich anerkannte Sicherheit im Sinne von § 232 Abs. 1 BGB.[1017] Dadurch will man, wie *Ingenstau/Korbion*[1018] zutreffend bemerken, „den heute üblichen Finanzierungswegen und neuartigen Sicherstellungen gerecht werden, aber auch weitere Entwicklungen auf dem Markt der Baukredite nicht behindern".

---

[1009] *Ingenstau/Korbion/Joussen* a. a. O.
[1010] *Ingenstau/Korbion/Joussen* a. a. O.
[1011] So aber für die Baustelleneinrichtung *Sturmberg* BauR 1994, 59 ff., 63; *Hofmann/Koppman* S. 68 Fn. 76.
[1012] Für ihre Einbeziehung und Behandlung als schon erbrachte Leistungen aber *Ingenstau/Korbion/Joussen* a. a. O.
[1013] *Hofmann/Koppmann* S. 67 unter Hinweis auf die amtliche Begründung S. 9.
[1014] *Ingenstau/Korbion/Joussen* a. a. O.
[1015] *Hofmann/Koppmann* S. 67; *Ingenstau/Korbion/Joussen* a. a. O.
[1016] *Hofmann/Koppmann* S. 67; *Palandt/Sprau* § 648a Rdn. 4; *Kniffka* IBR-online-Kommentar zum Bauvertragsrecht Stand 4. 1. 2007 § 648a Rdn. 65 ff.
[1017] *Ingenstau/Korbion/Joussen* Anhang 2 Rdn. 163 ff.
[1018] A. a. O.

**aa) Zulassung in der Bundesrepublik Deutschland.** Dadurch, dass § 648a Abs. 2 Satz 1 BGB nur Kreditinstitute und Kreditversicherer erwähnt, die „im Geltungsbereich dieses Gesetzes zum Geschäftsbetrieb" befugt sein müssen, sind – anders als im Falle des § 17 Nr. 2 VOB/B – in den Europäischen Gemeinschaften zugelassene Kreditinstitute und Kreditversicherer dem Wortlaut nach nicht als Sicherungsgeber zugelassen.[1019] 360

Es fragt sich allerdings, ob dies nicht – ähnlich wie zuvor bei § 17 Nr. 2 VOB/B – lediglich ein redaktionelles Versehen des Gesetzgebers ist. Jedenfalls ist nicht einzusehen, dass der Auftraggeber nach § 17 Nr. 2 VOB/B verpflichtet ist, auch die Bürgschaft einer ausländischen Bank als Sicherheitsleistung des Auftragnehmers zu akzeptieren, dieser das seinerseits nach § 648a Abs. 2 Satz 1 BGB aber nicht muss. 361

**bb) Zahlung nur bei Anerkenntnis des Bestellers oder vorläufig vollstreckbarer Verurteilung (§ 648a Abs. 2 Satz 2 BGB).** Soweit Kreditinstitute oder Kreditversicherer[1020] für den Besteller Sicherheit leisten, sollen sie nicht gezwungen sein, streitige Forderungen des Unternehmers zu erfüllen oder „von sich aus Prüfungen anzustellen", ob und inwieweit diese gerechtfertigt sind.[1021] Deshalb bestimmt § 648a Abs. 2 Satz 2 BGB, dass sie Zahlungen an den Unternehmer nur leisten dürfen, wenn und soweit der Besteller den Vergütungsanspruch des Unternehmers anerkennt oder er vorläufig vollstreckbar zur Zahlung verurteilt worden ist und die Voraussetzungen der Zwangsvollstreckung vorliegen.[1022] 362

Im letztgenannten Fall genügt es also nicht schon, dass eine Sicherungsvollstreckung nach § 720a ZPO möglich ist. Vielmehr muss der Unternehmer, sofern das Urteil nicht ohne Sicherheitsleistung vorläufig vollstreckbar ist, die als Voraussetzung der Zwangsvollstreckung angeordnete Sicherheit seinerseits geleistet haben.[1023] 363

**cc) Keine Bürgschaft auf erstes Anfordern.** Daraus, dass Kreditinstitute und Kreditversicherer nach § 648a Abs. 2 Satz 2 BGB nur auf anerkannte oder vorläufig vollstreckbar ausgeurteilte Ansprüche zahlen müssen, ergibt sich zugleich, dass als Sicherheitsleistung in einem solchen Fall keine Bürgschaft auf erstes Anfordern in Betracht kommt, der Unternehmer eine solche also nicht verlangen kann.[1024] 364

**dd) Keine Anwendung auf vertraglich vereinbarte Sicherheiten.** Die Regelung ist aber nur auf nachträglich verlangte Sicherheiten anwendbar, während vertraglich vereinbarte Sicherheiten unberührt bleiben.[1025] Aus den Gesetzesmaterialien ergeben sich nämlich keine Anhaltspunkte dafür, dass auch vertraglich vereinbarte Sicherungen erfasst werden sollten. Auch der Normzweck lässt eine derart weitreichende Schlussfolgerung nicht zu. Es ist den Parteien daher unbenommen, vertraglich eine von § 648a BGB abweichende Regelung über die Sicherheitsleistung und die Kosten der Sicherheit zu treffen. 365

**4. Kosten der Sicherheit (§ 648a Abs. 3 BGB)**

Da die Sicherheit des Bestellers für zukünftige, erst noch zu erbringende (Vor-)Leistungen des Unternehmers in erster Linie dessen Interesse dient, bestimmt § 648a Abs. 3 BGB, dass der Unternehmer dafür auch die üblichen Kosten zu erstatten hat, die der Höhe nach allerdings auf 2% pro Jahr limitiert sind. 366

---

[1019] *Ingenstau/Korbion/Joussen* a. a. O.
[1020] Für sonstige Dritte als Sicherungsgeber gilt das nicht.
[1021] *Ingenstau/Korbion/Joussen* a. a. O.; *Kniffka* IBR-online-Kommentar zum Bauvertragsrecht Stand 4. 1. 2007 § 648a Rdn. 65 ff.
[1022] Dazu aber *Schmitz* BauR 2006, 430.
[1023] *Ingenstau/Korbion/Joussen* a. a. O.
[1024] *Gutbrod* Betr 1993, 1559/60; *Sturmberg* BauR 1994, 59 ff., 63; *Ingenstau/Korbion/Joussen* Anhang 2 Rdn. 168; *Palandt/Sprau* § 648a Rdn. 14; *Jauernig/Schlechtriem* § 648a Anm. 3; OLG Düsseldorf BauR 2000, 919, 920; OLG Celle IBR 2000, 377.
[1025] OLG Frankfurt NZBau 2005, 156: OLG Oldenburg MDR 1999, 89; OLG München IBR 1999, 164; Palandt/Sprau § 648a BGB Rdn. 4; *Leinemann/Sterner* BauR 2000, 1414; a. A. wohl *Ingenstau/Korbion/Joussen* VOB/B Anhang 2 Rdn. 211 f; *Staudinger/Peters* § 648a Rdn. 27; OLG Düsseldorf BauR 2000, 919; OLG Celle IBR 2000, 377.

**367** **a) Erstattungspflicht des Unternehmers in Höhe der üblichen Kosten bis zu 2% p. a. (§ 648 a Abs. 3 Satz 1 BGB).** Dadurch, dass § 648 a Abs. 3 BGB den Kostenerstattungsanspruch des Bestellers auf die üblichen Kosten der Sicherheitsleistung beschränkt und der Höhe nach auf 2% pro Jahr begrenzt, ist zweierlei klargestellt:

**368** **aa) Höhere Kostenerstattung ausgeschlossen.** Wenn dem Auftraggeber höhere Kosten für die Sicherheitsleistung entstehen, „weil seine Vermögenslage nicht den normalerweise für den Kreditgeber zu erwartenden Voraussetzungen entspricht",[1026] braucht der Unternehmer nicht die dem Auftraggeber tatsächlich entstehenden höheren Kosten zu erstatten, sondern nur höchstens bis zu einer Obergrenze von 2% pro Jahr.[1027]

**369** **bb) Niedrigere Kosten möglich.** Umgekehrt ist es aber nicht so, dass der Unternehmer dem Auftraggeber immer 2% p. a. als Kosten der Sicherheitsleistung zu erstatten hat. Vielmehr hat er dem Auftraggeber/Besteller nur die üblichen Kosten der Sicherheitsleistung zu erstatten, die niedriger sein können, wenn es sich um einen potenten Auftraggeber handelt, der üblicherweise günstigere Konditionen erhält. Dann sind nur die niedrigeren Kosten der Sicherheitsleistung zu erstatten, die diesem Besteller tatsächlich üblicherweise entstehen.[1028]

**370** Ähnlich, aber etwas weitergehend, beschränken *Ingenstau/Korbion*[1029] den Erstattungsanspruch des Auftraggebers auf die „Höhe ..., die einem **durchschnittlichen Kreditnehmer** unter normalen Bedingungen bei einem Kreditinstitut oder Kreditversicherer (also nicht einem privaten Geldgeber)" entsteht.

**371** **b) Keine Erstattung der Mehrkosten verlängerter Sicherheitsleistung bei unbegründeten Einwendungen des Bestellers (§ 648 a Abs. 3 Satz 2 BGB).** Auf der anderen Seite soll der Unternehmer nicht zur weiteren Kostentragung verpflichtet sein, wenn aus von ihm nicht zu vertretenden Gründen die Sicherheitsleistung verlängert werden muss. Deshalb bestimmt § 648 a Abs. 3 Satz 2 BGB, dass die Kostenerstattungspflicht des Unternehmers entfällt, wenn und soweit eine Sicherheit wegen Einwendungen des Bestellers gegen den Vergütungsanspruch des Unternehmers aufrechterhalten werden muss und die Einwendungen des Bestellers sich als unbegründet erweisen. In diesem Fall gehen die Mehrkosten der verlängerten Sicherheitsleistung zu Lasten des Auftraggebers, wobei es allein darauf ankommt, ob sich dessen Einwendungen tatsächlich als unbegründet erweisen, nicht darauf, ob der Auftraggeber insoweit schuldhaft gehandelt hat.[1030]

**372** Die Kosten der Sicherheitsleistung **bis zur Erhebung der Einwendungen** des Bestellers trägt dagegen der Unternehmer in jedem Fall gem. § 648 a Abs. 3 Satz 1 BGB. Verlangt er die Sicherheit allerdings erst wegen/auf Grund der Einwendungen, nachdem der Besteller diese erhoben hat, gehen die Kosten der Sicherheitsleistung unter Umständen wieder in vollem Umfang allein zu Lasten des Bestellers, wenn sich seine Einwendungen als unbegründet erweisen.[1031]

**373** Ob die Einwendungen des Auftraggebers unbegründet sind, wird sich in praxi oft erst nach einem längeren Rechtsstreit erweisen, so dass die Frage, wer die Mehrkosten der verlängerten Sicherheitsleistung zu tragen hat, ebenfalls bis dahin offen bleibt. Unabhängig von einer solchen **gerichtlichen Entscheidung** können sich die Einwendungen des Auftraggebers aber auch schon vorher als unbegründet erweisen, wenn der Auftraggeber sie fallen lässt, z. B. auf Grund eines Anerkenntnisses oder Vergleichs, ebenso aber auch auf Grund eines Gutachtens, etwa im Rahmen eines selbstständigen Beweisverfahrens.[1032]

---

[1026] *Ingenstau/Korbion/Joussen* a. a. O.
[1027] *Ingenstau/Korbion/Joussen* a. a. O.
[1028] *Kniffka* IBR-online-Kommentar zum Bauvertragsrecht Stand 4. 1. 2007 § 648 a Rdn. 71 ff.
[1029] *Ingenstau/Korbion/Joussen* Anhang 2 Rdn. 169.
[1030] *Ingenstau/Korbion/Joussen* Anhang 2 Rdn. 171 ff.
[1031] *Ingenstau/Korbion/Joussen* a. a. O.
[1032] *Ingenstau/Korbion/Joussen* a. a. O.

J. Sicherung des Vergütungsanspruchs					Vor § 2

## 5. Verhältnis der Sicherheitsleistung nach § 648 a BGB zur Bauhandwerkersicherungshypothek nach § 648 BGB

Da nach zutreffender Auffassung (siehe oben Rdn. 339) Sicherheitsleistung nach § 648 a **374** BGB auch für bereits erbrachte Leistungen verlangt werden kann, überschneidet sich der Anwendungsbereich dieser Vorschriften. Dem Auftragnehmer steht ein – allerdings eingeschränktes – Wahlrecht zu, soweit er eine Sicherung für bereits ausgeführte Leistungen beansprucht. Er kann im Prinzip bis zur Erlangung einer ausreichenden Sicherheit sogar die Rechte aus § 648 BGB und § 648 a BGB nebeneinander geltend machen.[1033] Es darf allerdings nicht zu einer Übersicherung kommen. In § 648 a Abs. 4 BGB wird deshalb klargestellt, dass der Auftragnehmer, soweit er eine Sicherheit nach § 648 a Abs. 1 und 2 BGB erlangt hat, nicht nochmals wegen derselben Forderung eine Sicherungshypothek nach § 648 BGB verlangen kann. Unbenommen ist es ihm aber, für den noch nicht gesicherten Teil seiner Vergütungsforderung eine Sicherungshypothek nach § 648 BGB zu erwirken. Problematisch ist allerdings der umgekehrte Fall. Hat der Auftragnehmer für die erbrachten Leistungen bereits eine Vormerkung/Sicherungshypothek erwirkt, kann er dadurch mit der Folge ausreichend gesichert sein, dass ihm ein Anspruch auf Sicherheit nach § 648 a BGB nicht mehr zusteht. Das setzt aber voraus, dass die dadurch erlangte Sicherheit einer nach § 648 a BGB zu stellenden Sicherheit gleichwertig ist.[1034] Daran wird es aber häufig fehlen, insbesondere wenn das Grundstück mit vorrangigen Grundpfandrechten hoch belastet ist. In diesen Fällen ist der Auftragnehmer nicht gehindert, zusätzlich zu der bereits erlangten Vormerkung/Sicherungshypothek eine Sicherheit nach § 648 a BGB zu verlangen.

## 6. Rechtsfolgen der Verweigerung der Sicherheitsleistung, § 648 a Abs. 1 und 5 BGB

Zu klären ist zunächst, ob der Auftraggeber die Sicherheitsleistung **zu Recht oder zu** **375** **Unrecht** verweigert.[1035] Er verweigert sie zu Recht, wenn der Auftragnehmer eine Sicherheit nach § 648 a BGB überhaupt nicht verlangen darf, etwa weil er ohnehin schon in einer § 648 a Abs. 1 und 2 BGB entsprechenden Weise abgesichert ist. Anders verhält es sich, wenn der Auftraggeber das Sicherungsverlangen lediglich für überhöht hält. In diesem Fall darf er das Begehren des Auftragnehmers nicht einfach zurückweisen. Er ist auf Grund seiner Kooperationspflicht vielmehr gehalten, eine Sicherheit in angemessener Höhe anzubieten, sofern diese für ihn zu ermitteln ist.[1036] Nur wenn der Auftragnehmer diese nicht akzeptiert bzw. akzeptiert hätte, liegt eine berechtigte Verweigerung vor. Das Sicherungsverlangen des Auftragnehmers geht aber ins Leere, wenn zum Zeitpunkt des Sicherungsverlangens ein auf Mängel gestütztes Kündigungsrecht des Auftraggebers gemäß §§ 4 Nr. 7, 8 Nr. 3 VOB/B bereits entstanden ist. In solchen Fällen kann es also zu einem Wettlauf der Vertragspartner kommen.[1037]

**Verweigert der Auftraggeber** die Sicherheit **zu Unrecht,** begründet § 648 a Abs. 1 **376** BGB **keinen klagbaren Anspruch** des Auftragnehmers auf Sicherheitsleistung des Bestellers.[1038] Da die Sicherheitsleistung keine durchsetzbare Schuldnerpflicht des Auftraggebers/Bestellers ist, sondern lediglich eine Gläubigerobliegenheit, folgt aus ihrer Nichterbringung zunächst nur ein Leistungsverweigerungsrecht des Unternehmers.[1039] Denn nach § 648 a

---

[1033] *Staudinger/Peters* § 648 a Rdn. 26; *Werner/Pastor* Rdn. 317; *Ingenstau/Korbion/Joussen* Anhang 2 Rdn. 173.
[1034] *Palandt/Sprau* § 648 a Rdn. 3; *Ingenstau/Korbion/Joussen* Anhang 2 Rdn. 173; *Kniffka/Koeble* Teil 10 Rdn. 71 f.
[1035] *Kniffka* IBR-online-Kommentar zum Bauvertragsrecht Stand 4. 1. 2007 § 648 a Rdn. 83 ff.
[1036] BGH NJW 2001, 822 = BauR 2001, 386.
[1037] BGH IBR 206, 91 mit Anm. *Schmitz*.
[1038] BGH a. a. O.; BGH NZBau 2004, 259 und 261 zum Sicherungsverlangen nach Abnahme und NZBau 2004, 264 zum Sicherungsverlangen nach Kündigung; *Kniffka* IBR-online-Kommentar zum Bauvertragsrecht Stand 4. 1. 2007 § 648 a Rdn. 104 ff.; *Kniffka/Koeble* Teil 10 Rdn. 73.
[1039] *Kniffka* IBR-Kommentar zum Bauvertragsrecht Stand 4. 1. 2007 § 648 a Rdn. 83 ff.

Abs. 1 Satz 1 BGB kann der Unternehmer zwar Sicherheit verlangen, aber nur „in der Weise, dass er dem Besteller zur Leistung der Sicherheit eine angemessene Frist mit der Erklärung bestimmt, dass er nach dem Ablauf der Frist die Leistung verweigere".

Der Auftragnehmer kann sich dann mit dem **Leistungsverweigerungsrecht begnügen** und den **Vertrag bestehen lassen**.[1040] Dann ist es dem Auftraggeber überlassen, entweder die Sicherheit zu leisten oder den Vertrag seinerseits durch Bestellerkündigung nach § 649 BGB bzw. § 8 Nr. 1 VOB/B zu beenden.[1041] Die damit verbundene Folge, dass der Auftraggeber dem Unternehmer dessen entgangenen Gewinn ersetzen muss, ist in diesem Fall gerechtfertigt, weil der Auftraggeber sich dies durch Nichtleistung der geschuldeten Sicherheit selbst zuzuschreiben hat. Die Kündigung des Bestellers nach § 649 BGB, 8 Nr. 1 VOB/B ist für den Auftragnehmer im Übrigen u. U. günstiger als die eigene Vertragsbeendigung und Abrechnung nach § 648 a Abs. 5 i. V. m § 643 BGB.

377  Daneben hat der Unternehmer nach § 648 a Abs. 1 BGB aber die weitere Möglichkeit, die infolge des Leistungsverweigerungsrechts gegebene „Pattsituation"[1042] durch **Vertragsbeendigung aufzulösen**.[1043] § 648 a Abs. 5 baut also auf § 648 a Abs. 1 Satz 1 BGB auf, d. h. der Unternehmer hat **kein Wahlrecht** zwischen den beiden Möglichkeiten, dem Leistungsverweigerungsrecht und der Vertragsbeendigung. Er kann den Vertrag nicht sofort beenden, sondern muss **stufenweise vorgehen** und zunächst zumindest die Voraussetzungen für das Leistungsverweigerungsrecht schaffen. Ob er von diesem Recht tatsächlich Gebrauch macht oder nicht, ist eine andere Frage und seine Entscheidung. Jedenfalls kann er erst danach den weiteren Schritt tun und den Vertrag beenden, was er ebenfalls nicht muss. Ebenso wie das Leistungsverweigerungsrecht ist auch die Vertragsbeendigung lediglich ein Recht des Auftragnehmers, von dem er Gebracht machen kann, aber nicht muss. Nur in diesem Sinne hat der Unternehmer ein Wahlrecht.[1044]

Macht der Auftragnehmer unter Aufrechterhaltung des Vertrages das ihm zustehende **Leistungsverweigerungsrecht** geltend, kann er gleichwohl vertraglich geschuldete und fällige **Abschlagszahlungen** verlangen.[1045] In diesem Fall kann sich der Besteller wegen etwaiger Mängel aber seinerseits auf ein Leistungserweigerungsrecht berufen, auch wenn er die geschuldete Sicherheit nicht geleistet hat. Der Umfang seines Leistungsverweigerungsrechtes hängt von den Umständen des Falles ab.[1046]

378  Wird vom Auftraggeber nur eine **Teilsicherheit** geleistet, beschränken sich die vorerwähnten Rechte des Unternehmers, das Leistungsverweigerungsrecht und das Recht zur Vertragsbeendigung, auf die ungesicherte Restleistung.[1047]

379  Wird die Sicherheit **verspätet** geleistet, kommt es darauf an, ob und inwieweit der Unternehmer von seinen oben genannten Rechten bereits Gebrauch gemacht hat.[1048] Hat er noch keines dieser Rechte ausgeübt, d. h. weder von seinem Leistungsverweigerungsrecht noch von seinem Recht zur Vertragsbeendigung Gebrauch gemacht, stehen ihm diese nicht mehr zu, weil dem Sicherungsinteresse des Unternehmers nunmehr Genüge getan ist. Hat der Unternehmer bislang lediglich sein Leistungsverweigerungsrecht ausgeübt, entfällt dieses aus den gleichen Gründen. Hat der Auftragnehmer dagegen den Vertrag bereits beendet, bleibt es dabei, denn der Vertrag lebt durch die verspätete Sicherheitsleistung nicht wieder auf.

---

[1040] A. A. *Sturmberg* BauR 1994, 57, 64, 65 und BauR 1995, 169, 171, 172, der eine Pflicht des Unternehmers zur Vertragsbeendigung annimmt, für die das Gesetz aber keine Grundlage bietet.
[1041] *Hofmann/Koppmann* BauR 1994, 305, 310; *Palandt/Sprau* § 648 a BGB Rdn. 20; OLG Köln IBR 2005, 480 zum Selbstvornahmerecht des Bestellers; OLG Düsseldorf NZBau 2006, 717; *Eusani* NZBau 2006, 676.
[1042] Dazu *Kniffka* a. a. O. Rdn. 88.
[1043] *Jauernig/Schlechtriem* § 648 a Anm. 4.
[1044] *Slapnicar/Wiegelmann* NJW 1993, 2903 ff., 2906; *Hofmann/Koppmann* S. 63 und BauR 1994, 305 ff., 310; *Busz* NZBau 2004, 10.
[1045] *Kniffka* a. a. O. Rdn. 91.
[1046] BGH NZBau 2005, 221 m. w. N.; *Kniffka* a. a. O. Rdn. 91.
[1047] *Ingenstau/Korbion/Joussen* Anhang 2 Rdn. 174 ff.
[1048] *Ingenstau/Korbion/Joussen* a. a. O.

J. Sicherung des Vergütungsanspruchs  Vor § 2

**Im Einzelnen:**
**a) Leistungsverweigerungsrecht des Unternehmers (§ 648 a Abs. 1 Satz 1 BGB).** 380
Je nachdem, wann der Unternehmer vom Besteller Sicherheit verlangt hat, ob von Anfang an oder erst während der Bauarbeiten, gibt ihm das Leistungsverweigerungsrecht die Befugnis, entweder bereits von vornherein die Arbeitsaufnahme zu verweigern oder im Nachhinein die Arbeiten nicht weiterzuführen, d. h. von seinem Recht auf Arbeitseinstellung Gebrauch zu machen.[1049]

Dem steht bei Vereinbarung der VOB auch **§ 18 Nr. 4 VOB/B** nicht entgegen, wonach 381 Streitfälle den Auftragnehmer nicht zur Einstellung der Arbeiten berechtigen. Denn hier handelt es sich um ein vorrangiges gesetzliches Recht, das sich unmittelbar aus § 648 a Abs. 1 Satz 1 BGB ergibt.[1050]

Die **bloße Nichtleistung** der verlangten Sicherheit für sich allein gibt dem Unternehmer 382 allerdings noch kein Leistungsverweigerungsrecht. Dafür ist vielmehr zweierlei erforderlich:

**aa) Vorherige Fristsetzung.** Zunächst einmal muss der Unternehmer dem Besteller 383 „zur Leistung der Sicherheit eine angemessene Frist" setzen. Was darunter zu verstehen ist, ergibt sich nicht unmittelbar aus dem Gesetz. In der amtlichen Begründung ist von 7 bis 10 Tagen die Rede.[1051] Dies wird teilweise aber zu Recht für zu kurz und je nach Lage des Einzelfalles eine Frist von bis zu 3 Wochen für angemessen gehalten.[1052] Das gilt jedenfalls dann, wenn die Sicherheit von einem Auftraggeber zu erbringen ist, der mit der Stellung derartiger Sicherheiten nicht vertraut und darauf auch nicht eingerichtet ist. Angemessen ist eine Frist, die es dem Besteller ermöglicht, die Sicherheit ohne schuldhafte Verzögerung zu beschaffen; dabei ist darauf abzustellen, was von einem Besteller zu verlangen ist, der sich in normalen finanziellen Verhältnissen befindet.[1053] Eine zu kurze Frist ist nicht unwirksam, sie setzt die an sich angemessene Frist in Gang.[1054]

**bb) Androhung der Leistungsverweigerung.** Außerdem muss der Unternehmer die 384 Fristsetzung mit der Erklärung verbinden, dass er nach Ablauf der Frist die Leistung verweigere. Dies kann gleichzeitig mit der Fristsetzung geschehen oder durch separate, nachgeschobene Erklärung. In jedem Fall aber ist der vorherige Hinweis auf die Folgen zwingende Voraussetzung für das Leistungsverweigerungsrecht.[1055]

Dabei muss dem Besteller auch ab Zugang der Androhung, dass ansonsten die Leistung 385 verweigert wird, noch eine angemessene Frist zur Beibringung der Sicherheit verbleiben. Es genügt nicht, dem Besteller erst kurz vor Ablauf der angemessenen Frist die Leistungsverweigerung anzudrohen, weil dieser dann unter Umständen nicht mehr reagieren kann.

**b) Vertragsbeendigung nach § 648 a Abs. 5 i. V. m. § 643 BGB.** Falls der Unterneh- 386 mer es nicht bei der bloßen Leistungsverweigerung belassen will, kann er den Vertrag unter den Voraussetzungen des § 648 a Abs. 5 BGB auch von sich aus beenden.[1056]

**aa) Weitere Fristsetzung (Nachfrist).** Nach § 648 a Abs. 5 Satz 1 BGB bestimmen 387 sich, wenn der Besteller die Sicherheit nicht fristgemäß, d. h. bis zum Ablauf der genannten ersten Frist leistet, „die Rechte des Unternehmers nach den §§ 643 und 645 Abs. 1". Nach § 643 ist der Unternehmer berechtigt, dem Besteller zur Nachholung der Handlung (hier: der Sicherheitsleistung) „eine angemessene Frist mit der Erklärung zu bestimmen, dass er den Vertrag kündige, wenn die Handlung nicht bis zum Ablaufe der Frist vorgenommen

---

[1049] *Ingenstau/Korbion/Joussen* a. a. O.
[1050] *Ingenstau/Korbion/Joussen* a. a. O.
[1051] BT-Drucks. 12/1836, S. 9.
[1052] OLG Naumburg BauR 2003, 556 mit Anm. *Schmitz* (Revision nicht angenommen); *Sturmberg* BauR 1994, 57, 64; MünchKomm/*Soergel* § 648 a Rdn. 27; *Staudinger/Peters* § 648 a Rdn. 20; *Ingenstau/Korbion/Joussen* Anhang 2 Rdn. 145; *Kniffka* IBR-online-Kommentar zum Bauvertragsrecht Stand 4. 1. 2007 § 648 a Rdn. 80.
[1053] BGH NZBau 2005, 393.
[1054] *Kniffka* a. a. O. Rdn. 81.
[1055] *Ingenstau/Korbion/Joussen* Anhang 2 Rdn. 175 ff.
[1056] BGH NZBau 2005, 221 m. w. N.; *Kniffka/Koeble* Teil 10 Rdn. 64 ff.

werde". Geschieht das nicht, wird also die Handlung (hier: Sicherheitsleistung) nicht bis zum Ablauf der Frist nachgeholt, gilt der Vertrag als aufgehoben.

388  Welche Frist hier, d. h. für die **Nachfristsetzung** erforderlich ist, lässt das Gesetz wieder offen. In beiden Fällen – § 648 a Abs. 1 Satz 1 und Abs. 5 – ist von einer „angemessenen Frist" die Rede. Es ist jedoch anerkannt, dass die zweite Frist (Nachfrist) kürzer sein kann als die Erste, nach deren Ablauf die Leistung verweigert werden kann, so dass im Falle des § 648 a Abs. 5 BGB eine Nachfrist von **1 Woche** in jedem Fall ausreichend ist.[1057]

Die Fristsetzung durch einen **vollmachtlosen Vertreter** ist wirkungslos.[1058]

389  bb) **Kündigungsandrohung.** Auch nach § 648 a Abs. 5 Satz 1 i. V. m. § 643 genügt die bloße Nachfristsetzung für sich allein nicht. Auch hier ist vielmehr – ebenso wie nach § 648 a Abs. 1 Satz 1 BGB – ein Hinweis auf die Folgen erforderlich. Dies ist im Falle des § 643 BGB die Erklärung/Androhung des Unternehmers, „dass er den Vertrag kündige", wenn nicht die Handlung/Sicherheitsleistung bis zum Ablauf der Nachfrist erfolgt/nachgeholt wird. Diese Erklärung muss klar und deutlich die beabsichtigte Rechtsfolge erkennen lassen, anderenfalls ist sie unwirksam.[1059]

390  cc) **Automatische Vertragsaufhebung ohne Kündigung.** Wie sich aus § 643 Satz 1 weiter ergibt, gilt „der Vertrag ... als aufgehoben", wenn nicht die Nachholung der Handlung (hier: Sicherheitsleistung) bis zum Ablauf der Nachfrist erfolgt. Allein die bloße Kündigungsandrohung i. V. m. dem Fristablauf bewirkt also schon die Vertragsbeendigung. Es bedarf nicht mehr des gesonderten Ausspruchs der angedrohten Kündigung nach Ablauf der zweiten Frist (Nachfrist),[1060] obwohl es nichts schadet, wenn der Unternehmer nach Fristablauf zusätzlich auch noch kündigt.

391  c) **Ansprüche nach Vertragsaufhebung.** Insoweit verweist § 648 a Abs. 5 Satz 1 zunächst auf § 645 Abs. 1 BGB. Weiter heißt es in § 648 a Abs. 5 Satz 2 BGB: „Gilt der Vertrag danach als aufgehoben, so kann der Unternehmer auch Ersatz des Schadens verlangen, den er dadurch erleidet, dass er auf die Gültigkeit des Vertrages vertraut hat."

392  aa) **Vergütung der erbrachten Leistungen (§ 648 a Abs. 5 Satz 1 i. V. m. § 645 Abs. 1 BGB).** Nach § 645 Abs. 1 kann der Unternehmer selbst dann, wenn das Werk vor Abnahme bzw. Vertragsaufhebung ohne sein Verschulden untergegangen oder mangelhaft geworden ist, „einen der geleisteten Arbeit entsprechenden Teil der Vergütung und Ersatz der in der Vergütung nicht inbegriffenen Auslagen verlangen". Denn infolge der Vertragsaufhebung geht die Leistungs- und Vergütungsgefahr auf den Besteller über.[1061]

393  Zu denken ist hier insbesondere an die Fälle, dass der Unternehmer zunächst einmal mit den Arbeiten begonnen, d. h. Leistungen erbracht hat, und erst, als diese nicht bezahlt wurden, Sicherheit verlangt hat, aber auch, dass er danach noch weitergearbeitet, also bis zur Vertragsaufhebung von seinem Leistungsverweigerungsrecht keinen Gebrauch gemacht hat, obwohl dessen Voraussetzungen vorlagen. Hier bekommt der Unternehmer also in jedem Fall, auch bei Untergang oder Verschlechterung seiner Leistung aus von ihm nicht zu vertretenden Gründen, die bis zur Vertragsaufhebung erbrachten Leistungen vergütet. Hierüber muss er nach den üblichen Grundsätzen abrechnen. Er muss daher nach Kündigung eines Pauschalvertrages das Verhältnis des Wertes der erbrachten Teilleistungen zum Wert der geschuldeten Gesamtleistung darlegen und ggf. beweisen.[1062]

Der Vergütungsanspruch besteht allerdings nur, soweit die **Leistung mangelfrei** erbracht ist. Er ist anderenfalls um den Betrag zu kürzen, der zur Beseitigung der vorhandenen

---

[1057] *Ingenstau/Korbion/Joussen* a. a. O.
[1058] BGH NJW-RR 2003, 303, 304 = NZBau 2003, 153, 154 = BauR 2003, 381, 383.
[1059] *Kniffka* IBR-online-Kommentar zum Bauvertragsrecht Stand 4. 1. 2007 § 648 a Rdn. 92 ff.; OLG Naumburg/BGH IBR 2006, 396 mit Anm. *Schmitz*.
[1060] BGH NZBau 2004, 259; 2005, 221; 2007, 38; *Kniffka* a. a. O. Rdn. 97; *Ingenstau/Korbion/Joussen* Anhang 2 Rdn. 179.
[1061] *Kniffka/Koeble* Teil 10 Rdn. 64 ff.; *Ingenstau/Korbion/Joussen* a. a. O.
[1062] OLG Düsseldorf BauR 1999, 47, 48.

J. Sicherung des Vergütungsanspruchs　　　　　　　　　　　　　　　　**Vor § 2**

Mängel erforderlich ist. Ist eine Mängelbeseitigung nicht oder nur mit einem unverhältnismäßigen Aufwand möglich, ist die Vergütungsforderung um den verbleibenden Minderwert zu kürzen.[1063]

Außerdem kann der Unternehmer aber auch Ersatz der **Auslagen** verlangen, die in der Vergütung der erbrachten Leistungen nicht enthalten sind. Dazu zählen insbesondere die Kosten für bereits angeschaffte oder hergestellte Stoffe und Bauteile, die noch nicht eingebaut sind und deshalb nicht zu den erbrachten Leistungen zählen.[1064]　　394

Nicht hierzu zählt dagegen der **entgangene Gewinn** des Unternehmers aus der Nichtdurchführung der restlichen Leistungen. Dieser Nichterfüllungsschaden, der dem positiven Interesse (Erfüllungsinteresse) entspricht, kann auch nicht gem. § 648a Abs. 5 Satz 2 BGB ersetzt werden.　　395

**bb) Ersatz des Vertrauensschadens (§ 648a Abs. 5 Satz 2 BGB).** Ersetzt verlangen kann der Unternehmer nach § 648a Abs. 5 Satz 2 BGB aber den Schaden, „den er dadurch erleidet, dass er auf die Gültigkeit des Vertrages vertraut hat". Der Unternehmer ist hiernach so zu stellen, wie er ohne den vorzeitig beendeten Auftrag gestanden hätte. Darunter fällt beispielsweise der entgangene Gewinn aus einem anderen Auftrag, den der Unternehmer wegen des vorliegenden, vorzeitig beendeten Auftrages abgelehnt hat. Um die Durchsetzung dieses Anspruchs zu erleichtern, hat der Gesetzgeber in der zum 1. 5. 2000 geänderten Fassung des Gesetzes[1065] eine allerdings widerlegliche[1066] **Schadensvermutung von 5%** der Vergütung aufgestellt, § 648a Abs. 5 Satz 4 BGB.[1067] Unklar ist aber, was mit dem Begriff „Vergütung" gemeint ist. Teilweise wird auf die vereinbarte Gesamtvergütung abgestellt,[1068] teilweise auf die infolge der Vertragsbeendigung nicht mehr verdiente **Restvergütung**.[1069] Der zuletzt genannten Auffassung ist zuzustimmen. *Kniffka* weist nämlich zu Recht darauf hin, dass der Auftragnehmer bei einer Kündigung im fortgeschrittenen Stadium bereits Abschlagszahlungen für die erbrachten Leistungen erhalten hat oder dafür die Vergütung beanspruchen kann. Ein Schadensersatzanspruch kann ihm daher nur noch hinsichtlich der Restvergütung zustehen. Dieser ist aus dem Nettobetrag der Restvergütung zu berechnen.[1070] Der Nachweis eines höheren bzw. geringeren Schadens wird dadurch aber nicht ausgeschlossen.[1071] Davon abweichend will *Kniffka* nunmehr[1072] abstellen auf den Betrag, der sich aus der Differenz zwischen der Abrechnungssumme, die der Unternehmer bei durchgeführtem Vertrag hätte verlangen können, und dem Vergütungsanspruch aus § 645 BGB ergibt. Das ist durchaus folgerichtig, die Umsetzung wird in der Praxis aber zu kaum behebbaren Schwierigkeiten führen.　　396

Liegen im Zeitpunkt der Kündigung des Auftraggebers nach **§ 649 Satz 1** BGB sowohl die Voraussetzungen des § 649 Satz 2 BGB als auch die des **§ 648a Abs. 5** BGB vor, steht dem Auftragnehmer ein **Wahlrecht** zu, da § 648a Abs. 5 BGB anderweitige Ansprüche nicht ausschließt, die der Auftragnehmer aus einem anderen Grunde hat als dem, dass die Sicherheit nicht gestellt wird.[1073]

---

[1063] BGH NZBau 2004, 259, 261, 264; NZBau 2005, 146, 147, 221, 280; NZBau 2007, 38; *Kniffka* a. a. O.
[1064] *Schmitz* ZfBR 2000, 489, 491 zur Beschränkung auf eine Zug-um-Zug-Verpflichtung.
[1065] Durch das Gesetz zur Beschleunigung fälliger Zahlungen BGBl. I S. 330.
[1066] *Ingenstau/Korbion/Joussen* VOB/B Anl. 2 Rdn. 184; *Leinemann* VOB/B § 648a Rdn. 46; *Kniffka* IBR-online-Kommentar zum Bauvertragsrecht Stand 4. 1. 2007 § 648a Rdn. 104 f.
[1067] Geändert durch das Gesetz zur Beschleunigung fälliger Zahlungen BGBl. I S. 330; siehe dazu Rdn. 316.
[1068] *Heiermann/Riedl/Rusam* VOB/B § 17 Rdn. 128; *Ingenstau/Korbion/Joussen* VOB/B Anhang 2 Rdn. 185; *Palandt/Sprau* § 648a Rdn. 18.
[1069] *Bamberger/Roth/Voit* BGB § 648a Rdn. 30; *Kniffka/Koeble* 10. Teil Rdn. 70; *Kniffka* ZfBR 2000, 227; *Stickler* NZBau 2005, 322; LG Leipzig BauR 2002, 973, 975.
[1070] *Kniffka* IBR-online-Kommentar zum Bauvertragsrecht Stand 4. 1. 2007 § 648a Rdn. 105: *Kniffka/Koeble* a. a. O.; *Stickler* a. a. O.; LG Leipzig a. a. O.
[1071] *Kniffka* ZfBR 2000, 227, 237; so auch *Kniffka* IBR-online-Kommentar zum Bauvertragsrecht Stand 4. 1. 2007 § 648a Rdn. 104.
[1072] *Kniffka* a. a. O. Rdn. 105.
[1073] BGH NZBau 2005, 335, 337; *Kniffka/Koeble* 10. Teil Rdn. 70.

**397** Ersatzfähig sind etwaige Kosten für **Personal,** das der Unternehmer wegen dieses Auftrages eingestellt hat und nunmehr weder anderweitig beschäftigen noch kurzfristig entlassen kann.[1074]

**398** Nach der durch das Gesetz zur Beschleunigung fälliger Zahlungen geänderten Fassung des § 648a Abs. 5 BGB hat der Auftragnehmer einen Ersatzanspruch auch dann, wenn der Auftraggeber in zeitlichem Zusammenhang mit dem Sicherungsverlangen gemäß Abs. 1 kündigt, es sei denn, die Kündigung ist nicht erfolgt, um der Stellung der Sicherheit zu entgehen. Die Regelung erfasst alle Arten der Kündigung, also auch die Kündigung aus wichtigem Grund. Mit dieser Regelung soll dem Auftraggeber die Möglichkeit genommen werden, das Sicherheitsverlangen des Auftragnehmers und die Folgen seiner Nichterfüllung – pauschalierter Schadensersatz – zu umgehen und den Auftragnehmer durch die eigene Kündigung zu einer in der Praxis häufig schwierigen Abrechnung des vorzeitig beendeten Vertrages zu zwingen. Der Auftraggeber kann diese Vermutung aber widerlegen.[1075]

### 7. Ausnahmen von der Sicherungspflicht (§ 648a Abs. 6 BGB)

**399** Grundsätzlich gilt § 648a Abs. 1 bis 5 BGB für jeden Besteller von Werkleistungen im Sinne von Arbeiten „bei Bauwerken" und Außenanlagen. Absatz 6 macht hiervon aber zwei Ausnahmen und bestimmt, dass die Absätze 1 bis 5 insoweit keine Anwendung finden.

**400** a) **Juristische Personen des öffentlichen Rechts oder öffentlich-rechtliche Sondervermögen (§ 648a Abs. 6 Nr. 1 BGB).** Hiernach sind die öffentlichen Auftraggeber im eigentlichen Sinne von der Sicherungspflicht ausgenommen, weil bei ihnen grundsätzlich kein Insolvenzrisiko besteht.[1076] Dazu gehören die Gebietskörperschaften – Bundesrepublik Deutschland, Länder, Kreise, Gemeinden –, die öffentlich-rechtlichen Körperschaften, Anstalten und Stiftungen und die aus Gebietskörperschaften oder juristischen Personen des öffentlichen Rechts bestehenden öffentlich-rechtlichen Verbände. Nicht unter die Ausnahmeregelung fallen juristische Personen des Privatrechts, auch wenn sie mehrheitlich im Besitz der öffentlichen Hand stehen[1077] oder von dieser finanziert werden.[1078] Organisiert sich die öffentliche Hand in privater Rechtsform, gelten die dafür geschaffenen gesetzlichen Regelungen.[1079]

**401** b) **Einfamilienhausbau natürlicher Personen (§ 648a Abs. 6 Nr. 2).** Hiernach finden die Absätze 1 bis 5 weiterhin keine Anwendung, wenn Besteller „eine natürliche Person ist und die Bauarbeiten überwiegend zur Herstellung oder zur Instandsetzung eines Einfamilienhauses mit oder ohne Einliegerwohnung ausführen lässt; dies gilt nicht bei Betreuung des Bauvorhabens durch einen zur Verfügung über die Finanzierungsmittel des Bestellers ermächtigten Baubetreuer".

Als **Einfamilienhaus** ist ein Bauwerk dann anzusehen, wenn es nach seiner Bauart dafür vorgesehen ist, einer Familie Wohnraum zu bieten. Typisches Kennzeichen eines solchen Hauses ist, dass es – im Gegensatz zum **Mehrfamilienhaus** – nicht über abgeschlossene Wohnungen verfügt. Ein **Doppelhaus** ist kein Einfamilienhaus.[1080] Ansprüche eines Unternehmers aus einem Vertrag über die Errichtung nur einer Doppelhaushälfte sind allerdings nicht sicherbar, wenn der Besteller nur eine Haushälfte erwirbt, also so steht, als wenn er ein Einfamilienhaus erworben hätte.[1081] Die Abgrenzung des Einfamilienhauses mit Einliegerwohnung, von dem Zweifamilienhaus kann im Einzelfall Schwierigkeiten

---

[1074] *Ingenstau/Korbion/Joussen* a. a. O.
[1075] *Kniffka/Koeble* Teil 10 Rdn. 69.
[1076] Amtliche Begründung S. 11.
[1077] Dazu *Kniffka/Koeble* 10. Teil Rdn. 35.
[1078] LG Leipzig IBR 2003, 301 mit Anm. Maas; es geht dabei um den Umbau des Zentralstadions der Olympiabewerberstadt Leipzig durch eine überwiegend durch den Bund und die Stadt Leipzig finanzierte GmbH.
[1079] So zu Recht *Kniffka* IBR-online-Kommentar zum Bauvertragsrecht Stand 4. 1. 2007 § 648a Rdn. 20.
[1080] OLG Düsseldorf BauR 2000, 919.
[1081] *Kniffka* IBR-online-Kommentar zum Bauvertragsrecht Stand 4. 1. 2007 § 648a Rdn. 23.

J. Sicherung des Vergütungsanspruchs                                            Vor § 2

bereiten.[1082] Ob die Ausnahmeregelung des § 648a Abs. 6 Nr. 2 auch für **Eigentumswohnungen** gilt, ist angesichts des klaren Gesetzeswortlauts zweifelhaft.[1083]

Der private Bauherr eines Einfamilienhauses (mit oder ohne Einliegerwohnung),[1084] der  **402** persönlich als Auftraggeber auftritt, soll nach der amtlichen Begründung[1085] von der Sicherungspflicht ausgenommen sein, weil er dem Unternehmer unbegrenzt lebenslänglich haftet. Schon bei der Zwischenschaltung eines zur Verfügung über die Finanzierungsmittel ermächtigten Baubetreuers macht das Gesetz jedoch wieder eine Ausnahme von der Ausnahme und belässt es bei dem Sicherungsanspruch des Unternehmers, weil dann nicht in gleichem Maße gewährleistet sein soll, „dass die zur Verfügung gestellten Gelder auch wirklich zum Ausgleich von Vergütungsansprüchen ausführender Unternehmer verwendet werden".[1086]

Ob das in dieser Allgemeinheit richtig ist, muss bezweifelt werden. Denn es kann sicher  **403** nicht gesagt werden, dass die Einschaltung eines Baubetreuers beim privaten Einfamilienhausbau stets eine „Gefahrerhöhung" darstellt; eher ist bei einem – unterstellt – soliden Baubetreuer das Gegenteil der Fall. Umgekehrt weisen *Ingenstau/Korbion*[1087] mit Recht darauf hin, dass beim Einfamilienhausbau privater Auftraggeber „nach aller Erfahrung in Bauprozessen ... das Risiko für den bauausführenden Unternehmer, seine verdiente Vergütung zu erhalten, keineswegs geringer ist", weil auch derartige Bauvorhaben durchaus nicht immer solide finanziert sind.

Hinzu kommt, dass § 648a Abs. 6 Nr. 2 BGB die Befreiung von der Sicherungspflicht  **404** **nicht** auf die Herstellung oder Instandsetzung eines Einfamilienhauses zum Zwecke des **Eigenbedarfs beschränkt**.[1088] Nach dem Wortlaut der Vorschrift kann ein privater Bauherr deshalb unter Umständen auch mehrere Einfamilienhäuser zum Zwecke der Weiterveräußerung errichten, ohne den ausführenden Unternehmern zur Sicherheitsleistung verpflichtet zu sein, solange er als „natürliche Person" handelt.

### 8. Unwirksamkeit abweichender Vereinbarungen (§ 648a Abs. 7 BGB)

Nach § 648a Abs. 7 BGB ist eine von den Vorschriften der Absätze 1 bis 5 abweichende  **405** Vereinbarung unwirksam. Das gilt sowohl für Allgemeine Geschäftsbedingungen als auch für Individualvereinbarungen. Streitig ist, ob die Regelung beide Parteien[1089] oder nur den Auftragnehmer begünstigen soll.[1090] Unwirksam sind danach insbesondere Modifikationen, die die Rechte des Unternehmers nach § 648a Abs. 1 bis 5 BGB einschränken, etwa eine Befristung oder betragsmäßige Beschränkung der Sicherheit.[1091] Unberührt bleiben allerdings Sicherungsabreden der Parteien, die selbstständig neben der gesetzlichen Regelung gelten und diese nicht einschränken sollen.[1092]

Unwirksam sind danach alle **formularmäßigen** Beschränkungen des Sicherungs-  **406** anspruchs sowie alle sonstigen Regelungen, die darauf abzielen, die Geltendmachung des an sich unabdingbaren Sicherungsanspruchs zu erschweren oder ganz zu verhindern.

---

[1082] *Kniffka* a. a. O.
[1083] *Kniffka* IBR-online-Kommentar zum Bauvertragsrecht Stand 4. 1. 2007 § 648a Rdn. 25; *Kniffka/Koeble* 10. Teil Rdn. 36; OLG Celle IBR 2004, 146 mit Anm. *Schmitz*.
[1084] Zum Begriff: § 11 des II. Wohnungsbaugesetzes, vgl. Sturmberg BauR 1994, 57 ff., 60; *Hofmann/Koppmann* S. 34 17; *Werner/Pastor* Rdn. 326.
[1085] BT-Drucks. 12/1836, S. 11.
[1086] *Ingenstau/Korbion/Joussen* Anhang 2 Rdn. 193.
[1087] *Ingenstau/Korbion/Joussen* Anhang 2 Rdn. 194.
[1088] *Kniffka* IBR-online-Kommentar zum Bauvertragsrecht Stand 4. 1. 2007 § 648a Rdn. 22; *Sturmberg* BauR 1994, 57 ff., 59; *Ingenstau/Korbion/Joussen* Anhang 2 Rdn. 192; Weise, Sicherheiten im Baurecht Rdn. 622; a. A. Staudinger/*Peters* § 648a Rdn. 7; MünchKomm/*Soergel* § 648a Rdn. 15; LG Koblenz IBR 2004, 251 m. Anm. *Kainz*.
[1089] *Kniffka* BauR 2007, 246, 251.
[1090] *Schmitz* BauR 2006, 430; *Schulze-Hagen* BauR 2000, 28, 38 f.
[1091] *Hofmann/Koppmann* S. 36/37; *Kniffka/Koeble* 10. Teil Rdn. 51.
[1092] BGH NJW 2001, 822 = BauR 2001, 386; anders BGH BauR 2002, 796; wie hier aber *Kniffka* BauR 2007, 246, 252.

Das LG München I hat die Klausel

„Verlangt der Nachunternehmer eine Sicherheit gemäß § 648 a BGB, so richtet sich die Fälligkeit der Abschlagszahlungen nach § 632 a BGB"

für unbedenklich gehalten.[1093] Dem haben *Kniffka* und *Hofmann* zu Recht widersprochen und darauf verwiesen, dass die Klausel gegen § 307 Abs. 2 Nr. 1 BGB verstoße, da § 648 a Abs. 7 BGB ein derartiges Junktim nicht kenne und die Klausel den Auftragnehmer zwinge, sein nach dem Gesetz unabdingbares Sicherungsrecht mit dem Verlust der vertraglichen Abschlagszahlungsregelung zu erkaufen.[1094] Bedenklich ist auch die Klausel

„Verlangt der Auftragnehmer eine Sicherheit nach § 648 a BGB, ist er verpflichtet, eine Vertragserfüllungsbürgschaft in gleicher Höhe zu stellen"

Auch hier wird ein dem Gesetz fremdes Junktim geschaffen, um den Auftragnehmer von der Geltendmachung seines an sich unabdingbaren Sicherungsanspruchs abzuhalten.[1095]

Zulässig sind Vereinbarungen über **eine Reduzierung der Sicherheit im Bauablauf**, soweit sie der Anpassung an das tatsächlich noch bestehende Sicherungsinteresse des Auftragnehmers dienen.[1096]

## 9. Rückgabe der Sicherheit

**407** Die Sicherheit ist zurückzugeben, wenn das Sicherungsbedürfnis entfallen ist. Das ist sicherlich der Fall, wenn der Auftraggeber den Werklohn vollständig gezahlt oder durch Aufrechnung zum Erlöschen gebracht hat. Verweigert er wegen vorhandener Mängel die Zahlung, besteht das Sicherungsinteresse des Auftragnehmers fort. Kommt dieser seiner Pflicht zur Nachbesserung nicht nach, kann es nach Ablauf einer gewissen Zeit nach Treu und Glauben geboten sein, dem Auftraggeber einen Anspruch auf Rückgabe der Sicherheit zuzubilligen.[1097]

Ist nach Kündigung eines Pauschalpreisvertrages zwischen den Parteien streitig, ob der geschuldete Werklohn vollständig gezahlt ist, kann der Besteller die Herausgabe der Bürgschaft nicht allein mit der Behauptung verlangen, die von dem Auftragnehmer erteilte Schlussrechnung sei nicht prüfbar. Er hat vielmehr unter Ausschöpfung seiner Erkenntnisquellen eine eigene Berechnung der Vergütungsansprüche des Auftragnehmers zu erstellen, wobei ihm allerdings Darlegungserleichterungen zugute kommen.[1098]

## K. Die Verjährung des Vergütungsanspruchs

**408** Da die VOB die Verjährung des Vergütungsanspruchs nicht regelt, gelten dafür die **§§ 194 ff. BGB.** Nach der bis zum 31. 12. 2001 geltenden Fassung galt für die Verjährung der Vergütungsansprüche des Auftragnehmers gemäß § 196 Abs. 1 Nr. 1 BGB eine Frist von zwei und – wenn die Bauleistung für den Gewerbebetrieb des Auftraggebers ausgeführt wurde – gemäß § 196 Abs. 2 BGB von vier Jahren. Diese Regelung ist durch das am **1. 1. 2002** in Kraft getretene **Schuldrechtsmodernisierungsgesetz** grundlegend verändert worden. Danach gilt für die Vergütungsansprüche des Auftragnehmers die regelmäßige Verjährungsfrist des § 195 BGB von drei Jahren. Sie beginnt gemäß § 199 BGB mit dem

---

[1093] LG München I IBR 2005, 2001.
[1094] *Kniffka* IBR-Online-Kommentar Stand 4. 1. 2007 § 648 a BGB Rdn. 131 ff.; *Hofmann* BauR 2006, 763; *Kniffka* BauR 2007, 246, 252.
[1095] *Oberhauser* BauR 2004, 1864; *Glatzel/Hofmann/Frikell*, Unwirksame Bauvertragsklauseln, 10. Aufl., S. 325; *Hofmann* BauR 2006, 763, 766; *Kniffka* IBR-online-Kommentar zum Bauvertragsrecht Stand 4. 1. 2007 Rdn. 131 ff.; Kniffka BauR 2007 a. a. O.
[1096] *Sturmberg* BauR 1994, 57, 61; *Kniffka/Koeble* Teil 10 Rdn. 51.
[1097] *Kniffka/Koeble* 10. Teil Rdn. 75; *Kniffka* IBR-online-Kommentar zum Bauvertragsrecht Stand 4. 1. 2007 § 648 a Rdn. 144 ff.
[1098] BGH NZBau 2001, 129 und 2005, 155.

K. Die Verjährung des Vergütungsanspruchs **Vor § 2**

Schluss des Jahres, in dem der Anspruch entstanden ist und der Gläubiger von den anspruchsbegründenden Umständen und der Person des Schuldners Kenntnis erlangt oder ohne grobe Fahrlässigkeit erlangt haben müsste. Die Hemmungs- und Unterbrechungstatbestände sind völlig neu geregelt worden. Hierzu wird auf die nachfolgenden Ausführungen verwiesen.

Ob auf die Ansprüche aus bestehenden Verträgen neues oder altes Recht anzuwenden ist, ist in der **Überleitungsvorschrift des Art. 229 § 6 EGBGB** geregelt. Danach sind auf die am 1. 1. 2002 bestehenden und noch nicht verjährten Ansprüche die Vorschriften des Bürgerlichen Gesetzbuches über die Verjährung in der seit dem 1. 1. 2002 geltenden Fassung anzuwenden. Für die zu diesem Zeitpunkt bereits verjährten Ansprüche gilt daher uneingeschränkt das alte Verjährungsrecht, auch wenn sie nach neuem Recht noch nicht verjährt wären. Für die noch nicht verjährten Ansprüche ist in Art. 229, § 6 Abs. 3 und 4 EGBGB eine Sonderregelung getroffen, die an die unterschiedliche Dauer der Verjährungsfrist nach altem bzw. neuem Recht anknüpft. Das kann zu Unklarheiten führen, weil nach neuem Recht eine kenntnisabhängige Regelfrist von drei Jahren und eine von der Entstehung des Anspruchs abhängige Höchstfrist von 10 Jahren gilt. Die Entscheidung zwischen kenntnisabhängiger kurzer und absoluter Höchstfrist kann sich nur nach den im Vergleichszeitpunkt feststehenden Umständen richten. Maßgeblich ist also diejenige Verjährungsfrist, nach welcher sich gemäß der Sachlage im Vergleichszeitpunkt die Vollendung der Verjährung bestimmen würde.[1099] Ist die neue Verjährungsfrist länger als die alte, verbleibt es aus Gründen des Schuldnerschutzes bei der kürzeren Verjährungsfrist nach früherem Recht, § 6 Abs. 3 EGBGB. Art. 229 § 6 Abs. 1 Satz 1 und Abs. 3 EGBGB sind auf Ansprüche aus vor dem 1. 1. 2002 geschlossenen Schuldverhältnissen auch dann anzuwenden, wenn die Ansprüche erst nach diesem Tag entstanden sind. Daher gilt für Gewährleistungsansprüche aus vor dem 1. 1. 2002 geschlossenen Kaufverträgen die Verjährungsfrist des § 477 BGB a. F. auch dann, wenn die Ansprüche erst nach diesem Tag entstanden sind.[1100]

**409**

Richtet sich die Verjährung nach der regelmäßigen Verjährungsfrist des § 195 BGB n. F., so ist der Fristbeginn auch in den Überleitungsfällen nach Art. 229 § 6 Abs. 4 Satz 1 EGBGB unter **Einbeziehung der subjektiven Voraussetzungen** des § 199 Abs. 1 BGB n. F. zu bestimmen.[1101]

Die **Verjährung einer Forderung beginnt erneut,** wenn der Ablauf der Verjährungsfrist gemäß Art. 229 § 6 Abs. 2 EGBGB bis zum 31. 12. 2001 unterbrochen und dann gehemmt war.[1102]

Die Neuregelung hat für das Baurecht erhebliche Bedeutung; galt bislang für den Vergütungsanspruch des Auftragnehmers gemäß § 196 Abs. 1 Nr. 1 BGB eine Verjährungsfrist von zwei Jahren, bleibt es dabei auch nach Inkrafttreten der Neuregelung. Ist hingegen die neue Verjährungsfrist kürzer als die alte, läuft die neue Frist ab dem 1. 1. 2002, § 6 Abs. 4 S. 1 EGBGB. Liegt aber das Ende der alten Frist vor dem Ende der neuen Frist, gilt für den Fristablauf die alte Frist, § 6 Abs. 4 S. 2 EGBGB. Diese Regelung hat für die Vergütungsansprüche des Auftragnehmers in den Fällen Bedeutung, in denen nach altem Recht gemäß § 196 Abs. 2 BGB a. F. eine Verjährungsfrist von vier Jahren galt. Im Ergebnis ist danach im Regelfall die jeweils kürzere Frist zugrunde zu legen.[1103]

Danach hat das alte Verjährungsrecht nach wie vor erhebliche Bedeutung. War der Vergütungsanspruch des Auftragnehmers bei Inkrafttreten der Neuregelung bereits verjährt, bleibt es dabei. War er zu diesem Zeitpunkt noch nicht verjährt, kann es für die Berechnung der neuen Verjährungsfrist entscheidend darauf ankommen, ob nach altem Recht eine Frist

---

[1099] *Gsell* NJW 2002, 1297; *Kniffka* IBR-online-Kommentar zum Bauvertragsrecht Stand 24. 10. 2006 § 631 Rdn. 719 f.
[1100] BGH IBR 2006, 11 mit Anm. *Wellensiek,* der zu Recht darauf hinweist, dass diese Grundsätze auch für die Verjährung von Vergütungsansprüchen gelten dürften.
[1101] BGH BauR 2007, 871; OLG Braunschweig IBR 2006, 139 mit Anm. *Schmid.*
[1102] So zu Recht OLG Düsseldorf IBR 2006, 130 mit zust. Anm. *Sienz.*
[1103] *Werner/Pastor* Rdn. 2344; *Kniffka/Koeble* 5. Teil Rdn. 233.

Jansen 303

von zwei oder von vier Jahren zugrunde zu legen war. Es ist daher zweckmäßig, im Folgenden zunächst noch einmal im Zusammenhang auf das alte Verjährungsrecht einzugehen, das bis zum 31. 12. 2001 galt.

### I. Rechtslage bis zum 31. 12. 2001

#### 1. Regelfrist von zwei Jahren (§ 196 Abs. 1 Nr. 1 oder Nr. 7 BGB)

410 Nach § 196 Abs. 1 Nr. 1 verjähren in **2 Jahren** die Ansprüche der Kaufleute, Fabrikanten, Handwerker und derjenigen, welche ein Kunstgewerbe betreiben, für die Lieferung von Waren, Ausführung von Arbeiten und Besorgung fremder Geschäfte, mit Einschluss der Auslagen, es sei denn, dass die Leistung für den Gewerbebetrieb des Schuldners erfolgt. In diesem Fall gilt nach § 196 Abs. 2 BGB eine Verjährungsfrist von **4 Jahren**.

411 Dagegen verjähren nach § 196 Abs. 1 Nr. 7 in **2 Jahren** auch die Ansprüche derjenigen, welche, ohne zu den in Nr. 1 bezeichneten Personen zu gehören, die Besorgung fremder Geschäfte oder die Leistung von Diensten gewerbsmäßig betreiben, wegen der ihnen aus dem Gewerbebetrieb gebührenden Vergütungen mit Einschluss der Auslagen. Eine Ausnahme i. S. der 4-jährigen Verjährung des § 196 Abs. 2 BGB, wenn die Leistung für den Gewerbebetrieb des Schuldners erfolgt, gilt in diesem Fall nicht.

412 **a) Bauunternehmer.** Der Vergütungsanspruch des Bauunternehmers verjährt grundsätzlich nach § 196 Abs. 1 Nr. 1 in 2 Jahren. Denn entweder fällt die Leistung des Bauunternehmers unter diese Vorschrift, weil er Kaufmann ist. Oder sie fällt darunter, weil er als Handwerker tätig ist, wofür es nicht erforderlich ist, dass er nach der Handwerksordnung in die Handwerksrolle eingetragen ist. Maßgebend ist vielmehr die Art der Leistung, also ob die Arbeit im Wesentlichen „handwerksmäßig bewirkt" wird.[1104]

413 Für den Vergütungsanspruch des Bauunternehmers gilt deshalb die Regelfrist von 2 Jahren, sofern die Leistung nicht für den Gewerbebetrieb des Schuldners erfolgt und deshalb gem. § 196 Abs. 2 BGB der 4-jährigen Verjährung unterliegt.

414 **b) Generalunternehmer.** Die Leistungen des Generalunternehmers fallen jedenfalls dann unter § 196 Abs. 1 Nr. 1 BGB, wenn der Generalunternehmer Kaufmann ist.[1105] Anderenfalls kommt es darauf an, in welchem Umfang der Generalunternehmer die übernommenen Leistungen selbst ausführt oder durch Nachunternehmer ausführen lässt. Überwiegt der selbst ausgeführte Arbeitsanteil, gilt ebenfalls § 196 Abs. 1 Nr. 1 BGB, also die Regelfrist von 2 Jahren, sofern die Leistung nicht für den Gewerbebetrieb des Schuldners erfolgt und deshalb gem. § 196 Abs. 2 BGB der 4-jährigen Verjährung unterliegt.

415 Überwiegt dagegen der an Nachunternehmer untervergebene Teil der Arbeiten, liegt eine Geschäftsbesorgung im Sinne von § 196 Abs. 1 Nr. 7 BGB vor. Das hat zwar ebenfalls zur Folge, dass eine Verjährungsfrist von 2 Jahren gilt, jedoch ohne die Ausnahmemöglichkeit 4-jähriger Verjährung nach § 196 Abs. 2 BGB, wenn die Leistung für den Gewerbebetrieb des Schuldners erfolgt.

416 **c) Baubetreuer und Bauträger.** Für sie gilt das zum Generalunternehmer Gesagte entsprechend. Auch der Vergütungsanspruch des Baubetreuers und/oder Bauträgers verjährt somit, wenn er Kaufmann ist, gem. § 196 Abs. 1 Nr. 1 BGB in 2 Jahren, sofern nicht die Leistung für den Gewerbebetrieb des Schuldners erfolgt und deshalb nach § 196 Abs. 2 BGB der 4-jährigen Verjährung unterliegt.

Ist der Baubetreuer bzw. Bauträger kein Kaufmann, kommt nur die 2-jährige Verjährung nach § 196 Abs. 1 Nr. 7 BGB in Betracht.

---

[1104] BGHZ 39, 255 = NJW 1963, 1398/99; BGH NJW 1968, 547.
[1105] BGHZ 79, 273 = NJW 1979, 1650 = BauR 1979, 434; ebenso BGH NJW 1980, 447 = BauR 1980, 172 (für Architekten und Ingenieure).

K. Die Verjährung des Vergütungsanspruchs    Vor § 2

Zusätzlich ist aber zu beachten, dass der Vergütungsanspruch des Baubetreuers und/oder Bauträgers für Grundstück und Bauerrichtung in jedem Fall einheitlich verjährt, also nicht aufgeteilt werden kann in den Preis für das Grundstück und die Kosten der Bauerrichtung. Es ist deshalb nicht zulässig, die Kosten der Grundstücksbeschaffung herauszulösen und auf diese Weise der 30-jährigen Verjährung des § 195 BGB zu unterwerfen. Sie folgen vielmehr verjährungsmäßig dem, was für die Kosten der Bauerrichtung gilt, weil diese überwiegen und damit dem Vergütungsanspruch sein charakteristisches Gepräge geben.[1106]

Das gilt für **gemischte Verträge** wie auch dann, wenn für die beiden Verpflichtungen – Grundstücksverschaffung und Bauerrichtung – kein einheitliches Entgelt vereinbart ist und darüber **getrennte Verträge** abgeschlossen worden sind.[1107]   **417**

Entsprechendes gilt für die Verjährung von **Erschließungskosten** (Vergütung von Erschließungsleistungen). Vereinbaren deshalb die Parteien eines Grundstückskaufvertrages, dass der Verkäufer (als Kaufmann nach § 6 HGB) das noch unerschlossene Grundstück auf Grund eines mit der Gemeinde abgeschlossenen Erschließungsvertrages erschließt, und verpflichtet sich der Käufer in gesonderter Vertragsbestimmung, neben dem Kaufpreis die Erschließungsleistungen des Verkäufers nach gesonderter Abrechnung zu vergüten, so verjährt dieser Vergütungsanspruch nach § 196 Abs. 1 Nr. 1 BGB **grundsätzlich in 2 Jahren**.[1108] Denn der Anspruch eines Bauträgers auf Erstattung von Erschließungskosten verjährt regelmäßig nach § 196 Abs. 1 Nr. 1 BGB in 2 Jahren, gleichviel ob solche Kosten im Erwerbsvertrag gesondert ausgewiesen oder in einem einheitlich vereinbarten Entgelt enthalten sind.[1109] Der Anspruch auf Erstattung von Erschließungskosten ist nach der Rechtsprechung des BGH[1110] allerdings erst **„entstanden"** i. S. von § 198 BGB, wenn die Kosten umgelegt werden können.   **418**

**d) Architekten und Ingenieure.** Die Verjährung des Honoraranspruchs des Architekten richtet sich grundsätzlich nicht nach § 196 Abs. 1 Nr. 1, sondern beträgt nach § 196 Abs. 1 Nr. 7 auch dann 2 Jahre, wenn die Leistung für den Gewerbebetrieb des Schuldners/Auftraggebers bestimmt war.[1111] Entsprechendes gilt für den Honoraranspruch des Ingenieurs.[1112] Die ausnahmsweise geltende 4-jährige Verjährung nach § 196 Abs. 2 in Verbindung mit § 196 Abs. 1 Nr. 1 BGB kommt in diesen Fällen grundsätzlich nicht in Betracht.   **419**

Etwas anderes gilt aber dann, wenn der Architekt oder Ingenieur selbst Kaufmann, d. h. im Handelsregister eingetragen ist oder seine Tätigkeit in der Rechtsform einer Gesellschaft des Handelsrechts betreibt (OHG, KG, GmbH und AG im Gegensatz zur BGB-Gesellschaft als Normalform der Architektengemeinschaft). Ist der Architekt oder Ingenieur selbst Kaufmann, dann verjähren auch Architekten- und Ingenieurleistungen gem. § 196 Abs. 1 Nr. 1 i. V. m. Abs. 2 in 4 Jahren, wenn die Leistung für den Gewerbebetrieb des Schuldners bestimmt ist. Denn der Vergütungsanspruch eines Kaufmanns verjährt auch dann nach § 196 Abs. 1 Nr. 1 BGB, wenn die zugrunde liegenden Leistungen Architektenleistungen sind.[1113]   **420**

---

[1106] BGHZ 72, 229 = NJW 1979, 156 = BauR 1979, 59 = ZfBR 1979, 26 (Eigentumswohnung); BGHZ 74, 273 = NJW 1979, 1650 = BauR 1979, 434 (Appartement- und Sporthotel); BGH NJW 1979, 2193 = BauR 1979, 523 (Einfamilienhaus); NJW 1981, 1665 = BauR 1981, 390 = ZfBR 1981, 166 (Ärztehaus); OLG Hamm NJW-RR 1991, 89.
[1107] BGH NJW 1981, 273 = BauR 1981, 74 = ZfBR 1981, 14; OLG Hamm NJW-RR 1991, 89.
[1108] BGH NJW 1982, 325 = BauR 1981, 581 = ZfBR 1981, 264.
[1109] BGHZ 102, 167 = NJW 1988, 483 = BauR 1988, 100 = ZfBR 1988, 66.
[1110] NJW 1990, 1170 = BauR 1990, 95 = ZfBR 1990, 14.
[1111] BGHZ 59, 163 = NJW 1972, 1799 = BauR 1972, 321 und BGHZ 60, 98 = NJW 1973, 364 = BauR 1973, 125 unter Aufgabe der früheren abw. Rechtsprechung.
[1112] BGH NJW 1983, 870 = BauR 1983, 170 (Statiker).
[1113] BGHZ 66, 48 = NJW 1976, 514 = BauR 1976, 209 (GmbH ohne Gewerbebetrieb); BGH NJW 1980, 447 = BauR 1980, 172 (Messestand); BGH NJW-RR 1990, 371 = BauR 1990, 231 = ZfBR 1990, 68 (Ingenieur-GmbH).

## 2. Vierjährige Verjährung gemäß §§ 196 Abs. 1 Nr. 1, 196 Abs. 2 BGB bei Leistungen für den Gewerbebetrieb des Schuldners

**421** Wie bereits erwähnt, kommt die 4-jährige Verjährung des § 196 Abs. 2 BGB nur im Falle des § 196 Abs. 1 Nr. 1 in Betracht, nicht auch bei § 196 Abs. 1 Nr. 7 BGB.

Voraussetzung für die 4-jährige Verjährung nach § 196 Abs. 2 ist, dass die Leistung im Sinne des § 196 Abs. 1 Nr. 1 für den Gewerbebetrieb des Schuldners erfolgt ist, hier also des Auftraggebers.

**422** **a) Begriff des Gewerbebetriebes.** Gewerbebetrieb ist jeder berufsmäßige Geschäftsbetrieb, der auf dauernde Gewinnerzielung angelegt ist.[1114] Dafür genügen auch ein landwirtschaftlicher Betrieb und sogar eine nebenberufliche Tätigkeit auf Seiten des Auftraggebers.[1115] Auch Leistungen für die Praxis eines Heilpraktikers sind als Leistungen für einen Gewerbebetrieb anzusehen.[1116] Ist die betriebliche Tätigkeit hingegen „von geistigen, wissenschaftlichen oder künstlerischen Leitgedanken bestimmt" (z. B. Arztpraxis) gilt die zweijährige Verjährungsfrist.[1117] Entscheidend ist immer der Zeitpunkt der Leistungserbringung, weshalb es auch ausreicht, dass die Leistung für den erst noch einzurichtenden Gewerbebetrieb des Auftraggebers erfolgt[1118] und dessen erstes Geschäft dieser Art darstellt.[1119]

**423** Bei **gemischter Nutzung** eines Gebäudes zu Geschäfts- und Wohnzwecken kam es nach früherer Rechtsprechung des Bundesgerichtshofs entscheidend darauf an, welche Nutzung überwog, d. h. die Leistung war dann für den Gewerbebetrieb erbracht, wenn die Nutzung für den Gewerbebetrieb überwog, weil das Gebäude im Wesentlichen diesem diente.[1120] Diese Rechtsprechung hat der Bundesgerichtshof inzwischen ausdrücklich aufgegeben und klargestellt, dass die Leistungen in diesen Fällen für den Gewerbebetrieb erbracht sind, ohne dass es darauf ankommt, welche Nutzung überwiegt.[1121]

Haften mehrere Schuldner wegen gemeinsamer Beauftragung eines Bauhandwerkers als Gesamtschuldner, gilt § 196 Abs. 1 Nr. 1 Halbsatz 2 BGB grundsätzlich nur für denjenigen, der ein Gewerbe betreibt.[1122]

**424** **b) Kaufmannseigenschaft des Auftraggebers.** Wenn der Auftraggeber Kaufmann ist, besteht zumeist kein Zweifel, dass tatsächlich ein Gewerbebetrieb vorliegt, der bei den Gesellschaften des Handelsrechts, die gem. § 6 HGB kraft Rechtsform Kaufmannseigenschaft haben, sogar fingiert wird, wenn sie tatsächlich kein Gewerbe betreiben.[1123]

**425** Damit steht allerdings noch nicht fest, ob auch die konkrete Bauleistung für den Gewerbebetrieb des Auftraggebers bestimmt und erbracht ist. Insoweit hilft dem Auftragnehmer jedoch die **Vermutung des § 344 HGB**, dass die von einem Kaufmann vorgenommenen Rechtsgeschäfte **im Zweifel** zum Betrieb seines Handelsgewerbes gehören. Das gilt nicht nur für diejenigen Geschäfte, die für das betreffende Handelsgewerbe üblich und typisch sind, sondern auch für solche, die mit ihm nur in einem entfernten lockeren Zusammenhang stehen, z. B. wenn ein Gastwirt ein Appartementhaus mit Gaststätte errichtet.[1124] Ebenso

---

[1114] BGH st. Rspr. vgl. aus neuerer Zeit BGHZ 53, 222 = NJW 1970, 938 = BauR 1970, 113; BGHZ 63, 32 = NJW 1974, 1462 = BauR 1974, 350; BGHZ 74, 273 = NJW 1979, 1650 = BauR 1979, 434; BGHZ 83, 382 = NJW 1982, 1815 = BauR 1982, 377 = ZfBR 1982, 154; BGHZ 95, 155 = NJW 1985, 3063.
[1115] BGH NJW 1981, 1665 = BauR 1981, 390 = ZfBR 1981, 166 (Zahnarzt).
[1116] BGH NJW 2000, 1940.
[1117] BGH BauR 2000, 1053 = NJW-RR 2000, 1187.
[1118] BGHZ 58, 251, 255 = NJW 1972, 939 = BauR 1972, 245; BGHZ 63, 32 = NJW 1974, 1462 = BauR 1974, 350.
[1119] OLG Nürnberg BauR 1972, 317, 318.
[1120] OLG Hamm BB 1990, 517 unter Hinweis auf BGH *Schäfer/Finnern* Z 2331 Bl. 43 ff. Die 4-jährige Verjährung gilt nach dieser Entscheidung auch für die Ansprüche gegen die gesamtschuldnerisch haftende Ehefrau des Gewerbetreibenden, die mit diesem als Auftraggeberin aufgetreten ist, selbst wenn sie weder (Mit-)Eigentümerin des Grundstücks noch Mitinhaberin des Gewerbebetriebes ist.
[1121] BGH NJW 2000, 1940.
[1122] BGH NJW 2000, 1940.
[1123] BGHZ 66, 48 = NJW 1976, 514 = BauR 1976, 209 (GmbH).
[1124] BGHZ 63, 32 = NJW 1974, 1462 = BauR 1974, 350.

K. Die Verjährung des Vergütungsanspruchs **Vor § 2**

gilt, wenn die Schuld aus einer Leistung für den Gewerbebetrieb des Schuldners von Anfang an von einem anderen mit übernommen wird, der kein Geschäft betreibt, auch diesem gegenüber die 4-jährige Verjährungsfrist seit Entstehung des Anspruchs.[1125]

Andererseits greift die Vermutung des § 344 HGB nicht ein, wenn die erbrachte Bauleistung eindeutig nicht für den Gewerbebetrieb des Schuldners bestimmt war, wie z. B. die Errichtung eines Privathauses für einen Kaufmann auf dessen Privatgrundstück. 426

**c) Einzelfälle.** Aus der Fülle der Entscheidungen zu Einzelfällen sind vor allem folgende hervorzuheben:

**aa) Bauen als Gewerbebetrieb des Auftraggebers.** Soweit es sich beim Auftraggeber um Baufirmen, Generalunternehmer/Generalübernehmer, Baubetreuer/Bauträger oder Wohnungsbauunternehmen handelt, besteht im Allgemeinen kein Zweifel daran, dass Bauleistungen, die Nachunternehmer in ihrem Auftrag erbringen, für ihren Gewerbebetrieb erfolgen. 427

Bei außerhalb des Baubereichs tätigen Kaufleuten spricht zumindest die Vermutung des § 344 HGB dafür, dass die ihnen gegenüber erbrachten Leistungen ihren Gewerbebetrieb betreffen. 428

Bei **Privatleuten** als Auftraggeber kann das jedoch nicht in gleicher Weise angenommen werden. Die Durchführung von Baumaßnahmen durch private Bauherren, auch wenn die Bauten zum Verkauf oder zur Vermietung bestimmt und von daher auf Gewinn angelegt sind, stellt regelmäßig keinen berufsmäßigen Gewerbebetrieb dar, sondern lediglich eine Vermögensanlage durch Nutzung des Eigentums am Grundstück und des eingesetzten Kapitals.[1126] Eine Werklohnforderung gegenüber einer BGB-Gesellschaft als Auftraggeber verjährt auch dann in zwei Jahren, wenn sie Leistungen betrifft, die für den Bau eines Wohn- und Geschäftshauses mit 36 Wohnungen, einem Supermarkt, einer Gaststätte und drei Praxen erbracht wurden, denn weder die Errichtung noch die Verwaltung eines Gebäudes von solchem Umfang stellt einen auf die Erzielung von dauernden Einnahmen gerichteten berufsmäßigen Gewerbebetrieb dar.[1127] 429

Etwas anderes gilt bei Privatleuten nur dann, wenn sie sich durch die Baumaßnahme(n) eine auf Dauer angelegte berufsmäßige Erwerbsquelle verschaffen wollen und die Verwaltung der Immobilien mit einer so umfangreichen Tätigkeit verbunden ist, dass sie einen geschäftsmäßigen Betrieb erfordert.[1128] 430

**bb) Architekt als Auftraggeber.** In diesem Fall gilt prinzipiell das Vorgesagte entsprechend. Auch wenn ein Architekt für sich selbst baut, dies aber lediglich zum Zwecke der Grundstücks- oder Kapitalnutzung bzw. Vermögensanlage tut, ist dies keine berufsmäßige Tätigkeit im Sinne eines Gewerbebetriebes. Ebenso stellt die berufliche Tätigkeit eines Architekten im Rahmen des Leistungsbildes des **§ 15 HOAI** als solche keinen Gewerbebetrieb im Sinne des § 196 Abs. 1 Nr. 1 BGB dar.[1129] 431

Anders liegen die Dinge dagegen, wenn ein Architekt **schlüsselfertige Häuser** erstellt, um sie selbst gewinnbringend zu verkaufen. Dann liegt ein Gewerbebetrieb im Sinne von § 196 Abs. 1 Nr. 1 BGB vor.[1130] 432

**cc) Öffentlich-rechtliche und/oder gemeinnützige Aufgaben.** Wenn Staat, Gemeinden oder andere Körperschaften des öffentlichen Rechts in Erfüllung öffentlich-rechtlicher und/oder gemeinnütziger Aufgaben tätig werden, schließt dies zwar die Annahme 433

---

[1125] BGH NJW 1993, 1914 = BauR 1993, 506 L (Ergänzung zu BGHZ 58, 251 = NJW 1972, 939 = BauR 1972, 245).
[1126] BGHZ 63, 32 = NJW 1974, 1462 = BauR 1974, 350; BGHZ 74, 273 = NJW 1979, 1650 = BauR 1979, 434 (Appartement- und Sporthotel); BGH NJW 1981, 1665 = BauR 1981, 390 = ZfBR 1981, 166 (Ärztehaus).
[1127] OLG Saarbrücken NJW-RR 1988, 1297.
[1128] BGH NJW 1967, 2353; OLG München NJW 1986, 1128 (Großwohnanlage im Werte von 4,5 Mio DM).
[1129] BGH BauR 1979, 264 = ZfBR 1979, 96.
[1130] BGH NJW 1963, 1397, 1398; OLG Nürnberg BauR 1972, 318.

eines Gewerbebetriebes nicht schlechthin aus.[1131] Erforderlich ist aber, dass die Tätigkeit nicht nur und ausschließlich in Erfüllung öffentlich-rechtlicher bzw. gemeinnütziger Aufgaben erfolgt, sondern dass es sich um Anlagen handelt, die auch von einem Privatunternehmer zum Zwecke der Gewinnerzielung betrieben werden können,[1132] z. B. die Bautätigkeit einer gemeinnützigen städtischen oder gemeindlichen Wohnungsbaugesellschaft.

434 Demgemäß hat die Rechtsprechung die Annahme eines Gewerbebetriebes im Sinne von § 196 Abs. 1 Nr. 1 BGB verneint bei einer städtischen oder gemeindlichen Wasserversorgungsanlage,[1133] einer gemeindlichen Abwasserbeseitigungsanlage[1134] und einem öffentlich-rechtlichen Wasserverband.[1135] Ebenso verjährt der Anspruch einer Gemeinde auf Zahlung der Kosten eines Hausanschlusses für Strom oder Gas, welcher durch ihren nach wirtschaftlichen Gesichtspunkten geführten Eigenbetrieb errichtet worden ist, gem. § 196 Abs. 1 Nr. 1 BGB in 2 Jahren.[1136] Auch die deutschen Fernsehanstalten betreiben, wenn sie bauen, kein Gewerbe im Sinne von § 196 Abs. 1 Nr. 1 BGB.[1137]

435 Dagegen ist die Deutsche Bundesbahn, wenn sie Beschaffungsgeschäfte tätigt, als Gewerbebetrieb im Sinne von § 196 Abs. 1 Nr. 1 BGB anzusehen. Ansprüche eines Werkunternehmers gegen die Deutsche Bundesbahn (aus einem Werklieferungsvertrag) verjähren daher nicht schon in zwei Jahren, sondern unterliegen der 4-jährigen Verjährungsfrist des § 196 Abs. 2 BGB.[1138]

436 d) Beweislast. Da es sich bei der 4-jährigen Verjährung des § 196 Abs. 2 in Verbindung mit § 196 Abs. 1 Nr. 1 BGB um einen Ausnahmetatbestand handelt, müssen die Voraussetzungen dafür grundsätzlich vom Auftragnehmer bewiesen werden, wenn dieser sich wegen einer von der Regelverjährung abweichenden längeren Verjährung seines Vergütungsanspruchs darauf beruft. Der Auftragnehmer muss also beweisen, dass seine Leistung für den Gewerbebetrieb des Auftraggebers erfolgt oder, soweit dafür die Vermutung des § 344 HGB spricht, dass der Auftraggeber Kaufmann ist. Im letzteren Fall obliegt es dann dem Auftraggeber, seinerseits zu beweisen, dass die Leistung – entgegen der Vermutung des § 344 HGB – ausnahmsweise nicht für den Betrieb seines Handelsgewerbes erbracht worden ist, sondern für ihn privat.[1139]

### 3. Verjährung bei Folgeansprüchen und Schuldübernahme

437 Wird wegen nicht- oder nicht rechtzeitiger Erfüllung anstelle des Vergütungsanspruchs Schadensersatz verlangt, gilt für diesen dieselbe Verjährung wie für den ursprünglichen Vergütungsanspruch.[1140] Gleiches gilt für anstelle des Vergütungsanspruchs geltend gemachte Ansprüche aus Verschulden beim Vertragsschluss oder positiver Vertragsverletzung, Geschäftsführung ohne Auftrag oder ungerechtfertigter Bereicherung.[1141] Ein Anspruch auf Verzugszinsen unterliegt deshalb auch insoweit der 4-jährigen Verjährung nach § 197 BGB, als er auch den Gesichtspunkt des Schadensersatzes (§§ 286, 288 BGB) gestützt wird.[1142]

438 Wird die Vergütungsschuld von einem Dritten im Wege privativer oder befreiender Schuldübernahme gemäß § 414 BGB übernommen, so bleibt diesem gegenüber die für den Anspruch geltende 2- oder 4-jährige Verjährung bestehen.[1143] War die Leistung im Ver-

---

[1131] BGH NJW 1968, 639.
[1132] BGHZ 53, 222 = NJW 1970, 938, 939 = BauR 1970, 113; BGHZ 83, 382 = NJW 1982, 1815 = BauR 1982, 377 = ZfBR 1982, 154.
[1133] BGH NJW 1968, 639; OLG Frankfurt NJW 1973, 759.
[1134] BGHZ 53, 222 = NJW 1970, 938 = BauR 1970, 113.
[1135] BGHZ 83, 382 = NJW 1982, 1815 = BauR 1982, 377 = ZfBR 1982, 154.
[1136] BGH NJW 1991, 2134 = BauR 1991, 474 = ZfBR 1991, 200.
[1137] BGHZ 57, 191 = NJW 1972, 95 = BauR 1972, 109.
[1138] BGHZ 95, 155 = NJW 1985, 3063.
[1139] BGHZ 63, 32 = NJW 1974, 1462 = BauR 1974, 350.
[1140] BGHZ 50, 25, 26 = NJW 1968, 1234, 1235.
[1141] BGHZ 50, 25, 26 = NJW 1968, 1234, 1235.
[1142] BGH NJW 1993, 1384.
[1143] BGHZ 58, 251 = NJW 1972, 939 = BauR 1972, 245.

K. Die Verjährung des Vergütungsanspruchs                                              Vor § 2

hältnis zum bisherigen Schuldner (Auftraggeber) nicht für dessen Gewerbebetrieb erfolgt und galt für sie deshalb die Regelverjährung von 2 Jahren, so ändert sich daran nichts dadurch, dass die Leistung im Falle des Übernehmers dessen Gewerbebetrieb zuzurechnen wäre. War die Leistung im Verhältnis zum bisherigen Schuldner (Auftraggeber) für dessen Gewerbebetrieb erfolgt und galt für sie deshalb die 4-jährige Verjährung, so bleibt diese bestehen, auch wenn der Übernehmer keinen Gewerbebetrieb unterhält oder die Leistung diesem nicht zugerechnet werden kann.[1144]

Entsprechendes gilt im Falle der Schuldmitübernahme (kumulative Schuldübernahme), bei der der Dritte als weiterer Schuldner neben den bisherigen Schuldner tritt. Er übernimmt dabei die Schuld mit demselben Inhalt, auch hinsichtlich der Verjährungsfrist, so dass die dem bisherigen Schuldner gegenüber geltende 2- oder 4-jährige Verjährung auch ihm gegenüber bestehen bleibt.[1145]   **439**

### 4. Beginn der Verjährung

**a) Abschlags- und Vorauszahlungen.** Nach einer im Schrifttum[1146] verbreiteten Meinung zum VOB-Vertrag soll nur der Anspruch auf Schlusszahlung (§ 16 Nr. 3) oder Teilschlusszahlung (§ 16 Nr. 4) der Verjährung unterliegen, nicht auch der Anspruch auf Abschlagszahlung (§ 16 Nr. 1) oder Vorauszahlung (§ 16 Nr. 2 VOB/B). Letztere sollen als solche nicht verjähren, weil es sich lediglich um Vorschüsse auf die Schlusszahlungsforderung handelt, in der Regel nur eine überschlägige Abrechnung erfolgt und der Vergütungsanspruch der Höhe nach noch nicht endgültig feststeht.[1147] Das hätte dann grundsätzlich auch für den **BGB-Vertrag** zu gelten, wenn und soweit bei diesem Abschlags- oder Vorauszahlungen vereinbart waren/sind.   **440**

Dagegen spricht jedoch, dass es sich – wie auch der neu geschaffene § 632a BGB zeigt – bei dem Anspruch auf Abschlags- oder Vorauszahlungen um einen einklagbaren eigenständigen Anspruch handelt. Das setzt die Fälligkeit dieses Anspruchs voraus, so dass er auch einer selbstständigen Verjährung unterliegen muss.[1148] Demgemäß wird beim Architekten und Ingenieur, der nach § 8 Abs. 2 HOAI Abschlagszahlungen auf sein Honorar verlangen kann, zutreffend angenommen, dass das jeweilige Teilhonorar mit dem Ende des Jahres der Abschlagsanforderung selbstständig zu verjähren beginnt.[1149] Das hat der BGH[1150] im Übrigen schon zu § 21 GOA entschieden und festgestellt, dass der Teil des Honorars, der in einer Abschlags- oder Zwischenrechnung enthalten und nicht bezahlt war, bereits mit dem betreffenden Jahresende zu verjähren begann und nicht erst mit dem Ende des Jahres, das auf die Honorarschlussrechnung folgte. Dieselben Grundsätze müssen aber für die Verjährung der Abschlagsforderung des Bauhandwerkers gelten. Auch diese verjährt daher selbstständig. Auch eine bereits verjährte Abschlagsforderung kann aber als Rechnungsposten in die Schlussrechnung eingestellt werden.[1151]   **441**

Die Rechtsprechung, dass der Auftraggeber nach Treu und Glauben mit solchen Einwendungen gegen die Prüffähigkeit der Schlussrechnung ausgeschlossen ist, die er nicht spätestens innerhalb einer Frist von zwei Monaten nach Zugang der Rechnung vorgebracht hat, ist hinsichtlich der Prüffähigkeit von Abschlagsrechnungen entsprechend anzuwenden.[1152]

---

[1144] BGH NJW 1993, 1914 = BauR 1993, 506 L.
[1145] BGHZ 58, 251 = NJW 1972, 393 = BauR 1972, 245.
[1146] *Kaiser* ZfBR 1982, 231, 233; *Werner/Pastor* Rdn. 2368; *Ingenstau/Korbion/Keldungs* VOB/B § 2 Rdn. 51 unter Hinweis auf *Siegburg*, Die Verjährung von Vergütungsansprüchen, Rdn. 42 ff. m. w. N.
[1147] *Werner/Pastor* Rdn. 2368.
[1148] Dazu auch BGH ZfBR 1999, 98; die Entscheidung betrifft Abschlagsrechnungen nach § 8 HOAI.
[1149] *Werner/Pastor* Rdn. 982/983 und 2373; *Locher/Koeble/Frik* § 8 Rdn. 14.
[1150] BGH NJW 1974, 697 = BauR 1974, 215; BauR 1982, 187 = ZfBR 1982, 59.
[1151] BGH ZfBR 1999, 98; *v. Rintelen*, Jahrbuch Baurecht 2001, 25 ff., 35.
[1152] BGH BauR 2005, 1951 zur Abschlagsforderung des Architekten; die Rechtsprechung dürfte zu übertragen sein auf die Abschlagsforderung des Unternehmers.

442  **b) Schlusszahlungsanspruch.** Die Verjährung des Schlusszahlungsanspruchs beginnt ungeachtet der missverständlichen Formulierung in § 198 BGB a. F. gemäß § 201 BGB mit dem Ende des Jahres, in dem der Anspruch fällig geworden ist.[1153] Die Fälligkeit des Schlusszahlungsanspruchs und damit auch der Beginn seiner Verjährung setzen voraus:

443  **aa) Abnahme.** Nach § 641 Abs. 1 Satz 1 BGB ist die Vergütung grundsätzlich bei der Abnahme zu entrichten. Die Abnahme ist also Fälligkeitsvoraussetzung, wobei es bei zu Unrecht verweigerter oder verzögerter Abnahme allerdings genügt, wenn die Voraussetzungen der Abnahme im Sinne einer Abnahmefähigkeit vorliegen.[1154] Das gilt nach inzwischen wohl herrschender Meinung in Rechtsprechung[1155] und Schrifttum[1156] auch beim VOB-Vertrag (dazu im Einzelnen bei § 12 VOB/B). Im Übrigen wird auf die Neuregelungen in den § 641 Abs. 2 BGB für die Fälligkeit der Nachunternehmervergütung, § 640 Abs. 1 für die Fälligkeit nach unterlassener Abnahme und in § 641 a Abs. 1 BGB für die Fälligkeit nach Fertigstellungsbescheinigung verwiesen. Hierauf wird in der Kommentierung zu §§ 12, 16 VOB/B näher einzugehen sein. Wird die Abnahme hingegen zu Recht verweigert, wird die Verjährungsfrist nicht in Lauf gesetzt.[1157]

444  **bb) Schlussrechnung beim BGB-Vertrag.** Hier wird, wenn von einer Abnahme auszugehen ist, der Vergütungsanspruch nach der Rechtsprechung des BGH[1158] jedenfalls „im Sinne des Verjährungsrechtes" auch ohne Erteilung einer Schlussrechnung fällig, sobald der Auftragnehmer abrechnen kann.[1159] Denn bei einem allein nach §§ 631 ff. BGB zu beurteilenden Werklohnanspruch beginnt die Verjährung grundsätzlich mit dem Schluss des Jahres, in dem die Abnahme erfolgt ist, ohne dass eine Rechnung erteilt zu sein braucht. Die Erteilung einer Schlussrechnung ist also nicht erforderlich; die bloße Möglichkeit abzurechnen genügt, um die Verjährung des Vergütungsanspruchs nach BGB beginnen zu lassen. Beim BGB-Vertrag beginnt die Verjährung des Werklohnanspruchs daher mit dem Ablauf des Jahres, in dem der Unternehmer den Besteller auf Abnahme und Zahlung hätte in Anspruch nehmen können.[1160] Allerdings können die Parteien auch in diesem Fall stillschweigend eine abweichende Vereinbarung dahin treffen, dass die Forderungen des einen Teils erst mit einer auf einem Aufmaß beruhenden Abrechnung fällig werden sollen.[1161] In der Vereinbarung über ein gemeinsames Aufmaß liegt aber nicht ohne weiteres auch die Vereinbarung, dass hierin eine Fälligkeitsvoraussetzung liegen soll.[1162]

445  Demgegenüber ist der überwiegende Teil des Schrifttums[1163] der Ansicht, dass der Zahlungsanspruch des Auftragnehmers generell ohne Schlussrechnung nicht fällig und der Verjährung ausgesetzt sein könne, weil er bis dahin nicht bestimmbar sei und daher vom Auftragnehmer auch nicht geltend gemacht werden könne.[1164]

---

[1153] BGH NJW 1968, 1962; NJW 1969, 1108; BGHZ 53, 222 = NJW 1970, 938 = BauR 1970, 113; BGH NJW 1971, 1455.
[1154] BGHZ 72, 229 = NJW 1979, 156 = BauR 1979, 59 = ZfBR 1979, 26; BGH NJW 1999, 3710.
[1155] BGHZ 79, 180 = NJW 1981, 822 = BauR 1981, 201 = ZfBR 1981, 82; BGH NJW 1981, 1448 = BauR 1981, 248 = ZfBR 1981, 139; BGHZ 83, 382 = NJW 1982, 1815 = BauR 1982, 377 = ZfBR 1982, 154; BGH NJW 1987, 2582 = BauR 1987, 329 = ZfBR 1987, 146; NJW-RR 1990, 1170 = BauR 1990, 605 = ZfBR 1990, 226.
[1156] Vgl. die Nachweise bei *Werner/Pastor* Rdn. 1377; kritisch hierzu u. a. *Peters* FS Korbion S. 337 ff.
[1157] BGH NJW-RR 1999, 1246.
[1158] BGHZ 79, 176 = NJW 1981, 814 = BauR 1981, 199 mit zust. Anm. *Weyer* S. 288 = ZfBR 1981, 79; ebenso OLG Celle NJW 1986, 327 = BauR 1986, 356 mit abl. Anm. *Ulrich Locher*; OLG Frankfurt NJW-RR 2000, 755.
[1159] So auch *Kniffka* IBR-online-Kommentar zum Bauvertragsrecht Stand 4. 1. 2007 § 641 Rdn. 27.
[1160] OLG Düsseldorf BauR 1992, 677/678 L; ebenso OLG Stuttgart, NJW-RR 1994, 17 = BauR 1994, 121.
[1161] BGH NJW-RR 1989, 148 = BauR 1989, 90 = ZfBR 1989, 23 (für den Fall der Gestellung von Gerüsten).
[1162] *Kniffka* IBR-online-Kommentar zum Bauvertragsrecht Stand 4. 1. 2007 § 631 Rdn. 307 ff.
[1163] Vgl. *Werner/Pastor* Rdn. 1370 ff. m. N.; die dort weiter angeführten Urteile der OLG Köln, Düsseldorf und Hamm stammen allerdings fast ausnahmslos aus der Zeit vor Veröffentlichung der o. e. BGH-Entscheidung.
[1164] Ebenso *Bartmann* BauR 1977, 16; *Peters* NJW 1977, 552; *Dähne* BauR 1981, 223 und *Ulrich Locher* Anm. zu OLG Celle a. a. O. BauR 1986, 358; ders. Die Rechnung im Werkvertragsrecht, Baurechtl. Schriften

K. Die Verjährung des Vergütungsanspruchs                                        **Vor § 2**

Es ist jedoch von der Interessenlage her durchaus ein Unterschied, ob der Auftragnehmer    446
ohne Schlussrechnung seine Restforderung nicht geltend machen und einklagen kann[1165]
oder ob der Auftraggeber sich auch ohne Schlussrechnung auf Verjährung des Vergütungsanspruchs des Auftragnehmers berufen kann. Wäre die Rechnungsstellung auch dafür
erforderlich, hätte der Auftragnehmer es in der Hand, den Beginn der Verjährung seines
Rest-Vergütungsanspruchs beliebig hinauszuzögern.

**cc) Schlussrechnung beim VOB-Vertrag.** Nach § 14 Nr. 1 VOB/B hat der Auftrag-    447
nehmer seine Leistungen prüfbar abzurechen. Die Erteilung einer prüfbaren Schlussrechnung ist Fälligkeitsvoraussetzung. Der Anspruch auf Schlusszahlung wird fällig alsbald nach
Prüfung und Feststellung der vom Auftragnehmer vorgelegten Schlussrechnung, spätestens
jedoch innerhalb von zwei Monaten nach Zugang. Erstellt der Auftraggeber die Schlussrechnung nach § 14 Nr. 4 VOB/B selbst, wird die abgerechnete Vergütungsforderung zu
dem Zeitpunkt fällig, in dem die Rechnung dem Auftragnehmer zugeht.[1166]

Zu den **Anforderungen an die Prüfbarkeit** hat sich der Bundesgerichtshof wiederholt    448
geäußert. Er hat dabei zunächst verlangt, dass die Abrechnung den Auftraggeber in die Lage
versetzen müsse, den gegen ihn geltend gemachten Zahlungsanspruch nachprüfen zu können; für die Beurteilung der Prüfbarkeit komme es daher entscheidend auf die Fachkunde
des jeweiligen Auftraggebers (bzw. des von ihm hinzugezogenen Architekten) und seine
berechtigten Informations- und Kontrollinteressen an.[1167] Diese Rechtsprechung, an der sich
auch die baurechtliche Literatur weitgehend orientierte,[1168] hat der BGH nunmehr ausdrücklich aufgegeben und festgestellt, dass für die Beurteilung der Prüfbarkeit an **objektive
Kriterien** anzuknüpfen sei; eine prüfbare Rechnung müsse diejenigen Angaben enthalten,
die nach dem geschlossenen Vertrag und den Regelungen der VOB/B unverzichtbar seien,
um die sachliche und rechnerische Richtigkeit der Rechnung zu überprüfen; die Anknüpfung an objektive Kriterien sei notwendig für die Einordnung der Prüfbarkeit als Fälligkeitsvoraussetzung; ohne die Anknüpfung an objektive Kriterien könne auch die Schlüssigkeit
des Klägervorbringens im Säumnisverfahren nicht zuverlässig beurteilt werden; auch der
gesetzliche Beginn der Verjährung sei ohne die Anknüpfung an objektive Kriterien nicht
sicher.[1169]

Der Prüfbarkeit steht auch nicht entgegen, dass zuvor schon einmal eine allerdings
abweichende Abrechnung erteilt worden ist.[1170]

Ist es dem Auftragnehmer nicht mehr möglich, den Stand der von ihm bis zur Kündigung
erbrachten Leistung durch Aufmaß zu ermitteln, weil der Auftraggeber das **Aufmaß dadurch vereitelt** hat, dass er das Bauvorhaben durch einen Drittunternehmer hat fertig stellen
lassen, genügt der Auftragnehmer seiner Verpflichtung zur prüfbaren Abrechnung, wenn er
alle ihm zur Verfügung stehenden Umstände mitteilt, die Rückschlüsse auf den Stand der
erbrachten Leistung ermöglichen. Er genügt seiner Darlegungslast, wenn er Tatsachen
vorträgt, die dem Gericht die Möglichkeit verschaffen, ggf. mit Hilfe eines Sachverständigen
den Mindestaufwand zu schätzen, der für die Errichtung des Bauvorhabens erforderlich
war.[1171]

Besonders gering sind die Anforderungen an die Prüfbarkeit bei einem Pauschalvertrag.
Hier reicht es in aller Regel, den Pauschalpreis nebst darauf geleisteter Zahlungen zu

---

Bd. 19 (1990) S. 36 ff.; dagegen *Weyer* Anm. zu BGH a. a. O. BauR 1981, 288; *Kaiser* ZfBR 1982, 231/32
und *Grimme* NJW 1987, 468; *ders.* Die Vergütung beim Werkvertrag, Schriften zum Bürgerlichen Recht
Bd. 105 (1987) S. 54 ff., 101.
[1165] BGH NJW 1968, 1962.
[1166] BGH BauR 2002, 313.
[1167] So noch ausdrücklich BGH NJW 2002, 676 m. w. N.
[1168] *Werner/Pastor* Rdn. 1395; *Ingenstau/Korbion/U.Locher* VOB/B § 14 Nr. 1 Rdn. 7; *Kapellmann/Messer-
schmidt-Messerschmidt* VOB/B § 14 Rdn. 12.
[1169] BGH NZBau 2005, 40 unter Hinweis auf das zur Fälligkeit der Architektenschlussrechnung ergangene
Urteil BGH NZBau 2004, 216; bestätigt durch BGH NZBau 2006, 179 und 231.
[1170] BGH IBR 2002, 595.
[1171] BGH NZBau 2004, 503.

nennen. Etwas anderes gilt allerdings, wenn zusätzliche Vergütungsansprüche geltend gemacht werden. Genügt die Abrechnung diesen Anforderungen, ist sie prüfbar. Alles Weitere ist dann keine **Frage der Prüfbarkeit** der Rechnung und damit der Fälligkeit der Forderung mehr, sondern eine **Frage der Richtigkeit** der Rechnung und damit der Begründetheit der geltend gemachten Forderung. Die Prüfbarkeit der nach vorzeitiger Beendigung eines Pauschalvertrages erteilten Schlussrechnung scheitert auch nicht daran, dass der Unternehmer für einen Teil der Leistung **keine Nachkalkulation** vorgelegt hat, weil er der Meinung ist, diese Leistung sei nicht geschuldet gewesen.[1172]

**449** Umstritten war, ob auch die **nicht prüffähige Schlussrechnung** die Fälligkeit der geltend gemachten Forderung herbeizuführen vermag und die **Verjährungsfrist in Lauf setzt.** Das wurde von dem überwiegenden Teil der baurechtlichen Literatur schon früher mit der Begründung bejaht, der Verjährungsbeginn dürfe aus Gründen der Billigkeit nicht von der Prüfbarkeit der Rechnung abhängen; der Auftragnehmer dürfe für die Erteilung einer „falschen" Rechnung nicht belohnt werden; er handele rechtsmissbräuchlich, wenn er eine Schlussrechnung erteilt habe, gleichwohl aber im Prozess den Rechtsstandpunkt vertrete, sein Zahlungsanspruch sei mangels Prüffähigkeit der Rechnung nicht fällig geworden und daher auch nicht verjährt; die Prüfbarkeit hänge häufig von den Umständen des Einzelfalles ab; stelle man auch für die Verjährung darauf ab, komme es zu nicht hinnehmbaren Unsicherheiten.[1173],[1174] Demgegenüber hat der Bundesgerichtshof[1174] für den gleich gelagerten Fall der Architektenvergütung zunächst die Auffassung vertreten, der Vergütungsanspruch werde erst mit Erteilung einer prüfbaren Schlussrechnung fällig; erst zu diesem Zeitpunkt könne die Verjährungsfrist zu laufen beginnen; weder die Erteilung einer nicht prüfbaren Rechnung, noch die spätere Vorlage einer prüfbaren Rechnung bedeute für sich allein eine treuwidrige Verhaltensweise des Architekten; es müssten daher zusätzliche Umstände gegeben sein, um aus Gründen von Treu und Glauben die rechtlichen Folgen der Fälligkeit für einen Zeitpunkt annehmen zu können, in dem eine prüfbare Schlussrechnung noch nicht vorgelegen habe. Diesen Standpunkt hat der BGH nunmehr ausdrücklich aufgegeben und erklärt, dass der Werklohnanspruch auch dann fällig werde, wenn die Rechnung nicht prüfbar sei, der Auftraggeber aber nicht binnen zwei Monaten Einwendungen gegen die Prüfbarkeit erhoben habe; das Erfordernis der prüfbaren Abrechnung diene den Interessen beider Parteien und habe den Zweck, das Verfahren über die Abrechnung zu vereinfachen und zu beschleunigen; mit diesem Zweck sei es nicht vereinbar, wenn der Auftraggeber den Einwand der fehlenden Prüfbarkeit erst nach längerer Zeit erhebe; ebenso wie beim Architektenvertrag habe der Einwand vielmehr binnen einer Frist von zwei Monaten nach Zugang der Schlussrechnung zu erfolgen; versäume der Auftraggeber diese Frist, finde die Sachprüfung statt, ob die Forderung berechtigt sei; er könne dann aber im Rahmen der Sachprüfung auch solche Einwendungen vorbringen, die er gegen die Prüfbarkeit der Rechnung hätte vorbringen können.[1175] Dem ist zuzustimmen. Die Änderung der BGH-Rechtsprechung zum Verjährungsbeginn bei Erteilung einer nicht prüfbaren Rechnung ist auch keineswegs so dramatisch, wie es gelegentlich dargestellt wird. Der BGH hat vielmehr schon früher den Standpunkt vertreten, dass jedenfalls bei Vorliegen zusätzlicher Umstände die Fälligkeit der Honorarschlussrechnung des Architekten – und damit auch der Verjährungsbeginn – für einen Zeitpunkt angenommen werden könne, zu dem eine prüfbare Schlussrechnung noch nicht vorgelegen habe.[1176] Sieht man in der unterbliebenen Erhebung von Einwendungen innerhalb der Zweimonatsfrist des § 16 Nr. 3 VOB/B eine Verletzung

---

[1172] BGH NZBau 2004, 549.
[1173] *Locher/Koeble/Frik,* HOAI § 8 Rdn. 37; *Lauer* BauR 1989, 665; Jagenburg BauR 1988, 155; *Werner/Pastor* Rdn. 2374; *Hesse/Korbion/Mantscheff/Vygen* HOAI § 8 Rdn. 70; *Kniffka/Koeble* 12. Teil Rdn. 340; Beck'scher VOB-Kommentar/W. Jagenburg Vorauflage Rdn. 569.
[1174] BGH NJW-RR 2000, 386 m. w. N.
[1175] BGH NZBau 2005, 40 unter Hinweis auf BGH NZBau 2004, 216; bestätigt durch BGH NZBau 2006, 179 und 231; zur Abschlagsforderung BGH BauR 2005, 1951.
[1176] BGH NJW-RR 2000, 386.

K. Die Verjährung des Vergütungsanspruchs **Vor § 2**

der bauvertraglichen Kooperationspflicht, liegt die Annahme eines „zusätzlichen Umstandes", der zur Fälligkeit des Vergütungsanspruchs führt, sogar sehr nahe. Letztlich ist die Änderung der Rechtsprechung des BGH zum Verjährungsbeginn daher nur die konsequente Folge der Betonung der bauvertraglichen Kooperationspflichten. Die Versäumung der Einwendungsfrist hat aber keine Konsequenzen für die Verteilung der Darlegungs- und Beweislast im nachfolgenden Vergütungsprozess. Etwas anderes gilt ausnahmsweise allenfalls dann, wenn der Auftraggeber seine Einwendungen zurückgehalten hat, um den Auftragnehmer in Beweisschwierigkeiten zu bringen.

Anders liegt es jedoch, wenn die Schlussrechnung nur teilweise prüfbar ist. In diesem Fall beginnt die Verjährung erst mit der Erteilung einer insgesamt prüfbaren Schlussrechnung, weil nur so ein einheitlicher Verjährungsablauf gewährleistet werden kann.[1177]

**dd) Nicht berechnete Leistungen.** Die Verjährung erfasst auch solche Restforderungen, die in der Schlussrechnung nicht enthalten sind, aber auf demselben Vertrag beruhen, bei Erteilung der Schlussrechnung bereits ausgeführt waren und deshalb mit dieser hätten abgerechnet werden können, z. B. Ansprüche aus **Nachträgen** wegen Änderungen, Erweiterungen und/oder Zusatzleistungen. Die in der Schlussrechnung abgerechneten und die in ihr nicht aufgeführten Forderungen, soweit sie bereits erbrachte Leistungen aus ein- und demselben Vertrag betreffen, verjähren einheitlich.[1178] 450

**c) Sicherheitsleistung.** Soweit Sicherheitsleistung, z. B. durch Einbehalt oder Hinterlegung vereinbart ist (vgl. dazu § 17 VOB/B nebst Erläuterungen), beginnt die Verjährung dieses Teils des Vergütungsanspruchs erst mit dem Jahresende des Ablaufs der für die Sicherheitsleistung vereinbarten Frist, in Ermangelung anderweitiger Vereinbarungen mit dem Jahresende des Ablaufs der Gewährleistungspflicht des Auftragnehmers. 451

### 5. Hemmung und Unterbrechung der Verjährung des Vergütungsanspruchs

Während bei der Hemmung der Verjährung nach § 205 BGB der Zeitraum der Hemmung in die Verjährungsfrist nicht eingerechnet wird, bleibt bei der Unterbrechung der Verjährung nach § 217 BGB die bis zur Unterbrechung verstrichene Zeit außer Betracht, so dass nach Beendigung der Unterbrechung die (gesetzliche oder vertraglich vereinbarte) Verjährungsfrist neu zu laufen beginnt. Eine Verjährungshemmung schließt andererseits nicht aus, dass während dieses Zeitraums die Verjährung auch unterbrochen wird,[1179] d. h. beide – Verjährungshemmung und Verjährungsunterbrechung – können nebeneinander in Betracht kommen. Dauert die Hemmung der Verjährung länger als die Unterbrechung, beginnt die neue Verjährungsfrist erst nach dem Ende der Hemmung.[1180] 452

Für die Verjährung des Vergütungsanspruchs des Auftragnehmers gilt insoweit folgendes: 453

**a) Hemmung der Verjährung.** Nach § 202 Abs. 1 BGB ist die Verjährung gehemmt, solange die Leistung gestundet oder der Verpflichtete aus einem anderen Grunde vorübergehend zur Verweigerung der Leistung berechtigt ist. Das gilt nach Absatz 2 jedoch nicht für die Einrede des Zurückbehaltungsrechts oder des nicht erfüllten Vertrages. 454

Dagegen kann ein sog. **Stillhalteabkommen** (pactum de non petendo) die Verjährung hemmen[1181] bzw. einen Vertrauenstatbestand begründen, der eine der Hemmung der Verjährung entsprechende Wirkung hat, weil die Erhebung der Verjährungseinrede vorübergehend unzulässig ist und, solange dies der Fall ist, gegen Treu und Glauben verstößt.[1182] Dafür reichen bloße Verhandlungen über Mängel und ihren Einfluss auf die Höhe des 455

---

[1177] BGH NZBau 2004, 216.
[1178] BGHZ 53, 222 = NJW 1970, 938 = BauR 1970, 113.
[1179] BGH NJW 1988, 254 unter Hinweis auf BGH NJW 1957, 344; NJW 1973, 698 und WM 1978, 36/37.
[1180] BGH NJW 1990, 826 = BauR 1990, 212 = ZfBR 1990, 71.
[1181] BGHZ 58, 103 = NJW 1972, 525 = BauR 1972, 179; BGHZ 72, 229 = NJW 1979, 156 = BauR 1979, 59 = ZfBR 1979, 26; OLG Hamm BauR 1983, 374.
[1182] BGH VersR 1982, 444.

Jansen

Vergütungsanspruchs nicht aus,[1183] wohl aber eine Schiedsgutachterklausel, die für die Dauer der Erstattung des Gutachtens nach § 202 Abs. 1 BGB zur Folge hat, dass die Verjährung gehemmt ist.[1184]

456 Eine sog. **Musterprozessklausel,** nach der von mehreren Auftraggebern zunächst nur einer verklagt werden, das Ergebnis des Rechtsstreits jedoch auch für die übrigen gelten soll, hemmt die Verjährung des Vergütungsanspruchs des Auftragnehmers gegenüber den nicht verklagten Auftraggebern nur, wenn die Musterprozessklausel auf einer Individualvereinbarung beruht. Denn eine vom Auftraggeber gestellte Musterprozessvereinbarung, dass der Auftragnehmer bei gerichtlicher Geltendmachung seiner Ansprüche aus Gründen der Kostenersparnis nur einen vom Baubetreuer zu bestimmenden Bauherrn entsprechend dessen Anteil in Anspruch nehmen kann, benachteiligt den Auftragnehmer entgegen den Geboten von Treu und Glauben unangemessen und ist deshalb in Allgemeinen Geschäftsbedingungen unwirksam.[1185] Aus diesem Grunde wird, wenn ein OLG eine solche Musterprozessvereinbarung für wirksam hält, der BGH sie – wie geschehen – aber später für unwirksam erklärt, hierdurch die Verjährung des Werklohnanspruchs des Auftragnehmers gegen die nicht rechtzeitig verklagten Bauherren nicht gehemmt.[1186]

457 **b) Unterbrechung der Verjährung.** Aus der Vielzahl der in §§ 208, 209 BGB ausgeführten Unterbrechungsgründe sind für die Verjährung des Vergütungsanspruchs des Auftragnehmers folgende von Bedeutung:

458 **aa) Anerkenntnis.** Nach § 208 BGB wird die Verjährung unterbrochen, wenn der Verpflichtete dem Berechtigten gegenüber den Anspruch durch Abschlagszahlung, Zinszahlung, Sicherheitsleistung oder in anderer Weise anerkennt. Ein die Verjährung unterbrechendes Anerkenntnis ist anzunehmen, wenn sich der Schuldner des Bestehens des gegen ihn erhobenen Anspruchs bewusst ist und diesen Anspruch dem Grunde nach nicht in Frage stellt,[1187] wenn sich also aus dem – rechtsgeschäftlichen oder tatsächlichen – Verhalten des Schuldners gegenüber dem Gläubiger eindeutig sein Bewusstsein vom Bestehen der Forderung ergibt.[1188] Dafür genügt auch ein tatsächliches Verhalten, das dazu bestimmt und geeignet ist, vom Berechtigten[1189] zur Kenntnis genommen zu werden.

459 Das Anerkenntnis ist also keine empfangsbedürftige Willenserklärung, noch ist eine solche erforderlich. Deshalb genügt, wenn das Anerkenntnis durch schriftliche Erklärung erfolgt, bereits die Absendung, ohne dass es auf den Zugang ankommt.

460 Ein Anerkenntnis der Forderung des Auftragnehmers ist z. B. gegeben, wenn der Auftraggeber die Rechnung des Auftragnehmers **vorbehaltlos** ab-, gegen- oder unterzeichnet und dadurch zu erkennen gibt, dass er gegen sie keine Einwendungen hat.[1190]

461 Wird der Vergütungsanspruch des Auftragnehmers **dem Grunde nach** anerkannt, so unterbricht dies die Verjährung bzgl. des ganzen Anspruchs, wenn der Schuldner (Auftraggeber) sich des Bestehens des Anspruchs bewusst ist, diesen also nicht nur aus Kulanz oder zur Streitvermeidung zu befriedigen verspricht.[1191] Denn nach ständiger Rechtsprechung liegt ein die Verjährung unterbrechendes Anerkenntnis im Sinne von § 208 BGB nur dann vor, wenn der Schuldner sein Wissen, zu etwas verpflichtet zu sein, klar zum Ausdruck bringt. Das kann zwar auch durch **schlüssiges Verhalten** geschehen. Es muss sich jedoch aus dem tatsächlichen Verhalten des Schuldners gegenüber dem Gläubiger klar und unzweideutig ergeben, dass dem Schuldner das Bestehen der Schuld bewusst ist und angesichts

---

[1183] BGHZ 72, 229 = NJW 1979, 156 = BauR 1979, 59 = ZfBR 1979, 26.
[1184] BGH NJW 1990, 1231 = BauR 1990, 86 = ZfBR 1990, 64.
[1185] BGHZ 92, 13 = NJW 1984, 2408 = BauR 1984, 632 = ZfBR 1984, 228.
[1186] BGH NJW 1988, 197 = BauR 1988, 97 = ZfBR 1988, 12.
[1187] BGH NJW 1969, 1108; BauR 1975, 137, 138.
[1188] BGHZ 58, 103 = NJW 1972, 525 = BauR 1972, 179; dazu auch *Grams* BauR 2004, 1513.
[1189] Dies kann im Falle der Pfändung der Forderung auch der Pfändungsgläubiger sein: BGH NJW 1978, 1914 = BauR 1978, 486.
[1190] LG Köln *Schäfer/Finnern* Z 2.50 Blatt 28.
[1191] BGH NJW 1969, 1108; WM 1970, 548; VersR 1974, 511.

K. Die Verjährung des Vergütungsanspruchs **Vor § 2**

dessen der Berechtigte darauf vertrauen darf, dass sich der Schuldner nicht nach Ablauf der Verjährungsfrist alsbald auf Verjährung berufen wird.[1192] Der Verpflichtete darf also nicht nur aus Kulanz oder zur möglichen Streitbeilegung eine Leistung anbieten.[1193] Deshalb stellt auch ein bloßes Vergleichsangebot noch kein Anerkenntnis dar.[1194]

Ebenso liegt **kein Anerkenntnis** vor, wenn der Auftraggeber verspricht, die restliche 462 Vergütung zu zahlen, sobald von ihm behauptete Mängel beseitigt sind, oder wenn er den Bestand der Vergütungsforderung des Auftragnehmers dem Grunde nach dadurch in Frage stellt, dass er die Anerkennung von der Erledigung von Gegenansprüchen abhängig macht.[1195]

Umgekehrt wird allein dadurch, dass der Auftraggeber sich zur Zahlung „ohne Anerken- 463 nung einer Rechtspflicht" bereiterklärt, ein Anerkenntnis nicht **ausgeschlossen,** wenn dieser Vorbehalt lediglich formelhaft erfolgt und nicht erkennen lässt, dass der Auftraggeber konkrete Zweifel am Bestehen der Forderung hat.[1196]

Auch wird ein Anerkenntnis nicht dadurch ausgeschlossen, dass der Auftraggeber, ohne 464 die Forderung selbst zu bezweifeln/zu bestreiten, eine Verrechnung mit Gegenansprüchen vornimmt oder lediglich versucht, sie der Höhe nach herabgesetzt zu bekommen bzw. einen **Nachlass,** z. B. einen Freundschaftsrabatt, herauszuhandeln.[1197]

Dagegen stellt die **Aufrechnung** (Verrechnung) mit Gegenforderungen dann kein Aner- 465 kenntnis des Vergütungsanspruchs dar, wenn der Schuldner diesen damit leugnet, als durch die Aufrechnung (Verrechnung) getilgt bzw. nicht mehr bestehend bezeichnet und erklärt, dem Gläubiger nichts (mehr) zu schulden. Ob das selbst dann gilt, wenn die zur Aufrechnung (Verrechnung) gestellte Forderung bestritten ist, tatsächlich nicht besteht und die Aufrechnung (Verrechnung) deshalb in Wirklichkeit unwirksam ist, hängt von den Umständen des Einzelfalles ab. So hat der BGH[1198] zunächst generell entschieden, dass die Aufrechnung mit einer bestrittenen Forderung gegen den unbestrittenen Vergütungsanspruch kein die Verjährung unterbrechendes Anerkenntnis darstellt. Später hat der BGH[1199] dies jedoch dahin eingeschränkt, dass in der Aufrechnung mit einer bestrittenen (und in Wahrheit nicht bestehenden) Forderung gegen eine unbestrittene im Einzelfall durchaus ein die Verjährung unterbrechendes Anerkenntnis der unbestrittenen Forderung i. S. von § 208 BGB gesehen werden kann.

**bb) Gerichtliche Geltendmachung.** Nach § 209 BGB wird die Verjährung des Ver- 466 gütungsanspruchs des Auftragnehmers weiter unterbrochen durch Zustellung eines Mahnbescheids, Zahlungs- oder Feststellungsklage. Diese unterbrechen die Verjährung aber nur, wenn der Berechtigte die Forderung gerichtlich geltend macht.[1200] Die Zustellung an die nicht vertretungsberechtigte Behörde unterbricht nicht die Verjährung.[1201] Ist die Werklohnforderung abgetreten worden und wird sie erst im Verlaufe des Verfahrens zurück abgetreten, tritt erst zu diesem Zeitpunkt die Unterbrechungswirkung ein.[1202] Ein Mahnbescheid unterbricht die Verjährung nur, wenn der geltend gemachte Anspruch in der Weise bezeichnet ist, dass er Grundlage eines Vollstreckungstitels sein und der Schuldner erkennen kann, welcher Anspruch gegen ihn geltend gemacht wird.[1203] Die für eine hinreichende Bezeichnung des

---

[1192] BGH NJW 1988, 254; BGH NJW 1988, 1259 = BauR 1988, 465 = ZfBR 1988, 212 unter Hinweis auf BGH NJW 1983, 388 und 1985, 2945.
[1193] BGH NJW 1988, 254; BGH NJW 1988, 1259 = BauR 1988, 465 = ZfBR 1988, 212.
[1194] BGHZ 80, 222 = NJW 1981, 1953 = BauR 1981, 385 = ZfBR 1981, 167.
[1195] BGH NJW 1969, 1108.
[1196] BGH VersR 1972, 398; OLG München VersR 1978, 1026.
[1197] BGH BauR 1977, 143.
[1198] BGHZ 58, 103 = NJW 1972, 525 = BauR 1972, 179.
[1199] BGHZ 107, 395 = NJW 1989, 2469 m. krit. Anm. *Maltzahn* S. 3143 ff. (Eingrenzung von BGHZ 58, 103 = NJW 1972, 525 = BauR 1972, 179).
[1200] Zur stillschweigenden Rückabtretung s. BGH NJW 1986, 977 = BauR 1986, 222; zur Berechtigung bei Abtretung bzw. Einziehungsermächtigung BGH ZfBR 2005, 245.
[1201] BGH ZfBR 2004, 451.
[1202] BGH BauR 1976, 202.
[1203] BGH NJW 1992, 1111 = BauR 1992, 229 = ZfBR 1992, 125; BGH NJW 1993, 862 = BauR 1993, 225 = ZfBR 1993, 117.

**Vor § 2**  Vorbemerkung § 2. Vergütung

Anspruchs im Mahnbescheid erforderlichen Angaben richten sich nach den Umständen des Einzelfalles. Es reicht die Angabe „aus Werkvertrag", wenn weitere Vertragsbeziehungen nicht bestehen.[1204] Ein Schadensersatzanspruch wegen Nichterfüllung und ein Werklohnanspruch nach § 649 BGB (entgangener Gewinn) sind aber verjährungsrechtlich selbstständig, so dass die Verjährungsunterbrechung des einen Anspruchs nach § 209 Abs. 2 Nr. 1 BGB keine Unterbrechungswirkungen für den anderen Anspruch entfalten kann.[1205] Der Widerspruch gegen einen (hier Ende 1987 erlassenen) Mahnbescheid, der dem Kläger Ende Januar 1988 mit Anforderung der 2. Hälfte der Gerichtskosten mitgeteilt wurde, beendet nicht schon das Mahnverfahren, sondern führt lediglich zu dessen Stillstand i. S. von § 211 Abs. 2 BGB, so dass die Verjährung durch jede Handlung einer Partei erneut unterbrochen wird, durch die das Verfahren weiter betrieben wird (hier durch schriftsätzliche Anspruchsbegründung und Einzahlung der 2. Hälfte der Gerichtskosten Ende Dezember 1989).[1206] Eine vier Tage nach Ablauf der Verjährungsfrist zugestellte Klage ist i. S. von § 270 Abs. 3 ZPO „demnächst" zugestellt, wenn der Kostenvorschuss für die mehrere Monate zuvor eingereichte Klage zwei Wochen vor Ablauf der Verjährungsfrist bei Gericht eingezahlt worden war.[1207]

**467** Eine **Teilklage** unterbricht die Verjährung nur bis zur Höhe des eingeklagten Teils die Verjährung. Liegt zunächst ein nicht aufgegliederter Antrag wegen verschiedener Teilansprüche vor, so wird die Verjährung für jeden Teilanspruch in Höhe der Gesamtsumme unterbrochen, nicht aber hinsichtlich des Weiteren, die Gesamtsumme übersteigenden Teils der Einzelansprüche.[1208] Bei der **Feststellungsklage** ist das Klageziel möglichst so auszulegen, dass das Ziel der Verjährungsunterbrechung erreicht wird.[1209] Die bloße Verteidigung gegen eine negative Feststellungsklage unterbricht jedoch nicht die Verjährung des mit dieser Klage in Abrede gestellten Zahlungsanspruchs.[1210] Die Klage gegen den Bürgen unterbricht nicht die Verjährung der Hauptschuld.[1211] Die Klage auf Einräumung einer **Bauhandwerkersicherungshypothek** (Hypothekenklage) wie auch der Antrag auf Erlass einer einstweiligen Verfügung zwecks Eintragung einer **Vormerkung** unterbricht nicht die Verjährung des zugrunde liegenden schuldrechtlichen Zahlungsanspruchs.[1212]

**468** cc) **Anmeldung im Konkurs- bzw. Insolvenzverfahren, Aufrechnung im Prozess, Streitverkündung und Vornahme einer Vollstreckungshandlung.** In Bezug auf die Unterbrechung der Verjährung steht der Erhebung der Klage gem. § 209 Abs. 2 Nr. 2 BGB gleich die Anmeldung des Anspruchs im früheren Konkurs- bzw. gem. § 204 Abs. 1 Nr. 10 BGB im jetzigen Insolvenzverfahren. Die Eröffnung des Konkursverfahrens über das Vermögen des Auftragnehmers führt dagegen weder zu einer Hemmung noch zu einer Unterbrechung der Verjährung seines Vergütungsanspruchs, ist auf den Lauf der Verjährung also ohne Einfluss.[1213]

**469** Nach § 209 Abs. 2 Nr. 3 BGB steht, was die Unterbrechung der Verjährung angeht, der Erhebung der Klage ebenfalls gleich die Aufrechnung im Prozess, wenn also z. B. der Auftragnehmer gegen einen gerichtlich geltend gemachten Zahlungsanspruch des Auftraggebers wegen Mängeln mit seinem restlichen Vergütungsanspruch aufrechnet, nicht dagegen die Aufrechnung außerhalb des Prozesses.

**470** Schließlich steht in Bezug auf die Unterbrechung der Verjährung nach § 209 Abs. 2 Nr. 4 BGB der Klage gleich die Streitverkündung im Prozess, von dessen Ausgang der Vergütungs-

---

[1204] BGH BauR 2002, 469.
[1205] BGH NJW 1992, 1111 = BauR 1992, 229 = ZfBR 1992, 125.
[1206] BGH NJW-RR 1992, 1021 = BauR 1992, 507 = ZfBR 1992, 206; zur Wiederaufnahme nach Widerspruch BGH ZfBR 1992, 206.
[1207] BGH NJW 1993, 2320.
[1208] BGH NJW-RR 1988, 692.
[1209] BGH NJW 1981, 678 = BauR 1981, 208.
[1210] BGH NJW 1978, 1975.
[1211] OLG Koblenz VersR 1981, 167.
[1212] LG Aurich NJW-RR 1991, 1240.
[1213] BGH NJW 1963, 2019.

K. Die Verjährung des Vergütungsanspruchs                                    **Vor § 2**

anspruch abhängt, und nach § 209 Abs. 2 Nr. 5 BGB die Vornahme einer Vollstreckungshandlung sowie die Stellung eines Antrags auf Zwangsvollstreckung. Der Vollzug einer einstweiligen Verfügung, z. B. auf Vormerkung für eine Bauhandwerkersicherungshypothek, unterbricht die Verjährung aber nur für den dinglichen Anspruch auf Einräumung der Sicherungshypothek, nicht auch hinsichtlich des Zahlungsanspruchs.[1214]

**dd) Beendigung der Unterbrechung.** Eine die Verjährungsunterbrechung beendende Prozesshandlung wird erst mit Zugang bei den Parteien wirksam.[1215]

**6. Verzicht auf die Einrede der Verjährung**

Nach § 225 Abs. 1 BGB kann die Verjährung durch Rechtsgeschäft weder ausgeschlossen **471** noch erschwert werden, soweit nicht das Gesetz selbst Ausnahmen hiervon zulässt, z. B. bzgl. der Gewährleistung, die nach §§ 477 Abs. 1 Satz 2, 638 Abs. 2 BGB durch Vertrag verlängert werden kann. Für die Fälle der Forderungsverjährung bleibt es dagegen bei der Regelung des § 225 BGB.

Unter § 225 Abs. 1 BGB fallen jedoch nur Rechtsgeschäfte, die unmittelbar auf den **472** Ausschluss oder die Erschwerung der Verjährung gerichtet sind, nicht auch solche, die diese Wirkung nur mittelbar und als Nebenfolge nach sich ziehen,[1216] z. B. die Stundung der Forderung, die die Verjährung hemmt (§ 202 Abs. 1 BGB), oder ein zur Verjährungsunterbrechung führendes Anerkenntnis (§ 208 BGB). Als unmittelbar den Ausschluss oder die Erschwerung der Verjährung bezweckendes Rechtsgeschäft kommt dagegen der Verzicht auf die Einrede der Verjährung in Betracht, doch ist dabei zu unterscheiden:

**a) Zulässigkeit des Verzichts nach Vollendung der Verjährung.** Gem. § 222 Abs. 1 **473** BGB ist der Verpflichtete nach Vollendung der Verjährung berechtigt, die Leistung zu verweigern. Er ist aber nicht gezwungen, sich auf die eingetretene Verjährung zu berufen. Deshalb steht es dem Schuldner (Auftraggeber) auch frei, auf die Geltendmachung der bereits vollendeten Verjährung zu verzichten.[1217]

Der Verzicht auf die Einrede der (bereits eingetretenen) Verjährung kann stillschweigend **474** oder ausdrücklich erklärt werden.[1218] Er braucht nicht mit einem **Anerkenntnis** des Anspruchs selbst verbunden zu sein, obwohl in einem nach Eintritt der Verjährung erklärten Anerkenntnis auch ein Verzicht auf die Verjährungseinrede gesehen werden kann.[1219]

Entsprechendes gilt für einen nach Eintritt der Verjährung abgeschlossenen **Vergleich**. **475** Obwohl ein Vergleich in der Regel keine schuldumschaffende Wirkung hat, ist ein abweichender Parteiwille z. B. dann anzunehmen, wenn zurzeit des Vergleichsabschlusses der Anspruch einer Partei bereits verjährt war. Dann kann sich aus den Umständen der übereinstimmende Wille der Parteien ergeben, das Vertragsverhältnis neu zu regeln und einvernehmlich zu beenden.[1220]

Vereinzelt ist angenommen worden, der Verzicht auf die Geltendmachung der einge- **476** tretenen Verjährung habe im Ergebnis die gleiche Wirkung wie die durch Anerkennung des Anspruchs erfolgte Unterbrechung der Verjährung gem. §§ 208, 217 BGB. Danach soll, wenn der Schuldner nach Vollendung der Verjährung auf deren Geltendmachung verzichtet, eine neue Verjährungsfrist zu laufen beginnen.[1221] Das ist jedoch nicht richtig, denn der Verzicht auf die Einrede nach Eintritt der Verjährung ändert nichts daran, dass der Vergütungsanspruch verjährt ist und bleibt. Der Schuldner kann sich darauf wegen seines

---
[1214] OLG Düsseldorf BauR 1980, 475.
[1215] BGH ZfBR 1998, 185.
[1216] OLG Stuttgart BB 1982, 1753; MünchKomm/*v. Feldmann* § 225 Rdn. 1, 4.
[1217] BGHZ 57, 204, 209 = NJW 1972, 212, 214; BGH BauR 1975, 137; BGHZ 83, 382 = NJW 1982, 1815 = BauR 1982, 377 = ZfBR 1982, 154, BGH BauR 1997, 510, 513.
[1218] BGHZ 83, 382 = NJW 1982, 1815 = BauR 1982, 377 = ZfBR 1982, 154.
[1219] BGH BauR 1975, 137.
[1220] BGH WM 1979, 206; BauR 1987, 692 = ZfBR 1987, 273.
[1221] OLG Karlsruhe NJW 1964, 1135.

Verzichts nach Treu und Glauben nur nicht mehr berufen, weil dies eine unzulässige Rechtsausübung wäre.[1222]

477 Voraussetzung für die Wirksamkeit eines Verzichts auf die Einrede der (bereits eingetretenen) Verjährung ist aber, dass der Verpflichtete von dem Eintritt der Verjährung **Kenntnis** hatte oder ihm ggf. bewusst war, dass die Forderung möglicherweise bereits verjährt war.[1223] Ein nach Ablauf der Verjährungsfrist erklärter Verzicht auf die Folgen bereits eingetretener Verjährung ist deshalb nach ständiger Rechtsprechung nur wirksam, wenn der Schuldner bei Abgabe seiner Erklärung wusste oder zumindest für möglich hielt, dass die Verjährungsfrist schon abgelaufen und die Verjährung bereits eingetreten war.[1224]

478 Ein nach Ablauf der Verjährungsfrist erklärter Verzicht, mit dem der Schuldner – in der irrigen Annahme, die Verjährung sei noch nicht eingetreten – lediglich eine nach seiner Meinung noch laufende Verjährungsfrist verlängern will, ist gegenstandslos und unwirksam.[1225]

Nach Auffassung des OLG Koblenz widerspricht es Treu und Glauben, wenn sich die Partei, die in erster Instanz auf die Verjährungseinrede verzichtet hat, im Berufungsverfahren doch darauf beruft.[1226] Ob dem so uneingeschränkt zuzustimmen ist, erscheint aber fraglich. Grundsätzlich steht es der Partei nämlich frei, ob sie eine ihr zustehende Einrede erheben will oder nicht. Dann ist es ihr aber nach materiellem Recht auch unbenommen, von der Geltendmachung der Einrede zunächst abzusehen. Etwas anderes gilt erst dann, wenn sie in dem Gegner das Vertrauen darauf erweckt hat, von der Erhebung der Einrede werde endgültig abgesehen. Hinzuweisen ist aber darauf, dass die Erhebung der Verjährungseinrede erst in der Berufungsinstanz aus prozessualen Gründen ausgeschlossen sein kann, § 531 Abs. 2 ZPO n. F.

479 **b) Unwirksamkeit des Verzichts vor Vollendung der Verjährung.** Während der Schuldner nach Eintritt der Verjährung, wenn er hiervon Kenntnis hat, auf die Geltendmachung der Verjährung verzichten kann, ist ein solcher Verzicht auf die Einrede der Verjährung vor deren Vollendung nicht wirksam.[1227]

480 **aa) Unbefristeter Verzicht.** In jedem Fall unwirksam ist ein unbefristeter Verzicht auf die Einrede der (noch nicht eingetretenen) Verjährung, denn die Verjährung kann nicht von vornherein und für alle Zukunft wirksam ausgeschlossen werden.[1228]

481 **bb) Befristeter Verzicht.** Grundsätzlich kann auf die Geltendmachung der noch nicht eingetretenen Verjährung aber auch nicht befristet verzichtet werden.[1229] Einem solchen Verzicht kann auch nicht die Wirkung wie die durch Anerkennung des Anspruchs erfolgte Unterbrechung der Verjährung nach §§ 208, 217 BGB beigemessen und angenommen werden, dass danach eine neue Verjährungsfrist zu laufen beginne. Gleichwohl ist bei einem solchen Verzicht die Verjährungseinrede nach Treu und Glauben unzulässig, bis der Schuldner den Verzicht eindeutig widerruft oder etwa geführte Verhandlungen scheitern

482 **cc) Ausnahmsweise: Verjährungseinrede als unzulässige Rechtsausübung.** Ein – als solcher unwirksamer – „Verzicht" auf die Einrede der (noch nicht vollendeten) Verjährung ändert nichts daran, dass die Verjährungsfrist weiterläuft und ggf. Verjährung eintritt. Der Verzicht ist aber trotzdem nicht völlig unbeachtlich, sondern gibt dem Gläubiger den Einwand der Arglist, wenn der Schuldner ihn durch den „Verzicht" davon abgehalten hat,

---

[1222] So richtig *Schmalzl* NJW 1971, 2015, 2017.
[1223] BGH BauR 1975, 137.
[1224] BGHZ 83, 382 = NJW 1982, 1815 = BauR 1982, 377 = ZfBR 1982, 154; BGH BauR 1997, 510, 513.
[1225] BGH wie vor.
[1226] OLG Koblenz NJW-RR 2000, 467.
[1227] BGH NJW 1979, 1256; NJW 1979, 866, 867; VersR 1982, 365, 366 m. N.; OLG Hamm VersR 1995, 1454 = BauR 1996, 297 L (Revision nicht angenommen durch Beschluss des BGH vom 14. 2. 1995 – VI ZR 254/94).
[1228] Wie vor.
[1229] BGH VersR 1972, 394, 396; MünchKomm/*v. Feldmann* § 225 Rdn. 3.

## K. Die Verjährung des Vergütungsanspruchs      Vor § 2

rechtzeitig Klage zu erheben. Denn wenn der Schuldner sich trotz eines solchen Verjährungsverzichts auf die Einrede der Verjährung beruft, liegt eine unzulässige Rechtsausübung vor.[1230] Das gilt nicht nur bei einem befristeten Verjährungsverzicht, sondern auch bei einem unbefristet erklärten Verzicht.[1231] Auch in einem solchen Fall verstößt der Schuldner mit der Berufung auf die Verjährung gegen Treu und Glauben, solange er auf Grund der „Verzichtserklärung" bei dem Gläubiger den Eindruck erweckt, dessen Ansprüche würden befriedigt oder doch nur mit sachlichen Einwendungen bekämpft, und solange der Schuldner den Gläubiger hierdurch von der rechtzeitigen Klageerhebung oder Klageerweiterung abhält.[1232]

Der Arglisteinwand führt aber nicht zur Verwirkung der Verjährungseinrede auf Dauer, sondern nur dazu, dass die Berufung auf die Verjährung vorübergehend unzulässig ist. Denn der Schuldner kann den (als solchen ohnehin unwirksamen) Verjährungsverzicht **jederzeit widerrufen** und auch sonst ist die Berufung auf die Verjährungseinrede nur so lange unwirksam, wie der Verzicht des Schuldners nach dem objektiven Erklärungsinhalt gelten sollte, also zeitlich begrenzt. Der Geltendmachung der Verjährung kann nur so lange der Einwand unzulässiger Rechtsausübung entgegengesetzt werden, wie der Schuldner beim Berechtigten den **Eindruck** erweckt hat, er werde den Anspruch befriedigen oder lediglich mit sachlichen Einwendungen bekämpfen. Gibt der Schuldner zu erkennen, dass er nicht mehr bei seinem „Verzicht" bleiben will, so steht dem Gläubiger nur eine nach den Umständen und der Billigkeit zu bemessende, im Allgemeinen kurze Frist zur Verfügung, innerhalb der er die nunmehr gebotene gerichtliche Geltendmachung seiner Ansprüche vornehmen muss.[1233] Denn die Berufung des Schuldners auf die Verjährung ist nur dann treuwidrig und unwirksam, wenn der Gläubiger aus dem gesamten Verhalten des Schuldners für diesen erkennbar das **Vertrauen** geschöpft hat und auch schöpfen durfte, der Schuldner werde die Verjährungseinrede nicht geltend machen, sich vielmehr auf sachliche Einwendungen beschränken. Das ist in der Regel anzunehmen, wenn der Schuldner dem Gläubiger gegenüber ausdrücklich auf die Einrede der Verjährung verzichtet. Dieser aus § 242 BGB abzuleitende Vertrauensschutz reicht aber nur so weit und gilt nur so lange, wie die den Einwand der unzulässigen Rechtsausübung begründenden tatsächlichen Umstände **fortdauern.**[1234] Mit dem für den Gläubiger erkennbaren Fortfall dieser Umstände beginnt nicht etwa die Verjährung von neuem zu laufen, und es findet auch nicht eine Hemmung der Frist mit der in § 205 BGB bezeichneten Wirkung statt; vielmehr muss der Gläubiger in diesem Fall innerhalb einer angemessenen, nach Treu und Glauben zu bestimmenden Frist seinen Anspruch gerichtlich geltend machen. Diese Frist hat den Zweck zu vermeiden, dass der Gläubiger durch eine überraschende Wendung der Dinge seine Ansprüche verliert. Ihre Dauer richtet sich deshalb nach den jeweiligen Umständen des Falles. In der Mehrzahl der „durchschnittlichen" Fälle wird ein Monat ausreichend sein.[1235]

Außerdem muss der Gläubiger das (Prozess-)Verfahren auch **betreiben,** insbesondere die erforderlichen Gerichtskosten einzahlen. Deshalb verstößt der Schuldner, der befristet auf die Einrede der Verjährung verzichtet hat und nach Ablauf der Frist die Einrede erhebt, damit nicht gegen Treu und Glauben, wenn der Gläubiger zwar innerhalb der Frist einen Mahnbescheid beantragt, auf den Widerspruch des Schuldners das Verfahren aber erst nach mehr als 10 Monaten weiter betrieben hat.[1236] Gleiches gilt, wenn der Auftragnehmer – nach Widerspruch des Auftraggebers gegen den Mahnbescheid – den weiteren Kostenvorschuss so spät einzahlt, dass die Streitsache erst 3½–4½ Monate später rechtshängig wird. Denn es ist nicht so, dass in den Fällen eines zeitlich begrenzten Verzichts auf die Verjährungseinrede sämtliche die Verjährung betreffenden Vorschriften uneingeschränkt und ohne Rücksicht auf die Inte-

---

[1230] BGH NJW 1978, 521; NJW 1979, 866, 867; NJW 1991, 974 = BauR 1991, 215 = ZfBR 1991, 69.
[1231] BGH NJW 1976, 2344; VersR 1982, 365, 366.
[1232] BGH VersR 1982, 365, 366.
[1233] BGH NJW 1974, 1285/86; 1978, 1256; 1979, 866, 867; VersR 1982, 365, 366.
[1234] BGH BauR 1991, 215 und NJW 1998, 1259.
[1235] BGH NJW 1991, 974 = BauR 1991, 215 = ZfBR 1991, 69 m. w. N.
[1236] BGH NJW 1986, 1861 = BauR 1986, 351 = ZfBR 1986, 119.

ressen des Schuldners entsprechend anzuwenden sind. Vielmehr kann der Gläubiger den Eintritt der Verjährung nur bei **zügiger Verfahrensführung** verhindern, nicht aber bei einer von ihm verursachten Verfahrensverzögerung von mehr als 2 Monaten.[1237]

485 Denn der Verjährungsverzicht bedeutet **keine Unterbrechung oder Hemmung** der Verjährung, weil auf Grund der Unwirksamkeit dieses Verzichts die Verjährungsfrist weiterläuft.[1238] Solange der durch den (unwirksamen) Verjährungsverzicht begründete Vertrauenstatbestand besteht, ist die Berufung auf die Verjährungseinrede jedoch unzulässig. Wenn der Schuldner sich in dieser Zeit gleichwohl auf Verjährung beruft, gibt dies dem Gläubiger den Arglisteinwand. Das gilt – wie erwähnt (oben Rdn. 604) – nicht nur beim befristeten Verzicht auf die Einrede der (noch nicht vollendeten) Verjährung, sondern auch bei einem unbefristeten Verjährungsverzicht.[1239]

486 Erst recht gilt der bei einem sog. Stillhalteabkommen (pactum de non petendo). So hat der BGH[1240] in der Vereinbarung, dass die Zahlung des restlichen Werklohns von der gerichtlichen Klärung eines Gegenanspruchs, z. B. einer Vertragsstrafe, abhängen sollte, einen bis zu dieser Entscheidung befristeten Verzicht auf die Geltendmachung der Restforderung gesehen, der dann sogar eine Hemmung der Verjährung nach § 202 BGB zur Folge haben kann.[1241] Jedenfalls begründet ein derartiges Stillhalteabkommen einen **Vertrauenstatbestand,** auf Grund dessen die Erhebung der Verjährungseinrede gegen Treu und Glauben verstößt, wenn der Gläubiger aus dem gesamten Verhalten des Schuldners für diesen erkennbar das Vertrauen gewinnen konnte, dass er Verjährung nicht geltend machen, sondern sich auf sachliche Einwendungen beschränken werde.[1242]

487 Auch die Vereinbarung, in einem Beweissicherungsverfahren oder außerhalb von diesem ein **Sachverständigengutachten**[1243] oder **Schiedsgutachten**[1244] einzuholen, kann die Erhebung der Verjährungseinrede vorübergehend gegen Treu und Glauben verstoßen lassen und unzulässig machen, solange das Gutachten nicht vorliegt. Darüber hinaus enthält der Schiedsgutachtervertrag in der Regel die stillschweigende Vereinbarung, dass der Gläubiger für die Dauer der Erstattung des Gutachtens trotz der Fälligkeit der Forderung gegen den Schuldner nicht vorgehen werde. Das hat nach § 202 Abs. 1 BGB zur Folge, dass die Verjährung gehemmt ist. Bei Verzögerung (Verschleppung) des Schiedsgutachtens durch eine Partei kann sich der säumige Teil jedoch nicht mehr mit Erfolg auf die Schiedsgutachterklausel und ihre Wirkungen berufen, so dass die Hemmung der Verjährung auf Grund der Verzögerung endet.[1245]

488 Gleiches gilt im Falle der Vereinbarung, das Ergebnis eines Vorprozesses über einen Teilanspruch abzuwarten oder einen Musterprozess zu führen. Eine Musterprozessvereinbarung in Allgemeinen Geschäftsbedingungen eines Baubetreuers, dass der Auftragnehmer bei gerichtlicher Geltendmachung seiner Ansprüche aus Gründen der Kostenersparnis nur einen – vom Baubetreuer zu bestimmenden – Bauherrn entsprechend dessen Anteil in Anspruch nehmen könne, hat der BGH[1246] jedoch für unwirksam erklärt, weil sie den Auftragnehmer entgegen den Geboten von Treu und Glauben unangemessen benachteiligt. Durch eine solche unwirksame Musterprozessvereinbarung wird deshalb auch die Verjährung des Werklohnanspruchs des Auftragnehmers gegen nicht rechtzeitig verklagte Bauherren nicht gehemmt.[1247]

---

[1237] OLG Köln BauR 1991, 618 unter Hinweis auf BGH a. a. O. (Revision nicht angenommen durch Beschluss des BGH vom 22. 11. 1990 – VII ZR 16/90).
[1238] BGH NJW 1991, 974 = BauR 1991, 215 = ZfBR 1991, 69.
[1239] BGH VersR 1982, 365, 366.
[1240] BGHZ 58, 103 = NJW 1972, 525 = BauR 1972, 179.
[1241] Vgl. auch BGHZ 72, 229 = NJW 1979, 156 = BauR 1979, 59; OLG Hamm BauR 1983, 374.
[1242] BGH VersR 1982, 444.
[1243] OLG Hamm BauR 1982, 591.
[1244] OLG Hamm NJW 1976, 717 und BauR 1983, 374.
[1245] BGH NJW 1990, 1231 = BauR 1990, 86 = ZfBR 1990, 64.
[1246] BGHZ 92, 13 = NJW 1984, 2408 = BauR 1984, 632.
[1247] BGH NJW 1988, 197 = BauR 1988, 97 = ZfBR 1988, 12.

K. Die Verjährung des Vergütungsanspruchs                                    **Vor § 2**

Bloße **Vergleichsverhandlungen** genügen im Allgemeinen ebenfalls nicht, um die   489
Verjährung zu hemmen bzw. die Geltendmachung der Verjährungseinrede als unzulässige
Rechtsausübung erscheinen zu lassen.[1248] Die Berufung auf Verjährung ist insbesondere
dann nicht arglistig, wenn der Auftraggeber die Forderungen des Auftragnehmers von vornherein
bestritten hatte.[1249] Selbst durch einen Vergleich wird die Verjährung der zugrunde
liegenden Forderung weder unterbrochen noch gehemmt, denn ein Vergleich hat in der
Regel keine schuldumschaffende Wirkung. Durch einen Vergleich wird das ursprüngliche
Schuldverhältnis nicht in der Weise umgestaltet, dass die alte Forderung untergeht und eine
neue Forderung an ihre Stelle tritt. Vielmehr besteht grundsätzlich das alte Rechtsverhältnis
unverändert fort.[1250]

Die Verjährung ist nur dann vorübergehend gehemmt und die Geltendmachung der   490
Verjährungseinrede unzulässig, wenn der Auftraggeber durch sein Verhalten den Auftragnehmer
**veranlasst** hat, von rechtzeitiger Klageerhebung abzusehen, weil sein Verhalten berechtigten
Anlass zu der Annahme gab, dass er sich auf Verjährung nicht berufen werde.[1251] Das
kann z. B. bei einem Vergleich in Bezug auf die Vergleichssumme wie auch dann der Fall
sein, wenn der Auftraggeber verpflichtet ist, dem Auftragnehmer das Aufmaß zur Verfügung
zu stellen, und dies zusagt, seine Zusage dann aber nicht erfüllt. In einem solchen Fall kann
er sich nicht anschließend auf Verjährung der Forderung des Auftragnehmers berufen.[1252]

Jedoch bleibt dem Auftragnehmer – wie beim „Verzicht" auf die Verjährungseinrede –   491
auch in den vorgenannten Fällen nur eine kurze Frist, um seinen Anspruch gerichtlich
geltend zu machen. Sobald er erkennt, dass der Schuldner (Auftraggeber) nicht länger
stillhalten und abwarten will oder sich in sonstiger Weise nicht an sein Wort hält, d. h. die
Einrede der Verjährung erheben will oder erhebt, muss der Gläubiger (Auftragnehmer)
**unverzüglich** handeln und die Verjährung unterbrechen.[1253] Die Zustellung der Klage,
sofern sie demnächst erfolgt, wirkt in diesen Fällen in entsprechender Anwendung von
§ 270 Abs. 3 ZPO auf den Zeitpunkt der Klageerhebung bzw. Klageerweiterung zurück.[1254]

## II. Die Neuregelung des Verjährungsrechts

Der Gesetzgeber hat durch das am 1. 1. 2002 in Kraft getretene Schuldrechtsmodernisierungsgesetz[1255]   492
das Verjährungsrecht völlig neu geregelt.[1256] Zur Anwendung des neuen
Verjährungsrechts auf bereits fällige Forderungen aus früher abgeschlossenen Verträgen wird
auf die Ausführungen unter Rdn. 409 verwiesen.

Auch nach der Neuregelung durch das Schuldrechtsmodernisierungsgesetz stellt die Verjährung
eine **Einrede** dar, die von dem Schuldner geltend zu machen ist, § 214 Abs. 1
BGB.

### 1. Regelfrist von drei Jahren, § 195 BGB

Der Werklohnanspruch des Auftragnehmers verjährt nach der Neuregelung durch das   493
Schuldrechtsmodernisierungsgesetz in der **regelmäßigen Verjährungsfrist** von **drei Jahren**, § 195 BGB.[1257] Die bisher erforderliche Abgrenzung zwischen der zweijährigen

---
[1248] BGHZ 72, 229 = NJW 1979, 156 = BauR 1979, 59 = ZfBR 1979, 26.
[1249] BGHZ 53, 222 = NJW 1970, 938 = BauR 1970, 113.
[1250] BGH BauR 1987, 692 = ZfBR 1987, 273.
[1251] BGHZ 53, 222 = NJW 1970, 938 = BauR 1970, 113.
[1252] BGH BauR 1979, 62.
[1253] BGH NJW 1978, 1256; NJW 1979, 866, 867; VersR 1982, 365, 366; NJW 1991, 974 = BauR 1991, 215 = ZfBR 1991, 69.
[1254] BGH NJW 1974, 1285, 1286 (für § 261 lit. b Abs. 3 ZPO a. F.); vgl. auch BGH NJW 1977, 1686.
[1255] BGBl I S. 3138.
[1256] Dazu *Heinrichs* BB 2001, 1417; *Mansel* NJW 2002, 89.
[1257] *Palandt/Heinrichs* § 195, Rdn. 14.

**Vor § 2**             Vorbemerkung § 2. Vergütung

Verjährung nach § 196 Abs. 1 Nr. 1 BGB a. F. und der vierjährigen Verjährung nach § 196 Abs. 2 BGB a. F. ist damit gegenstandslos, ob die Leistungen für den Gewerbebetrieb des Schuldners erbracht worden sind, spielt keine Rolle mehr.[1258] Die regelmäßige Verjährungsfrist von drei Jahren gilt einheitlich für Vergütungsansprüche aus BGB- und aus VOB-Verträgen. Sie sollte auch für vergütungsgleiche Ansprüche gelten, wie Ansprüche aus § 6 Nr. 6 VOB/B, 812 BGB bzw. GoA, soweit diese wegen Unwirksamkeit des Vertrages wirtschaftlich den vertraglichen Entgeltanspruch ersetzen.[1259]

### 2. Beginn der Verjährungsfrist – Ultimo-Regel

494    Die regelmäßige Verjährungsfrist beginnt gemäß § 199 Abs. 1 BGB **mit dem Schluss des Jahres,** in dem

     der **Anspruch entstanden** ist und

     der Gläubiger von den den Anspruch begründenden Umständen und der Person des Schuldners **Kenntnis** erlangt oder ohne grobe Fahrlässigkeit erlangen müsste.

Ohne Rücksicht auf die Kenntnis oder grob fahrlässige Unkenntnis verjährt der Vergütungsanspruch in 10 Jahren von seiner Entstehung an, § 199 Abs. 4 BGB.

495    **a) Die Entstehung des Anspruchs.** setzt wie bisher seine Fälligkeit voraus. Es müssen also alle für seine Durchsetzung erforderlichen Voraussetzungen vorliegen.[1260] Insoweit kann auf die Ausführungen zu **Abschlags- und Vorauszahlungen, zum Schlusszahlungsanspruch** und zur **Sicherheitsleistung** verwiesen werden. Die zur früheren Rechtslage entwickelten Grundsätze gelten insoweit uneingeschränkt fort.

Danach setzt die Entstehung des Anspruchs beim BGB- und beim VOB-Vertrag die Abnahme bzw. den Eintritt der Abnahmewirkungen voraus, § 641 BGB.[1261] Handelt es sich um einen VOB-Vertrag, ist weiterhin die Erteilung einer prüfbaren Schlussrechnung erforderlich.[1262] Nach § 16 Nr. 3 VOB/B wird der Anspruch auf Schlusszahlung erst nach Prüfung und Feststellung der vom Auftragnehmer vorgelegten Schlussrechnung fällig, spätestens aber zwei Monate nach Zugang. Hat der Auftraggeber aber die Prüfung schon vor Ablauf der Frist von zwei Monaten beendet und dem Auftragnehmer das Ergebnis mitgeteilt, so beginnt die Verjährung mit dem Schluss des Jahres, in dem diese Mitteilung dem Auftragnehmer zugeht.[1263] Zu den Rechtsfolgen einer nicht prüfbaren Schlussrechnung wird auf die oben stehenden Ausführungen unter Rdn. 362 verwiesen. Die dort dargestellten Grundsätze gelten auch für die Verjährung.[1264]

Da die Verjährung an die Fälligkeit anknüpft, kann es geschehen, dass der Vergütungsanspruch überhaupt nicht verjährt, etwa weil die dafür erforderliche Schlussrechnung überhaupt nicht erteilt wird. Diese Möglichkeit ist im Gesetzgebungsverfahren gesehen, aber hingenommen worden.[1265]

496    **b) Kenntnis bzw. Erkennbarkeit.** Diese Tatbestandsvoraussetzung für den Verjährungsbeginn, die schon aus § 852 BGB a. F. bekannt war, hat der Gesetzgeber mit dem Schuldrechtsmodernisierungsgesetz in das allgemeine Verjährungsrecht übernommen. Es gelten insoweit die zu § 852 BGB a. F. entwickelten Grundsätze. Danach kommt es nur auf die **Kenntnis der den Anspruch begründenden Tatsachen** und nicht auf deren richtige

---

[1258] *Kapellmann/Messerschmidt-Messerschmidt* VOB/B § 16 Rdn. 68; *Kniffka* IBR-online-Kommentar zum Bauvertragsrecht Stand 4. 1. 2007 § 631 Rdn. 701.
[1259] So zutreffend *Kniffka/Koeble* 6. Teil Rdn. 228 unter Hinweis auf die frühere Rechtsprechung in BGH NJW 1968, 1234 und BauR 1995, 699 = NJW 1995, 2547 = ZfBR 1995, 261.
[1260] BGHZ 113, 188, 191.
[1261] *Kniffka* IBR-online-Kommentar zum Bauvertragsrecht Stand 4. 1. 2007 § 631 Rdn. 703 ff.
[1262] Zu den Rechtsfolgen einer nicht prüfbaren Schlussrechnung wird auf BGH NZBau 2005, 40 und die oben stehenden Ausführungen unter Rdn. 448 verwiesen.
[1263] BGH BauR 1982, 377 = NJW 1982, 1815; BauR 1984, 182 = NJW 1984, 1757; *Kniffka/Koeble* 5. Teil Rdn. 230.
[1264] Kniffka IBR-online-Kommentar zum Bauvertragsrecht Stand 4. 1. 2007 § 631 Rdn. 710 f.
[1265] Dazu *Kniffka* a. a. O.

## K. Die Verjährung des Vergütungsanspruchs

rechtliche Bewertung an. Ein Rechtsirrtum hindert den Verjährungsbeginn daher in der Regel nicht.[1266] Nur wenn die Rechtslage besonders unübersichtlich oder verwickelt ist, können auch rechtliche Zweifel dazu führen, dass der Verjährungsbeginn bis zu ihrer Klärung verschoben wird.[1267] Die Kenntnis muss sich auf alle anspruchsbegründenden Umstände erstrecken. Werden vertragliche Vergütungsansprüche geltend gemacht, muss der Gläubiger also alle die tatsächlichen Umstände kennen, von denen die Entstehung dieses Anspruchs abhängig ist. Er muss überdies von der **Person des Schuldners** Kenntnis haben. Das setzt voraus, dass er dessen Namen und Anschrift kennt.[1268] Bei Gesamtschuldnern ist die erforderliche Kenntnis hinsichtlich jedes einzelnen Gesamtschuldners getrennt zu ermitteln.[1269]

**Grob fahrlässige Unkenntnis** steht gemäß § 199 Abs. 1 Nr. 2 BGB der Kenntnis 497 gleich. Insoweit geht die Neufassung durch das Schuldrechtsmodernisierungsgesetz über die frühere Regelung in § 852 BGB a. F. hinaus. Grob fahrlässige Unkenntnis ist zu bejahen, wenn die Unkenntnis des Gläubigers auf einer besonders schweren Vernachlässigung der im Verkehr erforderlichen Sorgfalt beruht.[1270] Den Handelnden muss auch in subjektiver Hinsicht ein schweres Verschulden treffen.[1271] Das ist auch dann zu bejahen, wenn er sich einer geradezu aufdrängenden Kenntnis verschließt.[1272] Das ist z. B. der Fall, wenn er sich nicht um die ihm unbekannte Anschrift des Schuldners beim zuständigen Einwohnermeldeamt bemüht hat.[1273]

In **Bausachen** wird das Erfordernis der Kenntnis bzw. grob fahrlässigen Unkenntnis kaum 498 Bedeutung erlangen. Dem Auftragnehmer werden der Vertragsschluss als solcher, die Ausführung und die Abnahme der Leistung, die Erteilung der Schlussrechnung und die Person des Schuldners in aller Regel bekannt sein.[1274] Nur in Ausnahmefällen wird man von einer Verschiebung des Verjährungsbeginns auf einen späteren Zeitpunkt ausgehen können, etwa wenn die Bestimmung des richtigen Schuldners aus Rechtsgründen ungewöhnlich schwierig ist oder wenn dessen Anschrift trotz aller zumutbaren Anstrengungen nicht zu ermitteln ist.

c) **Ultimo-Regel.** Die Verjährung beginnt gemäß § 199 Abs. 1 BGB mit dem Schluss 499 des Jahres, in dem die für die Entstehung maßgebenden Umstände eingetreten sind.[1275] So war es auch in § 201 BGB a. F. geregelt.

d) **Umfang der Verjährung.** Die Verjährung erstreckt sich zunächst auf die in der 500 Schlussrechnung geltend gemachten Forderungen, darüber hinaus aber auch auf alle in ihr nicht aufgeführten Vergütungsansprüche des Auftragnehmers aus der Ausführung der Bauleistung.[1276] Die Verjährungswirkung erstreckt sich nach Auffassung des Bundesgerichtshofs auf alle Zusatzforderungen aus Vertragsänderungen bzw. zusätzlichen Leistungen, die in der Schlussrechnung nicht aufgeführt sind, aber hätten aufgeführt werden können.[1277] Die Verjährung des Anspruchs auf Auszahlung eines einbehaltenen Sicherheitsbetrages richtet sich nach den für die Verjährung des Vergütungsanspruchs geltenden Vorschriften. Sie beginnt aber erst mit dem Schluss des Jahres, in dem die Sicherheitsleistung zur Auszahlung fällig geworden ist.

---

[1266] BGH NJW 1996, 117, 118 m. w. N.; NJW 1999, 2041.
[1267] BGH NJW 1999, 2041.
[1268] BGH NJW 1998, 988; 2001, 1721.
[1269] BGH NJW 2001, 964.
[1270] BGH NJW 1992, 3236; NJW-RR 2002, 1108.
[1271] BGH NJW 1988, 1265; 2001, 2092.
[1272] BGH NJW 2001, 1721 zur Rechtslage nach § 852 BGB a. F.
[1273] *Bereska* in *Henssler/von Westphalen*, § 199 Rdn. 61.
[1274] Kniffka IBR-online-Kommentar zum Bauvertragsrecht Stand 4. 1. 2007 § 631 BGB Rdn. 716 f; *Kniffka/Koeble* 5. Teil Rdn. 231.
[1275] *Kniffka* IBR-online-Kommentar zum Bauvertragsrecht Stand 4. 1. 2007 § 631 Rdn. 718.
[1276] BGH BauR 1970, 113 und BauR 1982, 377, 379.
[1277] BGH BauR 1982, 377 = NJW 1982, 1815; BauR 1970, 113 = NJW 1970, 938.

### 3. Hemmung, Ablaufhemmung und Neubeginn der Verjährung

**501** Der Gesetzgeber hat mit dem Schuldrechtsmodernisierungsgesetz die früheren Hemmungs- und Unterbrechungstatbestände völlig neu geregelt. Eine Vielzahl früherer Unterbrechungstatbestände führt nach der Neuregelung nur noch zur Verjährungshemmung. Zu einem Neubeginn der Verjährung, der in seinen Folgen der früheren Unterbrechung gleichkommt, kommt es nur noch in den wenigen in § 212 BGB aufgeführten Fällen.

**502** **a) Hemmung der Verjährung.** Der Gesetzgeber hat in den §§ 203–211 BGB eine ganze Reihe von Hemmungstatbeständen geregelt, die für das Baurecht und insbesondere die Hemmung der Verjährung von Vergütungsansprüchen von erheblicher Bedeutung sind.

**503** **aa) Schweben von Verhandlungen, § 203 BGB.** Nach § 203 S. 1 BGB ist die Verjährung gehemmt, solange zwischen dem Schuldner und dem Gläubiger **Verhandlungen** schweben über den Anspruch oder die den Anspruch begründenden Umstände. Die Hemmung dauert an, bis der eine oder der andere Teil die Fortsetzung der Verhandlungen verweigert. Die Verjährung tritt frühestens drei Monate nach dem Ende der Hemmung ein. Der Begriff der Verhandlung ist weit auszulegen; es genügt jeder Meinungsaustausch über den Anspruch oder seine tatsächlichen Grundlagen zwischen dem Gläubiger und dem Schuldner, wenn nicht sofort erkennbar die Verhandlung abgelehnt wird.[1278] Nicht erforderlich ist, dass der Schuldner Vergleichsbereitschaft erklärt oder in Aussicht stellt. Es genügen Erklärungen, die den Gläubiger zu der Annahme berechtigen, der Schuldner lasse sich auf Erörterungen über die Berechtigung des Anspruchs ein. Dafür kann es genügen, wenn der Schuldner nachfragt, ob bzw. welche Ansprüche geltend gemacht werden sollen,[1279] wenn er seine Bereitschaft zur Aufklärung des zugrunde liegenden Sachverhalts bekundet[1280] oder dem Gläubiger seinen Standpunkt in einer Besprechung erläutern will.[1281] Der Gegenstand der Verhandlung ist durch Auslegung zu ermitteln. Im Zweifel ist davon auszugehen, dass sich die Verhandlungen auf sämtliche Ansprüche erstrecken, die sich aus dem Lebenssachverhalt ergeben. Anders ist es aber, wenn eine Partei erkennbar nur über einen abgrenzbaren Teil des Anspruchs verhandeln will.[1282] Der Begriff der Verhandlung setzt aber immer die Beteiligung beider Parteien voraus. Eine einseitige Maßnahme – Rechnungsprüfung,[1283] Ablehnung der Forderung, einseitiges Bekunden der Verhandlungsbereitschaft – reicht dafür nicht aus. Auch eine in freundlichem Ton gehaltene Ablehnung stellt kein Eingehen auf ein Gesprächsangebot dar. Die Hemmung endet, wenn eine der Parteien die Fortsetzung der Verhandlungen verweigert. Das muss durch ein klares und eindeutiges Verhalten zum Ausdruck gebracht werden.[1284] Lassen die Parteien „die Verhandlungen einschlafen", ist die Hemmung zu dem Zeitpunkt beendet, zu dem nach Treu und Glauben der nächste Schritt zu erwarten gewesen wäre.[1285] Die Verjährung tritt frühestens drei Monate nach dem Ende der Hemmung ein **(Ablaufhemmung).** Das kann – war von der Verjährungsfrist nur noch ein Tag übrig – zu einer Verlängerung der Verjährungsfrist um fast drei Monate führen.[1286] Die Aufnahme von neuen Verhandlungen kann zur erneuten Hemmung führen.[1287]

**504** **bb) Weitere Hemmungstatbestände, § 204 BGB.** In § 204 Abs. 1 BGB werden insgesamt 14 Hemmungstatbestände aufgeführt, die teilweise gerade für die Verjährung von Vergütungsansprüchen von Bedeutung sind. Dazu gehören:

---

[1278] BGH Z 93, 64; BGH NJW-RR 2001, 1168.
[1279] BGH NJW 2001, 1723.
[1280] BGH NJW-RR 2001, 1168.
[1281] *Palandt/Heinrichs* § 203 Rdn. 2; BGH NJW 1997, 3447.
[1282] BGH NJW 1998, 1142.
[1283] *Kniffka/Koeble* 5. Teil Rdn. 235: Die bloße Übersendung der gekürzten Schlussrechnung reicht also nicht aus.
[1284] BGH NJW 1998, 2819.
[1285] BGH NJW-RR 2001, 1168, 1169 m. w. N.; *Mansel* NJW 2002, 89, 98; kritisch dazu *Kniffka/Koeble* 5. Teil Rdn. 236.
[1286] *Palandt/Heinrichs* § 203 Rdn. 5.
[1287] BGH NJW-RR 2001, 1186.

K. Die Verjährung des Vergütungsanspruchs

Die **Erhebung der Klage** auf Leistung oder auf Feststellung des
Anspruchs, auf Erteilung der Vollstreckungsklausel oder auf
Erlass des Vollstreckungsurteils,
die Zustellung des **Mahnbescheids** im Mahnverfahren,
die Geltendmachung der **Aufrechnung** des Anspruchs im Prozess,
die Zustellung der **Streitverkündung**,
die Zustellung des Antrags auf Durchführung des **selbstständigen Beweisverfahrens**,
der Beginn eines vereinbarten **Begutachtungsverfahrens** oder die
Beauftragung des Gutachters in dem Verfahren nach § 641 a BGB,
die Zustellung des Antrags auf Erlass eines Arrestes, einer
**einstweiligen Verfügung** oder einer **einstweiligen Anordnung**,
die Anmeldung des Anspruchs im **Insolvenzverfahren**,
der Beginn des **schiedsrichterlichen Verfahrens**.

Für die Geltendmachung des Anspruchs durch **Klage oder Mahnbescheid** gelten die 505
Grundsätze fort, nach denen nach früherem Verjährungsrecht die Unterbrechung abhängig
war. Insoweit kann auf Rdn. 465 verwiesen werden. Auch der bei einem unzuständigen
Gericht eingereichte Mahnbescheidsantrag führt zur Hemmung der Verjährung.[1288]

Soweit das Gesetz die Hemmungswirkung an die **Zustellung** eines Antrags/einer Erklärung knüpft, ist Vorsicht geboten. Der Antrag auf Einleitung eines selbstständigen Beweisverfahrens und die Streitverkündung sind **von Amts wegen** zuzustellen, § 270 ZPO. Die Hemmungswirkung tritt daher gemäß § 270 Abs. 3 ZPO nur dann mit Einreichung des Antrags/der Erklärung bei Gericht ein, wenn die Zustellung demnächst erfolgt.[1289]

Nach § 204 Abs. 2 BGB **endet die Hemmung** für die in Abs. 1 aufgeführten Tatbestände sechs Monate nach der rechtskräftigen Entscheidung oder anderweitigen Beendigung des eingeleiteten Verfahrens. Wird das Verfahren nicht weiter betrieben und kommt es deshalb zum Stillstand, tritt an die Stelle der Beendigung des Verfahrens die letzte Verfahrenshandlung der Parteien, des Gerichts oder der sonst mit dem Verfahren befassten Stelle. Die Hemmung beginnt erneut, wenn das Verfahren weiter betrieben wird.

**cc) Vereinbarung über Leistungsverweigerungsrecht, § 205 BGB.** Nach § 205 506
BGB ist die Verjährung überdies gehemmt, solange der Schuldner auf Grund einer **Vereinbarung** mit dem Gläubiger vorübergehend zur **Verweigerung der Leistung berechtigt** ist.

**dd) Schlichtungsverfahren nach § 18 Nr. 2, Gutachteneinholung nach § 18 Nr. 3** 507
**VOB/B.** Für Vergütungsansprüche aus einem **VOB-Vertrag** stellt § 18 Nr. 2 Abs. 2
VOB/B 2002[1290] nunmehr ausdrücklich klar, dass mit dem Eingang des schriftlichen Antrags
auf Durchführung des **Schlichtungsverfahrens** die Verjährung der geltend gemachten
Ansprüche gehemmt ist.[1291] Damit ist der jahrelange Streit über die Hemmungswirkung des
Schlichtungsverfahrens endgültig beendet.[1292] Die Hemmung endet drei Monate nach
Zugang des schriftlichen Bescheides oder der Mitteilung der Parteien, dass sie das Verfahren
nicht weiter betreiben wollen.

Bei dem Verfahren nach **§ 18 Nr. 3 VOB/B** geht es vornehmlich um die Durchführung
von **Schlichtungs- und Schiedsgutachterverfahren**.[1293] Auch durch Einleitung dieses

---

[1288] BGH NJW 1990, 1368.
[1289] So zu Recht *Werner/Pastor* Rdn. 2418.
[1290] In Kraft getreten mit Veröffentlichung im Bundesgesetzblatt BGBl. I Nr. 6 im Februar 2003; für private Auftraggeber und -nehmer, die die Geltung der neuesten Fassung der VOB vereinbart haben, gilt die VOB/B 2002 bereits mit ihrer Bekanntmachung und Veröffentlichung im Bundesanzeiger Nr. 202 a am 29. 10. 2002 als vereinbart.
[1291] BGH NJW 2002, 1488 zur Hemmung durch Vereinbarung der Anrufung der VOB-Schiedsstelle beim Innenministerium.
[1292] Zum Stand der Diskussion vor Inkrafttreten der Neuregelung *Ingenstau/Korbion/Joussen* VOB/B § 18 Nr. 2 Rdn. 27.
[1293] *Ingenstau/Korbion/Joussen* VOB/B § 18 Nr. 3 Rdn. 4.

Verfahrens wird die Verjährung der Ansprüche gehemmt, die von der Einholung des Gutachtens betroffen sind. Haben die Parteien die Einholung des Gutachtens vereinbart, beginnt die Hemmung im Zeitpunkt dieser Abrede, sonst spätestens mit der Beauftragung des Gutachters.[1294]

**508** **ee) Überleitungsregelung.** Die entsprechenden **Überleitungsregelungen** für die bereits am 1. 1. 2002 bestehenden und noch nicht verjährten Ansprüche finden sich in Art. 229, § 6 Abs. 1 S. 1 und S. 2 EGBGB. Danach bestimmen sich der Beginn, die Hemmung, die Ablaufhemmung und der Neubeginn der Verjährung für die Zeit vor dem 1. 1. 2002 nach altem Verjährungsrecht. Soweit frühere Unterbrechungstatbestände nach neuem Recht nur noch zur Hemmung führen, gilt die Unterbrechung als mit Ablauf des 31. 12. 2001 beendet, danach ist der Ablauf der Verjährung nur noch gehemmt. Im Übrigen wird auf die Ausführungen unter Rdn. 408 verwiesen.

**509** **b) Neubeginn der Verjährung.** Nach § 212 BGB kommt es zu einem Neubeginn der Verjährung (früher Unterbrechung) nur noch in zwei Fällen, nämlich wenn
  der Schuldner dem Gläubiger gegenüber den Anspruch durch Abschlagszahlung, Zinszahlung, Sicherheitsleistung oder in anderer Weise **anerkennt** oder
  eine **gerichtliche oder behördliche Vollstreckungshandlung** vorgenommen oder beantragt wird.

**510** **aa) Anerkenntnis.** Insoweit kann zunächst verwiesen werden auf die Ausführungen zur Unterbrechungswirkung des Anerkenntnisses nach altem Verjährungsrecht unter Rdn. 457. **Anerkenntnis im Sinne von § 212 BGB** ist das rein tatsächliche Verhalten des Schuldners gegenüber dem Gläubiger, aus dem sich das Bewusstsein vom Bestehen des Anspruchs unzweideutig ergibt.[1295] Einer rechtsgeschäftlichen Willenserklärung bedarf es nicht. Das Anerkenntnis ist vielmehr eine geschäftsähnliche Handlung, deren Rechtsfolgen unabhängig vom Willen des Schuldners eintreten.[1296] Ein wirksames Anerkenntnis setzt aber Geschäftsfähigkeit voraus, die §§ 133, 157 BGB und §§ 164 ff. BGB sind anzuwenden, nicht aber die Vorschriften über Willensmängel.[1297] Ein **deklaratorisches Anerkenntnis** führt immer zum Neubeginn der Verjährung.[1298] Das Anerkenntnis kann auch in einem nichtigen Rechtsgeschäft, etwa einer **unwirksamen Abtretung**, liegen.[1299] Es kann auch durch schlüssiges Verhalten zum Ausdruck kommen, ausnahmsweise sogar durch Stillschweigen.[1300] Problematisch ist, unter welchen Voraussetzungen ein Anerkenntnis durch **Abschlagszahlung** anzunehmen ist. Grundsätzlich stellen Abschlagszahlungen für sich allein nämlich kein Anerkenntnis des Vergütungsanspruchs dar; sie haben nur vorläufigen Charakter und stehen unter dem Vorbehalt der späteren Überprüfung.[1301] Ein Anerkenntnis ist darin nur dann zu sehen, wenn weitergehende konkrete Anhaltspunkte darauf hindeuten, dass mit dieser Zahlung ein Anerkenntnis der Forderung verbunden sein soll.[1302] Auch dann ist aber zu klären, ob dieses Anerkenntnis sich nur auf den abschlagsweise gezahlten Teilbetrag oder sogar auf die Gesamtforderung erstrecken soll.[1303] Ein Anerkenntnis liegt auch dann nicht vor, wenn in der Erklärung des Schuldners der Bestand der Forderung von der **Erfüllung von Gegenforderungen** abhängig gemacht wird; ein Anerkenntnis liegt daher nicht in der

---

[1294] Wie vor.
[1295] BGHZ 58, 104; BGH NJW-RR 1994, 373; dazu auch *Grams* BauR 2004, 1513.
[1296] *Palandt/Heinrichs* § 212 Rdn. 2.
[1297] *Palandt/Heinrichs* a. a. O.
[1298] *Kniffka/Koeble* 5. Teil Rdn. 238.
[1299] OLG Karlsruhe HRR 39, 549.
[1300] BGH NJW 1965, 1430.
[1301] OLG Hamm BauR 2002, 1105; *Kapellmann/Messerschmidt-Messerschmidt* VOB/B § 16 Rdn. 69.
[1302] *Kniffka/Koeble* 5. Teil Rdn. 240; zu eng insoweit Messerschmidt in *Kapellmann/Messerschmidt* VOB/B § 16 Rdn. 69, der Abschlagszahlungen generell keine Anerkenntniswirkung zubilligen will; *Ingenstau/Korbion/Keldungs* VOB/B § 2 Rdn. 55.
[1303] OLG Oldenburg NJW-RR 1998, 1283.

K. Die Verjährung des Vergütungsanspruchs  Vor § 2

Erklärung des Auftraggebers, er werde die Vergütung zahlen, sobald der Auftragnehmer die Mängel beseitigt habe.[1304] Ein Anerkenntnis kann auch dann vorliegen, wenn der Schuldner erklärt, er zahle **ohne Anerkennung einer Rechtspflicht;** trotz dieser Erklärung kann in der Zahlung und den sie begleitenden Umständen das Bewusstsein von dem Bestand der Forderung zum Ausdruck kommen.[1305] Ob die Erklärung der **Aufrechnung** ein Anerkenntnis der geltend gemachten Forderung enthält, hängt von den Umständen des Einzelfalles ab.[1306]

**bb) Gerichtliche oder behördliche Vollstreckungshandlung.** Der Antrag des Gläubigers auf Durchführung der Zwangsvollstreckung und die daraufhin vorgenommene Vollstreckungshandlung lassen die Verjährung neu beginnen.[1307] Als Vollstreckungshandlung gelten alle das Vollstreckungsverfahren fördernden Maßnahmen, also die Anordnung der Zwangsversteigerung, die Bestimmung des Versteigerungstermins, die Festsetzung des geringsten Gebotes, die Durchführung des Termins und die Entscheidung über den Zuschlag.[1308] Die Zahlung des Drittschuldners steht einer Vollstreckungshandlung gleich.[1309] Die bloße Zustellung des Titels reicht hingegen nicht aus.[1310]

Die neue Verjährungsfrist beginnt mit dem auf die Vollstreckungshandlung folgenden Tag zu laufen.[1311]

Der erneute Beginn der Verjährung gilt gemäß § 212 Abs. 2 BGB als nicht eingetreten, wenn die Vollstreckungsmaßnahme auf Antrag des Gläubigers oder wegen Mangels der gesetzlichen Voraussetzungen aufgehoben wird. Wegen eines Mangels der gesetzlichen Voraussetzungen entfällt der Neubeginn der Verjährung aber nur dann, wenn die Voraussetzungen für die Vollstreckung insgesamt fehlen, nicht wenn die Vollstreckungsmaßnahme wegen Unpfändbarkeit der Sache oder auf Grund einer Drittwiderspruchsklage aufgehoben wird.[1312] Der erneute Beginn der Verjährung gilt nach § 212 Abs. 3 BGB auch dann als nicht eingetreten, wenn dem Antrag nicht stattgegeben, der Antrag vor der Vollstreckung zurückgenommen oder die erwirkte Vollstreckungshandlung nach Abs. 2 aufgehoben wird. Die Wirkung der Handlung oder des Antrags bleibt aber erhalten, wenn der Gläubiger in der Frist des § 204 Abs. 2 BGB erneut eine auf Neubeginn der Verjährung gerichtete Maßnahme ergreift.[1313]

**4. Vereinbarungen über die Verjährung**

Während § 225 BGB a. F. nur Vereinbarungen zur Erleichterung der Verjährung zuließ, Erschwerungen aber grundsätzlich verbot, gilt jetzt der **Grundsatz der Vertragsfreiheit** auch für das Verjährungsrecht. Entgegen der missverständlichen Überschrift des Gesetzes sind derartige Vereinbarungen nunmehr weitgehend zulässig. Entbehrlich sind damit, wenn die Verjährung verlängert werden soll, die früher gebräuchlichen fragwürdigen Hilfskonstruktionen, wie das „pactum de non petendo" oder die auf dem Grundsatz des Vertrauensschutzes beruhende eingeschränkte Anerkennung derartiger Abreden.[1314]

Die Vereinbarung über die Verjährung ist grundsätzlich **formfrei** möglich.[1315] Die Parteien können die Verlängerung oder Verkürzung der Verjährungsfrist vereinbaren, einen früheren oder späteren Verjährungsbeginn festlegen oder die Gründe für die Hemmung bzw.

---

[1304] BGH NJW 1969, 1108.
[1305] BGH VersR 1969, 567; 1972, 398; OLG München VersR 1978, 1026.
[1306] *Kniffka/Koeble* 5. Teil Rdn. 239 unter Hinweis auf BGHZ 58, 103, 105 und 107, 395, 397.
[1307] BGHZ 93, 295.
[1308] BGHZ 93, 295 f.
[1309] BGHZ 137, 193.
[1310] BGHZ 122, 287, 294.
[1311] BGHZ 93, 287, 295; 122, 293.
[1312] So zutreffend *Palandt/Heinrichs* § 212 Rdn. 12.
[1313] *Palandt/Heinrichs* a. a. O.
[1314] *Palandt/Heinrichs* § 202 Rdn. 1.
[1315] Zu Einschränkungen s. *Palandt/Heinrichs* a. a. O. Rdn. 2.

den Neubeginn erweitern oder einschränken. Die Vereinbarung kann vor oder nach Beginn und sogar noch nach Ablauf der Verjährung getroffen werden. Der Schuldner kann auch nach Eintritt der Verjährung auf sein Einrederecht einseitig verzichten.[1316] Ein konkludent erklärter Verzicht ist aber nur dann anzunehmen, wenn der Schuldner mit dem Eintritt der Verjährung zumindest rechnete.[1317] Lässt der Schuldner die Verjährungseinrede im Prozess fallen, liegt darin nur dann ein Verzicht, wenn konkrete Anhaltspunkte dafür vorliegen, dass mit dieser Prozesserklärung auch der Verzichtswille zum Ausdruck gebracht werden sollte.[1318] Folge des Verzichts ist nicht. dass die Forderung unverjährbar wird. Es beginnt vielmehr – wie sich auch aus § 202 Abs. 2 BGB n. F. ergibt – eine neue Verjährungsfrist zu laufen.[1319]

513    Auch nach der Neuregelung sind aber Vereinbarungen über die Verjährung **nicht uneingeschränkt** zulässig. Nach § 202 Abs. 1 BGB kann die Haftung wegen **Vorsatz**es nicht im Voraus durch Rechtsgeschäft erleichtert werden. Zulässig sind hingegen Vereinbarungen nach Entstehung des Anspruchs. Nach § 202 Abs. 2 BGB kann die Verjährung auch **nicht über** eine Verjährungsfrist von **30 Jahren** ab dem gesetzlichen Verjährungsbeginn hinaus erschwert werden. Unzulässig sind damit sämtliche Abreden, die im Ergebnis zu einer längeren Verjährungsfrist als 30 Jahre führen. Ist die Abrede danach unwirksam, gilt die gesetzliche Regelung, während der Vertrag im Übrigen im Regelfall wirksam bleibt.[1320] Verjährungsregelungen in Allgemeinen Geschäftsbedingungen und in Verbraucherverträgen gemäß § 310 Abs. 3 BGB sind nur wirksam, wenn sie den Anforderungen des § 307 BGB entsprechen.[1321] Insoweit wird auf die Kommentierung zu § 16 VOB/B verwiesen.

## L. Verwirkung der Vergütungsforderung

514    Nur in Ausnahmefällen ist die Verwirkung der Vergütungsforderung zu bejahen. Der bloße Zeitablauf – im entschiedenen Fall 5½ Jahre nach Kündigung – reicht dafür nicht aus.[1322] Nach Auffassung des OLG Celle reichen selbst 10 Jahre nicht.[1323] Vielmehr muss – Umstandsmoment – hinzukommen, dass der Auftraggeber sich auf Grund besonderer Umstände darauf eingerichtet hat und darauf einrichten durfte, der Auftragnehmer werde den Anspruch nicht mehr geltend machen.[1324] Nur wenn derartige Umstände von dem darlegungs- und beweispflichtigen Auftraggeber dargelegt sind, handelt der Auftragnehmer, der die Forderung nunmehr doch noch geltend macht, treuwidrig, § 242 BGB.

---

[1316] BGH NJW 1973, 1690; OLG München NJW-RR 1994, 356.
[1317] OLG Düsseldorf NJW-RR 2000, 836.
[1318] BGH Z 22, 267.
[1319] *Palandt/Heinrichs* § 202 Rdn. 2.
[1320] *Palandt/Heinrichs* § 202 Rdn. 6.
[1321] Dazu *Palandt/Heinrichs* a. a. O. Rdn. 7 ff.
[1322] BGH IBR 2003, 61.
[1323] OLG Celle IBR 2001, 599.
[1324] RGZ 155, 152; 158, 105; BGHZ 25, 47, 52; BGH NJW 1980, 880; BGH BauR 1982, 283; BGH BauR 2001, 784 und 2003, 379.

## § 2 Nr. 1 [Abgeltung aller vereinbarten Leistungen]

Durch die vereinbarten Preise werden alle Leistungen abgegolten, die nach der Leistungsbeschreibung, den Besonderen Vertragsbedingungen, den Zusätzlichen Vertragsbedingungen, den Zusätzlichen Technischen Vertragsbedingungen, den Allgemeinen Technischen Vertragsbedingungen für Bauleistungen und der gewerblichen Verkehrssitte zur vertraglichen Leistung gehören.

**Literatur:** *Acker/Garcia-Scholz,* Möglichkeiten und Grenzen der Verwendung von Leistungsbestimmungsklauseln nach § 315 BGB in Pauschalpreisverträgen, BauR 2002, 550; *Biebelheimer/Wazlawik,* Der GMP-Vertrag-Der Versuch einer rechtlichen Einordnung, BauR 2001, 1639; *Brandt,* Zum Leistungsumfang beim schlüsselfertigen Bauen nach Baubeschreibung in bezug auf technisch notwendige, aber nicht ausdrücklich vereinbarte Teilleistungen, insbesondere bei der Nachbesserung, BauR 1982, 524; *Bühl,* Grenzen der Hinweispflicht des Bieters, BauR 1992, 26; *v. Craushaar,* Die Rechtsprechung zu Problemen des Baugrundes, FS Locher, 1990, S. 9; *ders.,* Abgrenzungsprobleme im Vergütungsrecht der VOB/B bei Vereinbarung von Einheitspreisen, BauR 1984, 311; *Cuypers,* Leistungsbeschreibung und Verstöße gegen die VOB/A, BauR 1994, 426; *Dähne,* Auftragnehmeransprüche bei lückenhafter Leistungsbeschreibung, BauR 1999, 289; *Englert,* Das „Baugrundrisiko" – ein normierungsbedürfter Rechtsbegriff?, BauR 1991, 537; *ders.,* AGB Spezialtiefbau, BauR 1992, 170; *ders.,* „Systemrisiko"-terra incognita des Baurechts?, BauR 1996, 763; *Feber,* Schadensersatzansprüche aus culpa in contrahendo bei VOB/A-Verstößen öffentlicher Auftraggeber, BauR 1989, 553; *Festge,* Die anerkannten Regeln der Technik – ihre Bedeutung für den vertraglichen Leistungsumfang, die vertragliche Vergütung und die Gewährleistung, BauR 1990, 323; *Franke,* Die neue VOB und ihre Auswirkungen – Zur neuen ATV DIN 18299, ZfBR 1988, 204; *Grünhoff,* Die Konzeption des GMP-Vertrages-Mediation und value engeneering, NZBau 2000, 313; *Hanhart,* Wahl-, Misch- und andere nicht genau gefaßte Vertragspositionen, Seminar „Ausschreibung und Kalkulation", Deutsche Gesellschaft für Baurecht e. V., Bd. 18, 1991, S. 41; *Hass,* Wie sind öffentliche Ausschreibungen auszulegen? NZBau 2001, 613; *Heuchemer,* Das Baugrundrisiko in der internationalen Vertragspraxis, BB Beilage 20/91 S. 12; *Hochstadt,* Umsatzsteuerrechtliche Probleme bei der Abwicklung von Bauverträgen, BauR 2003, 626; *Jebe,* Ausschreibung und Preisermittlung von Bauleistungen, BauR 1978, 88; *G. Kaiser,* Der Vergütungsanspruch des Bauunternehmers nach Gesetz und VOB/B, ZfBR 1987, 171; *Kapellmann,* Der BGH und die „Konsoltraggerüste"-Bausollbestimmung durch die VOB/C oder die konkreten Verhältnisse, NJW 2005, 182; *Kniffka/Quack,* Die VOB/B in der Rechtsprechung des Bundesgerichtshofs-Entwicklungen und Tendenzen, Festschrift 50 Jahre Bundesgerichtshof 2000, S. 17; *Kuffer,* Baugrundrisiko und Systemrisiko, NZBau 2006, 1; *Maidl,* Die Bestimmung der Vortriebsklassen beim Spritzbetonverfahren im Tunnelbau, NZBau 2004, 72; *Mandelkow,* Qualifizierte Leistungsbeschreibung als wesentliches Element des Bauvertrages, BauR 1996, 31; *Mantscheff,* Lohnerhöhungen im Baugewerbe – Festlegung ihrer Abrechnung in Lohngleitklauseln, BauR 1975, 184; *ders.,* Die Bestimmungen der VOB/C und ihre vertragsrechtliche Bedeutung, FS Korbion, 1986, S. 295 ff.; *Marchach,* Nachtragsforderung bei mangelnder Leistungsbeschreibung der Baugrundverhältnisse in VOB-Vertrag und bei Verwirklichung des „Baugrundrisikos", BauR 1994, 168; *ders.,* Nebenangebote und Änderungsvorschläge im Bauvergabe- und Vertragsrecht unter Berücksichtigung der VOB Ausgabe 2000, BauR 1999, 1643; *Miernik,* Vertragswidrige Leistung: Herabsetzung des Werklohns nach § 2 VOB/B und/oder Minderung nach § 13 VOB/B? BauR 2005, 1698; *Niemöller,* Der verunreinigte Baugrund – ausgewählte Rechtsprobleme des Baugrundes, Seminar „Ausschreibung und Kalkulation", Deutsche Gesellschaft für Baurecht e. V., Bd. 18, 1991, S. 55; *Oberhauser,* Die Bedeutung von § 9 VOB/A für das Bauvertragsrecht – dargestellt am Bauen im Bestand, BauR 2003, 1110; *Prange,* Vergütungsänderungen bei Änderungen der Preisermittlungsgrundlagen nach der VOB, Betr 1981, 2477; *Parmentier,* Die anerkannten Regeln der Technik im privaten Baurecht, BauR 1998, 207; *Prieß,* Die Leistungsbeschreibung-Kernstück des Vergabeverfahrens, NZBau 2004, 20, 87; *Putzier,* Die zusätzliche Vergütung bei Bewältigung abweichender Bodenverhältnisse im Erdbau, BauR 1989, 132; *ders.,* Die VOB/C, Abschnitt 4, im Vergütungsgefüge der VOB, BauR 1993, 399; *ders.,* Nachforderungen infolge unzureichender Beschreibung der Grundwasserverhältnisse. Welche ist die zutreffende Anspruchsgrundlage?, BauR 1994, 596; *Quack,* Baugrundrisiken in der Rechtsprechung des BGH, BB Beilage 20/91 S. 9; *ders.,* Über die Verpflichtung des Auftraggebers zur Formulierung der Leistungsbeschreibung nach den Vorgaben von § 9 VOB/A, BauR 1998, 381; *ders.,* Vertragsauslegung und Auslegungsvorgaben in technischen Regelwerken, ZfBR 2002, 641; *ders.,* Das ungewöhnliche Wagnis im Bauvertrag, BauR 2003, 26; *ders.,* Warum ein privater oder kommerzieller Auftraggeber die VOB/A nicht und die VOB/C nur mit Einschränkungen vereinbaren sollte, BauR 2003, 1290; *ders.,* Zur Leistungsbeschreibung im Bauvertrag, ZfBR 2003, 315; *ders.,* Was ist eigentlich vereinbart, wenn die VOB/C nicht wirksam in den Vertrag einbezogen wurde? ZfBR 2005, 731; *ders.,* Die VOB/B und der Verbraucherschutz, ZfBR 2006, 307; *ders.,* Bausoll, Risikosphären, originäre Bauherrenpflichten und allerlei „Verträge", ZfBR 2006, 731; *ders.,* Überlegungen zu Erfordernissen des Einzelfalls oder: Was verlangen die 0-Abschnitte der VOB/C wirklich? ZfBR 2007, 211; *Riedl,* Die Vergütungsregelung nach VOB unter besonderer Berücksichtigung der Rechtsprechung, ZfBR 1980, 1; *Rusam,* Anforderungen an die Leistungsbeschreibung zur Vermeidung von Nachträgen, Seminar „Vergütungsansprüche aus Nachträgen – ihre Geltendmachung und Abwehr", Deutsche Gesellschaft für Baurecht e. V., 1989, S. 147; *Schaumburg/Schaumburg,* Umsatzsteuer und Handelsbrauch, NJW

## § 2 Nr. 1 Abgeltung aller vereinbarten Leistungen

1975, 1261; *Schelle,* Wahlrecht (§§ 262 ff. BGB) und VOB, BauR 1989, 48; *H. W. Schmidt,* Der Vergütungsanspruch des Bauunternehmers nach § 2 VOB Teil B, MDR 1966, 885; *ders.,* Die Vergütung der Bauleistung, BlGBW 1969, 186 ff., 201; *Schottke,* Das Baugrundrisiko beim VOB-Vertrag, BauR 1993, 407 und 565; *Schwenker,* BGH bestätigt Konsoltraggerüst-Urteil, ZfBR 2007, 15; *Seibel,* DIN-Normen und vertragliche Leistungspflicht: „Dachdeckergerüst" contra „Konsoltraggerüst"?, IBR 2007, 291; *Stammbach,* Einhaltung der anerkannten Regeln der Technik als Ersatz-Leistungsmaßstab, BauR 1998, 482; *Thode,* Die Infiltration des Rechts durch metajuristische Begriffe – Erläutert am Beispiel des „Bausolls"-, ZfBR 2006, 309; *Vogel/Vogel,* Die VOB/C und das AGB-Gesetz-terra incognita, BauR 1999, 345; *Vygen,* Behinderungen des Bauablaufs und ihre Auswirkungen auf den Vergütungsanspruch des Unternehmers, BauR 1983, 414; *ders.,* Rechtliche Probleme bei Ausschreibung, Vergabe und Abrechnung von Alternativ- und Eventualpositionen, BauR 1992, 135; *ders.,* Nachträge bei lückenhaften und/oder unklaren Leistungsbeschreibungen des Auftraggebers, FS Soergel, 1993, S. 277; *ders.,* Nachtragsangebote: Anforderungen an ihre Erstellung, Bearbeitung und Beauftragung, FS Heiermann, 1995, S. 317; *Wettke,* Die Haftung des Auftraggebers bei lückenhafter Leistungsbeschreibung, BauR 1989, 292; *Wiegand,* Bauvertragliche Bodenrisikoverteilung im Rechtsvergleich, ZfBR 1990, 2.

### Übersicht

| | Rdn. | | Rdn. |
|---|---|---|---|
| **A. Allgemeines** | 1–4 | 3. Wirksamkeit abweichender vertraglicher Regelungen | 36 |
| **B. Geltung für alle Vergütungsarten** | 5–6 | a) Individualvertragliche Regelungen | 36 |
| **C. Bestimmung der geschuldeten Leistung** | 7–80 | b) Allgemeine Geschäftsbedingungen | 37 |
| I. Leistungsbeschreibung | 8 | aa) Globalpauschalvertrag | 38 |
| 1. Zum Begriff der Leistungsbeschreibung | 9 | bb) Detailpauschalvertrag | 39 |
| 2. Inhalt der Leistungsbeschreibung | 10 | cc) Einheitspreisvertrag | 40 |
| a) Normative Vorgaben | 10 | VI. Allgemeine Vertragsbedingungen für die Ausführung von Bauleistungen (VOB/B) | 41 |
| aa) § 9 VOB/A | 11 | VII. Gewerbliche Verkehrssitte | 44 |
| bb) Gesetzliche Vorgaben | 12 | 1. Auffangtatbestand zur Schließung von Lücken | 48 |
| b) Alternativ- und Eventualpositionen | 13 | 2. Auslegungshilfe zur Eingrenzung der abgegoltenen Leistungen des Auftragnehmers | 49 |
| aa) Alternativpositionen | 14 | a) Arbeiten an „Dach und Fach" | 51 |
| bb) Eventualpositionen | 16 | b) „Schlüsselfertige Leistung" | 52 |
| 3. Die Leistungsbeschreibung und die anerkannten Regeln der Technik | 18 | c) „Fix und fertige Arbeit" | 53 |
| 4. Die unklare, unvollständige oder unrichtige Leistungsbeschreibung | 19 | d) „Gehobener Standard", „erstklassige Ausführung" | 55 |
| II. Besondere Vertragsbedingungen (BVB) | 20 | 3. Umsatzsteuer: Teil der vereinbarten Vergütung – gesonderte Erstattung nur bei Vereinbarung | 56 |
| III. Zusätzliche Vertragsbedingungen (ZVB) | 21 | a) Ausnahme: Fehlende Preisvereinbarung – übliche Vergütung (§ 632 Abs. 2 BGB) | 60 |
| IV. Zusätzliche Technische Vertragsbedingungen (ZTV) | 22 | b) Keine abweichende Verkehrssitte unter Kaufleuten | 61 |
| V. Allgemeine Technische Vertragsbedingungen für Bauleistungen (ATV = VOB/C) | 23 | c) Umsatzsteuervereinbarungen in AGB | 62 |
| 1. Abrechnungsprobleme bei einzelnen DIN-Normen | 24 | d) Anspruch auf Rechnung mit gesondertem Umsatzsteuer-Ausweis | 64 |
| 2. Abgrenzung Nebenleistungen/Besondere Leistungen | 32 | | |
| a) Keine vorrangige vertragliche Abrede | 32 | | |
| b) Begriff der Nebenleistung | 33 | | |
| c) Begriff der Besonderen Leistung | 34 | | |
| d) Abgrenzung | 35 | | |

Abgeltung aller vereinbarten Leistungen  § 2 Nr. 1

## A. Allgemeines

Nach § 2 Nr. 1 VOB/B werden durch die vereinbarten Preise **alle Leistungen** abgegolten, die nach der Leistungsbeschreibung, den Besonderen Vertragsbedingungen, den Zusätzlichen Technischen Vertragsbedingungen, den Zusätzlichen Technischen Vertragsbedingungen, den Allgemeinen Technischen Vertragsbedingungen für Bauleistungen und der gewerblichen Verkehrssitte zur vertraglichen Leistung gehören.  1

Unter „Leistung" ist dabei entsprechend der Begriffsbestimmung der VOB die vertragliche **Gesamtleistung** zu verstehen, unter „Leistungen" die einzelnen Teile, aus denen sich die vertragliche Gesamtleistung zusammensetzt. Durch die vereinbarte Vergütung werden also sämtliche **Einzelleistungen** abgegolten, die nach dem Vertrag mit allen dazu gehörigen Vertragsgrundlagen zu der geschuldeten Gesamtleistung gehören.[1]  2

Damit ist § 2 Nr. 1 VOB/B gleichzeitig auch Ausgangspunkt und Maßstab der **Abgrenzung** der Vertragsleistung, die durch die vereinbarte Vergütung abgegolten ist, von Leistungsänderungen und Zusatzleistungen, die Mehrvergütungsansprüche nach § 2 Nrn. 5 und 6 VOB/B auslösen können.  3

Der **„Risikorahmen"**, innerhalb dessen die Veränderung von Umständen zu keiner Änderung der Vertragspreise nach den Grundsätzen zum Wegfall oder der Änderung der Geschäftsgrundlage/§ 313 BGB berechtigt, wird dagegen nicht allein durch § 2 Nr. 1 VOB/B abgesteckt,[2] weil (Mehr-)Leistungen, die nicht gem. § 2 Nr. 1 VOB/B durch die vereinbarten Preise abgegolten sind, keineswegs schon eine Berufung auf den Wegfall oder die Änderung der Geschäftsgrundlage/313 BGB rechtfertigen.  4

## B. Geltung für alle Vergütungsarten

§ 2 Nr. 1 VOB/B gilt als Generalklausel für sämtliche Arten der Vergütung,[3] also sowohl für den Einheitspreisvertrag als auch für den Pauschalvertrag und als Grundlage für die Berechnung der endgültigen Vergütung auch beim Stundenlohnvertrag sowie beim Selbstkostenerstattungsvertrag, bei dem die Frage, was durch die vereinbarte Vergütung abgegolten ist und was nicht, sich in dieser Form allerdings regelmäßig nicht stellt.  5

§ 2 Nr. 1 VOB/B gilt weiter auch dann, wenn sich die Gesamtvergütung nach **verschiedenen Vergütungsarten** bestimmt, ein Teil der Vergütung also nach Einheitspreisen berechnet und ein anderer pauschaliert und/oder auf Stundenlohnbasis abgerechnet wird.[4]  6

## C. Bestimmung der geschuldeten Leistung

Was alles zur vertraglichen Gesamtleistung gehört, die durch die vereinbarten Preise abgegolten wird, ergibt sich aus dem Vertrag mit allen dazu gehörigen Vertragsgrundlagen. Insofern ist es folgerichtig, dass § 2 Nr. 1 VOB/B für den Vergütungsbereich die in Betracht  7

---

[1] *Ingenstau/Korbion/Keldungs* VOB/B § 2 Nr. 1 Rdn. 1; *Nicklisch/Weick* VOB/B § 2 Rdn. 16; *Heiermann/Riedl/Rusam* VOB/B § 2 Rdn. 56; *Kapellmann/Messerschmidt-Kapellmann* VOB/B § 2 Rdn. 64; zum Begriff „Bausoll" *Thode* ZfBR 2006, 309.

[2] So *Heiermann/Riedl/Rusam* VOB/B § 2 Rdn. 56 unter Hinweis auf *Fikentscher* Geschäftsgrundlage S. 64.

[3] *Ingenstau/Korbion/Keldungs* VOB/B § 2 Nr. 1 Rdn. 24; *Heiermann/Riedl/Rusam* VOB/B § 2 Rdn. 65; zur rechtlichen Einordnung von GMP-Verträgen vgl. *Biebelheimer/Wazlawik* BauR 2001, 1639 und *Grünhoff* NZBau 2000, 313.

[4] Die von *Ingenstau/Korbion/Keldungs* VOB/B § 2 Nr. 1 Rdn. 25 und *Heiermann/Riedl/Rusam* VOB/B § 2 Rdn. 65 hierfür verwendete Bezeichnung als „gemischte Verträge" ist allerdings insofern missverständlich, als darunter üblicherweise das Zusammentreffen verschiedener Vertragstypen (Kaufvertrag, Mietvertrag, Werkvertrag) in einem Vertrag verstanden wird.

**§ 2 Nr. 1**                                      Abgeltung aller vereinbarten Leistungen

kommenden Vertragsunterlagen in derselben Weise aufzählt wie § 1 Nr. 2 VOB/B für den Leistungsbereich.[5] Auf die Ausführungen zu § 1 Nr. 2 VOB/B kann deshalb verwiesen werden.

### I. Leistungsbeschreibung

8    Der Umfang der geschuldeten Leistung wird ganz wesentlich durch die Leistungsbeschreibung bestimmt, die aber in der Praxis häufig auslegungs- und ergänzungsbedürftig ist.

#### 1. Zum Begriff der Leistungsbeschreibung

9    Der Begriff „Leistungsbeschreibung" ist mehrdeutig und wird in der Praxis unterschiedlich verwandt.[6] Nach § 9 Nr. 3–9 VOB/A besteht die Leistungsbeschreibung in der Regel in einer allgemeinen Darstellung der Bauaufgabe (Baubeschreibung) und einem in Teilleistungen gegliederten Leistungsverzeichnis, ausnahmsweise nach § 9 Nr. 10–12 VOB/A auch in einer Leistungsbeschreibung mit Leistungsprogramm.[7] Nicht gesondert aufzuführen sind nach § 9 Nr. 8 VOB/A Leistungen, die nach den Vertragsbedingungen oder der gewerblichen Verkehrssitte zu der geforderten Leistung gehören. Zumindest sprachlich nicht ganz deckungsgleich ist bereits die Formulierung in § 2 Nr. 1 VOB/B. Danach sind durch die vereinbarten Preise alle Leistungen abgegolten, die nach der Leistungsbeschreibung, den Besonderen Vertragsbedingungen, den Zusätzlichen Vertragsbedingungen, den Zusätzlichen Technischen Vertragsbedingungen, den Allgemeinen Technischen Vertragsbedingungen für Bauleistungen und der gewerblichen Verkehrssitte zur vertraglichen Leistung gehören. In der Baupraxis wird der Begriff „Leistungsbeschreibung" unterschiedlich verwendet. Teilweise verstehen die Parteien darunter lediglich den als „Leistungsbeschreibung" oder „Leistungsverzeichnis" bezeichneten schriftlichen Vertragsteil, teilweise die Gesamtheit der vertraglich vereinbarten Leistungspflichten des Auftragnehmers, teilweise die Gesamtheit der von ihm geschuldeten Leistungen unter Einbeziehung der einschlägigen technischen Regelwerke. Was im Einzelfall gemeint ist, ist eine Frage der Vertragsauslegung. Bei den nachfolgenden Ausführungen wird der in § 9 Nr. 3–9 VOB/A beschriebene Begriff der Leistungsbeschreibung zugrunde gelegt, vertragsrechtlich kommt es aber entscheidend auf die Gesamtheit der übernommenen Verpflichtungen unter Einbeziehung der einschlägigen technischen Regelwerke an. Nachhaltig zu warnen ist aber vor der Annahme, die geschuldete Leistung erschöpfe sich darin, die Leistungsbeschreibung einschließlich der technischen Regelwerke abzuarbeiten. Die schriftlichen Vertragsunterlagen sind nämlich fast immer unvollständig, mitunter auch missverständlich formuliert.[8] Häufig fehlen einzelne Leistungsteile mit der Folge, dass anschließend darüber gestritten wird, ob diese Leistung als notwendige Nebenleistung ohnehin bereits vom Vertrag erfasst oder ob sie zusätzlich zu vergüten ist.[9] Häufig sind die im Leistungsverzeichnis aufgeführten Leistungen auch nicht ausreichend, um den von dem Auftragnehmer geschuldeten Erfolg herbeizuführen, in Einzelfällen sind sie dazu nicht einmal geeignet. In diesen Fällen schuldet der Auftragnehmer sogar eine dem Leistungsziel entsprechende andere Ausführung, auch wenn diese im Leistungsverzeichnis nicht aufgeführt ist.[10] Problematisch ist dann allenfalls, wer etwaige Mehrkosten zu tragen hat. Das bedeutet: Die hauptsächliche Vertragspflicht des Unternehmers besteht – auch wenn das im schriftlichen Leistungsverzeichnis nicht hinreichend zum Ausdruck

---

[5] *Ingenstau/Korbion/Keldungs* VOB/B § 2 Nr. 1 Rdn. 1; *Heiermann/Riedl/Rusam* VOB/B § 2 Rdn. 56; zu Nebenangeboten Änderungsvorschlägen s. *Marbach* BauR 1999, 1643.
[6] Dazu auch *Quack,* Zur Leistungsbeschreibung im Bauvertrag, ZfBR 2003, 315.
[7] Zu den Anforderungen an den Inhalt der Leistungsbeschreibung vgl. *Prieß* NZBau 2004, 20, 87.
[8] Zur Auslegung des gesamten Vertragswerks *Kniffka* IBR-online-Kommentar zum Bauvertragsrecht Stand 4. 1. 2007 § 631 Rdn. 447 ff.
[9] Dazu noch einmal BGH NZBau 2002, 324 = BauR 2002, 935 und BauR 2002, 1247 und 1394.
[10] BGH BauR 1989, 462.

Abgeltung aller vereinbarten Leistungen § 2 Nr. 1

kommt – in der Herbeiführung des geschuldeten Leistungserfolges. Diese Verpflichtung bestimmt den Vertragsinhalt.

## 2. Inhalt der Leistungsbeschreibung

**a) Normative Vorgaben.**

**aa) § 9 VOB/A.**[11] Öffentliche Auftraggeber[12] haben nach § 97 Abs. 6 GWB bzw. der daraufhin erlassenen Vergabe-VO (VgV) vom 9. 1. 2001[13] in ihrer jedoch geltenden Fassung bei der Ausschreibung von Bauleistungen zwingend die VOB/A und damit insbesondere § 9 VOB/A zu beachten.[14] Diese Vorschrift regelt im Einzelnen die Anforderungen an jede Art von Ausschreibung. Sie hat primär Bedeutung für das Vergaberecht. Jeder Bieter kann einen Verstoß gegen zwingende Vorschriften des Vergaberechts rügen und im Vergabenachprüfungsverfahren geltend machen.[15] Hat er das versäumt, ist er mit dieser Rüge ausgeschlossen. Der Zuschlag wird trotz des Vergabeverstoßes erteilt. Der abgeschlossene Vertrag ist zivilrechtlich wirksam.[16] Auch diese Einschränkung der Rechtsfolgen eines Verstoßes ändert aber nichts daran, dass der öffentliche Auftraggeber die Anforderungen des § 9 VOB/A strikt zu beachten hat.[17]

Im Übrigen wird auf die Ausführungen zu § 9 VOB/A verwiesen.

**Private Auftraggeber** sind an § 9 VOB/A nicht gebunden.[18] Ihre Ausschreibung muss daher den dort niedergelegten Grundsätzen nicht entsprechen. Gleichwohl hat § 9 VOB/A aber auch für den Bauvertrag mit einem privaten Auftraggeber Bedeutung. Soweit dort für bestimmte Vertragstypen Ausschreibungsgrundsätze niedergelegt sind, die allgemein im Baurecht Geltung haben, sind diese – wenn der Ausschreibende das Vertrauen auf eine sachgerecht-typische Ausschreibung erweckt hat – auch für die Auslegung eines Bauvertrages mit einem privaten Auftraggeber heranzuziehen.[19] Das gilt erst recht, wenn die Anwendung der VOB/A ausdrücklich oder konkludent vereinbart worden ist[20] oder sich der private Auftraggeber im Wege der Selbstbindung der VOB/A unterworfen hat.[21]

**bb) Gesetzliche Vorgaben.** Die **gesetzlichen Anforderungen** an den **Inhalt der Leistungsbeschreibung** sind gering. Der Auftraggeber ist nicht verpflichtet, die zu erbringende Leistung im Detail zu beschreiben.[22] Er kann sich z. B. auf die Angabe beschränken: „Bewehrung nach noch zu erstellender Statik". Eine derart unpräzise Beschreibung unterliegt auch nicht der Kontrolle nach §§ 305 ff. BGB, weil die eigentliche Leistungsbeschreibung nach § 305 Abs. 1 S. 3 BGB nicht zu den Allgemeinen Geschäftsbedingungen gehört.[23] Etwas anderes gilt nur dann, wenn eine ungewöhnliche Leistungsverteilung im Vertrag „versteckt" wird.[24] Dem Auftraggeber ist es sogar unbenommen, nur das Leistungs-

---

[11] Dazu *Quack*, BauR 2003, 1290 und BauR 2003, 26; *Oberhauser* BauR 2003, 1110; zu den Anforderungen an den Inhalt Ausschreibung vgl. *Prieß* NZBau 2004, 20, 87.

[12] Zur Einordnung der Deutschen Bahn Netz AG s. VK Bund IBR 2004, 155 mit Anm. Schwager.

[13] Dazu *Ingenstau/Korbion/Müller-Wrede* 15. Aufl., VOB/GWB § 97 Rdn. 34 (ab 16. Aufl. nicht mehr kommentiert); *Kniffka/Koeble*, Kompendium des Baurechts 5. Teil Rdn. 24.

[14] *Werner/Pastor* Rdn. 1002; *Quack* BauR 1998, 381.

[15] *Jäger* NZBau 2001, 290, 366, 427; *Jagenburg/Brück* NJW 2002, 2677.

[16] *Kapellmann/Messerschmidt-Kapellmann* VOB/B § 2 Rdn. 114 m. w. N.

[17] Dazu *Hass*, Wie sind öffentliche Ausschreibungen auszulegen? NZBau 2001, 613.

[18] Dazu *Quack* BauR 2003, 26 und 1290; a. A. sind u. a. *Englert/Grauvogl/Maurer*, Handbuch des Baugrund- und Tiefbaurechts Rdn. 941; danach soll § 9 VOB/A Allgemeingültigkeit besitzen und auch gegenüber privaten Auftraggebern selbst dann gelten, wenn die VOB/B überhaupt nicht vereinbart wurde; eine tragfähige Begründung für diese Auffassung ist nicht erkennbar; der Hinweis auf die Ausführungen bei *Ingenstau/Korbion/Kratzenberg* VOB/A § 9 Rdn. 2 hilft nicht weiter; dort ist lediglich die Rede davon, dass § 9 VOB/A Anhaltspunkte dafür gebe, was bei einer ordnungsgemäßen Leistungsbeschreibung zu beachten sei.

[19] *Ingenstau/Korbion/Kratzenberg* VOB/A § 9 Rdn. 2; *Heiermann/Riedl/Rusam* VOB/B § 2 Rdn. 57 a; *Kapellmann/Messerschmidt-Kapellmann* VOB/B § 2 Rdn. 122; OLG Köln IBR 1993, 459.

[20] *Werner/Pastor* Rdn. 1001; OLG Köln BauR 1994, 100, 101.

[21] BGH NJW-RR 2006, 963; *Werner/Pastor* a. a. O.

[22] *Quack* BauR 1998, 381.

[23] BGH BauR 1999, 1290; BauR 2000, 1756.

[24] BGH NJW 1984, 171; BauR 1999, 1290; BauR 2000, 1756.

§ 2 Nr. 1 Abgeltung aller vereinbarten Leistungen

ziel anzugeben und durch eine **funktionale Leistungsbeschreibung** die Planungsverantwortung und das gesamte sich daraus ergebende technische und wirtschaftliche Risiko dem Auftragnehmer aufzuerlegen. Dieser kann sich bei der späteren Vertragsabwicklung dann nicht darauf berufen, er habe das übernommene Risiko nicht überblickt.[25] Rechtlich unbedenklich sind auch die für den Auftragnehmer besonders riskanten Mischformen. Häufig wird die geschuldete Leistung nämlich teilweise durch Beschreibung der auszuführenden Arbeiten, teilweise aber auch funktional beschrieben,[26] in der Regel verbunden mit einer Pauschalpreisvereinbarung. So übersehen Auftragnehmer gelegentlich, dass in der dem Leistungsverzeichnis vorangestellten Baubeschreibung genaue Angaben zu dem geschuldeten Leistungserfolg enthalten sind. Auch diese für den Auftragnehmer besonders riskante Form der Leistungsbeschreibung ist rechtlich unbedenklich.

13  **b) Alternativ- und Eventualpositionen.** Sofern nach der Leistungsbeschreibung dem Auftraggeber ein Wahlrecht (§ 262 BGB) zusteht, ist zwischen Alternativ- und Eventualpositionen zu unterscheiden.

14  **aa) Alternativpositionen.** sind Wahlpositionen, bei denen der Auftraggeber unter mehreren vorgesehenen/ausgeschriebenen Möglichkeiten (Alternativen) die Art der Ausführung bzw. das gewünschte Material auswählen und bestimmen kann.[27] Es handelt sich um ein Wahlschuldverhältnis im Sinne von § 262 BGB. Mit Ausübung des Wahlrechts konkretisiert sich das Schuldverhältnis auf die so festgelegte Art bzw. Alternative der Ausführung. Die ausgewählte Alternative ist dann regelmäßig durch den für sie vorgesehenen/vereinbarten Preis abgegolten.

15  Ist die letztlich beauftragte Alternativposition mit richtiger Mengenangabe ausgeschrieben, ist bei einer nachträglichen Mengenänderung § 2 Nr. 3 VOB/B anzuwenden. Probleme können sich aber ergeben, wenn für die Alternativposition eine konkrete Mengenangabe fehlt, so dass ein Positionspreis nicht ausgeworfen werden kann. Für die Anwendung von § 2 Nr. 3 VOB/B ist dann eigentlich kein Raum, da es bei Fehlen einer Mengenangabe im Leistungsverzeichnis auch keine Mehrmenge im Sinne von § 2 Nr. 3 VOB/B geben kann. Vygen will in diesen Fällen die Mengenangabe der Grundposition zugrunde legen.[28] Das hält Kapellmann für falsch, da der Auftraggeber bewusst von einer konkreten Mengenangabe abgesehen habe. Er will dem Auftragnehmer einen Anspruch aus cic/§§ 280 Abs. 1, 311 Abs. 2 und 3 BGB zubilligen, wenn die ausgeführte Menge um mehr als 10% nach unten von der von dem Bieter sachgerecht geschätzten Menge abweicht.[29] Worin die Pflichtverletzung des an die Vergabevorschriften der VOB/A nicht gebundenen privaten Auftraggebers liegen und warum dieser für die „vom Bieter sachgerecht geschätzte Menge" einstehen soll, wird allerdings nicht dargelegt. Schließlich kann der Auftragnehmer die bei Ausführung der Alternativposition anfallenden Mengen regelmäßig besser einschätzen, als es der Auftraggeber kann. Tatsächlich handelt es sich um eine Frage der Vertragsauslegung. Haben die Parteien für die Alternativposition keine konkrete Mengenangabe gemacht, liegt das häufig nur daran, dass sie die in der Grundposition angegebene Menge auch hier als selbstverständlich zugrunde legen wollten. In diesen Fällen ist von der Mengenangabe in der Grundposition auszugehen, § 2 Nr. 3 VOB/B ist anwendbar. Haben die Parteien aber keine Mengenangaben gemacht, obwohl die Ausführung der Alternativposition wegen der anderen Ausführungsart zwangsläufig zu ganz anderen Mengen führen musste, haben sie in der Regel bewusst von einer konkreten Mengenangabe abgesehen. Für die Anwendung von § 2 Nr. 3 VOB/B ist dann kein Raum. Die tatsächlich ausgeführte Menge ist nach dem vereinbarten Preis abzurechnen. Nur in Ausnahmefällen kommt dann eine Anpassung des

---

[25] BGH BauR 1997, 126 und 462.
[26] BGH BauR 1997, 126.
[27] Zur Kalkulation *Kapellmann/Schiffers* Band 1 Rdn. 573 ff. und Bd. 2 Rdn. 1224; zu den vergaberechtlichen Fragen s. *Prieß* NZBau 2004, 25.
[28] *Vygen/Schubert/Lang,* Bauverzögerung und Leistungsänderung Rdn. 203.
[29] *Kapellmann/Messerschmidt-Kapellmann* VOB/B § 2 Rdn. 160.

Preises nach den Regeln über die Änderung oder den Wegfall der Geschäftsgrundlage/§ 313 BGB in Betracht, etwa wenn die tatsächlich ausgeführte Menge in einem nicht vorhersehbaren Umfang von der an sich zu erwartenden Menge abweicht und ein Festhalten an den vereinbarten Vertragspreisen zu untragbaren, mit Recht und Gerechtigkeit unvereinbaren Ergebnissen führen würde.[30] Das wird bei Mengendifferenzen in einer Alternativposition aber selten der Fall sein. Wählt der Auftraggeber dagegen eine in der Leistungsbeschreibung nicht vorgesehene/ausgeschriebene Art des Materials und/oder der Ausführung, für die demgemäß auch kein Preis vereinbart ist, so handelt es sich um eine **Ausführungsänderung** im Sinne von § 2 Nr. 5 VOB/B, für die nach dieser Vorschrift „ein neuer Preis unter Berücksichtigung der Mehr- oder Minderkosten zu vereinbaren" ist, ohne dass es eines Rückgriffs auf Treu und Glauben bedarf.

**bb) Eventualpositionen** (Bedarfspositionen) sind Positionen, bei denen der Auftraggeber wählen kann, ob sie überhaupt ausgeführt werden sollen oder nicht. Auch für sie ist in der Leistungsbeschreibung regelmäßig ein Preis vorgesehen, aber nur für den Bedarfsfall. Dieser Preis wird – gleichgültig, um welche Vergütungsart es sich handelt (Einheitspreisvertrag, Pauschalvertrag, Stundenlohnvertrag) – bei der Ermittlung der Gesamtauftragssumme zunächst nicht mitaddiert. Er tritt erst im Bedarfsfall zu der insgesamt vereinbarten Vergütung hinzu. Rechtlich ist die Vereinbarung von Eventualpositionen unbedenklich. Eine übermäßig lange Bindefrist kann aber mit §§ 305 ff. BGB unvereinbar sein.[31]

16

Ob bei einer Eventual- oder Bedarfsposition eine Anpassung des Einheitspreises wegen **Mengenänderung** i. S. von § 2 Nr. 3 VOB/B in Betracht kommt und z. B. ein überhöhter Eventualpreis herabgesetzt werden kann, hängt davon ab, ob der betreffende Vordersatz eine bestimmte Mengenangabe enthält oder – wie zumeist in solchen Fällen – lediglich auf eine einzelne Mengeneinheit abgestellt ist (1 m, m$^2$, m$^3$, St. à ... €).[32] Enthält der Vordersatz eine bestimmte Mengenangabe, ist § 2 Nr. 3 VOB/B auch auf diese Eventualposition anwendbar. Enthält der Vordersatz keine konkrete Mengenangabe, ist – ähnlich wie bei Alternativpositionen – zu differenzieren. Ergibt die Vertragsauslegung, dass die Parteien – ohne das ausdrücklich anzugeben – übereinstimmend eine bestimmte Menge als selbstverständlich vorausgesetzt haben, ist diese zugrunde zu legen, § 2 Nr. 3 VOB/B ist anwendbar. Ist das – wie bei Eventualpositionen häufig – nicht der Fall, kommt eine solche Anpassung nicht in Betracht.[33] *Vygen/Schubert/Lang*[34] wollen gleichwohl § 2 Nr. 3 VOB/B anwenden, können aber naturgemäß die zugrunde zu legende Ausgangsmenge nicht nennen. *Kapellmann*[35] will auch in diesen Fällen dem Auftragnehmer einen Schadensersatzanspruch aus cic/§§ 280 Abs. 1, 311 Abs. 2 und 3 BGB zubilligen. Zweifelhaft ist aber, ob überhaupt eine Pflichtverletzung vorliegt, die einen derartigen Schadensersatzanspruch auslösen kann. (s. dazu unter b. Rdn. 15) Schließlich hat sich der Auftragnehmer sehenden Auges auf diese unzureichend beschriebene Eventualposition eingelassen, deren tatsächlichen Aufwand er in aller Regel besser einschätzen kann, als es der Auftraggeber könnte. Im Übrigen ist nicht einzusehen, weshalb der Auftraggeber für die „von dem Bieter einigermaßen plausibel in seiner Kalkulation angenommenen Menge" einstehen soll. In diesen Fällen ist daher nach den Vertragspreisen abzurechnen. Nur in Ausnahmefällen kommt eine Preisanpassung nach den Regeln über die Änderung oder den Wegfall der Geschäftsgrundlage/§ 313 BGB in Betracht. Insoweit kann auf die Ausführungen zu Alternativpositionen verwiesen werden.

17

---

[30] BGH Z 84, 9; 121, 392; 128, 238; 133, 321.
[31] *Kapellmann/Schiffers* Band 1, Rdn. 581 ff.
[32] Zur Behandlung sg. „n EP-Positionen" BGH IBR 2003, 118 mit Anm. *Schulze-Hagen*.
[33] OLG Hamm BauR 1991, 352.
[34] A. a. O. Rdn. 218.
[35] *Kapellmann/Messerschmidt-Kapellmann* VOB/B § 2 Rdn. 161.

### 3. Die Leistungsbeschreibung und die anerkannten Regeln der Technik

18    Die Leistungsbeschreibung kann den anerkannten Regeln der Technik[36] widersprechen. Den Parteien ist es nämlich unbenommen, eine andere Art der Ausführung zu vereinbaren.[37] So kann die Leistungsbeschreibung **über die Regeln der Technik hinausgehen** und eine bessere Ausführung vorsehen.[38] Dann reicht es für die Erfüllung des Vertrages und die Herstellung eines abnahmefähigen Werkes nicht aus, wenn die tatsächliche Ausführung „lediglich" den Regeln der Technik entspricht. Andererseits können die Parteien bei der Bestimmung der geschuldeten Leistung aber auch auf die **Einhaltung bestimmter Standards verzichten.** So kann es z. B. bei der Altbausanierung sinnvoll oder sogar notwendig sein, von bestimmten Qualitäts- oder Komfortstandards abzuweichen, weil diese nur mit unverhältnismäßig hohen Kosten zu verwirklichen wären. Bedenklich werden diese Einschränkungen erst dann, wenn notwendige Sicherheitsstandards nicht mehr eingehalten werden oder gegen öffentliches Baurecht verstoßen wird. Insoweit kann auf die Ausführungen zu § 13 VOB/B verwiesen werden. Vorrang haben die vertraglichen Vereinbarungen der Parteien auch hinsichtlich der Vergütungsregelung. Es ist den Parteien unbenommen, eine Vergütung für an sich notwendige Nebenleistungen zu vereinbaren. Ebenso können sie aber auch bestimmen, dass Leistungen, die nach der einschlägigen DIN-Norm gesondert zu vergüten sind, nicht gesondert berechnet werden sollen. Die Abrechnungsregelungen der VOB/C haben nämlich keinen normativen Charakter. Es sind allgemeine Geschäftsbedingungen,[39] die nur dann Geltung beanspruchen können, wenn keine vorrangige vertragliche Abrede getroffen ist, sie wirksam in den Vertrag einbezogen sind und sie einer Inhaltskontrolle standhalten. Unabhängig davon können die in den jeweiligen DIN-Normen enthaltenen Aufmaß- und Abrechnungsregelungen aber deshalb zugrunde zu legen sein, weil die Parteien eine vorrangige vertragliche Vereinbarung nicht getroffen haben und die in der jeweiligen DIN-Norm vorgesehene Regelung in den beteiligten Verkehrskreisen ohnehin üblich ist. Insoweit wird auf die Ausführungen unter Rdn. 23 verwiesen.

### 4. Die unklare, unvollständige oder unrichtige Leistungsbeschreibung

19    Eine der häufigsten Ursachen für Streitigkeiten unter den Baubeteiligten sind Unklarheiten, Auslassungen und Ungenauigkeiten in der Leistungsbeschreibung selbst bzw. Widersprüche zwischen der Leistungsbeschreibung und den übrigen Vertragsbestandteilen.[40] Grundsätzlich gibt es in diesen Fällen keinen Vorrang bestimmter Vertragsbestandteile. Die vertraglichen Vereinbarungen sind vielmehr in ihrer Gesamtheit nach Treu und Glauben mit Rücksicht auf die Verkehrssitte auszulegen, §§ 133, 157 BGB. Im Regelfall geht die speziellere Regelung vor. So kommt der Leistungsbeschreibung gegenüber Plänen die größere Bedeutung zu, wenn dort die Leistung im Einzelnen genauer beschrieben wird.[41] Ein detailreich aufgestelltes Leistungsverzeichnis als Leistungsbeschreibung soll sogar allen anderen Vertragsbestandteilen und Vertragsgrundlagen – also auch der Vorbemerkung der Ausschreibungsunterlagen sowie einem etwaigen Baugenehmigungsbescheid – vorgehen.[42] Im Übrigen gelten aber in diesen Fällen dieselben Auslegungsregeln wie nach § 1 Nr. 2 VOB/B für den Leistungsbereich. Es wird daher insoweit auf die Ausführungen unter § 1 VOB/B verwiesen.

---

[36] Dazu *Parmentier* BauR 1998, 207; *Stammbach* BauR 1998, 482.
[37] BGH BauR 1999, 37.
[38] BGH Baur 1998, 872.
[39] BGH NZBau 2004, 500.
[40] Dazu *Dähne* BauR 1999, 289.
[41] BGH NZBau 2003, 149 = BauR 2003, 388; OLG Frankfurt IBR 2007, 14 mit Anm. Stemmer zum Vorrang konkret formulierter Leistungspositionen gegenüber allgemein gehaltenen Hinweisen auf DIN-Vorschriften in den Vormerkungen.
[42] BGH IBR 2004, 410; *Schulze-Hagen* weist aber in seiner Anmerkung zu Recht darauf hin, dass der Leitsatz der Entscheidung „zu radikal" formuliert ist.

## II. Besondere Vertragsbedingungen (BVB)

Außer den Leistungen, die aus der Leistungsbeschreibung ersichtlich sind, werden durch die vereinbarten Preise weiter abgegolten alle Leistungen, die nach den Besonderen Vertragsbedingungen zur vertraglichen Gesamtleistung gehören. Die sog. BVB sind Bedingungen, die individualvertraglich für den konkreten Einzelfall aufgestellt worden sind, § 10 Nr. 2 Abs. 2 VOB/A. Dazu gehören auch etwaige Vorbemerkungen zur Leistungsbeschreibung und die besonderen einzelvertraglichen Regelungen des Auftragschreibens bzw. der Vertragsurkunde selbst. Sie gehen im Regelfall als speziellere Regelung den allgemeinen Zusätzlichen Vertragsbedingungen vor, § 1 Nr. 2 VOB/B. Werden sie tatsächlich auch nur für ein Projekt verwendet und dabei – wie bei einem Vertrag über die schlüsselfertige Erstellung – auch nur einem Vertragsverhältnis zugrunde gelegt, handelt es sich nicht um Allgemeine Geschäftsbedingungen im Sinne der §§ 305 ff. BGB. Anders liegt es aber, wenn der Auftraggeber die BVB bei ein- und demselben Projekt gegenüber mehreren Auftragnehmern verwendet[43] oder sogar bei mehreren Projekten verwenden will. In der Praxis wird die Unterscheidung zwischen Besonderen und Zusätzlichen Vertragsbedingungen oft verwischt, die Benennung durch die Vertragsparteien spielt für ihre rechtliche Beurteilung auch keine Rolle.[44]

## III. Zusätzliche Vertragsbedingungen (ZVB)

Zusätzliche Vertragsbedingungen (ZVB) sind Allgemeine Geschäftsbedingungen von Auftraggebern, die – insbesondere öffentliche Auftraggeber – ständig Bauleistungen vergeben und für alle diese Bauprojekte ergänzende Regelungen treffen wollen. Diese dürfen – jedenfalls im Anwendungsbereich der VOB/A – den Allgemeinen Vertragsbedingungen/ VOB/B nicht widersprechen, § 10 Nr. 2 Abs. 1 VOB/A. Es handelt sich schon ihrer Natur nach um Allgemeine Geschäftsbedingungen im Sinne der §§ 305 ff. BGB, auch wenn sie von dem Verwender unrichtig bezeichnet worden sind (etwa als Besondere Vertragsbedingung). Sie müssen inhaltlich klar von den übrigen Vertragsbedingungen und dabei insbesondere den Allgemeinen Vertragsbedingungen der VOB/B abgegrenzt sein, anderenfalls greift die Unklarheitenregel des § 305 Abs. 1 BGB zu Lasten des Verwenders ein.[45] Im Übrigen müssen sie einer Überprüfung nach §§ 307 ff. BGB standhalten. Häufig enthalten die zusätzlichen Vertragsbedingungen Preisvorbehalte in Form von Lohn-, Preis- und sonstigen Gleitklauseln. Insoweit wird für den Anwendungsbereich der VOB/A auf die Kommentierung zu § 15 VOB/A verwiesen.

## IV. Zusätzliche Technische Vertragsbedingungen (ZTV)

Durch die vereinbarten Preise werden weiterhin alle Leistungen abgegolten, die nach den Zusätzlichen Technischen Vertragsbedingungen zur vertraglichen Gesamtleistung gehören. Wie für die ZVB gilt auch für sie, dass sie – soweit sie nicht nur technische Spezifikationen enthalten – AGB-Charakter haben und deshalb ebenfalls der Inhaltskontrolle nach §§ 305 ff. BGB unterliegen.

---

[43] *Kapellmann*, Schlüsselfertiges Bauen, Rdn. 306, 307; *Kraus* NJW 1997, 223; BGH NJW 1997, 135.
[44] *Kapellmann/Messerschmidt-Kapellmann* VOB/B § 2 Rdn. 76.
[45] Ingenstau/*Korbion/Locher* Anhang 1 Rdn. 99.

## § 2 Nr. 1 Abgeltung aller vereinbarten Leistungen

### V. Allgemeine Technische Vertragsbedingungen für Bauleistungen (ATV = VOB/C)[46]

23  Zu dem Leistungsumfang, der durch die vereinbarten Preise abgegolten ist, zählen – soweit nicht besondere vertragliche Vereinbarungen der Parteien vorgehen[47] – gem. § 2 Nr. 1 VOB/B auch alle Leistungen, die nach den Allgemeinen Technischen Vertragsbedingungen für Bauleistungen (bis zur VOB 1988: Allgemeine Technische Vorschriften für Bauleistungen) zur vertraglichen Gesamtleistung gehören. Dies sind die **ATV DIN 18299 ff.** der VOB Teil C. Insoweit kann auf die Darstellung in Band 3, VOB Teil C verwiesen werden. Rechtlich handelt es bei den in den jeweiligen DIN-Normen enthaltenen Abrechnungsregelungen um AGB.[48] Man kann die Regelungen der VOB/C aufteilen in die technischen Bestimmungen im engeren Sinne (Technische Standards) und die Vertragsbestimmungen, aus denen unmittelbar materielle Rechte oder Pflichten hergeleitet werden können (Vertragsstandards). Die technischen Standards werden in der Regel als Mindeststandards über die anerkannten Regeln der Technik § 13 Nr. 1 VOB/B Vertragsinhalt. Anders verhält es sich aber mit den Vertragsstandards, die jedenfalls bei Verbraucherverträgen nicht Verkehrssitte sind. Sie werden daher nach Auffassung von *Quack* nur Vertragsinhalt, wenn die VOB/C durch Überreichung aller für den Vertrag einschlägigen Bestimmungen bei Vertragsschluss einbezogen worden ist, woran es in aller Regel fehle.[49] Das ist dogmatisch betrachtet sicherlich richtig. Ob es dem unbedarften Verbraucher tatsächlich weiterhilft, wenn dem Vertrag mit dem Generalunternehmer oder Bauträger zwei Dutzend schwer verständliche DIN-Normen beigefügt werden, die in ihren Abschnitten 4 und 5 vertragsrechtlich relevante Regelungen enthalten, ist aber zweifelhaft.

### 1. Abrechnungsprobleme bei einzelnen DIN-Normen:[50]

24  **DIN 18299: Allgemeine Regelungen für Bauarbeiten jeder Art:** Diese DIN ist für alle Bauarbeiten von zentraler Bedeutung. Sie enthält allgemeine Regelungen, die für alle nachfolgenden Fach-DIN-Normen gelten, soweit diese keine spezielleren Regelungen enthalten. Der Abschnitt 0 enthält zunächst Hinweise für eine ordnungsgemäße Leistungsbeschreibung. Die Bemerkung, dass „die Hinweise nicht Vertragsbestandteil" werden, bezeichnet Kapellmann zu Recht als rechtlich dunkel.[51] Tatsächlich hat der öffentliche Auftraggeber die Hinweise im Abschnitt 0 nach § 9 Nr. 3 Abs. 4 VOB/A zwingend zu beachten. Der Bieter darf davon ausgehen, dass der Auftraggeber bei der Ausschreibung diese Richtlinien beachtet hat.[52] Für private Auftraggeber gilt das jedenfalls dann, wenn sie den Vertrauenstatbestand geschaffen haben, dass sie sich nach den „Hinweisen für die Leistungsbeschreibung" richten. Ist das der Fall, darf der Bieter sich darauf verlassen, dass die gemachten Angaben zutreffen bzw. nicht erwähnte Erschwernisse, die eigentlich aufzuführen wären, nicht vorliegen. Das hat Folgen für die Vergütung. Wird entgegen

---

[46] Dazu *Quack* ZfBR 2002, 641 und BauR 2003, 1290; *Vogel/Vogel* BauR 1999, 345.
[47] BGH NZBau 2002, 324 = BauR 2002, 935 (Brückenkappenfall) mit Anm. von *Keldungs* BauR 2002, 1247; *Quack* BauR 2002, 1248, 2003, 26 sowie ZfBR 2003, 315 und 2005, 427; *Asam* BauR 2002, 1248; *Motzke* NZBau 2002, 641, 644; *Schwenker* IBR 2003, 289; *Moufang/Klein* Jahrbuch BauR 2004, 31; *Markus* Jahrbuch BauR 2004, 1; *Turner* ZfBR 2003, 511; *Kapellmann* NJW 2005, 182; weiter BGH NZBau 2004, 500; OLG Celle IBR 2003, 289 mit Anm. *Schwenker.* Insoweit wird auf die nachfolgenden Ausführungen zur Abgrenzung Nebenleistungen/Besondere Leistungen verwiesen.
[48] BGH NZBau 2004, 500.
[49] So zu Recht Quack ZfBR 2005, 731.
[50] Hier sollen nur beispielhaft einige Abrechnungsprobleme erörtert werden, die in letzter Zeit in der Rechtsprechung und der baurechtlichen Literatur behandelt worden sind. Im Übrigen wird auf die eingehende Darstellung in Teil C verwiesen.
[51] *Kapellmann/Messerschmidt-Kapellmann* VOB/B § 2 Rdn. 79.
[52] BGH BauR 1994, 236 (Wasserhaltung II); BGH BauR 1997, 466 (Auflockerungsfaktor); *Kapellmann/Schiffers* Band 1, Rdn. 127, Band 2 Rdn. 622, 623.

Abgeltung aller vereinbarten Leistungen
§ 2 Nr. 1

0.2.2 DIN 18299 nicht erwähnt, dass die Arbeiten in Räumen auszuführen sind, in denen der Betrieb weiterläuft, kann der Auftragnehmer, wenn dadurch höhere Kosten entstehen, zusätzliche Vergütungsansprüche nach § 2 Nr. 5 bzw. § 2 Nr. 8 Abs. 3 VOB/B geltend machen.[53] Anders liegt es aber, wenn die Hinweise für die Leistungsbeschreibung sich auf bloße Empfehlungen beschränken. Enthält die Ausschreibung entgegen 0.1.7 DIN 18299 keine Angaben zu den Bodenverhältnissen, lässt das keine Rückschlüsse auf die tatsächlich vorhandene Bodenklasse zu.[54] Erwähnt die Ausschreibung entgegen 0. 1. 11 DIN 18299 nicht, dass die Baustelle im Landschaftsschutzgebiet liegt, ist die Lage „ohne Landschaftsschutzgebiet" „Bausoll".[55] Ist im Vertrag das sog. „Kontaminationsrisiko" nicht anderweitig geregelt, sind gemäß Abschnitt 3.3 i. V. m. Abschnitt 4.2.1 die weiteren Maßnahmen bei dem Antreffen von Schadstoffen im Boden Besondere Leistungen. Der Auftragnehmer kann für den Mehraufwand aus der Entsorgung von belastetem Erdmaterial eine zusätzliche Vergütung verlangen.[56]

Andererseits ist es dem Auftragnehmer aber unbenommen, riskante Leistungen zu übernehmen, deren Umfang er nicht sicher abschätzen kann. Das gilt auch im Rahmen einer Vergabe nach VOB/A. Lag der Ausschreibung ein Bodengutachten zugrunde, das deutliche Hinweise auf Grundwasserrisiken enthielt, so kann der Auftragnehmer, der in seiner Kalkulation von dem Nichteintritt dieser Risiken ausgegangen ist, keine zusätzliche Vergütung verlangen, wenn sich das Risiko wider Erwarten doch verwirklicht.[57]

Immer wieder übersehen wird, dass Sicherungsmaßnahmen zur Unfallverhütung nach Abschnitt 4.1.4 auch ohne Erwähnung im Vertrag zur vertraglichen Leistung gehören und nicht gesondert zu vergüten sind.[58]

**DIN 18300: Erdarbeiten:** Der Unternehmer, der bei dem Aushub von Rohrgräben nicht die nach DIN 4124 zur Wahrung der Standsicherheit erforderliche Abböschung ausführt, ist nicht berechtigt, für die Massenermittlung die in der DIN 18300 genannten Näherungswerte für die Böschungswinkel zugrunde zu legen, sondern kann nur Vergütung der tatsächlich ausgehobenen Massen verlangen.[59] Ist vereinbart, Erdaushub und -abfuhr nach Planmaß und Einheitspreis abzurechnen, darf nicht nach Ladevolumen und Zahl der zur Abfuhr benötigten Lkw abgerechnet werden. Da der Einheitspreis pro Kubikmeter für den gewachsenen Boden gilt und die durch Ausschachten und Abkippen bedingte Auflockerung des Erdreichs dessen Volumen deutlich (hier um 20 bis 30%) erhöht, ergäbe die Berechnung nach Lkw-Laderaum in Kubikmeter im Umfang der Volumenerhöhung eine Zuvielforderung des Unternehmers.[60] Fehlt es an einer solchen Vereinbarung und wird in der Ausschreibung der Erdarbeiten entgegen 0.2.7 DIN 18300 nicht erwähnt, dass sich die Eigenschaften und Zustände von Boden und Fels nach dem Lösen ändern, so ist die „Nichtänderung" als vereinbartes Bausoll anzusehen, die Änderung kann zusätzliche Vergütungsansprüche auslösen.[61] Fehlen nähere Angaben im Vertrag, ist die Wahl des Abtragquerschnittes gemäß 0.3.2, 3.5.2 DIN 18300 Sache des Auftragnehmers. Verlangt der Auftraggeber nachträglich einen anderen Abtragquerschnitt, kann auch das zusätzliche Vergütungsansprüche auslösen.[62]

25

**DIN 18301: Bohrarbeiten:** Sitzt bei Bohrarbeiten das Bohrwerkzeug fest, hat der Auftraggeber nach Abschnitt 3.4.2 DIN 18301 zu bestimmen, ob die Bohrung aufgegeben oder

26

---

[53] *Kapellmann/Messerschmidt-Kapellmann* VOB/B § 2 Rdn. 81.
[54] *Kapellmann/Schiffers* Band 2 Rdn. 617.
[55] *Kapellmann/Schiffers* Band 1 Rdn. 128.
[56] OLG Stuttgart IBR 2003, 660 (/Nichtzulassungsbeschwerde zurückgewiesen) mit Anm. *Schulze-Hagen*.
[57] OLG Koblenz IBR 2003, 181 (Nichtzulassungsbeschwerde zurückgewiesen) mit Anm. *Schulze-Hagen*, der zu Recht von einer „Spekulationsfalle" spricht; grundlegend zum „Baugrundrisiko" *Kuffer*, NZBau 2006, 1.
[58] OLG Naumburg IBR 2003, 59.
[59] OLG Düsseldorf NJW-RR 1992, 528 = BauR 1992, 521.
[60] OLG Koblenz NJW-RR 1992, 727 = BauR 1992, 782.
[61] *Kapellmann/Schiffers* Band 1 Rdn. 729.
[62] *Kapellmann/Schiffers* Band 1, Rdn. 745.

§ 2 Nr. 1               Abgeltung aller vereinbarten Leistungen

versetzt werden soll. Die zu treffenden Maßnahmen sind – anders als in vergleichbaren anderen DIN-Normen – „besondere Leistungen" und damit zu vergüten.[63]

27 **DIN 18312: Untertagebauarbeiten:** Gemäß 5.3.1 DIN 18312 sind die Ausbruchmengen nach theoretischem Ausbruchquerschnitt und Achslänge, getrennt nach Vortriebsklassen, zu ermitteln. Ist der Ausbruch hingegen bereits an die Erdoberfläche befördert und wird von dort weiter transportiert, gilt diese Vorschrift nicht, 1.5 DIN 18312.[64] Besondere Schwierigkeiten kann auch die Bestimmung der Vortriebsklasse beim Spritzbetonverfahren im Tunnelbau bereiten.[65]

28 **DIN 18331: Betonarbeiten:** Das Herstellen und Schließen von Schlitzen ist hiernach keine Nebenleistung, wenn sie nach Art, Abmessung und Anzahl nicht im Leistungsverzeichnis vorgesehen waren. Jedoch können die Parteien eine andere Art der Abrechnung vereinbaren, z. B. vorsehen, dass Schlitze bis zu einer bestimmten Größe (hier: 0,25 cbm) nicht vergütet werden, dafür aber bei ihnen der Beton nicht abgezogen wird.[66] Beim Schalen einer Decke ist die Konstruktion zur Abstützung der Schalung und der Decke als notwendige Nebenleistung nicht gesondert auszuschreiben.[67]

Auf-, Abbau und Vorhaltung von Arbeits- und Schutzgerüsten sind bei Beton- und Stahlbetonarbeiten nach DIN 18331 als Nebenleistung unentgeltlich zu erbringen, sofern für sie im Leistungsverzeichnis keine eigene Position vorgesehen ist.[68]

**DIN 18331 i. V. m. DIN 1045: Bewehrung:** Ohne gesonderten Hinweis im Leistungsverzeichnis ist die gesamte Bewehrung für die Decken, auch die für eine Fertigteildecke, in der dafür vorgesehenen Position des Leistungsverzeichnisses abzurechnen.[69] Enthält die Ausschreibung entgegen 0.2.5 DIN 18331 keinen Hinweis auf besondere Maße des Betonstahls, darf der Bieter davon ausgehen, dass nur Stahlabmessungen in üblichen Maßen anfallen. Ungewöhnliche Abmessungen können dann zusätzliche Vergütungsansprüche auslösen.[70]

29 **DIN 18332: Naturwerksteinarbeiten:** Bei der Abrechnung von Naturwerksteinarbeiten nach VOB/C DIN 18332 i. d. F. v. Okt. 1979 ist auf das Konstruktionsmaß (Rohbaumaß) der zu bekleidenden Flächen abzustellen, nicht auf das Fertigmaß der Bekleidungen. Die Maße der Bekleidung sind erst seit der Neufassung November 1985 der Abrechnung zugrunde zu legen.[71] Offen ist, ob die DIN 18332 auch dann Anwendung findet, wenn Wärmedämmarbeiten für eine Natursteinfassade isoliert in Auftrag gegeben werden.[72]

**DIN 18334: Holzbauarbeiten (Treppen und Geländer):** Fertigt der Treppenhersteller Treppen und Abschlussgeländer auf Grund eines von ihm genommenen Rohbauaufmaßes nach selbst erstellten, aber vom Bauträger als Auftraggeber freigegebenen und unterzeichneten Detailplänen vor, so wird damit der geschuldete Leistungsumfang einvernehmlich festgeschrieben, so dass der Unternehmer die Abschlussgeländer nach den vorgefertigten Maßen abrechnen kann, auch wenn vor Ort die Abschlussgeländer infolge nachträglicher Änderungen des Dachgeschosses nur in geringeren Abmessungen eingebaut worden sind.[73]

---

[63] *Kapellmann/Messerschmidt-Kapellmann* VOB/B § 2 Rdn. 85 m. w. N.
[64] *Kapellmann/Messerschmidt-Kapellmann* VOB/B § 2 Rdn. 84.
[65] Dazu *Maidl* NZBau 2004, 72.
[66] LG München BauR 1991, 225; vgl. auch OLG Hamm NJW-RR 1994, 531 = BauR 1994, 374.
[67] *Kapellmann/Messerschmidt-Kapellmann* VOB/B § 2 Fn. 152 a.
[68] VOB-Stelle Sachsen-Anhalt IBR 2003, 664 mit Anm. *Schulze-Hagen* (unter Hinweis auf die Traggerüst-Entscheidung des BGH in NZBau 2002, 324 = BauR 2002, 935 mit Anm. *Keldungs* BauR 2002, 1247, *Quack* BauR 2002, 1248 und *Asam* BauR 2002, 1248). Insoweit wird auf die nachfolgenden Ausführungen zur Abgrenzung Nebenleistungen/Besondere Leistungen verwiesen.
[69] OLG Braunschweig NJW-RR 1995, 81.
[70] *Kapellmann/Schiffers* Band 1 Rdn. 128, 507, 864, 865; *Kapellmann/Messerschmidt-Kapellmann* VOB/B § 2 Rdn. 83, 110.
[71] OLG Köln BauR 1991, 348 (Revision nicht angenommen durch Beschluss des BGH vom 8. 11. 1990 – VII ZR 185/89).
[72] BGH NZBau 2004, 500.
[73] So jedenfalls OLG Düsseldorf NJW-RR 1994, 720 = BauR 1994, 515.

**DIN 18338: Dachdeckungs- und Dachabdichtungsarbeiten:** Wenn die Parteien nichts 30
anderes vereinbart haben, ist die Deckung von Firsten und Graten gemäß DIN 18338
nicht nach der doppelten, sondern nach der einfachen Länge des Firsts oder Grates
abzurechnen.[74] Sind Dachabläufe ausgeschrieben, müssen diese nach 3.3.1.5 DIN 18338
wärmegedämmt sein.[75]

**DIN 18350: Putzarbeiten:** Erfasst der Einheitspreis für Putzarbeiten auch Beiputzarbeiten 31
in Bereichen, die beim Aufmaß zu übermessen sind, und werden letztere einvernehmlich
nicht ausgeführt, dann kann der Auftraggeber nicht den Einheitspreis um einen Prozentsatz
kürzen.[76] Das Auftragen einer Putzbewehrung (z. B. Refusi) ist keine – unentgeltliche
– Nebenleistung, soweit im Vertrag nichts anderes vereinbart ist, sondern eine Besondere
Leistung (Zusatzleistung).[77]

**DIN 18421: Wärmedämmarbeiten:** Auch wenn nach den DIN-Vorschriften der
VOB/C – hier: DIN 18421 über Wärmedämmarbeiten – bestimmte Leistungen gesondert
als Zulagen abzurechnen sind, können besondere vertragliche Vereinbarungen eine
derartige Abrechnung ausschließen, wenn die vereinbarten Einheitspreise erkennbar die
vollständige, fertige Arbeit einschließlich aller Neben- und Zulageleistungen abgelten
sollten.[78] Unklar ist, ob die DIN 18332 Naturwerksteinarbeiten auch dann Anwendung
findet, wenn Wärmedämmarbeiten für eine Natursteinfassade isoliert in Auftrag gegeben
werden.[79]

### 2. Abgrenzung Nebenleistungen/Besondere Leistungen

In Abschnitt 4 der einzelnen DIN-Normen ist geregelt, welche Leistungen als vertraglich 32
geschuldete Nebenleistungen und welche als zusätzlich zu vergütende Besondere Leistungen
anzusehen sind.

**a) Keine vorrangige vertragliche Abrede.** Die in Abschnitt 4 der einzelnen DIN-Normen
enthaltenen Regelungen sind nach § 1 Nr. 1 Satz 2 VOB/B Gegenstand eines
VOB-Vertrages. Sie sind also auch für die Berechnung der Vergütung zugrunde zu legen.
Das gilt ebenso für den BGB-Vertrag, soweit die in der VOB/C niedergelegten Abrechnungsgrundsätze
allgemein gültigen werkvertraglichen Abrechnungsgrundsätzen entsprechen.
Das alles gilt – für VOB-Vertrag und BGB-Vertrag gleichermaßen – aber nur, wenn
die Parteien die VOB/C wirksam einbezogen (dazu Rdn. 23) und **keine vorrangig zu
berücksichtigenden vertraglichen Abreden** über die Abrechnung getroffen haben. Vorrang
hat in jedem Fall der Inhalt der Leistungsbeschreibung.[80] Auch darüber hinaus sind die
Parteien grundsätzlich nicht gehindert, im Bauvertrag zu vereinbaren, dass für die vereinbarte
Vergütung bestimmte Leistungen erbracht oder ein Leistungserfolg herbeigeführt
werden soll, ohne dass zusätzliche Vergütungsansprüche für etwa erforderliche Besondere
Leistungen anfallen. Ebenso wenig sind sie gehindert, eine gesonderte Vergütung für Leistungen
zu vereinbaren, die an sich als Nebenleistungen ohnehin geschuldet waren. Derartige
Vereinbarungen können auch während der Bauausführung noch getroffen werden, etwa
wenn Streit über die Frage aufkommt, ob eine bestimmte Leistung zusätzlich zu vergüten ist
oder nicht. Die dann zur Beilegung des Streits getroffene Vereinbarung geht der Regelung
der jeweiligen DIN-Norm/VOB/C vor. Wird eine solche **Nachtragsvereinbarung** allerdings
erzwungen, indem der Auftragnehmer anderenfalls rechtswidrig mit der Einstellung
der Arbeiten droht, steht dem Auftraggeber ein Recht zur Anfechtung bzw. ein Schadenser-

---

[74] OLG Hamm NJW-RR 1992, 1375 = BauR 1992, 781 = ZfBR 1993, 26.
[75] *Kapellmann/Messerschmidt-Kapellmann* VOB/B § 2 Rdn. 85.
[76] OLG Düsseldorf BauR 1991, 345.
[77] OLG Düsseldorf BauR 1991, 797 L.
[78] OLG Köln BauR 1991, 615.
[79] BGH NZBau 2004, 500.
[80] BGH NZBau 2003, 149 = BauR 2003, 388; BGH IBR 2004, 410 mit kritischer Anmerkung von
*Schulze-Hagen*; im Übrigen wird auf die nachfolgenden Ausführungen zur Abgrenzung Nebenleistungen/
Besondere Leistungen verwiesen.

## § 2 Nr. 1     Abgeltung aller vereinbarten Leistungen

satzanspruch aus cic/§§ 280 Abs. 1, 311 Abs. 2 und 3 BGB auf Befreiung von der eingegangenen Verbindlichkeit zu, dem der Auftragnehmer nicht den Einwand des Mitverschuldens entgegenhalten kann.[81]

Ist die VOB/C wirksam in den Vertrag einbezogen und sind keine vorrangigen vertraglichen Regelungen getroffen, ergibt sich aus Abschnitt 4 der jeweiligen DIN-Norm, welche Leistung als Nebenleistung bzw. Besondere Leistung anzusehen ist.

**33**    **b) Begriff der Nebenleistung. Nebenleistungen** sind nach Abschnitt **4.1 der ATV DIN 18299** (und ergänzend nach Abschnitt 4.1 aller folgenden ATV DIN 18300 ff.) Leistungen, die auch ohne Erwähnung im Vertrag zur vertraglichen Gesamtleistung im Sinne von § 2 Nr. 1 VOB/B gehören. Sie sind grundsätzlich durch den vereinbarten Preis abgegolten und nicht gesondert zu vergüten. Was zu ihnen im Einzelnen alles gehört, ist in den genannten Vorschriften aufgezählt. Ergänzend ist auf Abschnitt 2.2.1. der **Hinweise** zur ATV „Allgemeine Regelungen für Bauarbeiten jeder Art" – DIN 18299 – zu verweisen. Dort heißt es:

> „Nebenleistungen im Sinne des Abschnitts 4.1 setzen voraus, dass sie für die vertragliche Leistung des Auftragnehmers erforderlich werden. Sie können in den ATV nicht abschließend aufgezählt werden, weil der Umfang der gewerblichen Verkehrssitte nicht für alle Einzelfälle umfassend und verbindlich bestimmt werden kann. Abschnitt 4.1 trägt dem durch die Verwendung des Begriffs „insbesondere" Rechnung. Damit wird zugleich verdeutlicht, dass die Aufzählung die wesentlichen Nebenleistungen umfasst und Ergänzungen lediglich in Betracht kommen können, soweit sich dies für den Einzelfall aus der gewerblichen Verkehrssitte ergibt. Eine Nebenleistung im Sinne des Abschnitts 0.4.1 bleibt auch dann Nebenleistung, wenn sie besonders umfangreich und kostenintensiv ist. So ist z. B. das Einrichten und Räumen der Baustelle, unabhängig von Umfang und Kosten, Nebenleistung, weil die für die Ausführung erforderlichen Geräte und Einrichtungen stets zur vertraglichen Leistung gehören. Sind allerdings die Kosten von Nebenleistungen erheblich, kann es zur Erleichterung einer ordnungsgemäßen Preisermittlung und -prüfung geboten sein, diese Kosten nicht in die Einheitspreise einrechnen zu lassen, sondern eine selbstständige Vergütung zu vereinbaren. Abschnitt 0.4.1 stellt deshalb den Grundgedanken der VOB heraus, dass Nebenleistungen grundsätzlich nicht erwähnt werden sollen, eine ausdrückliche Erwähnung aber geboten ist, wenn die Kosten der Nebenleistung die Preisbildung erheblich beeinflussen. Das Einrichten und Räumen der Baustelle – bis zur VOB-Ausgabe 1988 in Abschnitt 4.2 erfasst – wird als Hauptfall in Abschnitt 0.4.1 ausdrücklich erwähnt. Die Fassung des Abschnitts 0.4.1 lässt aber auch zu, dass bei anderen Nebenleistungen, die die vorgenannten Kriterien erfüllen – beispielsweise bei besonders aufwändiger Entsorgung – entsprechend verfahren werden kann. Mit dem letzten Satz wird klargestellt, dass dann besondere Ordnungszahlen (Positionen) aufzunehmen sind."

Derartige Nebenleistungen sind – wenn nicht anders ausgeschrieben – nicht gesondert zu vergüten.

Zu den geschuldeten Nebenleistungen gehören nicht nur die Bauleistungen im eigentlichen Sinne, sondern auch die notwendigen Schutzmaßnahmen. Bei der Ausführung von Dachdeckerarbeiten darf der Auftraggeber daher – wenn sich aus dem Bauvertrag nichts anderes ergibt – darauf vertrauen, dass in der von dem Auftragnehmer angebotenen Leistung auch die erforderlichen Schutzmaßnahmen gegen den Eintritt von Niederschlagswasser enthalten sind. Ein Anspruch des Auftragnehmers auf gesonderte Vergütung besteht daher dafür nicht.[82] Auch die zur Unfallverhütung erforderlichen Maßnahmen sind Nebenleistungen und nicht gesondert zu vergüten.[83]

**34**    **c) Begriff der Besonderen Leistung. Besondere Leistungen** sind nach Abschnitt **4.2 der ATV DIN 18299** (und ergänzend nach Abschnitt 4.2 aller folgenden ATV DIN 18300 ff.) sämtliche Leistungen, die nicht Nebenleistungen sind. Sie gehören nur dann zur vertraglichen Gesamtleistung im Sinne von § 2 Nr. 1 VOB/B, wenn sie in der Leistungsbeschreibung besonders erwähnt sind. Anderenfalls handelt es sich um zusätzliche Leistungen, die entsprechend § 2 Nr. 6 VOB/B gesondert zu vergüten sind.[84] Entsprechend heißt es in Abschnitt 2.2.2 der **Hinweise** zur ATV „Allgemeine Regelungen für Bauarbeiten jeder Art" – DIN 18299 –:

---

[81] BGH BauR 2002, 89.
[82] OLG Celle IBR 2003, 121 mit Anm. *Steiger*.
[83] OLG Naumburg IBR 2003, 59.
[84] Vgl. die o. g. Beispiele, insb. LG München BauR 1991, 225 und OLG Düsseldorf BauR 1991, 797 L.

Abgeltung aller vereinbarten Leistungen § 2 Nr. 1

„Anders als die Nebenleistungen (vgl. 2.2.1) gehören Besondere Leistungen nur dann zum Vertragsinhalt, wenn sie ausdrücklich vereinbart, d. h. in der Leistungsbeschreibung aufgeführt sind. Erweisen sich im Vertrag nicht vorgesehene Besondere Leistungen nachträglich als erforderlich, so sind sie zusätzliche Leistungen; für die Leistungspflicht und die Vereinbarung der Vergütung gelten B § 1 Nr. 4 Satz 1 und § 2 Nr. 6. Die Aufzählung enthält – anders als bei Nebenleistungen im Abschnitt 4.1 – nur einzelne Beispiele und kann entsprechend den Gegebenheiten des Einzelfalles ergänzt werden."

**d) Abgrenzung.** Die Abgrenzung der Nebenleistung von den Besonderen Leistungen 35 kann im Einzelfall Schwierigkeiten bereiten. Ein sehr instruktives Beispiel ist die „Konsoltraggerüst-Entscheidung" des BGH, die in der baurechtlichen Literatur große Aufregung ausgelöst hat.[85] In dem zugrunde liegenden Fall konnte der Auftragnehmer Schalungen an der waagerechten Unterseite von Brückenkappen nur mit einem tragenden Gerüst herstellen, das in den einschlägigen DIN-Normen nicht als Besondere Leistung erwähnt wird und für diese Leistungsposition auch nicht gesondert ausgeschrieben war. Der BGH hat einen zusätzlichen Vergütungsanspruch verneint mit der Begründung, diese notwendige Leistung habe zum vertraglichen Bausoll gehört. Das ist – wenn die getroffenen Vereinbarungen diese Schlussfolgerung rechtfertigten – richtig. Auf Kritik ist aber insbesondere die Begründung gestoßen, für die Abgrenzung zwischen unmittelbar vertraglich geschuldeten und zusätzlichen Leistungen komme es auf den Inhalt der Leistungsbeschreibung an und nicht auf die Unterscheidung in den DIN-Vorschriften zwischen Nebenleistungen und Besonderen Leistungen. Zu Recht weisen nämlich *Kapellmann*[86] und *Asam*[87] darauf hin, dass die DIN-Vorschriften – die wirksame Einbeziehung unterstellt – nach § 1 Nr. 1 Satz 2 VOB/B selbst Vertragsinhalt sind. Das wird aber auch der BGH nicht in Zweifel gezogen haben wollen. Auch wenn die entsprechenden DIN-Normen Vertragsbestandteil waren, galten vorrangig aber die vertraglichen Vereinbarungen der Parteien, insbesondere in der Leistungsbeschreibung. Ließen diese den Schluss zu, dass auch die weitere Leistung – hier die Herstellung der Gerüste – von der vereinbarten Vergütung erfasst sein sollte, ging diese vertragliche Abrede den Abrechnungsregeln in der VOB/C vor. Das ist auch eine keineswegs neue Erkenntnis. Zu diskutieren ist daher eigentlich nur, ob die vom BGH festgestellten Umstände im konkreten Fall tatsächlich die von ihm gezogene Schlussfolgerung rechtfertigten. Selbst wenn man an dieser Stelle anderer Ansicht ist, ist die Aufregung über diese Entscheidung schwer nachvollziehbar. Es ist nur folgerichtig, dass der BGH seine Auffassung inzwischen noch einmal ausdrücklich bestätigt hat.[88] Die Auffassung von *Kapellmann*,[89] der BGH habe seine frühere Entscheidung damit nicht aufrechterhalten, ist schwer nachzuvollziehen.[90]

**3. Wirksamkeit abweichender vertraglicher Regelungen**

**a) Individualvertragliche Regelungen.** Den Parteien steht es zunächst frei, individual- 36 vertraglich den geschuldeten Leistungsumfang festzulegen und dabei auch Leistungen einzubeziehen, die eigentlich nach den Regelungen in den einschlägigen DIN-Normen als Besondere Leistungen zusätzlich zu vergüten wären. Das setzt aber voraus, dass diese Leistungen in den Vertragsunterlagen so dargestellt und beschrieben werden, dass sie nicht in den übrigen Regelungen „untergehen" und übersehen werden können. So genügen im Regelfall bloße Angaben in Zeichnungen ohne eindeutige Benennung im Text nicht.[91] Im

---

[85] BGH NZBau 2002, 324 = BauR 2002, 935 mit Anmerkungen *Keldungs* BauR 2002, 1247; *Quack* BauR 2002, 1248 und *Asam* BauR 2002, 1248; weiter: *Quack* BauR 2003, 26 und ZfBR 2003, 315, 2005, 427; *Motzke* NZBau 2002, 641, 644; *Schwenker* IBR 2003, 289; *Moufang/Klein* Jahrbuch Baurecht 2004, 31; *Markus* Jahrbuch Baurecht 2004, 1; *Kapellmann* NJW 2005, 182 und 2006, 3416.
[86] *Kapellmann/Messerschmidt-Kapellmann* VOB/B § 2 Fn. 152 a.
[87] *Asam* BauR 2002, 1248.
[88] BGH NZBau 2006, 777.
[89] *Kapellmann* NJW 2006, 3416.
[90] So auch *Schwenker* ZfBR 2007, 15; *Seibel* IBR 2007, 291.
[91] *Kapellmann/Schiffers* Band 1 Rdn. 317, 318; 134 mit Beispielen.

§ 2 Nr. 1                                                                                                         Abgeltung aller vereinbarten Leistungen

Übrigen bestehen rechtlich aber keine Bedenken dagegen, auf der Grundlage eines Detail-Leistungsverzeichnisses durch eine individualvertragliche „Komplettheitsvereinbarung" letztlich einen Global-Pauschalvertrag abzuschließen.[92]

37  **b) Allgemeine Geschäftsbedingungen.**[93] Sehr häufig versuchen die Parteien aber, Regelungen über die vertraglich geschuldete Gesamtleistung bzw. die Vergütung von Nebenleistungen oder Besonderen Leistungen in **Allgemeinen Geschäftsbedingungen** zu treffen.[94] Das kann durchaus sinnvoll sein, weil auf diese Weise unnötige Streitigkeiten vermieden werden. Das kann aber auch dazu führen, dass der anderen Partei in einem für sie nicht erkennbaren oder unangemessenen Umfang zusätzliche Vertragspflichten oder unzumutbare Risiken aufgebürdet werden. Die rechtliche Wirksamkeit derartiger Klauseln hängt daher von dem jeweiligen Vertragstyp und den Umständen des Einzelfalles ab. Es liegt auf der Hand, dass die Rechtslage bei einem Vertrag mit funktionaler Leistungsbeschreibung und Pauschalpreisabrede anders zu beurteilen ist, als es bei einem Einheitspreisvertrag der Fall ist, dem eine von dem Auftraggeber erstellte detaillierte Leistungsbeschreibung zugrunde liegt.[95]

38  **aa) Globalpauschalvertrag.** Bei einem Vertrag mit **funktionaler Leistungsbeschreibung** bzw. einem **Globalpauschalvertrag** ist eine auftraggeberseitige Vertragsklausel, nach der Besondere Leistungen bereits durch die vereinbarte Vergütung mit abgegolten sind, in aller Regel wirksam.[96] Anders liegt es aber dann, wenn dieser Bereich durch detaillierte auftraggeberseitige Vorgaben näher geregelt ist. Dann gilt die Vollständigkeitsvermutung. In der Detailregelung nicht erwähnte Besondere Leistungen können nicht durch AGB zum Vertragssoll gemacht werden, sie sind gesondert zu vergüten.[97]

Unwirksam sind nach § 307 Abs. 1 BGB darüber hinaus aber auch alle Klauseln, die im Ergebnis zu einer unzulässigen Verlagerung des dem Auftraggeber obliegenden Risikos auf den Auftragnehmer führen.[98] In den **Risikobereich** des Auftraggebers fallen insbesondere die Boden- und Grundwasserverhältnisse. Ihre eindeutige und erschöpfende Beschreibung gehört nach § 9 Nr. 3 Abs. 3 VOB/A zu einer ordnungsgemäßen Leistungsbeschreibung, ergänzende Regelungen finden sich in Abschnitt 0 der DIN 18299 und DIN 18300 – Erdarbeiten. Nach DIN 18299 sind überdies Besonderheiten der Entsorgung – insbesondere Altlasten – anzugeben. Diese Risiken obliegen auch bei einem Globalpauschalvertrag grundsätzlich dem Auftraggeber. Es ist den Parteien aber unbenommen, sie durch vertragliche Abrede auf den Auftragnehmer zu verlagern. Soweit diesem aber durch ZVB und/oder ZTV formularmäßig Leistungen auferlegt werden, die von der durch § 9 VOB/A und den DIN-Normen 18299/18300 vorgesehenen Risikoverteilung abweichen, steht dem im Zweifel § 307 BGB entgegen. Zur Wirksamkeit von Klauseln, die Mehrvergütungsansprüche wegen unvorhergesehen schwieriger Bodenverhältnisse[99] betreffen, wird auf die nachfolgenden Ausführungen zu § 2 Nr. 5 ff. verwiesen.

39  **bb) Detailpauschalvertrag.** Hat der Auftragnehmer das Leistungsverzeichnis auf Grund eigener Planung erstellt, ist eine Klausel in den AGB des Auftraggebers, nach der auch Besondere Leistungen von dem Vertragspreis mit abgegolten sind, rechtlich unbedenklich.[100] Anders verhält es sich aber, wenn das Leistungsverzeichnis bzw. die Planung von dem Auftraggeber selbst erstellt und auch ein konkretes Leistungsziel nicht angegeben worden ist. Eine Klausel in den von ihm verwandten AGB, nach der Besondere Leistungen

---

[92] KG IBR 2003, 343 (Revision nicht angenommen) mit Anm. *Schulze-Hagen*.
[93] Dazu auch die Ausführungen in den Vorbemerkungen „Vergütungsregelungen in Allgemeinen Geschäftsbedingungen" Rdn. 180 ff.
[94] Zu Leistungsbestimmungsklauseln nach § 315 BGB vgl. *Acker/Garcia-Scholz* BauR 2002, 550.
[95] *Glatzel/Hofmann/Frikell* S. 120; *Kapellmann/Messerschmidt-Kapellmann* VOB/B § 2 Rdn. 86.
[96] *Kapellmann/Schiffers* Band 2 Rdn. 549.
[97] *Kapellmann/Messerschmidt-Kapellmann* VOB/B § 2 Rdn. 86; *Kapellmann/Schiffers* Band 2 Rdn. 549.
[98] Grundlegend zum Baugrundrisiko *Kuffer* NZBau 2006, 1.
[99] Dazu auch *Englert*, „Systemrisiko"-terra incognita des Baurechts? BauR 1996, 763.
[100] *Kapellmann/Schiffers* Band 2 Rdn. 281.

zum Bausoll gehören und ohne zusätzliche Vergütung zu erbringen sind, ist dann unwirksam.[101]

cc) **Einheitspreisvertrag.** Hat der Auftragnehmer das Leistungsverzeichnis auf Grund 40 eigener Planung erstellt, ist eine Klausel in den AGB des Auftraggebers, nach der auch Besondere Leistungen zum Bausoll gehören, zulässig.[102] Anders verhält es sich aber, wenn der Auftraggeber das Leistungsverzeichnis selbst erstellt und auch ein konkretes Leistungsziel nicht angegeben hat. Dann ist eine derartige Klausel in aller Regel unwirksam.

## VI. Allgemeine Vertragsbedingungen für die Ausführung von Bauleistungen (VOB/B)

Obwohl § 2 Nr. 1 VOB/B für den **Vergütungsbereich** die Vertragsunterlagen, aus 41 denen sich der Umfang der abgegoltenen Leistung des Auftragnehmers ergibt, grundsätzlich in derselben Weise aufzählt wie § 1 Nr. 2 VOB/B für den **Leistungsbereich,** ist die in § 1 Nr. 2 unter Buchstabe f) an letzter Stelle aufgeführte VOB/B selbst in § 2 Nr. 1 VOB/B nicht erwähnt. Das erschien deshalb entbehrlich, weil § 2 Nr. 1 ohnehin nur gilt, wenn die VOB/B vereinbart ist. Ihre Geltung und Anwendung wird in § 2 Nr. 1 VOB/B also von vornherein vorausgesetzt.[103]

Auch wenn darüber Einigkeit besteht, bleibt doch die Frage, an welcher Stelle und in 42 welcher Reihenfolge der Vertragsunterlagen die VOB/B einzuordnen ist. Denn wenn die VOB/B nach der Leistungsbeschreibung oder den BVB, z. B. im Auftragsschreiben oder in der Vertragsurkunde selbst, vereinbart ist, bedeutet das noch nicht, dass sie auch an dieser Stelle und in dieser Reihenfolge zu berücksichtigen ist, insbesondere bei **Widersprüchen** zwischen den Vertragsunterlagen. Gerade mit Rücksicht darauf erscheint es deshalb richtig, die VOB/B im Falle des § 2 Nr. 1 für den Vergütungsbereich an derselben Stelle und in derselben Reihenfolge einzuordnen, wie dies § 1 Nr. 2 VOB/B für den Leistungsbereich tut. Das gilt umso mehr, als anerkannt ist, dass § 1 Nr. 2 VOB/B bei Widersprüchen im Vertrag nicht nur für die Leistungspflichten des Auftragnehmers gilt, sondern als **generelle Auslegungsregel** auch für die Vergütungspflichten des Auftraggebers im Rahmen des § 2 Nr. 1 VOB/B.

Daraus ergibt sich, dass auch diejenigen Leistungen des Auftragnehmers, die – über die 43 vorgenannten Unterlagen hinaus (Leistungsbeschreibung, BVB usw.) – nach der **VOB/B selbst** zur vertraglichen Leistung gehören, ebenfalls durch die vereinbarten Preise abgegolten sind. Dazu zählt nach § 4 Nr. 1 VOB/B vor allem die Einhaltung der allgemein anerkannten Regeln der Technik sowie der gesetzlichen und behördlichen Bestimmungen.

## VII. Gewerbliche Verkehrssitte

An letzter Stelle erwähnt § 2 Nr. 1 VOB/B, dass durch die vereinbarten Preise schließlich 44 alle Leistungen des Auftragnehmers abgegolten sind, die nach der gewerblichen Verkehrssitte zur vertraglichen Leistung gehören. Damit sind durch die vereinbarte Vergütung auch diejenigen Leistungen des Auftragnehmers abgegolten, die nach der Auffassung der betreffenden **Fachkreise** am Ort der Leistung mit zu der Bauleistung zählen.[104] Die Verkehrssitte wird allerdings nicht durch „schlechte Sitten" oder allgemein übliche Schlampigkeit bestimmt.[105]

---

[101] *Kapellmann/Schiffers* Band 2 Rdn. 280; *von Westphalen/Motzke* Vertragsrecht und AGB-Klauselwerke, Subunternehmervertrag Rdn. 103; *Kapellmann/Messerschmidt-Kapellmann* VOB/B § 2 Rdn. 86.
[102] *Kapellmann/Schiffers* Band 2 Rdn. 281.
[103] *Ingenstau/Korbion/Keldungs* VOB/B § 2 Nr. 1 Rdn. 8; *Nicklisch/Weick* VOB/B § 2 Rdn. 16; *Heiermann/Riedl/Rusam* VOB/B § 2 Rdn. 62.
[104] *Ingenstau/Korbion/Vygen* VOB/A und B Einl. Rdn. 42; *Heiermann/Riedl/Rusam* VOB/B § 2 Rdn. 64.
[105] *Kapellmann/Schiffers* Band 1 Rdn. 147.

### § 2 Nr. 1 — Abgeltung aller vereinbarten Leistungen

45  Ob zur gewerblichen Verkehrssitte in diesem Sinne die Einhaltung der für die betreffende Leistung geltenden **allgemein anerkannten Regeln der Technik** gehört, ist beim VOB-Vertrag zumindest fraglich, weil sich die Pflicht zur Einhaltung der allgemein anerkannten Regeln der Technik dort schon aus § 4 Nr. 2 Abs. 1 VOB/B und den ATV DIN 18 299 ff. der VOB/C ergibt. Um die Einhaltung der allgemein anerkannten Regeln der Technik zu sichern und klarzustellen, dass auch sie durch die vereinbarte Vergütung abgegolten ist, hätte es deshalb der Erwähnung der **gewerblichen Verkehrssitte** in § 2 Nr. 1 VOB/B nicht bedurft.

46  Sinn dieser Erwähnung kann auch nicht sein, dass es hier nicht nur um die Frage geht, was mit der vereinbarten Vergütung alles abgegolten ist, sondern auch darum, was der Auftragnehmer für diese Vergütung dem Auftraggeber alles an Leistung schuldig ist. Denn der Umfang der Leistungspflichten des Auftragnehmers ist schon in § 1 VOB/B geregelt; auch insoweit ist allerdings die gewerbliche Verkehrssitte heranzuziehen, weil sie nach § 157 BGB ohnehin gilt. Die Leistungspflichten des Auftragnehmers nach § 1 und die Vergütungspflicht des Auftraggebers nach § 2 VOB/B entsprechen sich somit im Umfang. Es handelt sich um korrespondierende Regelungen.

47  Dass § 2 Nr. 1 VOB/B an letzter Stelle ausdrücklich die gewerbliche Verkehrssitte erwähnt, hat vielmehr einen doppelten Sinn:

#### 1. Auffangtatbestand zur Schließung von Lücken

48  Die Erwähnung der gewerblichen Verkehrssitte in § 2 Nr. 1 VOB/B hat einmal den Sinn, etwa verbliebene Lücken in den Vertragsunterlagen zu schließen. Dabei kann es sich allerdings nur darum handeln, dass aus den Vertragsunterlagen nicht ersichtliche geringfügige Leistungen durch die vereinbarten Preise mit abgegolten sind. Aufgrund der Auffangfunktion der gewerblichen Verkehrssitte können dem Auftragnehmer dagegen keine weiteren Leistungen größeren Umfangs, die in den Vertragsunterlagen nicht erwähnt sind, auferlegt und durch die vereinbarte Vergütung abgegolten werden.

#### 2. Auslegungshilfe zur Eingrenzung der abgegoltenen Leistungen des Auftragnehmers

49  Die Erwähnung der gewerblichen Verkehrssitte in § 1 Nr. 2 am Ende VOB/B ist vielmehr umgekehrt ein Regulativ in dem Sinne, dass durch die vereinbarten Preise nur diejenigen Leistungen abgegolten werden, die auf Grund der Vertragsunterlagen nach der Verkehrssitte zur vertraglichen Leistung gehören. Insofern prägt und umschließt die gewerbliche Verkehrssitte wie eine Klammer sämtliche Vertragsunterlagen und stellt eine Auslegungshilfe dar, um den Umfang der Leistungen des Auftragnehmers, die nach § 2 Nr. 1 VOB/B durch die vereinbarten Preise abgegolten sind, sachgerecht einzugrenzen und von den Mehrvergütungsansprüchen des Auftragnehmers, insbesondere nach § 2 Nrn. 5 und 6 VOB/B, abzugrenzen.[106]

50  Die gewerbliche Verkehrssitte ist z. B. zur Auslegung von Umfang und Grenzen der mit der Vergütung abgegoltenen Leistungen des Auftragnehmers heranzuziehen, wenn in den Vertragsunterlagen nicht fachspezifische Begriffe verwendet werden, die sich verschiedentlich – und gar nicht so selten – generalklauselartig finden, aber in keiner Norm definiert und auch in den Vertragsunterlagen nicht näher präzisiert sind. Letztendlich geht es bei allen diesen Fragen und der Auslotung solcher nicht definierten Begriffe mit Hilfe der gewerblichen Verkehrssitte immer darum, was zur vereinbarten Leistung gehört und demnach durch die Vergütung abgegolten ist oder was nicht dazu gehört und daher einer besonderen Vergütung bedarf. Die Frage, ob und mit welchem Inhalt eine Verkehrssitte besteht, wird in der Regel durch Einholung eines Sachverständigengutachtens zu klären sein.[107]

---

[106] Dazu BGH NZBau 2004, 500.
[107] BGH NZBau 2004, 500.

a) **Arbeiten an „Dach und Fach"**. Ein Beispiel dafür, wann die gewerbliche Verkehrs- 51
sitte zur Auslegung herangezogen werden muss, ist z. B. die Vertragsformulierung, dass mit
der vereinbarten Vergütung des Auftragnehmers sämtliche erforderlichen Arbeiten an „Dach
und Fach" abgegolten sein sollen.[108]

b) **„Schlüsselfertige Leistung"**. Ebenso ist die gewerbliche Verkehrssitte heranzuzie- 52
hen, wenn der Auftragnehmer, insbesondere als Generalunternehmer, für die vereinbarte
Vergütung das Bauvorhaben schlüsselfertig herzustellen hat, die einzelnen Leistungen, die
dazu erforderlich bzw. damit gemeint sind, aber nicht eindeutig und erschöpfend im Sinne
von § 9 Nr. 1 VOB/A beschrieben sind.[109] In derartigen Fällen ist mit den vereinbarten
Preisen grundsätzlich nur die ausgeschriebene Leistung abgegolten und die vertragliche
Leistung nur in dem ausgeschriebenen Umfang geschuldet, weil der Auftragnehmer auf
Grund der Leistungsbeschreibung regelmäßig nicht mehr einkalkulieren konnte. Das gilt
zumindest im Normalfall der Leistungsbeschreibung mit Leistungsverzeichnis, doch können
sich auch hier bei der Bestimmung dessen, was dazu im Einzelnen gehört, Auslegungs- und
Abgrenzungsprobleme ergeben. Insoweit kann dann die gewerbliche Verkehrssitte hilfreich
sein, z. B. bei der Beantwortung der Frage, ob Erdgeschoss-Fenster aus Gründen der Ein-
bruchsicherung mit Rollläden versehen sein müssen (wohl ja) oder ob eine mit dem Haus
errichtete angebaute Garage eine Verbindungstür zum Haus sowie Wasseranschluss und
Heizung haben muss (wohl nein).
Die Beispiele lassen sich beliebig vermehren, wobei unter Umständen zusätzlich auch
noch der Standard des Objektes eine Rolle spielen kann. Eine allgemeingültige Formel, was
unter dem Begriff „schlüsselfertig" zu verstehen ist, lässt sich nur schwer finden, weil es von
den **Besonderheiten des Einzelfalls** abhängt, wie weit die Vereinbarung der Schlüssel-
fertigkeit reicht.[110] So ist eine nicht ausgeschriebene Isolierung gegen drückendes Wasser
auch dann eine Zusatzleistung, wenn es sich um einen (Pauschal-)Vertrag über eine schlüsselfertige Leistung handelt.[111] Ist in einem Generalunternehmervertrag für die Errichtung
einer Verkaufsstätte vereinbart, dass die Baugenehmigung mit den genehmigten Plänen und
geprüften statischen Unterlagen Vertragsbestandteil wird, dann gehört der Bau einer Rauchgasabzugsanlage, die auf Grund einer Auflage im Bauschein errichtet werden muss, für die
aber keine Pläne aufgestellt worden waren, nicht zum Vertragsumfang. Dies gilt auch bei
und trotz der − Verpflichtung zur „schlüsselfertigen Erstellung".[112] Ein Bauherr, dem von
einem Generalübernehmer die schlüsselfertige Gesamtherstellung eines voll unterkellerten
Hauskörpers angeboten wird, kann aber erwarten und bei der weiteren Kalkulation voraussetzen, dass der Generalübernehmer alle Leistungen erbringt, die zur Herstellung der Entwässerungsanlagen bis zum Revisionsschacht, zur Anlegung einer Ringdrainage und zur
Gas- und Wasserversorgung bis zur Hausanschlussstelle erforderlich sind.[113] Ebenso ist ein
Auftragnehmer, der sich zur schlüsselfertigen Erstellung eines Bauwerks verpflichtet, nach
OLG Hamm[114] nicht nur verpflichtet, insgesamt eine mangelfreie bauliche Anlage zu
erstellen, sondern er muss ungeachtet eines ihm vorgegebenen lückenhaften oder sachlich
unrichtigen Leistungsverzeichnisses (vgl. oben Rdn. 17 ff.) alle Maßnahmen treffen bzw. das

---

[108] Zur Auslegung des Begriffes „Arbeiten an Dach und Fach" im Einzelnen Weimar BlGBW 1980, 69.
[109] Zum Leistungsumfang beim schlüsselfertigen Bauen nach Baubeschreibung in Bezug auf technisch notwendige, aber nicht ausdrücklich vereinbarte Teilleistungen, insbesondere bei der Nachbesserung, s. ausführlich *Brandt* BauR 1982, 524 ff.; dazu auch *Kapellmann/Schiffers* Bd. 2 Rdn. 400 ff.
[110] LG Nürnberg-Fürth NJW-RR 1989, 668.
[111] BGHZ 90, 344 = NJW 1984, 1676 = BauR 1984, 395 = ZfBR 1984, 173.
[112] OLG Hamburg NJW-RR 1989, 529.
[113] LG Nürnberg-Fürth NJW-RR 1989, 668: Werden Bauleistungen, die nach der Verkehrsanschauung zur schlüsselfertigen Gesamtherstellung eines Hauses gehören, in Allgemeinen Geschäftsbedingungen des Generalübernehmers zu gesondert zu vergütenden „Bauherrenleistungen" erklärt, so verstößt eine solche Vertragsbestimmung − wenn sie nicht schon als Überraschungsklausel unwirksam ist (§ 3 AGB-Gesetz) − gegen § 9 AGB-Gesetz, weil sie den Vertragspartner des Verwenders unangemessen benachteiligt, vgl. BGH NJW 1984, 171 = BauR 1984, 61 = ZfBR 1984, 40.
[114] NJW-RR 1993, 594 = BauR 1993, 375 L.

tun, was nach den örtlichen und sachlichen Gegebenheiten jeder Fachmann als zutreffend erachtet hätte.

53   c) „Fix und fertige Arbeit". Wenn auf Grund der Leistungsbeschreibung des Auftraggebers vom Auftragnehmer „fix und fertige Arbeit" verlangt oder versprochen wird, bezieht sich dies in der Regel ebenfalls nur auf die ausgeschriebene Leistung, weil nur sie der Kalkulation des Auftragnehmers zugrunde lag.[115] Das gilt jedenfalls, solange der Auftragnehmer keine „komplette" Leistung ohne Rücksicht auf den tatsächlichen Arbeitsumfang angeboten, sondern sein Angebot auf Grund eines detaillierten Leistungsverzeichnisses erstellt hat.[116] Etwas anderes kann jedoch gelten, wenn der Auftragnehmer auf Grund der Vorbemerkungen zum Leistungsverzeichnis schon bei der Vergabeverhandlung wusste, dass er eine komplette Heizungsanlage einschließlich aller erforderlichen Sicherheitseinrichtungen zu installieren und die Möglichkeit hatte, sich über Art und Umfang der Leistungen zu unterrichten.[117] Wenn er dafür ein Angebot abgibt und erst nach Vertragsschluss feststellt, dass die Herstellung einer funktionsfähigen Anlage umfangreichere Leistungen erfordert, als er angenommen hat, ist dies sein Risiko.[118]

54   Treten bei der Ausführung nicht vorhersehbare **Besondere Leistungen oder Zulagepositionen** nach der VOB/C hinzu, sind diese nach der gewerblichen Verkehrssitte mit der vereinbarten Vergütung grundsätzlich nicht abgegolten, sondern können gesondert berechnet werden. Jedoch können nach OLG Köln[119] besondere vertragliche Vereinbarungen eine derartige Abrechnung ausschließen, wenn die vereinbarten Einheitspreise erkennbar die vollständige, fertige Arbeit einschließlich aller Neben- und Zulageleistungen abgelten sollten. Das gilt insbesondere dann, wenn dem Auftraggeber ersichtlich daran gelegen war, ein Angebot mit Einheitspreisen zu erhalten, die die kompletten Arbeiten abgelten. Dann muss der Auftragnehmer, wenn ihm dazu eine hinreichende Kalkulationsgrundlage fehlt, sich die Berechnung von Zuschlägen und Zusatzkosten über die angebotenen Einheitspreise hinaus vorbehalten. Anderenfalls liegt eine sog. Kalkulation „ins Blaue" vor.[120] Der bloße Hinweis darauf, dass die „Abrechnung gem. VOB/C DIN 18 421" erfolgt, genügt als Vorbehalt für die gesonderte Abrechnung von Zulagen und dergleichen jedenfalls dann nicht, wenn der Auftragnehmer gleichzeitig verspricht, dass seine Preise sich für „fix und fertige Arbeit" verstehen, und dadurch den Auftraggeber in der Annahme bestärkt, dass durch die angebotenen Einheitspreise die kompletten Arbeiten (hier: Isolierarbeiten) abgegolten werden.

55   d) „Gehobener Standard", „erstklassige Ausführung".[121] Vielfach wird laut Bauvertrag für die Bauausführung ein „gehobener Standard" verlangt, ohne im Einzelnen zu sagen, was damit jeweils gemeint ist. Auch dann treten bei der Bestimmung dessen, was mit der vereinbarten Vergütung abgegolten ist, Auslegungsschwierigkeiten auf, die nur unter Heranziehung der gewerblichen Verkehrssitte sachgerecht zu lösen sind. Das gilt z. B. für die Frage, ob wegen des vereinbarten „gehobenen Standards" Kellerräume ohne Aufpreis verputzt und/gestrichen werden müssen, ob Bäder deckenhoch zu fliesen sind, was für den vereinbarten Preis als Bodenbelag verlangt werden kann (PVC oder Teppichboden, Parkett oder Marmor), welche Tapete (Rauhfaser, Textiltapete usw.), welche Holzqualität für Innentüren und ähnliches geschuldet ist, wenn die Leistungsbeschreibung dazu im Einzelnen keine Angaben enthält. Entsprechendes gilt für die Frage, ob als Garagentor ein manuell zu

---

[115] So selbst für den Fall des Pauschalvertrages BGH BauR 1971, 124 (in BGHZ 55, 198 = NJW 1971, 615 insoweit nicht abgedruckt); ebenso *Riedl* ZfBR 1980, 1, 3.
[116] OLG Düsseldorf BauR 1989, 483.
[117] BGHZ 80, 257 = NJW 1981, 1442, 1444 = BauR 1981, 388, 391 = ZfBR 1981, 170.
[118] Wobei der BGH zusätzlich von einem Pauschalvertrag ausgegangen ist und angenommen hat, dass sich hier das „in der Pauschalpreisabrede liegende Risiko" des Auftragnehmers verwirklicht hat, weil dieser die Vereinbarung einer Abrechnung nach Einheitspreisen nicht beweisen konnte.
[119] BauR 1991, 615.
[120] OLG Köln a. a. O. unter Hinweis auf BGH NJW-RR 1987, 1306 = BauR 1987, 683 = ZfBR 1987, 237 (Universitätsbibliothek: Großflächenschalung) und NJW-RR 1988, 785 = BauR 1988, 339 = ZfBR 1988, 182 (Wasserhaltung).
[121] OLG Celle BauR 2003, 1592.

### 3. Umsatzsteuer: Teil der vereinbarten Vergütung – gesonderte Erstattung nur bei Vereinbarung[122]

Ohne besondere Vereinbarung ist die Umsatzsteuer grundsätzlich in dem vereinbarten Preis enthalten.[123] Denn beim Fehlen einer gegenteiligen Vereinbarung ist die Umsatzsteuer unvollständiger Bestandteil des vereinbarten bürgerlich-rechtlichen Entgelts.[124] Sie kann auch nicht nachgefordert werden, weil das bürgerlich-rechtliche Entgelt, wenn nichts anderes vereinbart ist, eine etwaige Umsatzsteuer regelmäßig einschließt.[125]

56

Das gilt beim Werkvertrag nach §§ 631 ff. BGB wie auch beim Bauvertrag nach der VOB,[126] und zwar ohne Rücksicht auf die vereinbarte Vergütungsart (Einheitspreisvertrag, Pauschalvertrag, Stundenlohnvertrag, Selbstkostenerstattungsvertrag).[127] Die Umsatzsteuer ist also nur dann gesondert zu erstatten, wenn die Parteien **eindeutig vereinbart** haben, dass sie zu dem vereinbarten Preis hinzutritt. Ausreichend hierfür ist z. B. die Klausel: „Preise netto plus Umsatzsteuer",[128] nicht dagegen die Formulierung: „Nettopreise Mehrwertsteuer".[129]

57

Die bloße Geltung der VOB/B macht eine Vereinbarung über die gesonderte Erstattung der Umsatzsteuer nicht entbehrlich. Das ist besonders für Mehrvergütungsansprüche nach § 2 Nrn. 5 und 6 VOB/B bedeutsam. Insoweit dürfte es auch nicht genügen, wenn für die **ursprüngliche Vertragsleistung** die gesonderte Erstattung der Umsatzsteuer vereinbart war/ist. Denn die VOB/B geht – ebenso wie §§ 631 ff. BGB – grundsätzlich davon aus, dass der vereinbarte Preis die Umsatzsteuer enthält. Gibt der Auftragnehmer deshalb ein **Nachtragsangebot** ab, ohne die Umsatzsteuer hinzuzusetzen, und nimmt der Auftraggeber dieses an, so kann die Umsatzsteuer nicht gesondert berechnet werden, sondern ist in dem vereinbarten Preis enthalten. Das ergibt sich schon daraus, dass als einzige Ausnahme § 2 Nr. 3 Abs. 3 Satz 3 VOB/B für die Erhöhung des Einheitspreises bei mehr als 10%iger Massenunterschreitung bestimmt, dass „die Umsatzsteuer... entsprechend dem neuen Preis vergütet" wird. Daraus ist im Wege des Umkehrschlusses zu entnehmen, dass dies bei § 2 Nrn. 5 und 6 VOB/B gesonderter Vereinbarung bedarf.

58

Irren sich beide Parteien über die Umsatzsteuerpflicht der Vergütung, weil sie übereinstimmend davon ausgehen, dass ein bestimmter Vorgang nicht umsatzsteuerpflichtig sei,[130] und stellt sich später das Gegenteil heraus, liegt ein **beiderseitiger Irrtum** über die Umsatzsteuerpflicht der Vergütung vor, auf den die Grundsätze über das **Fehlen der Geschäftsgrundlage** anwendbar sind (→ Vor § 2 Rdn. 158 ff.).[131] Bei der Entscheidung über die Rechtsfolgen des gemeinsamen Irrtums ist hiernach zu berücksichtigen, in wessen Risikobereich der Irrtum vorwiegend fällt und welchem Vertragspartner die unerwartete Belastung eher zugemutet werden kann. Dem Leistungsempfänger kann sie insbesondere dann zugemutet werden, wenn und soweit er die nachträglich verlangte Umsatzsteuer im Wege des Vorsteuerabzugs erstattet bekommt.

59

---

[122] Dazu allgemein: *Hochstadt*, Umsatzsteuerrechtliche Probleme bei der Abwicklung von Bauverträgen, BauR 2003, 626.
[123] BGH NJW 2001, 2464. Hamm Betr 1973, 125.
[124] BGHZ 103, 283 = NJW 1988, 2042.
[125] BGH NJW 1989, 302 = BauR 1989, 83 = ZfBR 1989, 65; *Werner/Pastor* Rdn. 1270.
[126] OLG Bremen BB 1971, 1384; OLG Düsseldorf NJW 1971, 121.
[127] OLG Karlsruhe NJW 1972, 451 = BauR 1972, 243.
[128] LG Mönchengladbach NJW 1972, 1719; *Ingenstau/Korbion/Schranner* VOB/A § 2 Rdn. 34.
[129] OLG München NJW 1970, 661.
[130] Wie die Zivilgerichte bei Stillstandskosten nach § 6 Nr. 6 und entgangenem Gewinn gem. § 8 Nr. 1 VOB/B bzw. § 649 BGB annehmen, während die Finanzverwaltung dies z. T. anders sieht.
[131] OLG Nürnberg BauR 1995, 890 L.

§ 2 Nr. 1                                                                                          Abgeltung aller vereinbarten Leistungen

60   **a) Ausnahme: Fehlende Preisvereinbarung – übliche Vergütung (§ 632 Abs. 2 BGB).** Der Grundsatz, dass die Umsatzsteuer im vereinbarten Preis enthalten ist, gilt allerdings nur, wenn überhaupt eine Preisvereinbarung vorliegt, ohne über die Erstattung der Umsatzsteuer etwas zu bestimmen. Denn nur dann ist die Umsatzsteuer in dem vereinbarten Preis enthalten. Fehlt es dagegen an einer Preisvereinbarung überhaupt, weil die Parteien sich nicht einigen konnten, so wird der Preis als übliche und angemessene Vergütung im Sinne von § 632 Abs. 2 BGB durch einen Sachverständigen ermittelt, der dann regelmäßig auch klarstellt, ob sein Preis als Bruttopreis die Umsatzsteuer bereits enthält oder als Nettopreis zuzüglich Umsatzsteuer zu verstehen ist. In diesem Fall tritt die übliche Vergütung an die Stelle der Vereinbarung der Parteien und ersetzt diese sowohl in Bezug auf die Netto-Vergütung als auch hinsichtlich der gesonderten Erstattung der Umsatzsteuer.

61   **b) Keine abweichende Verkehrssitte unter Kaufleuten.** Auch unter Kaufleuten ist, wenn ein Preis vereinbart ist, eine Vereinbarung über die gesonderte Erstattung der Umsatzsteuer erforderlich.[132] Denn ob die Umsatzsteuer zusätzlich zu dem vereinbarten Preis zu erstatten ist oder nicht, hängt nicht von der Vorsteuerabzugsberechtigung des Auftraggebers ab, sondern ist eine Frage der materiell-rechtlichen Vergütungsvereinbarung. Zwar finden auf diese, wenn beide Parteien Vollkaufleute sind und der Werk- oder Werklieferungsvertrag für sie ein beiderseitiges Handelsgeschäft ist, auch die Vorschriften der §§ 343 ff. HGB einschließlich des § 346 HGB über Handelsbräuche Anwendung. Eine Verkehrssitte, dass sich unter Kaufleuten sog. „Nettodenken" als Handelsbrauch durchgesetzt hat, kann jedoch aus heutiger Sicht nicht festgestellt werden.[133] Regionale Besonderheiten und einen gegenteiligen Handelsbrauch muss derjenige beweisen, der sich darauf beruft.[134]

62   **c) Umsatzsteuervereinbarungen in AGB.** Eine formularmäßige Klausel in den Vertragsbedingungen eines Auftragnehmers, dass sich die von ihm angegebenen Preise „immer zuzüglich Umsatzsteuer" verstehen, verstößt gegen § 9 AGB-Gesetz bzw. § 307 BGB, weil die vereinbarten Preise grundsätzlich die Umsatzsteuer enthalten und ein individualvertraglich vereinbarter Preis nicht einseitig durch AGB erhöht werden kann.[135]

63   Entsprechendes gilt für eine formularmäßige Regelung, dass „Änderungen des Mehrwertsteuer-Satzes zu entsprechender Preisanpassung" berechtigen, weil nach § 11 Nr. 1 AGB-Gesetz/§ 309 Nr. 1 BGB n. F. eine Erhöhung des Entgelts für Leistungen, die innerhalb von vier Monaten nach Vertragsschluss erbracht werden sollen, durch AGB nicht vorgenommen werden kann.[136] Zumindest muss deshalb in diesen Fällen hinzugesetzt werden, dass die Erhöhung erst nach Ablauf von vier Monaten gelten bzw. beginnen soll.

64   **d) Anspruch auf Rechnung mit gesondertem Umsatzsteuer-Ausweis.** Unabhängig davon, ob die Umsatzsteuer vom Auftraggeber gesondert zu erstatten oder Bestandteil des vereinbarten bürgerlich-rechtlichen Entgelts ist, hat der Auftraggeber, wenn er die Umsatzsteuer als Vorsteuer absetzen kann, einen Anspruch auf Ausstellung der Rechnung mit gesondertem Umsatzsteuer-Ausweis. Das ergibt sich aus § 14 UStG, der allerdings lediglich eine Nebenpflicht aus dem bürgerlich-rechtlichen Vertragsverhältnis normiert, die sich ansonsten schon aus Treu und Glauben ergäbe.[137] Bei Streit über die Rechnungserteilung ist für die Klage auf Ausstellung einer solchen Rechnung der Rechtsweg vor die ordentlichen Gerichte gegeben.[138]

---

[132] OLG Düsseldorf NJW 1976, 1268; *Nicklisch/Weick* VOB/B § 2 Rdn. 23; *Heiermann/Riedl/Rusam* VOB/B § 2 Rdn. 66.
[133] So zutreffend *Nicklisch/Weick* VOB/B § 2 Rdn. 23; *Baumbach/Duden/Hopt* HGB § 346 Anm. 2 A und Überbl. Vor § 373 Anm. 1 D; *Ingenstau/Korbion/Schranner* VOB/A § 2 Rdn. 34.
[134] *Werner/Pastor* Rdn. 1271 m. w. N.; *Kniffka* IBR-online-Kommentar zum Bauvertragsrecht Stand 4. 1. 2007 § 631 Rdn. 274.
[135] BGH WM 1973, 677.
[136] OLG Frankfurt NJW 1979, 985; OLG Düsseldorf NJW 1979, 1509; BGHZ 77, 79 = NJW 1980, 2133; BGH BB 1981, 520 = Betr 1981, 983.
[137] BGH NJW 1975, 310; BGHZ 103, 283 = NJW 1988, 2042.
[138] BGH NJW 1975, 310; NJW 1980, 2710 = BauR 1980, 471.

Abgeltung aller vereinbarten Leistungen § 2 Nr. 1

Fehlt es an einer Vereinbarung über die gesonderte Erstattung der Umsatzsteuer und ist **65** diese deshalb in der vereinbarten Vergütung enthalten, kann der Auftragnehmer die Ausstellung einer Rechnung mit gesondertem Umsatzsteuer-Ausweis hiernach auch nicht von einer entsprechenden Nachzahlung abhängig machen. Vielmehr ist in diesem Fall die tatsächlich angefallene Umsatzsteuer aus dem vereinbarten Entgelt herauszurechnen und gesondert auszuweisen.[139]

Ist allerdings die **Höhe** des ausgewiesenen Umsatzsteuer-Satzes aus tatsächlichen oder **66** rechtlichen Gründen ernsthaft zweifelhaft, so genügt der Auftragnehmer seiner Pflicht zu gesondertem Ausweis, wenn er den aus seiner Sicht vertretbaren niedrigeren Umsatzsteuer-Satz zugrunde legt. Ein Anspruch des Auftraggebers auf Ausweis eines höheren Umsatzsteuer-Satzes besteht in einem solchen Fall nicht. Die Ausstellung einer dahingehenden Rechnung ist für den Auftragnehmer unzumutbar, weil er die höhere Umsatzsteuer sonst trotz der bestehenden Zweifel allein auf Grund der entsprechenden Rechnungsstellung steuerrechtlich schulden würde.[140] Deshalb hat das ordentliche Gericht in einem solchen Fall auch nicht nachzuprüfen, ob der vom Auftragnehmer ausgewiesene niedrigere Umsatzsteuer-Satz richtig ist oder nicht.[141]

Entsprechendes gilt, wenn nicht nur der Umsatzsteuer-Satz der Höhe nach, sondern auch **67** schon die **Umsatzsteuerpflicht dem Grunde nach** ernstlich zweifelhaft ist, also berechtigte Zweifel bestehen, ob die Leistung des Auftragnehmers überhaupt der Umsatzsteuer unterliegt. In einem solchen Fall kann der Leistungsempfänger die Erteilung einer Rechnung mit gesondert ausgewiesener Umsatzsteuer nur verlangen, wenn die zuständige Finanzbehörde den Vorgang bestandskräftig der Umsatzsteuer unterworfen hat.[142] Denn bei zweifelhafter Steuerrechtslage ist es dem Leistenden regelmäßig nicht zuzumuten, eine Rechnung mit gesondertem Umsatzsteuer-Ausweis nach § 14 Abs. 1 UStG auszustellen, die nach der Beurteilung des zuständigen Finanzamts unter Umständen unrichtig ist, ihn aber auf Grund der Sanktion des § 14 Abs. 3 UStG infolge der Rechnungsstellung gleichwohl zur Zahlung der gesondert ausgewiesenen Umsatzsteuer verpflichtet.[143]

---

[139] BGHZ 103, 283 = NJW 1988, 2042.
[140] BGH NJW 1980, 2710 = BauR 1980, 471; BGHZ 103, 283 = NJW 1988, 2042; BGH NJW 1989, 302 = BauR 1989, 83 = ZfBR 1989, 65.
[141] BGH wie vor.
[142] BGHZ 103, 283 = NJW 1988, 2042.
[143] BGH NJW 1989, 302 = BauR 1989, 83 = ZfBR 1989, 65 (Baubetreuungstätigkeit eines Privatmanns).

# § 2 Nr. 2

### § 2 Nr. 2 [Berechnung der Vergütung]

Die Vergütung wird nach den vertraglichen Einheitspreisen und den tatsächlich ausgeführten Leistungen berechnet, wenn keine andere Berechnungsart (z. B. durch Pauschalsumme, nach Stundenlohnsätzen, nach Selbstkosten) vereinbart ist.

**Literatur:** *Bartmann,* Höchstpreisklauseln in Einheitspreis-Bauverträgen. Ausgestaltung, Rechtsnatur, Problematik, BauR 1974, 31; *Bayer,* Planung und Bauausführung in einer Hand, Seminar „Pauschalvertrag und schlüsselfertiges Bauen", Deutsche Gesellschaft für Baurecht e. V., Bd. 17, 1991, S. 85; *Brandt,* Zum Leistungsumfang beim schlüsselfertigen Bauen nach Baubeschreibung in bezug auf technisch notwendige, aber nicht ausdrücklich vereinbarte Teilleistungen, insbesondere bei der Nachbesserung, BauR 1982, 524; *v. Craushaar,* Abgrenzungsprobleme im Vergütungsrecht der VOB/B bei Vereinbarung von Einheitspreisen, BauR 1984, 311; *Dähne,* Auftragnehmeransprüche bei lückenhafter Leistungsbeschreibung, BauR 1999, 289; *ders.,* Angehängte Stundenlohnarbeiten, Festschrift Jagenburg S. 97; *Grimme,* Die einverständliche Herabsetzung des Leistungsumfangs beim Pauschalvertrag, MDR 1989, 20; *E. J. Groß,* Die Abrechnung des Pauschalvertrages bei vorzeitig beendetem Vertrag, BauR 1992, 36; *Heiermann,* Der Pauschalvertrag im Bauwesen, BB 1975, 991; *Heyers,* Die rechtlich spezifische und individuelle Repräsentanz im Pauschalvertrag, besonders in Bausachen, BauR 1983, 297; *Hosch/Oberhauser,* Jahrbuch Baurecht 1999, 136; *Jebe,* Bedeutung und Problematik des Einheitspreisvertrages im Bauwesen, BauR 1973, 141; *Kapellmann,* Zur Struktur des Pauschalvertrages, Festschrift für Soergel, 1993, S. 99; *ders.,* Die Geltung von Nachlässen auf die Vertragssumme für die Vergütung von Nachträgen, NZBau 2000, 57; *Kleine-Möller,* Leistung und Gegenleistung bei einem Pauschalvertrag, Seminar „Pauschalvertrag und schlüsselfertiges Bauen", Deutsche Gesellschaft für Baurecht e. V., Bd. 17, 1991, S. 69; *Kroppen,* Pauschalpreis und Vertragsbruch, Schriftenreihe der Deutschen Gesellschaft für Baurecht, Bd. 4, 1974, S. 5; *Mandelkow,* Qualifizierte Leistungsbeschreibung als wesentliches Element des Bauvertrages, BauR 1996, 31; *Mantscheff,* Lohnerhöhungen im Baugewerbe – Festlegung ihrer Abrechnung in Lohngleitklauseln, BauR 1975, 184; *Maser,* Leistungsänderungen beim Pauschalvertrag, BauR 1990, 319; *Meissner,* Leistungsumfang und Gewährleistung des Auftragnehmers beim Pauschalvertrag, Seminar „Pauschalvertrag und schlüsselfertiges Bauen", Deutsche Gesellschaft für Baurecht e. V., Bd. 17, 1991, S. 9; *Micklitz,* Die Richtlinie 93/13/EWG des Rates der Europäischen Gemeinschaften vom 5. 4. 1993 über missbräuchliche Klauseln in Verbraucherverträgen und ihre Bedeutung für die VOB Teil B, Gutachten im Auftrag des Verbraucherzentrale Bundesverbandes e. V., April 2004; *Miernik,* Vertragswidrige Leistung: Herabsetzung des Werklohns nach § 2 VOB/B und/oder Minderung nach § 13 VOB/B, BauR 2005, 1698; *Motzke,* Leistungsänderungen und Zusatzleistungen beim Pauschalvertrag, Seminar „Vergütungsansprüche aus Nachträgen – ihre Geltendmachung und Abwehr", Deutsche Gesellschaft für Baurecht e. V., 1989, S. 111; *ders.,* Nachforderungsmöglichkeiten bei Einheitspreis- und Pauschalverträgen, BauR 1992, 146; *Riedl,* Die Vergütungsregelung nach VOB unter besonderer Berücksichtigung der Rechtsprechung, ZfBR 1980, 1; *v. Rintelen,* Abschlagszahlung und Werklohn, Jahrbuch Baurecht 2001, 25; *Roquette,* Vollständigkeitsklauseln: Abwälzung des Risikos unvollständiger oder unrichtiger Leistungsbeschreibungen auf den Auftragnehmer, NZBau 2001, 57; *Tempel,* Ist die VOB/B noch zeitgemäß? NZBau 2002, 471; *Thode,* Änderungen beim Pauschalvertrag und ihre Auswirkungen auf den Pauschalpreis, Seminar „Pauschalvertrag und schlüsselfertiges Bauen" Deutsche Gesellschaft für Baurecht e. V., 1991, S. 33; *ders.,* Nachträge wegen gestörten Bauablaufs im VOB/B-Vertrag, ZfBR 2004, 214; *ders.,* Die Infiltration des Rechts durch metajuristische Begriffe – Erläutert am Beispiel des „Bausolls"-, ZfBR 2006, 309; *Vygen,* Der Vergütungsanspruch beim Pauschalvertrag, BauR 1979, 375; *ders.,* Der Pauschalvertrag – Abgrenzungsfragen zu anderen Verträgen im Baugewerbe, ZfBR 1979, 133; *ders.,* Leistungsänderungen und Zusatzleistungen beim Pauschalvertrag, FS Locher, 1990, S. 263; *Zielemann,* Detaillierte Leistungsbeschreibung, Risikoübernahme und deren Grenzen beim Pauschalvertrag, FS Soergel, 1993, S. 301.

### Übersicht

| | Rdn. |
|---|---|
| A. Allgemeines | 1–3 |
| B. Vereinbarkeit der Vorschrift mit §§ 305 ff. BGB bzw. der Richtlinie 93/13/EWG vom 5. 4. 1993 | |
| C. Abrechnung nach Einheitspreisen auch ohne Vereinbarung (Einheitspreisvertrag) | 4–31 |
|    I. Beweislast bei behaupteter abweichender Vergütungsvereinbarung | 7 |
|    II. Vertragliche Einheitspreise | 9 |

| | Rdn. |
|---|---|
| III. Tatsächlich ausgeführte Leistung. | 11 |
|    1. Bestimmung der tatsächlich ausgeführten Leistung durch Aufmaß | 16 |
|      a) Zeichnerisches oder örtliches Aufmaß | 19 |
|      b) Gemeinsames Aufmaß – Bindungswirkung | 20 |
|    2. Einheitspreisvertrag mit Höchstpreisklausel | 27 |
| IV. Leistungsänderungen und Zusatzleistungen | 29 |

Berechnung der Vergütung § 2 Nr. 2

| | Rdn. | | Rdn. |
|---|---|---|---|
| D. Andere Berechnungsarten nur bei Vereinbarung | 32–57 | 2. Die verschiedenen Typen von Pauschalverträgen | 41 |
| I. Abrechnung nach Pauschalpreisen (Pauschalvertrag) | 34 | a) Der Detailpauschalvertrag | 42 |
| 1. Gegenstand und Umfang der Pauschalierung – Preis und/oder Leistung? | 36 | b) Der Globalpauschalvertrag | 43 |
| | | II. Abrechnung nach Stundenlöhnen (Stundenlohnvertrag) | 47 |
| a) Primär Pauschalierung des Preises | 37 | 1. Voraussetzungen | 48 |
| b) Pauschalierung der Leistung grundsätzlich nur in massen- bzw. mengenmäßiger Hinsicht | 39 | 2. Leistungsänderungen und Zusatzleistungen | 50 |
| | | III. Abrechnung nach Selbstkosten (Selbstkostenerstattungsvertrag) | 53 |

## A. Allgemeines

Nach § 2 Nr. 2 VOB/B wird, wenn keine andere Berechnungsart vereinbart ist (z. B. durch Pauschalsumme, nach Stundenlohnsätzen, nach Selbstkosten), die Vergütung nach den vertraglichen Einheitspreisen und den tatsächlich ausgeführten Leistungen berechnet. **1**

Zu den einzelnen **Vertragstypen** (Einheitspreisvertrag, Pauschalvertrag, Stundenlohnvertrag, Selbstkostenerstattungsvertrag) wird verwiesen auf die Ausführungen unter → Vor § 2 Rdn. 11. **2**

Demgegenüber stellt der sog. **Festpreisvertrag** keinen besonderen Vertragstyp dar. Vielmehr ist mit diesem in der Baupraxis häufig verwendeten Begriff zumeist ein Pauschalvertrag gemeint. Im Einzelfall kann darunter auch eine Preisgarantie verstanden werden. In jedem Fall sind damit aber Lohn- und Materialpreiserhöhungen ausgeschlossen. Denn in diesem Sinne ist jeder Preis (Einheitspreis, Pauschalpreis oder Stundenlohn), für den keine Lohn- oder Materialpreisgleitklausel vereinbart ist,[1] von Natur aus Festpreis, ohne dass dies besonders gesagt zu sein braucht. **3**

## B. Vereinbarkeit der Vorschrift mit §§ 305 ff. BGB bzw. der Richtlinie 93/13/EWG vom 5. 4. 1993

Nach § 2 Nr. 2 VOB/B wird die Vergütung nach den vertraglichen Einheitspreisen und den tatsächlich ausgeführten Leistungen berechnet, wenn keine andere Berechnungsart vereinbart ist. Damit korrespondiert die Regelung in § 2 Nr. 2 VOB/B mit der in § 14 Nr. 2 Satz 1 VOB/B, nach der die für die Abrechnung notwendigen Feststellungen dem Fortgang der Leistung entsprechend möglichst gemeinsam vorzunehmen sind. Die danach zu zahlende Vergütung lässt sich erst nach Ausführung der Arbeiten und Aufnahme eines möglichst gemeinsamen Aufmaßes ermitteln, dem dann auch die Wirkung eines deklaratorischen Schuldanerkenntnisses zukommt.[2] Die Wirksamkeit dieser Regelung wird insbesondere von *Micklitz* in Zweifel gezogen. Er weist darauf hin, dass die genaue Bestimmung des Begriffs „Einheitspreis" einen Rückgriff auf die §§ 5 Nr. 1 a, 9 VOB/A voraussetze. Der „Einmal-Häuslebauer" könne diesen Begriff nicht zutreffend erfassen. § 14 Nr. 2 VOB/B lasse auch nicht ansatzweise die rechtlichen Folgen eines gemeinsamen Aufmaßes erkennen. Das Zusammenspiel dieser beiden schon für sich intransparenten Vorschriften führe zu einer ebenfalls intransparenten und daher unwirksamen Gesamtregelung. Die aus dem gemeinsamen Aufmaß hergeleitete Beweislastumkehr verstoße gegen § 309 Nr. 12 b BGB/Anhang

---
[1] Zu Lohnerhöhungen im Baugewerbe unter Festlegung ihrer Abrechnung in Lohngleitklauseln *Mantscheff* BauR 1975, 184 ff.
[2] *Ingenstau/Korbion/U. Locher* § 14 Nr. 2 Rdn. 9; *Werner/Pastor* Rdn. 2028.

§ 2 Nr. 2

Nr. 1 q der Richtlinie 93/13/EWG. Die geradezu typische Ausnutzung der Verhandlungsschwäche des privaten Bauherrn verstoße gegen § 307 Abs. 2 BGB.[3]

Ob diese sicherlich beachtlichen Einwände zu der Schlussfolgerung zwingen, dass die Regelung in §§ 2 Nr. 2, 14 Nr. 2 S. 1 VOB/B wegen Verstoßes gegen §§ 307 Abs. 1 S. 2, 309 Nr. 12 b, 307 Abs. 2 unwirksam ist, erscheint aber zweifelhaft. Dem verständigen, informierten und kritischen Durchschnittsbauherrn,[4] der durch einen Architekten beraten wird und mit dessen Hilfe eine an Einheitspreisen orientierte Ausschreibung durchgeführt hat, ist die Bedeutung des Begriffs „Einheitspreis" durchaus bekannt. Er ist sich auch der damit verbundenen Risiken bewusst. Wenn *Micklitz*[5] in diesem Zusammenhang auf das Manipulationsrisiko aus der Angabe zu geringer Mengen im Einheitspreisvertrag hinweist, ist dem entgegenzuhalten, dass gerade diese Angabe in der Regel von dem Bauherrn bzw. seinem Architekten stammt. Dass ein gemeinsam genommenes Aufmaß hinsichtlich der übereinstimmend getroffenen tatsächlichen Feststellungen eine gewisse Bindungswirkung entfaltet,[6] dürfte dem Bauherrn ebenfalls bewusst sein. Schließlich wird er im Regelfall auch in dieser Bauphase von seinem Architekten beraten und unterstützt. An der verbindlichen Feststellung der erbrachten Leistungen kann übrigens auch der Bauherr ein erhebliches Interesse haben, etwa weil die Ausführung der Folgegewerke eine spätere Feststellung erschweren oder sogar vereiteln würde. Das alles ändert aber nichts daran, dass insbesondere die Regelung in § 14 Nr. 2 VOB/B dringend der Überarbeitung und Klarstellung bedarf.

## C. Abrechnung nach Einheitspreisen auch ohne Vereinbarung (Einheitspreisvertrag)

4   Wie § 2 Nr. 2 VOB/B zeigt, ist die Vergütung grundsätzlich nach Einheitspreisen zu berechnen. Dies bedarf keiner Vereinbarung, sondern gilt sowohl dann, wenn überhaupt nichts vereinbart ist, als auch, solange etwas anderes nicht ausdrücklich vereinbart ist. **Im Zweifel** ist deshalb nach Einheitspreisen abzurechnen, und zwar auch dann, wenn sich dies aus den Vertragsunterlagen (Leistungsbeschreibung, BVB, ZVB usw.) nicht oder nicht eindeutig ergibt.[7]

5   Die Abrechnung nach Einheitspreisen ist gem. § 2 Nr. 2 VOB/B eine **Auslegungsregel** für alle Fälle, in denen eine ausdrückliche gegenteilige Regelung entweder fehlt oder vom Auftraggeber nicht vorgetragen wird. Damit ist aber nicht unbedingt auch gesagt, „dass der Einheitspreisvertrag der Normaltyp eines Bauvertrages nach der VOB ist".[8] Das ist eine Frage der Häufigkeit und Verbreitung in der Rechtswirklichkeit, die nicht von der VOB in dem einen oder anderen Sinne geregelt werden kann. Dagegen spricht zudem die große Zahl von Pauschalverträgen in der Praxis wie auch, dass der Einheitspreisvertrag nicht auf den Bereich der VOB beschränkt ist.[9]

6   Der Grundsatz, dass bei Fehlen einer abweichenden Vereinbarung nach Einheitspreisen abzurechnen ist, gilt auch beim BGB-Werkvertrag, insbesondere für die Berechnung der üblichen Vergütung nach § 632 Abs. 2 BGB.[10] Ist deshalb die Höhe der Vergütung nicht

---

[3] *Micklitz*, Die Richtlinie 93/13 EWG des Rates der Europäischen Gemeinschaften vom 5. 4. 1993 über missbräuchliche Klauseln in Verbraucherverträgen und ihre Bedeutung für die VOB Teil B, Gutachten im Auftrage des Verbraucherzentrale Bundesverbandes e. V.

[4] So die Beschreibung bei *Micklitz* a. a. O. S. 90.

[5] *Micklitz* a. a. O. S. 86.

[6] Dazu BGH NJW-RR 1992, 727.

[7] *Ingenstau/Korbion/Keldungs* VOB/B § 2 Nr. 2 Rdn. 1; *Nicklisch/Weick* VOB/B § 2 Rdn. 25; *Heiermann/Riedl/Rusam* VOB/B § 2 Rdn. 67; *Kapellmann/Messerschmidt-Kapellmann* VOB/B § 2 Rdn. 130; *Tempel* NZBau 2002, 471.

[8] So aber *Ingenstau/Korbion/Keldungs* VOB/B § 2 Nr. 2 Rdn. 1; *Werner/Pastor* Rdn. 1163.

[9] *Horsch/Oberhauser* Jahrbuch Baurecht 1999, 136; *Kapellmann*, Schlüsselfertiges Bauen, Rdn. 1; *Kapellmann/Messerschmidt-Kapellmann* VOB/B § 2 Rdn. 132.

[10] OLG Frankfurt NJW-RR 1989, 20; *Ingenstau/Korbion/Keldungs* VOB/B § 2 Nr. 2 Rdn. 2; *Nicklisch/Weick* VOB/B § 2 Rdn. 25; *Heiermann/Riedl/Rusam* VOB/B § 2 Rdn. 67; *Werner/Pastor* Rdn. 1163.

vereinbart, so ist die die übliche – beim VOB-Vertrag angemessene – Vergütung grundsätzlich nach **Einheitspreisen** zu berechnen (→ Vor § 2 Rdn. 7).

### I. Beweislast bei behaupteter abweichender Vergütungsvereinbarung

Behauptet der Auftragnehmer, dass ein bestimmter Einheitspreis vereinbart oder die von ihm verlangte übliche Vergütung angemessen ist, so muss er dies im Bestreitensfall beweisen. Das gilt insbesondere dann, wenn der Auftraggeber behauptet, dass eine bestimmte niedrigere Vergütung vereinbart oder angemessen ist. Insoweit besteht in Rechtsprechung und Schrifttum im Wesentlichen Übereinstimmung (→ Vor § 2 Rdn. 8 ff., 19 ff.). 7

Entgegen der überwiegenden Meinung im Schrifttum (→ Vor § 2 Rdn. 20) gilt dies aber auch dann, wenn der Auftragnehmer eine bestimmte oder die übliche Vergütung im Rahmen eines Einheitspreisvertrages verlangt und der Auftraggeber eine abweichende Vergütungsart, z. B. die Vereinbarung eines niedrigeren Pauschalpreises behauptet. Denn der Umstand, dass gem. § 2 Nr. 2 VOB/B im Regelfall nach Einheitspreisen abzurechnen ist, befreit den Auftragnehmer nicht von der **Beweislast** für den als bestimmte oder übliche Vergütung verlangten höheren Preis. Die Beweislastverteilung ist nicht deshalb eine andere, nur weil die vom Auftraggeber behauptete niedrigere Vergütung ein Pauschalpreis ist (→ Vor § 2 Rdn. 8 ff., 19 ff.).[11] 8

### II. Vertragliche Einheitspreise

Wenn es in § 2 Nr. 2 VOB/B heißt, dass die Vergütung nach den vertraglichen Einheitspreisen berechnet wird, so setzt dies voraus, dass die Einheitspreise für die einzelnen Positionen der Ausschreibung Gegenstand der Vertragsverhandlungen der Parteien waren und **Vertragsinhalt** geworden, also dem Auftraggeber bekannt gegeben und von diesem akzeptiert worden sind.[12] Anderenfalls gilt anstelle der vertraglichen Einheitspreise das, was im Sinne der **üblichen Vergütung** gem. § 632 Abs. 2 BGB als angemessen anzusehen ist. 9

Zur Bestimmung der einzelnen **Positionen** der Leistungsbeschreibung wird das zu erstellende Werk in einzelne Teilleistungen aufgegliedert, denen jeweils ein Einheitspreis zugeordnet wird.

Dieser (vertragliche) Einheitspreis setzt sich normalerweise zusammen aus dem **Lohnanteil** und dem **Materialanteil** für die jeweilige Position. Dazu kommen die anteiligen **Baustellengemeinkosten** für die Einrichtung und Räumung der Baustelle und die Vorhaltung der Baustelleneinrichtung während der Bauzeit sowie die Allgemeinen Geschäftskosten für die Bauleistung des Auftragnehmers, Bürobetrieb usw. Baustellengemein- und Allgemeine Geschäftskosten werden zuweilen auch gesondert ausgewiesen. Falls die Ausschreibung dafür keine besonderen Positionen vorsieht, sind sie jedoch im Wege der sog. Zuschlagskalkulation in die Einheitspreise einzurechnen.[13] 10

### III. Tatsächlich ausgeführte Leistung

Wenn es in § 2 Nr. 2 VOB/B heißt, dass die Vergütung nach den vertraglichen Einheitspreisen und den tatsächlich ausgeführten Leistungen berechnet wird, so beruht das darauf, 11

---

[11] BGH BauR 1981, 388 und 1992, 505; OLG München IBR 2001, 297 (Revision nicht angenommen); OLG Frankfurt IBR 2001, 468 (Revision nicht angenommen); *Kniffka/Koeble*, Kompendium des Baurechts Teil 5 Rdn. 58 ff.; *Kapellmann/Messerschmidt-Kapellmann* VOB/B § 2 Rdn. 132; *Ingenstau/Korbion/Keldungs* VOB/B § 2 Nr. 2 Rdn. 3; a. A. *Werner/Pastor* Rdn. 1114 f. m. w. N.
[12] BGH BauR 1983, 384; *Ingenstau/Korbion/Keldungs* VOB/B § 2 Nr. 2 Rdn. 1.
[13] *Heiermann/Riedl/Rusam* VOB/B § 2 Rdn. 68; *Jebe* BauR 1973, 141 ff.

## § 2 Nr. 2 — Berechnung der Vergütung

dass entsprechend dem Wesen des Einheitspreisvertrages die nach der Ausschreibung im Leistungsverzeichnis zugrunde gelegten Massen und Mengen zunächst nur geschätzt bzw. angenommen und damit die Vordersätze lediglich vorläufig sind. Entsprechend sind auch die einzelnen Positionspreise, die durch Multiplikation der Vordersätze mit den jeweiligen Einheitspreisen zustande kommen, und die sich durch Addition der Positionspreise ergebende **Angebots- bzw. Auftragssumme** beim Einheitspreisvertrag nur vorläufiger Natur. Fest sind lediglich die Einheitspreise selbst.

12  Welche Massen und Mengen bei den Arbeiten **tatsächlich** anfallen und für die ausgeschriebene Leistung erforderlich sind, ergibt sich erst im Zuge der Ausführung. Deshalb kann beim Einheitspreisvertrag die **endgültige** Vergütung erst nach Fertigstellung der Arbeiten bestimmt werden, indem gem. § 2 Nr. 2 VOB/B die tatsächlich ausgeführten Leistungen mit den vertraglichen Einheitspreisen multipliziert werden und dann durch Addition der so ermittelten Positionspreise der vertragliche Endpreis errechnet wird.[14]

13  Liegen die tatsächlich ausgeführten Massen und Mengen über oder unter den Vordersätzen des Leistungsverzeichnisses, so ist dies der vertraglich geschuldete Umfang der Leistung.[15] Solange das ausgeschriebene Leistungsziel selbst gleich bleibt, handelt es sich bei lediglich massen- und mengenmäßigen Mehr- oder Minderleistungen nach dem Wesen des Einheitspreisvertrages nicht um eine Vertragsänderung. Vielmehr ist dadurch, dass beim Einheitspreisvertrag die Massen und Mengen der Vordersätze zunächst nur geschätzt und überschlägig ermittelt sind, der massen- und mengenmäßige Umfang der (ansonsten gleich bleibenden) Leistung bis zur endgültigen Bestimmung und Präzisierung durch die tatsächlich ausgeführte Leistung offen, d. h. der zunächst massen- und mengenmäßig unbestimmte Leistungsumfang wird **erst durch die Ausführung** bestimmt und festgelegt.

14  Auch für die Mehr- oder Mindermassen der tatsächlich ausgeführten Leistung gilt deshalb grundsätzlich der vertragliche Einheitspreis, denn die tatsächlichen Leistungsmengen, auch wenn sie gegenüber den Vordersätzen des Leistungsverzeichnisses höher oder niedriger sind, liegen „nicht ... außerhalb der bisherigen vertraglichen Preisabsprache".[16] Zur Frage einer Änderung der Einheitspreise bei Mehr- oder Mindermassen siehe im Einzelnen § 2 Nr. 3 VOB/B und die dortigen Erläuterungen.

15  Ebenso handelt es sich, wenn bei ansonsten gleich bleibender Leistung die tatsächliche Ausführung zu Mehr- oder Mindermassen gegenüber den geschätzten Annahmen der Vordersätze des Leistungsverzeichnisses führt, nicht um **Leistungsänderungen** im Sinne von § 2 Nrn. 4 und 5 VOB/B oder – bei Mehrmengen – nicht um eine „im Vertrag nicht vorgesehene Leistung" im Sinne von Zusatzleistungen gem. § 2 Nr. 6 VOB/B. Vielmehr ist die tatsächlich ausgeführte Leistung, auch wenn sie von den geschätzten Annahmen der Vordersätze des Leistungsverzeichnisses massen- und mengenmäßig abweicht, die vom Auftragnehmer geschuldete und vom Auftraggeber zu vergütende Vertragsleistung.

### 1. Bestimmung der tatsächlich ausgeführten Leistung durch Aufmaß

16  Der Umfang der tatsächlichen Leistungen wird beim Einheitspreisvertrag dadurch festgestellt, dass diese aufgemessen werden. Dies geschieht, soweit erforderlich, schon während der Bauausführung, ansonsten hinterher. Dabei sind – wenn keine vorrangigen vertraglichen Abreden festzustellen sind[17] und die VOB/C auch insoweit wirksam zum Vertragsinhalt gemacht worden ist[18] – die Aufmaßbestimmungen in den jeweiligen ATV DIN 18 299 ff. der VOB/C zu berücksichtigen.[19]

---

[14] *Ingenstau/Korbion/Keldungs* VOB/B § 2 Nr. 2 Rdn. 4 und 5.
[15] *Heiermann/Riedl/Rusam* VOB/B § 2 Rdn. 69; *Ingenstau/Korbion/Keldungs* a. a. O.
[16] *Ingenstau/Korbion/Keldungs* VOB/B § 2 Nr. 2 Rdn. 5.
[17] BGH NZBau 2002, 324 = BauR 2002, 935; BGH NZBau 2004, 500.
[18] Dazu § 2 Nr. 1 Rdn. 23.
[19] Dazu aber BGH NZBau 2004, 500.

Berechnung der Vergütung § 2 Nr. 2

**17** Das bringt auch § 14 Nr. 2 VOB/B dadurch zum Ausdruck, dass hiernach „die für die Abrechnung notwendigen Feststellungen ... dem Fortgang der Leistung entsprechend möglichst gemeinsam vorzunehmen" (Satz 1) und dabei „die Abrechnungsbestimmungen in den Technischen Vertragsbedingungen und den anderen Vertragsunterlagen ... zu beachten" sind (Satz 2). Für Leistungen, die bei Weiterführung der Arbeiten nur schwer feststellbar sind, weil sie im Zuge der weiteren Bauausführung verdeckt oder überdeckt werden, hat der Auftragnehmer nach Satz 3 „rechtzeitig gemeinsame Feststellungen zu beantragen". Kommt der Auftraggeber diesem Verlangen vertragswidrig nicht nach, so hat er – wenn im späteren Werklohnprozess eine Überprüfung des einseitig genommenen Aufmaßes nicht mehr möglich ist – vorzutragen und zu beweisen, dass die von dem Auftragnehmer angesetzten Massen unzutreffend sind.[20]

**18** Etwas anderes gilt aber dann, wenn die Parteien eine andere Abrechnungsweise vereinbart haben. So hat das OLG Celle aus der präzisen Maßangabe im Leistungsverzeichnis geschlossen, dass bei der Berechnung von Schlitzrinnen entgegen der Regelung in der einschlägigen DIN-Norm die unterbrechenden Pumpensümpfe zu übermessen seien.[21]

**19** **a) Zeichnerisches oder örtliches Aufmaß.** Ob das Aufmaß anhand der Zeichnungen oder örtlich vorgenommen werden muss, ist nicht festgelegt, sondern eine Frage des Einzelfalles. Auch § 14 Nr. 2 VOB/B setzt nicht zwingend eine körperliche Aufmaßnahme vor Ort voraus. Es genügt, wenn sich die Parteien darüber einig sind, dass eine bestimmte Leistung nach Maß, Zahl und Gewicht erbracht ist. Diese Einigung kann auch anhand geeigneter Aufmaßpläne erfolgen.[22] Wenn die ausgeführte Leistung in vollem Umfang der zeichnerischen Darstellung entspricht, genügt ein Aufmaß anhand der Zeichnungen (vgl. die ATV DIN 18 299, Ziff. 5). Haben sich Änderungen oder Zusatzleistungen ergeben, weil anders gebaut und von den Zeichnungen abgewichen worden ist, muss die tatsächlich ausgeführte Leistung örtlich aufgemessen werden.

**20** **b) Gemeinsames Aufmaß – Bindungswirkung. aa) Pflicht zur gemeinsamen Vornahme.** Nach § 14 Nr. 2 Satz 1 VOB/B sind die für die Abrechnung notwendigen Feststellungen dem Fortgang der Leistung entsprechend „möglichst gemeinsam" vorzunehmen. Auch wenn keine vertragliche Vereinbarung vorliegt, kann jede Partei ein gemeinsames Aufmaß verlangen. Das folgt aus der beiderseitigen Kooperationspflicht.[23] Für Leistungen, die bei der Weiterführung der Arbeiten nur schwer feststellbar sind, bestimmt deshalb § 14 Nr. 2 Satz 3 VOB/B ausdrücklich im Sinne einer solchen vertraglichen Nebenpflicht, dass der Auftragnehmer rechtzeitig „gemeinsame Feststellungen" zu beantragen „hat". Daraus ergibt sich, dass das Aufmaß grundsätzlich nicht allein, sondern gemeinsam zu nehmen und jede Partei verpflichtet ist, an einem solchen gemeinsamen Aufmaß mitzuwirken.

**21** *(Randnummer nicht belegt)*

**22** **bb) Bindungswirkung.** Die Beweisführung wird für den Auftragnehmer beim gemeinsamen Aufmaß dadurch erleichtert, dass dessen **tatsächliche Feststellungen** grundsätzlich für beide Parteien, Auftraggeber und Auftragnehmer, bindend sind.[24]

**23** Die **Bindungswirkung** des gemeinsamen Aufmaßes beschränkt sich allerdings auf die technisch-rechnerischen Feststellungen des reinen Maßnehmens nach Zahl, Maß und Gewicht.[25] Ausgeschlossen ist also nur die spätere Berufung auf bloße Aufmaßfehler im Sinne von Mess-, Rechen- oder Schreibfehlern beim Aufmaß, nicht dagegen auch die Rüge

---

[20] BGH BauR 2003, 1207.
[21] OLG Celle NZBau 2004, 675 = IBR 2004, 556 mit kritischer Anmerkung von *Quack,* der zu Recht darauf hinweist, dass allein die zahlenmäßige Übereinstimmung zwischen der Angabe im Leistungsverzeichnis und der tatsächlichen Länge der Leitung diese Schlussfolgerung noch nicht rechtfertige.
[22] OLG Hamm NJW-RR 1991, 1496 = BauR 1992, 242.
[23] *Kniffka* IBR-online-Kommentar zum Bauvertragsrecht Stand 4. 1. 2007 § 631 Rdn. 298.
[24] BGH NJW 1974, 646 = BauR 1974, 210; BGH BauR 1975, 211; OLG Stuttgart BauR 1972, 318; OLG Karlsruhe BauR 1972, 381; vgl. auch Ingenstau/Korbion/U. Locher VOB/B § 14 Nr. 2 Rdn. 7 ff.
[25] Ingenstau/Korbion/U. Locher VOB/B § 14 Nr. 2 Rdn. 7 ff.

## § 2 Nr. 2

unrichtiger Anwendung der Aufmaßbestimmungen,[26] z. B. des Übermessens von Öffnungen beim Aufmaß von Mauerwerk o. ä.

**24** Ebenso unberührt von der Bindungswirkung des gemeinsamen Aufmaßes bleibt die Frage, ob die festgestellten tatsächlichen Leistungen nach den getroffenen Vereinbarungen auch vertragsrechtlich zu vergüten sind, ob also etwa bei Mehrleistungen die Voraussetzungen des § 2 Nr. 5 oder 6 bzw. des § 2 Nr. 8 Abs. 1 VOB/B gegeben sind.[27]

**25** Hinsichtlich der Frage, wie man die Bindungswirkung des gemeinsamen Aufmaßes rechtlich begründet, geht die überwiegende Meinung davon aus, es liege insoweit zumindest ein **deklaratorisches Schuldanerkenntnis** vor.[28] Das erklärt jedoch nur die Bindung einer Seite, nämlich die des Auftraggebers, nicht aber die beider Vertragspartner, also warum auch der Auftragnehmer an die tatsächlichen Feststellungen des gemeinsamen Aufmaßes gebunden ist. Für ihn, der auf Grund des gemeinsamen Aufmaßes Ansprüche stellt, kommt die Annahme eines deklaratorischen Schuldanerkenntnisses nicht in Betracht. Deshalb erscheint es richtiger, die Bindungswirkung des gemeinsamen Aufmaßes für beide Parteien damit zu begründen, dass es sich um einen **Aufmaßvertrag** handelt,[29] d. h. um „gegenseitige rechtsgeschäftliche Willenserklärungen im Sinne einer Vereinbarung".[30] Daraus folgt aber, dass eine Bindungswirkung nur dann bejaht werden kann, wenn das dem zumindest konkludent zum Ausdruck gekommenen Willen der Parteien entspricht. Ob allein der Umstand, dass ein gemeinsames Aufmaß vereinbart wird oder eine Partei dem Verlangen nach einem gemeinsamen Aufmaß nachkommt, stets die Annahme einer konkludent vereinbarten Bindungswirkung rechtfertigt, ist zweifelhaft.[31] Verneint man im Einzelfall die Bindungswirkung im Sinne eines deklaratorischen Anerkenntnisses hat das gemeinsam genommene Aufmaß gleichwohl Beweiswirkung im Prozess.[32]

Das gilt entsprechend für ein **einseitig genommenes Aufmaß**, wenn der **Auftraggeber** sich dem berechtigten Verlangen nach einem gemeinsamen Aufmaß **vertragswidrig widersetzt** hat und eine Überprüfung der Leistungen nunmehr wegen des Fortgangs der Arbeiten nicht mehr möglich ist. In diesem Fall hat der Auftraggeber darzulegen und zu beweisen, dass die in Rechnung gestellten Massen unzutreffend sind.[33]

**26** Diese Bindung beider Parteien „nach vertraglichen Grundsätzen"[34] erklärt auch, warum eine Lösung von den gemeinsam getroffenen tatsächlichen Feststellungen nur noch durch **Irrtumsanfechtung** nach § 119 BGB möglich ist,[35] es sei denn, dass ein die Unrichtigkeit des gemeinsamen Aufmaßes begründender Umstand erst **nachträglich bekannt** geworden ist.[36] Will der Auftraggeber sich von der Bindung an das gemeinsame Aufmaß lösen, so muss er deshalb beweisen, dass die dabei getroffenen Feststellungen nicht der Wirklichkeit entsprechen, und dass ihm dieses erst nach dem gemeinsamen Aufmaß bekannt geworden ist. Auch dann ist er jedoch an die dem gemeinsamen Aufmaß zugrunde gelegte Abrechnungsmethode jedenfalls insoweit gebunden, als ihm ein Übergang auf eine völlig andere

---

[26] BGH BauR 1975, 211; *Ingenstau/Korbion/U. Locher* a. a. O.
[27] BGH NJW 1974, 646 = BauR 1974, 210; *Ingenstau/Korbion/U. Locher* VOB/B § 14 Nr. 2 a. a. O; *Kniffka* IBR-Kommentar zum Bauvertragsrecht Stand 4. 1. 2007 § 631 Rdn. 298 ff.
[28] BGH NJW 1974, 646 = BauR 1974, 210; BGH BauR 1975, 211; OLG Karlsruhe BauR 1972, 381; OLG Hamm NJW-RR 1991, 1496 = BauR 1992, 242; *Ingenstau/Korbion/U. Locher* VOB/B § 14 Nr. 2 Rdn. 7 ff.; *Nicklisch/Weick* VOB/B § 14 Rdn. 20; *Heiermann/Riedl/Rusam* VOB/B § 2 Rdn. 69 und B § 14 Rdn. 38; *Werner/Pastor* Rdn. 2038 ff.; *Locher* PrivBauR Rdn. 196; mit Einschränkungen *Kniffka* IBR-online-Kommentar zum Bauvertragsrecht Stand 4. 1. 2007 § 631 Rdn. 300 ff.
[29] So zutreffend schon OLG Stuttgart BauR 1972, 318; vgl. auch *Locher* PrivBauR Rdn. 196.
[30] *Ingenstau/Korbion/U. Locher* VOB/B § 14 Nr. 2 Rdn. 7 ff.
[31] So zu Recht *Kniffka* IBR-online-Kommentar zum Bauvertragsrecht Stand 4. 1. 2007 § 631 Rdn. 300 ff.
[32] BGH BauR 1974, 219 und 1975, 211.
[33] BGH BauR 2003, 1207.
[34] *Locher* Rdn. 196 unter Hinweis auf BGH NJW 1974, 646 = BauR 1974, 210.
[35] OLG Stuttgart BauR 1972, 318; OLG Karlsruhe BauR 1972, 381; *Ingenstau/Korbion/U. Locher* VOB/B § 14 Nr. 2 Rdn. 15.
[36] *Ingenstau/Korbion/U. Locher* a. a. O.

Abrechnungsmethode, der einen Vergleich einzelner Positionen nicht gestattet, verwehrt ist.[37]

### 2. Einheitspreisvertrag mit Höchstpreisklausel

Vereinzelt werden Einheitspreisverträge auch in der Weise abgeschlossen, dass die vorläufige Angebotsendsumme als Höchstpreis festgeschrieben wird.[38] Damit werden dem Auftragnehmer zwar nicht Mehrforderungen auf Grund von Leistungsänderungen des Auftraggebers nach § 2 Nr. 5 und Zusatzleistungen im Sinne von § 2 Nr. 6 VOB/B abgeschnitten. Er kann aber – wie beim Pauschalvertrag – keine Mehrforderungen auf Grund von Massenmehrungen bei ansonsten gleich bleibender Leistung stellen, während umgekehrt beim Aufmaß festgestellte Mindermassen – anders als beim Pauschalvertrag – zugunsten des Auftraggebers Berücksichtigung finden sollen. 27

Ein solches „mixtum compositum", das die Vorteile des Einheitspreisvertrages und des Pauschalvertrages einseitig zugunsten des Auftraggebers in sich vereint, ist im Rahmen der Vertragsfreiheit zwar als Individualvereinbarung zulässig. Der BGH hat jedoch mit Recht entschieden, dass der Abschluss eines Einheitspreisvertrages mit Höchstpreisklausel eine so seltene Form der Vergabe von Bauleistungen darstellt, dass dafür eine entsprechend **deutliche Formulierung** erforderlich ist. Anderenfalls liegt eine „überraschende Klausel" im Sinne von § 305 c BGB vor. Die Klausel in AGB des Auftraggebers in einem Einheitspreisvertrag „Auch bei einem Einheitspreisvertrag ist die Auftragssumme limitiert" wird daher nicht Vertragsbestandteil.[39] 28

### IV. Leistungsänderungen und Zusatzleistungen

Der Grundsatz des § 2 Nr. 2 VOB/B, dass nach Aufmaß und Einheitspreisen abzurechnen ist, d. h. die Vergütung nach den vertraglichen Einheitspreisen und den durch Aufmaß festzustellenden, tatsächlich ausgeführten Leistungen berechnet wird, gilt auch bei Leistungsänderungen (§ 1 Nr. 3 i. V. m. § 2 Nr. 5 VOB/B) und Zusatzleistungen (§ 1 Nr. 4 i. V. m. § 2 Nr. 6 VOB/B).[40] Das ergibt sich beim Einheitspreisvertrag schon daraus, dass bereits die ursprüngliche vertragliche Leistung nach Einheitspreisen abzurechnen war und ohne gegenteilige Vereinbarung immer nach Einheitspreisen abzurechnen ist. 29

Das **Prinzip der Einheitspreisabrechnung** gilt, wenn keine abweichende Vereinbarung getroffen ist, für geänderte und/oder zusätzliche Leistungen gem. § 2 Nr. 2 VOB/B grundsätzlich aber auch dann, wenn für die ursprüngliche vertragliche Leistung eine andere Berechnungsart (z. B. eine Pauschalsumme, nach Stundenlohnsätzen, nach Selbstkosten) vereinbart ist.[41] Diese gilt nicht automatisch auch für Leistungsänderungen und Zusatzleistungen, sondern muss als abweichende „andere Berechnungsart" insoweit ebenfalls vereinbart sein. 30

Das ist für den **Pauschalvertrag** anerkannt[42] (vgl. hierzu die Ausführungen zu § 2 Nr. 7 VOB/B). Aber auch beim Stundenlohn- und Selbstkostenerstattungsvertrag kommt eine Abrechnung nach Stundenlohnsätzen oder Selbstkosten für Leistungsänderungen und/oder Zusatzleistungen ohne entsprechende Vereinbarung nur ausnahmsweise dann in Betracht, wenn sie besser passt, d. h. für die Abrechnung geänderter und/oder zusätzlicher Leistungen 31

---

[37] OLG Hamm NJW-RR 1991, 1496 = BauR 1992, 242.
[38] Zu Höchstpreisklauseln in Einheitspreisbauverträgen, ihrer Ausgestaltung, Rechtsnatur und Problematik siehe im Einzelnen *Bartmann* BauR 1974, 31 ff.
[39] BGH NZBau 2005, 148.
[40] *Ingenstau/Korbion/Keldungs* VOB/B § 2 Nr. 2 Rdn. 6, 7; *Heiermann/Riedl/Rusam* VOB/B § 2 Rdn. 72.
[41] *Ingenstau/Korbion/Keldungs* VOB/B § 2 Nr. 2 Rdn. 6, 7; *Heiermann/Riedl/Rusam* VOB/BB § 2 Rdn. 72.
[42] *Ingenstau/Korbion/Keldungs* a. a. O.; *Heiermann/Riedl/Rusam* a. a. O.

§ 2 Nr. 2                                                              Berechnung der Vergütung

geeigneter ist als eine Abrechnung nach Einheitspreisen.[43] Im Einzelnen siehe hierzu die Kommentierung zu § 15 VOB/B.

## D. Andere Berechnungsarten nur bei Vereinbarung

32  Während die Abrechnung nach Einheitspreisen keiner Vereinbarung bedarf und immer gilt, wenn nichts oder nichts Gegenteiliges vereinbart ist, kommt eine andere Berechnungsart nur dann in Betracht, wenn sie positiv vereinbart ist. Sowohl die als auch die nach Stundenlohnsätzen oder Selbstkosten muss also vereinbart werden. Anderenfalls ist schon mangels Vereinbarung einer anderen Berechnungsart nach Einheitspreisen abzurechnen.

33  Hinsichtlich der **Beweislast** ergibt sich daraus zwar als Grundsatz zunächst, dass derjenige, der sich auf die Vereinbarung einer anderen Berechnungsart beruft, diese beweisen muss.[44] Gleichwohl gilt dies letztlich aber nur dann, wenn der Auftragnehmer die Vereinbarung eines gegenüber der Abrechnung nach Einheitspreisen höheren Pauschalpreises, Stundenlohnes oder Selbstkostenerstattungsbetrages behauptet. Verlangt der Auftragnehmer dagegen die Abrechnung nach Einheitspreisen als übliche Vergütung gem. § 632 Abs. 2 BGB und behauptet der Auftraggeber demgegenüber die Vereinbarung eines niedrigeren Pauschalpreises oder Stundenlohnes, muss der Auftragnehmer nach allgemeiner Meinung die verlangte höhere übliche Vergütung nach Einheitspreisen beweisen (vgl. oben Vor § 2 Rdn. 8 ff., 19 ff.).

### I. Abrechnung nach Pauschalpreisen (Pauschalvertrag)

34  Der Pauschalvertrag ist nach § 5 Nr. 1 VOB/A ebenso wie der Einheitspreisvertrag Leistungsvertrag, also ein Vertrag, bei dem die Vergütung nach Leistung bemessen wird (im Gegensatz zum Stundenlohnvertrag als Zeitvertrag). Desweiteren ergibt sich aus § 5 Nr. 1 lit. b VOB/A, dass Bauleistungen nur „in geeigneten Fällen" für eine Pauschalsumme vergeben werden sollen, nämlich dann, „wenn die Leistung nach Ausführungsart und Umfang genau bestimmt ist und mit einer Änderung bei der Ausführung nicht zu rechnen ist". Diese Grundsätze sind, auch wenn die VOB/A nicht vereinbart ist, zumindest bei der Auslegung mit zu berücksichtigen.

35  Ein Pauschalvertrag soll nach weit verbreiteter Ansicht[45] nicht vorliegen, wenn das Angebot eindeutig nach **Einheitspreisen** ausgerichtet und bei der Auftragserteilung lediglich der Angebotsendpreis geringfügig ab- oder aufgerundet worden ist. Das wird man so jedoch nicht als richtig gelten lassen können, denn auch bei Abschluss eines Pauschalvertrages wird die Leistung normalerweise zunächst nach Einheitspreisen ausgeschrieben und angeboten. Erst die sich hiernach ergebende Angebotsendsumme wird dann pauschaliert, wobei es keine Rolle spielen kann, ob dabei eine mehr oder weniger große Auf- oder Abrundung stattfindet. Entscheidend ist vielmehr allein, ob klar und eindeutig vereinbart ist, dass der – wie auch immer ermittelte – Angebots- und Vertragspreis ein Pauschalpreis sein soll, der endgültig ist, d. h. es muss aus dem Vertrag der Wille der Parteien hervorgehen, zu einem Pauschalpreis abzuschließen.[46] Das ist der Fall, wenn die erbrachte Leistung nicht mehr aufgemessen werden soll. Es kann sogar genügen, wenn die Parteien lediglich einen „vorläufigen Pauschalpreis" vereinbaren, dieser aber nur entsprechend § 2 Nr. 7 Abs. 1 a. E.

---

[43] Vgl. auch *Ingenstau/Korbion/Keldungs* VOB/B § 2 Nr. 2 Rdn. 7; danach kommt es darauf an, ob die vereinbarte Berechnungsgrundlage auch für die geänderten oder zusätzlichen Leistungen „hinreichend klar" ist.

[44] *Ingenstau/Korbion/Keldungs* VOB/B § 2 Nr. 2 Rdn. 3.

[45] *Ingenstau/Korbion/Keldungs* VOB/B § 2 Nr. 2 Rdn. 9; *Vygen* ZfBR 1979, 133, 135; *Werner/Pastor* Rdn. 1181.

[46] So auch *Ingenstau/Korbion/Keldungs* a. a. O.

Berechnung der Vergütung § 2 Nr. 2

VOB/B bei Leistungsänderungen und/oder Zusatzleistungen abänderbar sein, d. h. die dem Vertrag zugrunde liegende Leistung in jedem Fall nicht aufgemessen werden soll. Etwas anderes gilt, wenn auch der Bauvertrag nach Einheitspreisen ausgerichtet und festgelegt ist, dass nach Fertigstellung der Bauausführung die endgültige Leistung aufgemessen werden soll.[47]

## 1. Gegenstand und Umfang der Pauschalierung – Preis und/oder Leistung?

Weitgehend unklar und streitig ist, **was** beim Pauschalvertrag eigentlich pauschaliert wird. 36
Während nach Meinung der einen durch den Abschluss des Pauschalvertrages (nur) der in der Leistungsbeschreibung enthaltene Leistungsinhalt und der in den Vordersätzen des Leistungsverzeichnisses ausgewiesene Leistungsumfang pauschaliert werden,[48] wird nach Meinung anderer durch den Pauschalvertrag (nur) der für die vereinbarte Leistung zu entrichtende Preis pauschaliert.[49] Demgegenüber geht der wohl überwiegende Teil des Schrifttums davon aus, dass durch den Abschluss des Pauschalvertrages „zumindest gleichrangig" sowohl die Leistung als auch der Preis pauschaliert werden, was sich „zwangsläufig aus der Grundstruktur des Pauschalpreises, nämlich der prinzipiellen Loslösung gerade der Vergütung von den Einzelheiten der bei Vertragsschluss festgelegten zu erbringenden Leistung" ergeben soll.[50]

**a) Primär Pauschalierung des Preises.** Richtig ist in dieser Absolutheit wohl keine 37 der vorgenannten Meinungen, denn pauschaliert wird beim Pauschalvertrag – das ergibt sich schon aus dem Begriff „Pauschalpreis" – in erster Linie der Preis. Er wird von vornherein als Endpreis festgeschrieben (vgl. § 2 Nr. 7 Abs. 1 VOB/B: „so bleibt die Vergütung unverändert"). Zur Ermittlung des Pauschalpreises bedarf es – anders als bei der Abrechnung nach Einheitspreisen – nach Ausführung der Leistung keines Aufmaßes (vgl. hierzu oben. Rdn. 16 ff.) und keiner spezifizierten Abrechnung, wie sie nach § 14 Nr. 1 VOB/B beim Einheitspreisvertrag erforderlich ist.

Allerdings ist zur Fälligkeit des Anspruchs auf den Restwerklohn (Schlusszahlung) auch 38 beim Pauschalvertrag neben der Abnahme der Werkleistung die Erteilung einer prüffähigen Schlussrechnung[51] über den Pauschalpreis (und etwaige Mehr- und/oder Minderleistungen) sowie beim VOB-Vertrag der Ablauf der Prüfungsfrist von zwei Monaten gem. § 16 Nr. 3 Abs. 1 VOB/B erforderlich.[52]

**b) Pauschalierung der Leistung grundsätzlich nur in massen- bzw. mengen-** 39
**mäßiger Hinsicht.** Im Gegensatz zum Preis wird beim Pauschalvertrag, wie er als Normaltyp der VOB zugrunde liegt (zu den verschiedenen Typen von Pauschalverträgen unten Rdn. 41 ff.), die Leistung regelmäßig nur in dem Sinne pauschaliert, dass auf die genaue nachträgliche Bestimmung des quantitativen Leistungsumfangs verzichtet und kein Aufmaß genommen wird, so dass Massenverschiebungen grundsätzlich unberücksichtigt bleiben.[53] Die Leistung wird also nur hinsichtlich der Massen = Mengen pauschaliert bei gleichzeitigem Ausschluss der Preisanpassungsmöglichkeit nach § 2 Nr. 3 VOB/B, die auf den Einheitspreisvertrag beschränkt ist (dazu unten § 2 Nr. 3 Rdn. 1 ff.). Dagegen bezieht sich

---

[47] *Ingenstau/Korbion/Keldungs* VOB/B § 2 Nr. 2 Rdn. 9; *Heiermann/Riedl/Rusam* VOB/B § 2 Rdn. 73; *Vygen* ZfBR 1979, 133, 135.
[48] So *Kroppen* Schriftreihe der Deutschen Gesellschaft für Baurecht Bd. 4, 1974, S. 5 ff.; ihm folgend *Vygen* ZfBR 1979, 133/34: „Daraus folgt, dass ein Pauschalvertrag im Grunde genommen gar nicht eine Pauschalierung des Angebotspreises zum Gegenstand hat, sondern eine Pauschalierung der Leistungen, die für einen bestimmten Preis erbracht werden sollen".
[49] So z. B. *Brandt* BauR 1982, 524; vgl. auch *Heiermann* BB 1975, 991.
[50] So *Ingenstau/Korbion/Keldungs* VOB/B § 2 Nr. 2 Rdn. 8; *Werner/Pastor* Rdn. 1186.
[51] BGH NJW 1989, 836 = BauR 1989, 87 = ZfBR 1989, 55 im Anschluss an BGHZ 79, 180 = NJW 1981, 822 = BauR 1981, 201 = ZfBR 1981, 82 und BGHZ 83, 382 = NJW 1982, 1815 = BauR 1982, 377 = ZfBR 1982, 154.
[52] BGH a. a. O. und OLG Frankfurt/Kassel NJW-RR 1988, 983 gegen LG Stuttgart NJW 1988, 1036.
[53] *Heiermann/Riedl/Rusam* VOB/B § 2 Rdn. 143.

§ 2 Nr. 2                                                                                           Berechnung der Vergütung

die Pauschalierung im Normalfall nicht auf die qualitative Seite der Leistung, d. h. Leistungsinhalt und Leistungsziel werden nicht pauschaliert. Die Pauschalierung der Leistung reicht also nur so weit, wie der dem Pauschalvertrag zugrunde liegende Leistungsgegenstand und die ausgeführte Leistung übereinstimmen und qualitativ identisch sind.

40   Das ergibt sich schon daraus, dass nach § 5 Nr. 1 lit. b VOB/A die Vereinbarung einer Pauschalsumme nur erfolgen soll, „wenn die Leistung nach Ausführungsart und Umfang genau bestimmt ist und mit einer Änderung bei der Ausführung nicht zu rechnen ist". Aus eben diesem Grund bestimmt § 2 Nr. 7 Abs. 1 a. E. VOB/B, dass Leistungsänderungen und Zusatzleistungen auch beim Pauschalvertrag grundsätzlich zu vergüten sind und § 2 Nr. 4 – 6 VOB/B deshalb unberührt bleiben (dazu im Einzelnen dort).

### 2. Die verschiedenen Typen von Pauschalverträgen

41   Die vorstehenden Grundsätze gelten jedenfalls beim Normaltyp des Pauschalvertrages, wie er in § 5 Nr. 1 lit. b VOB/A vorgesehen ist. Jedoch gibt es in der Praxis auch noch andere, weitergehende Formen des Pauschalvertrages, die sogar recht häufig sind. Weitgehend durchgesetzt hat sich die Einteilung in Global- oder Detailpauschalverträge.[54]

42   **a) Der Detailpauschalvertrag.** Von einem Detailpauschalvertrag spricht man, wenn die Parteien Art und Umfang der geschuldeten Leistungen durch genaue Beschreibung im Leistungsverzeichnis oder anderen Vertragsgrundlagen (etwa Zeichnungen) im Einzelnen verbindlich festgelegt haben. Nur diese sind mit der vereinbarten Vergütung abgegolten. Der Auftragnehmer trägt nur das Risiko quantitativer Leistungsänderungen, seine Leistung ist, wie vorstehend erwähnt, nur hinsichtlich der Massen bzw. Mengen pauschaliert, im Übrigen jedoch nicht. Alle qualitativen Abweichungen von der dem Pauschalvertrag zugrunde liegenden Planung und Ausschreibung des Auftraggebers stellen sich dann als Änderungen bzw. zusätzliche Leistungen dar und begründen Mehrvergütungsansprüche nach § 2 Nr. 7 Abs. 1 a. E. i. V. m. § 2 Nr. 5 oder 6 VOB/B.[55] Auf die Ausführungen dazu wird verwiesen.

43   **b) Der Globalpauschalvertrag.** Bei einem Globalpauschalvertrag werden Art und Inhalt der geschuldeten Leistung gar nicht – etwa bei einer rein funktionalen Leistungsbeschreibung – oder bewusst unvollständig bzw. nur beispielhaft angegeben. Sache des Auftragnehmers ist es dann, sämtliche Leistungen – einschließlich der erforderlichen Planungsleistungen – zu erbringen, die zur Herbeiführung des vereinbarten Leistungserfolges – „Schlüsselfertiges Bauwerk" oder „funktionsfähige Anlage" – erforderlich sind. Derartige Verträge kommen in unterschiedlichen Formen vor. Hat der Auftragnehmer auch die Planung übernommen, trägt er die gesamte Planungsverantwortung und damit auch das Risiko der Unrichtigkeit bzw. Unvollständigkeit der Leistungsermittlung bzw. der Planung.[56]

44   Er kann über Inhalt und Umfang aller Details selbst entscheiden, soweit sich nicht aus der vertraglichen Vereinbarung über den geschuldeten Leistungserfolg, öffentlich-rechtlichen oder sonstigen zwingenden gesetzlichen Bestimmungen oder den anerkannten Regeln der Technik etwas anderes ergibt.[57] Es kann aber nicht deutlich genug darauf hingewiesen werden, dass den Vorteilen dieser Vertragsgestaltung ganz erhebliche Risiken gegenüberstehen. Vielfach verkennt der Auftragnehmer zunächst die Schwierigkeit der übernommenen Aufgabe und den mit der Vertragserfüllung verbundenen Aufwand. Ob er das übernommene Risiko bei Vertragsschluss erkennen konnte, spielt aber für dien Wirksamkeit des Vertrages und den Umfang der übernommenen Verpflichtungen keine Rolle.[58]

---

[54] *Ingenstau/Korbion/Keldungs* VOB/B § 2 Nr. 2 Rdn. 8; *Kapellmann/Schiffers* Bd. 2 Rdn. 2 ff.; *Werner/Pastor* Rdn. 1189 ff.; *Kapellmann/Messerschmidt-Kapellmann* VOB/B § 2 Rdn. 242 und 246; MünchKomm./Soergel § 631 BGB Rdn. 215 a–c; *Heiermann/Riedl/Rusam* VOB/B § 2 Rdn. 144 b; *Roquette* NZBau 2001, 57.
[55] BGH BauR 1995, 237; BauR 2002, 787 = NJW-RR 2002, 740 = NZBau 2002, 325; *Werner/Pastor* Rdn. 1189.
[56] *Werner/Pastor* Rdn. 1189.
[57] *Vygen,* Festschrift für *Mantscheff* S. 459, 472.
[58] BGH BauR 1997, 61 = NJW 1997, 61; *Werner/Pastor* Rdn. 1189.

Problematisch sind die Fälle, in denen zunächst der Auftraggeber eine detaillierte Aus- 45
schreibung bzw. der Auftragnehmer ein detailliertes Angebot mit Leistungsverzeichnis abgegeben hat, die Parteien dann aber nach längeren Verhandlungen die Leistung lediglich
funktional beschrieben und dafür einen Pauschalpreis vereinbart haben. In diesen Fällen
kommt – wenn nicht konkrete Umstände den Willen der Parteien erkennen lassen, dass das
Leistungsverzeichnis nach wie vor Grundlage sein sollte – diesem für die Auslegung des
Vertrages und die Bestimmung der geschuldeten Leistung keine entscheidende Bedeutung
mehr zu.[59] Auch in diesen Fällen kommt es nicht darauf an, ob der Auftragnehmer bei
Vertragsschluss das übernommene Risiko richtig einschätzen konnte oder nicht.[60]

Im Übrigen wird – auch für die Behandlung von Mischformen – auf die Ausführungen 46
zu § 2 Nr. 7 VOB/B verwiesen.

## II. Abrechnung nach Stundenlöhnen (Stundenlohnvertrag)

Im Gegensatz zum Einheits- und Pauschalvertrag ist der Stundenlohnvertrag – auch 47
Tagelohnvertrag genannt – kein Leistungsvertrag, sondern ein Zeitvertrag, bei dem zwar die
vereinbarten Stundenlöhne, wenn keine Lohngleitklausel vorgesehen ist, fest sind. Im Übrigen wird jedoch nicht eine bestimmte massen- bzw. mengenmäßige Leistung (nach Einheitspreisen oder zu einer Pauschalsumme) abgerechnet, sondern die für die Ausführung dieser
Leistung erforderliche Zeit, die erst im Nachhinein festgestellt werden kann.

### 1. Voraussetzungen

Nach § 5 Nr. 2 VOB/A sollen nur Bauleistungen geringeren Umfangs, die überwiegend 48
Lohnkosten verursachen, im Stundenlohn vergeben werden.

Außerdem bedarf, wie sich schon aus § 2 Nr. 2 VOB/B ergibt, auch die Abrechnung 49
nach Stundenlöhnen besonderer Vereinbarung, weil es sich um eine gegenüber der Abrechnung nach Einheitspreisen andere Berechnungsart handelt, die nur dann in Betracht kommt,
wenn sie vereinbart ist. Für den Stundenlohnvertrag ergibt sich dies zudem aus § 2 Nr. 10
VOB/B, wonach Stundenlohnarbeit nur vergütet werden, wenn sie als solche vor ihrem
Beginn ausdrücklich vereinbart worden sind (vgl. im Einzelnen § 2 Nr. 10; zu den Einzelheiten der Stundenlohnabrechnung siehe § 15 VOB/B und die Erläuterungen hierzu).

### 2. Leistungsänderungen und Zusatzleistungen

Ist für die ursprüngliche Vertragsleistung eine Abrechnung nach Stundenlohnsätzen ver- 50
einbart, ist es zwar grundsätzlich möglich, auch geänderte und/oder zusätzliche Leistungen
nach dieser Berechnungsart abzurechnen,[61] weil die endgültige Vergütung erst nach erbrachter Bauleistung festgestellt wird.

Voraussetzung dafür ist jedoch ebenfalls, dass auch für die Mehrleistungen eine Abrechnung nach Stundenlöhnen vereinbart ist (§ 2 Nr. 2 und Nr. 10 VOB/B). Leistungsänderungen und Zusatzleistungen sind also nicht automatisch nach den bisher vereinbarten Berechnungsgrundlagen abzurechnen, sondern nur dann, wenn auch die geänderten und/oder
zusätzlichen Leistungen als Stundenlohnarbeiten vereinbart sind.[62] Fehlt es an einer solchen
Vereinbarung, sind Leistungsänderungen und/oder Zusatzleistungen beim Stundenlohnvertrag – ebenso wie beim Pauschalvertrag – grundsätzlich nach Aufmaß und Einheitspreisen
abzurechnen.[63]

---

[59] BGH BauR 1997, 464 = NJW 1997, 1772.
[60] BGH BauR 1997, 126 = NJW 1997, 61; *Werner/Pastor* Rdn. 1189.
[61] *Ingenstau/Korbion/Keldungs*VOB/B § 2 Nr. 2 Rdn. 12 ff.
[62] *Ingenstau/Korbion/Keldungs* a. a. O.; *Heiermann/Riedl/Rusam* a. a. O.
[63] *Ingenstau/Korbion/Keldungs* a. a. O.; *Heiermann/Riedl/Rusam* a. a. O.

**§ 2 Nr. 2**

51   Die für die ursprüngliche Vertragsleistung vereinbarte Abrechnung nach Stundenlohnsätzen gilt für Mehrleistungen ohne entsprechende Vereinbarung nur ausnahmsweise dann, wenn auch für die geänderten und/oder zusätzlichen Leistungen die Voraussetzungen des § 5 Nr. 2 VOB/A gegeben sind, es sich bei ihnen also ebenfalls um Bauleistungen geringeren Umfangs handelt, die überwiegend Lohnkosten verursachen.[64]

52   Liegen diese Voraussetzungen dagegen nur in Bezug auf die ursprüngliche Vertragsleistung vor, rechtfertigt allein der Umstand, dass für sie ein Stundenlohnvertrag abgeschlossen ist, es nicht, auch geänderte und/oder zusätzliche Leistungen **größeren Umfangs,** die nicht überwiegend Lohnkosten verursachen, nach Stundenlöhnen abzurechnen. Sie sind vielmehr nach Aufmaß und Einheitspreisen abzurechnen.[65] Denn dann ist die für die ursprüngliche Leistung vorgesehene Berechnungsart nach Stundenlohnsätzen nicht geeignet, die geänderten und/oder zusätzlichen Leistungen zufrieden stellend zu erfassen, weil sie nicht passt. Vielmehr muss dann gem. § 2 Nr. 2 VOB/B nach Aufmaß und Einheitspreisen abgerechnet werden.[66]

Im Übrigen wird auf die Ausführungen zu § 2 Nr. 10 VOB/B verwiesen.

### III. Abrechnung nach Selbstkosten (Selbstkostenerstattungsvertrag)

53   Auch eine Abrechnung nach Selbstkosten ist gem. § 2 Nr. 2 VOB/B nur möglich, wenn sie – als eine gegenüber der Abrechnung nach Einheitspreisen „andere Berechnungsart" – vereinbart ist.

54   Außerdem dürfen nach § 5 Nr. 3 Abs. 1 VOB/A Bauleistungen, insbesondere solche größeren Umfangs, nur ausnahmsweise nach Selbstkosten vergeben werden, wenn sie vor der Vergabe nicht eindeutig und erschöpfend bestimmt werden können, so dass keine einwandfreie Preisermittlung möglich ist. Dann wird die tatsächlich erbrachte Leistung nach Selbstkosten abgerechnet mit einem vorher zu vereinbarenden **Gewinnzuschlag** für den Auftragnehmer, was im internationalen Bereich wesentlich häufiger vorkommt als bei uns.

55   Nach dem System der VOB und der deutschen Baupraxis sind Selbstkostenerstattungsverträge dagegen eine seltene Ausnahme und nach § 5 Nr. 3 Abs. 3 VOB/A sogar in dem Sinne vorläufig, dass ein zunächst abgeschlossener Selbstkostenerstattungsvertrag in einen **Leistungsvertrag** (Einheitspreis- oder Pauschalvertrag) umgewandelt werden soll, wenn nachträglich während der Bauausführung eine einwandfreie Preisermittlung möglich wird.

56   Entsprechendes gilt für **Leistungsänderungen und Zusatzleistungen.** Sie sind auch beim Selbstkostenerstattungsvertrag grundsätzlich nach Aufmaß und Einheitspreisen abzurechnen. Zwar können sie, weil beim Selbstkostenerstattungsvertrag die tatsächlich erbrachte Leistung abgerechnet wird, an sich ohne Schwierigkeiten nach Selbstkosten abgerechnet werden.[67] Jedoch setzt dies – entsprechend dem Vorgesagten – nach § 2 Nr. 2 VOB/B hier ebenfalls voraus, dass eine solche Abrechnung auch für die Mehrleistungen vereinbart ist, was allerdings auch konkludent geschehen kann.

57   Ohne derartige Vereinbarung können Leistungsänderungen und Zusatzleistungen nur dann **ausnahmsweise** entsprechend der ursprünglichen Selbstkostenerstattungsvereinbarung abgerechnet werden, wenn nach dem, was gem. § 5 Nr. 3 Abs. 3 VOB/A als Auslegungshilfe heranzuziehen ist, für die Mehrleistungen keine einwandfreie Preisermittlung möglich ist, so dass eine Abrechnung auf der Grundlage eines Leistungsvertrages (Einheitspreis- oder Pauschalvertrag) nicht erfolgen kann.

---

[64] *Werner/Pastor* Rdn. 1210 ff.
[65] *Ingenstau/Korbion/Keldungs* a. a. O.
[66] *Ingenstau/Korbion/Keldungs* a. a. O.
[67] Dazu *Ingenstau/Korbion/Keldungs* VOB/B § 2 Nr. 2 Rdn. 14.

## § 2 Nr. 3 [Mengenänderungen beim Einheitspreisvertrag]

(1) Weicht die ausgeführte Menge der unter einem Einheitspreis erfassten Leistung oder Teilleistung um nicht mehr als 10 v. H. von dem im Vertrag vorgesehenen Umfang ab, so gilt der vertragliche Einheitspreis.

(2) Für die über 10 v. H. hinausgehende Überschreitung des Mengenansatzes ist auf Verlangen ein neuer Preis unter Berücksichtigung der Mehr- oder Minderkosten zu vereinbaren.

(3) Bei einer über 10 v. H. hinausgehenden Unterschreitung des Mengenansatzes ist auf Verlangen der Einheitspreis für die tatsächlich ausgeführte Menge der Leistung oder Teilleistung zu erhöhen, soweit der Auftragnehmer nicht durch Erhöhung der Mengen bei anderen Ordnungszahlen (Positionen) oder in anderer Weise einen Ausgleich erhält. Die Erhöhung des Einheitspreises soll im Wesentlichen dem Mehrbetrag entsprechen, der sich durch Verteilung der Baustelleneinrichtungs- und Baustellengemeinkosten und der Allgemeinen Geschäftskosten auf die verringerte Menge ergibt. Die Umsatzsteuer wird entsprechend dem neuen Preis vergütet.

(4) Sind von der unter einem Einheitspreis erfassten Leistung oder Teilleistung andere Leistungen abhängig, für die eine Pauschalsumme vereinbart ist, so kann mit der Änderung des Einheitspreises auch eine angemessene Änderung der Pauschalsumme gefordert werden.

**Literatur:** *Achilles*, Allgemeine Geschäftskosten im neuen Preis der Mehrmenge nach § 2 Nr. 3 Abs. 2 VOB/B, IBR 2007, 231; *Acker/Garcia-Scholz*, Möglichkeiten und Grenzen der Verwendung von Leistungsbestimmungsklauseln nach § 315 BGB in Pauschalpreisverträgen, BauR 2002, 550; *Augustin/Stemmer*, Hinweise zur Vereinbarung neuer Preise bei Bauverträgen nach VOB, BauR 1999, 546; *Behre*, Fortfall einer Position beim Einheitspreisvertrag, BauR 1976, 36; *v. Craushaar*, Abgrenzungsprobleme im Vergütungsrecht der VOB bei Vereinbarung von Einheitspreisen, BauR 1984, 311; *Dähne*, Die Bemessung der Vergütung bei Mengenüberschreitungen nach § 2 Nr. 3 Abs. 2 VOB/B alter und neuer Fassung, BauR 1974, 371; *ders.*, Auftragnehmeransprüche bei lückenhafter Leistungsbeschreibung, BauR 1999, 289; *Diederichs*, Die Berechnung der neuen Preise gemäß § 2 Nr. 3, 5 und 6 VOB/B nach baubetrieblichen Grundsätzen, Seminar „Vergütungsansprüche aus Nachträgen – ihre Geltendmachung und Abwehr", Deutsche Gesellschaft für Baurecht e. V., 1989, S. 168; *Drittler*, Gedanken zu § 2 Nr. 3 VOB/B: Ausgewogener Interessenausgleich gelungen?, BauR 1992, 700; *ders.*, Berechnung neuer Einheitspreise nach § 2 Nr. 3 VOB/B, zugleich Vorschläge für Revision von § 2 Nr. 3 VOB/B, BauR 2005, 307; *Englert*, „Baubehelf", „Bauhilfsgewerk" und „Hilfsbauwerk": Abgrenzung und Rechtsprobleme, BauR 2004, 233; *Friedrich*, Betrachtungen zum VOB/B § 2 Nr. 3 aus der Sicht kleiner und mittelständischer Bauunternehmen (Handhabung des Ausgleichs der Gemeinkosten bei Mengenänderungen), BauR 1999, 817; *Franz/Kues*, Änderungen des Leistungs-Solls und deren Auswirkungen auf die kalkulierten Gemeinkosten beim VOB/B-Vertrag, BauR 2006, 1376; *Füchsel*, Bauvertragsklauseln in bezug auf Nachträge und ihre Wirksamkeit nach dem AGB-Gesetz, Seminar „Vergütungsansprüche aus Nachträgen – ihre Geltendmachung und Abwehr", Deutsche Gesellschaft für Baurecht e. V., 1989, S. 9; *Ganten*, Das Systemrisiko im Baurecht-Versuch, einen im Tiefbaurecht entwickelten Begriff einzuordnen-, BauR 2000, 643; *H. Groß*, Das Verlangen auf Vereinbarung eines neuen Preises nach § 2 Nr. 3, 5 und 6 VOB/B, FS Soergel, 1993, S. 59; *Hass*, Wie sind öffentliche Ausschreibungen auszulegen, NZBau 2001, 613; *Heiermann*, Die Bemessung der Vergütung bei Massenstreitungen gemäß § 2 Nr. 3 Abs. 2 VOB/B alter und neuer Fassung, BauR 1974, 73; *ders.*, Äquivalenz von Leistung und Gegenleistung, dargestellt an der Vergütungsregelung des § 2 Nr. 3 VOB/B, FS Korbion, 1986, S. 137; *ders.*, Wirksamkeit des Ausschlusses der Preisanpassungsmöglichkeiten nach VOB durch Allgemeine Geschäftsbedingungen, NJW 1986, 2682; *ders.*, Mögliche Abwälzung des Haftungs- und Vergütungsrisikos auf den Auftragnehmer durch ZTV, BauR 1989, 543; *W. Jagenburg*, Der Vergütungsanspruch des Bauunternehmers bei Massen- und Preisänderungen – zugleich ein Beitrag zur Problematik des § 2 VOB/B, BauR 1970, 18; *Jebe*, Bedeutung und Problematik des Einheitspreisvertrages im Bauwesen, BauR 1973, 141; *Kapellmann*, Die Geltung von Nachlässen auf die Vertragssumme für die Vergütung von Nachträgen, NZBau 2000, 57; *Knacke*, Der Ausschluss des Anspruchs des Auftragnehmers aus § 2 Nr. 3 VOB/B durch AGB des Auftraggebers, Festschrift für Craushaar, 1997, 249; *Luz*, „Bereinigte Preisfortschreibung" bei Nachträgen und Ausgleichsberechnungen gemäß § 2 Nr. 3 VOB/B? BauR 2005, 1391; *Mantscheff*, Genauigkeitsgrad von Mengenansätzen in Leistungsverzeichnissen – Preisberechnungsansätze für Fälle des § 2 Nr. 3 VOB/B, BauR 1979, 389; *Meier/Stüting*, „Baubehelf", Bauhilfsgewerk" und „Hilfsbauwerk": Die Diskussion geht weiter! BauR 2005, 316; *Miernik*, Vertragswidrige Leistung: Herabsetzung des Werklohns nach § 2 VOB/B und/oder Minderung nach § 13 VOB/B? BauR 2005, 1698; *Peters*, Die Wirksamkeit vertraglicher Regelungen zum Baugrundrisiko, BauR 1998, 215; *Piel*, Zur Bemessung der Vergütung bei Mengenüberschreitungen nach § 2 Nr. 3 Abs. 2 VOB/B, BauR 1974, 226; *Prange*, Vergütungsänderung bei Änderung der Preisermittlungsgrundlagen nach der VOB, Betr 1981, 2477; *Reitz*, Wirksamkeit von Gleit-, Bagatell- und Selbstbeteiligungsklauseln, BauR 2001, 1513; *Riedl*, Die Vergütungsregelung nach VOB unter besonderer Berücksichtigung der Rechtsprechung, ZfBR 1980, 1; *Roquette*, Vollständigkeitsklauseln: Abwälzung des Risikos unvollständiger oder

## § 2 Nr. 3 Mengenänderungen beim Einheitspreisvertrag

unrichtiger Leistungsbeschreibungen auf den Auftragnehmer, NZBau 2001, 57; *Stemmer*, Nochmals: „Bereinigende Preisfortschreibung" bei Nachträgen und Ausgleichsberechnungen gemäß § 2 Nr. 3 VOB/B, BauR 2006, 304; *ders.*, Vergabegewinn und Vergabeverlust: Ungewöhnliche Begriffe, aber ein richtiges Ergebnis, BauR 2007, 458; *Thode*, Nachträge wegen gestörten Bauablaufs im VOB/B-Vertrag, ZfBR 2004, 214; *ders.*, Die Infiltration des Rechts durch metajuristische Begriffe – Erläutert am Beispiel des „Bausolls" –, ZfBR 2006, 309; *Usselmann*, Nachträge in der Ausgleichsberechnung richtig berücksichtigen, BauR 2004, 1217; *Vygen*, Vergabegewinn und Vergabeverlust bei Nachtragsforderungen, BauR 2006, 894; *Walzel*, Die Preise in den Fällen des § 2 Ziff. 3, 5 und 6 der VOB/B, BauR 1980, 227.

### Übersicht

| | Rdn. | | Rdn. |
|---|---|---|---|
| A. Allgemeines | 1–3 | 2. Unbewusste Über- oder Unter-Wert-Kalkulation | 32 |
| B. Mengenüber- und unterschreitungen bis 10% (Absatz 1) | 4–19 | a) Interner Kalkulationsirrtum | 33 |
| I. Abhängigkeit der Einheitspreise von den Mengen der Vordersätze | 5 | b) Externer Kalkulationsirrtum | 34 |
| 1. Leistungsunabhängige Kosten. | 7 | 3. Schuldhaft ungenaue Massenermittlung des Auftraggebers | 35 |
| a) Baustelleneinrichtungs- und Baustellengemeinkosten | 9 | V. Verjährung des Preisänderungsanspruchs | 37 |
| b) Allgemeine Geschäftskosten | 10 | D. Mengenunterschreitungen über 10% hinaus (Absatz 3) | 38–53 |
| 2. Allgemeines Preis- und Leistungsverhältnis: Große Mengen sind meist billiger als kleine | 11 | I. Einheitspreiserhöhung auch hier nur auf Verlangen | 39 |
| II. Durchbrechung des Festpreischarakters der Einheitspreise bei Mengenabweichungen über 10% hinaus | 13 | II. Erhöhung des Einheitspreises für die gesamte tatsächlich ausgeführte (Rest-)Menge | 41 |
| 1. 10%-Klausel als Toleranzgrenze für Einheitspreisanpassung | 14 | 1. Wiederherstellung der ursprünglichen Kalkulationsbasis | 42 |
| | | a) Fixkostenausgleich | 43 |
| 2. Abrechnung von Mehr- und Mindermengen bis 10% zum vertraglichen Einheitspreis | 15 | b) Sonstige ungedeckte Kosten | 44 |
| 3. Einzelpositionen maßgebend | 16 | 2. Erhöhung des Einheitspreises nur, soweit kein anderweitiger Ausgleich | 46 |
| III. § 2 Nr. 3 VOB/B gilt nur bei Mengenänderungen ohne Eingriff des Auftraggebers | 18 | a) Ausgleich durch Erhöhung der Mengen bei anderen Positionen | 47 |
| C. Mengenüberschreitungen über 10% hinaus (Absatz 2) | 20–37 | b) Ausgleich in anderer Weise – Auftragserweiterungen und Nachträge | 50 |
| I. Einheitspreisänderung nur auf Verlangen | 21 | c) Anderweitiger Ausgleich nur durch nachträgliche Umstände | 52 |
| II. Neuer Einheitspreis nur für die über 110% hinausgehende Menge | 23 | 3. Umsatzsteuer | 53 |
| III. Bisherige Preisermittlungsgrundlagen bleiben maßgebend | 24 | III. Verjährung des Erhöhungsanspruchs | 54 |
| 1. Verringerung des Einheitspreises für die Mehrmassen | 25 | IV. Keine Anwendung von § 2 Nr. 3 Abs. 3 VOB/B bei Wegfall ganzer Positionen | 55 |
| 2. Erhöhung des Einheitspreises für die Mehrmassen | 26 | 1. Ersatzlose Herausnahme entbehrlicher Leistungen (§ 1 Nr. 3 i. V. m. § 2 Nr. 5 VOB/B) | 56 |
| 3. Lohn- und Materialpreiserhöhungen | 27 | | |
| 4. Umsatzsteuer | 28 | 2. Herausnahme zwecks Selbstausführung (§ 2 Nr. 4 VOB/B) | 59 |
| IV. Kalkulationsfehler – Über- und Unter-Wert-Preise | 29 | | |
| 1. Bewusste Über- oder Unter-Wert-Kalkulation | 30 | 3. Herausnahme zwecks anderweitiger Vergabe (§ 8 Nr. 1 VOB/B) | 60 |

| | Rdn. | | Rdn. |
|---|---|---|---|
| E. Von Einheitspreis-Leistungen abhängige Pauschalpreise (Absatz 4) | 65–73 | F. Ausschluss oder Änderung der Preisanpassungsmöglichkeit nach § 2 Nr. 3 VOB/B | 74–79 |
| I. Pauschalpreisänderung ebenfalls nur auf Verlangen | 66 | I. Ausschluss oder Änderung durch Allgemeine Geschäftsbedingungen (AGB) | 75 |
| II. Abhängige Pauschalpreisleistungen | 68 | II. Ausschluss oder Änderung durch Individualvertrag | 78 |
| 1. Abhängigkeit von Einheitspreis-Leistungen | 69 | III. Leistungsbeschreibung mit Leistungsprogramm – Nebenangebote des Auftragnehmers | 79 |
| 2. Mengenänderungen, die eine Einheitspreisänderung rechtfertigen | 70 | | |
| III. Vertraglicher Zusammenhang erforderlich | 72 | | |

## A. Allgemeines

Während die mehr allgemeinen Grundsätze des § 2 Nr. 1 und 2 VOB/B dazu, was durch die vereinbarten Preise abgegolten ist (Nr. 1) und wie die Vergütung berechnet wird (Nr. 2), beim Werkvertrag nach §§ 631 ff. BGB im Kern ebenfalls gelten, enthält § 2 Nr. 3 VOB/B Regelungen, die in dieser oder ähnlicher Form beim **BGB-Werkvertrag** fehlen[1] und dort auch nicht entsprechend anzuwenden sind. Vielmehr bleibt in diesen Fällen bei Mengenabweichungen nur ein Rückgriff auf Wegfall oder Änderung der Geschäftsgrundlage/§ 313 BGB, der wegen der strengen Anforderungen praktisch jedoch kaum in Betracht kommt[2] (→ Vor § 2 Rdn. 158 ff.). Außerdem können Ansprüche aus Verschulden beim Vertragsschluss (c. i. c.)/§ 280 Abs. 1 i. V. m. § 311 Abs. 2 und 3 BGB gegeben sein, wenn die Massen, die dem Auftragnehmer durch die Ausschreibung für sein Angebot und seine Preiskalkulation vorgegeben waren, schuldhaft falsch oder ungenau ermittelt worden sind[3] und dies für den Auftragnehmer nicht erkennbar war. 1

§ 2 Nr. 3 VOB/B gilt **nur beim VOB-Vertrag** und folgt inhaltlich unmittelbar aus dem Grundsatz des § 2 Nr. 2 VOB/B, dass – mangels abweichender Vereinbarung – die Vergütung nach Aufmaß und Einheitspreisen berechnet wird. Die Vorschrift gilt deshalb nur beim Einheitspreisvertrag,[4] also nicht für die „anderen Berechnungsarten" des § 2 Nr. 2 VOB/B (Pauschalvertrag, Stundenlohnvertrag, Selbstkostenerstattungsvertrag), ausgenommen der in § 2 Nr. 3 Abs. 4 VOB/B besonders geregelte Fall eines kombinierten Einheitspreis- und Pauschalvertrages, wenn bei einem Einheitspreisvertrag für einzelne Leistungen eine Pauschalsumme vereinbart ist. 2

§ 2 Nr. 3 VOB/B gilt **nicht bei Kündigung** oder Teilkündigung des Vertrages. Vielmehr finden dann §§ 8, 9 VOB/B Anwendung[5] (siehe dort). Soweit § 2 Nr. 3 VOB/B gilt, enthält er jedoch eine abschließende Regelung. Daneben und darüber hinaus ist kein Rückgriff auf die Grundsätze über Wegfall oder Änderung der Geschäftsgrundlage mehr möglich, weil eine anderweitige vertragliche Regelung vorhanden ist.[6] Über die Möglichkeit, § 2 Nr. 3 VOB/B ganz oder teilweise zu ändern oder auszuschließen, siehe unten Rdn. 74 ff. 3

---

[1] *Heiermann/Riedl/Rusam* VOB/B § 2 Rdn. 80; *Nicklisch/Weick* VOB/B § 2 Rdn. 33.
[2] *Heiermann/Riedl/Rusam* a. a. O.; *Nicklisch/Weick* a. a. O.
[3] *Heiermann/Riedl/Rusam* a. a. O.; *Nicklisch/Weick* VOB/B § 2 Rdn. 34; *Kapellmann/Messerschmidt-Kapellmann* VOB/B § 2 Rdn. 144.
[4] *Ingenstau/Korbion/Keldungs* VOB/B § 2 Nr. 3 Rdn. 6; *Heiermann/Riedl/Rusam* VOB/B § 2 Rdn. 76; *Kapellmann/Messerschmidt-Kapellmann* VOB/B § 2 Rdn. 144.
[5] OLG Celle BauR 1995, 558.
[6] BGH MDR 1969, 655 = Betr 1969, 1058 = WM 1969, 1019 = LM VOB/B Nr. 36 = *Schäfer/Finnern* Z 2311 Blatt 31; *Ingenstau/Korbion/Keldungs* VOB/B § 2 Nr. 3 Rdn. 1; *Heiermann/Riedl/Rusam* VOB/B § 2 Rdn. 83; *Nicklisch/Weick* VOB/B § 2 Rdn. 52.

## B. Mengenüber- und unterschreitung bis 10% (Absatz 1)

4   Weicht die ausgeführte Menge der unter einem Einheitspreis erfassten Leistung oder Teilleistung um nicht mehr als 10% von dem im Vertrag vorgesehenen Umfang ab, so gilt nach § 2 Nr. 3 Abs. 1 VOB/B der vertragliche Einheitspreis.

### I. Abhängigkeit der Einheitspreise von den Mengen der Vordersätze

5   Wie bereits erwähnt (→ Vor § 2 Rdn. 14), sind die Massen bzw. Mengen der Vordersätze, die der Ausschreibung des Auftraggebers und entsprechend dem Angebot des Auftragnehmers zugrunde liegen, beim Einheitspreisvertrag zunächst nur geschätzt und vorläufig.[7] Dabei muss der den Leistungsumfang beschreibende Vordersatz sich nicht unbedingt aus der jeweiligen Leistungsposition ergeben. Es reicht aus, wenn er sich aus anderen Angaben ermitteln lässt, auch „überschlägig" angegebene oder „ca.-Mengen" genügen.[8] Die vom Auftragnehmer auf dieser Grundlage kalkulierten Einheitspreise sind vertraglich vereinbart und damit grundsätzlich fest und endgültig. Ändern sich dann im Zuge der Bauausführung die Massen der Vordersätze nach oben oder unten (Mengenüber- oder unterschreitungen), so bedeutet das keine Änderung des Vertragsinhalts, denn der Einheitspreisvertrag lässt für solche Quantitätsabweichungen Raum.[9] Nach der Grundregel des § 2 Nr. 2 VOB/B kann der Auftragnehmer dann zwar die tatsächlich ausgeführten Leistungen berechnen, aber nur nach den vertraglichen Einheitspreisen. Diese entsprechen jedoch vielfach nicht den tatsächlich ausgeführten Leistungen, weil sie nach den Ausschreibung und Angebot zugrunde liegenden **vorläufigen** Massen/Mengen kalkuliert sind, die höher oder niedriger sein können. So kann der mit 1000 cbm angesetzte Aushub der Baugrube trotz unverändert gebliebener Abmessungen (Länge, Breite und Tiefe) tatsächlich 1500 cbm erfordern,[10] genauso gut aber auch nur 750 cbm. Die mit 100 m veranschlagte Länge der Installationsleitungen kann bei ansonsten unveränderter Ausführung in Wirklichkeit 120 m oder aber nur 80 m betragen.

6   **Änderungen** der Vordersätze sind schon deshalb grundsätzlich von Einfluss auf die Einheitspreise, weil diese nicht nur leistungsabhängige Kosten enthalten, die entsprechend den jeweiligen Mehr- oder Mindermengen bezahlt und vergütet werden.[11]

#### 1. Leistungsabhängige bzw.- unabhängige Kosten

7   Neben den leistungsabhängigen Kosten enthalten die Einheitspreise regelmäßig auch eine Reihe von **festen Kosten** (Fixkosten), die nicht vom Umfang der jeweiligen Leistungen abhängen. Diese werden im Allgemeinen auf die lt. Ausschreibung und Angebot zugrunde gelegten Massen bzw. Mengen der Vordersätze umgelegt und in die Einheitspreise eingerechnet. Ändern sich dann die Vordersätze, stimmt dieser Umlageschlüssel nicht mehr, weil sich die leistungsunabhängigen Kosten entsprechend den tatsächlich ausgeführten Leistungen auf eine größere oder kleinere Menge verteilen.

8   Aber auch wenn die leistungsunabhängigen Kosten, was seltener ist, in einer **besonderen Position** erfasst sind, wirken sich Mengenabweichungen nach oben oder unten aus, weil die fixen Kosten zumindest zeitabhängig sind und die Ausführung einer größeren Leistungsmenge normalerweise mehr Zeit erfordert, während für eine geringere Leistungsmenge weniger Zeit aufzuwenden ist.

---

[7] Dazu *Kapellmann/Messerschmidt-Kapellmann* VOB/B § 2 Rdn. 141; *Dähne* BauR 1999, 289.
[8] BGH BauR 1991, 210.
[9] *Nicklisch/Weick* VOB/B § 2 Rdn. 32; ebenso *Heiermann/Riedl/Rusam* VOB/B § 2 Rdn. 78.
[10] *Ingenstau/Korbion/Keldungs* VOB/B § 2 Nr. 3 Rdn. 6.
[11] *Kapellmann/Messerschmidt-Kapellmann* VOB/B § 2 Rdn. 141; *Englert* BauR 2004, 233.

**a) Baustelleneinrichtungs- und Baustellengemeinkosten. Baustellengemeinkosten**[12] sind diejenigen festen Kosten, die nicht durch die einzelnen Leistungen verursacht werden, sondern durch die in Auftrag gegebenen Arbeiten insgesamt. Dazu zählen z. B. Bauleitungskosten des Auftragnehmers, etwa bei Übernahme der verantwortlichen Bauleitung nach der Landesbauordnung. Weiter gehören hierher Planungskosten des Auftragnehmers, z. B. bei Ausschreibung in Form der Leistungsbeschreibung mit Leistungsprogramm nach § 9 Nr. 10 ff. VOB/A. Vor allem aber kommt insoweit der Teil der **Gerätekosten** in Betracht, der nicht konkret auf die einzelnen Teilleistungen umgelegt, sondern – wie Abschreibung, Verzinsung und Unterhaltung – nur generell nach Maßgabe der vom Hauptverband der Deutschen Bauindustrie herausgegebenen Baugeräteliste (BGL) berücksichtigt werden kann. Demgegenüber werden die Kosten für An- und Abtransport, Auf- und Abbau, Bedienung und Betrieb der Baugeräte vielfach getrennt ermittelt und den einzelnen Leistungen, für die sie erforderlich sind, zugerechnet.[13] Die **Baustellengemeinkosten** sind zum Teil einmalige Fixkosten (Einrichtung und Räumung der Baustelle), zum Teil bauzeitabhängige Kosten (Personalkosten für Bauleiter, Mietkosten für Baustelleneinrichtung und Geräte), zum Teil mengenabhängige Kosten (Wasser- und Energieversorgung).[14] Die umsatzbezogenen kalkulierten Gemeinkosten müssen bei der Neuberechnung berücksichtigt werden.[15] Insoweit wird auf den nachfolgenden Ausführungen zu Mengenmehrungen/Mengenminderungen verwiesen.

9

**b) Allgemeine Geschäftskosten.** Dies sind diejenigen Kosten, die der Auftragnehmer unabhängig von einem konkreten Bauauftrag generell auf Grund seines Gewerbebetriebes hat. Sie werden im Allgemeinen im Verhältnis zum Umsatz nach Erfahrungswerten berechnet und umgelegt.[16] Allerdings kann nicht davon ausgegangen werden, dass allgemeine Geschäftskosten prinzipiell umsatzunabhängig und somit eine feste Größe sind. Wenn die Ermittlung der Einheitspreise einen prozentualen Aufschlag für allgemeine Geschäftskosten enthält, liegt vielmehr eine umsatzabhängige Ermittlung und Verteilung der allgemeinen Geschäftskosten vor.[17] Das ist auch bei der Neuberechnung zu berücksichtigen, ebenso die kalkulierten Deckungsanteile für **Wagnis und Gewinn.**[18] Auch insoweit wird auf die nachfolgenden Ausführungen zu Mengenmehrungen/Mengenminderungen verwiesen.

10

## 2. Allgemeines Preis- und Leistungsverhältnis: Große Mengen sind meist billiger als kleine

Unabhängig von den nicht mit dem konkreten Leistungsumfang in Zusammenhang stehenden Fixkosten ist es auch sonst so, dass bei größeren Mengen oftmals ein niedrigerer Einheitspreis gerechtfertigt sein wird – eine in anderen Bereichen als „Mengenrabatt" bekannte Regel, die allerdings nicht ohne Ausnahme ist. Denn wenn für die ursprünglich angenommenen Massen/Mengen ein besonders günstiger Einheitspreis vereinbart war, kann es auch sein, dass für Mehrmengen ein höherer Einheitspreis gerechtfertigt ist.

11

Umgekehrt wird bei **geringeren Massen** in aller Regel ein höherer Einheitspreis gerechtfertigt sein, weil kleinere Mengen nicht so kostengünstig bearbeitet werden können wie größere und deshalb zumeist teurer sind.

12

---

[12] Dazu *Friedrich* BauR 1999, 817.
[13] Dazu *Kapellmann/Messerschmidt-Kapellmann* VOB/B § 2 Rdn. 139, 146 ff.; *Kapellmann/Schiffers* Bd. 1 Rdn. 10 ff.
[14] *Franz/Kues* BauR 2006, 1376.
[15] *Ingenstau/Korbion/Keldungs* VOB/B § 2 Nr. 3 Rdn. 38; *Kapellmann/Schiffers* a. a. O.; *Franke/Kemper/Zanner/Grünhagen* VOB/B § 2 Rdn. 72.
[16] *Kapellmann/Messerschmidt-Kapellmann* a. a. O.; *Kapellmann/Schiffers* Bd. 1 Rdn. 14; *Franke/Kemper/Zanner/Grünhagen* VOB/B § 2 Rdn. 152.
[17] *Franz/Kues* a. a. O.; OLG Schleswig BauR 1996, 127 unter Hinweis auf *Mantscheff* BauR 1979, 389; *Kapellmann/Messerschmidt-Kapellmann* VOB/B § 2 Rdn. 148.
[18] *Kapellmann/Schiffers* a. a. O. Rdn. 538; *Schulze-Hagen*, FS für Jagenburg S. 815, 818; *Franz/Kues* a. a. O.

## II. Durchbrechung des Festpreischarakters der Einheitspreise bei Mengenabweichungen über 10% hinaus

13  Der Abhängigkeit der Einheitspreise von den Mengen der Vordersätze trägt § 2 Nr. 3 VOB/B Rechnung und durchbricht für bestimmte Fälle den Grundsatz, dass die Einheitspreise Festpreise sind. Denn während nach § 2 Nr. 2 VOB/B die tatsächlich ausgeführten Leistungen nach den vertraglichen Einheitspreisen zu berechnen sind, begründet § 2 Nr. 3 VOB/B als Ausnahme hiervon einen Anspruch auf Änderung und Anpassung der Einheitspreise, wenn die tatsächlich ausgeführten Leistungen von den Massen- bzw. Mengenannahmen der Vordersätze, wie sie lt. Ausschreibung und Angebot dem Vertrag zugrunde liegen, um mehr als 10% abweichen.

### 1. 10%-Klausel als Toleranzgrenze für die Einheitspreisanpassung

14  Weicht die ausgeführte Menge der unter einem Einheitspreis erfassten Leistung oder Teilleistung um nicht mehr als 10% von dem im Vertrag vorgesehenen Umfang ab, so bleibt nach § 2 Nr. 3 Abs. 1 VOB/B der vertragliche Einheitspreis unverändert.[19] Bei einer Änderung der Vordersätze und Abweichung der Massen bzw. Mengen bis zu 10% wird also nach den Vorstellungen der VOB das **Äquivalenzverhältnis** im Sinne der Ausgewogenheit von Preis (Einheitspreis) und Leistung (Menge) noch nicht gestört.[20] Die Toleranzgrenze von 10% stellt somit das für die Parteien „tolerierbare Vertragsrisiko" dar,[21] und zwar als die durch Vereinbarung der VOB akzeptierte vertragliche Geschäftsgrundlage.[22]

### 2. Abrechnung von Mehr- und Mindermengen bis 10% zum vertraglichen Einheitspreis

15  Die Toleranzgrenze von 10% als vereinbarte Geschäftsgrundlage gilt allerdings, wie zur Vermeidung von Missverständnissen ausdrücklich hervorgehoben werden muss, nur für die jeweiligen Einheitspreise, d. h. nur diese bleiben unberührt und unverändert. Die Mehr- oder Mindermengen selbst dagegen sind entsprechend ihrem tatsächlichen Umfang zum vertraglichen Einheitspreis abzurechnen.[23] Die Toleranzgrenze von 10% bezieht sich also nicht auf die Vordersätze und besagt nicht, dass Mehrmengen bis zu 10% nicht bezahlt würden und Mindermengen bis zu 10% den vertraglich zugrunde gelegten Mengenansatz unberührt ließen. Auch eine Mehrmenge von 9% ist zum vertraglichen Einheitspreis zu vergüten, sie begründet nur (noch) keinen Anspruch auf Änderung und Anpassung des vertraglichen Einheitspreises an die veränderte Menge. Entsprechendes gilt umgekehrt bei einer Mindermenge von 9% gegenüber dem vertraglich zugrunde gelegten Mengenansatz, d. h. in diesem Fall ist nur die tatsächlich ausgeführte Menge von 91% zum vertraglichen Einheitspreis zu bezahlen.

### 3. Einzelpositionen maßgebend

16  Nach § 2 Nr. 3 Abs. 1 VOB/B kommt es für die Frage, ob Mengenabweichungen eine Änderung und Anpassung der vertraglich vereinbarten Einheitspreise rechtfertigen, auf einen Vergleich der Mengen „der unter einem Einheitspreis erfassten Leistung oder Teil-

---

[19] *Ingenstau/Korbion/Keldungs* VOB/B § 2 Nr. 3 Rdn. 11; *Heiermann/Riedl/Rusam* VOB/B § 2 Rdn. 82; *Nicklisch/Weick* VOB/B § 2 Rdn. 38; *Kapellmann/Messerschmidt-Kapellmann* VOB/B § 2 Rdn. 144; *Kniffka* IBR-online-Kommentar zum Bauvertragsrecht Stand 4. 1. 2007 § 631 Rdn. 257 ff.
[20] BGH NJW 1987, 1820 = BauR 1987, 217 = ZfBR 1987, 145; *Ingenstau/Korbion/Keldungs* VOB/B § 2 Nr. 3 Rdn. 7 unter Hinweis auf *Heiermann* FS Korbion, S. 137 ff.
[21] *Ingenstau/Korbion/Keldungs* VOB/B § 2 Nr. 3 Rdn. 7 unter Hinweis auf *Heiermann* a. a. O. S. 137, 142.
[22] *Ingenstau/Korbion/Keldungs* VOB/B § 2 Nr. 3 Rdn. 12.
[23] OLG Frankfurt NJW-RR 1986, 245; 246; *Ingenstau/Korbion/Keldungs* VOB/B § 2 Nr. 3 Rdn. 8; *Heiermann/Riedl/Rusam* VOB/B § 2 Rdn. 82; *Nicklisch/Weick* VOB/B § 2 Rdn. 39, 41.

leistung" an. Bei der Prüfung, ob eine Mengenänderung (Über- oder Unterschreitung) über 10% hinaus vorliegt, ist deshalb allein „auf den Mengenansatz der einzelnen Positionen abzustellen", während der Gesamtpreis in diesem Zusammenhang keine Rolle spielt.[24]

Ob sich das **Gesamt-Auftragsvolumen** von z. B. 320 000,– DM um über 50 000,– DM und damit um mehr als 10% nach oben oder unten verändert, ist unerheblich.[25] Maßgebend und allein entscheidend ist vielmehr der **Vordersatz jeder Einzelposition**. Nur wenn er sich um mehr als 10% nach oben oder unten verändert, kommt eine Änderung und Anpassung des jeweiligen Einheitspreises in Betracht. Bleiben bei einem aus 10 Positionen bestehenden Auftrag 5 Positionen mengenmäßig im Rahmen der 10%-Grenze, so bleibt ihr Einheitspreis unverändert und nur bei den restlichen 5 Positionen, bei denen sich der Vordersatz um mehr als 10% nach oben oder unten verändert hat, kann sich die Frage, ob eine Änderung und Anpassung des jeweiligen Einheitspreises gerechtfertigt ist, überhaupt stellen.[26] **17**

### III. § 2 Nr. 3 VOB/B gilt nur bei Mengenänderungen ohne Eingriff des Auftraggebers

Weiter ist, was den Anwendungsbereich von § 2 Nr. 3 VOB/B angeht, zu beachten, dass diese Vorschriften nur für solche Änderungen der Vordersätze, d. h. Über- oder Unterschreitungen der dem Vertrag zugrunde gelegten Massen/Mengen gilt, die ohne Eingriff des Auftraggebers[27] allein darauf beruhen, dass die tatsächlich ausgeführte Quantität der Leistung von den Annahmen in Ausschreibung und Angebot abweicht. Das ist – wie bereits erwähnt (vgl. oben Rdn. 5) – z. B. der Fall, wenn der mit 1000 cbm veranschlagte Aushub der Baugrube trotz unverändert gebliebener Abmessungen (Länge, Breite, Tiefe) tatsächlich 1500 cbm beträgt[28] oder nur 750 cbm. Es muss sich also um bloße Mengenänderungen bei qualitativ gleicher Leistung handeln, d. h. Leistungsinhalt und Leistungsziel dürfen sich nicht ändern. **18**

**Nicht** unter § 2 Nr. 3 VOB/B fallen deshalb Massenüber- und -unterschreitungen als Folge von Leistungsänderungen und/oder Zusatzleistungen (§ 1 Nrn. 3 und 4 VOB/B), etwa wenn – um das obige Beispiel zu variieren – der Baugrubenaushub größer oder kleiner wird, weil der Auftraggeber die Abmessungen des Baukörpers und der Baugrube geändert oder eine Mehr- bzw. Tieferausschachtung für eine zusätzliche Unterkellerung, z. B. eine Tiefgarage, verlangt hat. Derartige Fälle regeln sich, auch hinsichtlich der Vergütung der Mehr- oder Mindermassen, allein nach § 2 Nrn. 4 bis 6 VOB/B.[29] Wird entgegen der ursprünglichen Planung nicht tragfähiges Erdreich ausgetauscht, so liegt keine Mengenabweichung, sondern eine inhaltliche Änderung der vertragsgegenständlichen Leistung vor.[30] § 2 Nr. 3 VOB/B findet auch keine Anwendung bei Kündigung bzw. Teilkündigung des Vertrages. Dafür gelten vielmehr §§ 8 und 9 VOB/B.[31] **19**

---

[24] BGH BauR 1976, 135; *Ingenstau/Korbion/Keldungs* VOB/B § 2 Nr. 3 Rdn. 14; *Heiermann/Riedl/Rusam* VOB/B § 2 Rdn. 82, 83; *Nicklisch/Weick* VOB/B § 2 Rdn. 38, 40; *Kapellmann/Schiffers* Bd. 1 Rdn. 317; *Kapellmann/Messerschmidt-Kapellmann* VOB/B § 2 Rdn. 144.
[25] Vgl. BGH BauR 1976, 135.
[26] So zu Recht *Ingenstau/Korbion/Keldungs* VOB/B § 2 Nr. 3 Rdn. 14.
[27] *Ingenstau/Korbion/Keldungs* VOB/B § 2 Nr. 3 Rdn. 15, 29; BGH IBR 2004, 124 mit Anm. *Englert*.
[28] Vgl. *Ingenstau/Korbion/Keldungs* VOB/B § 2 Nr. 3 Rdn. 6.
[29] Vgl. OLG Celle BauR 1982, 381; *Ingenstau/Korbion/Keldungs* VOB/B § 2 Nr. 3 Rdn. 3; *Heiermann/Riedl/Rusam* VOB/B § 2 Rdn. 77; *Nicklisch/Weick* VOB/B § 2 Rdn. 30; *Kapellmann/Messerschmidt-Kapellmann* VOB/B § 2 Rdn. 144.
[30] BGH IBR 2004, 124 mit Anm. *Englert*.
[31] OLG Celle BauR 1995, 558.

## C. Mengenüberschreitungen über 10% hinaus (Absatz 2)

**20** Für die über 10% hinausgehende Überschreitung des vertraglich zugrunde gelegten Mengenansatzes ist nach § 2 Nr. 3 Abs. 2 VOB/B auf Verlangen ein neuer Einheitspreis unter Berücksichtigung der Mehr- oder Minderkosten zu vereinbaren.

### I. Einheitspreisänderung nur auf Verlangen

**21** Mengenüberschreitungen über 10% hinaus führen nach § 2 Nr. 3 Abs. 2 VOB/B **nicht automatisch** zu einem neuen Einheitspreis, sondern nur, wenn dies verlangt wird. Da der neue Einheitspreis höher oder niedriger als der alte sein kann (vgl. unten Rdn. 25/26), sind sowohl der Auftragnehmer als auch der Auftraggeber, also beide Parteien zu einem solchen Verlangen berechtigt, je nachdem, ob eine Erhöhung oder Verminderung des Einheitspreises in Betracht kommt.[32]

**22** Wird ein entsprechendes Verlangen gestellt, ist nach § 2 Nr. 3 Abs. 2 VOB/B ein neuer Einheitspreis zu **vereinbaren.** Kommt keine Vereinbarung über den neuen Einheitspreis zustande und führt bei öffentlichen Aufträgen auch die Anrufung der vorgesetzten Dienststelle gem. § 18 Nr. 2 VOB/B zu keinem Ergebnis, ist der neue Einheitspreis gem. §§ 315 ff. BGB durch einen Dritten zu bestimmen. Das kann, wenn die Parteien dies vorgesehen haben, ein Schiedsgutachter sein, ansonsten erfolgt die Festsetzung im Streitfall durch das Gericht nach Maßgabe eines von diesem einzuholenden Sachverständigengutachtens.[33] Das bedeutet aber nicht, dass das Gericht von Amts wegen die Höhe des neuen Preises ermittelt. Zwar darf der Auftragnehmer – ohne zuvor sein Anpassungsverlangen gerichtlich geltend gemacht zu haben – sogleich auf Zahlung auch der Mehrbeträge klagen,[34] das befreit ihn aber nicht von der Verpflichtung, die Berechnungsgrundlagen detailliert darzulegen und ihre Richtigkeit ggf. nachzuweisen.

Die VOB/B enthält für das Preisanpassungsverlangen **keine zeitliche Begrenzung.** Die Vertragsparteien sind aber gehalten, das Anpassungsverlangen beschleunigt geltend zu machen. Das Recht auf Preisanpassung kann nach allgemeinen Grundsätzen **verwirkt** werden. Dass setzt aber voraus, dass zum Zeitmoment auf dem Verhalten des Berechtigten beruhende Umstände hinzutreten, die das Vertrauen des Verpflichteten rechtfertigen, der Berechtigte werde seinen Anspruch nicht mehr geltend machen.[35]

### II. Neuer Einheitspreis nur für die über 110% hinausgehende Menge

**23** Da nach § 2 Nr. 3 Abs. 2 VOB/B ein neuer Einheitspreis nur für die über 10% hinausgehende Überschreitung des Mengenansatzes in Betracht kommt, ist nicht für die gesamte Position, bei der eine entsprechende Mengenüberschreitung vorliegt, insgesamt ein neuer Einheitspreis zu vereinbaren, sondern der bisherige, alte Einheitspreis bleibt für die vertraglich zugrunde gelegte Menge zuzüglich 10% bestehen, also bis zu einer Menge von 110%. Erst für die 10% übersteigende Mehrmenge, d. h. ab 110% der vertraglich zugrunde gelegten

---

[32] BGH MDR 1969, 655 = Betr 1969, 1058 = WM 1969, 1019 = LM VOB/B Nr. 36 = *Schäfer/Finnern* Z 2311 Bl. 31; *Ingenstau/Korbion/Keldungs* VOB/B § 2 Nr. 3 Rdn. 1; *Heiermann/Riedl/Rusam* VOB/B § 2 Rdn. 84; *Kapellmann/Messerschmidt-Kapellmann* VOB/B § 2 Rdn. 145, 150.

[33] Vgl. OLG Celle BauR 1982, 381; *Ingenstau/Korbion/Keldungs* VOB/B § 2 Nr. 3 Rdn. 32; *Heiermann/Riedl/Rusam* VOB/B § 2 Rdn. 88.

[34] *Kniffka* IBR-online-Kommentar zum Bauvertragsrecht Stand 4. 1. 2007 § 631 Rdn. 261; *Kapellmann/Messerschmidt-Kapellmann* VOB/B § 2 Rdn. 150 m. w. N.

[35] BGH NJW 2003, 824 = NZBau 2003, 213 = BauR 2003, 379.

Massen/Mengen, ist auf Verlangen ein neuer Einheitspreis zu vereinbaren,[36] so dass sich für ein und dieselbe Position eine Preisaufspaltung mit zwei verschiedenen Einheitspreisen ergibt.[37] Führt etwa nach dem schon mehrfach erwähnten Beispiel[38] der mit 1000 cbm veranschlagte Baugrubenaushub zu einer tatsächlichen Leistungsmenge von 1500 cbm, sind 1100 cbm zum vertraglichen Einheitspreis abzurechnen und nur für die restlichen 400 cbm kommt auf Verlangen die Vereinbarung eines neuen Einheitspreises in Betracht.

### III. Bisherige Preisermittlungsgrundlagen bleiben maßgebend

Daraus, dass nach § 2 Nr. 3 Abs. 2 VOB/B der neue Einheitspreis für die über 110% hinausgehende Menge „unter Berücksichtigung der Mehr- oder Minderkosten" zu vereinbaren ist, ergibt sich zugleich, dass bei der Bildung des neuen Einheitspreises „von dem ursprünglichen Preis der entsprechenden Position auszugehen ist".[39] Es ist also nicht eine völlig neue Preisermittlung anzustellen, sondern die Preisermittlungsgrundlagen des bisherigen Einheitspreises bleiben als Ausgangspunkt maßgebend. Das ist in der Rechtsprechung[40] wie in der Kommentarliteratur[41] und dem sonstigen Schrifttum[42] unbestritten. Die Ermittlung des neuen Einheitspreises für die 110% übersteigende Menge bzw. die 10% übersteigende Mehrmenge ist deshalb grundsätzlich so vorzunehmen, wie wenn z. Zt. der Angebotsabgabe und des Vertragsschlusses die erhöhte Ausführungsmenge bekannt gewesen und der Einheitspreis auf dieser Grundlage kalkuliert worden wäre.[43] Aus diesem Grunde gelten **Preisnachlässe**, die bei/nach Angebotsabgabe auf die Angebots- bzw. Abrechnungssumme gewährt und vereinbart worden sind, bei Massenänderungen auch für den neuen Einheitspreis, d. h. sie schlagen auf diesen durch. Das ergibt sich schon daraus, dass bei bloßen Massenänderungen – anders als bei Leistungsänderungen und Zusatzleistungen (dazu → § 2 Nr. 5 und → § 2 Nr. 6) – für die Preisanpassung auf den Zeitpunkt von Angebotsabgabe/Vertragsschluss abzustellen ist. Der Werkunternehmer, der nach § 2 Nr. 3 Abs. 2 VOB/B die Vereinbarung eines höheren Preises wegen Überschreitung des Mengenansatzes im Werkvertrag verlangt, muss deshalb nach OLG München[44] die Kalkulation des ursprünglichen Angebots **offen legen.** Im Streitfall setzt das Gericht den neuen Preis auf der Grundlage der Kalkulation des ursprünglichen Angebots fest.[45] Wird die ursprüngliche Kalkulation nicht offen gelegt und ist auch eine Schätzung dieser Kalkulation nicht möglich, ist das Erhöhungsverlangen unbegründet.

Im Einzelfall kann aber problematisch sein, was zu den **„Preisermittlungsgrundlagen des bisherigen Einheitspreises"** gehört. Hat der Auftragnehmer ein **detailliertes Angebot** vorgelegt, das die Parteien im Einzelnen verhandelt und zur Grundlage des Vertrages

---

[36] BGH NJW 1987, 1820 = BauR 1987, 217 = ZfBR 1987, 145; *Ingenstau/Korbion/Keldungs* VOB/B § 2 Nr. 3 Rdn. 17; *Heiermann/Riedl/Rusam* VOB/B § 2 Rdn. 83; *Nicklisch/Weick* VOB/B § 2 Rdn. 41; *Kniffka* IBR-online-Kommentar zum Bauvertragsrecht Stand 4. 1. 2007 § 631 Rdn. 259.

[37] *Ingenstau/Korbion/Keldungs* VOB/B § 2 Nr. 3 Rdn. 17; *Kapellmann/Messerschmidt-Kapellmann* VOB/B § 2 Rdn. 145.

[38] Nach *Ingenstau/Korbion/Keldungs* VOB/B § 2 Nr. 3 Rdn. 17.

[39] *Ingenstau/Korbion/Keldungs* VOB/B § 2 Nr. 3 Rdn. 18; *Heiermann/Riedl/Rusam* VOB/B § 2 Rdn. 85; *Werner/Pastor* Rdn. 1169; *Kapellmann/Messerschmidt-Kapellmann* VOB/B § 2 Rdn. 162 ff.; *v. Craushaar* BauR 1984, 311, 319 Fn. 39; *Augustin/Stemmer* BauR 1999, 546; *Friedrich* BauR 1999, 817.

[40] BGH MDR 1969, 655 = Betr 1969, 1058 = WM 1969, 1019 = LM VOB/B Nr. 36 = *Schäfer/Finnern* Z 3.11 Blatt 31; OLG Schleswig BauR 1996, 127.

[41] *Ingenstau/Korbion/Keldungs* VOB/B § 2 Nr. 3 Rdn. 18; *Heiermann/Riedl/Rusam* VOB/B § 2 Rdn. 85; *Werner/Pastor* Rdn. 1169; *Nicklisch/Weick* VOB/B § 2 Rdn. 42; *Kapellmann/Messerschmidt-Kapellmann* VOB/B § 2 Rdn. 145.

[42] *Dähne* BauR 1974, 371; *Piel* BauR 1974, 226; *Mantscheff* BauR 1979, 389; *Walzel* BauR 1980, 227; *v. Craushaar* BauR 1984, 311, 319; *Heiermann* FS Korbion S. 137, 142.

[43] *Ingenstau/Korbion/Keldungs* VOB/B § 2 Nr. 3 Rdn. 17 ff.

[44] OLG München BauR 1993, 726; *Ingenstau/Korbion/Keldungs* VOB/B § 2 Nr. 3 Rdn. 18.

[45] BGH NZBau 2005, 456; zur „bereinigenden Preisfortschreibung" bei Nachträgen *Luz* BauR 2005, 1391, *Stemmer* IBR 2005, 661 und *Stemmer* BauR 2006, 304.

gemacht haben, ist diese Frage noch einfach zu beantworten. Die vereinbarten Einheitspreise sind Teil der vertraglichen Vereinbarungen der Parteien. Für die über 10% hinausgehende Überschreitung des Mengenansatzes ist unter Berücksichtigung der zugrunde liegenden Kalkulation ein neuer Preis zu bilden. Schwieriger ist es aber schon, wenn die ausgeworfenen Einheitspreise bei den Verhandlungen überhaupt keine Rolle gespielt haben, weil den Auftraggeber lediglich der Endpreis interessierte. Da dieser aber das Ergebnis der ihm vorliegenden Einzelpreise und der ihnen zugrunde liegenden Kalkulation ist, wird er sich auch für die über 10% hinaus gehende Überschreitung des Mengenansatzes daran festhalten lassen müssen. Das kann aber dann nicht mehr gelten, wenn – wie in der Praxis sehr häufig – nur ein „rudimentäres Angebot" vorliegt, das einzelne Bauabschnitte grob zusammen fasst und dafür einen „Einheitspreis" nennt, dem wiederum keine Kalkulation, sondern allenfalls Erfahrungswerte zugrunde liegen. In diesen Fällen wird – wenn es zum Streit über Mehrmengen kommt – häufig eine nachträglich erstellte Kalkulation vorgelegt. Das ist zur Darlegung der Mehrvergütungsansprüche auch erforderlich. Die hier erstmals ausgewiesenen Einheitspreise und die ihnen zugrunde liegende Kalkulation gehören damit aber nicht automatisch zu den „Preisermittlungsgrundlagen". Vertragspreis ist vielmehr nur der für die einzelnen Bauabschnitte vereinbarte Preis. Auf dieser Basis ist – mit sachverständiger Hilfe und unter kritischer Würdigung der nunmehr vorgelegten Kalkulation – der neue Preis für die über 10% hinausgehende Mehrmenge zu bilden. Eine kritische Würdigung der nunmehr vorgelegten Kalkulation ist dabei schon deshalb geboten, weil die nachträgliche Kalkulation dem Auftragnehmer ungeahnte Manipulationsmöglichkeiten eröffnet. Er kann nämlich für die Positionen, bei denen erhebliche Mehrmengen angefallen sind, „fette Preise" ansetzen und sich so einen zusätzlichen Vergütungsanspruch verschaffen.

### 1. Verringerung des Einheitspreises für die Mehrmassen

25   Häufig wird allein dadurch, dass sich die leistungsunabhängigen Kosten (Baustelleneinrichtungs-, Baustellengemein- und Allgemeine Geschäftskosten, vgl. oben Rdn. 8 ff.) auf eine größere Leistungsmenge verteilen, für Mehrmengen ein niedrigerer Einheitspreis gerechtfertigt sein.[46] In vielen Fällen sind nämlich zumindest die **Baustellengemeinkosten** mit dem ursprünglichen Einheitspreis in voller Höhe erlöst, so dass sie bei der Bildung des neuen Preises unberücksichtigt bleiben müssen, weil anderenfalls eine Überdeckung einträte.[47] Das schließt aber nicht aus, dass im Einzelfall die Mengenmehrung auch insoweit zu zusätzlichen Kosten geführt hat, die zugunsten des Auftragnehmers zu berücksichtigen sind, etwa die Kosten für die Versorgung mit Wasser und Energie, Kosten der Reinigung der Baustelle pp.[48]

### 2. Erhöhung des Einheitspreises für die Mehrmassen

26   Nicht selten wird sich jedoch auf Grund von Massenmehrungen ein höherer Einheitspreis für die Mehrmassen ergeben, wenn für diese ein zusätzlicher Kostenaufwand entsteht, der für die vertraglichen Leistungsmengen nicht angefallen wäre.[49] Das kann z. B. der Fall sein, wenn die für die bisherige Menge erforderlichen Materialien (Kies, Beton, Stahl) frühzeitig und zu günstigen Preisen bestellt werden konnten, inzwischen die Preise gestiegen sind und sich deshalb für die Mehrmengen höhere Materialpreise ergeben. Gleiches gilt, wenn die für die Mehrmengen erforderlichen Materialien aus anderen Gründen nur zu höheren Preisen zu beschaffen sind, etwa wegen weiterer Transportwege,[50] oder wenn zusätzliche Geräte- und Personalkosten anfallen.[51] Das kann z. B. der Fall sein, wenn für die Mehrmengen

---

[46] *Ingenstau/Korbion/Keldungs* VOB/B § 2 Nr. 3 Rdn. 30; *Heiermann/Riedl/Rusam* VOB/B § 2 Rdn. 84.
[47] *Kapellmann/Schiffers* a. a. O. Rdn. 558; *Kapellmann/Messerschmidt-Kapellmann* VOB/B § 2 Rdn. 147; *Drittler* BauR 2005, 307; *Augustin/Stemmer* BauR 1999, 546.
[48] *Franz/Kues* BauR 2006, 1376, 1379; *Achilles* IBR 2007, 231.
[49] *Ingenstau/Korbion/Keldungs* VOB/B § 2 Nr. 3 Rdn. 30.
[50] *Ingenstau/Korbion/Keldungs* a. a. O.; vgl. auch *Heiermann* BauR 1974, 73.
[51] *Ingenstau/Korbion/Keldungs* a. a. O.; *Vygen* BauR 1983, 414.

Überstunden anfallen, weil sonst der vereinbarte Fertigstellungstermin nicht eingehalten werden kann.[52]

### 3. Lohn- und Materialpreiserhöhungen

Auf Grund des Festpreischarakters der Einheitspreise sind Lohn- und Materialpreissteigerungen an sich zwar nur zu berücksichtigen, wenn eine entsprechende Lohn- und Materialpreisgleitklausel vereinbart ist. Auch hiervon macht § 2 Nr. 3 VOB/B jedoch eine Ausnahme, weil die Vorschrift für Mengenänderungen über 10% hinaus den Festpreischarakter der Einheitspreise durchbricht. Obwohl Lohn- und Materialpreiserhöhungen ohne entsprechende Gleitklausel an sich also das Risiko des Auftragnehmers sind, wird durch die 10%-Klausel des § 2 Nr. 3 VOB/B die „Grenze dieser Risikozuweisung" bestimmt, so dass für die über 110% hinausgehenden Mengen auch Lohn- und Materialpreiserhöhungen grundsätzlich zu vergüten sind.[53] Allerdings muss zwischen den Mengenänderungen und den Preiserhöhungen ein zeitlicher oder sachlicher Zusammenhang bestehen, d. h. die Preissteigerungen dürfen entweder erst in der durch die Mehrmengen verlängerten Bauzeit eintreten oder sie müssen sich zumindest auf die Mehrmengen beschränken, dürfen also nicht auch die vertragliche Leistungsmenge zuzüglich 10% betreffen.[54] Denn dann wäre diese bereits „unter Wert" kalkuliert, was im Rahmen der Einheitspreisanpassung nach § 2 Nr. 3 VOB/B grundsätzlich nicht – oder doch nur in Ausnahmefällen – zu berücksichtigen ist[55] (zu derartigen „unter-Wert"-Preisen und Kalkulationsfehlern unten Rdn. 29 ff.).

Einen interessanten Fall hatte das Kammergericht zu entscheiden.[56] Der Auftragnehmer hatte sich verpflichtet, für die Bauzeit eine bestimmte Zahl öffentlich geförderter Arbeitnehmer zu bestimmten Konditionen zu beschäftigen. Es kam zu Mehrmengen über 10% hinaus. Der Auftragnehmer verlangte die Festsetzung einer zusätzlichen Vergütung auch für den Personalkostenanteil der geförderten Arbeitnehmer, obwohl die Arbeiten innerhalb der ursprünglich vorgesehenen Ausführungszeit ausgeführt worden waren und insoweit deshalb keine Mehrkosten angefallen waren. Das KG hat die Klage abgewiesen. Bei den Personalkosten für die geförderten Arbeitnehmer handele es sich um Fixkosten, die vom ursprünglichen Einheitspreis bereits abgedeckt seien. Bei dem neu zu bildenden Preis für die Mehrmengen seien die in den ursprünglichen Einheitspreisen enthaltenen Personalkostenanteile für die geförderten Arbeitnehmer abzuziehen, da die Baufirma sonst überbezahlt wäre. Dem ist zuzustimmen.

### 4. Umsatzsteuer

Die Umsatzsteuer (Mehrwertsteuer) ist zu den neuen Einheitspreisen für die über 110% hinausgehenden Mengen **hinzuzurechnen,** auch wenn dies in § 2 Nr. 3 Abs. 2 – im Gegensatz zu Absatz 3 – VOB/B nicht ausdrücklich gesagt ist. Nach den Erwägungsgründen zur VOB/B 1973 bedurfte dies aber keiner besonderen Erwähnung, weil die Umsatzsteuer Bestandteil der in § 2 Nr. 3 Abs. 2 VOB/B erwähnten Mehr- oder Minderkosten ist.[57]

---

[52] *Ingenstau/Korbion/Keldungs* a. a. O.
[53] So zutreffend *Nicklisch/Weick* VOB/B § 2 Rdn. 44 unter Hinweis auf *Piel* BauR 1974, 230; die einschränkend als „enger" aufgeführten Stellungnahmen von *Ingenstau/Korbion/Keldungs* VOB/B § 2 Nr. 3 Rdn. 30 und *Walzel* BauR 1980, 227 ff. betreffen allerdings nicht so sehr die grundsätzliche Frage der Vergütung von Lohn- und Materialpreissteigerungen bei Mehrmengen über 10% hinaus, sondern die Fälle sog. „Unter-Wert"-Kalkulation (dazu unten Rdn. 29 ff.).
[54] Siehe dazu auch *Kapellmann/Messerschmidt-Kapellmann* VOB/B § 2 Rdn. 164.
[55] *Ingenstau/Korbion/Keldungs* VOB/B § 2 Nr. 3 Rdn. 28.
[56] KG IBR 2006, 611 mit Anm. *Stemmer.*
[57] *Heiermann/Riedl/Rusam* VOB/B § 2 Rdn. 86.

## § 2 Nr. 3 — Mengenänderungen beim Einheitspreisvertrag

### 5. Skonti, Nachlässe

Skonti und Nachlässe stellen eine vertraglich vereinbarte Zahlungsmodalität dar und gelten daher auch für den neuen Einheitspreis.[58] Anders verhält es sich allerdings bei summenmäßig vereinbarten Nachlässen.[59]

### IV. Kalkulationsfehler – Über- und Unter-Wert-Preise

29   Nicht einheitlich zu beantworten ist die Frage, ob bei der Einheitspreisanpassung für die 10% übersteigenden Mehrmassen die bisherigen Preisermittlungsgrundlagen auch dann maßgebend bleiben, wenn Kalkulationsfehler vorliegen oder der Auftragnehmer bewusst oder unbewusst Über- oder Unter-Wert-Preise angesetzt hat.

#### 1. Bewusste Über- oder Unter-Wert-Kalkulation

30   In diesen Fällen besteht im wesentlichen Einigkeit darüber, dass der Auftragnehmer, der bewusst zu niedrige Einheitspreise angesetzt hat, z. B. um hierdurch den Auftrag zu erhalten, sich daran auch für die über 10% hinausgehenden Mehrmengen festhalten lassen muss.[60] Aus Wettbewerbs- oder anderen Gründen vorgenommene spekulative Preisabschläge sind daher auch im Rahmen der Änderung und Anpassung der Einheitspreise für die Mehrmengen zu berücksichtigen.

31   Umgekehrt gilt das dann natürlich auch für bewusst zu hoch angesetzte Einheitspreise. Der Auftragnehmer, der z. B. für die Beseitigung von schwerem Fels, den der Auftraggeber nur mit einer geringen Menge angesetzt hat, einen spekulativ überhöhten Einheitspreis angeboten hat, kann diesen auch seiner Preisberechnung für die Mehrmenge zugrunde legen, wenn sich der Mengenansatz wesentlich erhöht, ja sogar vervielfacht.[61] Das hat das OLG Stuttgart ebenso entschieden. In dem zugrunde liegenden Fall wurde beim Verfüllen mit Bodennägeln ein Mehrfaches der ausgeschriebenen Menge benötigt, weil das Material in unerwartet große Klüfte abfloss. Das OLG hat eine bloße Mengenmehrung bejaht, die der Auftraggeber bezahlen müsse. Der Auftragnehmer müsse den Auftraggeber nicht einmal auf die mögliche Vervielfachung der Verfüllmenge hinweisen.[62]

Diese Entscheidungen sollten aber nicht kritiklos verallgemeinert werden. Erkennt der Auftragnehmer, dass – etwa auf Grund schwieriger Bodenverhältnisse – ein zig-faches der von dem ahnungslosen Auftraggeber angesetzten Massen anfallen wird, muss er diesen auf seine Bedenken hinweisen. Unterlässt er das und setzt er für die von dem Auftraggeber unbeachtete Angebotsposition einen „fetten Preis" ein, handelt er treuwidrig, wenn er anschließend aus seiner Pflichtverletzung Nutzen ziehen will, indem er auch für die zig-fache Menge den Vertragspreis berechnet. Hier wird er sich mit dem Preis zufrieden geben müssen, den die Parteien bei einem rechtzeitigen Hinweis auf die Bedenken und die zu erwartenden Mehrmengen redlicherweise vereinbart hätten.

#### 2. Unbewusste Über- oder Unter-Wert-Kalkulation

32   Der vorstehende Grundsatz, dass auch für die über 110% hinausgehenden Mengen die bisherigen Preisermittlungsgrundlagen maßgebend bleiben, gilt im Prinzip in gleicher

---

[58] *Kapellmann/Messerschmidt-Kapellmann* VOB/B § 2 Rdn. 166.
[59] *Kapellmann/Messerschmidt-Kapellmann* a. a. O.
[60] *Ingenstau/Korbion/Keldungs* VOB/B § 2 Nr. 3 Rdn. 28; *Heiermann/Riedl/Rusam* VOB/B § 2 Rdn. 87; *Nicklisch/Weick* VOB/B § 2 Rdn. 45; *Walzel* BauR 1980, 227 ff.; *Heiermann* FS Korbion S. 137, 142/143.
[61] Vgl. LG Köln BauR 1980, 368 mit zust. Anm. *Hofmann* = *Schäfer/Finnern/Hochstein* § 2 Nr. 6 VOB/B (1952) Nr. 2 mit abl. Anm. *Hochstein,* wo sich allerdings gleichzeitig die Aushubtiefe der Felsposition geändert hatte und deshalb insoweit eine zusätzliche Leistung im Sinne von § 2 Nr. 6 VOB/B vorlag, was *Hochstein* a. a. O. nicht berücksichtigt.
[62] OLG Stuttgart IBR 2002, 3 mit Anm. *Schulze-Hagen.*

Weise, wenn der Auftragnehmer sich verkalkuliert und seine Einheitspreise unbewusst zu hoch oder zu niedrig angesetzt hat. Da es sich bei der Preisanpassung nach § 2 Nr. 3 VOB/B um einen ausdrücklich geregelten Fall des Wegfalls bzw. der Änderung der Geschäftsgrundlage handelt, gelten die zum Kalkulationsirrtum angestellten Erwägungen (Vor § 2 Rdn. 164 ff.) entsprechend. Danach gilt auch für die Preisanpassung nach § 2 Nr. 3 VOB/B:

**a) Interner Kalkulationsirrtum.** Für den nicht nach außen hin erkennbaren „verdeckten" oder internen Kalkulationsirrtum ist anerkannt, dass er lediglich ein unbeachtlicher Motivirrtum ist, der nicht zur Anfechtung nach § 119 BGB berechtigt und deshalb auch nicht bei einer Preisanpassung nach § 2 Nr. 3 Abs. 2 VOB/B zu berücksichtigen ist. Vgl. hierzu ausführlich → Vor § 2 Rdn. 164 und die dortigen Nachweise. 33

**b) Externer Kalkulationsirrtum.** Beim externen Kalkulationsirrtum ist die fehlerhafte Kalkulation ausdrücklich nach außen aufgedeckt oder als Bestandteil des Angebots zum Gegenstand der Vertragsverhandlungen gemacht worden. 34

Hat der **Erklärungsempfänger** gleichwohl den **Irrtum nicht erkannt,** ohne sich dieser Erkenntnis treuwidrig verschlossen zu haben, steht dem Erklärenden ein Anfechtungsrecht nicht zu Es liegt ein bloßer Irrtum im Beweggrund (Motivirrtum) vor. Der Erklärende ist an seine Kalkulation gebunden.[63] Der Erklärungsempfänger handelt in aller Regel auch nicht treuwidrig, wenn er auf der Durchführung des Vertrages zu den vereinbarten Preisen besteht.

Hat der **Erklärungsempfänger den Irrtum positiv erkannt** oder sich dieser Erkenntnis treuwidrig verschlossen,[64] wird man aus den unter Vor § 2 Rdn. 165 dargelegten Gründen ebenfalls eine Bindung des Erklärenden an die von ihm angebotenen Preise bejahen müssen. Allein die positive Kenntnis des Erklärungsempfängers von dem Kalkulationsirrtum bzw. die treuwidrige Vereitelung der Kenntnisnahme rechtfertigt noch nicht die Annahme, dass der Erklärende sich an dem Inhalt seiner Erklärung nicht mehr festhalten lassen muss und eine Neukalkulation auf der Basis zutreffend ermittelter Preise verlangen kann. Etwas anderes gilt erst dann, wenn das Verhalten des Erklärungsempfängers angesichts der Gesamtumstände des Falles als so treuwidrig anzusehen ist, dass dem Erklärenden ein Festhalten am Vertrag nicht mehr zuzumuten ist. Dabei kommt dem Ausmaß des Kalkulationsfehlers erhebliche Bedeutung zu. Als mit den Grundsätzen von Treu und Glauben unvereinbar wird man die Annahme eines fehlerhaft berechneten Angebotes und das Bestehen auf der Durchführung des Vertrages nur ansehen können, wenn dieses Ergebnis für den Erklärenden schlechthin unzumutbar ist, etwa weil er dadurch in erhebliche wirtschaftliche Schwierigkeiten geriete.[65]

### 3. Schuldhaft ungenaue Massenermittlung des Auftraggebers

Darüber hinaus kommt eine Ausnahme von der Bindung an die bisherigen Preisermittlungsgrundlagen bei bewusster wie unbewusster Unter-Wert-Kalkulation allenfalls noch 35

---

[63] BGH NJW-RR 1995, 1360; 1986, 569 f.; NJW 1980, 180; *Flume,* Allg. Teil des Bürgerlichen Rechts II, S. 493.
[64] BGH NJW 1998, 3192, 3193.
[65] Vgl. dazu BGH NJW-RR 1995, 1360; 1998, 3192, 3194; *Kapellmann/Messerschmidt-Kapellmann* VOB/B § 2 Rdn. 163 wollen eine Korrekturmöglichkeit schon dann bejahen, wenn das Festhalten am alten Preis „nur fühlbare" Folgen hätte. Die Begründung – die erweiterte Korrekturmöglichkeit sei der Ausgleich dafür, dass der Auftraggeber nicht richtig ausgeschrieben habe, der Auftragnehmer aber gleichwohl auch für die vertraglich nicht vorgesehenen Mengen grundsätzlich an den alten Preis gebunden sei – überzeugt aber nicht recht. Der Kalkulationsfehler ist im Regelfall jedenfalls nicht unmittelbar auf die ungenaue Ausschreibung zurückzuführen, sondern darauf, dass auf Seiten des Auftragnehmers einzelne Kostenfaktoren übersehen oder nicht richtig bewertet worden sind. Da „fühlbare Folgen" sehr schnell zu bejahen sein dürften, würden dem Auftragnehmer sehr weitreichende Möglichkeiten zu einer „Nachkalkulation" eingeräumt, die er ohne die Mengenänderung nie gehabt hätte. Ein sachlicher Grund für diese Verschiebung des Kalkulationsrisikos auf den Auftraggeber ist nicht erkennbar.

dann in Betracht, wenn der Auftraggeber durch unvollständige oder unsorgfältige Planung und Leistungsbeschreibung die Massen vorwerfbar ungenau ermittelt und dadurch schuldhaft eine über 10% hinausgehende Massenmehrung verursacht hat, so dass dem Auftragnehmer – wenn nicht sogar nach den oben dargelegten Grundsätzen die Bindung an die vereinbarten Preise ganz entfällt – ein Schadensersatzanspruch aus Verschulden beim Vertragsschluss c. i. c./§§ 280 Abs. 1, 311 Abs. 2 und 3 BGB zusteht.[66]

36  Das kann allerdings nicht dazu führen, dass die Bindung des Auftragnehmers an die bisherige Preisermittlungsgrundlage völlig entfällt, denn bei den in Rede stehenden Fällen bewusster oder unbewusster Unter-Wert-Kalkulation ist im Rahmen des oben genannten Schadensersatzanspruchs zu Lasten des Auftragnehmers zu berücksichtigen, dass dieser selbst seine dem Vertrag zugrunde gelegten Preise nicht sorgfältig ermittelt hatte. Hier ist deshalb das beiderseitige **Mitverschulden** gem. § 254 BGB zu berücksichtigen[67] und darauf abzustellen, inwieweit die streitige Preisdifferenz dem einen und dem anderen Teil zuzurechnen, d. h. einerseits auf die zu Lasten des Auftraggebers gehende Mengendifferenz und andererseits auf den Kalkulationsfehler des Auftragnehmers, die bewusste oder unbewusste Unter-Wert-Kalkulation, zurückzuführen ist.[68] Dagegen kann nicht eingewendet werden, dass derartige Unter-Wert-Preise niemals vom Auftraggeber verursacht und verschuldet sind,[69] denn auch wenn das zutrifft, ist andererseits zu berücksichtigen, dass sie sich ohne die schuldhaft ungenaue Massenermittlung des Auftraggebers jedenfalls in Bezug auf die Mehrmengen über 10% hinaus nicht ausgewirkt hätten.[70]

### V. Verjährung/Verwirkung des Preisänderungsanspruchs

37  Der Anspruch auf Änderung und Anpassung der Einheitspreise bei Mengenüberschreitungen über 10% hinaus verjährt grundsätzlich in derselben Frist wie der ursprüngliche Vergütungsanspruch.[71] Das gilt jedenfalls, soweit der Auftragnehmer Erhöhung seines Einheitspreises für die 110% übersteigende Menge verlangen kann, und folgt schon aus dem Grundsatz, dass alle – die in der Schlussrechnung abgerechneten und die in ihr nicht enthaltenen – Forderungen des Auftragnehmers, die Leistungen aus ein und demselben Vertrag betreffen, einheitlich verjähren (→ Vor § 2 Rdn. 450).[72] In Ausnahmefällen wird der Auftragnehmer sein Erhöhungsverlangen aber schon vorher **verwirkt** haben. Das wird man jedenfalls dann bejahen können, wenn der Auftraggeber die geltend gemachte Vergütung bezahlt hat und darauf vertrauen durfte, dass eine Preisanpassung nicht mehr verlangt werde.[73]

Schwieriger zu beantworten ist die Frage, was gilt, soweit der Auftraggeber **Herabsetzung des Einheitspreises** für die 110% übersteigende Menge verlangen kann, denn für den Preisanpassungsanspruch des Auftraggebers kann die Verjährung des Vergütungsanspruchs des Auftragnehmers nicht maßgebend sein. Andererseits kann es aber auch nicht angehen, dass der Auftraggeber eine Änderung und Herabsetzung der Einheitspreise beliebig lange geltend machen kann und der Auftragnehmer hierdurch – jedenfalls nach früherer Rechtslage – bis zu 30 Jahre Rückforderungsansprüchen aus ungerechtfertigter Bereicherung (§§ 812 ff. BGB) ausgesetzt ist. Stellt der Auftragnehmer seine Schlussrechnung und rechnet er etwaige Mehrmengen über 10% hinaus zum vertraglichen Einheits-

---

[66] Ähnlich auch *Ingenstau/Korbion/Keldungs* VOB/B § 2 Nr. 3 Rdn. 28 f.; *Dähne* BauR 1999, 289.
[67] Dazu *Ingenstau/Korbion/Keldungs* a. a. O.
[68] *Ingenstau/Korbion/Keldungs* a. a. O.
[69] So aber *Walzel* BauR 1980, 227 ff., 230.
[70] Ähnlich auch *Ingenstau/Korbion/Keldungs* a. a. O.
[71] *Ingenstau/Korbion/Keldungs* VOB/B § 2 Nr. 3 Rdn. 2; *Heiermann/Riedl/Rusam* VOB/B § 2 Rdn. 88.
[72] BGHZ 53, 222 = NJW 1970, 938 = BauR 1970, 113; *Ingenstau/Korbion/Keldungs* VOB/B § 2 Nr. 3 Rdn. 2; OLG Bamberg IBR 2003, 525 mit Anm. *Putzier*.
[73] *Kniffka* IBR-online-Kommentar zum Bauvertragsrecht Stand 4. 1. 2007 § 631 Rdn. 262.

preis ab, kann der Auftraggeber vielmehr ein Verlangen auf Änderung und Herabsetzung dieser Einheitspreise nur bis zu Bezahlung der Schlussrechnung des Auftragnehmers stellen. Gleicht er diese vorbehaltlos aus, ohne eine Einheitspreisherabsetzung zu verlangen, hat er sein Änderungsrecht verwirkt und ist mit einem Änderungsverlangen für die Zukunft ausgeschlossen.[74]

## D. Mengenunterschreitungen über 10% hinaus (Absatz 3)

Während bei Massenüberschreitungen über 10% hinaus nach § 2 Nr. 3 Abs. 2 VOB/B für die 10% übersteigende Mehrmenge je nach Lage des Falles vom Auftraggeber oder Auftragnehmer eine Verringerung oder Erhöhung des Einheitspreises der betreffenden Position verlangt werden kann, bestimmt § 2 Nr. 3 Satz 1 VOB/B, dass bei einer über 10% hinausgehenden Unterschreitung des vertraglichen Mengenansatzes auf Verlangen des Auftragnehmers der Einheitspreis für die gesamte tatsächlich ausgeführte (Rest-)Menge der Leistung oder Teilleistung zu erhöhen ist, soweit der Auftragnehmer nicht durch Erhöhung der Mengen bei anderen Positionen oder in anderer Weise einen Ausgleich erhält.[75]

### I. Einheitspreiserhöhung auch hier nur auf Verlangen

Ebenso wie bei der Überschreitung des vertraglichen Mengenansatzes um mehr als 10% ein neuer Einheitspreis nur auf Verlangen zu vereinbaren ist, setzt auch § 2 Nr. 3 Abs. 3 VOB/B bei Massenunterschreitungen von mehr als 10% voraus, dass ein entsprechend höherer Einheitspreis **verlangt** wird,[76] wobei als Anspruchsteller hier nur der Auftragnehmer in Betracht kommt.[77] Stellt der Auftragnehmer kein solches Verlangen, bleibt es bei dem vertraglichen Einheitspreis.

Wenn es in § 2 Nr. 3 Abs. 3 VOB/B sodann heißt, dass auf Verlangen (des Auftragnehmers) der Einheitspreis für die tatsächlich ausgeführte Menge zu erhöhen ist, setzt dies – wie im Fall der Einheitspreisanpassung bei mehr als 10%-iger Massenüberschreitung – weiterhin das Zustandekommen einer entsprechenden Vereinbarung voraus. Fehlt es an einer solchen oder können sich die Parteien nicht einigen, gilt das zu Rdn. 22 Gesagte entsprechend.

### II. Erhöhung des Einheitspreises für die gesamte tatsächlich ausgeführte (Rest-)Menge

Während es bei Mengenunterschreitungen bis zu 10% – ebenso wie bei Mengenüberschreitungen bis zu 10% – bei dem vertraglichen Einheitspreis bleibt[78] (vgl. oben Rdn. 23), kann der Auftragnehmer bei Mengenunterschreitungen über 10% hinaus, wenn also die verbleibende Menge weniger als 90% beträgt, eine Erhöhung des Einheitspreises für die verringerte Menge insgesamt verlangen, d. h. für die gesamte tatsächlich ausgeführte (Rest-)Menge.[79] Es wird daher für die gesamte Leistung ein neuer Einheitspreis gebildet.[80] Nach

---

[74] *Kapellmann/Messerschmidt-Kapellmann* VOB/B § 2 Rdn. 169.
[75] *Kapellmann/Messerschmidt-Kapellmann* VOB/B § 2 Rdn. 151; *Kniffka* IBR-online-Kommentar zum Bauvertragsrecht Stand 4. 1. 2007 § 631 Rdn. 260.
[76] *Ingenstau/Korbion/Keldungs* VOB/B § 2 Nr. 3 Rdn. 31, 40; *Heiermann/Riedl/Rusam* VOB/B § 2 Rdn. 89; *Kapellmann/Messerschmidt-Kapellmann* VOB/B § 2 Rdn. 151.
[77] *Kapellmann/Messerschmidt-Kapellmann* VOB/B § 2 Rdn. 151.
[78] Vgl. *Ingenstau/Korbion/Keldungs* VOB/B § 2 Nr. 3 Rdn. 34; *Heiermann/Riedl/Rusam* VOB/B § 2 Rdn. 89.
[79] BGH NJW 1987, 1820 = BauR 1987, 217 = ZfBR 1987, 145; *Ingenstau/Korbion/Keldungs* VOB/B § 2 Nr. 3 Rdn. 36; *Heiermann/Riedl/Rusam* VOB/B a. a. O.
[80] *Kapellmann/Messerschmidt-Kapellmann* VOB/B § 2 Rdn. 151.

dem eindeutigen Wortlaut der Vorschrift kann nur der Auftragnehmer eine Erhöhung des Einheitspreises verlangen, nicht aber der Auftraggeber eine Herabsetzung.[81]

### 1. Wiederherstellung der ursprünglichen Kalkulationsbasis

42  Sinn des Erhöhungsanspruchs des Auftragnehmers ist es, einen Ausgleich dafür zu schaffen, dass sich durch die Verringerung der auszuführenden Mengen insbesondere die leistungs-unabhängigen Kosten wie Baustelleneinrichtungs-, Baustellengemein- und Allgemeine Geschäftskosten auf eine verringerte Menge verteilen.[82] Ansonsten haben jedoch auch bei nachträglichen Massenunterschreitungen und daraus resultierenden Ansprüchen auf Einheitspreisanpassung die ursprünglichen Preisermittlungsgrundlagen Bestand.[83] Deshalb gilt ein bei Vertragsschluss vereinbarter prozentualer Nachlass selbst dann weiter, wenn sich die abgerechneten Mengen gegenüber den kalkulierten Mengen erheblich verringert haben.[84] Grundlage der Anpassung ist – wie bei der Mengenmehrung – die Mengenangabe im Vordersatz der jeweiligen Leistungsposition. Auch hier reicht die Angabe einer „ca.-Menge" oder eine „überschläglich angegebene" Menge aus. Sache des Auftragnehmers ist es aber, die maßgeblichen Ermittlungsgrundlagen für die Bildung der neuen Einheitspreise darzutun und zum Vergleich die ursprüngliche Kalkulation offen zu legen.[85]

43  **a) Neuverteilung der Baustelleneinrichtungs-, Baustellengemein-, und Allgemeinen Geschäftskosten.** § 2 Nr. 3 Abs. 3 Satz 2 VOB/B bestimmt ausdrücklich, dass die Erhöhung des Einheitspreises „im Wesentlichen"[86] dem Mehrbetrag entsprechen soll, der sich durch die Verteilung der Baustelleneinrichtungs-, Baustellengemein- und Allgemeinen Geschäftskosten auf die verringerte Menge ergibt. Dieser Mehrbetrag wird dadurch ermittelt, dass „der ursprüngliche Einheitspreis für 100% angenommen" wird.[87] Anders als bei Massenüberschreitungen über 10% hinaus, bei denen erst ab 10% der Mehrmenge ein neuer Einheitspreis zu vereinbaren ist, der alte Einheitspreis also in Höhe der Toleranzgrenze von 10% bis zu 110% der ursprünglichen Vertragsmenge bestehen bleibt, wird dem Auftragnehmer bei Massenunterschreitungen von mehr als 10% für den Toleranzbereich zwischen 90 und 100% kein Eigenanteil von 10% der Gemeinkosten angerechnet, sondern voller Gemeinkostenausgleich gewährt.[88] Das bedeutet, dass die in den entfallenen Mengen enthaltenen Baustelleneinrichtungs-, Baustellengemein- und Allgemeinen Geschäftskosten festgestellt und als fehlende Kostendeckungsbeiträge bis zu 100% angesetzt werden.[89] Der so ermittelte Mehrbetrag wird dann auf die verringerte Menge umgelegt und der Einheitspreis für diese im Wege der Neuberechnung entsprechend erhöht.[90] Das gilt im Prinzip auch für

---

[81] *Kapellmann/Schiffers* Band 1 Rdn. 525.
[82] *Ingenstau/Korbion/Keldungs* VOB/B § 2 Nr. 3 Rdn. 36, 41 ff.; *Heiermann/Riedl/Rusam* VOB/B § 2 Rdn. 90.
[83] *Schulze-Hagen* Festschrift Jagenburg S. 815 will hingegen bei der Mindermengenabrechnung nach § 2 Nr. 3 Abs. 3 VOB/B nicht nur auf Basis der Urkalkulation, sondern auch der tatsächlich angefallenen Nachunternehmerkosten abrechnen, damit dem Auftragnehmer – wie auch bei der Mehrkostenabrechnung nach § 2 Nr. 3 Abs. 2 VOB/B bzw. Nachträgen nach § 2 Nr. 5 VOB/B – der Vergabegewinn erhalten bleibt.
[84] OLG Celle BauR 1995, 138 L.
[85] OLG Bamberg NZBau 2004, 100.
[86] Die Vorschrift ist insoweit redaktionell missglückt. Es besteht Einigkeit, dass der Mehrbetrag aus der Neuverteilung der Baustelleneinrichtungs- und Baustellengemeinkosten und der Allgemeinen Geschäftskosten nicht nur „im Wesentlichen", sondern in vollem Umfang zu berücksichtigen ist; vgl. *Kapellmann/Messerschmidt-Kapellmann* VOB/B § 2 Rdn. 152 m. w. N.; Der Streit darüber, ob man dieses Redaktionsversehen übergehen sollte, ob man es – wie hier – als Hinweis auf die Einbeziehung auch anderer Kosten zu verstehen hat oder ob man es – so *Kapellmann* a. a. O. – an anderer Stelle in die Vorschrift hineinlesen sollte, hat wenig praktische Bedeutung.
[87] BGH NJW 1987, 1820 = BauR 1987, 217 = ZfBR 1987, 145; OLG Hamm BauR 1984, 297.
[88] OLG Hamm a. a. O.; *Heiermann/Riedl/Rusam* VOB/B § 2 Rdn. 90; zur Berechnung auch OLG Nürnberg IBR 2003, 55 mit Anm. *Reister.*
[89] *Ingenstau/Korbion/Keldungs* VOB/B § 2 Nr. 3 Rdn. 44; *Nicklisch/Weick* VOB/B § 2 Rdn. 48.
[90] *Ingenstau/Korbion/Keldungs* VOB/B a. a. O; *Franz/Kues* BauR 2006, 1376, 1378.

die Deckungsbeiträge für **Wagnis und Gewinn**.[91] Bei nicht oder nicht vollständig ausgeführten Leistungsmengen (Mengenunterschreitung) kann der Auftragnehmer deshalb die Umlegung seiner gesamten Gemeinkosten (Baustelleneinrichtungs-, Baustellengemeinkosten und Allgemeine Geschäftskosten) auf die tatsächlich ausgeführte verringerte Leistungsmenge verlangen. Denn die in dem vereinbarten Einheitspreis der fortgefallenen Teilleistungen enthaltenen fixen Kosten müssen von der verringerten Leistungsmenge getragen werden.[92]

**b) Sonstige ungedeckte Kosten.** Die Erwähnung der leistungsunabhängigen Kosten (Baustelleneinrichtungs-, Baustellengemein- und Allgemeine Geschäftskosten) in § 2 Nr. 3 Abs. 3 Satz 2 VOB ist allerdings nicht abschließend in dem Sinne, dass daneben andere ungedeckte Kosten nicht zu berücksichtigen wären.[93] Das ergibt sich schon daraus, dass der auszugleichende Mehrbetrag nur „im Wesentlichen" den durch die Mengenverringerung ungedeckten Baustelleneinrichtungs-, Baustellengemein- und Allgemeinen Geschäftskosten entsprechen soll. 44

Insbesondere kann der Auftragnehmer verlangen, dass ihm trotz der Massenreduzierung der für die Gesamtmenge kalkulierte Gewinn erhalten bleibt, so dass auch die in den entfallenen Mengen enthaltenen Gewinnanteile zu berücksichtigen sind.[94] Gleiches gilt für **Vorlaufkosten,** die – z. B. im Rahmen der Arbeitsvorbereitung – für die entfallenen Mengen und den nicht ausgeführten Teil der Leistung bereits entstanden und aufgewendet worden sind.[95] Dagegen erhöht sich das vom Auftragnehmer für die Gesamtmenge kalkulierter Wagnis durch eine Massenverringerung regelmäßig nicht, so dass es im Normalfall auch nicht zu berücksichtigen ist.[96] 45

## 2. Erhöhung des Einheitspreises nur soweit kein anderweitiger Ausgleich

Wie sich aus § 2 Nr. 3 Abs. 3 Satz 1 VOB/B ergibt, ist bei einer über 10% hinausgehenden Unterschreitung des Mengenansatzes der Einheitspreis für die tatsächlich ausgeführte Menge nur zu erhöhen, wenn und soweit der Auftragnehmer nicht durch Erhöhung der Mengen bei anderen Positionen oder in anderer Weise einen Ausgleich erhält.[97] 46

**a) Ausgleich durch Erhöhung der Mengen bei anderen Positionen.** Der Regelung, dass bei anderweitigem Ausgleich keine Erhöhung der Einheitspreise verlangt werden kann, liegt die Überlegung zugrunde, dass es – im Idealfall – keines Ausgleichs bedarf, wenn sich z. B. bei einer Position die Massen um 25% verringern, dafür aber bei einer vergleichbaren anderen Position entsprechend um 25% und damit in gleicher Weiser erhöhen; d. h. die Massen insgesamt gleich bleiben, sich nur von einer Position zu einer anderen verschieben und der Auftragnehmer schon durch diese Massenverschiebung einen Ausgleich erhält. 47

Tatsächlich verschieben sich Massen meist jedoch nicht so gleichmäßig. Ob der Auftragnehmer durch Mengenerhöhungen bei anderen Positionen einen Ausgleich erhält, bedarf 48

---

[91] *Franz/Kues* a. a. O.
[92] OLG Schleswig BauR 1996, 265 unter Hinweis auf OLG Hamm BauR 1994, 726 und OLG München BauR 1993, 726 (für den umgekehrten Fall der Überschreitung des Mengenansatzes).
[93] *Ingenstau/Korbion/Keldungs* VOB/B § 2 Nr. 3 Rdn. 41 ff.; *Heiermann/Riedl/Rusam* VOB/B § 2 Rdn. 90.
[94] *Ingenstau/Korbion/Keldungs* a. a. O.; *Heiermann/Riedl/Rusam* a. a. O.; *Kapellmann/Messerschmidt-Kapellmann* VOB/B § 2 Rdn. 152, 157.
[95] *Ingenstau/Korbion/Keldungs* a. a. O.; *Heiermann/Riedl/Rusam* a. a. O.; *Kapellmann/Messerschmidt-Kapellmann* VOB/B § 2 Rdn. 154.
[96] *Ingenstau/Korbion/Keldungs* a. a. O.; a. A. offenbar *Kapellmann/Messerschmidt-Kapellmann* VOB/B § 2 Rdn. 152, 157.
[97] Kniffka IBR-online-Kommentar zum Bauvertragsrecht Stand 4. 1. 2007 § 631 Rdn. 260; zur Behandlung der Allgemeinen Geschäftskosten, der Ansätze für Wagnis und Gewinn sowie der zeit- bzw. mengenabhängigen Gemeinkosten wird auf *Kapellmann/Schiffers* Rdn. 545 und *Franz/Kues* BauR 2006, 1376, 1384 verwiesen. Danach kommt auch ein Ausgleich der umsatzbezogen kalkulierten Allgemeinen Geschäftskosten in Betracht.

**§ 2 Nr. 3**

somit im Einzelfall einer **genauen Ausgleichsberechnung**. Eine solche ist schon deshalb erforderlich, weil „die Regelungen der VOB/B für Mehr- oder Mindermengen über 10% ... nicht deckungsgleich" sind.[98] Bei Mehrmengen gem. § 2 Nr. 3 Abs. 2 VOB/B kann nur für die 110% übersteigende Menge eine neue Preisvereinbarung verlangt werden; die Vor- oder Nachteile der darunter liegenden Mehrmenge verbleiben also beim Auftragnehmer und werden nicht ausgeglichen. Daraus folgt auch für die Ausgleichsberechnung nach § 2 Nr. 3 Abs. 3 VOB/B, „dass im Ergebnis gem. § 2 Nr. 3 Abs. 2 VOB/B bei Mehrmengen überhaupt nur die über 10% hinausgehende Überschreitung für die Vereinbarung eines neuen Preises zur Verfügung steht, es damit jedenfalls bei bis 110% reichenden Mengen bei dem ursprünglichen Preisansatz zu verbleiben hat".[99] Demgegenüber ist nach § 2 Nr. 3 Abs. 3 VOB/B für die über 10% hinaus verringerte **Restmenge insgesamt** auf Verlangen ein neuer Einheitspreis zu vereinbaren.

49  Außerdem können im Rahmen der Ausgleichsberechnung nach § 2 Nr. 3 Abs. 3 VOB/B natürlich nur solche Massenerhöhungen über 10% hinaus berücksichtigt werden, bei denen für die über 110% hinausgehenden Mengen gem. § 2 Nr. 3 Abs. 2 VOB/B nicht bereits ein neuer Preis vereinbart worden ist.[100] Anderenfalls sind sie für den Ausgleich der Mindermassen nach § 2 Nr. 3 Abs. 3 VOB/B verbraucht. Entsprechend lautet der Leitsatz der vorerwähnten BGH-Entscheidung:[101]

„Werden Mengenansätze um mehr als 10% unterschritten und ist deshalb nach § 2 Nr. 3 Abs. 3 VOB/B der Einheitspreis für die tatsächlich ausgeführte Menge der Leistung zu erhöhen, so sind Mengenüberschreitungen bei anderen Ordnungszahlen (Positionen) nur auszugleichen, soweit sie 10% übersteigen und dafür nicht bereits nach § 2 Nr. 3 Abs. 2 VOB/B ein neuer Preis vereinbart worden ist."

50  **b) Ausgleich in anderer Weise**[102] – **Auftragserweiterungen und Nachträge.** Der Auftragnehmer kann auch dann keine Erhöhung des Einheitspreises für die um mehr als 10% verringerte Restmenge verlangen, wenn er einen Ausgleich in anderer Weise erhält, z. B. dadurch, dass der Auftraggeber die durch die Massenverringerung ungedeckten Gemeinkosten, Gewinnanteile usw. gesondert erstattet.[103] Weiterhin ist denkbar, dass der Auftragnehmer durch Auftragserweiterungen und Nachträge einen Ausgleich erhält, was z. B. bei Leistungsänderungen gem. §§ 1 Nr. 3, 2 Nr. 5 und Zusatzleistungen gem. §§ 1 Nr. 4, 2 Nr. 6 VOB/B der Fall sein kann.[104]

51  Dagegen stellen Vorteile aus einem **anderen Vertrag,** z. B. einem Anschlussauftrag oder weiteren, neuen Bauauftrag, auch bei räumlichem, zeitlichem und sachlichem Zusammenhang keinen Ausgleich im Sinne von § 2 Nr. 3 Abs. 3 VOB/B dar, denn diese Vorteile beruhen auf einem selbstständigen Vertrag. Als Ausgleich kommen jedoch nur Vorteile auf Grund desselben Vertrages in Betracht.[105] Diese rechtliche Einheit ist nur bei Mehrleistungen auf Grund von Leistungsänderungen und Zusatzleistungen im Sinne von § 1 Nrn. 3 und 4 i. V. m. § 2 Nrn. 5 und 6 VOB/B gewahrt.

52  **c) Anderweitiger Ausgleich nur durch nachträgliche Umstände.** Wie sich bereits aus dem Vorgesagten ergibt, kommen als Ausgleichstatbestände im Sinne von § 2 Nr. 3 Abs. 3 VOB/B naturgemäß nur solche Umstände in Betracht, die sich erst nachträglich während der Bauausführung ergeben haben. Der Auftraggeber kann gegenüber dem Verlangen des Auftragnehmers auf Erhöhung der Einheitspreise bei Mengenreduzierungen über

---

[98] BGH NJW 1987, 1820 = BauR 1987, 217 = ZfBR 1987, 145.
[99] BGH a. a. O.; *Ingenstau/Korbion/Keldungs* VOB/B § 2 Nr. 3 Rdn. 17; *Heiermann/Riedl/Rusam* VOB/B § 2 Rdn. 91.
[100] BGH a. a. O.; *Ingenstau/Korbion/Keldungs* a. a. O.; *Heiermann/Reidl/Rusam* a. a. O.
[101] BGH a. a. O.
[102] Vgl. hierzu insbesondere auch *Mantscheff* BauR 1979, 389 ff.
[103] *Ingenstau/Korbion/Keldungs* VOB/B § 2 Nr. 3 Rdn. 41 ff.; *Heiermann/Riedl/Rusam* VOB/B § 2 Rdn. 91; *Nicklisch/Weick* VOB/B § 2 Rdn. 48.
[104] Dazu kritisch *Usselmann,* BauR 2004, 1217 und *Franz/Kues* BauR 2006, 1376, 1385.
[105] *Ingenstau/Korbion/Keldungs* VOB/B § 2 Nr. 3 Rdn. 38; *Nicklisch/Weick* VOB/B § 2 Rdn. 48 und *Heiermann/Riedl/Rusam* VOB/B § 2 Rdn. 91.

10% hinaus also nicht einwenden, der Auftragnehmer habe von vornherein übermäßig hoch kalkuliert, so dass seine Preise auch für die verbliebene Menge ausreichend seien.[106]

### 3. Umsatzsteuer

Insoweit bestimmt § 2 Nr. 3 Abs. 3 Satz 3 VOB/B für die Erhöhung bei Mengenunterschreitungen über 10% hinaus ausdrücklich, dass die Umsatzsteuer entsprechend dem neuen Preis vergütet wird, während eine solche Regelung bei Mengenüberschreitungen von mehr als 10% in § 2 Nr. 3 Abs. 2 VOB/B fehlt. Das rechtfertigt jedoch nicht den Umkehrschluss, dass die Umsatzsteuer in diesem Fall nicht zu vergüten sei, denn sie ist hier wie dort Preisbestandteil und deshalb sowohl im Rahmen der Mehr- und Minderkostenberechnung nach § 2 Nr. 3 Abs. 2 als auch bei der Einheitspreiserhöhung und Ausgleichsberechnung gem. § 2 Nr. 3 Abs. 3 VOB/B als preisbestimmender Faktor zu berücksichtigen.[107]

## III. Verjährung des Erhöhungsanspruchs

Hierzu gilt das, was in Rdn. 37 zur Verjährung des Preisänderungsanspruchs bei Mengenüberschreitungen von mehr als 10% gesagt worden ist, entsprechend.

## IV. Keine Anwendung von § 2 Nr. 3 Abs. 3 VOB/B bei Wegfall ganzer Positionen

Anerkanntermaßen ist § 2 Nr. 3 Abs. 3 VOB/B nicht anzuwenden, wenn sich die Massen einer Position nicht nur – über 10% hinaus – verringern, sondern wenn sie sich zu 100% reduzieren und eine Position ganz wegfällt,[108] was aus den unterschiedlichsten Gründen der Fall sein kann. Insoweit ist zunächst auf das zu verweisen, was zur Herausnahme von Teilleistungen im Rahmen von § 1 Nr. 3 VOB/B gesagt worden ist.

### 1. Ersatzlose Herausnahme entbehrlicher Leistungen (§ 1 Nr. 3 i. V. m. § 2 Nr. 5 VOB/B)

Eine Position kann zunächst dadurch ganz entfallen, dass sie sich auf Grund geänderter Planung insgesamt als entbehrlich erweist und vom Auftraggeber ersatzlos herausgenommen wird. Dazu ist der Auftraggeber auf Grund seines Änderungsvorbehalts gem. § 1 Nr. 3 VOB/B berechtigt, ohne dass dies eine Teilkündigung im Sinne von § 649 BGB bzw. § 8 Nr. 1 VOB/B darstellt. Deshalb ist hierfür auch keine Schriftform nach § 8 Nr. 5 VOB/B erforderlich.[109]

Die vergütungsrechtlichen Folgen einer solchen ersatzlosen Herausnahme entbehrlicher Leistungen ergeben sich aus § 2 Nr. 5 VOB/B.[110]

Darüber hinaus kann, wenn die Planungsänderung, die den Wegfall einer ganzen Position zur Folge hat, auf einer unsorgfältigen Planung und somit auf einem Verschulden des Auftraggebers beruhte, zugunsten des Auftragnehmers ein Schadensersatzanspruch aus Verschulden beim Vertragsschluss c. i. c./§§ 280 Abs. 1, 311 Abs. 2 und 3 BGB in Betracht kommen.[111]

---

[106] *Ingenstau/Korbion/Keldungs* VOB/B § 2 Nr. 3 Rdn. 39.
[107] *Ingenstau/Korbion/Keldungs* VOB/B § 2 Nr. 3 Rdn. 45; *Heiermann/Riedl/Rusam* VOB/B § 2 Rdn. 92.
[108] *Ingenstau/Korbion/Keldungs* VOB/B § 2 Nr. 3 Rdn. 35; *Heiermann/Riedl/Rusam* VOB/B § 2 Rdn. 92; *Nicklisch/Weick* VOB/B § 2 Rdn. 50.
[109] A. A. offenbar *Heiermann/Riedl/Rusam* VOB/B § 2 Rdn. 92.
[110] Deshalb ist es entgegen *Nicklisch/Weick* VOB/B § 2 Rdn. 50 auch nicht erforderlich, diesen Fall der Leistungsänderung „wie eine Teilkündigung zu behandeln".
[111] *Heiermann/Riedl/Rusam* VOB/B § 2 Rdn. 92; *Nicklisch/Weick* VOB/B § 2 Rdn. 50 a. E.; *Kapellmann/Messerschmidt-Kapellmann* VOB/B § 2 Rdn. 165; *W. Jagenburg* BauR 1970, 18, 21.

## 2. Herausnahme wegen Selbstausführung (§ 2 Nr. 4 VOB/B)

**59** Falls eine Position deshalb ganz entfällt, weil der Auftraggeber diese selbst ausführen will und deshalb aus dem Vertrag herausnimmt, kann er sich dagegen nicht auf den Änderungsvorbehalt des § 1 Nr. 3 VOB/B berufen.[112] Vielmehr regelt § 2 Nr. 4 VOB/B dies als Sonderfall der Änderung des Vertragsinhalts, wobei die Verweisung darauf, dass dann § 8 Nr. 1 Abs. 2 VOB/B „entsprechend" gilt, deutlich macht, dass dies ebenfalls keine Teilkündigung[113] und deshalb auch hier keine Schriftform nach § 8 Nr. 5 VOB/B erforderlich ist. Vielmehr ist lediglich die vergütungsrechtliche Seite durch Rechtsfolgenverweisung im Sinne von § 8 Nr. 1 Abs. 2 VOB/B wie bei einer Teilkündigung geregelt. Andere sehen in § 2 Nr. 4 einen Sonderfall der Teilkündigung,[114] nur dass dafür auf Grund der Sonderregelung des § 2 Nr. 4 VOB/B keine Schriftform[115] erforderlich ist.[116] Es wird auch auf die Ausführungen zu § 2 Nr. 4 VOB/B verwiesen.

## 3. Herausnahme wegen anderweitiger Vergabe (§ 8 Nr. 1 VOB/B)

**60**

**61** Dies ist ein typischer Fall der Teilkündigung nach § 8 Nr. 1 VOB/B mit den dort geregelten Vergütungsfolgen, die § 649 BGB entsprechen. § 2 Nr. 3 VOB/B findet auch in diesem Fall keine Anwendung.[117] Allerdings setzt die Wirksamkeit einer solchen Teilkündigung – entgegen § 649 BGB – nach § 8 Nr. 5 VOB/B die Einhaltung der dort geregelten **Schriftform zwingend** voraus. Anderenfalls ist die (Teil-) Kündigung unwirksam und auch keine entsprechende Anwendung von § 8 Nr. 1 Abs. 2 VOB/B möglich.[118]

**62** Ebenso ist kein Rückgriff auf § 2 Nr. 5 VOB/B möglich, weil die Herausnahme von Teilleistungen und ganzen Positionen zwecks anderweitiger Vergabe nicht von dem Änderungsvorbehalt des Auftraggebers nach § 1 Nr. 3 VOB/B gedeckt ist (→ § 1 Nr. 3).

**63** Werden vom Auftraggeber Teilleistungen im Sinne ganzer Positionen anderweitig vergeben, ohne insoweit den Vertrag mit dem Auftragnehmer zuvor unter Einhaltung der Schriftform nach § 8 Nr. 5 VOB/B wirksam zu kündigen, kann zwar eine **einverständliche Teilaufhebung** vorliegen, wenn der Auftragnehmer mit einer solchen teilweisen Auftragsentziehung einverstanden ist. Davon kann aber im Zweifel nicht oder doch nur in Ausnahmefällen ausgegangen werden; „regelmäßig" kann das jedenfalls nicht angenommen werden.

**64** Außerdem kann bei anderweitiger Vergabe ohne vorherige formwirksame Kündigung zugunsten des Auftragnehmers ein Schadensersatzanspruch aus positiver Vertragsverletzung/§ 280 Abs. 1 BGB in Betracht kommen, wenn dem Auftragnehmer durch die teilweise Auftragsentziehung ein über den Vergütungsbereich hinausgehender **weitergehender Schaden** entsteht. Das kann z. B. der Fall sein, wenn dem Auftragnehmer auf Grund der teilweisen Auftragsentziehung ein für den Auftrag gewährter Kredit gekündigt wird und der Auftragnehmer dadurch in finanzielle Schwierigkeiten kommt oder sich Ersatzmittel nur für teureres Geld beschaffen kann.

## E. Von Einheitspreis-Leistungen abhängige Pauschalpreise (Absatz 4)

**65** Sind von der unter einem Einheitspreis erfassten Leistung oder Teilleistung andere Leistungen abhängig, für die eine Pauschalsumme vereinbart ist, so kann nach § 2 Nr. 3 Abs. 4

---

[112] Vgl. OLG Düsseldorf NJW-RR 1988, 278 = BauR 1988, 485.
[113] OLG Düsseldorf a. a. O.; *Heiermann/Riedl/Rusam* VOB/B § 2 Rdn. 95; *Nicklisch/Weick* VOB/B § 2 Rdn. 54.
[114] *Ingenstau/Korbion/Keldungs* VOB/B § 2 Nr. 3 Rdn. 35; *Vygen* Bauvertragsrecht Rdn. 768.
[115] LG München BauR 1992, 270 L: Werden im Vertrag vereinbarte Leistungen des Auftragnehmers vom Auftraggeber selbst übernommen (z. B. Lieferung von Baustoffen), so handelt es sich zwar um eine Teilkündigung. Die Einhaltung der Schriftform ist jedoch nicht erforderlich.
[116] Vgl. auch OLG Düsseldorf NJW-RR 1995, 1170 = BauR 1995, 712.
[117] OLG Celle BauR 1995, 558.
[118] *Nicklisch/Weick* VOB/B § 2 Rdn. 50, 57 und Vor §§ 8, 9 Rdn. 32/33; *W. Jagenburg* BauR 1970, 18, 21.

VOB/B mit der Änderung des Einheitspreises auch eine angemessene Änderung der Pauschalsumme gefordert werden.

## I. Pauschalpreisänderung ebenfalls nur auf Verlangen

66 Ebenso wie bei mehr als 10%-iger Mengenüber- oder unterschreitung nach § 2 Nr. 3 Abs. 2 und 3 VOB/B eine Änderung des Einheitspreises der betreffenden Position nur auf Verlangen vorzunehmen ist, gilt für die Änderung einer hiervon abhängigen Pauschalsumme nach § 2 Nr. 3 Abs. 4 VOB/B, dass diese nur vorzunehmen ist, wenn dies verlangt wird.

67 Das Änderungsverlangen kann ausdrücklich oder stillschweigend erfolgen, jedoch muss sich zumindest im Wege der Auslegung ergeben, dass es sich (auch) auf die Pauschalpreisänderung bezieht, denn in dem Verlangen auf Änderung der Einheitspreise nach § 2 Nr. 3 Abs. 2 und 3 VOB/B liegt nicht automatisch bereits zugleich das Verlangen, einen hiervon abhängigen Pauschalpreis ebenfalls zu ändern.[119]

## II. Abhängige Pauschalpreisleistungen

68 Das Verlangen auf Änderung einer Pauschalsumme nach § 2 Nr. 3 Abs. 4 VOB/B ist nur gerechtfertigt, wenn diese von Einheitspreisleistungen abhängig ist, deren Mengen (Vordersätze) sich gem. § 2 Nr. 3 Abs. 2 und 3 VOB/B um mehr als 10% geändert haben, so dass deshalb für sie eine Änderung und Anpassung des Einheitspreises verlangt werden kann.

### 1. Abhängigkeit von Einheitspreisleistungen

69 Voraussetzung ist zunächst, dass zwischen einer Pauschalpreis-Position und anderen, nach Einheitspreisen ausgerichteten Leistungen ein Abhängigkeitsverhältnis in dem Sinne besteht, dass die Pauschalsumme sich zugleich auf alle oder einen Teil der Einheitspreisleistungen bezieht und auch für diese gilt. Das ist insbesondere dann der Fall, wenn die leistungsunabhängigen Kosten wie Baustelleneinrichtungs-, Baustellengemein- und Allgemeinen Geschäftskosten (vgl. dazu oben Rdn. 7 ff.) nicht in die Einheitspreise der Leistungspositionen einkalkuliert, sondern mit einer Pauschalsumme in einer Position zusammengefasst sind.[120]

### 2. Mengenänderungen, die eine Einheitspreisänderung rechtfertigen

70 Erforderlich ist weiter, dass sich bei den betreffenden Einheitspreis-Positionen, auf die sich die abhängige Pauschalpreis-Position bezieht, die Mengen der Vordersätze gem. § 2 Nr. 3 Abs. 2 und/oder Abs. 3 VOB/B um mehr als 10% nach oben oder unten verändert haben und deshalb eine Änderung bzw. Anpassung der Einheitspreise gerechtfertigt ist. Denn nur dann kann wegen des vorerwähnten Abhängigkeitsverhältnisses gleichzeitig auch eine Änderung der Pauschalsumme verlangt werden, weil der insoweit vereinbarte Preis auf Grund der Mengenänderungen bei den Einheitspreis-Positionen ebenfalls nicht mehr stimmt.[121]

71 Dagegen ist für die Änderung der Pauschalsumme nicht erforderlich, dass der Einheitspreis für die Positionen, auf die sie sich bezieht und von denen sie abhängt, **tatsächlich geändert** wird. Es genügt, dass die Voraussetzungen hierfür vorliegen, auch wenn von dem Änderungsrecht insoweit – aus welchen Gründen auch immer – kein Gebrauch gemacht wird. Es ist also durchaus denkbar, dass Auftragnehmer und Auftraggeber es trotz Vorliegens der

---

[119] Ingenstau/Korbion/Keldungs VOB/B § 2 Nr. 3 Rdn. 46 ff.; vgl. auch *Heiermann/Riedl/Rusam* VOB/B § 2 Rdn. 93.

[120] *Ingenstau/Korbion/Keldungs* a. a. O.

[121] *Ingenstau/Korbion/Keldungs* a. a. O.

## § 2 Nr. 3 — Mengenänderungen beim Einheitspreisvertrag

Voraussetzungen des § 2 Nr. 3 Abs. 2 bzw. Abs. 3 VOB/B bei dem für die betreffende Position vereinbarten Einheitspreis belassen und sich darauf beschränken, nur die für die Gemeinkosten vereinbarte Pauschalsumme zu ändern und an die erhöhten oder verringerten Mengen der Einheitspreis-Positionen anzupassen.

### III. Vertraglicher Zusammenhang erforderlich

72 In jedem Fall ist, um ein Abhängigkeitsverhältnis gem. § 2 Nr. 3 Abs. 4 VOB/B annehmen zu können, jedoch erforderlich, dass die Einheitspreis-Positionen, bei denen Mengenänderungen im Sinne von § 2 Nr. 3 Abs. 2/3 VOB/B aufgetreten sind, und die hiervon abhängige Pauschalpreis-Position in einem unmittelbaren sachlichen Zusammenhang stehen.[122] Sie müssen außerdem auf demselben einheitlichen Vertrag beruhen,[123] der als sog. „kombinierter Vertrag" sowohl Einheitspreis-Leistungen enthält als auch Leistungen, für die eine Pauschalsumme vereinbart ist.

73 Nicht zulässig ist dagegen die Kombination mehrerer **verschiedener Verträge,** noch kommen für § 2 Nr. 3 Abs. 4 VOB/B solche Verträge in Betracht, für die nur ein Pauschalpreis vereinbart ist.[124]

## F. Ausschluss oder Änderung der Preisanpassungsmöglichkeit nach § 2 Nr. 3 VOB/B

74 Die Einheitspreisanpassung bei Mengenänderungen über 10% hinaus nach § 2 Nr. 3 VOB/B wird in der Praxis vielfach gänzlich ausgeschlossen oder dahin abgeändert, dass die 10%-ige Toleranzgrenze erhöht, z. B. auf 20% heraufgesetzt wird oder einseitig lediglich Einheitspreiserhöhungen, nicht aber auch Herabsetzungen der Einheitspreise ausgeschlossen werden.

### I. Ausschluss oder Änderung durch Allgemeine Geschäftsbedingungen (AGB)

75 Umstritten ist, ob ein vollständiger Ausschluss der Preisanpassungsregel des § 2 Nr. 3 VOB/B in Allgemeinen Geschäftsbedingungen des Auftraggebers[125] – insbesondere den Zusätzlichen Vertragsbedingungen – wirksam ist.[126] Ein Teil der baurechtlichen Literatur sieht hierin einen Eingriff in den Kernbereich des Regelungsgefüges der VOB/B und eine unangemessene Benachteiligung des Vertragspartners im Sinne von § 307 BGB (bzw. früher § 9 AGBG).[127] Der BGH und ihm folgend ein anderer Teil der baurechtlichen Literatur hält einen formularmäßigen Ausschluss in Allgemeinen Geschäftsbedingungen des Auftraggebers jedenfalls dann für unbedenklich, wenn der Auftragnehmer nicht völlig rechtlos gestellt wird, ihm also ein Preisanpassungsrecht nach den Regeln über die Änderung oder den Wegfall der Geschäftsgrundlage bzw. ein Schadensersatzanspruch aus §§ 280 Abs. 1, 311 Abs. 2 und 3 BGB (cic) wegen unsorgfältiger Ausschreibung durch den Auftraggeber

---

[122] *Ingenstau/Korbion/Keldungs* VOB/B § 2 Nr. 3 Rdn. 46 ff.; *Heiermann/Riedl/Rusam* VOB/B § 2 Rdn. 93; *Nicklisch/Weick* VOB/B § 2 Rdn. 51.
[123] *Ingenstau/Korbion/Keldungs* a. a. O., wohingegen die bloße Zusammenfassung in einem Vertrag ohne sonstigen sachlichen Zusammenhang nicht genügt: *Nicklisch/Weick* a. a. O. und – ihnen folgend – *Heiermann/Riedl/Rusam* a. a. O.
[124] *Ingenstau/Korbion/Keldungs* VOB/B § 2 Nr. 3 Rdn. 46.
[125] Etwa: „Mehr- oder Minderleistungen – auch über 10% – berechtigen nicht zu einer Änderung der Einheitspreise".
[126] Allgemein zu Gleit-, Bagatell- und Selbstbeteiligungsklauseln *Reitz* BauR 2001, 1513.
[127] *Kapellmann/Messerschmidt-Kapellmann* VOB/B § 2 Rdn. 142; *Nicklisch/Weick* VOB/B § 2 Rdn. 35; *Knacke* in Festschrift für Craushaar S. 249; *Werner/Pastor* Rdn. 1171.

verbleibt.[128] *Kapellmann*[129] versucht, den Konflikt mit dem Hinweis zu lösen, dass auch dann, wenn man mit dem BGH den Ausschluss der Preisanpassungsregel des § 2 Nr. 3 VOB/B für zulässig halte, dem Auftragnehmer ein entsprechender und nicht ausschliessbarer Anspruch aus §§ 280 Abs. 1, 311 Abs. 2 und 3 BGB (cic) wegen fehlerhafter Ausschreibung zuzubilligen sei, so dass in der Mehrzahl der Fälle der Ausschluss leer laufe. Ob dem zu folgen ist, erscheint aber zweifelhaft. Der private Auftraggeber ist an sich keineswegs verpflichtet, sich an die Vergabevorschrift des § 9 VOB/A zu halten.[130] Seine Haftung lässt sich also schon dem Grunde nach nur in den Fällen bejahen, in denen er den Vertrauenstatbestand einer sachgerecht-typischen Ausschreibung[131] erweckt bzw. dem Bieter auf andere Weise den Eindruck vermittelt hat, die von ihm in der Leistungsbeschreibung angegebenen Massen seien zutreffend oder zumindest annähernd richtig ermittelt. Die fehlerhafte Angabe muss – soll daraus ein Schadensersatzanspruch hergeleitet werden – zumindest auf Fahrlässigkeit beruhen. Ein Schadensersatzanspruch aus §§ 280 Abs. 1, 311 Abs. 2 und 3 BGB setzt weiter voraus, dass der Bieter bei zutreffender Ausschreibung nur zu einem erhöhten Preis angeboten und zu diesem dann auch den Auftrag erhalten hätte. Schließlich macht er als Schaden nämlich nicht seine weitergehenden Aufwendungen, sondern einen entgangenen zusätzlichen Vergütungsanspruch geltend. Der Umweg über den Schadensersatzanspruch aus §§ 280 Abs. 1, 311 Abs. 2 und 3 BGB ist für den Auftragnehmer also ausgesprochen dornenreich, der Meinungsstreit lässt sich daher kaum mit dem Hinweis auf derartige Schadensersatzansprüche lösen. Der BGH führt zur Begründung seiner Auffassung an, das Werkvertragsrecht des BGB kenne eine Preisanpassungsregelung für den Einheitspreisvertrag nicht, durch den Ausschluss einer solchen Klausel werde also nur die gesetzliche Regelung wiederhergestellt; im Übrigen zeige die Regelung über den Pauschalvertrag, dass auch die VOB einen Vertragstyp kenne, bei dem die Vergütung unabhängig von der Mengenentwicklung in der Regel unverändert bleibe. Dagegen wendet *Kapellmann*[132] aber zu Recht ein, das BGB kenne den Vertragstyp „Einheitspreisvertrag" gar nicht; schon dessen Vereinbarung stelle eine Abweichung von dem Vergütungsmodell des BGB dar; die Abweichung könne aber nicht so vereinbart werden, dass der Auftraggeber Manipulationsmöglichkeiten erhalte und das gerade für den Einheitspreisvertrag unentbehrliche Korrektiv ausschließe; auch der Hinweis auf den Pauschalvertrag gehe fehl; das Wesensmerkmal dieses Vertrages sei nämlich die Vereinbarung der Parteien, dass nicht nach ausgeführter Menge abgerechnet werden solle, gerade das sei bei einem Einheitspreisvertrag aber anders geregelt. Dem ist zu folgen. Der Einheitspreisvertrag weicht von wesentlichen Grundgedanken der gesetzlichen Regelung des Werkvertrages ab. Grundgedanke des Werkvertrages nach BGB ist, dass der Unternehmer zur Herstellung des versprochenen Werkes und der Besteller zur Entrichtung der vereinbarten Vergütung verpflichtet ist. Das gilt auch für den Einheitspreisvertrag, aber nur in modifizierter Form. Hier wird nicht nur das versprochene Werk und damit der letztlich geschuldete Erfolg festgelegt, es wird auch in allen Einzelheiten die zur Herbeiführung erforderliche Leistung beschrieben. Das deckt sich noch mit allgemeinen werkvertraglichen Grundsätzen. Die Besonderheit des Einheitspreisvertrages besteht aber darin, dass die Parteien sich darüber einig sind, dass die in den Vordersätzen aufgeführten Leistungen nur vorläufig angegeben sind und später nach den tatsächlich erbrachten Leistungen abgerechnet werden soll. Das ist aber nicht die einzige Besonderheit des Einheitspreisvertrages. Wenn es nur darum ginge, die Berechnung der später noch zu ermittelnden Vergütung festzuschreiben, könnte man sich in den Vordersätzen der Leistungsbeschreibung jeweils auf die Mengenangabe 1 (m, $m^2$, $m^3$) beschränken. Die möglichst präzise Ermittlung der geschuldeten

---

[128] BGH BauR 1993, 723 = ZfBR 1993, 277; dazu auch *Ingenstau/Korbion/Keldungs* VOB/B § 2 Nr. 3 Rdn. 9 ff.; *Heiermann/Riedl/Rusam* VOB/B § 2 Rdn. 94; *Kniffka* IBR-online-Kommentar zum Bauvertragsrecht Stand 4. 1. 2007 § 631 Rdn. 247, 254; dazu auch *Franz/Kues* BauR 2006, 13761379.
[129] *Kapellmann/Messerschmidt-Kapellmann* VOB/B § 2 Rdn. 143.
[130] BGH NJW-RR 2006, 963; *Kapellmann/Messerschmidt-Kapellmann* VOB/B § 2 Rdn. 122.
[131] *Kapellmann/Messerschmidt-Kapellmann* a. a. O.
[132] *Kapellmann/Messerschmidt-Kapellmann* VOB/B § 2 Rdn. 142.

§ 2 Nr. 3 — Mengenänderungen beim Einheitspreisvertrag

Leistung soll es dem Bieter aber nicht nur ermöglichen, den voraussichtlichen Arbeits- und Materialaufwand einzuschätzen. Sie stellt auch eine unverzichtbare Grundlage für seine Kalkulation dar. Der Einheitspreisvertrag steht daher unter einem doppelten Vorbehalt: Die aufgeführten Mengen sind nur vorläufig angegeben, vergütet werden die endgültig ausgeführten Mengen, auch bei nur geringfügiger Abweichung. Die angebotenen Preise sind nur dann verbindlich, wenn sich bei den Massen keine Veränderungen ergeben, die die Kalkulationsgrundlagen verändern. Der Einheitspreisvertrag ist daher durch eine ausgewogene Verteilung der beiderseitigen Risiken gekennzeichnet. Durch den Ausschluss der Preisanpassungsregel des § 2 Nr. 3 VOB/B würde diese Risikoverteilung nachhaltig zu Lasten des Auftragnehmers verändert.[133] Er wäre gezwungen, nach Vertragspreisen abzurechnen, die deshalb unrichtig kalkuliert sind, weil der Auftraggeber den Leistungsumfang unrichtig angegeben hat. Der Auftraggeber würde sich – bejahte man die Zulässigkeit dieser Klauseln – von den Folgen seines eigenen vertragswidrigen Verhaltens frei zeichnen.

Ein Verstoß gegen § 307 BGB bzw. § 9 AGB-Gesetz[134] liegt dann aber nicht nur bei dem gänzlichem Ausschluss der Preisanpassungsmöglichkeit des § 2 Nr. 3 VOB/B vor, sondern auch bei lediglich **einseitigem** Ausschluss von Einheitspreiserhöhungen[135] wie auch bei bloßer Heraufsetzung der Toleranzgrenze, innerhalb der keine Einheitspreisanpassung möglich ist, über 10% hinaus.[136]

76 Erst recht liegt ein Verstoß gegen § 307 BGB vor, wenn bei Überschreitung des vereinbarten Leistungsumfangs nicht nur das Recht auf **Einheitspreisanpassung** gem. § 2 Nr. 3 VOB/B ausgeschlossen, sondern formularmäßig zugunsten des Auftraggebers bestimmt wird, dass Massenmehrungen bis zu 10% überhaupt – zu welchem Einheitspreis auch immer – nicht vergütet werden.[137] Denn eine solche Regelung schließt die Vergütung der Mehrmassen selbst aus, was § 2 Nr. 3 VOB/B gerade nicht vorsieht, und geht damit weit über eine Änderung oder den Ausschluss von § 2 Nr. 3 VOB/B hinaus.

77 Aus den gleichen Gründen sind auch formularmäßige Mengenfestschreibungen in Form sog. **Mengengarantien** unzulässig, denn hierdurch wird der Anspruch des Auftragnehmers auf Vergütung von Mehrmengen ebenfalls generell ausgeschlossen, während bei Mindermengen nur das reduzierte Auftragsvolumen abgerechnet werden kann.[138]

## II. Ausschluss oder Änderung durch Individualvertrag

78 Individualvertraglich ist es dagegen grundsätzlich möglich, § 2 Nr. 3 VOB/B auszuschließen oder im vorgenannten Sinne zu ändern.[139]

Dabei ist aber zu beachten, dass der Ausschluss oder die Änderung von § 2 Nr. 3 VOB/B nur im Rahmen von Treu und Glauben (§ 242 BGB) zulässig sind, d. h. bis zur Grenze des Wegfalls der Geschäftsgrundlage § 313 BGB,[140] da die Berufung hierauf weder durch AGB noch einzelvertraglich abbedungen werden kann. Außerdem können, wenn die Massenveränderungen auf schuldhaft unsorgfältige Planung und Leistungsermittlung zurückzuführen sind, auch bei Ausschluss oder Änderung des § 2 Nr. 3 VOB/B durch Individualvertrag

---

[133] *Nicklisch/Weick* VOB/B § 2 Rdn. 35.
[134] Dagegen allerdings BGH NJW 1993, 2738 = BauR 1993, 723 = ZfBR 1993, 277.
[135] Vgl. OLG München BB 1984, 1386: Unwirksamkeit der Klausel, dass Massenänderungen nicht zu einer Änderung der Einheitspreise führen; *Ingenstau/Korbion/Keldungs* VOB/B § 2 Nr. 3 Rdn. 10; *Korbion/Locher* a. a. O.; *Vygen* a. a. O.; *Füchsel* a. a. O.
[136] *Ingenstau/Korbion/Keldungs* VOB/B § 2 Nr. 3 Rdn. 10; *Korbion/Locher* Rdn. 120; *Heiermann* NJW 1986, 2682 ff., 2686; *ders.* FS Korbion S. 137 ff., 142; *Füchsell* a. a. O. S. 17 ff.
[137] *Kniffka* IBR-online-Kommentar zum Bauvertragsrecht Stand 4. 1. 2007 § 631 Rdn. 263; OLG Frankfurt NJW-RR 1986, 245/46.
[138] Vgl. hierzu ausführlich *Füchsel* a. a. O. S. 22 ff.
[139] *Nicklisch/Weick* B § 2 Rdn. 52.; *Werner/Pastor* Rdn. 1171; *Peters* BauR 1998, 215.
[140] Vgl. *Ingenstau/Korbion/Keldungs* VOB/B § 2 Nr. 3 Rdn. 9 f.; *Heiermann/Riedl/Rusam* B § 2 Rdn. 94; *Werner/Pastor* Rdn. 1172.

dem Auftragnehmer Schadensersatzansprüche aus §§ 280 Abs. 1, 311 Abs. 2 und 3 BGB (cic) zustehen, die hiervon nicht berührt werden.[141]

### III. Leistungsbeschreibung mit Leistungsprogramm – Nebenangebote des Auftragnehmers

In diesen Fällen bestehen keine Bedenken, Ausschluss oder Änderung der Preisanpassungsmöglichkeit bei Mengenänderungen über 10% hinaus nach § 2 Nr. 3 VOB/B nicht nur durch Individualvertrag, sondern auch in AGB zuzulassen. Denn sowohl bei der Leistungsbeschreibung mit Leistungsprogramm (vgl. § 9 Nr. 10 ff. VOB/A) als auch bei Nebenangeboten ist es grundsätzlich Sache des Auftragnehmers, die Massen der Vordersätze zu ermitteln, so dass der Auftraggeber ein berechtigtes Interesse haben kann, den Auftragnehmer hieran auch festzuhalten und Preisanpassungsmöglichkeiten bei Massenänderungen auszuschließen.[142]

---

[141] *Ingenstau/Korbion/Keldungs* VOB/B § 2 Nr. 3 Rdn. 9; *Heiermann/Riedl/Rusam* B § 2 Rdn. 94; *Nicklisch/Weick* B § 2 Rdn. 34 und 53; ähnlich früher auch schon *W. Jagenburg* BauR 1970, 18 ff., 21.

[142] Ebenso im Ergebnis *Ingenstau/Korbion/Keldungs* VOB/B § 2 Nr. 3 Rdn. 10; *Heiermann/Riedl/Rusam* B § 2 Rdn. 94; *Füchsel* a. a. O.

## § 2 Nr. 4

**§ 2 Nr. 4 [Selbstübernahme durch den Auftraggeber]**

Werden im Vertrag ausbedungene Leistungen des Auftragnehmers vom Auftraggeber selbst übernommen (z. B. Lieferung von Bau-, Bauhilfs- und Betriebsstoffen), so gilt, wenn nichts anderes vereinbart wird, § 8 Nr. 1 Abs. 2 entsprechend.

**Literatur:** *Acker/Garcia-Scholz*, Möglichkeiten und Grenzen der Verwendung von Leistungsbestimmungsklauseln nach § 315 BGB in Pauschalpreisverträgen, BauR 2002, 550; *Dähne*, Auftragnehmeransprüche bei lückenhafter Leistungsbeschreibung, BauR 1999, 289; *Füchsel*, Bauvertragsklauseln in bezug auf Nachträge und ihre Wirksamkeit nach dem AGB-Gesetz, Seminar „Vergütungsansprüche aus Nachträgen – ihre Geltendmachung und Abwehr", Deutsche Gesellschaft für Baurecht e. V., 1989, S. 9; *Motzke*, Leistungsänderungen und Zusatzleistungen beim Pauschalvertrag, Seminar „Vergütungsansprüche aus Nachträgen – ihre Geltendmachung und Abwehr", Deutsche Gesellschaft für Baurecht, 1989, S. 111; *Vygen*, Der Vergütungsanspruch beim Pauschalvertrag, BauR 1979, 375; *ders.*, Leistungsänderungen und Zusatzleistungen beim Pauschalvertrag, FS Locher, 1990, S. 263.

### Übersicht

| | Rdn. | | Rdn. |
|---|---|---|---|
| A. Allgemeines | 1–3 | III. Keine anderweitige Vergabe | 16 |
| B. Sonderfall der Änderung des Vertragsinhalts | 4–8 | D. Folgen der Selbstübernahme des Auftraggebers | 22–32 |
|    I. Kein Fall der (Teil-) Kündigung nach § 8 Nr. 1 Abs. 1 VOB/B | 5 |    I. Volle Vergütung des Auftragnehmers abzüglich ersparter Aufwendungen | 23 |
|    II. Abgrenzung zu § 1 Nr. 3 i. V. m. § 2 Nr. 5 VOB/B | 6 |    II. Reduzierte Leistungs- und Gewährleistungspflicht des Auftragnehmers | 30 |
| C. Art und Umfang des Selbstübernahmerechts des Auftraggebers | 9–21 | E. Ausschluss oder Änderung des § 2 Nr. 4 VOB/B | 32–39 |
|    I. Selbstübernahme als empfangsbedürftige Willenserklärung des Auftraggebers | 10 |    I. Änderung durch Allgemeine Geschäftsbedingungen | 35 |
|    II. Keine Selbstübernahme sämtlicher Leistungen des Auftragnehmers | 12 |    II. Änderung durch Individualvereinbarung | 38 |

## A. Allgemeines

**1** Werden im Vertrag ausbedungene Leistungen des Auftragnehmers vom Auftraggeber selbst übernommen (z. B. Lieferung von Bau-, Bauhilfs- und Betriebsstoffen), so gilt, wenn nichts anderes vereinbart wird, § 8 Nr. 1 Abs. 2 VOB/B entsprechend.

**2** Das **BGB-Werkvertragsrecht** kennt in den §§ 631 ff. keine vergleichbare Regelung. Ähnlich wie in den Fällen des § 2 Nr. 3 VOB/B (Einheitspreisanpassung auf Grund von Massenänderungen) und § 2 Nr. 5 VOB/B (Leistungsänderungen auf Grund des Änderungsvorbehalts des Auftraggebers in § 1 Nr. 3 VOB/B) gehen die §§ 631 ff. BGB vielmehr auch im Falle des § 2 Nr. 4 VOB/B (Selbstübernahme von Teil-Leistungen durch den Auftraggeber) davon aus, dass Leistungs- und Preisänderungen bei einem einmal abgeschlossenen Vertrag nur durch einverständliche Vertragsänderung, im Wege der Vertragsanpassung wegen Wegfall bzw. Änderung der Geschäftsgrundlage gemäß § 313 BGB (→ Vor § 2 Rdn. 157 ff.) oder auf Grund (Teil-)Kündigung nach § 649 BGB möglich sind.

**3** § 2 Nr. 4 VOB/B stellt demgegenüber auch insoweit eine vom Werkvertragsrecht der §§ 631 ff. BGB **abweichende Sonderregelung** dar. Anders als § 2 Nr. 3 VOB/B gilt diese Vorschrift jedoch nicht nur beim Einheitspreisvertrag, sondern auch beim Pauschalvertrag (vgl. § 2 Nr. 7 Abs. 1 VOB/B).

## B. Sonderfall der Änderung des Vertragsinhalts

Der Rechtscharakter der Vorschrift und ihr Verhältnis zu §§ 1 Nr. 3, 2 Nr. 5 VOB/B einerseits und § 8 Nr. 1 VOB/B andererseits ist – auch wenn die Folgen für die Baurechtspraxis gering sind – heftig umstritten. Insbesondere die Abgrenzung zur Kündigung bereitet Probleme. *Kleine-Möller*[1] sieht die Bedeutung der Vorschrift darin, dass sie es dem Auftraggeber ermögliche, jeden beliebigen Leistungsteil zu übernehmen, während § 8 Nr. 1 VOB/B nur die Teilkündigung von Teilleistungen erlaube. Eine kündbare Teilleistung liegt aber nach Auffassung eines Teiles der baurechtlichen Literatur nur vor, wenn die gekündigte Teilleistung „in sich abgeschlossen" ist,[2] da anderenfalls eine rechnerisch einwandfreie Trennung nicht möglich sei. Dieser Ansatz überzeugt nicht. *Kapellmann*[3] weist zu Recht darauf hin, dass es baubetrieblich – wenn auch mit gewissem Aufwand – ohne weiteres möglich sei, den auf jeden beliebigen Leistungsteil entfallenden Vergütungsanteil zu ermitteln; Teilkündigungen und Selbstübernahmen seien daher gleichermaßen in jeder beliebigen Form zulässig, solange nicht ein einheitlicher technischer Produktionsablauf auseinander gerissen werde und eine untragbare Gewährleistungsvermischung entstehe. Er hält die ganze Vorschrift für sinnlos und schlägt ihre ersatzlose Streichung vor.[4] *Keldungs*[5] und *Vygen*[6] sehen in § 2 Nr. 4 VOB/B einen Sonderfall der Teilkündigung, der die Selbstübernahme von Leistungen voraussetze. *Weick*[7] wiederum lehnt die Behandlung als Teilkündigung ab; es handele sich um einen „Sonderfall der Änderung des Vertragsinhalts". *Riedl*[8] sieht darin ebenfalls „die Wahrnehmung vertraglich vereinbarter Befugnisse". Dieser Auffassung ist aus den nachfolgenden Erwägungen zuzustimmen.

### I. Kein Fall der (Teil-)Kündigung nach § 8 Nr. 1 Abs. 1 VOB/B

Das Recht des Auftraggebers zur Selbstübernahme von Teilleistungen nach § 2 Nr. 4 VOB/B ist kein Fall der (Teil-)Kündigung im Sinne von § 8 Nr. 1 Abs. 1 VOB/B.

Die VOB/B eröffnet dem Auftraggeber vielfältige Möglichkeiten, auch nach Vertragsschluss den Vertragsinhalt und damit Art und Umfang der geschuldeten Leistung abzuändern, so in §§ 1 Nr. 3, 2 Nr. 4 ff. VOB/B. In § 8 VOB/B wird darüber hinaus das Kündigungsrecht detailliert geregelt. Begrifflich besteht zwischen diesen Eingriffsmöglichkeiten ein wesentlicher Unterschied. Die Anordnungs- bzw. Änderungsbefugnisse nach §§ 1 Nr. 3 bzw. 2 Nr. 4 ff. VOB/B sind dem Werkvertragsrecht des BGB fremd. Danach ist die geschuldete Leistung in der vertraglich vereinbarten Form auszuführen. Auf irgendwelche Änderungen muss sich der Auftragnehmer – wenn sich nicht im Einzelfall aus seiner Kooperationspflicht etwas anderes ergibt – nicht einlassen, sofern vertraglich nichts anderes vereinbart ist. Eine solche vertragliche Vereinbarung können die Parteien aber auch durch die Einbeziehung der VOB/B treffen. Dem Auftraggeber wird dadurch ein vertragliches Leistungsbestimmungsrecht eingeräumt, wie es das BGB in §§ 315 ff. BGB kennt. Anders verhält es sich mit der Regelung des Kündigungsrechtes in § 8 VOB/B. Auch ohne diese das Werkvertragsrecht des BGB lediglich ergänzende Regelung stände dem Auftraggeber das Recht zur freien Kündigung nach § 649 BGB bzw. das Recht zur Kündigung aus wichtigem

---

[1] *Kleine-Möller/Merl/Oelmaier* § 10 Rdn. 460.
[2] *Ingenstau/Korbion/Keldungs* VOB/B § 2 Nr. 4 Rdn. 5; *Heiermann/Riedl/Rusam* VOB/B § 2 Rdn. 96 b.
[3] *Kapellmann/Messerschmidt-Kapellmann* VOB/B § 2 Rdn. 170.
[4] *Kapellmann/Messerschmidt-Kapellmann* VOB/B § 2 Rdn. 172 am Ende.
[5] *Ingenstau/Korbion/Keldungs* VOB/B § 2 Nr. 4 Rdn. 3 und 6.
[6] *Vygen*, Bauvertragsrecht Rdn. 768.
[7] *Nicklisch/Weick* VOB/B § 2 Rdn. 54.
[8] *Heiermann/Riedl/Rusam* VOB/B § 2 Rdn. 95.

§ 2 Nr. 4                                             Selbstübernahme durch den Auftraggeber

Grund zu. Im ersten Fall macht der Auftraggeber daher von einem vertraglich eingeräumten Leistungsbestimmungsrecht Gebrauch, im zweiten Fall von seinem gesetzlichen Kündigungsrecht. Diese unterschiedliche rechtliche Grundlage findet auch in der Regelung der VOB/B ihren Niederschlag. In §§ 1 Nr. 3, 2 Nr. 4 ff. VOB/B ist nämlich nur die Rede von Änderungen des Bauentwurfs oder anderen Anordnungen des Auftraggebers, nicht aber von einem – wie es anderenfalls nahe gelegen hätte – Recht zu einer Änderungs- oder Teilkündigung. Den Verfassern war also offensichtlich bewusst, dass diese Änderungsmöglichkeiten ihre Grundlage in einer ergänzenden vertraglichen Abrede der Parteien finden und nicht in einem gesetzlichen Kündigungsrecht. Anderenfalls hätte es im Übrigen auch nahe gelegen, das Selbstübernahmerecht als Sonderfall der Teilkündigung in § 8 VOB/B mit zu regeln. Dass das Selbstübernahmerecht seine Grundlage in einer ergänzenden vertraglichen Abrede der Parteien findet, kommt im Übrigen auch darin zum Ausdruck, dass für seine Ausübung – anders als nach § 8 Nr. 5 VOB/B für die Kündigung – die Schriftform nicht eingehalten werden muss. Folgerichtig wird zur Regelung der Rechtsfolgen auch lediglich auf die entsprechende Anwendung von § 8 Nr. 1 Abs. 2 VOB/B verwiesen. Diese Verweisung wäre geradezu falsch, wenn es sich bei der Selbstübernahme um eine Teilkündigung im Sinne von § 8 Nr. 1 VOB/B handeln würde. Dann wäre § 8 Nr. 1 VOB/B nämlich unmittelbar anwendbar.

## II. Abgrenzung zu § 1 Nr. 3 i. V. m. § 2 Nr. 5 VOB/B

6     Ebenso wie der Auftraggeber auf Grund des **Änderungsvorbehalts** des § 1 Nr. 3 VOB/B Leistungsänderungen vornehmen kann, deren vergütungsrechtliche Folgen sich aus § 2 Nr. 5 VOB/B ergeben, berechtigt ihn § 2 Nr. 4 VOB/B zur Änderung der Leistung des Auftragnehmers durch Selbstübernahme von Teilleistungen mit den Folgen, die sich für die Vergütung des Auftragnehmers dann aus der entsprechenden Anwendung von § 8 Nr. 1 Abs. 2 VOB/B ergeben.

7     § 2 Nr. 4 VOB/B als Sonderfall der Änderung des Vertragsinhaltes geht allerdings über die sich aus §§ 1 Nr. 3, 2 Nr. 5 VOB/B ergebenden Befugnisse des Auftraggebers hinaus. Zwar ist der Auftraggeber auch hiernach nicht darauf beschränkt, Teilleistungen lediglich auszutauschen und an die Stelle einer bisher vorgesehenen Teilleistung eine andere zu setzen. Leistungsänderungen nach §§ 1 Nr. 3, 2 Nr. 5 VOB/B können zu Mehrleistungen wie zu Minderleistungen führen, d. h. der Änderungsvorbehalt des Auftraggebers berechtigt diesen auch zur ersatzlosen Herausnahme von Teilleistungen, wenn diese auf Grund von Planungsänderungen entbehrlich geworden sind.[9]

8     Die Befugnis des Auftraggebers, auf Grund seines Änderungsvorbehaltes einzelne Positionen des Leistungsverzeichnisses entfallen zu lassen, berechtigt ihn jedoch nicht, diese Leistungsteile **selbst auszuführen,** umfasst also nicht das Recht zur Selbstübernahme nach § 2 Nr. 4 VOB/B.[10] Insofern ergibt sich eine klare Abgrenzung zu § 1 Nr. 3 i. V. m. § 2 Nr. 5 VOB/B.

---

[9] Zur Teilkündigung durch Wegfall von Leistungen einerseits und Zusatzleistungen andererseits als Folge einer Planungsänderung OLG Düsseldorf NJW-RR 1995, 1170 = BauR 1995, 712: Hat der Auftragnehmer nach dem Bauvertrag zunächst 3 Stahlträger mit einem Gesamtgewicht von 3651, 4 kg zu einem Preis von 14 520,– DM zu liefern und zu verlegen und werden später durch Planungsänderungen und/oder auf Veranlassung des Statikers statt dessen 6 Stahlträger mit einem Gesamtgewicht von 14 673,96 kg eingebaut, wobei die gesamten Stahlträger nunmehr bauseits geliefert werden, so liegt bezüglich der zunächst vereinbarten Stahlmengen eine Teilkündigung durch den Auftraggeber gem. §§ 2 Nr. 4, 8 Nr. 1 VOB/B bzw. § 649 Satz 1 und 2 BGB vor, so dass dem Auftragnehmer insoweit die vereinbarte Vergütung abzüglich ersparter Aufwendungen zusteht. Bezüglich der über den vertraglichen Leistungsumfang hinausgehenden bloßen Verlegung von Stahlträgern liegt dagegen eine Zusatzleistung vor, für die der Auftragnehmer den bloßen Verlegeaufwand zusätzlich bezahlt verlangen kann (§ 2 Nr. 6 VOB/B bzw. § 632 Abs. 1 und 2 BGB).

[10] Vgl. OLG Düsseldorf NJW-RR 1988, 278 = BauR 1988, 485.

## C. Art und Umfang des Selbstübernahmerechts des Auftraggebers

§ 2 Nr. 4 VOB/B setzt, was allerdings ohnehin selbstverständlich ist, zunächst voraus, dass  9
es sich bei den Leistungen, die der Auftraggeber selbst übernimmt, um „im Vertrag
ausbedungene Leistungen des Auftragnehmers" handelt, also um solche, die dem Auftragnehmer bereits übertragen waren und zu seinen vertraglichen Verpflichtungen gehörten.[11]

### I. Selbstübernahme als empfangsbedürftige Willenserklärung des Auftraggebers

Auch wenn es sich bei der Selbstübernahme durch den Auftraggeber nicht um eine (Teil-)  10
Kündigung handelt und deshalb keine Schriftform erforderlich ist (vgl. oben), muss der
Auftraggeber **eindeutig** erklären, welche Leistungen er selbst übernehmen will, und diese
nach Art und Umfang zweifelsfrei bestimmen.[12] Außerdem muss er die Erklärung rechtzeitig
vor Ausführung der betreffenden Leistungen abgeben.[13] Dafür und für den Zugang der
diesbezüglichen empfangsbedürftigen Willenserklärung ist der Auftraggeber beweispflichtig.

Führt der Auftraggeber selbst Leistungen aus, die dem Auftragnehmer bereits übertragen  11
waren, ohne zuvor eine entsprechende Erklärung abgegeben zu haben oder – im Bestreitensfall – ihren Zugang beweisen zu können, steht dem Auftragnehmer, weil dessen Leistung
insoweit unmöglich geworden ist, die **vereinbarte Vergütung** abzüglich ersparter Aufwendungen zu. Außerdem kann der Auftragnehmer Schadensersatz verlangen, § 280 Abs. 1
BGB.[14]

### II. Keine Selbstübernahme sämtlicher Leistungen des Auftragnehmers

Wie die Aufzählung in § 2 Nr. 4 VOB/B zeigt („z. B. Lieferung von Bau-, Bauhilfs- und  12
Betriebsstoffen"), bezieht sich das Selbstübernahmerecht des Auftraggebers zunächst und vor
allem auf die **Beistellung von Baumaterialien** u. ä. durch den Auftraggeber, also auf reine
Liefergeschäfte.

Andererseits ist die Aufzählung in § 2 Nr. 4 VOB/B **nur beispielhaft**,[15] d. h. der  13
Auftraggeber kann auch werkvertragliche Leistungen, die dem Auftragnehmer bereits übertragen waren, selbst übernehmen. Das gilt insbesondere für die in der Praxis recht häufigen
sog. **Eigenleistungen** des Auftraggebers.

Voraussetzung ist allerdings, dass die übernommenen Eigenleistungen – wie es im Re-  14
gelfall gegeben ist – rechnerisch abgrenzbar sind und keine untragbare Gewährleistungsvermischung entsteht.[16]

Dagegen ist der Auftragnehmer nicht berechtigt, im Wege der Selbstübernahme sämtliche  15
Leistungen des Auftragnehmers an sich zu ziehen und den gesamten Auftrag zu übernehmen. Wenn er das will, muss er den Auftrag des Auftragnehmers nach § 8 Nr. 1 i. V. m.
Nr. 5 VOB/B schriftlich kündigen.[17]

---

[11] *Ingenstau/Korbion/Keldungs* VOB/B § 2 Nr. 4 Rdn. 4.
[12] *Ingenstau/Korbion/Keldungs* VOB/B § 2 Nr. 4 Rdn. 6; *Heiermann/Riedl/Rusam* VOB/B § 2 Rdn. 95; *Nicklisch/Weick* VOB/B § 2 Rdn. 58.
[13] *Ingenstau/Korbion/Keldungs* a. a. O.
[14] *Ingenstau/Korbion/Keldungs* § 2 Nr. 4 Rdn. 6 und 7; *Heiermann/Riedl/Rusam* VOB/B § 2 Rdn. 95.
[15] *Ingenstau/Korbion/Keldungs* VOB/B § 2 Nr. 4 Rdn. 7; *Heiermann/Riedl/Rusam* VOB/B § 2 Rdn. 95.
[16] *Kapellmann/Messerschmidt-Kapellmann* VOB/B § 2 Rdn. 170.
[17] *Heiermann/Riedl/Rusam* a. a. O.

### III. Keine anderweitige Vergabe

16 Die Selbstübernahme von Leistungen durch den Auftraggeber schließt, wie das in § 2 Nr. 4 VOB/B ausdrücklich erwähnte Beispiel der Beistellung von Baustoffen zeigt, zwar nicht aus, dass der Auftraggeber derartige Baumaterialien anderweitig beschafft, d. h. bei einem Dritten einkauft und von diesem bezieht.[18]

17 Selbst übernommene **werkvertragliche Leistungen** muss der Auftraggeber jedoch persönlich oder im eigenen Betrieb, jedenfalls in eigener Regie ohne anderweitige Vergabe ausführen.[19] Der Auftraggeber darf solche Leistungen also nicht an Nachunternehmer (Subunternehmer) untervergeben, selbst wenn der Auftragnehmer dies zulässigerweise getan hätte.[20]

18 Will der Auftraggeber „im Vertrag ausbedungene", d. h. dem Auftragnehmer bereits übertragene Leistungen anderweitig vergeben, muss er diese dem Auftragnehmer durch **schriftliche (Teil-)Kündigung** nach § 8 Nr. 1 i. V. m. Nr. 5 VOB/B entziehen.[21] In diesem Fall findet § 8 Nr. 1 VOB/B unmittelbar Anwendung, d. h. nicht nur § 8 Nr. 1 Abs. 2 entsprechend über § 2 Nr. 4 VOB/B, was ebenfalls zeigt, dass § 2 Nr. 4 VOB/B kein Fall der (Teil-)Kündigung ist.

19 Lässt der Auftraggeber die vorgeschriebene Schriftform für die Kündigung nach § 8 Nr. 1 VOB/B außer acht, so ist die Kündigung unwirksam. Die anderweitige Vergabe von Leistungen des Auftragnehmers an einen Dritten hat dann zur Folge, dass die Ausführung dieser Leistungen durch den Auftragnehmer **unmöglich** wird. Diese vom Auftraggeber verschuldete Unmöglichkeit hat nicht nur zur Folge, dass dem Auftragnehmer die vereinbarte Vergütung abzüglich ersparter Aufwendungen zusteht, sondern gibt dem Auftragnehmer ggf. auch Schadensersatzansprüche.[22]

20 Dagegen steht es der Anwendung von § 2 Nr. 4 VOB/B nicht entgegen, wenn der Auftraggeber Leistungen, die er zunächst wirksam selbst übernommen hatte, auf Grund von ihm nicht zu vertretender Umstände, z. B. weil sie sich als für ihn zu schwierig erweisen, **später** doch anderweitig vergibt. Das steht der Wirksamkeit der einmal erfolgten Selbstübernahme nicht entgegen und lässt diese nicht nachträglich entfallen.[23]

21 Jedoch darf auf diese Weise das Verbot anderweitiger Vergabe nicht umgangen werden. Der Auftraggeber darf also nicht von Anfang an vorgehabt haben, die Leistungen letztlich doch von einem anderen Unternehmer (Nachunternehmer/Subunternehmer) ausführen zu lassen, noch darf ihn ein sonstiges Verschulden an seiner Meinungsänderung treffen. Anderenfalls macht er sich dem Auftragnehmer wegen positiver Vertragsverletzung gemäß § 280 Abs. 1 BGB schadensersatzpflichtig.[24]

## D. Folgen der Selbstübernahme des Auftraggebers

22 § 2 Nr. 4 VOB/B regelt die Folgen der Selbstübernahme von Teilleistungen durch den Auftraggeber nur in Bezug auf die Vergütung des Auftragnehmers. Außerdem hat die Selbstübernahme aber auch Einfluss auf die Leistungs- und Gewährleistungspflicht des Auftragnehmers.

---

[18] *Ingenstau/Korbion/Keldungs* VOB/B § 2 Nr. 4 Rdn. 7; *Heiermann/Riedl/Rusam* VOB/B § 2 Rdn. 95; *Nicklisch/Weick* VOB/B § 2 Rdn. 57.

[19] *Ingenstau/Korbion/Keldungs* VOB/B § 2 Nr. 4 Rdn. 7; *Heiermann/Riedl/Rusam* VOB/B § 2 Rdn. 95; *Nicklisch/Weick* VOB/B § 2 Rdn. 57.

[20] *Ingenstau/Korbion/Keldungs* a. a. O.; *Heiermann/Riedl/Rusam* a. a. O.; *Nicklisch/Weick* a. a. O.

[21] *Ingenstau/Korbion/Keldungs* VOB/B § 2 Nr. 4 Rdn. 7; *Heiermann/Riedl/Rusam* VOB/B § 2 Rdn. 95.

[22] Ebenso im Ergebnis *Ingenstau/Korbion/Keldungs* VOB/B § 2 Nr. 4 Rdn. 6 und 7; *Heiermann/Riedl/Rusam* VOB/B § 2 Rdn. 95.

[23] *Ingenstau/Korbion/Keldungs* VOB/B § 2 Nr. 4 Rdn. 9; *Heiermann/Riedl/Rusam* VOB/B § 2 Rdn. 95; *Nicklisch/Weick* VOB/B § 2 Rdn. 57.

[24] *Heiermann/Riedl/Rusam* a. a. O.; *Nicklisch/Weick* a. a. O.

## I. Volle Vergütung des Auftragnehmers abzüglich ersparter Aufwendungen

Hinsichtlich der Vergütung des Auftragnehmers bestimmt § 2 Nr. 4, dass bei Selbstüber- 23
nahme von Teilleistungen durch den Auftraggeber **§ 8 Nr. 1 Abs. 2 VOB/B entsprechend** gilt. Die Selbstübernahme hat also dieselben Folgen wie eine Teilkündigung, auch wenn § 2 Nr. 4 kein Fall der Teilkündigung und deshalb die Einhaltung der in § 8 Nr. 5 VOB/B vorgeschriebenen Schriftform nicht erforderlich ist (vgl. oben).

Entsprechend § 8 Nr. 1 Abs. 2 VOB/B hat der Auftragnehmer Anspruch auf die volle 24
vereinbarte Vergütung, auch soweit sie die vom Auftraggeber selbst übernommenen Teilleistungen betrifft.[25] Der Auftragnehmer kann dem Auftraggeber somit diese Teilleistungen ebenfalls in Rechnung stellen, und zwar mit der hierfür vereinbarten Vergütung, die sich gem. § 2 Nr. 2 VOB/B grundsätzlich nach **Einheitspreisen** bemisst, falls nicht eine andere Berechnungsart (Pauschalpreis, Stundenlohn oder Selbstkostenerstattung) vereinbart ist.

Dagegen sind abweichend von § 2 Nr. 2 VOB/B für die Abrechnung des vom Auftrag- 25
geber selbst übernommenen Teils nicht die „tatsächlich ausgeführten Leistungen" maßgebend und durch Aufmaß zu ermitteln, sondern die diesbezüglichen Mengenansätze im Leistungsverzeichnis, wie sie dem Angebot und Vertrag zugrunde liegen. Spätere Mengenabweichungen (Mehr- oder Mindermassen) der vom Auftraggeber selbst übernommenen Leistungen bleiben somit unberücksichtigt.[26]

Außerdem muss sich der Auftragnehmer auf die vereinbarte Vergütung das **anrechnen** 26
lassen, was er durch die Nichtausführung der vom Auftraggeber selbst übernommenen Teilleistungen an Aufwendungen erspart oder durch anderweitige Verwendung seiner Arbeitskraft erworben bzw. böswillig nicht erworben hat (§ 8 Nr. 1 Abs. 2 VOB/B, der insoweit § 649 BGB entspricht). Es handelt sich dabei allerdings nicht um eine Einrede des Auftraggebers, sondern der Vergütungsanspruch des Auftragnehmers besteht von vornherein nur in dem entsprechend verminderten Umfang.[27]

Als ersparte Aufwendungen kommen vor allem die sog. leistungs-abhängigen Kosten in 27
Betracht, während die leistungs-unabhängigen Kosten und der kalkulierte Gewinn dem Auftragnehmer auch in Bezug auf die vom Auftraggeber selbst übernommenen Teilleistungen verbleiben. Ihre Ermittlung ist beim Einheitspreisvertrag naturgemäß einfacher als beim Pauschalvertrag; deshalb muss auch bei diesem auf die **Ursprungskalkulation** zurückgegriffen werden. Entsprechendes gilt bei Stundenlohn- und Selbstkostenerstattungsvertrag.

Wie viel er sich als ersparte Aufwendungen anrechnen und abziehen lassen muss, 28
bestimmt grundsätzlich (zunächst) der Auftragnehmer selbst. Behauptet der Auftraggeber, dass der Auftragnehmer höhere Aufwendungen erspart habe, ist dafür der Auftraggeber darlegungs- und beweispflichtig, auch wenn von ihm ein eingehender Vortrag über die Kalkulationsgrundlagen des Auftragnehmers nicht verlangt werden kann.[28]

Im Übrigen muss wegen weiterer Einzelheiten hierzu auf die Erläuterungen zu § 8 Nr. 1 29
VOB/B verwiesen werden.

## II. Reduzierte Leistungs- und Gewährleistungspflicht des Auftragnehmers

Durch die Selbstübernahme von Teilleistungen nach § 2 Nr. 4 VOB/B gehen grund- 30
sätzlich alle diesbezüglichen Leistungs- und Gewährleistungspflichten voll auf den Auftraggeber über. Da der Auftraggeber nach § 2 Nr. 4 VOB/B prinzipiell nur solche Teilleis-

---

[25] *Ingenstau/Korbion/Keldungs* VOB/B § 2 Nr. 4 Rdn. 10; *Heiermann/Riedl/Rusam* VOB/B § 2 Rdn. 96; *Nicklisch/Weick* VOB/B § 2 Rdn. 59.
[26] *Ingenstau/Korbion/Keldungs* VOB/B § 2 Nr. 4 Rdn. 10; *Heiermann/Riedl/Rusam* VOB/B § 2 Rdn. 96; *Nicklisch/Weick* VOB/B § 2 Rdn. 59.
[27] BGH BauR 1981, 198 = ZfBR 1981, 80.
[28] BGH WM 1977, 1307 = BauR 1978, 55; *Nicklisch/Weick* VOB/B § 2 Rdn. 59.

tungen selbst übernehmen kann, die von den übrigen Leistungen des Auftragnehmers klar und eindeutig abgrenzbar sind, bereitet die Bestimmung dessen, was der Auftragnehmer zu leisten und wofür er Gewähr zu leisten hat, im Regelfall keine Schwierigkeiten.

31   Problematisch sind jedoch die Fälle, in denen der Auftraggeber lediglich Materialien beistellt, die der Auftragnehmer dann verarbeitet, oder wenn die selbst übernommenen Leistungen des Auftraggebers zugleich Vorleistungen für die Leistungen des Auftragnehmers sind. Dann muss der Auftraggeber diese so rechtzeitig erbringen, dass der Auftragnehmer in Bezug auf seine (nachfolgenden) Leistungen nicht behindert wird. Andernfalls stehen ihm die Rechte aus § 6 VOB/B zu, und zwar einschließlich des Schadensersatzanspruchs nach § 6 Nr. 6 VOB/B (vgl. dort). Außerdem kann der Auftragnehmer ggf. auch nach **§ 9 Nr. 1 lit. b VOB/B** kündigen, weil den Auftraggeber in Bezug auf die von ihm selbst übernommenen Leistungen eine Bereitstellungs- und Mitwirkungspflicht gegenüber dem Auftragnehmer trifft.[29]

32   Daraus ergibt sich zugleich, dass der Auftraggeber die selbst übernommenen Lieferungen und Leistungen auch ordnungsgemäß und mangelfrei erbringen muss. Anderenfalls gilt das Vorgesagte entsprechend. Sind die Lieferungen und Leistungen des Auftraggebers zugleich Vorleistungen für die Leistung des Auftragnehmers, muss dieser die vom Auftraggeber selbst ausgeführten Teilleistungen allerdings seinerseits gem. § 4 Nr. 3 VOB/B prüfen und dem Auftraggeber gegenüber ggf. Bedenken geltend machen. Anderenfalls ist er für darauf beruhende Mängel seiner eigenen Leistung gem. § 13 Nr. 3 VOB/B gewährleistungspflichtig.[30]

## E. Ausschluss oder Änderung von § 2 Nr. 4 VOB/B

33   Ein völliger Ausschluss des Selbstübernahmerechts des Auftraggebers ist zwar denkbar, praktisch jedoch ohne Bedeutung. Denn wenn ein Auftragnehmer eine solche Regelung durchsetzte, bliebe das Recht des Auftraggebers zur (Teil-)Kündigung nach § 8 Nr. 1 VOB/B trotzdem bestehen. Dafür wäre dann zwar nach § 8 Nr. 5 VOB/B Schriftform erforderlich, die § 2 Nr. 4 VOB/B nicht voraussetzt (vgl. oben Rdn. 5). Aber auch wenn sie nicht eingehalten wird, könnte der Auftragnehmer den Auftraggeber im Endeffekt nicht daran hindern, einen Teil der Leistung selbst auszuführen. Seine eigene Leistung würde dann insoweit unmöglich, so dass er volle Vergütung abzüglich ersparter Aufwendungen verlangen könnte. Außerdem stünde ihm in diesem Fall ein Schadensersatzanspruch aus § 280 Abs. 1 BGB zu.

34   Praktisch bedeutsam und häufig ist jedoch eine **Änderung** des § 2 Nr. 4 VOB/B in der Weise, dass auf Betreiben des Auftraggebers der Vergütungsanspruch des Auftragnehmers beschnitten und sein Anspruch auf entgangenen Gewinn für die vom Auftraggeber selbst übernommenen Leistungen ausgeschlossen wird.

### I. Änderung durch Allgemeine Geschäftsbedingungen

35   Hierzu ist zunächst auf das zu verweisen, was → Vor § 2 Rdn. 220 ff. generell zur Wirksamkeit formularmäßiger Vergütungsregelungen gesagt worden ist. Dass der Vergütungsanspruch des Auftragnehmers im Fall des § 2 Nr. 4 i. V. m. § 8 Nr. 1 Abs. 2 VOB/B formularmäßig nicht völlig ausgeschlossen werden kann, ist dort bereits dargelegt.[31] Auf diese Ausführungen wird verwiesen und wiederholt, dass nach der Rechtsprechung des

---

[29] *Ingenstau/Korbion/Keldungs* VOB/B § 2 Nr. 4 Rdn. 16; *Heiermann/Riedl/Rusam* VOB/B § 2 Rdn. 100.
[30] *Ingenstau/Korbion/Keldungs* VOB/B § 2 Nr. 4 Rdn. 15; *Heiermann/Riedl/Rusam* VOB/B § 2 Rdn. 99; *Nicklisch/Weick* VOB/B § 2 Rdn. 60.
[31] Ebenso *Ingenstau/Korbion/Keldungs* VOB/B § 2 Nr. 4 Rdn. 13.

BGH³² § 8 Nr. 1 VOB/B zum „**Kernbereich**" **der VOB/B** – und damit auch des § 649 BGB – gehört. Die vorformulierte Klausel in Besonderen Vertragsbedingungen des Auftraggebers, wonach der Bauherr berechtigt ist, einzelne Positionen des Angebots zurückzuziehen, zu streichen, in den Massenansätzen zu vermindern oder zu vermehren, ohne dass der Auftragnehmer für Minderleistungen Ersatzansprüche stellen kann und dadurch eine Preisänderung bei solchen oder anderen Positionen nicht eintritt, benachteiligt den Auftragnehmer deshalb entgegen den Geboten von Treu und Glauben unangemessen und ist wegen Verstoßes gegen §§ 307, 308 Nr. 3 und 4 BGB/§§ 9, 10 Nr. 3 und 4 AGB-Gesetz unwirksam, so dass der Auftragnehmer nach § 2 Nr. 4 VOB/B oder § 8 Nr. 1 VOB/B jedenfalls den Vergütungsanspruch abzüglich ersparter Aufwendungen und des anderweitig erzielten bzw. böswillig unterlassenen Erwerbs geltend machen kann.³³

Unzulässig ist auch eine Regelung in AGB, nach der der Auftragnehmer keinen Anspruch auf Vergütung (entgangenen Gewinn) haben soll, wenn die vom Auftraggeber selbst übernommenen Leistungen **10% des Gesamtauftragsvolumens** nicht überschreiten. Dafür kann insbesondere nicht die Toleranzgrenze von 10% gem. § 2 Nr. 3 Abs. 1 VOB/B ins Feld geführt werden, weil nach dieser Massenveränderungen bis zu 10% lediglich ohne Einfluss auf die Einheitspreise der betreffenden Positionen sind, die Massen selbst jedoch entsprechend ihrem tatsächlichen Umfang voll vergütet werden (→ § 2 Nr. 3).³⁴   **36**

Dagegen ist es zulässig, den Anspruch des Auftragnehmers auf Vergütung (entgangenen Gewinn) bei Heraus- bzw. Selbstübernahme von Teilleistungen durch AGB zu pauschalieren, wenn die Pauschale 5 bis 10% der Vergütung für die betreffenden Leistungen nicht über- oder unterschreitet.³⁵   **37**

## II. Änderung durch Individualvereinbarung

Dass der Anspruch des Auftragnehmers auf Vergütung (entgangenen Gewinn) für die vom Auftraggeber selbst übernommenen (Teil-)Leistungen durch Individualvereinbarung ausgeschlossen wird, ist im Grundsatz zwar unbedenklich. Allerdings sind auch derartige Regelungen **einschränkend auszulegen.** Ist z. B. vereinbart, dass der Anspruch des Auftragnehmers auf Vergütung (entgangenen Gewinn) bei Wegfall bzw. Selbstübernahme von Teilen einzelner Positionen ausgeschlossen sein soll, gilt dies nicht auch für den Fall, dass einzelne Positionen ganz entfallen bzw. vom Auftraggeber selbst übernommen werden. Ebenso soll umgekehrt die Vereinbarung, dass dem Auftragnehmer bei Wegfall einzelner Positionen kein Vergütungsanspruch zusteht, nicht auch gelten, wenn nur Teile einzelner Positionen entfallen bzw. vom Auftraggeber selbst übernommen werden.³⁶ Dagegen bestehen jedoch Bedenken, weil der Wegfall von Teilen einzelner Positionen weniger ist als der Wegfall ganzer Positionen und deshalb von der Regelung, die den Anspruch des Auftragnehmers auf Vergütung (entgangenen Gewinn) für den weitergehenden Fall ausschließt, mit umfasst wird.   **38**

Unabhängig davon ist, selbst wenn der Ausschluss des Vergütungsanspruchs (entgangener Gewinn) individualvertraglich zulässig ist, zu bedenken, dass hierdurch in den Regelungsgehalt der VOB/B eingegriffen wird und deshalb die Ausgewogenheit der VOB/B als Ganzes nicht mehr gegeben ist.³⁷ Als Preis für die Wirksamkeit des individualvertraglichen   **39**

---

³² BGHZ 101, 357 = NJW 1988, 55 = BauR 1987, 694 = ZfBR 1988, 22 im Anschluss an BGHZ 92, 244, 249/50 = NJW 1985, 631 = BauR 1985, 77 = ZfBR 1985, 37.
³³ OLG Düsseldorf NJW-RR 1992, 216 = BauR 1992, 77: hier wird – entgegen Rdn. 743 ff. – § 2 Nr. 4 allerdings wieder als Fall einer Teilkündigung behandelt.
³⁴ Ebenso OLG Frankfurt NJW-RR 1986, 245; vgl. auch *Ingenstau/Korbion/Keldungs* VOB/B § 2 Nr. 4 Rdn. 13.
³⁵ Vgl. in diesem Sinne etwa BGH NJW 1985, 632 = BauR 1985, 79 = ZfBR 1985, 81 m. w. N.; so auch *Heiermann/Riedl/Rusam* VOB/B § 2 Rdn. 98 a.
³⁶ *Ingenstau/Korbion/Keldungs* VOB/B § 2 Nr. 4 Rdn. 12 unter Hinweis auf *Vygen* BauR 1979, 375.
³⁷ Nach neuerer BGH-Rechtsprechung genügt dafür jede vertragliche Abweichung von der VOB/B; so BGH NZBau 2004, 267 und 385.

**§ 2 Nr. 4** Selbstübernahme durch den Auftraggeber

Ausschlusses des entgangenen Gewinns muss deshalb die Inhaltskontrolle der VOB/B im Übrigen in Kauf genommen werden, was u. a. zur Folge hat, dass dem Auftraggeber – wie beim individualvertraglichen Ausschluss von § 2 Nr. 3 VOB/B – die Berufung auf die vorbehaltlose Annahme der Schlusszahlung gem. § 16 Nr. 3 VOB/B in jedem Fall versagt ist. Auch für individualrechtliche Vereinbarungen gilt im Übrigen die Grenze der §§ 138, 242 BGB.[38]

---

[38] *Heiermann/Riedl/Rusam* VOB/B § 2 Rdn. 98.

# § 2 Nr. 5

## § 2 Nr. 5 [Vergütung bei Leistungsänderungen]

**Werden durch Änderung des Bauentwurfs oder andere Anordnungen des Auftraggebers die Grundlagen des Preises für eine im Vertrag vorgesehene Leistung geändert, so ist ein neuer Preis unter Berücksichtigung der Mehr- oder Minderkosten zu vereinbaren. Die Vereinbarung soll vor der Ausführung getroffen werden.**

Literatur: *Acker/Garcia-Scholz,* Möglichkeiten und Grenzen der Verwendung von Leistungsbestimmungsklauseln nach § 315 BGB in Pauschalpreisverträgen, BauR 2002, 550; *Althaus,* Änderung des Bauentwurfs und nicht vereinbarte Leistungen: Überlegungen zum Verhältnis von § 1 Nr. 3 und Nr. 4 Satz 1 VOB/B, ZfBR 2007, 411; *Augustin/Stemmer,* Hinweise zur Vereinbarung neuer Preise bei Bauverträgen nach VOB, BauR 1999, 546; *Bruns,* Schluss mit der einseitigen Änderung des Bauentwurfs nach § 1 Nr. 3 VOB/B? ZfBR 2005, 525; *Clemm,* Erstattung der Mehrkosten des Auftragnehmers bei Planlieferverzug des Auftraggebers nach VOB/B, Betr 1985, 2597; *ders.,* Anspruch des Auftragnehmers auf zusätzliche Vergütung bei kostenverursachenden lärmmindernden Baumaßnahmen, BauR 1989, 125; *v. Craushaar,* Abgrenzungsprobleme im Vergütungsrecht der VOB/B bei Vereinbarung von Einheitspreisen, BauR 1984, 311; *ders.,* Die Rechtsprechung zu Problemen des Baugrundes, FS Locher, 1990, S. 9; *Dähne,* Auftragnehmeransprüche bei lückenhafter Leistungsbeschreibung, BauR 1999, 289; *Diederichs,* Die Berechnung der neuen Preise gem. § 2 Nrn. 3, 5 und 6 VOB/B nach baubetrieblichen Grundsätzen, Seminar „Vergütungsansprüche aus Nachträgen – ihre Geltendmachung und Abwehr", Deutsche Gesellschaft für Baurecht e. V., 1989, S. 168; *Diehr,* Zum Verhältnis von Vergütungs- und Schadensersatzansprüchen des Auftragnehmers wegen Bauzeitstörungen, BauR 2001, 1507; *ders.;* Zahlungsansprüche des Auftragnehmers bei Bauablaufstörungen im VOB-Vertrag-Verhältnis der Anspruchsgrundlagen-, ZfBR 2006, 312; *Duve/Richter,* Kausalitätsfragen bezüglich eines gestörten Bauablaufs, BauR 2006, 608; *Englert,* Das „Baugrundrisiko" – ein notwendiger bedürftiger Rechtsbegriff?, BauR 1991, 537; *ders.,* AGB Spezialtiefbau, BauR 1992, 170; *ders.,* „Baubehelf", „Bauhilfsgewerk" und „Hilfsbauwerk": Abgrenzung und Rechtsprobleme, BauR 2004, 233; *Epple,* Die baupreisrechtliche Prüfung von Nachtragsleistungen, BauR 1990, 59; *Franz/Kues,* Änderungen des Leistungs-Solls und deren Auswirkungen auf die kalkulierten Gemeinkosten im VOB/B-Vertrag, BauR 2006, 1376; *Füchsel,* Bauvertragsklauseln in bezug auf Nachträge und ihre Wirksamkeit nach dem AGB-Gesetz, Seminar „Vergütungsansprüche aus Nachträgen – ihre Geltendmachung und Abwehr", Deutsche Gesellschaft für Baurecht e. V., 1989, S. 9; *Ganten,* Das Systemrisiko im Baurecht-Versuch, einen im Tiefbaurecht entwickelten Begriff einzuordnen-, BauR 2000, 643; *Genschow,* Anordnungen zur Bauzeit – Vergütungs- oder Schadensersatzansprüche des Auftragnehmers, ZfBR 2004, 627; *Grieger,* Verspätete oder mangelhafte Vorunternehmerleistung – wer hat sie zu vertreten?, BauR 1990, 406; *H. Groß,* Das Verlangen auf Vereinbarung eines neuen Preises nach § 2 Nrn. 3, 5 und 6 VOB/B, FS Soergel, 1993, S. 59; *Gross/Biermann,* Abwehr und Durchsetzung von Nachträgen, BauRB 2004, 239; *Hanhart,* Wahl-, Misch- und andere nicht genau gefaßte Vertragspositionen, Seminar „Ausschreibung und Kalkulation", Deutsche Gesellschaft für Baurecht e. V., Bd. 18, 1991, S. 41; *Hass,* Wie sind öffentliche Ausschreibungen auszulegen? NZBau 2001, 613; *Heiermann,* Wirksamkeit des Ausschlusses der Preisanpassungsmöglichkeiten nach VOB durch Allgemeine Geschäftsbedingungen, NJW 1986, 2682; *ders.,* Mögliche Abwälzung des Haftungs- und Vergütungsrisikos auf den Auftragnehmer durch ZTV, BauR 1989, 543; *Heuchemer,* Das Baugrundrisiko in der internationalen Vertragspraxis, BB Beilage 20/91 S. 12; *W. Jagenburg,* Der Abschied von der „Schenkungsvermutung" für Mehrleistungen nach § 2 Nrn. 5 und 6 VOB/B, FS Soergel, 1993, S. 89; *Kapellmann,* Der Verjährungsbeginn beim (vergütungspflichtigen) Ersatzanspruch des Auftragnehmers aus § 6 Nr. 6 VOB Teil B und aus § 642 BGB, BauR 1985, 123; *ders.,* § 645 BGB und die Behinderungshaftung für Vorunternehmer – Ein anderer Lösungsansatz, BauR 1992, 433; *ders.,* Die Geltung von Nachlässen auf die Vertragssumme für die Vergütung von Nachträgen, NZBau 2000, 57; *Kemper,* Nachträge und ihre mittelbaren Bauzeitauswirkungen, NZBau 2001, 238; *Kniffka/Quack,* Die VOB/B in der Rechtsprechung des Bundesgerichtshofs-Entwicklungen und Tendenzen-, Festschrift 50 Jahre Bundesgerichtshof 2000, 17; *Kraus,* Ansprüche des Auftragnehmers bei einem durch Vorunternehmer verursachten Baustillstand, BauR 1986, 17; *Krebs/Schuller,* Die „Kosten der Nachtragsbearbeitung" bei bauzeitbezogenen Ansprüchen, BauR 2007, 636; *Kuffer,* Leistungsverweigerungsrecht bei verweigerten Nachtragsverhandlungen, ZfBR 2004, 110; *ders.;* Baugrundrisiko und Systemrisiko, NZBau 2006, 1; *Liepe,* Nachtragsbeauftragung lediglich dem Grunde nach?, BauR 2003, 320; *Locher,* Die AGB-gesetzliche Kontrolle zusätzlicher Leistungen, FS Korbion, 1986, S. 283; *Luz,* „Bereinigende Preisfortschreibung" bei Nachträgen und Ausgleichsberechnungen nach § 2 Nr. 3 VOB/B? BauR 2005, 1391; *Mandelkow,* Qualifizierte Leistungsbeschreibung als wesentliches Element des Bauvertrages, BauR 1996, 31; *Marbach,* Der Anspruch auf Vergütungsänderung gem. § 2 Nr. 5 VOB/B, ZfBR 1989, 2 ff. = Seminar „Vergütungsansprüche aus Nachträgen – ihre Geltendmachung und Abwehr", Deutsche Gesellschaft für Baurecht e. V., 1989, S. 38; *ders.,* Nachtragsforderung bei mangelnder Leistungsbeschreibung der Baugrundverhältnisse im VOB-Vertrag und bei Verwirklichung des „Baugrundrisikos", BauR 1994, 168; *ders.,* Der Anspruch des Auftragnehmers auf Vergütung der Kosten der Bearbeitung von Nachtragsforderungen im VOB-Bauvertrag, BauR 2003, 1794; *Markus,* Ansprüche des Auftragnehmers nach wirksamer Zuschlagerteilung bei unklarer Leistungsbeschreibung des Auftraggebers, BauR 2004, 180; *ders.* VOB/B-Novelle 2006-es bleibt dabei: Keine Anordnungsbefugnis des Auftraggebers zur Bauzeit, NZBau 2006, 537; *Maser,* Leistungsänderungen beim Pauschalvertrag, BauR 1990, 319; *Meier/Stüting,* „Baubehelf", „Bauhilfsgewerk" und „Hilfsbauwerk": Die

## § 2 Nr. 5
Vergütung bei Leistungsänderungen

Diskussion geht weiter, BauR 2005, 316; *Motzke,* Leistungsänderungen und Zusatzleistungen beim Pauschalvertrag, Seminar „Vergütungsansprüche aus Nachträgen – ihre Geltendmachung und Abwehr", Deutsche Gesellschaft für Baurecht e. V., 1989, S. 111; *ders.,* Nachforderungsmöglichkeiten bei Einheitspreis- und Pauschalverträgen, BauR 1992, 146; *Nicklisch,* Sonderrisiken und Ansprüche auf Fristverlängerung und Mehrvergütung, BB Beilage 15/91 S. 3; *Niemöller,* Der verunreinigte Baugrund – ausgewählte Rechtsprobleme des Baugrundes, Seminar „Ausschreibung und Kalkulation", Deutsche Gesellschaft für Baurecht e. V., Bd. 18, 1991, S. 55 ff.; *ders.,* Der Mehrvergütungsanspruch für Bauzeitverlängerungen durch Leistungsänderungen und/oder Zusatzleistungen beim VOB/B-Vertrag, BauR 2006, 170; *Olshausen,* Planung und Steuerung als Grundlage für einen zusätzlichen Vergütungsanspruch bei gestörtem Bauablauf, FS Korbion, 1986, S. 323; *ders.,* Der veränderte Vergütungsanspruch im VOB-Vertrag aus baubetrieblicher Sicht, FS Soergel, 1993, S. 343; *Oppler,* Zur Bindungswirkung von Nachtragsvereinbarungen, FS Kraus 2003, 169; *Peters,* Die Wirksamkeit vertraglicher Regelungen zum Baugrundrisiko, BauR 1998, 215; *Paulmann,* Anforderungen an die nachträgliche Stundenlohnvereinbarung, NZBau 2005, 325; *Piel,* Zur Abgrenzung zwischen Leistungsänderung (§§ 1 Nr. 3, 2 Nr. 5 VOB/B) und Behinderung (§ 6 VOB/B), FS Korbion, 1986, S. 349; *Putzier,* Die zusätzliche Vergütung bei der Bewältigung abweichender Bodenverhältnisse im Erdbau, BauR 1989, 132; *ders.,* Die VOB/C, Abschnitte 4 im Vergütungsgefüge der VOB, BauR 1993, 399; *ders.,* Nachforderungen infolge unzureichender Beschreibung der Grundwasserverhältnisse. Welche ist die zutreffende Anspruchsgrundlage?, BauR 1994, 596; *Quack,* Baugrundrisiken in der Rechtsprechung des BGH, BB Beilage 20/91 S. 9; *ders.,* Theorien zur Rechtsnatur von § 1 Nr. 3 und 4 VOB/B und ihre Auswirkungen auf die Nachtragsproblematik, ZfBR 2004, 107; *Reitz,* Wirksamkeit von Gleit-, Bagatell- und Selbstbeteiligungsklauseln, BauR 2001, 1513; *ders.,* Interimsvereinbarungen zu streitigen Nachträgen, ZfBR 2004, 211; *Riedl,* Die Vergütungsregelung nach VOB unter besonderer Berücksichtigung der Rechtsprechung, ZfBR 1980, 1; *Roquette,* Vollständigkeitsklauseln: Abwälzung des Risikos unvollständiger oder unrichtiger Leistungsbeschreibungen auf den Auftragnehmer, NZBau 2001, 57; *Roquette/Paul,* Sonderprobleme bei Nachträgen, BauR 2003, 1097; *Roquette/Laumann,* Dichter Nebel bei Bauzeitclaims, BauR 2005, 1829; *Rothfuchs,* Der Anspruch auf bauzeitverlängerungsbedingte Mehrvergütung trotz vereinbarten neuen Preises den zugrunde liegenden technischen Nachtrag betreffend und diesbezüglich nicht erklärten Vorbehaltes, BauR 2007, 469; *Rupprecht,* Die Bedeutung des EFB-Preises und der Urkalkulation für die Vergütungsansprüche bei Nachträgen, Seminar „Vergütungsansprüche aus Nachträgen – ihre Geltendmachung und Abwehr", Deutsche Gesellschaft für Baurecht e. V., 1989, S. 186; *Rusam,* Anforderungen an die Leistungsbeschreibung zur Vermeidung von Nachträgen, Seminar „Vergütungsansprüche aus Nachträgen – ihre Geltendmachung und Abwehr", Deutsche Gesellschaft für Baurecht e. V., 1989, S. 147; *Schelle,* Wahlrecht (§§ 262 ff. BGB) und VOB, BauR 1989, 48; *Schottke,* Das Baugrundrisiko beim VOB-Vertrag, BauR 1993, 407 und 565; *Schrader/Borm,* Grauzone Prüfingenieur-Mehrvergütung bei Anordnungen Dritter im VOB/B-Vertrag, BauR 2006, 1388; *Schulze-Hagen,* Die Anwendung von §§ 1 Nr. 3, 2 Nr. 5 VOB/B einerseits und §§ 1 Nr. 4, 2 Nr. 6 VOB/B andererseits, FS Soergel, 1993, S. 259; *Silbe,* Berücksichtigung der Nachlässe des Hauptauftrages bei den Grundlagen der Preisermittlung, ZfBR 2004, 440; *Stassen/Grams,* Zur Kooperationspflicht des Auftragnehmers gemäß § 2 Nr. 5 VOB/B 2002 bei Mehrkosten, BauR 2003, 943; *Stemmer,* Vergabegewinn und Vergabeverlust: Ungewöhnliche Begriffe, aber ein richtiges Ergebnis, BauR 2007, 458; *Swoboda,* Methoden für Quantifizierung und Nachweis von Zusatzansprüchen, BB Beilage 15/91 S. 6; *Thode,* Nachträge wegen gestörten Bauablaufs im VOB-Vertrag, ZfBR 2004, 214; *ders.,* Die Infiltration des Rechts durch metajuristische Begriffe – Erläutert am Beispiel des „Bausolls"-, ZfBR 2006, 309; *Virneburg,* Wann kann der Auftragnehmer die Arbeit wegen verweigerter Nachträge einstellen?-Risiken einer Verweigerungsstrategie, ZfBR 2004, 419; *Vogel,* Zusatzleistungen und Nachtragsaufträge beim VOB-Bauvertrag, ZfBR 1998, 280; *Vygen,* Der Vergütungsanspruch beim Pauschalvertrag, BauR 1979, 375; *ders.,* Behinderungen des Bauablaufs und deren Auswirkungen auf den Vergütungsanspruch des Bauunternehmers, BauR 1983, 414; *ders.,* Behinderung des Auftragnehmers durch verspätete oder mangelhafte Vorunternehmerleistung, BauR 1989, 387; *ders.,* Leistungsänderungen und Zusatzleistungen beim Pauschalvertrag, FS Locher, 1990, S. 263; *ders.,* Rechtliche Probleme bei Ausschreibung, Vergabe und Abrechnung von Alternativ- und Eventualpositionen, BauR 1992, 135; *ders.,* Nachträge bei lückenhaften und/oder unklaren Leistungsbeschreibungen des Auftraggebers, FS Soergel, 1993, S. 277; *ders.,* Nachtragsangebote: Anforderungen an ihre Erstellung, Bearbeitung und Beauftragung, FS Heiermann, 1995, S. 317; *ders.,* Leistungsverweigerungsrecht des Auftragnehmers bei Änderung des Bauentwurfs gemäß § 1 Nr. 3 VOB/B oder Anordnung von zusätzlichen Leistungen gemäß § 1 Nr. 4 VOB/B? BauR 2005, 431; *ders.,* Bauablaufstörungen-Sachnachträge-Zeitnachträge, BauR 2006, 166; *ders.,* Vergabegewinn und Vergabeverlust bei Nachtragsforderungen, BauR 2006, 894; *Walzel,* Die Preise in den Fällen des § 2 Ziff. 3, 5 und 6 der VOB/B, BauR 1980, 227; *Wettke,* Die Haftung des Auftraggebers bei lückenhafter Leistungsbeschreibung, BauR 1989, 292; *Weyer,* Bauzeitverlängerung aufgrund von Änderungen des Bauentwurfs durch den Auftraggeber, BauR 1990, 138; *Wiegand,* Bauvertragliche Bodenrisikoverteilung im Rechtsvergleich, ZfBR 1990, 2; *Wirth/Würfele,* Bauzeitverzögerung: Mehrvergütung gemäß § 2 Nr. 5 VOB/B oder Schadensersatz gemäß § 6 Nr. 6 VOB/B? Jahrbuch Baurecht 2006, 119; *Zanner/Keller,* Das einseitige Anordnungsrecht des Auftraggebers zu Bauzeit und Bauablauf und seine Vergütungsfolgen, NZBau 2004, 353; *Zanner,* Kann der Auftraggeber durch Anordnung gemäß § 1 Nr. 3 VOB/B nicht nur Leistungsinhalte, sondern auch die Bauzeit einseitig ändern? BauR 2006, 177.

## Übersicht

| | Rdn. | | Rdn. |
|---|---|---|---|
| A. Allgemeines | 1–4 | C. Rechtsfolge: Neuberechnung des Preises für die geänderte Leistung | 47 |
| B. Anspruchsvoraussetzungen | 5 | I. Bisherige Preisermittlungsgrundlagen bleiben maßgebend | 48 |
| I. Änderung einer im Vertrag vorgesehenen Leistung | 5 | 1. Vergleichsberechnung unter Berücksichtigung der Mehr- oder Minderkosten | 49 |
| 1. Bestimmung des Umfangs der geschuldeten Leistung | 6 | a) Ermittlung der Mehr- und Minderkosten | 49 |
| 2. Erschwernisse und unklare bzw. unvollständige Leistungsbeschreibungen | 7 | b) Zeitliche Auswirkungen der Leistungsänderung | 53 |
| II. Durch Änderung des Bauentwurfs oder andere Anordnungen des Auftraggebers – Anordnungen zum zeitlichen Ablauf | 10 | c) Kosten der Nachtragsbearbeitung bzw. Nachtragskalkulation | 54 |
| 1. Änderung des Bauentwurfs | 12 | d) Generalunternehmerzuschlag und Vergabegewinn | 55 |
| a) Umfang des Anordnungsrechts nach § 1 Nr. 3 VOB/B | 12 | 2. Verschiedene Nachtragstatbestände | 56 |
| b) Anordnungen zum zeitlichen Ablauf | 15 | 3. Maßgeblicher Zeitpunkt für die Neuberechnung | 57 |
| 2. Andere Anordnungen des Auftraggebers | 21 | 4. Preisnachlässe gelten nicht automatisch auch für Nachträge | 58 |
| III. Ausübung des Anordnungsrechts durch den Auftraggeber selbst oder durch Dritte | 22 | 5. Darlegungs- und Beweislast | 59 |
| 1. Anordnung durch den Auftraggeber selbst | 23 | II. Kalkulationsfehler – Über- und Unter-Wert-Preise | 62 |
| 2. Anordnung durch Dritte | 25 | D. Preisanpassung nur auf Verlangen | 67 |
| IV. Abgrenzung zu anderen Nachtragstatbeständen | 27 | I. Pflicht zur Vereinbarung eines neuen Preises | 69 |
| 1. § 2 Nr. 3 VOB/B = bloße Massenänderung bei gleich bleibender Leistung | 28 | 1. Bestimmung durch einen Dritten | 70 |
| 2. § 2 Nr. 6 VOB/B = im Vertrag nicht vorgesehene/Zusatz-)Leistungen | 31 | 2. Bestimmung durch das Gericht | 71 |
| 3. § 2 Nr. 8 VOB/B = Leistungen ohne Auftrag | 34 | II. Preisvereinbarung möglichst vor Ausführung | 72 |
| 4. § 6 Nr. 6 VOB/B = Behinderung oder Unterbrechung der Ausführung | 35 | 1. Keine Ankündigungs- oder Hinweispflicht auf die Preisänderung | 73 |
| V. Preisanpassung nur bei Änderung der Preisgrundlagen | 36 | 2. Anzeigepflicht des Auftragnehmers bei Behinderung (§ 6 Nr. 1 VOB/B) | 75 |
| 1. Preisgrundlagen = Preisermittlungsgrundlagen | 37 | 3. Leistungsverweigerungs- oder Kündigungsrecht bei Verweigerung der Preisanpassung | 77 |
| 2. Genereller Preisanpassungsanspruch – nicht nur bei erheblichen Leistungs- und Preisänderungen | 39 | III. Verjährung des Anspruchs auf den geänderten Preis | 80 |
| a) Einheitspreisvertrag | 41 | IV. Verwirkung | 81 |
| aa) Grundsätzlich Einzelpositionen maßgebend | 42 | E. Ausschluss oder Änderung der Preisanpassungsmöglichkeit nach § 2 Nr. 5 | 82 |
| bb) Ausnahme: erkennbare Verbundkalkulation | 43 | I. Ausschluss oder Änderung durch Allgemeine Geschäftsbedingungen | 83 |
| b) Pauschalvertrag | 46 | II. Ausschluss oder Änderung durch Individualvereinbarung | 93 |

§ 2 Nr. 5                                                         Vergütung bei Leistungsänderungen

## A. Allgemeines

1   Nach § 2 Nr. 5 VOB/B ist, wenn durch **Änderungen des Bauentwurfs oder andere Anordnungen** des Auftraggebers die Grundlagen des Preises für eine im Vertrag vorgesehene Leistung geändert werden, ein neuer Preis unter Berücksichtigung der Mehr- oder Minderkosten zu vereinbaren.

2   § 2 Nr. 5 VOB/B begründet unter den vorgenannten Voraussetzungen eine **Preisanpassungspflicht** des Auftraggebers. Sie ist die unmittelbare Folge aus dem Anordnungsrecht des § 1 Nr. 3 VOB/B und – auch wenn der Anwendungsbereich des § 2 Nr. 5 über § 1 Nr. 3 VOB/B hinausgeht – das Gegenstück dazu, dass der Auftraggeber in den dortigen Grenzen ein Recht zur Änderung des Bauentwurfs hat,[1] das dem BGB-Werkvertragsrecht jedenfalls in dieser Form fremd ist.

3   Beim **BGB-Vertrag** ist eine Änderung des Bauentwurfs nämlich nur mit Zustimmung des Auftragnehmers möglich, erfordert also eine Vereinbarung i. S. einer **Vertragsänderung**. Zum Abschluss einer derartigen Vereinbarung kann der Auftragnehmer allerdings auf Grund der Kooperationspflicht[2] bzw. aus Treu und Glauben[3] verpflichtet sein. Dabei kann dann gleichzeitig auch die Vergütung für die geänderte Leistung festgelegt und vereinbart werden. Unterbleibt dies, ist jedenfalls aber die für die Anwendung des § 632 BGB erforderliche vertragliche Grundlage der geänderten Leistung vorhanden, die es ermöglicht, hierfür eine Vergütung als „stillschweigend vereinbart" anzusehen, § 632 Abs. 1 BGB. Im Regelfall dürfte es dann dem Willen der Parteien entsprechen, die Vergütung für die geänderte Leistung auf der Basis der Vertragspreise zu bestimmen.

4   Beim **VOB-Vertrag** ist zu unterscheiden. Macht der Auftraggeber von seinem **einseitigen Anordnungsrecht** nach § 1 Nr. 3 VOB/B Gebrauch und ändern sich dadurch die Grundlagen des Preises für eine im Vertrag vorgesehene Leistung, ist nach § 2 Nr. 5 VOB/B ein neuer Preis unter Berücksichtigung der Mehr- oder Minderkosten zu vereinbaren, der auf der Grundlage der Vertragspreise zu ermitteln ist. Anders liegt es bei einer **einverständlichen Vertragsänderung.** Schließen die Parteien einen Änderungsvertrag, ist der Auftragnehmer in seiner Kalkulation nicht an die Grundlagen der Preisermittlung gebunden, er kann – soweit sich der Auftraggeber darauf einlässt – „frei kalkulieren". Diesem ist es dann auch verwehrt, sich anschließend darauf zu berufen, der vereinbarte Preis entspreche nicht den Vertragspreisen.[4] Schließen die Parteien einen Änderungsvertrag, ohne dabei die Vergütung für die geänderte Leistung festzulegen, ist im Regelfall ebenfalls davon auszugehen, dass es ihrem Willen entspricht, dass die Vergütung für die geänderte Leistung auf der Basis der Vertragspreise berechnet wird.

Von der Regelung des § 2 Nr. 5 VOB/B werden auch solche Leistungen nicht erfasst, die auf Grund eines weiteren **selbständig zu betrachtenden Auftrags** erbracht werden.[5]

---

[1] Auf diesen Zusammenhang zwischen § 2 Nr. 5 und § 1 Nr. 3 VOB/B wird im Schrifttum mit Recht hingewiesen, z. B. von *Riedl* ZfBR 1980, 1, 2; *Walzel* BauR 1980, 228; *Vygen* BauR 1983, 418 und *Marbach* ZfBR 1989, 2, 3; *Quack*, Theorien zur Rechtsnatur von § 1 Nr. 3 und 4 VOB/B und ihre Auswirkungen auf die Nachtragsproblematik, ZfBR 2004, 107; nach zutreffender Auffassung des BGH handelt es sich bei den Anordnungen nach § 1 Nr. 3 und 4 VOB/B um Leistungsbestimmungsrechte des Auftraggebers, dazu BGH BauR 1994, 760, 1996, 378 und 2003, 1892.

[2] BGH BauR 2000, 409 = ZfBR 2000, 170; *Stassen/Grams* BauR 2003, 943; Kniffka IBR-online-Kommentar zum Bauvertragsrecht Stand 4. 1. 2007 § 631 Rdn. 353.

[3] *Werner/Pastor* Rdn. 1149.

[4] BGH ZfBR 2000, 538; *Kapellmann/Messerschmidt-Kapellmann* VOB/B § 2 Rdn. 178; *Kniffka* IBR-online-Kommentar zum Bauvertragsrecht Stand 4. 1. 2007 § 631 Rdn. 403.

[5] BGH BauR 2002, 618.

## B. Anspruchsvoraussetzungen

### I. Änderung einer im Vertrag vorgesehenen Leistung

§ 2 Nr. 5 VOB/B setzt voraus, dass sich durch einseitige Anordnung des Auftraggebers die Preisgrundlagen für eine **im Vertrag vorgesehene Leistung ändern**. Das ist nicht der Fall, wenn der Auftraggeber mit seiner Anordnung lediglich die Ausführung einer **ohnehin geschuldeten Leistung** verlangt.  5

#### 1. Bestimmung des Umfangs der geschuldeten Leistung

Gemäß § 1 Nr. 1 VOB/B wird die auszuführende Leistung nach Art und Umfang **durch den Vertrag** bestimmt. Was alles zur vertraglichen Leistung gehört und durch die vereinbarte Vergütung abgegolten ist, ergibt sich nach § 2 Nr. 1 VOB/B aus den dort im Einzelnen aufgeführten **Vertragsunterlagen,** nämlich der Leistungsbeschreibung,[6] den Besonderen Vertragsbedingungen (BVB), den Zusätzlichen Vertragsbedingungen (ZVB), den Zusätzlichen Technischen Vertragsbedingungen (ZTV), den Allgemeinen Technischen Vertragsbedingungen für Bauleistungen (ATV = VOB/C) und der gewerblichen Verkehrssitte. Insoweit kann auf die Ausführungen zu § 1 Nr. 1 und § 2 Nr. 1 VOB/B verwiesen werden.  6

Eine Änderung der im Vertrag vorgesehenen Leistung im Sinne von § 2 Nr. 5 VOB/B liegt schon tatbestandsmäßig nicht vor, wenn die geforderte Leistung nach dem Vertrag und den zu ihm gehörenden Vertragsunterlagen ohnehin geschuldet war.[7] Dabei kommt es nicht auf den geschuldeten Leistungserfolg an, sondern auf das **vertraglich geschuldete Leistungssoll**, das als Äquivalent für die geschuldete Gegenleistung verlangt wird.[8] Die Leistung gehört immer dann zum Leistungssoll, wenn sie sich so, wie sie verlangt wird, bereits aus den Plänen, dem Leistungsverzeichnis, den Vorbemerkungen zu diesem oder den sonstigen Vertragsunterlagen ergibt. Das gilt auch für sog. **Nebenleistungen.** Ist der Auftragnehmer zu ihrer Ausführung nach den vertraglichen Vereinbarungen einschließlich der einbezogenen technischen Regelwerke ohnehin verpflichtet, löst eine entsprechende Anordnung des Auftraggebers keinen Anspruch auf Anpassung des Vertrages bzw. zusätzliche Vergütungsansprüche aus.[9] Ein Fall des § 2 Nr. 5 VOB/B ist auch dann nicht gegeben, wenn der Auftraggeber lediglich **Nacherfüllungs- bzw. Gewährleistungsansprüche** geltend macht.

Die Feststellung, ob eine geforderte Leistung bereits vom vertraglich geschuldeten Leistungssoll umfasst ist oder ob es sich um eine zusätzliche Leistung im Sinne von § 2 Nr. 5 VOB/B handelt, kann im Einzelfall Schwierigkeiten bereiten. Das gilt insbesondere dann, wenn vom Auftragnehmer nicht erwartete **Erschwernisse** auftreten oder die **Leistungsbeschreibung unklar oder unvollständig** ist.

#### 2. Erschwernisse und unklare bzw. unvollständige Leistungsbeschreibungen

**Bloße Erschwernisse** bei Ausführung der vertraglich vorgesehenen Leistung stellen keine Änderung der ausgeschriebenen Leistung dar, wenn die Erschwernisse im Rahmen des ohnehin geschuldeten Leistungsumfangs bleiben.[10] Eine bloße Erschwernis ist zum  7

---

[6] Zur Auslegung der Leistungsbeschreibung *Kniffka* IBR-online-Kommentar zum Bauvertragsrecht Stand 4. 1. 2007 § 631 Rdn. 453 ff.
[7] BGH MDR 1969, 655; *Clemm* BauR 1989, 125 ff., 128; *Heiermann/Riedl/Rusam* VOB/B § 2 Rdn. 110; *Kapellmann/Messerschmidt-Kapellmann* VOB/B § 2 Rdn. 175 ff.; *Kniffka* IBR-online-Kommentar zum Bauvertragsrecht Stand 4. 1. 2007 § 631 Rdn. 357.
[8] *Kniffka* a. a. O. Rdn. 446.
[9] *Ingenstau/Korbion/Keldungs* VOB/B § 2 Nr. 5 Rdn. 4.
[10] *Ingenstau/Korbion/Keldungs* VOB/B § 2 Nr. 5 Rdn. 11 ff.; *Heiermann/Riedl/Rusam* VOB/B § 2 Rdn. 110; *Peters* BauR 1998, 698.

## § 2 Nr. 5 — Vergütung bei Leistungsänderungen

Beispiel angenommen worden, wenn der Auftragnehmer wegen der Nähe der Nachbarbebauung oder der schlechten Erreichbarkeit des Baugeländes mit schwerem Gerät Ausschachtungsarbeiten in **Handschachtung** ausführen lassen musste.[11] Gleiches gilt, wenn der Auftragnehmer auf **erschwerte Bodenverhältnisse** stößt, ohne dass eine gegenüber der Ausschreibung geänderte Bodenklasse vorliegt.[12] Eine bloße Erschwernis der ausgeschriebenen Leistung ist auch dann angenommen worden, wenn der Auftragnehmer nach dem Vertrag von vornherein auch mit den später vorgefundenen Bodenverhältnissen rechnen musste, weil die Ausschreibung dazu keine näheren Angaben enthielt.[13] Eine bloße Erschwernis hat das OLG Düsseldorf[14] auch in einem Fall bejaht, in dem sich die tatsächlich angetroffene Bodenklasse zwar von der ausgeschriebenen Bodenklasse unterschied, im Leistungsverzeichnis aber auf ein Bodengutachten Bezug genommen war, nach dem in bestimmten Bereich durchaus mit dem später auch angetroffenen Boden zu rechnen war. Auch die erforderlich gewordene Unterhaltsbaggerung eines Schiffskanals hat das OLG Schleswig als bloße Erschwernis angesehen.[15]

8  Eine Leistungsänderung im Sinne von § 2 Nr. 5 VOB/B ist auch dann zu verneinen, wenn die **Leistungsbeschreibung** die betreffende Leistung zwar nicht oder **nicht eindeutig** enthält, insoweit aber für den Auftragnehmer erkennbar unklar, unrichtig oder unvollständig ist. In einem solchen Fall muss der Auftragnehmer nämlich vor Abgabe seines Angebots alle damit zusammenhängenden Zweifelsfragen klären.[16] Kalkuliert er stattdessen ungeprüft „ins Blaue" hinein oder legt er seinem **Angebot** sogar **spekulativ** („frivol") zu günstige Annahmen zu Grunde, kann er später keine Änderung der Ausführung geltend machen und eine Preisanpassung nach § 2 Nr. 5 verlangen.[17] In dem ersten der vom BGH entschiedenen Fälle[18] hatte der Auftragnehmer eine Großflächenschalung angeboten und anschließend Mehrvergütungsansprüche geltend gemacht, weil er in großem Umfang aufwändige Kleinschalung einsetzen musste, was nach Meinung des Auftraggebers aber von vornherein erkennbar war. In der zweiten Entscheidung[19] ging es um die Wasserhaltung bei Kanalisationsarbeiten, die der Auftragnehmer mit 2,– DM/lfdm. angeboten hatte und wegen dabei nicht berücksichtigter Wasserhaltungsarbeiten später mit 75,– DM/lfdm. abrechnen wollte. Das hat der BGH insbesondere deshalb nicht zugelassen, weil der Auftragnehmer die Kanalisationsarbeiten mit Wasserhaltung bei einem vorangegangenen Nachbarlos mit eben den hier nachgeschobenen 75,– DM/lfdm. von vornherein angeboten hatte. Eine geänderte Ausführung liegt auch dann nicht vor, wenn die Leistung im Vertrag nur ungenau beschrieben wird, etwa wenn die Wasserhaltung pauschal ausgeschrieben wird, ohne dass es dafür Planungsunterlagen gibt.[20] Denn wenn keinerlei Vorgaben für die Art der Wasserhaltung gemacht werden, kann der Bieter, der lediglich eine nicht ausreichende Grundwasserabsenkung mit Filterlanzen kalkuliert hat, später nicht geltend machen, er habe tatsächlich mit wesentlich höherem Aufwand Brunnen bohren müssen.[21]

9  Anders verhält es sich hingegen, wenn der Auftragnehmer bei Ausführung der Arbeiten **Erschwernisse** vorfindet, mit denen auch bei sorgfältiger Prüfung der Vertragsunterlagen und bei aller gebotenen Vorsicht **nicht zu rechnen war,** also etwa Mauerwerksreste, Munitionsfunde, „geologische Ausreißer" etwa in Form einer Feinsandlinse, Schichten-

---

[11] LG Aachen BauR 1986, 698.
[12] BGH MDR 1969, 655; *Putzier* BauR 1989, 132, 133.
[13] *Ingenstau/Korbion/Keldungs* VOB/B § 2 Nr. 5 Rdn. 11 ff.; *Putzier* BauR 1989, 132, 134.
[14] OLG Düsseldorf BauR 1991, 774.
[15] OLG Schleswig IBR 2007, 12 mit Anm. *Schulze-Hagen* (Nichtzulassungsbeschwerde zurückgewiesen).
[16] *Ingenstau/Korbion/Keldungs* VOB/B § 2 Nr. 5 Rdn. 11 ff.; OLG Düsseldorf BauR 2004, 504.
[17] BGH BauR 1987, 683; 1988, 338; OLG Düsseldorf a. a. O.; OLG Koblenz IBR 2003, 181 mit Anm. *Schulze-Hagen*; *Dähne* BauR 1999, 289; OLG Düsseldorf IBR 2007, 65 mit Anm. *Putzier*; OLG Schleswig IBR 2007, 358 mit Anm. *Althaus*; OLG Hamm BauR 2006, 1899.
[18] BGH BauR 1987, 683.
[19] BGH BauR 1988, 338 (Wasserhaltung 1).
[20] BGH BauR 1992, 759 (Wasserhaltung 2).
[21] BGH BauR 1994, 236; OLG Hamm NJW-RR 1994, 406; *Putzier* BauR 1994, 596 ff.

wasser.²² Dasselbe gilt, wenn statt des ausgeschriebenen leichten Felsens der Bodenklasse 6 unvorhersehbar schwerer Fels der Bodenklasse 7 anfällt.²³ Die dadurch erforderlichen Mehrleistungen sind – soweit nicht eine abweichende vertragliche Regelung getroffen ist – nicht vom Ursprungsvertrag erfasst.
Im Übrigen wird auf die Ausführungen zu § 1 Nr. 1 und 2 Nr. 1 VOB/B verwiesen.

## II. Durch Änderung des Bauentwurfs oder andere Anordnungen des Auftraggebers – Anordnungen zum zeitlichen Ablauf

Ein Anspruch auf Preisanpassung nach § 2 Nr. 5 VOB/B steht dem Auftragnehmer keineswegs bei jeder beliebigen Änderung in der Ausführung des Bauvorhabens zu, sondern nur, wenn diese auf eine Änderung des Bauentwurfs im Sinne von §§ 1 Nr. 3, 2 Nr. 5 VOB/B bzw. eine andere Anordnung des Auftraggebers im Sinne von § 2 Nr. 5 VOB/B zurückzuführen ist.²⁴ Das Anordnungsrecht des Auftraggebers nach § 1 Nr. 3 VOB/B korrespondiert daher mit der Rechtsfolgenregelung des § 2 Nr. 5 VOB/B. Diese an sich sinnvolle Regelung ist aber sprachlich nicht klar genug gefasst²⁵ und wirft deshalb erhebliche Probleme in der praktischen Umsetzung auf. Zum einen wird der Begriff des „Bauentwurfs" nicht näher erläutert. Hierauf wird noch einzugehen sein. Zum anderen ist nicht ohne weiteres zu verstehen, warum in § 1 Nr. 3 VOB/B nur von dem Recht zur „Änderung des Bauentwurfs" die Rede ist, während in der korrespondierenden Regelung in § 2 Nr. 5 VOB/B von „Änderungen des Bauentwurfs" und „anderen Anordnungen des Auftraggebers" gesprochen wird. Klar ist, dass damit dem Auftraggeber ein im Werkvertragsrecht des BGB in dieser Form nicht vorgesehenes Recht zur Änderung des Bauentwurfs zugebilligt wird, das einen Anspruch auf Anpassung des Preises und damit einen zusätzlichen Vergütungsanspruch auslösen kann. Unklar ist aber, was mit „anderen Anordnungen" gemeint ist.²⁶ Offen ist zunächst, wie die „anderen Anordnungen" von der „Änderung des Bauentwurfs" abzugrenzen sind. Offen ist weiter, ob „andere Anordnungen" im Sinne von § 2 Nr. 5 VOB/B nur solche sind, zu denen der Auftraggeber nach dem Bauvertrag berechtigt ist, oder ob dazu auch solche Anordnungen zu zählen sind, die vertragswidrig sind, denen der Auftragnehmer aber auf Grund „faktischer Zwänge" nachkommt. Geht man davon aus, dass der Begriff „andere Anordnungen" im Sinne von § 2 Nr. 5 VOB/B auch vertragswidrige Anordnungen umfasst, bereitet die Abgrenzung zu § 6 Nr. 6 VOB/B Probleme. Darauf wird noch einzugehen sein.

### 1. Änderung des Bauentwurfs

**a) Umfang des Anordnungsrechts nach § 1 Nr. 3 VOB/B.** In der VOB/B wird der Begriff des „Bauentwurfs" nicht näher erläutert. In der baurechtlichen Literatur bestand jahrzehntelang eine trügerische Übereinstimmung darüber, dass unter dem Bauentwurf „die gesamte bautechnische Leistung, wie sie durch die Planung und Leistungsbeschreibung verkörpert und konkretisiert wird"²⁷ bzw. all das, „was im konkreten Bauvertrag den Inhalt der bauvertraglichen Leistungsverpflichtung des Auftragnehmers ausmacht", zu verstehen sei.²⁸ Diese sehr vage Umschreibung bedarf aber dringend einer Konkretisierung. Dabei

---
²² *Kapellmann/Messerschmidt-Kapellmann* VOB/B § 2 Rdn. 186 m.w.N.; *Ingenstau/Korbion/Keldungs* VOB/B § 2 Nr. 5 Rdn. 11, 16.
²³ OLG Koblenz BauR 2001, 1442 = NZBau 2001, 633.
²⁴ Anderenfalls kommen aber Ansprüche nach § 2 Nr. 8 VOB/B in Betracht.
²⁵ So auch *Kniffka* IBR-online-Kommentar zum Bauvertragsrecht Stand 4. 1. 2007 § 631 Rdn. 370.
²⁶ So auch *Kniffka* a. a. O.
²⁷ So *Jagenburg* in der Vorauflage Rdn. 68, 69.
²⁸ *Kapellmann/Messerschmidt-von Rintelen* VOB/B § 1 Rdn. 49; *Franke/Kemper/Zanner/Grünhagen* VOB/B § 1 Rdn. 60; *Ingenstau/Korbion/Keldungs* VOB/B § 1 Nr. 3 Rdn. 3; *Vygen/Schubert/Lang*, Bauverzögerung und Leistungsänderung Rdn. 158; *Heiermann/Riedl/Rusam* VOB/B § 1 Rdn. 31; *Leinemann/Schoofs* VOB/B § 1 Rdn. 25; *Zanner/Keller* NZBau 2004, 353.

besteht nach wie vor Übereinstimmung darüber, dass es bei der Definition des Begriffs der „Änderung des Bauentwurfs" nicht auf die Leistungsbilder der HOAI ankommen kann und dass das Änderungsrecht des § 1 Nr. 3 VOB/B dem Auftraggeber nicht die Befugnis zu einer Neuplanung gibt. Einigkeit besteht im Grundsatz auch noch darüber, dass das Änderungsrecht sich auf den „inhaltlichen" bzw. „bautechnischen" Teil des Vertrages beschränkt und dem Auftraggeber eine einseitige Änderung der übrigen vertraglichen Regelungen verwehrt ist. So kann der Auftraggeber nicht einseitig die Vereinbarungen über die Vergütung, die Stellung von Sicherheiten oder die Gewährleistung ändern.[29] Hinsichtlich des bautechnischen Teils wird ihm durch § 1 Nr. 3 VOB/B aber ein weit reichendes Anordnungsrecht eingeräumt. Derartige Änderungen können das vorgesehene Material betreffen, wenn zum Beispiel statt Holzfenstern solche aus Metall oder Kunststoff verlangt werden, statt Mauerwerk Sichtbeton oder wenn zur Einsparung von Gründungspfählen die Bewehrung (Bewehrungsdichte) der übrigen Pfähle verstärkt wird.[30] Die Anordnungen können aber auch lediglich die im Vertrag vorgesehene Ausführungsweise betreffen, wenn statt des vorgesehenen Maschineneinsatzes Handschachtung angeordnet[31] oder bei Erdtransportarbeiten aus Lärmschutzgründen die Umfahrung einer nahe gelegenen Ortschaft verlangt wird und dadurch eine längere Transportstrecke anfällt.[32] Wegen der weiteren Einzelheiten wird auf die Ausführungen zu § 1 Nr. 3 VOB/B verwiesen.

13  Die Abgrenzung der **Änderung des Bauentwurfs im Sinne der §§ 1 Nr. 3, 2 Nr. 5 VOB/B** von der **Anordnung einer zusätzlichen Leistung im Sinne der §§ 1 Nr. 4, 2 Nr. 6 VOB/B** kann im Einzelfall erhebliche Schwierigkeiten bereiten. Ein schönes Beispiel beschreibt *Kapellmann*:[33] Das Leistungsverzeichnis sieht vor, dass die Bäder bis zur Höhe von 1,40 m gefliest werden sollen; der Auftraggeber ordnet an, dass bis 1,80 m gefliest werden soll; stellt die Mehrverfliesung eine Leistungsänderung im Sinne von § 2 Nr. 5 VOB/B oder eine zusätzliche Leistung im Sinne von § 2 Nr. 6 VOB/B dar? Eine saubere Abgrenzung ist kaum möglich, in den meisten Fällen – wie noch darzulegen sein wird – auch gar nicht erforderlich. Die in der baurechtlichen Literatur entwickelten Abgrenzungskriterien sind entweder sehr allgemein gehalten oder auf bestimmte Fallgruppen zugeschnitten, auf andere aber nicht ohne weiteres übertragbar. *Heiermann/Riedl/Rusam*[34] wollen jeden Fall der Entwurfsänderung unter § 2 Nr. 5 VOB/B einordnen. Da ist nicht richtig, weil auch die Anordnung einer zusätzlichen Leistung eine Änderung des Bauentwurfs darstellen kann.[35] *Ingenstau/Korbion/Keldungs*[36] gehen davon aus, dass eine Leistungsänderung im Sinne von Nr. 5 vorliegt, wenn der Auftragnehmer eine nach dem ursprünglichen Vertrag geschuldete Leistung anders ausgeführt hat, wenn also die Anordnung die Art und Weise der Durchführung betrifft. Das ist richtig. Missverständlich ist allerdings der Zusatz, von § 2 Nr. 6 VOB/B werde der Fall erfasst, dass eine neue, vom bisherigen Vertragsinhalt überhaupt noch nicht erfasste zusätzliche Leistung gefordert werde, ohne dass der bisherige Vertragsinhalt im Sinne einer Leistungsänderung davon ergriffen werde. Tatsächlich können zusätzliche Leistungen im Sinne von § 2 Nr. 6 VOB/B auch den bisherigen Leistungsumfang berühren, sehr häufig ist das sogar der Fall.[37] *Kapellmann*[38] geht davon aus, dass von § 2 Nr. 5 VOB/B nur qualitative Veränderungen erfasst werden, die Anordnung einer bloßen Mehrmenge

---

[29] *Ingenstau/Korbion/Keldungs* VOB/B § 1 Nr. 3 Rdn. 11; *Heiermann/Riedl/Rusam* VOB/B § 1 Rdn. 31 a; Kapellmann/Messerschmidt-von Rintelen VOB/B § 1 Rdn. 52 ff.; *Leinemann/Schoofs* VOB/B § 1 Rdn. 25; *Schulze-Hagen* in Festschrift für *Soergel*, 1993, 259, 263; *Zanner/Keller* NZBau 2004, 353, 354.
[30] OLG Frankfurt NJW-RR 1986, 1149 = BauR 1986, 352; *Ingenstau/Korbion/Keldungs* a. a. O.
[31] LG Aachen BauR 1986, 698; hier war die Ausführungsweise aber im Vertrag nicht festgelegt, so dass die Handschachtung wohl nur als bloße Erschwernis ohnehin geschuldet war.
[32] *Marbach* ZfBR 1989, 2, 7 unter Hinweis auf BGH Schäfer/Finnern Z 2311 Blatt 25.
[33] *Kapellmann/Messerschmidt-Kapellmann* VOB/B § 2 Rdn. 183.
[34] VOB/B § 2 Rdn. 135.
[35] So zu Recht *Kapellmann/Messerschmidt-Kapellmann* VOB/B § 2 Rdn. 182.
[36] VOB/B § 2 Nr. 5 und 6, jeweils Rdn. 9.
[37] So auch wohl *Kapellmann* a. a. O. Fn. 376.
[38] A. a. O. Rdn. 182 ff.

unterfalle immer § 2 Nr. 6 VOB/B; nicht jede qualitative Änderung falle aber unter § 2 Nr. 5 VOB/B; die Abweichung könne nämlich so groß werden, dass eine Ableitung des neuen Preises aus den Kalkulationsgrundlagen gar nicht möglich sei; die Leistung sei dann kalkulatorisch „neu" und nach § 2 Nr. 6 VOB/B abzurechnen; entscheidend komme es darauf an, ob die qualitative Änderung sich noch als „Änderung der Grundlagen der Preisermittlung" erfassen lasse oder nicht und ob die Angebotskalkulation „mindestens annähernd unmittelbar als sinnvoller Ausgangspunkt für die Nachtragskalkulation und damit für die neue Preisbildung herangezogen werden" könne. Mit dieser Begriffsbestimmung sind auch die letzten Klarheiten beseitigt. Dass die Ableitung des neuen Preises aus den Kalkulationsgrundlagen nicht mehr möglich sei, wenn die Abweichung eine bestimmte Größenordnung erreicht habe, wird man so nicht sagen können. Kalkulatorisch ist, wenn sich genügende Anhaltspunkte in der Angebotskalkulation finden, die Ermittlung des neuen Preises bei einer umfangreichen Änderung ebenso gut möglich wie bei einer geringfügigen. Es kann auch nicht entscheidend darauf ankommen, ob die Leistung „kalkulatorisch neu" ist, was immer darunter zu verstehen ist. Zweifelhaft ist auch die Annahme, dass § 2 Nr. 6 VOB/B dann eingreife, wenn es im Vertrag keine Leistungen gebe, deren Elemente in der Angebotskalkulation „mindestens annähernd unmittelbar als sinnvoller Ausgangspunkt für die Nachtragskalkulation herangezogen werden können". Von § 2 Nr. 6 VOB/B können vielmehr auch zusätzliche Leistungen umfasst werden, für deren Kalkulation sich in der Angebotskalkulation brauchbare Anknüpfungspunkte finden.

Eine allgemein gültige Definition wird nur schwer zu finden sein. Das hat seinen Grund darin, dass die Nachtragstatbestände der §§ 2 Nr. 3, 5 und 6 VOB/B nicht klar genug beschrieben sind und rechtlich und tatsächlich ineinander übergehen können. Richtig ist, dass die Anordnung eine Mehrmenge immer § 2 Nr. 6 VOB/B unterfällt.[39] Qualitative Änderungsanordnungen, die nicht die Anordnung einer Mehrmenge enthalten, sind grundsätzlich nach § 2 Nr. 5 VOB/B abzurechnen. Nur in Ausnahmefällen wird in der qualitativen Änderung eine derart gravierende Abweichung vom Vertrag liegen, dass nicht mehr von einer Änderung der vertraglich geschuldeten Leistung, sondern von einer gänzlich anderen Ausführung der geschuldeten Leistung gesprochen werden kann, die als zusätzliche Leistung im Sinne von § 2 Nr. 6 VOB/B zu behandeln ist. Letztlich spielt – wie noch darzulegen sein wird – die Abgrenzung aber keine große Rolle, da der BGH das Ankündigungserfordernis des § 2 Nr. 6 VOB/B für nahezu alle gängigen Fälle aufgehoben hat und die Ermittlung des neuen Preises auf der Basis der Auftragskalkulation bei diesen Nachtragstatbeständen in gleicher Weise erfolgt.[40]

**b) Anordnungen zum zeitlichen Ablauf.** Streit besteht darüber, ob von § 1 Nr. 3 VOB auch Anordnungen zum zeitlichen Ablauf des Bauvorhabens gedeckt sind.

Der BGH ist in einigen älteren Entscheidungen[41] am Rande auch auf die Frage eingegangen, ob dem Auftraggeber ein Anordnungsrecht hinsichtlich der Änderung von vertraglichen Bauzeiten zusteht. Die Ausführungen in den damaligen Entscheidungen lassen erkennen, dass ein solches Anordnungsrecht im Prinzip bejaht werden sollte. Es handelt sich aber – wie *Kniffka*[42] hervorhebt – in allen Fällen um obiter dicta. Eine neuere Entscheidung, in der sich der BGH mit dieser Frage näher auseinandersetzt, gibt es nicht.

Der überwiegende Teil der baurechtlichen Literatur steht nach wie vor auf dem Standpunkt, dass sich das Änderungsrecht des Auftraggebers auf den bautechnischen Teil beschränke und er deshalb nicht zu Anordnungen zum zeitlichen Ablauf des Bauvorhabens befugt sei.[43] Begründet wird diese Auffassung damit, dass sich das Änderungsrecht nur auf

---

[39] So zu Recht *Kapellmann* a. a. O. in dem von ihm angeführten Beispielsfall.
[40] So auch Kapellmann a. a. O. Rdn. 179.
[41] BGHZ 50, 25, 30; BGH BauR 1971, 202, 203; BGH BauR 1985. 561; dazu *Kniffka* IBR-online-Kommentar zum Bauvertragsrecht Stand 4. 1. 2007 § 631 Rdn. 375.
[42] A. a. O.
[43] *Kapellmann/Schiffers* Bd. 1 Rdn. 787; *Ingenstau/Korbion/Keldungs* VOB/B § 1 Nr. 3 Rdn. 8, 9 bis zur 15. Aufl.; *Thode* ZfBR 2004, 214.

§ 2 Nr. 5    Vergütung bei Leistungsänderungen

den „Bauinhalt", nicht aber auf die „Bauumstände" erstrecke, zu denen auch die Bauzeit gehöre,[44] ein solches Änderungsrecht „zweifelsfrei"[45] bzw. „eindeutig"[46] nicht bestehe bzw. Anordnungen zur Ausführungszeit „selbstverständlich"[47] zu den „anderen Anordnungen" im Sinne von § 2 Nr. 5 VOB/B zu zählen seien. Ähnlich unklar sind die Vorstellungen über die Rechtsfolgen eines nicht mehr von § 1 Nr. 3 VOB/B bzw. dem Bauvertrag gedeckten Änderungsverlangens bzw. einer solchen Anordnung. *Kapellmann*, der ein zeitliches Anordnungsrecht ausdrücklich ablehnt, stellt resignierend fest, dass es sich zwar um einen vertragswidrigen Eingriff handele, „dem Auftragnehmer aber keine andere Wahl bleibe, als sich den Fakten zu beugen". Die VOB gebe ihm dann aber die Möglichkeit, „die finanziellen Folgen dieser vertragswidrigen angeordneten Bausoll-Bauist-Abweichung über einen Vergütungsnachtrag gemäß § 2 Nr. 5 VOB/B zu erfassen", wahlweise auch im Rahmen eines Schadensersatzanspruchs nach § 6 Nr. 6 VOB/B geltend zu machen. Eine dogmatisch auch nur halbwegs tragfähige Begründung fehlt.

17    Hier setzt zu Recht die Kritik von *Thode* an, der eine „juristische Begründung" für die Anspruchskonkurrenz eines Vergütungsanspruchs gemäß § 2 Nr. 5 VOB/B und eines Schadensersatzanspruchs gemäß § 6 Nr. 6 VOB/B vermisst.[48] Die Zuordnung vertragswidriger Weisungen und faktischer Eingriffe des Auftraggebers in das Vertragsverhältnis zu dem Tatbestandsmerkmal der anderen Anordnungen führe zu dogmatisch inkonsistenten Ergebnissen. Soweit die Vertragsparteien neben den in § 1 Nr. 3 und Nr. 4 VOB/B geregelten Leistungsbestimmungsrechten des Auftraggebers zusätzliche Leistungsbestimmungsrechte vereinbarten, wie beispielsweise die Umstände der Leistungserbringung oder die Bauzeit zu ändern, sei die Ausübung dieser Leistungsbestimmungsrechte eine andere Anordnung im Sinne von § 2 Nr. 5 VOB/B. Die Gewährung eines Vergütungsanspruchs für zeitliche Verzögerungen, die durch vertragswidriges Verhalten des Auftraggebers verursacht worden seien, widerspreche dem Grundkonzept des BGB. Verursache der Auftraggeber durch vertragswidriges Verhalten eine Bauverzögerung, dann handele es sich um eine Leistungsstörung, die einen Anspruch des Auftragnehmers gemäß § 6 Nr. 6 VOB/B oder gemäß § 642 BGB begründen könne. Eine Anspruchskonkurrenz der Vergütungsregelung des § 2 Nr. 5 VOB/B und der Regelungen des § 6 Nr. 6 VOB/B oder des § 642 BGB sei hingegen ausgeschlossen.

18    *Zanner/Keller,*[49] *Wirth/Würfele,*[50] Kemper[51] und *Kniffka*[52] haben sich noch einmal mit dem Begriff der „Änderung des Bauentwurfs" auseinandergesetzt. Sie haben dargelegt, dass die Beschränkung auf die technische Bauausführung nicht interessengerecht sei; sie werde dem Umstand nicht gerecht, dass die VOB eine vertragliche Regelung sei, die den Besonderheiten des Bauablaufs gerecht werden wolle; dazu gehörten nicht nur Änderungsnotwendigkeiten hinsichtlich der technischen Bauplanung, sondern auch Änderungsnotwendigkeiten hinsichtlich des zeitlichen Ablaufs; so wie sich die Änderungsnotwendigkeiten hinsichtlich des technischen Ablaufs aus einer unzureichenden technischen Planung ergäben, könnten sie sich hinsichtlich des zeitlichen Ablaufs aus einer unzureichenden zeitlichen Planung ergeben; es sei mit Sinn und Zweck der VOB, einen möglichst störungsfreien Ablauf des Bauvorhabens zu ermöglichen, nicht vereinbar, wenn dem Auftragnehmer das Recht zugestanden würde, bei zeitlichen Anordnungen die Leistung zu verweigern, weil diese Anordnung vertragswidrig wäre.

---

[44] *Kapellmann/Messerschmidt-von Rintelen* VOB/B § 1 Rdn. 53; *Kapellmann/Messerschmidt-Kapellmann* VOB/B § 2 Rdn. 33; *Kapellmann/Schiffers,* Vergütung, Nachträge und Behinderungsfolgen beim Bauvertrag, Bd. 1 Rdn. 787.
[45] *Kapellmann* a. a. O.
[46] *Kapellmann* a. a. O.
[47] *Marbach* ZfBR 1989, 2, 7.
[48] *Thode* ZfBR 2004, 214, 225.
[49] *Zanner/Keller* NZBau 2004, 353; *Zanner* BauR 2006, 177.
[50] BrBp 2005, 214.
[51] *Franke/Kemper/Zanner/Grünhagen* VOB/B § 1 Rdn. 60.
[52] *Kniffka* IBR-online-Kommentar zum Bauvertragsrecht Stand 4. 1. 2007 § 631 Rdn. 371 ff..

**19** Es spricht vieles dafür, dieser Auffassung zu folgen.[53] Schon sprachlich zwingt der Begriff „Bauentwurf" keineswegs zu der von der überwiegenden Literaturmeinung vertretenen engen Auslegung. Es wäre – worauf *Kniffka*[54] zutreffend hinweist – auch mit Sinn und Zweck der Regelung kaum zu vereinbaren, wenn dem Auftragnehmer das Recht zugestanden würde, bei zeitlichen Anordnungen die Leistung mit der Begründung zu verweigern, die Anordnung sei rechtswidrig; er könnte anderenfalls sogar die Akzeptierung der zeitlichen Verschiebung von einer Anhebung der Vertragspreise abhängig machen. Ein schönes Beispiel für die sich daraus ergebenden Probleme bietet *Vygen*:[55] Der Generalunternehmer, der wegen technischer Nachträge seines Auftraggebers die Arbeiten der Nachunternehmer zeitlich verschieben muss, müsste, wenn diese sich der Verschiebung widersetzen dürften, sich mit diesen auf Nachverhandlungen über die Vertragspreise einlassen oder erhebliche Störungen im Bauablauf mit allen daraus resultierenden Folgen in Kauf nehmen. Das alles spricht gegen die enge Auslegung des Begriffs „Bauentwurf". Im „Bauentwurf" wird vielmehr festgelegt, was, wie, auf welche Weise und unter welchen zeitlichen Rahmenbedingungen gebaut werden soll.[56] Dabei kommt gerade der Festlegung des zeitlichen Ablaufs und der Koordinierung der Arbeiten zentrale Bedeutung zu.[57] Jeder Planer wird daher verständnislos die Diskussion der Baujuristen über die Frage verfolgen, ob zum „Bauentwurf" auch die Regelung des zeitlichen Ablaufs der Arbeiten gehöre. Auch rechtlich gehört die Regelung dieser Frage zu seinen wichtigsten Aufgaben.[58] Das spricht für die Annahme, dass das Leistungsbestimmungsrecht des § 1 Nr. 3 VOB/B auch das Recht des Auftraggebers umfasst, in einem noch zu erörternden Rahmen den zeitlichen Ablauf der Arbeiten nachträglich zu ändern.

**20** Letztlich wird die praktische Bedeutung dieser Streitfrage aber überschätzt. Geht man davon aus, dass das Recht zur Änderung des Bauentwurfs auch die Befugnis umfasst, den zeitlichen Ablauf der Arbeiten nachträglich zu ändern, können derartige Anordnungen nach §§ 1 Nr. 3, 2 Nr. 5 VOB/B einen Anspruch auf Vereinbarung eines neuen Preises und damit einen zusätzlichen Vergütungsanspruch auslösen. Geht man aber davon aus, dass das Recht zur Änderung des Bauentwurfs nicht die Befugnis zur Anordnung eines anderen zeitlichen Ablaufs umfasst, stellt dieses Verlangen eine „andere Anordnung" im Sinne von § 2 Nr. 5 VOB/B dar. Auch wenn man *Thode*[59] darin folgt, dass nur vom Vertrag gedeckte „andere Anordnungen" einen Anspruch auf Vereinbarung eines neuen Preises gemäß § 2 Nr. 5 VOB/B auslösen können, scheiden solche Ansprüche bei nachträglicher Anordnung eines anderen zeitlichen Bauablaufs aber keineswegs per se aus. Vertragsgemäß sind derartige Anordnungen nämlich nicht nur dann, wenn sie ausdrücklich im Vertrag vorgesehen sind. Vertragsgemäß sind sie vielmehr auch dann, wenn der Auftragnehmer auf Grund seiner Kooperationspflicht[60] bzw. nach den Grundsätzen von Treu und Glauben[61] gehalten ist, dieser Anordnung zu folgen. Das ist immer dann der Fall, wenn diese Anordnungen sich in dem bei derartigen Vorhaben üblichen und von vornherein zu erwartenden Rahmen halten und den Auftragnehmer nicht unzumutbar belasten. Darüber hinaus gehende Anordnungen werden im Regelfall aber auch von dem Recht zur Änderung des Bauentwurfs nach § 1 Nr. 3 VOB/B nicht gedeckt sein. Auch nach § 1 Nr. 3 VOB/B kann der Auftraggeber nämlich „Änderungen des Bauentwurfs" nicht nach freiem Belieben anordnen. Die Aus-

---

[53] So auch *Ingenstau/Korbion/Keldungs* VOB/B § 1 Nr. 3 Rdn. 7 ab der 15. Aufl. unter ausdrücklicher Aufgabe der früher vertretenen Auffassung.
[54] *Kniffka* a. a. O.
[55] *Vygen* BauR 2006, 166, 168.
[56] *Schulze-Hagen* Festschrift für Soergel S. 259, 263; *Zanner/Keller* a. a. O.
[57] So auch *Franke/Kemper/Zanner/Grünhagen* VOB/B § 1 Rdn. 60.
[58] *Locher/Koeble/Frik* HOAI § 15 Rdn. 100.
[59] A. a. O.; ihm folgend auch *Kniffka* IBR-Kommentar zum Bauvertragsrecht Stand 4. 1. 2007 § 631 Rdn. 367 ff.
[60] BGH BauR 2000, 409 = ZfBR 2000, 170; *Stassen/Grams* BauR 2003, 943; *Kniffka* IBR-online-Kommentar zum Bauvertragsrecht Stand 4. 1. 2007 § 631 Rdn. 353.
[61] *Werner/Pastor* Rdn. 1149.

## § 2 Nr. 5

übung dieses Gestaltungsrechts unterliegt vielmehr den Grenzen, die durch § 315 BGB[62] bzw. die Grundsätze von Treu und Glauben § 242 BGB und die Pflicht zur gegenseitigen Rücksichtnahme der Bauvertragsparteien gezogen werden. Ob diese Grenze im Einzelfall überschritten ist, hängt von den Umständen des Einzelfalles ab. Das müssen notfalls die Gerichte mit sachverständiger Hilfe entscheiden.

Zweifelhaft ist allerdings, ob § 1 Nr. 3 VOB/B insbesondere bei der auch hier vertretenen weiten Auslegung einer **Inhaltskontrolle** standhält.[63]

Im Übrigen wird auf die Ausführungen unter § 1 Nr. 3 VOB/B verwiesen.

### 2. Andere Anordnungen des Auftraggebers

21   Was unter „anderen Anordnungen" zu verstehen ist, ist selbst dann unklar, wenn man mit der überwiegenden Meinung in der baurechtlichen Literatur den Begriff des „Bauentwurfs" eng auslegt und Anordnungen zum zeitlichen Ablauf nicht darunter fasst. *Thode*[64] ist jedenfalls darin zuzustimmen, dass andere Anordnungen nur solche sein können, zu denen der Auftraggeber vertraglich berechtigt ist. Diese Berechtigung kann sich natürlich auch daraus ergeben, dass der Auftragnehmer sich nachträglich – wenn auch zähneknirschend – auf die Abänderung einlässt. Diese „anderen Anordnungen" müssen aber außerhalb des Bereichs des § 1 Nr. 3 VOB/B liegen, weil es sich anderenfalls schon um „Änderungen des Bauentwurfs" handelt. Folgt man der von *Zanner/Keller* und *Kniffka* vertretenen Auffassung, nach der die Befugnis zur „Änderung des Bauentwurfs" sich auch auf den zeitlichen Ablauf der Arbeiten erstreckt, verengt sich der Spielraum für „andere Anordnungen" noch weiter gegen null.[65]

### III. Ausübung des Anordnungsrechts durch den Auftraggeber selbst oder durch Dritte

22   Eine Preisanpassung nach § 2 Nr. 5 VOB/B kommt nicht schon dann in Betracht, wenn sich die Grundlagen des Preises für eine im Vertrag vorgesehene Leistung aus irgendwelchen Gründen ändern. Sie ist vielmehr nur dann möglich, wenn die Änderung auf die **rechtswirksame Anordnung des Auftraggebers** oder eines von ihm **bevollmächtigten Vertreters** zurückgeht. Anderenfalls scheidet ein zusätzlicher Vergütungsanspruch nach § 2 Nr. 5 VOB/B aus.[66]

#### 1. Anordnung durch den Auftraggeber selbst

23   Anordnungen des Auftraggebers nach §§ 1 Nr. 3, 2 Nr. 5 VOB/B müssen den an **rechtsgeschäftliche Erklärungen** zu stellenden Anforderungen genügen und sind daher nur wirksam, wenn ein entsprechendes **Erklärungsbewusstsein,** also das Bewusstsein, überhaupt eine rechtsgeschäftliche Erklärung abzugeben,[67] vorliegt. Das ist unzweifelhaft gege-

---

[62] *Kniffka* IBR-online-Kommentar zum Bauvertragsrecht Stand 4. 1. 2007 § 631 Rdn. 379; *Ingenstau/Korbion/Keldungs* VOB/B § 1 Nr. 3 Rdn. 11 ff.; a. A. *Franke/Kemper/Zanner/Grünhagen* VOB/B § 1 Rdn. 61, die ein im Rahmen des durch den Vertrag definierten Bauvorhabens unbeschränktes Anordnungsrecht bejahen. Auch das unterliegt aber den Einschränkungen, die durch die Grundsätze von Treu und Glauben § 242 BGB und die Pflicht zur gegenseitigen Rücksichtnahme der Bauvertragsparteien gezogen werden.

[63] Dazu *Kniffka* IBR-online-Kommentar zum Bauvertragsrecht Stand 4. 1. 2007 § 631 Rdn. 384; *Anker/Klingenfuß* BauR 2005, 1377; *Bruns* ZfBR 2005, 525.

[64] *Thode* a. a. O.

[65] *Kapellmann/Messerschmidt-Kapellmann* VOB/B § 2 Rdn. 367 wollen daraus sogar die Schlussfolgerung ziehen, dass die von *Zanner/Keller* und *Kniffka* vertretene Auffassung zur Auslegung des Begriffs „Änderung des Bauentwurfs" nicht richtig sein könne.

[66] OLG Braunschweig IBR 2007, 122 mit Anm. *Hebel* (Nichtzulassungsbeschwerde zurückgewiesen).

[67] *Palandt/Heinrichs* Einf. vor § 116 Rdn. 1.

ben, wenn der Auftraggeber sich bei Abgabe seiner Erklärung bewusst ist, damit die vertraglichen Vereinbarungen abzuändern. Die Wirksamkeit seiner Erklärung hängt dann auch nicht davon ab, ob er die Rechtsfolgen richtig einschätzt. Daraus kann sich allenfalls ein Anfechtungsrecht ergeben. Die Erklärung bedarf auch keiner bestimmten **Form,** sie kann schriftlich oder mündlich, ausdrücklich oder durch schlüssiges Verhalten erfolgen.[68] Das erforderliche **Erklärungsbewusstsein fehlt** aber, wenn der Auftraggeber von den veränderten Umständen keine Kenntnis hat[69] oder davon ausgeht, die geänderte Ausführung entspreche den ursprünglichen Vereinbarungen.[70] Es fehlt in diesen Fällen an einer wirksamen Anordnung. Es kommen dann aber Ansprüche des Auftragnehmers aus § 2 Nr. 8 VOB/B bzw. Geschäftsführung ohne Auftrag in Betracht, soweit tatsächlich eine vom Vertrag nicht erfasste Leistung erbracht worden ist.

Problematisch sind die Fälle, in denen der Auftraggeber von einer Änderung des Bauentwurfs Kenntnis hat, gleichwohl aber kommentarlos die Fortführung der Arbeiten zulässt. Das bloße Einverständnis mit der Änderung der Ausführung reicht an sich nicht aus, um eine Anordnung im Sinne von §§ 1 Nr. 3, 2 Nr. 5 VOB/B zu bejahen.[71] Anders liegt es aber, wenn die Umstände des Falles erkennen lassen, dass eine Vertragsänderung mit den sich daraus ergebenden Folgen gewollt war. Diese Schlussfolgerung liegt nahe, wenn die Änderung des Bauentwurfs auf Umstände zurückgeht, die dem Verantwortungsbereich des Auftraggebers zuzurechnen sind. Gleichwohl kann aber allein aus der verspäteten Vorlage von Plänen noch nicht auf die Anordnung einer Bauzeitverschiebung geschlossen werden.[72] Auch kann in dem Drängen des Auftraggebers auf Einhaltung des vereinbarten Fertigstellungstermins keine konkludente Anordnung im Sinne von § 2 Nr. 5 oder 6 VOB/B gesehen werden.[73] Anders liegt es aber, wenn ein vorleistender Unternehmer die Arbeiten nicht rechtzeitig fertig gestellt hat und bei einer gemeinsamen Baustellenbesprechung deshalb ein neuer Terminplan aufgestellt wird.[74] Stammen die Störungen hingegen allein aus dem Verantwortungsbereich des Auftragnehmers, scheidet die Annahme einer stillschweigenden Anordnung des Auftraggebers in aller Regel aus.[75]

## 2. Anordnung durch Dritte

Anordnungen nach §§ 1 Nr. 3, 2 Nr. 5 VOB/B sind rechtsgeschäftliche Erklärungen und können durch Dritte nur dann zu Lasten des Auftraggebers abgegeben werden, wenn diese dazu bevollmächtigt sind.

Der **Architekt oder Bauleiter** ist grundsätzlich zur rechtsgeschäftlichen Vertretung des Bauherrn nicht befugt. Er kann, wenn ihm keine entsprechende Vollmacht erteilt ist, daher auch keine vertragsändernden Anordnungen nach § 1 Nr. 3, 2 Nr. 5 VOB zu Lasten des Auftraggebers treffen. Diesem ist es aber unbenommen, die Ausführungsänderung nachträglich zu genehmigen. Dafür reicht es aber nicht, dass er die geänderte Ausführung wahrnimmt. Er muss vielmehr zu erkennen geben, dass er mit der Ausführungsänderung und den sich daraus ergebenden Folgen einverstanden ist. Auch insoweit kommt es darauf an, aus wessen Verantwortungsbereich die Umstände stammen, die Anlass zu der Änderung gaben. Steht die Ausführungsänderung in Zusammenhang mit einem Planungs- oder Bauleitungsfehler wird man eine nachträgliche Genehmigung der von dem Architekten getroffenen Anordnung nur in Ausnahmefällen bejahen können.

---

[68] BGHZ 50, 25 und BauR 1985, 561; *Ingenstau/Korbion/Keldungs* VOB/B § 2 Nr. 5 Rdn. 30; *Heiermann/Riedl/Rusam* VOB/B § 2 Rdn. 110; *Kapellmann/Messerschmidt-Kapellmann* VOB/B § 2 Rdn. 193 ff.
[69] OLG Düsseldorf BauR 1991, 774.
[70] *Thode* ZfBR 2004, 214, 223.
[71] OLG Karlsruhe IBR 2006, 81.
[72] OLG Düsseldorf BauR 1996, 267.
[73] OLG Schleswig IBR 2007, 359 mit Anm. Althaus.
[74] *Vygen* BauR 1989, 387; *Ingenstau/Korbion/Keldungs* VOB/B § 2 Nr. 5 Rdn. 12.
[75] BGH BauR 1985, 561; OLG Düsseldorf BauR 1996, 267; *Kniffka* IBR-online-Kommentar zum Bauvertragsrecht Stand 4. 1. 2007 § 631 Rdn. 393.

§ 2 Nr. 5                              Vergütung bei Leistungsänderungen

26     Anordnungen von **Behörden oder des Prüfingenieurs** stellen für sich allein keine rechtsgeschäftlichen Erklärungen des Auftraggebers dar.[76] Sie sind dem Auftraggeber daher nur dann als eigene Erklärung zuzurechnen, wenn dieser sie zum Gegenstand seiner Anordnung macht oder zumindest konkludent zu erkennen gibt, dass er die Ausführung dieser Anordnung wünscht.[77] Das kann in der Praxis Probleme bereiten. Ordnen die Baubehörde oder der Prüfingenieur eine Änderung des Bauentwurfs an, muss sich der Auftraggeber entscheiden, ob er dem nachkommen oder sich dagegen zur Wehr setzen will.[78] Trifft er keine Entscheidung, ist der Auftragnehmer berechtigt, die Arbeiten vorläufig einzustellen. Die von der Baubehörde oder dem Prüfingenieur angeordnete Ausführung darf er nicht von sich aus umsetzen, da sie den vertraglichen Vereinbarungen widerspricht. Die vertraglich vorgesehene Ausführung darf er nicht umsetzen, weil sie mit öffentlichem Baurecht nicht in Einklang steht. Handelt es sich um eine Anordnung, deren Rechtmäßigkeit auch von dem Auftraggeber nicht in Zweifel gezogen wird, wird man an die Annahme einer konkludenten Anordnung des Auftraggebers keine allzu hohen Anforderungen stellen dürfen. Hier kann selbst das Schweigen des Auftraggebers als konkludente Anordnung ausreichen.[79]

### IV. Abgrenzung zu anderen Nachtragstatbeständen

27     Im Einzelfall kann die Abgrenzung des Mehrvergütungsanspruchs aus § 2 Nr. 5 VOB/B von anderen Nachtragstatbeständen erhebliche Probleme bereiten. Die praktische Bedeutung dieser Abgrenzung steht aber in keinem vertretbaren Verhältnis mehr zu dem in der baurechtlichen Literatur dazu betriebenen argumentativen Aufwand.

#### 1. § 2 Nr. 3 VOB/B = bloße Massenänderungen bei gleich bleibender Leistung

28     Während im Falle von § 2 Nr. 5 eine Änderung der im Vertrag vorgesehenen Leistung selbst vorliegen muss und zwar durch eine dem Auftraggeber zurechenbare Einwirkung, betrifft § 2 Nr. 3 VOB/B den Fall, dass sich lediglich die **Mengen der Vordersätze** ändern, ohne dass eine Einwirkung des Auftraggebers erfolgt und eine Änderung der Leistung selbst vorliegt[80] (→ § 2 Nr. 3). Ist von vornherein eine Doppelgarage vorgesehen, sind aber die dafür erforderlichen Massen zu gering angesetzt, handelt es sich um eine bloße **Massenänderung** nach § 2 Nr. 3 VOB/B. Verlangt dagegen der Auftraggeber statt der in Auftrag gegebenen Einfachgarage eine Doppelgarage, damit ein zweiter Wagen in ihr Platz hat, liegt eine **Leistungsänderung** i. S. von § 2 Nr. 5 VOB/B vor. Gleiches gilt, wenn auf Grund nachträglicher Anordnung des Auftraggebers die Garage eine zweite Tür zum Haus oder Garten hin erhalten soll. Bei dieser handelt es sich sogar um eine **Zusatzleistung** nach § 2 Nr. 6 VOB/B. Entgegen OLG Stuttgart[81] liegt deshalb nicht lediglich eine bloße Massenerhöhung vor, wenn in Abweichung vom Leistungsverzeichnis auf Grund **nachgereichter Pläne** und Einrichtungslisten ein weiterer Gewerbe-Kühlschrank eingebaut werden muss und sich dadurch der Leistungsumfang auf 2 Stück Kühlschränke erhöht. Denn dies ist nicht lediglich eine Erhöhung der Massen bei gleich bleibender Leistung, die sich sozusagen automatisch und ohne Einwirkung des Auftraggebers ergibt, weil die Massen im Leistungsverzeichnis zu gering angesetzt waren, sondern eine Veränderung und Erweiterung des vereinbarten Leistungsinhalts, die auf einer nachträglichen Anordnung des Auftraggebers beruht. Muss entgegen der ursprünglichen Planung nicht tragfähiges Erdreich ausgetauscht

---

[76] *Zanner/Keller* S. 353, 359; *Schrader/Borm* BauR 2006, 1388; *Kniffka* IBR-online-Kommentar zum Bauvertragsrecht Stand 4. 1. 2007 § 631 Rdn. 396; OLG Celle BauR 2006, 845.
[77] *Schrader/Borm* BauR 2006, 1388 ff.
[78] *Kniffka* a. a. O. unter Hinweis auf BGH Urt. v. 24. 6. 2004 – VII ZR 271/01.
[79] *Ingenstau/Korbion/Keldungs* VOB/B § 2 Nr. 5 Rdn. 12; *Kniffka* a. a. O. Rdn. 398.
[80] *Ingenstau/Korbion/Keldungs* VOB/B § 2 Nr. 5 Rdn. 7 ff.; *Kapellmann/Messerschmidt-Kapellmann* VOB/B § 2 Rdn. 175 ff.
[81] BauR 1992, 639.

Vergütung bei Leistungsänderungen **§ 2 Nr. 5**

werden, liegt keine Mengenabweichung, sondern eine inhaltliche Änderung der vertragsgegenständlichen Leistung vor.[82]

Schwierigkeiten kann im Einzelfall auch die Abgrenzung einer unerwartet großen Mengenmehrung im Sinne von § 2 Nr. 3 VOB/B von der Leistungsänderung im Sinne von § 2 Nr. 5 VOB/B bereiten. So hatte das OLG Stuttgart[83] einen Fall zu entscheiden, in dem bei dem Verfüllen mit sog. Bodennägeln ein zig-faches der ausgeschriebenen Menge benötigt wurde, weil das Material in unerwartet große Klüfte abfloss. Das OLG hat eine bloße Mengenmehrung bejaht, die nach den Vertragspreisen zu bezahlen sei. Der Auftragnehmer müsse nicht einmal auf die mögliche Vervielfachung der Verfüllmenge hinweisen. Dem wird man zumindest im Ansatz zustimmen können. Gleichwohl wird man aber eine Hinweispflicht des Auftragnehmers bejahen müssen, wenn er bemerkt, dass eine von dem Auftraggeber wegen ihrer vermeintlichen Bedeutungslosigkeit vernachlässigte Angebotsposition voraussichtlich in einem wesentlich größeren Umfang anfallen wird. Es wäre mit der Kooperationspflicht der Bauvertragsparteien und den Geboten von Treu und Glauben unvereinbar, wenn der Auftragnehmer eine wegen ihrer vermeintlichen Bedeutungslosigkeit unbeachtete Auftragsposition sehenden Auges üppig kalkulieren und den Vertragspartner anschließend nach zig-facher Mengenmehrung an dem Vertragspreis festhalten dürfte. 29

Auch **Leistungsänderungen gem. § 2 Nr. 5 VOB/B** werden sich zwar vielfach **auf die Massen bzw. Mengen der Vordersätze auswirken.** Das ist dann jedoch lediglich eine Folge der Leistungsänderung und kein Fall des § 2 Nr. 3 VOB/B. Vielmehr ist in einem solchen Fall allein **§ 2 Nr. 5 VOB/B** anwendbar.[84] 30

Die **Abgrenzung d**es Mehrvergütungsanspruchs aus § 2 Nr. 5 VOB/B von dem aus § 2 Nr. 3 VOB/B hat aber **praktisch keine große Bedeutung.** Liegt eine bloße Massenmehrung vor, sind die Mehrmassen – entgegen einem verbreiteten Irrtum auch die zwischen 100 und 110% – zu vergüten. Für die über 110% hinaus gehenden Mehrmengen ist auf der Basis der Vertragspreise ein neuer Preis zu bilden. Liegt eine geänderte Leistung im Sinne von § 2 Nr. 5 VOB/B vor, ist diese ebenfalls in vollem Umfang zu vergüten, wobei die Vergütung auch hier auf der Basis der Vertragspreise zu ermitteln ist. Interessant ist die Abgrenzung allerdings in den Fällen, in denen die Einordnung als Leistungsänderung den Rückgriff auf andere günstiger kalkulierte Leistungspositionen eröffnet.

## 2. § 2 Nr. 6 VOB/B = im Vertrag nicht vorgesehene (Zusatz-)Leistungen

Im Falle von § 2 Nr. 6 wird – im Gegensatz zu § 2 Nr. 5 VOB/B, der jede Leistung erfasst, die **anstatt** der vertraglich vereinbarten Leistung erbracht wird[85] – die im Vertrag vorgesehene Leistung selbst nicht geändert, sondern ohne Änderungen ausgeführt, aber um im Vertrag nicht vorgesehene zusätzliche Leistungen erweitert.[86] Das ist – trotz Verpflichtung zu **schlüsselfertiger Erstellung** – für eine bislang nicht vorgesehene Rauchgasabzugsanlage bejaht worden, die auf Grund einer Auflage im Bauschein zusätzlich errichtet werden musste.[87] Zu Unrecht hat das OLG Stuttgart[88] es nicht als Zusatzleistung sondern als bloße Massenerhöhung i. S. von § 2 Nr. 3 VOB/B angesehen, wenn in Abweichung vom Leistungsverzeichnis auf Grund **nachgereichter Pläne** und Einrichtungslisten ein weiterer 31

---

[82] BGH IBR 2004, 124 mit Anm. *Englert*; OLG Koblenz IBR 2006, 191 mit Anm. *Schulze-Hagen* und IBR 2006, 380 mit Anm. *Stemmer*; Nichtzulassungsbeschwerde zurückgewiesen durch BGH Beschluss vom 9. 2. 2006 – VII ZR 112/05.
[83] OLG Stuttgart IBR 2002, 3.
[84] *Ingenstau/Korbion/Keldungs* VOB/B § 2 Nr. 5 Rdn. 7 ff.; *Marbach* ZfBR 1989, 2, 5 .
[85] *Ingenstau/Korbion/Keldungs* VOB/B § 2 Nr. 5 Rdn. 8 unter Hinweis auf *Vygen*, Jahrbuch Baurecht 1999, S. 59; eingehend *Kapellmann/Messerschmidt-Kapellmann* VOB/B § 2 Rdn. 175 ff.
[86] *Ingenstau/Korbion/Keldungs* a. a. O.; *Kapellmann/Messerschmidt-Kapellmann* VOB/B § 2 Rdn. 181; *Werner/Pastor* Rdn. 1152, 1155; *Clemm* BauR 1989, 125, 127.
[87] OLG Hamburg NJW-RR 1989, 529.
[88] BauR 1992, 639.

§ 2 Nr. 5 Vergütung bei Leistungsänderungen

Gewerbe-Kühlschrank eingebaut werden musste und sich dadurch der Leistungsumfang auf 2 Stück Kühlschränke erhöhte.

32   Allerdings ist zu beachten, dass eine zusätzliche Leistung im Sinne von § 2 Nr. 6 VOB/B nur vorliegt, wenn diese Leistung auch im Sinne einer **dauernden Substanzvermehrung** in das Bauvorhaben eingeht, also nicht nur vorübergehender Natur ist, etwa in Form eines Bauhilfsmittels ohne eigenständige Bedeutung. Ist für einen mittels Leiter vorgesehenen Außenanstrich zusätzlich ein Gerüst erforderlich, muss aus Witterungsgründen zusätzlich ein Schutzzelt für die Bauleistung errichtet werden, müssen die Rohr- oder Fundamentgräben wegen zu geringer Standfestigkeit des Bodens zusätzlich eingeschalt bzw. verbaut werden oder wird zur Lärmminderung um die Baustelle herum vorübergehend eine Lärmschutzwand errichtet, handelt es sich nicht um zusätzliche Leistungen gem. § 2 Nr. 6, sondern um eine Änderung der Art und Weise der Bauausführung im Sinne von § 2 Nr. 5 VOB/B.[89]

33   Letztlich hat die Abgrenzung der Mehrvergütungsansprüche aus § 2 Nr. 5 VOB/B von denen aus § 2 Nr. 6 VOB/B keine große praktische Bedeutung. Der BGH hat das Ankündigungserfordernis des § 2 Nr. 6 Abs. 1 S. 2 VOB/B – siehe die Ausführungen zu § 2 Nr. 6 VOB/B – so weit eingeschränkt, dass es bei allen gängigen Fallkonstellationen ersatzlos entfällt. Die Vergütung ist in beiden Fällen auf der Basis der Vertragspreise zu ermitteln. Die Abgrenzung zwischen § 2 Nr. 5 und § 2 Nr. 6 VOB/B spielt daher in vielen Fällen überhaupt keine Rolle.[90]

### 3. § 2 Nr. 8 VOB/B = Leistungen ohne Auftrag

34   Hierbei handelt es sich um Leistungen (Leistungsänderungen oder Zusatzleistungen), die der Auftragnehmer ohne entsprechende Anordnung oder dem Auftraggeber sonst zurechenbare Veranlassung erbringt, d. h. ohne dass der Auftraggeber dies verlangt hat.

### 4. § 6 Nr. 6 VOB/B = Behinderung oder Unterbrechung der Ausführung

35   Nach dieser Vorschrift hat der Auftragnehmer einen **Schadensersatzanspruch**,[91] wenn er durch vom Auftraggeber zu vertretende Umstände in der Ausführung seiner Leistung behindert wird, seine Arbeiter deshalb nicht effektiv einsetzen kann und dadurch Produktionsverluste erleidet, oder wenn die Ausführung der Arbeiten sogar gänzlich unterbrochen wird. § 6 Nr. 6 VOB/B (im Einzelnen siehe dort) setzt aber grundsätzlich ein **Verschulden** des Auftraggebers voraus und betrifft vor allem den Ersatz von Ausfall- und Stillstandskosten.

Die Abgrenzung der Ansprüche aus § 2 Nr. 5 VOB/B von denen aus § 6 Nr. 6 VOB/B ist wegen der unterschiedlichen Anspruchsvoraussetzungen und Rechtsfolgen auch von erheblicher praktischer Bedeutung, auch weil sich Ansprüche aus § 2 Nr. 5 VOB/B und § 6 Nr. 6 VOB/B gegenseitig ausschließen.[92]

## V. Preisanpassung nur bei Änderung der Preisgrundlagen

36   Leistungsänderungen durch eine dem Auftraggeber zurechenbare Änderung des Bauentwurfs oder andere Anordnungen des Auftraggebers sind nach § 2 Nr. 5 VOB/B nur dann erheblich, wenn sie sich **ursächlich** auf die Preisgrundlagen auswirken. Sie dürfen also nicht kostenneutral sein, denn § 2 Nr. 5 VOB/B setzt voraus, dass durch die Änderung des Bauentwurfs oder andere Anordnungen des Auftraggebers die **Grundlagen des Preises** für

---

[89] Darauf hat mit Recht *Clemm* BauR 1989, 125 ff., 127 hingewiesen.
[90] So auch *Kapellmann/Messerschmidt-Kapellmann* VOB/B § 2 Rdn. 180.
[91] Der allerdings vergütungsähnlichen Charakter hat, weil er den Ersatz von Kosten betrifft, die bei ungehinderter Ausführung Teil der Vergütung wären: vgl. BGHZ 50, 25, 28 = NJW 1968, 1234; *Nicklisch/Weick* VOB/B § 6 Rdn. 63; auch *Kapellmann* BauR 1985, 115 spricht von dem „vergütungsgleichen" Ersatzanspruch des Auftragnehmers aus § 6 Nr. 6 VOB/B.
[92] *Kniffka* IBR-online-Kommentar zum Bauvertragsrecht Stand 4. 1. 2007 § 631 Rdn. 369.

Vergütung bei Leistungsänderungen  § 2 Nr. 5

die im Vertrag vorgesehene Leistung geändert werden. Das ist nicht zu verwechseln mit der Änderung der Geschäftsgrundlage im Sinne von § 313 BGB, an die wesentlich strengere Anforderungen zu stellen sind (→ Vor § 2 Rdn. 157 ff.). Die Änderung der Leistung muss aber gleichzeitig auch eine Änderung der Preisgrundlage bewirken und dazu führen, dass die der Preisberechnung zugrunde liegenden Umstände sich verändern.[93]

### 1. Preisgrundlagen = Preisermittlungsgrundlagen

Der Begriff der „Grundlagen des Preises", wie in § 2 Nr. 5 VOB/B verwendet, wird im Allgemeinen im Sinne der Preisermittlungsgrundlagen verstanden. Ob dies zu eng ist, weil darunter dann nur die allgemeinen preisbestimmenden Faktoren fallen,[94] kann dahinstehen, weil Einigkeit darüber besteht, dass der Begriff der Preisermittlungsgrundlagen **weit** aufzufassen ist und alle Kosten umfasst, die Bestandteil der Preisermittlungen sind und diese beeinflussen.[95]  37

Zu den Preisermittlungsgrundlagen zählen sowohl die **leistungsunabhängigen** Kosten als auch alle **leistungsabhängigen Kosten** sowie die besonderen Umstände der Baumaßnahme, die konkreten Baustellenverhältnisse (z. B. Zufahrtswege, Lagerplätze, Unterkünfte, Strom- und Wasseranschlüsse), die Boden- und Grundwasserverhältnisse (einschl. im Baugelände vorhandene Anlagen), die Bauzeit und die Zweckbestimmung der Bauleistung.  38

### 2. Genereller Preisanpassungsanspruch – nicht nur bei erheblichen Leistungs- und Preisänderungen

Da § 2 Nr. 5 VOB/B voraussetzt, dass sich durch die Änderung der Leistung zugleich auch die Grundlagen des Preises für die im Vertrag vorgesehene Leistung ändern, muss die Leistungsänderung zwar insofern erheblich sein, als sie im Sinne der Ursächlichkeit zu einer Änderung der Preisgrundlagen führen muss. Dagegen braucht die Leistungsänderung grundsätzlich nicht in ihrem Umfang erheblich oder von einigem Gewicht zu sein, denn auch eine an sich geringfügige Leistungsänderung kann sich mehr oder minder stark auf die Grundlagen des Preises für die Leistung auswirken.  39

Entsprechendes gilt für die Änderung der Preisgrundlagen und die darauf beruhende Preisänderung selbst. Auch sie muss nicht erheblich sein, denn geringfügige Kostenänderungen sind grundsätzlich ebenfalls zu berücksichtigen. Es gibt **keine Toleranzgrenze** im Sinne eines von Leistungs- und Preisänderungen nicht berührten Freiraums, solange die Parteien solches nicht vereinbaren, etwa in Form einer Bagatell- und Selbstbeteiligungsklausel.  40

**a) Einheitspreisvertrag.** Beim Einheitspreisvertrag ist das Vorgesagte unbestritten und ergibt sich bereits aus der dort üblichen Art der Preisberechnung, der Ermittlung des (vorläufigen) Gesamtpreises durch Addition der Positionspreise, die ihrerseits durch Multiplikation der Vordersätze mit den jeweiligen Einzelpreisen ermittelt werden.  41

**aa) Grundsätzlich Einzelpositionen maßgebend.** Wie bei Massenänderungen gem. § 2 Nr. 3 VOB/B, sind auch bei Leistungsänderungen im Sinne von § 2 Nr. 5 VOB/B für die Preisanpassung grundsätzlich nur die von der Änderung betroffenen Einzelpositionen maßgebend. § 2 Nr. 5 VOB/B wirkt sich – ebenso wie § 2 Nr. 3 VOB/B – immer nur auf die jeweilige Position aus, bei der Änderungen vorgenommen worden sind. Preisgrundlagenänderungen bei einer Leistung (Position) geben nur für diese Leistung Anlass, einen neuen Preis zu vereinbaren.[96]  42

---

[93] *Ingenstau/Korbion/Keldungs* VOB/B § 2 Nr. 5 Rdn. 5 f.; *Heiermann/Riedl/Rusam* VOB/B § 2 Rdn. 105; *Motzke* NZBau 2002, 646.
[94] So *Prange* Betr 1981, 2477.
[95] *Olshausen* FS Korbion S. 323 ff., 330.; *Weyer* BauR 1990, 138; vgl. auch *Mantscheff,* Teil 2, S. 92 ff., 96 ff.
[96] BGH BauR 1972, 381 (Verbundkalkulation); OLG Stuttgart BauR 1972, 317.

§ 2 Nr. 5                                                          Vergütung bei Leistungsänderungen

43   **bb) Ausnahme: Erkennbare Verbundkalkulation.** Wirkt sich eine Leistungsänderung auf mehrere Positionen aus, ist dies über die primär betroffene Hauptposition hinaus nur dann zu berücksichtigen, wenn die ebenfalls betroffenen übrigen Positionen erkennbar von der Hauptposition unmittelbar abhängen und mit ihr kalkulatorisch zusammenhängen, also bei erkennbarer Verbundkalkulation.

44   Eine solche Abhängigkeit kann in vielfacher Weise bestehen und die Vordersätze oder die Einheitspreise betreffen. Zu denken ist etwa an die Veränderung des Baukörpers, die sowohl die Aushubpositionen als auch die Fundament- und Mauerwerkspositionen betrifft u. ä. Nicht selten ist es aber auch der Fall, dass die leistungsabhängigen Baustelleneinrichtungs-, Baugestellengemein- und Allgemeinen Geschäftskosten in einer Position zusammengefasst sind und deshalb von der eine andere Position betreffenden Leistungsänderung ebenfalls berührt werden.

45   Keine Berücksichtigung findet dagegen eine **nicht erkennbare** Verbundkalkulation, etwa wenn der Auftragnehmer bei Straßenbauarbeiten den Frostschutzkies besonders billig bekommt, weil er gleichzeitig die über dem Kies liegenden Deckschichten (Kiessand) als Dammschüttmaterial ebenfalls abnehmen will und deshalb die Kiesposition entsprechend niedrig anbietet, das Dammschüttmaterial dann aber nicht benötigt wird und diese Ausgleichsposition entfällt. In einem solchen Fall muss der Auftragnehmer, wenn er die **kalkulatorische Verbindung** beider Positionen in einem Angebot nicht kenntlich gemacht hat, das Risiko seiner Verbundkalkulation selbst tragen.[97]

46   **b) Pauschalvertrag.** Beim Pauschalvertrag sind Leistungsänderungen gem. § 2 Nr. 5 nach der ausdrücklichen Regelung des § 2 Nr. 7 Abs. 1 VOB/B grundsätzlich in gleicher Weise zu berücksichtigen wie beim Einheitspreisvertrag. Es wird insoweit auf die Ausführungen zu § 2 Nr. 7 verwiesen.

## C. Rechtsfolge: Neuberechnung des Preises für die geänderte Leistung

47   Abgesehen von den Besonderheiten, die sich – wie vorerwähnt – für die Preisanpassung beim Pauschalvertrag ergeben, bestimmt § 2 Nr. 5 VOB/B allgemein, dass der neue Preis unter Berücksichtigung der Mehr- oder Minderkosten zu vereinbaren ist. Die Festsetzung des neuen Preises erfolgt durch Einigung der Parteien, Grundlage ist in der Regel ein von dem Auftragnehmer vorgelegtes Nachtragsangebot. Können die Parteien sich nicht einigen, muss das Gericht auf der Grundlage des § 2 Nr. 5 VOB/B entscheiden.[98]

### I. Bisherige Preisermittlungsgrundlagen bleiben maßgebend

48   Daraus, dass nach § 2 Nr. 5 VOB/B der neue Preis „unter Berücksichtigung der Mehr- oder Minderkosten" zu vereinbaren ist, ergibt sich, ähnlich wie bei § 2 Nr. 3 Abs. 2 VOB/B, dass bei der Bildung des neuen Preises für die geänderte Leistung von dem ursprünglichen Preis für die betreffende Leistung auszugehen ist. Es ist also nicht eine völlig neue Preisermittlung anzustellen, sondern die Preisermittlungsgrundlagen für die bisherige Leistung bleiben als Ausgangspunkt maßgebend.[99] Es reicht also nicht aus, zur Begründung des geltend gemachten Vergütungsanspruchs auf die Üblichkeit oder Angemessenheit oder eine sachverständige Schätzung zurückzugreifen. Es gilt vielmehr der Grundsatz: **Fetter**

---

[97] So im Falle BGH BauR 1972, 381 (Verbundkalkulation); dazu auch *Stemmer* VergabeR 2004, 549 und *Asam* IBR 2004, 674.

[98] *Kniffka* IBR-online-Kommentar zum Bauvertragsrecht Stand 4. 1. 2007 § 631 Rdn. 406 unter Hinweis auf BGHZ 50, 25, 30.

[99] *Ingenstau/Korbion/Keldungs* VOB/B § 2 Nr. 5 Rdn. 29 ff.; *Kapellmann/Messerschmidt-Kapellmann* VOB/B § 2 Rdn. 213 ff.; *Roquette/Paul* BauR 2003, 1097; *Augustin/Stemmer* BauR 1999, 546.

**Preis bleibt fetter Preis, magerer Preis bleibt magerer Preis.**[100] Zweifelhaft ist allerdings, ob dieser Grundsatz auch in den Fällen uneingeschränkt anwendbar ist, in denen eine vom Auftragnehmer wegen ihrer Geringfügigkeit vernachlässigte und deshalb **unauskömmlich kalkulierte Angebotsposition** auf Grund einer leistungsändernden Anordnung des Auftraggebers plötzlich erhebliches Gewicht erlangt. In derartigen Ausnahmefällen wird man den „**Grundsatz vom fetten Preis**" dahin **einzuschränken** haben, dass der Auftragnehmer sich an dieser unauskömmlich kalkulierten Angebotsposition nicht festhalten lassen muss, sondern dass ein Vertragspreis zu vereinbaren ist, den die Parteien in Kenntnis der späteren Entwicklung auf der Grundlage der Vertragskalkulation für diese Leistungsposition eigentlich hätten festlegen müssen. Alles andere wäre unvereinbar mit der Kooperationspflicht der Bauvertragsparteien und den Grundsätzen von Treu und Glauben, § 242 BGB.

### 1. Vergleichsberechnung unter Berücksichtigung der Mehr- oder Minderkosten. 49

**a) Ermittlung der Mehr- oder Minderkosten.** Wenn durch Leistungsänderungen die bisherigen Preisermittlungsgrundlagen berührt und verändert werden, muss insoweit – allerdings auch nur insoweit – eine Preisanpassung erfolgen. Der Preis für den von der Leistungsänderung nicht berührten Teil der (Gesamt-) Leistung bleibt also unverändert. Die Preisanpassung beschränkt sich auf den von der Leistungsänderung betroffenen Bereich und hat zum Ziel, dem Auftragnehmer seinen ursprünglichen kalkulierten Gewinn zu erhalten.[101]

Zu diesem Zweck sind die von der Leistungsänderung betroffenen (Teil-)Leistungen in 50 der ursprünglichen und der geänderten Form gegenüberzustellen und im Wege der Vergleichsrechnung die Mehr- oder Minderkosten zu ermitteln, die durch die Leistungsänderung adäquat-kausal verursacht worden sind.[102] Dass dies nur möglich ist, wenn für die bisherige Leistung eine ordnungsgemäße Ursprungskalkulation vorhanden ist, versteht sich von selbst, zeigt aber zugleich, wie wichtig diese für eine erfolgreiche Durchsetzung der Mehrvergütungsansprüche ist.[103]

Der Vergleich der durch eine Leistungsänderung verursachten Mehr- oder Minderkosten 51 ist grundsätzlich jeweils für die hiervon betroffene **einzelne Position** vorzunehmen. Das gilt auch, soweit sich Leistungsänderungen bei mehreren Positionen unterschiedlich auswirken. Entstehen hierdurch bei einer Position nur Mehrkosten und bei einer anderen lediglich Minderkosten, ist zwar keine direkte Verrechnung zwischen diesen Positionen möglich. Jedoch findet ein Preisausgleich dann dadurch statt, dass bei der Ermittlung des **Gesamtanspruchs** die Mehr- und Minderkosten der verschiedenen Positionen zu verrechnen sind. Insofern gilt hier dasselbe wie bei Massenänderungen nach § 2 Nr. 3 VOB/B.

Die **Ermittlung der Mehr- oder Minderkosten** kann im Einzelfall Schwierigkeiten 52 bereiten. So hatte das OLG Koblenz[104] einen Fall zu entscheiden, in dem der Auftragnehmer Straßenbauarbeiten auszuführen hatte. Dabei waren Arbeiten zum Lösen und Weiterverwenden von Boden aus Abtragstrecken sowie von nicht tragfähigem Boden unterhalb des Erdplanums vorzunehmen. Das gelöste Bodenmaterial mit einem Mengenansatz von 22 000 cbm sollte in das Eigentum des Auftragnehmers übergehen und auf einer Deponie entsorgt werden. Vorgesehen war ferner der Einbau von Boden in einer anderen Position, hier waren ebenfalls 22 000 cbm vorgesehen. Der Auftragnehmer bot die Arbeiten zum Ausbau und Abtransport des Bodens zu einem EP von 12,70 DM/cbm an. Er kalkulierte dabei nur eine

---

[100] Zur Behandlung von „Mischkalkulationen" vgl. *Luz* BauR 2005, 1391 und *Stemmer* IBR 2005, 661 und BauR 2006, 304.
[101] *Ingenstau/Korbion/Keldungs* a. a. O.
[102] *Ingenstau/Korbion/Keldungs* a. a. O.
[103] *Ingenstau/Korbion/Keldungs* a. a. O.
[104] OLG Koblenz IBR 2006, 191 mit Anm. *Schulze-Hagen* und IBR 2006, 380 mit Anm. *Stemmer*; Nichtzulassungsbeschwerde zurückgewiesen durch BGH Beschluss vom 9. 2. 2006 – VII ZR 112/05.

einfache Fahrt zur Deponie mit 4,08 DM/cbm. Ebenso kalkulierte er die Fahrtkosten bei der Einbauposition als einfache Fahrt. Dabei ging er davon aus, dass er den Aushub zur Deponie fahren und auf dem Rückweg das Einbaumaterial transportieren könne, sodass keine Leerfahrten anfielen. Bei Ausführung der Arbeiten stellte sich dann aber heraus, dass der Boden in der vorgesehenen Aushubhöhe überhaupt nicht tragfähig war. Es mussten weitere 31 000 cbm ausgehoben werden. Für den Transport der Mehrmengen gab es aber keine beladenen Rückfahrten mehr, weil die Einbauposition bereits erfüllt war. Der Auftragnehmer verlangte deshalb eine zusätzliche Vergütung in Höhe von 31 000 × 4,06 DM. Das OLG Koblenz hat eine leistungsändernde Anordnung im Sinne von § 2 Nr. 5 VOB/B bejaht und der Klage stattgegeben. Die Kalkulationsgrundlage für die Urkalkulation – keine Leerfahrten – sei entfallen. Dem ist zuzustimmen. Der Grundsatz „Fetter Preis bleibt fetter Preis, magerer Preis bleibt magerer Preis" darf also nicht dazu führen, dass die vereinbarten Einheitspreise unabhängig von der Urkalkulation und den zugrunde liegenden Abreden der Parteien mechanisch fortgeschrieben werden. *Schulze-Hagen* weist allerdings zu Recht darauf hin, dass das OLG nur sehr dünne Ausführungen zu den weiteren Voraussetzungen eines Anspruchs auf Preisanpassung gemacht habe, es darauf letztlich aber im entschiedenen Fall möglicherweise auch nicht ankomme. *Stemmer* legt dar, dass es sich um keine nach BGH BauR 2004, 1433 = IBR 2004, 448 unzulässige Mischkalkulation gehandelt habe. Die herrschende Meinung habe nach dem „Grundsatz vom fetten und mageren Preis" nicht zu einem Mehrvergütungsanspruch kommen können. Der Positionspreis für den Abtransport sei schlecht gewesen, da er mangels anderweitiger Abreden auch etwa erforderliche Leerfahrten umfasst habe. Die strikte Anwendung dieses Grundsatzes werde aber der VOB/B nicht gerecht da die Leerfahrten als zusätzlicher Kostenfaktor angefallen seien. Dafür stehe dem Auftragnehmer ein zusätzlicher Vergütungsanspruch zu. Auch diesen Erwägungen wird man im Prinzip zustimmen kommen. Auch die von Stemmer kritisierte „herrschende Meinung" kommt hier aber ohne große Probleme zu einem Mehrvergütungsanspruch. Auch der „Grundsatz vom fetten oder mageren Preis" bedeutet nämlich – wie bereits erwähnt – nicht, dass die Vertragspreise unabhängig von der Urkalkulation und den zugrunde liegenden Abreden der Parteien mechanisch fortgeschrieben werden müssen.

53 **b) Zeitliche Auswirkungen der Leistungsänderung.** Einzubeziehen sind auch die **zeitlichen Auswirkungen** der Änderung, auch wenn das Schwierigkeiten bereiten kann, weil die zeitliche Komponente kalkulatorisch häufig nicht oder nur unzureichend ausgewiesen ist.[105]

54 **c) Kosten der Nachtragsbearbeitung bzw. Nachtragskalkulation.** Umstritten ist, inwieweit auch die **Kosten der Nachtragsbearbeitung** geltend gemacht werden können. *Kapellmann/Schiffers*[106] sind der Auffassung, der Auftraggeber habe zumindest die „externen Kosten" zu tragen, also etwa die Gutachterkosten für die technische und kalkulatorische Bearbeitung eines umfangreichen Nachtragsangebotes, möglicherweise auch einen Teil der „internen Kosten". *Keldungs*[107] hält die externen Kosten der Nachtragsbearbeitung durch Einholung eines baubetrieblichen Gutachtens ebenfalls für vergütungsfähig, nicht hingegen Überstunden des Bauleiters oder Kalkulators. *Boldt*[108] will externe Gutachterkosten nur nach § 6 Nr. 6 VOB/B abrechnen. Dem folgen auch *Krebs/Schuller*.[109] Zuzustimmen ist der Auffassung von *Kapellmann/Schiffers* und *Keldungs*. Eine Abrechnung insbesondere der exter-

---

[105] Dazu *Vygen* BauR 2006, 166, 168 und *Kniffka* IBR-online-Kommentar zum Bauvertragsrecht Stand 4. 1. 2007 § 631 Rdn. 408; anderer Ansicht Rothfuchs BauR 2007, 468, der die Auffassung vertritt, dass der Auftragnehmer trotz einer bereits getroffenen Nachtragsvereinbarung nicht gehindert sei, wegen „der bauzeitlichen Auswirkungen" nach Fertigstellung der Leistungen mit der Schlussrechnung erneut einen Mehrvergütungsanspruch geltend zu machen; *Steiner* IBR 2007, 293 schlägt eine andere Methode zur Ermittlung der störungsbedingten Bauzeitverlängerung vor.
[106] *Kapellmann/Schiffers* Bd. 1 Rdn. 1108 ff.
[107] *Ingenstau/Korbion/Keldungs* VOB/B § 2 Nr. 5 Rdn. 41.
[108] *Boldt* BauR 2006, 185, 202.
[109] *Krebs/Schuller* BauR 2007, 636.

Vergütung bei Leistungsänderungen § 2 Nr. 5

nen Gutachterkosten nach § 6 Nr. 6 VOB/B kommt schon deshalb nicht in Betracht, weil das – wie *Thode*[110] zu Recht dargelegt hat – eine vertragswidrige Anordnung voraussetzt, an der es in diesen Fällen aber in aller Regel fehlt. Diese Leistung kann daher nur nach § 2 Nr. 5 VOB/B abgerechnet werden. Danach sind die **Kosten für die Nachtragsbearbeitung** als zusätzliche Leistung vergütungsfähig. Das gilt auch für die **externen Kosten** etwa aus der Einholung eines baubetrieblichen Gutachtens zur Berechnung des Nachtragsangebotes. Ob – so *Keldungs* – die internen Kosten – selbst aus der Einstellung eines weiteren Kalkulators – als Allgemeine Geschäftskosten unberücksichtigt bleiben müssen, erscheint jedoch zweifelhaft. Schließlich handelt es sich auch hierbei um Mehrkosten, die durch die Anordnung des Auftraggebers verursacht worden sind.

d) **Generalunternehmerzuschlag und Vergabegewinn.** Da der **Generalunternehmerzuschlag** erhalten bleiben muss, ist er in seiner kalkulierten Höhe prozentual fortzuschreiben. 55

Umstritten ist die Behandlung von **Vergabegewinnen** aus der Beauftragung eines Nachunternehmers.[111] Auch diese müssen dem Auftragnehmer erhalten bleiben. Zu diesem Zweck sind die beim Nachunternehmer angefallenen Mehrkosten betragsmäßig in die neue Preisberechnung zu übernehmen. Der Vorschlag *Kapellmanns*, den „Vergabegewinn" auf die veränderte Nachunternehmerleistung mit dem Prozentsatz des früher kalkulierten Vergabegewinns aufzuschlagen, führt zu einer nicht gerechtfertigten Besserstellung des Auftragnehmers.

## 2. Verschiedene Nachtragstatbestände

Werden Nachtragsforderungen auf **verschiedene Nachtragstatbestände** – etwa § 2 Nr. 3, 5 und 6 sowie § 6 Nr. 6 VOB/B – gestützt, muss zwischen den verschiedenen Anspruchsgrundlagen und den sich daraus ergebenden unterschiedlichen Anspruchsvoraussetzungen und Rechtsfolgen unterschieden werden. Dabei müssen die Forderungen teils als Vergütung auf der Grundlage der Vertragskalkulation, teils als Schadensersatz/Entschädigung berechnet werden.[112] Im Prozess dürfen die Anforderungen an die Darlegungslast dabei aber nicht überspannt werden, da beispielsweise die Aufgliederung und präzise Zuordnung einer Bauzeitverlängerung zu den verschiedenen Nachtragstatbeständen sehr schwierig sein kann. Es reicht aber nicht, wenn der Auftragnehmer – obwohl unstreitig auch Ansprüche aus § 6 Nr. 6 VOB/B gegeben sind – die gesamte Nachtragsforderung ausschließlich auf § 2 Nr. 5 VOB/B stützt und es dem Auftraggeber überlässt, im Einzelnen darzulegen, in welchem Umfang die Bauzeitverzögerung auf Umstände zurückzuführen ist, die nicht von § 2 Nr. 5 VOB/B, sondern von § 6 Nr. 6 VOB/B erfasst werden.[113] 56

## 3. Maßgeblicher Zeitpunkt für die Neuberechnung.

Der Zeitpunkt, auf den die Neuberechnung des Preises bei Leistungsänderungen nach § 2 Nr. 5 VOB/B abzustellen ist, unterscheidet sich dagegen grundlegend von dem, was bei Massenänderungen gem. § 2 Nr. 3 VOB/B gilt. Während dort die Ermittlung des neuen 57

---

[110] *Thode* ZfBR 2004, 214.
[111] *Vygen* BauR 2006, 894; Stemmer BauR 2007, 458; *Ingenstau/Korbion/Keldungs* VOB/B § 2 Nr. 5 Rdn. 40; *Kapellmann/Messerschmidt-Kapellmann* VOB/B § 2 Rdn. 226.
[112] *Thode* ZfBR 2004, 214, 216; OLG Hamm BauR 2005, 1480 = IBR 2005, 522 mit zust. Anm. *Miernik*; *Diehr* ZfBR 2006, 312; a. A. *Kaufmann* BauR 2005, 1806, der – wenn die VOB/B vom Auftraggeber gestellt ist – mit einem mutigen Rundumschlag die Regelung in § 1 Nr. 3, 4 VOB/B und § 2 Nr. 5, 6 VOB/B für unwirksam und eine Abgrenzung zu § 6 Nr. 6 VOB/B für gar nicht möglich hält; das lehnt *Müller-Stoy* IBR 2006, 5 zu Recht ab.
[113] OLG Hamm BauR 2005, 1480; als Vorsitzender des 21. Zivilsenats, der dieses Urteil erlassen hat, habe ich mit Verwunderung zur Kenntnis genommen, welche Aufregung diese keineswegs bahnbrechende Erkenntnis ausgelöst hat. Dass zu den einzelnen Nachtragstatbeständen differenziert vorgetragen werden muss, kann nicht zweifelhaft sein. Die damit verbundenen Schwierigkeiten sind – wie oben erwähnt – dadurch zu lösen, dass die Anforderungen an die Darlegungslast nicht überspannt werden.

Preises so vorzunehmen ist, wie wenn zurzeit der Angebotsabgabe und des Vertragsschlusses die Massenänderung bekannt gewesen und der Preis auf dieser Grundlage kalkuliert worden wäre (→ § 2 Nr. 3), kommt es bei Leistungsänderungen weder hierauf noch auf den Zeitpunkt der Änderungsanordnung[114] an. Maßgebend ist vielmehr allein der Zeitpunkt der Ausführung der veränderten Leistung, d. h. bei der Vergleichsberechnung sind sämtliche Kosten nach dem dann gültigen Stand zu berücksichtigen. Das erklärt sich daraus, dass Leistungsänderungen – anders als Massenänderungen – auf einer dem Auftraggeber zuzurechnenden Einwirkung beruhen, nämlich einer Änderung des Bauentwurfs oder anderen Anordnung des Auftraggebers, auch wenn der Auftragnehmer mit einer Änderung des Bauentwurfs rechnen muss, weil der Auftraggeber zu ihr nach § 1 Nr. 3 VOB/B berechtigt ist.

### 4. Preisnachlässe gelten nicht automatisch auch für Nachträge.

58   Ist bei Angebotsabgabe/Vertragsschluss ein Preisnachlass auf die Angebots- und Abrechnungssumme gewährt worden, gilt dieser nicht automatisch auch für sämtliche Nachträge. Teilweise wird in der baurechtlichen Literatur die Auffassung vertreten, der Nachlass gelte für Nachträge nur dann, wenn er Kalkulationsgrundlage gewesen und nicht erst nachträglich gewährt worden sei.[115] Sei der Preisnachlass dagegen erst bei Vertragsschluss als nachträglicher Preisabschlag eingeräumt worden, um den Auftrag zu erhalten, gelte er – anders als bei bloßen Massenänderungen ohne Eingriff des Auftraggebers (→ § 2 Nr. 3) – nicht auch für den neuen Preis der geänderten Leistung. Seien z. B. Einfachtüren mit 4% Nachlass vereinbart und solle der Auftragnehmer dann schallgedämmte Komforttüren einbauen, gelte der (ursprünglich) vereinbarte Nachlass nicht auch für diese, ebenso wie umgekehrt, wenn mit Nachlass angebotene teurere Türen durch einfachere ersetzt würden. Denn der vereinbarte Preisnachlass beziehe sich dann regelmäßig nicht auf die einzelnen Positionen und Einheitspreise. Er werde nicht schon bei deren Kalkulation – sozusagen „von unten herauf" – eingeräumt und sei deshalb auch nicht Teil der Preisermittlungsgrundlagen. Er werde vielmehr erst nach Abschluss der Preisermittlung – sozusagen „von oben herab" – als nachträglicher Abschlag auf die Angebotssumme im Ganzen gewährt. Es handele sich dabei um eine von den Preisermittlungsgrundlagen losgelöste Sondervereinbarung, die für Nachträge auf Grund von Leistungsänderungen und Zusatzleistungen nur gelte, wenn dies ausdrücklich vereinbart werde.[116] Letztlich vermag diese Abgrenzung zwischen akquisitorischem Element und Kalkulationselement aber nicht recht zu überzeugen, da auch ein nachträglich eingeräumter Nachlass die Kalkulation des Auftragnehmers ändert.[117] Die Frage, ob der Nachlass auch für spätere Nachträge gilt, ist vielmehr eine Frage der Vertragsauslegung, §§ 133, 157 BGB, die von den Umständen des Einzelfalles abhängt.[118] Wenn der Wille der Parteien darauf gerichtet ist, den Nachlass für alle Vertragsleistungen zu gewähren, gilt er – unabhängig vom Zeitpunkt der Nachlassvereinbarung – auch für Nachtragsforderungen aus Leistungsänderungen. Eine solche Vereinbarung über die Erstreckung des Nachlasses auch auf Nachträge kann jedenfalls in der vertraglichen Abrede liegen, dass der Nachlass auf „alle Einheitspreise" gewährt werden soll.[119]

---

[114] So auch *Ingenstau/Korbion/Keldungs* VOB/B § 2 Nr. 5 Rdn. 32.
[115] *Ingenstau/Korbion/Keldungs* VOB/B § 2 Nr. 5 Rdn. 39; *Kapellmann/Messerschmidt-Kapellmann* VOB/B § 2 Rdn. 217; OLG Köln IBR 2003, 119 mit Anm. *Keldungs*; a. A. aber *Franke/Kemper/Zanner/Grünhagen* VOB/B § 2 Rdn. 154; *Leinemann* VOB/B § 2 Nr. 5 Rdn. 126; *Roquette/Paul* BauR 2003, 1101.
[116] *Ingenstau/Korbion/Keldungs* a. a. O.
[117] So zu Recht *Franke/Kemper/Zanner/Grünhagen* a. a. O.; *Leinemann* a. a. O.; *Roquette/Paul* a. a. O.; *Paulmann* NZBau 2005, 325.
[118] *Kniffka* IBR-online-Kommentar zum Bauvertragsrecht Stand 4. 1. 2007 § 631 Rdn. 411 und Rdn. 429 zur vergleichbaren Rechtslage bei § 2 Nr. 6 VOB/B.
[119] So zu § 2 Nr. 6 Abs. 2 VOB/B BGH IBR 2003, 591 mit Anm. *Schwenker*.

## 5. Darlegungs- und Beweislast.

Darlegungs- und beweispflichtig für den auf Leistungsänderungen beruhenden Mehrvergütungsanspruch ist grundsätzlich der Auftragnehmer. Das gilt nicht nur für die durch die Leistungsänderung verursachten Mehrkosten, sondern auch für die damit verbundenen Minderkosten, also für die gesamte Vergleichsrechnung. Denn erst ihr Ergebnis zeigt, ob sich für die einzelne Position ein Mehrvergütungsanspruch ergibt.[120]   59

Hat allerdings der Auftragnehmer eine diesen Grundsätzen entsprechende substantiierte Neuberechnung der Vergütung für die geänderte Leistung vorgelegt, muss sich nunmehr der Auftraggeber mit dieser im Einzelnen auseinandersetzen und kann sich nicht darauf beschränken, die Mehr- und Minderkostenberechnung des Auftragnehmers lediglich zu bestreiten oder auf ein angeblich günstigeres anderes Angebot zu verweisen.[121]   60

Ebenso ist der Auftraggeber darlegungs- und beweispflichtig, wenn es auf Grund einer Leistungsänderung lediglich zu Minderleistungen gekommen ist und der Auftraggeber hierfür eine Minderung der Vergütung verlangt. Dann muss der Auftraggeber – ebenso wie bei der Kündigung nach § 8 Nr. 1 VOB/B bzw. § 649 BGB – darlegen und beweisen, dass die von ihm behaupteten ersparten Aufwendungen des Auftragnehmers höher sind als das, was dieser insoweit freiwillig zugesteht.[122]   61

## II. Kalkulationsfehler – Über- und Unter-Wert-Preise

Hierzu kann zunächst auf das verwiesen werden, was insoweit zu § 2 Nr. 3 VOB/B für den Fall von Massenänderungen gesagt worden ist (→ § 2 Nr. 3 Rdn. 29 ff.). Danach bleibt der Auftragnehmer grundsätzlich auch bei Kalkulationsfehlern an die bisherigen Preisermittlungsgrundlagen gebunden, kann Über- oder Unter-Wert-Preise regelmäßig also nicht bei der Preisanpassung für die geänderte Leistung korrigieren.   62

Das gilt in jedem Fall bei **bewusster** Über- oder Unter-Wert-Kalkulation, prinzipiell aber auch dann, wenn diese **unbewusst** erfolgt ist, solange es sich lediglich um einen internen oder einen unbeachtlichen externen Kalkulationsirrtum handelt (→ § 2 Nr. 3 Rdn. 29 ff.). Etwas anderes gilt nur beim sog. **erkannten bzw. arglistig nicht zur Kenntnis genommenen Kalkulationsirrtum,** auf den der Auftraggeber den Auftragnehmer hinweisen muss, anderenfalls er sich schadensersatzpflichtig macht (→ § 2 Nr. 3 Rdn. 34 ff.). Gleiches gilt, wenn die Leistungsänderung auf einer schuldhaft ungenauen, unrichtigen oder unvollständigen Planung bzw. Leistungsermittlung des Auftraggebers beruht, sofern diese für den Auftragnehmer nicht erkennbar war (→ § 2 Nr. 3 Rdn. 35).   63

Zuweilen treffen vorgenannte Fälle zusammen, etwa wenn der Auftragnehmer **bewusst** eine Position (Beispiel: Fundament zum Nachbarn in wasserundurchlässigem Beton) unter Wert kalkuliert, um den Auftrag zu erhalten, der Auftraggeber dies aber **erkennt** und daraufhin die Leistung ändert, um den günstigen Preis auszunutzen, z. B. die Fundamente auch im Übrigen in wasserundurchlässigem Beton herstellen lässt. Dann ist, soweit die Leistungsänderung reicht und der Unter-Wert-Preis auf die geänderte Leistung passt, hinsichtlich des Kalkulationsfehlers des Auftragnehmers ein Ausgleich unter Berücksichtigung des beiderseitigen Mitverschuldens gem. **§ 242 BGB** vorzunehmen. Bei einem bewussten, aber erkannten Kalkulationsfehler dürfte sich dieses beiderseitige Mitverschulden die Waage halten und eine **Schadensteilung** nahe liegen, während bei einem unbewussten, aber vom Auftraggeber erkannten Kalkulationsfehler des Auftragnehmers das Verschulden des Auftraggebers wohl überwiegt.   64

---

[120] *Kniffka* IBR-online-Kommentar zum Bauvertragsrecht Stand 4. 1. 2007 § 631 Rdn. 413; zu den Anforderungen siehe auch *Kapellmann/Messerschmidt-Kapellmann* VOB/B § 2 Rdn. 213 ff.
[121] *Ingenstau/Korbion/Keldungs* VOB/B § 2 Nr. 5 Rdn. 42.; *Riedl* ZfBR 1980, 2/3.
[122] KG IBR 2007, 64 mit Anm. *Putzier.*

**§ 2 Nr. 5**

65  Nicht zutreffend oder zumindest zu allgemein ist nach allem die zum Teil vertretene Meinung, Unter-Wert-Preise führten bei **Leistungsänderungen** gem. § 2 Nr. 5 VOB/B dazu, „dass dann der Preis für die veränderte Leistung häufig nach einer angemessenen Preisermittlungsgrundlage zu berechnen ist, da das Verlangen der veränderten Leistung grundsätzlich dem Bereich des **Auftraggebers** zuzurechnen ist". Das kann für sich allein nicht dazu führen, dass der Auftragnehmer sich von den bisherigen Preisermittlungsgrundlagen lösen kann, denn auch Massenänderungen im Sinne von § 2 Nr. 3 VOB/B, bei denen der Auftragnehmer anerkanntermaßen grundsätzlich an einen Unter-Wert-Preis gebunden bleibt, sind normalerweise „dem Bereich des Auftraggebers zuzurechnen". Dass sie sich regelmäßig auf Grund des tatsächlichen Umfangs der (unverändert) ausgeführten Leistung von selbst ergeben, während Leistungsänderungen auf einem Verlangen des Auftraggebers oder einer diesem zurechenbaren Einwirkung Dritter beruhen, rechtfertigt keine unterschiedliche Behandlung, weil der Auftragnehmer nach § 1 Nr. 3 VOB/B mit einer Änderung des Bauentwurfs – ebenso wie mit Massenänderungen beim Einheitspreisvertrag – rechnen muss und nach dem Wortlaut des § 2 Nr. 5 VOB/B an die ursprünglichen Preisermittlungsgrundlagen gebunden ist.[123] Nicht im Einzelnen vorhersehbar ist – und auch darin besteht kein Unterschied zum Fall der Massenänderung – lediglich der genaue Umfang der Leistungsänderungen.

66  Soweit das Änderungsverlangen des Auftraggebers dagegen nicht lediglich eine nach § 1 Nr. 3 VOB/B zulässige **Änderung des Bauentwurfs** betrifft, mit der der Auftragnehmer rechnen muss, sondern eine andere darüber hinaus gehende Änderung, kann der Auftraggeber diese ohnehin nur mit Zustimmung des Auftragnehmers durchsetzen. In diesem Fall kann der Auftragnehmer sich also von einem unter Wert kalkulierten Preis lösen, weil er **nicht verpflichtet** ist, der Änderungsanordnung Folge zu leisten, sondern es in der Hand hat, seine Zustimmung von einer neuen Preisvereinbarung abhängig zu machen und seinen Kalkulationsfehler dabei zu beseitigen. Das gilt aber natürlich nicht für den Teil der Leistung, der unverändert bleibt.

## D. Preisanpassung nur auf Verlangen

67  Auch wenn es in § 2 Nr. 5 VOB/B heißt, dass bei Vorliegen der dortigen Voraussetzungen „ein neuer Preis ... zu vereinbaren" ist, bedeutet das nicht, dass die Parteien dieses müssen und hierzu verpflichtet sind, wenn sie es übereinstimmend nicht wollen. Sie sind in diesem Fall also nicht gezwungen, einen neuen Preis zu vereinbaren, sondern können es bei dem bisherigen Preis belassen.[124]

68  Ein neuer Preis ist nach § 2 Nr. 5 VOB/B nur dann zu vereinbaren, wenn dieses eine Partei verlangt, also den diesbezüglichen Preisänderungsanspruch geltend macht. Da kann, wenn ein Mehrpreis in Rede steht, der Auftragnehmer sein, falls eine Minderung der Vergütung in Betracht, aber auch der Auftraggeber, oder es können ebenso gut **beide** eine Preisänderung jeweils zu ihren Gunsten verlangen.[125]

### I. Pflicht zur Vereinbarung eines neuen Preises

69  Wird von einer Partei gem. § 2 Nr. 5 VOB/B ein neuer Preis verlangt und ist der Anspruch auf Preisanpassung begründet, weil die Grundlagen des Preises sich geändert haben oder weggefallen sind, so wird der alte Preis unwirksam und verliert seine Gültigkeit.

---

[123] *Ingenstau/Korbion/Keldungs* VOB/B § 2 Nr. 5 Rdn. 33.
[124] *Ingenstau/Korbion/Keldungs* VOB/B § 2 Nr. 5 Rdn. 29.
[125] *Ingenstau/Korbion/Keldungs* VOB/B § 2 Nr. 5 Rdn. 29; vgl. auch *Marbach* ZfBR 1989, 2, der darauf hinweist, dass § 2 Nr. 5 VOB/B keine „Einbahnstraße" sei.

Das führt jedoch nicht dazu, dass die betreffende Partei den neuen Preis nunmehr selbst festlegen kann, d. h. es besteht kein einseitiges Preisbestimmungsrecht. Vielmehr ist die andere Partei in diesem Fall verpflichtet, einen neuen Preis zu vereinbaren und zu versuchen, den Vertrag entsprechend zu ändern oder zu ergänzen.[126]

Kommt keine Vereinbarung über den neuen Preis zustande, weil die Parteien sich nicht einigen können, bestehen folgende Möglichkeiten:

**1. Bestimmung durch einen Dritten.**

Zum einen kann der neue Preis gem. §§ 315 ff. BGB durch einen Dritten als Schlichter nach billigem Ermessen festgelegt werden, z. B. durch einen Sachverständigen. Das setzt allerdings voraus, dass der Vertrag für diesen Fall eine entsprechende Regelung erhält, etwa in Form einer Schiedsgutachterklausel, oder dass die Parteien dies vereinbaren.[127]

**2. Bestimmung durch das Gericht.**

Anderenfalls muss der neue Preis – auch hier im Zweifel unter Zuhilfenahme eines Sachverständigen – durch gerichtliche Entscheidung festgesetzt werden,[128] denn wenn das Verlangen auf Preisanpassung begründet ist, besteht hierauf ein klagbarer Anspruch.[129]

## II. Preisvereinbarung möglichst vor Ausführung

Nach § 2 Nr. 5 Satz 1 VOB/B **soll** die Vereinbarung über die geänderte Vergütung vor der Ausführung getroffen werden. Dies ist jedoch kein „muss" und keine Pflicht. Die vorherige Preisvereinbarung ist keine Anspruchsvoraussetzung,[130] auch bei nachträglicher Vereinbarung steht dem Auftragnehmer der Anspruch auf den neuen Preis zu.[131] Wenn nach § 2 Nr. 5 Satz 2 VOB/B die Vereinbarung eines neuen Preises bei Leistungsänderungen möglichst vor Ausführung erfolgen soll, ist dies lediglich eine nach den Erfahrungen der Praxis gebotene Empfehlung, um die Änderungen des Vergütungsanspruchs aus **Beweisgründungen**[132] von vornherein festzulegen und späteren Streit darüber im Interesse beider Parteien – Auftragnehmer und Auftraggeber – nach Möglichkeit zu vermeiden.

**1. Keine Ankündigungs- oder Hinweispflicht auf die Preisänderung.**

Grundsätzlich ist es bei Änderungen des Bauentwurfs oder sonstigen Änderungsanordnungen des Auftraggebers, die den vereinbarten Preis beeinflussen, auch nicht erforderlich, dem anderen Teil vor Ausführung die möglichen Mehr- oder Minderkosten anzukündigen oder ihn auf diese hinzuweisen.[133]

Etwas anderes gilt allenfalls dann, wenn der Auftraggeber (oder sein Architekt) **erkennbar im Unklaren** darüber ist, dass eine Änderung des Bauentwurfs oder andere Änderungsanordnung kostenmäßig „nicht ohne weiteres voraussehbare Folgen" hat. Gleiches gilt, wenn der Auftraggeber (oder sein Architekt) die Entscheidung über die Änderung des

---

[126] *Ingenstau/Korbion/Keldungs* VOB/B § 2 Nr. 5 Rdn. 29 ff.; BGH NJW 2000, 807 = BauR 2000, 409.
[127] *Ingenstau/Korbion/Keldungs* a. a. O.
[128] BGHZ 50, 25 = NJW 1968, 1234; OLG Celle *Schäfer/Finnern/Hochstein* § 2 Nr. 6 VOB/B Nr. 1 = BauR 1982, 381; *Ingenstau/Korbion/Keldungs* a. a. O.
[129] *Ingenstau/Korbion/Keldungs* a. a. O.
[130] BGHZ 50, 25 = NJW 1968, 1234; OLG Celle BauR 1982, 381; OLG Frankfurt NJW-RR 1986, 1149 = BauR 1986, 352 = ZfBR 1986, 138.
[131] *Ingenstau/Korbion/Keldungs* VOB/B § 2 Nr. 5 Rdn. 47 ff.; *Heiermann/Riedl/Rusam* VOB/B § 2 Rdn. 119; *Werner/Pastor* Rdn. 1150; BGH NJW 1978, 1631 = BauR 1978, 314.
[132] *Ingenstau/Korbion/Keldungs* a. a. O.; *Heiermann/Riedl/Rusam* a. a. O.
[133] BGH a. a. O.; *Kapellmann/Schiffers* Bd. 1 Rdn. 784 und 885; *Kapellmann/Messerschmidt-Kapellmann* VOB/B § 2 Rdn. 198; a. A. *Vygen* Bauvertragsrecht, 809 und für konkludente Änderungsanordnungen *Nicklisch/Wick* VOB/B Einl. §§ 4–13, Rdn. 40.

§ 2 Nr. 5 Vergütung bei Leistungsänderungen

Bauentwurfs/Änderungsanordnung ersichtlich davon abhängig macht, dass keine Mehrkosten entstehen oder diese eine bestimmte Höhe/Größenordnung nicht überschreiten. Wenn der Auftragnehmer den Auftraggeber (oder seinen Architekten) dann wider besseres Wissen in diesem Glauben lässt, begeht er eine **positive Vertragsverletzung/§ 280 Abs. 1 BGB** und macht sich schadensersatzpflichtig mit der Folge, dass er darüber hinausgehende Mehrvergütungsansprüche nicht geltend machen kann.[134]

74 Ob das bereits „im Allgemeinen" dann ausscheidet, wenn der Auftraggeber eine mit der Vorbereitung oder Mitwirkung bei der Vergabe und der Kostenkontrolle im Rahmen der Bauüberwachung nach § 15 Phase 6 bis 8 HOAI „beschäftigten **Architekten** hat",[135] ist in Sonderfällen wie den vorgenannten fraglich. Generell ist allerdings richtig, dass der Auftragnehmer „regelmäßig davon ausgehen" kann, dass der Auftraggeber, der einen Architekten hat, von diesem hinreichend auch über die **kostenmäßigen** Auswirkungen an der Änderung des Bauentwurfs oder anderen Änderungsanordnungen beraten wird, bevor er diese veranlasst.[136]

### 2. Anzeigepflicht des Auftragnehmers bei Behinderung (§ 6 Nr. 1 VOB/B).

75 Auch wenn grundsätzlich weder der Auftragnehmer noch der Auftraggeber verpflichtet sind, etwaige Mehr- oder Minderkosten, die mit einer Leistungsänderung verbunden sind, anzukündigen oder auf diese hinzuweisen, muss der Auftragnehmer jedoch beachten, dass eine Änderung des Bauentwurfs oder sonstige Änderungsanordnungen des Auftraggebers für ihn zugleich eine Behinderung darstellen können.[137]

76 In diesen Fällen ist der Auftragnehmer regelmäßig zur Behinderungsanzeige verpflichtet.[138] Anderenfalls läuft er Gefahr, sowohl seinen Anspruch auf Verlängerung der Ausführungsfrist zu verlieren (§ 6 Nr. 2 lit. a VOB/B) als auch den bei Verschulden des Auftraggebers möglichen Schadensersatzanspruch auf Vergütung/Erstattung etwaiger Behinderungs- und Stillstandskosten nach § 6 Nr. 6 VOB/B.[139]

### 3. Leistungsverweigerungs- oder Kündigungsrecht bei Verweigerung der Preisanpassung?

77 Der Auftragnehmer kann die Ausführung einer geänderten Leistung grundsätzlich nicht von der vorherigen Vereinbarung eines neuen Preises abhängig machen. Das gilt jedenfalls im Umfang und in den Grenzen der Änderungsbefugnis des Auftraggebers nach § 1 Nr. 3 VOB/B[140] und ergibt sich insoweit bereits aus dieser Vorschrift (→ § 1 Nr. 3). Denn darin liegt gerade der Unterschied zum Werkvertragsrecht des BGB, nach dem der Auftragnehmer eine derartige geänderte Leistung nicht auszuführen braucht bzw. dies von einer vorherigen Preisvereinbarung abhängig machen kann (→ § 1 Nr. 3).

78 Soweit die Änderungsbefugnis des Auftraggebers nach § 1 Nr. 3 VOB/B reicht, muss der vorleistungspflichtige Auftragnehmer die geänderte Leistung grundsätzlich erst einmal ausführen. Sein Anspruch auf eine neue Preisvereinbarung nach § 2 Nr. 5 VOB/B geht hierdurch aber nicht verloren. Ist darüber vor Ausführung keine Einigung zu erzielen, bleibt dem Auftragnehmer der **Anspruch auf nachträgliche Preisanpassung** erhalten. Zwar ist es häufig so, dass Auftraggeber Änderungen vornehmen oder anordnen, zu einer entsprechenden Vergütungsanpassung aber nicht sogleich bereit sind bzw. diese hinauszögern oder

---

[134] ähnlich im Ergebnis auch *Ingenstau/Korbion/Keldungs* VOB/B § 2 Nr. 5 Rdn. 52.
[135] So *Ingenstau/Korbion/Keldungs* a. a. O.
[136] *Ingenstau/Korbion/Keldungs* a. a. O.
[137] BGHZ 48, 78, 81 = NJW 1967, 2267; OLG Koblenz NJW-RR 1988, 851; *Vygen* BauR 1983, 210 ff., 218; *Vygen/Schubert/Lang* Rdn. 122.
[138] BGH a. a. O.; OLG Köln NJW 1986, 71 = BauR 1986, 582; OLG Koblenz NJW-RR 1988, 851.
[139] Dazu OLG Köln *Schäfer/Finnern/Hochstein* § 6 Nr. 1 VOB/B Nr. 1; OLG Düsseldorf *Schäfer/Finnern/Hochstein* § 6 Nr. 1 VOB/B Nr. 2; OLG Koblenz NJW-RR 1988, 851.
[140] *Kuffer* ZfBR 2004, 110, 114; *Vygen* BauR 2005, 431.

umgehen wollen. Andererseits kommt es jedoch genauso oft vor, dass Auftragnehmer derartige Leistungsänderungen zum Anlass nehmen, ungerechtfertigte oder überhöhte Mehrvergütungsansprüche zu stellen. Im einen wie im anderen Fall ist es zunächst einmal unklar, ob und in welchem Umfang eine Preisanpassung überhaupt zu erfolgen hat. **In allen diesen Fällen, d. h. bei nach Grund und Höhe ungeklärten oder streitigen Mehrvergütungsansprüchen besteht nicht ohne weiteres ein Leistungsverweigerungs- bzw. sogar Kündigungsrecht des nach wie vor vorleistungspflichtigen Auftragnehmers.**[141] Das ergibt sich schon aus § 18 Nr. 4 VOB/B, wonach Streitfälle den Auftragnehmer nicht berechtigen, die Arbeiten einzustellen.[142] Die Parteien sind aber auf Grund der ihnen obliegenden Kooperationspflicht gehalten, möglichst schnell eine Einigung herbeizuführen. Das setzt voraus, dass der Auftragnehmer den Mehrvergütungsanspruch im Einzelnen und unter Offenlegung der Kalkulationsgrundlagen darlegt und dem Auftraggeber einen angemessenen Prüfungszeitraum einräumt.[143] Schon vor Ablauf dieses Prüfungszeitraumes ist er aber zur Weiterführung der Arbeiten nach dem geänderten Entwurf verpflichtet. Ist die Forderung prüfbar dargelegt und in der Sache berechtigt, muss der Auftraggeber sich auf dieses Verlangen einlassen. Ist sie aber nicht ohne weiteres nachprüfbar oder erhebt der Auftraggeber andere jedenfalls aus seiner Sicht nachvollziehbare Einwendungen, müssen die Parteien hierüber weiter verhandeln.[144] Ein Leistungsverweigerungs- bzw. Kündigungsrecht steht dem Auftragnehmer (noch) nicht zu. Der Auftraggeber ist auch nicht – wie *Kapellmann*[145] vorschlägt – dazu verpflichtet, einen „Mindestbetrag" zu nennen und „zu akzeptieren". Zum einen ist nicht erkennbar, wieso das unzureichende Preisanpassungsverlangen des Auftragnehmers eine solche Rechtspflicht des Auftraggebers auslösen kann; auch mit der ihm obliegenden Kooperationspflicht ist das nicht zu erklären. Zum anderen ist dieser – wenn das Preisanpassungsverlangen nur unzureichend begründet ist – oft gar nicht imstande, einen solchen Mindestbetrag zu ermitteln; er läuft sogar Gefahr, dass ein von ihm genannter Mindestbetrag über der berechtigten Mehrforderung liegt. Die Parteien müssen vielmehr weiter verhandeln und die noch bestehenden Unklarheiten ausräumen. Der nach wie vor vorleistungspflichtige Auftragnehmer ist in dieser Phase nicht berechtigt, die Arbeiten einzustellen. Es geht nicht an, dass er auf diese Weise Druck auf den Auftraggeber ausübt, um diesen zu zwingen, sich auf ein unzureichend begründetes Erhöhungsverlangen einzulassen. Beide Vertragsparteien müssen sich um die Vereinbarung eines neuen Preises bemühen.[146]

Ein Leistungsverweigerungs- oder sogar Kündigungsrecht des Auftragnehmers aus § 9 VOB/B analog kann bei Leistungsänderungen, die vom **Änderungsvorbehalt** des Auftraggebers nach § 1 Nr. 3 VOB/B gedeckt sind, erst dann angenommen werden, wenn die Voraussetzungen für die Annahme eines Leistungsverweigerungsrechtes nach §§ 273, 320

79

---

[141] Das darf man jedenfalls im Ansatz – bei allen Differenzen in der weiteren Beurteilung – als allgemeine Auffassung bezeichnen; dazu: OLG Düsseldorf NJW-RR 2002, 165 = BauR 2002, 484 = NZBau 2002, 276, 277 und BauR 1995, 251; OLG Celle BauR 1999, 262 = IBR 1999, 203 und BauR 2003, 890; OLG Dresden BauR 1998, 565 = IBR 1998, 369 mit zustimmender Anmerkung *Vygen*; OLG Zweibrücken BauR 1995, 251; *Leinemann* NJW 1998, 3672; *Werner/Pastor* Rdn. 1151; *Kleine-Möller/Merl/Oelmaier* § 10 Rdn. 433; Kniffka IBR-online-Kommentar zum Bauvertragsrecht Stand 4. 1. 2007 § 631 Rdn. 434 ff. zur vergleichbaren Rechtslage bei § 2 Nr. 6 VOB/B; *Kapellmann/Messerschmidt-Kapellmann* VOB/B § 2 Rdn. 205 bejaht ein weitgehendes Leistungsverweigerungsrecht, kommt aber gleichwohl zu erheblichen Einschränkungen (Rdn. 206). Im Ergebnis deckt sich seine Auffassung daher – bis auf die nachfolgend erörterte Einschränkung – im Wesentlichen mit der hier vertretenen Auffassung; *Heiermann/Riedl/Rusam* VOB/B § 2 Rdn. 119.
[142] *Kuffer* ZfBR 2004, 110; *Virneburg* ZfBR 2004, 419; *Nicklisch/Weick* VOB/B § 2 Rdn. 64; a. A. *Heiermann/Riedl/Rusam* VOB/B § 18 Rdn. 26, der – aber ohne nähere Begründung – die Auffassung vertritt, § 18 Nr. 4 VOB/B erfasse nicht Unklarheiten aus der Planung oder aus einer Anordnung des Auftraggebers.
[143] BGH BauR 1996, 378; *Kapellmann/Messerschmidt-Kapellmann* VOB/B § 2 Rdn. 206 m. w. N.
[144] So auch *Kapellmann/Messerschmidt-Kapellmann* VOB/B § 2 Rdn. 206 und – zu den erheblichen Anforderungen an das Erhöhungsverlangen – Rdn. 213 ff.
[145] *Kapellmann/Messerschmidt-Kapellmann* VOB/B § 2 Rdn. 206.
[146] *Stassen/Grams*, Zur Kooperationspflicht des Auftragnehmers gemäß § 2 Nr. 5 VOB/B bei Mehrkosten, BauR 2003, 943; *Liepen* BauR 2003, 320 rät dem Auftragnehmer, nach § 648 a BGB vorzugehen.

BGB gegeben sind.[147] Das ist der Fall, wenn der Auftraggeber entgegen der ihm obliegenden Kooperationspflicht eine Verhandlung bzw. Vereinbarung über die Vergütungsanpassung ohne sachlichen Grund endgültig ablehnt, weil dann dem Auftragnehmer nicht zuzumuten ist, mit den Arbeiten gleichwohl zu beginnen oder diese fortzuführen.[148] Anders liegt es natürlich, wenn der Auftraggeber sich lediglich weigert, sich auf eine übersetzte Preisforderung des Auftragnehmers einzulassen oder wenn die geforderte Leistung nach den vertraglichen Vereinbarungen ohnehin geschuldet war.[149] Ein Leistungsverweigerungsrecht kann dem Auftragnehmer ferner zustehen, wenn der Auftraggeber nach Ablauf des angemessenen Prüfungszeitraums die Verhandlungen über die Preisanpassung verschleppt.[150] Ein Leistungsverweigerungs- bzw. sogar Kündigungsrecht besteht weiter dann, wenn bereits eine Preisanpassung oder Vergütungsvereinbarung vorliegt, d. h. eine **vereinbarte unstreitige Vergütung** trotz Fälligkeit nicht gezahlt wird. Dann kann der Auftragnehmer nach § 16 Nr. 5 Abs. 3 Satz 2 VOB/B bis zur Zahlung die Arbeiten einstellen und außerdem nach vorheriger Fristsetzung und Kündigungsandrohung gem. § 9 Nr. 1 lit. b i. V. m. Abs. 2 den Vertrag wegen Nichtzahlung schriftlich kündigen.

### III. Verjährung des Anspruchs auf den geänderten Preis

80   Hierzu gilt sinngemäß dasselbe wie für den Preisanpassungsanspruch bei Massen- oder Mengenänderungen nach § 2 Nr. 3 VOB/B (vgl. → § 2 Nr. 3 Rdn. 37), d. h. es ist zu unterscheiden:

Der auf Leistungsänderungen gestützte Mehrvergütungsanspruch des Auftragnehmers verjährt grundsätzlich in derselben Frist wie der ursprüngliche (Haupt-)Vergütungsanspruch, weil alle Forderungen des Auftragnehmers, die in der Schlussrechnung abgerechneten und die dort nicht enthaltenen, wenn und soweit sie aus ein- und demselben Vertrag stammen, also (Haupt-)Forderungen und Nachforderungen einheitlich verjähren.[151]

81   Kommt es dagegen auf Grund von Leistungsänderungen zu Minderleistungen des Auftragnehmers und verlangt deshalb der Auftraggeber eine **Herabsetzung der vereinbarten Vergütung,** soll dies beliebig lange möglich und – jedenfalls nach altem Verjährungsrecht – der Auftragnehmer hierdurch bis zu 30 Jahren Rückforderungsansprüchen aus ungerechtfertigter Bereicherung (§§ 812 ff. BGB) ausgesetzt sein.[152] Dem kann jedoch nicht zugestimmt werden. Denn wenn der Auftragnehmer seine Schlussrechnung gestellt und dabei Minderleistungen, die bei der geänderten Ausführung angefallen sind, nicht oder nicht ausreichend berücksichtigt hat, kann der Auftraggeber sein Verlangen auf Preisanpassung und Herabsetzung der Vergütung nur noch bis zur Bezahlung der Schlussrechnung stellen. Gleicht er diese dagegen vorbehaltlos aus, ohne eine Preisanpassung zu verlangen, verwirkt er sein Recht auf Herabsetzung der Vergütung und ist mit diesem für die Zukunft ausgeschlossen. Einem Rückforderungsanspruch aus ungerechtfertigter Bereicherung kann außerdem auch § 814 BGB entgegenstehen (Zahlung in Kenntnis einer Nichtschuld).

---

[147] Vgl. dazu *Kuffer*, Leistungsverweigerungsrecht bei verweigerten Nachtragsverhandlungen, ZfBR 2004, 110.
[148] Vgl. dazu *Ingenstau/Korbion/Keldungs* VOB/B § 2 Nr. 5 Rdn. 35; *Kapellmann/Messerschmidt-Kapellmann* VOB/B § 2 Rdn. 205; *Kniffka* Jahrbuch Baurecht 2001, 21 und 22 und IBR-online-Kommentar zum Bauvertragsrecht Stand 4. 1. 2007 § 631 Rdn. 611 ff.; *Stassen/Grams* BauR 2003, 943; OLG Düsseldorf NJW-RR 2002, 165 = BauR 2002, 484 = NZBau 2002, 276; zu weitgehend demgegenüber OLG Zweibrücken BauR 1995, 251 = IBR 1995, 49, das maßgeblich auf den Umfang der Änderung abstellt, ohne aber darzulegen, warum es darauf rechtlich entscheidend ankommen soll; in der Begründung ebenfalls unklar OLG Celle BauR 1999, 262 = IBR 1999, 203 und BauR 2003, 890.
[149] So zu Recht *Kuffer* ZfBR 2004, 110.
[150] *Nicklisch/Weick* VOB/B § 2 Rdn. 64 und § 18 Rdn. 25; OLG Zweibrücken BauR 1995, 251; OLG Düsseldorf BauR 1995, 706, 708, OLG Dresden BauR 1998, 565 = IBR 1998, 369 mit zustimmender Anmerkung *Vygen*.
[151] BGHZ 53, 222 = NJW 1970, 938 = BauR 1970, 113.
[152] So etwa *Kapellmann/Schiffers* Bd. 1 Rdn. 661 für § 2 Nr. 3 VOB/B.

## IV. Verwirkung

Die Verwirkung des Anspruchs auf Preisanpassung richtet sich nach allgemeinen Grundsätzen. Sie setzt voraus, dass zum Zeitablauf besondere, auf dem Verhalten des Berechtigten beruhende Umstände hinzutreten, die das Vertrauen des Verpflichteten rechtfertigen, der Berechtigte werde seinen Anspruch nicht mehr geltend machen.[153]

## E. Ausschluss oder Änderung der Preisanpassungsmöglichkeit nach § 2 Nr. 5

Vereinbarungen, die von § 2 Nr. 5 VOB/B abweichen,[154] finden sich häufig vor allem zum Nachteil des Auftragnehmers, sei es, dass diesem – entgegen § 2 Nr. 5 – auferlegt wird, seinen Mehrvergütungsanspruch für die geänderte Leistung vor deren Ausführung anzukündigen und/oder dafür ein **Nachtragsangebot** vorzulegen, sei es, dass dem Auftragnehmer für die geänderte Leistung – ebenfalls entgegen § 2 Nr. 5 – eine entsprechende Mehrvergütung nur zustehen soll, wenn vom Auftraggeber ein dahingehender **Nachtragsauftrag** erteilt worden ist, und zwar alles möglichst schriftlich. 82

### I. Ausschluss oder Änderung durch Allgemeine Geschäftsbedingungen

Zu formularmäßigen Regelungen im vorstehenden Sinne, d. h. Ankündigungs-, Angebots-, Vereinbarungs- und Schriftformklauseln im Allgemeinen, die auch außerhalb des VOB-Bereichs anzutreffen sind, ist bereits → Vor § 2 Rdn. 240. Stellung genommen worden. Danach können ansonsten berechtigte Mehrvergütungsansprüche des Auftragnehmers hierdurch nicht abgeschnitten werden.[155] Soweit für Änderungen nach Vertragsschluss **Schriftform** vorgesehen ist, also z. B. für den hier in Betracht kommenden Preisänderungs- und Mehrvergütungsanspruch bei Leistungsänderungen, ist davon auszugehen, dass die Parteien, wenn der Auftragnehmer die geänderte Leistung ohne Rücksicht hierauf durchführt und der Auftraggeber sie entgegennimmt, die vereinbarte Schriftform im Wege formloser Vertragsänderung stillschweigend aufgehoben haben können.[156] Zu demselben Ergebnis kommt man über §§ 305 ff. BGB, weil derartige formularmäßige Schriftformklauseln als Anspruchsvoraussetzung für die Vergütung einer gleichwohl erbrachten und entgegengenommenen Leistung/Leistungsänderung wegen des Vorrangs von Individualabreden nach § 305 b BGB (früher § 4 AGB-Gesetz) unwirksam sind.[157] Überdies stellt es eine unangemessene Benachteiligung des Auftragnehmers im Sinne von § 307 BGB dar, wenn jegliche – also auch gesetzliche – Nachforderungen für notwendige oder vom Auftraggeber gewollte und genutzte Leistungen von der Vorlage eines schriftlichen Zusatz- oder Nachtragsauftrags abhängig gemacht werden.[158] Für zulässig gehalten werden allerdings Schriftformklauseln, die Anordnungen eines bevollmächtigten Vertreters betreffen und der Vollmachtsbeschränkung dienen bzw. eine Anscheinsvollmacht ausschließen sollen.[159] 83

---

[153] BGH NJW 2003, 824 = NZBau 2003, 213 = BauR 2003, 379.
[154] Allgemein zu Gleit-,Bagatell und Selbstbeteiligungsklauseln *Reitz* BauR 2001, 1513.
[155] *Ingenstau/Korbion/Keldungs* VOB/B § 2 Nr. 5 Rdn. 2; *Werner/Pastor* Rdn. 1152; BGH NZBau 2004, 146.
[156] BGH BB 1981, 266; vgl. auch *Kapellmann/Schiffers* Bd. 1 Rdn. 951 und 991; *Heiermann/Riedl/Rusam* VOB/B § 2 Rdn. 119.
[157] Dazu auch *Ingenstau/Korbion/Keldungs* VOB/B § 2 Nr. 5 Rdn. 2 am Ende unter Hinweis auf OLG Düsseldorf BauR 1989, 335; *Werner/Pastor* Rdn. 1152.
[158] BGH NZBau 2004, 146.
[159] BGH BauR 1994, 760; OLG Düsseldorf BauR 1997, 337.

84 Demgemäß nehmen selbst diejenigen, die derartige Schriftformklauseln wegen ihrer **Warn- und Beweisfunktion** grundsätzlich für zulässig halten,[160] diesen im Endeffekt doch wieder ihre Wirkung und verneinen einen Anspruchsverlust des Auftragnehmers, wenn er ohne schriftliches Nachtragsangebot und ohne schriftlichen Nachtragsauftrag die geänderte Leistungen erbringt, weil darin, dass der Auftraggeber den Auftragnehmer die – geänderten – Arbeiten ausführen lässt, d. h. im „Bauen lassen", ein stillschweigender Verzicht auf die Schriftform liege[161] und der Auftraggeber, der trotz von ihm selbst vereinbarter Schriftform keinen schriftlichen Nachtragsauftrag erteilt, nicht davon profitieren dürfe, dass er seine eigenen Regeln nicht einhält.[162]

85 Eine andere Frage ist, ob ohne Schriftformerfordernis mündliche, d. h. formlose Ankündigungs-/Angebots- und Auftragsklauseln formularmäßig wirksam vereinbart werden können. Hierzu wird die Meinung vertreten, dass Vertragsklauseln zur Einführung von **Ankündigungserfordernissen** auch für § 2 Nr. 5 VOB/B in Allgemeinen Geschäftsbedingungen zulässig sind.[163] Eine Regelung, „dass der Auftragnehmer im Falle von Änderungsanordnungen eine veränderte Vergütung nur erhält, wenn er vor Ausführung des veränderten Teils ein Ergänzungs- oder Nachtragsangebot einreicht", verstößt jedenfalls nach Meinung von *Ingenstau/Korbion*[164] nicht gegen § 307 BGB.[165]

86 Jedoch wird letztendlich daraus nichts hergeleitet und im Endeffekt dann doch wieder das eher gegenteilige Ergebnis vertreten, dass der Auftraggeber, der trotz einer solchen, über § 2 Nr. 5 VOB/B hinausgehenden Regelung die veränderte Leistung ausführen lässt, „ohne auf der nach der betreffenden Vertragsklausel vorgesehenen Information durch den Auftragnehmer oder sogar einer etwa festgelegten Nachtragsvereinbarung vor Ausführung des veränderten Teils zu bestehen, ... sich später grundsätzlich aus Treu und Glauben nicht auf deren Fehlen berufen" kann, weil angenommen werden muss, „dass er in Kenntnis der abweichenden Vertragsbedingungen bewusst auf deren Einhaltung ... verzichtet hat".[166]

87 Auch in diesen Fällen gilt also sinngemäß das, was oben zur Unbeachtlichkeit von Schriftformklauseln als Anspruchsvoraussetzung für Preisanpassungs- und Mehrvergütungsansprüche gesagt worden ist. Denn wenn der Auftraggeber die geänderte Leistung verlangt und entgegennimmt, ist es weder angängig noch angemessen, den Mehrvergütungsanspruch des Auftragnehmers daran scheitern zu lassen, dass es an „Ankündigung, Angebot und Annahme des Angebots fehlt".[167]

88 Entsprechend wird auch von denen, die Ankündigungs- oder Angebotsklauseln in Allgemeinen Geschäftsbedingungen grundsätzlich für zulässig halten, die Meinung vertreten, dass der Anspruch auf Anpassung der Vergütung nach § 2 Nr. 5 VOB/B formularmäßig nicht „fühlbar eingeengt oder gar ausgeschlossen werden" kann (Verstoß gegen §§ 307, 308 Nrn. 3 und 4 BGB bzw. §§ 9, 10 Nrn. 3 und 4 AGB-Gesetz).[168]

89 In Übereinstimmung damit hat die Rechtsprechung in einer Reihe von Fällen Vertragsbedingungen **öffentlicher Auftraggeber,** durch die Mehrvergütungsansprüche des Auftragnehmers im vorgenannten Sinne erschwert oder ausgeschlossen werden sollten, für unwirksam erklärt. Nach OLG Celle[169] schließt die Abänderung von § 2 Nr. 5 VOB/B durch Nr. 2.8 der früheren ZVStra, dass bei Änderung des Bauentwurfs oder anderen Änderungsanordnungen des Auftraggebers erhöhte Vergütung nur verlangt werden kann,

---

[160] Z. B. *Kapellmann/Schiffers* Bd. 1 Rdn. 950 m. N.; vgl. auch *Locher* FS Korbion S. 288 und *Korbion/Locher* Rdn. 122.
[161] *Kapellmann/Schiffers* Bd. 1 Rdn. 950 ff.
[162] *Kapellmann/Schiffers* a. a. O.
[163] *Ingenstau/Korbion/Keldungs* VOB/B § 2 Nr. 5 Rdn. 50; *Kapellmann/Schiffers* a. a. O.
[164] *Ingenstau/Korbion/Keldungs* a. a. O.
[165] Ebenso *Heiermann/Riedl/Rusam* VOB/B § 2 Rdn. 119.
[166] *Ingenstau/Korbion/Keldungs* VOB/B § 2 Nr. 5 Rdn. 51.
[167] *Locher* FS Korbion S. 290.
[168] *Ingenstau/Korbion/Keldungs* VOB/B § 2 Nr. 5 Rdn. 2; ebenso *Korbion/Locher* Rdn. 122; *Kapellmann/Schiffers* Bd. 1 Rdn. 738; *Glatzel/Hofmann/Frikell* Kap. 2.2.5.
[169] BauR 1982, 381 (Revision vom BGH nicht angenommen).

Vergütung bei Leistungsänderungen  § 2 Nr. 5

wenn dies dem Auftraggeber unverzüglich schriftlich angezeigt wird, Mehrvergütungsansprüche nach § 2 Nr. 5 VOB/B nicht aus. Nach OLG Frankfurt[170] ändert auch die Ausgestaltung von § 2 Nr. 5 VOB/B als „Muss-Vorschrift" durch Nr. 15.2 ZVStr, dass der Auftragnehmer seinen Mehrvergütungsanspruch vorher ankündigen und eine Vereinbarung hierüber herbeiführen muss, nichts an der Vergütungspflicht des Auftraggebers. Schließlich hat der BGH entschieden,[171] dass Nr. 15 ZVB-StB 80, wonach Mehrvergütungsansprüche wegen Änderung des Bauentwurfs oder anderer Änderungsanordnungen des Auftraggebers nach § 2 Nr. 5 – wie im Falle des § 2 Nr. 6 VOB/B – im Sinne echter Anspruchsvoraussetzung unverzüglich bzw. vor Ausführung schriftlich angekündigt werden müssen, einen so schwerwiegenden Eingriff in die nach § 2 VOB/B begründeten Rechte des Auftragnehmers enthält, dass die VOB/B in ihrem Kernbereich betroffen und deshalb nicht mehr „als Ganzes" vereinbart ist.[172] Folgerichtig hat der BGH nunmehr auch ausdrücklich klargestellt, dass eine vom Auftraggeber gestellte Klausel, nach der jegliche Nachforderungen ausgeschlossen sind, wenn sie nicht auf schriftlichen Zusatz- und Nachtragsaufträgen beruhen, den Auftragnehmer unangemessen benachteiligt und deshalb nach § 9 AGBG unwirksam ist.[173]

Zusammenfassend lässt sich sagen, dass durch Ankündigungs-, Angebots-, Vereinbarungs- **90** und/oder Schriftformklauseln im vorstehend behandelten Sinne zwar zusätzliche Vertragspflichten des Auftragnehmers begründet werden können, deren Missachtung dem Auftraggeber **Schadensersatzansprüche** wegen positiver Vertragsverletzung geben kann, wenn er hierdurch einen Schaden erleidet und nachweist.[174] Das Interesse des Auftraggebers an frühzeitiger Aufklärung rechtfertigt es jedoch nicht, auch den Vergütungsanspruch des Auftragnehmers hiervon abhängig zu machen und diesem die nach Vertrag, VOB oder Gesetz zustehende Mehrvergütung für geänderte (oder zusätzliche) Leistungen zu versagen. Vielmehr reicht es aus, wie der BGH inzwischen zu § 2 Nr. 8 VOB/B ausdrücklich entschieden hat,[175] „die Verletzung der Anzeigepflicht mit Schadensersatzansprüchen zu sanktionieren".

Ebenso unzulässig ist es, wenn der Auftraggeber in Allgemeinen Geschäftsbedingungen **91** Mehrvergütungsansprüche des Auftragnehmers für einzelne bestimmte Leistungsänderungen formularmäßig auszuschließen versucht, z. B. solche, die durch **Auflagen** im Rahmen öffentlich-rechtlicher Genehmigungen verursacht worden sind (Verstoß gegen § 307 BGB). Anders liegt es nur dann, wenn der Auftragnehmer – etwa im Rahmen eines Nebenangebotes oder eines Änderungsvorschlages – dieses Risiko eindeutig übernommen hat. Gleiches gilt, wenn der Mehrvergütungsanspruch des Auftragnehmers für Leistungsänderungen nicht gänzlich ausgeschlossen wird, sondern nur für Leistungsänderungen bis zu einer bestimmten Größenordnung, z. B. durch die Klausel: „Der Bauherr behält sich ... vor, einzelne Teile der ausgeschriebenen Arbeiten zu ändern ... Der Unternehmer kann hieraus keinen Entschädigungsanspruch ableiten, wenn sich aus diesem Umstand keine Änderung des Gesamtleistungsumfangs über +/– 10% ergibt" (Verstoß gegen § 9 Abs. 2 Nr. 1 AGB-Gesetz).[176]

Unwirksam und unzulässig sind schließlich **einseitige Leistungsbestimmungsrechte** **92** des Auftraggebers in Allgemeinen Geschäftsbedingungen, durch die Anspruch des Auftragnehmers auf eine der üblichen Vergütung des § 632 Abs. 2 BGB entsprechende Änderung des Preises abbedungen und dem Auftraggeber vorbehalten wird, den Mehrvergütungs-

---

[170] NJW-RR 1986, 1149 = BauR 1986, 352 = ZfBR 1986, 138 (Revision nicht angenommen durch Beschluss des BGH vom 6. 3. 1986 – VII ZR 145/85).
[171] NJW-RR 1991, 534 = BauR 1991, 210 = ZfBR 1991, 101.
[172] Vgl. dazu auch OLG Frankfurt BauR 1986, 225; nach BGH NJW 1996, 1346 = BauR 1996, 378 hält § 2 Nr. 5 Satz 1 VOB/B auch einer isolierten Inhaltskontrolle stand.
[173] BGH NZBau 2004, 146.
[174] OLG Frankfurt NJW-RR 1986, 1149 = BauR 1986, 352 = ZfBR 1986, 138.
[175] BGHZ 113, 315 = NJW 1991, 1812 = BauR 1991, 331 = ZfBR 1991, 146.
[176] OLG Frankfurt NJW-RR 1986, 245; *Ingenstau/Korbion/Keldungs* VOB/B § 2 Nr. 5 Rdn. 2.

anspruch des Auftragnehmers für die geänderte Leistung einseitig zu bestimmen und festzulegen.[177]

## II. Ausschluss oder Änderung durch Individualvereinbarung

93   Individualvertraglich ist es dagegen grundsätzlich möglich, Preisanpassungs- und Mehrvergütungsansprüche bei Leistungsänderungen nach § 2 Nr. 5 VOB/B auszuschließen oder zu ändern.

94   Auch bei einem **Individualvertrag** ist ein Ausschluss oder eine Änderung von § 2 Nr. 5 VOB/B aber nur im Rahmen von Treu und Glauben bis zur Grenze des Wegfalls der Geschäftsgrundlage zulässig, weil die Berufung hierauf weder durch AGB oder einzelvertraglich wirksam abbedungen werden kann.

Außerdem bleiben, auch wenn Mehrvergütungsansprüche des Auftragnehmers für Leistungsänderungen durch einzelvertragliche Vereinbarung ausgeschlossen sind, hiervon unberührt etwaige Schadensersatzansprüche aus Verschulden beim Vertragsschluss wegen unsorgfältiger Planung und Leistungsermittlung, wenn die Leistungsänderungen und die dadurch verursachten Mehrkosten des Auftragnehmers hierauf zurückzuführen sind (vgl. → § 2 Nr. 3).

---

[177] *Ingenstau/Korbion/Keldungs* VOB/B § 2 Nr. 5 Rdn. 53; *Acker/Garcia-Scholz* BauR 2002, 550.

## § 2 Nr. 6 [Vergütung für Zusatzleistungen]

(1) **Wird eine im Vertrag nicht vorgesehene Leistung gefordert, so hat der Auftragnehmer Anspruch auf besondere Vergütung.** Er muss jedoch den Anspruch dem Auftraggeber ankündigen, bevor er mit der Ausführung der Leistung beginnt.

(2) **Die Vergütung bestimmt sich nach den Grundlagen der Preisermittlung für die vertragliche Leistung und den besonderen Kosten der geforderten Leistung. Sie ist möglichst vor Beginn der Ausführung zu vereinbaren.**

**Literatur:** *Acker/Garcia-Scholz,* Die Ansprüche des Auftragnehmers bei Beschädigung der Werkleistung vor Abnahme, BauR 2003, 1457; *Althaus,* Änderung des Bauentwurfs und nicht vereinbarte Leistungen: Überlegungen zum Verhältnis von § 1 Nr. 3 und Nr. 4 Satz 1 VOB/B, ZfBR 2007, 411; *Augustin/Stemmer,* Hinweise zur Vereinbarung neuer Preise bei Bauverträgen nach VOB, BauR 1999, 546; *Brandt,* Zum Leistungsumfang beim schlüsselfertigen Bauen nach Baubeschreibung in bezug auf technisch notwendige, aber nicht ausdrücklich vereinbarte Teilleistungen, BauR 1982, 524; *v. Craushaar,* Die Vollmacht des Architekten zur Anordnung und Vergabe von Zusatzarbeiten, BauR 1982, 421; *Dähne,* Auftragnehmeransprüche bei lückenhafter Leistungsbeschreibung, BauR 1999, 289; *Diehl,* Der zusätzliche Vergütungsanspruch gem. § 2 Nr. 6 und § 2 Nr. 8 VOB/B, Seminar „Vergütungsansprüche aus Nachträgen – ihre Geltendmachung und Abwehr", Deutsche Gesellschaft für Baurecht e. V., 1989, S. 75; *Diehr,* Zum Verhältnis von Vergütungs- und Schadensersatzanspruch des Auftragnehmers wegen Bauzeitstörungen, BauR 2001, 1507; *Fahrenschon,* Die Schenkungsvermutung der deutschen Bauwirtschaft, BauR 1977, 172; *Früh,* Die Kostenbeteiligungspflicht des Bauherrn bei der Mängelbeseitigung unter besonderer Berücksichtigung der sog. „echten Vorteilsausgleichung" (Abzug „neu für alt"), BauR 1992, 160; *Ganten,* Das Systemrisiko im Baurecht-Versuch, einen im Tiefbaurecht entwickelten Begriff einzuordnen-, BauR 2000, 643; *Hass,* Wie sind öffentliche Ausschreibungen auszulegen? NZBau 2001, 613; *Hennemann,* Sind Leistungen von Tochterfirmen Leistungen „im eigenen Betrieb"? BauR 2001, 1021; *Hundertmark,* Die zusätzliche Leistung und ihre Vergütung beim VOB-Vertrag, Betr. 1987, 32; *Kapellmann,* Die Geltung von Nachlässen auf die Vertragssumme für die Vergütung von Nachträgen, NZBau 2000, 57; *Kemper,* Nachträge und ihre mittelbaren Bauzeitauswirkungen, NZBau 2001, 238; *Kindl,* Der Kalkulationsirrtum im Spannungsfeld von Auslegung, Irrtum und unzulässiger Rechtsausübung, WM 1999, 2198; *Koller,* Aufgedrängte Bereicherung und Wertersatz bei der Wandlung im Werkvertrags- sowie Kaufrecht, Betr 1974, 2385 und 2458; *Krebs/Schuller,* Die „Kosten der Nachtragsbearbeitung" bei bauzeitbezogenen Ansprüchen, BauR 2007, 636; *Kuffer,* Leistungsverweigerungsrecht bei verweigerten Nachtragsverhandlungen, ZfBR 2004, 110; *ders.;* Baugrundrisiko und Systemrisiko, NZBau 2006, 1; *Lehning,* Vergütungsanspruch für zusätzliche Leistungen trotz Verletzung der Ankündigungspflicht beim VOB-Vertrag?, NJW 1977, 422; *Liepe,* Nachtragsbeauftragung lediglich dem Grunde nach? BauR 2003, 320; *Moufang/Kupjetz,* Zur rechtlichen Bindungswirkung von abgeschlossenen Nachtragsvereinbarungen, BauR 2002, 1629; *Peters,* Die Wirksamkeit vertraglicher Regelungen zum Baugrundrisiko, BauR 1998, 215; *Paulmann,* Anforderungen an die vertragliche Stundenlohnvereinbarung, NZBau 2005, 325; *Quack,* Theorien zur Rechtsnatur von § 1 Nr. 3 und 4 VOB/B und ihre Auswirkungen auf die Nachtragsproblematik, ZfBR 2004, 107; *ders.,* Interimsvereinbarungen zu streitigen Nachträgen, ZfBR 2004, 211; *Reitz,* Wirksamkeit von Gleit-, Bagatell- und Selbstbeteiligungsklauseln, BauR 2001, 1513; *Roquette,* Vollständigkeitsklauseln: Abwälzung des Risikos unvollständiger oder unrichtiger Leistungsbeschreibungen auf den Auftragnehmer, NZBau 2001, 57; *Roquette/Paul,* Sonderprobleme bei Nachträgen, BauR 2003, 1097; *dies.,* Pauschal ist Pauschal, BauR 2004, 736; *Schrader/Borm,* Grauzone Prüfingenieur – Mehrvergütung bei Anordnungen Dritter im VOB-Vertrag? BauR 2006, 1388; *Stemmer,* Vergabegewinn und Vergabeverlust: Ungewöhnliche Begriffe, aber ein richtiges Ergebnis, BauR 2007, 458; *Tempel,* Ist die VOB/B noch zeitgemäß? NZBau 2002, 472; *Thode,* Nachträge wegen gestörten Bauablaufs im VOB/B-Vertrag, ZfBR 2004, 214; *Virneburg,* Wann kann der Auftragnehmer die Arbeit wegen verweigerter Nachträge einstellen? – Risiken einer Verweigerungsstrategie, ZfBR 2004, 419; *Vogel,* Zusatzleistungen und Nachtragsaufträge beim VOB-Bauvertrag, NZBau 1998, 280; *Welter,* Der Vergütungsanspruch für Mehrleistungen beim Bauwerkvertrag nach der VOB, NJW 1959, 757; *Vygen,* Leistungsverweigerungsrecht des Auftragnehmers bei Änderungen des Bauentwurfs gemäß § 1 Nr. 3 VOB/B oder Anordnung von zusätzlichen Leistungen gemäß § 1 Nr. 4 VOB/B? BauR 2005, 431; *ders.,* Vergabegewinn und Vergabeverlust bei Nachtragsforderungen, BauR 2006, 894; *Zanner/Keller,* Das einseitige Anordnungsrecht des Auftraggebers zu Bauzeit und Bauablauf und seine Vergütungsfolgen, NZBau 2004, 353. – Siehe im Übrigen die Hinweise → § 2 Nr. 5.

### Übersicht

| | Rdn. | | Rdn. |
|---|---|---|---|
| A. Allgemeines | 1–4 | II. Keine Zusatzleistungen bei ohnehin geschuldeten Leistungen | 10 |
| B. Abgrenzung von Vertragsleistungen und anderen Leistungen | 5–44 | 1. Bloße Erschwernisse innerhalb der ausgeschriebenen Leistung | 13 |
|   I. Bestimmung der Vertragsleistung nach § 1 Nr. 1 i. V. m. § 2 Nr. 1 VOB/B | 6 | | |

## § 2 Nr. 6 — Vergütung für Zusatzleistungen

| | Rdn. |
|---|---|
| 2. Erkennbar unklare, unrichtige oder unvollständige Leistungsbeschreibung | 14 |
| 3. Wahlrecht bei Alternativ- oder Eventualpositionen | 16 |
| III. Abgrenzung zu anderen Vorschriften | 17 |
| 1. § 2 Nr. 6 VOB/B = im Vertrag nicht vorgesehene (Zusatz-)Leistungen | 18 |
| a) Notwendige Zusatzleistungen (§ 1 Nr. 4 VOB/B) | 22 |
| b) Nicht notwendige Zusatzleistungen | 25 |
| c) Neue selbstständige Leistungen | 27 |
| 2. § 2 Nr. 5 VOB/B = Änderung der im Vertrag vorgesehenen Leistung selbst | 31 |
| 3. § 2 Nr. 3 VOB/B = bloße Massenänderungen bei gleichbleibender Leistung | 34 |
| 4. § 2 Nr. 8 VOB/B = Leistungen ohne Auftrag | 36 |
| 5. § 6 Nr. 6 VOB/B = Behinderung oder Unterbrechung der Ausführung | 39 |
| IV. Beispielfall: Boden- und Grundwasserverhältnisse sowie Altlasten | 42 |
| C. Anspruch auf Vergütung nur für „geforderte" Zusatzleistungen | 45–57 |
| I. Stillschweigendes Verlangen und konkludentes Verhalten genügen | 47 |
| II. Forderung von Zusatzleistungen durch Dritte | 50 |
| D. Pflicht zu vorheriger Ankündigung des Mehrvergütungsanspruchs | 58–78 |
| I. Ankündigen heißt noch nicht geltend machen | 60 |
| 1. Zeitpunkt, Form und Inhalt der Ankündigung | 61 |
| 2. Adressat der Ankündigung | 65 |
| II. Ankündigung als Anspruchsvoraussetzung? | 67–74 |

| | Rdn. |
|---|---|
| III. Folge der unterbliebenen Ankündigung | 75 |
| 1. Entbehrlichkeit der Ankündigung | 76 |
| 2. Schaden | 77 |
| 3. Verschulden | 78 |
| E. Bestimmung der Vergütung für Zusatzleistungen (Abs. 2) | 79–90 |
| I. Bisherige Preisermittlungsgrundlagen bleiben maßgebend | 83 |
| II. Preisnachlässe gelten nicht automatisch auch für Nachträge | 85 |
| III. Besondere Kosten der geforderten (Zusatz-)Leistung | 86 |
| IV. Kalkulationsfehler – Über- und Unter-Wert-Preise | 88 |
| F. Preisvereinbarung möglichst vor Beginn der Ausführung | 91–98 |
| I. Keine Pflicht zu vorheriger Preisvereinbarung | 92 |
| II. Leistungsverweigerungs- oder Kündigungsrecht bei ungeklärtem finanziellen Ausgleich? | 95 |
| III. Notfalls gerichtliche Bestimmung der Vergütung | 96 |
| IV. Verjährung des Anspruchs auf Vergütung von Zusatzleistungen | 97 |
| V. Verwirkung | |
| G. Ausschluss oder Änderung des Mehrvergütungsanspruchs für Zusatzleistungen nach § 2 Nr. 6 | 99–105 |
| I. Ausschluss oder Änderung durch Allgemeine Geschäftsbedingungen | 100 |
| 1. Komplettheitsklauseln | 101 |
| 2. Pauschalierungsklauseln | 102 |
| 3. Erweiterungen des Leistungsumfangs | 103 |
| 4. Schriftformklauseln | 104 |
| II. Ausschluss oder Änderung durch Individualvereinbarung | 105 |
| H. Nachtragsvereinbarungen | 106, 107 |

## A. Allgemeines

**1** Nach § 2 Nr. 6 Abs. 1 VOB/B hat, wenn eine im Vertrag nicht vorgesehene Leistung gefordert wird, der Auftragnehmer Anspruch auf **besondere Vergütung,** muss jedoch den Anspruch dem Auftraggeber ankündigen, bevor er mit der Ausführung der Leistung beginnt.

**2** Wie der Preisanpassungsanspruch des § 2 Nr. 5 bei Leistungsänderungen auf dem Änderungsvorbehalt des Auftraggebers nach § 1 Nr. 3 VOB/B beruht, ist der Anspruch des Auftragnehmers auf besondere Vergütung von Zusatzleistungen nach § 2 Nr. 6 unmittelbare **Folge des Anordnungsrechts aus § 1 Nr. 4 VOB/B.**[1] Zwar deckt sich – wie bei §§ 1 Nr. 3,

---

[1] Dazu *Quack* ZfBR 2004, 107; BGH BGHReport 2004, 289; *Hennemann* BauR 2001, 1021 zu den Leistungen „im eigenen Betrieb".

Vergütung für Zusatzleistungen § 2 Nr. 6

2 Nr. 5 VOB/B (→ § 2 Nr. 5) – der Anwendungsbereich beider Vorschriften nicht, weil § 2 Nr. 6 auch Zusatzleistungen erfasst, die nicht unter § 1 Nr. 4 VOB/B fallen.[2] Jedoch ist der Auftragnehmer zur Ausführung solcher „anderen" Leistungen nicht verpflichtet, weil sie ihm „nur mit seiner Zustimmung" übertragen werden können (→ § 1 Nr. 4). Diese kann er dann aber von einer entsprechenden Vergütungsvereinbarung abhängig machen, ohne dass es dafür der Regelung des § 2 Nr. 6 VOB/B bedurft hätte. Dagegen musste durch diese Vorschrift ein Anspruch auf besondere Vergütung für die Fälle des § 1 Nr. 4 VOB/B vorgesehen werden, weil der Auftragnehmer hiernach „nicht vereinbarte Leistungen, die zur Ausführung der vertraglichen Leistung **erforderlich** werden", auf Verlangen des Auftraggebers mit auszuführen hat, hierzu also verpflichtet ist, ob er dem zustimmt und damit einverstanden ist oder nicht (→ § 1 Nr. 4). Das ist eine Abweichung vom Werkvertragsrecht der §§ 631 ff. BGB, die dem Auftragnehmer nur zugemutet werden kann, wenn dafür gleichzeitig entsprechend § 2 Nr. 6 VOB/B ein Anspruch auf besondere Vergütung vorgesehen wird.[3]

Nach dem **Werkvertragsrecht** des BGB braucht der Auftragnehmer – wenn sich im Einzelfall nicht etwas anderes aus der ihm obliegenden Kooperationspflicht ergibt[4] – im Vertrag nicht vorgesehene Leistungen demgegenüber grundsätzlich überhaupt nicht auszuführen, d. h. Zusatzleistungen können ihm generell nur mit seiner Zustimmung übertragen werden. Sie können also nicht – wie im Falle des § 1 Nr. 4 VOB/B – vom Auftraggeber einseitig verlangt werden, sondern erfordern in jedem Fall eine Vereinbarung im Sinne einer Vertragsänderung (→ § 1 Nr. 4 Rdn. 1). Dabei kann der Auftraggeber dann auch seinen Anspruch auf besondere Vergütung geltend und die Zustimmung zu der Vertragsänderung davon abhängig machen, dass seine Vergütung für die Zusatzleistungen geregelt und vereinbart wird. Geschieht dies nicht, ist für die Zusatzleistungen jedenfalls aber eine vertragliche Grundlage vorhanden, die die Anwendung des § 632 BGB rechtfertigt und dem Auftragnehmer einen Anspruch auf die „übliche Vergütung" im Sinne von § 632 Abs. 2 BGB geben soll.[5] Ob das im Einzelfall immer richtig ist, ist aber zweifelhaft. Vereinbaren die Parteien eine zusätzliche Leistung, ohne über die Vergütung zu reden, kann darin auch die konkludente Einigung darüber liegen, dass die Vergütung – soweit möglich – auf der **Basis der Vertragspreise** ermittelt werden soll. 3

Beim **VOB-Vertrag** dagegen ist für Zusatzleistungen im Sinne von § 1 Nr. 4 VOB/B die Möglichkeit eines Rückgriffs auf § 632 BGB nicht in gleicher Weise eindeutig, weil der Auftraggeber nach § 1 Nr. 4 VOB/B – wenn nicht gesetzliche oder behördliche Bestimmungen im Sinne von § 4 Nr. 1 Abs. 4 VOB/B entgegenstehen oder dem Auftragnehmer nach Treu und Glauben ein Leistungsverweigerungsrecht zusteht – einseitig verlangen kann, dass der Auftragnehmer nicht vereinbarte Leistungen, die für die Ausführung der vertraglichen Leistung erforderlich sind, erbringt, selbst wenn er dem nicht zustimmt und damit nicht einverstanden ist.[6] Zwar handelt es sich auch dabei dann nicht um „außervertragliche" Leistungen, wie vielfach zu Unrecht angenommen wird, sondern um vertragliche Zusatzleistungen, um die die Leistungspflicht des Auftragnehmers durch einseitiges Verlangen des Auftraggebers erweitert worden ist. Jedoch stellt § 2 Nr. 6 VOB/B wegen eben dieses einseitigen Leistungserweiterungsrechts des Auftraggebers klar, dass derartige Zusatzleistungen grundsätzlich ebenfalls nur gegen Entgelt zu erbringen sind und auch für sie eine Vergütung als „stillschweigend vereinbart" anzusehen ist. Aus diesem Grunde enthält § 2 Nr. 6 hierfür eine dem § 1 Nr. 4 VOB/B entsprechende **Sonderregelung,** die nicht auf den Anwendungs- 4

---

[2] *Nicklisch/Weick* VOB/B § 2 Rdn. 68.
[3] So auch OLG Düsseldorf BauR 1989, 335.
[4] Dazu BGH BauR 2000, 409 = NZBau 2000, 130 = NJW 2000, 807; BGH BauR 1996, 378 = ZfBR 1996, 196.
[5] *Werner/Pastor* Rdn. 1156; *Ingenstau/Korbion/Keldungs* VOB/B § 2 Nr. 6 Rdn. 1; vgl. OLG Düsseldorf a. a. O.: „Hierin kommt ein Grundgedanke der gesetzlichen Regelung zum Ausdruck, der darin besteht, dass jede Werkleistung, die den Umständen nach nur gegen Vergütung zu erwarten ist, auch zumindest mit der üblichen Vergütung abzugelten ist".
[6] BGH BauR 1994, 760; 1996, 378; 2003, 1892.

## § 2 Nr. 6

Vergütung für Zusatzleistungen

bereich des § 1 Nr. 4 VOB/B beschränkt ist und außerdem nach der ausdrücklichen Bestimmung in § 2 Nr. 7 Abs. 1 am Ende VOB/B auch für den **Pauschalvertrag** gilt.

### B. Abgrenzung von Vertragsleistungen und zusätzlichen Leistungen

5   Während der Mehrvergütungsanspruch des § 2 Nr. 5 bei Leistungsänderungen die Änderung einer im Vertrag vorgesehenen Leistung zum Gegenstand hat, ist Voraussetzung für den Anspruch auf besondere Vergütung bei Zusatzleistungen das genaue Gegenteil, nämlich dass es sich um eine im Vertrag nicht vorgesehene Leistung handelt.[7] Wie bei § 2 Nr. 5 zur Ermittlung dessen, was Gegenstand einer Leistungsänderung sein kann, ist deshalb auch für die Anwendung von § 2 Nr. 6 VOB/B – hier allerdings umgekehrt zur Abgrenzung dessen, was nicht darunter fällt und als Zusatzleistung ausscheidet – zunächst zu klären, was alles zu der bereits im Vertrag vorgesehenen Leistung gehört und damit Gegenstand der Vertragsleistung ist. Alles dies scheidet von vornherein als Zusatzleistung für den Anwendungsbereich von § 2 Nr. 6 VOB/B aus.

#### I. Bestimmung der Vertragsleistung nach § 1 Nr. 1 i. V. m. § 2 Nr. 1 VOB/B

6   Nicht unter § 2 Nr. 6 VOB/B fällt zunächst einmal alles, was nach § 1 Nr. 1 VOB/B als Inhalt der auszuführenden Leistung nach Art und Umfang durch den Vertrag bestimmt ist. Dazu gehören nach § 2 Nr. 1 VOB/B auch alle dort genannten **Vertragsunterlagen** einschließlich der in Bezug genommenen Pläne,[8] die Leistungsbeschreibung,[9] die Besonderen Vertragsbedingungen (BVB), die Zusätzlichen Vertragsbedingungen (ZVB), die Zusätzlichen Technischen Vertragsbedingungen (ZTV), die Allgemeinen Technischen Vertragsbedingungen für Bauleistungen (ATV = VOB/C) und die gewerbliche Verkehrssitte.[10] Im Einzelnen kann hierzu auf die Ausführungen zu → § 1 Nr. 1 und → § 2 Nr. 1 Rdn. 7 ff. verwiesen werden.

Bei Widersprüchen kann bestimmten Vertragsbestandteilen nicht grundsätzlich der Vorrang zuerkannt werden. Der Leistungsbeschreibung kommt aber dann gegenüber Plänen die vergleichsweise größere Bedeutung zu, wenn dort die Leistung genauer beschrieben wird.[11] Grundsätzlich wird man dem jeweils spezielleren Vertragsbestandteil den Vorrang einräumen können.

7   Alles, was hiernach bereits Gegenstand der Vertragsleistung ist, kommt als Zusatzleistung im Sinne von § 2 Nr. 6 VOB/B von vornherein nicht in Betracht. Dazu gehören auch und insbesondere die sog. **Nebenleistungen** nach den ATV DIN 18299 ff. der VOB/C (vgl. die Beispiele dazu → § 2 Nr. 1).[12] Dagegen kann es sich, wenn im Vertrag nichts anderes vereinbart ist, bei den **Besonderen Leistungen** der ATV DIN 18299 ff. der VOB/C, für die ein Anspruch auf besondere Vergütung ausdrücklich vorgesehen ist, um **Zusatzleistungen** im Sinne von § 2 Nr. 6 VOB/B handeln[13] (→ § 2 Nr. 1). Zu beachten ist insoweit aber immer, dass die im Wege richterlicher Vertragsauslegung zu ermittelnden Vereinbarungen der Parteien Vorrang vor dem Inhalt technischer Normen haben.[14] Insoweit wird ergänzend auf die Ausführungen zu § 2 Nr. 1 Rdn. 35 verwiesen.

---

[7] BGH BauR 1999, 1018; *Vogel* ZfBR 1998, 280.
[8] OLG Koblenz BauR 1997, 143.
[9] Zur Auslegung der Leistungsbeschreibung *Kniffka* IBR-online-Kommentar zum Bauvertragsrecht Stand 24. 10. 2006 § 631 Rdn. 450 ff.
[10] *Ingenstau/Korbion/Keldungs* VOB/B § 2 Nr. 6 Rdn. 3; *Heiermann/Riedl/Rusam* VOB/B § 2 Rdn. 126; *Werner/Pastor* Rdn. 1156 ff.; *Kapellmann/Messerschmidt-Kapellmann* VOB/B § 2 Rdn. 175 ff.; BGH a. a. O.
[11] BGH BauR 2003, 388 = ZfBR 2003, 253 = NJW 2003, 743 = NZBau 2003, 149.
[12] *Ingenstau/Korbion/Keldungs* VOB/B § 2 Nr. 6 Rdn. 3, 9 und 10; *Heiermann/Riedl/Rusam* a. a. O.; instruktiv dazu BGH BauR 2002, 935, 1247 und 1394; zutreffend auch OLG Naumburg IBR 2003, 59 mit Anm. *Englert* zu den ohnehin geschuldeten Unfallverhütungsmaßnahmen.
[13] *Ingenstau/Korbion/Keldungs* a. a. O.; *Heiermann/Riedl/Rusam* VOB/B § 2 Rdn. 126.
[14] BGH NZBau 2002, 324 = BauR 2002, 935; NZBau 2006, 777.

Vergütung für Zusatzleistungen § 2 Nr. 6

Schließlich ist zur Bestimmung des Vertragsinhalts und der Vertragsleistung sowie zur 8 Abgrenzung von Zusatzleistungen auch die **gewerbliche Verkehrssitte** zu berücksichtigen[15] (vgl. die Beispiele dazu → § 2 Nr. 1). Hiernach kann ein Auftragnehmer, der eine komplette Leistung angeboten hat und erst nach Vertragsschluss feststellt, dass zur Herstellung einer funktionsfähigen Anlage umfangreichere Leistungen erforderlich sind, keine Mehrvergütungsansprüche wegen Zusatzleistungen nach § 2 Nr. 6 VOB/B stellen.[16] Ebenso können, wenn ohne jedweden Vorbehalt eine „fix und fertige Arbeit" angeboten wird, zusätzliche Vergütungsansprüche für Besondere Leistungen und Zulagepositionen nach den ATV der VOB/C ausgeschlossen sein.[17]

Zusammenfassend lässt sich sagen, dass alles, was (bereits) Inhalt des Vertrages ist und zur 9 Vertragsleistung gehört, zwar Gegenstand einer Leistungsänderung im Sinne von § 2 Nr. 5 VOB/B sein kann (→ § 2 Nr. 5 Rdn. 1/2), dass das, was aber schon keine Leistungsänderung im Sinne von § 2 Nr. 5 ist, erst recht keine Zusatzleistung im Sinne von § 2 Nr. 6 VOB/B sein kann.

### II. Keine Zusatzleistungen bei ohnehin geschuldeten Leistungen

Leistungen, die bereits zur Erfüllung des Vertrages selbst und zur Erbringung einer 10 ordnungsgemäßen, dauerhaften und gebrauchstauglichen Leistung erforderlich sind, werden vom Auftragnehmer ohnehin und **in jedem Fall** geschuldet. Sie rechtfertigen nach dem zu → § 2 Nr. 5 Rdn. 5 ff. Gesagten schon keine Preisanpassung wegen geänderter Leistung nach § 2 Nr. 5 VOB/B und scheiden deshalb von vornherein auch – und erst recht – als Zusatzleistungen aus.[18]

Aus diesem Grunde ist nach OLG Braunschweig[19] eine chemische Bodenverfestigung 11 unter den der Baugrube benachbarten Hallenfundamenten, die wegen des von den Hallenfundamenten ausgehenden Seitendrucks bereits zur Erbringung der eigentlichen Bauleistung notwendig war, um die Standsicherheit einer parallel zu den Hallenfundamenten errichteten Baugruben-Schlitzwand zu gewährleisten, in Ermangelung einer abweichenden Vereinbarung Bestandteil der eigentlichen Bauleistung und nicht gesondert zu vergüten, auch wenn sie daneben der Sicherung der benachbarten Halle vor Setzungen diente.

Ergänzend ist zur Abgrenzung von ohnehin geschuldeten Leistungen auf die entsprechen- 12 den Ausführungen zu § 2 Nr. 5 VOB/B zu verweisen (→ § 2 Nr. 5). Danach kommen auch als Zusatzleistungen nicht in Betracht:

### 1. Bloße Erschwernisse innerhalb der ausgeschriebenen Leistung

Dabei handelt es sich nicht einmal um Leistungsänderungen (→ § 2 Nr. 5 und die dort 13 angeführten Beispiele aus der Rechtsprechung). Deshalb liegt erst recht auch keine Zusatzleistung vor.[20]

### 2. Erkennbar unklare, unrichtige oder unvollständige Leistungsbeschreibung

Insoweit kann ebenfalls auf das verwiesen werden, was hierzu bereits bei § 2 Nr. 5 14 VOB/B gesagt worden ist. Auch wenn eine bestimmte Leistung nicht oder nicht eindeutig

---

[15] *Ingenstau/Korbion/Keldungs* a. a. O.; *Heiermann/Riedl/Rusam* VOB/B § 2 Rdn. 126.
[16] BGHZ 80, 257 = NJW 1981, 1442, 1444 = BauR 1981, 388, 391 = ZfBR 1981, 170 (bei Annahme eines Pauschalvertrages, weil der Auftragnehmer den Abschluss eines Einheitspreisvertrages nicht beweisen konnte).
[17] *Ingenstau/Korbion/Keldungs* VOB/B § 2 Nr. 6 Rdn. 8 f; OLG Köln BauR 1991, 615.
[18] *Kniffka* IBR-online-Kommentar zum Bauvertragsrecht Stand 4. 1. 2007 § 631 Rdn. 446 weist aber zu Recht darauf hin, dass es dafür nicht auf den geschuldeten Leistungserfolg, sondern auf das vertraglich vereinbarte Leistungssoll ankommt, das als Äquivalent für die geschuldete Vergütung verlangt werden kann.
[19] BauR 1990, 742.
[20] *Ingenstau/Korbion/Keldungs* VOB/B § 2 Nr. 6 Rdn. 10; *Heiermann/Riedl/Rusam* VOB/B § 2 Rdn. 126; *Peters* BauR 1998, 215.

aus der Leistungsbeschreibung ersichtlich, aber zur Erfüllung des Vertrages erforderlich ist, und der Auftragnehmer dies erkennen kann, muss er darauf hinweisen und die dafür notwendigen Kosten einkalkulieren (→ § 2 Nr. 1). Denn auch in derartigen Fällen liegt keine Zusatzleistung, sondern eine ohnehin geschuldete Leistung vor.[21] Es gibt auch keinen Rechtsgrundsatz, wonach riskante Leistungen nicht übernommen werden dürfen. Das gilt selbst bei einer Vergabe nach VOB/A.[22]

**15** Deshalb stellen z. B. Filterbrunnen bei einer Grundwasserabsenkung keine Zusatzleistung dar, wenn ihre Notwendigkeit bereits nach den aus den Bohrproben erkennbaren Bodenarten ersichtlich war.[23] Weist ein vorgelegtes Bodengutachten auf konkrete Risiken hin, darf der Bieter den Nichteintritt dieses Risikos nicht als sicher unterstellen und dies seiner Ausschreibung zugrunde legen.[24] Ebenso hat der BGH[25] die Mehrkosten einer erforderlichen Wasserhaltung bei Kanalisationsarbeiten nicht anerkannt und eine besonders zu vergütende Zusatzleistung verneint, weil der Auftragnehmer die Kanalisationsarbeiten spekulativ („frivol") und „ins Blaue hinein" ohne Wasserhaltung angeboten hatte, obwohl er aus einem vorangegangenen Nachbarlos um ihre Notwendigkeit wusste.

Andererseits ist eine Zusatzleistung zu bejahen, wenn die Leistung zur Herbeiführung des geschuldeten Erfolges erkennbar notwendig, im Vertrag aber ausdrücklich ausgeklammert ist.[26] Eine zusätzliche Leistung liegt ebenfalls vor, wenn die Leistungsbeschreibung für die Betonummantelung an einer Stahlkonstruktion nur die Ummantelung von Trägern vor der Montage vorsieht und sich erst aus den nach Vertragsschluss übergebenen Plänen ergibt, dass nicht nur Träger zu ummanteln sind, sondern auch schon zu Bindern verschweißte und montierte Träger.[27] Eine Zusatzleistung ist auch dann gegeben, wenn der Auftraggeber in der Leistungsbeschreibung entgegen DIN 18299 Ziffer 0. 1. 14 für Erdarbeiten keine Erschwernisse wegen der Lage von Versorgungsleitungen angibt und der Auftragnehmer mit ihrem Vorhandensein auch nicht rechnen musste, bei Ausführung dann aber gleichwohl derartige Erschwernisse auftreten. Eine Zusatzleistung liegt ferner vor, wenn der Auftraggeber die Errichtung eines Gerüstes in einer über die Anforderungen der einschlägigen DIN-Norm hinausgehenden Höhe anordnet.[28] Anders verhält es sich aber auch bei solchen Leistungen dann, wenn eine entgegenstehende individualvertragliche Regelung getroffen ist.[29]

### 3. Wahlrecht bei Alternativ- oder Eventualpositionen

**16** Auch in derartigen Fällen liegt, weil die Leistung bereits als solche im Vertrag vorgesehen ist, schon keine Änderung der vertraglichen Leistung vor. Erst recht kommt daher keine Zusatzleistung in Betracht.[30]

### III. Abgrenzung zu anderen Vorschriften

**17** Insoweit ist zunächst auf die Ausführungen zu → § 1 Nr. 3 und → § 2 Nr. 5 zu verweisen.

---

[21] *Heiermann/Riedl/Rusam* VOB/B § 2 Rdn. 126; BGH BauR 2002, 935, 1247, 1394; OLG Düsseldorf BauR 2004, 504; *Dähne* BauR 1999, 289.
[22] OLG Koblenz IBR 2003, 181 mit Anmerkung *Schulze-Hagen* (Nichtzulassungsbeschwerde zurückgewiesen).
[23] BGH *Schäfer/Finnern* Z 2.31 Bl. 38.
[24] OLG Koblenz a. a. O.
[25] NJW-RR 1988, 785 = BauR 1988, 338 = ZfBR 1988, 182; s. a. BGH BauR 1992, 759 (Wasserhaltung I), 1994, 236 (Wasserhaltung II) und 1997, 126 (Kammerschleuse).
[26] BGHZ 90, 344 = BauR 1984, 395 = NJW 1984, 1676.
[27] *Ingenstau/Korbion/Keldungs* VOB/B § 2 Nr. 6 Rdn. 4.
[28] *Ingenstau/Korbion/Keldungs* VOB/B § 2 Nr. 6 Rdn. 4 unter Hinweis auf OLG Düsseldorf BauR 1997, 1051 = NJW-RR 1997, 1378.
[29] BGH NZBau 2002, 324 = BauR 2002, 935 (Brückenkappenfall); BGH NZBau 2004, 500 und 2006, 777.
[30] *Ingenstau/Korbion/Keldungs* VOB/B § 2 Nr. 6 Rdn. 4; *Kapellmann/Schiffers* Bd. 1 Rdn. 577 ff.

Vergütung für Zusatzleistungen  § 2 Nr. 6

**1. § 2 Nr. 6 VOB/B = im Vertrag nicht vorgesehene (Zusatz-) Leistungen**

Anders als im Falle von § 2 Nr. 5 wird bei Zusatzleistungen im Sinne von § 2 Nr. 6 VOB/B die im Vertrag vorgesehene Leistung selbst nicht geändert, sondern ohne Änderungen ausgeführt, aber durch außerhalb des bisherigen Vertrages liegende, in diesem (noch) nicht vorgesehene zusätzliche Leistungen **erweitert**.[31] Auch dabei handelt es sich dann aber um durch (einseitige oder einvernehmliche) Vertragserweiterung nachträglich zum Vertragsinhalt gemachte vertragliche Leistungen, nicht um sog. „außervertragliche" Leistungen. 18

Daraus ergibt sich zugleich, dass Zusatzleistungen im Sinne von § 2 Nr. 6 VOB/B nur gegeben sein können, wenn sie **nachträglich,** d. h. nach Abschluss des ursprünglichen Vertrages angefallen, verlangt oder vereinbart worden sind, weil sonst davon auszugehen ist, dass sie bereits zur vertraglich geschuldeten Leistung gehören und mit der dafür vereinbarten Vergütung abgegolten sind.[32] 19

Außerdem setzt die Annahme einer Zusatzleistung begrifflich voraus, dass sie mit einer **dauernden Substanzvermehrung** verbunden ist und in diesem Sinne werterhöhend in das Bauwerk eingeht. Deshalb stellen z. B. Bauhilfsmittel wie Leitern und Gerüste, Schutzzelte, Schalung und Verbau, auch wenn es sich um sog. „verlorenen" Verbau handelt, keine Zusatzleistungen im Sinne von § 2 Nr. 6 dar, sondern sind, wenn insoweit eine Änderung der Art und Weise der Bauausführung vorliegt, nach **§ 2 Nr. 5 VOB/B** zu vergüten.[33] 20

Demgemäß ist es zumindest zweifelhaft, ob in dem vom LG Köln entschiedenen Fall,[34] dass wegen des unvorhersehbaren Auftretens einer Sandlinse beim Durchpressen eines Tunnels **Zwischenbühnen** eingebaut werden mussten, nicht eher § 2 Nr. 5 VOB/B einschlägig war, weil auch dies bloße Bauhilfsmittel waren und es für eine Zusatzleistung im Sinne von § 2 Nr. 6 VOB/B, die das LG Köln angenommen hat,[35] an der dafür notwendigen substantiellen Erweiterung der vertraglichen Leistung fehlte.[36] 21

**a) Notwendige Zusatzleistungen (§ 1 Nr. 4 VOB/B).** Zunächst einmal sind Zusatzleistungen im Sinne von § 2 Nr. 6 VOB/B alle im ursprünglichen Vertrag nicht vereinbarten Leistungen, die zur Ausführung der vertraglichen Leistung erforderlich sind und vom Auftragnehmer nach § 1 Nr. 4 VOB/B schon auf Grund einseitigen Verlangens des Auftraggebers mit ausgeführt werden müssen. Ein Beispiel hierfür ist etwa eine Isolierung gegen drückendes Wasser (Druckwasserisolierung), die nicht ausgeschrieben bzw. aus dem vereinbarten Leistungsinhalt zunächst herausgenommen/ausgeklammert worden war, weil der Auftraggeber sie nicht für erforderlich hielt bzw. glaubte, ihre Kosten sparen zu können.[37] 22

Am Charakter einer Leistung als Zusatzleistung ändert auch nichts, dass ihre Notwendigkeit, z. B. dann doch eine Druckwasserisolierung einzubauen, erst nach Auftreten von Mängeln im Zuge der Mängelbeseitigung erkannt wird. Dann hat der Auftragnehmer in Höhe der Kosten der zusätzlich erforderlichen Leistung (hier: Druckwasserisolierung), um die das Werk bei ordnungsgemäßer Ausführung von vornherein teurer gewesen wäre, einen **Zuschussanspruch für „Sowieso-Kosten".**[38] 23

Weiter kann eine notwendige Zusatzleistung im Sinne von § 2 Nr. 6 VOB/B auch vorliegen bei nochmaliger Ausführung einer nach Gefahrübergang zerstörten oder beschädigten Leistung (→ § 7 Nr. 1 VOB/B).[39] 24

---

[31] BGH BauR 2002, 618; *Ingenstau/Korbion/Keldungs* VOB/B § 2 Nr. 6 Rdn. 10; *Heiermann/Riedl/Rusam* VOB/B § 2 Rdn. 123 und 126; *Hundertmark* Betr 1987, 32.
[32] *Ingenstau/Korbion/Keldungs* VOB/B § 2 Nr. 6 Rdn. 10; *Heiermann/Riedl/Rusam* VOB/B § 2 Rdn. 129.
[33] So richtig *Clemm* BauR 1989, 125, 127 für eine nur vorübergehend errichtete Lärmschutzwand.
[34] *Schäfer/Finnern/Hochstein* § 6 Nr. 6 VOB/B Nr. 2.
[35] Ebenso *Ingenstau/Korbion/Keldungs* VOB/B 3 2 Nr. 6 Rdn. 4.
[36] *Ingenstau/Korbion/Keldungs* VOB/B § 2 Nr. 6 Rdn. 4 lassen aber auch die Anordnung zusätzlicher verfahrenstechnischer Leistungen ausreichen.
[37] BGHZ 90, 344 = NJW 1984, 1676 = BauR 1984, 395 = ZfBR 1984, 173; *Ingenstau/Korbion/Keldungs* VOB/B § 2 Nr. 6 Rdn. 4.
[38] BGH a. a. O.; *Nicklisch/Weick* VOB/B § 2 Rdn. 68.
[39] BGHZ 61, 144 = NJW 1973, 1698 = BauR 1973, 317; *Acker/Garcia-Scholz* BauR 2003, 1457.

§ 2 Nr. 6

25  **b) Nicht notwendige Zusatzleistungen.** Derartige Zusatzleistungen braucht der Auftragnehmer gem. § 1 Nr. 4 VOB/B zwar nicht auf Grund einseitigen Verlangens des Auftraggebers auszuführen, sondern nur „mit seiner Zustimmung", zu deren Erteilung er aber auf Grund der ihm obliegenden Kooperationspflicht gehalten sein kann.[40] Erklärt er sich damit einverstanden und erbringt er nicht notwendige Zusatzleistungen, ohne zuvor seinen Mehrvergütungsanspruch durch entsprechende Vereinbarung zu regeln, so fallen auch diese als sog. „andere" Leistungen im Sinne von § 1 Nr. 4 unter § 2 Nr. 6 VOB/B. Die Vorschrift erfasst also „schlechthin alle ... zusätzlichen Leistungen, die zu dem bisherigen, vertraglich festgelegten Inhalt hinzukommen".[41]

26  Ein Beispiel nicht notwendiger Zusatzleistungen, deren Bezahlung sich ohne vorherige Vergütungsvereinbarung ebenfalls nach § 2 Nr. 6 VOB/B regelt, ist etwa, dass nach Rohrleitungsarbeiten die Straßendecke in **Rohrgrabenbreite** wieder herzustellen ist, der Auftraggeber dann aber – aus welchen Gründen auch immer, etwa weil der Einheitspreis des Auftragnehmers für die betreffende Position besonders günstig ist – verlangt, die Straßendecke **in ganzer Breite** zu erneuern, d. h. die bisherige (gleiche) Leistung des Auftragnehmers in ihrem Umfang erweitert.[42] Eine nicht notwendige Zusatzleistung liegt auch vor, wenn nach Vertragsschluss über ein Einfamilienhaus zusätzlich die Errichtung einer Terrasse verlangt wird.[43]

27  **c) Neue selbstständige Leistungen.** Keine unter § 2 Nr. 6 VOB/B fallende Zusatzleistung liegt dagegen vor, wenn kein sachlicher Zusammenhang mit der bisher vereinbarten Leistung mehr besteht, insbesondere keine technische, räumliche oder wirtschaftliche Abhängigkeit von dieser, etwa „von der bisher beabsichtigten Nutzung her".[44] In diesem Sinne hat das OLG Hamburg[45] entschieden, dass § 2 Nr. 6 VOB/B sich auf typische Zusatzleistungen bezieht, die in technischer Hinsicht und/oder von der beabsichtigten Nutzung her in unmittelbarer Abhängigkeit zu der bisher vereinbarten Leistung stehen. Nachträglich verlangte selbstständige Leistungen dagegen fallen hiernach nicht unter diese Vorschrift, sondern sind ohnehin vergütungspflichtig.[46]

28  Das gilt bei **zusätzlichen Aufträgen**[47] im Gegensatz zu Anschlussaufträgen mit „unmittelbarem bautechnischen Zusammenhang".[48] Als Beispiele werden genannt, dass zu einem Wohnhaus nach Vertragsschluss zusätzlich eine Werkstatt oder **Garage** errichtet werden soll oder ein zusätzliches weiteres Geschoss[49] oder dass „außer der vertraglich vorgesehenen Heizungsinstallation nachträglich auch der Einbau von Küchengeräten" verlangt wird.[50] Darüber soll dann „ein neuer Vertrag zu schließen" sein,[51] was sicherlich zweckmäßig und wogegen nichts einzuwenden ist, wenn es geschieht. Was aber, wenn dies unterbleibt und der Auftragnehmer die verlangte **Mehrleistung** ausführt, z. B. die Küchengeräte anschließt, ohne sich Gedanken darüber zu machen, ob es sich um eine Zusatzleistung im Sinne von § 2 Nr. 6 VOB/B handelt oder eine davon nicht gedeckte neue selbstständige Leistung?

---

[40] BGH BauR 2000, 409 = NZBau 2000, 130 = NJW 2000, 807.
[41] *Ingenstau/Korbion/Keldungs* VOB/B § 2 Nr. 6 Rdn. 4, 10.
[42] *Ingenstau/Korbion/Keldungs* a. a. O.
[43] *Nicklisch/Weick* VOB/B § 2 Rdn. 70.
[44] *Ingenstau/Korbion/Keldungs* VOB/B § 2 Nr. 6 Rdn. 87; *Heiermann/Riedl/Rusam* VOB/B § 2 Rdn. 126 und 128; *Nicklisch/Weick* VOB/B § 2 Rdn. 70; *v. Craushaar* BauR 1984, 311, 319; zur Abgrenzung BGH BauR 2002, 618.
[45] BauR 1996, 256.
[46] Demgemäß gilt nach OLG Düsseldorf (BauR 1996, 152 L) die Klausel in einem Bauvertrag, dass Zusatzleistungen nur zu vergüten sind, wenn der Auftragnehmer seine Ansprüche vor Beginn der Arbeiten schriftlich geltend macht und eine schriftliche Vereinbarung herbeiführt, nicht für völlig selbstständige Leistungen, die der Auftragnehmer nach Beendigung seiner vertraglich vereinbarten Leistung (hier: Maurer- und Betonarbeiten) erbringt, z. B. Belassen des Bauzauns, des Toiletten- und Bürocontainers mit Telefonanschluss, des Strom- und Wasseranschlusses sowie der Schutt- und Sondermüllentsorgung.
[47] *Ingenstau/Korbion/Keldungs* a. a. O.
[48] *Hundertmark* Betr 1987, 32, 35.
[49] *Ingenstau/Korbion/Keldungs* VOB/B § 2 Nr. 6 Rdn. 8; *Heiermann/Riedl/Rusam* VOB/B § 2 Rdn. 126.
[50] *Nicklisch/Weick* VOB/B § 2 Rdn. 70.
[51] *Nicklisch/Weick* a. a. O.

Vergütung für Zusatzleistungen § 2 Nr. 6

Letztendlich ist dem Auftragnehmer eine derartige Abgrenzung kaum möglich und zumutbar, zumal es auch willkürlich erscheint, wenn eine Terrasse zu einem Wohnhaus noch unter § 2 Nr. 6 VOB/B fallen soll,[52] eine Garage dagegen schon nicht mehr.[53] Worin liegt da der Unterschied? Auch dabei handelt es sich um „eine im Vertrag nicht vorgesehene Leistung" im Sinne von § 2 Nr. 6 VOB/B, weshalb nicht einzusehen ist, warum dies keine Zusatzleistung zu dem ursprünglichen Vertrag sein soll, solange sie dasselbe Bauvorhaben betrifft. Deshalb kann auch eine Aufstockung durch ein weiteres Geschoss durchaus eine Zusatzleistung sein, ebenso wie bei einem Auftrag über 10 Reihenhäuser die Erweiterung um ein zusätzliches Haus, wenn die nach Vertragsschluss erfolgte Vermessung ergibt, dass bei optimaler Ausnutzung auch 11 Häuser auf dem Baugrundstück errichtet werden können.

Der Grund für die **„Einschränkung des Geltungsbereichs"** von § 2 Nr. 6 VOB/B, 29 wie sie allgemein vertreten wird, liegt denn auch mehr darin, dass dadurch der Auftragnehmer von der Pflicht zur vorherigen Ankündigung des Mehrvergütungsanspruchs befreit werden soll.[54] Das ist aber ebenfalls inkonsequent und wenig einleuchtend, weil der Sinn der Ankündigungspflicht, dass der Auftraggeber nicht mit nachträglichen Ansprüchen des Auftragnehmers überrascht werden soll,[55] es bei neuen selbstständigen Leistungen noch mehr, mindestens aber genauso geboten erscheinen lässt, dass der Auftragnehmer, wenn eine Vergütung nicht bereits vereinbart ist, seinen Mehrvergütungsanspruch vorher ankündigt.

Eine ganz andere Frage ist, ob das eine Anspruchsvoraussetzung ist oder die Verletzung 30 dieser Ankündigungspflicht lediglich einen **Schadensersatzanspruch** des Auftraggebers auslöst (dazu unten).

### 2. § 2 Nr. 5 VOB/B = Änderung der im Vertrag vorgesehenen Leistung selbst

Wie bereits erwähnt, kommt eine Zusatzleistung im Sinne von § 2 Nr. 6 VOB/B nur in 31 Betracht, wenn die Mehrleistung als dauernde Substanzvermehrung werterhöhend in das Bauwerk eingeht. Wenn die Mehrleistung dagegen darin besteht, dass sich lediglich die Art und Weise der Bauausführung ändert, die im Vertrag vorgesehene Leistung als solche aber gleich bleibt und lediglich anders ausgeführt wird, handelt es sich um einen Fall von § 2 Nr. 5 VOB/B. Wegen der weiteren Einzelheiten wird auf die Ausführungen zu § 2 Nr. 5 VOB/B 32 verwiesen.

### 3. § 2 Nr. 3 VOB/B = bloße Massenänderungen bei gleich bleibender Leistung 33

Auch bloße Massenänderungen, wenn sich lediglich die Mengen der Vordersätze ändern, ohne dass die Leistung selbst konzeptionell geändert oder erweitert wird (dazu ausführlich → § 2 Nr. 3 Rdn. 1 ff.), sind keine Zusatzleistungen im Sinne von § 2 Nr. 6 VOB/B.[56]

Etwas anderes ist es, wenn sich die Massen bzw. Mengen der Vordersätze als Folge einer 34 Zusatzleistung ändern, etwa in dem schon erwähnten Fall, dass statt der bloßen Wiederherstellung der Straßendecke in Rohrgrabenbreite die Straßendecke in ganzer Breite erneuert wird. Dann ändern sich zwar auch nur die Massen der betreffenden Position, aber durch eine Leistungserweiterung in Form einer Zusatzleistung, so dass kein Fall von § 2 Nr. 3 gegeben ist, sondern ein solcher von § 2 Nr. 6 VOB/B.

Gleiches gilt entgegen OLG Stuttgart,[57] wenn in Abweichung vom Leistungsverzeichnis 35 auf Grund **nachgereichter Pläne** und Einrichtungslisten ein weiterer Gewerbe-Kühlschrank in ein schlüsselfertig herzustellendes Gebäude eingebaut werden muss und sich

---

[52] *Nicklisch/Weick* a. a. O.
[53] *Ingenstau/Korbion/Keldungs* VOB/B § 2 Nr. 6 Rdn. 8.
[54] *Ingenstau/Korbion/Keldungs* VOB/B § 2 Nr. 6 Rdn. 8.
[55] BGH *Schäfer/Finnern* Z 2300 Bl. 11; *Nicklisch/Weick* VOB/B § 2 Rdn. 69 am Ende.
[56] *Ingenstau/Korbion/Keldungs* VOB/B § 2 Nr. 6 Rdn. 10; *Heiermann/Riedl/Rusam* VOB/B § 2 Rdn. 126; OLG Stuttgart IBR 2002, 3 hat eine bloße Mengenmehrung auch in einem Fall bejaht, in dem ein Mehrfaches der ausgeschriebenen Menge an Bodennägeln benötigt wurde, weil das Material in unerwartet große Klüfte abfloss.
[57] BauR 1992, 639.

§ 2 Nr. 6    Vergütung für Zusatzleistungen

dadurch der Leistungsumfang auf 2 Stück Kühlschränke erhöht. Auch dann liegt keine bloße **Massenerhöhung** nach § 2 Nr. 3 vor, die sich sozusagen automatisch ergibt, wenn/weil die angesetzten Massen zu gering sind, sondern eine nachträglich verlangte **Zusatzleistung** i. S. von § 2 Nr. 6 VOB/B.

**4. § 2 Nr. 8 VOB/B = Leistungen ohne Auftrag**

36   Im Gegensatz zu § 2 Nr. 5 VOB/B (Leistungsänderungen) fehlt es hier an einer entsprechenden – wenn auch nur stillschweigenden – Anordnung oder einer dem Auftraggeber sonst zurechenbaren Veranlassung, noch sind die Leistungen vom Auftraggeber „gefordert" oder verlangt, wie § 2 Nr. 6 VOB/B dies zur Voraussetzung für die Vergütung von Zusatzleistungen macht.

37   Worin sich die Fälle des § 2 Nr. 6 im Einzelnen von denen des § 2 Nr. 8 VOB/B unterscheiden, hat *Hundertmark*[58] zu der seinerzeit geltenden Fassung der VOB/B sehr instruktiv dargestellt und durch das nachstehende Schaubild verdeutlicht:

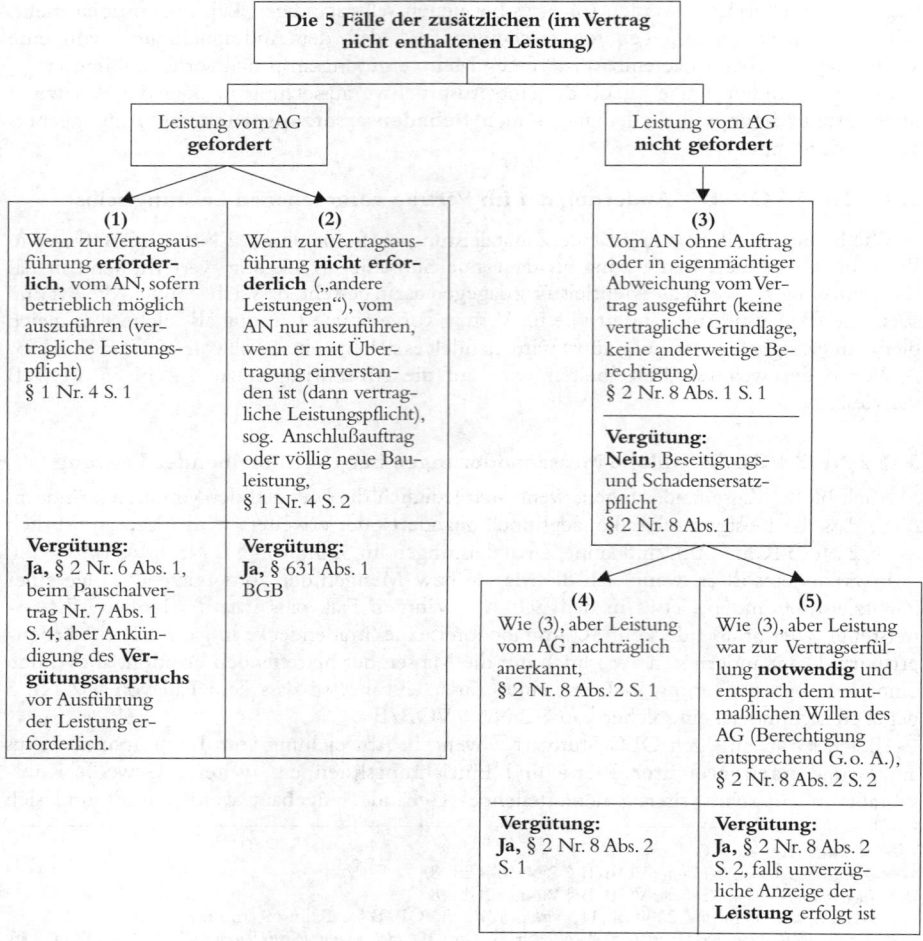

---

[58] Betr 1987, 32/33.

Danach sind folgende 5 Fälle zusätzlicher Leistungen zu unterscheiden: 38
(1) § 1 Nr. 4 Satz 1 i. V. m. § 2 Nr. 6 VOB/B: Leistung vom Auftraggeber verlangt und zur Vertragsausführung erforderlich; deshalb – sofern betrieblich möglich – mit auszuführen (vertragliche Leistungspflicht); Vergütung: § 2 Nr. 6, beim Pauschalvertrag über § 2 Nr. 7 Abs. 1 am Ende, aber Ankündigung des Mehrvergütungsanspruchs vor Ausführung erforderlich.
(2) § 1 Nr. 4 Satz 2 i. V. m. § 2 Nr. 6 VOB/B: Leistung vom Auftraggeber verlangt, zur Vertragsausführung aber nicht erforderlich; deshalb nur auszuführen, wenn Auftragnehmer einverstanden (dann vertragliche Leistungspflicht); Vergütung: Bei entsprechender Vereinbarung §§ 631, 632 BGB, sonst § 2 Nr. 6 VOB/B.
(3) § 2 Nr. 8 Abs. 1 VOB/B: Leistung vom Auftraggeber nicht verlangt und vom Auftragnehmer ohne Auftrag oder in eigenmächtiger Abweichung vom Vertrag ausgeführt, d. h. ohne vertragliche Grundlage oder anderweitige Berechtigung; Vergütung: keine, sondern Beseitigungs- und Schadensersatzpflicht.
(4) § 2 Nr. 8 Abs. 2 Satz 1 VOB/B: Leistung vom Auftraggeber nicht verlangt, aber nachträglich anerkannt; Vergütung: Ja, § 2 Nr. 8 Abs. 2 Satz 1 VOB/B.
(5) § 2 Nr. 8 Abs. 2 Satz 2 VOB/B: Leistung vom Auftraggeber nicht verlangt, aber zur Vertragserfüllung notwendig und entsprechend dem mutmaßlichen Willen des Auftraggebers im Sinne von Geschäftsführung ohne Auftrag; Vergütung: Ja, § 2 Nr. 8 Abs. 2 Satz 2 VOB/B, aber unverzügliche Anzeige der Leistung erforderlich.
Ergänzend ist aber darauf hinzuweisen, dass nach dem im Jahre 1996 eingefügten § 2 Nr. 8 Abs. 3 VOB/B nunmehr die gesetzlichen Vorschriften über die **Geschäftsführung ohne Auftrag** gänzlich unberührt bleiben. Wegen der Folgen dieser Neuregelung wird auf die Ausführungen zu § 2 Nr. 8 VOB/B verwiesen.

## 5. § 6 Nr. 6 VOB/B = Behinderung oder Unterbrechung der Ausführung

Hierzu gilt im Falle von § 2 Nr. 6 VOB/B entsprechend, was schon zur Abgrenzung 39 dieser Vorschrift von § 2 Nr. 5 VOB/B gesagt worden ist, d. h. § 6 Nr. 6 VOB/B gibt dem Auftragnehmer bei einer vom Auftraggeber zu vertretenden Behinderung oder Unterbrechung der Ausführung einen Schadensersatzanspruch, insbesondere auf Ersatz etwaiger Ausfall- und Stillstandskosten.

Daneben können bei Behinderung oder Unterbrechung der Bauausführung aber auch 40 **verschuldensunabhängige Vergütungsansprüche** des Auftragnehmers aus § 2 Nr. 5 und 6 VOB/B gegeben sein,[59] soweit dadurch eine Änderung der Ausführung erforderlich wird oder Zusatzleistungen anfallen, es sich also nicht lediglich um Stillstandskosten handelt.[60] Zu denken ist etwa an eine hierdurch bedingte verlängerte Vorhaltung von Baustelleneinrichtung und Personal[61] oder die Beseitigung von während der Behinderung aufgetretenen Unwetterschäden.[62] Die allein durch einen Vorunternehmer zu vertretende Verzögerung fällt im Verhältnis zum Nachunternehmer in der Regel nicht in den Verantwortungsbereich des Bauherrn.[63] Etwas anderes gilt aber, wenn auf Grund besonderer Umstände anzunehmen ist, dass der Auftraggeber dem Nachfolgeunternehmer für die pünktliche und mangelfreie Erfüllung der Vorleistung einstehen will.[64]

Umgekehrt kann eine vom Auftraggeber verlangte Zusatzleistung im Sinne von § 2 Nr. 6 41 VOB/B gleichzeitig aber auch eine **Behinderung** des Auftragnehmers darstellen und diesen

---

[59] BGHZ 95, 128 = NJW 1985, 2475 = BauR 1985, 561 = ZfBR 1985, 282.
[60] LG Köln *Schäfer/Finnern/Hochstein* § 6 Nr. 6 VOB/B 1973 Nr. 2 (Sandlinse); OLG Köln NJW 1986, 71 = BauR 1986, 582.
[61] KG ZfBR 1984, 129.
[62] KG a. a. O.
[63] BGH ZfBR 1985, 282, 284; OLG Nürnberg BauR 1994, 517.
[64] BGH ZfBR 2000, 248.

§ 2 Nr. 6                                                                                         Vergütung für Zusatzleistungen

zu einer entsprechenden Behinderungsanzeige verpflichten, wenn er nicht seine Ansprüche aus § 6 VOB/B gefährden will.[65]

### IV. Beispielfall: Boden- und Grundwasserverhältnisse sowie Altlasten[66]

42   Hierzu ist bereits vorstehend Stellung genommen worden, insbesondere dazu, wann insoweit ein Fall bloßer Erschwernis im Sinne ohnehin geschuldeter Leistung gegeben ist (→ § 2 Nr. 5), wann eine Leistungsänderung im Sinne von § 2 Nr. 5 VOB/B vorliegt und wann eine Zusatzleistung nach § 2 Nr. 6 VOB/B (→ § 2 Nr. 5). Darauf wird verwiesen und wiederholt, dass von der Leistungsbeschreibung **abweichende Bodenverhältnisse**, z. B. eine andere Bodenklasse oder sonstige Hindernisse im Boden, die keine Leistungserweiterung, sondern lediglich eine geänderte Ausführung zur Folge haben, regelmäßig nicht unter § 2 Nr. 6 fallen, jedoch zu einer Preisanpassung nach § 2 Nr. 5 VOB/B führen können.[67]

43   Bei **Vergrößerung der Ausschachtungstiefe** (Aushubtiefe) wird dagegen mit Recht überwiegend eine Zusatzleistung im Sinne von § 2 Nr. 6 VOB/B angenommen, z. B. vom LG Köln[68] und vom OLG Düsseldorf,[69] während dasselbe Gericht in einem anderen Fall eine bloße Leistungsänderung nach § 2 Nr. 5 VOB/B angenommen hat.[70]

## C. Anspruch auf Vergütung nur für „geforderte" Zusatzleistungen

45   Nach § 2 Nr. 6 Abs. 1 VOB/B hat der Auftragnehmer nur dann Anspruch auf besondere Vergütung von im Vertrag nicht vorgesehenen Leistungen (Zusatzleistungen), wenn diese „gefordert", also verlangt worden sind. Dass ein solches Verlangen nach Abschluss des ursprünglichen Vertrages, d. h. nachträglich gestellt worden sein muss,[71] versteht sich von selbst, weil sonst – ebenso wie beim Verlangen bloßer Vertragserfüllung – schon keine „im Vertrag nicht vorgesehene Leistung" (Zusatzleistung) vorliegt.

46   Ansonsten beschränkt sich die Kommentarliteratur im Wesentlichen auf den Hinweis, dass lediglich unverbindlich geäußerte Wünsche und Anregungen noch kein Verlangen auf Ausführung einer im Vertrag nicht vorgesehenen Leistung darstellen, sondern die dahingehende Forderung eindeutig und bestimmt sein muss.[72]

Bei Körperschaften des öffentlichen Rechts – etwa Gemeinden und Kreisen, aber auch den Kirchen – ist darauf zu achten, dass die Anordnung nicht nur in der jeweils vorgeschriebenen Form, sondern auch von denjenigen getroffen wird, die zur Vertretung berechtigt sind.[73] Insoweit wird verwiesen auf die Ausführungen unter Vor § 2 Rdn. 100.

---

[65] BGHZ 48, 78, 81 = NJW 1967, 2262; OLG Köln NJW 1986, 71 = BauR 1986, 582; OLG Koblenz NJW-RR 1988, 851; vgl. auch OLG Köln *Schäfer/Finnern/Hochstein* § 6 Nr. 1 VOB/B Nr. 1 und OLG Düsseldorf *Schäfer/Finnern/Hochstein* § 6 Nr. 1 VOB/B Nr. 2.
[66] Dazu ausführlich *Englert/Bauer* Rechtsfragen zum Baugrund, Baurechtliche Schriften Bd. 5, 2. Aufl. 1991, und *Englert* BauR 1991, 537 ff. sowie BauR 1992, 170 ff.; vgl. weiter *v. Craushaar* FS Locher S. 9 ff.; *Wiegand* ZfBR 1990, 2 ff.; *Quack* BB Beilage 20/91 S. 9 ff.; *Heuchemer* BB Beilage 20/91 S. 12 ff.; *Schottke* BauR 1993, 407 ff. und 565 ff.; *Marbach* BauR 1994, 168 ff.; *Putzier* BauR 1989, 132 ff. und BauR 1994, 596 ff.; *Peters* BauR 1998, 215; *Ganten* BauR 2000, 643; grundlegend nunmehr *Kuffer* NZBau 2006, 1.
[67] Vgl. auch *Ingenstau/Korbion/Keldungs* VOB/B § 2 Nr. 6 Rdn. 10 gegen *Putzier* a. a. O.
[68] *Schäfer/Finnern/Hochstein* § 2 Ziff. 6 VOB/B 1952 Nr. 2 m. abl. Anm. *Hochstein* = BauR 1980, 368 m. zust. Anm. *Hofmann*; ebenso *Ingenstau/Korbion/Keldungs* VOB/B § 2 Nr. 6 Rdn. 7, 8, 10; für die Anwendung von § 2 Nr. 5 VOB/B dagegen auch in diesem Fall *Nicklisch/Weick* VOB/B § 2 Rdn. 65.
[69] BauR 1989, 483.
[70] BauR 1991, 219: tieferer Erdaushub zur Erreichung tragfähigen Bodens.
[71] *Ingenstau/Korbion/Keldungs* VOB/B § 2 Nr. 6 Rdn. 7, 8, 10.; *Heiermann/Riedl/Rusam* VOB/B § 2 Rdn. 129.
[72] *Ingenstau/Korbion/Keldungs* VOB/B § 2 Nr. 6 Rdn. 7, 8, 10; *Heiermann/Riedl/Rusam* a. a. O.
[73] BGH NZBau 2004, 207; zur etwaigen Schadensersatzpflicht mit vertragsähnlichen Folgen BGH BauR 2005, 1918.

## I. Stillschweigendes Verlangen und konkludentes Verhalten genügen

Andererseits schließt der Umstand, dass eine Zusatzleistung eindeutig gefordert sein muss, nicht aus, dass dies stillschweigend oder durch schlüssiges (konkludentes) Verhalten geschieht. Das gilt insbesondere dann, wenn unerwartete Umstände, z. B. **geänderte Bodenverhältnisse,** Zusatzleistungen (etwa in Form einer Tiefergründung) erforderlich machen und der Auftraggeber, ohne diese klar und eindeutig zu verlangen (oder abzulehnen), den Auftragnehmer die zusätzlichen Leistungen, erbringen und weiterbauen lässt, weil sonst das Objekt nicht errichtet werden kann. 47

Insofern gilt für das Verlangen von Zusatzleistungen nichts anderes als für die stillschweigende Anordnung von Leistungsänderungen nach § 2 Nr. 5 VOB/B, weshalb auf das dazu Gesagte verwiesen werden kann (→ § 2 Nr. 5).[74] 48

Entsprechendes gilt, wenn Mängel oder Verzug eines Vorunternehmers Zusatzleistungen der nachfolgenden Auftragnehmer erforderlich machen und der Auftraggeber diese im Interesse des Baufortschritts ausführen lässt, d. h. stillschweigend hinnimmt. 49

## II. Forderung von Zusatzleistungen durch Dritte

Ebenso wie Leistungsänderungen können auch Zusatzleistungen nicht nur vom Auftraggeber selbst angeordnet, gefordert oder verlangt werden. Sofern er hierzu bevollmächtigt ist, kann auch der **Architekt** als Vertreter des Auftraggebers dies tun, obwohl es dazu schon einer **besonderen Vollmacht** bedarf. Denn ansonsten ist der Architekt zur Erteilung von Zusatzaufträgen nicht oder doch nur in Ausnahmefällen bevollmächtigt (vgl. hierzu ausführlich → Vor § 2 Rdn. 24 ff.).[75] 50

Anordnungen von **Behörden oder des Prüfingenieurs** stellen für sich allein keine rechtsgeschäftlichen Erklärungen des Auftraggebers dar.[76] Sie sind diesem daher nur dann als eigene Erklärung zuzurechnen, wenn er sie zum Gegenstand seiner Anordnung macht oder zumindest konkludent zu erkennen gibt, dass er die Ausführung dieser Anordnung wünscht. Das kann in der Praxis Probleme bereiten. Ordnen die Baubehörde oder der Prüfingenieur eine Änderung des Bauentwurfs an und werden dadurch zusätzliche Leistungen erforderlich, muss der Auftraggeber sich entscheiden, ob er dem nachkommen oder sich dagegen zur Wehr setzen will.[77] Trift er keine Entscheidung, ist der Auftragnehmer berechtigt, die Arbeiten vorläufig einzustellen. Die von der Baubehörde oder dem Prüfingenieur angeordnete Ausführung darf er nicht eigenmächtig umsetzen, da sie den vertraglichen Vereinbarungen widerspricht. Die vertraglich vorgesehene Ausführung darf er nicht umsetzen, wenn sie mit öffentlichem Baurecht nicht in Einklang steht. Handelt es sich um eine Anordnung, deren Berechtigung auch von dem Auftraggeber nicht in Zweifel gezogen wird, wird man an die Annahme einer konkludenten Anordnung des Auftraggebers aber keine allzu hohen Anforderungen stellen dürfen. Hier kann selbst das Schweigen als konkludente Anordnung ausreichen.[78] 51

---

[74] Vgl. ergänzend auch *Kapellmann/Schiffers* Bd. 1 Rdn. 874 ff.; sehr weit geht OLG Brandenburg IBR 2003, 57 mit der Annahme, dass eine konkludente Anordnung regelmäßig schon dann anzunehmen sei, wenn der Auftraggeber in Kenntnis der Abweichung vom Leistungsverzeichnis widerspruchslos eine erweiterte Leistung hinnimmt. Grundsätzlich lässt nämlich das bloße Wollen und die schlichte Entgegennahme der Leistung nicht ohne weiteres auf einen Vertragsschluss schließen, BGH BauR 1997, 644.
[75] BGH BGHReport 2004, 289; *Ingenstau/Korbion/Keldungs* VOB/B § 2 Nr. 6 Rdn. 5; anderenfalls kommen aber Ansprüche aus § 2 Nr. 8 VOB/B, GoA bzw. § 812 BGB in Betracht.
[76] *Zanner/Keller* S. 353, 359; *Schrader/Born* BauR 2006, 1388; *Kniffka* IBR-online-Kommentar zum Bauvertragsrecht Stand 4. 1. 2005 § 631 Rdn. 396; OLG Celle BauR 2006, 845.
[77] *Kniffka* a. a. O. unter Hinweis auf BGH Urt. v. 24. 6. 2004 – VII ZR 271/01.
[78] *Ingenstau/Korbion/Keldungs* VOB/B § 2 Nr. 6 Rdn. 5 und § 2 Nr. 5 Rdn. 12; *Kniffka* IBR-online-Kommentar zum Bauvertragsrecht Stand 4. 1. 2007 § 631 Rdn. 398.

## § 2 Nr. 6 — Vergütung für Zusatzleistungen

### D. Pflicht zu vorheriger Ankündigung des Mehrvergütungsanspruchs

58 Nach § 2 Nr. 6 Abs. 1 VOB/B hat, wenn eine im Vertrag nicht vorgesehene Leistung gefordert wird, der Auftragnehmer Anspruch auf besondere Vergütung, muss jedoch den Anspruch dem Auftraggeber **ankündigen,** bevor er mit der Ausführung der Leistung beginnt.

59 Sinn dieser Regelung ist es, „den Auftraggeber davor zu schützen, dass er mit Ansprüchen des Auftragnehmers überrascht wird, mit denen er nicht gerechnet hat".[79]

#### I. Ankündigen heißt noch nicht geltend machen

60 Unabhängig davon, wie man die Frage nach der Rechtsnatur der Ankündigung beantwortet (dazu unten), ist zur Ankündigungspflicht zu sagen:

##### 1. Zeitpunkt, Form und Inhalt der Ankündigung

61 Wie bereits aus dem Wortlaut von § 2 Nr. 6 Abs. 1 VOB/B ersichtlich, muss die Ankündigung des Mehrvergütungsanspruchs zeitlich vor Beginn der Ausführung der Zusatzleistungen erfolgen. Damit ist der Beginn der betreffenden Arbeiten selbst gemeint, nicht auch schon die dafür erforderliche Arbeitsvorbereitung, Materialbeschaffung und ähnliches.[80]

62 Einer besonderen Form bedarf die Ankündigung nicht. Sie kann also auch mündlich erfolgen, doch empfiehlt sich – schon aus Beweisgründen – in jedem Fall die Einhaltung der Schriftform.[81]

63 Inhaltlich braucht die Ankündigung noch keine Geltendmachung des Mehrvergütungsanspruchs zu enthalten. Sie muss aber zweifelsfrei sein und den Hinweis enthalten, dass die Zusatzleistung durch die bislang vereinbarte Vergütung nicht abgegolten ist, sondern dafür eine gesonderte Vergütung beansprucht wird.[82]

64 Die genaue – oder auch nur ungefähre – Höhe der Mehrforderung braucht bei der Ankündigung des Mehrvergütungsanspruchs noch nicht angegeben zu werden.[83] Verlangt deshalb der Auftraggeber die Aufbringung einer nicht im Vertrag vorgesehenen Putzbewehrung, so reicht es nach OLG Düsseldorf[84] für die Ankündigung des zusätzlichen Vergütungsanspruchs gem. § 2 Nr. 6 VOB/B aus, wenn der Auftragnehmer darauf hinweist, dass diese Putzbewehrung nicht im Angebot bzw. Vertrag enthalten ist, weil damit klargestellt ist, dass er sie nicht unentgeltlich erbringen will. Der Zweck der Regelung legt aber die Annahme nahe, dass der Auftragnehmer nach Ablauf eines angemessenen Bearbeitungszeitraums ein auf der Basis der Vertragspreise kalkuliertes Nachtragsangebot vorlegen muss. Das ergibt sich auch aus seiner Kooperationsverpflichtung.[85]

---

[79] BGH *Schäfer/Finnern* Z 2300 Bl. 11; *Ingenstau/Korbion/Keldungs* VOB/B § 2 Nr. 6 Rdn. 13 ff., 19 ff.; *Nicklisch/Weick* VOB/B § 2 Rdn. 69.
[80] *Ingenstau/Korbion/Keldungs* a. a. O.; *Heiermann/Riedl/Rusam* VOB/B § 2 Rdn. 130.
[81] *Ingenstau/Korbion/Keldungs* a. a. O.; *Heiermann/Riedl/Rusam* VOB/B § 2 Rdn. 130; *Nicklisch/Weick* VOB/B § 2 Rdn. 71 am Ende.
[82] *Ingenstau/Korbion/Keldungs* a. a. O.; *Heiermann/Riedl/Rusam* B § 2 Rdn. 130.
[83] *Ingenstau/Korbion/Keldungs* a. a. O.; *Heiermann/Riedl/Rusam* a. a. O.; *Nicklisch/Weick* VOB/B § 2 Rdn. 71 am Ende.
[84] BauR 1991, 797 L.
[85] Dazu BGH BauR 2000, 409 = NZBau 2000, 130 = NJW 2000, 807.

## 2. Adressat der Ankündigung

Nach § 2 Nr. 6 Abs. 1 VOB/B muss der Auftragnehmer den Mehrvergütungsanspruch dem Auftraggeber ankündigen, bevor er mit der Ausführung der Leistung beginnt. Umstritten ist, ob deshalb in der Regel nur der Auftraggeber selbst der allein richtige Adressat für die Ankündigung des Mehrvergütungsanspruchs ist[86] oder ob auch eine Ankündigung gegenüber dem Architekten genügt.[87]

Für die Ankündigung des Mehrvergütungsanspruchs nach § 2 Nr. 6 VOB/B wird man dem folgen können, auch wenn die Frage, ob und inwieweit der Architekt zur Entgegennahme von Erklärungen bevollmächtigt ist, nicht einheitlich beantwortet werden kann. Bei der Behinderungsanzeige nach § 6 Nr. 1 VOB/B ist unter Umständen danach zu differenzieren, ob die Behinderung ihre Ursache auch in der Sphäre bzw. im Verantwortungsbereich des Architekten hat.[88] Beim Mehrvergütungsanspruch wegen Zusatzleistungen kann dies zwar ebenfalls so sein, doch geht diesem – anders als bei Behinderungen – in jedem Fall ein entsprechendes Verlangen des Auftraggebers voraus, das zwar auch vom Architekten gestellt werden kann, aber nur, wenn dieser dazu besonders bevollmächtigt ist. Deshalb genügt es für die Ankündigung des Mehrvergütungsanspruchs nach § 2 Nr. 6 VOB/B, wenn diese gegenüber dem Architekten erfolgt.[89]

### II. Ankündigung als Anspruchsvoraussetzung?

In Rechtsprechung und Literatur umstritten ist, ob es sich bei dem Ankündigungserfordernis um eine selbstständige Anspruchsvoraussetzung handelt und welche Folgen aus der Verletzung dieser Pflicht herzuleiten sind.

Ein Teil der baurechtlichen Literatur nimmt an, dass der Wortlaut der Vorschrift nicht zu der Auslegung zwinge, dass ein Vergütungsanspruch nur bei vorheriger Ankündigung bestehe. Dem Wort „jedoch" sei keineswegs die Bedeutung eines „nur dann, wenn" beizumessen. Dagegen spreche auch, dass Leistungsänderungen nach § 2 Nr. 5 VOB/B und Zusatzleistungen nach § 2 Nr. 6 VOB/B oft nicht eindeutig voneinander zu unterscheiden seien, weshalb ihre Zuordnung fast zufällig erscheine. Es sei nicht einzusehen, warum für die Vergütung von Zusatzleistungen, die auch quantitativ wie qualitativ Leistungsänderungen entsprechen könnten, eine zusätzliche Anspruchsvoraussetzung gelten solle, die bei Leistungsänderungen nach § 2 Nr. 5 VOB/B nicht bestehe. Gerade bei Leistungsänderungen sei eine Ankündigungspflicht angebracht, bei zusätzlichen Leistungen wisse der anordnende Auftraggeber in der Regel selbst, dass diese auch zusätzlich zu vergüten seien. Die Gegenmeinung sei auch nicht konsequent, sie erkenne zahlreiche Ausnahmefälle an und mache das Ankündigungserfordernis damit einzelfallabhängig und kaum noch kalkulierbar. Die von ihr bejahte Rechtsfolge sei unnötig hart und überdies systemwidrig. Wenn der Auftraggeber selbst eine zusätzliche Leistung anordne und der Auftragnehmer die Vergütungsankündigung vergesse, erhalte er nichts. Habe aber der nicht bevollmächtigte Bauleiter die Anordnung erteilt, erhalte der Auftragnehmer unter den weiteren Voraussetzungen des § 2 Nr. 8 Abs. 3

---
[86] So *Heiermann/Riedl/Rusam* VOB/B § 2 Rdn. 130; *Werner/Pastor* Rdn. 1077.
[87] Dafür *Vygen* Bauvertragsrecht Rdn. 812 unter Hinweis auf OLG Stuttgart BauR 1977, 291 und OLG Hamm BauR 1978, 146 (beide zu § 2 Nr. 8 Abs. 2 Satz 2 VOB/B).
[88] Gegen eine Vollmacht des Architekten zur Entgegennahme der Behinderungsanzeige deshalb *Nicklisch/Weick* VOB/B § 6 Rdn. 19 und *Werner/Pastor* Rdn. 1077; mit Einschränkungen dafür *Ingenstau/Korbion/Döring* VOB/B § 6 Nr. 1 Rdn. 8 und 9; differenzierend auch OLG Köln *Schäfer/Finnern/Hochstein* § 6 Nr. 1 VOB/B 1973 Nr. 1.
[89] Vgl. auch OLG Stuttgart BauR 1977, 291 und OLG Hamm BauR 1978, 146 für die Anzeige notwendiger Zusatzleistungen nach § 2 Nr. 8 Abs. 2 Satz 2 VOB/B, die ohne Auftrag, aber im mutmaßlichen Einverständnis des Auftraggebers ausgeführt worden sind; einschränkend *Kniffka* IBR-online-Kommentar zum Bauvertragsrecht Stand 4. 1. 2007 § 631 Rdn. 427, der die Mitteilung an den Architekten wohl zu Recht nur für ausreichend hält, wenn dieser rechtsgeschäftlich bevollmächtigt oder als Empfangsbote eingesetzt ist.

## § 2 Nr. 6 — Vergütung für Zusatzleistungen

VOB/B i. V. m. § 683 BGB auch ohne Ankündigung eine Vergütung.[90] Er stehe sich daher ohne Anordnung besser als mit Anordnung. Die Annahme, dass es sich bei dem Ankündigungserfordernis um eine Anspruchsvoraussetzung handele, widerspreche auch dem Gesetz, das durchaus vergleichbare Ankündigungs- und Anzeigepflichten – etwa in §§ 650 Abs. 1, 681 Satz 1 BGB – kenne, ihnen aber nicht die Bedeutung einer Anspruchsvoraussetzung beimesse. Eine gesetzeskonforme Auslegung ergebe daher, dass es sich bei dem Ankündigungserfordernis nicht um eine Anspruchsvoraussetzung handele, sondern dass sich aus der Verletzung dieser Pflicht allenfalls Schadensersatzansprüche herleiten ließen.[91]

**69** Der überwiegende Teil der baurechtlichen Literatur hält diese Überlegungen, die auch in den „Baurechtlichen Ergänzungsentwurf zum Schuldrechtsmodernisierungsgesetz" in E § 2 Abs. 2 eingeflossen sind,[92] für durchaus beachtlich und als Reformwunsch an den DVA richtig, mit der geltenden Rechtslage aber unvereinbar. Die Formulierung „jedoch" sei im Sinne eines „nur dann, wenn" zu verstehen. Jedenfalls habe es der BGH[93] und ein großer Teil der baurechtlichen Literatur[94] teilweise schon über Jahrzehnte so verstanden, ohne dass der DVA trotz mehrerer Änderungen der VOB/B zu einer Klarstellung Anlass gesehen habe. Schon daraus ergebe sich, dass in der noch immer geltenden Fassung des § 2 Nr. 6 VOB/B das Ankündigungserfordernis trotz aller Bedenken als Anspruchsvoraussetzung ausgestaltet sein solle.[95] Sinn der Regelung sei es, den Auftraggeber davor zu schützen, mit Ansprüchen des Auftragnehmers überrascht zu werden, mit denen er nicht gerechnet habe. Bei einem rechtzeitigen Hinweis habe er die Möglichkeit, das Verlangen nach zusätzlicher Leistung zurückzunehmen oder zu ändern, sich rechtzeitig um eine weitere Finanzierung oder eine preiswerte Alternative zu kümmern. Es sei daher richtig, das Ankündigungserfordernis als Anspruchsvoraussetzung anzusehen.

**70** Diese Diskussion gab dem BGH Anlass, die Frage erneut aufzugreifen.[96] Zur Klärung des Problems trägt die Entscheidung aber nur wenig bei. Ob das Ankündigungserfordernis nach wie vor als Anspruchsvoraussetzung anzusehen ist, wird nicht ausdrücklich gesagt. *Kniffka/Quack*[97] führen dazu aus, die Rechtsprechung verneine jetzt die Einordnung als Anspruchsvoraussetzung; sie stelle auf die Informations- und Kooperationsverpflichtung der Parteien ab, deren Verletzung zu Konsequenzen je nach Einzelfall führe; das werde in der Literatur überraschenderweise teilweise so nicht verstanden. Dieses Missverständnis – wenn es denn eines ist – kann aber nicht überraschen, weil es in der Entscheidung des BGH bereits angelegt ist. Es beginnt damit, dass der BGH unter Ziffer II. 1. lit. a und b der Entscheidungsgründe ausführt, dass er bislang die Auffassung vertreten habe, die in § 2 Nr. 6 VOB/B vorgesehene Ankündigung sei eine Anspruchsvoraussetzung; damit sei die Rechtslage aber nicht abschließend geklärt; es bedürfe vielmehr der Präzisierung. Nach dieser Ankündigung erwartet der unbefangene Leser eine Präzisierung der bisherigen Rechtsprechung, nicht aber ihre stillschweigende Aufgabe. Auch die dann folgenden Erwägungen deuten eher darauf

---

[90] So BGH BauR 1991, 331, 332.
[91] So *W. Jagenburg* in der Vorauflage Rdn. 69 ff.; *Nicklisch/Weick* VOB/B § 2 Rdn. 71; *Kleine-Möller/Merl/Oelmaier* Handbuch § 10, Rdn. 470; *Lehning* NJW 1977, 422; *Fahrenschon* BauR 1977, 172; *Tempel* JuS 1979, 494; *Staudinger/Peters* § 632 BGB Rdn. 84; *Jagenburg*, Festschrift für *Soergel* S. 89, 97.
[92] NZBau 2001, 184, 186.
[93] BGH MDR 1969, 655 = Betr. 1969, 1058 = WM 1969, 1019; BGH BauR 1991, 210; ferner OLG Dresden NJW-RR 1999, 170 = OLGR1999, 27; OLG Stuttgart BauR 1994, 789, 791; OLG Düsseldorf OLGR 2000, 156, 158.
[94] MünchKomm/*Soergel* § 631 Rdn. 207; *Werner/Pastor* Rdn. 1156; *Ingenstau/Korbion/Keldungs* VOB/B § 2 Nr. 6 Rdn. 13; *Kapellmann/Messerschmidt-Kapellmann* VOB/B § 2 Rdn. 198; *Heiermann/Riedl/Rusam* VOB/B § 2 Rdn. 130; *Daub/Piel/Soergel/Steffani*, ErlZ B 2113 und 2119; *Franke/Kemper/Zanner/Grünhagen* VOB/B § 2 Rdn. 109; *Vygen* Bauvertragsrecht Rdn. 812; *Pauly* MDR 1998, 506; *v. Craushaar* BauR 1984, 311, 316; *Tempel* NZBau 2002, 472.
[95] *Kapellmann/Messerschmidt-Kapellmann* a. a. O.
[96] BGH BauR 1996, 542 = NJW 1996, 2158 = MDR 1996, 902.
[97] Festschrift 50 Jahre Bundesgerichtshof S. 30; anders aber jetzt *Kniffka* IBR-online-Kommentar zum Bauvertragsrecht Stand 10. 4. 2006 § 631 Rdn. 393 ff.; danach sieht der BGH die Ankündigung nach wie vor als Anspruchsvoraussetzung an.

Vergütung für Zusatzleistungen § 2 Nr. 6

hin, dass das Ankündigungserfordernis als Anspruchsvoraussetzung aufrechterhalten, aber im Wege teleologischer Reduktion bis auf einen kaum noch wahrnehmbaren Restbestand zurückgeführt werden soll.[98] Im Ergebnis läuft die Rechtsprechung des BGH damit in der Tat darauf hinaus, dass das Ankündigungserfordernis kaum noch als Anspruchsvoraussetzung Bedeutung hat. Der BGH hat nämlich einen ganzen Katalog von Ausnahmefällen entwickelt, der fast alle in der Praxis vorkommenden Streitfälle abdeckt. Danach entfällt das Ankündigungserfordernis immer dann, wenn
– der Auftraggeber bei Auftragserteilung von der Entgeltlichkeit ausging oder ausgehen musste,
– nach Lage der Dinge keine Alternative zur sofortigen Ausführung der Leistung durch den Auftraggeber blieb oder
– der Auftragnehmer die Ankündigung ohne Verschulden versäumt hat.

Es sei – so der BGH – zu berücksichtigen, dass gewerbliche Bauleistungen regelmäßig nicht **71** ohne Vergütung zu erwarten seien. Die fehlende Ankündigung führe nicht zum vollen Verlust des Vergütungsanspruchs, wenn eine rechtzeitige Ankündigung die Lage des Auftraggebers nur partiell verbessert hätte, etwa weil er die zusätzliche Leistung benötigt, aber eine preiswertere Alternative bestanden habe. Der Auftragnehmer, der eine wesentliche Ursache für den späteren Streit gesetzt habe, habe darzulegen und zu beweisen, dass eine rechtzeitige Ankündigung die Lage des Auftraggebers im Ergebnis nicht verbessert hätte. Um ihm dazu konkreten Vortrag zu ermöglichen, müsse allerdings der Auftraggeber zunächst darlegen, welche preiswertere Alternative ihm bei rechtzeitiger Ankündigung zur Verfügung gestanden hätte.[99]

Diese Rechtsprechung des BGH ist in der Literatur auf Kritik gestoßen. *Kapellmann*[100] **72** bemängelt, dass der BGH – um § 2 Nr. 6 Absatz 1 Satz 2 VOB/B nicht wegen Verstoßes gegen § 307 BGB für unwirksam erklären zu müssen – die Vorschrift im Wege der Auslegung auf den Kopf gestellt und so die Regel zur Ausnahme gemacht habe. Die Entscheidung überzeuge auch in der Begründung nicht. Der Auftragnehmer brauche im Rahmen des § 2 Nr. 6 Abs. 1 Satz 2 VOB/B nur „Mehrkosten" anzukündigen, nicht aber deren Höhe.[101] Der Auftraggeber kenne also die Kostenhöhe gar nicht und könne deshalb auch keine preisgünstigere Alternative wählen. Vom Regelungsbereich des § 2 Nr. 6 Abs. 1 Satz 2 VOB/B verbleibe – sehe man von Bagatellfällen ab – gar nichts. Die vom BGH angestellten Verschuldenserwägungen seien dogmatisch inkonsequent.[102] Sinnvoll sei es vielmehr, die Vorschrift im Wege der Auslegung nur in solchen Fällen einzuschränken, in denen eine Ankündigung eine sinnlose und leere Förmelei darstelle.[103]

Im Ergebnis spricht mehr dafür, das Ankündigungserfordernis des § 2 Nr. 6 Abs. 1 Satz 2 **73** VOB/B nicht als Anspruchsvoraussetzung anzusehen.[104] Der Wortlaut der Vorschrift zwingt keineswegs zu der Annahme, bei dem Ankündigungserfordernis handele es sich um eine Anspruchsvoraussetzung. Das Wort „jedoch" legt eher das Gegenteil nahe. Schließlich wird in einer Reihe anderer Vorschriften – z.B. §§ 1 Nr. 4, 2 Nr. 2, 4 Nr. 1 Abs. 4, 8 Nr. 3 Abs. 2 VOB/B – die Bedingung für die Entstehung oder den Wegfall verschiedener Ansprüche mit der Formulierung „wenn" bzw. „wenn nicht" zum Ausdruck gebracht. Den Verfassern der VOB war also durchaus bewusst, wie eine Bedingung für die Entstehung eines Anspruchs = Anspruchsvoraussetzung sprachlich eindeutig zum Ausdruck gebracht wird und wie es im Übrigen auch in § 2 Nr. 8 Abs. 1 Satz 1 VOB/B geschehen ist. Dass trotz

---

[98] So auch *Kniffka* IBR-online-Kommentar zum Bauvertragsrecht Stand 4. 1. 2007 § 631 Rn. 422 ff.
[99] Dazu BGH BauR 2002, 312 = NZBau 2002, 152.
[100] *Kapellmann/Messerschmidt-Kapellmann* VOB/B § 2 Rdn. 200.
[101] *Heiermann/Riedl/Rusam* VOB/B § 2 Rdn. 130; *Nicklisch/Weick* VOB/B § 2 Rdn. 71; *Kapellmann/Schiffers* Bd. 1 Rdn. 935.
[102] *Staudinger/Peters* § 632 BGB Rdn. 85; *Nicklisch/Weick* VOB/B § 2 Rdn. 71.
[103] *Kapellmann/Messerschmidt-Kapellmann* VOB/B § 2 Rdn. 201 unter Hinweis auf BGH *Schäfer/Finnern* Z 2310, Bl. 40; *Kapellmann/Schiffers* Bd. 1 Rdn. 923, 925, 926 und 927; dazu auch *Ingenstau/Korbion/Keldungs* VOB/B § 2 Nr. 6 Rdn. 16; *Tempel* NZBau 2002, 472.
[104] Zweifelnd *Kniffka* in IBR-online-Kommentar zum Bauvertragsrecht Stand 4. 1. 2007 § 631 Rdn. 423.

mehrfacher Änderungen der VOB/B eine Klarstellung unterblieben ist, ist richtig; das trifft aber auch auf eine Reihe anderer Vorschriften zu; der DVA sieht seine wichtigste Aufgabe ersichtlich nicht darin, Auslegungsprobleme durch umgehende sprachliche Anpassung der jeweiligen Vorschrift zu beheben. Diesem Umstand sollte daher keine entscheidende Bedeutung beigemessen werden. Der Sinn der Regelung spricht eher gegen die Annahme, dass es sich bei dem Ankündigungserfordernis um eine Anspruchsvoraussetzung handelt. Die Ankündigung dient dem Schutz des Auftraggebers, der häufig nicht überblicken kann, ob eine bestimmte Anordnung zu Kostenerhöhungen führt. Er soll über drohende Kostenerhöhungen rechtzeitig informiert werden, um danach disponieren zu können. Weshalb er aber eine zusätzliche Leistung, die er auch anderweitig nicht billiger hätte erhalten können, nur deshalb kostenlos bekommen soll, weil der Auftragnehmer die Ankündigung eines zusätzlichen Vergütungsanspruchs vergessen hat, ist nicht einzusehen. Zu überdenken ist auch, ob es wirklich zutrifft, dass der Auftragnehmer nur die Mehrkosten ankündigen, deren Höhe aber nicht angeben muss,[105] so dass der Auftraggeber gar nicht die Möglichkeit zur Wahl einer preisgünstigeren Alternative hat.[106] Der Zweck der Vorschrift legt eigentlich die Annahme nahe, dass der Auftragnehmer nach Ablauf einer angemessenen Bearbeitungszeit ein auf der Basis der Vertragspreise kalkuliertes Nachtragsangebot vorzulegen hat. Das ergibt sich im Übrigen auch aus seiner Kooperationsverpflichtung.[107] Spätestens nach Vorlage dieses Nachtragsangebotes kann der Auftraggeber sich aber durchaus um eine preiswertere Alternative bemühen.

**74** Folgt man dem und legt man die Vorschrift überdies in der nachfolgend dargestellten Weise einschränkend aus, dürfte sie selbst einer isolierten Inhaltskontrolle nach § 307 Abs. 1 S. 1 BGB standhalten.[108] Problematisch ist aber, ob nicht doch ein Verstoß gegen das Transparenzgebot des § 307 Abs. 1 S. 2 BGB zu bejahen ist. Eine Klausel, deren Regelungsgehalt nur durch Auslegung gegen den Wortlaut zu ermitteln ist, dürfte den Anforderungen an Klarheit und Durchschaubarkeit[109] nicht mehr genügen.[110] Hält man das Ankündigungserfordernis hingegen für eine Anspruchsvoraussetzung und die restriktive Auslegung der Vorschrift durch den BGH für nicht mehr hinnehmbar, wird man § 2 Nr. 6 Abs. 1 Satz 2 VOB/B wegen Verstoßes gegen § 307 Abs. 1 S. 1 BGB für unwirksam halten müssen.[111]

### III. Folge der unterbliebenen Ankündigung

**75** Diese am Normzweck der Vorschrift orientierte Auslegung ergibt, dass die Pflicht zur vorherigen Ankündigung des Mehrvergütungsanspruchs gemäß § 2 Nr. 6 VOB/B keine Anspruchsvoraussetzung ist, sondern die Verletzung dieser Ankündigungspflicht lediglich dazu führt, dass dem Auftraggeber ein Schadensersatzanspruch aus § 280 Abs. 1 BGB (pVV) erwachsen kann. Das wiederum setzt voraus, dass
– eine Ankündigungspflicht bestand und die Ankündigung auch im konkreten Einzelfall nicht entbehrlich war,
– der Auftragnehmer schuldhaft gehandelt hat und
– dem Auftraggeber durch das Unterlassen der Ankündigung ein Schaden entstanden ist

---

[105] *Heiermann/Riedl/Rusam* VOB/B § 2 Rdn. 130; *Nicklisch/Weick* VOB/B § 2 Rdn. 71; *Kapellmann/Schiffers* Bd. 1 Rdn. 935; *Kapellmann/Messerschmidt-Kapellmann* VOB/B § 2 Rdn. 200.
[106] So *Kapellmann/Messerschmidt-Kapellmann* VOB/B § 2 Rdn. 200.
[107] Dazu BGH BauR 2000, 409 = NZBau 2000, 130 = NJW 2000, 807.
[108] Vgl. *Kniffka/Koeble* Kompendium des Baurechts 5. Teil Rdn. 137 zur Rechtslage nach AGBG.
[109] BGH Z 106, 49; NJW 2000, 651; NJW 2001, 2014, 2016.
[110] Zu den Anforderungen EuGH NJW 2001, 2244; a. A. *Kniffka* IBR-online-Kommentar zum Bauvertragsrecht Stand 10. 4. 2006 § 631 Rdn. 397.
[111] So *Kapellmann/Messerschmidt-Kapellmann* VOB/B § 2 Rdn. 200; *Nicklisch/Weick* VOB/B § 2 Rdn. 71; *Tempel* NZBau 2002, 472.

Vergütung für Zusatzleistungen                                         § 2 Nr. 6

## 1. Entbehrlichkeit der Ankündigung

Insoweit kann zunächst auf die oben stehenden Ausführungen des BGH[112] verwiesen werden. Die Ankündigung ist immer dann entbehrlich, wenn sie eine sinnlose und leere Förmelei darstellt. Das ist z.B. der Fall, wenn dem Auftraggeber die Entgeltlichkeit der zusätzlichen Leistung sicher bekannt ist.[113] Davon kann im Regelfall auch dann ausgegangen werden, wenn der Auftraggeber selbst „vom Fach" und die zusätzliche Vergütungspflicht eindeutig ist. Hat der Hauptunternehmer seinen Auftraggeber auf die Vergütungspflicht bereits hingewiesen, muss der die Leistung ausführende Nachunternehmer seinerseits den Hauptunternehmer nicht noch einmal darauf hinweisen.[114] Die Pflicht zur Ankündigung entfällt auch dann, wenn der Auftragnehmer gar keine Gelegenheit hatte, die Ankündigung eines zusätzlichen Anspruchs vorzubereiten.[115]  76

## 2. Schaden

Das Unterlassen der Ankündigung hat nur dann zu einem Schaden geführt, wenn der Auftraggeber bei rechtzeitiger Ankündigung darauf in der Weise reagiert hätte, dass er seine kostenträchtige Anordnung überdacht und davon abgesehen bzw. eine billigere Alternative gewählt hätte. Das muss der Auftraggeber zunächst darlegen.[116] Sache des Auftragnehmers ist es dann, diesen Vortrag zu widerlegen.[117] Der Schaden kann im Einzelfall aber auch darin liegen, dass der Hauptunternehmer bei einem rechtzeitigen Hinweis die Mehrkosten an den Bauherrn hätte weitergeben können.[118]  77

## 3. Verschulden

Das Verschulden wird in aller Regel gegeben sein, da ein Auftragnehmer regelmäßig über die Kenntnisse verfügt, eine durch die Anordnung verursachte Abweichung vom bisherigen Leistungsumfang zu erkennen. Tatsachen, die seine Versäumung entschuldigen, hat er darzulegen und zu beweisen.[119] Im Einzelfall wird aber zu prüfen sein, ob die schuldhafte Versäumung des Hinweises zwingend zu einer vollständigen Versagung der zusätzlichen Vergütungsansprüche führen muss.  78

## E. Bestimmung der Vergütung für Zusatzleistungen (Abs. 2)

Nach § 2 Nr. 6 Abs. 2 VOB/B bestimmt sich, wenn eine im Vertrag nicht vorgesehene Leistung (Zusatzleistung) gefordert worden ist, die Vergütung hierfür nach den Grundlagen der Preisermittlung für die vertragliche Leistung und den besonderen Kosten der geforderten (Zusatz-)Leistung.[120] Das gilt natürlich nur, wenn für die Vergütung keine andere Berechnung vereinbart ist bzw. wird,[121] z.B. eine Pauschale oder ein in anderer Weise frei vereinbarter Preis, was zumeist der Fall sein wird, wenn die Zusatzleistung zur Ausführung der vertraglichen Leistung nicht erforderlich ist und deshalb als sog. „andere" Leistung gem. § 1 Nr. 4 dem Auftragnehmer nur mit seiner Zustimmung übertragen werden kann. Dann hat  79

---
[112] BGH BauR 1996, 542 = NJW 1996, 2158 = MDR 1996, 902.
[113] BGH *Schäfer/Finnern* Z 2310, Bl. 40; *Kapellmann/Schiffers* Bd. 1 Rdn. 923.
[114] *Kapellmann/Schiffers* Bd. 1 Rdn. 925.
[115] *Kniffka/Koeble* Kompendium des Baurechts 5. Teil Rdn. 136.
[116] BGH BauR 2002, 312 = NZBau 2002, 152.
[117] BGH BauR 1996, 542 = NJW 1996, 2158 = MDR 1996, 902.
[118] OLG Nürnberg IBR 2003, 120.
[119] BGH a. a. O.
[120] *Ingenstau/Korbion/Keldungs* VOB/B § 2 Nr. 6 Rdn. 22 ff.; *Kapellmann/Messerschmidt-Kapellmann* VOB/B § 2 Rdn. 213 ff.; *Werner/Pastor* Rdn. 1159 ff.; *Heiermann/Riedl/Rusam* VOB/B § 2 Rdn. 138; Kniffka IBR-online-Kommentar zum Bauvertragsrecht Stand 4. 1. 2007 § 631 Rdn. 428 ff.; *Augustin/Stemmer* BauR 1999, 546.
[121] *Ingenstau/Korbion/Keldungs* VOB/B § 2 Nr. 6 Rdn. 22 ff.

§ 2 Nr. 6

der Auftragnehmer es in der Hand, gleichzeitig die Vergütung für eine solche nicht notwendige Zusatzleistung unabhängig von § 2 Nr. 6 Abs. 2 VOB/B frei zu vereinbaren.

80  Ansonsten gilt für die Bestimmung der Vergütung nach § 2 Nr. 6 Abs. 2 VOB/B sinngemäß das, was bereits zur Preisanpassung bei Leistungsänderungen nach § 2 Nr. 5 VOB/B gesagt worden ist Wie dort für die von Leistungsänderungen nicht betroffenen Teile der (Gesamt-)Leistung bleibt bei Zusatzleistungen die Vergütung für die vereinbarte Vertragsleistung unberührt und unverändert.[122]

81  Nur für die im Vertrag ursprünglich nicht vorgesehenen und vereinbarten **Zusatzleistungen** ist eine neue, besondere Vergütung zu bestimmen,[123] dafür allerdings generell und nicht nur bei solchen Zusatzleistungen, die in irgendeiner Weise erheblich und von einigem Gewicht sind (→ § 2 Nr. 5 Rdn. 39). Denn wie bei Leistungsänderungen gibt es bei Zusatzleistungen grundsätzlich **keinen vergütungsfreien Toleranzspielraum.** Das gilt nicht nur beim Einheitspreisvertrag, sondern regelmäßig auch beim Pauschalvertrag (→ § 2 Nr. 5 Rdn. 40).

82  Weiterhin ergibt sich aus der Tatsache, dass nur für die Zusatzleistungen eine neue besondere Vergütung zu vereinbaren ist, dass dafür – wie bei Leistungsänderungen nach § 2 Nr. 5 VOB/B – auf den **Zeitpunkt der Ausführung** der Zusatzleistungen abzustellen ist[124] (→ § 2 Nr. 5 Rdn. 57) und dass die Darlegungs- und Beweislast für den neuen Preis beim Auftragnehmer liegt (→ § 2 Nr. 5 Rdn. 59).

Umstritten ist, ob mittelbare **Bauzeitverlängerungen,** die auf berechtigte Anordnungen nach § 1 Nr. 3 oder 4 VOB/B zurückzuführen sind, nebeneinander zusätzliche Vergütungsansprüche nach § 2 Nr. 5 oder 6 VOB/B und Schadensersatzansprüche nach § 6 Nr. 6 VOB/B auslösen können. Der BGH hat diese Frage noch nicht eindeutig entschieden.[125] In der baurechtlichen Literatur wird es teilweise für möglich gehalten, Ansprüche wegen mittelbarer Bauzeitverlängerung auf beide Anspruchsgrundlagen zu stützen.[126] Dagegen wendet *Thode*[127] aber zu Recht ein, dass § 6 Nr. 6 VOB/B eine schuldhafte Verletzung von Vertragspflichten voraussetze, an der es bei der Ausübung des Anordnungsrechtes nach § 1 Nr. 3 bzw. 4 VOB/B gerade fehle. Bei berechtigten Anordnungen nach § 1 Nr. 3 oder 4 VOB/B können Kosten der mittelbaren Bauzeitverzögerung daher nur im Rahmen der Preisermittlungsgrundlagen als Bestandteil der geänderten oder zusätzlichen Vergütung gemäß § 2 Nr. 5 oder 6 VOB/B geltend gemacht werden. Insoweit wird auf die Ausführungen zu § 2 Nr. 5 verwiesen.

### I. Bisherige Preisermittlungsgrundlagen bleiben maßgebend

83  Wie § 2 Nr. 6 Abs. 2 VOB/B zeigt, bestimmt sich die neue besondere Vergütung für die im Vertrag nicht vorgesehenen Leistungen (Zusatzleistungen) zunächst einmal nach den „Grundlagen der Preisermittlung für die vertragliche Leistung". Diese sind allerdings nicht in vollem Umfang übertragbar, sondern nur, „soweit das überhaupt möglich ist"[128] und die bisherigen Preisermittlungsgrundlagen in Bezug auf die Zusatzleistungen passen, d. h. soweit die vertragliche Leistung mit der betreffenden Zusatzleistung vergleichbar ist und zu dieser in einer „kalkulatorischen Beziehung" steht.[129]

84  *Ingenstau/Korbion*[130] bringen dafür das Beispiel, dass als Zusatzleistung Maurerarbeiten verlangt werden, im ursprünglichen Vertrag aber sowohl Maurer- als auch Betonierarbeiten

---

[122] *Ingenstau/Korbion/Keldungs* a. a. O.; *Heiermann/Riedl/Rusam* VOB/B § 2 Rdn. 138.
[123] *Ingenstau/Korbion/Keldungs* a. a. O.; *Heiermann/Riedl/Rusam* a. a. O.
[124] Vgl. *Ingenstau/Korbion/Keldungs* a. a. O.
[125] Dazu *Thode* ZfBR 2004, 216 unter Hinweis auf BGH NJW 1968, 1234 und BauR 1985, 561 = ZfBR 1985, 282.
[126] *Kemper* NZBau 2001, 238; *Diehr* BauR 2001, 1507.
[127] A. a. O.
[128] *Ingenstau/Korbion/Keldungs* a. a. O.
[129] *Ingenstau/Korbion/Keldungs* a. a. O.
[130] *Ingenstau/Korbion/Keldungs* a. a. O.

Vergütung für Zusatzleistungen § 2 Nr. 6

enthalten waren. Dann ist nur auf die Preisermittlungsgrundlagen für die Maurerarbeiten zurückzugreifen, während umgekehrt, wenn als Zusatzleistung Betonierarbeiten verlangt werden, der ursprüngliche Vertrag aber nur Maurerarbeiten enthält, eine vergleichbare Bezugsposition fehlt.[131]

Der Auftragnehmer muss im Vergütungsprozess also im Einzelnen zu der Kalkulation der Vertragspreise vortragen, anderenfalls ist seine Abrechnung nicht prüffähig. Es reicht nicht, sich auf die Angemessenheit oder Üblichkeit der geforderten Vergütung oder eine sachverständige Schätzung zu berufen.[132]

## II. Preisnachlässe gelten nicht automatisch auch für Nachträge

Weiterhin ist einschränkend darauf hinzuweisen, dass bei Bestimmung der Vergütung für Zusatzleistungen nur auf die „Grundlagen der Preisermittlung für die vertragliche Leistung" zurückgegriffen werden kann, nicht auch auf sonstige Sondervereinbarungen wie Erschwerniszuschläge, Preisnachlässe, Rabatte und Skonti.[133] Demgegenüber soll nach OLG Düsseldorf,[134] wenn die Vertragspartner eines Bauvertrages auf den Vergütungsanspruch des Auftragnehmers für eine im Vertrag vorgesehene Leistung einen Nachlass vereinbart haben, dieser Nachlass auch auf erforderliche Zusatzleistungen i. S. von §§ 1 Nr. 4 Satz 1, 2 Nr. 6 Abs. 2 VOB/B zu gewähren sein. Dem kann nicht zugestimmt werden. Wenn derartige Sondervereinbarungen auch für Zusatzleistungen gelten sollen, muss dies – wie bei Leistungsänderungen – vielmehr von den Parteien so vereinbart sein.[135] Letztlich ist das also eine Frage der Vertragsauslegung, §§ 133, 157 BGB. Eine solche besondere vertragliche Vereinbarung kann aber in der Abrede liegen, dass der Nachlass sich „auf alle Einheitspreise" und damit auch auf die nach § 2 Nr. 6 VOB/B zu bildenden Einheitspreise erstrecken soll.[136] Im Übrigen wird auf das zu → § 2 Nr. 5 Rdn. 58 Gesagte verwiesen. Ebenso gelten die für die ursprüngliche Leistung vereinbarten Allgemeinen, Besonderen und Zusätzlichen Vertragsbedingungen nicht automatisch für Zusatzleistungen und entsprechende Nachträge. Auch hier kommt es entscheidend auf die Auslegung der vertraglichen Vereinbarungen der Parteien an.

85

## III. Besondere Kosten der geforderten (Zusatz-)Leistung

Da bei der Bestimmung der neuen besonderen Vergütung für die im Vertrag nicht vorgesehenen Leistungen auf den Zeitpunkt der Ausführung der Zusatzleistungen abzustellen ist (oben Rdn. 82), sind zusätzlich aber auch die mit Zusatzleistungen etwa verbundenen „weiteren Kostenelemente ... mit einzurechnen, die in den Preisermittlungsgrundlagen der vertraglichen Leistung noch nicht enthalten sind".[137]

86

Das heißt nicht, dass der Auftragnehmer in jedem Fall vollen Kostenersatz erhält und sämtliche Mehrkosten der Zusatzleistungen ersetzt bekommt, sondern es sind lediglich die speziell durch die Zusatzleistungen verursachten, neu hinzugetretenen Kostenfaktoren zusätzlich zu berücksichtigen.

Die bisherigen Preisermittlungsgrundlagen sind also, vor allem in zeitlicher Hinsicht, auf den Stand der Zusatzleistungen „fortzuschreiben" und bei der Bestimmung der Vergütung

87

---

[131] *Ingenstau/Korbion/Keldungs* a. a. O.
[132] OLG Bamberg IBR 2003, 526 mit Anm. *Miernik.*
[133] *Ingenstau/Korbion/Keldungs* a. a. O.
[134] BauR 1993, 479; so auch OLG Hamm IBR 1995, 162.
[135] *Ingenstau/Korbion/Keldungs* a. a. O.; *Kniffka* IBR-online-Kommentar zum Bauvertragsrecht Stand 4. 1. 2007 § 631 Rdn. 429; OLG Köln IBR 2003, 119.
[136] BGH NZBau 2004, 31 = IBR 2003, 591 mit Anm. *Schwenker.*
[137] *Ingenstau/Korbion/Keldungs* a. a. O.

§ 2 Nr. 6                                                            Vergütung für Zusatzleistungen

für diese auch zwischenzeitliche Lohn- und Materialpreiserhöhungen zu berücksichtigen.[138]

Berücksichtigungsfähig sind auch die dem Auftragnehmer entstandenen zusätzlichen **Planungskosten.** Hierzu wird auf die Ausführungen zu § 2 Nr. 5 und § 2 Nr. 9 VOB/B verwiesen.

### IV. Kalkulationsfehler – Über- und Unter-Wert-Preise

**88**    Dagegen können etwaige Kalkulationsfehler in den bisherigen Preisermittlungsgrundlagen, soweit sie bei Bestimmung des neuen Preises für die Zusatzleistungen heranzuziehen sind, grundsätzlich **nicht beseitigt** werden, sondern bleiben bei der Preisfortschreibung bestehen. Gleiches gilt für bewusst und spekulativ zu niedrig angesetzte, d. h. untersetzte Preise.[139]

Insoweit wird zur Begründung auf die diesbezüglichen Ausführungen bei § 2 Nr. 3 (dort Rdn. 29 ff.) und § 2 Nr. 5 VOB/B (dort Rdn. 62 ff.) verwiesen. Sie gelten für die Fälle des § 2 Nr. 6 VOB/B entsprechend.

**89**    Der Grund dafür, dass Kalkulationsfehler in den Preisermittlungsgrundlagen für die bisherige vertragliche Leistung auch bei der Bestimmung der Vergütung für Zusatzleistungen **fortwirken,** liegt darin, dass der Auftragnehmer mit derartigen Zusatzleistungen – ebenso wie mit Mengenänderungen beim Einheitspreisvertrag und Leistungsänderungen im Rahmen des Änderungsvorbehalts des Auftraggebers nach § 1 Nr. 3 VOB/B – von vornherein rechnen muss. Das gilt jedenfalls für diejenigen Zusatzleistungen, die als „nicht vereinbarte Leistungen" im Sinne von § 1 Nr. 4 VOB/B „zur Ausführung der vertraglichen Leistung erforderlich werden", also für alle **notwendigen Zusatzleistungen,** während der Auftragnehmer es bei sog. „anderen" (Zusatz-)Leistungen in der Hand hat, seine Zustimmung zu ihrer Übernahme, zu der er in diesen Fällen ja nicht verpflichtet ist, davon abhängig zu machen, dass ihm voller Kostenersatz gewährt wird und etwaige Kalkulationsfehler in den ursprünglichen Preisermittlungsgrundlagen insoweit unberücksichtigt bleiben. Unterlässt er dies, bleibt es bei dem für die ursprüngliche Leistung vereinbarten Preis.

**90**    Umgekehrt gilt das Vorgesagte dann aber auch zu Lasten des Auftraggebers für spekulativ **überhöhte,** d. h. Über-Wert-kalkulierte Preise. Denn hier hat es der Auftraggeber schon, wenn er – notwendige oder nicht notwendige – Zusatzleistungen verlangt, in der Hand, sein Verlangen von einer vorherigen Preisvereinbarung abhängig zu machen, die derartige Über-Wert-Preise für die Zusatzleistungen entsprechend reduziert.

## F. Preisvereinbarung möglichst vor Beginn der Ausführung

**91**    Nach § 2 Nr. 6 Abs. 2 Satz 2 VOB/B ist die Vergütung für die Zusatzleistungen „möglichst vor Beginn der Ausführung zu vereinbaren".

### I. Keine Pflicht zu vorheriger Preisvereinbarung

**92**    Daraus, dass bei Leistungsänderungen nach § 2 Nr. 5 VOB/B die Vereinbarung über den geänderten Preis lediglich vor der Ausführung getroffen werden **„soll",** während nach § 2 Nr. 6 Abs. 2 am Ende VOB/B die besondere Vergütung für Zusatzleistungen möglichst vor Beginn der Ausführung zu vereinbaren **„ist",** wird von einem Teil des Schrifttums gefol-

---

[138] *Heiermann/Ried/Rusam* VOB/B § 2 Rdn. 138.
[139] Ebenso *Ingenstau/Korbion/Keldungs* a. a. O.; *Heiermann/Riedl/Rusam* VOB/B § 2 Rdn. 138.

gert, dass dies eine vertragliche Verpflichtung sei,[140] während ein anderer Teil aus dem einschränkend hinzugesetzten „möglichst" entnimmt, dass es sich dabei lediglich um eine Empfehlung handelt.[141]

Dem ist zuzustimmen, denn ob eine Preisvereinbarung vor Ausführung getroffen werden soll oder möglichst zu treffen ist, macht sprachlich wie auch dem Sinn nach keinen Unterschied. Hier wird von der Gegenmeinung der Wortlaut der VOB-Bestimmungen eindeutig überinterpretiert und außer Acht gelassen, dass die VOB auch in anderen Fällen, in denen sie dasselbe meint, sprachlich variiert. Hinzu kommt, dass die ohnehin nur schwer abgrenzbaren Fälle selbst – Leistungsänderungen nach § 2 Nr. 5 und Zusatzleistungen nach § 2 Nr. 6 VOB/B – insoweit ebenfalls keine unterschiedliche Behandlung gebieten oder rechtfertigen. 93

Der Auftraggeber bedarf insoweit keines Schutzes, weil er sich über die Preisvorstellungen des Auftragnehmers schon Klarheit verschaffen und auf eine frühzeitige Preisvereinbarung drängen kann, **bevor** er eine zusätzliche Leistung verlangt und in Auftrag gibt. Er kann sein diesbezügliches Verlangen von einer vorherigen Preisvereinbarung abhängig machen und benötigt von daher keinen „durchsetzbaren Anspruch"[142] auf Bestimmung der Vergütung vor Ausführung von Zusatzleistungen.

Andererseits darf der Auftraggeber dabei nicht durch eine Pflicht zu vorheriger Vereinbarung der Vergütung einem **Preisdiktat** des Auftragnehmers ausgesetzt werden. Deshalb kann diesem regelmäßig nicht gestattet werden, eine vorherige Preisvereinbarung für Zusatzleistungen zu erzwingen, denn „wenn nachträgliche Preisverhandlungen für zusätzliche Leistungen nötig werden, befindet sich der Auftraggeber in einer schwächeren Verhandlungsposition, weil er meistens nicht ohne weiteres auf einen anderen Unternehmer ausweichen kann".[143] 94

### II. Leistungsverweigerungs- oder Kündigungsrecht bei ungeklärtem finanziellen Ausgleich?

Schon aus vorgenannten Gründen kann dem Auftragnehmer – wie bei Leistungsänderungen im Rahmen des § 1 Nr. 3 VOB/B – jedenfalls bei notwendigen Zusatzleistungen, die er nach § 1 Nr. 4 VOB/B auf Verlangen des Auftraggebers mit ausführen muss, nicht ohne weiteres ein Leistungsverweigerungsrecht[144] oder sogar ein Kündigungsrecht zugebilligt werden, wenn eine vorherige Preisvereinbarung für derartige Zusatzleistungen nicht zustande kommt, weil die Vergütung hierfür dem Grunde und/oder der Höhe nach **unklar oder streitig** ist. Auf das zu § 2 Nr. 5 VOB/B Gesagte kann insoweit verwiesen werden (dort Rdn. 77 ff.). Wie dort bereits erwähnt, liegt darin gerade der Unterschied zum **BGB-Werkvertrag,** bei dem der Auftragnehmer auch notwendige Zusatzleistungen nicht auszuführen braucht bzw. dies von seiner Zustimmung und vorheriger Preisvereinbarung abhängig machen kann. § 1 Nr. 4 VOB/B dagegen gibt dem Auftraggeber das einseitige Recht, die Ausführung notwendiger Zusatzleistungen zu verlangen, ohne zu vorheriger Preisvereinbarung verpflichtet zu sein. Damit trägt die VOB dem Umstand Rechnung, dass der Auftraggeber sonst bei notwendigen Zusatzleistungen unter Umständen einem **Preis-** 95

---

[140] *Ingenstau/Korbion/Keldungs* VOB/B § 2 Nr. 6 Rdn. 29; *Heiermann/Riedl/Rusam* VOB/B § 2 Rdn. 139; *Nicklisch/Weick* VOB/B § 2 Rdn. 73; *Kapellmann/Messerschmidt-Kapellmann* VOB/B § 2 Rdn. 203.
[141] *Daub/Piel/Soergel/Steffani* ErlZ B 2122; *Werner/Pastor* Rdn. 1159.
[142] Den auch *Ingenstau/Korbion/Keldungs* a. a. O. zutreffend verneinen.
[143] *Nicklisch/Weick* VOB/B § 2 Rdn. 67; ebenso *Heiermann/Riedl/Rusam* VOB/B § 2 Rdn. 123: „schwächere Ausgangsposition", obwohl beide – insoweit nicht folgerichtig – dann aber doch ein Leistungsverweigerungsrecht des Auftragnehmers bis zur Preisvereinbarung bejahen.
[144] *Kniffka* IBR-online-Komentar zum Bauvertragsrecht Stand 4. 1. 2007 § 631 Rdn. 436; dagegen auch *Ingenstau/Korbion/Keldungs* VOB/B § 2 Nr. 6 Rdn. 30; ebenso *Hundertmark* Betr 1987, 32, 34 und *Vygen* Bauvertragsrecht Rdn. 813; a. A. *Nicklisch/Weick* VOB/B § 2 Rdn. 73; *Heiermann/Riedl/Rusam* VOB/B § 2 Rdn. 139.

§ 2 Nr. 6                                                                                    Vergütung für Zusatzleistungen

diktat des Auftragnehmers ausgesetzt wäre, weil er insoweit in der schwächeren Verhandlungs- bzw. Ausgangsposition ist.

### III. Notfalls gerichtliche Bestimmung der Vergütung

96   Wenn die Parteien sich über die Vergütung für Zusatzleistungen selbst oder mit Hilfe Dritter, insbesondere eines Sachverständigen als Schlichter oder Schiedsgutachter nicht einigen können, bleibt nur der Weg der Klage und Bestimmung durch das Gericht, das die Vergütung dann – im Zweifel ebenfalls mit Hilfe eines Sachverständigen – nach billigem Ermessen gem. §§ 315 ff. BGB festsetzt.

### IV. Verjährung des Anspruchs auf Vergütung von Zusatzleistungen

97   Insoweit gilt, wie für Mehrvergütungsansprüche bei Leistungsänderungen (→ § 2 Nr. 5 Rdn. 80), dass alle Ansprüche des Auftragnehmers, die auf ein- und demselben Vertrag beruhen, die Vergütungsansprüche aus dem (Haupt-) Vertrag wie auch Nachforderungen für Zusatzleistungen, einheitlich verjähren. Die Verjährung des Anspruchs auf Vergütung von Zusatzleistungen beginnt also mit dem für die Schlussrechnung maßgeblichen Zeitpunkt, auch wenn die Nachforderungen in dieser (noch) nicht enthalten sind,[145] (vgl. → Vor § 2 Rdn. 450).

98   Etwas anderes gilt nur für Zusatzleistungen, die überhaupt erst nach Schlussrechnungsstellung angefallen und erbracht worden sind.

### V. Verwirkung

Die Verwirkung des Anspruchs auf Vereinbarung einer besonderen Vergütung richtet sich nach allgemeinen Grundsätzen. Sie setzt voraus, dass zum Zeitablauf besondere, auf dem Verhalten des Berechtigten beruhende Umstände hinzutreten, die das Vertrauen des Verpflichteten rechtfertigen, der Berechtigte werde seinen Anspruch nicht mehr geltend machen.[146]

## G. Ausschluss oder Änderung des Mehrvergütungsanspruchs für Zusatzleistungen nach § 2 Nr. 6

99   Hierzu gilt sinngemäß das zu § 2 Nr. 5 VOB/B Gesagte (dort Rdn. 82 ff.). Auch die Vergütung von Zusatzleistungen wird häufig von der vorherigen Einreichung eines Nachtragsangebots und der Erteilung eines entsprechenden – zumeist schriftlichen – Nachtragsauftrags abhängig gemacht. Wie bei Leistungsänderungen ist hier ebenfalls zwischen formularmäßigen und individualvertraglichen Regelungen zu unterscheiden.

### I. Ausschluss oder Änderung durch Allgemeine Geschäftsbedingungen

100  Zu formularmäßigen Regelungen im obigen Sinne, d. h. Angebots-, Vereinbarungs- und Schriftformklauseln im Allgemeinen, ist bereits Stellung genommen und darauf hingewiesen

---

[145] BGHZ 53, 222 = NJW 1970, 938 = BauR 1970, 113; OLG Bamberg IBR 2003, 525 mit Anm. *Putzier*, der zu Recht darauf hinweist, dass die Fälligkeit bei einem BGB-Vertrag mit Abnahme eintritt.
[146] BGH NJW 2003, 824 = NZBau 2003, 213 = BauR 2003, 379.

Vergütung für Zusatzleistungen § 2 Nr. 6

worden (→ Vor § 2 Rdn. 240 ff.), dass derartige Klauseln zwar zusätzliche Vertragspflichten begründen können,[147] deren Verletzung ggf. Schadensersatzansprüche des Auftraggebers auslösen kann, dass sie aber berechtigte Vergütungsansprüche nicht ausschließen können (Verstoß gegen § 307 BGB bzw. § 9 AGB-Gesetz).[148] Insoweit gilt für Mehrvergütungsansprüche bei Zusatzleistungen nach § 2 Nr. 6 VOB/B nichts anderes als für solche aus Leistungsänderungen gem. § 2 Nr. 5 VOB/B[149] (vgl. dort Rdn. 83 ff.).

### 1. Komplettheitsklauseln

Das gilt zunächst für sog. „Vollständigkeitsklauseln", durch die die Planungsverantwortung auf den Auftragnehmer verlagert werden soll. Wenn dieser individualvertraglich die Planungsverantwortung nicht übernommen hat, verbleibt sie bei dem Auftraggeber. Es ist mit § 307 BGB unvereinbar, wenn dem Auftragnehmer gleichwohl durch die Allgemeinen Geschäftsbedingungen des Auftraggebers die Planungsverantwortung zugeschoben wird. Ihm können lediglich entsprechend seinen ohnehin bestehenden vertraglichen Pflichten – §§ 3 Nr. 3 und 4, 4 Nr. 1 und 3 VOB/B – umfassende Prüfungs- und Hinweispflichten auferlegt werden. Mit § 307 BGB ist es aber in der Regel unvereinbar, wenn der Auftraggeber sich von seiner Planungsverantwortung vollständig frei zeichnet und auf diese Weise an sich berechtigte zusätzliche Vergütungsansprüche ausschließen will.[150] Zu Recht hat das OLG München daher in einem Verbandsklageverfahren die Klausel 101

„Bedenken gegen die Unterlagen (Pläne und Leistungsverzeichnis) hat der Auftragnehmer noch vor Vertragsschluss mitzuteilen. Nach Vertragsschluss mitgeteilte Bedenken, die ihre Grundlage in den überreichten Unterlagen haben, berechtigen den Auftragnehmer nicht, andere Preise oder zusätzliche Leistungen für die bedenkenfreie Art der Ausführung in Rechnung zu stellen."

wegen Verstoßes gegen § 9 AGBG für unwirksam gehalten.[151] Das Gleiche gilt für eine vom OLG Zweibrücken überprüfte Klausel, nach der der Auftragnehmer an die in der Ausschreibung genannten Mengen gebunden sein sollte, wenn er nicht binnen 2 Wochen nach Zuschlag Bedenken geltend machte.[152]

Besonderheiten gelten allerdings für den **Pauschalvertrag.** Insoweit wird auf die Ausführungen unter Vor § 2 Rdn. 239 und die Ausführungen zu § 2 Nr. 7 VOB/B verwiesen.

### 2. Pauschalierungsklauseln

Ähnlich zu behandeln sind sog. Pauschalierungsklauseln, mit denen der Leistungsumfang über die vertraglichen Vereinbarungen hinaus pauschaliert werden soll. Diese sind sehr eng auszulegen, da im Regelfall davon auszugehen ist, dass der Auftraggeber dem Auftragnehmer keine ungewöhnlichen Risiken auferlegen will.[153] Gegen § 307 BGB verstößt daher eine Klausel, nach der der Auftraggeber im Vertrag nicht genannte Leistungen ohne besondere Vergütung verlangen darf, wenn sie zur Erfüllung der vertraglichen Leistung notwendig sind.[154] 102

### 3. Erweiterungen des Leistungsumfangs

Bei diesen Klauseln kommt es entscheidend auf den Gesamtzusammenhang an, in dem sie stehen. Sind sie Teil des Hauptleistungsversprechens, sind sie einer Überprüfung nach §§ 305 ff. BGB weitgehend entzogen, in Betracht kommt lediglich ein Verstoß gegen das 103

---

[147] Ingenstau/Korbion/Keldungs VOB/B § 2 Nr. 6 Rdn. 31.
[148] Ingenstau/Korbion/Keldungs VOB/B § 2 Nr. 6 Rdn. 2; Heiermann/Riedl/Rusam VOB/B § 2 Rdn. 124.
[149] Ebenso Ingenstau/Korbion/Keldungs VOB/B § 2 Nr. 6 Rdn. 2, 31; s. a. allgemein zu Gleit-, Bagatell- und Selbstbeteiligungsklauseln Reitz BauR 2001, 1513.
[150] Kniffka/Koeble Kompendium des Baurechts 5. Teil Rdn. 130.
[151] OLG München BauR 1986, 579; dazu auch Ingenstau/Korbion/Keldungs VOB/B § 2 Nr. 6 Rdn. 31.
[152] OLG Zweibrücken BauR 1994, 510.
[153] Kniffka/Koeble Kompendium des Baurechts Teil 5 Rdn. 131 mit verschiedenen Beispielen.
[154] Ingenstau/Korbion/Keldungs VOB/B § 2 Nr. 6 Rdn. 31; Werner/Pastor Rdn. 1160.

§ 2 Nr. 6 Vergütung für Zusatzleistungen

Transparenzgebot des § 307 Abs. 1 Satz 2 BGB. Handelt es sich aber um Klauseln, die das Hauptleistungsversprechen zum Vorteil des Verwenders verändern, unterliegen sie der Inhaltskontrolle.[155] Sie dürfen das Planungsrisiko nicht einseitig auf den Auftragnehmer verlagern, die Erweiterung des Leistungsumfangs muss kalkulierbar sein.[156]

**Beispielsfälle:**
Schuttklausel: Entfernen des Schutts anderer Unternehmer[157]
Gerüstklausel 1: Vorhalten des Gerüstes für Nachfolgeunternehmer[158]
Gerüstklausel 2: Gerüsthöhe unkalkulierbar[159]
Gerüstklausel 3: Vorhalten des Gerüstes bei bestimmten Erfahrungswerten kalkulierbar[160]
Schlitzklausel: Herstellen von Schlitzen auf Anweisung des Bauleiters[161]
Vorhalteklausel: Vorhalten auch bei vom Auftraggeber zu vertretendem Baustillstand[162]
Strom/Wasser: Verpflichtung zur Versorgung anderer Handwerker[163]
Strom/Wasser: Klausel über die Umlage[164]
Bauwesenversicherung: Klausel über die Umlage[165]

Insoweit wird auf die Ausführungen unter Vor § 2 Rdn 232 ff. verwiesen.

### 4. Schriftformklauseln

104  Werden durch diese Klauseln jegliche Nachforderungen ausgeschlossen, die nicht auf schriftlichen Zusatz- oder Nachtragsaufträgen beruhen, benachteiligen sie den Auftragnehmer unangemessen und sind daher nach 307 Abs. 1 BGB generell unwirksam.[166] Klauseln, mit denen die Wirksamkeit der Änderungsanordnung oder der Erteilung von Zusatzaufträgen von der Einhaltung der Schriftform abhängig gemacht wird, werden aber überwiegend für zulässig gehalten, wenn der Verwender auf diese Weise das Handeln der für ihn tätigen Personen kontrollieren und eine Zurechnung ihrer Erklärungen nach den Regeln zur Anscheinsvollmacht ausschließen will. Er schränkt damit in zulässiger Weise deren Vertretungsmacht ein. So kann der Auftraggeber die Wirksamkeit der Anordnungen seines Vertreters – etwa des Bauleiters – von der schriftlichen Genehmigung der Geschäftsleitung abhängig machen.[167]

Im Übrigen bieten derartige Schriftformklauseln – wenn sie denn wirksam vereinbart sind – dem Verwender auch keineswegs die Sicherheit, die er damit erstrebt.[168] Eine Klausel über den Ausschluss der Vergütung von Zusatzleistungen erfasst ohnehin nicht völlig selbstständige Leistungen, die nach Beendigung der vertraglich vereinbarten Leistung erbracht werden.[169] Darüber hinaus müssen derartige Klauseln interessengerecht ausgelegt werden. Die Klausel, dass Leistungen nicht bezahlt werden, die ohne schriftlichen Auftrag ausgeführt werden, ist dahin auszulegen, dass der Ausschluss der Vergütungspflicht nicht für solche Fälle gelten soll, in denen die notwendige ergänzende Leistung als eilbedürftig in Auftrag gegeben wird.[170] Kommt eine einschränkende Auslegung nicht in Betracht, ist zu prüfen, ob die Klausel mündlich individuell abbedungen worden ist. Das wird im Regelfall zu bejahen sein, da die Parteien eine wirksame mündliche Absprache treffen wollten.[171] Eine vertraglich

---

[155] BGH NJW 1987, 1931 und 1999, 3411; *Kniffka/Koeble,* Kompendium des Baurechts 5. Teil Rdn. 133.
[156] *Kniffka/Koeble* a. a. O.
[157] OLG München BauR 1987, 555.
[158] OLG München BauR 1986, 580.
[159] OLG Celle OLGR 1995, 21.
[160] BGH BauR 1998, 1249 = ZfBR 1999, 17 = NJW 1998, 3634.
[161] OLG München BauR 1987, 556.
[162] OLG München BauR 1987, 556.
[163] OLG Celle IBR 2004, 555.
[164] BGH BauR 2000, 1756; OLG Hamm BauR 2000, 728.
[165] OLG Hamm BauR 2000, 728.
[166] BGH NZBau 2004, 146; BGH NZBau 2005, 148.
[167] BGH BauR 1994, 760 = ZfBR 1995, 15 = NJW-RR 1995, 80.
[168] Vgl. dazu *Werner/Pastor* Rdn. 1160.
[169] OLG Düsseldorf BauR 1996, 270 = NJW-RR 1996, 592.
[170] OLG Frankfurt BauR 2003, 1045 = IBR 2003, 463 mit Anm. *Garcia-Scholz,* der aber zu Recht vor einer Verallgemeinerung dieser Entscheidung warnt.
[171] Dazu BGH BauR 2001, 1415.

Vergütung für Zusatzleistungen § 2 Nr. 6

vereinbarte Schriftformklausel kann jederzeit auch durch konkludentes Handeln aufgehoben werden.[172] Eine Klausel, nach der auch nachträgliche mündliche Vereinbarungen unwirksam sind, wenn sie nicht schriftlich niedergelegt worden sind, ist daher nichtig.[173]

## II. Ausschluss oder Änderung durch Individualvereinbarung

Individualvertraglich können – wie bei Leistungsänderungen nach § 2 Nr. 5 – auch Mehrvergütungsansprüche für Zusatzleistungen in den von Treu und Glauben gezogenen Grenzen – etwa durch umfassende Funktionalisierung in der Leistungsbeschreibung oder Verlagerung der Planungsverantwortlichkeit auf den Auftragnehmer – ausgeschlossen oder über § 2 Nr. 6 VOB/B hinaus erschwert werden. Das ist rechtlich selbst dann unbedenklich, wenn die Vereinbarung mit § 9 VOB/A nicht vereinbar ist.[174] 105

## H. Nachtragsvereinbarungen[175]

Nicht selten vereinbaren die Beteiligten, dass der Auftragnehmer bestimmte weitere Leistungen erbringen, die Vergütungspflicht aber erst später – u. U. mit sachverständiger Hilfe – geklärt werden soll. Eine solche Vereinbarung ist trotz der darin liegenden Risiken sinnvoll, weil auf diese Weise das Bauvorhaben weitergeführt werden kann. Derartige Vereinbarungen können aber erhebliche Probleme aufwerfen.[176] Eine Frage der Auslegung ist es, ob nur die Höhe des Anspruchs dem Streit entzogen sein soll oder auch der Grund. Mit einer Vereinbarung auch über den Anspruchsgrund können die Parteien ein kausales Anerkenntnis[177] gewollt haben, durch das auch ein späterer Streit über die Vergütungspflicht vermieden werden soll.[178] Anders liegt es, wenn sie die Vergütungspflicht dem Grunde nach stillschweigend unterstellt haben. In diesen Fällen ist unklar, ob und unter welchen Umständen der Auftraggeber sich von der Zahlungszusage wieder lösen kann, wenn er später festgestellt hat, dass die Arbeiten doch von dem ursprünglich erteilten Auftrag umfasst waren.[179] 106

Hat der Auftragnehmer die Nachtragsvereinbarung rechtswidrig mit der Drohung erzwungen, anderenfalls die Arbeiten einzustellen, steht dem Auftraggeber ein Recht zur Anfechtung bzw. ein Schadensersatzanspruch aus §§ 280 Abs. 1, 311 Abs. 2 und 3 BGB (cic) auf Befreiung von der eingegangenen Verbindlichkeit zu, dem der Auftragnehmer auch nicht den Einwand des Mitverschuldens entgegenhalten kann.[180] 107

---

[172] *Werner/Pastor* Rdn. 1160.
[173] BGH BauR 1983, 363 = NJW 1983, 1853; NJW 1986, 1809; OLG Frankfurt OLGR 1995, 51; OLG Karlsruhe NJW-RR 1993, 1453; zur doppelten Schriftformklausel: Hans. OLG ZfBR 1998, 35.
[174] LG Berlin IBR 2003, 344 mit Anm. *Quack,* der zutreffend darauf hinweist, dass auch ein Verstoß gegen § 9 VOB/A die Vereinbarung nicht nach § 134 BGB unwirksam macht.
[175] Dazu grundsätzlich *Quack* ZfBR 2004, 211.
[176] Zur Bindungswirkung von Nachtragsvereinbarungen *Moufang/Kupjetz* BauR 2002, 1629.
[177] Dazu auch BGH NZBau 2005, 453.
[178] BGH NZBau 2005, 453; dazu auch *Schwenker* IBR 2003, 712.
[179] Dazu *Moufang/Kupjetz* BauR 2002, 1629 ff.
[180] BGH BauR 2002, 89; KG NZBau 2004, 101.

## § 2 Nr. 7

**§ 2 Nr. 7 [Vergütung beim Pauschalvertrag][1]**

(1) Ist als Vergütung der Leistung eine Pauschalsumme vereinbart, so bleibt die Vergütung unverändert. Weicht jedoch die ausgeführte Leistung von der vertraglich vorgesehenen Leistung so erheblich ab, dass ein Festhalten an der Pauschalsumme nicht zumutbar ist (§ 313 BGB), so ist auf Verlangen ein Ausgleich unter Berücksichtigung der Mehr- oder Minderkosten zu gewähren. Für die Bemessung des Ausgleichs ist von den Grundlagen der Preisermittlung auszugehen.

(2) Die Regelungen der Nr. 4, 5 und 6 gelten auch bei Vereinbarung einer Pauschalsumme.

(3) Wenn nichts anderes vereinbart ist, gelten die Absätze 1 und 2 auch für Pauschalsummen, die für Teile der Leistung vereinbart sind; Nummer 3 Abs. 4 bleibt unberührt.

Literatur: *Acker/Garcia-Scholz,* Möglichkeiten und Grenzen der Verwendung von Leistungsbestimmungsklauseln nach § 315 BGB in Pauschalpreisverträgen, BauR 2002, 550; *Bayer,* Planung und Bauausführung in einer Hand, Seminar „Pauschalvertrag und schlüsselfertiges Bauens", Deutsche Gesellschaft für Baurecht e. V., Bd. 17 (1991) S. 85; *Biebelheimer/Wazlawik,* Der GMP-Vertrag – Der Versuch einer rechtlichen Einordnung, BauR 2001, 1639; *Dähne,* Auftragnehmeransprüche bei lückenhafter Leistungsbeschreibung, BauR 1999, 289; *Englert,* „Systemrisiko"-terra incognita des Baurechts? Zur Abgrenzung von Erfolgs-, Baugrund- und Systemrisiko, BauR 1996, 763; *Füchsel,* Bauvertragsklauseln in bezug auf Nachträge und ihre Wirksamkeit nach dem AGB-Gesetz, Seminar „Vergütungsansprüche aus Nachträgen – ihre Geltendmachung und Abwehr", Deutsche Gesellschaft für Baurecht e. V. (1989) S. 9; *Grauvogl,* „Systemrisiko" und Pauschalvertrag bei Tiefbauleistungen, NZBau 2002, 591; *Grimme,* Die einverständliche Herabsetzung des Leistungsumfangs beim Pauschalpreisvertrag, MDR 1989, 20; *E. J. Gross,* Die Abrechnung des Pauschalvertrages bei vorzeitig beendetem Vertrag, BauR 1992, 36; *Gross/Biermann,* Abwehr und Durchsetzung von Nachträgen, BauRB 2004, 239; *Hass,* Wie sind öffentliche Ausschreibungen auszulegen? NZBau 2001, 613; *Heddäus,* Probleme und Lösungen um den Pauschalvertrag, ZfBR 2005, 114; *Heiermann,* Der Pauschalvertrag im Bauwesen, BB 1975, 991; *Heyers,* Die rechtlich spezifische und individuelle Repräsentanz im Pauschalvertrag, besonders in Bausachen, BauR 1983, 297; *Kapellmann,* Zur Struktur des Pauschalvertrages, FS Soergel, 1993, S. 99; *ders.,* Die Geltung von Nachlässen auf die Vertragssumme für die Vergütung von Nachträgen, NZBau 2000, 57; *Kindl,* Der Kalkulationsirrtum im Spannungsfeld von Auslegung, Irrtum und unzulässiger Rechtsausübung, WM 1999, 2198; *Kleine-Möller,* Leistung und Gegenleistung bei einem Pauschalvertrag, Seminar „Pauschalvertrag und schlüsselfertiges Bauen", Deutsche Gesellschaft für Baurecht e. V., Bd. 17, 1991, S. 69; *Kroppen,* Pauschalpreis und Vertragsbruch, Schriftenreihe der Deutschen Gesellschaft für Baurecht e. V. Bd. 4, 1974, S. 5; *Kuffer,* Leistungsverweigerungsrecht bei verweigerten Nachtragsverhandlungen, ZfBR 2004, 110; *ders.,* Baugrundrisiko und Systemrisiko, NZBau 2006, 1; *Lau,* Was pauschaliert ein Pauschalvertrag? ZfBR 2002, 539; *Leineweber,* Kündigung bei Pauschalverträgen, ZfBR 2005, 110; *Maser,* Leistungsänderungen beim Pauschalvertrag, BauR 1990, 319; *Mauer,* Besonderheiten der Gewährleistungshaftung des Bauträgers, FS Korbion, 1986, S. 301, 309; *Meissner,* Leistungsumfang und Gewährleistung des Auftragnehmers beim Pauschalvertrag, Seminar „Pauschalvertrag und schlüsselfertiges Bauen", Deutsche Gesellschaft für Baurecht e. V., Bd. 17, 1991, S. 9; *Micklitz,* Die Richtlinie 93/13/EWG des Rates der Europäischen Gemeinschaften vom 5. 4. 1993 über missbräuchliche Klauseln in Verbraucherverträgen und ihre Bedeutung für die VOB Teil B, erstellt im Auftrag des Verbraucherzentrale Bundesverbandes e. V., April 2004; *Miernik,* Vertragswidrige Leistung: Herabsetzung des Werklohns nach § 2 VOB/B und/oder Minderung nach § 13 VOB/B? BauR 2005, 1698; *Motzke,* Leistungsänderungen und Zusatzleistungen beim Pauschalvertrag, Seminar „Vergütungsansprüche aus Nachträgen – ihre Geltendmachung und Abwehr", Deutsche Gesellschaft für Baurecht e. V., 1989, S. 111; *ders.,* Nachforderungsmöglichkeiten bei Einheitspreis- und Pauschalverträgen, BauR 1992, 146; *Peters,* Die Wirksamkeit vertraglicher Regelungen zum Baugrundrisiko, BauR 1998, 215; *Poetzsch-Heffter,* Global- und Detailpauschalvertrag in Rechtsprechung und Literatur, ZfBR 2005, 324; *Putzier,* Anpassung des Pauschalpreises bei Leistungsänderungen, BauR 2002, 546; *Quack,* Teilpauschalverträge, ZfBR 2005, 107; *Roquette,* Vollständigkeitsklauseln: Abwälzung des Risikos unvollständiger oder unrichtiger Leistungsbeschreibungen auf den Auftragnehmer, NZBau 2001, 57; *Roquette/Paul,* Pauschal ist Pauschal, BauR 2004, 736; *Tempel,* Ist die VOB/B noch zeitgemäß? NZBau 2002, 472; *Thode,* Änderungen beim Pauschalvertrag und ihre Auswirkungen auf den Pauschalpreis, Seminar „Pauschalvertrag und schlüsselfertiges Bauen", Deutsche Gesellschaft für Baurecht e. V., Bd. 17, 1991, S. 33; *ders.,* Nachträge wegen gestörten Bauablaufs im VOB-Vertrag, ZfBR 2004, 214; *Virneburg,* Wann kann der Auftragnehmer die Arbeit wegen verweigerter Nachträge einstellen? ZfBR 2004, 419; *Vogel/Vogel,* Wird

---

[1] In der Fassung der VOB/B 2006; die Änderungen zur VOB/B 2002 sind rein redaktioneller Art. In Absatz 1 Satz 2 wird nunmehr auf § 313 BGB verwiesen. Damit trägt die VOB/B 2006 der im Rahmen der Schuldrechtsmodernisierung erfolgten Kodifizierung der von der Rechtsprechung zu § 242 BGB entwickelten Grundsätze über die Störung der Geschäftsgrundlage Rechnung. Die Übernahme der ansonsten unveränderten Regelung des bisherigen Absatzes 1 Satz 4 in einen eigenen Absatz soll der Klarstellung und Hervorhebung dienen.

Vergütung beim Pauschalvertrag § 2 Nr. 7

§ 2 Nr. 7 Abs. 1 Satz 2–3 VOB/B dogmatisch richtig verstanden?-Einige Anmerkungen zur Anpassung der Pauschalvergütung-, BauR 1997, 556; *Vygen*, Der Pauschalvertrag – Abgrenzungsfragen zu anderen Verträgen im Baugewerbe, ZfBR 1979, 133; *ders.*, Der Vergütungsanspruch beim Pauschalvertrag, BauR 1979, 375; *ders.*, Leistungsänderungen und Zusatzleistungen beim Pauschalvertrag, FS Locher, 1990 S. 263; *Zielemann*, Detaillierte Leistungsbeschreibung, Risikoübernahme und deren Grenzen beim Pauschalvertrag, FS Soergel, 1993, S. 301. – Siehe im übrigen die Hinweise → Vor § 2 sowie → § 2 Nr. 5 und 6.

### Übersicht

| | Rdn. | | Rdn. |
|---|---|---|---|
| A. Allgemeines | 1–4 | 3. Außerordentliches Rücktritts- bzw. Kündigungsrecht nur in Ausnahmefällen | 81 |
| B. Begriff, Wesen und Rechtsnatur des Pauschalvertrages | 6–19 | E. § 2 Nr. 4 bis 6 VOB/B „bleiben unberührt" (Abs. 2) | 85–119 |
| I. Abgrenzung zum „Festpreisvertrag" | 8 | I. Eigenständige, von der Pauschalierung nicht erfasste Ausgleichstatbestände | 87 |
| II. Ermittlung der abgegoltenen Leistung wie beim Einheitspreisvertrag (§ 2 Nr. 1 VOB/B) | 11 | II. Genereller Preisanpassungsanspruch – nicht nur bei erheblichen Mehr- oder Minderleistungen | 91 |
| III. Keine Abrechnung nach Aufmaß (§ 2 Nr. 2 VOB/B) | 15 | 1. § 2 Nr. 4 VOB/B: Selbstübernahme von (Teil-)Leistungen durch den Auftraggeber | 93 |
| C. Gegenstand und Umfang der Pauschalierung – Preis und/oder Leistung? | 20–49 | 2. § 2 Nr. 5 VOB/B: Änderung des Bauentwurfs und andere Anordnungen des Auftraggebers | 95 |
| I. Primär Pauschalierung des Preises (Pauschalsumme) | 24 | 3. § 2 Nr. 6 VOB/B: Im Vertrag nicht vorgesehene Leistungen (Zusatzleistungen) | 99 |
| II. Pauschalierung der Leistung grundsätzlich nur in Bezug auf die Massen/Mengen | 26 | III. Berechnung der Mehr- oder Minderkosten beim Pauschalvertrag | 100 |
| III. Die verschiedenen Typen von Pauschalverträgen | 30 | 1. Abrechnung nach Einheitspreisen | 101 |
| 1. Der normale oder einfache Pauschalvertrag | 31 | 2. Bisherige Preisermittlungsgrundlagen bleiben maßgebend | 103 |
| 2. Der erweiterte Pauschalvertrag | 42 | 3. Pauschalabschlag entsprechend der ursprünglichen Vereinbarung | 106 |
| 3. Der totale Pauschalvertrag = Globalpauschalvertrag | 45 | IV. Darlegungs- und Beweislast | 107 |
| D. Unveränderbarkeit des Pauschalpreises nur im Umfang der Risikoübernahme (Abs. 1 Satz 1) | 50–84 | F. Pauschalpreisvereinbarung für Teile der Leistung (Abs. 3) | 108, 109 |
| I. Umfang der Unveränderbarkeit des Pauschalpreises unterschiedlich | 52 | G. Abrechnung des gekündigten Pauschalvertrages | 110, 111 |
| II. Wegfall oder Änderung der Geschäftsgrundlage als Grenze (Abs. 1 Satz 2) | 55 | H. Verjährung des Vergütungsanspruchs beim Pauschalvertrag | 112–115 |
| 1. Gesamtbetrachtung erforderlich | 64 | I. Ausschluss oder Änderung der Pauschalpreisregelungen des § 2 Nr. 7 | 116–124 |
| 2. Mehr- oder Minderkostenausgleich auf Verlangen | 69 | I. Ausschluss oder Änderung durch Allgemeine Geschäftsbedingungen (AGB) | 118 |
| a) Klagbarer Rechtsanspruch | 70 | | |
| b) Berücksichtigung der Mehr- oder Minderkosten | 72 | II. Ausschluss oder Änderung durch Individualvereinbarung | 123 |
| c) Bisherige Preisermittlungsgrundlagen bleiben maßgebend (Abs. 1 Satz 3) | 77 | J. Mengenminderung und Gewährleistung | 124 |
| d) Pauschalabschlag entsprechend der ursprünglichen Vereinbarung | 78 | | |

Jansen

## § 2 Nr. 7 Vergütung beim Pauschalvertrag

## A. Allgemeines

1   Nach § 2 Nr. 7 Abs. 1 VOB/B bleibt, wenn als Vergütung der Leistung eine Pauschalsumme vereinbart ist, die Vergütung **unverändert** (Satz 1). Nur wenn die ausgeführte Leistung von der vertraglich vorgesehenen Leistung so erheblich abweicht, dass ein Festhalten an der Pauschalsumme **nicht zumutbar** ist (§ 313 BGB), kann ein Ausgleich unter Berücksichtigung der Mehr- oder Minderkosten verlangt werden (Satz 2), wobei von den Grundlagen der Preisermittlung auszugehen ist (Satz 3).

2   Jedoch gilt dies primär nur oder vor allem für **quantitative** Leistungsabweichungen in Form bloßer Massen- bzw. Mengenänderungen[2] bei ansonsten gleich bleibender Leistung und gleich bleibendem Leistungsziel, während bei **qualitativen** Leistungsabweichungen durch Eingriffe des Auftraggebers die dafür geltenden Sonderregelungen

– **§ 2 Nr. 4 VOB/B:**
   Selbstübernahme von (Teil-)Leistungen durch den Auftraggeber
– **§ 2 Nr. 5 VOB/B:**
   Änderung des Bauentwurfs und andere Anordnungen des Auftraggebers
– **§ 2 Nr. 6 VOB/B:**
   Im Vertrag nicht vorgesehene Leistungen (Zusatzleistungen)

nach der ausdrücklichen Bestimmung in § 2 Nr. 7 Abs. 2 (früher Abs. 1 Satz 4) VOB/B „unberührt" bleiben.[3] Daneben gelten für den Pauschalvertrag auch ohne ausdrückliche Erwähnung zusätzlich auch § 2 Nr. 8[4] und § 2 Nr. 9 VOB/B.

3   Diese Regelung ist erst durch die **Neufassung 1973** in die VOB/B eingeführt worden.[5] Sie soll zum Ausdruck bringen, was bereits vorher der Rechtsprechung entsprach,[6] doch war ein Ausgleich für Leistungsabweichungen auch in den Fällen des § 2 Nr. 4 bis 6 VOB/B bis dahin nur bei Unzumutbarkeit durch eine Preisänderung bzw. -anpassung im Rahmen von Treu und Glauben nach den Grundsätzen über Wegfall oder Änderung der Geschäftsgrundlage möglich und hierauf beschränkt.[7] Das ist insbesondere bei Heranziehung der älteren Rechtsprechung[8] zur Anwendung und Auslegung von § 2 Nr. 4 bis 6 im Rahmen von Pauschalverträgen zu beachten.[9]

4   Der Zusatz in § 2 Nr. 7 Abs. 2, dass § 2 Nr. 4 bis 6 VOB/B auch bei Vereinbarung einer Pauschalsumme gelten, ist mit Abstand der wichtigste Teil der ganzen Bestimmung und weitaus bedeutsamer als der oft überinterpretierte Grundsatz der Unveränderbarkeit des vereinbarten Pauschalpreises bis zur Grenze von Wegfall oder Änderung der Geschäftsgrundlage.

5   Die Vorschrift nimmt Bezug auf die im Rahmen der Schuldrechtsreform erfolgte Kodifizierung der von der Rechtsprechung entwickelten Grundsätze zum Wegfall der Geschäfts-

---

[2] So am deutlichsten *Nicklisch/Weick* VOB/B § 2 Rdn. 77: „Die Regel, dass der Pauschalpreis nicht geändert wird, gilt vor allem für Mengenabweichungen"; vgl. auch *Ingenstau/Korbion/Keldungs* VOB/B § 2 Nr. 7 Rdn. 2 ff.; *Heiermann/Riedl/Rusam* VOB/B § 2 Rdn. 142; *Kapellmann/Messerschmidt-Kapellmann* VOB/B § 2 Rdn. 233 ff.; *Werner/Pastor* Rdn. 1179 ff.
[3] *Kniffka* IBR-online-Kommentar zum Bauvertragsrecht Stand 4. 1. 2007 § 631 Rdn. 316, 318.
[4] BGH NZBau 2001, 496.
[5] Vgl. *Kapellmann/Messerschmidt-Kapellmann* VOB/B § 2 Rdn. 232.
[6] OLG Düsseldorf Betr 1978, 88; *Heiermann/Riedl/Rusam* VOB/B § 2 Rdn. 142 ff.
[7] Vgl. *Nicklisch/Weick* VOB/B § 2 Rdn. 79.
[8] Z. B. BGH BauR 1971, 124 = *Schäfer/Finnern* Z 2301 Bl. 35 (insoweit in BGHZ 55, 198 = NJW 1971, 615 nicht abgedruckt); BGH BauR 1972, 118 = *Schäfer/Finnern* Z 2301 Bl. 42; BGH NJW 1974, 1864 = BauR 1974, 416.
[9] BGHZ 80, 257 = NJW 1981, 1442, 1444 = BauR 1981, 388, 390 = ZfBR 1981, 170 betrifft zwar schon einen der VOB/B 1973 unterliegenden Fall, behandelt im Kern aber ein anderes Problem, nämlich das der Beweislast für das Vorliegen eines Einheitspreisvertrages, wenn der Auftraggeber die Vereinbarung einer niedrigeren Pauschalsumme behauptet. Im Übrigen stützt sich diese Entscheidung lediglich in einem obiter dictum auf die frühere Rechtsprechung (vgl. oben Rdn. 872), d. h. „mehr beiläufig (oder versehentlich)", wie *Bühl* zutreffend meint, Anm. zu OLG Nürnberg ZfBR 1987, 155.

grundlage, § 313 BGB. Der DVA hat damit zwar die gesetzliche Neuregelung in § 313 BGB endlich zur Kenntnis genommen. Gleichwohl bleiben aber erhebliche Probleme. *Micklitz*[10] beanstandet, dass § 2 Nr. 7 VOB/B in der derzeit geltenden Fassung mit dem Transparenzgebot des § 307 Abs. 1 S. 2 BGB/Richtlinie 93/13/EWG vom 5. 4. 1993 nicht zu vereinbaren sei, weil der Vertragspartner nicht über das in § 313 Abs. 3 BGB vorgesehene Recht zur Lösung vom Vertrag informiert werde. Die Regelung verstoße auch gegen § 307 Abs. 2 Nr. 1 BGB da die gänzliche Versagung eines Lösungsrechtes vom Vertrag zu einer unangemessenen Benachteiligung des Vertragspartners führe. Dem ist jedenfalls im Ergebnis zuzustimmen. Ob und unter welchen Voraussetzungen der Auftraggeber nach § 2 Nr. 7 VOB/B vom Vertrag zurücktreten bzw. kündigen kann, war in Rechtsprechung und Literatur auch vor Inkrafttreten des Schuldrechtsmodernisierungsgesetzes am 1. 1. 2002 nicht abschließend geklärt. Insoweit wird auf die nachfolgenden Ausführungen unter Rdn. 81 ff. verwiesen, die nach wie vor gelten und den Gesetzgeber zu einer entsprechenden gesetzlichen Neuregelung in § 313 Abs. 3 BGB veranlasst haben. Auch wenn man aber der unter Rdn. 81 ff. dargelegten Auffassung folgt, dass § 2 Nr. 7 VOB/B in Ausnahmefällen auch eine Lösung vom Vertrag ermöglicht, ist ein klarer Verstoß gegen das Transparenzgebot des § 307 Abs. 1 S. 2 BGB darin zu sehen, dass der DVA die von dem Gesetzgeber für erforderlich gehaltene Neuregelung nicht klarstellend in den Text der Vorschrift übernommen hat. Der verständige, informierte und kritische Normalbauherr kann auch bei Anspannung aller ihm zu unterstellenden Fähigkeiten und Kenntnisse aus der Vorschrift nicht entnehmen, dass er jedenfalls in Ausnahmefällen vom Vertrag zurücktreten bzw. kündigen kann.

## B. Begriff, Wesen und Rechtsnatur des Pauschalvertrages

Hierzu wird zunächst auf das zu § 2 Nr. 2 VOB/B Gesagte verwiesen. Wie dort erwähnt, kann ein Pauschalvertrag auch dann vorliegen, wenn das Angebot nach **Einheitspreisen** aufgemacht und bei der Auftragserteilung lediglich der Angebotsendpreis geringfügig auf- oder **abgerundet** worden ist. Soll es im Übrigen bei dem Angebot verbleiben und nach Ausführung der Arbeiten nach Aufmaß abgerechnet werden, liegt ein Einheitspreisvertrag mit „reduziertem Gesamteinheitspreis" vor; bei der späteren Abrechnung sind die angebotenen Einheitspreise dem eingeräumten Nachlass entsprechend zu kürzen.[11] Haben die Parteien aber gleichzeitig den Leistungsumfang pauschalieren wollen und sind sie sich deshalb darüber einig, dass nach Ausführung der Arbeiten nicht nach Aufmaß abgerechnet werden soll, liegt ein Pauschalvertrag vor.[12]   6

Im Übrigen bestehen über Begriff, Wesen und Rechtsnatur des Pauschalvertrages aber erhebliche Unklarheiten. Diese haben ihren Grund in erster Linie darin, dass das BGB und die VOB[13] keine Definition des Begriffes „Pauschalvertrag" enthalten, obwohl dieser Vertragstyp für die Baupraxis große Bedeutung hat. In § 2 Nr. 2 und Nr. 7 VOB/B werden die in Rechtsprechung und Literatur entwickelten Grundsätze vielmehr stillschweigend als gegeben vorausgesetzt, obwohl viele Einzelfragen ungeklärt bzw. umstritten sind und die vielfältigen Erscheinungsformen, in denen Pauschalverträge in der Praxis zu finden sind, eine genauere Regelung wünschenswert erscheinen lassen.   7

---

[10] *Micklitz*, Die Richtlinie 93/13/EWG der Europäischen Gemeinschaften vom 5. 4. 1993 über missbräuchliche Klauseln in Verbraucherverträgen und ihre Bedeutung für die VOB Teil B, S. 88 ff.
[11] *Werner/Pastor* Rdn. 1181.
[12] *Ingenstau/Korbion/Keldungs* VOB/B § 2 Nr. 7 Rdn. 10; KG IBR 2003, 343 mit Anm. *Schulze-Hagen* und OLG Celle IBR 2003, 231 zum Abschluss eines Pauschalvertrages durch „Komplettheitsvereinbarung" nach vorhergehenden Verhandlungen auf der Basis eines Einheitspreisangebotes.
[13] Dazu *Kapellmann/Messerschmidt-Kapellmann* VOB/B § 2 Rdn. 232.

## I. Abgrenzung zum „Festpreisvertrag"

8   Häufig wird eine vereinbarte Pauschalsumme auch oder zusätzlich als „Festpreis" bezeichnet. Ein derartiger „Festpreisvertrag" stellt jedoch keinen besonderen Vertragstyp neben dem Einheitspreisvertrag und dem Pauschalvertrag dar. Vielmehr ist, sofern keine Lohn- und/oder Materialpreisgleitklausel vereinbart ist, die auch beim Pauschalvertrag Preisänderungen zulässt, jeder Preis von Natur aus **Festpreis,** beim Einheitspreisvertrag ebenso wie bei Pauschalvertrag und beim Stundenlohnvertrag. Dass ohne Vereinbarung einer Lohn- und/oder Materialpreisgleitklausel **Lohn- und Materialpreiserhöhungen** „keinen Anspruch auf Preisänderungen begründen"[14] und den vereinbarten „Pauschalpreis in der Regel nicht beeinflussen",[15] ist deshalb keine Besonderheit des Pauschalvertrages, sondern gilt beim Einheitspreisvertrag in gleicher Weise.

9   Ebenso rechtfertigen derartige Lohn- und Materialpreiserhöhungen regelmäßig nicht die Berufung auf Wegfall oder Änderung der Geschäftsgrundlage gemäß § 313 BGB[16] (→ Vor § 2 Rdn. 221 ff.). Auch das gilt jedoch gleichermaßen für den Einheitspreisvertrag wie für den Pauschalvertrag und unabhängig davon, ob der vereinbarte Preis, hier die Pauschalsumme, (zusätzlich) als Festpreis bezeichnet ist. Umgekehrt kann man nicht generell sagen, dass bei Bezeichnung bzw. Vereinbarung eines Pauschalpreises als „Festpreis" der Auftragnehmer sich kaum noch/überhaupt nicht mehr auf Wegfall oder Änderung der Geschäftsgrundlage berufen kann. Das hängt letztlich davon ab, was die Parteien mit der Bezeichnung „Festpreis" zum Ausdruck bringen wollten. Die Bezeichnung als „Festpreis" stellt nur klar, dass **Preis- oder Kostenveränderungen** unberücksichtigt bleiben sollen, betrifft aber nicht etwaige Leistungsveränderungen, soweit diese im vorstehenden Zusammenhang eine Rolle spielen.

10   Vielfach ist, wenn ein Pauschalpreis als „Festpreis" bezeichnet wird, nichts anderes als ein **Pauschalvertrag** gemeint, weil der Festpreisvertrag kein besonderer Vertragstyp ist und beide Begriffe – Pauschalpreis und Festpreis – in der Praxis synonym nebeneinander verwendet werden. Grundsätzlich ist jeder Preis von Natur aus Festpreis, was aber in der Praxis – vor allem bei juristischen Laien – weitgehend unbekannt ist. Deshalb besagt die zusätzliche Bezeichnung eines Pauschalpreises als „Festpreis" zumeist nicht mehr, als ohne diesen Zusatz auch schon gilt, nämlich dass mangels entsprechender Preisvorbehalte Lohn- und Materialpreissteigerungen wie auch Mehrwertsteuererhöhungen nicht geltend gemacht werden können, ihre Berücksichtigung also ausgeschlossen ist.

## II. Ermittlung der abgegoltenen Leistung wie beim Einheitspreisvertrag (§ 2 Nr. 1 VOB/B)

11   Kein Sonderproblem des Pauschalvertrages ist des Weiteren die Bestimmung der „vertraglich vorgesehenen Leistung", für die gem. § 2 Nr. 7 Abs. 1 Satz 1 VOB/B „als Vergütung ... eine Pauschalsumme vereinbart" worden ist, denn nach § 2 Nr. 1 VOB/B werden generell – beim Einheitspreisvertrag wie beim Pauschalvertrag – durch die vereinbarten Preise, also auch durch die als Vergütung vereinbarte Pauschalsumme, alle Leistungen abgegolten, die nach der Leistungsbeschreibung, den Besonderen Vertragsbedingungen (BVB), den Zusätzlichen Vertragsbedingungen (ZVB), den Zusätzlichen Technischen Vertragsbedingungen (ZTV), den Allgemeinen Technischen Vertragsbedingungen für Bauleistungen (ATV = VOB/C) und der gewerblichen Verkehrssitte zur vertraglichen Leis-

---

[14] *Nicklisch/Weick* VOB/B § 2 Rdn. 77.
[15] *Heiermann/Riedl/Rusam* VOB/B § 2 Rdn. 143 unter Hinweis auf BGH *Schäfer/Finnern* Z 2301 Bl. 22.
[16] BGH BB 1964, 1397 = WM 1964, 1253; OLG Hamburg BB 1970, 688; OLG Düsseldorf Betr 1978, 88.

tung gehören.[17] Insoweit wird auf das zu § 2 Nr. 1 VOB/B Gesagte verwiesen (dort Rdn. 1 ff.).

Insbesondere werden nach „der für den betreffenden Fall maßgebenden **gewerblichen Verkehrssitte**",[18] beim Pauschalvertrag durch die als Vergütung vereinbarte Pauschalsumme nicht mehr – und nicht weniger – Leistungen abgegolten als beim Einheitspreisvertrag. Gleiches gilt bei Vereinbarung „schlüsselfertiger",[19] „fix und fertiger" oder" kompletter"[20] Leistung[21] (dazu ausführlich → § 2 Nr. 1 Rdn. 44 ff.). Das alles sind keine Kriterien, aus denen sich bei Vereinbarung einer Pauschalsumme Besonderheiten und **weitergehende Leistungspflichten** als bei einem Einheitspreisvertrag ergeben. Deshalb ist es keine Besonderheit des Pauschalvertrages, dass ein Generalunternehmer, der sich für einen **Pauschalfestpreis** zur Errichtung einer Lagerhalle und zur Ausführung aller Arbeiten, Leistungen und Lieferungen verpflichtet hat, „die zur vollständigen schlüsselfertigen Herstellung des Objektes erforderlich sind", nach OLG Düsseldorf[22] auf der Betonbodenplatte eine Nutzschicht aus Estrich oder Kunstharz aufzubringen hat. 12

Zwar spricht der BGH[23] in diesem Zusammenhang auch von dem „in der Pauschalpreisabrede" liegenden **Risiko**, doch lag dies in dem entschiedenen Fall nicht so sehr daran, dass eine komplette Leistung vereinbart war und der dortige Kläger schon auf Grund der Vergabeverhandlung aus den Vorbemerkungen des Leistungsverzeichnisses wusste, „dass er eine komplette Heizungsanlage einschließlich aller erforderlichen Sicherheitseinrichtungen zu installieren hatte". Entscheidend war vielmehr, dass der Kläger die Möglichkeit hatte, 13

„sich über Art und Umfang der Leistungen zu unterrichten. Wenn er bei dieser Sachlage erst nach Vertragsschluss feststellte, dass die Herstellung einer funktionsfähigen Anlage umfangreichere Leistungen erforderte, als er zunächst angenommen hatte, verwirklichte sich lediglich sein in der Pauschalpreisabrede liegendes Risiko".

Das hätte jedoch bei Vereinbarung von Einheitspreisen in gleicher Weise gegolten und war ebenfalls keine Besonderheit des Pauschalvertrages, weil auch beim Einheitspreisvertrag nur nicht erkennbare Unklarheiten, Unrichtigkeiten und/oder Unvollständigkeiten der Leistungsbeschreibung Schadensersatzansprüche aus §§ 280 Abs. 1, 311 Abs. 2 und 3 BGB (c. i. c.) und Nachforderungsmöglichkeiten aus § 2 Nr. 4 bis 6 VOB/B eröffnen, bei erkennbar unklarer, unrichtiger oder unvollständiger Leistungsbeschreibung dagegen beim Pauschalvertrag wie beim Einheitspreisvertrag Nachforderungen grundsätzlich ausgeschlossen sind.[24] 14

### III. Keine Abrechnung nach Aufmaß (§ 2 Nr. 2 VOB/B)

Seiner Rechtsnatur nach ist der Pauschalvertrag ebenso wie der Einheitspreisvertrag **Leistungsvertrag** (vgl. § 5 Nr. 1 VOB/A), also ein Vertrag, bei dem die Vergütung – anders als beim Stundenlohnvertrag (Zeitvertrag) – nach Leistung bemessen wird. 15

---

[17] Das betrifft insbesondere die ohnehin geschuldeten Nebenleistungen: VOB/Stelle Sachsen-Anhalt IBR 2003 mit Anm. *Schulze-Hagen* zu Arbeits- und Schutzgerüsten bei Betonarbeiten nach DIN 18331; OLG Naumburg IBR 2003, 59 mit Anm. *Englert* zu Unfallverhütungsmaßnahmen nach DIN 18299 Abschnitt 4.1.4; OLG Celle IBR 2003, 121 mit Anm. *Steiger* zum Notdach bei der Ausführung von Dachdeckerarbeiten; instruktiv der „Brückenkappenfall" BGH NZBau 2002, 324 = BauR 2002, 935 mit Anm. *Keldungs* BauR 2002, 1247, *Quack* BauR 2002, 1248 und *Asam* BauR 2002, 1248; dazu weiter *Quack* BauR 2003, 26 und ZfBR 2003, 315 und 2005, 427; *Motzke* NZBau 2002, 641, 644; *Schwenker* IBR 2003, 289; *Moufang/Klein* Jahrbuch Baurecht 2004, 31; *Markus* Jahrbuch Baurecht 2004, 1; *Kapellmann* NJW 2005, 182.
[18] *Ingenstau/Korbion/Vygen* VOB/B Einl. Rdn. 42 und *Ingenstau/Korbion/Keldungs* VOB/B § 2 Nr. 7 Rdn. 25.
[19] *Ingenstau/Korbion/Keldungs* VOB/B § 2 Nr. 7 Rdn. 25.
[20] BGHZ 80, 257 = NJW 1981, 1442, 1444 = BauR 1981, 388, 390 = ZfBR 1981, 170: „komplette" Heizungsanlage, wobei der BGH zusätzlich einen Pauschalvertrag angenommen hat, weil der Auftragnehmer die Vereinbarung eines Einheitspreisvertrages nicht beweisen konnte, doch hätte der Abgeltungsumfang der Vergütung dann kaum anders sein können.
[21] Vgl. dazu auch OLG Düsseldorf BauR 1989, 483.
[22] NJW-RR 1996, 532 = BauR 1996, 150 L.
[23] BGHZ 80, 257 = NJW 1981, 1442, 1444 = BauR 1981, 388, 390 = ZfBR 1981, 170.
[24] *Heiermann/Riedl/Rusam* VOB/B § 2 Rdn. 147.

## § 2 Nr. 7                                                                               Vergütung beim Pauschalvertrag

Jedoch unterscheidet sich der Pauschalvertrag vom Einheitspreisvertrag wesensmäßig dadurch, dass – von Leistungsänderungen und Zusatzleistungen abgesehen, eine unveränderte Leistung also unterstellt – die erbrachten Leistungen nach Fertigstellung nicht aufgemessen und nicht – wie beim Einheitspreisvertrag – die „tatsächlich ausgeführten Leistungen" abgerechnet werden (§ 2 Nr. 2 VOB/B).[25] Vielmehr bleibt die Vergütung so, wie sie bei Vertragsschluss festgelegt und vereinbart worden ist, für die „vertraglich vorgesehene Leistung" unverändert (§ 2 Nr. 7 Satz 1 und 2 VOB/B), auch wenn die tatsächlich erbrachten Leistungen massen- bzw. mengenmäßig hiervon abweichen.[26] Es werden also nur die bei Vertragsschluss zugrunde gelegten Massen und (Leistungs-)Mengen vergütet. Für sie wird die Vergütung durch Verzicht auf ein späteres Aufmaß pauschaliert, d. h. anschließende **Veränderungen der Massen und Mengen der Vordersätze** bleiben unberücksichtigt. In diesem Sinne hat das OLG Stuttgart[27] angenommen, dass keine Leistungsänderung i. S. von § 2 Nr. 5 und auch keine Zusatzleistung nach § 2 Nr. 6 VOB/B vorliegt, wenn bei einer Gesamtauftragssumme von 1,2 Mio. DM in Abweichung vom Leistungsverzeichnis, das lediglich **einen** Einbaukühlschrank vorsah, auf Grund nachgereichter Pläne und Einrichtungslisten ein **zweiter** Kühlschrank für netto 14 500,– DM eingebaut werden musste. Die Erhöhung des Leistungsumfangs von einem auf zwei Stück Kühlschränke sei vielmehr eine bloße Massenerhöhung und als solche beim Pauschalvertrag unbeachtlich. Tatsächlich war, weil die Massenerhöhung auf einer nachträglichen Planänderung gegenüber dem Leistungsverzeichnis beruhte, hier aber doch eher ein Fall von § 2 Nr. 5 oder 6 VOB/B gegeben, weshalb auch das OLG Stuttgart[28] die Mehrleistung im Ergebnis nicht unvergütet ließ. Denn es gab dem Auftragnehmer einen **Schadensersatzanspruch** aus c. i. c. wegen schuldhaft lückenhafter Leistungsbeschreibung, weil der Auftragnehmer die Mehrleistung anhand des Leistungsverzeichnisses nicht hatte erkennen können.

16     Der **Verzicht auf ein Aufmaß** der tatsächlich ausgeführten Leistungen in massen- bzw. mengenmäßiger Hinsicht macht das Wesen des Pauschalvertrages – im Gegensatz zum Einheitspreisvertrag – aus und hat gleichzeitig die Unanwendbarkeit von § 2 Nr. 3 VOB/B beim Pauschalvertrag zur Folge,[29] weil diese Vorschrift nur für den Einheitspreisvertrag gilt und nur dort eine Anpassung der Einheitspreise bei Massenveränderungen über 10% hinaus in Betracht kommt. Da derartige Massen- und/oder Mengenabweichungen beim Pauschalvertrag durch den Verzicht auf ein anschließendes Aufmaß nicht erfasst werden und somit unberücksichtigt bleiben, spielt auch die **10%-Klausel** des § 2 Nr. 3 VOB/B beim Pauschalvertrag keine Rolle.[30]

17     Durch die Vereinbarung der Vergütung nach den Massen/Mengen der vertraglich vorgesehenen Leistung und den Verzicht auf ein anschließendes Aufmaß der tatsächlich ausgeführten Leistungen stellt der Pauschalvertrag ein Risiko für beide Parteien dar. Sind die – im Zuge der Ausschreibung zumeist nur überschlägig ermittelten – Massen überhöht und für die tatsächliche Ausführung nicht in diesem Umfang erforderlich, ist dies zum Nachteil des Auftraggebers, der trotz des geringeren Aufwands des Auftragnehmers den vollen, zu hohen Pauschalpreis entrichten muss und allenfalls bei seinem Architekten **Regress** nehmen kann, wenn dieser vor Vereinbarung der Pauschalsumme schuldhaft die Massen nicht nochmals kontrolliert und auf das tatsächlich erforderliche Maß reduziert hat. Sind dagegen die Massen untersetzt und „würde z. B. ein nachträgliches Aufmaß bei unverändertem Leistungsziel größere Leistungsmengen ergeben", ist dies zum Nachteil des Auftragnehmers.

---

[25] *Heiermann/Riedl/Rusam* VOB/B § 2 Rdn. 143: „Eine Einzelabrechnung . . . nach Aufmaß entfällt".
[26] OLG Hamburg BB 1970, 688; *Heiermann/Riedl/Rusam* a. a. O.; ebenso *Ingenstau/Korbion/Keldungs* VOB/B § 2 Nr. 7 Rdn. 10: „gleichgültig, welchen tatsächlichen Aufwand in den Mengenansätzen (Vordersätzen)" die Leistung für den Auftragnehmer erforderlich macht.
[27] BauR 1992, 639.
[28] A. a. O.
[29] OLG Hamburg BB 1970, 688; *Ingenstau/Korbion/Keldungs* VOB/B § 2 Nr. 7 Rdn. 10.
[30] *Nicklisch/Weick* VOB/B § 2 Rdn. 77.

Denn dadurch „ändert sich grundsätzlich nichts an der vereinbarten Pauschale",[31] weil der Auftraggeber an diese **gebunden** ist und es keine Rolle spielt, ob er für die vertraglich vorgesehene Leistung „mehr oder weniger leistungsmäßigen Aufwand treiben musste, als ursprünglich veranschlagt war".[32]

Aus diesem Grunde ist bei Abschluss eines Pauschalvertrages und Vereinbarung einer Pauschalsumme für beide Parteien **Vorsicht** geboten und vorher eine möglichst genaue Überprüfung der vertraglich vorgesehenen Leistung in massen- und mengenmäßiger Hinsicht erforderlich. Insbesondere „der Auftragnehmer muss also besonders vorsichtig sein, bevor er sich auf eine Pauschalpreisabrede einlässt".[33] Das kann z. B. durch eine Pauschalpreisvereinbarung mit Anpassungsklausel bei Massenabweichungen geschehen. Denn wenn die Parteien auf Grund eines von Auftraggeber erstellten Leistungsverzeichnisses mit Mengenangaben eine „Pauschalpreisvereinbarung" unter dem Vorbehalt noch zu erfolgender „Massenprüfung durch den Auftragnehmer" getroffen und in einer besonderen Klausel vorgesehen haben, dass bei Massenabweichungen von mehr als 5% ein **neuer Pauschalpreis** zu vereinbaren ist, muss der Auftragnehmer zwar von seinem Recht anschließender Massenprüfung unverzüglich Gebrauch machen. Es sind dann aber sämtliche, die ursprünglich kalkulierten Werte übersteigenden Massen zu vergüten, nicht nur die 5% übersteigenden Mehrmassen.[34]

Gerade wegen des im Abschluss eines Pauschalvertrages liegenden Risikos für beide Parteien bestimmt § 5 Nr. 1 lit. b VOB/A, dass Bauleistungen nur „in geeigneten Fällen" für eine Pauschalsumme vergeben werden sollen, „wenn die Leistung nach Ausführungsart und Umfang genau bestimmt ... und mit einer Änderung bei der Ausführung nicht zu rechnen ist".

## C. Gegenstand und Umfang der Pauschalierung – Preis und/oder Leistung?

Wie bereits bei → § 2 Nr. 2 Rdn. 36 erwähnt, herrscht auch hierüber weitgehende Unklarheit. Ein Teil des Schrifttums sieht als Gegenstand der Pauschalierung nur den Preis.[35] Ein anderer Teil ist der Meinung, dass beim Pauschalvertrag nur die Leistung pauschaliert wird.[36]

Die überwiegende Meinung geht jedoch dahin, dass beim Pauschalvertrag „zumindest gleichrangig" sowohl die Leistung als auch der Preis pauschaliert werden.[37] Das ergebe sich „zwangsläufig aus der Grundstruktur des Pauschalpreises, nämlich der prinzipiellen Loslösung gerade der Vergütung von den Einzelheiten der bei Vertragsschluss festgelegten zu erbringenden Leistung".[38]

Letztlich spricht aber gerade das – die Loslösung der Vergütung von der vertraglich vereinbarten Leistung – eher dafür, dass **primär der Preis** pauschaliert wird. Wie wenig stichhaltig die von der einen oder anderen Meinung angeführten Argumente sind, zeigt insbesondere der Umstand, dass *Vygen* nahezu gleichzeitig beide letztgenannten Ansichten nebeneinander vertreten hat, nämlich einerseits:[39] „Daraus folgt, dass ein Pauschalvertrag im

---

[31] *Ingenstau/Korbion/Keldungs* VOB/B § 2 Nr. 7 Rdn. 10 ff., 13 ff.
[32] *Ingenstau/Korbion/Keldungs* a. a. O.
[33] *Ingenstau/Korbion/Keldungs* a. a. O.
[34] OLG Köln, NJW-RR 1995, 274 = BauR 1994, 803 L.
[35] So *Brandt* BauR 1982, 524; vgl. auch *Heiermann* BB 1975, 991.
[36] So *Kroppen* Schriftenreihe der Deutsche Gesellschaft für Baurecht e. V. Bd. 4 (1974) S. 5 ff. und ihm folgend *Vygen* ZfBR 1979, 133/134.
[37] *Ingenstau/Korbion/Keldungs* VOB/B § 2 Nr. 2 Rdn. 8 unter Hinweis auf *Riedl* ZfBR 1980, 1 ff. und *Heyers* BauR 1983, 297; *Werner/Pastor* Rdn. 1186; ebenso *Heiermann/Riedl/Rusam* VOB/B § 2 Rdn. 143 und diesen folgend *Vygen* BauR 1979, 375/76 sowie FS Locher S. 263/264; ähnlich im Ergebnis auch *Mauer* FS Korbion S. 311/112.
[38] So *Ingenstau/Korbion/Keldungs* a. a. O.
[39] ZfBR 1979, 133/34.

§ 2 Nr. 7 — Vergütung beim Pauschalvertrag

Grunde genommen gar nicht eine Pauschalierung des Angebotspreises zum Gegenstand hat, sondern eine Pauschalierung der Leistungen, die für einen bestimmten Preis erbracht werden sollen." Dagegen schreibt *Vygen* in demselben Jahr an anderer Stelle:[40] „Dieser Grundsatz beruht auf dem Wesen des Pauschalvertrages, bei dem auf der einen Seite der Preis und auf der anderen Seite die Mengen oder der Umfang der Einzelleistungen, die für den vereinbarten Pauschalpreis erbracht werden sollen, pauschaliert werden".

23  Ausgehend vom **Normaltyp des Pauschalvertrages,** wie er der VOB zugrunde liegt (vgl. § 5 Nr. 1 lit. b VOB/A), sind hinsichtlich Gegenstand und Umfang der Pauschalierung jedoch die nachstehend dargestellten Abstufungen und Differenzierungen erforderlich.

### I. Primär Pauschalierung des Preises (Pauschalsumme)

24  Wie schon der Wortlaut des § 2 Nr. 7 Abs. 1 VOB/B zeigt („... so bleibt die Vergütung unverändert"), wird im Normalfall, wenn für die vertraglich vorgesehene Leistung eine Pauschalsumme vereinbart wird, in erster Linie der Preis pauschaliert und als Endpreis festgeschrieben. Denn die vertraglich vorgesehene Leistung selbst soll sich nach § 5 Nr. 1 lit. b VOB/A ja gerade nicht ändern, weil die Vereinbarung einer Pauschalsumme hiernach nur erfolgen soll, wenn die Leistung nach Ausführungsart und Umfang **genau bestimmt** und mit einer Änderung bei der Ausführung nicht zu rechnen ist.

25  Deshalb bedarf es beim Pauschalvertrag – anders als beim Einheitspreisvertrag – zur Ermittlung der Pauschalsumme nach Ausführung der Leistung auch **keines Aufmaßes** und keiner spezifizierten Abrechnung (→ § 2 Nr. 2 Rdn. 35).

### II. Pauschalierung der Leistung grundsätzlich nur in Bezug auf die Massen/Mengen

26  Durch die Beschränkung der Vergütung auf die „vertraglich vorgesehene Leistung" und den Verzicht auf Aufmaß und Abrechnung der tatsächlich ausgeführten Leistung gem. § 2 Nr. 7 Abs. 1 VOB/B wird die Leistung beim Pauschalvertrag normalerweise nur insoweit pauschaliert, als quantitative Leistungsabweichungen in Form von Massenänderungen zwischen der vertraglich vorgesehenen und der tatsächlich ausgeführten Leistung bei unverändertem Leistungsziel unberücksichtigt bleiben.[41] Die Leistung wird also lediglich mengenmäßig im Sinne der bei Vertragsschluss zugrunde gelegten Vordersätze, d. h. hinsichtlich der dort angenommenen Massen pauschaliert.

27  Stehen die Massen noch nicht fest, weil die Pläne noch nicht vorliegen, z. B. die **Statik** für einen Bau oder eine Stahlkonstruktion, so ist es Sache des Auftragnehmers, die Massen zu ermitteln oder sein Risiko,[42] wenn er sich gleichwohl auf einen Pauschalpreis einlässt. Jedenfalls kann er sich „nicht nachträglich von einer dennoch getroffenen Pauschalpreisabrede mit der Begründung lossagen, die von ihm tatsächlich benötigte Stahlmenge sei weit größer" als bei Angebotsabgabe und Vertragsschluss angenommen.[43]

28  Dagegen betrifft die Pauschalierung im Normalfall nicht qualitative Leistungsabweichungen in Form von Leistungsänderungen und Zusatzleistungen, weil Leistungsinhalt und Leistungsziel normalerweise nicht pauschaliert werden, sondern die Pauschalierung der Leistung grundsätzlich nur so weit reicht, wie der dem Pauschalvertrag zugrunde gelegte

---

[40] BauR 1979, 375/76 sowie übereinstimmend damit FS Locher S. 263/264.
[41] Zum „Systemrisiko" *Grauvogl* NZBau 2002, 591.
[42] Nach BGH *Schäfer/Finnern* Z 2411 Bl. 28 ist die Vorstellung des Auftragnehmers über den Stahlbedarf deshalb auch nicht Vertragsgrundlage, so dass eine Berufung auf Wegfall oder Änderung der Geschäftsgrundlage ausscheidet (vgl. unten Rdn. 55 ff.).
[43] *Ingenstau/Korbion/Keldungs* VOB/B § 2 Nr. 7 Rdn. 13 ff.; ebenso im Ergebnis *Heiermann/Riedl/Rusam* VOB/B § 2 Rdn. 145 unter Hinweis auf *Thode* Seminar „Pauschalvertrag und schlüsselfertiges Bauen" S. 38.

Leistungsgegenstand qualitativ unverändert geblieben ist und mit der tatsächlich ausgeführten Leistung übereinstimmt, § 2 Nr. 7 Abs. 2 VOB/B.[44]

Das gilt jedenfalls für den der VOB zugrunde liegenden **Normaltyp** des Pauschalvertrages im Sinne von § 5 Nr. 1 lit. b VOB/A, von dem in der Praxis allerdings häufig abgewichen wird.

### III. Die verschiedenen Typen von Pauschalverträgen

Inwieweit außer dem Preis („Pauschalsumme") beim Pauschalvertrag auch die Leistung pauschaliert wird, hängt im Einzelnen vom Inhalt der Vereinbarungen der Parteien ab, die Leistungen des Auftragnehmers gegenüber dem in § 5 Nr. 1 lit. b VOB/A geregelten Normalfall natürlich auch erweitern können.

#### 1. Der normale oder einfache Pauschalvertrag = Detailpauschalvertrag

Dies ist der Normaltyp des Pauschalvertrages, wie er der VOB zugrunde liegt. *Motzke*[45] nennt ihn den „absoluten Idealtyp des Pauschalvertrages nach der VOB", *Kapellmann/Schiffers*[46] sprechen vom „Detail-Pauschalvertrag". Dieser Begriff hat sich inzwischen allgemein durchgesetzt. Bei diesem Typ des Pauschalvertrages stammen Planung und Ausschreibung vom Auftraggeber und entsprechen den Grundsätzen der VOB/A. Die Leistung ist im Sinne von § 9 VOB/A eindeutig beschrieben und, wie in § 5 Nr. 1 lit. b VOB/A verlangt, nach Ausführungsart und Umfang **genau bestimmt**, so dass mit Änderungen bei der Ausführung nicht zu rechnen ist.

Der Auftragnehmer trägt in diesen Fällen nur das Risiko quantitativer Leistungsänderungen in Bezug auf die dem Vertrag zugrunde gelegten und insoweit pauschalierten Massen bzw. Mengen. Dagegen begründen alle qualitativen Abweichungen von der Planung und Ausschreibung des Auftraggebers als Leistungsänderungen und/oder Zusatzleistungen grundsätzlich **Mehrvergütungsansprüche** gemäß § 2 Nr. 7 Abs. 2 i. V. m. § 2 Nr. 5/6 VOB/B. Dabei spricht nach Auffassung des OLG Brandenburg zugunsten des darlegungs- und beweispflichtigen Auftragnehmers die Vermutung, dass alle im Leistungsverzeichnis nicht festgelegten Leistungen im Zweifelsfall nicht mit dem Pauschalpreis abgegolten und daher gesondert zu vergüten sind.[47]

Etwas anderes gilt nur dann, wenn die Planung und/oder Ausschreibung des Auftraggebers **erkennbar unklar, unrichtig oder unvollständig** war und der Auftragnehmer insoweit seine Prüfungs- und Hinweispflicht verletzt hat. Dann fehlt es schon an einer Leistungsänderung oder Zusatzleistung im Sinne von § 2 Nr. 5/6 VOB/B, was aber beim Einheitspreisvertrag in gleicher Weise gilt und kein Sonderproblem des Pauschalvertrages ist (→ § 2 Nr. 1 Rdn. 19, → § 2 Nr. 5 Rdn. 16 und → § 2 Nr. 6 Rdn. 14).

In diesem Sinne ist die Entscheidung des BGH[48] zu verstehen, der bei vereinbarungsgemäß geschuldeter kompletter Heizungsanlage von vornherein **erkennbare Mehrleistungen** als das „in der Pauschalpreisabrede liegende Risiko" des Auftragnehmers bezeichnet hat (vgl. oben Rdn. 13/14).

In Abgrenzung dazu hat jedoch das OLG Düsseldorf[49] zutreffend entschieden: „Hat der Auftragnehmer keine „komplette" Leistung ohne Rücksicht auf den tatsächlichen Arbeitsumfang angeboten, sondern sein Angebot auf Grund eines detaillierten Leistungsverzeich-

---

[44] In der Neufassung der VOB/B 2006.
[45] Seminar „Vergütungsansprüche aus Nachträgen" S. 116.
[46] Bd. 2 Rdn. 5, 200–285.; dazu auch *Werner/Pastor* Rdn. 1189; *Ingenstau/Korbion/Keldungs* VOB/B § 2 Nr. 2 Rdn. 8; *Kapellmann/Messerschmidt-Kapellmann* VOB/B § 2 Rdn. 242; *MünchKomm/Soergel* § 631 Rdn. 215 a–c; *Roquette* NZBau 2001, 57; *Poetzsch-Heffter* ZfBR 2005, 324.
[47] OLG Brandenburg IBR 2003, 57 mit Anm. *Weyer*.
[48] BGHZ 80, 257 = NJW 1981, 1442, 1444 = BauR 1981, 388, 390 = ZfBR 1981, 170.
[49] BauR 1989, 483 unter Hinweis auf BGH a. a. O.

nisses gemacht, so werden darüber hinausgehende, später erforderlich werdende Zusatzleistungen (hier: im Leistungsverzeichnis nicht vorgesehene Rohrgräben bis zu 2 m Aushubtiefe ohne Verbau) vom Pauschalpreis nicht erfasst.[50]

35   In dem vom OLG Düsseldorf zitierten Urteil[51] hat der BGH eine nicht ausgeschriebene bzw. im Leistungsverzeichnis gestrichene Isolierung gegen drückendes Wasser (Druckwasserisolierung), die sich nach Auftreten von Mängeln im Rahmen der Mängelbeseitigung dann aber doch als erforderlich erwies, trotz Vereinbarung eines Pauschalpreises als vergütungspflichtige Zusatzleistung anerkannt. Denn wenn sie von vornherein ausgeschrieben gewesen wäre, hätte sie dem Auftragnehmer auch zusätzlich vergütet werden müssen, so dass diesem im Rahmen der Mängelbeseitigung aus dem Gesichtspunkt der **Vorteilsausgleichung** ein Zuschussanspruch in Höhe der Sowiesokosten[52] dieser Mängelbeseitigungsmaßnahme zustand.[53]

36   Denn wenn die Parteien beim Pauschalvertrag die geschuldete Leistung durch Angaben im Leistungsverzeichnis **näher bestimmt** haben, werden später geforderte Zusatzleistungen von dem Pauschalpreis nicht erfasst.[54] Entsprechend hatte der BGH[55] schon früher entschieden, dass „alle Arbeiten, die weder im Angebot enthalten noch zurzeit des Vertragsschlusses aus den Bauunterlagen ersichtlich waren", d. h. „alle nicht vorher festgelegten Leistungen ... im Zweifelsfall mit dem Pauschalpreis nicht abgegolten sein" werden, weil normalerweise eine „gänzliche Loslösung vom Angebot und dessen Unterlagen nicht gewollt" sein wird.

37   Zwar ist nach einer anderen Entscheidung des BGH[56] für den Auftragnehmer mit dem Abschluss eines Pauschalvertrages „stets ein gewisses **Risiko** verbunden, das er mit der Vereinbarung eines festen Preises bewusst in Kauf nimmt". Dieses Risiko ist jedoch, wie auch der BGH ausdrücklich hinzugefügt hat, „nach Treu und Glauben ... nicht unbegrenzt. Denn der Pauschalpreis, der auf Grund eines nach Einheitspreisen abgegebenen Angebotes gebildet worden ist, knüpft an im Einzelnen bestimmte Arbeiten an. Es kann nicht ohne weiteres angenommen werden, dass er für jede Leistung gelten soll ...". Dabei zeigen das Datum der Entscheidung und der Hinweis auf Treu und Glauben, dass seinerzeit die Neufassung des § 2 Nr. 7 Abs. 1 durch die VOB 1973 noch nicht vorlag, eine Regelung im Sinne des heutigen Absatz 2 also fehlte und deshalb auch Mehrvergütungsansprüche auf Grund von Leistungsänderungen und Zusatzleistungen, um die es dabei ging, nur nach den allgemeinen Grundsätzen über Wegfall oder Änderung der Geschäftsgrundlage nach § 242 BGB berücksichtigt werden konnten.

38   Außerdem muss das Risiko des Auftragnehmers, das dieser mit dem Abschluss eines Pauschalvertrages übernimmt, entsprechend dem jeweils vereinbarten Vertragstyp im Wege der Auslegung ermittelt und definiert werden, d. h. beim normalen oder einfachen Pauschalvertrag im vorstehenden Sinne, dass nur Massen- bzw. Mengenabweichungen im Bereich der vom Auftraggeber angegebenen Vordersätze sowie **erkennbare** Unklarheiten, Unrichtigkeiten oder Unvollständigkeiten von Planung und Ausschreibung zu Lasten des Auftragnehmers gehen.[57] Entsprechend beschränken auch *Ingenstau/Korbion*[58] das mit der Verein-

---

[50] OLG Düsseldorf a. a. O. unter Hinweis auf BGHZ 90, 344 = NJW 1984, 1676 = BauR 1984, 395 = ZfBR 1984, 173 (Druckwasserisolierung).

[51] BGHZ 90, 344 = NJW 1984, 1676 = BauR 1984, 395 = ZfBR 1984, 173.

[52] Für die der Auftragnehmer zudem Sicherheitsleistung verlangen kann: BGH a. a. O., vgl. auch OLG Hamm BauR 1991, 756 (Revision nicht angenommen durch Beschluss des BGH vom 20. 12. 1990 – VII ZR 58/90).

[53] Ebenso OLG Düsseldorf NJW-RR 1992, 23 = BauR 1991, 747: Auch bei einem Pauschalvertrag, wonach der Auftragnehmer den Um- und Neubau schlüsselfertig in einem vermietungsfähigen Zustand zu übergeben hat, ist der Aufwendungs- bzw. Schadensersatzanspruch des Auftraggebers um die Sowiesokosten zu kürzen, um die das Bauwerk bei ordnungsgemäßer Ausführung von vornherein teurer gewesen wäre.

[54] BGHZ 90, 344 = NJW 1984, 1676 = BauR 1984, 395 = ZfBR 1984, 173.

[55] BauR 1971, 124 = *Schäfer/Finnern* Z 2301 Bl. 35.

[56] BGH BauR 1972, 118 = *Schäfer/Finnern* Z 2301 Bl. 42 unter Hinweis auf BGH *Schäfer/Finnern* Z 2311 Bl. 5 und BGH BB 1964, 1397 = WM 1964, 1253.

[57] OLG Düsseldorf IBR 2003, 56 mit Anm. *Putzier*; in dem zugrunde liegenden Fall waren die besonders schwierigen Bodenverhältnisse aus dem bei Vertragsschluss vorliegenden geologischen Gutachten ersichtlich.

[58] *Ingenstau/Korbion/Keldungs* VOB/B § 2 Nr. 7 Rdn. 13 ff.

barung eines Pauschalpreises verbundene Risiko zutreffend im Wesentlichen auf „etwaige Fehlberechnungen im Leistungsverzeichnis, ... vor allem in den Vordersätzen." In diesem Sinne hat etwa das LG Köln[59] entschieden: „Der Auftragnehmer, der ein Pauschalpreisangebot abgibt, nimmt das Risiko etwaiger Fehlberechnungen nach dem Leistungsverzeichnis bewusst in Kauf. Dies gilt umso mehr, wenn einzelne Arbeiten und Lieferungen, die zur Fertigstellung gehören, nicht besonders im Leistungsverzeichnis aufgeführt sind, aber in den ebenfalls vorliegenden Plänen oder auch in sonstigen Umständen zu erkennen sind".

Ansonsten entspricht es jedoch gefestigter Rechtsprechung auch der Instanzgerichte, dass nach § 2 Nr. 7 Abs. 1 Satz 1 VOB/B nur solche Erschwernisse und Mehraufwendungen nicht berücksichtigt werden, die sich im Rahmen des **vertraglich festgelegten** Leistungsumfangs halten. Haben die Parteien die geschuldete Leistung durch Angaben im Leistungsverzeichnis näher bestimmt, so werden später angeforderte Zusatzarbeiten von dem Pauschalpreis nicht erfasst.[60] **39**

Ein Anspruch auf Änderung des vereinbarten Preises kann deshalb auch beim Pauschalvertrag gem. § 2 Nr. 7 Abs. 2 VOB/B i. V. m. § 2 Nr. 5 VOB/B immer dann geltend gemacht werden, wenn sich durch eine Änderung des Bauentwurfs oder andere Anordnung des Auftraggebers die Grundlagen des Preises (hier: des Pauschalpreises) geändert haben.[61] Gleiches gilt bei Zusatzleistungen entsprechend § 2 Nr. 7 Abs. 2 i. V. m. § 2 Nr. 6 VOB/B. Ebenso ist bei einem Abbruchvertrag eine Pauschalpreisvereinbarung dahin auszulegen, dass alle Mehrarbeiten, die weder im Angebot enthalten sind noch zurzeit des Vertragsschlusses aus den Bauunterlagen ersichtlich waren, gesondert zu vergüten sind.[62] **40**

Den Parteien ist es unbenommen, nach Verhandlungen auf der Grundlage eines Einheitspreisangebotes letztlich nicht einen Detailpauschalvertrag, sondern – durch zusätzliche „Komplettheitsvereinbarung" bzw. funktionale Bestimmung des Leistungszieles – einen Globalpauschalvertrag zu schließen (dazu unter 3.). Pauschalieren sie aber lediglich die Vergütung auf der Basis einer Leistungsbeschreibung mit Leistungsverzeichnis (mit Einzelpositionen), ist im Zweifel nicht davon auszugehen, dass allein durch die Bestätigung, die kompletten Leistungen zu einem Pauschalpreis zu erbringen, der Vertrag als Globalpauschalvertrag mit funktionaler Leistungsbeschreibung abgeschlossen wird.[63] **41**

### 2. Der erweiterte Pauschalvertrag

Dieser Typ des Pauschalvertrages findet sich in der Praxis häufig bei **Generalunternehmerverträgen** und in anderen Fällen, in denen der Auftraggeber nur die Planung beistellt, während die Aufstellung der Leistungsbeschreibung samt Leistungsverzeichnis und die gesamte Leistungsermittlung Sache des Auftragnehmers, d. h. diesem in eigener Verantwortung überlassen ist. **42**

In diesen Fällen wird, wie schon zu → § 2 Nr. 2 erwähnt, die Leistung des Auftragnehmers **weitergehend pauschaliert** als beim normalen (einfachen) Pauschalvertrag, weil dem Auftragnehmer außer dem lediglich quantitativen Risiko, dass sich die Massen bzw. Mengen der Vordersätze ändern können, auch das Risiko der Leistungsermittlung in **qualitativer** Hinsicht auferlegt wird. Die Pauschalierung der Leistung umfasst auch etwa erforderliche Leistungsänderungen und Zusatzleistungen gegenüber der Leistungsermittlung des Auftragnehmers, die im Rahmen des durch die Planung des Auftraggebers vorgegebenen Leistungsziels liegen, denn der Auftragnehmer muss die Leistung nach Inhalt und Umfang entspre- **43**

---

[59] BauR 1992, 123 L.
[60] So – unter Hinweis auf BGHZ 90, 344 = NJW 1984, 1676 = BauR 1984, 395 = ZfBR 1984, 173 – OLG Hamm BauR 1991, 756 (Revision nicht angenommen durch Beschluss des BGH vom 20. 12. 1990 – VII ZR 58/90).
[61] OLG Düsseldorf BauR 1991, 774; dies kann auch durch die gemeinsam vorgesehene, infolge der Änderung des Aushubmaterials aber mit zusätzlichen Kosten verbundene Verwendung dieses Aushubmaterials für eine Lärmschutzwand geschehen.
[62] OLG Hamm BauR 1992, 122 L.
[63] OLG Celle IBR 2003, 231 mit Anm. *Eschenbruch* (Revision nicht angenommen).

chend der Planung des Auftraggebers **vollständig und richtig** ermitteln. Vergisst er dabei etwas oder hält er eine bestimmte (Teil-)Leistung fälschlich für nicht erforderlich, so geht dies zu seinen eigenen Lasten, etwa eine entgegen der ursprünglichen Annahme später doch notwendig werdende Isolierung gegen drückendes Wasser, wie im Fall der dazu ergangenen BGH-Entscheidung.[64] Dass dort der Auftraggeber für die Mehrkosten aufkommen musste, lag daran, dass er die erforderliche Druckwasserisolierung – bewusst – nicht ausgeschrieben bzw. gestrichen hatte. Beim erweiterten Pauschalvertrag träfe dieses Risiko jedoch den Auftragnehmer.

44   Mehrvergütungsansprüche gem. § 2 Nr. 5 und 6 i. V. m. § 2 Nr. 7 Abs. 2 VOB/B sind beim erweiterten Pauschalvertrag nur möglich, wenn der Auftraggeber selbst die vorgegebene und der Leistungsermittlung des Auftragnehmers zugrunde liegende **Planung ändert** und dadurch Leistungsänderungen und/oder Zusatzleistungen erforderlich werden.

### 3. Der totale Pauschalvertrag = Globalpauschalvertrag[65]

45   Dieser Typ des Pauschalvertrages liegt regelmäßig vor bei Generalübernehmerverträgen und bei Verträgen mit funktionaler Leistungsbeschreibung bzw. Leistungsbeschreibung mit Leistungsprogramm nach § 9 Nr. 10 ff. VOB/A, bei denen dem Auftragnehmer auch die Planung obliegt.

46   Dadurch wird die Leistung des Auftragnehmers noch weitergehend **pauschaliert,** weil außer dem Risiko unrichtiger und/oder unvollständiger Massen- und Leistungsermittlung auch alle Unrichtigkeiten und Unvollständigkeiten der Planung selbst zu Lasten des Auftragnehmers gehen. Entsprechendes gilt bei sog. Sondervorschlägen und Nebenangeboten des Auftragnehmers.

47   In diesen Fällen ist mit dem vereinbarten Pauschalpreis alles abgegolten, was zur Erfüllung der gestellten Aufgabe in **planungs- und leistungsmäßiger** Hinsicht erforderlich ist und vom Auftragnehmer erbracht werden muss. Mehrvergütungsansprüche des Auftragnehmers wegen Leistungsänderungen und/oder Zusatzleistungen scheiden insoweit aus bzw. beschränken sich darauf, dass gegenüber der Planung und Leistungsermittlung des Auftragnehmers nachträgliche Eingriffe des Auftraggebers erfolgt sind, die Leistungsänderungen und/oder Zusatzleistungen zur Folge haben.

48   Einen besonders eindrucksvollen Fall hatte das OLG Düsseldorf[66] zu entscheiden: Ein Kölner Bekleidungshaus schrieb ein spektakuläres Bauvorhaben aus, für das ein italienischer Stararchitekt die Entwurfsplanung erst noch erstellen sollte. Der Auftragnehmer übernahm trotz dieser Unwägbarkeiten den Auftrag zu einem Pauschalpreis von 62 Mio. DM. Als die endgültige Planung dann vorgelegt wurde, fiel er aus allen Wolken, machte insgesamt 56 Nachträge geltend, kündigte den Vertrag und erklärte die Anfechtung wegen arglistiger Täuschung. Das OLG stellte auf Klage des Auftraggebers die Wirksamkeit des Vertrages fest und das zu Recht. Der Auftragnehmer ist bewusst das Risiko erheblicher Kostensteigerungen eingegangen, Kündigungs- oder Anfechtungsgründe waren nicht gegeben.

49   Hat der Auftragnehmer zunächst ein Angebot mit Leistungsverzeichnis abgegeben und haben die Parteien sodann nach längeren Verhandlungen die Leistung funktional beschrieben, kommt dem früheren Angebot mit Leistungsverzeichnis hinsichtlich des Umfangs der funktional beschriebenen und damit geschuldeten Leistung keine entscheidende Auslegungsbedeutung mehr zu.[67] Ähnlich liegt es, wenn die Parteien, die zunächst auf der Basis eines Einheitspreisangebotes verhandelt haben, letztlich eine „Komplettheitsverein-

---

[64] BGHZ 90, 344 = NJW 1984, 1676 = BauR 1984, 395 = ZfBR 1984, 173.
[65] Dazu *Kapellmann/Schiffers* Bd. 2 Rdn. 2 ff.; *Werner/Pastor* Rdn. 1189; *Ingenstau/Korbion/Keldungs* VOB/B § 2 Nr. 2 Rdn. 3, 10 ff.; *Kapellmann/Messerschmidt-Kapellmann* VOB/B § 2 Nr. 246; *Poetzsch-Heffter* ZfBR 2005, 324, 326; OLG Naumburg IBR 2007, 10 mit Anm. *Frank* (Nichtzulassungsbeschwerde zurückgewiesen).
[66] OLG Düsseldorf BauR 2003, 1572 = IBR 2003, 345 mit Anm. *Schulze-Hagen.*
[67] BGH BauR 1997, 464 = NJW 1997, 1772.

barung"⁶⁸ treffen mit Vorrang vor dem Detailleistungsverzeichnis. Sie haben dann im Ergebnis nämlich einen Globalpauschalvertrag geschlossen.⁶⁹ Das setzt aber voraus, dass sie tatsächlich unter Abweichung von der Leistungsbeschreibung einen derartigen Vertrag schließen wollten. Die bloße Pauschalierung der Vergütung auf der Basis einer Leistungsbeschreibung mit Leistungsverzeichnis (mit Einzelpositionen) verbunden mit der Bestätigung, die kompletten Leistungen zum Pauschalpreis erbringen zu wollen, rechtfertigt für sich allein im Zweifel diese Annahme nicht.⁷⁰

## D. Unveränderbarkeit des Pauschalpreises nur im Umfang der Risikoübernahme (Abs. 1 Satz 1)

Wie die vorstehenden Ausführungen gezeigt haben, wird die allenthalben hervorgehobene Unveränderbarkeit des Pauschalpreises, weil in § 2 Nr. 7 Abs. 1 Satz 1 VOB/B vorangestellt, als allgemeiner Grundsatz überbewertet. Jedenfalls ergibt er sich in dieser Allgemeinheit weder aus der „Rechtsnatur" des Pauschalvertrages noch aus seinem „Wesen"⁷¹ noch ist § 2 Nr. 7 Abs. 1 Satz 1 VOB/B „als umfassender Grundsatz für alle Änderungen des Leistungsinhalts oder der Umstände der Leistung des Auftragnehmers zu verstehen".⁷² 50

Vielmehr ist die Unveränderbarkeit des Pauschalpreises je nachdem, um welchen der vorgenannten Typen eines Pauschalvertrages es sich handelt, durchaus unterschiedlich und gilt zudem wegen der ausdrücklichen Ausklammerung von § 2 Nr. 4 bis 6 in § 2 Nr. 7 Abs. 2 VOB/B für Leistungsänderungen und Zusatzleistungen im Sinne dieser Vorschrift gerade nicht. 51

### I. Umfang der Unveränderbarkeit des Pauschalpreises unterschiedlich

Beim **normalen (einfachen) Pauschalvertrag/Detailpauschalvertrag,** wie er oben Rdn. 31 ff. behandelt worden ist, beschränkt sich die Unveränderbarkeit des Pauschalpreises auf etwaige Abweichungen der Massen bzw. Mengen der Vordersätze nach oben oder unten sowie die damit zusammenhängende Möglichkeit einer Anpassung der (Einheits-)Preise nach § 2 Nr. 3 VOB/B. Außerdem sind, was aber keine Besonderheit des Pauschalvertrages ist, Mehrvergütungsansprüche auf Grund erkennbarer Unklarheiten, Unvollständigkeiten und Unrichtigkeiten der Leistungsbeschreibung des Auftraggebers ausgeschlossen (oben Rdn. 31 ff.). 52

Beim **erweiterten Pauschalvertrag** erfasst die Unveränderbarkeit des Pauschalpreises auch Mehrleistungen (Leistungsänderungen und Zusatzleistungen), die im Rahmen des durch die Planung des Auftraggebers vorgegebenen Leistungsziels auf Grund unvollständiger oder unrichtiger Leistungsermittlung des Auftragnehmers erforderlich werden (oben Rdn. 42 ff.). 53

Beim **totalen Pauschalvertrag/Globalpauschalvertrag** trifft den Auftragnehmer darüber hinaus das volle Planungsrisiko, d. h. die Unveränderbarkeit des Pauschalpreises erstreckt sich auch auf alle Mehrleistungen (Leistungsänderungen und Zusatzleistungen), die auf Grund etwaiger Unvollständigkeit und/oder Unrichtigkeit der Planung des Auftragnehmers erforderlich werden, solange der Auftraggeber nicht durch nachträgliche Eingriffe diese ändert oder erweitert, oben Rdn. 45 ff.⁷³ 54

---

⁶⁸ BGH BauR 1984, 395; instruktiv auch KG IBR 2003, 343 (Olympiastadion) sowie OLG Brandenburg IBR 2007, 357.
⁶⁹ KG IBR 2003, 343 mit Anm. *Schulze-Hagen* (Revision nicht angenommen).
⁷⁰ OLG Celle IBR 2003, 231 mit Anm. *Eschenbruch* (Revision nicht angenommen).
⁷¹ *Heiermann/Riedl/Rusam* VOB/B § 2 Rdn. 142.
⁷² *Nicklisch/Weick* VOB/B § 2 Rdn. 76.
⁷³ Nur beispielhaft wird dazu aus der Fülle neuerer Entscheidungen hingewiesen auf: OLG Naumburg IBR 2007, 10; OLG Düsseldorf IBR 2007, 65; OLG Brandenburg IBR 2007, 357 mit Anm. *Schulze-Hagen*.

## II. Wegfall oder Änderung der Geschäftsgrundlage als Grenze (Abs. 1 Satz 2), § 313 BGB

55 Die Unveränderbarkeit des Pauschalpreises ist schon nach dem Vorgesagten nicht grenzenlos, sondern eingeschränkt auf den – je nach Vertragstyp unterschiedlichen – Umfang des vom Auftragnehmer übernommenen Risikos. Darüber hinaus findet sie nach § 2 Nr. 7 Abs. 2 Satz 2 VOB/B eine äußerste Grenze dadurch, dass der Auftragnehmer sich auf Wegfall oder Änderung der Geschäftsgrundlage – nunmehr geregelt in § 313 BGB – berufen kann, wenn „die ausgeführte Leistung von der vertraglich vorgesehenen Leistung so erheblich" abweicht, „dass ein Festhalten an der Pauschalsumme nicht zumutbar ist (§ 313 BGB)".[74]

56 Das kommt jedoch nur in seltenen Ausnahmefällen in Betracht, weil an die Voraussetzungen eines Wegfalls oder einer Änderung der Geschäftsgrundlage „strenge Anforderungen zu stellen" sind.[75] Dazu kann auf das verwiesen werden, was zu diesem Komplex bereits allgemein gesagt worden ist (→ Vor § 2 Rdn. 158 ff.). Haben die Parteien z. B. für den Einsatz eines Turmdrehkrans ein Pauschalentgelt vereinbart, kann für **Geräteüberstunden** und den Einsatz des Krans im Mehrschichtbetrieb keine Zusatzvergütung verlangt werden, weil die Pauschale unabhängig von den tatsächlichen Einsatzzeiten gilt und auch nach der Baugeräteliste der Einschichtbetrieb lediglich den Regelfall bildet.[76] Wird die in einem Einheitspreisangebot enthaltene Position für **Baustelleneinrichtungskosten** versehentlich nicht mitaddiert/in den Endpreis aufgenommen und wird dieser Fehler auch bei den anschließenden Verhandlungen über Minderungen und Mehrungen, die zu einer **Pauschalpreisabrede** führen, nicht erkannt und bereinigt, kann dem Unternehmer nicht im Wege ergänzender Vertragsauslegung dafür eine zusätzliche Vergütung zuerkannt werden, denn eine Lücke in der Vertragsregelung liegt nicht vor. Auch wegen externen Kalkulationsirrtums und Störung der Geschäftsgrundlage kommt eine Anpassung nur in besonders gelagerten Fällen in Betracht, da beim Pauschalvertrag selbst ein gemeinsamer Irrtum in der Preiskalkulation normalerweise **keine Preisanpassung** rechtfertigt.[77]

57 Insbesondere darf die Leistungsabweichung hiernach nicht im Rahmen des normalen, voraussehbaren Risikos des Auftragnehmers liegen,[78] wie dies z. B. beim Normaltyp des einfachen Pauschalvertrages bei Massenabweichungen im Rahmen der Vordersätze[79] und/ oder bei erkennbar unklarer, unvollständiger oder unrichtiger Leistungsbeschreibung des Auftraggebers der Fall ist, aber auch dann, wenn – beim erweiterten oder totalen Pauschalvertrag – der Auftragnehmer selbst die vom Auftraggeber gewünschte Leistung unrichtig und/oder unvollständig plant bzw. ermittelt.

58 Gleiches gilt, wenn das Risiko als solches zwar nicht voraussehbar war, der Auftragnehmer aber gegen die sich aus dieser Entwicklung „abzeichnenden Schäden rechtzeitig Vorsorge hätte treffen können", z. B. bei außergewöhnlichen Preissteigerungen durch frühzeitigen Materialeinkauf, wie der BGH im Falle der Ölpreissteigerung 1973 entschieden hat.[80]

59 Außerdem darf keine sonstige Lösungsmöglichkeit gegeben sein, weil auf die Grundsätze über Wegfall oder Änderung der Geschäftsgrundlage nur als **ultima ratio** zurückgegriffen werden kann (→ Vor § 2 Rdn. 177), wenn und soweit nicht „durch andere vertragliche Regelungen ... Abhilfe geschaffen wird"[81] oder durch Schadensersatzansprüche aus Ver-

---

[74] In der Fassung der VOB/B 2006; zu den Folgen der Neuregelung des Wegfalls der Geschäftsgrundlage in § 313 BGB *Kapellmann/Messerschmidt-Kapellmann* VOB/B § 2 Rdn. 288, die § 2 Nr. 7 Abs. 1 Satz 3 VOB/B nunmehr für unwirksam halten; siehe dazu auch Rdn. 5.
[75] *Ingenstau/Korbion/Keldungs* VOB/B § 2 Nr. 7 Rdn. 33; *Heiermann/Riedl/Rusam* VOB/B § 2 Rdn. 148.
[76] OLG Celle, BauR 1995, 118.
[77] BGH NJW-RR 1995, 1360 = BauR 1995, 842 = ZfBR 1995, 302.
[78] *Heiermann/Riedl/Rusam* VOB/B § 2 Rdn. 150.
[79] *Ingenstau/Korbion/Keldungs* VOB/B § 2 Nr. 7 Rdn. 10, 13 ff., 25 f; *Heiermann/Riedl/Rusam* a. a. O.
[80] BGH BB 1978, 1033.
[81] *Ingenstau/Korbion/Keldungs* VOB/B § 2 Nr. 7 Rdn. 10, 13 ff., 25 f; *Heiermann/Riedl/Rusam* VOB/B § 2 Rdn. 148.

Vergütung beim Pauschalvertrag § 2 Nr. 7

schulden beim Vertragsschluss (c. i. c.), positiver Vertragsverletzung – jetzt § 280 Abs. 1 BGB – oder Behinderung gem. § 6 Nr. 6 VOB/B ein Ausgleich möglich ist.[82]

Soweit *Heiermann/Riedl/Rusam*[83] in diesem Zusammenhang auch Preisanpassungs- und Mehrvergütungsansprüche nach § 2 Nr. 4 bis 6 VOB/B erwähnen, werden derartige Sachverhalte – Selbstübernahme von (Teil-)Leistungen durch den Auftraggeber, Leistungsänderungen und Zusatzleistungen – auf Grund der eigenständigen Regelung in § 2 Nr. 7 Abs. 2 VOB/B ohnehin nicht von der Unveränderbarkeit des Pauschalpreises erfasst. Demgemäß weisen *Ingenstau/Korbion*[84] zutreffend darauf hin, dass die Geschehensabläufe, die darunter zu bringen sind, nicht auch noch für den Rahmen der Änderung oder des Wegfalls der Geschäftsgrundlage in Betracht kommen können, da insoweit eine **besondere vertragliche Regelung** getroffen worden ist. Danach liegen diese Fälle von vornherein schon nicht im Rahmen des vom Auftragnehmer übernommenen Risikos, das durch die Möglichkeit einer Berufung auf Wegfall oder Änderung der Geschäftsgrundlage nach Treu und Glauben (§ 313 BGB) nur eine – äußerste – Obergrenze finden soll. **60**

Das ist insbesondere in Bezug auf die ältere Rechtsprechung[85] zu beachten, die auch die Fälle einer Selbstübernahme bzw. Herausnahme von (Teil-)Leistungen sowie Leistungsänderungen und Zusatzleistungen noch (allein) nach den allgemeinen Grundsätzen über Wegfall oder Änderung der Geschäftsgrundlage lösen musste, weil § 2 Nr. 7 Abs. 1 VOB/B einschließlich des früheren Satzes 4 („Nr. 4, 5 und 6 bleiben unberührt") – jetzt Absatz 2 – erst durch die VOB in der Fassung 1973 eingeführt und dadurch für diese Fälle „eine besondere vertragliche Regelung" geschaffen worden ist.[86] **61**

Ob diese Regelung „abschließend" ist oder „nicht als abschließende Regelung in dem Sinne zu verstehen (ist), dass neben den dort genannten Möglichkeiten jede weitere Anpassung des Pauschalvertrages auf Grund des § 242 BGB ausgeschlossen wäre",[87] mag auf den ersten Blick gleichgültig erscheinen, weil die allgemeinen Grundsätze über Wegfall oder Änderung der Geschäftsgrundlage gemäß § 313 BGB und § 2 Nr. 7 Abs. 1 Satz 2 VOB/B, der darauf verweist, sich letztendlich decken. Doch besteht gleichwohl ein Unterschied, weil die Möglichkeit einer Berufung auf Wegfall oder Änderung der Geschäftsgrundlage gem. § 2 Nr. 7 Abs. 1 Satz 2 auf die Fälle des § 2 Nr. 7 Abs. 1 Satz 1 VOB/B beschränkt ist, also darauf, dass (nur) für das speziell mit dem Abschluss eines Pauschalvertrages verbundene, je nach Typ unterschiedliche Risiko von Massen- und Leistungsänderungen der Pauschalpreis „unverändert bleibt". **62**

Daneben und darüber hinaus gibt es jedoch die nicht hiervon erfassten Fälle von **Preis- bzw. Kostenänderungen,** bei denen der vereinbarte Pauschalpreis schon nach allgemeinen Grundsätzen prinzipiell fest und unveränderlich ist, weil er – wie jeder andere Preis auch (Einheitspreis oder Stundenlohn) – von Natur aus Festpreis ist, d. h. Lohn- und Materialpreiserhöhungen schon aus diesem Grunde ausgeschlossen sind.[88] Wenn deshalb unvorhergesehene, außerhalb des noch als erträglich zu bezeichnenden Rahmens liegende Lohn- und Materialpreiserhöhungen auftreten, ist dies kein Anwendungsfall von § 2 Nr. 7 Abs. 1 Satz 2 VOB/B. Vielmehr kann hier Abhilfe nur nach den allgemeinen Grundsätzen über Wegfall oder Änderung der Geschäftsgrundlage gemäß § 313 BGB in Betracht kommen.[89] Insoweit wird auf Vor § 2 Rdn. 158 ff. verwiesen. **63**

---

[82] *Heiermann/Riedl/Rusam* a. a. O.
[83] VOB/B § 2 Rdn. 88 am Ende.
[84] *Ingenstau/Korbion/Keldungs* VOB/B § 2 Nr. 7 a. a. O.
[85] BGH BauR 1971, 124 = *Schäfer/Finnern* Z 2301 Bl. 35; BGH BauR 1972, 118 = *Schäfer/Finnern* Z 2301 Bl. 42; BGH NJW 1974, 1864 = BauR 1974, 416; OLG Düsseldorf Betr 1978, 78.
[86] So richtig *Ingenstau/Korbion/Keldungs* VOB/B § 2 Nr. 7 a. a. O.
[87] So *Nicklich/Weick* VOB/B § 2 Rdn. 74 (nicht abschließend).
[88] Sofern nicht eine Lohn- oder Materialpreisgleitklausel vereinbart ist, die auch beim Pauschalvertrag Preisänderungen zulässt, *Ingenstau/Korbion/Keldungs* VOB/B § 2 Nr. 7 Rdn. 39.
[89] So zutreffend *Nicklisch/Weick* VOB/B § 2 Rdn. 83.

## § 2 Nr. 7 Vergütung beim Pauschalvertrag

### 1. Gesamtbetrachtung erforderlich

64 Ansonsten ergeben sich im Rahmen von § 2 Nr. 7 Abs. 1 Satz 2 VOB/B bei Massen- bzw. Leistungsänderungen wie auch nach den allgemeinen Grundsätzen über Wegfall oder Änderung der Geschäftsgrundlage gemäß § 313 BGB im Falle von Preis- bzw. Kostenänderungen keine Unterschiede. In beiden Fällen ist für die Frage, ob ein Festhalten an der Pauschalsumme nach Treu und Glauben (§ 242 BGB) unzumutbar bzw. die Opfergrenze überschritten ist, nicht auf die Einzelne, von einer Preis- oder Leistungsänderung betroffene Position bzw. Teilleistung abzustellen, sondern auf ihr Verhältnis zu Gesamtpreis und Gesamtleistung, d. h. „auf den Umfang der Abweichung bei der gesamten Leistung oder dem Leistungsteil, für den der Pauschalpreis vereinbart ist".[90]

65 „Denn anders als beim Einheitspreisvertrag ist die Frage der Geschäftsgrundlage beim Pauschalvertrag nicht bereits für den Rahmen bestimmter Leistungspositionen der Beurteilung zugänglich, sondern nur hinsichtlich des **Gesamtvertrages,** also der für die vertragliche Gesamtleistung vereinbarten Pauschale".[91] Bei der solcherart erforderlichen Gesamtbetrachtung[92] kann auch eine ganz krasse Änderung bei einer Position bzw. Teilleistung im Rahmen der wirtschaftlichen Gesamtbelastung noch tragbar sein.[93]

66 Deshalb hat der BGH[94] eine 14 bis 15%-ige Lohnerhöhung während der Bauzeit nicht ausreichen lassen.[95] Ebenso ist eine Veränderung der Gesamtauftragssumme um 20% noch nicht als erheblich und unzumutbar angesehen worden.[96] Dagegen sollen nach OLG Düsseldorf[97] Mengenänderungen und Änderungen des Umfangs der Werkleistung beim Pauschalvertrag nach Treu und Glauben gem. § 2 Nr. 7 Abs. 1 VOB/B zu berücksichtigen sein, wenn zwischen der Gesamtbauleistung und dem Pauschalpreis ein unerträgliches Missverhältnis entsteht und im einzelnen Fall der **Risikorahmen** überschritten ist, den die Parteien durch den Pauschalvertrag bewusst eingegangen sind. Dieser soll hiernach im Allgemeinen bei einer **Überschreitung der Gesamtauftragssumme um 20%** liegen, wobei sich zu Lasten des Auftraggebers auswirke, wenn er – ihm zurechenbar – ein Leistungsverzeichnis aufgestellt hat, das zu geringe Massenansätze enthielt.

67 Weitergehend hat das OLG Zweibrücken[98] einen **Mehraufwand von 29% bei einer Position** ausreichen lassen, ohne die damit verbundene Gesamtmehrbelastung des Auftragnehmers zu prüfen. Dennoch ist das Urteil im Ergebnis richtig, weil bei dem gegebenen Sachverhalt (Sonderaufhängung eines Tores, die – wegen fehlender Betonstützen und Betonstürze – den für diese Position vorgesehenen/vereinbarten Preis von 12.381,99 DM um 3562,50 DM verteuerte) eine Leistungsänderung und/oder Zusatzleistung vorlag, die nach dem früheren § 2 Nr. 7 Abs. 1 Satz 4 – jetzt Abs. 2 – i. V. m. § 2 Nr. 5/6 VOB/B in jedem Fall einen Mehrvergütungsanspruch rechtfertigte.[99] Ähnlich hat der BGH[100] eine **Abweichung von 100%** bei zwei Positionen (und von 900% bei einer dritten Position) genügen lassen, obwohl die Mehrbelastung des Auftragnehmers insgesamt nur ca. 10% betrug. Das ist mit Recht als bedenklich bezeichnet worden,[101] rechtfertigt zumindest aber die Annahme,

---

[90] Kniffka IBR-online-Kommentar zum Bauvertragsrecht Stand 4. 1. 2007 § 631 Rdn. 265; *Nicklisch/Weick* VOB/B § 2 Rdn. 80; OLG Naumburg IBR 2007, 180 mit Anm. *Moufang*.
[91] *Ingenstau/Korbion/Keldungs* VOB/B § 2 Nr. 7 Rdn. 32.
[92] *Motzke* BauR 1992, 146 ff. spricht sehr plastisch von „Makro-Beurteilung", will diese allerdings generell beim Pauschalvertrag anwenden, d. h. auch im Rahmen von § 2 Nr. 7 Abs. 1 Satz 4 – jetzt Abs. 2 – für die Nachforderungsmöglichkeiten gem. § 2 Nr. 4 bis 6 VOB/B.
[93] *Ingenstau/Korbion/Keldungs* a. a. O.
[94] BB 1964, 1397 = WM 1964, 1253; dazu auch *Kniffka* a. a. O.
[95] Vgl. auch OLG Hamburg BB 1970, 688: Abweichung von 15% genügt nicht.
[96] BGH *Schäfer/Finnern* Z 2311 Bl. 5; OLG Naumburg IBR 2007, 180 mit Anm. *Moufang*.
[97] BauR 1995, 286 L.
[98] BauR 1989, 746.
[99] Einen solchen Fall betraf auch die a. a. O. zitierte Entscheidung des OLG München NJW-RR 1987, 598 = BauR 1987, 479 L, das selbst bei derartigen Leistungsveränderungen und/oder Zusatzleistungen fälschlich einen vom „Pauschalpreis gewöhnlich abgegoltenen Risikorahmen" von 20% angenommen hat.
[100] VersR 1965, 803.
[101] *Heiermann/Riedl/Rusam* VOB/B § 2 Rdn. 151.

dass eine **Gesamtabweichung von 100%** ausreicht, um ein Festhalten am vereinbarten Pauschalpreis für den Auftragnehmer unzumutbar erscheinen zu lassen und einen Wegfall der Geschäftsgrundlage gemäß § 313 BGB zu bejahen.[102] Jedoch gibt es für den Wegfall der Geschäftsgrundlage wegen Mengenmehrung beim Pauschalvertrag keine starre Risikogrenze in Gestalt eines bestimmten Prozentsatzes des vereinbarten Pauschalpreises, die der Beurteilung nach § 2 Nr. 7 Abs. 1 Satz 2 VOB/B zugrunde gelegt werden kann.[103]

Zum **beiderseitigen Irrtum** über die Geschäftsgrundlage wird auf die Ausführungen dazu → Vor § 2 Rdn. 138, 158 verwiesen. Nach BGH[104] rechtfertigt beim Pauschalvertrag selbst ein gemeinsamer Irrtum in der Preiskalkulation normalerweise keine Preisanpassung.

### 2. Mehr- oder Minderkostenausgleich nur auf Verlangen

Wie oben erwähnt sind die Voraussetzungen für einen Wegfall oder eine Änderung der Geschäftsgrundlage äußerst streng und nur in den seltensten Fällen gegeben. Daher spielt § 2 Nr. 7 Abs. 1 Satz 2 VOB/B in der Praxis keine große Rolle. Wenn aber – gleichwohl und ganz ausnahmsweise – die Abweichung der ausgeführten Leistung von der vertraglich vorgesehenen Leistung **insgesamt** (vgl. oben Rdn. 64 ff.) doch so erheblich ist, dass trotz grundsätzlicher Risikoübernahme ein Festhalten an der Pauschalsumme der betreffenden Partei – hier: regelmäßig dem Auftragnehmer – nicht zugemutet werden kann (§ 313 BGB), ist nach § 2 Nr. 7 Abs. 1 Satz 2 am Ende VOB/B „auf Verlangen ein Ausgleich unter Berücksichtigung der Mehr- oder Minderkosten zu gewähren".

**a) Klagbarer Rechtsanspruch.** Aus der Formulierung: „ist ... zu gewähren" ergibt sich, dass bei Vorliegen der Voraussetzungen ein „im Klagewege durchsetzbarer Anspruch"[105] auf Ausgleich besteht, der allerdings – wie jeder andere Anspruch auch – geltend gemacht werden muss („auf Verlangen"). Wenn kein Ausgleich verlangt wird, bleibt es bei der vereinbarten Pauschale.[106]

Das Ausgleichsverlangen braucht – anders als bei Zusatzleistungen nach § 2 Nr. 6 VOB/B – aber nicht vorher angekündigt zu werden.[107] Es kann auch noch nach Ausführung der Leistung geltend gemacht werden, jedenfalls bis zur Schlussabrechnung.[108] Wenn der Ausgleich bis dahin nicht verlangt worden ist und darin keine Verwirkung des Anspruchs liegt, ist dies sogar noch danach möglich, und zwar bis zur vorbehaltlosen Annahme der Schlusszahlung gem. § 16 Nr. 3 Abs. 2 ff. VOB/B[109] bzw. bis zum Eintritt der Verjährung.

**b) Berücksichtigung der Mehr- oder Minderkosten.** Wenn § 2 Nr. 7 Abs. 1 Satz 2 VOB/B bestimmt, dass im Rahmen des dort vorgesehenen Ausgleichs alle angefallenen „Mehr- oder Minderkosten" zu berücksichtigen sind, ist das an sich ohnehin selbstverständlich. Denn nach diesen Mehr- oder Minderkosten bestimmt sich bereits dem Grunde nach, ob die ausgeführte Leistung von der vertraglich vereinbarten insgesamt so erheblich abweicht, dass überhaupt von Wegfall oder Änderung der Geschäftsgrundlage ausgegangen werden kann.

Zugleich ergibt sich daraus aber auch, dass ein Ausgleich nur für die von Wegfall oder Änderung der Geschäftsgrundlage ursächlich betroffenen Leistungsteile in Betracht kommt, d. h. soweit „im Einzelfall die Änderung oder der Wegfall der Geschäftsgrundlage reicht".[110]

---

[102] *Nicklisch/Weick* VOB/B § 2 Rdn. 81.
[103] BGH NJW-RR 1996, 401 = BauR 1996, 250 = ZfBR 1996, 82; *Ingenstau/Korbion/Keldungs* VOB/B § 2 Nr. 7 Rdn. 33; *Werner/Pastor* Rdn. 1201 ff.
[104] NJW-RR 1995, 1360 = BauR 1995, 842 = ZfBR 1995, 302.
[105] *Ingenstau/Korbion/Keldungs* VOB/B § 2 Nr. 7 Rdn. 35; *Heiermann/Riedl/Rusam* VOB/B § 2 Rdn. 153.
[106] *Ingenstau/Korbion/Keldungs* a. a. O.; *Heiermann/Riedl/Rusam* a. a. O.; *Nicklisch/Weick* VOB/B § 2 Rdn. 84.
[107] *Nicklisch/Weick* a. a. O.
[108] *Heiermann/Riedl/Rusam* VOB/B § 2 Rdn. 153.
[109] *Nicklisch/Weick* VOB/B § 2 Rdn. 84.
[110] *Ingenstau/Korbion/Keldungs* VOB/B § 2 Nr. 7 Rdn. 36.

**§ 2 Nr. 7**

Alles, was „nicht **adäquat-kausal**" den Wegfall oder die Änderung der Geschäftsgrundlage bewirkt, bleibt deshalb „für die Berücksichtigung des Ausgleichs außer Betracht".[111] Soweit Leistungsteile hiervon nicht berührt sind, bleibt auch der auf sie entfallende Teil der Pauschale „vom Ausgleich unberührt".[112] Insbesondere haben in diesem Rahmen deshalb alle anderweitig geregelten Ausgleichsfälle auszuscheiden, insbesondere die Selbstübernahme von Teilleistungen durch den Auftraggeber (§ 2 Nr. 4) wie auch Leistungsänderungen und Zusatzleistungen nach § 2 Nr. 5 und 6 i. V. m. § 2 Nr. 7 Abs. 2 VOB/B.

74   Entsprechend sind **der Höhe nach** für die Ausgleichsberechnung nur die Tatbestände zu berücksichtigen, die schon dem Grunde nach erheblich und ursächlich waren/sind, d. h. den Wegfall oder die Änderung der Geschäftsgrundlage gemäß § 313 BGB bewirkt haben. In Bezug auf die davon betroffenen Leistungsteile sind im Rahmen der Ausgleichsberechnung jedoch sämtliche Mehr- und Minderleistungen, d. h. sowohl die Mehrkosten als auch die Minderkosten der tatsächlich erbrachten Leistung zu berücksichtigen. Ihre so ermittelten Gesamtkosten sind den veranschlagten Gesamtkosten gegenüberzustellen. Der Ausgleichsanspruch bestimmt sich dann nach der sich daraus ergebenden **Differenz**.[113] Für den Ausgleich ist deshalb nicht lediglich der Betrag derjenigen Mehrleistungen zugrunde zu legen, der über den mit dem Pauschalbetrag übernommenen Risikorahmen hinausgeht, sondern es sind etwaige Mehrleistungen des Auftragnehmers grundsätzlich durch Bildung eines neuen Pauschalpreises umfassend auszugleichen.[114]

75   Der Ausgleichsbetrag selbst ist, wenn die Parteien nichts anderes vereinbaren, grundsätzlich wieder „**als Pauschale** festzulegen".[115] Scheinbar abweichend hiervon heißt es in einer älteren Entscheidung des BGH,[116] die Parteien seien jedoch „nicht gezwungen, wiederum einen Pauschalpreis zu bilden". Noch weitergehend kommt nach OLG Düsseldorf[117] eine Anpassung des Pauschalpreises überhaupt „nicht in Betracht; vielmehr ist das Bauvorhaben nach den Einheitspreisen abzurechnen, die in dem zugrunde liegenden Angebot ... enthalten waren". In beiden Fällen handelte es sich aber um Sachverhalte (Leistungsänderungen durch Wegfall eines erheblichen Teils der Leistung, zusätzliche andere Leistungen und technisch notwendige Zusatzleistungen), die heute unter § 2 Nr. 7 Abs. 2 i. V. m. § 2 Nr. 5 und 6 VOB/B fallen, bis zur Neufassung der VOB/B 1973 jedoch über Wegfall der Geschäftsgrundlage gelöst werden mussten. Aus diesem Grunde werden in älteren Entscheidungen zur VOB/B 1952 vielfach Gesichtspunkte aus § 2 Nr. 5 und 6 in § 2 Nr. 7 Abs. 1 VOB/B hineininterpretiert (und umgekehrt), weil erst durch die VOB/B 1973 § 2 Nr. 4 bis 6 VOB/B im Rahmen von § 2 Nr. 7 Abs. 1 **Satz 4 – nunmehr Abs. 2 – verselbstständigt** worden sind.

76   Aber auch soweit nach heutigem Recht außerhalb des Anwendungsbereichs von § 2 Nr. 4 bis 6 i. V. m. § 2 Nr. 7 Abs. 2 VOB/B, d. h. allein wegen Wegfalls oder Änderung der Geschäftsgrundlage, eine Anpassung des Pauschalpreises durch Festlegung eines Ausgleichsbetrages in Betracht kommt, sind – wie schon beim ursprünglichen Pauschalpreis – die Kosten der tatsächlich erbrachten Leistung zunächst nach **Einheitspreisen** zu ermitteln. Das ist zumindest der Regelfall, wenn eine Ausschreibung erfolgt ist und bei Vertragsschluss ein Leistungsverzeichnis vorlag. Dass ein Pauschalpreis ohne jede detaillierte Ermittlung der Bau- und Ausbaukosten allein nach der Kubatur – Kubikmeter umbauter Raum mal Einheitspreis – ermittelt wird, ist demgegenüber sicher die Ausnahme. Aber selbst in einem solchen Fall liegt dem Pauschalpreis noch ein Einheitspreis pro Kubikmeter umbauten Raumes zugrunde, anhand dessen die Kosten der tatsächlich erbrachten Leistung zu ermitteln sind.

---

[111] *Ingenstau/Korbion/Keldungs* a. a. O.
[112] *Heiermann/Riedl/Rusam* VOB/B § 2 Rdn. 153; ebenso *Ingenstau/Korbion/Keldungs* a. a. O.
[113] *Ingenstau/Korbion/Keldungs* a. a. O.; *Heiermann/Riedl/Rusam* VOB/B § 2 Rdn. 153.
[114] OLG Düsseldorf, BauR 1995, 286 L.
[115] OLG Düsseldorf, a. a. O.; *Ingenstau/Korbion/Keldungs* a. a. O.; *Heiermann/Riedl/Rusam* VOB/B § 2 Rdn. 153.
[116] BauR 1972, 118 = *Schäfer/Finnern* Z 2301 Bl. 42.
[117] Betr 1978, 88.

### c) Bisherige Preisermittlungsgrundlagen bleiben maßgebend (Abs. 1 Satz 3).

Nach § 2 Nr. 7 Abs. 1 Satz 3 VOB/B ist für die Bemessung des Ausgleichs von den Grundlagen der Preisermittlung des ursprünglichen Angebots/Vertrages auszugehen.[118] Der Auftragnehmer kann sich also nicht darauf beschränken, die Angemessenheit oder Üblichkeit der geforderten Vergütung zu behaupten oder auf die Schätzung eines Sachverständigen zu verweisen.[119] Damit ist – wie bei Leistungsänderungen und Zusatzleistungen nach § 2 Nr. 5 und 6 VOB/B – auch klargestellt, dass in den ursprünglichen Preisermittlungsgrundlagen enthaltene Kalkulationsfehler sowie über- und unter-Wert-Preise bestehen bleiben und fortwirken, d. h. im Rahmen der Ausgleichsberechnung nicht korrigiert werden können (→ § 2 Nr. 5 Rdn. 62 und → § 2 Nr. 6 Rdn. 88).[120]

### d) Pauschalabschlag entsprechend der ursprünglichen Vereinbarung.

Von der sich so ergebenden Endsumme ist, wenn der ursprüngliche Pauschalpreis durch Abrundung des Angebotspreises oder einen Nachlass auf diesen zustande gekommen ist, in der Regel ein prozentualer Abschlag zu machen, der dem Verhältnis der ursprünglichen Angebotssumme zu dem darauf vereinbarten Pauschalpreis entspricht.[121] Das gilt jedenfalls bei **Mehrleistungen**, wenn der wegen Wegfalls oder Änderung der Geschäftsgrundlage gebotene Ausgleich zu einer Erhöhung des Pauschalpreises führt. Entsprechend hat das OLG Stuttgart[122] auch einen Schadensersatzanspruch des Auftragnehmers aus c. i. c., der wegen lückenhafter Ausschreibung des Auftraggebers ausnahmsweise als Erfüllungsschaden auf die Differenz zwischen vereinbarter und hypothetischer (Pauschal-)Vergütung ging, um den vereinbarten Abschlag von 5% gekürzt. Allerdings hat es – insoweit zu Unrecht – außerdem noch „im Hinblick auf den vereinbarten Pauschalvertrag weitere Abrundungen" von 25–30% vorgenommen, für die aber kein Grund mehr ersichtlich ist. Denn wenn die Opfergrenze überschritten ist und die Voraussetzungen für eine Preisanpassung wegen Wegfalls oder Änderung der Geschäftsgrundlage gegeben sind, geht der Preisanpassungsanspruch aufs Ganze. Er beschränkt sich nicht auf die über die Opfergrenze hinausgehende Spitze, es gibt bei der Preisanpassung wegen Wegfalls oder Änderung der Geschäftsgrundlage keinen entschädigungslosen Toleranzspielraum. Vielmehr können umgekehrt sogar besondere Umstände einer dem ursprünglichen Pauschalnachlass entsprechenden Abminderung des neuen Pauschalpreises entgegenstehen. Ist das der Fall, so kann es bei Abwägung aller Umstände, dem tatsächlichen Verlauf des Bauvorhabens, einer etwaigen längeren Bauzeit und sonst eingetretener Erschwernisse ausnahmsweise gerechtfertigt sein, bei der „Anpassung der von den Parteien getroffenen Preisvereinbarung an den neuen Leistungsinhalt von den im ursprünglichen Angebot ... enthaltenen Einheitspreisen" auszugehen, ohne die darauf gewährten Nachlässe zu berücksichtigen.[123]

Bei **Minderleistungen**, für die wegen Wegfalls oder Änderung der Geschäftsgrundlage ein Ausgleich vorzunehmen ist, gilt das Vorgesagte entsprechend, wenn die Gesamtkosten der verringerten Leistung von Grund auf – sozusagen „von unten nach oben" – neu ermittelt und wiederum pauschaliert werden. Dann ist auch insoweit ein dem ursprünglichen Pauschalnachlass entsprechender prozentualer Abschlag zu machen. Wird dagegen, wie es vielfach geschieht, der vereinbarte Pauschalpreis „von oben nach unten" neu ermittelt, indem die Minderleistung unmittelbar abgezogen wird, ist der prozentuale Abschlag hierauf vorzunehmen, so dass ein entsprechend höherer restlicher Pauschalpreis verbleibt. So hat das OLG Köln[124] es zugelassen, dass für fehlende Verklinkerung, die nach Einheitspreisen 18 823,– DM gekostet hätte, lediglich ein Abzug von 18 750,– DM vom Pauschalpreis vorgenommen worden ist. Denn wenn eine von einem Pauschalpreis mit umfasste Einzel-

---

[118] *Ingenstau/Korbion/Keldungs* VOB/B § 2 Nr. 7 Rdn. 37.
[119] OLG Bamberg IBR 2003, 526 mit Anm. *Miernik*.
[120] *Ingenstau/Korbion/Keldungs* a. a. O.
[121] *Ingenstau/Korbion/Keldungs* a. a. O.; *Heiermann/Riedl/Rusam* VOB/B § 2 Rdn. 153.
[122] BauR 1992, 639.
[123] BGH BauR 1972, 118, 119 unten = *Schäfer/Finnern* Z 2301 Bl. 42.
[124] *Schäfer/Finnern/Hochstein* § 648 BGB Nr. 1 für einen BGB-Werkvertrag.

leistung nicht ausgeführt wird, „ist der vom Pauschalpreis in Abzug zu bringende Betrag nicht isoliert nach den hierfür in Betracht kommenden Einheitspreisen zu bemessen".

80    Ist eine einzelne, für sich allein unerhebliche Teilleistung eines Pauschalvertrages entfallen, so dass **keine Anpassung des Pauschalpreises** wegen Wegfalls oder Änderung der Geschäftsgrundlage in Betracht kommt, muss der Auftragnehmer sich nach OLG Frankfurt[125] in entsprechender Anwendung von § 8 Nr. 1 VOB/B bzw. § 649 BGB zumindest seine infolge der Auftragsverminderung ersparten Aufwendungen abziehen lassen. *Grimme*[126] will auch in diesem Fall die entfallene Teilleistung[127] in voller Höhe abziehen, weil keine Änderung des Leistungsumfangs „bei unverändertem Hauptwerk" vorgelegen habe, sondern „eine Änderung des geschuldeten Werkes",[128] also eine Leistungsänderung im Sinne von § 2 Nr. 5 VOB/B. Das ist richtig, doch ist zu beachten, dass eine Regelung, wie sie § 2 Nr. 5 i. V. m. § 1 Nr. 3 VOB/B und der dort vorgesehenen Änderungsbefugnis des Auftraggebers entspricht, beim **BGB-Werkvertrag**[129] fehlt und deshalb dort eine Lösung nur über § 242 BGB und die Grundsätze des Wegfalls oder der Änderung der Geschäftsgrundlage gemäß § 313 BGB möglich ist.[130] Diese ist naturgemäß aber unterschiedlich, je nachdem, ob die Änderung des Leistungsumfangs sich in den Grenzen der Geschäftsgrundlage hält oder nicht. Im Falle des OLG Köln[131] waren bei einem Pauschalwerklohn von 125 000,– DM Klinkerarbeiten von 18 750,– DM (= 15%) entfallen, was nach dem oben Gesagten an sich ebenfalls noch nicht reichte, um eine **Überschreitung der Opfergrenze** und Wegfall oder Änderung der Geschäftsgrundlage anzunehmen. Jedoch waren die Klinkerarbeiten dort nicht auf Wunsch des Auftraggebers entfallen,[132] sondern von dem Auftragnehmer nicht ausgeführt worden, weshalb es gerechtfertigt und von dem betreffenden Auftragnehmer auch zugestanden worden war, den vollen Wert der nicht ausgeführten Klinkerarbeiten einschl. des darin enthaltenen Unternehmergewinns in Abzug zu bringen, und nicht nur die ersparten Aufwendungen des Auftragnehmers.[133] Haben die Parteien den geschuldeten Leistungsumfang durch Angaben im Leistungsverzeichnis näher dargelegt und nicht einfach pauschaliert, dann sind nach OLG Hamm[134] auch bei einem BGB-Werkvertrag (Pauschalpreisvereinbarung) im Notarvertrag über den Erwerb einer Eigentumswohnung) nachträglich entfallende Leistungen grundsätzlich durch einen entsprechenden Abzug zu berücksichtigen. Dies gilt jedoch nicht, wenn es sich bei den ersparten Aufwendungen im Hinblick auf den vereinbarten Pauschalpreis nur um Bagatellbeträge handelt.

### 3. Außerordentliches Rücktritts- bzw. Kündigungsrecht nur in Ausnahmefällen

81    Nach § 313 Abs. 3 BGB kann der benachteiligte Teil vom Vertrag zurücktreten bzw. bei einem Dauerschuldverhältnis kündigen, wenn die Anpassung des Vertrages nicht möglich oder einem Teil nicht zumutbar ist. Zur Ausfüllung dieses unbestimmten Rechtsbegriffes kann auf die frühere Rechtsprechung zum Wegfall der Geschäftsgrundlage zurückgegriffen werden. Danach steht dem Berechtigten ein Recht zur Auflösung des Vertrages zu, wenn

---

[125] NJW-RR 1986, 572 für einen BGB-Werkvertrag.
[126] MDR 1989, 20 ff.
[127] Im Falle OLG Frankfurt Reinigungsarbeiten von 4509,62 DM bei einem Pauschalpreis von 84 300,– DM zuzüglich Mehrwertsteuer (= rd. 5%).
[128] MDR 1989, 21.
[129] Wie er der Entscheidung des OLG Frankfurt NJW-RR 1986, 572 zugrundelag.
[130] Auch in dem von *Grimme* a. a. O. zitierten Fall OLG Düsseldorf Betr 1978, 88 war dies trotz Vereinbarung der VOB/B so, weil die dort geltende Fassung 1952 noch keine Sonderregelung für § 2 Nr. 4 bis 6 im Sinne von § 2 Nr. 7 Abs. 1 Satz 4 – jetzt Abs. 2 – VOB/B enthielt.
[131] *Schäfer/Finnern/Hochstein* § 648 BGB Nr. 1.
[132] Wie die Reinigungsarbeiten im Falle OLG Frankfurt NJW-RR 1986, 572.
[133] Wie im Falle OLG Frankfurt a. a. O. Dass die Reinigungsarbeiten dort einvernehmlich aus dem Vertrag herausgenommen worden waren, änderte – entgegen *Grimme* MDR 1989, 20 ff. – nichts an dem Anspruch des Auftragnehmers auf entgangenen Gewinn, der grundsätzlich auch bei einvernehmlicher Vertragsbeendigung bestehen bleibt (BGH NJW 1974, 945 = BauR 1974, 213 für einen Architektenvertrag).
[134] NJW-RR 1992, 1203 = BauR 1992, 813 L.

der Ausgleich grundlos verweigert wird, obwohl ein entsprechender Anspruch besteht und geltend gemacht worden ist[135] und dem Berechtigten nicht zugemutet werden kann, „die Arbeiten zu den alten Bedingungen zu Ende zu führen und sich darauf verweisen zu lassen, hinterher ein Urteil zu erwirken", das ihm eine höhere Vergütung zuspricht.[136] Der Leitsatz der diesbezüglichen BGH-Entscheidung lautet:

„Weigert sich eine Vertragspartei, dem berechtigten Verlangen der anderen Partei auf Anpassung des Vertrags wegen Änderung der Geschäftsgrundlage zu entsprechen, so darf sich grundsätzlich die betroffene Partei vom Vertrag lösen, und zwar bei einem der VOB unterliegenden Bauvertrag durch Kündigung."

Dieses Auflösungsrecht setzt zwar **kein Verschulden** des anderen Teils (hier: des Auftraggebers) voraus, ist also auch gegeben, wenn dieser aus „entschuldbaren Gründen die Unzumutbarkeit objektiv falsch beurteilt und deshalb die gerechtfertigte Anpassung ablehnt".[137] Andererseits handelt es sich dabei aber um ein ganz seltenes **außerordentliches Auflösungsrecht**, das überhaupt nur dann in Betracht kommt, wenn folgende zwei Ausnahmen gegeben sind (doppelter Ausnahmefall): 82
– Zum einen müssen die Voraussetzungen für Wegfall oder Änderung der Geschäftsgrundlage vorliegen, was nur ausnahmsweise der Fall ist.
– Zum anderen besteht selbst dann nur ausnahmsweise ein Recht einer Partei, sich vom Vertrag zu lösen".[138]

Dabei kann nicht deutlich genug darauf hingewiesen werden, dass der BGH in seiner angeführten Entscheidung ein solches außerordentliches Kündigungsrecht zwar für möglich gehalten, jedoch im konkreten Fall keineswegs bejaht, sondern festgestellt hat, es müsse erst einmal geklärt werden, „ob die Beklagte überhaupt mit Recht gekündigt hat".[139] Das muss angesichts der dafür angeführten Tatsachen (unerwartet starker Grundwasseranfall, nachträgliche Veränderung der Trassenführung, Aushändigung unzutreffender Unterlagen über die Bodenbeschaffenheit) bezweifelt werden. Denn dabei handelte es sich aus heutiger Sicht eher um **Leistungsänderungen bzw. Zusatzleistungen** im Sinne von § 2 Nr. 7 Abs. 2[140] i. V. m. § 2 Nr. 5/6 VOB/B, die im Rahmen des Änderungs- und Erweiterungsrechts des Auftraggebers gem. § 1 Nr. 3 und 4 VOB/B dem Auftragnehmer gerade kein Kündigungsrecht geben, weil er insoweit zur (Vor-)Leistung verpflichtet ist, → § 2 Nr. 5 Rdn. 77 und → § 2 Nr. 6 Rdn. 95 ff. 83

Ein außerordentliches Auflösungsrecht ist also nur und auch dann lediglich ausnahmsweise bei Wegfall oder Änderung der Geschäftsgrundlage gegeben, wenn keine Preisanpassung aus anderen Gründen möglich ist und keine sonstigen Rechtsbehelfe gegeben sind. Aber selbst wenn dann wegen grundlos verweigerten Preisausgleichs ein solches Auflösungsrecht ganz ausnahmsweise gerechtfertigt sein sollte, muss der Auftragnehmer dieses **möglichst frühzeitig** ausüben. Denn wenn er, obwohl er wegen verweigerter Preisanpassung den Vertrag kündigen kann, die Leistung dennoch weiter erbringt, **verwirkt** er sein Kündigungsrecht, weil er mit diesem nicht – wie mit dem Ausgleichsanspruch selbst (oben Rdn. 71) – bis zum Ende der Bauzeit warten darf. Ergeben sich z. B. beim Niederbringen von Bohrpfählen für ein Brückenbauwerk unvorhergesehene Mehrkosten wegen erschwerter Bodenverhältnisse, ohne dass dem Auftragnehmer deshalb Mehrvergütungsansprüche nach § 2 Nr. 5/6 VOB/B zustehen, so kann der Auftragnehmer **nicht** mehr kündigen, wenn er bereits den größten Teil der Bohrpfähle ausgeführt hat. Er kann also nicht erst zum Schluss, vor Ausführung der 84

---

[135] *Ingenstau/Korbion/Keldungs* VOB/B § 2 Nr. 7 Rdn. 35 unter Hinweis auf OLG Düsseldorf NJW 1995, 3323 und *Knacke* BauR 1996, 119; *Heiermann/Riedl/Rusam* VOB/B § 2 Rdn. 153; *Nicklisch/Weick* VOB/B § 2 Rdn. 88.
[136] BGH NJW 1969, 233.
[137] BGH a. a. O.; *Heiermann/Riedl/Rusam* a. a. O.
[138] BGH a. a. O.
[139] BGH a. a. O.
[140] Der allerdings erst durch die VOB 1973 eingeführt worden ist, weshalb Leistungsänderungen und Zusatzleistungen bis dahin beim Pauschalvertrag nur über Wegfall oder Änderung der Geschäftsgrundlage berücksichtigt werden konnten.

## § 2 Nr. 7

letzten Bohrpfähle, von seinem Kündigungsrecht Gebrauch machen, sondern muss die Leistung in diesem Fall fertig stellen und sich mit der nachträglichen Geltendmachung seines Ausgleichsanspruchs begnügen.

### E. § 2 Nr. 4 bis 6 VOB/B „bleiben unberührt" (Abs. 2)[141]

85   Weitaus wichtiger als § 2 Nr. 7 Abs. 1 Satz 1 bis 3 VOB/B – grundsätzliche Unveränderbarkeit des Pauschalpreises bis zur Grenze von Wegfall oder Änderung der Geschäftsgrundlage, deren Voraussetzungen erfahrungsgemäß nur sehr selten gegeben sind – ist die Sonderregelung des § 2 Nr. 7 Abs. 2, dass die Regelungen der Nr. 4, 5 und 6 auch bei Vereinbarung einer Pauschalsumme gelten.

86   Diese Regelung war bis zur Neufassung der VOB/B 2006 in § 2 Nr. 7 Abs. 1 VOB/B als Satz 4 lediglich annexartig angehängt, wurde oft überlesen und in ihrer Bedeutung noch häufiger unterschätzt. Zu Recht hat der DVA sie nunmehr in einem eigenen Abs. 2 hervorgehoben. Tatsächlich ist es danach so, dass Wegfall oder Änderung der Geschäftsgrundlage gemäß § 313 BGB nur die immanente Grenze der Unveränderbarkeit des Pauschalpreises bestimmen. Die Fälle des § 2 Nr. 4 bis 6 dagegen werden davon überhaupt nicht berührt, bleiben also von vornherein „außen vor" und fallen damit gar nicht erst unter den Grundsatz der Unveränderbarkeit des Pauschalpreises, wie er in § 2 Nr. 7 Abs. 1 Satz 1 VOB/B vorangestellt ist.

### I. Eigenständige, von der Pauschalierung nicht erfasste Ausgleichstatbestände

87   Wenn es in § 2 Nr. 7 Abs. 2 heißt, dass die Regelungen der Nr. 4, 5 und 6 auch bei Vereinbarung einer Pauschalsumme gelten, ist dies nach allem keine Ausnahme von der grundsätzlichen Unveränderbarkeit des Pauschalpreises, sondern eine eigenständige Sonderregelung. Daraus ergibt sich, dass die Vorschriften des
– **§ 2 Nr. 4 VOB/B:**
   Selbstübernahme von (Teil-)Leistungen durch den Auftraggeber
– **§ 2 Nr. 5 VOB/B:**
   Änderung des Bauentwurfs und andere Anordnungen des Auftraggebers
– **§ 2 Nr. 6 VOB/B:**
   im Vertrag nicht vorgesehene Leistungen (Zusatzleistungen)
beim Pauschalvertrag in gleicher Weise wie beim Einheitspreisvertrag Anwendung finden.

88   Das bedeutet, dass
– **Minderleistungen** durch Selbstübernahme des Auftraggebers nach § 2 Nr. 4 und/oder Leistungsänderungen im Sinne von § 2 Nr. 5 VOB/B auch beim Pauschalvertrag zu einer Verminderung des Pauschalpreises führen,
– **Mehrleistungen** auf Grund von Leistungsänderungen nach § 2 Nr. 5 oder Zusatzleistungen im Sinne von § 2 Nr. 6 VOB/B andererseits aber auch eine Erhöhung des Pauschalpreises zur Folge haben können.

89   Gerade Letzteres wird jedoch von der Auftraggeberseite, auch und insbesondere dem öffentlichen Auftraggeber, gern übersehen und versucht, den Auftragnehmer trotz derartiger Mehrleistungen, die grundsätzlich **gesondert zu vergüten** sind, nach der Devise „pauschal ist pauschal" an dem vereinbarten Pauschalpreis festzuhalten. Das entspricht zwar auf den ersten Blick dem in § 2 Nr. 7 Abs. 1 Satz 1 VOB/B vorangestellten Grundsatz, dass bei Vereinbarung eines Pauschalpreises „die Vergütung unverändert" bleibt. Dieser Grundsatz gilt jedoch nur im Umfang und bis zur Grenze des damit übernommenen Risikos (vgl. oben

---

[141] In der Neufassung durch die VOB/B 2006. Bisher fand sich die entsprechende Regelung in Abs. 1 Satz 4.

Rdn. 50 ff.). Im Übrigen gilt gleichrangig damit § 2 Nr. 7 Abs. 2, Mehrvergütungsansprüche nach § 2 Nr. 5 und 6 VOB/B werden also durch die grundsätzliche Unveränderbarkeit des Pauschalpreises nicht ausgeschlossen.

Zu den einzelnen Fällen des § 2 Nr. 4 bis 6 VOB/B kann auf die diesbezüglichen Erläuterungen verwiesen werden. 90

## II. Genereller Preisanpassungsanspruch – nicht nur bei erheblichen Mehr- oder Minderleistungen

Beim Einheitspreisvertrag ist unbestritten, dass Minderleistungen durch Selbstübernahme 91 des Auftraggebers (§ 2 Nr. 4) und/oder diesem zurechenbare Leistungsänderungen (§ 2 Nr. 5) wie auch darauf beruhende Mehrleistungen und Zusatzleistungen (§ 2 Nr. 6 VOB/B) grundsätzlich einen Anspruch auf Preisanpassung geben. Erforderlich ist lediglich, dass hierdurch die Preisgrundlagen (Grundlagen der Preisermittlung), die nichts mit der Geschäftsgrundlage zu tun haben, berührt werden und sich ändern. Hierfür müssen die Mehr- oder Minderleistungen ursächlich und nur in diesem Sinne (der Ursächlichkeit) müssen sie erheblich sein. Dagegen brauchen Mehr- oder Minderleistungen, um einen Anspruch auf Preisänderung zu begründen, nicht auch nach Umfang und Gewicht erheblich zu sein. Vielmehr geben auch geringfügige Mehr- oder Minderleistungen, wenn sie die Preisgrundlagen berühren, einen Anspruch auf Preisänderung. Denn es gibt insoweit grundsätzlich keinen von Preisänderungen unberührten, entschädigungsfreien Bereich im Sinne eines Toleranzspielraums, innerhalb dessen Mehr- oder Minderleistungen ohne Preisanpassung hingenommen werden müssen.

Streitig ist allerdings, ob dies auch beim **Pauschalvertrag** generell und genauso wie beim 92 Einheitspreisvertrag gilt oder ob es für Mehr- oder Minderleistungen im Sinne von § 2 Nr. 4 bis 6 beim Pauschalvertrag einen mit dem Pauschalpreis abgegoltenen Toleranzrahmen gibt, innerhalb dessen derartige Mehr- oder Minderleistungen nicht zu einer Anpassung des Pauschalpreises nach oben oder unten führen. Nach dem Vorgesagten ist das lediglich bei reinen Mengenänderungen der Fall, die nur nach den Grundsätzen von Wegfall oder Änderung der Geschäftsgrundlage (§ 2 Nr. 7 Satz 1–3 VOB/B) zu einer Preisanpassung führen können (siehe dazu oben Rdn. 55 ff.). Bei Leistungsänderungen und Zusatzleistungen dagegen gibt es – auch beim Pauschalvertrag – keinen mit dem Pauschalpreis gewöhnlich abgegoltenen Risikorahmen und **keine Toleranzgrenze,** bis zu der eine Preisanpassung auszuscheiden hat (vgl. dazu ausführlich bei → § 2 Nr. 5 Rdn. 40).

### 1. § 2 Nr. 4 VOB/B: Selbstübernahme von (Teil-)Leistungen durch den Auftraggeber

Für diesen Fall meinen z. B. *Ingenstau/Korbion*,[142] da der Auftragnehmer eine Pauschal- 93 vergütung vereinbart hat, müsse es sich um den Wegfall von Teilleistungen handeln, der „nach den im Vertrag zugrunde liegenden Berechnungsgrundlagen merklich in Erscheinung tritt". Das ist jedoch beim Einheitspreisvertrag grundsätzlich nicht anders, weshalb es dann zutreffend auch weiter heißt, im Allgemeinen seien „die Voraussetzungen aber die gleichen wie in Teil B § 2 Nr. 4".[143]

Rechtsprechung liegt hierzu ersichtlich nicht vor. Die von *Ingenstau/Korbion* a. a. O. in 94 diesem Zusammenhang zitierte Entscheidung des OLG Frankfurt[144] betraf einen **BGB-Werkvertrag,** bei dem einvernehmlich Reinigungsarbeiten im Werte von rd. 4500,– DM aus einem Pauschalvertrag über 84 300,– DM zuzüglich Mehrwertsteuer herausgenommen worden waren (= rd. 5%), was für eine Anpassung des Pauschalpreises wegen Wegfalls oder

---

[142] *Ingenstau/Korbion/Keldungs* VOB/B § 2 Nr. 7 Rdn. 20.
[143] *Ingenstau/Korbion* a. a. O.
[144] NJW-RR 1986, 572.

Änderung der Geschäftsgrundlage nicht reichte, den Auftragnehmer jedoch nach Meinung des OLG Frankfurt[145] in entsprechender Anwendung von § 649 BGB verpflichtete, sich seine infolge der Auftragsverminderung ersparten Aufwendungen abziehen zu lassen.

### 2. § 2 Nr. 5 VOB/B: Änderung des Bauentwurfs und andere Anordnungen des Auftraggebers

95 In der Rechtsprechung und der baurechtlichen Literatur ist umstritten, ob beim Pauschalvertrag eine Preisanpassung nur dann möglich ist, wenn die Leistungsänderungen beachtlichen Umfang haben, also erhebliche Mehr- und Minderleistungen vorliegen, die eine wesentliche Änderung des Leistungsinhalts zur Folge haben und zu einer erheblichen Veränderung der Preisgrundlagen führen.

96 Der BGH hat in einigen älteren Entscheidungen[146] die Auffassung vertreten, dass nur erhebliche Leistungsänderungen einen erhöhten Vergütungsanspruch auslösen könnten. Diese Entscheidungen sind aber sämtlich in Fällen ergangen, die vor der Einfügung des früheren § 2 Nr. 7 Abs. 1 Satz 4 – jetzt Abs. 2 – VOB/B durch die VOB 1973 entschieden worden sind bzw. in denen die Neuregelung noch nicht anwendbar war. In diesen Fällen ist daher zu Recht darauf abgestellt worden, ob die Abweichung erheblich war und ein Festhalten am Vertrag nicht zumutbar war. In einer späteren Entscheidung,[147] die bereits die Neufassung durch die VOB/1973 betraf, hat der BGH dann zwar auf seine frühere Rechtsprechung Bezug genommen und beiläufig ausgeführt, dass nur erhebliche, nach dem ursprünglichen Leistungsinhalt nicht vorgesehene Änderungen eine (Pauschal-)Preisanpassung rechtfertigten. In dem zugrunde liegenden Fall ging es jedoch um etwas ganz anderes, nämlich um die Beweislast für das Vorliegen eines Einheitspreisvertrages, wenn der Auftraggeber die Vereinbarung einer niedrigeren Pauschalsumme behauptet. Außerdem fehlte es in diesem Fall von vornherein an einer Änderung der zugrunde liegenden Leistung, weil der Auftragnehmer eine komplette Heizungsanlage schuldete und die Minderleistungen deshalb von vornherein für ihn erkennbar waren.

97 Diese BGH-Rechtsprechung, die ihre Grundlage in der früher geltenden Fassung des § 2 Nr. 7 Abs. 1 VOB/B hatte, ist von verschiedenen Instanzgerichten[148] und nunmehr auch vom X. Zivilsenat des BGH[149] dahin missverstanden worden, dass es auch nach Einfügung von § 2 Nr. 7 Abs. 1 Satz 4 – jetzt Abs. 2 – VOB/B entscheidend darauf ankomme, ob die Leistungsänderung beachtlichen Umfang habe. Diese Entscheidungen stützen sich auf die überholte frühere Rechtsprechung des BGH, die Neufassung des § 2 Nr. 7 VOB/B wird nicht hinreichend zur Kenntnis genommen.[150] Diese Auffassung ist daher abzulehnen.

98 Der Neuregelung entspricht vielmehr die Rechtsprechung des VII. Zivilsenats des BGH, der in mehreren Entscheidungen klargestellt hat, dass ein erhöhter Vergütungsanspruch auch dann besteht, wenn die geänderte ausgeführte Leistung zu keiner wesentlichen Abweichung vom vereinbarten Preis führt.[151] Auf die Ausführungen zu § 2 Nr. 5 VOB/B kann insoweit verwiesen werden. Auch nicht wesentliche Leistungsänderungen lösen daher einen Anspruch auf Anpassung der vereinbarten Vergütung aus.[152] Auszuscheiden sind lediglich

---

[145] A. a. O.
[146] BGH BauR 1972, 118 und BGH NJW 1974, 1864 = BauR 1974, 416.
[147] BGH Z 80, 256 = NJW 1981, 1442 = BauR 1981, 388 = ZfBR 1981, 170.
[148] OLG München NJW-RR 1987, 598 = BauR 1987, 479; OLG Nürnberg ZfBR 1987, 155 mit abl. Anmerkung *v. Bühl*; OLG Zweibrücken BauR 1989, 746; OLG Stuttgart BauR 1992, 639 zum „mit dem Pauschalpreis abgegoltenen Risikorahmen"; OLG Saarbrücken NJW-RR 1999, 668; vgl. auch *Pauly* MDR 1999, 1107.
[149] BGH BauR 2002, 787, 790.
[150] So zutreffend *Ingenstau/Korbion/Keldungs* VOB/B § 2 Nr. 7 Rdn. 22 ff.
[151] BGH BauR 2000, 1754 und 2002, 1847; so jetzt auch *Ingenstau/Korbion/Keldungs* VOB/B § 2 Nr. 7 Rdn. 22 ff.
[152] So auch *Kapellmann/Messerschmidt-Kapellmann* VOB/B § 2 Rdn. 292 und 293.

Vergütung beim Pauschalvertrag § 2 Nr. 7

Bagatellfälle, bei denen es um Änderungen geht, die für die Ursprungskalkulation keine Rolle gespielt haben.[153]

### 3. § 2 Nr. 6 VOB/B: Im Vertrag nicht vorgesehene Leistungen (Zusatzleistungen)

Für zusätzliche Leistungen gilt das Vorgesagte entsprechend. Auch sie sind beim Pauschalvertrag generell und ohne Abstriche zusätzlich zu vergüten.[154] Das wird insoweit selbst von denen angenommen, die Leistungsänderungen beim Pauschalvertrag nur berücksichtigen wollen, wenn sie von erheblichem Umfang sind. Diese unterschiedliche Behandlung der Fälle des § 2 Nr. 5 und des § 2 Nr. 6 beim Pauschalvertrag ist jedoch nicht gerechtfertigt. *Heiermann/Riedl/Rusam*[155] bezeichnen es mit Recht als „kaum nachvollziehbar", dass der Auftragnehmer im Rahmen von § 2 Nr. 6 in jedem Fall, auch bei kleineren Mehrleistungen, besondere Vergütung fordern kann, bei einer Änderung der Leistung nach § 2 Nr. 5 VOB/B aber nur dann Anspruch auf einen neuen Preis haben soll, wenn die insoweit angenommene „Wesentlichkeitsgrenze" überschritten wird. 99

Richtigerweise sind auf Grund der Sonderregelung des § 2 Nr. 7 Abs. 2 die Vorschriften des § 2 Nr. 4 bis 6 VOB/B beim Pauschalvertrag in gleicher Weise wie beim Einheitspreisvertrag **uneingeschränkt** anwendbar. Es gibt hier – anders als nach § 2 Nr. 7 Abs. 1 Satz 1 bis 3 VOB/B und den allgemeinen Grundsätzen über Wegfall oder Änderung der Geschäftsgrundlage gemäß § 313 BGB[156] – keinen „mit dem Pauschalpreis gewöhnlich abgegoltenen Risikorahmen",[157] weil die grundsätzliche Unveränderbarkeit des Pauschalpreises, wie sie in § 2 Nr. 7 Abs. 1 Satz 1 VOB/B vorangestellt ist, sich auf die Fälle des § 2 Nr. 4 bis 6 überhaupt nicht bezieht. Diese sind durch die Sonderregelung des § 2 Nr. 7 Abs. 2 VOB/B hiervon vielmehr ausdrücklich ausgenommen. 100

### III. Berechnung der Mehr- oder Minderkosten beim Pauschalvertrag

Die Neuberechnung des Preises für die Mehr- und/oder Minderleistungen nach § 2 Nr. 4 bis 6 VOB/B erfolgt auch beim Pauschalvertrag grundsätzlich in gleicher Weise wie beim Einheitspreisvertrag, so dass auf das dazu Gesagte verwiesen werden kann. 101

### 1. Abrechnung nach Einheitspreisen

Da eine Anpassung des vereinbarten Pauschalpreises bei Mehr- oder Minderleistungen nur möglich ist, wenn sich die Parteien darüber einigen, können bei fehlender Einigung sowohl Mehr- als auch Minderleistungen nur nach Einheitspreisen abgerechnet werden. Das ist in Rechtsprechung[158] und Literatur[159] anerkannt. Fallen nur Mehrleistungen an, bleibt es im Übrigen natürlich bei dem vereinbarten Pauschalpreis. Fallen nur Minderleistungen an, sind diese nach Einheitspreisen aus dem vereinbarten Pauschalpreis herauszurechnen, d. h. dieser ist entsprechend zu reduzieren.[160] Den Parteien steht jedoch frei, für bestimmte 102

---

[153] So zutreffend *Ingenstau/Korbion/Keldungs* VOB/B § 2 Nr. 7 Rdn. 24; weiter gehen *Wellensiek* IBR 2002, 655 und *Putzier* BauR 2002, 546, 548.
[154] BGHZ 90, 344 = NJW 1984, 1676 = BauR 1984, 395 = ZfBR 1984, 173 (nicht ausgeschriebene Druckwasserisolierung); probl. Insoweit OLG Düsseldorf IBR 2003, 232 mit Anm. *Leitzke*; die Entscheidung zeigt, wie wichtig die sorgfältige Erfassung und Würdigung des Vertragsinhalts in diesen Fällen ist.
[155] B § 2 Nr. 155.
[156] Dazu OLG Düsseldorf, BauR 1995, 286 L.
[157] Wie das OLG München, NJW-RR 1987, 598 = BauR 1987, 479 L fälschlich gemeint hat.
[158] BGH BB 1961, 989; BGH BB 1971, 290; BGH BauR 1972, 118; BGH NJW 1974, 1864 = BauR 1974, 416; OLG Düsseldorf Betr 1978, 88; zur Berechnung bei Leistungsänderungen BGH NZBau 2002, 669 und bei zusätzlichen Leistungen BGH BauR 1995, 293.
[159] *Ingenstau/Korbion/Keldungs* VOB/B § 2 Nr. 7 Rdn. 27; *Heiermann/Riedl/Rusam* VOB/B § 2 Rdn. 156.
[160] *Heiermann/Riedl/Rusam* VOB/B § 2 Rdn. 156.

Vertragsleistungen nachträglich auch einen Stundenlohn zu vereinbaren, etwa wenn einzelne Arbeiten aus dem Pauschalvertrag herausgenommen werden sollen.[161]

103 Kommt es, was vor allem bei Leistungsänderungen nach § 2 Nr. 5 VOB/B häufig der Fall ist, zu Mehr- und Minderleistungen, ist der gesamte hiervon betroffene Leistungsbereich nach Einheitspreisen abzurechnen,[162] nicht dagegen auch der von den Leistungsänderungen unberührte übrig gebliebene Teil. Für ihn bleibt es vielmehr bei der vereinbarten Pauschale, die entsprechend anzupassen ist. Demgegenüber wollen *Ingenstau/Korbion*[163] in diesen Fällen offenbar „unter Nichtbeachtung der bisherigen Pauschale den gesamten Leistungsinhalt nach Einheitspreisen abrechnen" bzw. – notfalls unter Hinzuziehung eines Sachverständigen – insgesamt „eine neue Pauschale auf Grund der tatsächlich erbrachten ... Leistung" festlegen.

### 2. Bisherige Preisermittlungsgrundlagen bleiben maßgebend

104 Wie beim Einheitspreisvertrag gilt auch für den Pauschalvertrag, dass die Mehr- und/oder Minderkosten von Leistungsänderungen (§ 2 Nr. 4 und 5) und Zusatzleistungen (§ 2 Nr. 6 VOB/B) nach Maßgabe der bisherigen Preisermittlungsgrundlagen zu ermitteln sind (vgl. → § 2 Nr. 5 Rdn. 36 und → § 2 Nr. 6 Rdn. 83).[164] Es ist also eine **Vergleichsrechnung** unter Berücksichtigung der Mehr- oder Minderkosten zu erstellen (→ § 2 Nr. 5 Rdn. 36 ff., 49 ff.), in die auch besondere Kosten etwa geforderter Zusatzleistungen einzustellen sind (→ § 2 Nr. 6 Rdn. 79 ff.).

**Maßgeblicher Zeitpunkt** für die Neuberechnung ist der der Leistungsänderung bzw. Zusatzleistung, weil dieser auf einer nachträglichen Anordnung bzw. einem entsprechenden Verlangen des Auftraggebers beruht (→ § 2 Nr. 5 Rdn. 57 und → § 2 Nr. 6 Rdn. 82).

105 **Kalkulationsfehler,** die in den ursprünglichen Preisermittlungsgrundlagen enthalten sind, bleiben dagegen unberücksichtigt und wirken fort, gelten also auch für den Mehr- oder Minderpreis geänderter oder zusätzlicher Leistungen (→ § 2 Nr. 5 Rdn. 62 ff. und → § 2 Nr. 6 Rdn. 88 ff.).

### 3. Pauschalabschlag entsprechend der ursprünglichen Vereinbarung

106 Preisnachlässe, wie sie auch bei Einheitspreisverträgen üblich sind, durch Abrundung bzw. Abminderung des Endpreises sind Bestandteil der Preisermittlungsgrundlagen und deshalb bei der Bestimmung des Mehr- oder Minderpreises geänderter oder zusätzlicher Leistungen entsprechend zu berücksichtigen. Im Übrigen wird auf die Ausführungen zur Behandlung von Preisnachlässen bei § 2 Nr. 5 und 6 VOB/B verwiesen.

## IV. Darlegungs- und Beweislast

107 Für Leistungsänderungen und Zusatzleistungen im Sinne von § 2 Nr. 5 und 6 VOB/B ist auch beim Pauschalvertrag grundsätzlich der Auftragnehmer darlegungs- und beweispflichtig, der hierfür Mehrforderungen über den vereinbarten Pauschalpreis hinaus stellt. Bei einem unklaren Pauschalvertrag trägt nach Auffassung des BGH der Auftragnehmer die Beweislast dafür, dass die streitige Leistung nicht vom Pauschalpreis erfasst ist.[165] *Ingenstau/ Korbion/Keldungs* wollen diese Beweislastregel aber in den Fällen einschränken, in denen geänderte oder zusätzliche Leistungen deshalb erforderlich wurden, weil die von dem

---

[161] BGH NJW-RR 1995, 722 = ZfBR 1995, 129.
[162] *Ingenstau/Korbion/Keldungs* VOB/B § 2 Nr. 7 Rdn. 27 f.; *Heiermann/Riedl/Rusam* VOB/B § 2 Rdn. 156.
[163] *Ingenstau/Korbion/Keldungs* a. a. O.
[164] *Ingenstau/Korbion/Keldungs* VOB/B § 2 Rdn. 36 ff.; *Werner/Pastor* Rdn. 1205; *Kniffka/Koeble,* Kompendium des Baurechts 5. Teil Rdn. 78; *Heiermann/Riedl/Rusam* VOB/B § 2 Rdn. 153 a; a. A. *Kapellmann/Messerschmidt-Kapellmann* VOB/B § 2 Rdn. 288, der jedenfalls nach der gesetzlichen Neuregelung in § 313 BGB den § 2 Nr. 7 Abs. 1 Satz 3 sogar für unwirksam hält; dazu auch Rdn. 5.
[165] BGH BauR 1988, 501; BGH NJW-RR 1995, 722 = ZfBR 1995, 129.

Auftraggeber erstellte Leistungsbeschreibung lückenhaft oder unklar war.[166] Dem wird man in dieser allgemeinen Form nicht folgen können. Der private Auftraggeber ist überhaupt nicht verpflichtet, sich bei der Erstellung des Leistungsverzeichnisses an § 9 VOB/A zu orientieren. Er kann sich sogar darauf beschränken, dem Auftragnehmer eine funktionale Leistungsbeschreibung vorzugeben. Der Auftragnehmer, der sich zur Herstellung eines vollständigen und funktionstüchtigen Werkes verpflichtet hat, muss dann aber zur schlüssigen Darlegung seines Anspruchs auf zusätzliche Vergütung im Einzelnen vortragen, dass die zusätzlich berechneten Leistungen auf nachträgliche Änderungswünsche des Auftraggebers zurückgehen und nicht von der ursprünglichen Verpflichtung zur Herstellung eines vollständigen und funktionstüchtigen Werkes umfasst waren.[167] Bei einem Detail-Pauschalvertrag, der nicht durch eine zusätzliche Komplettheitsvereinbarung erweitert worden ist, spricht allerdings zu Gunsten des beweispflichtigen Auftragnehmers die Vermutung, dass alle im Leistungsverzeichnis nicht aufgeführten Leistungen – soweit es sich nicht um bloße Nebenleistungen handelt – im Zweifel nicht mit dem Pauschalpreis abgegolten sind.[168]

## F. Pauschalpreisvereinbarung für Teile der Leistung (Abs. 3)[169]

**108** Wenn die Parteien nichts anderes vereinbart haben, gelten die Regelungen des § 2 Nr. 7 Abs. 1 und 2 VOB/B in dem vorstehend erläuterten Sinne, auch für Pauschalsummen, die nicht die gesamte vertragliche Leistung (Gesamtleistung) betreffen, sondern nur Teile hiervon, d. h. Teile der (Gesamt-)Leistung. Es muss sich dabei allerdings um selbstständige, in sich abgeschlossene Teilleistungen handeln,[170] z. B. die Baustelleneinrichtung,[171] Erdarbeiten, Maurer- oder Betonarbeiten.[172]

Bezieht sich die Pauschalpreisvereinbarung nur auf derartige Teile der Leistung, sind die übrigen Leistungen nach Einheitspreisen abzurechnen, etwa nach dem Beispiel von *Ingenstau/Korbion*[173] die Maurerarbeiten für das Wohnhaus nach Einheitspreisen, während für die Garage ein Pauschalpreis vereinbart ist.

**109** Bei derartigen „gemischten" Einheitspreis- und Pauschalverträgen kann zwischen den jeweiligen Teilen auch eine Wechselwirkung bestehen und der eine Teil von dem anderen abhängig sein. Deshalb heißt es in § 2 Nr. 7 Abs. 3 am Ende ausdrücklich, dass § 2 Nr. 3 Abs. 4 VOB/B „unberührt" bleibt. Ist deshalb von dem nach Einheitspreisen abzurechnenden Teil der Leistung ein anderer Teil der Leistung abhängig, für den eine Pauschalsumme vereinbart ist, so kann, wenn für die nach Einheitspreisen abzurechnende (Teil-)Leistung gem. § 2 Nr. 3 Abs. 2 und 3 VOB/B eine Änderung des Einheitspreises gerechtfertigt ist, nach § 2 Nr. 3 Abs. 4 auch für den zum Pauschalpreis abzurechnenden anderen Teil der Leistung eine angemessene Änderung der Pauschalsumme gefordert werden.

## G. Abrechnung des gekündigten Pauschalvertrages

**110** Der Auftragnehmer hat im Falle der Kündigung immer Anspruch auf Vergütung der von ihm erbrachten Leistungen.[174] Hat der Auftraggeber die Kündigung zu vertreten oder hat er

---

[166] *Ingenstau/Korbion/Keldungs* VOB/B § 2 Nr. 7 Rdn. 12 unter Hinweis auf *Kapellmann/Schiffers* Bd. 2 Rdn. 602 ff. (ab 3. Auflage/2000 Rdn. 655 ff.); *Vygen* Rdn. 846.
[167] Vgl. OLG Düsseldorf NJW-RR 1999, 1466.
[168] OLG Brandenburg IBR 2003, 57 mit Anm. *Weyer*.
[169] In der Neufassung der VOB/B 2006, früher Abs. 2.
[170] *Ingenstau/Korbion/Keldungs* VOB/B § 2 Nr. 7 Rdn. 41 f.
[171] *Ingenstau/Korbion/Keldungs* a. a. O.
[172] *Ingenstau/Korbion/Keldungs* a. a. O.
[173] *Ingenstau/Korbion/Keldungs* a. a. O.
[174] BGH NJW 1993, 1972 = BauR 1993, 469; BGH NJW-RR 1990, 1109 = BauR 1990, 632.

frei gekündigt, steht dem Auftragnehmer darüber hinaus auch die Vergütung auch für die nicht erbrachten Leistungen zu. Er muss sich insoweit aber anrechnen lassen, was er infolge der Aufhebung des Vertrages an Kosten erspart oder durch anderweitige Verwendung seiner Arbeitskraft erwirbt oder zu erwerben böswillig unterlässt, §§ 649 S. 2 BGB, 8 Nr. 1 Abs. 2 VO/B. Die Abrechnung bereitet beim Pauschalvertrag besondere Schwierigkeiten. Der Auftragnehmer muss nämlich die erbrachten von den nicht erbrachten Leistungen abgrenzen und bewerten, da sonst nicht beurteilt werden kann, ob die Ersparnis auch tatsächlich vertragsbezogen ermittelt worden ist. Überdies sind auch nur die erbrachten Leistungen umsatzsteuerpflichtig.[175] Er muss den Vertrag daher nachträglich für die Abrechnung in zwei Teile aufspalten.

Die **erbrachten Leistungen** müssen im Einzelnen aufgeführt und bewertet werden. Der Auftragnehmer kann nicht einfach den vertraglichen Zahlungsplan zugrunde legen, weil die dort vorgesehenen Raten zumeist nicht genau dem tatsächlichen Leistungsstand entsprechen. Es reicht auch nicht aus, wenn er die an den Planer und die Subunternehmer gezahlte Vergütung als Mindestvergütung geltend macht.[176] Er darf auch nicht die erbrachten Leistungen einfach mit ortsüblichen oder angemessenen Preisen abrechnen. Vielmehr muss er die Vergütung aus dem Pauschalpreis herleiten, damit sichergestellt ist, dass er durch die Kündigung keine Vorteile erlangt. Liegt dem Pauschalvertrag ein Einheitspreisangebot zugrunde, darf der Auftragnehmer seiner Abrechnung diese Preise zugrunde legen, allerdings unter Berücksichtigung etwaiger Preisnachlässe oder -zuschläge.[177] Liegt eine solche „Ursprungskalkulation" nicht vor, muss der Auftragnehmer sie nachträglich erstellen, indem er für die einzelnen Leistungen entsprechende Leistungspositionen bildet. Die Abrechnung muss auf die Vertragsgrundlagen Bezug nehmen und in sich stimmig und nachprüfbar sein. Es geht nicht an, dass der Auftragnehmer sich Vorteile verschafft, indem er für die Abrechnung der erbrachten Leistungen überhöhte Einheitspreise zugrunde legt.[178] Als Vergütung kann er vielmehr nur den Teilbetrag beanspruchen, der sich aus dem Verhältnis der erbrachten Teilleistung zu dem Wert der nach dem Vertrag zu erbringenden Gesamtleistung ergibt.[179] Etwas anderes gilt allerdings dann, wenn im Zeitpunkt der Kündigung nur noch geringfügige Leistungen ausstehen. Dann kann, wenn keine kalkulatorischen Verschiebungen zu Gunsten des Auftragnehmers zu befürchten sind, eine Bewertung der nicht erbrachten Leistungen und deren Abzug vom Gesamtpreis ausreichen.[180] Ähnliche Erleichterungen gelten, wenn im Zeitpunkt der Vertragsbeendigung erst geringfügige Leistungen erbracht sind.[181]

111 Die **nicht erbrachten Leistungen** müssen von den erbrachten abgegrenzt und ebenfalls vertragsbezogen dargelegt und bewertet werden. Der Auftragnehmer muss sich anrechnen lassen, was er infolge der Aufhebung des Vertrages an Kosten erspart oder durch anderweitige Verwendung seiner Arbeitskraft und seines Betriebes erwirbt oder zu erwerben böswillig unterlässt, §§ 649 Satz 2 BGB, 8 Nr. 1 Abs. 2 VOB/B. Umsatzsteuer kann er für diesen Vergütungsteil nicht geltend machen.[182]

Im Übrigen wird insoweit auf die Ausführungen zu § 8 VOB/B verwiesen.

---

[175] BGH NJW 1987, 3123; BGH NJW 1996, 3270 = BauR 1996, 846; BGH NJW-RR 1986, 1026 = BauR 1986, 577.
[176] BGH ZfBR 1999, 211.
[177] BGH NJW 1996, 3270 = BauR 1996, 846 = ZfBR 1996, 310.
[178] BGH NJW 1995, 2712 = BauR 1995, 691; BGH NJW 1996, 3270 = BauR 1996, 846.
[179] BGH BauR 1980, 356 = ZfBR 1980, 139; BGH BauR 1995, 691 = NJW 1995, 2712; BGH BauR 1996, 846 = NJW 1996, 3270 = ZfBR 1996, 310; BGH BauR 1997, 643 = ZfBR 1997, 242; BGH BauR 1998, 125 = NJW-RR 1998, 236 = ZfBR 1998, 32; BGH BauR1999, 631 = NJW 1999, 2036 = ZfBR 1999, 194 und 211; BGH BauR 1999, 1294 = NJW 1999, 3261; BGH ZfBR 2000, 255 und 472; BGH BauR 2001, 251 = NZBau 2001, 85 = ZfBR 2001, 102; BGH BauR 2002, 1403 und 1406.
[180] BGH ZfBR 2000, 472; BGH NJW-RR 2005, 325.
[181] BGH NJW-RR 2005, 325.
[182] BGH NJW 1987, 3123; BGH NJW 1996, 3270 = BauR 1996, 846; BGH NJW-RR 1986, 1026 = BauR 1986, 577.

## H. Verjährung des Vergütungsanspruchs beim Pauschalvertrag

Während beim BGB-Werkvertrag für den Verjährungsbeginn grundsätzlich keine Schlussrechnung erforderlich ist (→ Vor § 2 Rdn. 444 ff.), ist dies gem. § 14 i. V. m. § 16 Nr. 3 Abs. 1 VOB/B beim VOB-Vertrag bekanntermaßen anders, weil dort – außer der Abnahme – grundsätzlich auch die Erteilung einer prüffähigen Schlussrechnung Fälligkeitsvoraussetzung für den Vergütungsanspruch ist (→ Vor § 2 Rdn. 447 ff., auch zur Behandlung einer nicht prüffähigen Schlussrechnung, ein bei Pauschalverträgen allerdings seltener Fall). 112

Das gilt auch beim Pauschalvertrag. Demgemäß setzt – entgegen LG Stuttgart[183] – bei einem der VOB/B unterliegenden Pauschalvertrag ebenso wie beim Einheitspreisvertrag die Fälligkeit des Anspruchs auf den Restwerklohn (Schlusszahlung) neben der Abnahme die Erteilung einer prüffähigen Schlussrechnung und deren Prüfung bzw. den Ablauf der 2-monatigen Prüfungsfrist voraus,[184] so dass die Verjährung vor dem Ende des Jahres in das dieser Zeitpunkt fällt, nicht beginnen kann. 113

Im Übrigen gilt hinsichtlich der Verjährung des Vergütungsanspruchs für Leistungsänderungen und Zusatzleistungen auch beim Pauschalvertrag das zu § 2 Nr. 5 und 6 VOB/B Gesagte, so dass darauf verwiesen werden kann (→ § 2 Nr. 5 Rdn. 80 und → § 2 Nr. 6 Rdn. 97). Mehrvergütungsansprüche des Auftragnehmers verjähren grundsätzlich in derselben Frist wie der Haupt-Vergütungsanspruch, weil dieser und etwaige Nachforderungen einheitlich verjähren.[185] 114

Dagegen kann bei Selbstübernahme von (Teil-)Leistungen nach § 2 Nr. 4 und bei Leistungsänderungen (§ 2 Nr. 5 VOB/B), die zu Minderleistungen geführt haben, der Auftraggeber Herabsetzung des vereinbarten (Pauschal-)Preises nur bis zur Schlusszahlung verlangen, weil er sich mit deren vorbehaltlosem Ausgleich seines Anspruchs auf Preisherabsetzung begibt (→ § 2 Nr. 5 Rdn. 119). 115

## I. Ausschluss oder Änderung der Pauschalpreisregelungen des § 2 Nr. 7

Die in § 2 Nr. 7 Abs. 1 Satz 1 bis 3 VOB/B vorangestellte allgemeine Regelung, dass die Unveränderbarkeit des Pauschalpreises nur bis zur (immanenten) Grenze von Wegfall oder Änderung der Geschäftsgrundlage gilt, kann schon deshalb weder durch Formular-, noch durch Individualvertrag ausgeschlossen oder geändert/eingeschränkt werden, weil sie einem allgemeinen Grundsatz von Treu und Glauben entspricht, der nunmehr in § 313 BGB ausdrücklich niedergelegt worden ist. 116

Für den Ausschluss oder die Änderung von Preisanpassungsansprüchen nach § 2 Nr. 7 Abs. 2 i. V. m. § 2 Nr. 4 bis 6 VOB/B gilt im Übrigen das dazu Gesagte, auf das verwiesen wird (→ § 2 Nr. 5 Rdn. 82 ff. und → § 2 Nr. 6 Rdn. 99 ff.). 117

### I. Ausschluss oder Änderung durch Allgemeine Geschäftsbedingungen

Unzulässig ist nach § 307 BGB (bzw. früher § 9 AGBG) eine formularmäßig, z. B. in Zusätzlichen Vertragsbedingungen vom Auftraggeber gestellte Regelung, dass der Auftragnehmer auch in den Fällen des § 2 Nr. 7 Abs. 1 VOB/B keine Erhöhung des vereinbarten 118

---

[183] NJW 1988, 1036.
[184] OLG Frankfurt/Kassel, NJW-RR 1988, 983; BGH NJW 1989, 836 = BauR 1989, 87 = ZfBR 1989, 55 im Anschluss an BGHZ 79, 180 = NJW 1981, 822 = BauR 1981, 201 = ZfBR 1981, 82 und BGHZ 83, 382 = NJW 1982, 1815 = BauR 1982, 377 = ZfBR 1982, 154; ebenso anschließend nochmals OLG Hamm, BauR 1992, 516.
[185] BGHZ 53, 222 = NJW 1970, 938 = BauR 1970, 113.

§ 2 Nr. 7 Vergütung beim Pauschalvertrag

Pauschalpreises verlangen kann oder diese eingeschränkt und „generell an einengende Voraussetzungen geknüpft" ist.[186]

119 Das ist z. B. der Fall, wenn die Abänderungsmöglichkeit für einen Pauschalpreis (§ 2 Nr. 7 VOB/B) durch „unabänderliche Festpreise" abbedungen ist.[187] Gleiches gilt für eine Klausel, durch die der Auftraggeber sich vorbehält, einzelne Teile der ausgeschriebenen Arbeiten zu ändern oder entfallen zu lassen, der Auftragnehmer hieraus jedoch keinen Entschädigungsanspruch ableiten können soll, „wenn sich aus diesem Umstand keine Änderung des Gesamtleistungsumfangs über +/– 10% ergibt".[188] Zur Begründung weist das OLG Frankfurt a. a. O. zutreffend darauf hin, dass der Pauschalpreisvertrag zwar gewisse spekulative Elemente enthält. Diese sind aber „auf den Umfang und die Art der angebotenen Leistungen begrenzt" und gelten nicht auch für den Fall, dass „der Auftraggeber einseitig Eingriffe in den vertraglich festgelegten Leistungsinhalt und Leistungsumfang vornimmt".[189]

120 Mit ähnlicher Begründung hat das OLG München[190] den formularmäßigen Ausschluss von Mehrvergütungsansprüchen beim Pauschalvertrag und eine entsprechende Klausel in den Vorbemerkungen eines Auftraggebers zu einem Pauschalvertrag für unwirksam erklärt, in der es hieß:

„Der Handwerker erkennt an, dass in dem Pauschalvertrag auch alle die Arbeiten enthalten sind, die nicht ausdrücklich in der Leistungsbeschreibung benannt sind, jedoch der Baukunst entsprechen und sich während der Bauzeit als notwendig erweisen, damit das Werk des Handwerkers vollständig nach den erkannten Regeln der Baukunst fertig gestellt werden kann".

Diese Klausel verstößt nach der genannten Entscheidung gegen §§ 9, 11 Nr. 7 AGB-Gesetz und ist unwirksam, weil der Auftraggeber mit ihr das unangemessene Ziel verfolgt, dass Änderungen im Leistungsbereich den Pauschalpreis unverändert lassen ohne Rücksicht darauf, ob sie auf Fehler in der Leistungsbeschreibung zurückzuführen und von wem diese zu vertreten sind.

121 Streit besteht über die Wirksamkeit sog. **„Komplettheitsklauseln"**, durch deren Verwendung der Auftraggeber nach Verhandlungen auf der Basis eines Einheitspreisangebotes letztlich den Abschluss eines alle erforderliche Leistungen umfassenden Globalpauschalvertrages anstrebt. Nach Auffassung des OLG Düsseldorf[191] ist eine solche „Komplettheitsklausel" dann unbedenklich, wenn der Auftragnehmer den Umfang der geschuldeten Leistung hinreichend deutlich erkennen konnte, etwa weil er die Bausubstanz selbst untersucht und das Leistungsverzeichnis selbst erstellt hat. Dem wird man für diesen Ausnahmefall zustimmen können. Im Regelfall dürfte eine solche Klausel aber eine unangemessene Benachteiligung des Auftragnehmers im Sinne von § 307 BGB darstellen.

122 Die Klausel in einem auf der Grundlage eines detaillierten Leistungsverzeichnisses mit Mengenangaben geschlossenen Pauschalpreisvertrages, nach der Mehr- und Mindermassen von 5% als vereinbart gelten, regelt das Mengenrisiko. Der BGH[192] hat sie in dem entschiedenen Fall dahin ausgelegt, dass bei einer nicht durch Planänderungen bedingten Mengenabweichung in den einzelnen Positionen, die über 5% hinausgeht, auf Verlangen ein neuer Einheitspreis nach Maßgabe des § 2 Nr. 7 Abs. 1 Satz 2, 3 VOB/B gebildet werden müsse, bei dessen Ermittlung das übernommene Mengenrisiko zu berücksichtigen sei.

## II. Ausschluss oder Änderung durch Individualvereinbarung

123 Individualvertraglich können Ansprüche aus § 2 Nr. 7 VOB/B unbedenklich ausgeschlossen werden, etwa durch eine sog. „Komplettheitsvereinbarung" oder im Wege

---

[186] *Ingenstau/Korbion/Keldungs* VOB/B § 2 Nr. 7 Rdn. 39 f.; *Werner/Pastor* Rdn. 1183 f.
[187] OLG Frankfurt, BauR 1986, 225.
[188] OLG Frankfurt, NJW-RR 1986, 245.
[189] OLG Frankfurt a. a. O.
[190] BauR 1990, 776 L.
[191] OLG Düsseldorf IBR 2004, 61 mit Anm. *Bolz*.
[192] BGH BauR 2004, 78 = NZBau 2004, 150 = IBR 2004, 60 mit Anm. *Schulze-Hagen*.

funktionaler Leistungsbeschreibung. Erstellt der Auftragnehmer im Rahmen eines Detailpauschalvertrages das Leistungsverzeichnis und vereinbaren die Parteien die Geltung einer „Komplettheitsklausel", trägt der Auftragnehmer das Risiko nicht berücksichtigter Mehrmengen jedenfalls in dem Umfang, in dem es für ihn bei sorgfältiger Prüfung sämtlicher Vertragsgrundlagen erkennbar war. Die Vereinbarung, dass für die Vertragserfüllung erforderliche zusätzliche Leistungen nicht vergütet werden, ist nicht nach § 134 BGB unwirksam und auch dann nicht sittenwidrig, wenn der Auftraggeber mit dem Abschluss eines derartigen Globalpauschalvertrages gegen § 9 VOB/A verstößt. Bei offener Zuweisung des Risikos bestehen auch keine Ansprüche aus §§ 280 Abs. 1, 311 Abs. 2 und 3 BGB (cic).[193]

## J. Mengenminderung und Gewährleistung

Hat der Auftragnehmer vertragswidrig geringere als im Leistungsverzeichnis vorgesehene Mengen eingebaut, kann das gewährleistungs-, aber auch vergütungsrechtliche Folgen haben. In dem vom BGH entschiedenen Fall[194] hatte der Auftragnehmer weniger Baustahlmatten eingebaut, als im Leistungsverzeichnis vorgesehen war. Die Gewährleistungsansprüche waren bereits verjährt. Der BGH hat aber zutreffend darauf hingewiesen, dass der Auftraggeber unabhängig von dem Bestand und der Durchsetzbarkeit von Gewährleistungsansprüchen eine Preisanpassung nach § 2 Nr. 7 Abs. 1 Satz 2 VOB/B verlangen könne, wenn das Pauschalpreisrisiko überschritten sei. Die Kritik von *Miernik*,[195] damit könne der Auftraggeber Gewährleistungsansprüche durchsetzen, ohne dass die gesetzlichen Voraussetzungen vorlägen, ist unberechtigt. Der Vergütungsanspruch des Auftragnehmers ist unabhängig von den Gewährleistungsansprüchen des Auftraggebers. Ist die erbrachte Leistung unvollständig und deshalb mangelhaft, stehen dem Auftraggeber Einwendungen gegen die dafür geltend gemachte Vergütung und Gewährleistungsansprüche zu.[196] Klar ist allerdings, dass er nicht einerseits die Vergütungsansprüche wegen der nicht erbrachten Leistungen kürzen, andererseits mit seinem Gewährleistungsanspruch die nachträgliche Erbringung der Restleistung durchsetzen kann. Hat er den Vergütungsanspruch um die nicht erbrachten Leistungen gekürzt, sind diese im Rahmen der Gewährleistung als Sowiesokosten zu behandeln.[197]

124

---

[193] BGH BauR 1997, 16 (Kammerschleuse); LG Berlin IBR 2003, 344 mit Anm. *Quack*; dieser weist zutreffend darauf hin, dass der Verstoß gegen § 9 VOB/A nur im eigentlichen Vergabeverfahren geltend gemacht werden kann.
[194] BGH BauR 2004, 78 = NZBau 2004, 150 = IBR 2004, 59 mit Anm. *Schulze-Hagen*.
[195] BauR 2005, 1698 ff.
[196] So zu Recht *Kniffka* IBR-Kommentar zum Bauvertragsrecht Stand 4. 1. 2007 § 631 Rdn. 314.
[197] BGH BauR 2004, 78 = NZBau 2004, 150 = IBR 2004, 59, 60 mit Anm. *Schulze-Hagen*.

## § 2 Nr. 8

### § 2 Nr. 8 [Leistungen ohne Auftrag]

(1) Leistungen, die der Auftragnehmer ohne Auftrag oder unter eigenmächtiger Abweichung vom Auftrag ausführt, werden nicht vergütet. Der Auftragnehmer hat sie auf Verlangen innerhalb einer angemessenen Frist zu beseitigen; sonst kann es auf seine Kosten geschehen. Er haftet außerdem für andere Schäden, die dem Auftraggeber hieraus entstehen.

(2) Eine Vergütung steht dem Auftragnehmer jedoch zu, wenn der Auftraggeber solche Leistungen nachträglich anerkennt. Eine Vergütung steht ihm auch zu, wenn die Leistungen für die Erfüllung des Vertrags notwendig waren, dem mutmaßlichen Willen des Auftraggebers entsprachen und ihm unverzüglich angezeigt wurden. Soweit dem Auftragnehmer eine Vergütung zusteht, gelten die Berechnungsgrundlagen für geänderte oder zusätzliche Leistungen der Nummer 5 oder 6 entsprechend.

(3) Die Vorschriften des BGB über die Geschäftsführung ohne Auftrag (§§ 677 ff. BGB) bleiben unberührt.

**Literatur:** *Acker/Garcia-Scholz,* Möglichkeiten und Grenzen der Verwendung von Leistungsbestimmungsklauseln nach § 315 BGB in Pauschalpreisverträgen, BauR 2002, 550; *v. Craushaar,* Die Vollmacht des Architekten zur Anordnung und Vergabe von Zusatzarbeiten, BauR 1982, 421; *ders.,* Abgrenzungsprobleme im Vergütungsrecht der VOB/B bei Vereinbarung von Einheitspreisen, BauR 1984, 311; *Dähne,* Auftragnehmeransprüche bei lückenhafter Leistungsbeschreibung, BauR 1999, 289; *Diehl,* Der zusätzliche Vergütungsanspruch gem. § 2 Nr. 6 und § 2 Nr. 8 VOB/B, Seminar, „Vergütungsansprüche aus Nachträgen – ihre Geltendmachung und Abwehr", Deutsche Gesellschaft für Baurecht e. V., 1989, S. 75; *Hass,* Wie sind öffentliche Ausschreibungen auszulegen? NZBau 2001, 613; *Hofmann,* VOB-Fassung 1996: Die rätselhafte Änderung des § 2 Nr. 8 VOB/B, BauR 1996, 640; *Hundertmark,* Die zusätzliche Leistung und ihre Vergütung beim VOB-Vertrag, Betr 1987, 32; *Kemper/Schaarschmidt,* Die zusätzliche Vergütung nicht bestellter Leistungen nach § 2 Nr. 8 VOB/B, BauR 2000, 1651; *Koller,* Aufgedrängte Bereicherung und Wertersatz bei der Wandlung im Werkvertrags- sowie Kaufrecht, Betr 1974, 2385 bzw. 2458; *Leupertz,* Der Anspruch des Unternehmers auf Bezahlung unbestellter Bauleistungen beim BGB-Bauvertrag, BauR 2005, 775; *Oberhauser,* Ansprüche des Auftragnehmers auf Bezahlung nicht „bestellter" Leistungen im Bauvertrag auf der Basis des VOB/B, BauR 2005, 919; *Putzier,* Die zusätzliche Vergütung bei der Bewältigung abweichender Bodenverhältnisse im Erdbau, BauR 1989, 132; *Roquette,* Vollständigkeitsklauseln: Abwälzung des Risikos unvollständiger oder unrichtiger Leistungsbeschreibungen auf den Auftragnehmer; NZBau 2001, 57; *Stein,* Zur Bedeutung des Beseitigungs- und Kostenerstattungsanspruchs des Auftraggebers nach § 2 Nr. 8 Abs. 1 Satz 2 VOB/B, ZfBR 1987, 181/182; *ders.,* Die Haftungsmilderung des § 680 BGB beim Schadensersatzanspruch aus § 2 Nr. 8 Abs. 1 Satz 3 VOB/B, ZfBR 1988, 252/253; *Tempel,* Ist die VOB/B noch zeitgemäß? NZBau 2002, 472.

### Übersicht

| | Rdn. | | Rdn. |
|---|---|---|---|
| A. Allgemeines | 1–8 | 1. Beseitigung nur auf Verlangen des Auftraggebers | 36 |
| B. Unverlangte/nicht angeordnete Leistungen (Zusatzleistungen und Leistungsänderungen) | 9–24 | 2. Ersatzvornahme auf Kosten des Auftragnehmers | 38 |
| I. Leistungen „ohne Auftrag" = unverlangte Zusatzleistungen | 10 | 3. Verhältnis zum Mängelbeseitigungsanspruch nach § 4 Nr. 7 bzw. § 13 Nr. 5 VOB/B | 43 |
| 1. Leistungen aus eigenem Antrieb | 11 | II. Ersatz anderer Schäden (Abs. 1 Satz 3 i. V. m. Abs. 3) | 44 |
| 2. Leistungen ohne wirksamen Auftrag | 13 | D. Vergütungsanspruch nach Absatz 2, insbesondere bei notwendigen Leistungen (Zusatzleistungen und Leistungsänderungen) | 50–88 |
| II. Leistungen unter eigenmächtiger Abweichung vom Vertrag = nicht angeordnete Leistungsänderungen | 15 | I. Nachträgliches Anerkenntnis (Abs. 2 Satz 1) | 51 |
| 1. Quantitätsabweichungen | 16 | 1. Tatsächliches Verhalten des Auftraggebers genügt | 51 |
| 2. Qualitätsabweichungen | 19 | a) Kein Anerkenntnis durch Architekten | 55 |
| 3. Geringfügige Abweichungen unbeachtlich | 23 | b) Genehmigung vollmachtlosen Handelns des Architekten | 56 |
| C. Keine Vergütung nicht notwendiger Leistungen (Abs. 1 Satz 1) | 25–54 | | |
| I. Beseitigungsanspruch des Auftraggebers (Abs. 1 Satz 2) | 31 | | |

Leistungen ohne Auftrag § 2 Nr. 8

| | Rdn. | | Rdn. |
|---|---|---|---|
| 2. Teilweises Anerkenntnis möglich | 58 | d) Anzeige ist Anspruchsvoraussetzung | 77 |
| 3. Vergütungsanspruch auch bei nicht notwendigen Leistungen | 59 | III. Ansprüche aus Geschäftsführung ohne Auftrag, § 2 Nr. 8 Abs. 3 VOB/B | 81 |
| II. Zur Vertragserfüllung notwendige Leistungen (Abs. 2 Satz 2) | 61 | 1. Anspruchsvoraussetzungen | 81 |
| 1. Notwendigkeit der Leistung | 62 | 2. Berechnung des Ersatzanspruches | 83 |
| 2. Mutmaßlicher Wille des Auftraggebers | 66 | 3. Anspruch auf Sicherheit | 84 |
| 3. Unverzügliche Anzeige des Auftragnehmers | 68 | 4. Ansprüche aus ungerechtfertigter Bereicherung | 85 |
| a) Unverzüglichkeit der Anzeige | 69 | IV. Beweislast und Verjährung des Vergütungsanspruchs | 86 |
| b) Anzeige gegenüber Architekt genügt nicht | 72 | E. Ausschluss oder Einschränkung der Ansprüche aus § 2 Nr. 8 Abs. 2 und 3 VOB/B | 89, 90 |
| c) Keine Anzeigepflicht bei Kenntnis des Auftraggebers | 76 | | |

## A. Allgemeines

Die Regelung des § 2 Nr. 8 VOB/B ist insgesamt unübersichtlich,[1] teilweise wenig **1** nachvollziehbar und in dieser Form einfach missglückt. Zwar ist durch die Neuregelung im Jahre 1996 in § 2 Nr. 8 Abs. 3 VOB/B klargestellt worden, dass Ansprüche aus GoA unberührt bleiben, um die Übereinstimmung mit der gesetzlichen Regelung herzustellen. Nach wie vor ist aber höchst zweifelhaft, ob das gesamte Regelwerk des § 2 Nr. 8 Abs. 2 und 3 VOB/B ausreichend transparent ist. Angesichts der noch aufzuzeigenden Ungereimtheiten und Widersprüche spricht viel dafür, dass das nicht der Fall und diese Regelung daher gemäß § 307 Abs. 1 BGB unwirksam ist.[2]

§ 2 Nr. 8 VOB/B gilt, obwohl § 2 Nr. 7 Abs. 2 nur auf § 2 Nr. 4 bis 6 VOB/B verweist, auch beim Pauschalvertrag,[3] weil § 2 Nr. 8 VOB/B eine Sonderregelung für auftragloses Handeln ist. Nach § 2 Nr. 8 Abs. 1 VOB/B werden Leistungen, die der Auftragnehmer ohne Auftrag oder unter eigenmächtiger Abweichung vom Vertrag ausführt, **nicht vergütet** (Satz 1).[4] Vielmehr muss der Auftragnehmer derartige Leistungen auf Verlangen des Auftraggebers innerhalb angemessener Frist beseitigen, andernfalls dies auf seine Kosten im Wege der Ersatzvornahme geschehen kann (Satz 2). Außerdem haftet der Auftragnehmer bei Verschulden für **andere Schäden,** die dem Auftraggeber aus derartigen Leistungen entstehen, wenn nicht die §§ 677 ff. BGB über die Geschäftsführung ohne Auftrag etwas anderes ergeben (Abs. 3).

Eine Vergütung für Leistungen ohne Auftrag oder unter eigenmächtiger Abweichung **2** vom Vertrag steht dem Auftragnehmer nach § 2 Nr. 8 Abs. 2 VOB/B jedoch zu, wenn der Auftraggeber diese Leistungen nachträglich **anerkennt** (Satz 1) oder wenn sie zur Erfüllung des Vertrages **notwendig** waren, dem mutmaßlichen Willen des Auftraggebers entsprachen und ihm unverzüglich **angezeigt** wurden (Satz 2). Es gelten dann die **Berechnungsgrundlagen** für geänderte oder zusätzliche Leistungen der Nummer 5 oder 6 entsprechend.

Unberührt bleiben nach dem in die Fassung der VOB/B 1996 aufgenommenen Abs. 3 die Vorschriften über die Geschäftsführung ohne Auftrag.

---

[1] Dazu *Hofmann* BauR 1996, 640; *Kemper/Schaarschmidt* BauR 2000, 1651; *Oberhauser* BauR 2005, 919; *Kniffka* IBR-online-Kommentar zum Bauvertragsrecht Stand 4. 1. 2007 § 631 Rdn. 647.
[2] Dazu auch *Kniffka* a. a. O. Rdn. 660.
[3] Ebenso *Ingenstau/Korbion/Keldungs* VOB/B § 2 Nr. 8 Rdn. 20.
[4] Nach OLG Karlsruhe (BauR 1993, 506 L) stellt auch die Ausführung einer Eventualposition ohne Anordnung des Auftraggebers eine derartige auftraglose Leistung dar.

## § 2 Nr. 8

3   In diesem Sinne enthält § 2 Nr. 8 VOB/B eine **abschließende Regelung**,[5] die nach Auffassung des BGH Ansprüche aus ungerechtfertigter Bereicherung (§§ 812 ff. BGB) ausschließt[6] und deshalb auch nur dann wirksam ist, wenn die VOB/B wirksam vereinbart ist.[7] Dem tritt *Kapellmann*[8] entgegen. Er will § 2 Nr. 8 Abs. 1 Satz 1 VOB/B so auslegen, dass nur Vergütungsansprüche, nicht aber anderweitige gesetzliche Ansprüche aus Geschäftsführung ohne Auftrag oder ungerechtfertigter Bereicherung ausgeschlossen sein sollen. Dagegen spricht aber eindeutig die Entstehungsgeschichte der Vorschrift. Grund für die im Jahre 1996 erfolgte Änderung der Vorschrift war nämlich die Rechtsprechung des BGH, nach der – wenn die VOB nicht als Ganzes vereinbart war – die Regelung des § 2 Nr. 8 Abs. 1 Satz 1 VOB/B gegen § 9 AGBG – jetzt § 307 BGB – verstieß und deshalb unwirksam war. Diese Bedenken des BGH, die sich schwerpunktmäßig gegen den Ausschluss der Ansprüche aus Geschäftsführung ohne Auftrag richteten, wollten die Verfasser der VOB durch Einfügung des jetzigen Abs. 3 in die Vorschrift ausräumen.[9] Dazu hätte aber kein Anlass bestanden, wenn Ansprüche aus Geschäftsführung ohne Auftrag ohnehin nicht durch § 2 Nr. 8 Abs. 1 Satz 1 VOB/B ausgeschlossen gewesen wären. Er hätte gereicht, § 8 Nr. 1 Satz 1 VOB/B dahin klarzustellen, dass nur vertragliche Vergütungsansprüche gemeint seien.

4   Der Unterschied zwischen § 2 Nr. 8 und § 2 Nr. 5 und 6 VOB/B besteht darin, dass Leistungsänderungen nach § 2 Nr. 5 eine **Einwirkung des Auftraggebers** durch Änderung des Bauentwurfs oder andere ihm zurechenbare Anordnungen voraussetzen und Zusatzleistungen nach § 2 Nr. 6 VOB/B ein entsprechendes **Verlangen** des Auftraggebers, was nach § 2 Nr. 7 Abs. 2 VOB/B auch beim Pauschalvertrag gilt. Demgegenüber regelt § 2 Nr. 8 VOB/B Leistungen, die der Auftragnehmer ohne Einwirkung, Anordnung oder Verlangen des Auftraggebers, d. h. **ohne Auftrag** oder unter eigenmächtiger Abweichung vom Vertrag erbringt.

5   Dabei handelt es sich jedoch zumeist nicht um dem Auftraggeber vertragswidrig „aufgedrängte" Leistungen,[10] sondern um solche, für die – aus welchen Gründen auch immer – keine vorherige Beauftragung oder Zustimmung des Auftraggebers im Sinne von § 2 Nr. 5 oder 6 VOB/B möglich war bzw. erfolgt ist. Von daher führt § 2 Nr. 8 VOB/B in der Praxis zu Unrecht ein Schattendasein, was sich nach der insoweit grundlegenden Entscheidung des BGH[11] aber vielleicht ändern wird. So hat für einen Fall des § 2 Nr. 8 Abs. 2 VOB/B das OLG Düsseldorf[12] dem Auftragnehmer Vergütung für die **Vorhaltung der Baustellenversorgung** nach Beendigung der eigenen Arbeiten zugesprochen und entschieden, sofern eine Auftragserteilung nicht feststellbar sei, müsse der Auftraggeber dem Auftragnehmer nach den Regeln der Geschäftsführung ohne Auftrag eine Vergütung für das Belassen des Bauzauns, des Toiletten- und des Bürocontainers nebst Telefonanschluss und für Entsorgung zahlen, jedenfalls dann, wenn der Auftraggeber die entsprechenden Kosten als „Bauumlage" von den Rechnungen der Nachfolgehandwerker abzieht und seinerseits den Bürocontainer als Bauleitungs- und Verkaufsbüro nutzt.

6   Im Vergleich zur gesetzlichen Regelung der **§§ 677 ff. BGB**[13] benachteiligt § 2 Nr. 8 VOB/B den Auftragnehmer entgegen den Geboten von Treu und Glauben insofern unan-

---

[5] BGHZ 113, 315 = NJW 1991, 1812 = BauR 1991, 331 = ZfBR 1991, 146; bestätigt durch BGH NZBau 2004, 146, 148.
[6] *Ingenstau/Korbion/Keldungs* VOB/B § 2 Nr. 8 Rdn. 42; *Heiermann/Riedl/Rusam* VOB/B § 2 Rdn. 158.
[7] BGH a. a. O.; nach neuerer Rechtsprechung steht jeder Eingriff in den Regelungsgehalt der VOB/B ihrer Vereinbarung als Ganzes entgegen, so BGH NZBau 2004, 267 und 385.
[8] *Kapellmann/Messerschmidt-Kapellmann* VOB/B § 2 Rdn. 300; *Kapellmann/Schiffers* Bd. 1 Rdn. 1184.
[9] So zutreffend *Ingenstau/Korbion/Keldungs* VOB/B § 2 Nr. 8 Rdn. 15 unter Hinweis auf die Sitzungsniederschrift der 32. Sitzung des Hauptausschusses-Allgemeines vom 7./8. 9. 1994.
[10] So *Ingenstau/Korbion/Keldungs* VOB/B § 2 Nr. 8 Rdn. 3; vgl. auch *Heiermann/Riedl/Rusam* VOB/B § 2 Rdn. 158 und *Nicklisch/Weick* VOB/B § 2 Nr. 89.
[11] BGHZ 113, 315 = NJW 1991, 1812 = BauR 1991, 331 = ZfBR 1991, 146.
[12] BauR 1996, 152 L.
[13] Dazu auch *Nicklisch/Weick*, VOB/B § 2 Rdn. 89.

gemessen, als der Auftragnehmer hiernach selbst bei notwendigen Leistungen keinen Vergütungsanspruch hat, wenn er die Leistung nicht unverzüglich angezeigt hat. Dabei handelt es sich nach herrschender Meinung um eine echte Anspruchsvoraussetzung.[14] Dagegen bestehen gesetzliche Ansprüche aus Geschäftsführung ohne Auftrag[15] und ungerechtfertigter Bereicherung[16] in aller Regel aber bereits dann, wenn die Leistungen zur ordnungsgemäßen Erfüllung des Vertrages notwendig waren. Von einer Anzeige der Leistung hängen sie nicht ab. Unterbleibt diese, obwohl der Auftragnehmer nach § 681 Satz 1 BGB zu ihr verpflichtet ist, entfällt nicht sein Anspruch auf Aufwendungsersatz. Der Auftragnehmer kann sich allerdings schadensersatzpflichtig machen.[17] Soweit durch § 2 Nr. 8 VOB/B deshalb **gesetzliche Ansprüche ausgeschlossen** werden, ist das mit wesentlichen Grundgedanken der gesetzlichen Regelung, von der abgewichen wird, nicht zu vereinbaren. Fraglich ist auch, ob das gesamte Regelwerk des § 2 Nr. 8 Abs. 2 und 3 VOB/B hineichend transparent ist, § 307 Abs. 1 Satz 2 BGB.[18]

Nach allgemeiner Auffassung ist die unverzügliche Anzeige eine **echte Anspruchsvoraussetzung**.[19] Das ist richtig. Für eine einschränkende Auslegung – ähnlich wie bei § 2 Nr. 6 VOB/B – ist hier kein Raum, weil in § 2 Nr. 8 Abs. 1 VOB/B in aller Deutlichkeit festgestellt wird, dass „Leistungen, die der Auftragnehmer ohne Auftrag oder unter eigenmächtiger Abweichung vom Auftrag ausführt, nicht vergütet werden". 7

## B. Unverlangte/nicht angeordnete Leistungen (Zusatzleistungen und Leistungsänderungen)

Wenn § 2 Nr. 8 Abs. 1 Satz 1 VOB/B von Leistungen spricht, „die der Auftragnehmer ohne Auftrag oder unter eigenmächtiger Abweichung vom Vertrag ausführt", sind damit im Prinzip dieselben Fälle wie in § 2 Nr. 5 und 6 VOB/B gemeint, nur dass hier die Leistungsänderungen ohne dem Auftraggeber zurechenbare Anordnung und Zusatzleistungen und damit ohne entsprechendes Verlangen des Auftraggebers erfolgen. Die Abgrenzung beider Fallgruppen voneinander ist im Einzelfall ähnlich schwierig und zum Teil zufällig wie bei § 2 Nr. 5 und 6 VOB/B, hier allerdings auch weniger problematisch, weil § 2 Nr. 8 VOB/B beide Fälle hinsichtlich der Folgen gleich regelt.[20] 9

### I. Leistungen „ohne Auftrag" = unverlangte Zusatzleistungen

Dabei handelt es sich nicht lediglich um eine „quantitative Abweichung" von einer in anderer Abmessung oder Menge bestellten Leistung,[21] sondern um eine echte Mehrleistung 10

---

[14] BGHZ 113, 315 = NJW 1991, 1812 = BauR 1991, 331 = ZfBR 1991, 146 unter Hinweis auf OLG Hamburg, BauR 1982, 69/70; *Ingenstau/Korbion/Keldungs* VOB/B § 2 Nr. 8 Rdn. 33; *Heiermann/Riedl/Rusam* VOB/B § 2 Rdn. 168; *Kapellmann/Messerschmidt-Kapellmann* VOB/B § 2 Rdn. 307; *Hundertmark* Betr 1987, 32/35.

[15] BGH a. a. O. unter Hinweis auf BGH NJW 1972, 940 und *Grimme* S. 236.

[16] BGH a. a. O. unter Hinweis auf BGH *Schäfer/Finnern* Z 2310 Bl. 46; OLG Hamm MDR 1975, 488; OLG Stuttgart BauR 1977, 291; *v. Craushaar,* BauR 1982, 427/428; *Koller* Betr 1974, 2385 ff., 2458/2459.

[17] BGH a. a. O. unter Hinweis auf BGHZ 65, 354, 357 = NJW 1976, 619.

[18] Dazu BGH NZBau 2004, 267 und 385; *Kniffka* IBR-onlineKommentar zum Bauvertragsrecht Stand 4. 1. 2007 § 631 Rdn. 660.

[19] *Ingenstau/Korbion/Keldungs* VOB/B § 2 Nr. 8 Rdn. 33; *Kapellmann/Messerschmidt-Kapellmann* VOB/B § 2 Rdn. 304; *Heiermann/Riedl/Rusam* VOB/B § 2 Rdn. 168; *Kniffka* IBR-online-Kommentar zum Bauvertragsrecht Stand 4. 1. 2007 § 631 Rdn. 659; *Franke/Kemper/Zanner/Grünhagen* VOB/B § 2 Rdn. 204; BGH NZBau 2004, 146, 148; a. A. *Jagenburg* in der Vorauflage.

[20] *Heiermann/Riedl/Rusam* VOB/B § 2 Rdn. 159; *Nicklisch/Weick* VOB/B § 2 Rdn. 92; *Kemper/Schaarschmidt* BauR 2000, 1651.

[21] Dazu auch *Ingenstau/Korbion/Keldungs* VOB/B § 2 Nr. 8 Rdn. 4; OLG Braunschweig IBR 2007, 122: Treppe in Fertigteilen statt Ortbeton.

§ 2 Nr. 8　　　　　　　　　　　　　　　　　　　　　　Leistungen ohne Auftrag

im Sinne einer **Zusatzleistung**,[22] für die jedoch – im Gegensatz zu § 2 Nr. 6 VOB/B – entweder überhaupt kein oder kein wirksamer Auftrag des Auftraggebers vorliegt.

### 1. Leistungen aus eigenem Antrieb

11　Zusatzleistungen, die der Auftragnehmer von sich aus und „aus eigenem Antrieb"[23] erbringt, werden zwar nicht häufig sein, doch kann es bei **Gefahr in Verzug** oder in anderen Fällen besonderer Eilbedürftigkeit, wenn der Auftraggeber nicht erreichbar ist, durchaus vorkommen, dass ein Auftragnehmer in der Annahme, insoweit im wohlverstandenen Interesse des Auftraggebers zu handeln, von sich aus aktiv wird und z. B. bei plötzlichem Auftreten von drückendem Wasser eine (nicht ausgeschriebene) **Druckwasserisolierung** vornimmt,[24] eine zur Gefahrenabwehr notwendige sonstige **Bausicherungsmaßnahme** (Baustellenabsicherung o. ä.) veranlasst[25] oder einen durch unerwarteten Frosteinbruch aufgetretenen **Rohrbruch** beseitigen lässt, um eine Überschwemmung der Baustelle zu verhindern.

12　Diese Fälle fallen dem Wortlaut nach zwar auch unter § 2 Nr. 8 Abs. 1 Satz 1 VOB/B, regeln sich jedoch, weil es sich um aus der Sicht des Auftragnehmers notwendige Zusatzleistungen handelt, hinsichtlich ihrer Folgen und der Vergütungspflicht nach § 2 Nr. 8 Abs. 2 VOB/B. Zusatzleistungen, die nicht (tatsächlich oder vermeintlich) erforderlich sind und im mutmaßlichen Interesse des Auftraggebers liegen, wird der Auftragnehmer dagegen aus eigenem Antrieb kaum erbringen.

### 2. Leistungen ohne wirksamen Auftrag

13　Viel häufiger sind nach den Erfahrungen der Praxis dagegen die Fälle, in denen ein vom **öffentlichen Auftraggeber**,[26] z. B. einer Gemeinde erteilter Auftrag unwirksam ist, weil die Gemeinde bei der Vergabe nicht wirksam vertreten war,[27] oder der Auftragnehmer zwar auf Grund eines entsprechenden **Zusatzauftrags** oder Nachtragsverlangens des Architekten des Auftraggebers handelt, sich also für beauftragt hält, tatsächlich aber keine wirksame Beauftragung vorliegt, weil der Architekt keine wirksame Vollmacht hat[28] (dazu ausführlich → Vor § 2 Rdn. 24 ff., 100 ff.). Da der Auftragnehmer dies regelmäßig wissen muss, haftet ihm der Architekt bei derart erkennbar vollmachtlosem Handeln auch nicht als vollmachtloser Vertreter gem. § 179 BGB[29] → Vor § 2 Rdn. 56 ff.).

14　Gleiches gilt nach der Rechtsprechung des BGH,[30] wenn der Architekt oder örtliche Bauleiter seine **Vollmacht missbraucht.** So ist eine Vereinbarung mit der örtlichen Bauführung, nach der der Auftragnehmer vom Auftrag angeblich nicht erfasste Zusatzleistungen erbringen, diese aber in der Schlussrechnung nicht offen ausweisen, sondern als Mehrleistungen unter im Leistungsverzeichnis bereits vorhandenen anderen Positionen abrechnen soll, unwirksam, weil damit eine Kontrolle weitgehend ausgeschlossen wird und die örtliche Bauführung mit einer solchen Abrede ihre Vertretungsmacht erkennbar missbraucht.[31] Auch in diesen Fällen kommt nach der vorgenannten Entscheidung bei notwen-

---

[22] Auch aus § 2 Nr. 8 Abs. 2 VOB/B können daher keine Vergütungsansprüche für Leistungen hergeleitet werden, die ohnehin – etwa als vertragliche Nebenleistung – geschuldet waren; das gilt ebenso für vorsehbare Erschwernisse, so zu Recht OLG Jena IBR 2003, 122 mit Anm. *Schwenker* (Revision nicht angenommen); *Kapellmann/Schiffers* Bd. 1 Rdn. 1163.
[23] *Ingenstau/Korbion/Keldungs* VOB/B § 2 Nr. 8 Rdn. 1.
[24] Vgl. dazu den Fall BGHZ 90, 344 = NJW 1984, 1676 = BauR 1984, 395 = ZfBR 1984, 173.
[25] *Ingenstau/Korbion/Keldungs* VOB/B § 2 Nr. 8 Rdn. 18.
[26] Vgl. BGH NJW 1964, 1223; BGH NZBau 2004, 207 = BauR 2004, 495 = IBR 2004, 124 mit Anm. *Englert*, der zu Recht auf § 2 Nr. 8 VOB/GoA/§ 812 BGB hinweist.
[27] BGH NJW 1974, 1241 L = BauR 1974, 273; *Ingenstau/Korbion/Keldungs* VOB/B § 2 Nr. 8 Rdn. 4.
[28] *Ingenstau/Korbion/Keldungs* a. a. O.; *Leupertz* BauR 2005, 775; *Oberhauser* BauR 2005, 919, 928; OLG Karlsruhe IBR 2006, 81 mit Anm. *Kimmich*.
[29] OLG Köln BauR 1992, 812 L.
[30] BGHZ 113, 315 = NJW 1991, 1812 = BauR 1991, 331 = ZfBR 1991, 146.
[31] BGH a. a. O.

digen Zusatzleistungen aber eine Vergütungspflicht nach § 2 Nr. 8 Abs. 2 VOB/B in Betracht.

## II. Leistungen unter eigenmächtiger Abweichung vom Vertrag = nicht angeordnete Leistungsänderungen

In diesen Fällen liegt zwar ein wirksamer Auftrag vor, doch wird von ihm eigenmächtig abgewichen und die Leistung ohne eine dem Auftraggeber zurechenbare Anordnung im Sinne von § 2 Nr. 5 VOB/B anders ausgeführt. Dies kann sowohl die Leistungsart[32] als auch den Leistungsumfang betreffen[33] und insoweit wiederum eine quantitative oder qualitative Abweichung sein.[34] **15**

### 1. Quantitätsabweichungen

Nach der Meinung von *Stein*[35] stellen Quantitätsabweichungen in der Praxis weniger häufig ein Problem dar, weil es bei § 2 Nr. 8 VOB/B „nur um **Abweichungen nach oben,** also um Mehrleistungen" gehe. Wer die Errichtung einer 4 m langen Mauer schulde, baue keine solche in einer Länge von 6 m. Es fragt sich allerdings, was ist, wenn sich das Grundstück als 6 m lang erweist und die mit 4 m ausgeschriebene Mauer verlängert werden muss, um die vereinbarte Einfriedung des Grundstücks zu erreichen. Liegt dann – unterstellt, dass der Auftragnehmer die Mauer von sich aus verlängert, also ohne entsprechende Anordnung des Auftraggebers im Sinne von § 2 Nr. 5 VOB/B – überhaupt eine **quantitative Leistungsabweichung** im Sinne von § 2 Nr. 8 Abs. 1 Satz 1 VOB/B vor oder nicht lediglich eine Massenmehrung gegenüber dem mit 4 m zu niedrig angesetzten Vordersatz im Sinne von § 2 Nr. 3 VOB/B? **16**

Ebenso fraglich ist die weitere Annahme von *Stein,*[36] wenn es dennoch zu solchen Mehrleistungen komme, werde der Auftraggeber sie in der Regel freudig hinnehmen, denn er erhalte „ohne besondere Vergütungspflicht (Satz 1 der Vorschrift) Leistungen, die ihm zumeist nützen, wie ein stärkeres Fundament, ein größeres Haus, zu viele Steckdosen, mehr Wasserhähne etc.". Auch das ist nur dann richtig, wenn es sich um **nicht notwendige** Mehrleistungen handelt. Errichtet der Auftragnehmer dagegen ein stärkeres Fundament, weil dies aus statischen Gründen **erforderlich** ist, um das Haus gegen Grundwasserauftrieb oder Setzungsrisse zu sichern, ergibt sich – falls nicht schon eine stillschweigende Anordnung des Auftraggebers nach § 2 Nr. 5 VOB/B in Betracht kommt (vgl. dort Rdn. 23) – ein Vergütungsanspruch des Auftragnehmers unter Umständen durchaus nach § 2 Nr. 8 Abs. 2 (bzw. nunmehr auch Absatz 3) VOB/B. **17**

Außerdem betrifft § 2 Nr. 8 VOB/B – entgegen der Ansicht von *Stein*[37] – keineswegs nur Quantitätsabweichungen nach oben in Form von **Mehrleistungen,** denn wenn sich § 2 Nr. 8 und § 2 Nr. 5 VOB/B nur dadurch unterscheiden, dass im letzteren Fall eine dem Auftraggeber zurechenbare Einwirkung vorliegt, fallen unter § 2 Nr. 8 VOB/B auch Leistungsänderungen in Form von Quantitätsabweichungen nach unten und Minderleistungen, wie z. B. die Veränderung der im Vertrag vorgesehenen Raumgrößen[38] durch Errichtung **18**

---

[32] Vgl. z. B. den Fall OLG Düsseldorf, NJW-RR 1992, 529: Betonierarbeiten, bei denen der (vertraglich nicht vorgesehene) Einsatz einer Betonpumpe erforderlich wird, wobei für § 2 Nr. 5 VOB/B ausreichende stillschweigende Anordnung des Auftraggebers aber fehlte, weil er von diesem Mehrkosten auslösenden Umstand erst nach Ausführung der Leistung, d. h. nach Beendigung der Betonierarbeiten erfahren hatte.
[33] *Ingenstau/Korbion/Keldungs* VOB/B § 2 Nr. 8 Rdn. 4 unter Hinweis auf OLG Karlsruhe BauR 1973, 194; *Stein* ZfBR 1987, 181.
[34] *Heiermann/Riedl/Rusam* VOB/B § 2 Rdn. 160; *Nicklisch/Weick* B § 2 Rdn. 94; *Stein* ZfBR 1987, 181; dazu auch *Kemper/Schaarschmidt* BauR 2000, 1651.
[35] ZfBR 1987, 181.
[36] A. a. O.
[37] ZfBR 1987, 181.
[38] *Ingenstau/Korbion/Keldungs* VOB/B § 2 Nr. 8 Rdn. 4.

eines kleineren Hauses mit kleineren Zimmern und einer geringeren Wohn- bzw. Nutzfläche, zu wenigen Steckdosen und weniger Wasserhähnen etc. Gerade derartige Fälle kommen in der Praxis sehr häufig vor und regeln sich dann ebenfalls nach § 2 Nr. 8 VOB/B.

## 2. Qualitätsabweichungen

19  Insoweit ist regelmäßig nur von qualitativen **Abweichungen nach unten** die Rede, z. B. dass der Auftragnehmer das „Dach statt mit bestelltem Schiefer mit gewöhnlichen Ziegeln eindeckt oder ... für Fußböden statt Parkett nicht vorgesehene Dielen verwendet"[39] oder die Treppe statt in Fertigteilen in Ortbeton ausführt.[40] Hierunter fällt auch, wenn der Auftragnehmer eine **andere** als die bestellte Leistung erbringt (aliud).[41]

Einen interessanten Fall hatte das OLG Köln[42] zu entscheiden: Der Auftragnehmer sollte für einen Wasserversorgungsverband zwei Trinkwasserhochbecken auskleiden. Als zu verwendendes Material hatte der Auftraggeber „Vandex-Isoliermittel" vorgeschrieben. Im Begleitschreiben zum Angebot hatte sich der Auftragnehmer die Verwendung eines gleichwertigen Produktes vorbehalten. Die Vertragsbedingungen des Wasserverbandes sahen aber vor, dass der Auftragnehmer von allen Materialien Muster zur Genehmigung vorzulegen hatte. Nach Inbetriebnahme und Bezahlung des ersten Behälters stellte sich heraus, dass dieser verkeimt und das Wasser geschmacklich beeinträchtigt war. Der Auftragnehmer räumte ein, ohne Genehmigung ein anderweitiges Produkt mit einer Kalkbeimischung verwendet zu haben, sah hierin aber nicht die Ursache für die Verkeimung. Er forderte den Werklohn für den zweiten Behälter ein. Der Wasserversorgungsverband verlangte die Beseitigung der Beschichtung in beiden Behältern. Das OLG hat die Klage des Auftragnehmers abgewiesen. Er habe eine andere als die in Auftrag gegebene Leistung erbracht. Ein Anspruch lasse sich auch nicht aus § 2 Nr. 8 VOB/B herleiten. Die andersartige Leistung sei nicht anerkannt worden, entspreche nicht dem mutmaßlichen Willen des Auftraggebers und sei auch nicht zur Vertragserfüllung notwendig gewesen. Die Abweichung sei auch nicht so unerheblich gewesen, dass der Auftragnehmer seine Zustimmung habe nicht verweigern dürfen. Der Entscheidung ist zuzustimmen. Sie zeigt, dass der Auftragnehmer bei eigenmächtiger Abweichung vom Vertrag ein hohes Risiko eingeht.

20  Umgekehrt gibt es aber auch **Qualitätsabweichungen nach oben** durch eine bessere Ausführung, die der Auftragnehmer zwar selten von sich aus vornehmen wird. Doch ist hier wieder an die Fälle zu denken, dass ein Architekt, dem manchmal das Beste gerade gut genug ist, eine solche Leistungsverbesserung anordnet, ohne die Vollmacht des Auftraggebers dazu zu haben.

22  Schließlich sind auch **qualitätsneutrale Leistungsabweichungen** denkbar, die gleichwohl eigenmächtig im Sinne von § 2 Nr. 8 Abs. 1 VOB/B sein können, z. B. wenn der Auftragnehmer statt der vom Auftraggeber bestellten Holzfenster Kunststoff-Fenster einbaut o. ä.

## 3. Geringfügige Abweichungen unbeachtlich

23  Eigenmächtige Abweichungen vom Vertrag (Quantitäts- und Qualitätsabweichungen) sind nach allgemeiner Ansicht[43] allerdings nur beachtlich, wenn sie aus der Sicht des Auftrag-

---

[39] *Ingenstau/Korbion/Keldungs* a. a. O.
[40] OLG Braunschweig IBR 2007, 122 mit Anm. *Hebel* (Nichtzulassungsbeschwerde zurückgewiesen).
[41] *Heiermann/Riedl/Rusam* VOB/B § 2 Rdn. 159; *Nicklisch/Weick* VOB/B § 2 Rdn. 93 am Ende, die hier allerdings eine Leistung „ohne Auftrag" annehmen, nicht eine eigenmächtige Abweichung vom Vertrag, die aber wohl näher liegt.
[42] OLG Köln IBR 2005, 132, Nichtzulassngsbeschwerde zurückgewiesen durch BGH Beschluss vom 9. 12. 2004 – VII ZR 357/03.
[43] *Ingenstau/Korbion/Keldungs* VOB/B § 2 Nr. 8 Rdn. 4; *Heiermann/Riedl/Rusam* VOB/B § 2 Rdn. 160; *Nicklisch/Weick* VOB/B § 2 Rdn. 95; *Stein* ZfBR 1987, 181.

gebers erheblich und wesentlich sind. Dafür ist nach *Ingenstau/Korbion*[44] maßgebend „die Zweckbestimmung und die Art des Bauwerks unter besonderer Berücksichtigung der erkennbaren Interessenlage des Auftraggebers und zum anderen der Gesamtwert des Bauwerks im Verhältnis zum Leistungswert der Abweichung sowie auch die technische Tauglichkeit der Abweichung". Es darf sich also nicht nur um Geringfügigkeiten[45] handeln, d. h. um unwesentliche Abweichungen, die den vertraglich geschuldeten Erfolg nicht beeinträchtigen, sondern nach dem Vertragszweck als gleichwertig anzusehen sind, wie die Verwendung eines technisch gleichwertigen Materials, noch dazu an einer „äußerlich nicht sichtbaren Stelle".[46]

Im Zweifel ist jedoch jede Abweichung von dem vertraglich geschuldeten Inhalt erheblich, wesentlich und **beachtlich,** die Grenze zulässiger Abweichungen, die der Auftragnehmer ohne Wissen und Willen des Auftraggebers eigenmächtig vornehmen darf, ist im Interesse des Auftraggebers also „sehr eng zu ziehen".[47]   24

Nach dem durch das **Schuldrechtsmodernisierungsgesetz** bzw. die **VOB/B 2002** eingeführten Mangelbegriff wird man sogar jede unbedeutende Abweichung des Ist-Zustandes von dem Soll-Zustand als Mangel anzusehen haben. Hinzunehmen sind nur noch ganz geringfügige Abweichungen.[48]

## C. Keine Vergütung nicht notwendiger Leistungen (Abs. 1 Satz 1)

Leistungen, die der Auftragnehmer ohne Auftrag oder unter eigenmächtiger Abweichung vom Vertrag ausführt (Zusatzleistungen oder Leistungsänderungen im Sinne der vorstehenden Rdn. 9 ff.), sind nach § 2 Nr. 8 Abs. 1 Satz 1 VOB/B grundsätzlich **nicht zu vergüten.** Das gilt jedenfalls dann, wenn es sich nicht um notwendige Leistungen im Sinne von § 2 Nr. 8 Abs. 2 VOB/B handelt.   25

Das bedeutet, dass **nicht notwendige Zusatzleistungen,** die ohne oder ohne wirksamen Auftrag erbracht werden, überhaupt nicht vergütet werden, also vom Auftraggeber nicht bezahlt zu werden brauchen.[49] Gleiches gilt im Prinzip für eigenmächtige Leistungsänderungen, als vom Vertrag abweichende Leistungen,[50] hier jedoch nur im Umfang der Abweichung, d. h. soweit diese reicht.   26

Daraus folgt, dass bei quantitativen und qualitativen **Abweichungen nach unten** die abweichende Leistung, weil nicht vertragsgerecht, ebenfalls überhaupt nicht zu bezahlen ist, auch nicht mit einem ihrem (geminderten) Wert entsprechenden Teil der Vergütung. Der Auftragnehmer, der die Garage zu klein baut, das Dach statt des bestellten Schiefers mit Ziegeln deckt oder anstelle des vereinbarten Parketts einfache Holzdielen verlegt, kann diese vom Vertrag abweichende Minderleistung überhaupt nicht bezahlt verlangen. Ebenso verhält es sich, wenn er statt der geschuldeten Treppe in Ortbeton eine solche in Fertigteilen einbaut.[51]   27

Dagegen entfällt bei quantitativen oder qualitativen **Abweichungen nach oben** der Anspruch des Auftragnehmers auf Vergütung lediglich hinsichtlich der über die vertragliche Vereinbarung hinausgehenden Mehrleistung und Mehrkosten. Die mit 6 m statt 4 m zu lang geratende Mauer ist nur mit dem für 4 m vereinbarten Preis zu vergüten, falls nicht lediglich ein Fall des § 2 Nr. 3 VOB/B angenommen wird, das mit teureren Fliesen und Armaturen   28

---

[44] A. a. O.
[45] A. a. O.
[46] So *Nicklisch/Weick* VOB/B § 2 Rdn. 95; *Heiermann/Riedl/Rusam* VOB/B § 2 Rdn. 160.
[47] *Ingenstau/Korbion/Keldungs* a. a. O.
[48] *Kapellmann/Messerschmidt-Weyer* VOB/B § 13 Rdn. 19 und 36; *Oberhauser* BauR 2005, 919, 924.
[49] *Ingenstau/Korbion/Keldungs* VOB/B § 2 Nr. 8 Rdn. 5, 31; *Leupertz* BauR 2005, 775, 784.
[50] *Ingenstau/Korbion/Keldungs* VOB/B § 2 Nr. 8 Rdn. 4, 5, 16.
[51] OLG Braunschweig IBR 2007, 122 mit Anm. *Hebel* (Nichtzulassungsbeschwerde zurückgewiesen).

§ 2 Nr. 8  Leistungen ohne Auftrag

ausgestattete Bad ist lediglich mit dem Preis für die vereinbarte einfachere Ausstattung zu vergüten.

29 Für den **vertragsgemäßen Teil** der Leistung, soweit er von der Abweichung nicht berührt wird, ist auch im Übrigen die vereinbarte Vergütung zu zahlen und diese ggf. um die nicht zu vergütenden anteiligen Kosten der abweichenden Leistung zu kürzen.[52]

30 Der Grundsatz des § 2 Nr. 8 Abs. 1 Satz 1, dass Leistungen ohne Auftrag oder unter eigenmächtiger Abweichung vom Vertrag nicht zu vergüten sind, gilt – wie erwähnt – außerdem nur, soweit nicht nach **§ 2 Nr. 8 Abs. 2 VOB/B** auch eine Vergütung derartiger Leistungen in Betracht kommt, was insbesondere bei notwendigen Zusatzleistungen und Leistungsänderungen möglich ist.

### I. Beseitigungsanspruch des Auftraggebers (Abs. 1 Satz 2)

31 Soweit der Auftragnehmer nach § 2 Nr. 8 Abs. 1 Satz 1 keine Vergütung verlangen kann und ihm eine solche auch nicht nach § 2 Nr. 8 Abs. 2 oder 3 VOB/B zusteht, muss er die ohne Auftrag oder unter eigenmächtiger Abweichung vom Vertrag ausgeführten Leistungen **auf eigene Kosten** beseitigen.

32 Das bedeutet bei unverlangten Zusatzleistungen und nicht angeordneten Leistungsänderungen, soweit diese quantitative Abweichungen nach oben sind, dass die Mehrleistungen ersatzlos zu entfernen sind.

33 Quantitative Abweichungen nach unten hat der Auftragnehmer dagegen dadurch zu beseitigen, dass er ggf. die Minderleistung ergänzt und den nach dem Vertrag geschuldeten Zustand herstellt, da der Auftraggeber als Teil der Beseitigung und neben dieser vertragsgemäße Herstellung verlangen kann.[53] Das ergibt sich schon aus seinem fortbestehenden **Vertragserfüllungsanspruch.**

34 Gleiches gilt bei **qualitativen Leistungsänderungen,** insbesondere Abweichungen nach unten, d. h. das mit Ziegeln statt Schiefer gedeckte Dach ist umzudecken, der vertragswidrig verlegte Dielenboden durch Parkett zu ersetzen. Die Pflicht des Auftragnehmers zur **Beseitigung** des vertragswidrigen Zustands (Minderqualität) beinhaltet hier auch die Pflicht zur vertragsgemäßen Ausführung und lässt diese unberührt,[54] wie umgekehrt die Pflicht des Auftragnehmers zur vertragsgemäßen Herstellung auch die Pflicht zur Beseitigung des vertragswidrigen Zustands umfasst.

35 **Qualitative Abweichungen nach oben,** d. h. eine Ausführung in besserer Qualität, wird der Auftraggeber regelmäßig allerdings belassen wollen und hinnehmen, weil er sie nach § 2 Nr. 8 Abs. 1 Satz 1 nicht zu bezahlen braucht, falls aus der Hinnahme nicht zugleich ein nachträgliches Anerkenntnis im Sinne von § 2 Nr. 8 Abs. 2 Satz 1 VOB/B folgt. Aus der bloßen Entgegennahme der Leistung oder dem bloßen Behalten folgt zwar noch keine Vergütungspflicht,[55] andererseits ist zu § 2 Nr. 8 Abs. 2 Satz 1 VOB/B jedoch anerkannt, dass ein nachträgliches Anerkenntnis im Sinne dieser Vorschrift auch **stillschweigend** oder durch **schlüssiges** Verhalten folgen kann,[56] weil sich aus dem Verhalten des Auftraggebers ergibt, dass er mit der zusätzlich oder in besserer Qualität erbrachten Leistung „letztlich doch einverstanden ist und sie als Bauleistung zu seinen Gunsten und für die von ihm verfolgten Zwecke, also letztlich ... doch noch als in den Vertrag einbezogen, billigt".[57]

---

[52] *Ingenstau/Korbion/Keldungs* a. a. O.
[53] *Nicklisch/Weick* VOB/B § 2 Rdn. 94 und 97.
[54] *Nicklisch/Weick* a. a. O.
[55] Vgl. BGH BauR 1997, 644; *Ingenstau/Korbion/Keldungs* VOB/B § 2 Nr. 8 Rdn. 8.
[56] *Ingenstau/Korbion/Keldungs* VOB/B § 2 Nr. 8 Rdn. 22 ff.
[57] *Ingenstau/Korbion/Keldungs* VOB/B § 2 Nr. 8 Rdn. 22.

## 1. Beseitigung nur auf Verlangen des Auftraggebers

Auch unabhängig von einem etwaigen Vergütungsanspruch nach § 2 Nr. 8 Abs. 2 bzw. 3, der den Beseitigungsanspruch nach § 2 Nr. 8 Abs. 1 Satz 2 VOB/B entfallen lässt,[58] ist der Auftragnehmer zur Beseitigung von Leistungen, die er ohne Auftrag oder unter eigenmächtiger Abweichung vom Vertrag erbracht hat, nur verpflichtet, wenn der Auftraggeber dies verlangt.                                                                                                                                         36

Dafür ist zwar eine eindeutige Willenserklärung des Auftraggebers erforderlich,[59] die jedoch keiner Form bedarf und in das alleinige Ermessen des Auftraggebers gestellt ist, d. h. es kommt ausschließlich auf die Belange des Auftraggebers an. Etwa entgegenstehende Interessen des Auftragnehmers sind unbeachtlich.[60]                                                                                                                                                                    37

## 2. Ersatzvornahme auf Kosten des Auftragnehmers

Entspricht der Auftragnehmer dem Beseitigungsverlangen des Auftraggebers nicht, so kann dieser ihm zur Beseitigung der ohne Auftrag oder unter eigenmächtiger Abweichung vom Vertrag ausgeführten Leistungen eine angemessene Frist setzen und nach deren Ablauf die Beseitigung auf Kosten des Auftragnehmers im Wege der Ersatzvornahme veranlassen.                                                                                                                                                         38

Der Beseitigungsanspruch selbst setzt noch keine solche Fristsetzung voraus, d. h. die Aufforderung zur Beseitigung einer ohne Auftrag oder unter eigenmächtiger Abweichung vom Vertrag ausgeführten Leistung braucht nicht mit einer entsprechenden Fristsetzung verbunden zu sein, solange der Auftraggeber nur Beseitigung als solche verlangt. Erst wenn der Auftraggeber im Falle der Nichtbefolgung seines Beseitigungsverlangens von seinem Recht zu **Selbstbeseitigung** Gebrauch machen will,[61] muss er dem Auftragnehmer zuvor eine Frist setzen, d. h. die vorherige Fristsetzung ist lediglich Voraussetzung der Ersatzvornahme.                                                                                                                          39

Welche Frist dafür angemessen ist, richtet sich – wie im Falle des Beseitigungsverlangens selbst – vorrangig nach den berechtigten Interessen des Auftraggebers an schneller Beseitigung der vertragswidrigen Leistungen und termingerechter Fertigstellung des gesamten Bauwerks. Die diesbezüglichen Interessen des Auftraggebers sind den Belangen des Auftragnehmers überzuordnen, weshalb die Beseitigungsfrist im Sinne von § 2 Nr. 8 Abs. 1 Satz 2 VOB/B regelmäßig dann angemessen ist, wenn sie nur **kurz bemessen,** aber ausreichend ist, um die vertragswidrige Leistung zu beseitigen.[62]                                                                                          40

Im Gegensatz zu § 4 Nr. 7 VOB/B ist ebenfalls nicht Voraussetzung der Ersatzvornahme nach § 2 Nr. 8 Abs. 1 Satz 2 VOB/B, dass diese dem Auftragnehmer zusammen mit der Fristsetzung **angedroht** wird.[63] Die Beseitigung der vertragswidrigen Leistung durch den Auftraggeber oder einen Dritten im Wege der Ersatzvornahme bedarf also keiner Ablehnungsandrohung und erst recht keiner vorherigen Auftragsentziehung bzw. Teilkündigung nach § 8 Nr. 3 i. V. m. Nr. 5 VOB/B.                                                                                                                              41

Andererseits braucht der Auftraggeber auch im Falle des § 2 Nr. 8 Abs. 1 Satz 2 VOB/B mit den Kosten der Ersatzvornahme nicht in Vorlage zu treten, sondern kann den Auftragnehmer auch auf **Beseitigung** verklagen oder – wie in anderen Fällen der Ersatzvornahme nach §§ 4 Nr. 7, 8 Nr. 3 bzw. § 13 Nr. 5 VOB/B – **Klage auf Vorschuss** in Höhe der Beseitigungskosten erheben oder Freistellung von diesen Kosten verlangen.[64]                                                                                                                                                               42

---

[58] *Ingenstau/Korbion/Keldungs* VOB/B § 2 Nr. 8 Rdn. 5 ff., 15.
[59] *Ingenstau/Korbion/Keldungs* VOB/B § 2 Nr. 8 Rdn. 8 und 9.
[60] *Ingenstau/Korbion/Keldungs* a. a. O.
[61] *Ingenstau/Korbion/Keldungs* VOB/B § 2 Nr. 8 Rdn. 10.
[62] *Ingenstau/Korbion/Keldungs* a. a. O.
[63] *Ingenstau/Korbion/Keldungs* VOB/B § 2 Nr. 8 Rdn. 10.
[64] *Ingenstau/Korbion/Keldungs* VOB/B § 2 Nr. 8 Rdn. 11; *Heiermann/Riedl/Rusam* VOB/B § 2 Rdn. 163; *Hundertmark* Betr 1987, 32, 35.

## 3. Verhältnis zum Mängelbeseitigungsanspruch nach § 4 Nr. 7 bzw. § 13 Nr. 5 VOB/B

43 Nach nahezu einhelliger Meinung im Schrifttum[65] stellt eine vertragswidrig abweichende Leistung, insbesondere bei negativer Qualitätsabweichung (qualitative Abweichung nach unten) gleichzeitig eine mangelhafte Leistung dar. Der Auftraggeber hat deshalb neben und parallel zu dem Beseitigungsanspruch nach § 2 Nr. 8 Abs. 1 Satz 2 und seinem Vertragserfüllungsanspruch auf Herstellung des geschuldeten Zustands einen Anspruch auf Mängelbeseitigung nach § 4 Nr. 7 bzw. § 13 Nr. 5 VOB/B, der gegenüber § 2 Nr. 8 Abs. 1 Satz 2 VOB/B als Sonderregelung vorgeht.[66]

### II. Ersatz anderer Schäden (Abs. 1 Satz 3)

44 Steht dem Auftragnehmer kein Vergütungsanspruch nach § 2 Nr. 8 Abs. 1 Satz 1 und auch kein solcher nach § 2 Nr. 8 Abs. 2 oder 3 VOB/B zu, sondern muss er die ohne Auftrag oder unter eigenmächtiger Abweichung vom Vertrag ausgeführten Leistungen gem. § 2 Nr. 8 Abs. 1 Satz 2 auf eigene Kosten wieder beseitigen, so haftet er nach § 2 Nr. 8 Abs. 1 Satz 3 VOB/B außerdem **für andere Schäden,** die dem Auftraggeber hieraus entstehen, wenn die Vorschriften der §§ 677 ff. BGB über die Geschäftsführung ohne Auftrag nichts anderes ergeben. Dieser bislang in Abs. 1 Satz 3 angehängte Satz ist in der Neufassung 1996 nunmehr als Abs. 3 verselbstständigt.

45 Diese Ersatzpflicht bezieht sich auf **alle Sach- und Vermögensschäden,** die dem Auftraggeber aus der auftragslos oder vertragswidrig abweichend erbrachten Leistung entstehen.[67] Zu denken ist dabei z. B. daran, dass sich durch die Beseitigung der abweichend ausgeführten Leistung und die Herstellung des vertragsgemäßen Zustandes (Umdeckung des Daches, Neuherstellung des vertragswidrig nicht mit Parkett belegten Fußbodens) die Fertigstellung des Hauses verzögert, der Auftraggeber mit seiner Familie ins Hotel ziehen muss oder anderweitige finanzielle Nachteile erleidet.

46 Wie jeder Schadensersatzanspruch setzt allerdings auch die Ersatzpflicht nach § 2 Nr. 8 Abs. 1 Satz 3 VOB/B **Verschulden des Auftragnehmers** voraus, an dem es im Einzelfall fehlen kann, wenn dem Auftragnehmer weder Vorsatz noch Fahrlässigkeit zur Last fällt. Das ist insbesondere der Fall bei berechtigter Geschäftsführung ohne Auftrag (§§ 677 ff. BGB), auf die § 2 Nr. 8 Abs. 3 VOB/B deshalb als Ausnahmeregelung verweist.

47 Von einem Teil des Schrifttums wird dabei die Meinung vertreten, dass die Einschränkungen nach dem Recht der Geschäftsführung ohne Auftrag (§§ 677 ff. BGB) nur bei Leistungen ohne Auftrag in Betracht kommen, also bei Zusatzleistungen, nicht auch bei Leistungen unter eigenmächtiger Abweichung vom Vertrag im Sinne von Leistungsänderungen. Das ist so jedoch weder aus dem Wortlaut des § 2 Nr. 8 Abs. 3 VOB/B ersichtlich noch macht es einen Sinn, weil auch Leistungsänderungen auf Grund berechtigter Geschäftsführung ohne Auftrag geboten sein können, z. B. eine Abklebung erdberührter Bauwerksteile anstelle eines vorgesehenen Dichtungsanstrichs, der sich auf Grund unerwartet auftretenden drückenden Wassers als nicht ausreichend erweist.

48 Zwar setzt die Anwendung der Vorschriften der §§ 677 ff. BGB über die Geschäftsführung ohne Auftrag voraus, dass die auftragslos oder abweichend erbrachte Leistung durch das **Interesse des Auftraggebers** unter Berücksichtigung seines wirklichen oder mutmaßlichen Willens gedeckt wird.[68] Das ist jedoch auch dann anzunehmen, wenn durch eine unverlangte Zusatzleistung oder nicht angeordnete Leistungsänderung „eine Pflicht des

---

[65] *Ingenstau/Korbion/Keldungs* VOB/B § 2 Nr. 8 Rdn. 4; *Heiermann/Riedl/Rusam* VOB/B § 2 Rdn. 160; *Nicklisch/Weick* VOB/B § 2 Rdn. 94; *Stein* ZfBR 1987, 181.
[66] Sämtliche Vorgenannten a. a. O.
[67] *Ingenstau/Korbion/Keldungs* VOB/B § 2 Nr. 8 Rdn. 12 ff.
[68] *Ingenstau/Korbion/Keldungs* VOB/B § 2 Nr. 8 Rdn. 16.

Auftraggebers erledigt wird, deren Erfüllung im **öffentlichen Interesse** liegt und die sonst nicht rechtzeitig erfüllt worden wäre" (§ 679 BGB), z. B. plötzlich erforderlich werdende Bausicherungsmaßnahmen.[69] Dadurch werden dem Auftraggeber in aller Regel keine „anderen" Schäden im Sinne von § 2 Nr. 8 Abs. 3 VOB/B entstehen.

Wesentlicher ist die **Haftungsmilderung des § 680 BGB**,[70] auf Grund deren der Auftragnehmer im Verhältnis zum Auftraggeber bei Arbeiten, die der Abwendung einer dem Auftraggeber drohenden dringenden Gefahr dienen, nur Vorsatz und grobe Fahrlässigkeit zu vertreten hat. *Stein* bringt dafür das Beispiel, dass ein Anbau, der nach dem Willen des Auftraggebers und der Baubehörde stehen bleiben und in die Neubaumaßnahme einbezogen werden sollte, sich nach Beginn der Bauarbeiten tatsächlich oder vermeintlich als einsturzgefährdet erwies. Architekt und Statiker rieten deshalb zum Abbruch, den der Auftragnehmer daraufhin vornahm, ohne mit dem urlaubsabwesenden Auftraggeber zuvor Rücksprache nehmen zu können. Anschließend wurde das Bauvorhaben von der Baubehörde stillgelegt und dem Auftraggeber nur noch eine eingeschossige Bebauung gestattet, die zu einer erheblichen Wohnflächeneinbuße führte. Der gegen den Auftragnehmer gerichtete Schadensersatzanspruch des Auftraggeber nach § 2 Nr. 8 Abs. 3 VOB/B wurde abgewiesen, weil dem Auftragnehmer § 680 BGB zugute kam und **keine grobe Fahrlässigkeit** zur Last fiel. Die Revision gegen dieses Urteil wurde vom BGH nicht angenommen.[71] 49

## D. Vergütungsanspruch nach Absatz 2, insbesondere bei notwendigen Leistungen (Zusatzleistungen und Leistungsänderungen)

Nach § 2 Nr. 8 Absatz 2 VOB/B steht dem Auftragnehmer eine Vergütung zu, wenn der Auftraggeber die nicht bestellten Leistungen nachträglich anerkennt. Eine Vergütung steht ihm auch zu, wenn die Leistungen für die Erfüllung des Vertrages **notwendig** waren, dem mutmaßlichen Willen des Auftraggebers entsprachen und ihm unverzüglich angezeigt wurden. Es gelten dann die **Berechnungsgrundlagen** für geänderte oder zusätzliche Leistungen der Nummer 5 oder 6 entsprechend, so dass insoweit auf die dort stehenden Ausführungen verwiesen werden kann. Die danach zu berechnende Vergütung ist also in der Regel aus der Urkalkulation abzuleiten.[72] 50

### I. Nachträgliches Anerkenntnis (§ 2 Nr. 8 Abs. 2 Satz 1 VOB/B)

Das Anerkenntnis führt zur Vergütungspflicht **sämtlicher** Leistungen, die ohne Auftrag oder abweichend von diesem erbracht worden sind, auch wenn die Leistungen zur Vertragserfüllung **nicht notwendig** waren. Das Anerkenntnis ist unbefristet und kann jederzeit „nachträglich" erfolgen, nach **Fertigstellung** der betreffenden Arbeiten wie auch schon nach deren Beginn, etwa indem der Auftraggeber den Auftragnehmer insoweit weiterbauen lässt.[73] Ein „Anerkenntnis vor Beginn der Arbeiten" ist nicht möglich, vielmehr würde es sich dabei um eine Anordnung im Sinne von § 2 Nr. 5 oder 6 VOB/B handeln mit der entsprechenden Vergütungsfolge. 51

---

[69] *Ingenstau/Korbion/Keldungs* VOB/B § 2 Nr. 8 Rdn. 17.
[70] Dazu *Stein* ZfBR 1988, 252.
[71] *Stein* ZfBR 1988, 252.
[72] *Kniffka* IBR-online-Kommentar zum Bauvertragsrecht Stand 4. 1. 2007 § 631 Rdn. 648.
[73] *Ingenstau/Korbion/Keldungs* VOB/B § Nr. 8 Rdn. 22; *Kapellmann/Schiffers* Bd. 1 Rdn. 1169; *Kapellmann/Messerschmidt-Kapellmann* VOB/B § 2 Rdn. 303; *Oberhauser* BauR 2005, 919, 928.

## § 2 Nr. 8

### 1. Tatsächliches Verhalten des Auftraggebers genügt

52 Das Anerkenntnis der ohne oder abweichend vom Vertrag erbrachten Leistungen braucht nicht die Form rechtsgeschäftlicher Willenserklärung zu haben, auch wenn dies meist der Fall sein wird. Es braucht nicht ausdrücklich mündlich oder gar schriftlich in der Form eines Schuldanerkenntnisses nach § 781 BGB zu erfolgen.[74]

53 Das nachträgliche Anerkenntnis im Sinne von § 2 Nr. 8 Abs. 2 Satz 1 VOB/B kann auch stillschweigend durch schlüssiges/konkludentes Verhalten erfolgen.[75] Es muss nur „vorbehaltlos und ohne Einschränkungen"[76] eindeutig erkennen lassen, dass der Auftraggeber mit der ohne Auftrag oder abweichend vom Vertrag erbrachten Leistung letztlich doch einverstanden ist und sie als in den Vertrag einbezogen billigt.[77] Das muss aber hinreichend deutlich zum Ausdruck kommen.[78]

54 Deshalb genügt für ein Anerkenntnis nach § 2 Nr. 8 Abs. 2 Satz 1 VOB/B **jedes tatsächliche Verhalten,** das einen entsprechenden Schluss zulässt, z. B. wenn der Auftraggeber den Auftragnehmer, nachdem er die ohne oder abweichend vom Vertrag ausgeführte Leistung bemerkt, weiterbauen lässt.[79] Ebenso muss dann auch eine **Abschlagszahlung** genügen, wenn sie auf die auftragslos oder abweichend vom Vertrag ausgeführte Leistung erfolgt und das Einverständnis mit der Leistung erkennen lässt.[80] Andererseits reicht aber die bloße Entgegennahme der Leistung nicht aus,[81] ebenso wenig die Beauftragung eines Sachverständigen/Architekten mit ihrer Überprüfung.[82]

55 **a) Kein Anerkenntnis durch Architekten.** Da das nachträgliche Anerkenntnis nach § 2 Nr. 8 Abs. 2 Satz 1 VOB/B einen Vergütungsanspruch des Auftragnehmers gegen den Auftraggeber auslöst, ist der Architekt zu einem solchen Anerkenntnis grundsätzlich nicht bevollmächtigt (→ Vor § 2 Rdn. 24 ff.). Deshalb stellt, falls der Architekt nicht ausnahmsweise auch zur rechtsgeschäftlichen Vertretung des Auftraggebers bevollmächtigt ist, weder das gemeinsame Aufmaß[83] des Architekten mit dem Auftragnehmer, durch das nur der Umfang der tatsächlich ausgeführten Leistungen festgestellt werden soll,[84] noch die Rechnungsprüfung des Architekten ein den Auftraggeber bindendes Anerkenntnis im Sinne von § 2 Nr. 8 Abs. 2 Satz 1 VOB/B dar.[85]

56 **b) Genehmigung vollmachtlosen Handelns des Architekten.** Ist eine Leistung des Auftragnehmers nur deshalb ohne Auftrag oder abweichend vom Vertrag erbracht, weil der Architekt, der sie verlangt oder angeordnet hatte, dafür keine Vollmacht hatte, kommt auch eine nachträgliche Genehmigung des Auftraggebers nach § 177 BGB in Betracht. Eine solche Genehmigung führt dazu, dass der mangels Vollmacht bis dahin schwebend unwirksame Vertrag bezüglich dieser Leistung nunmehr voll wirksam wird und die Leistungsänderungen bzw. Zusatzleistungen nach § 2 Nr. 5 oder 6 VOB/B abzurechnen sind.

57 Die Genehmigung der von einem vollmachtlosen Vertreter angeordneten Leistungen ist deshalb **kein Anerkenntnis** im Sinne von § 2 Nr. 8 Abs. 2 Satz 1 VOB/B, weil das Anerkenntnis eine ohne Auftrag oder abweichend von diesem erbrachte Leistung voraus-

---

[74] BGH BauR 2002, 465.
[75] BGH BauR 2002, 465, 466.
[76] *Ingenstau/Korbion/Keldungs* VOB/B § 2 Nr. 8 Rdn. 26.
[77] *Ingenstau/Korbion/Keldungs* VOB/B § 2 Nr. 8 Rdn. 22 ff.; *Nicklisch/Weick* VOB/B § 2 Rdn. 100; OLG Stuttgart BauR 1993, 74.
[78] *Oberhauser* BauR 2005, 919; *Kniffka* IBR-online-Kommentar zum Bauvertragsrecht Stand 4. 1. 2007 § 631 Rdn. 649; OLG Koblenz IBR 2007, 236 mit Anm. *Althaus.*
[79] *Ingenstau/Korbion/Keldungs* VOB/B § 2 Nr. 8 Rdn. 22 unter Hinweis auf *Putzier* BauR 1989, 132 ff., 140.
[80] BGH BauR 1986, 361, 366; BGH BauR 2002, 465, 466; *Kapellmann/Schiffers* Bd. 1 Rdn. 1170; zweifelnd insoweit *Ingenstau/Korbion/Keldungs* VOB/B § 2 Nr. 8 Rdn. 24.
[81] BGH BauR 1997, 644.
[82] BGH NJW 2002, 1038.
[83] *Ingenstau/Korbion/Keldungs* VOB/B § 2 Nr. 8 Rdn. 23, 25; *Kapellmann/Schiffers* Bd. 1 Rdn. 1170.
[84] BGH NJW 1974, 646 = BauR 1974, 210.
[85] BGH BauR 2002, 465; *Ingenstau/Korbion/Keldungs* a. a. O.

Leistungen ohne Auftrag § 2 Nr. 8

setzt, die nach Genehmigung des vollmachtlosen Handelns des Architekten nicht mehr vorliegt.[86]

## 2. Teilweises Anerkenntnis möglich

Soweit eine ohne Auftrag oder abweichend vom Vertrag ausgeführte Leistung teilbar ist, kann der Auftraggeber sie auch nur teilweise anerkennen, d. h. einen Teil billigen und einen anderen nicht. Ein solches Teilanerkenntnis ist möglich, weil es der Entscheidung des Auftraggebers überlassen bleiben muss, „ob und inwieweit er die Leistung gegen sich gelten lassen will".[87] 58

## 3. Vergütungsanspruch auch bei nicht notwendigen Leistungen

Wenn der Auftraggeber eine ohne Auftrag oder abweichend von diesem ausgeführte Leistung nachträglich ganz oder teilweise anerkennt, ist die Vergütung dafür in entsprechender Anwendung von § 2 Nr. 5 oder 6 VOB/B zu ermitteln, je nachdem, ob es sich um eine Leistungsänderung oder eine Zusatzleistung handelt. Das gilt auch für nicht notwendige Leistungen, weil bei notwendigen Leistungen eine Vergütungspflicht unabhängig von einem etwaigen Anerkenntnis des Auftraggebers gegeben ist, wenn die Voraussetzungen des § 2 Nr. 8 Abs. 2 Satz 2 VOB/B vorliegen. Die Verweisung auf § 2 Nr. 5 oder 6 VOB/B gilt aber nur der Höhe nach im Sinne einer Rechtsfolgenverweisung, so dass hinsichtlich der Angemessenheit der Vergütung auf die bisherigen Preisermittlungsgrundlagen für die vertragliche Leistung abzustellen ist. 59

Dagegen kommt es im Übrigen und dem Grunde nach nicht darauf an, ob auch die sonstigen Voraussetzungen eines Anspruchs nach § 2 Nr. 5 oder 6 VOB/B gegeben sind, weil insoweit die Sonderregelung des § 2 Nr. 8 Abs. 2 Satz 1 VOB/B vorgeht. 60

## II. Zur Vertragserfüllung notwendige Leistungen (§ 2 Nr. 8 Abs. 2 Satz 2 VOB/B)

Ohne Auftrag oder in Abweichung vom Vertrag ausgeführte Leistungen, die „für die Erfüllung des Vertrages notwendig waren", sind dem Auftragnehmer unabhängig davon, ob der Auftraggeber sie anerkennt, nach § 2 Nr. 8 Abs. 2 Satz 2 VOB/B zu vergüten, wenn sie dem mutmaßlichen Willen des Auftraggebers entsprachen und ihm unverzüglich angezeigt worden sind. 61

Die Vorschrift hat nach der im Jahre 1996 erfolgten Einfügung von § 2 Nr. 8 Abs. 3 VOB/B kaum noch eine eigenständige Bedeutung, da die Anspruchsvoraussetzungen des § 2 Nr. 8 Abs. 3 VOB/B – insbesondere dann, wenn man die unverzügliche Anzeige nach § 2 Nr. 8 Abs. 2 VOB/B für eine Anspruchsvoraussetzung hält – geringer und wesentlich leichter zu erfüllen sind. Die Vorschrift ist daher eigentlich überflüssig.[88] Da sie aber nach wie vor Geltung hat und die angestellten Erwägungen teilweise auch für den Anspruch aus § 2 Nr. 8 Absatz 3 VOB/B gelten, soll sie weiterhin kommentiert werden.

## 1. Notwendigkeit der Leistung

Ob eine Leistung zur Erfüllung des Vertrages notwendig ist, hängt von den Anforderungen des konkreten Falls ab, weil die Frage „nach der Erforderlichkeit im Hinblick auf die vertragsgerechte Erfüllung des speziellen Vertrages" zu beantworten ist.[89] Im Übrigen ist das in erster Linie eine technische Frage, die dann zu bejahen ist, wenn der geschuldete Erfolg 62

---

[86] *Kapellmann/Schiffers* Bd. 1 Rdn. 1167.
[87] *Ingenstau/Korbion/Keldungs* VOB/B § 2 Nr. 8 Rdn. 26.
[88] *Kapellmann/Messerschmidt-Kapellmann* VOB/B § 2 Rdn. 304; *Hofmann* BauR 1996, 640.
[89] *Ingenstau/Korbion/Keldungs* VOB/B § 2 Nr. 8 Rdn. 31; *Kapellmann/Schiffers* Bd. 1 Rdn. 1171; *Kniffka/Koeble* 5. Teil Rdn. 120; *Oberhauser* BauR 2005, 919; OLG Stuttgart BauR 1993, 743, 744.

einer mangelfreien und vertragsgerechten Leistung nur auf diese Weise erreichbar war/ist, die vertraglich vorgesehene Art der Ausführung dafür also nicht genügte.[90]

63  Als Beispiel für eine derart notwendige Leistung ist etwa der vom BGH[91] entschiedenen Fall zu nennen, dass wegen plötzlich auftretenden drückenden Wassers eine (nicht ausgeschriebene) Druckwasserisolierung ausgeführt werden muss. Gleiches gilt, wenn wegen nicht ausreichender Tragfähigkeit des Bodens eine Tieferschachtung und größere Aushubtiefe erforderlich ist,[92] oder eine größere Heizungsanlage, um eine dem Wärmebedarf entsprechende ausreichende Beheizung des Bauvorhabens sicherzustellen.[93] Dagegen stellt nach OLG Stuttgart[94] die Anbringung abgehängter Decken keine notwendige Leistung dar, weshalb dafür eine Vergütung nach § 2 Nr. 8 Abs. 2 VOB/B ausscheidet.

64  Ebenso genügt es für die Notwendigkeit einer ohne Auftrag oder in Abweichung von diesem ausgeführten Leistung nicht, wenn der geschuldete Erfolg der Mangelfreiheit auch durch die vertraglich vorgesehene Ausführung erreicht worden wäre. Denn der Auftragnehmer hat hinsichtlich der Art und Weise der Bauausführung **kein Wahlrecht,** er kann sich nicht aussuchen, auf welche Weise er die geschuldete Leistung erbringt, wenn er für die vom Vertrag abweichende Art der Ausführung eine zusätzliche Vergütung verlangen will. Vielmehr ist, was die Notwendigkeit einer auftraglosen oder vom Vertrag abweichenden Leistung angeht, eine **enge Auslegung** geboten.[95]

65  Ob eine vom Vertrag nicht gedeckte Leistung notwendig ist, wenn sie den geschuldeten Erfolg der Mangelfreiheit möglicherweise besser erreicht, ist hiernach zweifelhaft. Denn auch wenn es sich dabei „um eine nach fachlichen Gesichtspunkten echte Qualitätssteigerung" handelt, ist die Frage, ob die betreffende Leistung notwendig war, nicht nach der „Einstellung des Auftraggebers" zu beantworten, sondern **objektiv.** Wenn *Ingenstau/Korbion*[96] gleichwohl hinsichtlich der Notwendigkeit der Leistung auf den „Bestellerwillen" abstellen, betrifft das die hiervon zu unterscheidende Frage, ob die objektiv notwendige Leistung **subjektiv** dem mutmaßlichen Willen des Auftraggebers entspricht. Denn auch eine objektiv notwendige Leistung kann subjektiv dem mutmaßlichen Willen des Auftraggebers widersprechen, wenn dessen insoweit abweichende Einstellung aus anderen Umständen bereits bekannt ist, z. B. die besondere Sparsamkeit des Auftraggebers und sein Wille, mit einem bestimmten Baukostenbetrag auszukommen. Auf den mutmaßlichen Willen des Auftraggebers kommt es deshalb erst an, wenn die objektive Notwendigkeit der Leistung feststeht. Diese wird dafür also vorausgesetzt und kann bei einer gegenüber dem Vertrag besseren Ausführung nur bejaht werden, wenn diese zugleich auch sicherer ist, d. h. Risiken der vertraglich vorgesehenen Ausführung vermeidet.

## 2. Mutmaßlicher Wille des Auftraggebers

66  Dass die ohne Auftrag oder in Abweichung von diesem ausgeführte Leistung objektiv notwendig ist, genügt allein nicht, um einen Vergütungsanspruch des Auftragnehmers zu begründen. Denn außerdem muss die Leistung auch subjektiv dem mutmaßlichen Willen des Auftraggebers entsprechen. Dies ist der Wille, den der Auftraggeber aus der nachträglichen Sicht (Rückschau) eines objektiven Beobachters[97] aller Wahrscheinlichkeit nach geäußert hätte, wenn ihm die objektive Notwendigkeit der ohne Vertrag oder in Abwei-

---

[90] *Ingenstau/Korbion/Keldungs* a. a. O; das hat das OLG Braunschweig IBR 2007, 122 zu Recht in einem Fall verneint, in dem statt der geschuldeten Treppen in Ortbetonweise solche aus Fertigteilen eingebaut worden waren.
[91] BGHZ 90, 344 = NJW 1984, 1676 = BauR 1984, 395 = ZfBR 1984, 173.
[92] Beispiel nach *Ingenstau/Korbion/Keldungs* VOB/B § 2 Nr. 8 Rdn. 31.
[93] OLG Stuttgart, BauR 1977, 291: Erweiterung der Kesselanlage einer Heizung.
[94] BauR 1993, 743.
[95] *Ingenstau/Korbion/Keldungs* a. a. O.
[96] *Ingenstau/Korbion/Keldungs* a. a. O.
[97] BGH IBR 2004, 123 mit Anm. *Englert*; *Ingenstau/Korbion/Keldungs* VOB/B § 2 Nr. 8 Rdn. 32; *Kapellmann/Schiffers* Bd. 1 Rdn. 1173.

chung von diesem ausgeführten Leistung bekannt gewesen wäre.[98] Als dem mutmaßlichen Willen des Auftraggebers entsprechend ist deshalb die Tätigkeit anzusehen, die objektiv seinem Interesse entsprach.[99]

Wie bereits oben bei Rdn. 65 erwähnt, müssen sich die objektive Notwendigkeit der ohne Vertrag oder abweichend von diesem ausgeführten Leistung und der mutmaßliche Wille des Auftraggebers nicht decken. Denn der Auftraggeber kann subjektiv durchaus abweichende Vorstellungen haben, die jedenfalls dann zu berücksichtigen sind, wenn der diesbezügliche „wirkliche Wille" des Auftraggebers vorher bereits bekannt war. Dann entfällt trotz objektiver Notwendigkeit der Leistung ein Vergütungsanspruch des Auftragnehmers, während im umgekehrten Fall, dass der mutmaßliche und der wirkliche Wille des Auftraggebers sich decken, die Voraussetzungen des § 2 Nr. 8 Abs. 2 Satz 1 VOB/B naturgemäß erfüllt sind.[100] 67

Rechnet der Hauptunternehmer von seinem Subunternehmer ohne Auftrag erbrachte Leistungen seinerseits ungeschmälert gegenüber dem Bauherrn ab, kann darin zum Ausdruck kommen, dass die Leistungen notwendig im Sinne des § 2 Nr. 8 Abs. 2 VOB/B waren und dem mutmaßlichen Willen des Hauptunternehmers entsprachen.[101]

### 3. Unverzügliche Anzeige des Auftragnehmers

Dritte und letzte Voraussetzung des Vergütungsanspruchs des Auftragnehmers bei ohne Auftrag oder abweichend vom Vertrag ausgeführten notwendigen Leistungen ist, dass diese dem Auftraggeber „unverzüglich angezeigt wurden" (§ 2 Nr. 8 Abs. 2 Satz 2 a. E. VOB/B). Inhaltlich genügt es, wenn in der Anzeige die nicht beauftragten Leistungen nach Art und Umfang so beschrieben werden, dass dem Auftraggeber die Möglichkeit gegeben wird, billigere Alternativen zu wählen. Konkrete Angaben zur Höhe der anfallenden Vergütung sind nicht erforderlich.[102] Die Übersendung eines Baubesprechungsprotokolls kann genügen.[103] Im Übrigen dürfen an den Inhalt der Anzeige keine überzogenen Anforderungen gestellt werden.[104] 68

**a) Unverzüglichkeit der Anzeige.** Unverzüglich ist die Anzeige der ohne Auftrag oder abweichend von diesem ausgeführten Leistungen nur, wenn sie im Sinne von § 121 BGB ohne schuldhaftes Zögern erfolgt ist. Daraus ergibt sich, dass die Anzeige zum frühest möglichen Zeitpunkt erfolgen muss,[105] nicht erst nach Ende der Ausführung der Arbeiten[106] und auch nicht (erst) mit ihrem Beginn,[107] wenn eine frühere Anzeige möglich war, etwa schon im Zeitpunkt des Entschlusses zur Ausführung.[108] 69

Denn durch die Regelung, dass die ohne Auftrag oder abweichend vom Vertrag ausgeführte Leistung dem Auftraggeber unverzüglich anzuzeigen ist, soll diesem zugleich Gelegenheit gegeben werden, die Ausführung der Leistung oder ihre Fortsetzung zu verhindern. Deshalb ist der Auftragnehmer, wenn die Arbeiten noch nicht fertig gestellt sind, in entsprechender 70

---

[98] *Ingenstau/Korbion/Keldungs* a. a. O.
[99] BGHZ 47, 370, 374 = NJW 1967, 1959; BGH NJW-RR 1989, 970; BGH BGHReport 2004, 289: „Mutmaßlich ist derjenige Wille, der bei objektiver Beurteilung aller gegebenen Umstände von einem verständigen Betrachter vorauszusetzen ist".
[100] *Ingenstau/Korbion/Keldungs* a. a. O.
[101] OLG Dresden IBR 2003, 661 mit Anm. *Oppler.*
[102] BGH BGHReport 2004, 289.
[103] BGH IBR 2004, 122 mit Anm. *Englert.*
[104] BGH BauR 2004, 495.
[105] BGH NJW-RR 1994, 1108 = BauR 1994, 625 = ZfBR 1994, 222; BGH IBR 2004, 122 mit Anm. *Englert; v. Craushaar* BauR 1984, 311, 321/322; *Heiermann/Riedl/Rusam* VOB/B § 2 Rdn. 168; *Kapellmann/Schiffers* Bd. 1 Rdn. 1175 ff.; *Kniffka* IBR-online-Kommentar zum Bauvertragsrecht Stand 24. 10. 2006 § 631 Rdn. 653.
[106] *Ingenstau/Korbion/Keldungs* VOB/B § 2 Nr. 8 Rdn. 33 ff.
[107] So *Ingenstau/Korbion/Keldungs* a. a. O.; ebenso *Nicklisch/Weick* VOB/B § 2 Rdn. 106 und *Kleine-Möller/Merl/Oelmaier* § 10 Rdn. 500; a. A. OLG Stuttgart BauR 1993, 743, 744.
[108] *Daub/Piel/Soergel/Steffani* ErlZ. B 2162 und *Zielemann* Rdn. 301.

## § 2 Nr. 8

Anwendung von § 681 BGB nach der Anzeige auch verpflichtet, zunächst die Entschließung und weitere Weisung des Auftraggebers abzuwarten, ehe er die Arbeiten fortsetzt.[109]

71 Aus diesem Grunde ist das Erfordernis unverzüglicher Anzeige in Anlehnung an § 121 BGB auszulegen. Danach hat der Auftragnehmer die für erforderlich gehaltene zusätzliche oder geänderte Leistung unter Berücksichtigung der zur Prüfung und Begründung der Erforderlichkeit notwendigen Zeit „so bald anzuzeigen, wie es ihm nach den Umständen möglich und zumutbar ist".[110]

72 **b) Anzeige gegenüber Architekten genügt nicht.** Da der Architekt grundsätzlich keine Vollmacht zur rechtsgeschäftlichen Vertretung des Auftraggebers hat, kann er auch nicht im Rahmen des § 2 Nr. 8 Abs. 2 Satz 2 VOB/B Ansprüche des Auftragnehmers auf zusätzliche Vergütung für ohne Auftrag oder abweichend von diesem ausgeführte Leistungen begründen oder durch Entgegennahme der Anzeige solcher Leistungen daran mitwirken.[111] Insofern gilt hier dasselbe wie bezüglich eines etwaigen Anerkenntnisses des Architekten nach § 2 Nr. 8 Abs. 2 Satz 1 VOB/B (grundsätzlich zur Vollmacht des Architekten → Vor § 2 Rdn. 24 ff.). In Ausnahmefällen kann er aber vom Bauherrn zum Empfangsboten bestimmt sein.[112]

73 Zwar stellt auch die Einreichung eines **Nachtragsangebots** eine Anzeige im Sinne von § 2 Nr. 8 Abs. 2 Satz 2 VOB/B dar.[113] Ebenso trifft es zu, dass derartige Nachtragsangebote üblicherweise über den Architekten eingereicht werden, weil es dessen Aufgabe ist, sie in technischer Hinsicht zu prüfen. Trotzdem können dadurch die Rechtswirkungen des § 2 Nr. 8 Abs. 2 Satz 2 VOB/B nicht schon ausgelöst werden, wenn der Architekt keine entsprechende Vollmacht hat. Die zur Begründung eines Vergütungsanspruchs erforderliche rechtsgeschäftliche Anzeigewirkung erlangt ein Nachtragsangebot vielmehr erst, wenn es dem Auftraggeber selbst zugeht.[114]

74 Auch im Rahmen der **Objektüberwachung** nach § 15 Abs. 2 Nr. 8 HOAI ist der Architekt ohne rechtsgeschäftliche Vollmacht nicht bevollmächtigt, zusätzliche Bauleistungen in Auftrag zu geben oder einseitige Anzeigen bzw. Ankündigungen von Zusatzvergütungen nach § 2 Nr. 6 und Nr. 8 VOB/B entgegenzunehmen.[115]

75 Erst recht gilt das, wenn die etwa erforderlichen Zusatzleistungen auf eigenem **Planungsverschulden** des Architekten beruhen.[116] Ein solches kann auch auf Grund unvollständiger Ausschreibung gegeben sein. Die Anordnung bzw. Absprache, dadurch oder aus sonstigen Gründen erforderliche Zusatzleistungen nicht offen auszuweisen, sondern in anderen Positionen zu „verstecken", stellt selbst dann, wenn der Architekt ansonsten bevollmächtigt ist, einen **Missbrauch der Vollmacht** dar, der für den Auftragnehmer erkennbar ist oder sich ihm den Umständen nach aufdrängen muss.[117]

76 **c) Keine Anzeigepflicht bei Kenntnis des Auftraggebers.** Durch die Anzeige soll der Auftraggeber vor für ihn überraschenden Vergütungsansprüchen und davor geschützt werden, dass ihm Leistungen aufgedrängt werden, die er nicht will. Deshalb ist keine Anzeige erforderlich, wenn der Auftraggeber von den ohne Auftrag oder abweichend von diesem ausgeführten Leistungen vorher bereits Kenntnis hatte, weil er dann des mit der Anzeige bezweckten Schutzes nicht mehr bedarf.[118]

---

[109] OLG Hamburg, BauR 1982, 69; *Ingenstau/Korbion/Keldungs* a. a. O.
[110] BGH NJW 1994, 1108 = BauR 1994, 625 = ZfBR 1994, 222.
[111] BGH BauR 1975, 358; OLG Düsseldorf BauR 2000, 1878; *Ingenstau/Korbion/Keldungs* VOB/B § 2 Nr. 8 Rdn. 34; *Kleine-Möller/Merl/Oelmaier* § 10 Rdn. 500; *Kapellmann/Schiffers* Bd. 1 Rdn. 1177; OLG Düsseldorf BauR 2000, 1878.
[112] *Kniffka* IBR-online-Kommentar zum Bauvertragsrecht Stand 4. 1. 2007 § 631 Rdn. 657.
[113] BGH NZBau 2001, 496; *Ingenstau/Korbion/Keldungs* VOB/B § 2 Nr. 8 Rdn. 34.
[114] *Ingenstau/Korbion/Keldungs* VOB/B § 2 Nr. 8 Rdn. 34 ff.; dazu auch *v. Craushaar* BauR 1984, 311 ff., 322; *Nicklisch/Weick* VOB/B § 2 Nr. 8 Rdn. 106; *Werner/Pastor* Rdn. 1078.
[115] OLG Karlsruhe, BauR 1995, 435 L.
[116] *Ingenstau/Korbion/Keldungs* VOB/B § 2 Nr. 8 Rdn. 35; *Oberhauser* BauR 2005, 919, 931.
[117] BGHZ 113, 315 = NJW 1991, 1812 = BauR 1991, 331 = ZfBR 1991, 146.
[118] *Ingenstau/Korbion/Keldungs* VOB/B § 2 Nr. 8 Rdn. 37; *Kapellmann/Schiffers* Bd. 1 Rdn. 1179; *Kniffka* a. a. O. Rdn. 658; OLG Dresden IBR 2003, 661 mit Anm. *Oppler*.

Leistungen ohne Auftrag § 2 Nr. 8

**d) Anzeige ist echte Anspruchsvoraussetzung.** Nach allgemeiner Auffassung ist die 77 unverzügliche Anzeige eine **echte Anspruchsvoraussetzung**.[119] Das ist richtig. Da in § 2 Nr. 8 Absatz 1 Satz 1 VOB/B ausdrücklich angeordnet wird, dass Leistungen, die der Auftragnehmer ohne Auftrag oder unter eigenmächtiger Abweichung vom Auftrag ausführt, **nicht vergütet** werden, ist für eine einschränkende Auslegung der Vorschrift – wie etwa bei § 2 Nr. 6 VOB/B – dahin, dass die unterbliebene Ankündigung keine Anspruchsvoraussetzung sei, sondern lediglich Schadensersatzansprüche auslösen könne,[120] kein Raum.

### III. Ansprüche aus Geschäftsführung ohne Auftrag, § 2 Nr. 8 Abs. 3 VOB/B

Nach § 2 Nr. 8 Abs. 3 VOB/B bleiben die Vorschriften des BGB über die Geschäfts- 81 führung ohne Auftrag (§§ 677 ff. BGB) unberührt.

Die Vorschrift ist erst im Jahre 1996 in die VOB/B eingefügt worden. Grund für die Änderung war die Rechtsprechung des BGH, nach der die Regelung des § 2 Nr. 8 Abs. 1 Satz 1 VOB/B und der daraus hergeleitete Ausschluss jeglicher Vergütungsansprüche einer Inhaltskontrolle nach § 9 AGBG – jetzt § 307 BGB – nicht standhielt.[121] Die daraufhin erfolgte Änderung durch Einfügung des Absatzes 3 ist in mehrfacher Hinsicht missglückt. Das Verhältnis der Neuregelung zu § 2 Nr. 8 Absatz 2 Satz 2 VOB/B ist ungeklärt; eigentlich hätte man diesen Teil der Vorschrift streichen können.[122] Unerfindlich ist auch, weshalb man die Vorschriften über die Geschäftsführung ohne Auftrag für anwendbar erklärte, nicht aber die über die ungerechtfertigte Bereicherung.[123] Da § 684 BGB aber auf Bereicherungsansprüche verweist, wird man diese – wenn die Voraussetzungen des § 683 BGB nicht vorliegen – jedenfalls in Ausnahmefällen für möglich halten dürfen.[124]

#### 1. Anspruchsvoraussetzungen

Zu klären ist in diesen Fällen zunächst, ob überhaupt eine auftragslose Geschäftsführung vorliegt. Das ist nämlich nicht der Fall, wenn die erbrachte „zusätzliche Leistung" bereits vom Auftragumfang umfasst, daher ohnehin geschuldet war und mit der vereinbarten Vergütung abgegolten ist.[125] Insoweit wird auf die Ausführungen zur Bestimmung der geschuldeten Leistung unter § 2 Nr. 1 VOB/B verwiesen.

Handelt es sich um eine nicht geschuldete Leistung, werden durch die Verweisung auf die 82 §§ 677 ff. BGB sämtliche Vorschriften über die Geschäftsführung ohne Auftrag für anwendbar erklärt. Dem Auftragnehmer steht damit u. a. bei einer **berechtigten Geschäftsführung** ohne Auftrag ein Aufwendungsersatzanspruch aus § 683 BGB zu. Berechtigt ist die Geschäftsführung, wenn sie dem **Interesse** und dem **wirklichen oder mutmaßlichen Willen** des Geschäftsherrn entspricht;[126] ein entgegenstehender Wille ist unbeachtlich, wenn ohne die Geschäftsführung eine Pflicht des Geschäftsherrn, deren Erfüllung im öffentlichen Interesse liegt, nicht rechtzeitig erfüllt werden würde, §§ 683, 679 BGB. Dem Interesse des Geschäftsherrn entspricht die Leistung, wenn sie ihm objektiv betrachtet nützlich war.[127] Das setzt nicht unbedingt ihre Notwendigkeit voraus, umgekehrt entspre-

---

[119] *Ingenstau/Korbion/Keldungs* VOB/B § 2 Nr. 8 Rdn. 33; *Kapellmann/Messerschmidt-Kapellmann* VOB/B § 2 Rdn. 304; *Heiermann/Riedl/Rusam* VOB/B § 2 Rdn. 168; *Kniffka* IBR-online-Kommentar zum Bauvertragsrecht Stand 4. 1. 2007 § 631 Rdn. 659; *Franke/Kemper/Zanner/Grünhagen* VOB/B § 2 Rdn. 204; BGH NZBau 2004, 146, 148.
[120] So noch *Jagenburg* in der Vorauflage.
[121] BGH BauR 1991, 331 = NJW 1991, 1812.
[122] *Kapellmann/Messerschmidt-Kapellmann* VOB/B § 2 Rdn. 304; *Hofmann* BauR 1996, 640; *Tempel* NZBau 2002, 472.
[123] *Ingenstau/Korbion/Keldungs* VOB/B § 2 Nr. 8 Rdn. 42.
[124] So wohl *Kniffka* IBR-Kommentar zum Bauvertragsrecht Stand 4. 1. 2007 § 631 Rdn. 662.
[125] Dazu *Leupertz* BauR 2005, 775, 783.
[126] *Leupertz* BauR 2005, 775, 776.
[127] *Palandt/Sprau* BGB § 683 Rdn. 4; *MünchKomm/Seiler* BGB § 681 Rdn. 9.

chen notwendige Leistungen aber in aller Regel auch dem Interesse des Geschäftsherrn.[128] Dem **wirklichen oder mutmaßlichen Willen** des Geschäftsherrn entspricht die Leistung, wenn der Geschäftsherr sie wollte oder bei objektiver Beurteilung aller Umstände im Zeitpunkt der Übernahme des Geschäftes gewollt haben würde.[129] Ob das zwingend zu bejahen ist, wenn der Bauherr „die Interessengemäßheit der Leistung gar nicht bestreitet, sondern den Auftraggeber für leistungspflichtig hält, weil er meint, die Leistung sei schon vom Bausoll umfasst",[130] erscheint zweifelhaft. Auch nützliche und damit interessengemäße Leistungen können seinen Finanzierungsrahmen sprengen und deshalb nicht mehr seinem Willen entsprechen. Weshalb das nur für öffentliche Auftraggeber gelten soll,[131] ist nicht nachzuvollziehen. Der Geschäftsführer muss die Übernahme des Geschäftes gemäß § 681 Satz 1 BGB anzeigen. Diese Anzeige ist aber keine Anspruchsvoraussetzung, die Verletzung der Anzeigepflicht kann allenfalls Schadensersatzansprüche auslösen.[132] Entspricht die **Geschäftsführung** nicht dem Interesse oder dem wirklichen bzw. mutmaßlichen Willen des Geschäftsherrn, ist sie **unberechtigt**. Der Auftragnehmer erhält gemäß § 684 Satz 2 BGB seine Aufwendungen nur ersetzt, wenn der Geschäftsherr die Geschäftsbesorgung nachträglich genehmigt. Anderenfalls schuldet der Geschäftsherr gemäß § 684 Satz 1 BGB nur die Herausgabe des durch die Geschäftsbesorgung Erlangten nach den Regeln der ungerechtfertigten Bereicherung.[133]

### 2. Berechnung des Ersatzanspruches

83  Dem **berechtigten Geschäftsführer** steht hingegen gemäß §§ 683, 670 BGB ein Anspruch auf Aufwendungsersatz zu. Wird er im Rahmen seines Gewerbebetriebes tätig, kann er nach der Rechtsprechung des BGH im Prinzip als Aufwendungsersatz die übliche Vergütung verlangen.[134] Dagegen werden zu Recht Bedenken geltend gemacht.[135] Insoweit wird auf die Ausführungen unter Vor § 2 Rdn. 121 ff. verwiesen. Folgt man dem BGH, ist aber *Kapellmann* darin zuzustimmen, dass in den Fällen des § 2 Nr. 8 Abs. 3 VOB/B vertragliche Preisbemessungsmaßstäbe vorhanden sind, auf die zurückgegriffen werden muss.[136] Hier gilt sinngemäß die in § 2 Nr. 8 Abs. 2 Satz 3 VOB/B getroffene Regelung.

### 3. Anspruch auf Sicherheit gemäß § 648 a BGB

84  Streitig ist, ob dem Auftragnehmer auch für den Anspruch auf Nachtragsvergütung gemäß § 2 Nr. 8 Abs. 2 und 3 VOB/B eine Sicherheit nach § 648 a BGB zusteht.[137] Insoweit wird auf die Ausführungen unter Vor § 2 Rdn. 339 verwiesen.

### 4. Ansprüche aus ungerechtfertigter Bereicherung

85  Daneben können dem Auftragnehmer auch Ansprüche aus ungerechtfertigter Bereicherung zustehen.[138] Diese kommen insbesondere dann in Betracht, wenn der Auftraggeber die erbrachte Leistung nutzt und sie ihm damit zugute kommt.[139]

---

[128] *Kapellmann/Messerschmidt-Kapellmann* VOB/B § 2 Rdn. 309.
[129] *Palandt/Sprau* BGB § 683 Rdn. 7; OLG München NJW-RR 1988, 1013.
[130] *Kapellmann/Messerschmidt-Kapellmann* VOB/B § 2 Rdn. 310.
[131] So *Kapellmann* a. a. O.; dazu auch BGH BGHReport 2004, 289, 290.
[132] *Palandt/Sprau* BGB § 681 Rdn. 4; BGH BauR 1991, 331 = NJW 1991, 1812.
[133] Dazu *Leupertz* BauR 2005, 775, 781.
[134] BGH BauR 1974, 273; BGH NJW-RR 2005, 639; MünchKomm/*Seiler* BGB § 683 Rdn. 5.
[135] *Leupertz* BauR 2005, 775, 777; *Kniffka* IBR-online-Kommentar zum Bauvertragsrecht Stand 4. 1. 2007 § 631 Rdn. 627 ff.
[136] *Kapellmann/Messerschmidt-Kapellmann* VOB/B § 2 Rdn. 312; *Kapellmann/Schiffers* Bd. 1 Rdn. 1181; so auch wohl BGH BauR 1994, 110.
[137] Dazu *Ingenstau/Korbion/Joussen* Anhang 2 Rdn. 153 a; *Kapellmann/Schiffers* Bd. 1 Rdn. 1181.
[138] *Kniffka* IBR-online-Kommentar zum Bauvertragsrecht Stand 4. 1. 2007 § 631 Rdn. 662.
[139] BGH BGHReport 2004, 289 zur Bereicherung der öffentlichen Hand durch den Bau einer Straße.

### IV. Beweislast und Verjährung des Vergütungsanspruchs

Die Beweislast für die Voraussetzungen des § 2 Nr. 8 Abs. 2 VOB/B, und zwar sowohl im Falle von Satz 1 (Anerkenntnis des Auftraggebers) als auch im Falle von Satz 2 (notwendige Leistungen), sowie für die Voraussetzungen des Abs. 3 trägt der Auftragnehmer, der für ohne Auftrag oder in Abweichung von diesem ausgeführte Leistungen Vergütung verlangt.[140] 86

Die Vergütung selbst ist entsprechend § 2 Nr. 5 oder 6 VOB/B auf der Basis der bisherigen Preisermittlungsgrundlagen zu bestimmen und hiernach die angemessene Vergütung zu ermitteln. 87

Die Verjährung des Vergütungsanspruchs nach § 2 Nr. 8 Abs. 2 VOB/B richtet sich – wie im Falle von § 2 Nr. 5 und 6 VOB/B – nach §§ 195 ff. BGB (vgl. dazu ausführlich → Vor § 2 Rdn. 437 ff., 449 ff.). 88

## E. Ausschluss oder Einschränkung der Ansprüche aus § 2 Nr. 8 Absatz 2 und 3 VOB/B

Eine vom Auftraggeber gestellte Klausel, nach der jegliche Nachforderungen – also vertragliche und insbesondere auch gesetzliche Ansprüche etwa aus Geschäftsführung ohne Auftrag oder ungerechtfertigter Bereicherung – ausgeschlossen sind, wenn sie nicht auf schriftlichen Zusatz- und Nachtragsaufträgen des Auftraggebers beruhen, benachteiligt den Auftragnehmer unangemessen und ist daher nach § 307 BGB unwirksam.[141] Dem BGH ist darin zuzustimmen, dass das Interesse des Auftraggebers an Kostenklarheit, Kostensicherheit und Vermeidung unliebsamer Überraschungen sowie unnötiger Auseinandersetzungen über Nachtragsforderungen es nicht zu rechtfertigen vermag, dass er notwendige und gewollte Leistungen ohne geldwerten Ausgleich behalten und nutzen darf. 89

---

[140] *Kapellmann/Messerschmidt-Kapellmann* VOB/B § 2 Rdn. 313; *Kapellmann/Schiffers* Bd. 1 Rdn. 1182.
[141] BGH NZBau 2004, 147; siehe dazu aber auch *Kapellmann/Schiffers* Bd. 1 Rdn. 958 ff.

## § 2 Nr. 9

### § 2 Nr. 9 [Vergütung von Planungsleistungen]

(1) Verlangt der Auftraggeber Zeichnungen, Berechnungen oder andere Unterlagen, die der Auftragnehmer nach dem Vertrag, besonders den Technischen Vertragsbedingungen oder der gewerblichen Verkehrssitte, nicht zu beschaffen hat, so hat er sie zu vergüten.

(2) Lässt er vom Auftragnehmer nicht aufgestellte technische Berechnungen durch den Auftragnehmer nachprüfen, so hat er die Kosten zu tragen.

**Literatur:** *Bolz,* Der Vergütungsanspruch des Auftragnehmers für besondere planerische Leistungen nach § 2 Nr. 9 Abs. 1 VOB/B, BauRB 2005, 213; *Korbion,* Vereinbarung der VOB für planerische Leistungen, FS Locher, 1990, S. 127; *Krebs/Schuller,* Die „Kosten der Nachtragsbearbeitung" bei bauzeitbezogenen Ansprüchen, BauR 2007, 636; *Meier,* Planungs- und Planungsbehinderungsnachträge beim VOB-Bauvertrag, BauR 2004, 729; *Miernik,* Die Anwendbarkeit der VOB/B auf Planungsleistungen des Bauunternehmers, NZBau 2004, 409; *Poetzsch-Heffter,* Global- und Detailpauschalverträge in Rechtsprechung und Literatur, ZfBR 2005, 324.

### Übersicht

| | Rdn. | | Rdn. |
|---|---|---|---|
| A. Allgemeines | 1–2 | C. Nachprüfung technischer Berechnungen Dritter (Abs. 2) | 16–19 |
| B. Anfertigung von Zeichnungen, Berechnungen und anderen Unterlagen (Abs. 1) | 3–15 | D. Höhe der Vergütung | 20–22 |
| I. Keine Vergütung ohnehin geschuldeter Planungsleistungen | 5 | E. Urheberrechtsschutz (§ 3 Nr. 5 und 6 VOB/B) | 23 |
| II. Keine Pflicht zu selbstständigen Planungsleistungen | 9 | F. Ausschluss oder Änderung § 2 Nr. 9 VOB/B | 24–25 |
| III. Verlangen unselbstständiger Planungsleistungen | 12 | | |

## A. Allgemeines

1 § 2 Nr. 9 VOB/B ist ein Sonderfall der Vergütung zusätzlicher Leistungen,[1] die nicht unter § 2 Nr. 6 VOB/B fallen, weil es sich hier nicht um Bauleistungen handelt, sondern um planerische Leistungen (Zeichnungen, Berechnungen oder andere Unterlagen).

2 Wie im Falle von § 2 Nr. 6 VOB/B muss es sich aber um Planungsleistungen handeln, die erst nach Vertragsschluss anfallen.[2] Unterlagen, die schon vor Vertragsschluss von den Bietern verlangt werden, etwa während des Ausschreibungs- und Vergabeverfahrens z. B. zwecks Ergänzung der Angebotsunterlagen, fallen nicht unter § 2 Nr. 9 VOB/B.[3] Praktische Bedeutung hat die Vorschrift aber beispielsweise in den Fällen, in denen der Bauherr eine Änderung des Bauentwurfs anordnet oder zusätzliche Leistungen verlangt, ohne die dafür erforderlichen Ausführungspläne zur Verfügung zu stellen.

## B. Anfertigung von Zeichnungen, Berechnungen und anderen Unterlagen (Abs. 1)

3 Auch nach § 2 Nr. 9 Abs. 1 VOB/B kann der Auftraggeber vom Auftragnehmer Zeichnungen, Berechnungen und andere Unterlagen nicht nach Belieben verlangen, sondern als zusätzliche Leistung nur in den Grenzen des § 1 Nr. 4 VOB/B.[4]

---

[1] *Kapellmann/Schiffers* Bd. 1 Rdn. 1149 ff.
[2] Dazu auch *Kniffka* IBR-online-Kommentar zum Bauvertragsrecht Stand 4. 1. 2007 § 632 Rdn. 9 ff.
[3] *Ingenstau/Korbion/Keldungs* VOB/B § 2 Nr. 9 Rdn. 1–6.
[4] *Vygen,* Bauvertragsrecht nach VOB und BGB Rdn. 860.

Umgekehrt kann der Auftragnehmer nicht für sämtliche Zeichnungen, Berechnungen  4
und Unterlagen, die er nach Vertragsschluss zum Zwecke der Bauausführung anzufertigen
hat, Vergütung verlangen, sondern nur für solche, die für ihn eine zusätzliche Leistung
darstellen.

### I. Keine Vergütung ohnehin geschuldeter Planungsleistungen

Ebenso wie nach § 2 Nr. 6 VOB/B keine Vergütung von **baulichen** Leistungen verlangt  5
werden kann, die keine Zusatzleistungen darstellen, weil sie vom Auftragnehmer schon nach
dem Vertrag geschuldet werden (→ § 2 Nr. 6), bestimmt § 2 Nr. 9 Abs. 1 VOB/B, dass
der Auftragnehmer für **planerische** Leistungen nur Vergütung beanspruchen kann, wenn
der Auftraggeber von ihm Zeichnungen, Berechnungen oder andere Unterlagen verlangt,
„die der Auftragnehmer nach dem Vertrag, besonders den Technischen Vertragsbedingungen
oder der gewerblichen Verkehrssitte nicht zu beschaffen hat."[5]
Nicht vom Auftragnehmer zu beschaffen sind zunächst die **Ausführungspläne,** die nach
§ 3 Nr. 1 VOB/B vom Auftraggeber zur Verfügung zu stellen sind, ebenso **Schal- und
Bewehrungspläne** und **statische Berechnungen.**[6]
Als ohnehin geschuldete Planungsleistungen, für die keine Vergütung verlangt werden  6
kann, sind insbesondere alle sog. **Nebenleistungen** nach den DIN-Vorschriften der ATV
der VOB Teil C zu nennen.[7]
Außerdem kann sich aus der **gewerblichen Verkehrssitte** ergeben, dass für das Bauvor-  7
haben erforderliche Planungs- und/oder Ausführungsunterlagen vom Auftragnehmer bereits
im Rahmen der vertraglichen Leistungspflicht beizustellen und nicht als zusätzliche Leistung
gesondert zu vergüten sind. Das gilt z. B. für Montagepläne beim Hallen- und Fertighaus-
bau.[8]
Ebenfalls keine gesonderte Vergütung kann der Auftragnehmer verlangen für die in  8
solchen Fällen übliche **Typenplanung und Typenstatik,** zumal diese nicht für den jeweiligen Auftraggeber, sondern unabhängig vom konkreten Fall vorgefertigt wird. Im Übrigen
sind dies ohnehin keine Zeichnungen, Berechnungen und andere Unterlagen im Sinne von
§ 2 Nr. 9 Abs. 1 VOB/B, sondern Angebots- und Vertragsunterlagen für den jeweiligen
Haus- oder Hallentyp, die ebenso wie bei der Leistungsbeschreibung mit Leistungsprogramm oder Sondervorschlägen des Auftragnehmers von diesem im Rahmen der Angebotsbearbeitung anzufertigen und beizustellen sind.[9]
Umstritten ist, ob die Ausarbeitung von **Planungsunterlagen zur Erstellung von
Nachtragsangeboten** eine Leistung darstellt, für die der Auftragnehmer nach § 2 Nr. 9
VOB/B eine gesonderte Vergütung verlangen kann. Das wird in der baurechtlichen Literatur
im Prinzip bejaht.[10] Ein Vergütungsanspruch besteht aber dann nicht, wenn die Anfertigung
dieser Planunterlagen keinen besonderen Aufwand verursacht und nach der gewerblichen
Verkehrssitte ohne zusätzliche Vergütung von dem Auftragnehmer zu erbringen ist. Ein
zusätzlicher Vergütungsanspruch entfällt auch dann, wenn die Planungskosten in dem vorgelegten Nachtragsangebot nicht enthalten sind. Der Auftraggeber darf dann nämlich davon
ausgehen, dass in dem Nachtragsangebot die Mehrkosten abschließend aufgeführt und
etwaige Planungskosten bereits in die Vertragspreise eingerechnet sind.[11]

---

[5] *Ingenstau/Korbion/Keldungs* VOB/B § 2 Nr. 9 Rdn. 4, 5.
[6] *Bolz* BauRB 2005, 213.
[7] *Korbion* FS Locher S. 127 ff.; *Ingenstau/Korbion/Keldungs* VOB/B a. a. O.; *Kapellmann/Schiffers* Bd. 1 Rdn. 1151; *Kapellmann/Messerschmidt-Kapellmann* VOB/B § 2 Rdn. 314.
[8] *Ingenstau/Korbion/Keldungs* VOB/B a. a. O.; *Kapellmann/Schiffers* Bd. 1 Rdn. 1151; *Kapellmann/Messer-schmidt-Kapellmann* VOB/B § 2 Rdn. 314.
[9] *Ingenstau/Korbion/Keldungs* a. a. O.
[10] *Ingenstau/Korbion/Keldungs* VOB/B § 2 Nr. 9 Rdn. 5; kritisch *Krebs/Schuller* BauR 2007, 636.
[11] *Bolz* BauRB 2005, 213.

## II. Keine Pflicht zu selbstständigen Planungsleistungen

9  Umgekehrt kann der Auftraggeber, auch wenn es sich nicht um vom Auftragnehmer ohnehin geschuldete Planungsleistungen handelt, vom Auftragnehmer als **zusätzliche Leistung** nur solche Zeichnungen, Berechnungen und Unterlagen verlangen, die im Sinne von § 1 Nr. 4 VOB/B „zur Ausführung der vertraglichen Leistung erforderlich" sind.

10  Es muss also nicht nur ein Zusammenhang mit dem konkreten Bauobjekt bestehen,[12] d. h. Zeichnungen, Berechnungen und Unterlagen für ein anderes Bauvorhaben fallen nicht hierunter. Es muss auch ein Zusammenhang mit der vertraglich geschuldeten Bauleistung des Auftragnehmers bestehen. Die Anfertigung von Zeichnungen, Berechnungen und sonstigen Ausführungsunterlagen für andere Auftragnehmer kann der Auftraggeber nicht verlangen, wenn der Auftragnehmer sich dazu nicht freiwillig bereit erklärt.[13]

11  Insbesondere ist der Auftragnehmer nicht verpflichtet, sog. **selbstständige Planungsleistungen** zu erbringen. Deren Beistellung obliegt grundsätzlich dem Auftraggeber selbst, der sich dazu der von ihm beauftragten Architekten und Ingenieure als Erfüllungsgehilfen bedient. Als selbstständig sind Planungsleistungen dann zu verstehen, wenn sie „ganze Leistungsbilder oder Leistungsphasen aus der HOAI umfassen".[14] Deshalb kann z. B. vom Rohbauunternehmer nicht verlangt werden, dass er auch die **Bewehrungspläne** erstellt.[15] Solche selbstständigen Planungsleistungen werden bei einem normalen Bauvertrag nicht geschuldet, sie werden auch nicht von § 2 Nr. 9 VOB/B erfasst.

Bei **Verträgen mit funktionaler Leistungsbeschreibung** gilt nach allgemeiner Auffassung für die Bauleistung – sofern vereinbart – die VOB/B, während auf die Planungsleistung das allgemeine Werkvertragsrecht anzuwenden ist.[16] § 2 Nr. 9 VOB/B ist auf die bereits im Bauvertrag übernommene Planungsleistung nicht anwendbar.

## III. Verlangen unselbstständiger Planungsleistungen

12  Bei den Zeichnungen, Berechnungen und sonstigen Unterlagen, die der Auftraggeber vom Auftragnehmer verlangen kann, dann aber nach § 2 Nr. 9 Abs. 1 VOB/B auch vergüten muss, handelt es sich nach dem Vorgesagten lediglich um solche Planungsleistungen, die die vorhandene Planung **ergänzen.** Denn die für die Bauausführung erforderlichen Planungsunterlagen hat der Auftraggeber nach § 3 Nr. 1 VOB/B selbst beizustellen.[17]

13  Als ergänzende unselbstständige Planungsleistungen im vorstehenden Sinne kommen vor allem Zeichnungen, Berechnungen und Unterlagen in Betracht, die sich auf das Gewerk des Auftragnehmers beziehen, aber nach der Regelung der DIN-Vorschriften der ATV VOB Teil C **Besondere Leistungen** darstellen, wie z. B. das Liefern des Standsicherheitsnachweises der Baugrubenböschung nach Ziff. 4. 2. 11 der DIN 18 300.[18] Nur derartige unselbstständige Planungsleistungen fallen unter § 2 Nr. 9 Abs. 1 VOB/B, weil die VOB Teil B ansonsten für (selbstständige) Planungsleistungen nicht vereinbart werden kann.

14  Entsprechend hat das OLG Köln[19] entschieden, dass es grundsätzlich Sache des Auftraggebers ist, dem Auftragnehmer die für die Bauausführung erforderlichen Pläne und Zeich-

---

[12] *Kapellmann/Schiffers* Bd. 1 Rdn. 1153 ff.; *Ingenstau/Korbion/Keldungs* a. a. O.
[13] *Kapellmann/Schiffers* a. a. O.; *Ingenstau/Korbion/Keldungs* a. a. O.
[14] *Korbion* FS Locher S. 127; *Kapellmann/Schiffers* Bd. 1 Rdn. 1153; BGH BauR 1987, 702.
[15] *Ingenstau/Korbion/Keldungs* VOB/B § 2 Nr. 9 Rdn. 6; *Meier* BauR 2004, 729.
[16] BGH BauR 1987, 702; 1996, 544; OLG Düsseldorf NJW-RR 1991, 219; *Werner/Pastor* Rdn. 603; *Heiermann/Riedl/Rusam* VOB/B § 1 Rdn. 1; *Korbion* FS Locher S. 127; a. A. OLG Hamm NJW 1987, 2092; *Miernik* NZBau 2004, 409.
[17] *Kapellmann/Schiffers* Bd. 1 Rdn. 1153 ff.; *Poetzsch-Heffter* ZfBR 2005, 324, 328.
[18] *Kapellmann/Schiffers* Bd. 1 Rdn. 1153 ff. unter Hinweis auf *Korbion* FS Locher S. 127 ff., 134 ff. mit weiteren Beispielen.
[19] NJW-RR 1992, 1437 = BauR 1992, 637.

nungen zur Verfügung zu stellen. **Ausführungszeichnungen für eine Unterfangung** (Abfangkonstruktion) in einer Größenordnung von 600 000,– DM, auch wenn sie nur der vorübergehenden Sicherung von Bauteilen diente (Baubehelf), sind hiernach keine Nebenleistung im Sinne der ATV DIN 18 451 (Gerüstarbeiten), sondern Besondere Leistung als Ergänzung der Hauptleistung, zu der auch die erforderlichen Berechnungen, Pläne und Zeichnungen gehören.

Das Verlangen derartiger, unter § 2 Nr. 9 Abs. 1 VOB/B fallender Zeichnungen, Berechnungen und sonstigen Unterlagen ist an **keine Form** gebunden und kann ausdrücklich oder stillschweigend durch schlüssiges/konkludentes Handeln erfolgen.[20] Wie im Falle des § 2 Nr. 6 VOB/B muss es jedoch klar und eindeutig im Sinne eines Auftrags des Auftraggebers sein,[21] d. h. erkennen lassen, dass der Auftraggeber sich der durch sein Verlangen ausgelösten Vergütungsfolgen bewusst ist und nicht lediglich eine nach seiner Meinung geschuldete Vertragsleistung des Auftragnehmers reklamiert (→ § 2 Nr. 6 Rdn. 45 ff.). 15

## C. Nachprüfung technischer Berechnungen Dritter (Abs. 2)

Technische Berechnungen, die der Auftragnehmer selbst aufgestellt hat, muss er schon im Rahmen der ihm obliegenden vertraglichen Pflichten überprüfen, falls diese angezeigt ist.[22] 16

Ebenso fällt nicht unter § 2 Nr. 9 Abs. 2 VOB/B, was bereits Gegenstand der **allgemeinen Prüfungspflicht** des Auftragnehmers nach § 3 Nr. 3 und § 4 Nr. 3 VOB/B ist[23] (siehe dort). 17

§ 2 Nr. 9 Abs. 2 VOB/B bezieht sich deshalb nur auf die Nachprüfung technischer Berechnungen, die der Auftragnehmer **nicht** selbst aufgestellt hat noch aus anderen Gründen, z. B. im Rahmen seiner Prüfungs- und Hinweispflicht, ohnehin überprüfen muss. 18

Lässt der Auftraggeber derartige Berechnungen Dritter vom Auftragnehmer überprüfen, hat er dafür die Kosten zu tragen. Ob und inwieweit der Auftragnehmer zu solcher Nachprüfung **verpflichtet** ist, ergibt sich auch hier aus § 1 Nr. 4 VOB/B.[24] Ist die Nachprüfung zur mängelfreien „Ausführung der vertraglichen Leistung erforderlich" und ist der Betrieb des Auftragnehmers darauf eingerichtet, muss er die Nachprüfung vornehmen, anderenfalls kann er sie ablehnen. 19

## D. Höhe der Vergütung

Welche Vergütung der Auftragnehmer für die Anfertigung von Zeichnungen, Berechnungen und Unterlagen nach § 2 Nr. 9 Abs. 1 verlangen kann und welche Kosten ihm der Auftraggeber für die Nachprüfung technischer Berechnungen Dritter nach § 2 Nr. 9 Abs. 2 VOB/B zu erstatten hat, ist zunächst einmal eine Frage der Vereinbarung der Parteien, die dies tunlichst festlegen sollten.[25] 20

Anderenfalls gilt auch hier, wie im Falle von § 2 Nr. 5 und 6 VOB/B, dass der Auftragnehmer eine **angemessene Vergütung** (einschließlich Gewinn) im Sinne von § 632 Abs. 2 BGB verlangen kann,[26] deren Höhe erforderlichenfalls von einem Sachverständigen bestimmt werden muss.[27] 21

---

[20] *Kapellmann/Schiffers* Bd. 1 Rdn. 1150.
[21] *Kapellmann/Messerschmidt-Kapellmann* VOB/B § 2 Rdn. 314 und 190–197; *Ingenstau/Korbion/Keldungs* VOB/B § 2 Nr. 9 Rdn. 3; *Heiermann/Riedl/Rusam* VOB/B § 2 Rdn. 178 a.
[22] *Ingenstau/Korbion/Keldungs* VOB/B § 2 Nr. 9 Rdn. 1–4.
[23] *Ingenstau/Korbion/Keldungs* a. a. O.
[24] So auch *Kapellmann/Messerschmidt-Kapellmann* VOB/B § 2 Rdn. 314; a. A. *Ingenstau/Korbion/Keldungs* VOB/B § 2 Nr. 9 Rdn. 6, die eine solche Pflicht schlechthin verneinen.
[25] *Ingenstau/Korbion/Keldungs* VOB/B § 2 Nr. 9 Rdn. 10; *Bolz* BauRB 2005, 213.
[26] *Kniffka* IBR-online-Kommentar zum Bauvertragsrecht Stand 4. 1. 2007 § 632 Rdn. 13.
[27] *Kapellmann/Messerschmidt-Kapellmann* VOB/B § 2 Rdn. 315; *Nicklisch/Weick* VOB/B § 2 Rdn. 115; *Ingenstau/Korbion/Keldungs* a. a. O.; *Franke/Kemper/Zanner/Grünhagen* VOB/B § 2 Rdn. 222, 223.

**§ 2 Nr. 9**                                                              Vergütung von Planungsleistungen

22     Da es hier um planerische Leistungen geht, bietet dafür die **HOAI** – soweit sie überhaupt entsprechende Leistungsbilder enthält – zumindest Anhaltspunkte, auch wenn sie für derartige unselbstständige Planungsleistungen nach der VOB/B nicht unmittelbar gilt.[28]

## E. Urheberrechtsschutz (§ 3 Nr. 5 und 6 VOB/B)

23     Ergänzend zu § 2 Nr. 9 VOB/B ergibt sich aus § 3 Nr. 5 i. V. m. Nr. 6 VOB/B, dass sowohl Zeichnungen, Berechnungen, Nachprüfungen von Berechnungen und andere Unterlagen, die der Auftragnehmer nach dem Vertrag, den Technischen Vertragsbedingungen oder der gewerblichen Verkehrssitte ohnehin schuldet, als auch solche, die er nach § 2 Nr. 9 VOB/B auf besonderes Verlangen des Auftraggebers zu beschaffen hat, ohne Genehmigung des Auftragnehmers nicht veröffentlicht oder vervielfältigt und auch nicht anderweitig benutzt werden dürfen, also nicht für einen anderen als den vereinbarten Zweck.[29] Die diesbezüglichen Unterlagen bleiben das geistige und körperliche Eigentum des Auftragnehmers und sind ihm auf Verlangen zurückzugeben, wenn der Auftraggeber sie nicht mehr benötigt.

## F. Ausschluss oder Änderung von § 2 Nr. 9 VOB/B

24     Ob und inwieweit dem Auftragnehmer auch selbstständige Planungsleistungen übertragen werden können, die er nach § 2 Nr. 9 VOB/B nicht zu übernehmen braucht, lässt sich nicht generell beantworten. Individualvertraglich dürfte dies ebenso möglich sein[30] wie durch entsprechend ausgehandelte Einzelvereinbarung der Vergütungsanspruch des Auftragnehmers für Planungsleistungen nach § 2 Nr. 9 VOB/B eingeschränkt oder abbedungen werden kann.

25     In Allgemeinen Geschäftsbedingungen dagegen kann nicht vereinbart werden, dass der Auftragnehmer Planungsleistungen, für die er nach § 2 Nr. 9 VOB/B Vergütung verlangen kann, kostenlos zu erbringen hat.[31] Das wäre in gleicher Weise ein Verstoß gegen § 307 BGB, wie wenn in Allgemeinen Geschäftsbedingungen die zu Lasten des Auftraggebers gehenden Baugenehmigungsgebühren oder die Kosten des Prüfstatikers auf den Auftragnehmer abgewälzt würden.[32]

---

[28] *Ingenstau/Korbion/Keldungs* a. a. O.; *Heiermann/Riedl/Rusam* VOB/B § 2 Rdn. 179 ff.; *Nicklisch/Weick* VOB/B § 2 Rdn. 115; *Kapellmann/Schiffers* Bd. 1 Rdn. 1158; *Vygen*, Bauvertragsrecht nach VOB und BGB Rdn. 860.
[29] *Ingenstau/Korbion/Keldungs* VOB/B § 2 Nr. 9 Rdn. 11.
[30] Zur AGB-rechtlichen Zulässigkeit der Übertragung selbstständiger Planungsleistungen auf den Auftragnehmer siehe *Korbion* FS Locher S. 127 ff.
[31] *Ingenstau/Korbion/Keldungs* VOB/B § 2 Nr. 9 Rdn. 1; *Kapellmann/Schiffers* Bd. 1 Rdn. 1160; *Heiermann/Riedl/Rusam* VOB/B § 2 Rdn. 179; *Vygen*, Bauvertragsrecht nach VOB und BGB Rdn. 860.
[32] *Ingenstau/Korbion/Keldungs* a. a. O.; *Kapellmann/Schiffers* a. a. O.

## § 2 Nr. 10 [Vergütung bei Stundenlohnarbeiten]

Stundenlohnarbeiten werden nur vergütet, wenn sie als solche vor ihrem Beginn ausdrücklich vereinbart worden sind (§ 15).

**Literatur:** *Dähne,* Angehängte Stundenlohnarbeiten, Festschrift Jagenburg, S. 97; *Ganten,* Die Erstattung von sog. „Regiekosten" als Schadensersatz, BauR 1987, 22; *Korbion,* Stundenlohnarbeiten beim BGB-Bauvertrag, Festschrift für Soergel 1993, 131; *Losert,* Die Bedeutung der Unterschrift unter einem Stundenlohnzettel, ZfBR 1993, 1; *Mugler,* Die Bindung der Vertragsparteien an ihre Vereinbarung über die Höhe der Vergütung bei Regiearbeiten am Bau, BB 1989, 859; *Thamm/Möffert,* Stundenlohnzettel bei Werkverträgen aus wirtschaftsrechtlicher Sicht, BauRB 2004, 210.

### Übersicht

| | Rdn. | | Rdn. |
|---|---|---|---|
| A. Allgemeines | 1–2 | II. Stundenlohnvereinbarung spätestens vor Beginn der Arbeiten | 16 |
| B. § 2 Nr. 10 als Basisvorschrift für § 15 VOB/B | 3–19 | III. Bei fehlender Stundenlohnvereinbarung Abrechnung nach Einheitspreisen | 17 |
| I. Notwendigkeit ausdrücklicher Vereinbarung von Stundenlohnarbeiten | 5 | C. Von § 2 Nr. 10 abweichende Vereinbarungen | 20 |
| 1. Stillschweigende Vereinbarung genügt nicht | 7 | | |
| 2. Vereinbarung bestimmter Arbeiten | 13 | | |

## A. Allgemeines

Nach § 5 Nr. 2 VOB/A können Bauleistungen geringen Umfangs, die überwiegend Lohnkosten verursachen, im Stundenlohn vergeben werden (Stundenlohnvertrag). Da der Umfang solcher Arbeiten sich im Voraus aber schwer überblicken lässt, verlangt § 2 Nr. 10 VOB/B für den Abschluss eines derartigen **Stundenlohnvertrages** eine ausdrückliche Vereinbarung vor Beginn der betreffenden Arbeiten. 1

Ohne eine entsprechende Vereinbarung kommt eine Abrechnung im Stundenlohn nach h.M nicht in Betracht, insbesondere nicht als angemessene bzw. **übliche Vergütung** im Sinne von § 632 Abs. 2 BGB.[1] Man wird das aber in Ausnahmefällen bejahen können, wenn die ausgeführten Arbeiten üblicherweise nur im Stundenlohn vergeben werden. 2

Ist die VOB/B – wie im Regelfall – nach der neueren Rechtsprechung des BGH[2] wegen einer Abweichung in den übrigen Vertragsbedingungen nicht „als Ganzes" vereinbart, führt die **isolierte Inhaltskontrolle** zur **Unwirksamkeit der Regelung des § 2 Nr. 10** VOB/B, da sie von der gesetzlichen Regelung des § 632 BGB abweicht.[3] Die Leistung kann dann im Stundenlohn abgerechnet werden, wenn das der üblichen Vergütung entspricht.

## B. § 2 Nr. 10 als Basisvorschrift für § 15 VOB/B

§ 2 Nr. 10 VOB/B regelt den Anspruch auf Vergütung von Stundenlohnarbeiten **dem Grunde nach.** § 15 VOB/B dagegen bestimmt die weiteren Einzelheiten der Abrechnung von Stundenlohnarbeiten, wenn diese entsprechend § 2 Nr. 10 VOB/B dem Grunde nach 3

---

[1] Ingenstau/Korbion/Keldungs VOB/B § 2 Nr. 10 Rdn. 1 ff.; Kapellmann/Messerschmidt-Kapellmann VOB/B § 2 Rdn. 316 f.
[2] BGH NZBau 2004, 267 und 385.
[3] OLG Schleswig IBR 2005, 414; wohl zustimmend *Kniffka* IBR-online-Kommentar zum Bauvertragsrecht Stand 4. 1. 2007 § 631 Rdn. 321.

## § 2 Nr. 10 — Vergütung bei Stundenlohnarbeiten

vereinbart sind, insbesondere auch was **der Höhe nach** gilt, wenn dazu keine Vereinbarung getroffen ist.

4 § 15 VOB/B setzt also eine Vereinbarung nach § 2 Nr. 10 voraus, ohne eine solche kommt eine Anwendung von § 15 VOB/B von vornherein nicht in Betracht.[4]

5 ### I. Notwendigkeit ausdrücklicher Vereinbarung von Stundenlohnarbeiten

Wie sich aus dem Wortlaut von § 2 Nr. 10 VOB/B ergibt: „Stundenlohnarbeiten werden **nur vergütet, wenn**" ist die hierfür erforderliche ausdrückliche Vereinbarung vor Beginn der Stundenlohnarbeiten Anspruchsvoraussetzung.

6 Dafür, dass Stundenlohnarbeiten entsprechend § 2 Nr. 10 VOB/B vor ihrem Beginn ausdrücklich vereinbart worden sind, trägt der Auftragnehmer die **Beweislast** (§ 2 Nr. 2 VOB/B).[5]

### 1. Stillschweigende Vereinbarung genügt nicht

7 Auch wenn § 2 Nr. 10 VOB/B für die Vereinbarung von Stundenlohnarbeiten keine bestimmte Form, insbesondere keine Schriftform vorsieht, ist den Parteien dringend anzuraten, eine Vereinbarung über Stundenlohnarbeiten in jedem Fall schriftlich zu treffen.[6]

8 Denn daraus, dass § 2 Nr. 10 VOB/B eine **ausdrückliche** Vereinbarung vor Beginn der Stundenlohnarbeiten verlangt, ergibt sich, dass ein lediglich stillschweigender Abschluss eines Stundenlohnvertrages durch **schlüssiges/konkludentes** Verhalten des Auftraggebers regelmäßig nicht in Betracht kommt, auch nicht dadurch, dass der Auftraggeber die Ausführung der betreffenden Arbeiten duldet. Damit ist noch nicht vereinbart, dass diese Arbeiten im Stundenlohn zu vergüten sind.[7]

9 Insbesondere liegt allein darin, dass der Auftraggeber ihm vorgelegte **Stundenlohnzettel** unterzeichnet, nicht die nachträgliche Vereinbarung eines Stundenlohnvertrages. Das kann vielmehr nur angenommen werden, wenn besondere Umstände die Annahme rechtfertigen, dass die ursprüngliche Vergütungsvereinbarung in eine Stundenlohnvereinbarung abgeändert werden soll.[8]

10 Die Abzeichnung von Stundenlohnzetteln und die damit verbundene Anerkenntniswirkung betreffen nämlich in der Regel nur **Art und Umfang** der erbrachten Leistungen.[9] Mit seiner Unterschrift unter die vom Auftragnehmer vorgelegten Stundenlohnzettel bestätigt der Auftraggeber lediglich, dass der Auftragnehmer diese Stunden gearbeitet hat, nicht aber auch, dass eine Stundenlohnabrede getroffen ist und der betreffende Stundenaufwand erforderlich war.[10] Durch seine Unterschrift unter die vom Auftragnehmer vorgelegten Stundenlohnzettel ist der Auftraggeber deshalb mit **Einwendungen** gegen die Angemessenheit der geleisteten Stunden ebenso wenig ausgeschlossen[11] wie mit Einwendungen gegen die Vergütungspflicht schlechthin, etwa mit dem Einwand, dass es sich nicht um zusätzlich zu vergütende Besondere Leistungen im Sinne der DIN-Vorschriften der ATV der VOB Teil C handele, sondern lediglich um nicht zu vergütende Nebenleistungen.[12]

---

[4] *Ingenstau/Korbion/Keldungs* a. a. O.; *Kapellmann/Messerschmidt-Kapellmann* a. a. O.; *Jansen* in Beck-online VOB/B Stand 15. 8. 2006 § 15 Rdn. 1.

[5] *Ingenstau/Korbion/Keldungs* VOB/B § 2 Nr. 10 Rdn. 7; *Heiermann/Riedl/Rusam* VOB/B § 2 Rdn. 182; *Kniffka* IBR-online-Kommentar zum Bauvertragsrecht Stand 4. 1. 2007 § 631 Rdn. 335.

[6] *Ingenstau/Korbion/Keldungs* VOB/B § 2 Nr. 10 Rdn. 4–6; *Heiermann/Riedl/Rusam* a. a. O.

[7] *Ingenstau/Korbion/Keldungs* a. a. O.; *Heiermann/Riedl/Rusam* VOB/B § 2 Rdn. 182.

[8] BGH NJW-RR 1995, 80 und NZBau 2004, 31; *Jansen* Beck-online VOB/B Stand 15. 4. 2006 § 15 Nr. 3 Rdn. 19.

[9] BGH a. a. O.; *Jansen* Beck-online VOB/B Stand 15. 8. 2006 § 15 Nr. 3 Rdn. 19 ff.

[10] OLG Düsseldorf OLG-Report 1994, 215 = BauR 1994, 803 L.

[11] OLG Düsseldorf a. a. O.

[12] BGH IBR 2003, 592 mit Anm. *Schwenker*; *Ingenstau/Korbion/Keldungs* a. a. O.; *Heiermann/Riedl/Rusam* VOB/B § 2 Rdn. 182.

Das gilt erst recht, wenn die Stundenlohnzettel lediglich vom **Architekten oder Bauleiter** des Auftraggebers unterzeichnet worden sind.[13] Selbst wenn dieser als bevollmächtigt anzusehen ist, Art und Umfang der ausgeführten Arbeiten in technischer Hinsicht zu bescheinigen und ihm vorgelegte Stundenlohnnachweise in diesem Sinne abzuzeichnen, reicht das nicht aus, um daraus eine nachträgliche stillschweigende Vereinbarung von Stundenlohnarbeiten herzuleiten, wenn der Vertrag solche nicht vorsieht.[14] 11

Aber selbst wenn entsprechend § 2 Nr. 10 VOB/B Stundenlohnarbeiten vor ihrem Beginn ausdrücklich vereinbart sind, reicht die Unterzeichnung von Stundenlohnzetteln nicht aus, wenn diese die ausgeführten Arbeiten **nicht nachvollziehbar** beschreiben,[15] etwa nur den Vermerk „Arbeiten nach Angabe" enthalten. Nicht nachvollziehbare Stundenlohnzettel sind auch dann nicht zu berücksichtigen, wenn der Architekt des Auftraggebers sie unterzeichnet hat.[16] 12

### 2. Vereinbarung bestimmter Arbeiten

Da § 2 Nr. 10 VOB/B verlangt, dass Stundenlohnarbeiten vor ihrem Beginn **ausdrücklich** vereinbart sein müssen, genügt es weiterhin nicht, wenn im Vertrag oder einem Nachtrag zu diesem lediglich vereinbart ist, dass etwa anfallende **Regie- oder Stundenlohnarbeiten** zu einem bestimmten Stundenlohnsatz vergütet werden.[17] Eine wirksame Stundenlohnvereinbarung liegt vielmehr nur vor, wenn gleichzeitig festgelegt und vereinbart wird, welche bestimmten Arbeiten im Stundenlohn ausgeführt werden sollen.[18] 13

Etwas anderes ist es, wenn später weitere Arbeiten gleicher Art und gleichen Inhalts anfallen, wie diejenigen, auf die sich die Stundenlohnvereinbarung bezieht. Dann liegt für diese Art Arbeiten dem Grunde nach bereits eine wirksame Stundenlohnvereinbarung vor,[19] während der Höhe nach auch für die weiteren Arbeiten der vereinbarte Stundensatz gilt. 14

Demgegenüber sind *Ingenstau/Korbion*[20] der Meinung, dass für später anfallende **Zusatzarbeiten** nicht ohne weiteres der bisher vereinbarte Stundensatz gilt, „wenn die Stundenlohnarbeiten zunächst nach Stundenzahl begrenzt waren, weil der Auftragnehmer nur insoweit mit dem Anfall von Stundenlohnarbeiten zu rechnen brauchte". Jedoch ist fraglich, ob sich für die später anfallenden Zusatzarbeiten dann nach § 2 Nr. 6 VOB/B ein anderer Stundensatz ergibt, weil der vereinbarte Stundensatz – wie jeder andere Preis auch – grundsätzlich Festpreis ist und sich nur ändert, wenn eine Lohnpreisgleitklausel vereinbart ist oder sich für die weiter anfallenden Stunden aus anderen Gründen die Preisermittlungsgrundlagen geändert haben. 15

### II. Stundenlohnvereinbarung spätestens vor Beginn der Arbeiten

Nach § 2 Nr. 10 VOB/B müssen Stundenlohnarbeiten vorher vereinbart werden, spätestens vor ihrem Beginn. Damit ist gemeint der Beginn der Stundenlohnarbeiten, nicht der vertraglich vereinbarten Bauleistungen schlechthin. Jedoch kann die Vereinbarung der Stundenlohnarbeiten auch schon früher erfolgen, etwa im Bauvertrag selbst, wenn Art und Inhalt der Stundenlohnarbeiten dann schon feststehen. Da dies zumeist nicht der Fall ist, weil sich 16

---

[13] BGH a. a. O.; *Heiermann/Riedl/Rusam* VOB/B § 2 Rdn. 183.
[14] BGH NZBau 2004, 31; OLG Düsseldorf IBR 2003, 236 mit Anm. *Moufang*; *Kniffka* IBR-online-Kommentar zum Bauvertragsrecht Stand 10. 4. 2006 § 631 Rdn. 296, 306 unter Hinweis auf die nicht unproblematische Entscheidung OLG Düsseldorf BauR 1997, 647, nach der der bauleitende Architekt Stundenzettel mit Bindungswirkung für den Bauherrn unterschreiben darf.
[15] *Kniffka* IBR-online-Kommentar zum Bauvertragsrecht Stand 4. 1. 2007 § 631 Rdn. 333, 334.
[16] OLG Karlsruhe, BauR 1995, 114.
[17] *Ingenstau/Korbion/Keldungs* VOB/B § 2 Nr. 10 Rdn. 4 ff.
[18] *Ingenstau/Korbion/Keldungs* a. a. O.
[19] *Ingenstau/Korbion/Keldungs* VOB/B § 2 Nr. 10 Rdn. 6.
[20] A. a. O.; ebenso *Heiermann/Riedl/Rusam* VOB/B § 2 Rdn. 182.

derartige Arbeiten erst während der Bauausführung ergeben, genügt es aber auch, die Vereinbarung nachträglich zu treffen, allerdings nicht erst nach Ausführung der Stundenlohnarbeiten. Vielmehr ist es erforderlich, dass die Vereinbarung spätestens vor Beginn der Stundenlohnarbeiten getroffen wird.[21] An das Vorliegen einer nachträglichen Stundenlohnvereinbarung, durch die ein bereits abgeschlossener Einheitspreis- oder Pauschalvertrag abgeändert werden soll, sind hohe Anforderungen zu stellen. Die bloße Unterzeichnung der Stundenlohnzettel oder der Bestätigungsvermerk auf der Rechnung reichen dafür im Regelfall nicht aus.[22]

### III. Bei fehlender Stundenlohnvereinbarung Abrechnung nach Einheitspreisen

17   Fehlt eine wirksame Stundenlohnvereinbarung, weil eine solche entweder überhaupt nicht oder nicht rechtzeitig zustande gekommen ist, führt dies nicht automatisch dazu, dass der Auftragnehmer für die betreffenden Arbeiten überhaupt keine Vergütung verlangen kann.[23] Vielmehr hat dies zunächst nur zur Folge, dass der Auftragnehmer die Arbeiten nicht im Stundenlohn abrechnen kann.

18   Sofern die Arbeiten selbst wirksam beauftragt sind, gilt für die Abrechnung anstelle der fehlenden Stundenlohnvereinbarung dann die Regelung des § 2 Nr. 2 VOB/B, wonach die Arbeiten nach **Einheitspreisen** abzurechnen sind.[24] Das gilt auch im Falle von Leistungsänderungen und Zusatzleistungen nach § 2 Nr. 5 und 6 VOB/B. Insoweit wird auf das dazu Gesagte verwiesen. Fehlt es dagegen nicht nur an einer wirksamen Vereinbarung von Stundenlohnarbeiten, sondern auch an einem **wirksamen Auftrag** überhaupt, kann der Auftragnehmer nur unter den Voraussetzungen des § 2 Nr. 8 Abs. 2 und 3 VOB/B Vergütung verlangen.[25]

19   Allerdings können die Parteien jederzeit nachträglich vereinbaren, eine an sich nach Einheitspreisen abzurechnende Leistung gleichwohl im Stundenlohn abzurechnen.[26] Ebenso können die Parteien anstelle eines Pauschalpreises für bestimmte Vertragsleistungen **nachträglich** einen Stundenlohn vereinbaren, etwa wenn einzelne Arbeiten aus dem Pauschalvertrag herausgenommen werden sollen.[27] Dazu aber auch Rdn. 16.

### C. Von § 2 Nr. 10 abweichende Vereinbarungen

20   Wirksam ist eine in AGB enthaltene Regelung, nach der die Stundenlohnvereinbarung oder die Anordnung zur Ausführung von Stundenlohnarbeiten schriftlich erfolgen muss. Eine solche Regelung verstößt nicht gegen § 307 BGB.[28] Unwirksam ist hingegen wegen eines Verstoßes gegen § 305 b BGB – Vorrang der Individualabrede – eine Klausel, nach der die Stundenlohnvereinbarung unwirksam ist, wenn sie nicht **vor** Ausführung der Arbeiten getroffen worden ist. Den Parteien ist es nämlich unbenommen, sich während der Ausführung oder sogar nachträglich auf eine Stundenlohnvereinbarung zu verständigen.[29]

---

[21] *Ingenstau/Korbion/Keldungs* VOB/B § 2 Nr. 10 Rdn. 8 f.; *Heiermann/Riedl/Rusam* VOB/B § 2 Rdn. 183; *Nicklisch/Weick* VOB/B § 2 Rdn. 116.
[22] BGH NJW-RR 1995, 80 und NZBau 2004, 31; *Jansen* in Beck-online VOB/B Stand 15. 4. 2006 § 15 Rdn. 4.
[23] *Ingenstau/Korbion/Keldungs* § 2 Nr. 10 Rdn. 10; *Heiermann/Riedl/Rusam* VOB/B § 2 Rdn. 183.
[24] *Ingenstau/Korbion/Keldungs* a. a. O.; *Heiermann/Riedl/Rusam* VOB/B § 2 Rdn. 183.
[25] *Ingenstau/Korbion/Keldungs* a. a. O.; *Heiermann/Riedl/Rusam* VOB/B § 2 Rdn. 183.
[26] *Ingenstau/Korbion/Keldungs* VOB/B § 2 Nr. 10 Rdn. 8, 10.
[27] BGH NJW-RR 1995, 722 = ZfBR 1995, 129.
[28] *Ingenstau/Korbion/Keldungs* VOB/B § 2 Nr. 10 Rdn. 7; *Heiermann/Riedl/Rusam* VOB/B § 2 Rdn. 182; *Kapellmann/Messerschmidt-Kapellmann* VOB/B § 2 Rdn. 318; OLG Zweibrücken BauR 1994, 509.
[29] So auch *Kapellmann/Messerschmidt-Kapellmann* VOB/B § 2 Rdn. 318.

## § 3 Ausführungsunterlagen

1. Die für die Ausführung nötigen Unterlagen sind dem Auftragnehmer unentgeltlich und rechtzeitig zu übergeben.
2. Das Abstecken der Hauptachsen der baulichen Anlagen, ebenso der Grenzen des Geländes, das dem Auftragnehmer zur Verfügung gestellt wird, und das Schaffen der notwendigen Höhenfestpunkte in unmittelbarer Nähe der baulichen Anlagen sind Sache des Auftraggebers.
3. Die vom Auftraggeber zur Verfügung gestellten Geländeaufnahmen und Absteckungen und die übrigen für die Ausführung übergebenen Unterlagen sind für den Auftragnehmer maßgebend. Jedoch hat er sie, soweit es zur ordnungsgemäßen Vertragserfüllung gehört, auf etwaige Unstimmigkeiten zu überprüfen und den Auftraggeber auf entdeckte oder vermutete Mängel hinzuweisen.
4. Vor Beginn der Arbeiten ist, soweit notwendig, der Zustand der Straßen und Geländeoberfläche, der Vorfluter und Vorflutleitungen, ferner der baulichen Anlagen im Baubereich in einer Niederschrift festzuhalten, die vom Auftraggeber und Auftragnehmer anzuerkennen ist.
5. Zeichnungen, Berechnungen, Nachprüfungen von Berechnungen oder andere Unterlagen, die der Auftragnehmer nach dem Vertrag, besonders den Technischen Vertragsbedingungen, oder der gewerblichen Verkehrssitte oder auf besonderes Verlangen des Auftraggebers (§ 2 Nr. 9) zu beschaffen hat, sind dem Auftraggeber nach Aufforderung rechtzeitig vorzulegen.
6. (1) Die in Nummer 5 genannten Unterlagen dürfen ohne Genehmigung ihres Urhebers nicht veröffentlicht, vervielfältigt, geändert oder für einen anderen als den vereinbarten Zweck benutzt werden.

(2) An DV-Programmen hat der Auftraggeber das Recht zur Nutzung mit den vereinbarten Leistungsmerkmalen in unveränderter Form auf den festgelegten Geräten. Der Auftraggeber darf zum Zwecke der Datensicherung zwei Kopien herstellen. Diese müssen alle Identifikationsmerkmale enthalten. Der Verbleib der Kopien ist auf Verlangen nachzuweisen.

(3) Der Auftragnehmer bleibt unbeschadet des Nutzungsrechts des Auftraggebers zur Nutzung der Unterlagen und der DV-Programme berechtigt.

# Vorbemerkung § 3

## Übersicht

| | Rdn. | | Rdn. |
|---|---|---|---|
| A. Sinn und Zweck der Vorschrift – auch Baugrundrisiko und (Baugrund-)Beschreibungspflicht | 1–8 | 4. Übergabe vor und während der Ausführung | 20 |
| B. Die Mitwirkung des Auftraggebers zum baulichen Gelingen | 9–90 | III. Mitwirkungspflichten des Auftraggebers bei der Ausführung der Bauleistung als Herstellung des vertraglich geschuldeten Bau-Werkes | 25 |
| I. Ausgangslage – Kooperationsmodell des Bauvertrags | 9 | 1. Die Mitwirkungspflicht und Mitwirkungshandlung beim Bauvertrag | 25 |
| II. Trennung von Planung und Ausführung als Vertragsmodell der VOB/B | 13 | 2. Grundlegende Beispiele für „erforderliche" Mitwirkungspflichten (Mitwirkungshandlungen) des Auftraggebers beim Bauvertrag nach VOB/B | 30 |
| 1. Deutliche Aufgabentrennung und Aufgabenaufteilung als Grundsatz | 13 | | |
| 2. Durchbrechung des Trennungsgrundsatzes | 14 | | |
| 3. Korrespondenz zwischen Planungsbereich und Ausführungsbereich | 18 | | |

|  | Rdn. |
|---|---|
| 3. Rechtliche Einordnung der Mitwirkungspflichten des Auftraggebers aus §§ 3, 4 VOB/B und die Rechtsfolgen bei ihrer Verletzung....... | 31 |
| a) Gesetzlicher Ausgangspunkt: Gläubigerobliegenheiten................. | 31 |
| b) Nicht nur Gläubigerobliegenheiten............. | 32 |
| c) Echte vertragliche Nebenpflichten............... | 33 |
| d) Sogar Nebenleistungspflichten (insoweit Schuldnerpflichten)....... | 35 |
| e) Anspruch auf Erfüllung, Einklagbarkeit............. | 39 |
| f) Fälligkeit, Annahmeverzug........................ | 40, 41 |
| g) Keine Einklagbarkeit bei bloßer Obliegenheit...... | 42 |
| 4. Mitwirkungspflichten innerhalb und außerhalb §§ 3, 4 VOB/B als Schuldnerpflichten in Form von Nebenleistungspflichten oder von Haupt(leistungs)pflichten – Einklagbarkeit................. | 43 |
| 5. Rechtliche Folgen bei Verletzung der Mitwirkungspflichten des Auftraggebers aus den §§ 3 und 4 VOB/B............ | 51–86 |
| a) Vorbemerkung: Die Mitwirkungspflichten des Auftraggebers nach §§ 3 und 4 VOB/B als Nebenpflichten sowie Nebenleistungspflichten und ihre Verletzung als „Pflichtverletzung" nach neuem und nach altem BGB-Schuldrecht............... | 51 |
| b) Rechtliche Folgen nach VOB/B................... | 52 |
| c) Rechtliche Folgen bei unmittelbarer Anwendung des BGB............. | 60 |

|  | Rdn. |
|---|---|
| d) Rechtliche Folgen bei Anwendung des BGB über § 9 Nr. 3 VOB/B... | 72 |
| e) Verhältnis der Rechte gemäß b) zu denen gemäß c) und d) bei unterlassener oder verzögerter Erfüllung von Mitwirkungspflichten des Auftraggebers – Dabei auch: § 642 BGB?.............. | 76 |
| aa) Kündigungsrecht nach § 9 VOB/B und nach § 643 BGB | 78 |
| bb) Kündigungsregelung nach § 9 VOB/B und finanzielle Ansprüche des Auftragnehmers – Anwendbarkeit von § 642 BGB im gekündigten und im ungekündigten VOB/B-Bauvertrag.................. | 79 |
| f) Mitverschulden........... | 84 |
| g) Keine Ersatzvornahme.... | 86 |
| 6. Erweiterung oder Änderung vorhandener Mitwirkungspflichten des Auftraggebers und Begründung zusätzlicher Mitwirkungspflichten......... | 87 |
| 7. Ergänzende Geltung der in §§ 3 und 4 VOB/B enthaltenen Grundsätze für den BGB-Bauvertrag............. | 89 |
| IV. Unterstützungspflichten des Auftragnehmers als Nebenpflicht.... | 90 |
| C. Planungsbeteiligte als Erfüllungsgehilfen des jeweiligen Auftraggebers.................. | 91–98 |
| I. Der Planer als Erfüllungsgehilfe | 91 |
| II. Planungs-Erfüllungsgehilfenhaftung im Hauptunternehmer- und Nachunternehmerverhältnis | 95 |

**Literatur:** *Armbrüster/Bickert,* Unzulängliche Mitwirkung des Auftraggebers beim Bau- und Architektenvertrag, NZBau 2006, 153; *Biebelheimer/Wazlawik,* Der GMP-Vertrag – Der Versuch einer rechtlichen Einordnung, BauR 2001, 1639; *Brandi-Dohrn,* Softwareschutz nach dem neuen deutschen Urheberrechtsgesetz, BB 1994, 658; *Bühl,* Grenzen der Hinweispflicht des Bieters, BauR 1992, 26; *Clemm,* Die rechtliche Einordnung der Prüfungs- und Hinweispflicht des Auftragnehmers im Bauvertrag (§ 4 Nr. 3 VOB/B) und die Rechtsfolgen ihrer Verletzung, BauR 1987, 609 ff.; *v. Craushaar,* Risikotragung bei mangelhafter Mitwirkung des Bauherrn, BauR 1987, 14; *ders.,* der Vorunternehmer als Erfüllungsgehilfe des Auftraggebers, FS Vygen 1999, S. 154; *ders.,* Die Bedeutung des § 645 BGB für die Rechtsstellung des Nachfolgeunternehmers, Festgabe Steffen Kraus, 2003, S. 3; *Dähne,* Auftragnehmeransprüche bei lückenhafter Leistungsbeschreibung, BauR 1999, 289; *Eberz,* Die gesamtschuldnerische Haftung des Architekten und des Bauunternehmers aufgrund eines von ihnen gemeinsam zu vertretenden Bauwerksmangels, BauR 1995, 442; *Englert,* Das „Systemrisiko" bei der Ausführung von Tiefbauarbeiten, FS von Craushaar, 1997, 203; *ders.,* „Systemrisiko" – terra incognita des Baurechts? Zur Abgrenzung von Erfolgs-, Baugrund- und Systemrisiko, BauR 1996, 763; *ders.,* Aktuelle Rechtsprechung zum Baugrundrisiko in GEOLEX 2002, Heft 1, S. 42 ff. (Zeitschr. F. Tiefbau und Tiefbaurecht, Organ des CBTR; *ders.,* Die Ausschreibungsvorgaben zum Baugrund für den öffentlichen Auftraggeber nach § 9 VOB/A, FS Thode, 2005, S. 3; *Englert/Fuchs,* Die Fundamentalnorm für die Errichtung von Bauwerken: DIN 4020; *Fuchs,* Kooperationspflichten der Bauvertragsparteien, Diss., Baurechtliche Schriften Bd. 58, 2004; *J. Grauvogl,*

"Systemrisiko" und Pauschalvertrag bei Tiefbauleistungen, NZBau 2002, 591; *Grünhoff,* Die Konzeption des GMP-Vertrags − Mediation und value engeneering, NZBau 2000, 313 ff.; *Hartmann,* Der Gegenleistungsanspruch des Werkunternehmers bei unterlassener Mitwirkung des Bestellers, BB 1997, 362; *Hochstein,* Zur Systematik der Prüfungs- und Hinweispflicht des Auftragnehmers im VOB-Bauvertrag, Festschrift für Korbion, 1986, S. 165; *Hök,* Zum Baugrundrisiko in Deutschland mit einem Blick ins Ausland und auf internationale Vertragsmuster, ZfBR 2007, 3; *G. Hofmann,* Anmerkung zum Bodenklassen-Urteil des LG Köln BauR 1980, 369 f.; *ders.,* Vergaberechtliche und vertragsrechtliche Fragen bei Nebenangeboten im Bauwesen, ZfBR 1984, 259; *ders.,* Die rechtliche Einordnung der Mitwirkungspflichten des Auftraggebers beim Bauvertrag, FS von Craushaar, 1997, 219; *Ibler,* Baugrundrisiko und Amtshaftung bei der Überbauung von Altlasten, BauR 1995, 595; *Kamphausen,* Die Quotierung der Mangel- und Schadensverantwortlichkeit Baubeteiligter durch technische Sachverständige, BauR 1996, 174; *Kapellmann,* § 645 BGB und die Behinderungshaftung für Vorunternehmer, BauR 1992, 433; *ders.,* "Baugrundrisiko" und "Systemrisiko" − Baugrundsystematik, Bausoll, Beschaffenheitssoll, Bauverfahrenssoll, Jahrbuch Baurecht 1999, 1; *Kapellmann/Ziegler,* Störfallkataloge bei Bauverträgen im Tunnelbau mit Schildvortrieb, NZBau 2005, 65; *Kniffka,* Die Kooperationspflichten der Bauvertragspartner im Bauvertrag, Jahrbuch Baurecht 2001, 1; *ders.,* Das Baugrundrisiko in der Rechtsprechung des Bundesgerichtshofes in Jahresband 2002 des Centrum für Deutsches und Internationales Baugrund- und Tiefbaurecht e. V. (CBTR), S. 21 ff.; *Kuffer,* Baugrundrisiko und Systemrisiko, NZBau 2006,1; *Lange,* Baugrundhaftung und Baugrundrisiko, Baurechtliche Schriften, Band 34, 1997; *ders.,* Zur Bedeutung des Anspruchs aus culpa in contrahendo bei unvollständigen, unklaren oder fehlerhaften Leistungsbeschreibungen, z. B. bei unzureichend beschriebenem Baugrund, FS von Craushaar, 1997, 271; *Langen/Schiffers,* Leistungs-, Prüfungs- und Hinweispflichten des Auftragnehmers bei konventioneller und zieldefinierter Baudurchführung, FS W. Jagenburg 2002, 435; *Leineweber,* Zur Feststellung einer "technischen Verursachungsquote" durch den Sachverständigen, FS Mantscheff, 2000, S. 249; *Lenzen,* Ansprüche gegen den Besteller, wenn ihm Mitwirkungspflichten unmöglich werden, BauR 1997, 210; *Maxem,* Rechtsfolgen bei Verletzung von Mitwirkungspflichten durch den Besteller beim (Bau-)Werkvertrag, BauR 2003, 952; *Marbach,* Der Anspruch auf Vergütungsänderung gem. § 2 Nr. 5 VOB/B, ZfBR 1989, 2 ff. = Seminar "Vergütungsansprüche aus Nachträgen − ihre Geltendmachung und Abwehr" der Deutschen Gesellschaft für Baurecht, 1989, S. 38; *ders.,* Nachtragsforderungen bei mangelnder Leistungsbeschreibung der Baugrundverhältnisse im VOB-Bauvertrag und bei Verwirklichung des "Baugrundrisikos", BauR 1994, 168; *ders.,* Nebenangebote und Änderungsvorschläge im Bauvergabe- und Vertragsrecht, FS Vygen 1999, S. 241; *ders.,* Nebenangebote und Änderungsvorschläge im Bauvergabe- und Vertragsrecht unter Berücksichtigung der VOB-Ausgabe 2000, BauR 2000, 1643; *Motzke,* Prüfungs-, Aufklärungs- und Überwachungspflichten des Unternehmers, ZfBR 1988, 244; *ders.,* Nachforderungsmöglichkeiten bei Einheitspreis- und Pauschalverträgen, BauR 1992, 146; *ders.,* Abgrenzung der Verantwortlichkeit zwischen Bauherrn, Architekt, Ingenieur und Sonderfachleuten, BauR 1994, 47; *Nestler,* Der Schutz nichturheberrechtsfähiger Bauzeichnungen, BauR 1994, 589; *Nicklisch,* Mitwirkungspflichten des Bestellers beim Werkvertrag, insbesondere beim Bau- und Industrieanlagenvertrag, BB 1979, 533; *ders.,* Umfang der Mängelhaftung − Ergebnis von Vertragsgestaltung und Kooperation während der Vertragsdurchführung, in: *Nicklisch*(Hrsg.), Leistungsstörungen bei Bau- und Anlagenverträgen, Technologie und Recht, Band 6, 1985, S. 25; *ders.,* Sonderrisiken bei Bau- und Anlagenverträgen, Teile I und II, Beilage 15 zu BB Heft 19/1991 und Beilage 20 zu BB Heft 29/1991; *Niemöller,* Auswirkungen unerwarteter Bodenverunreinigungen auf Ausführungsfristen und Vergütung beim Bauvertrag, FS von Craushaar, 1997, 291; 5; *Oberhauser,* Der Bauvertrag mit GMP-Abrede − Struktur und Vertragsgestaltung, BauR 2000, 1397 ff.; *dies.,* Pflichten- und Risikoverteilung zwischen den Bauvertragsparteien, Festgabe Steffen Kraus, 2003, S. 151; *Peters,* Die Wirksamkeit vertraglicher Regelungen zum Baugrundrisiko, BauR 1998, 215; *Preussner,* Die Pflicht zur Kooperation − und ihre Grenzen, FS Thode, 2005, 77; *Putzier,* Die VOB/C, Abschnitte 4, im Vergütungsgefüge der VOB, BauR 1993, 399; *ders.,* Nachtragsforderungen infolge unzureichender Beschreibung der Grundwasserverhältnisse, BauR 1994, 596; *Roquette,* Vollständigkeitsklauseln: Abwälzung des Risikos unvollständiger oder unrichtiger Leistungsbeschreibungen auf den Auftragnehmer, NZBau 2001, 57; *Roskosny/Bolz,* Die Rechtsnatur des Entschädigungsanspruchs aus § 642 BGB und seine Berechnung, BauR 2006, 1804; *Schuhmann,* Kooperationspflichten des Anlagenvertrages, BauR 2003, 162; *Schwarze,* Auswirkungen der Baubauvertraglichen Kooperationsverpflichtung, BauR 2004, 895; *Siegburg,* Baumängel aufgrund fehlerhafter Vorgaben des Bauherrn, FS Korbion, 1986, 411; *Jörg Schmidt,* Die rechtlichen Rahmenbedingungen der Funktionalen Leistungsbeschreibung, ZfBR 2001, 3 ff.; *Soergel,* Die quotenmäßige Mangelverantwortung der Bauvertragsparteien, ZfBR 1995, 165; *Stürner,* Der Anspruch auf Erfüllung von Treue- und Sorgfaltspflichten, JZ 1976, 384; *Thierau,* Das Bausoll beim GMP-Vertrag, FS W. Jagenburg 2002, 895; *Tomic,* Funktionsteilung zwischen Planung und Ausführung: Gibt es sie noch? BauR 1992, 34; *de Vasconcellos,* Muss der Anlagenbauer alles wissen?, NZBau 2000, 361 ff.; *Vygen,* Behinderungen des Auftragnehmers und ihre Auswirkungen auf die vereinbarte Bauzeit, BauR 1983, 210; *ders.,* Behinderungen des Bauablaufs und ihre Auswirkungen auf den Vergütungsanspruch des Unternehmers, BauR 1983, 414; *ders.,* Behinderungen des Auftragnehmers durch verspätete oder mangelhafte Vorunternehmerleistung, BauR 1989, 387; *ders.,* Leistungsänderungen und Zusatzleistungen beim Pauschalvertrag, FS Locher, 1990, S. 263; *ders.,* Rechtliche Probleme bei Ausschreibung, Vergabe und Abrechnung von Alternativ- und Eventualpositionen, BauR 1992, 135; *ders.,* Nachträge bei verändertem Baugrund − Rechtliche Grundlagen und Anforderungen, Jahrbuch Baurecht 1999, 46; *ders.* Die funktionale Leistungsbeschreibung, FS Mantscheff, 2000, S. 459; *ders.,* Kooperationspflichten der Bauvertragspartner im VOB-Bauvertrag, Festgabe Steffen Kraus, 2003, S. 249; *Wettke,* Die Haftung des Auftraggebers bei lückenhafter Leistungsbeschreibung, BauR 1989, 292; *Wiegand,* Bauvertragliche Bodenrisikoverteilung im Rechtsvergleich, ZfBR 1990, 2.

## A. Sinn und Zweck der Vorschrift – auch Baugrundrisiko und (Baugrund-)Beschreibungspflicht

1   Der Besteller eines Bauobjekts muss seinem Bauunternehmer sagen, was er haben will, damit letzterer weiß, was er herzustellen hat. In der **Planung** gibt der Besteller/Auftraggeber dem Bauunternehmer/Auftragnehmer seine Vorstellungen und damit seinen Willen (**"Bestellerwille"**) über die Beschaffenheit des von ihm gewünschten Bauwerks kund. Zu ihr gehört sowohl die zeichnerische als auch die textliche Darstellung wie auch das sonstige "Vorgeben" der **Bauaufgabe**. Dabei kann das Werk nach der näheren Ausführungsart und dem genauen Leistungsinhalt,[1] aber auch nur nach dem erwarteten Leistungsergebnis, also nach Leistungsziel oder Teilleistungszielen, beschrieben sein;[2] auch eine Kombination beider Beschreibungsarten ist denkbar und wird praktiziert. Der Besteller/Auftraggeber formuliert damit des Näheren seinen Bauwunsch, der sich grundlegend und konkret ausgestaltend im abgeschlossenen Bauvertrag zu dem vom Bauunternehmer/Auftragnehmer zu erfüllenden "Bausoll" (Bauinhalt und Bauumstände)[3] verdichtet. Die Planung ist die geistige Vorstufe und die tragende Vorbereitungsstufe zur werkvertraglichen **Bauausführung** und damit eine entscheidende Determinante des Vertragssolls (vertraglichen Leistungssolls/Bausolls). Deshalb muss die Planung sorgfältig sein, damit von daher eine insgesamt **reibungslose** Ausführung des Bauvorhabens gewährleistet ist. Zur Planung gehört dabei von der Natur der Sache her auch, den Einsatz der gleichzeitig oder nacheinander auf **einer** Baustelle tätigen Auftragnehmer nach den zweckmäßigen bauablauftechnischen und baubetrieblichen Anforderungen zu planen, also zu koordinieren.[4]

Zur Festlegung und Erreichung des gewollten Werkerfolges ist es notwendig, dass der Besteller/Auftraggeber bereits auch schon dem zukünftigen Vertragspartner hinreichend deutlich macht, welches Werk im Wesentlichen letzterer für ersteren erbringen soll; denn nur in Kenntnis dessen kann der künftige Auftragnehmer in der Angebotsphase eine Entscheidung und Aussage darüber treffen, ob er überhaupt zur entsprechenden Leistung fachlich imstande ist und zu welchem Preis er sie durchführen kann und nur in Kenntnis dessen kann er später das in die Tat umsetzen, was der Besteller/Auftraggeber haben will. Das führt dazu, dass vom Leitbild des BGB her der Besteller/Auftraggeber dem Unternehmer bereits bei den Vertragsverhandlungen darüber Aufklärung "schuldet", was er als Werk haben will.[5] Ohne das kann der Unternehmer/Auftragnehmer nämlich nicht wissen, was gewollt ist. Deshalb muss derjenige, der vom anderen eine Leistung will und diese auch einwandfrei bekommen will, das Gewollte artikulieren, und zwar so, dass überhaupt eine Ausführung sowie eine einwandfreie Ausführung möglich ist, was sachlich-inhaltlich richtige, vollständige, klare und eindeutige Angaben zur Leistung voraussetzt. Nur so ist der Unternehmer/Auftragnehmer später in der Lage, das "versprochene" Werk im Sinne von § 631 Abs. 1 BGB herzustellen, weshalb sich die (Bau-) **Beschreibungspflicht** des Bestellers/Auftraggebers aus § 631 Abs. 1 BGB in Verbindung mit der Rechtsnatur des Werkvertrags ergibt.[6] Die Beschreibung der gewollten baulichen Leistung, gleich ob in Wort oder/und in Zeichnung, gehört zur Planung.

2   § 3 und auch § 4 VOB/B regelt für die Bauausführungsphase Pflichten **beider Vertragsparteien** hinsichtlich derjenigen Unterlagen, Angaben und sonstigen Vorgaben, die für die Herstellung der vertraglichen vom Besteller/Auftraggeber gewünschten Bauleistung über-

---

[1] D. h. „klassisch" durch nähere Leistungsbeschreibung mit in Teilleistungen gegliedertem Leistungsverzeichnis und einzelnen Angaben zu Inhalt, Art und Umfang der Bauleistung und Bauausführung; siehe auch Palandt/*Sprau* BGB § 633 Rdn. 6.
[2] Sog. funktionale Leistungsbeschreibung; siehe auch Palandt/*Sprau* BGB § 633 Rdn. 6.
[3] *Kapellmann/Schiffers* Bd. 1 (Einheitspreisvertrag) Rdn. 4; *Kapellmann* Jahrbuch Baurecht 1999 S. 13; *Kapellmann/Messerschmidt/Havers* VOB/B § 3 Rdn. 1.
[4] So zutreffend *Cuypers* Bauvertragsrecht Rdn. 56; *Kapellmann/Messerschmidt/Havers* VOB/B § 3 Rdn. 1.
[5] So zutreffend *Dähne* BauR 1999, 289; a. A. *Quack* und *Vygen* bei Rdn. 5, (4) siehe näher dort.
[6] *Dähne* BauR 1999, 289 l.Sp. So auch *Vygen* auf Grund §§ 311 Abs. 2, 241 Abs. 2 BGB n. F. (= vorvertragl. Schuldverh. mit Pflicht zur Rücksichtn. auf die Belange des anderen Teils) für **jeden** Auftraggeber, der im Rahmen einer Ausschreibung Angebote für bestimmte Bauleistungen einholt: Die anzubietende Leistung als geschuldetes Bau-Soll ist eindeutig und vollständig zu beschreiben., Festgabe Steffen Kraus, S. 249, 252.

## A. Sinn und Zweck der Vorschrift **Vor § 3**

haupt und deren mängelfreie und rechtzeitige Ausführung nötig sind und diese somit (erst) ermöglichen. Es sind hiermit nicht die Hauptpflichten[7] der Parteien zur vertragsgemäßen, mängelfreien und rechtzeitigen Herstellung des (Bau-) Werks einerseits und zur Zahlung der vereinbarten Vergütung und Abnahme andererseits[8] angesprochen; vielmehr bestimmt § 3 und auch § 4 VOB/B für die Phase der Bauausführung Inhalt, Art, Abwicklung und Umfang wesentlicher **Nebenpflichten**[9] der Parteien.

Dabei bestätigt und konkretisiert § 3 Nr. 1–4 und § 4 Nr. 1 Abs. 1 und 3 sowie Nr. 4 VOB/B näher nach der Art und Weise der Mitwirkungshandlungen speziell für den Bauvertrag folgenden von Rechtsprechung und Literatur generell für das Bau-Werkvertragsrecht herausgebildeten, gesetzlich in § 642 BGB enthaltenen, **fundamentalen** Treuepflicht-Grundsatz: Der Besteller/**Auftraggeber** (und etwa sein Planer als sein Erfüllungsgehilfe) hat dem Bau-Unternehmer/Auftragnehmer brauchbare, einwandfreie und zuverlässige **Pläne** und Unterlagen zur Verfügung zu stellen sowie diejenigen **Entscheidungen** zu treffen, die für die **reibungslose** Ausführung des Baues notwendig sind, wozu auch die Abstimmung der Leistungen der einzelnen Unternehmer während der Bauausführung („Koordinierung")[10] sowie die Erteilung der für die reibungslose Ausführung notwendigen Hinweise[11] gehört. Von der Natur der Sache her ist nämlich auch die Koordination Bestandteil der Planung(spflicht), weil es sich dabei um die Planung des Einsatzes von gleichzeitig oder nacheinander auf **einer** Baustelle tätigen Auftragnehmern nach den zweckmäßigen bauablauftechnischen und baubetrieblichen Anforderungen handelt, siehe bei Rdn. 1. **3**

Der Auftraggeber muss also dem Auftragnehmer alle für die bestellte Bauausführung notwendigen Pläne und sonstigen Ausführungsunterlagen als planerische Unterlagen im weitesten Sinn unentgeltlich, rechtzeitig, vollständig und mängelfrei zur Verfügung stellen, wozu auch mündliche Anweisungen zählen. Der Auftraggeber schuldet dem Auftragnehmer insoweit eine fehlerfreie **Planung, Koordination** und die gebotenen fehlerfreien **Anordnungen.** Das korrespondiert mit dem auch in § 9 VOB/A zum Ausdruck gebrachten zivilrechtlich-vertragsrechtlichen Grundsatz, dass, – worauf Vygen[12] grundlegend hinweist – der die Baukonzeption vorgebende Auftraggeber diese auch hinreichend vollständig zu **4**

---

[7] BGH NJW 1972, 99, 100 (für den insoweit vergleichbaren Fall einer werkvertraglich vereinbarten Abrufpflicht des Bestellers), *Nicklisch/Weick* VOB/B § 4 Rdn. 1 und 2.

[8] Siehe §§ 631, 633 Abs. 1, 636, 640 BGB; *Nicklisch/Weick* VOB/B § 4 Rdn. 1 und 2 (für den insoweit vergleichbare Regelungen enthaltenden § 4 VOB/B); *Palandt/Sprau* BGB § 631 Rdn. 12 und Rdn. 24, § 640 Rdn. 1.

[9] BGH NJW 1972, 99, 100 (grundsätzlich und für den insoweit vergleichbaren Fall der werkvertraglich vereinbarten Abrufpflicht des Bestellers); *Heiermann/Riedl/Rusam* VOB/B § 3 Rdn. 7, 15, 19; *Ingenstau/Korbion* VOB/B § 3 Rdn. 3, § 3 Nr. 3 Rdn. 4, 10; MünchKomm/*Busche* § 631 Rdn. 106 (für die „Mitwirkungspflicht" des Bestellers zu „geistigen Vorarbeiten", „insbesondere Zeichnungen und nähere Angaben zur Leistung", auf die der Unternehmer eines Werk- und Bauvertrages zur Erstellung des Werkes angewiesen ist) sowie Rdn. 75 (für die „Aufklärungs- und Beratungsverpflichtung" des Unternehmers bei einem Werk- und Bauvertrag); *Nicklisch/Weick* VOB/B § 4 Rdn. 1 (für die insoweit vergleichbare Regelungen enthaltenden § 4 VOB/B) und § 3 Rdn. 14, 16, 18, 21; *Palandt/Sprau* BGB § 631 Rdn. 28.

[10] St. Rspr. u. h. M.; BGH VII ZR 171/62 vom 9. 1. 1964 *Schäfer/Finnern* Z 2400 – Bl. 33, 34; BGH NJW 1972, 447, 448 = BauR 1972, 112; BGH NJW 1984, 1676, 1677 = BauR 1984, 395, 397 = ZfBR 1984, 173, 174; BGH NJW 1985, 2475 = BauR 1985, 561, 562 = ZfBR 1985, 282; BGH NJW 1987, 644, 645 = BauR 1987, 86, 88 = ZfBR 1987, 34, 35 (unzureichende Grundwasserisolierung, hier insbesondere für das Verhältnis zwischen Haupt- und Subunternehmer); OLG Köln NJW 1986, 71 (fehlerhafter Bauzeitenplan des Architekten); OLG Köln BauR 1992, 804, 805 r. Sp. (Grundwasserstände); OLG Köln BauR 1992, 637 r. Sp.; OLG Köln BauR 1997, 505, 506 l. Sp.: Der Auftraggeber schuldet dem Bauunternehmer einwandfreie Pläne, die die Errichtung eines mängelfreien Bauwerks ermöglichen; OLG Celle BauR 1992, 801, 802, 803 (versäumte Vorgabe der genauen Höhenlage der Drainageleitungen und Lage wie Anzahl der notwendigen Kontrollschächte und Reinigungsöffnungen), zugleich schuldhafte Fehlplanung des Architekten im Verhältnis zum Bauherrn; OLG Köln *Schäfer/Finnern/Hochstein* § 631 BGB Nr. 40 (S. 111): fehlende Architektenplanung und -koordination als Auftraggeber-Mitverschulden; OLG Köln BauR 1995, 243 bezügl. zeitlich sachgerechter Arbeitseinsatz d. AN; *Heiermann/Riedl/Rusam* VOB/B § 3 Rdn. 2; *Ingenstau/Korbion* VOB/B § 3 Rdn. 2; *Nicklisch/Weick* VOB/B § 3 Rdn. 5, 6; *Palandt/Sprau* BGB § 642 Rdn. 1; *Vygen* Bauvertragsrecht Rdn. 352, 587; *Werner/Pastor* Rdn. 2458; *v. Craushaar* BauR 1987, 14; *Soergel* ZfBR 1995, 165 I.1.

[11] *Palandt/Sprau* BGB § 642 Rdn. 1; *Kapellmann/Messerschmidt/Havers* VOB/B § 3 Rdn. 1, 4.

[12] BauR 1983, 414, 421 l.Sp.

**Vor § 3** Vorbemerkung § 3. Ausführungsunterlagen

beschreiben hat, wenn und soweit zwischen den Beteiligten nicht eine andere Regelung getroffen ist. Dazu bereits BGH II ZR 74/53 vom 24. 2. 1954:[13] Soweit die Vorschriften der VOB, Teile A und B, sachlich nicht im Widerspruch zum BGB stehen, sind sie auch ohne Aufnahme in den Vertrag insofern von Bedeutung, als sie einen Anhalt dafür geben, was im Baugewerbe als üblich und den Beteiligten zumutbar angesehen werden kann. Siehe außerdem oben Rdn. 1.

5 (1) **In** den **vorgenannten Pflichtenkreis** als Teil der **Planung** und somit Verantwortungsbereich des **Auftraggebers** fallen gemäß dem Vorstehenden **auch** (inhaltlich-sachlich richtige, vollständige, klare und eindeutige[14] und dementsprechend widerspruchsfreie[15] sowie auch sonst hinreichende) **Angaben** einschließlich Unterlagen und sonstige Informationen **über** die **Baugrundverhältnisse** (= Boden- und Grundwasserverhältnisse).[16] Denn es ist der Besteller/Auftraggeber, der[17] die Verfügungsgewalt über das Baugrundstück hat,[18] (damit auch) die bestimmte Örtlichkeit für die von ihm gewollte Baumaßnahme festlegt und deshalb, wie allgemein anerkannt ist, folgende grundlegende vorgelagerte Mitwirkungs-Pflicht gegenüber dem Bau-Unternehmer als seinem Auftragnehmer hat: nämlich als Mitwirkungs-Handlung das **Baugrundstück** als zur „Bearbeitung" tauglichen Stoff, somit rechtlich und tatsächlich/bautechnisch **bebauungsreif** (mangelfrei und gefahrfrei),[19] für die Leistung des Auftragnehmers „aufnahmebereit",[20] also zur mangelfrei, gefahrfrei, zeitgerecht und auch sonst störungsfrei möglichen Bebauung/Bauleistung geeignet zur Verfügung zu stellen. Das gilt bei Beginn und während der Durchführung des Vertrages.[21] Die genannte Mitwirkungspflicht besteht auch deshalb, weil ohne diese Mitwirkungshandlung entweder die Ausführung überhaupt nicht oder zumindest die ordnungsgemäße, reibungslose Ausführung der Bauleistung nicht möglich ist;[22] vgl. dazu auch bei → § 6 Nr. 2 Rdn. 47.

---

[13] *Schäfer/Finnern* Z 2. 0 Bl. 3.
[14] Klarheit und Eindeutigkeit beinhaltet auch Übersichtlichkeit und sonstige Verständlichkeit.
[15] BGH NJW 1999, 2432, 2433 = BauR 1999, 897, 898, III. 1.b).
[16] Siehe § 9 Nr. 3 Abs. 3 und Abs. 4 i. V. m. Nrn. 1 und 2 VOB Teil A und DIN 18 299 ff. jeweils Abschnitt 0.1 in VOB Teil C als Ausdruck und zusätzliche Verankerung dieses Grundsatzes. Zurecht bezeichnen *Vygen* Jahrbuch Baurecht 1999 S. 47 und *v. Craushaar* FS Locher S. 9, § 9 Nrn. 1–3 VOB/A als „Grundgesetz" für die Leistungsbeschreibung des Auftraggebers; s. ferner: BGH VII ZR 239/73 v. 30. 10. 1975 *Schäfer/Finnern* Z 2. 414.0 Bl. 8:" Es ist grundsätzlich Sache des Auftraggebers bzw. des für ihn tätigen Architekten, die Boden- und Wasserverhältnisse so zu beschreiben, dass der Auftragnehmer die Grundwasserverhältnisse hinreichend beurteilen kann"; BGH BauR 1994, 236, 237, 238, 239 (zur ausreichenden Beschreibung der Grundwasserverhältnisse); OLG Schleswig BauR 1989, 730, 731, 732: Pflicht des Auftraggebers zur Lieferung der richtigen Bodenkennwerte und zur Vermeidung falscher planlicher Angaben als Mitwirkungspflicht; OLG Schleswig 11 U 197/89 v. 5. 8. 1993, mit BGH-Beschluss VII ZR 182/93 v. 1. 12. 1994 Revision nicht angenommen; OLG Stuttgart BauR 1996, 748, 749 u./750 o. (rechtskräftig da Rev. dch. BGH nicht angen.); *Ingenstau/Korbion* VOB/A § 9 Rdn. 54, VOB/B § 2 Nr. 1 Rdn. 10 sowie **des Weiteren die folgenden grundlegenden und detaillierten ausgezeichneten Darstellungen** zum Themenkreis der hiesigen Rdn. 5, 6 und 7: *Kapellmann/Schiffers* Bd. 1 (Einheitspreisvertrag) Rdn. 707 ff., 719 ff.; *Kapellmann* Jahrbuch Baurecht 1999 S. 1 ff., hier Seiten 3, 13, 16, 17; *Englert/Grauvogl/Maurer* Handbuch des Tiefbaurechts Rdn. 314 ff., 909, 941; *Englert* FS von Craushaar S. 203, 204 ff.; *Lange* in: Baurechtl. Schriften, Bd. 34; *ders.* FS von Craushaar S. 271, 272, 273, 275 ff.; *Niemöller* FS *v. Craushaar* S. 291, 292, 294 ff.; *Vygen* Jahrbuch Baurecht 1999, S. 46, 47, 50.
[17] Als Eigentümer oder vom Eigentümer abgeleitet.
[18] Zur parallelen Situation der Zustandsverantwortlichkeit des Grundstückseigentümers hat das BVerfG entsprechend festgestellt: „Die Zustandsverantwortlichkeit findet ihren Grund in der mit dem Eigentum verbundenen Sachherrschaft sowie in der Verbindung von Vorteilen und Lasten der Sache. Wie dem Eigentümer nach geltendem Recht die Vorteile der privaten Nutzung der Sache auch dann zufließen, wenn sie ohne sein Zutun entstehen, muss er die Lasten der Sache auch dann tragen, wenn die Gefahr nicht durch ihn verursacht worden ist." – Beschl. v. 16. 2. 2000 – 1BvR 242/91 u. a. NJW 2000, 2573, 2575 l. Sp.
[19] *v. Craushaar* Jahrbuch Baurecht 1999 S. 130, 131.
[20] BGH NJW 2000, 1336, 1338 = BauR 2000, 722, 725 = NZBau 2000, 187, 189 m. w. N. („Vorunternehmer"- Urteil II); OLG Düsseldorf NJW-RR 1999, 1543, 1544 r.Sp., 1545 l.Sp. = BauR 1999, 1309, 1310 r.Sp. u., 1311 l.Sp. u. m. w. N; *Ingenstau/Korbion* VOB/B § 3 Nr. 2 Rdn. 1, § 9 Nr. 1 Rdn. 6.
[21] Vgl. BGH vorst. Fn.
[22] OLG Stuttgart BauR 1973, 385; OLG München BauR 1992, 74, 75 (76) = ZfBR 1992, 33, 34; LG Köln *Schäfer/Finnern/Hochstein* § 6 Nr. 6 VOB Teil B Nr. 2; OLG Düsseldorf NJW-RR 1999, 1543, 1544 r.

## A. Sinn und Zweck der Vorschrift

(2) Bei Bauvorhaben ist nämlich das Bau-Grundstück, da es die Grundlage für die Erbringung der Bauleistung ist, der vom Besteller/Auftraggeber zur Herstellung des Werkes zu liefernde und „gelieferte Stoff",[23] wie dies in § 645 Abs. 1 Satz 1 BGB vorausgesetzt ist. Als (Bau-)„Stoff" in vorstehendem Sinn sind alle Gegenstände zu verstehen, aus denen, an denen oder mit Hilfe deren ein (Bau-)Werk herzustellen ist.[24] Hierin beinhaltet ist somit alles, was der Unternehmer/Auftragnehmer aus dem Herrschafts- und Einflussbereich des Bestellers/Auftraggebers benötigt, um das bestellte Werk, die beauftragte Leistung herstellen zu können, je nach Gegebenheit unbearbeiteter oder vorbearbeiteter Stoff. Es fallen daher unter diesen Begriff nicht nur die Baumaterialien und Bauteile, sondern eben und gerade auch der Baugrund, gegebenenfalls mit schon vorhandener Altbebauung oder mit durch Vorleistungen anderer Unternehmer geschaffener sonstiger Bebauung.[25] Dieser (Bau-)„Stoff" **Baugrundstück** samt Baugrund- und Grundwasserverhältnissen ist, weil er vom Besteller/Auftraggeber beizustellen ist und beigestellt wird, **genauso auftraggeberseitige Leistungsvorgabe** für das Bausoll **wie Pläne und textliche Leistungsangaben;** der (Bau-)Stoff „Baugrund" ist im wahrsten Sinne des Wortes „Grund"-Lage für das zu schaffende Bauwerk[26] im Hochbaubereich und im Tiefbaubereich einschließlich Brückenbau.[27]

(3) Wegen der unter (1) und (2) genannten Gründe, insbesondere der Notwendigkeit der (störungsfreien) Bebauungsgeeignetheit, ist der Baugrund,[28] soweit zwischen den Parteien nichts anderes vereinbart ist, vom Besteller/Auftraggeber als „Herrn des Baugrundes" und somit insoweit originärem Planungsträger, **zu beschreiben,** soweit es für ein mängelfreies, zeitgerechtes und auch sonst störungsfreies, reibungsloses Gelingen des Bauwerks auf die Beschaffenheit des Baugrundes ankommt und diese nicht offen – eindeutig erkennbar – zutage liegt; dabei muss die Beschreibung vollständig, sachlich-inhaltlich fehlerfrei, klar, eindeutig und verständlich (dementsprechend auch widerspruchsfrei[29]) sein. Der zur Verfügung gestellte „Stoff" muss nämlich für die einwandfreie Bearbeitung und den einwandfreien Bearbeitungserfolg tauglich sein, somit muss

---

Sp., 1545 l. Sp. = BauR 1999, 1309, 1310 r.Sp.u., 1311 l.Sp. u. mit zahlreichen Rspr.- und Lit.-Nachweisen; *Ingenstau/Korbion* VOB/A § 9 Rdn. 53 a. E.: „Baugrundstück ist ein Grundstück, das zur Errichtung eines Bauwerkes rechtlich und tatsächlich verwendet werden kann"; ders. VOB/B § 9 Nr. 1 Rdn. 6 mit Rdn. 5; *Nicklisch/Weick* Einl. §§ 4–13 Rdn. 72; *Vygen* Bauvertragsrecht Rdn. 351, 660, 783; *Vygen* FS Locher S. 271; ders. BauR 1983, 210, 215, 219 sowie 414 ff., dabei speziell 421 l.Sp.; *v. Craushaar* BauR 1987, 14, 15; ders., Jahrbuch Baurecht 1999 S. 130, 131; *G. Hofmann* BauR 1980, 369, 370 Anm. zu LG Köln BauR 1980, 368, 369; *Kapellmann/Schiffers* Bd. 1 (Einheitspreisvertrag) Rdn. 710, 712, 713, 1388 f.; *Kapellmann* BauR 1992, 433, 435; ders. Jahrbuch Baurecht 1999 S. 3; vgl. auch zum Meinungsstand *Marbach* BauR 1994, 168, 177–179 (Baugrund als „Stoff" und „Baugrundrisiko").

[23] BGHZ 60, 14, 20; OLG München BauR 1992, 74, 75 = ZfBR 1992, 33, 34; OLG Düsseldorf BauR 2002, 1853, 1854: „bereitgestellter Baustoff „Baugrund" im Anschluss an *Kapellmann* Jahrbuch Baurecht 1999 S. 24 ff., 24 ff.; *Ingenstau/Korbion* VOB/B § 2 Nr. 1 Rdn. 10, 8 § 7 Rdn. 12; *Nicklisch/Weick* Einl. §§ 4–13 Rdn. 72; *Palandt/Sprau* BGB § 645 Rdn. 7, Einf. § 631 Rdn. 1: Der Begriff „Stoff" umfasst alle Gegenstände, aus denen, an denen oder mit deren Hilfe das Werk herzustellen ist, somit auch den Baugrund; hierzu s. auch *Englert/Grauvogl/Maurer* Rdn. 900 und *Englert* BauR 1996, 763, 764 r.Sp., 766 *G. Hofmann* BauR 1980, 369, 370 Anm. zu LG Köln BauR 1980, 368, 369; *Kapellmann/Schiffers* Bd. 1 (Einheitspreisvertrag) Rdn. 710, 712, 713, 1388 f.; *Kapellmann* BauR 1992, 433, 435; *Kapellmann/Messerschmidt* VOB/B § 2 Rdn. 41, 42.

[24] BGHZ 60, 14, 20; OLG Düsseldorf NJW-RR 1999, 1543, 1545 = BauR 1999, 1309, 1310 r.Sp.o., 1311 m. w. N.

[25] BGH NJW 2000, 1336, 1338 = BauR 2000, 722, 725 = NZBau 2000, 187, 189 („Vorunternehmer"-Urteil II); OLG Düsseldorf NJW-RR 1999, 1543, 1545 = BauR 1999, 1309, 1310 r.Sp. o. 1311 m. w. N.; *Ingenstau/Korbion* VOB/B § 9 Nr. 1 Rdn. 6; *Siegburg* FS Korbion S. 415, 418; *v. Craushaar* FS Vygen S. 154, 156; ders. FS Locher S. 9, 20; ders. grundlegend und dogmatisch aus der Risikoverteilungsregel des § 645 BGB in: Festgabe Steffen Kraus S. 3 ff.

[26] So zutreffend herausgestellt von *Englert/Grauvogl/Maurer* Rdn. 900.

[27] Das gilt dann gleichermaßen für baulich zu „bearbeitende" vorhandene Bauanlagen, etwa einen zu sanierenden Altbau.

[28] Ebenso baulich zu „bearbeitende" vorhandene Bauanlagen, z. B. für Anbau, Umbau, Sanierung, Abbruch.

[29] BGH NJW 1999, 2432, 2433 = BauR 1999, 897, 898, III. 1. b).

auch gerade der Baugrund als der grundlegende „Stoff" „bebauungsreif"/bearbeitungsreif im vorgenannten Sinne sein, was aber ohne die Beschreibung und dabei hinreichende Beschreibung, falls die Baugrundverhältnisse dem Bauunternehmer nicht klar zutage liegen oder sonst bekannt sind, nicht der Fall wäre; ohne eine solche Beschreibung läge also auch keine **bebauungsfähige Bereitstellung** vor. Der Auftraggeber ist somit für die **Feststellung** der Bodenverhältnisse verantwortlich.[30]

(4) Aus den unter (1) bis (3) und den bei Rdn. 1 genannten Gründen folgt für den **Besteller/Bauauftraggeber** als beistellenden „Lieferant" und Herrn des **Baugrundes** und als den die **gewollte** Bauleistung Vorgebenden dort und insoweit die vorgenannte Baugrund-**Beschreibungspflicht**, wo und als die Beschaffenheit nicht offenkundig ist.

In den **Baugrund** kann man mit dem bloßen Auge, ohne Zuhilfenahme von technischen Erkundungsmethoden einschließlich Sondierungen, nicht hineinschauen.[31] Dabei gehört zum „Baugrund" nicht nur der „Boden", auf dem ein Bauwerk errichtet oder in dem unterhalb der Erdoberfläche ein Teil des Bauwerks wie z. B. der Baugrubenaushub samt Sicherungsarbeiten, das Fundament oder die Fundamentpfeiler bzw. -stützen hergestellt werden. „Baugrund" ist auch das in der Fachsprache des Untertage- und Hohlraumbaues so genannte „Gebirge"[32] mit seiner Geologie, in das der Tunnel beispielsweise für Straßen, U-Bahn- oder Eisenbahnstrecken vorgetrieben und (hinein)gebaut wird. Denn es macht rechtlich keinen Unterschied, ob senkrecht oder waagerecht oder diagonal/schräg in den oder in dem Bau-Stoff „Baugrund" (hinein)gearbeitet wird. Es geht immer um Arbeiten an der, in der und mittels der Bausubstanz. Werkgegenstand ist die diesbezügliche „Bearbeitung" eines Stoffes, den zudem der Besteller/Auftraggeber zu „liefern" hat und „liefert". Dieser Stoff ist zugleich ein grundlegender Teil der Leistungsvorgabe.

Was dem Auge und der sonstigen Kenntnis des Bauauftragnehmers verborgen ist, muss also zur Aufhellung des unterhalb der Erdoberfläche herrschenden „Dunkels" durch die auftraggeberseitige Beschreibung dem Bauunternehmer/Auftragnehmer zur Wahrnehmung/Kenntnis gebracht werden, falls und soweit zwischen den Parteien nicht etwas anderes vereinbart ist.[33] Eine ganz bedeutende tragende Rolle hat die Baugrund-Beschreibung natürlich bei Tiefbaumaßnahmen.[34]

---

[30] So zutreffend VOB-Ausschuss Sachsen-Anhalt, Fall 237, NZBau 2000, 412 r. Sp. und überhaupt zu (1)–(4) *Kapellmann/Messerschmidt* VOB/B § 2 Rdn. 41, 42.
[31] „Hinter der Harke ist es dunkel".
[32] Siehe auch DIN 18312 der VOB/C.
[33] Daher, auch für die Baugrundbeschreibung, unzutreffend *Quack* BauR 1998, 381 bis 383 und unter Hinweis auf *Quack* a. a. O. *Vygen* Jahrbuch Baurecht 1999 S. 50, die für private Auftraggeber außerhalb von VOB/A keine Beschreibungs-**Pflicht** sehen, weil für sie eine solche Beschreibungspflicht weder im BGB noch in der VOB verankert sei; nach hiesiger Auffassung besteht aber neben der dargestellten spezifischen Baugrundbeschreibungspflicht auch allgemein die unter **Rdn. 1** dargestellte und begründete allgemeine Beschreibungspflicht für das Bausoll (Bauinhalt und Bauumstände). Dabei geht es nach Meinung von *Vygen* a. a. O. aber gar nicht in erster Linie um die Frage einer Beschreibungs**pflicht**, sondern darum, dass derjenige, der die Beschreibung (auch die vorvertragliche) als Aufgabe übernimmt, diese Aufgabe – worin *Vygen* rechtzugeben ist – ordnungsgemäß zu erfüllen hat und bei ihm Haftung und/oder Risiko einer nicht zutreffenden und auch sonst nicht zureichenden Beschreibung liegt; dies könne der (künftige) Auftraggeber, aber auch der (künftige) Auftragnehmer sein, ggfls. auch gemäß einer entsprechenden Vereinbarung zwischen diesen; ähnlich *Kapellmann/Schiffers* Bd. I (Einheitspreisvertrag) Rdn. 719 ff.
[34] Denn, wie *Englert* eingangs seines Vortrags „Wesentliche Tiefbautechnologien im Überblick" anlässlich der Freiburger Baurechtstage 1999 zutreffend ausführt, „spielt sich im Unterschied zum Hochbau mit dort grundsätzlich sichtbaren und überwiegend standardisierten Bauverfahren beim Tiefbau regelmäßig der Herstellungsvorgang „unter der Erde", also unsichtbar und damit oft nur mittelbar kontrollierbar, ab." Und weiter: „Dies bedingt Bautechnologien, mit deren Hilfe Tiefbauwerke unter der Voraussetzung des Antreffens jeweils der beschriebenen Boden- und Wasserverhältnisse errichtet werden können – wobei im Hinblick auf die Schwierigkeiten, die sich aus dem „Baustoff Baugrund" ergeben (**„Überraschungen"** wie eingelagerte kalbskopfgroße Findlinge; Sand- oder Torflinsen; Feinstsandeinschlüsse; Holzkohlenteile; Schichtenwasser, Kellergewölbe, Stollen, Bodendenkmäler, Versorgungsleitungen, Bodenkontaminationen, Weltkriegsbomben etc.), das **System aus Technologie, Baugrund** und **Ausführungsweise** grundsätzlich nur dann – und solange – funktioniert, wie alle Komponenten den vorausgesetzten Anforderungen entsprechen. Die Grenzen der Machbarkeit sind gerade im Tiefbau sehr schnell erreicht: So kann ein Tunnelvortrieb im Schildverfahren nur bei bestimmten Bodenarten erfolgen oder eine Schlitzwand nur bis zur Maximalgröße eingelagerter Kiese gefräst werden. – Vgl. auch OLG Düsseldorf BauR 2002, 1853, 1854: Aus dem dem AN

## A. Sinn und Zweck der Vorschrift  Vor § 3

(5) Die Beschreibung wiederum setzt entsprechende und ausreichende Boden-/Baugrunduntersuchungen und -begutachtungen durch vom Auftraggeber einzuschaltende entsprechende Fachleute voraus, i. d. R. Baugrundgutachter, Baugrundinstitute, Geologen, Geophysiker, Hydrologen, je nach Art des Baugrundes und des Bauobjektes. **Weitere** rechtliche **Details** im Zusammenhang mit der Baugrund-Beschreibungspflicht → Rdn. 7 und bei → § 2 Nr. 1 Rdn. 15 bis 24.

(1) Aufgrund des unter → Rdn. 5 Ausgeführten liegt unter den bei nachstehend (2) **6** genannten Voraussetzungen die **Gefahr** für die zeitlichen, finanziellen sowie mängel- und schadensmäßigen Folgen von bei Vertragsabschluss dem Bauunternehmer/Bauauftragnehmer nicht bekannten und nicht erkennbaren Leistungshemmnissen, Leistungserschwernissen, notwendigen Leistungsänderungen und Zusatzleistungen, Beeinträchtigungen des Werks oder sonstigen Leistungs-**Störungen** aus der Beschaffenheit des Baugrundes (sog. echtes „Baugrundrisiko") grundsätzlich beim Besteller/Auftraggeber, wenn und soweit zwischen den Parteien nicht etwas anderes vereinbart ist, was gegebenenfalls durch Vertragsauslegung zu ermitteln ist.

(2) Von solchem echten **„Baugrundrisiko"** spricht man rechtlich bei nicht erwartbaren und nicht erwarteten **Abweichungen** (einschließlich Erschwernissen)[35] der **tatsächlich angetroffenen** Boden- und Grundwasserverhältnisse („Beschaffenheits-Ist") **von** den **beschriebenen** oder den sonst nach den Auftraggeberangaben **zu erwartenden** Verhältnissen („Beschaffenheits-Soll") und den dadurch eintretenden Leistungsänderungen, Zusatzleistungen, Verzögerungen, Mängeln, Schäden und sonstigen nachteiligen Folgen, **ohne dass** eine der Vertragsparteien ein **Verschulden** an der Abweichung und/oder deren nachteiligen Folgen trifft.[36] Ein Verschulden kann den Besteller/Bauauftraggeber etwa wegen nicht bestmöglicher Erkundung/Untersuchung oder wegen fehlerhafter Beschreibung des Baugrundes, den Unternehmer/Auftragnehmer etwa wegen unterlassener oder nicht ausreichender Prüfung der auftraggeberseitigen Baugrundangaben oder wegen unterlassenen Hinweises auf erkennbare oder tatsächlich erkannte Lücken, Ungereimtheiten u. dgl. bei der Baugrundbeschreibung oder wegen Fehlern bei der Bauausführung treffen. Dementsprechend ist – mit dem Tiefbaurechtler *Englert*[37] – das „echte Baugrundrisiko" **als Rechtsfigur wie folgt zu definieren:** Das „echte Baugrundrisiko" ist dann gegeben, wenn

- trotz bestmöglicher, den Regeln der Technik entsprechender Untersuchung (und demgemäßer Beschreibung, Zusatz d. Verf.) der Baugrundverhältnisse samt Grundwasserverhältnissen und
- trotz Erfüllung aller Prüfungs- und Hinweispflichten der Baubeteiligten

---

übergebenen geologischen Untersuchungsbericht als Beschrieb der Baugrundverhältnisse waren die tatsächlich angetroffenen Verhältnisse erkennbar und vorhersehbar, daher keine Abweichung vom „vertraglichen" Baugrund. Dagegen Abweichung VOB-Ausschuss Sachsen-Anhalt, Fall 237, NZBau 2002, 412.

[35] Siehe etwa das anschauliche „Sandlinsen"-Urteil des LG Köln v. 16. 11. 1982 – 5 O 218/81 – *Schäfer/Finnern/Hochstein*, § 6 Nr. 6 VOB/B (1973) Nr. 2.

[36] Siehe → § 6 Nr. 2 Rdn. 47; zusätzl. OLG Stuttgart BauR 1994, 631 („Schlitzwandgreifer"), durch BGH-Beschluss VII ZR 179/93 v. 30. 6. 1994 Revision nicht angenommen; ähnlich OLG München Urt. v. 15. 10. 1996 – 13 U 5857/95, Urteils-S. 16/17: „Das Baugrundrisiko wird erst dann relevant, wenn trotz bestmöglicher Erkundung des Baugrundes, ohne Verschulden von Auftraggeber und Auftragnehmer, während der Arbeiten Erschwernisse im Boden- und Grundwasserbereich auftreten und es dadurch zu geänderten Leistungen und Verzögerungen kommt"; zur Mehrvergütung bei Abweichungen der Baugrundverhältnissen vom Gutachten: KG Berlin BauR 2006, 1 *Ingenstau/Korbion* VOB/B § 2 Nr. 1 Rdn. 10; *Nicklisch/Weick* Einl. §§ 4–13 Rdn. 72, VOB/B § 6 Rdn. 25; *Englert/Grauvogl/Maurer* Rdn. 883, 885, 903, 904, 906, 909, 910, 913–915; *v. Craushaar* BauR 1987, 14, 15; *Englert* BauR 1991, 537 ff. und 542 a.E; *Marbach* BauR 1994, 168, 177 ff. m. w. N.; *Schottke* BauR 1993, 407, 408 nebst anschaulichen, baugrundfachlichen Praxisbeispielen a. a. O. auf Seiten 408 bis 411; Gleiches gilt auch für die sogen. Altlasten i. S. von Bodenkontaminationen, vgl. *Ibler* BauR 1995, 595 u. ff. und *Stüer* BauR 1995, 604 u. ff.; enger, nämlich „von den Parteien vorausgesetzt" *Kapellmann/Schiffers* Bd. 1 (Einheitspreisvertrag) Rdn. 719; *Kapellmann* Jahrbuch Baurecht 1999 S. 3, 7, 8, 24–26; *Kapellmann/Messerschmidt* VOB/B § 2 Nr. 1 Rdn. 41–43; *Kuffer* NZBau 2006, 1.

[37] In *Englert/Grauvogl/Maurer* Rdn. 883, 885, 901, 909, 913–915, 917, 918.

- sich die in jedem **Baugrund** naturgemäß versteckte unvermeidbare **Gefahr** einer Abweichung des während der Ausführung von Bauarbeiten vorgefundenen Zustands der Boden- und Grundwasserverhältnisse von den erkundeten und zurecht erwarteten Verhältnissen verwirklicht und es daher und insoweit zu für Auftraggeber und Auftragnehmer unvorhersehbaren negativen (Aus-)Wirkungen, z. B. Bauschäden, Bauverzögerungen, Leistungsänderungen, Zusatzleistungen, Erschwernissen kommt. – Siehe auch Abschnitt 3.5 der DIN 4020 „Geotechnische Untersuchungen für bautechnische Zwecke".[38] – **Wichtig also:** Im rechtlichen Sinn kann von „Risiko" nur gesprochen werden, wo kein Verschulden einer der Vertragsparteien vorliegt.[39] Das echte Baugrundrisiko, die echte „Risiko"-Einstandspflicht als eigenständige Rechtsfigur, fängt also erst dort an, wo die Verschuldens-Haftung aufhört; es geht dabei also um das in der Natur der Sache liegende unvermeidbare Restrisiko aus der tatsächlichen Beschaffenheit des Baugrundes.[40] Das echte „Baugrundrisiko" und die Einstandspflicht/Haftung wegen eines auftraggeberseitigen oder auftragnehmerseitigen Verschuldens sind also rechtssystematisch zu trennen,[41] es handelt sich um je eine eigenständige Rechtskategorie. – Zur Baugrundhaftung und zum Baugrundrisiko bei Änderungsvorschlägen und **Nebenangeboten** („Sondervorschlägen") des Auftragnehmers siehe G. *Hofmann* „Vergaberechtliche und vertragsrechtliche Fragen bei Nebenangeboten im Bauwesen", ZfBR 1984, 259 ff.

(3) Wie bei Rdn. 5 (1) bis (4) ausgeführt, resultiert die Risikotragungspflicht beim Baugrund daraus, dass derjenige, welcher Gegenstände zu liefern/beizustellen hat und liefert/beistellt, aus denen, an denen und mit deren Hilfe das Werk herzustellen ist, naturgemäß auch für deren Tauglichkeit, deren Güte und die einem verständigen Bauunternehmer nicht bekannten und nicht erkennbaren „Stoff"-Mängel, somit auch für eine insoweit vorhandene Abweichung der tatsächlichen Beschaffenheit des vorgefundenen Baustoffes „Baugrund" von der angegebenen und/oder ersichtlichen oder scheinbaren Beschaffenheit einstehen muss.[42] Beim **„Baugrund-Risiko"** handelt es sich also um das **„Stoff-Risiko"**. Baugrund-Risiko ist sonach ein – praktisch und rechtlich besonders bedeutsamer – Unterfall des Stoff-Risikos.[43]

(4) **Gleichermaßen** wie der Baugrund ist auch die bereits vorher von anderer Seite gebaute oder sonst schon **vorhandene bauliche Anlage**,[44] an der, aus der oder mit deren Hilfe die aktuelle Bauleistung herzustellen ist, vom Besteller/Auftraggeber „gelieferter" und vom Bauunternehmer/Auftragnehmer zu bearbeitender „Stoff" im Sinne des § 645 BGB. Diesen Stoff muss daher der Besteller/Auftraggeber (vollständig und fehlerfrei) beschreiben, und für ihn hat er das **Stoffrisiko** wie beim Baugrund zu tragen. Beispielfälle: Bei an vorgeleistete Teilbauleistungen anschließenden Bauarbeiten,[45] bei umzubauender oder baulich zu sanierender Altbausubstanz, bei sonstigen Renovierungsarbeiten an vorhandener Bausubstanz.

---

[38] Zu DIN 4020 *Englert/Fuchs,* BauR 2006, 1047. – Siehe d. W. DIN 18300, 2.2; DIN 18301, 2.2; DIN 18303, 2.3; DIN 18309, 2.4; DIN 18312, 18313, 18319 je 2.2; DIN 18321, 2.3.

[39] Vgl. § 645 Abs. 1 Satz 1 BGB: „... ohne dass ein Umstand mitgewirkt hat, den der Unternehmer zu vertreten hat" und § 645 Abs. 2 BGB: „Eine weitergehende Haftung des Bestellers wegen Verschuldens bleibt unberührt".

[40] Dagegen werden im Sprachgebrauch der Baupraktiker hinsichtlich des Baugrundes die verschuldensbedingte Haftung und die Risikotragung oft „in einen Topf" unter der Bezeichnung „Baugrundrisiko" geworfen. Das meint also sozusagen ein „Baugrundrisiko im weiteren oder in allgemeinem Sinn"; dieses „unechte" Baugrundrisiko beinhaltet dann sowohl das echte Baugrundrisiko als auch die verschuldensabhängige Einstandspflicht für Abweichungen der Ist-Beschaffenheit von der Soll-Beschaffenheit des Baugrundes. – Zum „Baugrundrisiko" vgl. auch *Englert/Grauvogel/Maurer* Rdn. 885, 886, 913, 914, 918; *Wiegand* ZfBR 1990, 2.

[41] *Ingenstau/Korbion* VOB/A § 9 Rdn. 54; *Englert* BauR 1997, 763, 765. Siehe zudem vorst. Fn.

[42] Vgl. *Kapellmann* Jahrbuch Baurecht 1999 S. 3 (Rdn. 3 u. 4); *Kapellmann/Messerschmidt* VOB/B § 2 Rdn. 43, 41/42.

[43] Baubetrieblich: „Substanz-Risikos".

[44] Auch in diese kann man oft nicht ohne weiteres, ohne technische Hilfsmittel, „hineinschauen".

[45] Z. B. Ausbau im Anschluss an Rohbau, vgl. auch → § 4 Rdn. 4.

A. Sinn und Zweck der Vorschrift                                                                                                  Vor § 3

(5) **Entsprechendes** wie für das Stoff-Risiko gilt **für Anweisungen** des Bestellers/Auftraggebers, deren Ausführung sich später als risikobehaftet erweist.[46]
(6) Das „Baugrundrisiko" ebenso wie das sonstige „Stoffrisiko" beinhaltet von der Sache her sowohl **naturgegebene** Störfaktoren im Baugrund bzw. im sonstigen „Stoff", z. B. geologische Bedingungen und Verhältnisse, als auch solche **von Menschenhand**, z. B. Verunreinigungen des Bodens und des Grundwassers wie etwa Bodenkontaminationen/ „Altlasten" oder etwa Bomben aus den Weltkriegen.

Ergänzender **Anhang** zur **baugrundbezogenen Beschreibungspflicht** des Auftrag-   7
gebers:

Wie in Rdn. 5 herausgearbeitet, beinhaltet die **Bereitstellungspflicht** in Bezug auf den ordnungsgemäß bebaubaren Grund und Boden als Leistungsvorgabe die Verpflichtung des Bestellers/Auftraggebers zu einer **ordnungsgemäßen**, sachlich-inhaltlich richtigen, erschöpfenden, klaren, eindeutigen (und dementsprechend widerspruchsfreien[47]) ausreichend genauen textlichen und wo nötig auch zeichnerisch/planlichen **Beschreibung** des Baugrundes.[48] Sie ist als vorbereitende Grundlage der Bauausführung Teil der vom Besteller/Auftraggeber, gegebenenfalls über Erfüllungsgehilfen, zu liefernden Planung, soweit nicht zwischen den Parteien etwas anderes vereinbart ist. (siehe Rdn. 1). Somit hat der Besteller/Auftraggeber auch für die **Richtigkeit** seiner Angaben zur Beschaffenheit des Baugrundes einschließlich Baugeländes und der Grundwasserverhältnisse einzustehen genauso wie für die Richtigkeit anderer zu seinem Aufgabenbereich gehörenden Angaben einschließlich planlicher Angaben;[49] denn der Besteller/Auftraggeber ist derjenige Teil, der – auch wenn dies über Erfüllungsgehilfen geschehen mag – die Planung zu liefern hat.[50] In diesem Zusammenhang gehört es im Verhältnis des Architekten zum Auftraggeber zu den Hauptpflichten des Architekten in der mit der Grundlagenermittlung beginnenden Planungsphase, die Eignung des Baugrundes für das Bauvorhaben zu prüfen oder prüfen zu lassen und insoweit auf Einholung eines Baugrundgutachtens zu dringen.[51] Der Besteller/ Auftraggeber hat – soweit nicht bei einer der Parteien oder bei beiden Parteien Verschuldenshaftung gegeben ist – im Rahmen des (echten) **Baugrundrisikos** die Nachteile aus einer **Abweichung** der Istbeschaffenheit der Baugrundverhältnisse einschließlich Grundwasserverhältnisse von der beschriebenen oder/und sonstig dem Bauunternehmer/Auftragnehmer bekannt gewordenen oder ersichtlichen Sollbeschaffenheit verschuldensunabhängig zu tragen.[52] Die **Sollbeschaffenheit** des Baugrundes ist „**Bauentwurf**" im Sinne der §§ 1 Nr. 3, 2 Nr. 5 VOB/B. Dessen „**Änderung**" in Form der abweichenden **Istbeschaffenheit** – also die bei der Verwirklichung der Baumaßnahme vorgefundenen tatsächlichen anderen/andersartigen, abweichenden Verhältnisse – begründet im VOB/B-Bauvertrag den Mehrkostenvergütungsanspruch des Auftragnehmers gemäß § 2 Nr. 5 VOB/B (im BGB-Bauvertrag §§ 631, 305 BGB), soweit durch die Änderung der „Grundlagen des Preises" für die betroffene ursprüngliche (Teil-) Leistung ebenfalls ändernd beeinflusst worden sind. Bei anfallenden **zusätzlichen Leistungen** gilt im VOB/B-Bauvertrag für deren Vergütung § 2 Nr. 6 VOB/B, (im BGB-Bauvertrag § 631 mit § 305 BGB). Für die Wiederholungs(teil)leistung infolge ganz oder teilweiser Beschädigung oder Zerstörung gilt im VOB/B-Bauvertrag ebenfalls die Vergütungsregelung des § 2 Nr. 6 VOB/B i. V. m. § 7 Nr. 1 zweiter Halbs., im BGB-Bauvertrag die Vergütungsregelung der §§ 631, 305 BGB i. V. m. argumentum § 645 Abs. 1 Satz 1 BGB). Bei fehlender entsprechender (ausdrücklicher, konkludenter oder stillschweigender) Anordnung nach §§ 1 Nr. 3, 2 Nr. 5 VOB/B oder bei fehlendem Leistungsverlangen nach § 1 Nr. 4 Satz 2, § 2 Nr. 6 kommt bei Vorliegen der

---

[46] So – deutlich und zu Recht herausgearbeitet – *Nicklisch/Weick* Einl. §§ 4–13 Rdn. 72; zu den „Anweisungen" siehe auch den oben unter Rdn. 3 dargestellten Grundsatz, wonach der Besteller/Auftraggeber einwandfreie Pläne, erforderliche sonstige Unterlagen, Entscheidungen und Hineise zu liefern hat.
[47] BGH NJW 1999, 2432, 2433 = BauR 1999, 897, 898, III.1.b).
[48] Zutreffend *Ingenstau/Korbion* VOB/A, Anhang 3 Rdn. 22 sowie VOB/A § 9 Rdn. 54 und VOB/B § 2 Nr. 1 Rdn. 10; *von Craushaar* BauR 1987, 14, 15; *Englert* BauR 1996, 763, 765/766; zur **Haftungsverteilung** zwischen Statiker (zugleich Bauunternehmer), Bodengutachter und Architekt bei fehlerhafter Einschätzung der Boden- und Grundwasserverhältnisse, nebst Pflichtenanforderungen OLG Stuttgart BauR 1996, 748 bis 750; allgemein zur Beschreibung(spflicht) und lückenhaften Leistungsbeschreibung *Dähne* BauR 1999, 289 ff.; a. A. *Quack, Vygen, Kapellmann/Schiffers*, vorl. Fn. bei Rdn. 5 (4).
[49] Siehe, insbes. wegen lückenhafter und sonst unzutreffender Beschreibung bei → § 2 Nr. 1 Rdn. 15–24.
[50] So zutreffend herausgestellt von *v. Craushaar* BauR 1987, 14, 15.; vgl. auch *Ingenstau/Korbion* VOB/B § 2 Nr. 1 Rdn. 10 und *Englert* BauR 1996, 763, 765/766 m. w. N.; so auch BGH NJW 1997, 61, 62 = BauR 1997, 126, 128 r.Sp. = ZfBR 1997, 188, 189 („Zweikammer-Doppelschleuse"): „Mehraufwendungen, die auf (vom AN nicht erkennbaren oder nicht erkannten) **falschen Angaben** des Auftraggebers in der **Leistungsbeschreibung** beruhen, sind durch den vereinbarten Preis nicht abgegolten (§ 2 Nr. 1 VOB/B). Wegen solcher Aufwendungen könnte ein Anspruch der Klägerin nach § 2 Nr. 5ff. VOB/B in Betracht kommen". – Allgemein zur Beschreibungspflicht (und Rechtsfolgen nicht zureichender Beschreibung) *Dähne* BauR 1999, 289 ff.
[51] OLG Hamm NJW-RR 1997, 1310, 1311 = BauR 1989, 1069, 1070 = ZfBR 1997, 308, 309.
[52] Siehe Rdn. 6 sowie weiter zum Themenkreis „Baugrundrisiko" die Urteils- und Schrifttumsnachweise bei Rdn. 5 (1) und (2).

**Vor § 3** Vorbemerkung § 3. Ausführungsunterlagen

gebotenen Voraussetzungen ein Anspruch nach § 2 Nr. 8 VOB/B in Betracht (im BGB-Bauvertrag aus GoA und/oder aus ungerechtfertigter Bereicherung.). Die baubehindernden Hemmnisse und Erschwerungen der Leistungserbringung bei abweichenden Baugrundverhältnissen führen, unter Beachtung der sonstigen Voraussetzungen von § 6 Nr. 1 VOB/B, außerdem zu Baufristverlängerungen nach § 6 Nr. 2 VOB/B. Weiterhin können den Auftraggeber im Rahmen des VOB/B-Bauvertrages die Folgen des § 7 VOB/B und auch die Folgen des auch im VOB/B-Bauvertrag geltenden **§ 645 Abs. 1 Satz 1 BGB** hinsichtlich der **Vergütungsgefahr** treffen; denn die Anwendung des § 645 Abs. 1 Satz 1 BGB im VOB/-Bauvertrag ist auf Grund der unterschiedlichen sachlichen Anspruchsvoraussetzungen durch § 7 VOB/B nicht ausgeschlossen und von vornherein ebenso wie im BGB-Bauvertrag auch im VOB/B-Bauvertrag unmittelbar sowie auch entsprechend anwendbar.[53] Nach dem Regelungszweck des § 645 BGB soll der Besteller/Auftraggeber unabhängig von seinem Verschulden das Vergütungsrisiko tragen, wenn die Beeinträchtigungen des Werkes allein auf seine Vorgaben zurückzuführen sind, weshalb die ratio der Vorschrift eine **weite** Auslegung der Vorgaben „Anweisung und Stoff" verlangt.[54] Bezüglich der Mängelhaftung kann sich der Bauunternehmer/Auftragnehmer gemäß §§ 13 Nr. 3, 4 Nr 3 VOB/B (und analog gemäß § 242 BGB im BGB-Bauvertrag) insoweit entlasten als der etwa auftretende Leistungsmangel samt ihm folgender Schäden auf die „Leistungsbeschreibung", hier also auf die Angaben des Bestellers/Auftraggebers zum Baugrund (samt Grundwasserverhältnissen) zurückzuführen sind und kein Anlass zur Bedenkenmitteilung bestand oder aufgekommene Bedenken durch den Bauunternehmer/Auftragnehmer mitgeteilt wurden.[55]

**8** Die vorstehenden Erörterungen hatten Pflichten des Auftraggebers zum Gegenstand. Im Rahmen von § 3 Nr. 4 VOB/B haben dann allerdings **beide** Parteien bei der Feststellung gewisser örtlicher Gegebenheiten zusammenzuwirken und nach § 3 Nr. 3 Satz 2 VOB/B hat der Auftragnehmer eine Überprüfungs- und Hinweispflicht in Bezug auf die ihm zur Ausführung übergebenen Unterlagen.

Als **Ausnahme** zu der unter Rdn. 3 genannten Grundsatzregel und somit diese zugleich bestätigend, behandeln die Nrn. 5 und 6 solche (Ausführungs-) Unterlagen, die nach dem Bauvertrag und seinen Bestandteilen der **Auftragnehmer** zu beschaffen hat.[56]

---

[53] Zur direkten und analogen Anwendung des § 645 Abs. 1 Satz 1 BGB auch im VOB-Vertrag sowie zu seinem Anspruchsinhalt und -umfang, seiner Abgrenzung und seinem Verhältnis zu §§ 323 ff. BGB a. F. und § 7 VOB/B siehe des näheren unten Rdn. 69 sowie die ganz wichtigen Urteile des BGH vom 21. 8. 1997 („Schürmann-Bau" I, Elektrogewerk) und vom 16. 10. 1997 („Schürmann-Bau" II, Elektrogewerk) in BGH NJW 1997, 3018, 3019 = BauR 1997, 1019, 1020, 1021 = ZfBR 1997, 300, 305 sowie in BGH NJW 1998, 456, 457, 458 = BauR 1997, 1021, 1022–1025 = ZfBR 1998, 33, 34 je m. w. N.– beide Urteile betreffen dieselben Parteien im Rahmen des Schümann-Baues in Bonn, bei welchem durch Rheinhochwasser die bis dahin erbrachten und noch nicht abgenommenen Elektroarbeiten der Kägerin/Auftragnehmerin sowie von ihr eingelagertes Material und Werkzeuge zerstört worden waren, weil der von der Beklagten/Auftraggeberin übernommene vorläufige Hochwasserschutz von einem anderen Auftragnehmer (= Rohbauunternehmer) entfernt worden war und wobei die Klägerin keine Möglichkeit der Einwirkung auf die Ausführung dieses Schutzes hatte. Deshalb hat, so zutreffend der BGH, die beklagte Auftraggeberin der Gefahr aus der Beschaffenheit des Hochwasserschutzes „näher gestanden" als die klagende Auftragnehmerin; somit habe die beklagte Auftraggeberin das **Risiko** der Überflutung und dadurch auch deren schädigenden Eintritt herbeigeführt aus Umständen, die in ihrer Person lagen sowie auf ihr zuzurechnende Handlungen zurückgingen. Im erstgenannten BGH-Urteil (Schürmann I) ging es um die Leistungs-**Vergütung** i. S. d. § 645 Abs. 1 Satz 1 BGB für die zerstörten/"untergegangenen" Elektroarbeiten-**Leistung**. Gegenstand des zweitgenannten BGH-Urteils (Schürmann II) war der geltend gemachte **Auslagen**-Ersatz i. S. d. § 645 Abs. 1 Satz 1 BGB, der dem Auftragnehmer laut BGH (zutreffend) nur hinsichtlich der von der Vergütung nicht erfassten Kosten zusteht, welche bis zum Schadensereignis zur **Vorbereitung** der konkreten Leistungsausführung entstanden und zugleich Teil der insgesamt vereinbarten Vertragspreise sind, beispielsweise durch das konkrete Werk veranlasste Kosten für beschaffte Materialien, Transporte sowie für die Beschaffung und Nutzung von Geräten und Maschinen. Auch OLG Naumburg NZBau 2005, 107 f. (Werklohn nach Zusammenbruch des Bohrkanals wegen Baugrundfehler)

Zur analogen Anwendung von § 645 Abs. 1 Satz 1 BGB in ähnlich gelagerter Fallsituation wie Schürmann-Bau s. auch OLG Bremen BauR 1997, 1045, 1046, mit guter und ausführlicher Begründung u. w. N.

[54] v. Craushaar FS Vygen 1999 S. 154, 156; h. M.; daher auch „Stoff" = alle Gegenstände, aus denen, an denen oder mit Hilfe deren ein Werk herzustellen ist, somit „Stoff" = auch Baugrund; so auch bestätigend OLG Düsseldorf BauR 1999, 1311 l.Sp.u./r.Sp. o. m. w. N.

[55] Zur Baugrundbeschreibungspflicht und zur anteiligen Haftung (also nicht Baugrund-"Risiko") Planungs- und Baubeteiligter für falsche Baugrundeinschätzung einerseits und deren mögliches Erkennenmüssen andererseits s. das aufschlussreiche Urteil des OLG Stuttgart BauR 1996, 748 ff., durch Rev.-Nichtannahme-Beschl. d. BGH rechtskräftig; vgl. aber auch BGH BauR 1996, 404–406.

[56] *Ingenstau/Korbion* VOB/B § 3 Nr. 5 Rdn. 2.

## B. Die Mitwirkung des Auftraggebers zum baulichen Gelingen

### I. Ausgangslage – Kooperationsmodell des Bauvertrags

Typisch und prägend für die Errichtung eines Bauwerks ist das (notwendige und auch **9** vertrauensvolle) **Zusammenwirken** des Bauunternehmers mit dem Auftraggeber und seinem Architekten, Statiker und den anderen Sonderfachleuten (Projektanten) sowie den übrigen am Bau beteiligten Bauunternehmern und Bauhandwerkern,[57] ohne das die ordnungsgemäße Herstellung des Bau-Werks, oder gar die Ausführung der Bauleistung überhaupt, nicht möglich ist. Die Abwicklung eines Bauvertrages und die ihren Gegenstand bildende Durchführung des Bauvorhabens mit seinem in der Regel vorhandenen Langzeitcharakter sowie seinen aus der Baupraxis zwangsläufig sich ergebenden komplexen organisatorischen, bautechnischen und bauablauftechnischen **Verzahnungen** und wechselseitigen Abhängigkeiten verlangt nach einer vertrauensvollen Kooperation der Vertragspartner (= Kooperationscharakter des Bauvertrags). Der Bauvertrag als **Langzeitvertrag,** zu dessen Durchführungsgelingen die Parteien auf gegenseitige informative, kommunikative und tätige Mitwirkungen angewiesen sind, hat somit nach Treu und Glauben und dem dazu gehörenden Redlichkeitsgebot im Geschäftsverkehr (§§ 242, 157 BGB) notwendigerweise ein **Kooperationsverhältnis** zwischen den Vertragsparteien mit der **beiderseitigen vertraglichen Verpflichtung** zur Kooperation während der Vertragsdurchführung zur Folge.[58] Unter Kooperation ist das Zusammenwirken der Vertragsparteien zur Erreichung des gemeinsam verfolgten Vertragszweckes zu verstehen, was (naturgemäß) die Mitwirkung **beider** Vertragsparteien voraussetzt.[59] Das im Bauvertrag nach BGB und nach VOB/B als Langzeitvertrag beinhaltete Kooperationsverhältnis und Kooperationsmodell führt also zu einer Kooperationspflicht beider Vertragsparteien im Sinne einer **rechtlichen Kategorie.**[60] Dabei ergeben sich aus dem vorgenannten Kooperationsverhältnis für beide Vertragsparteien **Obliegenheiten und Vertrags-Pflichten** zur Mitwirkung und gegenseitigen Information (zum Zwecke der gegenseitigen Unterstützung),[61] dabei auch zur Rüge.[62] Die Kooperationspflichten sollen unter anderem gewährleisten, dass entstandene Meinungsverschieden-

---

[57] Palandt/*Sprau* BGB § 642 Rdn. 1; *v. Craushaar* BauR 1987, 14; in diesem Sinne auch *Ingenstau/Korbion* VOB/B § 9 Nr. 1 Rdn. 20, 23 („vertrauensvolles Zusammenwirken von Auftraggeber und Auftragnehmer").
[58] Grundlegend BGH, Urt. v. 28. 10. 1999 – VII ZR 393/98 = BGHZ 143, 89 f. = NJW 2000, 807, 808= BauR 2000, 409, 410 = NZBau 2000, 130, 131, m. w. N. sowie BGHZ 133, 44, 47 = BauR 1996, 542, 543 = ZfBR 1996, 269, 270; OLG Düsseldorf NZBau 2000, 427, 428; siehe auch BGH NJW 2001, 822, 825 r.Sp.=BauR 2001, 386, 391 l.Sp.= NZBau 2001, 129, 132 l.Sp. im Zusammenhang mit § 648a Abs. 1 und Abs. 5 BGB: „Der zur Kooperation **verpflichtete** Besteller...."; fortführend für Konfliktsituationen vor eventueller außerordentlicher Kündigung BGH BauR 2007, 1404, 1406, 1407 = NZBau 2007, 581, 583; *Ingenstau/Korbion* VOB/B § 9 Nr. 1 Rdn. 20, 23 („vertrauensvolles Zusammenwirken" von Auftraggeber und Auftragnehmer, welches die besondere Natur des Bauvertrages verlangt); *Kapellmann/Messerschmidt* VOB/B § 6 Rdn. 48. *Kapellmann/Schiffers* Bd. 1 Rdn. 1280, 1373, 1395; *Nicklisch/Weick* VOB/B Einl. Rdn. 1, 2, 4, 14; Einl. §§ 4–13 Rdn. 98; *Vygen* Bauvertragsrecht Rdn. 336, 360 u. Festgabe Steffen Kraus, S. 249, 257 (Kooperationspflichten der Bauvertragspartner beim VOB-Bauvertrag); siehe vor allem auch die hervorragende systematische und dogmatische Darstellung von *Kniffka* Jahrbuch Baurecht 2001 S. 1 ff.; ferner *Langen* Jahrbuch Baurecht 2003 S. 159, 183 ff. Zu den Kooperationspflichten insgesamt: *Fuchs* Baurechtliche Schriften Band 58 sowie *Schwarze* BauR 2004, 895.
[59] *Kniffka* Jahrbuch Baurecht 2001 S. 1, 3; *Kapellmann* wie vorst. Fn.
[60] So zutreffend *Kniffka,* Vortrag „Kooperation im Bauvertrag – eine rechtliche Kategorie?" bei den Freiburger Baurechtstagen 29./30. 9. 2000 sowie Jahrbuch Baurecht 2001 a. a. O., Kooperationspflichten, 3 oben, 6, 7, 8 ff.; ebenso BGH NJW 2001, 822, 825 r. Sp . = BauR 2001, 386, 391 l. Sp. = NZBau 2001, 129, 132 l.Sp. für den BGB-Bauvertrag, im Zusammenhang mit § 648a Abs. 1 und Abs. 5 BGB. Ferner *Fuchs* und *Schwarze* in dieser Rdn. a. a. O.
[61] OLG Düsseldorf NZBau 2000, 427, 428.
[62] BGHZ 133, 44, 47 = BauR 1996, 542, 543 = ZfBR 1996, 269, 270.

**Vor § 3** Vorbemerkung § 3. Ausführungsunterlagen

ten oder Konflikte nach Möglichkeit einvernehmlich, also im Verhandlungsweg, beigelegt werden.[63] – Für den hier zu behandelnden Themenbereich haben die **Kooperation**spflichten ihren Ausdruck und ihre nähere Ausgestaltung in den (Spezial-)Regelungen der §§ 3 und 4 VOB/B gefunden, die nachstehend bei Rdn. 30 und → Vor § 4 bei Rdn. 8 genannt sind. Siehe **auch** nachstehend **Rdn. 10–12 und 29**. Ihren Ausdruck haben die Kooperationspflichten in der VOB/B auch in den Regelungen des § 2 Nr. 5 und Nr. 6 VOB/B gefunden.[64]

10 Einerseits macht all das erforderlich, dass der jeweilige Besteller/Auftraggeber dem jeweiligen Bau-Unternehmer/Auftragnehmer nicht nur die inhaltlich **fehlerfreien** Planunterlagen übergibt und die Entscheidungen trifft, die für die Erbringung der Bauleistung als Werkleistung notwendig sind (inhaltliche **Leistungsplanung**),[65] sondern dass er dies auch rechtzeitig tut und dass er auch den Bauablauf möglichst genau plant (**Bauablaufplan**, Bauablaufsteuerung, Bauablaufkoordination),[66] damit dieser „reibungslos", also störungsfrei[67] vonstatten geht. Nur eine sorgfältige Planung gewährleistet eine reibungslose Abwicklung des Bauvorhabens.[68] Die rechtliche Umsetzung dieser Gegebenheiten geschieht beim VOB-Bauvertrag durch besondere vertragliche Rechtsregeln, welche entsprechende Verpflichtungen des Bestellers/Auftraggebers festlegen, wie in VOB/B durch § 3 Nr. 1–4 und durch § 4 Nr. 1 Abs. 1 und Nr. 4.

11 Andererseits kommt eine immer und 100%-ig einwandfreie Planung in der Praxis nicht vor und ist in vielen Fällen auch nicht möglich. Dabei werden oft nicht alle für die inhaltliche Ausführung der Bauleistung und für den Bauablauf, der infolge des **Langzeitcharakters** eine erhöhte Störanfälligkeit mit sich bringt,[69] sich ergebenden Probleme als solche oder in ihren Einzelheiten vorhergesehen und erfasst. Dadurch und insoweit entsteht ein praktisches Bedürfnis nach Gegen-Kontrolle („Zwei sehen mehr"). Dies bedingt in der Baupraxis ein „ständiges **Kommunizieren**"[70] zwischen den Vertragspartnern, das insbesondere dem Informationsaustausch (gegenseitige Hinweise), der Klärung der auftretenden Probleme und dem Treffen der notwendigen Entscheidungen (Anordnungen) dient[71] und damit der Beherrschung und Bewältigung der vielfältigen Risiken.[72]

12 Deshalb darf der Bauunternehmer/Auftragnehmer mit seiner Erfahrung und seinem Wissen „nicht hinter dem Berg halten". Er muss seine „Fachkunde zugunsten des Vertragspartners in dessen Entscheidungsbildung einbringen".[73] Das von ihm diesbezüglich und insoweit abgeforderte Element vertrauensvoller **kommunikativer Kooperation** zum Gelingen einer fehlerfreien Bauausführung und eines – auch in zeitlicher Hinsicht – störungs-

---

[63] Was unter anderem zu einer Verhandlungspflicht beider Parteien bei Uneinigkeit, z. B. bezüglich Nachträgen und preislichen Problemen, führt.
[64] BGHZ 143, 89 = NJW 2000, 807, 808 = BauR 2000, 409, 410 = NZBau 2000, 130, 131, m. w. N.
[65] *Ingenstau/Korbion* VOB/B § 3 Rdn. 2; *Nicklisch/Weick* VOB/B Einl. Rdn. 4, 6; *v. Craushaar* BauR 1987, 14; *Soergel* ZfBR 1995, 165 I.
[66] *Ingenstau/Korbion* VOB/B § 3 Rdn. 2, § 4 Rdn. 1 und 3, § 9 Nr. 1 Rdn. 7, 12 Rdn. 15; *Nicklisch/Weick* VOB/B Einl. Rdn. 2, § 3 Rdn. 2, 5; *Vygen* Bauvertragsrecht Rdn. 357, 587, 701; *v. Craushaar* BauR 1987, 14.
[67] Vgl. oben Rdn. 3, 4; außerdem *Ingenstau/Korbion* VOB/B § 4 Rdn. 1.
[68] *Heiermann/Riedl/Rusam* VOB/B § 3 Rdn. 1; *Motzke* BauR 1994, 47, 48, 49.
[69] Vgl. *Nicklisch/Weick* VOB/B Einl Rdn. 1, 2, 4, 7 a. E.; „Langzeitcharakter" deshalb, weil der Bauvertrag nicht in einem punktuellen Austausch von Leistung und Gegenleistung besteht, sondern – entsprechend seinen Phasen der Bauvorbereitung, Baudurchführung und Bauendabwicklung gestreckt – sich über mehrere Monate oder Jahre hinzieht.
[70] *Kleine-Möller/Merl/Oelmaier* § 2 Rdn. 24; *Nicklisch/Weick* VOB/B Einl. 4.
[71] *Kleine-Möller/Merl/Oelmaier* aaO; *Nicklisch/Weick* VOB/B Einl 4 und 6.
[72] *Nicklisch* Beilage 15 zu BB Heft 19/1991, 2.2; vgl. auch die dort in 2.1 genannten besonders augenfälligen Beispiele problem- und risikobehafteter Arten von Bauvorhaben, die für die moderne und die künftige Baupraxis immer mehr an Bedeutung gewinnen, wie z. B.:
– Errichtung, Vergrößerung, Sanierung von Anlagen, z. B. Umweltschutz- und Entsorgungsanlagen, mit ihren im Fluss befindlichen technischen Entwicklungen und öffentlich-rechtlichen Anforderungen;
– Bau von Tunneln und Stollen mit evtl. ungewissen Gebirgs-, Boden und Wasserverhältnissen;
– Baumaßnahmen zur Bewältigung von kontaminierten Böden (Altlastenbewältigung).
[73] OLG Frankfurt/M NJW-RR 1999, 461, 462.

B. Die Mitwirkung des Auftraggebers zum baulichen Gelingen   Vor § 3

freien Bauablaufs muss sich daher in einer entsprechenden Prüfung der Planung des Auftraggebers und in der inhaltlich zuverlässigen Mitteilung der gefundenen (Negativ-) Ergebnisse hinsichtlich der **Qualität der Bauleistung** und/oder der aus Sicht des Auftragnehmers eingetretenen oder möglicherweise eintretenden **Bauablaufstörungen** verwirklichen. Hierher gehört auch die Notwendigkeit zur Durchführung gemeinsamer Befundaufnahmen und eigener, bauunternehmertypischer planlicher Arbeiten des Auftragnehmers. Die rechtliche Umsetzung in VOB/B zeigt sich insoweit insbesondere in § 2 Nr. 5 und Nr. 6 Abs. 1 Satz 2, in § 2 Nr. 8 Abs. 2 Satz 2, in § 3 Nr. 2 Satz 2, Nr. 4 und Nr. 5, in § 4 Nr. 1 Absätzen 3 und 4 sowie in § 4 Nr. 3 und in § 6 Nr. 1; in den genannten Bestimmungen sind wechselseitige Informationen, gemeinsame Feststellungen sowie Prüfungs-, Ankündigungs-, Hinweis-, Rüge- und Meldepflichten des Bauunternehmers/Auftragnehmers festgelegt.[74]

## II. Trennung von Planung und Ausführung als Vertragsmodell der VOB/B

### 1. Deutliche Aufgabentrennung und Aufgabenaufteilung als Grundsatz

Das von VOB/B zugrunde gelegte (Bau-)Vertragsmodell trennt in den §§ 3 und 4   13
deutlich zwischen **Planung** samt Koordination als Auftraggeber-Aufgabe und **Ausführung** als Auftragnehmer-Aufgabe, trennt somit systematisch zwischen der Planungsverantwortung des Bestellers und der Ausführungsverantwortung des Bau-Unternehmers.[75] Danach ist in diesem traditionellen, klassischen Vertragsmodell die primäre Aufgabe und der primäre Verantwortungsbereich des Auftraggebers, rechtzeitig eine brauchbare Planung nebst entsprechenden Angaben, also zuverlässige und einwandfreie Ausführungsunterlagen zu liefern;[76] zur „Planung" zählt **auch** die bauliche Gesamt-**Grundkonzeption**. Primäre Aufgabe und primärer Verantwortungsbereich des Auftragnehmers ist die einwandfreie Ausführung.[77]

### 2. Durchbrechung des Trennungsgrundsatzes

Das klassische, konventionelle Vertragsmodell der Aufgabenaufteilung, -zuordnung und   14
-trennung von Planung und Ausführung wird ganz oder teilweise verlassen, wenn und soweit der Auftragnehmer durch wirksame (N. B. bei AGB!) Vertragsvereinbarung selbst **Planungsaufgaben** übernimmt und somit naturgemäß die Ausführungsunterlagen „sich selbst liefert" und „liefern muss", was im Hinblick auf die im BGB statuierte Vertragsfreiheit möglich ist und dem VOB/B in § 3 Nr. 5 Rechnung trägt durch die **(Ausnahme-)** Regelung: „Zeichnungen, Berechnungen, Nachprüfungen von Berechnungen oder andere Unterlagen, die der Auftragnehmer nach dem Vertrag ... zu beschaffen hat."

Durch vertragliche Vereinbarung können die Parteien also ausdrücklich oder konkludent   15
festlegen, dass die Lieferung eines Teils von bzw. gewisser oder aller Planungsunterlagen (Ausführungsunterlagen) Sache des Auftragnehmers ist, der dann insoweit eine **Doppelrolle** übernimmt. Das ist z. B. dann der Fall, wenn der Auftragnehmer als (i. d. R. Schlüsselfertig-)Generalunternehmer mit Pauschalpreis in der Form des **Totalunternehmer**-Einsatzes, etwa als „Generalübernehmer", tätig wird; dieser ist dadurch gekennzeichnet, dass der

---

[74] Vgl. *Nicklisch/Weick* VOB/B Einl Rdn. 4 und 6; BGH BauR 1996 542, 543 grundsätzlich und auch speziell für die „Funktion der Ankündigung im Kooperationsverhältnis" bei § 2 Nr. 6 Abs. 1 Satz 2 VOB/B = ZfBR 1996, 269, 270.

[75] *Kapellmann/Messerschmidt/Havers* VOB/B § 3 Rdn. 2; *Motzke* ZfBR 1988, 244, 246 1. Sp. M., 247 r. Sp. Abs. 2; *ders.* BauR 1994, 47, 48, 49; *Nicklisch/Weick* VOB/B Einl Rdn. 14, 16, § 3 Rdn. 1; *Vygen* Bauvertragsrecht Rdn. 360; *Soergel* ZfBR 1995, 165 I.1.

[76] *Ingenstau/Korbion* VOB/B § 3 Rdn. 2, 3 Nr. 3 Rdn. 4; *Nicklisch/Weick* VOB/B § 3 Rdn. 1, 5; vgl. außerdem oben Rdn. 2.

[77] *Ingenstau/Korbion* VOB/B § 3 Nr. 3 Rdn. 4; *Nicklisch/Weick* VOB/B § 3 Rdn. 1; *Soergel* ZfBR 1995, 165 I.1.

**Vor § 3**

Auftragnehmer neben der Bauausführungsleistung auch Planungsleistungen eigenverantwortlich übernimmt.[78] Bei solchen Planungsleistungen kann es sich um die Gesamtplanung handeln; oft oder meistens erbringt ein solcher Generalunternehmer ergänzende Planung, etwa baubegleitend die Ausführungsplanung. Letzteres findet sich bei dem in der Praxis zunehmend an Bedeutung gewinnenden Vertragstyp des GMP-Vertrags, der vornehmlich bei komplexen Großprojekten mit einer mehrjährigen Laufzeit Anwendung findet[79]

16  Auch der Auftragnehmer, dessen Nebenangebot oder Änderungsvorschlag im Sinne von § 10 Nr. 5 Abs. 4 VOB/A mit eigener Konzeption, also eigener technischer Lösung und Gestaltung der Bauaufgabe (in der Praxissprache oft **„Sondervorschlag"** genannt) Gegenstand des Vertragsabschlusses geworden ist, hat insoweit und für jene Teile der Bauleistung, auf die sich die Sondervorschlags-Konzeption beeinflussend auswirkt, die Planung und somit insoweit Planungsverantwortung übernommen.[80] In den genannten Fällen ist der Auftraggeber insoweit von der Lieferung von Ausführungsunterlagen nach § 3 Nr. 1–3 VOB/B befreit.

17  Die Planung ist auch dann insoweit Aufgabe des Auftragnehmers, als er im Rahmen einer Ausschreibung durch Leistungsbeschreibung mit **Leistungsprogramm** nach § 9 Nr. 10–12 VOB/A oder sonstig durch ganz oder teilweise **funktionale, also zieldefinierte Leistungsbeschreibung** zur Mitwirkung bei der Planung der Bauleistung herangezogen wird.[81] Der Umfang dieser Planungsaufgabe des Auftragnehmers ergibt sich dabei des näheren aus dem Angebotsinhalt, dem später abgeschlossenen Vertrag und im Falle einer öffentlichen Ausschreibung zusätzlich aus § 9 Nr. 12 VOB/A.

### 3. Korrespondenz zwischen Planungsbereich und Ausführungsbereich

18  Der unter Rdn. 3 aufgezeigte Grundsatz, dass der Auftraggeber dem Auftragnehmer brauchbare und zuverlässige Pläne zur Verfügung zu stellen sowie die Entscheidungen zu treffen hat, die für die „reibungslose" Ausführung des Baues unentbehrlich sind, schließt auch die in § 3 Nr. 1 VOB/B ausdrücklich verankerte Pflicht des Auftraggebers zur „rechtzeitigen" Übergabe der nötigen Ausführungsunterlagen mit ein, die, wie sich auch mittelbar aus § 3 Nr. 3 Satz 2 VOB/B ergibt, „stimmen" und sonst „mängelfrei" sein müssen. Diese Pflicht des Auftraggebers korrespondiert logisch mit der Verpflichtung des Auftragnehmers als Gegenstück, dass er seine Bauleistung rechtzeitig und mängelfrei ausführt. Zur Erfüllung dieser Verpflichtung ist aber der Auftragnehmer nur und insoweit imstande, als der Auftraggeber **alle** von ihm beizustellenden Ausführungsunterlagen (seine „Planung"), zu denen auch die in § 3 Nr. 2 und 3 Satz 1 VOB/B genannten Baudaten gehören, rechtzeitig, vollständig und mängelfrei liefert. Zwischen beidem besteht insoweit ein Ursachenzusammenhang.

19  Erbringt der Auftraggeber diese seine Mitwirkungshandlung nicht rechtzeitig oder/und mangelhaft und führt dies zu einer Behinderung im Bauablauf oder/und zu einem Werkmangel, so wirkt sich dies auf die vereinbarte Bauzeit und auf eventuelle Mängelhaftungsansprüche des Auftraggebers aus. Die Ausführungsfrist wird bei Vorliegen der Voraussetzungen des § 6 Nrn. 1, 2, 4 VOB/B verlängert. Die Haftung des Auftragnehmers für Mängel

---

[78] Vgl. *Ingenstau/Korbion* Anh. 3 Rdn. 170.
[79] Näheres zu diesem Vertragstyp siehe die grundlegenden und prägnanten Darstellungen von *Grünhoff* NZBau 2000, 313 ff. und von *Oberhauser* BauR 2000, 1397 ff.; „GMP" steht für „guaranteed maximum price"; siehe ferner *Biebelheimer/Wazlawik* BauR 2001, 1639 ff. und *Thierau* FS W. Jagenburg S. 895 ff.
[80] OLG Schleswig 11 U 197/89 v. 5. 8. 1993, mit BGH-Beschluss VII ZR 182/93 v. 1. 12. 1994 Revision nicht angenommen; *Ingenstau/Korbion* VOB/A § 10 Rdn. 84; *G. Hofmann* ZfBR 1986, 262, II. vor 1; *Kapellmann/Messerschmidt/Havers* VOB/B § 3 Rdn. 2 mit zusätzl. Anmerkungen.
[81] *Heiermann/Riedl/Rusam* VOB/B § 3 Rdn. 1; *Vygen* FS Mantscheff S. 459, 460 ff.; *Jörg Schmidt* ZfBR 2001, 3 ff.; *Langen/Schiffers* FS W. Jagenburg S. 435 ff.; s. auch folgende Rechtsprechungsbeispiele zur funktionalen Leistungsbeschreibung und dem daraus folgenden Risiko für den Auftragnehmer: BGH NJW 1997, 61, 62, = BauR 1997, 126 ff. = ZfBR 1997, 29, 30; BGH BauR 1997, 464 = ZfBR 1997, 197, 198; BGH BauR 1997, 466, 467 = ZfBR 1997, 188, 189.

B. Die Mitwirkung des Auftraggebers zum baulichen Gelingen  **Vor § 3**

und Schäden entfällt, und zwar gänzlich, wenn der Mangel und der Schaden allein auf die mangelhaft erfüllte Mitwirkungshandlung, etwa einem Planungsfehler des Auftraggebers selbst oder seines Architekten als Erfüllungsgehilfen zurückzuführen ist und der Auftragnehmer seiner Prüfungs- und Hinweispflicht nach §§ 3 Nr. 3 Satz 2, 4 Nr. 3, 13 Nr. 3 VOB/B genügt hat; anderenfalls entfällt die Haftung des Auftragnehmers teilweise. Letzteres folgt für den auftraggeberseitigen **Schadensersatzanspruch** unmittelbar aus § 254 BGB, für die verschuldensunabhängigen Gewährleistungsansprüche auf Mängelbeseitigung und Minderung aus § 254 BGB i. V. m. § 242 BGB.[82] Entstehen dem Auftragnehmer Schäden, können sich bei Verschulden Ansprüche für ihn nach § 6 Nr. 6 VOB/B und aus positiver Vertragsverletzung ergeben.

### 4. Übergabe vor und während der Ausführung

Planerische Entscheidungen werden überwiegend **vor** Beginn der Ausführung liegen, können aber auch noch **während** der Ausführungsphase erfolgen,[83] wie z. B. die in der Praxis vorkommende „baubegleitende Planung" (meist die Ausführungspläne 1 : 50, sog. „Fünfzigstel-Pläne"). Bei sorgfältiger Vorbereitung des Bauvorhabens, gleich ob im öffentlichen oder im privaten Bauwesen, werden und müssen die wesentlichen Ausführungsunterlagen schon in den Vergabeunterlagen enthalten sein. Zu den Unterlagen, deren Herstellung vor Beginn der Ausführung erforderlich ist, gehört z. B. und insbesondere die Baugenehmigung mit Auflagen,[84] nebst der hierzu vorher zu fertigenden Eingabeplanung im Maßstab 1 : 100 („Hundertstel-Pläne"). 20

Bei Unterlagen, die erst im Verlauf der Ausführung zur Verfügung gestellt werden oder gestellt werden müssen, kann es sich um solche planerischen Entscheidungen handeln, die auf einen späteren Zeitpunkt der Ausführung verschoben werden können, wie z. B. solche für Ausstattungsdetails,[85] oder um solche, deren Notwendigkeit sich auf Grund bestimmter Umstände erst während der Ausführung ergibt,[86] wie z. B. bei Planänderungen wegen unvorhergesehener anderweitiger Baugrundverhältnisse oder bei sich herausstellender Notwendigkeit zusätzlicher Detailzeichnungen. 21

§ 3 VOB/B macht keinen Unterschied zwischen den Ausführungsunterlagen, die vor oder die nach Beginn der Bauausführung, d. h. während der Bauarbeiten zu übergeben sind;[87] § 3 VOB/B umfasst nämlich in seinen allgemeinen Regelungen der Nrn. 1 und 5 sowohl diejenigen Unterlagen, die **vor** Beginn der Ausführung zu übergeben sind als auch diejenigen, welche **während** der Ausführungsphase erforderlich werden.[88] 22

Die in § 3 Nr. 2 und Nr. 3 Satz 1 VOB/B als Beispiele für Ausführungsunterlagen namentlich benannten planerischen Baudaten allerdings sind ihrer Art nach vom Sachzwang her **vor** Beginn der Bauausführung dem AN zu beschaffen bzw. zu übergeben; denn beispielsweise ohne ein Abstecken der Hauptachsen der baulichen Anlagen oder ohne das Schaffen der Höhenfestpunkte ist der Auftragnehmer als Bauunternehmer nicht in der Lage, das zu erstellende Bauwerk richtig zu platzieren, kann also vor Kenntnis dieser Daten mit seinen Bauarbeiten nicht beginnen, ohne verfahrensmäßig und/oder inhaltlich gegen bauplanungsrechtliche oder bauordnungsrechtliche Bestimmungen des öffentlichen Rechts (Baugesetzbuch, Baunutzungsverordnung, Landesbauordnungen, Gemeindliche Satzungen/Flächennutzungsplan und Bebauungsplan) zu verstoßen oder sonst fehlerhaft zu arbeiten. 23

---

[82] Siehe BGH NJW 1984, 1676, 1677 = BauR 1984, 395, 397 = ZfBR 1984, 173, 174; *Nicklisch/Weick* VOB/B § 4 Rdn. 13 a. E., § 13 Rdn. 16 mit 15 u. w. N.; *Soergel* ZfBR 1995, 165 I. u. II. sowie hier unten Rdn. 63 u. Fn. 158.
[83] *Heiermann/Riedl/Rusam* VOB/B § 3 Rdn. 1; *Nicklisch/Weick* VOB/B § 3 Rdn. 3.
[84] *Nicklisch/Weick* VOB/B § 3 Rdn. 11; vgl. auch VOB/A § 9 Nr. 1–3.
[85] Vgl. *Nicklisch/Weick* VOB/B § 3 Rdn. 11.
[86] *Heiermann/Riedl/Rusam* VOB/B § 3 Rdn. 1; *Nicklisch/Weick* VOB/B § 3 Rdn. 3, 11.
[87] *Heiermann/Riedl/Rusam* VOB/B § 3 Rdn. 1.
[88] *Nicklisch/Weick* VOB/B § 3 Rdn. 4.

**24** **Änderungen in der Planung,** inhaltlich unzutreffende (falsche, unvollständige), für den Auftragnehmer nicht erkennbar unklare oder ungenaue oder sonst **fehlerhafte** Ausführungsunterlagen oder nicht rechtzeitig übergebene Ausführungsunterlagen einschließlich Bestelleranweisungen werden in der Regel rechtliche Auswirkungen[89] zu Lasten des Auftraggebers haben, weil hierdurch (um-) gestaltend und störend, inhaltlich und in bauablaufmäßiger einschließlich zeitlicher Hinsicht, in die vertraglich vorgesehene Bauleistung und/oder Ausführungsart bzw. in den vertraglich vorgesehenen Bauablauf, somit in die laufenden Vertragsbeziehungen eingegriffen wird.[90] Die Folgen zeigen sich vor allem in § 1 Nr. 3 mit § 2 Nr. 5, § 1 Nr. 4 mit § 2 Nr. 6 VOB/B (beim Pauschalpreis-Vertrag gemäß § 2 Nr. 7), gegebenenfalls auch in § 2 Nr. 8, in § 6 Nr. 2 Abs. 1 lit. a, Nr. 5, 6 und 7 VOB/B[91] und in § 642 BGB[92] mit den entsprechenden Rechten für den Auftragnehmer.

### III. Mitwirkungspflichten des Auftraggebers bei der Ausführung der Bauleistung als Herstellung des vertraglich geschuldeten Bau-Werkes

#### 1. Die Mitwirkungspflicht und Mitwirkungshandlung beim Bauvertrag

**25** Die Herstellung eines Werkes ist in der Regel nicht ohne eine Mitwirkung des Bestellers/Auftraggebers möglich.[93] So lässt sich kein Maßanzug ohne Angabe der Körpermaße, kein Dach ohne vorhandenen Gebäuderohbau, kein Bauwerk ohne Bereitstellung des (bebauungsreifen) Grundstücks[94] und ohne bestimmte geistige Vorarbeiten des Bestellers/Auftraggebers wie z. B. nähere Angaben zur Bauleistung, Zeichnungen/Pläne, Statik und Koordinationsleistungen herstellen.[95] Die Mitwirkungspflicht des Bestellers/Auftraggebers ist also zu definieren als die Pflicht, im **Zusammenwirken** mit dem Unternehmer/Auftragnehmer die Voraussetzungen für die Durchführung des Vertrages zu schaffen und Erfüllungshindernisse zu beseitigen.[96]

**26** Je nach Beschaffenheit des herzustellenden Werkes ist also eine bestimmte **Mitwirkung** des Bestellers/Auftraggebers erforderlich. Diese besteht insbesondere in gewissen Vorbereitungs-, Annahme- und (Leistungs-) Bestimmungshandlungen, deren Unterlassung oder nicht vollständige oder sonst nicht ordnungsgemäße Vornahme durch den Besteller/Auftraggeber als Gläubiger die Leistung des Unternehmers/Auftragnehmers als Schuldner blockiert. Die für jeden **Werkvertrag** gemäß § 642 BGB bestehende allgemeine gesetzliche Mitwirkungspflicht erhält wegen des gerade bei der Durchführung von Bauvorhaben besonders **notwendigen** vertrauensvollen Zusammenwirkens **(Kooperation)** von Auftraggeber und Auftragnehmer für einen **Bauvertrag** ganz besondere Bedeutung,[97] wie unter Rdn. 3, 9, 10, 25 aufgezeigt ist. Bezüglich der Mitwirkung des Bestellers spricht § 642 BGB zwar von

---

[89] *Heiermann/Riedl/Rusam* VOB/B § 3 Rdn. 1.
[90] *Nicklisch/Weick* VOB/B § 3 Rdn. 3.
[91] *Heiermann/Riedl/Rusam* VOB/B § 3 Rdn. 1; *Ingenstau/Korbion* VOB/B § 2 Nr. 5 Rdn. 15 ff., 25 ff., § 2 Nr. 6 Rdn. 3, § 2 Nr. 5 Rdn. 10 sowie § 3 Rdn. 3.
[92] *Nicklisch/Weick* VOB/B Einl §§ 4 bis 13 Rdn. 54.
[93] MünchKomm/*Busche* BGB § 631 Rdn. 106; *Nicklisch/Weick* VOB/B § 4 Rdn. 8; Palandt/*Sprau* BGB § 642 Rdn. 1; *Vygen* Bauvertragsrecht Rdn. 350.
[94] OLG München BauR 1992, 74, 75/76 = ZfBR 1992, 33, 34; *Ingenstau/Korbion* VOB/B § 3 Nr. 2 Rdn. 1; *Nicklisch/Weick* VOB/B § 4 Rdn. 9, *Vygen* Bauvertragsrecht Rdn. 350, 351, 660, 738; *Kapellmann* BauR 1992, 433, 435; vgl. auch oben Rdn. 5.
[95] *Ingenstau/Korbion* VOB/B § 3 Nr. 2 Rdn. 1; MünchKomm/*Busche* BGB § 631 Rdn. 106; *Nicklisch/Weick* VOB/B § 4 Rdn. 8; Palandt/*Sprau* BGB § 642 Rdn. 1; *Motzke* BauR 1994, 47, 48 (mit der Formel: „Ohne Mitwirkung des Bauherrn geht nichts"); *Soergel* ZfBR 1995, 165, I; konkretes Beispiel: fehlende vollständige und geprüfte Dachstatik, auf die der Auftragnehmer zur Durchführung der Dach-Zimmererarbeiten angewiesen ist, OLG Saarbrücken NJW-RR 1999, 460, 461.
[96] Vgl. Palandt/*Heinrichs* BGB § 242 Rdn. 32, § 280 Rdn. 29.
[97] *Heiermann/Riedl/Rusam* VOB/B § 9 Rdn. 5; *Kleine-Möller/Merl/Oelmaier* § 2 Rdn. 24/25; Palandt/*Sprau* § 642 Rdn. 3; *Vygen* Bauvertragsrecht Rdn. 336, 350; *Motzke* BauR 1994, 47, 48, 49; *v. Craushaar* BauR 1987, 14. I.; *Hartmann* BB 1997, 326 und 327.

## B. Die Mitwirkung des Auftraggebers zum baulichen Gelingen          Vor § 3

Handlungen, die „**bei** der Herstellung des Werkes erforderlich" sind und durch deren Unterlassen der Besteller in Annahmeverzug kommt; jedoch sind durch diese Verknüpfung mit den Vorschriften des Annahmeverzugs und somit auch des § 295 BGB die Mitwirkungshandlungen zusätzlich näher definiert als auch „**zur** Bewirkung der Leistung" „erforderlich". Daher ist § 642 BGB auch anwendbar, wenn dem Unternehmer/Auftragnehmer schon der rechtzeitige Beginn seiner Arbeiten dadurch verhindert wird, dass der Besteller/Auftraggeber „seine" Mitwirkung unterlässt.[98] „Bei" ist also nicht nur zeitlich als „während" zu verstehen, sondern auch funktional-sachbezogen als „zur" (also „nötig bei" sowie „nötig zur").

Der Bauunternehmer/Auftragnehmer ist gerade beim Bau zur reibungslosen, vertragsgemäßen, mängelfreien und rechtzeitigen Ausführung der Bauleistung darauf angewiesen, dass die erforderlichen Beiträge des Bestellers/Auftraggebers als dessen Mitwirkung überhaupt sowie mängelfrei und rechtzeitig geleistet werden, damit so die Voraussetzungen für die Tätigkeit des Bauunternehmers geschaffen werden; es ist insoweit Sache des Bestellers/Auftraggebers, die Ausführung des Werkes durch die solchermaßen zu ermöglichen.[99] Die dementsprechenden Mitwirkungspflichten des Bestellers/Auftraggebers beim Bauvertrag sind somit **schuldrechtliche Verbindlichkeiten,** soweit ohne deren vorherige oder gleichzeitige Erledigung die Erfüllung der Leistungspflicht des Unternehmers/Auftragnehmers entweder nicht möglich oder jedenfalls wesentlich und unzumutbar erschwert ist.[100] Das heißt, dass insoweit ohne Durchführung der gebotenen Mitwirkung des Bestellers/Auftraggebers der Bauunternehmer/Auftragnehmer außerstande ist, seine Leistung zu beginnen und auszuführen[101] und dass er ohne rechtzeitige und mängelfreie Erledigung der vorgenannten Mitwirkungshandlungen bei im Übrigen gleich bleibenden Vertrags- und Herstellungsbedingungen, also ohne (kostenwirksame) Gegensteuerungs- und sonstige Auffangmaßnahmen, wegen der bautechnischen und bauablauftechnischen Abhängigkeiten zur rechtzeitigen und mängelfreien Erfüllung seiner Leistungspflicht nicht oder nur wesentlich und unzumutbar erschwert (z. B. mit unverhältnismäßigem Aufwand) in der Lage ist.[102]

27

Aus Vorstehendem zeigt sich zugleich die Notwendigkeit, die in § 642 BGB nur allgemein und ohne konkrete Ausgestaltung statuierte „erforderliche" Mitwirkung des Bestellers/Auftraggebers als Bestandteil seines Verantwortungsbereiches zu konkretisieren.[103] Diese **Konkretisierung** kann durch ausdrückliche vertragliche Regelung, beispielsweise durch die in § 1 Nr. 2 VOB/B genannten Besonderen oder Zusätzlichen Vertragsbedingungen oder Allgemeinen oder Zusätzlichen Technischen Vertragsbedingungen erfolgen, oder sie ergibt sich oder muss sich ergeben durch konkludente oder stillschweigende Regelung oder sie ist durch Vertragsauslegung oder ergänzende Vertragsauslegung gemäß §§ 133, 157, 242 BGB unter Einbeziehung des Inhalts des Vertrages und dessen Gesamtgefüges zu ermitteln; dabei ist zu berücksichtigen, dass der Besteller/Auftraggeber grundsätzlich verpflichtet ist, alle Handlungen vorzunehmen, die nach Sinn, Zweck und Inhalt des Vertrages „**bei**" und „**zur**" Herstellung des Werkes erforderlich sind (siehe Wortlaut von § 642 und von § 295 BGB) und ohne die das Werk nicht hergestellt und vollendet werden kann,[104] wie z. B. auch

28

---

[98] MünchKomm/*Busche* BGB § 642 Rdn. 14.
[99] *Ingenstau/Korbion* VOB/B § 9 Nr. 1 Rdn. 23 Abs. 2; Palandt/*Heinrichs* BGB § 242 Rdn. 32; *Nicklisch/ Weick* VOB/B § 3 Rdn. 14; *Vygen* Bauvertragsrecht Rdn. 350; OLG München BauR 1992, 74, 75/76 = ZfBR 1992, 33, 34.
[100] *Heiermann/Riedl/Rusam* VOB/B § 4 Rdn. 5; *Ingenstau/Korbion* VOB/B § 9 Nr. 1 Rdn. 4, 22 u. 30; *Nicklisch/Weick* VOB/B § 4 Rdn. 8, § 9 Rdn. 8; Palandt/*Sprau* BGB § 642 Rdn. 1, 3.
[101] OLG Celle BauR 2001, 1597, 1598.
[102] *Heiermann/Riedl/Rusam* VOB/B § 9 Rdn. 4, 7; *Ingenstau/Korbion* VOB/B § 4 Nr. 1 Rdn. 1, VOB/B § 9 Nr. 1 Rdn. 4, 22, 23, 30; *Vygen* in: Kapellmann/*Vygen* Jahrbuch BauR 1998 S. 11; vgl. auch Wortlaut von § 9 Nr. 1 lit. a VOB/B sowie oben Rdn. 5; *Motzke* BauR 1994, 47, 48: „Ohne Mitwirkung des Bauherrn geht nichts".
[103] *Heiermann/Riedl/Rusam* VOB/B § 9 Rdn. 4; *Ingenstau/Korbion* VOB/B § 9 Nr. 1 Rdn. 4; *Nicklisch/ Weick* VOB/B § 3 Rdn. 5, 6; *Vygen* Bauvertragsrecht Rdn. 350.
[104] OLG Celle BauR 2001, 1597, 1598; *Heiermann/Riedl/Rusam* VOB/B § 9 Rdn. 4, 12; *Nicklisch/Weick* VOB/B § 4 Rdn. 6 und 8; BGH NJW 1972, 99, 100 und dem folgend Palandt/*Sprau* BGB § 642 Rdn. 3

im Falle eines allein beim Auftraggeber liegenden Spezialwissens oder notwendigen Leistungsabrufs. § 642 Abs. 1 BGB mit seiner Anknüpfung an den ein Verschulden des Bestellers nicht voraussetzenden Annahmeverzug zeigt, dass der Besteller für die Erfüllung seiner Mitwirkungspflicht verschuldensunabhängig einzustehen hat; er muss eine Entschädigung leisten und der Unternehmer kann außerdem nach § 643 BGB kündigen und Auslagenersatz nach § 645 Abs. 1 Satz 2 BGB verlangen. Daraus folgt, dass die **Erfüllbarkeit** der **Mitwirkungspflicht** in die **Risikosphäre** des **Bestellers** fällt.[105]

29 Bei einem Bauvertrag, in den VOB/B als Bestandteil einbezogen ist, enthält **VOB/B** die notwendige differenzierte vertragliche Konkretisierung der Mitwirkungspflichten und somit **Mitwirkungshandlungen** des Bestellers/Auftraggebers,[106] deren wichtigste **in §§ 3 und 4** festgelegt sind.[107] Zugleich werden damit die **Einfluss- und Verantwortungsbereiche** von Auftraggeber und Auftragnehmer abgegrenzt, was dazu führt, dass Behinderungen, die aus den nachstehend unter Rdn. 30 genannten Aufgaben- und Pflichtenfeldern des Auftraggebers herrühren, somit in seinen Verantwortungs- und Risikobereich gemäß § 6 Nr. 2 Abs. 1 lit. a VOB/B fallen.[108] Mitwirkungspflichten können sich auch aus VOB/C ergeben, so z. B. bei verändert angetroffenen Baugrundverhältnissen die zu treffenden „Maßnahmen gemeinsam (mit dem Auftragnehmer) festzulegen", vgl. DIN 18300 Ziff. 3.2.2., 3.3.1., 3.5.3., 3.7.4., 3.7.7. Siehe auch. → § 9 Nr. 1 Rdn. 22.

## 2. Grundlegende Beispiele für „erforderliche" Mitwirkungspflichten (Mitwirkungshandlungen) des Auftraggebers beim Bauvertrag nach VOB/B

30 Zu den baubezogenen Mitwirkungspflichten und Mitwirkungshandlungen des Auftraggebers, somit zu seinem Aufgaben- und Verantwortungsbereich im Sinne der vorstehenden Rdn. 25 ff. gehören insbesondere:
– (Rechtlich und tatsächlich/bautechnisch) bebauungsreife Bereitstellung des Baugrundstücks und/oder der baulichen Anlage, an welcher der Auftragnehmer seine Leistung zu erbringen hat (vgl. Rdn. 5 und 25), wozu auch die gemeinsame Zustandsfeststellung nach § 3 Nr. 4 VOB/B und die Beispiele beim nachstehenden 3., 5., 6. und 7. Spiegelstrich gehören, und zwar überhaupt und rechtzeitig
– (Rechtzeitige und unentgeltliche) Übergabe der für die Ausführung nötigen mangelfreien Unterlagen wie freigegebenen Plänen, Ausführungs-Zeichnungen, Skizzen, Schal- und Bewehrungsplänen etc. (§ 3 Nr. 1 VOB/B; vgl. auch Rdn. 1–3 und 25)
– Abstecken der Hauptachsen der baulichen Anlagen, der Grenzen des Geländes und Schaffung der Höhenfestpunkte (§ 3 Nr. 2 VOB/B)
– Gemeinsame Feststellung des Zustandes des Geländes vor Leistungsausführung (§ 3 Nr. 4 VOB/B) und von erbrachten Leistungen (§ 4 Nr. 10 VOB/B)
– Aufrechterhaltung der allgemeinen Ordnung auf der Baustelle (§ 4 Nr. 1 Abs. 1 Satz 1 VOB/B)
– Regelung des Zusammenwirkens der verschiedenen Unternehmer/„Koordinierungspflicht" (§ 4 Nr. 1 Abs. 1 Satz 1 VOB/B), z. B. rechtzeitige und mängelfreie Lieferung von auftraggeberseitig zu stellenden Baustoffen, rechtzeitige und mängelfreie Erbringung

---

wollen für eine werkvertraglich vereinbarte Abrufpflicht als Mitwirkungs- und Nebenverpflichtung §§ 642, 643 BGB „zumindest entsprechend" anwenden, da der Abruf nicht eine „bei" der Herstellung, sondern „zur" Herstellung des Werks erforderliche, dem Besteller obliegende Handlung sei; für die direkte Anwendung der §§ 642, 643 BGB spricht jedoch, dass § 295 BGB mit seiner Wendung „zur" ... „erforderlich" durch das in § 642 Abs. 1 BGB enthaltene Anspruchsmerkmal „Verzug der Annahme" (sozusagen) in § 642 BGB eingegliedert ist. Vgl. auch oben Rdn. 26.

[105] So zutreffend *Lenzen* BauR 1997, 210, 212 l. Sp.
[106] Als Ausfluss des bauvertraglichen Kooperationsverhältnisses, s. oben Rdn. 9.
[107] *Heiermann/Riedl/Rusam* VOB/B § 9 Rdn. 4; *Vygen* Bauvertragsrecht Rdn. 350. und *Vygen* in: *Kapellmann/Vygen* Jahrbuch Baurecht 1998, S. 11.
[108] *Ingenstau/Korbion* VOB/B § 6 Nr. 2 Rdn. 7, 9, 11; *Vygen* Bauvertragsrecht Rdn. 653, 654.

B. Die Mitwirkung des Auftraggebers zum baulichen Gelingen    **Vor § 3**

der bauseits geschuldeten (Vor-)Leistungen, bei Fertighäusern etwa Keller und Fundamente
- (Rechtzeitige und mangelfreie) Fertigstellung von Vorunternehmerleistungen, die Voraussetzung für die (Nachfolge-)Leistungen des Auftragnehmers sind, z. B. Estrich für Parkett- oder Fliesenleger
- (Rechtzeitige) Herbeiführung der erforderlichen öffentlich-rechtlichen Genehmigungen und Erlaubnisse (§ 4 Nr. 1 Abs. 1 Satz 2 VOB/B)
- Unentgeltliche Benutzungs- oder Mitbenutzungsüberlassung der notwendigen Lager und Arbeitsplätze auf der Baustelle, vorhandener Zufahrtswege und Anschlussgleise sowie vorhandener Anschlüsse für Wasser und Energie (§ 4 Nr. 4 VOB/B)
- Ferner: Das Treffen von zur Leistungsausführung sowie zum Leistungsfortgang **notwendigen** (unentbehrlichen), ggfls. unverzüglichen, Entscheidungen einschließlich gebotener etwaiger Leistungsbestimmungshandlungen und deren Umsetzung in planerische und sonstige Anweisungen bzw. Anordnungen, und zwar
  • zum einen zur vertraglichen/vertragsgemäßen Leistungsausführung (vgl. § 645 Abs. 1 i. V. m. § 642 BGB bzw. § 4 Nr. 1 Abs. 3 und 4 sowie § 4 Nr. 3 2. Hs. VOB/B i. V. m. § 642 BGB).[109]
  • zum anderen zur Ausführungsänderung durch Erteilung einer Leistungsänderungsanordnung bei sachlich gebotener Änderung der Ausführung (siehe §§ 1 Nr. 3, 2 Nr. 5 VOB/B).[110]
- Auskunft über den voraussichtlichen Beginn der Ausführung und Abruf der Leistung (§ 5 Nr. 2 Satz 1); das gehört zugleich auch zum Bereich der auftraggeberseitigen Koordination des Baugeschehens.

### 3. Rechtliche Einordnung der Mitwirkungspflichten des Auftraggebers aus §§ 3, 4 VOB/B und die Rechtsfolgen bei ihrer Verletzung

– Siehe zunächst auch unten Rdn. 51. –

**a) Gesetzlicher Ausgangspunkt: Gläubigerobliegenheiten gemäß § 642 BGB.** Die 31 unter Rdn. 30 aufgeführten besonderen Mitwirkungspflichten des Auftraggebers sind in ihrem Ausgangspunkt dem § 642 BGB entnommen. VOB/B geht bei deren Verletzung zunächst von dieser gesetzlichen Grundlage, also dem Annahmeverzug/Gläubigerverzug gemäß den §§ 293 ff. BGB aus. Dies ergibt sich aus dem Wortlaut von § 9 Nr. 1 lit. a VOB/B – „obliegende Handlung", „Annahmeverzug" –. Deshalb stellen die unter Rdn. 30 genannten Mitwirkungspflichten, weil deren Grundgedanke aus dem allgemeinen Werkvertragsrecht, nämlich aus § 642 BGB, stammt,[111] **zunächst** (Gläubiger-) Obliegenheiten dar.[112] Insoweit führt das Unterlassen der entsprechenden zur Leistungsausführung des

---

[109] Dazu gehört auch die (rechtzeitige) Entscheidung und diesbezügliche Mitteilung über Alternativpositionen als Leistungsbestimmung einer Wahlschuld i. S. von § 262 BGB oder die Leistungsbestimmung über Materialien etwa nach Bemusterungen; das alles gehört zugleich auch zum Bereich der auftraggeberseitigen Koordination des Baugeschehens.
[110] Beispiel: Wenn während der Bauausführung erkannt wird, dass die vereinbarte Ausführungsart zu Mängeln führen wird, etwa dass die bauvertraglich vereinbarte Höhenlage eines Parkplatzes dessen unzureichende Entwässerung zur Folge hat, muss der Auftraggeber ohne schuldhaftes Zögern eine die Leistungsausführung ändernde Anordnung nach §§ 1 Nr. 3, 2 Nr. 3 VOB/B treffen; verzögert der Auftraggeber diese Anordnungserteilung, dann ist der Auftragnehmer i. S. von § 6 VOB/B behindert mit allen daraus resultierenden für ihn günstigen Rechtsfolgen einschließlich dem ganzen oder teilweisen Entfall einer vereinbarten Vertragsstrafe. Siehe hierzu BGH v. 10. 5. 2001 – VII ZR 248/00 – BauR 2001, 1254, 1256 = NZBau 2001, 446, 448.
[111] *Ingenstau/Korbion* VOB/B § 9 Nr. 1 Rdn. 4.
[112] H. M.; BGHZ 11, 80, 83 = NJW 1954, 229; BGHZ 50, 175, 178/179 = NJW 1968, 1873, 1874 (beide Urteile allgemein und grundlegend für Werkverträge im Zusammenhang mit Mitwirkungspflichten aus § 642 BGB); BGH NJW 1985, 2475, 2476 = BauR 1985, 561, 563/564 = ZfBR 1985, 282, 283 für die Koordinierungspflicht gem. § 4 Nr. 1 Abs. 1 Satz 1 VOB/B; BGH BauR 1986, 203, 204, 205 = ZfBR 1986, 70, 71 für das Schaffen des Höhenfestpunktes gem. § 3 Nr. 2 VOB/B; *Heiermann/Riedl/Rusam* VOB/B § 3

Unternehmers/Auftragnehmers erforderlichen[113] Mitwirkungshandlung durch gänzliche Unterlassung oder durch nicht vollständige oder nicht mängelfreie oder nicht rechtzeitige Vornahme bei Vorliegen der entsprechenden weiteren Voraussetzungen verschuldensunabhängig zum Annahmeverzug/Gläubigerverzug des Auftraggebers gemäß §§ 293 ff. (einschl. § 295) BGB. Dies hat im VOB-Bauvertrag zur Folge, dass der Auftragnehmer bei Vorliegen der weiteren Anwendungs- und Anspruchsvoraussetzungen die Rechte aus § 6 VOB/B samt seiner Nr. 6 (Nr. 6 allerdings nur bei Verschulden) sowie aus § 9 Nr. 1 lit. a i. V. m. Nr. 2 VOB/B mit den Folgen der Nr. 3 und, soweit die eben genannten Bestimmungen nicht vorrangig und verdrängend Platz greifen, aus §§ 304, 642, 643, 645 Abs. 1, Abs. 2 BGB ausüben kann.[114] – Mit der Einstufung als „Obliegenheit" ist allerdings nur ein **Teil des Rechtscharakters** der Mitwirkungspflichten nach den §§ 3 und 4 VOB/B erfasst.

**32**   **b) Nicht nur Gläubigerobliegenheiten.** Die erforderliche Mitwirkung des Bestellers/Auftraggebers nach § 642 BGB und somit zugleich die unter Rdn. 30 genannten Mitwirkungshandlungen nach §§ 3 und 4 VOB/B sowie auch die Abrufpflicht nach § 5 Nr. 2 Satz 1 VOB/B sind nämlich nicht nur (Gläubiger-) Obliegenheiten mit der Folge allein des Annahmeverzugs bei deren Verletzung, sondern darüber hinaus gehören sie zu den Verbindlichkeiten aus dem Vertragsverhältnis, also im weitesten Sinne zu den Vertragspflichten.[115] Denn zur Erfüllung einer Vertragsverbindlichkeit gehört alles, was aus dem Vertrag vom Vertragspartner verlangt werden kann.[116] Laut BGH (vorletzte Fn.) „gewährt ihre Verletzung daher dem Unternehmer alle die Rechtsbehelfe, die ihm bei Zuwiderhandlungen des Vertragspartners gegen sonstige Verbindlichkeiten zustehen; daneben hat er noch die zusätzlichen Rechte aus den §§ 642 ff. BGB". Die schuldhafte Verletzung, insbesondere Unterlassung dieser Verbindlichkeiten kann daher – sowohl nach dem gesetzlichen Werkvertragsrecht als auch bei einem Vertrag nach VOB/B – einen Schadensersatzanspruch des Unternehmers/Auftragnehmers wegen (Schuld-)Pflichtverletzung nach § 280 Abs. 1 BGB n. F., vormals positiver Vertragsverletzung auslösen, **neben** die Rechte aus den §§ 642 ff. BGB und **neben** etwa fortbestehende Erfüllungsansprüche treten kann,[117] bei Unzumutbarkeit auch an Stelle der Mitwirkungs-Leistung (siehe Rdn. 51 (2) c).

**33**   **c) Echte vertragliche Nebenpflichten.** Während es eine vielfach vertretene Rechtsmeinung lediglich dabei belässt, dass Mitwirkungshandlungen des Bestellers/Auftraggebers nach § 642 BGB und nach §§ 3 und 4 VOB/B reine „Gläubigerobliegenheiten" und schlechthin nur Vertragsverbindlichkeiten als Grundlage für Schadensersatzansprüche aus (Schuld-)Pflichtverletzung nach § 280 Abs. 1 BGB n. F. i. S. der früheren positiven Vertragsverletzung, aber keine echte Schuldner-Verpflichtung sind,[118] ist demgegenüber für die in

---

Rdn. 7, § 4 Rdn. 5; *Ingenstau/Korbion* VOB/B § 3 Rdn. 3, § 3 Nr. 1 Rdn. 10; § 9 Nr. 1 Rdn. 23, 24, 31; *Locher* PrivBauR Rdn. 128; MünchKomm/*Busche* BGB § 642 Rdn. 4 m. w. N.); Palandt/*Sprau* BGB § 642 Rdn. 2; *Vygen* Bauvertragsrecht Rdn. 361, 362, 364. Zur Thematik der hiesigen → Rdn. 31 ff. s. auch *G. Hofmann* in FS *v. Craushaar* S. 219 ff.

[113] Zur „Erforderlichkeit" i. S. v. § 642 BGB siehe oben Rdn. 26–28 u. OLG Celle BauR 2001, 1597, 1598 für den Bauvertrag nach VOB **und** nach BGB.

[114] Näher zu den Rechtsfolgen und zum Verhältnis der genannten Rechte zueinander siehe unten Rdn. 51, 76, 77, 78 ff., 60 ff.; bezügl. §§ 642, 643 BGB vgl. auch *Lenzen* BauR 1997, 210, 212 l. Sp.

[115] H. M.; BGHZ 11, 80, 83 = NJW 1954, 229; BGHZ 50, 175, 179 = NJW 1968, 1873, 1874 (beide Urteile allgemein und grundlegend für Werkverträge im Zusammenhang mit Mitwirkungspflichten aus § 642 BGB); *Heiermann/Riedl/Rusam* VOB/B § 3 Rdn. 7, § 9 Rdn. 5, *Ingenstau/Korbion* VOB/B § 3 Nr. 1 Rdn. 10; Palandt/*Sprau* BGB § 642 Rdn. 1 und 3.

[116] BGHZ 11, 80, 83 = NJW 1954, 229.

[117] BGH wie vorletzte Fn.; *Heiermann/Riedl/Rusam* VOB/B § 3 Rdn. 7, § 9 Rdn. 5; Palandt/*Sprau* BGB § 642 Rdn. 1 und 3; zur positiven Vertragsverletzung siehe weiter BGH NJW 1974, 229; BGH NJW 1972, 99, 100.

[118] Vgl. oben Rdn. 31, 32; insb.: BGHZ 11, 80, 83 = NJW 1954, 229, BGHZ 50, 175, 179 = NJW 1968, 1873, 1874; *Kapellmann/Messerschmidt/Havers* VOB/B § 3 Rdn. 9–11; *Kleine-Möller/Merl/Oelmeier* § 10 Rdn. 517 ff. und § 13 Rdn. 331, 332, 328, 329; Palandt/*Heinrichs* BGB § 280 Rdn. 29; Palandt/*Sprau* BGB § 642 Rdn. 1, 3; *Vygen* Bauvertragsrecht Rdn. 360, 361, 362, 364 mit ausführlicher und grundlegender Auseinandersetzung zu diesem Thema; *Werner/Pastor* Rdn. 1772 (zum alten Schuldrecht), 1773 (zum neuen Schuldrecht).

B. Die Mitwirkung des Auftraggebers zum baulichen Gelingen **Vor § 3**

§§ 3 und 4 VOB/B geregelten Mitwirkungspflichten/Mitwirkungshandlungen des Auftraggebers festzustellen, dass es sich zusätzlich um echte Rechtspflichten,[119] nämlich um „echte" vertragliche „Nebenpflichten" handelt; denn diese Mitwirkungspflichten sollen die Voraussetzungen für die störungsfreie, reibungslose Durchführung des Bauvertrags schaffen und haben damit leistungsermöglichenden und leistungssichernden Charakter.[120] Die in den §§ 3 und 4 VOB/B festgelegten Mitwirkungspflichten (Mitwirkungshandlungen) sind nämlich nach der besonderen kooperationsorientierten Natur des Bauvertrages zu bewerten, dessen erfolgreiche Durchführung auf das **vertrauensvolle Zusammenwirken**[121] beider Vertragspartner angewiesen ist, wobei jeder Vertragspartner aus seinem Bereich dazu beizutragen hat, dass die vertraglich vereinbarte Bauleistung pünktlich und mängelfrei erbracht werden kann.[122] Ohne die unter Rdn. 30 aufgeführten Mitwirkungshandlungen des Auftraggebers ist auch ein fachkundiger, leistungsfähiger und zuverlässiger Auftragnehmer dazu nicht in der Lage.[123]

Dies führt zwangsläufig dazu, dass beim Bauvertrag mit seinem typisch kooperativen und kooperativpflichtigen Charakter (oben Rdn. 9, 25–27) und somit gerade auch bei einem Vertrag nach VOB Teil B der Auftraggeber hinsichtlich der Bauleistung nicht nur die Stellung eines Gläubigers mit bloßen Obliegenheiten hat, sondern dass er zugleich eine vertragliche Nebenpflicht (Nebenverpflichtung) gegenüber dem Auftragnehmer hat, die ihm auferlegten Mitwirkungshandlungen zu erfüllen.[124] Dies hat – zu Recht – auch der BGH[125] für den vergleichbaren Fall der in einem Bauvertrag festgelegten werkvertraglichen Pflicht des Bestellers zum Leistungsabruf, der die Herstellung des Werkes „überhaupt erst ermöglichen (soll)", ausgesprochen.

**34**

---

[119] So zutr. *Kniffka* Jahrbuch Baurecht 2001, S. 1, 6, 7 als Ergebnis einer vorzunehmenden interessebewertenden Vertragsauslegung unter Berücksichtigung des bauvertraglichen Langzeitverhältnisses und der Notwendigkeit der vertragsbegleitenden Kooperation. Ebenso bereits *Nicklisch/Weick* VOB/B § 4 Rdn. 11.

[120] *Kapellmann/Schiffers* Bd. 1 (Einheitspreisvertrag) Rdn. 1280; *Ingenstau/Korbion* VOB/B § 3 Rdn. 3; § 9 Nr. 1 Rdn. 23 Abs. 2 und Rdn. 24 (Auftraggeber ist hinsichtlich Mitwirkungspflicht ein „mit Nebenpflichten beladener Gläubiger" der Bauleistung); *Heiermann/Riedl/Rusam* VOB/B § 3 Rdn. 7, *Nicklisch/Weick* VOB/B § 3 Rdn. 14, § 4 Rdn. 11, 12 die diese Nebenpflichten sogar als „Nebenleistungspflichten" ansieht; *Palandt/Sprau* BGB § 631 Rdn. 25, § 642 Rdn. 3; *Palandt/Heinrichs* BGB § 242 Rdn. 25 und Rdn. 32, der zurecht die Mitwirkungspflichten, welche im Zusammenwirken zwischen Gläubiger und Schuldner die Voraussetzungen für die Durchführung des Vertrags zu schaffen und Erfüllungshindernisse zu beseitigen haben, zu den selbstständigen Nebenpflichten zählt, die trotz ihrer Unterordnung unter die Hauptpflicht (Hauptleistungspflicht) einen Eigenzweck haben und in diesem Rahmen der Erreichung des Vertragszwecks und des Leistungserfolges dienen; *Schwarze*, Auswirkungen der bauvertraglichen Kooperationsverpflichtung, BauR 2004, 895, 898; *v. Craushaar* BauR 1987, 14 l. Sp. m. w. N.: Schuldnerpflicht/Nebenpflicht wegen ihrer besonderen Bedeutung für den Bauunternehmer. A. A. *Vygen* Bauvertragsrecht Rdn. 360–364 mit weiteren Nachweisen: nur Obliegenheiten, neuerdings aber weitergehend, nämlich: Kooperationspflicht ist echte vertragliche Pflicht i. S. auch von § 280 BGB n. F. (mit § 241 Abs. 2 BGB n. F.) in Festgabe Steffen Kraus S. 249, 257, 259.

[121] „Kooperation", s. o. Rdn. 9, 25–27.

[122] *Ingenstau/Korbion* VOB/B § 9 Nr. 1 Rdn. 22, 23 Abs. 2; *v. Craushaar* BauR 1987, 14 l. Sp. m. w. N.: „Sie sind nach richtiger Ansicht ... **wegen** ihrer **besonderen Bedeutung** für den Unternehmer Schuldnerpflichten (Nebenpflichten); so auch zust. *Kapellmann/Schiffers* Bd. 1 (Einheitspreisvertrag) Rdn. 1280, 1373. Vgl. auch oben Rdn. 26.

[123] *Ingenstau/Korbion* VOB/B § 9 Nr. 1 Rdn. 23 Abs. 2 sowie oben Rdn. 26.

[124] *Ingenstau/Korbion* VOB/B § 9 Nr. 1 Rdn. 23 Abs. 2; vgl. auch *Kapellmann/Schiffers* Bd. 1 (Einheitspreisvertrag) Rdn. 1280 und *Kleine-Möller/Merl/Oelmaier* § 10 Rdn. 517 und § 13 Rdn. 331, 328; *v. Craushaar* BauR 1987, 14 l. Sp.; *Kniffka* Jahrbuch BauR 2001 S. 1, 6, 7.

[125] BGH NJW 1972, 99, 100; vgl. in diesem Zusammenhang aber BGHZ 11, 80, 83 = NJW 1954, 229, der – es ging vorliegend um einen Chartervertrag – zwar zunächst allgemein für Werkverträge Vorbereitungs- und Mitwirkungspflichten als Unterfall von Nebenpflichten bezeichnet, wobei allerdings dann die Einschränkung gemacht wird, dass „die zur Herstellung des Werkes erforderlichen Handlungen des Gläubigers" nach § 642 BGB lediglich „reine Gläubigerobliegenheiten", also bloß „Sache des Gläubigers" seien, ohne dass jedoch insoweit eine echte „Verpflichtung" entstehe. Gleichwohl begründe aber jede schuldhafte Leistungsstörung, die durch eine Verletzung dieser im weitesten Sinne aufzufassenden „Vertragspflichten" den Vertragsgegner schädigt, eine Verpflichtung zum Schadenersatz. Damit ist allerdings hiesigen Erachtens zu dem Rechtscharakter der spezifisch ausgestalteten Mitwirkungspflichten des Auftraggebers nach den §§ 3 und 4 VOB/B mit deren imperativen Form nichts ausgesagt.

**Vor § 3**                                                           Vorbemerkung § 3. Ausführungsunterlagen

35     **d) Sogar Nebenleistungspflichten (insoweit Schuldnerpflichten).** Die angesprochenen Mitwirkungsverpflichtungen des Auftraggebers sind durch vertragliche Einbeziehung der §§ 3 und 4 VOB/B vertraglich vereinbart und dienen der Ermöglichung sowie der Vorbereitung, Durchführung und Sicherung der Hauptleistung des Auftragnehmers. Sie sind auf die Herstellung des Werks und damit auf die Herbeiführung des Leistungserfolges gerichtet und beinhalten als **Pflichtelement** die Forderung **aktiven Handelns,** also der Erbringung einer „**Leistung**" an den Auftragnehmer. Dies ergibt sich zusätzlich daraus, dass die §§ 3 und 4 VOB/B die dort genannten Mitwirkungspflichten in inhaltlich konkretisierter Weise artikulieren und hierfür die imperative Form („**Leistungsbefehl**") gewählt haben. So bestimmt § 3 Nr. 1 VOB/B, dass die für die Ausführung nötigen Unterlagen „zu übergeben sind"; § 3 Nr. 2 VOB/B sagt kategorisch aus, dass das Abstecken der Hauptsachen etc. „Sache" des Auftraggebers „sind"; nach § 4 Nr. 1 Abs. 1 VOB/B „hat" der Auftraggeber für die allgemeine Ordnung auf der Baustelle „zu sorgen", das Zusammenwirken der verschiedenen Unternehmer „zu regeln" und die erforderlichen öffentlich-rechtlichen Genehmigungen und Erlaubnisse „herbeizuführen"; nach § 4 Nr. 4 VOB/B „hat" der Auftraggeber die dort genannten Plätze, Wege, Gleise und Versorgungsanschlüsse „zu überlassen". *Nicklisch/Weick* und *v. Craushaar* sehen daher zurecht diese Mitwirkungspflichten, jedenfalls bei größeren Bauverträgen, nach hiesiger Auffassung zutreffend als **echte** vertragliche Schuldnerverpflichtungen/**Schuldnerpflichten** in Form von Neben**leistung**spflichten an, so auch *Riedl, Kleine-Möller, Soergel, Kniffka* und *Havers,* ablehnend u. a. *Ingenstau/Korbion, Vygen*.[126]

36     Wie aufgezeigt ist, sind die in den §§ 3 und 4 VOB/B enthaltenen Mitwirkungspflichten als vertraglich vereinbarte Mitwirkungshandlungen des Auftraggebers nicht bloße Obliegenheiten, sondern werkleistungsbezogene vertragliche **Nebenpflichten** als Rechtspflichten.[127] Wegen ihrer werkgerichteten Leistungsaufforderung, welche sich vom Inhalt her aus der konkret festgelegten Handlung und von der Form her aus der imperativen Art und Weise der Formulierung als „kategorischer Verhaltensanforderung" an den Auftraggeber[128] ergibt und weil die Unternehmer beim Bauvertrag als Langzeit-Vertragsverhältnis in besonderer Weise auf die genannten Mitwirkungen des Auftraggebers angewiesen sind,[129] haben sie auch nach hiesiger Auffassung den Charakter als **Schuldnerpflichten**[130] in Form von sogar „Neben**leistungs**pflichten".

37     **Obwohl** die unter Rdn. 35 genannten Mitwirkungspflichten ein **Schuldnerpflicht-Element** beinhalten, sind sie aber regelmäßig **nicht** Schuldnerpflichten im Sinne von **Hauptpflichten**.[131] Zur diesbezüglichen Qualifikation siehe unten **Rdn. 43 ff.** Auch *Nicklisch/*

---

[126] Siehe *Nicklisch/Weick* VOB/B Einl Rdn. 14, § 3 Rdn. 14, § 4 Rdn. 11, 12, 13, 13 b m.w.Lit.-Nachw. und BB 1979, 535 m. Fn. 2; *Heiermann/Riedl/Rusam* VOB/B § 4 Rdn. 5; in diesem Sinne auch *v. Craushaar* BauR 1987, 141. Sp.: wegen der besonderen Bedeutung dieser Mitwirkungspflichten für den Unternehmer sind sie „Schuldnerpflichten (Nebenpflichten)". „Der Unternehmer hat folglich einen Rechtsanspruch darauf, dass ihm der Bauherr durch seine Vorgaben ermöglicht, die Bauleistungen vereinbarungsgemäß zu erbringen."; *ders.* FS Vygen S. 154, 155 u./156 o.: „... Schuldnerpflichten ..., weil die Unternehmer beim Bau in besonderer Weise auf die Mitwirkung des Auftraggebers angewiesen sind". Ebenso G. *Hofmann* FS v. Craushaar S. 219 ff. und *Kniffka* Jahrbuch Baurecht 2001 S. 1, 7 mit 13. Palandt/*Sprau* BGB § 642 Rdn. 3, § 631 Rdn. 25 für Großprojekte, wo Zusammenarbeit besonders bedeutsam; *Kleine-Möller* in *Kleine-Möller/Merl/Oelmaier* § 9 Rdn. 18, § 10 Rdn. 517, 519 mit begründendem Hinweis darauf, dass – beiden Parteien bekannt – der Baubetrieb nicht auf Vorrat, sondern auf Abruf des Bauunternehmers plant und arbeitet; *Merl* § 13 Rdn. 331/332, 328, 329; ablehnend *Ingenstau/Korbion* VOB/B § 9 Nr. 1 Rdn. 24 und die oben bei Rdn. 31, 32, 33 gen. Stimmen; bejahend *Kapellmann/Messerschmidt/Havers* VOB/B § 3 Rdn. 13, 14, 9; vermittelnd wiederum *Kapellmann/Messerschmidt* VOB/B § 6 Rdn. 53–55, 48: echte vertragliche Nebenpflicht und nach vertraglicher Nebenleistungspflicht mit Recht d. AN die Erfüllung zu **verlangen**, desgl. ebenda *Merkens* B § 4 Rdn 1, 12.

[127] *Nicklisch/Weick* VOB/B § 3 Rdn. 14, § 4 Rdn. 11, 12, 13, 13 b.

[128] *Kniffka* Jahrbuch Baurecht 2001 S. 1, 7 mit 13; *Nicklisch/Weick* wie vorst.

[129] Vgl. oben BGB Rdn. 27 und *v. Craushaar* FS Vygen S. 154, 155 u./156 o. sowie *Kniffka* Jahrbuch Baurecht 2001 S. 7 mit 13.

[130] Siehe die drei vorst. Fn.

[131] Der BGH in NJW 1972, 99 verwendet für „Hauptpflicht" den Ausdruck „Hauptverpflichtung" und bezeichnet die diesbezüglich zu erbringende Leistung des Bestellers als „Hauptleistung".

B. Die Mitwirkung des Auftraggebers zum baulichen Gelingen    Vor § 3

*Weick,* welche die genannten Mitwirkungspflichten als „Schuldnerpflichten" qualifizieren,[132] stellen zu Recht klar, dass es sich hierbei nur um Schuldnerpflichten in Form von Nebenleistungspflichten handelt und nicht um (synallagmatische) Haupt(leistungs)pflichten,[133] ebenso wie dies auch der BGH für vertragliche Nebenverpflichtungen herausstellt.[134] Denn die gesetzliche Ausgangsregelung für die Mitwirkunspflichten ist § 642 Abs. 1 BGB;[135] außerdem sagt die Regelung des § 631 Abs. 1, 1. Hs. BGB und des § 4 Nr. 2 Abs. 1 VOB/B deutlich aus, dass der Unternehmer/Auftragnehmer Schuldner der Bauherstellung als Haupt(leistungs)pflicht ist, während die gesetzliche Regelung der §§ 631 Abs. 1, 2. Hs., 640 BGB den Besteller/Auftraggeber zum Schuldner der Vergütung und der Abnahme als Haupt(leistungs)pflichten macht.[136] In dieser Rechtssystematik der **synallagmatischen Haupt**pflichten im schuldrechtlichen Gegenseitigkeitsverhältnis und ihr gemäß ist der Besteller/Auftraggeber also Gläubiger der vom Unternehmer/Auftragnehmer herzustellenden Bauleistung, der Unternehmer/Auftragnehmer Gläubiger der Werklohn-Vergütung und der Abnahme.

Der Besteller/**Auftraggeber** ist somit hinsichtlich der oben unter Rdn. 35 und 30 **38** behandelten Mitwirkungspflichten ein mit **Nebenpflichten** (nach hiesiger Auffassung sogar mit Neben**leistungs**pflichten als Schuldnerpflichten, vgl. Rdn. 35 bis 37), „beladener" **Gläubiger** der Bauleistung,[137] weil die genannten Mitwirkungspflichten die Erfüllung der Hauptleistung, nämlich die Herstellung des Bauwerks erst, aber auch nur, ermöglichen, somit Vorbereitungsarbeiten und sonstige Vorarbeiten hierzu nebst Leistungssicherung darstellen; zugleich deshalb aber sind sie keine Haupt(leistungs)pflichten, sie stehen **außerhalb des synallagmatischen Gegenseitigkeitsverhältnisses**.[138] Daher kann der Besteller/Auftraggeber nur durch **besondere vertragliche Vereinbarung** zum **Hauptleistungsschuldner** in Bezug auf seine **Mitwirkungspflichten** gemacht werden;[139] dies setzt zugleich voraus, dass die entsprechenden Mitwirkungspflichten gerade als „Hauptleistung" (Hauptpflicht, Hauptverpflichtung) vereinbart werden, was möglich ist; denn welche Leistungen Hauptleistungen sein sollen, richtet sich nach dem Willen der Vertragspartner und ist gegebenenfalls auch durch Auslegung zu ermitteln.[140] Hauptleistungspflichten müssen nicht nur die den Vertragstyp bestimmenden Pflichten sein, vielmehr können dazu auch sonstige Pflichten zählen, die nach dem **Willen der Parteien** für die Durchführung des Vertrages von **wesentlicher** Bedeutung sind.[141] Siehe dazu ergänzend unten Rdn. 43 bis 49.

**e) Anspruch auf Erfüllung, Einklagbarkeit.** Wegen ihrer in Rdn. 35, 36 dargestellten **39** Rechtsnatur als leistungssichernde vertragliche Neben(leistungs)pflichten besteht ein Anspruch auf (verlangbare) Erfüllung der oben unter Rdn. 35 und 30 aufgeführten Mitwirkungsverpflichtungen, der bei Fälligkeit[142] selbstständig einklagbar[143] und auch im Wege des

---

[132] *Nicklisch/Weick* VOB/B § 4 Rdn. 11, 12, 13, 13 b.
[133] *Nicklisch/Weick* VOB/B § 3 Rdn. 14, § 4 Rdn. 12, 13.
[134] BGH NJW 1972, 99, 100: Im konkreten Fall für eine werkvertraglich vereinbarte Pflicht des Bestellers zum Abruf der vorgesehenen Werkleistung; auch OLG Hamm v. 26. 2. 1994 – 26 U 79/92; *Ingenstau/Korbion* VOB/B § 5 Nr. 1–3 Rdn. 13.
[135] *Ingenstau/Korbion* VOB/B § 9 Nr. 1 Rdn. 24; *Vygen* Bauvertragsrecht Rdn. 362.
[136] Siehe Rdn. 2; *Ingenstau/Korbion* VOB/B § 9 Nr. 1 Rdn. 24.
[137] Siehe hiesige Rdn. 33; *Heiermann/Riedl/Rusam* VOB/B § 4 Rdn. 5; *Ingenstau/Korbion* VOB/B § 9 Nr. 1 Rdn. 24; BGH NJW 1972, 99, 100.
[138] BGH NJW 1972, 99, 100; *Palandt/Heinrichs* BGB § 242 Rdn. 32; Einf. V. § 320 Rdn . 17; *Kleine-Möller/Merl/Oelmaier* 13 Rdn. 268.
[139] *Ingenstau/Korbion* VOB/B § 9 Nr. 1 Rdn. 24; *MünchKomm/Busche* BGB § 642 Rdn. 3, 2; *Palandt/Sprau* BGB § 642 Rdn. 3; *Vygen* Bauvertragsrecht Rdn. 364.
[140] BGH NJW 1972, 99; OLG Düsseldorf NJW-RR 1996, 661, 662 = BauR 1996, 121, 122: Verpflichtung der Parteien zur „unechten" oder „technischen" Teilabnahme nach § 12 Nr. 2 lit. b VOB/B a. F. (entspricht § 4 Nr. 10 VOB/B 2000), wenn die Parteien ihr eine über die bloße Vorbereitung der rechtsgeschäftlichen Endabnahme hinausgehende Bedeutung beigemessen haben, etwa zur Herbeiführung einer sachverständigen Überprüfung von den für den Gebäudebestand risikoreichen etwaigen Mangels.
[141] BGH BauR 1999, 39, 41 r.Sp. Abs. 1 m. w. N.
[142] BGH NJW 1972, 99, 100.
[143] BGH NJW 1972, 99, 100 für den vergleichbaren Fall der in einem Bauvertrag festgelegten Pflicht des Bestellers zum Leistungs-Abruf, der – ebenso wie die hier behandelten Mitwirkungshandlungen – die

einsweiligen Rechtsschutzes durchsetzbar ist.[144] Diese Folge findet ihre Bestätigung durch die sprachliche Verwendung der imperativen Form („Leistungsbefehl"), vgl. oben Rdn. 35, 36. Die genannten Mitwirkungspflichten sind durch ihre inhaltliche Ausgestaltung in den §§ 3 und 4 VOB/B auch inhaltlich hinreichend konkret bestimmt, um Gegenstand eines bestimmten Sachantrages sein zu können, der für die Einklagbarkeit und somit auch den einstweiligen Rechtsschutz notwendig ist.[145]

**40** **f) Fälligkeit, Annahmeverzug.** Die **Mitwirkungshandlung** und -verpflichtung ist auf Grund ihres rechtlichen Ausgangspunktes, nämlich des § 642 BGB, **fällig,** wenn **Annahmeverzug** (Gläubigerverzug) nach den §§ 293–299 BGB eingetreten ist. Der Annahmeverzug setzt Nichtannahme der angebotenen Leistung voraus.[146] Hierzu sind bei einer zur Ausführung der Bauleistung erforderlichen Mitwirkungshandlung des Auftraggebers grundsätzlich folgende **Voraussetzungen** notwendig:

– Der Auftragnehmer muss nach dem Vertrag **berechtigt** sein, die von der Mitwirkungshandlung des Auftraggebers abhängige Bauleistung bzw. Bauleistungsphase (Bauleistungsteil) in dem jeweils maßgebenden Zeitpunkt zu erbringen, was nach den Vertragsfristen und hilfsweise aus § 271 BGB zu beurteilen ist; der Annahmeverzug tritt nicht ein, wenn der Auftragnehmer mit der Ausführung verfrüht beginnt und hierzu die Mitwirkung des Auftraggebers verlangt. Zu beachten ist dabei auch die Regelung des § 299 BGB.

– Der Auftragnehmer muss **leistungsbereit** sein. Er muss also seine Leistung gemäß § 295 BGB durch ein wörtliches Angebot oder durch die Aufforderung an den Auftraggeber, die erforderliche Mitwirkungshandlung vorzunehmen, ordnungsgemäß **anbieten;** zu einem ordnungsgemäßen Angebot des Auftragnehmers als Leistungsschuldner gehört bei einem VOB/B-Bauvertrag auch, dass er gemäß § 6 Nr. 1 VOB/B anzeigt, wenn er wegen (nicht aus seinem Verantwortungsbereich stammender) hindernder Umstände zur Leistungserbringung nicht im Stande ist.[147] Oder es muss stattdessen das Angebot entbehrlich sein, weil die Voraussetzungen von § 296 BGB vorliegen, insbesondere weil für die vom Auftraggeber vorzunehmende Mitwirkungshandlung, etwa auch einen Leistungsabruf, eine Zeit nach dem Kalender bestimmt ist.

– Des Weiteren muss der Auftragnehmer an sich[148] zur Leistung **im Stande** sein. Der Annahmeverzug tritt **nicht** ein, wenn der Auftragnehmer zurzeit des Angebots außer Stande[149] ist, seine Leistung zu erbringen (§ 297 BGB); objektive Unmöglichkeit der Leistung (also ein dauerndes Leistungshindernis) und Unvermögen des Auftragnehmers als Schuldner der Bauleistung schließen also den Annahmeverzug aus. Der Gläubigerverzug endet, wenn eine der Verzugsvoraussetzungen entfällt.

– Der Auftraggeber (oder sein Erfüllungsgehilfe) muss die zur Herstellung des Werkes erforderliche und ihm obliegende Mitwirkungshandlung **unterlassen** haben. In **Abgrenzung zu** den Vorschriften des **Unmöglichkeits**rechts, die bei dauernder objektiver

---

Ausführung der Leistung des Auftragnehmers erst ermöglicht, also der Erreichung des Vertragszweckes und des Leistungserfolges dient und der als solcher inhaltlich bestimmt ist; RGRK-*Glanzmann* BGB § 631 Rdn. 32, wonach im Werkvertragsrecht alle Nebenpflichten einklagbar sind; *Kapellmann/Messerschmidt/Havers* VOB/B § 3 Rdn. 13, 14, 9; ebenda *Merkens* VOB/B § 4 Rdn. 1, 12 und *Kapellmann* VOB/B § 6 Rdn. 48, 55; *Kleine-Möller/Merl/Oelmaier* § 13 Rdn. 332; *Heiermann/Riedl/Rusam* VOB/B § 4 Rdn. 4; *Nicklisch/Weick* VOB/B § 3 Rdn. 14; § 4 Rdn. 4, 13; Palandt/*Heinrichs* BGB § 242 Rdn. 24–32; Palandt/*Sprau* BGB § 642 Rdn. 3; **verneinend** *Ingenstau/Korbion* VOB/B § 9 Nr. 1 Rdn. 23; *Kapellmann/Schiffers* Bd. 1(Einheitspreisvertrag) Rdn. 1281, 1280: zwar „echte Schuldner-Nebenpflicht", eine solche sei aber bloß schadenersatzbegründend, nur eine Hauptpflicht begründe einen Erfüllungsanspruch und sei insoweit auch einklagbar.

[144] *Nicklisch/Weick* VOB/B § 3 Rdn. 14; § 4 Rdn. 13; *v. Craushaar* BauR 1987, 14 l. Sp. spricht von **„Rechtsanspruch",** setzt somit also auch die klageweise Durchsetzbarkeit gedanklich voraus. Verneinend *Ingenstau/Korbion* VOB/B § 9 Nr. 1 Rdn. 23.

[145] Siehe *Heiermann/Riedl/Rusam* VOB/B § 4 Rdn. 4.

[146] BGH NJW 2000, 1336, 1338 = BauR 2000, 722, 725 = NZBau 2000, 187, 189.

[147] BGH wie vor.

[148] Die Behinderung wegen der fehlenden Mitwirkung hinweggedacht.

[149] Im vorgenannten Sinn.

B. Die Mitwirkung des Auftraggebers zum baulichen Gelingen   Vor § 3

Unmöglichkeit der Leistung Platz greifen, liegt ein Annahmeverzug und ein hierzu führendes „Unterlassen" der Mitwirkungshandlung nur vor, wenn ein vorübergehendes Annahme- oder Mitwirkungshindernis beim Auftraggeber besteht oder wenn der Auftraggeber die Mitwirkungshandlung überhaupt nicht oder nicht rechtzeitig vornehmen will oder wenn der Auftraggeber auch sonst die Leistung überhaupt nicht oder nicht rechtzeitig annehmen will.[150] Das ist bei Bauverträgen z. B. der Fall, wenn der Besteller/Auftraggeber das Baugrundstück nicht oder nicht rechtzeitig als „als für die Leistung des Auftragnehmers aufnahmebereit zur Verfügung stellt" (je nachdem mit oder ohne Vorarbeiten anderer Unternehmer, also gleichsam als „bearbeiteten" oder „unbearbeiteten" Stoff).[151]

Auf Verschulden kommt es beim vorstehend genannten „Unterlassen" nicht an; das bloße Unterlassen reicht aus. Dabei ist **zu beachten: Gerät** der **Auftragnehmer** mit seiner Leistung **in Schuldnerverzug** und ist die Leistung deshalb nur noch unter Erschwerungen zu erbringen, so kommt der **Auftraggeber** durch ein wörtliches Angebot der Leistung, das ohne Rücksicht auf die vom Auftragnehmer zu vertretenden Erschwernisse erteilt wird, regelmäßig **nicht in Annahmeverzug**.[152] **Andererseits schließt** der **Annahmeverzug** des Auftraggebers/Bestellers, ja sogar schon die bloße Unterlassung oder sonstige Verletzung (etwa nicht genügende Erfüllung) der gebotenen Mitwirkungshandlung **den Leistungsverzug** des Auftragnehmers/Unternehmers **aus,** weil dann die Verspätung in den Verursachungs- und Verantwortungsbereich des ersteren fällt.[153]   41

**g) Keine Einklagbarkeit bei bloßer Obliegenheit.** Die Einordnung der Mitwirkungshandlungen und -verpflichtungen als reine Gläubiger-**Obliegenheiten** (vgl. oben Rdn. 31–33) führt bei den Vertretern dieser Meinung[154] dazu, dass der Auftragnehmer keinen Anspruch auf ihre Erbringung durch den Auftraggeber hat[155] und somit auch **keine Einklagbarkeit** besteht, da Gläubigerobliegenheiten nicht einklagbar sind.[156]   42

**4. Mitwirkungspflichten innerhalb und außerhalb §§ 3, 4 VOB/B als Schuldnerpflichten in Form von Nebenleistungspflichten oder von Haupt(leistungs)pflichten – Einklagbarkeit**   43

Siehe zunächst oben Rdn. 32 bis 37 sowie 38, 39. Gesetzliche und vertragliche Mitwirkungspflichten, auch diejenigen aus §§ 3 und 4 VOB/B, können im Einzelfall durch besondere vertragliche (ausdrückliche oder konkludente, gegebenenfalls auch stillschweigen-

---

[150] Zu Rdn. 40 insgesamt siehe BGH wie vor; *Heiermann/Riedl/Rusam* VOB/B § 9 Rdn. 6; *Ingenstau/Korbion* VOB/B § 9 Nr. 1 Rdn. 31; *Nicklisch/Weick* VOB/B Einl §§ 4–13 Rdn. 47, § 9 Rdn. 9; Palandt/*Heinrichs* BGB § 293 Rdn. 8–10; speziell und ausführlich zur Abgrenzung zwischen Unmöglichkeit der Leistung und Annahmeverzug: *ders.* § 293 Rdn. 3–6 m. w. N., § 297 Rdn. 1; vgl. a. OLG München BauR 1992, 74, 75 = ZfBR 1992, 33, 34 (rk.); OLG Düsseldorf BauR 1995, 706, 707: Annahmeverzug des Auftraggebers gem. § 296 BGB, wenn er bei fest vereinbartem Baubeginn die Bauleistung bis zu diesem Zeitpunkt nicht abruft und dem Auftragnehmer die Ausführung damit nicht ermöglicht.
[151] BGH a. a. O.; siehe auch die vergleichbaren Fälle a. E. d. Rdn. 41 „Störende Gewächse" u. „Fehlendes Baugerüst".
[152] BGH NJW 1986, 987 = BauR 1986, 206, 207 = ZfBR 1986, 64.
[153] Unten Rdn. 60 a. E. sowie BGH NJW 1996, 1745, 1746; OLG Düsseldorf BauR 1998, 341, 342: kein Verzug des AN mit seiner Leistung, ja nicht einmal Fälligkeit der Leistung (hier Zaunerstellung) solange der AG den Arbeitsbereich nicht von **störenden Gewächsen** befreit hat, was zu seiner Mitwirkungspflicht gehört, weil gärtnerische Arbeiten nicht zum Gewerk des Zaunaufstellers als AN zählen; OLG Koblenz NJW-RR 2002, 809: **Fehlt** bei Baubeginn ein vom Auftraggeber vertraglich dem Auftragnehmer/Bauunternehmer zu stellendes **Baugerüst**, gehen Arbeitsbeginnaufforderung und/oder Fristsetzung mit Ablehnungsandrohung seitens des Auftraggebers ins Leere.
[154] Siehe z. B. *Locher* PrivBauR Rdn. 128; *Vygen* Bauvertragsrecht Rdn. 361, 362, 364; wohl auch BGH NJW 1985, 2475, 2476 r. Sp., 2. = BauR 1985, 561, 564 (oben) = ZfBR 1985, 282, 283 r. Sp., 2.; für Mitwirkungsverpflichtungen nach BGB allgemein: BGHZ 11, 80, 83 = NJW 1954, 229; BGHZ 50, 175, 178 = NJW 1968, 1873, 1874.
[155] *Nicklisch/Weick* VOB/B § 4 Rdn. 11; *Vygen* Bauvertragsrecht Rdn. 361, 362.
[156] MünchKomm/*Busche* BGB § 642 Rdn. 2; *Vygen* Bauvertragsrecht Rdn. 364; vgl. auch *Nicklisch/Weick* VOB/B § 3 Rdn. 14.

**Vor § 3** Vorbemerkung § 3. Ausführungsunterlagen

de) Vereinbarung, etwa durch Besondere oder Zusätzliche Vertragsbedingungen als **Schuldnerpflichten** im Sinne von **Haupt(leistungs)pflichten** des Bestellers/Auftraggebers übernommen werden,[157] etwa wenn es dem Unternehmer/Auftragnehmer nicht nur um die Vergütung, sondern besonders oder besonders auch um die Vertragsdurchführung geht, zum Beispiel beim Industrieanlagenvertrag mit Entwicklungs- oder Pilotcharakter zum Selbstkostenpreis,[158] jedenfalls bei ganz besonderer Bedeutung der Mitwirkungspflicht des Auftraggebers für den Auftragnehmer, wie etwa in den Beispielfällen der Rdn. 46 und 47. Das Gleiche gilt, wenn die Mitwirkung des Bestellers/Auftraggebers als selbstständige Leistung ausgestaltet ist, die dem eigentlichen Herstellungsbereich zuzuordnen ist, wie z. B. eine Verpflichtung des Bestellers/Auftraggebers zur Überlassung von Transportmitteln, die Übernahme auftraggeberseits zu erbringender Lieferungen oder Leistungen (etwa sogenannte Eigenleistungen), von denen die Fortführung oder gar Ausführung der Auftragnehmerleistung abhängt, vor allem dann, wenn für deren Erfüllung vertraglich ein Zeitpunkt kalendermäßig oder auf andere Weise festgelegt worden ist.[159] In den vorgenannten Fällen hat der Besteller/Auftraggeber insoweit echte Schuldnerstellung,[160] was bei Vorliegen der entsprechenden gesetzlichen Voraussetzungen zum Schuldnerverzug mit Anwendbarkeit von § 280 Abs. 2, § 281 Abs. 1 BGB n. F./§ 286 BGB a. F. sowie von §§ 281, 323, 325 BGB n. F./§ 326 BGB a. F. führt.[161] Im VOB/B-Bauvertrag ist dabei aber für verschuldensabhängige **Schadensersatzansprüche** die Vorrangs- und Verdrängungswirkung des § 6 Nr. 6 VOB/B, soweit es um Behinderungen geht, nach Maßgabe der Rdn. 53, 60, 76, 77 zu beachten; statt des **gesetzlichen Rücktrittsrechts** findet im Rahmen eines VOB/B-Bauvertrages vorrangig das Kündigungsrecht des § 9 Nr. 1 lit. b VOB/B („sonst in Schuldnerverzug") Anwendung.

44   Ebenfalls für die Frage der **Einklagbarkeit** ist die vorgenannte ausnahmsweise Qualifikation als Haupt(leistungs)pflicht von Bedeutung, soweit man die Einklagbarkeit der unter Rdn. 30 und 35 aufgeführten Mitwirkungspflichten gemäß §§ 3 und 4 VOB/B nicht schon wie oben unter Rdn. 39 bejaht; vgl. auch die Ausführungen unter Rdn. 48 und 49.

45   Auch der durch (gegebenenfalls ergänzende) **Auslegung** des Vertrages und des Parteiwillens gemäß §§ 133, 157, 242 BGB zu ermittelnde Wille der Vertragspartner auf Grund der Umstände des jeweiligen Falles und der Interessenlage[162] kann ergeben, dass eine Mitwirkungsverpflichtung des Bestellers/Auftraggebers sich als echte vertragliche **Schuldnerpflicht** darstellt,[163] mit der Möglichkeit der Anwendung von § 280 Abs. 2,

---

[157] OLG Düsseldorf NJW-RR 1996, 661, 662 = BauR 1996, 121, 122 (Fn. 83); OLG Celle mit Revisions-Nichtannahmebeschluss d. BGH, BauR 1994, 629: jedenfalls Schuldnerpflicht bei vom AG vertraglich übernommener Verpflichtung, dem AN zum vertraglich festgesetzten Zeitpunkt für die Bauarbeiten eine Behelfsbrücke zur Verfügung zu stellen (→ Verzug des AG nach § 284 Abs. 2 Satz 1 BGB a. F.); BGH NJW 1972, 99; RGZ 37, 24; 53, 221; *Kleine-Möller* in *Kleine-Möller/Merl/Oelmaier* § 10 Rdn. 517, zurückhaltend *Merl* a. a. O. § 13 Rdn. 331, 332, 328, 329; *Heiermann/Riedl/Rusam* VOB/B § 9 Rdn. 5; *Ingenstau/Korbion* VOB/B § 9 Nr. 1 Rdn. 24; *Nicklisch* BB 1979, 533, 541; MünchKomm/*Busche* BGB § 642 Rdn. 3; Palandt/*Sprau* BGB § 642 Rdn. 3; *Vygen* Bauvertragsrecht Rdn. 364.
[158] *Nicklisch* BB 1979, 533, 541; Palandt/*Sprau* BGB § 642 Rdn. 3.
[159] Vgl. *Ingenstau/Korbion* VOB/B § 9 Nr. 1 Rdn.24, 37, 38; *Locher* Das private Baurecht Rdn. 128; *von Craushaar* BauR 1987, 14, 20; *G. Hofmann* FS von Craushaar 1997, S. 219 ff.; *Vygen* in Kapellmann/*Vygen* Jahrbuch Baurecht 1998 S. 10 unten/S. 11 oben.
[160] *Heiermann/Riedl/Rusam* VOB/B § 9 Rdn. 5; *Ingenstau/Korbion* VOB/B § 9 Nr. 1 Rdn. 24, 38; *Nicklisch/Weick* VOB/B § 4 Rdn. 11, 12.
[161] *Heiermann/Riedl/Rusam* VOB/B § 9 Rdn. 5; vgl. auch OLG Düsseldorf mit dem dortigen Fallbeispiel NJW-RR 1996, 661, 662 = BauR 1996, 121, 122 (Fn. 83).
[162] *Kniffka* Jahrbuch Baurecht 2001 S. 1, 6/7, 13/14; MünchKomm/*Busche* BGB § 642 Rdn. 21, 22; *Nicklisch/Weick* VOB/B § 4 Rdn. 11; eine solche ersichtliche Interessenlage für den Unternehmer/Auftragnehmer kann insbesondere dann gegeben sein, wenn letzterer für die Bauausführung in besonderer Weise auf die Mitwirkung des Bestellers/Auftraggebers angewiesen ist, vgl. auch *v. Craushaar* FS Vygen S. 154, 155 u./156 o.
[163] Siehe vorst. Fn. sowie OLG Celle m. Revisions-Nichtannahmebeschluss d. BGH in BauR 1994, 629: Nicht zu vertraglich festgelegtem Zeitpunkt erfüllte vertraglich übernommene Verpflichtung des AG, dem AN für seine Bauarbeiten eine Behelfsbrücke zur Verfügung zu stellen, mit der Folge der Anwendung von § 284 Abs. 2 Satz 1 BGB; BGH NJW 1972, 99; *Ingenstau/Korbion* VOB/B § 3 Rdn. 4; MünchKomm/*Busche*

B. Die Mitwirkung des Auftraggebers zum baulichen Gelingen   **Vor § 3**

§ 281 Abs. 1 BGB n. F./§§ 286 ff. BGB a. F. wegen Schuldnerverzugs. §§ 281, 323, 325 BGB n. F./ § 326 BGB a. F. dagegen wären bei Verzug des Bestellers mit einer sich als Schuldnerpflicht darstellenden Mitwirkungverpflichtung nur anwendbar, wenn diese Schuldnerverpflichtung zugleich als Hauptleistungsverpflichtung vereinbart ist.[164] Das synallagmatische Gegenseitigkeitsverhältnis, das bei den §§ 320 ff. BGB n. F. und a. F. vorausgesetzt ist, erstreckt sich nämlich nur auf Hauptleistungspflichten der beiden Vertragsparteien, nicht auf deren Nebenleistungspflichten und nicht auf deren Nebenpflichten als Verhaltenspflichten/Schutz- und Rücksichtspflichten.[165] Beim VOB/B-Bauvertrag findet im vorerwähnten Fall einer Mitwirkungspflicht als Hauptleistungspflicht statt eines Rücktrittsrechts nach den §§ 320 ff. BGB n. F. und a. F. das **Kündigungsrecht** des § 9 Nr. 1 lit. b VOB/B („sonst in Schuldnerverzug") Anwendung. Bei Schadensersatzansprüchen nach den vorgenannten Gesetzesbestimmungen ist im VOB/B-Bauvertrag die Vorrangs- und Verdrängungswirkung des § 6 Nr. 6 VOB/B nach Maßgabe obiger Rdn. 43 zu beachten.

Ob und welche Leistung Hauptverpflichtung ist, richtet sich nach dem Willen (Auslegung, §§ 133, 157 BGB) der Vertragspartner, die die betreffende Leistung als wesentliche gewollt haben müssen.[166] So können in **Ausnahmefällen** die Mitwirkungspflichten des Bestellers/Auftraggebers **Haupt(leistungs)pflichten** sein, wenn beim Unternehmer/Auftragnehmer die Bauausführung gegenüber der Werklohnvergütung im Vordergrund steht, wie z. B. beim Industrieanlagen-Vertrag mit Entwicklungs- oder Pilotcharakter,[167] oder wenn, wie im Falle OLG Düsseldorf,[168] die Bauvertragsparteien eine **beiderseitige** (Mitwirkungs-) Verpflichtung zur technischen Teilabnahme vereinbaren und ihr über die bloße Vorbereitung der Endabnahme hinaus wegen Risiken einer Sanierung von wasserundichten Kellern (also einer Sache von gravierender Bedeutung) die von der Endabnahme unabhängige weitere Bedeutung der Herbeiführung einer sachverständigen Überprüfung als fortbestehende Leistungsverpflichtung des Auftragnehmers beigemessen haben. Es geht also in diesen Fällen um die Beimessung einer ganz besonderen Bedeutung der Auftraggeber-Mitwirkung für den Bauunternehmer/Auftragnehmer. **46**

In der Regel sind jedenfalls vertragliche **Mitwirkungsverpflichtungen,** die sich als **Schuldnerpflichten** darstellen, mindestens (einklagbare) Neben(leistungs)pflichten des Auftraggebers.[169] So wird man bei Bauverträgen für langfristige Großbauvorhaben, Spezialbauvorhaben oder industrielle Anlagen, bei denen zur Herstellung des Bauwerks eine deutlich den üblichen Rahmen überschreitende, eng verzahnt voneinander abhängige Kooperation zwischen Besteller/Auftraggeber und Unternehmer/Auftragnehmer notwendig ist[170] und das besondere Know-how oder/und Spezialwissen des Auftraggebers oder eines seiner Erfüllungsgehilfen eine entscheidende Rolle für die rechtzeitige und sachgerechte **47**

---

BGB § 642 Rdn. 2, 3, 21, 22; *Nicklisch* BB 1979, 533, 541, 544; *Nicklisch/Weick* VOB/B § 4 Rdn. 11, 12, 13; Palandt/*Sprau* BGB § 642 Rdn. 3.

[164] BGH NJW 1972, 99, 100; OLG Hamm v. 26. 2. 1994 – 26 U 79/92; OLG Düsseldorf NJW-RR 1996, 661, 662 = BauR 1996, 121 r. Sp., 122 r. Sp.; *Nicklisch/Weick* VOB/B § 2 Rdn. 14, § 4 Rdn. 13; Palandt/ *Sprau* BGB § 642 Rdn. 3.

[165] Siehe oben Rdn. 37 und BGH NJW 1972, 99, 100; OLG Hamm v. 26. 2. 1994 – 26 U 79/92; Palandt/*Heinrichs* BGB Vor § 320 Rdn. 17; vgl. auch oben Rdn. 43 („konkludente Vereinbarung").

[166] BGH NJW 1972, 99; OLG Düsseldorf NJW-RR 1996, 661, 662 = BauR 1996, 121 r. Sp., 122 r. Sp. Palandt/*Heinrichs* (61. Aufl.) BGB § 326 a. F. Rdn. 7.

[167] MünchKomm/*Busche* BGB § 642 Rdn. 21, 22; Palandt/*Sprau* BGB § 642 Rdn. 3; siehe auch oben Rdn. 43 („konkludente Vereinbarung").

[168] OLG Düsseldorf NJW-RR 1996, 661, 662 = BauR 1996, 121 r. Sp., 122 r. Sp.

[169] Vgl. BGH NJW 1972, 99 für den vergleichbaren Fall der in einem Bauvertrag zeitlich festgelegten werkvertraglichen Pflicht des Bestellers zum Abruf der Leistung, wobei aus dem Urteil nicht hervorgeht, ob dem dortigen Bauvertrag VOB/B zugrundelag; MünchKomm/*Busche* BGB § 642 Rdn. 2, 3, 21, 22; *Nicklisch/Weick* VOB/B § 4 Rdn. 14, § 4 Rdn. 12 („Nebenleistungspflicht"); Palandt/*Sprau* BGB § 642 Rdn. 3; Kleine-Möller/Merl/Oelmaier § 10 Rdn. 517, § 13 Rdn. 332; v. *Craushaar* BauR 1987, 14 l. Sp.: Schuldnerpflichten mit „Rechtsanspruch".

[170] Ingenstau/Korbion VOB/B § 3 Rdn. 4, § 9 Nr. 1 Rdn. 38; MünchKomm/*Busche* BGB § 642 Rdn. 11, 22, 21; *Nicklisch* BB 1979, 533, 541, 544; *Nicklisch/Weick* VOB/B § 4 Rdn. 11; Palandt/*Sprau* BGB § 642 Rdn. 3.

**Vor § 3**

Ausführung spielt,[171] die entsprechenden Mitwirkungspflichten als Schuldnerpflichten mindestens in Form von **Nebenleistungspflichten,** wenn nicht häufig sogar als **Hauptleistungspflichten,** keinesfalls als bloße Gläubigerobliegenheiten, anzusehen haben.

48 (Einklagbare) Schuldnerpflichten des Bestellers/Auftraggebers im vorgenannten Sinn sind insbesondere auch Leistungen, die dem eigentlichen Herstellungsbereich zuzurechnen sind wie etwa die Zurverfügungstellung von Transportmitteln, die Übernahme und Durchführung von Leistungen nach § 2 Nr. 4 VOB/B sowie Eigenleistungen. Hierher zählen auch die Fälle, in denen der Zeitpunkt für Mitwirkungshandlungen des Bestellers/Auftraggebers kalendermäßig oder auf andere Weise genau festgelegt ist und zugleich Ausführungsfristen (insbesondere Einzelfristen) für die Bauleistung iSv § 5 Nr. 1 VOB/B als verbindliche Vertragsfristen ausdrücklich vereinbart sind. Gerät der Auftraggeber mit derartigen (Schuldner-) Verpflichtungen in Verzug, liegt beim VOB-Vertrag ein Fall des sonstigen Schuldnerverzugs iSv § 9 Nr. 1 lit. b VOB/B vor.[172]

49 Die **Rechtsnatur** der Mitwirkungspflicht als **Hauptpflicht** oder echter vertraglicher **Nebenpflicht bzw. Nebenleistungspflicht** einerseits **oder** als bloße **Gläubigerobliegenheit** andererseits spielt auch eine Rolle für die Frage der **Einklagbarkeit** der Mitwirkungshandlung. Ohne die Bejahung der Einklagbarkeit der Mitwirkungspflichten gemäß Rdn. 39 kommt man nur dort und dann zu ihrer Einklagbarkeit, wenn die Mitwirkungspflichten in dem unter Rdn. 43 ff. erörterten Sinn als Schuldnerpflichten eingestuft werden.

50 Wenn auch die klageweise Durchsetzung von Mitwirkungspflichten, insbesondere der unter Rdn. 30, 35 genannten Mitwirkungspflichten aus §§ 3 und 4 VOB/B in der Bauvertragswirklichkeit die Ausnahme sein dürfte, weil dies aus zeitlichen Gründen von wenig praktischem Interesse ist und/oder weil zudem das für die im Übrigen Erfolg versprechende Abwicklung des Bauvorhabens notwendige Kooperations- und Vertrauensverhältnis gestört würde, so gibt doch die Möglichkeit der gerichtlichen Geltendmachung dem Auftragnehmer im Einzelfall eventuell ein Druckmittel, den Auftraggeber zur Erfüllung seiner Mitwirkungspflicht anzuhalten, zumal dann, wenn dem Auftragnehmer mit nachträglichen Schadensersatzleistungen nur wenig oder weniger gedient ist als mit Erfüllung.[173]

**5. Rechtliche Folgen bei Verletzung der Mitwirkungspflichten des Auftraggebers aus den §§ 3 und 4 VOB/B**[174]

51 a) **Vorbemerkung: Die auftraggeberseitigen Mitwirkungspflichten des Auftraggebers nach §§ 3 und 4 VOB/B als Nebenpflichten sowie Nebenleistungspflichten und ihre Verletzung als „Pflichtverletzung" nach neuem und nach altem BGB-Schuldrecht.**

(1) Unter den obigen Rdn. 32 ff. und 43 ff. ist herausgearbeitet, dass und inwieweit die Mitwirkungspflichten des **Auftraggebers** insbesondere nach §§ 3 und 4 VOB/B vertragliche Nebenpflichten, sogar vertragliche Nebenleistungspflichten und bisweilen auch Hauptleistungspflichten sind bzw. sein können. Ihre Verletzung durch den Auftraggeber ist somit die Verletzung einer Pflicht aus einem Schuldverhältnis. Die „Pflichtverletzung", nämlich „Verletzung einer Pflicht aus dem Schuldverhältnis" gemäß § 280 Abs. 1 BGB in der seit 1. 1. 2002 geltenden neuen Fassung des BGB-Schuldrechts ist

---

[171] Vgl. den Fall OLG Celle m. Revisions-Nichtannahmebeschluss des BGH in BauR 1994, 629: nicht zum vertraglich festgelegten Zeitpunkt erfüllte vertraglich übernommene Verpflichtung des AG, dem AN für seine Bauarbeiten eine Behelfsbrücke zur Verfügung zu stellen; *Kleine-Möller/Merl/Oelmaier* § 13 Rdn. 331; *Ingenstau/Korbion* VOB/B § 3 Rdn. 4, § 9 Nr. 1 Rdn. 38.
[172] Vgl. OLG Celle mit Revisions-Nichtannahmebeschluss d. BGH BauR 1994, 629: Schuldnerverzug d. AG gem. § 284 Abs. 2 Satz 1 BGB, wenn AG vertragl. übernommene Verpflichtung, dem AN für die Bauarbeiten eine Behelfsbrücke zur Verfügung zu stellen, nicht zum vertraglich festgelegten Zeitpunkt erfüllt; *Kleine-Möller/Merl/Oelmaier* § 13 Rdn. 331; *Heiermann/Riedl/Rusam* VOB/B § 9 Nr. 12 und 5; *Ingenstau/Korbion* VOB/B § 9 Nr. 1 Rdn. 38, 39.
[173] *Nicklisch/Weick* VOB/B § 4 Rdn. 4, 14; *Vygen* Bauvertragsrecht Rdn. 364.
[174] Siehe zu diesem Themenkreis aus der neuen Literatur *Maxem* BauR 2003, 952 ff.

B. Die Mitwirkung des Auftraggebers zum baulichen Gelingen **Vor § 3**

tatbestandlich die zentrale Kategorie des neuen Leistungsstörungsrechts, § 280 Abs. 1 BGB n. F. ist also dessen Grundtatbestand. Der Begriff „Pflicht aus dem Schuldverhältnis" umfasst einheitlich vertragliche Hauptleistungspflichten, vertragliche Nebenleistungspflichten sowie sonstige vertragliche Nebenpflichten (Rücksichtspflichten und Verhaltenspflichten).

(2) § 280 Abs. 1 BGB n. F. und sein zentraler Begriff „Pflichtverletzung" decken somit **alle Leistungsstörungen** im Schuldverhältnis ab, nämlich die

- **Nichterfüllung** seitens des Hauptleistungsschuldners durch Verzug und durch Unmöglichkeit;
- **Schlechterfüllung** seitens des Hauptleistungschuldners durch Schlechtleistung bei Verträgen ohne eine besondere Mängelhaftung, durch Schlechtleistung bei Kaufverträgen und Werkverträgen mit der diesbezüglich gesetzlich geregelten besonderen Mängelhaftung sowie durch Schlechtleistung auf Grund Verletzung leistungsbezogener und leistungsbegleitender Nebenpflichten;
- **Verletzung von Nebenpflichten** einschließlich **Nebenleistungspflichten** (Verhaltenspflichten einschließlich diesbezüglicher Pflichten zu aktiver Handlung) seitens des Hauptleistungsschuldners oder seitens des Hauptleistungsgläubigers.
  - Zur Verletzung von Nebenpflichten und Nebenleistungspflichten gehört auch die Verletzung von Mitwirkungspflichten des Hauptleistungsgläubigers im VOB/B-Bauvertrag, insbesondere solcher nach §§ 3 und 4 VOB/B, gleich ob man sie als schlichte Nebenpflicht oder qualifiziert als Nebenleistungspflicht (hierzu oben Rdn. 33 bis 42, 43 ff.) einstuft.
  Nach dem bis 31. 12. 2001 geltenden alten BGB-Schuldrecht wurde die Verletzung einer als vertragliche Nebenpflicht qualifizierten Mitwirkungspflicht des Hauptleistungsgläubigers, insbesondere einer solchen nach den §§ 3 und 4 VOB/B vom ungeschriebenen Tatbestand der **„positiven Vertragsverletzung"** („pVV") als gewohnheitsrechtliche Norm erfasst und hinsichtlich der rechtlichen Folgen geregelt. Dieser Tatbestand der „positiven Vertragsverletzung" wird in dem seit 1. 1. 2002 geltenden BGB-Schuldrecht von der Schadensersatzgrundnorm des § 280 Abs. 1 BGB n. F. mit seinem zentralen Begriff „Pflichtverletzung" = „Verletzung einer Pflicht aus dem Schuldverhältnis", miterfasst und tatbestandlich ersetzt. Eine Pflicht aus dem Schuldverhältnis im Sinne von § 280 Abs. 1 BGB n. F. umfasst auch die in § 241 Abs. 2 BGB n. F. als „Verpflichtung zur Rücksicht" bezeichneten herkömmlichen **Verhaltenspflichten** aus § 242 BGB. Die Pflichtverletzung nach § 280 Abs. 1 BGB n. F. in der Form der früheren positiven Vertragsverletzung hat schadensersatzrechtlich zur Folge, dass gemäß dem genannten § 280 Abs. 1 der Auftragnehmer im VOB/B-Bauvertrag als Gläubiger der mindestens eine Nebenpflicht darstellenden Mitwirkungspflicht des Auftraggebers „Ersatz des durch die Mitwirkungspflichtverletzung entstehenden Schadens" verlangen kann; gemäß § 280 Abs. 3 BGB n. F. kann der Auftragnehmer unter den zusätzlichen Voraussetzungen des § 282 BGB n. F. Schadensersatz „statt der Leistung" der Mitwirkungshandlung verlangen, wenn ihm diese Leistung durch den Auftraggeber nicht mehr zuzumuten ist.
  - Nunmehr steht also für den früheren Schadensersatzanspruch wegen und aus „positiver Vertragsverletzung" nach dem neuen seit 1. 1. 2002 geltenden Schuldrecht der Anspruch auf Schadensersatz nach § 280 Abs. 1 BGB (in Verbindung auch mit § 241 Abs. 2 BGB) für den „hierdurch entstehenden Schaden" und nach § 280 Abs. 3 BGB unter den zusätzlichen Voraussetzungen des § 282 BGB der Anspruch auf Schadensersatz „statt der Leistung".
  Zu hier (1) und (2), siehe die ausführliche Darstellung in Palandt/*Heinrichs,* BGB, ab 62. Auflage (2003), § 280 Rdn. 2, 4; 5, 12 ff.; 24 ff.; Vorbem v § 275 Rdn. 10, 11.

- Wie ausgeführt, unterscheidet § 280 Abs. 1 BGB n. F. nicht zwischen Haupt- und Nebenpflichten, sondern erfasst deren Verletzung einheitlich als „Verletzung einer Pflicht aus dem Schuldverhältnis" bzw. schlicht „Pflichtverletzung". Die oben bei Rdn. 35 ff. behandelte Frage, ob sich die **Mitwirkungspflichten** nach § 3 und nach § 4 VOB/B über bloße Obliegenheiten und Nebenpflichten hinaus auch **als Schuldnerpflichten** in Form von Nebenleistungspflichten (ausnahmsweise u. U. auch in Form von Hauptleistungspflichten) darstellen oder darstellen können, hat aber auch in Anbetracht des § 280 Abs. 1 BGB n. F. gleichwohl weiterhin Relevanz. **Schadensersatzrechtlich** hat nämlich diese Frage nach wie vor Bedeutung und zwar für die – nur bezüglich einer Haupt**leistungs**pflicht oder zumindest einer Neben**leistungs**pflicht möglichen – Anwendung eines Anspruchs auf Schadensersatz „wegen" verzugsbedingter „Verzögerung" gem. § 280 Abs. 2 BGB n. F. in Verbindung mit § 286 BGB n. F. neben der Erfüllung der gebotenen Mitwirkungshandlung oder auf Schadensersatz „statt der Leistung" gemäß § 280 Abs. 3 BGB n. F. in Verbindung mit § 281 BGB n. F. sowie § 282 BGB n. F., also statt der Erfüllung der gebotenen Mitwirkungshandlung (vgl. auch Döring Baurecht 2002, Heft 11 a „Sonderausgabe VOB/B 2002", Erläuterung Abs. 3 zu § 3 VOB/B). Dabei führt die Verletzung der Mitwirkungspflicht als Nebenleistungspflicht bereits unter den Voraussetzungen des § 281 Abs. 1 BGB n. F. nebst erfolgloser Setzung einer angemessenen Frist zur Leistung zum Schadensersatz „statt der Leistung"; hingegen bei Einstufung der Mitwirkungspflicht als schlichter Nebenpflicht gemäß §§ 280 Abs. 3, 282 BGB n. F. muss für den Schadensersatz „statt der Leistung" die schwierigere und schwer greifbare Voraussetzung erfüllt sein, wonach dem Auftragnehmer die Mitwirkungsleistung durch den Auftraggeber „nicht mehr zuzumuten ist".

  Der Schadensersatz „statt der Leistung" der gebotenen Mitwirkungshandlung ist im Bereich der §§ 3 und 4 VOB/B im Hinblick auf die praktische Durchführbarkeit allerdings nur denkbar, wo dem Auftragnehmer die Ersetzung der gebotenen Mitwirkungshandlung durch Selbstvornahme (mittels Eigenleistung oder Fremdbeauftragung) möglich ist, etwa bei nötigen Unterlagen nach § 3 Nr. 1 VOB/B, Handlungen nach § 3 Nr. 2 VOB/B, gewissen öffentlich-rechtlichen" Genehmigungen und Erlaubnissen nach § 4 Nr. 1 Abs. 1 Satz 2 VOB/B, bestimmten Überlassungen nach § 4 Nr. 4 lit. b VOB/B und lit. c, weniger bei lit. a. Der Schaden besteht in solchen Fällen in den Kosten der Selbstvornahme.

- Die Einstufung der Mitwirkungspflichten nach §§ 3 und 4 VOB/B als Nebenleistungspflichten hat **des Weiteren** Bedeutung im Hinblick auf die Ausführungen in obigen Rdn. 39 und 43 (mit 42); denn nur bei Qualifizierung als Nebenleistungspflicht besteht ein **Primärleistungsanspruch** des Auftragnehmers gegen den Auftraggeber **auf Erfüllung** der Nebenleistungspflicht selbst als einklagbarer Anspruch auf aktive Vornahme der Mitwirkungshandlung. Die Einstufung der Mitwirkungspflicht des Auftraggebers als bloße Obliegenheit oder als schlichte Nebenpflicht hingegen führt nur zur Anwendung von § 280 Abs. 1 BGB n. F. und damit nur zu den Sekundäransprüchen auf Schadensersatz.

**52** **b) Rechtliche Folgen nach VOB/B.** Erfüllt der Auftraggeber seine Mitwirkungspflichten aus den §§ 3 und 4 VOB/B oder weitere Mitwirkungspflichten (z. B. aus obiger Rdn. 30) nicht rechtzeitig, beispielsweise durch zeitweise Weigerung oder durch zeitweises Nichthandeln oder Unvermögen, und führt dies zu einer Behinderung oder Unterbrechung der Bauausführung, so wird bei Erfüllung der Voraussetzungen von § 6 Nr. 1 VOB/B die Ausführungsfrist nach § 6 Nr. 2 Abs. 1 lit. a VOB/B im Umfang von § 6 Nr. 4 VOB/B verlängert.[175] Ein Verschulden des Auftraggebers im Sinne von §§ 276, 278 BGB ist hierfür

---

[175] *Heiermann/Riedl/Rusam* VOB/B § 3 Rdn. 8; *Ingenstau/Korbion* VOB/B § 3 Nr. 1 Rdn. 14; *Kapellmann/Messerschmidt/Havers* VOB/B § 3 Rdn. 15 zweite Hälfte, Rdn. 9.

## B. Die Mitwirkung des Auftraggebers zum baulichen Gelingen   Vor § 3

kraft der ausdrücklichen Wendung „Umstand aus dem *Risikobereich* des Auftraggebers" ab der Fassung der VOB/B 2000 nicht nötig. Ein Verschulden des Auftraggebers war auch in den bis dahin geltenden VOB/B – Fassungen nicht gefordert, trotz des seinerzeitigen Wortlautes „durch einen ... *zu vertretenden* Umstand"; für einen vom Auftraggeber „zu vertretenden" Umstand im Sinne von § 6 Nr. 2 Abs. 1 lit. a VOB/B a. F. bis 2000 genügte es nach h. M. bereits ebenfalls, dass der die Behinderung oder Unterbrechung verursachende Umstand aus der Einfluss-**Sphäre des Auftraggebers** stammt und somit seinem bauvertraglichen **Risikobereich** zuzuordnen ist. Das ist bei Verletzung von Mitwirkungspflichten des Auftraggebers der Fall, wenn ein solches Ereignis seinen Ausgangspunkt in dem dem Auftraggeber zuzurechnenden Einfluss- und Verantwortungsbereich hat.[176] Siehe auch Rdn. 28 ff.

– Zum verschiedenen **Bedeutungsinhalt** von § 6 Nr. 2 Abs. 1 lit. a VOB/B a. F. (= „Risikobereich") und von § 6 Nr. 6 VOB/B (= „Verschulden") sowie zur Beweislast des Auftraggebers dafür, dass kein Verschulden im Sinne von § 6 Nr. 6 vorliegt, wird auf die hiesige Kommentierung bei → § 6 Nr. 2 Rdn. 33 ff. und bei → § 6 Nr. 6 Rdn. 119 verwiesen.

Hat der Auftraggeber oder sein Erfüllungsgehilfe die zur Behinderung oder Unterbrechung führende Bauleistungsverzögerung durch **schuldhaftes Unterlassen** der ihm obliegenden Mitwirkungshandlung verursacht, so hat der Auftragnehmer gemäß § 6 Nr. 6 VOB/B a. F. = § 6 Nr. 6 Satz 1 VOB/B n. F. 2006 Anspruch auf Ersatz des dadurch nachweislich entstandenen Schadens, des entgangenen Gewinns aber nur bei Vorsatz oder grober Fahrlässigkeit. Für den Anwendungsbereich **schuldhaft** verursachter **Behinderungen** und **Unterbrechungen** auch durch nicht rechtzeitige Erfüllung von Mitwirkungspflichten des Auftraggebers geht im VOB/B-Bauvertrag **§ 6 Nr. 6 VOB/B** a. F. = § 6 Nr. 6 Satz 1 VOB/B n. F. 2006 als **Spezialregelung** für den Sachbereich des § 6 Nr. 6 anderen **verschuldensabhängigen** vertraglichen und gesetzlichen Schadensersatzansprüchen für Behinderungen und Unterbrechungen vor und **verdrängt** diese **insoweit,** aber nur insoweit; § 6 Nr. 6 VOB/B a. F./§ 6 Nr. 6 Satz 1 VOB/B n. F. 2006 ist nämlich **keine abschließende** Regelung von Leistungsstörungen schlechthin, die zu Verzögerungen führen.[177] Vgl. hierzu auch unten **Rdn. 76.** Wegen der Anspruchskonkurrenzen mit „offengebliebener" Anwendbarkeit anderer vertraglicher und gesetzlicher Schadensersatzansprüche im vorgenannten Anwendungsbereich siehe unten Rdn. 60; zu Anspruchskonkurrenzen mit **Vergütungs**ansprüchen nach VOB/B → § 6 Nr. 6 Rdn. 26, 116 ff.; zur Frage der Anwendbarkeit des verschuldensunabhängigen Entschädigungsanspruches gemäß **§ 642 BGB** im gekündigten sowie im ungekündigten VOB/B-Bauvertrag **neben** der Regelung des **§ 6 Nr. 6 VOB/B** a. F./§ 6 Nr. 6 Satz 1 VOB/B n. F. 2006 siehe unten Rdn. 76, 79 bis 83 sowie → § 6 Nr. 6 Rdn. 27 bis 31 und → Vor § 9 Rdn. 17, 18. 53

Im Übrigen gilt für die notwendige Abgrenzung der hindernden Umstände in solche aus dem Einfluss- und Risikobereich des **Auftragnehmers** und in solche aus der Sphäre des **Auftraggebers,** dass innerhalb des Anwendungsbereichs der VOB weitgehend auf die Regelungen in §§ 3 und 4 VOB/B, aber auch in anderen Bestimmungen der VOB, z. B. § 9 VOB/A zurückgegriffen werden kann und muss. Die Abgrenzung der beiden Risikobereiche führt dann dazu, dass Behinderungen des Auftragnehmers durch Störungen bei der Erfüllung der in Rdn. 30 aufgeführten Mitwirkungspflichten des Auftraggebers in den Einfluss- und Risikobereich des Auftraggebers fallen.[178] 54

Speziell für **Unterbrechungen** (= vorübergehende Stillstände der Bautätigkeit) gelten zusätzlich die verschuldensunabhängigen Vergütungsansprüche des Auftragnehmers nach § 6 55

---

[176] H. M., vgl. BGH NJW-RR 1990, 403 = BauR 1990, 210, 211 = ZfBR 1990, 138, 139; *Ingenstau/Korbion* VOB/B § 6 Nr. 2 Rdn. 6, 7; *Vygen* BauR 1983, 210, 215.
[177] BGH NJW 2000, 1336, 1338 l. Sp. = BauR 2000, 722, 725 l. Sp. = NZBau 2000, 187, 188 r. Sp.
[178] *Ingenstau/Korbion* VOB/B § 6 Nr. 2 Rdn. 9–11; *Vygen* Bauvertragsrecht Rdn. 651, 653, 654.

Nr. 5 und Nr. 7 VOB/B; im Falle des Verschuldens des Auftraggebers ist § 6 Nr. 6 VOB/B a. F. / § 6 Nr. 6 Satz 1 VOB/B n. F. 2006 daneben anwendbar,[179] weil die Unterbrechung eine Unterform der Behinderung ist.[180]

Unberührt bleibt im Übrigen ein etwaiger Anspruch des Auftragnehmers nach § 642 BGB (§ 6 Nr. 6 Satz 2 VOB/B).

56 Gerät der Auftraggeber durch das Unterlassen der Mitwirkungshandlung in **Annahmeverzug** gemäß §§ 293 ff. BGB und setzt er dadurch den Auftragnehmer außerstande, die Leistung auszuführen, so kann der Auftragnehmer den Bauvertrag gemäß § 9 Nr. 1 lit. a VOB/B unter den weiteren Voraussetzungen des § 9 Nr. 2 VOB/B schriftlich kündigen.[181] Ein derartiger Kündigungsfall tritt in der Regel ein, wenn der Auftraggeber die Mitwirkungspflicht überhaupt oder auf die Dauer der vorgesehenen oder als normal geltenden Bauzeit nicht erfüllt oder nicht erfüllen kann,[182] z. B. die Ausführungsunterlagen nach § 3 Nrn. 1 und 2 VOB/B nicht zur Verfügung stellt oder stellen kann;[183] jedoch genügt auch die nicht rechtzeitige bzw. verzögerte Ausführung der Mitwirkungshandlung,[184] wenn dadurch die Voraussetzungen des § 9 Nr. 1 lit. a und Nr. 2 VOB/B erfüllt sind.[185]

57 Ist die verletzte Mitwirkungspflicht zugleich Schuldnerpflicht des Auftraggebers i. S. der Rdn. 37, 43, 45 bis 49 – als Nebenleistungspflicht oder als Haupt(leistungs)pflicht –, so liegt sonstiger Schuldnerverzug iSv § 9 Nr. 1 lit. b VOB/B vor.

58 Im Sinne von § 9 Nr. 1 lit. a VOB/B zur Ausführung der Leistung „**außerstande**" ist der Auftragnehmer, wenn ohne die Mitwirkungshandlung des Auftraggebers die ordnungsgemäße Erbringung der Leistung unmöglich oder unzumutbar ist.[186] Eine solche Unzumutbarkeit kann dann vorliegen, wenn die Ausführung der Leistung zwar objektiv möglich bleibt, aber ohne die einschlägige Mitwirkung des Auftraggebers einen derartigen Aufwand oder eine solche Verzögerung oder sonstige Erschwerung mit sich bringt, dass die weitere Durchführung der Leistung für den Auftragnehmer nach Treu und Glauben untragbar ist.[187]

59 Nach erfolgter Kündigung stehen dem Auftragnehmer die in § 9 Nr. 3 VOB/B genannten Ansprüche gegen den Auftraggeber zu.[188]

60 **c) Rechtliche Folgen bei unmittelbarer Anwendung des BGB.** Soweit nicht die Regelungen der §§ 6 und 9 VOB/B für ihren Anwendungsbereich vorrangig gelten und insoweit die Anwendung von BGB-Vorschriften verdrängen (hierzu oben Rdn. 53 sowie wegen der Anspruchskonkurrenzen im Übrigen unten Rdn. 75, 76, 77 und 78 ff.), führt das Unterlassen der in §§ 3 und 4 VOB/B enthaltenen Mitwirkungshandlungen des Auftraggebers durch nicht rechtzeitige oder nicht vollständige oder durch sonst mangelhafte Erbringung oder durch gänzliches Unterbleiben[189] zur Anwendung der nachfolgend dargestellten Bestimmungen des BGB, unter der Voraussetzung, dass deren gesetzlichen Merkmale im Einzelfall erfüllt sind. Dabei ist grundsätzlich und vorneweg festzuhalten: Das Vorliegen von Annahmeverzug (Gläubigerverzug) schließt für den betroffenen Sachverhalt

---

[179] *Ingenstau/Korbion* VOB/B § 3 Nr. 1 Rdn. 14; OLG Düsseldorf BauR 1995, 706, 707 (Annahmeverzug gem. § 296 BGB).
[180] *Ingenstau/Korbion* VOB/B § 6 Rdn. 2, 3; Nicklisch/Weick B § 6 Rdn. 7.
[181] *Kapellmann/Messerschmidt/Havers* VOB/B § 3 Rdn. 15, 9; *Ingenstau/Korbion* VOB/B § 3 Nr. 1 Rdn. 11, § 9 Nr. 1 Rdn. 1 ff., 28, 29; OLG Düsseldorf BauR 1995, 706, 707 im Falle des Annahmeverzuges gem. § 296 BGB durch Nichtabruf der Bauleistung.
[182] Siehe Rdn. 40, vierter Spiegelstrich.
[183] *Ingenstau/Korbion* VOB/B § 3 Nr. 1 Rdn. 11.
[184] Siehe Rdn. 40, vierter Spiegelstrich.
[185] *Heiermann/Riedl/Rusam* VOB/B § 3 Rdn. 8.
[186] *Ingenstau/Korbion* VOB/B § 9 Nr. 1 Rdn. 30; *Nicklisch/Weick* VOB/B § 9 Rdn. 8; *Vygen* in: *Kapellmann/Vygen* Jahrbuch Baurecht 1998, S. 11.
[187] Vgl. *Ingenstau/Korbion* VOB/B § 9 Nr. 1 Rdn. 30.
[188] Näher unten Rdn. 72–77.
[189] Siehe Rdn. 40, vierter Spiegelstrich. Vgl. auch *Kapellmann/Messerschmidt/Havers* VOB/B § 3 Rdn. 15, 9.

B. Die Mitwirkung des Auftraggebers zum baulichen Gelingen  **Vor § 3**

ein Verschulden des Unternehmers/Auftragnehmers – logischerweise – aus, so dass bei diesem dann insoweit auch kein Leistungsverzug eintreten kann und eintritt.[190] Im Hinblick auf die Regelung von § 286 Abs. 4 BGB n. F./§ 285 BGB a. F. – nämlich kein Verzug, solange die Leistung infolge eines Umstandes unterbleibt, den der Leistungsschuldner nicht zu vertreten hat – schließt bereits die bloße Unterlassung oder sonstige Verletzung einer gebotenen Mitwirkungshandlung des Bestellers/Auftraggebers einen Leistungsverzug des Unternehmers/Auftragnehmers aus, weil dann die Leistungsverspätung in den Verantwortungsbereich des ersteren fällt.[191]

Bei Vorliegen der Voraussetzungen des **Annahmeverzugs** (Gläubigerverzugs) hat der **61** Unternehmer/Auftragnehmer die Rechte aus den §§ 293 ff. BGB mit dem Anspruch auf Aufwendungsersatz gemäß § 304 BGB und die Rechte aus den §§ 642, 643, 645 Abs. 1 Satz 2 BGB auf darüber hinausgehende Entschädigung und Teilvergütung.[192] Das gilt sowohl bei Einstufung nur als (Gläubiger-) Obliegenheiten,[193] wie auch bei Qualifizierung als echte Nebenpflichten und Nebenleistungspflichten.[194]

Darüber hinaus und daneben wird im Falle des Verschuldens des Bestellers/Auftraggebers **62** dem Unternehmer/Auftragnehmer auch von den „Obliegenheits-Verfechtern" ein Anspruch auf Schadensersatz aus vormals **positiver Vertragsverletzung,** jetzt aus (Schuld-)Pflichtverletzung nach § 280 mit § 241 Abs. 2 BGB n. F. – bis hin zum vollen Werklohn – zugebilligt, wenn der Besteller/Auftraggeber die Erfüllung grundlos ernstlich und endgültig verweigert oder schuldhaft die gebotene Mitwirkung unterlässt oder (sonst) schuldhaft den Vertragszweck gefährdet[195] oder dem Unternehmer/Auftragnehmer durch die schuldhafte Leistungsstörung des Bestellers/Auftraggebers ein außerhalb des Erfüllungsinteresses liegender Schaden, z. B. Zinsschaden als Folge der Verletzung der Mitwirkungspflicht, entstanden ist;[196] denn auch die reinen „Gläubigerobliegenheiten", die nur „Sache des Gläubigers" seien, ohne dass insoweit eine „echte Verpflichtung" entstehe, sind im weiteren Sinn nach allgemeiner Meinung und Rechtsprechung Vertragspflicht/Vertragsverbindlichkeit (siehe oben Rdn. 32, 33). Die Anwendung solcher verschuldensabhängigen Schadensersatzansprüche ist für den Regelungsbereich des § 645 BGB ausdrücklich durch § 645 Abs. 2 BGB eröffnet, welcher lautet: „Eine weitergehende Haftung des Bestellers wegen Verschuldens bleibt unberührt."

Die zurecht vorzunehmende **rechtliche Qualifizierung** der Mitwirkungspflichten des **63** Auftraggebers nach §§ 3 und 4 VOB/B mindestens als über bloße Gläubigerobliegenheiten hinausgehende echte **vertragliche Nebenpflichten**[197] führt dazu, dass eine (Schuld-)Pflichtverletzung gem. § 280 Abs. 1 BGB n. F., früher positive Vertragsverletzung, und sich daraus ergebende Schadensersatzansprüche bereits dadurch entstehen, dass unmittelbar diese

---

[190] „Clean-hands"-Prinzip, vgl. OLG Köln BB Beilage 3/1993 S. 9, 10; siehe Wortlaut von § 286 Abs. 4 BGB n. F./§ 285 BGB a. F. nebst den Kommentierungen hierzu in den BGB-Kommentaren, z. B. Palandt/*Heinrichs* bei den vorgen. Gesetzesbestimmungen.
[191] BHG NJW 1996, 1745, 1746; OLG Düsseldorf BauR 1998, 341, 342 (kein Verzug des AN mit der **Zaunerstellung**, solange der AG den Arbeitsbereich nicht von störenden Gewächsen befreit hat, was, da **gärtnerische** Arbeit, zur Mitwirkungspflicht des AG gehört); Palandt/*Sprau* BGB § 642 Rdn. 1; s. auch oben Rdn. 41.
[192] *Kapellmann/Messerschmidt/Havers* VOB/B § 3 Rdn. 15, 9; *Nicklisch/Weick* VOB/B § 3 Rdn. 14, § 4 Rdn. 10, 13.
[193] Siehe oben Rdn. 31, 33; *Kapellmann/Messerschmidt/Havers* VOB/B § 3 Rdn. 15, 9.
[194] Siehe oben Rdn. 33, 34, 35.
[195] BGH NJW-RR 1996, 949, 950; BGHZ 11, 80, 83/84 = NJW 1954, 229, 230; BGHZ 50, 175, 178/179 = NJW 1968, 1873, 1874; Palandt/*Sprau* BGB § 642 Rdn. 3. Voller Werklohn vor und unabhängig von Fertigstellung: BGHZ 88, 240, 247 = BauR 1984, 58, 61 = ZfBR 84, 31, m. w. N.; BGH NJW 1990, 3008, 3009 = ZfBR 90, 228, 229, 230; BGH NJW-RR 1992, 1078 f. = ZfBR 1992, 264 f.; siehe auch nachstehende Fn. (OLG Düsseldorf und OLG Hamm).
[196] OLG Düsseldorf BauR 1992, 72, 73 r. Sp. und OLG Hamm NJW-RR 1996, 86, 88 = BauR 1996, 123, 127 für den Zinsschaden, **dabei** auch eingehend und **grundlegend** zur **Abgrenzung** zwischen **bloßer Mitwirkungsunterlassung** = bloßem Annahmeverzug und **endgültiger Mitwirkungsverweigerung** = endgültiger Leistungsverweigerung samt Rechtsfolgen.
[197] Siehe oben Rdn. 33, 34, 35.

Nebenpflichten schuldhaft verletzt werden,[198] sei es durch nicht rechtzeitige, also verzögerte Erfüllung (beispielsweise bei zeitweiser Weigerung oder zeitweisem Unvermögen), sei es durch endgültige Nichterfüllung (beispielsweise bei grundloser ernstlicher und endgültiger Weigerung = Verletzung der sogenannten Leistungstreuepflicht oder bei Unvermögen oder Unmöglichkeit auf Seiten des Auftraggebers). Siehe dazu **Rdn. 51.**

64 Vom hier mit *Nicklisch/Weick, Riedl, Kniffka* vertretenen Standpunkt der Mitwirkungspflicht als echter vertraglicher Nebenpflicht und Schuldnerpflicht in Form sogar der **Nebenleistungspflicht**[199] aus mit daraus folgendem Anspruch auf ihre Erfüllung,[200] bestehen für den Auftragnehmer vorgreiflich zum vorgenannten Schadensersatzanspruch aus (Schuld-) Pflichtverletzung nach § 280 Abs. 1 BGB n. F., früher p. V. V., die unter **Rdn. 65–83** dargestellten **Rechte** nach **BGB**. Unter den weiteren gesetzlichen Voraussetzungen der §§ 294, 295 BGB (Fälligkeit, Aufforderung bzw. kalendermäßige Zeitbestimmung für die Mitwirkungshandlung und Verschulden) kommt, unabhängig von den Fällen der Behinderung oder Unterbrechung gemäß § 6 VOB/B, der Besteller/Auftraggeber bezüglich der Mitwirkunsgpflicht als Nebenleistungspflicht (= insoweit Schuldnerpflicht) in **Schuldnerverzug,** wobei Annahmeverzug und Schuldnerverzug durchaus gleichzeitig eintreten können, weil z. B. die durch den Auftragnehmer vorgenommene Aufforderung zur Handlungsvornahme nach § 295 Satz 2 BGB zugleich die inhaltlichen Anforderungen an eine Mahnung nach § 286 Abs. 1 Satz 1 BGB n. F./§ 284 Abs. 1 Satz 1 BGB a. F. erfüllt, oder weil die „nach dem Kalender bestimmte Zeit" gemäß § 296 Satz 1 BGB inhaltlich der „nach dem Kalender bestimmten Zeit" gemäß § 286 Abs. 2 Nr. 1 BGB n. F./§ 284 Abs. 2 Satz 1 BGB a. F. gleichkommt.

65 Der Unternehmer/Auftragnehmer hat im Falle des (etwa gleichzeitig mit dem Annahmeverzug/Gläubigerverzug eintretenden) Schuldnerverzuges mit der Mitwirkungshandlung als Nebenleistungspflicht einen Anspruch auf Ersatz des Verzögerungsschadens gemäß § 280 Abs. 2 BGB n. F./§ 286 Abs. 1 BGB a. F.[201] Dieser tritt **neben** den bestehen bleibenden Vergütungsanspruch.[202] Dieser Verzögerungsschaden kann beispielsweise den Zinsschaden umfassen, der dadurch entsteht, dass der Auftragnehmer wegen der schuldhaft verspätet oder sonst mangelhaft erbrachten oder unterlassenen Mitwirkungshandlung des Auftraggebers die Bauleistung nur entsprechend später erbringen kann und erbringt und deshalb der leistungsbezogene Teilzahlungsanspruch und/oder Schlusszahlungsanspruch ebenfalls entsprechend später fällig wird.[203] Im Regelungsbereich des § 645 BGB ist ein solcher verschuldensabhängiger Verzögerungsschadens-Ersatzanspruch über § 645 Abs. 2 BGB ausdrücklich eröffnet.

66 Die verspätete Erbringung der Mitwirkungshandlungen kann allerdings nicht zur Anwendung von §§ 281, 323, 325 BGB n. F./§ 326 BGB a. F. führen, da diese Vorschriften Verzug mit einer im synallagmatischen Gegenseitigkeitsverhältnis stehenden Haupt(leistungs-)pflicht voraussetzen.[204] Auch ein Schadensersatz „statt der Leistung" unter direkter Anwendung von § 281 Abs. 1 BGB n. F./§ 286 Abs. 2 BGB a. F. kommt im Bauvertrag nach VOB/B wegen der Vorgreiflichkeit der §§ 6 und 9 VOB/B nicht in Betracht.

---

[198] BGH NJW 1974, 229; BGH NJW 1972, 99, 100; BGHZ 50, 175; Palandt/*Sprau* BGB § 642 Rdn. 3; *Ingenstau/Korbion* VOB/B § 3 Nr. 1 Rdn. 3, § 9 Nr. 1 Rdn. 23; für pos. Vertr.Verl. bzw. Pflichtverletzung nach § 280 Abs. 1 BGB n. F. *Kapellmann/Messerschmidt/Havers* VOB/B § 3 Rdn. 13, 15 als Folge eines besonderen Bedürfnisses des auf Erfüllung der Mitwirkungspflicht des AG angewiesenen AN noch erweitertem Rechtsschutz auch bei bloßer Gläubigerobliegenheit der Auftragnehmerrechte des § 3 VOB/B. Anders aber *Kapellmann/Messerschmidt* VOB/B § 6 Rdn. 53–55: echte vertragliche (Neben-)Pflicht, ggfls. auch einschlagbar.

[199] Siehe oben Rdn. 35, 36, 37.

[200] Siehe oben Rdn. 39.

[201] *Nicklisch/Weick* VOB/B § 3 Rdn. 14, § 4 Rdn. 13; BGH NJW 1972, 99, 100 für den Fall der in einem Bauvertrag festgelegten werkvertraglichen (Mitwirkungs-)Pflicht des Bestellers zum Leistungsabruf innerhalb bestimmter Zeitspanne; vgl. auch *v. Craushaar* BauR 1987, 14, 20 r. Sp., 21 r. Sp.

[202] BGH NJW 1972, 99, 100.

[203] OLG Düsseldorf BauR 1992, 72, 73 r. Sp. und OLG Hamm NJW-RR 1996, 86, 88 = BauR 1996, 123, 127, allerdings, vom dortigen Standpunkt aus zurecht, über positive Vertragsverletzung (vgl. oben Rdn. 62).

[204] *Nicklisch/Weick* VOB/B § 3 Rdn. 14, § 4 Rdn. 13; siehe auch oben Rdn. 45.

B. Die Mitwirkung des Auftraggebers zum baulichen Gelingen **Vor § 3**

Führt die Unterlassung der Mitwirkungshandlung des Bestellers/Auftraggebers zur **Un-** 67
**möglichkeit** der Bauleistung und hat der Besteller/Auftraggeber dies im Sinne von § 326
Abs. 2 BGB n. F., 1. Altern./§ 324 Abs. 1 BGB a. F. **zu vertreten,** so steht dem Unternehmer/Auftragnehmer hiernach ein Anspruch auf volle Vergütung unter Abzug ersparter
Aufwendungen und anderweitiger Verdienstmöglichkeiten zu.[205] Die schuldhafte Verletzung
von Obliegenheiten, von Mitwirkungspflichten und von vertraglichen Nebenpflichten einschließlich Nebenleistungspflichten ist nämlich ein „zu verantwortender" bzw. „zu vertretender" Umstand".[206]

Auch bei Vertragsbeendigung durch **Kündigung** gemäß § 643 BGB seitens des Unter- 68
nehmers/Auftragnehmers hat dieser den vollen Vergütungsanspruch unter Abzug ersparter
Aufwendungen und anderweitiger Verdienstmöglichkeiten, wenn der Besteller/Auftraggeber
das Unterlassen der Mitwirkungshandlung **zu vertreten** hat, da die Anwendbarkeit von
§ 326 Abs. 2 BGB n. F., 1. Alt./§ 324 Abs. 1 BGB a. F. durch § 645 Abs. 2 BGB („weitergehende Haftung" ... „wegen Verschuldens") i. V. m. § 645 Abs. 1 Satz 2 BGB gesetzlich
vorbehalten ist.[207]

Tritt keine faktische Unmöglichkeit ein, hat aber der Besteller/Auftraggeber durch
**schuldhaftes** Unterlassen der Mitwirkung die berechtigte Kündigung seitens des Unternehmers/Auftragnehmers ausgelöst, dann ist die Vertragsdurchführung rechtlich unmöglich
geworden. Als schuldhafter Verursacher der Kündigung kann sich daher der Besteller/Auftraggeber nach Treu und Glauben auch nicht darauf berufen, dass die Vertragsdurchführung
weiterhin möglich wäre, wenn der Unternehmer/Auftragnehmer den Vertrag nicht gekündigt hätte (Rechtsgedanke aus §§ 162, 242 BGB). In diesem der Unmöglichkeit gleichgelagerten Fall ist **§ 326 Abs. 2 BGB n. F., 2. Altern./§ 324 Abs. 2 a. F.** in Verbindung mit
§ 645 Abs. 2, Abs. 1 Satz 2 BGB **entsprechend** anzuwenden. Der Besteller/Auftraggeber,
der die Werkleistung trotz ihm möglicher Mitwirkung scheitern lässt, darf nicht besser
stehen als bei einer von ihm ausgesprochenen freien Kündigung nach § 649 BGB bzw. § 8
Nr. 1 VOB/B.[208]

Zur Anwendung des **§ 645 BGB** auch **im VOB/B-Bauvertrag** hinsichtlich finanzieller 69
Ansprüche gilt nach der zutreffenden Rechtsprechung des BGH:

Die Vorschrift des § 645 Abs. 1 Satz 1 BGB ist, wenn ihre Voraussetzungen vorliegen, auch in einem
VOB/B-Bauvertrag anwendbar. Die VOB/B enthält insoweit keine abweichende Sonderregel. § 12 Nr. 6
VOB/B und § 7 VOB/B regeln nur eine Änderung des in § 644. Abs. 1 Satz 1 BGB normierten Prinzips der
Gefahrtragung. § 645 Abs. 1 Satz 1 BGB schließt als Sonderbestimmung **in seinem Anwendungsbereich**
die §§ 323 ff. BGB a. F. (demgemäß auch die an ihre Stelle getretenen Gesetzesbestimmungen des BGB n. F.)
aus.[209] Wegen § 645 Abs. 2 BGB („weitergehende Haftung des Bestellers wegen Verschuldens bleibt unberührt") gilt das aber nur für die verschuldens**unabhängige** Haftung. Bei ganz oder teilweise zerstörter
(untergegangener), verschlechterter oder unausführbar gewordener Werkleistung/Bauleistung hat der Unternehmer/Auftragnehmer gegen den Besteller/Auftraggeber unter den Voraussetzungen des **§ 645 Abs. 1
Satz 1 BGB** einen verschuldensunabhängigen Anspruch auf den der erbrachten Leistung entsprechenden
**Teil der Vergütung** nach den Vertragspreisen/dem Vertragspreis sowie auf Ersatz/Erstattung derjenigen in
der Vergütung nicht inbegriffenen **Auslagen,** die bis zum Schadensereignis **zur Vorbereitung** der Ausführung des konkret geschuldeten Werkleistung/Bauleistung entstanden und Teil der vereinbarten Vertragspreise/des Vertragspreises sind; das sind beispielsweise Kosten für hierzu beschaffte, aber nun zerstörte oder
unbrauchbar/nutzlos gewordene Materialien, Kosten für Transporte, Kosten für Beschaffung und Nutzung

---

[205] *Heiermann/Riedl/Rusam* VOB/B § 3 Rdn. 8 b; *Nicklisch/Weick* VOB/B § 3 Rdn. 14, § 4 Rdn. 13; vgl. auch BGH NJW 1984, 2406, 2407.
[206] Palandt/*Heinrichs* BGB § 326 Rdn. 8, 9.
[207] Palandt/*Sprau* BGB § 645 Rdn. 10; *Nicklisch/Weick* VOB/B § 3 Rdn. 14, § 4 Rdn. 13, § 9 Rdn. 40.
[208] *Nicklisch/Weick* VOB/B § 9 Rdn. 40 und 41 mit Hinweis auf die befürworteten Literaturmeinungen, welche, wenn auch mit unterschiedlicher rechtlicher Begründung, zum gleichen Ergebnis kommen; auch *v. Craushaar* BauR 1987, 14, 21 l. Sp.
[209] BGH NJW 1997, 3018, 3019 = BauR 1997, 1019, 1020, 1021 = ZfBR 1997, 300, 305 m. w. N. („Schürmann-Bau" I) und BGH NJW 1998, 456, 457 = BauR 1997, 1021, 1023 = ZfBR 1998, 33, 34 („Schürmann-Bau" II), beide Urteile anlässlich der Überflutung des Schürmann-Baues in Bonn durch Rheinhochwasser, hier Elektrowerk, betreffend dieselben Parteien; s. auch oben bei Rdn. 7; speziell zum Verhältnis des § 645 BGB zu §§ 323 ff. BGB a. F. (entspricht §§ 281, 283, 323, 325, 326 BGB n. F.) auch *Lenzen* BauR 1997, 210, 211 r. Sp., 212 ff.

**Vor § 3**  Vorbemerkung § 3. Ausführungsunterlagen

von Geräten, Maschinen, Gerüsten; **keine** Auslagen nach § 645 Abs. 1 Satz 1 BGB sind deshalb solche Kosten, welche nicht für die Vorbereitung, sondern erst und nur **durch** das **Schadensereignis selbst** verursacht worden sind, wie z. B. Stillstandkosten oder Kosten für die Erstellung der Dokumentation der Schäden und für die Ermittlung der Schadenssumme.[210] **§ 645 Abs. 1 Satz 1 BGB** ist außerdem **entsprechend** anzuwenden, wenn der Besteller/Auftraggeber durch positives Handeln oder durch Unterlassen, auch im Rahmen seiner Mitwirkungspflichten und gebotenen Mitwirkungshandlungen die ganz oder teilweise ausgeführte Werkleistung/Bauleistung in einem Zustand oder in eine Lage geführt/versetzt hat, die eine Gefährdung der Werkleistung/Bauleistung mit sich brachte und ursächlich für den eingetretenen Schadensfall war,[211] somit Risikolage und **Risiko**verwirklichung **objektiv zurechenbar** herbeigeführt hat, weil die Werkleistung/Bauleistung aus Umständen ganz oder teilweise zerstört (untergegangen), verschlechtert oder unausführbar/unmöglich geworden ist, die in der person des Bestellers/Auftraggebers lagen oder auf seine Handlungen/Unterlassungen zurückgehen, auch wenn es insoweit an einem Verschulden des Bestellers/Auftraggebers fehlt.[212] So ist in diesem Sinne dem Besteller/Auftraggeber objektiv zurechenbar die Herbeiführung des Risikos und Eintritts eines Überflutungsschadens durch Flusshochwasser dadurch, dass ein von ihm übernommener vorgesehener und – für die Beteiligten ersichtlich – auch ausgeführter Hochwasserschutz von einem der anderweitigen Unternehmer/Auftragnehmer des Auftraggebers teilweise (oder ganz) beseitigt worden war und der geschädigte Auftragnehmer keine Möglichkeit der Einwirkung auf die Ausführung dieses Schutzes hatte. In einer solchen Fall-Lage „**steht**" deshalb der Auftraggeber der eingetretenen Gefahr und deren Folge „**näher**" (sein Herrschafts- und Einflussbereich) als sein davon betroffener Auftragnehmer; deshalb ist § 645 Abs. 1 Satz 1 BGB zur Herbeiführung eines für beide Parteien gerechten und billigen Interessenausgleichs **entsprechend** anzuwenden.[213]

Siehe auch oben Rdn. 7 zur direkten und analogen Anwendung von § 645 Abs. 1 Satz 1 BGB im Rahmen des Baugrundrisikos.

70  Bei rechtlicher Einstufung der Mitwirkungspflichten des Auftraggebers aus §§ 3 und 4 VOB/B als „**Nebenpflichten**" ohne Qualifizierung als Nebenleistungpflicht erfasst der Anwendungsbereich der (Schuld-)Pflichtverletzung nach §§ 280 Abs. 1, 241 Abs. 2 BGB n. F., früher der positiven „Vertragsverletzung" auch die Fälle des Verzögerungsschadens, die vom hiesigen Standpunkt der Nebenleistungspflicht dem § 286 Abs. 1 BGB n. F./ § 280 Abs. 2 BGB a. F. unterfallen; vgl. hierzu Rdn. 51 (2) dritter Spiegelstrich sowie einerseits Rdn. 64, 65, andererseits Rdn. 63.

71  Bei Qualifizierung der Mitwirkungspflichten des Auftraggebers aus §§ 3 und 4 VOB/B als **Nebenleistungspflichten** gilt für die Anwendung der früheren positiven Vertragsverletzung folgende Einschränkung: Neben den oben genannten Ansprüchen gem. Rdn. 64 bis 69 – nebst den Rechten aus den §§ 642 ff. BGB sowohl bei **fortbestehendem**[214] als auch über § 645 Abs. 2, Abs. 1 Satz 2 BGB bei **gekündigtem**[215] Bauvertrag – bleibt für die unter Rdn. 62, 63 genannten Rechte aus positiver Vertragsverletzung (Rücktritt bzw. Kündigung/Schadenersatz) nur Raum, soweit das Verhalten des Bestellers/Auftraggebers über das bloße Unterlassen der Mitwirkung hinaus sich als besonders treuwidrig darstellt.[216] Gemeint sind vor allem die Fälle des Verstoßes gegen die Leistungstreuepflicht mit einer derartigen Gefährdung des Vertragszwecks, dass dem Unternehmer/Auftragnehmer ein Festhalten am Vertrag **nicht zugemutet** (§ 282 BGB n. F.) werden kann wie z. B. bei ernsthafter und endgültiger grundloser Weigerung, die Mitwirkungshandlung zu erfüllen, ohne deren Erbringung dem Unternehmer/Auftragnehmer die Ausführung der Leistung unmöglich oder unzumutbar erschwert wird oder bei sonstiger ernsthafter und endgültiger

---

[210] BGH NJW 1998, 456, 457, 458 = BauR 1997, 1021, 1022, 1023, 1024 = ZfBR 1998, 33, 34 mw. N. („Schürmann-Bau" II, Elektrogewerk), Vergütung und Auslagen; BGH NJW 1997, 3018, 3019 = BauR 1997, 1019, 1020, 1021 = ZfBR 1997, 300, 305 mw. N. („Schürmann-Bau" I, Elektrogewerk), Vergütung.
[211] Vgl. Palandt/*Sprau* BGB § 645 Rdn. 9 m. w. N.; OLG Bremen BauR 1997, 1045, 1046 r. Sp.; BGH NJW 1998, 456, 457, 458 = BauR 1997, 1021/1022, 1023 = ZfBR 1998, 33, 34 m. w. N. („Schürmann-Bau" II, Elektrogewerk) sowie BGH NJW 1997, 3018, 3019 = BGH BauR 1997, 1019, 1020, 1021 = ZfBR 1997, 300, 305 m. w. N. („Schürmann-Bau" I, Elektrogewerk).
[212] BGH NJW 1997, 3018, 3019 = BauR 1997, 1019, 1021 = ZfBr 1997, 300, 305 m. w. N. („Schürmann-Bau" I, Elektrogewerk) sowie BGH NJW 1998, 456, 457 = BauR 1997, 1021, 1022, 1023 = ZfBR 1998, 33, 34 m. w. N. („Schürmann-Bau" II, Elektrogewerk).
[213] Wie vorst. Fn.
[214] BGHZ 50, 175, 178/179 = NJW 1968, 1873, 1874.
[215] MünchKomm/*Busche*, 3. Aufl., BGB § 645 Rdn. 17.
[216] *Nicklisch/Weick* VOB/B § 3 Rdn. 14, § 4 Rdn. 13.

B. Die Mitwirkung des Auftraggebers zum baulichen Gelingen  Vor § 3

grundloser Weigerung, den Vertrag zu erfüllen, bei unberechtigter Lossagung vom Vertrag, bei gezeigter schwer-wiegender Unzuverlässigkeit und bei sonstigen Fällen schwerer Erschütterung oder Zerstörung der für den Bestand der Vertragsverbindlichkeit erforderlichen Vertrauensgrundlage.[217]

**d) Rechtliche Folgen bei Anwendung des BGB über § 9 Nr. 3 VOB/B.** Im Falle 72 der Kündigung nach § 9 Nr. 1 lit. a, Nr. 2 VOB/B stehen dem Auftragnehmer gemäß § 9 Nr. 3 VOB/B folgende Ansprüche nebeneinander zu,[218] wie sich aus dem Wortlaut „außerdem" sowie „weitergehende" ergibt:

Nach **§ 9 Nr. 3 Satz 1 VOB/B** besteht ein verschuldensunabhängiger Anspruch auf 73 Vergütung (§§ 631 Abs. 1, 632 BGB i. V. m. den einschlägigen jeweiligen vertraglichen Vereinbarungen) der bisherigen Leistungen nach den Vertragspreisen. Hierzu gehören auch **in entsprechender Anwendung** von § 6 Nr. 5, letzter Hs., Nr. 7 Satz 2, 2. Hs. VOB/B die dem Auftragnehmer bereits entstandenen Kosten, die in den Vertragspreisen des nicht ausgeführten Teiles der Leistung enthalten sind, außerdem die Kosten der Baustellenräumung, soweit sie nicht in der Vergütung für die bereits aufgeführten Leistungen enthalten sind. Denn § 645 Abs. 1 Satz 2 BGB hat für den gleichgelagerten gesetzlichen Kündigungsfall des § 643 BGB eine der Regelung von § 6 Nr. 5 und Nr. 7 VOB/B entsprechende Abrechnungsbestimmung getroffen und es ist kein Grund ersichtlich, dass § 9 Nr. 3 VOB/B den Auftragnehmer gegenüber dem Gesetz (BGB) und gegenüber der schwächeren Kündigungsbefugnis nach § 6 Nr. 7 VOB/B schlechter stellen wollte. Daher sind dem Auftragnehmer auch die Arbeiten zu vergüten, die über den Kündigungszeitpunkt hinaus aus Sicherheitsgründen oder aus technischen Gründen zur Erlangung eines gewissen notwendigen Ausführungszustandes oder Abschlusses erbracht werden.[219]

Nach **§ 9 Nr. 3 Satz, 1. Hs. VOB/B** hat der Auftragnehmer außerdem einen verschul- 74 densunabhängigen Anspruch auf angemessene Entschädigung nach § 642 BGB, der über den Aufwendungsersatz nach § 304 BGB hinausgeht. **§ 642 BGB** gibt keinen Schadensersatzanspruch, sondern als Anspruch eigener Art einen **auf Billigkeit beruhenden Entschädigungsanspruch,** also Ausgleichsanspruch, der dem Auftragnehmer seine durch und während des Verzugs nutzlos bereitgehaltenen personellen, finanziellen und sachlichen Arbeitsmittel (Arbeitskraft und Geschäftskapital) summarisch abgelten soll.[220] Zu damit erfassten und zu entschädigenden Mühewaltungen und Aufwendungen gehören deshalb, zu berechnen auf der Grundlage der Vertragspreiskalkulation, z. B. die Vorhaltung von wegen des gegenständlichen Bauauftrages nicht anderweitig eingesetztem Personal und Gerät, (die besonderen sowie eingetretene nutzlose) Verwaltungsaufwendungen und durchkreuzte zeitliche Dispositionen, die gemäß dem ausgefallenen Verdienst einschließlich Geschäftskostendeckung zu bewerten sind,[221] also insoweit im wesentlichen Löhne, Geräte, Baustellengemeinkosten, allgemeine Geschäftskosten. Entgangener Gewinn und Wagnis sind vom Anspruch nicht umfasst.[222]

---

[217] Eingehend und mit weiteren Beispielen und Nachweisen Palandt/*Heinrichs,* 61. Aufl., BGB § 276 a. F. Rdn. 108, 124; BGH NJW-RR 1996, 949, 950; BGHZ 11, 80, 83/84 = NJW 1954, 229, 230; BGHZ 50, 175, auch 178/179 = NJW 1968, 1873, 1874.

[218] *Nicklisch/Weick* VOB/B § 9 Rdn. 29; Palandt/*Sprau* BGB § 642 Rdn. 5; BGHZ 50, 175, 179.

[219] *Heiermann/Riedl/Rusam* VOB/B § 9 Rdn. 19; *Ingenstau/Korbion* VOB/B § 9 Nr. 3 Rdn. 3; *Nicklisch/Weick* VOB/B § 9 Rdn. 27.

[220] H. M.; MünchKomm BGB § 642 Rdn. 16, 17; *Heiermann/Riedl/Rusam* VOB/B § 9 Rdn. 21; *Ingenstau/Korbion* VOB/B § 9 Nr. 3 Rdn. 8; *Nicklisch/Weick* VOB/B § 9 Rdn. 29 sowie zum Meinungsstand dort Rdn. 30 und Einl §§ 4–13 Rdn. 47; Näheres zur Rechtsnatur und zum Umfang des Anspruchs nach § 642 BGB *Roskosny/Bolz,* BauR 2007, 1804.

[221] OLG Celle, BauR 2000, 416, 419; Palandt/*Sprau* BGB § 642 Rdn. 5; ausführlich zur Entschädigungsberechnung und mit konkreten Kostenarten *Vygen/Schubert/Lang,* Rdn. 323–325 und *Kapellmann/Messerschmidt* VOB/B § 6 Rdn. 92; Fall- und Berechnungsbeispiele auch bei BGH *Schäfer-Finnern,* Z 2511- Bl. 8 und OLG München BauR 1980, 274, 275.

[222] BGH NJW 2000, 1336, 1338 = BauR 2000, 722, 725 = NZBau 2000, 187, 189.

**Vor § 3**  Vorbemerkung § 3. Ausführungsunterlagen

75  Nach § 9 Nr. 3 Satz 2, 2. Hs. VOB/B stehen dem Auftragnehmer „etwaige weitergehende Ansprüche" also **nach sonstigen Rechtsbestimmungen entstandene** Ansprüche,[223] zu. Das sind die unter Rdn. 51–55 und 61–71 genannten Ansprüche, nämlich:
- Verschuldensabhängiger Anspruch aus § 6 Nr. 6 VOB/B a. F./§ 6 Nr. 6 Satz 1 VOB/B n. F. 2006.
- Verschuldensunabhängiger Anspruch auf Mehraufwendungsersatz gemäß § 304 BGB.
- Verschuldensabhängiger Schadensersatzanspruch aus § 280 Abs. 2 BGB n. F./§ 286 Abs. 1 BGB a. F. wegen Verzuges mit der als Nebenleistungspflicht qualifizierten notwendigen Mitwirkung, daneben verschuldensunabhängiger Entschädigungsanspruch aus § 642 BGB. Im Falle der Anwendung von § 280 Abs. 2 BGB n. F./§ 286 Abs. 1 BGB a. F. gilt die Haftungsbeschränkung aus § 6 Nr. 6 VOB/B für den Ersatz des aus einem verlorengegangenen Anschlussauftrag entgangenen Gewinnes.[224]
- Schadensersatzanspruch nach §§ 280 Abs. 1, 241 Abs. 2 n. F. wegen Nebenpflichtverletzung, früher aus positiver Vertragsverletzung (siehe Rdn. 51 (2)), soweit nicht § 6 Nr. 6 VOB/B für seinen Anwendungsbereich, nämlich Unterbrechungen und sonstige Behinderungen durch **schuldhaft** verzögerte (nicht rechtzeitige) Erfüllung der Mitwirkungspflichten des Auftraggebers, hinsichtlich Anspruchsvoraussetzungen und -folgen vorgeht; vgl. Rdn. 53, 76.
- Verschuldensabhängiger Vergütungsanspruch aus § 326 Abs. 2 BGB n. F., 1. Alt./§ 324 Abs. 1 BGB a. F. und verschuldensunabhängiger Vergütungsanspruch aus § 326 Abs. 2 BGB n. F., 2. Alt./§ 324 Abs. 2 BGB a. F. direkt sowie verschuldensabhängig in der Konstellation der Rdn. 68 analog. Die Anwendbarkeit der genannten Bestimmungen ist beim BGB-Bauvertrag im Falle der Kündigung nach § 643 BGB durch § 645 Abs. 2 i. V. m. § 645 Abs. 1 Satz 2 BGB und, dem beim VOB/B-Bauvertrag parallel folgend, im Falle der Kündigung nach § 9 Nrn. 1, 2 VOB durch § 9 Nr. 3 Satz 2, 2. Hs. VOB/B vorbehalten.[225] Dieser Anspruch gewährt die volle Vergütung unter Abzug der ersparten Aufwendungen oder/und anderweitigen Verdienstmöglichkeiten und geht über den verschuldensunabhängigen Teilvergütungsanspruch aus § 9 Nr. 3 Satz 1 VOB/B hinaus. Nach anderer Ansicht kommt bei unverschuldet unterbliebener Mitwirkung im VOB/B-Bauvertrag lediglich der Teilvergütungsanspruch nach § 9 Nr. 3 Satz 1 VOB/B in Betracht.[226]
- Anspruch aus §§ 812 Abs. 1, 818 BGB: Da nach Kündigung wegen Fortfalls des Bauvertrages im Allgemeinen auch die § 2 Nrn. 3, 5 und 6 VOB/B für noch zu treffende Vergütungsvereinbarungen ausscheiden, kann ein Anspruch aus ungerechtfertigter Bereicherung bei Vorliegen der gesetzlichen Anspruchsmerkmale bestehen, wenn und soweit der Auftragnehmer zurzeit der Vertragskündigung vom Bauvertrag nicht gedeckte Leistungen erbracht hat[227] und keine aufgedrängte Bereicherung vorliegt.[228]

76  e) **Verhältnis der Rechte gemäß b) zu denen gemäß c) und d) bei unterlassener oder verzögerter Erfüllung von Mitwirkungspflichten des Auftraggebers. – Dabei auch: § 642 BGB?** Die infolge der Verletzung der gemäß den §§ 3 und 4 VOB/B gegebenen Mitwirkungspflichten des Auftraggebers entstehenden Ansprüche nach BGB haben trotz der behandelten Anspruchskonkurrenzen mit Vorrang- und Verdrängungswirkung insbesondere des § 6 Nr. 6 VOB/B a. F./§ 6 Nr. 6 Satz 1 VOB/B n. F. 2006 und des § 9 VOB/B gleichwohl Bedeutung. Denn **§ 6 Nr. 6 VOB/B** a. F./§ 6 Nr. 6 Satz 1 VOB/B n. F. 2006 mit seinem verschuldensabhängigen Schadensersatzanspruch ist zwar eine

---

[223] *Ingenstau/Korbion* VOB/B § 9 Nr. 3 Rdn. 20 f. Siehe z. B. auch *Kapellmann/Messerschmidt/Havers* VOB/B § 13 Rdn. 15, 9.
[224] *Nicklisch/Weick* VOB/B § 9 Rdn. 39 a.
[225] *Heiermann/Riedl/Rusam* VOB/B § 9 Rdn. 25 c (positive Vertragsverletzung bzw. in diesem Sinn § 280 Abs. 1 BGB), *Nicklisch/Weick* VOB/B § 9 Rdn. 40, 41 (rechtliche Unmöglichkeit).
[226] *Heiermann/Riedl/Rusam* VOB/B § 9 Rdn. 25 d ff.; *Ingenstau/Korbion* VOB/B § 9 Nr. 3 Rdn. 22; *Nicklisch/Weick* VOB/B § 9 Rdn. 40.
[227] *Heiermann/Riedl/Rusam* VOB/B § 9 Rdn. 25 g; *Ingenstau/Korbion* VOB/B § 9 Nr. 3 Rdn. 20 f.
[228] *Palandt/Bassenge* BGB § 951 Rdn. 18.

B. Die Mitwirkung des Auftraggebers zum baulichen Gelingen    **Vor § 3**

vertragliche Sonderregelung bei **schuldhaft** verzögerter Erbringung von Auftraggeber-Mitwirkungshandlungen, **aber nur** für **seinen** Anwendungsbereich; das ist der Sachbereich (hier: auftraggeberseitig) verschuldeter dem Auftraggeber angezeigter oder ihm offenkundig bekannter Behinderungen. Die genannte VOB/B-Bestimmung ist also keine abschließende Regelung von Leistungsstörungen, die zu Verzögerungen führen[229] und verdrängt nur für seinen vorgenannten Anwendungsbereich die anderweitigen verschuldensabhängigen Schadensersatzansprüche nach BGB wegen Verzuges und wegen Nebenpflichtverletzung (siehe auch unten Rdn. 80 sowie oben Rdn. 53, 60, 75); d. h. dass anderweitige schuldhaft verursachte Verzögerungsschäden nach den Verzugsschadensersatzvorschriften des BGB zu ersetzen sind und dass für verschuldensabhängige Schäden, die vom sachlichen Zuständigkeitsbereich des § 6 Nr. 6 VOB/B sowie der Verzugsschadensersatzvorschriften des BGB nicht erfasst werden, für Verträge vor der Schuldrechtsreform 2002 die Rechtsregeln über die „positive Vertragsverletzung" und für nach dem 31. 12. 2001 geschlossene Verträge die Rechtsregeln über die ihr entsprechende (Neben-)„Pflichtverletzung" (siehe oben Rdn. 51 (2) dritter Spiegelstrich) zur Anwendung kommen. Wie gesagt ist § 6 Nr. 6 VOB/B a. F./§ 6 Nr. 6 Satz 1 VOB/B n. F. 2006 keine abschließende Regelung von (schlechthin) Leistungsstörungen, welche zu Verzögerungen führen.[230] Deshalb verdrängt der verschuldensabhängige Schadensersatzanspruch des § 6 Nr. 6 VOB/B a. F./ § 6 Nr. 6 Satz 1 VOB/B n. F. 2006 weder bei aufrechterhaltenem noch bei einem gekündigten VOB/B-Bauvertrag den Anspruch nach § 642 BGB bei Gläubigerverzug (Annahmeverzug) des Auftraggebers durch das Unterlassen einer erforderlichen Mitwirkungshandlung, etwa durch ganz oder teilweise nicht erbrachte, mangelhaft erbrachte oder nicht rechtzeitig erbrachte Vorunternehmerleistung. So der BGH schon für die bis 2006 geltende Fassung von § 6 Nr. 6 VOB/B;[231] bei § 6 Nr. 6 VOB/B n. F. 2006 ist dies in Satz 2 nunmehr ausdrücklich gesagt. Weiteres zur Frage der **Anwendbarkeit** des **§ 642 BGB** auch im **ungekündigten** VOB/B-Bauvertrag bei unterlassener Auftraggeber-Mitwirkungshandlung siehe unten **Rdn. 79 bis 83**.

Bedeutung haben außerdem die sonst durch § 6 Nr. 6 VOB/B und durch § 9 VOB/B   77
verdrängten oder teilverdrängten Vorschriften des BGB dort und insoweit, als durch bauvertragliche Regelungen § 6 Nr. 6 VOB/B oder § 9 VOB/B abbedungen oder eingeschränkt ist; insoweit kommen grundsätzlich die verdrängten Vorschriften des BGB (wieder) zum Tragen. In diesem Zusammenhang ist § 306 BGB n. F., früher § 6 AGB-Gesetz zu beachten; das bedeutet, wenn § 6 Nr. 6 VOB/B und/oder § 9 VOB/B einschränkende oder aufhebende AGB-Regelungen nicht Vertragsbestandteil geworden sind oder wenn solche AGB-Regelungen unwirksam sind, dass die so entstehende Vertragslücke gemäß § 6 Abs. 2 AGB-Gesetz durch die einschlägigen gesetzlichen Vorschriften des BGB ausgefüllt wird.

**aa) Kündigungsrecht nach § 9 VOB/B und nach § 643 BGB.** Im Fall des Annah-   78
meverzugs des Auftraggebers durch Unterlassen seiner Mitwirkungspflichten[232] tritt im VOB-Vertrag das Kündigungsrecht nach § 9 Nr. 1 lit. a (und nach Nr. 1 lit. b bei Qualifizierung der Mitwirkungspflicht als Schuldnerpflicht, siehe oben Rdn. 43, 45, 56, 57) VOB/B voll an die Stelle des gesetzlichen Kündigungsrechts nach § 643 BGB, weil ersteres eine vertragliche Sonderregelung mit Abweichungen hinsichtlich Kündigungsvoraussetzungen und Kündigungsfolgen beinhaltet.[233]

**bb) Kündigungsregelung nach § 9 VOB/B und finanzielle Ansprüche des Auf-**   79
**tragnehmers – Anwendbarkeit von § 642 BGB** im **gekündigten** und im **ungekündigten** VOB/B-Bauvertrag.

---

[229] BGH v. 21. 10. 1999 – VII ZR 185/98 „Wärmedämmarbeiten" („Vorunternehmer"-Urteil II) NJW 2000, 1336, 1338 = BauR 2000, 722, 725 = NZBau 2000, 187, 188 r. Sp./189 l. Sp. m. w. N.; BGH NJW 2004, 2373, 2375 = BauR 2004, 1285, 1287 = NZBau 2004, 432, 433, abermals „Schürmann-Bau"
[230] BGH wie vorst. Fn.
[231] BGH wie vor: Dabei „Vorunternehmer" II für **ungekündigten**, „Schürmann-Bau" für **gekündigten** VOB/B-Vertrag.
[232] Vgl. oben Rdn. 52 und 56.
[233] *Heiermann/Riedl/Rusam* VOB/B § 9 Rdn. 2; *Nicklisch/Weick* VOB/B § 9 Rdn. 3.

**Vor § 3** Vorbemerkung § 3. Ausführungsunterlagen

Das Recht auf Teilvergütung nach § 645 Abs. 1 Satz 2 BGB bei Vertragsaufhebung nach § 643 BGB wird bei Vertragskündigung nach § 9 Nrn. 1, 2 VOB/B durch die Bestimmung des § 9 Nr. 3 Satz 1 VOB/B ersetzt, siehe hierzu auch oben Rdn. 73. Unberührt bleibt dabei der unter Rdn. 74 behandelte, einen Ausgleichsanspruch darstellende verschuldensunabhängige Entschädigungsanspruch aus § 642 BGB. § 9 VOB/B stellt dies in Nr. 3 Satz 2, 1. Hs. für den Fall der Kündigung nach Nr. 1 ausdrücklich klar. Diese Klarstellung ist (nur) notwendig, weil die Kündigungsbestimmung des § 9 Nr. 1. Nr. 2 VOB/B das gesetzliche Kündigungsrecht des § 643 BGB ersetzt, also voll verdrängt, § 643 Satz 1 BGB aber die Anwendbarkeit des Entschädigungsanspruchs aus § 642 BGB auch im Fall der Kündigung ausdrücklich klarstellt. Somit hätte wegen des Sonderregelungscharakters von § 9 VOB/B und wegen der ausdrücklichen Nennung des Teilvergütungsanspruchs sowie „etwaiger" (also als bestehend vorausgesetzter) weitergehender Ansprüche in Nr. 3 ohne den in Nr. 3 Satz 2, 1. Hs. enthaltenen ausdrücklichen Hinweis auf den gesetzlichen Entschädigungsanspruch aus § 642 BGB dessen Anwendbarkeit im Fall der Kündigung als ausgeschlossen angesehen werden müssen oder zumindest können. § 9 Nr. 3 Satz 2, 1. Hs. VOB/B will also verhindern, dass der Auftragnehmer durch die Kündigungsregelung des § 9 VOB/B einen nach dem BGB an sich bereits „verdienten" Ausgleich für bestimmte Leistungen, Aufwendungen und Mühewaltungen verliert. Aus der ausdrücklichen Erwähnung des § 642 BGB in § 9 VOB/B kann also, weil sich das nämlich allein auf die Vergütung bezieht, kein Umkehrschluss gezogen werden. Somit hat entgegen *Ingenstau/Korbion* und *Riedl*[234] § 9 Nr. 3 Satz 2, 1. Hs. nicht die begrenzte Bedeutung, dass der Auftragnehmer den Anspruch aus § 642 BGB „nur" nach erfolgter Kündigung geltend machen kann. Vielmehr ist nach hiesiger Auffassung (näher Rdn. 81) und, seit dem „Vorunternehmer"-Urteil II vom 21. 10. 1999, des BGH der verschuldensunabhängige § 642 BGB bereits bei der bis 2006 geltenden Fassung der VOB/B und deren § 6 Nr. 6 auch bei **fortbestehendem** VOB-Bauvertrag anzuwenden,[235] zumal die „Entschädigung" **verschuldensunabhängig** und als sachgerechte Risikoverteilungsregelung dem Unternehmer/Auftragnehmer einen **Ausgleich** für die während der Dauer des Annahmeverzuges entstandenen vergeblichen Leistungen, Aufwendungen und Mühewaltungen, ohne Ersatz für Wagnis und Gewinn, geben will, siehe Rdn. 74, 81, 82. Für die VOB/B n. F. 2006 ist besagte Anwendbarkeit des § 642 BGB im neu hinzugekommenen Satz 2 des § 6 Nr. 6 nun ausdrücklich geregelt.

80    **Sonstige weitergehende Ansprüche** des Auftragnehmers wie die unter Rdn. 75 genannten bestehen sowohl im ungekündigten als auch im gekündigten Vertrag **neben** dem Entschädigungsanspruch nach **§ 642 BGB**. Die verschuldensabhängigen gesetzlichen Schadensersatzansprüche unterliegen allerdings der Haftungsbeschränkung des § 6 Nr. 6 VOB/B a. F./§ 6 Nr. 6 Satz 1 VOB/B n. F. 2006 bezüglich des entgangenen Gewinns, wenn auftraggeberseitige Behinderungen dem Anspruch zugrundeliegen, weil dies eben so zwischen den Parteien für Behinderungsschäden in § 6 Nr. 6 VOB/B vereinbart wurde.[236] Soweit die Mitwirkungshandlungen/Mitwirkungspflichten des Auftraggebers betroffen sind, umfasst der Anwendungsbereich der vorgenannten Haftungsbeschränkung solche bei oder zu der Herstellung des Werkes erforderlichen Mitwirkungshandlungen, die der Auftraggeber **schuldhaft** nicht oder nicht rechtzeitig oder nicht vollständig oder sonst nicht mängelfrei erbracht hat und die zu einer Unterbrechung oder sonstigen Behinderung des Auftragneh-

---

[234] *Heiermann/Riedl/Rusam* VOB/B § 9 Rdn. 2; *Ingenstau/Korbion* VOB/B § 9 Nr. 1 Rdn. 55, B § 6 Nr. 6 Rdn. 1, 2.
[235] **Wie hier:** MünchKomm/*Busche,* 3. Aufl., BGB § 642 Rdn. 6; *Nicklisch/Weick* VOB/B § 9 Rdn. 3, 29, 32; *Kleine-Möller* in: *Kleine-Möller/Merl/Oelmaier* § 10 Rdn. 521; *v. Craushaar* BauR 1987, 14, 21 l. Sp.; *Kraus* BauR 1986, 17, 23, 24; seit 21. 10. 1999 auch BGH – VII ZR 185/98 „Wärmedämmarbeiten" („Vorunternehmer"-Urteil II) NJW 2000, 1336, 1338 = BauR 2000, 722, 725 = NZBau 2000, 187, 188 r.Sp./189 l.Sp., m. w. N.; **Gegenmeinung:** *Heiermann/Riedl/Rusam* VOB/B § 9 Rdn. 2. **Zum Diskussionsstand siehe außerdem** unten Rdn. 81 mit Fußnoten.
[236] *Kleine-Möller* in: *Kleine-Möller/Merl/Oelmaier* § 10 Rdn. 521; *Heiermann/Riedl/Rusam* VOB/B § 9 Rdn. 5; *Ingenstau/Korbion* VOB/B § 6 Nr. 6 Rdn. 1, 2, 13; *Nicklisch/Weick* VOB/B § 6 Nr. 50.

B. Die Mitwirkung des Auftraggebers zum baulichen Gelingen    Vor § 3

mers in der ordnungsgemäßen Ausführung der Bauleistung führen,[237] weil diese von der Mitwirkung abhängig ist.

Entgegen OLG Düsseldorf, OLG Celle, *Ingenstau/Korbion, Kapellmann/Schiffers, Kapellmann* in *Kapellmann/Messerschmidt*[238] wurde **durch** den verschuldensabhängigen **§ 6 Nr. 6 VOB/B** a. F. die Anwendung des verschuldensunabhängigen **§ 642 BGB nicht ausgeschlossen** und zwar weder im fortbestehenden, ungekündigten noch im gekündigten Bauvertrag; denn § 6 Nr. 6 VOB/B a. F. ebenso wie § 6 Nr. 6 Satz 1 VOB/B n. F. 2006 enthält für die Leistungsverzögerung mit Unterbrechungs- oder sonstiger Behinderungswirkung keinen Auffangtatbestand ausschließlicher Art, siehe Rdn. 76, 79. Schon der Wortlaut von § 6 Nr. 6 VOB/B spricht gegen eine solche Folge. § 6 Nr. 6 VOB/B lautet nämlich nicht etwa: „Nur wenn die hindernden Umstände von einem Vertragsteil zu vertreten sind, hat der andere Teil Anspruch . . ."; vielmehr nennt § 6 Nr. 6 VOB/B schlicht Voraussetzungen einschließlich des Verschuldens, aus deren Vorhandensein sich ein Schadensersatzanspruch einer der Vertragsteile bei vom anderen Vertragsteil zu vertretender Behinderung ergibt;[239] dabei ist für den entgangenen Gewinn einschränkend die Schuldform des Vorsatzes oder der groben Fahrlässigkeit erforderlich. Weiter siehe die nachfolgenden Rdn. 82, 83.    81

**Außerdem** gibt **§ 642 BGB**, wie unter Rdn. 74, 79 ausgeführt, im Gegensatz zu § 6 Nr. 6 VOB/B a. F./§ 6 Nr. 6 Satz 1 VOB/B n. F. 2006 keinen verschuldensabhängigen Schadensersatzanspruch wegen Verletzung einer Schuldnerpflicht des Bestellers/Auftraggebers, sondern lediglich einen verschuldensunabhängigen **Entschädigungsanspruch** bei Gläubigerverzug mit auf Billigkeit beruhendem Ausgleichscharakter.[240] Wie durch die Wendung „angemessene Entschädigung" dokumentiert ist, bezweckt § 642 BGB nur einen billigen und angemessenen Ausgleich für erlittene Nachteile des Unternehmers/Auftragnehmers wegen Gefahren und Umständen, die er nicht beherrschen kann und die zudem aus der Einfluss-, Verantwortungs- und Risikosphäre des Bestellers/Auftraggebers stammen. § 642 BGB ist insoweit Ausfluss von Treu und Glauben (§ 242 BGB). § 642 BGB hat dementsprechend eine andere Zwecksetzung als § 6 Nr. 6 VOB/B a. F./§ 6 Nr. 6 VOB/B n. F. 2006. Es ließe sich auch nicht rechtfertigen, durch eine Vertragsordnung, dessen Bestandteil § 6 Nr. 6 a. F. VOB/B ist, eine gesetzliche Regelung, welche Ausprägung von Treu und Glauben ist, als verdrängt und somit aufgehoben zu betrachten, zumal dies auch nicht interessengerecht wäre. Dies noch dazu dann, wenn der Gesetzgeber selbst, wie durch § 642 BGB geschehen, die Notwendigkeit eines Interessenausgleichs durch im Bereich von Treu und Glauben angesiedelte konkrete Normsetzung dokumentiert und eine Regelung hierfür bereitstellt. Es ist nicht nachzuvollziehen, warum der Auftragnehmer bei fortbestehendem Bauvertrag für während des Annahmeverzuges des Auftraggebers vergeblich und nutzlos bereitzuhaltender/n und/oder bereitgehaltener/n Arbeitskapazität/Arbeitsaufwands    82

---

[237] BGH v. 21. 10. 1999 – VII ZR 185/98 („Vorunternehmer"-Urteil II) NJW 2000, 1336, 1338 = BauR 2000, 722, 725 = NZBau 2000, 187, 188, 189 m. w. N.; anders OLG Düsseldorf BauR 1991, 774, 776, wonach § 6 Nr. 6 VOB/B für **alle** Fälle der Leistungsverzögerung, die von der einen oder von der anderen Vertragspartei herbeigeführt werden, einen Auffangtatbestand ausschließlicher Art enthalten und somit auch die Anwendung von gesetzlichen anderweitigen Entschädigungs-Regelungen ausschließen wolle, die ein Verschulden nicht voraussetzen; *Ingenstau/Korbion* VOB/B § 6 Nr. 6 Rdn. 1, 2, 13, wonach im Rahmen des ungekündigten, aufrechterhaltenen Bauvertrags § 6 Nr. 6 VOB/B dem schädigenden Vertragspartner überhaupt nur dann eine Verpflichtung zum Nachteilsausgleich aufbürden wolle, wenn Verschulden vorliege, so dass deshalb auch der verschuldensunabhängige Entschädigungsanspruch aus § 642 BGB durch § 6 Nr. 6 VOB/B verdrängt werde; vgl. zu dieser Thematik näher Rdn. 82.

[238] OLG Düsseldorf BauR 1991, 774, 776; OLG Celle BauR 1995, 552, 554; *Ingenstau/Korbion* VOB/B § 6 Nr. 6 Rdn. 1, 2, 13; *Kapellmann/Schiffers* Bd. 1(Einheitspreisvertrag) Rdn. 1399, 1400; *Kapellmann/Messerschmidt* VOB/B § 6 Rdn. 63, 89 ff.; ausdrücklich offengelassen vom BGH in NJW 1985, 2475, 2476 = BauR 1985, 561, 564 = ZfBR 1985, 282, 283 („Vorunternehmer"-Urteil I). **Seit 21. 10. 1999 BGH wie hier**, nämlich VII ZR 185/98 „Wärmedämmarbeiten" („Vorunternehmer"-Urteil II) NJW 2000, 1336, 1338 = BauR 2000, 722, 725 = NZBau 2000, 187, 188 r. Sp./189 l. Sp., m. w. N.

[239] BGH v. 21. 10. 1999 – VII ZR 185/98 „Wärmedämmarbeiten" („Vorunternehmer"-Urteil II) NJW 2000, 1336, 1338 = BauR 2000, 722, 725 = NZBau 2000, 187, 188 r.Sp./189 l. Sp., m. w. N.

[240] BGH wie vorst. Fn. Näher zu Rechtsnatur und Umfang des Anspruchs nach § 642 BGB *Roskosny/Bolz*, BauR 2007, 1804.

### Vor § 3

wie Personal, Gerät, finanzielle Mittel keinen angemessenen Ausgleich erhalten, also für einen anderen ein Opfer bringen soll, wenn und obwohl diese Umstände durch (auch unverschuldete) Obliegenheitsverletzung der anderen Vertragspartei infolge unterlassener Mitwirkungshandlung herbeigeführt wurde, mithin durch Umstände, auf die der Auftragnehmer keinen, jedoch der Auftraggeber einen Einfluss hat, weil sie sich allein in seinem Herrschaftsbereich („Sachnähe") abspielen. Auch daher war schon für die bis 2006 geltenden VOB/B-Fassungen auch im **ungekündigten** VOB/B-Bauvertrag die Anwendbarkeit des verschuldensunabhängigen **§ 642 BGB** bei Gläubigerverzug/Annahmeverzug **neben § 6 Nr. 6 VOB/B** a. F. zu bejahen, und zwar gerade auch dann, wenn § 6 Nr. 6 VOB/B wegen fehlenden Verschuldens des Auftraggebers nicht Platz gegriffen hat.[241] Zu beachten ist allerdings dass **§ 6 Nr. 6 VOB/B** im ungekündigten VOB/B-Bauvertrag eine **doppelte Sperrwirkung** bei der Anwendung des § 642 BGB entfaltet:

– **Erstens** ist die Behinderungsanzeige nach § 6 Nr. 1 Satz 1 VOB/B oder ersatzweise das offenkundige Bekanntsein der Behinderung nach § 6 Nr. 1 Satz 2 VOB/B **Anspruchsvoraussetzung** auch für den verschuldensunabhängigen Entschädigungsanspruch nach § 642 BGB; denn § 6 Nr. 1 VOB/B macht durch die Wendung „nur dann" die „Berücksichtigung der hindernden Umstände" schlechthin und damit jeglichen Anspruch, der eine Berücksichtigung der besagten hindernden Umstände beinhaltet, von der Erfüllung der Anforderungen des § 6 Nr. 1 VOB/B abhängig. Diese apodiktische Ausdrucksweise meint eindeutig und unmißverständlich **alle** (vertraglichen und gesetzlichen) Ansprüche, die eine „Berücksichtigung" hindernder Umstände zum Gegenstand haben, somit auch hindernde Umstände aus Verletzung gebotener Mitwirkungshandlungen des Auftraggebers gemäß § 642 BGB mit dem dortigen Entschädigungsanspruch. Das korrespondiert ohnehin damit, dass der Anspruch nach 642 BGB Annahmeverzug des Auftraggebers durch Unterlassen einer ihm obliegenden Mitwirkungshandlung voraussetzt. Der erforderliche Annahmeverzug wiederum setzt, zusätzlich zur Unterlassung im Rahmen des § 642 BGB, voraus, dass der zur Leistung berechtigte, bereite und innerhalb seines Herrschaftsbereiches imstande befindliche (§ 297 BGB) Auftragnehmer seine Leistung wie geschuldet dem Auftraggeber anbietet (§§ 294 bis 296 BGB). Zu einem ordnungsgemäßen Leistungs-Angebot des Auftragnehmers gehört bei einem VOB/B-Bauvertrag zusätzlich, dass der Auftragnehmer[242] gemäß § 6 Nr. 1 VOB/B anzeigt, wenn er wegen hindernder Umstände zur Leistungserbringung nicht imstande ist.[243]

– **Zweitens** beschränkt § 6 Nr. 6 VOB/B a. F./§ 6 Nr. 6 Satz 1 VOB/B n. F. 2006 den **Anspruchsumfang** des § 642 BGB dahin, dass entgangener Gewinn nur bei Vorliegen von Vorsatz oder grober Fahrlässigkeit auf Seiten des Auftraggebers zu ersetzen ist; wenn nämlich schon bei verschuldeter Verletzung der Mitwirkungspflicht entgangener Gewinn nach § 6 Nr. 6 VOB/B nur bei Vorsatz oder grober Fahrlässigkeit verlangt werden kann, muss dies erst recht bei unverschuldeter Verletzung gelten. Laut BGH[244] umfasst der Anspruch nach § 642 BGB allerdings an sich schon nicht entgangenen Gewinn und Wagnis. Dazu auch *Motzke* mit zutreffenden Argumenten → § 6 Nr. 6 Rdn. 27 bis 31 und → Vor § 9

---

[241] So auch BGH seit 21. 10. 1999 – VII ZR 185/98 „Vorunternehmer"-Urteil II, wie vorst. Fn.; (noch ausdrücklich offengelassen von BGH NJW 1985, 2475, 2476 = BauR 1985, 561, 564 = ZfBR 1985, 282, 283 im „Vorunternehmer"-Urteil I); *v. Craushaar* BauR 1987, 14, 21 l. Sp.; RGRK-*Glanzmann* § 642 Rdn. 17; *Kleine-Möller* in: *Kleine-Möller/Merl/Oelmaier* § 10 Rdn. 521; *Kraus* BauR 1986, 17, 23, 24; Münch-Komm/*Busche*, 3. Aufl., BGB § 642 Rdn. 14, 16, 6: § 642 BGB im fortbestehenden VOB/B-Bauvertrag anwendbar, und zwar verschuldensunabhängig im Falle des Annahmeverzuges trotz Bestehens der Bestimmung des § 6 Nr. 6 VOB/B, da diese keine abgeschlossene Regelung aller Fälle der zeitlichen Leistungsstörungen darstelle, zumindest aber nicht solcher, die verschuldensunabhängig sind; *Nicklisch/Weick* VOB/B § 6 Rdn. 4, 51, § 9 Rdn. 3 und 32; *Ingenstau/Korbion* VOB/B § 6 Nr. 6 Rdn. 1, 2.

[242] Wenn und soweit nicht ausnahmsweise nach § 6 Nr. 1 Satz 2 VOB/B wegen offenkundigen Bekanntseins entbehrlich.

[243] BGH NJW 2000, 1336, 1338 = BauR 2000, 722, 725 = NZBau 2000, 187, 189 („Vorunternehmer"-Urteil II).

[244] BGH wie vorst. Fn.

B. Die Mitwirkung des Auftraggebers zum baulichen Gelingen **Vor § 3**

Rdn. 17, 18. Dem § 642 BGB-"Ausschluss"-Argument von *Kapellmann/Schiffers* und *Kapellmann* in *Kapellmann/Messerschmidt*,[245] durch die Bejahung der Anwendung von § 642 BGB sei die nach § 6 Nr. 1 VOB/B erforderliche Behinderungsanzeige Makulatur, ist entgegenzuhalten: Selbstverständlich ist in einem VOB/B-Bauvertrag, bei welchem die Anwendung von § 6 Nr. 1 VOB/B nicht abbedungen oder vertraglich eingeschränkt wurde, zusätzliche (sozusagen „vorgeschaltete" oder „vorgehängte") **Anspruchsvoraussetzung** für den Entschädigungsanspruch nach § 642 BGB, dass der Auftragnehmer die oben bei **Erstens** aufgeführten Anforderungen des § 6 Nr. 1 VOB/B erfüllen muss, soweit es sich um eine Behinderung durch Mitwirkungspflichtverletzung des Auftraggebers handelt. Für die Neufassung 2006 von VOB/B ist dies in deren bei § 6 Nr. 6 neuaufgenommen Satz 2 ohnehin ausdrücklich ausgesprochen.

**Schließlich** könnte auch daraus, dass § 9 Nr. 3 Satz 2 VOB/B für den Fall der Kündigung 83 durch den Auftragnehmer ausdrücklich die Anwendbarkeit des § 642 BGB vorsieht und daraus, dass demgegenüber § 6 Nr. 6 VOB/B a. F. den § 642 BGB nicht erwähnt, nicht entnommen werden, dass bei Aufrechterhaltung des Bauvertrags § 6 Nr. 6 VOB/B a. F. den Entschädigungsanspruch nach § 642 BGB insgesamt ausschließen (verdrängen) wollte.[246] Die Nennung von § 642 BGB in § 9 Nr. 3 Satz 2 VOB/B war aus Klarstellungsgründen notwendig, da aus den unter Rdn. 79 genannten Gründen die Anwendbarkeit von § 642 BGB im Falle der Kündigung nach § 9 ansonsten zweifelhaft oder gar als ausgeschlossen anzusehen wäre.

**f) Mitverschulden.** Auch für die Verletzung von Mitwirkungspflichten des Bestellers/ 84 Auftraggebers und die daraus entstehenden Schadenersatzansprüche ist ein etwaiges Mitverschulden des Unternehmers/Auftragnehmers gemäß § 254 BGB zu berücksichtigen, siehe z. B. unten Rdn. 90, 91, 92. Bei dem verschuldensunabhängigen Entschädigungsanspruch nach § 642 BGB ist § 254 BGB, der ein Verschulden voraussetzt, gleichwohl analog anzuwenden, da § 254 BGB als Ausfluss von Treu und Glauben (§ 242 BGB) einen allgemeinen Rechtsgedanken verkörpert[247] und zudem § 642 BGB selbst ebenfalls Ausfluss von Treu und Glauben ist. Außerdem folgt dies auch schon daraus, dass der Anspruch des Auftragnehmers auf Entschädigung nur insoweit bestehen kann, als die Verzögerung durch die unterlassene oder verzögerte Mitwirkung seitens des Auftraggebers verursacht bzw. mitverursacht ist.[248]

So ist im Rahmen des § 254 BGB z. B. das nicht rechtzeitige Bemühen des Auftragneh- 85 mers um andere Aufträge als Mitverschulden am entstandenen Schaden zu erblicken. Andererseits braucht der Auftragnehmer nicht etwa die durch die unterlassene Mitwirkungshandlung des Auftraggebers unterbliebenen Voraussetzungen für die ordnungsgemäße Durchführung des Bauvorhabens zwecks Schadensverhinderung selbst zu schaffen, da es nach der VOB-vertraglichen Aufgaben- und Pflichtenverteilung und -zuordnung allein Sache des Auftraggebers ist, die ihm z. B. nach den §§ 3 und 4 VOB/B zugewiesenen Voraussetzungen für die ordnungsgemäße Durchführung des Bauvorhabens zu schaffen oder die sonstigen bei und zu der Herstellung des Werkes erforderlichen Mitwirkungshandlungen im Sinne der §§ 642, 295 BGB vorzunehmen; daher entspricht es nicht der gesetzlichen Wertung des § 254 BGB, dass der Auftragnehmer bei unterlassener Mitwirkungshandlung des Auftraggebers sozusagen für diesen „einspringen" muss und in diesem Rahmen notwendige Aufwendungen macht oder sonstige sachgerechte Vorkehrungen trifft, um die Leistung ordnungsgemäß erbringen zu können.[249]

**g) Keine Ersatzvornahme.** Im Falle unterlassener Mitwirkungshandlung des Bestellers/ 86 Auftraggebers ist der Auftragnehmer bei VOB/B- und BGB-Bauverträgen, auf die noch das

---

[245] Siehe die angegebenen Stellen bei Rdn. 81 und bei → § 6 Nr. 6 Rdn. 91.
[246] So aber *Ingenstau/Korbion* VOB/B § 6 Nr. 6 Rdn. 1, 2, 13.
[247] *Ingenstau/Korbion* VOB/B § 3 Nr. 1 Rdn. 13, § 9 Nr. 1 Rdn. 35, 9 Nr. 3 Rdn. 16, 20 ff.
[248] Vgl. *Nicklisch/Weick* VOB/B § 9 Rdn. 31.
[249] BGH Schäfer-Finnern Z 2511 Bl. 8 ff.; *Heiermann/Riedl/Rusam* VOB/B § 9 Nr. 3 Rdn. 16; *Ingenstau/Korbion* VOB/B § 9 Rdn. 16.

**Vor § 3**  Vorbemerkung § 3. Ausführungsunterlagen

BGB a. F. Anwendung findet, nicht berechtigt, die Mitwirkungshandlung im Wege einer echten Ersatzvornahme selbst vorzunehmen oder vornehmen zu lassen.[250] Bei VOB/B- und BGB-Bauverträgen, für die das BGB n. F. gilt, gibt es für unterlassene Mitwirkungshandlungen zwar auch keine Ersatzvornahme in herkömmlicher Form; aber soweit eine Mitwirkungspflicht des Bestellers/Auftragnehmers als Nebenleistungspflicht oder ausnahmsweise auch als Hauptleistungspflicht anzusehen bzw. einzustufen ist, kann im Rahmen des Schadensersatzes „statt der Leistung" nach § 280 Abs. 3 BGB n. F. eine Selbstvornahme (mittels Eigenleistung oder mittels Fremdbeauftragung) stattfinden. Siehe hierzu oben Rdn. 51 (2) dritter Spiegelstrich mit dem dortigen dritten Unterpunkt.

### 6. Erweiterung oder Änderung vorhandener Mitwirkungspflichten des Auftraggebers und Begründung zusätzlicher Mitwirkungspflichten

87 Aufgrund der Vertragsfreiheit können die Parteien die in §§ 3 und 4 VOB/B enthaltenen Mitwirkungspflichten des Auftraggebers inhaltlich erweitern oder ändern, z. B. anderweitig ausgestalten und/oder noch weiter konkretisieren und sie können über den Katalog der in §§ 3 und 4 VOB/B enthaltenen Mitwirkungspflichten des AG hinaus zusätzliche Mitwirkungspflichten schaffen und inhaltlich ausgestalten;[251] dabei können die Mitwirkungspflichten als reine Obliegenheiten, als echte Nebenpflichten bzw. Nebenleistungspflichten und als Hauptpflichten oder sonstige Schuldnerpflichten ausgestaltet werden (vgl. oben Rdn. 43, 45, 46). Auch können in §§ 3 und 4 VOB/B enthaltene oder anderweitige oder eigens begründete Mitwirkungshandlungen ganz oder teilweise und/oder mit bestimmter Ausgestaltung vom Auftragnehmer übernommen werden. Geschieht all dies formularmäßig oder durch Allgemeine Geschäftsbedingungen, so sind die sich aus dem AGB-Gesetz ergebenden Wirksamkeitsgrenzen zu beachten.

88 Vertragliche Regelungen wie die vorerwähnten können sich auch **konkludent** oder **stillschweigend,** insbesondere aus der Art und dem Zweck der auszuführenden Leistung, einer nach den §§ 133, 157 BGB vorzunehmenden, gegebenenfalls ergänzenden, Vertragsauslegung und den Grundsätzen von Treu und Glauben (§ 242 BGB)[252] nebst der gewerblichen Verkehrssitte ergeben (vgl. oben Rdn. 43, 45, 46).

### 7. Ergänzende Geltung der in den §§ 3 und 4 VOB/B enthaltenen Grundsätze für den BGB-Bauvertrag

89 Die in den §§ 3 und 4 VOB/B enthaltenen Grundsätze gelten über die §§ 642, 645 Abs. 1 BGB über den VOB-Bauvertrag hinaus auch für den Bauvertrag nach den Bestimmungen des BGB, denn die in den §§ 3 und 4 enthaltenen Regelungen für die Mitwirkungspflichten beider Parteien, auch die Prüfungs-, Hinweis- und Bedenkenmitteilungspflicht des Auftragnehmers gemäß § 3 Nr. 3 Satz 2 und § 4 Nr. 3 VOB/B, bringen zugleich zum Ausdruck, was im Bau notwendig und üblich und somit gewerbliche Verkehrssitte ist. Sie gelten somit gemäß §§ 242, 157 BGB unter Berücksichtigung der baubedingten Notwendigkeiten auch für den BGB-Bauvertrag.[253]

### IV. Unterstützungspflichten des Auftragnehmers als Nebenpflicht

90 Im Rahmen der dem Auftraggeber in den §§ 3 und 4 VOB/B auferlegten Pflichten, insbesondere bei der Koordinationspflicht im weitesten Sinne, kann je nach Sachlage der Auftragnehmer seinerseits eine Unterstützungspflicht haben, wenn nur so der Auftraggeber

---

[250] MünchKomm/*Busche*, 3. Aufl., BGB § 642 Rdn. 17.
[251] *Heiermann/Riedl/Rusam* VOB/B § 3 Rdn. 1; MünchKomm/*Busche*, 3. Aufl., BGB § 631 Rdn. 184.
[252] *Heiermann/Riedl/Rusam* VOB/B § 3 Rdn. 1.
[253] Vgl. BGH BauR 1970, 57, 59; *Heiermann/Riedl/Rusam* VOB/B § 3 Rdn. 1; *Vygen* Bauvertragsrecht Rdn. 360; *v. Craushaar* BauR 1995, 141. Sp.; *Soergel* ZfBR 1995, 165 I.

seine Mitwirkungspflichten oder sonstigen vertraglichen Nebenpflichten ordnungsgemäß erfüllen kann. Das gilt vor allem, wenn mehrere Leistungen verschiedener, bei demselben Bauvorhaben tätiger Unternehmer aufeinander abzustimmen sind und daher z. B. gemeinsame Besprechungen oder Baustellenbegehungen notwendig sind, damit der Auftraggeber instand gesetzt wird, die von ihm vorzunehmende Koordination ordnungsgemäß durchzuführen. Sofern ein Auftragnehmer hier die von ihm im Einzelfall zu fordernde Unterstützung grundlos verweigert oder schuldhaft verzögert bzw. in sonstiger Weise verletzt, kann er sich an dem möglicherweise entstehenden Schaden wegen Verletzung einer Nebenpflicht gemäß § 254 BGB mitschuldig und schadensersatzpflichtig machen.[254]

## C. Planungsbeteiligte als Erfüllungsgehilfen des jeweiligen Auftraggebers

### I. Der Planer als Erfüllungsgehilfe

Der Auftraggeber bedient sich in der Regel zu und bei der Erfüllung seiner gegenüber dem Auftragnehmer gemäß den §§ 3 und 4 VOB/B geschuldeten Pflichten, ihm rechtzeitig zuverlässige und einwandfreie, also brauchbare[255] Pläne und sonstige Ausführungsunterlagen als Leistungsvorgaben zur Verfügung zu stellen sowie diejenigen Entscheidungen zu treffen, die für die reibungslose Ausführung des Baues erforderlich sind, je nach spezifischer Planungsleistung und gebotener Fachkompetenz der Leistungen eines Architekten, Statikers, Vermessungsingenieurs, Sanitär-, Heizungs-, Klima-, Lüftungs- und Elektroprojektanten, des Bauphysikers, des Schall- und Wärmeschutzingenieurs, des Baugrundsachverständigen und/oder sonstigen Sonderfachmannes. Diese Planungsfachleute sind dann insoweit Erfüllungsgehilfen des Auftraggebers gemäß § 278 BGB, d. h. Hilfspersonen, die nach den tatsächlichen Verhältnissen mit dem Willen des Auftraggebers zu und bei bei der Erfüllung seiner Verbindlichkeiten gegenüber dem Auftragnehmer tätig werden. Deren **Verschulden** und die daraus resultierenden nachteiligen Folgen wie z. B. Mängel und Mängelfolgeschäden, Umstellen und Verzögerung des Bauablaufs mit daraus folgenden Mehrkosten, sonstige Schäden muss sich der Auftraggeber im Verhältnis zum Auftragnehmer gemäß § 278 BGB unmittelbar anrechnen lassen, sei es, dass der Auftragnehmer Schadensersatzansprüche gegen den Auftraggeber oder sei es, dass letzterer gegen ersteren Mängelgewährleistungsansprüche und/oder Schadensersatzansprüche geltend macht.

Nimmt der planungslieferungspflichtige/koordinierungspflichtige Auftraggeber den Auftragnehmer wegen eines aus Fehlplanung bzw. Planungsfehler oder/und Koordinationsfehler herrührenden Mangels der Bauleistung in Anspruch, weil der Auftragnehmer gegen Prüfungs- und Hinweispflichten aus § 3 Nr. 3 Satz 2 oder/und § 4 Nr. 3 VOB/B verstoßen hat, so sind dabei wegen des beim Auftraggeber selbst oder dessen Erfüllungsgehilfen liegenden Planungsfehlers/Koordinationsfehlers gemäß § 254 BGB, je nach Fall-Lage ganz oder teilweise, zugunsten des Auftragnehmers der Mitverschuldenseinwand und die zurechenbare Schadensverursachungsanteil zu berücksichtigen: Dies gegenüber **Schadensersatzansprüchen** unmittelbar gemäß § 254 BGB und gegenüber den **verschuldensunabhängigen Mängelbeseitigungsansprüchen** sowie den diesbezüglichen Ersatzrechtsbehelfen einschließlich Minderungsansprüchen mittelbar über § 242 BGB, da § 254 BGB als Ausprägung eines allgemeinen Rechtsgedankens nach Treu und Glauben auch auf die werkvertragliche verschuldensunabhängige Nachbesserung im Wege angemessener **Kostenbeteiligung** des Auftraggebers (Zuschusspflicht) in Höhe seiner quotenmäßigen Mithaftung

---

[254] Vgl. *Ingenstau/Korbion* VOB/B § 3 Rdn. 8; so auch *Kapellmann/Messerschmidt/Havers* VOB/B § 3 Rdn. 7.
[255] Brauchbare Pläne müssen technisch und inhaltlich richtig, vollständig, klar, eindeutig (und dementsprechend widerspruchsfrei) sein, vgl. Rdn. 5.

**Vor § 3** Vorbemerkung § 3. Ausführungsunterlagen

anzuwenden ist.[256] Das im Planungsfehler/Koordinierungsfehler liegende (Mit-)Verschulden des Auftraggebers oder des ihm zuzurechnenden Planungs- oder/und Koordinierungserfüllungsgehilfen reduziert unmittelbar den Umfang des auftraggeberseitigen Anspruchs gegen den Auftragnehmer um die dem Auftraggeber anzulastende Verschuldensquote; diese kann und wird nach Lage des Falles zwischen 50% und 100% liegen, in der Regel bei 2/3 bis 3/5. Zur Mithaftungsquote siehe ausführlich → § 3 Nr. 3 Rdn. 23, 24. Der Auftraggeber hat dann die Möglichkeit, im Rückgriff seinerseits den Erfüllungsgehilfen (z. B. Architekten, Statiker, Vermessungsingenieur, Bauphysiker, sonstige Ingenieure, Projektanten) aus dem mit ihm geschlossenen Architekten- bzw. Ingenieurvertrag oder sonstigen Vertrag in Anspruch zu nehmen, was aber die Anwendung der vorgenannten Vorschriften der §§ 278, 254, 242 BGB zugunsten des Auftragnehmers nicht ausschließt.[257] Das gilt insbesondere, wenn der Architekt oder sonstige Planungsgehilfe die vertraglichen Mitwirkungspflichten des Auftraggebers nicht oder nur unzureichend,[258] also entweder gar nicht oder inhaltlich fehlerhaft oder nicht rechtzeitig wahrnimmt und hierdurch der Mangel und/oder Schaden allein oder mit bewirkt wurde.

**93** Damit ist vor allem die vorangehend und auch unter Rdn. 2 bis 7 hervorgehobene Verpflichtung des Auftraggebers angesprochen, dem Auftragnehmer einwandfreie und zuverlässige, somit brauchbare Pläne und sonstige Ausführungsunterlagen zu liefern, wobei hierzu **auch** eine ordnungsgemäße, **vollständige** Leistungsbeschreibung,[259] und zwar in der letztlich für die Ausführung maßgebenden Fassung,[260] gehört; die Leistungsbeschreibung muss auch eindeutig und dementsprechend widerspruchsfrei sein.[261] Soweit es dabei um den zeitlich, bautechnisch und bauablauftechnisch reibungslosen Ablauf des Baugeschehens geht, wozu auch die zeitliche, planungstechnische sowie sachlich-bautechnische Abstimmung der Leistungen aufeinander (zeitliches und fachliches Ineinandergreifen der verschiedenen Unternehmerleistungen), der zeitlich richtige Ablauf und das harmonische Zusammenwirken der verschiedenen Planungsbeteiligten und Bauausführungsbeteiligten gehören, handelt es sich um die sogenannte **„Koordinierungspflicht"** des Auftraggebers gegenüber dem Auftragnehmer, die der Architekt oder sonst zuständige Planungsbeteiligte für den Auftraggeber als dessen Erfüllungsgehilfe wahrzunehmen hat.[262] Dies ist Ausfluss des grundlegenden Gedankens, dass die sogenannte **Ablaufplanung** und Ablaufsteuerung samt dem hier

---

[256] St. Rspr. u. h. M.; BGH NJW 1987, 644, 645 = BauR 1987, 86, 88 = ZfBR 1987, 34, 35; BGH NJW 1985, 2475 = BauR 1985, 561, 562 = ZfBR 1985, 282; NJW 1984, 1676, 1677 = BauR 1984, 395, 397 = ZfBR 1984, 173, 174; NJW 1972, 447/448 = BauR 1972, 112 BGH Schäfer-Finnern Z 2400 – Bl. 33, 34; OLG Koblenz NJW RR 1997, 782 = BauR 1997, 482, 483; OLG Düsseldorf NJW-RR 1997, 975 (Beispiel für hälftige Schadensteilung bei positiver Vertragsverletzung des Auftragnehmers und gleichzeitig schadensursächlicher unvollständiger Leistungsbeschreibung; OLG Stuttgart BauR 1995, 850, 851; *Heiermann/Riedl/Rusam* VOB/B § 3 Rdn. 1; *Ingenstau/Korbion* VOB/B § 3 Rdn. 5–7; *Kapellmann/Messerschmidt/Havers* VOB/B § 3 Rdn. 5; *Nicklisch/Weick* VOB/B § 3 Rdn. 7, § 13 Rdn. 15; *Vygen* Bauvertragsrecht Rdn. 580–582 m. w. N., Rdn. 588, 589; *Werner/Pastor* Rdn. 1480, 2458–2461, 1980–1984; *Kaiser* ZfBR 195, 55, 60, 61; *Soergel* ZfBR 1995, 165, 166; vgl. auch oben Rdn. 3 und 4.

[257] BGH *Schäfer-Finnern* Z 2400 – Bl. 41, 42; BGH *Schäfer/Finnern* Z 2400 – Bl. 33, 34; *Ingenstau/Korbion* VOB/B § 3 Rdn. 5 u. § 3 Nr. 3 Rdn. 7; OLG Düsseldorf BauR 1992, 665, 666, 668 (falsche Absteckung durch Vermessungsingenieur); ferner die oben in Rdn. 3 angeführten OLG-Urteile.

[258] BGH *Schäfer/Finnern* Z 2414 Bl. 146; *Ingenstau/Korbion* VOB/B § 3 Rdn. 5.

[259] OLG Düsseldorf NJW RR 1997, 975: fehlender Hinweis des Auftraggebers im LV, dass bei Einschalung der Stahlbetondecke auf die hohe Hitzebelastung des unmittelbar darunter befindlichen Abgasrohres zu achten ist; OLG Stuttgart BauR 1992, 639, 640; vgl. auch BGH NJW 1984, 1676, 1677 = BauR 1984, 395, 397 = ZfBR 1984, 173, 174 für den Fall unzureichender Grundwasserisolierung; OLG *Schäfer/Finnern/Hochstein* § 635 BGB Nr. 55 für den Fall nicht hinreichender Sicherung gegen Feuchtigkeit von Kellerräumen; OLG Düsseldorf BauR 1991, 791, 792: Architekt muss durch zureichende Koordinierung unter Einbeziehung von Sonderfachleuten planmäßig sicherstellen, dass eine Gefährdung von Bauteilen durch Regen- und Oberflächenwasser ausgeschlossen wird.

[260] *Ingenstau/Korbion* VOB/B § 3 Rdn. 5.

[261] BGH NJW 1999, 2432, 2433 = BauR 1999, 897, 898, III.1.b).

[262] BGH NJW 1972, 447/448; OLG Koblenz NJW RR 1997, 782 = BauR 1997, 482, 483; OLG Köln *Schäfer/Finnern/Hochstein* § 631 BGB Nr. 40 (S. 111); *Ingenstau/Korbion* VOB/B § 3 Rdn. 5; *Werner/Pastor* Rdn. 1493, 1495; ferner OLG Düsseldorf BauR 1992, 665 ff., insb. 668 bezügl. Vermessungsingenieur und Architekt bei (falscher) Absteckung. So auch *Kapellmann/Messerschmidt/Havers* VOB/B § 3 Rdn. 4.

C. Planungsbeteiligte als Erfüllungsgehilfen des jeweiligen Auftraggebers  Vor § 3

zugehörigen Aufstellen und Überwachen des Zeitplanes (oft als Balkendiagramm) zu den originären Auftraggeberaufgaben gehört.[263] Diese Aufgaben werden in der heutigen Zeit oft statt vom „klassischen" Architekten von „Baubetreuern", „Baucontrollern" oder – bei größeren Bauvorhaben – von eigens als „Terminsteuerer" eingeschalteten Ingenieurbüros als diesbezügliche Erfüllungsgehilfen wahrgenommen.[264]

Unter einwandfreien und „zuverlässigen", brauchbaren Ausführungsunterlagen sind somit 94 nicht nur solche zu verstehen, die inhaltlich-bautechnisch so fehlerfrei sind, dass ihre bauliche Verwirklichung nicht notwendigerweise zu einem Baumangel führen muss, die also keine Planungsfehler im engeren Sinne aufweisen, sondern auch solche, die in dem Sinne **ausführbar** und sonst **ausführungsreif** sind, dass die Reibungslosigkeit des Bauablaufs in zeitlicher und sachlich-bautechnischer Hinsicht sichergestellt ist. Dabei müssen insbesondere die nebeneinander und nacheinander auszuführenden und die aufeinander aufbauenden Gewerke und einzelnen Werkleistungen sowie sonstigen Beiträge aller Baubeteiligten einschl. der Planungsbeteiligten zur Herstellung des Bauwerks in substantiell-bautechnischer und in ablauftechnischer Hinsicht unter Berücksichtigung des Aneinanderpassens, des Ineinandergreifens und der Abhängigkeiten der einzelnen Arbeitsschritte/Bauschritte „zusammenstimmen" beziehungsweise „zusammenpassen" und sich so aneinander anschließen, dass eine funktionierende, mängelfreie Gesamtleistung entstehen kann.

## II. Planungs-Erfüllungsgehilfenhaftung im Hauptunternehmer- und Nachunternehmerverhältnis

Dem Bauherrn, der als Besteller/Auftraggeber auftreten will, stehen für die Beteiligung 95 der verschiedenen Unternehmer an der Ausführung des Bauvorhabens unterschiedliche rechtliche Gestaltungsmöglichkeiten zur Verfügung. Er kann die jeweiligen Einzelgewerke gesondert beauftragen mit der Folge, dass er mit all diesen Unternehmern eigene unmittelbare Bauverträge abschließt. Der Bauherr kann aber auch einen Bauunternehmer umfassend mit der Erbringung von Bauleistungen dergestalt beauftragen, dass dieser in der Unternehmereinsatzform eines Hauptunternehmers[265] oder **Generalunternehmers**[266] tätig wird.[267] Dieser schließt dann als Hauptauftragnehmer für die einzelnen Gewerke seinerseits eigene Bauverträge mit Subunternehmern (Nachunternehmern gemäß § 4 Nr. 8 VOB/B) ab, die ihm gegenüber Auftragnehmer sind und denen er als Auftraggeber gegenübertritt. Der Bauherr als der Erste in der **Auftraggeber-Auftragnehmer-Kette** als werkvertraglicher Leistungskette hat eine Vertragsbeziehung nur mit dem Hauptunternehmer bzw. Generalunternehmer, nicht aber mit den einzelnen Nachunternehmern.

Gerade dabei zeigt sich, dass die von der VOB verwendeten Begriffe des „Auftraggebers" 96 und des „Auftragnehmers" allgemeingültig verwendbar und **funktional** zu verstehen sind, je nachdem, ob der Baubeteiligte gegenüber seinem Auftraggeber als Auftragnehmer oder gegenüber seinem Auftragnehmer = Subunternehmer als Auftraggeber „fungiert". Der Bauunternehmer hat also oft eine Doppelfunktion/**Doppelstellung** als Auftragnehmer und gleichzeitig (weitergebender) Auftraggeber, so wenn er Hauptunternehmer oder **Generalunternehmer** ist.

Somit ergibt sich: Die bei Rdn. 3 bis 7 und 91–93 behandelte Pflicht, rechtzeitig zuver- 97 lässige und einwandfreie, brauchbare Pläne und sonstige Ausführungsunterlagen (Leistungsvorgaben) zur Verfügung zu stellen sowie die für die reibungslose Ausführung des Baues

---

[263] *Ingenstau/Korbion* VOB/B § 3 Rdn. 5, § 4 Nr. 1 Rdn. 3. So auch *Kapellmann/Messerschmidt/Havers* VOB/B § 3 Rdn. 4; siehe auch oben Rdn. 10.
[264] Dem sich anschließend *Kapellmann/Messerschmidt/Havers* VOB/B § 3 Rdn. 4.
[265] Übernehmer eines bedeutenden **Teiles** der Bauleistungen eines Bauvorhabens.
[266] Übernehmer der **Gesamt**bauleistung eines Bauvorhabens.
[267] *Heiermann/Riedl/Rusam* VOB/A Einf. § 8 Rdn. 25; *Locher* PrivBauR Rdn. 389; *Vygen* Bauvertragsrecht Rdn. 14 u. Rdn. 17 ff.

erforderlichen Entscheidungen zu treffen, hat der jeweilige Auftraggeber gegenüber dem jeweiligen Auftragnehmer. Der Hauptunternehmer bzw. Generalunternehmer muss dem Subunternehmer ebenso rechtzeitig zuverlässige und einwandfreie Ausführungsunterlagen liefern und ihm gegenüber die notwendigen Koordinationsentscheidungen treffen wie der Bauherr als erster Auftraggeber in der werkvertraglichen **Auftraggeber-Auftragnehmer-Leistungskette** gegenüber dem Hauptunternehmer bzw. Generalunternehmer als seinem Auftragnehmer.[268]

Der Architekt des Bauherrn (und entsprechend der sonstige **Planungsbeauftragte** des Bauherrn) ist dabei über den eigentlichen Bauherrn und über den Hauptunternehmer bzw. Generalunternehmer Erfüllungsgehilfe des Hauptunternehmers/Generalunternehmers im Verhältnis zum Subunternehmer. Der BGH[269] hat hierzu folgendes ausgeführt:

„Gegenüber seinem Subunternehmer tritt der Hauptunternehmer als Besteller, mithin wie ein Bauherr auf. Auch wenn ihm selbst die entsprechenden Fachkenntnisse fehlen dürfen, muss er sich doch gegenüber seinem Subunternehmer das Planungsverschulden des Architekten des Bauherrn anrechnen lassen. Denn wie der Bauherr ihm eine richtige Bauplanung schuldet, schuldet er diese seinem Subunternehmer. Das Planungsverschulden des Architekten schlägt in einem solchen Fall nach § 278 BGB über den eigentlichen Bauherrn und über den Hauptunternehmer bis auf den Subunternehmer haftungsmindernd durch".

Im Anschluss daran entschied das OLG Stuttgart[270] zurecht:

„1. Der Hauptunternehmer muss sich gegenüber dem Nachunternehmer das Planungsverschulden seines Auftraggebers oder dessen Architekten entgegenhalten lassen"

und konsequent für die Prüfungs- und Hinweispflicht des Nachunternehmers:

„2. Der Nachunternehmer muss aber das Fehlen von Plänen[271] direkt ... gegenüber dem Hauptunternehmer rügen".

Folgerichtig hat dann das OLG Frankfurt/M[272] ausgesprochen, dass für Behinderungen des Subunternehmers durch Planungsänderungen/Umplanungen des Bauherrn selbst oder dessen Architekten der Haupt- oder Generalunternehmer gemäß § 278 BGB, § 6 Nr. 6 VOB/B einzustehen hat. Mithin lässt sich also feststellen: Soweit der Bauherr dem Generalunternehmer oder ein sonstiger „Vordermann" (etwa der Generalunternehmer) seinem Auftragnehmer Planungen zur Verfügung stellt, die der Auftragnehmer wiederum seinem Auftragnehmer – dem Subunternehmer – schuldet, ist der Bauherr insoweit Erfüllungsgehilfe des Generalunternehmers bzw. der sonstige „Vordermann" Erfüllungsgehilfe seines Auftragnehmers für die dem Subunternehmer zu liefernde rechtzeitige und einwandfreie Planung.

98 Das Vorgesagte gilt in der **gesamten,** entsprechend verlängerbaren und verlängerten Auftraggeber-Auftragnehmer-**Kette,** also auch im Falle von mehreren hintereinandergeschalteten Subunternehmern, die ihrerseits jeweils Subunternehmer („Sub-Subunternehmer") beauftragen und insoweit jeweils auch als Auftraggeber auftreten. Dabei ist es gleichgültig, bei welchem Auftraggeber der Planungs- und/oder Koordinierungsfehler auftritt und wieviele Auftraggeber-/Auftragnehmerstufen dazwischen liegen. Das bedeutet, dass ein Planungsfehler oder Koordinierungsfehler im Bereich des Bauherrn als erstem Auftraggeber bis zum letzten Auftragnehmer in der Kette über die **mehrstufige Erfüllungsgehilfenschaft** zugunsten des betroffenen Auftragnehmers haftungsmindernd oder/und schadensersatzbegründend – auch im Hinblick auf § 6 Nr. 6 VOB/B bei behindernden Planungsfehlern und Planungsänderungen – durchschlägt, weil alle hintereinandergeschalteten Auftraggeber sich den Planungsfehler oder Koordinierungsfehler bzw. die Planungsänderung im Bereich des ersten Auftraggebers in der Kette über §§ 278, 254/242 BGB bzw. über § 278 BGB, § 6 Nr. 6 VOB/B anrechnen lassen müssen.

---

[268] BGH NJW 1987, 644, 645 = BauR 1987, 86, 88; so auch *Kapellmann/Messerschmidt/Havers* VOB/B § 3 Rdn. 6, zugleich unter zutreffendem Hinweis auf die Verlängerbarkeit der genannten Kette, siehe hierzu die hiesige anschließende Rdn. 98.
[269] BGH NJW 1987, 644, 645 = BauR 1987, 86, 88.
[270] OLG Stuttgart BauR 1997, 850, 851.
[271] Dementsprechend auch Fehler in Plänen des Auftraggebers des Hauptunternehmers, Anm. d. Verf.
[272] OLG Frankfurt/M BauR 1999, 49, 51 l.Sp.

# § 3 Nr. 1 [Übergabeverpflichtung des Auftraggebers]

Die für die Ausführung nötigen Unterlagen sind dem Auftragnehmer unentgeltlich und rechtzeitig zu übergeben.

**Literatur:** Siehe die Hinweise → Vor § 3.

## Übersicht

| | Rdn. | | Rdn. |
|---|---|---|---|
| A. Unterlagenübergabe als Mitwirkungspflicht des Auftraggebers | 1–10 | B. Inhalt der Übergabeverpflichtung | 11–30 |
| I. Übergabepflicht als Grundsatz | 1 | I. Begriff und Art der „Unterlagen" | 11 |
| II. Ausnahme: Entfallen der Übergabepflicht | 4 | II. „Nötige" Unterlagen | 16 |
| III. Mitwirkungspflicht und Neben(leistungs)pflicht – Rechtliche Folgen bei Verletzung | 7 | III. „Unentgeltliche" Überlassung | 23 |
| | | IV. „Rechtzeitige" Übergabe | 24 |
| | | C. § 3 Nr. 1 und Allgemeine Geschäftsbedingungen | 31–34 |

## A. Unterlagenübergabe als Mitwirkungspflicht des Auftraggebers

### I. Übergabepflicht als Grundsatz

Die Pflicht des Auftraggebers nach § 3 Nr. 1 VOB/B, dem Auftragnehmer die für die Ausführung „nötigen Unterlagen" „unentgeltlich" und vor allem „rechtzeitig" zu übergeben, ist eine der in der Praxis bedeutsamsten Mitwirkungspflichten des Auftraggebers, weil der Auftragnehmer ohne Pläne und ohne sonstige **Ausführungsunterlagen** die vertraglich übernommene Bauleistung (überhaupt) nicht, ohne die rechtzeitige Übergabe der genannten Unterlagen nicht in der vertraglichen Bauzeit und ohne vollständige und mängelfreie Ausführungsunterlagen nicht oder in der Regel nur schwerlich mängelfrei ausführen kann. Der Verpflichtung des Auftraggebers zur rechtzeitigen Übergabe der für die Ausführung nötigen Unterlagen liegt der Gedanke zugrunde, dass der Auftragnehmer die ihm in Auftrag gegebene Leistung gemäß dem Auftraggeberwillen nur dann ordnungsgemäß ausführen kann, wenn ihm der Auftraggeber die hierfür erforderlichen Unterlagen, in denen sein Wille „baufähig" zum Ausdruck gekommen ist, (rechtzeitig) zur Verfügung stellt. Die Ausführungsunterlagen bilden eine ganz entscheidende Richtlinie für die vertragsgemäße Ausführung der Bauleistung.[1] Deshalb schuldet der Auftraggeber dem Auftragnehmer als **„nötige"** Unterlagen auch **einwandfreie** Pläne, welche die Herstellung eines einwandfreien Bauwerks/einer einwandfreien Bauleistung ermöglichen. 1

Gerade auf diesem dem **Planungsbereich** zuzuordnenden Gebiet werden auf Auftraggeberseite, zu der auch die dem Auftraggeber als Erfüllungsgehilfen gemäß § 278 BGB zuzurechnenden Architekten und sonstigen Planungsfachleute gehören, die häufigsten Probleme geschaffen, was die Rechtzeitigkeit und die Fehlerfreiheit der Ausführungsunterlagen anbelangt. Die verspätete und/oder nicht fehlerfreie Planbeistellung und Lieferung sonstiger Ausführungsunterlagen ist baubetrieblich und bauwirtschaftlich vom Vorkommen und der Bedeutung her der Hauptanwendungsfall für einen gestörten Bauablauf mit all seinen bauablauftechnischen, zeitlichen und kostenmäßigen Folgen, somit einer der Hauptgründe, die zu Behinderungen gemäß § 6 VOB/B führen. Es handelt sich hier um einen der klassischen Fälle für die Anwendung des § 6 VOB/B. 2

Die nach § 3 Nr. 1 VOB/B bestehende Pflicht des Auftraggebers zur rechtzeitigen Lieferung fehlerfreier Ausführungsunterlagen ist somit von ihrer praxismäßigen und rechtlichen 3

---

[1] BGH NJW 1982, 1702; vgl. auch Wortlaut von § 3 Nr. 3 Satz 1 VOB/B: „maßgebend".

Bedeutung her eine der zentralen VOB-Regelungen für den → Vor § 3 Rdn. 3, 91, 93 ff. herausgestellten fundamentalen Grundsatz, dass der Auftraggeber dem Auftragnehmer einwandfreie und zuverlässige (brauchbare) Pläne und Unterlagen zur Verfügung zu stellen sowie diejenigen Entscheidungen zu treffen hat, die für die **reibungslose Ausführung des Baues** erforderlich sind. Da sich der Auftraggeber zur Erfüllung dieser seinem Auftragnehmer gegenüber obliegenden Pflicht eines Architekten und/oder der sonstigen → Vor § 3 Rdn. 91 genannten Planungsfachleute bedient, ist dies zugleich einer der für die Baupraxis und das Baurecht höchst relevanten Anwendungsfälle der Erfüllungsgehilfenhaftung, die der Auftragnehmer über §§ 278, 254, 242 BGB dem Auftraggeber als Einwendung entgegenhalten kann.

## II. Ausnahme: Entfallen der Übergabepflicht

4   Eine Verpflichtung des Auftraggebers zur Übergabe von Ausführungsunterlagen besteht nicht, soweit eine Beibringungspflicht des Auftragnehmers **vereinbart** ist. Davon geht auch VOB/B selbst aus, wie die ausdrückliche Regelung in § 3 Nr. 5 VOB/B zeigt; dabei ist gemäß § 2 Nr. 9 VOB/B dem Auftraggeber vertraglich das Recht vorbehalten, Ausführungsunterlagen, die an sich er zu beschaffen und zu übergeben hat, auf Grund besonderen Verlangens durch den Auftragnehmer gegen gesonderte Vergütung anfertigen zu lassen. Dem besonderen Verlangen muss aber der Auftragnehmer wegen § 1 Nr. 4 Satz 1 VOB/B nur nachkommen, wenn sein Betrieb auf die Herstellung der betreffenden Unterlagen eingerichtet ist; er ist deshalb auch nicht verpflichtet, etwa einen entsprechenden externen Fachmann zu beauftragen.

5   Auch in den Allgemeinen Technischen Vertragsbedingungen (ATV) der VOB/C ist vielfach die Beibringungspflicht dem Auftragnehmer auferlegt,[2] und zwar als Nebenleistung wie z. B. gemäß DIN 18299 Abschnitt 4.1.3 oder DIN 18330 Abschnitt 4.1.1 oder DIN 18331 Abschnitt 4.1.5 oder gemäß den weiteren Beispielen bei → § 3 Nr. 5 Rdn. 3. Eine solche Folge kann sich auch sonst aus der Natur und dem Zweck des Vertrages ergeben, wie die → Vor § 3 Rdn. 14 bis 17 aufgeführten Fälle zeigen oder aus der Natur der Sache, wie z. B. bei bloßen Anleitungen zur sachgerechten Ausführung selbst; so ist die Beschaffung von Elementplänen und dazugehörigen Verlegeplänen eines Herstellerwerkes für bestimmte Deckensysteme Sache des Auftragnehmers.[3]

6   In all den genannten Fällen handelt es sich um eine **Nebenleistungspflicht des Auftragnehmers,** die er zusammen mit der eigentlichen Bauleistung zu erfüllen hat; bei der Verletzung dieser Verpflichtung stehen daher dem Auftraggeber alle Ansprüche und sonstigen Rechte zu, die er auch in Bezug auf die Ausführung der eigentlichen Bauleistung hat, z. B., aus §§ 4 Nr. 7, 5 Nrn. 3 und 4, 6 Nr. 6, 8 Nr. 3 VOB/B, soweit im Einzelnen auch die weiteren Voraussetzungen dafür gegeben sind.[4]

## III. Mitwirkungspflicht und Neben(leistungs)pflicht – Rechtliche Folgen bei Verletzung

7   Die in § 3 Nr. 1 VOB/B enthaltene Verpflichtung des Auftraggebers zur unentgeltlichen und rechtzeitigen Übergabe der für die Ausführung nötigen Unterlagen ist eine als echte vertragliche Nebenpflicht in Form einer Nebenleistungspflicht geregelte Mitwirkungspflicht des Auftraggebers, auf deren Erfüllung bei Fälligkeit der Auftragnehmer einen notfalls einklagbaren Anspruch auf Übergabe der Ausführungsunterlagen hat (→ Vor § 3 Rdn. 35,

---

[2] *Heiermann/Riedl/Rusam* VOB/B § 3 Rdn. 2; *Ingenstau/Korbion* VOB/B § 3 Nr. 1 Rdn. 4; *Nicklisch/Weick* VOB/B § 3 Rdn. 8 a. E.
[3] *Ingenstau/Korbion* VOB/B § 3 Nr. 1 Rdn. 4.
[4] *Ingenstau/Korbion* VOB/B § 3 Nr. 1 Rdn. 4.

B. Inhalt der Übergabeverpflichtung  § 3 Nr. 1

39).[5] Diese Mitwirkungspflicht des Auftraggebers ist eine auf das Bauvertragswesen und dessen besondere Anforderungen eigens zugeschnittene, daher als eine **vertragliche Nebenleistungspflicht** ausgestaltete Ausprägung der in § 642 BGB nur als Gläubigerobliegenheit festgelegten Pflicht des Auftraggebers, alle (Mitwirkungs)Handlungen vorzunehmen, die bei und zur Herstellung des Werkes[6] erforderlich sind. § 3 Nr. 1 konkretisiert diese Pflicht durch die grundsätzliche Festlegung, dass der Auftraggeber dem Auftragnehmer alle Unterlagen zur Verfügung zu stellen hat, die für eine ordnungsgemäße Durchführung des Bauvertrages objektiv nötig sind.[7]

Führt die nicht rechtzeitige Übergabe oder die Übergabe nicht einwandfreier, brauchbarer Ausführungsunterlagen zu einem „gestörten Bauablauf", also zu Behinderungen i. S. von § 6 Nr. 1 und 2 VOB/B, so hat dies bei Vorliegen der weiteren rechtsbegründenden Merkmale die Anwendung der Rechte aus § 6 VOB/B zur Folge, vor allem die Verlängerung der Ausführungsfristen gemäß § 6 Nrn. 2, 4 VOB/B a. F. und n. F. 2006 und den Anspruch auf Schadensersatz gemäß § 6 Nr. 6, **daneben** (→ Vor § 3 Rdn. 53, 76, 79–83) den nicht verschuldensabhängigen Entschädigungsanspruch gemäß **§ 642 BGB** auch im fortbestehenden Bauvertrag sowie die Anwendung von § 9 VOB/B (Kündigung gemäß Nrn. 1, 2 und Ansprüche gemäß Nr. 3). 8

Darüber hinaus können für den Auftragnehmer, soweit nicht § 6 Nr. 6 VOB/B für ihren Bereich der verschuldensabhängigen Haftung bei **Behinderungen** vorrangig Platz greift, folgende gesetzliche Ansprüche und sonstigen Rechte im fortbestehenden Bauvertrag zur Anwendung kommen, soweit nicht bereits ein Ausgleich über einen Mehrvergütungsanspruch nach § 2 Nr. 5, § 2 Nr. 6 VOB/B stattfindet: §§ 293 ff. BGB einschl. § 304; § 280 Abs. 2 BGB n. F./§ 286 Abs. 1 BGB a. F. bei vertraglicher Nebenleistungspflicht oder – ausnahmsweiser – vertraglicher Hauptpflicht; § 326 Abs. 2 BGB n. F., 1. Alt./§ 324 Abs. 1 BGB a. F.; (Schuld-)Pflichtverletzung gemäß §§ 280 Abs. 1, 241 Abs. 2 BGB n. F./nach altem Schuldrecht positive Vertragsverletzung (→ Vor § 3 Rdn. 53, 60–67, 51 (2) dritter Spiegelstrich;[8] dabei greift auch hier für Verzögerungsschäden durch Behinderung die Haftungsbeschränkung des § 6 Nr. 6 VOB/B hinsichtlich des entgangenen Gewinns Platz. Unter den → Vor § 3 bei Rdn. 51 (2) c) cc) genannten Voraussetzungen kommt nach dem neuen Schuldrecht auch ein Anspruch des Auftragnehmers auf Schadensersatz „statt der (Mitwirkungs-)Leistung" gemäß § 280 Abs. 3 i. V. m. § 281 sowie § 282 BGB n. F. für die Selbstvornahmekosten in Betracht. 9

Die sich zum hier behandelten Komplex ergebenden Rechtsfragen einschließlich der rechtlichen Einordnung der Mitwirkungspflichten nach § 3 VOB/B sowie der Rechtsfolgen und Anspruchskonkurrenzen bei ihrer Verletzung sind im Einzelnen → Vor § 3 Rdn. 31 ff. und Rdn. 51 ff. behandelt. 10

## B. Inhalt der Übergabeverpflichtung

### I. Begriff und Art der „Unterlagen"

Der **Begriff** „Ausführungsunterlagen" wird in § 3 Nr. 1 VOB/B dahin festgelegt, dass die „für die Ausführung nötigen Unterlagen" gemeint sind. Dies deckt sich inhaltlich mit 11

---

[5] Heiermann/Riedl/Rusam VOB/B § 3 Rdn. 7; Ingenstau/Korbion VOB/B § 3 Rdn. 3, § 3 Nr. 1 Rdn. 9; Nicklisch/Weick VOB/B § 3 Rdn. 14. Str., siehe → Vor § 3 Rdn. 35, 39 u. Kapellmann/Messerschmidt/Havers VOB/B § 3 Rdn. 8–15.
[6] RGRK-Glanzmann BGB § 642 Rdn. 2; Heiermann/Riedl/Rusam VOB/B § 9 Rdn. 4; Ingenstau/Korbion VOB/B § 3 Rdn. 1; MünchKomm/Busche BGB § 642 Rdn. 13, 14; OLG Köln BauR 1997, 505, 506 l. Sp.
[7] Heiermann/Riedl/Rusam VOB/B § 3 Rdn. 2; Ingenstau/Korbion VOB/B § 3 Nr. 1 Rdn. 1, 7.
[8] Vgl. Heiermann/Riedl/Rusam VOB/B § 3 Rdn. 8 ff.; § 6 Rdn. 38, 39; Nicklisch/Weick VOB/B § 3 Rdn. 14; § 4 Rdn. 13; § 6 Rdn. 50, 51; § 9 Rdn. 32. Vygen, Kooperationspflichten der Bauvertragspartner beim VOB-Bauvertrag, Festgabe Steffen Kraus, 2003, S. 249, 257, 259: § 280 BGB n. F. hauptsächlich über bzw. in Verb. m. § 241 Abs. 2 BGB n. F. als Nachfolgeregelung der früheren „positiven Vertragsverletzung".

**§ 3 Nr. 1**  Übergabeverpflichtung des Auftraggebers

der unter der Einf. zu § 3 VOB/B → Vor § 3 Rdn. 3, 91, 93 ff. aufgeführten Rechtsprechung, nach welcher der Besteller/Auftraggeber dem Bauunternehmer/Auftragnehmer diejenigen (brauchbaren) Unterlagen zur Verfügung stellen muss, die für die reibungslose Ausführung des Baues **unentbehrlich** sind und die somit zur Ausführungsplanung gehören. Zur Brauchbarkeit der Unterlagen gehört, dass sie technisch und inhaltlich richtig, vollständig, klar und eindeutig (dementsprechend widerspruchsfrei[9]) sind.[10] Dieser Grundsatz wiederum folgt aus dem logischen Grundgedanken, dass der Auftragnehmer die ihm in Auftrag gegebene Leistung gemäß dem Auftraggeberwillen nur dann ordnungsgemäß ausführen kann, wenn ihm der Auftraggeber die hierfür erforderlichen Unterlagen, in denen sein Wille „baufähig" zum Ausdruck gekommen ist, zur Verfügung stellt. Von dieser Funktion her ist der Begriff „Unterlagen" bezüglich ihrer Art sehr weit zu verstehen;[11] es handelt sich dabei um die im weitesten Sinne aufzufassenden planerischen Unterlagen, die der Auftragnehmer als planerische Hilfsmittel benötigt, damit er die ihm in Auftrag gegebene Leistung gemäß dem durch den Bauvertrag für ihn verbindlich gewordenen „Bestellerwillen" des Auftraggebers ordnungsgemäß, also rechtzeitig und sachgemäß, insbesondere mängelfrei vorbereiten und ausführen kann; daher sind zu den Ausführungsunterlagen neben den **schriftlichen** und **zeichnerischen** Leistungsvorgaben auch **mündliche** Angaben und Anweisungen (z. B. über die Tiefe des Fundamentes, die auch Teil der Planung ist) zu rechnen.[12] Ausführungsunterlagen sind sonach alle Hilfsmittel, die außer Arbeit, Material oder Boden zur Vorbereitung und mängelfreien sowie rechtzeitigen Durchführung der Bauleistung benötigt werden.[13]

12  Somit umfasst der Begriff der „Ausführungsunterlagen" neben auch mündlichen Angaben und Anweisungen zur Ausführung, der Art nach folgende **schriftliche** und zeichnerischen Ausführungs- bzw. Leistungsvorgaben: Vertragsbestandteile/Verdingungsunterlagen gem. § 9 Nrn. 1, 3, 6 und 7, § 10 Nr. 4 Abs. 1 lit. a)–d) und Nr. 5 VOB/A, (sonstige) Schriftstücke, Zeichnungen, Anleitungen, Anweisungen, Beschreibungen, Berechnungen und Unterlagen, die im Einzelfall erforderlich sind, um dem Auftragnehmer im Einzelnen genau den Weg für die technisch und damit vertraglich sachgemäße, ordnungsgemäße Ausführung der Bauleistung zu zeigen.[14] Hierzu gehören alle Teile des Bauentwurfes selbst, also jede Art von Plänen, Einzel-, Detail- und Gesamtzeichnungen mit den darin enthaltenen Maßen und schriftlichen Anleitungen; insbesondere rechnen dazu die nach § 15 Abs. 1 Nr. 5 HOAI anzufertigenden und angefertigten – auftraggeberseitig **freigegebenen!** – **Ausführungspläne** des bauplanenden Architekten mit allen für die Ausführung notwendigen Einzelangaben. Dazu sind zum Beispiel endgültige, vollständige Ausführungs-, Detail- und Konstruktionszeichnungen im Maßstab 1 : 50 bis 1 : 1 und die Schal- und Bewehrungspläne zu zählen. Unter die notwendigen Einzelangaben fallen auch Angaben über die Anfertigung von Fertigteilen, Angaben zu Schal- und Bewehrungsplänen, falls diese nach dem konkreten Bauvertrag der Auftragnehmer selbst anzufertigen hat, Angaben über Einzelheiten der Gebäudetechnik wie Installationen, Aufzugsanlage,[15] Strangschemata, Anlagenkonzeption mit Regelschemata, über Schlitze und Durchbrüche, zu Berechnungen für Wärmebedarf

---

[9] Vgl. BGH NJW 1999, 2432, 2433 = BauR 1999, 897, 898, III. 1. b).
[10] Vgl. → Vor § 3 Rdn. 5 (1), 91, 93.
[11] *Heiermann/Riedl/Rusam* VOB/B § 3 Rdn. 2; *Kapellmann/Messerschmidt/Havers* VOB/B § 3 Rdn. 17; *Ingenstau/Korbion* VOB/B § 3 Rdn. 9.
[12] *Kapellmann/Messerschmidt/Havers* VOB/B § 3 Rdn. 17; *Ingenstau/Korbion* VOB/B § 3 Rdn. 2, § 3 Nr. 1 Rdn. 1, 2, 7; BGH Schäfer-Finnern Z 2400 – Bl. 33, 35 (Tiefe des Fundaments); BGH NJW 1984, 1676, 1677 = BauR 1984, 395, 397 = ZfBR 1984, 173, 174 (Leistungsbeschreibung); OLG Köln *Schäfer/Finnern/ Hochstein* § 635 BGB (Nr. 84) (planerische Anweisungen u. Vorgaben mündlich an Ort und Stelle); vgl. auch *Englert* BauR 1996, 763, 769 I. Sp. Abschn. 5.1.
[13] *Heiermann/Riedl/Rusam* VOB/B § 3 Rdn. 2; *Ingenstau/Korbion* VOB/B § 3 Nr. 1 Rdn. 1; *Kapellmann/ Messerschmidt/Havers* VOB/B § 3 Rdn. 17.
[14] *Kleine-Möller/Merl/Oelmaier* § 2 Rdn. 147, 148; *Heiermann/Riedl/Rusam* VOB/B § 3 Rdn. 2; *Ingenstau/ Korbion* VOB/B § 3 Nr. 1 Rdn. 2; *Kapellmann/Messerschmidt/Havers* VOB/B § 3 Rdn. 17.
[15] BGH NJW 1975, 737 = BauR 1975, 218; *Ingenstau/Korbion* VOB/B § 3 Nr. 1 Rdn. 2.

B. Inhalt der Übergabeverpflichtung  **§ 3 Nr. 1**

und Kühllast, Leistungsdaten der Wärmeüberträger; Angaben für Übersichtsschaltpläne, Funktionsfließschemata für Elektro- und Gebäudeautomation.

Des Weiteren gehören zu den nötigen Ausführungsunterlagen speziel-fachliche Anleitungen, Einzeldarstellungen, Bedienungsanweisungen, Untersuchungsergebnisse, Gutachten wie z. B. über das Gelände und die Baugrund- und Wasserverhältnisse, die schriftlichen Ergebnisse über die Vermessung des Baugrundstückes und über das Einmessen des Bauwerks-Umrisses sowie alle sonstigen Daten gem. § 3 Nr. 2 und Nr. 3 Satz 1 VOB/B (Absteckungen, Höhenfestpunkte, Geländeaufnahmen), nicht zuletzt und insbesondere alle öffentlich-rechtlich erforderlichen Unterlagen, ohne die nicht gebaut werden darf, dabei die einschlägigen **behördlichen Genehmigungen** (insbesondere die Baugenehmigung samt eventueller Auflagen), die bei Rdn. 30 angesprochene behördliche Baufreigabe, baubehördlich geprüfte Standsicherheitsnachweise, gegebenenfalls weitere statische Berechnungen (wie etwa die vollständige und geprüfte Dachstatik, auf die der Auftragnehmer für seine Dachzimmererarbeiten zwingend angewiesen ist[16]) und sonstige Berechnungen.[17] Meist sind allerdings Tragwerkspläne und statische Berechnungen oder bestimmte Planungen anderer Sonderfachleute nicht (unmittelbare) Ausführungsunterlage für den Auftragnehmer, weil diese nach § 15 Abs. 1 Nr. 5 HOAI in die Ausführungsplanung des Architekten einzufließen haben und einfließen, die Leistungen des Tragwerksplaners oder der sonstigen Sonderfachmannes also hierin integriert sind. Denn eine streng nach § 15 Abs. 1 Nr. 5 HOAI gefertigte Ausführungsplanung ist die planerisch-zeichnerische Erarbeitung und Darstellung der Lösung der Bauaufgabe „unter Verwendung der Beiträge anderer an der Planung fachlich Beteiligter bis zur ausführungsreifen Lösung" samt „zeichnerischen Darstellungen des Objektes mit allen für die Ausführung notwendigen Einzelangaben." Nach OLG Düsseldorf[18] kann der Bauunternehmer/Auftragnehmer, der die Genehmigungspläne im Maßstab 1:100 erhält, aber keine Ausführungspläne 1:50, sondern **nur** die Statikerpläne, davon ausgehen, dass er nach diesen Statikerplänen bauen soll.

Zu den Ausführungsunterlagen zu rechnen sind ferner Schallschutznachweise, Wärmeschutznachweise, Feuerschutznachweise, Proben, Muster und Modelle, Fotografien sowie die Unterlagen, die nach den Allgemeinen oder Zusätzlichen Technischen Vertragsbedingungen oder sonst im Einzelfall auf Grund des konkreten Bauvertrags unter Berücksichtigung der Art und des Zweckes der auszuführenden Bauleistung und der (bau)gewerblichen Verkehrssitte notwendig sind.[19] In einigen ATV sind vom Auftraggeber zu übergebende Unterlagen spezifiziert aufgeführt, z. B. in DIN 18379, 18380, 18381, 18386 je Abschnitt 3.1.2 und in DIN 18382 Abschnitt 3.1.3. Beispielhafte **Einzelfälle** zu fehlerhaften Ausführungsunterlagen:[20]

(1) Baugrunduntersuchungen
(2) Beschreibung der Boden- und Wasserverhältnisse
(3) unzureichend geplante Grundwasserisolierung (nichtgeplante Isolierung gegen drückendes Wasser)
(4) Schalpläne
(5) Statik bei größeren Bauwerken

---

[16] OLG Saarbrücken, NJW-RR 1999, 460, 461.
[17] *Heiermann/Riedl/Rusam* VOB/B § 3 Rdn. 2; *Ingenstau/Korbion* VOB/B § 3 Nr. 1 Rdn. 2, § 3 Nr. 3 Rdn. 2, 3; *Nicklisch/Weick* VOB/B § 3 Rdn. 8, 15; *v. Craushaar* BauR 1987, 14 I.; BGH NJW- RR 1998, 738, 739 = BauR 1998, 397, 398: Pflicht des Auftraggebers zur „Mitteilung" der Baugenehmigung samt der baubehördlichen Auflagen.
[18] OLG Düsseldorf NJW-RR 2000, 1411 = BauR 2000, 1339, 1340.
[19] *Heiermann/Riedl/Rusam* VOB/B § 3 Rdn. 2; *Ingenstau/Korbion* VOB/B § 3 Nr. 1 Rdn. 2; *Nicklisch/Weick* VOB/B § 3 Rdn. 8.
[20] In der Reihenfolge der Beispiele: (1) BGH VersR 1964, 267, 268 a. E. u. 1967, 260, 262 sowie OLG Köln BauR 1992, 804, 805; (2) BGH *Schäfer/Finnern* Z 2 414.0 Bl. 8 sowie OLG Köln BauR 1992, 804, 805; (3) BGH BauR 1984, 395, 397; OLG Celle BauR 1992, 801 ff.; (4) BGH NJW 1975, 737 = BauR 1975, 218; (5) BGH NJW 1974, 704, 705; (6) BGH BauR 1970, 57, 59; (7) OLG Frankfurt/M. NJW 1968, 1333, 1334.

(6) Abstimmung der Leistungen verschiedener Unternehmer
(7) Anweisungen und tatsächliche Unterstützung durch Statiker und Architekt bei Ausführung neuartiger Deckenkonstruktion.

15 (Nötige) Ausführungsunterlage ist **auch** die zuverlässige – mündliche oder schriftliche – Mitteilung des Auftraggebers an den Auftragnehmer über die von ihm getroffene **Wahlentscheidung** bezüglich im Vertrag vereinbarter **Eventual- oder Alternativpositionen.** Dieser Entschluss muss, um „rechtzeitig" zu sein, dem Auftragnehmer so zeitig vor dem Beginn der Bauausführung oder jedenfalls dem Beginn des betroffenen Bauausführungsteils kundgegeben werden, dass der Auftragnehmer hinreichend Vorbereitungs-, Überlegungs- und Dispositionszeit hat, andernfalls der Auftragnehmer behindert ist. Gleiches gilt für eine sachlich gebotene **Änderungsanordnung** (§§ 1 Nr. 3, 2 Nr. 5 VOB/B) oder die **Bestimmung von Zusatzleistungen** (§§ 1 Nr. 4, 2 Nr. 6 VOB/B), die **Auswahl** von Stoffen oder Bauteilen, die **Entscheidung** für die Leistung **nach Mustern** oder **Proben,** sozusagen also die letzte und endgültige Fassung der Leistungsbeschreibung im weitesten Sinn. Soweit dem Auftraggeber, etwa im Hinblick auf Eventual- oder Alternativpositionen, die Auswahl von Baustoffen oder Bauteilen sowie bei der Bestimmung der Leistung nach Mustern oder Proben Wahlrechte eingeräumt sind, kann der Auftragnehmer die Vornahme der Entscheidung des Auftraggebers anmahnen und damit eine Fristsetzung verbinden (§§ 295, 264 Abs. 2 BGB, bei Betrachtungsweise als Nebenleistungspflicht zugleich nach § 286 Abs. 1 BGB n. F./§ 284 Abs. 1 BGB a. F., hierbei auch Fristsetzung i. V. m. § 264 Abs. 2 BGB); dabei geht nach fruchtlosem Ablauf der angemessenen Frist das betreffende Wahlrecht auf den Auftragnehmer über. Bei endgültiger und ernsthafter Verweigerung seitens des Auftraggebers ist die Fristsetzung entbehrlich. Unterlässt der Auftragnehmer bei seiner Anmahnung eine nicht entbehrliche Fristsetzung, so ist diese jedenfalls als Behinderungsanzeige nach § 6 Nr. 1 VOB/B anzusehen. Ist eine Leistungsvariante **von Anfang an** nicht möglich und hat der Auftragnehmer dies nicht zu vertreten, dann gilt diese Leistungsvariante als nicht angeboten, der Vertrag beschränkt sich dann auf die möglichen Varianten (§ 311a Abs. 1 u. Abs. 2 Satz 2 BGB n. F./§ 306 BGB a. F.); hat der Auftragnehmer eine **anfängliche** oder **nachträgliche** Unmöglichkeit zu vertreten, so greifen zu seinen Ungunsten die leistungsstörungsrechtlichen BGB-Bestimmungen über die Folgen der vom Leistungsschuldner zu vertretenden Unmöglichkeit ein.[21]

## II. „Nötige" Unterlagen

16 Gegenstand von § 3 Nr. 1 VOB/B sind die Unterlagen, die „für die Ausführung nötig" sind. Der Begriff „nötig" ist **objektiv** auszulegen, vgl. oben Rdn. 11. „Nötig" sind demnach alle Unterlagen, die der Auftragnehmer braucht, um die beauftragte Bauleistung insgesamt vertragsgemäß („ordnungsgemäß", „sachgemäß"), insbesondere rechtzeitig, mängelfrei und auch sonst reibungslos erbringen zu können, ohne die er überhaupt also die Bauleistung nicht so wie vertraglich vorgesehen oder gar überhaupt nicht erbringen kann (→ Vor § 3 Rdn. 26, 27, 33, 93) und wozu deshalb auch die **Leistungsbeschreibung** gehört.[22] Dies deckt sich mit dem gesetzlichen Ausgangspunkt der in § 3 Nr. 1 VOB/B enthaltenen speziell für das Baugeschehen konkretisierten Mitwirkungspflicht des Auftraggebers, nämlich mit der Regelung von § 642 BGB, wonach der Besteller alle Handlungen vorzunehmen hat, die nach Inhalt und Zweck des konkreten Vertrages bei oder zur Herstellung des Werkes „erforderlich" sind.[23] Dazu gehört notwendigerweise auch die Übergabe

---

[21] So zu diesen Themen auch *Ingenstau/Korbion* VOB/B § 3 Nr. 1 Rdn. 2.
[22] *Heiermann/Riedl/Rusam* VOB/B § 3 Rdn. 2; B § 9 Rdn. 4; *Ingenstau/Korbion* VOB/B § 3 Rdn. 2, § 3 Nr. 1 Rdn. 7; *Kapellmann/Messerschmidt/Havers* VOB/B § 3 Rdn. 18; BGH NJW 1984, 1676, 1677 = BauR 1984, 395, 397 = ZfBR 1984, 173, 174 (Leistungsbeschreibung als gem. § 3 Nr. 3 Satz 2 zu überprüfende Ausführungsunterlage).
[23] RGRK-*Glanzmann* BGB § 642 Rdn. 2; *Heiermann/Riedl/Rusam* VOB/B § 9 Rdn. 4.

B. Inhalt der Übergabeverpflichtung  §  3 Nr. 1

**einwandfreier** Pläne und sonstiger Ausführungsunterlagen, welche die Errichtung eines **mangelfreien** Bauwerks ermöglichen.[24] Die Pläne und sonstigen Ausführungsunterlagen sind somit **rechtzeitig, vollständig und mängelfrei** zur Verfügung zu stellen.

Erfasst sind dabei alle Unterlagen, die nach den Bestimmungen des konkreten Bauvertrages und der jeweils vereinbarten Leistung, dabei der Besonderen und Zusätzlichen Vertragsbedingungen, der Zusätzlichen und Allgemeinen Technischen Vertragsbedingungen sowie der sonstigen Vertragsbedingungen (§§ 1 Nrn. 1 und 2, 2 Nr. 1, 4 Nr. 2 Abs. 1 Satz 1 VOB/B), nach den gesetzlichen und behördlichen Bestimmungen/öffentlich-rechtlichen Vorschriften, den anerkannten Regeln der Technik (§ 4 Nr. 2 Abs. 1 Satz 2 VOB/B) sowie der (bau)gewerblichen Verkehrssitte (§ 2 Nr. 1 VOB/B) für eine pünktliche und sachgemäße Ausführung der Bauleistung erforderlich sind.[25] Demnach weist der Begriff „nötig" facettenartig **folgende verschiedene Aspekte** auf: 17

(1) **Notwendigkeit der Art nach:** hierzu im einzelnen Rdn. 11, 12, 13, 14, 17. 18

(2) **Vollständigkeit** dahin, dass der Auftragnehmer **alle** vom Auftraggeber zu stellenden Ausführungsunterlagen erhält, die er für die ordnungsgemäße Bauausführung braucht.

(3) **Fachtechnische Ausführungsreife**/technische Ausführbarkeit i. S. von § 5 Abs. 1 Nr. 5 HOAI[26] mit Freiheit von Planungsfehlern. Alle diese Unterlagen müssen zuverlässig, deutlich, vollständig, eindeutig (dementsprechend widerspruchsfrei[27]) und auch sonst ausführungstechnisch brauchbar sein, auch unter Berücksichtigung der Koordinationsbelange (→ Vor § 3 Rdn. 93). Der Maßstab 1 : 100 der Entwurfsplanung gemäß § 15 Abs. 1 Nr. 3 HOAI ist nicht geeignet für die Ausführungsplanung; diese muss, wie auch § 15 Abs. 1 Nr. 5 HOAI dies verlangt, im Maßstab 1 : 50 hergestellt werden. Ohne diese sogenannten Fünfzigstelpläne ist der Auftragnehmer, wie unter Rdn. 11 und 12 Abs. 1 dargelegt, nicht in der Lage, seine Bauleistung ordnungsgemäß auszuführen. Die Hundertstelpläne sind zwar auch Ausführungsunterlagen i. S. von § 3 Nr. 1 VOB/B, jedoch nur ergänzend, weil ausfüllungsbedürftig. Zur Ausführungsreife gehört auch, dass die Pläne vom Auftraggeber oder seinem planenden Erfüllungsgehilfen sowie behördlicherseits „**freigegeben**" sind (Authentizität!); dem Auftragnehmer ist – wegen der damit verbundenen Risiken – nicht zuzumuten, auf Grund von nicht freigegebenen Plänen zu bauen. Ohne solche „freigegebenen" Unterlagen braucht der Auftragnehmer nicht zu bauen und kann insoweit insbesondere Behinderung gemäß § 6 VOB/B mit den sich daraus ergebenden Rechten anmelden.[28] 19

(4) **Inhaltlich-bautechnische Mängelfreiheit,** also Freiheit von „Planungsfehlern" im engeren Sinn (Planungsmängeln). Eine Planung ist fehlerhaft, wenn die Ausführung des Planes notwendigerweise zu einem Baumangel führt. Das ist der Fall, wenn die Planung 20
  – nicht genehmigungsfähig ist, oder
  – nicht den anerkannten Regeln der (Bau)Technik/Baukunst entspricht oder
  – lückenhaft und auch sonst **nicht vollständig** ist oder
  – in technischer Hinsicht (z. B. durch fehlerhafte Konstruktion) oder in sonstiger Hinsicht **nicht** mit den einschlägigen **vertraglichen** Vereinbarungen übereinstimmt oder
  – **sonstige Fehler** aufweist, die zur Folge hätten, dass eine strikt darauf aufbauende Bauleistung dadurch mangelhaft i. S. von § 13 Nr. 1 VOB/B (und § 633 Abs. 1 BGB) würde, auch **unterlassene Detailplanung.**

Einzelfall-**Beispiele** siehe **Rdn. 14.**

Dabei ist der Vollständigkeit halber darauf hinzuweisen, dass ein „Planungsfehler" auch vorliegt, wenn eine notwendige Planung überhaupt unterlassen wird (also: keine Planung = fehlerhafte Planung = Planungsfehler, insoweit Planungsfehler im weiteren Sinn) und es

---

[24] OLG Köln BauR 1997, 505, 506 l. Sp. Hebt dies zu Recht besonders hervor unter Hinweis auf BGH NJW 1984, 1676, 1677 = BauR 1984, 395, 397 = ZfBR 1984, 173, 174.
[25] *Ingenstau/Korbion* VOB/B § 3 Nr. 1 Rdn. 7.
[26] Vgl. oben Rdn. 12 und 13.
[27] Vgl. BGH NJW 1999, 2432, 2433 = BauR 1999, 897, 898, III. 1. b).
[28] So auch *Kapellmann/Schiffers* Bd. 1 (Einheitspreisvertrag) Rdn. 1295, 1304, 1316 mit wichtigen Details und Hinweisen zur Thematik der „**freigegebenen**" Planung.

§ 3 Nr. 1

dadurch zu Baumängeln kommt.[29] Solche wie die angeführten Planungsfehler einschließlich Lücken oder unterlassene Ausarbeitungen können sich nicht nur in Plänen finden, sondern auch in anderen Leistungsvorgaben für den Auftragnehmer, z. B. durch fehlerhafte, lückenhafte und sonst unzureichende Teile einer Ausschreibung einschließlich Leistungsbeschreibung mit Leistungsverzeichnis. Auch solche Unterlagen sind nicht brauchbar in dem unter Rdn. 11 und → Vor § 3 Rdn. 3, 91, 93 ff. genannten Sinn.

21 (5) „Nötig" sind ferner diejenigen Ausführungsunterlagen, die der Auftragnehmer für eine **bevorstehende Ausführungsphase** oder wegen technischer Abhängigkeiten und sonstiger Zusammenhänge für mehrere bevorstehende, parallel und/oder hintereinander geschaltete Ausführungsphasen zur Ausführung gerade braucht, weil er aus sachlich-bautechnischen oder aus rechtlichen Gründen die entsprechende (Teil-) Bauleistung nicht ohne diese Unterlagen ausführen kann bzw. darf (vgl unten Rdn. 30). Insoweit besteht zwischen den Tatbestandsmerkmalen „nötig" und „rechtzeitig" ein (interdependenter) Zusammenhang;[30] näheres hierzu ist beim Merkmal der Rechtzeitigkeit unter Rdn. 24 ff. ausgeführt.

22 (6) Schließlich hat der Auftraggeber die einzelnen Ausführungsunterlagen in der **notwendigen Stückzahl** zu übergeben. Diese bestimmt sich einzelfallbezogen je nach der Art und Größe der Bauleistung und dem für die Ausführung eingesetzten Personal auf der Auftragnehmerseite, welches mit diesen Unterlagen arbeiten muss.[31] Selbst bei kleineren Bauvorhaben benötigen schon der Bauleiter und der Polier je eine Ausfertigung für den Gebrauch vor Ort; ein bis zwei Exemplare werden in der Regel in den Geschäftsräumen des bauausführenden Unternehmens für die Steuerung von dort aus und für die dortige sonstige Bearbeitung benötigt, bei ARGE-Baustellen und bei sonstigen Großbaustellen steigt je nach Organisation der Stückzahl-Bedarf. Zur Vermeidung von Unzuträglichkeiten ist eine vertragliche Festlegung der Stückzahl zweckmäßig. Ergänzend ist notfalls nach §§ 133, 157, 242 BGB (Treu und Glauben, gewerbliche Verkehrssitte) zu verfahren. Soweit die Ausführungsunterlagen vom Auftraggeber oder dem von ihm beauftragten Architekten oder sonstigen Planungsbeteiligten selbst angefertigt wurden, sind sie dem Auftragnehmer, zumindest hinsichtlich je eines Exemplares, grundsätzlich mit Originalunterschrift zu übergeben, damit für den Auftragnehmer die Herkunftssicherheit und Authentizität gewährleistet ist. Bei Ausführungsunterlagen von dritter Seite (z. B. behördliche Genehmigungen) hat sich die Übergabe in Fotokopie eingebürgert.

### III. „Unentgeltliche" Überlassung

23 Der Auftraggeber hat dem Auftragnehmer die Ausführungsunterlagen in der notwendigen Stückzahl unentgeltlich zu übergeben. D. h., dass sowohl die Überlassung selbst als auch die Anfertigung der Unterlagen für den Auftragnehmer kostenlos ist, es sei denn, die Parteien haben etwas anderes vereinbart.[32]

---

[29] Vgl. *Kleine-Möller/Merl/Oelmaier* § 12 Rdn. 279–284 mit Einzelbeispielen; *Vygen* Bauvertragsrecht Rdn. 588; *Werner/Pastor* Rdn. 1481–1489 mit griffigen Erläuterungen und vielen Einzelbeispielen sowie Rdn. 2458/1489 für „Nichtplanung"/unterbliebene Planung = „Planungsfehler"; BGH NJW 1987, 644, 645 = BauR 1987, 86, 88 = ZfBR 1987, 34, 35; BGH NJW 1971, 92; OLG Stuttgart BauR 1995, 850/851; OLG Celle BauR 1992, 801 ff.; OLG Köln *Schäfer/Finnern/Hochstein* § 631 Nr. 40 (S 111); vgl. auch die Aufzählungen oben Rdn. 14 Fn. 16. – Beachte aber: Ein Bauunternehmer, der das ihm übertragene Gewerk, z. B. Einbau einer Warmluftheizung, in Kenntnis dessen übernimmt, dass es eine Fachplanung von Auftraggeberseite nicht gibt, kann sich im Falle einer wegen dieser fehlenden Planung insoweit mangelhaften Ausführung der Werkleistung nicht auf ein Mitverschulden wegen fehlender Planung berufen, wenn er in den Vertrag nicht einen entsprechenden Vorbehalt hat aufnehmen lassen, vgl. OLG Celle BauR 2005, 397, 398.

[30] So auch *Nicklisch/Weick* VOB/B § 3 Rdn. 11.

[31] *Ingenstau/Korbion* VOB/B § 3 Nr. 1 Rdn.7; *Kapellmann/Messerschmidt/Havers* VOB/B § 3 Rdn. 21.

[32] *Ingenstau/Korbion* VOB/B § 3 Nr. 1 Rdn. 6.

### IV. „Rechtzeitige" Übergabe

Die Unterlagen sind **rechtzeitig** zu übergeben, wie § 3 Nr. 1 VOB/B ausdrücklich verlangt. Anderenfalls können sich Verzögerungen bei der Bauausführung ergeben, die (anzuzeigende) Behinderungen gemäß § 6 VOB/B darstellen, mit allen dort geregelten Folgen. Der in Betracht kommende Zeitpunkt für die „Rechtzeitigkeit" hängt vom Einzelfall ab und kann verschieden sein. Der praktische Grund für eine nicht rechtzeitige Übergabe kann z. B. in der verspäteten Anfertigung oder etwa nur in der verspäteten Übergabehandlung als solcher liegen. Sind bauvertraglich oder durch sonstige Vereinbarung für die Übergabe der Ausführungsunterlagen Fristen und/oder Termine vereinbart, so liegt **keine** rechtzeitige Übergabe vor, wenn der Auftraggeber diese verbindlichen Planübergabedaten überschreitet. Bei einer derartigen Festlegung handelt es sich zugleich um eine „nach dem Kalender bestimmte Zeit" i. S. v. § 296 Satz 1 BGB und i. S. v. § 286 Abs. 2 Nr. 1 BGB n. F./§ 284 Abs. 2 Satz 1 BGB a. F., durch deren Nichteinhaltung der Auftraggeber in Annahmeverzug und zugleich in Schuldnerverzug mit seiner Nebenleistungspflicht kommt, ohne dass es einer Aufforderung zur Planübergabe bedürfte. Das ersetzt jedoch grundsätzlich nicht die für die Anwendung von § 6 VOB/B (Nr. 2 Abs. 1 lit. a) und Nr. 6) notwendige Behinderungsanzeige nach § 6 Nr. 1 Satz 1 VOB/B oder deren Surrogat nach § 6 Nr. 1 Satz 2 VOB/B.

Ist eine derartige Festlegung nicht getroffen, so sind Maßstab für die Rechtzeitigkeit die vertraglich (z. B. in einem sogenannten **Bauzeitenplan** oder Bauablaufplan) vereinbarten verbindlichen Ausführungsfristen des Auftragnehmers samt Einzelfristen i. S. v. § 5 Nr. 1 VOB/B.[33] Ohne solche Ausführungsfristen-Vereinbarung oder bei Vereinbarung nur von Eckdaten wie Baubeginn und Baufertigstellung richtet sich die Rechtzeitigkeit der Unterlagen-Übergabe nach der sich aus § 5 Nr. 1 Satz 1 VOB/B grundlegend ergebenden Pflicht des Auftragnehmers zur angemessenen **Förderung der Bauausführung,** der der Auftraggeber nicht im Wege stehen darf. In den Fällen des vorstehenden Satzes ist Maßstab für die Rechtzeitigkeit das Erfordernis, dem Auftragnehmer die zügige und ungehinderte Arbeit zu ermöglichen,[34] unter Berücksichtigung der Anforderungen des Bauablaufs in bautechnischer und bauablauftechnischer Hinsicht (Ablaufplanung).[35] Dazu gehört, dass der Auftragnehmer auch eine angemessene Zeit für die gebotene und sachgerechte Vorbereitung und dann Durchführung der Leistung haben muss,[36] wie beispielsweise gerade auch in den Fällen der Rdn. 14, 15.

Für die Bemessung der **notwendigen Vorlaufzeit** ist der Zeitbedarf insbesondere für folgende Handlungen des Auftragnehmers auf Grund der erhaltenen Ausführungsunterlagen zu berücksichtigen:[37]
- sorgfältige Prüfung und Durchsicht der Unterlagen, auch im Hinblick auf § 3 Nr. 3 Satz 2 und § 4 Nr. 3 VOB/B sowie auf Vollständigkeit
- Aufbereitung und sonstige Bearbeitung der Unterlagen im Hinblick auf die Ausführung der Bauleistung selbst und die dazugehörigen baubetrieblichen Dispositionen samt Ar-

---

[33] *Kapellmann/Messerschmidt/Havers* VOB/B § 3 Rdn. 22; *Nicklisch/Weick* VOB/B § 3 Rdn. 11 a. E.; s. a. OLG Düsseldorf BauR 1995, 706, 707 für den vergleichbaren Fall nicht erfolgten Leistungsabrufes zum bauvertraglich fest vereinbarten Baubeginn sowie OLG Celle (rechtskräftig durch Revisions-Nichtannahmebeschluss d. BGH v. 16. 12. 1993 VII ZR 229/92) BauR 1994, 629, 630 (m. zutr. Anm. *Vygen*) für den vergleichbaren Fall, dass der Auftraggeber bei fest vereinbarten Ausführungsfristen eine von ihm zur Verfügung zu stellende Behelfsbrücke dem Auftragnehmer für dessen Arbeiten nicht zum hierfür vertraglich festgelegten Zeitpunkt bereitgestellt hat.

[34] *Ingenstau/Korbion* VOB/B § 3 Nr. 1 Rdn. 8 (vgl. in diesem Zusammenhang auch dort → § 5 Nr. 1–3 Rdn. 15); *Kapellmann/Messerschmidt/Havers* VOB/B § 3 Rdn. 22.

[35] *Kapellmann/Messerschmidt/Havers* VOB/B § 3 Rdn. 22; *Nicklisch/Weick* VOB/B § 3 Rdn. 11.

[36] *Heiermann/Riedl/Rusam* VOB/B § 3 Rdn. 3; *Ingenstau/Korbion* VOB/B § 3 Nr. 1 Rdn. 8; *Kapellmann/Messerschmidt/Havers* VOB/B § 3 Rdn. 22; *Nicklisch/Weick* VOB/B § 3 Rdn. 11 a. E.

[37] So auch *Kapellmann/Messerschmidt/Havers* VOB/B § 3 Rdn. 22.

beitsvorbereitung, beispielsweise Herstellung der Bewehrungseisen anhand der Schal- und Bewehrungspläne des Statikers
- (schriftliche) Hinweis- und Bedenkenmitteilung an den Auftraggeber nach §§ 3 Nr. 3, 4 Nr. 3 VOB/B und den einschlägigen Abschnitten von VOB/C
- Abwarten der Reaktionen des Auftraggebers auf die Mitteilung der Hinweise und/oder Bedenken, hierauf gegebenenfalls nochmals Prüfung und eventuell Rück-Reaktion durch den Auftragnehmer
- spezielle Vorbereitung des betroffenen Bauleistungsteils oder der betroffenen oder durch bauliche Abhängigkeiten mitbetroffenen Bauleistungsteile.

Dabei kommt es auf den Umfang bzw. die Größe, die Art, den Kompliziertheitsgrad und dgl. des konkreten Bauvorhabens an.

27  Im Streitfall wird der notwendige angemessene Zeitbedarf durch bautechnische **Sachverständige** mittels einschlägiger Erfahrungswerte für Baumaßnahmen der konkreten Beschaffenheit und gegebenenfalls mittels Heranziehung der einschlägigen baugewerblichen Verkehrssitte festgestellt. So kann bei größeren Bauvorhaben für die Zurverfügungstellung der erforderlichen Schal- und Bewehrungspläne des Statikers eine **Vorlaufzeit** von 3 bis 4 Wochen als von der Sache her notwendig und branchenüblich anzusehen sein.[38] Jedenfalls muss der Auftraggeber bzw. sein jeweiliger Erfüllungsgehilfe (z. B. Architekt, Baucontroller, Bauablaufsteuerer, Baubetreuer, sonstiger einschlägiger Planungsbeteiligter) die jeweils nötigen Ausführungsunterlagen so zeitig übergeben, dass der Auftragnehmer in der Lage ist, seine Leistung ordnungsgemäß, d. h. mängelfrei und rechtzeitig, auszuführen; anderenfalls kann der so in der Leistungsausführung behinderte Auftragnehmer sich bei Erfüllung der sonstigen Voraussetzungen des § 6 Nr. 1 VOB/B auf die Rechte nach § 6 Nr. 2 Abs. 1 lit. a) VOB/B berufen, im Falle eines Verschuldens des Auftraggebers oder seines Erfüllungsgehilfen zusätzlich auf einen Schadensersatzanspruch nach § 6 Nr. 6 VOB/B.[39]

28  Zur Begründung eines **Auftraggeberverschuldens** kann es – je nach Sachkunde oder sonstiger Erkenntnismöglichkeit des Auftraggebers oder seines Erfüllungsgehilfen zur zeitlichen Notwendigkeit der Unterlagenübergabe – geboten sein, dass der Auftragnehmer seinerseits „rechtzeitig" vorher, also mit angemessenem zeitlichem Vorlauf, den Auftraggeber darauf hinweist, dass bis zu einem bestimmten Zeitpunkt die für die Ausführung nötigen Unterlagen dem Auftragnehmer übergeben sein müssen. Es ist zu empfehlen, bereits diesen Hinweis mit einer Behinderungsanzeige (in **einem** Schriftstück) zu verbinden, etwa: „. . . Sollten bis zum . . . die genannten Unterlagen mir/uns nicht übergeben sein, bin ich/sind wir in der Ausführung nachstehend genannter Leistungen und folgender davon abhängiger einschl. darauf aufbauender Leistungen behindert, mit folgenden Auswirkungen auf den Bauablauf: . . .". Denn wegen des Gebotes der „Unverzüglichkeit" in § 6 Nr. 1 VOB/B muss der Auftragnehmer sich melden, sobald er – aus seiner subjektiven Sicht/Empfindung – eine Behinderung auf sich zukommen sieht.

29  Oft werden, was zu empfehlen ist, in Bauverträgen für die Übergabe der Ausführungsunterlagen **Vorlauffristen oder Abrufpflichten** des Auftragnehmers mit Vorlauffristen vereinbart (vgl. oben Rdn. 27, 28). Eine derartige Bestimmung nimmt weder der VOB/B im Hinblick auf § 23 Abs. 2 Nr. 5 AGB-Gesetz die Ausgewogenheit noch verstößt sie gegen § 9 AGB-Gesetz; denn es ist in erster Linie der Auftragnehmer, der wissen muss, wann er für seine Bauleistung und die von ihm zu treffenden Dispositionen im Rahmen seiner ordnungsgemäßen Betriebsplanung die jeweiligen Ausführungsunterlagen braucht.[40]

30  Aus dem unter Rdn 21, 25, 26 Gesagten ergibt sich: Gewisse Unterlagen sind dem Auftragnehmer **bis zum Baubeginn** zu übergeben, wie z. B. die **Baugenehmigung** (vgl. oben Rdn. 13) und die **behördlichen** (Bau-)**„Freigaben"**, zumal es außerdem nach den

---

[38] KG Berlin BauR 1985, 243 (nur in den Leitsätzen veröffentlicht), vom Bundesgerichtshof in BGH NJW 1986, 1684 ff. = BauR 1986, 347 ff. = ZfBR 1986, 130 ff., teilweise verworfen, jedoch nicht hinsichtlich der Vorlaufzeit von 3 bis 4 Wochen; so auch *Vygen* Bauvertragsrecht Rdn. 352.
[39] *Ingenstau/Korbion* VOB/B § 3 Nr. 1 Rdn. 8.
[40] *Ingenstau/Korbion* VOB/B § 3 Nr. 1 Rdn. 8.

Landesbauordnungen dem Bauherrn/Auftraggeber und dem ausführenden Unternehmer/Auftragnehmer untersagt ist, ohne Baugenehmigung und/oder ohne die behördlichen (Bau-)Freigaben zu bauen und der Verstoß hiergegen eine Ordnungswidrigkeit ist. Der Auftragnehmer ist daher auch berechtigt, den Beginn der Leistung oder eines entsprechenden Leistungsteils bis zur Erteilung der entsprechenden, gemäß § 4 Nr. 1 Abs. 1 Satz 2 VOB/B vom Auftraggeber zu beschaffenden behördlichen Genehmigung oder Teilgenehmigung und/oder (Teil-) Freigabe zurückzustellen. Denn es ist ihm nicht zuzumuten eine Ordnungswidrigkeit und Geldbuße wegen behördlich nicht genehmigten oder nicht freigegebenen Bauens in Kauf zu nehmen sowie einen Vertragsverstoß gegen § 4 Nr. 2 Abs. 1 Satz 2 VOB/B zu begehen, der den Auftragnehmer zur Beachtung der gesetzlichen und behördlichen Bestimmungen verpflichtet; zu diesen zählen nach BGH BauR 1998, 397 (natürlich) auch die erteilte Baugenehmigung und die darin etwa enthaltenen Auflagen. Ein solcher Baustillstand ist eine Behinderung des Auftragnehmers gemäß § 6 Nr. 1, 2 VOB/B, die bei auftragnehmerseitiger Anzeige dieses Behinderungsumstandes und dessen hindernder (Aus-)Wirkung oder bei offenkundigem Bekanntsein beim Auftraggeber, die Ausführungsfristenverlängerung nach § 6 Nr. 2, 4 VOB/B und bei Auftraggeber-Verschulden (wozu auch gemäß § 278 BGB das Verschulden des Erfüllungsgehilfen, z. B. Architekten etc. zählt) den Schadensersatzanspruch nach § 6 Nr. 6 VOB/B auslöst. Bestimmte Ausführungsunterlagen müssen – rein von der Baupraxis her – ihrer Natur nach erst **während der Bauausführung** vorgelegt werden[41] (z. B. als „baubegleitende Planung"), könnten aber ihrer Art nach auch schon bis zum Bauvertragsabschluss vorliegen. Solche Unterlagen, meist Pläne, enthalten oft die Vervollständigung und Weiterentwicklung der bis zum Bauvertragsabschluss inhaltlich noch nicht oder noch nicht vollständig ausgearbeiteten Ausführungsvorgaben oder der Entwurfspläne 1 : 100 zu den Ausführungsplänen 1 : 50.[42] Wird dabei von dem abgewichen, was in den bis zum **Zeitpunkt des Bauvertragsabschlusses** vorliegenden Plänen und sonstigen Unterlagen als für den Auftragnehmer als Baufachmann vorausdenkbare zwangsläufige Fortentwicklung und somit zu erwartende Konkretisierung bereits angelegt war, so liegt in dieser Abweichung eine vergütungspflichtige **Änderung des Bauentwurfes** i. S. der §§ 1 Nr. 3, 2 Nr. 5 VOB/B oder gegebenenfalls eine zusätzliche Leistung i. S. der §§ 1 Nr. 4 Satz 1, 2 Nr. 6 VOB/B, u. U. auch eine „andere" zusätzliche Leistung nach § 1 Nr. 4 Satz 2 VOB/B (→ Vor § 3 Rdn. 24). Die Vorlage bestimmter Ausführungsunterlagen erst während der Bauausführung kann sich auch daraus ergeben, dass unerwartete Schwierigkeiten auftreten, besondere Maßnahmen erforderlich werden oder sonstiger Bedarf eintritt, der eine zusätzliche Planung, Umplanung oder sonstige Planungsänderung bedingt.[43]

## C. § 3 Nr. 1 und Allgemeine Geschäftsbedingungen

Die Aufgabenteilung und -trennung von Planung und Ausführung sowohl im BGB-Bauvertrag als auch im VOB-Bauvertrag wirkt sich über § 309 Nr. 7 lit. b) und § 307 Abs. 2 BGB, früher § 11 Nr. 7 und § 9 Abs. 2 Nr. 1 und 2 AGB-Gesetz („wesentliche Grundgedanken der gesetzlichen Regelung" und „wesentliche Pflichten" „aus der Natur des Vertrags") entsprechend auf allgemeine Geschäftsbedingungen und Formularklauseln aus und hat zur Folge, dass eine völlige Haftungsfreizeichnung oder eine erhebliche Haftungsbeschränkung für die eigene Aufgabe unzulässig ist. 31

---

[41] *Heiermann/Riedl/Rusam* VOB/B § 3 Rdn. 3: *Nicklisch/Weick* VOB/B § 3 Rdn. 11; s. hierzu auch → Vor § 3 Rdn. 10 und 20 bis 24.
[42] Vgl. auch *Daub/Piel/Soergel/Steffani* ErlZ B 3.5; *Nicklisch/Weick* VOB/B § 3 Rdn. 11; siehe hierzu auch → Vor § 3 Rdn. 20 bis 24.
[43] *Heiermann/Riedl/Rusam* VOB/B § 3 Rdn. 3; *Nicklisch/Weick* VOB/B § 3 Rdn. 11; siehe hierzu auch → Vor § 3 Rdn. 20.

### § 3 Nr. 1

**32** Unwirksam sind vom Auftraggeber verwendete AGB-Gesetz oder Formular-Klauseln, wonach der Auftragnehmer sich nicht damit entlasten könne, dass die Bauleitung des Auftraggebers eigenmächtigen Änderungen und Abweichungen des Auftragnehmers von mit Genehmigungsvermerk versehenen Ausführungsplänen sowie von geprüften statischen Unterlagen zugestimmt hat, weil hierin eine gegen vormalig § 11 Nr. 7 und § 9 AGB-Gesetz, jetzt § 309 Nr. 7 lit. b) und § 307 Abs. 1 und 2 BGB i. V. m. § 278 BGB verstoßende und somit unzulässige Haftungsfreizeichnung für schuldhaftes Verhalten von Erfüllungsgehilfen liegt.[44]

**33** **Ferner** sind AGB- oder Formular-Klauseln des Auftraggebers mit folgendem Inhalt **unzulässig**:

(1) „Der Auftraggeber übernimmt keine Gewähr für die Richtigkeit der Ausführungsunterlagen, jedoch bleibt die Haftung des Auftraggebers für Vorsatz und grobe Fahrlässigkeit unberührt". Diese Klausel verstößt gegen § 307 Abs. 2 Nr. 1 BGB, früher § 9 Abs. 2 Nr. 1 AGB-Gesetz, weil bei „Hauptpflichten" eine Freizeichnung für Haftung bei leichter Fahrlässigkeit nicht zulässig ist. Könnte hier der Auftraggeber eine derart weitgehende Haftungsbeschränkung vornehmen, würde er Pflichten, die sich aus der Natur des Bauvertrages ergeben, derart einschränken, dass der Vertragszweck gefährdet ist.[45]

(2) „Soweit dem Auftragnehmer (Nachunternehmer) Ausführungsunterlagen fehlen, hat er sie sich auf eigene Kosten zu beschaffen und dem Auftraggeber (Hauptunternehmer) zur Zustimmung vorzulegen". Diese Klausel verlagert in nach § 307 Abs. 1 und 2 BGB, früher § 9 AGB-Gesetz unzumutbarer Weise ureigene Aufgaben samt Planungsverantwortung des Auftraggebers in zudem preislich nicht kalkulierbarer Weise auf den Auftragnehmer.[46]

(3) „Die dem Auftragnehmer übergebenen Unterlagen gelten als vollständig, wenn dieser nicht binnen drei Tagen Widerspruch erhebt". – Diese Klausel beinhaltet eine nach § 308 Nr. 5 BGB, früher § 10 Nr. 5 AGB-Gesetz unzulässige Fiktion und ist auch wegen Verstoßes gegen § 307 Abs. 1 und 2 BGB und gegen § 309 Nr. 7 lit. b) BGB, früher §§ 9 und 11 Nr. 7 AGB-Gesetz unzulässig, weil die Frist zu kurz bemessen ist und weil sie unabhängig davon incidenter eine pauschale Haftungsfreizeichnung zugunsten des Auftraggebers als Verwender mit sich bringt.[47]

(4) „Der AN hat zunächst die vom AG zur Verfügung gestellten Unterlagen eingehend zu prüfen und muss dann ausschließlich alle weiterführenden Ausführungsunterlagen selbst erstellen". – Diese Klausel verstößt gegen § 307 BGB, früher § 9 AGBG, weil sie bei kundenfeindlicher Auslegung, ohne außerdem die Pflichten des Auftragnehmers klar zu umgrenzen, dem Auftragnehmer die an sich beim Auftraggeber liegende Planlieferungspflicht (und das Haftungsrisiko hieraus, Anm. d. Verf.) überbürdet, noch dazu ohne Vergütung,[48] außerdem Verstoß gegen das Transparenzgebot.

(5) „Sofern der AG oder dessen Sonderfachleute einzelne Ausführungs- und Detailzeichnungen nicht rechtzeitig zur Verfügung stellen kann oder diese mangelhaft sind, hat der AN diese Zeichnungen selbst zu erstellen. Der AN kann aus der nicht rechtzeitigen und/oder der mangelhaften Vorlage der Pläne keine Rechte irgendwelcher Art herleiten." – Begründung wie bei vorstehend (4),[49] außerdem Verstoß gegen das Transparenzgebot.

---

[44] OLG Karlsruhe BB 1983, 729 und *Glatzel/O. Hofmann/Frikell* 2.3.1 d.
[45] LG München I v. 12. 11. 1985 – 7 O 14566/85, *Glatzel/O. Hofmann/Frikell* 2.3.1 g.
[46] Vgl. bei *Glatzel/O. Hofmann/Frikell* 2.3.1 h.
[47] *Glatzel/O. Hofmann/Frikell* 2.3.1 i; *Ingenstau/Korbion* VOB/B § 3 Nr. 3 Rdn. 8.
[48] BGH, Beschl. v. 5. 6. 1997 – VII ZR 54/96 NJW – RR 1997, 1513 = BauR 1997, 1036, 1037 = *Schäfer/Finnern/Hochstein* Nr. 11 zu § 3 AGB-Gesetz, Bl. 43 ff. = ZfBR 1998, 41 mit Seiten 35 ff. ← letztere Veröffentlichung beinhaltet zugleich auch das zugrundeliegende vorlaufende Urteil des OLG Hamburg v. 6. 12. 1995 – 5 U 215/94 – mit den Klausel-Ablehnungsgründen = *Schäfer/Finnern/Hochstein* Nr. 10 zu § 3 AGB-Gesetz, Bl. 27 ff.
[49] Wie vorstehende Fn.

## C. § 3 Nr. 1 und Allgemeine Geschäftsbedingungen § 3 Nr. 1

(6) Der Auftragnehmer ist verpflichtet, alle für seine Leistungen erforderlichen und nicht von dem Auftraggeber zur Verfügung gestellten Ausführungsunterlagen rechtzeitig in eigener Verantwortung unentgeltlich beizubringen und diese einschließlich der von dem Auftragnehmer eventuell gefertigten Subunternehmer-Leistungsverzeichnisse dem AG vor Beginn der Ausführung zur Freigabe vorzulegen." Begründung wie bei vorstehend (4) und (5), außerdem Verstoß gegen das Transparenzgebot.[50]

**Zulässig** ist jedoch folgende AGB-Klausel: „Der Auftragnehmer ist verpflichtet, **Verlegepläne** herzustellen und dem Auftraggeber auszuhändigen. Diesbezügliche Kosten sind in die Einheitspreise mit einzurechnen." In dieser Klausel liegt keine unangemessene Benachteiligung des Auftragnehmers, weil ihm für eine bestimmt angegebene Art von Plänen (nämlich „Verlegepläne") und somit in überschaubarer Weise die Kosteneinrechnung ausdrücklich zugestanden bzw. nahegelegt wurde; die Planerstellungsleistung ist somit nicht unkalkulierbar und nicht kostenlos zu erbringen.[51] **Unzulässig** und unwirksam wäre demgemäß **jedoch** folgende AGB-Klausel: „Der Auftragnehmer hat Verlegepläne kostenlos zu erstellen". Unzulässig und unwirksam wären auch Klauseln, die den Auftragnehmer verpflichten, solche Planungsleistungen einzurechnen, deren Art und/oder Umfang vor und bei Vertragsabschluss kalkulatorisch nicht ermittelt werden kann, weil Art und Umfang zu vage und zu allgemein genannt sind oder etwa weil Umfang und Kosten von Plänen (z. B. Bestandsplänen), etwa wegen Vertragsänderungen/Leistungsänderungen, erst am Ende der Baumaßnahme feststehen können.

34

---

[50] BGH wie vor NJW-RR 1997, 1513, 1514 = BauR 1997, 1036, 1038 = *Schäfer/Finnern/Hochstein* Nr. 11 zu § 3 AGB-Gesetz Bl. 43 ff. = ZfBR 1998, 41, 42 sowie Seiten 35 ff. mit dem zugrundeliegenden vorlaufenden Urteil des OLG Hamburg v. 6. 12. 1995 – 5 U 215/94 = *Schäfer/Finnern/Hochstein* Nr. 10 zu § 3 AGB-Gesetz Bl. 27 ff.
[51] OLG Frankfurt/M v. 28. 2. 1996 – 21 U 33/95.

## § 3 Nr. 2

### § 3 Nr. 2 [Vermessungen durch Auftraggeber]

Das Abstecken der Hauptachsen der baulichen Anlagen, ebenso der Grenzen des Geländes, das dem Auftragnehmer zur Verfügung gestellt wird, und das Schaffen der notwendigen Höhenfestpunkte in unmittelbarer Nähe der baulichen Anlagen sind Sache des Auftraggebers.

Literatur: Siehe die Hinweise → Vor § 3.

### Übersicht

| | Rdn. | | Rdn. |
|---|---|---|---|
| A. Mitwirkungspflicht des Auftraggebers | 1–5 | III. Schaffen der notwendigen Höhenfestpunkte | 8 |
| I. Pflicht des Auftraggebers zu wichtigen Vorbereitungshandlungen | 1 | 1. Die Schaffung von Höhenfestpunkten – Auch Berücksichtigung bereits bestehender Höhenfestpunkte | 8 |
| II. Ausnahme: Vornahme der Vermessungshandlungen durch den Auftragnehmer | 4 | 2. Besonderheit: Berücksichtigung der Grundwasserstandshöhen | 11 |
| B. Die einzelnen Vorbereitungshandlungen | 6–11 | C. Haftung des Auftraggebers bei Pflichtverletzung – Mitverantwortlichkeit des Auftragnehmers | 12–14 |
| I. Abstecken der Hauptachsen | 6 | D. § 3 Nr. 2 und Allgemeine Geschäftsbedingungen | 15 |
| II. Abstecken der Geländegrenzen | 7 | | |

## A. Mitwirkungspflicht des Auftraggebers

### I. Pflicht des Auftraggebers zu wichtigen Vorbereitungsleistungen

**1** Nach § 3 Nr. 2 VOB/B ist der Auftraggeber, soweit nicht ausnahmsweise der Auftragnehmer selbst zur Vermessung verpflichtet ist (siehe unten Rdn. 4), zu folgenden **Mitwirkungshandlungen** verpflichtet, zu deren Vornahme er sich i. d. R. eines Architekten und/oder Vermessungsingenieurs als **Erfüllungsgehilfen** bedient
- Abstecken der Hauptachsen der baulichen Anlage (wozu auch die Einmessung der Baugrube in Relation zu den Grundstücksgrenzen gehört)
- Abstecken der Grenzen des Geländes, das dem Auftragnehmer zur Verfügung gestellt wird
- Schaffen der notwendigen Höhenfestpunkte in unmittelbarer Nähe der baulichen Anlage (Bestimmung der „Höhenlage" des Bauwerks)

**2** Bei diesen Vermessungen handelt es sich um **Vorbereitungsleistungen,** die eine rechtzeitige sowie mängelfreie und auch sonst sachgemäße, vertraglich richtige Bauausführung überhaupt erst ermöglichen. Sie sind Leistungen, die nur aus dem Bereich des Auftraggebers kommen können, weil es grundlegende Bereitstellungsaufgabe des Auftraggebers ist, das Grundstück bebauungsreif zur Verfügung zu stellen.[1] Diese Vorbereitungsleistungen sind ein Unterfall der im weiten Sinne zu verstehenden **„Ausführungsunterlagen"** des § 3 Nr. 1 VOB/B, wie schon die Wendung „übrigen" „für die Ausführung übergebenen Unterlagen" in § 3 Nr. 3 Satz 1 VOB/B zeigt. Die genannten Vermessungen sind Teil der Planung und auch deshalb Sache des Auftraggebers, weil er zu bestimmen und somit festzulegen hat, wo hinsichtlich der Situierung und Höhenlage der Auftragnehmer seine Bauleistung zu erbringen hat[2] und somit wo der Auftragnehmer demgemäß als **sein** Arbeitshilfsmittel sein

---

[1] Siehe → Vor § 3 Rdn. 5, 25, 30.
[2] *Heiermann/Riedl/Rusam* VOB/B § 3 Rdn. 4, 2; *Ingenstau/Korbion* VOB/B § 3 Nr. 2 Rdn. 3, 4, § 3 Rdn. 2; *Kapellmann/Messerschmidt/Havers* VOB/B § 3 Rdn. 24. *Nicklisch/Weick* VOB/B § 3 Rdn. 12, 8;

A. Mitwirkungspflicht des Auftraggebers                              § 3 Nr. 2

Schnurgerüst positionieren muss. Diese sich auf die genannten Vermessungsleistungen beziehende Spezialvorschrift[3] von § 3 Nr. 2 VOB/B ist ebenso wie § 3 Nr. 1 eine nähere Erläuterung und Ausprägung des bereits mehrfach behandelten fundamentalen Grundsatzes, dass der Auftraggeber dem Auftragnehmer das bebauungsfähige Grundstück sowie einwandfreie und zuverlässige (brauchbare) Pläne und Unterlagen zur Verfügung zu stellen und diejenigen Entscheidungen zu treffen hat, die für die reibungslose Ausführung des Baues erforderlich sind.[4] Ein Unterlassen oder eine fehlerhafte Erfüllung der in § 3 Nr. 2 geregelten Mitwirkungspflicht des Auftraggebers in Form der dortigen Vermessungsleistungen kann Fehlleistungen bei der Bauausführung zur Folge haben, beispielsweise einen Überbau auf das Nachbargrundstück oder eine falsche flächenmäßige oder höhenmäßige Plazierung des Bauwerks auf dem Baugrundstück und damit verbunden etwa auch die Nichteinhaltung notwendiger Abstandsflächen und weitere (erhebliche) Schadensfolgen, für die dann der Auftraggeber allein oder bei unterlassener Überprüfung und/oder unterlassenem Hinweis des Auftragnehmers teilweise die Verantwortung zu tragen hat;[5] es können, etwa durch fehlerhaftes Abstecken der Hauptachsen durch den Auftraggeber oder seinen Vermesser oder sonstigen Erfüllungsgehilfen Baubehinderungen und dadurch Kostenmehraufwand entstehen mit der Ersatzpflichtfolge nach § 6 Nr. 6 VOB/B zur Last bzw. je nach Mitverantwortlichkeit des Auftragnehmers wegen unterlassener Überprüfung und/oder unterlassenen Hinweises zur Teillast des Auftraggebers.[6]

Die in § 3 Nr. 2 VOB/B enthaltene Verpflichtung des Auftraggebers ist eine als echte **3** **vertragliche** Nebenpflicht in Form einer **Nebenleistungspflicht** geregelte Mitwirkungspflicht des Auftraggebers, auf deren Erfüllung bei Fälligkeit der Auftragnehmer einen notfalls **einklagbaren** Anspruch, nämlich auf Vornahme der entsprechenden Handlungen hat.[7] Zu den rechtlichen Folgen bei Verletzung der hiesigen Mitwirkungspflicht des Auftraggebers siehe → § 3 Nr. 1 Rdn. 8–10 entsprechend.

## II. Ausnahme: Vornahme der Vermessungshandlungen durch den Auftragnehmer

Eine Verpflichtung des Auftraggebers zur Vornahme der in § 3 Nr. 2 VOB/B festgelegten **4** Handlungen besteht nicht, soweit diese Vermessungsleistungen **vertraglich** dem Auftragnehmer auferlegt sind oder wenn und soweit der Auftraggeber nach Vertragsabschluss durch einseitige empfangsbedürftige Willenserklärung nach § 1 Nr. 4 VOB/B die Ausführung dieser Leistungen vom Auftragnehmer verlangt.[8] Solche Vermessungsleistungen gehören mit zu den Leistungen, die i. S. von § 1 Nr. 4 Satz 1 VOB/B zur Ausführung der vertraglichen Leistung erforderlich werden. Einem solchen Verlangen muss der Auftragnehmer gem. § 1 Nr. 4 Satz 1 VOB/B allerdings nur nachkommen, wenn sein (eigener) Betrieb auf derartige Vermessungsleistungen eingerichtet ist; der Auftragnehmer hat dann einen Vergütungsanspruch nach § 2 Nr. 9 Abs. 1 VOB/B,[9] weil die in § 3 Nr. 2 VOB/B festgelegten Vermessungsleistungen zu den Ausführungsunterlagen im weiteren Sinne gehören.[10] Würde

---

OLG Düsseldorf BauR 1992, 665, 668; vgl. hierzu auch → Vor § 3 Rdn. 5 und § 3 Nr. 1 Rdn. 11 sowie oben Rdn. 6.

[3] *Ingenstau/Korbion* VOB/B § 3 Nr. 2 Rdn. 2; *Kapellmann/Messerschmidt/Havers* VOB/B § 3 Rdn. 24.

[4] *Ingenstau/Korbion* VOB/B § 3 Rdn. 2; OLG Düsseldorf BauR 1992, 665, 666, 668 speziell für die richtige Absteckung des Baukörpers.

[5] Vgl. dazu BGH BauR 1986, 203 f. = ZfBR 1986, 70 f. und *Vygen* Bauvertragsrecht Rdn. 353.

[6] Vgl. OLG Düsseldorf NJW-RR 1998, 739 = BauR 1998, 340.

[7] Vgl. → § 3 Nr. 1 Rdn. 7, siehe aber auch die dort angeführten Gegenstimmen; der BGH BauR 1986, 203, 204, 205 = ZfBR 1986, 70, 71 bezeichnet die Festlegung, also das Schaffen des Höhenfestpunktes beiläufig als „obliegende Mitwirkung" und der Vorbereitung des Werkes und als „Obliegenheit", so dass danach keine Nebenleistungspflicht und kein einklagbarer Anspruch gegeben wären.

[8] *Heiermann/Riedl/Rusam* VOB/B § 3 Rdn. 5; *Ingenstau/Korbion* VOB/B § 3 Nr. 2 Rdn. 9; *Kapellmann/Messerschmidt/Havers* VOB/B § 3 Rdn. 30.

[9] *Ingenstau/Korbion* VOB/B § 3 Nr. 2 Rdn. 9; *Kapellmann/Messerschmidt/Havers* VOB/B § 3 Rdn. 30.

[10] Vgl. oben Rdn. 2.

## § 3 Nr. 2 — Vermessungen durch Auftraggeber

man die Spezialregelung nach § 2 Nr. 9 Abs. 1 VOB/B nicht als einschlägig ansehen, käme der Vergütungsanspruch nach § 2 Nr. 6 VOB/B zum Zuge, für den jedoch die Anspruchsankündigung nach dem dortigen Absatz 1 Satz 2 notwendig ist.

5 Messungen für das Ausführen und Abrechnen der Bauarbeiten, „jedoch nicht Leistungen nach B § 3 Nr. 2", gehören als Nebenleistungen des Abschnittes 4.1.3 der ATV (VOB/C) **DIN 18 299** zur vertraglichen Leistung des Auftragnehmers und sind daher ebenfalls **nicht** Aufgabe des Auftraggebers.

## B. Die einzelnen Vorbereitungshandlungen

### I. Abstecken der Hauptachsen

6 Durch das Abstecken der Hauptachsen der baulichen Anlage hat der Auftraggeber in vermessungstechnisch einwandfreier und fachgerechter Weise die Lage des Bauwerkes festzulegen bzw. festlegen zu lassen, was z. B. durch Setzen von Pflöcken und Schlagen von Bolzen geschieht.[11] Damit legt der Auftraggeber fest,[12] wo er die baulichen Anlagen errichten haben will.[13] Deshalb ist die Absteckung eine grundlegende Bereitstellungsaufgabe des Auftraggebers als Bestandteil seiner Pflicht, dem Auftragnehmer das Baugrundstück bebauungsreif (aufnahmebereit für den Bau) zur Verfügung zu stellen. Der Auftraggeber wird mit der Erfüllung seiner Mitwirkungspflicht „Absteckung" in der Regel einen Vermessungsingenieur als Erfüllungsgehilfen, für dessen Fehler er deshalb einzustehen hat, beauftragen,[14] da dieser der einschlägige Fachmann ist und da auch in den Landesbauordnungen meistens ohnehin die Absteckung durch das Katasteramt oder einen öffentlich bestellten Vermessungsingenieur vorgeschrieben ist. Der Auftragnehmer wird bzw. muss dann diese Festlegungen mittels des von ihm als sein Arbeitshilfsmittel zu erstellenden und i. d. R. vom gemeindlich zuständigen Bauamt abzunehmenden Schnurgerüstes bei der Ausführung der Bauleistung anwenden; dabei muss er dann i. d. R. vom Schnurgerüst „zurückmessen", weil das Schnurgerüst nicht identisch mit den Außenkanten der auszuhebenden Baugrube verlaufen kann, sondern parallel dazu in bestimmtem Abstand.

### II. Abstecken der Geländegrenzen

7 Das Abstecken der Grenzen des Geländes, das dem Auftragnehmer für die Ausführung seiner Bauleistung zur Verfügung gestellt wird, ist insbesondere deshalb wichtig, um Eingriffe des Auftragnehmers in fremde Grundstücke zu vermeiden.[15] Überhaupt muss der Auftragnehmer wissen, wo er tätig werden darf und wo die Grenzen des Baufeldes enden, um zu vermeiden, dass er sich irgendwelchen Ansprüchen Dritter, aber auch des Auftraggebers aussetzt.[16]

---

[11] *Heiermann/Riedl/Rusam* VOB/B § 3 Rdn. 4; *Kapellmann/Messerschmidt/Havers* VOB/B § 13 Rdn. 25; *Nicklisch/Weick* VOB/B § 3 Rdn. 12; vgl. a. zur geschuldeten richtigen Absteckung durch den Vermesser des Auftraggebers OLG Düsseldorf BauR 1992, 665, 666 ff.

[12] „Bestellerwille", vgl. → Vor § 3 Rdn. 1.

[13] OLG Düsseldorf, NJW-RR 1998, 739 = BauR 1998, 340; *Ingenstau/Korbion* VOB/B § 3 Nr. 2 Rdn. 4 a. E.; *Kapellmann/Messerschmidt/Havers* VOB/B § 13 Rdn. 25; vgl. auch VOB/C DIN 18 299 Abschnitt 0.1, dabei insb. 0.1.2 (i. V. m. § 9 Nr. 3 Abs. 4 VOB/A).

[14] OLG Düsseldorf NJW-RR 1998, 739 = BauR 1998, 340; OLG Düsseldorf BauR 1992, 665, 668; *Nicklisch/Weick* VOB/B § 3 Rdn. 12.

[15] *Nicklisch/Weick* VOB/B § 3 Rdn. 12; *Vygen* Bauvertragsrecht Rdn. 353.

[16] *Heiermann/Riedl/Rusam* VOB/B § 3 Rdn. 4; *Kapellmann/Messerschmidt/Havers* VOB/B § 3 Rdn. 26.

B. Die einzelnen Vorbereitungshandlungen § 3 Nr. 2

### III. Schaffen der notwendigen Höhenfestpunkte

**1. Die Schaffung von Höhenfestpunkten – Auch Berücksichtigung bereits bestehender Höhenfestpunkte**

Das Schaffen der notwendigen Höhenfestpunkte in unmittelbarer Nähe der baulichen **8** Anlagen ist bautechnisch insbesondere für die Entwässerung des Grundstücks und des darauf zu errichtenden Bauwerks von Bedeutung.[17] Baulich und bauvertraglich gesehen benötigt der Auftragnehmer den Höhenfestpunkt, damit er die vom Auftraggeber gewünschte bzw. festgelegte Höhenlage der baulichen Anlage, die er über § 4 Nr. 2 Abs. 1 Satz 2 VOB/B auch bauordnungsrechtlich einzuhalten hat, baulich richtig und somit mängelfrei ausführen kann.[18] Da nur die **notwendigen** Höhenfestpunkte zu schaffen sind, ist deren Schaffung durch den Auftraggeber entbehrlich, wenn die Höhenfestpunkte ohne weiteres feststehen, wie etwa die bereits festliegende Höhe einer Kanalsohle[19] oder wenn bereits verwertbare amtliche Höhenfestpunkte in unmittelbarer Nähe der baulichen Anlage vorhanden sind.[20] Bestehen solche Höhenfestpunkte bereits, so müssen sie aber vom Auftraggeber bzw. seinem Erfüllungsgehilfen auf ihre Richtigkeit überprüft werden, da die Pflicht zur Schaffung von Höhenfestpunkten die Lieferung bzw. Festlegung **korrekter** Höhenfestpunkte beinhaltet, die Höhenfestpunkte für die Ausführung der Bauleistung maßgebend sind (§ 3 Nr. 3 Satz 1 VOB/B) und die Leistungsvorgaben „stimmen" müssen, damit auch die vom Auftragnehmer ausgeführte Leistung „stimmt", also pünktlich und mängelfrei erbracht werden kann.[21] Ist z. B. die Hauptkanalisation vor dem Baugrundstück noch nicht verlegt und geht es um die Lage des Hauptkanalisationsanschlusses, dann muss sich der Auftraggeber bzw. sein Architekt oder sein sonstiger Erfüllungsgehilfe vorher zumindest erkundigen, ob und welche Höhenfestpunkte für die Hauptkanalisation beabsichtigt sind.[22]

Ist ein vorhandener Höhenfestpunkt von der **fachlich zuständigen Behörde** bestimmt **9** worden, so wird der Auftraggeber allerdings grundsätzlich von der Richtigkeit ausgehen dürfen,[23] dann aber auch der Auftragnehmer, der deshalb insoweit von der aus §§ 3 Nr. 3, 4 Nr. 3 VOB/B und etwa aus § 242 BGB sich ergebenden Prüfungs-, Hinweis- und Bedenkenmitteilungspflicht befreit ist. So darf sich der planende Architekt zur Bestimmung der Höhenlage des Anschlussdurchbruches der Kellerwand zur Kanalisation auf die Angabe einer Gemeinde über die Höhenlage des gemeindlichen Kanals im Kanalhöhenschein der Gemeinde verlassen und ist in der Regel nicht verpflichtet, diese zu überprüfen.[24] Dementsprechend ist erst recht der **Auftragnehmer von der Überprüfungspflicht befreit,** wenn er von seinem Auftraggeber oder dessen Architekten einen solchen Kanalhöhenschein vorgelegt oder ausgehändigt erhält. Bezüglich der **Grundwasserverhältnisse** siehe → § 3 Nr. 3 Rdn. 22 und hier unten Rdn. 11.

Das Schaffen der notwendigen Höhenfestpunkte **in unmittelbarer Nähe** der baulichen **10** Anlage bedeutet, dass der Auftragnehmer in die Lage versetzt sein muss, die Höhenfestpunkte anzumessen, also als Maßstab und Ausgangspunkt für seine eigenen Messungen zu verwenden, ohne dass dies mit Schwierigkeiten und/oder besonderem Aufwand verbunden ist, welcher das für den Auftragnehmer übliche, vorhersehbare Maß überschreitet; hiernach

---

[17] *Heiermann/Riedl/Rusam* VOB/B § 3 Rdn. 4; *Nicklisch/Weick* VOB/B § 3 Rdn. 12.
[18] Vgl. BGH BauR 1986, 203, 204, 205 = ZfBR 1986, 70, 71; *Ingenstau/Korbion* VOB/B § 3 Nr. 2 Rdn. 4 letzter Satz/Rdn. 5 erster Satz; oben Rdn. 2 (Bestimmung u. Festlegung der situierungsmäßigen u. höhenmäßigen Lage des Bauwerks).
[19] Vgl. BGH, Urteil v. 11. 7. 1963 – VII ZR 166/62, *Ingenstau/Korbion* VOB/B § 3 Nr. 2 Rdn. 5 und *Kapellmann/Messerschmidt/Havers* VOB/B § 3 Rdn. 27.
[20] *Heiermann/Riedl/Rusam* VOB/B § 3 Rdn. 4.
[21] *Ingenstau/Korbion* VOB/B § 3 Nr. 2 Rdn. 5; *Kapellmann/Messerschmidt/Havers* VOB/B § 3 Rdn. 27; OLG Düsseldorf BauR 1992, 665, 666, 668.
[22] *Ingenstau/Korbion* VOB/B § 3 Nr. 2 Rdn. 5.
[23] *Ingenstau/Korbion* VOB/B § 3 Nr. 2 Rdn. 5; *Kapellmann/Messerschmidt/Havers* VOB/B § 3 Rdn. 27.
[24] OLG Düsseldorf NJW-RR 1999, 244, 245.

## § 3 Nr. 2

richtet es sich, ob der Auftraggeber seiner vertraglichen Pflicht einwandfrei genügt hat.[25] In diesem Rahmen kann es unter Umständen ausreichen, wenn der Höhenfestpunkt einige Entfernung von der eigentlichen Baustelle wegliegt, z. B. 90 bis 100 m.[26] Es kann auch im Einzelfall, insbesondere bei gleichzeitiger Errichtung mehrerer Bauwerke auf einem Gelände, genügen, wenn der Auftragnehmer in die Lage versetzt wird, mit Hilfe eines Nivelliergerätes einen für mehrere Bauwerke zugleich bestimmten Höhenfestpunkt anzumessen, soweit dies ohne besonderen Aufwand und fachgerecht erfolgen kann.[27] **Schaffen** der Höhenfestpunkte in unmittelbarer Nähe der baulichen Anlagen heißt körperliche Festsetzung im Gelände, nicht (lediglich) Angabe in den für die Bauwerkserrichtung maßgebenden zeichnerischen Unterlagen.[28]

### 2. Besonderheit: Berücksichtigung der Grundwasserstandshöhen

11   Zu einer (mangelfreien) Planung des Bauwerkes gehört die Berücksichtigung der **Grundwasserverhältnisse** einschließlich der Grundwasserstände, vor allem in Gebieten mit relativ hohem Wasserstand als eine der zentralen Aufgaben des für den Bauherrn/Auftraggeber planenden **Architekten**[29] als dessen **Erfüllungsgehilfen** bei der Verpflichtung, dem Auftragnehmer einwandfreie Bauvorgaben zur Verfügung zu stellen. Dabei ist auf den höchsten auf Grund langjähriger Beobachtung bekannten sowie den konkret möglichen Grundwasserstand abzustellen, auch wenn dieser seit Jahren nicht mehr erreicht worden ist.[30] Über die maximalen Schwankungen des Grundwassers hat sich der Architekt ebenfalls sichere Kenntnis zu verschaffen,[31] wozu eingehende Information und eingehende Überzeugungsbildung gehört. Dazu muss sich der Architekt insbesondere – aber nicht nur – der vorliegenden amtlichen Messergebnisse bedienen und bei der Unmöglichkeit, den genauen Wert des Grundwasserhöchststandes zu ermitteln, einen Sicherheitszuschlag vorsehen, gerade auch bei Hanglage eines zu errichtenden Gebäudes. Allein eigene Schürfungen und/oder Rückfragen bei Nachbarn reichen nicht aus. Besondere Vorsicht ist für den Planer bei unterschiedlichen Höhenlagen geboten.[32] Nach OLG Düsseldorf[33] ist für die mangelfreie Erbringung der Architektenleistung die genaue Kenntnis der Boden- und Grundwasserverhältnisse notwendig. Deshalb muss der Architekt sich Klarheit über die Grundwasserverhältnisse verschaffen, wenn insoweit auf Grund der örtlichen Verhältnisse mit Problemen zu rechnen ist. Die Architektenplanung ist dabei nach dem höchsten auf Grund langjähriger Beobachtung – i. d. R. 20 Jahre – bekannten Grundwasserstand auszurichten, mag dieser auch seit Jahren nicht erreicht worden sein.[34] Ein dem Auftraggeber von dritter Seite erteilter warnender Hinweis auf das Grundwasser entbindet den Architekten nicht von seiner Pflicht, umfassend und richtig über das Grundwasserrisiko aufzuklären. Klärt der Architekt im Rahmen der Planung die Bodenverhältnisse und die „höchsten zu erwartenden" Grundwasserstände des Baugrundstückes nicht oder nicht ausreichend, wozu gegebenenfalls die Veranlassung der Einholung eines Bodengutachtens gehört, und sind deshalb die **Brüstungshöhen der Kellerfenster** zu niedrig

---

[25] Ingenstau/Korbion VOB/B § 3 Nr. 2 Rdn. 6; als praktisches Beispiel siehe oben Rdn. 6.
[26] BGH Urt. v. 11. 7. 1966 – VII ZR 305/64; Ingenstau/Korbion VOB/B § 3 Nr. 2 Rdn. 6 u. Kapellmann/Messerschmidt/Havers VOB/B § 3 Rdn. 27.
[27] Ingenstau/Korbion VOB/B § 3 Nr. 2 Rdn. 6.
[28] Ingenstau/Korbion VOB/B § 3 Nr. 2 Rdn. 6; Kapellmann/Messerschmidt/Havers VOB/B § 3 Rdn. 27.
[29] Ingenstau/Korbion VOB/B § 3 Nr. 2 Rdn. 7, VOB/B § 4 Nr. 2 Rdn. 121.
[30] BGH BauR 2001, 823, 824 = NZBau 2001, 270, 271; OLG Düsseldorf BauR 2003, 913, 914 m. w. N.; eingehend und umfassend OLG Düsseldorf 23 U 73/04, BauR 2005, 603, 604 = NZBau 2005, 402, 403.
[31] Vgl. Ingenstau/Korbion VOB/B § 3 Nr. 2 Rdn. 7, der diesbezüglich von Verschaffung „ausreichender Gewissheit" spricht.
[32] So zu dieser Thematik zutreffend Ingenstau/Korbion VOB/B § 3 Nr. 2 Rdn. 7, VOB/B § 4 Nr. 2 Rdn. 19; s. a. OLG Celle Schäfer/Finnern Z 3.01 Bl. 191 ff.; OLG Düsseldorf BauR 1992, 536; OLG Köln BauR 1993, 756.
[33] OLG Düsseldorf v. 17. 3. 2000 – 22 U 142/99 – BauR 2000, 1358, 1360 = NZ Bau 2000, 474, 475.
[34] OLG Düsseldorf BauR 1992, 536; OLG Düsseldorf BauR 2003, 913, 914 sowie BauR 2005, 603, 604 = NZBau 2005, 402, 403; Ingenstau/Korbion VOB/B § 4 Nr. 2 Rdn. 19.

geplant und gebaut worden, so haftet der Architekt hierfür gegenüber seinem Auftraggeber, und gegenüber dem Bauauftragnehmer muss sich der Auftraggeber dieses Erfüllungsgehilfenverschulden über § 254 Abs. 1 BGB zurechnen lassen.[35] Auch muss der Architekt dem für das Bauvorhaben vom Bauherrn bzw. Auftraggeber eingesetzten Statiker die für dessen Berechnungen erforderlichen Angaben über die Bodenverhältnisse zur Verfügung stellen und ihn dabei auch über den ermittelten hohen Grundwasserstand überhaupt sowie ausreichend informieren, damit z. B. die Brüstungshöhen von Kellerfenstern oder die **Bewehrung und Stärke** (z. B. 25 cm) **einer Bodenplatte** gegen drückendes Wasser zutreffend berechnet und geplant werden können.[36] Es ist auch Aufgabe und Pflicht des planenden Architekten, den „nach Sachlage notwendigen" Schutz gegen **drückendes Wasser** vorzusehen; dabei sind die **Grundwasserstände** zu berücksichtigen, die in langjähriger Beobachtung (auch) nur **gelegentlich erreicht** worden sind.[37] Die Planung der Abdichtung eines Bauwerks muss bei einwandfreier Bauausführung zu einer fachlich richtigen, vollständigen und dauerhaften Bauwerks-Abdichtung führen.[38] Hierzu, so zutreffend OLG Düsseldorf 23 U 73/04, BauR 2005, 603, 604 = NZBau 2005, 402, 403, muss ein Architekt schon in der Entwurfsplanung die Grundwasserverhältnisse berücksichtigen, aber auch im Rahmen einer isoliert beauftragten Genehmigungsplanung, z. B. durch druckwasserhaltende mangelfreie Bauwerks-Abdichtung. Fehlen dem Architekten die erforderlichen Fachkenntnisse, die konkreten Wasser- und Bodenverhältnisse zu beurteilen, muss er den Auftraggeber informieren und auf die Hinzuziehung der notwendigen Sonderfachleute (z. B. Baugrundsachverständige) hinwirken. Dies entbindet ihn jedoch nicht von der eigenen Verantwortlichkeit; er haftet bei Hinzuziehung eines Sonderfachmannes für dessen Auswahl und Überprüfung nach dem Maß der von ihm als Architekten zu erwartenden Kenntnisse. Für Mängel des Gutachtens ist der Architekt zudem dann neben dem Sonderfachmann mitverantwortlich, wenn der Mangel auf seinen Vorgaben beruht, wenn er einen unzuverlässigen Sonderfachmann ausgewählt hat oder er Mängel nicht beanstandet, die für ihn nach den vom Architekten zu erwartenden Kenntnissen erkennbar waren.[39] Andererseits darf laut OLG Köln[40] ein Architekt, der für den Bauherrn ein hydrologisches Gutachten (z. B. zur Möglichkeit der Verrieselung von Abwässern auf dem zu bebauenden Grundstück) einholt, wonach der sondierte Grundwasserspiegel mit den Angaben einer früheren Grundwasserkarte übereinstimmt, seiner Bauplanung die von dem **Sonderfachmann** beschriebenen Grundwasserverhältnisse zugrunde legen, darf sich also auf deren Richtigkeit verlassen. – Analog den Grundwasserverhältnissen ist in hochwassergefährdeten Regionen die höchste eingetretene Hochwassermarke bei der Planung von Bauten zu berücksichtigen; dementsprechend muss das erste Wohngeschoss einen geeigneten ausreichenden Abstand über dieser Hochwassermarke geplant werden.

## C. Haftung des Auftraggebers bei Pflichtverletzung – Mitverantwortlichkeit des Auftragnehmers

Da die in § 3 Nr. 2 VOB/B festgelegten Mitwirkungshandlungen Sache des Auftraggebers sind, hat er deshalb vertraglich auch die Verantwortung für die inhaltlich **fehlerfreie**, sachgerechte und einwandfreie Ausführung dieser Vermessungsarbeiten. Soweit der Auftrag-

12

---

[35] OLG Hamm BauR 2001, 828, 829 = ZfBR 2000, 551, 552.
[36] OLG Düsseldorf v. 12. 5. 2000 – 22 U 191/99 – BauR 2001, 277, 279. Im konkreten Fall wurde der Planungsfehler allerdings bereits beim Ausschachten entdeckt, so dass die Ausführung von Anfang an so erfolgen konnte, wie wenn der Architekt von vornherein richtig geplant hätte; die insoweit aufwändigere Ausführung stellt ein klassisches Beispiel für „Sowiesokosten", somit einen insoweit fehlenden Schaden dar, weil diese Mehrkosten auch bei von Anfang an ordnungsgemäßer Planung entstanden wären.
[37] BGH BauR 2001, 823, 824= NZBau 2001, 270, 271; OLG Düsseldorf BauR 2005, 603, 604 = NZBau 2005, 402, 403.
[38] BGH wie vorst. Fn., m. w. N.
[39] BGH wie vorst. Fn., m. w. N.
[40] OLG Köln BauR 1999, 429, 431.

geber sich zur Erfüllung dieser Pflichten eines bauleitenden **Architekten, Vermessungsingenieurs** oder eines etwaigen anderen **Fachmannes** bedient, muss er sich deren Fehlleistungen vom Auftragnehmer als in der Regel überwiegendes Mitverschulden oder gar alleinige Verschulden über §§ 276, 278, 254, 242 BGB entgegenhalten lassen.[41] Dabei haften die Erfüllungsgehilfen gegenüber dem Auftraggeber aus ihrem eigenen Vertrag, ohne dass dies die Anwendung der ebengenannten Vorschriften ausschließt (→ Vor § 3 Rdn. 92). Grundsätzlich kommt mithin eine Haftung des Auftragnehmers nicht in Betracht, wenn er sich bei der Ausführung der Bauleistung an die Absteckungen und festgelegten notwendigen Höhenfestpunkte hält; denn nach § 3 Nr. 3 Satz 1 VOB/B sind sie für den Auftragnehmer „**maßgebend**". Der Auftragnehmer muss sich jedoch eine Mitverantwortlichkeit über § 254 BGB entgegenhalten lassen, soweit die Vermessungen des Auftraggebers für ihn erkannt oder erkennbar unrichtig waren und er es entgegen § 3 Nr. 3 Satz 2 und § 4 Nr. 3 VOB/B unterlassen hat, diese Vorgaben zu prüfen und den Auftraggeber auf die Unrichtigkeiten hinzuweisen.[42] Diese Prüfungspflicht umfasst **nicht** ein **vollständiges Nachvollziehen** der Messarbeit des Vermessers, sie beschränkt sich auf einen Vergleich der Maße der Absteckung mit denen der Baupläne,[43] also auf eine sorgfältige, **aufmerksame Sichtprüfung** (siehe dazu → § 3 Nr. 3 Rdn. 136).

13   Kommt der Auftraggeber seiner Verpflichtung zur Absteckung und zur Schaffung der Höhenfestpunkte nicht, nicht rechtzeitig oder nicht fehlerfrei (vermessungstechnisch fachgerecht und einwandfrei) nach, so treten die Rechtsfolgen ein, die zu § 3 Nr. 1 VOB/B bei Verletzung der darin festgelegten Pflichten zur rechtzeitigen Übergabe und zur Übergabe einwandfreier, fehlerfreier Ausführungsunterlagen dargestellt sind (vgl. → § 3 Nr. 1 Rdn. 7–10).

14   Hat der **Auftragnehmer** die in § 3 Nr. 2 VOB/B genannten Vermessungsleistungen durch vertragliche Vereinbarung oder gem. § 1 Nr. 4 Satz 1 (dabei Vergütung gemäß § 2 Nr. 9 Abs. 1 VOB/B!) oder Satz 2 VOB/B übernommen, dann liegt die Haftung für die rechtzeitige und inhaltlich fehlerfreie Durchführung und für die Folgen einer Fehlleistung bei ihm. Die Verantwortlichkeit für die Richtigkeit der Angaben, die die Vermessungsleistung des Auftragnehmers vorbereiten und von denen deren Mängelfreiheit und Rechtzeitigkeit sonst abhängt sowie die Haftung für die Folgen der Unrichtigkeit derartiger Leistungsvorgaben verbleibt jedoch beim Auftraggeber; der Auftragnehmer muss sich allerdings auch in einem solchen Fall eine **Mitverantwortlichkeit** über §§ 254, 242 BGB entgegenhalten lassen, soweit die ihm vom Auftraggeber mitgeteilten Leistungsvorgaben, auf die der Auftragnehmer die Vermessungsleistung aufbaut, erkennbar unrichtig waren und er es unterlassen hat, den Auftraggeber darauf gem. §§ 3 Nr. 3 Satz 2 und 4 Nr. 3 VOB/B hinzuweisen.[44]

## D. § 3 Nr. 2 und Allgemeine Geschäftsbedingungen

15   Unzulässig sind vom Auftraggeber verwendete AGB- oder Formularklauseln mit folgenden Inhalt:

---

[41] OLG Düsseldorf NJW-RR 1998, 739 = BauR 1998, 340; *Heiermann/Riedl/Rusam* VOB/B § 3 Rdn. 6; *Ingenstau/Korbion* VOB/B § 3 Nr. 2 Rdn. 3; *Kapellmann/Messerschmidt/Havers* VOB/B § 3 Rdn. 29; *Nicklisch/Weick* VOB/B § 3 Rdn. 13; bezügl. des Auftretens bei Angabe des Höhenfestpunktes BGH BauR 1986, 203, 204 = ZfBR 1986, 70, 71; vgl. a. OLG Düsseldorf BauR 1992, 665, 666, 668. Zur Verantwortungs- und Schadensaufteilung zwischen Architekt und Sonderfachmann bezüglich Vermessung siehe OLG Nürnberg NZBau 2005, 701: Prüfungspflichten des Architekten nach Einmessung der Baugrube durch Sonderfachmann.

[42] *Ingenstau/Korbion* VOB/B § 3 Nr. 2 Rdn. 8; *Kapellmann/Messerschmidt/Havers* VOB/B § 3 Rdn. 29; BGHZ 121, 210 = NJW 1993, 2674 = BauR 1993, 600; OLG Düsseldorf NJW-RR 1998, 739 = BauR 1998, 340; OLG Düsseldorf BauR 1992, 665, 666. Siehe auch → § 3 Nr. 3 Rdn. 35, 36.

[43] So zutreffend OLG Düsseldorf BauR 1992, 665, 666.

[44] Vgl. *Ingenstau/Korbion* VOB/B § 3 Nr. 2 Rdn. 9; *Kapellmann/Messerschmidt/Havers* VOB/B § 3 Rdn. 30; OLG Düsseldorf BauR 1992, 665, 666, 668.

„Der AN erkennt weiter an, dass er alle Maße unter seiner eigenen Verantwortung am Bau bzw. nach den Bauzeichnungen kontrolliert und bei An- und Erweiterungsbauten alle Höhen und Einzelheiten der bestehenden Teile genau aufgenommen hat, so dass eine Berufung auf Planfehler oder falsche Angaben im Leistungsverzeichnis oder in anderen Unterlagen ausgeschlossen ist."

Klauseln solchen Inhalts sind nach §§ 309 Nr. 7 lit. b), 307 Abs. 1 und 2 BGB, früher §§ 11 Nr. 7, 9 AGB-Gesetz unzulässig, weil sie zugunsten des Auftraggebers eine Haftungsfreistellung trotz Eigenmitwirkung und Eigenmitwirkungspflichten des Auftraggebers beinhaltet; dem Auftragnehmer wird unter Missachtung der wesentlichen gesetzlichen Grundgedanken die alleinige Haftung für Fehler in den Plan- oder sonstigen Ausführungsunterlagen überbürdet, gleichgültig, welcher Verschuldensgrad des Verwenders oder seiner Erfüllungsgehilfen vorliegt.[45]

---

[45] OLG Karlsruhe BB 1983, 725, 727; *Glatzel/O. Hofmann/Frikell* 2.3.1 b) unter Hinweis auch auf LG München I v. 4. 8. 1988 – Az.: 7 O 22388/87; siehe auch → § 3 Nr. 1 Rdn. 31, 32, 33.

## § 3 Nr. 3

### § 3 Nr. 3 [Überprüfungs- und Hinweispflicht des Auftragnehmers]

**Die vom Auftraggeber zur Verfügung gestellten Geländeaufnahmen und Absteckungen und die übrigen für die Ausführung übergebenen Unterlagen sind für den Auftragnehmer maßgebend. Jedoch hat er sie, soweit es zur ordnungsgemäßen Vertragserfüllung gehört, auf etwaige Unstimmigkeiten zu überprüfen und den Auftraggeber auf entdeckte oder vermutete Mängel hinzuweisen.**

**Literatur:** Siehe die Hinweise → Vor § 3; ferner *Langen/Schiffers,* Leistungs-, Prüfungs- und Hinweispflichten des Auftragnehmers bei konventioneller und zieldefinierter Baudurchführung, FS W. Jagenburg 2002, 435, 442 ff.; *Motzke/Litzner/Meyer,* Planung und Ausführung von Betonbauwerken – nach alter oder neuer Norm?, „beton" 7+8, 2002 (Deutscher Beton- und Bautechnik-Verein e. V. Kurfürstenstr. 129, 10785 Berlin), auch als Sonderdruck erhältlich.

### Übersicht

| | Rdn. |
|---|---|
| A. Maßgeblichkeit der übergebenen Unterlagen für den Auftragnehmer (Satz 1) | 1–5 |
| B. Überprüfungs- und Hinweispflicht des Auftragnehmers (Satz 2) | 6–44 |
|   I. „Unstimmigkeiten" | 6 |
|   II. Notwendiger und begrenzter Umfang der Überprüfungspflicht | 12 |
|     1. „Soweit es zur ordnungsgemäßen Vertragserfüllung gehört" | 12 |
|       a) Grundlegung, formaler Umfang | 12 |
|       b) Qualifikatorischer und qualitativer Erwartungsmaßstab der Überprüfung (Prüftiefe) | 13 a |
|         aa) Einzusetzende Fachkunde | 13 a |
|         bb) „Erkennbarkeit": Was kann und soll der Auftragnehmer erkennen? – Dabei hauptsächlich Sichtprüfung als Mittel der Überprüfung | 13 b |
|         cc) Umfang und Tiefe (Ausmaß) pflichtgemäßer Überprüfung | 14 |
|     2. Umfang der Überprüfungs- und Haftungsbefreiung | 17 |
|       a) Fachkundiger bzw. fachkundig beratener oder vertretener Auftraggeber | 17 |
|       b) Abgestuftes (Über-)Prüfungs-Soll, „Wissensvorsprung" | 19 |
|       c) Fehler des auftraggeberseitigen Planungserfüllungsgehilfen | 20 |
|         aa) Grundsätzliches sowie beiderseitige Haftungsquotierung | 20 |
|         bb) Berücksichtigung der Einzelfall-Gegebenheiten | 21 |
|         cc) „Wissensvorsprung" bei einer Partei | 22 |
|       d) Rechtliche Folgen bei beiderseitiger (Mit-)Haftung | 23 |
|         aa) Rechtliche Grundlegung, §§ 254, 242, 278 BGB | 23 |
|         bb) Haftungsquotierungs-Sätze, Grundlagen und Folgen | 24 |
|   III. Hinweispflicht | 25 |
|     1. Abwicklung, Inhalt, Adressat des Hinweises | 25 |
|     2. Verhalten des Auftragnehmers bei offensichtlichen Mängeln | 31 |
|     3. Verhalten des Auftragnehmers bei vermuteten Mängeln | 34 |
|   IV. Rechtsnatur der Überprüfungs- und Hinweispflicht und Haftungsfolgen bei deren Verletzung | 35 |
|     1. Gewährleistungs- und Schadensersatzfolgen | 35 |
|       a) Haftungsminderung nach § 254 BGB | 35 |
|       b) Grundsätzlich Alleinhaftung des Auftragnehmers bei unterlassenem Hinweis auf positiv erkannte Mängel | 36 |
|     2. Beweislast | 37 |
|     3. Abgrenzung zu § 4 Nr. 3 (und auch zu § 6 Nr. 1) VOB/B | 39 |
|     4. Abgrenzung zu § 6 Nr. 1 VOB/B | 44 |
| C. § 3 Nr. 3 und Allgemeine Geschäftsbedingungen | 45 |

## A. Maßgeblichkeit der übergebenen Unterlagen für den Auftragnehmer (Satz 1)

§ 3 Nr. 3 VOB/B beinhaltet die vertragliche Vereinbarung, dass die vom Auftraggeber tatsächlich zur Verfügung gestellten Geländeaufnahmen und Absteckungen und die übrigen für die Ausführung tatsächlich übergebenen Unterlagen für den Auftragnehmer maßgebend und somit verbindlich sind, also die vertragliche Leistungspflicht des Auftragnehmers inhaltlich konkretisieren; wenn der Auftragnehmer jedoch bei der gebotenen Überprüfung Unstimmigkeiten und/oder Fehler entdeckt oder sie vermutet, hat er den Auftraggeber darauf hinzuweisen.[1]   **1**

Die in § 3 Nr. 3 Satz 1 VOB/B genannten Geländeaufnahmen und Absteckungen sind nur **beispielhaft** erwähnte Hilfsmittel aus der Palette der Ausführungsunterlagen i. S. von § 3 Nr. 1 VOB/B als Oberbegriff, wie sich aus dem in Nr. 3 Satz 1 verwendeten Wort „übrigen" vor „für die Ausführung übergebenen Unterlagen" und aus den Ausführungen → § 3 Nr. 1 Rdn. 11–14 und → § 3 Nr. 2 Rdn. 1, 2 ergibt.[2] Demgemäß gehören auch die vom Auftraggeber geschaffenen oder sonst zur Verfügung gestellten etwa schon vorhandenen Höhenfestpunkte zu den für die Ausführung übergebenen und somit verbindlichen Ausführungsunterlagen.[3] Auf die Rechtzeitigkeit der Übergabe kommt es für die Maßgeblichkeit der Unterlagen nicht an; auch verspätet übergebene Unterlagen sind nach § 3 Nr. 3 Satz 1 VOB/B für den Auftragnehmer verbindlich, doch kann er dann die Rechte nach § 6 VOB/B und die sonstigen Rechte geltend machen, die durch Verletzung der in § 3 VOB/B enthaltenen Mitwirkungspflichten des Auftraggebers ausgelöst werden.[4]   **2**

Aus der **Verbindlichkeit** der Planvorgaben des Auftraggebers, wonach der Auftragnehmer die geschuldete Bauleistung genau gemäß deren (mängelfreien) Inhalt auszuführen hat, folgt per se, dass letzterer nicht ohne das Einverständnis des Auftraggebers oder eines zu Vertragsänderungen bevollmächtigten Vertreters von den vereinbarten Ausführungsunterlagen abweichen darf. Deshalb kann der Auftragnehmer eine verbindliche Planänderung nicht dadurch herbeiführen, dass er abweichende Ausführungsunterlagen anfertigt und vom Architekten des Auftraggebers gegenzeichnen lässt. Und deshalb gilt rechtlich: Ordnet der zu Vertragsänderungen nicht bevollmächtigte Architekt gegenüber der vorher vereinbarten fehlerfreien Planung bauvertragswidrige Änderungen an, entlastet der diesbezügliche Bedenkenhinweis an den Auftraggeber den Auftragnehmer regelmäßig nicht von der Haftung für die Bauausführung, die von der vereinbarten Planung abweicht; ein Auftragnehmer haftet in einem solchen Fall nicht deshalb, weil er etwa den Hinweis nach § 3 Nr. 3 sowie nach § 3 Nr. 4 VOB/B unterlassen hat, sondern weil er von der vereinbarten Planung abgewichen ist und somit ein mangelhaftes Bauwerk errichtet hat.[5]   **3**

Weicht also der Auftragnehmer von den vorgenannten Leistungsvorgaben ab, so führt das dazu, dass seine Leistung je nach dem Umfang und der Art der Abweichung als nicht erbracht oder als **mangelhaft** erbracht anzusehen ist.[6] Eine Abweichung kann zulässigerweise nur einverständlich zwischen den Parteien im beiderseitigen Bewusstsein einer Änderung des Inhalts der Ausführungsunterlagen oder durch die dem Auftraggeber gem. §§ 1 Nr. 3, 2 Nr. 5 VOB/B vertraglich vorbehaltene Bauentwurfsänderung oder vorbehaltenen   **4**

---

[1] BGH NJW 1982, 1702, 1703 = BauR 1982, 374, 375 = ZfBR 1982, 153, 154; *Ingenstau/Korbion* VOB/B § 3 Nr. 3 Rdn. 1, 2, 3.
[2] Vgl. auch *Ingenstau/Korbion* VOB/B § 3 Nr. 3 Rdn. 2, 3; *Kapellmann/Messerschmidt/Havers* VOB/B § 3 Rdn. 32.
[3] BGH BauR 1986, 203, 204, 205 = ZfBR 1986, 70, 71 („Höhenfestpunkt").
[4] Siehe → § 3 Nr. 1 Rdn. 7–10, 24, 27; *Kapellmann/Messerschmidt/Havers* VOB/B § 3 Rdn. 32; *Nicklisch/Weick* VOB/B § 3 Rdn. 15.
[5] BGH NJW 1982, 1702, 1703 = BauR 1982, 374, 375 = ZfBR 1982, 153, 154 m. w. N.; BGH NJW 2003, 1450 ff. = BauR 2003, 689, 690, 692, 693.
[6] Siehe vorst. Fn.

anderen Änderungsanordnungen erfolgen.[7] Etwas anderes ergibt sich auch nicht etwa aus DIN 18335, Stahlbauarbeiten, Abschnitt 3.2.5 (i. V. m. 3.2.4) oder inhaltlich analogen Bestimmungen für andere Gewerke; denn diese Regelung befasst sich nicht mit einer Änderung von Ausführungsunterlagen einschließlich Plänen im engeren Sinne des Auftraggebers, sondern räumt dem Auftragnehmer für von ihm zu liefernde Ausführungsunterlagen lediglich einen **eigenverantwortlichen** Gestaltungsspielraum insoweit ein, als er innerhalb des durch die vertraglichen Planvorgaben und sonstigen Leistungsvorgaben des Auftraggebers gesetzten Rahmens dort fehlende Einzelheiten unter Anwendung seiner besonderen fachlichen Kenntnisse und Erfahrungen im Hinblick auf eine technisch einwandfreie und dabei wirtschaftlich vernünftigen Ausführungslösung ergänzen soll. Gleiches gilt für Besondere oder Zusätzliche (oder sonstige) Vertragsbedingungen, welche die vorgenannte DIN-Vorschrift nur näher erläutern oder ergänzen.[8]

5   Hält sich der Auftragnehmer bei der Ausführung der Leistung an die verbindlichen Festlegungen des Auftraggebers, so hat der Auftragnehmer für hierauf beruhende Mängel **nicht einzustehen,** es sei denn, dass er seiner Überprüfungs- und Hinweispflicht nach §§ 3 Nr. 3 Satz 2 und 4 Nr. 3 VOB/B bezüglich der für ihn als Bauunternehmer/Gewerksfachmann **erkennbaren** oder **vermutbaren** Unrichtigkeiten nicht oder nicht ausreichend nachgekommen ist. In letzterem Fall trifft ihn eine Mitverantwortlichkeit für die daraus beim Auftraggeber und/oder beim Auftragnehmer selbst entstehenden Mängel, Mängel(folge)schäden oder anderweitigen Schäden. Das folgt für den Schadensersatzanspruch unmittelbar aus § 254 BGB, für die verschuldensunabhängigen Ansprüche auf Mängelbeseitigung und Minderung aus § 254 BGB i. V. m. § 242 BGB.[9] Andererseits braucht sogar bei einer Vertragsregelung, nach der „die richtige Situierung des Gebäudes auf dem Grundstück nach dem genehmigten Eingabeplan in alleinigem Verantwortungsbereich des Auftragnehmers" liegt, dieser nicht für den Schaden einzustehen, der dadurch entstanden ist, dass ein Beauftragter des Auftraggebers den Höhenfestpunkt unrichtig angegeben hat; denn der Auftragnehmer kann solchen Verpflichtungen nur im Rahmen dessen nachkommen, was ihm vorgegeben worden ist, wobei er von der Prüfungs- und Hinweispflicht befreit ist, wenn und soweit weder aus dem Bauplan noch aus anderen offensichtlichen Umständen sich Zweifel an den Angaben des Auftraggebers ergeben, die eine Überprüfung oder einen Hinweis veranlassen, der Auftragnehmer also auf die Richtigkeit (und Vollständigkeit) vertrauen durfte und demgemäß vertraut hat.[10]

## B. Überprüfungs- und Hinweispflicht des Auftragnehmers (Satz 2)

### I. Unstimmigkeiten

6   Trotz und gerade auch wegen der Verbindlichkeit der Ausführungsunterlagen und somit Maßgeblichkeit für die Bauausführung (vgl. oben Rdn. 1 ff.) ist der Auftragnehmer nach § 3 Nr. 3 Satz 2 VOB/B verpflichtet, die ihm zur Verfügung gestellten Geländeaufnahmen

---

[7] *Heiermann/Riedl/Rusam* VOB/B § 3 Rdn. 10; *Ingenstau/Korbion* VOB/B § 3 Nr. 3 Rdn. 2, 3; *Kapellmann/Messerschmidt/Havers* VOB/B § 3 Rdn. 32.
[8] BGH NJW 1982, 1702, 1703 = BauR 1982, 374, 375 = ZfBR 1982, 153, 154; *Ingenstau/Korbion* VOB/B § 3 Nr. 3 Rdn. 2, 3.
[9] BGH NJW 1972, 447 = BauR 1972, 112; BGH NJW 1984, 1676, 1677 = BauR 1984, 395, 397 = ZfBR 1984, 173, 174; BGH NJW-RR 2005, 891, 892, 893 = BauR 2005, 1016, 1018, 1019 = NZBau 2005, 400, 401, 402; *Heiermann/Riedl/Rusam* VOB/B § 3 Rdn. 6; *Vygen* Bauvertragsrecht Rdn. 580–582; *Soergel* ZfBR 1995, 165–167, siehe auch → Vor § 3 Rdn. 91, 92; für fehlenden Hinweis des AN auf für ihn erkennbar **unrichtige Angaben** des vom AG beauftragten Vermessers für die **Absteckungen**: OLG Düsseldorf NJW-RR 1998, 739 BauR 1998, 340 unter Hinweis auf BGHZ 121, 210 = NJW 1993, 2674 = BauR 1993, 600 und *Ingenstau/Korbion* VOB/B § 3 Nr. 2 Rdn. 8.
[10] BGH BauR 1986, 203, 205 = ZfBR 1986, 70, 71; BGH NJW 1991, 276 f. = BauR 1991, 79 f.; OLG Köln BauR 1997, 505 f.; *Heiermann/Riedl/Rusam* VOB/B § 3 Rdn. 6.

B. Überprüfungs- und Hinweispflicht des Auftragnehmers (Satz 2) § 3 Nr. 3

und Absteckungen und die übrigen ihm übergebenen *Ausführungsunterlagen,* soweit es zur ordnungsgemäßen Vertragserfüllung gehört, auf etwaige **Unstimmigkeiten** zu überprüfen und den Auftraggeber auf entdeckte oder vermutete Mängel hinzuweisen.[11] Eine Prüfungs- und Hinweispflicht des Auftragnehmers in Bezug auf Ausführungsunterlagen ist an sich sachlich schon in der umfassenden Prüfungs- und Bedenkenmitteilungspflicht gemäß den §§ 4 Nr. 3, 13 Nr. 3 VOB/B insoweit enthalten, als es um Bedenken gegen die „vorgesehene Art der Ausführung" samt der vom Auftraggeber „vorgeschriebenen Stoffe oder Bauteile" geht, also um die von Auftraggeberseite angefertigte Gesamtplanung in Worten (mündliche Anordnungen), Schrift (Leistungsbeschreibung und andere textliche Leitungsvorgaben) und Zeichnungen (insbesondere Pläne i. S. d. HOAI). Diese Prüfungs- und Hinweispflicht ist ihrerseits eine Konkretisierung der aus Treu und Glauben gem. § 242 BGB folgenden allgemeinen vertraglichen Pflicht, den Vertragspartner (hier: Auftraggeber) möglichst vor Schaden zu bewahren und ihn deshalb über nachteilige Folgen seiner Anordnungen zu unterrichten.[12] Nach § 3 Nr. 3 VOB/B werden aber vom Auftragnehmer die einschlägigen Hinweise **bereits** dann erwartet, **wenn** die **Übergabe** der Ausführungsunterlagen stattgefunden hat; damit soll verhindert werden, dass nach § 4 Nr. 3 VOB/B gebotene Bedenkenmitteilungen zeitlich verspätet erfolgen.

Der Auftragnehmer ist unter Berücksichtigung dessen verpflichtet, das versprochene Werk, also seine vertraglich geschuldete Leistung mangelfrei auszuführen, weshalb er innerhalb zumutbarer, im normalen fachlichen Rahmen liegenden Überprüfung (näher dazu Rdn. 12 ff.) für die Beseitigung erkannter oder erkennbarer Fehlerquellen zu sorgen hat, damit dieses Ziel nicht gefährdet wird. Daher und insoweit darf der Auftragnehmer auch nicht blind ausführen, was der Auftraggeber vorgibt; denn der Auftragnehmer verfügt in **seinem Gewerk** über entsprechende Spezialkenntnisse und -erfahrungen. Das gilt verstärkt, wenn der Auftragnehmer über Sonderkenntnisse („überlegenes technisches Wissen", „Wissensvorsprung") verfügt, die auch der baulich bewanderte Auftraggeber oder/und sein mit der Planung befasste Erfüllungsgehilfe, z. B. Architekt, nicht haben.[13] Siehe diesbezüglich auch oben Rdn. 5 m. w. N. und unten Rdn. 18, 19. 7

§ 3 Nr. 3 Satz 2 VOB/B enthält in spezieller Ausgestaltung der vertraglichen Treuepflicht gegenüber §§ 4 Nr. 3, 13 Nr. 3 VOB/B eine besondere, systematisch **eigenständige Regelung** für die übergebenen Ausführungsunterlagen mit der Funktion einer als vertragliche **Nebenpflicht** aufzufassenden **Vorklärung** in Bezug auf die Planung des Auftraggebers, was sich aus folgendem ergibt:[14] 8

– Die Prüfung und Mitteilung entdeckter oder vermuteter Mängel auf Grund Überprüfung von etwaigen Unstimmigkeiten setzt gegenüber § 4 Nr. 3 VOB/B bereits in einer viel früheren Phase des Baugeschehens ein, nämlich unverzüglich nach erfolgter Übergabe der betreffenden Ausführungsunterlagen und nicht erst zu dem von § 4 Nr. 3 VOB/B zugelassenen auch späteren Zeitpunkt. Siehe dazu auch bei Rdn. 6, 39, 40 und bei Rdn. 25.
– Im Gegensatz zu § 4 Nr. 3 VOB/B ist für den Hinweis nach § 3 Nr. 3 Satz 2 VOB/B keine Schriftform gefordert.

---

[11] Umfassend, eingehend und sehr differenziert zu diesem Thema *Langen/Schiffers* FS Jagenburg 2002 S. 435, 442 ff., siehe Lit.-Angabe oben → § 3 Nr. 3.
[12] BGH NJW 1984, 1676, 1677 = BauR 1984, 395, 397 = ZfBR 1984, 173, 174. Dabei findet diese aus Treu und Glauben folgende Nebenpflicht des Unternehmers/Auftragnehmers ihre Grundlage in dem größeren Fachwissen, auf das der Besteller/Auftraggeber beim Abschluss eines Werkvertrages in der Regel setzt und dessen Einsatz er nach Treu und Glauben erwarten darf; der Umfang der Prüfungs- und Aufklärungspflicht wird maßgeblich einerseits durch den Beratungsbedarf des Bestellers/Auftraggebers und andererseits durch das objektiv zu erwartende Fachwissen des Unternehmers/Auftragnehmers bestimmt, BGH v. 2. 11. 1995 – X ZR 81/93 NJW-RR 1996, 789, 791.
[13] BGH NJW 1987, 643 = BauR 1987, 79, 80, 81 = ZfBR 1987, 32, 33 m. w. N.; BGH *Schäfer/Finnern* Z 2400 – Bl. 33, 34; *Hochstein* FS Korbion S. 165, 166; *Ingenstau/Korbion* VOB/B § 3 Nr. 3 Rdn. 14; *Kapellmann/Messerschmidt/Havers* VOB/B § 3 Rdn. 33; *Soergel* ZfBR 1995, 165, 167 r. Sp. unten.
[14] *Hochstein* (Fn. 13) S. 165, 168, 169, 171; *Ingenstau/Korbion* VOB/B § 3 Nr. 3 Rdn. 14; *Kapellmann/Messerschmidt/Havers* VOB/B § 3 Rdn. 34; auch OLG Köln BauR 1997, 505, 506.

## § 3 Nr. 3

– Der Rahmen von § 3 Nr. 3 Satz 2 VOB/B ist teilweise weitergefasst, weil es hier nicht nur um die Prüfung der „vorgesehenen Art der Ausführung" auf Gefahren für die mangelfreie eigene Bauleistung geht, sondern um die von § 3 Nr. 3 Satz 2 VOB/B schlechthin angeordnete Prüfung der Ausführungsunterlagen auf „Unstimmigkeiten" überhaupt, also auf Gefahren für eine „ordnungsgemäße Vertragserfüllung" unter allen in Betracht kommenden Gesichtspunkten. Siehe zum Verhältnis zu § 4 Nr. 3 VOB/B aber auch Rdn. 25.

9   Der Begriff **„Unstimmigkeiten"** (i. V. m. der Pflicht zum Hinweis auf Mängel) schließt deshalb gegenüber Mängeln in der vorgesehenen „Art der Ausführung" alle Arten von Fehlern und Unrichtigkeiten, Abweichungen vom Vertragsinhalt und von vertraglich in Bezug genommenen Unterlagen, von anerkannten Regeln der Technik, Bauvorschriften und dergleichen sowie Verstöße gegen anderweitige Vorgaben ein; auch gehören dazu Mehrdeutigkeiten, sonstige **Unklarheiten,** Widersprüche und sonstige **Ungereimtheiten** („Nichtübereinstimmungen").[15] Daher muss der Auftragnehmer **auch** auf **Vollständigkeit** überprüfen[16] und bei Erkennbarkeit, dass Unterlagen nicht vollständig sind oder ganz oder teilweise fehlen, den Auftraggeber darauf hinweisen. Hinsichtlich vom Auftraggeber **nicht mitgeteilter Baugenehmigung** und Auflagen hat der BGH[17] entschieden: Fehlt die Mitteilung des Inhaltes einer erteilten Baugenehmigung und etwaiger Auflagen, so ist der Auftragnehmer verpflichtet, sich beim Auftraggeber (oder dessen zuständigem Erfüllungsgehilfen) nach dem Inhalt der Baugenehmigung und etwaiger behördlicher Auflagen zu erkundigen, denn der Auftragnehmer hat bei der Ausführung seiner Leistung gemäß § 4 Nr. 2 Abs. 1 Satz 2 VOB/B neben den anerkannten Regeln der Technik die „gesetzlichen und behördlichen Bestimmungen zu beachten". Dazu zählen auch die dem Auftraggeber erteilte Baugenehmigung und die darin etwa enthaltenen Auflagen. Verletzt der Auftraggeber seine Pflicht zur Mitteilung des Inhalts der Baugenehmigung und etwaiger behördlicher Auflagen – diese Pflicht besteht gemäß § 4 Nr. 1 Abs. 1 Satz 2 i. V. m. § 3 Nr. 1 VOB/B[18] – und verletzt der Auftragnehmer gleichzeitig seine vorgenannte Überprüfungs-, Hinweis- und Erkundigungspflicht, dann besteht **beiderseitige** Mitverursachung und Mitverschulden, so dass § 254 Abs. 1 BGB zur Anwendung kommt, dabei sind wegen der Quotierung der Haftungsanteile die beiderseitigen Schadensentstehungsbeiträge als Verursachungsanteile abzuwägen. – Die gleichen Grundsätze müssen naturgemäß auch hinsichtlich sonstiger **„erforderlicher** öffentlich-rechtlicher Genehmigungen und Erlaubnisse" nach § 4 Nr. 1 Abs. 1 Satz 2 VOB/B samt dazugehöriger Auflagen gelten.

10  Bei der Überprüfung auf etwaige Unstimmigkeiten ist vom Auftragnehmer zu prüfen auf Übereinstimmung bzw. Unstimmigkeit und Unvollständigkeit sowohl von Angaben untereinander und zueinander innerhalb **derselben** Ausführungsunterlagen als auch auf Übereinstimmung von Angaben in Ausführungsunterlagen gegenüber dem Inhalt **anderer** Ausführungsunterlagen und sonstiger anderweitiger Leistungsvorgaben. Das sind z. B. die in § 1 Nr. 1 und Nr. 2 und in § 2 Nr. 1 VOB/B genannten Vertragsbestandteile, anerkannte Regeln der Technik sowie öffentlich-rechtliche Bauvorschriften. Im Zusammenhang mit anerkannten Regeln der Technik und DIN-Normen, welch letztere zugleich ja auch öffent-

---

[15] Vgl. *Heiermann/Riedl/Rusam* VOB/B § 3 Rdn. 12; *Kapellmann/Messerschmidt/Havers* VOB/B § 3 Rdn. 34; *Nicklisch/Weick* VOB/B § 3 Rdn. 16; s. sehr gutes Beispiel bei OLG Stuttgart BauR 1995, 850/851: Außenwärmedämmung an Gebäudestirnseiten in LV, Werkplänen des Architekten und nach den Regeln der Technik vorgesehen, nicht aber in den Schalplänen des Statikers; für erkennbar unrichtige Absteckungen: OLG Düsseldorf NJW-RR 1998, 739 = BauR 1998, 340 unter Hinweis auf BGHZ 121, 210 = NJW 1993, 2674 = BauR 1993, 600 und *Ingenstau/Korbion* VOB/B § 3 Nr. 2 Rdn. 8.
[16] Vgl. BGH NJW 1984, 1676, 1677 = BauR 1984, 395, 397 = ZfBR 1984, 173, 174 (Pflicht nach § 3 Nr. 3 Satz 2 VOB/B zur Überprüfung auf Vollständigkeit der Leistungsbeschreibung): Eine Vertragsregelung, wonach der Auftragnehmer „die Vollständigkeit der Leistungsbeschreibung überprüfen muss(te), zwingt zu keiner anderen Beurteilung"; vgl. auch → Vor § 3 Rdn. 93, wonach der Auftragnehmer eine **vollständige** Leistungsbeschreibung liefern muss; korrespondierend hierzu also die Überprüfungs- und Hinweispflicht des Auftragnehmers bezüglich der Vollständigkeit.
[17] BGH NJW-RR 1998, 738, 739 = BauR 1998, 397, 398.
[18] Siehe → § 3 Nr. 1 Rdn. 13.

B. Überprüfungs- und Hinweispflicht des Auftragnehmers (Satz 2)   § 3 Nr. 3

lich-rechtliche Bauvorschriften sind, ist für eine Haftungsfreistellung des Auftragnehmers der Hinweis auf Bedenken dagegen geboten, dass, bei formeller Parallelgeltung einer DIN-Norm-Altfassung und -Neufassung etwa für eine Übergangszeit, das Bauwerk nach einer formell und auch sachlich geltenden Technikregel ausgeführt werden soll, die jedoch durch eine DIN-Norm-Neufassung abgelöst wurde, welche zwar möglicherweise sich noch nicht als anerkannte Regel der Technik durchgesetzt hat, mit der aber insbesondere unter Dauerhaftigkeits- oder/und Sicherheits- oder/und Qualitätssteigerungsgesichtspunkten bessere Erkenntnisse umgesetzt werden.[19] Zu überprüfen ist des Weiteren auf Übereinstimmung mit den durch Besichtigung erkennbaren **örtlichen Verhältnissen** der Baustelle einschließlich des Baugrundes, soweit es auf diese für die Ausführung der Leistung ankommt (vgl. auch unten Rdn. 14). Unstimmigkeiten sind nicht nur der Keim für spätere Bauwerksmängel, sondern auch für Störungen (Behinderungen) aller Art in der Bauausführung, insbesondere in zeitlicher Hinsicht.

Viele der Überprüfungspflichten sind, meist kombiniert mit Bedenkenmitteilungspflichten, in manchen **ATV** von VOB/C fachtechnisch näher konkretisiert; dies in der Regel in den dortigen Abschnitten 3.1.3/3.1.4, vgl. beispielhaft DIN 18 331, 18 379, 18 380, 18 381, 18 386 sowie DIN 18 382 mit 3.1.4/3.1.5. Es handelt sich dabei um die hochtechnisierten Leistungen der Gebäudetechnik mit besonders übergreifender Bedeutung.

Die in § 3 Nr. 3 VOB/B geregelte „**Über**prüfungs"pflicht des Auftragnehmers hat, ebenso wie die in §§ 4 Nr. 3, 13 Nr. 3 VOB/B und die in den Abschnitten 3 der ATV in VOB/C geregelten Prüfpflichten des Auftragnehmers, **nichts zu tun mit** der in § 2 Nr. 9 Abs. 2 VOB/B und in § 3 Nr. 5 VOB/B geregelten „**Nach**prüfung"(spflicht) für nicht vom Auftragnehmer aufgestellte technische Berechnungen (z. B. Mengenberechnungen, statische Berechnungen) und ist davon zu unterscheiden und zu trennen. Vergleiche dazu → § 2 Nr. 9 Rdn. 16 bis 19 sowie → § 3 Nr. 5 Rdn. 1. Bei der letztgenannten Nachprüfung und Nachprüfungspflicht handelt es sich um eine besonders vereinbarte oder beauftragte oder verlangte **spezielle** (Sonder-)Leistung des Auftragnehmers, die von den erstgenannten Prüfpflichten nicht erfasst und umfasst ist. Daher auch die verschiedenen Wendungen „**Nach**prüfung" (= intensive Richtigkeitskontrolle, z. B. durch Nachrechnen von Grund auf mittels Nachvollziehen der Erstberechnung als Neuberechnung) gegenüber „**Über**prüfung" auf „Unstimmigkeiten" und gegenüber „Bedenken"-orientierter **„Prüfung"/„Prüf**pflicht". 11

## II. Notwendiger und begrenzter Umfang der Überprüfungspflicht

### 1. „Soweit es zur ordnungsgemäßen Vertragserfüllung gehört"

**a) Grundlegung, formaler Umfang.** Die Überprüfungspflicht nach § 3 Nr. 3 VOB/B und die inhaltlich parallel reichende Hinweispflicht des Auftragnehmers auf die unter Rdn. 6–10 genannten Unstimmigkeiten hin erfährt die notwendige inhaltliche Reichweite und Beschränkung durch die Wendung „soweit es zur ordnungsgemäßen Vertragserfüllung gehört" und dadurch, dass die Überprüfungs- und parallele Hinweispflicht im Zusammenhang mit Nr. 3 Satz 1 steht, wonach die Ausführungsunterlagen für den Auftragnehmer verbindlich („maßgebend") sind und deshalb der Auftraggeber für deren Tauglichkeit grundsätzlich und **primär** die Verantwortung trägt; deshalb beinhaltet die Überprüfungs- und Hinweispflicht aus § 3 Nr. 3 Satz 2 VOB/B demgegenüber nur eine **sekundäre** Verantwortung.[20] Dies bedeutet, dass die in Nr. 3 Satz 2 festgelegte Überprüfungspflicht des 12

---

[19] Näher und ausführlich zu diesem Problemkreis anhand der Betonbaunorm DIN 1045 Ausg. 2002 *Motzke/Litzner/Meyer*, Planung und Ausführung von Betonbauwerken nach alter oder neuer Norm? (siehe oben Lit-Verz zu § 3 Nr. 3).
[20] *Hochstein* (Fn. 13) S. 169; *Heiermann/Riedl/Rusam* VOB/B § 3 Rdn. 12, 11; *Ingenstau/Korbion* VOB/B § 3 Nr. 3 Rdn. 4; *Kapellmann/Messerschmidt/Havers* VOB/B § 3 Rdn. 37; *Nicklisch/Weick* VOB/B § 3 Rdn. 16; *Vygen* Bauvertragsrecht Rdn. 588.

## § 3 Nr. 3 Überprüfungs- und Hinweispflicht des Auftragnehmers

Auftragnehmers nur insoweit besteht, wie die vertragliche Leistung reicht.[21] – Der sachinhaltliche Rahmen der vertraglich übernommenen Leistungsverpflichtungen steckt auch bei einem BGB-Bauvertrag zugleich, insoweit also auch beschränkend, den Umfang der BGB-werkvertraglichen Nebenpflicht zur Überprüfung und entsprechenden Hinweiserteilung ab.[22] – Erfasst sind daher nur solche planerischen Gesichtspunkte, die einen unmittelbaren technischen Zusammenhang zu der vom Auftragnehmer geschuldeten Leistung haben.[23] Deshalb besteht grundsätzlich keine Verpflichtung des Auftragnehmers, den Auftraggeber darauf hinzuweisen, dass (auch) die Folgegewerke, die nicht in seinem Auftrag enthalten sind, angepasst werden müssen; dafür zu sorgen ist Sache des Auftraggebers sowie Sache des bauleitenden Architekten, falls der Auftraggeber einen solchen beauftragt hat, im Übrigen auch des nachfolgenden Unternehmers.[24]

13 a **b) Qualifikatorischer und qualitativer Erwartungsmaßstab der Überprüfung (Prüftiefe). aa) Einzusetzende Fachkunde.** In dem zu Rdn. 12 genannten Rahmen muss der Auftragnehmer die ihm für die Ausführung übergebenen Unterlagen „als Fachmann" auf etwaige „Unstimmigkeiten" überprüfen;[25] d. h. unter Einsatz derjenigen **Fach- und Sachkunde,** also des fachlichen Könnens, der bauberuflich-baugewerblichen Erfahrung, der Fachkenntnisse/des Fachwissens und der Erkenntnismöglichkeiten, die man objektiv von einem für die Errichtung von Bauarbeiten der jeweils vorliegenden Art befassten Bauunternehmer als das dem neuesten Stand der Technik entsprechende **fachliche Normalwissen** erwarten kann und muss.[26] Der Bauunternehmer muss seine Fachkunde zugunsten des Vertragspartners in dessen Entscheidungsbildung einbringen[27] Vom Bauunternehmer als Auftragnehmer ist also gefordert die Einhaltung der objektiven Anforderungen an den Durchschnittsfachmann des betreffenden bautechnischen Sachgebiets. Der Bezug zur **„ordnungsgemäßen"** Vertragserfüllung bedeutet zum anderen zugleich, dass die Überprüfung so weit reichen muss, aber auch nur zu reichen braucht, dass alle diejenigen Unstimmigkeiten und daraus resultierende Mängel in den Ausführungsunterlagen im Rahmen der durch die vorgenannte Fachkunde abgesteckten Erkennbarkeit entdeckt oder wenigstens vermutet werden können, die eine rechtzeitige und mängelfreie Ausführung der vertraglichen Bauleistung stören und vereiteln würden. Die Überprüfung muss also zur Ausmerzung von vorgenannten Unstimmigkeiten und Mängeln geeignet sein, damit eine rechtzeitige und mängelfreie Ausführung der Bauleistung ermöglicht wird; sie umfasst daher auch die Überprüfung auf Vollständigkeit (vgl. oben Rdn. 9). Nach OLG Düsseldorf[28] kann aber der Auftragnehmer/Bauunternehmer, der die Genehmigungspläne im Maßstab 1:100 erhält, jedoch keine Ausführungspläne, sondern nur die Pläne des Statikers, deshalb davon aus-

---

[21] *Ingenstau/Korbion* VOB/B § 3 Nr. 3 Rdn. 4; *Nicklisch/Weick* VOB/B § 3 Nr. 3 Rdn. 16.
[22] BGH NJW 2000, 2102, 2103 = NZBau 2000, 328, 329.
[23] *Heiermann/Riedl/Rusam* VOB/B § 3 Nr. 3 Rdn. 12; *Ingenstau/Korbion* VOB/B § 3 Nr. 3 Rdn. 7; ebenso BGH zur analogen Situation der steuerberaterlichen Überprüfungspflicht in BB 1995, 537 Leits. a).
[24] OLG Düsseldorf NJW-RR 2000, 1411 = BauR 2000, 1339, 1340.
[25] *Ingenstau/Korbion* VOB/B § 3 Nr. 3 Rdn. 4; vgl. auch BGH NJW RR 1991, 276 = BauR 1991, 79, 80 = ZfBR 1991, 61, 62 für § 4 Nr. 3 m. w. N.
[26] *Ingenstau/Korbion* VOB/B § 3 Nr. 3 Rdn.4, 14; *Kapellmann/Messerschmidt/Havers* VOB/B § 3 Rdn. 37; *Nicklisch/Weick* B § 3 Rdn. 16; vgl. auch BGH BauR 1987, 683, 684 = ZfBR 1987, 237, 238 (für die Erkennbarkeit von Zweifelsfragen und Lücken in den vor Vertragsabschluss überlassenen Ausführungsunterlagen); OLG Düsseldorf NJW-RR 1998, 739 = BauR 1998, 340 spricht von für den Auftragnehmer „auf Grund einer für ihn **zumutbaren**, im **normalen** Rahmen liegenden Überprüfung" „erkennbaren" bzw. „klar erkennbaren" Unrichtigkeit der Angaben des auftraggeberseitigen Vermessers (konkret im Zusammenhang mit der Absteckung der Bauwerks-Achsen); OLG Bamberg, Urt. v. 20. 12. 2000 – 3 U 110/98: fachliches Normalwissen nach dem neuesten Stand der Technik, aber keine Spezialkenntnisse etwa zur Prüfung einer Statik und – so ebenfalls zutreffend OLG Bamberg, Urt. v. 15. 1. 2001 – 4 U 58/00: grundsätzlich keine Fachkenntnisse, die üblicherweise nur von Sonderfachleuten, etwa einem Baugrundsachverständigen, zu erwarten sind. Ebenso OLG Celle NZBau 2001, 98 (rk. dch. Rev.-Nichtannahmebeschl. d. BGH NZBau 2002, 56): AN muss nicht die Fachkenntnisse eines Sonderfachmannes der Heizanlagenplanung haben.
[27] OLG Frankfurt/M NJW-RR 1999, 461, 462.
[28] OLG Düsseldorf NJW-RR 2000, 1411 = BauR 2000, 1339, 1340.

## B. Überprüfungs- und Hinweispflicht des Auftragnehmers (Satz 2) § 3 Nr. 3

gehen, dass er nach den **Statikerplänen** bauen soll; er ist nicht verpflichtet, diese Pläne auf Übereinstimmung mit den Genehmigungsplänen 1:100 zu überprüfen und den Auftraggeber auf Abweichungen hinzuweisen.

**bb) „Erkennbarkeit": Was kann und soll der Auftragnehmer erkennen? – Dabei hauptsächlich Sichtprüfung als Mittel der Überprüfung.** Überzogene Anforderungen an die Intensität der Prüfung dürfen an den Auftragnehmer nach dem unter Rdn. 13 a Gesagten nicht gestellt werden. Aus Inhalt und Wesen der Begriffe „überprüfen", „entdeckte" und „vermutete" in Nr. 3 Satz 2 folgt, dass es auf die **Erkennbarkeit** auf Seiten des Auftragnehmers ankommt. Als erkennbar für den Bauunternehmer/Auftragnehmer kann und darf grundsätzlich nur erwartet werden, was unter den gegebenen Umständen des Einzelfalles auf Grund des dem neuesten Stand der Technik entsprechenden jeweiligen normalen Branchenwissens und der normalen Branchenfachkunde **ohne große Schwierigkeiten,** ohne Anstellen von statisch-konstruktiven (Eigen-)Berechnungen und Durcharbeitungen und ohne planerische Eigennachschöpfung durch **sorgfältiges Durchlesen und Anschauen**[29] der verschiedenen Leistungsvorgaben[30] sowie durch **Vergleichen** derselben miteinander und untereinander sich nahe liegenderweise erschließt. Vom Bauunternehmer können im Rahmen seiner Überprüfungs- und Hinweispflicht nicht die speziellen Fachkenntnisse verlangt werden, die typischerweise gerade und nur der einschlägige Sonderfachmann haben muss. Siehe hierzu auch vorstehende Randnummer (samt Fußnoten) bei den Leitwörtern „Fach- und Sachkunde" und „fachliche Normalwissen". So braucht der Bauunternehmer die ihm übergebene Bauwerksstatik nicht im Einzelnen nachzurechnen, er muss nur das merken und melden, was ihm ohne Spezialkenntnisse der Tragwerksplanung bei deren aufmerksamen Durchsicht als Fehler offenkundig ist, „ins Auge springt".[31] Und weiter: Plant ein **Fachingenieur** die einzubauende Heizungsanlage, ist der ausführende Heizungsbauer verpflichtet, die diesbezügliche Planung (nur) auf **offenkundige** Fehler zu überprüfen, **nicht** aber die Planung **im Einzelnen** nachzuvollziehen; denn der Sonderfachmann der Heizungsplanung verfügt über noch **überlegenere Kenntnisse** im Vergleich zum ausführenden Heizungsbauer und erhält gerade für die Planung ein spezielles Honorar.[32] Es kommt also darauf an, was sich **in diesem Rahmen** dem Auftragnehmer als „entdeckter" (= effektiv vorhandener) oder als „vermuteter" (= als möglicherweise vorhandener) Mangel der Ausführungsunterlage(n) aufdrängen muss und darstellt. Verlangt ist (nur) eine sorgfältige, also aufmerksame **Sichtprüfung;** zu beurteilen ist die Erkennbarkeit aus der **seinerzeitigen** Sicht[33] und den seinerzeit gegebenen Erkenntnismöglichkeiten, nicht aus den nachträglich gewonnenen Erkenntnissen („hinterher ist man immer schlauer"), insbesondere der nun möglichen Gesamtschau und der leichteren Beurteilungsmöglichkeit anhand der tatsächlich aufgetretenen Leistungsmängel und/oder sonstiger Störungen in der Vertragsabwicklung; das auf diese Weise nachträglich sensibilisierte Gespür verfälscht zwangsläufig den Maßstab für die durch Überprüfung bei Erhalt der Ausführungsunterlagen zu erwartende Erkennbarkeit von Unstimmigkeiten und sonstigen Mängeln.

13 b

---

[29] So auch *Kapellmann/Messerschmidt/Havers* VOB/B § 3 Rdn. 37 im Anschl. an die hiesige Kommentierung.
[30] Bezüglich der ausgesprochenen Leistungsvorgaben siehe Rdn. 9–11.
[31] So zutreffend OLG Bamberg, Urt. v. 20. 12. 2000 – 3 U 110/98 als Beispiel eines für den Rohbauunternehmer nicht erkennbaren Statikfehlers bezüglich der Stahlbetonbodenplatte (zu große Feldabschnitte und Einspannung der Bodenplatte in die Fundamente mit der Folge von Zwängungen und dadurch Rissen); demgegenüber OLG Celle NJW-RR 2002, 594 = BauR 2002, 812, 813 als Beispiel eines für einen Zimmerer „ohne weiteres" erkennbaren Unterdimensionierungsfehlers in der Geschossdeckenstatik.
[32] OLG Celle NZBau 2001, 98 (rk. dch. Rev.-Nichtannahmebeschl. d. BGH NZBau 2002, 56).
[33] Vgl. BGH NJW 1994, 850, 851 = BauR 1994, 236, 238 = ZfBR 1994, 115, 117, wonach es für schuldhafte Versäumnisse und Unterlassungen bei der Ausschreibung auf die „Sicht zurzeit der Ausschreibung und nicht auf Erkenntnisse, die erst im Zuge der Bauerrichtung gewonnen worden sind", „ankommt" (was mit der Konstellation der Überprüfungspflicht nach § 3 Nr. 3 VOB/B vergleichbar ist). So auch *Kapellmann/Messerschmidt/Havers* VOB/B § 3 Rdn. 37 im Anschl. an die hiesigen Darlegungen.

## § 3 Nr. 3   Überprüfungs- und Hinweispflicht des Auftragnehmers

**14**   cc) **Umfang und Tiefe (Ausmaß) pflichtgemäßer Überprüfung.** Zum **Ausmaß** der Überprüfungs- und Hinweispflicht ist insbesondere zu beachten, dass die Anfertigung sowie das **Überlassen** brauchbarer (**einwandfreier**, zuverlässiger)[34] **Ausführungsunterlagen** einschließlich sonstiger Leistungsvorgaben nach § 3 Nr. 3 Satz 1 mit § 3 Nr. 2 VOB/B als **Primär**pflicht zum vertraglichen Pflichtenkreis des **Auftraggebers** als dessen ureigenste Aufgabe gehört. Deshalb besteht auch in erster Linie dessen Verantwortlichkeit für aus fehlerhafter Planung sich ergebende Bauwerks-Mängel;[35] der Auftragnehmer soll also mit seiner Überprüfungspflicht dem Auftraggeber die Verantwortung nicht abnehmen. Dagegen hat der Auftragnehmer in erster Linie die Verpflichtung (und zwar als Hauptverpflichtung), die von Auftraggeberseite vertraglich festgelegte **Bauleistung** ordnungsgemäß zu erbringen.[36] Diesbezüglich dienen die Ausführungsunterlagen („Planung" i. w. S.) dem Auftragnehmer als Wegweiser. Entdeckt oder vermutet er vor ihrer Benutzung, dass sie zur ordnungsgemäßen, pünktlichen und mängelfreien Verwirklichung des geschuldeten Leistungserfolgs nicht geeignet sind, so hat er – **sekundär** – die Hinweispflicht.[37] Nach OLG Düsseldorf[38] kann der Auftragnehmer/Bauunternehmer, der keine Ausführungspläne erhält, aber die Pläne des Statikers, davon ausgehen, nach diesen Statikerplänen bauen zu sollen; dabei muss er angesichts der zugrundezulegenden besonderen Fachkunde des Statikers als Sonderfachmann die Statikerpläne nicht darauf überprüfen, ob sie mit den ihm vorliegenden Genehmigungsplänen im Maßstab 1:100 übereinstimmen und insoweit Abweichungen aufweisen.

**15**   Die Erfüllbarkeit der Hinweispflicht nach § 3 Nr. 3 VOB/B bedingt zwangsläufig zunächst die inhaltliche Überprüfung der Ausführungsunterlagen (z. B. auch einfachere rechnerische Überprüfung, soweit das im Umfang und Aufwand also nicht einer eigenen Neuerrechnung gleichkommt[39]) sowie ihren Vergleich untereinander auf Übereinstimmung und ihren Vergleich mit den erkennbaren ausführungsrelevanten örtlichen Verhältnissen.[40] Diese Verteilung und Trennung der Aufgaben und der Verantwortung je des Auftraggebers und des Auftragnehmers[41] entspricht einerseits der aus Treu und Glauben nach § 242 BGB zur Erzielung ordnungsgemäßer Vertragserfüllung resultierenden Prüfungs- und Hinweispflicht sowie der Verantwortung des Auftragnehmers als Fachmann im Rahmen seiner Gewerbeausübung für den Erfolg der ihm beauftragten Leistung,[42] andererseits der Verpflichtung des Auftraggebers zu einer einwandfreien Ausschreibung,[43] zur Übergabe einwandfreier und zuverlässiger, brauchbarer Ausführungsunterlagen gem. § 3 Nr. 1, Nr. 2 und Nr. 3 Satz 1 VOB/B (als Ausgestaltung des unter → § 3 Nr. 1 Rdn. 3 behandelten

---

[34] Zur Brauchbarkeit der Ausführungsunterlagen gehört, dass sie technisch und inhaltlich richtig, vollständig, klar und eindeutig sind, vgl. z. B. → Vor § 3 Rdn. 3, 5, 91, 93. Eindeutigkeit beinhaltet Widerspruchsfreiheit, BGH NJW 1999, 2432, 2433 = BauR 1999, 897, 898, III.1.b).

[35] Vgl. → Vor § 3 Rdn. 3–6; BGH NJW 1973, 518 = BauR 1973, 190, 191; OLG Stuttgart BauR 1995, 850, 851 v. Sp. sowie 1992, 806; OLG Celle BauR 1992, 801 r. Sp.; *Soergel* ZfBR 1995, 165, 167; *Vygen* Bauvertragsrecht Rdn. 588. – Bedient sich der Auftraggeber für die Erfüllung seiner Planungsaufgaben eines Architekten, so ist dieser sein Erfüllungsgehilfe im Verhältnis zum Bauunternehmer, BGH NJW-RR 2005, 891, 892, 893 = BauR 2005, 1016, 1018 = NZBau 2005, 400, 401.

[36] *Heiermann/Riedl/Rusam* VOB/B § 3 Rdn. 12, 13; *Ingenstau/Korbion* VOB/B § 3 Nr. 3 Rdn. 4.

[37] Vgl. BGH NJW-RR 1991, 276 = BauR 1991, 79, 80 = ZfBR 1991, 61, 62, BGH NJW_RR 2005, 891 ff. = BauR 2005, 1016 ff. = NZBau 2005, 400 ff. sowie *Soergel* ZfBR 1995, 165; *Vygen* Bauvertragsrecht Rdn. 588.

[38] OLG Düsseldorf NJW-RR 2000, 1411 = BauR 2000, 1339, 1340.

[39] Also auch keine Pflicht zur Nachrechnung einer Bauwerksstatik im Einzelnen, siehe bei Rdn. 13.

[40] Siehe oben Rdn. 12, 13b zu „Unstimmigkeiten"; d. w. *Ingenstau/Korbion* VOB/B § 3 Nr. 3 Rdn. 4; OLG Düsseldorf BauR 1991, 774, 775.

[41] Vgl. unten Rdn. 23.

[42] *Heiermann/Riedl/Rusam* VOB/B § 3 Rdn. 11; *Ingenstau/Korbion* VOB/B § 3 Nr. 3 Rdn. 4 und *Soergel* ZfBR 1995, 165.

[43] Vgl. § 9 VOB/A und die darin zum Ausdruck gebrauchten allgemeinen Grundsätze dafür, was bei einer ordnungsgemäßen Leistungsbeschreibung überhaupt, auch außerhalb der VOB, zu beachten ist; vgl. dazu auch *Ingenstau/Korbion* VOB/A § 9 Rdn. 2; OLG Stuttgart BauR 1992, 639, 640: „Der Bieter darf sich grundsätzlich auf die Richtigkeit und Vollständigkeit" der Ausschreibung verlassen".

B. Überprüfungs- und Hinweispflicht des Auftragnehmers (Satz 2)  § 3 Nr. 3

fundamentalen Rechtsgrundsatzes) und zur Schaffung brauchbarer Leistungsvorgaben überhaupt.[44]

Der aus der **Treuepflicht** und demgemäß aus § 3 Nr. 3 Satz 2 VOB/B sich ergebende **16** Grundsatz, dass der fachkundige Bauunternehmer/Auftragnehmer sich nicht ohne weiteres auf das verlassen darf, was ihm vom Auftraggeber angegeben worden ist[45] und insoweit unter allen in Betracht kommenden Gesichtspunkten durch Hinweise auf die Lieferung ausreichender und ordnungsgemäßer Ausführungsunterlagen durch den Auftraggeber hinwirken muss,[46] ist also im Bauvertrag begrenzt durch den anderweitigen Treuepflicht-Grundsatz und die dementsprechende Regelung in § 3 Nr. 1 – Nr. 3 Satz 1 VOB/B, wonach es vornehmlich die Aufgabe des Auftraggebers ist, brauchbare Ausführungsunterlagen zu liefern, die eine mängelfreie Bauleistung sicherstellen. Gegenüber dieser **primären** Verpflichtung des Auftraggebers – siehe oben Rdn. 14 – ist die Verpflichtung des Auftragnehmers zur Überprüfung der Ausführungsunterlagen auf etwaige Unstimmigkeiten und seine Pflicht, auf entdeckte oder vermutete Mängel hinzuweisen, eine **sekundäre** Pflicht.[47] Also: **Primär**verantwortung/Primärverschulden auf Seiten des **Auftraggebers,** demgegenüber **Sekundär**verantwortung/Sekundärverschulden auf Seiten des **Auftragnehmers.** Die Planungsfehler „setzen" i. d. R., wie es OLG Stuttgart[48] plastisch formuliert, die „**maßgebliche** Fehlerquelle" und „bringen den Stein ins Rollen", der dann zu den Mängeln führt, weshalb das **planungsbedingte** Mitverschulden auf der Auftraggeberseite **überwiegt.** Als fachkundig Beteiligter muss der Auftragnehmer/Bauunternehmer allerdings seine Fachkunde zugunsten des Vertragspartners in dessen Entscheidungsbildung „einbringen", vor allem auch im Blick auf die Vermeidung von Schäden.[49] Und: Soweit die konkrete Situation zu gesteigertem **Misstrauen** nötigt, ist der Auftragnehmer zu **besonderer Sorgfalt** verpflichtet. Denn nur soweit der Auftragnehmer auf Planung und Ausführungsunterlagen vertraut hat und vertrauen durfte (Vertrauensschutz-Gedanke), kann er entlastet werden.[50] Deshalb **haftet** der Auftragnehmer grundsätzlich auch **allein für** den Baumangel und den Schaden, wenn er einen **positiv erkannten** Unterlagen-Mangel nicht mitteilt, Rdn. 36.

## 2. Umfang der Überprüfungs- und Haftungsbefreiung

**a) Fachkundiger bzw. fachkundig beratener oder vertretener Auftraggeber.** Auf **17** Grund des Vorgesagten entbindet auch der Umstand, dass der Auftraggeber selbst Planungsfachmann oder sonst fachkundig ist oder fachkundig beraten ist oder sich die Ausführungsunterlagen durch bei ihm angestellte oder durch ihn beauftragte Planungsfachleute anfertigen lässt, den Auftragnehmer, wie eingangs der Rdn. 16 festgestellt, nicht ohne weiteres von der in § 3 Nr. 3 Satz 2 VOB/B ausdrücklich festgelegten **Überprüfungspflicht** gemäß

---

[44] *Heiermann/Riedl/Rusam* VOB/B § 3 Rdn. 11; *Ingenstau/Korbion* VOB/B § 3 Nr. 3 Rdn. 4; *Soergel* ZfBR 1995, 165 I. und II., 167 r. Sp.

[45] BGH NJW 1987, 643 = BauR 1987, 79, 80 = ZfBR 1987, 32, 33 m. w. N.; BGH NJW 1960, 1813 = *Schäfer/Finnern*, Z 2400 Bl. 25; BGH BauR 1987, 79, 80 m. w. N.; *Hochstein* (Fn. 13) S. 165, 166, 171; *Nicklisch/Weick* VOB/B § 4 Rdn. 51; siehe auch oben Rdn. 6, 7.

[46] Vgl. *Hochstein* (Fn. 13) S. 165, 171.

[47] Siehe → Vor § 3 Rdn. 13: Aufgaben-Trennung zwischen Planung und Ausführung; *Heiermann/Riedl/Rusam* VOB/B § 3 Rdn. 15, 11, 12; *Ingenstau/Korbion* VOB/B § 3 Nr. 3 Rdn. 4; *Vygen* Bauvertragsrecht Rdn. 588; *Soergel* ZfBR 1995, 165, 167.

[48] OLG Stuttgart BauR 1995, 850, 851 r. Sp. – Ähnlich OLG Celle „Hydraulischer Abgleich der Heizungsanlage", rk. dch. Revisionsnichtannahmebeschluss d. BGH, BauR 2003, 730, 732: Unzureichende Planung „steht im Vordergrund", der Planerbeitrag hat bei der Abwägung der Mitwirkung des Bauunternehmers und des Planers als Erfüllungsgehilfe des Bauauftraggebers „das überwiegende Gewicht" beim entstandenen Mangel, wenn der Bauunternehmer den Planungsfehler nur fahrlässig nicht erkannt hat. Siehe auch OLG Naumburg NJW-RR 2003, 595, 596 für durch den Dachdecker fahrlässig nicht erkannte Fehler der Bedachungsplanung eines spezialisierten Architekten.

[49] OLG Frankfurt/M NJW-RR 1999, 461, 462; vgl. auch BGH NJW-RR 2005, 891 ff. = BauR 2005, 1016 ff. = NZBau 2005, 400 ff.

[50] BGH NJW-RR 1991, 276 = BauR 1991, 78, 79 = ZfBR 1991, 61.

**§ 3 Nr. 3**          Überprüfungs- und Hinweispflicht des Auftragnehmers

den unter Rdn. 12–16 herausgearbeiteten Grundsätzen und Maßstäben). Denn § 3 Nr. 3 Satz 2 VOB/B unterscheidet vom Wortlaut her nicht danach, ob der Auftraggeber selbst sachkundig ist bzw. sachkundig vertreten ist oder ob das nicht der Fall ist. Es wird schlicht die Überprüfung auf etwaige Unstimmigkeiten und die daraus resultierende Hinweispflicht verlangt. Es ist auch in der Praxis kaum denkbar und kommt auch kaum vor, dass Ausführungsunterlagen von einem bautechnischen Laien selbst erstellt werden; bei den bauindustriellen Vorhaben ist dies nicht machbar und selbst bei einfachen Einfamilienhäusern wird der Bauherr/Auftraggeber in der Regel einen Architekten mit der Erstellung der notwendigen Ausführungsunterlagen, insbesondere der Pläne, beauftragen. Dieser Ausgangspunkt ist auch der praxisorientierten VOB/B zu unterstellen.

18    Daher darf sich hinsichtlich der Pflicht als solcher zur Überprüfung der Auftragnehmer grundsätzlich nicht von dem bloßen Umstand leiten lassen, dass bzw. ob auf Seiten des Auftraggebers ein sachkundiger Berater eingesetzt ist, wie z. B. ein Architekt, ein Ingenieurbüro, ein kompetenter Bauleiter oder davon, dass der Auftraggeber selbst sachkundig ist, wie z. B. Behörden, Bauträger oder größere Unternehmen mit eigenen Planungs- und/oder Bauabteilungen. Hierdurch allein tritt **keine Befreiung** des Auftragnehmers von der Verpflichtung zur Überprüfung der Ausführungsunterlagen und keine Befreiung von der Haftung bzw. Mithaftung bei vorhandenen Unstimmigkeiten und sonstigen Mängeln in den Ausführungsunterlagen ein.[51] Das trifft umso mehr zu, wenn die Ausführungsunterlagen für den fachkundigen Auftragnehmer erkennbar oder gar erkannt unvollständig oder in sich oder untereinander unklar oder sonst fehlerhaft sind oder wenn diesbezügliche Zweifelsfragen entstehen; auch in letzterem Fall muss der Auftragnehmer, auch im eigenen Interesse – und wenn auch nur vorsorglich – Rückfrage und Rücksprache mit dem Auftraggeber zu halten und sich um Klarstellung zu bemühen.[52] Aber es besteht je nach **ersichtlicher** Fachkunde auf Auftraggeberseite für den Auftragnehmer eine abgestufte Intensität und ein abgestuftes Ausmaß der Überprüfung(spflicht). Als Beispiel für eine **Befreiung von** der **Überprüfungspflicht** des Auftragnehmers siehe → § 3 Nr. 2 Rdn. 9.

19    **b) Abgestuftes (Über-)Prüfungs-Soll, „Wissensvorsprung".** Wie vorgesagt, besteht ein abgestuftes Überprüfungs-Soll je nach konkreter Gegebenheit. Eine **gesteigerte (Über-)Prüfungsintensität** trifft den Auftragnehmer, wenn und soweit die konkrete Situation zu gesteigertem Misstrauen nötigt[53] oder wenn der Auftraggeber ersichtlich nicht sachkundig oder nicht sachkundig vertreten ist oder dann, wenn der Auftraggeber oder dessen für die Ausführungsunterlagen zuständige Erfüllungsgehilfe sachunkundiger ist als der Auftragnehmer, so dass letzterer über einen konkreten **Wissensvorsprung** verfügt;[54] dies kann der Fall sein, wenn der Auftraggeber oder seine Erfüllungsgehilfen über ein normales Fachwissen verfügen, der Auftragnehmer hingegen, z. B. als Spezialunternehmer, eine besondere spezifische Fachkunde (Sonderkenntnisse) hat oder auch, wenn der Auftragnehmer über die in seiner Branche übliche normale Sachkunde verfügt, auf der Auftraggeberseite

---

[51] *Kapellmann/Messerschmidt/Havers* VOB/B § 3 Rdn. 38; *Ingenstau/Korbion* VOB/B § 3 Nr. 2 Rdn. 8, § 3 Nr. 3 Rdn. 5 und BGH nachst. Fn. sowie BGH BauR 2001, 622, 623 = NZBau 2001, 200, 201 (fehlende waagerechte Abdichtung eines Hauskellerbodens); OLG Düsseldorf NJW-RR 1998, 739 = BauR 1998, 340: Mithaftung des AN für behinderungsbedingten Eigenschaden wegen seines unterlassenen Hinweises auf erkennbar unrichtige Angaben des auftraggeberseitigen Vermessers im Zusammenhang mit der Bauwerksabsteckung; ausdrücklich offen lassend BGH BauR 1992, 627 bei BGB-Bauvertrag, ob „an die Prüfungs- und Hinweispflicht" des Rohbauunternehmers bezügl. Planungsfehler (in concreto: angesichts des Grundwasserstandes zu niedrige Beton-Kellerwanne) des Besteller-Architekten „ausnahmsweise geringere Anforderungen gestellt werden dürfen"; vgl. auch OLG Düsseldorf BauR 1994, 545 LS.

[52] *Ingenstau/Korbion* VOB/B § 3 Nr. 3 Rdn. 5; ähnlich BGH NJW-RR 1991, 276, 277 = BauR 1991, 79, 80 = ZfBR 1991, 62 für § 4 Nr. 3; OLG Düsseldorf BauR 1994, 545, 3 (LS): Erkennt der Unternehmer Lücken und Mängel in der Planung des Auftraggebers, muss er ihn darauf hinweisen; auf die Planung eines **Fachingenieurs** kann sich der Unternehmer nur verlassen, wenn er dessen größerer Fachkunde vertrauen darf, vgl. aber unten Rdn. 21 und *Soergel* ZfBR 1995, 165, 166, 167.

[53] Siehe Rdn. 16 a. E.

[54] *Ingenstau/Korbion* VOB/B § 4 Nr. 2 Rdn. 13; *Kapellmann/Messerschmidt/Havers* VOB/B § 3 Rdn. 38; *Bühl* BauR 1992, 26, 32. Siehe auch Rdn. 7, 13 a, 13 b, 21, 22.

B. Überprüfungs- und Hinweispflicht des Auftragnehmers (Satz 2) **§ 3 Nr. 3**

jedoch ersichtlich eine geringere Sachkunde vorhanden ist.[55] Umgekehrt wirkt sich ein Wissensvorsprung des Auftraggebers oder des von ihm für Planung/LV-Erstellung beauftragten Fachingenieurs/Sonderfachmannes zugunsten des Auftragnehmers enthaftend aus, wie unter nachfolgenden Randnummern aufgezeigt.[56]

**c) Fehler des auftraggeberseitigen Planungserfüllungsgehilfen. aa) Grundsätzliches sowie beiderseitige Haftungsquotierung.** Zugunsten des Auftragnehmers ist zum anderen zu berücksichtigen, dass der Auftraggeber grundsätzlich für **Planungsfehler seines Architekten** oder des sonst von ihm eingesetzten Planungsfachmannes einzustehen hat (§ 278 BGB). Der Architekt, der Sonderfachmann und der sonstige Planungsgehilfe sind jedenfalls dann, wenn es sich um die Aufgabe des Auftraggebers handelt, dem Auftragnehmer brauchbare Pläne, Unterlagen und Angaben (z. B. gemäß § 3 Nr. 2) zur Verfügung zu stellen, Erfüllungsgehilfe des Auftraggebers, so dass der Auftraggeber für dessen Fehler auch einzustehen hat.[57] Deshalb reduziert sich bei einem nur fahrlässigen Verstoß des Auftragnehmers gegen seine Überprüfungs- und Hinweispflicht gemäß §§ 254, 242 BGB der Umfang des Gewährleistungsanspruchs und/oder Schadenersatzanspruchs des Auftraggebers um die seinem Planer oder ihm selber anzulastende Mitverschuldensquote, die je nach Lage des Falles zwischen 50% und 100%, meist bei 60%/67%, liegen kann, weil das Planungsverschulden als grundsätzliches Primärverschulden in der Regel im Vordergrund steht und überwiegt; siehe auch oben Rdn. 14, 16 und unten Rdn. 23, 24, mit Fallbeispielen. Bei einem erlittenen Eigenschaden des Auftragnehmers (z. B. Behinderungskosten infolge unrichtiger auftraggeberseitiger Leistungsvorgaben) muss der Auftragnehmer gemäß § 254 BGB in Höhe seiner Mitverantwortlichkeit einen entsprechenden Schadensanteil selbst tragen. Bezüglich positiv erkanntem Mangel in den Ausführungsunterlagen siehe Rdn. 36.

**bb) Berücksichtigung der Einzelfall-Gegebenheiten.** Der Einsatz von Architekt/Ingenieur und/oder von sonstigen Fachleuchten grenzt nach Vorstehendem die Überprüfungspflicht des Auftragnehmers in ihren Anforderungen hinsichtlich Ausmaß und Intensität ein.[58] Als Normalmaßstab des Ausmaßes und der Intensität (Reichweite und Umfang, Art und Weise) der Prüfung gilt das unter Rdn. 12–16 Ausgeführte, jedoch unter Berücksichtigung der Besonderheiten laut Rdn. 17–19. Es sind, wie auch dort gesagt, die **Einzelfall-Gegebenheiten** zu berücksichtigen.[59] Da hierbei das beim Auftragnehmer im Einzelfall vorauszusetzende Wissen sowie die ersichtliche Fachkunde der Person des Auftraggebers oder der von ihm eingesetzten Fachleute variieren kann, ergibt sich je nach Einzelfall-Lage eine gewisse Abstufung hinsichtlich der Anforderungen, also des Ausmaßes und der Intensität der Prüfung.[60] So wird z. B. die Überprüfungspflicht des Auftragnehmers stärker eingeschränkt, wenn der Auftragnehmer nach dem Vertrag ein von einem Fachmann entwickeltes neuartiges System ausführen soll, mit dem der Auftragnehmer keine Erfahrungen hat.[61] Die Überprüfungspflicht kann aber auch ausnahmsweise ganz „ohne Bedeutung sein" bei Widersprüchen und Unklarheiten in einem Leistungsverzeichnis wie z. B. konkret über lüf-

---

[55] *Kapellmann/Messerschmidt/Havers* VOB/B § 3 Rdn. 38; *Ingenstau/Korbion* VOB/B § 4 Nr. 3 Rdn. 9, 12 für den insoweit vergleichbaren Fall zum § 4 Nr. 3 VOB/B hinsichtlich der vorgesehenen Art der Ausführung; auch *Bühl* BauR 1992, 26, 27, 32, ebenfalls für § 4 Nr. 3 VOB/B.

[56] So auch *Kapellmann/Messerschmidt/Havers* VOB/B § 3 Rdn. 38.

[57] BGH NJW 1973, 518 = BauR 1973, 190, 191; BGH NJW-RR 2005, 891 ff. = BauR 2005, 1016 ff. = NZBau 2005, 400 ff.; OLG Stuttgart BauR 1995, 850, 851; OLG Celle BauR 2003, 730, 732 l. Sp.; OLG Naumburg NJW-RR 2003, 595, 596; *Ingenstau/Korbion* VOB/B § 3 Nr. 3 Rdn. 6, 2; *Werner/Pastor* Rdn. 2458 ff., 1980–1983. Vgl. ferner → Vor § 3 Rdn. 91 ff. sowie → § 3 Nr. 1 Rdn. 3.

[58] *Ingenstau/Korbion* VOB/B § 3 Nr. 3 Rdn. 7; *Nicklisch/Weick* VOB/B § 3 Rdn. 16; vgl. a. BGH BauR 1992, 627; BGH NJW 1977, 1977; BGH BauR 1975, 420; OLG Hamm NJW-RR 1996, 273; OLG Düsseldorf NJW-RR 1995, 82.

[59] *Heiermann/Riedl/Rusam* VOB/B § 3 Rdn. 12; *Kapellmann/Messerschmidt/Havers* VOB/B § 3 Rdn. 38, 36.

[60] Vgl. BGH BauR 1992, 627; in diesem Sinn auch *Ingenstau/Korbion* VOB/B § 3 Nr. 3 Rdn. 4, 5, 7.

[61] OLG Frankfurt/M. NJW 1968, 1333, 1334; *Heiermann/Riedl/Rusam* VOB/B § 3 Rdn. 12; *Nicklisch/Weick* VOB/B § 3 Rdn. 16.

§ 3 Nr. 3 Überprüfungs- und Hinweispflicht des Auftragnehmers

tungstechnische Anlagen, wenn einerseits Brandschutzklappen eines bestimmten Fabrikates mit Hersteller- und Typenbezeichnung, die seinerzeit mit asbesthaltigen Dichtungsschnüren versehen waren, ausgeschrieben sind und andererseits mehrfache Hinweise in den Vertragsbedingungen und im Leistungsbeschrieb selbst auf Asbestfreiheit aller Materialien enthalten sind, dieses Leistungsverzeichnis von einem durch den Auftraggeber beauftragten Fachingenieur für Energietechnik erstellt worden ist und asbestfreie Brandschutzklappen nicht auf dem Markt sind, Asbestfreiheit deshalb nur durch kostspielige Umplanung unter Wegfall der Brandschutzklappen möglich ist.[62] Als Beispiel für eine **Befreiung von** der **Überprüfungspflicht** des Auftragnehmers siehe auch → § 3 Nr. 2 Rdn. 9.

22 cc) „Wissensvorsprung" bei einer Partei. Der **Wissensvorsprung** auf **Auftraggeber**seite kann sich wie bei Rdn. 21 ersichtlich **enthaftend** auf einen Auftragnehmer auswirken, der als normaler Bauunternehmer bzw. Generalunternehmer über spezifische weitgehende Fachkenntnisse für das spezielle Gewerk (etwa Lüftungstechnik) nicht verfügt. Zum „Wissensvorsprung" siehe auch oben Rdn. 13a (bei „fachlichem Normalwissen"), Rdn. 13b (bei „überlegenere Kenntnisse") und Rdnrn. 7, 19. Angesichts dessen gilt grundsätzlich: Bei eindeutig überlegener Sachkunde des Auftraggebers oder seiner fachkundigen Erfüllungsgehilfen entfällt die Überprüfungspflicht und insoweit Hinweispflicht,[63] soweit nicht der Fehler für den Auftragnehmer als Normalfachkundigem auf dem betroffenen Sachgebiet offenkundig ist („ins Auge springt").[64] Der Bauunternehmer/Bauhandwerker kann sich insoweit grundsätzlich auf die Erkenntnisse und Angaben des fachkundig überlegenen Auftraggebers oder der auftraggeberseits beauftragten Sonderfachleute verlassen. Vom Auftragnehmer/Bauunternehmer können für seine Überprüfungs- und Hinweispflicht nicht die speziellen Fachkenntnisse verlangt werden, die typischerweise gerade und nur der einschlägige Sonderfachmann haben muss. Anderenfalls hätte es der Einschaltung des entsprechenden Sonderfachmannes nicht bedurft, der ja gerade und eigens wegen seiner **Spezial**kenntnisse hinzugezogen wird[65] („Der Pfarrer braucht nicht gescheiter zu sein als der Bischof"). Es ist dann auch Aufgabe des vom Auftraggeber beauftragten Architekten, zu prüfen – und der Architekt muss dies tun –, ob der Auftragnehmer die Feststellungen des Sonderfachmannes bei einem Angebot richtig verstanden hat.[66] Daher darf sich der Auftragnehmer, soweit ihm nicht anderweitige Verhältnisse bekannt sind, auf die von einem Sonderfachmann in einem hydrologischen Gutachten beschriebenen **Grundwasserverhältnisse** verlassen, siehe → § 3 Nr. 2 Rdn. 11.

Der Umfang der Überrüfungspflicht des Auftragnehmers nach § 3 Nr. 3 Satz 2 VOB/B, welche zwar auf die Sicherstellung der mängelfreien, rechtzeitigen und auch sonst störungsfreien Ausführung der vertraglichen Bauleistung, aber unter Berücksichtigung der Einzelfall-Gegebenheiten abzielt, ist also in gewisser Weise relativiert und flexibel.[67]

23 **d) Rechtliche Folgen bei beiderseitiger (Mit-)Haftung. aa) Rechtliche Grundlegung, §§ 254, 242, 278 BGB.** Unter Berücksichtigung einerseits der Ausführungen

---

[62] OLG Düsseldorf BauR 1994, 764, 765, 766, rk. dch. Rev.-Nichtannahmebeschl. d. BGH; vgl. aber – eingrenzend – OLG Düsseldorf BauR 1994, 545 LS: „Erkennt der Unternehmer Lücken und Mängel in der Planung des Auftraggebers, muss er ihn darauf hinweisen; auf die Planung eines **Fachingenieurs** kann sich der Unternehmer nur verlassen, wenn er dessen größerer Fachkunde vertrauen darf".

[63] OLG Frankfurt/M NJW-RR 1999, 461, 462.

[64] OLG Celle NZBau 2001, 98 (rk. dch. Rev.-Nichtannahmebeschl. d. BGH NZBau 2002, 56) bei Heizungsanlagenplanung durch den Heizungsprojektanten als Sonderfachmann keine Pflicht des Auftragnehmer zum Nachvollziehen der Fachplanung im Einzelnen; OLG Bamberg, Urt. v. 20. 12. 2000 – 3 U 110/98 bei Tragwerksplanung keine Pflicht des Rohbau-Auftragnehmers zum Nachrechnen im Einzelnen; demgegenüber OLG Celle NJW-RR 2002, 594 = BauR 2002, 812, 813 als Beispiel eines für einen Zimmerer „ohne weiteres" erkennbaren Unterdimensionierungsfehlers in der Geschossdeckenstatik. Siehe dazu auch oben bei Rdn. 12, 13a, 13b.

[65] Vgl. LG Kaiserslautern BauR 1998, 824, 825 zum Entfall einer etwaigen Pflicht des Architekten zur Überprüfung der Planung eines Sonderfachmannes, vorliegend Bereich Sanitär („Rückstauventil").

[66] OLG Düsseldorf v. 26. 5. 1994 – 5 U 160/93 OLG-Report Düsseldorf 1994, 267 (schwierige bauakustische Fragen in Verbindung mit Trittschallschutz und Estrichverlegung).

[67] So auch *Kapellmann/Messerschmidt/Havers* VOB/B § 3 Rdn. 36–38.

B. Überprüfungs- und Hinweispflicht des Auftragnehmers (Satz 2) § 3 Nr. 3

unter Rdn. 12, 13a, 13b, 17, 20 und 21, andererseits der Ausführungen unter Rdn. 14 und 16 zum sekundären Charakter der Überprüfungs- und Hinweispflicht des Auftragnehmers gegenüber der **primären Verantwortlichkeit des Auftraggebers für** seinen ureigenen Bereich der Herstellung und Lieferung einer einwandfreien **Planung** und seiner Einstandspflicht für die diesbezüglichen Erfüllungsgehilfen gemäß § 278 BGB ergibt sich: Kommt der Auftragnehmer seiner Überprüfungs- und/oder Hinweispflicht nicht oder nicht ausreichend nach, weil er einen Planungsfehler oder eine sonstige Unstimmigkeit fahrlässig nicht entdeckt oder vermutet hat, obwohl dies nach dem zu erwartenden Fachwissen möglich gewesen wäre, so haftet er entsprechend dem Gewicht seines Verursachungsbeitrages nur anteilig, und zwar für die hieraus entstehenden **Schäden** des Auftraggebers und/oder des Auftragnehmers selbst gemäß §§ 254, 278 BGB und für die hieraus entstehenden **Mängel**beseitigungskosten oder Minderungsansprüche gemäß §§ 242, 254, 278 BGB.[68] Dabei sind dies rein die Schadenskosten, Mängelbeseitigungskosten oder die Wertminderung ohne gegebenenfallsige Sowiesokosten; diese fallen dem Auftraggeber voll zur Last.[69] In Höhe der quotenmäßigen Mithaftung des Auftraggebers und in Höhe eventueller Sowiesokosten hat der Auftragnehmer gegen ihn einen sogenannten **Kostenzuschuss**-Anspruch, wenn der Auftraggeber Nachbesserung/Mängelbeseitigung verlangt; das hat im Prozess zur Folge, dass der Auftragnehmer nur zur Mängelbeseitigung Zug um Zug gegen Zahlung des entsprechenden Kostenzuschusses zu verurteilen ist.[70]

bb) **Haftungsquotierungs-Sätze, Grundlagen und Folgen.** Nachdem § 254 BGB, wenn jede Vertragspartei ihre Vertragspflicht(en) verletzt hat und zu dem Entstehen des Baumangels oder/und Schadens beigetragen hat, für den Umfang des zu leistenden Ersatzes insbesondere darauf abstellt, „inwieweit der Schaden vorwiegend von dem einen oder dem anderen Teil verursacht worden ist", bemisst sich die **Haftungsquote des Auftragnehmers** nach dem Gewicht und dem Grad des Verursachungsanteils und des Mitverschuldens, je nach Fallage im Bereich von 10% über 25% bis 33%/40%. Im Regelfall wird bei fahrlässig übersehenem und nicht gemeldeten Mangel in den Ausführungsunterlagen die Haftungsquote zu Lasten des Auftragnehmers $^1/_3$ bis $^2/_5$ betragen;[71] denn da es in erster Linie, also

24

---

[68] Vgl. BGH NJW-RR 2005, 891, 892, 893 = BauR 2005, 1016, 1018, 1019 = NZBau 2005, 400, 401, 402; *Ingenstau/Korbion* VOB/B § 3 Nr. 3 Rdn. 7; *Kapellmann/Messerschmidt/Havers* VOB/B § 3 Rdn. 42, sowie hier Rdn. 35 (mit 36) und → Vor § 3 Rdn. 91, 92; *Vygen* Bauvertragsrecht Rdn. 588 sowie Beispielsfall unrichtiger Absteckung mit daraus folgendem Behinderungsschaden beim Auftragnehmer in OLG Düsseldorf NJW-RR 1998, 739 = BauR 1998, 340.

[69] OLG Celle, rk. dch. Revisionsnichtannahmebeschluss d. BGH, BauR 2003, 730, 732.

[70] BGH BauR 1984, 395, 397 = ZfBR 1984, 173, 174; BGH BauR 1984, 401, 403, 404 = ZfBR 1984, 176, 181, 182 sowie → Vor § 3 Rdn. 91, 92; *Vygen* Bauvertragsrecht Rdn. 589. Zu einer Fallkonstellation mit **doppelter Zug-um-Zug-Verurteilung** unter Einbeziehung von Sowiesokosten siehe aus vorst. Fn. OLG Celle BauR 2003, 730, 732.

[71] Abgesehen vom Sonderfall des zusätzl. (erhöhten) Mitverschuldens des Auftraggebers bei erkannter oder erkennbarer Fachinkompetenz des Auftragnehmers (BGH NJW 1993, 1191, 1192 = BB 1993, 532 m. w. N.), BGH BauR 1984, 401, 403 = ZfBR 1984, 176, 181: „Beschränkung des Nachbesserungsanspruchs des Auftraggebers auf $^2/_5$ der Mängelbeseitigungskosten", insoweit in NJW 1984, 1679 ff. nicht mit abgedruckt; BGH *Schäfer/Finnern* Z 2400–Bl. 47: „Für die Kosten der Mängelbeseitigung haftet der Bauunternehmer hier zu $^1/_3$ ... $^2/_3$ trägt der Bauherr, weil er sich ein überwiegendes mitwirkendes Verschulden des Architekten anrechnen lassen muss"; BGH *Schäfer/Finnern* Z 2400–Bl. 41, Bl. 42 unten/Bl. 43 oben unter Akzeptierung der vom Berufungsgericht bereits für begründet erachteten Mithaftungsquote von $^1/_3$ zu Lasten des Auftragnehmers; auch – mit interessanten Konstellationen –: OLG Celle BauR 2003, 730, 732 und OLG Naumburg NJW-RR 2003, 595, 596; OLG Stuttgart BauR 1995, 850, 851; OLG Hamm BauR 1994, 145 und OLG Düsseldorf BauR 1994, 281; siehe auch *Vygen* Bauvertragsrecht Rdn. 588 sowie *Kleine-Möller/ Merl/Oelmaier* § 12 Rdn. 1015 (→ 1014), 137; totaler Entfall der Auftragnehmer-Haftung, wenn auf Auftraggeberseite Fachingenieur gem. OLG Düsseldorf BauR 1994, 764, 765, 766 „asbesthaltige Brandschutzklappen" (rk. dch. Rev.-Nichtannahmebeschl. d. BGH) und OLG Düsseldorf v. 26. 5. 1994 – 5 U 160/93 – OLGR Düsseldorf 94, 267; siehe hierzu auch *Kamphausen* BauR 1996, 174, 188 sowie *Soergel* ZfBR 1995, 165, 166 r. Sp. und 167: 30% zu Lasten des **Auftragnehmers** nach Meinung „in weiten Kreisen von Bausachverständigen" auf Grund Gewichtung in Richtung **Planungsfehler** auf Auftraggeberseite als **Schwerpunkt** der Verantwortlichkeit. Siehe aber auch OLG Düsseldorf BauR 1994, 545, 3. (LS): „Erkennt der Unternehmer Lücken und Mängel in der Planung des Auftraggebers, muss er ihn darauf hinweisen; auf

## § 3 Nr. 3          Überprüfungs- und Hinweispflicht des Auftragnehmers

**primär** – und insoweit als Hauptaufgabe – Pflicht des Auftraggebers ist, einwandfreie Pläne und sonstige Ausführungsunterlagen zu erstellen bzw. erstellen zu lassen und zu liefern, die Überprüfungs- und Hinweispflicht des Auftragnehmers aber eine **sekundäre** Pflicht ist, hat der Planungsfehler hinsichtlich des Verursachungs- und Verschuldensbeitrags das größere Gewicht, zumal der Planer mit dem Planungsfehler die Erste primäre und eigentliche, zumindest wesentliche, Ursache für die daraus entstehenden Nachteile setzt. Eine andere (Mit-)Verantwortungsbeurteilung und (Mit-)Haftungsfolge ergibt sich auch nicht aus einer Vertragsregelung, wonach der Auftragnehmer „die Vollständigkeit der Leistungsbeschreibung überprüfen muss(te)"; dadurch wird nämlich nur die in § 4 Nr. 3 VOB/B ohnehin schon enthaltene Pflicht des Auftragnehmers zur Bedenkenmitteilung (und demgemäß zur notwendigerweise vorangehenden Prüfung) hervorgehoben, hiermit übernimmt aber der Auftragnehmer nicht etwa eine alleinige Verantwortung für die Leistungsbeschreibung, da diese ja vielmehr vom Auftraggeber und dessen Planer stammt, geschaffen wurde und vorgegeben bleibt.[72] Zur **Haftungsverteilung** bei Beteiligung von **Architekt, Statiker und Bauunternehmer** mit verschiedentlicher Gewichtung siehe das **sehr anschauliche und aufschlussreiche** Urteil des Landgerichts Stuttgart vom 24. 4. 1996,[73] zur Haftungsverteilung zwischen Auftraggeber, Architekt und Bauauftragnehmer das „Lehrstück"-Urteil des OLG Hamm vom 29. 3. 2001.[74]

Eine Vollhaftung des Auftragnehmers tritt jedoch dann ein, wenn er trotz positiver Kenntnis des Planungsfehlers oder der sonstigen Unstimmigkeiten den Hinweis hierauf unterlässt, siehe hierzu unten Rdn. 36 sowie zur anteiligen Haftung unten Rdn. 35 und → Vor § 3 Rdn. 91, 92.

### III. Hinweispflicht

#### 1. Abwicklung, Inhalt, Adressat des Hinweises

25      Auf durch die sorgfältige, aufmerksame (Sicht-)Prüfung entdeckte sowie vermutete Mängel in den Ausführungsunterlagen muss der Auftragnehmer den Auftraggeber **unverzüglich** (d. h. ohne schuldhaftes Zögern, § 121 Abs. 1 BGB) nach der Entdeckung oder nach dem Eintritt der Vermutung **hinweisen.**[75] Die Prüfung selbst muss wiederum unverzüglich nach Übergabe der Ausführungsunterlage erfolgen, siehe unten Rdn. 39. „**Hinweis**" ist die Mitteilung schlicht der (entdeckten oder vermuteten) Unstimmigkeiten als solcher. Dieser Hinweis beinhaltet somit weniger als die Mitteilung von „Bedenken" i. S. von und gemäß § 4 Nr. 3 VOB/B. Bedenken sind ein **zusätzliches** Element der Information(serteilung) an den Auftraggeber, das an den oder einen erteilten Hinweis der vorgenannten Art anschließt, ihn somit auch voraussetzt und auf seinen Inhalt Bezug zu nehmen hat; inhaltlich haben Bedenken eine (be)wertende, beurteilende Folgerung aus dem Hinweis zum Gegenstand, mit der unter Angabe der maßgeblichen (insbesondere technischen) Gründe aufgezeigt wird, welche zu befürchtenden Mängel und Schäden aus dem Unterlagenmangel an der auszuführenden baulichen Leistung auftreten werden und/oder können und welche nachteiligen Folgen hieraus entstehen werden und/oder können. Da die Bedenkenmitteilung den oder einen Hinweis auf bestimmte Unstimmigkeiten einschließlich Unvollständigkeiten in den

---

die Planung eines **Fachingenieurs** kann er sich nur verlassen, wenn er dessen größerer Fachkunde vertrauen darf", siehe auch Rdn. 21. Zur Haftungsquotierung siehe auch *Leineweber* FS Mantscheff 2000 S. 249, 251 ff., 259. Zur Mitverursachungsbeteiligung mit grundsätzlichen Erwägungen BGH NJW-RR 2005, 891, 892, 893 = BauR 2005, 1016, 1018, 1019 = NZBau 2005, 400, 401, 402.

[72] BGH NJW 1984, 1676, 1677 = BauR 1984, 395, 397 = ZfBR 1984, 173, 174; *Ingenstau/Korbion* VOB/B § 3 Rdn. 5.

[73] 14 O 575/95, BauR 1997, 137 ff.

[74] 24 U 60/60, NZBau 2001, 691 und dazu Anm. Kieserling in NZBau 2002, 263.

[75] *Heiermann/Riedl/Rusam* VOB/B § 3 Rdn. 13; *Ingenstau/Korbion* VOB/B § 3 Nr. 3 Rdn. 11, 10; *Kapellmann/Messerschmidt/Havers* VOB/B § 3 Rdn. 39; *Nicklisch/Weick* VOB/B § 3 Rdn. 16.

B. Überprüfungs- und Hinweispflicht des Auftragnehmers (Satz 2) **§ 3 Nr. 3**

Ausführungsunterlagen zu ihrem Verständnis voraussetzt, muss der Hinweis spätestens mit der Bedenkenmitteilung erfolgen, falls er noch nicht vorher erfolgt war. Dieses Verhältnis zwischen „Hinweis"-Erteilung nach § 3 Nr. 3 VOB/B und „Bedenken"-Geltendmachung nach § 4 Nr. 3 VOB/B steht im Zusammenhang mit der dogmatisch-systematischen Unterscheidung und Abgrenzung, die in den Rdn. 39 ff., und in den Rdn. 6–8 dargestellt ist. Dies kommt auch sehr gut zum Ausdruck in den Gebäudetechnik-Normen der VOB/C-DIN 18379, 18380, 18381, 18386 je in den Abschnitten 3.1.3 (→ § 3 Nr. 3 VOB/B) in Verbindung mit und im Vergleich zu den jeweiligen Abschnitten 3.1.4 (→ § 4 Nr. 3 VOB/B), dabei insbes. sehr anschaulich beim ersten Spiegelstrich, der ausdrücklich den Bogen zu den „Unstimmigkeiten in den Planungsunterlagen und Berechnungen" nach § 3 Nr. 3 VOB/B schlägt; desgleichen in DIN 18382, Abschnitten 3.1.4, 3.1.5. Zu diesen ausdrücklichen Konkretisierungen für die auftragnehmerseitigen (Pflicht-)Prüfungen bestand Anlass, weil es sich gegenständlich um hochtechnisierte komplexe Leistungen mit übergreifender Bedeutung handelt. „**Entdeckte**" Unstimmigkeiten bzw. Mängel in den Ausführungsunterlagen sind solche Fehler, über deren Vorhandensein und Hinführen zu Baumängeln sich der Auftragnehmer sicher ist; oft handelt es sich dabei um sofort erkennbare, offensichtliche Fehler, die sich bei aufmerksamer Prüfung ohne weiteres aufdrängen oder gar „ins Auge springen". „**Vermutete**" Fehler sind solche, die aus Sicht des Auftragnehmers zwar nicht mit Sicherheit, jedoch mit einiger Wahrscheinlichkeit nicht zu der vertraglich gewünschten ordnungsgemäßen (mängelfreien, rechtzeitigen und auch sonst störungsfreien) Bauleistung führen; dann steht für den Auftragnehmer ein Fehler noch nicht eindeutig fest, so dass es der Klarstellung und somit einer **Nachfrage** beim Auftraggeber bedarf.[76]

Wie sich aus den von § 3 Nr. 3 Satz 2 VOB/B verwendeten **subjektivierenden** Begriffen „entdeckte" und „vermutete" sowie deren Zusammenhang mit der ebenfalls subjektivierenden Wendung „... hat er (= der Auftragnehmer) zu überprüfen" ergibt, kommt es auf die **Sicht** (Meinung) **des** prüfenden **Auftragnehmers** an,[77] und zwar auf die **seinerzeitige** Sicht und nicht auf eine nachträgliche Rückschau (oben Rdn. 13 b). Dabei ist wegen des zivilrechtlichen Vertrauensgrundsatzes und Gleichbehandlungsprinzips für das, was ein Auftragnehmer als Unstimmigkeit und Mangel entdecken oder vermuten muss („Erkennbarkeit"), ein nach objektiven Kriterien ausgerichteter Maßstab anzulegen. Diesbezüglich ist auf den sogenannten verständigen Durchschnitts-Baugewerbetreibenden und den ihm abzuverlangenden sach- und fachkundigen Verstand abzustellen; die mitzuteilenden und mitgeteilten Überlegungen müssen sich also sachlich-fachlich begründen lassen. 26

**Schriftform** verlangt § 3 Nr. 3 Satz 2 VOB/B für den Hinweis im Gegensatz zur Bedenkenmitteilung nach § 4 Nr. 3 VOB/B nicht; hierdurch zeigt sich (neben anderem) die Eigenständigkeit von § 3 Nr. 3 VOB/B.[78] Soweit es allein um diese Hinweispflicht geht, genügt **Mündlichkeit**. Aus Dokumentations- und **Beweisgründen** bei späteren Streitfragen ist jedoch die Schriftform immer ratsam.[79] Bei unterbliebener Schriftlichkeit haben allerdings diejenigen Hinweise nach § 3 Nr. 3 Satz 2 VOB/B, welche zugleich nach §§ 4 Nr. 3, 13 Nr. 3 und §§ 10 Nr. 2, 4 Nr. 3 VOB/B geboten sind, nur dann die haftungsentlastende Wirkung nach §§ 13 Nr. 3, 4 Nr. 3 und nach §§ 10 Nr. 2 Abs. 1 Satz 2, 4 Nr. 3 VOB/B, wenn der Hinweis mit einer Mitteilung (Unterrichtung) verbunden wird, 27

---

[76] *Ingenstau/Korbion* VOB/B § 3 Nr. 3 Rdn. 9 und so auch *Kapellmann/Messerschmidt/Havers* VOB/B § 3 Rdn. 39.

[77] So für den insoweit gleichgelagerten Fall des § 4 Nr. 1 Abs. 4 Satz 1 VOB/B mit der dort gewählten Formulierung „hält" ... die Anordnungen ... für unberechtigt oder unzweckmäßig": BGHZ 92, 244, 247 = NJW 1985, 631 = BauR 1985, 77, 78 = ZfBR 1985, 37, 38; *Hochstein* a. a. O. S. 165, 175; *Ingenstau/Korbion* VOB/B § 4 Nr. 1 Rdn. 89; *Nicklisch/Weick* VOB/B § 4 Rdn. 36; anderer Auffassung entgegen der h. M. *Kaiser* Rdn. 59, die abzulehnen ist, da die subjektive Ausgestaltung der Überprüfungspflicht dem Ziel dient, dass der Auftragnehmer den Auftraggeber zu einer möglichst umfassenden Überprüfung der beanstandeten Ausführungsunterlagen und Anordnungen veranlasst.

[78] *Hochstein* (Fn. 13) S. 165, 169; *Ingenstau/Korbion* VOB/B § 3 Nr. 3 Rdn. 11; siehe auch oben Rdn. 4.

[79] *Heiermann/Riedl/Rusam* VOB/B § 3 Rdn. 13; *Ingenstau/Korbion* VOB/B § 3 Nr. 3 Rdn. 11; *Kapellmann/Messerschmidt/Havers* VOB/B § 13 Rdn. 39.

## § 3 Nr. 3  Überprüfungs- und Hinweispflicht des Auftragnehmers

die formell – Schriftform![80] – und auch inhaltlich den Anforderungen des § 4 Nr. 3 VOB/B genügt.[81] Vgl. hierzu ausführlich unten Rdn. 39–43. Die Beachtung der inhaltlichen und formellen Anforderungen des § 4 Nr. 3 VOB/B ist in der praktischen Bauvertragsabwicklung vor allem dann notwendig, wenn die Überprüfungs- und Hinweispflichten aus § 3 Nr. 3 Satz 2 und aus § 4 Nr. 3 VOB/B zeitlich **zusammentreffen,** etwa wenn der Auftraggeber die Ausführungsunterlage(n) erst kurz vor Beginn der entsprechenden Teilleistung übergibt.

28   Der Inhalt des Hinweises nach § 3 Nr. 3 Satz 2 VOB/B wird durch das Ziel dieser Überprüfungs- und Hinweispflicht bestimmt, eine insgesamt **ordnungsgemäße Vertragserfüllung,** also insbesondere mängelfreie, rechtzeitige und auch sonst störungsfreie Ausführung der Bauleistung zu sichern. Zur Erreichung dieses Ziels ist daher nur ein Hinweis geeignet, durch den dem Auftraggeber mit hinreichender Klarheit vor Augen geführt wird, um was es geht und er demgemäß für sichere Behebung des Fehlers Sorge tragen kann. Hierzu gehört die, auf die Person des Auftraggebers und/oder der von ihm eingesetzten Planungsfachleute ausgerichtete, hinreichende Darlegung, worin die Unstimmigkeit bzw. Mangelhaftigkeit in den Ausführungsunterlagen besteht.[82] Es ist aber nicht Sache des Auftragnehmers, dem Auftraggeber Vorschläge und Empfehlungen für eine anderweitige und richtige Abhilfe zu geben.[83]

29   **Richtiger Adressat** ist der Auftraggeber grundsätzlich selbst, aber auch der bauplanende und/oder der mit der Objektüberwachung/Bauüberwachung nach § 15 Abs. 1 Nr. 8 HOAI betraute bauleitende Architekt oder die sonstige Planungsfachleute, die den Auftraggeber in den zur Rede stehenden technischen Angelegenheiten vertreten. Der Auftraggeber muss jedoch auf jeden Fall dann direkt unterrichtet werden, wenn es sich um Fehler handelt, die der Architekt bzw. sonstige Planungsfachmann begangen hat oder wenn sich die angegangenen Planungsfachleute den mitgeteilten Hinweisen verschließen.[84] Im Übrigen und zur weiteren Differenzierung gelten die gleichen Grundsätze wie bei der Bedenkenmitteilung nach § 4 Nr. 3 VOB/B.

30   Da die Frage des richtigen Adressaten im Einzelfall und vom Tatsächlichen und Rechtlichen her oft streitig ist oder zumindest sein kann, sollte sich der Auftragnehmer aus Sicherheitsgründen gleich an den Auftraggeber direkt oder zugleich an den Auftraggeber und an den zuständig erscheinenden Planungsfachmann wenden (am besten mit Doppelbrief, der beide Adressen aufweist und bei dem jedes Exemplar original unterschrieben wird und der jeweilige Empfänger des konkreten Exemplares entsprechend, z.B. durch roten Randbalken, gekennzeichnet wird).

### 2. Verhalten des Auftragnehmers bei offensichtlichen Mängeln

31   Sind die Ungereimtheiten, Widersprüche, Planungsfehler, Unzulänglichkeiten und sonstigen Unstimmigkeiten/Mängel in den Ausführungsunterlagen so offensichtlich, dass sie den geschuldeten Leistungserfolg mit großer Wahrscheinlichkeit beeinträchtigen würden, und hat der Auftragnehmer seiner Hinweispflicht genügt, ist er solange von der Pflicht zur mit der fehlerhaften Planung im ursächlichen Zusammenhang stehenden Leistungserbringung

---

[80] Vgl. *Bühl* BauR 1992, 26, 27; *Hochstein* (Fn. 13) S. 165, 169, 170 oben; *Ingenstau/Korbion* VOB/B § 3 Nr. 3 Rdn. 14.
[81] *Hochstein* (Fn. 13) S. 165, 169; *Ingenstau/Korbion* VOB/B § 3 Nr. 3 Rdn. 14.
[82] Insoweit kann, unter Berücksichtigung der eigenständigen Zwecksetzung von § 3 Nr. 3 Satz 2 VOB/B, auf die Grundsätze zurückgegriffen werden, welche für die inhaltlichen Anforderungen an eine Bedenkenmitteilung nach § 4 Nr. 3 VOB/B gelten, siehe dortige Kommentierung; auch *Kapellmann/Messerschmidt/Havers* VOB/B § 13 Rdn. 39 und *Ingenstau/Korbion* VOB/B § 4 Nr. 3 Rdn. 62.
[83] Vgl. für den insoweit gleichgelagerten Fall der Bedenkenmitteilung nach § 4 Nr. 3: *Heiermann/Riedl/Rusam* VOB/B § 4 Rdn. 56; *Ingenstau/Korbion* VOB/B § 4 Nr. 3 Rdn. 63 m.w.N.; *Tomic* BauR 1992, 34.
[84] So auch *Kapellmann/Messerschmidt/Havers* VOB/B § 13 Rdn. 39. Für den insoweit gleichgelagerten Fall der Bedenkenmitteilung nach § 4 Nr. 3: BGH BauR 1997, 301; *Heiermann/Riedl/Rusam* VOB/B § 4 Rdn. 58; *Ingenstau/Korbion* VOB/B § 4 Nr. 3 Rdn. 72/73; *Nicklisch/Weick* VOB/B § 4 Rdn. 66.

B. Überprüfungs- und Hinweispflicht des Auftragnehmers (Satz 2) § 3 Nr. 3

befreit, ist also insoweit berechtigt, ggfls. sogar verpflichtet, die Leistungsausführung zu verweigern, bis seitens des Auftraggebers die Abhilfe oder eine klare Anweisung erfolgt, was zu geschehen hat.[85] Das gilt nicht nur bei klaren Verstößen z. B. gegen technische Vorschriften, sondern auch bei Mißachtung rechtlicher Vorschriften und Bestimmungen, wie z. B. bauordnungsbehördlicher Anordnung.[86]

Tritt durch das Zuwarten des Auftraggebers bis zur Abhilfe oder bis zur ausreichenden Anweisung eine Unterbrechung (Stillstand) oder eine sonstige Behinderung der Ausführung ein, so wird die entsprechende Ausführungsfrist nach § 6 Nr. 2 Abs. 1 lit. a) i. V. m. § 6 Nr. 4 VOB/B verlängert, wenn und soweit der Auftragnehmer seiner Anzeigepflicht nach § 6 Nr. 1 Satz 1 VOB/B genügt hat oder wenn und soweit statt dessen die Voraussetzungen des dortigen Satz 2 vorliegen. Der Auftragnehmer gerät dann nicht in Verzug; im Falle des Verschuldens des Auftraggebers hat der Auftragnehmer auch den **Schadensersatzanspruch** nach § 6 Nr. 6 VOB/B. Trifft der Auftraggeber trotz des Hinweises keine Weisung oder besteht der Auftraggeber trotz des erfolgten Hinweises auf der Bauausführung nach den fehlerhaften Ausführungsunterlagen, ist der Auftragnehmer bei Vorliegen der weiteren Voraussetzungen des § 9 Nrn. 1 lit. a), 2 VOB/B berechtigt, den Bauvertrag gemäß dieser Bestimmung zu kündigen.[87] Besteht der Auftraggeber trotz eines mündlichen Hinweises des Auftragnehmers auf der vorgesehenen Ausführung und will der Auftragnehmer die Bauleistung fortführen, so muss er auf jeden Fall noch eine schriftliche Bedenkenmitteilung nach § 4 Nr. 3 VOB/B gemäß den dortigen inhaltlichen Anforderungen machen, damit die Haftungsbefreiung gemäß § 13 Nr. 3 und gemäß § 10 Nr. 2 Abs. 1 Satz 2 VOB/B eintritt.[88] Im Übrigen hat sich dann bei der Fortführung der Leistung der Auftragnehmer an die Entscheidungen bzw. Weisungen des Auftraggebers zu halten, selber darf er keine Änderungen vornehmen.[89] 32

Für die Verbindlichkeit der vom Auftraggeber getroffenen Entscheidungen bzw. Weisungen gilt § 4 Nr. 1 Abs. 4 VOB/B (analog) mit dem dort geregelten Erschwernismehrkosten-Vergütungsanspruch und dem dort geregelten Leistungsverweigerungsrecht bei Entgegenstehen von gesetzlichen oder behördlichen Bestimmungen.[90] Eine Anweisung des Auftraggebers zu oder ein Einverständnis des Auftraggebers mit einer fehlerhaften Erbringung der Leistung können den Auftragnehmer nicht von Verpflichtungen oder von einer Haftung befreien, die ihn auf Grund zwingender gesetzlicher Vorschriften (z. B. Bauordnungsrecht) – insbesondere auch im Verhältnis zu Dritten – treffen, auch wenn der Auftragnehmer die einschlägige Mitteilungspflicht erfüllt hat.[91] 33

### 3. Verhalten des Auftragnehmers bei vermuteten Mängeln

Bei vermuteten Mängeln in den Ausführungsunterlagen wird der Auftragnehmer wohl bis zum Eingang entsprechender Weisung des Auftraggebers vorerst nach den Ausführungs- 34

---

[85] *Heiermann/Riedl/Rusam* VOB/B § 3 Rdn. 14; *Ingenstau/Korbion* VOB/B § 3 Nr. 3 Rdn. 13; *Kapellmann/Messerschmidt/Havers* VOB/B § 3 Rdn. 40; *Soergel* ZfBR 1995, 165, 166 l. Sp. mit Hinweis auf BGH BauR 1973, 190: „Bei klar erkannter Fehlplanung, die mit Sicherheit zu Mängeln des Bauwerks führt, ist der Unternehmer/Auftragnehmer gehalten, die Bauausführung zu unterlassen". Ähnlich dort S. 167 l. Sp. Abs. 4 (Verweigerungspflicht des Auftragnehmers, überwiegende Verantwortlichkeit desselben für den eingetretenen Schaden).

[86] *Ingenstau/Korbion* VOB/B § 3 Nr. 3 Rdn. 13; vgl. auch *Kapellmann/Messerschmidt/Havers* VOB/B § 3 Rdn. 40.

[87] Für den ersten Fall *Heiermann/Riedl/Rusam* VOB/B § 3 Rdn. 14 i. V. m. VOB/B § 4 Rdn. 61, für den zweiten Fall *Ingenstau/Korbion* VOB/B § 3 Nr. 3 Rdn. 13 und *Kapellmann/Messerschmidt/Havers* VOB/B § 3 Rdn. 40.

[88] *Ingenstau/Korbion* VOB/B § 3 Nr. 3 Rdn. 14; *Kapellmann/Messerschmidt/Havers* VOB/B § 3 Rdn. 40; *Nicklisch/Weick* VOB/B § 3 Rdn. 17.

[89] BGH NJW 1982, 1702, 1703 = BauR 1982, 374, 375 = ZfBR 1982, 153, 154.

[90] Vgl. *Ingenstau/Korbion* VOB/B § 3 Nr. 3 Rdn. 12 für den situationsmäßig gleichgelagerten Fall, dass ein vermuteter Fehler in den Ausführungsunterlagen derart einschneidend ist, dass die vertragsgemäße, insbesondere mängelfreie Bauausführung aus objektiver fachmännischer Sicht gefährdet oder gar unmöglich sein kann. Vgl. auch Fn. 59.

[91] *Nicklisch/Weick* VOB/B § 3 Rdn. 17 (a. E.), unter Hinweis auf OLG Düsseldorf NJW 1973, 249.

§ 3 Nr. 3 Überprüfungs- und Hinweispflicht des Auftragnehmers

unterlagen weiterzuarbeiten haben, es sei denn, der vermutete Fehler ist derart erheblich, dass die vertragsgemäße, insbesondere mängelfreie oder schadensfreie Ausführung der Bauleistung aus objektiv-fachmännischer Sicht gefährdet oder gar unmöglich sein kann. In diesem Fall wird man dem Auftragnehmer nach Treu und Glauben und als Ausfluss seiner ihm nach § 3 Nr. 3 Satz 2 VOB/B obliegenden Nachprüfungspflicht das Recht zugestehen, unter Umständen sogar die Pflicht auferlegen müssen, mit der Bauausführung oder weiteren Ausführung so lange zu warten, bis die Abhilfe oder Klarstellung durch den Auftraggeber erfolgt ist;[92] zu dieser Abhilfe oder Klarstellung ist der Auftraggeber zur Schadenabwendung und Schadenminderung verpflichtet, es handelt sich hierbei um eine notwendige Mitwirkungshandlung des Auftraggebers. Dies zwingt nicht nur den Auftragnehmer zur schnellen Mitteilung des vermuteten Fehlers, sondern ebenso den Auftraggeber, insbesondere wegen der ihn treffenden Verantwortung und damit gegebenen Schadensabwendungspflicht, die Mitteilung des Auftragnehmers umgehend nachzuprüfen und dem Auftragnehmer klare Weisungen zu geben; der Auftragnehmer ist in solchem Falle verpflichtet, dem Auftraggeber gleichzeitig mit dem vermuteten gravierenden Fehler Mitteilung zu machen, dass die Bauausführung bis zur Rückäußerung des Auftraggebers ruht oder jedenfalls sonst behindert ist.[93] Hier gelten bezüglich der Anwendung von § 6 und von § 9 Nr. 1 lit. a) VOB/B sowie bezüglich des Fortführens der Leistung im Falle, dass der Auftraggeber auf der vorgesehenen Ausführung besteht, die Ausführungen zu den offensichtlichen Mängeln bei Rdn. 31–33.

## IV. Rechtsnatur der Überprüfungs- sowie Hinweispflicht und Haftungsfolgen bei deren Verletzung

### 1. Gewährleistungs- und Schadensersatzfolgen.

35 **a) Haftungsminderung nach § 254 BGB.** Die Überprüfungs- und Hinweispflicht nach § 3 Nr. 3 Satz 2 VOB/B ist nach dem altem Schuldrecht als sogenannte Verhaltenspflicht auf der Grundlage von Treu und Glauben und nach dem neuen Schuldrecht 2002 als Pflicht zur Rechtsgüter- und Interessenrücksicht nach § 241 Abs. 2 BGB jeweils eine **vertragliche Nebenpflicht** des Auftragnehmers.[94] Ihre Verletzung führt zur Mängelhaftung und darüber hinaus auch zum Schadensersatz wegen (Schuld-)Pflichtverletzung gemäß § 280 Abs. 1 BGB n. F., früher positiver Vertragsverletzung.[95] Letztere Haftung betrifft aber nur Schäden, die nicht von der Mängelhaftung, früher „Gewährleistung", umfasst werden, die also keine Mangelfolgeschäden nach § 13 Nr. 7 VOB/B sind. Beim diesbezüglich erforderlichen Verschulden des Auftragnehmers wird daher nicht die grobe Fahrlässigkeit nach § 13 Nr. 7 Abs. 2 VOB/B a. F. sowie n. F. gefordert, es genügt vielmehr einfache Fahrlässigkeit nach § 276 BGB, weil der Schaden kein Mangelfolgeschaden ist.[96] Da nach § 3 Nr. 3 Satz 2 VOB/B der **Auftraggeber** für die Richtigkeit der dem Auftragnehmer übergebenen Ausführungsunterlagen einschließlich sonstigen Leistungsvorgaben (beispielsweise nach § 3 Nr. 2 und § 3 Nr. 3 Satz 1 VOB/B) in erster Linie einzustehen hat, kann der Auftragnehmer dem Auftraggeber für den Fall, dass der Auftragnehmer seiner Über-

---

[92] *Heiermann/Riedl/Rusam* VOB/B § 3 Rdn. 14; *Ingenstau/Korbion* VOB/B § 3 Nr. 3 Rdn. 12; *Kapellmann/Messerschmidt/Havers* VOB/B § 3 Rdn. 41.
[93] *Heiermann/Riedl/Rusam* VOB/B § 3 Rdn. 14; *Ingenstau/Korbion* VOB/B § 3 Nr. 3 Rdn. 12; *Kapellmann/Messerschmidt/Havers* VOB/B § 3 Rdn. 41.
[94] *Heiermann/Riedl/Rusam* VOB/B § 3 Rdn. 15, 16; *Kapellmann/Messerschmidt/Havers* VOB/B § 3 Rdn. 42; *Ingenstau/Korbion* VOB/B § 3 Nr. 3 Rdn. 7, 14; *Nicklisch/Weick* VOB/B § 3 Rdn. 16; *Bühl* BauR 1992, 26, 27; OLG Köln BauR 1997, 505, 506.
[95] *Heiermann/Riedl/Rusam* VOB/B § 3 Rdn. 15; *Kapellmann/Messerschmidt/Havers* VOB/B § 3 Rdn. 42; *Ingenstau/Korbion* VOB/B § 3 Nr. 3 Rdn. 7; *Nicklisch/Weick* VOB/B § 3 Rdn. 16. – Siehe d. w. → Vor § 3 Rdn. 51 (2) c.
[96] Vgl. *Heiermann/Riedl/Rusam* VOB/B § 3 Rdn. 15 unter Hinweis auf BayObLG MDR 1971, 487; *Kapellmann/Messerschmidt/Havers* VOB/B § 3 Rdn. 42.

B. Überprüfungs- und Hinweispflicht des Auftragnehmers (Satz 2) § 3 Nr. 3

prüfungs- und Hinweispflicht nicht oder nur unzureichend nachgekommen ist, eine Mitverursachung und/oder ein Mitverschulden nach §§ 242, 254, 278 BGB für Mängel und für Mängelschäden/Mängelfolgeschäden entgegenhalten, was in der Regel zu einer Minderung der Schadensersatzpflicht des Auftragnehmers[97] führt, vgl. oben Rdn. 23, 24 und → Vor § 3 Rdn. 91–93. Eine andere (Mit-)Verantwortungsbeurteilung und (Mit-)Haftungsfolge ergibt sich auch nicht aus einer Vertragsregelung, wonach der Auftragnehmer „die Vollständigkeit der Leistungsbeschreibung überprüfen muss(te)". Dadurch wird nämlich nur die in § 4 Nr. 3 VOB/B ohnehin schon enthaltene Pflicht des Auftragnehmers zur Bedenkenmitteilung und demgemäß zur notwendigerweise vorangehenden Prüfung hervorgehoben; hiermit übernimmt aber der Auftragnehmer nicht etwa die alleinige Verantwortung für die Bau- und Leistungsbeschreibung, die vielmehr vom Auftraggeber und dessen Architekten vorgegeben bleibt.[98]

**b) Grundsätzlich Alleinhaftung des Auftragnehmers bei unterlassenem Hinweis auf positiv erkannte Mängel.** Unterlässt jedoch der **Auftragnehmer** den Hinweis auf **Mängel,** die er sicher **erkannt** (vorausgesehen) hat, so ist er nach Treu und Glauben grundsätzlich allein für die daraus resultierenden Folgen (Ausführungsmängel und Schäden) verantwortlich, wenn er sich dennoch an die fehlerhafte Planung gehalten hat.[99] 36

**2. Beweislast**

Die **Beweislast** für die Erfüllung oder die Entbehrlichkeit[100] der in § 3 Nr. 3 Satz 2 VOB/B festgelegten Pflichten hat der Auftragnehmer,[101] nachdem zuvor der Auftraggeber das Unterbleiben einer ausreichenden oder überhaupt einer Überprüfung oder/und eines Hinweises behauptet hat. Das Unterbleiben oder die nicht ausreichende Erfüllung der Überprüfungs- und/oder Hinweispflicht nach § 3 Nr. 3 Satz 2 VOB/B führt dann nicht zu einer Haftung des Auftragnehmers, wenn er hinreichend darlegt und beweist, dass auch bei gehöriger Überprüfung auf etwaige Unstimmigkeiten der Mangel in den Ausführungsunterlagen nicht entdeckt oder vermutet worden wäre. 37

Das Gleiche gilt, wenn der Auftragnehmer darlegt und beweist, dass die (unterbliebene oder nicht gehörig durchgeführte) Überprüfung zwar zur Entdeckung oder Vermutung eines Mangels in den Ausführungsunterlagen geführt hätte, der Auftraggeber aber trotz erfolgten Hinweises Abhilfe nicht geschaffen oder sonst auf Ausführung nach dem fehlerhaften Plan oder der sonstigen Unterlage bestanden hätte; das trifft auch für den Fall zu, dass eine ordnungsgemäß durchgeführte Überprüfung zur Entdeckung oder Vermutung eines Mangels geführt hat, der Hinweis durch den Auftragnehmer aber unterblieben ist und der Auftraggeber auch bei vorgenommenem Hinweis die Weiterarbeit nach der fehlerhaften 38

---

[97] BGH NJW-RR 2005, 891, 892, 893 = BauR 2005, 1016, 1018, 1019 = NZBau 2005, 400, 401, 402. Siehe insb. auch zur Mithaftung und Quotierung oben Rdn. 17–24 und → Vor § 3 Rdn. 91–93 sowie den wichtigen Aufsatz von *Soergel* ZfBR 1995, 165, 166, 167; *Heiermann/Riedl/Rusam* VOB/B § 3 Rdn. 15; für den insoweit ähnlich gelagerten Fall des § 4 Nr. 3 VOB/B BGH NJW RR 1991, 276, 277 = BauR 1991, 79, 80 – ZfBR 1991, 61, 62; BGH NJW 1973, 518, 519 = BauR 1973, 190, 191; zusätzliches (erhöhtes) – weil eigenständiges – Mitverschulden des Auftraggebers dann, wenn er die Arbeiten in Auftrag gibt, obwohl er die mangelnde Fach- und Sachkunde des Auftragnehmers erkennt oder konkreter Anlass zu Zweifeln hierin besteht, vgl. BGH NJW 1993, 1191, 1192 = BB 1993, 532 m. w. N.
[98] BGH NJW 1984, 1676, 1677 = BauR 1984, 395, 397 = ZfBR 1984, 173, 174; *Ingenstau/Korbion* VOB/B § 3 Rdn. 5.
[99] BGH NJW-RR 1991, 276 = BauR 1991, 78, 79 = ZfBR 1991, 61 m. w. N.; BGH NJW 1984, 1676, 1677 = BauR 1984, 395, 397 = ZfBR 1984, 173, 174; BGH NJW 1973, 518, 519 = BauR 1973, 190, 191; OLG Hamm BauR 1995, 852, 853 l. Sp.; *Ingenstau/Korbion* VOB/B § 3 Rdn. 5, § 13 Nr. 5 Rdn. 259 f.; *Kapellmann/Messerschmidt/Havers* VOB/B § 3 Rdn. 42; *Werner/Pastor* Rdn. 1982; *Soergel* ZfBR 1995, 165, 166, 167; s. auch die beiden vorts. Fn.
[100] Etwa weil eine Überprüfung und ein Hinweis nicht „zur ordnungsgemäßen Vertragserfüllung gehört" hat.
[101] St. Rspr., z. B. BGH NJW 1974, 188, 189 = BauR 1973, 128, 129; *Kapellmann/Messerschmidt/Havers* VOB/B § 3 Rdn. 42; *Ingenstau/Korbion* VOB/B § 4 Nr. 3 Rdn. 20 für den insoweit vergleichbaren Fall der Prüfungs- und Bedenkenmitteilungspflicht nach § 4 Nr. 3 VOB/B m. w. Rspr. N.

**§ 3 Nr. 3**  Überprüfungs- und Hinweispflicht des Auftragnehmers

Ausführungsunterlage angeordnet hätte. Enthaftende Wirkung hat auch der vom Auftragnehmer geführte Beweis dafür, dass dem Auftraggeber durch das Unterlassen oder durch nicht gehörige Überprüfung und/oder Hinweiserteilung keine Nachteile entstanden seien.[102] Die Darlegungs- und Beweislast in all den genannten Fällen trifft deshalb den Auftragnehmer, weil es hier darum geht, sich vom Vorwurf der objektiven Pflichtwidrigkeit unterlassener oder nicht gehöriger Überprüfung und/oder Hinweiserteilung im **Kausalitätsbereich** zu entlasten. Ebenso muss der Auftragnehmer beweisen, dass er den Fehler in den Ausführungsunterlagen nach den bei ihm vorauszusetzenden Fachkenntnissen nicht erkennen konnte.[103]

### 3. Abgrenzung zu § 4 Nr. 3 (und auch zu § 6 Nr. 1) VOB/B

**39**  Wie sich aus den Ausführungen unter Rdn. 6–8 ergibt, schließen sich die Vorschriften von § 3 Nr. 3 Satz 2 VOB/B und von § 4 Nr. 3 mit §§ 13 Nr. 3 und 10 Nr. 2 Abs. 1 Satz 2 VOB/B gegenseitig nicht aus, sondern bestehen nebeneinander mit **systematisch eigenständigen** Verpflichtungen, **unterschiedlichen** Zielrichtungen und **selbstständigem** Gewicht.[104] Die unter Rdn. 6–8 aufgezeigten Unterschiede hinsichtlich des Zeitpunktes der Wahrnehmung und hinsichtlich der Reichweite und somit Zielsetzung der jeweiligen Prüfungs- und Hinweis- bzw. Bedenkenmitteilungspflicht zeigen: Die in § 3 Nr. 3 Satz 2 VOB/B schlechthin angeordnete Prüfungs- und Hinweispflicht des Auftragnehmers hat ihre zentrale Funktion darin, schon zu einer frühen Phase des Baugeschehens, nämlich bereits unverzüglich nach Erhalt der Ausführungsunterlagen und nicht erst „möglichst schon vor Beginn der Arbeiten") unter allen für die ordnungsgemäße Vertragserfüllung in Betracht kommenden Gesichtspunkten durch sozusagen **Vorprüfung** in Bezug auf die übergebene Planung des Auftraggebers für ordnungsgemäße Ausführungsunterlagen zu sorgen.

**40**  Diese Prüfungs- und Hinweispflicht ist also zunächst einmal unabhängig von der Frage zu sehen, ob hier bereits die Grundlage für einen späteren Mangel und/oder auch Behinderung der Bauleistung gelegt wird oder nicht.[105] Zielsetzung von § 3 Nr. 3 Satz 2 VOB/B ist somit die Sicherstellung nicht nur einer qualitativ mangelfreien Bauleistung, sondern auch einer sonst störungsfreien, insbesondere behinderungsfreien und rechtzeitigen Bauausführung **ohne Kostennachteile** für den Auftraggeber.[106] Die Prüfungs- und Hinweispflicht des § 3 Nr. 3 Satz 2 VOB/B erfüllt also eine für die sach- und zeitgerechte Durchführung der Bauleistung notwendige, selbstständige Frühwarnaufgabe mit Bezügen zu § 4 Nr. 3 und zu § 6 Nrn. 1, 2 und 6 VOB/B. Deshalb haftet der Auftragnehmer wegen Nebenpflichtverletzung (vgl. → Vor § 3 Rdn. 51 (2) dritter Spiegelstrich) auf Schadenersatz aus Pflichtverletzung gemäß § 280 Abs. 1 BGB n. F., früher positiver Vertragsverletzung, soweit ein Schaden entsteht, weil der Auftragnehmer die Überprüfung und den gebotenen Hinweis aus § 3 Nr. 3 Satz 2 VOB/B nicht bereits unverzüglich bei Unterlagenerhalt vorgenommen hat und somit dadurch Kosten entstanden sind. Dieser Vorschrift kommt dieserhalb die Bedeutung einer von § 4 Nr. 3 und § 6 Nr. 1 VOB/B unabhängigen, eigenständigen vertraglichen Nebenpflicht mit der – **planungsbezogen** – Funktion der Vorklärung zu. § 4 Nr. 3 VOB/B hingegen will, um den Auftraggeber vor Schaden zu bewahren, **ausführungsbezogen** die Mangelfreiheit der eigenen Leistung des Auftragnehmers sicherstellen, dient

---

[102] St. Rspr., z. B. BGHZ 64, 46, 51 = NJW 1975, 824, 825; BGH BauR 1976, 430, 432; *Ingenstau/Korbion* VOB/B § 4 Rdn. 260 für den insoweit vergleichbaren Fall der Prüfungs- und Bedenkenmitteilungspflicht nach § 4 Nr. 3 VOB/B m. w. Rspr. N.

[103] *Ingenstau/Korbion* VOB/B § 4 Rdn. 211 a. E. für den insoweit vergleichbaren Fall der Prüfungs- und Bedenkenmitteilungspflicht nach § 4 Nr. 3 VOB/B.

[104] Dazu ausführlich und fundiert *Hochstein* (Fn. 13) S. 165, 168 ff., 177; ebenso *Heiermann/Riedl/Rusam* VOB/B § 3 Rdn. 16; *Ingenstau/Korbion* VOB/B § 3 Nr. 3 Rdn. 14; *Nicklisch/Weick* VOB/B § 3 Rdn. 17. – Siehe auch oben Rdn. 6, 8.

[105] *Hochstein* (Fn. 13) S. 165, 169, 171 und ihm folgend *Bühl* BauR 1992, S. 26, 27; ebenso *Heiermann/Riedl/Rusam* VOB/B § 3 Rdn. 16; *Ingenstau/Korbion* VOB/B § 3 Nr. 3 Rdn. 14.

[106] *Hochstein* (Fn. 13) S. 165, 171; *Heiermann/Riedl/Rusam* und *Ingenstau/Korbion* wie vorstehend.

B. Überprüfungs- und Hinweispflicht des Auftragnehmers (Satz 2) § 3 Nr. 3

also rein der Qualitätssicherung und Mangelschadensverhütung (vgl. §§ 13 Nr. 1, 13 Nr. 3, 4 Nr. 3, 13 Nr. 5, 13 Nr. 7 VOB/B).[107]

Aus der vorbeschriebenen systematischen Eigenständigkeit der Regelung von § 3 Nr. 3 **41** Satz 2 VOB/B folgt, dass durch die Wahrnehmung der darin festgelegten Prüfungs- und Hinweispflicht allein die **Haftungsbefreiung** nach § 13 Nr. 3 und auch nach § 10 Nr. 2 Abs. 1 Satz 2 VOB/B noch nicht bewirkt wird; denn § 4 Nr. 3 verlangt die Schriftlichkeit der Bedenkenmitteilung und stellt auch inhaltlich (Bedenken!) **weitergehende** Anforderungen an die Prüfung und Mitteilung der zu befürchtenden Ausführungsmängel als Nr. 3 Satz 2.[108] Siehe dazu auch Rdn. 25. Nur wenn der Hinweis nach § 3 Nr. 3 Satz 2 VOB/B so formuliert wird, dass er inhaltlich und formell (Schriftlichkeit) den Anforderungen einer Bedenken-Mitteilung nach § 4 Nr. 3 VOB/B genügt, hat dies zugleich auch die in § 13 Nr. 3 VOB/B festgelegten entlastenden Rechtsfolgen,[109] vgl. auch oben Rdn. 27.

Auch wenn die Verletzung des Schriftlichkeitserfordernisses als solche im Rahmen von **42** § 4 Nr. 3 VOB/B nicht schon von vornherein dazu führt, dass der Auftragnehmer sich überhaupt nicht mehr auf die Freistellung von Gewährleistungspflichten nach § 13 Nr. 3 VOB/B berufen könnte, so erhöht sich durch eine nur mündliche Mitteilung, wie sie bei § 3 Nr. 3 VOB/B ausreicht, im Falle des § 4 Nr. 3 VOB/B spürbar sein Risiko: mündlich vorgebrachte Bedenken müssen eine derart zuverlässige und nachdrückliche mündliche Erläuterung beinhalten – was alles vom Auftragnehmer bewiesen werden muss – dass die Tragweite ihrer Nichtbefolgung so klar wird wie bei einer schriftlichen Bedenkenmitteilung; gleichwohl tritt auch dann ein vollkommener Haftungsausschluss nur in Ausnahmefällen ein, da die Nichtbeachtung der verlangten Schriftlichkeit grundsätzlich eine Vertragsverletzung ist, so dass in der Regel lediglich eine Haftungsminderung gemäß § 254 BGB erfolgt.[110]

Die inhaltlichen Anforderungen einer Bedenkenmitteilung nach § 4 Nr. 3 VOB/B un- **43** terscheiden sich dann noch stärker vom Mitteilungsinhalt nach § 3 Nr. 3 Satz 2 VOB/B, wenn es nicht um die „vorgesehene Art der Ausführung" geht, welche auch die „für die Ausführung übergebenen Unterlagen" i. S. von § 3 Nr. 3 VOB/B beinhaltet, sondern **zusätzlich** um „die Güte der vom Auftraggeber gelieferten Stoffe oder Bauteile" oder um „die Leistungen anderer Unternehmer". Der Auftragnehmer muss daher zum Zwecke der Haftungsbefreiung auf jeden Fall die Bedenken nach § 4 Nr. 3 VOB/B gesondert mitteilen, wenn sein bereits erfolgter Hinweis nach § 3 Nr. 3 Satz 2 VOB/B im konkreten Fall nicht **zugleich auch** die von § 4 Nr. 3 VOB/B gestellten Anforderungen erfüllt und/oder wenn die Mitteilung nur mündlich geschah.[111] Das gilt auch für diejenigen Fälle, in denen der Auftraggeber nach und entgegen dem gemäß § 3 Nr. 3 Satz 2 VOB/B erfolgten mündlichen (oder auch schriftlichen) Hinweis die bisher aufgetretenen Unzulänglichkeiten seiner Planung bis zum Beginn der Ausführung des betreffenden Leistungsteils noch nicht beseitigt hat oder auf der vorgesehenen Art der Ausführung besteht.[112]

### 4. Abgrenzung zu § 6 Nr. 1 VOB/B

Auch die **Behinderungs-Anzeige** nach § 6 Nr. 1 Satz 1 VOB/B ist inhaltlich eine **44** andere Anzeige als diejenige nach § 3 Nr. 3 Satz 2 VOB/B. Der bloße (auch schriftliche)

---

[107] *Hochstein* (Fn. 13) S. 165, 170, 171, 172, 173; *Ingenstau/Korbion* VOB/B § 3 Nr. 3 Rdn. 14; auch *Bühl* BauR 1992, 26, 27: „Eigenständige Vorklärungsfunktion ... grundsätzlich nicht ausführungs-, sondern planungsbezogen."; *Motzke* ZfBR 1988, 244 r. Sp. u.

[108] *Hochstein* (Fn. 13) S. 165, 169, 170, 172; *Heiermann/Riedl/Rusam* VOB/B § 3 Rdn. 16; *Ingenstau/Korbion* VOB/B § 3 Nr. 3 Rdn. 14; *Nicklisch/Weick* VOB/B § 3 Rdn. 17. Wegen der inhaltlichen und förmlichen (Schriftform-)Anforderungen des § 4 Nr. 3 VOB/B siehe die dortige Kommentierung.

[109] Wie vorst. Fn.

[110] BGH NJW 1975, 1217 = BauR 1975, 278, 279; BGH NJW 1973, 518 = *Schäfer/Finnern* Z 3.00 Bl. 245; BGH NJW 1960, 1813 = *Schäfer/Finnern* Z 2400 Bl. 25; *Hochstein* (Fn. 13) S. 165, 170 Fn. 32; *Ingenstau/Korbion* VOB/B § 4 Nr. 3 Rdn. 64; *Werner/Pastor* Rdn. 1524.

[111] Vgl. *Heiermann/Riedl/Rusam* VOB/B § 3 Rdn. 16.

[112] Vgl. *Heiermann/Riedl/Rusam* VOB/B § 3 Rdn. 16; *Ingenstau/Korbion* VOB/B § 3 Nr. 3 Rdn. 14; *Nicklisch/Weick* B § 3 Rdn. 17.

## § 3 Nr. 3 Überprüfungs- und Hinweispflicht des Auftragnehmers

Hinweis nach § 3 Nr. 3 Satz 2 VOB/B auf entdeckte oder vermutete Unstimmigkeiten, Mehrdeutigkeiten oder sonstige Unzulänglichkeiten und Mängel der Ausführungsunterlagen, welche sich als hindernde Umstände i. S. von § 6 Nr. 1 VOB/B erweisen können und damit einen verschuldensabhängigen Schadensersatzanspruch des Auftragnehmers nach § 6 Nr. 6 VOB/B a. F./§ 6 Nr. 6 Satz 1 VOB/B n. F. 2006 oder eine Verlängerung der vertraglichen Fristen nach § 6 Nr. 2 VOB/B auszulösen geeignet sind, reicht allein nicht aus, um den Anforderungen des § 6 Nr. 1 Satz 1 VOB/B gerecht zu werden. Denn die im Hinweis enthaltenen vorgenannten Unzulänglichkeiten und Mängel stellen lediglich Tatsachen (Umstände) dar, aus welchen sich eine eventuelle Behinderung schlussfolgern lässt, etwa wenn die Unzulänglichkeit den Beginn oder die Fortführung der Bauausführung bis zur Behebung unmöglich macht oder sonst behindert; § 6 Nr. 1 VOB/B verlangt jedoch zusätzlich klare Angaben darüber, dass und wie sich die entsprechende Tatsache hindernd auswirkt. Daher muss, um zugleich die Wirkungen von § 6 Nr. 2 und § 6 Nr. 6 VOB/B zu entfalten und um deren speziellen Regelungszweck, nämlich Informations-, Warn- und Schutzfunktion des § 6 Nr. 1 VOB/B zu erfüllen, der Hinweis nach § 3 Nr. 3 Satz 2 VOB/B schriftlich erfolgen. Dabei muss der Hinweis die notwendigen Angaben über die hindernde Wirkung (Auswirkung) beinhalten oder es muss gleichzeitig, jedenfalls rechtzeitig, eine gesonderte schriftliche Behinderungsanzeige nach § 6 Nr. 1 VOB/B gemacht werden.[113] Bei dem vorgenannten Regelungs- und Funktionszweck geht es um
- **Information** über die Störung
- **Warnung** über die hindernde Auswirkung
- **Schutz**zweck dahin, dass dem Auftraggeber die Möglichkeit gegeben werden soll, die Behinderung abzustellen oder wenigstens abzumildern.[114]

### C. § 3 Nr. 3 und Allgemeine Geschäftsbedingungen

45  Gerade auch für den hier angesprochenen Bereich von § 3 Nr. 3 Satz 1 mit Satz 2 VOB/B sind folgende vom Auftraggeber verwendete AGB- oder Formularklauseln **unzulässig**:
(1) die bei → § 3 Nr. 1 Rdn. 33 unter (1) und (3) wiedergegebenen Klauseln, die bei → § 3 Nr. 2 Rdn. 15 sowie die zur Bedenkenmitteilungspflicht nach §§ 4 Nr. 3, 13 Nr. 13 VOB/B dort angeführten unzulässigen AGB-Bestimmungen. Gesichtspunkte sind vor allem:
  - überraschend, einseitig benachteiligende und sonst nach § 307 Abs. 1 und 2 BGB, früher § 9 AGB-Gesetz unzulässige Verschiebung/Überbürdung/Abwälzung von Planungsrisiko, Planungsverantwortung und Planungshaftung (die ja Sache des Auftraggebers ist) auf den Auftragnehmer, deren Bewältigung zudem dem Auftragnehmer oft gar nicht oder nur schwer möglich und/oder zumutbar ist, wie etwa die Bereitstellungspflichten und -risiken einschl. Baugrundrisiko oder die planerische Standsicherheit/„statische Ordnungsgemäßheit" des Bauwerks;[115]
  - Versagung der in § 3 Nr. 3 Satz 2 VOB/B liegenden, zugleich in §§ 242, 254 BGB begründeten Haftungsbefreiungsmöglichkeit;
  - sonstige unzulässige Haftungsfreizeichnung, so etwa bei folgender Klausel: „Der Auftragnehmer bestätigt, dass er die Pläne auf Durchführbarkeit, Vollständigkeit und insbesondere auf technische Richtigkeit hin überprüft hat".[116]

---

[113] Vgl. *Hochstein* (Fn. 13) S. 165, 172, 173, 177; *Ingenstau/Korbion* VOB/B § 3 Nr. 3 Rdn. 15 und BGH NJW 2000, 1336, 1337 = BauR 2000, 722, 723 = NZBau 2000, 187.
[114] BGH NJW 2000, 1336 mit 1337 = BauR 2000, 722 mit 723 = NZ Bau 2000, 187 LS mit 187 r. Sp.
[115] Vgl. bei *Korbion/Locher* Rdn. 67, 68, 69.
[116] Verstoß gegen § 9 AGB-Gesetz und unzulässige Beweislastumkehr, vgl. *Glatzel/O. Hofmann/Frikell* 2.4.3 a) unter Hinweis auf LG München I v. 24. 1. 1989, Az.: 7 O 19798/88.

C. § 3 Nr. 3 und Allgemeine Geschäftsbedingungen § 3 Nr. 3

(2) Klauseln mit unzulässiger Anerkennungs-Fiktion und unzulässiger pauschaler Haftungsabwälzung für eigene Mitwirkungspflichten des Auftraggebers, hier nach § 3 Nr. 1 VOB/B. Sie sind im kaufmännischen und im nichtkaufmännischen Geschäftsverkehr unzulässig. Beispiel: „Beginnt der Auftragnehmer mit der Arbeit, erkennt er damit an, dass die ihm vorgegebenen Unterlagen vollständig und ausreichend und dass die Vorarbeiten ordnungsgemäß sind."[117]

(3) Klauseln, welche Risiken, die sich während der Bauausführung infolge unvorhergesehener Umstände ergeben sowie die daraus entstehenden Kosten einseitig auf den Auftragnehmer abwälzen.

(4) Klauseln mit einseitigen und umfassend aufgebürdeten Beweislastregelungen zu Lasten des Auftragnehmers,[118] aber auch zu Lasten des nichtkaufmännischen Auftraggebers, z. B. „Mit der unten stehenden Unterschrift bestätigt der Kunde die Richtigkeit der Skizze sowie alle Maßangaben".[119]

(5) Klauseln des Inhalts: „Nach Angebotsabgabe kann sich der Bieter auf Unklarheiten in den Angebotsunterlagen oder über Inhalt und Umfang der zu erbringenden Leistungen nicht berufen. Bei oder nach Auftragserteilung sind Nachforderungen mit Hinweis auf derartige Unklarheiten ausgeschlossen." – Diese Klausel ist bei der gebotenen kundenfeindlichen Auslegung auch dahin zu verstehen, dass jegliches Anfechtungsrecht des Auftragnehmers wegen Irrtums ebenso wie jegliche Haftung des Auftraggebers und dessen Hilfspersonen für schuldhaftes Verhalten im Zusammenhang mit den von ihnen erstellten Angebotsunterlagen ausgeschlossen sein sollen, was gegen § 309 Nr. 7 lit. b) und § 307 Abs. 2 Nr. 1 BGB, früher § 11 Nr. 7 und § 9 Abs. 2 Nr. 1 AGBG verstößt.[120]

(6) Klauseln, wonach Planungsunterlagen als vollständig gelten, wenn der Auftragnehmer binnen einer gewissen Zeit (z. B. innerhalb drei Tagen) nicht Widerspruch erhebt.[121]

---

[117] Vgl. *Glatzel/O. Hofmann/Frikell* 2.4.2 f). Vgl. auch unten (6).
[118] Vgl. *Ingenstau/Korbion* VOB/B § 3 Nr. 3 Rdn. 8.
[119] OLG Frankfurt BB 1985, 2270; *Heiermann/Riedl/Rusam* VOB/B § 3 Rdn. 16.
[120] BGH, Beschl. v. 5. 6. 1997 – VII ZR 54/96 NJW-RR 1997, 1513 = BauR 1997, 1036, 1037 = *Schäfer/Finnern/Hochstein* Nr. 11 zu § 3 AGBG, Bl. 43 ff. = ZfBR 1998, 41 mit 35, 36, 39 ← letztere Veröffentlichung beinhaltet zugleich auch das zugrunde liegende Urteil des OLG Hamburg v. 6. 12. 1995 – 5 U 215/94 mit den Klauselablehnungs-Gründen = *Schäfer/Finnern/Hochstein* Nr. 10 zu § 3 AGBG Bl. 27 ff.
[121] *Glatzel/O. Hofmann/Frickel* 2.3.1 i. Vgl. auch oben (2).

## § 3 Nr. 4

### § 3 Nr. 4 [Zustandsfeststellung im Baubereich]

Vor Beginn der Arbeiten ist, soweit notwendig, der Zustand der Straßen und Geländeoberfläche, der Vorfluter und Vorflutleitungen, ferner der baulichen Anlagen im Baubereich in einer Niederschrift festzuhalten, die vom Auftraggeber und Auftragnehmer anzuerkennen ist.

Literatur: *Schmalzl*, Zur Feststellungspflicht nach § 3 Ziff. 4 VOB/B, BauR 1970, 203; vgl. im übrigen die Hinweise → Vor § 3.

**Übersicht**

| | Rdn. | | Rdn. |
|---|---|---|---|
| A. Zweck und Anwendungsbereich der Vorschrift | 1–4 | I. Rechtscharakter: Nebenpflicht | 11 |
| B. Zustandsfeststellung in gemeinsamer Niederschrift | 5–8 | II. Rechte einer Partei bei unterlassener Mitwirkung des Vertragspartners | 12 |
| C. Feststellungen „nur soweit notwendig" | 9 | E. Kosten der Feststellungen | 14–16 |
| D. Mitwirkungspflicht der Vertragsparteien bei der Feststellung und unterschriftlichen Anerkennung | 10–13 | F. Einschalten von Sachverständigen; gerichtliche Beweissicherung | 17–19 |

## A. Zweck und Anwendungsbereich der Vorschrift

1   § 3 Nr. 4 VOB/B regelt als Verpflichtung zur **Kooperation** von Auftragnehmer und Auftraggeber das Zusammenwirken (=Mitwirkungspflichten) beider Vertragsparteien zum Zwecke einer unkomplizierten außergerichtlichen **Beweissicherung** in Bezug auf örtliche Vor- und Rahmenbedingungen des Bauvorhabens.[1] Das umfasst insbesondere die Feststellung des vor Beginn der Bauarbeiten bestehenden Zustandes der Straßen, der Geländeoberfläche, der Vorfluter und Vorflutleitungen sowie der vorhandenen baulichen Anlagen im Baubereich gemäß der bei Rdn. 11 genannten Zwecksetzung als ratio legis der Vorschrift.

2   Die Vorschrift mit ihrer vertraglich vereinbarten außergerichtlichen Beweissicherungsmethode soll im Interesse **beider** Vertragsparteien für eventuelle spätere Streitigkeiten Beweisschwierigkeiten über die hier genannten örtlichen Gegebenheiten vermeiden (helfen), die von wesentlichem Einfluss auf die ordnungsgemäße Ausführung der im Vertrag vorgesehene Leistung, auf die Art und Weise ihrer Durchführung und auf die Entstehung von Schäden aller Art (auch gegenüber Dritten) sein können.[2]

3   Diese örtlichen Gegebenheiten (Beschaffenheit, Zustand) können bewirken, dass die Erbringung der Bauleistung auf eine bestimmte – möglicherweise andere als die bisher vorgesehene – Art notwendig wird.[3] Sie können aber auch zu sonstigen Leistungsänderungen i. S. von §§ 1 Nr. 3, 2 Nr. 5 VOB/B sowie zu zusätzlichen Leistungen i. S. von §§ 1 Nr. 4 Satz 1, 2 Nr. 6 VOB/B und i. S. von § 1 Nr. 4 Satz 2 VOB/B i. V. m. §§ 305, 631 Abs. 1, 632 BGB, zu Behinderungen i. S. von § 6 VOB/B mit den dortigen Folgen der Verlängerung der Ausführungsfristen nach § 6 Nr. 2 VOB/B und des verschuldensabhängigen Schadensersatzanspruches nach § 6 Nr. 6 VOB/B und/oder zu sonstigen Vergütungs-, Kostenersatz- und Schadensersatzansprüchen des Auftragnehmers gegen den Auftraggeber führen.

---

[1] *Kapellmann/Messerschmidt/Havers* VOB/B § 3 Rdn. 44; *Nicklisch/Weick* VOB/B § 3 Rdn. 18.
[2] *Ingenstau/Korbion* VOB/B § 3 Nr. 4 Rdn. 2, 3; *Kapellmann/Messerschmidt/Havers* VOB/B § 3 Rdn. 44; vgl. auch VOB/C DIN 18299, 0.1.
[3] *Ingenstau/Korbion* VOB/B § 3 Nr. 4 Rdn. 2.

Es können aber auch umgekehrt Ansprüche des Auftraggebers gegen den Auftragnehmer entstehen, weil die örtlichen Gegebenheiten eine nur **langsamere Bauausführung** gestatten als sie der Auftragnehmer kalkuliert hat, er sich jedoch nicht auf Behinderung gemäß § 6 VOB/B berufen kann, weil die hindernden Umstände objektiv erkennbar waren, so dass zugunsten des Auftraggebers Schadensersatzansprüche wegen Verzuges und/oder der etwa vereinbarten Vertragsstrafenanspruch entstehen können. Die in § 3 Nr. 4 VOB/B geregelte beweissichernde gemeinsame Feststellung soll somit bei späteren Streitigkeiten die Klärung der Frage ermöglichen, warum die Leistung gerade auf eine bestimmte Art erbracht wurde und worin gegebenenfalls trotz an sich fachgerechter Bauausführung die **Ursache für Schäden** überhaupt und Beschädigungen, Zerstörungen, vorzeitiges Abnutzen der Bauleistung oder der beim Bauvorhaben eingesetzten und angewandten Stoffe, Bauteile und Baubehelfe (z. B. in den Boden eingebrachte Pfähle, Schlitzwände, Dichtwände, Spundbohlen, Verbauträger u. dgl.) oder Geräte und Geräteteile (z. B. Bagger, Rammen, Bohrteile, anderes Großwerkzeug) zu erblicken ist. Andererseits können durch die Bauarbeiten an den vorhandenen Straßen etc. sowie „bauliche Anlagen" Schäden entstehen. Der Auftraggeber soll auf Grund des gemeinsam festgehaltenen Zustandes den Auftragnehmer für Schäden haftbar machen können, die dieser tatsächlich zu verantworten hat, aber auch nur für solche.[4]

## B. Zustandsfeststellung in gemeinsamer Niederschrift

Die **Niederschrift,** in der und mittels derer die vorhandenen örtlichen Gegebenheiten, nämlich der Zustand (die Beschaffenheit) der – vor Beginn der Arbeiten des jeweiligen Auftragnehmers bereits vorhandenen – Straßen und Geländeoberfläche, der Vorfluter und Vorfluterleitungen sowie der baulichen Anlagen im Baubereich festzuhalten ist, dient als Beweismittel im Rahmen der unter Rdn. 1 ff. dargestellten Zwecksetzung der außergerichtlichen Beweissicherung.

„**Zustand**" meint die Beschaffenheit wie sie vorgefunden wird; es macht daher keinen Unterschied, ob der Zustand der Straßen etc. naturgegeben ist oder ob er von Menschenhand herrührt oder mitbeeinflusst ist. Erfasst sind also **beispielsweise:** schon vorhandene „alte" „Straßen" oder kurz vor Beginn der Arbeiten neu hergestellte Straßen, welchem Zweck auch immer sie dienen mögen; eine „wilde" oder eine bereits von Bäumen, Sträuchern, Wurzeln etc. befreite oder eine gärtnerisch gestaltete oder etwa betonierte „Geländeoberfläche", wozu auch eine nicht verbaute Baugrube gehört (wäre sie verbaut, dann wäre sie als „bauliche Anlage" zu werten); „bauliche Anlagen" in Gestalt von alter Bausubstanz oder neuerrichteter baulicher Vorleistungen (verbaute Baugrube, Gründung, Rohbau, dem der Ausbau folgt u. dgl. mehr) des Bauherrn oder sonstigen Auftraggebers oder von ihm oder von Dritten beauftragter anderer Bauunternehmer. Es spielt auch keine Rolle, ob die Straße, die Geländeoberfläche usf. sowie die bauliche Anlage unmittelbar Gegenstand der Bauleistung sind (etwa Umbau eines Altbaus) oder ob die Bauleistung des Auftragnehmers sich sachlich-bautechnisch oder auch nur zeitlich daran anschließt oder ob sie darauf aufbaut oder ob sich nur anderweitig gegenseitige Einwirkungen ergeben können. Es kommt nur darauf an, dass ein zustandsbezogenes Beweissicherungsbedürfnis im Rahmen der unter Rdn. 1 ff. dargestellten Zwecksetzung besteht.

Die Niederschrift muss, damit ihr Zweck erreicht wird, von den Vertragspartnern oder ihren dazu befugten Vertretern grundsätzlich unterschrieben werden, damit ein beiderseitiges **„Anerkennen"** vorliegt.[5] Die Feststellungen in der Niederschrift sind auf Grund ihrer

---

[4] Vgl. Heiermann/Riedl/Rusam VOB/B § 3 Rdn. 17; Ingenstau/Korbion VOB/B § 3 Nr. 4 Rdn. 2; Nicklisch/Weick VOB/B § 3 Rdn. 18.

[5] Heiermann/Riedl/Rusam VOB/B § 3 Nr. 4 Rdn. 18 a; Ingenstau/Korbion VOB/B § 3 Rdn. 3; Kapellmann/Messerschmidt/Havers VOB/B § 3 Rdn. 45.

## § 3 Nr. 4

wichtigen Beweissicherungs-Zwecksetzung mit besonderer Sorgfalt zu treffen, so dass auf ihre richtige, klare und vollständige Abfassung besonderer Wert zu legen ist.[6] Es ließe sich auf andere Weise schwer der Zustand feststellen, der bei Beginn der Bauausführung vorhanden war.[7] Ist einer der Vertragspartner mit dem Inhalt der Niederschrift oder eines Teiles derselben nicht einverstanden, hat er nicht nur das Recht, sondern (im Interesse objektiver Beweissicherung) auch die Pflicht, seine abweichende Auffassung und Sichtweise unter Darlegung der betreffenden Einzelpunkte (gesondert) in die Niederschriftsurkunde aufzunehmen bzw. aufnehmen zu lassen; der andere Vertragspartner ist verpflichtet, dies zu dulden.[8]

8  Die Niederschrift kann durch gemeinsame Aufnahme zustandekommen, es kann aber auch eine Partei im Einverständnis mit der anderen Partei allein Feststellungen treffen und dann von der anderen Partei die Anerkennung durch Unterschrift verlangen.[9] Jede Partei hat das Recht auf Erhalt einer **unterschriebenen Ausfertigung** dieser Niederschrift.[10]

### C. Feststellungen nur „soweit notwendig"

9  Die Feststellungen sind „soweit notwendig" zu treffen, d. h. die Umstände müssen die Maßnahmen gemäß einem nach objektiven Maßstäben zu beurteilenden Interesse mindestens einer Vertragspartei geboten erscheinen lassen.[11] Es müssen also hinreichende Anhaltspunkte vorliegen, die eine Untersuchung des vorhandenen Zustandes und das Festhalten desselben auf Grund der unter Rdn. 1–6 dargestellten Zwecksetzung angeraten erscheinen lassen.[12] Entbehrlich sind die hier geregelten Feststellungen, wenn und soweit gleichwertige Beweise anderweitig (z. B. durch das Selbstständige Beweisverfahren nach §§ 485 ff. ZPO) gesichert sind.[13]

### D. Mitwirkungspflicht der Vertragsparteien bei der Feststellung und unterschriftlichen Anerkennung

10  Sind die Feststellungen objektiv notwendig, ist die andere Vertragspartei zur Mitwirkung verpflichtet, wie sich bereits aus dem Wortlaut von § 3 Nr. 4 VOB/B und aus der Zwecksetzung dieser Vorschrift ergibt. Daher reicht es bei Bestehen objektiver Notwendigkeit zur Auslösung der Mitwirkungspflicht der anderen Partei aus, wenn auch nur eine der Vertragsparteien die gemeinsame Feststellung begehrt, falls zwischen ihnen Streit darüber besteht, ob die Feststellungen notwendig ist.[14] Das Vorhandensein der „Notwendigkeit" ist gemäß §§ 133, 157, 242 BGB aus der Sicht eines verständigen Bauauftraggebers bzw. Bauauftragnehmers unter Berücksichtigung der konkreten Einzelfallgegebenheiten zu beurteilen, da VOB Teil B und somit auch deren § 3 Nr. 4 VOB/B eine Vertragsregelung ist.

---

[6] *Heiermann/Riedl/Rusam* VOB/B § 3 Rdn. 17; *Ingenstau/Korbion* VOB/B § 3 Nr. 4 Rdn. 3.
[7] *Ingenstau/Korbion* VOB/B § 3 Nr. 4 Rdn. 3.
[8] *Ingenstau/Korbion* VOB/B § 3 Nr. 4 Rdn. 3.
[9] Vgl. *Ingenstau/Korbion* VOB/B § 3 Nr. 4 Rdn. 3; *Nicklisch/Weick* VOB/B § 3 Rdn. 18.
[10] *Ingenstau/Korbion* VOB/B § 3 Nr. 4 Rdn. 3.
[11] *Heiermann/Riedl/Rusam* VOB/B § 3 Rdn. 18; *Ingenstau/Korbion* VOB/B § 3 Nr. 4 Rdn. 4; *Kapellmann/Messerschmidt/Havers* VOB/B § 3 Rdn. 46.
[12] *Ingenstau/Korbion* VOB/B § 3 Nr. 4 Rdn. 4; *Kapellmann/Messerschmidt/Havers* VOB/B § 3 Rdn. 46.
[13] *Heiermann/Riedl/Rusam* VOB/B § 3 Rdn. 18 a.
[14] *Ingenstau/Korbion* VOB/B § 3 Nr. 4 Rdn. 6; *Kapellmann/Messerschmidt/Havers* VOB/B § 3 Rdn. 46.

## D. Mitwirkungspflicht der Vertragsparteien § 3 Nr. 4

### I. Rechtscharakter: Nebenpflicht

Die hiesige Mitwirkungspflicht ist eine vertragliche Nebenpflicht.[15] Sie ist als solche grundsätzlich nicht selbstständig einklagbar,[16] weil sie nicht auf Herstellung des Werkes selbst gerichtet ist, sondern lediglich Streitigkeiten im Umfeld der vertraglichen Leistung vorbeugen soll.[17] Die hier vertraglich vereinbarte Beweissicherung nach § 3 Nr. 4 VOB/B gehört noch nicht zur Ausführung der Leistung,[18] ist aber insoweit mittelbar leistungsbezogen, als § 3 Nr. 4 VOB/B bezweckt, dass die Bauleistung unbeeinträchtigt von Rechtsquerelen ausgeführt werden soll, die durch die Anwendung von § 3 Nr. 4 VOB/B ganz leicht vermeidbar sind.

11

### II. Rechte einer Partei bei unterlassener Mitwirkung des Vertragspartners

Die schuldhafte Verletzung der hiesigen Kooperationspflicht/Mitwirkungspflicht begründet, weil es sich um eine vertragliche Nebenverpflichtung handelt, Schadensersatzansprüche wegen Vertrags(pflicht)verletzung i. S. v. § 280 Abs. 1 BGB n. F. (mit § 241 Abs. 2 BGB n. F.)/früherer **positiver Vertragsverletzung**. So kann der Schaden einer Partei darin bestehen, dass ihr infolge verweigerter Mitwirkung seitens der anderen Partei durch eine spätere oder andere Beweissicherung erhöhte Kosten entstehen.[19] Führt die schuldhafte Nichtmitwirkung oder die schuldhaft verzögerte Mitwirkung einer der Parteien zu einer Behinderung oder Unterbrechung der Ausführung, dann hat der Auftragnehmer die verschiedenen Rechte nach § 6 VOB/B, der Auftraggeber nach § 5 Nr. 4 VOB/B i. V. m. § 6 Nr. 6 und nach § 6 Nr. 7 VOB/B.[20] Bei fehlendem Verschulden des Auftraggebers kann der Auftragnehmer bei Vorliegen der gesetzlichen Tatbestandsmerkmale auch im ungekündigten Vertrag den verschuldensunabhängigen Entschädigungsanspruch nach § 642 BGB – neben dem Anspruch auf die Vertragsvergütung – erheben.[21]

12

Ein **Kündigungsrecht** bei Unterlassung der hiesigen Mitwirkung wird dem Auftragnehmer unter Berücksichtigung der Umstände des Einzelfalles nach § 9 Nr. 1 lit. a) VOB/B (analog), dem Auftraggeber nach § 8 Nr. 3 VOB/B (analog)[22] grundsätzlich zustehen, da erfahrungsgemäß im Falle der Nichtbeachtung der Regelung von § 3 Nr. 4 VOB/B besonders gravierende Auswirkungen bei der späteren Bauausführung auftreten können. Diese bestehen darin, dass das in § 3 Nr. 4 VOB/B als ratio legis verankerte Interesse jeder Partei, nach Ingangsetzung der Leistungsausführung nicht der Gefahr einer unberechtigten Inanspruchnahme oder einer sonstigen Rechts(interessen)beeinträchtigung i. S. der obigen Rdn. 1–3 ausgesetzt sein zu müssen, vereitelt wird; d. h., die jeweilige Partei würde dann außerstande gesetzt, ihrer Rechtsposition, die sie objektiv hat, mit dem **unkomplizierten** Hilfsmittel des § 3 Nr. 4 VOB/B leicht und außergerichtlich Geltung zu verschaffen. Dabei braucht sich der die gemeinsame Zustandsfeststellung begehrende Vertragspartner, angesichts der hier von VOB/B bewusst deutlich und vor dem Hintergrund regelmäßigen Zeitdrucks

13

---

[15] *Heiermann/Riedl/Rusam* VOB/B § 3 Rdn. 19; *Ingenstau/Korbion* VOB/B § 3 Nr. 4 Rdn. 6; *Kapellmann/Messerschmidt/Havers* VOB/B § 3 Rdn. 48; *Nicklisch/Weick* VOB/B § 3 Rdn. 18.
[16] *Heiermann/Riedl/Rusam* VOB/B § 3 Rdn. 19; *Nicklisch/Weick* VOB/B § 3 Rdn. 18.
[17] *Nicklisch/Weick* VOB/B § 3 Rdn. 18.
[18] *Kapellmann/Messerschmidt/Havers* VOB/B § 3 Rdn. 44; *Ingenstau/Korbion* VOB/B § 3 Nr. 4 Rdn. 3; *Schmalzl* BauR 1970, 203.
[19] *Heiermann/Riedl/Rusam* VOB/B § 3 Rdn. 19; *Kapellmann/Messerschmidt/Havers* VOB/B § 3 Rdn. 48; *Nicklisch/Weick* VOB/B § 3 Rdn. 18. So auch *Vygen* für den interessenlagemäßig gleichgelagerten Fall des § 4 Nr. 10 VOB/B, nämlich gemeinsame Feststellung des Zustandes der vom AN erbrachten (Teil-)Leistung(en) in Festgabe für Steffen Kraus, 2003, S. 249, 260, Kooperationspflichten beim VOB-Bauvertrag.
[20] *Heiermann/Riedl/Rusam* VOB/B § 3 Rdn. 19; *Ingenstau/Korbion* VOB/B § 3 Nr. 4 Rdn. 6; *Kapellmann/Messerschmidt/Havers* VOB/B § 3 Rdn. 48; *Nicklisch/Weick* VOB/B § 3 Rdn. 18.
[21] Hierzu näher → Vor § 3 Rdn. 81–83.
[22] *Ingenstau/Korbion* VOB/B § 3 Nr. 4 Rdn. 6.

## § 3 Nr. 4

und der Ersparung aktueller und späterer gerichtlicher Maßnahmen getroffenen vertraglichen Vereinbarung, auch nicht ohne weiteres auf andere Möglichkeiten der Feststellung verweisen zu lassen,[23] zumal andere Feststellungen mit dem gleichen Beweiswert oft schwieriger und nur mit großem Zeitverlust erlangt werden können, wie dies beim selbstständigen Beweisverfahren nach §§ 485 ff. ZPO erfahrungsgemäß in der Regel der Fall ist, wo die Zustandsfeststellung des Sachverständigen oft erst Monate nach Antragstellung stattfindet und weitere nicht unerhebliche Zeitverzögerung bis zur Vorlage des schriftlichen Sachverständigengutachtens und gegebenenfalls durch Anhörung des Sachverständigen zur mündlichen Erläuterung des Gutachtens eintritt. Durch eine etwaige Verweisung auf andere beweissichernde Feststellungsmethoden würde somit das Ziel von § 3 Nr. 4 VOB/B, mittels eines raschen, unkomplizierten und sicheren außergerichtlichen Verfahrens beiden Parteien umfassende beweiskräftige Feststellungen zu ermöglichen, vereitelt. Daher kann *Heiermann/Riedl/Rusam, Nicklisch/Weick* und *Schmalzl* und *Havers*[24] nicht gefolgt werden, wenn sie das beiderseitige Kündigungsrecht „in der Regel" den Parteien nicht zubilligen wollen, weil der Auftragnehmer durch das Unterlassen der Mitwirkung kaum außer Stande gesetzt werde, die Leistung zu erbringen und er sich die erforderlichen Beweise unschwer anderweitig beschaffen könne. Entgegen *Heiermann/Riedl/Rusam*[25] trifft es angesichts der vorstehend ausgeführten Wichtigkeit und großen praktischen Bedeutung der Regelung in § 3 Nr. 4 VOB/B auch nicht zu, dass hier kein so „besonderer Fall" vorliegt wie ihn die §§ 8 und 9 VOB/B im Auge haben.[26] Auch das von *Havers* als Ausweg und Grund zur Vermeidung des Kündigungsweges anempfohlene parteieinseitig beauftragte Sachverständigenprivatgutachten, das ja zumindest formell durch ein auch später eingeholtes „Gegengutachten" der anderen Partei angegriffen werden kann, hat nicht denselben Beweiswert wie die „Zweier"-Feststellung des **ausgeprägt kooperationshaltigen § 3 Nr. 4 VOB/B** und hat nicht deren Rechtsstreitvermeidungswirkung. Deshalb ist auch der zusätzliche Verweis von *Havers* auf die in hiesiger Rdn. 19 genannte Beweislastumkehr auf Grund „Beweisvereitelung" nicht behilflich. Zur Durchsetzung dieses Rechtsbehelfs der Beweislastumkehr bedarf es nämlich eines Rechtsstreites und genau den will § 3 Nr. 4 VOB/B durch seine Pflicht zur Kooperation vermeiden.

### E. Kosten der Feststellungen

14 Wer die Kosten der beweissichernden Feststellungen im Rahmen von § 3 Nr. 4 VOB/B zu tragen hat, ist zunächst aus den Vertragsbedingungen zu entnehmen. Insbesondere ergibt sich aus einer Reihe von ATV der VOB/C, welche nach § 1 Nr. 1 Satz 2 VOB/B Vertragsbestandteil sind, dass der Auftragnehmer die Kosten der Feststellungen zu tragen hat. Dies sind die DIN 18300, 18301, 18303 bis 18320, 18325, 18335 und 18349, worin jeweils unter 4.1.1 – bei DIN 18301 allerdings unter 4.1.3 – festgelegt ist, dass das Feststellen des Zustandes vorhandener baulicher Anlagen einschließlich Straßen, der Geländeoberfläche, der Vorfluter usw. eine mit der Vertragsvergütung mitabgegoltene **Nebenleistung** des Auftragnehmers ist. **Jedoch** ist **in einigen DIN**, z. B. in DIN 18300, 4.2.2, in DIN 18303, 4.2.3, in DIN 18304, 4.2.1 i. V. m. 3.1.5, in DIN 18311, 4.2.9, in DIN 18312, 4.2.2, in DIN 18 313, 4.2.2, geregelt, dass die dort genannten „Besonderen Maßnahmen" zum Feststellen des Zustands der baulichen Anlagen einschließlich Straßen, Versorgungs- und Entsorgungsanlagen usw. eine – gesondert zu vergütende – **Besondere Leistung** sind. Die aufgeführten ATV betreffen zumeist Erdarbeiten, Tiefbau- und Spezialtiefbauarbeiten,

---

[23] *Ingenstau/Korbion* VOB/B § 3 Nr. 4 Rdn. 6.
[24] *Heiermann/Riedl/Rusam* VOB/B § 3 Rdn. 19; *Nicklisch/Weick* VOB/B § 3 Rdn. 18; *Schmalzl* BauR 1970, 203, 204; *Kapellmann/Messerschmidt/Havers* VOB/B § 3 Rdn. 48.
[25] *Heiermann/Riedl/Rusam* VOB/B § 3 Rdn. 19.
[26] So zurecht *Ingenstau/Korbion* VOB/B § 3 Nr. 4 Rdn. 6.

F. Einschalten von Sachverständigen; gerichtliche Beweissicherung  **§ 3 Nr. 4**

Landschafts- und Verkehrswegebau, also Bauarbeiten, welche die vorhandenen Bodenoberflächen beeinflussen oder beeinflussen können.

Ergibt sich aus dem Vertrag **keine Regelung** der Kostenverteilung, so trägt der Auftraggeber die Kosten; denn er ist nach dem in § 3 Nr. 1 und Nr. 2 VOB/B enthaltenen Grundgedanken und der analogen Anwendung dieser Bestimmungen auch für die Beschaffung von Unterlagen zuständig, welche die örtlichen (Baustellen-)Rahmenbedingungen der Ausführung betreffen,[27] weil das Baugrundstück im Eigentum, im Besitz oder in der sonstigen Verfügungsgewalt („Sachnähe") des Auftraggebers, somit in seiner Einfluss- und Risikosphäre steht und es zur grundlegenden (Mitwirkungs-)Pflicht des Auftraggebers gehört, dem Auftragnehmer für die Ausführung der Bauleistung das rechtlich und tatsächlich/bautechnisch bebaubare Baugrundstück zur Verfügung zu stellen.[28] Dies trifft insbesondere für die **Hochbauarbeiten** zu, bezüglich deren sich in den ATV/DIN der VOB/C, mit Ausnahme der DIN 18335, keine Kostentragungsregelungen zu Lasten des Auftragnehmers finden, so dass sich auch schon aus dieser Gegensätzlichkeit der genannten ATV-Regelungen die Kostenlast des Auftraggebers herleitet.[29] 15

Zu den Kosten zählen nicht nur die der Feststellung selbst, sondern alle Kosten, die mit der beweissichernden Feststellung in ursächlichem Zusammenhang stehen, wie z. B. die der Vorbereitung und der späteren Auswertung.[30] 16

## F. Einschalten von Sachverständigen; gerichtliche Beweissicherung

Unter Umständen kann es zweckentsprechender und richtiger sein, die sich im Rahmen von § 3 Nr. 4 VOB/B ergebenden notwendigen beweissichernden Feststellungen durch einen **unparteiischen** – gegebenenfalls öffentlich bestellten und vereidigten – Sachverständigen/Gutachter oder durch einen sonstigen Sachkundigen, der das Vertrauen beider Vertragsparteien genießt, treffen zu lassen. Dies z. B. wenn die Tatsachenerfassung besondere Fachkenntnisse erfordert oder Dritte beteiligt sind.[31] Hierbei ist von jeweils allen Beteiligten allerdings festzulegen, dass diese Feststellungen auch allerseits anerkannt werden, wenn sie vollen Beweiswert haben sollen. Möglich ist insoweit auch die besondere Vereinbarung eines Schiedsgutachtens gemäß §§ 317 ff. BGB. 17

Nimmt eine Partei die gebotene Mitwirkung nicht vor oder können sich die Parteien bei der Erfassung und schriftlichen Wiedergabe des Zustandes der oder bestimmter örtlicher Gegebenheiten nicht einigen, so kann die interessierte Partei zwecks gleichwertiger Beweissicherung auch das selbstständige gerichtliche **Beweisverfahren** nach §§ 485 ff. ZPO durchführen: das ist aber nur sinnvoll, wenn zwischen Einleitung des selbstständigen Beweisverfahrens und Vornahme der örtlichen Feststellungen durch den Sachverständigen eine hinreichend kurze Zeitspanne besteht oder bei größerem Zeitbedarf der vertraglich vorgesehene Baubeginn zeitlich hinreichend entfernt liegt oder der Beginn der Baumaßnahme notfalls Aufschub verträgt. In letzterem Fall kann aber eine Behinderung nach § 6 VOB/B mit den sich daraus ergebenden Rechten für die jeweilige Partei eintreten, vgl. oben Rdn. 11, 12; siehe im Übrigen zur Problematik des selbstständigen Beweisverfahrens bei Rdn. 13 im Zusammenhang mit der dort besprochenen Kündigungsmöglichkeit. Die anfallenden **Kosten** hat der die Mitwirkung schuldhaft unterlassende Vertragspartner im Wege des Schadensersatzes wegen positiver Vertragsverletzung zu tragen; dabei hat der Auftrag- 18

---

[27] So zutreffend *Ingenstau/Korbion* VOB/B § 3 Nr. 4 Rdn. 7, 8; *Nicklisch/Weick* VOB/B § 3 Rdn. 18.
[28] Siehe hierzu → Vor § 3 Rdn. 5, 6, 30 sowie → § 3 Nr. 2 Rdn. 2.
[29] *Heiermann/Riedl/Rusam* VOB/B § 3 Rdn. 20, 20 a, 20 b; *Ingenstau/Korbion* VOB/B § 3 Nr. 4 Rdn. 8. Zustimmung auch zu den übrigen Aussagen der hiesigen Rdn. 14, 15 *Kapellmann/Messerschmidt/Havers* VOB/B § 3 Rdn. 48.
[30] *Heiermann/Riedl/Rusam* VOB/B § 3 Rdn. 20 a, jedoch ohne die genannten Beispiele; *Ingenstau/Korbion* VOB/B § 3 Nr. 4 Rdn. 8.
[31] *Kapellmann/Messerschmidt/Havers* VOB/B § 3 Rdn. 50; *Ingenstau/Korbion* VOB/B § 3 Rdn. 46.

## § 3 Nr. 4

geber bzw. der Auftragnehmer grundsätzlich nur die Mehrkosten zu tragen, soweit die Kosten ansonsten „sowieso" („ohnehin") der Auftragnehmer bzw. der Auftraggeber zu tragen hätte,[32] z. B. gemäß Rdn. 14–16.

**19** Je nach Fall-Lage kann diejenige Partei, welche sich schuldhaft der Mitwirkung an der notwendigen Feststellung entzieht, der Vorwurf vereitelter Beweisführung **(Beweisvereitelung)** gemäß dem dem § 444 ZPO zugrunde liegenden allgemeinen Rechtsgedanken bzw. gemäß § 444 ZPO analog treffen. Dies hat zur Folge, dass im Rahmen der prozessualen freien Beweiswürdigung von der Richtigkeit des Vorbringens der anderen Partei auf Grund von ihr vorgenommener einseitiger Zustands-Feststellungen auszugehen ist.[33] Das gilt umso mehr, als § 3 Nr. 4 VOB/B nach seiner Zwecksetzung klar und deutlich gerade die berechtigten Interessen beider Parteien an beweissichernden Feststellungen mit vollem Beweiswert durch ein unkompliziertes außergerichtliches Verfahren zur Geltung bringen will, so dass auch deshalb, wie *Ingenstau/Korbion*[34] zutreffend ausführen, die andere Partei nicht ohne weiteres auf andere Möglichkeiten beweissichernder Feststellung verwiesen werden kann.

---

[32] *Heiermann/Riedl/Rusam* VOB/B § 3 Rdn. 21; zum Gesamtthema: *Ingenstau/Korbion* VOB/B § 3 Nr. 4 Rdn. 5, 6 a. E.

[33] Vgl. OLG Düsseldorf BauR 1980, 289, 290 (Entziehung der Feststellung der Beschaffenheit bzw. des Zustandes der Bauleistung und des Schadensbildes durch Weiterbau trotz Bewußtheit der notwendigen Beweiserhebung und Möglichkeit der Beweissicherung) und OLG München NJW 1984, 807, 808 = BauR 1985, 209, 211 (Beweisvereitelung sogar dann, wenn eine Partei dem sachkundigen Vertreter der Gegenpartei bei dem Ortstermin des gerichtlichen Sachverständigen den Zutritt zu dem zu begutachtenden Grundstück verweigert); allgemein zur Beweisvereitelung vgl. *Baumbach/Lauterbach* ZPO § 444; *Thomas/Putzo* ZPO § 444.

[34] *Ingenstau/Korbion* VOB/B § 3 Nr. 4 Rdn. 6 a. E.; vgl. auch oben Rdn. 13.

## § 3 Nr. 5

**§ 3 Nr. 5 [Beschaffungs- und Vorlagepflicht des Auftragnehmers]**

Zeichnungen, Berechnungen, Nachprüfungen von Berechnungen oder andere Unterlagen, die der Auftragnehmer nach dem Vertrag, besonders den Technischen Vertragsbedingungen, oder der gewerblichen Verkehrssitte oder auf besonderes Verlangen des Auftraggebers (§ 2 Nr. 9) zu beschaffen hat, sind dem Auftraggeber nach Aufforderung rechtzeitig vorzulegen.

Literatur: Siehe die Hinweise → § 3 Nr. 6 sowie → Vor § 3.

### Übersicht

| | Rdn. | | Rdn. |
|---|---|---|---|
| A. Ausnahmeregelung | 1 | C. Pflicht zur Beschaffung und zur rechtzeitigen Vorlage | 13–14 |
| B. Pflicht des Auftragnehmers nach Vertrag oder gewerblicher Verkehrssitte oder auf besonderes Verlangen | 2–12 | D. Nebenleistungspflicht des Auftragnehmers | 15–18 |
| | | E. § 3 Nr. 5 und Allgemeine Geschäftsbedingungen | 19–21 |

### A. Ausnahmeregelung

Gemäß § 3 Nr. 1, Nr. 2 und Nr. 3 Satz 1 VOB/B hat grundsätzlich der Auftraggeber die Verpflichtung, die Ausführungsunterlagen, zu denen auch die baugrundstücksbezogenen Vermessungsleistungen und sonstigen Angaben und Vorgaben nach Nr. 2 und Nr. 3 Satz 1 gehören, zur Verfügung zu stellen. Deshalb bilden entsprechende Beschaffungs- und Vorlagepflichten des Auftragnehmers die Ausnahme. Mit einem solchen **Ausnahmetatbestand,** demzufolge der Auftragnehmer nach dem Vertrag, besonders den Technischen Vertragsbedingungen, oder der gewerblichen Verkehrssitte oder auf besonderes Verlangen des Auftraggebers (§ 2 Nr. 9 VOB/B) Zeichnungen, Berechnungen, Nachprüfungen von Berechnungen oder andere Unterlagen zu beschaffen und dem Auftraggeber vorzulegen hat, befasst sich die Regelung in § 3 Nr. 5 VOB/B. Gemeint sind bei den nachzuprüfenden Berechnungen insbesondere Mengenberechnungen, statische Berechnungen und sonstige technische Berechnungen, die nicht vom Auftragnehmer selbst aufgestellt worden sind und deren Aufstellung auch nicht von ihm anderweitig vertraglich ohnehin schon geschuldet sind; denn solche Berechnungen müsste der Auftragnehmer ohnehin einwandfrei erbringen, so dass Erzielung dieses Leistungserfolges die Richtigkeitskontrolle eine zur Sicherung dieses Erfolgszwecks selbstverständliche mitgeschuldete Aufgabe ist. Die in § 3 Nr. 5 VOB/B genannten Unterlagen dienen nach ihrem Sinn und Zweck zur **planerischen Vorbereitung** der an den Auftragnehmer beauftragten Leistung. Sie sollen i. d. R. dem Auftraggeber auch Hilfsmittel sein, die Durchführung der Leistung und die sonstige Abwicklung des Bauvertrages kontrollierend zu verfolgen, zu erleichtern und in gewissen Fällen ihm das seinerseits Erforderliche zu ermöglichen. Dabei gehören zu den Unterlagen nach Nr. 5, unter Rechnungtragung moderner Verfahren zur Herstellung und Anwendung planerischer Mittel wie der elektronischen Datenverarbeitung, auch DV-Programme, wie sich regelmäßig schon aus § 3 Nr. 6 Absätze 2 und 3 VOB/B ergibt.

### B. Pflicht des Auftragnehmers nach Vertrag oder gewerblicher Verkehrssitte oder auf besonderes Verlangen

Die Bestimmung von § 3 Nr. 5 VOB/B setzt tatbestandsmäßig voraus, dass eine wirksame Verpflichtung des Auftragnehmers zur Beschaffung und zur Vorlage der hierin bestimmten

**§ 3 Nr. 5**  Beschaffungs- und Vorlagepflicht des Auftragnehmers

Ausführungsunterlagen nach dem Vertrag (= auf Grund der jeweiligen bauvertraglichen Regelungen) oder der gewerblichen Verkehrssitte oder auf Grund besonderen Verlangens des Auftraggebers nach § 2 Nr. 9 VOB/B besteht, so dass erst dann die in § 3 Nr. 5, 2. Hs. VOB/B geregelte Vorlagepflicht des Auftragnehmers zum Zuge kommt.[1] Eine Verpflichtung des Auftragnehmers zur Beschaffung von geeigneten Ausführungsunterlagen „nach Vertrag" wird in der Regel für jene Leistungsbereiche anzunehmen sein, bezüglich deren der Bauvertrag auf einem Nebenangebot oder/und Änderungsvorschlag des Auftragnehmers beruht und für jene Leistungsbereiche, auf die sich solche „Sondervorschläge" gegenüber dem Amtsvorschlag oder gegenüber sonstiger vorher gegebener Ausführungskonzeption des Auftraggebers ändernd oder sonst eingreifend auswirken; es ist nämlich dem Sondervorschlag als vom Auftragnehmer stammend wesensimmanent, dass die diesbezügliche Ausführungsplanung ebenfalls dem Auftragnehmer als Urheber obliegt. Nebst diesem Argument aus der „Natur der Sache" liegt in der Regel in der Vereinbarung der Parteien zur Ausführung der Leistung nach dem Sondervorschlag des Auftragnehmers zugleich die **konkludente** Vereinbarung der entsprechenden Planungs- und Ausführungsunterlagenbeschaffungs-Pflicht des Auftragnehmers.

Selbstverständlich wird **keine wirksame** Verpflichtung des Auftragnehmers zu einer Beschaffung von Unterlagen durch **unzulässige AGB-Bestimmungen** begründet, etwa durch solche wie unten bei Rdn. 19, 20 aufgeführt.

3  Sowohl die Aufzählung der vom Auftragnehmer zu beschaffenden und vorzulegenden Unterlagen als auch die Nennung der in Frage kommenden Vertragsbestandteile als Verpflichtungsgrund sind nicht abschließend, sondern beispielhaft, wie die Formulierung „oder andere Unterlagen" und „besonders den Technischen Vertragsbedingungen" zeigt. Gemeint sind die Unterlagen, die in der Praxis im Rahmen einer vertraglichen Beschaffungspflicht des Auftragnehmers am meisten vorkommen. Dazu können auch Abrechnungszeichnungen nach § 14 Nr. 1 Satz 3 VOB/B gehören oder Pläne/Zeichnungen und Angaben gemäß den Hauptabschnitten 3 („Ausführung") mit den Unterabschnitten **„Ausführungsunterlagen"** oder „Allgemeines" beispielsweise folgender **ATV-DIN** in VOB/C:[2]

– DIN 18 335 („Stahlbauarbeiten"), 3.2.1: Lieferung der „für die Baugenehmigung erforderlichen Zeichnungen und Festigkeitsberechnungen, bei Verbundbauteilen auch für die in Verbundwirkung stehenden Beton- und Stahlbetonteile". Beachte auch die Folgeregelungen der Abschnitte 3.2.4 und 3.2.5, nämlich Genehmigungspflicht und Beanstandungspflicht des Auftraggebers, Tragweite der Genehmigung auch für Verantwortung und Haftung;

– DIN 18 379 („Raumlufttechnische Anlagen"), 3.1.2, bestimmte notwendige „Angaben", „Montagepläne", „Werkstattzeichnungen", „Stromlaufpläne", „Fundamentpläne", sonstige genannte Angaben sowie nach 3.6 „Mitzuliefernde Unterlagen";

– DIN 18 380 („Heizanlagen und zentrale Wassererwärmungsanlagen"), 3.1.2 u. 3.7, Angaben und Unterlagen wie DIN 18 379;

– DIN 18 381 („Gas-, Wasser- und Entwässerungsanlagen innerhalb von Gebäuden"), 3.1.2, 3.1.6 u. 3.5;

– DIN 18 382 („Nieder- und Mittelspannungsanlagen"), 3.1.3;

– Ergänzend siehe auch → § 3 Nr. 1 Rdn. 5.

4  Dabei ist in den ATV die Lieferung der Unterlagen durch den Auftragnehmer bisweilen schlechthin verlangt (wie z. B. in den vorgenannten DIN), manchmal wiederum nur mittelbar und als offene Regelung festgelegt, etwa mit den Wendungen: „soweit sie vom Auftraggeber verlangt werden" bzw. „soweit/falls ... in der Leistungsbeschreibung verlangt/gefordert". Solche Feststellungen in Leistungsbeschreibungen samt „Vorbemerkungen" oder auch in Zusätzlichen Vertragsbedingungen, in Zusätzlichen Technischen Vertragsbedingungen

---

[1] *Ingenstau/Korbion* VOB/B § 3 Nr. 5 Rdn. 2, 3; *Nicklisch/Weick* VOB/B § 3 Rdn. 20.

[2] Vgl. *Ingenstau/Korbion* VOB/B § 3 Nr. 5 Rdn. 2; *Nicklisch/Weick* VOB/B § 3 Rdn. 20; grundsätzlich hierzu und mit Abgrenzung samt Negativbeispielen – auch Sonderleistung/Nebenleistung – OLG Köln BauR 1992, 637, 638.

B. Pflicht des Auftragnehmers     § 3 Nr. 5

oder in Besonderen Vertragsbedingungen müssen ausdrücklich und zweifelsfrei das Verlangen der konkret zu bezeichnenden Unterlagen beinhalten.³

Eine Verpflichtung des Auftragnehmers zur Beschaffung und Vorlage von Unterlagen findet sich oft auch als Inhalt ausdrücklich festgelegter **Nebenleistungen** gemäß dem jeweiligen Abschnitt 4 der ATV in VOB/C, DIN 18 299 ff.; vgl. etwa DIN 18 331, Unterabschnitte 4.1.3 und 4.1.5 (Gütenachweise sowie statische Verformungsberechnungen und Zeichnungen für Baubehelfe). 5

Die in den Abschnitten 3 („Ausführung") und 4 („Nebenleistungen") der ATV geforderte Lieferung von Unterlagen und bestimmten technischen Angaben gehört zur vertraglichen Leistung und ist daher gemäß § 2 Nr. 1 VOB/B durch die vereinbarten Vertragspreise abgegolten. Dagegen ist gesondert vergütungspflichtig die ebenfalls in den **Abschnitten 4** der DIN 18 299 ff. als „Besondere Leistung" geforderte Lieferung von Unterlagen durch den Auftragnehmer wie z. B. in den vorgenannten DIN 18 335, 18 379, 18 380, und zwar gemäß den dortigen Unterabschnitten 4.2.5, bzw. 4.2.20 bzw. 4.2.21 oder in DIN 18 332, 4.2.4 (statische Berechnungen und Zeichnungen), 4.2.19 (Verlegepläne etc.) oder in DIN 18 333, 4.2.16 (Verlegepläne), 4.2.17 (statische und bauphysikalische Nachweise).⁴ 6

In Ausnahmefällen ist auch eine **konkludente** Vereinbarung der Parteien im Bauvertrag über die Beschaffung der oder von Ausführungsunterlagen durch den Auftragnehmer denkbar; für eine dahingehende Auslegung ist aber Zurückhaltung geboten, da die Lieferung von Unterlagen durch den Auftragnehmer eine Abweichung vom Regelfall bildet.⁵ Bezüglich des Falles von Nebenangeboten und Änderungsvorschlägen („Sondervorschlägen") des Auftragnehmers siehe Rdn. 2. 7

Aus der **gewerblichen Verkehrssitte** ergeben sich die in § 3 Nr. 5 VOB/B genannten Beschaffungspflichten je nach Lage des Einzelfalles dann, wenn sie innerhalb des Gewerbes am Leistungsort als allgemein übliche Pflicht des Auftragnehmers anerkannt sind, wie z. B. die Überprüfung von Herstelleranweisungen.⁶ 8

Abgesehen von einem bereits feststehenden Vertragsinhalt einschließlich der jeweils maßgebenden Verkehrssitte kann die Beschaffungspflicht des Auftragnehmers auch bestehen, wenn und soweit ein **„besonderes Verlangen des Auftraggebers"** nach § 2 Nr. 9 Abs. 1 und Abs. 2 VOB/B vorliegt. Siehe hierzu auch → § 3 Nr. 1 Rdn. 4 und → § 3 Nr. 2 Rdn. 4 sowie die näheren Erläuterungen bei → § 2 Nr. 9 Rdn. 1 bis Ende. 9

Ob und inwieweit die Beschaffung der Unterlagen dem Auftragnehmer zu vergüten ist, hat sich aus den entsprechenden wirksamen **vertraglichen** Regelungen einschließlich der gewerblichen Verkehrssitte zu ergeben, wobei davon auszugehen ist, dass die Beschaffung der vorgenannten Unterlagen, wie nachstehend unter Rdn. 12 ausgeführt, grundsätzlich vergütungspflichtig ist. Dabei ist jedoch zu beachten, dass die Lieferung von Unterlagen nach den ATV der VOB/C, DIN 18 299 ff., Abschnitten 3 als zu stellende „Ausführungsunterlagen" sowie Abschnitten 4 als zu erbringende „Nebenleistungen" oder als eine in der vertraglichen Leistungsbeschreibung oder in sonstigen Vertragsbedingungen nach § 2 Nr. 1 VOB/B besonders festgelegte Verpflichtung durch die vereinbarten Vertragspreise abgegolten ist, weil diese Unterlagenlieferung dann zur vertraglichen Leistung des Auftragnehmers gehört.⁷ Siehe hierzu auch bei Rdn. 6. 10

Maßgeblich für die **Höhe der Vergütung** ist die von den Parteien getroffene vertragliche Regelung. Fehlt es daran, gilt eine angemessene Vergütung als vereinbart (§ 632 Abs. 2 11

---

³ Vgl. *Heiermann/Riedl/Rusam* VOB/B § 3 Rdn. 22; *Ingenstau/Korbion* VOB/B § 3 Nr. 5 Rdn. 3, 4; *Kapellmann/Messerschmidt/Havers* VOB/B § 3 Rdn. 52; *Nicklisch/Weick* VOB/B § 3 Rdn. 20.
⁴ Zu diesem Thema auch OLG Köln BauR 1992, 637, 638 mit Beispielen zur Abgrenzung.
⁵ So zutreffend *Nicklisch/Weick* VOB/B § 3 Rdn. 20. Auch *Kapellmann/Messerschmidt/Havers* VOB/B § 3 Rdn. 52.
⁶ *Ingenstau/Korbion* VOB/B § 3 Nr. 5 Rdn. 4; auch *Kapellmann/Messerschmidt/Havers* VOB/B § 3 Rdn. 52.
⁷ Vgl. auch *Heiermann/Riedl/Rusam* VOB/B § 3 Rdn. 22; *Ingenstau/Korbion* VOB/B § 3 Nr. 5 Rdn. 5; *Kapellmann/Messerschmidt/Havers* VOB/B § 3 Rdn. 52.

## § 3 Nr. 5                  Beschaffungs- und Vorlagepflicht des Auftragnehmers

BGB); das trifft auch für den Fall des „besonderen Verlangens" des Auftraggebers nach § 2 Nr. 9 VOB/B zu, weil dort – bezüglich der Anspruchsentstehung abschließend und somit ohne die Anspruchsankündigungspflicht nach § 2 Nr. 6 Abs. 1 Satz 2 VOB/B – nur die Vergütungspflicht als solche, nicht aber die Höhe der Vergütung festgelegt ist. Bei der Bestimmung der angemessenen Vergütungshöhe kommt, da es sich jeweils um VOB-Verträge handelt, je nach Sachlage eine entsprechende Anwendung von § 2 Nr. 5 und § 2 Nr. 6 VOB/B in Betracht.[8]

12    Im Falle der gewerblichen Verkehrssitte ergibt sich die Vergütungspflicht als solche aus der entsprechenden Verkehrssitte i. V. m. § 632 Abs. 1 BGB, wobei dann für die Vergütungshöhe § 632 Abs. 2 BGB maßgebend ist. Dabei ist zu berücksichtigen, dass **im Gewerbeleben,** insbesondere im Baugewerbeleben grundsätzlich **keine Leistung kostenlos** erbracht zu werden pflegt, also regelmäßig nicht ohne Vergütung zu erwarten ist,[9] zumal im vorliegenden Fall der Auftragnehmer mit der Unterlagenbeistellung eine an sich und üblicherweise dem Auftraggeber obliegende Aufgabe übernimmt.

### C. Pflicht zur Beschaffung und zur rechtzeitigen Vorlage

13    Wie schon der Ausdruck „beschaffen" zeigt, ist die eigene Anfertigung oder auch die Besorgung dieser Unterlagen bei einem **Dritten** gemeint, z. B. beim jeweils zuständigen **Nachunternehmer** (Subunternehmer) für dessen Leistung[10] oder bei einem vom Auftragnehmer beauftragten Architekten, Statiker, Projektanten oder sonstigen Planungsfachmann. Soweit es die **Nachprüfung** von Berechnungen betrifft, ist auch der Fall mit einzubeziehen, dass die Berechnungen vom Auftraggeber oder von einem von diesem damit beauftragten Planungsfachmann stammen und dass die nach § 3 Nr. 5 VOB/B durchzuführende Nachprüfung von Berechnungen durch den Auftragnehmer selbst oder auf dessen Veranlassung und in seiner Verantwortung durch einen Dritten zu geschehen hat.[11] Da diese Nachprüfung als spezielle konkretisierte **Vertragsleistung** verlangt ist, liegt der Haftungsschwerpunkt für vom Auftraggeber oder seinem Erfüllungsgehilfen in der Berechnung gesetzten und vom Auftragnehmer oder seinem Erfüllungsgehilfen bei der Nachprüfung übersehenen Fehler beim Auftragnehmer. Denn mit der Übertragung der Nachprüfung von Berechnungen auf den Auftragnehmer, zumal gegen Vergütung, bringt der Auftraggeber zum Ausdruck, dass es ihm gerade (auch) darum geht, etwaige Fehler in den Berechnungen ausgemerzt zu bekommen. Sind jedoch solche Fehler auch bei sorgfältiger fachmännischer Durchführung der übernommenen Nachprüfung durch den Auftragnehmer oder seinem Erfüllungsgehilfen nicht erkennbar, dürfte eine Haftungsverteilung von 50 : 50 im Rahmen von § 254 BGB in Betracht kommen, da immerhin der Auftraggeber die grundlegende, auch in § 3 Nr. 1 VOB/B zum Ausdruck gekommene Verpflichtung hat, dem Auftragnehmer brauchbare und zuverlässige Pläne zur Verfügung zu stellen und diese Unterlagen grundsätzlich nach § 3 Nr. 3 Satz 1 VOB/B für die Ausführung „maßgebend" (verbindlich) sind.[12]

14    Der Auftragnehmer hat die von ihm zu beschaffenden Zeichnungen, Berechnungen, Nachprüfungen von Berechnungen oder die anderen Unterlagen dem Auftraggeber „nach Aufforderung" „**rechtzeitig**" vorzulegen. Die Aufforderung kann bereits im Vertrag ent-

---

[8] Siehe die Erläuterungen → § 2 Nr. 9; *Heiermann/Riedl/Rusam* VOB/B § 3 Rdn. 22; *Ingenstau/Korbion* VOB/B § 3 Nr. 5 Rdn. 5, VOB/B § 2 Nr. 9 Rdn. 10.
[9] BGH BauR 1996, 542, 543 = ZfBR 1996, 269, 270 (für Bauleistungen); OLG Koblenz NJW-RR 1996, 1045 (für Planungsvorarbeiten eines Architekten); *Ingenstau/Korbion* VOB/B § 2 Nr. 6: bei „gewerblich tätigen Unternehmern" „normalerweise keine Leistung ohne Gegenleistung (Vergütung)"; siehe außerdem → Vor § 2 Rdn. 6: grundsätzlich Vermutung für Entgeltlichkeit als Regelfall.
[10] *Ingenstau/Korbion* VOB/B § 3 Nr. 5 Rdn. 3; *Kapellmann/Messerschmidt/Havers* VOB/B § 3 Rdn. 53.
[11] *Ingenstau/Korbion* VOB/B § 3 Nr 5 Rdn. 3.
[12] Soweit ersichtlich, ist das hier erörterte Problem in der einschlägigen Kommentarliteratur und Rechtsprechung noch nicht behandelt.

D. Nebenleistungspflicht des Auftragnehmers                                    § 3 Nr. 5

halten sein, sie kann aber auch später einseitig durch den Auftraggeber erfolgen.¹³ Was rechtzeitig ist, hängt vom Einzelfall ab. Hier kann für die Verpflichtung des Auftragnehmers entsprechend auf die Grundsätze zurückgegriffen werden, welche unter → § 3 Nr. 1 Rdn. 24–28 für die rechtzeitige Übergabe der vom Auftraggeber nach § 3 Nrn. 1–3 Satz 2 VOB/B geschuldeten Ausführungsunterlagen erörtert sind. Grundlage ist die Verpflichtung beider Parteien zur angemessenen **Förderung und Vollendung** der Bauausführung (vgl. § 5 Nr. 1 Satz 1 VOB/B). Zu berücksichtigen ist insbesondere, dass der Auftraggeber bzw. dessen Beauftragter (z. B. Architekt, Statiker, Projektant, sonstiger Planungsfachmann) für die vom Auftragnehmer beschafften und vorgelegten Unterlagen eine gewisse angemessene Zeit zur Überprüfung, Stellungnahme, Korrektur und gegebenenfalls Erörterung mit dem Auftragnehmer benötigt, so dass die Unterlagen nicht erst unmittelbar vor Beginn der betreffenden Arbeiten vorgelegt werden dürfen.¹⁴ Wie sich aus Wortlaut sowie Sinn und Zweck des § 3 Nr. 5 VOB/B (oben Rdn. 1) ergibt, besteht die Unterlagen-Vorlagepflicht des § 3 Nr. 5 VOB/B nur im Zuge und während der Bauausführung, so auch OLG Frankfurt/M., BauR 2007, 895, 896 für Ausführungsplanung und Statik bei Natursteinfassade.

**Zu** den vom Auftragnehmer **vorgelegten Unterlagen** hat sich der Auftraggeber naturgemäß und auch rechtzeitig zu äußern und dabei eine Entscheidung zu treffen, damit der Auftragnehmer weiß, ob er aus Sicht des Auftraggebers nach diesen Unterlagen bauen darf, anderenfalls „kommt" der Auftragnehmer in der Regel „nicht weiter". Die überhaupt und sachlich-inhaltlich gebotene Äußerung (hier hauptsächlich: „ja", „nein", „anders" mit näheren Hinweisen zum „wie anders") und insoweit ebenfalls Dokumentation des „Bestellerwillens" i. S. von → Vor § 3 Rdn. 1 gehört daher in den Bereich der vom Auftraggeber „für die reibungslose Ausführung des Baues" i. S. von → Vor § 3 Rdn. 3 und 4 zutreffenden „Entscheidungen". Diese Entscheidungen manifestieren sich in der Regel in Auftraggeber-Anordnungen/Weisungen, hauptsächlich solche nach § 4 Nr. 1 Abs. 3 VOB/B; denkbar sind auch Änderungsanordnungen nach §§ 1 Nr. 3, 2 Nr. 5 VOB/B, soweit sich die vom Auftragnehmer gelieferte Unterlage im Rahmen der vertraglichen Leistungsvorgabe hält und die geäußerte Auftraggeber-Entscheidung eine Abweichung vom vertraglichen Leistungssoll beinhaltet. Es besteht also eine **Entscheidungsäußerungs-Pflicht** des Auftraggebers als **Mitwirkungspflicht, soweit** die Entscheidung **für** die mängelfreie zeitliche und auch sonst reibungslose **Ausführung** der Bauleistung **unentbehrlich** ist.

## D. Nebenleistungspflicht des Auftragnehmers

Bei den Beschaffungspflichten des § 3 Nr. 5 VOB/B handelt es sich um Schuldnerpflichten in Gestalt vertraglicher Nebenleistungspflichten, die der Auftragnehmer übernommen hat. Der Auftraggeber hat daher einen **selbstständigen Anspruch** auf (rechtzeitige) Beschaffung und Vorlage der betreffenden Unterlagen, dessen Erfüllung gegebenenfalls im Wege der Klage oder einstweiligen Verfügung geltend gemacht werden kann.¹⁵   15

Gerät der Auftragnehmer mit der Beschaffung und Vorlage der Unterlagen in Verzug, hat   16
der Auftraggeber Anspruch auf Ersatz des Verzugsschadens,¹⁶ wobei die unter → § 3 Nr. 4 Rdn. 12 und 13 für die Verletzung der Mitwirkungspflicht (hier des Auftragnehmers) genannten Bestimmungen auch hier zur Anwendung kommen.¹⁷

---

¹³ *Heiermann/Riedl/Rusam* VOB/B § 3 Rdn. 22; *Ingenstau/Korbion* VOB/B § 3 Nr. 5 Rdn. 7; *Kapellmann/Messerschmidt/Havers* VOB/B § 3 Rdn. 53.
¹⁴ Vgl. *Heiermann/Riedl/Rusam* VOB/B § 3 Rdn. 22; *Ingenstau/Korbion* VOB/B § 3 Nr. 5 Rdn. 7; *Kapellmann/Messerschmidt/Havers* VOB/B § 3 Rdn. 53; *Nicklisch/Weick* VOB/B § 3 Rdn. 20 a. E.
¹⁵ *Heiermann/Riedl/Rusam* VOB/B § 3 Rdn. 22; *Nicklisch/Weick* VOB/B § 3 Rdn. 21.
¹⁶ Wie vorst. Fn. sowie *Kapellmann/Messerschmidt/Havers* VOB/B § 3 Rdn. 53.
¹⁷ Vgl. auch *Heiermann/Riedl/Rusam* VOB/B § 3 Rdn. 22, letzter Absatz i. V. m. dortiger Rdn. 19; *Ingenstau/Korbion* B § 3 Nr. 5 Rdn. 7 i. V. m. § 3 Nr. 4 Rdn. 6 a. E.; *Nicklisch/Weick* VOB/B § 3 Rdn. 21.

**17** Sind die vom Auftragnehmer beschafften und vorgelegten Unterlagen **mangelhaft (fehlerhaft)** und führt dies zum Mangel der Bauleistung, so hat der Auftraggeber die Rechte aus § 4 Nr. 7 VOB/B vor der Abnahme und aus § 13 Nrn. 5 bis 7 VOB/B nach der Abnahme.[18] Die Gewährleistungsansprüche sind aber nicht nur davon abhängig, dass infolge der fehlerhaften Unterlagen Mängel an der Bauleistung entstehen, sondern sie greifen schon hinsichtlich der mangelhaften Nebenleistungen selbst ein.[19]

**18** Werden Unterlagen zwar fristgerecht vorgelegt, haben sie jedoch einen schuldhaft verursachten Fehler mit der Folge von Diskussionen, Gegendarstellungen, Überprüfungen und anderen zu Verzögerungen und Behinderungen führenden Vorgängen, so fehlt bis zur fehlerfreien Vorlage eine ordnungsgemäße Erfüllung dieser Nebenleistungspflicht, so dass dann insoweit der Auftraggeber die Rechte nach § 6 Nr. 6 (i. V. m. § 5 Nr. 4) und nach § 6 Nr. 7 VOB/B sowie nach § 8 Nr. 3 VOB/B hat.[20]

## E. § 3 Nr. 5 und Allgemeine Geschäftsbedingungen

**19** **Unzulässig** sind – neben den bei → § 2 Nr. 9 Rdn. 25 genannten Klauseln – vom Auftraggeber verwendete AGB- oder Formularklauseln mit folgendem oder gleichbedeutendem Inhalt:

„Werden vom Auftragnehmer Planungsarbeiten erbracht oder Sondervorschläge unterbreitet, die von den Planungsunterlagen der Auftraggeberseite abweichen, so haftet er allein für die Entwurfsbearbeitung und die Ausführung, welche ein Werk darstellen."

Eine solche Klausel verschiebt ohne sachlichen Grund – unter Verstoß gegen § 307 Abs. 1 und 2 BGB, früher § 9 AGB-Gesetz – das Risiko der Ausführung des Werkes **allein** auf den Auftragnehmer. Denn es ist denkbar, dass bei der Ausführung eines Werks, dem auch Pläne des Auftragnehmers zugrundeliegen, Schäden entstehen, die (auch) auf ein **Auftraggeber**verschulden zurückgehen. Beispielsweise ist der Auftraggeber nämlich auch seinerseits verpflichtet, Planungsleistungen des Auftragnehmers auf etwaige offenkundige Mängel zu überprüfen.[21]

**20** Weiter **unzulässig,** auch im Rahmen von § 3 Nr. 5, sind die bei → § 3 Nr. 1 unter Rdn. 33 (2), (4), (5), (6) aufgeführten Klauseln, insbesondere weil sich der Auftraggeber als Verwender einen erheblichen, willkürlichen Ermessensspielraum bei der Bestimmung der vom Auftragnehmer zu erbringenden Unterlagen einschließlich Zeichnungen, Berechnungen, Nachprüfungen von Berechnungen einräumen will (und nach dem Wortlaut einräumt), deren Reichweite und deren daraus folgenden Aufgabenumfang nebst Kosten der Auftragnehmer nicht abschätzen kann (fehlende Transparenz, Unbestimmbarkeit von Leistung und Gegenleistung).

**21** Als **zulässig** wird vom OLG Frankfurt die bei → § 3 Nr. 1 Rdn. 34 wiedergegebene AGB-Klausel angesehen, welche dem Auftragnehmer vertraglich i. S. von § 3 Nr. 5 VOB/B die Herstellung der **Verlegepläne** auferlegt.

---

[18] *Heiermann/Riedl/Rusam* VOB/B § 3 Rdn. 22; *Ingenstau/Korbion* VOB/B § 3 Nr. 5 Rdn. 7; *Kapellmann/Messerschmidt/Havers* VOB/B § 3 Rdn. 53; *Nicklisch/Weick* VOB/B § 3 Rdn. 21.

[19] So ausdrücklich *Nicklisch/Weick* VOB/B § 3 Rdn. 21; auch *Ingenstau/Korbion* VOB/B § 3 Nr. 5 Rdn. 7; nicht so wohl *Heiermann/Riedl/Rusam* VOB/B § 3 Rdn. 22: Rechte aus § 4 Nr. 7 und aus § 13 Nr. 5 bis Nr. 7 nur, wenn sich der Mangel der Unterlage in der Bauleistung fortsetzt.

[20] Vgl. *Daub/Piel/Soergel/Steffani* ErlZ B 3.30, jedoch für den Fall nicht rechtzeitiger Vorlage und für den Fall rechtzeitiger Vorlage von mit Fehlern behafteter Unterlagen Schadensersatzpflicht des Auftragnehmers wegen positiver Vertragsverletzung, wobei die Beschaffung und Vorlagepflicht des Auftragnehmers als „Nebenpflicht" gilt.

[21] Vgl. *Glatzel/O. Hofmann/Frikell* 2.3.1 f unter Hinweis auf LG München I v. 19. 5. 1993 – 21 O 12454/92.

## § 3 Nr. 6

**§ 3 Nr. 6 [Eingeschränkte Verfügungsbefugnis über Unterlagen]**

(1) **Die in Nummer 5 genannten Unterlagen dürfen ohne Genehmigung ihres Urhebers nicht veröffentlicht, vervielfältigt, geändert oder für einen anderen als den vereinbarten Zweck benutzt werden.**

(2) **An DV-Programmen hat der Auftraggeber das Recht zur Nutzung mit den vereinbarten Leistungsmerkmalen in unveränderter Form auf den festgelegten Geräten. Der Auftraggeber darf zum Zwecke der Datensicherung zwei Kopien herstellen. Diese müssen alle Identifikationsmerkmale enthalten. Der Verbleib der Kopien ist auf Verlangen nachzuweisen.**

(3) **Der Auftragnehmer bleibt unbeschadet des Nutzungsrechts des Auftraggebers zur Nutzung der Unterlagen und der DV-Programme berechtigt.**

Literatur: *Brandi-Dohrn*, Softwareschutz nach dem neuen deutschen Urheberrechtsgesetz, BB 1994, 658; *Engel*, Mängelansprüche bei Software-Verträgen, BB 1985, 1159; *Mehrings*, Computersoftware und Gewährleistungsrecht, NJW 1986, 1904; *Moritz/Hütig*, Fortbildung des Computerrechts von 1998 bis heute in Computer Praxis & Recht, Beilage 10 zu BB Heft 48/2000, S. 2ff.; *Nestler*, Der Schutz nichturheberrechtsfähiger Bauzeichner, BauR 1994, 589; *Walchshöfer*, Der persönlichkeitsrechtliche Schutz der Architektenleistung, ZfBR 1988, 104. – Siehe im übrigen die Hinweise → Vor § 3.

### Übersicht

| | Rdn. | | Rdn. |
|---|---|---|---|
| A. Zweck und Anwendungsbereich... | 1–4 | I. Nutzungsrechtsvoraussetzungen (Satz 1)............... | 24 |
| B. Sacheigentum des Auftragnehmers an den Unterlagen ............ | 5–8 | II. Befugnis zur Herstellung zweier Kopien (Satz 2)............... | 26 |
| C. Dauer des Besitzrechtes des Auftraggebers an den Unterlagen ...... | 9–10 | III. Mittel zur Identifikation der Kopien (Satz 3) ............... | 27 |
| D. Rechte des „Urhebers" an den Unterlagen............... | 11–22 | IV. Nachweispflicht für Verbleib der Kopien (Satz 4)............... | 28 |
| I. Schutz nach dem Urheberrechtsgesetz, dem BGB und dem UWG ............... | 12 | F. Verbleibendes Nutzungsrecht des Auftragnehmers an allen in Nr. 5 genannten Unterlagen (Absatz 3).. | 29–30 |
| II. Weitergehender vertraglicher Schutz............... | 15 | G. Rechtsfolgen bei Pflichtverletzung – Ansprüche aus § 3 Nr. 6 Absatz 1 ............... | 31–34 |
| III. Abweichende vertragliche Regelungen............... | 22 | H. Rechte des Auftraggebers an selbst angefertigten Unterlagen.... | 35 |
| E. Nutzungsrechte des Auftraggebers an DV-Programmen (Absatz 2).... | 23–38 | | |

### A. Zweck und Anwendungsbereich

§ 3 Nr. 6 VOB/B ist durch die VOB-Ausgabe vom 12. 11. 1992 neugefasst worden. Die Sätze 2 und 3 der Nr. 6 der vorherigen Fassung sind entfallen, in den früheren Satz 1, jetzt Absatz 1 neuer Fassung, ist das bereits urhebergesetzlich bestehende **Änderungsverbot** aufgenommen worden. Neu hinzugekommen sind durch die vorgenannte Novellierung gegenüber der vorherigen Fassung Absatz 2 mit dem **Inhalt des Nutzungsrechts** des Auftraggebers an DV-Programmen (= Datenverarbeitungs-Programmen = „Systemsoftware" sowie „Anwendersoftware") und Absatz 3 mit der Regelung über den **Fortbestand des Nutzungsrechts** des Auftragnehmers an seinen DV-Programmen und sonstigen Unterlagen neben dem Nutzungsrecht des Auftraggebers. Damit ist unter Rechnungtragung moderner Verfahren wie der elektronischen Datenverarbeitung zur Herstellung und Anwendung planerischer Mittel klargestellt, dass auch entsprechende DV-Programme zu den Unterlagen i. S. von § 3 Nr. 5 VOB/B gehören, z. B. Programme zur Erstellung von Leistungsverzeichnissen oder statischen Berechnungen, Aufmaß- und Abrechnungsprogramme. Damit ist die

§ 3 Nr. 6                                               Eingeschränkte Verfügungsbefugnis über Unterlagen

zunehmende Bedeutung der Datenverarbeitung auch im Baubereich berücksichtigt; die in § 3 Nr. 5 VOB/B genannten Unterlagen werden nämlich immer häufiger anhand von Computerprogrammen erstellt und auf Datenträgern gespeichert.

2   Die Absätze 2 und 3 ab der Fassung 1992 beinhalten eine inhaltliche Ausgestaltung und Beschränkung des Nutzungsrechts des Auftraggebers an ihm vom Auftragnehmer nach § 3 Nr. 5 VOB/B oder aus sonstigen Gründen (z. B. auf Grund vertraglicher Einräumung urheberrechtlicher Nutzungsrechte) übergebenen DV-Programmen, wobei Absatz 3 auch sonstige Unterlagen i. S. v. § 3 Nr. 5 VOB/B betrifft.

Die bis zur Ausgabe 1992 geltende **alte Fassung** von § 3 Nr. 6 VOB/B hat folgenden Wortlaut:

„Die in Nr. 5 genannten Unterlagen dürfen ohne Genehmigung ihres Urhebers weder veröffentlicht noch vervielfältigt noch für einen anderen als den vereinbarten Zweck benutzt werden. Sie sind auf Verlangen zurückzugeben, wenn nichts anderes vereinbart ist. Der Auftraggeber darf jedoch die vom Auftragnehmer gelieferten Unterlagen so lange behalten, wie er sie zur Rechnungsprüfung braucht."

3   § 3 Nr. 6 VOB/B regelt Fragen der Veröffentlichung, Vervielfältigung und (zweckgebundenen) Benutzung der vom Auftragnehmer nach § 3 Nr. 5 VOB/B zu beschaffenden und vorzulegenden Unterlagen (und zwar nur dieser)[1] sowie auch **urheberrechtliche** und mittelbar **eigentumsrechtliche** Fragen bezüglich dieser Unterlagen. Der Regelungsbereich ist somit auf die von § 3 Nr. 5 VOB/B erfassten Unterlagen abgestellt, und zwar zum Zwecke des Schutzes der berechtigten Interessen einerseits des Auftragnehmers an seinem Sacheigentum und seinem geistigen Eigentum, andererseits des Auftraggebers an zweck- und bedarfsgerichtetem notwendigem Besitz der Unterlagen für gewisse Zeit.[2] Dabei ist § 3 Nr. 6 VOB/B – zusammen mit § 3 Nr. 5 VOB/B und darauf aufbauend sowie darauf bezogen – eine eigenständige vertragliche **Sonderregelung**, die eine Urheberrechts- und Urheberschutzfähigkeit i. S. des Urheberrechtsgesetzes nicht voraussetzt sowie auch sonst unabhängig vom UrhG (insb. §§ 1 ff., §§ 69 a ff. UrhG) Rechte und Pflichten von Auftraggeber und Auftragnehmer bezüglich der in Rede stehenden Unterlagen nebst DV-Programmen festlegt und regelt.[3] Ist außerdem der gesetzliche Urheberrechtsschutz wegen Vorliegen der Voraussetzungen gegeben, so gilt § 3 Nr. 6 VOB/B zusätzlich zum UrhG und dieses vertraglich ergänzend und ausfüllend. Der Begriff „Urheber" in Nr. 6 Abs. 1 ist auch nicht im engeren Sinne des UrhG gemeint, wie in Rdn. 11 und 15 ausgeführt.

4   Das in der VOB-Ausgabe vom 12. 11. 1992 (= n. F.) gegenüber der bis dahin geltenden Fassung (= a. F.) ausdrücklich aufgenommene Änderungsverbot im nunmehrigen Absatz 1 (bisher: Satz 1) ist nur eine **Klarstellung**, da es bereits durch das in Nr. 6 enthaltene Verbot zweckwidriger Benutzung begründet war.

## B. Sacheigentum des Auftragnehmers an den Unterlagen

5   Durch die Beschaffungs- und Vorlagepflicht nach § 3 Nr. 5 VOB/B verliert nach den Grundsätzen des BGB und mangels anderweitiger Vereinbarung der Auftragnehmer nicht das Sacheigentum an den dort genannten Unterlagen.

6   Nach den Fassungen der Nr. 6 vor der VOB-Ausgabe vom 12. 11. 1992 ergab sich dies zusätzlich aus den speziellen VOB-vertraglichen **Rückgaberegelungen** in Nr. 6 Sätze 2 und 3 der Vorfassung. Nach deren Nr. 6 Satz 2 waren nämlich die in § 3 Nr. 5 VOB/B genannten Unterlagen – „wenn nichts anderes vereinbart ist" – dem Auftragnehmer zurückzugeben, wenn er und sobald er es verlangt; das bestätigt zusätzlich vertraglich, dass die

---
[1] Wie *Nestler* BauR 1994, 589, 591, zurecht hervorhebt und wie sich aus dem ausdrücklichen Bezug in Nr. 6 (Satz 1 a. F., Absatz 1 n. F.) auf Nr. 5 ergibt.
[2] In diesem Sinne auch *Ingenstau/Korbion* VOB/B § 3 Nr. 6 Rdn. 1, 4.
[3] Siehe Rdn. 15.

## C. Dauer des Besitzrechtes des Auftraggebers an den Unterlagen § 3 Nr. 6

Unterlagen im Eigentum des Auftragnehmers verbleiben, soweit nichts anderes vereinbart worden ist oder wird.[4]

Es verbleiben auch bei Anwendung des jetzigen § 3 Nr. 6 VOB/B dem Auftragnehmer alle Rechte des Eigentümers einschließlich des Herausgabeanspruchs nach **§ 985 BGB** mit der Einschränkung nach § 986 BGB[5] i. V. m. § 3 Nr. 6 VOB/B. Etwa daraus, dass der Auftragnehmer als Eigentümer nicht zur Rückgabe auffordert, kann – weder bei der Altfassung von vor dem 12. 11. 1992 noch bei der jetzigen Fassung der Nr. 6 – nicht ohne weiteres der Schluss gezogen werden, er wolle auf sein Eigentum verzichten oder es stillschweigend dem Auftraggeber übertragen.[6] Für eine solche Annahme müssen eindeutige Tatsachen vorliegen.[7] 7

Bei § 3 Nr. 6 VOB/B regelt sich, nachdem die Sätze 2 und 3 der Fassung vor dem 12. 11. 1992 weggefallen sind, die Frage der **Rückgabe** der DV-Programme oder sonstigen Unterlagen an den Auftragnehmer näher nach dem **für die Benutzung „vereinbarten Zweck"** gemäß § 3 Nr. 6 Abs. 1 VOB/B, also nach der **„Zweckvereinbarung"** bzw. „Nutzungsvereinbarung" in Verbindung mit den §§ 985, 986 BGB. Die „Zweckvereinbarung" bzw. „Nutzungsvereinbarung" wird in der Regel bei der Überlassung der DV-Programme oder sonstigen Unterlagen getroffen, etwa auch im Rahmen der Nutzungsrechtseinräumung i. S. der §§ 31 ff. UrhG. Sie kann auch konkludent erfolgen und sich insbesondere aus der objektiv ersichtlichen Zwecksetzung/Zweckbestimmung ergeben. Mit deren Beendigung entsteht die Rückgabepflicht als vertragliche Pflicht und wird fällig, weil die Unterlagen dem Auftraggeber nur für den betreffenden und insoweit begrenzten Zweck überlassen werden, nämlich solange wie er sie zur Realisierung und Abwicklung der Bauaufgabe verständigerweise braucht, die Rechnungsprüfung als dazugehörend eingeschlossen.[8] Ein praktisches Beispiel ist der bei Rdn. 9 behandelte Fall der Altfassung von § 3 Nr. 6 Satz 3 VOB/B. Die behandelte vertragliche Rückgabepflicht besteht unabhängig vom Sacheigentum an den Datenträgern oder sonstigen Unterlagen; er steht dem Auftragnehmer mithin auch dann zu, wenn ein Dritter Eigentümer ist und dem Auftragnehmer die genannten Gegenstände nur zur Nutzung überlassen hatte.[9] Der vertragliche Rückgabeanspruch steht neben dem urheberrechtlichen Ansprüchen (Anspruchskonkurrenz).[10] Andererseits hat der Auftragnehmer eine vertragliche Pflicht zur **Rücknahme,** wenn die Datenträger oder sonstigen Unterlagen für den Vertragszweck nicht mehr benötigt werden und der Auftraggeber die Rücknahme durch den Auftragnehmer verlangt.[11] Bis zur Rückgabe hat der Auftraggeber die Aufbewahrungspflicht des Besitzers, deren Verletzung die einschlägigen gesetzlichen Schadensersatzansprüche des Auftragnehmers einschließlich solcher wegen positiver Vertragsverletzung auslösen kann.[12]

## C. Dauer des Besitzrechtes des Auftraggebers an den Unterlagen

Nach § 3 Nr. 6 Abs. 1 VOB/B ist der Auftraggeber berechtigt, die vom Auftragnehmer gelieferten Unterlagen so lange zu behalten, wie es dem für die Benutzung vereinbarten Zweck entspricht. Ansonsten tritt die Fälligkeit der Rückgabe – das Rückgabeverlangen des Auftragnehmers vorausgesetzt – mit der Abnahme der Bauleistung oder, falls danach noch 9

---

[4] *Ingenstau/Korbion* VOB/B § 3 Nr. 6 Rdn. 2.
[5] *Ingenstau/Korbion* VOB/B § 3 Nr. 6 Rdn. 5; *Kapellmann/Messerschmidt/Havers* VOB/B § 3 Rdn. 60; *Nicklisch/Weick* VOB/B § 3 Rdn. 22.
[6] *Ingenstau/Korbion* VOB/B § 3 Nr. 6 Rdn. 3; *Kapellmann/Messerschmidt/Havers* VOB/B § 3 Rdn. 55, 60.
[7] *Ingenstau/Korbion* VOB/B § 3 Nr. 6 Rdn. 2; *Kapellmann/Messerschmidt/Havers* VOB/B § 3 Rdn. 55.
[8] *Kapellmann/Messerschmidt/Havers* VOB/B § 3 Rdn. 55; *Nicklisch/Weick* VOB/B § 3 Rdn. 24 d.
[9] *Nicklisch/Weick* VOB/B § 3 Rdn. 24 d.
[10] *Nicklisch/Weick* VOB/B § 3 Rdn. 24 d.
[11] *Ingenstau/Korbion* VOB/B § 3 Nr. 6 Rdn. 3; *Nicklisch/Weick* VOB/B § 3 Rdn. 24 d.
[12] *Ingenstau/Korbion* VOB/B § 3 Nr. 6 Rdn. 3.

§ 3 Nr. 6   Eingeschränkte Verfügungsbefugnis über Unterlagen

restliche Arbeiten auszuführen sind, nach Abschluss dieser Arbeiten ein.[13] Abweichende individualvertragliche Vereinbarungen sind möglich. Zur **Beendigung des Besitzrechtes** (Rückgabepflicht) siehe im Übrigen Rdn. 8.

10   Zur **Dauer des Besitzrechtes** gilt ebenfalls das unter Rdn. 8 Gesagte mit der Folge, dass auch hier im Allgemeinen die vorgenannte „Staffel"-Regelung (Abnahme – Rechnungsprüfung – Restarbeitenbeendigung) Anwendung findet.

### D. Rechte des „Urhebers" an den Unterlagen

11   Urheber i. S. v. § 3 Nr. 6 Abs. 1 VOB/B ist derjenige, welcher durch Einsatz seiner geistigen Tätigkeit oder Mittätigkeit die Unterlagen gemäß dem Regelungsbereich von § 3 Nr. 5 VOB/B geschaffen hat; § 3 Nr. 6 VOB/B spricht insoweit – ebenfalls der Nr. 5 folgend – den Auftragnehmer und/oder denjenigen oder diejenigen Dritten als Berechtigte(n) an, welche(r) die betreffende Unterlage angefertigt bzw. mitangefertigt hat (haben). Das Wort „Urheber" ist also nicht nur i. e. S. des Urheberrechtsgesetzes zu verstehen,[14] sondern „Urheber" bedeutet einfach den Hersteller der in § 3 Nr. 5 VOB/B genannten Unterlagen ohne Rücksicht darauf, ob diese Unterlagen urheberrechtsfähig i. S. d. UrhG sind oder nicht.

#### I. Schutz nach dem Urheberrechtsgesetz, dem BGB und dem UWG

12   Der Auftragnehmer oder/und der anderweitige Urheber bzw. Miturheber hat an den dem Auftraggeber überlassenen Ausführungsunterlagen urheberrechtlichen Schutz, wenn und soweit diese den Anforderungen der §§ 1, 2 Abs. 1 Nrn. 1, 4 und/oder Nr. 7, § 2 Abs. 2 des Urheberrechtsgesetzes genügen und der Auftragnehmer selbst **Urheber** im Sinne der §§ 7 bis 10 UrhG ist. Urheberrechtsschutzfähig kann z. B. ein Vorentwurf als Entwurf eines Werkes der Baukunst i. S. des § 2 Abs. 1 Nr. 4 UrhG sein, wenn und soweit in ihm für das vorgesehene **Bauwerk** oder auch für einen Teil hiervon (beispielsweise Fassadengestaltung, Erdgeschossgrundriss, Raumform, Dachkonstruktion) Elemente einer persönlichen geistigen Eigenschöpfung enthalten sind.[15] Für **DV-Programme** gelten seit der UrhG-Novelle vom 9. 6. 1993 (BGBl. 1993 I, 910) zusätzlich die §§ 69 a ff. UrhG bezüglich deren urheberrechtlichen Schutzfähigkeit und Schutzumfang, zur Vertragsgestaltung bei der Softwareüberlassung und zu den Rechten und Pflichten der Urheberlizenzparteien. Bereits mit dem Urheberrechtsänderungsgesetz v. 24. 6. 1985 (BGBl. 1985 I, 1137) sind DV-Programme in den Katalog der urheberrechtsfähigen Werke gem. § 2 Abs. 1 Nr. 1 UrhG ausdrücklich aufgenommen worden.[16]

13   Verletzt der Auftraggeber das Urheberrecht des Auftragnehmers und/oder des/der Dritten, so steht den genannten Personen als Urheber ein **Unterlassungsanspruch und/oder Schadensersatzanspruch** nach § 97 UrhG zu; Unterlassung kann bei Wiederholungsgefahr durch einstweilige Verfügung und/oder Klage gefordert werden.[17] Zur Vermeidung der Kostenlast ist vorherige Abmahnung grundsätzlich geboten.[18] Diese Ansprüche kann der jeweilige Auftragnehmer gegenüber jedem Urheberrechtsverletzer geltend machen; das kann

---

[13] *Heiermann/Riedl/Rusam* VOB/B § 3 Rdn. 28; *Ingenstau/Korbion* VOB/B § 3 Nr. 6 Rdn. 3; *Kapellmann/Messerschmidt/Havers* VOB/B § 3 Rdn. 55.
[14] *Heiermann/Riedl/Rusam* VOB/B § 3 Rdn. 23; *Kapellmann/Messerschmidt/Havers* VOB/B § 3 Rdn. 58, 59; *Ingenstau/Korbion* VOB/B § 3 Nr. 6 Rdn. 6 sowie hier unten Rdn. 20.
[15] BGH BauR 1988, 361, 362 f.; zum Urheberschutz nach UrhG u. anderen Rechtsgrundlagen: *Nestler* BauR 1994, 589 ff.
[16] Zum Schutz von DV-Programmen nach dem UrhG 1993 im Einzelnen: *Brandi-Dohrn* BB 1994, 658 ff.
[17] *Heiermann/Riedl/Rusam* VOB/B § 3 Rdn. 25.
[18] OLG Düsseldorf NJW 1970, 335.

D. Rechte des „Urhebers" an den Unterlagen  § 3 Nr. 6

der eigene Auftraggeber oder bei einer Auftraggeber-Auftragnehmer-Kette der jeweilige Auftraggeber eines Auftraggebers bis hin zum eigentlichen Bauherren, aber auch ein sonstiger Dritter, sein.

Schadensersatzansprüche können auch auf § 823 Abs. 1 sowie Abs. 2 BGB, Abwehransprüche auf § 1004 BGB gestützt werden, wobei § 823 BGB (verschuldensabhängig) und § 1004 BGB (verschuldensunabhängig) auch auf gegenwärtige und künftige Unterlassung gehen. Auch nach dem UrhG nicht schutzfähige Arbeiten sind in gewissem Umfang auf Grund des **allgemeinen Persönlichkeitsrechts** und unter dem Gesichtspunkt des Rechtes am Unternehmen (= Rechtes am eingerichteten und ausgeübten Gewerbebetrieb) geschützt.[19] Eine weitere Anspruchsgrundlage bietet § 687 Abs. 2 BGB wegen „unerlaubter Eigengeschäftsführung" mit den sich aus den §§ 677, 678, 681, 682 BGB ergebenden Ansprüchen[20] oder §§ 812 ff. BGB. In Betracht kommen bei Vorliegen der Voraussetzungen auch Ansprüche nach §§ 18, 19 **UWG**, und zwar auch soweit die entsprechenden Unterlagen (z. B. Bauzeichnungen) nicht urheberrechtsfähig sind.[21]   14

## II. Weitergehender vertraglicher Schutz

Unabhängig davon, dass und ob die dem Auftraggeber nach § 3 Nr. 5 VOB/B übergebenen Unterlagen Urheberschutz nach dem UrhG genießen, gewährt § 3 Nr. 6 Abs. 1 VOB/B dem Auftragnehmer einen **eigenständigen** vertraglichen Schutz, indem der Auftraggeber die genannten Unterlagen ohne die „**Genehmigung**" ihres Urhebers[22] nicht veröffentlichen, vervielfältigen, ändern oder für einen anderen als den vereinbarten Zweck benutzen darf; das Änderungsverbot ist durch die VOB-Ausgabe vom 12. 11. 1992 nun ausdrücklich in die Nr. 6 Abs. 1 (früher: Satz 1) aufgenommen worden. Vorher ergab sich das Änderungsverbot (mittelbar) aus dem Verbot der Benutzung für einen anderen als den vereinbarten Zweck. Die Vorschrift des § 3 Nr. 6 VOB/B ist dabei nicht nur auf urheberrechtlich geschützte Unterlagen beschränkt. Das Wort „Urheber" ist hier nämlich nicht rechtstechnisch nach Maßgabe des Urheberrechtschutzgesetzes zu verstehen; denn die Regelungen in § 3 Nrn. 5 und 6 VOB/B beziehen sich außer auf Zeichnungen auch auf bloße „Berechnungen, Nachprüfungen von Berechnungen und andere Unterlagen", bei denen eine Urheberrechtsschutzfähigkeit in der Regel ausscheidet, so dass der rein vertragliche Schutz von Unterlagen nach § 3 Nr. 6 VOB/B nicht deren Urheberrechtsschutzfähigkeit voraussetzt.[23]   15

Die „**Genehmigung**" i. S. v. § 3 Nr. 6 Abs. 1 VOB/B ist nicht (nur) im engeren Sinn der „nachträglichen Zustimmung" gemäß § 184 Abs. 1 BGB zu verstehen, sondern ist gleichbedeutend mit dem weiten Begriff der Zustimmung, der Erlaubnis, des Einverständnisses, so dass selbstverständlich auch die Einwilligung im Sinne vorheriger Zustimmung gemäß § 183 BGB hierin enthalten ist.[24] Hierauf liegt sogar der Schwerpunkt, da der Auftraggeber, welcher ohne vorherige Einholung der Erlaubnis die gegenständlichen Unterlagen veröffentlicht, vervielfältigt, ändert oder für einen anderen als den vereinbarten Zweck benutzt, sich regelmäßig in die Gefahr von gegen ihn gerichteten Unterlassungs- und Schadensersatzansprüchen begibt.   16

---

[19] Vgl. *Heiermann/Riedl/Rusam* VOB/B § 3 Rdn. 25; *Kapellmann/Messerschmidt/Havers* VOB/B § 3 Rdn. 60; ausführlich hierzu *Walchshöfer* ZfBR 1988, S. 104 ff.; *Nestler* BauR 1994, 589, 592.

[20] Vgl. *Heiermann/Riedl/Rusam* VOB/B § 3 Rdn. 25; *Kapellmann/Messerschmidt/Havers* VOB/B § 3 Rdn. 60.

[21] Vgl. *Nestler* BauR 1994, 589, 592, 593 ff.

[22] Zum Begriff des Urhebers siehe auch Rdn. 8.

[23] BGH NJW 1986, 2071, 2702 = BauR 1985, 571, 572 = ZfBR 1985, 215, 216; *Heiermann/Riedl/Rusam* VOB/B § 3 Rdn. 23; *Ingenstau/Korbion* VOB/B § 3 Nr. 6 Rdn. 6; *Kapellmann/Messerschmidt/Havers* VOB/B § 3 Rdn. 58; *Nestler* BauR 1994, 589, 591.

[24] *Ingenstau/Korbion* VOB/B § 3 Nr. 6 Rdn. 8; *Heiermann/Riedl/Rusam* VOB/B § 3 Rdn. 23; *Kapellmann/Messerschmidt/Havers* VOB/B § 3 Rdn. 57.

**§ 3 Nr. 6**              Eingeschränkte Verfügungsbefugnis über Unterlagen

**17**    Das **Veröffentlichungsverbot** bedeutet, dass die Unterlagen auch nicht der Fachöffentlichkeit zugänglich gemacht werden dürfen, was Fachveröffentlichungen ohne Zustimmung verbietet; das **Vervielfältigungsverbot** beinhaltet, dass der Auftraggeber nicht ohne weiteres mehr Exemplare herstellen darf, als ihm übergeben wurden; das **Änderungsverbot** drückt aus, dass die Unterlagen in dem bei der Überlassung vorhandenen Zustand verbleiben müssen.[25]

**18**    Das Verbot der Benutzung für einen **anderen** als den vereinbarten Zweck besagt, dass die Unterlagen nur für den betreffenden Bauvertrag und dessen Abwicklung oder gemäß sonstiger Absprache verwendet werden dürfen und jede sonstige außerhalb des Vertragszwecks liegende Nutzung zu unterlassen ist.[26] Insoweit darf der Auftraggeber ohne Einverständnis ihres Urhebers die in § 3 Nr. 5 VOB/B genannten Unterlassungen z. B. weder ganz noch teilweise für eine andere Ausschreibung, Vergabe, Bauabwicklung oder sonst für ein anderes Bauvorhaben (auch nicht als sogenannte Kalkulationshilfe) benutzen; in dieses Benutzungsverbot eingeschlossen ist auch die Weitergabe der Unterlagen an außerhalb des zwischen Auftraggeber, für diese Dritten selbst oder für andere Dritte.[27] Auch die Gestattung der Einsichtnahme durch Dritte zwecks Belehrung liegt außerhalb des Vertragszwecks.[28] Vgl. auch die ähnlichen Regelungen von § 20 Nr. 3 und von § 27 Nr. 3 VOB/A. Bezüglich der Befugnis des Auftraggebers zur Fehlerbeseitigung an Unterlagen des Auftragnehmers, siehe Rdn. 24 a. E.

**19**    Sind die Unterlagen nicht vom Auftragnehmer selbst, sondern von einem **Dritten** (z. B. Subunternehmer, beauftragter Architekt, Ingenieur, Sonderfachmann etc.) beschafft worden, so ist für die Verwendung der Unterlagen an sich dessen Genehmigung erforderlich, weil dieser Dritte ihr „Urheber" i. w. S. der Nr. 6 Abs. 1 n. F./Nr. 6 Satz 1 a. F. (= Hersteller) ist, siehe oben Rdn. 11 und 15.

**20**    Wird jedoch eine von einem Subunternehmer für seine Bauleistung angefertigte Unterlage in der **Auftraggeber-Auftragnehmer-Kette** „weiter hinaufgereicht", damit der jeweilige Auftraggeber oder sein Planungsfachmann oder sonstiger Erfüllungsgehilfe diese Unterlage überprüft, mit anderen Ausführungsunterlagen koordiniert oder die vorgenannte Unterlage inhaltlich in diese anderen Ausführungsunterlagen für das Bauvorhaben einfließen lässt (vgl. § 15 Abschnitt 5 HOAI „Ausführungsplanung") oder sonst für das Bauvorhaben verwendet, so liegt hierin in der Regel eine Benutzung innerhalb des „vereinbarten Zweckes" nach Nr. 6 Abs. 1; eine solche Weitergabe ist somit vom Vertragszweck gedeckt und erlaubt, zumal die Bauleistung des Subunternehmers in der Auftraggeber-Auftragnehmer-Kette zugleich auch Bauleistung des jeweils „höherstufigen" Auftragnehmers/Auftraggebers im Verhältnis zu dessen jeweiligem Auftraggeber ist. Das Gleiche gilt für Unterlagen, die ein Auftragnehmer durch einen von ihm beauftragten Planungsfachmann anfertigen lässt. Die genannte Verwendung und darin beinhaltete Weitergabe der von einem bestimmten Subunternehmer oder von einem beauftragten Planungsfachmann im Rahmen des Vertragsverhältnisses zum unmittelbaren Auftraggeber angefertigten Unterlage an einen „höherstufigen" weiteren Auftraggeber wäre allerdings wiederum dann eine Benutzung „für einen anderen als den vereinbarten Zweck", wenn der „höherstufige" Auftraggeber diese Unterlage für das Bauvorhaben unter keinem Gesichtspunkt benötigen würde oder wenn der Dritte (Subunternehmer oder beauftragter Planer) einen entsprechenden unmißverständlichen Verwendungsvorbehalt gemacht hätte, z. B. durch einen entsprechenden Vermerk auf den gefertigten Plänen und sonstigen Unterlagen.[29]

**21**    Der Unterbeauftragte des Auftragnehmers als Urheber und Dritter kann Begünstigter eines ausdrücklich, konkludent oder stillschweigend abgeschlossenen **„Vertrages mit**

---

[25] *Kapellmann/Messerschmidt/Havers* VOB/B § 3 Rdn. 60; *Ingenstau/Korbion* VOB/B § 3 Nr. 6 Rdn. 7.
[26] *Ingenstau/Korbion* VOB/B § 3 Nr. 6 Rdn. 7; *Kapellmann/Messerschmidt/Havers* VOB/B § 3 Rdn. 60.
[27] BGH NJW 1986, 2701, 2702 = BauR 1985, 571, 572 = ZfBR 1985, 215, 216; *Ingenstau/Korbion* VOB/B § 3 Nr. 6 Rdn. 7; *Kapellmann/Messerschmidt/Havers* VOB/B § 3 Rdn. 60.
[28] *Ingenstau/Korbion* VOB/B § 3 Nr. 6 Rdn. 7.
[29] *Ingenstau/Korbion* VOB/B § 3 Nr. 6 Rdn. 10.

E. Nutzungsrechte des Auftraggebers an DV-Programmen (Absatz 2)  § 3 Nr. 6

**Schutzwirkungen zugunsten Dritter"** zwischen Auftragnehmer und Auftraggeber sein. Ein solcher konkludent oder stillschweigend abgeschlossener Vertrag mit der zugunsten des Dritten getroffenen Vereinbarung, dass die von ihm angefertigten Zeichnungen, Berechnungen oder anderen Unterlagen nicht vervielfältigt oder weitergegeben oder sonst entgegen seinem geäußerten Willen verwendet werden dürfen, ist insbesondere dann anzunehmen, wenn sich aus den Umständen konkrete Anhaltspunkte für einen auf den diesbezüglichen Schutz des Dritten gerichteten Parteiwillen ergeben. Eine derartige vertragliche Einbeziehung des Dritten in den Schutzbereich des Vertrages zwischen Auftragnehmer und Auftraggeber liegt unter anderem dann vor, wenn zwischen Auftraggeber und Auftragnehmer die Regelung des § 3 Nr. 6 Abs. 1 VOB/B vereinbart ist und ersterem somit die Vervielfältigung und Weitergabe oder Benutzung für einen anderen als den vereinbarten Zweck deutlich untersagt ist, die übergebenen Unterlagen den unterbeauftragten Dritten als Ersteller/Hersteller (Urheber) ausweisen und die Unterlagen mit einem Vervielfältigungs- und Weitergabeverbot (mit oder ohne Genehmigungsvermerk) oder mit einem sonstigen Verwendungsvorbehalt versehen sind.[30] Bei verbotswidriger Verwendung hat daher der Dritte einen unmittelbaren vertraglichen Schadensersatzanspruch gegen den Auftraggeber.[31]

### III. Abweichende vertragliche Regelungen

Es ist zulässig, individualvertraglich eine von § 3 Nr. 6 Abs. 1 VOB/B abweichende 22 Regelung dahin zu treffen, dass diese Bestimmung eingeschränkt, inhaltlich geändert oder ausgeschlossen wird; so kann vereinbart werden, dass zwar die Rechte nach Absatz 1 grundsätzlich bestehen bleiben, dass aber Ausnahmen von dem Verbot in einem genau bestimmten Rahmen zugunsten des Benutzers gemacht werden.[32]

## E. Nutzungsrechte des Auftraggebers an DV-Programmen (Absatz 2)

Für vom Auftragnehmer dem Auftraggeber nach Nr. 5 zu „beschaffende" und zu überge- 23 bende („vorzulegende") Unterlagen, die DV-Programme sind, beinhaltet Nr. 6 Abs. 2 eine Sonderregelung, die einerseits den Urheberinteressen des Bau-Auftragnehmers nebst den damit verbundenen Schutzaspekten und andererseits den Nutzungsrechtsinteressen des Bau-Auftraggebers, bei beidem gleichzeitig aber auch den spezifischen Eigenheiten gerade der DV-Programme Rechnung trägt.[33] Siehe hierzu auch oben Rdn. 1–3, auch wegen der vom UrhG losgelösten Eigenständigkeit von § 3 Nr. 6 VOB/B als vertraglicher Sonderregelung. Dieser § 3 Nr. 6 VOB/B geht als vertragliche Vereinbarung den urhebergesetzlichen Vorschriften vor, soweit letztere eine vertragliche Abbedingung zulassen.
- Zur hier einschlägigen DV-Rechtsentwicklung siehe auch *Moritz/Hütig*, Fortbildung des Computerrechts von 1998 bis heute, a. a. O. (Beilage 10 zu BB Heft 48/2000) mit Beiträgen zu folgenden Themen:
- Entwicklung von Software-Produkten, S. 2
- Urheberrechtlicher Erschöpfungsgrundsatz hinsichtlich des Verbreitungsrechtes, S. 2, 3
- Vervielfältigung von Software, Erfordernis der Zustimmung des Softwareherstellers, S. 6
- Patentrechtlicher Schutz von Computerprogrammen, S. 8
- Softwareentwicklungsverträge und Leistungsstörungen, S. 10 ff.

---

[30] Vgl. BGH NJW 1986, 2701, 2702 = BauR 1985, 571, 572 = ZfBR 1985, 215, 216; *Heiermann/Riedl/Rusam* VOB/B § 3 Rdn. 26; *Ingenstau/Korbion* VOB/B § 3 Nr. 6 Rdn. 10; *Kapellmann/Messerschmidt/Havers* VOB/B § 3 Rdn. 59.
[31] Wie vorst. Fn.
[32] *Ingenstau/Korbion* VOB/B § 3 Nr. 6 Rdn. 11; *Kapellmann/Messerschmidt/Havers* VOB/B § 3 Rdn. 61.
[33] So auch *Ingenstau/Korbion* VOB/B § 3 Nrt. 6 Rdn. 12; *Kapellmann/Messerschmidt/Havers* VOB/B § 3 Rdn. 62.

## § 3 Nr. 6 — Eingeschränkte Verfügungsbefugnis über Unterlagen

### I. Nutzungsrechtsvoraussetzungen (Satz 1)

**24** In Abs. 2 Satz 1 ist in Anknüpfung an das Vorgesagte festgelegt, dass der Auftraggeber an ihm vom Auftragnehmer zur Verfügung gestellten DV-Programmen das Recht zur Nutzung (nur) hat
(1) mit den vereinbarten Leistungsmerkmalen
(2) in unveränderter Form
(3) auf den festgelegten Geräten.

Zu beachten ist jedoch: Das vertragliche Verbot (hier das Verbot gemäß § 3 Nr. 6 Abs. 2 VOB/B), ein Softwareprogramm für Zwecke Dritter zu benutzen oder Dritten zugänglich zu machen, verwehrt es dem Vertragspartner nur, andere als eigene betriebliche Aufgaben damit zu erledigen oder das Programm einem anderen zu überlassen. Es kann ihm deshalb nicht generell untersagt werden, die Beseitigung von Fehlern durch Dritte vornehmen zu lassen, sobald die rechtlichen Voraussetzungen des Ersatzvornahmerechtes eingetreten sind.[34]

**25** Das Nutzungsrecht des Auftraggebers ist also einschränkend und zwingend an die drei in Rdn. 24 genannten Voraussetzungen bzw. Merkmale gebunden, die **kumulativ** und sämtlich voll erfüllt sein müssen.[35] Dies bedingt:
(1) Es müssen die einzelnen Leistungsmerkmale hinsichtlich der DV-Programme zwischen den Parteien vereinbart sein, und zwar hinreichend klar, deutlich und zweifelsfrei.[36]
(2) Das Nutzungsrecht besteht nur soweit, als die DV-Programme unverändert bleiben.
(3) Schließlich müssen die Geräte zwischen den Parteien festgelegt werden, mit deren Hilfe die DV-Programme genutzt werden dürfen.

### II. Befugnis zur Herstellung zweier Kopien (Satz 2)

**26** Nach Abs. 2 Satz 2 darf der Auftraggeber zum Zwecke der Datensicherung zwei Kopien herstellen, mehr also nicht. Dies ist eine Maximalanzahl als Begrenzung nach oben. Hält sich der Auftraggeber hieran nicht, so ist er dem Auftragnehmer wegen Verletzung vertraglicher Nebenpflicht gemäß § 280 Abs. 1 BGB n. F. bzw. früher wegen positiver Vertragsverletzung schadensersatzpflichtig.[37]

### III. Mittel zur Identifikation der Sicherungs-Kopien (Satz 3)

**27** Nach Satz 3 ist dem Auftraggeber die Nutzung der einfach bis zweifach hergestellten Sicherungs-Kopien nur gestattet, wenn sie alle Identifikationsmerkmale, also sämtliche zur Identifikation nötigen und üblichen Merkmale enthalten. Dies beinhaltet, dass die zweifelsfreie Feststellung der Identität mit dem entsprechenden Originalprogramm ohne weiteres möglich sein muss; andernfalls gelten die Sicherungs-Kopien nicht als erlaubtermaßen hergestellt. Identifikationsmerkmale sind beispielsweise: Name des Programm-„Urhebers", Registrierungsnummer(n), Bezeichnung des Bauobjekts, Bezeichnung des speziellen Vorgangs (etwa Massenermittlung).[38]

---

[34] BGH I ZR 141/97 v. 24. 2. 2000, BB 2000, 2227, 2228.
[35] *Heiermann/Riedl/Rusam* VOB/B § 3 Rdn. 30; *Ingenstau/Korbion* VOB/B § 3 Nr. 6 Rdn. 13; *Kapellmann/Messerschmidt/Havers* VOB/B § 3 Rdn. 62.
[36] *Ingenstau/Korbion* VOB/B § 3 Nr. 6 Rdn. 13; *Kapellmann/Messerschmidt/Havers* VOB/B § 3 Rdn. 62.
[37] *Ingenstau/Korbion* VOB/B § 3 Nr. 6 Rdn. 14, 16; *Kapellmann/Messerschmidt/Havers* VOB/B § 3 Rdn. 62.
[38] *Ingenstau/Korbion* VOB/B § 3 Nr. 6 Rdn. 15; *Kapellmann/Messerschmidt/Havers* VOB/B § 3 Rdn. 62.

## IV. Nachweispflicht für Verbleib der Kopien (Satz 4)

Der Auftraggeber ist darlegungs- und beweispflichtig dafür, dass er sich bei der Herstellung der Kopien an das ihm Erlaubte gehalten hat. Der Auftragnehmer muss hierzu die erforderliche Kontrollmöglichkeit haben.[39] Deshalb bestimmt Satz 4, dass auf Verlangen (des Auftragnehmers als Vertragspartner, und wohl auch des Urhebers)[40] der Verbleib der Kopien vom Auftraggeber nachzuweisen ist. 28

## F. Verbleibendes Nutzungsrecht des Auftragnehmers an allen in Nr. 5 genannten Unterlagen (Absatz 3)

Nach Nr. 6 Abs. 3 bleibt der Auftragnehmer im bauvertraglichen Verhältnis zu seinem Auftraggeber trotz des gem. Absätzen 1 und 2 dem Auftraggeber zustehenden Nutzungsrechts an den in Nr. 5 genannten Unterlagen einschl. DV-Programmen zur Nutzung all dieser Unterlagen berechtigt.[41] Dieses unberührt bleibende uneingeschränkte Nutzungsrecht des Auftragnehmers bezieht sich nicht nur auf das jeweils bauvertragsgegenständliche Bauvorhaben, sondern auch auf andere Bauvorhaben und Vertragsbeziehungen mit anderen Partnern.[42] 29

Eine Abweichung von der Regelung des Absatz 3 bedarf individualvertraglicher Vereinbarung. Eine vom Auftraggeber einseitig in AGB oder formularmäßig festgelegten Einschränkung oder Aufhebung des Nutzungsrechts des Auftragnehmers benachteiligt den Auftragnehmer unangemessen und ist daher wegen Verstoßes gegen § 9 AGB-Gesetz unwirksam.[43] 30

## G. Rechtsfolgen bei Pflichtverletzung – Ansprüche aus § 3 Nr. 6 Abs. 1

Die Pflichten des Auftraggebers aus Nr. 6 Abs. 1 (Benutzungsbeschränkungen) und die Rückgabepflicht sind vertragliche Nebenpflichten, die selbstständig einklagbar sind, weil es sich um ausdrücklich vereinbarte Pflichten handelt. 31

Der Anspruch aus Absatz 1 geht auf Unterlassung der dort untersagten Verwendungsarten, der Rückgabeanspruch geht auf Herausgabe. Entsteht dem Auftragnehmer durch eine vom Auftraggeber begangene schuldhafte Verletzung seiner Pflichten aus Nr. 6 ein Schaden, so kann der Auftragnehmer Ersatz wegen (Schuld-)Pflichtverletzung, § 280 Abs. 1 BGB n. F., früher positiver Vertragsverletzung verlangen.[44] 32

Der Schaden des Urhebers (soweit dieser der Anspruchsinhaber oder der Auftragnehmer gleichzeitig Urheber ist) bemisst sich nach dem vertragswidrig erlangten Vorteil des Auftraggebers oder desjenigen, dem der Auftraggeber die Unterlagen weitergegeben, zugänglich gemacht oder sonst die Nutzung hat zukommen lassen; mindestens jedenfalls bemisst sich der Schaden nach dem Nachteil des Urhebers. Insoweit sind im Allgemeinen die einschlägigen Gebührensätze nach Maßgabe der HOAI anzusetzen, was auch für den Bereich von § 97 UrhG gilt.[45] Zu § 97 UrhG siehe auch Rdn. 13. 33

---

[39] *Ingenstau/Korbion* VOB/B § 3 Nr. 6 Rdn. 16; *Kapellmann/Messerschmidt/Havers* VOB/B § 3 Rdn. 62.
[40] *Ingenstau/Korbion* VOB/B § 3 Nr. 6 Rdn. 16; *Kapellmann/Messerschmidt/Havers* VOB/B § 3 Rdn. 62.
[41] *Ingenstau/Korbion* VOB/B § 3 Nr. 6 Rdn. 17; *Kapellmann/Messerschmidt/Havers* VOB/B § 3 Rdn. 62.
[42] *Ingenstau/Korbion* VOB/B § 3 Nr. 6 Rdn. 17; *Kapellmann/Messerschmidt/Havers* VOB/B § 3 Rdn. 62.
[43] *Ingenstau/Korbion* VOB/B § 3 Nr. 6 Rdn. 17; *Kapellmann/Messerschmidt/Havers* VOB/B § 3 Rdn. 62.
[44] *Heiermann/Riedl/Rusam* VOB/B § 3 Rdn. 25 zurecht unter Hinw. auf OLG Düsseldorf NJW 1970, 335 bezüglich Ratsamkeit einer vorhergehenden Abmahnung; *Ingenstau/Korbion* VOB/B § 3 Nr. 6 Rdn. 9, 14, 16; *Kapellmann/Messerschmidt/Havers* VOB/B § 3 Rdn. 60; *Nicklisch/Weick* VOB/B § 3 Rdn. 25.
[45] *Ingenstau/Korbion* VOB/B § 3 Nr. 6 Rdn. 9.

**§ 3 Nr. 6**

**34** Die Pflichten aus § 3 Nr. 6 VOB/B treffen den Auftraggeber, doch ist dieser dafür verantwortlich, dass sie auch von seinem Architekten und sonstigen Erfüllungsgehilfen eingehalten werden, für welche der Auftraggeber nach § 278 BGB einzustehen hat.[46]

## H. Rechte des Auftraggebers an selbst angefertigten Unterlagen

**35** Rechte des Auftraggebers, seines Architekten oder sonstigen Beauftragten an den von ihnen angefertigten und übergebenen Plänen sind in § 3 VOB/B einschließlich dessen Nr. 6 **nicht** erwähnt; der Auftraggeber, sein Architekt sowie sonstige für ihn am Bau Tätige können daher wegen der von ihnen übergebenen Pläne und andere Unterlagen gegen den Auftragnehmer nicht Rechte aus § 3 VOB/B geltend machen. Die genannten Personen sind jedoch deshalb nicht schutzlos: hier gelten die allgemeinen gesetzlichen Vorschriften einschließlich des UrhG und einschließlich der Vertragsverletzungsregelung des § 280 Abs. 1 BGB n. F. bzw. nach früherem Recht der positiven Vertragsverletzung.[47] Entsprechende vertragliche Schutzbestimmungen oder sonstige Bestimmungen zugunsten des Auftraggebers und/oder seiner (Planungs-)Beauftragten werden vom privaten und vom öffentlichen Auftraggeber oder seinem (Planungs-)Beauftragten häufig in die Verdingungsunterlagen aufgenommen;[48] so finden sich in (Zusätzlichen) Vertragsbedingungen etwa Regelungen, wonach Veröffentlichungen über die Bauleistung nur mit vorheriger Zustimmung des Auftraggebers und/oder des Planungsfertigers zulässig sein sollen.[49]

---

[46] Vgl. *Nicklisch/Weick* VOB/B § 3 Rdn. 23.
[47] *Heiermann/Riedl/Rusam* VOB/B § 3 Rdn. 31 a; *Nicklisch/Weick* VOB/B § 3 Rdn. 27.
[48] Vgl. *Nicklisch/Weick* VOB/B § 3 Rdn. 27.
[49] So die Vertragspraxis.

## § 4 Ausführung

1. (1) Der Auftraggeber hat für die Aufrechterhaltung der allgemeinen Ordnung auf der Baustelle zu sorgen und das Zusammenwirken der verschiedenen Unternehmer zu regeln. Er hat die erforderlichen öffentlich-rechtlichen Genehmigungen und Erlaubnisse – z. B. nach dem Baurecht, dem Straßenverkehrsrecht, dem Wasserrecht, dem Gewerberecht – herbeizuführen.

    (2) Der Auftraggeber hat das Recht, die vertragsgemäße Ausführung der Leistung zu überwachen. Hierzu hat er Zutritt zu den Arbeitsplätzen, Werkstätten und Lagerräumen, wo die vertragliche Leistung oder Teile von ihr hergestellt oder die hierfür bestimmten Stoffe und Bauteile gelagert werden. Auf Verlangen sind ihm die Werkzeichnungen oder andere Ausführungsunterlagen sowie die Ergebnisse von Güteprüfungen zur Einsicht vorzulegen und die erforderlichen Auskünfte zu erteilen, wenn hierdurch keine Geschäftsgeheimnisse preisgegeben werden. Als Geschäftsgeheimnis bezeichnete Auskünfte und Unterlagen hat er vertraulich zu behandeln.

    (3) Der Auftraggeber ist befugt, unter Wahrung der dem Auftragnehmer zustehenden Leitung (Nummer 2) Anordnungen zu treffen, die zur vertragsgemäßen Ausführung der Leistung notwendig sind. Die Anordnungen sind grundsätzlich nur dem Auftragnehmer oder seinem für die Leitung der Ausführung bestellten Vertreter zu erteilen, außer wenn Gefahr im Verzug ist. Dem Auftraggeber ist mitzuteilen, wer jeweils als Vertreter des Auftragnehmers für die Leitung der Ausführung bestellt ist.

    (4) Hält der Auftragnehmer die Anordnungen des Auftraggebers für unberechtigt oder unzweckmäßig, so hat er seine Bedenken geltend zu machen, die Anordnungen jedoch auf Verlangen auszuführen, wenn nicht gesetzliche oder behördliche Bestimmungen entgegenstehen. Wenn dadurch eine ungerechtfertigte Erschwerung verursacht wird, hat der Auftraggeber die Mehrkosten zu tragen.

2. (1) Der Auftragnehmer hat die Leistung unter eigener Verantwortung nach dem Vertrag auszuführen. Dabei hat er die anerkannten Regeln der Technik und die gesetzlichen und behördlichen Bestimmungen zu beachten. Es ist seine Sache, die Ausführung seiner vertraglichen Leistung zu leiten und für Ordnung auf seiner Arbeitsstelle zu sorgen.

    (2) Er ist für die Erfüllung der gesetzlichen, behördlichen und berufsgenossenschaftlichen Verpflichtungen gegenüber seinen Arbeitnehmern allein verantwortlich. Es ist ausschließlich seine Aufgabe, die Vereinbarungen und Maßnahmen zu treffen, die sein Verhältnis zu den Arbeitnehmern regeln.

3. Hat der Auftragnehmer Bedenken gegen die vorgesehene Art der Ausführung (auch wegen der Sicherung gegen Unfallgefahren), gegen die Güte der vom Auftraggeber gelieferten Stoffe oder Bauteile oder gegen die Leistungen anderer Unternehmer, so hat er sie dem Auftraggeber unverzüglich – möglichst schon vor Beginn der Arbeiten – schriftlich mitzuteilen; der Auftraggeber bleibt jedoch für seine Angaben, Anordnungen oder Lieferungen verantwortlich.

4. Der Auftraggeber hat, wenn nichts anderes vereinbart ist, dem Auftragnehmer unentgeltlich zur Benutzung oder Mitbenutzung zu überlassen:
    a) die notwendigen Lager- und Arbeitsplätze auf der Baustelle,
    b) vorhandene Zufahrtswege und Anschlussgleise,
    c) vorhandene Anschlüsse für Wasser und Energie. Die Kosten für den Verbrauch und den Messer oder Zähler trägt der Auftragnehmer, mehrere Auftragnehmer tragen sie anteilig.

5. Der Auftragnehmer hat die von ihm ausgeführten Leistungen und die ihm für die Ausführung übergebenen Gegenstände bis zur Abnahme vor Beschädigung und Diebstahl zu schützen. Auf Verlangen des Auftraggebers hat er sie vor Winterschäden und Grundwasser zu schützen, ferner Schnee und Eis zu beseitigen. Obliegt ihm die Verpflichtung nach Satz 2 nicht schon nach dem Vertrag, so regelt sich die Vergütung nach § 2 Nr. 6.

6. Stoffe oder Bauteile, die dem Vertrag oder den Proben nicht entsprechen, sind auf Anordnung des Auftraggebers innerhalb einer von ihm bestimmten Frist von der Baustelle zu entfernen. Geschieht es nicht, so können sie auf Kosten des Auftragnehmers entfernt oder für seine Rechnung veräußert werden.
7. Leistungen, die schon während der Ausführung als mangelhaft oder vertragswidrig erkannt werden, hat der Auftragnehmer auf eigene Kosten durch mangelfreie zu ersetzen. Hat der Auftragnehmer den Mangel oder die Vertragswidrigkeit zu vertreten, so hat er auch den daraus entstehenden Schaden zu ersetzen. Kommt der Auftragnehmer der Pflicht zur Beseitigung des Mangels nicht nach, so kann ihm der Auftraggeber eine angemessene Frist zur Beseitigung des Mangels setzen und erklären, dass er ihm nach fruchtlosem Ablauf der Frist den Auftrag entziehe (§ 8 Nr. 3).
8. (1) Der Auftragnehmer hat die Leistung im eigenen Betrieb auszuführen. Mit schriftlicher Zustimmung des Auftraggebers darf er sie an Nachunternehmer übertragen. Die Zustimmung ist nicht notwendig bei Leistungen, auf die der Betrieb des Auftragnehmers nicht eingerichtet ist. Erbringt der Auftragnehmer ohne schriftliche Zustimmung des Auftraggebers Leistungen nicht im eigenen Betrieb, obwohl sein Betrieb darauf eingerichtet ist, kann der Auftraggeber ihm eine angemessene Frist zur Aufnahme der Leistung im eigenen Betrieb setzen und erklären, dass er ihm nach fruchtlosen Ablauf der Frist den Auftrag entziehe (§ 8 Nr. 3).
(2) Der Auftragnehmer hat bei der Weitervergabe von Bauleistungen an Nachunternehmer die Vergabe- und Vertragsordnung für Bauleistungen, Teile B und C, zugrunde zu legen.
(3) Der Auftragnehmer hat die Nachunternehmer dem Auftraggeber auf Verlangen bekannt zu geben.
9. Werden bei Ausführung der Leistung auf einem Grundstück Gegenstände von Altertums-, Kunst- oder wissenschaftlichem Wert entdeckt, so hat der Auftragnehmer vor jedem weiteren Aufdecken oder Ändern dem Auftraggeber den Fund anzuzeigen und ihm die Gegenstände nach näherer Weisung abzuliefern. Die Vergütung etwaiger Mehrkosten regelt sich nach § 2 Nr. 6. Die Rechte des Entdeckers (§ 984 BGB) hat der Auftraggeber.
10. Der Zustand von Teilen der Leistung ist auf Verlangen gemeinsam von Auftraggeber und Auftragnehmer festzustellen, wenn diese Teile der Leistung durch die weitere Ausführung der Prüfung und Feststellung entzogen werden. Das Ergebnis ist schriftlich niederzulegen.

# Vorbemerkung § 4

**Übersicht**

| | Rdn. | | Rdn. |
|---|---|---|---|
| A. Sinn und Zweck der Vorschrift | 1–3 | IV. Rechtsnatur der Mitwirkungspflichten des Auftraggebers und Rechtsfolgen bei ihrer Verletzung | 13 |
| B. Mitwirkungspflichten des Auftraggebers als Neben(leistungs)-pflichten | 4–15 | C. Verhaltenspflichten des Auftragnehmers als Nebenpflichten | 16–24 |
| I. Die Mitwirkungspflicht und die Mitwirkungshandlung des Auftraggebers beim Bauvertrag | 4 | I. Die Verhaltenspflichten des Auftragnehmers beim Bauvertrag | 16 |
| II. Mitwirkungspflichten des Auftraggebers im Bereich tätigen Handelns | 8 | II. Die Verhaltspflichten des Auftragnehmers im Bereich tätigen Handelns | 17 |
| III. Mitwirkungspflichten des Auftraggebers im Bereich geistig-kommunikativen Handelns | 9 | 1. Leistungsbezogene Verhaltenspflichten | 17 |
| | | 2. Weitere Verhaltenspflichten | 18 |

A. Sinn und Zweck der Vorschrift

| | Rdn. | | Rdn. |
|---|---|---|---|
| III. Die Verhaltenspflichten des Auftragnehmers im Bereich geistig-kommunikativen Handelns | 20 | und die Rechtsfolgen bei ihrer Verletzung | 22 |
| IV. Die Rechtsnatur der Verhaltenspflichten des Auftragnehmers | | D. Die Rechte des Auftraggebers in Form von Befugnissen | 25–28 |

**Literatur:** *Armbrüster/Bickert,* Unzulängliche Mitwirkung des Auftraggebers beim Architektenvertrag, NZBau 2006, 153; *v. Craushaar,* Risikotragung bei mangelhafter Mitwirkung des Bauherrn, BauR 1987 14; *Cuypers,* Leistungsbeschreibung, Ausschreibung und Bauvertrag, BauR 1997, 27; *Döring,* Der Vorunternehmer als Erfüllungsgehilfe des Auftraggebers, Festschrift für von Craushaar, 1997, 193; *Eberz,* Die gesamtschuldnerische Haftung des Architekten und des Bauunternehmers aufgrund eines von ihnen gemeinsam zu vertretenden Bauwerksmangels, BauR 1995, 442; *Feudner,* Generalunternehmer/Drittschadensliquidation, BauR 1984, 257; *Hartmann,* Der Gegenleistungsanspruch des Werkunternehmers bei unterlassener Mitwirkung des Bestellers, BB 1997, 326; *Hochstein,* Zur Systematik der Prüfungs- und Hinweispflicht des Auftragnehmers im VOB-Bauvertrag, FS Korbion, 1986, S. 165; *G. Hofmann,* Die rechtliche Einordnung der Mitwirkungspflichten des Auftraggebers beim Bauvertrag, Festschrift von Craushaar, 1997, 219; *Hüffer,* Leistungsstörung durch Gläubigerhandeln, 1976 (Schriftband); *Jagenburg,* Umfang und Grenzen der Haftung des Architekten und Ingenieurs bei der Bauleitung, Aachener Bausachverständigentage, 1985, 9; *Kamphausen,* Die Quotierung der Mangel- und Schadensverantwortlichkeit Baubeteiligter durch technische Sachverständige, BauR 1996, 174; *Kniffka,* Rechtliche Probleme des Generalunternehmervertrages, ZfBR 1992, 1; *ders.,* Die Durchstellung von Schadensersatzansprüchen des Auftraggebers gegen den auf Werklohn klagenden Subunternehmer – Überlegungen zum Schaden des Generalunternehmers und zum Zurückbehaltungsrecht aus einem Freistellungsanspruch, BauR 1998, 55; *ders.,* Die Kooperationspflichten der Bauvertragspartner im Bauvertrag, Jahrbuch Baurecht 2001, 1; *Kohler,* Werkmangelrechte, Werkleistungsanspruch und allgemeines Leistungsstörungsrecht, BauR 1988, 278; *Kraus,* Die VOB/B – ein nachbesserungsbedürftiges Werk, Beilage zu BauR Heft 4/1997; *Lenzen,* Ansprüche gegen den Besteller, dem Mitwirkungspflichten unmöglich werden, BauR 1997, 210; *Motzke,* Prüfungs-, Aufklärungs- und Überwachungspflichten des Unternehmers, ZfBR 1988, 244; *ders.,* Abgrenzung der Verantwortlichkeit zwischen Bauherrn, Architekt, Ingenieur und Sonderfachmann, BauR 1994, 47; *Nicklisch,* Risikoverteilung im Werkvertragsrecht bei Anweisungen des Bestellers, FS Bosch, 1976, S. 731; *ders. ,* Mitwirkungspflichten des Bestellers beim Werkvertrag, insbesondere beim Bau- und Industrieanlagenvertrag, BB 1979, 533; *Siegburg,* Baumängel aufgrund fehlerhafter Vorgaben des Bauherrn, Festschrift Korbion, 1986, 411; *Soergel,* Die quotenmäßige Mangelverantwortung der Bauvertragsparteien, ZfBR 1995, 165; *Vygen,* Behinderungen des Bauablaufs und ihre Auswirkungen auf den Vergütungsanspruch des Unternehmers, BauR 1983, 414. – **Siehe im Übrigen** die Literaturhinweise **zu § 4 Nr. 1** und **zu** → **Vor § 3** (vor allem auch zum „Baugrundrisiko").

## A. Sinn und Zweck der Vorschrift

§ 4 VOB/B hat den Zweck, wichtige Rechte und Pflichten beider Vertragsparteien zu regeln, die sich **neben den Hauptpflichten** (Erbringung der vereinbarten Bauleistung durch den Auftragnehmer, Abnahme und Bezahlung des hergestellten Werkes durch den Auftraggeber) während und im Zuge der Bauausführung in der Zeit vom Baubeginn bis zur Annahme notwendigerweise ergeben. **1**

Die bei einem **Langzeitvertrag,** wie dies in der Regel der Bauvertrag ist, vielfach – oft unvorhergesehen und unvorhersehbar – auftretenden Probleme, Gefahren und sonstigen Schwierigkeiten erfordern ein erfolgsorientiertes Zusammenwirken beider Vertragsparteien mit verschiedenen Mitwirkungs- und Verhaltenspflichten, die sich als für die Ausführung der Bauleistung wesentliche Nebenpflichten der Vertragsparteien niederschlagen (müssen). **2**

Dem will insbesondere § 4 VOB/B (neben § 3 VOB/B) gerecht werden, indem er diese Nebenpflichten in einer spezifisch auf den Bauvertrag ausgerichteten Weise in **konkretisierte** Regelungen fasst. Dabei zeigt sich die deutliche **Kooperation**sgeprägtheit des Bauvertrags mit den darin immanenten beiderseitigen **Kooperationspflichten** augenfällig in einem Bündel von in § 4 VOB/B enthaltenen Regelungen, die als Mitwirkungspflichten (hauptsächlich Bereitstellungspflichten) des Auftraggebers sowie als leistungsbezogene Nebenpflichten und weitere Verhaltenspflichten (Schutz-, Obhuts- und Fürsorgepflichten = Rücksichtspflichten) des Auftragnehmers den wechselseitigen Verzahnungen und Abhängigkeiten des Baugeschehens mit all den zugehörigen Tätigkeiten und kommunikativen Be- **3** dürfnissen Rechnung tragen.¹ Siehe zum Thema die Ausführungen → Vor § 3 Rdn. 1, 2, 9–12, 25, 26, 27, 29.

## B. Mitwirkungspflichten des Auftraggebers als Neben(leistungs)pflichten

### I. Die Mitwirkungspflicht und die Mitwirkungshandlung des Auftraggebers beim Bauvertrag

**4** Die Herstellung eines Werkes ist ohne Mitwirkung des Bestellers oft gar nicht oder oft nur schwer möglich. So lässt sich kein Maßanzug ohne Angabe der Körpermaße, kein Bauwerk ohne beispielsweise die Bereitstellung des bebauungsreifen Grundstücks und ohne bestimmte organisatorische, einrichtungstechnische oder sonstige Vorleistungen des Auftraggebers herstellen; „ohne Gebäude und ohne das Dachgestühl kann der Dachdecker keine Dacheindeckung vornehmen."

Vergleiche zum Thema auch → Vor § 3 Rdn. 25 ff.

**5** Der Bauunternehmer/Auftragnehmer ist beim Bau zur reibungslosen, vertragsgemäßen, mängelfreien und rechtzeitigen Ausführung der vereinbarten Leistung in besonderer Weise darauf angewiesen, dass bestimmte Beiträge des Bestellers/Auftraggebers als dessen Mitwirkung überhaupt sowie mängelfrei und rechtzeitig geliefert werden, damit so im **Zusammenwirken** beider Vertragsparteien die Voraussetzungen für die Durchführung des Vertrages geschaffen und Erfüllungshindernisse beseitigt werden (**Kooperations**-Charakter des Bauvertrags und seiner Durchführung, siehe → **Vor § 3 Rdn. 9–12, 25, 26, 27, 29**). Der Besteller/Auftraggeber ist also verpflichtet, die Ausführung des vereinbarten Werkes zu ermöglichen. Die Mitwirkungspflichten des Auftraggebers beim Bauvertrag sind somit **schuldrechtliche Verbindlichkeiten,** ohne deren vorherige oder gleichzeitige Erledigung die Erfüllung der Leistungspflicht des Auftragnehmers entweder nicht möglich oder jedenfalls wesentlich und unzumutbar erschwert ist bzw. ohne deren rechtzeitige und mängelfreie Erledigung bei im Übrigen gleich bleibenden Vertrags- und Herstellungsbedingungen (also ohne Gegensteuerungs- und sonstige Auffangmaßnahmen) der Auftragnehmer zur rechtzeitigen und mängelfreien Erfüllung seiner Bauaufgabe nicht oder nur wesentlich und unzumutbar erschwert, insbesondere mit unverhältnismäßigem Aufwand imstande ist.²

**6** Im Gesetz hat die Mitwirkungspflicht des Bestellers/Auftraggebers für den Werkvertrag in **§ 642 BGB** Niederschlag gefunden; jedoch ist dort nur allgemein die Rede von einer „**bei** der Herstellung des Werkes erforderlichen Handlung des Bestellers", wozu – durch die tatbestandliche Einbeziehung der Vorschriften des Annahmeverzugs und somit auch des § 295 BGB – allerdings auch eine „**zur** Bewirkung der Leistung erforderliche Handlung" gehört.³

**7** Aus dem unter Rdn. 4, 5 Gesagten folgt die Notwendigkeit, die in § 642 BGB lediglich allgemein gehaltene Mitwirkungspflicht des Bestellers/Auftraggebers näher zu konkretisieren, was durch vertragliche Regelung – ausdrücklich, konkludent und stillschweigend, gegebenenfalls durch (ergänzende) Vertragsauslegung zu ermitteln – geschehen kann. Bei

---

[1] *Heiermann/Riedl/Rusam* VOB/B § 4 Rdn. 1; *Ingenstau/Korbion* VOB/B § 4 Rdn. 1; *Nicklisch/Weick* VOB/B § 4 Rdn. 1, 2 und Einl §§ 4–13 Rdn. 98. Zu den Nebenpflichten und deren Einteilung: *Heiermann/Riedl/Rusam* VOB/B § 4 Rdn. 4; *Nicklisch/Weick* VOB/B § 4 Rdn. 3–5: *Palandt/Heinrichs* BGB § 241 Rdn. 5, 6; § 242 Rdn. 24–32.

[2] Siehe hierzu → Vor § 3 Rdn. 25 bis 27, 35 bis 37 sowie auch 43 bis 49/50 und OLG München BauR 1992, 74, 75/76 = ZfBR 1992, 33, 34 (rk., Rev. vom BGH nicht angen.).

[3] Näher hierzu → Vor § 3 Rdn. 26, 28.

B. Mitwirkungspflichten des Auftraggebers als Neben(leistungs)pflichten  **Vor § 4**

einem Bauvertrag, dessen Bestandteil VOB/B ist, enthält VOB/B die notwendige differenzierte und detaillierte **vertragliche Konkretisierung** der Mitwirkungspflichten und somit notwendigen Mitwirkungshandlungen des Auftraggebers, deren wichtigste in § 3 und in § 4 VOB/B festgelegt sind.[4] Sie dienen dazu, die Voraussetzungen für die Durchführung des Vertrages zu schaffen. Mitwirkungspflichten können sich auch aus VOB/C ergeben → § 9 Nr. 1 Rdn. 22.

## II. Mitwirkungspflichten des Auftraggebers im Bereich tätigen Handelns

Zu den Mitwirkungspflichten und Mitwirkungshandlungen des Auftraggebers im Sinne der Rdn. 2 und 3, somit zu seinem **Verantwortungsbereich,** gehören aus dem Bereich von § 4 VOB/B: 8

– (Rechtlich und tatsächlich/bautechnisch) bebauungsreife Bereitstellung des Bau-Grundstücks und/oder der baulichen Anlage, an welcher der Auftragnehmer seine Leistung zu erbringen hat (vgl. → Vor § 3 Rdn. 5, 6, 25, 30 erster Spiegelstrich)
– Aufrechterhaltung der allgemeinen Ordnung auf der (Gesamt-)Baustelle (§ 4 Nr. 1 Abs. 1 Satz 1 VOB/B)
– Regelung des Zusammenwirkens der verschiedenen Unternehmer/„Koordinierungspflicht" (§ 4 Nr. 1 Abs. 1 Satz 1 VOB/B), z. B. rechtzeitige und mängelfreie Lieferung von auftraggeberseitig zu stellenden Baustoffen, rechtzeitige und mängelfreie Erbringung der auftraggeberseitig geschuldeten (Vor-)Leistungen, bei Fertighäusern etwa Keller und Fundamente, wobei dieses Beispiel zugleich auch der „bebauungsreifen" Grundstücksbereitstellung (= erster Spiegelstrich) unterzuordnen und zuzuordnen ist
– (Rechtzeitige und mangelfreie) Fertigstellung von Vorunternehmerleistungen, die Voraussetzung für die (Nachfolge-)Leistungen des Auftragnehmers sind, z. B. Estrich für Parkett- oder Fliesenleger
– (rechtzeitige) Herbeiführung der erforderlichen öffentlich-rechtlichen Genehmigungen und Erlaubnisse (§ 4 Nr. 1 Abs. 1 Satz 2 VOB/B)
– Entscheidungspflicht (durch Anordnung) nach § 4 Nr. 1 Abs. 4 VOB/B gegenüber Bedenken des Auftragnehmers
– unentgeltliche Benutzungs- oder Mitbenutzungsüberlassung der notwendigen Lager- und Arbeitsplätze auf der Baustelle, vorhandener Zufahrtswege und Anschlussgleise sowie vorhandener Anschlüsse für Wasser und Energie (§ 4 Nr. 4 VOB/B)
– Erteilung von zur Leistungsausführung einschl. Leistungsfortgang notwendigen Anweisungen (vgl. § 645 Abs. 1 i. V. m. § 642 BGB) bzw. Anordnungen (vgl. § 4 Nr. 1 Abs. 3 und 4 VOB/B sowie § 4 Nr. 3, 2. Hs. VOB/B i. V. m. § 642 BGB), was zugleich das Treffen der hierzu unentbehrlichen Entscheidungen sowie etwaiger Leistungsbestimmungshandlungen verlangt bzw. voraussetzt und mit zur Bau-Koordination gehört.
– Gemeinsam mit dem Auftragnehmer Feststellung des Zustandes von Teilen der Leistung gemäß § 4 Nr. 10 VOB/B auf Verlangen des Auftragnehmers, gleich der entsprechenden Regelung des § 3 Nr. 4 VOB/B bezüglich des Geländezustandes vor Leistungsausführung.

## III. Mitwirkungspflichten des Auftraggebers im Bereich geistig-kommunikativen Handelns

Für die oben Rdn. 8 im dritten Spiegelstrich genannte Regelung des Zusammenwirkens ist rechtliches Hilfsmittel das **Anordnungsrecht** des Auftraggebers nach § 4 Nr. 1 Abs. 3 und Abs. 4 VOB/B. Dabei gibt zwar vom Wortlaut her § 4 Nr. 1 Abs. 3 VOB/B („befugt") 9

---

[4] Vgl. → Vor § 3 Rdn. 28–30.

und somit auch der sich auf Absatz 3 beziehende Absatz 4 dem Auftraggeber ein Anordnungsrecht, nicht eine Anordnungspflicht; § 4 Nr. 3, 2. Hs. VOB/B spricht wortlautneutral nur von „Anordnungen". Dies entspricht dem gesetzlichen **werkvertraglichen** Recht des Bestellers in § 645 Abs. 1 Satz 1 BGB zur Erteilung einer „Anweisung für die Ausführung", das dort als selbstverständlich vorausgesetzt wird.

10   Andererseits sind aber im Baugeschehen Fälle denkbar, dass eine Auftraggeber-Anordnung mit der damit verbundenen Entscheidung auch notwendig wird, um eine ordnungsgemäße Leistungsdurchführung zu sichern.[5] Dem hat die ständige Rechtsprechung, soweit Planungs- und Koordinierungsaufgaben sowie sonstige in die Sphäre des Auftraggebers fallende Aufgaben in Frage stehen, durch den wie folgt herausgebildeten und formulierten **fundamentalen Rechtssatz** – als Ausfluss des in §§ 242, 642 BGB zum Ausdruck gekommenen Grundsatzes gegenseitiger werkvertraglicher Treuepflicht – Rechnung getragen; er gilt sowohl für BGB-Bauverträge als auch für VOB-Bauverträge:

Der Besteller/Auftraggeber Bauherr hat dem (Bau-)Unternehmer/Auftragnehmer brauchbare, einwandfreie, zuverlässige Pläne und Unterlagen zur Verfügung zustellen und die Entscheidungen zu treffen, die für die reibungslose Ausführung des Baues erforderlich/unentbehrlich sind, wozu auch die Abstimmung der Leistungen der einzelnen Unternehmer während der Bauausführung („Koordinierungspflicht") gehört" (vgl. → Vor § 3 Rdn. 3).

11   Somit kann sich nach den Umständen des Einzelfalles das Anordnungs**recht** des Auftraggebers nach § 4 Nr. 1 Abs. 3 und 4 sowie nach § 4 Nr. 3 VOB/B wegen der von der Rechtsprechung statuierten Entscheidungspflicht zu einer Anordnungs**pflicht** (Anweisungspflicht/Weisungspflicht) verdichten, wenn dies zu einer ordnungsgemäßen Planung und/oder Koordinierung oder zu einer sonst nicht möglichen ordnungsgemäßen Aus- oder Weiterführung der Bauarbeiten und der Bauleistung notwendig wird.

12   Auch hat der Auftraggeber die Mitwirkungspflicht, auf ihm gegenüber nach § 4 Nr. 1 Abs. 4 Satz 1 oder nach § 4 Nr. 3 VOB/B oder darüber hinaus nach § 242 BGB aus **Leistungstreuepflicht** (= Warnung vor sonstigen ersichtlichen Gefahren) geäußerte Bedenken des Auftragnehmers dahin zu reagieren, dass er eine Entscheidung trifft.[6]

### IV. Rechtsnatur der Mitwirkungspflichten des Auftraggebers und Rechtsfolgen bei ihrer Verletzung

13   Die oben genannten Mitwirkungspflichten nach § 4 VOB/B sind **nicht nur** reine **Gläubigerobliegenheiten** gemäß § 642 BGB und Vertragsverbindlichkeiten/Vertragspflichten im weitesten Sinne mit der Folge der (Schuld-)Pflichtverletzung nach § 280 Abs. 1 mit § 241 Abs. 2 BGB n. F., früher positiver Vertragsverletzung bei entsprechendem Fehlverhalten des Bestellers/Auftraggebers; sie sind vielmehr echte **vertragliche Nebenpflichten** in Form von **Nebenleistungspflichten,** auf deren Erfüllung bei Fälligkeit der Auftragnehmer einen – notfalls einklagbaren – Anspruch hat. Je mehr nämlich das Schuldverhältnis, wie regelmäßig der Bauvertrag, auf das Zusammenwirken der Beteiligten angewiesen und auch auf längere Zeit angelegt ist, desto eher konkretisieren sich Verhaltenspflichten zu Nebenleistungspflichten. Beim Bauvertrag ist daher bei den konkret bestimmten Nebenpflichten wie den unter Rdn. 8 und → Vor § 3 Rdn. 30 genannten Mitwirkungspflichten/Mitwirkungshandlungen – ausgenommen die im jeweils letzten Spiegelstrich genannten – eine **Nebenleistungspflicht** anzunehmen; nur so wird man nämlich auch den Interessen des geschützten Vertragspartners gerecht, weil diesem bloß mit nachträglichen Schadenersatzleistungen oft nur wenig gedient ist. Neben der inhaltlich konkretisierten Weise führt

---

[5] Vgl. *Ingenstau/Korbion* VOB/B § 9 Nr. 1 Rdn. 15.
[6] OLG Düsseldorf BauR 1988, 478, 479; *Ingenstau/Korbion* VOB/B § 4 Nr. 3 Rdn. 75; *Nicklisch/Weick* VOB/B § 4 Rdn. 37 am Ende und Rdn. 69.

auch die **imperative Form** („Leistungsbefehl") zur rechtlichen Qualifizierung als Nebenleistungspflicht.[7]

Die hier behandelten Nebenleistungspflichten sind inhaltlich hinreichend bestimmt, damit 14 sie Gegenstand eines bestimmten Sachantrags sein können; daher sind sie selbstständig **einklagbar** und auch dem **einstweiligen Rechtsschutz** zugänglich.[8]

Wegen der **Ansprüche und Anspruchskonkurrenzen,** die sich bei Verletzung der hier 15 behandelten Mitwirkungsverpflichtungen ergeben, gelten die Ausführungen → Vor § 3 Rdn. 51–83 gleichermaßen, **siehe** wegen der dogmatischen Grundlagen zur **„Pflichtverletzung"** nach § 280 Abs. 1 BGB n. F. → **Vor § 3 Rdn. 51.**

## C. Verhaltenspflichten des Auftragnehmers als Nebenpflichten

### I. Die Verhaltenspflichten des Auftragnehmers beim Bauvertrag

Als Ausfluss der Bestimmung von Treu und Glauben (§ 242 BGB) ergeben sich zur 16 Bewahrung des Vertragspartners vor Schaden Verhaltenspflichten des Auftragnehmers. Sie haben entweder das Ziel, den Vertragszweck und den Leistungserfolg herbeizuführen oder zu sichern, sind also leistungsbezogen oder sie verpflichten als sogenannte „weitere Verhaltenspflichten" allein zur Rücksichtnahme auf die berechtigten Interessen und Belange des Vertragspartners zum Schutz seiner Rechtsgüter unter Beachtung der verkehrsüblichen Sorgfalt; unter diese fallen vor allem Aufklärungs-, Beratungs-, Schutz- und Fürsorgepflichten.[9] Manche dieser Nebenpflichten dienen **beiden** Zwecken.

### II. Die Verhaltenspflichten des Auftragnehmers im Bereich tätigen Handelns

#### 1. Leistungsbezogene Verhaltenspflichten

Im Rahmen von § 4 VOB/B sind hier folgende Vorlage-, Einsichtgabe- und Auskunfts- 17 pflichten sowie Handlungspflichten angesprochen:
– Vorlage von Werkzeichnungen oder anderen Ausführungsunterlagen sowie der Ergebnisse von Güteprüfungen zur Einsicht und die Erteilung der erforderlichen Auskünfte (Nr. 1 Abs. 2 Satz 3 VOB/B)
– Auf Anordnung Entfernung von Stoffen oder Bauteilen, die dem Vertrag oder den Proben nicht entsprechen (Nr. 6 Satz 1 VOB/B)
– Bekanntgabe der Nachunternehmer (Nr. 8 Abs. 3 VOB/B)

---

[7] Ergänzend siehe die ausführlichen Erörterungen → Vor § 3 Rdn. 31 ff., insbes. 33–36 sowie 51, mit zahlr. Nachw.; so auch *Heiermann/Riedl/Rusam* VOB/B § 4 Rdn. 4, § 3 Rdn. 7; *G. Hofmann* FS v Craushaar S. 219 ff.; *Nicklisch/Weick* VOB/B § 4 Rdn. 3, 4, 12 a. E.; *Ingenstau/Korbion* VOB/B § 9 Nr. 1 Rdn. 23, der allerdings nicht von „Nebenleistungspflichten" spricht, sondern schlicht von nicht einklagbaren „vertraglichen Nebenpflichten"; so auch *Glanzmann* RGRK BGB § 631 Rdn. 32, wonach im Werkvertragsrecht alle Nebenpflichten einklagbar sind; Palandt/*Heinrichs* BGB § 242 Rdn. 25, 32: Die der Erreichung des Vertragszweckes und des Leistungserfolgs dienende Mitwirkungspflicht ist „eine selbstständig einklagbare Nebenpflicht"; *Kapellmann/Messerschmidt/Merkens* VOB/B § 4 Rdn. 1 mit 12: bei hinreichender Konkretheit der Mitwirkungspflicht Schuldnerpflichtcharakter mit Einklagbarkeit, dies insbes. dann, wenn das Interesse des betroffenen Vertragspartners derart gewichtig ist, dass eine Verweisung bloß auf Schadensersatzansprüche nach § 280 Abs. 1 BGB (n. F.) ihm nicht zuzumuten ist; a. A. z. B. *Vygen* Bauvertragsrecht Rdn. 362 ff. m. N.; *Leinemann/Sterner* VOB/B § 4 Rdn. 1.
[8] Vgl. → Vor § 3 Rdn. 39–50; auch *Heiermann/Riedl/Rusam* VOB/B § 4 Rdn. 4, § 3 Rdn. 7; *Nicklisch/Weick* VOB/B § 4 Rdn. 3, 13 Abs. 1; *Kapellmann/Messerschmidt/Merkens* wie vorst. Fn.; ablehnend *Vygen* Bauvertragsrecht Rdn. 364; *Ingenstau/Korbion* VOB/B § 9 Nr. 1 Rdn. 23.
[9] *Heiermann/Riedl/Rusam* VOB/B § 4 Rdn. 4; *Nicklisch/Weick* VOB/B § 4 Rdn. 4 und 5; Palandt/*Heinrichs* BGB § 241 Rdn. 6 und 7.

## 2. Weitere Verhaltenspflichten

**18** Des Weiteren regelt § 4 VOB/B folgende Schutz-, Obhuts- und Fürsorgepflichten (= Rücksichtspflichten) des Auftragnehmers:
- Schutz der vom Auftragnehmer ausgeführten Leistungen und der ihm für die Ausführung übergebenen Gegenstände vor Beschädigung und Diebstahl bis zur Abnahme (Nr. 5 Satz 1)
- Schutz vor Winterschäden und Grundwasser (§ 4 Nr. 5 Satz 2, 1. Hs. VOB/B)
- Beseitigung von Schnee und Eis (Nr. 5 Satz 2, 2. Hs. VOB/B)
- Pflicht zur Anzeige und, nach Weisung, zur Ablieferung gefundener Gegenstände von Altertums-, Kunst- oder wissenschaftlichem Wert (§ 4 Nr. 9 Satz 1 VOB/B)
- Gemeinsam mit dem Auftraggeber Feststellung des Zustandes von Teilen der Leistung gemäß § 4 Nr. 10 der VOB/B 2000 (entspricht dem früheren § 12 Nr. 2 lit. b) auf Verlangen des Auftraggebers – gleich der entsprechenden Regelung des § 3 Nr. 4 VOB/B.

**19** Bei den Verpflichtungen unter Spiegelstrich 1 bis 3 und 5 der vorstehenden Rdn. handelt es sich zugleich auch um **leistungsbezogene Verhaltenspflichten,** weil ihre Erfüllung die (ordnungsgemäße) Ausführung der Bauleistung fördert oder auch erst ermöglicht.

### III. Die Verhaltenspflichten des Auftragnehmers im Bereich geistig-kommunikativen Handelns

**20** Nach § 4 Nr. 1 Abs. 4 VOB/B hat der Auftragnehmer gegen für unberechtigt oder unzweckmäßig gehaltene Anordnungen des Auftraggebers seine **Bedenken** geltend zu machen. Gemäß § 4 Nr. 3 VOB/B hat der Auftragnehmer (nach denknotwendig und zwangsläufig vorausgesetzter Prüfung) Bedenken gegen die vorgesehene Art der Ausführung, gegen die Güte der vom Auftraggeber gelieferten Stoffe oder Bauteile oder gegen die Leistungen anderer Unternehmer schriftlich mitzuteilen.

**21** Es handelt sich hier um Pflichten, die den Vertragszweck und Leistungserfolg herbeiführen und sichern sollen, zugleich aber zum Schutz des Vertragspartners in seinem vermögensrechtlichen Integritätsinteresse auch **Aufklärungs- und Fürsorgecharakter** haben. Nach allgemeiner Meinung ist die Pflicht zur Geltendmachung von Bedenken nach § 4 Nr. 1 Abs. 4 VOB/B eine vertragliche **Neben**pflicht, während die Pflicht zur Mitteilung von Bedenken nach § 4 Nr. 3 VOB/B gemäß überwiegender Meinung als Bestandteil der Leistungsausführungspflicht/Werkherstellungspflicht eine vertragliche **Haupt**verpflichtung ist.[10]

### IV. Rechtsnatur der Verhaltenspflichten des Auftragnehmers und Rechtsfolgen bei ihrer Verletzung

**22** Die unter Rdn. 17 genannten Auftragnehmer-Pflichten sind leistungsbezogene echte vertragliche Nebenpflichten in Form von **Nebenleistungspflichten,** auf deren Erfüllung bei Fälligkeit der Auftraggeber einen notfalls einklagbaren Anspruch, auch auf dem Wege des einstweiligen Rechtsschutzes, hat. Diese Pflichten dienen nämlich der Herbeiführung und Sicherung des Vertragszwecks und des Leistungserfolgs, weil sie das Ziel haben, die rechtzeitige und mängelfreie Erbringung der Bauleistung zu sichern und diesbezügliche Hindernisse zu verhindern und zu beseitigen. Die ihnen zugrunde liegenden Bestimmungen haben imperative Form (Leistungsbefehl); die Pflichten sind vertraglich durch § 4 VOB/B dem Inhalt nach hinreichend konkretisiert, um Gegenstand eines bestimmten Sachantrages sein zu können, was Voraussetzung der Klagbarkeit ist. Auch ist hier dem Auftraggeber

---

[10] Näheres siehe bei der Kommentierung → § 4 Nr. 1 Abs. 4 und § 4 Nr. 3.

lediglich mit nachträglichen Schadensersatzleistungen oft nur wenig gedient,[11] so dass auch deshalb die Einklagbarkeit gegeben sein muss.

Die unter Rdn. 18 aufgeführten Auftragnehmer-Pflichten sind nicht oder nicht in erster Linie leistungsbezogene Nebenpflichten, sondern sie dienen als sogenannte **„weitere Verhaltenspflichten"** (zumindest vornehmlich) Schutz-, Obhuts-, Fürsorge- und sonstigen Rücksichtnahmezwecken in Bezug auf die Rechtsgüter und sonstigen berechtigten Interessen des Auftraggebers als Vertragspartner. Sie sind daher – mit Ausnahme der Ablieferungspflicht des Auftragnehmers nach § 4 Nr. 9 Satz 1 VOB/B – nicht selbstständig einklagbar; ihre Verletzung löst aber Schadenersatzansprüche wegen (Schuld-)Pflichtverletzung nach § 280 Abs. 1 BGB n. F., früher nach positiver Vertragsverletzung aus, wenn und soweit dem Auftraggeber dadurch entsprechende Schäden entstehen.[12] Die Erfüllung der Ablieferungspflicht des Auftragnehmers nach § 4 Nr. 9 Satz 1 VOB/B dagegen ist selbstständig **einklagbar**, weil sie als spezielle vertragliche Herausgabepflicht konzipiert, imperativ gefasst sowie inhaltlich konkret bestimmt ist und dabei und dabei gezielt den Erfüllungsweg, nämlich „Ablieferung", also Herausgabe nennt; zudem ist hier dem Auftraggeber lediglich mit nachträglichen Schadenersatzansprüchen und -leistungen oft nur wenig gedient.

Die Verletzung der Pflichten zur Geltendmachung bzw. zur Mitteilung von Bedenken nach Nr. 1 Abs. 4 Satz 1 VOB/B und nach Nr. 3 lösen **Ansprüche** aus § 4 Nr. 7 VOB/B (bis zur Abnahme) und aus § 13 Nr. 5–Nr. 7 VOB/B (nach Abnahme) aus, darüberhinaus bei Vorliegen der entsprechenden Voraussetzungen auch Schadenersatzansprüche des Auftraggebers wegen (Schuld-)Pflichtverletzung nach § 280 Abs. 1 BGB n. F., früher positiver Vertragsverletzung.[13]

## D. Rechte des Auftraggebers in Form von Befugnissen

Die Eigenart der Bauleistung bringt es mit sich, dass sich nach Fertigstellung dem Auftraggeber vorwiegend nur die äußere Beschaffenheit des Werks zeigt, nicht aber die für ihn wesentliche Güte der verwendeten Stoffe und deren Verarbeitung. Der Auftraggeber hat deshalb ein berechtigtes Interesse, die Einhaltung der im Bauvertrag getroffenen Vereinbarungen zur Beschaffenheit der Bauleistung und zur Bauzeit schon **während der Bauausführung** zwecks rechtzeitiger (Gegen-)Steuerung zu kontrollieren. Daher gibt § 4 Nr. 1 Abs. 2 VOB/B dem Auftraggeber in Form einer Befugnis das **Recht**, die vertragsgemäße Ausführung der Leistung **zu überwachen**.[14] Dieses **Kontrollrecht** kommt als Reflex auch dem Auftragnehmer zugute, indem sonst von ihm übersehene oder ignorierte Leistungsmängel oder Bauablaufprobleme und Abweichungen von den Ausführungsfristen bei der Ausführung verhindert oder frühzeitig erkannt und beseitigt werden können; auch können durch die Wahrnehmung des Überwachungsrechts divergierende Meinungen der Vertragsparteien über die Vertragsgemäßheit der Bauleistung schon frühzeitig im Stadium der Ausführung erkannt und geklärt werden, was von beiderseitigem Interesse ist.[15] In § 4 Nr. 1 Abs. 2 Sätze 2 und 3 VOB/B sind folgende **Unterrechte** genannt, die der Verwirklichung des Überwachungsrechtes dienen:
– Zutrittsrecht
– Recht auf Einsicht in die Bauausführungsunterlagen und in die Ergebnisse von Güteprüfungen
– Recht auf die zur Überwachung erforderlichen Auskünfte

---

[11] Vgl. *Heiermann/Riedl/Rusam* VOB/B § 4 Rdn. 4; *Nicklisch/Weick* VOB/B § 4 Rdn. 3 und 4; Palandt/*Heinrichs* BGB § 242 Rdn. 25, 32.
[12] *Heiermann/Riedl/Rusam* VOB/B § 4 Rdn. 4; *Nicklisch/Weick* VOB/B § 4 Rdn. 4; Palandt/*Heinrichs* BGB § 241 Rdn. 7; *Vygen* Bauvertragsrecht, Rdn. 169, 342.
[13] Näheres siehe bei der Kommentierung zu den genannten Bestimmungen.
[14] *Heiermann/Riedl/Rusam* VOB/B § 4 Rdn. 13; *Ingenstau/Korbion* VOB/B § 4 Nr. 1 Rdn. 52; *Nicklisch/Weick* VOB/B § 4 Rdn. 21.
[15] Vgl. *Heiermann/Riedl/Rusam* VOB/B § 4 Rdn. 13; *Ingenstau/Korbion* VOB/B § 4 Nr. 1 Rdn. 55; *Nicklisch/Weick* VOB/B § 4 Rdn. 21.

**Vor § 4**

**26** Dem vorgenannten umfassenden Recht des Auftraggebers mit den zugehörigen Unterrechten entspricht auf der Verpflichtungsseite des Auftragnehmers eine entsprechende **Duldungspflicht;** diese ist eine vertragliche Nebenpflicht, auf deren Erfüllung der Auftraggeber wegen der Gewichtigkeit der Überwachung ein klagbares Recht hat und bei dessen Mißachtung oder sonstiger Verletzung ihm Schadenersatzansprüche aus positiver Vertragsverletzung zustehen können.[16]

**27** Als notwendige Ergänzung des Überwachungsrechtes gibt § 4 Nr. 1 Abs. 3 VOB/B dem Auftraggeber das Recht (die Befugnis), unter Wahrung der dem Auftragnehmer zustehenden Leitung **Anordnungen** zu treffen, die zur vertragsgemäßen Ausführung der Leistung notwendig sind. Auf diese Weise wird die Umsetzung der Ergebnisse der Überwachung in konkrete Anweisungen ermöglicht.[17] Die Überwachung bereitet die Vertrags-Anordnungen vor, die Vertrags-Anordnungen setzen die Erkenntnisse des Auftraggebers aus der Überwachung in die Realität um, wobei die weitere Überwachung wiederum der Kontrolle der Befolgung der Vertrags-Anordnungen dient, usf.

**28** **Spezielle Anordnungsrechte** enthalten § 4 Nr. 6 VOB/B (Beseitigungs-Anordnung) und § 4 Nr. 9 VOB/B (Ablieferungs-Weisung), die dem Auftraggeber ein frühzeitiges Eingreifen ermöglichen (sollen), damit eine Gefährdung des Bauwerks durch vertrags- oder probewidrige Stoffe oder Bauteile beziehungsweise ein Verlust oder eine sonstige Beeinträchtigung der Entdeckerrechte oder sonstiger berechtigter Interessen des Auftraggebers im Zusammenhang mit Funden rechtzeitig oder überhaupt verhindert werden kann.

---

[16] *Heiermann/Riedl/Rusam* VOB/B § 4 Rdn. 15; *Ingenstau/Korbion* VOB/B § 4 Nr. 1 Rdn. 56; *Nicklisch/Weick* VOB/B § 4 Rdn. 29.
[17] *Heiermann/Riedl/Rusam* VOB/B § 4 Rdn. 16, 13; *Nicklisch/Weick* VOB/B § 4 Rdn. 30.

## § 4 Nr. 1 [Koordination und Überwachung durch Auftraggeber]

(1) Der Auftraggeber hat für die Aufrechterhaltung der allgemeinen Ordnung auf der Baustelle zu sorgen und das Zusammenwirken der verschiedenen Unternehmer zu regeln. Er hat die erforderlichen öffentlich-rechtlichen Genehmigungen und Erlaubnisse – z. B. nach dem Baurecht, dem Straßenverkehrsrecht, dem Wasserrecht, dem Gewerberecht – herbeizuführen.

(2) Der Auftraggeber hat das Recht, die vertragsgemäße Ausführung der Leistung zu überwachen. Hierzu hat er Zutritt zu den Arbeitsplätzen, Werkstätten und Lagerräumen, wo die vertragliche Leistung oder Teile von ihr hergestellt oder die hierfür bestimmten Stoffe und Bauteile gelagert werden. Auf Verlangen sind ihm die Werkzeichnungen oder andere Ausführungsunterlagen sowie die Ergebnisse von Güteprüfungen zur Einsicht vorzulegen und die erforderlichen Auskünfte zu erteilen, wenn hierdurch keine Geschäftsgeheimnisse preisgegeben werden. Als Geschäftsgeheimnis bezeichnete Auskünfte und Unterlagen hat er vertraulich zu behandeln.

(3) Der Auftraggeber ist befugt, unter Wahrung der dem Auftragnehmer zustehenden Leitung (Nummer 2) Anordnungen zu treffen, die zur vertragsgemäßen Ausführung der Leistung notwendig sind. Die Anordnungen sind grundsätzlich nur dem Auftragnehmer oder seinem für die Leitung der Ausführung bestellten Vertreter zu erteilen, außer wenn Gefahr im Verzug ist. Dem Auftraggeber ist mitzuteilen, wer jeweils als Vertreter des Auftragnehmers für die Leitung der Ausführung bestellt ist.

(4) Hält der Auftragnehmer die Anordnungen des Auftraggebers für unberechtigt oder unzweckmäßig, so hat er seine Bedenken geltend zu machen, die Anordnungen jedoch auf Verlangen auszuführen, wenn nicht gesetzliche oder behördliche Bestimmungen entgegenstehen. Wenn dadurch eine ungerechtfertigte Erschwerung verursacht wird, hat der Auftraggeber die Mehrkosten zu tragen.

**Literatur:** *Bönker*, Der Architekt als Baujurist? – Haftung für genehmigungsfähige Planung, NZBau 2003, 80; *Boldt*, Bauverzögerungen aus dem Verantwortungsbereich des Auftraggebers, BauR 2006, 185; *Braun*, Gesamtschuldnerausgleich im Baurecht bei Überwachungs- und Ausführungsverschulden, FS Motzke 2006; *Brösskamp*, Organisationsanforderungen an den Generalunternehmer und deren vertragliche Regelung, Jahrbuch BauR 2000, 137 ff.; *ders.*, Der Schutz der erbrachten Leistung durch Nachunternehmer bei der Abwicklung eines Generalunternehmervertrages, FS Vygen 1999, S. 285; *Clemm*, Die rechtliche Einordnung der Prüfungs- und Hinweispflicht des Auftragnehmers im Bauvertrag (§ 4 Nr. 3 VOB/B) und die Rechtsfolgen ihrer Verletzung, BauR 1987, 609; *v. Craushaar*, Risikotragung bei mangelhafter Mitwirkung des Bauherrn, BauR 1987, 14; *ders.*, Konkurrierende Gewährleistung von Vor- und Nachfolgeunternehmer?, Jahrbuch Baurecht 1999, 115; *ders.*, Der Vorunternehmer als Erfüllungsgehilfe des Auftraggebers, FS Vygen 1999, S. 154; *ders.*, Die Bedeutung des § 645 BGB für die Rechtsstellung des Nachfolgeunternehmers, Festgabe *Steffen Kraus*, 2003, S. 3; *Döring*, Der Vorunternehmer als Erfüllungsgehilfe des Auftraggebers, Festschrift für Craushaar, 1997, S. 193; *ders.*, Die Vorunternehmerhaftung und § 642, Gedanken zu des Rätsels Lösung, Festschrift für W. Jagenburg, 2002, 111; *Eichler*, Die Gewährleistung nach § 13 Nr. 3 VOB/B bei Anordnungen des Auftraggebers und der Verstoß dieser Klausel gegen AGBG – neue Rechtsprechung, BauR 1997, 903; *von und zu Franckenstein*, Die Haftung für baurechtliche Auskünfte (von Behörden), BauR 2003, 807; *Fuchs*, Kooperationspflichten der Bauvertragsparteien, Diss., Baurechtliche Schriften Band 58, 2004; *Glück/Witsch*, Nochmals zum Thema Überwachung der Bewehrungsarbeiten, BauR 1988, 550; *Hochstein*, Zur Systematik der Prüfungs- und Hinweispflicht des Auftragnehmers im VOB-Bauvertrag, FS Korbion, 1986, S. 165; *G. Hofmann*, Vergaberechtliche und vertragsrechtliche Fragen bei Nebenangeboten im Bauwesen, ZfBR 1984, 259; *ders.*, Die rechtliche Einordnung der Mitwirkungspflichten des Auftraggebers beim Bauvertrag, Festschrift für von Craushaar, 1997, 219; *Hüffer*, Leistungsstörung durch *Gläubigerhandeln*, 1976 (Schriftband); *Jacob*, Was schuldet der Architekt: die „dauerhaft genehmigungsfähige Planung"? BauR 2003, 1623; *Walter Jagenburg*, Umfang und Grenzen der Haftung des Architekten und Ingenieurs bei der Bauleitung, Aachener Bausachverständigentag, 1985, 9; *Kaiser*, Gesamtschuldnerische Haftung des Architekten neben anderen Baubeteiligten, ZfBR 1985, 101; *Kamphausen*, Die Quotierung der Mangel- und Schadensverantwortlichkeit Baubeteiligter durch technische Sachverständige, BauR 1996, 174; *Kapellmann*, § 645 BGB und die Behinderungshaftung für Vorunternehmer, BauR 1992, 433; *Kapellmann/Ziegler*, Störfallkataloge bei Bauverträgen im Tunnelbau mit Schuldvortrieb, NZBau 2005, 65; *Kleine-Möller*, Die Haftung des Auftraggebers gegenüber einem behinderten Nachfolge-Unternehmer, NZBau 2000, 401; *Kleinhenz*, Die Verordnung über Sicherheit und Gesundheitsschutz auf Baustellen (Baustellenverordnung), ZfBR 1999, 179; *Kniffka*, Rechtliche Probleme des Generalunternehmervertrages, ZfBR 1992, 1; *ders.*, Dreißigjährige Gewährleistung des Bauunternehmers bei pflichtwidriger Organisation der Überwachung und Prüfung eines Werkes nach dem Urteil des BGH VII ZR 5/91 v. 12. 3. 1992, ZfBR 1993, 255; *ders.*, Die Kooperationspflichten der Bauvertragspartner im Bauvertrag, Jahrbuch Baurecht 2001, 1; *Kohler*, Werkmangelrechte, Werkleistungsanspruch und allgemeines Leistungsstörungsrecht, BauR 1988, 278; *Kraus*, Ansprüche des Auftragnehmers bei einem durch Vorunternehmer verursachten Baustillstand, BauR 1986, 17; *ders.*, Bauverzögerung durch Vorunternehmer – Überfällig und doch überraschend: Der Bundesgerichtshof ändert seine Rechtsprechung, BauR 2000, 1105; *Kullmann*, Aktuelle Rechtsfragen zur Produkthaftung bei Baustoffen, BauR 1993, 153; *U. Locher*, Die Haftung des Planers für eine nicht genehmigungsfähige Planung, BauR 2002, 1303; *Maser*, Die Haftung des Architekten für die Genehmigungsfähigkeit der Planung, BauR 1994, 180); *Maxem*, Rechtsfolgen bei Verletzung von Mitwirkungspflichten durch den Besteller beim (Bau-)Werkvertrag, BauR 2003, 952; *Meyer*, Obergerichtliche Rechtssprechung zur Baustellenverordnung Baurecht 2006, 597; *Moog*, Von Risiken und Nebenwirkungen der Baustellenverordnung, BauR 1999, 795; *Motzke*, Überwachung und Abnahme der Bewehrung – eine Aufgabe des Architekten?, BauR 1988, 435; *ders.*, Prüfungs-, Aufklärungs- und Überwachungspflichten des Unternehmers, ZfBR 1988, 244; *C. Müller-Foell*, Die Mitwirkung des Bestellers beim Werkvertrag, 1982 (Schriftband); *Nicklisch*, Risikoverteilung im Werkvertragsrecht bei Anweisungen des Bestellers, FS Bosch, 1976, S. 731; *ders.*, Mitwirkungspflichten des Bestellers beim Werkvertrag, insbesondere beim Bau- und Industrieanlagenvertrag, BB 1979, 533; *ders.*, Umfang der Mängelhaftung – Ergebnis von Vertragsgestaltung und Kooperation während der Vertragsdurchführung, in: *Nicklisch*, Hrsg., Leistungsstörungen bei Bau- und Anlagenverträgen, Technologie und Recht, Band 6, 1985, S. 25; *ders.*, Rechtsfragen des Subunternehmervertrages bei Bau- und Anlageprojekten im In- und Auslandsgeschäft, NJW 1985, 2361; *ders.*, Der Subunternehmer bei Bau- und Anlageverträgen im In- und Auslandsgeschäft, Heidelberger Kolloquium Technologie und Recht, 1985 (Schriftband); *ders.*, Sonderrisiken bei Bau- und Anlagenverträgen, Teile I u. II, Beilage 15 zu BB Heft 19/1991 und Beilage 20 zu BB Heft 29/1991; *Oberhauser*, Pflichten- und Risikoverteilung zwischen den Bauvertragsparteien, Festgabe Steffen Kraus, 2003, S. 151; *Olshausen*, Zur Leistungsverpflichtung des Objektplaners nach § 15 HOAI im Zusammenhang mit der Überwachung und Abnahme der Bewehrungsarbeiten, BauR 1987, 365; *Preussner*, Die Pflicht zur Kooperation – und ihre Grenzen, FS Thode, 2005, 77; *Roskosny/Bolz*, Die Rechtsnatur des Entschädigungsanspruchs aus § 642 BGB und seine Berechnung, BauR 2006, 1804; *Rozek/Röhl*, Zur Rechtsstellung des Sicherheitskoordinators nach der Baustellenverordnung, BauR 1999, 1394; *Scherer*, Die Staatshaftung bei Fehlern des Prüfingenieurs für Baustatik, Die Bauverwaltung 1965, 598; *Schlechtriem*, Haftung des Nachunternehmers gegenüber dem Bauherrn, ZfBR 1988, 101; *Jörg Schmidt*, Die Baustellenverordnung – Leistungen, rechtliche Einstufung der Tätigkeit und Honorar des S+G-Koordinators, ZfBR 2000, 3 ff.; *Schwarze*, Auswirkungen der bauvertraglichen Kooperationsverpflichtung, BauR 2004, 895; *Siegburg*, Baumängel aufgrund fehlerhafter Vorgaben des Bauherrn, FS Korbion, 1986, S. 411; *ders.*, Vorunternehmer als Erfüllungsgehilfe des Auftragnehmers?, BauR 2000, 182; *Soergel*, Die quotenmäßige Mangelverantwortung der Bauvertragsparteien, ZfBR 1995, 165; *Stamm*, Die Frage nach der Eigenschaft des Vorunternehmers als Erfüllungsgehilfe des Bauherrn im Verhältnis zum Nachunternehmer: Ein Problem der Abgrenzung von Schuldner- und Annahmeverzug, BauR 2002, 1; *Vygen*, Behinderungen des Auftragnehmers und ihre Auswirkungen auf die vereinbarte Bauzeit, BauR 1983, 210; *ders.*, Behinderungen des Bauablaufs und ihre Auswirkungen auf den Vergütungsanspruch des Unternehmers, BauR 1983, 414; *ders.*, Rechtliche Beratungs- und Hinweispflichten des Architekten und Bauingenieurs beim Abschluß von Bauverträgen und bei der Vertragsabwicklung unter besonderer Berücksichtigung einer Vertragsstrafenvereinbarung im Bauvertrag, BauR 1984, 245; *ders.*, Behinderung des Auftragnehmers durch verspätete oder mangelhafte Vorunternehmerleistungen BauR 1989, 387; *ders.*, Kooperationspflichten der Bauvertragspartner beim VOB-Bauvertrag, Festgabe Steffen Kraus, 2003, S. 249; *v. Westphalen*, Subunternehmer-Verträge bei internationalen Bauverträgen – Unangemessenheitskriterium nach § 9 AGB-Gesetz, Festschrift Locher, 1990, 375; *Weyer*, Zum Schadensersatzanspruch des Unternehmers wegen Beschädigung seines Werkes, BlGBW 1970, 206. Siehe im übrigen die Hinweise → Vor § 4 und Vor § 3 (vor allem zum „Baugrundrisiko").

## Übersicht

| | Rdn. | | Rdn. |
|---|---|---|---|
| **A. Die Koordinierungs- und Beschaffungspflichten des Auftraggebers (Abs. 1)** | 1–117 | 4. Erfüllungsgehilfen – dabei auch Vorunternehmer | 14 |
| I. Mitwirkungsverpflichtung des Auftraggebers zur „Bereitstellung" von Ausführungsvoraussetzungen | 1 | 5. Einstandspflicht in der Auftraggeber-Auftragnehmer-Kette für Koordinations- und Bereitstellungspflichten | 16 |
| 1. Grundsatz | 1 | II. Schaffung der allgemeinen Ordnung auf der Baustelle (Abs. 1 Satz 1 Halbsatz 1) | 20 a |
| 2. Pflicht zur „Bereitstellung" eines bebauungsfähigen Baugrundstücks nebst Vorunternehmerleistungen – Auswirkung auf den Bauablauf | 4 | 1. Örtlicher Bereich | 20 a |
| | | a) Allgemeines | 20 a |
| | | b) Unfallverhütung; Baustellenverordnung v. 10. 6. 1998 | 21 |
| 3. Planungsbereich und Koordinierungspflicht (dabei auch Vorunternehmerleistungen) | 11 | 2. Zeitlicher Bereich | 22 |

| | Rdn. | | Rdn. |
|---|---|---|---|
| 3. Zweck, Wesen und Art der Ordnungsmaßnahmen „zur räumlichen Koordination"…. | 23 | 1. Beschaffungspflicht des Auftraggebers…………………… | 63 |
| a) Die räumliche Baustellenkoordination – Dabei auch Sicherheit und Gesundheitsschutz/Baustellenverordnung v. 10. 6. 1998 (Rdn. 23/34)……… | 23 | a) Wesen, Zweck, Grundsätzliches………………… b) Pflicht zur (recht) zeitigen und ordnungsgemäßen Antragstellung, sonst Verschulden……………… | 63 67 |
| b) Weitere Fälle räumlicher Baustellenkoordination … | 30 | c) Kein Erteilungsrisiko schlechthin – Ausnahmefälle einer solchen Risikoübernahme………… | 68 |
| c) Anspruchsverlust des Auftraggebers bei Verletzung seiner Ordnungspflicht…. | 32 | d) Leistungsmöglichkeit bei Versagung der Genehmigung oder Erlaubnis…… | 72 |
| 4. Abgrenzung zur eigenverantwortlichen inneren Arbeitsorganisation des Auftragnehmers……………………… | 33 | e) Aufklärungs-, Hinweis- und Erfüllungspflichten des Planungsfachmanns gegenüber dem Auftraggeber bezügl. Genehmigungsfähigkeit – Erfüllungsgehilfenverschulden | 74 |
| 5. Abhilfeverpflichtung des Auftraggebers bei Störungen der allgemeinen Baustellenordnung………………………… | 35 | f) Ausnahmsweise Aufklärungs- und Hinweispflicht des Auftragnehmers……………………… | 78 |
| III. Regelung des Zusammenwirkens der verschiedenen Unternehmer (Abs. 1 Satz 1 Halbsatz 2)……………………… 1. Anwendungsbereich und Zweck der Vorschrift……… | 37 37 | g) Privatrechtliche Genehmigungen und Erlaubnisse 2. Genehmigungen und Erlaubnisse im Einzelnen………… a) Arten der Genehmigungen und Erlaubnisse……. | 80 81 81 |
| 2. Abstimmung des „Miteinander", „Nebeneinander" und „Nacheinander" (dabei auch Sicherheit und Gesundheitsschutz) – Unterscheidung von Bauüberwachung…………… | 41 | aa) Genehmigungen und Erlaubnisse allgemeiner Art……………… bb) Genehmigungen und Erlaubnisse spezieller Art………………… | 82 85 |
| 3. Zweck, Wesen und Art der Koordinationsmaßnahmen zum Zusammenwirken der Unternehmer……………… | 44 | b) Stellung des Prüfingenieurs – Dabei auch Fragen der Amtshaftung…… | 86 |
| a) Allgemeines sowie Unfallverhütung/Baustellenverordnung v. 10. 6. 1998 | 44 | c) Bautafel………………… 3. Vom Auftragnehmer zu beschaffende Genehmigungen und Erlaubnisse…………… | 92 94 |
| b) Sachliche Koordinations-Hilfsmittel……………… | 45 | 4. Auswirkung fehlender Baugenehmigung auf den Bauvertrag und seine Ausführung | 97 |
| c) Rechtliche Koordinations-Hilfsmittel…………… | 50 | V. Rechtsfolgen bei Verletzung der in Abs. 1 genannten Mitwirkungspflichten des Auftraggebers………………………… | 102 |
| 4. Sachliche und vertragsrechtliche Grenzen der Koordinationspflicht – ausnahmsweise Aufgabe des Auftragnehmers | 51 | VI. Sonderfälle, (mitwirkendes) Verschulden des Auftragnehmers…. | 109 |
| 5. Ausnahmsweise Unterstützungspflicht des Auftragnehmers……………………… | 56 | VII. AGB-Problematik…………… 1. AGB-Klauseln zur Koordinierung…………………… | 112 112 |
| 6. Trennung und Abgrenzung der Koordinierungspflicht vom Überwachungsrecht | 57 | 2. AGB-Klauseln zur öffentlichrechtlichen Genehmigung…. | 116 |
| 7. Abgrenzung der Koordinierungspflicht des Auftraggebers von der Eigenverantwortlichkeit des Auftragnehmers…… | 59 | B. Das Überwachungsrecht des Auftraggebers (Abs. 2)……………… | 118–181 |
| IV. Herbeiführung der erforderlichen öffentlich-rechtlichen Genehmigungen und Erlaubnisse (Abs. 1 Satz 2)………………… | 63 | I. Wesen, Zweck und Anwendungsbereich der Regelung…… | 119 |

|  | Rdn. |  | Rdn. |
|---|---|---|---|
| 1. Werkvertragsrecht des BGB | 119 | 1. Begriff des Geschäftsgeheimnisses | 171 |
| 2. Institutionalisierung der Bauüberwachung in der VOB/B | 127 | 2. Umfang und Art der Einschränkung | 173 |
| II. Das Recht des Auftraggebers zur Überwachung der vertragsgemäßen Ausführung (Abs. 2 Satz 1) | 132 | 3. Anspruch des Auftragnehmers auf Vertraulichkeit bei Einsichtsgewährung und Auskunftserteilung (Abs. 2 Satz 4) | 175 |
| 1. Befugnis, nicht Pflicht – Eigenverantwortlichkeit des Auftragnehmers | 132 | VI. Pflicht des Auftragnehmers zur Duldung und zur Ermöglichung der Überwachung als Nebenpflicht | 180 |
| 2. Grundsätzlich keine Rechte zugunsten des Auftragnehmers aus der Überwachungsbefugnis des Auftraggebers | 133 | C. Das Anordnungsrecht des Auftraggebers zur vertragsgemäßen Ausführung (Abs. 3 und 4) | 182–283 |
| a) Grundsätzlich keine Verpflichtung gegenüber dem Auftragnehmer | 133 | I. Sonderregelung der VOB – keine ausdrücklich geregelte entsprechende Anordnungsbefugnis im BGB | 182 |
| b) Grundsätzlich kein Einwand mitwirkenden Verschuldens gegenüber Auftraggeber und kein Gesamtschuldausgleich gegenüber Architekt oder sonstiger Überwachungsperson | 134 | II. Wesen, Zweck und Anwendungsbereich der Befugnis zur Ausführungsanordnung | 184 |
| 3. Ausnahmen vom Grundsatz | 140 | 1. Notwendige Ergänzung des Überwachungsrechts | 184 |
| a) Ausnahmsweise Alleinhaftung des Auftraggebers oder seines Überwachungsbeauftragten | 140 | 2. Grundsätzlich nur Anordnungsrecht, nicht Anordnungspflicht – Ausnahmen | 185 |
| b) Ausnahmsweise beiderseitige (Mit-)Haftung im Rahmen von § 254 BGB und von § 426 BGB | 142 | 3. Anordnungsrecht als Eingriffsrecht | 191 |
| | | 4. Anordnung als einseitige Willenserklärung, grundsätzliche Verbindlichkeit | 194 |
| c) Weitere Ausnahme: („Unechte") Überwachung und Überwachungspflicht im Rahmen der Koordinationspflicht des Auftraggebers | 143 | III. Begriffsabgrenzung (Anordnung und andere Äußerungen wie Wunsch, Vorschlag, Einverständnis) | 196 |
| 4. (Deliktsrechtliche) Überwachungspflicht gegenüber Dritten | 146 | IV. Einschränkung: „Zur vertragsgemäßen Leistung notwendig" | 198 |
| III. Funktionelle Reichweite und Begrenzung des Überwachungsrechts | 147 | 1. Vertragliche Leistungspflicht maßgebend (Abs. 3 Satz 1) | 199 |
| IV. Einzelne der Überwachung dienende Rechte und Hilfsmittel | 150 | a) Grundsatz, Reichweite | 199 |
| 1. Zutrittsrecht (Abs. 2 Satz 2) | 150 | b) Unterscheidung und Abgrenzung von anderweitigen Anordnungen und Verlangen | 202 |
| a) Sachlicher Anwendungsbereich | 150 | c) Keine Anordnung | 208 |
| b) Nicht nur Betriebs-, Fertigungs- und Lagerstätten des unmittelbaren Auftragnehmers | 155 | 2. Objektive Notwendigkeit erforderlich (Abs. 3 Satz 1) | 209 |
| 2. Einsichtsrecht (Abs. 2 Satz 3) | 160 | 3. Wahrung der Eigenleitung des Auftragnehmers (Abs. 3 Satz 1) | 212 |
| 3. Auskunftsrecht (Abs. 2 Satz 3) | 164 | V. Adressat: Grundsätzlich nur Auftragnehmer oder sein Vertreter (Abs. 3 Sätze 2 und 3) | 215 |
| 4. Weitere Hilfsmittel für die Ausübung des Überwachungsrechtes | 167 | 1. Mitteilung des Vertreters | 216 |
| | | 2. Ausnahme: Gefahr im Verzug | 219 |
| | | 3. Weitere Ausnahmen | 223 |
| V. Einschränkung der Überwachungsbefugnis bei Geschäftsgeheimnissen (Abs. 2 Satz 3) | 170 | VI. Pflicht des Auftragnehmers zur Geltendmachung von Bedenken gegen Ausführungs-Anordnungen des Auftraggebers (Abs. 4 Satz 1) | 224 |

|   |   | Rdn. |   |   | Rdn. |
|---|---|---|---|---|---|
| 1. | Inhalt und Zweck der Vorschrift | 224 | b) | Verstoß gegen Treu und Glauben, § 242 BGB, als „gesetzlicher Bestimmung" nach Abs. 4 Satz 1 Halbsatz 2 | 250 |
| 2. | Unberechtigte oder unzweckmäßige Anordnungen | 226 | | aa) Abweichung vom zur vertragsgemäßen Ausführung der Leitung Notwendigen | 252 |
| 3. | Subjektive Auffassung des Auftragnehmers zur Auslösung der Bedenkenäußerungspflicht maßgebend | 229 | | bb) Verstoß gegen bauvertragliche Bestimmungen und anerkannte Regeln der Technik | 255 |
| 4. | Form und Adressat der Bedenkenäußerung | 231 | | cc) Missbrauch des Anordnungsrechts | 258 |
| 5. | Wesen und Anwendungsbereich der Bedenkenäußerungspflicht nach Abs. 4 Satz 1 | 233 | c) | Beweislast | 260 |
| | a) Rechtscharakter und Verletzungsfolgen | 233 | 8. | Mehrkostenausgleich (Abs. 4 Satz 2) | 261 |
| | b) Verhältnis zur Bedenkenmitteilungspflicht nach § 4 Nr. 3 (mit § 13 Nr. 3) VOB/B | 234 | | a) Zweck, Wesen und Anwendungsbereich – selbstständige Kostenregelung | 261 |
| 6. | Grundsätzlich Ausführungspflicht auf Verlangen des Auftraggebers trotz vorgebrachter Bedenken (Abs. 4 Satz 1 Halbsatz 2) | 240 | | b) Mehrkostenerstattung nur bei Verursachung einer „ungerechtfertigten Erschwerung" | 265 |
| | a) Pflicht des Auftraggebers zur Prüfung der Bedenken (und zum Treffen einer Entscheidung) | 241 | | c) Umfang/Höhe der auszugleichenden Mehrkosten | 268 |
| | b) Haftung des Auftraggebers bei Verstoß gegen die Pflicht zur Bedenkenüberprüfung | 245 | | d) Keine sonstigen Anspruchsvoraussetzungen als die nach Abs. 4 Satz 2 | 270 |
| | c) Eindeutiges und bestimmtes Verlangen des Auftraggebers notwendig | 246 | | e) Beweislast | 271 |
| 7. | Ausnahmen von der grundsätzlichen Pflicht des Auftragnehmers zur Befolgung der Anordnungen – Leistungsverweigerungsrecht, Ausschluss des Leistungsverzuges | 247 | | f) Verhältnis zum Schadensersatzanspruch nach § 6 Nr. 6 VOB/B | 272 |
| | | | 9. | Haftungsfolgen bei Ausführungsanweisung des Auftraggebers | 274 |
| | | | VII. | AGB-Problematik | 281 |
| | | | 1. | AGB-Klauseln zur Anordnungsbefugnis | 281 |
| | a) Verstoß gegen gesetzliche oder behördliche Bestimmungen (Abs. 4 Satz 1 Halbsatz 2) | 248 | 2. | AGB-Klauseln zur Bedenkenäußerungspflicht | 283 |

# A. Die Koordinierungs- und Beschaffungspflichten des Auftraggebers (Absatz 1)

## I. Mitwirkungsverpflichtung des Auftraggebers zur „Bereitstellung" von Ausführungsvoraussetzungen

### 1. Grundsatz

Der gesetzliche Grundgedanke der Mitwirkungspflicht des Bestellers/Auftraggebers nach §§ 642, 242 BGB ist es, dem Unternehmer/Auftragnehmer die im Einflussbereich/Herrschaftsbereich („Sphäre") des Bestellers/Auftraggebers liegenden Voraussetzungen zu schaffen, um dem Unternehmer/Auftragnehmer die Ausführung der von ihm geschuldeten Bauleistung überhaupt sowie die rechtzeitige und auch sonst ordnungsgemäße, also mängel- 1 freie und störungsfreie (behinderungsfreie) Ausführung zu ermöglichen; insoweit hat als eine grundlegende Koordinierungspflicht der Besteller/Auftraggeber die dazu erforderlichen Handlungen und somit auch (und zwar fehlerfreien) **„Bereitstellungen"** vorzunehmen.[1]

2 Deshalb ist es auch grundlegende (Mitwirkungs-)Verpflichtung des Bestellers/Auftraggebers, dem Unternehmer/Auftragnehmer bei Beginn und während der Durchführung des Bauvertrages das **Baugrundstück** einschließlich Bauuntergrund und das sonstige Objekt der Bauleistung tatsächlich und rechtlich **bebauungsfähig,** also bearbeitungsreif, für die Leistung des Unternehmers/Auftragnehmers aufnahmebereit (geeignet) und somit auch mangelfrei und gefahrfrei, zur Verfügung zu stellen.[2] Das Bau-Grundstück ist die wichtigste den Bau ermöglichende Bau-Grundlage und insoweit und daher der vom Besteller/Auftraggeber als elementare Bau-Mitwirkungspflicht zu liefernde Stoff auch i. S. v. § 645 Abs. 1 Satz 1 BGB.[3] Denn unter (Bau-)„Stoff" im vorgenannten Sinn sind alle Gegenstände zu verstehen, aus denen, an denen oder mit Hilfe deren ein (Bau-)Werk herzustellen ist,[4] weshalb unter diesen Begriff nicht nur die Baumaterialien und Bauteile zu verstehen sind, sondern alles, was der Unternehmer/Auftragnehmer vom Besteller/Auftraggeber aus dessen Herrschafts- und Einflussbereich – je nach Gegebenheit **unbearbeitet** oder **vorbearbeitet** – benötigt, um das bestellte Werk, die beauftragte Leistung herstellen zu können. Deshalb gehören dazu das Bauobjekt, also **Baugrund** (einschließlich Bauuntergrund, etwa für Gründungsarbeiten, für U-Bahn-Bauten, Tunnel-Bauten), vorhandene **bauliche Anlagen,** zu deren Herstellung, Instandhaltung oder Änderung die vertragliche Leistung dient[5] (z. B. Neubau, Umbau, Altbausanierung/-renovierung) sowie (ordnungsgemäß ausgeführte) **Vorleistungen** anderer Unternehmer/Auftragnehmer.[6] Des Weiteren hat der Besteller/Auftraggeber dem Bauunternehmer/Auftragnehmer brauchbare, einwandfreie und zuverlässige Pläne und Unterlagen zur Verfügung zu stellen sowie diejenigen Entscheidungen zu treffen, die für die reibungslose Ausführung des Baues erforderlich/unentbehrlich sind, wozu auch die Abstimmung der Leistungen der einzelnen Unternehmer während der Bauausführung („Koordinierungspflicht") und auch die Erteilung der für die reibungslose Bauausführung notwendigen Hinweise gehört.[7] Bedient sich der Besteller/Auftraggeber hierbei eines **Architekten,** so ist dieser sein Erfüllungsgehilfe und der Bauherr bzw. Besteller/Auftraggeber muss für dessen Verschulden einstehen. Nun sind gemäß §§ 644, 645 BGB Mängel des vom Besteller/Auftraggeber **gelieferten** Stoffes von diesem zu tragen; die Lieferung (Bereitstellung) des Bau-Stoffes Baugrundstück und Vorleistung ist deshalb genauso echte Pflicht

---

[1] Vgl. *Heiermann/Riedl/Rusam* VOB/B § 4 Rdn. 6; *Ingenstau/Korbion* VOB/B § 4 Nr. 1 Rdn. 1, 2; § 9 Nr. 1 Rdn. 6; *Nicklisch/Weick* VOB/B § 4 Rdn. 14; *Kapellmann* BauR 1992, 433, 434, 435.

[2] Vgl. → Vor § 3 Rdn. 5; *Ingenstau/Korbion* § 9 Nr. 1 Rdn. 6; *v. Craushaar* Jahrbuch Baurecht 1999 S. 130, 131; *ders.* FS Vygen, 1999, S. 154, 156, 157, 158, 159, 160; BGH v. 21. 10. 1999 – VII ZR 185/98 „Wärmedämmung" **(„Vorunternehmer"-Urteil II)** NJW 2000, 1336, 1338 = BauR 2000, 722, 725 = NZBau 2000, 187, 189, m. w. N.; BGH NJW 2003, 1601 = BauR 2003, 531 = NZBau 2003, 325 („Trockenbau", fehlende und verzögerte Vorunternehmer-Leistungen); OLG Düsseldorf NJW-RR 1999, 1543, 1544 r. Sp., 1545 l. Sp. = BauR 1999, 1309, 1310 r. Sp. u., 1311 l. Sp. u. m. w. N. Auch OLG Naumburg NZBau 2005, 107 f. (Werklohn nach Zusammenbruch des Bohrkanals wegen Baugrundfehlers).

[3] → Vor § 3 Rdn. 5, 6; (sowie auch dort Rdn. 7 zu den Rechtsfolgen): BGH „Vorunternehmer"-Urteil II, vorst. Fn.; OLG München BauR 1992, 74, 75/76 = ZfBR 1992, 33, 34 (r.k.); OLG Düsseldorf BauR 2002, 1853, 1854: „bereitgestellter Baustoff ‚Baugrund'" im Anschluss an *Kapellmann* Jahrbuch Baurecht 1999, S. 1 ff., 24 ff.; *Kniffka* ZfBR 1992, 1, 9; *v. Craushaar,* Jahrbuch Baurecht 1999, S. 130, 131; *ders.* FS Vygen 1999, S. 154, 156.

[4] Wie vor sowie BGHZ 60, 14, 20 und OLG Düsseldorf NJW-RR 1999, 1543, 1545 = BauR 1999, 1309, 1311 l. Sp. u/r. Sp. o. m. w. N.

[5] Wie vor sowie *Kapellmann* Jahrbuch Baurecht 1999, S. 1, 8; – Bezüglich „bauliche Anlagen" vgl. auch die Formulierung in § 13 Nr. 7 Abs. 1 VOB/B sowie in § 3 Nr. 4 VOB/B: „bauliche Anlagen im Baubereich".

[6] So zutreffend *v. Craushaar* FS Vygen 1999, S. 154, 156, 157, 158, 159, 160; *ders.* Festgabe für Steffen Kraus, 2003, S. 3 ff.; BGH, „Vorunternehmer"-Urteil II a. a. O.; BGH NJW 2003, 1601 = BauR 2003, 531 = NZBau 2003, 325 („Trockenbau", fehlende und verzögerte Vorunternehmerleistungen); OLG Düsseldorf NJW-RR 1999, 1543, 1545 l. Sp. = BauR 1999, 1309, 1311 r. Sp. o. m. w. N; *Ingenstau/Korbion* VOB/B § 9 Nr. 1 Rdn. 6, 12; *Kapellmann* wie vor und in *Kapellmann/Messerschmidt* VOB/B § 6 Rdn. 61, 54.

[7] Siehe → Vor § 3 Rdn. 3.

des Bestellers/Auftraggebers wie die Erbringung der Planung, wenn und soweit nicht vertraglich etwas anderes geregelt ist.[8] – Zu der eben dargestellten Grundregel für den Bauvertrag nach BGB und VOB/B, welche zugleich in Abgrenzung der **Verantwortungsbereiche** das Prinzip der **Trennung** von Planung samt Koordination einerseits und Ausführung andererseits beinhaltet, siehe → Vor § 4 Rdn. 10 sowie unten Rdn. 11 und → Vor § 3 Rdn. 1 bis 4, 91.

In Vollzug und Konkretisierung der vorgenannten Grundregel hat nach § 4 Nr. 1 Abs. 1 Satz 1 VOB/B der Auftraggeber für die Aufrechterhaltung der allgemeinen Ordnung auf der Baustelle zu sorgen und – als weitere Koordinierungspflicht – das **Zusammenwirken** der verschiedenen Unternehmer zu regeln; außerdem ist der Auftraggeber verpflichtet, die **öffentlich-rechtlichen Genehmigungen** und Erlaubnisse, z. B. nach dem öffentlichen Baurecht, dem Straßenverkehrsrecht, dem Wasserrecht, dem Gewerberecht, herbeizuführen. Diese Aufgaben werden somit, ebenso wie alle anderen Bereitstellungsverpflichtungen, dem Verantwortungsbereich des Auftraggebers zugewiesen. Denn es ist für Arbeiten an einem Grundstück des Bestellers, wie der BGH in seinem Urteil vom 27. 7. 2006 – VII ZR 202/04, NJW 2006, 3413, 3415 = BauR 2006, 2040, 2043 = NZBau 2006, 777, 779 (je m. w. N.) wiederholt betont, grundsätzlich Sache des Bestellers, dafür Sorge zu tragen, dass die für die Bauausführung erforderlichen rechtlichen Voraussetzungen vorliegen.

## 2. Pflicht zur „Bereitstellung" eines bebauungsfähigen Baugrundstücks nebst Vorunternehmerleistungen – Auswirkung auf den Bauablauf

Wie im vorstehenden Abschnitt bereits gesagt, ist es auch grundlegende koordinative (Baumitwirkungs-)Verpflichtung und somit Bestandteil des **eigenen** Aufgaben- und Verantwortungsbereichs des Bestellers/Auftraggebers, dem Unternehmer/Auftragnehmer bei Beginn und während der Durchführung des Bauvertrages den Baugrund und die sonstigen den Gegenstand der Bebauung bildenden Anlagen und Objekte als (Bau-)Stoff i. S. v. § 645 BGB überhaupt sowie tatsächlich/bautechnisch und rechtlich bebauungsfähig, d. h. **bearbeitungsreif,** also für die Leistung des Auftragnehmers aufnahmebereit[9] (geeignet), mithin auch mangelfrei und gefahrfrei, zur Verfügung zu stellen, weil anderenfalls der Auftragnehmer nicht i. S. v. § 6 VOB/B behinderungsfrei und nicht mangelfrei leisten kann.[10] Da also der Auftragnehmer seine Leistungen rechtzeitig und fehlerfrei nur durchführen kann, wenn der Baugrund und das sonstige Objekt der Bearbeitung ihm rechtzeitig und fehlerfrei überlassen wird, gehört es zu den Aufgaben des Auftraggebers, dieses **auch mit ordnungsgemäß ausgeführten Vorleistungen** zur Verfügung zu stellen.[11] Diese Bereitstellungsverpflichtung beinhaltet somit gegenüber dem jeweiligen Auftragnehmer die Verpflichtung, ein Grundstück mit rechtzeitig und fehlerfrei fertiggestellten Vorleistungen bzw. mit soweit (mängelfrei) fertiggestellten Vorleistungen zur Verfügung zu stellen, dass der Auftragnehmer als Nachfolgegewerk mit seinen Arbeiten ungehindert sowie auch rechtzeitig und fehlerfrei

---

[8] *Kapellmann/Messerschmidt* VOB/B § 6 Rdn. 61.
[9] BGH, „Vorunternehmer"-Urteil II a. a. O.; BGH NJW 2003, 1601 = BauR 2003, 531 = NZBau 2003, 325: („Trockenbau", fehlende und verzögerte Vorunternehmer-Leistungen; OLG Düsseldorf BauR 2002, 1853, 1854: „bereitgestellter Baustoff ‚Baugrund' im Anschluss an *Kapellmann* Jahrbuch Baurecht 1999, S. 1 ff., 24 ff.; *Ingenstau/Korbion* VOB/B § 9 Nr. 1 Rdn. 1.
[10] OLG Düsseldorf NJW-RR 1999, 1543, 1544 r. Sp., 1545 l. Sp. = BauR 1999, 1309, 1310 r. Sp. u., 1311 l. Sp. u. m. w. N.; OLG München BauR 1992, 74, 75, 76 = ZfBR 1992, 33, 34 (rk., Rev. v. BGH nicht angen.); OLG Stuttgart BauR 1973, 385; *Heiermann/Riedl/Rusam* VOB/B § 4 Rdn. 6; *Ingenstau/Korbion* VOB/B § 4 Nr. 1; MünchKomm/*Soergel* BGB § 642 Rdn. 6; *Vygen* Bauvertragsrecht Rdn. 351, 703; *Vygen/Schubert/Lang* Rdn. 146, 269–271; *v. Craushaar* Jahrbuch Baurecht 1999, S. 115, 130, 131; *ders.* FS Vygen 1999, S. 154, 156, 157, 158, 159, 160; *Kapellmann* BauR 1992, 433, 434, 435.
[11] Siehe *Vygen/Schubert/Lang,* Rdn. 146, 264; *Döring* FS v. Craushaar S. 193, 196; *v. Craushaar* FS Vygen S. 154, 156; *Kapellmann/Schiffers* Bd. 1 (Einheitspreisvertrag), 4. Aufl. Rdn. 1366, 1369, 1373, 1378; im Anschluss an und unter Bezugnahme auf die vorgen. Literatur OLG Düsseldorf NJW-RR 1999, 1543, 1545 = BauR 1999, 1309, 1311; *Ingenstau/Korbion* VOB/B § 9 Nr. 1 Rdn. 6, 12.

beginnen und auch fortfahren kann: das ist also gegenüber dem Auftragnehmer, der die Rohbauarbeiten ausführt z. B. der vorherige Aushub bzw. die vorherige Ausschachtung der Baugrube, die Ausführung etwa notwendiger Gründungsarbeiten, der vorherige Abbruch alter Bausubstanz oder die Freimachung des Grundstücks von anderen Hindernissen, wie Altlasten, Munitionsfunden und sonstigen unerwünschten Bodenfunden sowie gegenüber den Ausbauauftragnehmern die Fertigstellung des Rohbaues.[12] Damit werden von dieser Mitwirkungspflicht des Auftraggebers hiesiger Ansicht nach grundsätzlich (str., siehe unten Rdn. 5–7) alle von ihm selbst oder in seinem Auftrag von **vorleistenden** Unternehmern = Vorunternehmern erbrachten Leistungen erfasst, deren vorherige (rechtzeitige, mangelfreie und vollständige) Fertigstellung **Voraussetzung für** den (rechtzeitigen) **Baubeginn** und **Baufortschritt** des darauf aufbauenden nachleistenden Auftragnehmers ist.[13] Dabei ist konsequenterweise der genannte **Vorunternehmer** – ebenso wie unbestritten der Architekt bei Wahrnehmung der dem Auftraggeber obliegenden Planung und Koordination – entgegen den in nachstehender Rdn. 5 (2) b und Rdn. 6 behandelten „Vorunternehmer"-Urteilen des 7. Senates des BGH v. 27. 6. 1985 und v. 21. 10. 1999 sowie v. 13. 1. 2000 regelmäßig als **Erfüllungsgehilfe** des Auftraggebers einzustufen,[14] weil die Leistung des Vorunternehmers und diesbezüglich auch die mangelfreie, rechtzeitige und vollständige Vorunternehmerleistung zur Koordinierung(spflicht) des Auftraggebers gehört; deren Erfüllung ist, was entscheidend ist, eine Aufgabe, die im Verhältnis zu dem von ihm beauftragten Nachfolgeunternehmer dem Auftraggeber selbst, als eigene Aufgabe, obliegt.[15] Es kann dann keinen Unterschied machen (und macht auch keinen Unterschied), ob der Auftraggeber diese seine Aufgabe/**Mitwirkungshandlung** selbst erfüllt oder durch einen von ihm hierzu beauftragten Dritten (=Vorunternehmer) erfüllen lässt; auch in diesem Fall wird nach hiesiger Auffassung der **Vorunternehmer** innerhalb des dem gegenüber dem Auftragnehmer der Nachfolgeleistung bestehenden eigenen **Pflichtenkreises des Auftraggebers** tätig und ist deshalb hierbei Gehilfe.[16] Demnach ist ein Verschulden des Vorunternehmers bezüglich qualitativ mangelhafter und/oder nicht rechtzeitiger Erstellung der Vorleistung (Vorunternehmerleistung) dem Auftraggeber gemäß **§ 278 BGB** wie eigenes **Verschulden**

---

[12] *Ingenstau/Korbion* VOB/B § 9 Nr. 1 Rdn. 6; *Vygen* Bauvertragsrecht Rdn. 351, 668, 703, 704, 706, 783; *Vygen/Schubert/Lang* Rdn. 146, 264, 269–271; *Kapellmann* BauR 1992, 433, 435; *v. Craushaar* Jahrbuch Baurecht 1999, S. 130, 131; *ders.* FS Vygen 1999, S. 154, 156, 158; *ders.* Festgabe Steffen Kraus 2003, S. 3 ff.; OLG Düsseldorf NJW-RR 1999, 1543, 1544 r. Sp., 1545 l. Sp. = BauR 1999, 1309, 1310 r. Sp. u., 1311 m. w. N.; BGH NJW 2000, 1336, 1338 = BauR 2000, 722, 725 = NZBau 2000, 187, 189 („Vorunternehmer"-Urteil II); BGH NJW 2003, 1601 = BauR 2003, 531 = NZBau verzögerte Vorunternehmerleistungen).

[13] *Ingenstau/Korbion* VOB/B § 9 Nr. 1 Rdn. 6, 12; *Vygen* BauR 1989, 387 ff.; *Kapellmann/Messerschmidt* VOB/B § 6 Rdn. 61; wie vorst. Fn.

[14] **Streitig**, vgl. nachstehende Rdn. 5, 6, 7 und 15; wie hier grundsätzlich bejahend und gegen BGH v. 27. 6. 1985 (Vorunternehmer-Urteil I), Rdn. 6 (1): OLG Düsseldorf NJW-RR 1999, 1543, 1544, 1545 = BauR 1999, 1309, 1310, 1311 mit umfasender Darstellung des rechtlichen Streitstandes u. w. N.; *Hochstein* Anm. zu vorst. BGH-Urteil in Schäfer/Finnern/Hochstein Nr. 3 zu § 6 Nr. 6 VOB/B; *Nicklisch/Weick* VOB/B Einl. §§ 4–13 Rdn. 62 a/b, s. dort auch Rdn. 62 c–h; *Ingenstau/Korbion* VOB/B § 6 Nr. 6 Rdn. 20, 21; § 9 Nr. 1 Rdn. 6, 12; § 13 Nr. 1 Rdn. 112, 113; *Vygen* Bauvertragsrecht Rdn. 351, 703 bis 706; *ders.* BauR 1989, 387 ff., und auch 388/389; *Vygen/Schubert/Lang* Rdn. 146, 263, 283; *Kapellmann/Schiffers*, Bd. 1 (Einheitspreisvertrag, 4. Aufl.) Rdn. 1367, 1368, 1379 mit ausführlicher zutreffender Begründung in Rdn. 1366 und 1369 bis 1378; *Kapellmann/Messerschmidt* VOB/B § 6 Rdn. 61, 62, 54; *v. Craushaar* Jahrbuch Baurecht 1999, S. 115, 130, 131; *ders.* FS Vygen 1999, S. 154, 156, 158, 160; *ders.* Festgabe Steffen Kraus 2003, S. 3 ff.; *Inge Jagenburg* FS Mantscheff 2000, S. 99, 104 ff.; *Kapellmann* BauR 1992, 433, 435; im Ergebnis auch *Kraus* BauR 1986, 17, 20, 22, jedoch auf anderem rechtlichen Weg unter Aussparung des „Verantwortungsbereichs des Auftraggebers"; auch MünchKomm/*Soergel* (bereits 2. u. 3. Aufl.) BGB § 631 Rdn. 6, der § 642 BGB anwendet, weil der Auftraggeber wegen mangelhafter Leistung des Vorunternehmers dem Auftragnehmer, wenn auch unverschuldet, diese nicht aufnahmebereit für dessen Leistung zur Verfügung gestellt hat. So später auch der 7. Senat des BGH, siehe Rdn. 6 (2). – Siehe auch *Döring* FS v. Craushaar 1997, 193 ff. und *Kraus* Beilage zu BauR 1997, S. 5 ff.

[15] Siehe die vorstehend gen. Stimmen sowie d. w. *v. Craushaar* FS Vygen S. 154, 155 und *ders.* in: Kapellmann/Vygen Jahrbuch Baurecht 1999, S. 115 ff.; im Anschluss daran OLG Düsseldorf NJW-RR 1999, 1543, 1545 = BauR 1999, 1309, 1311 l. Sp.

[16] Wie vorst. Fn.

zuzurechnen,[17] was vor allem für die Frage von Gewährleistungsansprüchen und von verschuldensabhängigen Schadensersatzansprüchen, insbesondere auch wegen Behinderung gemäß § 6 Nr. 6 VOB/B a. F./§ 6 Nr. 6 Satz 1 VOB/B n. F. 2006 Bedeutung hat;[18] siehe auch unten Rdn. 15 und ergänzend → § 6 Nr. 2 Rdn. 54 sowie → § 6 Nr. 6 Rdn. 85 bis 91. Deshalb und insoweit ist den hier in **Rdn. 5 (2) b und Rdn. 6** genannten **„Vorunternehmer"-Urteilen** des 7. Senates des BGH vom 27. 6. 1985 und vom 21. 10. 1999 sowie auch vom 13. 1. 2000 darin nicht beizupflichten, als der vorleistende Unternehmer **„regelmäßig"** nicht Erfüllungsgehilfe des Auftraggebers im vorgenannten Sinn sei. In diesen Urteilen kommt der BGH – aus hiesigen Erachtens nicht zutreffenden Erwägungen – nämlich zum Ergebnis, der mit der Vorleistung befasste Auftragnehmer (Vorunternehmer) sei hinsichtlich mangelfreier sowie rechtzeitiger Vorleistung **„regelmäßig"** nicht als **Erfüllungsgehilfe** in den werkvertraglichen Pflichtenkreis des Auftraggebers gegenüber den anderen Baubeteiligten miteinbezogen. Deshalb falle die Herstellung einer mangelfreien sowie rechtzeitigen Vorleistung grundsätzlich nicht in den Verantwortungsbereich des Auftraggebers, so dass Fehler eines Vorunternehmers dem Auftraggeber im Verhältnis zum Nachfolgeunternehmer **„regelmäßig"** nicht zugerechnet werden könnten, auch wenn der Nachfolgeunternehmer wegen der mangelhaft oder verspätet erbrachten Vorunternehmer-Leistung seine eigene Leistung nur zeitverschoben oder/und mit geänderten Arbeitsabläufen und deshalb mit Mehrkosten erbringen kann.

– Darauf hinzuweisen ist in diesem Zusammenhang, dass zwischen Vorunternehmer (vorleistendem Unternehmer) und Nachfolgeunternehmer (nachleistendem Unternehmer), keine vertragliche oder sonstige rechtliche Beziehung besteht; sie sind im Verhältnis zueinander nur „Nebenunternehmer", vgl. → § 4 Nr. 8 Rdn. 21. –

(1) Wie hier in Rdn. 4 mit den dort aufgeführten argumentativen Aspekten hat auch das **OLG Düsseldorf**[19] **5** zu einer Mängelgewährleistungssache im Rahmen der §§ 4 Nr. 3, 13 Nr. 3 VOB/B zur „**Vorleistung** eines anderen Unternehmers" entschieden, dass – ebenso wie der Architekt bezüglich der Planung und der Koordination – der vom Auftraggeber beauftragte vorleistende Unternehmer (Vorunternehmer), vorliegend der Estrichleger, **Erfüllungsgehilfe** des gleichen Auftraggebers für die Zurverfügungstellung einer ordnungsgemäß (= mängelfrei und auch rechtzeitig) ausgeführten Vorleistung gegenüber dem von ihm beauftragten nachleistenden Unternehmer (Nachfolgeunternehmer), vorliegend der Parkettbodenleger, ist und dass deshalb der Auftraggeber sich gegenüber dem Nachfolgeunternehmer das Fehlverhalten seines von ihm beauftragten Vorunternehmers, vorliegend als mitwirkendes Verschulden gegenüber durch den Nachfolgeunternehmer pflichtwidrig unterlassener Bedenkenmitteilung nach § 4 Nr. 3 VOB/B, gemäß §§ 278, 276 BGB zurechnen lassen muss.[20] Denn: Den Auftraggeber trifft gegenüber seinen Auftragnehmern die Verpflichtung, ihnen ein bebauungsreifes Grundstück zur Verfügung zu stellen. Dies ergibt sich aus § 645 BGB. Nach dessen Regelungszweck soll der Auftraggeber unabhängig von seinem Verschulden das Vergütungsrisiko tragen, wenn die Beeinträchtigungen des Werkes auch auf seine Vorgaben zurückzuführen sind. Unter den – weitzufassenden – Begriff (Bau-)„Stoff" i. S. des § 645 BGB fällt auch der Baugrund. Da der Bauunternehmer aber seine Arbeiten am Bau korrekt nur durchführen kann, wenn das ihm überlassene Bauobjekt mangelfrei ist, gehört es zu den Vorgaben des Auftraggebers, dieses auch **mit ordnungsgemäß ausgeführten Vorleistungen** zur Verfügung zu stellen,[21] wenn und soweit der betreffende Auftragnehmer an eine fertiggestellte (Bau-)Vorleistung anzuschließen und/oder darauf aufzubauen hat.

---

[17] Wie vorst. Fn.
[18] Vgl. OLG Düsseldorf NJW-RR 1999, 1543 ff. = BauR 1999, 1309 ff. mit umfangreichen Nachweisen.
[19] OLG Düsseldorf NJW-RR 1999, 1543, 1545 (mit 1544) = BauR 1999, 1309, 1311 (mit 1310), dabei unter umfangreicher Darstellung und Erörterung des Meinungsstandes zum Thema.
[20] OLG Düsseldorf a. a. O. NJW-RR 1999, 1543 (Ls.), 1545 = BauR 1999, 1309 (Ls.), 1312 mit deutlicher argumentativer und kritischer (ablehnender) Auseinandersetzung mit dem in hiesiger Rdn. 6 aufgeführten ersten **„Vorunternehmer"-Urteil des BGH v. 27. 6. 1985** auf Seiten 1544, 1545 in NJW-RR a. a. O. und auf Seiten 1310 r.Sp., 1311, 1312 in BauR a. a. O. – In BauR a. a. O. ist im Anschluss daran eine das Vorunternehmer-Urteil des BGH verteidigende Anmerkung von Kniffka (Seiten 1312 bis 1314) wiedergegeben. Weitere ablehnende Stimmen zum Urteil des OLG Düsseldorf und den BGH bejahend: Kaiser BauR 2000, 177 ff.; Siegburg BauR 2000, 182.
[21] OLG Düsseldorf NJW-RR 1999 S. 1545 l. Sp. = BauR 1999, 1311 l.Sp.u./r.Sp. o. mit weiteren ausführlichen Nachweisen wie auch hier bei Rdn. 2 und Rdn. 4; so auch BGH NJW 2000, 1336, 1337 = BauR 2000, 722, 724 = NZBau 2000, 187, 188 („Vorunternehmer"-Urteil II v. 21. 10. 1999) und BGH NJW 2003, 1601 = BauR 2003, 531 = NZBau 2003, 325 („Trockenbau", fehlende und verzögerte Vorunternehmerleistungen).

# § 4 Nr. 1

(2) a) Ebenfalls im hiesigen Sinne der Rdn. 4 hat auch das **OLG Celle**, mit „Absegnung" durch Revisions-Nichtannahmebeschluss des BGH für diese konkrete Fall-Lage,[22] entschieden: Sind Ausführungsfristen zwischen Auftraggeber und Auftragnehmer (= Nachfolgeunternehmer) fest vereinbart worden und hat der Auftraggeber die von ihm als bindend übernommene Vertragspflicht, dem Auftragnehmer (= Nachfolgeunternehmer) für seine Arbeiten zu einem vertraglich festgelegten Zeitpunkt eine Behelfsbrücke zur Verfügung zu stellen, nicht rechtzeitig, sondern erst verspätet erfüllt, und zwar durch einen hierzu beauftragten anderen Unternehmer (Vorunternehmer), dann sei der **Vorunternehmer** der **Erfüllungsgehilfe** des Auftraggebers für die vorgenannte Verpflichtung, so dass der Auftraggeber sich dessen Verschulden zurechnen lassen müsse mit der Folge, dass der Nachfolgeunternehmer gemäß § 6 Nr. 6 VOB/B a. F. (jetzt § 6 Nr. 6 Satz 1 VOB/B n. F. 2006) von seinem Auftraggeber wegen dessen schuldhaft verspäteter Mitwirkung(shandlung) Schadensersatz infolge Behinderung verlangen kann.
b) Das wird für die konkrete Fall-Lage nach vorst. a) vom BGH (7. Senat) gebilligt. Er führt im „Vorunternehmer"-Urteil II[23] dazu aus: Nach der Rechtsprechung des BGH im (ersten) „Vorunternehmer"-Urteil v. 27. 6. 1985[24] könnten durch fehlerhafte Werkleistungen des Vorunternehmers bedingte Verzögerungen dem Auftraggeber im Verhältnis zum Nachfolgeunternehmer **„regelmäßig"** nicht zugerechnet werden, weil der Vorunternehmer insoweit nicht Erfüllungsgehilfe des Auftraggebers sei. Jedoch könne bereits nach der Entscheidung v. 27. 6. 1985 eine solche Zurechnung gemäß § 278 BGB dann in Betracht kommen, wenn auf Grund **besonderer Umstände** anzunehmen sei, dass der Auftraggeber dem Nachfolgeunternehmer für die mangelfreie Erfüllung der Vorleistung einstehen **will**. Eine derartige Einstandspflicht könne demnach bestehen, wenn der Auftraggeber **sich vertraglich zu** einer **Vorleistung verpflichte**. In dem der (unter vorstehend a) genannten) „Behelfsbrücken"-Entscheidung des OLG Celle zu Grunde liegenden Sachverhalt sei dies der Fall gewesen, weil der Auftraggeber sich verpflichtet habe, **bis zu** einem **bestimmten Zeitpunkt** die Behelfsbrücke zur Verfügung zu stellen. Ferner habe der BGH im Urteil vom 10. 1. 1991 – X ZR 128/89 – ZfBR 1992, 31, 32 („Schlammdeponie"-Fall, Anm. d. Verf.) die dem Besteller nicht untergeordnete Deponieverwaltung als dessen Erfüllungsgehilfen angesehen, weil **sich** der Besteller **verpflichtet** hatte, für den vom Unternehmer geschuldeten Abtransport von Aushub eine **Deponie bereitzuhalten**. Gehe es um **Fristüberschreitungen**, bedürften im Hinblick auf die **Erfüllungsgehilfen-Frage** die Vertragsbestimmungen der **Auslegung** gemäß der jeweiligen vertraglichen Gestaltung, **ob** der Auftraggeber gegenüber dem Nachfolgeunternehmer die **Verpflichtung übernommen** habe, das Bauwerk **zu den vereinbarten Fristen** als für die Nachfolgeunternehmer-Leistung **geeignet zur Verfügung zu stellen**.[25]
So auch der BGH (7. Senat) in einem weiteren „Vorunternehmer-Fall":[26] „Kommt es infolge der mangelhaften Pfahlgründung eines Vorunternehmers beim Nachfolgeunternehmer zu verzögerungsbedingten Mehrkosten, so ergibt sich **daraus allein** noch kein Anspruch auf Erstattung dieser Mehrkosten, wenn eine dahingehende Vereinbarung mit dem Auftraggeber nicht bewiesen ist und der Auftraggeber keine Verpflichtung zur Einhaltung bestimmter Vertragsfristen übernommen hat."

**6**   (1) Der 7. Senat des **BGH** vertritt in seinem grundlegenden **ersten** sogenannten **Vorunternehmer-Urteil** v. 27. 6. 1985[27] – abgesehen von Konstellationen wie bei Rdn. 5 – folgende Auffassung: Die Herstellung einer die rechtzeitige Ausführung der Nachfolgeleistung ermöglichenden fehlerfreien/mangelfreien Vorleistung durch den Vorunternehmer fällt **„regelmäßig"** nicht in den Planungs- und Koordinationsbereich oder sonstigen Verant-

---

[22] OLG Celle v. 15. 10. 1992 – 22 U 191/92 (Werratalbrücke der BAB), „Behelfsbrücke" und hierzu bejahend durch Revisions-Nichtannahmebeschluss v. 16. 12. 1993 der 7. Senat des BGH in BauR 1994, 629, 630 m. zutr. Anm. *Vygen*; vgl. auch hierzu OLG Düsseldorf NJW-RR 1999, 1543, 1545 (mit 1544) = BauR 1999, 1309, 1311 l. Sp.
[23] BGH v. 21. 10. 1999 VII ZR 185/98 „Wärmedämmarbeiten" NJW 2000, 1336, 1337 = BauR 2000, 722, 724 = NZBau 2000, 187, 188.
[24] Siehe nachst. Rdn.
[25] Zum hier behandelten „Vorunternehmer"-Urteil II des BGH siehe auch: *Kleine-Möller* NZBau 2000, 401 ff.; *Kraus* BauR 2000, 1105 ff., je mit Analyse, Bewertung und „Begrüßung" der Rechtsprechungs-Änderung gegenüber dem unter hiesiger Rdn. 6 (1) behandelten Vorunternehmer-Urteil I des BGH; *Döring* FS Jagenburg 2002, S. 111 ff. mit hervorragender Analyse und Darstellung des Themas in rechtssystematischer Hinsicht, *Stamm*, BauR 2002, 1 ff.
[26] BGH VII ZR 38/99 v. 13. 1. 2000 BauR 2000, 1481, 1482.
[27] BGH v. 27. 6. 1985 – VII ZR 23/84 – NJW 1985, 2475, 2476 = BauR 1985, 561, 562, 563/564 = ZfBR 1985, 282, 283; ebenso OLG Celle v. 20. 2. 1992 – V 27/91 nebst Revisions-Nichtannahmebeschluss des BGH v. 6. 5. 1993 – VII ZR 116/92 (nicht veröffentlicht) und OLG Rostock v. 24. 9. 1997 – 5 U 20/96 nebst Revisions-Nichtannahmebeschluss v. 19. 11. 1998 – VII ZR 361/97 BauR 1999, 402, 403 sowie OLG Nürnberg nebst Revisions-Nichtannahmebeschluss des BGH BauR 1994, 517, 518 (m. abl. Anm. *Dähne*); ebenso: *Heiermann/Riedl/Rusam* VOB/B § 6 Rdn. 44; *Werner/Pastor* Rdn. 1827; *Kniffka* BauR 1999, 1312 bis 1314 (als Anm. zur gegenteiligen Entscheidung des OLG Düsseldorf BauR 1999, 1309 ff.); *Kaiser* BauR 2000, 177 ff.; *Siegburg* BauR 2000, 182 ff. – Vgl. dagegen die bei Rdn. 4 genannten kritischen Stimmen, welche die Erfüllungsgehilfenschaft des Vorunternehmers bejahen.

wortungsbereich/Zurechnungsbereich des Auftraggebers im Verhältnis zum Nachfolgeunternehmer und führt somit **„nicht"** zu einer „pflichtwidrig unterlassenen Mitwirkungshandlung". Deshalb komme es bei durch fehlerhafte Werkleistung des Vorunternehmers bedingten Verzögerungen bei den Leistungen des Nachfolgeunternehmers diesem gegenüber weder zu einer Auftraggeber-Haftung nach dem verschuldensabhängigen § 6 Nr. 6 VOB/B (a. F., jetzt § 6 Nr. 6 Satz 1 VOB/B n. F. 2006) noch nach dem verschuldensunabhängigen § 642 BGB. Der Auftraggeber müsse im Rahmen seiner Koordinierungspflicht **nur** auf die Erstellung eines Bauzeitenplanes hinwirken. Er wolle damit aber nicht gleichzeitig auch für die mangelfreie Erbringung der Vorleistungen verantwortlich zeichnen, der Auftraggeber wolle sich „regelmäßig" den einzelnen Nachfolgeunternehmern gegenüber nicht verpflichten, notwendige Vorarbeiten zu erbringen. Daher könnten durch Fehler eines Vorunternehmers bedingte Verzögerungen dem Auftraggeber im Verhältnis zum Nachfolgeunternehmer **regelmäßig** nicht zugerechnet werden; insoweit sei der Vorunternehmer nicht Erfüllungsgehilfe des Auftraggebers gemäß § 278 BGB. – Unberührt davon steht jedoch auch nach BGH dem Nachfolgeunternehmer die Ausführungsfrist-Verlängerung nach § 6 Nr. 2 VOB/B wegen solcher Verzögerungen zu, da sie für diese verschuldensunabhängige Rechtsebene in den objektiven Risikobereich des Auftraggebers fallen.

(2) In seinem **zweiten Vorunternehmer-Urteil** vom. 21. 10. 1999[28] bestätigt der 7. Senat seine Rechtsprechung aus dem ersten Vorunternehmer-Urteil hinsichtlich dessen, was vorstehend unter (1) und bei Rdn. 5 unter (2) b) ausgeführt ist, mit dem Ergebnis, dass im Rahmen von verschuldensabhängigen Schadensersatzansprüchen einschließlich des § 6 Nr. 6 VOB/B durch fehlerhafte (= mangelhafte sowie nicht rechtzeitig fertiggestellte) Werkleistung des Vorunternehmers bedingte **Verzögerungen** dem Auftraggeber im Verhältnis zu seinem beauftragten Nachfolgeunternehmer „regelmäßig" nicht gemäß § 278 BGB als Erfüllungsgehilfenverschulden zuzurechnen sind. **Aber abweichend** vom **ersten** Vorunternehmer-Urteil des BGH gilt nunmehr gemäß dem **zweiten** Vorunternehmer-Urteil des BGH folgendes, wobei der 7. Senat sich mit den zahlreichen von ihm angeführten Literaturstimmen beschäftigt:

Hatte der BGH im ersten Vorunternehmer-Urteil eine Haftung des Auftraggebers gegenüber dem Nachfolgeunternehmer bei mangelbedingter Verzögerung der Arbeiten des Vorunternehmers (nebst aus § 6 Nr. 6 VOB/B a. F.) auch aus § 642 BGB abgelehnt, weil es schon an einer gegenüber dem Nachfolgeunternehmer pflichtwidrig unterlassenen Mitwirkungshandlung fehle, da die Herstellung einer mangelfreien Vorleistung nicht in den Verantwortungsbereich des Auftraggebers falle und hatte der BGH dabei noch ausdrücklich offen gelassen, ob überhaupt § 642 BGB **neben** § 6 Nr. 6 VOB/B a. F. bei aufrechterhaltenem Vertrag Anwendung findet, so ist der BGH in seinem **zweiten** Vorunternehmer-Urteil davon nunmehr wie folgt abgerückt: Eine Haftung des Auftragebers aus § 642 BGB bei Verzögerungen wegen mangelhafter Vorunternehmerleistung scheidet nicht aus. Der Auftraggeber kann dem Nachfolgeunternehmer sowohl im BGB-Vertrag als auch im VOB/B-Vertrag aus § 642 BGB auf **angemessene Entschädigung für die Dauer des Annahmeverzugs** haften, wenn er durch das Unterlassen einer bei der Herstellung des Werkes erforderlichen Mitwirkungshandlung in den Verzug der Annahme kommt. § 6 Nr. 6 VOB/B a. F., jetzt § 6 Nr. 6 Satz 1 VOB/B n. F. 2006) verdrängt bei aufrechterhaltenem Vertrag nicht § 642 BGB.[29] Die genannte VOB/B-Bestimmung ist keine abschließende Regelung von Leistungsstörungen, die zu Verzögerungen führen. Sie regelt nämlich den **Schadensersatz**anspruch einer der Vertragsteile bei zu vertretenden, also **schuldhaft** verursachten Behinderungen unter den Voraussetzungen und Einschränkungen der Nrn. 1 und 6 des § 6 VOB/B.. § 642 BGB

---

[28] VII ZR 185/98 „Wärmedämmarbeiten" NJW 2000, 1336, 1337, 1338 = BauR 2000, 722, 724, 725 = NZBau 2000, 187, 188, 189, m. w. N.; siehe auch die „Umsetzung" dieses BGH-Urteils auf OLG-Ebene bei OLG Braunschweig BauR 2001, 1739, 1740.

[29] Nach hiesiger, bereits in der 1. Auflage vertretenen, Meinung zutreffend, siehe → Vor § 3 Rdn. 76, 79–83; *Kapellmann/Schiffers* Bd. I (Einheitspreisvertrag), 4. Aufl., Rdn. 1399, 1400 dagegen lehnen die Anwendbarkeit von § 642 BGB neben § 6 Nr. 6 VOB/B im fortbestehenden (ungekündigten) VOB/B-Bauvertrag ab, bejahen aber entgegen BGH die Erfüllungsgehilfeneigenschaft des Vorunternehmers bei der Bereitstellung der Vorleistung und somit generell die Anwendbarkeit von § 6 Nr. 6 VOB/B a. F., jetzt § 6 Nr. 6 Satz 1 VOB/B n. F. 2006. Siehe ferner OLG Braunschweig BauR 2001, 1739, 1740 (im Anschluss an das **zweite** Vorunternehmer-Urteil des BGH): „Ansprüche auf Ersatz und Mehrkosten durch Bauzeitverzögerungen können sich für den Auftragnehmer aus § 2 Nr. 5 oder 6 VOB/B, aber auch aus § 6 Nr. 6 VOB/B oder aus § 642 BGB ergeben. Die Ansprüche können nebeneinander bestehen." § 6 Nr. 6 VOB/B enthalte keine abschließende Regelung von Leistungsstörungen, die zu Verzögerungen führen.

hinwiederum regelt einen **verschuldensunabhängigen** Anspruch auf angemessene Entschädigung, gewährt also einen billigkeitsorientierten **Entschädigung**sanspruch[30] bei **Gläubigerverzug,** der nicht Gewinn und Wagnis umfasst. Dieser Anspruch setzt voraus, dass der Auftraggeber gegenüber dem von ihm beauftragten Nachfolgeunternehmer durch das Unterlassen einer bei der Herstellung des Werks (Erbringung der Bauleistung) erforderlichen Mitwirkungshandlung[31] in den Verzug der Annahme kommt. Zu den Voraussetzungen des Annahmeverzugs (Gläubigerverzugs) im Rahmen des § 642 BGB siehe → Vor § 3 Rdn. 40 und BGH, „Vorunternehmer"-Urteil II a. a. O. NJW 2000, 1338 = BauR 2000, 725 = NZBau 2000, 189. Dabei gehört, so zutreffend der BGH, bei einem VOB/B-Bauvertrag zu einem ordnungsgemäßen Leistungsangebot des Auftragnehmers nach §§ 294 ff., 299 BGB, dass er dabei auch gemäß § 6 Nr. 1 VOB/B anzeigt, wenn er wegen hindernder Umstände zur Leistungserbringung nicht im Stande ist. Hierzu stellt der BGH in einem weiteren Vorunternehmer-Urteil, nämlich vom 19. 12. 2002, VII ZR 440/01, NJW 2003, 1601, 1602 = BauR 2003, 531, 532 = NZBau 2003, 325, 326 zutreffend („Trockenbau") klar: Kann der Auftragnehmer wegen fehlender Vorunternehmerleistungen seine Leistungen nicht erbringen, genügt neben einer nach § 6 Nr. 1 VOB/B etwa erforderlichen Behinderungsanzeige gemäß § 295 BGB ein wörtliches Angebot der Leistung, um den Annahmeverzug des Auftraggebers zu begründen. Solch ein wörtliches Angebot kann auch dadurch zum Ausdruck gebracht werden, dass der Auftragnehmer seine Mitarbeiter auf der Baustelle zur Verfügung hält und zu erkennen gibt, dass er bereit und in der Lage ist, seine Leistung zu erbringen. Eine Behinderungsanzeige ist entbehrlich, wenn dem Auftraggeber offenkundig die Tatsache und deren hindernde Wirkung bekannt waren, § 6 Nr. 1 Satz 2 VOB/B. – Auftraggeberseitig ist eine der grundlegenden Mitwirkungshandlungen bei Bauverträgen, dass der Auftraggeber das „Baugrundstück als für die Leistung des Auftragnehmers **aufnahmebereit** zur Verfügung stellt", was auch gilt, wenn und soweit noch andere Unternehmer Vorarbeiten zu erbringen haben.[32]

– Das zweite Vorunternehmer-Urteil des BGH nebst seinem Urteil vom 13. 5. 2004 – VII ZR 363/02, BauR 2004, 1285 = NZBau 2004, 432, führte zur Ergänzung von § 6 Nr. 6 VOB/B durch die Aufnahme des neuen das Verhältnis zu § 642 BGB klarstellenden Satzes 2 in § 6 Nr. 6 VOB/B n. F. 2006.

7 **Differenzierend** äußert sich zu dieser Frage der Kommentar von *Ingenstau/Korbion*.[33] Bei der Frage, ob Erfüllungsgehilfeneigenschaft des vorleistenden Unternehmers zu bejahen oder zu verneinen ist, sei auf den Inhalt der Mitwirkungs- und sonstigen vertraglichen Verpflichtungen des Auftraggebers gegenüber den nachleistenden Unternehmer anhand des **einzelnen konkreten** Vertrages abzustellen, so dass danach eine verschuldensabhängige Schadensersatzhaftung nach § 6 Nr. 6 VOB/B a. F. infolge Behinderung über eine Zurechnung von Erfüllungsgehilfenverschulden gem. § 278 BGB von der konkreten Fallbeurteilung abhängt.

8 Die Verpflichtung des Bestellers/Auftraggebers zur Bereitstellung des tatsächlich/bautechnisch und rechtlich bebauungsfähigen, bearbeitungsreifen = für die Auftragnehmer-Leistung aufnahmebereiten Grundstücks[34] und/oder des sonstigen Objekts der Bauleistung (Rdn. 2, 4)[35] beruht auch darauf, dass der Auftragnehmer insoweit keine von vornherein gegebene **Verfügungsbefugnis** darüber mit entsprechenden Einwirkungs- und Eingriffsrechten und deshalb -möglichkeiten besitzt, sondern diese vielmehr beim (jeweiligen) Auftraggeber liegt,[36] sei es auf Grund Eigentümerstellung oder sonstiger dinglicher Rechte einschließlich Besitz, sei es auf Grund schuldrechtlich eingeräumter Verfügungsbefugnis oder sei es auf Grund der bauvertraglich begründeten Einwirkungsmöglichkeit durch den jeweiligen Auftraggeber auf seinen eigenen Auftraggeber und so fort bis hinauf zum Bauherrn. Angesprochen ist somit jeder Auftraggeber in einer **Auftraggeber-Auftragnehmer-Kette,** also auch derjenige, der nicht zugleich Bauherr und Eigentümer des Baugrundes oder des sonstigen Objekts der Baumaßnahme ist. Kraft seiner originären oder abgeleiteten Verfügungs-

---

[30] Zum Wesen des Anspruchs aus § 642 BGB siehe näher → Vor § 3 Rdn. 74, 79, 82.
[31] Die durch ihn selbst oder auf seine Veranlassung durch einen bzw. den von ihm beauftragten vorleistenden Unternehmer = Vorunternehmer zu erbringen wäre.
[32] Siehe auch Rdn. 5 (1) a. E.
[33] *Ingenstau/Korbion* VOB/B § 6 Nr. 6 Rdn. 20, 21; ebenso *Kleine-Möller/Merl/Oelmaier* § 14 Rdn. 43: Risikobereich des Auftraggebers ja, § 14 Rdn. 77 f. zur Erfüllungsgehilfenhaftung bezüglich Vorunternehmer.
[34] Je nach Fall-Lage ohne oder mit Bebauung, etwa Rohau oder sonstige Vorarbeit(en); siehe dazu auch → Vor § 3 Rdn. 5 und Palandt/*Sprau* BGB § 642 Rdn. 1.
[35] Etwa eines vorhandenen Baukörpers für Umbau, Renovierung, Erweiterungsbau, Ausbau oder einer als Vorleistung durch andere Unternehmer erstellten baulichen Anlage/Teilanlage für die Ausbauleistungen.
[36] *Vygen* Bauvertragsrecht Rdn. 354, 355.

befugnis oder seiner bauvertraglich begründeten Einwirkungsmöglichkeit „nach oben" stellt der Auftraggeber den Baugrund oder das sonstige Objekt der Baumaßnahme in Erfüllung seiner Mitwirkungsverpflichtung, dem Auftragnehmer die vertragliche Bauausführung zu ermöglichen, diesem zur Bearbeitung = Bebauung zur Verfügung.[37] Das (Bau-)Grundstück ist, wie in Rdn. 2 dargelegt, der vom Auftraggeber zu liefernde und „gelieferte Stoff", aus dem, an dem und mit dessen Hilfe das Bauwerk herzustellen ist.[38] Der Baugrund ist im wahrsten Sinne des Wortes die die Schaffung des Bauwerkes ermöglichende primäre (Bau-)„Grund-Lage". Das gilt auch, wenn und soweit noch andere vom selben Auftraggeber beauftragte Unternehmer auf oder an dem Baugrundstück Vorarbeiten zu erbringen haben; es ist unerheblich, ob der Auftraggeber einen gänzlich unbearbeiteten Stoff nicht oder nicht rechtzeitig zur Verfügung stellt oder einen Stoff, an dem schon andere Unternehmer andere Arbeiten auszuführen hatten.[39]

– Zur sonstigen Koordination in der Auftraggeber-Auftragnehmer-Kette siehe unten Rdn. 18, 19.

Nach Vorstehendem können auch die allgemeine Ordnung auf der Baustelle, das Zusammenwirken der verschiedenen Unternehmer sowie die Erteilung der erforderlichen öffentlich-rechtlichen Erlaubnisse und Genehmigungen im jeweiligen Vertragsverhältnis nur vom Auftraggeber bewirkt werden, da im Verhältnis zum Auftragnehmer nur er die Verfügungsbefugnis über oder die sonstige Einflussmöglichkeit auf das Grundstück[40] und auf das sonstige Objekt der Bauleistung hat bzw. die Einwirkungsmöglichkeit auf „seinen Vordermann"[41] und damit auch die alleinige Möglichkeit zur Ausübung der umfassenden entsprechenden Herrschaftsgewalt in diesem seinem Verantwortungs-, Einfluss- und Risikobereich („Sphäre") hat. 9

Das ist auch der Grundgedanke, der zur Regelung in § 3 Nr. 2 und Nr. 3 Satz 1 VOB/B geführt hat; in diesen Bestimmungen ist ebenfalls ein Teil der Grundstücks-Bereitstellungspflicht des Auftraggebers enthalten. Ebenso beruht die Regelung von § 3 Nr. 4 VOB/B auf dem genannten Grundgedanken (vgl. → Vor § 3 Rdn. 15). Das Gleiche trifft auch auf die Sonderregelung in § 4 Nr. 4 VOB/B zu.[42] 10

### 3. Planungsbereich und Koordinierungspflicht (dabei auch Vorunternehmerleistungen)

Die in § 4 Nr. 1 Abs. 1 VOB/B festgelegten (Mitwirkungs-) Pflichten des Auftraggebers sind Teile der sogenannten **Koordinierungspflicht,** die sachlich und rechtlich dem **Planungsbereich** (insb. der Ablaufplanung) angehört, welcher gerade auch im VOB-Vertrag mit seinem Modell der Trennung von Planung und Ausführung dem Auftraggeber zuzurechnen ist.[43] § 3 und § 4 Nr. 1 Abs. 1 VOB/B verdeutlichen, dass Planung und Koordinierung als Vorstufe und als Begleitstufe der Bauausführung in der Hand des Auftraggebers liegen. Die Bauablaufsituation, auch die damit verbundene Gefahrensituation, ist in der Regel dadurch gekennzeichnet, dass eine Vielzahl von beteiligten Unternehmen einschließlich Handwerkern bei und zur Errichtung des Bauobjektes zusammenwirkt. Die vielen Handgriffe und Arbeitsvorgänge samt den baulichen Abhängigkeiten müssen im Interesse des Gelingens der Gesamt- 11

---

[37] Vgl. OLG München BauR 1992, 74, 75/76 = ZfBR 1992, 33, 34 (rk.); *Kniffka* ZfBR 1992, 1, 9; außerdem → Vor § 3 Rdn. 5, 6.
[38] Siehe vorst. Fn.
[39] BGH „Vorunternehmer"-Urteil II NJW 2000, 1336, 1338 r. Sp. = BauR 2000, 722, 725 r. Sp. = NZBau 2000, 187, 189. Siehe auch Rdn. 5 (1) a. E. und Rdn. 6 (2) a. E.
[40] OLG München BauR 1992, 74, 75/76 = ZfBR 1992, 33, 34 (rk.); *Vygen* Bauvertragsrecht Rdn. 354, 355.
[41] OLG München BauR 1992, 74, 75/76 = ZfBR 1992, 33, 34 (rk.).
[42] *Ingenstau/Korbion* VOB/B § 4 Nr. 1 Rdn. 2. Zur Absteckung nach § 3 Nr. 2 VOB/B als Teil der **Grundstücks-Bereitstellungspflicht** → § 3 Nr. 2 Rdn. 6 und OLG Düsseldorf BauR 1998, 340.
[43] Vgl. → Vor § 3 Rdn. 3–6, 10, 13, 93; BGH NJW 1972, 447, 448 = BauR 1972, 112; *Ingenstau/Korbion* VOB/B § 4 Nr. 1 Rdn. 3; *Kapellmann/Messerschmidt/Merkens* VOB/B § 4 Rdn. 5; *Nicklisch/Weick* VOB/B § 3 Rdn. 2; *Motzke,* mit ausführlichem Eingehen auf das „Trennungsmodell", ZfBR 1988, 244, 248.

## § 4 Nr. 1

maßnahme reibungslos **ineinandergreifen**.[44] Den Ablauf und die Verkettung der Vorgänge samt den daraus resultierenden Problemen und Gefahren kann nur beherrschen und steuern, wer die **Gesamtübersicht** über das Ganze oder das betreffende Teilganze hat. Diese Gesamtübersicht hat der Planende,[45] also nach dem Aufgabenverteilungsmodell von VOB/B der Auftraggeber. Die Koordinierung ist also ebenso wie die Verpflichtung des Auftraggebers zur Bereitstellung des baureifen Baugrundstücks und sonstigen Objekts der Bauleistung eine **originäre und primäre** Aufgabe des Auftraggebers[46] und fällt in dessen Verantwortungs- und Risikobereich (Sphäre).[47] Darin beinhaltet ist natürlicherweise und zwangsläufig auch die Abstimmung der Leistungen i. S. der „Regelung des Zusammenwirkens" der Einzelnen vom Auftraggeber für das Bauvorhaben beauftragten verschiedenen Unternehmer[48] samt der Ablaufplanung und Ablaufsteuerung.[49] Auch aus dieser Koordinierungspflicht, die sowohl den zeitlichen Ablauf als auch das sachlich-fachtechnische Ineinandergreifen der verschiedenen Unternehmerleistungen beinhaltet, folgt hiesigen Erachtens die Verantwortlichkeit des Auftraggebers, für die rechtzeitige und mängelfreie Fertigstellung von notwendigen **Vorunternehmerleistungen** zu sorgen; siehe dazu oben Rdn. 4 ff. sowie auch unten Rdn. 42.

12 Das geht letztlich wiederum darauf zurück, dass allein der **Auftraggeber** in der Lage ist, für die rechtzeitige und mangelfreie Erbringung der einzelnen Unternehmerleistungen Sorge zu tragen; denn er allein übt die Herrschaft auf der Baustelle aus und er allein hat die rechtlichen Einflussmöglichkeiten auf die von ihm beauftragten einzelnen Unternehmer, da nur er mit ihnen Vertragsbeziehungen hat.[50]

13 Der **BGH** in seinen **„Vorunternehmer"-Urteilen** vom 27. 6. 1985 und vom 21. 10. 1999 (oben Rdn. 4 und 6) und die ihm folgende **Mindermeinung** in der Literatur lassen zwar den Auftraggeber für fehlende oder fehlerhafte eigene oder für durch hierzu beauftragte Planer (als Erfüllungsgehilfen) durchzuführende oder durchgeführte **Koordinierung** (z. B. fehlerhafter Bauzeitenplan des Architekten) von Vorleistung und Nachleistung haften, jedoch wird die mangelhaft sowie verspätet erbrachte Leistung des vorleistenden Unternehmers (= **Vorunternehmers**), welche Verzögerungen der darauf aufbauenden nachfolgenden Leistung des **Nachfolgeunternehmers** zur Folge hat, als Regelfall hiervon ausgenommen: Der zuerst tätige Bauunternehmer sei insoweit „regelmäßig" nicht Erfüllungsgehilfe des Bestellers/Auftraggebers bezüglich der Bauleistung, auf der der später tätige Bauunternehmer aufbaut. Denn der Besteller/Auftraggeber müsse im Rahmen seiner Koordinierungspflicht nur auf die Erstellung eines Bauzeitplanes hinwirken; er wolle im Regelfall damit aber nicht gleichzeitig auch für die mangelfreie oder rechtzeitige Erbringung der Vorleistung(en) verantwortlich zeichnen; eine entsprechende Risikoübernahme sei auch nicht in dem bloßen Umstand zu sehen, dass dem Vertrag ein Bauzeitplan mit entsprechender Leistungsfrist des Vorunternehmers zugrunde liegt. Insoweit trage der Bauherr/Auftraggeber nicht das (Schadenfolgen-)Risiko, dass der vorleistende Unternehmer nicht mangelfrei und deshalb verspätet erfüllt, so dass der Nachfolgeunternehmer ebenfalls verspätet leistet und fertigstellt mit der Folge entsprechender Mehrkostenbelastung als Behinderungsschaden. Näheres dazu und zu vom BGH anerkannte Ausnahmen auf Grund **besonderer** Umstände und der **„jeweiligen** vertraglichen Gestaltung" oben Rdn. 4–6.[51]

---

[44] Vgl. OLG Hamm NJW-RR 1999, 1324 r. Sp. = BauR 1999, 60, 61 und unten Rdn. 42.
[45] Wie vor.
[46] Vgl. *Heiermann/Riedl/Rusam* VOB/B § 4 Rdn. 6; *Ingenstau/Korbion* VOB/B § 4 Nr. 1 Rdn. 3; *Motzke* ZfBR 1988, 244, 248.
[47] Vgl. z. B. *Heiermann/Riedl/Rusam* VOB/B § 6 Rdn. 43; *Vygen* Bauvertragsrecht Rdn. 701, 703; *Vygen/Schubert/Lang* Rdn. 136, 137, 146, 269–271.
[48] BGH NJW 1972, 447, 448 = BauR 1972, 112; Motzke ZfBR 1988, 244, 248.
[49] *Heiermann/Riedl/Rusam* VOB/B § 4 Rdn. 6; *Ingenstau/Korbion* VOB/B § 4 Nr. 1 Rdn. 3; *Vygen* Bauvertragsrecht Rdn. 701; *Vygen/Schubert/Lang* Rdn. 269–271.
[50] So zutreffend und ausführlich *Vygen* BauR 1989, 387, 392, 393; *Vygen* Bauvertragsrecht, Rdn. 701; *Vygen/Schubert/Lang* Rdn. 269–271; *Hochstein* in: Schäfer/Finnern/Hochstein, Anm. zu § 6 Nr. 6 VOB/B Nr. 3.
[51] Oben Rdn. 4–6 mit dort wiedergegebenem Meinungsstand sowie OLG Düsseldorf NJW-RR 1999, 1544, 1545 = BauR 1999, 1309, 1310 f. mit weiterer umfassender Darstellung des Meinungsstandes, des Für

## 4. Erfüllungsgehilfen – dabei auch Vorunternehmer

Bedient sich der Auftraggeber, wie dies in der Regel und zumeist in der Tat auch geschieht, zu seiner Koordination eines **Architekten, Ingenieurs** oder sonstigen **Fachmannes** bzw. Fachbüros (z. B. eigens eingeschaltete Terminsteuerer oder Baucontroller), so ist dieser sein Erfüllungsgehilfe, für dessen Verschulden er nach § 278 BGB einzustehen hat;[52] denn der Architekt oder Ingenieur etc. ist gegenüber dem Auftraggeber im Innenverhältnis zur Durchführung einwandfreier Bau-Koordination verpflichtet,[53] und zwar auch dann, wenn der betreffende Auftragnehmer gegen den Willen des Architekten vom Auftraggeber beauftragt worden ist.[54]

Soweit es darum geht, dem Auftragnehmer ein **bebauungsreifes**/bearbeitungsreifes Baugrundstück in einer für die Leistung des Auftragnehmers aufnahmebereiten Form, also **mit** den überhaupt und rechtzeitig sowie mängelfrei erbrachten notwendigen **Vorleistungen** anderer Unternehmer zur Verfügung zu stellen (Rdn. 2, 4–8) und den Bauablauf entsprechend zu koordinieren (Rdn. 11), bedient sich der Auftraggeber zur Erfüllung dieser ihm gegenüber seinem Auftragnehmer als Nachfolgeunternehmen bestehenden Mitwirkungspflicht der mit den Vorleistungen beauftragten Unternehmen. Diese Vorunternehmer sind hiesigen Erachtens somit in diesem Rahmen Erfüllungsgehilfen des Auftraggebers mit der Folge, dass ihm das Verschulden dieser Vorunternehmer gem. **§ 278 BGB** wie eigenes Verschulden zuzurechnen ist.[55] Deshalb ist dem **BGH**[56] dahingehend nicht beizupflichten, dass er – aus hiesigen Erachtens nicht zutreffenden Erwägungen – zum Ergebnis kommt, der mit der Vorleistung befasste Auftragnehmer sei hinsichtlich mangelfreier sowie rechtzeitiger Vorleistung grundsätzlich nicht **als Erfüllungsgehilfe** in den werkvertraglichen Pflichtenkreis des Auftraggebers gegenüber den anderen Bauausführungsbeteiligten miteinbezogen und die Herstellung einer (rechtzeitigen) mangelfreien Vorleistung falle **insoweit** nicht in den Verantwortungsbereich des Auftraggebers, so dass Fehler eines Vorunternehmers dem Auftraggeber im Verhältnis zum Nachfolgeunternehmer „regelmäßig" nicht über eine Erfüllungsgehilfenschaft zugerechnet werden könnten und daher der Vorunternehmer nicht Erfüllungsgehilfe des Auftraggebers sei. Siehe **hierzu** näher **oben Rdn. 4 bis 7**.

## 5. Einstandspflicht in der Auftraggeber-Auftragnehmer-Kette für Koordinations- und Bereitstellungspflichten

Die Erfüllungsgehilfenhaftung des Auftraggebers für fehlerhafte Koordination durch seine Planungsfachleute (Architekt, Ingenieur, Baucontroller, Terminsteuerer und dergleichen) im Bereich der Aufrechterhaltung der allgemeinen Ordnung auf der Baustelle und des Zusammenwirkens der verschiedenen Unternehmer nach § 4 Nr. 1 Abs. 1 Satz 1 VOB/B gilt auch dann im Verhältnis zwischen dem jeweiligen Auftraggeber und Auftragnehmer, wenn in einer Auftraggeber-Auftragnehmer-Kette, bei welcher mehrere Auftragnehmer hintereinandergeschaltet sind und dabei die Doppelstellung (Zweifrontenstellung) von Auftragnehmer und Auftraggeber einnehmen, der Koordinationsfehler vom Erfüllungsgehilfen des

---

und Wider und der Gründe für die Bejahung des vorleistenden Unternehmers als Erfüllungsgehilfe des Auftraggebers.

[52] Siehe → Vor § 3 Rdn. 91–94; ergänzend speziell für § 4 Nr. 1 Abs. 1: *Heiermann/Riedl/Rusam* VOB/B § 4 Rdn. 6; *Ingenstau/Korbion* VOB/B § 4 Nr. 1 Rdn. 3, 5; *Nicklisch/Weick* VOB/B § 4 Rdn. 19; *Vygen* Bauvertragsrecht Rdn. 699; *Vygen/Schubert/Lang* Rdn. 267.

[53] Zu den Koordinationspflichten im Innenverhältnis Architekt – Auftraggeber im Einzelnen *Bindhardt/Jagenburg* § 6 Rdn. 94 ff.; *Werner/Pastor* Rdn. 1493, 1494.

[54] BGH NJW 1978, 322 = BauR 1978, 60, 61.

[55] OLG Düsseldorf NJW-RR 1999, 1543, 1544, 1545 = BauR 1999, 1309, 1310, 1311 m. w. N.; *Vygen* Bauvertragsrecht Rdn. 703 bis 705; *ders.* BauR 1989, 387, 392 bis 395; s. auch oben Rdn. 4 bis 7; *Kleine-Möller/Merl/Oelmaier* § 14 Rdn. 77 ff.

[56] Vgl. das überwiegend abgelehnte „Vorunternehmer"-Urteil I des BGH v. 27. 6. 1985 und das „Vorunternehmer"-Urteil II des BGH v. 21. 10. 1999 oben Rdn. 4–6.

**§ 4 Nr. 1**

höherstufigen Auftraggebers (vom Bauherrn über den Generalunternehmer weiter „nach unten") begangen wird.

17 Denn: „Gegenüber seinem Subunternehmer (Auftragnehmer, eigene Anmerkung) tritt der Hauptunternehmer als Besteller, mithin wie ein Bauherr auf. ... wie der Bauherr ihm eine richtige Bauplanung schuldet, schuldet er diese seinem Subunternehmer. Das Planungsverschulden des Architekten schlägt in einem solchen Fall nach § 278 BGB über den eigentlichen Bauherrn und über den **Hauptunternehmer** bis auf den **Subunternehmer** haftungsmindernd durch."[57] Daher gilt: „Ist ein Baumangel unter anderem auf fehlerhafte Planung zurückzuführen, so muss regelmäßig auch der Hauptunternehmer gegenüber seinem Subunternehmer für das Planungsverschulden des Architekten seines Auftraggebers (mit) einstehen."[58] Vergleiche dazu noch näher → Vor § 3 Rdn. 97, 98.

18 Da die Koordination der Leistungen der verschiedenen Unternehmer als **Ablaufplanung und Ablaufsteuerung** zum Planungsbereich gehört und – gemäß zutreffender ständiger Rechtsprechung – der Besteller/Auftraggeber dem Bauunternehmer/Auftragnehmer einwandfreie, zuverlässige Pläne und Unterlagen zur Verfügung zu stellen und diejenigen Entscheidungen zu treffen hat, die für die reibungslose Ausführung des Baues erforderlich/unentbehrlich sind, „wozu auch die Abstimmung der Leistungen der einzelnen Unternehmer während der Bauausführung („Koordinierungspflicht") gehört" sowie des Weiteren die Planungsperson, dessen sich der Besteller/Auftraggeber hierbei bedient, sein Erfüllungsgehilfe ist, für dessen Verschulden er einzustehen hat, muss sich jeder **unterstufige** Auftraggeber auch das **Koordinierungsverschulden** des vom Bauherrn oder des vom sonstigen höherstufigen Auftraggeber (etwa des Generalunternehmers) beauftragten Planers, z. B. Architekten (insbesondere auch hinsichtlich der Aufrechterhaltung der allgemeinen Ordnung auf der Baustelle und der Regelung des Zusammenwirkens der verschiedenen Unternehmer) anrechnen lassen.[59] Siehe im Übrigen zur Thematik und zu den Rechtsprechungsnachweisen → Vor § 3 Rdn. 3, 91–98.

Das Gleiche hat dann ebenso zu gelten, wenn den **höherstufigen** Auftraggeber (bis „hinauf" zum Bauherrn als erstem in der Reihe) ein eigenes Verschulden trifft.

19 In einer solchen **Auftraggeber-Auftragnehmer-Kette** ist der jeweilige Auftraggeber hinsichtlich Planung und Koordination praktisch wie ein Erfüllungsgehilfe seines jeweiligen Auftragnehmers im Verhältnis zu dessen Auftragnehmer (Nachunternehmer/Subunternehmer) zu behandeln, wenn der höherstufige Auftraggeber mit Willen seines Auftragnehmers Pflichten aus dem Bauvertrag erfüllt, welche dieser sein Auftragnehmer in gleicher Weise gegenüber dem Subunternehmer übernommen hat (z. B. Bauherr – Generalunternehmer/Auftragnehmer – weiterer Auftragnehmer/Nachunternehmer – etc.); dabei ist es **unerheblich**, ob es sich um Hauptpflichten, Nebenpflichten oder bloße Obliegenheiten handelt.[60] Sonach wird **in gleicher Weise** der Generalunternehmer seinem Auftragnehmer (aus der Sicht des Bauherrn: Nachunternehmer) Schadenersatz nach § 326 Abs. 2 BGB n. F. (§ 324 Abs. 1 BGB a. F.) i. V. m. § 278 BGB schulden, wenn der Bauherr als Auftraggeber des Generalunternehmers das zu bebauende Grundstück **nicht zur Verfügung stellt;** der Nachunternehmer könnte in einem solchen Fall auch entgangenen Gewinn fordern und wäre nicht auf den Anspruch nach § 645 Abs. 1 Satz 1 BGB (je nachdem direkt oder analog) beschränkt (str.).[61] Vergleiche auch oben Rdn. 8.

---

[57] BGH NJW 1987, 644, 645 = BauR 1987, 86, 88 = ZfBR 1987, 34, 35.
[58] Leitsatz des BGH-Urteils in vorst. Fn.
[59] *Kniffka* ZfBR 1992, 1, 9.
[60] *Kniffka* ZfBR 1992, 1, 9.
[61] *Kniffka* ZfBR 1992, 1, 9, insoweit in Kritik an OLG München BauR 1992, 74, 75, 76 = ZfBR 1992, 33, 34, 35 (rk., Rev. vom BGH angen.), welches hier dem Auftragnehmer/Subunternehmer des Generalunternehmers nur einen Entschädigungsanspruch nach § 645 Abs. 1 Satz 1 BGB (analog) zubilligt. Anders als OLG München (welches der Meinung ist, es könne wohl nicht davon ausgegangen werden, dass der beklagte Generalunternehmer/Auftraggeber die Nichtbereitstellung des Baugrundstücks durch den Bauherrn i. S. eines Verschuldens zu vertreten hat), der 10. Senat des BGH im ähnlich gelagerten „Schlammdeponie"-Fall, Urt. v. 10. 1. 1991 – X ZR 128/89 ZfBR 1992, 31, 32 unter Anwendung der §§ 278, 642 BGB

## II. Schaffung der allgemeinen Ordnung auf der Baustelle (Absatz 1 Satz 1 Halbsatz 1)

### 1. Örtlicher Bereich

**a) Allgemeines.** § 4 Nr. 1 Abs. 1 Satz 1 Halbsatz 1 VOB/B befasst sich mit der Aufrechterhaltung und somit – naturnotwendig vorausgesetzt – auch der Schaffung von geordneten Verhältnissen durch den **Auftraggeber** auf der **Baustelle,** also am Objekt der Bauleistung (= „bauliche Anlage, zu deren Herstellung, Instandhaltung oder Änderung die Leistung dient", siehe § 13 Nr. 7 Abs. 1 VOB/B). Erfahrungsgemäß ist der Auftragnehmer zur ordnungsgemäßen (rechtzeitigen, mängelfreien und auch sonst sachgerechten) Ausführung der Bauleistung nur in der Lage, wenn sowohl die allgemeine Ordnung als auch die damit zusammenhängende ungehinderte Zusammenarbeit der verschiedenen bei demselben Bauvorhaben tätigen Unternehmer auf der Baustelle gewährleistet ist.[62]

**20 a**

**Funktionsorientiert** ergibt sich nach Vorgesagtem, dass mit **„Baustelle"** im Sinne von Satz 1 nicht nur das Baugelände als solches gemeint ist. Vielmehr gehören noch dazu Nebengelände für: Platz zur Arbeitsvorbereitung an Ort und Stelle und für Arbeitsraum auch hinsichtlich Arbeiten, die mittelbar mit dem Baugeschehen zusammenhängen, Platz zur Lagerung und Unterstellung von Geräten/Maschinen, Gerüsten, sonstiger Baustelleneinrichtung, Baustoffen und Bauteilen, Platz für die Unterkunfts- sowie Bürobaracken, für die sonstigen Baubaracken oder/und Baucontainer, für Sanitäreinrichtungen, Versorgungs- und Entsorgungseinrichtungen einschließlich Abfall- und Bauschuttcontainern, Platz für Zufahrts- und Transportwege und dergleichen mehr.[63] Die **Baustelle** ist also der **Ort,** an dem eine oder mehrere bauliche Anlagen auf Veranlassung eines Bauherrn errichtet, geändert oder abgebrochen und die dazu gehörigen Vorbereitungsarbeiten und Begleitarbeiten durchgeführt werden. – Die Baustelle ist **unfallversicherungsrechtlich „gemeinsame Betriebsstätte"** i. S. des SGB VII § 106 Abs. 3 i. V. m. SGB VII § 104, wenn und soweit dort in „bewusst betrieblichem Zusammenwirken" gleichzeitige „vorübergehende betriebliche Tätigkeiten mehrerer Unternehmer/Unternehmen" stattfinden, was für die Haftungsbeschränkung von (insbesondere selber in Person tätigen) Unternehmern, Unternehmen als juristischen Personen und Betriebsangehörigen bei von ihnen auf der Baustelle[64] verursachten Personenschäden an in anderen Unternehmen/Betrieben tätigen Personen relevant ist. Eine solche **„gemeinsame"** Betriebsstätte setzt dabei voraus, dass, nebst den Fällen der Arbeitsgemeinschaft, ein wechselseitig aufeinander bezogenes betriebliches Zusammenwirken hinsichtlich einzelner Arbeiten der mehreren Unternehmen/Betriebe vorliegt, die sich gegenständlich, zeitlich und räumlich überschneiden und zwar dergestalt, dass betriebliche konkrete **Aktivitäten** der Versicherten der beteiligten Unternehmen **bewusst und gewollt** bei einzelnen Maßnahmen ineinander greifen, miteinander verknüpft sind, sich ergänzen oder unterstützen; dabei reicht aus, dass die gegenseitige Verständigung stillschweigend

**20 b**

---

mit dem Leitsatz: „Hat der Besteller für den vom Unternehmer geschuldeten Abtransport von Aushub (hier: entwässertem Schlamm) eine Deponie bereitzuhalten (im konkreten Fall aus vertraglich übernommener Verpflichtung, Anm. d. Verf.), so ist die – ihm nicht unterstehende – Deponieverwaltung seine Erfüllungsgehilfin. Der Besteller gerät daher in Annahmeverzug, wenn die Deponieverwaltung sich grundlos weigert, den vom Unternehmer angelieferten Aushub abzunehmen". – Anm.: Ein in Betracht zu ziehender Schadensersatzanspruch nach § 324 Abs. 1 BGB a. F. (entspricht § 326 Abs. 2 BGB n. F., 1. Altern.) i. V. m. § 278 BGB kam wohl deshalb nicht zur Anwendung, weil die klagenden Unternehmer (als ARGE) nur Stillstandskosten für den Betriebsstillstand eingeklagt hatten, die gerichtlicherseits bereits nach § 642 BGB vergütet wurden.

[62] *Ingenstau/Korbion* VOB/B § 4 Nr. 1 Rdn. 6; *Kapellmann/Messerschmidt/Merkens,* VOB/B § 4 Rdn. 5.
[63] Vgl. *Heiermann/Riedl/Rusam* VOB/B § 4 Rdn. 7; *Ingenstau/Korbion* VOB/B § 4 Nr. 1 Rdn. 7; *Kapellmann/Messerschmidt/Merkens* VOB/B § 4 Rdn. 5; *Nicklisch/Weick* VOB/B § 4 Rdn. 15.
[64] Thüringer OLG BauR 2003, 1595, rk. durch Rev.-Nichtannahmebeschl. – Zur Haftungsprivilegierung/Haftungsfreistellung unter Anwendung der Grundsätze des gestörten Gesamtschuldverhältnisses BGH NJW 2004, 951 ff.

§ 4 Nr. 1         Koordination und Überwachung durch Auftraggeber

durch bloßes Tun erfolgt.[65] Zwischen dem mit der Bauleitung beauftragten Architekten und einem Bauhandwerker/Bauunternehmen besteht regelmäßig – so zutreffend BGH, BauR 2007, 1267, 1269 = NZBau 2007, 449, 451 – keine gemeinsame Betriebsstätte.

21    b) **Unfallverhütung; auch Baustellenverordnung vom 10. 6. 1998.** Von der allgemeinen „Ordnung auf der Baustelle" ist zu unterscheiden die dem **Auftragnehmer** nach § 4 Nr. 2 Abs. 1 Satz 3 VOB/B zugewiesene „Sache, ... für Ordnung auf seiner **Arbeitsstelle** zu sorgen", was also eine innerorganisatorische Eigenverpflichtung des Auftragnehmers in seinem eigenen örtlichen und funktionalen Arbeitsbereich innerhalb der Baustelle darstellt, vgl. unten Rdn. 33. Dementsprechend konsequent regelt § 4 Nr. 2 Abs. 2 VOB/B, dass der Auftragnehmer in seiner Eigenschaft als Arbeitgeber gegenüber seinen Arbeitnehmern für die Erfüllung der gesetzlichen, behördlichen sowie **berufsgenossenschaftlichen** Verpflichtungen (Unfallverhütungsvorschriften „UVV"!) **allein** verantwortlich ist. Zutreffend haben daher OLG Düsseldorf, OLG Schleswig-Holstein und OLG Köln[66] auch für die Verkehrssicherungspflicht auf Baustellen gegenüber beauftragten Unternehmern und ihren Mitarbeitern entschieden, dass die Verkehrssicherungspflicht des **Bauherrn** als Veranlasser des Bauvorhabens bzw. im Fall des OLG Köln die Verkehrssicherungspflicht des Generalunternehmers im Verhältnis zu dem von ihm beauftragten Unternehmer und dessen Mitarbeitern, soweit es um die Sicherheit dieser Mitarbeiter auf der Baustelle geht, nur eingeschränkt gilt, weil insoweit für die Beachtung der **Unfallverhütungsvorschriften** durch seine Arbeitnehmer der **Unternehmer verantwortlich**" ist. Der weitere Ausspruch im zitierten Urteil des OLG Düsseldorf wonach „Der Bauherr nicht verpflichtet (ist), die Arbeiten mehrerer an einem Bauvorhaben tätiger Unternehmer im Hinblick auf die zur **Unfallverhütung** erforderlichen Vorkehrungen zu **koordinieren**", kann allerdings nur mehr für Bauvorhaben Gültigkeit beanspruchen, die nicht in den Anwendungsbereich der nachgenannten Verordnung fallen. Denn die von der Bundesregierung auf Grund von § 19 des **Arbeitsschutzgesetzes** zur „wesentlichen Verbesserung von Sicherheits- und Gesundheitsschutz der **Beschäftigten** auf Baustellen" erlassene Verordnung über Sicherheit und Gesundheitsschutz auf Baustellen („**Baustellenverordnung**"[67] – BaustellV) vom 10. 6. 1998 in BGBl. 1998 Teil I Nr. 35 vom 18. 6. 1998 bürdet für die dort umschriebenen Baustellen mit Wirkung ab 1. 7. 1998, und zwar für Bauvorhaben, mit deren Ausführung nicht bereits vor dem 1. 7. 1998 begonnen worden ist, die eben genannte **Unfallverhütungs**-Koordination als **Sicherheits- und Gesundheitsschutz**-Koordination in den §§ 1 ff. dem **Bauherrn** auf (zum Begriff „Bauherr" siehe → § 4 Nr. 8 Rdn. 14).

Der **Bauherr kann** aber nach §§ 4, 3 Abs. 1 Satz 2 der BaustellV einen „**Dritten**" (oder auch mehrere Dritte) **beauftragen,** die Maßnahmen nach § 2 und § 3 Abs. 1 Satz 1 und Abs. 2 (oder Teile dieser Maßnahmen) „in eigener Verantwortung zu treffen". Der solchermaßen Beauftragte kann **beispielsweise** ein Architektur- oder Ingenieurbüro sein, vor allem in der Planungsphase, aber auch in der Ausführungsphase; in der Ausführungsphase kommt auch der **Bauauftragnehmer** – wegen der Funktionsbreite in der Regel der Generalunternehmer – in Betracht; letzterem Fall hat VOB/C in **DIN 18299** Fassung 2000 durch

---

[65] Siehe dazu näher BGH NJW 2003, 2984 m. zahlr. N.; BGH BauR 2003, 1222, 1223 m. w. N.; BGH NJW-RR 2003, 239 = BauR 2003, 388, 389 m. Hinweis auf den Aspekt der dadurch entstehenden „Gefahrengemeinschaft" u. m. w. N.; BGH NJW 2004, 947, 948, 951 = BauR 2004, 855, 856, 857 unter besonderer Hervorhebung der Wechselseitigkeit; BGH NJW 2005, 288 ff. u. OLG Bremen (rk.) BauR 2005, 391, 393, 394; BAG BB 2003, 690, 691 m. w. N.; OLG Brandenburg BauR 2003, 1231, 1232 = NZBau 2003, 441, 442. D. W.: *Dressler* FS Thode 2005, S. 521 und BGH NJW 2005, 2309, BGH NJW 2005, 3144 ff. = BauR 2006, 108 ff. = NZBau 2005, 576 ff. zur Frage der Baustellenhaftung des Unternehmers bei sog. „gestörtem Gesamtschuldverhältnis" im Falle „gemeinsamer Betriebsstätte".
[66] OLG Düsseldorf NJW-RR 1999, 318 = BauR 1999, 185; OLG Schleswig-Holstein BauR 2001, 974, 978 i. V. m. Revisions-Nichtannahmebeschluss des BGH v. 13. 3. 2001 – VI ZR 182/00; OLG Köln BauR 2004, 1321, 1323.
[67] Hierzu spezielle Kommentar-Literatur: *Kollmer* Baustellenverordnung; *Meyer* BauR 2006, 597 ff.; BaustellV und Bauunfall: OLG Celle (rk. dch. BGH-seitige Zurückweisung d. Nichtzul. Beschw.) BauR 2006, 133 ff..

Statuierung dieser übertragenen Auftraggeber-(Bauherrn-)Aufgabe als gesondert vergütungspflichtige **Besondere Leistung** in **Abschnitt 4.2.3** Rechnung getragen.

Daneben ist aber in der Baustellenverordnung, und zwar ausdrücklich in deren § 5 Abs. 3 geregelt, dass die **Verantwortlichkeit** der auf der Baustelle tätigen Unternehmen (Auftragnehmer) in ihrer Eigenschaft als **Arbeitgeber** für die Erfüllung ihrer Arbeitsschutzpflichten, insbesondere gerade auch derer nach dem Arbeitsschutzgesetz, durch die Maßnahmen nach den §§ 2 und 3 BaustellV **nicht berührt** wird. Ebenso sind, nach § 6 der Verordnung, auch die auf einer Baustelle tätigen Unternehmer **ohne Beschäftigte** verpflichtet, die bei den Arbeiten anzuwendenden Arbeitsschutzvorschriften einzuhalten und die Hinweise des Koordinators sowie den Sicherheits- und Gesundheitsschutzplan zu berücksichtigen. Nach § 6 Satz 3 gelten die Sätze 1 und 2 von § 6 „auch für Arbeitgeber, die **selbst** auf der Baustelle tätig sind". Weiteres zur Baustellenverordnung einschließlich ihres sachlichen Anwendungsbereichs (Baustellen bestimmten Umfanges und/oder gleichzeitiges Tätigwerden von Beschäftigten mehrerer Arbeitgeber) siehe Rdn. 23, 24.

## 2. Zeitlicher Bereich

Die Pflicht zur „Aufrechterhaltung" der allgemeinen Ordnung erstreckt sich über die 22 ganze Zeit der Bauausführung, endet jedoch ausnahmsweise früher, wenn der Fortschritt der Bauarbeiten im Einzelfall eine solche Ordnungs-Sorge entbehrlich macht.[68]

## 3. Zweck, Wesen und Art der Ordnungsmaßnahmen zur „räumlichen Koordination"

**a) Die räumliche Baustellenkoordination – Dabei auch Sicherheits- und Ge-** 23 **sundheitsschutz/Baustellenverordnung vom 10. 6. 1998.** Welche Maßnahmen zur Schaffung und Aufrechterhaltung der allgemeinen Ordnung auf der Baustelle (**„räumliche Koordination"**) zu treffen sind, liegt von der VOB/B her im **Ermessen** des Auftraggebers bzw. des von ihm beauftragten Architekten oder sonstigen Erfüllungsgehilfen, der es **sachgerecht** unter Berücksichtigung der Erfordernisse des Einzelfalles auszuüben hat. Um ihr Ziel der Schaffung und Aufrechterhaltung der allgemeinen Ordnung zu erreichen, müssen diese Maßnahmen jedoch geeignet sein, jedem Auftragnehmer die ungestörte und fristgerechte Ausführung der geschuldeten Bauleistung und den **reibungslosen** Ablauf der Bautätigkeit insgesamt zu ermöglichen sowie die auf der Baustelle tätigen Unternehmer und Arbeitnehmer, aber auch Dritte, wie Grundstücksnachbarn, Passanten, Lieferanten, Lieferantenpersonal, Arbeitnehmer des Auftraggebers, Besucher der Baustelle etc. vor Schaden zu bewahren (u. a. Verkehrssicherungspflicht).[69] Das sachgerechte Ermessen ist jedoch durch die nachgenannte „Verordnung über Sicherheit und Gesundheitsschutz auf Baustellen" („Baustellenverordnung") vom 10. 6. 1998 eingeschränkt, soweit der Auftraggeber der **„Bauherr"** (= Veranlasser des Bauvorhabens und Erster in der Auftraggeber-Auftragnehmer-Kette; zum Begriff „Bauherr" siehe näher → § 4 Nr. 8 Rdn. 14) ist: Danach ist der Bauherr **verpflichtet,** bei seiner Koordination, auch der räumlichen Koordination, die in der **Baustellenverordnung** geregelten **arbeitsschutzrechtlichen** Verpflichtungen zur Sicherheit und zum Gesundheitsschutz der auf der Baustelle Beschäftigten zu erfüllen; **Näheres** hierzu siehe **Rdn. 24, 21.**

Die allgemeine Ordnung bezieht sich auf die Baustelle in ihrer **Gesamtheit,** und zwar sowohl mit ihrer Einrichtung als auch im Hinblick auf den Bauablauf. Somit muss der

---

[68] *Heiermann/Riedl/Rusam* VOB/B § 4 Rdn. 7; *Ingenstau/Korbion* VOB/B § 4 Nr. 1 Rdn. 8.
[69] *Daub/Piel/Soergel/Steffani* ErlZ B 4.4 und 4.6; *Heiermann/Riedl/Rusam* VOB/B § 4 Rdn. 7; *Ingenstau/Korbion* VOB/B § 4 Nr. 1 Rdn. 7, § 9 Nr. 1 Rdn. 10; *Kapellmann/Messerschmidt/Merkens* VOB/B § 4 Rdn. 5; *Leinemann/Sterner* VOB/B § 4 Rdn. 6; *Nicklisch/Weick* VOB/B § 4 Rdn. 15; *Vygen* Bauvertragsrecht Rdn. 354; zur Ordnungs- und Eingriffspflicht des Auftraggebers, insbesondere zum Schutz von Grundstücksnachbarn: BGH NJW 1969, 2140; BGH MDR 1966, 311 = VersR 1966, 145 = BB 1966, 99; OLG Düsseldorf NJW 1965, 1278, 1279.

§ 4 Nr. 1                                Koordination und Überwachung durch Auftraggeber

Auftraggeber auch von außen kommende Störungen des Bauablaufs von der Baustelle fernhalten und/oder beseitigen bzw. für Abhilfe sorgen, wie z. B. bei Bürgerinitiativen und Demonstrationen oder Verkehrsbehinderungen.[70]

24                       **Exkurs zur Baustellenverordnung:**

**A) VOB-Koordinationspflicht und arbeitsschutzrechtliche BaustellV.**

Sowohl bei der Schaffung und Aufrechterhaltung der allgemeinen Ordnung auf der Baustelle als auch bei der Regelung des Zusammenwirkens der verschiedenen Unternehmer nach § 4 Nr. 1 Abs. 1 Satz 1 VOB/B hat der **Bauherr** (Begriff siehe → § 4 Nr. 8 Rdn. 14) die in Rdn. 21 und 23 bereits angesprochene und teilweise behandelte **Baustellenverordnung** (BaustellV)[71] vom 10. 6. 1998 zur Verbesserung der Sicherheit und des Gesundheitsschutzes der „**Beschäftigten**" auf Baustellen zu beachten und die ihm dort zu diesem Zweck auferlegten **arbeitsschutzrechtlichen** Verpflichtungen zu erfüllen. Mit dieser auf Grund § 19 des Arbeitsschutzgesetzes erlassenen Verordnung wurde die EG-Baustellen-Richtlinie 92/57/EWG des Rates vom 24. 6. 1992 in nationales Recht umgesetzt.[72] Als Veranlasser eines Bauvorhabens trägt der Bauherr die Verantwortung für dieses Bauvorhaben. Deshalb ist er nach der Intention der vorgenannten EG-Richtlinie und der Baustellenverordnung zur Einleitung und Umsetzung der dort verankerten baustellenspezifischen Arbeitsschutzmaßnahmen sowohl bei der **Planung** der Ausführung eines Bauvorhabens als auch bei der Koordinierung der **Bauausführung** verpflichtet. **Unberührt** von den Verpflichtungen des Bauherrn nach der BaustellV sind die in den §§ 5 und 6 aufgeführten Pflichten der dort genannten Personen, siehe hierzu oben Rdn. 21 a. E.

Die BaustellV stellt gegenüber geltendem Arbeitsschutzrecht insoweit keine zusätzlichen Zielanforderungen an die Sicherheit und den Gesundheitsschutz der Beschäftigten auf Baustellen als die materiellen sicherheitstechnischen Anforderungen schon bisher, z. B. in Arbeitsschutzgesetz, Arbeitsstättenverordnung und Unfallverhütungsvorschriften, gegolten haben. Die Verordnung ersetzt weder die Koordinationspflicht des Auftraggebers nach § 4 Nr. 1 Abs. 1 VOB/B noch die Koordinierungs- und Sorgfaltspflicht des einzelnen Arbeitgebers gegenüber seinen Beschäftigten nach dem Arbeitsschutzgesetz und anderen Vorschriften, bekräftigt aber in § 5 noch einmal ausdrücklich die Sorgfaltspflicht des Arbeitgebers. Neu ist, dass nun nicht mehr wie bisher der Unternehmer als Arbeitgeber, sondern zusätzlich auch der Bauherr für die Sicherheit und den Gesundheitsschutz der Beschäftigten auf der Baustelle Verantwortung trägt. – Die sich an den Unternehmer als Arbeitgeber richtenden Verpflichtungen (als öffentlich-rechtliche Regelungen) aus dem Arbeitsschutzgesetz bleiben durch die Baustellenverordnung, die sich an den Bauherrn richtet, voll unberührt. Zum Arbeitsschutzgesetz siehe den prägnant informierenden Aufsatz von *Leube* BB 2000, 302 ff. „Arbeitsschutzgesetz: Pflichten des Arbeitgebers und der Beschäftigten zum Schutz anderer Personen".

Die Baustellenverordnung („BaustellV") samt ihrem Anhang I und ihrem Anhang II ist nachstehend **abgedruckt:**

**Verordnung über Sicherheit und Gesundheitsschutz auf Baustellen (Baustellenverordnung – BaustellV)*[)]**

Vom 10. Juni 1998

Auf Grund des § 19 des Arbeitsschutzgesetzes vom 7. August 1996 (BGBl. I S. 1246) verordnet die Bundesregierung:

**§ 1 Ziele; Begriffe**

(1) Diese Verordnung dient der wesentlichen Verbesserung von Sicherheit und Gesundheitsschutz der Beschäftigten auf Baustellen.

(2) Die Verordnung gilt nicht für Tätigkeiten und Einrichtungen im Sinne des § 2 des Bundesberggesetzes.

(3) Baustelle im Sinne dieser Verordnung ist der Ort, an dem ein Bauvorhaben ausgeführt wird. Ein Bauvorhaben ist das Vorhaben, eine oder mehrere bauliche Anlagen zu errichten, zu ändern oder abzubrechen.

---

[70] Vgl. *Ingenstau/Korbion* VOB/B § 4 Nr. 1 Rdn. 7; *Vygen* Bauvertragsrecht Rdn. 356.
[71] Hierzu spezielle Kommentar-Literatur: *Kollmer* Baustellenverordnung 2000; von Wietersheim/Noebel, Baustellenverordnung (Leitfaden mit Materialien).
[72] Zur Baustellenverordnung mit eingehenden rechtlichen Ausführungen siehe auch *Kleinhenz* ZfBR 1999, 179 ff. und *Moog* BauR 1999, 795 ff.
*[)] Diese Verordnung dient in Verbindung mit dem Arbeitsschutzgesetz der Umsetzung der EG-Richtlinie 92/57/EWG des Rates vom 24. Juni 1992 über die auf zeitlich begrenzte oder ortsveränderliche Baustellen anzuwendenden Mindestvorschriften für die Sicherheit und den Gesundheitsschutz (Achte Einzelrichtlinie im Sinne des Artikels 16 Abs. 1 der Richtlinie 89/391/EWG) (ABl. EG Nr. L 245 S. 6).

### § 2 Planung der Ausführung des Bauvorhabens

(1) Bei der Planung der Ausführung eines Bauvorhabens, insbesondere bei der Einteilung der Arbeiten, die gleichzeitig oder nacheinander durchgeführt werden, und bei der Bemessung der Ausführungszeiten für diese Arbeiten, sind die allgemeinen Grundsätze nach § 4 des Arbeitsschutzgesetzes zu berücksichtigen.

(2) Für jede Baustelle, bei der
1. die voraussichtliche Dauer der Arbeiten mehr als 30 Arbeitstage beträgt und auf der mehr als 20 Beschäftigte gleichzeitig tätig werden, oder
2. der Umfang der Arbeiten voraussichtlich 500 Personentage überschreitet,

ist der zuständigen Behörde spätestens zwei Wochen vor Einrichtung der Baustelle eine Vorankündigung zu übermitteln, die mindestens die Angaben nach Anhang I enthält. Die Vorankündigung ist sichtbar auf der Baustelle auszuhängen und bei erheblichen Änderungen anzupassen.

(3) Ist für eine Baustelle, auf der Beschäftigte mehrerer Arbeitgeber tätig werden, eine Vorankündigung zu übermitteln, oder werden auf einer Baustelle, auf der Beschäftigte mehrerer Arbeitgeber tätig werden, besonders gefährliche Arbeiten nach Anhang II ausgeführt, so ist dafür zu sorgen, daß vor Einrichtung der Baustelle ein Sicherheits- und Gesundheitsschutzplan erstellt wird. Der Plan muß die für die betreffende Baustelle anzuwendenden Arbeitsschutzbestimmungen erkennen lassen und besondere Maßnahmen für die besonders gefährlichen Arbeiten nach Anhang II enthalten. Erforderlichenfalls sind bei Erstellung des Planes betriebliche Tätigkeiten auf dem Gelände zu berücksichtigen.

### § 3 Koordinierung

(1) Für Baustellen, auf denen Beschäftigte mehrerer Arbeitgeber tätig werden, sind ein oder mehrere geeignete Koordinatoren zu bestellen. Der Bauherr oder der von ihm nach § 4 beauftragte Dritte kann die Aufgaben des Koordinators selbst wahrnehmen.

(2) Während der Planung der Ausführung des Bauvorhabens hat der Koordinator
1. die in § 2 Abs. 1 vorgesehenen Maßnahmen zu koordinieren,
2. den Sicherheits- und Gesundheitsschutzplan auszuarbeiten oder ausarbeiten zu lassen und
3. eine Unterlage mit den erforderlichen, bei möglichen späteren Arbeiten an der baulichen Anlage zu berücksichtigenden Angaben zu Sicherheit und Gesundheitsschutz zusammenzustellen.

(3) Während der Ausführung des Bauvorhabens hat der Koordinator
1. die Anwendung der allgemeinen Grundsätze nach § 4 des Arbeitsschutzgesetzes zu koordinieren,
2. darauf zu achten, daß die Arbeitgeber und die Unternehmer ohne Beschäftigte ihre Pflichten nach dieser Verordnung erfüllen,
3. den Sicherheits- und Gesundheitsschutzplan bei erheblichen Änderungen in der Ausführung des Bauvorhabens anzupassen oder anpassen zu lassen,
4. die Zusammenarbeit der Arbeitgeber zu organisieren und
5. die Überwachung der ordnungsgemäßen Anwendung der Arbeitsverfahren durch die Arbeitgeber zu koordinieren.

### § 4 Beauftragung

Die Maßnahmen nach § 2 und § 3 Abs. 1 Satz 1 hat der Bauherr zu treffen, es sei denn, er beauftragt einen Dritten, diese Maßnahmen in eigener Verantwortung zu treffen.

### § 5 Pflichten der Arbeitgeber

(1) Die Arbeitgeber haben bei der Ausführung der Arbeiten die erforderlichen Maßnahmen des Arbeitsschutzes insbesondere in bezug auf die
1. Instandhaltung der Arbeitsmittel,
2. Vorkehrungen zur Lagerung und Entsorgung der Arbeitsstoffe und Abfälle, insbesondere der Gefahrstoffe,
3. Anpassung der Ausführungszeiten für die Arbeiten unter Berücksichtigung der Gegebenheiten auf der Baustelle,
4. Zusammenarbeit zwischen Arbeitgebern und Unternehmern ohne Beschäftigte,
5. Wechselwirkungen zwischen den Arbeiten auf der Baustelle und anderen betrieblichen Tätigkeiten auf dem Gelände, auf dem oder in dessen Nähe die erstgenannten Arbeiten ausgeführt werden,

zu treffen sowie die Hinweise des Koordinators und den Sicherheits- und Gesundheitsschutzplan zu berücksichtigen.

(2) Die Arbeitgeber haben die Beschäftigten in verständlicher Form und Sprache über die sie betreffenden Schutzmaßnahmen zu informieren.

(3) Die Verantwortlichkeit der Arbeitgeber für die Erfüllung ihrer Arbeitsschutzpflichten wird durch die Maßnahmen nach den §§ 2 und 3 nicht berührt.

### § 6 Pflichten sonstiger Personen

Zur Gewährleistung von Sicherheit und Gesundheitsschutz der Beschäftigten haben auch die auf einer Baustelle tätigen Unternehmer ohne Beschäftigte die bei den Arbeiten anzuwendenden Arbeitsschutzvorschriften einzuhalten. Sie haben die Hinweise des Koordinators sowie den Sicherheits- und Gesundheitsschutzplan zu berücksichtigen. Die Sätze 1 und 2 gelten auch für Arbeitgeber, die selbst auf der Baustelle tätig sind.

### § 7 Ordnungswidrigkeiten und Strafvorschriften

(1) Ordnungswidrig im Sinne des § 25 Abs. 1 Nr. 1 des Arbeitsschutzgesetzes handelt, wer vorsätzlich oder fahrlässig
1. entgegen § 2 Abs. 2 Satz 1 in Verbindung mit § 4 der zuständigen Behörde eine Vorankündigung nicht, nicht richtig, nicht vollständig oder nicht rechtzeitig übermittelt oder,
2. entgegen § 2 Abs. 3 Satz 1 in Verbindung mit § 4 nicht dafür sorgt, daß vor Einrichtung der Baustelle ein Sicherheits- und Gesundheitsschutzplan erstellt wird.

(2) Wer durch eine im Absatz 1 bezeichnete vorsätzliche Handlung Leben oder Gesundheit eines Beschäftigten gefährdet, ist nach § 26 Nr. 2 des Arbeitsschutzgesetzes strafbar.

### § 8 Inkrafttreten

(1) Diese Verordnung tritt am ersten Tage des auf die Verkündung folgenden Kalendermonats in Kraft.

(2) Für Bauvorhaben, mit deren Ausführung bereits vor dem 1. Juli 1998 begonnen worden ist, bleiben die bisherigen Vorschriften maßgebend.

**Anhang I**
1. Ort der Baustelle,
2. Name und Anschrift des Bauherrn,
3. Art des Bauvorhabens,
4. Name und Anschrift des anstelle des Bauherrn verantwortlichen Dritten,
5. Name und Anschrift des Koordinators,
6. voraussichtlicher Beginn und voraussichtliche Dauer der Arbeiten,
7. voraussichtliche Höchstzahl der Beschäftigten auf der Baustelle,
8. Zahl der Arbeitgeber und Unternehmer ohne Beschäftigte, die voraussichtlich auf der Baustelle tätig werden,
9. Angabe der bereits ausgewählten Arbeitgeber und Unternehmer ohne Beschäftigte.

**Anhang II**

Besonders gefährliche Arbeiten im Sinne des § 2 Abs. 3 sind:
1. Arbeiten, bei denen die Beschäftigten der Gefahr des Versinkens, des Verschüttetwerdens in Baugruben oder in Gräben mit einer Tiefe von mehr als 5 m oder des Absturzes aus einer Höhe von mehr als 7 m ausgesetzt sind,
2. Arbeiten, bei denen die Beschäftigten explosionsgefährlichen, hochentzündlichen, krebserzeugenden (Kategorie 1 oder 2), erbgutverändernden, fortpflanzungsgefährdenden oder sehr giftigen Stoffen und Zubereitungen im Sinne der Gefahrstoffverordnung oder biologischen Arbeitsstoffen der Risikogruppen 3 und 4 im Sinne der Richtlinie 90/679/EWG des Rates vom 26. November 1990 über den Schutz der Arbeitnehmer gegen Gefährdung durch biologische Arbeitsstoffe bei der Arbeit (ABl. EG Nr. L 374 S. 1) ausgesetzt sind,
3. Arbeiten mit ionisierenden Strahlungen, die die Festlegung von Kontroll- oder Überwachungsbereichen im Sinne der Strahlenschutz- sowie im Sinne der Röntgenverordnung erfordern,
4. Arbeiten in einem geringeren Abstand als 5 m von Hochspannungsleitungen,
5. Arbeiten, bei denen die unmittelbare Gefahr des Ertrinkens besteht,
6. Brunnenbau, unterirdische Erdarbeiten und Tunnelbau,
7. Arbeiten mit Tauchgeräten,
8. Arbeiten in Druckluft,
9. Arbeiten, bei denen Sprengstoff oder Sprengschnüre eingesetzt werden,
10. Aufbau oder Abbau von Massivbauelementen mit mehr als 10 t Einzelgewicht.

### B) Einzelheiten zur Baustellenverordnung:

#### I. Ordnungswidrigkeit sowie strafbare Handlung

Nach § 7 der Verordnung stellen die dort in Abs. 1 unter Nrn. 1 und 2 genannten pflichtwidrigen vorsätzlichen oder fahrlässigen Zuwiderhandlungen (hier: Unterlassungen) bezüglich „Vorankündigung" des Bauvorhabens und Erstellung eines „Sicherheits- und Gesundheitsplanes" vor Einrichtung der Baustelle eine (mit Geldbuße bewehrte) **Ordnungswidrigkeit** dar. Wird durch eine vorsätzliche „Handlung" (hier: Unterlassung) nach § 7 Abs. 1 außerdem Leben oder Gesundheit eines „Beschäftigten" gefährdet, so ist dies gemäß § 7 Abs. 2 eine nach § 26 Nr. 2 des Arbeitsschutzgesetzes **strafbare** Handlung.

## II. Arbeitsschutzrechtliche Regelungen
### 1. Vorbemerkungen

Die Baustellenverordnung ist eine Regelung für den **Arbeitsschutz auf Baustellen.** Zu deren Anwendungserleichterung hat das Bundesarbeitsministerium (BMA) am 21. 3. 2000 in einer Entschließung die Erarbeitung sogenannter **Regeln für Arbeitsschutz auf Baustellen (RAB)** festgelegt. Sie sollen den Stand der Technik bezüglich Sicherheits- und Gesundheitsschutz auf Baustellen einheitlich regeln. D. W. enthalten sie amtliche Begriffserläuterungen, z. B. zu „Baustelle", „Beschäftigte", „Tätigwerden von Beschäftigten mehrerer Arbeitgeber", „Bestellung des Koordinators" (RAB 10) und sie enthalten Empfehlungen z. B. an zuständige Fachbehörden (etwa für Ausnahmeregelungen bei Druckluft-Baustellen (RAB 25) oder an Lehrgangsträger der Ausbildung und Fortbildung von Koordinatoren (RAB 30). Auch werden darin Praxisbeispiele gebracht, etwa in RAB 32 – „Unterlage für spätere Arbeiten". Die RAB werden vom Ausschuss für Sicherheits- und Gesundheitsschutz auf Baustellen (ASGB) im Bundesministerium für Wirtschaft und Arbeit aufgestellt und laufend der fortschreitenden Entwicklung angepasst. Die (fortlaufende) Veröffentlichung dieser Regeln soll als „untergesetzliches Regelwerk" im **Bundesarbeitsblatt** erfolgen, neuestens in 2003.

Zunächst wurde für RAB 10 dazu am 2. 11. 2000/24. 4. 2001 der Begriff **„Planung der Ausführung"** (zu § 2 Abs. 1 und § 3 Abs. 2 BaustellV) definiert und verabschiedet. Die Definition dieser **RAB 10** hat folgenden Inhalt:

1) Während der Phase der „Planung der Ausführung" werden Voraussetzungen für eine effektive Koordination für die Phase der Ausführung geschaffen. Dazu erarbeitet der Bauherr oder die von ihm Beauftragten konkrete Vorgaben für die Bauausführung. Hierzu zählt u. a. die Umsetzung und Weiterentwicklung der vorliegenden Planungen zu Ausschreibungsunterlagen, die exakte Ermittlung des Leistungsumfangs für die Bauaufträge, die Planung von Zwischen- und Endterminen und die Einarbeitung gesetzlicher und behördlicher Vorgaben in die Planungen.

2) Die „Planung der Ausführung eines Bauvorhabens" umfasst auch die Integration der Maßnahme des Bauherrn oder des beauftragten Dritten gem. § 2 und § 3 Abs. 1 und 2 Baustellenverordnung. Diese beinhalten in Abhängigkeit vom jeweiligen Bauvorhaben
   - die Berücksichtigung der allgemeinen Grundsätze nach § 4 des Arbeitsschutzgesetzes,
   - die Übermittlung einer Vorankündigung an die zuständige Behörde,
   - die Bestellung eines Koordinators,
   - die Koordinierung in der Phase der Planung der Ausführung,
   - die Erstellung eines Sicherheits- und Gesundheitsschutzplanes und
   - die Zusammenstellung einer Unterlage für spätere Arbeiten.

3) Diese Maßnahmen orientieren sich am Ziel der Verordnung, der wesentlichen Verbesserung von Sicherheit und Gesundheitsschutz der Beschäftigten auf Baustellen und sollen sicherstellen, dass bereits vor Beginn der Bauausführung Risiken erkannt und minimiert werden. Die Maßnahmen sollen auch dazu beitragen, dass im Falle der Beauftragung mehrerer Unternehmen zu einem frühen Zeitpunkt den Beteiligten, im Rahmen der zu beauftragenden Leistungen, die für die Arbeitsvorbereitung erforderlichen sicherheits- und gesundheitsschutzrelevanten Informationen vorliegen.

4) Die Phase der „Planung der Ausführung eines Bauvorhabens" beginnt somit spätestens dann, wenn der Entwurf für die Ausführung eines Bauvorhabens hinreichend konkret erarbeitet und dargestellt ist; sie endet in der überwiegenden Zahl der Fälle mit der jeweiligen Vergabe.

5) In Fällen, in denen den Unternehmen eine bestimmte Gestaltungs- und Planungsfreiheit eingeräumt werden soll, z. B. bei Nebenangeboten bzw. Sondervorschlägen oder bei funktionaler Ausschreibung, und deshalb wesentliche Teile der nach der Baustellenverordnung für die Planung der Ausführung vorgesehenen Maßnahmen vor der Vergabe noch nicht abgeschlossen sein können, kann die Planung der Ausführung bis zum Beginn der Bauausführung andauern. Der Bauherr hat dann auf Grund seiner Organisationsverantwortung geeignete Vorkehrungen zu treffen, dass auch nach der Vergabe sämtliche dem Bauherrn oder dem beauftragten Dritten in der Planung der Ausführung obliegenden Pflichten erfüllt werden.

In einem solchen Fall hat der Bauherr dem/den Unternehmen die notwendigen Vorgaben aus den vorangegangenen Planungsschritten zur Verfügung zu stellen.

### 2. Einzelheiten

(1) Die Baustellenverordnung ergänzt das deutsche Arbeitsschutzgesetz um folgende **Pflichten** für den **Bauherrn:**

1. **Während** der „**Planung** der Ausführung" eines Bauvorhabens:
   a) Gemäß § 2 Abs. 1 BaustellV Berücksichtigung der allgemeinen **Grundsätze** nach § 4 des **Arbeitsschutzgesetzes** (ArbSchG), insbesondere **bei der Einteilung** der Arbeiten, die gleichzeitig oder nacheinander durchgeführt werden sowie bei der Bemessung der **Ausführungszeiten** für diese Arbeiten. Die hier abverlangte **Koordination** bedeutet das gefahr-

## § 4 Nr. 1  Koordination und Überwachung durch Auftraggeber

vermeidende Organisieren des Ablaufes und dabei des Ineinandergreifens der Arbeiten der verschiedenen beteiligten Gewerke.[73]

b) Gemäß § 2 Abs. 2 BaustellV bei Baustellen bestimmter Größenordnung, wie sie in § 2 Abs. 2 BaustellV nach Arbeitstagen und Beschäftigtenzahl oder alternativ nach Arbeitsumfang gemäß „voraussichtlich" mehr als 500 Personentagen definiert ist, schriftliche **Vorankündigung** mit vorgeschriebenen Mindestangaben bei der „zuständigen Behörde", und zwar spätestens zwei Wochen vor Einrichtung der Baustelle, sowie sichtbarer **Aushang** der Vorankündigung auf der Baustelle. – **„Zuständige Behörde"** ist die für die Baustelle örtlich zuständige **Arbeitsschutzbehörde**, z. B. das Gewerbeaufsichtsamt.

c) Gemäß § 3 Abs. 1 BaustellV **Bestellung** eines geeigneten **Koordinators**[74] oder mehrerer geeigneter Koordinatoren für Sicherheits- und Gesundheitsschutz („Sicherheits- und Gesundheitsschutz-Koordinator", „SIGE-Koordinator") bei Baustellen, auf denen Beschäftigte **mehrerer** Arbeitgeber tätig werden. – Der **Begriff „Beschäftigte"** ist i. S. v. § 3 Abs. 2 ArbSchG zu verstehen; das heißt „Beschäftigte" i. S. der BaustellV sind diejenigen Personen, die auf Grund einer rechtlichen Beziehung zum Arbeitgeber wie Arbeitsvertrag, öffentlich-rechtliches Dienstverhältnis oder auch Arbeitnehmerüberlassung Arbeitsleistungen erbringen sowie Personen, die als arbeitnehmerähnliche Beschäftigte anzusehen sind. Gemeint sind die Beschäftigten gemäß § 2 Abs. 2 ArbSchG, weil die Baustellenverordnung eine auf Grund des ArbSchG erlassene Verordnung ist. – Der **Begriff „Baustelle"** ist definiert in § 1 Abs. 3 der BaustellV. **Koordinator-Qualifikation:** baufachliche Ausbildung, ausreichende Berufserfahrung im Bauwesen, ausreichendes Wissen zu Sicherheit und Gesundheitsschutz auf Baustellen, Ausbildungsnachweis oder Zertifizierung hilfreich, aber nicht Voraussetzung. Für größere und sicherheitstechnisch anspruchsvolle Bauvorhaben sind i. d. R. Bauingenieure oder Architekten erforderlich, für kleinere, bau- und sicherheitstechnisch nicht anspruchsvolle Bauvorhaben können auch Meister oder Techniker eingesetzt werden. So bieten einschlägige Institutionen, beispielsweise die Bauindustrieverbände, die Landesgewerbeanstalten, die Berufsgenossenschaften, die Gewerbeaufsichtsämter der Bundesländer, Lehrgänge von „Ausbildung von SIGE-Koordinatoren" an. Nach bestandener Prüfung wird eine Bescheinigung erteilt, die als Nachweis für die Befähigung zur Ausübung der Tätigkeit als Sicherheits- und Gesundheitsschutz-Koordinator dient.

d) Gemäß § 3 Abs. 2 Nr. 1 BaustellV **Koordinierung** der unter a) genannten in § 2 Abs. 1 BaustellV vorgesehenen Maßnahmen zur Arbeitssicherheit und zum Gesundheitsschutz zwischen allen an der Planung und Ausführung Beteiligten. Dabei Anwendung des Bundesarbeitsblattes, Ausgabe 3/99 und deren nachfolgende Fassungen.

e) Gemäß § 3 Abs. 1 Satz 2, Abs. 2 Nr. 2 BaustellV **Erstellung** eines **Sicherheits- und Gesundheitsschutzplanes** („SIGEPLAN") während der „Planung der Ausführung" des Bauvorhabens „vor Einrichtung der Baustelle" (§ 7 Abs. 1 Nr. 2 BaustellV), und zwar gemäß § 2 Abs. 3 BaustellV bei Baustellen bestimmter Größenordnung und/oder bei laut dem VO-Anhang II aufgeführten besonders gefährlichen Arbeiten. – Der SIGEPLAN dient der Koordination und Dokumentation der der Sicherheit und dem Gesundheitsschutz dienenden Maßnahmen. Gemäß § 2 Abs. 3 BaustellV muss er im Wesentlichen die für die Baustelle anzuwendenden Arbeitsschutzbestimmungen erkennen lassen und besondere Maßnahmen für die besonders gefährlichen Arbeiten nach Anhang II der Verordnung enthalten. Seine äußere Form ist nicht vorgeschrieben. Es ist jedoch zweckmäßig, dass in der Regel dem SIGEPLAN ein Bauablaufplan zugrunde liegt. Der Hinweis in § 2 Abs. 3 letzter Satz der Verordnung auf betriebliche Tätigkeiten ist insbesondere für Baumaßnahmen bei laufendem Werksbetrieb u. dgl. zu berücksichtigen, z. B. bei Umbaumaßnahmen in einer Werkshalle während laufendem Fabrikbetriebs oder bei Straßenbaumaßnahmen während laufendem Verkehrs. – Für einen zweckgerechten und zielführenden SIGEPLAN wesentlich sind nach gewerbeaufsichtamtlicher und bauberufsgenossenschaftlicher Meinungsäußerung spezifische Sicherheitsinformationen für die Beschäftigten und Dritte, die mit der Baustelle zu tun haben, über die Besonderheiten der jeweiligen Baustelle. Demzufolge sollten zum SIGEPLAN gehören und dort einfließen:

- **Auflisten** der für die Baustelle zutreffenden **Vorschriften** für Arbeitssicherheit und Gesundheitsschutz.
- **Darstellen** von gegenseitigen **Gefährdungen,** die bei örtlicher und zeitlicher Zusammenarbeit, Berührung oder Arbeitsnähe zweier oder mehrerer Gewerke auftreten können. Darstellen von Gefährdungen durch Baustellenbetrieb und gleichzeitig anderen betrieblichen Tätigkeiten auf dem Baugelände oder in dessen Nähe.

---

[73] Vgl. OLG Schleswig-Holstein BauR 2001, 974, 977, rechtskräftig durch Revisions-Nichtannahmebeschluss des BGH v. 13. 3. 2001 – VI ZR 182/00.

[74] Zu den Aufgaben/Pflichten und zur sonstigen Rechtsstellung des Sicherheitskoordinators im Einzelnen siehe die ausführliche und hervorragende Darstellung von *Rozek/Röhl* BauR 1999, 1394 ff.; ferner *Jörg Schmidt* ZfBR 2000, 3 ff. Zur **Haftung** des Koordinators für Baustellenunfälle OLG Bamberg NZBau 2003, 615 und Urt.-Anm. G. *Meyer* NZBau 2003, 607.

- **Übersicht** über die **aktuell anwesenden Unternehmen** und ihren Arbeitsauftrag („Gewerkeliste"), möglichst mit Namen des auf der Baustelle jeweils Verantwortlichen (Projektleiter, Bauleiter, Bauführer, Polier, Meister) sowie Telefonnummern.
- **Baustellenordnung** mit Hinweisen auf Pläne und Anweisungen sowie Regelungen zur **Organisation** (mit Verantwortung und Zuständigkeiten), **Koordination** und **Überwachung** des Baustellenbetriebes. Auflisten geeigneter sicherheitstechnischer und organisatorischer Maßnahmen und Einrichtungen zur Gefahrenabwehr, zur Arbeitssicherheit und zum Gesundheitsschutz mit Darstellung der zeitlichen und örtlichen Verfügbarkeit und mit Hinweisen auf gemeinsam genutzte Sicherheitseinrichtungen; dies alles unter Berücksichtigung des Bauablaufplans, des Weiteren mit spezifischen Erläuterungen und Aussagen, z. B. Befahrerlaubnissen auf einem Werksgelände, arbeitszeitrechtlichen Ausnahmen etwa für einen Durchlaufbetrieb im Tunnelbau; siehe auch unten Rdn. 26, 27, 42.
- **Alarmplan** mit einer Darstellung der Rettungskette, vor allem der einschlägigen **Notrufnummern,** wie etwa im Gelände eines größeren Produktionsbetriebes der schnellstmögliche Kontakt zu dessen Notfall-Leitstelle, Werksarzt, Betriebssanitäter, Werksfeuerwehr.
- **Terminplan und Bauablaufplan** für alle Gewerke mit Aussagen zur vorgesehenen Bau- und Montagefolge und den Zeiträumen; siehe auch unten Rdn. 46.
- **Baustelleneinrichtungsplan** mit Angabe der Hauptverkehrswege, Gefahrenzonen wie Trassen von Hochspannungs- und unterirdischen Leitungen, Schwenkbereichen der Hochbaukräne, Tagesunterkünften, Lagerplätzen; siehe auch unten Rdn. 27, 26.
- **Hinweise** auf **Ausschreibungstexte** zum **Arbeitsschutz** und hiervon betroffene Positionen der Leistungsverzeichnisse sowie Hinweise auf Anpassungen der Vergabeunterlagen.

f) Gemäß § 3 Abs. 2 Nr. 3 BaustellV, ebenfalls während der Planungsphase, Zusammenstellung einer **Unterlage für spätere Arbeiten** an der baulichen Anlage mit den erforderlichen Angaben zur **Arbeitssicherheit** bei späteren Wartungs- und Instandhaltungsarbeiten.

Die **Koordinierung** der in § 2 Abs. 1 BaustellV vorgesehenen Maßnahmen (d), die Erarbeitung des **SIGEPLANES** (e) und die Zusammenstellung der **Unterlage für spätere Arbeiten** (f) an der baulichen Anlage ist Aufgabe des bestellten Koordinators.[75] Der Bauherr oder der von ihm nach § 4 BaustellV beauftragte Dritte, der die Maßnahmen in eigener Verantwortung zu treffen hat, darf die Aufgaben des Koordinators auch selbst wahrnehmen.

2. Letzteres gilt auch für folgende in § 3 Abs. 3 BaustellV geregelte **Koordinator-Aufgaben** und -Pflichten **während** der **Ausführung** des Bauvorhabens:
   a) **Koordination** der **Anwendung** der allgemeinen **Grundsätze** nach § 4 ArbSchG.
   b) **Achtgabe** darauf, dass die Arbeitgeber und dass die **Unternehmer** ohne Beschäftigte ihre **Pflichten** nach der BaustellV **erfüllen.**
   c) **Anpassung** des **SIGEPLANES** bei erheblichen Änderungen in der Ausführung des Bauvorhabens.
   d) **Organisierung** der **Zusammenarbeit** der auf der Baustelle als Arbeitgeber tätigen Unternehmer/Unternehmen.
   e) **Koordinierung** der **Überwachung** der ordnungsgemäßen Anwendung der **Arbeitsverfahren** durch die Arbeitgeber.

Korrespondierend zu den unter vorstehend a) bis e) genannten Aufgaben, Pflichten und darin enthaltenen Weisungsrechten des Koordinators und zur Ermöglichung von deren Durchsetzung ist in § 5 Abs. 1 Nrn. 1. bis 5 BaustellV. die Verpflichtung der Arbeitgeber als Adressatspersonen verankert, die dort genannten Maßnahmen des Arbeitsschutzes zu treffen sowie die Hinweise des Koordinators und den Sicherheits- und Gesundheitsschutzplan zu berücksichtigen.

   f) **Festlegen** von **Meldepflichten** aller ausführenden Unternehmen an den bestellten (§ 3 Abs. 1 Satz 1 BaustellV) oder beauftragten (§ 4, § 3 Abs. 1 Satz 2 BaustellV) Koordinator bzw. an den selbst koordinierenden Bauherrn sowie Hinwirken auf deren Aufnahme in die Vergabeunterlagen für alle Unternehmen (also einschließlich der Nachunternehmer und Nach-Nachunternehmer).
   g) Gegebenenfalls **Einweisung** des bestellten oder beauftragten **Koordinators** für die Ausführungsphase einschließlich Übergabe aller notwendigen Unterlagen.
   h) **Beraten** bei der **Prüfung** von **Angeboten** (einschließlich Nebenangeboten und Nachtragsangeboten) im Zusammenhang mit den Belangen der **Arbeitssicherheit** und des **Gesundheitsschutzes.**

(2) Für **Auskünfte** und Handlungshilfen zur praktischen Anwendung der Baustellenverordnung, insbesondere im Hinblick auf die Bestellung eines Koordinators, die Erarbeitung des SIGE-PLANES und die Zusammenstellung der Unterlage für spätere Arbeiten stehen die örtlich

---

[75] Zu den Aufgaben/Pflichten und zur sonstigen Rechtsstellung des Sicherheitskoordinators im Einzelnen siehe die ausführliche und hervorragende Darstellung von *Rozek/Röhl* BauR 1999, 1394 ff.; siehe auch *Jörg Schmidt* ZfBR 2000, 3 ff.

**§ 4 Nr. 1**  Koordination und Überwachung durch Auftraggeber

zuständigen **Arbeitsschutzbehörden** (z. B. Gewerbeaufsichtsämter) sowie die **Bau-Berufsgenossenschaften** zur Verfügung. In der Regel gibt es dort auch Muster für die zu erstellenden Unterlagen. Architektur- und Ingenieurbüros befassen sich zunehmend ebenfalls mit der Anwendung der Baustellenverordnung; ein Teil der zu bestellenden **Koordinatoren** rekrutiert sich aus deren Reihen.

(3) Nach §§ 4, 3 Abs. 1 Satz 2 der Baustellenverordnung kann der Bauherr einen Dritten (z. B. Architektur- oder Ingenieurbüro, auch den Bau-Generalunternehmer) beauftragen, die Maßnahmen nach § 2 und § 3 Abs. 1 Satz 1 und Abs. 2 BaustellV (oder Teile dieser Maßnahmen) in eigener Verantwortung zu treffen.

(4) Nach § 5 Abs. 3 der Verordnung wird die Verantwortlichkeit der Arbeitgeber für die Erfüllung ihrer Arbeitsschutzpflichten durch die Maßnahmen nach den §§ 2 und 3 der Verordnung nicht berührt.

(5) Nach § 8 Abs. 2 der Verordnung gilt diese **nicht** für Bauvorhaben, mit deren Ausführung bereits **vor dem 1. 7. 1998** begonnen worden ist.

### III. Zivilrechtliche Auswirkungen der BaustellV

Die BaustellV selbst enthält **keine direkten Anspruchsgrundlagen** zwischen Baubeteiligten untereinander oder sonstigen Personen. Sie wirkt aber auf Vertragsverhältnisse ein. Dies zum einen im Verhältnis zwischen Arbeitgeber und Arbeitnehmer als Inhalt der Verpflichtungen gemäß **§ 618 BGB** zu Schutzmaßnahmen; zum anderen im Verhältnis zwischen Bauherr oder seinem nach § 4 BaustellV Beauftragten gemäß **§ 618 BGB analog**.[76] Damit stellen die Vorschriften der BaustellV Schutzpflichten und insoweit Nebenpflichten dar, deren Verletzung zu einer (Schuld-)Pflichtverletzung nach § 280 Abs. 1 BGB n. F., früher positiven Vertragsverletzung führen kann.[77] Deshalb begründet die BaustellV – neben der allgemeinen deliktischen Haftung nach § 823 Abs. 1 BGB, z. B. aus Verkehrssicherungspflicht – eine **zusätzliche Anspruchsgrundlage** gemäß § 823 Abs. 2 BGB i. V. m. der BaustellV als **Schutzgesetz**.[78] Dies ergibt sich aber auch schon daraus, dass die BaustellV nach deren § 1 Abs. 1 ausdrücklich „der wesentlichen Verbesserung von Sicherheits- und Gesundheitsschutz der Beschäftigten auf Baustellen dient".

25 Das Baustellengeschehen ändert sich ständig, daher ist die **„allgemeine Ordnung auf der Baustelle" gemäß § 4 Nr. 1 Abs. 1 Satz 1 VOB/B** von der Anlage her nicht statisch, sondern **dynamisch** und muss daher ständig an die neuen Gegebenheiten angepasst werden. Dabei ergibt sich bereits aus dem Merkmal „Aufrechterhaltung" der allgemeinen Ordnung auf der Baustelle unter Berücksichtigung des Regelungszwecks, allen Baubeteiligten eine fristgerechte und mängelfreie, ungestörte Ausführung der jeweils geschuldeten Bauleistung zu ermöglichen, dass Aufbau und Änderung wesentlicher Einrichtungsteile und deren Plazierung durch den Auftragnehmer nur im **Einvernehmen** mit dem Auftraggeber erfolgen dürfen; hierbei ist auch zu differenzieren nach Einrichtungsteilen, die – je nach vertraglicher Regelung – nur vom Auftragnehmer benutzt werden und solchen, die anderen Auftragnehmern und/oder dem Auftraggeber selbst zur Verfügung zu stehen haben.

26 Zur Schaffung und Aufrechterhaltung der Ordnung auf der Baustelle hat der Auftraggeber hinsichtlich der von ihm eingesetzten Auftragnehmer entsprechende Maßnahmen zu treffen, damit diese räumlich „sich gegenseitig nicht ins Gehege kommen". Somit muss der Auftraggeber den einzelnen von ihm beauftragten Auftragnehmern die **Arbeitsräume** und Plätze für die Bautätigkeit selbst sowie für die dazugehörigen Hilfs- und Nebentätigkeiten zuweisen und zur Verfügung stellen und für das **störungsfreie Nebeneinander** während der Bauausführung sorgen. Dazu gehört auch die Zuweisung der Stellplätze etwa für Kräne und sonstiges Arbeitsgerät. Gerade bei Baukränen mit ihren langen Auslegern besteht die Gefahr von „Kollisionen".

27 Zwecks Zuweisung der Plätze wird in der Regel – was oft und gerade für größere Baustellen geboten ist – ein schriftlich und/oder zeichnerisch dargestellter **Baustellenordnungsplan** zur Regelung der Lagerplätze, der Anfuhr- und Zufahrtswege, der technischen und kaufmännischen Büros, der Unterstellplätze für Kraftfahrzeuge und Maschinen, der Licht- und Fernsprechanschlüsse usw. aufgestellt; dieser muss dann allen Auftragnehmern zugeleitet oder jedenfalls an einem gut zugänglichen, deutlich sichtbaren Ort – bei größeren

---

[76] *Moog* BauR 1999, 795, 798 und MünchKomm/*Emmerich* BGB Vor § 275 Rdn. 298, beide mit weiteren, näheren Ausführungen.

[77] *Moog* BauR 1999, 795, 798.

[78] Näher dazu *Moog* BauR 1999, 795, 798.

Baustellen und Großbaustellen an mehreren solcher Orte – auf der Baustelle zur Einsicht, beispielsweise durch Aushang, zur Verfügung gehalten werden.[79] Als Grundlage für den Baustellenordnungsplan und überhaupt für die Ordnungsplanung verlangt der Auftraggeber häufig vom Auftragnehmer frühzeitig einen Baustelleneinrichtungsplan.

Im Übrigen wird die hier erörterte Pflicht zur räumlichen Koordination des Auftraggebers in und durch § 4 Nr. 4 VOB/B ergänzt. Die Festlegung des **Arbeitsraumes** für jeden Unternehmer regelt sich teilweise schon aus den Maßnahmen nach § 3 Nr. 2 VOB/B (insbesondere: „Abstecken der Grenzen des Geländes, das dem Auftragnehmer zur Verfügung gestellt wird"). Der eigentliche Platz der Bauleistung ist häufig auch aus den Vertragsunterlagen ersichtlich; soweit dies nicht vollständig oder nicht hinreichend genau geschehen ist, bedarf es noch einer ergänzenden Anweisung/Zuweisung der Arbeits- und Funktionsplätze durch den Auftraggeber.[80]  28

Die zur „Aufrechterhaltung der allgemeinen Ordnung" hier angesprochene **räumliche Koordination** ist zugleich auch Grundlage für das „Zusammenwirken der verschiedenen Unternehmer". Eine genaue Abgrenzung lässt sich diesbezüglich nicht durchführen, die Grenzen verschwimmen ineinander.  29

**b) Weitere Fälle räumlicher Baustellenkoordination.** Die allgemeine Ordnung auf der Baustelle liegt in der Regel auch im eigenen Interesse des Auftraggebers, vor allem dann, wenn die Ausführung der Bauleistungen mit anderen Belangen, die das Baugrundstück oder das sonstige Objekt der Bauleistung betreffen, in Einklang gebracht werden muss. Räumliche Koordinationsmaßnahmen des Auftraggebers sind geboten z. B. im Falle von Gleis- oder Straßenbauarbeiten bei aufrechtzuerhaltendem Bahn- oder Straßenverkehr oder von Umbauarbeiten und sonstigen Bauarbeiten bei Aufrechterhaltung des Gewerbe- oder Industriebetriebs. Entsprechend können betroffen sein: Dienstleistungs- und Handelsbetriebe, Bürohäuser, Verwaltungsgebäude, Dienst- und Amtsgebäude, Militärobjekte und Militärverwaltungsobjekte, Betriebsbereiche von Flughäfen und Bundespost samt Fernmeldebereich, die S-Bahnen, U-Bahnen und die Bundesbahn (z. B. bei Gleisbauarbeiten, Brückenumbau, Tunnelrenovierung). Entsprechendes trifft aber auch etwa bei Ausbauarbeiten in dem weiterhin laufend bewohnten Hause des Auftraggebers zu.  30

Überall dort müssen die Bautätigkeit selbst und die ihr zugeordneten Tätigkeiten durch den Auftraggeber seiner fort- und weiterlaufenden Objektnutzung angepasst und ihr eingeordnet werden, so dass sich die auf der Baustelle Tätigen und auch die Lieferanten, je samt dem zugehörigen Personal bestimmten (gegebenenfalls zu konkretisierenden) Einschränkungen und Pflichten bei der Bautätigkeit, aber auch Dingen wie Eingangs- und Torkontrollen, Ausweispflichten, Fahrbeschränkungen, besonderen Geräuschbeschränkungen etc. unterziehen müssen. Häufig enthält für solche Fälle bereits der Vertrag mit dem jeweiligen Auftragnehmer, meist in bestimmten Vertragsbestandteilen, verbindliche Ordnungsregeln und Ordnungsregelungen samt Abgrenzung der beiderseitigen Verpflichtungen.[81]  31

**c) Anspruchsverlust des Auftraggebers bei Verletzung seiner Ordnungspflicht.** Sorgt der Auftraggeber oder sein Erfüllungsgehilfe nicht oder nicht hinreichend für die allgemeine Ordnung auf der Baustelle, so kann er sich insoweit wegen Beeinträchtigungen oder sonstiger Unzuträglichkeiten, die aus der Bautätigkeit und damit im Zusammenhang stehenden Tätigkeiten nachteilig auf seinen Betrieb einwirken, nicht auf Ersatzansprüche gegen seine Auftragnehmer (etwa aus Vertragsverletzung oder aus § 823 BGB/„eingerichteter und ausgeübter Gewerbebetrieb") oder gegen Dritte – wie z. B. Subunternehmer, mit denen er keine Vertragsbeziehung hat (etwa aus § 823 BGB/"eingerichteter und ausgeübter  32

---

[79] Vgl. *Heiermann/Riedl/Rusam* VOB/B § 4 Rdn. 7; *Ingenstau/Korbion* VOB/B § 4 Nr. 1 Rdn. 12. Im Sinne der hiesigen Rdn. 26, 27 auch *Kapellmann/Messerschmidt/Merkens* VOB/B § 4 Rdn. 5.
[80] *Ingenstau/Korbion* VOB/B § 4 Nr. 1 Rdn. 11.
[81] *Daub/Piel/Soergel/Steffani* ErlZ B 4.2; *Vygen* Bauvertragsrecht Rdn. 354; vgl. auch VOB/C DIN 18 299 0.1 u. 0.2.2 (mit § 9 Nr. 3 Abs. 4 VOB/A), die insoweit dem Auftraggeber Hinweise für das Aufstellen entsprechender Regelungen gibt.

Gewerbebetrieb") – berufen, weil ihn dann insoweit eine Eigenverursachung und ein Eigenverschulden (§ 254 ggf. i. V. m. § 278 BGB) trifft.

### 4. Abgrenzung zur eigenverantwortlichen inneren Arbeitsorganisation des Auftragnehmers

33   Nicht zur Aufrechterhaltung der allgemeinen Ordnung auf der Baustelle im Sinne von § 4 Nr. 1 Abs. 1 Satz 1 VOB/B gehört die spezielle (interne) Ordnung einschließlich der damit verbundenen Arbeitsorganisation im weiten Sinn innerhalb des Arbeitsbereiches des jeweiligen Auftragnehmers samt der zugehörigen Arbeitsstelle(n) und Funktionsplätze des jeweiligen Auftragnehmers. Denn dieser Bereich fällt samt den Arbeitskräften, den Betriebsmitteln und der unternehmertypischen Baustelleninnenorganisation, Bauausführungsorganisation und den sonstigen bauleistungsbezogenen und baubetrieblichen Belangen des Unternehmers in die Eigenverantwortlichkeit des jeweiligen Auftragnehmers nach § 4 Nr. 2 Abs. 1 und Abs. 2 VOB/B[82] sowie nach § 5 Nr. 3 VOB/B. Miteinbezogen in diese Eigenverantwortlichkeit ist auch das (Vertrags-)Verhältnis des Auftragnehmers zu seinen Subunternehmern und dessen Abwicklung.[83] Siehe im Übrigen wegen der Verkehrssicherungspflicht und der Unfallverhütung (Sicherheit und Gesundheitsschutz) auf Baustellen oben Rdn. 21, 23, 24.

34   Der Arbeitsbereich des Auftragnehmers ist allerdings oft mit **Einflüssen,** Einrichtungen, Tätigkeiten und dergleichen durchsetzt, mit denen er nichts oder nur teilweise zu schaffen hat, oder die nicht ausschließlich ihn berühren oder für ihn bestimmt sind, z. B. im Zusammenhang mit Einrichtungen einschließlich solcher zur Versorgung und Entsorgung und mit Verkehrswegen, die auch von anderen Baustellenbeteiligten und/oder dem Auftraggeber benutzt werden oder etwa im Zusammenhang mit Leistungen anderer vom Auftraggeber beauftragter Unternehmer und deren Auftragnehmer. In all diesen Fällen und soweit durch die Umstände im Einzelnen geboten, hat der Auftraggeber auch ein Ordnungsrecht und eine Ordnungspflicht, die bis in die Arbeitsstellen des Auftragnehmers eindringen (können).[84]

### 5. Abhilfeverpflichtung des Auftraggebers bei Störungen der allgemeinen Baustellenordnung

35   Treten Störungen der allgemeinen Ordnung auf der Baustelle wie auch beim Zusammenwirken der verschiedenen Unternehmer ein, ist der Auftraggeber zur Abhilfe verpflichtet. Da der Auftraggeber für die (Schaffung und) Aufrechterhaltung der allgemeinen Ordnung „zu sorgen hat" und auch das zu regelnde Zusammenwirken schon begrifflich nur erfüllt ist, wenn es funktioniert und beides dem Zweck der störungsfreien Erbringung der vertragsgemäßen Bauleistungen dient, schuldet der Auftraggeber auch die Befolgung seiner Anordnungen durch die von ihm beauftragten übrigen Unternehmer gegenüber seinem jeweiligen Auftragnehmer; daher sind die übrigen vom Auftraggeber beauftragten Unternehmer insoweit ebenso als Erfüllungsgehilfen des Auftraggebers anzusehen, wie dies auch der Architekt, der Ingenieur, der Controller, der Terminsteuerer etc. ist.[85]

36   Rechtliche Hilfsmittel für die Aufrechterhaltung (und auch schon Schaffung) der allgemeinen Ordnung sind das Überwachungsrecht nach Absatz 2 und das Anordnungsrecht nach Absatz 3.[86]

---

[82] Vgl. auch *Ingenstau/Korbion* VOB/B § 4 Nr. 2 Rdn. 70, 71.
[83] Vgl. auch *Daub/Piel/Soergel/Steffani* ErlZ B 4.3 und 4.6; *Nicklisch/Weick* VOB/B § 4 Rdn. 15.
[84] Vgl. *Daub/Piel/Soergel/Steffani* ErlZ B 4.6.
[85] So zu Recht *Ingenstau/Korbion* VOB/B § 4 Nr. 1 Rdn. 15; *Nicklisch/Weick* VOB/B § 4 Rdn. 16; a. A. OLG Frankfurt MDR 1980, 754, 755; *Heiermann/Riedl/Rusam* VOB/B § 4 Rdn. 7.
[86] Vgl. *Daub/Piel/Soergel/Steffani* ErlZ B 4.7.

## III. Regelung des Zusammenwirkens der verschiedenen Unternehmer (Absatz 1 Satz 1 Halbsatz 2)

### 1. Anwendungsbereich und Zweck der Vorschrift

Nach § 4 Nr. 1 Abs. 1 Satz 1 Hs. 2 VOB/B hat der Auftraggeber als gegenüber dem jeweils einzelnen Auftragnehmer geschuldete (Mitwirkungs-)Pflicht auch das Zusammenwirken der verschiedenen Unternehmer zu regeln. Mit den „Unternehmern" sind nur die **eigenen Auftragnehmer** des Auftraggebers gemeint, da das Verhältnis zu den Nachunternehmern auf Grund der mit diesen abgeschlossenen Verträgen Sache des wiederum insoweit als Auftraggeber fungierenden Auftragnehmers ist und unter seine Eigenverantwortlichkeit nach § 4 Nr. 2 VOB/B i. V. m. § 4 Nr. 8 fällt; in diesem Rahmen hat der Auftragnehmer in seiner Eigenschaft als Auftraggeber gegenüber seinen Auftragnehmern (den Subunternehmern) wiederum selbst die Pflichten nach § 4 Nr. 1 Abs. 1 VOB/B. Damit ergibt sich: Hat ein Auftraggeber einen Generalunternehmer und sonst keinen unmittelbaren Auftragnehmer beauftragt, so erübrigt sich mangels „verschiedener Unternehmer" als eigener Auftragnehmer die Regelung des „Zusammenwirkens"; jedoch obliegt dem Generalunternehmer in seiner Eigenschaft als Auftraggeber der von ihm beauftragten Unternehmer/Auftragnehmer als Mitwirkungspflicht die Regelung von deren Zusammenwirken (usw. in der Auftraggeber-Auftragnehmer-Kette). 37

Diese Koordinierungspflicht des Auftraggebers hat den Zweck, den von ihm beauftragten auf der Baustelle und auch sonst für das Bauvorhaben tätigen Unternehmern die reibungslose, störungsfreie Erbringung der jeweils geschuldeten vertragsgemäßen Leistung zu ermöglichen; siehe hierzu auch Rdn. 11, 41, 42. Wichtiges **Hilfsmittel** des Auftraggebers **für** die **Koordination** (Abstimmung) ist die Anweisung/Anordnung.[87] 38

Bei der sowohl in räumlicher Hinsicht als auch in zeitlicher und bauablauftechnischer Hinsicht notwendigen – **von** der **Bauüberwachung** scharf **zu unterscheidenden** (näher unten Rdn. 43, 57, 58) – **Koordination** geht es im Kern darum, den gesamten Arbeitsablauf so zu organisieren, dass die nebeneinander, miteinander und nacheinander auszuführenden und aufeinander aufbauenden sowie ineinandergreifenden Leistungen (samt Arbeitsschritten) der verschiedenen vom Auftraggeber beauftragten Unternehmer,[88] insbesondere auch unter Beachtung der baulichen Verbindungs- und Schnittstellen zwischen den Gewerken, sachlich und zeitlich miteinander in Einklang gebracht werden. Dies so, dass die von der ständigen Rechtsprechung dem Auftraggeber und seinen Erfüllungsgehilfen gemäß Treu 39

---

[87] *Heiermann/Riedl/Rusam* VOB/B § 4 Rdn. 7; *Kapellmann/Messerschmidt/Merkens* VOB/B § 4 Rdn. 5–8; *Nicklisch/Weick* VOB/B § 4 Rdn. 16.
[88] Vgl. BGH NJW 1972, 447, 448 m. w. N. = BauR 1972, 112, zugleich zur Notwendigkeit der Abgrenzung gegenüber der Bauüberwachung/Bauaufsicht, m. w. N.; OLG Köln Schäfer/Finnern/Hochstein § 635 BGB Nr. 9 mit Anm. *Hochstein;* OLG Köln Schäfer/Finnern/Hochstein § 631 Nr. 40 (S. 111); *Werner/Pastor* Rdn. 1493–1495; vgl. auch OLG Koblenz NJW-RR 1997, 782, 783 = BauR 1997, 482, 483, das richtig als Grundsatz die Abstimmung der Leistungen der Baubeteiligten aufeinander während der Bauabwicklung dem Pflichtenbereich des Auftraggebers und seines Architekten als Erfüllungsgehilfen unterstellt, jedoch im konkreten Fall das mangelhafte Augenmerk und Eingreifen des Auftraggeber-Architekten, welchem die Objektüberwachung oblag, dogmatisch-rechtssystematisch unzutreffenderweise der Auftraggeber-Koordinationspflicht zuordnet statt der Bauüberwachung, so dass es zu einem Auftraggeber-Erfüllungsgehilfenmitverschulden von 1/3 kam; dabei hatte das Gericht selbst und wörtlich ein Überwachungs-Unterlassen festgestellt. – Die Bauüberwachung ist jedoch nicht als Pflicht des Auftraggebers ausgestaltet, weshalb der Auftragnehmer keinen Anspruch auf Überwachung (wohl aber auf Koordination) hat, siehe unten bei Rdn. 118ff. – Von der Sache her war es darum gegangen, dass der Heizungsunternehmer in der Winterfrostperiode Dezember/Januar die von ihm installierte Fußbodenheizung auf Grund Anweisung des bauüberwachenden Architekturbüros in Betrieb zu nehmen und mit maximal 10 Grad Celsius zu beheizen hatte; gem. einer Vertragsbestimmung hatte der Heizungsunternehmer die Fußbodenheizung ohne Aufpreis gegen Winterschäden zu schützen, hat aber die Heizungsanlage nach Inbetriebnahme trotzdem nicht überwacht. Die Heizungsanlage war dann ausgefallen und hatte bei minus 10 Grad Celsius einen Schaden erlitten, die deren Neuherstellung mit Herausbrechen und Neuverlegen des Estrichs und Verzögerungsschäden zur Folge hatte.

§ 4 Nr. 1 Koordination und Überwachung durch Auftraggeber

und Glauben abverlangte „für die reibungslose Ausführung des Baues unentbehrliche **Abstimmung der Leistungen** der einzelnen Unternehmer während der Bauausführung („Koordinierungspflicht")[89] gewährleistet ist und ein einwandfreies Gesamtwerk entsteht. Dieser Grundsatz kommt nicht nur in § 4 Nr. 1 Abs. 1 Satz 1 VOB/B zum Ausdruck, sondern auch in § 3 Nr. 1 VOB/B.

40 Weiteres zum Inhalt der Koordination und Koordinationspflicht siehe → Vor § 3 Rdn. 93, 94, wegen der Erfüllungsgehilfen bei der Koordination dort Rdn. 90–92 und im Hinblick auf die Auftraggeber-Auftragnehmer-Kette dort Rdn. 95–98, außerdem oben Rdn. 11–19, auch 1–3. Im Rahmen seiner Koordinationsaufgaben schuldet der Auftraggeber seinen Auftragnehmern auch die Befolgung seiner zum Zwecke des Zusammenwirkens an den störenden Unternehmer erteilten Anordnungen durch diesen (siehe oben Rdn. 35).

## 2. Abstimmung des „Miteinander", „Nebeneinander" und „Nacheinander" (dabei auch Sicherheit und Gesundheitsschutz) – Unterscheidung von Bauüberwachung

41 Von der Abstimmungspflicht (Koordinationspflicht) des Auftraggebers als Bau-Mitwirkungspflicht erfasst ist auch der Schutz vor Behinderungen oder sonstigen Störungen durch andere Auftragnehmer oder sonstige Dritte; hierbei spielt sowohl der räumliche als auch der zeitliche und sachlich-bautechnische sowie bauablauftechnisch sachgerecht zu bewirkende Einsatz der verschiedenen Auftragnehmer hinsichtlich Beginn,[90] Ausführung und Vollendung sowie Dauer ihrer Leistung eine maßgebliche Rolle. Wenn verschiedene Unternehmer gleichzeitig am Bau arbeiten, können sie „sich dabei ins Gehege kommen".

42 Neben dem reibungslosen **„Miteinander"** und **„Nebeneinander"** muss auch das reibungslose **„Nacheinander"** von Leistungen aufeinander abgestimmt (geregelt) werden; hierzu gehört der Fall, dass eine bestimmte Leistung durch den einen Auftragnehmer erst vollständig erbracht werden muss **(Vorleistung)**, weil sie die Voraussetzung für den Beginn der Leistung eines anderen Auftragnehmers ist **(Nachfolgeleistung)**. Daher gehört hierher auch die Verpflichtung des Auftraggebers und seiner Erfüllungsgehilfen (Architekt, Ingenieur, sonstiger Koordinierungsbeauftragter wie Baucontroller, Terminsteuerer), darauf zu achten, dass ein Auftragnehmer nicht früher mit seiner Leistung anfängt, bevor nicht der andere Auftragnehmer seine Vertragsleistung vollständig erfüllt hat, wenn und soweit in der Frage der ordnungsgemäßen, mängelfreien und zeitgerechten Arbeit eine zeitliche, bauliche, bauablauftechnische oder sonstige **Abhängigkeit** zwischen beiden Leistungen besteht. Zu weiteren Zusammenhängen und Abgrenzungen der Koordinationspflicht siehe Rdn. 11, 57 bis 62.

43 So ist es Gegenstand der dem Auftragnehmer geschuldeten Koordinierung und **nicht** der ihm nicht geschuldeten **Bauüberwachung**/Bauaufsicht, dass der Auftraggeber oder sein Erfüllungsgehilfe (z. B. Architekt) etwa die **Estricharbeiten** nicht verfrüht zur Ausführung freigibt, bevor auf dem Boden verlegte Kupferrohre die erforderliche Ummantelung erhalten haben. Diese Unterscheidung ist von Bedeutung, weil der Auftraggeber dem Auftragnehmer für eine richtige Koordination (auch des Erfüllungsgehilfen, § 278 BGB), nicht aber für die Durchführung oder eine richtige Durchführung der Bauüberwachung/Bauaufsicht, welche „nur" als Recht und nicht als Pflicht ausgestaltet ist, einzustehen hat.[91]

---

[89] Vgl. BGH NJW 1972, 447, 448 m. w. N. = BauR 1972, 112; OLG Stuttgart BauR 1996, 748, 750 l.Sp. oben für die Pflicht des Auftraggebers zur „zeitlichen Abstimmung", bei Nicht- oder Schlechterfüllung (Mit-)Haftung des Auftraggebers; s. auch OLG Köln BauR 1995, 243 sowie OLG Koblenz vorst. Fn.; *Kapellmann/Messerschmidt/Merkens* VOB/B § 4 Rdn. 5–8.
[90] Vgl. OLG Köln BauR 1995, 243.
[91] **Siehe** zum Thema **auch** oben Rdn. 39 und unten Rdn. 57, 58; des Weiteren zur **Abgrenzung** dieses problematischen Grenzbereiches und den rechtlichen Auswirkungen ausführlich OLG Köln Schäfer/Finnern/Hochstein § 635 BGB Nr. 9 mit Anm. *Hochstein*; BGH BauR 1970, 57, 59 = Schäfer/Finnern Z 2222 – Bl. 18, 20 = WM 1970, 354; BGH NJW 1972, 447, 448 m. w. N. = BauR 1972, 112; BGH NJW 1985,

## 3. Zweck, Wesen und Art der Koordinationsmaßnahmen zum Zusammenwirken der Unternehmer

**a) Allgemeines sowie Unfallverhütung/Baustellenverordnung vom 10. 6. 1998.** 44
Welche Maßnahmen zur Regelung des Zusammenwirkens der verschiedenen Unternehmer zu treffen sind, also in welcher Weise der Auftraggeber seine diesbezüglichen Pflichten erfüllt, liegt im Ermessen des Auftraggebers oder seines zuständigen Erfüllungsgehilfen, der es sachgerecht unter Berücksichtigung der Umstände des Einzelfalles auszuüben hat; den sachgerechten Anordnungen haben sich die Auftragnehmer kraft ihrer bauvertraglichen Verpflichtung aus VOB/B zu beugen, wie sich vor allem aus § 4 Nr. 1 Abs. 3 VOB/B ergibt.[92] So genügt ein Bauherr seiner Koordinierungspflicht, wenn er beauftragte Handwerker unterschiedlicher Gewerke zusammenführt und sich beide untereinander hinsichtlich der Ausführung ihrer Arbeiten absprechen können. Wenn sich die Auftragnehmer nicht an die Absprache halten und es deshalb zu einem Unfall kommt, dann kann dies grundsätzlich nicht dem Bauherrn angelastet werden.[93] Das gilt dann selbstverständlich zugunsten eines jeden (koordinierungspflichtigen) Auftraggebers gegenüber seinen Auftragnehmern.

Bei der Koordination hat (speziell) der **Bauherr** die in der **Baustellenverordnung** vom 10. 6. 1998 geregelten **arbeitsschutzrechtlichen** Verpflichtungen zur Sicherheit und zum Gesundheitsschutz der auf der Baustelle Beschäftigten zu erfüllen. Näheres siehe Rdn. 24 und 21. Dadurch und insoweit ist der eingangs Genannte Ermessensspielraum eingeschränkt, soweit der Auftraggeber der „Bauherr" ist.

**b) Sachliche Koordinations-Hilfsmittel.** Diesbezügliche sachliche Hilfsmittel für den 45
Auftraggeber sind die bereits im Zusammenhang mit der „allgemeinen Ordnung" behandelten Baustellenordnungspläne, als deren Grundlage häufig der vom Auftragnehmer vorher zu erstellende Baustelleneinrichtungsplan dient. Neben der Festlegung des Arbeitsraumes (Arbeitsbereiches) für jeden Auftragnehmer, die sich zum Teil auch schon aus den Maßnahmen nach § 3 Nr. 2 VOB/B oder aus den Vertragsunterlagen ergibt, sind den einzelnen Auftragnehmern auch ihre übrigen Arbeitsplätze und Funktionsplätze anzuweisen und zuzuweisen, was hinreichend genau geschehen muss. Die Grenzen zwischen allgemeiner Baustellenordnung (räumlicher Koordination) und Regelung des Zusammenwirkens (sachlich-technische und funktionelle Koordination) sind fließend.

Hilfsmittel zur zeitlichen und bauablauftechnischen Koordination sind **Bauzeitenpläne** 46
(von Balkenplänen/Balkendiagrammen über Linienpläne bis hin zu mit Hilfe von Computern und EDV aufgestellten Netzplänen). Darin werden zum Zwecke des richtigen, reibungslosen Zusammenwirkens der verschiedenen Unternehmer der zeitliche und bautechnische Ablauf der verschiedenen Bauleistungen und einzelnen Teilleistungen; Beginn, Dauer und Beendigung der Arbeiten der einzelnen Auftragnehmer und dergleichen geregelt, wie es den jeweiligen vertraglichen Vereinbarungen entspricht und zur sachgerechten Durchführung des Gesamtbauvorhabens notwendig ist[94] (**Ablaufplanung** und **Ablaufsteuerung**).

---

2475/2476 = BauR 1985, 561, 562 = ZfBR 1985, 282/283; OLG Köln BauR 1995, 243; *Ingenstau/Korbion* VOB/B § 4 Nr. 1 Rdn. 52, 59, 60; *Werner/Pastor* Rdn. 1494, 1495 und *Bindhardt/Jagenburg* § 6 Rdn. 104, 105 u. § 8 Rdn. 24–27; vgl. auch das oben bei Rdn. 39 zitierte und berichtete Urteil des OLG Koblenz NJW-RR 1997, 782, 783 = BauR 1997, 482, 483 mit hiesiger kritischer Kommentierung zur Abgrenzung Koordination/Bauüberwachung.

[92] *Heiermann/Riedl/Rusam* VOB/B § 4 Rdn. 7; *Ingenstau/Korbion* VOB/B § 4 Nr. 1 Rdn. 15; OLG Köln BauR 1995, 243.

[93] OLG Hamm NJW-RR 1999, 319.

[94] *Daub/Piel/Soergel/Steffani* ErlZ B 4.10; *Heiermann/Riedl/Rusam* VOB/B § 4 Rdn. 7; *Ingenstau/Korbion* VOB/B § 4 Nr. 1 Rdn. 13; *Kapellmann/Messerschmidt/Merkens* VOB/B § 4 Rdn. 8; *Nicklisch/Weick* VOB/B § 4 Rdn. 16; *Vygen* Bauvertragsrecht Rdn. 357, 701, 702 sowie Rdn. 633, 716, 728; *Vygen/Schubert/Lang* Rdn. 269, 270 sowie dort Rdn. 2, 8, 16, 19, 28, 34, 82, 141, 150 mit ausführlichen rechtlichen und baubetrieblichen Darlegungen zum Thema.

**47** Hinzuweisen ist auf **§ 11 Nr. 1 VOB/A**, wonach die Ausführungsfristen in den Vertragsunterlagen (§ 10 Nr. 4 Abs. 1 lit. d) VOB/A) ausreichend zu bemessen sind, wobei Jahreszeit, Arbeitsverhältnisse und etwaige besondere Schwierigkeiten zu berücksichtigen sind und dem Auftragnehmer für die Bauvorbereitung genügend Zeit zu gewähren ist. Diese Verpflichtung gilt **generell,** denn sie ist Ausfluss von **Treu und Glauben** (§ 242 BGB) mit dem Gebot vernünftiger Behandlung seiner Vertragspartner, somit einer „realistischen" Zeit- und Ablaufplanung. Es darf nicht von optimalen, im realen Baugeschehen kaum einhaltbaren Abläufen ausgegangen werden; eine davon abweichende Verhaltensweise mit „nicht realistischen" Zeitvorgaben stellt einen schuldhaften Planungs- und Koordinierungsfehler des Auftraggebers oder seines Erfüllungsgehilfen mit der Einstandspflicht nach § 278 BGB dar.[95]

**48** In einen Bauzeitenplan gehören daher grundsätzlich entsprechende **Pufferzeiten.**[96] Zum Pflichtenkreis des Auftraggebers und seiner Erfüllungsgehilfen im Rahmen der Koordination gehört zur Erreichung des laufenden reibungslosen Zusammenwirkens während der ganzen Zeit der Bauausführung auch die ständige Überwachung und, soweit notwendig, die rechtzeitige und gegebenenfalls laufende Anpassung des Bauzeitenplans für die verschiedenen Unternehmer.[97]

**49** Im Rahmen der Koordinierung ist der Auftraggeber auch verpflichtet, den Auftragnehmern gemäß § 3 VOB/B die von Ihnen für die Ausführung der Leistung benötigten Pläne (die auch die Bodenverhältnisse zu nennen haben) und sonstigen Ausführungsunterlagen sowie die von ihm etwa selbst beizustellenden Baumaterialien oder Bauteile vollständig, fehlerfrei und rechtzeitig zur Verfügung zu stellen sowie die Pläne soweit nötig von den Fachingenieuren vor Ausführung der Leistungen erläutern zu lassen.[98]

**50** **c) Rechtliche Koordinations-Hilfsmittel.** Zur rechtlichen Realisierung der Regelung des Zusammenwirkens der verschiedenen Unternehmer bedarf der Auftraggeber entsprechender **vertraglicher Einwirkungsmöglichkeiten** auf seine Auftragnehmer. Neben etwa vertraglich besonders vereinbarten Einwirkungsrechten stehen dem Auftraggeber hierfür das **Überwachungsrecht** nach § 4 Nr. 1 Abs. 2 VOB/B und das **Anordnungsrecht** nach § 4 Nr. 1 Abs. 3 und 4 VOB/B zur Verfügung; weiter auch das Recht zur Änderung des Bauentwurfs oder zu anderen Änderungsanordnungen nach §§ 1 Nr. 3, 2 Nr. 5 VOB/B hinsichtlich des Ablaufs des Baugeschehens oder sonst der Art und Weise der Ausführung einschließlich Bestimmung des Beginns, des Fortgangs und des Zeitpunktes der Fertigstellung der Bauleistung(en),[99] was dann bei Preisgrundlagenänderung zur Vergütungsänderung unter Berücksichtigung der Mehr- oder Minderkosten führt.

Das Anordnungs**recht** des Auftraggebers nach § 4 Nr. 1 Abs. 3 und Abs. 4 VOB/B **wird** zur Anordnungs**pflicht,** soweit eine mängelfreie, (sachlich und zeitlich) reibungslose Ausführung der Bauleistung ohne die betreffende Auftraggeber-Anordnung nicht möglich ist, vergleiche auch → Vor § 3 Rdn. 3, 4.

### 4. Sachliche und vertragsrechtliche Grenzen der Koordinationspflicht – ausnahmsweise Aufgabe des Auftragnehmers

**51** Die Koordinationspflicht des Auftraggebers findet dort ihre Grenze, wo es sich um die Abstimmung von **Sonderfachleuten** handelt, deren Fachgebiete als „Spezialistentätigkeiten" der Auftraggeber oder sein Erfüllungsgehilfe nicht zu beherrschen braucht, wie z. B. den Kenntnis- und Wissensbereich des zugleich auch projektierenden Heizungsfachmannes/

---

[95] So zutreffend OLG Köln NJW 1986, 71 = BauR 1986, 582, 583; OLG Köln spricht hier von einer „leichtfertigen" Verhaltensweise des Erfüllungsgehilfen, eines „Sonderfachmannes im Bereich der Bauzeitplanung".
[96] Vgl. *Vygen* Bauvertragsrecht Rdn. 701, 702; *Vygen/Schubert/Lang* Rdn. 269, 270.
[97] Vgl. *Vygen* Bauvertragsrecht Rdn. 701 a. E.; *Vygen/Schubert/Lang* Rdn. 269 a. E.
[98] *Heiermann/Riedl/Rusam* VOB/B § 4 Rdn. 7.
[99] Siehe die diesbezügliche Kommentierung zu → § 1 Nr. 3 und → § 2 Nr. 5.

Heizungsbauers.[100] Gleiches gilt von den Spezialsektoren: Elektrotechnik, Klima, Lüftung, Sanitär und den anderen Fachbereichen der „Technischen Ausrüstung" gem. §§ 68 ff. HOAI, die dem jeweiligen Sonderfachmann (hier Fachprojektanten) zugeordnet sind und wo vom Architekt nur allgemeines Wissen verlangt werden kann, so dass auf Grund spezieller Sach- und Fachkunde beim Spezialisten ein **„Wissensvorsprung"** vorhanden ist. Insoweit können also im Einzelfall Koordinierungsaufgaben auch auf den Auftragnehmer zukommen, was jedoch ohne vertragliche Regelung auf Spezialfälle beschränkt ist, in denen es auf das Spezialwissen des Unternehmers ankommt,[101] der zugleich projektiert hat.[102] Entscheidende Abgrenzungshilfe ist hier die **HOAI, §§ 68 ff.** gegenüber §§ 10 ff.

Sofern und soweit der Auftraggeber an sich ihm zufallende Koordinationsaufgaben auf einen bestimmten Auftragnehmer **vertraglich übertragen** will, was möglich ist, so ist folgendes zu beachten: Geschieht dies im Wege der Ausschreibung, so ist dabei eine besondere Angabe im Leistungsverzeichnis mit eigenem Vergütungsansatz zu machen, da ein Einkalkulieren in die Einheitspreise der eigentlichen Leistungspositionen kaum möglich sein dürfte. Sofern **formularmäßig** verwendete Bedingungen oder Allgemeine Geschäftsbedingungen des Auftraggebers dem Auftragnehmer eine besondere Vergütung versagen wollen, wäre eine solche Bestimmung wegen Verstoßes gegen die gesetzlichen Grundregelungen der §§ 632, 242 BGB (Ausgewogenheit und Gleichgewicht von Leistung und Gegenleistung, Äquivalenzprinzip) nach § 9 AGB-Gesetz unwirksam. **52**

Nach den Umständen des Einzelfalles kann auch durch **konkludente Koordinierungs-** **53** **vereinbarung** dem Auftragnehmer – etwa dem Vorunternehmer gegenüber dem Nachfolgeunternehmer – die Koordinierung zufallen, wie z. B. durch eine Besondere Vertragsbedingung folgenden Inhalts: „Die freiliegende Abdichtung ist ... sobald wie möglich durch Aufbringen einer endgültigen Schutzschicht zu sichern. Diese Arbeiten müssen unter der verantwortlichen Aufsicht des Abdichtungsunternehmens ausgeführt werden, damit keine Unklarheiten über die Haftpflicht entstehen können."[103]

Ohne vertragliche Vereinbarung wäre eine Übertragung von Koordinationsaufgaben auf **54** den Auftragnehmer je nach Fallage gemäß § 2 Nr. 9 VOB/B oder gemäß §§ 1 Nr. 4 Satz 1, 2 Nr. 6 VOB/B mit den entsprechenden Vergütungsfolgen denkbar; zu beachten ist jedoch – auch abgrenzend – der Fall von § 1 Nr. 4 Satz 2 VOB/B mit dem Erfordernis der Zustimmung durch den Auftragnehmer und der zweckmäßigerweise gleich damit zu verbindenden Vergütungsvereinbarung nach § 631 Abs. 1 BGB (sonst Anwendung von § 632 BGB).[104]

Fehlleistungen bei der vom Bauauftragnehmer übernommenen Koordination gehen zu seinen Lasten; dies gilt – ausnahmsweise – auch dort, wo das vorauszusetzende Fachwissen des Auftraggebers bzw. des von ihm eingesetzten Erfüllungsgehilfen (siehe Rdn. 55) nicht mehr reicht und die zu lösende Koordinationsfrage nur vom als Bauauftragnehmer eingesetzten Fachunternehmer als **Spezialist,** z. B. Heizungsfachmann, bewältigt werden kann, weshalb insoweit eine konkludente Koordinationsübernahme durch den betr. Auftragnehmer stattfindet.[105]

Da die Koordinationsaufgabe grundlegend und primär dem Pflichten- und Verantwor- **55** tungsbereich des Auftraggebers angehört, kann er sich grundsätzlich hiervon nicht dadurch

---

[100] Vgl. BGH BauR 1976, 138, 139 = Schäfer/Finnern Z 3001 Bl. 9, 10 (IV.) zur Abstimmung einer Heizungsanlage mit den (später korodierten) Warmwasserrohren; Heiermann/Riedl/Rusam VOB/B § 4 Rdn. 7; Ingenstau/Korbion VOB/B § 4 Nr. 1 Rdn. 5; Bindhardt/Jagenburg § 6 Rdn. 101.
[101] Vgl. Motzke ZfBR 1988, 244, 248.
[102] BGH BauR 1976, 138, 139 = Schäfer/Finnern Z 3001 Bl. 9, 10 (IV.) mit Hinweis auf die damals für Architekten geltende GOA mit den §§ 3 und 19 als Abgrenzungsmittel für typische Architektenleistungen und der davon zu unterscheidenden Sonderleistungen; Bindhardt/Jagenburg § 6 Rdn. 101.
[103] BGH BauR 1975, 130, 132, 133; vgl. auch Motzke ZfBR 1988, 244, 249.
[104] Vgl. zu diesem Komplex Ingenstau/Korbion VOB/B § 4 Nr. 1 Rdn. 16 sowie auch Daub/Piel/Soergel/Steffani ErlZ B 4.12 mit dem zutreffenden Hinweis, dass der eine Koordinationsaufgabe übernehmende Auftragnehmer insoweit Erfüllungsgehilfe nach § 278 BGB gegenüber den anderen Auftragnehmern ist.
[105] Ingenstau/Korbion VOB/B § 4 Nr. 1 Rdn. 5; ähnlich BGH BauR 1976, 138, 139 = Schäfer/Finnern Z 3001 Bl. 9, 10 (IV.).

§ 4 Nr. 1

entlasten, dass sein Architekt den Sonderfachbereich nicht beherrsche. Diese Lücke muss der **Auftraggeber selber** dadurch ausfüllen, dass er entsprechende Fachprojektanten zur Koordination in den betroffenen Fachbereichen einsetzt; diese müssen zusammen mit dem Architekten und sonstigen Koordinations-Erfüllungsgehilfen auch die **Nahtstellen** der betroffenen Bereiche zueinander und aufs Ganze bezogen koodinationsmäßig bewältigen. Andernfalls kann sich der Auftraggeber – unter Berücksichtigung der Prüfungs- und Hinweispflichten bzw. Bedenkenmitteilungspflichten des Auftragnehmers nach § 3 Nr. 3 Satz 2 VOB/B und nach § 4 Nr. 3 VOB/B (nebst den darauf bezugnehmenden Bestimmungen der VOB/C und des § 10 Nr. 2 VOB/B) sowie gegebenenfalls nach § 4 Nr. 1 Abs. 4 VOB/B – nur beschränkt oder gar nicht auf die nicht ausreichende Sachkunde seines Architekten oder Ingenieurs berufen.

### 5. Ausnahmsweise Unterstützungspflicht des Auftragnehmers

56   Im Einzelfall kann der Auftragnehmer zur Unterstützung des Auftraggebers bei seinen Koordinationsaufgaben verpflichtet sein (so z. B. durch die Teilnahme an gemeinsamen Besprechungen, Begehungen der Baustelle usw.), wenn nur so der Auftraggeber seine diesbezüglichen Aufgaben ordnungsgemäß erfüllen kann, was insbesondere denkbar ist, wenn und soweit der Auftragnehmer über besondere eigene Kenntnisse verfügt.[106] Eine solche Unterstützungspflicht ist eine vertragliche Nebenpflicht, deren schuldhafte Verletzung zu einer Schadenersatzpflicht des Auftragnehmers für entstehende Schäden führen kann (§ 280 Abs. 1 BGB n. F., früher positive Vertragsverletzung mit § 254 BGB). Umgekehrt kann bei ganz speziellen Bauvorhaben eine besondere Schuldnerverpflichtung des Auftraggebers zu entsprechender Mitwirkung wegen im Einzelfall erforderlicher besonderer Kooperation zwischen Auftraggeber und Auftragnehmer bestehen.[107]

### 6. Trennung und Abgrenzung der Koordinierungspflicht vom Überwachungsrecht

57   Die Koordinierungspflicht des Auftraggebers und seiner Erfüllungsgehilfen ist scharf zu trennen und zu unterscheiden von dem Überwachungsrecht des Auftraggebers nach § 4 Nr. 1 Abs. 2 VOB/B und den damit verbundenen Aufgaben der Bauaufsicht/Bauüberwachung im Rahmen der Objektüberwachung durch den Architekten oder durch den sonstigen Erfüllungsgehilfen des Auftraggebers. Siehe hierzu auch oben Rdn. 39, 43.

58   Dies ist wichtig, weil die Bauüberwachung (Bauaufsicht) keine dem Auftragnehmer gegenüber bestehende Pflicht ist und somit ein Erfüllungsgehilfenverschulden nach § 278 BGB ausscheidet (**näher** unten **Rdn. 118 ff.**). Eine Verletzung der Koordinierungspflicht ist grundsätzlich dann anzunehmen, wenn die Koordinierung **ihrem Wesen nach** einem Planungsfehler nahe kommt.[108] Die Abgrenzung und Zuordnung zum Planungs- und Koordinierungsbereich einerseits und zum Bauüberwachungsbereich andererseits kann schwierig sein, vor allem auch dann, wenn das Überwachungsrecht des Auftraggebers nach § 4 Nr. 1

---

[106] Vgl. *Heiermann/Riedl/Rusam* VOB/B § 4 Rdn. 7; *Ingenstau/Korbion* VOB/B § 4 Nr. 1 Rdn. 4: *Kapellmann/Messerschmidt/Merkens* VOB/B § 4 Rdn. 9.

[107] S. hierzu *Ingenstau/Korbion* VOB/B § 3 Rdn. 4, § 4 Nr. 1 Rdn. 5 Fn. 2; insb. auch *Nicklisch* BB 1979, 533, 541, 544.

[108] Grundlegend zur Trennung und Abgrenzung zwischen Planungs- und Koordinierungsfehler einerseits und Verletzung der Bauaufsicht andererseits BGH BauR 1970, 57 = Schäfer/Finnern Z 2222 Bl. 18, 20 = WM 1970, 354 (Koordinierung und nicht Überwachung, insoweit als abzustimmen ist, dass die von verschiedenen aufeinander folgenden Unternehmern aufzubringenden Mörtellagen in der Kombination zusammenpassen, weil nach den anerkannten Regeln der Bautechnik die untere Mörtellage fester sein muss als die darüberliegende des Nachfolgegewerks.); BGH NJW 1972, 447, 448 = BauR 1972, 112 (Aufbringen einer Isolierung auf mangelhaftem Fundamentbeton als Fehler des Unternehmers/nur Bauüberwachung/Bauaufsichtsbereich des Auftraggeberarchitekten); OLG Köln Schäfer/Finnern/Hochstein Nr. 9 zu § 635 BGB mit Anm. *Hochstein*; *Bindhardt/Jagenburg* § 6 Rdn. 94 ff., insb. Rdn. 96, 104, 105 u. § 8 Rdn. 24–27; *Werner/Pastor* Rdn. 1494, 1495.

Koordination und Überwachung durch Auftraggeber  § 4 Nr. 1

Abs. 2 VOB/B und die hierzu gehörige Bauüberwachung des Architekten oder des sonstigen Erfüllungsgehilfen zum Zweck der Erfüllung der Koordinationsverpflichtung des Auftraggebers ausgeübt wird.[109] Im letztgenannten Fall wird eine nicht ordnungsgemäße Bauüberwachung, welche zu einem Koordinierungsmangel führt, i. d. R. letztlich einen **Koordinierungs**fehler darstellen, für welchen dann der Auftraggeber gegenüber den geschädigten Auftragnehmern über §§ 278, 254, 242 BGB einzustehen hat.

### 7. Abgrenzung der Koordinierungspflicht des Auftraggebers von der Eigenverantwortlichkeit des Auftragnehmers

Eine weitere Trennung und Abgrenzung ist zu beachten gegenüber der „Eigenkoordination" des Auftragnehmers im Rahmen seiner Eigenverantwortlichkeit nach § 4 Nr. 2 VOB/B bei der vertragsgemäßen Ausführung seiner Bauleistung. Dies ist keine echte Koordinierungspflicht, sondern vielmehr die Verpflichtung des Auftragnehmers, seine eigene Leistung so zu erbringen, dass sie eine geeignete Grundlage für die darauf aufbauende Nachfolgeleistung[110] und deren Mängelfreiheit, insbesondere Gebrauchstauglichkeit, bildet; dies ist eine dem Werkvertrag wesensgemäße Unternehmerpflicht, die in der Schadensbewahrungspflicht nach § 242 BGB wurzelt, wobei sich diesbezügliche konkretisierende Regelungen in den ATV von VOB/C, DIN 18299 ff. finden.[111] Deshalb ist auch der Werkunternehmer, der **erkennt,** dass die ihm in Auftrag gegebene Werkleistung als Grundlage für Folgeleistungen anderer Unternehmer nicht geeignet ist, verpflichtet, seinen Auftraggeber vor der Leistungsausführung darauf hinzuweisen.[112]

So hat sich der vorleistende **Putzer** auf die besondere Art der Riemchen-Verblendung des auf den Unterputz-Arbeiten aufbauenden Fliesenleger-Werks einzurichten; dies bedingt, dass sich der Putzer bei seinem Auftraggeber oder beim Fliesenleger Gewissheit verschafft, welche Art von Verblendung aufgebracht werden sollte, falls bei einer Z-Verblendung ein besonderes Mischungsverhältnis für die Festigkeit des Unterputzes zu beachten ist; anderenfalls liegt ein gewährleistungspflichtiger Leistungsmangel im Unterputz vor. Geht es dabei gleichzeitig (auch) um die zusammenpassende Kombination der Beschaffenheit aufeinander folgender Leistungen verschiedener Unternehmer dergestalt, dass nach den anerkannten Regeln der Bautechnik bei verschiedenen Mörtellagen die untere eine höhere Festigkeit (durch richtiges Mischungsverhältnis) aufweisen soll als die darüberliegende und wird hiergegen verstoßen, dann handelt es sich bei fehlender Abstimmung der beiden Unternehmerleistungen durch den Architekten nicht um mangelhafte Überwachung, sondern um einen Fehler in der **Planung;** dies kann der Unternehmer dem Auftraggeber als mitwirkendes (Erfüllungsgehilfen-)Verschulden gem. §§ 278, 254, 242 BGB haftungsmindernd entgegenhalten.[113] Vergleiche hierzu auch den fall des OLG Köln,[114] wonach der konkrete **besondere** Fußbodenaufbau mit der damit verbundenen Gefahr einer Beschädigung der nicht sichtbar sowie unüblich dicht unter der Fußbodenoberkante verlaufenden Heizungsleitungen durch notwendige Dehnungsfugenschnitte des Fußbodenlegers/Estrichlegers einerseits dessen fachunternehmerische gewissenhafte Prüfung des Fußbodenaufbaues, andererseits die rechtzeitige Erstellung eines Planes durch den Auftragnehmer oder durch seinen Planungserfüllungsgehilfen erforderlich macht, der die Lage der Heizungsleitungen und der Fugenschnitte ausweist; die diesbezügliche Unterlassung der planerisch-koordinati-

---

[109] Hierzu *Werner/Pastor* und *Bindhardt/Jagenburg* vorst. Fn.
[110] BGH NJW 1983, 875, 876 = BauR 1983, 70, 72 = ZfBR 1983, 16; BGH BauR 1975, 341, 34 m. N.; BGH BauR 1970, 57, 59 = Schäfer/Finnern Z 2222 Bl. 18, 19, 20 = WM 1970, 354; OLG Köln v. 22. 12. 1994 – 16 V 50/93 § 631 BGB Nr. 40 (S 107, 110).
[111] Ausführlich *Motzke* ZfBR 1988, 244, 248, 249.
[112] OLG Köln v. 22. 12. 1994 – 16 U 50/93 *Schäfer/Finnern/Hochstein* § 631 BGB Nr. 40 (S 107, 110).
[113] BGH BauR 1970, 57, 59 = Schäfer/Finnern Z 2222 Bl. 18, 19, 20 = WM 1970, 354; *Bindhardt/Jagenburg* § 6 Rdn. 96; *Motzke* ZfBR 1988, 244, 249; zur Erfüllungsgehilfenhaftung bei der Planung und Koordination generell siehe → Vor § 3 Rdn. 91–98.
[114] OLG Köln BauR 1999, 768, 769/770.

ven Mitwirkung führte hier zu einer anrechenbaren Mitverursachungsquote des Auftraggebers von 1/3.[115]

61 **Zu unterscheiden** ist die Koordinationspflicht auch von der Pflicht des Auftragnehmers nach §§ 4 Nr. 3, 13 Nr. 3 VOB/B, die Beschaffenheit der Vorleistung eines **anderen Unternehmers,** auf die er mit seiner eigenen Leistung aufbaut, zu prüfen. Dabei ist die in § 4 Nr. 3 VOB/B niedergelegte Prüfungs- und Hinweispflicht des Werkunternehmers eine Konkretisierung des allgemeinen Grundsatzes von Treu und Glauben, die über den Anwendungsbereich der VOB/B hinaus für den Bauvertrag gilt; ihr Zweck ist es, den Besteller vor Schaden zu bewahren.

62 Jeder Werkunternehmer, der seine Arbeit in engem Zusammenhang mit der Vorarbeit eines andern oder auf Grund von dessen Planungen auszuführen hat, muss im Rahmen seiner vorgenannten Hinweispflicht prüfen und gegebenenfalls auch entsprechende Erkundigungen einziehen, ob diese Vorarbeiten, Stoffe oder Bauteile eine **geeignete Grundlage** für sein Werk bieten und keine Eigenschaften besitzen, die den Erfolg seiner Arbeit in Frage stellen können. Der Rahmen dieser Verpflichtung und ihre Grenzen ergeben sich aus dem Grundsatz der Zumutbarkeit, wie sie sich nach den besonderen Umständen des Einzelfalls darstellt. Was hiernach zu fordern ist, bestimmt sich u. a. nach dem von dem Unternehmer zu erwartenden Fachwissen, nach seiner Kenntnis vom Informationsstand des Vorunternehmers und überhaupt durch alle Umstände, die für den Unternehmer bei hinreichend sorgfältiger Prüfung als bedeutsam **erkennbar** sind. Kommt er seinen hiernach bestehenden Verpflichtungen nicht nach und wird dadurch das Gesamtwerk beeinträchtigt, so ist seine Werkleistung mangelhaft. Der Auftraggeber/Besteller ist alsdann berechtigt, ihn auf Gewährleistung in Anspruch zu nehmen.[116]

## IV. Herbeiführung der erforderlichen öffentlich-rechtlichen Genehmigungen und Erlaubnisse (Absatz 1 Satz 2)

### 1. Beschaffungspflicht des Auftraggebers

63 a) **Wesen, Zweck, Grundsätzliches.** (1) Der Auftraggeber hat dem Auftragnehmer die in seinem Einflussbereich liegenden Voraussetzungen zu schaffen, von denen Beginn, Durchführung und Abschluss der vertraglichen Leistungen abhängig sind. Daher ist er auch verpflichtet, die hierzu erforderlichen öffentlich-rechtlichen **vollziehbaren, bestandskräftigen Genehmigungen** und Erlaubnisse – z. B. nach dem öffentlichen Bauplanungsrecht, dem öffentlichen Bauordnungsrecht, dem Straßenverkehrsrecht, dem Wasserrecht, dem Gewerberecht, dem Immisionsschutzrecht, dem (sonstigen) Umweltschutzrecht, dem Denkmalschutzrecht – herbeizuführen, weil ohne diese das Bauwerk nicht erstellt werden darf und kann. Siehe auch oben Rdn. 1–3. Die deshalb nach § 4 Nr. 1 Abs. 1 Satz 2 VOB/B dem Auftraggeber auferlegte **Verpflichtung zur Beschaffung** der für die Bauarbeiten erforderlichen öffentlich-rechtlichen Genehmigungen und Erlaubnisse ist dadurch bedingt, dass im Bundes- und Landesrecht aus öffentlich-rechtlichen Gründen als grundlegende Voraussetzung für die Verwirklichung der jeweiligen Bauabsicht und für die Durchführung des jeweiligen Bauvorhabens dem Bauherrn die Einholung öffentlich-rechtlicher Genehmigungen und Erlaubnisse vorgeschrieben ist.[117]

---

[115] Nach hiesiger Meinung wäre hier wohl 1/2 gerechtfertigt gewesen.
[116] BGH NJW 1987, 643 = BauR 1987, 79, 80 = ZfBR 1987, 32, 33 („Außenschwimmbad") m. zahlr. w. Nachw.; OLG Düsseldorf NJW-RR 1993, 405 = BauR 1993, 374 Nr. 10 (nur Leits.): Planer, Berater und Hersteller von „Wintergärten-Überdachungen" muss prüfen, ob Unterkonstruktion – hier: Dachsparren aus gewöhnlichem Bauholz – für die Aufnahme der beauftragten Überdachung – hier: in Leichtmetallprofile einzufassende Glasscheiben – geeignet ist.
[117] *Ingenstau/Korbion* VOB/B § 4 Nr. 1 Rdn. 17.

(2) Daher darf auch andererseits der Auftragnehmer die übertragenen Bauarbeiten oder Teile hiervon ohne die hierzu erforderliche Baugenehmigung und/oder sonstige öffentlich-rechtliche Genehmigung oder Erlaubnis oder ohne entsprechende Teil-(Bau-)Genehmigung nicht ausführen; er ist deshalb auch berechtigt, bis zur Erteilung der Genehmigung oder Erlaubnis oder wenigstens der entsprechenden Teil-Genehmigung/-Erlaubnis die Durchführung der betroffenen (Teil-)Bauarbeiten zu verweigern. Dies, zumal dem Auftragnehmer nicht zuzumuten ist, eine Ordnungswidrigkeit zu begehen und sich bußgeldlich ahnden lassen zu müssen sowie einen Vertragsverstoß gegen § 4 Nr. 2 Abs. 1 Satz 2 VOB/B zu begehen, wonach der Auftragnehmer verpflichtet ist, die gesetzlichen und behördlichen Bestimmungen zu beachten. Zu diesen Bestimmungen zählen natürlich auch die erteilte (Bau-)Genehmigung **und** die darin etwa enthaltenen behördlichen **Auflagen.**[118] Siehe näher noch unten **Rdn. 99 bis 102.**

(3) – **Von** der **Beschaffungspflicht zu unterscheiden** ist die **Mitteilungspflicht** und **Unterlagenübergabepflicht** des Auftraggebers bezüglich der **erteilten** öffentlich-rechtlichen Genehmigung/Erlaubnis nach § 3 Nr. 1 VOB/B; dazu näher unten Rdn. 67 und → § 3 Nr. 1 Rdn. 13, § 3 Nr. 3 Rdn. 9.

Da nicht nur die **Durchführung** der Bauleistung als solche, sondern auch die **Recht-** **64** **zeitigkeit** des Baubeginns, der Baudurchführung und der Fertigstellung der Bauleistung – also die behinderungsfreie Ausführung der Leistung – vom Vorliegen der „erforderlichen", also der hierfür vorgeschriebenen öffentlich-rechtlichen vollziehbaren, bestandskräftigen **Genehmigungen und Erlaubnisse** abhängt, **hat** der **Auftraggeber** diese rechtzeitig, also zu dem nach den Umständen frühestmöglichen Zeitpunkt unter Beifügung aller erforderlichen Unterlagen – selbst oder durch seinen Planungs-Erfüllungsgehilfen oder unter dessen Mitwirkung – beizustellen und dementsprechend vorher **rechtzeitig zu beantragen.**[119] Anderenfalls tritt eine dem Auftraggeber im Sinne von § 6 Nr. 2 Abs. 1 a und Nr. 6 VOB/B zur Last fallende Behinderung des Auftragnehmers in der ordnungsgemäßen Bauausführung ein. Siehe zur (rechtzeitigen) Antragspflicht des Auftraggebers auch unten Rdn. 67.

Der **Auftraggeber** ist allerdings **von der** Pflicht zur **Beschaffung** der Baugenehmigung **befreit,** wenn dies der Unternehmer, z. B. Bauträger, vertraglich übernommen hat. In einem solchen Fall haftet zudem der Unternehmer für eine von ihm zu vertretende Verzögerung der Baugenehmigung und der Baufreigabe.[120]

Zur Einholung der öffentlich-rechtlichen Genehmigungen und Erlaubnisse ist grund- **65** sätzlich auch **nur der Auftraggeber** in der Lage, weil nur er die erforderliche Legitimation und sonstige Einwirkungsmöglichkeit als Grundeigentümer, als Bauherr, als Nutzungsberechtigter usw. besitzt[121] und weil nur er, wenn er nicht selbst der Bauherr ist, auf Grund seines Vertragsverhältnisses mit dem Bauherrn oder mit einem dazwischengeschalteten anderen Auftraggeber und über diesen instand gesetzt ist, den Bauherrn zur Herbeiführung der erforderlichen öffentlich-rechtlichen Genehmigungen und Erlaubnisse zu veranlassen, wozu er deshalb verpflichtet ist.[122] Auch die Beschaffung der erforderlichen vollziehbaren, bestandskräftigen öffentlich-rechtlichen Genehmigungen und Erlaubnisse ist eine Mitwirkungspflicht des Auftraggebers, wie bereits unter → Vor § 4 Rdn. 4–8 dargelegt.[123]

Zwar hat der **BGH** in einer beiläufigen Erwähnung ausgeführt, die Bestimmung von **66** Abs. 1 Satz 2 begründe **keine** vom Auftraggeber gegenüber dem Auftragnehmer zu erfüllende Vertragspflicht; durch diese Regelung werde lediglich klargestellt, wer für die Ein-

---

[118] BGH NJW-RR 1998, 738 = BauR 1998, 397.
[119] Vgl. OLG Düsseldorf BauR 1996, 862, 864 l. Sp.; Ingenstau/Korbion VOB/B § 4 Nr. 1 Rdn. 21; Stein ZfBR 1986, 210, 212; *Vygen* Bauvertragsrecht Rdn. 649, 692.
[120] BGH NJW 2002, 1568, 1569 = BauR 2002, 792, 794.
[121] Vgl. Ingenstau/Korbion VOB/B § 4 Nr. 1 Rdn. 21.
[122] Vgl. Ingenstau/Korbion VOB/B § 4 Nr. 1 Rdn. 28.
[123] *Heiermann/Riedl/Rusam* VOB/B § 4 Rdn. 5, VOB/B § 4 Rdn. 4; *Ingenstau/Korbion* VOB/B § 9 Nr. 1 Rdn. 17; *Nicklisch/Weick* VOB/B § 4 Rdn. 18; *Vygen* Bauvertragsrecht Rdn. 358.

holung der Genehmigung zuständig sei.[124] Jedoch spricht gegen diese Auffassung der eindeutige, in Befehlsform gefasste und inhaltlich einen strikten obligatorischen Zwang aussprechende **Wortlaut** der Bestimmung („hat ... herbeizuführen").[125] Das wird auch belegt durch den Vergleich mit den anderen in §§ 3 und 4 VOB/B enthaltenen, durch Leistungsbefehl zum Ausdruck gebrachten Mitwirkungspflichten, die zweifelsfrei ebenfalls keine Zuständigkeitsregelungen sind und auch nicht für solche gehalten werden. Wäre von den Verfassern der VOB/B eine bloße Zuständigkeitsregelung gewollt gewesen, dann wäre dies durch geeignete Wortwahl auch so formuliert worden, weil die fachliche Besetzung der für den Text von VOB/B verantwortlichen VOB-Kommission keinen Zweifel daran lässt, dass ihr der Unterschied zwischen einer bloßen Zuständigkeitsregelung und einer strikten Pflichtenzuweisung klar ist. Somit begründet § 4 Nr. 1 Abs. 1 Satz 2 VOB/B eine von dem Auftraggeber gegenüber dem Auftragnehmer zu erfüllende vertragliche (Mitwirkungs)Pflicht.[126]

**67**  b) **Pflicht zur (recht) zeitigen und ordnungsgemäßen Antragstellung, sonst Verschulden.** Im Hinblick auf den Zweck der Regelung, dem Auftragnehmer die störungsfreie Erbringung der Bauleistung zu ermöglichen, geht die darin enthaltene Verpflichtung des Auftraggebers dahin, die erforderlichen Genehmigungs- und Erlaubnis-Anträge rechtzeitig vor Baubeginn und formal und inhaltlich ordnungsgemäß (d. h. vollständig, mit allen Unterlagen, Zeichnungen, Erläuterungen, etc. sowie fehlerfrei) zu stellen und sie gegebenenfalls und unter Ausschöpfung von Rechtsbehelfen weiterzuverfolgen, andernfalls schuldhaftes Verhalten des Auftraggebers oder des ihm nach § 278 BGB zuzurechnenden Erfüllungsgehilfen vorläge.[127] Ist Voraussetzung für die Herbeiführung der öffentlich-rechtlichen Baugenehmigung oder sonstigen öffentlich-rechtlichen Genehmigung/Erlaubnis die Erstellung eines Baugrundgutachtens, so ist dieses deshalb vom Besteller/Auftraggeber auf seine Kosten zu besorgen, so weit sich aus dem Bauvertrag und seiner Auslegung nicht etwas anderes ergibt; der Unternehmer/Auftragnehmer trägt nicht etwa nach allgemeinen werkvertraglichen Grundsätzen das Risiko für die Kosten eines von der Baugenehmigungsbehörde angeforderten Baugrundgutachtens, so zurecht der BGH in seinem Urteil vom 27. 7. 2006 – VII ZR 202/04, NJW 2006, 3413, 3415 = BauR 2006, 2040, 2043 = NZBau 2006, 777, 779 feststellt; vgl. auch oben bei Rdn. 3. – Von der Genehmigungs- und Erlaubnis-**Beschaffungspflicht** des Auftraggebers ist **zu unterscheiden** dessen **Mitteilungspflicht** an den Auftragnehmer über den Inhalt der bereits **erteilten** betreffenden öffentlich-rechtlichen Genehmigung sowie Erlaubnis; diese Mitteilungspflicht beruht auf § 3 Nr. 1 VOB/B, weil auch die nach § 4 Nr. 1 Abs. 1 Satz 2 VOB/B erforderlichen öffentlich-rechtlichen Genehmigungen und Erlaubnisse zu den „für die Ausführung nötigen Unterlagen" gehören. Hierzu und zu einer korrespondierenden Erkundigungspflicht (Nachfragepflicht) des Auftragnehmers nach dem Inhalt der jeweiligen Genehmigung/Erlaubnis und etwaigen Auflagen siehe ergänzend und des näheren noch bei → § 3 Nr. 1 Rdn. 13 und → § 3 Nr. 3 Rdn. 9.

**68**  c) **Kein Erteilungsrisiko schlechthin – Ausnahmefälle einer solchen Risikoübernahme.** Ein generelles Schadenersatz-Risiko für den Erfolg (= tatsächliche Erteilung) seiner

---

[124] BGH NJW 1974, 1080, 1081 = BauR 1974, 274, 275; dem zustimmend *Heiermann/Riedl/Rusam* VOB/B § 4 Rdn. 7; *Ingenstau/Korbion/Vygen* VOB/B § 9 Nr. 1 Rdn. 13; *Vygen* Bauvertragsrecht Rdn. 358 (nur Mitwirkungspflicht als reine Gläubigerobliegenheit); *Stein* ZfBR 1986, 210, 212.

[125] So zutreffend *Nicklisch/Weick* VOB/B § 4 Rdn. 18; so wie hier auch OLG München BauR 1980, 2741. Sp. u./r. Sp. o. (rk., Rev. dch. BGH nicht angen.).

[126] Entgegen BGH, *Riedl*, *Vygen* und *Stein*, vorletzte Fn., wie hier auch OLG Düsseldorf BauR 1996, 862, 864 l.Sp., das die rechtzeitige Herbeiführung der erforderlichen öffentlich-rechtlichen Genehmigungen der Pflicht des Auftraggebers zur rechtzeitigen Übergabe der nötigen Unterlagen nach § 3 Nr. 1 VOB/B sachlich und rechtlich gleichstellt und auch davon spricht, der Auftraggeber und seine Erfüllungsgehilfen hätten gegen § 4 Nr. 1 Abs. 1 Satz 2 VOB/B „verstoßen" und dabei auch schuldhaft gehandelt.

[127] *Heiermann/Riedl/Rusam* VOB/B § 4 Rdn. 7 mit Rdn. 12; *Ingenstau/Korbion* VOB/B § 4 Nr. 1 Rdn. 17, 21; *Nicklisch/Weick* VOB/B § 4 Rdn. 18; *Vygen* Bauvertragsrecht, Rdn. 649, 692; *ders.* BauR 1983, 414, 420.

Anträge trägt der Auftraggeber im Verhältnis zum Auftragnehmer nicht, da sonst die Bestimmung von § 4 Nr. 1 Abs. 1 Satz 2 VOB/B eine Garantiehaftung oder garantieähnliche Haftung bedeuten würde,[128] was angesichts des Ausnahmecharakters einer ausdrücklichen und eindeutigen Zusatzformulierung (etwa: „in jedem Falle") bedurft hätte.

Nur wenn der **Auftraggeber** – ausdrücklich oder konkludent – das Risiko für die Erlangung der Genehmigung **erkennbar übernommen** hat oder wenn er bzw. sein beauftragter Planer (= Erfüllungsgehilfe) von **vorneherin** damit rechnen musste, dass angesichts bestehender zwingender öffentlich-rechtlicher Vorschriften sein Antrag derart risikobelastet ist, dass mit einer Genehmigung nicht gerechnet werden kann und er den Auftragnehmer nicht vor Vertragsabschluss darauf oder zumindest auf die bestehende Unsicherheit hingewiesen hat, muss er deshalb im Falle endgültiger Ablehnung des Bauantrags für die dem Auftragnehmer hierdurch entstandenen Schäden – über den dem Auftragnehmer nach § 324 Abs. 1 BGB [alt][129] zustehenden Vergütungsanspruch hinaus – einstehen.[130] Gleiches gilt, wenn der Bauherr (Auftraggeber) auf eine Bauvoranfrage zur Klärung der Bebaubarkeit eines Grundstücks verzichtet, obwohl ihm das Risiko des Scheitern der Baugenehmigung bekannt war und er bereits vor Erteilung der später verweigerten Baugenehmigung jemanden mit Leistungen (z. B. Statikerleistungen, sonstige Leistungen aus dem Bereich der Bauplanung, Bauleistungen) beauftragt.[131] Entsprechendes muss zu Lasten des Auftraggebers im Verhältnis zu seinem Auftragnehmer in dem Fall gelten, dass **nach** Erteilung der Baugenehmigung besondere Umstände dem Auftraggeber oder dem ihm vorgeschalteten Auftraggeber/Bauherrn Anlass geben, deren Rechtsbeständigkeit in Frage zu stellen, insbesondere wenn gegen die Erteilung der Baugenehmigung schon Nachbarwidersprüche eingegangen sind und der Auftraggeber gleichwohl den Auftragnehmer mit den Bauarbeiten beginnen lässt und dadurch ein Schaden entsteht; ein solches Geschehen fällt nämlich nicht mehr in den Schutzbereich der etwa verletzten Amtspflicht der Baugenehmigungsbehörde, so dass insoweit auch eine Amtshaftung dieser Behörde wegen rechtswidrig erteilter Baugenehmigung ausgeschlossen ist.[132]

**69**

In den in Rdn. 69 genannten Fällen ist im voreiligen Abschluss des Bauvertrags oder entsprechend im verfrühten Leistungsabruf vor Erteilung der Baugenehmigung sowie im Bauenlassen nach erteilter Baugenehmigung bei Eingang von Nachbarwidersprüchen oder bei Eintritt von gleichartigen/gleichgelagerten Umständen, welche die Rechtsbeständigkeit der Baugenehmigung in Frage stellen, ein **Verschulden des Auftraggebers** zu sehen.[133]

**70**

---

[128] *Heiermann/Riedl/Rusam* VOB/B § 4 Rdn. 7; *Ingenstau/Korbion* VOB/B § 4 Nr. 1 Rdn. 17; *Kapellmann/Messerschmidt/Merkens* VOB/B § 4 Rdn. 13; *Nicklisch/Weick* VOB/B § 4 Rdn. 18; *Stein* ZfBR 1986, 210, 212.

[129] § 326 Abs. 2 BGB [neu].

[130] Vgl. *Ingenstau/Korbion* VOB/B § 4 Nr. 1 Rdn. 17; *Kapellmann/Messerschmidt/Merkens* VOB/B § 4 Rdn. 13; *Nicklisch/Weick* VOB/B § 4 Rdn. 18; *Stein* ZfBR 1986, 210, 212. Zum erstgenannten Fall der Risikoübernahme siehe auch *Kleine-Möller/Merl/Oelmaier* § 2 Rdn. 317–320 sowie BGH v. 18. 10. 2001 – III ZR 265/00 – NJW 2002, 595 allgemein u. m. N.: § 324 Abs. 1 BGB [alt] (= § 326 Abs. 2 BGB [neu]) ist auch dann anwendbar, wenn der *Leistungs*-Gläubiger im Vertrag ausdrücklich oder konkludent – *oder auch stillschweigend* – das Risiko des betreffenden **Leistungshindernisses** übernommen hat. Es sei nämlich anerkannt, dass zur Frage des Vertretenmüssens neben § 276 BGB vorrangig an den Inhalt des jeweiligen Vertrags anzuknüpfen ist. *(Der BGH hat hier augenscheinlich die Ermittlung des maßgeblichen Parteiwillens durch Vertragsauslegung im Auge).* Zum zweitgenannten Fall der Risikoübernahme: OLG München BauR 1980, 274 (rk.).

[131] Vgl. OLG Celle BauR 2002, 116, 117: insoweit voreilige Beauftragung eines Statikers mit der Tragwerksplanung, deshalb auch kein Schadensersatzanspruch gegen den planenden Architekten in Höhe der Statikkosten.

[132] OLG Düsseldorf NJW 1997, 873.

[133] OLG München BauR 1980, 274, rechtskr. dch. Revisionsnichtannahmebeschluss v. 21. 12. 1978; bei Nachbarwidersprüchen nach Erteilung der Baugenehmigung vgl. OLG Düsseldorf NJW 1997, 873; gegen Generalisierung *Ingenstau/Korbion* VOB/B § 4 Nr. 1 Rdn. 17, der auf die Einzelfallumstände abstellen will. *Kapellmann/Messerschmidt/Merkens* VOB/B § 4 Rdn. 13 sieht im Bauvertragsabschluss vor Baugenehmigungserteilung die auftraggeberseitige Übernahme des Risikos für die Beibringung der Baugenehmigung, ebenfalls mit der Folge einer Schadensausgleichsverpflichtung (§ 9 Nr. 1 a, Nr. 3 VOB/B, § 642 BGB).

§ 4 Nr. 1

Diese Auffassung und Rechtsfolge ist – entgegen *Nicklisch/Weick*[134] – nicht zu weitgehend. Das von *Nicklisch/Weick* hierzu verwendete Argument, der Abschluss des Bauvertrags vor Erteilung der Baugenehmigung stelle den Regelfall der hier problematischen Fälle dar, da kaum ein Auftraggeber einen Bauvertrag nach Ablehnung der Baugenehmigung abschließen werde, ist nicht zutreffend. Letzteres ist ohnehin klar und selbstverständlich; darum geht es aber auch nicht, da im Regelfall ein vernünftiger Auftraggeber **normalerweise** den Bauvertrag nach Erteilung der Genehmigung oder eines Vorbescheides auf Grund einer Bauvoranfrage oder zumindest vor zu erwartender positiver Verbescheidung abschließen wird; außerdem ist es zur Vermeidung schuldhaften Verhaltens des Auftraggebers seine Sache, bei der Vorbereitung der Baumaßnahme alle Vorkehrungen zur Ermöglichung des pünktlichen Baubeginns zu treffen und daher die erforderlichen Genehmigungs- und Erlaubnis-Anträge rechtzeitig und ordnungsgemäß zu stellen oder durch seinen Erfüllungsgehilfen stellen zu lassen.[135]

71 **Andererseits** ist der **Auftraggeber** gegenüber dem Auftragnehmer bei Abschluss des Bauvertrags vor Erteilung der entsprechenden Genehmigung oder Erlaubnis und späterer Versagung von einem ihn etwa treffenden Erteilungsrisiko je nachdem ganz oder teilweise **entlastet,** wenn der Auftraggeber dem Auftragnehmer bis zum oder beim Vertragsabschluss bekanntgegeben hat, dass die Durchführung des Bauvertrags wegen Fehlens der Baugenehmigung und/oder möglicher Nichterteilung ungewiss ist oder dem Auftragnehmer die Probleme, Schwierigkeiten und Gefahren der Nichterteilung und die deshalb gefährdete Durchführung des Bauvertrags in sonstiger Weise ersichtlich bekannt waren;[136] beginnt in einem solchen Fall der Auftragnehmer die Bauarbeiten allerdings **in Absprache** mit dem Auftraggeber, dann liegt **beiderseitiges Mitverschulden** am Schaden vor, der durch die spätere Versagung der Baugenehmigung entsteht.[137] Ein Verschulden des Auftragnehmers liegt umgekehrt dann nicht vor, wenn die öffentlich-rechtliche Rechtslage unklar ist und der Auftragnehmer annehmen kann, dass die der Baugenehmigung entgegenstehenden Hindernisse beseitigt würden.[138] Weitere Fälle der Entlastung des Auftraggebers siehe Rdn. 78, 79 und oben Rdn. 63(4), 64.

72 **d) Leistungsunmöglichkeit bei Versagung der Genehmigung oder Erlaubnis.** Die behördliche Versagung einer Genehmigung oder Erlaubnis, ohne deren Erteilung das Bauvorhaben nicht durchgeführt werden darf, führt zur **nachträglichen** (je nach Fall-Lage vom Auftraggeber zu vertretenden oder nicht zu vertretenden) Leistungsunmöglichkeit; nachträgliche und nicht anfängliche Unmöglichkeit liegt deshalb vor, weil in der Regel die Genehmigungsfähigkeit von Bauvorhaben zunächst noch offen und als möglich anzusehen ist.[139] Dabei begründet erst die endgültige, **rechtskräftige** Versagung der Genehmigung oder eine rechtskräftige Untersagungsverfügung (beispielsweise für eine bestimmte Herstellungs- oder Ausführungsmethode, etwa eine bestimmte Pfahlgründung), welche das Bauen verbietet, die rechtliche Unmöglichkeit der Bauausführung.[140] Das Gleiche gilt nach dem zutreffenden Urteil des OLG Köln,[141] wenn sich auch sonst eine an sich objektiv von vornherein bestehende Genehmigungsunfähigkeit (Genehmigungsversagungsgrund), z. B.

---

[134] *Nicklisch/Weick* VOB/B § 4 Rdn. 18.
[135] Vgl. *Ingenstau/Korbion* VOB/B § 4 Nr. 1 Rdn. 17, 21; *Vygen* Bauvertragsrecht Rdn. 649, 692; *ders.* BauR 1983, 414, 420.
[136] Vgl. *Ingenstau/Korbion* VOB/B § 4 Nr. 1 Rdn. 31 Abs. 3; *Nicklisch/Weick* VOB/B § 4 Rdn. 18 a. E.; *Stein* ZfBR 1986, 210, 212.
[137] OLG Hamm, rk. dch. Nichtannahmebeschl. d. BGH, BauR 2003, 1042, 1043 r. Sp.: 1/3 Mitverschuldensanteil d. AN, dementspr. Kürzung seines Vergütungsanspruchs gem. §§ 642, 643, 645 Abs. 1 Satz 2 BGB.
[138] *Ingenstau/Korbion* VOB/B § 4 Nr. 1 Rdn. 31.
[139] OLG Hamm, rk. dch. Nichtannahmebeschl. d. BGH BauR 2003, 1042, 1043 l. Sp.
[140] H. M.; vgl. BGHZ 37, 233, 240, m. w. N.; OLG Hamburg BauR 1998, 338, 339 bezügl. behördlicher Untersagung einer bestimmten Pfahlgründungsart; *Heiermann/Riedl/Rusam* VOB/B § 4 Rdn. 12; *Ingenstau/Korbion* VOB/B § 4 Nr. 1 Rdn. 36; *Palandt/Heinrichs* BGB § 275 Rdn. 34.
[141] OLG Köln BauR 1997, 307, 308.

ein Bauverbot nach § 34 BauGB, erst nach Abschluss des Bauvertrags herausstellt; denn (erst) dann steht ebenso wie bei einem rechtskräftigen Ablehnungsbescheid fest, dass die Genehmigung zu versagen ist.

– Zur **Auswirkung** fehlender öffentlich-rechtlicher Genehmigung oder Genehmigungsfähigkeit auf die Wirksamkeit und Abwicklung des **Bauvertrages** siehe unten bei Rdn. 97, 98 bis 101 sowie bei Rdn. 102 bis 111.

– Zum **Vertrauensschutz des Bauherrn** gegenüber **Behördenentscheidungen** und zur Abgrenzung von objektiver Reichweite des Vertrauensschutzes und mitwirkendem Verschulden des Bauherrn bei einer rechtswidrigen Baugenehmigung siehe das wichtige Urteil des BGH vom 11. 10. 2001 – III ZR 63/00 –.[142] Zu einer amtlichen Auskunft über die Zulässigkeit eines Bauvorhabens siehe das Urteil desselben Senats vom 24. 10. 2002 – III ZR 259/02, ebenfalls mit grundlegenden Feststellungen.[143]

**Keine Unmöglichkeit** der Bauausführung liegt vor, wenn das Bauvorhaben auf Grund von seiten der Genehmigungsbehörde geforderter, sonst von ihr veranlasster oder (auch auf Vorschlag des Bauherrn/Auftraggebers) von ihr gebilligter Änderungen des „Bauentwurfs" iSv §§ 1 Nr. 3, 2 Nr. 5 VOB/B durch entsprechend durchzuführende und durchgeführte Umplanung und sonstige Änderungen (auch hinsichtlich der Ausführungsart), genehmigungsfähig wird; in einem solchen Fall kann der Auftraggeber vom Auftragnehmer eine Leistungsanpassung nach § 1 Nr. 3 VOB/B fordern, allerdings nur gegen Vergütungsanpassung nach § 2 Nr. 5 VOB/B.[144] 73

**e) Aufklärungs-, Hinweis- und Erfüllungspflichten des Planungsfachmanns gegenüber dem Auftraggeber bezüglich Genehmigungsfähigkeit – Erfüllungsgehilfenverschulden.** Fehler des vom Bauauftraggeber beauftragten Architekten, Sonderfachmannes oder sonstigen Planers bei und sonst im Zusammenhang mit der **Genehmigungsfähigkeit** der Planung gehen im Verhältnis zwischen Bauauftraggeber und Bauauftragnehmer zu Lasten und Risiko des Ersteren, da für diesen Bereich der **Planer** dessen **Erfüllungsgehilfe** i. S. v. § 278 BGB ist. Der Planer hat die einschlägigen Vorschriften des öffentlichen Baurechts bei der Erfüllung seiner Aufgaben zu beachten (**Grundlegend** zu diesem Thema siehe *U. Locher,* **Die Haftung des Planers für** eine **nicht genehmigungsfähige Planung,** BauR 2002, 1303 ff.). 74

Deshalb hat der Planer im Rahmen der Verpflichtung zur mangelfreien Erbringung seiner Leistung auch die **Pflicht,** den Auftraggeber auf die Vorschriften des öffentlichen Baurechts **hinzuweisen,** die für den jeweiligen Bau zu beachten sind.[145] Somit muss der Architekt darüber unterrichtet sein, ob, inwieweit und wann öffentlich-rechtliche Genehmigungen und Erlaubnisse notwendig sind; fehlen ihm diese Kenntnisse oder hat er Zweifel, so muss er

---

[142] BGH BauR 2002, 292, 293/294: Je nach Fall-Lage verbleibt auch bei möglichem Wissensvorsprung des antragstellenden Bauherrn das „Rechtsanwendungsrisiko", (also die Frage der ordnungsgemäßen Handhabung der öffentlich-rechtlichen Vorschriften mit dem Risiko einer Fehlbeurteilung) gem. § 254 BGB zu einem der Sachlage entsprechendem Anteil bei der Behörde, da die sachgemäße Handhabung öffentlich-rechtlicher Vorschriften in **erster** Linie in deren ureigenen Verantwortungsbereich gehört.

[143] BGH BauR 2003, 856, 857, 858 sowie *von und zu Franckenstein* BauR 2003, 807 ff.

[144] OLG München BauR 1980, 274; *Vygen* Bauvertragsrecht Rdn. 784; *Vygen* BauR 1983, 414, 416; ähnlich: *Heiermann/Riedl/Rusam* VOB/B § 4 Rdn. 12; *Nicklisch/Weick* VOB/B § 6 Rdn. 16, die alle eine Unmöglichkeit dann nicht für gegeben ansehen, wenn mit „zumutbaren" (lt. *Nicklisch/Weick* „geringen") Änderungen das Bauvorhaben genehmigungsfähig gemacht werden kann, wobei eine von beiden Vertragsparteien hinzunehmende Leistungs- und Vergütungsanpassung nach § 242 BGB, in der Hauptsache wegen Änderung und Wegfalls der Geschäftsgrundlage, stattzufinden habe. Dabei sind aber im VOB-B-Bauvertrag die §§ 1 Nr. 3, 2 Nr. 5 und die §§ 1 Nr. 4 Satz 1, 2 Nr. 6 VOB/B als Vertragsregelung vorgreiflich anzuwenden.

[145] BGH BB 1992, 950, 951; BGHZ 60, 1, 3 = BGH NJW 1973, 237 = BauR 1973, 120, 121; *Ingenstau/Korbion* VOB/B § 4 Nr. 1 Rdn. 18; *Werner/Pastor* Rdn. 1290; speziell im Hinblick auf den Nachbarn des Auftraggebers und zur Nachbarbebauung siehe BGH BB wie vor sowie *Bindhardt* BauR 1983, 4 ff. und *Maser* BauR 1994, 180 ff. überhaupt und ausführlich zum Thema der Haftung des Architekten für die Genehmigungsfähigkeit der Planung: *Maser* BauR 1994, 180 ff.; *U. Locher* BauR 2002, 1303 ff., *Bönker* NZBau 2003, *Jacob* BauR 2003, 1623 und *Spiegels,* NZBau 2007, 270.

sich die notwendigen Kenntnisse und die notwendige Gewissheit beschaffen, gegebenenfalls muss er die notwendige **Klärung** durch Rückfrage **bei** der in Frage kommenden **Behörde** herbeiführen.[146] Der Architekt ist vertraglich verpflichtet, die Bauvorlagen so herzustellen, dass der Bauantrag genehmigungsfähig ist. Der Architekt/Planer – und überhaupt derjenige, der auf Grund Vereinbarung die Erstellung der Genehmigungsplanung übernimmt wie etwa ein (General-)Bauunternehmer, der ein Bauvorhaben nach von ihm gefertigten Plänen zu errichten verspricht[147] – schuldet also seinem Auftraggeber eine dauerhaft genehmigungsfähige Bau-Planung.[148] Diese Planung muss einerseits den anerkannten Regeln der Technik, andererseits aber auch den bauplanungs- und bauordnungsrechtlichen Vorschriften entsprechen.[149] Der Architekt/Planer ist verpflichtet, „auf die Erteilung einer rechtmäßigen und daher nicht rücknehmbaren Baugenehmigung hinzuwirken" und natürlich dementsprechend zu planen.[150] Die Unsicherheit der Beurteilung der bauplanungsrechtlichen Chancen eines Vorhabens bei der Genehmigung, die aus (beispielsweise den in § 34 Abs. 1 BauGB verwendeten, unbestimmten Rechtsbegriffen resultiert, rechtfertigt es nicht, den Architekten/Planer im Verhältnis zu seinem Auftraggeber von vornherein von seiner eingegangenen vertraglichen Verpflichtung zur Erbringung einer genehmigungsfähigen Planung freizustellen. Der Architekt/Planer, der für ein Vorhaben, beispielsweise i. S. des § 34 BauGB eine genehmigungsfähige Bauplanung verspricht, hat seine Planung so zu erstellen, dass sie als zulässig i. S. der einschlägigen öffentlich-baurechtlichen Vorschrift, beispielsweise i. S. des § 34 Abs. 1 BauGB, beurteilt werden kann und somit innerhalb eines etwaigen Beurteilungsspielraumes liegt; erst dann erfüllt der Architekt/Planer seine vertragliche Pflicht.[151] Von einer konkludenten oder gar stillschweigenden Vereinbarung, dass die vom Architekten geschuldete Planung ausnahmsweise nicht genehmigungsfähig sein soll, kann nur in Ausnahmefällen ausgegangen werden; allein aus der verbindlichen Vorgabe des Maßes der baulichen Nutzung kann eine ausdrückliche Freistellung des Architekten von dem Erfordernis der Genehmigungsfähigkeit seiner Planung nicht hergeleitet werden.[152] Dies gleichfalls auch nicht ohne weiteres aus der auftraggeberseitigen Kenntnis des Genehmigungsrisikos.[153] Der Architekt/Planer, der eine genehmigungsfähige Planung übernommen hat, hat deshalb seine vertraglich geschuldete Leistung nicht erbracht, wenn die angestrebte Baugenehmigung zunächst zwar erteilt, jedoch später von einem Dritten erfolgreich angefochten worden ist; umgekehrt und folgerichtig ist aber eine Planung trotz einer (zunächst) erfolgten behördlichen Beanstandung nicht mangelhaft, wenn sie sich später als genehmigungsfähig erweist, wie z. B. eine vom Prüfingenieur zu Unrecht beanstandete Statik.[154] Das Risiko, dass die Planung nur dann genehmigungsfähig war, wenn der Bauherr/Auftraggeber etwa eine Vereinigungsbaulast (z. B. gemäß § 4 Abs. 1 der Niedersächsischen Bauordnung NBauO) übernahm, trägt der Planer – z. B. auch ein Bauunternehmer, der die Fertigung

---

[146] *Heiermann/Riedl/Rusam* VOB/B § 4 Rdn. 7; *Ingenstau/Korbion* VOB/B § 4 Nr. 1 Rdn. 18; ausführlich zu diesen Fragen *Maser* BauR 1994, 180 ff.

[147] BGH NJW 2001, 1642, 1643, 1644 = BauR 2001, 785, 787 = NZBau 2001, 261, 262 („Vereinigungsbaulast"-Fall).

[148] St. Rspr. BGH NJW-RR 1999, 1105, 1106 = BauR 1999, 1195, 1196 ff.; BGH NJW 2001, 1642, 1643, 1644 = BauR 2001, 785, 787 = NZBau 2001, 261, 262 („Vereinigungsbaulast"-Fall); BGH NJW 2003, 287 = BauR 2002, 1872, 1873, 1874 = NZBau 2003, 38; OLG Nürnberg BauR 2002, 976, 977 = NZBau 2003, 39, 40 (daher auch kein Honoraranspruch für die Leistungsphasen 3 und 4).

[149] BGH NJW-RR 1999, 1105, 1106 = BauR 1999, 1195, 1196 bis 1198.

[150] BGH VersR 1983, 980, 981; OLG Düsseldorf NJW-RR 1996, 403, 404 = BauR 1996, 287, 288 mit zahlreichen weiteren Nachweisen; desgl. OLG Düsseldorf NJW-RR 1996, 1234, 1235 = BauR 1997, 159, 160, 161; *Werner/Pastor* Rdn. 1482; *Maser* BauR 1994, 180 ff.

[151] BGH NJW-RR 1999, 1105, 1106 l. Sp. = BauR 1999, 1195, 1197.

[152] KG Berlin BauR 2002, 111, 112 ff. (Folgeentscheidung zu BGH gem. vorst. Fn.), rechtskräftig durch Rev.-Nichtannahmebeschluss des BGH v. 13. 9. 2001 – VII ZR 70/00. Allerdings können die Parteien ausdrücklich vereinbaren, dass und in welchem Umfang der Auftraggeber das Risiko der Nichtgenehmigungsfähigkeit übernimmt (BGH BB 2002, 2409).

[153] BGH NJW 2003, 287 = BauR 2002, 1872, 1974 = NZBau 2003, 38.

[154] BGH NJW 1999, 2112 = BauR 1999, 934, 935 = ZfBR 1999, 202, 207 zum ersten Halbs., OLG Naumburg BauR 2005, 1357 f. zum zweiten Halbs.

entsprechender Planung vertraglich übernimmt –, sofern der Bauherr/Auftraggeber sich nicht vertraglich zur Übernahme verpflichtet hatte oder rechtzeitig vor Vertragsschluss über die Notwendigkeit einer Vereinigungsbaulast aufgeklärt worden und mit der Übernahme derselben einverstanden war.[155] Den Architekten/Planer trifft jedoch dann kein Pflichtenverstoß und deshalb keine Schadensersatzpflicht, wenn, so zutreffend KG Berlin vom 27. 8. 1999,[156] die vom Architekten erstellte Genehmigungsplanung zwar objektiv gegen Bauplanungsrecht (hier: §§ 34, 35 BauGB) verstößt und deshalb eine bereits erteilte Baugenehmigung von der zuständigen Behörde zurückgenommen wird, diese Genehmigung jedoch zunächst zugesagt und – hier durch Vorbescheid – erteilt worden war, wobei dem Architekten/Planer ein Beurteilungsfehler bezüglich der Genehmigungsfähigkeit deshalb nicht vorgeworfen werden kann, weil schwierigste Abgrenzungsfragen vorlagen, die im Behördenverfahren und in zugehörigen Zivilgerichtsverfahren und Verwaltungsgerichtsverfahren unterschiedlich beurteilt wurden und die Baugenehmigung in enger Abstimmung mit der weiteren zuständigen Genehmigungsbehörde erteilt worden war, weshalb Bauherr und Architekt sich darauf verlassen durften, dass die Baugenehmigung die einschlägigen baurechtlichen Risiken verantwortlich und abschließend behandelt hat. Den Auftraggeber trifft gegenüber seinem Planer und ohnehin gegenüber seinem Bauauftragnehmer bei Erfüllung der Pflicht seines Architekten/Planers insoweit das Risiko, dass einer in diesem Sinne genehmigungsfähig erstellten Planung die Genehmigung versagt wird.[157] – Unabhängig davon kann den Auftraggeber bei einer planerseits fehlerhaften Genehmigungsplanung gegenüber seinem Planer ein mitwirkendes Eigenverschulden gemäß **§ 254 BGB** treffen, wenn er, etwa als erfahrener Makler, Bauträger u. dgl., mit der Möglichkeit von Dritt-Widersprüchen, etwa von Nachbarn, rechnen musste.[158] Erst recht trifft den Auftraggeber ein (i. d. R. alleiniges) Verschulden in den Fällen voreiligen Verhaltens gemäß den obigen Rdnrn. 69, 70. – Als beim Architekten vorauszusetzende berufsspezifische Fähigkeiten muss der Architekt die zur erfolgreichen Lösung seiner Planungsaufgabe notwendigen Kenntnisse im Bauplanungs- und Bauordnungsrecht einschließlich der Regelungen über die Nachbarbebauung und die Grenzabstände sowie deren Berechnung besitzen.[159] Er muss daher neben den anerkannten Regeln der Technik alle **Rechtsvorschriften** und auch die hierauf beruhende **Behördenpraxis** kennen, die für eine Baugenehmigung maßgebend sind, wozu auch die baurechtliche Einstufung eines Gebäudes als ein- oder zweigeschossig gehört.[160] Wichtig auch: Aus Vorschriften, die im öffentlichen Bauordnungsrecht für die Erteilung einer Baugenehmigung im **vereinfachten** Genehmigungsverfahren (z. B. hinsichtlich Brandschutz) gelten, kann nicht geschlossen werden, eine von einem Architekten vertraglich geschuldete Planung umfasse **nur** die dort geregelten Anforderungen. Das vereinfachte Genehmigungsverfahren stellt nämlich eine Erleichterung des formellen Rechts und zugleich einen Abbau staatlicher Bauaufsicht unter gleichzeitiger bewusster Verstärkung der Verantwortlichkeit der am Bau Beteiligten dar.[161]

Der Architekt ist auch grundsätzlich verpflichtet, so früh als möglich klären zu lassen, ob ein Bauvorhaben durchgeführt werden kann; bei Anlass zu Zweifeln an der Durchführbarkeit muss er deshalb in aller Regel eine **Bauvoranfrage** in die Wege leiten.[162] Demnach **75**

---

[155] BGH NJW 2001, 1642, 1643, 1644 = 2001, 785, 787 = NZBau 2001, 261, 262 („Vereinigungsbaulast"-Fall).
[156] KG Berlin, Urt. v. 27. 8. 1999 – 7 U 4227/98 –, BauR 1999 1474, 1475, 1476. Ebenfalls keine Haftung des Architekten in den Ausnahmekonstellationen KG Berlin v. 20. 3. 2006 – 24 U 48/05 – NZBau 2007, 316 (keine Wissenspflicht) und OLG Stuttgart, Beschl. v. 12. 10. 2006 – 5 U 111/06 – NZBau 2007, 319 (eigenes einschlägiges Wissen des Auftraggebers).
[157] BGH wie vorletzte Fn. „Vereinigungsbaulast".
[158] BGH NJW 1999, 2112 = BauR 1999, 934, 936 = ZfBR 1999, 202, 207.
[159] BGH BB 1992, 950, 951 (sehr ausführlich u. m. zahlr. Nachw.); OLG Düsseldorf NJW-RR 1996, 1234, 1235 = BauR 1997, 159, 160, 161; OLG München BauR 1992, 534, 535 (rk. durch Nichtannahme d. Rev. durch BGH); vgl. auch *Maser* BauR 1994, 180 ff.
[160] OLG München BauR 1992, 534, 535 und *Maser* BauR 1994, 180 ff.
[161] BGH NJW 2002, 129, 130 = BauR 2002, 114 ff. = NZBau 2002, 41, 42.
[162] OLG Köln BauR 1993, 358, 359 = *Schäfer/Finnern/Hochstein* Nr. 34 zu § 631 BGB; OLG Hamm NZBau 2002, 283; *Werner/Pastor* Rdn. 1482; *Maser* BauR 1994, 180, 183.

## § 4 Nr. 1

ist der Architekt verpflichtet, seinen Auftraggeber über das Risiko aufzuklären, welches mit der Einreichung eines Baugesuchs vor Klärung bestehender bauplanungsrechtlicher oder bauordnungsrechtlicher **Zweifelsfragen** verbunden ist. Nur dann, wenn der Bauherr trotz umfassender Aufklärung über die Risiken der Genehmigungsfähigkeit und trotz des Hinweises auf die Möglichkeit einer bloßen Bauvoranfrage ausdrücklich den Auftrag zur Entwurf- und Genehmigungsplanung i. S. von § 15 Phase 3 und 4 HOAI erteilt, behält der Architekt seinen diesbezüglichen Honoraranspruch und ist nicht schadensersatzpflichtig. Verletzt der Architekt seine Verpflichtung zur **umfassenden Aufklärung** des Bauherrn, so ist er diesem nach § 635 BGB schadensersatzpflichtig.[163] Der zur genehmigungsfähigen Planung an sich verpflichtete Architekt ist wiederum nicht schadensersatzpflichtig, wenn seinem Auftraggeber die gegen die Bauplanung bestehenden Bedenken bekannt waren, er aber gleichwohl versuchen wollte, eine Genehmigung zu erhalten.[164]

76 Verletzt der Architekt/Planer seine in Rdn. 74, 75 vorgenannten Verpflichtungen, ist sein Architektenwerk/Planungswerk mangelhaft. Dem Auftraggeber eines Architektenvertrages kann grundsätzlich nicht abverlangt werden, mit einer dahingehenden nachträglichen Änderung der vereinbarten Planung einverstanden zu sein, dass die Planung dauerhaft genehmigungsfähig wird.[165] Der Architekt/Planer ist, soweit dies dann überhaupt noch möglich oder sinnvoll ist, dem Auftraggeber zur **Nachbesserung**[166] (seit BGB n. F. 2002 „Nacherfüllung" und darüber hinaus sowie für die nicht nachbesserbaren Schäden zum **Schadensersatz** nach § 634 Nr. 4 BGB n. F./§ 635 BGB a. F. verpflichtet; dabei haftet er auch für die dem auftragnehmenden Bauunternehmer entstehenden Schäden, die diesem der Auftraggeber zu ersetzen hat, weil der Planer im vorstehenden Rahmen sein Erfüllungsgehilfe gem. § 278 BGB ist.[167] In solchen Fällen haftet der Architekt auch für folgende Schäden: Zinsbelastung durch die Bauverzögerung infolge der fehlerhaften Planung, Kosten eines Vermessungsingenieurs, Gebühren für den ablehnenden Genehmigungsbescheid, dabei nicht jedoch Ersatz der Kosten eines Widerspruchverfahrens und eines verwaltungsgerichtlichen Verfahrens, es sei denn, der Architekt habe seinen Auftraggeber über die Erfolgsaussichten dieser Rechtsbehelfe fehlerhaft informiert.[168] Die Haftung des Architekten/Planers wegen einer nicht genehmigungsfähigen Planung entfällt auch nicht deshalb, weil die Baugenehmigungsbehörde zunächst eine – später zurückgenommene – Baugenehmigung erteilt hatte; auch ein Mitverschulden kann der Architekt dem Bauherrn grundsätzlich nicht entgegenhalten, solange dieser mangels hinreichender Aufklärung auf die erteilte Baugenehmigung vertrauen darf.[169] Auch der **Bauunternehmer,** der ein Bauvorhaben **nach von ihm gefertigten Plänen** zu errichten verspricht, haftet nach den §§ 633 ff. BGB a. F./n. F., wenn feststeht, dass die Baugenehmigung aus Rechtsgründen nicht erteilt werden kann. Diese Gewährleistungsvorschriften/Mängelhaftungsvorschriften des BGB-Werkvertragsrechts stellen eine Sonderregelung dar, die grundsätzlich die Anwendbarkeit von § 306 BGB a. F. (bzw. des an seine Stelle getretenen § 311a BGB n. F.) ausschließt.[170] Dementsprechend bilden natürlich auch die Gewährleistungsvorschriften/Mängelhaftungsvorschriften der VOB/B eine derartige Sonderregelung.

77 Wie der Architekt für die Genehmigungsfähigkeit seiner Planung haftet **Sonderfachmann,** sofern es sich um besondere Genehmigungen und Erlaubnisse aus seinem Fach-

---

[163] OLG Düsseldorf BauR 2000, 1515, 1516 = NZBau 2001, 35, 36.
[164] OLG Hamm NZBau 2002, 283.
[165] BGH NJW 2003, 287 = BauR 2002, 1872, 1874 = NZBau 2003, 38, 39.
[166] BGH NJW 2003, 287 = BauR 2002, 1872, 1874 = NZBau 2003, 38, 39: Nachbesserungspflicht „... wenn die Nachbesserung zur dauerhaften Genehmigungsfähigkeit führt"; OLG Naumburg, rk. dch. Rev.-Nichtannahmebeschl. d. BGH, BauR 2002, 1878, 1879, 1880: Nachbesserungspflicht „... wenn die Nachbesserung zur dauerhaften Genehmigungsfähigkeit führen kann".
[167] OLG Hamm NZBau 2002, 283 u. 284; OLG Düsseldorf BauR 2000, 1515, 1516, 1517 = NZBau 2001, 35, 36.
[168] OLG Hamm NZBau 2002, 283, 284.
[169] OLG Düsseldorf NJW-RR 1996, 1234, 1235 = BauR 1997, 159, 160, 161.
[170] BGH NJW 2001, 1642, 1643, 1644 = BauR 2001, 785, 787, 788 = NZBau 2001, 261, 262, 263 („Vereinigungsbaulast"-Fall, siehe auch Rdn. 74 und 78).

bereich handelt, den zu überschauen der Architekt auf Grund der bei ihm vorauszusetzenden Kenntnisse nicht ohne weiteres in der Lage ist. Die an den **Architekten** und an den **Sonderfachmann** zu stellenden Anforderungen bezüglich ihrer Kenntnisse auf den Gebieten des Bauplanungs- und Bauordnungsrechtes haben jedoch dort ihre Grenze, wo die echten Rechtsfragen beginnen; denn Architekt und Sonderfachmann sind nicht die Rechtsberater des Bauherrn.[171] Das OLG Düsseldorf[172] hat hierzu ausgesprochen: „Der Architekt muss die geltenden bauordnungs- und bauplanungsrechtlichen Vorschriften kennen und bei seiner Planung berücksichtigen; zwar kann von ihm nicht die Lösung schwieriger Rechtsfragen verlangt werden, wenn er aber die Genehmigungsfähigkeit seiner Planung für ein **schwieriges Rechtsproblem** hält, muss er den Bauherrn darauf hinweisen." Auch die Unsicherheit der Beurteilung bauplanungsrechtlicher Chancen eines Vorhabens bei in der einschlägigen öffentlich-baurechtlichen Gesetzesvorschrift verwendeten **unbestimmten Rechtsbegriffen** und dem damit zusammenhängenden Beurteilungsspielraum geht zu Lasten des Planers; nur jenseits der innerhalb des Beurteilungsspielraumes liegenden Genehmigungsplanung trifft den Auftraggeber das Genehmigungsversagungs-Risiko.[173] OLG Zweibrücken[174] hat zum Problemkreis erkannt: „Ein Architekt haftet für den Schaden auf Grund einer Bauverzögerung, die ihre Ursache in der Aufhebung einer Baugenehmigung wegen eines Planungsfehlers (Gebäudeabstand zur öffentlichen Verkehrsfläche) hat, nicht, wenn der Planungsfehler eine **schwierige,** auch **unter Verwaltungsjuristen strittige** Rechtsfrage betraf."

**f) Ausnahmsweise Aufklärungs- und Hinweispflicht des Auftragnehmers.** Unter den gleichen Voraussetzungen, unter den ein Sonderfachmann (siehe vorstehend) gegenüber dem Auftraggeber bezüglich **einzuholender** öffentlich-rechtlicher Genehmigungen und Erlaubnisse, also über die Genehmigungs- sowie Erlaubnisbedürftigkeit und auch -fähigkeit aufklärungspflichtig wäre, kann auch den Auftragnehmer eine Pflicht zur **Aufklärung** des Auftraggebers treffen, sofern der Auftragnehmer eine Spezialbaumaßnahme zu erbringen hat; das kann insbesondere bei zum Vertragsinhalt gewordenen Änderungsvorschlägen oder Nebenangeboten zutreffen.[175] Dabei ist, wie das in der vorstehenden Fußnote aufgeführte Urteil des OLG Hamburg zutreffend betont, die Beachtenspflicht des **Fachunternehmens** gemäß § 4 Nr. 2 Abs. 1 Satz 2 VOB/B hinsichtlich der gesetzlichen und behördlichen Bestimmungen zu berücksichtigen: Hat der Auftragnehmer die Kenntnis der einschlägigen Vorschriften über die öffentlich-rechtliche Genehmigungs- sowie Erlaubnisbedürftigkeit und auch -fähigkeit der vorgesehenen Herstellungs- oder Ausführungsmethode (etwa eine bestimmte Pfahlgründungsart) nicht, dann muss er sich diese Kenntnis verschaffen, damit er diese beachtenspflichtigen Vorschriften auch tatsächlich beachten kann. Eine Aufklärungspflicht hat der Auftragnehmer/Bauunternehmer auch dann, wenn er die Fertigung der Genehmigungsplanung übernimmt und zur öffentlich-rechtlichen Genehmigungsfähigkeit der Bauherr/Auftraggeber bestimmte Maßnahmen treffen müsste, etwa die Übernahme einer Vereinigungsbaulast (z. B. gemäß § 4 Abs. 1 der Niedersächsi-

78

---

[171] BGH BB 950, 951 (sehr ausführlich) m. zahlr. Nachw.; *Ingenstau/Korbion* VOB/B § 4 Nr. 1 Rdn. 18; BGH NJW 1985, 1692, 1693: Es ist Aufgabe der Bauordnungsbehörde, im Hinblick auf § 34 BBauG sich ergebende Rechtsfragen von sich aus zu prüfen.
[172] OLG Düsseldorf NJW-RR 1996, 1234, 1235 = BauR 1997, 159, 160, 161.
[173] BGH NJW-RR 1999, 1105, 1107 = BauR 1999, 1195, 1197.
[174] OLG Zweibrücken NJW-RR 1998, 1097, 1098.
[175] Vgl. *Ingenstau/Korbion* VOB/B § 4 Nr. 1 Rdn. 19; *Nicklisch/Weick* VOB/B § 4 Rdn. 17; zum Fall einer **Spezialbaumaßnahme** siehe OLG Hamburg BauR 1998, 338, 339: Tiefgründung mit Rohrpfählen; diese vom AN vorgesehene Methode wurde ihm behördlich untersagt, es kam zu einer Einstellungsverfügung; erlaubt wurde dann Tiefgründung mit Bohrpfählen, die Kosten für den zwischenzeitlichen Stillstand musste der AN nach OLG Hamburg selbst tragen, da er die bördliche Untersagung der von ihm gewählten und Vertragsinhalt gewordenen Rohrpfahlausführung und damit deren nachträgliche Unmöglichkeit gem. §§ 325, 276 BGB, § 4 Nr. 2 Abs. 1 Satz 2 VOB/B zu vertreten hat. Als Fachfirma habe die Klägerin/Auftragnehmerin die einschlägigen öffentlich-rechtlichen Bestimmungen zu beachten, deshalb zu kennen und bei Nichtkenntnis sich die erforderliche Kenntnis zu verschaffen, weshalb sie bei Abschluss des Vertrages über die Rohrpfahlausführung fahrlässig gehandelt habe.

schen Bauordnung).[176] – **Von** der **Aufklärungspflicht** des Auftragnehmers über eine Genehmigungs- sowie Erlaubnisbedürftigkeit und auch -fähigkeit **zu unterscheiden** ist die etwaige Pflicht des Auftragnehmers nach § 3 Nr. 3 Satz 2 VOB/B und nach § 4 Nr. 3 VOB/B, **sich** – im Hinblick auf seine Verpflichtung nach § 4 Nr. 2 Abs. 1 Satz 2 VOB/B zur Beachtung der gesetzlichen und behördlichen Bestimmungen – nach dem Inhalt einer vorliegenden öffentlich-rechtlichen Genehmigung/Erlaubnis und etwaiger behördlicher Auflagen **zu erkundigen** („nachzufragen"). Dazu näher, mit Rechtsprechungshinweis im Falle einer Baugenehmigung und ihrer Auflagen, bei → § 3 Nr. 3 Rdn. 9.

79   Darüber hinaus hat der Auftragnehmer hinsichtlich der Genehmigungsbedürftigkeit der von ihr durchzuführenden Baumaßnahme dann eine Aufklärungspflicht gegenüber dem Auftraggeber, wenn dieser – wie der Auftragnehmer weiß – keinen Architekten oder sonstigen Planungsfachmann hinzugezogen hat, sich erkennbar im Unklaren über die Genehmigungsbedürftigkeit ist und sich an den Auftragnehmer gewandt hat, ersichtlich um sich von ihm als einer **Spezialfirma** fachkundig beraten zu lassen.[177] Eine derartige Aufklärungspflicht beruht auf dem sich aus Treu und Glauben ergebenden Gebot, den anderen, ersichtlich unkundigeren Vertragspartner auf solche Umstände hinzuweisen, die zur Vereitelung des Vertragszweckes, hier also der Baudurchführung, geeignet sind und daher für die Entschließung des anderen Vertragspartners von wesentlicher Bedeutung sein können – vorausgesetzt, dass ein solcher Hinweis nach den Gepflogenheiten des redlichen Geschäftsverkehrs erwartet werden darf.[178] Die Verletzung einer solchen Aufklärungspflicht wie hier und in vorstehender Rdn. führt nach dem früheren BGB-Schuldrecht zur Haftung des Auftragnehmers aus Verschulden bei Vertragsabschluss[179] bzw. aus positiver Vertragsverletzung[180] je nach Vorliegen der entsprechenden Voraussetzungen, nach dem BGB n. F. zur Haftung des Auftragnehmers gemäß § 280 Abs. 1 aus (Schuld-)Pflichtverletzung und zwar einerseits i. V. m. §§ 311 Abs. 2, 241 Abs. 2 sowie andererseits i. V. m. § 241 Abs. 2 direkt.

80   **g) Privatrechtliche Genehmigungen und Erlaubnisse.** Die hier gegenständliche VOB-Regelung spricht zwar nur von öffentlich-rechtlichen Genehmigungen und Erlaubnissen, erwähnt dagegen nicht die privatrechtlichen, wie z. B. der Nachbarn oder dinglich Berechtigter im Zusammenhang mit dem Bauvorhaben. Dass der Auftraggeber mangels anderer Vereinbarungen verpflichtet ist, die zur Durchführung des Bauvorhabens notwendigen privatrechtlichen Genehmigungen und Erlaubnisse einzuholen, ist so selbstverständlich, dass dies keiner besonderen Erwähnung in der VOB bedurfte.[181] Dies folgt aus der bereits mehrfach erwähnten Verpflichtung des Auftraggebers, dem Auftragnehmer ein tatsächlich und rechtlich baureifes Grundstück zur Verfügung zu stellen.

## 2. Genehmigungen und Erlaubnisse im Einzelnen

81   **a) Arten der Genehmigungen und Erlaubnisse.** Die in § 4 Nr. 1 Abs. 1 Satz 2 VOB/B erfolgte Aufzählung der Rechtsgebiete, nach denen öffentlich-rechtliche Genehmigungen und Erlaubnisse herbeizuführen sind, ist nicht abschließend, sondern beispielhaft, wie aus der Wendung „z. B." folgt. Welche öffentlich-rechtlichen Genehmigungen und Erlaubnisse zur Verwirklichung des Bauvorhabens „erforderlich" sind, hängt von den Umständen des Einzelfalles ab und richtet sich nach den einschlägigen öffentlich-rechtlichen Vorschriften. Dabei gibt es solche allgemeiner und solche spezieller Art.

---

[176] Vgl. BGH NJW 2001, 1642, 1643, 1644 = BauR 2001, 785, 787 = NZBau 2001, 261, 262 („Vereinigungsbaulast"-Fall); siehe dies auch bei Rdn. 74.
[177] OLG Stuttgart BauR 1980, 67, 68; *Ingenstau/Korbion* VOB/B § 4 Nr. 1 Rdn. 19; *Nicklisch/Weick* VOB/B § 4 Rdn. 17, beide unter Bezugnahme auf OLG Stuttgart.
[178] OLG Stuttgart BauR 1980, 67, 68.
[179] OLG Stuttgart BauR 1980, 67, 68; *Ingenstau/Korbion* VOB/B § 4 Nr. 1 Rdn. 19.
[180] Vgl. *Ingenstau/Korbion* VOB/B § 4 Nr. 1 Rdn. 19.
[181] *Heiermann/Riedl/Rusam* VOB/B § 4 Rdn. 7; *Ingenstau/Korbion* VOB/B § 4 Nr. 1 Rdn. 20; *Nicklisch/Weick* VOB/B § 4 Rdn. 17.

**aa) Genehmigungen und Erlaubnisse allgemeiner Art.** Zu den allgemeinen Geneh- 82
migungen und Erlaubnissen zählen solche, die in jedem Fall bei einer Bauleistung notwendig
sind. Ein typisches Beispiel hierfür ist die allgemeine bauordnungsrechtliche Baugenehmigung nach dem Baugesetzbuch des Bundes (früher Bundesbaugesetz) und nach den Landesbauordnungen. Sie ist in der Praxis die grundlegende öffentlich-rechtliche Genehmigung für
das Bauen überhaupt, ausgenommen die Fälle, in denen nach den einschlägigen gesetzlichen
Bestimmungen eine behördliche Genehmigung oder Erlaubnis nicht erforderlich ist (z. B.
Befreiungstatbestände in den Landesbauordnungen, etwa bei nur unbeachtlichen Baumaßnahmen).[182]

Weitere Genehmigungen und Erlaubnisse allgemeiner Art sind z. B.: Solche für einen 83
bestimmten Kreis von Bauwerken, wie z. B. nach §§ 24 ff. GewO oder für emitierende
Anlagen nach den §§ 4 ff. BImSchG samt der für Heizungsanlagen vor deren Einbau
einzuholenden Genehmigung oder die Erlaubnis für vom Auftraggeber verlangte genehmigungspflichtige Stoffe oder Bauteile.[183]

Gerade soweit die Verwendung bestimmter **Stoffe, Bauteile oder Bauverfahren** („Bau- 84
arten") genehmigungspflichtig ist, können der zuständigen Behörde während der Bauausführung neue Erkenntnisse zuteil werden, die dazu führen, dass die bisher erteilte Genehmigung oder Erlaubnis geändert oder widerrufen oder eingeschränkt oder mit Auflagen
versehen werden muss und wird. Sofern dies noch vor Abnahme der betreffenden Bauleistung geschieht, ist der Auftraggeber verpflichtet, die Verwendung anderer – Stoffe oder
Bauteile oder Bauverfahren anzuordnen, was in der Regel nach § 1 Nr. 3 oder § 1 Nr. 4
VOB/B geschieht und zu geschehen hat; wenn und soweit dann die Voraussetzungen nach
§ 2 Nr. 5 oder nach § 2 Nr. 6 VOB/B oder nach § 1 Nr. 4 Satz 2 VOB/B i. V. m. §§ 311
n. F., 631, 632 BGB gegeben sind, schuldet der Auftraggeber dem Auftragnehmer die
entsprechend veränderte oder zusätzliche Vergütung; gegebenenfalls hat der Auftragnehmer
bei Vorliegen der entsprechenden Voraussetzungen einen Anspruch nach § 2 Nr. 8 Abs. 2
Satz 2 VOB/B,[184] und seit der Neufassung gemäß der Ausgabe 1996 über § 2 Nr. 8 Abs. 3
auch nach §§ 677 ff. BGB (Geschäftsführung ohne Auftrag). Zur Anzeigepflicht nach § 2
Nr. 8 Abs. 2 Satz 2 VOB/B Ausgabe 1996 galt im Hinblick auf § 9 AGB-Gesetz folgende
Einschränkung: Wenn VOB/B nicht **„als Ganzes"** [185] – vereinbart worden ist, verstößt § 2
Nr. 8 Abs. 1 Satz 1 VOB/B a. F. gegen § 9 AGB-Gesetz und ist deshalb unwirksam. Das
führt auch zum Entfall der dort normierten Anzeigepflicht, so dass die gesetzlichen Bestim-
mungen des BGB über die Geschäftsführung ohne Auftrag und über die ungerechtfertigte
Bereicherung (etwa in Form der Ersparnisbereicherung) zum Tragen kommen.[186]

**bb) Genehmigungen und Erlaubnisse spezieller Art.** Zu den Genehmigungen und 85
Erlaubnissen spezieller Art zählen etwa Ausnahmegenehmigungen (Dispense) nach den
jeweiligen Landesbauordnungen im Straßenverkehrsrecht (z. B. §§ 45, 46 StVO), dem
Wasserrecht (Wasserhaushaltsgesetz und landesrechtliche Wassergesetze), dem Gewerberecht,
oder den landesrechtlichen Vorschriften betreffend die Zweckentfremdung oder den Abbruch von Wohnraum (hierzu speziell),[187] oder nach den feuerpolizeilichen Vorschriften.[188]
Hierher rechnen auch Genehmigungen zur Aufstellung von Turmdrehkränen und Bauzäunen auf öffentlichen Verkehrswegen.[189]

---

[182] Vgl. *Heiermann/Riedl/Rusam* VOB/B § 4 Rdn. 7; *Ingenstau/Korbion* VOB/B § 4 Nr. 1 Rdn. 23; *Nicklisch/Weick* VOB/B § 4 Rdn. 17.
[183] Siehe Rdn 82 a. E.
[184] Vgl. *Heiermann/Riedl/Rusam* VOB/B § 4 Rdn. 7; *Ingenstau/Korbion* VOB/B § 4 Nr. 1 Rdn. 25.
[185] Grundsatzurteil des BGH NJW 1983, 816 Nr. 7, 818 = BauR 1983, 161, 164 = ZfBR 1983, 85, 87.
[186] Näher und im einzelnen BGH BauR 1991, 331, 334, 335 = ZfBR 1991, 146, 147, 148 sowie die Kommentierung bei → § 2 Nr. 8.
[187] BGH MDR 1978, 301 ff.
[188] Vgl. *Heiermann/Riedl/Rusam* VOB/B § 4 Rdn. 7; *Nicklisch/Weick* VOB/B § 4 Rdn. 17.
[189] Vgl. *Hochstein* Anm. zu BGH Schäfer/Finnern/Hochstein Z 2.510 Bl. 53; *Ingenstau/Korbion* VOB/B § 4 Nr. 1 Rdn. 24.

86 **b) Stellung des Prüfingenieurs – Dabei auch Fragen der Amtshaftung.** Die Landesbauordnungen (vgl. z. B. Art. 15 BayBO) sehen vor, dass dem Antrag auf Erteilung der Baugenehmigung die statische Berechnung beizufügen ist. Die Pflicht der Baugenehmigungsbehörde, eine den öffentlich-rechtlichen Bauvorschriften entsprechende und nicht widersprechende Baugenehmigung zu erteilen und dabei auch die statische Berechnung eines Bauvorhabens ordnungsgemäß zu prüfen, ist entsprechend ihrem Schutzzweck, den Gefahren vorzubeugen, welche der Allgemeinheit oder ihren Mitgliedern durch mangelhafte und mangelnde Standsicherheit (etwa Einsturz) drohen, insoweit grundsätzlich eine „einem Dritten gegenüber obliegende Amtspflicht" im Sinne von § 839 Abs. 1 BGB; deren schuldhafte Verletzung begründet bei Vorliegen der sonstigen anspruchsbegründenden Voraussetzungen zu Gunsten des geschädigten Mitglieds der Allgemeinheit, welches wegen eines schuldhaft begangenen Fehlers bei der Überprüfung der Statik einen Schaden erleidet, einen Schadenersatzanspruch aus Amtshaftung/Staatshaftung nach Art. 34 GG, § 839 BGB.[190] Die Amtspflicht besteht gegenüber jedem, auch als Drittem, in dessen Interesse die Amtshandlung ergehen soll und ergeht, hier also gegenüber demjenigen, der – etwa als Bewohner, Benutzer, Besucher, Nachbar, Passant oder mit dem Bauwerk Beschäftigter (z. B. Arbeiter, Handwerker und dergleichen) – zu dem Bauwerk in Beziehung steht und auf die Standsicherheit vertrauen darf; in diesen **Schutz(kreis)** einbezogen ist, somit auch der die Baugenehmigung und statische Prüfung beantragende Bauherr, wenn und soweit er bei einer Besichtigung, Bewohnung, sonstigen Nutzung oder Beziehung zu dem Bauwerk durch den Einsturz des Gebäudes oder von Teilen hiervon einen Schaden an Körper, Gesundheit oder Eigentum erleidet. Voraussetzung für den Schutz nach § 839 Abs. 1 BGB ist, dass sich diejenige Gefahr auswirkt, vor der das behördliche Verfahren zur Prüfung der beantragten Baugenehmigung und der Statik sowohl die Allgemeinheit (= Öffentlichkeit) als auch jedes im Einzelfall bedrohte Mitglied der Öffentlichkeit – und insoweit auch den Eigentümer, Bauherrn oder sonstigen Bauantragsteller – schützen will und soll.[191] – Siehe zur rechtlichen **Stellung des Prüfingenieurs** auch *Volze* BauR 2005, 1266 ff.

87 Das Baugenehmigungsverfahren und mit ihm die Prüfung der Statik des vorgesehenen Bauobjektes geschieht nicht nur im Interesse der Allgemeinheit, sondern **auch im Individualinteresse** des antragsstellenden **Bauherrn**, der insoweit auch geschützter „Dritter" im Sinne von § 839 Abs. 1 BGB ist; dieser soll nämlich nicht in die Gefahr gebracht werden, einen vorschriftswidrigen Bau auszuführen, der keinen Bestand haben kann und unter Umständen wieder beseitigt werden muss, weshalb ihm eine verlässliche Grundlage für seine wirtschaftlichen Dispositionen verschafft werden soll und eine den einschlägigen öffentlich-rechtlichen Bauvorschriften widersprechende Baugenehmigung nicht erteilt werden darf.[192] So kann – was eine ähnliche, vergleichbare Fallsituation ist – zugunsten des Antragstellers eines Genehmigungsverfahrens, z. B. eines sanierungsrechtlichen nach §§ 144, 145 BauGB, ein **Amtshaftungsanspruch** gegen den Träger der Genehmigungsbehörde bei **fehlerhafter Grundstücksbewertung** durch den intern mit der Wertermittlung beauftragten Gutachterausschuss bestehen.[193]

88 In Unterscheidung davon bleibt aber festzuhalten, dass das Baugenehmigungsverfahren und die amtliche Prüfung der Statik nicht dazu bestimmt sind, dem Bauherrn die Verantwortung für eine einwandfreie Durchführung und Durchführbarkeit als solche des vorgese-

---

[190] *Heiermann/Riedl/Rusam* VOB/B § 4 Rdn. 7; *Ingenstau/Korbion* VOB/B § 4 Nr. 1 Rdn. 26; *Nicklisch/Weick* VOB/B § 4 Rdn. 19.

[191] BGH NJW 1963, 1821, 1823 = Schäfer/Finnern Z 3.00 Bl. 76, Bl. 78. Grundlegend und allgemein zur Schutzrichtung der Amtspflicht: BGH, Urt. v. 3. 5. 2001 – III ZR 191/00, NJW 2002, 1646 m. w. N.

[192] BGH BB 1992, 950 m. w. N.; a. A., wonach der antragstellende Bauherr nicht vor nutzlosen finanziellen Aufwendungen oder sonst in seinen rein wirtschaftlichen Interessen geschützt werden soll: BGH NJW 1963, 1821, 1823 = Schäfer/Finnern Z 3.00 Bl. 76, Bl. 78.

[193] BGH III ZR 193/99 v. 1. 2. 2001, BB 2001, 590, 591; dies **zugleich** ein sehr informatives Urteil überhaupt zur Dogmatik einer **Schutzwirkung zugunsten Dritter**.

henen Bauvorhabens abzunehmen, soweit eine etwa eintretende Mangelhaftigkeit oder ein eintretender Schaden auf anderweitigen Ursachen beruht.[194]

Beauftragt die Baugenehmigungsbehörde im Rahmen des Genehmigungsverfahrens einen sogenannten **Prüfingenieur** mit der Prüfung der eingereichten Pläne und sonstigen Bauantrags-Unterlagen (Bauvorlagen), insbesondere der Tragwerksplanung samt statischer Berechnung auf die Standsicherheit des geplanten Bauobjekts, dann wird der Prüfingenieur im **öffentlichen Interesse** an der Abwehr von Gefahren tätig; der Prüfingenieur übt insoweit hoheitliche Gewalt aus, weil seine Tätigkeit dem öffentlichen Recht angehört.[195] Dem Prüfingenieur werden also obrigkeitliche Aufgaben des Staates als Hoheitsträger übertragen; er ist ein mit hoheitlicher Tätigkeit beliehener Unternehmer auf Grund eines öffentlich-rechtlichen Auftragsverhältnisses mit der Verwaltungsbehörde, von der er demgemäß auch seine Vergütung erhält und zu erhalten hat.[196] Der Tätigkeit des Prüfingenieurs liegt die Verordnung über die statische Prüfung genehmigungspflichtiger Bauten vom 22. 8. 1942 (RGBl. I, 546) i. V. m. Ergänzungen der Länder zugrunde.[197]

89

Die Amtshaftung/Staatshaftung für Fehler des Prüfingenieurs für Baustatik trifft den Träger der Baugenehmigungsbehörde nach Art. 34 GG, § 839 BGB.[198] Der Schadensersatzanspruch hieraus geht nur auf **Geld.**[199] Er verjährt nach § 853 BGB in **drei Jahren.** Fällt dem Prüfingenieur nur **Fahrlässigkeit** zur Last, so haftet der Staat oder die betreffende Körperschaft nicht, wenn der geschädigte Dritte auf andere Weise Ersatz erlangen kann (§ 839 Abs. 1 Satz 2 BGB). Dies ist der Fall, wenn der Auftraggeber den von ihm beauftragten Statiker, den Auftragnehmer oder beide zusammen in Anspruch nehmen kann, weil diese einen selbstständigen rechtlichen Haftungstatbestand erfüllen.[200]

90

Der Prüfingenieur steht wegen seiner unter Rdn. 89 beschriebenen rechtlichen Stellung, Aufgabe und Beziehung ohne besondere Vereinbarung zum Bauherrn oder sonstigen Bauauftraggeber in keinem Vertragsverhältnis und ist somit **nicht** dessen Erfüllungsgehilfe.[201] Unmittelbare vertragsrechtliche Ansprüche des Auftraggebers gegen den Prüfingenieur können daher nur in Betracht kommen, wenn übereinstimmende Erklärungen beider Parteien dahin vorliegen, dass der Prüfingenieur zusätzlich auch für den Auftraggeber in Wahrnehmung von dessen Aufgaben tätig werden soll.[202] Dann kann u. U. der Prüfingenieur auch Erfüllungsgehilfe des Auftraggebers sein.[203]

91

---

[194] BGH Schäfer/Finnern Z 3.00 Bl. 93, 94 = VersR 1964, 1302, 1303 (Standfestigkeit des Gebäudes war nicht infolge fehlerhafter Berechnung, sondern wegen angeblicher Gütemängel des Schüttbetons für das Mauerwerk im Erdgeschoss gefährdet).

[195] Vgl. *Heiermann/Riedl/Rusam* VOB/B § 4 Rdn. 7; *Ingenstau/Korbion* VOB/B § 4 Nr. 1 Rdn. 26.

[196] BVerwG, Urt. v. 25. 11. 1971 – I C 7; ebenso LG Mainz BauR 1982, 89, 90; *Heiermann/Riedl/Rusam* VOB/B § 4 Rdn. 7; *Ingenstau/Korbion* VOB/B § 4 Nr. 1 Rdn. 26; *Schmalzl* MDR 1975, 374 ff. (alle zugleich auch m. d. Feststellung, dass – konsequenterweise – für Vergütungsfragen der Prüfung die Verw. Gerichte zuständig sind).

[197] Vgl. *Heiermann/Riedl/Rusam* VOB/B § 4 Rdn. 7.

[198] BGH NJW 1963, 1821, 1822 = Schäfer/Finnern Z 3.00 Bl. 76, 77; BGH Schäfer/Finnern Z 3.00 Bl. 93, 94 = VersR 1964, 1302, 1303 m. w. N.; *Heiermann/Riedl/Rusam* VOB/B § 4 Rdn. 7; *Ingenstau/Korbion* VOB/B § 4 Nr. 1 Rdn. 26.

[199] BGHZ 4, 303, 410 = NJW 1952, 583, 584; *Ingenstau/Korbion* VOB/B § 4 Nr. 1 Rdn. 26.

[200] BGH NJW 1963, 1821, 1822 = Schäfer/Finnern Z 3.00 Bl. 76, 77; BGH Schäfer/Finnern Z 3.00 Bl. 93, 94 = VersR 1964, 1302, 1303 m. w. N.; vgl. auch den ähnlichen Fall der Rückgriffsmöglichkeit auf den bauvorlagebeauftragten Architekten in BGH BB 1992, 950, 951; Urt. v. 19. 3. 1992 – III ZR 117/90.

[201] Ebenso *Ingenstau/Korbion* VOB/B § 4 Nr. 1 Rdn. 26; *Kapellmann/Messerschmidt/Merkens* VOB/B § 4 Rdn. 10; *Nicklisch/Weick* VOB/B § 4 Rdn. 19.

[202] BGH Schäfer/Finnern Z. 3.00 Bl. 93 ff. = VersR 1964, 1302, 1303; OLG Stuttgart MDR 1975, 316, 317 m. Anm. *Schmalzl*; *Ingenstau/Korbion* VOB/B § 4 Nr. 1 Rdn. 27.

[203] *Ingenstau/Korbion* VOB/B § 4 Nr. 1 Rdn. 27; *Heiermann* BauR 1989, 543, 548 soweit für die Abwicklung des Bauvertrags zwischen Auftraggeber und Auftragnehmer dem Prüfingenieur Prüfungs- und Anordnungsbefugnisse unmittelbar gegenüber dem Auftragnehmer durch den Auftraggeber verliehen werden. Für eine solche Mitwirkung bei der Bauvertragsabwicklung ist aber mit *Ingenstau/Korbion* a. a. O. die jeweilige Zustimmung des Prüfingenieurs zu fordern.

92  **c) Bautafel.** Nach den Landesbauordnungen ist der Bauherr verpflichtet, während der Ausführung genehmigungspflichtiger Bauvorhaben an der Baustelle eine Bau-Tafel dauerhaft und von der öffentlichen Verkehrsfläche aus sichtbar anzubringen. Diese Bautafel oder dieses Bauschild muss die Bezeichnung des Vorhabens sowie die Namen und die Anschrift des Bauherrn und des Entwurfsverfassers enthalten. Die entsprechenden Bestimmungen der Bauordnungen der Bundesländer sind Schutzgesetze im Sinne von § 823 Abs. 2 BGB wie auch der im Wesentlichen inhaltsgleiche § 4 des Gesetzes über die Sicherung von Bauforderungen vom 1. 6. 1909 (RGBl. I, 490).[204] Eine Schadenersatzpflicht entsteht jedoch nur, wenn die falschen Angaben für den Schaden ursächlich sind.[205]

93  Der Bauauftraggeber ist nach § 4 des Gesetzes über die Sicherung von Bauforderungen für die Richtigkeit der Angaben auf dem Bauschild verantwortlich und haftet gegebenenfalls aus dem Gesichtspunkt der **Anscheinsvollmacht**.[206]

### 3. Vom Auftragnehmer zu beschaffende Genehmigungen und Erlaubnisse

94  Nicht unter die Bestimmung von § 4 Nr. 1 Abs. 1 Satz 2 VOB/B fällt die – und zwar rechtzeitige – Beschaffung bestimmter **auftragnehmerspezifischer** Genehmigungen und Erlaubnisse, die zum **speziellen** konkret beauftragten Leistungsdurchführungs-Bereich[207] des Auftragnehmers gehören. Solche spezifischen leistungsdurchführungsbezogenen, besonderen behördlichen Genehmigungen und Erlaubnisse[208] sind schon kraft ihrer Natur, weil sie spezifisch die gewerbliche Tätigkeit des Auftragnehmers betreffen (vgl. § 4 Nr. 2 Abs. 1, insb. Satz 2 und Abs. 2 Satz 1 VOB/B), oder kraft einschlägiger Baunorm oder kraft ausdrücklicher gesetzlicher Vorschrift nicht vom Auftraggeber, sondern **nur vom Auftragnehmer** – als seine Pflicht – erwirkbar sowie zu erwirken. Dazu zählen etwa baubehördliche Genehmigungen zur Verwendung von bestimmten Baumaterialien (z. B. Beton B 300 nach Nr. 5 der DIN 1045), gewerbeaufsichtsrechtliche Genehmigungen für den Betrieb von Baumaschinen und bestimmte Anlagen, verkehrsrechtliche Ausnahmegenehmigungen (vgl. § 45 Abs. 6 StVO), Genehmigungen im Rahmen von Lärmschutzvorschriften usw., aber auch solche für die Tätigkeit ausländischer Arbeitnehmer.[209] Weitere Verpflichtungen des Auftragnehmers zur Einholung von öffentlich-rechtlichen Genehmigungen und Erlaubnissen ergeben sich auch aus den DIN 18 299 ff. der VOB/C (ATV).

95  Die Parteien können die dem Auftraggeber nach § 4 Nr. 1 Abs. 1 Satz 2 VOB/B obliegenden Pflichten **vertraglich anders** regeln, soweit dem nicht zwingende öffentlich-rechtliche Bestimmungen im Wege stehen. So kann es auch Gegenstand eines Generalübernehmervertrags, Totalunternehmervertrags oder Generalunternehmervertrags sein, dass es der Auftragnehmer übernimmt, die erforderlichen öffentlich-rechtlichen Genehmigungen und Erlaubnisse herbeizuführen. Im Regelfall wird dabei aber der Auftragnehmer nicht das generelle Risiko für den Erfolg seiner Anträge im Verhältnis zum Auftraggeber übernehmen; im Höchstfall wird sich aus der vertraglichen Vereinbarung nur die Verpflichtung des Auftragnehmers ableiten lassen, den jeweiligen Genehmigungs- oder Erlaubnisantrag rechtzeitig und ordnungsgemäß zu stellen und ihn gegebenenfalls unter Ausschöpfung von Rechtsbehelfen weiterzuverfolgen (vgl. für den umgekehrten Fall der Auftraggeber-Verpflichtung Rdn. 67, 68–71). Im Hinblick auf die Legitimation gegenüber der Behörde bedarf es in solchen Fällen einer entsprechenden Vollmacht durch den Auftraggeber.

---

[204] BGH Schäfer/Finnern Z 2.10, Bl. 8, 10 (Rücks.); *Heiermann/Riedl/Rusam* VOB/B § 4 Rdn. 10.
[205] BGH Schäfer/Finnern Z 2.10 Bl. 8, 10 (Rücks.); *Heiermann/Riedl/Rusam* VOB/B § 4 Rdn. 10.
[206] *Heiermann/Riedl/Rusam* VOB/B § 4 Rdn. 10.
[207] Nebst der dazugehörigen einzusetzenden Baustoffe.
[208] Ebenso wie öffentlich-rechtliche Zulassungen sowie Abnahmen, etwa durch den TÜV.
[209] *Heiermann/Riedl/Rusam* VOB/B § 4 Rdn. 7; *Ingenstau/Korbion* VOB/B § 4 Nr. 1 Rdn. 22; *Nicklisch/Weick* VOB/B § 4 Rdn. 17.

Denkbar ist es auch, dass der Auftragnehmer eine Mitwirkungstätigkeit in Form von 96
Vorarbeiten für die Erteilung einer öffentlich-rechtlichen Genehmigung oder Erlaubnis
vertraglich übernimmt, etwa die Lieferung der statischen Berechnung, die dem Bauantrag
beizufügen ist, oder eine sonstige Mitwirkungsverpflichtung, wie z. B. die Beantwortung
von Rückfragen des Prüfingenieurs.

### 4. Auswirkung fehlender Baugenehmigung auf den Bauvertrag und seine Ausführung

Durch das Fehlen einer für die Bauausführung erforderlichen öffentlich-rechtlichen Ge- 97
nehmigung oder Erlaubnis oder einen sonstigen Verstoß gegen einschlägige öffentlich-rechtliche, insbesondere bauordnungsrechtliche Vorschriften ist der Bauvertrag nicht nach § 134
BGB nichtig oder sonst unwirksam. Durch das Fehlen solcher Genehmigungen oder
Erlaubnisse ist nämlich nicht der Bauvertrag als solcher, sondern das Bauen oder das Ausführen einer bestimmten Herstellungsmethode verboten.[210] Das Erfordernis öffentlich-rechtlicher Genehmigung oder Erlaubnis betrifft nämlich nicht das Verpflichtungsgeschäft, also
den Bauvertrag, sondern dessen Erfüllungsseite; die bauaufsichtliche Genehmigung oder
Genehmigungsversagung hat keinen Einfluss auf die zivilrechtliche Wirksamkeit der Bauverträge,[211] es wird vielmehr die Erfüllung des Bauvertrags unmöglich.

Deshalb führt auch die endgültige (rechtskräftige) Versagung der erforderlichen öffentlich- 98
rechtlichen Genehmigung oder Erlaubnis, insbesondere der Baugenehmigung, auch **nicht**
zur **Nichtigkeit** des Bauvertrags nach § 306 BGB a. F. wegen anfänglicher Unmöglichkeit;
denn bis zur endgültigen Versagung ist die Ausführung der vertraglichen Leistung rechtlich
möglich. In diesem Fall tritt vielmehr **nachträgliche** (Leistungs-) **Unmöglichkeit** ein; erst
die endgültige, rechtskräftige Versagung begründet die rechtliche Unmöglichkeit der entsprechenden Bauausführung.[212] Die Baugenehmigung bringt ohne Beeinflussung der zivilrechtlichen Verhältnisse, also der Wirksamkeit des abgeschlossenen Bauvertrages, lediglich
zum Ausdruck, dass dem Bauvorhaben Hindernisse aus dem öffentlichen Recht nicht
entgegenstehen.[213] – **Siehe auch** oben bei **Rdn. 72** und unten bei **Rdn. 109**.

Die Ausführung von Bauleistungen jeglicher Art oder von Teilen hiervon ohne das 99
Vorliegen der hierfür erforderlichen Baugenehmigung oder unter Abweichung vom Inhalt
einer Baugenehmigung samt zugehöriger Auflagen ist ein **Gesetzesverstoß**; siehe auch
Rdn. 63. Sie ist nach Maßgabe der jeweiligen Landesbauordnung verboten und eine **Ordnungswidrigkeit,** und zwar sowohl für den Bauherrn/Generalunternehmer oder sonstigen
Auftraggeber, der bauen lässt als auch für den Bauunternehmer/Auftragnehmer, der die
Bauleistung ausführt.[214] – Dabei ist ordnungswidrigkeitenrechtlich bei **Irrtum über** die
**Genehmigungspflicht** folgendes zu beachten: Das Fehlen der erforderlichen öffentlich-rechtlichen Genehmigung ist Tatbestandsmerkmal einer Ordnungswidrigkeit, z. B. nach
§§ 63 Abs. 1, 84 Abs. 1 Nr. 13 BauO NW (sowie entsprechend nach den anderen Landesbauordnungen). Der Irrtum über die Genehmigungspflichtigkeit ist nicht Verbotsirrtum,

---

[210] H. M.; BGH BauR 1976, 128, 129 = Schäfer/Finnern Z 2411 Bl. 68 (Rücks.) = Betr 1976, 529, 530; OLG Köln NJW 1961, 1023, 1024; OLG München BauR 1980, 274; OLG Köln BauR 1997, 307, 308 l. Sp.; OLG Hamburg BauR 1998, 338, 339 (Rohrpfahltiefgründung); *Ingenstau/Korbion* VOB/B § 4 Nr. 1 Rdn. 35; *Kapellmann/Messerschmidt/Merkens* VOB/B § 4 Rdn. 13; *Vygen* Bauvertragsrecht Rdn. 358.
[211] BGHZ 37, 233, 240; OLG Köln BauR 1997, 307, 308 l.Sp.; OLG Hamburg BauR 1998, 338, 339; *Kapellmann/Messerschmidt/Merkens* VOB/B § 4 Rdn. 13.
[212] H. M.; vgl. BGH NJW 1959, 2013, 2014 m. w. N.; BGHZ 37, 233, 240 m. w. N.; BGH NJW 1980, 700; BGH NJW 1983, 275; OLG Köln BauR 1997, 307, 308 l. Sp.; OLG Hamburg BauR 1998, 338, 339; *Ingenstau/Korbion* VOB/B § 4 Nr. 1 Rdn. 36; *Vygen* Bauvertragsrecht Rdn. 358.
[213] BGH NJW 1959, 2013, 2014; OLG München BauR 1980, 274; *Ingenstau/Korbion* VOB/B § 4 Nr. 1 Rdn. 36.
[214] OLG Köln BauR 1997, 307, 308 l.Sp.; OLG Düsseldorf NJW 1992, 2105 = BauR 1992, 540 (7.) = ZfBR 1992, 174, 175 und OLG Köln BauR 1993, 374 Nr. 11 je m. w. N. zur umstrittenen Frage, ob auch der bauleitende Architekt Täter einer diesbezügl. Ordnungswidrigkeit sein kann, bejahend z. B. OLG Düsseldorf wie vor, verneinend z. B. OLG Köln BauR 1993, 374 Nr. 11.

## § 4 Nr. 1

sondern Tatbestandsirrtum, der Vorsatz ausschließt. Allerdings kommt in diesem Fall fahrlässige Tatbegehung in Betracht.[215]

**100** Der **Auftragnehmer** ist deshalb nicht verpflichtet, ohne oder bis zum Vorliegen der Baugenehmigung oder der sonst erforderlichen öffentlich-rechtlichen Genehmigungen sowie Erlaubnisse i. S. des § 4 Nr. 1 Abs. 1 Satz 2 VOB/B die davon betroffene Bauleistung oder den davon betroffenen Bauleistungsteil auszuführen. Denn es ist ihm nicht zuzumuten, eine Ordnungswidrigkeit zu begehen sowie die damit verbundene Geldbuße auf sich zu nehmen. In einem solchen Fall ist daher der Auftragnehmer berechtigt, **sich zu weigern,** mit den Bauarbeiten zu beginnen oder diese fortzuführen, bevor die erforderliche Baugenehmigung erteilt ist.[216] Dies auch deshalb, weil § 4 Nr. 2 Abs. 1 Satz 2 VOB/B den Auftragnehmer zur Beachtung der gesetzlichen und behördlichen **Bestimmungen** verpflichtet, wozu natürlich **auch** die erteilte (Bau-)Genehmigung und die darin etwa enthaltenen **Auflagen** zählen.[217]

**101** Das Gleiche gilt in der Regel auch dann, wenn zwar eine Baugenehmigung vorliegt, das Bauen jedoch von der Behörde noch nicht „freigegeben" ist. Das **Freigabeerfordernis** ergibt sich in der Regel aus den in der Baugenehmigung enthaltenen entsprechenden Auflagen, wie z. B. das Erfordernis der behördlichen „Freigabe" durch den Prüfstatiker/Prüfingenieur. Entsprechendes gilt für sonstige erforderliche öffentlich-rechtliche Genehmigungen und Erlaubnisse.

### V. Rechtsfolgen bei Verletzung der in Absatz 1 genannten Mitwirkungspflichten des Auftraggebers

**102** Nimmt der Auftraggeber die in § 4 Nr. 1 Abs. 1 VOB/B aufgeführten Mitwirkungshandlungen nicht oder nicht rechtzeitig wahr und ist der Auftragnehmer dadurch tatsächlich oder rechtlich im ordnungsgemäßen Beginn oder in der ordnungsgemäßen Ausführung oder ordnungsgemäßen Fortführung der Bauleistung gemäß § 6 VOB/B behindert, dann ist er **nicht verpflichtet,** vor Behebung des Hindernisses (fehlende allgemeine Ordnung auf der Baustelle, fehlende Koordinierungshandlung, fehlende öffentlich-rechtliche Genehmigung oder Erlaubnis) die entsprechende Bauleistung oder Teilbauleistung durchzuführen; insoweit kann der Auftragnehmer grundsätzlich nicht in Verzug geraten.[218] Der Auftragnehmer ist vor Erbringung der öffentlich-rechtlichen Genehmigungen und/oder Erlaubnisse oder wenigstens vorläufiger behördlicher Zustimmung nicht verpflichtet, mit der Ausführung der Leistung zu beginnen oder fortzufahren (siehe Rdn. 63, 99, 100, 101).

**103** Die Unterlassung einer der in § 4 Nr. 1 Abs. 1 aufgeführten Mitwirkungshandlungen, wozu auch deren sachlich nicht ordnungsgemäße oder nicht vollständige oder nicht rechtzeitige Wahrnehmung gehört, führt nach h. M. bei Vorliegen der weiteren gesetzlichen Voraussetzungen als verschuldensunabhängige Obliegenheitsverletzung zum Annahmeverzug des Auftraggebers nach §§ 293 ff. BGB; objektive Unmöglichkeit der Leistung und (subjektives) Unvermögen des Auftragnehmers schließen dabei den Annahmeverzug aus.

Der Annahmeverzug wiederum kann bei Vorliegen der weiteren Voraussetzungen die Anwendung von **§ 642 BGB** auch im ungekündigten, fortbestehenden Bauvertrag neben und der Regelung von § 6 Nr. 6 VOB/B a. F./§ 6 Nr. 6 Satz 1 VOB/B n. F. 2006 i. V. m.

---

[215] OLG Düsseldorf BauR 2000, 123, 124 für den dortigen Fall der Einrichtung von Kraftfahrzeug-Abstellplätzen und des Aufstellens von Containern als Abgrenzungs- und Aufenthaltsräume.
[216] BGH BauR 1976, 128, 129 = Schäfer/Finnern/Hochstein Z 2411 Bl. 68; OLG Köln BauR 1997, 307, 308 l. Sp.
[217] BGH NJW-RR 1998, 738 = BauR 1998, 397.
[218] So für den Fall fehlender Baugenehmigung: BGH NJW 1974, 1080 = BauR 1974, 274 = Schäfer/Finnern Z 2510 Bl. 53; BGH BauR 1976, 128, 129 = Schäfer/Finnern Z 2411 Bl. 68 = Betrieb 1976, 529, 530; BGH NJW 1996, 1845; OLG Köln Schäfer/Finnern/Hochstein § 641 BGB Nr. 2; Heiermann/Riedl/Rusam VOB/B § 4 Rdn. 7; Ingenstau/Korbion VOB/B § 4 Nr. 1 Rdn. 31; Kapellmann/Messerschmidt/Merkens VOB/B § 4 Rdn. 12; Leinemann/Sterner VOB/B § 4 Rdn. 17; Nicklisch/Weick VOB/B § 4 Rdn. 20.

Koordination und Überwachung durch Auftraggeber     § 4 Nr. 1

dem dortigen Satz 2[219] sowie das Kündigungsrecht des Auftragnehmers nach § 9 Nr. 1 lit. a) und b) VOB/B mit den in § 9 VOB/B geregelten Ansprüchen auslösen. Zum Vergütungsanspruch des Auftragnehmers gemäß §§ 645 Abs. 1 Satz 2, 642, 643 BGB für in Folge Baugenehmigungsversagung abgebrochene Bauausführungsleistungen (= Erfüllungsunmöglichkeit nach Annahmeverzug durch auftraggeberseitige Mitwirkungsverletzung) und unter Anrechnung eines Auftragnehmer-Mitverschuldens von ⅓ siehe OLG Hamm 21 U 23/01.[220]

Bei Behinderung oder Unterbrechung der Bauausführung durch die nicht rechtzeitige oder nicht ordnungsgemäße oder sonst nicht zureichende Erfüllung der Auftraggeber-Mitwirkungspflicht entstehen dem Auftragnehmer die Rechte aus § 6 VOB/B, insbesondere die Ansprüche auf Fristverlängerung nach § 6 Nr. 2 VOB/B und auf Schadensersatz nach § 6 Nr. 6 VOB/B, wenn und soweit die weiteren Voraussetzungen hierfür vorliegen. **104**

Im Falle **verschuldeter** Verletzung der hier gegenständlichen Mitwirkungspflichten bestimmt sich die Auftraggeberhaftung für gegenüber dem Auftragnehmer schuldhaft verursachte Schäden (z. B. auch vergeblich aufgewandte Kosten) als Verzugshaftung nach § 280 Abs. 2 BGB n. F./§ 286 Abs. 1 BGB a. F., wenn und soweit nicht ein Fall der Behinderung oder Unterbrechung nach dem insoweit vorrangig geltenden § 6 Nr. 6 VOB/B a. F., jetzt § 6 Nr. 6 Satz 1 VOB/B n. F. 2006 vorliegt und wenn man, wie hier vertreten wird, in den Mitwirkungspflichten des Auftraggebers nach §§ 3 und 4 VOB/B Nebenleistungspflichten sieht. Soweit die vorgenannten Bestimmungen/Regelungen nicht Platz greifen, kann, da jedenfalls Verletzung mindestens einer vertraglichen Nebenpflicht vorliegt, Haftung gemäß §§ 241 Abs. 2, 280 Abs. 1 BGB n. F. wegen Pflichtverletzung, früher wegen positiver Vertragsverletzung in Betracht kommen.[221] – Zu einem in Betracht kommenden Anspruch des Auftragnehmers auf Schadensersatz „statt der (Mitwirkungs-)Leistung" nach § 280 Abs. 3 i. V. m. § 281 sowie § 282 BGB n. F. siehe → § 3 Nr. 1 Rdn. 9 a. E. Wegen der sich aus dem hier behandelten Komplex ergebenden Rechtsfragen samt rechtlicher Einordnung der Mitwirkungspflichten nach §§ 3 und 4 VOB/B, der Rechtsfolgen und der Anspruchskonkurrenzen bei ihrer Verletzung siehe ausführlich → Vor § 3 Rdn. 31 ff. und 51–86.[222] **105**

Für das Verschulden der **Erfüllungsgehilfen** (Architekt, sonstige Planer), deren sich der Auftraggeber bei der Wahrnehmung der ihm nach § 4 Nr. 1 Abs. 1 VOB/B obliegenden Pflichten zur Schaffung und Aufrechterhaltung der allgemeinen Baustellenordnung, zur Regelung des Zusammenwirkens der verschiedenen für das Bauvorhaben von ihm beauftragten Unternehmer und zur Herbeiführung der erforderlichen öffentlich-rechtlichen Genehmigungen und Erlaubnisse bedient, hat er gemäß § 278 BGB, ggf. i. V. m. § 254 BGB (bis zu zu 100%iger Haftung, wenn dem Auftragnehmer kein oder kein ins Gewicht fallendes Mitverschulden zur Last fällt), einzustehen.[223] **106**

Für Ansprüche des Auftragnehmers nach § 6 VOB/B ist darauf zu achten, dass die Unterlassungshandlung des Auftraggebers für die eingetretene Behinderung oder Unterbrechung ursächlich oder **mitursächlich** (adäquat-kausal) sein muss. Ein Anspruch des Auftragnehmers scheidet daher aus, wenn der Auftragnehmer auch bei rechtzeitiger Vorlage der Baugenehmigung nicht anders – früher, mehr oder schneller – gearbeitet hätte, als er es **107**

---

[219] Vgl. → Vor § 3 Rdn. 80 bis 82.
[220] BauR 2003, 1042, 1043, 1044, rk. dch. Nichtannahmebeschl. d. BGH.
[221] Vgl. den Fall d. OLG Köln BauR 1995, 243 wegen Verletzung der Koordinierungspflicht nach § 4 Nr. 1 Abs. 1 VOB/B durch zeitlich nicht sachgerechten Unternehmereinsatz.
[222] Vgl. auch *Heiermann/Riedl/Rusam* VOB/B § 4 Rdn. 12; *Ingenstau/Korbion* VOB/B § 4 Nr. 1 Rdn. 31–36; *Nicklisch/Weick* VOB/B § 4 Rdn. 20; ausführlich auch *Vygen* Bauvertragsrecht Rdn. 350–364, dabei zur rechtlichen Einordnung der Mitwirkungspflichten ab dortiger Rdn. 360 mit zahlreichen weiteren Nachweisen und unter Qualifizierung der Mitwirkungspflichten nach §§ 3 und 4 VOB/B nur als Gläubigerobliegenheiten und schlichte Vertragsverbindlichkeiten im weiteren Sinn.
[223] Vgl. OLG Köln BauR 1995, 243: Schadensersatz auf Grund positiver Vertragsverletzung wegen schuldhafter Verletzung der den Auftraggeber nach § 4 Nr. 1 Abs. 1 VOB/B treffenden Koordinierungspflicht durch dessen Architekten als Erfüllungsgehilfen; siehe auch → Vor § 3 Rdn. 91–94, 95–98.

**§ 4 Nr. 1**

tatsächlich getan hat.[224] Entsprechendes gilt auch für die Verletzung anderer Mitwirkungshandlungen des Auftraggebers nach §§ 3 und 4 VOB/B.

108    Hat der **Auftraggeber** die endgültige, rechtskräftige Versagung der Baugenehmigung oder einer anderen bauerheblichen Genehmigung oder Erlaubnis **schuldhaft herbeigeführt oder** hat er ausdrücklich oder konkludent das **Risiko** der Beschaffung **übernommen** (was auch zutrifft, wenn er bzw. sein Planungsfachmann = Erfüllungsgehilfe von vornherein angesichts zwingender öffentlich-rechtlicher Vorschriften mit einer Genehmigung vernünftigerweise nicht rechnen konnte), so hat er die Unmöglichkeit der Leistung i. S. v. § 326 Abs. 2 BGB n. F., 1. Alt./§ 324 Abs. 1 BGB a. F. BGB zu vertreten. Der Auftraggeber muss dann dem Auftragnehmer die volle Vergütung unter Abzug ersparter Aufwendungen und anderweitiger Verdienstmöglichkeiten bezahlen[225] sowie den ihm entstandenen Schaden aus (Schuld-)Pflichtverletzung, § 280 Abs. 1 BGB n. F., früher positiver Vertragsverletzung (etwa bei verschuldeter Ablehnung der Baugenehmigung oder bei ausdrücklich, konkludent oder stillschweigend übernommenem Risiko) ersetzen. Im Übrigen vergleiche oben bei Rdn. 69/70, 72 und 98, aber auch bei Rdn. 64, 71, 78, 79 zur ausnahmsweisen Einstandspflicht des Auftragnehmers.

### VI. Sonderfälle, (mitwirkendes) Verschulden des Auftragnehmers

109    Im Zusammenhang mit der öffentlich-rechtlichen Genehmigungsbedürftigkeit sind folgende **Sonderfälle** (Verschulden des Auftraggebers oder/und des Auftragnehmers) zu erwähnen:

110    Hat es der **Auftragnehmer,** der als spezialisiertes Unternehmen das öffentlich-rechtliche Genehmigungserfordernis kennen musste, schuldhaft **unterlassen,** den Auftraggeber, dem ersichtlich die Fachkunde oder ein fachkundiger Berater fehlte, über die Genehmigungsbedürftigkeit aufzuklären, so macht er sich gegenüber dem Auftraggeber wegen Verschuldens beim Vertragsabschluss schadensersatzpflichtig; das kann auch dazu führen, dass der Auftragnehmer den Auftraggeber von den vertraglichen Pflichten freizustellen hat.[226]

111    Beginnt der **Auftragnehmer** trotz Kenntnis des Fehlens der Baugenehmigung mit der Leistung, so muss er sich bei seinen Ansprüchen, welche über den reinen Vergütungsanspruch für geleistete Arbeiten hinausgehen, ein **Mitverschulden** (§ 254 BGB) entgegenhalten lassen, da er sich sozusagen „sehenden Auges" in eine Gefahrenlage begeben hat.[227] Auch bei der Verletzung von Mitwirkungspflichten des Auftraggebers kommt nämlich grundsätzlich ein Mitverschulden des Auftragnehmers in Betracht.[228] Ein Mitverschulden scheidet jedoch dann aus, wenn die öffentlich-rechtliche Rechtslage **unklar** ist und der Auftragnehmer annehmen kann, dass die der Baugenehmigung entgegenstehenden Hindernisse beseitigt würden.[229] Das Fehlen einer Baugenehmigung kann auch dann zum Mitverschulden des Auftragnehmers führen, wenn die Bauleistung nach für einen Baufachmann erkennbar fehlerhaften und nicht genehmigten Plänen, die vom Auftraggeber zur Verfügung

---

[224] BGH BauR 1976, 128, 129 = DB 1976, 529, 530; *Ingenstau/Korbion* VOB/B § 4 Nr. 1 Rdn. 32 a. E.; *Vygen* Bauvertragsrecht Rdn. 708 a. E.; *Vygen/Schubert/Lang* Rdn. 282.

[225] Vgl. BGH NJW 1980, 700 zur Leistungsunmöglichkeit auf Grund endgültiger Versagung der Auflassungsgenehmigung nach § 19 BBauG beim Kauf von Bauerwartungsland; so auch *Heiermann/Riedl/Rusam* VOB/B § 4 Rdn. 12; *Nicklisch/Weick* VOB/B § 4 Rdn. 18; zur Übernahme des Beschaffungsrisikos für die Baugenehmigung siehe auch Rdn. 68.

[226] OLG Stuttgart BauR 1980, 67, 68; OLG Frankfurt/Main BauR 1990, 90; *Heiermann/Riedl/Rusam* VOB/B § 4 Rdn. 7; *Nicklisch/Weick* VOB/B § 4 Rdn. 17.

[227] BGH BauR 1976, 128, 129 = Schäfer/Finnern/Hochstein Z 2411 Bl. 68 = Betr 1976, 529, 530; OLG Hamm, rk. dch. Nichtannahmebeschl. d. BGH, BauR 2003, 1042, 1043 r. Sp., 1044 r. Sp.; *Ingenstau/Korbion* VOB/B § 4 Nr. 1 Rdn. 31.

[228] Siehe → Vor § 3 Rdn. 84 u. OLG Hamm wie vor.

[229] Vgl. dazu OLG Karlsruhe BauR 1974, 342; auch BGH NJW 1985, 1692, 1693 = VersR 1985, 566, 568; *Ingenstau/Korbion* VOB/B § 4 Nr. 1 Rdn. 31.

gestellt worden sind, mangelhaft erbracht worden ist.[230] Geht der Auftragnehmer **irrtümlicherweise** von einer bereits erfolgten Erteilung der Baugenehmigung aus und lehnt er aus anderen nicht gerechtfertigten Gründen die Ausführung der Leistung ernsthaft und endgültig ab, so kann darin eine Vertragsverletzung nach § 280 Abs. 1 BGB n. F. (früher positive Vertragsverletzung) liegen, die den Auftraggeber zur fristlosen Kündigung aus wichtigem Grund in entsprechender Anwendung von § 8 Nr. 3 Abs. 2 VOB/B berechtigt.[231]

## VII. AGB-Problematik

### 1. AGB-Klauseln zur Koordinierung

Unzulässig sind folgende vom Auftraggeber verwendete AGB- oder Formular-Klauseln zur Koordinierung: 112

„Der Rohbauunternehmer übernimmt die Koordination der Nachfolgegewerke. Eine Vergütung hierfür wird nicht gewährt." – Eine solche AGB-mäßig bzw. formularmäßig erfolgte Übertragung einer Auftraggeber-Aufgabe ohne Vergütung auf den Auftragnehmer verstößt gegen den in §§ 632, 242 BGB enthaltenen wesentlichen Grundgedanken des Vergütungsprinzips bei gewerblichen Leistungen und der Äquivalenz von Leistung und Gegenleistung/Entgelt und ist daher nach § 307 Absätze 1 und 2 BGB, früher § 9 AGB-Gesetz unwirksam.[232] 113

„Die Haftung des Unternehmers erstreckt sich insbesondere auch auf Fehler, die aus mangelhafter Zusammenarbeit mit anderen Handwerkern und aus unzureichender Überprüfung von deren Vorleistungen entstehen." – Durch die Klausel wird dem Auftragnehmer pauschal die Haftung und das Risiko für die Koordinierungs-Pflicht überbürdet, die übliche und ureigene Auftraggeber-Aufgabe ist und deren Bewältigung in der Regel dem Auftragnehmer auch gar nicht möglich sein wird; dies schon deshalb, da die übrigen Unternehmer/Auftragnehmer nur dem Auftraggeber vertraglich verpflichtet sind und der betroffene Auftragnehmer keine rechtlichen und somit keine durchsetzbaren Einflussmöglichkeiten auf die anderen Unternehmer hat. Das Gleiche gilt für die Abnahme und die Prüfung der Vorleistungen der übrigen Unternehmer. In dieser unzumutbaren und unangemessenen Haftungs- und Risikoüberbürdung liegt außerdem eine für den Auftragnehmer nachteilige Umkehr der Beweislastregeln, weil nach dieser Klausel entgegen der gesetzlichen Beweislastregelung der Auftragnehmer das an sich im Verantwortungsbereich des Auftraggebers liegende Mitverschulden desselben beweisen müsste. Die Klausel verstößt somit gegen § 309 Nr. 5 lit. b) und Nr. 12 sowie gegen § 307 Abs. 1 Satz 1 BGB, früher § 11 Nr. 5 und Nr. 15 sowie § 9 Abs. 1 AGB-Gesetz.[233] 114

„Eine Behauptung, die eigene mangelhafte Arbeit sei auf schlechte Vorarbeit eines anderen Auftragnehmers zurückzuführen, wird nicht anerkannt." – Die Klausel verstößt gegen § 309 Nr. 7 lit. b) und § 307 Absätze 1 und 2 BGB, früher § 11 Nr. 7 und § 9 AGB-Gesetz, weil sie eine völlige Haftungsfreizeichnung von eigenem Verschulden des Auftraggebers beinhalten.[234] 115

„Eine Vergütung für Leistungen des Auftragnehmers wegen mangelhafter Vorarbeiten wird vom Auftraggeber nicht gewährt. Der Auftraggeber tritt jedoch auf Verlangen des Auftragnehmers ihm gegen Dritte deswegen zustehende Ansprüche ab." – Diese Klausel ist

---

[230] Vgl. BGH Schäfer/Finnern/Hochstein Z 2414 Bl. 143 ff.
[231] BGH NJW 1974, 1080; *Nicklisch/Weick* B § 4 Rdn. 20; zur fristlosen Kündigung eines VOB – Bauvertrages wegen positiver Vertragsverletzung des Auftragnehmers allgemein: BGH NJW-RR 1996, 1108, 1109.
[232] *Glatzel/O. Hofmann/Frikell* 2.4.1 f); *Ingenstau/Korbion* VOB/B § 4 Rdn. 16.
[233] *Glatzel/O. Hofmann/Frikell* 2.4.3 e) unter Hinweis auf LG München I vom 3. 9. 1987 – 7 O 10815/87 und LG Ravensburg vom 18. 4. 1988 – 1 O 82/87.
[234] *Glatzel/O. Hofmann/Frikell* 2.4.2 g) unter Hinweis auf LG Frankfurt/Main vom 8. 10. 1985 – 2/13 O 177/85.

§ 4 Nr. 1      Koordination und Überwachung durch Auftraggeber

wegen Verstoßes gegen § 307 Absätze 1 und 2 BGB, früher § 9 AGBG unwirksam, weil der Auftraggeber Risiken aus seinem ureigenen Pflichtenkreis auf den Auftragnehmer verlagert. Die Verweisung auf eventuelle Ersatzansprüche gegen Dritte ist kein ausreichender Interessenausgleich, weil nicht feststeht, ob im Einzelfall solche Ansprüche bestehen.[235]

## 2. AGB-Klauseln zur öffentlich-rechtlichen Genehmigung

116    Eine in Allgemeinen Geschäftsbedingungen enthaltene oder eine formularmäßige Klausel, wonach Änderungen von Inhalt, Art und Umfang der Leistung durch Auflagen in öffentlich-rechtlichen Genehmigungen den Auftragnehmer nicht berechtigen, eine veränderte Vergütung zu verlangen, ist wegen Verstoßes gegen § 9 AGB-Gesetz unwirksam. Anders liegt es nur dann, wenn der Auftragnehmer aus eigener Initiative, beispielsweise im Rahmen eines Nebenangebotes, durch eindeutige und ausdrückliche Erklärung das Risiko durch behördlichen Eingriff erforderliche Leistungsänderungen übernommen hat.[236]

117    Unwirksam sind auch folgende Klauseln:[237]
(1) „Der Auftragnehmer ist verpflichtet, auf Grund von Prüfungen gemachte Auflagen zu beachten und zu erfüllen. Hieraus resultierende Terminverschiebungen oder Mehrkosten gehen zu seinen Lasten." – Hier werden unzulässig unter Verstoß gegen § 307 Absätze 1 und 2 BGB, früher § 9 AGBG Vergütungsansprüche des Auftragnehmers bei leistungsmodifizierenden und leistungserweiternden Auflagen einschränkungslos eingeschlossen.
(2) „Auf Verlangen des AG hat der AN notwendige bzw. vom AG als erforderlich erachtete Prüfungen/Abnahmen bei unabhängigen Prüfungsinstituten/Gutachtern zu veranlassen ... Der AN hat keinen Anspruch auf eine besondere Vergütung/Kostenerstattung". – Hier liegt ein Verstoß gegen das Transparenzgebot vor.
(3) „Noch fehlende behördliche Genehmigungen sind durch den AN so rechtzeitig einzuholen, dass zu keiner Zeit eine Behinderung des Terminablaufes entsteht." – Hier liegt eine i. S. von § 307 Absätze 1 und 2 BGB, früher § 9 AGBG unangemessene Benachteiligung des Auftragnehmers durch Überbürdung des eigentlichen Auftraggeber-Risikos vor, dass Genehmigungen nicht rechtzeitig erteilt werden.

# B. Das Überwachungsrecht des Auftraggebers (Absatz 2)

118    Nach § 4 Nr. 1 Abs. 2 Satz 1 VOB/B hat der Auftraggeber das Recht, die „vertragsgemäße Ausführung" der Leistung zu überwachen. Hierzu hat er das in § 4 Nr. 1 Abs. 2 Satz 2 VOB/B bestimmte Zutrittsrecht sowie den in Satz 3 geregelten Einsichtnahme- und Auskunftsanspruch, wenn hierdurch keine Geschäftsgeheimnisse preisgegeben werden. Satz 4 verpflichtet den Auftraggeber zur Vertraulichkeit bezüglich als Geschäftsgeheimnis bezeichneter Auskünfte und Unterlagen.

## I. Wesen, Zweck und Anwendungsbereich der Regelung

### 1. Werkvertragsrecht des BGB

119    Die ausdrückliche Verankerung des Rechts des Auftraggebers zur Überwachung der vertragsgemäßen Ausführung der Bauleistung als werkvertragliche Leistung ist eine Beson-

---

[235] *Glatzel/O. Hofmann/Frikell* 2.4.2 h) unter Hinweis auf LG München I v. 10. 11. 1981 – 7 O 11576/81.
[236] Vgl. *Ingenstau/Korbion* VOB/B § 2 Nr. 5 Rdn. 14.
[237] BGH, Beschl. v. 5. 6. 1997 – VII ZR 54/96 NJW-RR 1997, 1513, 1514 = BauR 1997, 1036, 1038 = *Schäfer/Finnern/Hochstein* Nr. 11 zu § 3 AGB-Gesetz, Bl. 43 ff. = ZfBR 1998, 41, 42, letztere Veröffentlichung auch mit dem zugrunde liegenden Urteil des OLG Hamburg v. 6. 12. 1995 – 5 U 215/94 samt dortigen Klausel-Ablehnungs-Gründen auf Seiten 35, 38, 39, 40 = *Schäfer/Finnern/Hochstein* Nr. 10 zu § 3 AGB-Gesetz, B. 27 ff.

derheit, die **ausdrücklich nur in VOB/B** festgelegt ist; im Wortlaut des gesetzlichen Werkvertragsrechtes oder anderer vergleichbarer schuldrechtlicher Vertragsarten im BGB findet sich die Überwachung oder eine Überwachungsbefugnis nicht.[238]

Im Werkvertragsrecht des BGB sind zur Werkherstellung ausdrücklich **folgende Verpflichtungen** des Unternehmers geregelt: **120**
– die Herstellung des „versprochenen", mithin vertraglich vereinbarten und „vertragsmäßigen" Werkes (§§ 631 Abs. 1, 640 Abs. 1 BGB) als „durch Arbeit oder Dienstleistung herbeizuführender **Erfolg**" (§ 631 Abs. 2 BGB), als Arbeitsergebnis;
– die **Gewähr** für die Mangelfreiheit („hat ... frei von ...-mängeln **zu verschaffen**") des herzustellenden und hergestellten Werkes (§§ 633 BGB n. F. und a. F.);

Die vorgenannten Bestimmungen zeigen, dass der Unternehmer seinem Vertragspartner **121** für die vereinbarte Werkleistung einzustehen hat, damit den **Erfolg** der Herstellung als fehlerfreie vertragsmäßige Leistung schuldet und hierfür auch **verschuldensunabhängig** und **eigenverantwortlich** einzustehen hat.[239] Somit konzentriert sich das rechtliche Interesse bei der werkvertraglichen Unternehmerleistung nicht auf den Vorgang der Werkserrichtung an sich oder auf die sonstige diesbezügliche Tätigkeit, sondern allein auf das Arbeits-**Ergebnis**, das Gelingen dieser Tätigkeit.[240] Es besteht also eine **garantieähnliche Einstandspflicht** und **Erfolgsbezogenheit** der werkvertraglichen Unternehmer-/Auftragnehmerverpflichtung. Das schließt ein, dass es Sache jedes Unternehmers ist, dafür Sorge zu tragen, dass er die von ihm übernommene Leistung auch tatsächlich – dabei natürlich verwendungsgeeignet/gebrauchstauglich und auch sonst einwandfrei – erbringen kann.

Den Vorgang der Werkserrichtung und die sonstigen Tätigkeiten, die zum Gelingen des **122** geschuldeten fehlerfreien Leistungsergebnisses führen müssen, überlässt also das Werkvertragsrecht des BGB dem Unternehmer. Insoweit hat letzterer **selbstverantwortlich,** d. h. in eigener Verantwortung und mit seinem Unternehmer-Risiko, aber auch mit der damit notwendig verbundenen vernünftigen unternehmerischen Handlungs- bzw. Dispositionsfreiheit (Selbstbestimmungsrecht) das vertraglich vereinbarte Werk vertragsgemäß und mangelfrei herzustellen und damit für den Erfolg einer fehlerfreien Werkleistung **verschuldensunabhängig einzustehen,**[241] daher auch die Leistung bei der Herstellung des Werkes

---

[238] *Ingenstau/Korbion* VOB/B § 4 Nr. 1 Rdn. 53.
[239] Grundlegend BGH VII ZR 169/82 v. 17. 5. 1984 BGHZ 91, 206, 213 = BauR 1984, 510, 512, 513 „Isolierputzsystem"; BGH NJW 1992, 1754, 1755 = BauR 1992, 500, 501 = ZfBR 1992, 168, 169 (Unterlassene oder unzureichende Organisation der Herstellungsüberwachung und Überprüfung des Werks vor Ablieferung = wie arglistiges Verschweigen eines dadurch unentdeckt und unbekannt gebliebenen Werkmangels); BGH NJW 1996, 2372, 2373 = BauR 1996, 702, 703 = ZfBR 1996, 255, 256 (Einstandspflicht für Material- „Ausreißer" bei Verwendung an sich generell geeigneter Baustoffe auch bei Anordnung des Auftraggebers); BGH NJW 1998, 3707 = BauR 1999, 37, 38 = ZfBR 1999, 14, 15 (Erfolgshaftung des Werkunternehmers, auch wenn die Funktionstauglichkeit des Werks/der Leistung mit der von den Parteien vereinbarten (bestimmten) Ausführungsart nicht zu erreichen ist); BGH VII ZR 403/98 v. 11. 11. 1999 BauR 2000, 411, 412, 413 = NZBau 2000, 74, 75 „Regendichtigkeit eines Lager- und Produktionshallendaches" (Die Erfolgshaftung besteht selbst bei vertraglich preisgünstig vereinbarter Ausführung); MünchKomm/*Soergel* BGB § 631 Rdn. 4; Palandt/*Sprau* BGB Einf v § 631 Rdn. 1, § 631 Rdn. 12; ebenso BGH NJW 1993, 1191, 1192 = BB 1993, 532, 533, gleichzeitig (m. w. N.) unter Nennung folgender möglicher ausnahmsweiser Einschränkung: Besteht bei Auftragsvergabe konkreter Anlass zu Zweifeln an der fachlichen oder sachlichen Kompetenz oder erforderlichen Ausstattung des Unternehmers, kann Mitverschulden des Bestellers begründet sein, wenn und insoweit er dann die Befähigung und Eignung des Unternehmers nicht (ausreichend) prüft.
[240] MünchKomm/*Soergel* BGB § 631 Rdn. 4; Palandt/*Sprau* BGB Einf v § 631 Rdn. 1, § 631 Rdn. 12; ferner die Rspr. wie vor.
[241] BGH Schäfer/Finnern Z 2410 Bl. 26, 28 (Der Bauherr „darf sich grundsätzlich darauf verlassen, dass der Bauunternehmer die versprochene Leistung erbringt"); BGH VII ZR 169/82 v. 17. 5. 1984 BGHZ 91, 206, 213 = BauR 1984, 510, 512, 513 „Isolierputzsystem"; BGH NJW 1996, 2372, 2373 = BauR 1996, 702, 703 = ZfBR 1996, 255, 256 (Material-„Ausreißer"); BGH NJW 1998, 3707 = BauR 1999, 37, 38 = ZfBR 1999, 14, 15 (Erfolgshaftung des Werkunternehmers, auch wenn die Funktionstauglichkeit des Werks/ der Leistung mit der zwischen den Parteien vereinbarten (bestimmten) Ausführungsart nicht zu erreichen ist); BGH NJW 2000, 280, 281 = BauR 2000, 262, 263, 264 = NZBau 2000, 196 (selbstverständliches Element der werkvertraglichen Erfolgshaftung ist die Verwendung nur von geeigneten Sachen, weshalb der Unternehmer vom Besteller gelieferte zu ver- oder bearbeitende Teile nicht unbesehen verwenden darf, sondern die

§ 4 Nr. 1                                  Koordination und Überwachung durch Auftraggeber

selbst angemessen zu überwachen und vor der Ablieferung und Abnahme zu überprüfen[242] = **Eigenüberwachungspflicht.** – (Diese Eigenüberwachungspflicht wird in der gewerblichen und industriellen Baupraxis insbesondere, analog wie bei Produktionsprozessen in anderen Wirtschaftszweigen, durch das sogenannte **„Qualitätsmanagement"** mit **„Qualitätssicherung"** durchgeführt). – Aus vorgenannten Gründen ist das Werkvertragsrecht von dem Grundsatz geprägt, dass der Werkunternehmer bezüglich seines vertraglich übernommenen Leistungsbereichs dafür **einzustehen** hat, dass er dazu nötige fachliche Wissen und Können mit den entsprechenden **(Fach-) Kenntnissen** und **Fertigkeiten** des betroffenen Fachbereichs besitzt und somit auch die gemäß dem jeweils neuesten Stand einschlägigen (anerkannten) Regeln der Technik und Vorschriften einschließlich DIN-Normen des entsprechenden Handwerks, Gewerbes, Industriezweiges, Kunst- und Fachgebietes beherrscht.[243] Der Werkunternehmer muss sich daher diesbezüglich informieren, somit auch über die einschlägigen Veröffentlichungen einschließlich Empfehlungen und Erkenntnisse in Fachliteratur, Fachpresse und Fachrundschreiben Bescheid wissen und diese berücksichtigen; hat der Werkunternehmer gleichwohl diese (Pflicht-)Kenntnisse nicht, ist er rechtlich so zu behandeln als ob er sie hätte, weshalb er bei deren Nichtbeachtung einen Pflichtenverstoß begeht. Zur Beherrschung der fachlichen Kenntnisse und Fertigkeiten gehört auch der sach- und zweckgerechte Einsatz der geeigneten und erforderlichen Arbeitsmittel.[244]

**123**   Im Werkvertragsrecht des BGB ist eine **bestellerseitige Überwachung** der Werkherstellung/Leistungsausführung **nicht institutionalisiert,** wie bereits eingangs ausgesagt. Das bedeutet jedoch nicht, dass dem Besteller, der die Herstellung des Werkes überwachen will, die Beaufsichtigung der Bauausführung oder sonstigen Leistungsausführung versagt ist, zumal man eine solche Befugnis mittelbar dem in § 645 Abs. 1 BGB offenbar als selbstverständlich **vorausgesetzten** Recht des Bestellers zur Erteilung einer „Anweisung für die Ausführung" entnehmen kann; denn ohne Beobachtung, somit also ohne Überwachung der Ausführung ist der Besteller teils nicht, teils nur schwer in der Lage, sinnvolle und zweckgerechte Ausführungsanweisungen oder überhaupt Ausführungsanweisungen zu erteilen. Eine solche Überwachung nimmt aber der Besteller allein in seinem **eigenen Interesse** wahr, was auch die gesetzliche Intention ist, wie die in § 645 BGB vorgenommene und zu Lasten des Bestellers gehende Risikoverteilung als Folge einer erteilten Anweisung,[245] die Eigenverantwortlichkeit des Unternehmers bei der Werkherstellung und die fehlende gesetzliche Institutionalisierung der Überwachung durch den Besteller zeigen.

**124**   Es handelt sich bezüglich der Bauüberwachung also um **keine Pflichten,** auch nicht um Mitwirkungspflichten oder Mitwirkungshandlungen **des Bestellers,** da es bei Mitwirkungshandlungen nur um solche Maßnahmen geht, die erforderlich sind, um den Unternehmer

---

originäre Pflicht zur Überprüfung der Eignung hat); *Ingenstau/Korbion* VOB/B § 4 Nr. 2 Rdn. 3; *Nicklisch/Weick* VOB/B § 4 Rdn. 21 Satz 1 („Selbstbestimmungsrecht" im gesetzlichen Werkvertragsrecht); Palandt/*Sprau* BGB Einf v § 631 Rdn. 1 i. V. m. § 631 Rdn. 12; *Vygen* Bauvertragsrecht Rdn. 338 Abs. 2.

[242] BGH NJW 1992, 1754 = BauR 1992, 500, 501 = ZfBR 1992, 168, 169 (Mangelhafte Organisation der Überwachung und Überprüfung); zu dem Thema siehe auch *Kniffka* ZfBR 1993, 255 ff. und BGH-„Folgerechtsprechung" der Oberlandesgerichte Hamm BB 1993, 1475, 1476, Köln Schäfer/Finnern/Hochstein § 638 BGB (Nr. 63) und Hamm Schäfer/Finnern/Hochstein § 638 (Nr. 65).

[243] BGH NJW-RR 1987, 1305 = BauR 1987, 681, 682 = ZfBR 1987, 269, 270 („Blockheizkraftwerk"), 4. Abs. 1 m. w. N.; OLG Köln BauR 1997, 831: „Der Unternehmer hat dafür einzustehen, dass er die anerkannten Regeln seines Fachs beherrscht, er muss sich insoweit informieren, über Empfehlungen in der Presse Bescheid wissen und diese berücksichtigen", „weshalb er als Heizungs- und Sanitärinstallateur wissen muss, dass je abhängig von der örtlichen Wasserqualität bei hartgelöteten Kupferrohren eine erhöhte Lochfraßgefahr besteht, der durch Weichlöten entgegengewirkt werden kann"; Palandt/*Sprau* BGB § 631 Rdn. 12 unter Hinweis auf BGH WM 1978, 1411; *Vygen* Bauvertragsrecht Rdn. 338, 339; *Kleine-Möller/Merl/Oelmaier* § 12, Rdn. 443, 444.

[244] Palandt/*Sprau* BGB Einf v § 631 Rdn. 1; § 631 Rdn. 12 unter Hinweis auf BGH WM 1978, 1411; *Vygen* Bauvertragsrecht, Rdn. 338, 339.

[245] Vgl. Palandt/*Sprau* BGB § 645 Rdn. 8.

in die Lage zu versetzen, die von ihm gemäß § 631 BGB übernommene Herstellung des vertraglich vereinbarten Werkes zu bewirken.[246]

Aus der Eigenverantwortlichkeit und Selbstbestimmtheit der erfolgs- und ergebnisbezogenen werkvertraglichen Unternehmerverpflichtung mit ihrer gewährleistungsmäßigen, verschuldensunabhängigen Einstandsverpflichtung einerseits und der fehlenden Institutionalisierung einer werkvertraglichen Überwachung auf Seiten des Bestellers und einer insoweit fehlenden Mitwirkungspflicht andererseits ergibt sich nach dem BGB für den Bauvertrag: Der **Besteller**/Auftraggeber darf sich darauf verlassen, dass der (Bau-) Unternehmer das Werk mangelfrei herstellt; er **schuldet** dem (Bau-) Unternehmer/Auftragnehmer im Rahmen des Werk- und Bauvertrages **keine Überwachung/Beaufsichtigung.** Letzterer hat daher auch im Falle tatsächlich durchgeführter Überwachung durch den Besteller/Auftraggeber selbst oder durch eine von ihm hierzu beauftragte Person, z. B. Architekten, keinen Anspruch auf etwa „ordnungsgemäße", „mangelfreie"/„fehlerfreie", „ausreichende" oder „bessere" Beaufsichtigung, weshalb der Architekt insoweit auch nicht Erfüllungsgehilfe des Bestellers/Auftraggebers gegenüber dem Unternehmer/Auftragnehmer ist.[247] Eine mangelhafte Bauaufsicht durch die vom Besteller/Auftraggeber mit der Bauüberwachung beauftragten Bauleitung gegenüber dem Bauunternehmer/Auftragnehmer kann somit grundsätzlich **keine (Mit-)Haftung,** z. B. für Mängel, Schäden oder Behinderungen bei der Werkleistung begründen. Der (Bau-) Unternehmer, der mangelhaft arbeitet, kann sich daher nicht darauf berufen, nicht genügend beaufsichtigt/überwacht worden zu sein.[248] Siehe zum Thema noch näher die Rdn. 133 ff. 125

Nach dem Werkvertragsrecht des BGB kommt der Besteller institutionell, insoweit dann allerdings zugleich als Pflicht, mit dem Werk erst wieder bei der und durch die Abnahme nach § 640 BGB in Berührung. Die Bauaufsicht/Bauüberwachung im Verhältnis zum Bauunternehmer begründet auch keine vertraglichen Verpflichtungen des Bestellers gegenüber von ihm beauftragten Drittunternehmern (z. B. Ausbauunternehmer, etwa Elektrounternehmer), so dass für solche Drittunternehmer aus einer unzureichenden oder gar keiner Bauaufsicht über einen vom Besteller beauftragten vorleistenden Unternehmer/Vorunternehmer (z. B. Rohbauunternehmer) keine Haftung begründet werden kann.[249] 126

## 2. Institutionalisierung der Bauüberwachung in VOB/B (Abs. 2)

Im Gegensatz zu der werkvertraglichen Regelung des BGB ist die Bauüberwachung/Bauaufsicht in der VOB/B durch **ausdrückliche** Regelung und nähere Ausgestaltung **institutionalisiert:** Danach ist gemäß § 4 Nr. 1 Abs. 2 Satz 1 VOB/B dem Besteller/Auftraggeber als ausdrücklich festgelegtes Sonderrecht kraft vertraglicher Abmachung das **Recht** – nicht zugleich aber auch die Pflicht oder eine Pflicht – eingeräumt, die vertragsgemäße Ausführung der Leistung zu überwachen. VOB/B hat somit das für das Werkvertragsrecht und den 127

---

[246] Siehe hierzu Wortlaut von § 642 Abs. 1 BGB; *Ingenstau/Korbion* VOB/B § 4 Nr. 1 Rdn. 59; Münch-Komm/*Soergel* BGB § 631 Rdn. 179 m. w. N.); außerdem die Definition und Charakterisierung der werkvertraglichen Mitwirkungspflicht des Bestellers/Auftraggebers → Vor § 3 Rdn. 25, 26/27, 29.

[247] St. Rspr. u. h. M. für den Bauvertrag nach BGB und nach VOB/B; vgl. BGH NJW 1971, 615 = Schäfer/Finnern Z 2301 Bl. 35, 40 unter Berufung auf „Treu und Glauben", m. w. N.; BGH NJW 1972, 447, 448 = BauR 1972, 112 = Betr 1972, 184; BGH NJW 1973, 518, 519 = BauR 1973, 190, 191 = Schäfer/Finnern Z 3.00 Bl. 245, 247 = Betr 1973, 616, 617; BGHZ 95, 128, 131 = NJW 1985, 2475/2476 = BauR 1985, 561, 562 = ZfBR 1985, 282/283; BGH NJW 1998, 456, 458 = BauR 1997, 1021, 1025 l.Sp. = ZfBR 1998, 33, 34 unten/35 oben („Schürmann-Bau II", Rheinhochwasserüberflutung); OLG Köln 1996, 904 LS 3; OLG Stuttgart Schäfer/Finnern Z. 2414 Bl. 252, 253 = MDR 1971, 299, 300 = VersR 1970, 531, 532 m. Anm. *Ganten* VersR 1970, 823, 824; *Heiermann/Riedl/Rusam* VOB/B § 4 Rdn. 15; *Ingenstau/Korbion* VOB/B § 13 Rdn. 315; *Nicklisch/Weick* VOB/B § 4 Rdn. 28; Palandt/*Sprau* BGB § 631 Rdn. 26; *Vygen* Bauvertragsrecht Rdn. 338, 588; *Werner/Pastor* Rdn. 1185, 1993.

[248] BGHZ 66, 43, 47 = NJW 1976, 516, 517 = BauR 1976, 131, 133 m. w. N; BGH NJW 1998, 456, 458 = BauR 1997, 1021, 1025 l.Sp. = ZfBR 1998, 33, 34 unten/35 oben („Schürmann-Bau II"); OLG Köln BauR 1996, 904, LS 3.

[249] BGH „Schürmann-Bau II", gem. vorst. Fußnote.

**§ 4 Nr. 1**                      Koordination und Überwachung durch Auftraggeber

Werkvertrag nach BGB ohnehin Geltende (vgl. Rdn. 123 bis 125) durch ausdrückliche Regelung nochmals zum Ausdruck gebracht und bestätigt. Dabei gilt auch im Rahmen von VOB/B und damit im VOB/B-Werkvertrag/-Bauvertrag der in Rdn. 122 dargestellte Grundsatz der Eigenverantwortlichkeit und der Einstandspflicht für das fachlich gebotene Wissen und Können des Bauunternehmers/Bauauftragnehmers, wie sich aus § 4 Nr. 2 VOB/B ergibt; siehe hierzu auch unten Rdn. 132.

**128**    Diese Überwachung ersetzt selbstverständlich nicht die – ohnehin erst spätere – **Abnahme** der ausgeführten Leistung als des fertigen Werkes.[250] Dies ergibt sich bereits aus den eigenständigen und unterschiedlichen Regelungen in VOB/B zur Überwachung und zur Abnahme, wobei zudem die Abnahme der von wesentlichen Mängeln freien, im Übrigen vertragsgemäß fertiggestellten Bauleistung in § 12 Nr. 1 und Nr. 3 VOB/B als Pflicht verankert ist. Demgegenüber setzt die Überwachung als Recht des Auftraggebers bereits zu Beginn der Leistungsausführung ein und dauert bis zu deren Fertigstellung.[251]

**129**    Das in § 4 Nr. 1 Abs. 2 VOB/B geregelte Überwachungsrecht des Auftraggebers findet seine **Rechtfertigung** in der Eigenart und Natur der Bauleistung. Deshalb und weil nach der Erfahrung gerade bei fertiggestellten Bauwerken Mängel oder sonstige Unzulänglichkeiten oft nur schwer oder erst nach längerer Zeit festzustellen sind und auch der Nachvollzug in der Frage der ordnungsgemäßen Einhaltung der vertragsgemäßen Bauzeit oft großen Schwierigkeiten begegnet, reicht die Bauabnahme für sich allein vielfach nicht aus, um die Vertragsgemäßheit der Bauausführung und die Abweichungen hiervon feststellen zu können, da bei der Abnahme regelmäßig nur die äußere Beschaffenheit der Leistung, und zwar des Leistungs-Ergebnisses, prüfbar ist. Ein sachgerechtes Urteil über die vertragsgerechte Bauausführung, die Art und Güte der eingebauten Stoffe sowie Bauteile und des sonstigen „Innenlebens" des Werkes ist dem Auftraggeber daher grundsätzlich nur möglich, wenn der Auftraggeber selbst oder mittels eines Beauftragten, z. B. Architekten durch Beobachtung und Überwachung des Herstellungsvorganges als Werdevorgang diesen **vom Beginn bis zum Ende** unter Berücksichtigung der auch unter Rdn. 123 und → Vor § 4 Rdn. 25 geschilderten Interessenlage verfolgen kann.[252] Nur hierdurch auch kann der Auftraggeber die Einhaltung der Bauzeit kontrollieren und (mit)steuern und Streitpunkten frühzeitig begegnen. Das alles ist für den Auftraggeber besonders wichtig, wenn er zugleich, etwa als **Generalunternehmer,** seinerseits Auftragnehmer (i. d. R. des Bauherrn) ist; denn dann ist das Überwachungsrecht und seine Ausübung einschließlich der Hilfsmittel und Rechte nach unten stehendem Abschnitt IV (Rdn. 150–169) genau dasjenige Instrumentarium, welches er benötigt, um seine Erfolgsverpflichtung gemäß Rdn. 122 gegenüber seinem eigenen Auftraggeber erfüllen zu können.

**130**    Von daher kann die Befugnis des Bestellers/Auftraggebers zur Überwachung der vertragsgemäßen Ausführung der Bauleistung/Werkherstellung als allgemeiner, ungeschriebener Rechtsgrundsatz auch für Bauverträge **außerhalb der VOB** Geltung beanspruchen,[253] was auch aus Treu und Glauben (§ 242 BGB) herzuleiten ist.[254]

**131**    Im Rahmen ihrer Zwecksetzung **ergänzen** sich das Überwachungsrecht des Auftraggebers nach § 4 Nr. 1 Abs. 2 VOB/B und dessen Anordnungsbefugnis nach § 4 Nr. 1 Abs. 3 und Abs. 4 VOB/B gegenseitig, indem das eine das andere wechselseitig vorbereitet, ermöglicht und durchsetzt bzw. der Durchsetzung verhilft.

---

[250] Vgl. *Ingenstau/Korbion* VOB/B § 4 Nr. 1 Rdn. 54.
[251] Vgl. *Ingenstau/Korbion* VOB/B § 4 Nr. 1 Rdn. 54.
[252] Vgl. *Ingenstau/Korbion* VOB/B § 4 Nr. 1 Rdn. 55; *Kapellmann/Messerschmidt/Merkens* VOB/B § 3 Rdn. 15; *Niklisch/Weick* VOB/B § 4 Rdn. 21.
[253] So *Ganten* Pflichtverletzung und Schadensrisiko im privaten Baurecht S. 211; *Ingenstau/Korbion* VOB/B § 4 Nr. 1 Rdn. 55.
[254] *Ingenstau/Korbion* VOB/B § 4 Nr. 1 Rdn. 55.

## II. Das Recht des Auftraggebers zur Überwachung der vertragsgemäßen Ausführung (Absatz 2 Satz 1)

### 1. Befugnis, nicht Pflicht – Eigenverantwortlichkeit des Auftragnehmers

In § 4 Nr. 1 Abs. 2 Satz 1 VOB/B ist lediglich und ausdrücklich ein Recht, also eine **132 Befugnis** des Auftraggebers zur Überwachung des Auftragnehmers und nicht zugleich auch eine Verpflichtung hierzu festgelegt. Dies deckt sich mit den Feststellungen unter Rdn. 119–125 zum Werkvertragsrecht des BGB sowie mit der in § 4 Nr. 2 Abs. 1 Satz 1 und 2 VOB/B ausdrücklich verankerten, zum gesetzlichen Werkvertragsrecht parallelen – die Eigenüberwachungspflicht mit Eigenüberprüfung der Leistung einschließenden – **Eigenverantwortlichkeit** des Auftragnehmers für die Ausführung der Leistung „nach dem Vertrag" und nach der dabei ausdrücklich mitverankerten **Einstandspflicht** für die Kenntnis und Beherrschung der fachgebietseinschlägigen anerkannten Regeln der Technik und gesetzlichen und behördlichen Bestimmungen. Diese Eigenverantwortlichkeit beinhaltet auch die Pflicht des Auftragnehmers zur rechtzeitigen Ausführung nach § 5 Nrn. 1, 2, 3, 4 VOB/B und die Gewähr für die Mangelfreiheit der Leistung nach §§ 4 Nr. 7, Nr. 3, 13 Nrn. 1–3 und Nrn. 5–7 VOB/B mit. Hierin eingeschlossen ist auch die Beherrschung der technischen Fertigkeiten des einschlägigen Baufaches (Gewerkes) samt dem eigen- und selbstverantwortlichen und selbstbestimmten Einsatz der geeigneten Arbeitsmittel, was in § 4 Nr. 2 Abs. 1 Satz 3 VOB/B – **Eigenleitung** als Sache des Auftragnehmers – und in § 5 Nr. 3 VOB/B – eigenverantwortliche Arbeitskräfte-, Arbeitsmittel- und Materialdisposition – ausdrücklich angesprochen ist. Zur diesbezüglichen Parallelität mit dem gesetzlichen Werkvertragsrecht siehe insbesondere oben Rdn. 119–125.

Sowohl im BGB-Bauvertragsrecht (wie im Werkvertragsrecht überhaupt) als auch im VOB/B-Bauvertragsrecht werden beim Unternehmer/Auftragnehmer die zur Herstellung des Werks/der Bauleistung benötigten **fachlichen Kenntnisse und Fertigkeiten** vorausgesetzt; er muss für das dazu nötige Wissen und Können einstehen, oben Rdn. 122 m. N.

### 2. Grundsätzlich keine Rechte zugunsten des Auftragnehmers aus der Überwachungsbefugnis des Auftraggebers

a) **Grundsätzlich keine Verpflichtung gegenüber dem Auftragnehmer.** Wegen der **133** Regelung und Ausgestaltung der Überwachung als Recht (Befugnis) des Auftraggebers steht es im freien Willen des Auftraggebers, ob er von diesem Recht Gebrauch machen will oder nicht; unterlässt er es, kann der Auftragnehmer, welcher zudem ohnehin die in vorstehender Randnummer dargestellte Eigenverantwortung für die mängelfreie, zeitgerechte und auch sonst vertragsgemäße Ausführung der Bauleistung hat, aus nicht vorgenommener Bauüberwachung des Auftraggebers grundsätzlich keine Rechte zu Lasten des Auftraggebers herleiten.[255]

b) **Grundsätzlich kein Einwand mitwirkenden Verschuldens gegenüber Auftrag- 134 geber und kein Gesamtschuldausgleich gegenüber Architekt oder sonstiger Überwachungsperson.** Der Bauunternehmer/Auftragnehmer kann vom Bauherrn/Besteller/ Auftraggeber also nicht verlangen, dass dieser ihn bei den Bauarbeiten überwacht oder – durch eine beauftragte Person, etwa Architekt, Ingenieur, Baucontroller, Bauleiter etc. – überwachen lässt. Aus mangelhaft geführter Bauaufsicht beispielsweise durch den Architekten des Auftraggebers kann daher der Auftragnehmer auch kein zu Lasten des Auftraggebers gehendes mitwirkendes Verschulden nach § 254 BGB gegen den Auftraggeber herleiten;

---

[255] Vgl. die Ausführungen oben Rdn. 125 und die dort zitierte Rechtsprechung, grundlegend insb. BGH NJW 1973, 518, 519 = BauR 1973, 190, 191; *Ingenstau/Korbion* VOB/B § 13 Rdn. 315; *Kapellmann/Messerschmidt/Merkens* VOB/B § 4 Rdn. 14; *Vygen* Bauvertragsrecht Rdn. 338; *Heiermann/Riedl/Rusam* VOB/B § 4 Rdn. 15; *Werner/Pastor* Rdn. 1494, 1985, 1993.

## § 4 Nr. 1 Koordination und Überwachung durch Auftraggeber

denn da der Auftraggeber dem Auftragnehmer keine Beaufsichtigung schuldet, erfüllt der Architekt oder die sonstige vom Auftraggeber mit der Bauüberwachung/Bauaufsicht beauftragte Person keine dem Auftraggeber gegenüber dem Auftragnehmer obliegende Pflicht,[256] sondern nur seine eigene Vertragspflicht gegenüber dem Auftraggeber.

135 Anders als bei Planungs- und Koordinierungsfehlern[257] – siehe hierzu, gleichzeitig abgrenzend, unbedingt oben Rdn. 39, 43, 57, 58 – oder bei Veranlassung fehlerhafter Maßnahmen durch falsche Entscheidungen/Anweisungen auf Seiten des Auftraggebers oder seines Architekten[258] bzw. sonstige Überwachungsbeauftragten kann mithin der Auftragnehmer bei **mangelhafter Ausführung** seiner Werkleistung dem Auftraggeber nicht entgegenhalten, er oder sein Architekt etc. habe eine Pflicht zur Bauaufsicht oder zur ordnungsgemäßen (mangelfreien, fehlerfreien, ausreichenden, besseren) Bauaufsicht verletzt. Insoweit ist der **Architekt** etc. **nicht Erfüllungsgehilfe** des Bauherrn/Bestellers/Auftraggebers, weil dieser dem Unternehmer/Auftragnehmer im Rahmen des Bauvertrages keine Beaufsichtigung schuldet, der Unternehmer/Auftragnehmer also keinen Anspruch auf ordnungsgemäße Beaufsichtigung hat.[259] Der (Bau-) Unternehmer, der mangelhaft arbeitet, kann sich daher nicht darauf berufen, nicht genügend beaufsichtigt worden zu sein.[260]

136 Somit ergibt sich für die Frage des Mitverschuldenseinwandes sowie des **Gesamtschuldausgleichs:** Führt die fehlende oder mangelhafte (unzureichende) Überwachung der Bauausführung zu einem Leistungsmangel oder zu einem Schaden gemäß den §§ 4 Nr. 7, 13 Nrn. 1, 5, 6, 7 VOB/B oder zu sonstigen Schäden des Auftraggebers aus und im Zusammenhang mit der Bauausführung, weil der Auftraggeber, sein Architekt oder sein sonst einschlägig Beauftragter einen Ausführungsfehler oder ein (sonstiges) schadensverursachendes Verhalten des Auftragnehmers nicht bemerkt hat, so kann der Auftragnehmer insoweit eventuellen Gewährleistungs- und Schadensersatzansprüchen des Auftraggebers nicht den Einwand des Mitverschuldens nach §§ 242 und 254 BGB entgegensetzen.[261]

137 Nimmt in einem solchen Fall der Auftraggeber sowohl den von ihm mit der Bauüberwachung/Bauaufsicht beauftragten Architekten oder sonstigen Beauftragten als auch den Bauauftragnehmer/Bauunternehmer gesamtschuldnerisch in Anspruch, so haftet grundsätzlich im Innenverhältnis gemäß **§ 426 BGB** der Bauauftragnehmer/Bauunternehmer allein.[262] So ist der Auftraggeber dem Auftragnehmer grundsätzlich nicht verpflichtet, ihn

---

[256] BGH NJW-RR 2002, 1175 = NZBau 2002, 514; BGH NJW 1973, 518, 519 = BauR 1973, 190, 191; in Fortführung u. Bestätigung dieser Rechtsprechung: BGH NJW 1985, 2475/2476 = BauR 1985, 561, 562 = ZfBR 1985, 282/283; OLG Köln BauR 1996, 904 LS 3; „Architekt nicht Erfüllungsgehilfe" auch schon: BGH NJW 1972, 47, 448 = BauR 1972, 112 = Betr 1972, 184; im Übrigen vgl. auch die in vorstehender Fn. angeführte Literatur und: *Ingenstau/Korbion* VOB/B § 13 Rdn. 315 und Palandt/*Sprau* BGB § 631 Rdn. 26; *Werner/Pastor* Rdn. 1494, 1985, 1993.

[257] Vgl. BGH NJW 1985, 2475/2476 = BauR 1985, 561, 562 = ZfBR 1985, 282/283 m. w. N.; *Vygen* Bauvertragsrecht Rdn. 586; *Werner/Pastor* Rdn. 1494, 1985, 1993; 1980 ff.

[258] OLG Stuttgart Schäfer/Finnern Z. 2414 Bl. 252, 253 = MDR 1971, 299, 300 = VersR 1970, 531, 532 unter Bezugnahme auf BGH Schäfer/Finnern Z. 2400 Bl. 44, 45 = VersR 1968, 152, 153.

[259] BGH NJW-RR 2002, 1175 = NZBau 2002, 514; BGH NJW 1998, 456, 458 = BauR 1997, 1021, 1025 l.Sp. = ZfBR 1998, 33, 34 unten/35 oben; BGHZ 95, 128, 131 = NJW 1985, 2475/2476 = BauR 1985, 561, 562 = ZfBR 1985, 282/283 m. w. N.; BGH NJW 1973, 518, 519 = BauR 1973, 190, 191 = Schäfer/Finnern Z. 3.00 Bl. 245, 247 = Betr 1973, 616, 617; BGH NJW 1972, 447, 448 = BauR 1972, 112 sowie die Ausführungen und Nachweise oben bei Rdn. 125 und *Ingenstau/Korbion* VOB/B § 13 Rdn. 315; § 13 Rdn. 677; *Kapellmann/Messerschmidt/Merkens* VOB/B § 14 Rdn. 14.

[260] BGZ 66, 43, 47 = NJW 1976, 516, 517 = BauR 1976, 131, 133 m. w. N.

[261] BGH NJW-RR 2002, 1175 = NZBau 2002, 514; BGH NJW 1973, 518, 519 = BauR 1973, 190, 191 = Schäfer/Finnern Z 3.00 Bl. 245, 247 = Betr 1973, 616, 617; *Heiermann/Riedl/Rusam* VOB/B § 4 Rdn. 15; *Ingenstau/Korbion* VOB/B § 13 Rdn. 315; *Kapellmann/Messerschmidt/Merkens* VOB/B § 4 Rdn. 14; *Nicklisch/Weick* VOB/B § 4 Rdn. 28; *Vygen* Bauvertragsrecht Rdn. 588; *Werner/Pastor* Rdn. 1494, 1985, 1993; *Eberz* BauR 1995, 442, 445 l. Sp. u./r. Sp. o. m. w. N.

[262] Siehe hierzu die Kommentierung → § 13 zur gesamtschuldnerischen Haftung und zur diesbezüglichen Ausgleichspflicht im Innenverhältnis; außerdem: BGH NJW 1971, 752, 753 = Betr 1971, 1106 = MDR 1971, 381, 382 = Schäfer/Finnern Z 4.15 Bl. 44, 45/46 = VersR 1971, 476, 477 (für den Fall, dass auf der Baustelle ein Bauarbeiter durch Verschulden des Bauunternehmers als seines Arbeitgebers verunglückte); *Ingenstau/Korbion* VOB/B § 13 Rdn. 324.

darauf zu überwachen oder überwachen zu lassen, dass er den Beton für das Bauwerk in der vereinbarten und erforderlichen Güte herstellt, weshalb kein Mitverschulden des Auftraggebers wegen mangelhafter Überwachung vorliegt.[263]

Da keine Auskunftspflicht gegenüber dem Bauunternehmer besteht, kann dieser auch keine Ansprüche stellen, wenn er selbst die einschlägigen **Sicherheitsvorschriften** mißachtet und deshalb ein Gerüst einstürzt, durch das die Arbeiter zu Schaden kommen.[264] 138

Die Überwachung obliegt dem Besteller/Auftraggeber – von besonders gelagerten Ausnahmefällen abgesehen – auch nicht unter dem Aspekt einer **Schadensabwendungspflicht,** wonach ein ordentlicher und verständiger Mensch sich selbst vor Schaden bewahrt; denn der Besteller/Auftraggeber darf sich grundsätzlich darauf verlassen, dass der Bauunternehmer/Auftragnehmer die versprochene Leistung erbringt.[265] 139

### 3. Ausnahmen vom Grundsatz

**a) Ausnahmsweise Alleinhaftung des Auftraggebers oder seines Überwachungs- 140 beauftragten.** Der Grundsatz, wonach der Auftragnehmer dem Auftraggeber einen Überwachungsfehler nicht haftungsmindernd oder haftungsbefreiend nach § 254 BGB entgegenhalten kann oder wonach er im Innenverhältnis zu der vom Auftraggeber mit der Bauüberwachung/Bauaufsicht beauftragten Person (z. B. Architekt) gemäß § 426 BGB die Gewährleistungs- oder Schadenslast alleine tragen muss, hat – vom Auftragnehmer zu beweisende – Ausnahmen: **Erkennt** nämlich der Auftraggeber oder sein Überwachungsbeauftragter tatsächlich einen konkreten Schaden oder eine konkrete Gefahrenlage, weist er aber den Auftragnehmer nicht darauf hin oder schreitet sonst nicht dagegen ein, so kann in Umkehr der Entscheidung des BGH vom 18. 1. 1973[266] im Innenverhältnis den Auftraggeber oder seinen Planungsbeauftragten die **alleinige Haftung** treffen. Das muss auch im Fall besserer Mangel- oder Schadensvermeidungs-Sachkunde des Beaufsichtigenden, wenn sie vom Auftragnehmer nicht erwartet werden kann, der Fall sein.[267]

Die **alleinige Haftung** (= Anspruchsverlust) trifft auch den Auftraggeber, der selbst oder 141 durch seinen Beauftragten in mindestens leichtfertiger und grob fahrlässiger Weise den Auftragnehmer durch verlässlich wirkende, aber in Wirklichkeit unzutreffende Angaben über die tatsächlichen Verhältnisse eines Gefahrenbereiches **veranlasst,** bei der Ausführung der Leistung seiner in der Eigenverantwortlichkeit und Eigenleitungspflicht (im VOB-Vertrag gemäß § 4 Nr. 2 Abs. 1 VOB/B) begründeten Eigenkontrollpflicht nicht zu genügen;[268] das Gleiche gilt für den Auftraggeber, der es gegenüber dem Auftragnehmer übernimmt, Maßnahmen durchzuführen, die an sich in den Eigenverantwortungs- und Eigenleitungsbereich

---

[263] BGH Schäfer/Finnern Z 2410 Bl. 26, 27 = VersR 1962, 1062, 1063; BGH NJW 1971, 615 = BauR 1971, 124 = Schäfer/Finnern Z 2301 Bl. 35, 40 (in beiden Entscheidungen ging es um verlangte, aber nicht eingehaltene Betongüte B 225); *Ingenstau/Korbion* VOB/B § 4 Nr. 1 Rdn. 59.

[264] BGH NJW 1971, 752, 753 = Betr 1971, 1106 = Schäfer/Finnern Z 4.15 Bl. 44, 45/46, wonach im Innenverhältnis zum bauüberwachenden Architekten der Bauunternehmer gem. § 426 BGB den durch Gerüsteinsturz entstandenen Schaden seiner Arbeitnehmer allein zu tragen hatte.

[265] BGH Schäfer/Finnern Z 2410 Bl. 26, 27/28 = VersR 1962, 1062, 1063; *Nicklisch/Weick* VOB/B § 4 Rdn. 28; auf den Einzelfall bezogen: *Ingenstau/Korbion* VOB/B § 4 Nr. 1 Rdn. 59 a. E.

[266] BGH NJW 1973, 518, 519 = BauR 1973, 190, 191 = Schäfer/Finnern Z 3.00 Bl. 245, 247 = Betr 1973, 616, 617; *Bindhardt/Jagenburg* § 9 Rdn. 29; *Werner/Pastor* Rdn. 1993 a. E.; *Schmalzl* Die Haftung des Architekten und des Bauunternehmers Rdn. 242; zurückhaltender, nämlich statt Alleinverantwortlichkeit des Architekten bzw. sonstigen Planungsbeauftragten von „Mitverantwortlichkeit": *Heiermann/Riedl/Rusam* VOB/B § 4 Rdn. 15; *Ingenstau/Korbion* VOB/B § 4 Nr. 1 Rdn. 59 a. E.; § 13 Rdn. 677; ähnlich *Nicklisch/Weick* VOB/B § 4 Rdn. 28 („Mangelnde Überwachung führt ... nicht zu einem Mitverschulden des Auftraggebers ... Etwas anderes gilt lediglich in besonders gelagerten Ausnahmefällen ... z. B. dann ..., wenn der Auftraggeber bereits eine konkrete Gefahr erkannt hat, ohne dagegen einzuschreiten").

[267] OLG Braunschweig BauR 1991, 355 (bei besserer Sachkunde des Aufsichtsführenden, die vom Auftragnehmer nicht zu erwarten ist, z. B. bezüglich besonders schadensanfälliger Bauteile, die außerhalb der eigentlichen direkten Bauleistung des Auftragnehmers liegen). So auch *Kapellmann/Messerschmidt/Merkens* VOB/B § 4 Rdn. 14.

[268] Vgl. BGH BB 1991, 1740, 1741 (Yacht-Motorraum-Brand durch Schneidbrennerarbeiten).

§ 4 Nr. 1                                 Koordination und Überwachung durch Auftraggeber

mit dem darin eingeschlossenen **Eigenkontrollbereich** (Eigenüberwachungsbereich) des Auftragnehmers fallen.[269]

142  **b) Ausnahmsweise beiderseitige (Mit-) Haftung im Rahmen von § 254 BGB und von § 426 BGB.** Je nach Fallage kann aber auch eine beiderseitige Mitverantwortlichkeit und (Mit-) Haftung im Verhältnis Auftragnehmer-Auftraggeber nach § 254 BGB bzw. im Innenverhältnis Architekt/sonstiger Überwachungsbeauftragter zum Bauunternehmer nach § 426 BGB mit hälftiger oder sonst quotenmäßiger Schadensverteilung gerechtfertigt sein.[270] Das kann etwa in folgenden Fällen eintreten:
– wenn der Architekt es schuldhaft unterlassen hat, den Bauunternehmer auf schwer erkennbare Gefahren des an sich nicht fehlerhaften Planes hinzuweisen[271]
– wenn der Aufsichtsführende kraft einer besseren, von dem Bauunternehmer nicht zu erwartenden Sachkunde die Mangelhaftigkeit allein oder jedenfalls besser/leichter feststellen konnte als dieser, was vor allem für die Ausführung besonders schadensanfälliger, für die Gesamtbaumaßnahme wichtiger Bauteile gilt.[272] In beiden Fällen kann die Quotierung im Einzelfall auch zur Null-Haftung des Auftragnehmers führen.
– oder wenn es sich bei der entscheidenden Ursache des Baumangels oder des Schadens um einen Ausführungsfehler handelt, der sich auf der Baustelle ständig wiederholt oder über einen längeren Zeitraum erstreckt hat, so dass er von dem Aufsichtsführenden bei ordnungsgemäßer Überwachung ohne Mühe bemerkt werden konnte.[273]

143  **c) Weitere Ausnahme: („Unechte") Überwachung und Überwachungspflicht im Rahmen der Koordinationspflicht des Auftraggebers.** Streng zu trennen und zu unterscheiden ist das Überwachungsrecht des Auftraggebers von der Pflicht des Auftraggebers nach § 4 Nr. 1 Abs. 1 Satz 1 VOB/B, für die Aufrechterhaltung und bereits Schaffung der allgemeinen Ordnung auf der Baustelle zu sorgen (räumliche Koordination) und das Zusammenwirken der verschiedenen Unternehmer zu regeln (Leistungs- und Ablaufkoordination). Die genannte Koordination schuldet der Auftraggeber dem Auftragnehmer ebenso wie die Übergabe der für die Ausführung nötigen Unterlagen nach § 3 Nr. 1 VOB/B. Der Auftraggeber ist somit dem Auftragnehmer für nicht einwandfreie, fehlerhafte Koordination verantwortlich und hat ihm gegenüber nach §§ 254, 278 BGB für ein diesbezügliches Verschulden des mit der Koordination beauftragten Architekten oder sonstigen Beauftragten einzustehen, der insoweit Erfüllungsgehilfe des Auftraggebers ist. Hierzu ist allgemein zur Koordinationspflicht auf Rdn. 1–59 zu verweisen, zur Abgrenzung der Überwachung von der Koordination speziell siehe Rdn. 38–43, 57/58, 59–62 mit Nachweisen und Beispielen.

144  Danach gilt: Soweit der Auftraggeber oder sein Beauftragter die Bauüberwachung/Bauaufsicht (zugleich) zum Zweck der dem Auftraggeber obliegenden Koordination ausübt, sich ihrer also als (rechtliches) **Hilfsmittel** für die Schaffung und Aufrechterhaltung der allgemeinen Ordnung auf der Baustelle und für die Regelung des Zusammenwirkens der verschiedenen Unternehmer bedient, **haftet** er dem Auftragnehmer bzw. muss sich von ihm den Eigen- bzw. Mitverschuldenseinwand nach §§ 242, 254, 278 BGB entgegenhalten lassen, insoweit als eine fehlende oder fehlerhafte Bauüberwachung/Bauaufsicht zu einem schadensverursachenden bzw. mangelverursachenden Koordinierungsfehler führt. Hierbei handelt es sich in Wahrheit um die Einstandspflicht für einen Fehler bei der Koordinierung, zu der insoweit die Überwachung in einem untergeordneten Mittel – Zweck – Verhältnis steht.

---

[269] OLG Braunschweig BauR 1991, 355.
[270] BGHZ 28, 297, 300; BGH Schäfer/Finnern Z 3.01 Bl. 325, 326; *Ingenstau/Korbion* VOB/B § 13 Rdn. 324; *Bindhardt/Jagenburg* § 9 Rdn. 29; *Werner/Pastor* Rdn. 1994–1996, auch 1993; *Locher* PrivBauR Rdn. 290; *Schmalzl* Die Haftung des Architekten und des Bauunternehmers Rdn. 242; *Wussow* NJW 1974, 9 ff, 15.
[271] BGH Schäfer/Finnern Z 3.01 Bl. 325, 326; *Ingenstau/Korbion* VOB/B § 13 Rdn. 324.
[272] *Ingenstau/Korbion* VOB/B § 13 Rdn. 324; BGH v. 14. 5. 1970 – VII ZR 154/69. Wie hier auch *Kapellmann/Messerschmidt/Merkens* VOB/B § 4 Rdn. 14 u. *Leinemann/Sterner* VOB/B § 4 Rdn. 19.
[273] *Werner/Pastor* Rdn. 1996 unter Berufung auf *Wussow* NJW 1974, 9, 15.

Koordination und Überwachung durch Auftraggeber § 4 Nr. 1

Insoweit kann man also von einer „scheinbaren" oder „unechten" „Überwachungspflicht" des Auftraggebers sprechen.

Im Übrigen ist darauf hinzuweisen, dass die **Abgrenzung** und Zuordnung zum Planungs- und Koordinierungsbereich einerseits und zum Bauüberwachungsbereich andererseits oft **schwierig** und problematisch sein kann, was bereits unter Rdn. 41–43, 57/58 näher behandelt ist. 145

### 4. (Deliktsrechtliche) Überwachungspflicht gegenüber Dritten

Unberührt bleibt die etwa Dritten gegenüber bestehende Überwachungspflicht des Auftraggebers (oder seines Architekten oder sonstigen Beauftragten), etwa Grundstücksnachbarn, Besuchern, Passanten etc., zur Verhütung von Schäden durch Gefahren aus der Durchführung der Baumaßnahme oder aus dem Bauwerk. Dabei sind insbesondere angesprochen die Verletzung der **Verkehrssicherungspflicht** oder sonstige Fälle gesetzlicher Haftpflicht i. S. von § 10 VOB/B, vor allem nach §§ 823 ff BGB; für den Haftungsausgleich im Innenverhältnis zum Bauunternehmer gilt § 840 Abs. 1 BGB,[274] jedoch nach Maßgabe von § 10 Nr. 2 bis 6 VOB/B. 146

### III. Funktionelle Reichweite und Begrenzung des Überwachungsrechts

Die Überwachungsbefugnis erstreckt sich, wie bereits der Wortlaut von § 4 Nr. 1 Abs. 2 Satz 1 VOB/B aussagt, nur auf die **„vertragsgemäße" Ausführung** der Bauleistung des Auftragnehmers und beschränkt sich auf eine lediglich beobachtende, überprüfende und vergleichende Tätigkeit.[275] Diese Beschränkung und Begrenzung ergibt sich schon nach dem Sprachverständnis aus dem Begriffsinhalt des Wortbestandteils „Überwachung" und weiterhin auf der einen Seite – in Richtung der Unternehmerverpflichtung – aus der bereits behandelten Eigenverantwortlichkeit und Eigenleitung bei der Leistungsausführung nach § 4 Nr. 2 Abs. 1 VOB/B, auf der anderen Seite – in Richtung der Auftraggeberbefugnisse – aus dem als Institution eigenständigen, gesondert geregelten Anordnungsrecht des Auftraggebers nach § 4 Nr. 1 Abs. 3 und 4 VOB/B. Zwischen diesen Polen liegt sozusagen das Überwachungsrecht, welches als solches demnach nicht zur Einmischung und zu Eingriffen in die Bautätigkeit und in das Leitungsrecht des Auftragnehmers berechtigt.[276] Die **Eigenverantwortung** des Auftragnehmers wird durch das Überwachungsrecht des Auftraggebers also nicht berührt, das Überwachen ist mithin, wie auch bereits in den vorstehenden Randnummern aufgezeigt, kein Abnehmen der Verantwortung des Auftragnehmers durch den Auftraggeber.[277] 147

Die beobachtende, überprüfende und vergleichende Tätigkeit der Überwachung ist eine **Kontrolle** der Übereinstimmung der tatsächlich ausgeführten und auszuführenden **Leistungen mit** den **Leistungsvorgaben,** insbesondere also den Vertragsunterlagen, (Vertragsbedingungen, Leistungsbeschreibung, Technischen und sonstigen Vertragsbedingungen, Plänen, sonstigen Ausführungsunterlagen und dergleichen) und den gemäß § 4 Nr. 1 Abs. 3 VOB/B oder sonst zulässigen Auftraggeber-Anordnungen.[278] 148

---

[274] Vgl. BGH NJW 1970, 2290 = BauR 1971, 64 m. Anm. *Wilts* = *Schäfer/Finnern* Z 4.13 Bl. 130 (sogenannter „Wendeltreppenfall", bei dem eine Besucherin auf der Treppe gestürzt war, weil diese infolge planwidriger Ausführung gefahrbringende Bauwerksmängel aufwies); BGH NJW 1969, 2140; VersR 1966, 145; OLG Düsseldorf NJW 1965, 1278 (geschützte Interessen des Grundstücksnachbarn als Auslöser der Überwachungspflicht); *Heiermann/Riedl/Rusam* VOB/B § 4 Rdn. 15; *Bindhardt/Jagenburg* § 6 Rdn. 136, § 9 Rdn. 33 m. w. N.; *Schmalzl* Die Haftung des Architekten und des Bauunternehmers Rdn. 248 ff.
[275] *Heiermann/Riedl/Rusam* VOB/B § 4 Rdn. 13; *Ingenstau/Korbion* VOB/B § 4 Nr. 1 Rdn. 58; *Nicklisch/Weick* VOB/B § 4 Rdn. 22.
[276] *Heiermann/Riedl/Rusam* VOB/B § 4 Rdn. 13; *Ingenstau/Korbion* VOB/B § 4 Nr. 1 Rdn. 58; *Nicklisch/Weick* VOB/B § 4 Rdn. 22.
[277] *Ingenstau/Korbion* VOB/B § 4 Nr. 1 Rdn. 57.
[278] Vgl. *Heiermann/Riedl/Rusam* VOB/B § 4 Rdn. 13; *Ingenstau/Korbion* VOB/B § 4 Nr. 1 Rdn. 58.

§ 4 Nr. 1 Koordination und Überwachung durch Auftraggeber

**149** Soweit Übereinstimmung zwischen beidem festzustellen ist, hat sich die Überwachungsbefugnis des Auftraggebers bereits erschöpft. Soweit auf Grund der – sorgfältig vorzunehmenden – Überlegungen des Auftraggebers **Differenzen** zwischen beidem bestehen, ist er im Verhältnis zu seinem Auftragnehmer berechtigt – und im Verhältnis zu seinem etwaigen eigenen Auftraggeber (oben Rdn. 129 i. V. m. Rdn. 122) sogar verpflichtet – den Auftragnehmer auf die entdeckten Unstimmigkeiten zwischen tatsächlicher Ausführung und Ausführungsvorgabe hinzuweisen.[279] Dem Auftragnehmer ist dann Gelegenheit zur Stellungnahme zu geben;[280] Hier ist dann die **Nahtstelle zum Anordnungsrecht** des Auftraggebers nach § 4 Nr. 1 Abs. 3 und im gegebenen Fall Abs. 4 VOB/B, indem die Überwachung die Vertrags-Anordnungen vorbereitet und das weitere Überwachungsrecht wiederum der Kontrolle der Befolgung solcher Anordnungen dient.

### IV. Einzelne der Überwachung dienende Rechte und Hilfsmittel

#### 1. Zutrittsrecht (Absatz 2 Satz 2)

**150** a) **Sachlicher Anwendungsbereich.** Nach § 4 Nr. 1 Abs. 2 Satz 2 VOB/B hat der Auftraggeber **Zutritt** zu den Arbeitsplätzen, Werkstätten und Lagerräumen, wo die vertragliche Leistung oder Teile von ihr hergestellt oder die „hierfür bestimmten" Stoffe und Bauteile gelagert werden. Diesen Zutritt hat aber der Auftraggeber nur zweckbezogen und damit zugleich zweckbeschränkt, wie sich aus dem Satzeingangswort „Hierzu" ergibt, welches sich auf die im Satz 1 genannte Überwachung bezieht. Die vertragsrechtliche Institutionalisierung eines solchen Rechtes ist notwendig, weil es sich bei den hier angesprochenen Plätzen und Räumlichkeiten um einen Bereich handelt, der grundsätzlich der Verfügungsgewalt des Auftragnehmers sowie seiner Subunternehmer, nicht jedoch der des Auftraggebers unterliegt.[281] Dazu gehören auch die Räumlichkeiten, die der Auftraggeber dem Auftragnehmer zur ausschließlichen Benutzung überlassen hat, worunter auf der Grundlage von § 4 Nr. 1 Abs. 1 Satz 1 VOB/B – allgemeine Ordnung auf der Baustelle – z. B. ein abgesperrter oder sonstiger bestimmter Platz auf dem Baugelände oder Nebengelände zu verstehen ist, der dem Auftragnehmer vom Auftraggeber zur Errichtung von Barracken und Werk-, Lager- und Abstell-/Unterstellräumen für Geräte, Stoffe, Bauteile usw. zur Verfügung gestellt worden ist.[282] Wie sich aus der Formulierung von § 4 Nr. 1 Abs. 2 Satz 2 VOB/B ergibt, können die genannten Plätze, Stätten und Räumlichkeiten allerdings auch außerhalb des Baustellenbereiches gelegen sein,[283] weil § 4 Nr. 1 Abs. 2 Satz 2 VOB/B eine örtliche Lage für die Plätze und Räumlichkeiten nicht nennt, was der in der Praxis oft anzutreffenden Ansiedlung auch außerhalb des Baustellenbereichs entspricht.

**151** Zu den Begriffen **„vertragliche Leistung"** = (vertragliche „Bauleistung") sowie **„Teile" von ihr** ist auf § 1 VOB/A, „Bauleistungen", zu verweisen, wobei gemäß § 1 Nr. 1 Satz 1 VOB/B „die auszuführende Leistung nach Art und Umfang durch den Vertrag bestimmt" wird. Vgl. auch → § 4 Nr. 8 Rdn. 19, 20. Danach und wie sich aus § 4 Nr. 8 Abs. 2 VOB/B ergibt („Bauleistungen"), ist auch die von einem Nachunternehmer/Subunternehmer zu erbringende und erbrachte „Bauleistung" oder sind von Subunternehmern zu erbringende und erbrachte „Bauleistungen" „vertragliche Leistung" bzw. „Teile" der vertraglichen Leistung i. S. von § 4 Nr. 1 Abs. 2 Satz 2 VOB/B nicht nur im Verhältnis zu dem Auftragnehmer, welcher als Auftraggeber des Nachunternehmers fungiert, sondern

---

[279] *Ingenstau/Korbion* VOB/B § 4 Nr. 1 Rdn. 58.
[280] *Ingenstau/Korbion* VOB/B § 4 Nr. 1 Rdn. 58.
[281] *Ingenstau/Korbion* VOB/B § 4 Nr. 1 Rdn. 61.
[282] *Ingenstau/Korbion* VOB/B § 4 Nr. 1 Rdn. 61.
[283] *Heiermann/Riedl/Rusam* VOB/B § 4 Rdn. 13. So auch *Kapellmann/Messerschmidt/Merkens* VOB/B § 4 Rdn. 16.

Koordination und Überwachung durch Auftraggeber  § 4 Nr. 1

über jenen auch im Verhältnis zu dessen Auftraggeber (bis hinauf zum Bauherrn bzw. dem ersten Auftraggeber in der Auftraggeber-Auftragnehmer-Kette).

„**Hierfür**", also für die vertragliche Leistung oder für Teile von ihr, „**bestimmte** **Stoffe oder Bauteile**" sind alle Hilfs- und Arbeitsmittel, die der Herstellung gerade des gegenständlichen Bauwerkes dienen, sei es dass sie wie die Baustoffe und die Bauteile substantiell in das Bauwerk eingehen, sei es dass sie wie die Bauhilfsstoffe und Baubetriebsstoffe ohne Verwendung und Verwertung im Bauwerk selbst mittelbar die Bauausführung (mit) ermöglichen.[284]   152

Die vorgenannte – für das Zutrittsrecht notwendige – vertragsleistungsbezogene Zweckbestimmtheit muss **nach außen erkennbar** sein, und zwar nach dem Zweck der Regelung in der Weise, dass der Auftraggeber sie der seinem Auftragnehmer in Auftrag gegebenen Leistung zuordnen kann. Bei speziell und eigens für das Bauvorhaben angefertigten Bauteilen wie „**maßgeschneiderten**" Fenstern und Türen oder vorgefertigten Bauelementen bzw. Fertigteilen (z. B. Wände, Decken usw.) ist dies von vornherein zweifelsfrei möglich.[285]   153

Zweifel und Schwierigkeiten bezüglich der vorgenannten Zweckbestimmtheit können jedoch auftreten, wenn für die Erbringung der vertraglichen Bauleistung Stoffe und Bauteile einschließlich Fertigteile verwendet werden, die nicht nach besonderen Plänen gerade und eigens für das betreffende Bauvorhaben hergestellt, sondern **serienmäßig** gefertigt werden. Hier kommt es darauf an, ob die Lagerung so geartet ist oder ob bei der Lagerung eine derartige Kennzeichnung vorhanden ist oder ob anderweitige Anhaltspunkte dafür bestehen, dass der Bezug zum konkreten Bauvorhaben erkennbar ist; dann sind auch solche gelagerten Stoffe (etwa Stahl, Zement, Ziegel, Kalk, Sand, Farbe, Leim, Holz usw.) und Bauteile (etwa serienmäßige Fertigteile) i. S. von § 4 Nr. 1 Abs. 2 Satz 2 VOB/B „hierfür", also für die „vertragliche Leistung" oder „Teile von ihr" „bestimmt". Wegen der bei serienmäßigen Stoffen und Bauteilen vorhandenen Ungewissheit sollte vorsichtshalber durch ausdrückliche Vereinbarung das diesbezügliche Überwachungs- und Zutrittsrecht sichergestellt werden.[286]   154

**b) Nicht nur Betriebs-, Fertigungs- und Lagerstätten des unmittelbaren Auftragnehmers.** Die Regelung des Zutrittsrechtes in § 4 Nr. 1 Abs. 2 Satz 2 VOB/B spricht nicht vom Zutritt zu den Arbeitsplätzen, Werkstätten und Lagerräumen „des Auftragnehmers", sondern bestimmt die Örtlichkeiten schlicht allein danach, dass dort die Leistung, Leistungsteile, Stoffe und Bauteile „hergestellt" oder „gelagert" werden. Es ist auch – trotz der Regelung von § 4 Nr. 8 VOB/B – keine Unterscheidung getroffen, ob die Leistung oder Leistungsteile oder die hierfür bestimmten Stoffe und Bauteile vom unmittelbaren Auftragnehmer selbst oder aus der Sicht des Auftraggebers von einem Nachunternehmer oder sonstigen Dritten (Hersteller, Zulieferer) gefertigt und geliefert werden. Von diesem Ausgangspunkt her wurde **in der ersten Auflage nachstehende Auffassung** vertreten:   155

*Damit besteht das Zutrittsrecht von der Regelung in Absatz 2 Satz 2 her auch in Bezug auf die Betriebs-, Fertigungs- und Lagerstätten der* **Nachunternehmer** *und nachgeschalteten Nachunternehmer in der Auftraggeber-Auftragnehmer-Kette sowie der* **Lieferanten** *des Auftragnehmers und deren (auch nachgeschalteten) Nachunternehmer. Entgegen anders vertretener Meinung, wonach nur die Betriebs-, Fertigungs- und Lagerstätten des unmittelbaren Auftragnehmers, nicht aber diejenigen der Nachunternehmer und der Stoffe- und Teilelieferanten dem Zutrittsrecht unterstehen,[287] müssen auch die Nachunternehmer und die nachgeschalteten Nachunternehmer sowie die Lieferanten nicht nur den Zutritt ihres unmittelbaren Auftraggebers, sondern auch des Bestellers „weiter oben" in der* **Auftraggeber-Auftragnehmer-Kette** *dulden.[288] Rechtliche Grundlage dieser Duldungspflicht ist die im*   156

---

[284] Zur Abgrenzung der „Leistung" zu „Stoffe" („Materialien") und „Bauteile" siehe → § 7 Rdn. 4 und bei → § 4 Nr. 8 Rdn. 19, 20.
[285] Vgl. *Daub/Piel/Soergel/Steffani* ErlZ B 4.32.
[286] Vgl. *Daub/Piel/Soergel/Steffani* ErlZ B 4.32.
[287] *Heiermann/Riedl/Rusam* VOB/B § 4 Rdn. 13; *Ingenstau/Korbion* VOB/B § 4 Nr. 1 Rdn. 61; *Nicklisch/Weick* VOB/B § 4 Rdn. 23.
[288] *Daub/Piel/Soergel/Steffani* ErlZ B 4.32.

**§ 4 Nr. 1**  Koordination und Überwachung durch Auftraggeber

*Verhältnis zwischen Auftragnehmer und Nachunternehmer – ohnehin nach § 4 Nr. 8 Abs. 2 VOB/B – zu vereinbarende VOB/B mit § 4 Nr. 1 Abs. 2 Satz 2 VOB/B.*

Bei gegenteiligem – dann aber durch den Wortlaut nicht gerechtfertigtem – Verständnis von § 4 Nr. 1 Abs. 2 Satz 2 VOB/B könnte der Auftragnehmer das Überwachungs- und Zutrittsrecht des Auftraggebers in der Substanz dadurch **unterlaufen**, dass er zu diesem Zweck die vertragliche Leistung oder Leistungsteile sowie die hierfür bestimmten Stoffe und Bauteile durch Nachunternehmer und Lieferanten herstellen und/oder bei diesen lagern lässt, um sich „nicht in die Karten schauen zu lassen". Das liegt sicherlich auch nicht in der Intention von VOB/B, was sich daraus ergibt, dass von VOB/B die bereits eingangs dieses Abschnitts erwähnte generalisierende Fassung in Nr. 1 Abs. 2 Satz 2 gewählt wurde, wobei und obwohl zugleich die Regelung in § 4 Nr. 8 VOB/B über die Möglichkeit der Weitervergabe von Bauleistungen an Nachunternehmer sowie die bekannte bauliche Praxis des Bezuges von Stoffen und Bauteilen und deren Lagerung bei den Herstellern oder Lieferanten bestanden hat.

157 An der unter Rdn. 156 wiedergegebenen hiesigen Auffassung in der ersten Auflage wird auf Grund der Gegenargumente von *Merkens* in *Kapellmann/Messerschmidt* VOB/B § 4 Rdn. 16 nicht festgehalten und vielmehr der seinerzeit abgelehnten Gegenmeinung[289] gefolgt, wonach gemäß § 4 Nr. 1 Abs. 2 Satz 2 VOB/B nur die Arbeitsplätze, Werkstätten und Lagerräume des unmittelbaren Auftragnehmers dem Zutrittrecht des Auftraggebers unterstehen. Denn, worauf Merkens zutreffend hinweist, kann es sich bei der vorgenannten Zutrittsregelung nur um eine VOB/B-Vereinbarung zwischen dem jeweiligen Auftraggeber und Auftragnehmer mit Reichweite zwischen diesen Parteien handeln, da anderenfalls eine nicht zulässige Vereinbarung „zu Lasten Dritter", nämlich des Nachunternehmers vorliegen würde.

Zwar sind aus der Vertragssicht des Auftraggebers die vom Nachunternehmer (und von Nach-Nachunternehmern) hergestellte Leistung oder Teilleistung vertragsrechtlich eine solche des Auftragnehmers und die hierfür bestimmten gelagerten Stoffe und Bauteile eines Nachunternehmers oder Lieferanten vertragsrechtlich ebenfalls solche des Auftragnehmers, so dass von daher im Vertragsverhältnis zu seinem Auftraggeber der Auftragnehmer dafür zu sorgen hat, dass dieser Auftraggeber Zutritt auch zu den eben genannten Leistungen, Teilleistungen, Stoffen und Bauteilen erhält. Aber dieses Problem muss und kann nur, auf Grund der Eigenständigkeit der jeweiligen Vertragsverhältnisse zwischen Auftraggeber und Auftragnehmer sowie zwischen Auftragnehmer und Nachunternehmer (und weiter so in der eventuellen Auftraggeber-Auftragnehmer-Kette), dadurch gelöst werden, dass der (jeweilige) Auftragnehmer die in nachstehenden Rdn. 158, 159 genannte Vereinbarung trifft oder den (jeweiligen) Auftraggeber ermächtigt, sein, des Auftragnehmers gegenüber dem Nachunternehmer begründetes eigenes Zutrittsrecht auszuüben, wobei in beiden Fällen zweckmäßigerweise das eigene Zutrittsrecht ausdrücklich beizubehalten ist.

158 Sicherheitshalber empfiehlt es sich, diese Thematik durch besondere **Vereinbarungen** zwischen Auftraggeber und Auftragnehmer einerseits und Auftragnehmer und Nachunternehmer bzw. Lieferant andererseits zu regeln, und zwar dahin, dass auch der vorgeordnete Auftraggeber unmittelbar das Zutrittsrecht haben soll.[290]

159 Jedenfalls aber dürfte die mit dem Überwachungsrecht des Auftraggebers als notwendiges Korrelat verbundene gleichlaufende **Duldungspflicht** des unmittelbaren Auftragnehmers auch hinsichtlich des Zutritts dessen **Verpflichtung** beinhalten, dem Auftraggeber den Zutritt zu **allen** in § 4 Nr. 1 Abs. 2 Satz 2 VOB/B genannten Arbeitsplätzen, Werkstätten und Lagerräumen einschließlich derer der Nachunternehmer und Lieferanten **zu ermöglichen**, z. B. durch entsprechende vertragliche Vereinbarung mit den Nachunternehmern und

---

[289] *Kapellmann/Messerschmidt/Merkens* VOB/B § 4 Rdn. 16 im Anschluss an *Ingenstau/Korbion* VOB/B § 4 Nr. 1 Rdn. 61 und *Nicklisch/Weick* VOB/B § 4 Rdn. 34; ebenso *Heiermann/Riedl/Rusam* VOB/B § 4 Rdn. 13.
[290] Wie dies von *Daub/Piel/Soergel/Steffani* ErlZ B 4.32, *Ingenstau/Korbion* VOB/B § 4 Nr. 1 Rdn. 61 und auch von *Kapellmann/Messerschmidt/Merkens* VOB/B § 4 Rdn. 16 angeregt wird.

Koordination und Überwachung durch Auftraggeber § 4 Nr. 1

den Lieferanten, anderenfalls § 4 Nr. 1 Abs. 2 Satz 2 VOB/B nicht erfüllt werden könnte und würde.

## 2. Einsichtsrecht (Absatz 2 Satz 3)

Nach § 4 Nr. 1 Abs. 2 Satz 3 VOB/B hat der Auftraggeber auf Verlangen einen Anspruch auf Vorlage der Werkzeichnungen oder anderer Ausführungsunterlagen sowie der Ergebnisse von Güteprüfungen zur Einsicht, wenn hierdurch keine Geschäftsgeheimnisse preisgegeben werden. Dieser Einsichtsvorlageanspruch ist bezogen und beschränkt auf die beauftragte Bauleistung und die Zweckdienlichkeit ihrer Überwachung, wie sich aus dem Zweckzusammenhang von Satz 3 in Verbindung mit dem Wort „Hierzu" eingangs des Satzes 2 ergibt, siehe hierzu bei Rdn. 164. Anspruchszweck ist, dass nur anhand dieser Unterlagen der Auftraggeber die Vertragsgemäßheit, insbesondere Mängelfreiheit der Bauausführung kontrollieren[291] und zu dieser Zwecksetzung auch feststellen kann, ob der Auftragnehmer nach den gemäß § 3 Nrn. 3 und 5 VOB/B **maßgebenden** Ausführungsunterlagen arbeitet.[292] Die dabei auch bestehende Pflicht zur Einsichtsvorlage der Güteprüfung-Ergebnisse wurde erstmals in die Fassung 1973 von VOB/B mit Rücksicht auf die Vielfalt neuer Baustoffe und Bauteile sowie des Einflusses, der Erfordernisse und Besonderheiten beim Fertigteilbau eingeführt, womit die Güteprüfung-Ergebnisse für jeden Auftraggeber erhebliche Bedeutung haben.[293] Es soll dem Auftraggeber somit die bessere Kontrolle der verwendeten Baustoffe und (Fertig-) Bauteile ermöglicht werden.[294]

160

Die Einsichts-Befugnis, die selbstverständlich nicht in Bereiche gehen darf, die mit der Erbringung der Leistung und dem Zweck ihrer Überwachung nichts zu tun haben,[295] ist **notwendig,** nachdem sich die Ausführungsunterlagen gemäß der Unterlagenübergabe-Verpflichtung des Auftraggebers nach § 3 Nr. 1 VOB/B und gemäß der Unterlagenrückgabe-Verpflichtung des Auftragnehmers nach § 3 Nr. 5 VOB/B während der Ausführungszeit in den Händen des Auftragnehmers befinden.[296] Wie sich aus dem Wortlaut „andere Ausführungsunterlagen" ergibt, sind von der Einsichts-Vorlagepflicht des § 4 Nr. 1 Abs. 2 Satz 3 alle vorhandenen Ausführungsunterlagen erfasst, also auch solche, die – etwa gemäß § 3 Nr. 1 bis 3 – vom Auftraggeber selbst stammen; denn vom Zweck des Auftraggeber-**Überwachungsrechtes** als Instrument der Vertragsgemäßheitskontrolle der Leistungsausführung her, hat der Auftraggeber ein dringendes Interesse daran, festzustellen, ob und inwieweit der Auftragnehmer tatsächlich auch nach und mit den vom Auftraggeber zur Verfügung gestellten Unterlagen arbeitet.

161

Das Einsichtsrecht erstreckt sich also sowohl auf die vom Auftraggeber nach § 3 Nr. 1 VOB/B dem Auftragnehmer zu liefernden und tatsächlich übergebenen **vorhandenen** Unterlagen, die deshalb in der Hand des Auftragnehmers sind als auch auf die **vorhandenen** Unterlagen, welche der Auftragnehmer nach Vertragsabschluss nach Maßgabe von § 3 Nr. 5 VOB/B in Verbindung mit den dort in Bezug genommenen Vertragsbestimmungen selbst anzufertigen hatte und angefertigt hat. Dies sind z. B. bestimmte Werkzeichnungen, die der Auftragnehmer etwa nach den (Allgemeinen, Zusätzlichen oder Besonderen) Technischen Vertragsbedingungen zu beschaffen hatte und auch beschafft hat. Der Einsichtsbefugnis des Auftraggebers unterliegen außerdem auch Ausführungsunterlagen, welche der Auftragnehmer von **dritter Seite** erhalten hat oder erhalten kann, wie z. B. Verlegepläne, Anweisungen der Hersteller von Bauteilen oder Ergebnisse von Güteprüfungen.[297] Die Beschaffung der **Güteüberprüfung** selbst durch den Auftragnehmer ergibt sich in der Regel aus den ATV

162

---

[291] *Heiermann/Riedl/Rusam* VOB/B § 4 Rdn. 13; *Nicklisch/Weick* VOB/B § 4 Rdn. 24.
[292] *Heiermann/Riedl/Rusam* VOB/B § 4 Rdn. 13; *Daub/Piel/Soergel/Steffani* ErlZ B 4.33.
[293] *Daub/Piel/Soergel/Steffani* ErlZ B 4.34; *Heiermann/Riedl/Rusam* VOB/B § 4 Rdn. 13; *Ingenstau/Korbion* VOB/B § 4 Nr. 1 Rdn. 63.
[294] *Nicklisch/Weick* VOB/B § 4 Rdn. 24.
[295] *Heiermann/Riedl/Rusam* VOB/B § 4 Rdn. 13.
[296] Vgl. *Daub/Piel/Soergel/Steffani* ErlZ B 4.33; *Ingenstau/Korbion* VOB/B § 4 Nr. 1 Rdn. 64.
[297] *Ingenstau/Korbion* VOB/B § 4 Nr. 1 Rdn. 64; vgl. auch *Daub/Piel/Soergel/Steffani* ErlZ B 4.33.

in VOB/C oder der gewerblichen Verkehrssitte (vgl. § 2 Nr. 1, § 3 Nr. 5 VOB/B) oder als selbstverständlich vorausgesetzte Auftragnehmer-Pflicht zur Erreichung der Mängelfreiheit nach § 13 Nr. 1 VOB/B.[298] Bei den vom Auftragnehmer angefertigten oder von ihm sonst beschafften (vgl. § 3 Nr. 5 VOB/B) Unterlagen ist zu unterscheiden die Vorlagepflicht des Auftragnehmers nach § 3 Nr. 5 VOB/B und die Vorlagepflicht nach § 4 Nr. 1 Abs. 2 Satz 3 VOB/B. Erstere ist der Abschluss der Beschaffungspflicht des Auftragnehmers, zweitere setzt ein, nachdem der Auftragnehmer die Unterlagen zur Ausführung seiner Vertragsleistung wieder in die Hand bekommen hat.[299] § 4 Nr. 1 Abs. 2 Satz 3 VOB/B begründet keine Ausführungsunterlagen-Anfertigungspflicht des Auftragnehmers, sondern verpflichtet den Auftragnehmer lediglich zur Gewährung von Einsicht in als vorhanden vorausgesetzte Ausführungsunterlagen. Denn erstere Pflichten-Materie ist bereits in den dafür zuständigen Bestimmungen des § 3 Nr. 1 VOB/B (als prinzipielle und generelle Auftraggeberpflicht) und des § 3 Nr. 5 VOB/B (als ausnahmsweise Auftragnehmerpflicht) geregelt und außerdem setzt der Begriff „Einsicht" und demgemäß die Einsichtsvorlage das Vorhandensein der Ausführungsunterlagen und somit deren Beschaffung schon im Vorfeld, auf Grund anderer Rechtsbestimmungen, gedanklich und begrifflich voraus

163 Der Auftraggeber kann auch die **vorübergehende Überlassung** von ihm selbst bzw. seinem Architekten oder seinen sonstigen Planungsbeauftragten angefertigten Unterlagen verlangen, um sie im Rahmen seiner Befugnisse nach § 1 Nrn. 3 und 4 und nach § 4 Nr. 1 Abs. 3 und 4 VOB/B zu prüfen und ggf. zu ändern, zu ergänzen oder zu erweitern[300] bzw. zum Entschluss zu kommen, dies doch nicht zu tun.

### 3. Auskunftsrecht (Absatz 2 Satz 3)

164 Nach § 4 Nr. 1 Abs. 2 Satz 3 VOB/B hat der Auftragnehmer dem Auftraggeber auf Verlangen die zur Überwachung der Leistung „erforderlichen" Auskünfte zu erteilen, wenn hierdurch keine Geschäftsgeheimnisse preisgegeben werden. Der Bezug der Erforderlichkeit zur Überwachung der Leistung ergibt sich aus dem Überwachungs-Bezugswort „Hierzu" eingangs des Satzes 2 von Absatz 1, das auch für Satz 3 gilt, da es sich hier um ergänzende Hilfsmittel im Rahmen des begrifflich übergeordneten Überwachungsinstrumentariums „Zutritt" handelt. „Erforderlichen" heißt: Der Auftragnehmer hat dem Auftraggeber einerseits sämtliche Auskünfte zu erteilen, ohne die eine (vernünftige und wirkungsvolle) Überwachung nicht möglich ist, andererseits aber nur solche Auskünfte, die dem Zweck der Überwachung der konkreten beauftragten Bauleistung dienen.[301] Deshalb beinhaltet die **„Erforderlichkeit"** zugleich, dass vom Auskunftsrecht nur Gebrauch gemacht werden kann, wenn und soweit die Ausübung des Zutritts- und des Einsichtsrechts zur Durchführung der Überwachung, immer bezogen auf die vertragsgemäße Ausführung der Leistung, allein nicht ausreicht.[302] Die Auskunftsbefugnis des Auftraggebers erstreckt sich somit als dem Überwachungsrecht dienendes Unterrecht somit auch nur auf die vertraglich geschuldete Leistung nach dem jeweiligen Bauvertrag und hat nichts zu tun mit anderen Auskunfts- und Darlegungspflichten, die der Auftragnehmer gegenüber dem Auftraggeber auf Grund anderweitiger Rechtsbestimmungen schulden mag.[303]

165 Da das Überwachungsrecht sich auf die „vertragsgemäße Ausführung" der Leistung bezieht, erstreckt es sich sachlich auch nur auf die **Abläufe** bis zur vollendeten Abnahme der Leistung; handelt es sich aber um noch aus der (vertragsgemäßen) Ausführung der Leistung resultierende Fragen zur Vergütung oder zu Mängeln, insbesondere solcher, derentwegen der Auftraggeber seine Rechte bei der Abnahme vorbehalten hat, so besteht der Auskunfts-

---

[298] Vgl. auch *Daub/Piel/Soergel/Steffani* ErlZ B 4.34.
[299] So auch *Daub/Piel/Soergel/Steffani* ErlZ B 4.33 a. E.
[300] In Bezug auf die Befugnis nach § 1 Nrn. 3. u. 4 VOB/B *Ingenstau/Korbion* VOB/B § 4 Nr. 1 Rdn. 65.
[301] *Nicklisch/Weick* VOB/B § 4 Rdn. 25; so auch *Kapellmann/Messerschmidt/Merkens* VOB/B § 4 Rdn. 18.
[302] *Ingenstau/Korbion* VOB/B § 4 Nr. 1 Rdn. 66.
[303] *Ingenstau/Korbion* VOB/B § 4 Nr. 1 Rdn. 66.

anspruch des Auftraggebers insoweit zeitlich fort.³⁰⁴ Eine Auskunftspflicht des Auftragnehmers – über die Abnahme hinaus – besteht auch über den Abschluss ausführungsrelevanten Versicherungsschutzes (insbesondere Haftpflichtversicherung und Bauleistungsversicherung), soweit ein solcher bauvertraglich vorgeschrieben ist.³⁰⁵

Vielfach kann sich der Auftraggeber die zur Überwachung benötigte Auskunft auch durch **166 (Bau-) Besprechungen,** durch Einsicht in Bautagebücher oder Bautagesberichte oder sonstige Unterlagen, worüber sich oft auch vertragliche Regelungen finden, verschaffen.³⁰⁶

### 4. Weitere Hilfsmittel für die Ausübung des Überwachungsrechtes

Verbreitete Hilfen für die Ausübung des Überwachungsrechtes, die in VOB/B nicht **167** erwähnt, jedoch häufig zusätzlich, z. B. in ZVB öffentlicher Auftraggeber, vertraglich vereinbart werden, sind:
– vom Auftragnehmer zu führende **Bautagebücher,** in der Regel auf bestimmten Vordrucken;
– regelmäßig, oft täglich vom Auftragnehmer abzuliefernde **Bautagesberichte** in bestimmter Form;
– Verpflichtung des Auftragnehmers zur Führung von oder zur Teilnahme an, oft regelmäßigen, **Baubesprechungen;**
– Verpflichtung des Auftragnehmers zur (unverzüglichen) **Anzeige** über VOB/B hinaus bei bestimmten Vorfällen, z. B. schweren Unfällen.³⁰⁷

Gegen solche Verpflichtungen des Auftragnehmers bestehen keine Bedenken nach dem **168** AGB-Gesetz, auch nicht im Hinblick auf dessen § 9. Denn sie dienen dem Nachweis der Erfüllung der Leistung nach Art, Umfang, Ablauf und Zeiteinhaltung und dem Leistungsnachweis im Hinblick auf die Berechtigung von vertraglichen und von zusätzlichen, zu mindernden oder sonst zu ändernden Vergütungsansprüchen des Auftragnehmers (vgl. § 2 Nr. 1–8 VOB/B).³⁰⁸

Solche Nachweise können auch dem Auftragnehmer dienen, z. B. im Streitfall als Beweismittel oder als Beweiserleichterung. Dabei ist zu berücksichtigen, dass der Auftraggeber, der selbst durch seine Vertragsbestimmungen das Verlangen auf Vorlage der Berichte gestellt hat, eine Neben**pflichtverletzung** aus Vertrag mit der Folge entsprechender Schadensersatzpflicht begeht, wenn er oder sein Vertreter auf der Baustelle die nachweislich vorgelegten Schriftstücke nicht unterzeichnet³⁰⁹ (u. a. auch Umkehr der Beweislast). **169**

## V. Einschränkung der Überwachungsbefugnis bei Geschäftsgeheimnissen (Absatz 2 Satz 3)

Nach § 4 Nr. 1 Abs. 2 Satz 3 Hs. 2 VOB/B besteht der Einsichts- und Auskunftsanspruch des Auftraggebers nur, wenn hierdurch keine Geschäftsgeheimnisse preisgegeben werden. Gleichwohl erteilte, aber als Geschäftsgeheimnis bezeichnete Auskünfte und Unterlagen hat der Auftraggeber vertraulich zu behandeln. **170**

### 1. Begriff des Geschäftsgeheimnisses

Geschäftsgeheimnis sind alle Tatsachen und Umstände, die im Zusammenhang mit einem **171** Geschäftsbetrieb stehen, nur einem eng begrenzten Personenkreis bekannt, also nicht offen-

---

³⁰⁴ *Ingenstau/Korbion* VOB/B § 4 Nr. 1 Rdn. 66.
³⁰⁵ Vgl. *Daub/Piel/Soergel/Steffani* ErlZ B 4.36; *Ingenstau/Korbion* VOB/B § 4 Nr. 1 Rdn. 66.
³⁰⁶ Vgl. *Ingenstau/Korbion* VOB/B § 4 Nr. 1 Rdn. 66 a. E.
³⁰⁷ Vgl. zu dieser Aufzählung *Daub/Piel/Soergel/Steffani* ErlZ B 4.27; *Ingenstau/Korbion* VOB/B § 4 Nr. 1 Rdn. 60.
³⁰⁸ *Ingenstau/Korbion* VOB/B § 4 Nr. 1 Rdn. 60.
³⁰⁹ Vgl. *Ingenstau/Korbion* VOB/B § 4 Nr. 1 Rdn. 60.

kundig sind und nach dem **Willen des Geschäftsinhabers** geheimgehalten werden sollen, wobei ein aus objektivierter Sicht berechtigtes wirtschaftliches Interesse an der Geheimhaltung (z. B. die wirtschaftliche Bedeutung der geschäftlichen Angelegenheit für die Wettbewerbsfähigkeit und/oder den Bestand des Geschäftsbetriebs bzw. Unternehmens) vorhanden sein muss.[310]

172 Der somit über den **wettbewerbsrechtlichen** Geheimnisbegriff hinausgehende Begriff „Geschäftsgeheimnis"[311] ist nicht begrenzt durch gesetzlich im Einzelnen geregelte Schutzbestimmungen zugunsten des Auftragnehmers, etwa im Rahmen von § 17 UWG, des Know-how oder des Urheberrechts. Darüber hinaus wird vielmehr alles erfasst, was, worauf abzustellen ist, die Besonderheit des gewerblichen Betriebes gerade des betreffenden Unternehmers ausmacht, etwa die spezielle Ausstattung oder besondere Arbeitsweisen, Arbeitsgänge, Verfahrenstechniken, Spezialanfertigungen von Geräten, Maschinen und Vorrichtungen, besondere und sonst nicht gebräuchliche Materialien, spezielle Mischungsverhältnisse, Fertigungsmethoden, Formeln usw.[312]

## 2. Umfang und Art der Einschränkung

173 Nach der durch Wortlaut und redaktioneller Fassung dokumentierten Systematik von § 4 Nr. 1 Abs. 2 Sätze 2 und 3 VOB/B bezieht sich die hier gegenständliche Einschränkung nur auf das Einsichtsrecht und auf das Auskunftsrecht, nicht aber auf das Zutrittsrecht.[313] Wenn allerdings der Zutritt zu den in Satz 2 genannten Arbeitsplätzen, Werkstätten und Lagerräumen zwangsläufig (unvermeidlich) mit der Preisgabe von Geschäftsgeheimnissen verbunden wäre oder ist, die sich aus Ausführungsunterlagen oder Ergebnissen von Güteprüfungen ergeben, erhebt sich die Frage, ob sich insoweit die Einschränkung aus Satz 3 auch auf das Zutrittsrecht nach Satz 2 erstrecken muss.[314] Zu einer solchen Erstreckung besteht allerdings kein den Wortlaut und die Systematik von Abs. 2 Sätze 3 und 4 überwiegendes Interesse des Auftragnehmers, da sich in solchem Fall, der sich ohnehin – zumal in der durch die Praxis gebotenen Eile – so schnell nicht abschließend beurteilen lässt, der Auftragnehmer anhand von Abs. 2 Satz 4 helfen kann.[315]

174 Der Ausschluss des Einsichts- und Auskunftsrechts und ggfs. des Zutrittsrechts bei Vorliegen von Geschäftsgeheimnissen ist nur gegeben, wenn sich der Auftragnehmer hierauf eindeutig **beruft**.[316] Denn zum einen kann der Auftraggeber oft nicht wissen, dass Geschäftsgeheimnisse vorliegen oder dass die sich aus der Einsicht sowie aus der Auskunft ergebenden Informationen als Geschäftsgeheimnisse zu qualifizieren sind; zum anderen ist der Auftragnehmer nicht gehindert, trotz des Geschäftsgeheimnisses die Einsicht zu gewähren oder die gewünschte Auskunft zu erteilen, weil das insoweit seiner freien Bestimmung überlassen ist.[317] Somit benötigt der Auftraggeber ein **eindeutiges Signal,** aus dem er erkennt, dass ein Geschäftsgeheimnis vorliegt und dass der Auftragnehmer die diesbezüglichen Rechte auch wahrnehmen will und nicht etwa stillschweigend oder konkludent

---

[310] Vgl. *Heiermann/Riedl/Rusam* VOB/B § 4 Rdn. 14; *Kapellmann/Messerschmidt/Merkens* VOB/B § 4 Rdn. 20; *Leinemann/Sterner* VOB/B § 4 Rdn. 22; *Nicklisch/Weick* VOB/B § 4 Rdn. 26; ähnlich *Ingenstau/Korbion* VOB/B § 4 Nr. 1 Rdn. 68.

[311] *Kapellmann/Messerschmidt/Merkens* VOB/B § 4 Rdn. 20; *Nicklisch/Weick* VOB/B § 4 Rdn. 26.

[312] *Ingenstau/Korbion* VOB/B § 4 Rdn. 60; *Kapellmann/Messerschmidt/Merkens* VOB/B § 4 Rdn. 20.

[313] *Heiermann/Riedl/Rusam* VOB/B § 4 Rdn. 14; *Kapellmann/Messerschmidt/Merkens* VOB/B § 4 Rdn. 20; *Ingenstau/Korbion* VOB/B § 4 Nr. 1 Rdn. 70; *Nicklisch/Weick* VOB/B § 4 Rdn. 26.

[314] So *Daub/Piel/Soergel/Steffani* ErlZ B 4.38; *Heiermann/Riedl/Rusam* VOB/B § 4 Rdn. 14; *Ingenstau/Korbion* bis 13. Auflage, VOB/B § 4 Rdn. 59; *Nicklisch/Weick* VOB/B § 4 Rdn. 26; hiesiger Kommentar, erste Aufl.

[315] So zurecht *Kapellmann/Messerschmidt/Merkens* VOB/B § 4 Rdn. 19, auch unter Hinweis auf *Ingenstau/Korbion* VOB/B § 4 Nr. 1 Rdn. 70, wonach zudem sonst mit der bloßen Auftragnehmerbehauptung der Offenlegung von Geschäftsgeheimnissen durch den Zutritt des Auftraggebers insoweit dessen Überwachungsrecht unterlaufen könne.

[316] *Ingenstau/Korbion* VOB/B § 4 Nr. 1 Rdn. 69; *Kapellmann/Messerschmidt/Merkens* VOB/B § 4 Rdn. 20.

[317] Vgl. *Ingenstau/Korbion* VOB/B § 4 Nr. 1 Rdn. 69.

darauf verzichtet. Das erforderliche „Signal" des Auftragnehmers kann natürlich auch konkludent oder sonst aus den Umständen erfolgen, wenn sich daraus nach dem objektiven Empfängerhorizont eine eindeutige Willensrichtung erkennen lässt.

### 3. Anspruch des Auftragnehmers auf Vertraulichkeit bei Einsichtsgewährung und Auskunftserteilung (Absatz 2 Satz 4)

Sofern der Auftragnehmer trotz Vorliegens eines Geschäftsgeheimnisses die begehrte Einsicht gewährt oder die verlangte Auskunft erteilt, ist der Auftraggeber nach § 4 Nr. 1 Abs. 2 Satz 4 VOB/B zu deren **vertraulichen Behandlung** verpflichtet, wenn und soweit der Auftragnehmer die jeweiligen Auskünfte und Unterlagen konkludent oder stillschweigend als Geschäftsgeheimnis bezeichnet hat oder sich dies aus den Umständen zweifelsfrei ergibt. Diese Pflicht zur vertraulichen Behandlung gilt auch für das Zutrittsrecht des Auftraggebers nach Satz 2, wenn und soweit mit dem Zutritt zwangsläufig die greifbare konkrete Möglichkeit für den Auftraggeber verbunden ist, Geschäftsgeheimnisse zu erfahren, die sich aus Werkzeichnungen oder anderen Ausführungsunterlagen sowie aus Ergebnissen von Güteprüfungen ergeben können. Andernfalls könnte der sich aus dem Vertraulichkeitsschutz nach Satz 4 ergebende Schutzzweck nicht erreicht werden.[318]

Wenn und soweit dem Auftraggeber gegenüber Auskünfte und Unterlagen als Geschäftsgeheimnis bezeichnet werden, so beinhaltet das eine Pflicht zur **Verschwiegenheit** jedermann gegenüber.[319]

Die Pflicht des Auftraggebers zur Vertraulichkeit dauert so lange, als ein **schutzwürdiges Interesse** des Auftragnehmers hieran besteht. Dieses kann durchaus über die Zeit der Erfüllung des Bauvertrags hinaus,[320] auch über die Verjährungsfrist für die Gewährleistung hinaus andauern, kann aber u. U. auch schon vor Abnahme des fertiggestellten Bauwerks erledigt sein.[321]

Die **Verletzung** der Pflicht zur Vertraulichkeit und der damit verbundenen Schweigepflicht bedeutet eine Verletzung einer vertraglichen Nebenpflicht mit Schadensersatzverpflichtung nach §§ 280 Abs. 1, 241 Abs. 2 BGB n. F., nach früherem Recht aus positiver Vertragsverletzung, wenn und soweit Auskünfte und Unterlagen als Geschäftsgeheimnis bezeichnet worden sind; der Auftragnehmer kann dann vom Auftraggeber den durch den Bruch der Vertraulichkeit entstandenen **Schaden** ersetzt verlangen, den er im Einzelfall nachweisen muss.[322] Die objektive Schadensberechnung nach der entgangenen Lizenz ist hier grundsätzlich zulässig, da Geschäftsgeheimnisse dem Unternehmer oft eine Rechtsposition verschaffen, die der im Immaterialgüterrecht in besonders starkem Maße angenähert ist.[323]

Unabhängig von den vertraglichen Rechten können – auch daneben – **gesetzliche Ansprüche** des Auftragnehmers nach den einschlägigen gesetzlichen Bestimmungen gegeben sein, und zwar ggfs. auch dann, wenn die Auskünfte und Unterlagen nicht als Geschäftsgeheimnis bezeichnet worden sind. Zu denken ist an eine **Haftung** aus § 823 Abs. 1 BGB („sonstiges Recht" einschließlich Eingriff in den eingerichteten und ausgeübten Gewerbebetrieb), aus § 823 Abs. 2 BGB (Schutzgesetzverletzung, etwa in Verbindung mit § 1 UWG), aus § 826 BGB (etwa vorsätzliche Preisgabe des Geschäftsgeheimnisses mit dem Ziel der Schadenszufügung)[324] oder aus §§ 17, 18, 19 UWG. In diesem Zusammenhang ist auch auf das zweite Gesetz zur Bekämpfung der Wirtschaftskriminalität (BGBl. I 1986, 721)[325]

---

[318] Vgl. *Ingenstau/Korbion* VOB/B § 4 Nr. 1 Rdn. 70.
[319] *Kapellmann/Messerschmidt/Merkens* VOB/B § 4 Rdn. 20.
[320] Vgl. *Heiermann/Riedl/Rusam* VOB/B § 4 Rdn. 14; *Ingenstau/Korbion* VOB/B § 4 Nr. 1 Rdn. 72; *Kapellmann/Messerschmidt/Merkens* VOB/B § 4 Rdn. 20.
[321] *Ingenstau/Korbion* VOB/B § 4 Nr. 1 Rdn. 72.
[322] Vgl. *Heiermann/Riedl/Rusam* VOB/B § 4 Rdn. 14; *Ingenstau/Korbion* VOB/B § 4 Nr. 1 Rdn. 71.
[323] Vgl. BGH Betr 1977, 766, 767; *Ingenstau/Korbion* VOB/B § 4 Nr. 1 Rdn. 71.
[324] Vgl. *Ingenstau/Korbion* VOB/B § 4 Nr. 1 Rdn. 71; *Nicklisch/Weick* VOB/B § 4 Rdn. 27.
[325] Dazu *Dannecker* BB 1987, 1614 ff.; vgl. auch *Ingenstau/Korbion* VOB/B § 4 Nr. 1 Rdn. 71 a. E.

hinzuweisen. Bei **Wiederholungsgefahr** hat der Auftragnehmer einen einklagbaren Anspruch auf Unterlassung.[326]

### VI. Pflicht des Auftragnehmers zur Duldung und zur Ermöglichung der Überwachung als Nebenpflicht

180   Der Überwachungsbefugnis des Auftraggebers als Recht entspricht auf der Verpflichtungsseite des Auftragnehmers eine entsprechende **Duldungspflicht,** da andernfalls die Überwachung nicht durchgeführt werden könnte. Kommt der Auftragnehmer seiner diesbezüglichen vertraglichen Verpflichtung zur Zutrittsermöglichung, Einsichtgewährung oder Auskunftserteilung nicht oder nicht ausreichend nach, begeht er eine Pflichtverletzung nach § 280 Abs. 1 BGB n. F., vormals positive Vertragsverletzung, mit der Verpflichtung zum Schadensersatz. Wegen der Gewichtigkeit und Relevanz des Überwachungsrechtes ist grundsätzlich von dessen Einklagbarkeit zwecks Durchsetzung auszugehen;[327] daher und folgerichtig auch von der Durchsetzbarkeit durch einstweilige Verfügung, wenn und soweit ein Verfügungsgrund vorliegt, insbesondere die besondere Dringlichkeit oder/und die sonstigen gesetzlichen Voraussetzungen gemäß der ZPO erfüllt sind.

181   In Vertragsbedingungen (vgl. beispielsweise Ziff 14 ZV/Bund) werden bzw. können dem Auftraggeber weitere Rechte und Durchführungsarten zur Überwachung eingeräumt werden, etwa Kontrollprüfungen und dgl.[328]

## C. Das Anordnungsrecht des Auftraggebers zur vertragsgemäßen Ausführung (Absatz 3 und 4)

### I. Sonderregelung der VOB – keine ausdrücklich geregelte entsprechende Anordnungsbefugnis im BGB

182   § 4 Nr. 1 Abs. 3 VOB/B gibt dem Auftraggeber das Recht, „unter Wahrung der dem Auftragnehmer zustehenden Leitung (Nr. 2)" Anordnungen zu treffen, die zur vertragsgemäßen Ausführung der Leistung notwendig sind. Ebenso wie beim Überwachungsrecht des Auftraggebers nach § 4 Nr. 1 Abs. 2 VOB/B handelt es sich hier um eine Befugnis, die im Werkvertragsrecht des BGB keine ausdrückliche Regelung gefunden hat, sondern die als Besonderheit von VOB/B ausdrücklich nur dort enthalten ist.[329]

183   Allerdings spricht **§ 645 Abs. 1 BGB** von einer vom Besteller „für die Ausführung erteilten Anweisung", so dass im Werkvertragsrecht des BGB ein Recht des Bestellers, Ausführungsanweisungen zu erteilen wohl als selbstverständlich vorausgesetzt wird; dementsprechend sind auch in § 645 BGB die dortigen, zu Lasten des Bestellers gehenden **Folgen** einer fehlerhaften Ausführungsanweisung festgelegt. Auch aus § 242 BGB folgt ein solches Anordnungsrecht des Bestellers, weil dieser die Möglichkeit haben muss, unter Wahrung der dem Unternehmer auch nach dem BGB-Werkvertragsrecht obliegenden und zustehenden eigenverantwortlichen (erfolgsbezogenen) Werkherstellung und insoweit gegebenen Dispositionsfreiheit und -verantwortung Anweisungen/Anordnungen zu erteilen, welche die Einhaltung der vereinbarten Leistung zur Herstellung des versprochenen Werkes sicherstellen, also dem durch den Werkvertrag zum Ausdruck gebrachten Bestellerwillen

---

[326] Vgl. *Heiermann/Riedl/Rusam* VOB/B § 4 Rdn. 14; *Nicklisch/Weick* VOB/B § 4 Rdn. 27.
[327] So wie hier zum gesamten Abschnitt *Heiermann/Riedl/Rusam* VOB/B § 4 Rdn. 15; *Ingenstau/Korbion* VOB/B § 4 Nr. 1 Rdn. 56; *Kapellmann/Messerschmidt/Merkens* VOB/B § 4 Rdn. 22; *Nicklisch/Weick* VOB/B § 4 Rdn. 29.
[328] Vgl. *Heiermann/Riedl/Rusam* VOB/B § 4 Rdn. 13.
[329] *Ingenstau/Korbion* VOB/B § 4 Nr. 1 Rdn. 75; *Nicklisch/Weick* VOB/B § 4 Rdn. 30.

Geltung verschaffen.³³⁰ Vgl. im Übrigen die Parallelen beim Überwachungsrecht gemäß Rdn. 119–132.

## II. Wesen, Zweck und Anwendungsbereich der Befugnis zur Ausführungsanordnung

### 1. Notwendige Ergänzung des Überwachungsrechts

Das in § 4 Nr. 1 Abs. 3 VOB/B institutionalisierte Anordnungsrecht ist eine notwendige Ergänzung des Überwachungsrechts des Auftraggebers, indem es die Erkenntnisse und sonstigen Ergebnisse aus der Bauüberwachung durch konkrete Anweisungen in die Wirklichkeit des Baugeschehens umsetzt.³³¹ Es zielt darauf ab, den Auftragnehmer zur **Einhaltung des Vertrages** und zu einer vertragsgerechten Ausführung zu veranlassen.³³² Die im Rahmen des Überwachungsrechts des Auftraggebers vorgenommene Bauaufsicht wiederum dient dem Anordnungsrecht, weil die Erteilung zutreffender Anordnungen neben anderem erst durch eine entsprechende Bauüberwachung ermöglicht wird; überhaupt ergänzen sich das Überwachungsrecht und die Anordnungsbefugnis des Auftraggebers gegenseitig, indem das eine das andere wechselseitig vorbereitet, ermöglicht und durchsetzt bzw. dem Vollzug verhilft und diesen wiederum kontrolliert.

184

### 2. Grundsätzlich nur Anordnungsrecht, nicht Anordnungspflicht – Ausnahmen

Die Anordnungsbefugnis ist ein Recht und **keine Pflicht** des Auftraggebers, so dass der Auftragnehmer grundsätzlich keinen Anspruch gegen den Auftraggeber auf Erteilung einer Anordnung nach § 4 Nr. 1 Abs. 3 Satz 1 VOB/B hat. Allerdings gelten auch hier Ausnahmen, besonders angesichts des nachstehenden, aus der gegenseitigen werkvertraglichen Treuepflicht nach §§ 242, 642 BGB folgenden **fundamentalen Rechtssatzes,** der in ständiger Rechtsprechung sowohl für BGB-Bauverträge als auch für VOB-Bauverträge herausgebildet und formuliert wurde: „Der Bauherr hat dem (Bau-)Unternehmer einwandfreie zuverlässige Pläne und Unterlagen zur Verfügung zu stellen und die Entscheidungen zu treffen, die für die reibungslose Ausführung des Baues erforderlich/unentbehrlich sind, wozu auch die Abstimmung der Leistungen der einzelnen Unternehmer während der Bauausführung („Koordinierungspflicht") gehört."³³³

185

So sind im Baugeschehen tatsächlich Fälle denkbar, dass eine Auftraggeber-Anordnung notwendig wird, um eine ordnungsgemäße, insbesondere **reibungslose Leistungsdurchführung** herbeizuführen bzw. sicherzustellen (siehe oben Rdn. 9). Dies kann einmal dort geschehen, wo der Auftragnehmer auch im Rahmen seiner Eigenverantwortung und Eigenleitungspflicht nach § 4 Nr. 2 VOB/B „nicht weiterkommt" und nur eine ihm gegenüber zu erteilende und erteilte Ausführungsanordnung nach § 4 Nr. 1 Abs. 3 Satz 1 VOB/B weiterhelfen kann.

186

Eine Anordnungspflicht besteht auch dort, wo es von vornherein darum geht, dass der Auftraggeber durch Erteilung einer Anordnung die allein ihm als Mitwirkungspflicht obliegende **Koordinierungspflicht** (Entscheidung zur „reibungslosen" Ausführung) erfüllt. Soweit also die Anordnung Hilfsmittel für die Schaffung und Aufrechterhaltung der allgemeinen Ordnung auf der Baustelle und für die Regelung des Zusammenwirkens der verschiedenen Unternehmer ist, besteht für den Auftraggeber eine Pflicht zu ihrer Erteilung

187

---

³³⁰ Vgl. Ingenstau/Korbion VOB/B § 4 Nr. 1 Rdn. 75.
³³¹ So auch Heiermann/Riedl/Rusam VOB/B § 4 Rdn. 16; Nicklisch/Weick VOB/B § 4 Rdn. 30; ähnlich, aber zurückhaltender ausgedrückt Ingenstau/Korbion VOB/B § 4 Nr. 1 Rdn. 73; – Zu einer wichtigen **Nahtstelle** zwischen Überwachung und Anordnung siehe oben Rdn. 149.
³³² Ingenstau/Korbion VOB/B § 4 Nr. 1 Rdn. 75; Nicklisch/Weick VOB/B § 4 Rdn. 61, § 4 Rdn. 32; Vygen Bauvertragsrecht Rdn. 798; Vygen/Schubert/Lang Rdn. 183.
³³³ Siehe → Vor § 4 Rdn. 5, 9, 10 und → Vor § 3 Rdn. 3.

als **echte Mitwirkungspflicht** im Sinne der Rdn. 13 → Vor § 4 (vgl. auch Rdn. 143/144 zur „unechten" Überwachungspflicht des Auftraggebers).

188 Da es dabei in Wirklichkeit um Maßnahmen zur Wahrnehmung der Koordinationsverpflichtung des Auftraggebers geht, sind die hierzu erforderlichen Anordnungen im gegebenen Fall nicht nur gegenüber dem sonst nachteilig betroffenen Auftragnehmer zu erteilen, sondern die gegenüber dem Auftragnehmer bestehende Pflicht kann auch dahin gehen, dass der Auftraggeber einem seiner anderen an der Baumaßnahme beteiligten Auftragnehmer eine entsprechende Anordnung erteilt, um dem erstgenannten Auftragnehmer gegenüber die Koordinationspflicht zu erfüllen und/oder ihn vor Schaden zu bewahren.

189 Die Pflicht zur Erteilung einer Anordnung besteht ferner, wenn nur mit ihr – gegebenenfalls zusammen mit anderen Maßnahmen – eine als fehlerhaft erkannte **vorangegangene** Ausführungsanordnung oder eine andere mangelverursachende oder schadensverursachende Verhaltensweise des Auftraggebers, etwa in den Fällen der Rdn. 140–142, **korrigiert** und ihre Auswirkungen vermieden und/oder einer Wiedergutmachung zugeführt werden können.

190 **Dritten** gegenüber kann eine Anordnungspflicht des Auftraggebers in den Fällen bestehen, in denen auch gemäß Rdn. 146 eine Überwachungspflicht, nämlich zur Verhütung von Schäden deliktsrechtlicher Art, gegeben ist.

### 3. Anordnungsrecht als Eingriffsrecht

191 Das Anordnungsrecht ist seinem Wesen und seiner Natur nach etwas anderes als das sich auf bloße Beobachtung und Information beschränkende Überwachungsrecht; es gestattet ein Eingreifen in die Handlungsweise des Auftragnehmers zum Zwecke der Sicherstellung der vertragsgemäßen Ausführung.[334]

192 Bei dem wesentlich stärker ausgeprägten Anordnungsrecht ist naturgemäß die Gefahr unberechtigter **Einmischung** des Auftraggebers in den Eigenverantwortungs- und Eigenleitungsbereich des Auftragnehmers größer als beim Überwachungsrecht. Deshalb ist von vornherein eine vorsichtige und angemessene Handhabung des Anordnungsrechts geboten. Andernfalls kann sich der Auftraggeber Rechtsnachteile, vor allem und zumindest über § 254 BGB zuziehen.[335]

193 Zur Haftung für Folgen fehlerhafter Ausführungsanordnungen siehe auch **§ 645 BGB**, wobei der dortige Absatz 2 auf eine anderweitig bestehende „weitergehende Haftung des Bestellers wegen Verschuldens" verweist, was auch die verschuldensabhängige Haftung für Unmöglichkeit und die Haftung aus (Schuld-)Pflichtverletzung nach §§ 280 Abs. 1, 241 Abs. 2 BGB, früher positive Vertragsverletzung beinhaltet.[336] Im Übrigen schließt die Einbeziehung von VOB/B in den Bauvertrag die Anwendung von § 645 Abs. 1 und Abs. 2 BGB nicht aus.[337]

### 4. Anordnung als – einseitige – Willenserklärung, grundsätzliche Verbindlichkeit

194 Die Anordnung ist eine einseitige, empfangsbedürftige **Willenserklärung** gemäß §§ 130 ff. BGB.[338] Sie muss schon von daher eindeutig und verständlich sein,[339] aber auch deshalb, weil sie nach Rechtsnatur und Zweck sowie gemäß der Regelung § 4 Nr. 1 Abs. 4 VOB/B nach den dortigen Maßgaben **verbindlich** ist und ausgeführt werden muss. Die Anordnung kann mithin für den Auftraggeber und den Auftragnehmer große Tragweite haben. Der Auftraggeber muss also seinen Willen in einer für den Auftragnehmer unüber-

---

[334] *Ingenstau/Korbion* VOB/B § 4 Nr. 1 Rdn. 73.
[335] *Ingenstau/Korbion* VOB/B § 4 Nr. 1 Rdn. 76.
[336] Vgl. *Palandt/Sprau* BGB § 645 Rdn. 11.
[337] MünchKomm/*Soergel* BGB § 645 Rdn. 18. – Allerdings ist für den VOB/B-Bauvertrag der Anwendungsvorrang von § 9 VOB/B für die in § 9 VOB/B geregelte Materie zu beachten.
[338] BGH BauR 1984, 510; *Heiermann/Riedl/Rusam* VOB/B § 4 Rdn. 21; *Ingenstau/Korbion* VOB/B § 4 Nr. 1 Rdn. 73.
[339] *Heiermann/Riedl/Rusam* VOB/B § 4 Rdn. 21.

sehbaren **Bestimmtheit** und mit dem erforderlichen Nachdruck zum Ausdruck bringen, und zwar durch eine keine Wahl lassende **eindeutige,** Befolgung heischende Aufforderung, eine Baumaßnahme in bestimmter Weise auszuführen.[340] Ergibt sich danach, dass überhaupt eine Anordnung (= „Anweisung") vorliegt, so ist der Inhalt, falls er nicht schon vom Wortlaut her so eindeutig ist, dass kein Raum für Auslegung besteht, durch **Auslegung nach §§ 133, 157 BGB** aus objektiver Empfängersicht festzustellen; dabei ist auch zu beachten, dass der anweisende Bauherr/Auftraggeber etwa fachlich nicht vorgebildet ist. Für die oben genannte Feststellung kann/muss ein Sachverständiger des einschlägigen (bau-)technischen Gebietes zur **Auslegungshilfe** herangezogen werden, aber im Wesentlichen begrenzt insoweit, als er das für die Beurteilung des Inhaltes der Anordnung bedeutsame Fachwissen zu vermitteln hat, also etwa Fachsprache, Üblichkeiten (gewerbliche), Verkehrssitte.[341]

Gleichwohl kann die Anordnung **auch stillschweigend** erfolgen, wenn die hinreichende Eindeutigkeit und Verständlichkeit gegeben ist. Dies ist etwa der Fall, wenn der Prüfingenieur die Statik rügt und den Auftragnehmer anweist, die vom Prüfingenieur für erforderlich gehaltenen Maßnahmen bei der Bauausführung zu berücksichtigen, um die Standfestigkeit und Standsicherheit sicherzustellen; lässt der Auftraggeber in Kenntnis dieser Anweisung weiterbauen, so muss sich der Auftraggeber so behandeln lassen, als habe er die Maßnahme als richtig und notwendig erachtet und eine entsprechende Anordnung an den Auftragnehmer erteilt.[342] 195

### III. Begriffsabgrenzung
### (Anordnung und andere Äußerungen wie Wunsch, Vorschlag, Einverständnis)

Aus der Rechtsnatur der Anordnung als eindeutige Befolgung forderndes verbindliches Verlangen folgt: die – auch nachdrückliche – Äußerung von **Wünschen** durch den Auftraggeber ist keine Anordnung, da es verständlicherweise jedem Auftraggeber offen stehen muss, Wünsche zu äußern;[343] diese werden nur dadurch verbindlich, dass der Auftragnehmer darauf eingeht bzw. sie erfüllt und insoweit eine zweiseitige Abrede/Einigung vorliegt. Die oft schwierige Unterscheidung und problematische Abgrenzung zwischen Anordnung und Wunsch ist deshalb von Bedeutung, weil letzterer nicht zu der Risikoverlagerung der Erfüllungs- und der Werkmängelhaftung auf den Auftraggeber nach § 13 Nr. 3 VOB/B führt.[344] Das Gleiche gilt erst recht für den bloßen – gegenüber dem Wunsch noch schwächeren – **Vorschlag** des Auftraggebers.[345] 196

Auch das bloße **Einverständnis** des Auftraggebers, etwa mit einem bestimmten Baustoff (z. B. nach Bestellnummer, Farbe oder Bezugsquelle) reicht für eine Anordnung nicht aus, weil es hierbei an der bindenden Anweisung fehlt.[346] 197

---

[340] Vgl. OLG Bremen NJW 1963, 495; BGH Schäfer/Finnern Z 2414 Bl. 219, 220; für den gleichinhaltlichen Begriff der „Anordnung" und des „Vorschreibens" gemäß § 13 Nr. 3 VOB/B, beides i. S. einer „bindenden Anweisung": BGH BauR 1975, 421, 422; BGH NJW 1977, 1966; BGH Z 91, 206, 214 = NJW 1984, 2457, 2459 = BauR 1984, 510, 513 = ZfBR 1984, 222, 224; ebenso zum Anordnungsbegriff nach § 4 Nr. 1 Abs. 3 und nach § 13 Nr. 3 VOB/B: *Heiermann/Riedl/Rusam* VOB/B § 4 Rdn. 17; *Ingenstau/Korbion* VOB/B § 4 Nr. 1 Rdn. 73, § 2 Nr. 5 Rdn. 22; *Kapellmann/Messerschmidt/Merkens* VOB/B § 4 Rdn. 24; *Nicklisch/Weick* VOB/B § 4 Rdn. 31.
[341] BGH NJW-RR 1996, 1044, 1045 = BauR 1996, 735, 736: „Es ist dabei ... ein Sinn zu vermitteln, wie er sich für einen verständigen Empfänger der Erklärung unter Berücksichtigung von Verkehrssitte und Treu und Glauben ergibt (objektive Empfängersicht)".
[342] Vgl. *Heiermann/Riedl/Rusam* VOB/B § 4 Rdn. 21; *Heiermann* BauR 1989, 543, 546.
[343] Vgl. *Heiermann/Riedl/Rusam* VOB/B § 4 Rdn. 17; *Ingenstau/Korbion* VOB/B § 4 Nr. 1 Rdn. 73; *Nicklisch/Weick* VOB/B § 4 Rdn. 31; BGH NJW-RR 1992, 1046 = BauR 1992, 759 = ZfBR 1992, 211, 212 im Zusammenhang m. § 2 Nr. 5 VOB/B.
[344] *Heiermann/Riedl/Rusam* VOB/B § 4 Rdn. 17; *Nicklisch/Weick* VOB/B § 4 Rdn. 31.
[345] BGHZ 91, 206, 214 = NJW 1984, 2457, 2459 = BauR 1984, 510, 513 = ZfBR 1984, 222, 224; *Ingenstau/Korbion* VOB/B § 4 Nr. 1 Rdn. 73.
[346] BGH BauR 1975, 421, 422 = Schäfer/Finnern Z 2400 Bl. 58, 59; *Ingenstau/Korbion* VOB/B § 4 Nr. 1 Rdn. 73 a. E.; *Kapellmann/Messerschmidt/Merkens* VOB/B § 4 Rdn. 23.

## IV. Einschränkung: „Zur vertragsgemäßen Leistung notwendig"

**198** Nach § 4 Nr. 1 Abs. 3 Satz 1 VOB/B darf der Auftraggeber nur Anordnungen treffen, die zur vertragsgemäßen Ausführung der Leistung notwendig sind und das Leitungsrecht des Auftragnehmers nach § 4 Nr. 2 VOB/B wahren.

### 1. Vertragliche Leistungspflicht maßgebend (Absatz 3 Satz 1)

**199** **a) Grundsatz, Reichweite.** Das Anordnungsrecht nach § 4 Nr. 1 Abs. 3 Satz 1 VOB/B besteht nur im Rahmen der vertraglichen Leistungspflichten („vertragsgemäße Ausführung der Leistung") des Auftragnehmers. Dieses Anordnungsrecht bezieht sich somit zweckbedingt allein auf die Einhaltung der vertraglich festgelegten, also nur der bereits bisher vertraglich vorgesehenen Leistung; es dient ihrer **Konkretisierung** und/oder der **Sicherstellung der vertragsgemäßen Ausführung**.[347] Wegen dieser umfänglichen und inhaltlichen Einschränkung des Anordnungsrechts nach § 4 Nr. 1 Abs. 3 Satz 1 VOB/B erfasst es nicht Anordnungen, die eine **Änderung** der Leistung oder eine **zusätzliche** Leistung zum Inhalt haben, also in den vertraglich gegebenen Leistungsinhalt (samt Leistungsart) und Leistungsumfang eingreifen; solche Anordnungen richten sich vielmehr nach §§ 1 Nr. 3, 2 Nr. 5 VOB/B und nach §§ 1 Nr. 4 Satz 1, 2 Nr. 6 VOB/B bzw. § 1 Nr. 4 Satz 2 VOB/B i. V. m. der Auftragnehmer-Zustimmung gemäß §§ 305, 631, 632 BGB.[348]

**200** Somit kann nach § 4 Nr. 1 Abs. 3 VOB/B und dem daraus abgeleiteten weiteren Anordnungsrecht nach § 4 Nr. 1 Abs. 4 Satz 1 VOB/B („Verlangen") der Auftraggeber nur Bestimmungen treffen, die die **bereits bestehende** Leistungspflicht des Auftragnehmers, also sein vertragliches Leistungs-Soll/Bau-Soll lediglich konkretisieren oder die die **vertragsgemäße Ausführung gewährleisten** sollen. Es handelt sich mithin um Weisungen, die den Auftragnehmer zur Erbringung der von vornherein vertraglich geschuldeten Leistung und/oder zur **Einhaltung** von – selbstverständlich auch technischen – Vorschriften, die Bestandteil des Bauvertrages sind, anhalten oder die sich auf die Art und Weise sowie Modalitäten der bisher vorgesehenen Leistungsdurchführung beziehen, etwa verschiedene Möglichkeiten zur Durchführung der vertraglichen Leistung oder Zweifelsfragen innerhalb dieses Bereiches betreffen.[349] Es handelt sich also um **Vertragserfüllungsanordnungen,** Anordnungen zur Bewirkung des vertraglichen Leistungs-Solls. Die Befolgungspflicht des Auftragnehmers reicht daher nur soweit, wie die Anordnung notwendig ist, um die vertragsmäßige Leistung zu verwirklichen.[350]

**201** Hat der Auftraggeber durch Änderungsanordnung nach §§ 1 Nr. 3, 2 Nr. 5 VOB/B oder durch das Verlangen einer zusätzlichen Leistung nach §§ 1 Nr. 4 Satz 1, 2 Nr. 6 VOB/B Inhalt, Art und Umfang der bisherigen vertraglichen Leistung **neu festgelegt,** so ist eine Anweisung, die sich auf die Einhaltung der so neu festgelegten Leistung bezieht, wiederum eine Anordnung nach § 4 Nr. 1 Abs. 3 (und Abs. 4) VOB/B,[351] da hiermit die neue, nunmehr geltende „vertragsgemäße Ausführung" angesprochen ist. Das Gleiche gilt auch im Rahmen von Leistungen nach § 2 Nr. 8 Abs. 1 VOB/B, soweit diese nach § 2 Nr. 8 Abs. 2

---

[347] BGH NJW-RR 1992, 1046 = BauR 1992, 759, 760 = ZfBR 1992, 211, 212, „Wasserhaltung" bei der Errichtung eines Hochwasserrückhaltebeckens; *Heiermann/Riedl/Rusam* VOB/B § 4 Rdn. 18; *Ingenstau/Korbion* VOB/B § 4 Nr. 1 Rdn. 8; *Hochstein* FS Korbion S. 165, 175.

[348] BGH wie vorstehende Fn.; *Heiermann/Riedl/Rusam* VOB/B § 4 Rdn. 18; *Ingenstau/Korbion* VOB/B § 4 Nr. 1 Rdn. 78; *Kapellmann/Messerschmidt/Merkens* VOB/B § 4 Rdn. 23–25; *Hochstein* FS Korbion S. 165, 175.

[349] BGH NJW-RR 1992, 1046 = BauR 1992, 759, 760 = ZfBR 1992, 211, 212 „Wasserhaltung"; *Heiermann/Riedl/Rusam* VOB/B § 4 Rdn. 18; *Ingenstau/Korbion* VOB/B § 4 Nr. 1 Rdn. 78; *Kapellmann/Messerschmidt/Merkens* VOB/B § 4 Rdn. 23–25; *Nicklisch/Weick* VOB/B § 2 Rdn. 61, § 4 Rdn. 32; *Hochstein* FS Korbion S. 165, 175; *Vygen* Bauvertragsrecht Rdn. 798.

[350] *Kapellmann/Messerschmidt/Merkens* VOB/B § 4 Rdn. 49.

[351] So auch *Daub/Piel/Soergel/Steffani* ErlZ 4.41.

VOB/B oder nach gesetzlichen Bestimmungen „legitimiert" sind oder vom Auftraggeber (sonst) anerkannt wurden sowie gleichermaßen für Leistungen, die nach Maßgabe von § 1 Nr. 4 Satz 2 VOB/B dem Auftragnehmer mit seiner Zustimmung übertragen worden sind.

**b) Unterscheidung und Abgrenzung von anderweitigen Anordnungen und Verlangen.** Ob eine Anordnung nach § 4 Nr. 1 Absätze 3 und 4 VOB/B oder aber ob eine Änderungsanordnung nach §§ 1 Nr. 3, 2 Nr. 5 bzw. das Verlangen einer zusätzlichen Leistung nach §§ 1 Nr. 4 Satz 1, 2 Nr. 6 VOB/B vorliegt, bestimmt sich „je nach Sachlage", und zwar wie sich für den – als verständig gedachten – Auftraggeber im Zeitpunkt der Anordnung die Situation darstellte.[352] Es kommt dabei darauf an, ob die Anordnung bzw. das Verlangen des Auftraggebers objektiv, also unabhängig von der subjektiven Willensrichtung des Auftraggebers, eine Änderung oder Ergänzung der Leistung (Begründung neuer und/oder zusätzlicher Vertragspflicht) zum Inhalt hat oder ob die an den Auftragnehmer ergangene Aufforderung ihm etwas abverlangt, was objektiv betrachtet von vornherein dem Vertrag entspricht, also das bereits ohnehin geschuldete Leistungs-Soll/Bau-Soll nur konkretisiert und wie insoweit der – als verständig gedachte – Auftragnehmer die Anordnung verstehen konnte (musste, durfte).[353] 202

Mit anderen Worten: Führt die Befolgung der Aufforderung des Auftraggebers durch den Auftragnehmer dazu, dass die dementsprechende tatsächliche Ausführung von der ursprünglich vertraglich geschuldeten Leistung hinsichtlich Inhalt, Art, Umfang sowie Art und Weise der Ausführung einschließlich ihrer bautechnischen und baubetrieblichen Herstellungsbedingungen abweicht, also „etwas anderes" ist, so liegt die Anordnung einer **Leistungsänderung** nach §§ 1 Nr. 3, 2 Nr. 5 VOB/B mit den dortigen Vergütungsfolgen vor; bewirkt die Aufforderung, dass die ihr entsprechende tatsächliche Ausführung zwangsläufig zu einer vertraglich nicht vorgesehenen/nicht vereinbarten, also zusätzlichen Leistung führt, so bedeutet dies ein Verlangen nach § 1 Nr. 4 Satz 1, § 2 Nr. 6 VOB/B mit den dort geregelten Vergütungsfolgen.[354] Oder: **Besteht der Auftraggeber trotz** einer ihm **ersichtlich bekannten oder** ihm **mitgeteilten** tatsächlichen **Behinderung** i. S. v. § 6 Nr. 1 VOB/B **auf der Einhaltung der vertraglich vereinbarten** ursprünglichen **Termine** (insbesondere Zwischentermine oder/und Endtermin), **so** liegt darin **in der Regel** eine konkludent implizierte **Beschleunigungsanordnung** des Auftraggebers als Änderung der Ausführungsart in zeitlicher Hinsicht gemäß § 2 Nr. 5 VOB/B. Beachte aber unten Rdn. 207. 203

Dagegen ist etwa das Verlangen des Auftraggebers im Rahmen von **Erd- und Tiefbauarbeiten,** die vorgefundenen bindigen Bodenmassen zusammen mit dem vorgefundenen Felsmaterial einzubauen, um die vertraglich verlangte nötige Dichte zu erreichen, eine **Vertragserfüllungsanordnung** nach § 4 Nr. 1 Abs. 3 Satz 1 VOB/B und **keine Änderungsanordnung** bzw. Zusatzleistungs-Forderung, wenn und soweit nach den dem Vertrag zugrunde liegenden „Technischen Vorschriften für die Ausführung von Erdarbeiten (TVE)" ohnehin schon und von vornherein die Bewältigung „bindigen Bodens", also wasserhaltigen Bodens und damit die Bewältigung seiner spezifischen Erschwernisse geschuldet war.[355] Hier wird nur die Erbringung der **von vornherein** (ursprünglich) vertraglich geschuldeten Leistung und/oder die Einhaltung von – hier: technischen – Vorschriften gefordert bzw. hierzu angehalten, die bereits Bestandteil des Vertrages sind; die Erschwerung der Ausführung 204

---

[352] BGH NJW-RR 1992, 1046 = BauR 1992, 759, 760 = ZfBR 1992, 211, 212 „Wasserhaltung"; BGH Schäfer/Finnern Z 2.11 Bl. 8, 10 = WM 1969, 1019, 1020.
[353] Wie vor sowie OLG Celle „Betonsohlschalen", rk. dch. Revisionsnichtannahmebeschl. d. BGH, BauR 2003, 710, 711 ff.; *Vygen* Bauvertragsrecht Rdn. 798. So auch *Kapellmann/Messerschmidt/Merkens* VOB/B § 4 Rdn. 25 und *Ingenstau/Korbion* VOB/B § 2 Nr. 5 Rdn. 22, § 4 Nr. 1 Rdn. 78.
[354] *Heiermann/Riedl/Rusam* VOB/B § 4 Rdn. 18; *Ingenstau/Korbion* VOB/B § 2 Nr. 5 Rdn. 22, § 4 Nr. 1 Rdn. 78;. So auch *Kapellmann/Messerschmidt/Merkens* VOB/B § 4 Rdn. 25.
[355] BGH Schäfer/Finnern Z 2.11 Bl. 8, 10 = WM 1969, 1019, 1020. Anschaulich auch der durch Revisionsnichtannahmebeschluss des BGH rechtskräftig entschiedene Fall d. OLG Celle „Betonsohlschalen", BauR 2003, 710, 711 ff. bei auftragnehmerseitiger falscher Auslegung der erkennbar unklaren Leistungsbeschreibung. Siehe auch die nachst. Fn.

infolge der Bodenbeschaffenheit ist bereits Gegenstand der bisher vorgesehenen Leistung gewesen, die leistungsmäßige Überwindung/Bewältigung dieser Erschwernisse (= die hierzu erforderlichen Leistungen) somit notwendige vertragsmäßige Folge.

205  Oder: Hat der Auftragnehmer beispielsweise **unter falscher Einschätzung** seiner künftigen vertraglichen Leistungspflichten als seines Bau-Solls einschließlich ihres Schwierigkeitsgrades seine **Preise kalkuliert** und wird der Auftragnehmer durch Anweisung/Weisung/Anordnung des Auftraggebers zur Ausführung der vom Auftragnehmer (möglicherweise) so nicht erkannten, aber von vornherein (auch durch „übernommenes" bzw. eingegangenes „Leistungsrisiko") vertraglich geschuldeten Leistung veranlasst, mithin zu nichts anderem als zur Einhaltung der vertraglich festgelegten Leistung und/oder zu einer bzw. zur vertragsgerechten Ausführung, so liegt eine „zur vertragsgemäßen Ausführung" der Leistung „notwendige" Anordnung nach § 4 Nr. 1 Abs. 3 Satz 1 VOB/B vor.

206  **Beispiele** zu vorstehender Rdn: Verwendung von bestimmten Geräten und Maschinen oder von **Großflächenschalung** statt der aufwändigeren **Kleinschalung,** deren tatsächlicher Einsatz für den Auftragnehmer aus dem Gesamtinhalt des Angebots und späteren Vertrags als notwendig erkennbar oder ersichtlich und/oder bei erkennbaren Zweifeln, Unklarheiten und Lücken durch Erkundigung beim Auftraggeber aufklärbar war; **offene Wasserhaltung** mit einfacher Wasserabsenkung statt der in Wirklichkeit nach Sachlage gebotenen/möglichen geschlossenen aber vielfach – auch kostenmäßig – aufwändigeren Wasserhaltung außerhalb des Spundwandkastens bei pauschal ausgeschriebener und so vertraglich vereinbarter Wasserhaltung ohne Vorliegen von Planungsunterlagen und ohne sonst bestimmte Form für die Art der Ausführung, somit versprochener vertraglicher Erfolg „Wasserhaltung" schlechthin bei erkennbar nicht vollständigem Leistungsverzeichnis.[356]

207  Bringt der Auftraggeber, evtl. auch konkludent, hinreichend zum Ausdruck, er sehe seine Anordnung als Aufforderung iSv § 4 Nr. 1 Abs. 3 Satz 1 VOB/B zur Erfüllung einer ohnehin (von vornherein) schon geschuldeten Verpflichtung an, obwohl in Wirklichkeit die Anordnung objektiv eine Änderung der Leistung oder eine zusätzliche Leistung zur Folge hätte, so sollte oder muss der Auftragnehmer vor Ausführung dieser Anordnung (aus Beweisgründen schriftlich) auf den nach seiner Meinung anderen Anordnungscharakter (Änderungsanordnung bzw. Forderung einer zusätzlichen Leistung) **hinweisen** und sich den daraus resultierenden Vergütungsanspruch mindestens dem Grunde nach **vorbehalten.** Andernfalls besteht für den Auftragnehmer die Gefahr, dass trotz Vorliegens der objektiven Merkmale einer Änderungsanordnung oder des Verlangens nach einer zusätzlichen Leistung eine (auch konkludente oder stillschweigende) Einigung/Vereinbarung der Parteien über das Vorliegen einer von vornherein und ohnehin schon geschuldeten vertraglichen Leistung oder ein (auch konkludenter oder stillschweigender) Verzicht des Auftragnehmers auf die an sich begründete Rechtsposition angenommen werden könnte oder anzunehmen ist.

208  **c) Keine Anordnung.** Keine Anordnung nach § 4 Nr. 1 Abs. 3 Satz 1 VOB/B liegt darin, dass der Auftraggeber lediglich ein Nachtragsangebot des Auftragnehmers ablehnt,

---

[356] BGH NJW-RR 1992, 1046, 1047 = BauR 1992, 759, 760 = ZfBR 1992, 211, 212, 213, Hochwasserrückhaltebecken/„Wasserhaltung"; *Ingenstau/Korbion* VOB/B § 4 Nr. 1 Rdn. 78 a. E.; *Vygen* Bauvertragsrecht Rdn. 798; *Vygen/Schubert/Lang* Rdn. 176, alle unter Hinweis bzw. Anspielung auf BGH NJW-RR 1987, 234, 235 = BauR 1987, 683, 684, 685 = ZfBR 1987, 237, 238 u. (nochmals) 283, 284 (Einsatz von „Großflächenschalung" oder „Kleinschalung") m. w. Nachw; siehe auch BGH NJW-RR 1988, 785, 786 = BauR 1988, 338, 339, 340 = ZfBR 1988, 182, 183 (vermehrte „Grundwasserhaltung" infolge der tatsächlich vorhandenen Boden- und Wasserverhältnisse) m. w. N. und OLG Düsseldorf BauR 1991, 774, 775, 776 („Bodenklassen"); zu diesem Themenkreis nebst Abgrenzung siehe auch BGH NJW 1994, 850, 851 = BauR 1994, 236 = ZfBR 1994, 115, ebenfalls „Wasserhaltung" (aufwändigere Brunnenbohrung statt Filterlanzen); d. w. BGH NJW-RR 1993, 1109 = BauR 1993, 595 = ZfBR 1993, 219 „Farbpalette" und Thüringer OLG „Dielenkammerverbau", rk. dch. Revisionsnichtannahmebeschluss des BGH, BauR 2003, 714, 715, 716 (letztlich vorhersehbare Erschwernisse aus Baugrundbeschaffenheit und Wasserhaltungsverhältnissen und deshalb erkennbare Notwendigkeit einer anderen als der kalkulierten Verbauart bei „ins Auge springenden Fehlern und Ungereimtheiten der Ausschreibung) sowie *Piel* FS Korbion S. 349, 357, 358 und *Vygen* BauR 1983, 414 ff.

welches eine Leistung enthält, die der Auftragnehmer nach dem Vertrag ohnehin schon zu erbringen oder so zu erbringen hat, wie jetzt vom Auftraggeber in der Anordnung verlangt wird, etwa um die von vornherein vereinbarte vertragliche Leistung überhaupt sachgerecht („vertragsgemäß") ausführen zu können.[357]

## 2. Objektive Notwendigkeit erforderlich (Absatz 3 Satz 1)

Eine weitere Einschränkung des Anordnungsrechts besteht darin, dass die Anordnung **objektiv notwendig** sein muss, um die vertragsgemäße Ausführung der Leistung zu gewährleisten. Was nicht unmittelbar mit der Durchführung der Leistung – gemäß der von vornherein und ohnehin schon bestehenden Verpflichtung nach Inhalt, Art und Umfang der Leistung einschließlich der Art und Weise ihrer Ausführung nebst ihren bautechnischen und baubetrieblichen Produktionsbedingungen und der zeitlichen Abwicklung – zu tun hat, fällt nicht unter § 4 Nr. 1 Abs. 3 VOB/B,[358] da es nicht „zur vertragsgemäßen Ausführung der Leistung notwendig" ist. Der Begriff „notwendig" ist objektiv aufzufassen, weshalb nicht die jeweilige subjektive Anschauung des Auftraggebers maßgebend ist, sondern insofern auf die jeweils anerkannte Verkehrsgeltung in den betreffenden **Fachkreisen** abzustellen ist.[359] 209

Andernfalls ergäbe sich kein einheitliches, **messbares Kriterium,** was den Grundsätzen der Sicherheit, Messbarkeit, Voraussehbarkeit und sachlich gleicher Behandlung im Rechtsverkehr, letztlich somit dem Grundsatz von Treu und Glauben widerspräche (vgl. auch den Maßstab des „objektiven Empfängerhorizonts" im Zusammenhang mit §§ 133, 157 BGB). 210

„Notwendig" ist eine Anordnung nach § 4 Nr. 1 Abs. 3 VOB/B dann, wenn – unter Wahrung der dem Auftragnehmer zustehenden Leitung nach § 4 Nr. 2 VOB/B – anders die vertragsgemäße Ausführung der Leistung aus Sicht eines gedachten objektiven Betrachters der betreffenden Fachkreise nicht gewährleistet erscheint, etwa wenn aus dieser Sicht feststeht, dass der Auftragnehmer keine oder keine geeignete Maßnahme oder Vorkehrung treffen will und/oder wird, obwohl dies geboten wäre.[360] Daher hat der Auftraggeber nicht erst dann ein Recht zum Eingreifen durch Anordnung, wenn schon eine unrichtige oder nicht gewollte Leistung begonnen worden ist; das deckt sich mit dem Zweck des Anordnungsrechts als **Vorbeugemittel** zur Verhütung von falschen oder jedenfalls nach dem Vertrag nicht gewollten bzw. von diesem nicht gedeckten Leistungen.[361] 211

## 3. Wahrung der Eigenleitung des Auftragnehmers (Absatz 3 Satz 1)

Schließlich ist das Anordnungsrecht nach § 4 Nr. 1 Abs. 3 VOB/B und naturgemäß auch dessen Fortführung nach Absatz 4 ausdrücklich eingeschränkt bzw. begrenzt durch das Gebot der „Wahrung der dem Auftragnehmer zustehenden Leitung nach Nr. 2". Selbst dort, wo der Auftraggeber zurecht eine „zur vertragsgemäßen Ausführung der Leistung notwendige" Anordnung trifft, hat es allein bei der Erteilung dieser Anweisung, also der strikten und eindeutigen, Befolgung heischenden Aufforderung, zu verbleiben. Der Auftraggeber darf vor allem nicht die Leitung der Leistungsdurchführung übernehmen oder den Arbeitnehmern oder Subunternehmern des Auftragnehmers – außer bei „Gefahr im Verzug" nach Absatz 3 Satz 2 – unmittelbar Anordnungen erteilen; er darf das grundsätzlich gegebene Dispositionsrecht und die damit verbundene Entschließungsfreiheit des Auftrag- 212

---

[357] Vgl. BGH Schäfer/Finnern Z 2310 Bl. 38, 39 = WM 1975, 233; *Heiermann/Riedl/Rusam* VOB/B § 4 Rdn. 17; *Ingenstau/Korbion* VOB/B § 4 Nr. 1 Rdn. 79.
[358] *Heiermann/Riedl/Rusam* VOB/B § 4 Nr. 1 Rdn. 18; *Ingenstau/Korbion* VOB/B § 4 Nr. 1 Rdn. 80.
[359] Vgl. *Ingenstau/Korbion* VOB/B § 4 Nr. 1 Rdn. 80; auch *Kapellmann/Messerschmidt/Merkens* VOB/B § 4 Rdn. 26.
[360] Vgl. BGH NJW-RR 1992, 1046 = BauR 1992, 759 = ZfBR 1992, 211, 212 „Wasserhaltung"; *Daub/Piel/Soergel/Steffani* ErlZ B 4.42.
[361] Vgl. *Ingenstau/Korbion* VOB/B § 4 Nr. 1 Rdn. 80.

nehmers nicht beeinträchtigen,[362] Eingriffe in den Arbeitsablauf sind dem Auftraggeber nicht gestattet.[363] Das betrifft gerade auch Eingriffe, mit denen der Auftraggeber einer vom Auftragnehmer vorgezogenen möglichen und zulässigen Variante in der Art und Weise der vertraggemäßen Ausführung der Leistung eine andere entgegensetzen will, die er favorisiert. Wo mehrere Wege, Mittel, Methoden zur Erreichung der vertragsgemäßen Leistung vertretbar sind, ist dem Auftraggeber die Durchsetzung seiner Vorstellung verwehrt.[364]

213  Die eigentlichen **fachlichen Entscheidungen und Weisungen** des Auftragnehmers zur Arbeitsdurchführung, Arbeitseinteilung, Zeitbestimmung der vorzunehmenden Arbeitsabschnitte und Arbeitsabläufe, Bestellung und (auch zeitlichen) Festlegung der Anfuhr von Geräten, Stoffen oder Bauteilen etc. und sonstige Dispositionen zum Arbeitsablauf sind eigenverantwortliche Sache des Auftragnehmers; hier kann der Auftraggeber durch Anordnung nach § 4 Nr. 3 und Nr. 4 VOB/B nur eingreifen, wenn im Einzelfall vertraglich etwas anderes, etwa hinsichtlich des Bauablaufes, verbindlich bestimmt ist. Deshalb kann der Auftraggeber im Rahmen seiner Anordnungsbefugnis in aller Regel auch nur die Anordnung als solche erteilen, darüberhinaus steht ihm nicht das Recht zu, Einzelheiten der Anordnungs-Umsetzung zu bestimmen.[365]

214  Unberührt bleibt immer das spezielle Recht des Auftraggebers nach **§ 5 Nr. 3 VOB/B**, das dortige Abhilfeverlangen zu stellen, zu dessen unverzüglicher Erfüllung der Auftragnehmer verpflichtet ist.

### V. Adressat: Grundsätzlich nur Auftragnehmer oder sein Vertreter (Absatz 3 Sätze 2 und 3)

215  Nach § 4 Nr. 1 Abs. 3 Satz 2 VOB/B sind die zur vertragsgemäßen Ausführung der Leistung notwendigen Anordnungen grundsätzlich nur dem Auftragnehmer oder seinem „für die Leitung der Ausführung bestellten Vertreter" (im Sprachgebrauch der Bauunternehmer meist und je nachdem „Projektleiter" oder „Bauleiter") zu erteilen, außer wenn Gefahr im Verzug ist. Damit soll gewährleistet werden, dass die Leistung nach wie vor der verantwortlichen Leitung des Auftragnehmers unterliegt.[366]

#### 1. Mitteilung des Vertreters

216  Um dem Auftraggeber zu ermöglichen, dass er sich mit seinen zur vertragsgemäßen Ausführung der Leistung notwendigen Anordnungen/Anweisungen an die richtige, „zuständige" Person wendet, ist es erforderlich, dass der Auftragnehmer ihm mitteilt, wen er als seinen Vertreter für die Leitung der Ausführung nach § 4 Nr. 1 Abs. 3 Satz 2 VOB/B bestellt hat.[367] Das ist in Absatz 3 Satz 3 als strikte und deshalb notfalls auch einklagbare Verpflichtung („ist mitzuteilen") geregelt.

217  Nach der Natur der Sache ist es selbstverständlich, dass die genannte Mitteilung **vor Beginn der Ausführung** erfolgen muss.[368] Die Mitteilung hat der Auftragnehmer von sich aus unaufgefordert vorzunehmen; denn in § 4 Nr. 1 Abs. 3 Satz 3 VOB/B ist schlechthin bestimmt, dass „mitzuteilen ist", ohne dass – wie beispielsweise in § 4 Nr. 1 Abs. 2 Satz 3 VOB/B oder in § 4 Nr. 1 Abs. 4 Satz 1 VOB/B – noch das Merkmal „auf Verlangen" festgelegt ist. Aus dem vorgenannten Zweck der Vorschrift folgt, dass auch ein Wechsel des

---

[362] *Ingenstau/Korbion* VOB/B § 4 Nr. 1 Rdn. 81.
[363] *Heiermann/Riedl/Rusam* VOB/B § 4 Rdn. 18; so auch *Kapellmann/Messerschmidt/Merkens* VOB/B § 4 Rdn. 27.
[364] *Daub/Piel/Soergel/Steffani* ErlZ B 4.42.
[365] *Ingenstau/Korbion* VOB/B § 4 Nr. 1 Rdn. 81; ebenso *Kapellmann/Messerschmidt/Merkens* VOB/B § 4 Rdn. 27.
[366] *Ingenstau/Korbion* VOB/B § 4 Nr. 1 Rdn. 82; *Kapellmann/Messerschmidt/Merkens* VOB/B § 4 Rdn. 28.
[367] So auch *Kapellmann/Messerschmidt/Merkens* VOB/B § 4 Rdn. 28.
[368] *Ingenstau/Korbion* VOB/B § 4 Nr. 1 Rdn. 85.

bestellten Vertreters des Auftragnehmers – sobald dieser stattgefunden hat und ebenfalls unaufgefordert – bekanntzugeben ist.[369]

Wen der Auftragnehmer für die Leitung der Ausführung bestellt, liegt bei ihm[370] im Rahmen seiner Eigenverantwortung und seiner Eigenleitung nach § 4 Nr. 2 Abs. 1 VOB/B. Bestimmte Voraussetzungen, z. B., dass es sich um einen Bauingenieur, einen Polier oder Meister handeln müsse, sind nicht gegeben. Der Auftragnehmer wird aber angesichts seiner Einstandsverpflichtung aus § 278 BGB sowie seiner Haftungsverpflichtung aus § 823 BGB und aus § 831 BGB im eigenen Interesse gut daran tun und darauf bedacht sein müssen, eine hinreichend **fachkundige, zuverlässige** (vertrauenswürdige) und auch sonst der Aufgabe gewachsene, also leistungsfähige Person mit seiner Vertretung bei der Leitung der Bauausführung zu betrauen.[371] 218

## 2. Ausnahme: Gefahr im Verzug

Nach § 4 Nr. 1 Abs. 3 Satz 2 VOB/B sind die zur vertragsgemäßen Ausführung der Leistung notwendigen „Anordnungen grundsätzlich nur dem Auftragnehmer oder seinem für die Leitung der Ausführung bestellten Vertreter zu erteilen, außer wenn Gefahr im Verzug ist". Gefahr ist im Verzug, wenn ein Schaden gerade eingetreten ist oder wenn ein Schaden unmittelbar bevorsteht, und wenn der Auftraggeber bzw. sein Vertreter weder den Auftragnehmer selbst noch seinen Vertreter rechtzeitig erreichen kann, damit er einem von beiden die Anordnung zu erteilen und der Auftragnehmer oder sein Vertreter noch selbst für Abhilfe zu sorgen vermag. In diesen Fällen darf der Auftraggeber seine Anordnungen ausnahmsweise auch anderen dem Auftragnehmer zugeordneten Personen (Beschäftigte, hierbei nach Möglichkeit Personen mit gewissen Leitungsfunktionen wie Polier, Vorarbeiter, Kolonnenführer, ggfls. „Beauftragte", sonst auch Arbeiter) erteilen.[372] 219

Gefahr im Verzug besteht beispielsweise dann, wenn durch gerade eingetretene oder unmittelbar drohende Mängel und/oder Schäden der Bestand des Bauwerkes erheblich bedroht ist und wenn deshalb oder aus anderen Gründen Sofortmaßnahmen, etwa eine sofort notwendige **Sicherung des Bauwerks** vor Gefahren oder zur Verhinderung von von ihm ausgehenden drohenden Schäden erforderlich geworden sind.[373] Soweit ein Schaden durch **nicht rechtzeitige** Durchführung der vertragsgemäßen Bauleistung droht, wird man wohl selten von „gerade eingetretenem oder unmittelbar bevorstehendem Schaden" sprechen können, weil regelmäßig ein gewisser zeitlicher Spielraum bis zum Eintritt des Verzögerungsschadens vorliegen wird, so dass in dem Auftraggeber der Auftragnehmer selbst oder dessen Bauleiter noch erreichbar sein wird.[374] 220

Bei der Ausübung des Anordnungsrechts bei „Gefahr im Verzug" handelt der Auftraggeber nicht für den Auftragnehmer, sondern **im eigenen Namen**. Eine Geschäftsführung ohne Auftrag liegt insoweit nicht vor, da der Auftraggeber die Anordnungsbefugnis aus eigenem, ihm vertraglich durch VOB/B eingeräumten Recht ausübt und somit ein „eigenes Geschäft" besorgt.[375] Jedoch ist der Auftraggeber nach Treu und Glauben verpflichtet, den Auftragnehmer von den getroffenen Maßnahmen unverzüglich in Kenntnis zu setzen.[376] 221

Das ausnahmsweise erweiterte Anordnungsrecht bei Gefahr im Verzug **endet** mit der Gefahrenlage. Nach Abwendung der Gefahr geht die vom Auftraggeber gegenüber den 222

---

[369] *Ingenstau/Korbion* VOB/B § 4 Nr. 1 Rdn. 85.
[370] *Ingenstau/Korbion* VOB/B § 4 Nr. 1 Rdn. 85.
[371] Vgl. *Ingenstau/Korbion* VOB/B § 4 Nr. 1 Rdn. 85.
[372] *Heiermann/Riedl/Rusam* VOB/B § 4 Nr. 1 Rdn. 20; *Ingenstau/Korbion* VOB/B § 4 Nr. 1 Rdn. 83; *Kapellmann/Messerschmidt/Merkens* VOB/B § 4 Rdn. 29; *Nicklisch/Weick* B § 4 Rdn. 33.
[373] Vgl. *Ingenstau/Korbion* VOB/B § 4 Nr. 1 Rdn. 83.
[374] Vgl. *Ingenstau/Korbion* VOB/B § 4 Nr. 1 Rdn. 83.
[375] Vgl. *Ingenstau/Korbion* VOB/B § 4 Nr. 1 Rdn. 83.
[376] *Heiermann/Riedl/Rusam* VOB/B § 4 Rdn. 20; *Ingenstau/Korbion* VOB/B § 4 Nr. 1 Rdn. 83.

Beschäftigten des Auftragnehmers ausgeübte Leitungsbefugnis wieder auf den Auftragnehmer unter dessen alleiniger Verantwortung über.[377]

### 3. Weitere Ausnahmen

223  Auch ohne Gefahr im Verzug kann der Auftraggeber anderen Personen als dem Auftragnehmer oder seinem für die Leitung der Ausführung bestellten Vertreter, die dem Unternehmer des Auftragnehmers zugeordnet sind (Beschäftigte, Beauftragte) ausnahmsweise Anordnungen erteilen, wenn dies zur Erfüllung des Vertrages erforderlich ist und der Auftragnehmer oder sein Vertreter für einen unverhältnismäßig langen Zeitraum **nicht erreichbar** sind[378] oder wenn der nicht erreichbare Auftragnehmer keinen Vertreter bestellt hat.[379] In diesem Fall finden die Bestimmungen über die Geschäftsführung ohne Auftrag gemäß § 677 ff. BGB Anwendung.[380]

## VI. Pflicht des Auftragnehmers zur Geltendmachung von Bedenken gegen Ausführungs-Anordnungen des Auftraggebers (Absatz 4 Satz 1)

### 1. Inhalt und Zweck der Vorschrift

224  Hält der Auftragnehmer im Rahmen von § 4 Nr. 1 Abs. 4 VOB/B Anordnungen des Auftraggebers für unberechtigt oder unzweckmäßig, so ist er nach § 4 Nr. 1 Abs. 4 Satz 1 Hs. 1 VOB/B einerseits verpflichtet („hat"), seine Bedenken geltend zu machen. Andererseits aber ist der Auftragnehmer nach § 4 Nr. 1 Abs. 4 Satz 1, Hs. 2 VOB/B verpflichtet („hat"), trotz seiner Bedenken die Anordnungen auszuführen, wenn der Auftraggeber dies verlangt und gesetzliche oder behördliche Bestimmungen dem nicht entgegenstehen.

225  § 4 Nr. 1 Abs. 4 VOB/B bezweckt, dass der Auftraggeber auf Grund der vom Auftragnehmer geltend gemachten Bedenken noch einmal seine Anordnungen **überprüft,** wenngleich der Auftraggeber grundsätzlich sozusagen das „letzte Wort" behält.[381] Die Regelung dient also als **Korrektiv** gegenüber dem in § 4 Nr. 1 Abs. 3 VOB/B festgesetzten Anordnungsrecht des Auftraggebers und soll Differenzen zwischen Auftraggeber und Auftragnehmer über die Bauausführung einerseits zur Sprache bringen, andererseits aber durch die letztliche Befolgungspflicht des Auftragnehmers solche Meinungsverschiedenheiten auch beenden.[382] Als **Ausgleich** für die Befolgungspflicht des Auftragnehmers trifft dann den Auftraggeber auch das Mehrkostentragungs-Risiko, wenn durch die Befolgung der Anordnungen eine ungerechtfertigte Erschwerung der Bauausführung verursacht wird.[383] Treten **außerdem** durch unberechtigte oder unzweckmäßige Anordnungen des Auftraggebers **Behinderungen** ein, so steht dem Auftragnehmer bei Vorliegen der Voraussetzungen des § 6 Nrn. 1, 2, 4 VOB/B eine Verlängerung der Ausführungsfrist zu; bei Vorliegen entsprechenden Auftraggeberverschuldens hat der Auftragnehmer zusätzlich den verschuldensabhängigen Schadensersatzanspruch Anspruch nach **§ 6 Nr. 6** VOB/B a. F., jetzt § 6 Nr. 6 Satz 1 VOB/B n. F. 2006 (siehe auch unten Rdn. 272).

---

[377] Vgl. *Heiermann/Riedl/Rusam* VOB/B § 4 Rdn. 20; *Ingenstau/Korbion* VOB/B § 4 Nr. 1 Rdn. 84.
[378] *Heiermann/Riedl/Rusam* VOB/B § 4 Rdn. 20; *Ingenstau/Korbion* VOB/B § 4 Nr. 1 Rdn. 86; a. A. (nein) *Kapellmann/Messerschmidt/Merkens* VOB/B § 4 Rdn. 30.
[379] *Ingenstau/Korbion* VOB/B § 4 Nr. 1 Rdn. 86.
[380] So zutreffend *Heiermann/Riedl/Rusam* VOB/B § 4 Rdn. 20.
[381] *Heiermann/Riedl/Rusam* VOB/B § 4 Rdn. 22; *Kapellmann/Messerschmidt/Merkens* VOB/B § 4 Rdn. 35, 33/37.
[382] *Nicklisch/Weick* VOB/B § 4 Rdn. 34; so auch *Kapellmann/Messerschmidt/Merkens* VOB/B § 4 Rdn. 33.
[383] Vgl. *Heiermann/Riedl/Rusam* VOB/B § 4 Rdn. 22 und *Nicklisch/Weick* VOB/B § 4 Rdn. 34.

## 2. Unberechtigte oder unzweckmäßige Anordnungen

§ 4 Nr. 1 Abs. 4 Satz 1 VOB/B verpflichtet den Auftragnehmer in **zwei Fällen,** seine 226 **Bedenken** gegen Anordnungen des Auftraggebers zu äußern:

**Erster Fall: Der** Auftragnehmer hält eine Anordnung des Auftraggebers für **unberechtigt.** 227 Als „unberechtigt" hat eine Anordnung dann zu gelten, wenn sie nach Auffassung des Auftragnehmers den vertraglichen oder sonstigen Vereinbarungen oder den sich aus dem Vertrag zwangsläufig ergebenden Notwendigkeiten oder den gesetzlichen sowie behördlichen Bestimmungen[384] nicht entspricht und/oder (auch) gegen die grundsätzliche Anordnungsbefugnis des Auftraggebers nach § 4 Nr. 1 Abs. 3 Satz 1 VOB/B verstößt, weil die betreffende Anordnung für die vertragsgemäße Ausführung der Leistung nicht notwendig ist oder diese sogar vereitelt[385] oder wenn sie die dem Auftragnehmer zustehende Eigenleitung nicht wahrt oder sonst mit der Eigenverantwortlichkeit des Auftragnehmers nach § 4 Nr. 2 Abs. 1 VOB/B kollidiert.[386]

**Zweiter Fall:** Der Auftragnehmer hält eine Anordnung des Auftraggebers für **unzweck-** 228 **mäßig.** Als „unzweckmäßig" hat eine Anordnung zu gelten, wenn nach Auffassung des Auftragnehmers zu befürchten ist, dass bei ihrer Ausführung das vertraglich vereinbarte Leistungsziel, also der geschuldete Leistungserfolg nicht oder nicht einwandfrei (insbesondere nicht mängel- oder schadensfrei) oder – gerade etwa bei Existenz einer anderen Möglichkeit oder verschiedener Möglichkeiten zur Durchführung der Vertragsleistung respektive bei mehreren möglichen vertragsgemäßen Ausführungsmodalitäten ohne Erschwerniskosten für den Auftragnehmer, von denen grundsätzlich jede zu einem mangelfreien Werk führt[387] – nur unter ganz erheblichen und nicht zu rechtfertigenden, also unter unzumutbaren Erschwerungen zu erreichen ist.[388]

## 3. Subjektive Auffassung des Auftragnehmers zur Auslösung der Bedenkenäußerungspflicht maßgebend

Nach dem ausdrücklichen und zweifelsfreien Wortlaut von § 4 Nr. 1 Abs. 4 VOB/B 229 („hält" der Auftragnehmer..., „für unberechtigt oder unzweckmäßig") löst allein schon die **subjektive Auffassung** des Auftragnehmers über Berechtigung oder Zweckmäßigkeit der Anordnung und damit zeitlich dessen aktuelle Sicht(weise) und Beurteilung/Bewertung die Pflicht zur Geltendmachung seiner Bedenken aus; es entscheidet also nicht die Beurteilung nach objektiven Maßstäben,[389] was zugleich auch die nachträgliche Sicht(weise) und Beurteilung/Bewertung ausschließt. Die **subjektive** Ausgestaltung dieser Verpflichtung zur Bedenkenäußerung dient dem Ziel, den Auftraggeber zu einer möglichst **umfassenden Überprüfung** seiner Anordnungen zu veranlassen.[390] Gemäß **objektiver** Kriterien wie der im

---

[384] Z. B. des Bauordnungsrechts.
[385] *Ingenstau/Korbion* VOB/B § 4 Nr. 1 Rdn. 88; ähnlich *Heiermann/Riedl/Rusam* VOB/B § 4 Rdn. 24 und *Kapellmann/Messerschmidt/Merkens* VOB/B § 4 Rdn. 35; *Nicklisch/Weick* VOB/B § 4 Rdn. 35.
[386] Vgl. *Kaiser* BauR 1981, 311.
[387] Vgl. *Hochstein* FS Korbion S. 165, 175, 176.
[388] Vgl. *Ingenstau/Korbion* VOB/B § 4 Nr. 1 Rdn. 88; ähnlich *Heiermann/Riedl/Rusam* VOB/B § 4 Rdn. 24; *Kapellmann/Messerschmidt/Merkens* VOB/B § 4 Rdn. 35; *Nicklisch/Weick* VOB/B § 4 Rdn. 35.
[389] So auch die h. M.; BGHZ 92, 244, 247 = NJW 1985, 631 = BauR 1985, 77, 78 = ZfBR 1985, 37, 38 für den Fall, dass nach der „begründeten **Meinung**" des Auftragnehmers durch die Befolgung der Weisung des Auftraggebers, die geschuldete Werkleistung, nämlich Aufbringen eines Epoxydharzlackanstrichs nur auf „abgebundener" bzw. „abgetrockneter" Beton- oder Estrichfläche als auftraggeberseitige Vorleistung, in einer gegen den Bauvertrag und gegen die Regeln der Technik verstoßende Weise zu erbringen, ernstlich der Eintritt eines Gewährleistungsfalles nicht absehbaren Ausmaßes droht; *Heiermann/Riedl/Rusam* VOB/B § 4 Rdn. 24; *Ingenstau/Korbion* VOB/B § 4 Nr. 1 Rdn. 89; *Nicklisch/Weick* VOB/B § 4 Rdn. 36; *Hochstein* FS Korbion S. 165, 175; ebenfalls *Kapellmann/Messerschmidt/Merkens* VOB/B § 4 Rdn. 35 und *Leinemann/Sterner* VOB/B § 4 Rdn. 28; anderer (abzulehnender) Ansicht *Kaiser* Mängelhaftungsrecht Rdn. 59/48 und wohl auch *Locher* PrivBauR Rdn. 99.
[390] *Nicklisch/Weick* VOB/B § 4 Rdn. 36; *Hochstein* FS Korbion S. 165, 175; ebenso *Kapellmann/Messerschmidt/Merkens* VOB/B § 4 Rdn. 35; auch deshalb ist – wie vorstehend *Nicklisch/Weick* und *Hochstein* bemerken – die gegenteilige Auffassung von *Kaiser* Mängelhaftungsrecht Rdn. 59/48, abzulehnen.

## § 4 Nr. 1　Koordination und Überwachung durch Auftraggeber

Einzelfall beim Auftragnehmer gewerbeüblich vorauszusetzenden Kenntnisse und Fähigkeiten (Fachkunde) besteht dann und bei Vorliegen der entsprechenden Tatbestandsmerkmale zugleich ohnehin die Prüfungs- und Hinweispflicht (Bedenkenmitteilungspflicht) nach § 4 Nr. 3 VOB/B.[391]

230　Auch wenn es auf die subjektive Auffassung des Auftragnehmers über die Unberechtigtheit oder Unzweckmäßigkeit der Anordnungen ankommt, muss ihr eine sachliche Überlegung des Auftragnehmers zugrunde liegen und demgemäß müssen die geltend zu machenden und vorgebrachten Bedenken **fachlich begründet** sein.[392] Das entspricht dem sich aus Treu und Glauben ergebenden Gebot sorgsamer Verfahrensweise, wonach der Auftragnehmer die Anordnungen des Auftraggebers **vor** der Bedenkenäußerung sorgfältig zu prüfen hat.[393]

### 4. Form und Adressat der Bedenkenäußerung

231　Eine Formvorschrift für die nach § 4 Nr. 1 Abs. 4 Satz 1 VOB/B – vor der Ausführung der Anordnung – geltend zu machenden Bedenken besteht **nicht**, so dass diese auch mündlich vorgebracht werden können.[394] Aus Gründen des Beweises für die Tatsache der Bedenkengeltendmachung als solcher, den Inhalt der Bedenken und den angesprochenen Adressaten ist Schriftform und geeigneter Zugangsnachweis zweckmäßig bzw. geboten.

232　Für die Mitteilung der Bedenken ist der Auftraggeber selbst grundsätzlich immer (und im Zweifel) der richtige Adressat, in der Regel aber auch sein bevollmächtigter Vertreter, der die Anordnung geäußert hat. Jedoch ist das zum richtigen Adressaten bei → § 4 Nr. 3 Kommentierte entsprechend zu beachten.[395]

### 5. Wesen und Anwendungsbereich der Bedenkenäußerungspflicht nach Absatz 4 Satz 1

233　**a) Rechtscharakter und Verletzungsfolgen.** Die Pflicht des Auftragnehmers zur Geltendmachung von Bedenken gegen unberechtigte oder unzweckmäßige Anordnungen des Auftraggebers ist eine vertragliche Nebenpflicht, deren schuldhafte Verletzung Schadenersatzansprüche des Auftraggebers nach § 280 Abs. 1 BGB n. F., früher aus positiver Vertragsverletzung oder Ansprüche aus § 4 Nr. 7 VOB/B (vor Abnahme) bzw. aus § 13 Nr. 5–7 VOB/B (nach Abnahme) auslösen kann,[396] wenn und soweit jeweils die entsprechenden Anspruchsvoraussetzungen erfüllt sind; gegebenenfalls ist auch § 254 BGB anzuwenden. Beachte jedoch die nachfolgende Darstellung über das Verhältnis zu § 4 Nr. 3 VOB/B.

234　**b) Verhältnis zur Bedenkenmitteilungspflicht nach § 4 Nr. 3 (mit § 13 Nr. 3) VOB/B.** Die Regelungen des § 4 Nr. 1 Abs. 4 Satz 1 VOB/B und des § 4 Nr. 3 VOB/B mit den darin enthaltenen Prüfungs- und Bedenkenäußerungspflichten führen an sich und vom Grundsatz her ein eigenständiges Dasein, stehen also selbstständig nebeneinander,[397] da die vorzubringenden Bedenken hinsichtlich ihrer Perspektivität (subjektive/objektive Sicht), des Zeitpunkts, des Anwendungsbereichs und der Folgen fortbestehenden Ausführungsverlangens trotz vorgebrachter Bedenken unterschiedlich ausgestaltet sind, dementsprechend

---

[391] Das übersieht *Kaiser* Mängelhaftungsrecht Rdn. 59/48 (vgl. die beiden vorstehenden Fn.); so zu Recht auch *Ingenstau/Korbion* VOB/B § 4 Nr. 1 Rdn. 89, *Kapellmann/Messerschmidt/Merkens* VOB/B § 4 Rdn. 35 und *Nicklisch/Weick* VOB/B § 4 Rdn. 36 a. E.

[392] BGHZ 92, 344, 246/247 = NJW 1985, 631 = BauR 1985, 77, 78 = ZfBR 1985, 37, 38; *Ingenstau/Korbion* VOB/B § 4 Nr. 1 Rdn. 89.

[393] *Heiermann/Riedl/Rusam* VOB/B § 4 Rdn. 24; *Daub/Piel/Soergel/Steffani* ErlZ B 4.47.

[394] Vgl. *Ingenstau/Korbion* VOB/B § 4 Nr. 1 Rdn. 80; so auch *Kapellmann/Messerschmidt/Merkens* VOB/B § 4 Rdn. 36.

[395] *Kapellmann/Messerschmidt/Merkens* VOB/B § 4 Rdn. 36.

[396] Vgl. → Vor § 4 Rdn. 20, 21.

[397] Vgl. *Heiermann/Riedl/Rusam* VOB/B § 4 Rdn. 23; *Nicklisch/Weick* VOB/B § 4 Rdn. 41; dazu näher und eingehend *Hochstein* FS Korbion S. 165, 175, 176, 177 III.; *Kaiser* Mängelhaftungsrecht Rdn. 48; *ders.* BauR 1981, 311.

Koordination und Überwachung durch Auftraggeber  § 4 Nr. 1

selbstständiges Gewicht und unterschiedliche, jeweils besondere Zielsetzungen (Zielrichtungen) aufweisen.[398] Andererseits können die Prüfungs- und Hinweispflichten aus beiden Vorschriften je nach konkreter Fallage in bestimmten Bereichen sachgleiche Berührungspunkte haben und insoweit und deshalb weitgehend deckungsgleich sein.[399]

Die Selbstständigkeit und Eigenständigkeit der Prüfungs- und Bedenkenäußerungspflichten nach § 4 Nr. 1 Abs. 4 Satz 1 VOB/B und nach §§ 4 Nr. 3, 13 Nr. 3 VOB/B zeigen sich zum einen in den jeweils geregelten Anwendungsmerkmalen: Hinsichtlich des **Zeitpunktes** sind nach ersterer Regelung die Bedenken vorzubringen, sobald die entsprechende Anordnung getroffen wurde, nach zweiterer Regelung, nämlich Bedenken gegen die vorgesehene Art der Ausführung einschließlich der „vorgeschriebenen Stoffe oder Bauteile" nach § 13 Nr. 3 VOB/B, „unverzüglich – möglichst schon vor Beginn der Arbeiten". Hinsichtlich der Form (mündlich, schriftlich) besteht im ersteren Fall keine Vorschrift, im zweiteren Fall ist ausdrücklich Schriftlichkeit verlangt. Hinsichtlich der **Perspektivität** der Prüfung und der vorzubringenden Bedenken gilt im ersteren Fall die subjektive – wenn auch fachlich begründete – Auffassung/Sicht des Auftragnehmers, im zweiten Fall die objektivierte Auffassung nach dem Maßstab der bei einem verständigen Auftragnehmer gewerbeüblich vorauszusetzenden Fachkunde (Kenntnisse und Fähigkeiten). Vom **Anwendungsbereich** her richten sich die Bedenken im ersteren Fall gegen für unberechtigt oder unzweckmäßig gehaltene Anordnungen, im zweiteren Fall gegen die vorgesehene Art der Ausführung einschließlich der vorgeschriebenen Stoffe oder Bauteile nach § 13 Nr. 3 VOB/B, wobei die vorgesehene Art der Ausführung einschließlich der vorgeschriebenen Stoffe oder Bauteile durchaus (auch) auf einer Anordnung nach § 4 Nr. 1 Abs. 3 Satz 1 beruhen kann; hierin liegen vom sachlichen Anwendungsbereich die wesentlichen, insoweit zu einer Deckungsgleichheit führenden, unter vorstehender Randnummer angesprochenen gemeinsamen Berührungspunkte zwischen beiden Regelungen.[400]

235

Die Prüfungs- und Bedenkenäußerungspflicht nach § 4 Nr. 1 Abs. 4 Satz 1 VOB/B verfolgt in erster Linie die **Zielsetzung,** unberechtigten reinen Ausführungsanordnungen entgegenzuwirken sowie unter mehreren vertragsgemäßen Ausführungsarten, von denen grundsätzlich jede zu einem mangelfreien Werk führt, diejenige **wählen** zu können bzw. zu dürfen, welche die zweckmäßigste ist und keine Erschwerniskosten für den Auftragnehmer mit sich bringt. Steht hier die Vertragsgerechtigkeit überhaupt sowie die zweckmäßigste Ausführung, insoweit das übergeordnete Vertragsziel sowie das eigene Interesse des Auftragnehmers im Vordergrund, so geht es im Falle von § 4 Nr. 3 VOB/B primär um die Verhütung einer mangelhaften Bauleistung, mithin um deren Qualität und spätere Mangelfreiheit.[401]

236

Zwischen den beiden eben genannten Bestimmungen ergibt sich unbeschadet ihrer Eigenständigkeit ein **Rangverhältnis** in dem Sinne, dass § 4 Nr. 1 Abs. 4 Satz 1 VOB/B – ähnlich wie § 3 Nr. 3 VOB/B[402] – eine gewisse Vorklärungsfunktion und Vorklärungspflicht beinhaltet,[403] die eine zweck-, sach- und zeitgerechte Durchführung der Bauleistung gewährleisten soll.[404]

237

Unberechtigtheit und/oder Unzweckmäßigkeit im Sinne von § 4 Nr. 1 Abs. 4 Satz 1 VOB/B liegen auch vor, wenn die vom Auftraggeber angeordnete Art der Durchführung –

238

---

[398] Siehe *Hochstein* vorst. Fn.
[399] *Hochstein* a. a. O. (Fn. 303) S. 165, 176; a. A. *Kaiser* Mängelhaftungsrecht Rdn. 48 und BauR 1981, 311 mit der – unzutreffenden – Aussage, beide Bestimmungen wiesen keine Berührungspunkte miteinander auf, wogegen sich *Hochstein* zurecht ausdrücklich wendet.
[400] *Hochstein* FS Korbion S. 165, 175/176; *Kaiser* Mängelhaftungsrecht Rdn. 48; *ders.* BauR 1981, 311; *Kapellmann/Messerschmidt/Merkens* VOB/B § 4 Rdn. 34.
[401] Siehe vorst. Fn.
[402] Siehe *Hochstein* FS Korbion S. 165, 176.
[403] *Hochstein* FS Korbion S. 165, 176, 177 III. Auch *Kapellmann/Messerschmidt/Merkens* VOB/B § 4 Rdn. 34.
[404] *Hochstein* FS Korbion, S. 165, 176, 177. So auch *Kapellmann/Messerschmidt/Merkens* VOB/B § 4 Rdn. 34.

§ 4 Nr. 1   Koordination und Überwachung durch Auftraggeber

auch als reine Ausführungsanordnung – die **Gefahr** einer mangelhaften Bauleistung mit sich bringen kann oder mit sich bringt[405] oder sonst schädliche Auswirkungen haben kann. Dann stellt sich die erteilte Anordnung zugleich als ein Fall der „vorgesehenen Art der Ausführung" im Sinne von § 4 Nr. 3 VOB/B (unter Einschluss vom Auftraggeber „vorgeschriebener Stoffe oder Bauteile" nach § 13 Nr. 3 VOB/B) dar.[406] Die Prüfungs- und Bedenkenäußerungspflichten aus beiden Vorschriften können deshalb insoweit in bestimmten Bereichen weitgehend **deckungsgleich**[407] sein, und zwar gegebenenfalls auch im bereits zu § 3 Nr. 3 VOB/B erläuterten Rahmen in ihren Rechtsfolgen,[408] sofern der entsprechende von § 4 Nr. 1 Abs. 4 Satz 1 VOB/B ausgehende Hinweis entweder schriftlich oder nachdrücklich in mündlicher Form den Auftraggeber auf Bedenken wegen künftiger Mängel auch in der inhaltlich nach § 4 Nr. 3 VOB/B gebotenen Weise hinreichend aufmerksam macht.[409]

**239** Ist also durch eine vom Auftraggeber nach § 4 Nr. 1 Abs. 3 Satz 1 VOB/B getroffene Ausführungsanordnung zugleich die „vorgesehene Art der Ausführung" nach § 4 Nr. 3 VOB/B (einschließlich vom Auftraggeber „vorgeschriebener Stoffe oder Bauteile" nach § 13 Nr. 3 VOB/B) mit Mangel- oder Schadensgefahr – etwa durch Verstoß gegen anerkannte Regeln der Technik – angesprochen bzw. berührt, so kann sich der Auftragnehmer durch nach § 4 Nr. 1 Abs. 4 Satz 1 VOB/B geltend gemachte Bedenken von einer **Haftung** nach §§ 13 Nr. 3 und 10 Nr. 2 VOB/B nur befreien, wenn und soweit er zugleich auch die in § 4 Nr. 3 VOB/B festgesetzten förmlichen und inhaltlichen Erfordernisse bei der Mitteilung seiner Bedenken eingehalten hat.[410] Unbeschadet der Selbstständigkeit und Eigenständigkeit beider Regelungen zur Bedenkenäußerung ist die Pflicht des Auftragnehmers zur Geltendmachung von Bedenken nach Nr. 1 Abs. 4 Satz 1 VOB/B somit auch im Zusammenhang mit § 4 Nr. 3 zu sehen.[411]

### 6. Grundsätzlich Ausführungspflicht auf Verlangen des Auftraggebers trotz vorgebrachter Bedenken (Absatz 4 Satz 1 Halbsatz 2)

**240** (1) Trotz geltendgemachter Bedenken ist der Auftragnehmer gleichwohl nach § 4 Nr. 1 Abs. 4 Satz 1 Hs. 2 VOB/B verpflichtet, die nach Abs. 3 erteilte Anordnung auszuführen, wenn der Auftraggeber es **verlangt,** es sei denn, dass gesetzliche oder behördliche Bestimmungen entgegenstehen. Unter Berücksichtigung dieses Rahmens kann also der Auftraggeber die Befolgung seiner Anordnungen grundsätzlich durchsetzen.[412] Die Verpflichtung zur Befolgung der Anordnungen besteht für den Auftragnehmer dann aber auch nur im vorgenannten Rahmen.[413] Befolgt der Auftragnehmer trotz vorgenannter Verpflichtung die Auftraggeberanordnung nicht, macht er sich wegen Vertragspflichtverletzung schadensersatzpflichtig. Daneben ist § 4 Nr. 7, auch mit § 5 Nr. 3, 4 und mit § 8 Nr. 3 VOB/B, anwendbar.[414] Auch tritt die Mängelhaftung nach § 13 Nr. 5–7 VOB/B ein.

---

[405] *Hochstein* a. a. O., S. 165, 176.
[406] *Heiermann/Riedl/Rusam* VOB/B § 4 Rdn. 23, 25; *Nicklisch/Weick* VOB/B § 4 Rdn. 41.
[407] *Hochstein* FS Korbion S. 165, 176; entgegen *Kaiser* Mängelhaftungsrecht Rdn. 48 und BauR 1981, 311 („keine Berührungspunkte").
[408] *Hochstein* a. a. O.; zum Verhältnis von § 3 Nr. 3 zu § 4 Nr. 3 VOB/B siehe ausführlich bei → § 3 Nr. 3 Rdn. 6–11, 27, 28, 39–43.
[409] *Hochstein* a. a. O.
[410] *Heiermann/Riedl/Rusam* VOB/B § 4 Rdn. 23, 25; *Ingenstau/Korbion* VOB/B § 4 Nr 1 Rdn. 107; *Hochstein* FS Korbion S. 165, 176.
[411] *Heiermann/Riedl/Rusam* VOB/B § 4 Rdn. 23, 25; *Nicklisch/Weick* VOB/B § 4 Rdn. 41; *Hochstein* FS Korbion S. 165, 176; a. A. („keine Berührungspunkte") *Kaiser* Mängelhaftungsrecht Rdn. 48 und BauR 1981, 311.
[412] OLG Karlsruhe BauR 2005, 729 ff. *Heiermann/Riedl/Rusam* VOB/B § 4 Rdn. 22; *Kapellmann/Messerschmidt/Merkens* VOB/B § 4 Rdn. 37; *Nicklisch/Weick* VOB/B § 4 Rdn. 37.
[413] *Ingenstau/Korbion* VOB/B § 4 Nr. 1 Rdn. 91.
[414] *Kapellmann/Messerschmidt/Merkens* VOB/B § 4 Rdn. 32.

(2) Durch den Wortlaut „hat ... auf Verlangen auszuführen" ist zugleich auch ausgesagt, dass diese Ausführungspflicht erst durch das besagte Verlangen entsteht, welches gleichzeitig auch – unter Berücksichtigung von § 271 BGB – die Fälligkeit der Pflicht begründet. Daraus ist zu folgern, dass bis zu diesem Verlangen der Auftragnehmer nicht verpflichtet ist, die Anordnung auszuführen; er darf vielmehr erst die Äußerung der Entscheidung des Auftraggebers abwarten.[415] Hat der Auftragnehmer nach seiner aktuellen subjektiven, auf sachlichen Überlegungen beruhenden fachlich begründeten Sicht(weise) und Beurteilung/Bewertung über die Berechtigung oder Zweckmäßigkeit der Auftraggeber-Anordnung (und damit pflichtgemäß, siehe Rdn. 229/230) seine Bedenken geltend gemacht, dann sind die Wartezeiten und die sonstigen Bauausführungsverzögerungen, die mit der in § 4 Nr. 1 Absätzen 3 und 4 VOB/B verankerten Prozedur unvermeidlich verbunden sind, eine Ausführungsbehinderung nach § 6 Nr. 1 VOB/B. Bei Beachtung der sonstigen in § 6 Nr. 1 genannten Voraussetzungen hat der Auftragnehmer dann den verschuldensunabhängigen Anspruch auf Verlängerung der Bauzeit gemäß § 6 Nr. 2 Abs. 1 lit. a), Nr. 3, Nr. 4 VOB/B, weil eine Verhaltensweise des Auftragnehmers, die als **pflichtgemäße Reaktion** durch eine Handlung des Auftraggebers (hier seine Anordnung) ausgelöst wird, ein „Umstand aus dem Risikobereich" des Auftraggebers ist. Das gilt erst recht, wenn die vom Auftraggeber geltend gemachten Bedenken auch aus objektiver Sicht(weise) und Beurteilung/Bewertung begründet sind.

Insoweit als der Auftraggeber die bauausführungsbehindernde Anordnung bei gehöriger Aufmerksamkeit seiner selbst oder der von ihm beauftragten zuständigen Fachleute einschließlich des Architekten hätte vermeiden können oder wenn er nach der Geltendmachung der pflichtgemäßen Bedenken trotz der Äußerungsaufforderung oder/und Behinderungsanzeige des Auftragnehmers die Entscheidung nach § 4 Nr. 1 Abs. 4 Satz 1 VOB/B nicht unverzüglich trifft, hat der Auftragnehmer den verschuldensabhängigen Anspruch nach § 6 Nr. 6 VOB/B. Bei Vorliegen von Gläubigerverzug (unabhängig von einem Verschulden) besteht auch der Entschädigungsanspruch nach § 642 BGB wegen unterlassener Mitwirkungshandlung, da die Auftraggeberreaktion auf pflichtgemäß geltend gemachte Bedenken des Auftragnehmers eine notwendige Kooperationshandlung zur Ermöglichung einer rechtlich und bautechnisch ordnungsgemäßen Bauausführung und somit der Kooperationspflicht unterfällt (→ Vor § 3 Rdn. 9–11, 30 vorletzter Spiegelstrich).

**a) Pflicht des Auftraggebers zur Prüfung der Bedenken (und zum Treffen einer Entscheidung).** Bevor der Auftraggeber auf der Ausführung seiner Anordnungen besteht, muss er die geäußerten Bedenken des Auftragnehmers noch einmal auf die Berechtigung und/oder Zweckmäßigkeit überprüfen, wobei er auf die Bedenken „eingehen", sich also sachlich-inhaltlich damit auseinandersetzen muss.[416] Zum einen folgt dies angesichts der grundsätzlichen Verpflichtung des Auftragnehmers, auf **einseitige** Willenserklärung des Auftraggebers hin tätig zu werden, aus Treu und Glauben;[417] dies umso mehr, als der Auftragnehmer seinerseits die nach Absatz 3 getroffenen Anordnungen zunächst auf ihre Berechtigtheit und Zweckmäßigkeit zu prüfen und auf dieser Basis seine Bedenken zu machen hat. Das sind konkrete Ausgestaltungen der zwischen den Parteien bestehenden Kooperationspflichten, vgl. dazu → Vor § 3 Rdn. 9.

241

Zum anderen hat der Auftraggeber, damit die Bauarbeiten **„weitergehen"** (können), eine Mitwirkungspflicht dahin, gegenüber den Bedenken des Auftragnehmers überhaupt eine Entscheidung zu treffen[418] und die Bedenken deshalb naturgemäß und zwangsläufig zu

242

---

[415] So zutreffend *Kapellmann/Messerschmidt/Merkens* VOB/B § 4 Rdn. 38.
[416] BGHZ 92, 244, 246 unten = NJW 1985, 631 = BauR 1985, 77, 78 = ZfBR 1985, 37, 38, und zwar incidenter, indem der BGH dem Vorwurf des Berufungsgerichts, die Beklagte/Auftraggeberin sei auf die „fachlich begründeten Bedenken" der Kläger/Auftragnehmerin „überhaupt nicht eingegangen", beipflichtet; *Heiermann/Riedl/Rusam* VOB/B § 4 Rdn. 27; *Ingenstau/Korbion* VOB/B § 4 Nr. 1 Rdn. 90; *Kapellmann/Messerschmidt/Merkens* VOB/B § 4 Rdn. 37.
[417] Vgl. *Ingenstau/Korbion* VOB/B § 4 Nr. 1 Rdn. 90.
[418] Siehe näher → Vor § 4 Rdn. 12 und 8 (sechster Spiegelstrich).

## § 4 Nr. 1   Koordination und Überwachung durch Auftraggeber

prüfen;[419] letzteres muss umfassend,[420] auf sachlicher und überlegter Basis[421] geschehen. Das ist nicht der Fall, wenn ein Auftraggeber Bedenken des Auftragnehmers gegen eine Statik nur mit dem Hinweis auf eine Stellungnahme seines Tragwerksplaners zurückweist wie im Falle des OLG Karlsruhe BauR 2005, 729 ff. mit den dort aufgezeigten Rechtsfolgen einschließlich Kostenschadensersatzpflicht des Auftraggebers.

**243**  Überhaupt und insgesamt darf der Auftraggeber sein Weisungsrecht (Anordnungsrecht) nach § 4 Nr. 1 Absatz 3 VOB/B – und demgemäß auch dessen Fortführung durch das „Verlangen" nach Absatz 4 – nur in den Grenzen von **Treu und Glauben** ausüben.[422] Daher ist es nicht angängig und nicht vertragsgerecht, wenn der Auftraggeber ohne Überlegen und ohne hinreichende Kenntnisnahme von den Bedenken des Auftragnehmers einfach das Verlangen nach § 4 Nr. 1 Abs. 4 Satz 1 VOB/B auf Befolgung der Anordnungen stellt; der Auftraggeber muss sich vielmehr gleichermaßen sachlich-inhaltlich mit den **Gegenvorstellungen** des Auftragnehmers auseinandersetzen wie sich der Auftragnehmer mit der Frage der Berechtigtheit oder Zweckmäßigkeit der Anordnung auseinandergesetzt hat.[423] Das gilt für den Auftraggeber selbst wie auch für den von ihm einschlägig bestellten Architekten, Fachingenieur oder sonstigen fachlichen Beauftragten.[424] Ebenso wie es aber bei den Bedenken des Auftragnehmers auf dessen subjektive Auffassung („hält" der Auftragnehmer ...) ankommt, beschränkt sich die Überprüfungspflicht des Auftraggebers gleichermaßen auf seine – subjektive – Sicht bzw. die des oder der von ihm bereits bestellten Architekten, Fachingenieurs/Fachingenieure oder sonstigen fachlichen Beauftragten, weil hier nur der eigene Bereich des Auftraggebers betroffen sein kann; dabei muss aber die Entschließung des Auftraggebers ebenfalls auf sachlicher und überlegter, also fachlich begründeter Basis beruhen.[425]

**244**  Das entspricht einerseits dem Ziel der subjektivierten Bedenkengeltendmachung, nämlich den **Auftraggeber** zu einer möglichst **umfassenden Prüfung** seiner Anordnungen zu veranlassen[426] und andererseits dem sich aus der Vertragsgerechtigkeit und aus Treu und Glauben ergebenden Gebot, dass sich beide Vertragspartner hinsichtlich Art, Inhalt/Sache und Umfang auf der **gleichen Ebene** bewegen dürfen, aber auch müssen (ähnlich der prozessualen Substantiierungspflicht, bei der Inhalt, Art und Umfang des Vorbringens des Klägers Inhalt, Art und Umfang des Gegenvorbringens bestimmen). Auch soll damit dem weiteren Sinn und Zweck von Abs. 4 Rechnung getragen werden, die **Gefahr der Verzögerung** bei der Baudurchführung zu vermeiden, was durch eine von dritter Seite kommenden (objektivierten) Überprüfung der Bedenken des Auftragnehmers vereitelt würde.[427] Gleichwohl ist es dem Auftraggeber nicht verwehrt, von sich aus zur Überprüfung der Bedenken des Auftragnehmers intern einen Dritten, etwa einen Sachverständigen (z. B. nach

---

[419] *Heiermann/Riedl/Rusam* VOB/B § 4 Rdn. 27; *Nicklisch/Weick* VOB/B § 4 Rdn. 36.
[420] In diesem Sinne *Nicklisch/Weick* VOB/B § 4 Rdn. 36.
[421] *Heiermann/Riedl/Rusam* VOB/B § 4 Rdn. 27; *Ingenstau/Korbion* VOB/B § 4 Nr. 1 Rdn. 90.
[422] BGHZ 92, 244, 246 = NJW 1985, 631 = BauR 1985, 77, 78 = ZfBR 1985, 37, 38; *Heiermann/Riedl/Rusam* VOB/B § 4 Rdn. 29; *Ingenstau/Korbion* VOB/B § 4 Nr. 1 Rdn. 95; *Nicklisch/Weick* VOB/B § 4 Rdn. 37.
[423] Vgl. *Ingenstau/Korbion* VOB/B § 4 Nr. 1 Rdn. 90.
[424] *Ingenstau/Korbion* VOB/B § 4 Nr. 1 Rdn. 90.
[425] *Ingenstau/Korbion* VOB/B § 4 Nr. 1 Rdn. 90. Die subjektive Sicht postuliert auch *Kapellmann/Messerschmidt/Merkens* VOB/B § 4 Rdn. 37, soweit auch hier schon in der ersten Auflage vertreten der eigene Bereich des Auftraggebers betroffen ist (ebenso wie beim Auftragnehmer bezüglich seiner Bedenken). Gerade deshalb wendet sich Merkens zu Unrecht gegen die hier mit *Ingenstau/Korbion/Oppler* erhobene Forderung einer sachlich reflektierenden Auseinandersetzung der Auftraggeberseite mit den Gegenvorstellungen des Auftragnehmers, da von *Ingenstau/Korbion/Oppler* nur auf sachliche Erwägungen im Rahmen der subjektiven Sicht abgestellt wird wie dies Merkens selbst tut, nicht aber auf eine „objektive Objektivierung". Das Anstellen von sachlichen Erwägungen in und aus der subjektiven Sicht überfordert den Auftraggeber nicht (s. Rdn. 244) und ist im Rahmen der beiderseits geschuldeten Kooperation eine Selbstverständlichkeit. Die diesbezügliche schuldhafte Unterlassung seitens des Auftraggebers führt daher entgegen Merkens a. a. O. zur Schadensersatzverpflichtung.
[426] Vgl. *Nicklisch/Weick* VOB/B § 4 Rdn. 36.
[427] *Ingenstau/Korbion* VOB/B § 4 Nr. 1 Rdn. 90.

Koordination und Überwachung durch Auftraggeber  § 4 Nr. 1

§ 7 Nr. 1 lit. c) VOB/A) oder einen sonstigen Fachmann einzuschalten, was er auch tun sollte, wenn er oder z. B. sein Architekt nicht die nötige Fachkunde besitzt.[428]

**b) Haftung des Auftraggebers bei Verstoß gegen die Pflicht zur Bedenkenüberprüfung.** Kommt der Auftraggeber der unter vorstehender Randnummer behandelten Überprüfungspflicht nicht oder nicht hinreichend nach, kann er dem Auftragnehmer wegen Verletzung der Mitwirkungspflicht nach § 280 Abs. 1 BGB n. F., nach früherem Recht aus positiver Vertragsverletzung schadensersatzpflichtig werden; siehe dazu Rdn. 242. Auch können Ansprüche des Auftragnehmers aus § 6 VOB/B (insbesondere § 6 Nr. 6) oder ein Kündigungsrecht nach § 9 Nr. 1 lit. a) VOB/B i. V. m. der dortigen Nr. 2 begründet sein.[429]  245

**c) Eindeutiges und bestimmtes Verlangen des Auftraggebers notwendig.** Das Ausführungs-„Verlangen" gemäß § 4 Nr. 1 Abs. 4 Satz 1 VOB/B muss ebenso wie die Erstanordnung nach § 4 Nr. 1 Abs. 3 Satz 1 VOB/B deutlich, bestimmt und mit Nachdruck als „keine Wahl lassende eindeutige, Befolgung heischende Aufforderung" geschehen;[430] in diesem Sinne muss der Auftraggeber auf seiner Anordnung zweifelsfrei „bestehen".[431] Es muss klar sein, dass auch tatsächlich eine Anordnung erteilt wurde, die eine Ausführungspflicht auslösen soll und nicht etwa nur ein Wunsch, ein Vorschlag oder ein Einverständnis mit einer Vorstellung des Auftragnehmers; eine diesbezügliche Unklarheit geht zu Lasten des Auftraggebers.[432] Eine besondere Form für das Verlangen ist nicht vorgeschrieben.  246

**7. Ausnahmen von der grundsätzlichen Pflicht des Auftragnehmers zur Befolgung der Anordnungen – Leistungsverweigerungsrecht, Ausschluss des Leistungsverzuges**

Von der Verpflichtung des Auftragnehmers (Rdn. 194, 200) zur Ausführung der Anordnungen des Auftraggebers gibt es nachfolgend behandelte Ausnahmen, bei denen trotz des fortbestehenden Verlangens des Auftraggebers ein Leistungsverweigerungsrecht des Auftragnehmers mit Ausschluss des Leistungsverzuges besteht.[433]  247

**a) Verstoß gegen gesetzliche oder behördliche Bestimmungen (Abs. 4 Satz 1 Halbsatz 2).** Trotz Verlangens des Auftraggebers ist der Auftragnehmer nach ausdrücklicher Bestimmung in § 4 Nr. 1 Abs. 4 Satz 1 VOB/B von der Ausführung der Anordnung befreit, wenn ihr gesetzliche oder behördliche Bestimmungen entgegenstehen; insoweit hat der Auftragnehmer ein Leistungsverweigerungsrecht, das zugleich auch einen Leistungsverzug ausschließt, siehe Rdn. 247. In einer Fallkonstellation, wie sie dem Urteil des BGH vom 10. 5. 2007 – VII ZR 226/05 (BauR 2007, 1404, 1406, 1407 = NZBau 2007, 581, 583) zugrunde lag, bedurfte es für das Leistungsverweigerungsrecht des Auftragnehmers nicht einmal des tatsächlichen Entgegenstehens gesetzlicher oder behördlicher Bestimmungen, sondern es genügten unter den gegebenen Voraussetzungen erhebliche Zweifel über die Anwendbarkeit bestimmter öffentlich-rechtlicher Vorschriften, die der **Auftragnehmer** haben **konnte**. Der BGH hat dazu Folgendes entschieden: Hat der Auftragnehmer entgegen einer Aufforderung des Auftraggebers die Arbeiten (hier: Wärmedämmarbeiten) nicht innerhalb der ihm gesetzten Frist aufgenommen, weil der Auftragnehmer erhebliche (und auch geltend gemachte) Bedenken einschließlich Zweifel haben **konnte,** ob die öffenlich-rechtlichen Vorschriften der Heizungsanlagen-Verordnung über die Mindestdämmung an-  248

---

[428] Ingenstau/Korbion VOB/B § 4 Nr. 1 Rdn. 90.
[429] Vgl. Heiermann/Riedl/Rusam VOB/B § 4 Rdn. 27, 28. Siehe auch die letzte Fn. bei Rdn. 243.
[430] Ingenstau/Korbion VOB/B § 4 Nr. 1 Rdn. 73.
[431] Vgl. Heiermann/Riedl/Rusam VOB/B § 4 Rdn. 27; Kapellmann/Messerschmidt/Merkens VOB/B § 4 Rdn. 38; Leinemann/Sterner VOB/B § 4 Rdn. 28; Nicklisch/Weick VOB/B § 4 Rdn. 34.
[432] Vgl. Daub/Piel/Soergel/Steffani ErlZ B 4.49.
[433] BGHZ 92, 244, 247 = NJW 1985, 631 = BauR 1985, 77, 78 = ZfBR 1985, 37, 38; OLG Karlsruhe mit eindrucksvollem Beispielfall in BauR 2005, 729 ff.; Heiermann/Riedl/Rusam VOB/B § 4 Rdn. 29; Ingenstau/Korbion VOB/B § 4 Nr. 1 Rdn. 91; Nicklisch/Weick VOB/B § 4 Rdn. 37.

wendbar waren, bei deren Nichtbeachtung dem Auftragnehmer die Gefahr eines Bußgeldes drohte, war der Auftraggeber, der einerseits sich mit einer geringeren Dämmung einverstanden erklärte, andererseits aber den Auftragnehmer gleichwohl auf die Anwendung der Heizungsanlagen-Verordnung verwies, zu einer außerordentlichen Kündigung aus wichtigem Grund nach § 8 Nr. 3 VOB/B nicht berechtigt. Unter Berücksichtigung der zwischen den Parteien bestehenden Kooperationspflichten (siehe dazu oben Rdn. 241 und auch 243) sei der Auftraggeber gehalten gewesen, sich zunächst um eine einvernehmliche Beilegung des bestehenden Konflikts zu bemühen und durfte nicht fristlos kündigen. Bei diesem Sachverhalt sei kein schuldhaftes Verhalten des Auftragnehmers darin zu sehen, dass er die Arbeiten nicht innerhalb der ihm gesetzten kurzen Frist wieder aufgenommen hat. – Zu den gesetzlichen oder **behördlichen** Bestimmungen gehören zum einen alle Gesetze, Verordnungen, Satzungen (z. B. von Landkreisen oder Gemeinden) usw. öffentlich-rechtlicher Art, auch Verwaltungsakte (z. B. die Baugenehmigung samt Auflagen). Insbesondere sind es solche, die Einfluss auf die Durchführung und die Standsicherheit und sonstige Sicherheitsbelange des Bauvorhabens haben wie bauordnungsrechtliche, gewerberechtliche, emissionsschutzrechtliche, wasserrechtliche, verkehrsrechtliche und gesundheitsrechtliche Bestimmungen, die Unfallverhütungsvorschriften der Berufsgenossenschaften, strafrechtliche Bestimmungen wie etwa § 323 StGB (Baugefährdung) u. dgl. Zum anderen fallen auch **zivilrechtliche** Vorschriften darunter, insbesondere wenn sich der Auftragnehmer durch ihre Nichtbeachtung unmittelbar Ansprüche Dritter, z. B. aus dem Gesichtspunkt der unerlaubten Handlung oder wegen Verletzung nachbarrechtlicher Vorschriften, aussetzen würde.[434] Das gilt auch für die gesetzlichen Verbote, durch die dem sonst freien Vertragswillen Grenzen gesetzt sind (z. B. §§ 134, 138, 242 BGB).[435]

249 Im Einzelfall kann auf Grund einer „entgegenstehenden" gesetzlichen oder behördlichen Verbotsbestimmung der Auftragnehmer sogar **verpflichtet** sein, die Ausführung der Anordnung zu unterlassen,[436] insbesondere in den Fällen, in denen Leib und Leben sowie andere wertvolle Rechtsgüter auf dem Spiele stehen.

250 **b) Verstoß gegen Treu und Glauben, § 242 BGB, als „gesetzlicher Bestimmung" nach Abs. 4 Satz 1 Halbsatz 2.** Das Weisungsrecht nach § 4 Nr. 1 Abs. 3 VOB/B darf insgesamt und überhaupt nur in den Grenzen von Treu und Glauben ausgeübt werden.[437] Da das Verlangen nach § 4 Nr. 1 Abs. 4 Satz 1 VOB/B lediglich das „verlängerte" Anordnungsrecht aus Absatz 3 Satz 1 ist, gilt die Begrenzung von Treu und Glauben naturnotwendig und selbstverständlich auch für das genannte weitere Verlangen. Daher hat der Auftragnehmer, bei nach seiner fachlich begründeten Meinung für unberechtigt oder unzweckmäßig gehaltenen Anordnungen des Auftraggebers und dementsprechend dagegen geltend gemachten Bedenken, gegenüber dem gleichwohl gestellten Ausführungsverlangen des Auftraggebers nach § 4 Nr. 1 Abs. 4 Satz 1 Hs. 2 VOB/B auch ein Recht zur Ausführungsverweigerung (Leistungsverweigerungsrecht) mit Ausschluss des Schuldnerverzuges, wenn die gesetzliche Bestimmung des § 242 BGB entgegensteht, weil die Weisung des Auftraggebers die Grenzen von Treu und Glauben überschreitet.[438] Das ist z. B. gegeben, wenn sich der Auftraggeber mit fachlich begründeten oder fachlich begründet vorgebrachten Bedenken des Auftragnehmers überhaupt nicht auseinandersetzt, auf einer beispielsweise gegen die Regeln der Technik

---

[434] BGH wie vorst.; *Heiermann/Riedl/Rusam* VOB/B § 4 Rdn. 29; *Ingenstau/Korbion* VOB/B § 4 Nr. 1 Rdn. 92; *Kapellmann/Messerschmidt/Merkens* VOB/B § 4 Rdn. 39; *Nicklisch/Weick* VOB/B § 4 Rdn. 37.
[435] *Ingenstau/Korbion* VOB/B § 4 Nr. 1 Rdn. 92.
[436] *Ingenstau/Korbion* VOB/B § 4 Nr. 1 Rdn. 108.
[437] BGHZ 92, 244, 246, 247 = NJW 1985, 631 = BauR 1985, 77, 78 = ZfBR 1985, 37, 38 (Verlangen des Aufbringens eines Epoxydharzlackanstriches entgegen den vertraglich vereinbarten „Zusätzlichen Technischen Vorschriften" und entgegen den anerkannten Regeln der Technik auf noch nicht „abgebundener und durchgetrockneter" Beton- oder Estrichfläche): *Heiermann/Riedl/Rusam* VOB/B § 4 Rdn. 29; *Ingenstau/Korbion* VOB/B § 4 Nr. 1 Rdn. 95; *Nicklisch/Weick* VOB/B § 4 Rdn. 37.
[438] BGH a. a. O.; *Heiermann/Riedl/Rusam* VOB/B § 4 Rdn. 29; *Kapellmann/Messerschmidt/Merkens* VOB/B § 4 Rdn. 40; *Leinemann/Sterner* VOB/B § 4 Rdn. 29; *Ingenstau/Korbion* VOB/B § 4 Nr. 1 Rdn. 93; *Nicklisch/Weick* VOB/B § 4 Rdn. 37.

verstoßenden Ausführung besteht und gleichwohl die vom Auftragnehmer verlangte diesbezügliche Freistellung von der Mängel- oder/und Schadenshaftung verweigert.[439]

Deshalb und insoweit erfährt der aus § 4 Nr. 1 Abs. 4 Satz 1 VOB/B an sich folgende **251 Umkehrschluss**, dass der Auftragnehmer auch solche Anordnungen/Weisungen auszuführen hat, die er für unberechtigt oder unzweckmäßig hält, wenn nur nicht gesetzliche oder behördliche Bestimmungen entgegenstehen oder dass er jede für unberechtigt oder unzweckmäßig gehaltenen Anordnung, die nicht gegen derartige Bestimmungen verstößt, nun auch auf Verlangen zwingend zu befolgen hätte, eine Einschränkung.[440] Dies alles gilt erst recht, wenn die Anordnung des Auftraggebers tatsächlich, also nach objektiven Maßstäben unberechtigt oder unzweckmäßig ist.

**aa) Abweichung vom zur vertragsgemäßen Ausführung der Leistung Notwendi- 252 gen.** Verlangt der Auftraggeber die Ausführung einer Anordnung, die sich nicht im Rahmen bzw. in den Grenzen von § 4 Nr. 1 Abs. 3 Satz 1 VOB/B bewegt, weil sie „zur vertragsgemäßen Ausführung der Leistung" nicht „notwendig" ist, muss der Auftragnehmer sie auf Grund der vorstehend erörterten Einschränkung durch Treu und Glauben nicht nach § 4 Nr. 1 Abs. 4 VOB/B befolgen.[441] Zumindest ist erforderlich, dass der Auftraggeber, dem vom Auftragnehmer entsprechende Bedenken vorgebracht werden, seine abweichende Auffassung nach Treu und Glauben begründetermaßen für gerechtfertigt (berechtigt oder zweckmäßig) halten darf; das ist nicht mehr der Fall, wenn der Auftraggeber im Wege der Anordnung ein Verlangen stellt, das offensichtlich den Rahmen seiner Anordnungsbefugnis nach § 4 Abs. 3 Satz 1 VOB/B überschreitet und auch sonst nicht durch die weiteren Bedingungen des Bauvertrages gedeckt ist.[442]

Weisungen/Ausführungsverlangen nach § 4 Nr. 1 Abs. 4 Satz 1 VOB/B, die sich nicht in **253** dem durch Absatz 3 Satz 1 abgesteckten Rahmen des zur vertragsgemäßen Ausführung der Leistung Notwendigen halten, sondern vielmehr eine **Änderung des Bauentwurfs** (also der vertraglichen Leistung) oder eine andere preisgrundlagenändernde Anordnung oder eine zusätzliche Leistung zum Gegenstand haben, sind ebenso wenig von § 4 Nr. 1 Abs. 4 VOB/B erfasst und gedeckt wie die entsprechenden, der Bedenkenäußerung vorausgehenden Anordnungen nach § 4 Nr. 1 Abs. 3 Satz 1 VOB/B. Solche Weisungen und Anordnungen haben vielmehr in § 1 Nr. 3 und in § 1 Nr. 4 Satz 1 sowie Satz 2 VOB/B i. V. mit den entsprechenden zugehörigen Vergütungsregelungen in § 2 Nr. 5 und in § 2 Nr. 6 VOB/B sowie in der „Zustimmung" nach §§ 311 Abs. 1 BGB n. F./305 BGB a. F., 631 und gegebenenfalls § 632 BGB ihre **spezielle Regelung** gefunden[443] (vgl. hierzu auch die Abgrenzung im Rahmen des gleichen Themas bei Rdn. 199–207). Erst recht gilt das Vorgesagte, wenn sich der Auftraggeber z. B. ganz anders besinnt und ein grundlegend anders geartetes Bauwerk verlangt, das nicht einmal mehr durch die in § 1 Nr. 3 und 4 VOB/B eröffneten weitergehenden Befugnisse gedeckt ist.[444]

Nur soweit innerhalb des durch den **bisherigen Bauentwurf** und innerhalb des durch **254** die bisherige vertragliche Leistungsbeschreibung und Leistungsumschreibung abgesteckten Rahmens sich Zweifelsfragen oder verschiedene Möglichkeiten zur Durchführung der Vertragsleistung ergeben, darf der Auftraggeber mit bindenden Weisungen nach § 4 Nr. 1 Abs. 3 und 4 VOB/B eingreifen; diesen muss der Auftragnehmer – auch wenn sie im Einzelfall unzweckmäßig oder unberechtigt sind – Folge leisten, wenn sie nicht gegen

---

[439] BGH und Literatur wie vor.
[440] So zutreffend *Ingenstau/Korbion* VOB/B § 4 Nr. 1 Rdn. 93.
[441] BGH a. a. O.; *Heiermann/Riedl/Rusam* VOB/B § 4 Rdn. 29; *Kapellmann/Messerschmidt/Merkens* VOB/B § 4 Rdn. 40; *Leinemann/Sterner* VOB/B § 4 Rdn. 29; *Ingenstau/Korbion* VOB/B § 4 Rdn. 86; *Nicklisch/Weick* VOB/B § 4 Rdn. 37.
[442] *Ingenstau/Korbion* VOB/B § 4 Nr. 1 Rdn. 93.
[443] *Ingenstau/Korbion* VOB/B § 4 Nr. 1 Rdn. 94; *Kapellmann/Messerschmidt* VOB/B § 4 Rdn. 39, 24–26; *Nicklisch/Weick* VOB/B § 4 Rdn. 37 u. 32; *Hochstein* FS Korbion S. 165, 175; *Vygen/Schubert/Lang* Rdn. 178.
[444] So zurecht *Ingenstau/Korbion* VOB/B § 4 Nr. 1 Rdn. 94.

gesetzliche oder behördliche Bestimmungen verstoßen und der Auftraggeber auf ihrer Befolgung besteht, obwohl der Auftragnehmer seine Bedenken geltend gemacht hat.[445]

255 **bb) Verstoß gegen bauvertragliche Bestimmungen und anerkannte Regeln der Technik.** Nicht mehr mit Treu und Glauben vereinbar ist es, wenn trotz vorgebrachter fachlich begründeter Bedenken des Auftragnehmers der Auftraggeber vom Auftragnehmer durch Anordnung/Weisung verlangt, die Leistung auf eine gegen die anerkannten Regeln der Technik oder auf eine sonst gegen den Bauvertrag und die hierin enthaltenen eigenen vertraglichen Verpflichtungen (einschließlich z. B. der „Zusätzlichen Technischen Vorschriften") verstoßende Weise auszuführen. Dabei steht dem Auftragnehmer nicht erst dann ein – den Schuldnerverzug und seine Folgen ausschließendes – Leistungsverweigerungsrecht zu, wenn die verlangte fehlerhafte Ausführung der Arbeiten mit Sicherheit zu einem Mangel führen würde oder sonst der Eintritt eines Schadens „gewiss" ist; vielmehr genügt es zur berechtigten Ausführungsverweigerung, wenn nach der – allerdings fachlich begründeten – Meinung/Sicht des Auftragnehmers durch die Befolgung der Weisung ernstlich der Eintritt eines Gewährleistungsfalles nicht absehbaren Ausmaßes droht.[446]

256 Die Verletzung von Treu und Glauben liegt insbesondere darin, dass vom Auftragnehmer verlangt würde, er solle durch **eigenes Handeln** einen von ihm selbst so gut wie sicher vorausgesehenen Schaden herbeiführen oder fördern[447] und gegen seine (eigenen), erträglichen Pflichten verstoßen. Auch kann man von einem Auftragnehmer kein Verhalten verlangen, mit dem er selbst gegebenenfalls seinen Ruf als fachkundiger Unternehmer schädigen müsste.[448] Das gilt umso mehr, wenn der Auftraggeber auf die fachlich begründeten Bedenken des Auftragnehmers „überhaupt nicht eingegangen" ist oder die vom Auftragnehmer für den Fall der Befolgung der Weisung erbetene Freistellung von der Gewährleistung **begründungslos abgelehnt hat.**[449] Das trifft auch zu, wenn der Inhalt der Bedenken dahin geht, dass für den Auftragnehmer „mit an Sicherheit grenzender Wahrscheinlichkeit feststeht", dass eine Ausführung in der vorgesehenen Art und Weise „zu einem Leistungsmangel oder erheblichen Schadenseintritt führen wird".[450]

257 Wegen des in den vorgenannten Fällen bestehenden Leistungsverweigerungs**rechtes** des Auftragnehmers steht dem Auftraggeber **kein Kündigungsrecht** aus §§ 8 Nr. 3, 5 Nr. 4 VOB/B wegen der Weigerung, die Weisung zu befolgen oder wegen Verzug mit der Erbringung der Leistung zu; eine gleichwohl ausgesprochene Auftragsentziehung ist daher als „freie" Kündigung i. S. von § 8 Nr. 1 Abs. 1 VOB/B zu werten.[451] Bei derartiger Sachlage ist der Auftragnehmer – vor Ausspruch der Kündigung durch den Auftraggeber – seinerseits berechtigt, den Bauvertrag nach § 9 Nr. 1 lit. a) VOB/B wegen unterlassener Mitwirkungshandlung und Annahmeverzuges/Gläubigerverzuges bei Vorliegen auch der Voraussetzungen von Nr. 2 zu kündigen, wenn der Auftraggeber zu treffenden Entscheidungen verzögert oder sich gar weigert, Abhilfe zu schaffen.[452]

258 **cc) Missbrauch des Anordnungsrechts.** Die Befolgungspflicht nach § 4 Nr. 1 Abs. 4 VOB/B entfällt auch in eng umgrenzten Fällen bei einem Missbrauch des Anordnungs-

---

[445] *Ingenstau/Korbion* VOB/B § 4 Nr. 1 Rdn. 94 a. E.
[446] BGHZ 92, 244, 246, 247 = NJW 1985, 631 = BauR 1985, 77, 78 = ZfBR 1985, 37, 38 (gebotenes Aufbringen eines Epoxydharzlackanstriches nur auf „abgebundener u. durchgetrockneter" Beton- oder Estrichfläche als bauseitige Vorleistung); *Heiermann/Riedl/Rusam* VOB/B § 4 Rdn. 29; *Ingenstau/Korbion* VOB/B § 4 Nr. 1 Rdn. 95; *Nicklisch/Weick* VOB/B § 4 Rdn. 37; hinsichtlich des Genügens der subjektiven fachlich begründeten Auffassung des Auftragnehmers zugleich entgegen *Locher* PrivBauR Rdn. 99, nach welchem zur Begründung des Leistungsverweigerungsrechts die verlangte fehlerhafte Ausführung mit Sicherheit zu einem Mangel führen muss.
[447] OLG Düsseldorf BauR 1988, 478, 479.
[448] *Ingenstau/Korbion* VOB/B § 4 Nr. 1 Rdn. 95.
[449] BGH a. a. O.; *Kapellmann/Messerschmidt/Merkens* VOB/B § 4 Rdn. 40.
[450] OLG Düsseldorf BauR 1988, 478, 479; *Nicklisch/Weick* VOB/B § 4 Rdn. 37.
[451] BGHZ 92, 244, 247 = NJW 1985, 631 = BauR 1985, 77, 78 = ZfBR 1985, 37, 38; *Ingenstau/Korbion* VOB/B § 4 Nr. 1 Rdn. 95 a. E.
[452] OLG Düsseldorf BauR 1988, 478, 479 (mit näheren Ausführungen u. Begründungen).

rechts. Davon ist z. B. auszugehen, wenn der Auftraggeber auf seiner Anordnung besteht, obwohl er die Berechtigung der vom Auftragnehmer erhobenen Bedenken erkennt oder wenn die Anordnung in einem Maße unzweckmäßig ist, dass dem Auftragnehmer als fachkundigem Unternehmer nicht mehr zugemutet werden kann, in der z. B. laienhaft oder gar dilettantisch angeordneten unzweckmäßigen Weise zu verfahren, etwa weil er auch dadurch seinen Ruf als fachkundiger Unternehmer schädigen würde.[453]

In schwerwiegenden Fällen des Missbrauchs werden dem Auftragnehmer in der Regel **259** Ansprüche aus § 280 Abs. 1 (mit § 241 Abs. 2) BGB n. F., nach früherem Recht aus positiver Vertragsverletzung, gegen den Auftraggeber zustehen, soweit nicht vorrangig, wenn Behinderung in Rede steht, § 6 Nr. 6 VOB/B anzuwenden ist. Unter Umständen kann auch das Kündigungsrecht nach § 9 Nr. 1 lit. a) VOB/B begründet sein, sofern auch die Voraussetzungen der Nr. 2 vorliegen.[454]

**c) Beweislast.** Die Beweispflicht für das Vorliegen von der Weisungsbefolgungspflicht **260** entgegenstehenden gesetzlichen oder behördlichen Bestimmungen sowie der gegen Treu und Glauben verstoßenden Umstände liegt grundsätzlich beim Auftragnehmer, da es sich vorliegend um einen Ausnahme- und Befreiungstatbestand von einer grundsätzlich dem Auftragnehmer obliegenden Pflicht handelt.[455]

### 8. Mehrkostenausgleich (Absatz 4 Satz 2)

**a) Zweck, Wesen und Anwendungsbereich – selbstständige Kostenregelung.** **261** Nach § 4 Nr. 1 Abs. 4 Satz 2 VOB/B hat der Auftraggeber, wenn – nach Geltendmachung seiner Bedenken – durch die Ausführung der Anordnung „auf Verlangen" nach Abs. 4 Satz 1 eine „ungerechtfertigte Erschwerung" verursacht wird, die hieraus entstehenden Mehrkosten zu tragen. Dem Auftragnehmer soll damit ein Ausgleich dafür gewährt werden, dass er Anordnungen ausführen und hierzu die vertraglich vereinbarte, bisher feststehende Leistung unter erschwerten Bedingungen mit zusätzlichem technischen, wirtschaftlichen oder sonstigen Aufwand erbringen muss, obwohl dies zur Erreichung des Vertragsziels und zur sonstigen vertragsgemäßen Ausführung der Leistung objektiv nicht notwendig, somit auch unberechtigt oder unzweckmäßig (Rdn. 266, 267), gewesen wäre.[456]

§ 4 Nr. 1 Abs. 4 Satz 2 VOB/B enthält eine **selbstständige Kostenregelung,** die nur **262** für den Fall gilt, dass die zu einer „ungerechtfertigten Erschwerung" führende Ausführungsanweisung (Ausführungsanordnung sowie Ausführungsverlangen) des Auftraggebers die bisher vorgesehene Leistungsdurchführung i. S. von § 4 Nr. 1 Abs. 3 Satz 1 VOB/B zum Gegenstand hat und nicht unter die Regelung von §§ 1 Nr. 3, 2 Nr. 5 VOB/B und §§ 1 Nr. 4 Satz 1, 2 Nr. 6 VOB/B sowie § 1 Nr. 4 Satz 2 VOB/B oder auch des § 2 Nr. 8 Abs. 1 VOB/B fällt.[457] Es handelt sich somit um einen **verschuldensunabhängigen** vertraglichen Kostenerstattungsanspruch (Vergütungsanspruch) eigener Art.[458]

Alle unter vorstehender Randnummer genannten Regelungen sind jeweils selbstständig **263** und haben ihren **eigenständigen Anwendungsbereich.** Eine Anwendung beispielsweise von § 2 Nr. 5 oder 6 VOB/B auf die Fälle von § 4 Nr. 1 Abs. 3 und 4 VOB/B kommt

---

[453] Vgl. *Ingenstau/Korbion* VOB/B § 4 Nr. 1 Rdn. 95; *Nicklisch/Weick* VOB/B § 4 Rdn. 37. Dem folgend auch *Kapellmann/Messerschmidt/Merkens* VOB/B § 4 Rdn. 40.
[454] *Ingenstau/Korbion* VOB/B § 4 Rdn. 91.
[455] Vgl. OLG Düsseldorf BauR 1988, 478, 479; *Ingenstau/Korbion* VOB/B § 4 Nr. 1 Rdn. 97.
[456] *Heiermann/Riedl/Rusam* VOB/B § 4 Rdn. 30; *Ingenstau/Korbion* VOB/B § 4 Nr. 1 Rdn. 100; *Nicklisch/Weick* VOB/B § 4 Rdn. 39.
[457] Vgl. *Heiermann/Riedl/Rusam* VOB/B § 4 Rdn. 30; *Ingenstau/Korbion* VOB/B § 4 Nr. 1 Rdn. 103; *Kapellmann/Messerschmidt/Merkens* VOB/B § 4 Rdn. 42, 43; *Nicklisch/Weick* VOB/B § 4 Rdn. 38; ähnlich *v. Craushaar* BauR 1984, 311, 312, der von „lex specialis" spricht; vgl. auch *Hochstein* FS Korbion S. 165, 176, 177, der die Regelung von Nr. 1 Abs. 4 zutreffend als „eigenständig" und speziell die Regelung von Abs. 4 Satz 2 als „Sonderregelung" bezeichnet.
[458] *Ingenstau/Korbion* VOB/B § 4 Nr. 1 Rdn. 103; *Kapellmann/Messerschmidt/Merkens* VOB/B § 4 Rdn. 42.

§ 4 Nr. 1  Koordination und Überwachung durch Auftraggeber

deshalb weder unmittelbar noch entsprechend in Betracht, und zwar weder hinsichtlich des Anspruchsgrundes noch hinsichtlich der Anspruchshöhe.[459]

264 § 2 Nr. 5 VOB/B kann daher zwar mit seinen „anderen Anordnungen des Auftraggebers" auch für Anordnungen gemäß § 4 Nr. 1 Abs. 3 und 4 VOB/B in Betracht kommen, jedoch nur für solche, durch welche die **Grundlagen des Preises** für eine im Vertrag bisher schon vorgesehene Leistung **geändert** werden; insoweit erfasst § 2 Nr. 5 VOB/B aber lediglich diejenigen Anordnungen, die objektiv „berechtigt" und/oder „zweckmäßig" sind (Umkehrschluss aus § 4 Nr. 1 Abs. 4 Satz 1 VOB/B „unberechtigt" oder „unzweckmäßig" i. V. m. Satz 2 ... „dadurch" ... „ungerechtfertigte Erschwerung" ... „Mehrkosten"). Für solche zu Erschwerungen führenden Anordnungen dagegen, die „unberechtigt" oder „unzweckmäßig" i. S. von § 4 Nr. 1 Abs. 4 Satz 1 VOB/B sind, steht eine **besondere Mehrkostenvergütungsregelung** zur Verfügung, nämlich die in § 4 Nr. 1 Abs. 4 Satz 2 VOB/B enthaltene.[460] Sind ihre Voraussetzungen erfüllt, kommt ein Rückgriff auf sonstige Voraussetzungen aus § 2 Nr. 5 VOB/B oder § 2 Nr. 6 VOB/B oder auf andere Bestimmungen nicht in Betracht und es bedarf eines solchen Rückgriffs auch nicht, da ja durch § 4 Nr. 1 Abs. 4 Satz 2 ein Ausgleich der Mehrkosten stattfindet und weil bei vorgenanntem Rückgriff die Sonderregelung des § 4 Nr. 1 Abs. 4 Satz 2 ihren Sinn verlieren würde.[461]

265 **b) Mehrkostenerstattung nur bei Verursachung einer „ungerechtfertigten Erschwerung".** Es müssen überhaupt Mehrkosten entstanden sein. Diese Mehrkosten müssen, nachdem der Auftragnehmer seine Bedenken geltend gemacht hat, durch die Ausführung der Anordnung auf Verlangen des Auftraggebers gemäß § 4 Nr. 1 Abs. 4 Satz 1 VOB/B entstanden sein, also adäquat-kausal darauf zurückgehen.[462] War der Auftragnehmer nach den vertraglich festgelegten Pflichten bereits ohne eine solche Anordnung verpflichtet, die Leistung in der später „angeordneten" Art und Weise durchzuführen, trug eine diesbezügliche „Anordnung" des Auftraggebers also nur klarstellenden und hinweisenden Charakter (nur Feststellung dessen durch den Auftraggeber, was ohnehin bereits vertragliche Verpflichtung war), so fehlt es an der erforderlichen Ursächlichkeitsvoraussetzung der adäquaten Kausalität mit der Folge, dass auch ein Anspruch auf Ersatz von Mehrkosten nicht gegeben ist. Die Mehrkosten beruhen dann nicht auf der Anordnung (und dem Anordnungsbefolgungs-Verlangen), sondern auf der Notwendigkeit zur vertragsgemäßen Ausführung als vertraglicher Auftragnehmerpflicht.[463]

266 In einem solchen wie dem vorgenannten Fall kann aber auch von einer **„ungerechtfertigten Erschwerung"** nicht die Rede sein, weil die entsprechende „Anordnung" des Auftraggebers als „zur vertragsgemäßen Ausführung der Leistung notwendig" (§ 4 Nr. 1 Abs. 3 Satz 1 VOB/B) nicht unberechtigt und auch nicht unzweckmäßig (§ 4 Nr. 1 Abs. 4 Satz 1 VOB/B) war und somit allenfalls eine „gerechtfertigte" Erschwerung eintrat. Diese „Erschwerung" war nämlich schon in der von vornherein geschuldeten Leistung und in der bisher bereits vorgesehenen vertragsgemäßen Ausführung begründet und angelegt, mit ihr also rechtlich notwendig und zwangsläufig verbunden, somit von vornherein ihr vertraglicher Pflichtigkeits-Gegenstand.

267 Der Auftragnehmer hat **nur dann** einen **Anspruch auf Erstattung** von Mehrkosten nach § 4 Nr. 1 Abs. 4 Satz 2 VOB/B, **wenn** durch die verlangte Befolgung der Anordnung eine **„ungerechtfertigte Erschwerung"** verursacht wird. Das ist der Fall, wenn die Anordnung des Auftraggebers objektiv zur vertragsgemäßen Ausführung der Leistung nicht notwendig, also „unberechtigt" oder „unzweckmäßig" war und somit den zu ihrer Durch-

---

[459] So zutreffend *Ingenstau/Korbion* VOB/B § 4 Nr. 1 Rdn. 103, 104; auch *Heiermann/Riedl/Rusam* VOB/B § 4 Rdn. 30; *Nicklisch/Weick* VOB/B § 4 Rdn. 38; *v. Craushaar* BauR 1984, 311, 312; *Hochstein* FS Korbion S. 165, 175–177.
[460] So zutreffend zu diesem Komplex *Ingenstau/Korbion* VOB/B § 4 Nr. 1 Rdn. 103.
[461] *Ingenstau/Korbion* VOB/B § 4 Nr. 1 Rdn. 103 a. E., Rdn. 97 Satz 1.
[462] *Ingenstau/Korbion* VOB/B § 4 Nr. 1 Rdn. 99; *Kapellmann/Messerschmidt/Merkens* VOB/B § 4 Rdn. 43.
[463] *Ingenstau/Korbion* VOB/B § 4 Nr. 1 Rdn. 99; so auch *Kapellmann/Messerschmidt/Merkens* VOB/B § 4 Rdn. 43.

führung notwendigen Aufwand des Auftragnehmers in technischer und/oder wirtschaftlicher Hinsicht nicht rechtfertigt.[464]

**c) Umfang/Höhe der auszugleichenden Mehrkosten.** „Mehrkosten" sind nur solche Kosten, die ohne die Anordnung bei vertragsgemäßer Durchführung der Bauleistung nicht angefallen wären.[465] Zu ersetzen sind die tatsächlichen Mehrkosten. Ihr Umfang berechnet sich aus der Differenz zwischen den Kosten der gemäß Anordnung durchgeführten Leistung und denjenigen Kosten, welche ohne die unberechtigte oder unzweckmäßige Anordnung entstanden wären, also nach dem tatsächlichen Mehraufwand. Diese Mehrkosten resultieren regelmäßig aus erhöhtem Eigenaufwand des Auftragnehmers an Löhnen und Gehältern, Lohn- und Gehaltsnebenkosten, Materialkosten, Kosten der Baustelle, Allgemeinen Geschäftskosten, und direkten Herstellkosten (insbesondere Einzelkosten der Teilleistung); zu vergüten ist also jede zusätzlich angefallene tatsächliche finanzielle Belastung des Auftragnehmers in voller Höhe, welche auf eine ungerechtfertigte Erschwerung zurückzuführen ist, die durch die nach § 4 Nr. 1 Abs. 4 Satz 1 VOB/B verlangte Ausführung einer unberechtigten oder unzweckmäßigen Anordnung adäquat-kausal verursacht wurde.[466]

268

Die Mehrkosten sind, da es um einen Mehr**kosten**erstattungsanspruch geht, für sich **selbstständig** und ohne Abhängigkeit von der bisherigen Preisvereinbarung und Kalkulation zu ermitteln. Der Wert der auf Grund der Anordnung durchgeführten Arbeiten muss also für sich allein und **konkret** berechnet werden, als ob diese Leistungsteile selbstständig und unabhängig von den vertraglich vereinbarten Leistungselementen erbracht worden wären.[467] Bei entsprechendem Einverständnis der Parteien können die Mehrkosten auf der Basis der Einheitspreise abgerechnet werden; § 2 Nr. 2 VOB/B gilt dann entsprechend.[468]

269

**d) Keine sonstigen Anspruchsvoraussetzungen als die nach Absatz 4 Satz 2.** Der Anspruch auf Ersatz der Mehrkosten ist weder zwingend vorher anzukündigen noch muss hierüber vorab eine Vereinbarung getroffen werden.[469] Auch kann für die Ermittlung der Höhe der Mehrkosten auf § 2 Nr. 5 sowie Nr. 6 VOB/B nicht zurückgegriffen werden;[470] eine Orientierung an der Preisermittlungsgrundlage wie nach § 2 Nr. 5 oder Nr. 6 VOB/B ist nämlich nicht vorgeschrieben.[471] Es kommt auch nicht etwa darauf an, ob die entstandenen Kosten für den Auftragnehmer zumutbar sind oder nicht, zumal die Zumutbarkeitsgrenze ohnehin bereits überschritten ist, wenn zu befolgende unberechtigte oder unzweckmäßige Anordnungen erteilt werden.[472]

270

**e) Beweislast.** Der Auftragnehmer hat sowohl die Anspruchsvoraussetzungen als auch die Höhe der tatsächlich entstandenen Mehrkosten, auch hinsichtlich der Kausalitäten, im Einzelnen darzulegen und gebotenenfalls zu beweisen.[473] Es ist zweckmäßig, wenn der Auftragnehmer bereits bei der Geltendmachung seiner Bedenken den Auftraggeber auf die mögliche oder sicher vorhergesehene Entstehung von Mehrkosten und deren ungefähren Höhe hinweist. Stellt der Auftraggeber nämlich dann gleichwohl das Verlangen auf Ausführung der Anordnung, so wird anzunehmen sein, dass er – jedenfalls im Grundsatz – mit der Tragung der durch die Erfüllung der Anordnung entstehenden Mehrkosten sowohl dem

271

---

[464] *Heiermann/Riedl/Rusam* VOB/B § 4 Rdn. 30; *Ingenstau/Korbion* VOB/B § 4 Nr. 1 Rdn. 100; *Kapellmann/Messerschmidt/Merkens* VOB/B § 4 Rdn. 43; *Nicklisch/Weick* VOB/B § 4 Rdn. 39.
[465] *Nicklisch/Weick* VOB/B § 4 Rdn. 39; *Kapellmann/Messerschmidt/Merkens* VOB/B § 4 Rdn. 44.
[466] *Ingenstau/Korbion* VOB/B § 4 Nr. 1 Rdn. 101.
[467] *Heiermann/Riedl/Rusam* VOB/B § 4 Rdn. 30; *Ingenstau/Korbion* VOB/B § 4 Nr. 1 Rdn. 104; *Kapellmann/Messerschmidt/Merkens* VOB/B § 4 Rdn. 44.
[468] Vgl. *Ingenstau/Korbion* VOB/B § 4 Nr. 1 Rdn. 104 a. E.
[469] *Ingenstau/Korbion* VOB/B § 4 Nr. 1 Rdn. 104; *Kapellmann/Messerschmidt* VOB/B § 4 Rdn. 44.
[470] *Heiermann/Riedl/Rusam* VOB/B § 4 Rdn. 30; *Ingenstau/Korbion* VOB/B § 4 Nr. 1 Rdn. 103, 104; *Kapellmann/Messerschmidt/Merkens* VOB/B § 4 Rdn. 44.
[471] So zutreffend *Daub/Piel/Soergel/Steffani* ErlZ B 4.52.
[472] *Ingenstau/Korbion* VOB/B § 4 Nr. 1 Rdn. 101.
[473] Vgl. *Heiermann/Riedl/Rusam* VOB/B § 4 Rdn. 30; *Ingenstau/Korbion* VOB/B § 4 Rdn. 95; *Nicklisch/Weick* VOB/B § 4 Rdn. 40.

## § 4 Nr. 1

Grunde als auch der Höhe nach einverstanden ist.[474] Eventuell bringt die Ankündigung der Mehrkosten den Auftraggeber auch von seiner Anordnung ab.[475]

272 **f) Verhältnis zum Schadensersatzanspruch nach § 6 Nr. 6 VOB/B.** Wird durch ein Verlangen des Auftraggebers nach § 4 Nr. 1 Abs. 4 Satz 1 VOB/B auf Ausführung einer unberechtigten oder unzweckmäßigen Durchführungsanordnung eine „ungerechtfertigte Erschwerung" verursacht, die sich zugleich als Behinderung i. S. von § 6 Nrn. 1 und 2 VOB/B darstellt, so steht der Mehrkostenerstattungsanspruch nach § 4 Nr. 1 Abs. 4 Satz 2 VOB/B für seinen Anwendungsbereich selbstständig neben dem verschuldensabhängigen Schadensersatzanspruch nach § 6 Nr. 6 VOB/B a. F./§ 6 Nr. 6 Satz 1 VOB/B n. F. 2006, weil durch § 4 Nr. 1 Abs. 4 Satz 2 VOB/B ersichtlich eine Sonderregelung getroffen wurde.[476] Die tatbestandlichen Voraussetzungen und die Anspruchsfolgen einschließlich der Bestimmung der Höhe des Anspruchs sind unterschiedlich gestaltet; anders als § 6 Nr. 6 VOB/B a. F./§ 6 Nr. 6 Satz 1 VOB/B n. F. 2006 verlangt § 4 Nr. 1 Abs. 4 Satz 2 VOB/B kein schuldhaftes Verhalten des Auftraggebers, beschränkt aber den „Mehrkosten"-Erstattungsanspruch auf den tatsächlichen Mehraufwand, während § 6 Nr. 6 VOB/B bei Vorsatz oder grober Fahrlässigkeit des Auftraggebers zusätzlich auch noch den entgangenen Gewinn ersetzt.[477] Das bedeutet aber zugleich, dass beide Bestimmungen bei abgestuften Anforderungen unter Berücksichtigung unterschiedlicher Tatbestandsvoraussetzungen zu unterschiedlichen Ansprüchen führen; insoweit ergänzen sie sich gegenseitig und schließen sich in der Anwendung wechselseitig nicht aus.[478]

273 Um zum verschuldensabhängigen Schadensersatzanspruch nach § 6 Nr. 6 VOB/B und auch zur Ausführungsfristverlängerung nach § 6 Nr. 2 VOB/B zu kommen, muss der Auftragnehmer auch zugleich die **förmlichen Anforderungen** oder deren Ersatzvoraussetzungen (Surrogat) nach § 6 Nr. 1 VOB/B erfüllen, was für den selbstständigen Anspruch auf Erstattung der Erschwerungs-Mehrkosten nach § 4 Nr. 1 Abs. 4 Satz 2 VOB/B, soweit der Anspruch nur auf diese Regelung gestützt wird, nicht notwendig ist.[479]

### 9. Haftungsfolgen bei Ausführungsanweisungen des Auftraggebers

274 Verursacht eine ausgeführte Ausführungsanweisung des Auftraggebers (Anordnung nach § 4 Nr. 1 Abs. 3 Satz 1 und Abs. 4 Satz 1 VOB/B sowie das ausgeführte Ausführungsverlangen nach § 4 Nr. 1 Abs. 4 Satz 1 VOB/B) einen Mangel oder Schaden, so gilt:

275 Bleibt der Auftraggeber in dem für die Anordnungsbefugnis gesteckten Rahmen nach § 4 Nr. 1 Abs. 3 Satz 1 VOB/B und äußert der Auftragnehmer **keine Bedenken,** trifft diesen die vertragliche Haftung.[480] Im Einzelfall ist dabei, etwa wenn der selbst fachkundige oder fachkundig vertretene oder beratene Auftraggeber die Unberechtigtheit oder Unzweckmäßigkeit der Anweisung mindestens hätte erkennen können oder müssen, § 254 (ggf. i. V. m. § 278) BGB anwendbar. Der Auftraggeber, der in Kenntnis der Bedenken auf der Ausführung besteht, ist in der Regel für die hierdurch entstehenden Mängel und Schäden allein verantwortlich.

276 Hat der Auftragnehmer gegen die Anordnung des Auftraggebers **Bedenken** erhoben und hat der Auftraggeber trotzdem die Ausführung verlangt, ist die Haftungsbefreiung des Auftragnehmers und ihr Umfang (§ 254 BGB) nicht davon abhängig, ob sich der Auftraggeber bei seiner (An-) Weisung in dem Rahmen seiner Befugnisse nach § 4 Nr. 1 Abs. 3 Satz 1 VOB/B gehalten oder ihn überschritten hat. Vielmehr ist hier entscheidend, ob der

---

[474] *Ingenstau/Korbion* VOB/B § 4 Nr. 1 Rdn. 102.
[475] Vgl. *Daub/Piel/Soergel/Steffani* ErlZ B 4.52 Abs. 2.
[476] *Hochstein* FS Korbion S. 165, 177.
[477] *Hochstein* a. a. O.
[478] *Hochstein* a. a. O.
[479] *Hochstein* a. a. O.
[480] *Heiermann/Riedl/Rusam* VOB/B § 4 Rdn. 31; *Ingenstau/Korbion* VOB/B § 4 Nr. 1 Rdn. 106.

Auftragnehmer den Voraussetzungen für die Bedenkengeltendmachung nach § 4 Nr. 1 Abs. 4 Satz 1 VOB/B und – soweit nach Fallage angebracht und geboten – nach §§ 4 Nr. 3, 13 Nr. 3 VOB/B samt den darauf bezugnehmenden Bestimmungen des § 10 Nr. 2 VOB/B und der VOB/C genügt hat.[481]

Hat der Auftragnehmer seine Bedenken nach § 4 Nr. 1 Abs. 4 Satz 1 VOB/B und – soweit nach Fallage angebracht und geboten – nach §§ 4 Nr. 3, 13 Nr. 3 VOB/B samt den darauf bezugnehmenden Bestimmungen des § 10 Nr. 2 Abs. 1 VOB/B und der VOB/C vorgebracht sowie die Anordnung auf Verlangen ausgeführt, obwohl **gesetzliche oder behördliche Bestimmungen** entgegenstanden, dann tritt wegen der aus der Befolgung der Ausführungsanweisung des Auftraggebers entstehenden Leistungsmängel und Schäden an der baulichen Anlage sowie wegen der darüber hinausgehenden und sonstigen aus der Befolgung entstehenden Schäden eine Haftungsbefreiung **nicht** ein, wie sich auch aus § 4 Nr. 2 Abs. 1 Satz 2 VOB/B ergibt.[482] Dabei ist aber bei Mängeln und Schäden i. S. von § 13 Nr. 5–Nr. 7 VOB/B sowie bei darüber hinausgehenden und sonstigen Schäden des Auftraggebers § 254 BGB – im Falle der Beteiligung von Erfüllungsgehilfen i. V. m. § 278 BGB – anzuwenden, weil bei der Entstehung der Mängel und der Schäden eine Verursachung und ein Verschulden beider Vertragsparteien mitgewirkt hat (S. § 10 Nr. 1 VOB/B). 277

Dabei liegt der **Verantwortungsteil des Auftraggebers** darin, dass er trotz der erhobenen Bedenken (auch) über das Entgegenstehen von gesetzlichen oder behördlichen Bestimmungen auf der bestimmungswidrigen Ausführung bestanden hat; der **Verantwortungsteil des Auftragnehmers** liegt darin, dass er entgegen seiner Verpflichtung nach § 4 Nr. 2 Abs. 1 Satz 2 VOB/B und entgegen seinem Leistungsverweigerungsrecht nach Nr. 1 Abs. 4 Satz 1 VOB/B, das unter Umständen sogar eine Leistungsverweigerungspflicht beinhalten kann,[483] das Ausführungsverlangen gleichwohl befolgt hat. Die Haftungsquotierung richtet sich nach den Umständen des Einzelfalles gemäß § 254 BGB. 278

Das Entsprechende wie bei Rdn. 275–278 gilt für die Schadenshaftung auf Grund gesetzlicher Haftpflichtbestimmungen, insbesondere auch **gegenüber Dritten.** Gegenüber Dritten haftet der Auftraggeber auf Grund seiner Anordnung und seines trotz der geltendgemachten Auftragnehmerbedenken erklärten Ausführungsverlangens neben dem Auftragnehmer, der entgegen seinem Leistungsverweigerungsrecht oder gar seiner Leistungsverweigerungspflicht sowie entgegen seiner Verpflichtung nach § 4 Nr. 2 Abs. 1 Satz 2 VOB/B gleichwohl die Ausführungsanweisung befolgt hat.[484] Dies trifft jedenfalls bei allen strafrechtlichen und sonstigen öffentlich-rechtlichen Verboten zu, weil die Haftung für Schäden auf Grund der Übertretung dieser Verbote nicht vertraglich abgewählt werden kann.[485] Für den Ausgleich im Innenverhältnis (analog wie bei § 254 BGB) gilt § 10 Nr. 2 ff. VOB/B;[486] dabei ist für die Gesamtschuldhaftung § 426 BGB anzuwenden, bei unerlaubter Handlung über § 840 Abs. 1 BGB. 279

Der Auftragnehmer kann sich grundsätzlich nicht damit entschuldigen, er habe die einschlägigen gesetzlichen oder behördlichen Bestimmungen nicht gekannt.[487] 280

---

[481] *Heiermann/Riedl/Rusam* VOB/B § 4 Rdn. 31; *Kapellmann/Messerschmidt* VOB/B § 4 Rdn. 45, 32.
[482] *Ingenstau/Korbion* VOB/B § 4 Nr. 1 Rdn. 108; *Heiermann/Riedl/Rusam* VOB/B § 4 Rdn. 31; *Kapellmann/Messerschmidt/Merkens* VOB/B § 4 Rdn. 45.
[483] *Ingenstau/Korbion* VOB/B § 4 Nr. 1 Rdn. 108.
[484] *Ingenstau/Korbion* VOB/B § 4 Nr. 1 Rdn. 109; *Kapellmann/Messerschmidt/Merkens* VOB/B § 4 Rdn. 45.
[485] *Ingenstau/Korbion* VOB/B § 4 Rdn. 109.
[486] *Heiermann/Riedl/Rusam* VOB/B § 4 Rdn. 31; *Ingenstau/Korbion* VOB/B § 4 Nr. 1 Rdn. 109; ähnlich *Kapellmann/Messerschmidt/Merkens* VOB/B § 4 Rdn. 45.
[487] *Ingenstau/Korbion* VOB/B § 4 Nr. 1 Rdn. 109.

## VII. AGB-Problematik

### 1. AGB-Klauseln zur Anordnungsbefugnis

281 Unzulässig und somit unwirksam sind folgende vom Auftraggeber verwendete AGB- oder Formular-Klauseln:

282 „Die **Reihenfolge zur Ausführung** der Gewerke bzw. Teile der Gewerke kann der Auftraggeber bestimmen." – Die Klausel verstößt gegen § 307 Abs. 2 Nr. 1 BGB, früher § 9 Abs. 2 Nr. 1 AGB-Gesetz, weil sie ein unzulässiges Eingriffsrecht des Auftraggebers in den Bauablauf beinhaltet, da der Werkhersteller/Unternehmer/Auftragnehmer das dem Werkvertrag wesensgemäße Risiko und die Verantwortung für die Herbeiführung des vertraglich geschuldeten Erfolges trägt. Das hieraus folgende Dispositionsrecht des Auftragnehmers ist durch die Klausel in unzumutbarer und unangemessener Weise eingeschänkt. Insoweit würde dem Auftragnehmer auch ein erhebliches Kalkulationsrisiko aufgebürdet, da die Kalkulation sich auch an einem bestimmten Arbeitsablauf orientiert.[488]

283 „Der Auftragnehmer darf nur mit schriftlicher Zustimmung des Auftraggebers Geräte abziehen und/oder Personal **auswechseln**" oder: „Ein **Wechsel** des **AN-Bauleiters** bedarf der vorherigen Zustimmung des AG". – Diese Klausel beinhaltet, wie die vorstehende – einen unzulässigen Eingriff in das Dispositonsrecht des Auftragnehmers.[489]

### 2. AGB-Klauseln zur Bedenkenäußerungspflicht

284 Hierzu siehe bei § 4 Nr. 3 und 13 Nr. 3 VOB/B; die dortigen Grundsätze gelten hier analog.

---

[488] *Glatzel/Hofmann/Frikell* 2.4.1 b) unter Hinweis auf LG München I v. 3. 9. 1987 – 7 O 10815/87 und v. 19. 5. 1988 – 7 O 23960/87 in Baurechtsreport 6/1988.
[489] *Glatzel/Hofmann/Frikell* 2.4.1 g) unter Hinweis auf LG München I v. 19. 5. 1988 – 7 O 23960/87 und v. 7. 2. 1991 – 7 O 16246/90; *ders.* a. a. O. 2.4.1 d) unter Hinweis auf LG München I v. 14. 7. 1994 – 7 O 23409/93 und ähnlich LG Koblenz v. 19. 8. 1994 – 8 O 685/93); vgl. auch *Ingenstau/Korbion* VOB/B § 4 Nr. 1 Rdn. 81 a. E.

## § 4 Nr. 2 [Eigenverantwortung des Auftragnehmers]

(1) **Der Auftragnehmer hat die Leistung unter eigener Verantwortung nach dem Vertrag auszuführen.** Dabei hat er die anerkannten Regeln der Technik und die gesetzlichen und behördlichen Bestimmungen zu beachten. Es ist seine Sache, die Ausführung seiner vertraglichen Leistung zu leiten und für Ordnung auf seiner Arbeitsstelle zu sorgen.

(2) **Er ist für die Erfüllung der gesetzlichen, behördlichen und berufsgenossenschaftlichen Verpflichtungen gegenüber seinen Arbeitnehmern allein verantwortlich.** Es ist ausschließlich seine Aufgabe, die Vereinbarungen und Maßnahmen zu treffen, die sein Verhältnis zu den Arbeitnehmern regeln.

**Literatur: Technische Regeln und Haftung:** *Anker/Sinz,* Die rechtliche Bedeutung der Normenreihe DIN EN ISO 9000–90004; *Backherms,* Zur Einführung: Recht und Technik (hier: DIN 4108), JuS 1980, 9; *Battis/Gusy,* Technische Normen im Baurecht, Umweltrechtliche Studien, Bd. 3, 1988; *Becker,* Harmonisierte Normen und Konformitätsbewertungsverfahren – Elemente der Neuen Konzeption in: FS Wlotzke, 1996, S. 445; *Berthold,* Systematische Untersuchung über die Einbeziehung von technischen Normen und anderen technischen Regelwerken in Bauverträgen, 1985; *Bilo,* Veränderte Normenlandschaft, FS Jagenburg, S. 29; *Börner,* Zum Spannungsfeld von Recht und Technik, DB 1984, 812; *Bötsch/Jovicic,* Erhöhter Schallschutz und die anerkannten Regeln der Technik, BauR 1984, 564; *Brinkmann,* Rechtliche Aspekte der Bedeutung von technischen Normen für den Verbraucherschutz, 1984; *Buschbaum,* Europäisierung des deutschen Umweltrechts am Beispiel des Technikstandards „Beste verfügbare Techniken", NuR 2001, 181; *Cuypers,* Konterlattung und anerkannte Regeln der Technik, BauR 1992, 676; *Deutscher Verdingungsausschuß für Bauleistungen* (Hrsg.), Regeln der Technik und Leistungserfolg im VOB-Vertrag, 1985; *Döbereiner,* Schallschutz im Hochbau: Regeln der Technik in Literatur und Rechtsprechung (unter Berücksichtigung der DIN 4109, Entwurf Februar 1979), BauR 1980, 296; *Dresenkamp,* Die allgemein anerkannten Regeln der Technik am Beispiel des Schallschutzes, BauR 1999, 1080; *Eberstein,* Anerkannte Regeln der Technik und allgemeine Technische Vorschriften für Bauleistungen (ATV/DIN-Normen), BB 1985, 1760; *Ehricke,* Dynamische Verweisung in EG-Richtlinien auf Regelungen privater Normungsgremien, EuZW 2002, 746; *Englert,* Beweisführung im Tiefbau – keine Glaubensfrage mehr mit der „5-M-Methode", FS Jagenburg S. 161; *ders.,* „Land unter!" bei der Herstellung großer Baugruben, NZBau 2000, 113; *Erbguth,* Normkonkretisierende Verwaltungsvorschriften, DVBl. 1989, 473; *Fabio,* Umweltschutz durch Bauproduktnormung, DVBl 1994, 1269; *Feldhaus,* Beste verfügbare Techniken und Stand der Technik, NVwZ 2001, 1; *Festge,* Die anerkannten Regeln der Technik – ihre Bedeutung für den vertraglichen Leistungsumfang, die vertragliche Vergütung und die Gewährleistung, BauR 1990, 322; *Fischer,* Die Regeln der Technik im Bauvertragsrecht, 1985; *Franke,* Die neue VOB und ihre Auswirkungen – zur neuen ATV DIN 1829 –, ZfBR 1988, 204; *Gertis/Soergel,* Traufwasserbildung in Außenwanddecken, DAB 1983, 1045; *Glitza,* Zweischaliges Mauerwerk für Außenwände nach DIN 1053 Teil 1 Abschn. 5.2.1 mit „Kerndämmung" – Allgemein anerkannte Regeln der Technik und Haftungsrisiko, BauR 1987, 388; *Gross/Riensberg,* Zweischaliges Mauerwerk für Außenwände nach DIN 1053 Teil 1, Abschn. 5.2.1 und „Kerndämmung", BauR 1986, 533; *Gusy,* Probleme der Verrechtlichung technischer Standards, NVwZ 1995, 105; *Herschel,* Regeln der Technik, NJW 1968, 617; *Hübner,* Haftungsprobleme der technischen Kontrolle, NJW 1988, 441; *Jagenburg,* Stand der Technik gestern, heute, morgen? Der für die anerkannten Regeln der Technik maßgebliche Zeitpunkt, FS Korbion, 1986, S. 179; *ders.,* Anerkannte Regeln der Technik auf dem Prüfstand des Gewährleistungsrechts, Jahrbuch Baurecht 2000, 299; *ders.,* Bitumendickbeschichtung und anerkannte Regeln der Technik, BauR 2000, 1060; *Jagenburg/Pohl,* DIN 18195 und anerkannte Regeln der Technik am Beispiel der Bauwerksabdichtung mit Bitumendickbeschichtungen, BauR 1998, 1075; *Jansen,* Regeln der Baukunst – Erfahrungen eines Gerichtssachverständigen, BauR 1990, 555; *Jürgens,* Technische Standards im Haftungsrecht, 1995; *Kaiser,* Der richtige Beurteilungszeitpunkt beim Verstoß gegen die anerkannten Regeln der Technik, BauR 1983, 203; *Kilian,* Veränderungen zum anerkannten Stand der Technik, bezogen auf die Betonherstellung, BauR 1993, 664; *Kamphausen,* Neues von der „Dickbeschichtungsfront", IBR 1998, 337; *ders.,* Sind Anhydritestriche in häuslichen Bädern ein Baumangel?, IBR 1998, 338; *ders.,* Zur Unverzichtbarkeit „anerkannter Regeln der Technik" – Testfall: Bitumendickbeschichtungen, Jahrbuch Baurecht 2000, 218; *ders.,* Die neue Abdichtungsnorm DIN 18195 – eine „Bauprozeß-Norm"?, BauR 2001, 545; *Kamphausen/Reim,* Nochmals: Wärmebrücken – neue Architektenpflichten? BauR 1985, 397; *Kappertz,* Die Schwierigkeiten des Sachverständigen bei der Anwendung des Begriffs der allgemein anerkannten Regeln der Technik, FS Mantscheff S. 241; *Knüttel,* Wärmebrücken, technisch und rechtlich, BauR 1985, 54; *Koch,* Grenzen der Rechtsverbindlichkeit technischer Regeln im öffentlichen Baurecht, 1986; *Köhler,* Die haftungsrechtliche Bedeutung technischer Regeln, BB Beilage 4/85, S. 10; *Kort,* „Stand der Wissenschaft und Technik" im neuen deutschen und „State of the art" im amerikanischen Produkthaftungsrecht, VersR 1989, 1113; *Kroitzsch,* Sicherheits-DIN-Normen und Anscheinsbeweis, BauR 1994, 673; *Kuffer,* Erleichterung der Beweisführung im Bauprozeß durch den Beweis des ersten Anscheins, ZfBR 1998, 277; *Kurz,* Der Sachverständige im Bauwesen – Die Anwendung europäischer Normen, DAB 1998, 1673; *Langen/Kus,* Zivilrechtliche Auswirkungen der 3. Wärmeschutzverordnung vom 16. August 1994, BauR 1995, 161; *Lehmann* (Hrsg.), Normung und Umweltschutz, 1987; *Lindemann,* Die Architekten und die DIN-Normen, DAB 1978, 947; *Lohse,* Der Rechtsbegriff „Stand der Wissenschaft" aus erkenntnistheoretischer Sicht, Berlin 1994; *Luhr,* Zweischaliges Mauerwerk für Außenwände nach DIN 1053 Teil 1, Abschn. 5.2.1, mit „Kerndämmung", BauR 1987, 390; *Mantscheff,* Die Bestimmungen der VOB/C und ihre vertragsrechtliche Bedeutung, FS Korbion, 1986, S. 295; *Marburger,* Die haftungs- und versicherungsrechtliche Bedeutung technischer Regeln, VersR 1983, 597; *ders.,* Die Regeln der Technik im Recht, 1979; *ders.,* Technische Normen im Recht der technischen Sicherheit, BB Beilage 4/1985, S. 16; *Motzke,* Regelwerksetzer im Kompetenzkonflikt, ZfBR 1987, 2; *K. Müller,* Die haftungsrechtliche Bedeutung des Gütezeichens, DB 1987, 1521; *Müller-Foell,* Die Bedeutung technischer Normen für die Konkretisierung von Rechtsvorschriften, 1987; *Nicklisch,* Funktion und Bedeutung technischer Standards in der Rechtsordnung, BB 1983, 261; *ders.,* Technische Regelwerke und zulässige Abweichungen – am Beispiel der Druckbehälterverordnung, BB 1982, 833; *ders.,* Technische Regelwerke – Sachverständigengutachten im Rechtssinne? NJW 1983, 841; *ders.,* Wechselwirkung zwischen Technologie und Recht, NJW 1982, 2633; *Ossenbühl,* Zur Bindungswirkung technischer Regelwerke, BB 1984, 1901; *Parmentier,* Die anerkannten Regeln der Technik im privaten Baurecht, BauR 1998, 207; *Pieper,* Die Regeln der Technik im Zivilprozeß, BB 1987, 273; *Rath/Brendle,* Die Zukunft der Normung im Bauwesen – Analyse und Reformvorschläge, BauR 1997, 575; *Reim/Kamphausen,* Nochmals: DIN-Normen, bauaufsichtliche Zulassungsbescheide, allgemein anerkannte Regeln der (Bau-)Technik und Haftungsrisiko, BauR 1987, 629; *Ringel,* Zum Problem der anerkannten Regeln der Technik, BlGBW 1971, 41; *Rittstieg,* Das antizipierte Sachverständigengutachten – eine falso demonstratio?, NJW 1983, 1098; *Roßnagel,* Europäische Techniknormen im Lichte des Gemeinschaftsvertragsrechts, DVBl. 1996, 1181; *Runkel,* EG-Binnenmarkt für Bauprodukte – Das Bauproduktengesetz –, ZfBR 1992, 199; *Schreiter,* Planung und Ausführung von Abdichtungen im Innen- und Außenbereich – Alternative Dichtung und Dämmung, BauR 1998, 1082; *Schünemann,* Grundfragen der strafrechtlichen Zurechnung im Tatbestand der Baugefährdung (§§ 330, 323 StGB), ZfBR 1980, 4, 113, 159; *Siegburg,* Handbuch der Gewährleistung beim Bauvertrag, 4. Aufl. 2000; *ders.,* Anerkannte Regeln der Bautechnik – DIN-Normen, BauR 1985, 367; *Sonnenberger,* Grundfragen des technischen Normwesens, BB (Beilage) 4/1985, S. 3; *Singhof/Schneider,* Zweigeteilte Sicherheitsstandards in den Technischen Regeln für Überkopfverglasungen, BauR 1999, 465; *Soergel,* Die Mangelverantwortung im Spannungsfeld zu den allgemein anerkannten Regeln der Technik, FS Mantscheff S. 193; *Stammbach,* Verstoß gegen die anerkannten Regeln der Technik – Ein eigenständiger Gewährleistungstatbestand?, 1997; *ders.,* Einhaltung der anerkannten Regeln der Technik als Ersatz-Leistungsmaßstab, BauR 1998, 482; *Sturmberg,* DIN-EN-Normen – Erweiterte Planungsverantwortung und Haftung des Architekten?, FS Jagenburg S. 869; *Tepasse/Körting/Schirmer,* Sicherheitsüberwachung und Haftung in der Bauausführung, 1984; *Tünnesen-Harmes,* Die CE-Kennzeichnung zum Abbau technischer Handelshemmnisse in der Europäischen Union, DVBl 1994, 1334; *Ulbrich,* Entwarnung an der Dickbeschichtungsfront!, IBR 1998, 149; *Vieweg,* Antizipertes Sachverständigengutachten – Funktion, Verwertungsformen, rechtliche Bedeutung, NJW 1982, 2473; *Weber,* Das Verhältnis von DIN-Normen zu zugesicherten Eigenschaften und anerkannten Regeln der Technik, ZfBR 1983, 151; *Winckler,* Zum Begriff „Stand der Technik", DB 1983, 2125; *Wolf,* Der Stand der Technik, 1986. – **Arbeitsschutzrecht:** *Birk,* Die Rahmenrichtlinie über die Sicherheit und den Gesundheitsschutz am Arbeitsplatz in: FS Wlotzke, 1996, S. 645; *Diller,* Fortschritt oder Rückschritt? – Das neue Arbeitszeitrecht, NJW 1994, 1726; *Dolde,* Die Bestimmungen der GefahrstoffVO für krebsverdächtige Stoffe, BB 1990, 1074; *Eberstein/Meyer,* Arbeitsstättenrecht, Komm. (Losebl.), 1992; *Eiermann,* Unfallverhütungsvorschriften der Berufsgenossenschaften, AR-Blattei, Unfallverhütung; *Herschel,* Haupt- und Nebenpflichten im Arbeitsverhältnis, BB 1978, 569; *ders.,* Zur Dogmatik des Arbeitsschutzrechtes, RdA 1978, 869; *Herzberg,* Die Verantwortung für Arbeitsschutz und Unfallverhütung im Betrieb, 1984; *v. Hoyningen-Huene/Compensis,* Deutsche Unfallverhütungsvorschriften im EG-Binnenmarkt, NZS 1993, 233; *Jeiter,* Das neue Gerätesicherheitsgesetz, 1980; *Kaufmann,* Die neue GefahrstoffVO, DB 1986, 2229; *ders.,* Die Verordnung über gefährliche Arbeitsstoffe, DB 1980, 1795; *Kitzinger, Beekhuizen/Lorenz,* GefahrstoffVO, Komm. (Losebl.) Stand 1991; *Kleinhenz* Die Verordnung über Sicherheit und Gesundheitsschutz auf Baustellen (Baustellenverordnung), ZfBR 1999, 179; *Kliesch/Nöthlichs/Wagner,* Arbeitssicherheitsgesetz, 1978; *Kloepfer/Veit,* Grundstrukturen des technischen Arbeitsschutzrechtes, NZA 1990, 121; *Kollmer,* Baustellenverordnung (2000); *Kort* Inhalt und Grenzen der arbeitsrechtlichen Personenfürsorgepflicht, NZA 1996, 854; *Kuhr,* Die Sonntagsruhe im Arbeitszeitgesetz aus verfassungsrechtlicher Sicht, DB 1994, 2186; *Lauterbach/Watermann,* Unfallversicherung, 3. Aufl. 1992; *Lazarus,* Umsetzung der UVV Lärm und der EG-Richtlinie in die Praxis, AiB 1992, 677; *Moog,* Von Risiken und Nebenwirkungen der Baustellenverordnung (BauStellV), BauR 1999, 795; *Morich,* Die neue GefahrstoffVO, NZA 1987, 266; *Neumann/Biebl,* Arbeitszeitgesetz, 12. Aufl. 1995; *Opfermann,* Das EG-Recht und seine Auswirkungen auf das deutsche Arbeitsschutzrecht in: FS Wlotzke, 1996, S. 729; *Palandt,* Technisches Arbeitsschutzrecht in: Halbach u. a., Übersicht über das Recht der Arbeit, 4. Aufl. 1991; *Pulte,* Gesicherte arbeitswissenschaftliche Erkenntnisse, AuR 1983, 174; *Quack,* Fällt der Sicherheits- und Gesundheitskoordinator nach der Baustellenverordnung unter die HOAI?, BauR 2002, 541; *ders.,* Einige Bemerkungen zu den besonderen Leistungen nach HOAI und zur Honorierung des Sicherheits- und Gesundheitskoordinators in FS Jagenburg, 2002, S. 757; *Schmatz/Nöthlichs,* Sicherheitstechnik, Komm. (Losebl.), 1993; *Spinnarke,* Sicherheitstechnik, Arbeitsmedizin, Arbeitsplatzgestaltung, 2. Aufl. 1990; *Rehbinder/Kayser/Klein,* ChemikalienG, 1985; *Ridder,* Zur Empirie und Theorie der gesicherten arbeitswissenschaftlichen Erkenntnisse, AuR 1984, 353; *Rozek/Röhl,* Zur Rechtsstellung des Sicherheitskoordinators nach der Baustellenverordnung, BauR 1999, 1394; *J. Schmidt,* Die Baustellenverordnung – Leistungen, rechtliche Einstufung der Tätigkeit und Honorar des S+G

Eigenverantwortung des Auftragnehmers　　　　　　　　　　　　§ 4 Nr. 2

Koordinators, ZfBR 2000, 3; *Sokoll,* Die gesetzliche Unfallversicherung im Übergang zum Europäischen Binnenmarkt, NZS 1993, 9; Verzeichnis der Arbeitsschutzvorschriften des Bundes, in: Bericht der BReg über Unfallverhütung (jährlich), für 1992: BT-Drucks. 12/3988 v. 11. 12. 1992; *Weinmann/Thomas,* Gefahrstoff-VO, Komm., (Losebl.), 1992; *Wingsch,* Baustellenverordnung §§ 2 und 3 sind Ohneinhleistungen der HOAI – oder werden alte Hüte in modischen Verpackungen als willkommene Basis für ungerechtfertigte Bereicherung genutzt? BauR 2001, 314; *Wlotzke,* Öffentlich-rechtliche Arbeitsschutznormen und privatrechtliche Rechte und Pflichten des einzelnen Arbeitnehmers, FS Hilger/Stumpf, 1983, S. 723; *ders.,* Technischer Arbeitsschutz im Spannungsverhältnis zwischen Arbeits- und Wirtschaftsrecht, RdA 1992, 85. – **„Gefahrgeneigte Arbeit":** *Ahrens,* Arbeitnehmerhaftung bei betrieblich veranlaßter Tätigkeit, DB 1996, 934; *Däubler,* Die Haftung des Arbeitnehmers – Grundlagen und Grenzen, NJW 1986, 867; *Denck,* Leasing und Arbeitnehmerhaftung, JZ 1990, 175; *Dutz,* Gefahrgeneigte Arbeit, NJW 1986, 1779; *Eberlein,* Die Risiken des Berufskraftfahrers aus arbeitsrechtlicher Sicht, BB 1989, 621; *Frieges,* Der Anspruch des Arbeitnehmers auf Ersatz selbstverschuldeter Eigen-Sachschäden, NZA 1995, 403; *Hanau,* Abschied von der gefahrgeneigten Arbeit, NJW 1994, 1439; *Heinze,* Zur Verteilung des Schadensrisikos bei unselbständiger Arbeit, NZA 1986, 545; *Marhold,* Abgesang der Gefahrgeneigtheit? JZ 1993, 910; *Blomeyer,* in MünchHdb. ArbeitsR I § 57 Haftung für Schädigung des Arbeitgebers; *Pfeifer,* Arbeitnehmerhaftung bei Eigentumsvorbehalt und Leasing, BB 1968, 132; *Seewald,* Gefahrgeneigte Arbeit bei allen Tätigkeiten des Arbeitslebens, DB 1986, 1224; *Wacke,* Ursprung der eingeschränkten Arbeitnehmerhaftung, RdA 1987, 321; *Wohlgemut,* Die Arbeitnehmerhaftung im Wandel, DB 1991, 910. – **Arbeitnehmerüberlassung:** *Bauschke,* Die sogenannte Fremdfirmenproblematik, NZA 2000, 1201; *Becker,* Abgrenzung der Arbeitnehmerüberlassung gegenüber Werk- und Dienstverträgen, DB 1988, 2561; *Harbrecht,* Die Auswirkungen der Einführung des § 1 a Arbeitnehmer-Entsendegesetz (AEntG), BauR 1999, 1376; *Hök,* Arbeitskräfteüberlassung und Subunternehmerleistungen im Baugewerbe unter besonderer Berücksichtigung der Rechtsprechung des KG in OWi-Sachen, BauR 1995, 45; *v. Hoyningen-Huene,* Subunternehmervertrag oder illegale Arbeitnehmerüberlassung, BB 1985, 1669; *Kadel-Koppert,* Der Einsatz von Leiharbeitnehmern unter rechtlichen und personalpolitischen Aspekten, BB 1990, 2331; *Leitner,* Abgrenzung zwischen Werkvertrag und Arbeitnehmerüberlassung, NZA 1991, 293; *Marschall,* Zur Abgrenzung zwischen Werkvertrag und Arbeitnehmerüberlassung, NZA 1984, 150; *Rieble/Klebeck* Lohngleichheit für Leiharbeit, NZA 2003, 23; *Schaub,* Die Abgrenzung der gewerbsmäßigen Arbeitnehmerüberlassung von Dienst- und Werkverträgen, NZA, Beilage Nr. 3, 1985; *Schubel,* Entleiherbegriff und Mehrfachüberlassung, BB 1990, 2118; *Saller,* Haftungsfragen bei der Überlassung von Baugeräten mit Bedienungspersonal, BauR 1995, 50; *Weise,* Bürgschaftslösungen zu § 1 a AentG, NZBau 2000, 229; *Weisemann,* Zulässige Arbeitsgemeinschaften nach der Neuregelung des AÜG, BB 1989, 907; *Werner,* Die gewerbliche Unternehmerhaftung nach § 1 a AEntG – Ihre Auswirkungen auf die Baupraxis, NZBau 2000, 225 – **Schwarzarbeit:** *Buchner,* Schwarzarbeit und Rechtsordnung, GewArch 1990, 1, 41; *Diederichs,* Schwarzarbeit und Korruption in der Bauwirtschaft – Ursache, Wirkungen und Maßnahmen zur Eindämmung, Jahrbuch Baurecht 2002, 173; *Eidenmüller,* Wertersatz für rechtsgrundlos erbrachte Bauleistungen, JZ 1996, 889; *Erdmann,* Gesetz zur Bekämpfung der Schwarzarbeit 1996; *Grünberger,* Gesetz zur Änderung des Gesetzes zur Bekämpfung der Schwarzarbeit und zur Änderung anderer Gesetze, NJW 1995, 14; *Kern,* Die zivilrechtliche Beurteilung von Schwarzarbeitsverträgen, FS Gernhuber, 1993, S. 191; *Köhler,* Schwarzarbeitsverträge: Wirksamkeit, Vergütung, Schadensersatz, JZ 1990, 466 f.; *Krassney,* Das Gesetz zur Einführung eines Sozialversicherungsausweises und zur Änderung anderer Sozialgesetze, NJW 1990, 237; *Marschall,* Das Gesetz zur Bekämpfung der illegalen Beschäftigung, NJW 1982, 1363; *ders.,* Bekämpfung der Schwarzarbeit (3. Aufl.) 2003; *Reuter,* Zivilrechtliche Probleme der Schwarzarbeit in: Eser/Müller (Hrsg.) Schattenwirtschaft und Schwarzarbeit, 1986; *Rüfner,* Schattenwirtschaft und Schwarzarbeit aus öffentlich-rechtlicher Sicht in: Eser/Müller (Hrsg.) Schattenwirtschaft und Schwarzarbeit, 1986; *Sanwald,* Schwarzarbeitsgesetz, Komm., 1988; *K. Schmidt,* Schwarzarbeit, JuS 1991, 73; *Schönfelder,* Schwarzarbeit und Schattenwirtschaft, 1999; *Sonnenschein,* Schwarzarbeit, JZ 1976, 497; *Tiedtke,* Baubetreuungsvertrag und Schwarzarbeit, NJW 1983, 713; *ders.,* Die gegenseitigen Ansprüche des Schwarzarbeiters und seines Auftraggebers, DB 1990, 2307. – **Sonstiges:** *Braun/Bernreuther,* Zur Haftung des Bauunternehmers für fremde Abgaben nach Auftragserteilung – und den Möglichkeiten einer Absicherung, BauR 2003, 465; *Denck,* Über Grenzfälle der Außenhaftung des Arbeitnehmers, BB 1989, 1192; *Hohloch,* Rechtswahl, Günstigkeitsprinzip und Mindeststandards – Kollisionsrechtliche Anmerkungen zum Einsatz entsandter Kräfte im Baugewerbe, FS Heimermann, 1995, S. 143; *Kesselring* Verkehrssicherungspflichten am Bau (2002); *Koenigs,* Lohngleichheit am Bau? – Zu einem Arbeitnehmer – Entsendegesetz, DB 1995, 1710; *Krause,* Die Beschränkung der Außenhaftung des Arbeitnehmers, VersR 1995, 752; *Mrozynski,* Sozialgesetzbuch AT (SGB I), 2. Aufl. 1995; *Sasse/Mandy,* Unternehmerhaftung nach § 28 e SGB IV, NZBau 2003, 366.

## Übersicht

| | Rdn. | | Rdn. |
|---|---|---|---|
| **A. Die Bedeutung der Generalklausel im Rahmen des VOB-Vertrages (Abs. 1 Satz 1)** | 1 | II. Eigenverantwortlichkeit: Pflicht und Recht des Auftragnehmers.. | 3 |
| I. Ausführungsregel und Ergebnisverantwortung | 1 | 1. Die Pflichtstellung des Auftragnehmers; Trennung von Ausführung und Planung | 3 |

## § 4 Nr. 2

|   | Rdn. |   | Rdn. |
|---|---|---|---|
| 2. Das Recht des Auftragnehmers auf Bestimmung der Leistungsmittel | 11 | b) „Stand von Wissenschaft und Technik" | 78 |
| B. Eigenverantwortlichkeit und Beaufsichtigung des Auftragnehmers. | 13 | c) „Beste verfügbare Technologien" | 81 |
| C. Regelungszweck der Leistungspflicht nach Abs. 1 Satz 2 | 17 | 2. Anerkannte Regeln der Technik und kodifizierte technische Normen | 84 |
| I. Wirtschaftliche Funktion der anerkannten Regeln der Technik | 17 | a) Verhältnis zu DIN-Normen | 84 |
| 1. Risikofreie Lösung nach VOB/B | 17 | b) Europäische Normen/ Bauproduktengesetz | 104 |
| 2. Rechtslage beim BGB-Bauvertrag | 20 | 3. Verhältnis der „anerkannten Regeln" zu sonstigen Regelwerken | 120 |
| II. Beachtung der anerkannten Regeln der Technik: Spannungsverhältnis zwischen Verhaltensregel und Erfolgsmaßstab | 25 | a) Privatrechtliche Regelwerke | 120 |
| 1. Leistungssichernder Charakter von § 4 Nr. 2 Abs. 2 Satz 2 VOB/B | 25 | b) Öffentlich-rechtliche Regelwerke; Qualitätszeugnisse | 136 |
| 2. Werkmangel trotz Beachtung der anerkannten Regeln der Technik? | 29 | 4. Kodifizierte Regeln der Technik und ihre Wirkung auf die Darlegungs- und Beweislast | 156 |
| 3. Leistungsmangel allein wegen Verletzung der anerkannten Regeln der Technik? | 32 | a) Kausalität | 157 |
| a) VOB-Vertrag | 33 | b) Verschulden | 161 |
| b) BGB-Vertrag | 37 | V. Beachtung der gesetzlichen und behördlichen Bestimmungen | 164 |
| III. Begriff der anerkannten Regeln der Technik – inhaltliche Konkretisierung | 39 | D. Leitungs- und Ordnungsverantwortung des Auftragnehmers (Abs. 1 Satz 3) | 169 |
| 1. Rechtsprechung und h. L. | 39 | I. Systematische Bedeutung der Bestimmung | 169 |
| 2. Konkretisierung der „anerkannten Regeln" der Technik und inhaltliche Wandlungen („zeitliche Überholung") | 42 | II. Organisatorische Regieverantwortung des Auftragnehmers | 171 |
| a) Neue Nutzungsmaßstäbe | 44 | III. Nebenpflichten; Deliktische Verantwortung des Auftragnehmers | 173 |
| b) Geänderte gesellschaftliche Bewertungen | 46 | 1. Vertragliche Pflichtenlage | 173 |
| c) „Scheinregeln" anerkannter Technik | 49 | 2. Deliktisches Risiko des Auftragnehmers | 174 |
| 3. Grad der inhaltlichen Durchsetzung anerkannter Regeln der Technik | 54 | E. Sinn und Zweck des Absatz 2 | 178 |
| a) „Formal-objektiver" Begriff | 55 | I. Allgemeines | 178 |
| b) „Materiell-objektiver" Begriff (herrschende Lehre) | 56 | II. Ausgewogenheit; AGB-Kontrolle bei Abweichungen | 182 |
| c) „Subjektiver" Begriff | 61 | F. Gesetzmäßige Betriebsführung (Abs. 2 Satz 1) | 183 |
| d) „materiell funktionaler" Begriff (Verfasser) | 62 | I. Allgemeines | 183 |
| e) Kontrollfähige Durchsetzung („Bewährung") der Regeln | 67 | II. Formeller Arbeitsschutz im Baubetrieb; Unfallverhütungsvorschriften (UVV) | 184 |
| 4. Kriterienkatalog | 70 | 1. Übersicht zum Arbeitsschutzrecht | 184 |
| IV. Verhältnis der anerkannten Regeln der Technik zu verwandten Normbegriffen | 72 | 2. Vollzug des Arbeitsschutzrechtes | 185 |
| 1. Funktionsähnliche Rechtsbegriffe | 72 | 3. Vorschriften zum baubetrieblichen Arbeitsschutz | 186 |
| a) „Stand der Technik" | 75 | 4. Unfallverhütungsvorschriften (UVV) | 187 |
|   |   | 5. Europarechtliche Regelungen; Arbeitsschutzgesetz; Baustellenverordnung | 191 |

|   |   | Rdn. |   | Rdn. |
|---|---|---|---|---|
| | a) Arbeitsschutzgesetz | 191 | II. Arbeitnehmerüberlassung – Arbeitsgemeinschaften – Subunternehmerverträge | 213 |
| | b) Baustellenverordnung | 192 | III. Schwarzarbeit | 218 |
| III. | Fürsorgpflicht des Auftragnehmers gegenüber Arbeitnehmern; Schutzpflichtverletzung; gegenseitige Schadenshaftung | 200 | 1. Überblick: Die gesetzliche Regelung | 218 |
| | 1. Grundregeln der Fürsorgepflicht | 200 | 2. Zivilrechtliche Folgen der Schwarzarbeit | 223 |
| | 2. Wesentliche Rechtsfolgen der Fürsorgepflicht | 201 | IV. Selbstschuldnerische Haftung nach § 1a AEntG und § 28e SGB IV | 231 |
| | a) Förderpflicht des Arbeitgebers; Mitwirkungspflicht des Arbeitnehmers | 201 | H. Bauvertragliche Zuständigkeit des Auftragnehmers für seine Leute (Abs. 2 Satz 2) | 234 |
| | b) Leistungsverweigerungsrecht des Arbeitnehmers; Annahmeverweigerungsrecht des Arbeitgebers | 202 | I. Grundsatz | 234 |
| | | | II. Einschränkungen der Regelverantwortlichkeit | 236 |
| | c) Haftung des Arbeitnehmers | 203 | III. Wirkungen beschränkter Eigenverantwortlichkeit des Auftragnehmers | 238 |
| | d) Haftung des Arbeitgebers | 204 | 1. Verkehrssicherung | 238 |
| G. | Gesetzmäßige Beschäftigung – Verbotsnormen | 205 | 2. Verantwortung für Verrichtungsgehilfen (§ 831 BGB) | 240 |
| I. | Gesetzeslage – Überblick | 205 | | |
| | 1. Allgemeines | 205 | | |
| | 2. Einzelregelungen | 207 | | |

## A. Die Bedeutung der Generalklausel im Rahmen des VOB-Vertrages (Abs. 1 Satz 1)

### I. Ausführungsregel und Ergebnisverantwortung

Die Verpflichtung des Auftragnehmers, seine Leistung „unter eigener Verantwortung" auszuführen, bezeichnet das **Kernelement** der werkvertraglichen Herstellungsaufgabe. Wie im Wesentlichen § 4 VOB/B auch in den übrigen Bestimmungen, stellt Nr. 2 Abs. 1 Satz 1 allerdings nicht auf das Ergebnis des Leistungsversprechens oder auf das Herstellungs- oder Vergütungsrisiko des Auftragnehmers ab, sondern auf die **Ausführungsaufgabe selbst,** d. h. auf den Herstellungsvorgang. Der Ergebnisbezug des VOB-Vertrages und die werkvertragstypischen Risiken sind vom Standpunkt der Gewährleistung in § 13 VOB/B, daneben z. T. in anderen Bestimmungen (§§ 2 Nr. 1 u. a. mit 12 Nr. 1, 3; 7; 8 Nr. 1, 3 VOB/B) geregelt. Es ist deshalb ein Missverständnis anzunehmen, dass es beim Werkvertrag ausschließlich auf das Ergebnis, dagegen nicht auf den Weg der Herstellung selbst ankomme. Abgesehen davon, dass sich ganze Abschnitte der VOB/B vor allem mit den Regeln der Ausführung beschäftigen (§§ 3; 4; 5; 6 Nr. 1, 3 VOB/B), wirken auch Störungen im Ausführungsvorgang auf das Leistungs- und Vergütungsrisiko ein.[1] 1

Es besteht also auch eine Abhängigkeit zwischen Ausführung der Werkleistung und Ergebnisverantwortung. Insbesondere das Vergütungsrisiko kann der Auftragnehmer im Regelfall nur deshalb tragen, weil er den Ausführungsweg beherrscht und dessen Risiken im Wesentlichen kennt. Risiken, die gänzlich außerhalb der Erfahrung oder völlig unerwartbar waren, können, wenn sie von erheblichem wirtschaftlichen Gewicht sind, das Vergütungs- und Leistungsrisiko des Auftragnehmers beeinflussen; vgl. dazu ausf. bei → § 13 Nr. 1, Rdn. 14 f. 2

---

[1] Das ist insb. Veranlassung für Hinweise nach § 4 Nr. 3, vgl. dort Fn. 21 f.

## II. Eigenverantwortlichkeit: Pflicht und Recht des Auftragnehmers

### 1. Die Pflichtenstellung des Auftragnehmers; Trennung von Ausführung und Planung

3   Die Aufgabe, seine Werkleistung „unter eigener Verantwortung" herzustellen, ist zugleich Pflicht wie Recht des Auftragnehmers. Als **Pflicht des Auftragnehmers** stellt § 4 Nr. 2 Abs. 1 VOB/B diesen Satz deshalb voran, weil auch im Zusammenhang mit den nachfolgenden Bestimmungen des § 4 Nr. 2 VOB/B klargestellt werden soll, dass es nicht Sache des Auftraggebers ist, dem Unternehmer die organisatorischen und fachlichen Mittel zur Werkausführung zur Verfügung zu stellen, sondern dass dafür der Auftragnehmer selbst mit seinen Kräften einsteht.

4   Die VOB/B geht grundsätzlich von einer **Trennung von „Ausführung" und „Planung"** aus.[2] Die „Leistung" ist Sache der Ausführung. Darin liegt gleichzeitig aber eine Abgrenzung zu den Leistungsvorgaben, d. h. der Planung und allen Mitteln, die den Auftragnehmer erst in die Lage setzen, das Werk nach dem Vertrage auszuführen. Diese Vorgaben weist insb. § 3 VOB/B, darüber hinaus etwa § 4 Nr. 1 Abs. 1 und Abs. 3; Nr. 4 VOB/B dem Auftraggeber zu.

5   Allerdings hält auch der VOB-Vertrag das Trennungsprinzip **nicht konsequent** durch. Es gibt eine Reihe von Regeln, die insb. den Unternehmer verpflichten, auch „über den Tellerrand der Ausführung zu blicken" und Rücksicht darauf zu nehmen, dass die hergestellte Werkleistung beim Auftraggeber ihren Sinn erfüllt. Hier ist unmittelbar zur VOB/B insb. auf §§ 4 Nr. 3 (§ 13 Nr. 3) VOB/B; 4 Nr. 1 Abs. 4 VOB/B hinzuweisen, darüber hinaus auf § 2 Nr. 5, 6 VOB/B und § 6 Nr. 1 VOB/B.[3] Sie alle dienen dem Zweck, über eine formale Vertragserfüllung hinaus auch die wirtschaftliche Erfolgsvorstellung des Auftraggebers abzusichern.[4]

6   Dem gleichen Zweck dienen konkrete von der Rechtsprechung ausgebildete **Nebenpflichten;**[5] sie fordern vom Auftragnehmer insb., über seine isolierte Werkleistung hinaus auch die vertraglich angestrebte **„Gebrauchstauglichkeit"** des Ergebnisses zu erreichen.[6] Diese Pflichten sind umso intensiver, je mehr Beurteilungskompetenz auf Unternehmerseite einer Unerfahrenheit auf Auftraggeberseite gegenübersteht.[7] Die Pflichtenstellung des Auftragnehmers in diesem Zusammenhang wird auch vom BGH[8] z. T. so stark betont, dass kritische Stimmen[9] mit Recht vor einer Grenzverwischung zwischen Ausführung und Planung warnen. Der BGH hat aber verschiedentlich bestätigt, dass auch der Auftraggeber seine Aufgabe zur Planung und Koordinierung der Bauleistungen wahrnehmen und bei Verletzungen dieser Pflicht Mitverantwortung für Mängel übernehmen müsse.[10]

7   Soweit die Rechtsprechung[11] in jüngerer Zeit den Bauvertrag stärker als einen auf Dauer angelegten Vertrag mit daraus folgenden Kooperationsverpflichtungen der Vertragsparteien[12]

---

[2] So nachdrücklich *Motzke* ZfBR 1988, 244 ff.; vgl. weiter → § 4 Nr. 3 Rdn. 21 f.; vgl. auch *Oberhauser* FS Kraus S. 151, 151 ff., 155.
[3] Vgl. dort Rdn. 4.
[4] Vgl. → § 4 Nr. 3 Rdn. 14.
[5] Vgl. → § 13 Nr. 1 Rdn. 34 f.
[6] Vgl. → § 13 Nr. 1 Rdn. 19 f.
[7] Vgl. → § 13 Nr. 3 Rdn. 31 f.
[8] „Außenschwimmbadfall", BGH BauR 1987, 79 = ZfBR 1987, 32; „Blockheizkraftwerk" BGH BauR 1987, 681 = ZfBR 1987, 269.
[9] Insb. *Motzke* ZfBR 1988, 244.
[10] BGH BauR 1971, 265; BGH NJW 1987, 644 = BauR 1987, 86 f. = ZfBR 1987, 32 f.
[11] BGHZ 133, 44 = BauR 1996, 542 = NJW 1996, 2158; BGHZ 143, 99 = BauR 2000, 409 = NZBau 2000, 130; OLG Düsseldorf NZBau 2000, 427; OLG Köln NJW-RR 2002, 15; *Kniffka/Quack* FS 50 Jahre BGH S. 17, 29 – vgl. zu der Entscheidung des OLG Köln auch BGH NZBau 2003, 433.
[12] Vgl. *Nicklisch/Weick/Nicklisch*, Einl. Rdn. 1 f.; *Nicklisch* BB 1979, 533.

behandelt, bedeutet auch dies eine gewisse Durchbrechung der strikten Trennung zwischen Ausführung und Planung. Letztlich laufen die mit diesem Kooperationsverhältnis verbundenen Mitwirkungs-, Rüge- und Informationspflichten[13] jedoch darauf hinaus, dass beide Vertragsparteien, um den Zweck des Vertrages (Errichtung des Bauwerkes) sinnvoll erfüllen zu können, derartig miteinander kooperieren müssen, dass die jeweiligen Sphären Planung und Ausführung zweckmäßig ineinandergreifen.[14] Die Trennung, wie sie die VOB zwischen der Sphäre des Auftraggebers (Planung) und des Auftragnehmers (Ausführung) vorsieht, wird hierdurch nicht aufgehoben, sondern die Bereiche letztlich nur verzahnt.

Punktuell hat auch der Gesetzgeber die Trennung zwischen Planung und Ausführung **8** aufgehoben. Die BaustellV sieht Verantwortung des Bauherrn für die Einhaltung des genuin der Sphäre des Auftragnehmers zuzurechnenden Arbeitsschutzes vor,[15] der Auftraggeber hat u. U. für die Nichtabführung von Sozialversicherungsbeiträgen durch den Auftragnehmer einzustehen.[16] Diese Regelungen können durch die vertragliche Regelung der VOB/B nicht aufgehoben werden. Es handelt sich aber bestenfalls um begrenzte Durchbrechungen, welche die prinzipielle Trennung nicht aufheben.

Neuere DIN-Normen[17] sehen weiterhin eine höhere „Planungsverantwortung" für eine **9** fachgerechte Ausführung einzelner Baugewerke vor.[18] Wenn der Auftragnehmer ein den anerkannten Regeln der Technik entsprechendes Werk errichten soll, ist er daher gezwungen entweder selbst in der planenden Sphäre tätig zu werden oder, ist verstärkt auf die planerischen Tätigkeiten des Auftraggebers angewiesen. Auch hierdurch kann es zu Überschneidungen zwischen Ausführung und Planung kommen.

Die Formulierung, dass der Auftraggeber wegen § 4 Nr. 2 nicht berechtigt sei, hinsicht- **10** lich der in § 4 Nr. 2 geregelten Pflichten des Auftragnehmers insoweit Anweisungen zu erteilen, Mittel zur Verfügung zu stellen oder sonstige Hilfestellung zu leisten,[19] ist damit missverständlich. Zumindest gesetzlich ergeben sich für den Bauherren bzw. Auftraggeber zu erhebliche Haftungsfolgen, als dass jedwede Hilfestellung und Anweisung ausgeschlossen werden könnte. Soweit die anerkannten Regeln der Technik eine verstärkte Planungsverantwortung vorsehen, würde eine derartige starre Trennung u. U. der Verpflichtung aus § 4 Nr. 2 Abs. 1 Satz 2 zur Beachtung der anerkannten Regeln der Technik widersprechen.

### 2. Das Recht des Auftragnehmers auf Bestimmung der Leistungsmittel

Die eigenverantwortliche Vertragserfüllung ist zugleich ein **Recht des Auftragnehmers,** **11** weil er die Risiken der Ausführung (und des Ergebnisses der Leistung) nur tragen kann, wenn ihm auch die **Freiheit der Mittelwahl** beim Herstellungsvorgang verbleibt. Das schützt den Auftragnehmer nicht nur vor unberechtigten Eingriffen in seine unternehmerische Disposition (vgl. § 4 Nr. 1 Abs. 3 VOB/B), sondern gibt ihm vor allem das Recht, den Herstellungsvorgang technisch und wirtschaftlich bis zur Abnahme selbst zu bestimmen und die Spielräume auszunutzen, die ihm Planung und sonstige Leistungsvorgaben belassen.

Die Freiheit der Mittelwahl wirkt bei der Mängelbeseitigung auch über die Abnahme **12** hinaus, allerdings grundsätzlich verengt auf die einmal geschaffene Leistung.[20] – Zur Eigenverantwortlichkeit gehört auch das Recht des Auftragnehmers, die **persönlichen Mittel** zu bestimmen, die er zur Werkausführung benötigt.[21] Das betrifft **Arbeitnehmer** wie **Sub-**

---

[13] Vgl. im Einzelnen zu diesen Pflichten: *Nicklisch* a. a. O.; *Meurer* MDR 2001, 848; *Grieger* BauR 2000, 969; → § 13 Nr. 1 Rdn. 34 f.
[14] Vgl. → § 13 Nr. 1 Rdn. 38.
[15] Vgl. unten Rdn. 193 f.
[16] Vgl. unten Rdn. 231 f.
[17] Zur Bedeutung der DIN-Normen vgl. unten Rdn. 84 ff.
[18] *Bilo* FS Jagenburg S. 29 f.; vgl. auch *Anker/Sinz* BauR 1995, 629; *Sturmberg* FS Jagenburg S. 869.
[19] Dazu *Kapellmann/Messerschmidt/Merkens* VOB/B § 4 Rdn. 46.
[20] Vgl. → § 13 Nr. 1 Rdn. 4 f.
[21] BGH NJW 1973, 1792 = BauR 1973, 313; vgl. *Ingenstau/Korbion* VOB/B § 13 Rdn. 475.

§ 4 Nr. 2

**unternehmer.** Für beide hat der Auftragnehmer allerdings den gesetzlichen und vertraglichen Rahmen zu wahren, so dass er Arbeitnehmer (§ 4 Nr. 2 Abs. 2 VOB/B) nur im Einklang mit arbeits- und ordnungsrechtlichen Vorschriften beschäftigen darf und bei Subunternehmern § 4 Nr. 8 VOB/B zu beachten hat. Zu starke Beschränkungen der unternehmerischen Entfaltungsmöglichkeit können zu vertragswidrigen Störungen der Rechte des Auftragnehmers führen.[22] Einflussnahmen des Auftraggebers auch über sein grundsätzliches Recht auf Leistungsbestimmung hinaus sind aber teilweise ausdrücklich von der VOB/B gestattet (vgl. insb. § 4 Nr. 1 Abs. 1 und Abs. 3 VOB/B).

## B. Eigenverantwortlichkeit und Beaufsichtigung des Auftragnehmers

13  Aus dem Prinzip der Eigenverantwortlichkeit ergibt sich grundsätzlich, dass der Auftragnehmer seine Leistung **allein** und nicht etwa „in Gemeinschaft mit dem Auftraggeber" auszuführen hat. Rechtsprechung[23] und h. L.[24] stehen seit langem auf dem Standpunkt, dass der Auftragnehmer keinen „Anspruch auf Beaufsichtigung", insbes. durch den bauleitenden Architekten habe. Das Schrifttum[25] folgert dies z. T. direkt aus § 4 Nr. 2 Abs. 1 Satz 1 VOB/B.

14  Der Praxis ist im Prinzip zuzustimmen, jedoch gelten **Einschränkungen:** Es hängt vom Einzelvertrag ab, wie seine Abläufe organisiert und die Kompetenzen für die einzelnen Herstellungsaufgaben verteilt sind. Je komplexer und technisch schwieriger Bauleistungen sind, umso weniger sind sie vom Auftragnehmer „einfach herzustellen". Die **Koordinationspflicht** des Auftraggebers greift bei Großbauvorhaben so stark in die Einzelabläufe ein (und wird entsprechend „vertraglich" abgenommen), dass sich „Ablaufplanung"[26] und „Mitwirkung bei der Ausführung" praktisch nicht mehr unterscheiden lassen. Bei einer solchen Pflichtenstellung kann sich der Auftraggeber nicht darauf zurückziehen, „zur Aufsicht nicht verpflichtet" zu sein. Im Gegenteil: Die Rechtsprechung[27] geht davon aus, dass die Verletzung der Koordinierungsverpflichtung im Rahmen des o. g. Kooperationsverhältnisses u. U. sogar Kündigungsrechte des Auftragnehmers zur Folge haben kann.

15  Daraus folgt, dass es in der Sache auch eine auf das mängelfreie Ergebnis bezogene **konkrete** Mitwirkungspflicht des Auftraggebers geben kann;[28] sie besteht, wenn der Auftragnehmer erkennbar das Risiko der Einfügung seiner Leistung in komplexe Zusammenhänge nicht allein tragen kann und soll. Darauf, nicht auf den Begriff „Aufsicht", „Koordination" oder „Kooperation" kommt es sachlich an. § 4 Nr. 2 Abs. 1 Satz 1 VOB/B steht dem nicht entgegen. Die Bestimmung legt nur grundsätzlich fest, dass der Unternehmer für die Ausführung alleinverantwortlich ist, – solange nicht der Vertrag die Kompetenzen anders verteilt. – zur Zurechnung eines mitwirkenden „Aufsichts"-Verschuldens im Rahmen des § 278 BGB vgl. bei → § 10 Nr. 1 Rdn. 65.

16  Daneben treten die bereits einleitend bei Rdn. 7–10 genannten Verpflichtungen des Auftraggebers, Aufgaben aus dem Bereich des Auftragnehmers vorzunehmen.

---

[22] Erfolgen solche Eingriffe im Rahmen eines VOB-Vertrages, kann die Ausgewogenheit des Vertrages leiden, mit der Folge einer AGB-Einzelkontrolle. Atypische Bauverträge werden z. T. mit Rücksicht auf das Verbot unzulässiger Arbeitnehmerüberlassung geschlossen, vgl. unten Rdn. 213 ff.
[23] Vgl. → § 10 Nr. 1 Rdn. 65.
[24] Vgl. → § 10 Nr. 1 Rdn. 65.
[25] Vgl. → § 10 Nr. 1 Rdn. 65.
[26] Vgl. → § 10 Nr. 1 Rdn. 65.
[27] BGHZ 133, 44 = BauR 1996, 542 = NJW 1996, 2158; OLG Düsseldorf NZBau 2000, 427; vgl. auch *Kniffka/Quack* FS 50 Jahre BGH S. 17, 29.
[28] Vgl. *Nicklisch* BB 1979, 533; und → § 10 Nr. 1 Rdn. 68.

## C. Regelungszweck der Leistungspflicht nach Absatz 1 Satz 2

### I. Wirtschaftliche Funktion der anerkannten Regeln der Technik

**1. Risikofreie Lösung nach VOB/B**

Die „anerkannten Regeln der Technik" sind inhaltlich der **Grundkonsens**, auf den sich die Bauwirtschaft für die sichere und risikolose Lösung einer technischen Aufgabe einigen kann.[29] Bauaufgaben können auf sehr unterschiedliche Weise gelöst werden, – auf sehr einfache und sichere Weise oder aber mit Konstruktionen und Materialeinsatz, die u. U. erhebliche Risiken einschließen. Welcher Weg nun vom Auftragnehmer beschritten werden darf (und soll), hängt vom Vertrag der Parteien ab. Auch ausgehandelte Verträge enthalten dazu allerdings meist keine ablesbare Aussage, so dass ergänzende Regeln benötigt werden.   17

Hier nun legt die VOB/B die Vertragspartner in den **§§ 4 Nr. 2 Abs. 1; 13 Nr. 1** fest: Soweit der Vertrag über Materialien, Fertigungsweisen und Konstruktionen nichts aussagt, ist die Einhaltung der anerkannten Regeln der Technik verbindlich. Der Auftragnehmer hat den Bau so auszuführen, dass die Grundregeln eingehalten werden und das Werk nicht mit Risiken verbunden ist, die bei Wahrung der Regeln vermeidbar gewesen wären. Die VOB/B verpflichtet den Unternehmer überall dort, wo besondere Vertragsbestimmungen fehlen, die Leistung nach Möglichkeit **risikofrei** und auf **unbedenklich bewährte** Art auszuführen.[30]   18

Auch die Formel, dass der Besteller redlicherweise erwarten könne, dass das Werk zum Zeitpunkt der Fertigstellung und Abnahme diejenigen Qualitäts- und Komfortstandards erfülle, die auch vergleichbare zeitgleich fertig gestellte und abgenommene Bauwerke erfüllen würden,[31] ändert hieran nichts. Die üblichen Qualitäts- und Komfortstandards sind im Zweifel auch diejenigen, die einer möglichst risikofreien Herstellung entsprechen. Verfehlt ist es wohl davon auszugehen, dass sicherheitsrechtliche Anforderungen bereits durch die „gesetzlichen und behördlichen Bestimmungen" erfasst würden,[32] auch wenn es insoweit zu Überschneidungen kommt.   19

**2. Rechtslage beim BGB-Vertrag**

Für den BGB-Vertrag fehlte bis zum Erlass des Gesetzes zur Beschleunigung fälliger Zahlungen v. 30. 3. 2000 (BGBl I 330) die Verpflichtung des Auftragnehmers auf die anerkannten Regeln der Technik. Das ist deshalb verständlich, weil der BGB-Vertrag (§§ 631 f. BGB a. F.) eine Vielzahl von Werkmöglichkeiten umfasste und den Bauvertrag nicht speziell regelte. Zu fragen ist allerdings, ob die notwendige Beachtung der anerkannten Regeln der Technik auch in den Bauvertrag nach BGB „hineingelesen" werden durfte, – etwa weil Bauleistungen sinnvoll nur unter Beachtung der anerkannten Regeln erbracht werden können. Die **h. L.** und **Rechtsprechung** bejahten dies zum alten Recht.[33] Dieser Standpunkt begegnete aber Bedenken.[34] Die Beachtung der „anerkannten Regeln" ist nicht gleichbedeutend mit „mängelfreier Herstellung"; sie sichert lediglich eine mängelfreie Werkschöpfung auf risikoloser (weil bewährter) Basis.   20

---

[29] *Fischer* Regeln der Technik S. 33, 34.
[30] *Ingenstau/Korbion* VOB/B § 4 Rdn. 145; *Daub/Piel/Soergel/Steffani* ErlZ B 4.66.
[31] BGHZ 139, 16 = BGH BauR 1998, 872, 873 = NJW 1998, 2814; *Heiermann/Riedl/Rusam* VOB/B § 4 Rdn. 37.
[32] So wohl *Heiermann/Riedl/Rusam*, a. a. O. (Fn. 31).
[33] Vgl. *Staudinger/Peters* § 633 Rdn. 37; *Ingenstau/Korbion* VOB/B 3 § 4 Rdn. 141; zum Meinungsstand auch *Fischer* (Fn. 29) S. 98 f.
[34] Ebenso insb. MünchKomm/*Soergel* § 633 Rdn. 34.

## § 4 Nr. 2

21  Soweit Rechtsprechung und Schrifttum davon ausgehen, dass die „anerkannten Regeln" jedenfalls („als Mindestmaß") stets einzuhalten seien, beruht dieser Standpunkt zumeist auf keiner kritischen Verwendung des Begriffes. Es gibt keinen Dissens darüber, dass eine Beschaffenheitsvereinbarung auch von üblichen, gesicherten Verfahrensweisen abweichen kann, so dass diese („anerkannte Regeln") dann nach dem Vertrag kein Mängelkriterium mehr sein können. Der mit dem „ZahlungsbeschleunigungsG" eingeführte § 641 a BGB bestätigt dies: Die „anerkannten Regeln" sind dort nur zu beachten, „wenn der Vertrag entsprechende (erg.: abweichende) Angaben nicht enthält".[35] § 633 Abs. 2 BGB hat deshalb konsequent und zutreffend darauf verzichtet, die „anerkannten Regeln" in die Mängelkriterien aufzunehmen; ursprüngliche derartige Absichten sind im Gesetzgebungsverfahren zur Schuldrechtsreform fallengelassen worden.

22  Vertragsbestandteil ist die Wahrung der anerkannten Regeln der Technik im BGB-Bauvertrag deshalb nach neuem wie altem Recht zunächst nur dann, wenn nach dem Vertragswillen feststeht, dass eben diese technische „Sicherheitsbasis" Vertragsgrundlage sein soll. Das muss jedoch nicht so sein, wenn insbes. komplexe oder untypische Bauleistungen erbracht werden und nur die Einzelauslegung ergibt, welche vertragliche Risikobereitschaft bei den Parteien besteht. Im Übrigen kann „risikofrei" auch außerhalb der anerkannten Regeln gebaut werden, wenn etwa Verfahren oder Materialien von Unternehmern erprobt, aber eben noch nicht allgemein anerkannt sind.[36]

23  Allerdings ist der h. L. einzuräumen, dass **in Zweifelsfällen auch nach BGB** a. F. davon auszugehen war, dass die Parteien Risiken vermeiden wollten und Bauweisen gelten sollten, die eingeführt und bewährt sind.[37] Das kam der Geltung der anerkannten Regeln der Technik gem. §§ 4 Nr. 2, 13 Nr. 1 VOB/B sehr nahe. Dies gilt in vergleichbarer Weise für den Werkvertrag nach neuem Recht, da davon auszugehen ist, dass die „übliche Beschaffenheit" eine solche ist, welche den anerkannten Regeln der Technik entspricht.

24  Spätestens, wenn sich aus den vertraglichen Vereinbarungen nichts zu dem Verwendungszweck oder der vereinbarten Beschaffenheit ergibt, stellt sich die Frage nach der üblichen Beschaffenheit vergleichbarer Sachen. Es ist davon auszugehen, dass diese vergleichbaren Sachen nach den anerkannten Regeln der Technik hergestellt wurden. Es dürfte allerdings zu weit gehen anzunehmen, dass hierbei nach neuem Recht der weitergehende „Stand der Technik" zu beachten wäre.[38]

## II. Beachtung der anerkannten Regeln der Technik: Spannungsverhältnis zwischen Verhaltensregel und Erfolgsmaßstab

### 1. Leistungssichernder Charakter von § 4 Nr. 2 Abs. 2 Satz 2 VOB/B

25  Die Verhaltensanweisung an den Auftragnehmer, bei Ausführung der Bauleistung die anerkannten Regeln der Technik zu beachten, konkretisiert zunächst den vorgeschriebenen vertraglichen Weg, auf dem das geschuldete Werk herzustellen ist. Daraus folgt auch, dass der Auftraggeber zur Wahrung seiner Rechte nicht das (mangelhafte) Ergebnis abzuwarten braucht, wenn sich bereits während der Herstellungsphase ergibt, dass der Auftragnehmer gegen Regeln verstößt, deren Beachtung ihm zur Sicherung des Vertragszweckes aufgegeben ist. Entsprechend **§ 4 Nr. 7 VOB/B** kann der Auftraggeber dann auch unter Einsatz der dort vorgesehenen Sanktionen sofort die Umstellung der Fertigungsweise und Beachtung der anerkannten Regeln verlangen.[39]

---

[35] BT-Drs. 14/6040 S. 261.
[36] Vgl. *Daub/Piel/Soergel/Steffani* ErlZ B 13.140.
[37] Entsprechend hat der Meinungsstreit in der Praxis keine große Bedeutung, vgl. dazu *Reichelt* BauR 2007, 1483 f.
[38] So *Mundt* NZBau 2003, 73, 76; zu dem Begriff „Stand der Technik" siehe unten Rdn. 75.
[39] Vgl. außerdem *Ingenstau/Korbion* VOB/B § 4 Rdn. 333 sowie → § 4 Nr. 7 Rdn 68.

Allerdings steht § 4 Nr. 2 Abs. 1 Satz 2 VOB/B als Verhaltensregel auch im Spannungs- 26
verhältnis zu § 13 Nr. 1 VOB/B und zu der allgemeinen bauvertraglichen Regel, dass der
Unternehmer seine Aufgabe durch Ablieferung gerade eines **vertraglich einwandfreien
Ergebnisses** erfüllt. Das bestätigt in diesem Zusammenhang § 4 Nr. 7 VOB/B, der eine
Kündigung (!) gem. § 8 Nr. 3 VOB/B nur zulässt, wenn schon während der Ausführung
feststeht, dass der Auftragnehmer zur Herstellung einer mangelfreien Leistung nicht bereit
oder in der Lage ist. Daraus folgt, dass rechtliche Konsequenzen aus einem Verstoß gegen
die „anerkannten Regeln" während der Herstellungsphase stets auch an dem Recht des
Auftragnehmers zu messen sind, in eigener Verantwortung (§ 4 Nr. 2 Abs. 1 Satz 1 VOB/B)
ein vertragsrichtiges Ergebnis zu erzielen. Die vertraglichen Sanktionen auf Fehlleistungen
des Auftragnehmers müssen dessen grundsätzlichen Anspruch berücksichtigen, den Vertrag
mit „seinen Mitteln" zum Erfolg zu führen.

Hieraus folgt auch, dass der Auftragnehmer im Bereich seiner Eigenverantwortlichkeit 27
vom Auftraggeber nicht durch Weisungen behindert werden darf. Geschieht das gleichwohl,
stehen dem Auftragnehmer Einreden zu seiner Erfolgsverantwortung zu – unbeschadet
allerdings einer etwaigen Verantwortung wegen der Verletzung seiner Prüfungs- und Hinweispflicht nach § 4 Nr. 3 VOB/B.[40]

Die Pflicht zur Beachtung der anerkannten Regeln der Technik hat zunächst **leistungs-** 28
**sichernden Charakter.**[41] Sie enthält weder eine Aussage darüber, ob ein Verstoß gegen die
„anerkannten Regeln" ohne weiteres zu einem Mangel der Leistung führt, noch darüber,
inwieweit eine Leistung, die unter Beachtung von „anerkannten Regeln" entstanden ist, als
mängelfrei beurteilt werden darf. Zu dieser Frage vgl. unten Rdn. 29 f. und → § 13 Nr. 1
Rdn. 59, 76 f.

### 2. Werkmangel trotz Beachtung der anerkannten Regeln der Technik?

Die Frage, ob eine Bauleistung im Vertragssinne auch dann „mangelhaft" sein kann, wenn 29
beim Leistungshergang die „anerkannten Regeln" eingehalten worden sind, ist umstritten.[42]
Sie ist ausführlich bei → § 13 Nr. 1 behandelt, vgl. dort Rdn. 59, 76 f. Die **Rechtsprechung**[43] steht auf dem Standpunkt, dass die Wahrung der anerkannten Regeln der Technik
beim Herstellungsprozess den Auftragnehmer nicht vom Mängelrisiko freistelle. Die Beachtung der „anerkannten Regeln" sei zwar im VOB-Vertrag ausdrücklich vorgeschrieben; es
bleibe aber Sache des Auftragnehmers, für ein vertraglich objektiv mängelfreies Werk einzustehen. Zunächst sei der Vertrag nach der Rechtsprechung bezüglich des vereinbarten
Standards auszulegen, nur wenn sich aus dem Vertrag keine Anhaltspunkte für den vereinbarten Standard ergäben, komme es auf die anerkannten Regeln der Technik an. Hiernach
sei – ohne eine solche Vereinbarung – die Werkleistung im Allgemeinen mangelhaft, wenn
die anerkannten Regeln der Technik nicht eingehalten würden.[44] Dem sind im Schrifttum
zahlreiche Autoren[45] entgegengetreten: Die VOB/B könne nicht einerseits bestimmte Ver-

---

[40] Vgl. OLG Hamm BauR 2003, 1052.
[41] So zutreffend *Fischer* Regeln der Technik S. 127. Auch dort, wo die „Regeln" ein Ergebnis beschreiben, ist nicht dieses, sondern das Vertrags(!)ziel der geschuldete Erfolg; insoweit richtig auch *Ingenstau/Korbion* VOB/B § 13 Rdn. 156.
[42] Vgl. *Fischer* Regeln der Technik S. 98 f.
[43] BGH BauR 1985, 567 = ZfBR 1985, 276; BGH NJW-RR 1987, 336 = BauR 1987, 207 = ZfBR 1987, 71; BGH NJW-RR 1995, 472; BGH NJW-RR 1996, 340; BGHZ 139, 16 = BauR 1998, 872 = NJW 1998, 2814; BGH NZBau 2002, 611 = NJW-RR 2002, 1533.
[44] So insb.: BGHZ 139, 16 = BauR 1998, 872 = NJW 1998, 2814; OLG Saarbrücken NZBau 2001, 329 (Vereinbarung eines niedrigeren Standards); hieran hat sich auch nach der Schuldrechtsreform nichts geändert: noch immer ist zunächst der Vertrag danach auszulegen, ob eine Vereinbarung über die Beschaffenheit oder eine Eigenschaft fehlt (vgl. *Thode* NZBau 2002, 297, 304). Wenn eine Einigung über Beschaffenheit oder eine Eigenschaft getroffen wurde, haftet der Unternehmer jedoch unabhängig von der Gebrauchstauglichkeit wenn diese vereinbarte Beschaffenheit nicht erreicht wird.
[45] Vgl. *Jagenburg* FS Korbion S. 179, 183; *Medicus* ZfBR 1984, 155 ff.; *Marbach* ZfBR 1984, 9; *Festge* ZfBR 1984, 6; vgl. auch *Nicklisch/Weick* § 13 Rdn. 45.

tragspflichten vorgeben und andererseits an die unbeanstandete Erfüllung dieser Pflichten Mängel-, d. h. Nichterfüllungsrisiken knüpfen. Außerdem sei es dem Auftragnehmer nicht zumutbar, auch dann im Gewährleistungsrisiko zu stehen, wenn er alles getan habe, um seine Leistung ordnungsgemäß zu erbringen.

30　Die **überwiegende Auffassung** im Schrifttum[46] zur alten Fassung des § 13 Nr. 1 VOB/B folgt allerdings der Rechtspr.: Die Verpflichtung zur Beachtung der anerkannten Regeln der Technik sei eine Vertragspflicht, um die mängelfreie Erfüllung bestmöglich zu sichern; das Risiko eines Fehlschlages der Werkleistung bleibe gleichwohl beim Auftragnehmer, weil dieser und nicht der Auftraggeber dafür einzustehen habe, dass die „anerkannten Regeln" auch tatsächlich zum Erfolg führen. Auch die Pflicht zur Beachtung der „anerkannten Regeln" in § 4 Nr. 2 Abs. 1 Satz 2 VOB/B solle und könne nichts daran ändern, dass der Auftragnehmer für das vertraglich mängelfreie Ergebnis verantwortlich bleibe.

31　Der h. L. ist im Ergebnis **zuzustimmen.** Der Formulierung des § 4 Nr. 2 Abs. 1 Satz 1 VOB/B kann nicht entnommen werden, dass damit der werkvertragliche Risikoplan entscheidend zugunsten des Auftragnehmers verschoben werden sollte. Auch im Rahmen der VOB/B gilt der Grundsatz weiter, dass das Vorhandensein eines Werkmangels prinzipiell am Ergebnis, d. h. am Tatbestand des § 13 Nr. 1 VOB/B zu messen ist. § 13 Nr. 1 Satz 2 VOB/B enthält zwei Mängeltatbestände (vgl. → § 13 Nr. 1 Rdn. 59), von denen nur einer erfüllt zu sein braucht, um Gewährleistungsansprüche hervorzurufen. Es könnte auch kaum angenommen werden, dass sich die VOB in diesem Punkt grundlegend vom BGB-Bauvertrag abheben will, für den ganz generell die „anerkannten Regeln" kein selbständiges Mängelkriterium sind.[47] Würde der „Verhaltensmaßstab" des § 4 Nr. 2 Abs. 1 Satz 2 VOB/B zwar gem. § 13 Nr. 1 VOB/B zur Entlastung des Auftragnehmers führen, nicht aber nach § 633 Abs. 1 BGB, so würde die VOB das **werkvertragliche Leitbild** des BGB-Vertrages in einem Kernpunkt verlassen. Eine solche Abweichung ist aber nicht gewollt,[48] weil auch § 13 Nr. 1 VOB/B nicht auf die Herstellungssorgfalt, sondern mit der Beschaffenheitsvereinbarung auf den vertraglich geforderten Erfolg abstellt. Die Kumulierung von Beschaffenheitsvereinbarung und Wahrung der „anerkannten Regeln" in § 13 Nr. 1, Satz 2 VOB/B ist systematisch auch problematisch: Entspricht eine Leistung der Beschaffenheitsvereinbarung, ist sie – auch nach der VOB/B – mängelfrei, selbst wenn die anerkannten Regeln verletzt sind; dazu noch näher unten.

### 3. Leistungsmangel allein wegen Verletzung der anerkannten Regeln der Technik?

32　Der vorerwähnte Rechtssatz, dass das vertragsgemäß herzustellende Ergebnis auch dann verfehlt sein kann, wenn die „anerkannten Regeln" eingehalten sind, beantwortet noch nicht die Frage, ob – umgekehrt – auch bei Verletzung der anerkannten Regeln der Technik stets von einem Werkmangel auszugehen sei. Auch dies ist **strittig:**

33　**a) VOB-Vertrag.** Eine verbreitete Meinung im Schrifttum[49] zum VOB-Vertrag geht dahin, dass die Verletzung von „anerkannten Regeln" bei der Werkherstellung in jedem Falle auch zu einem Leistungsmangel führe. Das folge aus § 13 Nr. 1, Satz 1 VOB/B, in dem durch die Aufzählung der Mängelkriterien mit „und" klargestellt sei, dass die Nichtbeachtung der anerkannten Regeln der Technik einen selbstständigen Mangeltatbestand ergäbe. Für diese Auffassung folgt daraus, dass ein „Mangel" der Bauleistung nach § 13 Nr. 1

---

[46] Vgl. *Ingenstau/Korbion* VOB/B § 13 Rdn. 104; *Werner/Pastor* Rdn. 1513; *Kaiser* Regeln der Technik Rdn. 23 ff. (vgl. aber auch Rdn. 87); *Vygen* Bauvertragsrecht nach VOB und BGB, Rdn. 431; *Kappelmann/Messerschmidt* VOB/B § 13 Rdn. 31; *Jagenburg* Jahrbuch Baurecht 2000, S. 200, 213 f.

[47] Vgl. oben Rdn. 20, 21.

[48] Allg. Meinung, vgl. MünchKomm/*Soergel* § 633 Rdn. 32; *Staudinger/Peters* § 633 Rdn. 12, 36.

[49] *Siegburg* BauR 1985, 367, 381; *Eberstein* BB 1985, 1760, 63; *Fischer* Regeln der Technik S. 99, 104; *Heinrich* BauR 1982, 229; *Nicklisch/Weick* § 13 Rdn. 31; *Kappelmann/Messerschmidt/Weyer* VOB/B § 13 Rdn. 29; *Vygen* Bauvertragsrecht nach VOB und BGB, Rdn. 427; *Dresenkamp* BauR 1999, 1079, 1080; wohlauch (unklar) *Ingenstau/Korbion* VOB/B § 13 Rdn. 155, 156; vgl. auch OLG Brandenburg ZfBR 2001, 111, 112 = BauR 2001 283; OLG Köln NJW-RR 1994, 1431, 1432.

VOB/B auch dann vorliegt, wenn sich der „Schaden" auf die Verletzung der „anerkannten Regeln", d. h. auf den Regelverstoß an sich, beschränkt und ein sonstiger Nachteil für den Auftraggeber nicht eintritt.[50] Zum Teil wird in diesem Zusammenhang sogar angenommen, dass in Fällen, in denen es wegen der Neuheit von Verfahren (noch) keine anerkannten Regeln der Technik gibt, das Werk wegen des Fehlens von Regeln der Technik bereits an sich mangelhaft sei.[51] Das gilt übrigens für einige dieser Autoren[52] ausschließlich für den VOB-Vertrag, nicht für den Bauvertrag nach BGB. Dort komme es für die Mangelbeseitigung ausschließlich auf die Kriterien des § 633 BGB an.

Die Auffassung dieser Rechtslehre zum VOB-Vertrag begegnet erheblichen **Bedenken** 34 und wird auch vom **BGH** nicht geteilt.[53] Die Funktion der anerkannten Regeln der Technik in § 4 Nr. 2 Abs. 1 VOB/B und § 13 Nr. 1, Satz 1 VOB/B ist die Wahrung eines Mindeststandards an Qualität und Sicherheit. Eine fehlerfreie Werkleistung ist jedoch auch außerhalb der „anerkannten Regeln" möglich (vgl. → § 13 Nr. 1 Rdn. 23 f., 30). Der Auftragnehmer übernimmt lediglich ein größeres Risiko, wenn er vom bewährten Grundwissen der Bauwirtschaft abweicht und neue Wege beschreitet. Das ist ihm jedoch auch im VOB-Vertrag nicht untersagt.

Zu beachten ist aber der **Vertragssinn** des § 4 Nr. 2 Abs. 1 Satz 1 VOB/B: Bei der 35 Erfüllung und Abwicklung von Bauverträgen kann es sinnvoll nur darauf ankommen, dass der Auftraggeber in der Sache (wirtschaftlich) erhält, was dem Vertragsziel entspricht. Dieser „Erfolg" ist allerdings auch dann nicht erreicht, wenn die Leistung zwar augenscheinlich „in Ordnung", aber mit Risiken etwa im Hinblick auf die Konstruktion oder die Beständigkeit von Materialien behaftet ist.[54] Fehlen jedoch solche Risiken, gibt es keinen Grund, dass allein der „Regelverstoß" zur Annahme eines Mangels führen soll.[55] Mit *Jagenburg*[56] ist davon auszugehen, dass der Unternehmer von den anerkannten Regeln der Technik sogar abweichen **muss**, wenn der primär geschuldete Erfolg (mängelfreies Werk) nicht anders zu erreichen ist.– Mit der Verpflichtung zur „Regelwahrung" hat der Auftragnehmer allerdings auch einen Schutzzweck zu erfüllen. Verletzt er die Normen, hat er ggf. den **Beweis** zu führen, dass daraus auch keine Risiken entstanden sind, die gerade vermieden werden sollten.[57]

Vereinzelt wird davon ausgegangen, dass einzig und allein entscheidend der Erfolg („Ver- 36 wendungseigenschaft des Bauwerkes") sein könne. Wenn das Bauwerk im vertraglichen Sinne gebraucht werden könne, dann wäre das Werk – unabhängig von der formellen Einhaltung der anerkannten Regeln der Technik – grundsätzllich mangelfrei. Nur wenn der Erfolg nicht technisch nachgewiesen werden könne, dann sei auf die Einhaltung der anerkannten Regeln der Technik als „Ersatz-Leistungsmaßstab" zurückzugreifen.[58] Diese

---

[50] OLG Düsseldorf NJW-RR 1996, 146; *Siegburg* a. a. O. (Fn. 49): *Nicklisch/Weick* a. a. O. (Fn. 49); *Parmentier* BauR 1998, 207, 209, 214; allerdings wird (wohl) stets im Verstoß auch ein (gewisses) Risiko gesehen.

[51] *Werner/Pastor* Rdn. 1513; *Parmentier* a. a. O. (Fn. 50) S. 211 unter Bezugnahme auf OLG München BB 1984, 238.

[52] *Siegburg* a. a. O. (Fn 33); andere (*Fischer, Heinrich* Fn. 49) behandeln den VOB- und den BGB-Vertrag gleich.

[53] BGH NZBau 2002, 611 = ZfBR 2003, 22 = NJW-RR 2002, 1533; BGH NJW-RR 1996, 340 vgl. auch: BGH BauR 1975, 346; BGH BauR 1981, 577 = ZfBR 1981, 265 (Verstoß ist Mangel, „vor allem" wenn gleichzeitig ein Ergebnisrisiko besteht); OLG Nürnberg NZBau 2002, 673 = NJW-RR 2002, 1538.

[54] So auch *Werner/Pastor* Rdn. 1513; *Staudinger/Peters* § 633 Rdn. 39; MünchKomm/*Soergel* § 633 Rdn. 34.

[55] OLG Nürnberg NZBau 2002, 673 = NJW-RR 2002, 1538; vgl. auch OLG Saarbrücken NZBau 2001, 329 (Vereinbarung eines niedrigeren Standards); *Heiermann/Riedl/Rusam* § 13 Rdn. 20.

[56] Jahrbuch Baurecht 2000, S. 200, 215.

[57] BGHZ 114, 273 ff. = BauR 1991, 514 = BGH NJW 1991, 2021; vgl. auch OLG München NJW-RR 1992, 1523; OLG Nürnberg NZBau 2002, 673 f. = NJW-RR 2002, 1538; *Kaiser* Regeln der Technik Rdn. 68 g; *Heiermann/Riedl/Rusam* B § 13 Rdn. 21; a. A. OLG Saarbrücken NZBau 2001, 329 (Darlegungs- und Beweislast beim Besteller, wenn der Auftragnehmer unter Beweisantritt behauptet, es sei ein Werk unterhalb des gewöhnlichen Standards vereinbart worden).

[58] Vgl. *Stammbach* Verstoß gegen die anerkannten Regeln der Technik – Ein eigenständiger Gewährleistungstatbestand (Diss.) 1997, S. 81 f., 116 f.; *ders.* BauR 1998, 482, 486 f.

## § 4 Nr. 2                                  Eigenverantwortung des Auftragnehmers

Sichtweise verkennt den Zweck der anerkannten Regeln der Technik. Sie sollen einen Standard beschreiben, der (vermutlich) sicher und mangels anderer Beschaffenheitsabrede auch unmittelbarer Vertragsmaßstab ist.

**37**  **b) BGB-Vertrag.** Im Rahmen des BGB-Bauvertrages stellt sich die zu Rdn. 13 f. erörterte Frage nicht, weil es im Rahmen des § 633 Abs. 1 BGB eine generelle Pflicht des Unternehmers zur Beachtung der anerkannten Regeln der Technik nicht gibt.[59] Auch beim BGB-Vertrag darf aber nicht übersehen werden: Mit der Verletzung der „anerkannten Regeln" lädt der Unternehmer materiell ein Risiko auf sich, für das er einzustehen hat. Führt dieses Risiko dazu, dass mit einer Minderung des Wertes oder der Gebrauchstauglichkeit zu rechnen ist, liegt ein Mangel vor, der ggf. beseitigt werden muss. Ein Mangel kann aber, wie nach § 13 Nr. 1 VOB/B, auch dann schon vorliegen, wenn lediglich Risiken bestehen, die nicht gewollt waren.[60]

**38**  Maßstab für die Gewährleistungspflicht ist nach BGB nicht unmittelbar und stets die (formale) Verletzung „anerkannter Regeln", sondern das Zurückbleiben der Leistung hinter der **Vertragserwartung.** Der Unterschied zur VOB liegt darin, dass eben diese Vertragserwartung bei der VOB im Grundmuster auf die Einhaltung der „anerkannten Regeln" festgelegt ist. Gleichwohl kann es nach BGB und VOB/B Fälle geben, in denen die konkrete Ausführung zwar höherwertig als die vereinbarte ist, aber wegen Abweichungen von der Vertragserwartung trotzdem ein Mangel vorliegen kann.[61]

### III. Begriff der anerkannten Regeln der Technik – inhaltliche Konkretisierung

#### 1. Rechtsprechung und herrschende Lehre

**39**  Es ist üblich,[62] inhaltlich zum Begriff der „anerkannten Regeln" auf eine Definition des **Reichsgerichtes**[63] zurückzugehen, das sich unter strafrechtlichen Gesichtspunkten eingehend mit der Bestimmung der „Regeln der Baukunst" auseinander gesetzt hat. Dort ist definiert, was nach **h. L.**[64] auch heute noch den **Kern des Begriffes** ausmacht:

„Der Begriff der allgemein anerkannten Regeln der Baukunst ist nicht schon dadurch erfüllt, daß eine Regel bei völliger wissenschaftlicher Erkenntnis sich als richtig und unanfechtbar darstellt, sondern sie muß auch allgemein anerkannt, d. h. durchweg in den Kreisen der betreffenden Techniker bekannt und als richtig anerkannt sein ... Wie betont, genügt es nicht, daß die Notwendigkeit gewisser Maßnahmen in der Wissenschaft (Theorie) anerkannt und gelehrt wird, sei es auf Hochschulen, sei es in Büchern. Die Überzeugung von der Notwendigkeit muß vielmehr auch in die ausübende Baukunst und das Baugewerbe (in der Praxis) eingedrungen sein und sich dort gefestigt haben, ehe im Sinne des Gesetzes von allgemeiner Anerkennung der betreffenden Regel gesprochen werden darf ... Selbstverständlich muß auch hier das Anerkenntnis der großen Menge entscheiden. Die Tatsache, daß vereinzelte, eine ‚verschwindende Minderheit', sei es aus Unkenntnis, sei es aus technischen oder sonstigen Gründen, sie nicht anerkennen, vermag die Feststellbarkeit allgemeiner Anerkennung nicht auszuschließen. Der Kreis, auf dessen Anerkennung es demnach ankommt, wird durch die Gesamtheit der ‚betreffenden' Techniker gebildet, d. h. derjenigen Baubeflissenen, die in dem jeweilig gegebenen Zweige der Baukunst tätig sind und die dafür erforderliche Vorbildung besitzen."

**40**  Diese Inhaltsbestimmung ist von Teilen des **Schrifttums**[65] für das Bauvertragsrecht mit Recht kritisiert und weiterentwickelt worden. Das Ziel der reichsgerichtlichen Begriffsbildung war vom Zweck und den normativen Grenzen des **Strafrechts** her geprägt: Kriminal-

---

[59] Vgl. oben Rdn. 31.
[60] Vgl. die in Fn. 54 Genannten.
[61] BGH BauR 2002, 1536 = NZBau 2002, 571 = ZfBR 2002, 767; OLG Düsseldorf NJW-RR 1997, 275.
[62] *Ingenstau/Korbion* VOB/B § 4 Rdn. 150; *Daub/Piel/Soergel/Steffani* ErlZ B 4.57; *Nicklisch* BB 1983, 261, 265.
[63] RGSt 44, 76.
[64] BGHZ 48, 310; *Ingenstau/Korbion* VOB/B § 4 Rdn. 151 f.; *Fischer* Regeln der Technik S. 33; *Heiermann/Riedl/Rusam* VOB/B § 4 Rdn. 37; *Soergel* FS Mantscheff S. 193, 197 f.
[65] Vgl. eingehend *Fischer* Regeln der Technik S. 33, 45; *Hechtl/Nawrath* ZfBR 1996, 179 und unten Rdn. 54 f.

unrecht konnte nur begründet werden, soweit einerseits ein allgemeines Schutzinteresse an der Einhaltung technischer Regelwerke bestand, diese Regeln andererseits aber auch zugänglich und allgemein einsichtig waren. Das bedeutete hinsichtlich der „Anerkennung in den Fachkreisen", dass sie auch dem „Normalkundigen" klar sein mussten; wissenschaftliche Einzelmeinungen konnten nicht Grundlage einer strafrechtlichen Verfolgung sein.

Der Normzweck des Kriteriums der „anerkannten Regeln" in den §§ 4 Nr. 2 Abs. 1; 13 Nr. 1 VOB/B liegt dagegen in der **Vertragsfunktion** des Begriffes: Welchen Anforderungen muss eine Bauleistung genügen, damit der Vertrag durch den Auftragnehmer ordnungsgemäß erfüllt ist? Rechtsgeschäftlich muss spezifischer definiert werden, welche Anforderungen unter dem Gesichtspunkt der „anerkannten Regeln" an eine mängelfreie Werkleistung gestellt werden können. Dabei ist zweierlei zu fragen: Was sind **inhaltlich** „anerkannte Regeln", d. h. welche Leistungsqualität ist angesprochen, wenn ihre Beachtung und Einhaltung gefordert wird? Welcher **Durchsetzungsgrad** in der Bauwirtschaft und welche Erkenntnisschärfe beim Auftragnehmer wird gefordert, um die „anerkannten Regeln" im konkreten Anwendungsfall objektiv festzulegen? **41**

## 2. Konkretisierung der „anerkannten Regeln" der Technik – Inhaltliche Wandlungen („zeitliche Überholung")

Schon bei der Bestimmung des Normzweckes des § 4 Nr. 2 Abs. 1 Satz 1 VOB/B und seines Verhältnisses zum „Werkmangel" ist ausgeführt,[66] dass die Wahrung der „anerkannten Regeln" vom Ergebnis her einen **qualitativen Mindeststandard** der Bauleistung sicherstellen sollen.[67] Gefordert wird, soweit nicht abweichende Vertragsabsprachen bestehen, dass die Leistung mindestens dem entspricht, was in der Baupraxis bewährt ist und deshalb risikofrei ausgeführt werden kann. Insoweit besteht kein nennenswerter Streit.[68] **42**

Die Definition ist aber **ergänzungsbedürftig**, weil sie nicht erfasst, dass anerkannte Regeln der Technik dem **Wandel** unterliegen und die inhaltliche Bestimmung ihrer Dynamik Rechnung tragen muss. Die Verweisung in § 4 Nr. 2 Abs. 1 VOB/B bezieht sich auf die „jeweils geltenden" anerkannten Regeln der Technik, schließt also deren Entwicklung und Änderung ein. Damit ist hier der objektive Wandel gemeint, dem die Regeln in bestimmter Zeit unterliegen und der dazu zwingt, bei jeder Bauaufgabe gesondert festzustellen, welchen Inhalt die für den Vertrag verbindlichen „anerkannten Regeln" haben. Um ihren Begriffsinhalt daran zu orientieren, ist es erforderlich, **drei Gruppen der „zeitlichen Überholung"** von anerkannten Regeln der Technik zu unterscheiden: **43**

**a) Neue Nutzungsmaßstäbe.** „Anerkannte Regeln" können sich durch Zeitablauf erledigen, wenn allgemeine Nutzungserwartungen andere Maßstäbe setzen. Bauverfahren und Materialeigenschaften, die aus diesem Grund „ungenügend" werden, bleiben zwar an sich technisch – konstruktiv weiterhin „einwandfrei"; es ändert sich aber der wirtschaftliche Anspruch an das Vertragsergebnis, d. h. das „mängelfrei" Gewollte. **44**

Ein prägnantes **Beispiel** dafür bietet der (Tritt-)**Schallschutz gem. DIN 4109:** Entsprach es insb. in der 1. Hälfte der sechziger Jahre nach allgemeiner Anschauung,[69] dass Bauten „nach DIN 4109 (1962)" auch einwandfrei errichtet waren, so setzte sich schon etwa 10 Jahre später die Auffassung durch, dass diese Norm mindestens in Teilbereichen[70] den Wohnansprüchen nicht mehr genügen konnte. Regeln der Technik können mithin allein deshalb ihre Geltung verlieren, weil die Wertvorstellungen von Bauleistungen sich **45**

---

[66] Vgl. oben Rdn. 32 f.
[67] Insofern ist die Kritik von *Kilian* (BauR 1998, 969, 974) verfehlt, wenn er eine „bestmögliche" Verwirklichung des Bauprojektes fordert.
[68] Vgl. oben Fn. 29.
[69] Vgl. dazu eingehend *Weiß* S. 44.
[70] Vgl. OLG München BauR 1985, 453 (Anm. *Locher*); dazu *Weiß* S. 49; Trittschall ungenügend; weitergehend: OLG Stuttgart BauR 1977, 279 vgl. ferner: BGHZ 139, 16 = BauR 1998, 872 = BGH NJW 1998, 2814.

§ 4 Nr. 2    Eigenverantwortung des Auftragnehmers

verändern; maßgebend können ökonomische Gesichtspunkte oder Aspekte der Gebrauchserwartung sein.

46   **b) Geänderte gesellschaftliche Bewertungen.** In einem anderen Teil der Fälle führen wirtschaftliche oder gesundheitliche Überlegungen dazu, von eingeübten Verfahrensweisen abzusehen. Die Herstellungstechniken sind (bleiben) zwar bewährt und konstruktiv zuverlässig, geraten aber in Verruf, weil ihre (etwa ökonomischen oder ökologischen) Rahmenbedingungen nicht mehr akzeptiert werden.

47   Ein **Beispiel** dafür bietet der im Lauf der Jahre angepasste Wärmeschutz nach DIN 4108 bzw. die angeglichenen Wärmeschutzverordnungen. Die Bautechniken waren nach der DIN 4108 (1969) ebenso „richtig" wie nach der DIN 4108 (1981).[71] Die geänderten Umweltanforderungen hatten zwischenzeitlich aber neue Maßstäbe gesetzt.

48   Die Beispielsfälle zeigen, dass die Formel zum Inhalt der „anerkannten Regeln" zur Verdeutlichung um das **Zeitmoment** ergänzt werden sollte: Regeln erfüllen die Voraussetzungen des § 4 Nr. 2 Abs. 1 VOB/B, wenn sie in dem erörterten Sinne „sicher" sind, im Übrigen aber zu einer bestimmten Zeit auch den Gebrauchserwartungen und dem Standard der maßgebenden Verkehrskreise entsprechen. Nach „Zeitablauf" verlieren die ehemals „anerkannten" Regeln nicht ihren Normwert gem. § 4 Nr. 2 Abs. 1 VOB/B; dieser Normwert (im Einzelfall) hat sich nur niemals auf die „neue" Zeit bezogen: Nicht die Regel war oder ist „falsch", sondern der Bezugsrahmen hat sich verändert. Diese Sicht ist begrifflich für die „Mangel"-Bewertung einer Leistung von Bedeutung. Für sie kommt es darauf an, welche (auf welche Zeit bezogene) Regel Vertragsgegenstand war;[72] vgl. dazu näher bei → § 13 Nr. 1 Rdn. 77 f.

49   **c) „Scheinregeln" anerkannter Technik.**[73] Schwierigkeiten bereitet eine weitere Fallgruppe, die als „unechte Überholung" bestehender Regeln oder „Scheinregeln" anerkannter Technik bezeichnet werden kann. Auch hier findet ein Bewertungswandel eingeübter Techniken statt. Er beruht aber nicht darauf, dass auf Grund neuer Anschauungen anderes als gut angesehen, sondern darauf, dass scheinbar Gutes als schlecht erkannt wird. Obwohl es die Regel gab und sie angewandt werden durfte,[74] haben tatsächlich die Voraussetzungen für „anerkannte Regeln" niemals vorgelegen. Die Bauwirtschaft hat lediglich geglaubt, mit bestimmten Lösungen auch ein „sicheres System" zu besitzen; in Wahrheit war die Technik untauglich.

50   Ein **Beispiel** dafür ist die sog. **„Schalenfuge"** nach DIN 1053 (Ausgabe 1974, Abschn. 5.2.2). Sie entsprach über viele Jahre gebräuchlicher Bauweise und wurde überwiegend als anerkannte Regel der Technik angesehen.[75] Die Anwendung dieses Systems führte jedoch praktisch so häufig zu Problemen, dass die Neufassung der DIN 1053 (Februar 1990) diese Dämmtechnik nicht mehr aufführte und statt dessen die „Kerndämmung" anerkannte. Die „Schalenfuge" wurde obsolet, weil sie zwar technisch durchdacht und theoretisch funktionsfähig war, an die Praxis der Bauausführung aber so hohe Anforderungen stellte, dass es immer wieder zu Fehlleistungen kam. – Noch deutlicher sind nur scheinbar bewährte Regeln bei **Flachdachkonstruktionen** überwunden worden. Ging man etwa im Jahre 1956 noch davon aus, dass bestimmte Auflage- und Dämmverfahren risikolos seien,[76] so zeigte sich später, dass sie dennoch zu Bauschäden führten. „Risikolos" sind sie, wie der BGH attestierte,[77] tatsächlich niemals gewesen. – Auch das **Blasbachthalurteil** des OLG Frank-

---

[71] Vgl. OLG Hamm BauR 1983, 173 (Anm. *Kamphausen*).
[72] So auch: *Parmentier* BauR 1998, 207, 213 f.
[73] *Parmentier* BauR 1998, 207, 211 spricht von „fehlerhaften Regeln der Technik".
[74] Nach dem Maßstab des § 276 BGB wurde in der angewandten Technik kein Sorgfaltsverstoß gesehen. Da der (Miss-)Erfolg nicht vorzusehen war, gab es auch in Rahmen des § 4 Nr. 2 kein anderes Kriterium für ein vertragsrichtiges Verhalten.
[75] Vgl. OLG Hamm BauR 1991, 247 = NJW-RR 1991, 731; vgl. auch *Gross* BauR 1992, 262.
[76] Vgl. BGHZ 48, 310 = NJW 1968, 42; BGH NJW 1971, 92 = BauR 19714, 58.
[77] Allerdings aus einer ex post-Betrachtung; im Urteil BauR 1971, 58 (59) räumt der BGH ein, dass eine „objektive Pflichtwidrigkeit" nicht zu sehen sei; es komme aber lediglich auf das Ergebnis an, das „notwendigerweise" durch fehlerhafte Planung mangelhaft ausgefallen sei.

Eigenverantwortung des Auftragnehmers                                  § 4 Nr. 2

furt[78] gehört in diese Fallgruppe. Die dort angewandte Technik der Koppelfugen einer Spannbetonbrücke hatte sich tatsächlich eben nicht bewährt.[79] – Schließlich sind die Fälle **gesundheitlicher Erkenntnisse** zu erwähnen, in denen Holzschutz-, Lösungsmittel oder Verbundstoffe nachträglich als schädlich (**„Wohngifte"**) erkannt worden sind.[80] Die Baustoffe waren tatsächlich niemals geeignet, die Parteien haben es nur geglaubt.

Die Frage der Verantwortung für solche Irrtümer (Zurechnungsfrage) ist bei → § 13   51
Nr. 1 erörtert, vgl. dort Rdn. 34.

Streng genommen nicht zur zeitlichen Überholung der anerkannten Regeln der Technik   52
gehören die Fälle, in denen sich neben dem bisher üblichen Verfahren alternative Verfahren herausbilden. Die neuen Verfahren – sofern diese mit den bisherigen Verfahren gleichwertig sind – „überholen" die bisher anerkannten Regeln der Technik nicht, sondern setzen neben die bisherige Verfahrensweise lediglich eine Alternative mit einem vergleichbaren Sicherheitsstandard.

Diese Problematik stand letztlich hinter den Entscheidungen zur Frage, ob die **Bitumen-**   53
**dickbeschichtung** – neben der seinerzeit in der DIN 18195 vorgesehenen Dichtung mit Bahnen – den anerkannten Regeln der Technik entspräche oder nicht. Die obergerichtliche Rechtsprechung kam zunächst zu unterschiedlichen Ergebnissen.[81] Erkennt aber mittlerweile die Bitumendickbeschichtung als ein grundsätzlich mögliches und den anerkannten Regeln der Technik entsprechendes Verfahren an.[82]

### 3. Grad der inhaltlichen Durchsetzung anerkannter Regeln der Technik

Neben den Inhalten der Regeln der Technik ist die Frage ihrer **„Anerkennung"** zu   54
beantworten. Dabei handelt es sich einmal um das Problem, welcher Personenkreis für die Anerkennung und Regeldurchsetzung maßgebend ist, zum anderen darum, mit welcher inhaltlichen Sicherung die Geltung geprüft sein muss. Eine übersichtliche Darstellung zum Problemstand gibt insb. *Fischer*.[83] Folgende **Standpunkte** werden unterschieden:

**a) Formal objektiver Begriff.** Der „formal objektive Begriff"[84] anerkannter Regeln   55
geht von einer Identität gesetzter Regelwerke[85] mit den „anerkannten Regeln" aus. Diese Auffassung hat zwar den Vorzug, dass die maßgebenden Normen, soweit sie verfasst sind, als anerkannte Regeln der Technik leicht erkennbar (abzulesen) sind. Der Begriff ist aber nicht tragfähig, weil es keine verbindliche Bestimmung gibt, die gerade nur förmlich gesetzten Regeln die inhaltlich spezifische Qualität von „anerkannten" Regeln zuweist. Der Standpunkt hat entsprechend kaum Anhänger gefunden.[86]

---

[78] NJW 1983, 456 = BauR 1983, 156.
[79] Diesen Punkt übersieht m. E. die Kritik (insb. auch *Jagenburg* bezgl. des Urteiles BGHZ 91, 206 = BGH NJW 1984, 2457 = BauR 1984, 510); vgl. etwa *Medicus* ZfBR 1984, 155; *Jagenburg* FS Korbion S. 179, 183; *Marbach* ZfBR 1984, 9. Auch wenn der Beteiligten zunächst (*Jagenburg* a. a. O. S. 183) „vor einem Rätsel standen" schließt das nicht aus, dass sich die Beteiligten auf erprobte (!) anerkannte Regeln der Technik wohl tatsächlich nicht haben verlassen können.
[80] Beispielhaft: OLG Köln NJW-RR 1991, 1077 f. = BauR 1991, 759.
[81] Vgl. einerseits OLG Bamberg BauR 1999, 650 = NJW-RR 1999, 962; IBR 1997, 417 (keine anerkannte Regel der Technik) mit zust. Anm. *Kamphausen*; ders. Jahrbuch Baurecht 2000, S. 218, 227 f.; a. A. nun jedoch wohl: OLG Bamberg IBR 2003, 407 (Mangel nur bei nicht ordnungsgemäßer Ausführung) – andererseits für eine Anerkennung als anerkannte Regel der Technik: OLG Schleswig BauR 1998, 1100 = NJW-RR 1998, 171 = IBR 1998, 149 (anerkannte Regel der Technik) mit zust. Anm. *Ulbrich* IBR 1998, 149; zust. auch *Jagenburg* BauR 2000, 1060; *Jagenburg/Pohl* BauR 1998, 1075, 1077 f.; OLG Hamm BauR 1998, 1119 (L.) = IBR 1998, 337 mit deutlich abl. Anm. *Kamphausen* IBR 1998, 337.
[82] Vgl. OLG Schleswig BauR 1998, 1100 = NJW-RR 1998, 171 = IBR 1998, 149; OLG Hamm BauR 1998, 1119 (L.) = IBR 1998, 337; sowie mittlerweile auch OLG Bamberg IBR 2003, 407.
[83] S. 33 ff.
[84] Begriff des Verfassers.
[85] *Fischer* Regeln der Technik S. 37 unter Hinweis insb. auf *Wolfensberger* Die anerkannten Regeln der Technik (Baukunst) im öffentlichen Recht, Diss. Bremen 1978, S. 61 ff.; vgl. zuletzt: *Schreiter* BauR 1998 1082, 1083 f.
[86] Dieser Standpunkt wird nach den Quellennachweisen bei *Fischer* Regeln der Technik a. a. O. vor allem im „technischen Lager" vertreten.

## § 4 Nr. 2

**56** **b) Materiell objektiver Begriff (herrschende Lehre).** Der „materiell objektive Begriff"[87] anerkannter Regeln stellt nicht auf die formalen Regelwerke ab, weil die „anerkannten" Regeln nur materiell, d. h. inhaltlich, in der Sache, nachzuweisen sind. „Objektiv" ist das Begriffsverständnis, weil sich seine Befürworter darin einig sind, dass der Nachweis „anerkannter Regeln" objektiv möglich und entsprechend iustitiabel sein muss. Weder könne es „Anschauungssache" sein, ob eine Regel „anerkannt" ist oder nicht, noch dürfe es vom Einzelvertrag abhängen, welche Anforderungen an die Überzeugungskraft bestimmter technischer Regeln oder an ihre Durchsetzung gestellt werden können: „Anerkannte Regeln" bestehen oder sie bestehen nicht.

**57** Dieser Standpunkt entspricht der h. L.[88] und auch der Rechtsprechung.[89] Unterschiedliche Formulierungen finden sich lediglich in den **Beweisforderungen** an die Erkenntnis der Richtigkeit „anerkannter" Regeln. Während etwa *Nicklisch*[90] darauf abstellt, dass die „maßgebenden Fachleute" die bauliche Bewährung der Methode bestätigen müssten und *Kaiser*[91] die „h. A. unter den technischen Praktikern" anziehen will, stellt *Soergel*[92] mit dem Reichsgericht darauf ab, dass sich die „anerkannten Regeln" nach wissenschaftlicher Kenntnis als richtig und unanfechtbar darstellen und dass sie sich in den Kreisen der für die Anwendung der Regeln in Betracht kommenden Techniker „durchweg durchgesetzt" haben.

**58** *Ingenstau-Korbion*[93] sichern die Richtigkeitsgewähr noch weiter dadurch ab, dass die zu befragenden Fachleute „nach neuestem Kenntnisstand vorgebildet" sein müssten und die Bewährungsanforderung nur erfüllt seien, wenn die Methode von diesen Technikern „als technisch geeignet, angemessen und notwendig" anerkannt sei.[94]

**59** Die **Probleme** dieses herrschenden materiell-objektiven Verständnisses hat *Fischer*[95] zutreffend dargestellt: Der Begriff zeigt zwar den ungefähren Weg, auf dem die Bestätigung für die „anerkannten Regeln" zu suchen ist, seine Ergebnisse sind jedoch nicht oder **kaum beweisfähig**: Wer sind die „maßgebenden Fachleute"; wer ermittelt die „h. A. unter den Praktikern"; wer will schließlich dem Ausbildungsgrad der befragten Fachleute nachgehen? Da es um Fragen der Baupraxis geht, muss die „Anerkennung" der Regeln mit erreichbaren und auch für die Gerichte verwendungsfähigen Mitteln erklärbar sein. Dass die Formeln der h. L. diesen Anforderungen nicht genügen, zeigt die forensische Praxis, in der „anerkannte Regeln der Technik" kaum jemals lege artis ermittelt werden.[96]

**60** Exemplarisch zeigen sich diese Probleme bei der widersprüchlichen obergerichtlichen Rechtsprechung zur Kelleraußenisolierung durch Bitumendickbeschichtungen. Unstreitig war die Abdichtung mit Bitumendickbeschichtungen seinerzeit nicht in der einschlägigen DIN 18195 aufgeführt. In verschiedenen Gerichtsverfahren ging es deshalb um die Frage, ob Bitumendickbeschichtungen trotzdem den anerkannten Regeln der Technik entsprächen

---

[87] Begriff des Verfassers.
[88] Vgl. oben Fn. 55; außerdem *Jürgens* S. 34.
[89] BGHZ 48, 310; BGH NJW 1987, 2222; BGH DB 1991, 2080; BGHZ 139, 16 = BauR 1998, 872 = BGH NJW 1998, 2814; OLG Düsseldorf NJW-RR 1996, 146.
[90] B § 4 Rdn. 44.
[91] Mängelhaftung Rdn. 68A Fn. 54; vgl. auch: *Stammbach* Verstoß gegen die anerkannten Regeln der Technik S. 95; *Dresenkamp* BauR 1999, 1079, 1081 weitergehend (weit überwiegende Mehrheit der kompetenten Fachleute): *Kamphausen* Jahrbuch Baurecht 2000, 218, 221; krit. *Jagenburg* Jahrbuch Baurecht 2000, S. 200, 208 f.
[92] B Rdn. 4.61; *ders.* in: MünchKomm. § 633 Rdn. 37; vgl. auch *ders.* FS Mantscheff S. 193, 198 – 80% der Praktiker und kein Meinungsstreit unter den Theoretikern.
[93] B § 4 Rdn. 151.
[94] B § 4 Rdn. 151.
[95] S. 45 ff.; vgl. auch *Siegburg* Gewährleistung Rdn. 789; *Parmentier* BauR 1998, 207, 208; *Kappertz* FS Mantscheff S. 241, 243/245; zur Kritik auch: *Jagenburg* Jahrbuch Baurecht 2000, 200, 208 f.
[96] Die „Ermittlung" beschränkt sich in aller Regel auf das Befragen eines Sachverständigen, ob eine „anerkannte Regel" vorliege, die dieser (in aller Regel) sodann schlicht aus seiner Erfahrung beantwortet. Vgl. zu den Problemen der sachverständigen Ermittlung anerkannter Regeln der Technik *Kappertz* FS Mantscheff S. 241 f.

Eigenverantwortung des Auftragnehmers § 4 Nr. 2

oder nicht. Das Oberlandesgericht Schleswig[97] und das Oberlandesgericht Hamm[98] gingen davon aus, dass die Bitumendickbeschichtung den anerkannten Regeln der Technik entsprechen, das Oberlandesgericht Bamberg[99] verneinte dies. Zumindest das OLG Schleswig und das OLG Bamberg hatten Sachverständigengutachten eingeholt, welche bezüglich der Durchsetzung in der Praxis zu gegensätzlichen Ergebnissen kamen. In diesem Zusammenhang wurde daher die Frage aufgeworfen, ob die Befragung eines Sachverständigen überhaupt ein adäquates Beweismittel sein kann für die Durchsetzung einer Technik in der Praxis im Sinne einer herrschenden Meinung.[100]

c) „Subjektiver" Begriff.[101] Dem Beweisproblem ist auch nicht dadurch zu entgehen, 61 dass von der redlichen Erwartung des Bestellers ausgegangen wird und nicht mehr auf die Einschätzung der Fachleute, da es nicht entscheidend sein könne, was die Fachleute dem Besteller zukommen lassen wollten. *Riedl*[102] meint dies aus der Formulierung des BGH ableiten zu können, wonach im Zweifel die verkehrsüblichen Qualitäts- und Komfortstandards vereinbart würden.[103] Dieser subjektive Erwartungsbegriff führt aber nicht weiter. Er ist nicht nur zu relativ, sondern verkennt auch, dass sämtliche Erwartungen einen justitiablen Grund haben müssen. Dieser Grund aber liegt in der materiellen Funktion des „Regel"-Begriffes.

d) „Materiell funktionaler" Begriff (Verfasser). Der materiell objektive Begriff der 62 „anerkannten Regeln" ist deshalb zu präzisieren. Ausgangspunkt der Definition ist der unter Rdn. 41 beschriebene Zweck des Begriffes, für die Regelanforderungen an den vertraglichen Qualitätsstandard einen gesicherten Maßstab zu besitzen. Dieser Maßstab muss einerseits die geforderten Kriterien sicher beschreiben, darf anderseits aber die theoretischen Anforderungen an den Richtigkeitsnachweis der Regeln nicht überspannen. Der Begriff muss bauwirtschaftlich zu handhaben sein und als Vertragskriterium in der gerichtlichen Praxis überprüft werden können.

Daraus folgt, dass die Hauptkomponente für die Ermittlung der „anerkannten Regeln" 63 die **gesicherte bauwirtschaftliche Erfahrung** sein muss. Für erfahrene Fachunternehmen muss feststehen, dass mit der Anwendung anerkannter Regeln der Technik bauliche Fehler vermieden werden. Der theoretische Nachweis der Verlässlichkeit „anerkannter" Regeln muss praxisnah bleiben. Es kann nicht verlangt werden, dass jedwedes Risiko wissenschaftlich ausgeschlossen ist. Absolute Risikofreiheit gibt es bei komplexen Bauverfahren überhaupt nicht.[104]

Wesentlich ist deshalb nur, dass die Regeln nach der Praxiserfahrung **„bedenkenlos"** 64 sind. Das setzt allerdings voraus, dass sie auch theoretisch fundiert und nicht von ernst zu nehmenden Stimmen bestritten werden.[105] „Anerkannte Regeln" liegen deshalb nicht vor, wenn Bauverfahren (nur) „offenbar funktionieren" und ebenso wenig, wenn sie (nur) „nach der Lehre X, Y zutreffen", im Übrigen aber mit gewichtigen Argumenten kontrovers sind. Regeln, die ihre Eignung in vielfacher Anwendung bestätigt haben und theoretisch nachgewiesen sind, dürfen jedoch als „anerkannt" gelten, auch wenn einzelne Sachverständige auf Grund von Randüberlegungen glauben, dass etwa die Nachweisanforderungen an die

---

[97] BauR 1998, 1100 = NJW-RR 1998, 171 = IBR 1998, 149 mit zustimmender Anm. *Ullbrich* IBR 1998, 149; zust. auch *Jagenburg* BauR 2000, 1060; *Jagenburg/Pohl* BauR 1998, 1075, 1077 f.
[98] BauR 1998, 1119 (L.) = IBR 1998, 337 mit deutlich abl. Anm. *Kamphausen* IBR 1998, 337.
[99] IBR 1997, 417; BauR 1999, 650 = NJW-RR 1999, 962; mit zust. Anm. *Kamphausen* (BauR 1999, 650); *ders.* Jahrbuch Baurecht 2000, S. 218, 227 f.; diese Rspr. des OLG Bamberg wurde nunmehr wohl aufgegeben, vgl. OLG Bamberg IBR 2003, 407.
[100] Vgl. *Ulbrich* IBR 1998, 149; vgl. auch *Kappertz* FS Mantscheff S. 241, 242 f., 245 zum Problem bei fachlich (noch) umstrittenen Techniken.
[101] Begriff vom Verfasser.
[102] *Heiermann/Riedl/Rusam* § 4 Rdn. 37.
[103] BGH BauR 1998, 872, 873 = BGHZ 139, 16 = NJW 1998, 2814.
[104] Deshalb müssen auch die Grenzen des Risikos (umgekehrt: muss der Rahmen des akzeptierten Risikos) zum Bestandteil des Mangelbegriffes gehören, vgl. → § 13 Nr. 1 Rdn. 12.
[105] Ganz ähnlich mit ausführlicher Begründung auch *Fischer* Regeln der Technik S. 69, im Anschluss eine ähnliche Formulierung bei *Marburger* S. 154 f.

dauerhafte Funktionsfähigkeit zu gering angesetzt seien.[106] Der Begriff der „anerkannten Regeln der Technik" ist deshalb **funktional** (im Hinblick auf seinen allgemeinen vertraglichen Zweck) zu definieren.

65 Bedenken bestehen dagegen auch gegen den Ansatz *Fischers*,[107] die Anforderungen an anerkannte Regeln „regelspezifisch" zu beschreiben: je risikoreicher in der Baupraxis bestimmte Regeln sind, desto höher die Nachweisanforderungen an ihre Tauglichkeit. Es gibt aber bei bautechnischen Regeln keine Steigerungsform von „richtig". Eine solche **Relativierung** wäre auch gefährlich, weil sie zu unterschiedlichen Maßstäben für die „Anerkennung" von Regeln und die Bewertung von theoretischen Bedenken führen würde. Regeln, gegen die ernstliche Einwände vorgebracht werden, können niemals „anerkannte Regeln" sein.

66 Lediglich im Begriff der **„Beachtlichkeit"** von Einwänden ist eine gewisse „Bandbreite" möglich, weil die Relevanz von Bedenken von den konkreten Risiken abhängig ist, die mit der Anwendung bestimmter bautechnischer Regeln verbunden sind. Während etwa im Hochhaus- oder Brückenbau auch schon geringste erkennbare Bedenken zu einer Regelüberprüfung führen müssen, könnten gleichgewichtige minimale Einwände etwa bei der Festlegung einer Mörtelgruppe für Innenputze noch als unerheblich gelten.[108]

67 e) **Kontrollfähige Durchsetzung (Bewährung) der Regeln.** „Anerkannte Regeln" müssen sich bewährt haben (vgl. oben Rdn. 54 f.). Da es jedoch auch eine „absolute Bewährung" nicht gibt, kann ebenfalls der Grad der Verlässlichkeit von Regeln nur an Maßstäben gemessen werden, die in der Praxis realistisch sind. Dem Vertragsverständnis (§ 157 BGB) entspricht hier das verantwortungsbewusste Verkehrsverständnis der Bauwirtschaft. Nach diesem Kriterium müssen die Regeln für den Verwendungszweck als sicher gelten und allgemein den Verkehrserwartungen an die Nutzung entsprechen. Auch hier gilt, dass vereinzelte Meinungen über die etwa mangelnde Eignung bestimmter baulicher Wege dem Verkehrsverständnis nicht entgegenstehen. Andererseits muss die Anschauung der Bauwirtschaft verantwortbar sein. Ihre Vertreter müssen bereit sein, sich zu den baulichen Ergebnissen zu bekennen, sie dürfen sich den Folgen nicht entziehen wollen.[109]

68 Schließlich kommt es auch für die **Nutzungserwartung** der nach anerkannten Regeln erstellten Leistung auf die Verkehrsbeurteilung an. Was an Nutzungseignung vorausgesetzt wird, bestimmt sich bei „anerkannten Regeln" nicht nach besonderem Individualansprüchen, sondern nach gefestigter allgemeiner Erwartung an Sicherheit, Komfort und Wirtschaftlichkeit. Hier besonders liegt die Einbruchstelle für Wandlungen der anerkannten Regeln der Technik.[110]

69 Im Übrigen kommt es entgegen verbreiteter Auffassung[111] für die „Anerkennung" auf eine **„allgemeine Gebräuchlichkeit"** nicht an. Wenn auch bewährte Methoden meist nicht ungebräuchlich sein werden, können doch Bauregeln durchaus in Vergessenheit geraten, ohne dass ihnen die „Anerkennung" versagt sein muss. Anders allerdings ist es, wenn Regeln noch nicht gebräuchlich sind; dann kann sich ein Verkehrsverständnis für ihre Eignung auch nicht gebildet haben.

### 4. Kriterienkatalog

70 Das Begriffsbild der „anerkannten Regeln" ist damit umrissen. Maßgebend sind die Kriterien der (funktionalen) materiellen Richtigkeitsgewähr und die Bestätigung der Regeln

---

[106] Die anerkannten Regeln „leben" letztlich nicht von der wissenschaftlichen Begründung, sondern von der eindeutigen Bewährung in der Praxis; sie ist die eigentliche Legitimation der Regel.
[107] S. 61 bis 63.
[108] Der Begriff der „beachtlichen" Bedenken überschneidet sich mit dem ggf. „akzeptierten Risiko" im vertraglichen Mängelbegriff.
[109] Das wiederum können sie nur, wenn sie durch eine entsprechende Erfahrung abgesichert sind.
[110] Beispiel: Wärmeschutz, Schallschutz, oben Rdn. 45, 47.
[111] *Fischer* Regeln der Technik S. 63; *Siegburg* BauR 1985, 367 f., 373; wohl auch *Nicklisch* NJW 1982, 2633, 2639.

am Maßstab einerseits der gesicherten Verkehrsbeurteilung in der Bauwirtschaft und andererseits der (verkehrs-)üblichen Nutzungserwartung. Für die **Gerichtsüberprüfung** „anerkannter Regeln" kommt es deshalb darauf an, die **folgenden Kriterien** abzufragen und zu kontrollieren:[112]
– Bestätigen verantwortungsbewusste Fachfirmen oder Gutachter, dass Regeln dieser Art ihre Eignung durch praktische Bewährung bewiesen haben?
– Sind aus der theoretischen Diskussion über die Regeln Stimmen bekannt, die von der Risikoeinschätzung her gewichtige Einwände gegen die baulichen Verfahren erheben?
– Entspricht das Ergebnis der Regelanwendung der verkehrsüblichen Erwartung an die Nutzbarkeit und Wirtschaftlichkeit der Bauleistung?

Dieser Katalog ist **forensisch prüfbar,** wobei nicht verkannt wird, dass sich in den einzelnen Punkten auch Rechtsfragen verbergen. Der Beurteilung des Gerichtes z. B. muss es letztlich vorbehalten bleiben, ob vorgetragene Einwände gegen bautechnische Verfahren „gewichtig" (erheblich) sind; auch bei der „Verkehrserwartung" an Nutzbarkeit und Wirtschaftlichkeit einer Bauleistung mischen sich Sach- und Rechtsfragen, weil die vertraglich maßgebende Nutzungserwartung nicht ohne rechtliches Werturteil bestimmt werden kann. Im Zweifelsfall ist es insoweit Sache des Gerichtes, seine Bewertung offen in den Fragenkatalog einzugeben. 71

### IV. Verhältnis der anerkannten Regeln der Technik zu verwandten Normbegriffen

#### 1. Funktionsähnliche Rechtsbegriffe

Die „anerkannten Regeln der Technik" stellen einen **unbestimmten Rechtsbegriff** dar, mit dessen Verwendung insb. zwei Ziele verfolgt werden. Zum einen: Der Auftraggeber ist selbst der Pflicht enthoben, den Leistungsweg genau zu beschreiben, auf dem das Werk zu erbringen ist. Was „anerkannte Regeln" sind, hat der **Auftragnehmer festzustellen** und sich danach auszurichten. Zum anderen: Das Risiko, „anerkannte Regeln" zu verfehlen, trägt der Auftragnehmer. Die Einhaltung dieser Regeln ist seine Vertragspflicht. Ermittelt er sie verkehrt oder erreicht er ihr Ziel aus anderen Gründen nicht, ist der Auftragnehmer für Mängel, die sich daraus ergeben, verantwortlich. 72

Es ist in der Rechtsprechung anerkannt,[113] dass in der Vertrags- oder Gesetzessprache unbestimmte Rechtsbegriffe verwandt werden dürfen. Ihr Inhalt muss aber bestimmbar und damit kontrollfähig sein.[114] Das wird hinsichtlich der anerkannten Regeln der Technik allgemein bejaht.[115] Schwierigkeiten bereiten dagegen die ähnlichen Begriffe des „Standes der Technik" sowie des „Standes von Wissenschaft und Technik". Sie werden teils wahlweise neben den „anerkannten Regeln",[116] teils in bewusster Abgrenzung,[117] nicht immer aber mit klarem Bedeutungsgehalt verwandt. 73

Nach herrschendem Sprachgebrauch beschreiben der „Stand der Technik" sowie der „Stand von Wissenschaft und Technik" einen – mit den Begriffen „stufenweisen" steigenden – höheren technischen Erwartungsgrad. Das ist sinnvoll, weil es nicht das Ziel der anerkann- 74

---

[112] So auch: *Siegburg* Gewährleistung Rdn. 798.
[113] Vgl. *Marburger* BB 1985, 16, 17; im öffentlichen Recht vgl. insb. *Backherms* JuS 1980, 9 (kritisch zur Verwendung der Regeln als „antizipiertes Gutachten").
[114] *Obenhaus/Kuckuck* DVBl. 1980, 154 (zu § 7 Abs. 2 AtomG); *Backherms* JuS 1980, 9, 10; *Nicklisch* BB 1983, 261, 262.
[115] *Ingenstau/Korbion* VOB/B § 4 Rdn. 150.
[116] Vgl. etwa *Eberstein* BB 1985, 1760, 1761; *Kamphausen* IBR 1998, 338 zu OLG Zweibrücken BauR 1998, 345 = IBR 1998, 338/339; *Winkler* DB 1983, 2125, 2128 möchte die Begriffe vereinheitlichen.
[117] *Siegburg* BauR 1985, 367, 372; vgl. auch OLG Düsseldorf NJW-RR 1998, 1710; kritisch *Nicklisch* BB 1983, 261 (265) mit dem Vorschlag, nur noch den „Stand der Technik" und die „anerkannten Regeln der Technik" zu verwenden (S. 269). Kritisch auch *Battis/Gusy* S. 144 f.

ten Regeln der Technik ist (oben Rdn. 39 ff.), für bauliche Lösungen einen besonders hohen technischen Reifegrad herauszustellen.

75 a) „**Stand der Technik**". Im Anschluss an den Beschluss des BVerfG („Kalkar") v. 8. 8. 1978[118] wird überwiegend als „Stand der Technik" ein Entwicklungsgrad für technische Lösungen verstanden, die nach den bestehenden theoretischen Erkenntnissen möglich, wenn auch in der Praxis noch nicht bewährt und insb. nicht (notwendig) allgemein anerkannt sind. Die Anforderungen an Bauweisen nach dem „Stand der Technik" sind also höher, weil sie den erreichten und technisch umsetzbaren Kenntnisstand ausschöpfen sollen. Risikolos können sie nicht sein.[119] Aufgrund der noch ausstehenden praktischen Erfahrung kann auch von einer Vorstufe zu den anerkannten Regeln der Technik gesprochen werden.[120]

76 An dem Begriff und seiner Abgrenzung ist mehrfach **Kritik** geübt worden,[121] weil es tatsächlich an einer begriffsscharfen Definition fehlt: Welche wissenschaftlichen Erkenntnisse über mögliche technische Lösungen müssen für den „Stand der Technik" berücksichtigt werden? Welches Risiko ist insb. erlaubt? Das kennzeichnende Merkmal für „anerkannte Regeln" ist die prinzipielle Risikofreiheit für den Auftraggeber. Diese klare Grenzlinie wird beim „Stand der Technik" verlassen. Der „Stand der Technik" ist deshalb vertraglich nur kontrollfähig, wenn seine Grenzen, auf den Einzelfall bezogen, schärfer umrissen werden.

77 Gleichwohl wird der Auftragnehmer den „Stand der Technik" – etwa mit Blick auf § 1 der Energieeinsparverordnung (EnEV)[122] – zu beachten haben, wenn rechtliche Normen auf diesen Standard Bezug nehmen. Dies ergibt sich allerdings nicht aus seiner Pflicht zur Einhaltung der anerkannten Regeln der Technik, sondern aus der Pflicht zur Beachtung der gesetzlichen und behördlichen Bestimmungen.

78 b) „**Stand von Wissenschaft und Technik**". Ähnlich verhält es sich mit dem Begriff des „Standes von Wissenschaft und Technik". Er wird etwa in § 7 Abs. 2 Nr. 3 AtomG[123] aber auch z. B. in § 1 Abs. 2 Nr. 5 ProdHaftG[124] verwandt und legt nach Auffassung des BVerfG fest, dass beim Bau von Atomanlagen „diejenige Vorsorge gegen Schäden getroffen werden (muss), die nach neuester wissenschaftlicher Erkenntnis für erforderlich gehalten wird".

79 Damit ist nach Ansicht des BVerfG „die **oberste Stufe technischer Anforderungen**" betreten. Auch diese Begriffsbestimmung zeigt jedoch nicht mehr als die „Richtung" an, an der sich unternehmerisches Bemühen um technische Lösungen orientieren kann. Als Vertragsanforderung ist sie – ohne weitere Klarstellung – ungeeignet, weil bereits das Risiko, das in einer Differenz zu „anerkannten Regeln" oder zum „Stand der Technik" liegt, überhaupt nicht beschrieben ist. Problematisch mag in diesem Zusammenhang ferner sein, ob es sich um den wissenschaftlichen Stand im deutschen, europäischen oder im internationalen Raum handelt.[125]

80 Auch wenn Verfahren nach dem „Stand der Technik" noch als (für den Auftraggeber) prinzipiell risikofreie Techniken eingestuft werden, soll ein Herstellungsverfahren „nach dem jeweiligen Stand von Wissenschaft und Technik" das denkbar Mögliche erkunden und nach Auffassung des BVerfG sogar „nicht durch das technisch gegenwärtig Machbare begrenzt sein". In welchem Verhältnis steht diese Höchstforderung zu den „anerkannten Regeln der Technik", die gerade problemlos sicher sein sollen? Oder gilt – wofür vieles

---

[118] BVerfG v. 8. 8. 1978 (2 BvL 8/77) BVerfGE 49, 89, 135 f.) = NJW 1979, 359, 362.
[119] BVerfG a. a. O. (Fn. 84).
[120] So OLG Schleswig BauR 1998, 1100, 1103; weitergehend: MünchKomm/*Soergel* BGB § 633 Rdn. 40, der den „Stand der Technik" als Oberbegriff für alle verfügbaren Regeln der Technik ansieht und diesen in die „anerkannten Regeln der Technik" und diejenigen, welche (noch) nicht anerkannt sind, unterteilt.
[121] Ausführlich *Battis/Gusy* S. 144 f.; vgl. auch *Stammbach* Verstoß gegen die anerkannten Regeln der Technik S. 99 f.
[122] Vgl. zu den Anforderungen der EnEV: *Beaucamp/Breaucamp* NZM 2002, 323, 325.
[123] Vgl. dazu *Oberhausen/Kuckuck* DVBl. 1980, 154; eingehend *Lohse* Der Rechtsbegriff „Stand der Wissenschaft" aus erkenntnistheoretischer Sicht, 1994.
[124] Vgl. dazu *Kort* VersR 1989, 1113, 1115.
[125] Vgl. *Kort* a. a. O. (Rdn. 37 a).

spricht – der „Stand von Wissenschaft und Technik" (nur) für Verfahren, in denen es „anerkannte Regeln" nicht gibt, jedoch mit der Forderung nach annäherndem Sicherheitsstandard? – Nach der (sich mit dem Normungsverfahren befassenden) DIN 820 (Teil 1; Ziff. 5.7) soll der Normgeber „den jeweiligen Stand von Wissenschaft und Technik" berücksichtigen. Auch das ist kaum mehr als eine gesellschaftspolitische Zielvorgabe.[126]

**c)** Neuerdings ist weiter der Begriff der **„Besten verfügbaren Technologien"** als Technikstandard in die Disskussion eingeflossen.[127] Diese Begrifflichkeit wurde von dem europäischen Gesetzgeber in der EG-Richtlinie über die integrierte Vermeidung und Verminderung der Umweltverschmutzung (IVU-Richtlinie) v. 10. 10. 1996[128] gewählt. Art. 2 Nr. 11 der IVU-Richtlinie definiert die „beste verfügbare Technologie" als den effizientesten und fortschrittlichsten Entwicklungsstand der Tätigkeiten und entsprechenden Betriebsmethoden. Verfügbar i. S. d. Richtlinie sind derartige Techniken, wenn sie unter Berücksichtigung eines Kosten-/Nutzen-Maßstabes wirtschaftlich und technisch vertretbar einzusetzen sind. 81

Das Verhältnis dieses Begriffes zu der oben dargelegten traditionellen Stufenleiter „anerkannte Regeln der Technik", „Stand der Technik" und „Stand der Wissenschaft und Technik" ist umstritten.[129] Die „Besten verfügbaren Technologien" gehen insofern nicht über das Niveau des „Standes der Technik" hinaus, stehen im Gegensatz zu dem „Stand der Technik" jedoch unter dem Einfluss ökonomischer Erwägungen, einem Gesichtspunkt, welcher dem Begriff des „Standes der Technik" im oben (Rdn. 75 f.) dargelegten Sinne fremd ist. Insofern kann dieser Standard hinter dem Stand der Technik zurückbleiben, wenn der zu tätigende Aufwand im Rahmen einer Kosten-/Nutzen-Analyse wirtschaftlich und technisch als nicht vertretbar erscheint. 82

Ungeachtet der letztlich noch unklaren Grenzziehung und dem noch zu klärenden Verhältnis zu der traditionellen Dreistufentheorie, ist letztlich auch dieser Begriff vertragsrechtlich kaum befriedigend zu füllen. 83

## 2. Anerkannte Regeln der Technik und kodifizierte technische Normen

**a) Verhältnis zu DIN-Normen.** „DIN-Normen" sind die vom „Deutschen Institut für Normung e. V." (DIN) herausgegebenen überbetrieblichen technischen bzw. technischrechtlichen Regelwerke. Ausweislich der vom DIN selbst gesetzten Maßstäbe (vgl. DIN 820) dienen sie dem Ziel, „durch planmäßige Vereinheitlichung von materiellen und immateriellen Gegenständen" insb. die „Rationalisierung und Qualitätssicherung in Wirtschaft, Technik, Wissenschaft und Verwaltung" zu fördern (DIN 820, Teil I, Ziff. 2). Der Weg, auf dem dieses Ziel verfolgt wird, besteht qualitativ darin, dass das DIN für eine Vielzahl von Leistungen hinsichtlich der Herstellungsverfahren und/oder hinsichtlich von Produktionsergebnissen Maßstäbe setzt; sie bestehen formal darin, dass für diese Maßstäbe ein hoher Grad allgemeiner Verbindlichkeit auch bei Herstellern erreicht wird, die sonst miteinander im Wettbewerb stehen.[130] 84

Gleichwohl handelt es sich rechtlich bei den DIN-Normen nur um private Regelwerke mit Empfehlungscharakter und keinesfalls um Rechtsnormen.[131] Bei aller Verbreitung in der Baupraxis wird daher vor einer übergroßen „DIN-Gläubigkeit" gewarnt.[132] Insbesondere wegen einer nur geringen Transparenz im Verfahren der Normformulierung und dem 85

---

[126] Vgl. auch *Nicklisch* BB 1983, 261, 265; *Battis/Gusy* S. 28.
[127] Vgl. hierzu im Einzelnen: *Feldhaus* NVwZ 2001, 1; *Buschbaum* NuR 2001, 181.
[128] ABl. EG Nr. L 257 26 f.
[129] Vgl. hier zu die unter Fn. 127 Genannten.
[130] Vgl. *Fischer* Regeln der Technik S. 69/70; *Lindemann* Dt. Architektenblatt 1978, 947.
[131] BGHZ 139, 16 = BauR 1998, 872, 873 = NJW 1998, 2814, 2815; BGH NJW-RR 1991, 1445, 1447; neuestens und bedeutsam: BGH v. 14. 6. 2007 – VII ZR 45/06 (Schallschutz) m. w. N. Dies gilt auch, wenn in gesetzlichen Bestimmungen auf DIN-Normen Bezug genommen wird – BVerwG NvwZ-RR 1997, 214.
[132] *Dresenkamp* BauR 1999, 1079, 1080 f.

## § 4 Nr. 2 Eigenverantwortung des Auftragnehmers

Verdacht des Einflusses von Lobbygruppen werden in jüngster Zeit verstärkt Zweifel an dem Verfahren des DIN geäußert.[133] Dies ändert jedoch nichts an der noch immer weitgehenden Anerkennung der DIN-Normen in der technischen Praxis, welche faktisch an die Geltungswirkung von Rechtsnornmen heranreichen kann.[134]

86 Da die Verbindlichkeit nicht „verordnet" werden kann und deshalb prinzipiell auf freiwilliger Übernahme beruht, setzt die Umsetzung der genannten Ziele des DIN ein hohes Maß an inhaltlicher Akzeptanz voraus. Die dazu erforderliche Autorität schafft sich das DIN durch Kontrollmechanismen seiner sachlichen Arbeit, aber auch durch staatlichen Flankenschutz:

87 Die **Qualitätssicherung** der DIN-Normen selbst wird durch die vom DIN für die eigene Arbeit geschaffenen „Grundlagen der Normungsarbeit" (DIN 820) abgestützt. Hierin sind nicht nur anspruchsvolle Ziele der Normungsarbeit formuliert (vgl. Teil I, Ziff. 2; 5.7), sondern auch Verfahrensmaximen aufgestellt, die ein hohes Erwartungsniveau rechtfertigen sollen (Teil I, Ziff. 5). So ist bei der Normungsarbeit etwa zu beachten, dass die Arbeitsprogramme der Normausschüsse „unter Berücksichtigung der Wirtschaftlichkeit und der Fortentwicklung von Wissenschaft und Technik sowie unter Berücksichtigung der internationalen und europäischen Harmonisierung technischer Regeln festgelegt und überwacht werden" (Ziff. 5.2).

88 Mögen auch Anspruch und Wirklichkeit der DIN-Normen teilweise divergieren,[135] so haben sie doch auf Grund der Sorgfalt ihrer Bearbeitung seit langem einen hohen Geltungsrang erworben.[136] Er hat dazu geführt, dem DIN eine **„quasi-beliehene" Position**[137] einzuräumen, in dem der Staat sich des DIN weitgehend als Organisation bedient, mit der er seine eigenen Aufgaben im Bereich der überbetrieblichen technischen Normung wahrnimmt. Das ist einmal durch den Vertrag der Bundesrepublik Deutschland mit dem DIN v. 5. 6. 1975[138] geschehen. Darin verpflichtet sich einerseits das DIN u. a., „bei seinen Normungsarbeiten das öffentliche Interesse zu berücksichtigen" und die vorgen. Kriterien der Qualitätssicherung einzuhalten; andererseits verspricht die Bundesregierung, die DIN-Normen im öffentlichen und fiskalischen Bereich soweit wie möglich zugrundezulegen.

89 In einem weiteren Abkommen des DIN mit der Bundesregierung v. 26. 1./15. 2. 1984[139] hat das DIN die Aufgaben der Bundesregierung im Bereich der Normabstimmung und Norminformation auf **europäischer Ebene** übernommen; entsprechend ist das DIN der offizielle deutsche Vertreter im Europäischen Komitee Normung (CEN/CENELEC). Dem DIN ist auf diese Weise eine Funktion zugeordnet, die sachlich über seine Aufgabe als „private Normorganisation" deutlich hinausgeht.[140]

90 Die Arbeit des DIN vollzieht sich in **„Normausschüssen"** (NA), die ihrerseits über einen Lenkungsausschuss („Beirat") und Arbeitsausschüsse verfügen. Das Bauwesen betreut der „NA Bau", der zu unterscheiden ist von dem Vergabe- und Vertragsfragen zuständigen „Deutschen Verdingungsausschuss für Bauleistungen" (DVA), der ebenfalls dem DIN angehört, aber beim Bundesministerium für Raumordnung, Bauwesen und Städtebau angesiedelt ist.

91 Das abschließende Ergebnis der NA-Arbeit ist das vom DIN verbindlich herausgegebene, auf weißem Papier gedruckte und im „DIN-Anzeiger" veröffentlichte **„Norm-Blatt"**. Zu

---

[133] *Kamphausen* BauR 2001, 545; *ders.* Jahrbuch Baurecht 2000, S. 218, 222; *Dresenkamp* BauR 1999, 1079, 1082; *Sorgel* FS Mantscheff S. 193, 200 f.
[134] Vgl. hierzu auch *Gusy* NVwZ 1995, 105, 106 f.; *Rath/Brendle* BauR 1997, 575.
[135] Kritisch dazu *Siegburg* BauR 1985, 367 f., 370; *Marburger* BB 1985, 16 ff., 19; krit. besonders bezüglich des Normsetzungsverfahren: *Kamphausen* BauR 2001, 545; *ders.* Jahrbuch Baurecht 2000, 218, 222; *Dresenkamp* BauR 1999, 1079, 1082; einen guten Überblick zu Kritikpunkten im Zusammenhang mit der Normung im Baubereich bieten *Rath/Brendle* BauR 1997 575, 579.
[136] Vgl. grundsätzlich BGH DB 1986, 164 („DIN-Werbung"); BGH NJW 1987, 2222 („test kompass"); BGH DB 1991, 2080 (Siphon).
[137] Eingehend *Kloepfer/Elsner* Selbstregulierung im Umwelt- und Technikrecht, DVBl. 1996, 764 f.
[138] DIN-Mitteilungen, Bd. 54 (1975), S. 359 f.
[139] Briefwechsel, DIN-Mitteilungen 63, 1984, Nr. 5.
[140] Vgl. *Kloepfer/Elsner* wie Fn. 92; zur Organisation: „Europäische Normung" (DIN-Leitfaden) 1992, 25 f.

Eigenverantwortung des Auftragnehmers § 4 Nr. 2

unterscheiden von dieser endgültigen offiziellen Norm ist die „Vornorm". Die **Vornorm** ist das abgeschlossene Ergebnis einer Normungsarbeit, das jedoch wegen bestimmter Vorbehalte zum Inhalt oder Aufstellungsverfahren noch nicht als (endgültige) Norm herausgegeben werden soll. Demgegenüber ist der **Normentwurf** eine formell noch nicht abgeschlossene Arbeit des NA. Sie wird auf gelbem Papier gedruckt („Gelbdruck") und der Öffentlichkeit mit dem ausdrücklichen Hinweis „Entwurf" vorgelegt, um die beabsichtigte Endfassung der künftigen Norm zu erproben und breiter Kritik zu unterwerfen.

Zu den DIN-Normen gehören insb. auch die Vergabe- und Vertragsnormen der VOB, 92 Teile A (DIN 1960) und B (DIN 1961). Darüber hinaus enthält der Teil C der VOB die Allgemeinen Technischen Vertragsbedingungen für Bauleistungen (ATV), und zwar die allgemeinen Regelungen für Bauarbeiten jeder Art in der DIN 18299 sowie die ATV für eine Vielzahl einzelner Gewerke in den DIN 18300 bis DIN 18356. Im Einzelnen vgl. dazu → Einl. I Rdn. 56 ff.

Die **Verbindlichkeit der DIN-Normen** beruht, soweit sie nicht als „anerkannte Re- 93 geln" zu beachten sind (unten Rdn. 76) grundsätzlich auf einer Vereinbarung der Parteien, für die die Normen Leistungsgrundlage sein sollen. Die Vereinbarung kann unmittelbar, d. h. durch direkten Bezug auf die Normen, getroffen werden; sie kann aber auch mittelbar dadurch erfolgen, dass Regelungen verbindlich sind, die ihrerseits auf DIN-Normen Bezug nehmen. Ein solch mittelbarer Bezug liegt hinsichtlich der ATV der VOB/C z. B. in der Vereinbarung der VOB/B, die in § 1 Nr. 1 Satz 2 VOB/B generell auf die ATV verweist.

In allen Fällen stellt sich auch die Frage der **AGB-Kontrolle** der DIN-Normen. Sie wird 94 im Schrifttum, soweit ersichtlich, ausdrücklich nur für die ATV der VOB/C erörtert und ist dort strittig.[141] Zutreffend ist etwa mit *Heiermann*[142] darauf abzustellen, dass eine unmittelbare Anwendung des AGB-Gesetzes auf einbezogene DIN-Normen nicht in Betracht kommt, weil sie als Bedingungswerk in aller Regel weder einseitig „gestellt" noch überhaupt so entwickelt sind, dass die Kontrollzweck des AGB-Gesetzes auf sie zutrifft.[143] Gleichwohl findet eine Inhaltskontrolle am Maßstab des **§ 242 BGB** statt,[144] die betroffene Vertragspartner vor überraschenden Konditionen[145] und vor Leistungserschwernissen bzw. -bedingungen schützt, die sich tatsächlich ungewollt in rechtlichen Vereinbarungen verbergen können.

Schon nach ihrem Selbstverständnis sind die DIN-Normen **nicht** generell mit „aner- 95 **kannten Regeln**" identisch;[146] die DIN 820 (Teil I, Ziff. 5.7) legt fest, dass die Normarbeit u. a. „den jeweiligen Stand von Wissenschaft und Technik zu berücksichtigen" habe. Das sind **Zielvorstellungen** der qualitativen Arbeit, jedoch keine Garantien für die Einhaltung bestehender Standards. Je länger im Übrigen die Veröffentlichung einer Norm zurückliegt, umso gewichtiger wird auch die Frage ihrer „Überalterung". Die zeitliche Überholung von Normen kann auf inzwischen besseren Erkenntnissen oder darauf beruhen, dass mit fortschreitender Entwicklung höhere Anforderungen an bestimmte Leistungen gestellt werden.[147]

Insofern können sich die DIN-Normen stets nur um Übereinstimmung mit den „aner- 96 kannten Regeln" **bemühen,** gewährleistet ist sie nicht einmal für den Zeitpunkt der Normveröffentlichung.[148] Allerdings geht das Selbstverständnis des DIN insb. dort weiter, wo es

---

[141] Für AGB-Kontrolle etwa: *Locher* PrivBauR Rdn. 80; *Ingenstau/Korbion* VOB/A § 10 Rdn. 47. – Abweichend: vgl. Fn. 141.
[142] *Heiermann/Riedl/Rusam* A § 10 Rdn. 54; *Korbion/Locher* Rdn. 17; *Wolf/Horn/Lindacher* § 8 Rdn. 11.
[143] Vgl. *Ulmer/Brandner/Hensen* Anh. 9–11, Rdn. 901.
[144] *Ulmer/Brandner/Hensen* wie Fn. 142; anders im Verwaltungsrecht, das BVerwG sieht die Auslegung von DIN-Normen als reine Frage der Tatsachenfeststellung, nicht der Rechtsanwendung, selbst wenn Rechtsnormen auf die DIN Bezug nehmen (vgl. BVerwG BauR 1997, 290 = NVwZ-RR 1997, 214 = ZfBR 1997, 165).
[145] Kritisch ist die „versteckte" Aufnahme wesentlicher Leistungsvolumen in „Nebenleistungen".
[146] Allgemeine Meinung, vgl. *Ingenstau/Korbion* VOB/B § 4 Rdn. 154; BGH BauR 1998, 872, 873; a. A., im Ergebnis aber ebenso: *Jagenburg* Jahrbuch Baurecht 2000, S. 200, 206 („Unterfall der anerkannten Regeln der Technik"); ebenso *Kappertz* FS Mantscheff S. 241, 242; a. A. wohl auch KG Berlin BauR 1996, 884.
[147] Das Normungswerk sieht dies in der DIN 820 selbst vor; vgl. im Übrigen oben Rdn. 43 f.
[148] Ebenso *Innenberger* BB 1985, 3 f., 6.

## § 4 Nr. 2

sich um sicherheitstechnische Festlegungen handelt. Dort besteht nach DIN 820 Teil I, Ziff. 6.2 eine „tatsächliche Vermutung dafür, dass sie fachgerecht, d. h. dass sie ‚anerkannte Regeln der Technik' sind". Diese Selbsteinschätzung ist aber nicht verbindlich; sie gibt nur einen Hinweis auf die selbstgesetzten Sorgfaltsanforderungen an die Normungsarbeit.

**97** DIN-Normen können inhaltlich in vielfacher Hinsicht von dem Standard der anerkannten Regeln der Technik abweichen. DIN-Normen können entsprechend der oben genannten Weise[149] technisch überholt sein, sie können ferner Regeln aufnehmen, welche (noch) nicht anerkannt sind,[150] es ist außerdem der Fall denkbar – und bereits vorgekommen-, dass nach einer Senkung des Standards in einer DIN-Norm die Baupraxis an dem alten Standard festhält und dieser daher weiterhin anerkannt ist, der Standard der DIN-Norm jedoch nicht.[151] Die Einhaltung von DIN-Normen kann selbstverständlich auch dann keine Gewähr für die Einhaltung der anerkannten Regeln der Technik bieten, wenn die von der Norm vorausgesetzten tatsächlichen Umstände im konkreten Fall nicht gegeben sind.[152]

**98** Die Auffassung, dass DIN-Normen mit „anerkannten Regeln" nicht ohne weiteres gleichzusetzen sind, ist auch im **Schrifttum**[153] und in der **Rechtsprechung**[154] ganz vorherrschend. Vereinzelte abweichende Auffassungen[155] haben sich nicht durchsetzen können. Unterschiedliche Standpunkte bestehen aber darin, welchen rechtlichen **Beweiswert** für die Einhaltung der „anerkannten Regeln" es hat, wenn gültige DIN-Normen eingehalten werden. Die Auffassungen reichen von der beweisrechtlich nahezu unverbindlichen Ansicht, dass die Einhaltung der Normen lediglich einen „Anhaltspunkt" dafür abgäben, dass die Arbeit den anerkannten Regeln der Technik entspräche,[156] über die Annahme es handele sich um einen Anscheinsbeweis für die Einhaltung der anerkannten Regeln der Technik[157] oder die Begründung einer „tatsächlichen Vermutung",[158] die einem Anscheinsbeweis für die Einhaltung von „anerkannten Regeln" sehr nahe kommt, einer vollen Umkehr der Darlegungs- und Beweislast[159] bis zu der Auffassung, dass die Beachtung der DIN-Normen eine volle Beweisvermutung dafür erbrächten, dass mit ihr auch die anerkannten Regeln der Technik eingehalten seien.[160] In der Folge älterer Rechtsprechung der Verwaltungsgerichte[161] wurde z. T. auch für den zivilrechtlichen Bereich derartigen Regelwerken der Beweiswert eines „antizipierten Sachverständigengutachten" zugesprochen.[162] Auf der anderen Seite wird in neuerer Zeit bezüglich der DIN-Normen Skepsis geäußert, ob der Einhaltung der Regeln dieses Normenwerkes überhaupt Beweiswirkungen zukommen sollte.[163]

---

[149] Vgl. oben Rdn. 42 ff.
[150] *Staudinger/Peters* § 633 Rdn. 37.
[151] Vgl. OLG Hamm NJW-RR 1998, 668.
[152] Vgl. OLG Hamm BauR 1997, 309.
[153] Vgl. oben Fn. 145; *Heiermann/Riedl/Rusam* B § 4 Rdn. 38; a. A. wohl *Reihlen* in: Deutscher Verdingungsausschuss f. Bauleistungen (Hrsg.), Regeln der Technik und Leistungserfolg, S. 30.
[154] Vgl. nur BGHZ 139, 16 = BauR 1998, 872 = BGH NJW 1998, 2814; OLG Stuttgart BauR 1977, 279; OLG Köln BauR 1981, 475; OLG Hamm BauR 1989, 735; OLG Hamm BauR 1998, 1119 (L.); OLG Schleswig BauR 1998, 1100 = NJW-RR 1998, 1711; vgl. auch BVerwG BauR 1997, 290, 291 = NVwZ-RR 1997, 214 = ZfBR 1997, 165.
[155] Vgl. nur *Fischer* Regeln der Technik S. 47; zuletzt wurde dies durch *Schreiter* BauR 1998, 1028, 1083 f. und für europäische technische Normen durch *Kurz* DAB 1998, 1673 vertreten.
[156] Im Ergebnis *Battis/Gusy* S. 28.
[157] MünchKomm/*Prütting* ZPO § 292 Rdn. 22.
[158] H. L., vgl. *Ingenstau/Korbion* VOB/B § 4 Rdn. 162; differenzierend dannach, ob eine technische Norm sich auf das gestalterische Handeln des Werkunternehmers bezieht – insoweit tatsächliche Vermutung – oder den vereinbarten Erfolg beschreibt: *Stammbach* BauR 1998, 482, 489 f.; krit. zur „tatsächlichen Vermutung" aus dogmatischen Gründen: *Prütting* a. a. O.
[159] OLG München NJW-RR 1992, 1523, 1524.
[160] So etwa *Pieper* BB 1987, 273, 279.
[161] BVerwGE 55, 250 = NJW 1978, 1450; mittlerweile wohl aufgehoben – BVerwGE 72, 300, 320 = NVwZ 1986, 208, 213; vgl. *Gusy* NVwZ 1995, 105, 109.
[162] Vgl. *Nicklisch* NJW 1983, 841; *Vieweg* NJW 1982, 2473; krit.: *Rittstieg* NJW 1983, 1098.
[163] Vgl. *Kamphausen* Jahrbuch Baurecht 2000, S. 218, 223 f.; *Sorgel* FS Mantscheff S. 193, 200 f.

Eigenverantwortung des Auftragnehmers § 4 Nr. 2

Zu folgen ist der herrschenden Lehre, dass die Einhaltung von DIN-Normen, soweit sie formell veröffentlicht und nicht zurückgerufen sind (DIN 820, Teil IV, Z. 4.5), eine **tatsächliche Vermutung** dafür begründet, dass gleichzeitig auch die „anerkannten Regeln" gewahrt sind. Dieser Rechtssatz wird nicht nur durch das unabweisbare praktische Bedürfnis der Bauwirtschaft gefordert, sich in ihrem Fachbereich auf geltende Normen auch verlassen zu können; er rechtfertigt sich auch aus der dargestellten Arbeitsweise des DIN.[164] Ob die Normen dabei nur den „problemlosen Mindeststandard" verkörpern oder zugleich dem „Stand der (Wissenschaft und) Technik entsprechen" ist eine Frage der Einzelnorm. Die Beweisvermutung bezieht sich allerdings nicht auf die Verbindlichkeit der Norm selbst; für sie gibt es keine tatsächliche Vermutung.[165] 99

Diese tatsächliche Vermutung geht nur dahin, dass die in den DIN-Normen geregelten Verfahren den anerkannten Regeln der Technik entsprechen. Keine Vermutung besteht demgegenüber dahin, dass nicht geregelte alternative Vorgehensweisen nicht den anerkannten Regeln der Technik entsprechen.[166] Ob ein nicht in den DIN-Normen genanntes Verfahren den anerkannten Regeln der Technik entspricht, obliegt den allgemeinen Grundsätzen der Darlegungs- und Beweislast. 100

Im Übrigen kann die Vermutung der Einhaltung der „anerkannten Regeln" durch Anwendung von DIN-Normen **widerlegt** werden.[167] Wie beim Anscheinsbeweis[168] genügt es dazu, die Voraussetzungen zu widerlegen, die die Vermutung der Übereinstimmung mit den „anerkannten Regeln" begründet haben: Zwischenzeitliche Erfahrungen können ergeben haben, dass die Normanwendung zu Fehlern führt oder die Norm entspricht auf Grund eines Anschauungswandels nicht mehr den an „anerkannte Regeln" gestellten Anforderungen.[169] Allerdings wird es zur Widerlegung der Vermutung nicht genügen, auf etwaige Unstimmigkeiten im **Verfahren nach DIN 820** hinzuweisen. In solchen Fällen kann die Überprüfung der Norm beantragt werden (DIN 820, Teil IV, Ziff. 2.1; 4). Werden erhebliche und substantiierte Einwände gegen die Verbindlichkeit einer Norm als „anerkannte Regel" geltend gemacht, hat das Gericht ihnen nachzugehen.[170] Erweisen sich die Einwände als begründet, scheidet der beanstandete Normteil als „anerkannte Regel" aus. 101

Besondere Vorsicht bezüglich dieser vermuteten Identität zwischen DIN-Normen und den anerkannten Regeln der Technik ist insbesondere dann geboten, wenn eine Vornorm – der sogenannte **„Gelbdruck"** (s. oben Rdn. 91) – für eine neue DIN-Norm bereits besteht.[171] Weitere Indizien für ein Abweichen der DIN-Norm können (ohne Anspruch auf Vollständigkeit) sein: Abweichende Verfahrensbeschreibungen in der Ausbildungsliteratur des Handwerkes oder höhere Standards in der Produktbeschreibung des Herstellers selbst.[172] Dass eine DIN-Norm überarbeitet wird, muss jedoch nicht unbedingt ein Hinweis für die Überholung der DIN-Norm sein. Gemäß der DIN 820, welche die Normierung des DIN normiert hat dies – unabhängig von der inhaltlichen Richtigkeit – in bestimmten Abständen zu erfolgen. 102

Ein höheres Maß an Vertrauensschutz als diese Vermutungswirkung für die Verlässlichkeit bestehender DIN-Normen als „anerkannte Regel" benötigen die am Bau Beteiligten nicht. 103

---

[164] Eindrücklich hierzu: *Singhof/Schneider* BauR 1999, 465, 465, 471.
[165] Dier „Verbindlichkeit" einer Norm kann im Übrigen nur im Rahmen (und der Reichweite) ihres Geltungsanspruches bestehen. Überwiegend werden Normen (insbes. Auch die Normen des Teiles C) als antizipierte Sachverständigengutachten gesehen, die entspr. auch durch bessere Kenntnis widerlegbar sind; eingehend *Motzke* ZfBR 1987, 2 f., 7, 9 f.; ebenso *Nicklisch* NJW 1983, 841 ff. – Zur prozessualen Umsetzung der Normen: *Pieper* BB 1987, 273; die Normen sind justiziabel (*Herschel* NJW 1968, 617, 623).
[166] Vgl. BGH BauR 1995, 230, 231 = NJW-RR 1995, 472; *Jagenburg* Jahrbuch Baurecht 2000, S. 200, 206.
[167] *Ingenstau/Korbion* VOB/B § 4 Rdn. 162.
[168] Vgl. → Vor § 13 Rdn. 168 f.
[169] Vgl. die Beispiele oben Rdn. 44 f.
[170] Vgl. BGHZ 139, 16; OLG Hamm NJW-RR 1998, 668.
[171] Vgl. *Siegburg* Gewährleistung Rdn. 830; *Werner/Pastor* Rdn. 1464.
[172] Vgl. zu all diesen Anzeichen: OLG Hamm NJW-RR 1998, 668.

Insb. ist es nicht gerechtfertigt, eine noch weitergehende rechtliche Beweisvermutung zu begründen. Sie würde dazu führen, dass derjenige, der die DIN-Norm als anerkannte Regel der Technik nicht gelten lassen will, seinerseits vollständig zu begründen hätte, welche Regel sich statt der Norm als „anerkannte Regel" durchgesetzt hat. Wenn aber die Geltungsvoraussetzungen der DIN-Norm als „anerkannte Regel" erschüttert ist, muss nach allgemeinen Grundsätzen[173] derjenige den Maßstab für die „anerkannte Regel" darlegen, der sich auf ihre Voraussetzungen beruft.

104 **b) Europäische Normen; Bauproduktengesetz.** Die wirtschaftliche Integration der europäischen Staaten hat es notwendig gemacht, das technische Normenwesen zwischenstaatlich zu harmonisieren. Das gilt im Übrigen nicht nur für Europa. Auch über den EU-EFTA-Rahmen hinaus besteht eine internationale Koordinierungsstelle für Normen (ISO), die besonders auf dem Gebiet der Verfahrensfragen zur Qualitätssicherung Bedeutung erhalten hat.[174]

105 Soweit Normen der europäischen Normierungsorganisation CEN/CENELEC unverändert als deutsche Normen übernommen werden, sind diese an der Bezeichnung **„DIN EN"** zu erkennen. Es handelt sich um die deutsche Ausgabe einer europäischen Norm. Bei der Übernahme einer internationalen Norm der internationalen Normierungsorganisation wird die entsprechende Norm als **„DIN ISO"** gekennzeichnet. Wenn auf Grundlage einer internationalen Norm auf europäischer Ebene eine Norm erarbeitet wurde und diese übernommen wurde, dann wird diese **„DIN EN ISO"** genannt.

106 Auch im Rahmen der europäischen Normsetzung werden Vornormen erstellt, welche nur zur vorläufigen Anwendung gedacht ist.[175] Das Bestehen einer solchen Vornorm auf europäischer Ebene hat ähnliche Wirkungen wie das Bestehen einer nationalen Vornorm. Sie bietet daher einen Anhaltspunkt dafür, dass die (noch) bestehende Norm eventuell nicht mehr den Stand der anerkannten Regeln der Technik entspricht, so dass der Vermutungswirkung der Norm hierdurch erschüttert werden kann (vgl. oben Rdn. 102).

107 **aa) Europäischer Normungsprozess.** Auf der EU-Ebene geht es seit der Schaffung des gemeinsamen Binnenmarktes auch bei der technischen Harmonisierung nicht mehr nur um ökonomische Zweckmäßigkeit, sondern um die Umsetzung rechtlicher Gebote, vgl. etwa Art. 28, insb. aber Art. 175 (Umweltschutz) und Art. 95 (Produktstandards) EGV. Das Ziel des freien Waren- und Dienstleistungsverkehrs kann nur erreicht werden, wenn auch die technischen Handelshemmnisse abgebaut werden, die etwa in international ganz unterschiedlichen Qualitätsanforderungen an Leistungen bestehen. Seiner Verpflichtung, auf technischem Gebiet den Weg zum Binnenmarkt zu ebnen, hat der Rat der EG durch eine Entschließung vom 7. 5. 1985 entsprochen, der sog. **„neuen Konzeption"** (ABl. EG-Nr. C 136, S. 1 f.).[176] Danach haben Richtlinien (Art. 95 EGV) auf allen wichtigen Gebieten (nur!) grundlegende Sicherheits- und Qualitätsanforderungen festzulegen, die im Waren- und Dienstleistungsverkehr aller angeschlossenen Länder einen ordnungsgemäßen und akzeptierten Standard bilden (müssen).

108 Diese Forderung der EU ermöglicht und schafft einerseits die notwendigen Rahmenfestlegungen, erlaubt es aber andererseits, die Normung selbst Organisationen außerhalb der EU-Verwaltung zu überlassen. Diese Normen müssen gleichverbindlich auf EU-Ebene demjenigen Qualitätsstandard entsprechen, der von den gen. Richtlinien gefordert wird. Entgegenstehende nationale Normen werden dagegen unverbindlich und dürfen jedenfalls den Funktionen des freien Binnenmarktes nicht mehr entgegenstehen.[177]

---

[173] Vgl. ausführlich *Baumgärtel* FS Heiermann S. 1.
[174] Vgl. *Schulz* Aufbau und Arbeitsweise übernationaler Normorganisationen, DIN-Mitteilungen, 1984, Nr. 7, S. 365 f.; *Becker* FS Wlotzke S. 445 f.
[175] *Kurz* DAB 1998, 1673.
[176] Zu europarechtlichen Bedenken bezügl. der „Neuen Konzeption" vgl. *Roßnagel* DVBl. 1996, 1181, 1184 ff.; hiergegen *Ehricke* EuZW 2002, 746, 748 f.
[177] Wie Fn. 173.

**bb) Bauproduktenrichtlinie/Bauproduktengesetz.** Die für den Bausektor insoweit bedeutsamste Richtlinie des Rates der EG ist die „Bauproduktenrichtlinie" 89/106/EWG, die durch das Bauproduktengesetz (BauPG) vom 10. 8. 1992 (BGBl I S. 1495) in nationales Recht umgesetzt wurde. Kern der Bauproduktenrichtlinie ist die Festlegung von „wesentlichen Anforderungen", die an Bauwerke zu stellen sind, damit sie, auch unter Berücksichtigung der Wirtschaftlichkeit, „gebrauchstauglich" sind, Art. 2, 3. Diese „wesentlichen Anforderungen" setzen Maßstäbe dafür, welche (übereinstimmenden) Normen geschaffen werden müssen, um zu erreichen, dass Bauprodukte unter Beachtung dieser Normen in allen Partnerstaaten der EU unter gleichen Voraussetzungen als ordnungsgemäß akzeptiert werden können. 109

Die „wesentlichen Anforderungen" sind also nicht die Normen selbst, sondern deren rechtsverbindliche – **Rahmenbedingungen.** Dieser Rahmen wird schrittweise von beauftragten Normeninstitutionen der Gemeinschaft (vgl. unten Rdn. 112) auf denjenigen Gebieten ausgefüllt, für die eine sichere und nutzungsgerechte Bauweise unabdingbar erscheint, nämlich für (1) die mechanische Festigkeit und Standsicherheit, (2) den Brandschutz, (3) die Hygiene, die Gesundheit und den Umweltschutz, (4) die Nutzungssicherheit, (5) den Schallschutz und (6) die Energieeinsparung und den Wärmeschutz. 110

Es bestehen jedoch nicht für alle Bauprodukte und deren Eigenschaften einschlägige technische Normen.[178] Gegebenenfalls ist in solchen Fällen durch das Gericht der Stand der anerkannten Regeln der Technik und ob diese Regeln bestehen zu ermitteln. Der nicht zu führende Nachweis folgt den allgemeinen Beweisregeln. 111

**cc) CEN/CENLEC/EN-Normen/CE-Zeichen.** Im Anschluss an diese Rahmenvorgaben der Richtlinie bzw. des BauPG Haben die Mitgliedstaaten durch Einzelnormen sicherzustellen, dass deren Einhaltung tatsächlich zur „Brauchbarkeit" der Bauleistungen i. S. d. „wesentlichen Anforderungen" der Bauproduktenrichtlinie führen. Dem dient Art. 7 der Richtlinie, wonach die EU-Kommission den europäischen Normorganisationen CEN und CENELEC Aufträge zu einer Normierung mit entsprechendem Standard erteilt. Die so geschaffenen EN-Normen sind das Bindeglied zwischen den „wesentlichen Anforderungen" der Richtlinie und den Bauprodukten selbst, die nach Maßgabe der Normen hergestellt werden. Bei vorgeschriebenem und kontrolliertem Ablauf müssen die Produkte den „wesentlichen Anforderungen" entsprechen. Weil mit diesen Produkten letztlich gebaut werden und der Handel sich darauf verlassen soll, dass sie tatsächlich „brauchbar" sind, erhalten die Produkte nach einem Zertifizierungsverfahren (§ 8 BauPG) das in der Richtlinie vorgeschriebene „CE"-Zeichen. 112

Seinem Normzweck entsprechend hat das Produkt mit **CE-Zeichen** gem. § 12 Abs. 3 BauPG „die **widerlegbare Vermutung** für sich, dass es i. S. d. § 5 BauPG brauchbar ist ...".[179] – Das CE-Zeichen wird nicht nur auf Grund einer Konformität des Produktes mit EN-Normen verliehen, es kann auch durch andere Nachweise der Übereinstimmung mit den „wesentlichen Anforderungen" erlangt werden: durch Konformität mit einer auf Grund von „Leitlinien" (Art. 9 Richtlinie) erklärten „europäischen technischen Zulassung" (§ 6 BauPG) oder mit „anerkannten Normen" gem. Art. 4 Abs. 3 der Richtlinie (insoweit nicht Gegenstand des BauPG).[180] 113

Hinzuweisen ist darauf, dass die **nationalen (insb. DIN-)Normen** durch die Einführung des BauPG nicht ohne weiteres hinfällig geworden sind. Abgesehen davon, dass solche Normen, die den „wesentlichen Anforderungen" der Richtlinie entsprechen, gem. § 2 Abs. 3 BauPG; Art. 4 Abs. 3, Art. 5 Abs. 2 der Richtlinie in einem europäischen Verfahren „anerkannt" werden können und dann den EN-Normen gleichgestellt sind, gelten die 114

---

[178] Vgl. OLG Düsseldorf NJW-RR 1996, 20 (Materialbeschaffenheit von Stahlnägeln).
[179] Von einer über eine Vermutung hinausgehenden Wirkung geht Roßnagel (DVBl. 1996, 1181, 1182 ff.) aus. Nach ihm sind die Nationalstaaten verpflichtet das CE-Zeichen als umfassenden Nachweis der Normkonformität anzuerkennen.
[180] Vgl. *Runkel* ZfBR 1992, 199, 203/204.

bisherigen nationalen Beachtensregeln weiter, bis die Voraussetzungen für die Anwendung des BauPG nach § 3 des Gesetzes gegeben sind.[181]

115   **dd) Gewährleistungsfunktion des CE-Zeichens.** Entgegen der in der Vorauflage geäußerten Prognose hat das Argument, bei CE-Zertifikaten, sobald sie für bestimmte Produkte erteilt seien, wäre die „Brauchbarkeit" dieses Produktes gem. § 12 Abs. 3 BauPG zu vermuten, und weiter: Was qualitativ als „brauchbar" geschuldet sei, sei gesetzlich in § 5 Abs. 1 BauPG definiert, wohl keine Anhänger gefunden. Es sei nochmals darauf hingewiesen, dass die „Brauchbarkeits-Definition" des § 5 Abs. 1 BauPG rechtssystematisch nichts mit der vertraglichen Beschaffenheit und Verwendungsfähigkeit gem. § 633 Abs. 2 BGB, § 13 Nr. 1 VOB/B zu tun hat. Durch die Neufassung des § 633 BGB und des § 13 VOB/B in der Folge der Schuldrechtsreform dürfte dieser Unterschied nun auch vom Wortlaut deutlich sein.

116   Das BauPG ist **öffentliches Recht**[182] und keine Spezialnorm zum BGB. Normzweck des Gesetzes ist entsprechend der Ermächtigungsgrundlage (Art. 95 EGV) der freie Handelsverkehr; das Gesetz ergänzt insoweit das Bauordnungsrecht der Länder und dessen Zulassungsregeln für Bauprodukte. Dieser Hinweis widerlegt im Übrigen auch das Argument, die vertragliche „Mängelfreiheit" der Leistung werde beim CE-Produkt vermutet; das CE-Zeichen trifft dazu nach seinem definierten Inhalt keine Aussage.

117   Gleichwohl ist aber nicht zu verkennen, dass das Gesetz Rückwirkungen auch auf das **Vertragsrecht** haben wird. Wo nur die gewöhnliche Verwendungsfähigkeit und Beschaffenheit (§ 13 Nr. 1 VOB/B, § 633 Abs. 2 Nr. 2 BGB) geschuldet ist oder die „anerkannten Regeln der Technik" zu beachten sind, lässt sich durchaus vertreten, dass ein CE-testiertes Produkt vertragsrechtlich nicht „unbrauchbar" sein kann. „Brauchbarkeit" ist auch ein konkret wirtschaftlicher Begriff, der nicht vollständig in das Bauordnungsrecht abgedrängt werden kann.

118   Dann aber ist zusätzlich zu berücksichtigen, dass § 5 Abs. 1 BauPG auch **Rahmenbedingungen** nennt, unter denen (allein) das Produkt „brauchbar" ist; von ihnen kann dann auch vertragsrechtlich nicht abgesehen werden. Zum anderen sind „gewöhnliche Brauchbarkeit" und „anerkannte Regeln der Technik" nicht die einzigen vertraglichen Mängelkriterien (§ 13 Nr. 1 VOB/B; § 633 Abs. 2 BGB): Gewährleistungsansprüche bestehen insb., wenn der konkret für den Vertrag vorausgesetzte Gebrauch verfehlt ist.

119   Im Falle der Verwendung von im Sinne des BauPG nicht zertifizierten Bauprodukten wird man – entsprechend der Rechtsprechung zu nicht geprüften Baustoffen[183] – davon auszugehen haben, dass eine Verwendung derartiger Bauprodukte ein zusätzliches Risiko beinhaltet und somit nicht den Regeln der Technik entspricht. Insofern ist in derartigen Fällen von einer tatsächlichen Vermutung auszugehen, dass ein Werk unter Verwendung nicht zertifizierter Produkte den anerkannten Regeln der Technik widerspricht.

### 3. Verhältnis der „anerkannten Regeln" zu sonstigen Regelwerken

120   **a) Privatrechtliche Regelwerke.** Neben den DIN-Normen gibt es weitere Regelwerke, die in der Baupraxis Beachtung finden und deren Kenntnis bei den Fachunternehmen im Bauablauf erwartet wird. Die Einzelnormen und Festsetzungen haben unterschiedlichen Rang. Bei ihrer Anwendung muss deshalb geprüft werden, von wem, mit welchem Schutzzweck und Verbindlichkeitsgrad sie erlassen worden sind. Folgende Gruppen sind zu unterscheiden:

121   **aa) DVGW-Regelwerk, VDE-Normen und VDI-Richtlinien.** Das DVGW-Regelwerk des „Deutschen Vereins des Gas- und Wasserfachs e. V., technisch-wirtschaftliche Vereinigung" (Sitz: Frankfurter Allee 27/29, 65760 Eschborn) enthält die Sammlung der Technischen Regeln und der Technischen Mitteilungen des DVGW für die Sachbereiche

---

[181] *Runkel* ZfBR 1992, 204.
[182] *Runkel* ZfBR 1992, 205.
[183] Vgl. OLG Düsseldorf BauR 1996, 278, 280.

Eigenverantwortung des Auftragnehmers § 4 Nr. 2

„Gas" und „Wasser". Im Gasbereich werden die DVGW-Normen auf Grund einer Vereinbarung mit dem DIN zugleich als DIN-Normen anerkannt und veröffentlicht. Das Normungsverfahren des DVGW entspricht weitgehend der DIN 820. Das rechtfertigt es wohl, die DVGW-Regeln auch sachlich wie DIN-Normen zu behandeln.

Die **VDE-Normen** des „Verbandes Deutscher Elektrotechniker" betreffen die sicherheitstechnischen Anforderungen im Rahmen der Erzeugung, Übertragung, Speicherung und Anwendung elektrischer Energie und richtet sich an Industrie, Handwerk und Verbraucher. Die bautechnische Bedeutung der VDE-Normen wird vor allem durch das Energiewirtschaftsgesetz gestützt. Die dazu erlassene 2. DVO[184] regelt in § 2 Abs. 2, dass die VDE-Regeln als „anerkannte Regeln" im Elektrofach vermutet werden; freilich ist diese Vermutung, wie bei den DIN-Normen, widerlegbar. Die Bedeutung der VDE-Normen entspricht dem DVGW-Regelwerk und ist deshalb sachlich ebenfalls den DIN-Normen vergleichbar. Auch der VDE ist dem DIN vertraglich verbunden und in der Deutschen Elektrotechnischen Kommission (DKE) mit dem DIN organisatorisch verknüpft. Die von der DKE erarbeiteten Normen werden zugleich als DIN-Normen veröffentlicht.

122

Der 1856 gegründete Verein Deutscher Ingenieure e. V. (**VDI**) sieht sich als der größte technische Verein Deutschlands und versteht sich v. a. als Sprecher und Dienstleister von Ingenieuren und Technik Im Rahmen seiner Tätigkeit stellt er für seine Mitglieder und andere Interessierte die sogenannten **VDI-Richtlinien** als Arbeitsunterlagen zur Verfügung. Diese sollen dem technischen Praktiker als Arbeitsgrundlage und Entscheidungshilfe für eine regelgerechte technische Lösung bieten.[185]

123

Die Richtlinien der „Vereinigung Deutscher Ingeneure" (VDI-Richtlinien) spielen v. a. im öffentlichen Technik-, Umwelt- und Baurecht eine nicht unerhebliche Rolle. Hier werden sie öfter zur Ausfüllung der Begriffe „anerkannte Regeln der Technik", „Stand der Technik" etc. herangezogen. In der zivilen Rechtsprechung zum Baurecht spielen die VDI-Richtlinien gegenüber den DIN-Normen eine eher untergeordnete Rolle. Häufig werden die VDI-Richtlinien nur neben den einschlägigen DIN-Normen herangezogen, um den Umfang der anerkannten Regeln der Technik zu bestimmen.[186] Gleichwohl können sich auch aus VDI-Richtlinien, in vergleichbarer Weise wie bei DIN-Normen, eine tatsächliche Vermutungen für die Einhaltung der anerkannten Regeln der Technik ergeben.[187]

124

Bei vorstehend genannten privatrechtlichen Regelwerken handelt es sich – wie bei den DIN-Normen – um qualifizierte Normen, d. h. um solche, welche von einem Sachverständigengremium entworfen wurden, welches mit Sachverständigen verschiedener Gruppierungen (Unternehmungen, öffentliche Hand etc.) zusammengesetzt ist. Diese Zusammensetzung der entsprechenden Ausschüsse soll eine für eine gewisse Neutralität sorgen. Diese Regelwerke genießen daher als **überbetriebliche technische Normen** ein hohes Ansehen.

125

**bb) „Richtlinien" und „Merkblätter".** Im Range unterhalb der DIN-Normen bzw. anderer überbetrieblicher technischer Normenwerke stehen „Richtlinien" und „Merkblätter" privater Hersteller und Produktorganisationen.[188] Ihr sachliches Anliegen ist es, Fehler bei der Anwendung ihrer Produkte zu vermeiden, um damit die Qualität der mit Hilfe ihrer Erzeugnisse hergestellten Leistungen zu sichern und so zugleich auch ihren Produktbereich zu fördern. Teilweise haben diese Regelwerke eine erhebliche Verkehrsgeltung erreicht, z. B. die „Flachdachrichtlinien".[189] Gleichwohl sind sie als handwerkliche Anweisungen und

126

---

[184] VO v. 31. 8. 1937, Neufassung 14. 1. 1987 (BGBl. I S. 146).
[185] Vgl.: www.vdi.de/vdi/zdv/index.php; www.vdi.de/vdi/presse/kontakt/05017/index.php.
[186] Vgl. etwa OLG Hamm BauR 1994, 246.
[187] Vgl. BayObLG DAR 2002, 563.
[188] Vgl. *Marburger* BB (Beilage 4/85), S. 16 f., 18; *Nicklisch* NJW 1983, 841 f., 849; abweichender Ansatz bei *Motzke* ZfBR 1987, 2 f., 4, 7; vgl. OLG Schleswig BauR 1998, 1100, 1106 – ibh-Merkblatt und a. R. d. T –; *Jagenburg* BauR 2000, 1060, 1061 f.
[189] Genau: „Richtlinien für die Planung und Ausführung von Dächern mit Abdichtungen", herausgegeben vom Zentralverband des Deutschen Dachdeckerhandwerks und dem Hauptverband d. Deutschen Bauindustrie, zuletzt Mai1991, Änderung Mai 1992.

## § 4 Nr. 2

Qualitätsbeschreibungen kritisch aufzunehmen; ihre Beachtung befreit die Unternehmen nicht von einer Mängelverantwortung.[190] Umgekehrt kann, wenn (nicht einmal) die Angaben in „Merkblättern" oder „Richtlinien" beachtet wurden, auf einen Verstoß gegen die anerkannten Regeln der Technik geschlossen werden.[191] Inwieweit „Richtlinien" und „Merkblättern" die Vermutungswirkung von DIN-Normen (oben Rdn. 99) zukommt, kann nur für den Einzelfall entschieden werden. Eine generelle Vermutung gibt es insoweit nicht.

127 cc) **Privatrechtliche „Qualitätszeugnisse"**. Private Qualitätszeugnisse treten im Ablauf bauwirtschaftlicher Lieferverhältnisse in unterschiedlicher Form auf. Sie gibt es als normale Güteanpreisungen („Reklame"), aber auch als verbindliche Leistungszusagen („Zusicherungen", „Garantien" u. a.). Für die Abgrenzung kommt es auf den erkennbaren Erklärungsinhalt an, den der Lieferant oder Hersteller mit der Qualifizierung seiner Ware oder Leistung verbindet; vgl. dazu → § 13 Nr. 1 Rdn. 83 f. („Zusicherung").

128 Solche **„Güteerklärungen"** unterscheiden sich von den vorerörterten „normativen" Regelwerken dadurch, dass die Qualitätszusicherung regelmäßig eine Einzelerklärung des Herstellers/Verkäufers an seinen Vertragspartner ist, während sich die Norm – generell – i. d. R. als Anforderung an den Hersteller selbst wendet. Gleichwohl berühren sich die Erklärungsbereiche. In der Bauwirtschaft werden häufig auch Normstandards als Nachweis für eine besondere Ausführungsqualität herangezogen („nach DIN errichtet"), womit dann die Erfüllung einer Anforderung an die Herstellung als Produktmerkmal weitergegeben wird. Ganz ähnlich verhält es sich dort, wo Unternehmen die Güte ihrer Leistung von vornherein dadurch sichern (und dies im Wettbewerb herausstellen), dass sie sich zur Einhaltung bestimmter und allgemein festgelegter Produktmerkmale verpflichten. Das gilt insb. für die vom RAL überwachten Vorschriften zur Gütesicherung.[192]

129 Die Abkürzung **„RAL"** steht für „Reichsausschuß für Leistungen", dem im Jahre 1932 der bereits 1925 geschaffene Verband von Gütegemeinschaften der Wirtschaft (e. V.) unterstellt wurde; seit 1952 handelt es sich beim RAL wieder um eine private Wirtschaftsvereinigung, deren Mitglieder die angeschlossenen einzelnen „Gütegemeinschaften" sind. Das Gewicht des RAL wird aber insb. dadurch bestimmt, dass zu ihren ständigen Mitgliedern (Kuratoren) auch ein breiter Kreis von Rechtsträgern gehört, der übergeordnet für ordnungsgemäße Wirtschaftsabläufe in der Bundesrepublik verantwortlich ist (Arbeitsgemeinschaft der Verbraucher; BDI; Bundesvereinigung Kommunaler Spitzenverbände; DGB; DIHT; DIN; Zentralverband des Deutschen Handwerkes; verschiedene Bundesministerien u. a.).

130 Der **RAL** ist das **Aufsichtsorgan** über die einzelnen Gütegemeinschaften (auch: „Gütezeichengemeinschaften"; „Güteschutzgemeinschaften"), die ihrerseits Träger eines bestimmten **RAL-Gütezeichens** für den von ihnen vertretenen Leistungsbereich sind. Nach Maßgabe ihrer Satzung verleiht die einzelne Gütegemeinschaft das Recht zur Führung des Gütezeichens an Unternehmen, die sich damit als Zeichenbenutzer zur Beachtung der in der Gemeinschaftsatzung festgelegten Gütebedingungen verpflichten.

131 Nach den „Allgemeinen Grundsätzen für Gütezeichen" sind die RAL-Gütezeichen ein „Garantieausweis zur Kennzeichnung von Waren oder Leistungen", d. h. eine Verpflichtungserklärung des Verwenders dieses Zeichens, seine Ware oder Leistung auf einem ganz konkreten Qualitätsniveau zu halten. Die Qualitätsmerkmale selbst, die mit den einzelnen Zeichen verbunden werden, ergeben sich aus der dazu geschaffenen Gütezeichensatzung der einzelnen Gütegemeinschaft. Die Einhaltung von Gütebedingungen der einzelnen Zeichenführer wird von der Gütegemeinschaft überwacht; der RAL wiederum überwacht die ordnungsgemäße Arbeit der Gütegemeinschaft. Verstöße werden sanktioniert und können zum Entzug des Gütezeichens führen. Gleichwohl kann es zu einem Abweichen der tatsäch-

---

[190] Vgl. OLG Hamm BauR 1997, 309.
[191] Vgl. BGH BauR 2000, 411, 413; OLG Brandenburg ZfBR 2001, 111, 112 = BauR 2001, 283; OLG Karlsruhe NJW 1987, 889.
[192] Vgl. RAL = „Grundsätze für Gütezeichen", April 1988.

lichen Qualität eines Produktes von dem eigentlich durch das Gütezeichen symbolisierten technischen Standard kommen.[193] Da die entsprechende Regel der Lebenserfahrung nicht unumschränkt gilt, kann zwar ein Gütezeichen eine gewisse Indizwirkung für die Einhaltung der garantierten Standards bieten, letztlich aber nicht einmal die Wirkung eines Anscheinsbeweises.

Eine besondere Bedeutung hat als Güteerklärung in diesem Sinne das sog. **„Umweltzeichen"** („blauer Engel") bekommen. Es wurde im Jahre 1977 von den für den Umweltschutz zuständigen Ministerien des Bundes und der Länder geschaffen und kennzeichnet solche Produkte, die im Verhältnis zu anderen Produkten mit demselben Gebrauchszweck – also relativ – als „besonders umweltfreundlich" bezeichnet werden können.[194] Das Umweltzeichen wird nach den gen. Kriterien unter Beteiligung des Umweltbundesamtes und des zuständigen Bundeslandes vergeben.[195]

132

Die **haftungsrechtliche** Bedeutung des Gütezeichens an einer Leistung oder Ware konnte nach altem Schuldrecht dahin verstanden werden, dass die Eigenschaften dieser Leistung gegenüber dem Abnehmer als zugesichert gelten konnte.[196] Der Inhalt der „Zusicherungs"-Erklärung und die Rechtsfolgen nicht eingehaltener Zusicherungen wurden nach dem alten Recht bei Kauf- und Werkvertrag unterschiedlich beurteilt, vgl. → § 13 Rdn. 6. Bei der Verwendung von Gütezeichen konnte dies zu Verständnisproblemen über den jeweiligen Inhalt der Gütezusicherung, etwa im Verhältnis des (Sub-)Liefervertrages zum Bauvertrag führen.

133

Nach dem neuen Schuldrecht steht die Parteivereinbarung im Vordergrund. Unabhängig davon, ob man die frühere zugesicherte Eigenschaft als Unterfall der „vereinbarten Beschaffenheit" versteht oder für abgeschafft hält, wird man (zumindest) eine derartige Güteerklärung als eine vereinbarte Beschaffenheit verstehen müssen. Entsprechende Abweichungen führen daher regelmäßig zum Mangel im Sinne des § 633 Abs. 2 BGB. Unproblematischer ist dies nach § 434 Abs. 1 Satz 3 BGB im Kaufrecht, wenn das Gütezeichen als Kennzeichen angebracht wurde, ansonsten ist auch dort auf die vereinbarten Beschaffenheiten abzustellen.

134

Zutreffend ist deshalb in beiden Vertragsbereichen auf den rechtsgeschäftlichen Wert der Einzelerklärung abzustellen.[197] Wer unter stillschweigendem Bezug auf die RAL-Gütebedingungen erklärt, dass er für die damit ausgewiesenen Qualitätsmerkmale einstehen will, erklärt gleichzeitig (kauf- und werkvertraglich), dass er ebenfalls für die Schadensfolgen aus dem Fehlen dieser vereinbarten Eigenschaften einstehen wolle (§§ 437, 634 BGB).[198] Die inhaltliche Reichweite dieses Einstandsversprechens richtet sich nach dem Schutzweck der Gütezusicherung.[199]

135

**b) Öffentlich-rechtliche Regelwerke/Qualitätszeugnisse.** Die Bedeutung der privatwirtschaftlich aufgestellten Normen beruht prinzipiell darauf, dass sie freiwillig übernommen und zum Gegenstand von Vereinbarungen gemacht werden. Teilweise werden diese Privatnormen allerdings auch in das öffentliche Recht einbezogen und damit allgemein verbindlich.[200] Darüber hinaus bestehen unmittelbare verwaltungsrechtliche Vorschriften, die etwa aus Gründen des Immissions- und Umweltschutzes bzw. der allgemeinen Sicherheit bei der Herstellung von Anlagen zu berücksichtigen sind. Eine Sonderstellung nehmen schließlich die Unfallverhütungsvorschriften (UVV) der Berufsgenossenschaften ein.[201]

136

---

[193] Vgl. BGH NJW-RR 1998, 1198 („GS = geprüfte Sicherheit").
[194] Vgl. „Umweltzeichen", Jan. 1991, RAL Dt. Inst. f. Gütesicherung und Kennzeichnung.
[195] Vgl. RAL „Fakten zum Umweltzeichen", Juli 1986; VO (EWG) Nr. 880/92 des Rates v. 23. 3. 1992 (EG-VO-Umweltzeichen).
[196] *Lorenz* GRVR 1973, 486; *Müller* DB 1987, 1521.
[197] *Lorenz* GRVR 193, 487.
[198] *Müller* (Fn. 195) S. 1523; zweifelnd *Lorenz* a. a. O. (Fn. 196).
[199] Eine eindeutige Verkehrsgeltung besteht insoweit allerdings nicht, vgl. *Lorenz* GRUR 193, 487 und *Müller* DB 1987, 1523.
[200] Das gilt z. B. für – eingeführte – bautechnische Normen, vgl. unten Rdn. 142.
[201] Vgl. dazu unten Rdn. 187.

## § 4 Nr. 2

137  aa) Eine Vielzahl **öffentlich-rechtlicher Normen** stellt technische Anforderungen an die Ausführung von Gebäuden. Derartige Regelungen sind nicht durch Erlass anerkannten Regeln der Technik im zivilrechtlichen Sinne.[202] Soweit im öffentlichen Baurecht Regelungen getroffen werden, enthalten diese Hinweise auf anerkannte Regeln der Technik. Weiterhin kann entsprechenden öffentlichrechtlichen Vorschriften (z. B. GefahrstoffVO; EnergieeinsparVO – EnEV –) der Anschein des technisch Vernünftigen und Notwendigen zugeschrieben werden.[203] Dieser Anschein kann indessen – wie auch bei anderen Regelwerken – widerlegt werden. Es ist jedoch zu beachten, dass im öffentlichen Recht auch Standards festgeschrieben werden, die noch nicht in hinreichender Weise praktisch und theoretisch anerkannt sind, um anerkannte Regeln der Technik zu sein oder über diesen Standard hinausgehen.[204] Es ist deshalb bei öffentlich-rechtlichen Vorgaben technischer Standards zu prüfen, ob diese den Stand der anerkannten Regeln der Bautechnik oder eventuell weitergehende Standards beschreiben sollen. Schreiben diese Regelwerke einen höheren Standard fest, dann sind diese im Rahmen der Verpflichtung zur Einhaltung der gesetzlichen und behördlichen Bestimmungen zu beachten, nicht jedoch als anerkannte Regel der Technik. Auch ansonsten können sie nur eine entsprechende Vermutung für den Zeitpunkt ihres Erlasses entwickeln.

138  Derartige öffentliche Regelwerke können u. U. auch schon vor Erlass den anerkannten Regeln der Technik entsprechen.[205] So berücksichtigt die Baupraxis derartige Vorgaben bereits im Rahmen der Planung und zu Beginn der Ausführung, wenn der Erlass unmittelbar bevorsteht.

139  Wenn der Unternehmer die öffentlich-rechtlichen Vorschriften einhält, kann er sich jedoch nicht darauf verlassen, dass er alleine hierdurch den Stand der anerkannten Regeln der Technik eingehalten hat.[206] Er ist auch insofern nicht von dem Mängelrisiko befreit. Das öffentliche Recht setzt im Regelfall Mindeststandards und folgt einem eigenen Normzweck. Das private Mängelrecht knüpft an die Vereinbarung an.

140  Umgekehrt hat der Auftragnehmer – unabhängig davon, ob es sich um anerkannte Regeln der Technik handelt – ausdrücklich auch die öffentlich-rechtlichen Vorgaben einzuhalten. Kann das Bauwerk aus bauordnungs- oder anderen öffentlich-rechtlichen Gründen nicht in der vertraglich vorausgesetzten Weise genutzt werden, ist es schon aus diesem Grunde (sach-)mangelhaft.[207] Dasselbe gilt für andere Verstoßfolgen, die zu einem Änderungsbedarf führen oder Verwendungsrisiken haben.

141  Anders stellt sich die Situation dar, wenn aus formellen Gründen eine öffentlich rechtliche Vorschrift nicht anzuwenden ist, beispielsweise wenn eine bestimmte Bauform einer Übergangsregelung unterliegt. Öffentlich-rechtlich ist diese Regelung dann nicht zu beachten, hat aber die Vermutung für sich, dass sie den anerkannten Regeln der Technik entspricht.[208]

142  bb) Die „**Eingeführten Technischen Baubestimmungen**" (ETB). Bei den ETB handelt es sich um (meist DIN-)Normen, die auf Grund von Ermächtigungen in den Landesbauordnungen (vgl. § 3 Abs. 3 MBauO) zu Regeln erklärt werden, die generell den Anforderungen an anerkannte Regeln der Technik entsprechen. Bauordnungsrechtlich dürfen Bauherrn, Architekten und Unternehmer davon ausgehen, dass sie die „anerkannten Regeln" beachtet haben, soweit die ETB gewahrt sind. Allerdings gilt diese Annahme nur für das öffentliche Recht. Bauvertraglich ändern die (den ETB zugrunde liegenden) Nor-

---

[202] *Kleine-Möller/Merl/Oelmaier* § 12 Rdn. 207; OLG Nürnberg NJW-RR 1993, 1300, 1301; a. A. wohl OLG Köln NJW-RR 1991, 1077.
[203] *Kleine-Möller/Merl/Oelmaier* § 12 Rdn. 207.
[204] Vgl. *Langen/Kuss* BauR 1995, 161, 163.
[205] Vgl. zum Wärmeschutz *Langen/Kus* BauR 1995, 161, 163 f.; vgl. auch OLG Köln NJW-RR 1991, 1077, 1078 zur GefahrstoffV.
[206] Vgl. BGH BauR 1998, 872, 873 = ZfBR 1998, 247 = NJW 1998, 2814.
[207] Vgl. z. B. OLG Brandenburg BauR 2002, 1562 (Verstoß der Bauweise bei Gewerbeobjekt gegen die Arbeitsschutzrichtlinie).
[208] *Langen/Kuss* BauR 1995, 161, 165 f.

men ihre Qualität nicht, wenn sie von den Aufsichtsbehörden „eingeführt" werden. Soweit es um die „Mangel"-Frage geht, bleibt das Risiko auch bei eingeführten Normen beim Auftragnehmer.[209]

cc) **Zulassungsbescheide des „Instituts für Bautechnik".** Ausgangspunkt für die „Zulassungsbescheide" des Deutschen Institutes für Bautechnik[210] ist wiederum das Bauordnungsrecht. Nach übereinstimmenden Anforderungen in den Landesbauordnungen (vgl. §§ 3, 22 MBauO) müssen Baustoffe, Bauteile und Bauarten grundsätzlich „allgemein gebräuchlich und bewährt" sein. Das schließt zwar die Anwendung „neuer Bauverfahren" nicht aus, doch dürfen neue Baustoffe, Bauteile und Bauarten nur benutzt werden, soweit nachgewiesen ist, dass ihre Verwendung keine Gefährdung für Leben, Gesundheit oder die öffentliche Sicherheit und Ordnung mit sich bringt. 143

Dieser Nachweis ist gegenüber der obersten Bauaufsichtsbehörde zu führen. Er ist erbracht, wenn im Einzelfall auch die „neuen Verfahren" schon in ETB eingeführt sind. Regelmäßig wird das nicht der Fall sein; in diesen Fällen kann die Bauaufsichtsbehörde fordern, dass für den vorgeschlagenen Baustoff, Bauteil oder das Bauverfahren eine „**Zulassung**" vorgelegt wird, d. h. ein Prüfattest, das auf Grund einer im Jahre 1993 getroffenen Ländervereinbarung[211] vom „Deutschen Institut für Bautechnik", Reichpietschufer 74, 10785 Berlin, erstellt wird. 144

Der **Stellenwert** dieser Zulassungen des IfBt wird oftmals verkannt. Systematisch besagen die Zulassungen lediglich, dass „neue" Baustoffe, Bauteile und Bauarten ohne bauordnungsrechtlich relevante Gefahren benutzt werden dürfen. Ausdrücklich weisen die „Allgemeinen Bestimmungen" der Zulassungen entsprechend darauf hin, dass die Testate keine Aussage über die tatsächliche Bewährung des Gegenstandes des Prüfbescheides enthalten. Das Risiko insb. einer Langzeiterprobung des neuen Verfahrens ist also mit der Zulassung nicht ausgeschlossen und bleibt beim Verwender. 145

Überhaupt nimmt die Verwendung „IfBt-zugelassener" Verfahren dem Unternehmer das **Vertragsrisiko** nicht ab. Das gilt schon wegen des zunächst nur bauordnungsrechtlichen Bezuges dieses Bescheides, jedoch auch wegen des Ranges, den die „Zulassungen" im Verhältnis zu „anerkannten Regeln" und etwa auch der DIN-Norm haben: Die „Zulassungen" des IfBt stellen nach „anerkannten Regeln", ETB und („nicht eingeführten") DIN-Normen die **unterste Stufe** eines „öffentlichen Gütestatus" dar. Selbst die Beachtung von „anerkannten Regeln" schließt das Mängelrisiko nicht aus. Umso weniger kann die Beachtung von IfBt-zugelassenen „neuen" Verfahren den Unternehmer vertragsrechtlich freistellen.[212] 146

Auf der anderen Seite ist nicht zu verkennen, dass die kontrollierten Prüfverfahren des IfBt in der Baupraxis nicht nur ein Instrument der Bauaufsichtsbehörden sein können. Unternehmen, die für Neuentwicklungen solche Testate besitzen, werden sich regelmäßig auch darauf verlassen, dass sie diese Baustoffe, Bauteile und Bauarten auch risikolos einsetzen können. Wenn nicht tatsächliche Anhaltspunkte für eine andere Bewertung stehen, wird es in aller Regel auch am Verschulden des Verwenders fehlen, wenn sich trotz „Zulassung" und funktionsgerechter Verwendung aus den neuen Verfahren Schäden ergeben. Voraussetzung ist, dass nicht der Bauvertrag selbst weitergehende Anforderungen an das bauliche Ergebnis stellt. 147

Reicht die Entlastungswirkung für den Auftraggeber bei dem Einsatz geprüfter Baustoffe nicht sehr weit, sieht dies anders bei dem umgekehrten Fall des Einsatzes **ungeprüfter Baustoffe aus.** Für den Fall des Einsatzes nicht geprüfter Baustoffe ist ein Verstoß gegen die anerkannten Regeln der Technik zu vermuten.[213] Denn diese behördlichen Prüfungen sollen 148

---

[209] Ingenstau/Korbion VOB/B § 4 Rdn. 162; OLG Nürnberg NJW-RR 1993, 1300, 1301.
[210] Die bauordnungsrechtliche Funktion des Zulassungsbescheides ist in den Landesbauordnungen geregelt.
[211] Vgl. GVBl. Berlin 1993, S. 195.
[212] Der Prüf- bzw. Zulassungsbescheid weist auf seine (begrenzte) Funktion ausdrücklich hin.
[213] OLG Düsseldorf BauR 1996, 278, 280 = NJW-RR 1996, 146.

§ 4 Nr. 2                                                                                     Eigenverantwortung des Auftragnehmers

Risiken minimieren und letztlich Mindeststandards an Sicherheit formulieren. Der Auftragnehmer hat daher bei der Verwendung solcher Baustoffe gegebenenfalls zu beweisen, dass diese gleichwohl den anerkannten Regeln der Technik entsprechen.

149    dd) Die Bauregelliste. Die einheitliche Umsetzung insb. des BauprodG auf Länderebene und die Notwendigkeit einheitlicher Anforderungen an die (bauordnungsrechtliche!) Verwendbarkeit von Bauprodukten hat zu einer Übereinkunft der Bundesländer in der ARGE BAU geführt, über entsprechende Vorschläge in der MusterbauO zu einer gleichartigen Regelung der (Bau-)Produktverwendung zu kommen. Neben dem CE/CENELEC-Zeichen (oben Rdn. 112 f.) ist ein Bauprodukt über die entsprechenden Vorschriften der Landesbauordnungen und die dort einbezogene „Bauregelliste" als „verwendbar" qualifiziert. Die **Landesbauordnungen**[214] unterscheiden zwischen geregelten, nicht geregelten und sonstigen Bauprodukten. Geregelte Bauprodukte entsprechen den in der Bauregelliste A Teil 1 bekanntgemachten technischen Regeln oder weichen von ihnen nicht wesentlich ab. Nicht geregelte Bauprodukte sind Bauprodukte, die wesentlich von den in der Bauregelliste A Teil 1 bekanntgemachten technischen Regeln abweichen oder für die es keine Technischen Baubestimmungen oder allgemein anerkannten Regeln der Technik gibt.

150    Die Verwendbarkeit ergibt sich: (1) für **geregelte** Bauprodukte aus der Übereinstimmung mit den bekannt gemachten technischen Regeln sowie (2) für **nicht geregelte** Bauprodukte aus der Übereinstimmung mit der allgemeinen bauaufsichtlichen Zulassung oder dem allgemeinen bauaufsichtlichen Prüfzeugnis oder der Zustimmung im Einzelfall.

151    Geregelte und nicht geregelte Bauprodukte dürfen verwendet werden, wenn ihre Verwendbarkeit in dem für sie geforderten Übereinstimmungsnachweis bestätigt ist und sie deshalb das **Übereinstimmungszeichen (Ü-Zeichen)** tragen. **Sonstige Bauprodukte** sind Produkte, für die es allgemein anerkannte Regeln der Technik gibt, die jedoch nicht in der Bauregelliste A enthalten sind. An diese Bauprodukte stellt die Bauordnung zwar die gleichen materiellen Anforderungen, sie verlangt aber weder Verwendbarkeits- noch Übereinstimmungsnachweise; sie sind deshalb auch nicht in der Bauregelliste A erfasst. Dies gilt nicht für (ungeregelte) Bauprodukte mit nur **untergeordneten Anforderungen** an Sicherheit und Gesundheit. Sie sind in der **Bauregelliste C** erfasst und benötigen weder Verwendbarkeits- noch Übereinstimmungsnachweise.

152    ee) **Allgemeine Verwaltungsvorschriften (TA-Luft, TA-Lärm**) im öffentlichen Umwelt- und Technikrecht beschäftigen sich vielfach ebenfalls mit den anerkannten Regeln der Technik, dem Stand der Technik und dem Stand der Wissenschaft und Technik. Auch diese Verwaltungsvorschriften beziehen sich auf wissenschaftliche Grundlagen und gehen auf ähnliche Expertengruppen zurück, wie dem Normungsausschuss Bauwesen im DIN.

153    Grundsätzlich können allgemeine Verwaltungsvorschriften ihrer Rechtsnatur nach keine direkte Rechtswirkung außerhalb der Verwaltung und damit auf privatrechtliche Verträge erlangen. Allerdings haben die Verwaltungsgerichte bei Verwaltungsvorschriften mit naturwissenschaftlichen und technischen Ausssagen hiervon Ausnahmen gemacht. Zunächst wurde angenommen, es handele sich um widerlegliche antizipierte Sachverständigengutachten,[215] eine rechtliche Konstruktion, welche auch für den Bereich des Zivilrechtes begrüßt wurde.[216] Später wurde dies von der Verwaltungsrechtsprechung dahingehend korrigiert, dass es sich um normkonkretisierende Verwaltungsvorschriften handele, welche auch von den Verwaltungsgerichten zu beachten seien.[217] Sie binden v. a. Behörden im Rahmen von Ermessensentscheidungen, etwa bei Genehmigungen. Insofern entfalten derartige Verwaltungsvorschriften auch Außenwirkungen.[218]

---

[214] Der nachfolgende Text (Rdn. 149–151) ist dem Sonderheft DIBt 10/95 S. 1 wörtlich entnommen.
[215] BVerwGE 55, 250 = NJW 1978, 1450.
[216] Vgl. *Nicklisch* NJW 1983, 841; *Vieweg* NJW 1982, 2473.
[217] BVerwGE 72, 300, 320; NVwZ 2001, 1165; 1988, 824, 825; *Landmann/Rohmer/Kutscheidt* UmwR I § 3 BImSchG Rdn. 119 f f.
[218] Vgl. hierzu *Landmann/Rohmer/Hansmann* UmwR I § 48 BImSchG Rdn. 8 f.; *Landmann/Rohmer/Kutscheidt* UmwR I § 3 BImSchG Rdn. 98 l.

Wie bei den unter Rdn. 137 ff. dargestellten unmittelbaren Vorgaben des öffentlichen 154
Rechtes sind auch diese „normkonkretisierende Verwaltungsvorschriften" als öffentlichrechtliche Bestimmungen zu beachten. Eine Verletzung derartiger Vorgaben kann – soweit sie den Standard der anerkannten Regeln der Technik entsprechen sollen – zu der Vermutung der Nichteinhaltung der anerkannten Regeln der Technik führen.

**ff) Unfallverhütungsvorschriften (UVV).** Zu den Unfallverhütungsvorschriften wird 155
verwiesen auf die Erläuterungen zu § 4 Nr. 2 Abs. 2, unten Rdn. 187.

## 4. Kodifizierte Regeln der Technik und ihre Wirkung auf die Darlegungs- und Beweislast

Neben der Bedeutung der kodifizierten technischen Regeln – v. a. Der DIN-Normen – 156
für die Vermutung der tatsächlichen Identität zwischen den anerkannten Regeln der Technik und den in der Kodifizierung niedergelegten Regeln der Technik[219] kommt der Kodifizierung technischer Regeln noch weitere Bedeutung im Bereich der Mängelkausalität sowie der Darlegungs- und Beweislast zu.

**a) Kausalität.** Da die anerkannten Regeln der Technik Verfahren und Standards be- 157
schreiben, bei denen nach praktischer Erfahrung und auch theoretischem Kenntnisstand Risiken und Schäden vermieden werden,[220] liegt es nahe, bei einer Nichtbeachtung der anerkannten Regeln der Technik und einem eingetretenen Schaden einen Anscheinsbeweis für die Kausalität zwischen der Nichtbeachtung und dem eingetretenen Schaden anzunehmen. Aufgrund der tatsächlichen Vermutung dafür, dass die kodifizierten Normen den anerkannten Regeln der Technik entsprechen, kann angenommen werden, dass ein Anscheinsbeweis[221] oder eine widerlegliche Vermutung[222] für die Kausalität zwischen Nichtbeachtung derartiger Regelwerke und dem eingetretenen Schaden bestehe.

Die theoretischen und praktischen Erkenntnisse, welche für die anerkannten Regeln der 158
Technik typisch sind, weisen bestimmte Verfahren als (relativ) risikolos aus. Wenn dieser Standard nicht eingehalten wird, ist dies nach der Lebenserfahrung mit zusätzlichen Risiken verbunden. Zutreffend ist daher bei der Verletzung von technischen Normen von einem Anscheinsbeweis für eingetretene Schäden auszugehen, wenn die vernachlässigten Regeln geeignet und bestimmt waren derartige Schäden und Gefahren zu verhindern, die letztlich eingetreten sind. Eine tatsächliche oder gesetzliche Vermutung würde demgegenüber den Aussagewert von technischen Regelwerken überspannen.

Zumindest problematisch erscheint der Umkehrschluss. Zum Teil[223] wird angenommen, 159
dass bei Einhaltung der kodifizierten Normen das Verhalten des Unternehmers nicht kausal für eventuelle Mängel und Schäden sein könne. Diese Ansicht übersieht jedoch, dass die anerkannten Regeln der Technik lediglich eine aus Erfahrung abgeleitete relative Sicherheit bieten können. Es besteht insofern keine allgemeine Lebenserfahrung, dass es bei der Anwendung anerkannter Regeln der Technik nie zu Schäden kommen kann.

Im Bereich des Gewährleistungsrechtes im VOB-Vertrag ist diese Frage der Beweislast- 160
verteilung weniger relevant. Wenn man mit einem Teil des Schriftums[224] von einem eigenen Mangeltatbestand ausgehen mag, folgt hieraus, dass ein Gewährleistungsanspruch bereits ohne eine kausal verursachte Beeinträchtigung des Werkes begründet wäre. Aber auch die oben dargelegte h. M.[225] geht davon aus, dass bei fehlender Vereinbarung die anerkannten

---

[219] Vgl. oben Rdn. 79 f.
[220] S. o. Rdn. 17.
[221] Vgl. BGH VersR 1965, 812; BGH BauR 1999, 1035 (1036); *Heiermann/Riedl/Rusam* § 13 Rdn. 21; MünchKomm/*Prütting* ZPO § 292 Rdn. 22; *Baumgärtel* Hdb. der Beweislast im PrivatR § 4 VOB/B Rdn. 2; *Kuffler* ZfBR 1998, 277; *Kroitzsch* BauR 1994, 675 – wohl h. M.
[222] Vgl. BGHZ 114, 273 ff. = BauR 1991, 514 = NJW 1991, 2021; BGH BauR 1997, 673, 674; MünchKomm/*Soergel* § 633 Rdn. 44; *Englert* NZBau 2000, 113, 116 f.; *ders.* FS Jagenburg S. 161, 177.
[223] *Englert* a. a. O. (Fn. 221).
[224] Siehe hierzu oben, Rdn. 33, insb. dort die Fundstellennachweise in Fn. 49.
[225] Siehe hierzu oben, Rdn. 29.

Regeln der Technik als Mindeststandard geschuldet seien. Auch insofern muss hier nicht zusätzlich dargelegt und bewiesen werden, dass ein Verstoß gegen die anerkannten Regeln der Technik zu einer weiteren Gebrauchsbeeinträchtigung geführt haben könnte. Relevant wird diese Kausalität jedoch in Fällen der positiven Vertragsverletzung (§ 634 Nr. 4, 281, 280 BGB) oder deliktischer Ansprüche.

161  b) **Verschulden.** Eine Nichtbeachtung anerkannter Regeln der Technik ist objektiv eine Pflichtverletzung, da die im Verkehr erforderliche Sorgfalt nicht eingehalten wurde. Umgekehrt wird man bei der Einhaltung der anerkannten Regeln der Technik im Allgemeinen von der Beachtung der im Verkehr erforderlichen Sorgfalt ausgehen können. In der Folge der Vermutungswirkung der Identität des Inhaltes der Normwerken mit den anerkannten Regeln der Technik wird gefolgert, dass bei Einhaltung der DIN-Normen (oder vergleichbarer technischer Regelwerke) sich auch ein Anscheinsbeweis für bzw. gegen die Fahrlässigkeit ableiten lasse.[226] Dies ist bei nicht widerlegten Regelwerken unproblematisch.

162  Problematischer ist der Fall **widerlegter technischer Regelwerke.** Es wird die Ansicht vertreten, dass derjenige, der sich konform dieser tatsächlich nicht den anerkannten Regeln der Technik entsprechenden Regelwerke verhalte, trotzdem stets die wiederlegliche Vermutung für sich habe, dass er sich subjektiv hinreichend sorgfältig verhalten habe.[227] Im Allgemeinen, darauf beruht auch die tatsächliche Identitätsvermutung, beschreiben die technischen Regelwerke den Sorgfaltsmaßstab bei der Umsetzung technischer Vorhaben. Auch der Bauunternehmer kann sich jedenfalls in den Fällen, in denen die technischen Regelwerke zum Zeitpunkt der Abnahme noch nicht widerlegt waren – etwa weil entsprechende Erkenntnisse erst später bekannt werden[228] – verlassen, weshalb ihm insoweit subjektiv keine Pflichtwidrigkeit vorgeworfen werden kann.

163  Anders verhält es sich bei bereits zu diesem Zeitpunkt **erkennbar überholten technischen Regelwerken.** Es besteht insofern kein Anlass, die Beweislastverteilung des § 280 Abs. 1 S. 2 BGB zu Lasten des Schädigers[229] durch eine Überbewertung der technischen Regelwerke, namentlich der DIN-Vorschriften, zu umgehen. Weiterhin ist bekannt, dass sich die anerkannten technischen Regeln häufig schneller ändern, als es bei den DIN-Normen möglich ist. Hierauf muss sich der Unternehmer einstellen.[230] Für eine allgemeine Lebensregel und damit eine tatsächliche Vermutung oder einem Anscheinsbeweis dafür, dass derjenige nicht fahrlässig handelt, der sich buchstabengetreu nur an die kodifizierten Regelwerke hält, ist insofern kein Raum.

### V. Beachtung der gesetzlichen und behördlichen Bestimmungen

164  Neben der Einhaltung der anerkannten Regeln der Technik schuldet der Auftragnehmer nach § 4 Nr. 2 Abs. 1 Satz 2 VOB/B die Einhaltung der behördlichen und gesetzlichen Bestimmungen. Soweit hierdurch festgelegt wird, dass der Werkunternehmer sich rechtmäßig zu verhalten habe und gegen kein Gesetz und keine ihm gegenüber erlassene behördliche Entscheidung verstoßen soll, erscheint diese Bestimmung rein deklaratorisch. Der Auftragnehmer ist jedoch darüber hinaus auch gehalten, solche behördlichen Bestimmungen einzuhalten, welche sich an den Auftraggeber richten[231] und ihn ansonsten nicht zwingend binden würden.

165  Mit gesetzlichen Bestimmungen sind alle Gesetze im materiellen Sinne gemeint: Zivilrechtliche und Strafgesetze, öffentlich-rechtliche Gesetze, Verordnungen, Satzungen etc., mit den behördlichen Bestimmungen v. a. Verwaltungsakte und Allgemeinverfügungen. Die

---

[226] MünchKomm/*Soergel* § 633 Rdn. 42, 43; *Marburger* VersR 1983, 597, 600.
[227] MünchKomm/*Soergel* § 633 Rdn. 42; *Heiermann/Riedl/Rusam* B § 13 Rdn. 21.
[228] Vgl. OLG Hamm BauR 2003, 567.
[229] Vgl. zu dieser Beweislastumkehr: *Werner/Pastor* Rdn. 2608 f.
[230] *Leinemann/Sterner* § 4 Rdn. 44.
[231] Vgl. BGH NJW-RR 1998, 738 (739) = BauR 1998, 397 (Auflagen in der Baugenehmigung).

Eigenverantwortung des Auftragnehmers **§ 4 Nr. 2**

Regelung soll die Gesamtheit aller Ordnungen des öffentlichen und privaten Rechtes erfassen.[232] Zu beachten sind daher beispielsweise die jeweilige Landesbauordnung, Feuerschutzvorschriften, die EnergieeinsparVO – EnEV – (BGBl I 2001, S. 3085), das Bundesimmissionsschutzgesetz, das Wasserhaushaltsgesetz, die Gefahrstoffverordnung, die Bebauungspläne als Satzungen (§ 10 Abs. 1 BauGB), die ebenfalls als Satzungen durch die Berufsgenossenschaften erlassenen Unfallverhütungsvorschriften (§ 15 SGB III).[233] Zu beachten ist ferner das Gewohnheits- und auch das Richterrecht.

Keine gesetzlichen Bestimmungen sind DIN-Normen, hierbei handelt es sich nur um **166** private Regelwerke mit Empfehlungscharakter,[234] Gleiches gilt auch für die übrigen technischen Regelwerke, welche von Privatorganisationen erlassen wurden und oben unter Rdn. 120 ff. behandelt wurden. Diese sind nach den oben zu den oben beschriebenen Grundsätzen im Rahmen der Verpflichtung zur Beachtung der anerkannten Regeln der Technik zu berücksichtigen.

Problematisch gestaltet sich in diesem Zusammenhang die Beachtung von Regelwerken **167** wie die TA-Lärm oder die TA-Luft. Derartige Regelwerke sind als sogenannte „normkonkretisierende Verwaltungsvorschriften" zumindest für Verwaltungsgerichte nach der Rechtsprechung bindend,[235] auch wenn es sich formell nur um allgemeine Verwaltungsvorschriften handelt, welche nur die Verwaltung intern binden. Diese von der Rechtsprechung entwickelte dogmatische Figur wurde zwar in der Literatur kritisiert,[236] gleichwohl entfaltet sich zumindest mittelbar auch eine Außenwirkung. Insofern werden auch derartige Regelwerke von dem Begriff der „behördlichen Bestimmungen" erfasst.

Die Nichtbeachtung der gesetzlichen und behördlichen Bestimmungen kann theoretisch **168** zu einem Rechtsmangel i. S. d. § 633 Abs. 3 BGB führen. Relevant ist dies allerdings nur dann, wenn man mit einem Teil der Literatur davon ausgeht, dass mangels einer Regelung zum Rechtsmangel in der VOB/B dieser nicht auch, wie in § 633 Abs. 1, 3 BGB, dem Sachmängelrecht folge.[237] Ein Sachmangel liegt bei der Verletzung öffentlich-rechtlicher Bauvorschriften zwar in der Regel vor,[238] ggf. kann aber ein Rechtsmangel vorliegen.[239]

## D. Leitungs- und Ordnungsverantwortung des Auftragnehmers (Absatz 1 Satz 3)

### I. Systematische Bedeutung der Bestimmung

Die Bestimmung korrespondiert mit § 4 Nr. 1 Abs. 1 Satz 1 VOB/B. Nach dieser Regel **169** hat der Auftraggeber für die Aufrechterhaltung der allgemeinen Ordnung auf der „Baustelle" zu sorgen; § 4 Nr. 2 Abs. 1 Satz 3 VOB/B legt die Verpflichtung des **Auftragnehmers** im Hinblick auf seine Vertragsleistung und die Ordnung auf „seiner Arbeitsstelle" fest. Die Differenzierung stellt einmal auf die räumliche Abgrenzung der Verantwortungsbereiche ab, vor allem auf die sachliche Zuständigkeit von Auftragnehmer und Auftraggeber unter dem Gesichtspunkt ihrer jeweiligen **Leitungskompetenz.** Der letzte Aspekt steht im Vordergrund: Räumlich lassen sich die Ordnung auf der „Arbeitsstelle" des Auftragnehmers einerseits und die allgemeine Ordnung auf der „Baustelle" des Auftraggebers andererseits nicht

---

[232] *Kapellmann/Messerschmidt/Merkens* VOB/B § 4 Rdn. 57.
[233] Siehe näher zu den UVV unten Rdn. 187.
[234] BGH NJW-RR 1991, 1445, 1447; BGHZ 139, 16 = BauR 1998, 872, 873 = NJW 1998, 2814, 2815; vgl. auch OLG Celle DAR 2002, 211.
[235] BVerwG NVwZ-RR 1996, 498, 499; BVerwGE 72, 300, 320 = NVwZ 1986, 208, 213.
[236] Vgl. zur Problematik *Ossenbühl* BB 1984, 1901; *Erbguth* DVBl 1989, 473, 480; *Gusy* NVwZ 1995, 105.
[237] Vgl. dazu einerseits *Kapellmann/Messerschmidt/Weyer* VOB/B § 13 Rdn. 2; *Kniffka* IBR Kommentar § 633 Rdn. 65 m. w. Nachw.; andererseits: *Leinemann/Sterner* § 4 Rdn. 96.
[238] Vgl. *Staudinger/Köhler* 13. Bearb. § 434 Rdn. 23 ff.
[239] Vgl. MünchKomm/*Westermann* 3. Aufl. § 434 Rdn. 10 f.; *Staudinger/Köhler* a. a. O. (Fn. 237) Rdn. 26.

§ 4 Nr. 2 Eigenverantwortung des Auftragnehmers

trennen. Bestimmbar ist aber, wo sachlich die Regiepflicht des Auftraggebers, seine Koordinationsaufgabe für die Gesamtleistung, endet und die konkrete Verantwortung für das Einzelwerk des Auftragnehmers beginnt.

170 Die **Grenzziehung** dafür hängt im Einzelfall vom Umfang der Leistungsübernahme der Vertragspartner ab und orientiert sich wesentlich an der Bauaufgabe selbst. Unzutreffend ist deshalb die Auffassung von *Heiermann-Riedel*,[240] aus § 4 Nr. 2 Satz 3 VOB/B ergäbe sich auch die Rechtfertigung dafür, dass ein Auftragnehmer keinen Anspruch auf Beaufsichtigung seiner Werkleistung habe. Die Frage einer evtl. Mitverantwortung des Auftraggebers für Mängel, die auch durch rechtzeitige Kontrollmaßnahmen hätten verhindert werden können, ist ein Problem des sachlichen Verantwortungsumfanges des Auftragnehmers und der Risikobelastung des Auftraggebers unter dem Gesichtspunkt seiner Regie- und Koordinationspflicht sowie der oben bei → Rdn. 7–10 bereits genannten Verpflichtungen des Auftraggebers.

## II. Organisatorische Regieverantwortung des Auftragnehmers

171 Die **Leitungszuständigkeit** des Auftragnehmers für seine Bauaufgabe (§ 4 Nr. 2 Abs. 1 Satz 3 VOB/B) wirkt sich nach zwei Seiten hin aus. Zunächst einmal legt sie das (alleinige) **Bestimmungsrecht** des Auftragnehmers über den Hergang der Ausführung seines Auftrages fest. Der Auftragnehmer braucht es grundsätzlich nicht hinzunehmen, dass ihm der Auftraggeber vorschreibt, auf welchem Wege er zu einem einwandfreien Ergebnis kommen soll.[241] Wichtiger ist aber die Folge, dass der Auftragnehmer allein die Verantwortung für die Organisation seiner persönlichen und sachlichen Produktionsmittel und der eingesetzten (organisatorischen und sachlichen) Verfahren trägt. Sofern nicht besondere Vereinbarungen (oder gesetzliche Vorgaben – vgl. → Rdn. 7–10) bestehen, ist es dem Auftragnehmer grundsätzlich überlassen, mit welchen persönlichen Mitteln, ggf. durch Subunternehmer, er seine Leistung erbringt. Das gilt für die ursprüngliche Herstellung der Werkleistung wie grundsätzlich auch für die Resterfüllung, insbes. die Mängelbeseitigung. Einzelheiten dazu regelt **§ 4 Nr. 8 VOB/B**.

172 Die Kehrseite dieses Rechtes des Auftragnehmers ist aber seine **Einstandspflicht** für eben diese von ihm bestimmte Organisation der Leistung. Der Auftragnehmer kann sich vertraglich nicht darauf berufen, etwa den Leistungsablauf durch ein vielfach gegliedertes System von Subunternehmern nicht mehr zu beherrschen.[242] Ebenso entspricht eine Verantwortungsbeschränkung durch Substitution (entsprechend § 664 Abs. 1 BGB) i. Zw. nicht dem Sinn der Leitungs- und Leistungspflicht gem. § 4 Nr. 2 Abs. 1 Satz 3 VOB/B. Sofern nicht ausnahmsweise erkennbar vertragliche Einschränkungen gemacht sind, ist der Auftragnehmer deshalb für sämtliche Personen, die mit seiner Zustimmung in seine (!) Leistungspflicht einbezogen werden, gem. § 278 BGB verantwortlich. – Zu Einzelfragen der Haftungszurechnung bei Erfüllungsgehilfen vgl. → § 10 Nr. 1 Rdn. 31 f.

## III. Nebenpflichten; Deliktische Verantwortung des Auftragnehmers

### 1. Vertragliche Pflichtenlage

173 Die Ordnungspflicht des Auftragnehmers auf seiner Arbeitsstelle hat vertraglich auch für **alle Nebenpflichten** zur Bauleistung Bedeutung, insbes. solche, die die Sauberkeit und

---

[240] B § 4 Rdn. 43.
[241] Diese Freiheit steht allerdings im Konflikt mit dem (auch konkreten) Leistungsbestimmungsrecht des Auftraggebers, vgl. dazu *Zielemann* Leistungsbeschreibung, Detaillierte Risikoübernahmen und deren Grenzen beim Pauschalvertrag, FS Soergel, S. 301.
[242] Vgl. dazu die die Organisationspflicht konkret ansprechende Entscheidung des BGH in BGHZ 117, 138 vgl. näher → § 10 Nr. 1 Rdn. 38.

Sicherheit der Baustelle betreffen. Der Auftragnehmer ist dafür verantwortlich, dass sich „seine Arbeitsstelle" in einem Zustand befindet, der die Interessen des Auftraggebers (auch an der Außendarstellung des Objektes während der Bauzeit) wahrt, die Leistung anderer Unternehmer nicht stört und einen vertragsgemäßen Fortgang der Eigenarbeit des Auftragnehmers gewährleistet. Verstößt der Auftragnehmer nachhaltig gegen diese Pflicht, liegen ggf. die Voraussetzungen der §§ 4 Nr. 7; 5 Nr. 3 VOB/B vor.

## 2. Deliktisches Risiko des Auftragnehmers

Von Gewicht ist die **deliktsrechtliche** Auswirkung der Ordnungspflicht des Auftragnehmers. Der Auftragnehmer hat mit seiner Sorge für die ordentliche Arbeitsstelle auch die **Verkehrssicherheit** seines Arbeitsplatzes auf der Baustelle zu gewährleisten. Im Einzelnen vgl. dazu → § 10 Nr. 3 Rdn. 7 f. Auch in diesem Zusammenhang stellt sich die Frage der Verantwortlichkeit für Leistungsgehilfen. Soweit der Auftragnehmer eigene Kräfte (Arbeitnehmer) einsetzt, gilt **§ 831 BGB**: Der Auftragnehmer kann sich für deliktisches Verhalten dieser Personen durch den Nachweis ordnungsgemäßer Auswahl und Überwachung (auch der von ihnen eingesetzten Arbeitsmittel) entlasten.[243]

174

Differenzierter liegt das Problem bei der Einschaltung von **Subunternehmern** oder anderen Partnern der Bauausführung. Für die Anwendbarkeit des § 831 BGB kommt es hier darauf an, welcher Grad an „Abhängigkeit" zwischen Auftragnehmer und Drittem erforderlich ist, um die Verantwortung des Auftragnehmers für „Verrichtungsgehilfen" zu rechtfertigen. Dazu ist auf den Grund der Haftungszurechnung gem. § 831 BGB zurückzugehen. Eine Rechtfertigung liegt darin, dass der „Geschäftsherr" jederzeit die Möglichkeit hat, das Verhalten seiner „Gehilfen" zu steuern und damit auch rechtswidrige Schadenshandlungen zu verhüten.[244] Diese Möglichkeit zur Einwirkung nimmt in dem Maße ab, in dem der Beauftragte seine Arbeitsmittel und Arbeitsweise selbst bestimmt.

175

Deshalb stehen **Rechtsprechung**[245] und h. L.[246] seit langem auf dem Standpunkt, dass eingeschaltete Architekten, Sonderfachleute und Subunternehmer grundsätzlich keine „Verrichtungsgehilfen" sind. Allerdings überzeugt die gängige Begründung („Weisungsfreiheit") nur teilweise;[247] denn der Auftraggeber hätte ja vertraglich in weitem Rahmen die Möglichkeit, sich hinsichtlich der Arbeitsmodalitäten – soweit es die Wahrnehmung von Verkehrspflichten betrifft – Einfluss auf den Beauftragten zu sichern. Das wird aber deliktsrechtlich nicht erwartet. Der überzeugendere Grund für die Haftungsentlastung des Auftragnehmers in Fällen der Leistungskooperation mit Dritten liegt deshalb darin, dass vom Verkehr eine Haftungszurechnung immer dann nicht mehr vorausgesetzt wird, wenn der Dritte nach der vertraglichen Organisation der Baustelle tatsächlich über die Mittel verfügt, die Verkehrssicherheit in seinem Bereich eigenverantwortlich, d. h. unabhängig von seinem Auftraggeber, zu gewährleisten.

176

Hier schlägt die **Vertrauensstellung** des Auftragnehmers nach außen durch:[248] Ist er selbst nach den Verkehrsanforderungen erkennbar in der Lage, „für Ordnung auf seiner Arbeitsstelle zu sorgen", kommt es auf die Möglichkeit einer Einflussnahme seines Auftraggebers bezüglich der Modalitäten der Leistungsausführung nicht mehr an; der Auftraggeber ist deliktsrechtlich entlastet. Allerdings müssen diese Voraussetzungen auch vorliegen. Subunternehmer etwa, die einen eigenen Organisationsbereich gar nicht wahrnehmen (weil sie z. B. wie „überlassene Arbeitnehmer" in den Betrieb des Hauptauftragnehmers integriert sind), sind deliktsrechtlich Verrichtungsgehilfen.

177

---

[243] Vgl. zum Innenverhältnis zum Auftraggeber § 10 Nr. 2–6 VOB/B.
[244] *Erman/Schiemann* § 831 Rdn. 6.
[245] BGHZ 45, 311, 313; BGH NJW 1994, 2756; vgl. zum „entliehenen" Auftragnehmer BGH ZfBR 1995, 133.
[246] Palandt/*Thomas* BGB § 831 Rdn. 6; *Erman/Schiemann* a. a. O. (Fn. 141).
[247] Sie besteht aber neben der nachfolgenden, vgl. zum Normzweck aus den Verkehrspflichten MünchKomm/*Mertens* § 831 Rdn. 3.
[248] Vgl. *Ulmer* Die deliktische Haftung aus der Übernahme von Handlungspflichten, JZ 1969, 163.

## E. Sinn und Zweck des Absatz 2

### I. Allgemeines

**178** § 4 Nr. 2 VOB/B betont im Gegensatz zu Nr. 1 die Rechte und Verantwortlichkeit des Auftragnehmers. Die inhaltliche Kernaussage dazu enthält § 4 Nr. 2 **Abs. 1** VOB/B (vgl. oben Rdn. 1 f.). Aus ihr leitet sich sachlich auch § 4 Nr. 2 **Abs. 2** VOB/B ab: Der Auftragnehmer ist im Hinblick auf den Bauhergang selbstverantwortlicher Partner des Auftraggebers. Insoweit beschränken sich seine Vertragspflichten aber nicht – im „Außenverhältnis" – auf das Erreichen des Vertragszieles (Abs. 1); der Auftragnehmer ist gem. Absatz 2 ebenfalls – im „**Innenverhältnis**" – für seinen eigenen Betrieb allein und ausschließlich zuständig.

**179** Die VOB will auch mit dieser Regel nicht etwa in arbeitsrechtliche Verhältnisse des Auftragnehmers eingreifen, sondern, wie schon bei Absatz 1 (vgl. Rdn. 11 f.), nur eine Verantwortungsteilung mit Blick auf den Bauvertrag treffen. Im Verhältnis der Vertragsparteien zueinander soll es alleinige Sache des Auftragnehmers sein, die öffentlich-rechtlichen Verpflichtungen gegenüber seinen Arbeitnehmern zu wahren und das Arbeitsverhältnis zu ihnen zu ordnen.

**180** Die Betonung der „**alleinigen**" (Abs. 2 Satz 1) und „**ausschließlichen**" (Satz 2) Zuständigkeit des Auftragnehmers für seinen internen Arbeitsbereich schafft eine Abgrenzung zu § 4 Nr. 2 Abs. 1 VOB/B, wo zwar ebenfalls von „Eigenverantwortung" des Auftragnehmers („seine Sache") die Rede ist, aber nicht in dieser strengen Zuordnung. Damit ist ausgedrückt, dass sich der Auftraggeber um den Arbeitsbereich des Auftragnehmers zunächst einmal überhaupt nicht zu bekümmern hat.[249] Für die **qualitative Leistungserbringung** und die Ordnung auf der Baustelle gilt das, wie oben Rdn. 13 f. gezeigt, so unbedingt nicht (Mitwirkungsrechte und -pflichten des Auftraggebers gem. § 4 Nr. 1 VOB/B!). Auch § 4 Nr. 2 Abs. 2 VOB/B stellt aber den Auftraggeber nicht restlos frei. Einmal kann der Auftraggeber (insb. bei **Subaufträgen**) vertraglich Verantwortung für spezielle Ordnungsbereiche übernehmen, etwa für Verkehrssicherungsaufgaben oder für die Beachtung baurechtlicher Vorschriften im Rahmen der „Verantwortlichen Bauleitung" nach den Landesbauordnungen.[250]

**181** Zum anderen – und wesentlich – ist aber der „Bauherr" nach den Landesbauordnungen auch generell gehalten, für die „öffentliche Sicherheit und Ordnung" auf der Baustelle mit einzustehen. Daneben treten die Pflichten des Bauherren aus der Baustellenverordnung (BaustellV). Eine mögliche (und bei allen Großbauvorhaben auch erwartete) Delegierung dieser Pflichtenstellung befreit den „Bauherrn" nur insoweit, als er der bei der Delegierung und Aufsicht gebotenen Sorgfaltspflicht nachgekommen ist.[251] Hinzu tritt bei gewerblichen Unternehmen als Bauherren, dass die Gefahr der selbstschuldnerischen Haftung für von dem Auftragnehmer oder Subunternehmern nicht abgeführte Sozialabgaben besteht. Zu Einzelproblemen kann hier verwiesen werden: Zur **Verkehrssicherungspflicht** des Auftraggebers auf der Baustelle vgl. → § 10 Nr. 3 Rdn. 26 f. Zur **Schutzwirkung** bauvertraglicher Pflichten gegenüber Dritten, insb. auch gegenüber Arbeitnehmern des Auftragnehmers vgl. Rdn. 200 f. In diesem Zusammenhang auch zum **Freistellungsanspruch** des Auftraggebers gegenüber seinen Vertragspartnern, vgl. § 10 VOB/B. Zur Problematik der **BaustellV** vgl. unten Rdn. 192 f. Zur selbstschuldnerischen Haftung nach **§ 1 a AentG und § 28 e SGB IV** vgl. unten Rdn. 231 ff.

---

[249] Zum Problem der dem Bauherrn als Auftraggeber obliegenden arbeitsschutzrechtlichen Verpflichtungen nach § 4 BaustellV Rdn. 192 f. und der eventuellen Kettenhaftung für nicht abgeführte Sozialversicherungsbeiträge siehe unten Rdn. 231 f.
[250] Vgl. § 57 MusterbauO; § 45 LBauO BaWü; § 53 LBauO Bay; § 62 Bbg; § 58 LBauO Brem.; § 57 LBauO Hamb.; § 59 LBauO Hess.; § 58 LBauO M.-V.; § 59 a LBauO NW; § 60 LBauO Saarl.; § 58 LBauO Sa; § 61 LBauO LSA; § 64 LBauO SH.
[251] Vgl. *Ingenstau/Korbion* VOB/B § 10 Rdn. 103, 105.

## II. Ausgewogenheit/AGB-Kontrolle bei Abweichungen

Die – wenn auch im Detail sehr kurz gefasste – Regelung des § 4 Nr. 2 Abs. 2 VOB/B **182** ist in sich **ausgewogen;**[252] wesentliche Eingriffe können das vertragliche Gleichgewicht berühren.[253] Abweichende Regelungen in AGB zu § 4 Nr. 2 Abs. 2 sind in der Praxis allerdings unüblich. Werden gleichwohl Sonderabsprachen getroffen, muss unter AGB-Gesichtspunkten geprüft werden, ob wirklich eine substantielle Gewichtsverschiebung eintritt. Übernimmt etwa gegenüber dem Auftraggeber der Hauptauftragnehmer die umfassende Verpflichtung, in seinem Arbeitsbereich für die Einhaltung der nötigen Arbeitsschutzregeln zu sorgen, auch im Leistungsbereich eingeschalteter Subunternehmer, kann das der Vereinfachung der Kontrollen dienen und durchaus sachgerecht sein. Mit Blick auf die in der BaustellV geregelten arbeitsschutzrechtlichen Pflichten des Bauherrn erscheint zumindest im Falle eines Generalauftragnehmers die Übernahme der sich aus der BaustellV ergebenen arbeitsschutzrechtlichen Verpflichtungen des Auftraggebers/Bauherrn zwingend, um das ausgewogene Verhältnis zwischen Auftraggeber- und Auftragnehmerseite aufrecht erhalten zu können. Anders liegt es, wenn einem Auftragnehmer die Verantwortung auch für ganz fremde Sachbereiche übertragen wird.[254]

## F. Gesetzmäßige Betriebsführung (Absatz 2 Satz 1)

### I. Allgemeines

Der Auftragnehmer hat gegenüber seinen Arbeitnehmern die gesetzlichen, behördlichen **183** und berufsgenossenschaftlichen Verpflichtungen einzuhalten (§ 4 Nr. 2 Abs. 2 Satz 1 VOB/B). Damit sind zunächst die **formalen Arbeitsschutzregeln** angesprochen. § 4 Nr. 2 Abs. 2 Satz 2 VOB/B ergänzt diese Verpflichtung dadurch, dass dem Auftragnehmer weiter die Privatgestaltung seiner Arbeitsverhältnisse zugewiesen ist. Da es, wie erwähnt,[255] in der VOB nicht um die Regelung arbeitsvertraglicher Fragen zwischen Auftragnehmer und seinen Arbeitnehmern geht, ist mit Satz 2 insb. die bauvertragliche Absicherung der Einhaltung von **Fürsorgepflichten** im Arbeitsverhältnis angesprochen, die im weiteren Sinne ebenfalls Bestandteil der „Ordnung auf der Baustelle" (Abs. 1 Satz 2) ist. Bestandteil der Fürsorgepflicht ist wiederum auch die Regelung der **vermögensrechtlichen Schutzansprüche** bei Vertragsverletzung, – des Arbeitnehmers bei einer Schädigung durch den Auftragnehmer, des Auftragnehmers bei einer Schädigung durch den Arbeitnehmer.[256]

### II. Formeller Arbeitsschutz im Baubetrieb/Unfallverhütungsvorschriften (UVV)

#### 1. Übersicht zum Arbeitsschutzrecht

Das formelle Arbeitsschutzrecht umfasst sachlich alle kodifizierten Regelungsbereiche, die **184** im weit gefassten Sinne dem Ziel einer gefahrlosen und humanen Arbeitsabwicklung dienen.[257] Vom Regelungsgegenstand her wird zwischen **„technischem"** und **„sozialem"**

---

[252] Abweichende Stellungnahmen sind nicht ersichtlich.
[253] *(Fußnote nicht belegt)*
[254] Z. B. Übertragung der „Verantwortlichen Bauleitung" an einem einzelnen Gewerk für einen wesentlich umfassenderen Bereich.
[255] Vgl. oben Rdn. 179.
[256] *Blomeyer* in MünchHdB. ArbR I § 94 Rdn. 12–16; *Kort* NZA 1996, 854.
[257] *Wlotzke* in MünchHdb. ArbR II § 206 Rdn. 9.

§ 4 Nr. 2 Eigenverantwortung des Auftragnehmers

Arbeitsschutz unterschieden;[258] die Bereiche überlagern sich aber. Für den Baustellenbetrieb steht der technische Arbeitsschutz ganz im Vordergrund. – Systematisch fußt der Arbeitsschutz auf zwei Säulen („duales System"):[259] den unmittelbar gesetzlichen Arbeitsschutzvorschriften und den auf Ermächtigungsnormen des § 15 SGB III beruhenden selbstgesetzten Regeln der Berufsgenossenschaften (UVV), die das im Übrigen kodifizierte Recht vielfach ergänzen.[260]

## 2. Vollzug des Arbeitsschutzrechtes

185 Der Vollzug des Arbeitsschutzes liegt, soweit er nicht **vertraglich** eingefordert wird,[261] bei den in den Einzelgesetzen benannten zuständigen **Behörden,** insb. den Gewerbeaufsichtsämtern (§ 120 d GewO). Adressat der Vorschriften ist i. d. R. der Arbeitgeber („Unternehmer"), vgl. z. B. § 1 Abs. 1 Satz 1. ArbeitssicherheitsG; § 3 Abs. 1 ArbeitsstättenVO; insbes. nach dem ArbeitssicherungsG (§§ 3, 6) sind aber auch Fachbeauftragte für Arbeitssicherheit (Betriebsärzte; Sicherheitsbeauftragte) unmittelbar für den betrieblichen Arbeitsschutz verantwortlich. Seit kurzem ist aber auch der Bauherr Adressat einiger arbeitsschutzrechtlicher Verpflichtungen (vgl. § 4 BaustellV). Über dies hinaus ahnden Strafvorschriften (z. B. § 148 GewO; §§ 45 Abs. 2, 51 GefahrStVO) und Bußgeldtatbestände als Ordnungswidrigkeiten (z. B. §§ 143, 147 GewO; § 20 ASiG; § 45 GefahrStVO; § 26 Abs. 1 Nr. 10 ChemG) arbeitsschutzwidriges Verhalten. Die UVV enthalten ihrerseits i. d. R. Bußgeldvorschriften, deren Ermächtigung in § 710 Abs. 1 RVO besteht.

## 3. Vorschriften zum baubetrieblichen Arbeitsschutz

186 Von Bedeutung für den Baubetrieb sind insb. folgende **Arbeitsschutznormen** (zeitlich geordnet):
– Gewerbeordnung i. d. Fassung v. 1. 1. 1987 (BGBl I S. 425), zuletzt geändert 22. 2. 1999 (BGBl I S. 202) – GewO –
– Gesetz über Betriebsärzte, Sicherheitsingenieure und andere Fachkräfte der Arbeitssicherheit v. 12. 12. 1973 (BGBl I S. 1885) – ArbSichG –, zuletzt geändert am 24. 8. 2002 (BGBl I S. 1883)
– Verordnung über Arbeitsstätten v. 20. 3. 1975 (BGBl I S. 729), zuletzt geändert am 27. 9. 2002 (BGBl I S. 3777) – ArbstättVO –
– Gesetz zum Schutze der arbeitenden Jugend v. 12. 4. 1976 (BGBl I S. 965), zuletzt geändert am 21. 12. 2000 (BGBl I S. 965) – JArbSchG –
– Gesetz über die Gleichbehandlung von Männern und Frauen am Arbeitsplatz v. 13. 8. 1980 (BGBl I S. 1308), zuletzt geändert am 24. 6. 1994 (BGBl I S. 1406), vgl. § 611 a BGB
– Gesetz zum Schutz vor gefährlichen Stoffen v. 16. 9. 1980 (BGBl I S. 521) – ChemG – neu bekannt gegeben mit Gesetz vom 20. 6. 2002 (BGBl I S. 2091), zuletzt geändert am 6. 8. 2002 (BGBl I S. 3082)
– UVV Lärm (VBG 121) v. 1. 1. 1990, entspricht EG-Richtlinie über den Schutz der Arbeitnehmer gegen Gefährdung durch Lärm am Arbeitsplatz v. 12. 5. 1986, Richtl. 86/188/EWEG (ABl EG 19806 Nr. L 137/28)
– Gerätesicherheitsgesetz v. 23. 10. 1992 (BGBl I S. 1739) – GerätesicherheitsG – neu bekannt gegeben durch Gesetz vom 11. 5. 2001 (BGBl I S. 866), zuletzt geändert am 23. 3. 2002 (BGBl I S. 1163)

---

[258] *Wlotzke* in MünchHdb. ArbR II § 207 Rdn. 4–7; *Blomeyer* in MünchHdb. ArbR I § 96 Rdn. 10; ausführlich: *Blomeyer* a. a. O. § 207.
[259] *Wlotzke* in MünchHdb. ArbR II § 208 Rdn. 3.
[260] Vgl. näher unten Rdn. 187 f.
[261] *Wlotzke* in MünchHdb. ArbR II § 209 Rdn. 2.

- Verordnung zum Schutz vor gefährlichen Stoffen v. 26. 10. 1993 (BGBl I S. 1782, 2049), neu bekannt gegeben am 15. 11. 1999 (BGBl I S. 2233), zuletzt geändert am 15. 10. 2002 (BGBl I S. 4123)
- Arbeitszeitgesetz v. 6. 6. 1994 (BGBl I S. 1170) – ArbZG – zuletzt geändert am 21. 12. 2002 (BGBl I S. 1983)
- Gesetz zum Schutz der Beschäftigten vor sexueller Belästigung am Arbeitsplatz (Beschäftigtenschutzgesetz) v. 24. 6. 1994 (BGBl I S. 1406; ber. S. 2103)
- Gesetz zur Umsetzung der EG-Rahmenrichtlinie Arbeitsschutz und weiterer Arbeitsschutzrichtlinien (Arbeitsschutzgesetz) v. 7. 8. 1996 (BGBl I S. 1246) – ArbSchG –, zuletzt geändert 21. 6. 2002 (BGBl I S. 2167)
- Verordnung über Sicherheit und Gesundheitsschutz auf Baustellen (Baustellenverordnung – BaustellV) v. 10. 6. 1998 (BGBl I S. 1283)

### 4. Unfallverhütungsvorschriften (UVV)

**187** Den UVV kommt im Bauwesen eine große Bedeutung zu. In einem umfassenden Vorschriftenwerk[262] legen sie Sicherheitsanforderungen fest, die vor allem der Verhütung von Arbeitsunfällen und Berufskrankheiten dienen sollen; sie können als **Basis des baubetrieblichen Arbeitsschutzes** bezeichnet werden. Ihrem Rechtscharakter nach sind die UVV Satzungen der jeweils zuständigen Unfallversicherungsträger (Berufsgenossenschaften); sie wirken insoweit auch unmittelbar nur gegenüber ihren Mitgliedsunternehmen; ihre faktische Wirkung geht aber darüber hinaus.[263] – Zur autonomen Rechtsetzung sind die Unfallversicherungsträger durch § 15 Abs. 1 SGB IV ermächtigt; die Satzungen bedürfen staatlicher Genehmigung, § 15 Abs. 4 SGB IV. Unfallversicherungsträger sind gem. § 114 SGB IV, Anlage 1 zu § 114 im Baubereich die Bauberufsgenossenschaften (BG): Hamburg; Hannover; Rheinland und Westphalen; Frankfurt/Main; Südwestliche Bau-BG; Württembergische Bau-BG; Bau-BG Bayern und Sachsen; Tiefbau-BG.

**188** Obwohl im weiteren Sinne Schutznormen, dienen die UVV nach h. L.[264] und st. Rspr.[265] nicht dem Individualinteresse; von diesem Standpunkt aus sind sie deshalb **keine „Schutzgesetze" gem. § 823 Abs. 2 BGB.** Die Streitfrage hat indessen zwischen Arbeitnehmer und Arbeitgeber wenig Bedeutung, weil der Arbeitgeber gegen Personenschäden des Arbeitnehmers durch §§ 104, 105 SGB VII geschützt ist und Sachschäden nach allgemeiner Auffassung nicht in den Schutzbereich der UVV fallen. – Bezüglich der oben erwähnten Schutzgesetze selbst lassen Lehre und Rechtsprechung übrigens den **Individualschutz** weiter reichen: § 823 Abs. 2 BGB wird überall dort für anwendbar erklärt, wo die Bestimmung erkennbar (auch) dem Schutz des einzelnen Arbeitnehmers dient. Jedoch erlangt die Frage des Drittschutzes der UVV insofern Bedeutung, als der Unternehmer gegenüber seinen Arbeitnehmern nach den §§ 104, 106 SGB VII freigestellt ist, jedoch nicht gegenüber Dritten, wie z. B. seinen Subunternehmern[266] oder Angestellte zufällig am selben Bauvorhaben tätiger anderer Unternehmen.[267]

**189** Die **faktische Bedeutung** der UVV geht über ihre unmittelbare rechtliche Wirkung hinaus. Aufgrund ihrer im Allgemeinen sorgfältigen Vorbereitung und Ausarbeitung werden sie als generelle Fachregeln des Arbeitsschutzes angesehen[268] und konkretisieren damit auch im Baubetrieb die **Verkehrspflichten** der Beteiligten, insbes. im Umgang auf der Bau-

---

[262] Vgl. *Wlotzke* in MünchHdb. ArbR II § 207 Rdn. 25 ff.
[263] *Wlotzke* in MünchHdb. ArbR II § 207 Rdn. 32.
[264] *Wlotzke* in MünchHdb. ArbR II § 207 Rdn. 36.
[265] BGHDB 1964, 184; VersR 1969, 827; BayObLG NJW-RR 2002, 1249; OLG München VersR 1976, 585; OLG Stuttgart BauR 2000, 748, 749; OLG Schleswig BauR 2001, 974, 976.
[266] Vgl. OLG Brandenburg NZBau 2003, 441 = BauR 2003, 1231.
[267] Vgl. BGH BauR 2003, 1222, 1223.
[268] *Wlotzke* in MünchHdb. ArbR II § 207 Rdn. 32, 33; *Kesselring* Verkehrssicherungspflichten am Bau S. 18.

§ 4 Nr. 2  Eigenverantwortung des Auftragnehmers

stelle.²⁶⁹ Das hat Bedeutung im Rahmen der Haftung nach § 823 Abs. 1 BGB. Im Übrigen können die UVV jedenfalls i. Zw. als branchentypische Verkehrssitte gelten, so dass sie ungeachtet einer evtl. engeren formellen Rechtswirkung über die Auslegung des Arbeitsvertrages (§§ 157, 242 BGB) auch Vertragspflichten werden.²⁷⁰

190  Im Range unter den UVV stehen im Zusammenhang mit ihnen von den Berufsgenossenschaften herausgegebene „Durchführungsanweisungen", „Richtlinien", „Sicherheitsregeln" oder „Merkblätter". Deren Reichweite und Schutzwirkung kann nur im Einzelfall von ihrem Inhalt her bestimmt werden.²⁷¹"

### 5. Europarechtliche Regelungen; Arbeitsschutzgesetz; Baustellenverordnung

191  **a) Arbeitsschutzgesetz.** Mit drei **Richtlinien** aus den Jahren 1989, 1991 und 1992 hat die EG-Kommission Vorgaben zur Verbesserung des Arbeitsschutzes in den Mitgliedsländern gegeben. Es handelt sich um die Richtlinie 89/391/EWG des Rates vom 12. 6. 1989 über die Durchführung von Maßnahmen zur Verbesserung der Sicherheit und des Gesundheitsschutzes der Arbeitnehmer bei der Arbeit (ABl EG Nr. L 183 S. 1), die Richtlinie 91/383/EWG des Rates vom 25. 6. 1991 zur Ergänzung der Maßnahmen zur Verbesserung der Sicherheit und des Gesundheitsschutzes von Arbeitnehmern mit befristetem Arbeitsverhältnis oder Leiharbeitsverhältnis (ABl EG Nr. L 206 S. 19) und die Richtlinie 92/57/EWG des Rates über die auf zeitlich begrenzte oder ortveränderliche Baustellen anzuwendende Mindestvorschriften für die Sicherheit und den Gesundheitsschutz (Achte Einzelrichtlinie im Sinne des Artikel 16 Absatz 1 der Richtlinie 89/391/EWG) vom 24. 6. 1992 (ABl EG Nr. L zu 245/6, S. 6). Am 20. 8. 1996 (BGBl I S. 1246) wurde das „Gesetz zur Umsetzung der EG-Rahmenrichtlinie Arbeitsschutz und weiterer Arbeitsschutz-Richtlinien" v. 7. 8. 1996 verkündet. Abgesehen von einer Regelung zu Dokumentationspflichten des Arbeitgebers (§ 6 Abs. 1) gilt das **Arbeitsschutzgesetz** (ArbSchG) seit dem 21. 8. 1996. (Vgl. zum Inhalt der Regelung *Vogl* NJW 1996, 2753, sowie *Kollmer* WiB 1996, 825.) Hinzuweisen ist insbesondere auf § 4 ArbSchG, wonach der Arbeitgeber u. a. von folgenden allgemeinen Grundsätzen auszugehen hat:
– Die Arbeit ist so zu gestalten, dass eine Gefährdung für Leben und Gesundheit möglichst vermieden und die verbleibende Gefährdung möglichst gering gehalten wird;
– Gefahren sind an ihrer Quelle zu bekämpfen; individuelle Schutzmaßnahmen sind nachrangig zu anderen Maßnahmen;
– bei den Maßnahmen sind der Stand der Technik, Arbeitsmedizin und Hygiene sowie sonstige gesicherte arbeitswissenschaftliche Erkenntnisse zu berücksichtigen;
– Maßnahmen sind mit dem Ziel zu planen, Technik, Arbeitsorganisation, sonstige Arbeitsbedingungen, soziale Beziehungen und Einfluss der Umwelt auf den Arbeitsplatz sachgerecht zu verknüpfen;
– spezielle Gefahren für besonders schutzbedürftige Beschäftigtengruppen sind zu berücksichtigen;
– mittelbar oder unmittelbar geschlechtsspezifisch wirkende Regelungen sind nur zulässig, wenn dies aus biologischen Gründen zwingend geboten ist.

192  **b) Baustellenverordnung.** Durch Erlass des Arbeitsschutzgesetzes wurden zwar die ersten beiden der in dem vorherigen Absatz genannten Richtlinien umgesetzt, nicht jedoch die dritte dort genannte Richtlinie, die sogenannte Baustellenrichtlinie Diese wurde durch die Verordnung über Sicherheit und Gesundheitsschutz auf Baustellen (Baustellenverordnung – BaustellV) vom 10. 6. 1998 (BGBl I S. 1283) in nationales Recht umgesetzt. Die BaustellV stellt einen integralen Bestandteil des Regelungskomplexes Arbeitsschutzgesetz

---

²⁶⁹ Vgl. OLG Stuttgart BauR 2000, 748, 749 f.; OLG Brandenburg BauR 2003, 119; OLG Köln BauR 2003, 723, 724.
²⁷⁰ Der erwartete Sicherheitsstandard wird gem. § 157 BGB Vertragsinhalt: *Wlotzke* in MünchHdb. ArbR II § 209 Rdn. 15, 49.
²⁷¹ Vgl. im Einzelnen *Wlotzke* in MünchHdb. ArbR II § 209 Rdn. 53.

Eigenverantwortung des Auftragnehmers  **§ 4 Nr. 2**

dar und ist als ein Besonderer Teil zu dem durch das Arbeitsschutzgesetz formulierten Allgemeinen Teil zu verstehen.[272] Die BaustellV nimmt demzufolge vielfach ausdrücklich Bezug auf den in § 4 ArbSchG niedergelegten Kanon an Pflichten (§§ 2 Abs. 1, 3 Abs. 1, 3 Abs. 2 Nr. 3, 7 BaustellV).

Im Gegensatz zum sonstigen Arbeitsschutzrecht wird jedoch der Bauherr als Auftraggeber **193** weitgehend durch die Bestimmungen der BaustellV verpflichtet (§ 4 BaustellV) und nicht der Auftragnehmer als Arbeitgeber. Der Bauherr – oder ein hierzu beauftragter Dritter –, hat bei größeren Bauvorhaben[273] einen Sicherheits- und Gesundheitsplan zu erstellen und einen Sicherheits- und Gesundheitskoordinator (SiGeKo) zu benennen oder diese Aufgabe selbst wahrzunehmen[274] (§§ 2 und 3 BaustellV). Dieser Dritte kann auch der Auftragnehmer, aber auch der Architekt oder der später beauftragte SiGeKo sein. Der bzw. die Koordinatoren haben bereits in der Planungsphase den Sicherheits- und Gesundheitsplan zu erstellen und die notwendigen Unterlagen zusammenzustellen (§ 3 Abs. 2 BaustellV) und während der Ausführung die Einhaltung des Planes zu überwachen und diesen erforderlichenfalls anzupassen (§ 3 Abs. 3 BaustellV). Das Bauvorhaben ist der zuständigen Behörde (zumeist der Gewerbeaufsicht) vorher durch den Bauherren anzukündigen (§ 2 Abs. 2 BaustellV). Der Auftragnehmer hat demgegenüber den SiGe-Plan und die Hinweise des SiGeKo zu beachten.[275]

Der Bauherr kann sich durch die Bestellung eines Dritten gem. § 4 BaustellV entlasten. **194** Die Bestellung eines „Dritten" im Sinne des § 4 BauStellV entlastet den Bauherren straf-, ordnungswidrigkeiten-, zivil- und öffentlichrechtlich von allen Verpflichtungen.[276] Besondere Qualifikationen des Dritten sind grundsätzlich nicht vorgesehen. Bei der Beauftragung eines ungeeigneten Dritten wird man gegebenenfalls aber an Auswahlverschulden und eine Haftung entsprechend der für Erfüllungsgehilfen denken müssen.

Der Auftragnehmer hat neben der genannten Pflicht zur Beachtung des SiGe-Planes seine **195** Beschäftigten in einer verständlichen Sprache über Schutzmaßnahmen zu unterrichten (§ 5 Abs. 2 BaustellV). Ansonsten sieht die BaustellV vor, dass der Auftragnehmer alle ihm ansonsten obliegenden arbeitsschutzrechtlichen Verpflichtungen unbeschadet der Verpflichtungen des Bauherrn zu erfüllen hat (§ 5 Abs. 3 BaustellV). Er wird daher nicht von seinen vertraglichen und gesetzlichen arbeitsschutzrechtlichen Verpflichtungen durch die Benennung eines SiGeKo durch den Bauherrn entbunden. Auch der Auftragnehmer ohne eigene Beschäftigte ist zur Einhaltung der arbeitsschutzrechtlichen Bestimmungen und zur Beachtung des SiGe-Planes verpflichtet (§ 6 BaustellV).

Als neuer Verantwortlicher am Bau tritt der SiGeKo auf. Man kann – entgegen einer **196** wohl vereinzelten Auffassung[277] – auch nicht den Architekten als automatischen SiGeKo

---

[272] *Kollmer* Baustellenverordnung, Einl BaustellV Rdn. 14.
[273] Gemäß § 2 Abs. 2 Nrn. 1 u. 2 BaustellV sind hiermit solche gemeint, bei denen entweder voraussichtlich eine Arbeitsdauer über 30 Arbeitstage bei einem gleichzeitigen Einsatz von zumindest zeitweilig – d. h. für einen Zeitraum von mindestens einer Arbeitsschicht – mehr als 20 Beschäftigten oder aber voraussichtlich ein Umfang von mehr als 500 Personentagen überschritten wird. Es kommt hierbei einzig auf die voraussichtliche Größe des Bauvorhabens an, die Berücksichtigung von weiteren Kriterien – etwa der voraussichtlichen Baukosten – ist nicht entscheidend (OLG Zweibrücken NStZ-RR 2002, 91; a. A.: *Kollmer* Baustellenverordnung § 2 BaustellV Rdn. 47). Umstritten ist jedoch, ob die Errichtung einzelner Einfamilienhäuser nur i. d. R. nicht als größere Bauvorhaben behandelt werden (so OLG Zweibrücken a. a. O.; *Moog* BauR 1999, 795, 796) oder ob diese nach dem Sinn und Zweck der Vorschrift stets als kleinere Bauvorhaben zu behandeln sein sollen (*Kollmer* Baustellenverordnung § 2 BaustellV Rdn. 46 ff.). Angesichts der relativ geringen Unfallgefahren und der geringen Bauerfahrungen der Bauherren einfacher Einfamilienhäuser ist davon auszugehen, dass die weitgehenden Pflichten nach der BaustellV diesen Bauherren nicht zuzumuten sein dürften, womit Einfamilienhäuser als nicht erfasst angesehen werden müssen.
[274] Kritisch zu dieser Möglichkeit des Bauherren, die Aufgabe des SiGeKo selbst wahrzunehmen: *Rozek/Röhl* BauR 1999, 1394, 1397 ff., welche davon ausgehen, dass es sich insoweit um eine unzutreffende Umsetzung der Baustellenrichtlinie handele, welche jedoch nur einen gemeinschaftsrechtlichen Staatshaftungsanspruch auslöse.
[275] *Kollmer* Baustellenverordnung § 5 BaustellV Rdn. 55 ff.
[276] Vgl. *Kollmer* Baustellenverordnung § 4 Rdn. 10 ff.; *Moog* BauR 1999, 795, 799.
[277] *Wingsch* BauR 2001, 314, welcher davon ausgeht, dass es sich bei der Tätigkeit eines SiGeKo um Ohnehinleistungen nach HOAI handele; hiergegen *Quack* BauR 2002, 541; *ders*. FS Jagenburg S. 757, 760 f.;

## § 4 Nr. 2

ansehen.[278] Jedoch wird man dem Architekten zumindest bei in Bausachen unerfahrenen Auftraggebern eine Aufklärungspflicht bezüglich der Notwendigkeit einen SiGeKo zu bestellen, auferlegen müssen – mit den sich aus § 280 BGB ergebenen Haftungsfolgen. Ähnliche Pflichten muss man auch dem General- und insbesondere dem Totalunternehmer auferlegen müssen. Die Pflichten des SiGeKo ergeben sich aus § 3 Abs. 1 u. 2 BaustellV.

197 Neben der Verpflichtung des Bauherren sieht die BaustellV eine weitere Besonderheit vor: Während Verkehrssicherungspflichten nach traditionellem Verständnis eine Haftung für eine geschaffene Gefahrenlage zur Folge haben, zielt die BaustellV auf Vorsorge und damit Abwendung von Gefahrenlagen ab.[279]

198 Da die BaustellV der Verbesserung der Sicherheit und des Gesundheitsschutzes dienen soll (§ 1 Abs. 1 BaustellV) ist davon auszugehen, dass die in der BaustellV formulierten Pflichten Schutzgesetze im Sinne des § 823 Abs. 2 BGB zu Gunsten der auf Bauvorhaben Beschäftigten darstellen.[280] Problematisch dürfte dies für den Bauherren werden. Da er nicht gem. §§ 104, 106 SGB VII von der Haftung freigestellt ist, besteht für ihn die Gefahr, dass er von geschädigten Arbeitnehmern, aber auch von der Versicherung, in Regress genommen werden kann.

199 Die Regelungen der BaustellV stehen im deutlichen Gegensatz zu der Formulierung des § 4 Nr. 2 VOB/B, welcher vorsieht, dass bei wirksamer Vereinbarung der VOB/B es die Sache des Auftragnehmers ist, die Ausführung seiner vertraglichen Leistung zu leiten (§ 4 Nr. 2 Abs. 1 Satz 3), er für die Erfüllung der Verpflichtungen gegenüber seinen Arbeitnehmern **allein** verantwortlich und es **ausschließlich** seine Aufgabe ist, Vereinbarungen und Maßnahmen zu treffen, die sein Verhältnis zu seinen Arbeitnehmern betreffen (§ 4 Nr. 2 Abs. 2). Diese gesetzliche Durchbrechung kann durch den VOB-Vertrag letztlich nicht aufgehoben werden. Vielmehr werden die Zuständigkeiten von Auftraggeber und Auftragnehmer stärker miteinander verzahnt, als es der auf Kooperation ausgerichtete VOB-Vertrag bereits vorsieht.

### III. Fürsorgepflicht des Auftragnehmers gegenüber Arbeitnehmern/Schutzpflichtverletzung/gegenseitige Schadenshaftung

#### 1. Grundregeln der Fürsorgepflicht

200 Die Grundregeln der Fürsorge- und Schutzpflichten des Auftragnehmers gegenüber seinem Arbeitnehmer sind die **§§ 618, 619 BGB (§ 62 HGB); § 120a GewO**. Sie verpflichten den Arbeitgeber über ihren Wortlaut hinaus zur Beachtung aller arbeitsbezogener Regeln und Verkehrspflichten, die dem Schutz des Arbeitnehmers dienen, aber auch darüber hinaus zum rücksichtsvollen Einsatz des Arbeitnehmers (hier:) im Baubetrieb.[281] Die Fürsorgepflicht schließt zugleich – persönlich wie wirtschaftlich – die Beachtung des **Arbeitsrisikos** für den Arbeitnehmer ein, woraus sich zusammen mit der arbeitsvertraglichen Treuepflicht eine Reihe weiterer Rechtsregeln ergeben, die hier nur unter Verzicht auf arbeitsrechtliche Vertiefung in Stichworten skizziert werden können:

---

vgl. auch BR-Drs. 306/1/98, wo eindeutig von zusätzlichen Ingenieursleistungen ausgegangen wird. Daneben verpflichtet sich der Architekt bekanntlich nicht zur Abarbeitung der HOAI, sondern zur Errichtung eines Werkes, der Schluss von in der HOAI aufgeführten Leistungsbeschreibungen auf das geschuldete Werk ist daher unzulässig, weshalb der Auffassung von Wingsch nicht gefolgt werden kann, auch wenn es in der Tat zu erheblichen Überschneidungen der Aufgaben eines Architekten und des SiGeKo kommen mag.

[278] So auch: *Kleinhenz* ZfBR 1999, 179, 182; *Schmidt* ZfBR 2000, 3; *Quack* a. a. O.
[279] Vgl. *Kesselring* Verkehrssicherungspflichten am Bau S. 148.
[280] Vgl. *Kesselring* Verkehrssicherungspflichten am Bau S. 158; *Kleinhenz* ZfBR 1999, 179, 181.
[281] Vgl. *Blomeyer* in MünchHdb. ArbR I § 94 Rdn. 4.

Eigenverantwortung des Auftragnehmers § 4 Nr. 2

## 2. Wesentliche Rechtsfolgen der Fürsorgepflicht

**a) Förderpflicht des Arbeitgebers/Mitwirkungspflicht des Arbeitnehmers.** Der 201
Arbeitgeber ist auch über den gesetzlichen Rahmen hinaus (vgl. insb. ArbSichG) verpflichtet, den Arbeitsschutz zu fördern und das Schadensrisiko des Arbeitnehmers zu mindern. Dem dienen u. a. Unterrichtungspflichten;[282] Vorschriften zur persönlichen Schutzausrüstung.[283] Entsprechend ist aber auch der Arbeitnehmer verpflichtet, die ihm obliegenden Schutzmaßnahmen zu beachten.[284]

**b) Leistungsverweigerungsrecht des Arbeitnehmers/Annahmeverweigerungs-** 202
**recht des Arbeitgebers.** Genügt der Arbeitgeber seinen Schutzpflichten nicht, ist der Arbeitnehmer ggf. zur Arbeitsverweigerung und in schwerwiegenden Fällen auch zur Anzeige berechtigt. Es hat aber eine Risiko- und Interessenabwägung stattzufinden.[285] – Entsprechend braucht der Arbeitgeber eine Leistung unter Missachtung notwendiger Schutzmaßnahmen nicht anzunehmen; eine solche Leistung begründet keinen Annahmeverzug.[286]

**c) Haftung des Arbeitnehmers.** Beschädigt der Arbeitnehmer Vermögenswerte des 203
Arbeitgebers, kommt eine Haftungseinschränkung aus dem Gesichtspunkt der „gefahrgeneigten Arbeit" in Betracht.[287] Nach neuerer Rechtsprechung des BAG findet unabhängig von der allgemeinen „Gefahrneigung" bestimmter Aufgaben eine Risikoverteilung nach den Kriterien des Einzelfalles statt.[288] Hinzuweisen ist auf die abweichende Beweislastregel nach § 619 a BGB, danach obliegt die Beweislast für das Verschulden bei Pflichtverletzungen dem Arbeitgeber.[289] Bei Schäden Dritter besteht nach diesen Grundsätzen ggf. ein Freistellungsanspruch des Arbeitnehmers gegen den Arbeitgeber.

**d) Haftung des Arbeitgebers.** Bestimmend für die Haftung des Arbeitgebers ist sein 204
Freistellungsanspruch für Personenschäden aus Arbeitsunfällen gem. §§ 104, 105 SGB VII. Für Sachschäden gilt § 104 SGB VII nicht. Insoweit verbleibt es bei den allgemeinen Haftungsgrundsätzen aus Vertrag und Delikt. Besonderheiten gelten allerdings für Schäden an solchen Vermögensgegenständen, die üblicherweise oder notwendig vom Arbeitnehmer in den Betrieb eingebracht werden. Verletzt der Arbeitgeber die ihm dazu aufgegebenen Schutzpflichten, ist er grundsätzlich ersatzpflichtig.[290] Liegt ein Verschulden des Arbeitgebers nicht vor, verwirklicht sich bei der Schadensentstehung aber gleichwohl ein arbeitsspezifisches Risiko, kann ein Anspruch des Arbeitnehmers auf Aufwendungsersatz bestehen.[291]

## G. Gesetzmäßige Beschäftigung – Verbotsnormen

### I. Gesetzeslage – Überblick

#### 1. Allgemeines

Im Verhältnis zum Auftraggeber ist der **Auftragnehmer** nach § 4 Nr. 1, Nr. 2 Abs. 2 205
Satz 1 VOB/B auch für die Gesetzmäßigkeit seiner Beschäftigungsverhältnisse („allein") verantwortlich. Das setzt im Innenverhältnis der Vertragspartner Prioritäten für die arbeits-

---

[282] *Blomeyer* in MünchHdb. ArbR I § 96 Rdn. 22.
[283] *Blomeyer* in MünchHdb. ArbR I § 96 Rdn. 14, 86; *Wlotzke* in MünchHdb. ArbR II § 216.
[284] *Blomeyer* in MünchHdb. ArbR I § 53 Rdn. 52.
[285] BAG BB 1992, 211, 213; *Blomeyer* in MünchHdb. ArbR I § 94 Rdn. 26; *Kort* NZA 1996, 854.
[286] Der Fürsorgeanspruchdes ArbN hat seine Grenze bei einem für den ArbG nicht zumutbaren, insb. gefahrbringenden Leistungsangebot, vgl. *Erman/Hanau* § 615 Rdn. 24, 28; *Kort* NZA 1996, 854.
[287] *Blomeyer* in MünchHdb. ArbR I § 59 Rdn. 23; *Ahrens* DB 1996, 934.
[288] Vgl. BAG NJW 1990, 468; BAG BB 1990, 64; BAG (GS) NJW 1993, 1732; BGH NJW 1996, 1532; *Däubler* NJW 1986, 867; *Hanau/Rohlfs* NJW 1994, 1439.
[289] Vgl. zu dieser Vorschrift: *Däubler* NZA 2001, 1329, 1331.
[290] *Blomeyer* in MünchHdb. ArbR I § 94 Rdn. 27.
[291] *Blomeyer* in MünchHdb. ArbR I § 96 Rdn. 67.

*Ganten*

## § 4 Nr. 2 — Eigenverantwortung des Auftragnehmers

vertragliche Zuständigkeit. Die VOB kann und will im Übrigen aber die ihr übergeordnete Gesetzeslage nicht ändern. Soweit deshalb Rechtsvorschriften auch den **Auftraggeber** zur Beachtung der Arbeitsverhältnisse des Auftragnehmers zwingen, bleiben sie gegenüber § 4 Nr. 2 Abs. 2 VOB/B selbstverständlich unberührt. Das gilt insb. hinsichtlich der „Schwarzarbeit".[292] Nach § 2 Abs. 2 Nr. 2 SchwarbG handelt auch ordnungswidrig, wer als Unternehmer (Auftraggeber) einen anderen Unternehmer (Auftragnehmer) beauftragt, von dem er weiß oder leichtfertig nicht weiß, dass dieser i. S. des § 2 Abs. 1 Nr. 2 lit. a, b „Schwarzarbeit" betreibt. Ein weiterer Anwendungsfall ist die nach § 19 AFG erlaubnispflichtige **Ausländerbeschäftigung** (§ 2 Abs. 1 Nr. 2 a SchwarbG).

206 Auch im Bereich der **Arbeitnehmerüberlassung** sind in der „Grauzone"[293] der Subunternehmerverträge Konstellationen möglich, die den Auftraggeber gesetzlich nicht weniger betreffen als den Auftragnehmer (dazu näher unten Rdn. 213). Soweit aber eine zusätzliche Mitverantwortung des Auftraggebers für die arbeitsrechtlichen „Interna" des Auftragnehmers nicht angeordnet ist, stellt § 4 Nr. 2 Abs. 2 VOB/B nochmals klar, dass jedenfalls auch vertraglich keine besondere Beobachtungspflicht besteht.

### 2. Einzelregelungen

207 Beschäftigungsverbote, die bei der Durchführung von Bauten relevant werden können, finden sich insb. in folgenden Vorschriften:
— Gesetz zum Schutze der **arbeitenden Jugend** (JArbSchG) v. 12. 4. 1976 (BGBl I S. 965) zuletzt geändert am 21. 12. 2000 (BGBl I S. 965) — Das Gesetz enthält div. Schutzbestimmungen für die Beschäftigung von Kindern (§ 2 Abs. 1, 3) und Jugendlichen (§ 2 Abs. 2).

208 — **Arbeitsschutz für Frauen**[294] — Der Beschäftigungsschutz für Frauen ist nicht einheitlich kodifiziert, sondern auf verschiedene Rechtsmaterien verteilt: Mutterschutzgesetz v. 18. 4. 1968 (BGBl I S. 315); — das Arbeitszeitgesetz hat die frühere Regelung des § 16 AZO aufgegeben, enthält aber mittelbar Schutznormen für die Frauen, soweit nach der Art der Beschäftigung auf ihre Belastbarkeit besondere Rücksicht zu nehmen ist (§§ 6, 8 ArbZG); — VO über die Beschäftigung von Frauen auf Fahrzeugen v. 2. 12. 1971 (BGBl I S. 1957).

209 — **Ausländische Arbeitnehmer** (gilt nicht für den EU-Bereich, vgl. Art. 48 EWG-Vertrag; § 284 Abs. 1 Nr. 1 SGB III) — Erlaubnisvorbehalt gem. § 284 SGB III; vgl. dazu die Arbeitszeiterlaubnis VO v. 21. 12. 1990 (BGBl I S. 3009 f.). — Im Einzelnen vgl. zum arbeitsrechtlichen Ausländerrecht eingehend *Buchner* in MünchHdb. ArbR I § 38.

210 — **Urlaubsarbeit** — § 8 Bundesurlaubsgesetz v. 8. 1. 1963 (BGBl I S. 2)

211 — **Arbeitsvermittlung/Arbeitnehmerüberlassung** — Gesetz zur Regelung der gewerbsmäßigen Arbeitnehmerüberlassung (AÜG) v. 3. 2. 1995 (BGBl I S. 158), zuletzt geändert am 23. 6. 2002 (BGBl I S. 2787). Im Einzelnen vgl. dazu unten Rdn. 213.

212 — Gesetz zur Bekämpfung der **Schwarzarbeit** v. 26. 7. 1994 (Neubekanntmachung 6. 2. 1995 (BGBl I S. 165), zuletzt geändert am 23. 6. 2002 (BGBl I S. I 2787). Im Einzelnen vgl. dazu unten Rdn. 218 f.

### II. Arbeitnehmerüberlassung — Arbeitsgemeinschaften — Subunternehmerverträge

213 Gewerbsmäßige Arbeitnehmerüberlassung ist erlaubnispflichtig, § 1 Abs. 1 AÜG; Verstöße dagegen sind für Verleiher und Entleiher Ordnungswidrigkeiten gem. § 16 Abs. 1 AÜG. Ausgenommen vom Tatbestand der Arbeitnehmerüberlassung (d. h. keine „Arbeitnehmer-

---

[292] Vgl. unten Rdn. 218 f.
[293] Vgl. unten Rdn. 213 f.
[294] Zusammenfassend *Schaub* ArbRHdb. § 164.

Eigenverantwortung des Auftragnehmers  § 4 Nr. 2

überlassung") ist nach Maßgabe des § 1 Abs. 1 Satz 2 AÜG die Abordnung von Arbeitnehmern zu einer **Arbeitsgemeinschaft.** – § 12a AFG enthielt bis zum Gesetz vom 20. 9. 1994 (BGBl S. 2456) ein generelles Verbot der Arbeitnehmerüberlassung im **Baugewerbe;** seither ist sie auch zwischen Bauunternehmen gestattet, „wenn diese Betriebe von denselben Rahmen- und Sozialkassentarifverträgen oder von deren Allgemeinverbindlichkeit erfasst werden" (§ 1b Satz 2 AÜG; füher § 12a Satz 2 AFG). „Betriebe des Baugewerbes" i. S. dieser Vorschrift sind nach der Rechtsprechung des BGH[295] nur solche des Bauhauptgewerbes nach der Baubetriebeverordnung vom 28. 10. 1980.[296]

Besondere Probleme wirft im Baugewerbe die **Abgrenzung** der Arbeitnehmerüberlassung zu anderen Vertragsformen zwischen den Partnern des (Arbeits-)Leistungsversprechens auf: Zu Dienstverträgen, Dienstverschaffungsverträgen, insbes. aber zu Werkverträgen, regelmäßig in der Form von **Subunternehmerverträgen.**[297] **214**

Das „Ausweichen" auf solche Vertragsformen ist verlockend, weil die gen. Leistungsversprechen außerhalb der Arbeitnehmerüberlassung gem. § 1 AÜG zivilrechtlich und arbeitsrechtlich unbedenklich sind und Wege zu flexiblen Formen der Arbeitskräftekoordination öffnen. Aufgrund des nach § 9 Nr. 2 AÜG ab dem 1. 1. 2004 geltenden Prinzip des „equal pay" und der damit verbundenen Verteuerung bei Leiharbeitern wird die Attraktivität derartiger Konstruktionen wohl eher noch steigen.[298] Die Unterscheidung zwischen Arbeitskräfteüberlastung und selbstständigen Unteraufträgen des „Bestellers" wird umso schwieriger, je mehr auch die Werkverträge – zivilrechtlich zulässig – vom typischen Risikobild der §§ 631 ff. abweichen, z. B. durch Zeitlohn-Vereinbarung und Ausschluss von Gewährleistungsansprüchen. Für solche Vertragsformen kann es durchaus gute Gründe geben, wo die „Fremdleistung" in der Sache Dienstleistung und vom erwarteten Erfolg her praktisch risikofrei zu erbringen ist (Service-Leistungen; konkret aufgabenbezogene Zuarbeiten).[299] **215**

Die Rechtsprechung des **BAG**[300] und des BGH[301] beurteilt die Abgrenzung der Vertragsformen nach dem Gesamtbild der getroffenen Vereinbarungen und – i. d. R. wichtiger – den **tatsächlichen Arbeitsabläufen;** auf formelle Deklarationen kommt es nicht an. Im Vordergrund der Abgrenzung steht die Frage der effektiven arbeitsrechtlichen (!) Weisungsbefugnis; daneben spielen die Art der Betriebseinordnung in den „Entleiher"-Betrieb sowie der tatsächlichen Organisationsgewalt eine Rolle. Die Rechtsprechung der **Untergerichte** bemüht sich, den Ablaufinteressen arbeitsteiliger Produktion gerecht zu werden.[302] Deshalb stehen oftmals die gen. arbeitsrechtlichen Kriterien zurück, wenn zivilrechtlich nachweisbar ist, dass die wirtschaftliche Risikoverteilung dem werkvertraglichen Gefüge (noch) entspricht. Im **Schrifttum**[303] spiegelt sich das Spektrum unterschiedlichster Auffassungen. Darauf muss hier verwiesen werden. **216**

Soweit im Rahmen der Überlassung von Arbeitsverträgen – ob im Rahmen von Subunternehmerverträgen oder der Arbeitnehmerüberlassung – Sozialversicherungsabgaben nicht abgeführt werden oder das Mindestentgelt nicht gezahlt wird, sei auf die Haftung des **217**

---

[295] BGH NZBau 2000, 290, 291 m. w. N.
[296] BGBl. I 2033, zuletzt geändert das Gesetz zur Neuregelung der Förderung der ganzjährigen Beschäftigung in der Bauwirtschaft vom 23. 11. 1999 (BGBl. I 2230, 2231).
[297] Vgl. *Marshall* NZA 1984, 150; *ders.* Bekämpfung illegaler Beschäftigung (3. Aufl.) Rdn. 98 ff.; *Hoyningen-Huene* BB 1985, 1669; *Becker* DB 1988, 2561; *Schaub* NZA Beilage Nr. 3/85 (Heft 21); *Leitner* NZA 1991, 293; *Hök* BauR 1995, 45; *Bauschke* NZA 2000, 1203; *Schönfelder* Schwarzarbeit und Schattenwirtschaft im Baugewerbe S. 66 ff.
[298] Vgl. *Rieble/Klebeck* NZA 2003, 23.
[299] Vgl. von den zu Fn. 296 Genannten insb.: *Leitner, Hök* sowie *Koppert* BB 1990, 2331.
[300] BAGE 96, 150 = NJW 2001, 1516; BAG AP Nr. 90; 94; 97 zu § 99 BetrVG (1972); BAG DB 1993, 2337; vgl. dazu *Schüren* AÜG § 1 Rdn. 141 f. – Zur Verfassungsmäßigkeit des (alten) § 12a AFG: BVerfG NJW 1988, 1195.
[301] BGH NJW 2002, 3317; BGH NZBau 2003, 275; OLG Brandenburg NZBau 2003, 441.
[302] Vgl. LAG Köln DB 1989, 884. Zur Rechtsprechung insb. des KG vgl. *Hök* BauR 1995, 45.
[303] Vgl. die oben zu Fn. 296 Genannten; eingehend auch *Schünen* AÜG § 1 Rdn. 100 (Abgrenzung z. Werkvertrag).

§ 4 Nr. 2                                                                    Eigenverantwortung des Auftragnehmers

Unternehmers für seine Subunternehmer, deren Subunternehmer und deren Arbeitnehmerverleiher nach § 28 e SGB IV und nach § 1 a AentG kurz hingewiesen (näher hierzu unten Rdn. 231 ff.).

## III. Schwarzarbeit

### 1. Überblick: Die gesetzliche Regelung

218     Das „Gesetz zur Bekämpfung der Schwarzarbeit" (SchwarbG) v. 26. 7. 1994 i. d. F. der Bekanntmachung v. 6. 2. 1995 (BGBl I S. 165), zuletzt geändert am 23. 6. 2002 (BGBl I S. 2787), erfasst bestimmte Verstöße gegen die Verpflichtung von Auftragsbeteiligten, bei der Übernahme und Vergabe von Dienst- oder Werkleistungen (also namentlich auch Bauleistungen) behördliche und gesetzliche Vorschriften zu beachten. Während die frühere Fassung des SchwarbG (29. 1. 1982, BGBl I S. 109) darauf abstellte, dass die Dienst- und Werkleistung zu „wirtschaftlichen Vorteilen von erheblichem Umfang" führen, kommt es nach der Fassung 1994 nur noch darauf an, dass die Dienst- und Werkleistung selbst von „erheblichem Umfang" sind.

219     Für die Art der betroffenen Arbeiten ist damit aber kein wesentlicher Unterschied geschaffen; nach der Gesetzesbegründung (BT-Drucks. 12/7563, S. 8) sollte mit der Gesetzesänderung vor allem der Zugriff auf Verstöße erleichtert werden. „Erheblichen Umfang" haben Arbeiten immer schon dann, wenn sie nach redlicher Verkehrsauffassung gegen ein nennenswertes Entgelt verantwortlich auszuführen sind.[304] Die §§ 1, 2, 4 SchwarbG haben verschiedene Tatbestände, deren Verletzung zu je gesonderten Ordnungswidrigkeiten führen können:[305]

220     Nach § 1 Nr. 1 SchwarbG sind bei der Übernahme von Werk- oder Dienstleistungen („in erheblichem Umfange") Meldungen gegenüber Arbeits- und Sozialbehörden abzugeben (erwähnt sind speziell § 60 Abs. 1 Nr. 2 SGB I und § 8 Abs. 1 AsylbewerberleistungsG), um einem **unberechtigten Leistungsbezug** vorzubeugen. In der Sache beziehen sich diese Verpflichtungen vor allem auf das Verbot, unberechtigt weiterhin Krankengeld, Rentenleistungen, Arbeitslosengeld, Arbeitslosenhilfe, Konkursausfallgeld, Kurzarbeitergeld, Schlechtwettergeld oder Sozialhilfe zu beziehen (§§ 9, 19 SGB I).

221     § 1 Nr. 2, 3 SchwarbG betrifft die selbstständige Wahrnehmung von Aufgaben, für die gem. §§ 14, 55 GewO eine **Gewerbeerlaubnis** erteilt bzw. eine entsprechende **Anzeige** abgegeben oder nach § 1 HandwO die **Eintragung** in die Handwerksrolle erfolgt sein muss. Zu beachten ist hier, dass für die Ausübung gewerblicher Arbeiten nicht „irgendeine" Erlaubnis oder Eintragung genügt, sondern das tatsächlich ausgeführte Gewerbe/Handwerk angezeigt bzw. gestattet ist.[306] Das kann insb. bei in Fluss geratenen Leistungsbildern der HandwO die Pflicht des Gewerbetreibenden begründen, rechtzeitig den für ihn zugelassenen Arbeitsbereich abzuklären.

222     Während § 1 SchwarbG die Handlungspflichten des leistenden Arbeitnehmers bzw. Unternehmers selbst erfasst, regelt § 2 SchwarbG die **Beschäftigungsverbote des Leistungsempfängers** (Auftraggebers). Auch er handelt ordnungswidrig, wenn er (§ 2 Nr. 1 SchwarbG) Personen mit der Ausführung von Dienst- oder Werkleistungen beauftragt, die selbst objektiv[307] gegen § 1 Abs. 1 SchwarbG verstoßen. Darüber hinaus sanktioniert die Neufassung des SchwarbG (§ 2 Nr. 2 SchwarbG) auch die **„mittelbare Schwarzarbeit"**,

---

[304] Vgl. dazu OLG Stuttgart NJW 1987, 2385 (Grenzen der Geringfügigkeit); OLG Düsseldorf BauR 1993, 751; (Abgrenzung „wirtschaftliche Vorteile"); OLG Köln NJW-RR 1994, 1239 („Nachbarschaftshilfe"); BayObLG DB 1995, 1084 („wirtschaftlicher Vorteil"); zur Neufassung *Grünberger* NJW 1995, 14; *Erdmann* § 1 Rdn. 4.
[305] Vgl. OLG Düsseldorf BauR 1991, 631.
[306] Vgl. *Buchner* GewArchiv 1990, 1 (4); vgl. auch OLG Nürnberg BauR 2000, 1494.
[307] Vgl. dazu *Grünberger* NJW 1995, 14 (15); Zielrichtung: Beschäftigung von „schwarzen" Sub-Kolonnen; *Erdmann* § 2 Rdn. 2.

d. h. Fälle, in denen Unternehmer andere Unternehmer zur Arbeitsausführung heranziehen, von denen sie wissen oder leichtfertig nicht wissen, dass sie „nichtdeutsche Arbeitnehmer ohne die für die ausgeübte Tätigkeit erforderliche Arbeitserlaubnis" beschäftigen oder wiederum durch unterbeauftragte Unternehmer beschäftigen lassen. – Nach § 4 SchwarbG handelt ordnungswidrig auch, wer sich öffentlich um Handwerksaufträge bewirbt, ohne in die Handwerksrolle eingetragen zu sein. Die §§ 3, 4 Abs. 2; 5 SchwarbG dienen der Durchführung der Sanktionen; insb. § 5 SchwarbG lässt es zu, unter bestimmten (erschwerten) Umständen Auftragnehmer vom Leistungswettbewerb im Rahmen der §§ 57 a Abs. 1 Nr. 1 bis 8 HaushaltsgrundsätzeG auszuschließen.

### 2. Zivilrechtliche Folgen der Schwarzarbeit

Problematisch sind die zivilrechtlichen Folgen einer Schwarzarbeit. Sie haben in der Rechtsprechung[308] und im Schrifttum[309] eine erhebliche Diskussion ausgelöst. Der **BGH**[310] und große Teile der Lehre[311] unterscheiden zunächst danach, ob ein Verstoß gegen das SchwarbG „beidseitig" oder nur „einseitig" stattgefunden hat. Im Falle eines **beiderseitigen** Verstoßes geht die h. L. von der Nichtigkeit des Vertrages gem. § 134 BGB aus, weil der Schutzzweck des Gesetzes gerade darin liege, einem sozialschädlichen Verhalten dieser Art generell die Anerkennung zu versagen.[312] Anders sei es zu beurteilen, wenn nur **eine Partei** gegen ihr nach dem SchwarbG obliegende Pflichten verstoßen hat. Auch in diesem Falle sei zwar der Vertrag zu missbilligen, der Schutz des redlichen Partners verlange aber, jedenfalls grundsätzlich von einem wirksamen Vertrag auszugehen.[313] 223

Der Schutz des „gesetzestreuen" Partners entfällt jedoch auch nach dieser Auffassung, wenn er den Verstoß des anderen **kennt** und bewusst für sich **ausnutzt**. Ob „bloße" Kenntnis genügt, ist strittig.[314] Des Weiteren ist ein Vertrag bei nur einseitigem Verstoß nach h. L.[315] gültig, wenn Handwerker oder Gewerbebetreibende „nur" nicht in die für sie zuständige Gewerbeliste („Rolle") eingetragen oder den Betrieb nicht angezeigt haben, es im Übrigen aber an den subjektiven Voraussetzungen eines Verstoßes nach dem SchwarbG fehlt. In diesen Fällen kommen für den Vertragspartner ggf. Gestaltungsrechte wie Kündigung oder Anfechtung des Vertrages in Betracht.[316] 224

Auch soweit nach **h. L.** Verträge **nichtig** sind, bleibt die Frage ihrer **zivilrechtlichen Abwicklung**. Kann der Auftragnehmer für geleistete Arbeit überhaupt keine Vergütung verlangen? Steht § 817 Satz 2 BGB entgegen? Hat der Empfänger einer mangelhaften Arbeit Gewährleistungsansprüche? Die Fragen sind strittig.[317] Der **BGH**[318] sieht ganz offenbar ein wirtschaftliches Bedürfnis, das Sozialverhältnis des „Schwarzarbeitsvertrages" nach Vertragsregeln restabzuwickeln, wenn ansonsten der Verstoß gegen das SchwarbG für den Auftrag- 225

---

[308] Vgl. insb. BGHZ 85, 39 = NJW 1983, 109 = BauR 1983, 66; BGHZ 89, 369 = BauR 1984, 290; BGH NJW 1985, 2403 (Anm. *Canaris*); BGHZ 111, 308 = NJW 1990, 2542 = BauR 1990, 721.
[309] Vgl. *Sonnenschein* JZ 1976, 497; *Reuter* in: Schattenwirtschaft und Schwarzarbeit S. 31 ff.; *Tiedtke* DB 1990, 2307; *Buchner* GewArch 1990, 1 ff.; *Kern* FS Gernhuber S. 191 f.; Zum Betreuungsvertrag (Schwarzarbeit: *Tiedtke* NJW 1983, 713).
[310] Vgl. Nachweise oben Fn. 307.
[311] Von den zu Fn. 308 Genannten insb. *Köhler* JZ 1990, 466 (tendenziell) *Sonnenschein*; *Reuter* wie Fn. 308.
[312] BGHZ 85, 39 f. = NJW 1983, 109 = BauR 1983, 66; BGHZ 89, 369 = BauR 1984, 290; BGHZ 111, 308, = NJW 1990, 2542 = BauR 1990, 721; OLG Hamm IBR 1997, 157; OLG Naumburg IBR 2000, 64; OLG Saarbrücken IBR 2000, 424 = OLGR 2000, 303.
[313] Vgl. BGHZ 89, 369 = BauR 1984, 290 (Wirksamkeit, wenn einseitig „gesetzestreu"); OLG Nürnberg BauR 2000, 1494 = IBR 2000, 595; LG Leipzig BauR 1999, 923; abweichend LG Bonn NJW-RR 1991, 180 (nichtig bei einseitigem Verstoß, aber „Untreuer" kann sich gegenüber „Treuem" nicht auf Nichtigkeit berufen) und LG Mainz NJW-RR 1998, 48 (einseitige Nichtigkeit).
[314] BGH NJW 1985, 2403 (bei Kenntnis und Ausnutzung des Verstoßes wohl Nichtigkeit), Anm. *Canaris* ebenso OLG Hamm MDR 1990, 243.
[315] BGHZ 88, 240 (Handwerksrolle); BGH NJW 1985, 2403; OLG Nürnberg BauR 2000, 1494, 1495.
[316] Vgl. Palandt/*Heinrichs* BGB § 119 Rdn. 26; OLG Nürnberg BauR 2000, 1494, 1495.
[317] Vgl. insb. *Sonnenschein*, *Reuter* auf der einen, *Kern*, *Tiedtke* auf der anderen Seite, sämtlich Fn. 308.
[318] Vgl. die zu Fn. 311, 312 genannten Entscheidungen.

## § 4 Nr. 2

geber zu einer unangemessenen „Belohnung" führen würde: Ist die Leistung ausgeführt, hat deshalb nach Auffassung des BGH[319] der Auftragnehmer einen Vergütungsanspruch nach Bereicherungsrecht; § 817 Satz 2 BGB steht nicht entgegen. Allerdings ist der Umfang der Bereicherung des Auftraggebers unter Einschluss von Mängeln, ggf. Mängelrisiken und sonstigen Risiken der Vertragsabwicklung, zu bemessen.[320] Hierbei wird z. T. in der obergerichtlichen Rechtsprechung auch ein „Schwarzarbeiterabschlag" auf den Bereicherungsanspruch vorgenommen.[321] Dem Auftraggeber steht ein entsprechender Anspruch auf Gewährleistung zu, soweit dieser nicht durch Saldierung im Bereicherungsrecht ausgeglichen wird.[322]

226 Auch an einer **Festpreiszusage** soll der „Schwarzunternehmer" festgehalten werden können.[323] Allerdings kann illegale Arbeit nicht real eingefordert werden, § 134 BGB.[324] Ansprüche auf Gewährleistung sind deshalb nach h. L. entweder durch Drittunternehmer oder etwa bei Unmöglichkeit (§ 634 Abs. 2 BGB; § 13 Nr. 6 VOB/B) von vornherein durch Geldausgleich zu erfüllen.[325]

227 Dieser heute vorherrschende Standpunkt macht erhebliche Zugeständnisse an den **ökonomischen Zwang,** über die Unwirksamkeit des „Schwarzgeschäftes" hinwegzusehen und die Verträge bedingt wie erfüllbar zu behandeln. Ein Widerspruch zum dogmatischen Ansatz der Lehre (Nichtigkeit) besteht aber nur scheinbar. Einerseits wird der Schwarzarbeit die soziale Anerkennung mit Recht bestritten,[326] so dass es zutreffend ist, Verträgen darüber auch die Rechtssicherheit eines beständigen Titels zu versagen. Andererseits kann dieser „graue Markt" nicht auch noch zum rechtlichen Glücksspiel werden, bei dem im Zweifel der Skrupellose die besseren Chancen hat. Der Standpunkt der h. L. erscheint deshalb im Ergebnis vertretbar.[327]

228 In **kritischer Abweichung** von der h. L. vertritt *Tiedke*[328] mit einem Teil der früheren Rechtsprechung[329] den Standpunkt, die Nichtigkeit des Vertrages (bei beiderseitigem Verstoß) sei konsequent zu verfolgen: Einen Vergütungsanspruch habe der Auftragnehmer nicht; Sinn und Zweck des Gesetzes forderten im Übrigen den Ausschluss des § 817 Satz 2 BGB nicht. – *Buchner*[330] hält auf der anderen Seite dafür, dass Schwarzarbeit zwar verhindert werden müsse; die Vorschriften über ihre Voraussetzungen verlangten jedoch bei einem Verstoß keine Nichtigkeitssanktion. Auch angesichts des von der Rechtspr. bestätigten Bedürfnisses, die Verträge faktisch als wirksam zu behandeln, solle man sich zur Gültigkeit auch rechtlich bekennen. – *Canaris*[331] schließlich hat als erster die Auffassung begründet, dass insbes. bei einseitigem Verstoß auch von einer Teilnichtigkeit des Vertrages ausgegangen werden könne; sie führe rechtskonstruktiv auf den besseren Weg.[332] – Letztlich wird auch bei den Überlegungen der Kritiker der h. L. **vom Ergebnis her** gedacht.

229 Die Schwarzarbeit ist ein ökonomisch, sozial und rechtlich so komplexes Gebilde, dass auch ihre dogmatische Behandlung nicht ohne Rücksicht darauf möglich ist. Zu beantworten ist die Frage, welche Ordnungssituation Gesetz und Recht hier letztlich erreichen wollen. Das Schrifttum stellt der h. L. kein überzeugenderes Modell gegenüber.

---

[319] Wie Fn. 311 ebenso *Erdmann* § 1 Rdn. 244; a. A. OLG Naumburg IBR 2000, 64.
[320] Vgl. BGHZ 111, 308 (Fn. 200); dazu eingehend auch *Eidenmüller* JZ 1996, 889 f.
[321] OLG Oldenburg IBR 1995, 204; OLG Düsseldorf BauR 1993, 487 (Abschlag von 15%).
[322] Vgl. BGH NJW 1991, 165 (Schwarzarbeit ist allein kein Grund für ein „Mitverschulden"; Kompetenz ist maßgebend) a. A. OLG Saarbrücken IBR 2000, 424 (keine Gewährleistung).
[323] BGHZ 835, 39 (Fn. 311).
[324] BGHZ 89, 369 (Fn. 311).
[325] BGHZ 89, 369; dazu *Köhler* JZ 1990, 466 (468).
[326] S. auch *Köhler* JZ 1990, 466; abweichend insb. *Reuter* und tendentiell *Sonnenschein*, vgl. Fn. 308.
[327] Zutr. Insb. *Köhler* JZ 1990, 466.
[328] NJW 1983, 713; DB 1990, 2307; ähnlich *Kern* a. a. O. (Fn. 308).
[329] Vgl. LG Karlsruhe NJW 1975, 1420 (Anm. *Benöhr*); weniger weitgehend (Ansprüche Arbeitgeber aus p. W.) OLG Celle JZ 1973, 246.
[330] GewArch 1990, 1 ff.
[331] Anm. zu BGH NJW 1985, 2403, 2404/2405.
[332] NJW 1985, 2405; so auch MünchKomm/*Mayer-Maly* § 134 Rdn. 64.

Soweit Beiträge zu den Sozialversicherrungen durch Subunternehmer nicht abgeführt  230
wurden, ist auf die selbstschuldnerische Haftung des Vor- und insbesondere des Generalunternehmers nach den §§ 1a AentG, 28e SGB IV hingewiesen (näher hierzu unten
Rdn. 231 ff.).

### IV. Selbstschuldnerische Haftung nach § 1a AEntG und § 28e SGB IV

Zu unterscheiden von dem durch § 4 Nr. 2 VOB/B geregelten Innenverhältnis zwischen  231
Auftragnehmer und Auftraggeber ist das Außenverhältnis zu Dritten, so auch gegenüber den
Trägern der Sozialsysteme. Im Bereich der illegalen Beschäftigung sollte der Auftraggeber
verstärkt durch eine selbstschuldnerische Haftung verpflichtet werden.[333] Hintergrund ist
der Gedanke, dass der wirtschaftliche Anreiz für Schwarzarbeit (im weiteren Sinne) beseitigt
werden soll.[334] Hervorzuheben sind hier die Regelungen des § 1a des Gesetzes über
zwingende Arbeitsbedingungen bei grenzüberschreitenden Dienstleistungen (Arbeitnehmer-Entsendegesetz – AEntG)[335] vom 26. 2. 1996 (BGBl I S. 227), zuletzt geändert durch
Gesetz vom 23. 12. 2002 (BGBl I S. 4607) und des § 28e Abs. 3a–3f SGB IV.[336] Durch
diese Regelungen wurde eine „Kettenhaftung"[337] bezüglich der Entrichtung von Sozialbei-
trägen im Baugewerbe eingeführt. Beide Gesetze gehen von einer Haftung entsprechend
eines Bürgen unter Verzicht auf die Vorausklage gegenüber den Trägern der Sozialsysteme
vor (§ 28e Abs. 3a S. 1 SGBIV und § 1a Satz 1 AEntG).

Die Regelung des **§ 1a AEntG** wurde durch das „Gesetz zur Korrektur in der Sozial-  232
versicherung und zur Sicherung der Arbeitnehmerrechte" vom 19. 12. 1998 (BGBl I
S. 3843) eingefügt. Es handelt sich um eine verschuldensunabhängige Haftung[338] jedes
Unternehmers, welcher ein anderes Unternehmen mit der Durchführung von mit der
Erbringungen von Bauleistungen beauftragt, also auch Unternehmen, welche nicht in der
Baubranche tätig sind.[339] Sie umfasst die Haftung nicht nur für die Entrichtung von
Mindestentgelt und Beiträgen zu gemeinsamen Einrichtungen der Tarifparteien (Urlaubs-
kasse des Baugewerbes) des unmittelbar nachgeordneten Unternehmen, sondern in Form
der Kettenhaftung für alle nachgeordneten Subunternehmen.[340] Grundsätzlich ist eine Haftungseinschränkung durch vertragliche Vereinbarung denkbar, aber naturgemäß nicht durch
Abbedingung der gesetzlichen Regelung.[341] Die Vereinbarung des § 4 Nr. 2 VOB/B kann
daher nicht die Haftung des Auftraggebers für die Verletzung der Verpflichtung des Auftragnehmers zur gesetzmäßigen Beschäftigung ausschließen. Rechtlich zulässige Konstruktionen laufen daher auf die Gestellung von Sicherheiten, vorzugsweise Bürgschaften, aber
auch auf Vereinbarungen von Sicherungseinbehalten hinaus.[342] Ohne eine solche Sicherheit
wäre an ein Anspruch aus Forderungsübergang entsprechend § 774 Abs. 1 BGB oder ein
Vorgehen gegen die Unternehmen, welche ebenfalls wie Bürgen einzustehen haben, entsprechend den §§ 774 Abs. 2, 426 BGB[343] denkbar.

Der Regelung des § 1a AEntG ähnlich ist die Regelung des **§ 28e SGB IV**. Er unter-  233
scheidet sich zunächst darin, dass der Haftende nur ein Unternehmen des Baugewerbes sein

---

[333] BT-Drs. 14/8221 S. 3.
[334] Vgl. *Diedrichs* Jahrbuch Baurecht 2002, S. 173, 184; *Sasse/Kiel* NZBau 2003, 366.
[335] Vgl. zu § 1a AEntG: *Werner* NZBau 2000, 225; *Strick/Crämer* BauR 1999, 714; *Harbrecht* BauR 1999, 1376.
[336] Vgl. zu dieser Regelung *Sasse/Mandy* NZBau 2003, 366.
[337] So: *Strick/Crämer* BauR 1999, 714.
[338] Vgl. *Werner* NZBau 2000, 226; *Harbrecht* BauR 1999, 1376 spricht von Gefährdungshaftung.
[339] Vgl. KG NJW-RR 1999, 638; *Werner* NZBau 2000, 226; *Harbrecht* BauR 1999, 1377.
[340] Vgl. *Strick/Crämer* BauR 1999, 714; *Werner* NZBau 2000, 226 f.; weitergehend *Weise* NZBau 2000, 229 (Durchgriffshaftung).
[341] Vgl. *Werner* NZBau 2000, 227 (Vertrag zu Lasten Dritter).
[342] Vgl. *Werner* NZBau 2000, 227 f.; *Weise* NZBau 2000, 229; *Harbrecht* BauR 1999, 1379 ff. *Braun/Bern-reuther* BauR 2003, 465.
[343] Zu den Grenzen derartiger Rückgriffe: *Werner* NZBau 2000, 226.

§ 4 Nr. 2   Eigenverantwortung des Auftragnehmers

kann. (§ 28 e Abs. 3 a Satz 1 SGB IV). Problematisch ist insofern einzig der Fall, dass ein Bauunternehmen nicht als solches auftritt, sondern als Endabnehmer – etwa als Auftraggeber für die Errichtung eines Betriebsgebäudes.[344] Weiterhin findet diese Regelung nur bei Bauvorhaben in einer Größenordnung von über 500 000,00 € Anwendung (§ 28 e Abs. 3 d SGB IV) und die Haftung ist nicht vollkommen verschuldensunabhängig, dem haftenden Unternehmen wird die Möglichkeit des Entlastungsbeweises eingeräumt (§ 28 e Abs. 3 b SGB IV). Allerdings muss es beweisen, dass es ohne Verschulden von der Zahlungsbereitschaft und -fähigkeit seiner Subunternehmer und Sub-Subunternehmer ausgehen konnte, ein nur schwer zu erbringender Beweis.

## H. Bauvertragliche Zuständigkeit des Auftragnehmers für seine Leute (Absatz 2 Satz 2)

### I. Grundsatz

234   § 4 Abs. 2 Satz 2 VOB/B bestätigt zunächst das **bauvertragliche Strukturprinzip,** dass der Auftragnehmer gegenüber dem Auftraggeber unternehmerische Verantwortung trägt und deshalb auch in der Lage sein muss, für seinen Organisationsbereich gegenüber dem Auftraggeber einzustehen.[345] Entspricht dies seiner vertraglichen Zuständigkeit, ist es auch ausschließlich seine Aufgabe, die ungeteilte Verantwortung im Bereich seiner Arbeitskräfte zu tragen. Diese Verpflichtung besteht gegenüber dem Auftraggeber wie gegenüber den Arbeitnehmern.[346] Im Verhältnis zu seinen Arbeitnehmern hat der Auftragnehmer die erforderlichen „Vereinbarungen und Maßnahmen" zu treffen.

235   Damit greift die VOB nicht in das Arbeitsrecht ein; sie spezifiziert vielmehr die baurechtliche Aufgabenverteilung und erlegt dem Auftragnehmer auf, durch Regeln, Anordnungen und generell das Herbeiführen entsprechender Voraussetzungen („Maßnahmen") sicherzustellen, dass er seinen Unternehmerpflichten gegenüber dem Auftraggeber nachkommen kann.[347] Mittelbar allerdings beeinflusst diese Pflicht nach § 4 Nr. 2 Abs. 2 Satz 2 VOB/B auch die arbeitsrechtliche Pflichtenstellung des Auftragnehmers. Zu beachten ist hierbei auch die bereits behandelte[348] Problematik der arbeitsschutzrechtlichen Koordinierungspflichten des Bauherrn (Auftraggeber) bzw. des Sicherheits- und Gesundheitskoordinators nach der BaustellV und die Gefahren der Kettenhaftung bei nicht abgeführten Sozialversicherungsbeiträgen.[349]

### II. Einschränkungen der Regelverantwortlichkeit

236   Der Auftragnehmer kann seine Aufgaben nach Satz 2 nur erfüllen, wenn er **gegenüber dem Auftraggeber** auch tatsächlich die Rechtsmacht hat, sich in seinem Arbeitsbereich seiner bauvertraglichen Verantwortung entsprechend zu entfalten. Das ist nicht stets der Fall: Der Auftraggeber kann in eigener Verantwortung die Arbeitsbedingungen für den Auftragnehmer in solcher Weise schaffen oder mitgestalten, dass dem Auftragnehmer für diesen Organisationsbereich nur ein begrenzter Spielraum verbleibt.[350] So kann der Auftraggeber

---

[344] Vgl. hierzu: *Sasse/Kiel* NZBau 2003, 367.
[345] Wegen seines „Ordnungswertes" ist der Satz (entgegen *Ingenstau/Korbion* VOB/B § 4 Rdn. 180) nicht überflüssig.
[346] Als vertragliche Pflicht, vgl. unten im Text.
[347] Insoweit stellt Satz 2 ebenfalls klar, dass der Auftragnehmer auch für Folgen einer etwa ungenügenden internen Organisation allein aufzukommen hat.
[348] S. o. Rdn. 192 u. 193.
[349] S. o. Rdn. 231.
[350] Zur AGB-Problematik vgl. schon oben Fn. 22.

den Auftragnehmer etwa an Mitunternehmer (Nebenunternehmer) binden, auf deren Ablaufplanung der Auftragnehmer selbst keinen unmittelbaren Einfluss hat.[351]

Der Auftraggeber kann auch die **inhaltlichen Vorgaben** für die Art und Weise der Werkherstellung so festlegen, dass eine alleinverantwortliche Wahrnehmung der unternehmerischen Pflichten gar nicht möglich (und vom Auftraggeber gewollt) ist.[352] – In all diesen Fällen kann sich der Auftraggeber nicht ohne weiteres gem. § 4 Nr. 2 Abs. 2 Satz 2 VOB/B darauf berufen, dass die Arbeitsorganisation des Auftragnehmers für die bestellte Leistung „ausschließlich" dessen Aufgabe sei. Soweit der Auftraggeber die Verantwortungsmöglichkeit des Auftragnehmers rechtlich oder tatsächlich begrenzt bzw. selbst Risiken des Arbeitsablaufes übernimmt, verändert er damit gleichzeitig das auf die unternehmerische (Allein-) Verantwortung abgestellte **Ordnungssystem des VOB-Vertrages.** Die damit verbundenen Rechtswirkungen können erhebliche Bedeutung gewinnen.[353]

### III. Wirkungen vertraglich beschränkter Eigenverantwortlichkeit des Auftragnehmers

#### 1. Verkehrssicherung

Grundsätzlich ist der Auftragnehmer für die Verkehrssicherung auf seiner Arbeitsstelle verantwortlich.[354] Die Wahrnehmung der entsprechenden Verkehrs- und Verkehrssicherungspflichten erfordert aber den entsprechenden Einfluss auf der Baustelle; ohne ihn können die notwendigen Anordnungen nicht durchgesetzt werden. In der Judikatur[355] ist entsprechend anerkannt, dass die Verkehrssicherungspflichten des Auftragnehmers sachlich oder sektoral begrenzt sind, wenn der Auftragnehmer nach Abstimmung mit dem Auftraggeber bestimmte Arten oder Bereiche von Gefahren nicht zu beherrschen braucht.[356]

Allerdings ist hier zwischen der **Innen- und Außenwirkung** der Verantwortungseingrenzung zu unterscheiden. Nicht immer schon, wenn der Auftraggeber den Auftragnehmer intern von Risiken entlastet, ist der Auftragnehmer auch Dritten gegenüber (z. B. Unbeteiligten, denen die Baustelle verkehrlich zugänglich ist) von Schadensverantwortung frei. Das beruht darauf, dass die Verkehrspflichten in der Sache eine **Vertrauenshaftung** begründen,[357] also dem Verkehrsteilnehmer auch Schutz davor bieten sollen, dass er auf Grund einer erkennbaren Organisation von der Einhaltung ausreichender Sicherungsvorkehrungen ausgehen darf.[358] Zeigt deshalb ein Unternehmer nach außen an, eine bestimmte Baustelle zu betreiben, ist er trotz interner Verantwortungseinschränkungen ggf. nach außen haftpflichtig und auf einen Innenregress gegen den Auftraggeber verwiesen.[359] Unbeschadet dessen kann aber auch den Mitverantwortlichen eine gesamtschuldnerische Außenhaftung treffen.[360]

---

[351] Vgl. die Problematik der Terminsabhängigkeit vom Vorunternehmer, BGH NJW 1985, 2425 = BauR 1985, 561 = ZfBR 1985, 282.
[352] Vgl. insb. Die Fälle „dienstvertraglicher" Anbindung von Unternehmen („Kolonnen") im Rahmen der Arbeitnehmerüberlassung, oben Rdn. 214, oder auch zur Herstellung einer größeren „Produktionstiefe".
[353] Dies gilt auch im Gewährleistungsbereich, wenn die Produktionsmittel nicht mehr „frei" eingesetzt werden können.
[354] Ebenso *Ingenstau/Korbion* VOB/B § 10 Rdn. 101.
[355] Vgl. BauR 1976, 291 (Hochwasser), wo der BGH das Verschulden des Unternehmers in Frage stellt; tatsächlich geht es eher um die Risikoverantwortung. Vgl. dazu den Fall BGH BauR 197, 294 (Gitterrost).
[356] Vgl. *Erman/Schiemann* § 823 Rdn. 92, 93.
[357] Grundlegend und überzeugend dazu: *Ulmer* Die deliktische Haftung aus der Übernahme von Handlungspflichten, JZ 1969, 163.
[358] Vgl. dazu auch *Ganten* Pflichtverletzung S. 174.
[359] Im Rahmen der VOB ist hier § 10 Nr. 2, 3 VOB/B zu beachten.
[360] Haftungsgrund im Außenverhältnis sind §§ 823, 831 BGB; zur Gesamtschuld führen §§ 830, 840 BGB.

## 2. Verantwortung für Verrichtungsgehilfen (§ 831 BGB)

**240** Eine Frage der Verantwortungsgliederung auf der Baustelle ist auch der Umfang der Deliktshaftung des Auftraggebers gegenüber Dritten nach § 831 BGB. Eine Ersatzpflicht des Auftraggebers gem. § 831 BGB setzt voraus, dass der Auftragnehmer nicht, wie nach § 4 Nr. 2 Abs. 2 Satz 2 VOB/B gewollt, unternehmerisch eigenverantwortlich tätig ist, sondern von Aufsichts- bzw. Leistungsmaßnahmen des Auftraggebers abhängig ist;[361] nur in diesem Rahmen kann der Auftraggeber auch selbst Sorgfaltspflichten bei der Verkehrssicherung durch seinen „Gehilfen" wahrnehmen und ggf. verletzen. Eine Inanspruchnahme des Auftraggebers aus §§ 823, 831 BGB kommt deshalb regelmäßig nicht in Betracht,[362] wenn der Auftragnehmer nach dem Leitbild des § 4 Nr. 2 Abs. 2 VOB/B eigenverantwortlich eingesetzt ist. In aller Regel kommt aus denselben Gründen auch der Subunternehmer nicht als Verrichtungsgehilfe in Betracht.[363] Angesichts der Möglichkeit der Parteien, von diesem Vertragstyp abzuweichen und den Auftragnehmer auch im Hinblick auf den Einsatz seiner Arbeitskräfte „enger anzubinden", ist aber eine Einzelfallprüfung notwendig.

---

[361] *Erman/Schiemann* § 831 Rdn. 6.
[362] BGHZ 26, 152, 159; vgl. auch BGHZ 45, 311, 313; BGH NJW 1994, 2756 (Subunternehmer); vgl. auch oben Rdn. 173 f.
[363] BGH NJW 1994, 2756; OLG Stuttgart NVersZ 2000, 394.

## § 4 Nr. 3 [Prüfung und Bedenkenmitteilung durch Auftragnehmer]

Hat der Auftragnehmer Bedenken gegen die vorgesehene Art der Ausführung (auch wegen der Sicherung gegen Unfallgefahren), gegen die Güte der vom Auftraggeber gelieferten Stoffe oder Bauteile oder gegen die Leistungen anderer Unternehmer, so hat er sie dem Auftraggeber unverzüglich – möglichst schon vor Beginn der Arbeiten – schriftlich mitzuteilen; der Auftraggeber bleibt jedoch für seine Angaben, Anordnungen oder Lieferungen verantwortlich.

Literatur: *Bühl,* Grenzen der Hinweispflicht des Bieters, BauR 1992, 26; *Clemm,* Die rechtliche Einordnung der Prüfungs- und Hinweispflicht des Auftragnehmers im Bauvertrag (§ 4 Nr. 3 VOB/B) und die Rechtsfolgen ihrer Verletzung, BauR 1987, 609; *v. Craushaar,* Risikotragung bei mangelhafter Mitwirkung des Bauherrn, BauR 1987, 14; *Dähne,* Einige Einzelprobleme zu § 4 Nr. 3 VOB/B, BauR 1976, 225; *Englert,* Das „Baugrundrisiko" – ein normierungsbedürftiger Rechtsbegriff? BauR 1991, 537; *ders.,* Rechtsfragen zum Baugrund mit Einführung in die Baugrundtechnologien, Baurechtliche Schriften, 1986; *Englert/Grauvogel/Maurer,* Handbuch des Baugrund- und Tiefbaurechts, 1993; *Festge,* Die Blasbachtalbrücke und die VOB, ZfBR 1984, 6; *Fikentscher,* Die Geschäftsgrundlage als Frage des Vertragsrisikos, 1971; *Fischer,* Die Regeln der Technik im Bauvertragsrecht, 1984; *Ganten,* Pflichtverletzung und Schadensrisiko im privaten Baurecht, 1974 (zit.: „Pflichtverletzung"); *Grieger,* Die Kooperationspflicht der Bauvertragspartner im Bauvertrag: Anmerkung zu BGH BauR 2000, 409, BauR 2000, 969; *Groß,* Zur Einbeziehung des Herstellers in die Haftung des Ausführenden, BauR 1986, 127; *Grunewald,* Aufklärungspflichten ohne Grenzen? AcP 190 (1990), 609; *Hanhart,* Prüfungs- und Hinweispflichten des Bieters bei lückenhafter und unklarer Leistungsbeschreibung, FS Heiermann, 1995, S. 111; *Heiermann,* Anordnungen des Auftraggebers und vorgeschriebene Stoffe oder Bauteile i. S. v. § 13 Nr. 3 VOB/B, FS Locher, 1990, S. 65; *Heinrich,* Die Einwirkung der VOB auf den BGB-Werkvertrag im Bereich des Mängelrechts, BauR 1982, 224; *Heuchemer,* Das Baugrundrisiko in der internationalen Vertragspraxis, BB-Beilage 20/91, S. 12; *Hickl,* Leistungs-, Prüfungs- und Hinweispflichten des Auftragnehmers bei konventioneller und zielorientierter Baudurchführung, FS Jagenburg, 2002, S. 435; *Hochstein,* Zur Systematik der Prüfungs- und Hinweispflichten des Auftragnehmers im VOB-Bauvertrag, FS Korbion, 1986, S. 165; *Kaiser,* Die Gefahrtragung im Bauvertrag, FS Heiermann, 1986, S. 197; *ders.,* Adressat für Anzeigen des Auftragnehmers nach §§ 4, 6 VOB/B, NJW 1974, 445; *ders.,* Die Prüfungs- und Anzeigepflichten des Auftragnehmers nach § 4 Nr. 3 VOB/B, BauR 1981, 311; *Kapellmann,* § 645 BGB und die Behinderungshaftung für Vorunternehmer, BauR 1992, 433; *Klaft/Maxem,* Die Gewährleistung des Unternehmers für die Tauglichkeit von ihm verwendeter Baustoffe oder Produkte bei Anordnung des Bestellers nach § 13 Nr. 3 VOB/B, BauR 1999, 1074; *Kniffka,* Die Kooperationspflicht der Bauvertragspartner im Bauvertrag, Jahrbuch Baurecht 2001, 1; *Kniffka/Quack,* Die VOB/B in der Rechtsprechung des Bundesgerichtshofes – Entwicklungen und Tendenzen –, FS 50 Jahre BGH, 2000, S. 17; *Köck-Meier,* Vertragsrechtliche Sicherheitsgewährleistung und „Neue Risiken", JZ 1992, 548; *J. Kohler,* Werkmangel und Bestellerverantwortung, NJW 1993, 417; *Koller,* Die Risikozurechnung bei Vertragsstörungen in Austauschverträgen, 1979; *C.-J. Korbion,* Die Prüf- und Anzeigepflicht des Auftragnehmers nach § 4 Nr. 3 VOB/B, BauRB 2003, 182; *Lorenz,* Die Haftung für Erfüllungsgehilfen, FS 50 Jahre BGH (Festgabe der Wissenschaft), Bd. I, 2000, S. 329; *Marbach,* Auswirkungen des Urteils – OLG Frankfurt v. 27. 5. 1983 – zum sog. Blasbachtalbrückenfall, ZfBR 1984, 9; *Medicus,* Mängelhaftung trotz Beachtung der anerkannten Regeln der Technik beim Bauvertrag nach der VOB/B? ZfBR 1984, 155; *Meurer,* Kooperationspflichten der Bauvertragsparteien, MDR 2001, 848; *Moos,* Sachmängelhaftung beim Zusammenwirken mehrerer Unternehmen, NJW 1961, 157; *Motzke,* Abgrenzung der Verantwortlichkeit zwischen Bauherrn, Architekt, Ingenieur und Sonderfachleuten, BauR 1994, 47; *ders.,* Prüfungs-, Aufklärungs- und Überwachungspflichten des Unternehmers (Der Unternehmer auf dem Weg zum Sonderfachmann?), ZfBR 1988, 244; *Nassauer,* „Sphärentheorien" zu Regelungen der Gefahrtragungshaftung in vertraglichen Schuldverhältnissen, 1978; *Nemmert,* Leistungsbezogene Verhaltenspflichten, 1989; *Nicklisch,* Empfiehlt sich eine Neukonzeption des Werkvertragsrechts? – unter besonderer Berücksichtigung komplexer Langzeitverträge –, JZ 1984, 757; *ders.,* Mitwirkungspflichten des Bestellers beim Werkvertrag, insbesondere beim Bau- und Industrieanlagenvertrag, BB 1979, 533; *ders.,* Risikoverteilung im Werkvertragsrecht bei Anweisungen des Bestellers, FS Bosch, 1976, S. 731; *Oberhauser,* Pflichten- und Risikoverteilung zwischen den Bauvertragsparteien, FS Kraus, 2003, S. 151; *Pauly,* Das Baugrundrisiko im zivilen Baurecht, MDR 1998, 1453; *Piel,* Mitteilung von Bedenken (§ 4 Nr. 3 VOB/B) und Beratung, FS Soergel, 1993, S. 237; *Rutkowski,* Mängelgewährleistung nach § 13 VOB/B im Lichte der Rechtsprechung nach dem Blasbachthalbrückenurteil des OLG Frankfurt, NJW 1991, 86; *Roßnagel/Pfitzmann,* Der Beweiswert von E-Mail, NJW 2003, 1210; *Schlechtriem,* Haftung des Nachunternehmers gegenüber dem Bauherrn, ZfBR 1983, 101; *Schmidt,* Leistungsmängel aus dem Bereich des Auftraggebers, NJW 1966, 1494; *Schottke,* Das Baugrundrisiko beim VOB-Vertrag, BauR 1993, 407; 565; *Schünemann,* Aufklärungspflicht und Haftung, BB 1987, 2243; *Siegburg,* Baumängel aufgrund fehlerhafter Vorgaben des Bauherrn, FS Korbion, 1986, 411; *ders.,* Verantwortung des Auftraggebers für Baumängel bei fehlerhafter Vorunternehmerleistung – de lege lata et de lege ferenda –, ZfBR 2001, 291; *Siegmar,* Der fachkundige Bauherr, BauR 1974, 305; *Vygen,* Kooperationspflichten der Bauvertragsparteien beim VOB-Bauvertrag, FS Kraus, 2003 S. 249; *Wiegand,* Bauvertragliche

## § 4 Nr. 3 Prüfung und Bedenkenmitteilung durch Auftragnehmer

Bodenrisikoverteilung im Rechtsvergleich, ZfBR 1990, 2; *Zimmermann*, Fehlerfreies Bauen durch Informationsmanagement, FS Soergel, 1993, S. 367.

**Übersicht**

| | Rdn. | | Rdn. |
|---|---|---|---|
| A. Problemzusammenhang der §§ 4 Nr. 3, 13 Nr. 3 VOB/B | 1–23 | 1. Funktion der Leistungsbeschreibung/Einzelanweisungen | 28 |
| I. Bauwirtschaftliche Fragestellung | 1 | 2. Unfallsicherung | 31 |
| II. Verhältnis des § 4 Nr. 3 zu § 13 Nr. 3 VOB/B | 3 | II. Vom Auftraggeber gelieferte Stoffe oder Bauteile/Baugrund und „Systemrisiko" | 33 |
| 1. Systematische Einordnung der §§ 13 Nr. 3, 4 Nr. 3 VOB/B | 3 | III. Leistungen anderer Unternehmer | 37 |
| 2. Materielle Lösungswege in Rechtsprechung und Schrifttum | 12 | 1. Fehlerhafte Vorleistungen | 37 |
| | | 2. Fehlerhafte Nachleistung | 40 |
| a) „Mangelbegriff" und Zurechnung (Verweisung) | 12 | IV. Prüfpflicht des Auftragnehmers – Umfang und Grenzen | 42 |
| b) Abgrenzung von „Ausführung" und „Planung" im Risiko des Auftragnehmers | 14 | 1. Anlass zur Prüfung | 42 |
| | | 2. Grenzen der Prüfpflicht | 50 |
| | | V. Hinweispflicht bei Bedenken/Mitteilung an den Auftraggeber | 52 |
| aa) Kriterien allgemein | 15 | 1. Hinweispflicht allgemein – Form und Grenzen | 52 |
| bb) Standpunkt der Rechtsprechung | 17 | 2. Erklärender und Empfänger der Mitteilung | 59 |
| cc) Abgrenzungsversuch des Verfassers | 20 | 3. Unverzüglichkeit der Mitteilung | 61 |
| dd) Verhältnis zu Beratungs- und Treuepflichten | 23 | VI. Vorbehalt der Verantwortung des Auftraggebers/Verletzungsfolgen | 62 |
| III. Grundsätze der §§ 4 Nr. 3, 13 Nr. 3 VOB/B im BGB-Bauvertrag | 25 | 1. Vorbehalt der Verantwortung | 62 |
| | | 2. Rechtsfolgen der Pflichtverletzung | 63 |
| B. Tatbestandsmerkmale des § 4 Nr. 3 VOB/B | 28–68 | C. Kasuistik nach Schadensbereichen | 69 |
| I. Vorgesehene Art der Ausführung/Unfallsicherung | 28 | D. AGB-Problematik | 70–74 |

## A. Problemzusammenhang der §§ 4 Nr. 3, 13 Nr. 3 VOB/B

### I. Bauwirtschaftliche Fragestellung

1 § 4 Nr. 3 VOB/B ist die zentrale Vorschrift zur Regelung **externer baulicher Leistungsrisiken.** Mängel einer Bauleistung können daraus entstehen, dass der Unternehmer seine Arbeitsmittel nicht beherrscht oder dass er aus bei ihm liegenden Gründen die vertragliche Aufgabe verfehlt. Risiken, die aus diesen Gründen bestehen, sind für den Unternehmer im Regelfall überschaubar und auch zu kalkulieren. Größere Vorsorge ist deshalb dort geboten, wo Leistungsergebnisse „von außen" gefährdet sind: durch mangelhafte Vorarbeiten, aus unerkannten Materialproblemen oder auf Grund von vorgeschriebenen technischen Verfahren, auf die sich der Auftragnehmer ohne wirkliche Kenntnis ihrer Grenzen und Risiken eingelassen hat.

2 Die Vorsorge ist hier **aus zwei Gründen** erforderlich. Einmal muss der Auftragnehmer das **bauliche Umfeld** einschätzen, in das er seine Leistung einzubringen hat: der Rohbauunternehmer den Baugrund; der Zimmerer die (wesentlichen) statischen Bedingungen seiner Arbeit, der Ausbauhandwerker (Fußboden; Fliesen; Putz usw.) die Art der Ausführung der vorhergehenden Leistungen. Dazu genügt es nicht, sich unmittelbar vor Ausführungs-

beginn mit dem Arbeitsumfeld vertraut zu machen; die Rahmenbedingungen seiner Leistung sind schon bei der Abschätzung des zu erbringenden Aufwandes, d. h. bei der Bestimmung (auch) des Leistungsgegenstandes des Vertrages von Bedeutung. Zum anderen muss der Unternehmer aus Gründen der **Kostenkalkulation** wissen, auf welche externen Gefahren er sich tatsächlich einzustellen hat, d. h. für welche Mängelrisiken, bezogen auf das Gesamtergebnis, er (mit-)verantwortlich ist. Je mehr der Auftragnehmer das Leistungsrisiko auf „seine Arbeit" begrenzen, je weniger er auch Verantwortung für die Tauglichkeit des Endproduktes übernehmen muss, desto enger ist „seine Vertragsschuld" umrissen, umso kostengünstiger kann er (sowohl Aufwand wie Wagnis) entsprechend kalkulieren. Für den Auftragnehmer ist es deshalb von entscheidender Bedeutung, den rechtlichen und tatsächlichen **Umfang seiner Leistungspflicht** – dazu gehören auch die von ihm mitzutragenden Risiken (vgl. dazu → § 13 Nr. 1 Rdn. 22 f.) – zu kennen und vertraglich festzulegen.

## II. Verhältnis des § 4 Nr. 3 zu § 13 Nr. 3 VOB/B

### 1. Systematische Einordnung der §§ 13 Nr. 3; 4 Nr. 3 VOB/B

Rechtliche Fragen ergeben sich vor allem im Zusammenspiel der §§ 13 Nr. 3, 4 Nr. 3. **3** § 13 Nr. 3 gewährt dem Auftragnehmer die Möglichkeit, von einer Verantwortung für Mängel aus externen Wirkungen (oben Rdn. 1) auf „seine Arbeit" frei zu werden, wenn er die nach § 4 Nr. 3 VOB/B gebotene Mitteilung über zu befürchtende Mängel abgegeben hat. Die Probleme beginnen in diesem Zusammenhang bei der **begrifflichen Frage,** ob die Werkleistung des Auftragnehmers noch „mangelhaft" ist, wenn er mit Erfolg im Rahmen der §§ 13 Nr. 3, 4 Nr. 3 VOB/B alles getan hat, um für Schäden am Leistungsergebnis nicht verantwortlich zu sein. Mit der Definition des „Mangel"-Begriffs ist aber die Frage der sachlichen Mangelzurechnung noch nicht geklärt. § 13 Nr. 3 VOB/B geht selbst davon aus, dass der Auftragnehmer auch von der Gewährleistung für Mängel (!) frei sein kann, dass sich mithin „Mangel"feststellung und Einstandspflicht für ein vertragswidriges Ergebnis offenbar nicht decken müssen.[1]

Dann aber ist weiter fraglich, unter welchen **inhaltlichen Voraussetzungen** der Auf- **4** tragnehmer bei der Verwirklichung externer Risiken für ein auch „mangelhaftes" Ergebnis nicht mehr verantwortlich sein kann. Der Tatbestand des § 13 Nr. 3 VOB/B beschreibt zwar diese Bedingungen, ist aber nicht exakt und umfassend genug, um selbst den Umfang der Haftungsfreistellung des Auftragnehmers zuverlässig beantworten zu können. Es ist allgemeine Auffassung,[2] dass die Haftungsfrage im Rahmen der §§ 13 Nr. 3, 4 Nr. 3 VOB/B materiell nur aus der Kenntnis des Rechtsgrundes der Mängelfreistellung beantwortet werden kann. Aufzudecken ist also der **Normzweck** der §§ 4 Nr. 3, 13 Nr. 3 VOB/B; anschließend sind die inhaltlich-vertraglichen Voraussetzungen zu bestimmen, die (allgemein) die Freistellung des Auftragnehmers von Mängelfolgen rechtfertigen.

In diesem Zusammenhang ist zunächst auf den **unterschiedlichen Stellenwert** des § 4 **5** Nr. 3 VOB/B auf der einen und des § 13 Nr. 3 VOB/B auf der anderen Seite im Rahmen der Vertragsverantwortung hinzuweisen. § 13 Nr. 3 VOB/B regelt im Zusammenhang der Gewährleistung das **„Erfolgs"-Risiko** des Auftragnehmers: § 13 Nr. 1 VOB/B stellt die Voraussetzungen dafür auf, unter denen der Auftragnehmer – prinzipiell – nach § 13 Nr. 5 bis 7 VOB/B für die Mängelfolgen aufzukommen hat. § 13 Nr. 3 VOB/B gewährt dem Auftragnehmer das Recht, sich unter besonderen Voraussetzungen durch „Mängelmittei-

---

[1] Allgemeine Meinung: *Kapellmann/Messerschmidt/Weyer* VOB/B § 13 Rdn. 59; Palandt/*Sprau* BGB § 633 Rdn. 4; *Erman/Seiler* § 633 Rdn. 17; *Kleine-Möller/Merl/Oelmeier* § 12 Rdn. 234 f.; *Kaiser* Mängelhaftung Rdn. 20 u. a.
[2] Vgl. die in Fn. 1 Genannten; weiter insb. *Nicklisch/Weick* § 13 Rdn. 43 f.; *Kniffka/Koeble* Kompendium Baurecht Rdn 213; *Ingenstau/Korbion/Wirth* VOB/B § 13 Nr. 3 Rdn. 4; *Ganten* Pflichtverletzung S. 116 ff.; 190 f.

lung" von der Gewährleistung zu befreien. Normzweck des § 13 Nr. 3 VOB/B ist deshalb die Risikoverlagerung (unter bestimmten Bedingungen) auf den Auftraggeber. – § 4 Nr. 3 VOB/B steht dagegen im Zusammenhang der Herstellung des Werkes selbst, zunächst ohne Rücksicht auf etwa spätere Gewährleistungsfolgen.

6    Normzweck des § 4 Nr. 3 VOB/B ist die **Konkretisierung von Rücksichtspflichten** des Auftragnehmers auf das Leistungsinteresse des Auftraggebers. Das Rücksichtsgebot dient vor allem dem vertraglichen Hauptinteresse der Parteien, der mangelfreien Werkschöpfung, ist aber zugleich Ausdruck der allgemeinen Treuepflicht des Auftragnehmers (§ 242 BGB).[3] Die Pflichten nach § 4 Nr. 3 VOB/B gehen deshalb auch über die bloße Sicherung des konkreten vertraglichen Leistungsergebnisses des Auftragnehmers hinaus; sie greifen das allgemeine Interesse des Auftraggebers auf, auch über das „isolierte" Werkergebnis des Auftragnehmers hinaus eine sinnvolle Bauleistung als Gesamterfolg zu erreichen. § 4 Nr. 3 VOB/B stellt insofern auch eine Durchbrechung der ansonsten in der Konzeption der VOB/B angelegten Trennung zwischen Planung und Ausführung dar.[4] Von großer Bedeutung ist in diesem Zusammenhang allerdings die Frage, wie weit der Auftragnehmer verpflichtet ist, auch die übergreifende Aufgabe der „Planung" und Koordination der Leistungen über sein (engeres) Werk hinaus mitzutragen (dazu unten Rdn. 14 ff.).

7    Soweit Rechtsprechung[5] und Literatur[6] bei Bauverträgen von einem Langzeitvertrag mit Kooperationscharakter ausgehen, muss § 4 Nr. 3 VOB/B auch als Ausprägung der mit dem Kooperationscharakter verbundenen Mitwirkungs-, Informations- und Rügeverpflichtungen betrachtet werden.[7] Mit der Verletzung von Kooperationsverpflichtungen können erhebliche Folgen verbunden sein – etwa ein außerordentliches Kündigungsrecht[8] oder Schadensersatzansprüche nach § 280 BGB.[9] Ein Teil dieser Folgen der Verletzung der in § 4 Nr. 3 VOB/B genannten Verpflichtungen wird in § 13 Nr. 3 VOB/B formuliert, nämlich Folgen für die Zurechnung von Mängeln. Die Prüfungs- und Hinweispflichten des § 4 Nr. 3 VOB/B dienen demgegenüber der Vermeidung von Pannen, Mängeln und Irrtümern,[10] mithin der Risikominderung und letztlich der Vermeidung der u. a. in § 13 Nr. 3 VOB/B geregelten Rechtsfolgen.

8    Bedeutsam und nicht genügend beachtet[11] ist ein weiterer Unterschied zwischen § 4 Nr. 3 und § 13 Nr. 3 VOB/B; er ergibt sich aus dem Vorstehenden. § 4 Nr. 3 VOB/B knüpft die Hinweispflichten an **jegliche Vorgaben des Auftraggebers** („vorgesehene Art der Ausführung"; „gelieferte Stoffe ..."), die für den Auftragnehmer auch lediglich „Anregungen" zu sein brauchen und keineswegs unausweichlich sein müssen.[12] Um den zwingenden Charakter von Anordnungen geht es im Rahmen des § 4 Nr. 3 VOB/B nicht. Die dort geregelte Hinweispflicht dient der Klärung des **Herstellungsweges** und der Fehler-

---

[3] Vgl. BGH BauR 1987, 79= ZfBR 1987, 32 = *Schäfer/Finnern/Hochstein* Nr. 60 zu 633 BGB; BGH BauR 1987, 681 = ZfBR 1987, 269; *Ingenstau/Korbion/Oppler* VOB/B § 4 Nr. 3 Rdn. 2 f.; *Kapellmann/Messerschmidt/Merkens* § 4 Rdn. 63; *Motzke* ZfBR 1988, 244; *Hanhart* FS Heiermann S. 111 (zum Vorvertragsstadium; s. dazu auch *Bühl* BauR 1992, 26).
[4] Vgl. *Oberhauser* FS Kraus S. 151, 155 f.
[5] Vgl. BGHZ 133, 44 = BGH BauR 1996, 542 = NJW 1996, 2158; BGHZ 143, 89 = BauR 2000, 409 = NZBau 2000, 130; OLG Düsseldorf NZBau 2000, 427; OLG Köln NJW-RR 2002, 15 (vgl. zu OLG Köln a. a. O. aber: BGHBauR 2003, 1382 = NZBau 2003, 433); OLG Hamm IBR 2001, 108.
[6] Vgl. *Nicklisch/Weick* Einl. Rdn. 2 ff.; *Leinemann/Sterner* § 4 Rdn. 2; *Grieger* BauR 2000, 969; *Meurer* MDR 2001, 848; *Kniffka* Jahrbuch Baurecht 2001, 1; *Kniffka/Quack* FS 50 Jahre BGH S. 17, 29 f.; *Vygen* FS Kraus S. 249; grundlegend: *Nicklisch* BB 1979, 533 (537); *ders.* JZ 1984, 757, 762/753.
[7] Vgl. *Meurer* MDR 2001, 848, 852; *Kniffka/Quack* FS 50 Jahre BGH S. 17, 30.
[8] Vgl. die unter → Fn. 4 aufgeführte Rechtsprechung.
[9] Vgl. *Vygen* FS Kraus S. 249, 257.
[10] Vgl. BGH BauR 1991, 79, 80 = ZfBR 1991, 61 = NJW-RR 1991, 276; *Siegburg* Gewährleistung Rdn. 1349; *Kniffka/Quack* FS 50 Jahre BGH S. 17, 30.
[11] Vgl. etwa *Ingenstau/Korbion/Oppler* VOB/B § 4 Nr. 3 Rdn. 4, 8; *Nicklisch/Weick* § 4 Rdn. 52; unklar *Kaiser* Mängelhaftung Rdn. 57 e.
[12] Das folgt aus der „Abkoppelung" des § 4 Nr. 3 von § 13 Nr. 3, die im bisherigen Schrifttum nicht deutlich wird; vgl. die in Fn. 11 Genannten; vgl. aber: *Siegburg* Gewährleistung, Rdn. 1348 (teilweise von der hier vertretenen Ansicht abweichend).

vermeidung, jedoch – im Systemzusammenhang des § 4 Nr. 3 VOB/B – nicht unmittelbar der Risikoentlastung des Auftragnehmers. Dieser hat jedwede bauliche Vorgabe des Auftraggebers zu prüfen und ihn bei mangelnder (riskanter) Eignung darüber aufzuklären. Die „weichere" Formulierung des § 4 Nr. 3 VOB/B (gegenüber § 13 Nr. 3 VOB/B: „Anordnung"; „vorgeschriebener Baustoff...") trägt dem Rechnung.

Eine **Pflichtverletzung nach § 4 Nr. 3 VOB/B** im Rahmen des Herstellungsvorganges (vor Abnahme) belastet den Auftragnehmer mit einem Schadens- und Gewährleistungsrisiko auch dann, wenn sein „isoliert gedachter" Leistungsteil („an sich") fehlerfrei wäre. § 4 Nr. 3 VOB/B relativiert gerade diese Möglichkeit einer gedanklichen Abtrennung des „Arbeitsergebnisses" vom wirtschaftlich gewollten Auftragsergebnis des Auftragnehmers und führt beide enger aneinander heran. Die Grenzen der Pflichten des Auftragnehmers nach § 4 Nr. 3 VOB/B bleiben allerdings zu bestimmen. 9

**§ 13 Nr. 3 VOB/B** dient dagegen unmittelbar der **Verlagerung der Mängelverantwortung.** Risikohinweise des Auftragnehmers entsprechend § 4 Nr. 3 VOB/B (vgl. § 13 Nr. 3 VOB/B) können dieses Ziel nur erreichen, wenn Vorgaben des Auftraggebers eindeutig, bestimmt und zwingend waren.[13] Nur wenn solche Anordnungen „zurückgegeben" werden, kann es nach den zu § 13 Nr. 3 dargestellten Grundsätzen zu einer vertraglichen Risikoverlagerung kommen.[14] 10

Die Sicherungspflicht des § 4 Nr. 3 VOB/B bezieht sich primär nur auf die *eigene Leistung* des Auftragnehmers, nicht auf fremde Gewerke.[15] Das folgt ohne Weiteres aus dem Normzweck der Bestimmung, weil der einzelne Unternehmer (nur) für seine Leistung und nicht für Leistungen Dritter die Verantwortung trägt. Gleichwohl kann ausnahmsweise die Leistungstreuepflicht des Auftragnehmers (als Nebenpflicht) auch den Schutz dritter Gewerke einschließen. Davon ist auszugehen, wenn die vertragsgemäße Ausführung der Gesamtleistung (bzw. fremder Gewerke) gerade von der verantwortlichen Kooperation des betroffenen Auftragnehmers abhängt. Hauptanwendungsfall sind die Hinweispflichten zu **Nachgewerken.** Eine Einstandspflicht des Vorunternehmers ist hier nur dann anzunehmen, wenn aufgrund der Eigenart der Vorleistung eine „normale" (unabgestimmte) ordnungsgemäße Folgearbeit nicht ohne Weiteres zu einer funktionstauglichen Gesamtleistung führt. Diese Besonderheit der Vorleistung verpflichtet den Vorunternehmer ggf. zu dem Hinweis an den Auftraggeber, dass sich die Nachfolgeleistung in geeigneter Weise an die Vorleistung anschließen müsse. Dagegen ist der Auftragnehmer nicht generell dafür verantwortlich, dass der Folgeunternehmer selbst ordnungsgemäß arbeitet und in diesem Rahmen auch seiner Prüfpflicht gem. § 4 Nr. 3 VOB/B nachkommt.[16] (Vgl. auch Rdn. 40.) – Eine andere Frage ist, **auf welches Gewerk** sich eine evtl. **Nacherfüllungspflicht** des Auftragnehmers bezieht. Hier ist der Rechtsprechung zuzustimmen, dass auch der fehlende Hinweis auf ein fehlerhaftes Vorgewerk idR nicht dazu führt, dass der der Auftragnehmer auch dieses nachbessern muss.[17] 11

## 2. Materielle Lösungswege in Rechtsprechung und Schrifttum

a) „**Mangelbegriff**" **und Zurechnung (Verweisung).** Zur Frage der Freistellung von einer Zurechnung für „mangelhafte" Bauleistungen kann auf die Ausführungen zu → § 13 Nr. 1 (Rdn. 10) und → § 13 Nr. 3 (Rdn. 15) verwiesen werden. Für den hiesigen Zusammenhang ist als Ergebnis festzuhalten: Begrifflich schließen sich Rechtsprechung[18] und 12

---

[13] Vgl. dazu → § 13 Nr. 3 Rdn. 18 f.
[14] Vgl. dazu → § 13 Nr. 3 Rdn. 5 f.
[15] BGH BauR 74, 202; BGH BauR 1983, 70, 71 f. = NJW 1983, 875; OLG München BauR 1996, 547; abw. OLG Brandenburg BauR 2002, 1709 (eingeschränkte Prüfpflicht für nachfolgende Gewerke); *Heiermann/Riedl/Rusam* (Riedl) VOB/B § 4 Rdn. 47.
[16] Ebenso BGH BauR 75, 341 [342]; vgl. auch BGH BauR 83, 70 [Vertragskündigung].
[17] OLG München BauR 1995, 547.
[18] Ohne methodische Genauigkeit: BGHZ 91, 206 = NJW 1984, 2457 = BauR 1984, 510 = ZfBR 1984, 222.

h. L.[19] im Wesentlichen dem Sprachgebrauch der VOB an und verknüpfen die Mängelzurechnung nicht zwingend mit dem „Mangel"-Begriff. Auch bei „mangelhafter" Leistung kann danach der Auftragnehmer von Verantwortung frei sein. Materiell ist für den „Mangel" zunächst der objektive Maßstab des vereinbarten Leistungsergebnisses wesentlich. Soweit externe Umstände, insb. Vorgaben des Auftraggebers, dieses Ergebnis beeinflussen, kommt es für die Zurechnung nach h. L. darauf an, ob der Auftragnehmer seine Sorgfalts- und Mitteilungspflicht nach § 4 Nr. 3 VOB/B wahrgenommen hat.

13   Dieser Ansatz der Praxis ist **zutreffend,** aber methodisch zu verfeinern: Begrifflich löst die „Mangel"feststellung die Zurechnung nur in einem „Grobraster" nach dem Verkehrsverständnis; die endgültige Verantwortlichkeit für ein fehlerhaftes Ergebnis klärt sich in einem „zweiten Schritt" – ggf. abweichend von der Mängelfeststellung – aus dem konkreten Vertragsrisiko.[20] Entsprechendes gilt bei **externen Risiken:** Der Normzweck der § 13 Nr. 3 VOB/B zwingt insb. bei Vorgaben des Auftraggebers über die Prüfpflicht des Auftragnehmers (§ 4 Nr. 3 VOB/B) hinaus zu der Überlegung, durch welche Umstände ihm ggf. eine (sonst bestehende) objektive Einstandspflicht („Richtigkeitsgarantie") abgenommen und die Verantwortlichkeit auf den Auftraggeber verlagert sein kann.

14   **b) Abgrenzung von „Ausführung" und „Planung" im Risiko des Auftragnehmers.** § 4 Nr. 2 Abs. 1 Satz 1 betont, dass der Auftragnehmer seine Leistung „unter eigener Verantwortung "auszuführen" habe. Im Zusammenhang dieser Bestimmung ist schon erläutert,[21] dass damit auch eine Abgrenzung zur Planungs- und Koordinationspflicht des Auftraggebers gezogen ist. Die Grenze zwischen diesen Aufgabenbereichen kann nicht begrifflich, sondern nur von den **Sachverantwortungen** her bestimmt werden, die im Vertrag beschrieben sind oder sich durch Auslegung aus den Strukturen der Vereinbarung ergeben.[22]

15   **aa) Kriterien allgemein.** Das „Grundmuster" besteht darin, dass sich die Zuständigkeit des Auftragnehmers grundsätzlich auf die Herstellung seiner eigenen Werkleistung beschränkt; er hat seine unternehmerischen Mittel für die Erfüllung seiner eigenen Vertragsaufgabe einzusetzen, allerdings insoweit auch „mitzudenken", als dies der Sicherung des von ihm erwarteten Leistungserfolges dient. Das ist im Kern nicht bestritten, wird allerdings dadurch verwischt, dass aus der Treue- und Rücksichtspflicht des Auftragnehmers in der Praxis auch Aufgaben abgeleitet werden, die (als „Beratungs-" und „Aufklärungs"-Pflichten) sehr eng an eine „Mitplanungspflicht" herausreichen.[23] Diese tendenzielle **Ausweitung** der Hinweispflichten ist bedenklich, soweit für sie nicht ein eigener Rechtsgrund besteht; dieser kann sich etwa aus dem „werbenden" Einbringen besonderer beruflicher Fachkunde ergeben.[24] Im Übrigen können aber die Verpflichtungen des Auftragnehmers nicht über seine Werkaufgabe hinausreichen, weil er weder darauf eingerichtet ist noch im Regelfall die fachliche Kompetenz besitzt, für das ordnungsgemäße Zusammenwirken seiner Arbeit mit den begleitenden baulichen Leistungen einzustehen. Soweit es den „vertraglichen Erfolg" im Ganzen anbetrifft, fehlt dem Auftragnehmer darüber hinaus im Regelfall auch die verbindliche Kenntnis, auf welches rechtliche Leistungsziel die Arbeiten

---

[19] Vgl. die oben Fn. 1 Genannten.
[20] Vgl. dazu → § 13 Nr. 1 Rdn. 12 f.
[21] Vgl. dazu → § 4 Nr. 2 Rdn. 3 f.
[22] Vgl. BGH NJW 1987, 643 = BauR 1987, 79 = ZfBR 1987, 32 = Schäfern/Finnern/Hochstein Nr. 60 zu § 633 BGB; BGH BauR 1987, 681 = ZfBR 1987, 269; OLG Schleswig BauR 1989, 730; dazu bes. *Motzke* ZfBR 1988, 244; *Dähne* BauR 1976, 225; *Clemm* BauR 1987, 609.
[23] Vgl. *Motzke* und *Dähne* a. a. O. (Fn. 21); enger (wie hier) aber *Kaiser* Mängelhaftung Rdn. 49 b; *Nicklisch/Weick* § 4 Rdn. 54 und ausdrücklich *Staudinger/Peters* § 633 Rdn. 110; wohl auch *Ingenstau/Korbion/Oppler* VOB/B § 4 Nr. 3 Rdn. 22 und (noch) BGH NJW 1974, 747 = BauR 1974, 202; vgl. aber zur Rechtsprechung die Entscheidungen oben Fn. 21.
[24] Die erklärte Inanspruchnahme beruflichen Vertrauens führt zu entsprechender Verantwortung, vgl. *Grunewald* JZ 1982, 627; *Hermann* JZ 1983, 422; *Littbarski* NJW 1984, 1667; *Oderski* NJW 1989, 1; *Hübner* NJW 1989, 5.

einzurichten sind. – Näher zur Abgrenzung der Auftragnehmerpflichten vgl. unten Rdn. 20 ff.

Im Übrigen ergibt sich aus § 4 Nr. 2 Abs. 1 Satz 1 VOB/B auch, dass der Auftragnehmer 16 für seine Leistung (im Wesentlichen) **allein verantwortlich** ist: Wie er sich selbst i. d. R. um Fremdgewerke nicht zu bekümmern braucht, hat er im Allgemeinen auch keinen Anspruch darauf, dass „ihm geholfen" wird. Schon zu § 4 Nr. 2 Abs. 1 Satz 1 VOB/B ist aber auch darauf hingewiesen worden, dass dieser Grundsatz – projektbezogen – erheblich durchbrochen sein kann.

**bb) Standpunkt der Rechtsprechung.** Der BGH hat die Trennlinie zwischen Aus- 17 führung und Planung niemals generell beschrieben, sondern ganz ausdrücklich immer wieder auf die Interessenlage im Einzelfall abgestellt.[25] Das ist insb. dort auf **Kritik** gestoßen, wo er die Grenze der Prüfungs- und Hinweispflicht des Auftragnehmers sehr weit in Richtung Planungs(mit)verantwortung des Auftraggebers hinausgeschoben hat.[26] Das gilt etwa für die BGH-Entscheidung vom 23. 10. 1986 („Außenschwimmbad"), in der der Auftragnehmer (Lieferant und Monteur eines Kompaktschwimmbades, das auf einer vorgefertigten Betonplatte aufzustellen war) die Festigung und Dichtigkeit der Bodenkonstruktion nicht ausreichend geprüft hatte. Sieht man davon ab, dass der **VII. Zivilsenat** hier ausdrücklich auch auf eine „besondere Pflichtenlage"[27] aus den Umständen des Falles hinweist, so betont er – wohl auch generell – doch nachdrücklich, dass es zur vertragsgemäßen Werkleistung gehöre, den eigenen Herstellungsbeitrag nicht nur „irgendwie" einzupassen, sondern „darauf hinzuwirken, dass (die Vorleistung) den Anforderungen entsprach, die sich aus den technischen Umständen **seiner** Werkleistung (hier: Gewicht, Druckverhältnisse und sonstige Umstände) ergaben..."[28]

Der BGH hält sich den Raum für eine **fallbezogene Ausweitung oder Verengung** der 18 Prüf- und Hinweispflichten des Auftragnehmers ganz bewusst offen. Seine „große Linie" stellt auf Rücksichtspflichten und Zumutbarkeit ab und vermeidet genauere Festlegungen. Repräsentativ sind dazu die generellen Ausführungen zum Prüfumfang nach § 4 Nr. 3 VOB/B im **„Außenschwimmbadfall"**:[29] „Jeder Werkunternehmer, der seine Arbeit in engem Zusammenhang mit der Vorarbeit eines anderen oder überhaupt auf Grund dessen Planungen auszuführen hat, muss deshalb prüfen und gegebenenfalls auch geeignete Erkundigungen einziehen (Nachweise), ob diese Vorarbeiten, Stoffe oder Bauteile eine geeignete Grundlage für sein Werk bieten und keine Eigenschaften besitzen, die den Erfolg seiner Arbeit in Frage stellen können (Nachweise). Der Rahmen dieser Verpflichtung und ihre Grenzen ergeben sich aus dem Grundsatz der Zumutbarkeit, wie sie sich nach den besonderen Umständen des Einzelfalls darstellt (Nachweise). Was hiernach zu fordern ist, bestimmt sich u. a. nach dem von dem Unternehmer zu erwartenden Fachwissen (Nachweise), nach seiner Kenntnis vom Informationsstand des Vorunternehmers und überhaupt durch alle Umstände, die für den Unternehmer bei hinreichend sorgfältiger Prüfung als bedeutsam erkennbar sind (Nachweise)."

Nicht zum Anwendungsbereich des § 4 Nr. 3 VOB/B gehört der Fall, dass der „Nach- 19 unternehmer" als Hauptunternehmer zugleich der Auftraggeber des „Vorunternehmers" ist und damit auf das Gewerk seines Subunternehmers aufbaut.[30] In einer derartigen Konstellation sind nicht Gewerke aus dem Umfeld des Hauptunternehmers betroffen, sondern es handelt sich um den Verantwortungsbereich des Hauptunternehmers selbst (§ 4 Nr. 2 Abs. 2 Satz 1 VOB/B).

---

[25] Vgl. oben Fn. 21.
[26] *Motzke* ZfBR 1988, 244; wohl auch *Nicklisch/Weick* § 4 Rdn. 68.
[27] BGH NJW 1987, 643 = BauR 1987, 79 = ZfBR 1987, 32 = *Schäfer/Finnern/Hochstein* Nr. 60 zu § 633 BGB; der Auftraggeber hatte als „besonderer Fachmann" erhöhte Verantwortung übernommen, vgl. dazu oben Fn. 23.
[28] Fn. 26; BGH-Hinweis auf BGH NJW 1956, 787.
[29] Fn. 26.
[30] BGH BauR 2003, 1214, 1215.

§ 4 Nr. 3  Prüfung und Bedenkenmitteilung durch Auftragnehmer

20   cc) **Abgrenzungsversuch des Verfassers.** Das baurechtliche Schrifttum nimmt diese Formulierungen im Wesentlichen hin;[31] sie sind auch wegen des erheblichen Argumentationsspielraumes nicht fehlerhaft. Zur Rechtssicherheit ist es aber wichtig und notwendig, den Pflichtenumfang des Auftragnehmers nach § 4 Nr. 3 VOB/B im Hinblick auf seine Mitverantwortung für Fehler aus anderen Leistungsbereichen schärfer abzugrenzen. Hier kommt einmal dem vertraglich übernommenen Risiko des Unternehmers für die ordnungsgemäße Erfüllung erhebliche Bedeutung zu. Grundsätzlich orientiert sich die Prüf- und Mitteilungspflicht am Schuldgegenstand (dem „Werk") selbst. Je umfassender aber das Leistungs- und/oder Vergütungsrisiko des Auftragnehmers ist,[32] umso weiter greift auch seine Pflicht gegenüber dem Auftraggeber zum „Mitdenken", zum Prüfen und Hinweisen auf mögliche Fehlerquellen.

21   Auch wenn die Pflichten nach § 4 Nr. 3 VOB/B sich auf den Herstellungsvorgang beziehen und die erwähnten Risiken das Ergebnis der Vertragserfüllung betreffen, bestehen **Abhängigkeiten,** deren Bindeglied das Interesse des Auftraggebers an einem wirtschaftlich sinnvollen Ergebnis ist: Ein Unternehmer, der nach dem vertraglichen Risikobild (seinem vom Risiko her definierten Leistungsumfang) ein Werkelement „nur einzubauen" hat, ist hinsichtlich seines Beitrages bei Fehlern des wirtschaftlichen Ergebnisses eher entlastet (§ 13 Nr. 1 VOB/B) und hat entsprechend wegen seiner begrenzten Aufgabe und Verantwortung auch nur geringere Prüfpflichten als ein Auftragnehmer, der erkennbar Verantwortung auch für den Gesamterfolg einer komplexen Anlage übernimmt.[33] Die Prüf- und Hinweispflicht des Auftragnehmers ist **vertragliche Sorgfaltspflicht,** die über die „Herstellungsaufgabe" selbst hinausgeht, sie ist aber in der Sache gleichwohl **Hauptpflicht,** deren Verletzung i. d. R. zu unmittelbaren Mängelhaftungsansprüchen führt, wie auch § 13 Nr. 3 VOB/B bestätigt. Das Erfolgsrisiko des Unternehmers schließt grundsätzlich die Prüfung der Eignungsbedingungen für sein Leistungsprogramm ein.[34]

22   Der weitere Streit im Schrifttum um die **Systematisierung** der Pflichten nach § 4 Nr. 3 VOB/B als Haupt- oder Nebenpflichten[35] ist unergiebig;[36] die Schuldrechtsmodernisierung hat daran prinzipiell nichts geändert. – Soweit sich Prüf- und Hinweispflichten nicht „begleitend" aus dem unternehmerischen Risiko selbst ergeben, können sie aus besonderer rechtsgeschäftlicher oder geschäftsähnlicher[37] **Eintrittspflicht** des Auftragnehmers folgen. Das ist insb. der Fall, wenn der Auftragnehmer eine besondere Fachkunde für sich in

---

[31] *Kapellmann/Messerschmidt/Weyer* B § 13 Rdn. 59; *Vygen* Bauvertragsrecht Rdn. 461; *Locher* PrivBauR Rdn. 100; vgl. im Übrigen Fn. 22.
[32] Ähnlich wohl auch *Piel* FS Soergel S. 237, der die Pflicht zur „Aufklärung" nach § 4 Nr. 3 VOB/B in den Vordergrund stellt, diese aber je nach Verantwortung des Auftragnehmers auch zu Beratungspflichten ausweitet (S. 242).
[33] Dieser Gedanke kann auch hinter der in Fn. 12 genannten BGH Rechtsprechung stehen.
[34] Im Einzelnen ist der Risikoumfang im „zweiten Schritt" zu analysieren, s. § 13 Nr. 1 Rdn. 25 f.
[35] Generell als „Hauptpflicht" wird die Prüf- und Hinweispflicht eingestuft bei: OLG Karlsruhe BauR 2003, 1593, 1594; *Ingenstau/Korbion/Oppler* VOB/B § 4 Nr. 3 Rdn. 4; *Kleine-Möller/Merl/Oelmaier* § 12 Rdn. 100; *Vygen* Bauvertragsrecht Rdn. 461; *Locher* PrivBauR Rdn. 100; *Kaiser* Rdn. 48C; *Dähne* BauR 1976, 225 – Als „Nebenpflicht": *Nicklisch/Weick* § 4 Rdn. 68; *Werner/Pastor* Rdn. 1172; *Heiermann/Riedl/Rusam* B § 4 Rdn. 46; *Siegburg* Gewährleistung Rdn. 1386 f.; *Clemm* BauR 1987, 609 f.; *Motzke* ZfBR 1988, 24, 45/51; *Kniffka* Jahrbuch Baurecht 2001, 1, 8 f.; tendenziell: *Daub/Piel/Soergel/Steffani* ErlZ B 4115; *Lorenz* FS 50 Jahre BGH Bd. I, S. 329, 362 „Schutzpflicht". – Lediglich als Obliegenheit stufen die Hinweispflicht *Klaft/Maxem* BauR 1999, 1074, 1078 ein. – Die Rechtsprechung des BGH geht (unter Hinweis auf den Rechtsgrund der allg. Treuepflicht) in der Sache auch von Nebenpflichten aus: BGH BauR 1974, 202 (ausdrücklich); weitere Nachw. Bei Fn. 12 und bei *Dähne* BauR 1976, 225 Fn. 3; sowie bei *Siegburg* Gewährleistung Rdn. 1386, Fn. 106, 107.
[36] So auch *Staudinger/Peters* § 633 Rdn. 106 und im Kern zutreffend *Clemm* BauR 1987, 609. Die Funktion der Begleitpflichten im Schuldverhältnis ist eine Frage ihres Gewichts im Risikogeflecht des Vertrages, vgl. eingehend *Ganten* Pflichtverletzung, S. 159. Auch die Verletzung von Hauptleistungspflichten konnte zur pVV führen (BGH NJW 2002, 816 = BauR 2002, 630 = ZfBR 2002, 355). Dies verkennt OLG Karlsruhe BauR 2003, 1593, 1594, wenn es bei seiner Qualifizierung der Prüf- und Hinweispflicht als Hauptleistungspflicht den Ausschluss von Ansprüchen aus pVV abzuleiten können glaubte.
[37] Vgl. auch *Kaiser* Mängelhaftung Rdn. 48G; zur Vertrauenshaftung aus berufsspezifischer Verantwortung vgl. → § 13 Nr. 3 Rdn. 5, 10.

Anspruch nimmt oder den Auftraggeber aus anderen Gründen auf seine überlegene Kompetenz vertrauen lässt.[38]

**dd) Verhältnis zu Beratungs- und Treuepflichten.** Die Prüfungs- und Hinweispflichten des Auftragnehmers werden begleitet von Beratungs- und Schutzpflichten, die aber in der Praxis von den Aufgaben nach § 4 Nr. 3 VOB/B nicht klar getrennt werden; sowohl die Prüfungs- und Hinweispflichten, als auch Beratungs- und Aufklärungspflichten unterfallen § 241 Abs. 2 BGB. Die Hinweispflicht nach § 4 Nr. 3 VOB/B dient, wie im Vorfeld die Aufklärungspflicht nach § 3 Nr. 3 und § 4 Nr. 1 Abs. 4 VOB/B, der Sicherung des unmittelbaren vertraglichen Leistungsziels. Diese Mitverantwortung fordert sachlich zunächst eine **Aufklärung des Auftraggebers;** sie schließt eine Pflicht des Auftragnehmers zur „Beratung" oder zum Schutz sonstiger Rechtsgüter des Auftraggebers nicht ein. Die Pflichten des Auftragnehmers nach §§ 4 Nr. 3 sind – mit den zu Rdn. 42 f. erwähnten Einschränkungen – grundsätzlich auftrags- und leistungsbezogen. 23

**Beratungsaufgaben** können sich darüber hinaus aus eigenen Vertragsabsprachen[39] oder, aus besonderen Gründen, im unmittelbaren Umkreis der Herstellungspflicht als **Nebenpflichten** ergeben. Solche „Beratungsaufgaben als Nebenpflicht" hat die Rechtsprechung etwa angenommen, wenn eine bloße Aufklärung nicht ausreicht, den Auftraggeber auf Bedenken gegen seine Leistungsvorgaben genügend hinzuweisen oder wenn ein Wissensvorsprung den Auftragnehmer vertraglich verpflichtet, statt vorgeschlagener untauglicher Methoden ihm bekannte geeignetere vorzuschlagen.[40] Grundsätzlich braucht aber der Auftragnehmer ein Risiko durch fehlerhafte (nicht geschuldete) Beratung nicht einzugehen. – Zu den **Rechtsfolgen** fehlerhafter Beratung und zur Verletzung einer (noch über die Nebenpflichtberatung hinausgehende) Leistungstreuepflicht vgl. → § 13 Nr. 1 Rdn. 47. 24

### III. Grundsätze der §§ 4 Nr. 3, 13 Nr. 3 VOB/B im BGB-Bauvertrag

Es entsprach allgemeiner Auffassung zum alten Schuldrecht,[41] dass die Grundsätze der §§ 4 Nr. 3, 13 Nr. 3 VOB/B auch auf den **BGB-Bauvertrag** anzuwenden waren. Die Rechtfertigung dafür wurde allgemein in der unterschiedslosen Interessenlage und in den für VOB/B und BGB gleichermaßen geltenden Grundsätzen des **§ 242 BGB** gesehen.[42] Dem war prinzipiell zuzustimmen. Eine Legitimation gab es im BGB-Bauvertrag allerdings nicht für die Schriftform des Hinweises nach § 4 Nr. 3 VOB/B; deren Bedeutung war (jedenfalls) nach BGB auf die **Beweisfunktion** beschränkt.[43] 25

Zum **neuen Schuldrecht** werden Bedenken angemeldet,[44] ob eine Interpretation des § 633 BGB unter dem Gesichtspunkt von Treu und Glauben zur Begründung von Hinweispflichten noch herangezogen werden kann. Nach dieser Ansicht sollen sich nunmehr die Prüfungs- und Hinweispflichten aus § 241 Abs. 2 BGB ergeben.[45] In der Folge ergibt sich 26

---

[38] Die Praxis verbindet diesen Anspruchsgrund mit der „allgemeinen Treuepflicht", erkennt aber die besondere Verantwortung aus überlegener Fachkunde auch an; vgl. *Ingenstau/Korbion/Oppler* VOB/B § 4 Nr. 3 Rdn. 10; *Kaiser* Mängelhaftung Rdn. 48G; vgl. auch *Piel* FS Soergel S. 237, 242.
[39] Auskunfts- und Beratungsverträge neben der Hauptleistungspflicht bedürfen besonderer Feststellung und Begründung; sie sind nur ausnahmsweise gewollt, vgl. BGH ZfBR 1985, 121; LG Tübingen NJW-RR 1989, 1504 BauR 1990, 497; *Werner/Pastor* Rdn. 1766–1768; vgl. auch BGH NJW 1997, 3277, 3228; NJW 1999, 1540, 1541 – konkludent geschlossene unselbstständige Beraterverträge.
[40] Vgl. die Nachweise oben Fn. 21.
[41] *Ingenstau/Korbion//Oppler* VOB/B § 4 Nr. 3 Rdn. 3; *Vygen* Bauvertragsrecht Rdn. 461; *Staudinger/Peters* § 633 Rdn. 105 u. a.; BGH NJW 1987, 643 = BauR 1987, 79 = ZfBR 1987, 32; OLG Bremen BauR 2001, 1599, 1601 = NZBau 2001, 684 = NJW-RR 2001, 1463.
[42] BGH wie Fn. 21; OLG Bremen BauR 2001, 1599, 1601 = NZBau 2001, 684 = NJW-RR 2001, 1463; *Staudinger/Peters* Rdn. 105; *Enders* S. 42; eingehend *Heinrich* BauR 1992, 224, 228.
[43] Vgl. zur Schriftform unten Rdn. 54.
[44] *Vorwerk* BauR 2003, 1, 5 f.
[45] Im vorvertraglichen Bereich gem. §§ 311, 241 Abs. 2 BGB; ähnlich noch zum alten Recht wohl *Lorenz* FS 50 Jahre BGH Bd. I, S. 329, 358 f.

§ 4 Nr. 3

nach dieser Ansicht, dass aus einer Verletzung der Prüfungs- und Hinweispflichten (nur) Schadensersatzansprüche aus Pflichtverletzung nach §§ 280 Abs. 1, 241 Abs. 2 BGB entstehen würden. Begründet wird dies damit, dass durch die Reform das selbstständige Gewährleistungsrecht abgeschafft und maßgeblich nur das allgemeine Leistungsstörungsrecht (unter Modifikation nach den §§ 634 ff. BGB) sei. Dem kann nicht gefolgt werden. Auch das neue Schuldrecht sieht selbstständige Regelungen zum Mängelhaftungsrecht mit eigenen Anspruchsvoraussetzungen vor. Die typisch werkvertragliche Erfolgsverantwortung wird vom allgemeinen Leistungsstörungsrecht nicht erfasst. Wie im alten Schuldrecht ist daher auch weiterhin von der Geltung der Grundsätze der der §§ 4 Nr. 3, 13 Nr. 3 VOB/B im BGB-Vertrag auch nach der Schuldrechtsreform auszugehen.[46]

27  Die – in diesem Punkte – grundsätzliche Übereinstimmung der Interessen zwischen BGB- und VOB-Vertrag beschränkt sich nicht auf die wörtliche Anwendung der §§ 4 Nr. 3, 13 Nr. 3 VOB/B. Auch die damit im engen sachlichen Zusammenhang stehenden Grundsätze zur Trennung von Ausführung und Planung sowie zur Beratung des Auftraggebers sind auf den BGB-Bauvertrag zu übertragen.[47]

## B. Tatbestandsmerkmale des § 4 Nr. 3 VOB/B

### I. „Vorgesehene Art der Ausführung"/Unfallsicherung

#### 1. Funktion der Leistungsbeschreibung/Einzelanweisungen

28  Die „vorgesehene Art der Ausführung" umfasst sämtliche Hinweise des Auftraggebers, die für den qualitativen und terminlichen Herstellungsplan maßgebend sein sollen: die verbindlichen Zeichnungen und Leistungstexte, Verweisungen in diesen Leistungsangaben (ATV-Normen; DIN(EN)-Normen; anerkannte Regeln der Technik usw.) sowie sämtliche sonstige Anordnungen, nach denen sich der Auftragnehmer vertraglich richten soll. Auf eine „Unausweichlichkeit" oder besonders zwingende Anordnung kommt es im Rahmen des § 4 Nr. 3 nicht an.[48] – Zur Verbindlichkeit und Beachtenspflicht von Leistungsangaben des Auftraggebers kann auf die Erläuterungen zu → § 1 Nr. 1 und § 2 Nr. 1 VOB/B Bezug genommen werden.

29  Etwaige **Lücken in der Leistungsbeschreibung** berechtigen den Auftragnehmer nicht, von Hinweisen abzusehen,[49] im Gegenteil: Zur Prüfpflicht des Auftragnehmers gehört auch, ob die erkennbar gewollte Ausführungsart in der Leistungsbeschreibung zutreffend und vollständig dargestellt ist.[50]

30  **Anweisungen** des Auftraggebers hat der Auftragnehmer in seine Prüfung einzuschließen, soweit sie vertraglich von ihm beachtet werden müssen oder sollen. Solche Pflichten zur Berücksichtigung ergeben sich etwa aus § 1 Nr. 3; § 3 Nr. 3; § 4 Nr. 1 Abs. 1 Satz 1; § 4 Nr. 1, Abs. 3, Satz 1; § 5 Nr. 2 u. a. VOB/B. Auch hier ist für § 4 Nr. 3 VOB/B darauf

---

[46] So auch: *Ingenstau/Korbion/Oppler* VOB/B § 4 Nr. 3 Rdn. 3.
[47] Ebenso *Motzke* ZfBR 1988, 246 (noch zum alten Recht); *Leinemann/Sterner* § 4 Rdn. 55 (zum neuen Recht).
[48] Die h. L. macht diese Unterscheidung zu § 13 Nr. 3 VOB/B nicht, vgl. oben Rdn. 12 und Fn. 12.
[49] Dazu eingehend *Hanhart* FS Heiermann S. 111; *Vygen* FS Soergel S. 277; *Ingenstau/Korbion/Oppler* VOB/B § 4 Nr. 3 Rdn. 23.
[50] Vgl. OLG Düsseldorf BauR 2002, 802, 803. Die Prüf- und Hinweispflicht endet grundsätzlich erst, wenn sich der Auftragnehmer sicher sein darf, dass die Leistung nach der Vorgabe ordnungsgemäß ausgeführt werden kann. „Fachkunde" des Auftraggebers hindert die Prüfpflicht ebenso wenig (vgl. *Siegmar* BauR 1974, 305) wie eine „entschlossene Anordnung" des Auftraggebers. Der Auftragnehmer ist bei erkennbar fehlerhaften Anordnungen erst freigestellt, wenn die Voraussetzungen des § 13 Nr. 3 VOB/B vorliegen oder zwischen den Parteien Einigkeit besteht, dass jedwedes (!) Ausführungsergebnis im Risiko des Auftraggebers liegt. Ob insoweit die Kritik am Urteil des OLG Frankfurt (NJW 1983, 456 = BauR 1983, 156 = *Schäfer/Finnern/Hochstein* Nr. 2 zu § 13 Nr. 1) berechtigt ist, erscheint zweifelhaft, vgl. aber *Ingenstau/Korbion/Oppler* VOB/B § 4 Nr. 3 Rdn. 23; *Jagenburg* NJW 1982, 2415.

hinzuweisen, dass Anweisungen nur vertraglich zu berücksichtigen, nicht aber „bindend" sein müssen (vgl. oben Rdn. 6 f.).

## 2. Unfallsicherung

Die Sicherung der „Arbeitsstelle" vor Unfallgefahren sowie die Einhaltung der gesetzlichen, behördlichen und (hier insb.:) berufsgenossenschaftlichen Verpflichtungen gegenüber seinen Arbeitnehmern obliegt dem Auftragnehmer bereits nach § 4 Nr. 2 (Abs. 1 Satz 3 und Abs. 2 Satz 1) VOB/B; auf die Erläuterungen dazu kann verwiesen werden. § 4 Nr. 3 VOB/B befasst sich ausschließlich mit Unfallgefahren aus der **Sphäre des Auftraggebers,** d. h. aus Vorkehrungen, die im Rahmen der vorgesehenen Art der Ausführung getroffen werden.[51]

Die Verpflichtung des Auftragnehmers, auch diese Risiken in seine Vorsorge einzubeziehen, hat **haftungsrechtliche** Folgen. Mindestens dem Grunde nach kommt eine Schadensersatzpflicht des Auftragnehmers in Betracht, wenn der Auftraggeber eine unzureichende Unfallvorsorge betreibt und der Auftragnehmer dies „sehendes Auges" unwidersprochen lässt. Die Verpflichtung, Dritte damit vor Schäden zu bewahren, wird hier zur **Vertragspflicht des Auftragnehmers** gemacht.

### II. Vom Auftraggeber gelieferte Stoffe oder Bauteile/Baugrund- und „Systemrisiko"

Für gelieferte Baumaterialien gilt das oben zu Rdn. 15 f. Gesagte entsprechend. Problematisch ist nicht, ob Materialien überhaupt zu prüfen sind, sondern **wie weit die Prüfpflicht** geht und unter welchen Voraussetzungen der Auftragnehmer davon ggf. ganz freigestellt ist.

Vergleichbar verhält es sich beim **Baugrund.** Auch der Grund und Boden ist, wenn nicht der Unternehmer auf eigener Fläche baut, vom Auftraggeber gestelltes „Material", unter dessen Verwendung die Bauleistung errichtet wird. Wie für jedes andere vorgeschriebene Material trägt entsprechend – im Ausgangspunkt – der Auftraggeber das Eignungsrisiko.[52] Wegen der maßgeblichen Bedeutung des Baugrundes für jede Baumaßnahme kehrt sich die Risikolast indessen in der Praxis um: Der Unternehmer darf in aller Regel einen Baugrund nur verwenden, wenn er selbst seine Tauglichkeit für die Baumaßnahme geprüft und für geeignet befunden hat, § 4 Nr. 3 VOB/B. Es ist deshalb im Zweifel seine Sache darzulegen, dass etwa für ihn nicht erkennbare Bodenrisiken bestanden, die den Erfolg einer vertragsgerechten Bauleistung gefährdeten. Sofern ihm solche Risiken *vertraglich abgenommen* sind, spricht vor allem das Schrifttum[53] von **„Baugrundrisiken", die den Auftraggeber belasten.** Ähnlich verhält es sich bei der Sonderform des **„Systemrisikos",**[54] dass seinem Begriff nach alle letztlich nicht vollständig beherrschbaren Verfahrensrisiken bei Bauleistungen anspricht. Ihren Ursprung und ihren praktischen Anwendungsbereich haben „Systemrisiken" allerdings auch bei Tiefbauarbeiten.[55] Beim „Systemrisiko" geht es deshalb um die ausnahmsweise Zuordnung von Lasten an den Auftraggeber, die sich daraus ergeben, dass der Auftragnehmer im besonderen Fall für die Eignung und den Erfolg der von ihm eingesetzten Verfahrenstechniken nicht verantwortlich ist.

---

[51] Allgemeine Meinung, vgl. *Ingenstau/Korbion* VOB/B § 4 Nr. 3 Rdn. 36; *Heiermann/Riedl/Rusam* B § 4 Rdn. 52.

[52] Allg. Meinung; vgl. *Ingenstau/Korbion/Oppler* VOB/B § 4 Nr. 3 Rdn. 16; *Kuffer* NZBau 2006, 1 ff., 5 f.; eingehend *Bosse* Das Baugrundrisiko im Bauvertrag (2005) S. 16 f., 182 f.; BGH NJW 1973, 318.

[53] Aus dem neueren Schrifttum: *Englert* BauR 1996, 763 f.; *ders.* FS Jagenburg S. 161 f.; *ders.* FS Craushaar S. 203 f.; *Kapellmann* Jahrbuch Baurecht 1999, 1 ff.; *Ganten* BauR 2000, 643 f.; *Grauvogl* NZBau 2002, 591 f.; *Motzke* Jahrbuch 2005, 1 ff.; *Kuffer* a. a. O. (Fn. 51). – Vgl. auch zu § 13 Nr. 1 Rdn. 115.

[54] Vgl. *Ganten* a. a. O. (Fn. 52), *Kuffer* a. a. O. (Fn. 52); *Motzke* a. a. O. (Fn. 52); vgl. auch § 13 Nr. 1 Rdn. 120.

[55] S. die in Fn. 52 Genannten.

§ 4 Nr. 3

Die **Rechtsprechung**[56] ist mit den genannten Begriffen (Baugrundrisiko, Systemrisiko) bisher sehr behutsam umgegangen. Der BGH hat die Begriffe sogar weitgehend vermieden,[57] weil sie keinen eigenen Erkenntniswert hätten und sich die mit den Topoi verbundenen Rechtsfolgen ohne Weiteres auch aus den allgemeinen bauvertraglichen Prinzipien lösten. Die insoweit vor allem von *Kuffer*[58] geäußerte Kritik ist methodisch berechtigt, lässt aber außer Betracht, dass Begriffe für komplexe typische Risikolagen den Umfang mit diesen Problemsituationen erleichtern können.

35   Ungewiss und strittig ist, wo beim Baugrund- und Systemrisiko die **Grenze des Risikoüberganges** liegt (s. dazu auch § 13 Nr. 1 Rdn. 115 f.). Die Standpunkte im Schrifttum und in der Rechtsprechung dazu sind nicht überall klar abgegrenzt, weil auch die Ausgangspunkte in den Risikozuordnungen verschieden sind. Im Ganzen lassen sind folgende Auffassungen bezeichnen:

- einen **materiell weiten Begriff** des Baugrundrisikos vertritt inbes. *Englert*.[59] Danach gehen Lasten von unerkannten Erschwernissen im Baugrund bereits dann auf den Auftraggeber über, wenn „trotz bestmöglicher Erkundung des Baugrundes ohne Verschulden von Auftraggeber oder Auftragnehmer während der Arbeiten Erschwrnisse im Boden- und Grundwasserbereich auftreten und es dadurch zu geänderten Leistungen und Verzögerungen kommt ..." (OLG München in IBR 1997, 104 unter Bezug auf *Englert* BauR 91, 537/542) Die Risikogrenze für den Auftragnehmer bei Erschwernissen im Baugrund liegt danach bei der von ihm zu erwartenden höchstmöglichen Sorgfalt.
- einen **materiell engen Begriff** hat der *Verfasser*[60] vertreten, in dem er – nach Ausschöpfung vertraglicher Auslegungsregeln – das Baugrund- und Systemrisiko erst dann auf den Auftraggeber übergehen ließ, wenn mit Störungen aus dem Baugrund oder aus einem gesetzten Verfahren *überhaupt* nicht zu rechnen war, auch nicht aufgrund einer etwa erkennbaren Ungewissheit des Bodens oder einer erkennbaren Fehlerquote in der vorgesehenen Verfahrenstechnik.
- **Gemeinsame Auffassung** aller (nur mit unterschiedlichem Gewicht in der Argumentation) ist indessen, dass das Baugrundrisiko wie das Systemrisiko eine **Funktion des vertraglich übernommenen Erfolgsrisikos** ist. Das ist inbes. auch der Standpunkt der Rechtsprechung,[61] wie *Kuffer*[62] darlegt, sowie (in der Sache) von *Kapellmann*,[63] der das Baugrundrisiko immer dann auf den Auftraggeber übergehen lassen will, wenn die „Sollbeschaffenheit" des Bodens verlassen wird. Vor allem *Bosse*[64] begründet überzeugend, dass stets zunächst zu prüfen sei, welche Anhaltspunkte der Vertrag für die Grenze des Unternehmerrisikos enthält. Erst wenn sich daraus nichts ableiten lässt, kommt es auf die Ansichten über die Strenge der Erfolgsverantwortung des Auftragnehmers an. Entgegen *Kuffer* stellt sich diese Frage allerdings auch beim Systemrisiko, weil es nach allgemeinen Prinzipien auch dort eine Verantwortungsgrenze für die Mängelhaftung des Unternehmers gibt.[65]
- *Brosse*[66] hat in einer breitangelegten Synopse weiter richtig dargelegt, dass auch mit der Grenzfindung zur „Risikoverlagerung" noch nicht sämtliche Fragen beantwortet seien. In einer Feinabstimmung der vertraglichen Lastenverteilung ist nicht nur generell zwi-

---

[56] Dazu eingehend *Kuffer* a. a. O. (Fn. 51); ebenso *Bosse* a. a. O. (Fn. 51), S. 19 f.
[57] Vgl. *Kuffer* a. a. O. (Fn. 51).
[58] A. a. O. (Fn. 51).
[59] Vgl. insbes. *Englert/Grauvogl/Maurer* Handbuch des Baugrund- und Tiefbaurechtes 3. Aufl., 2004, Rdn. 910 f.
[60] S. o. Fn. 52.
[61] OLG Stuttgart BauR 1994, 331; OLG Celle IBR 2002, 656.
[62] S. o. Fn. 51.
[63] S. o. Fn. 52, S. 7 f.
[64] S. o. Fn. 51, S. 20 f., passim.
[65] Ebenso *Grauvogel* a. a. O. (Fn. 52), S. 591 (593 f.).
[66] S. o. Fn. 64.

schen dem Leistungs- und Vergütungsrisiko zu differenzieren, sondern auch nach dem Umfang der jeweils zugeordneten Gefahren. – Je stärker hier differenziert und der Vertrag (auch ergänzend) so insbes. *Bosse* ausgelegt wird, umso mehr relativieren sich die vorgenannten „Theorien".

Aus der Rechtsprechung sind folgende **Entscheidungen** beispielhaft zu erwähnen: BGH 36 v. 9. 1. 1964, VersR 1964, 267 f.; vgl. auch VersR 1968, 152 („Backofen"; Prüfungspflicht bei Anweisungen); BGH v. 4. 3. 1971, VersR 1971, 667 („Warftfall"; Prüfpflicht bei unterschiedlichem Baugrund); BGH v. 20. 1. 1972, VersR 1972, 475 (Rammpfähle); BGH v. 23. 9. 1976, BauR 1977, 131 = MDR 1977, 206 (Baugrundprüfung beim Fertighaus); LG Köln v. 16. 11. 1982, Schäfer/Finnern/Hochstein § 6 Nr. 6 VOB Nr. 2 (unvermutete Sandlinse); LG Essen v. 3. 11. 1984, BauR 1984, 642 (Prüfung Voraussetzungen für Bodenverpressung); OLG Frankfurt v. 15. 2. 1985, NJW-RR 1986, 1149 = BauR 1986, 352 (Rohrbriss); BGH v. 23. 10. 1986, BauR 1987, 79 f. = NJW 1987, 643 (Außenschwimmbadfall, vgl. oben Rdn. 15, 16); OLG Schleswig v. 31. 5. 1988, BauR 1989, 730 (Verantwortung für Bodenkennwerte); LG Stuttgart v. 24. 4. 1996, OLG Stuttgart BauR 1994, 631 (Geräteschaden), BauR 1997, 137 (Prüfungspflicht von Vorgaben des Statikers/Fehlen v. Dehnungsfugen); OLG München v. 28. 10. 1997, IBR 1999, 522 („Bodenalarmsignale"); OLG Frankfurt/M BauR 1999, 43 (Risikoverlagerung: AGB-Kontrolle); OLG Düsseldorf v. 10. 11. 2000, BauR 2001, 638 = NZBau 2001, 401 (Hochflutlehmschicht, Bedenken des Subunternehmers); OLG Brandenburg v. 9. 12. 1999, BauR 2001, 1129 (Gesamtschuldnerausgleich bei Vertiefungsschaden); OLG Bamberg v. 15. 1. 2001, IBR 2001, 110 (Baugrube in Hanglage); OLG Celle IBR 2002, 656 (funktioneller LV); OLG Karlsruhe NZBau 2003, 102 (Grundwasser); OLG Zweibrücken BauR 2004, 1669 (Geräteschaden); OLG München (Augsburg) NZBau 2004, 274 = BauR 2004, 680 (Müllhalde) BGH v. 20. 12. 2005 VI ZR 33/05 (Versorgungsleitungen).

### III. Leistungen anderer Unternehmer

#### 1. Fehlerhafte Vorleistungen

Fehlerhafte Vorleistungen anderer Unternehmer sind von der Sachproblematik her das 37 **Kernstück** des § 4 Nr. 3 VOB/B. Zur systematischen Einordnung der Pflichten des Auftragnehmers, sich bei der Beurteilung der Arbeitsbedingungen nicht auf seine (isolierte) eigene Werkleistung zu beschränken, sondern auch das funktionelle Umfeld für die Leistung einzubeziehen, vgl. schon oben Rdn. 3 f. Mit der Prüfungs- und Hinweispflicht wird der Auftragnehmer nicht zum „Planer" oder Koordinator (auch) fremder Leistungen, sondern sichert er vor allem den Erfolg seiner eigenen Aufgabe ab. Im Einzelnen kann hier für die Grundsätze und den Umfang der Sorgfaltspflicht des Auftragnehmers nach der Rechtsprechung auf das Zitat des „Außenschwimmbadfalles" oben Rdn. 18 Bezug genommen werden.

Dieses Urteil knüpft unmittelbar an die Leitentscheidung des **BGH** zu dieser Fallgruppe 38 an, das **„Plattenlegerurteil"** vom 11. 4. 1957,[67] das vor allem den materiellen Grund der Prüf- und Hinweispflicht des Auftragnehmers herausstellt: „Wer ein Gewerbe betreibt, hat dafür einzustehen, dass er die erforderliche Sachkenntnis besitzt (RG, DJ 39, 105); ihr Fehlen entschuldigt ihn nicht. Der Umfang der von ihm zu fordernden Sachkenntnis richtet sich nach der Schwierigkeit und der Gefahr des Misslingens seiner Arbeit, die er bei seiner Planung beachten muss. Wer sich zu Arbeiten erbietet, die nur ein ausgesprochener Fachmann zu leisten vermag, muss die auf langer Erfahrung und neuester Erkenntnis beruhenden „Regeln seiner Kunst" beherrschen."

Das Urteil bestätigt in „klassischer" Form die **Grundlagen der Vertrauensstellung** des 39 Auftragnehmers.[68] An sie ist überall dort anzuknüpfen, wo aus dem gewerblichen Auftreten

---

[67] BGH NJW 1956, 787 = VersR 1956, 288.
[68] Vgl. dazu näher → § 13 Nr. 3 Rdn. 16 f.

## § 4 Nr. 3 Prüfung und Bedenkenmitteilung durch Auftragnehmer

von Unternehmern auch auf ihre Bereitschaft zur Risikoübernahme geschlossen werden soll. Die Prüfpflicht des Auftragnehmers gilt auch für Leistungen des eigenen Auftraggebers, wenn der Auftragnehmer Subunternehmer ist.[69]

### 2. Fehlerhafte Nachleistung

40    Der Vorunternehmer ist für die Qualität von **Folgearbeiten** auf der Grundlage seines Gewerbes i. d. R. **nicht verantwortlich,** – er kann es auch nicht sein, weil er üblicherweise keinerlei Einfluss auf die Ausführung dieser Leistungen hat. Entsprechend haben Rechtsprechung[70] und Schrifttum[71] immer wieder bestätigt, dass der Vorunternehmer nur für „seine Leistung", grundsätzlich nicht aber auch für das Nachgewerk Verantwortung trage. Vgl. dazu auch o. Rdn. 11.

41    Der **BGH**[72] hat aber gleichzeitig herausgestellt, dass der Vorunternehmer auch gegenüber dem Nachunternehmer **nicht im „freien Raum"** arbeite. Grundsätzlich habe der Vorunternehmer zwar für die Ordnungsmäßigkeit der Nacharbeit nicht einzustehen. Die eigene („an sich" richtig ausgeführte) Werkleistung (Vorarbeit) könne jedoch in **zwei Fällen** gleichwohl zu beanstanden sein: (1) Die Werkleistung ist „überhaupt **nicht geeignet,** die (im Übrigen ordnungsgemäß) ausgeführte und darauf aufgebaute Werkleistung des anderen Unternehmers zu tragen"; (2) der Vorunternehmer **erkennt die Gefahr** (oder müsste sie erkennen), dass der Nachunternehmer seine Aufgabe auf Grund der Eigenart des Zusammenspiels der Leistungen nicht zu einem fachgerechten Ergebnis führen wird. Dann sei der Vorunternehmer zur Aufklärung und „Beratung" des Auftraggebers über die zweckmäßige Ausführung der Nacharbeiten verpflichtet. Bei einem Verstoß dagegen werde seine eigene Arbeit wie eine „mangelhafte" Leistung behandelt. Das Schrifttum folgt dieser Auffassung.[73] – Zum Verhältnis von **Beratungsfehlern** zu Werkmängeln vgl. → § 13 Nr. 1 Rdn. 56 f.

### IV. Prüfpflicht des Auftragnehmers – Umfang und Grenzen

#### 1. Anlass zur Prüfung

42    Der generelle Anlass zur Prüfung der Leistungsvorgaben des Auftraggebers (Leistungsbeschreibung; Einzelanweisungen; Baustoffe; Vorleistungen) besteht, wie oben zu Rdn. 3 ff. und 14 ff. dargelegt, in der Übernahme von Verantwortung auch für das Leistungsumfeld der eigenen „Arbeit", um deren Erfolg zu sichern. Da sich diese Prüfung auf **externe Verhältnisse** bezieht und insoweit vom Auftragnehmer weniger beherrscht werden kann, als er seine eigenen Leistungsmittel kennt und einschätzt, kann von ihm ein „unbedingtes (objektives) Einstehen" für die Eignung der Vorgaben des Auftraggebers nicht gefordert werden. Das unternehmerische Risiko für den Einsatz eigener Kräfte und Produktionsmittel kann der Auftragnehmer steuern (und entsprechend kalkulieren).[74] Fremde, ihm vorgegebene, Herstellungselemente kann (und muss, § 4 Nr. 3 VOB/B) er lediglich prüfen; „garantieren" kann er deren Eignung nicht. So entsteht ein inhaltlich abgestuftes Risiko, das den Auftragnehmer nicht überfordert und den Auftraggeber (der für seine Vorgaben selbst Verantwor-

---

[69] BGH NJW 1987, 644 = *Schäfer/Finnern/Hochstein* Nr. 39 zu § 633 BGB; OLG München NJW-RR 1987, 854.
[70] BGH BauR 1970, 57; BGH BauR 1975, 341 = *Schäfer/Finnern/Hochstein* 2.414.0; vgl. auch OLG Stuttgart BauR 1976, 360; OLG Köln BauR 1990, 729.
[71] Allgemeine Meinung: vgl. eingehend *Kaiser* Mängelhaftung Rdn. 54 e; *Ingenstau/Korbion/Oppler* VOB/B § 4 Nr. 3 Rdn. 48/49; *Heiermann/Riedl/Rusam* B § 4 Rdn. 55; *Kapellmann/Messerschmidt/Merkens* VOB/B § 4 Rdn. 86.
[72] Vgl. die Nachweise Fn. 57; Sonderfall der Kündigung des Vor-Auftrages BGH NJW 1983, 875 = BauR 1983, 70 = ZfBR 1983, 16.
[73] Vgl. die Nachweise Fn. 58.
[74] Eingehender dazu *Ganten* Pflichtverletzung S. 191; *ders.* BauR 1972, 193. Im Ergebnis ähnlich *Kapellmann* BauR 1992, 433.

tung tragen kann) genügend sichert. In diesem Zusammenhang ist erneut zu betonen, dass Grund und Umfang der Pflichtverletzung gemäß § 4 Nr. 3 VOB/B in keinem direkten Zusammenhang mit der Werk-(Ergebnis-)Verantwortung steht; diese regelt (nur) § 13 Nr. 3 VOB/B. Im Rahmen des § 4 Nr. 3 VOB/B ist deshalb auch der „Verschuldensmaßstab" systemgerecht. Zu den Verletzungsfolgen siehe unten Rdn. 63 f.

Die **Prüfpflicht des Auftragnehmers** folgt inhaltlich aus der oben zu Rdn. 34 („Plattenlegerfall") erörterten gewerblichen Kompetenz des Auftragnehmers und der sich daraus ergebenden Vertrauenserwartung des Auftraggebers. Daraus leiten sich materiell **Grund und Umfang** der Prüfpflicht ab. Aus dem Umstand, dass § 4 Nr. 3 zwar die „Hinweispflicht", nicht aber die „Prüfpflicht" ausdrücklich erwähnt, kann deshalb nicht umgekehrt geschlossen werden, dass etwa eine Prüfpflicht überhaupt nicht bestehe;[75] sie folgt aus dem Vertrag selbst.[76] Unzutreffend ist, dass die Annahme der Prüfpflicht gegen das AGB-rechtliche Transparenzgebot und die Unklarheitenregelung des § 305 c Abs. 2 BGB verstoße.[77] Die Prüfung ist notwendige Voraussetzung für einen Hinweis, da, um einen Hinweis geben zu können, eine entsprechende Kenntnis notwendig ist.[78] Das bedarf – auch aus Transparenzgründen – keiner besonderen Erwähnung. **43**

In der jüngeren obergerichtlichen Rechtsprechung werden Versuche gemacht, die Anforderungen an die Prüfpflichten graduell abzustufen. Das OLG Brandenburg und das OLG Hamm[79] stufen die Prüfpflichten nach dem Pflichtenkreis des Werkunternehmers wie folgt ab: Am intensivsten sei diese bei den vom Auftragsgeber gelieferten Baustoffen, geringer bezüglich der Vorleistungen anderer Unternehmer und am geringsten bezüglich der Art der Ausführung. Bezüglich der Planung sei nur eine Prüfung hinsichtlich offensichtlicher Fehler erforderlich. Das OLG Bremen[80] geht – anders – davon aus, dass die Prüfungspflichten umso intensiver seien, je wichtiger eine Überprüfung für den Erfolg der Baumaßnahme ist. Im Bereich der Gründung seien Prüfpflichten daher besonders hoch. **44**

Die Abgrenzung der Pflichtenkreise ist kein Selbstzweck. Sinn der Hinweispflicht des auftragnehmers ist es, das gemeinsame Vertragsziel zu erreichen, dem dienen die Kooperationsverpflichtungen. Sachgerecht ist daher nicht eine Abstufung nach formeller Zugehörigkeit zum Pflichtenkreis des Auftragnehmers, sondern nach der Bedeutung für den gewollten Werkerfolg.[81] Dies entspricht auch dem oben (Rdn. 38) erwähnten Grundsätzen des „Plattenlegerfalles", nach dem das Risiko des möglichen Misslingens entscheidendes Kriterium der Prüfpflichten ist. Entsprechend geht das Schrifttum z. T. davon aus, dass eine (abnehmende) Abstufung der Anforderungen an die Prüfpflichten allenfalls **in der Regel** nach den Pflichtenkreisen Material, Vorarbeiten, Planung erfolgen könne.[82] **45**

Als **Faustformel** für den Umfang der Hinweis- und Prüfpflichten mag im Anschluss an die Entscheidung des OLG Bremen[83] folgende Reihenfolge zu beantwortender Fragen gelten: **46**
1. Der Auftragnehmer hat das „Umfeld" seines Gewerkes mit den Mitteln der von ihm erwarteten Fachkenntnisse zu prüfen: Ist die Leistung auf diese Art zum vertragsgerechten Ergebnis zu führen? *Oder:*

---

[75] So aber *Siegburg* Gewährleistung Rdn. 1374 ff.; *ders.* ZfBR 2001, 291, 296; für den VOB-Vertrag; abweichend *ders.* zum BGB-Vertrag, Gewährleistung Rdn. 398 f.; wohl auch – zum BGB-Vertrag –, *ders.* ZfBR 2001, 291, 293 ff.
[76] So die ganz überwiegende Auffassung und Rechtsprechung, vgl. nur *Kapellmann/Messerschmidt/Merkens* VOB/B § 4 Rdn. 67; *Heiermann/Riedl/Rusam* B § 4 Rdn. 46; *Ingenstau/Korbion/Oppler* VOB/B § 4 Nr. 3 Rdn. 6; *Nicklisch/Weick* § 4 Rdn. 51; BGH NJW 1987, 643 = BauR 12987, 79 = ZfBR 1987, 32.
[77] *Siegburg* Gewährleistung Rdn. 1374.
[78] MünchKomm/*Soergel* § 633 Rdn. 91.
[79] OLG Hamm BauR 2003, 1052; OLG Brandenburg BauR 2002, 1709; vgl. auch *Siegburg* Gewährleistung Rdn. 1392 ff.
[80] BauR 2001, 1599, 1601 = NZBau 2001, 684 = NJW-RR 2001, 1463.
[81] Vgl. oben Rdn. 20, 21.
[82] Vgl. *Ingenstau/Korbion/Oppler* § 4 Nr. 3 Rdn. 12; *Kleine-Möller/Merl/Oelmaier* § 12 Rdn. 102.
[83] Vgl. OLG Bremen a. a. O. (Fn. 66).

§ 4 Nr. 3 Prüfung und Bedenkenmitteilung durch Auftragnehmer

2. Wirken sich – bei entsprechendem Prüfungsmaßstab – die Leistungsvorgaben ggf. nachteilig auf die Qualität des vom Auftragnehmer versrprochenen Werkes aus? – Falls ja:
3. Sind diese Wirkungen allein mit Herstellungsmitteln des Auftragnehmers zu beherrschen? – Falls nein:
4. Bedarf es einer Änderung der Vorgaben, so ist ein entsprechender (im Zweifel schriftlicher) Hinweis an den Auftraggeber erforderlich und dessen Wiesung abzuwarten. – Oder:
5. Bedarf es keiner Änderung der Vorgaben, ist aber ein höherer Aufwand des Auftragnehmers erforderlich, um den Leistungserfolg nicht zu gefährden, ist ebenso ein Hinweis gem. § 2 Nr. 5, 6, 7 VOB/B geboten.

47 Entsprechend wirkt sich die **Fachkunde der Auftraggeber** aus: Es gibt keinen generellen Satz, dass die Prüfpflichten bei fachkundigen Auftraggebern (z. B. staatlichen Bauverwaltungen) herabgesetzt seien.[84] Auch dieser kann eine ordnungsgemäße und vollständige Leistung erwarten. Hinweise sind aber dort nicht in gleicher Weise geboten, wo der Auftragnehmer darauf **vertrauen** kann, dass der Auftraggeber „**selbst mitdenkt**" und ihn deshalb von der sonst üblichen Sorgfalt befreit. In der Sache folgt dem auch die Rechtsprechung.[85]

48 Die **Judikatur** zum Anlass und den Grenzen der Prüfpflicht des Auftragnehmers für Leistungsvorgaben des Auftraggebers ist unüberschaubar. Die nachfolgenden **Beispiele** der Rechtspr. geben eine Orientierung:

49 – **Abstufung der Prüfpflichten:** OLG Brandenburg BauR 2002, 1709 (Grad der Anforderungen nach Pflichtenkreisen); OLG Hamm BauR 2003, 1052 (Grad der Anforderungen nach Pflichtenkreisen); OLG Bremen BauR 2001, 1599 = NZBau 2001, 684 = NJW-RR 2001, 1463 (Nach Bedeutung f. d. Werkerfolg);
– **Besondere Fachkompetenz des Auftraggebers** (kann Prüfpflicht herabsetzen): OLG Köln DB 1967, 1759 (Statik); BGH Schäfer/Finnern Z 2410, 2 (Statik, Umbau); BGHZ 46, 242 = NJW 1967, 388 (Statik); BGH BauR 1977, 420 (421); BGH NJW-RR 1989, 721 = BauR 1989, 467 = ZfBR 1989, 164 (Statik). – Hinweispflicht bei Erkennbarkeit des Fehlers in der Vorleistung/Anordnung: BGHZ 39, 189 = NJW 1963, 1451; BGH BauR 2001, 622 = NZBau 2001, 200 = ZfBR 2001, 265 (Sachkunde des Bauleiters); OLG Düsseldorf BauR 1994, 545; OLG Hamm, BauR 2003, 1052 (Fachingenieur); OLG Düsseldorf BauR 2002, 323 = NZBau 2002, 275 (Bauunternehmer als Auftragnehmer); OLG Celle BauR 2002, 93 = IBR 2001, 663 („sei immer gut gegangen"); OLG Celle NZBau 2001, 98 (besonders fachkundiger Mitarbeiter); OLG Brandenburg BauR 2001, 102 = NZBau 2001, 322 = NJW-RR 2001, 1620 (fachkundiger Hauptunternehmer) – im Schrifttum vgl. insb. *Dähne* BauR 1976, 225; *Kaiser* Mängelhaftung, Rdn. 49 a;
– **Besondere Fachkompetenz des Auftragnehmers** (erhöht Prüfpflicht): KG IBR 1995, 111 = OLG Rspr. 1994, 229 (Flachdach); OLG Hamm IBR 1995, 112 (Mauerwerkssanierung); BGHZ BauR 1981, 201 = ZfBR 1981, 82 (Gefälleestrich); OLG Schleswig IBR 1999, 575 (fachkundiges Stahlbauunternehmen);
– **Leistungsverzeichnis** (Prüfpflicht): BGH BauR 1975, 420 (Isolieranstrich); BGH BauR 1978, 222(4) = Schäfer/Finnern/Hochstein Nr. 1 zu § 4 Nr. 2 (Dämmstreifen); OLG Frankfurt NJW 1983, 456 (Blasbachthalbrücke); OLG Frankfurt BauR 1985, 448 [Lücken im LV]; OLG Düsseldorf NJW-RR 1994, 281; OLG Düsseldorf BauR 2002, 802 (ungeeignete Ausführungsart); OLG Dresden BauR 2000, 1341 = NZBau 2000, 333 (Lücken im LV);
– **Beachtung „anerkannter Regeln"** durch Auftragnehmer: BGHZ 59, 202 = NJW 1972, 1753 (Dachgefälle); BGH BauR 2002, 1402 (nichterprobter Baustoff); OLG Hamm NJW-RR 1990, 523 (Fassadenoptik); OLG Düsseldorf BauR 1995, 244 = NJW-

---

[84] So zutreffend *Kleine-Möller/Merl* § 12 Rdn. 137; abweichend u. a. *Ingenstau/Korbion/Oppler* VOB/B § 4 Nr. 3 Rdn. 18.
[85] BGH BauR 2001, 622 = NJW-RR 2001, 520; OLG Brandenburg BauR 2001, 102; auch OLG Frankfurt/M BauR 2000, 423 (zu § 377 HGB); OLG Düsseldorf BauR 2004, 99.

RR 1995, 214 (Bauschutt/Arbeitsraum); OLG Köln NJW-RR 1995, 19 (Terrassenplatten); OLG Düsseldorf *Döderlein/Vygen* TBAE Nr. 2937 = BauR 1995, 139 = IBR 1995, 57(Nichteinhaltung DIN-Normen; Aufzeigen nachteiliger Folgen); OLG Oldenburg IBR 1997, 25 (Nichteinhaltung DIN-Normen; Aufzeigen nachteiliger Folgen); OLG Saarbrücken NJW-RR 1998, 93 (Fehlen anerkannter Regeln der Technik);
- **Materialprüfung:** BGH VersR 1961, 405 = Schäfer/Finnern 2401, 21 (Dachziegel); OLG Karlsruhe NJW-RR 1988, 405 (Polypropylen); OLG Stuttgart BauR 1989, 475 (Treppenanlage); OLG Hamm NJW-RR 1990, 523 (neuer Werkstoff); OLG Zweibrücken IBR 1999, 523 (neuartiger Werkstoff); OLG Brandenburg NZBau 2001, 322 (Pflastersand); OLG Bremen BauR 2001, 1599 = NZBau 2001, 684 = NJW-RR 2001, 1463 (Tragfähigkeit d. Bodens); OLG Karlsruhe IBR 2002, 306 (generell geeigneter Mörtel); OLG Hamm BauR 2003, 1570 (nicht erprobte Werkstoffe/unausgereiftes Verfahren); OLG Stuttgart v. 16. 5. 2007 [4 U 23/07] – ESG-Glas;
- **Eignung der Vorarbeit:** BGH BauR 2003, 1213 (Hauptunternehmer/Subunternehmer); OLG Düsseldorf NJW 1993, 405 (Dachkonstruktion); OLG Celle BauR 2002, 812 (Vorarbeit durch Sonderfachmann – Statiker); BGH NZBau 2001, 495 (Fliesenleger); OLG Bremen BauR 2001, 1599 = NZBau 2001, 684 = NJW-RR 2001, 1463 (Sandauffüllung);
- **„handwerkliche" Prüfmaßstäbe** BGH Schäfer/Finnern Z 2410, 29 (Wandfliesen); OLG Köln OLG Rspr. 1980, 9 (Wandfliesen); OLG Düsseldorf (22-U-119/93) TBAE Nr. 1446; AG Nürnberg NJW-RR 1993, 406 (beide: Terrassenbelag); LG Stuttgart BauR 1997, 137 (elementare Kenntniss des Rohbauunternehmers); OLG Bamberg IBR 2000, 111 (Rohbauunternehmer); OLG Bamberg IBR 2001, 110 (Hanglage, Schürfgrube); OLG Celle NZBau 2001, 98 (Heizungsunternehmen);
- **Sanierung** (Problem des Auftragsumfanges!): OLG Oldenburg BauR 1985, 449 (Fliesenarbeiten); OLG Hamm Schäfer/Finnern/Hochstein Nr. 6 zu § 4 Nr. 3 VOB/B (Profilbretter): BGH Schäfer/Finnern Z 2410, 2 (Statik);
- **Baurecht** (öffentl.): OLG Nürnberg NJW-RR 1993, 694 (Behindertenlift); OLG Düsseldorf (Genehmigungspläne);
- **„Systemfehler"** („Unerkennbarkeit"): OLG Düsseldorf NJW-RR 1993, 1433 (Schalungssteine); BGHZ 132, 189 = BauR 1996, 702 = NJW 1996, 2372 („Ausreißer").

## 2. Grenzen der Prüfpflicht

Auch die Grenzen der Prüfpflicht ergeben sich aus dem **vertraglichen Rechtsgrund:** 50 Der Auftragnehmer braucht dort nicht mehr zu prüfen, wo/soweit er davon ausgehen kann, dass eine fachkundige und sorgfältige Prüfung stattgefunden hat, der er selbst eine bessere Kompetenz nicht mehr entgegensetzen kann, wo Prüfaufgaben seine fachliche Kompetenz überschreiten würden oder Prüfverfahren auf eine Weise durchgeführt werden müssten, die seine gewerbeüblich eingesetzten Mittel überschreiten. – **Fachkunde des Auftraggebers** schließt eine Prüf- und Hinweispflicht allerdings nur aus, wenn sich der Auftragnehmer ganz sicher sein kann, dass eine verlässliche Prüfung durchgeführt ist, die ihn selbst von nochmaliger Kontrolle freistellt.[86] **Handwerker** insb. brauchen Prüfungen nur mit Methoden vorzunehmen, die ihnen „handwerklich" zur Verfügung stehen; das Sorgfaltsmaß ist allerdings auch hier abhängig vom erkennbaren Risiko eines Fehlschlags der Leistung, vgl. oben Rdn. 20, 21. Ergibt sich aus solchen Verfahren kein Anhaltspunkt für die Notwendigkeit weiterer Prüfungen, haben sie ihrer objektiven Sorgfaltspflicht genügt.[87] Der Auftragnehmer braucht eine Prüfung auch nicht vorzunehmen, wenn Fehler

---
[86] OLG Stuttgart v. 16. 5. 2007, 4 U 23/07 – ESG-Glas. Vgl. im Übrigen *Ingenstau/Korbion/Oppler* VOB/B § 4 Nr. 3 Rdn. 54. – Aus der Rspr. Vgl. oben Rdn. 49.
[87] Ebenso *Ingenstau/Korbion/Oppler* VOB/B § 4 Nr. 3 Rdn. 10; *Kaiser* Mängelhaftung Rdn. 54C; der BGH (Fn. 63) stellt allgemein auf die Zumutbarkeit ab. Bezüglich der Einzelheiten zur Begrenzung der Prüfungspflichten insb. bei Planungen s. o. → Rdn. 46 f.

**§ 4 Nr. 3**            Prüfung und Bedenkenmitteilung durch Auftragnehmer

der Leistungsvorgaben nicht das Werk des Auftragnehmers selbst, sondern **Drittleistungen** betreffen.[88]

**51**    Die Prüfung kann schließlich individualvertraglich **abbedungen** sein. Die Prüfpflichtpflicht des Auftragnehmers beruht auf der Erkennbarkeit von Leistungszielen. Diese wiederum hängt in ihrem Umfang ganz wesentlich auch von dem jeweiligen Kenntnisstand der Vertragsparteien ab. Dementsprechend kommt es für die Bestimmung der Prüfungspflicht im konkreten Einzelfall auch auf die Fachkenntnisse auf Auftraggeber- und Auftragnehmerseite an.[89] Je höher das zu erwartende Fachwissen des Auftragnehmers, umso weiter reicht seine Prüfungspflicht, je höher die Kenntnis des Auftraggebers nach Kenntnis des Auftragnehmers, umso geringere Anforderungen sind an die Prüfungs- und insbesondere die Hinweispflichten zu stellen. Starre Grenzen lassen sich nicht festlegen. Ein Handwerker muss bei Planungen von Fachleuten wie Architekten, Ingenieuren oder Sonderfachleuten diese Planung nicht in allen Einzelheiten nachvollziehen,[90] aber er muss derartige Pläne auf offenkundige Fehler hin untersuchen.[91] Der Handwerker schuldet bei der Überprüfung der Planungen den am Stand der Technik orientierten Kenntnisstand eines Unternehmers seiner Branche.[92] Die relativ geringere Prüfpflicht im Planbereich ist im Übrigen nicht nur darauf zurückzuführen, dass sich die Planung außerhalb des Pflichtkreis des Auftragnehmers bewegt, sondern auch darauf, dass der mit der Planung beauftragte Architekt, Ingenieur oder Sonderfachmann selbst in erheblichem Maße fachkundig ist.[93]

### V. Hinweispflicht bei Bedenken/Mitteilung an den Auftraggeber

#### 1. Hinweispflicht allgemein – Form und Grenzen

**52**    Die Prüfpflicht erfährt ihre sachliche Rechtfertigung aus der nachfolgenden **Hinweispflicht**. Sinn der Prüfung ist es gerade, dem Auftraggeber die Umstellung der Leistungsvorgabe zu ermöglichen, umso zu einem zwecktauglichen Gesamtwerk zu kommen. Daraus ergeben sich die Bedingungen eines (auch förmlich) ausreichenden Hinweises wie außerdem die Grenzen der Hinweispflicht:

**53**    Ein Hinweis genügt seinem **Zweck** nur dann, wenn er den Auftraggeber über die Risiken der Situation **ausreichend aufklärt:**[94] Der befürchtete Mangel muss konkret und vollständig beschrieben werden. Der Hinweis muss für den Auftraggeber verständlich sein,[95] damit er in der Lage ist, den geäußerten Bedenken auch nachzugehen. Die Anforderungen an die Äußerung von Bedenken nach § 4 Nr. 3 VOB/B dürfen nicht überspannt werden. Wesentlich ist, dass der Auftraggeber die **Ernsthaftigkeit** der vom Auftragnehmer befürchteten Mängelrisiken nachvollzieht und Anlass sieht, auf die Bedenken auch tatsächlich einzugehen. „Unmutsäußerungen" genügen dem nicht; andererseits müssen Erklärungen nicht vollständiger und deutlicher sein als dies zum Verständnis des Auftraggebers notwendig ist. Um diesem Anlass zu geben, Problempunkte zu prüfen, muss auch der mögliche Mangel vom Auftragnehmer nicht sicher erkannt sein; es genügt, wenn das **Risiko deutlich** ist und

---

[88] Vgl. oben Rdn. 11 und 40 (zum Problemkreis „Nacharbeiten"); im Übrigen sachlich ebenso: OLG Oldenburg BauR 1985, 449; BGH NJW 1987, 643 = BauR 1987, 79, 81 = ZfBR 1987, 32; *Ingenstau/Korbion/Oppler* VOB/B § 4 Nr. 3 Rdn. 11, 48.
[89] Vgl. OLG Bremen a. a. O. (Fn. 50 c); OLG Dresden NJW-RR 2002, 1314; *Leinemann/Schliemann* § 13 Rdn. 64; sowie die unten, unter Rdn. 49, Stichworte „Besondere Fachkompetenz des Auftraggebers" und „Besondere Fachkompetenz des Auftragnehmers" genannten Entscheidungen.
[90] Vgl. OLG Celle NZBau 2001, 98.
[91] OLG Celle BauR 2002 = NJW-RR 2002, 594; OLG Bamberg IBR 2001, 111; vgl. *Langen/Schiffers* a. a. O. (Fn. 70).
[92] OLG Bamberg a. a. O. (Fn. 72; vgl. auch *Langen/Schiffers* a. a. O. (Fn. 70).
[93] Vgl. *Langen/Schiffers* FS Jagenburg S. 435, 444.
[94] *Kaiser* Mängelhaftung Rdn. 55; *Heiermann/Riedl/Rusam* VOB/B § 4 Rdn. 56; *Ingenstau/Korbion/Oppler* VOB/B § 4 Nr. 3 Rdn. 62.
[95] Vgl. auch BGH NJW 1975, 1217 = BauR 1975, 278.

der Auftraggeber dadurch angehalten wird, seine Vorgaben einer Kontrolle zu unterziehen.[96] Hierbei genügt es nicht, wenn ein Subunternehmer gegenüber dem Auftraggeber Bedenken anmeldet, der Hauptunternehmer muss sich diese gegenüber dem Auftraggeber zu eigen machen, damit dem Auftraggeber der Ernst des Hinweises klar wird und der Hauptunternehmer damit seinen Hinweispflichten nachgekommen ist.[97] Andererseits besteht keine Hinweispflicht, wenn der Auftragnehmer davon ausgehen konnte, dass ein vom Auftraggeber eingeschalteter Fachmann diesen bereits umfassend und unter allen Gesichtspunkten über die fraglichen Risiken aufgeklärt hat.[98]

54 Zur **Schriftform der Bedenkenmitteilung** hat sich der BGH grundsätzlich in seinem Urteil v. 10. 4. 1975[99] geäußert: Die Schriftform sei Vertragspflicht, ihre Verletzung müsse sich der Auftragnehmer bei der Verteilung der Mängelrisiken anrechnen lassen. Gleichwohl sei ein zuverlässig mündlich geäußerter Hinweis nicht wirkungslos. Der Auftraggeber müsse auch diesen zur Kenntnis nehmen und eine Überprüfung vornehmen; geschehe das nicht und stelle sich ein Mangel ein, sei der Auftraggeber dafür mitverantwortlich. Beim Auftragnehmer verbleibe jedoch eine **Quote (Schriftformversäumnis),** die nur dann auch ganz entfalle, wenn der Auftragnehmer nachweise, dass ebenfalls eine schriftliche Mitteilung den Auftraggeber nicht zur Änderung seiner Vorgaben veranlasst hätte.[100] Teile der Rechtsprechung lassen daher ausnahmsweise auch bei hinreichend eindeutiger d. h. Inhaltlich klarer und vollständiger Äußerung von Bedenken einen mündliche Hinweis nach Treu und Glauben zu.[101] Soweit in der Einhaltung der Schriftform eine Vertragspflicht erblickt wird, kann die Nichtbeachtung der (pflichtwidrig) nur mündlich geäußerten Bedenken im Einzelfall ein derartig überwiegendes Mitverschulden des Auftraggebers begründen, dass die Nichteinhaltung der Schriftform unschädlich ist.[102]

55 **Kritik:** Die Rechtsprechung zur Beteiligung des Auftragnehmers mit einer Schadensquote wegen unterlassener Schriftform ist vom Normzweck des § 4 Nr. 3 VOB/B her schwer nachzuvollziehen.[103] In der Sache gibt der BGH dem Schriftformerfordernis eine Beweisfunktion; dieses ist auch sinnvoll. Geht man davon jedoch aus, können unbestritten und deutlich erklärte Bedenken nicht dennoch dazu führen, dass der Auftragnehmer am Schaden beteiligt bleibt. Das ist umso weniger überzeugend, als dieselbe Folge im BGB-Vertrag nicht eintreten würde (vgl. oben Rdn. 25 ff.).[104]

56 Für Verträge, welche vor dem 1. 8. 2001 geschlossen wurden, war offen, ob die strenge Schriftform einzuhalten war oder ob ein **Telefax** genüge.[105] Letzlich wird auch bei Altverträgen ein Hinweis in Form eines Faxes genügen, da dieses der im Mittelpunkt dieser Regelung stehenden Beweisfunktion und Informationsfunktion genügt Auch ein Telefax zeigt die gehörige Ernsthaftigkeit der Bedenken des Auftragnehmers. Für nach diesem

---

[96] Ebenso *Heiermann/Riedl/Rusam* VOB/B § 4 Rdn. 56; *Ingenstau/Korbion/Oppler* VOB/B § 4 Nr. 3 Rdn. 63; *Kapellmann/Messerschmidt/Merkens* VOB/B § 4 Rdn. 91.
[97] Vgl. OLG Düsseldorf BauR 2001, 638, 640 = NZBau 2001, 401.
[98] OLG Düsseldorf BauR 2004, 99, 100.
[99] NJW 1975, 1217 = BauR 1975, 278; vgl. weiter BGH BauR 1978, 139, 144 = WM 1978, 218.
[100] BGH LM zu § 4 VOB/B Nr. 2 = *Schäfer/Finnern* Z 2.400/31; OLG Celle BauR 2002, 93 = IBR 2001, 663; OLG Koblenz NJW-RR 2003, 1671.
[101] Vgl. OLG Düsseldorf BauR 1996, 260, 261.
[102] OLG Koblenz BauR 2003, 1728, 1729 = NJW-RR 2003, 1671 – Nichtbeachtung eines Hinweises darauf, dass zur Errichtung eines Scheunendaches die Erstellung einer Statik notwendig sei; vgl. auch *Ingenstau/Korbion/Oppler* VOB/B § 4 Nr. 3 Rdn. 67. Der Auftragnehmer ist hierfür voll beweispflichtig (BGH MDR 1962, 472; *Ingenstau/Korbion/Oppler* a. a. O.). Im Einzelfall kann es bei mündlichen Hinweisen bleiben, wenn diese wiederholt gegenüber dem Auftraggeber erfolgten und dieser dem Werunternehmer gegenüber ebenfalls wiederholt erklärte, dass dieser trotz der Bedenken herausholen solle, was er könne. Allerdings ergibt sich dies nicht aus § 4 Nr 3 VOB/B, sondern aus dem überwiegenden Mitverschulden des Auftraggebers nach § 254 Abs. 1 BGB (OLG Düsseldorf BauR 1999, 498, 499).
[103] Die Möglichkeit einer Alleinverantwortung des Auftraggebers räumt der BGH in BauR 1978, 139(144) = WM 1978, 218 ein; kritisch wohl auch *Ingenstau/Korbion/Oppler* VOB/B § 4 Nr. 3 Rdn. 64; *Nicklisch/Weick* § 4 Rdn. 64; wie hier: *Siegburg* Gewährleistung Rdn. 472.
[104] Ebenso *Ingenstau/Korbion/Oppler* VOB/B § 4 Nr. 3 Rdn. 3; *Heinrich* BauR 1982, 224, 233.
[105] Vgl. auch zu dieser Problematik *Kapellmann/Messerschmidt/Merkens* VOB/B § 4 Rdn. 93.

Datum abgeschlossene Verträge genügt gemäß § 127 Abs. 2 Satz 1 BGB der Hinweis mittels Fax und gemäß § 126 a BGB insbesondere in qualifizierter elektronischer Form („elektronische Signatur"). Da einfachen **E-Mails** im Zivilprozess wegen ihrer relativ einfachen Manipulierbarkeit keinerlei Beweisfunktion zukommt[106] ist ein Bedenkenhinweis in der Form der einfachen E-Mail wie ein mündlicher Hinweis zu behandeln.

57 **Grenzen der Hinweispflicht:** Eines Hinweises bedarf es nicht mehr, wenn dieser „bloße Förmelei" wäre oder der Auftraggeber zu erkennen gegeben hat, dass er auch gegen Bedenken des Auftragnehmers auf seiner Anordnung (Vorgabe) bestehe. Im Zweifel ist dem Auftragnehmer allerdings zu empfehlen, den Hinweis gleichwohl (schriftlich) zu erklären.[107]

58 – Den **Beweis** für einen ausreichend erteilten Hinweis hat der Auftragnehmer zu führen.

## 2. Erklärender und Empfänger der Mitteilung

59 Nach Auffassung der BGH[108] muss die Bedenken-Mitteilung angesichts ihrer Bedeutung grundsätzlich **vom Auftragnehmer selbst** oder seinem befugten Vertreter erklärt werden. Der BGH[109] hat es allerdings ausreichen lassen, dass auch der vom Auftragnehmer beauftragte Subunternehmer auf die Risiken hinweisen kann; maßgebend seien die Umstände des Einzelfalles. Tatsächlich wird es **genügen,** wenn den Hinweis derjenige gibt, der den Auftragnehmer auf der Baustelle vertritt und der für Leistung verantwortliche Ansprechpartner des Auftraggebers ist. Auf der **Empfängerseite** darf die Erklärung zunächst ebenfalls an denjenigen gerichtet werden, der beauftragt ist, den Auftraggeber auf der Baustelle zu vertreten, – den Architekten oder Sonderfachmann.[110]

60 Strittig ist, ob auch der **„Bauleiter"** (als Mitarbeiter des verantwortlichen Architekten) befugt ist, solche Erklärungen entgegenzunehmen. Das sollte auch hier von seiner Kompetenz und Stellung bei der Baudurchführung abhängig sein. Nach wohl überwiegender Meinung[111] reicht aber die Erklärung an den „Bauleiter" nicht aus, so dass dem Auftragnehmer geraten werden muss, den **Architekten** selbst anzusprechen. Verschließt sich dieser jedoch den ihm vorgetragenen Bedenken und verbleibt auch der Auftragnehmer bei seinen Zweifeln, muss sich dieser an den **Auftraggeber** direkt wenden.[112] Dies gilt auch, wenn der Bauherr nicht bautechnisch qualifiziert ist.[113]

## 3. Unverzüglichkeit der Mitteilung

61 Die Mitteilung muss unverzüglich erklärt werden, damit sie umgesetzt werden kann; die Einhaltung dieses Zeiterfordernisses ist eine echte **Nebenpflicht.** Unverzüglich heißt ohne schuldhaftes Verzögern (§ 121 Abs. 1 BGB). Erfolgt die Erklärung wesentlich zu spät, kann sie wirkungslos sein, weil sie sachlich nicht mehr berücksichtigt werden kann. Auch eine geringere Verspätung kann aber bereits zu Schäden beim Auftraggeber führen (etwa: Verteuerung von Materialumstellungen), für die der Auftragnehmer aus positiver Vertragsverlet-

---

[106] Vgl. Roßnagel/Pfitzmann NJW 2003, 1210.
[107] So in der Sache auch *Kaiser* Mängelhaftung Rdn. 50; *Heiermann/Riedl/Rusam* B § 4 Rdn. 48. Die Entbehrlichkeit des Hinweises unter diesem Aspekt überschneidet sich mit den Grenzen der Prüfpflicht gem. oben Rdn. 50.
[108] NJW 1975, 1217 = BauR 1975, 278; *Schäfer/Finnern* Z 2410/70 = LM Nr. 74 zu § 4 VOB/B.
[109] BGH NJW 1975, 1217; enger: OLG Düsseldorf BauR 2001, 638.
[110] *Ingenstau/Korbion/Oppler* VOB/B § 4 Nr. 3 Rdn. 72; *Kaiser* Mängelhaftung Rdn. 56, vgl. auch *ders.* NJW 1974, 446; vgl. aber OLG Celle BauR 2002, 93, 94 = IBR 2001, 663 (Baubetreuerin).
[111] Vgl. BGH *Schäfer/Finnern* Z 2.410/54; *Ingenstau/Korbion/Oppler* VOB/B § 4 Nr. 3 Rdn. 71; *Heiermann/Riedl/Rusam* B § 4 Rdn. 58; *Kaiser* Mängelhaftung Rdn. 56; – wie hier wohl *Daub/Piel/Soergel/Steffani* ErlZ B 4.161.
[112] BGH (Fn. 93); BGH NJW-RR 1989, 721; BGH BauR 1997, 301 = ZfBR 1997, 150; BGH BauR 2001, 622; OLG Düsseldorf NJW-RR 1997, 274; OLG Oldenburg IBR 1998, 296; im Schrifttum allg. Meinung; vgl. etwa *Kaiser* Mängelhaftung Rdn. 56 (Fn. 85); *Ingenstau/Korbion/Oppler* VOB/B § 4 Nr. 3 Rdn. 73; a. A. OLG Celle BauR 2002, 93.
[113] OLG Oldenburg IBR 1998, 296.

zung haftet.[114] Nicht zu folgen ist der Ansicht von *Dähne*, dass jegliche Verspätung die geäußerten Bedenken wirkungslos mache.[115] Auf der anderen Seite wird man dem Auftragnehmer eine Überlegungsfrist einräumen müssen, damit dieser sich eine fachmännische Meinung bilden kann. Diese bemisst sich aber nach der Eilbedürftigkeit der Mitteilung.[116]

### VI. Vorbehalt der Verantwortung des Auftraggebers/Verletzungsfolgen

#### 1. Vorbehalt der Verantwortung

Der letzte Halbsatz des § 4 Nr. 3 VOB/B ist systematisch schwer verständlich und hat wohl keinen eigenen Regelungsgehalt.[117] Man mag in ihm den Hinweis sehen, dass – was selbstverständlich ist – der Auftraggeber auch nach mitgeteilten Bedenken zu seinen Leistungsvorgaben stehen und sie verantworten muss. Es ist eine **Obliegenheit des Auftraggebers** zu reagieren; auch wenn er auf die Vorhalte des Auftragnehmers überhaupt nicht eingeht (sich nicht erklärt), ist dies im Zusammenhang mit den einmal erteilten Vorgaben eine Äußerung, die aus dem Zusammenhang der baulichen Geschehnisse zu interpretieren ist.[118] Im Übrigen gibt § 4 Nr. 3 VOB/B letzter Halbsatz einen Hinweis darauf, dass den Auftraggeber eine **Mitverantwortung** an der Mängelhaftung oder Schadensersatzpflicht des Auftragnehmers treffen kann (§ 254 BGB). Vgl. dazu eingehend bei → § 13 Nr. 3 Rdn. 42 f.

62

#### 2. Rechtsfolgen der Pflichtverletzung

Zu den Rechtsfolgen von nach § 4 Nr. 3 VOB/B erklärten oder nicht erklärten bzw. befolgten oder nicht befolgten Bedenken vgl. schon oben Rdn. 3 ff. Die Rechtsfolgen sind – im Rahmen des § 4 Nr. 3 VOB/B (nicht ohne weiteres zu übertragen auf § 13 Nr. 3 VOB/B, oben Rdn. 3 ff.) – aus dem **Normzweck** des § 4 Nr. 3 VOB/B zu lösen, den Auftraggeber beim Herstellungsvorgang davor zu schützen, dass er zwar eine „an sich" richtig hergestellte, aber wirtschaftlich und (auch) bezogen auf den Auftrag des Unternehmers unbrauchbare Leistung erhält. Für Fehler dieser **„werkbegleitenden Treuepflicht"** hat der Auftragnehmer nach allgemeinem Recht (gem. den §§ 280, 281, 282, 241 Abs. 2 BGB) aufzukommen.[119] Es ist im Einzelfall eine Frage der sachlichen Zuordnung zur geschuldeten Leistung, ob solche Pflichtverletzungen zu „Werkmängeln" beim Auftragnehmer oder zu „Begleitschäden" führen, die im Verschuldensfalle als Schadensersatz geltend zu machen sind.

63

Eine Frage derselben sachlichen Zuordnung ist es, inwieweit insb. „Schäden" aus einer Pflichtverletzung gem. § 4 Nr. 3 VOB/B inhaltlich nach Mängelhaftungsrecht oder nach den allgemeinen Vorschriften zur Pflichtverletzung abgewickelt werden. Im **Regelfall** führt der mangelnde Hinweis (die nicht veranlasste Korrektur der Vorgabe des Auftraggebers) zu einem **Werkmangel.** Das folgt schon daraus, dass die Hinweispflichten nach § 4 Nr. 3 VOB/B vorrangig das vereinbarte Leistungsergebnis und nicht andere Vermögensinteressen des Auftraggebers absichern sollen. Gleichwohl kann sich, je nach Anlass der Aufklärungs-

64

---

[114] *Nicklisch/Weick* § 4 Rdn. 68 b; *Kapellmann/Messerschmidt/Merkens* VOB/B § 4 Rdn. 66; *Heiermann/Riedl/Rusam* VOB/B § 4 Rdn. 62. Im Behinderungsfall gilt § 6 VOB, vgl. *Ingenstau/Korbion/Oppler* VOB/B § 4 Rdn. 71.
[115] BauR 1976, 225.
[116] *Ingenstau/Korbion/Oppler* VOB/B § 4 Nr. 3 Rdn. 70.
[117] Ähnlich wohl *Ingenstau/Korbion/Oppler* VOB/B § 4 Nr. 3 Rdn. 73.
[118] Generalisierende Folgerungen sind problematisch; Verhaltungsäußerungen des Auftraggebers können im Einzelfall sehr unterschiedlich aufzunehmen sein. Grundsätzlich wird der Auftragnehmer aber eine klare Weisung des Auftraggebers abwarten müssen., bevor er davon ausgehen kann, dass dieser das Risiko aus fehlerhaften Vorgaben selbst tragen will.
[119] Vgl. *Vorwerk* BauR 2003, 1, 6 f.; *C.-J. Korbion* BauR 2003, 182, 185; vgl. auch *Kniffka* Jahrbuch Baurecht 2001, 1, 4.

### § 4 Nr. 3            Prüfung und Bedenkenmitteilung durch Auftragnehmer

pflichten, ein „Überhang" ergeben, der zu Verletzungsfolgen auch im sonstigen Vermögen des Auftraggebers führt. Da eine Schadensersatzpflicht aufgrund mangelhafter Leistung im Werkvertragsrecht nicht mehr geregelt ist[120] und sich der Schadensersatzanspruch gegen den Auftragnehmer nunmehr nach dem allgemeinen Recht (§ 280 ff. BGB) richtet, ist auch bei den Rechtsgrundlagen nicht mehr zwischen pVV und Nichterfüllungsschaden zu unterscheiden.

**65**    **Rechtsprechung** und **Schrifttum** neigen dazu, ebenfalls von „Mangelhaftungsfällen" auszugehen, wenn Pflichten nach § 4 Nr. 3 VOB/B verletzt sind. Allerdings sind die Standpunkte sowohl des BGH[121] als auch der Literatur[122] davon beeinflusst, dass die hier vorgenommene systematische Trennung der Normzwecke von § 4 Nr. 3 und 13 Nr. 3 VOB/B in der Praxis nicht gesehen wird. Über die Wirkungen des § 13 Nr. 3 VOB/B liegt die Annahme eines Werkmangels bei verletzter Hinweispflicht näher (vgl. → § 13 Nr. 3 Rdn. 2, 3).

**66**    Der Auftragnehmer ist auch auf Grund fehlerhafter Weisungen oder sonstiger Vorgaben nicht verpflichtet, ein mangelhaftes Werk herzustellen oder aus dem Verhalten des Auftraggebers Regressrisiken hinzunehmen. Deshalb darf er seine **Leistung einhalten,** wenn Nichtäußerungen oder bestätigte Vorgaben des Auftraggebers ihn vertraglich zwingen würden, an einem erkennbar mangelhaften Ergebnis mitzuwirken. Der Auftragnehmer braucht sich insb. nicht darauf verweisen zu lassen, dass sich die Rechtslage später klären lasse: Er hat Anspruch auf eine klare Vertragsposition, wenn diese durch zumutbares Verhalten des Auftraggebers herbeizuführen ist. Das Kooperationsgebot konkretisiert die beiderseitigen Verhaltenspflichten. Es spricht vieles dafür, dem Auftragnehmer das Zurückbehaltungsrecht unter dieser Voraussetzung auch schon zu geben, wenn er nur erhebliche Bedenken gegen die Ordnungsgemäßheit der Leistung hat.

**67**    Die **Voraussetzungen** eines Zurückbehaltungsrechtes sind jedoch **streitig.**[123] Der abweichenden Ansicht von *Kaiser* ist einzuräumen, dass nicht jedwedes Risiko zum Stillstand der Baustelle führen darf; das ist aber auch nicht Folge der hier vertretenen Ansicht. Der Auftragnehmer muss berechtigt sein, das Risiko aus Vorgaben des Auftraggebers abzuklären: Es liegt am Auftraggeber, diese Klarheit schnell herbeizuführen. – Der **BGH** geht bei erkanntem Mängelrisiko davon aus, dass der Auftragnehmer bis zur Klärung zur Ausführung eines unbrauchbaren Werks gar nicht befugt ist.[124]

**68**    Führt auch ein angemessener Einbehalt zu keiner Klarstellung, liegt eine Situation vor, auf Grund deren der Auftragnehmer nach § 9 Nr. 1 lit. a VOB/B den Vertrag **kündigen** kann.[125] Dem Zurückbehaltungsrecht können §§ 4 Nr. 1 Abs. 4 und 18 Nr. 4 VOB/B nicht entgegengesetzt werden. § 4 Nr. 1 Abs. 4 VOB/B betrifft im Wesentlichen den abweichenden Fall einer bloßen Zweckmäßigkeitsprüfung durch den Auftragnehmer[126] und ist deshalb vom Normzweck her nicht vergleichbar. Entsprechendes gilt für § 18 Nr. 4 VOB/B, der im Lichte der §§ 307, 309 Nr. 2 BGB (früher §§ 9; 11 Nr. 2 AGB-Gesetz) ein sachlich bestehendes Zurückbehaltungsrecht nicht ausschließen kann.[127]

---

[120] Früher § 635 BGB a. F., heute wird auf das allgemeine Schadensersatzrecht verwiesen.
[121] Vgl. BGH BauR 1975, 341; BGH BauR 1987, 86/87.
[122] *Nicklisch/Weick* § 4 Rdn. 50; *Ingenstaub/Korbion/Oppler* VOB/B § 4 Nr. 3 Rdn. 82; *Kaiser* Mängelhaftung Rdn. 57 c; *Locher* PrivBauR Rdn. 100.
[123] Wie hier wohl *Nicklisch/Weick* § 4 Rdn. 67, § 18 Rdn. 25; zurückhaltender: *Ingenstau/Korbion/Oppler* VOB/B § 4 Nr. 3 Rdn. 80. Abweichend *Kaiser* Mängelhaftung Rdn. 57 a und enger auch *Daub/Piel/Soergel/Steffani* ErlZ B 4.170.
[124] Vgl. BGHZ 61, 42 = NJW 1973, 1792 = BauR 1973, 313; BGH NJW 1987, 6473 = BauR 1987, 79 = ZfBR 1987, 32; BGH NJW 1991, 276 = BauR 1991, 79 = ZfBR 1991, 61.
[125] OLG Düsseldorf BauR 1988, 478; *Nicklisch/Weick* § 4 Rdn. 67.
[126] Eingehend und zutreffend *Hochstein* FS Korbion S. 165, 174; abweichend *Kaiser* Mängelhaftung Rdn. 57 a.
[127] BGH BauR 1996, 378, 381 = BGHZ 131, 392 = NJW 1996, 1346; enger wohl *Ingenstau/Korbion/Joussen* VOB/B § 18 Nr. 4 Rdn. 4, wonach der Einbehaltungsverzicht für den Auftragnehmer „unzumutbar" sein muss. Wie hier *Heiermann/Riedl/Rusam* VOB/B § 18 Rdn. 26; wohl auch *Nicklisch/Weick* § 18 Rdn. 24; *Kapellmann/Messerschmidt/Merkens* VOB/B § 18 Rdn. 39.

## C. Kasuistik nach Schadensbereichen

Die nachfolgende Kasuistik ordnet **Beispiele** aus der veröffentlichten Rechtsprechung  69
nach Schadensgebieten bzw. handwerklichen Pflichtbereichen. – Vollständigkeit ist nicht
beabsichtigt.
- **Abdichtung:** BGH BauR 2003, 1898 (Fehlende Außenabdichtung bei Betonstreifenfundamenten);
- **Anerkannte Regeln der Technik:** OLG Düsseldorf *Döderlein/Vygen* TBAE Nr. 2937 = BauR 1995, 139 = IBR 1995, 57(Nichteinhaltung DIN-Normen; Aufzeigen nachteiliger Folgen); OLG Oldenburg IBR 1997, 25 (Nichteinhaltung DIN-Normen; Aufzeigen nachteiliger Folgen); OLG Saarbrücken NJW-RR 1998, 93 (Fehlen gesicherter Erkenntnisse); OLG Hamm BauR 2003, 1570 (nicht erprobte Werkstoffe/unausgereiftes Verfahren); OLG Nürnberg NJW-RR 2003, 666 Nichtbeachtung Merkblatt);
- **Anstreicharbeiten:** OLG Düsseldorf v. 25. 5. 1971, BauR 1971, 262 (Untergrund); BGH v. 10. 7. 1975, BauR 1975, 420 (Anstrichstärke); BGH v. 11. 10. 1990, NJW 1991, 276 = BauR 1991, 79 = ZfBR 1991, 61 (Bodenanstrich); OLG Köln v. 2. 6. 1993, NJW-RR 1994, 533 (Untergrund); OLG Düsseldorf BauR 2002, 802 (Fensteranstrich); OLG Dresden BauR 2001, 424 (Schichtzahl u. Schichtdicke d. Farbauftrages);
- **Asphaltarbeiten:** BGH Schäfer/Finnern Z 2410, 31 (Prüfpflicht zum Untergrund gem. DIN 1966 Ziff. 14);
- **Aufzugsmontage:** OLG Nürnberg v. 24. 11. 1992, NJW-RR 1993, 694 (Behindertenlift);
- **Auswinkligkeit:** OLG Schleswig v. 14. 10. 2003, 3 U 160/99, IBR 2003, 671 (Überprüfung durch Fliesenleger);
- **Balkonsanierung:** OLG Düsseldorf BauR 2004, 99 (Fehlende bautechnische Voraussetzungen);
- **Baugrund/Bodenverhältnisse:** vgl. → § 4 Nr. 3, Rdn. 29 f.;
- **Baurecht:** OLG Düsseldorf BauR 2000, 1339 = NZBau 2000, 434 = NJW-RR 2000, 1411 (Widerspruch Statikpläne zu Genehmigungsplänen);
- **Brandgefahr:** BGH v. 27. 1. 1994, NJW-RR 1994, 534 (Lötarbeiten); OLG Hamm IBR 1997, 324 (Schweißarbeiten);
- **Dachbeschichtung:** BGH v. 14. 2. 1974, NJW 1974, 747 = BauR 1974, 202 (Umfang der Prüfpflicht: Dehnfuge); OLG München v. 15. 4. 1986, Schäfer/Finnern/Hochstein Nr. 52 zu § 635 BGB (Trocalfolie); OLG Köln v. 16. 9. 1986, BauR 1988, 125 (L) = Schäfer/Finnern/Hochstein Nr. 7 zu § 13 Nr. 3; OLG Düsseldorf v. 26. 11. 1991, NJW-RR 1992, 1237 (Wurzelschutz); OLG Düsseldorf v. 5. 11. 1993, NJW-RR 1994, 281 (Dachbahnenbefestigung); OLG Hamm BauR 1997, 309 (unzureichende Herstellerangaben);
- **Dachentwässerung:** BGH v. 15. 6. 1972, BGHZ 59, 202 = NJW 1972, 1753 = BauR 1972, 308 (Gegengefälle);
- **Dachisolierung:** OLG Hamm v. 22. 11. 1988, Schäfer/Finnern/Hochstein Nr. 6 zu § 4 Nr. 3 (Prüfpflichten bei Innenverkleidung);
- **Dehnungsfugen:** BGH v. 4. 6. 1973, BGHZ 61, 42 = NJW 1973, 1792 = BauR 1973, 313 (Prüfpflicht des AN); BGH v. 14. 2. 1974, NJW 1974, 747 (Dachkonstruktion); BGH BauR 2001, 1414 = ZfBR 2001, 457 = NZBau 2001, 495 (Prüfpflicht des Fliesenlegers auf Fehler); OLG Celle BauR 1998, 802 (bei Fußbodenheizung); LG Stuttgart BauR 1997, 137 (Fehlende Dehnungsfugen i. Betonboden);
- **Denkmalschutz:** OLG Köln v. 5. 11. 1985, BauR 1986, 581 (Prüfpflicht des AN);
- **Drainage:** BGH NJW 1983, 875 = BauR 1983, 70 = ZfBR 1983, 16 (Hinweispflicht: Sickerschicht); OLG Frankfurt a. M. NJW-RR 1999, 461 = IBR 1999, 261 (fehlende Drainage);

## § 4 Nr. 3   Prüfung und Bedenkenmitteilung durch Auftragnehmer

- **Entwässerung:** BGH BauR 2001, 1254 = ZfBR 2001, 408 = NZBau 2001, 446 (schlüsselfertiges Haus);
- **Estricharbeiten:** OLG Karlsruhe v. 3. 6. 1970, BauR 1971, 56 (nachfolgende Installation); BGH v. 18. 12. 1980, BGHZ 79, 180 = NJW 1981, 822 = BauR 1981, 201 = ZfBR 1981, 82 (Gefälleestrich); OLG Köln v. 22. 6. 1989, BauR 1990, 729 (keine Verantwortung für Feuchtigkeitsschutz überdeckter Leistungen); OLG Celle BauR 1996, 259 (Umfang Prüfungspflichten Estrichleger); OLG Düsseldorf BauR 1998, 126 = *Döderlein/Vygen* TBAE Nr. 2963 (Restfeuchte im Estrich); OLG Düsseldorf MDR 2000, 153 = NJW 1999, 1543 (ebenfalls Restfeuchte im Estrich); OLG Zweibrücken IBR 1998, 339 (Anhydritestrich); OLG Celle BauR 2002, 93 = IBR 2001, 663 (fehlende Feuchtigkeitssperre);
- **Fachkundiger Bauherr:** KG V. 6. 4. 1972, BauR 1972, 239 (Straßenbau); OLG Karlsruhe v. 4. 6. 1987, NJW-RR 1988, 405 (AG war fachkundig beraten); OLG Düsseldorf BauR 2002, 323 = NZBau 2002, 275 (Bauherr war Bauunternehmer); OLG Celle BauR 2001, 622 = ZfBR 2001, 265 = NZBau 2001, 200 (sachkundiger Bauleiter); OLG Celle BauR 2002, 93 = IBR 2001, 663 („sei immer gut gegangen"); OLG Hamm BauR 2003, 1052 (Fachingenieur);
- **Fliesenarbeiten:** BGH v. 19. 9. 1963, Schäfer/Finnern Z 2410/29; BGH BauR 2001, 1414 = ZfBR 2001, 457 = NZBau 2001, 495 (fehlendes Estrichgefälle und Dehnungsfugen; DIN 18352); OLG Saarbrücken v. 1. 3. 1970, BauR 1970, 109; OLG Köln v. 11. 7. 1979, OLGZ 1980, 9 f.); OLG Oldenburg v. 23. 3. 1983, BauR 1985, 449; OLG Hamm v. 14. 4. 1989, NJW-RR 1989, 982 = BauR 1990, 731; OLG Düsseldorf BauR 1998, 126 = NJW-RR 1997, 1450 (Restfeuchte des Estrichgrundes); OLG Stuttgart BauR 2001, 671 (Restfeuchte Estrich); OLG Düsseldorf BauR 2000, 421 = NZBau 2000, 331 (fehlendes Estrichgefälle, fehlendes Gefälle in Drainagematten); OLG Celle BauR 1998, 802 (Dehnungsfugen); OLG Frankfurt BauR 2003, 1727 (Verlegereife Estrich-/Feuchtigkeitsmessung); OLG Nürberg NJW-RR 2003, 666 (Beschädigung v. Fliesen durch Säure); OLG Schleswig v. 14. 10. 2003, 3 U 160/99, IBR 2003, 671 (Überprüfung der Auswinkligkeit);
- **Fassadenplatten:** BGH v. 15. 12. 1969, BauR 1970, 57 = VersR 1970, 280 (Z-Verblendung); OLG Hamm v. 9. 1. 1990, NJW-RR 1990, 523 (Leichtbetonplatten);
- **Fenstereinbau:** LG Berlin v. 29. 6. 1982, BauR 1983, 462 (Hinweispflicht Lichteinfall);
- **Fertighausvertrag:** BGH v. 23. 9. 1976, BauR 1977, 131 = DB 1977, 301 = MDR 1977, 206 (Prüfung der Gründungsverhältnisse); BGH BauR 2001, 1254 = ZfBR 2001, 408 = NZBau 2001, 446 (Entwässerung);
- **Fundament:** BGH BauR 2003, 1898 (1900) (Fehlende Außenabdichtung bei Betonstreifenfundament);
- **Fußbodenarbeiten:** BGH v. 11. 4. 1957, LM Nr. 3 zu § 633 BGB (Steinholzfußboden); BGH BauR 1978, 222 = LM VOB/B Nr. 96 (Trittschall); BGH BauR 2003, 1213 (Vorfräsarbeiten); OLG Koblenz BauR 1996, 868 = NJW-RR 1996, 919 (Ökokleber/Parkett); OLG Düsseldorf BauR 1998, 126 (Restfeuchte unter Parkettboden); OLG Düsseldorf MDR 2000, 153 = NJW 1999, 1543 (Restfeuchte im Estrich); OLG Düsseldorf BauR 1999, 1309, m. abl. Anm. *Kniffka* (Estrich unvollständiges Aufheizprotokoll); OLG Hamm BauR 2003, 101 (Müllverbrennungsasche, Tennishallenboden); OLG Hamm NZBau 2001, 502 (Zu hohe Oberflächentemperatur für Parkett/Fußbodenheizung); OLG Nürnberg BauR 1998, 1014 (Mörtelgruppe 3);
- **Grundwasser:** OLG Karlsruhe NZBau 2003, 102 (planwidriges Auftreten v. drückendem Wasser in der Baugrube);
- **Gründung:** OLG Bremen BauR 2001, 1599 = NZBau 2001, 684 = NJW-RR 2001, 1463 (Sandverfüllung);
- **Heizungsanlage:** OLG Karlsruhe v. 3. 6. 1970, BauR 1971, 56 (Dehnungsfähigkeit d. Heizrohre); OLG Celle NZBau 2001, 98 (Planungs Fachingenieur); OLG Nürnberg

BauR 2001, 1764 = MDR 2001, 1104 (Selbstmontage Ölheizung); LG Wiesbaden v. 9. 6. 1989, BauR 1990, 364 (Taupunktmessung/Verrottung);
- **Herstellerberatung des Auftragnehmers:** OLG Düsseldorf v. 18. 6. 1993 (22–U–298/92), bei *Döderlein*/Vygen, TBAE (2/94), Nr. 2993 = NJW-RR 1993, 1433;
- **Holzschutz:** BGH v. 29. 9. 1977, BauR 1978, 54 (Pilzbefall);
- **Installationsfehler:** OLG Köln v. 22. 6. 1989, BauR 1990, 729 (Leitungskorrosion); OLG Düsseldorf NJW-RR 1997, 816 (Überprüfung der vorbestehenden Leitungen);
- **Kellerabdichtung:** OLG Düsseldorf v. 31. 7. 1964, Schäfer/Finnern Z 2.0/11 (Horizontalisierung); BGH v. 10. 10. 1966, NJW 1967, 34 = MDR 1967, 36 (Planungsfehler Gebäudetiefe); BGH v. 22. 3. 1984, BGHZ 90, 344 f. = NJW 1984, 1676 = BauR 1984, 395 (Druckwasserverhältnisse); BGH v. 26. 3. 1992, NJW-RR 1992, 1104 = BauR 1992, 627 = ZfBR 1992, 207 = (Planungsfehler Grundwasserstand); OLG Düsseldorf NJW-RR 1995, 214 (Gefahr der Beschädigung bei Füllarbeiten); OLG Bamberg IBR 2001, 110 (Hanglage); OLG Karlsruhe NZBau 2003, 102 (Planungsfehler Grundwassertiefe/auftretendes drückendes Wasser); BGH BauR 2003, 1898 (1900) (Fehlende Außenabdichtung bei Betonstreifenfundament);
- **Materialqualität:** BGH v. 28. 2. 1961, VersR 1961, 405 = (Dachziegel); BGH v. 1. 3. 1973, NJW 1973, 754 = BauR 1973, 188 (Flachdachpfannen); BGH v. 22. 5. 1975, BauR 1975, 421 (Klinker); BGHZ 132, 189 = BauR 1996, 702 = NJW 1996, 2372 (Sichtbeton/Ausreißer); BGH BauR 2002, 1402 (nicht erprobter Baustoff/Faserhartspachtel); OLG Karlsruhe v. 4. 6. 1987, NJW-RR 1988, 405 = BauR 1988, 598 (Kunststoffrohre); OLG Stuttgart v. 21. 7. 1988, BauR 1989, 475 (Marmor); OLG Hamm v. 9. 1. 1990, NJW-RR 1990, 523 (neuer Werkstoff; Sichtbeton); OLG Koblenz BauR 1996, 868 = NJW-RR 1996, 919 (Ökokleber); OLG Düsseldorf BauR 2002, 323 = NZBau 2002, 275 (Maurermörtel statt Fugenmörtel); OLG Zweibrücken IBR 1999, 523 (neuartiger Werkstoff); OLG Hamm IBR 1997, 66 (v. Auftraggeber vorgegebenes Material); OLG Brandenburg BauR 2001, 102 = NZBau 2001, 322 = NJW-RR 2000, 1620 (Pflastersand); OLG Hamm BauR 2003, 101 (Müllverbrennungsasche); OLG München IBR 2000, 16 (Ziegel); OLG Koblenz BauR 2003, 96 = NJW-RR 2002, 807 (Sandstein/Anfälligkeit f. Moosbewuchs); OLG Karlsruhe IBR 2002, 306 (generell geeigneter Mörtel); OLG Hamm BauR 2003, 1570 (nicht erprobter Werkstoff); OLG Nürmberg NJW-RR 2003, 666 (säurehaltiger Fliesenreiniger);
- **Planungsfehler:** vgl. dazu § 13 Nr. 3 Rdn. 41 f.;
- **Putzarbeiten/Putzrisse:** BGH v. 15. 12. 1969, BauR 1970, 57 = VersR 1970, 280; OLG Stuttgart v. 2. 7. 1975, BauR 1976, 360 (Dehnungsfugen); BGH v. 17. 5. 1984, BGHZ 91, 206 f = NJW 1984, 2457 = BauR 1984, 520 = ZfBR 1984, 222 (Wärmedämmputz); BGH v. 20. 11. 1986, BauR 1987, 207 = ZfBR 1987, 71 (Verantwortung für Rissefreiheit); BGH BauR 2002, 1402 (nicht erprobter Baustoff/Faserhartspachtel); OLG Hamm v. 24. 6. 1987, NJW-RR 1987, 147 (Untergrundprüfung); OLG Hamm v. 9. 1. 1990, NJW-RR 1990, 523 (Leichtbeton); OLG Düsseldorf BauR 1997, 840= NJW-RR 1998, 20 (Fachwerkhaus, Vorwerk feuchtes Eichenholz); OLG Karlsruhe IBR 2002, 306 (generell geeigneter Mörtel);
- **Schallschutz:** vgl. „Schallschutz" zu § 13 Nr. 1 (Rdn. 110);
- **Schweißarbeiten:** OLG Hamm IBR 1997, 324 (Brandrisiko);
- **Statikfehler:** BGH v. 24. 2. 1954, Schäfer/Finnern Z 2410/2; BGH v. 3. 12. 1964, NJW 1965, 534 = MDR 1965, 372 (Dehnungsfuge); BGH v. 8. 12. 1966, BGHZ 46, 242 = NJW 1967, 388; OLG Köln v. 28. 7. 1967, DB 1967, 1759; BGH v. 4. 3. 1971, VersR 1971, 667 (Warftfall); BGH v. 23. 10. 1986, NJW 1987, 643 = BauR 1987, 79 = ZfBR 1987, 32 (Sohlplatte Schwimmbad); BGH v. 19. 1. 1989, NJW-RR 1989, 721 = BauR 1989, 467 = ZfBR 1989, 164 (Parkdeck); OLG Oldenburg IBR 1998, 296 (Leichtbauwände); OLG Schleswig IBR 1999, 575 (Flachdach, Stahlbaukonstruktion); OLG Bamberg IBR 2001, 111 („ins Auge springende" Statikfehler); OLG Celle BauR 2002, 812 = NJW-RR 2002, 594 (offenkundiger Statikfehler, nicht berücksich-

**§ 4 Nr. 3**

tigtes Einschubmaterial); OLG Koblenz BauR 2003, 1728 (Hinweis auf Notwendigkeit der Statik);
- **Terrassenbelag/Plattenverlegung:** BGH v. 28. 2. 1956, NJW 1956, 787 = VersR 1956, 288 (Prüfpflicht Untergrund); OLG Oldenburg v. 23. 3. 1983, BauR 1985, 449 (Fliesen Dachterrasse); AG Nürnberg v. 19. 3. 1992, NJW-RR 1993, 406; OLG Köln v. 22. 12. 1993, NJW-RR 1994, 1045 (Gefälleestrich); OLG Köln v. 17. 6. 1994, NJW-RR 1995, 19 (Verdichtung Unterboden);
- **Türen:** OLG Oldenburg IBR 1997, 25 (Nicht DIN-gerechte Türschwelle);
- **Vermessungsfehler:** OLG Düsseldorf BauR 1998, 340;
- **Versorgungsleitungen:** OLG Nürnberg NJW-RR 1997, 19 = IBR 1997, 199 (Erkundigung bei Erdaushub);
- **Wasserleitungen:** BGH NZBau 2003, 329 (Isolierung); OLG Hamburg NJW-RR 2001, 1534 (Frostgefährdung); OLG Köln BauR 2003, 1730 (Frostgefährdung); OLG Karlsruhe NZBau 2001, 686 (im Erdreich verborgene Teile der Leitungen); LG Rostock BauR 2000, 105 (Druckprüfung der Befüllung);
- **Wärmeschutz:** BGH BauR 2002, 1402 (nichterprobter Baustoff); OLG Karlsruhe v. 11. 5. 1989, BauR 1989, 743 (Prüfpflicht Zimmermann); OLG Düsseldorf v. 17. 12. 1993, BauR 1994, 522 (bündige Trägerprofile); OLG Hamm BauR 2003, 1052 (Prüfpflicht bei Planung);
- **Wintergarten:** OLG Düsseldorf v. 13. 11. 1992, NJW-RR 1993, 405 (statische Bedingungen); OLG Düsseldorf NJW-RR 1997, 274 (Holzwahl); OLG Düsseldorf NJW-RR 1998, 810 (Schwitzwasser); OLG Frankfurt IBR 2001, 11 (Entwässerungsprobleme); OLG Dresden NJW-RR 2002, 1314 (Dachentlüftung);
- **Zulassungsbescheid:** OLG Stuttgart v. 21. 7. 1988, BauR 1989, 475 (Prüfpflicht trotz amtl. Prüfzeugnisses).

## D. AGB-Problematik

**70** In der Baupraxis wird nicht selten versucht, sich von den belastenden Wirkungen des § 4 Nr. 3 VOB/B zu befreien, auch hier allerdings meist in unmittelbarer Verbindung mit den Rechtsfolgen des § 13 Nr. 3. Das gilt für beide Vertragsseiten: **Auftragnehmer** als Verwender von AGB sind bemüht, sich aus der Pflicht zu lösen, Vorgaben des Auftraggebers prüfen und auf erkennbare Fehler eindeutig hinweisen zu müssen; oftmals sind Unternehmer interessiert, jedenfalls auch formlose Hinweise (ggf. an „falsche Adressaten") als wirksam gelten zu lassen. **Auftraggeber** – umgekehrt – versuchen, sich Mängelrechte gegenüber Auftragnehmern auch dann zu erhalten, wenn Hinweise gem. § 4 Nr. 3 VOB/B tatsächlich erfolgt sind. – Bei der vielfältig notwendigen Abstimmung von Leistungsanweisungen, Materialqualitäten und Drittleistungen bei komplexen Bauten entscheidet der „Erfolg" solcher AGB-Regelungen nicht selten über erhebliche wirtschaftliche Interessen.

**71** Zwischenbemerkung: Soweit in der Literatur die Ansicht vertreten wird, dass § 4 Nr. 3 (und § 13 Nr. 3) wegen Verstoßes gegen das Transparenzgebot im AGB-Recht bzw. gegen § 242 BGB nichtig sei,[128] wird von Vertretern dieser Ansicht zugleich betont, dass dies letztlich zu keinen wesentlichen Unterschieden, allenfalls bezüglich des Schriftformerfordernisses, führe.[129] Eine Differenz des § 4 Nr. 3 VOB/B zu wesentlichen gesetzlichen Grundgedanken und insbesondere ein Verstoß gegen Treu und Glauben ist darum nicht anzunehmen.

**72** In AGBs ist es zulässig, die **Leistungsbestimmung selbst** abzugrenzen und zu konkretisieren. Allerdings dürfen dadurch die wirtschaftlichen Vertragsziele der Parteien nicht wesentlich zurückgenommen oder relativiert und der typische Vertragsinhalt nicht nachteilig

---

[128] *Siegburg* Gewährleistung, Rdn. 1370 ff.; Rdn. 1381 ff.; *Tempel* NZBau 2002, 465, 473.
[129] Vgl. *Siegburg* Gewährleistung Rdn. 1370.

§ 4 Nr. 3

Prüfung und Bedenkenmitteilung durch Auftragnehmer

verändert werden.[130] Die Abgrenzung dieser – AGB-rechtlich – zulässigen Leistungsbestimmung von grenzüberschreitenden (§ 307 Abs. 3 BGB) materiell unwirksamen (insb.: § 307 Abs. 1 u. 2 BGB; § 309 Nrn. 7 u. 8 BGB) Regelungen ist auch im Rahmen des § 4 Nr. 3 VOB/B von Bedeutung: Der Umfang der Prüf- und Hinweispflichten des Auftragnehmers wirkt unmittelbar auf sein Leistungsrisiko insgesamt ein, so dass abändernde Regelungen dazu einerseits „Leistungsbestimmung" sind, andererseits aber auch eine „Gesetzesabweichung" sein können. – Substantielle Verschiebungen des Risikobildes in § 4 Nr. 3 VOB/B zugunsten des Verwenders verstoßen gegen § 307 Abs. 2 Nr. 1 BGB.[131]

Das baurechtliche **Schrifttum**[132] vertritt allgemein den Standpunkt, dass die Entlastungsmöglichkeit des Auftragnehmers gem. §§ 4 Nr. 3; 13 Nr. 3 VOB/B ein zwingender Ausfluss von Treu und Glauben (§ 242 BGB) sei und deshalb die äußerste Belastungsgrenze für den Auftragnehmer darstelle. AGB-Regelungen, die die Auftragnehmerverantwortung bei Auftraggeber-Vorgaben ausweiten wollten, seien deshalb unwirksam. Dem ist zuzustimmen, und zwar zunächst unter **Gesichtspunkten der Mängelhaftung:** Auch wenn §§ 4 Nr. 3; 13 Nr. 3 VOB/B ein „Verschuldens"element in die Verantwortlichkeit des Auftragnehmers einführen, ist dies vom Verkehrsverständnis der Verantwortungsgrenzen des Auftragnehmers doch unabdingbar; eine noch stärker nur am (objektiven) Ergebnis orientierte Verantwortung des Auftragnehmers kann nur ausgehandelt werden (§ 305 Abs. 1 S. 3 BGB). Aber auch die **„isolierte" Betrachtung** des § 4 Nr. 3 VOB/B darf in AGB keine Einschränkung zu Lasten des Auftragnehmers erfahren: In der Grundbewertung des wirtschaftlichen Gefüges des Bauvertrages ist der Auftragnehmer seinen Pflichten mit der Erfüllung der Aufgaben nach § 4 Nr. 3 VOB/B nachgekommen; Erweiterungen seiner Pflichten sind gegenüber dem Kernbereich der Bestimmung nur individualvertraglich statthaft. Insoweit besteht wohl Übereinstimmung.[133] Auch die **Mitverantwortung des Auftraggebers** bei fehlerhaften Angaben kann nicht durch AGB ausgeschlossen oder relativiert werden.[134] 73

In Grenzen erscheint es jedoch **zulässig, den Auftragnehmer zu entlasten.** Das gilt (wohl) nicht hinsichtlich der Prüfpflicht nach § 4 Nr. 3 VOB/B, auch wenn im Schrifttum[135] vereinzelt vertreten wird, dass den Auftragnehmer eine Prüfpflicht nach § 4 Nr. 3 VOB/B nicht treffe. Auf die Wahrnehmung einer Prüfpflicht verlässt sich der Auftraggeber i. d. R. so selbstverständlich, dass eine Relativierung über AGB nicht möglich ist, § 307 BGB. Dagegen erscheint es statthaft, sich in AGB über **Formfragen der Hinweispflicht** zu verständigen. Zulässig erscheinen sowohl Regelungen, die Mitteilungen an den verantwortlichen Baustellenleiter für ausreichend[136] als auch die Schriftform des Hinweises für entbehrlich erklären.[137] **Eine Umkehr der Beweislast** verstößt allerdings gegen § 309 Nr. 12 BGB. 74

---

[130] BGHZ 93, 358 = NJW 1985, 3013; BGH NJW-RR 1991, 1013; *Wolf/Horn/Lindacher* § 8 Rdn. 10; *Ulmer/Brandner/Hensen* § 8 Rdn. 26; *Korbion/Locher* Rdn. 12, 21; *Palandt/Heinrichs* § 307 Rdn. 65.

[131] Grundsätzliche Auseinandersetzungen mit diesem Abgrenzungsproblem sind nicht bekannt; vgl. *Korbion/Locher* Rdn. 12, 21; *Kaiser* Mängelhaftung Rdn. 57; *Ingenstau/Korbion/Oppler* VOB/B § 4 Nr. 3 Rdn. 5; *Glatzel/Hofmann/Frikell* S. 52; eingehender *Frieling* S. 55 mit Hinweis auf BGH NJW-RR 1991, 1013.

[132] *Korbion/Locher* Rdn. 69; *Kaiser* Mängelhaftung Rdn. 57; *Ingenstau/Korbion/Oppler* VOB/B § 4 Nr. 3 Rdn. 2, 5; vgl. auch *Heiermann/Riedl/Rusam* B § 4 Rdn. 46.

[133] Vgl. *Korbion/Locher* Rdn. 69; OLG Karlsruhe BB 1982, 785 (Ausschluss der Berufung auf Planfehler); OLG Karlsruhe BB 1983, 729 (Einseitiges Änderungsrecht des Auftraggebers); LG Frankfurt (bei *Korbion/Locher* Rdn. 69): Vorverlegung der Prüfpflicht auf das Angebotsverfahren; s. auch OLG München BauR 1986, 579. – Eine „Bestätigung" mit Ausführungsbeginn, die Vorleistungen seien „einwandfrei in dem Sinne AGB-gemäß, dass der Auftragnehmer erklärt, er habe gem. § 4 Nr. 3 VOB/B ordnungsgemäß geprüft (vgl. Dazu aber *Korbion/Locher* Rdn. 73 und *Glatzel/Hofmann/Frikell* S. 163; *Frieling* S. 87.

[134] *Ingenstau/Korbion/Oppler* VOB/B § 4 Nr. 3 Rdn. 5; *Korbion/Locher* Rdn. 71; zu weitgehend *Hofmann/Glatzel/Frikell* S. 163 lit. a.

[135] *Siegburg* Gewährleistung Rdn. 1370 ff.; *ders.* ZfBR 2001, 291, 296; entsprechend lässt *Siegburg* (Rdn. 1402) auch eine individualvertragliche Abbedingung einer (etwaigen) Prüfpflicht zu.

[136] Vgl. zu dieser Frage oben Rdn. 48; der Ansprechpartner muss allerdings für die Empfangnahme der Erklärung fachlich kompetent sein.

[137] Vgl. zur Schriftform oben Rdn. 44.

## § 4 Nr. 4

**§ 4 Nr. 4 [Überlassungspflichten des Auftraggebers]**
Der Auftraggeber hat, wenn nichts anderes vereinbart ist, dem Auftragnehmer unentgeltlich zur Benutzung oder Mitbenutzung zu überlassen:
   a) die notwendigen Lager- und Arbeitsplätze auf der Baustelle,
   b) vorhandene Zufahrtswege und Anschlussgleise,
   c) vorhandene Anschlüsse für Wasser und Energie. Die Kosten für den Verbrauch und den Messer oder Zähler trägt der Auftragnehmer, mehrere Auftragnehmer tragen sie anteilig.

Literatur: Siehe die Hinweise → Vor § 4 sowie → § 1 Nr. 1

### Übersicht

| | Rdn. | | Rdn. |
|---|---|---|---|
| A. Inhalt, Zweck und Anwendungsbereich der Vorschrift | 1–7 | D. Pflichtverletzungsfolgen | 12 |
| B. Kostentragung | 8–9 | E. § 4 Nr. 4 und Allgemeine Geschäftsbedingungen | 13–15 |
| C. Obhutspflicht des Auftragnehmers | 10–11 | | |

## A. Inhalt, Zweck und Anwendungsbereich der Vorschrift

1   Als Ausfluss der dem Auftraggeber nach § 4 Nr. 1 Abs. 1 Satz 1 VOB/B obliegenden Pflicht, für die Schaffung und Aufrechterhaltung der allgemeinen Ordnung auf der Baustelle zu sorgen (**räumliche Koordination**) und das Zusammenwirken der verschiedenen Unternehmer zu regeln (**Ablaufkoordination**) sowie in Ergänzung und näherer Ausgestaltung hierzu,[1] hat der Auftraggeber, wenn nichts anderes vereinbart ist, dem Auftragnehmer unentgeltlich zur Benutzung oder Mitbenutzung zu überlassen:
– die notwendigen **Lager- und Arbeitsplätze** auf der Baustelle, wobei zu letzteren auch die erforderlichen Flächen für im Einzelfall notwendige Sozialeinrichtungen wie Tagesunterkünfte, Verpflegungs-, Sanitär- und Sanitätseinrichtungen[2] gehören – gleichgültig, ob insoweit ein Tarifvertrag besteht oder nicht.[3] Dies sind Mindestbedingungen für einen geordneten Arbeitsplatz,[4] was wiederum gleichzeitig Bestandteil der „allgemeinen Ordnung auf der Baustelle" nach § 4 Nr. 1 Abs. 1 Satz 1 VOB/B bildet. Arbeitsplätze sind im Kern Flächen, die der Auftragnehmer zur Leistungserbringung, zu Vorbereitungsmaßnahmen hierfür und zu Begleitmaßnahmen benötigt (z. B. Bürocontainer).
– vorhandene **Zufahrtswege und Anschlussgleise**; diese müssen nicht im Eigentum des Auftraggebers stehen, aber der Auftraggeber muss dem Auftragnehmer eine baubetrieblich und funktional vernünftige Erreichbarkeit der Baustelle ermöglichen.[5]
– vorhandene **Anschlüsse für Wasser und Energie,** was auch solche für Abwasser und sonstige Entsorgung[6] einschließt sowie für Heizungsanlagen oder Heizkörper an etwa vorhandene Heizungsanlagen.[7] Es gilt auch hier das zu vorstehendem Spiegelstrich

---

[1] *Heiermann/Riedl/Rusam* VOB/B § 4 Rdn. 65; *Ingenstau/Korbion* VOB/B § 4 Rdn. 274; *Kapellmann/Messerschmidt/Merkens* VOB/B § 4 Rdn. 111; vgl. auch die korrespondierende Beschreibungspflicht gem. § 9 Nr. 3 Abs. 4 VOB/A u. VOB/C DIN 18 299 ff., jew. Abschnitt 0.1, insbes. DIN 18 299, 0.1.1–0.1.6 bezügl. Angaben zur Baustelle.
[2] *Heiermann/Riedl/Rusam* VOB/B § 4 Rdn. 65; *Ingenstau/Korbion* VOB/B § 4 Nr. 4 Rdn. 1; *Vygen* Bauvertragsrecht, Rdn. 359.
[3] *Heiermann/Riedl/Rusam* VOB/B § 4 Rdn. 65.
[4] *Ingenstau/Korbion* VOB/B § 4 Nr. 4 Rdn. 1.
[5] So wie hier zu allen drei Spiegelstrichen *Kapellmann/Messerschmidt/Merkens* VOB/B § 4 Rdn. 113.
[6] *Vygen* Bauvertragsrecht Rdn. 359.
[7] *Heiermann/Riedl/Rusam* VOB/B § 4 Rdn. 65; *Nicklisch/Weick* VOB/B § 4 Rdn. 73.

Gesagte. Die Kosten für den Verbrauch von Wasser und Energie (elektrischer Strom Dieselöl, Heizöl, Gas, Kohle)[8] und den Messer oder Zähler (für die Verbrauchsmengen und die anfallenden Grundgebühren)[9] trägt der Auftragnehmer, mehrere Auftragnehmer tragen sie anteilig.

Die Überlassungspflicht nach Nr. 4 lit. a **in sachlicher Hinsicht** bezieht sich auf die **notwendigen,** d. h. die zu einer ordnungsgemäßen Bauausführung benötigten Lager- und Arbeitsplätze **„auf der Baustelle"**. Dies ist im örtlichen Sinn nicht wortwörtlich zu nehmen, schließt also nicht aus, dass der Auftraggeber die notwendigen Lager- und Arbeitsplätze aus zwingenden räumlichen Gründen (z. B. räumliche Beengtheit, insbesondere innerhalb von vorhandener Innenstadt-Bebauung oder bei Sanierung von Altbauten) infolge der Beschaffenheit der Baustelle auch auf einem in der Nachbarschaft oder in sonstiger baubetrieblich vernünftigen Nähe gelegenen Areal platzieren darf; er muss dann allerdings die funktional und räumlich günstigste realisierbare Möglichkeit wählen.[10] Insoweit ist der Begriff „auf der Baustelle" funktional zu sehen. Der Überlassungsanspruch des Auftragnehmers erstreckt sich dann hierauf. 2

Die in Nr. 4 lit. b und c geregelte (unentgeltliche) Überlassungspflicht bezieht sich nur auf **vorhandene** Zufahrtswege, Anschlussgleise und Anschlüsse für Wasser und Energie. Zur **Erstellung** solcher Anlagen und Einrichtungen ist der Auftraggeber **nicht** verpflichtet,[11] auch nicht zur Verlegung vorhandener Anschlüsse und Einrichtungen.[12] Für die Erstellung (Schaffung, Neuanbringung) oder Verlegung bedarf es einer gesonderten **Vereinbarung** zwischen Auftraggeber und Auftragnehmer, die insoweit auch die Kostentragung zu berücksichtigen hätte,[13] was auch etwa durch die Leistungsbeschreibung oder durch Besondere oder Zusätzliche (auch Technische) Vertragsbedingungen geschehen kann. 3

Sind also Anschlüsse etc. **nicht** vorhanden, so ist der **Auftragnehmer** selbst zur Erstellung/Schaffung bzw. Beschaffung solcher nicht vorhandener Anschlüsse für Wasser und Energie und/oder zu diesbezüglichen Kostentragung verpflichtet, falls zur Durchführung seiner Bauleistung – etwa zum Abschleifen von neu verlegtem Parkettboden nach Abschnitt 3.2.9 der DIN 18 356 in VOB/C – die Neuanbringung oder Verlegung eines Wasser- oder/und Energieanschlusses, z. B. Elektroanschlusses erforderlich wird. Das ergibt sich aus § 2 Nr. 1 VOB/B, wonach durch die vereinbarten Preise alle Leistungen abgegolten werden, die nach den dort genannten Vertragsbedingungen zur vertraglichen Leistung gehören.[14] Der Auftragnehmer muss sich in solchen Fällen daher vor Abgabe seines Angebotes vergewissern, **wo** die Stellen für die benötigten Anschlüsse liegen, um etwa für ihn notwendig werdende Aufwendungen durch Anbringen oder Verlegen von Anschlussstellen miteinkalkulieren zu können.[15] 4

Achtung: Das „**Heranbringen** von Wasser und Energie **von** den vom Auftraggeber auf der Baustelle zur Verfügung gestellten **Anschlussstellen zu** den **Verwendungsstellen**" ist **immer** eine zur **Kostenlast des Auftragnehmers** gehende Nebenleistung, wie die Regelung in Abschnitt 4.1.6 der DIN 18 299 in VOB/C zeigt,[16] welche somit auch nahtlos an die Regelung von § 4 Nr. 4 lit. c VOB/B anschließt. 5

In **zeitlicher Hinsicht** bestehen die Überlassungspflichten des Auftraggebers solange, als es zur vertragsgemäßen Durchführung der Leistung durch den Auftragnehmer erforderlich ist. Sie erstreckt sich daher auch auf etwaige Nachbesserungsarbeiten/Nacherfüllungsarbeiten durch den Auftragnehmer, was gerade für Wasser- und Energieanschlüsse von Bedeutung 6

---

[8] *Vygen* Bauvertragsrecht, Rdn. 359.
[9] *Vygen* Bauvertragsrecht, Rdn. 359.
[10] Sich dem anschließend *Kapellmann/Messerschmidt/Merkens* VOB/B § 4 Rdn. 113.
[11] *Ingenstau/Korbion* VOB/B § 4 Nr. 4 Rdn. 5; *Kapellmann/Messerschmidt/Merkens* VOB/B § 4 Rdn. 112.
[12] *Ingenstau/Korbion* VOB/B § 4 Nr. 4 Rdn. 5.
[13] Vgl. *Nicklisch/Weick* VOB/B § 4 Rdn. 71.
[14] *Ingenstau/Korbion* VOB/B § 4 Nr. 4 Rdn. 5; *Kapellmann/Messerschmidt/Merkens* VOB/B § 4 Rdn. 113.
[15] *Ingenstau/Korbion* VOB/B § 4 Nr. 4 Rdn. 5; *Kapellmann/Messerschmidt/Merkens* VOB/B § 4 Rdn. 113.
[16] So auch *Ingenstau/Korbion* VOB/B § 4 Nr. 4 Rdn. 5.

§ 4 Nr. 4                                              Überlassungspflichten des Auftraggebers

ist.[17] In letzterem Fall hat aber der Auftragnehmer daraus resultierende, ins Gewicht fallende **Mehrkosten** des Auftraggebers als notwendige Begleitkosten der Mängelbeseitigung/Nachbesserung zu tragen; denn nach der systematischen Einbettung der Regelung der Nr. 4 in die Gesamtregelung von § 4 VOB/B, welche sich gemäß der Überschrift und der inhaltlichen Thematik mit der „Ausführung" der Leistung bis zur Abnahme befasst, ist die Überlassungspflicht nur auf die eigentliche zur normalen und ordnungsgemäßen Bauherstellung erforderliche Zeit beschränkt.[18] Letzteres ergibt sich auch daraus, dass die in § 4 Nr. 4 VOB/B geregelte Überlassungspflicht Ausfluss einer unentgentlich zu erbringenden Mitwirkungspflicht des Auftraggebers nach § 642 BGB ist,[19] die sich auf die „Herstellung" = „Ausführung" bezieht. Was die Ausführung der Leistung anbelangt, ist der Auftragnehmer nach dem Werkvertragsrecht des BGB und nach VOB/B verpflichtet, unter eigener Verantwortung seine Leistung vertragsgemäß herzustellen, so dass die vertragsgemäße Herstellung/Ausführung innerhalb der hierfür normalerweise erforderlichen oder vorrangig der hierfür vertraglich vereinbarten Zeit gemeint ist und mit der Mängelbeseitigung verbundene Kosten auch deshalb zu seinen Lasten gehen.[20]

7   Die Regelungen in § 4 Nr. 4 VOB/B bedürfen oft anderweitiger Vereinbarungen, womit die Verfasser der VOB durch die Formulierung „wenn nichts anders vereinbart ist" bereits Rechnung getragen haben.[21] Das bezieht sich insbesondere auf die Benutzungsüberlassung überhaupt wie auch auf die Frage der Entgentlichkeit/Unentgeltlichkeit als auch auf die eventuelle Erstellung/(Be-)Schaffung nicht vorhandener Einrichtungen nach Nr. 4 b) und/oder c) durch den Auftraggeber sowie auf von Nr. 4 a) abweichende Regelungen. Häufig ist die Regelung in § 4 Nr. 4 VOB/B auch **ergänzungsbedürftig**. Die abweichenden oder ergänzenden Vereinbarungen finden sich oft in den Leistungsbeschreibungen oder in den BVB oder ZVB der (insbesondere öffentlichen) Auftraggeber, z.B. auch bezüglich der Unterhaltung von Zufahrtswegen und dgl. einschließlich der diesbezüglichen Kostentragung.

## B. Kostentragung

8   Die **Unentgeltlichkeit** nach § 4 Nr. 4 VOB/B bezieht sich nur auf die **Benutzung** oder **Mitbenutzung** der unter Buchstaben a–c genannten Einrichtungen und Anlagen einschließlich der unter c) genannten „Anschlüsse" für Wasser und Energie. Nach Nr. 4 lit. c Satz 2 sind die Kosten für den Verbrauch von Wasser und Energie (z.B. elektrischer Strom Diesel, Heizöl, Gas, Kohle) sowie für den Messer oder Zähler (einschließlich der diesbezüglichen Grundgebühren) vom Auftragnehmer zu tragen[22] und insoweit gegebenenfalls dem Auftraggeber zu ersetzen. Zu tragen sind nur die tatsächlich entstandenen Kosten für Verbrauch, Messer oder Zähler. Diese Kostentragung ist nichts anderes als reiner Aufwendungsersatz.[23] – Ein Auftragnehmer, der nach dem Vertrag verpflichtet ist, für den Verbrauch von Wasser und/oder Energie einen Messer und/oder einen Zähler zu setzen, muss vor dessen Abbau im Hinblick auf Abrechnungsbedürfnisse (z.B. zwischen dem Auftraggeber und anderen Auftragnehmern) dem Auftraggeber Gelegenheit geben, den Zählerstand abzulesen, ansonsten verletzt er durch die diesbezügliche Unterlassung eine vertragliche Nebenpflicht. Diese Vertragsverletzung führt dazu, dass der Auftragnehmer zur Höhe seiner dem Grunde nach bestehenden Kostenzahlungspflicht eine Verbrauchs-**Schätzung** des

---

[17] *Ingenstau/Korbion* VOB/B § 4 Nr. 4 Rdn. 3; *Kapellmann/Messerschmidt/Merkens* VOB/B § 4 Rdn. 115; *Nicklisch/Weick* B § 4 Rdn. 73.
[18] So im Ergebnis zurecht *Ingenstau/Korbion* VOB/B § 4 Nr. 4 Rdn. 3.
[19] *Ingenstau/Korbion* VOB/B § 4 Nr. 4 Rdn. 3.
[20] In diesem Sinne vgl. *Ingenstau/Korbion* VOB/B § 4 Nr. 4 Rdn. 3.
[21] Vgl. *Daub/Piel/Soergel/Steffani* ErlZ B 4.171.
[22] *Ingenstau/Korbion* VOB/B § 4 Nr. 4 Rdn. 4.
[23] *Ingenstau/Korbion* VOB/B § 4 Nr. 4 Rdn. 4; *Kapellmann/Messerschmidt/Merkens* VOB/B § 4 Rdn. 114.

Überlassungspflichten des Auftraggebers  § 4 Nr. 4

Auftraggebers hinnehmen muss, soweit diese Schätzung auf nachvollziehbaren Grundlagen und feststehenden Tatsachen (etwa bestimmten Wasser- und/oder Energieverbrauchsquellen) beruht.[24]

**Mehrere Auftragnehmer** tragen die Kosten für den Verbrauch von Wasser und Energie sowie für den Messer oder Zähler **anteilig.** Dabei ist, soweit nicht eine anderweitige wirksame Regelung zwischen den Parteien getroffen wurde, der jeweils zu zahlende Anteil nach dem **konkreten Verbrauch** von Wasser und Energie seitens der verschiedenen Auftragnehmer sowie nach deren konkreten Nutzungsanteil am Messer oder Zähler zu berechnen.[25] Ist das nicht möglich, so bietet sich die Berechnung nach den Anteilen der einzelnen Auftragssummen im Verhältnis zu den Gesamtbaukosten an,[26] wobei dies, um eine AGB-rechtliche Unwirksamkeit zu vermeiden, in ausdrücklich und im Einzelnen ausgehandelten Vereinbarungen festgelegt werden muss. 9

## C. Obhutspflicht des Auftragnehmers

Der Unternehmer/Auftragnehmer trifft im Rahmen des Bauvertrags die vertragliche Nebenpflicht, mit dem seiner Einwirkung ausgesetzten **Eigentum des Bauherrn** pfleglich umzugehen und Beschädigungen zu vermeiden (Obhutspflicht). Der Unternehmer ist verpflichtet, die nach sorgfältiger Prüfung der örtlichen Verhältnisse erforderlichen Vorkehrungen zur Sicherung des Eigentums des Bauherrn z. B. einer befestigten Hoffläche) entweder selbst zu treffen oder den Bauherrn darauf hinzuweisen, welche konkreten Maßnahmen zu diesem Zweck vor Beginn der Bauarbeiten getroffen werden müssen.[27] Das betrifft selbstverständlich auch die vom Auftraggeber dem Auftragnehmer zur Benutzung oder Mitbenutzung überlassenen Einrichtungen und Anlagen nach § 4 Nr. 4, sei es gegenüber dem Bauherrn oder Auftraggeber als Eigentümer, sei es gegenüber dem Auftraggeber, der lediglich Besitzer ist. Es gilt hier die übliche außervertragliche, insbesondere deliktische Haftung und/oder die vertragliche Haftung wegen (Neben-)Pflichtverletzung. 10

Eine vertragliche Vereinbarung, dass der Bauherr für ausreichende **Befahrbarkeit der Baustelle** zu sorgen habe, entbebt den Unternehmer auch nicht der Pflicht zu prüfen, ob das verwendete Gerät (hier: ein 48 t schwerer Autokran) ohne Gefahr für das Eigentum des Bauherrn eingesetzt werden kann.[28] Das gilt dann auch für das Eigentum des unmittelbaren Auftraggebers und jedes Dritten. 11

## D. Pflichtverletzungsfolgen

a) **Auftraggeber:** Die in § 4 Nr. 4 VOB/B genannten Überlassungspflichten sind Mitwirkungspflichten und Nebenpflichten des Auftraggebers[29] in Form von vertraglichen **Nebenleistungspflichten,** auf deren Erfüllung bei Fälligkeit der Auftragnehmer einen notfalls **einklagbaren** Anspruch auf Vornahme der entsprechenden Handlung hat. Ihre Verletzung löst die Rechte insbesondere nach § 6 oder § 9 VOB/B aus.[30] Im Übrigen siehe hierzu → **Vor § 3 Rdn. 51–83** und → **§ 3 Nr. 1 Rdn. 8–10.** 12

---

[24] So zutreffend beispielhaft für Baustromzähler OLG Celle NJW-RR 1999, 1693.
[25] Vgl. *Nicklisch/Weick* VOB/B § 4 Rdn. 72 a. E.; *Vygen* Bauvertragsrecht, Rdn. 359.
[26] *Vygen* Bauvertragsrecht, Rdn. 359.
[27] OLG Düsseldorf BauR 1992, 377 m. w. N.; so auch *Kapellmann/Messerschmidt/Merkens* VOB/B § 4 Rdn. 116.
[28] Wie vor.
[29] *Heiermann/Riedl/Rusam* VOB/B § 4 Rdn. 65, 12, 4; *Ingenstau/Korbion* VOB/B § 4 Nr. 4 Rdn. 2; *Nicklisch/Weick* VOB/B § 4 Rdn. 74.
[30] *Heiermann/Riedl/Rusam* und *Nicklisch/Weick* wie vor; *Ingenstau/Korbion* VOB/B § 4 Nr. 4 Rdn. 6. Vgl. auch *Kapellmann/Messerschmidt/Merkens* VOB/B § 4 Rdn. 115.

**§ 4 Nr. 4** Überlassungspflichten des Auftraggebers

b) **Auftragnehmer:** Abbau eines Zwischenzählers durch den Auftragnehmer ohne vorherige Information an den Auftraggeber ist Verletzung einer vertraglichen Nebenpflicht, siehe näher bei Rdn. 8 a. E.

### E. § 4 Nr. 4 und Allgemeine Geschäftsbedingungen

13 **Unwirksam** nach dem früheren § 9 Abs. 2 Nr. 1 AGBG (nun § 307 Abs. 2 Nr. 1 BGB) sind vom Auftraggeber verwendete AGB- oder Formularklauseln über Kostenumlagen zu Bauwasser und Baustrom (demgemäß auch sonstige Energie) mit folgendem oder gleichartigem/gleichbedeutendem Inhalt:

(1) Eine Klausel in Vertragsbedingungen des Auftraggebers, die dem Auftragnehmer ein **verbrauchsunabhängiges** Entgelt für Baustrom (hier 1,5% des Schlussrechnungsbetrages) oder Bauwasser (hier 1% der Schlussrechnung) auferlegt. – Bei einer solchen **Preisnebenabrede** kommt nicht klar zum Ausdruck (also Aspekt der Verschleierung und Intransparenz), dass, wie es sachgerecht wäre, die Klausel nur gelten soll, wenn der Auftragnehmer **tatsächlich** Baustrom und Bauwasser verbraucht; schon die bloße Möglichkeit der Entnahme von Baustrom und Bauwasser aus den Anschlüssen des Auftraggebers führt bei der im AGB-Bereich gebotenen kundenfeindlichsten Auslegung zur Anwendung einer solchen Klausel für den sie verwendenden Auftraggeber.[31] Damit wird von dem gesetzlichen und auch im § 4 Nr. 4c VOB/B zum Ausdruck gekommenen Leitbild abgewichen. Dieses besteht darin, dass der Auftraggeber, der Baustrom/Bauwasser liefert, nur einen Anspruch auf reinen **Aufwendungs**ersatz hat, also nur diejenigen Kosten erstattet verlangen kann, die tatsächlich für Verbrauch sowie Einsatz von Messer und Zähler entstanden sind.[32]

(2) Eine **Umlageklausel,** mit welcher der Auftragnehmer verpflichtet werden soll, für nach dem Vertrag nicht geschuldete Baunebenleistungen (wie allgemeine Versorgung der Baustelle mit Wasser und Strom, allgemeine Baureinigung, allgemeine Baubewachung) einen Beitrag zu zahlen, wenn sie so formuliert ist, dass sie den Anschein erweckt, der Auftragnehmer zahle für vertraglich von ihm geschuldete Leistungen und werde durch die Zahlung der Umlage von seinen (angeblichen) Leistungspflichten befreit.[33]

(3) **Abrechnungs-Klauseln** mit dem Inhalt: „Soweit Baustrom und Bauwasser auf der Baustelle entnommen werden, sind diese durch einen Zwischenzähler zu erfassen und an die einzelnen Verbraucher direkt zu berechnen oder vor Arbeitsbeginn durch einen Pauschalbetrag mit diesen abzurechnen" oder: „Kosten für Schuttbeseitigung, Bauwasser und Baustrom hat der Auftragnehmer zu tragen und anteilig mit den übrigen am Bau beteiligten Unternehmen abzurechnen".[34]

(4) Eine Klausel mit Verpflichtung des Rohbauunternehmers, die Baustelle insgesamt mit Bauwasser, Baustrom und Sanitäranlagen zu versorgen und diese Einrichtungen allen am Bau Beteiligten zu überlassen, ihm aber hierfür sein Entgelt gegen den Auftraggeber zustehen soll.[35]

14 **Abweichend** von den bei Rdn. 13 wiedergegebenen Urteilen und Wertungen hat OLG Karlsruhe[36] für den **kaufmännischen** Verkehr eine vom Auftraggeber gestellte Klausel für nicht unangemessen und daher für AGBG-konform erachtet, wonach jeder Auftragnehmer (hier der Technik- und Ausbaugewerke) für Baustellenversorgung und -entsorgung mit 1,5% der Abrechnungssumme belastet wird. – Dies hat das Gericht damit begründet, dass es zwar nicht nahe liege, dass die Höhe der Beteiligung an den Versorgungs- und Entsorgungskosten

---

[31] OLG Stuttgart (rk.) NJW-RR 1998, 312, 313 = BB 1998, 502, 503/504.
[32] Vgl. oben Rdn. 8 und vorst. OLG Stuttgart.
[33] OLG Hamm (rk. dch. Rev.-Nichtann.-Beschl. d. BGH) NJW-RR 1997, 1042 = BauR 1997, 661/662.
[34] Beide Klauseln LG München I v. 18. 3. 1997 – 2 O 13230/95 –, unveröffentlicht.
[35] Vgl. OLG Celle BauR 2004, 1955.
[36] Urteil v. 31. 10. 1995 – 17 U 107/95 –, unveröffentlicht (rk. dch. Rev.-Nichtann.-Beschl. d. BGH v. 10. 4. 1997 – VII ZR 291/95 –).

vom Auftragsvolumen abhängig gemacht werde; daraus allein lasse sich jedoch keine unangemessene Benachteiligung herleiten. Im Übrigen seien solche Klauseln unter Kaufleuten üblich, weshalb im kaufmännischen Verkehr ein Verstoß gegen § 9 AGBG (jetzt § 307 BGB) nicht vorliege.

**Zulässig** sind AGB- oder Formularklauseln folgenden oder gleichgelagerten Inhaltes über die Lieferung von Bauwasser und demgemäß auch Bauenergie (z. B. Baustrom) durch den Auftraggeber: 15

„Bauwasser (§ 4): In der Schlussrechnung werden die Verbrauchskosten und etwaige Kosten für Messer und Zähler in Höhe von 1,2% des Endbetrages der Schlussrechnung ... abgesetzt." – Eine solche Klausel unterliegt gemäß § 307 Abs. 3 BGB, früher § 8 AGBG nicht der richterlichen Inhaltskontrolle. Denn aus deren Anwendungsbereich scheiden Abreden aus, die Art und Umfang der vertraglichen Leistungspflichten und eine darauf bezogene **Preisvereinbarung unmittelbar** regeln. Der Inhaltskontrolle unterliegen nur Preis**neben**abreden, die **mittelbar** Auswirkungen auf Preis und Leistung haben und an deren Stelle deshalb nach § 306 Abs. 2 BGB, früher § 6 Abs. 2 AGBG dispositives Gesetzesrecht tritt, wenn diese Preisnebenabrede nach dem gesetzlichen AGB-Recht unwirksam ist. Oben genannte Klausel enthält jedoch keine Preisnebenabrede, sondern eine von dem vereinbarten Werklohn des Auftragnehmers **unabhängige Entgeltabrede** für eine selbstständige Leistung des Auftraggebers. Sie regelt das selbstständige Angebot des Auftraggebers, den Auftragnehmer bei der Herstellung seines Werkes auf der Baustelle mit Bauwasser (entsprechend: Baustrom und sonstige Bauenergie, eigene Anm.) zu beliefern. Als Gegenleistung dafür ist ein der Höhe nach pauschaliertes Entgelt festgesetzt. Daher kann (unzweideutig) der Auftraggeber auch nur dann das der Höhe nach pauschalierte Entgelt für Bauwasser (Baustrom und sonstige Bauenergie, eigene Anm.) fordern, wenn der Auftragnehmer nachweislich von dem Angebot des Auftraggebers, das von ihm zu Verfügung gestellte Bauwasser (Baustrom und sonstige Bauenergie, eigene Anm.) zu **nutzen,** Gebrauch gemacht hat. Die Klausel erhält auch nicht dadurch den Charakter einer Preisnebenabrede, dass die einschlägigen Kosten nach der Abrede pauschal von der Schlussrechnung des Auftragnehmers abgesetzt werden; dieser Teil der Regelung zielt nämlich nicht auf eine verdeckte Erhöhung oder Verbilligung des eigentlichen Bauleistungspreises.[37]

– **Demgegenüber** stellt es aber eine **unzulässige** AGB-Kostenbeteiligungsklausel als **Preisnebenabrede** mit mittelbarer Auswirkung auf Preis und Leistung dar, wenn sich nach ihrem Inhalt der Auftragnehmer mit einem Prozentsatz (z. B. 2%) der Abrechnungssumme „an den Kosten für sanitäre Einrichtungen, Baustrom, Bauwasser, allgemeine Baureinigung, Bauwesenversicherung etc. beteiligen muss", und zwar unabhängig davon, ob die konkreten Kosten für sein Gewerk entstanden sind,[38] m. a. W. unabhängig davon, ob der Auftraggeber dem Auftragnehmer tatsächlich die vorgenannten Leistungen erbringt (liefert.

---

[37] BGH v. 10. 6. 1999 – VII ZR 365/98 NJW 1999, 3260/3261 = BauR 1999, 1290, 1291, 1292 m. w. N. Der BGH wies allerdings darauf hin, dass unter dem Aspekt der Verletzung des Transparenzgebotes eine Inhaltskontrolle und Unwirksamkeit von Klauseln der vorliegenden Art in Betracht kommen kann, vorliegend war jedoch laut BGH eine Intransparenz nicht gegeben. – Dem folgend so auch OLG Hamm BauR 2000, 728, 729 für die Beteiligung des AN an den Kosten für Bauwasser, Baustrom und sanitäre Einrichtungen.
[38] OLG Frankfurt/M. BauR 2005, 1939, 1940.

# § 4 Nr. 5

## § 4 Nr. 5 Schutzpflichten des Auftragnehmers

Der Auftragnehmer hat die von ihm ausgeführten Leistungen und die ihm für die Ausführung übergebenen Gegenstände bis zur Abnahme vor Beschädigung und Diebstahl zu schützen. Auf Verlangen des Auftraggebers hat er sie vor Winterschäden und Grundwasser zu schützen, ferner Schnee und Eis zu beseitigen. Obliegt ihm die Verpflichtung nach Satz 2 nicht schon nach dem Vertrag, so regelt sich die Vergütung nach § 2 Nr. 6.

**Literatur:** *Acker/Garcia-Scholz,* Die Ansprüche des Auftragnehmers bei Beschädigung der Werkleistung vor Abnahme, BauR 2003, 1457; *Brösskamp,* Der Schutz der erbrachten Leistung durch Nachunternehmer bei der Abwicklung eines Generalunternehmervertrages, FS Vygen 1999, 285; *Kaminsky/Kues,* Die Vergütung von Maßnahmen des Auftragnehmers zum Schutz der eigenen Leistung vor der Abnahme beim VOB/B-Vertrag, NZBau 2006, 747; *Oppler,* Zur Pflicht des Auftragnehmers, seine Leistungen vor Beschädigungen und Winterschäden zu schützen, FS W. Jagenburg 2002, 713; *Stuttmann,* Die Pflicht zum Schutz eigener Leistungen und die Gefahrverteilung im Bauvertrag, BauR 2001, 1487; siehe im Übrigen die Hinweise → Vor § 4 sowie → § 4 Nr. 1.

## Übersicht

| | Rdn. |
|---|---|
| **A. Inhalt, Zweck, Wesen und Anwendungsbereich der Regelung** | 1–5 |
| I. Zwei Gruppen von Schutzmaßnahmen | 1 |
| II. Erhaltungspflicht zum Schutz gegen Beschädigung und Diebstahl | 2 |
| III. Weitere Schutzmaßnahmen auf Grund besonderen Verlangens oder besonderer Vereinbarung | 5 |
| **B. Schutz vor Beschädigung und Diebstahl als Maßnahme innerhalb der vertraglichen Leistungsverpflichtung (Satz 1)** | 6–29 |
| I. Beginn und Ende der Schutzpflicht nach Satz 1 („Erhaltungspflicht") | 6 |
| 1. Beginn der Erhaltungspflicht | 6 |
| a) „Ausgeführte Leistungen" | 6 |
| b) „Übergebene Gegenstände" | 7 |
| 2. Ende sowie sonstiges Nichtbestehen der Erhaltungspflicht | 8 |
| II. Objekte, Art und Umfang der Erhaltungspflicht nach Satz 1 | 11 |
| 1. Schutzobjekte | 11 |
| a) „Ausgeführte Leistungen" | 11 |
| b) „Übergebene Gegenstände" | 13 |
| 2. Art und Umfang der Schutzmaßnahmen nach Satz 1 | 16 |
| a) Grundlegendes für den Schutz vor Beschädigung und Diebstahl | 16 |
| b) Schutzmaßnahmen gegen Beschädigung | 19 |
| c) Schutzmaßnahmen gegen Diebstahl | 20 |
| 3. Versicherung nicht Teil der Erhaltungspflicht | 21 |
| III. Keine gesonderte Vergütung für Schutzmaßnahmen nach Satz 1 | 22 |
| IV. Rechtsfolgen bei Verletzung der Verpflichtung aus Satz 1 | 23 |
| 1. Haftung des Auftragnehmers | 23 |
| a) Vertragliche Haftung | 23 |
| b) Gesetzliche Haftung | 27 |
| 2. Beweislast | 29 |
| **C. Schutz vor Winterschäden und Grundwasser sowie Beseitigung von Schnee und Eis als Maßnahmen außerhalb der vertraglichen Leistungsverpflichtung (Satz 2)** | 30–41 |
| I. Bauvertragliche oder besondere Vereinbarung möglich | 30 |
| II. Besonderes einseitiges Verlangen des Auftraggebers möglich | 33 |
| III. Besondere Vergütung(spflicht) nach Satz 3 | 35 |
| IV. Die Schutzmaßnahmen nach Satz 2 im Einzelnen | 36 |
| 1. Schutz gegen Winterschäden und Grundwasser | 36 |
| 2. Entfernen von Eis und Schnee | 40 |
| V. Rechtsfolgen bei Verletzung der Verpflichtungen aus Satz 2 | 41 |
| **D. § 4 Nr. 5 und Allgemeine Geschäftsbedingungen** | 42 |

## A. Inhalt, Zweck, Wesen und Anwendungsbereich der Regelung

### I. Zwei Gruppen von Schutzmaßnahmen

§ 4 Nr. 5 VOB/B unterscheidet zwischen **zwei Gruppen** von Schutzmaßnahmen, die 1 dem Auftragnehmer obliegen können, nämlich:
– Schutzmaßnahmen, namentlich gegen Beschädigung und Diebstahl, die allein schon durch die Vereinbarung von VOB/B Bestandteil der vertraglichen Leistungsverpflichtung des Auftragnehmers und somit Vertragsgegenstand sind,[1] (§ 4 Nr. 5 Satz 1 VOB/B) und zwar ihrem Pflichtencharakter nach (vgl. → Vor § 4 Rdn. 18, 19) als **vertragliche Nebenpflicht** im **Erhaltungsinteresse** beider Vertragspartner am unbeeinträchtigten Bestand des ganz oder teilweise hergestellten Werkes.[2]
– Schutzmaßnahmen, die eines besonderen Verlangens des Auftraggebers oder einer besonderen vertraglichen Vereinbarung bedürfen (§ 4 Nr. 5 Satz 2 VOB/B).[3] Diese Schutzmaßnahmen sind i. d. R. gleichermaßen **vertragliche Nebenpflicht,** da sie ebenfalls dem vorstehend genannten **Erhaltungsinteresse** dienen.

### II. Erhaltungspflicht zum Schutz gegen Beschädigung und Diebstahl

Die in § 4 Nr. 5 Satz 1 VOB/B ausdrücklich normierte vertragliche Nebenpflicht des 2 Auftragnehmers, die von ihm ausgeführten, also **seine eigenen** Leistungen[4] und die ihm für die Ausführung **übergebenen** Gegenstände **bis zur Abnahme** vor Beschädigung und Diebstahl zu schützen, steht hinsichtlich der Dauer im Einklang mit den Vorschriften der §§ 644, 645 BGB und des § 12 Nr. 6 i. V. m. § 7 VOB/B, wonach gemäß dortiger Maßgabe der Auftragnehmer ebenfalls **bis zur Abnahme** die „Gefahr" für sein bis dahin ausgeführtes Werk (= Leistungen) und für die ihm vom Besteller/Auftraggeber „gelieferten Stoffe" (=„für die Ausführung übergebenen Gegenstände") zu tragen hat.[5] Insoweit besteht einerseits eine doppelte Grundlage für die Erhaltungs- und Schutzpflicht des Auftragnehmers; andererseits verpflichtet § 4 Nr. 5 Satz 1 VOB/B als vertragliche Vereinbarung den Auftragnehmer über seine sich aus den Gefahrtragungsregeln ergebenden, zur eigenen Kostenlast gehenden, Ersetzungsverpflichtungen hinaus zu einem **Plus** in Form einer echten vertraglichen (Neben-)Pflicht zu **aktiver** Tätigkeit,[6] nämlich zu schützender Vorsorge, die der Auftraggeber verlangen kann.[7] Die schuldhafte Verletzung der vorgenannten Pflicht durch den Auftragnehmer löst bei Schäden, die der Auftraggeber hierdurch erleidet, Schadensersatzansprüche nach §§ 280 Abs. 1, 241 Abs. 2 BGB n. F. (positive Vertragsverletzung alten Rechts) aus.[8] Die Belastung des Auftragnehmers mit der hier geregelten Schutz- und Erhaltungs**pflicht** beinhaltet sowohl das Eigeninteresse des Auftragnehmers als auch das Fremd(schutz)interesse des Auftraggebers; sie beruht sachlich darauf, dass der Auftragnehmer

---

[1] Vgl. *Heiermann/Riedl/Rusam* B § 4 Rdn. 66; *Ingenstau/Korbion* VOB/B § 4 Nr. 5 Rdn. 2.
[2] OLG Bremen BauR 1997, 1045; *Heiermann/Riedl/Rusam* VOB/B § 4 Rdn. 69; *Ingenstau/Korbion* VOB/B § 4 Nr. 5 Rdn. 2; *Nicklisch/Weick* VOB/B § 4 Rdn. 81.
[3] *Ingenstau/Korbion* VOB/B § 4 Nr. 5 Rdn. 18.
[4] Zum Begriff „Leistungen" s. § 7 Nrn. 2 und 3 VOB/B.
[5] *Ingenstau/Korbion* VOB/B § 4 Nr. 5 Rdn. 3; *Vygen* Bauvertragsrecht, Rdn. 342, 169.
[6] *Heiermann/Riedl/Rusam* VOB/B § 4 Nr. 5 Rdn. 67; *Ingenstau/Korbion* VOB/B § 4 Nr. 5 Rdn. 3.
[7] *Daub/Piel/Soergel/Steffani* ErlZ B 4.176/4.175.
[8] Darauf weist *Oppler* a. a. O., FS W. Jagenburg 2002, 713, 714, zutreffend hin mit folgenden Schadensbeispielen: Schäden am sonstigen Eigentum des Auftraggebers wegen der Beschädigung oder Zerstörung bereits erbrachter Leistungsteile z. B. durch austretendes Wasser, Vermögensschäden wegen verspäteter Fertigstellung.

wesentlich eher zur Erhaltung von ihm bereits erstellter Leistungen sowie ihm für die Ausführung übergebener Gegenstände in der Lage ist als der Auftraggeber;[9] der Auftragnehmer ist nämlich örtlich und von der tatsächlichen Einwirkungs- und Zugriffsmöglichkeit her „näher dran" und hat für diese Aufgabe, verglichen mit dem Auftraggeber, naturgemäß auch die entsprechende oder zumindest bessere, geeignetere (technische) Ausrüstung.

3   Die in § 4 Nr. 5 Satz 1 VOB/B festgelegte **Schutz- und Erhaltungspflicht** für die **eigenen** ausgeführten Leistungen wird in manchen **ATV** in VOB/C (als kostenlos zu erbringende) „Nebenleistungen" unter den Abschnitten 4.1 wiederholt und gemäß den dort genannten Schutzmaßnahmen näher erläutert und konkretisiert, wie z. B. in DIN 18 333 Abschnitt 4.1.7, in DIN 18 352 Abschnitt 4.1.3 oder in DIN 18 356 Abschnitt 4.1.4. Davon zu unterscheiden ist die in zahlreichen ATV festgelegte Pflicht des Unternehmers, die Leistungen **anderer** Auftragnehmer seines Auftraggebers (wozu auch die einschlägigen Leistungen von deren Subunternehmern zählen) durch entsprechende Maßnahmen zu schützen, siehe unten Rdn. 12.

4   § 4 Nr. 5 Satz 1 VOB/B hat somit auch die Funktion einer **Auffangklausel** für die Fälle, in denen nicht schon an anderer, speziellerer – oft vertraglich vorrangiger – Stelle § 1 Nr. 2 VOB/B eine Schutzpflicht mit gleichem Gegenstand vereinbart ist wie etwa nach den vorgenannten ATV.[10] Im Übrigen wird dieser Gegenstand sehr oft durch Vertragsbedingungen des Auftraggebers, etwa in der Leistungsbeschreibung oder in Besonderen oder Zusätzlichen Vertragsbedingungen, geregelt und in besonderer Weise ausgestaltet und detailliert.

**Zum Themenkreis** der Rdn. 1 bis 4 und überhaupt zu den Schutzpflichten des Auftragnehmers nebst Gefahrverteilung **siehe** auch die eingehende Darstellung von *Stuttmann*, **BauR 2001, 1487 ff.**

### III. Weitere Schutzmaßnahmen auf Grund besonderen Verlangens oder besonderer Vereinbarung

5   In § 4 Nr. 5 Satz 2 VOB/B werden mit dem Schutz vor **Winterschäden** und **Grundwasser** sowie mit der Beseitigung von **Schnee** und **Eis** weitere – außerhalb der gewöhnlichen bauvertraglichen Leistungsverpflichtungen nach Nr. 5 Satz 1 liegende – Schutzmaßnahmen genannt, die der Auftragnehmer nur auf besonderes Verlangen des Auftraggebers oder kraft entsprechender besonderer vertraglicher Vereinbarung zu treffen hat.[11] Erst durch das Verlangen oder durch die besondere Vereinbarung – dies auch durch Einbeziehung in den Bauvertrag als Vertragspflicht mittels der in § 1 Nr. 2 VOB/B genannten Vertragsbestandteile mit einschlägigem Inhalt – erhalten die nach § 4 Nr. 5 Satz 2 VOB/B durchzuführenden Maßnahmen den Charakter einer Schutz- und Erhaltungpflicht, wie sie als originäre Pflicht (da innerhalb der vertraglichen Leistungsverpflichtung) dem Satz 1 zugrunde liegt.[12] Satz 2 grenzt mithin auch die sachliche Reichweite der Schutz- und Erhaltungspflicht nach Satz 1 ab.[13]

---

[9] *Ingenstau/Korbion* VOB/B § 4 Nr. 5 Rdn. 2; OLG Bremen BauR 1997, 1045.
[10] *Daub/Piel/Soergel/Steffani* ErlZ B 4.174.
[11] *Ingenstau/Korbion* VOB/B § 4 Nr. 5 Rdn. 18; *Kapellmann/Messerschmidt/Merkens* VOB/B § 4 Rdn. 125.
[12] *Heiermann/Riedl/Rusam* VOB/B § 4 Rdn. 71; *Ingenstau/Korbion* VOB/B § 4 Nr. 5 Rdn. 18; *Kapellmann/Messerschmidt/Merkens* VOB/B § 4 Rdn. 117/118, 124.
[13] *Ingenstau/Korbion* VOB/B § 4 Nr. 5 Rdn. 18.

## B. Schutz vor Beschädigung und Diebstahl als Maßnahme innerhalb der vertraglichen Leistungsverpflichtung (Satz 1)

### I. Beginn und Ende der Schutzpflicht nach Satz 1 („Erhaltungspflicht")

#### 1. Beginn der Erhaltungspflicht/Schutzpflicht

a) „Ausgeführte Leistungen". Die auf Grund von § 4 Nr. 5 Satz 1 VOB/B bestehende und nach § 2 Nr. 1 VOB/B mit der Vertragsvergütung abgegoltene Schutz- und Erhaltungspflicht des Auftragnehmers beginnt bezüglich der von ihm „ausgeführten **Leistungen**" entgegen dem etwas missverständlichen Wortlaut der Vorschrift bereits mit dem **Anfang der Ausführung** der jeweiligen vertraglichen Einzelleistung. Das ergibt sich zum einen aus dem Begriff „Leistungen" und zum anderen daraus, dass das, was zum Zwecke der Erfüllung der Gesamtleistungspflicht bereits als Teil der „auszuführenden Leistung" i. S. von § 1 Nr. 1 VOB/B hergestellt ist, vernünftig und effektvoll nur geschützt und erhalten werden kann, wenn und soweit das wachsende Herstellungsergebnis und die insoweit schutzbedürftigen Leistungsteile vor Beschädigung und Diebstahl abgeschirmt werden.[14] Andererseits kann auch nur das geschützt werden, was bereits körperlich als Einzelleistung/Teilleistung vorhanden ist, so dass insoweit der Wortlaut „ausgeführte" durchaus mit der vorstehenden Aussage und dem Schutzzweck von Satz 1 im Einklang steht, ihnen zumindest nicht entgegensteht.

6

b) „Übergebene Gegenstände". Bei den für die Ausführung übergebenen **Gegenständen** beginnt die vorgenannte Erhaltungspflicht/Schutzpflicht bereits **mit der Übergabe,** weil damit der Auftragnehmer die tatsächliche (Verfügungs-)Gewalt über diese Gegenstände hat.[15] Die sofort einsetzende Schutzpflicht ergibt sich auch zwanglos und zwangsläufig aus der Formulierung, wonach der Auftragnehmer schlechthin die „übergebenen" Gegenstände zu schützen hat.

7

#### 2. Ende sowie sonstiges Nichtbestehen der Erhaltungspflicht/Schutzpflicht

Die Erhaltungspflicht/Schutzpflicht nach Satz 1 **endet mit** der **Abnahme** (oder dementsprechend mit einem rechtlichen Abnahmeersatz-Tatbestand), besteht somit auch grundsätzlich zwischen Fertigstellung und Abnahme, da nach dem ausdrücklichen Wortlaut von Satz 1 die ausgeführten Leistungen und die übergebenen Gegenstände „bis zur Abnahme" zu schützen sind.[16] Deshalb dauert die Erhaltungspflicht/Schutzpflicht des Auftragnehmers auch bei einer berechtigten auftragnehmerseitigen Einstellung der Bauarbeiten[17] oder im Falle einer Kündigung nach den §§ 8, 9 und 6 Nr. 7 VOB/B oder einer sonstigen vorzeitigen Beendigung des Bauvertrags für die bis dahin erbrachten Bauleistungen oder für die ihm für die Ausführung übergebenen Gegenstände grundsätzlich bis zur Abnahme an, von Ausnahmen wie insbesondere nachstehend und in den Rdn. 10 und 17 behandelt abgesehen. Der Auftragnehmer muss also in eigenem Interesse zur Beendigung seiner Erhaltungspflicht/

8

---

[14] So im Ergebnis und mit sinngleicher Begründung *Ingenstau/Korbion* VOB/B § 4 Nr. 5 Rdn. 4; *Heiermann/Riedl/Rusam* VOB/B § 4 Rdn. 68; *Nicklisch/Weick* VOB/B § 4 Rdn. 76; *Vygen* Bauvertragsrecht, Rdn. 169. Auch *Kapellmann/Messerschmidt/Merkens* VOB/B § 4 Rdn. 118 und *Leinemann/Sterner* VOB/B § 4 Rdn. 82.

[15] *Ingenstau/Korbion* VOB/B § 4 Nr. 5 Rdn. 4; *Heiermann/Riedl/Rusam* VOB/B § 4 Rdn. 68. Auch *Kapellmann/Messerschmidt/Merkens* VOB/B § 4 Rdn. 118 und *Leinemann/Sterner* VOB/B § 4 Rdn. 82.

[16] OLG Karlsruhe Schäfer/Finnern Z 2413 Bl. 21, 22; LG Rostock BauR 2000, 105, 106; *Heiermann/Riedl/Rusam* VOB/B § 4 Rdn. 68; *Ingenstau/Korbion* VOB/B § 4 Nr. 5 Rdn. 4; *Kapellmann/Messerschmidt/Merkens* VOB/B § 4 Rdn. 121; *Nicklisch/Weick* VOB/B § 4 Rdn. 76.

[17] OLG Koblenz U v. 27. 11. 2003 – 5 U 1880/01, NZBau 2004, 444: fehlende Absicherung des Daches gegen witterungsbedingte Feuchtigkeitsschäden als positive Vertragsverletzung.

Schutzpflicht die Abnahme betreiben.[18] Das alles steht auch im Einklang mit den Vorschriften zur Gefahrtragung nach §§ 644 Abs. 1 Satz 1, 645 BGB und nach §§ 7, 12 Nr. 6 VOB/B, wonach der Auftragnehmer **bis zur Abnahme** des fertig hergestellten Werkes bzw. seiner fertig gestellten Leistung die **Gefahr** hierfür trägt, soweit nicht auf Grund besonderer Vereinbarungen oder nach Rdn. 10 oder nach § 7 VOB/B (ausnahmsweise) die Gefahr vorher auf den Auftraggeber übergegangen ist.[19] Daher hat der Auftragnehmer ein von ihm erstelltes Wasserleitungssystem einer Musterwohnung vor Befüllung mit Wasser selbst dann nochmals auf Dichtigkeit zu überprüfen, wenn er zum Zeitpunkt der Fertigstellung, jedoch vor Abnahme des Leitungssystems dieses einer Druckprobe mit Stickstoff unterzog, die keine Leckage anzeigte, danach jedoch die Wohnung für weitere Unternehmer zur Ausführung von Folgegewerken zugänglich war und somit die Gefahr einer zwischenzeitlichen Lockerung des (ordnungsgemäß) eingesetzten Baustopfens nicht auszuschließen ist.[20]

Verweigert der Auftragnehmer die Abnahme zu Unrecht endgültig, treten nach h. M.[21] sämtliche Abnahmewirkungen mit Zugang der Verweigerungserklärung ein, die Schutzpflicht endet damit ebenfalls. Der Auftragnehmer muss dann aber wohl nach Treu und Glauben und nach § 241 Abs. 2 BGB im Rahmen der bauvertraglichen gegenseitigen Kooperationspflicht (vgl. → Vor § 3 Rdn. 9 ff.) den Auftraggeber darauf hinweisen, dass er die Schutzmaßnahmen nun nicht mehr fortsetzt.[22]

9   Da die „Abnahme" nach der Regelung in § 12 VOB/B gemäß der dortigen Nr. 2 auch in Form von Teilabnahmen für in sich abgeschlossene Teile der Leistung und insoweit als echte rechtsgeschäftliche Abnahme mit den typischen Abnahmewirkungen durchgeführt werden kann, tritt das Ende der Schutzpflicht grundsätzlich auch bei solchen **Teilabnahmen** hinsichtlich der abgenommenen Teile ein.[23] Ausnahmsweise bleibt die Schutzpflicht bei und trotz Teilabnahmen auch für bereits abgenommene Teile bestehen, soweit die noch auszuführende weitere (also nicht abgenommene) Bauleistung zu den genannten Teilen in enger – insoweit untrennbarer – räumlicher Beziehung steht, insbesondere darauf aufbaut[24] und dadurch Letztere gefährdet, die somit schutzbedürftig sind. In solchen Fällen dürfte aber oft auch keine echte rechtsgeschäftliche Teilabnahme vorliegen, sondern eine so genannte technische Abnahme nach § 4 Nr. 10 VOB/B, durch welche die Schutzpflicht grundsätzlich nicht beendet werden kann,[25] weil die vorgenannte technische Abnahme grundsätzlich nur Auswirkungen auf die Beweislage hat. Für abgenommene Leistungs**teile** kann die Erhaltungspflicht nach § 4 Nr. 5 Satz 1 VOB/B auch deshalb fortbestehen oder wieder aufleben, weil die abgenommenen Leistungsteile dem Auftragnehmer – etwa für die Ausführung der noch nicht abgenommenen Leistung – wieder zur Verfügung gestellt werden oder sonst in seine Obhut übergehen.[26] Ansonsten kommt es auf etwaige zwischen den Parteien getroffene Vereinbarungen an.

10   Andererseits kann die Schutzpflicht/Erhaltungspflicht nach § 4 Nr. 5 Satz 1 **ausnahmsweise schon vor Abnahme** einschließlich Teilabnahme nach § 12 VOB/B enden oder beginnt erst gar nicht, sobald und/oder soweit der Auftragnehmer infolge Verhaltens des Auftraggebers bzw. seiner Erfüllungsgehilfen oder infolge beim Auftraggeber liegender Umstände die Einwirkungsmöglichkeit zum Schutze seiner Leistung verliert.[27] Für Beschä-

---

[18] So auch *Kapellmann/Messerschmidt/Merkens* VOB/B § 4 Rdn. 119; *Brügmann* und *Kenter*, Abnahmeanspruch nach Kündigung von Bauverträgen, NJW 2003, 2121, 2123 Ziff. 4 u. 5.
[19] *Heiermann/Riedl/Rusam* VOB/B § 4 Rdn. 67; *Ingenstau/Korbion* VOB/B § 4 Nr. 5 Rdn. 3; *Nicklisch/Weick* VOB/B § 4 Rdn. 75; *Vygen* Bauvertragsrecht, Rdn. 169.
[20] LG Rostock BauR 2000, 105, 106, 107.
[21] Vgl. → Inge Jagenburg § 12 Nr. 3 Rdn. 25.
[22] So zutreffend *Oppler* a. a. O., FS W. Jagenburg 2002, 713, 717.
[23] *Heiermann/Riedl/Rusam* VOB/B § 4 Rdn. 68; *Ingenstau/Korbion* VOB/B § 4 Nr. 5 Rdn. 5.
[24] *Ingenstau/Korbion* VOB/B § 4 Nr. 5 Rdn. 5 und *Nicklisch/Weick* VOB/B § 4 Rdn. 76; verneinend *Kapellmann/Messerschmidt/Merkens* VOB/B § 4 Rdn. 118.
[25] *Ingenstau/Korbion* VOB/B § 4 Nr. 5 Rdn. 5.
[26] Vgl. *Daub/Piel/Soergel/Steffani* ErlZ B 4.187; *Heiermann/Riedl/Rusam* VOB/B § 4 Rdn. 68.
[27] Siehe hierzu den anschaulichen Fall OLG Bremen BauR 1997, 1045, 1046 mit der Folge entsprechender Anwendung des § 645 Abs. 1 Satz 1 BGB samt der dortigen Vergütungspflicht, weil der Auftraggeber durch sein einseitiges Handeln und Unterlassen die Gefahr der Beschädigung und Zerstörung der Leistung herbei-

digungen, die auf den Auftraggeber zurückzuführen sind, hat der Auftragnehmer nicht einzustehen; das ist z. B. dann der Fall, **wenn durch eine Handlung,** demgemäß auch durch eine pflichtwidrige Unterlassung (etwa eine fehlerhafte oder unterlassene Koordination) **des Auftraggebers** die Leistung des Auftragnehmers in eine **Lage** versetzt wird, welche eine **Gefährdung der Leistung** mit sich bringt und **ursächlich für** eine **anschließende Beschädigung** ist.[28] Das Gleiche gilt, wenn z. B. auf Grund einer fehlenden Drainage, die der Auftraggeber trotz hinreichender Bedenkenmitteilung des Auftragnehmers nicht ausgeführt haben wollte, Niederschlagswasser die Leistung des Auftragnehmers beschädigt, weil auch hier die Ursache der drohenden und dann eingetretenen Beschädigung der Verantwortungs-Sphäre des Auftraggebers zuzurechnen ist, so dass es insoweit keine weitere Verpflichtung und Anlastung zulasten des Auftragnehmers gibt (OLG Schleswig IBR 2004, 2, *Kapellmann/Messerschmidt/Merkens,* VOB/B § 4 Rdn. 123). Die **Schutzpflicht** besteht auch **nicht** dort und nicht insoweit, wo und als der Auftraggeber sich gegenüber dem Auftragnehmer zur Ausführung und Aufrechterhaltung des entsprechenden Schutzes und von Maßnahmen hierzu (z. B. Überdachungszelt, Umzäunung, Hochwasserschutz) ausdrücklich, konkludent oder stillschweigend verpflichtet hat oder nachträglich die Errichtung und Aufrechterhaltung eines solchen Schutzes oder das Risiko, z. B. Hochwasserrisiko für den Eintritt einer Schädigung der Leistung des Auftragnehmers ausdrücklich, konkludent oder stillschweigend oder faktisch übernommen hat.[29] Dabei kommt im Einzelfall eine dem Auftragnehmer gegenüber begründete vertragliche Schutzpflicht des Auftraggebers dadurch und insoweit in Betracht, als der Auftraggeber Schutzmaßnahmen (z. B. Hochwasserschutz) getroffen **und** der Auftragnehmer darauf vertrauen konnte und durfte, dass der Auftraggeber (die) von ihm selbst veranlasste(n) Schutzmaßnahme(n) aufrechterhält und der Auftragnehmer im berechtigten Vertrauen darauf auf eigene Maßnahmen verzichtet hat. Im Rahmen des so begründeten Vertrauens ist der Auftraggeber, solange er das Vertrauen aufrechterhält, verpflichtet, die erforderlichen Schutzmaßnahmen zu ergreifen und aufrechtzuerhalten.[30] Zu prüfen ist in solchen Fällen aber auch der Umfang des schutzwürdigen Vertrauens, das der Auftragnehmer haben durfte und eine etwaige Pflicht zur Schadensminderung nach § 254 Abs. 1 Satz 1 BGB, wonach der Auftragnehmer die ihm zumutbaren und möglichen Maßnahmen zu ergreifen hat, die geeignet sind, entstehende Schäden, etwa auch Stillstandskosten, zu mindern.[31] Soweit in den vorgenannten Fällen die Schutzpflicht vom Auftragnehmer auf den Auftraggeber übergegangen ist oder von vorneherein bei ihm gelegen hat und der Auftraggeber oder sein von ihm mit der/den Schutzmaßnahme(n) betrauter Erfüllungsgehilfe schuldhaft gehandelt (auch unterlassen) hat, kommen verschuldensabhängige Schadensersatzansprüche des Auftragnehmers gegen den Auftraggeber, z. B. ein Schadensersatzanspruch nach § 6 Nr. 6 VOB/B etwa wegen Stillstandskosten, Bauzeitverlängerungskosten und sonstiger Behinderungskosten in Betracht. Bei Beschädigung oder (Teil-)Zerstörung

---

geführt oder erhöht hat, wobei ohne dieses die Schäden an der durch den Auftragnehmer einwandfrei hergestellten Leistung (hier: Dach) nicht eingetreten wären. Vorliegend hatte der Auftraggeber dem nachfolgenden Unternehmer bestimmte Weisungen erteilt, die dazu führten, dass die Leistung des Dach-Auftragnehmers vor der Abnahme zunächst gefährdet und dadurch schließlich beschädigt und teilweise zerstört wurde. – Desgl. siehe BGH NJW 1998, 456, 458 = BauR 1997, 1021/1022, 1023 = ZfBR 1998, 33, 34 m. w. N. („Schürmann-Bau" II, Bonn, Elektrogewerk, Rheinhochwasser-Überflutung); vgl. auch *Daub/Piel/Soergel/Steffani* ErlZ B 4.187 a. E.; etwas enger *Kapellmann/Messerschmidt/Merkens* VOB/B § 4 Rdn. 119: „wenn der Auftraggeber dem Auftragnehmer diese Einwirkungs-)Möglickeit nimmt".

[28] Vorstehende Fn. sowie OLG Celle v. 9. 6. 1999 – 13 U 291/98 (= BauR 2000, 933 Nr. 17.a, jedoch nur mit LS.) gleichfalls mit der Folge entsprechender Anwendung des § 645 Abs. 1 Satz 1 BGB und der Pflicht des AG zur Vergütung für die Beseitigung der vor Abnahme aufgetretenen Beschädigung, hier der bereits fertig gestellten Dachhaut durch bei Dachlüfter-Verkleidungsarbeiten eines anderen Unternehmers eingedrungene Edelstahlspäne.

[29] Vgl. BGH NJW 1998, 456, 457 sowie 458 = BauR 1997, 1021/1022, 1023 sowie 1025 = ZfBR 1998, 33, 34 sowie 35 m. w. N. („Schürmann-Bau" II a. a. O.).

[30] BGH NJW 1998, 456, 459 = BauR 1997, 1021/1022, 1025 = ZfBR 1998, 33, 35 („Schürmann-Bau" II wie vorst. Fn.).

[31] BGH wie vorst. Fn. („Schürmann-Bau" II).

§ 4 Nr. 5                                    Schutzpflichten des Auftragnehmers

seiner erbrachten Werkleistung hat der Unternehmer/Auftragnehmer in analoger Anwendung der Vergütungsgefahr-Regelung von § 645 Abs. 1 Satz 1 BGB auch im Rahmen eines VOB/B-Bauvertrages einen verschuldensunabhängigen Anspruch auf Vergütung der bis zur Beschädigung/Zerstörung erbrachten Leistung sowie auf Auslagenerstattung hinsichtlich der von der Vergütung nicht erfassten Kosten; und zwar solcher Kosten, die dem Auftragnehmer bis zum Schadensereignis für die Vorbereitung der Leistungsausführung entstanden und Teil der vereinbarten Vertragspreise sind, wenn im Rahmen der vom Auftraggeber übernommenen Schutzmaßnahme(n) die Leistungen des Auftragnehmers ganz oder teilweise untergegangen sind oder beschädigt wurden oder unmöglich geworden sind auf Grund von Umständen, die in der Person des Auftraggebers oder seines Erfüllungsgehilfen liegen oder auf (gefahr- und schadensherbeiführende oder -erhöhende) Handlungen/Unterlassungen des Auftraggebers oder seines Erfüllungsgehilfen kausal zurückgehen.[32] Siehe hierzu näher nebst inhaltlicher Konkretisierung des Anspruchs und zur Abgrenzung der erstattungspflichtigen Auslagen → Vor § 3 Rdn. 68 samt dortigem Rechtsprechungs-Bezug auf das hier vorstehend mehrfach zitierte BGH-Urteil „Schürmann-Bau" II. – Eine weitergehende Haftung des Bestellers/Auftraggebers wegen Verschuldens bleibt unberührt, § 645 Abs. 2 BGB direkt sowie analog. Das meint insbesondere eine Schadensersatzhaftung wegen Pflichtverletzung (§ 280 Abs. 1, § 241 Abs. 2 BGB n. F. bzw. die frühere positive Vertragsverletzung), z. B. für die Kosten der Wiederherstellung einer zerstörten Leistung.[33]

## II. Objekte, Art und Umfang der Erhaltungspflicht nach Satz 1

### 1. Schutzobjekte

11   a) „Ausgeführte Leistungen". Nach § 4 Nr. 5 Satz 1 VOB/B hat der Auftragnehmer zum einen die „von ihm ausgeführten Leistungen" vor Beschädigung und Diebstahl zu schützen. Das sind die **eigenen** Leistungen des Auftragnehmers, die er auf Grund seiner vertraglichen Leistungspflicht zu erbringen hat (siehe oben Rdn. 2, 3),[34] somit alles, was zeitlich zwischen dem Beginn der Ausführung und der Fertigstellung der vertraglich geschuldeten Leistungen des betreffenden Auftragnehmers liegt.[35] Eingeschlossen sind selbstverständlich auch die Leistungen von Nachunternehmern, da diese im Verhältnis zum Auftraggeber Leistungen des nach § 4 Nr. 5 Satz 1 VOB/B schutzpflichtbelasteten betreffenden Auftragnehmers sind, was natürlich beim Generalunternehmer besonders ins Gewicht fällt.[36]

Auch im BGB-Werkvertrag/Bauvertrag steckt der sachinhaltliche Rahmen der vertraglich übernommenen Leistungsverpflichtungen zugleich den Umfang der Sicherungs- und Obhutspflichten ab.[37]

12   **Nicht erfasst** von der Schutzpflicht nach Nr. 5 Satz 1 sind Leistungen oder Teile hiervon, die **andere Auftragnehmer** am gleichen Bauwerk auf Grund ihrer eigenen gegenüber dem Auftraggeber bestehenden vertraglichen Leistungspflicht erbracht haben, **es sei denn, dass vertraglich etwas anderes bestimmt** ist.[38] Eine solche Schutzpflicht kann als Besondere Leistung gegen gesonderte Vergütung oder als „kostenlos" (im Vertragspreis inbegrif-

---

[32] BGH NJW 1998, 456, 457 = BauR 1997, 1021/1022, 1023 = ZfBR 1998, 33, 34 m. w. N. („Schürmann-Bau" II) sowie BGH NJW 1997, 3018, 3019 = BauR 1997, 1019, 1020, 1021 = ZfBR 1997, 300, 305 m. w. N. („Schürmann-Bau" I, beide Urteile betreffend Elektrogewerk, Rheinhochwasser-Überflutung in Bonn); OLG Bremen BauR 1997, 1045, 1046 (Dachflächen-Beschädigung durch Nachfolgehandwerker, möglicherw. durch aufgestelltes Gerüst) und OLG Celle v. 9. 6. 1999 – 13 U 291/98 = BauR 2000, 933 Nr. 17.a) nur mit LS (Dachhaut-Beschädigung durch nachfolgende Dachlüfter-Verkleidungsarbeiten).
[33] *Kapellmann/Messerschmidt/Merkens* VOB/B § 4 Rdn. 119.
[34] *Heiermann/Riedl/Rusam* VOB/B § 4 Rdn. 67; *Ingenstau/Korbion* VOB/B § 4 Nr. 5 Rdn. 7; *Kapellmann/Messerschmidt/Merkens* VOB/B § 4 Rdn. 120.
[35] *Ingenstau/Korbion* VOB/B § 4 Nr. 5 Rdn. 7.
[36] So auch *Daub/Piel/Soergel/Steffani* ErlZ B 4.179.
[37] BGH NJW 2000, 2102, 2103 = NZBau 2000, 328, 329.
[38] *Ingenstau/Korbion* VOB/B § 4 Nr. 5 Rdn. 7; *Kapellmann/Messerschmidt/Merkens* VOB/B § 4 Rdn. 121.

Schutzpflichten des Auftragnehmers  **§ 4 Nr. 5**

fen) zu erbringende (Neben-)Leistung ausgestaltet sein. Ein Beispiel für eine anderweitige vertragliche Bestimmung liefern bestimmte **ATV in VOB/C,** etwa DIN 18 333, Abschnitt 4.1.8, DIN 18 350 Abschnitt 4.1.7, DIN 18 363 Abschnitt 4.1.2 oder DIN 18 366 Abschnitt 4.1.2; hiernach ist der betreffende Auftragnehmer verpflichtet, **anderweit** erbrachte Leistungen („Bauteile") vor den Auswirkungen seiner eigenen Arbeiten gegen Beschädigung zu schützen (z. B. durch Abdecken) und zwar als kostenlos zu erbringende Nebenleistung, soweit die betreffende Bestimmung nicht auf besondere Schutzmaßnahmen verweist, die dann ausdrücklich als Besondere Leistung – gegen Vergütung – geregelt sind. Es handelt sich hier nämlich um Arbeiten, von denen wegen ihrer Eigenheit typischerweise für die bereits erbrachten Leistungen anderer Unternehmen eine konkrete Beeinträchtigungsgefahr ausgeht.

**b) „Übergebene Gegenstände".** Neben den von ihm ausgeführten Leistungen hat der Auftragnehmer nach § 4 Nr. 5 Satz 1 VOB/B zum anderen auch die ihm „für die Ausführung" „übergebenen Gegenstände" vor Beschädigung und Diebstahl zu schützen. Der Begriff „Gegenstände" umfasst nach der allgemeinen zivilrechtlichen Definition bewegliche und unbewegliche Sachen. Mit der Wendung „für" die Ausführung ist – im Gegensatz zum Begriff „zur" Ausführung – zum Ausdruck gebracht, dass alle Sachen zu schützen sind, die dem Auftragnehmer überlassen sind, damit er seine Bauleistung erbringen kann, also nicht nur Sachen, die bei der Bauausführung durch den betreffenden Auftragnehmer verwertet oder verbraucht werden sollen oder tatsächlich verwertet oder verbraucht werden.[39] Somit gehören dazu alle Baustoffe oder Bauteile, aber auch Arbeitsmaterial, Gerüste, Maschinen, Werkzeuge und sonstige Geräte, die der Auftraggeber dem Auftragnehmer für die Ausführung zur Verfügung gestellt hat.[40] Ferner fallen unter § 4 Nr. 5 Satz 1 VOB/B auch das dem Auftragnehmer vom Auftraggeber zur Erbringung der Leistung zugänglich gemachte **Objekt der Leistung selbst,** wie das entsprechende Grundstück, Grundstücksteile und/oder die darauf befindlichen Gebäude, Gebäudeteile, Räumlichkeiten, die sonstigen dem Auftragnehmer für die Ausführung zugänglich gemachten körperlichen Eigentums- und Besitzteile des Auftraggebers[41] sowie die dem Auftragnehmer überlassenen Schlüssel für das Bauobjekt.[42] So hat – auch im Bauvertrag nach BGB als Schutz- und Nebenpflicht nach § 242 BGB zur Obhut und Sicherung des Eigentums des Bestellers vor vermeidbaren Schäden bei Durchführung der zur Vertragserfüllung erforderlichen Arbeiten[43] – der mit Dachdecker- oder/und Zimmererarbeiten beauftragte Werkunternehmer, der ein vorhandenes Dach abreißt und das Dach neu eindeckt oder überhaupt öffnet, die (für den Auftraggeber kostenlose) Pflicht, bei vorhersehbaren negativen Witterungseinflüssen das Haus vor Eintritt von Niederschlägen durch die von ihm geschaffenen Öffnungen sowie vor eindringender Feuchtigkeit nach Entfernen des alten Daches zu schützen, beispielsweise durch Schutzplane, Schutzfolie, Notdach o.ä.[44] Dementsprechend gilt umge-

13

---

[39] *Ingenstau/Korbion* VOB/B § 4 Nr. 5 Rdn. 8; ähnlich *Heiermann/Riedl/Rusam* VOB/B § 4 Rdn. 67.
[40] *Heiermann/Riedl/Rusam* VOB/B § 4 Rdn. 67; *Ingenstau/Korbion* VOB/B § 4 Nr. 5 Rdn. 8; *Vygen* Bauvertragsrecht, Rdn. 169.
[41] *Heiermann/Riedl/Rusam* VOB/B § 4 Rdn. 67; *Ingenstau/Korbion* VOB/B § 4 Nr. 5 Rdn. 8; *Nicklisch/Weick* VOB/B § 4 Rdn. 76; OLG Karlsruhe (unter Bezugnahme auf *Ingenstau/Korbion*) Schäfer/Finnern Z 2.413 Bl. 21, 22: „Sicherungs- und Obhutspflicht" nach Fertigstellung der Installationen bis zur Abnahme gegen Wasserschäden in den Wohnungen als Eigentumsteile des Bestellers/Auftraggebers; hier hatte der Unternehmer/Auftragnehmer die Steigeleitung der Wasserzuführung zu den Wohnungen nach Feierabend nicht abgesperrt und es entstand durch Maßnahmen eines unbekannten Dritten in einer Wohnung eine Überschwemmung mit entsprechendem Schaden; vgl. auch BGH Schäfer/Finnern Z 2.413 Bl. 15, 16: Witterungsschäden/Regenschäden infolge unzureichender Abdeckung freigelegter vorhandener Geschossdecke im Zuge von Gebäudeaufstockungsarbeiten; zu eng und unter Kritik durch vorgenannte Autoren OLG Bremen Schäfer/Finnern Z 2401 Bl. 9, 13, wonach mit den gemäß Nr. 5 Satz 1 übergebenen Gegenständen nur Werkzeuge, Arbeitsmaterial und Geräte gemeint seien.
[42] LG Köln Schäfer/Finnern Z 2.10 Bl. 69; *Ingenstau/Korbion* VOB/B § 4 Nr. 5 Rdn. 8.
[43] Siehe OLG Düsseldorf BauR 2001, 1760, 1761 m. w. N.; Palandt/*Sprau* § 631 Rdn. 15.
[44] OLG Frankfurt/M NJW 1989, 233; OLG Düsseldorf BauR 2000, 1344, 1345; OLG Celle BauR 2003, 550 ff.

kehrt: Ein lediglich mit der Abdeckung und Entsorgung eines alten Hausdaches beauftragter Dachdecker, der diese Arbeiten bei gutem Wetter ausführt und dahin informiert ist, dass am nächsten Tag der Zimmerer einen neuen Dachstuhl errichten soll, welcher das aber tatsächlich erst später tut, ist ohne entsprechenden speziellen Auftrag nicht verpflichtet, das Haus durch Notabdichtungsmaßnahmen gegen eindringende Niederschläge zu schützen.[45] Ein mit der Sanierung von Balkonen in einem Wohnobjekt beauftragter Werkunternehmer hat Maßnahmen zur Sicherung und zum Schutz der Balkontüren vor Beeinträchtigung durch die Sanierungsarbeiten vorzusehen und zu treffen und demgemäß einzukalkulieren, weshalb diese Maßnahmen dann grundsätzlich eine unentgeltlich zu erbringende Nebenleistung darstellen.[46] „Übergebene Gegenstände" sind auch die Vorleistungen anderer Unternehmer, wenn die Leistung des Auftragnehmers hierauf aufbaut, d. h. wenn die Vorleistung für die vertragsgemäße Ausführung der Leistung des Auftragnehmers gebraucht wird.[47] Die Vorleistungen anderer Unternehmer sind auch durch einige ATV in VOB/C geschützt; vgl. hierzu die unter vorstehender Randnummer beispielhaft genannten DIN-Bestimmungen.

14   Für die Ausführung „übergebene" Gegenstände sind nicht nur solche, die dem Auftragnehmer vom Auftraggeber selbst oder einem seiner Vertreter ausgehändigt oder sonst überlassen worden sind. Vielmehr genügt auch die Überlassung **durch einen Dritten,** wie z. B. einen Lieferanten, sofern es sich nur um Sachen zum Zwecke der Erbringung der vertraglich geschuldeten Leistung handelt und dem Auftragnehmer die Anlieferung an die Baustelle oder eine andere geeignete Stelle (auch Werkstatt, Betriebsstätte, Bauhof, Lagerplatz etc. des Auftragnehmers) bekannt ist oder bei Wahrnehmung der erforderlichen Sorgfalt hätte bekannt sein müssen.[48]

15   Die **eigenen Sachen** des Auftragnehmers, etwa Geräte, Gerüste, Stoffe, Bauteile etc., die er selbst zur Baustelle bringt oder bringen lässt, werden von der Erhaltungspflicht nach § 4 Nr. 5 Satz 1 VOB/B nicht erfasst,[49] da sie ohnehin in den werkvertraglichen Unternehmereigenrisiko-Bereich des Auftragnehmers fallen. Gehen jedoch vom Auftragnehmer für die Ausführung beschaffte Gegenstände, die insoweit kraft seiner werkvertraglichen Leistungsverpflichtung unter seiner alleinigen Verantwortung und Gefahr stehen, vor der Verarbeitung oder dem Einbau in das Eigentum des Auftraggebers über, so gelten sie von da ab als dem Auftragnehmer vom Auftraggeber übergebene Sachen; sie fallen dann insoweit unter § 4 Nr. 5 Satz 1 VOB/B.[50]

## 2. Art und Umfang der Schutzmaßnahmen nach Satz 1

16   a) **Grundlegendes für den Schutz vor Beschädigung und Diebstahl.** Art und Umfang der Erhaltungspflicht ist weitgehend durch das in § 4 Nr. 5 Satz 1 VOB/B genannte zweckbedingte Ziel des Schutzes vor Beschädigung und Diebstahl bestimmt.[51] Welche Schutzmaßnahmen hierzu im Einzelnen zu ergreifen sind, hängt von der Beschaffenheit der Leistungen und der übergebenen Gegenstände, den örtlichen Gegebenheiten, den Gefahrquellen und der auf dem betreffenden Bausektor anerkannten und zu verlangenden Übung, also der örtlich und sachlich einschlägigen **Gewerbesitte** (gewerbliche Verkehrssitte/Branchenübung) unter Berücksichtigung des konkreten Bezugs auf das einzelne Bauobjekt ab,[52]

---

[45] OLG Düsseldorf BauR 2001, 1760, 1761 m. w. Rspr.-Hinweisen.
[46] Siehe näher OLG Naumburg BauR 2003, 910, 911.
[47] *Heiermann/Riedl/Rusam* VOB/B § 4 Rdn. 67; *Ingenstau/Korbion* VOB/B § 4 Nr. 5 Rdn. 8; *Vygen* Bauvertragsrecht, Rdn. 169. Hierzu und zur gesamten Rdn. 13 bejahend auch *Kapellmann/Messerschmidt/Merkens* VOB/B § 4 Rdn. 121.
[48] Vgl. *Ingenstau/Korbion* VOB/B § 4 Nr. 5 Rdn. 8.
[49] *Heiermann/Riedl/Rusam* VOB/B § 4 Rdn. 67; *Ingenstau/Korbion* VOB/B § 4 Nr. 5 Rdn. 17.
[50] *Ingenstau/Korbion* VOB/B § 4 Nr. 5 Rdn. 17.
[51] *Ingenstau/Korbion* VOB/B § 4 Nr. 5 Rdn. 9.
[52] *Heiermann/Riedl/Rusam* VOB/B § 4 Rdn. 67; *Ingenstau/Korbion* VOB/B § 4 Nr. 5 Rdn. 10; OLG Bremen BauR 1997, 1045.

immer unter Beachtung der Gegebenheiten des einzelnen Bauobjektes und überhaupt Einzelfalles.[53] Bei konkreten Gefährdungsanhaltspunkten, z. B. wenn in unmittelbarem Berührungskontakt mit bereits (selbst oder anderweits) erbrachten und schutzpflichtigen Leistungen besonders gefahrträchtige Arbeiten ausgeführt werden oder wenn besondere Gefährdungen von außen auf den Schutzgegenstand zukommen können, müssen entsprechend aufwändige Schutzmaßnahmen getroffen werden, soweit nur solche wirksam einen Schadenseintritt verhindern.[54]

Wesentliche Anhaltspunkte für Schutzmaßnahmen finden sich in den Allgemeinen Technischen Vertragsbedingungen der VOB/C. – In den dortigen DIN 18 299 ff sind in den Abschnitten 4 beachtenspflichtige Regelungen über Schutzmaßnahmen enthalten; und zwar zum einen als unentgeltlich zu erbringende Nebenleistungen und zum anderen als entgeltlich zu erbringende Besondere Leistungen, soweit nichts anderes (vorrangig) vereinbart ist. Für diese Besonderen Schutz-Leistungen kann also hinwiederum der Auftragnehmer nur dann und soweit ein Entgelt beanspruchen, als sich nicht aus vorrangigen Vertragsbestimmungen ausdrücklich, konkludent oder durch Auslegung die Pflicht zu deren unentgeltlicher Erbringung ergibt. So hat in den Dachöffnungsfällen der Oberlandesgerichte Frankfurt, Düsseldorf und OLG Celle gemäß obiger Rdn. 13 die Vertragsauslegung nach dem objektiven Empfängerhorizont des Auftraggebers in Verbindung mit Vertrauensschutzgesichtspunkten ergeben, dass die entsprechend der Fall-Lage gebotene Schutzmaßnahme als „Ohnehin"-Leistung geschuldet sein sollte und war. – Soweit es für bestimmte Gegebenheiten in VOB/C keine Vorschriften gibt, sind die anderweit vorhandenen Vorschriften in VOB/C als für Schutzmaßnahmen vergleichsweise heranzuziehende Auslegungsregeln geeignet. Allerdings befreit die Befolgung eines auf einem Fachgebiet verbreiteten „Brauches" (Gewerbesitte/Branchenübung) bei entstandenem Schaden nicht vom Schuldvorwurf, wenn damit die im Verkehr erforderliche Sorgfalt gemäß § 276 BGB außer Acht gelassen wird.[55] Für die im konkreten Einzelfall zu ergreifende(n) Schutzmaßnahme(n) kann auch von Bedeutung sein, inwieweit nach der Gewerbesitte bzw. Branchenübung (Branchenüblichkeit) Vorkehrungen im Einzelfall **zumutbar** sind. So ist insoweit der Unternehmer von der Durchführung einer Schutzmaßnahme oder von Schutzmaßnahmen befreit, als ihm, etwa bei und wegen Nachfolgearbeiten anderer Unternehmen, eine Einwirkungsmöglichkeit auf die diesbezügliche beim Auftraggeber liegende Planung und auf sein Gewerk entzogen ist (was insbesondere nach Fertigstellung seiner Arbeiten der Fall sein kann) und der Unternehmer den Auftraggeber auf die Gefahren für sein Gewerk bei Nichtgreifen von Sicherungsmaßnahmen/Schutzmaßnahmen hingewiesen hat.[56] Auch ist es bei solcher Konstellation dem Unternehmer nicht zumutbar, selbst **besondere** Schutz- und Erhaltungsvorkehrungen für die von ihm hergestellte Leistung oder Teilleistung gegen Beschädigung durch Nachfolgehandwerker zu treffen, wenn und soweit für ihn nicht absehbar ist, wann welchen Handwerkern Zutritt zu seinem Gewerk (etwa Dach) gewährt würde und insoweit die Koordination beim Auftraggeber liegt.[57] Auch nicht erfasst von der Schutzpflicht sind nach Treu und Glauben Risikobereiche, die spezifisch dem Auftraggeber wertend zuzuordnen sind, wie z. B. Gefährdungen, die sich speziell gegen die Person des Auftraggebers (z. B. extreme politische Randgruppen) oder speziell gegen das konkrete Bauobjekt (z. B. Nu-

---

[53] *Ingenstau/Korbion* VOB/B § 4 Nr. 5 Rdn. 10; BGH, NJW RR 1997, 342; OLG Düsseldorf BauR 2001, 1760, 1761 m. w. N.; OLG Celle BauR 2003, 550 ff.
[54] *Oppler* a. a. O., FS W. Jagendburg 2002, 713, 715.
[55] BGH Schäfer/Finnern Z 2.413 Bl. 43, 44: nicht sorgsame Anwendung einer im Wasserinstallationsgewerk weithin gebräuchlichen (branchenüblichen) Rohrzange zum Einschrauben und Festdrehen von Wasserhähnen und Verlängerungsstücken mit der Folge der Überbeanspruchung und des Bruches eines Schraubgewindes und dadurch Wasseraustritt mit entsprechenden Schäden.
[56] Vgl. OLG Bremen BauR 1997, 1045, 1046 (Beschädigung des vom Unternehmer hergestellten Flachdachs durch Nachfolgehandwerker, etwa durch aufgestelltes Gerüst).
[57] So OLG Celle, Urt. v. 9. 6. 1999 – 13 U 291/98 für die Beschädigung der Dacharbeiten des Unternehmers durch bei der späteren Verkleidung der Dachlüfter durch Nachfolgehandwerker in die Dachhaut eingedrungene Edelstahlspäne.

klearabfall-Endlager) richten, wenn und soweit der Auftragnehmer damit nicht rechnen konnte.[58]

18   Die Schutzmaßnahmen müssen sich richten gegen Gefährdung aus dem **eigenen Betrieb** und Tätigkeitsbereich, z. B. durch Arbeitnehmer, Nachunternehmer und Lieferanten **sowie** gegen **von außen** kommende Einwirkungen, etwa durch andere Unternehmer oder Naturereignisse, insbesondere Witterungseinflüsse.

Im Rahmen des hier in den Rdn. 16–18 Gesagten ist es Sache des Auftragnehmers, die Schutzmaßnahmen eigenverantwortlich zu ergreifen[59] und auszuwählen, da die Schutzpflicht Bestandteil der vertraglichen Leistung(spflicht) ist und der Auftragnehmer nach § 4 Nr. 2 Ab. 1 Satz 1 VOB/B die Leistung „unter eigener Verantwortung" auszuführen hat, was auch dem BGB-werkvertragsrechtlichen Eigenverantwortungsgrundsatz entspricht.

19   **b) Schutzmaßnahmen gegen Beschädigung.** Der Schutz vor Beschädigung beinhaltet für den Auftragnehmer die Verpflichtung, die von ihm ausgeführten Leistungen und die ihm für die Ausführung übergebenen Gegenstände – bereits durch schützende Vorsorge[60] – vor schädigenden Einflüssen zu bewahren, die eine Beeinträchtigung im Hinblick auf das Leistungsziel herbeiführen oder darstellen können.[61] Dabei sind nicht nur Maßnahmen zur Verhinderung menschlicher, tierischer oder mechanischer Beeinträchtigungen, sondern auch solcher durch Witterungseinflüsse und durch andere Naturereignisse u. Ä. geboten,[62] etwa durch Absperren oder durch geeignetes Abdecken erbrachter Bauleistungen und für die Ausführung übergebener Gegenstände.[63]

20   **c) Schutzmaßnahmen gegen Diebstahl.** Schutzmaßnahmen gegen Diebstahl sind in der Regel ordnungsgemäßer Verschluss, Beaufsichtigung und Überwachung in der nach den örtlichen und sachlichen Gegebenheiten erforderlichen Weise.[64] Werden an dem betreffenden Ort oder in dessen Nähe häufig Baumaterialien, Geräte, Werkzeug usw. gestohlen, müssen unter Umständen auch außerhalb der normalen Arbeitszeit die gebotenen Sicherungsmaßnahmen getroffen werden, notfalls durch zusätzliches Personal zur Bewachung. Auch muss das Funktionieren der getroffenen Sicherungsmaßnahmen in eigener Regie überwacht werden.[65] „Besondere Verhältnisse können besondere Maßnahmen gebieten."[66]

### 3. Versicherung nicht Teil der Erhaltungspflicht

21   Eine Verpflichtung zur Versicherung gegen Beschädigung und Diebstahl besteht nach Nr. 5 oder auch sonst nach VOB/B nicht; es gibt auch keine dahingehende Verkehrs- oder Gewerbeüblichkeit.[67] Ein Versicherungsschutz, etwa in Form einer Bauleistungsversicherung, Haftpflichtversicherung, Einbruch-/Diebstahlversicherung oder Feuerversicherung muss nur abgeschlossen werden, wenn dies ausdrücklich vertraglich **vereinbart** ist, was oft auch durch entsprechende Vertragsbedingungen des Auftraggebers geschieht. Falls dabei keine besondere Regelung zur Übernahme der Versicherungsbeiträge getroffen ist, muss der Auftragnehmer als der im Grundsatz Schutz- und Erhaltungspflichtige die Versicherungsprämien leisten.[68] Im eigenen Interesse des Auftragnehmers ist es oft angezeigt, wenn er im Rahmen der Versicherbarkeit einen Versicherungsschutz (auch gegen mutwillige Beschädi-

---

[58] Vgl. *Oppler* a. a. O., FS W. Jagenburg 2002, 713, 716.
[59] *Kapellmann/Messerschmidt/Merkens* VOB/B § 4 Rdn. 122.
[60] *Daub/Piel/Soergel/Steffani* ErlZ B 4.176.
[61] *Ingenstau/Korbion* VOB/B § 4 Nr. 5 Rdn. 10.
[62] *Heiermann/Riedl/Rusam* VOB/B § 4 Rdn. 67; *Ingenstau/Korbion* VOB/B § 4 Nr. 5 Rdn. 10.
[63] *Kapellmann/Messerschmidt/Merkens* VOB/B § 4 Rdn. 122; *Nicklisch/Weick* VOB/B § 4 Rdn. 77.
[64] *Heiermann/Riedl/Rusam* VOB/B § 4 Rdn. 67; *Ingenstau/Korbion* VOB/B § 4 Nr. 5 Rdn. 9; *Nicklisch/Weick* VOB/B § 4 Rdn. 77.
[65] *Ingenstau/Korbion* VOB/B § 4 Nr. 5 Rdn. 9; *Kapellmann/Messerschmidt/Merkens* VOB/B § 4 Rdn. 122.
[66] *Heiermann/Riedl/Rusam* VOB/B § 4 Rdn. 67.
[67] *Heiermann/Riedl/Rusam* VOB/B § 4 Rdn. 67; *Ingenstau/Korbion* VOB/B § 4 Nr. 5 Rdn. 77; *Kapellmann/Messerschmidt/Merkens* VOB/B § 4 Rdn. 122; *Nicklisch/Weick* VOB/B § 4 Rdn. 77.
[68] *Ingenstau/Korbion* VOB/B § 4 Nr. 5 Rdn. 11.

gungen oder Zerstörungen) abschließt. Zu beachten sind hierbei die Einschränkungen und Ausschlüsse nach § 4 AHB.[69]

### III. Keine gesonderte Vergütung für Schutzmaßnahmen nach Satz 1

Eine besondere Vergütung für die Erfüllung der Schutzpflichten nach § 4 Nr. 5 Satz 1 VOB/B kann der Auftragnehmer nicht beanspruchen, da solche Leistungen zu seinen vertraglichen Verpflichtungen gehören und somit in den Vertragspreisen mitenthalten und durch sie abgegolten sind (§ 2 Nr. 1 VOB/B).[70] Das Gleiche gilt, soweit Schutz- und Erhaltungspflichten in VOB/C, DIN 18 299 ff. Abschnitten 4 als Nebenleistungen enthalten sind. **22**

### IV. Rechtsfolgen bei Verletzung der Verpflichtung aus Satz 1

#### 1. Haftung des Auftragnehmers

**a) Vertragliche Haftung.** Die in § 4 Nr. 5 Satz 1 VOB/B festgelegte Schutz- und Erhaltungspflicht des Auftragnehmers ist eine vertragliche Nebenpflicht, deren schuldhafte Verletzung eine Haftung des Auftragnehmers wegen (Schuld-)Pflichtverletzung gemäß § 280 Abs. 1 BGB n. F., früher positiver Vertragsverletzung, auf Ersatz des tatsächlich entstandenen Schadens (§§ 249 ff. BGB) zur Folge hat.[71] Der Auftragnehmer hat in erster Linie – im Wege der Naturalrestitution nach § 249 Satz 1 BGB – den vertragsgemäßen Zustand (wieder) herzustellen. **23**

Für seine **Erfüllungsgehilfen** (z. B. Arbeitnehmer, Nachunternehmer, etwa Bewachungsunternehmen) hat der Auftragnehmer nach § 278 BGB einzustehen. Deshalb und insoweit kommt auch kein besonderer Verwahrungsvertrag zwischen den Erfüllungsgehilfen und dem Auftraggeber über die für die Ausführung übergebenen Gegenstände zustande, weil die „Verwahrung" als Mittel der Erfüllung der Schutzpflicht nur und ohnehin Nebenpflicht des Auftragnehmers bei der Erfüllung des Werkvertrags/Bauvertrags ist.[72] **24**

Tritt ein **Schaden** ein, obwohl der Auftragnehmer seiner Schutz- und Erhaltungspflicht nachgekommen ist oder trifft ihn kein Verschulden, weil der Schaden z. B. durch höhere Gewalt oder durch andere für den Auftragnehmer unabwendbare Umstände verursacht wurde, hat diejenige Vertragspartei einzustehen, die gemäß den auch im VOB-Bauvertrag anzuwendenden §§ 644 Abs. 1, 645 BGB oder gemäß den – soweit im Bauvertrag nicht anders geregelt – vorrangig geltenden §§ 7, 12 Nr. 6 VOB/B die **Gefahr trägt.** Das ist bis zur Abnahme, soweit es die geschuldeten und ausgeführten Leistungen betrifft, grundsätzlich der Auftragnehmer. **Ausnahmen** siehe oben **Rdn. 8, 10 und 17.** Bei den dem Auftragnehmer für die Ausführung übergebenen Gegenständen trifft bis zur Abnahme das Risiko für **25**

---

[69] Vgl. *Daub/Piel/Soergel/Steffani* ErlZ B 4.188; *Ingenstau/Korbion* VOB/B § 4 Nr. 5 Rdn. 11.
[70] *Heiermann/Riedl/Rusam* VOB/B § 4 Rdn. 70; *Ingenstau/Korbion* VOB/B § 4 Nr. 5 Rdn. 16; *Kapellmann/Messerschmidt/Merkens* VOB/B § 4 Rdn. 123; *Nicklisch/Weick* VOB/B § 4 Rdn. 78.
[71] OLG Düsseldorf BauR 2000, 1344, 1345: Schutzpflicht des Dachdeckers gegen Feuchtigkeits- und Wassereindringung ins Haus bei Dachabriss und -neueindeckung; LG Rostock BauR 2000, 105, 107, s. hierzu den bei Rdn. 8 wiedergegebenen anschaulichen Fall des LG Rostock; *Heiermann/Riedl/Rusam* VOB/B § 4 Rdn. 69; *Ingenstau/Korbion* VOB/B § 4 Nr. 5 Rdn. 12; *Kapellmann/Messerschmidt/Merkens* VOB/B § 4 Rdn. 129; *Nicklisch/Weick* B § 4 Rdn. 81; *Vygen* Bauvertragsrecht, Rdn. 169.
[72] LG Köln Schäfer/Finnern Z 2.10 Bl. 69 (hier: vom Auftraggeber an den Nachunternehmer des Auftragnehmers zur Ausführung der Fliesenlege-Arbeiten ausgehändigter Generalschlüssel für das Bauobjekt, den der Nachunternehmer verloren hat); so auch OLG Düsseldorf BauR 1992, 271, wonach den Unternehmer im Rahmen des Bauvertrages die vertragliche Nebenpflicht trifft, mit dem seiner Einwirkung ausgesetzten Eigentum des Bauherrn pfleglich umzugehen und Beschädigungen zu vermeiden; *Ingenstau/Korbion* VOB/B § 4 Nr. 5 Rdn. 12.

§ 4 Nr. 5

den zufälligen Untergang und eine zufällige Verschlechterung nach §§ 644 Abs. 1 Satz 3, 645 BGB den Besteller/Auftraggeber.[73]

26 Unberührt bleibt selbstverständlich eine Haftung des Bestellers/Auftraggebers, wenn und soweit er den Schaden verschuldet; insoweit treten dann die Gefahrtragungsregeln zurück (§ 645 Abs. 2 BGB).

27 **b) Gesetzliche Haftung.** Neben den Ansprüchen aus Nr. 5 Satz 1 und/oder darüber hinaus können dem Auftraggeber gegen den Auftragnehmer auch Ansprüche aus gesetzlicher Haftung, etwa aus unerlaubter Handlung nach den §§ 823 ff. BGB zustehen, soweit deren weiteren Voraussetzungen gegeben sind.[74] Das ist z. B. dann der Fall, wenn etwa für den Auftragnehmer die Gefahr planmäßiger Diebstähle auf dem Grundstück des Auftraggebers durch vom Auftragnehmer beschäftigte Leute erkennbar ist, auch wenn diese nicht nur bauseitig angeliefertes Material entwenden, sondern z. B. das Zinkdach eines Gebäudes, auf das sich die Bauleistung nicht erstreckt, abnehmen und entfernen. Der Auftragnehmer ist verpflichtet, Maßnahmen zu ergreifen, die solche Diebstähle während der Arbeitszeit nach Möglichkeit verhindern.[75]

28 Unberührt von § 4 Nr. 5 Satz 1 VOB/B bleiben Ansprüche des Auftragnehmers oder des Auftraggebers **gegen Dritte.** Sie richten sich nach den allgemeinen zivilrechtlichen Vorschriften, so dass der Schadensersatzanspruch grundsätzlich dem Geschädigten zusteht. Hat der Auftragnehmer aber an den Auftraggeber Schadensersatz geleistet, dann ist dieser dem Auftragnehmer zur Abtretung eventueller Ansprüche gegenüber Dritten gemäß § 255 BGB verpflichtet; auch eine Schadensabwicklung über die zivilrechtliche Rechtsfigur der Schadensliquidation im Drittinteresse, kurz **„Drittschadensliquidation"** mit Anspruchsabtretung durch den Auftraggeber an einen geschädigten Auftragnehmer ist möglich.[76]

## 2. Beweislast

29 Der **Auftraggeber** trägt die Darlegungs- und Beweislast für Eintritt und Höhe des Schadens, der **Auftragnehmer** dafür, dass er seiner Schutzpflicht ordnungsgemäß nachgekommen ist und ihn an dem Schaden auch sonst kein Verschulden trifft.[77]

## C. Schutz vor Winterschäden und Grundwasser sowie Beseitigung von Schnee und Eis als Maßnahmen außerhalb der vertraglichen Leistungsverpflichtung (Satz 2)

### I. Bauvertragliche oder besondere Vereinbarung möglich

30 Wie bereits oben unter Rdn. 1 und 5 ausgeführt, gehören Maßnahmen zum Schutz gegen Winterschäden und Grundwasser sowie die Beseitigung von Schnee und Eis nicht zur originären Schutz- und Erhaltungspflicht nach § 4 Nr. 5 Satz 1 VOB/B und damit nicht

---

[73] Zu diesem Komplex ebenso *Heiermann/Riedl/Rusam* VOB/B § 4 Rdn. 69; *Ingenstau/Korbion* VOB/B § 4 Nr. 5 Rdn. 13; *Kapellmann/Messerschmidt/Merkens* VOB/B § 4 Rdn. 129; *Nicklisch/Weick* VOB/B § 4 Rdn. 81.
[74] *Heiermann/Riedl/Rusam* VOB/B § 4 Rdn. 69; *Ingenstau/Korbion* VOB/B § 4 Nr. 5 Rdn. 14; vgl. auch die Rechtsprechung gemäß nachstehender Fn.
[75] BGHZ 11, 151, 153 = NJW 1954, 505 (nur LS) = Schäfer/Finnern Z 4.11 Bl. 1, Bl. 2 f.; BGH Schäfer/Finnern Z 3.11 Bl. 1 = BB 1956, 482 = Betr 1956, 500; *Ingenstau/Korbion* VOB/B § 4 Nr. 5 Rdn. 14.
[76] Vgl. *Heiermann/Riedl/Rusam* VOB/B § 4 Rdn. 69; *Ingenstau/Korbion* VOB/B § 4 Nr. 5 Rdn. 15; *Kapellmann/Messerschmidt/Merkens* VOB/B § 4 Rdn. 129; zur Abtretungspflicht nach § 255 BGB auch *Nicklisch/Weick* VOB/B § 4 Rdn. 81. Zur Drittschadensliquidation OLG Dresden BauR 2007, 555, 556, 557 m. w. N. (Nichtzulassungsbeschwerde durch BGH zurückgewiesen), BGH NJW 1970, 38 ff., *Palandt/Heinrichs* BGB Rdn. 117 vor § 249.
[77] So auch *Heiermann/Riedl/Rusam* B § 4 Rdn. 69; *Ingenstau/Korbion* B § 4 Nr. 5 Rdn. 13; *Nicklisch/Weick* B § 4 Rdn. 81.

von vornherein zur Leistungsverpflichtung eines VOB-Bauvertrages, die mit der Vertragsvergütung abgegolten ist. Das gilt auch und erst recht, wenn der Auftraggeber eine Unterbrechung der Bauarbeiten anordnet und durch den so veranlassten Baustillstand ohne entsprechende Schutzmaßnahme winterliche Frostschäden an der Bauleistung des betreffenden Auftragnehmers eintreten können (und dann eventuell tatsächlich eintreten).[78] Die Parteien können allerdings in besonderer vertraglicher Vereinbarung oder im Bauvertrag **vereinbaren**,[79] dass die in § 4 Nr. 5 Satz 2 VOB/B genannten Maßnahmen dem Auftragnehmer als (je nach getroffener Vereinbarung durch die Bauvertragsvergütung mit abgegoltene) Verpflichtung nach dem Bauvertrag obliegen sollen. Diese Möglichkeit wird, wie § 4 Nr. 5 Satz 3, 1. Hs. zeigt, von VOB/B als praxisrelevant ausdrücklich ins Auge gefasst. Die Frage der Vergütung oder Nichtvergütung sowie die Höhe einer Vergütung richtet sich in ersterem Fall nach dem Bauvertrag, in zweiterem Fall nach der besonderen Vereinbarung. Bei der bauvertraglichen oder der besonderen Vereinbarung ist nicht in jedem Fall erforderlich, dass eine **ausdrückliche** Regelung über eine Verpflichtung nach § 4 Nr. 5 Satz 2 VOB/B aufgenommen wird, wenn dies auch der Klarheit halber angezeigt ist. Die genannte Verpflichtung kann sich auch aus den gesamten Umständen einer (bzw. von) vertraglichen Vereinbarung(en), beispielsweise aus der Ausführungsfrist unter Beachtung der Jahreszeit, etwa einem vereinbarten Winterbau, ergeben.[80]

Wie bei § 4 Nr. 5 Satz 1 VOB/B richten sich auch hier Art und Umfang der erforderlichen Schutzmaßnahmen nach den örtlichen Gegebenheiten, dem zu schützenden Gegenstand, den abzuwehrenden Gefahren, vor denen zu schützen ist und auch der **Gewerbesitte** (Branchenübung, einschlägige Gebräuche).[81] Die entsprechenden Ausführungen unter Rdn. 16–20 gelten auch hier. Auch die einschlägigen Regelungen der DIN 18299 ff. in VOB/C und ihre Konkretisierungen samt der Kategorisierung: Nebenleistungen/Besondere Leistungen (Abschnitte 4) sowie Pflichten und Aufgaben bei der Ausführung (Abschnitte 3) sind, unter Berücksichtigung des bei Rdn. 17 Gesagten, zu beachten. 31

Werden die in § 4 Nr. 5 Satz 2 VOB/B genannten Schutzpflichten bauvertraglich oder eigens vereinbart, so sind sie ebenfalls **Erhaltungspflichten** wie die in § 4 Nr. 5 Satz 1 VOB/B.[82] Sie sind dann Nebenpflichten, bei deren Verletzung das Gleiche gilt wie im Falle von § 4 Nr. 5 Satz 1 VOB/B.[83] 32

## II. Besonderes einseitiges Verlangen des Auftraggebers möglich

Unbeschadet der Gefahrtragungsregelungen nach §§ 644 Abs. 1, 645 BGB und §§ 7, 12 Nr. 6 VOB/B ist der Auftragnehmer gegenüber dem Auftraggeber zur Durchführung der erforderlichen und geeigneten Schutzmaßnahmen vor **Winterschäden** und **Grundwasser** 33

---

[78] Wie im Fußbodenheizungsfall d. OLG Düsseldorf U. v. 16. 7. 2004 – 22 U 59/03, IBR Sept. 2005 (rk. durch BGH-Beschluss über die Zurückweisung der Nichtzulassungsbeschwerde). Das OLG sah in der Unterbrechungsanordnung auch eine gefahrerhöhende Anweisung mit Übergang des Verschlechterungsrisikos auf den Auftraggeber gem. dem Rechtsgedanken des § 645 BGB wie im Fällen der hiesigen Rdn. 10. Allerdings muss zur Vermeidung eines (Mit-)Verschuldens des Auftragnehmers dieser grundsätzlich auf das Frostrisiko, dessen mögliche Auswirkungen und notwendige Schutzmaßnahmen hinweisen.
[79] *Heiermann/Riedl/Rusam* VOB/B § 4 Rdn. 71; *Ingenstau/Korbion* VOB/B § 4 Nr. 5 Rdn. 18; *Nicklisch/Weick* VOB/B § 4 Rdn. 79; vgl. auch OLG Koblenz NJW-RR 1997, 782/783 = BauR 1997, 482/483: „Gemäß ... der Vertragsbedingungen oblag es ... dem Beklagten (= AN, eigene Anm.), die Fußbodenheizung ohne Aufpreis gegen Winterschäden zu schützen"; rechtliche Verstoßfolge: Schadenshaftung des beklagten AN wegen des Einfrierens der Heizung.
[80] *Ingenstau/Korbion* VOB/B § 4 Nr. 5 Rdn. 19; siehe auch unten Rdn. 39, 40; zu Winterbau-Schutzmaßnahmen bei verschiedenen Witterungsbedingungen vgl. *Musewald* ZSW 1971, 166 ff.
[81] *Heiermann/Riedl/Rusam* VOB/B § 4 Rdn. 71; *Ingenstau/Korbion* VOB/B § 4 Nr. 5 Rdn. 18 (nicht ausdrücklich, jedoch mittelbar durch Gleichstellung mit Erhaltungspflicht nach § 4 Nr. 5 Satz 1 VOB/B); *Nicklisch/Weick* VOB/B § 4 Rdn. 79, 82. So auch *Kapellmann/Messerschmidt/Merkens* VOB/B § 4 Rdn. 125.
[82] *Ingenstau/Korbion* VOB/B § 4 Nr. 5 Rdn. 18.
[83] *Nicklisch/Weick* VOB/B § 4 Rdn. 81.

§ 4 Nr. 5                                             Schutzpflichten des Auftragnehmers

im Sinne aktiv tätiger schützender Vorsorge sowie zur Beseitigung von **Schnee** und **Eis** verpflichtet, wenn der Auftraggeber es gemäß Nr. 5 Satz 2 **speziell verlangt** (Zur Vergütungsseite siehe Nr. 5 Satz 3 und Rdn. 35). Das Verlangen ist eine einseitige empfangsbedürftige Willenserklärung nach §§ 130 ff. BGB; Formen und Fristen sieht § 4 Nr. 5 VOB/B nicht vor. Hat der Auftraggeber von diesem ihm bauvertraglich durch Einbeziehung von VOB/B vorbehaltenen Verlangens-Recht Gebrauch gemacht, handelt es sich bei den nach Nr. 5 Satz 2 zu treffenden Maßnahmen gleichfalls um eine Erhaltungspflicht, wie sie dem Satz 1 zugrunde liegt.[84] Im Übrigen und Weiteren gilt dann auch hier das bei Rdn. 30 Gesagte.

34    Da der Auftragnehmer auf Grund einseitigen Verlangens zur Schutztätigkeit verpflichtet ist, muss die entsprechende Erklärung des Auftraggebers inhaltlich **bestimmt und zweifelsfrei** sein sowie genau bezeichnen, was der Auftraggeber als weitere Erhaltungsmaßnahme im Rahmen von § 4 Nr. 5 Satz 2 VOB/B verlangt.[85]

### III. Besondere Vergütung(spflicht) nach Satz 3

35    Die einseitig vom Auftraggeber nach § 4 Nr. 5 Satz 2 VOB/B verlangten weiteren Schutzmaßnahmen sind **nicht** in der vertraglichen Vergütung enthalten, wie sich dies aus der ausdrücklichen Regelung in § 4 Nr. 5 Satz 3 VOB/B ergibt; damit ist zugleich dokumentiert, dass die genannten weiteren Schutzmaßnahmen von der **Vergütungsseite** her betrachtet keine echte Nebenleistung und Nebenverpflichtung darstellen.[86] Der 2. Halbsatz in § 4 Nr. 5 Satz 3 VOB/B, wonach sich die Vergütung nach **§ 2 Nr. 6 VOB/B** regelt, bedeutet die Anwendbarkeit der gesamten **Nr. 6** des § 2 einschließlich der Vergütungsanspruchs-Voraussetzung der Anspruchsankündigung vor Ausführung der verlangten Maßnahmen.[87] Es gelten daher aber auch hier die von der höchstrichterlichen Rechtsprechung entwickelten Grundsätze der ausnahmsweise nach Treu und Glauben gegebenen Entbehrlichkeit der vorherigen Ankündigungspflicht;[88] dabei ist jedoch zu berücksichtigen, dass gerade im Rahmen von § 4 Nr. 5 Satz 2 VOB/B durchaus berechtigte Zweifel auf Seiten des Auftraggebers auftreten können, ob derartige Maßnahmen vergütungspflichtig sind oder nicht bzw. ob der Auftragnehmer hier eine besondere Vergütung verlangen will.[89]

### IV. Die Schutzmaßnahmen nach Satz 2 im Einzelnen

#### 1. Schutz gegen Winterschäden und Grundwasser

36    **Winterschäden** sind Witterungsschäden, hinsichtlich deren für Schutzmaßnahmen in der Regel, falls zu dieser Zeit bereits deren Notwendigkeit gesehen wird, im Leistungsverzeichnis gemäß **ATV/DIN 18 299**[90] Abschnitt 4.2.6 spezielle Ansätze für besondere Schutzmaßnahmen gegen Witterungsschäden (= auch Winterschäden) vorzusehen sind;[91] die Vergütung richtet sich dann nach diesen speziellen Ansätzen. Sind solche besonderen

---

[84] *Ingenstau/Korbion* VOB/B § 4 Nr. 4 Rdn. 18.
[85] *Heiermann/Riedl/Rusam* VOB/B § 4 Rdn. 71; *Ingenstau/Korbion* VOB/B § 4 Nr. 5 Rdn. 20. So auch *Kapellmann/Messerschmidt/Merkens* VOB/B § 4 Rdn. 127.
[86] *Ingenstau/Korbion* VOB/B § 4 Nr. 5 Rdn. 21.
[87] *Heiermann/Riedl/Rusam* VOB/B § 4 Rdn. 73; *Ingenstau/Korbion* VOB/B § 4 Nr. 5 Rdn. 21; *Nicklisch/Weick* VOB/B § 4 Rdn. 80. So auch *Kapellmann/Messerschmidt/Merkens* VOB/B § 4 Rdn. 128.
[88] Hierzu BGH BauR 1996, 542, 542, 543, 544 = ZfBR 1996, 269, 270, 271 und die BGH-Folgerechtsprechung sowie in diesem Kommentar zu → § 2 Nr. 6 Abs. 1 Satz 2. – So auch *Kapellmann/Messerschmidt/Merkens* VOB/B § 4 Rdn. 128.
[89] So zutreffend *Ingenstau/Korbion* VOB/B § 4 Nr. 5 Rdn. 21.
[90] Zur Auslegung und Handhabung der ATV DIN 18 299 siehe die offiziellen DVA-„Hinweise" vor DIN 18 299 in VOB/C.
[91] Vgl. *Heiermann/Riedl/Rusam* VOB/B § 4 Rdn. 72; *Ingenstau/Korbion* VOB/B § 4 Nr. 5 Rdn. 22.

Schutzmaßnahmen in der vertraglichen Leistungsbeschreibung oder sonst im Vertrag gar nicht angesprochen, dann sind sie dem Auftragnehmer gemäß § 1 Nr. 4 Satz 1, § 2 Nr. 6 VOB/B gesondert zu vergüten, wobei wie bei vorstehender Rdn. die **gesamte Nr. 6** des § 2 Anwendung findet. Werden die besonderen Schutzmaßnahmen wiederum in der vertraglichen Leistungsbeschreibung oder sonst im Vertrag in wirksamer Weise ausdrücklich als zur vertraglichen Leistung gehörend erwähnt und sind keine eigenen Vergütungsansätze hierfür enthalten, dann sind diese besonderen Schutzmaßnahmen gemäß § 2 Nr. 1 VOB/B mit der Vertragsvergütung mitabgegolten.

Für Schutzmaßnahmen vor **Grundwasser** gilt das Gleiche. Hinzuweisen ist darauf, dass in § 9 VOB/A Nr. 3 Abs. 3 ausdrücklich die auftraggeberseitige Beschreibung der „Boden- und Wasserverhältnisse" verlangt ist und in Abschnitt 4.2.6 der DIN 18 299 als Besondere Leistung besondere Schutzmaßnamen gegen „Grundwasser" wörtlich genannt sind.

Für den Schutz vor Winterschäden und Grundwasser ist aus den ATV VOB/C neben 37 bzw. in Ergänzung oder Abänderung von DIN 18 299 Abschnitt 4.2.6 **beispielhaft** hinzuweisen auf: **DIN 18 330** Abschnitt 4.2.21 Vorsorge- und Schutzmaßnahmen für das Mauern bei Frost; **DIN 18 331** Abschnitt 4.2.7 (Vorsorge- und Schutzmaßnahmen für das Betonieren unter + 5°C Lufttemperatur); **DIN 18 338** Abschnitt 4.2.1 (Vorsorge- und Schutzmaßnahmen gegen nachteilige Auswirkungen auf Grund von Lufttemperaturen unter +5° C sowie auf Grund von Schnee, Eis, scharfem Wind und sonstigen nachteiligen Witterungsverhältnissen). Dabei sind jeweils die entsprechenden Schutzmaßnahmen als Besondere – und damit gesondert vergütungspflichtige – Leistungen festgelegt.

§ 4 Nr. 5 VOB/B regelt nicht, ob und welche Maßnahmen der Auftragnehmer treffen 38 muss, um die Bauarbeiten auch unter **winterlichen Witterungsbedingungen** fortführen zu können; dies hängt in ausführungs- und leistungsmäßiger sowie in vergütungsmäßiger Hinsicht von der Ausgestaltung und vom sonstigen Inhalt des Bauvertrags ab. So muss der Auftragnehmer nach den gegebenen Ausführungsfristen selbst bestimmen, welche Winterbauschutzvorkehrungen er etwa treffen will und muss wie z. B. Vorhalten und Errichten einer Winterbauschutzhalle, von Heizeinrichtungen für das Anwärmen von Wasser, Zuschlagsstoffe für Beton usw.[92]

Insbesondere ist die sich aus § 6 Nr. 2 Abs. 2 VOB/B ergebende Risikoverteilung zu 39 beachten. Deshalb und im Hinblick auf das Vorgesagte ist weiter zu berücksichtigen, wie im Bauvertrag die Ausführungsfristen gestaltet sind, ob der Auftraggeber die Weiterführung der Arbeiten auch bei Frost verlangt oder ob Frost etwa als Unterbrechungs- oder sonstiger Behinderungstatbestand anerkannt wird, ob der Auftraggeber für Vorhalten und Betrieb von Winterbaugeräten und sonstigen Winterbaueinrichtungen besondere Ansätze in der Leistungsbeschreibung vorgesehen hat und dafür besondere Vergütungen gewährt oder ob und wie der Auftraggeber etwa die von der Bundesanstalt für Arbeit gewährten Winterbau-Zuschüsse anrechnet.[93]

## 2. Entfernen von Schnee und Eis

Für das Beseitigen von Schnee und Eis sind weder in § 9 VOB/A noch in den Tech- 40 nischen Vertragsbedingungen ausdrückliche Hinweise vorhanden. Ob und inwieweit hier eine Verpflichtung bereits nach dem Vertrag besteht oder erst durch Besondere vertragliche Vereinbarung oder durch ausdrückliches Verlangen des Auftraggebers entsteht, regelt sich nach der Vertragsgestaltung im **Einzelfall**.[94] Maßgebend kann hierbei sein, ob es sich nach dem Bauvertrag um von Beginn an vorgesehene Winterbauten handelt oder nicht; bejahendenfalls wird im Allgemeinen davon auszugehen sein, dass entsprechende Maßnahmen

---

[92] *Daub/Piel/Soergel/Steffani* ErlZ B 4.189.
[93] Vgl. oben Rdn. 30 sowie *Daub/Piel/Soergel/Steffani* ErlZ B 4189; zu Winterbau-Schutzmaßnahmen bei verschiedenen Witterungsbedingungen *Musewald* ZSW 1981, 166 ff.
[94] *Ingenstau/Korbion* VOB/B § 4 Nr. 5 Rdn. 24.

## § 4 Nr. 5

bereits mit zum Vertrag und damit auch zur vereinbarten Vergütung gehören.[95] Im Übrigen ist auf die Ausführungen unter Rdn. 38, 39 zu verweisen.

### V. Rechtsfolgen bei Verletzung der Verpflichtungen aus Satz 2

**41** Bei Verletzung der Verpflichtungen aus § 4 Nr. 5 Satz 2 VOB/B gelten die Ausführungen unter Rdn. 23–29 zur Haftung und zur Beweislast entsprechend auch hier.[96]

### D. § 4 Nr. 5 und Allgemeine Geschäftsbedingungen

**42** Unwirksam nach § 307 Abs. 2 Nr. 1 BGB, früher § 9 Abs. 2 Nr. 1 AGBG, sind vom Auftraggeber verwendete AGB- oder Formularklauseln mit folgendem oder gleichartigem/gleichbedeutendem Inhalt:

(1) „Zusätzlich zu DIN 18331, Abschnitt 4.1 (Nebenleistungen) gelten als Nebenleistung, d. h. Leistungen, die nicht gesondert vergütet werden: Das Schützen der Leistungen anderer am Bau Beteiligter während der eigenen Leistungserbringung."

(2) „Zusätzlich zu DIN 18331, Abschnitt 4.1 (Nebenleistungen) gelten als Nebenleistung, d. h. Leistungen, die nicht gesondert vergütet werden: Die Vorhaltung von Abdeckungen und Umwehrungen, solange diese für die gesamte Baudurchführung erforderlich ist."[97]
– Hier werden dem Auftragnehmer hinsichtlich Umfang, Tragweite und Auswirkung sowie Dauer leistungsmäßig und daher preisermittlungsmäßig nicht beeinflussbare und daher nicht abschätzbare Verpflichtungen und Risiken, auch haftungsmäßig, im Preisnebenabrede-Bereich abverlangt. Das ist ein Verstoß gegen das Äquvalenzprinzip, gegen das Transparenzgebot und gegen den Grundgedanken der gesetzlichen Risikoverteilung, ein Risiko bei derjenigen Vertragspartei zu belassen, die kraft rechtlicher sowie tatsächlicher Einwirkungsmöglichkeit (hier auf die anderen Gewerke und Auftragnehmer) „näher dran" ist.

---

[95] *Ingenstau/Korbion* VOB/B § 4 Nr. 5 Rdn. 24.
[96] So auch *Heiermann/Riedl/Rusam* B § 4 Rdn. 73 a; *Nicklisch/Weick* B § 4 Rdn. 81; wohl auch *Ingenstau/Korbion* B § 4 Nr. 5 Rdn. 18; vgl. auch das oben bei Rdn. 30 angeführte Urteil des OLG Koblenz NJW-RR 1997, 782/783 = BauR 1997, 482/483, „Einfrieren" der neuen „Fußbodenheizung".
[97] Klauseln (1) u. (2) LG München I, Urt. v. 18. 3. 1997 – 2 O 13230/95 –, unveröffentlicht.

# § 4 Nr. 6

## § 4 Nr. 6 [Beseitigung vertragswidriger Stoffe oder Bauteile]

Stoffe oder Bauteile, die dem Vertrag oder den Proben nicht entsprechen, sind auf Anordnung des Auftraggebers innerhalb einer von ihm bestimmten Frist von der Baustelle zu entfernen. Geschieht es nicht, so können sie auf Kosten des Auftragnehmers entfernt oder für seine Rechnung veräußert werden.

Literatur: Siehe die Hinweise → Vor § 4 sowie → § 4 Nr. 1. Ferner: *G. Wagner*, Das neue Produktsicherheitsgesetz: Öffentlich-rechtliche Produktverantwortung und zivilrechtliche Folgen (Teil I) BB 1997, 2489 ff., (Teil II) BB 1997, 2541 ff.

### Übersicht

| | Rdn. | | Rdn. |
|---|---|---|---|
| A. Inhalt, Zweck, Wesen und Anwendungsbereich der Regelung | 1–9 | 3. Rechte des Auftragnehmers bei unberechtigter Beseitigungsanordnung | 24 |
| B. Der spezielle Beseitigungsanspruch des Auftraggebers nach Satz 1 und seine Voraussetzungen | 10–31 | 4. Fristsetzung zur Entfernung von der Baustelle | 26 |
| I. Vertragswidrige Stoffe oder Bauteile (Satz 1 Halbsatz 1) | 10 | 5. Einbau und sonstige Verwendung vertrags- oder probenwidriger Stoffe oder Bauteile durch den Auftragnehmer | 30 |
| 1. Vom Auftragnehmer stammende Stoffe und Bauteile | 10 | C. Selbsthilferecht des Auftraggebers (Satz 2) | 32–43 |
| 2. Auf der Baustelle befindliche Stoffe oder Bauteile | 11 | I. Voraussetzungen | 32 |
| 3. Dem Vertrag oder den Proben nicht entsprechende Stoffe oder Bauteile | 12 | II. Ausübung | 35 |
| a) Vertragswidrige Stoffe sowie Bauteile | 12 | 1. Sorgfalt- und Fürsorgepflichten des Auftraggebers | 35 |
| b) Probenwidrige Baustoffe sowie Bauteile | 17 | 2. Entfernungsbefugnis auf Kosten des Auftragnehmers | 37 |
| II. Anordnung des Auftraggebers zur Entfernung (Satz 1 Halbsatz 2) | 18 | 3. Veräußerungsbefugnis | 40 |
| 1. Eindeutige und berechtigte Anordnung | 18 | D. Mögliche weitere Ansprüche des Auftraggebers | 44 |
| 2. Meinungsverschiedenheiten zwischen Auftragnehmer und Auftraggeber | 21 | | |

## A. Inhalt, Zweck, Wesen und Anwendungsbereich der Regelung

Nach § 4 Nr. 6 Satz 1 VOB/B ist der Auftragnehmer verpflichtet, Stoffe oder Bauteile, die dem Vertrag oder den Proben nicht entsprechen, auf Anordnung des Auftraggebers innerhalb einer von ihm bestimmten Frist von der Baustelle zu entfernen. Geschieht dies nicht, so können sie nach § 4 Nr. 6 Satz 2 VOB/B auf Kosten des Auftragnehmers **entfernt** oder für seine Rechnung **veräußert** werden. Eine solche Regelung ist dem unmittelbaren gesetzlichen Werkvertragsrecht des BGB unbekannt[1] und hat dort kein direktes Vorbild.[2] Das hier dem Auftraggeber eingeräumte – verschuldensunabhängige – **spezielle Anordnungs- und Selbsthilferecht** nebst Veräußerungsbefugnis bezieht sich auf die Entfernung vertragswidriger (einschließlich probenwidriger) Stoffe oder Bauteile „von der Baustelle"; somit sind nur solche Baustoffe und Bauteile betroffen, die an der Baustelle lagern, aber noch nicht eingebaut sind, sich also im Stadium **vor** der Verwendung bei der Bauherstellung

1

---

[1] *Daub/Piel/Soergel/Steffani* ErlZ B 4.191; *Ingenstau/Korbion* VOB/B § 4 Nr. 6 Rdn. 1 u. 2, aber den Grundgedanken aus § 4 Nr. 6 VOB/B auch für den BGB-Bauvertrag entsprechend heranziehend.
[2] *Kaiser* ZfBR 1985, 55.

**§ 4 Nr. 6**            Beseitigung vertragswidriger Stoffe oder Bauteile

befinden; die Beseitigungspflicht des Auftragnehmers besteht mithin nur **bis zum Einbau** der Stoffe oder Bauteile.[3] **Nach dem Einbau** hat der Auftraggeber die Rechte aus § 4 Nr. 7 VOB/B.[4]

2    Damit ist dem Auftraggeber die rechtliche Möglichkeit verliehen, die Gefahr des Eintritts von Mängeln und Schäden an der baulichen Anlage, welche von den vertragswidrigen Stoffen oder Bauteilen ausgeht und die damit verbundene Gefährdung der Vertragsmäßigkeit der Bauleistung bereits in einem ersten – **vorbeugenden** – Zugriff auszuschließen.[5]

3    Zweck der Regelung in § 4 Nr. 6 VOB/B mit ihrem frühzeitigen Eingriffsrecht ist es also, **von vornherein** die Entstehung einer mangelhaften und vertragswidrigen Bauleistung – und damit natürlich auch den Eintritt von Bauschäden zu verhindern,[6] und zwar, im Interesse beider Parteien, „bevor das Kind in den Brunnen fällt". Denn es ist für beide Vertragspartner besser und kostengünstiger, die Entstehung von Mängeln durch Verwendung vertragswidriger Stoffe und Bauteile schon im Keim auszuschließen, also gar nicht erst auftreten zu lassen, als nachträglich die dann sonst entstandenen Mängel oder Schäden mit allen für beide Vertragsparteien nachteiligen Konsequenzen beseitigen zu müssen.[7]

4    Zum einen ist nämlich die Mangelhaftigkeit oder sonstige Vertragswidrigkeit von Stoffen oder Bauteilen nach ihrer bauleistungsbezogenen Verarbeitung, ihrem Einbau und der sonstigen baulichen Verwertung sowie **nach erfolgter Abnahme** oft nur mehr schwierig oder gar nicht mehr mit der notwendigen Klarheit feststellbar und durch die beweisbelastete Partei beweisbar; zum anderen ist die Beseitigung/Entfernung oder Ausbesserung von fehlerhaften oder sonst vertragswidrigen Stoffen oder Bauteilen aus einer oder an einer bereits hergestellten oder in der Herstellung begriffenen Bauleistung technisch (erheblich) **schwieriger und aufwändiger,** oft auch kaum mehr oder gar nicht mehr möglich.[8] Nicht nur hierdurch wird dann dem Auftraggeber die rechtliche Durchsetzung der Auswechselung der fehlerhaften oder sonst vertragswidrigen Stoffe oder Bauteile erschwert oder unmöglich gemacht, sondern auch dadurch, dass dem Auftragnehmer dann der Einwand des unverhältnismäßigen Aufwandes oder der Unmöglichkeit nach den §§ 633 ff. BGB n. F. und a. F. und/oder nach § 13 Nr. 6 VOB/B zustehen kann.[9]

5    Der in § 4 Nr. 6 VOB/B geregelte, **besondere vertragliche Erfüllungsanspruch** auf Entfernung mit dem **vorbeugendem Eingriffsrecht** des Auftraggebers erklärt und rechtfertigt sich nach dem Vorgesagten aus der Eigenart und Natur der Bauleistung,[10] wie dies auch bei → Vor § 4 Rdn. 25, 27, 28 und → § 4 Nr. 1 Rdn. 129 im Zusammenhang mit dem Bauüberwachungsrecht und den Anordnungsbefugnissen des Auftraggebers unter Darstellung der Zweckzusammenhänge näher beschrieben ist. Auch beim speziellen Anordnungsrecht von § 4 Nr. 6 Satz 1 VOB/B wird – ebenso wie bei der Anordnungsbefugnis nach § 4 Nr. 1 Abs. 1 VOB/B – das Zusammenspiel und das Zusammenwirken von Überwachung/Überwachungsrecht und Eingriffsmöglichkeiten durch Anordnungsbefugnisse zur **vorbeugenden** Abwehr von Gefahren für die Bauleistung besonders augenfällig, indem hier wie dort das eine das andere wechselseitig vorbereitet ermöglicht, durchsetzt und zum Vollzug verhilft sowie diesen wiederum kontrolliert.

---

[3] *Nicklisch/Weick* B § 4 Rdn. 82; *Vygen* Bauvertragsrecht, Rdn. 485; *Kaiser* ZfBR 1985, 55, 56; *Werner/Pastor* Rdn. 1610. So auch *Kapellmann/Messerschmidt/Merkens* VOB/B § 4 Rdn. 131.
[4] *Werner/Pastor* Rdn. 1610. So auch *Kapellmann/Messerschmidt/Merkens* VOB/B § 4 Rdn. 131.
[5] *Nicklisch/Weick* VOB/B § 4 Rdn. 22; *Kaiser* ZfBR 1985, 55.
[6] *Ingenstau/Korbion* VOB/B § 4 Nr. 6 Rdn. 2; *Nicklisch/Weick* B § 4 Rdn. 82; *Vygen* Bauvertragsrecht, Rdn. 485.
[7] *Ingenstau/Korbion* VOB/B § 4 Nr. 6 Rdn. 2; *Nicklisch/Weick* VOB/B § 4 Rdn. 82; *Vygen* Bauvertragsrecht, Rdn. 485. So auch *Kapellmann/Messerschmidt/Merkens* VOB/B § 4 Rdn. 130.
[8] *Ingenstau/Korbion* VOB/B § 4 Nr. 6 Rdn. 2; *Vygen* Bauvertragsrecht, Rdn. 485.
[9] *Vygen* Bauvertragsrecht, Rdn. 485.
[10] *Ingenstau/Korbion* VOB/B § 4 Nr. 6 Rdn. 2; so auch für den gleichgelagerten Anspruch nach § 4 Nr. 7 VOB/B BGH NJW 1971, 838, 839 = BauR 1971, 126, 127 = Schäfer/Finnern Z 2.414 Bl. 248, 250; auch *Heiermann/Riedl/Rusam* B § 4 Rdn. 74: § 4 Nr. 6: „weiterer Erfüllungsanspruch" des Auftraggebers zur Verhinderung der Mangelhaftigkeit oder Vertragswidrigkeit.

Beseitigung vertragswidriger Stoffe oder Bauteile § 4 Nr. 6

Während in **§ 4 Nr. 7 VOB/B** für die Bauphase bis zur Abnahme Erfüllungsansprüche 6 des Auftraggebers geregelt sind, welche ihm bei bereits eingetretener Mangelhaftigkeit oder (sonstiger) Vertragswidrigkeit der geschuldeten Leistung, also nach dem Einbau vertragswidriger Stoffe oder Bauteile, zustehen, und somit der Beseitigung eines vertragswidrigen Zustandes dienen, beinhaltet § 4 Nr. 6 VOB/B einen **dem § 4 Nr. 7 VOB/B vorgelagerten Erfüllungsanspruch** des Auftraggebers, welcher ihm bei erst bevorstehender Mangelhaftigkeit oder (sonstiger) Vertragswidrigkeit der geschuldeten Leistung, also vor dem Einbau vertragswidriger Stoffe oder Bauteile zusteht und somit der **Vorbeugung/Verhütung** eines sonst eintretenden vertragswidrigen Zustandes dient.[11] Deshalb und insoweit handelt es sich hierbei um einen dem VOB-Bauvertrag eigenspezifischen, sozusagen „vorweggenommenen Mängelbeseitigungsanspruch",[12] weil hiermit Vorbereitungsmaßnahmen des Auftragnehmers zur eigentlichen Leistungsausführung betroffen sind.[13] Der **Beseitigungsanspruch** ist, weil es sich um einen vertraglichen Erfüllungsanspruch handelt, selbstredend **einklagbar**.[14]

Bei Vergleich mit den gesetzlichen Vorschriften des **BGB-Werkvertragsrechts** liegt der 7 auf laufende Erfüllung vor und im Zuge der Leistungserstellung gehende Anspruch nach § 4 Nr. 6 VOB/B tendenziell auf der Ebene der §§ 633 ff. BGB n. F. und a. F., wobei er hiervon nicht unmittelbar erfasst wird,[15] weil der Besteller/Auftraggeber nach §§ 633 ff. BGB gegen den Unternehmer/Auftragnehmer erst vorgehen kann, wenn eine Mangelhaftigkeit oder sonstige Vertragswidrigkeit des Werkes eingetreten **ist** oder bei **Erkennbarkeit** eines Mangels des Werks, wenn dabei sicher ist, dass das Werk bei der Ablieferung einen Mangel oder Mängel aufweisen wird.[16] Aus den in den beiden vorstehenden Randnummern dargestellten Erwägungen wird man den Inhalt der Regelung des § 4 Nr. 6 VOB/B auch beim BGB-Bauvertrag entsprechend heranziehen können, und zwar über § 242 BGB,[17] dabei dann mit analoger Anwendung von § 634 Nrn. 1 u. 2 BGB n. F./§ 633 Abs. 2 und 3 BGB a. F.

Neben der Vorschrift von § 4 Nr. 6 VOB/B ebenso wie neben §§ 4 Nr. 7, 13 Nr. 5–7 8 VOB/B und den dort geregelten Rechtsfolgen ist für eine unmittelbare oder entsprechende Anwendung der Unmöglichkeitsregelungen des BGB-Leistungsstörungsrechts kein Raum. Das ergibt sich daraus, dass § 13 Nr. 6 VOB/B ausdrücklich – und somit abschließend – die Folgen behandelt, die eintreten, wenn die Beseitigung des Mangels unmöglich ist,[18] was auch schon vor der Abnahme zu beachten ist.[19] Deshalb sind auch die §§ 633 ff. BGB n. F. und a. F. im Bereich der Regelungsmaterie der §§ 4 Nr. 6 und 7, 13 Nr. 5–7 VOB/B nicht anwendbar, soweit die Ersteren Letztere nicht lediglich ergänzen.[20]

Je mehr im Baugewerbe Bauwerke aus einer Vielzahl **vorgefertigter Bauteile** zusammen- 9 mengesetzt werden, desto mehr steigt die praktische Bedeutung von § 4 Nr. 6 VOB/B. Deshalb wird der Auftraggeber gut daran tun, das ihm nach § 4 Nr. 1 Abs. 2 VOB/B eingeräumte Bauüberwachungsrecht – soweit geboten mit Hilfe fachkundiger Beratung wie Architekten, Ingenieure, Bauleiter, Sachverständiger – wahrzunehmen und dabei die von dem oder für den Auftragnehmer an die Baustelle gebrachten Stoffe oder Bauteile zu kontrollieren, um sie bei festgestellter Vertragswidrigkeit sofort gemäß § 4 Nr. 6 VOB/B

---

[11] *Ingenstau/Korbion* VOB/B § 4 Nr. 6 Rdn. 2; *Vygen* Bauvertragsrecht, Rdn. 485.
[12] So zutreffend *Ingenstau/Korbion* VOB/B § 4 Nr. 6 Rdn. 2; *Kapellmann/Messerschmidt/Merkens* VOB/B § 4 Rdn. 131; *Vygen* Bauvertragsrecht, Rdn. 485; *Werner/Pastor* Rdn. 1610; *Heinrich* BauR 1982, 224, 233; insoweit missverstanden und zu Unrecht kritisiert von *Kaiser* Mängelhaftung, Rdn. 21 a, ZfBR 1985, 55, 56 und BlGBW 1976, 101 ff.
[13] *Ingenstau/Korbion* und *Korbion/Hochstein* aaO.
[14] So auch *Kapellmann/Messerschmidt/Merkens* VOB/B § 4 Rdn. 146.
[15] *Ingenstau/Korbion* VOB/B § 4 Nr. 6 Rdn. 2.
[16] *Esser/Weyers* SchuldR BT, § 32 II 4 a; *Kaiser* Mängelhaftung, Rdn. 21 und ZfBR 1985, 55/56.
[17] *Ingenstau/Korbion* VOB/B § 4 Nr. 6 Rdn. 2 a. E.; *Heinrich* BauR 1982, 224, 233, 234.
[18] BGH NJW 1965, 152 = BB 1964, 1360 = Schäfer/Finnern Z 2.414 Bl. 136, 137 (Wasserdurchlässigkeit und damit Unbrauchbarkeit sämtlicher Dachpfannen des einzudeckenden Hausdaches); *Ingenstau/Korbion* B § 4 Nr. 6 Rdn. 1.
[19] *Ingenstau/Korbion* VOB/B § 4 Nr. 6 Rdn. 1.
[20] *Heiermann/Riedl/Rusam* B § 4 Rdn. 74.

§ 4 Nr. 6  Beseitigung vertragswidriger Stoffe oder Bauteile

von der Baustelle entfernen zu lassen und damit ihre Verwendung und den Eintritt der mit dem Einbau verbundenen (oben dargestellten) Probleme zu verhindern.[21]

## B. Der spezielle Beseitigungsanspruch des Auftraggebers nach Satz 1 und seine Voraussetzungen

### I. Vertragswidrige Stoffe oder Bauteile (Satz 1 Halbsatz 1)

#### 1. Vom Auftragnehmer stammende Stoffe oder Bauteile

10  Die Beseitigungspflicht nach § 4 Nr. 6 Satz 1 VOB/B betrifft nur Stoffe oder Bauteile, die vom **Auftragnehmer** selbst oder in seinem Auftrag durch einen Dritten zum Zwecke der Verwendung bei der und für die Leistungserstellung beschafft, vorbereitet und zur Baustelle gebracht worden sind. § 4 Nr. 6 VOB/B ist nicht anzuwenden für Stoffe und Bauteile, die der **Auftraggeber** selbst geliefert hat. Das ergibt sich schon aus dem Sinnzusammenhang, wonach die rechtliche Grundlage ein Erfüllungsanspruch des Auftraggebers ist, der sich ja nicht gegen ihn selbst richten kann. Außerdem steht die Beseitigung solcher Stoffe dem Auftraggeber schon auf Grund seines Verfügungsrechts über sein Eigentum frei.[22] Schließlich sind die Pflichten des Auftragnehmers hinsichtlich der vom Auftraggeber (oder in seinem Auftrag) gelieferten Stoffe oder Bauteile abschließend in **§ 4 Nr. 3 VOB/B** in Verbindung mit § 13 Nr. 3 VOB/B und nicht hier geregelt.[23] Der Auftragnehmer ist zur Entfernung der vom Auftraggeber gelieferten Stoffe oder Bauteile **nicht** verpflichtet.[24]

#### 2. Auf der Baustelle befindliche Stoffe oder Bauteile

11  § 4 Nr. 6 VOB/B spricht ausdrücklich davon, dass die dort genannten Stoffe und Bauteile „von der **Baustelle**" zu entfernen sind. Somit sind nur Baustoffe und Bauteile gemeint, die an der Baustelle – und nirgendwo sonst – lagern, aber noch nicht eingebaut sind.[25] Dabei ist „Baustelle" nicht im engen örtlichen Sinn zu verstehen, sondern es genügt ein in organisatorisch-funktionalem Zuordnungszusammenhang mit der Stelle der Bautätigkeit stehendes Areal samt eventueller Räumlichkeit, wo die beanstandungswürdigen Stoffe und Bauteile zur Verwendung bei der und für die Bauleistung lagern, vgl. schon § 4 Nr. 1 Abs. 2 Sätze 1 und 2 VOB/B.[26] Das ergibt sich konsequent aus dem unter Rdn. 5 behandelten zwecksystematischen Zusammenhang von Bauüberwachungsrecht und Anordnungsbefugnissen des Auftraggebers in Verbindung mit dem dort ebenfalls genannten Schutzzweck von § 4 Nr. 6 und den „Baustellen"/„Lager"stellen-Begriffen bei § 4 Nr. 1 Abs. 1 Satz 1, Abs. 2 Sätze 1 und 2 sowie Nr. 4, siehe → § 4 Nr. 1 Rdn. 20 b und 150, § 4 Nr. 4 Rdn. 2. 1. Unter **Stoffen** sind Einzelgattungen bzw. -arten des **Materials** zu verstehen, das zur Be- und Verarbeitung bei der Herstellung eines Bauwerkes Verwendung findet. Beispiele: Stahl, Beton (Zement), Bausteine, Kalk, Sand, Farbe, Leim, Holz, Wasser usw. Der Begriff „Stoff" deckt sich mit dem der „Sache" im Sinne des § 90 BGB. Zu den Stoffen gehören also **auch** alle **Hilfsmittel,** die der Auftragnehmer verbrauchen muss, um am Bau in eigener Tätigkeit überhaupt erst eine Werkleistung zu schaffen. Daher gehört hierher alles, was bauwirtschaftlich als Baustoff, Bauhilfsstoff und Baubetriebsstoff bezeichnet wird, einschließlich elektrischer Strom, der physikalisch ja auch „Stoff" ist.

---

[21] Vgl. *Vygen* Bauvertragsrecht, Rdn. 485. So auch *Kapellmann/Messerschmidt/Merkens* VOB/B § 4 Rdn. 132.
[22] *Ingenstau/Korbion* VOB/B § 4 Nr. 6 Rdn. 3; *Nicklisch/Weick* VOB/B § 4 Rdn. 82; auch *Heiermann/Riedl/Rusam* VOB/B § 4 Rdn. 74 und *Kapellmann/Messerschmidt/Merkens* VOB/B § 4 Rdn. 132.
[23] *Ingenstau/Korbion* VOB/B § 4 Nr. 6 Rdn. 3.
[24] *Nicklisch/Weick* VOB/B § 4 Rdn. 82 a. E.
[25] *Nicklisch/Weick* VOB/B § 4 Rdn. 82; *Vygen* Bauvertragsrecht, Rdn. 485.
[26] So zurecht *Kapellmann/Messerschmidt/Merkens* VOB/B § 4 Rdn. 133.

Beseitigung vertragswidriger Stoffe oder Bauteile § 4 Nr. 6

2. Demgegenüber sind **Bauteile** Sachen – ebenso in der Grundlage nach § 90 BGB zu bewerten –, die bereits aus Stoffen gebildet worden sind und die einen **in sich abgeschlossenen** und **fertiggestellten Körper** darstellen, der durch Einbau eine selbstständige Einzelfunktion im Rahmen des Gesamtbauwerks erhält. Hierzu gehören z. B. Eisenträger, Waschbecken, Leitungsrohre, Heizkörper, Fenster, Türen, Rollladenkästen, Stahlgewebe, insbesondere aber **auch vorgefertigte Bauelemente** (z. B. Wände, Decken, Heizöfen etc.) sowie **Anlagen, die in die Gesamtbauleistung** als deren Bestandteil eingebaut werden.

**3. Dem Vertrag oder den Proben nicht entsprechende Stoffe und Bauteile**

a) **Vertragswidrige Stoffe sowie Bauteile.** Voraussetzung der Beseitigungspflicht ist zunächst die – objektive – **Vertragswidrigkeit** einschließlich Probenwidrigkeit des entsprechenden Stoffes oder Bauteiles, die jedenfalls immer dann vorliegt, wenn der Einbau oder die sonstige Verwendung bei der Herstellung der Leistung zu einer mangelhaften oder sonst vertragswidrigen Bauleistung i. S. v. § 13 Nr. 1 oder Nr. 2 VOB/B führen würde.[27] 12

Dem Vertrag entsprechen (auch preislich gleichwertige oder höherwertige[28]) Stoffe oder Bauteile **nicht,** wenn sie in ihrer Güte oder sonstigen Beschaffenheit von den vertraglichen Bestimmungen insbesondere nach §§ 1 Nr. 2, 2 Nr. 1 VOB/B, dabei **vor allem** der **Leistungsbeschreibung,** abweichen oder/und wenn – lückenausfüllend und ergänzend zu den ausdrücklichen vertraglichen Beschaffenheitsanforderungen – die Güte oder sonstige Beschaffenheit nicht mit dem übereinstimmt, was gemäß § 4 Nr. 2 Abs. 1 Satz 2 i. V. m. („Dabei") Satz 1 VOB/B nach den anerkannten **Regeln der Technik** einschließlich der ihnen zugehörigen und mit ihnen übereinstimmenden deutschen und EU-rechtlichen DIN-**Gütevorschriften** und nach den **„gesetzlichen und behördlichen Bestimmungen"** samt deren Gütebestimmungen gefordert ist.[29] Zu letzteren – wegen der Pflicht zur „Beachtung gesetzlicher und behördlicher Bestimmungen" – gehören auch die in den **Landesbauordnungen** verankerten öffentlich-rechtlichen Forderungen, dass die **Brauchbarkeit** der einzusetzenden und eingesetzten **Baustoffe** gegeben und nachgewiesen sein muss, etwa durch Brauchbarkeitsnachweise öffentlich-rechtlicher anerkannter Prüfinstitutionen, z. B. Materialprüfungsämter für die statisch erforderlichen Betonfestigkeitsklassen; vgl. dazu auch § 5 BauPG (unten Rdn. 15, 16). Nach §§ 1 Nr. 2 lit. d und e, 2 Nr. 1, 4 Nr. 2 Abs. 1 Satz 1 VOB/B sind auch die ZTV und – ganz wichtig – die ATV gem. VOB/C als Vertragsbestandteil zu beachten, die insbesondere im jeweiligen **Abschnitt 2** der allgemeinen DIN 18 299 und der speziellen DIN 18 300 ff. sachliche und formelle Anforderungen an Stoffe und Bauteile stellen. Dabei sind ab den Neufassungen seit 1992 der DIN 18 299 und der DIN 18 300 ff. die Anforderungen aus der europäischen technischen Bauharmonisierung der EU eingeflossen. 13

Für die **Gütebestimmungen** ist im Einzelfall auch die jeweilige **amtliche Zulassung** (mit) als Maßstab vertragsgemäßer Leistung von wesentlicher Bedeutung, da die Beachtung der amtlichen Zulassung in den **Landesbauordnungen** vorgeschrieben und damit Bestandteil der „behördlichen Bestimmungen" i. S. v. § 4 Nr. 2 Abs. 1 Satz 2 VOB/B, somit des Bauvertrags ist; dabei darf aber die amtliche Zulassung den anerkannten Regeln der Technik nicht widersprechen.[30] Mangels Vorhandenseins vorstehend genannter Vorschriften oder ergänzend hierzu ist die einschlägige gewerbliche **Verkehrssitte** und die anerkannte **Übung** 14

---

[27] *Vygen* Bauvertragsrecht, Rdn. 485.
[28] OLG Köln BauR 1994, 119, 120 zurecht: Der Auftraggeber hat uneingeschränkt Anspruch auf die vertraglich vereinbarte Ausführung und den Einbau der diesbezüglichen Stoffe und Bauteile (in concreto Fliesen und Sanitärgegenstände), weshalb er sich keine davon abweichende Ausführung aufdrängen zu lassen braucht, selbst wenn die entsprechenden Stoffe und Bauteile preislich gleichwertig oder gar teurer sind. Dem folgend auch *Kapellmann/Messerschmidt/Merkens* VOB/B § 4 Rdn. 134.
[29] In diesem Sinn auch *Heiermann/Riedl/Rusam* B § 4 Rdn. 75; *Ingenstau/Korbion* B § 4 Nr. 6 Rdn. 4; *Nicklisch/Weick* B § 4 Rdn. 83.
[30] *Ingenstau/Korbion* VOB/B § 4 Nr. 6 Rdn. 4.

§ 4 Nr. 6                          Beseitigung vertragswidriger Stoffe oder Bauteile

auf dem betreffenden Bausektor bzw. im entsprechenden Fachbereich maßgebend bzw. mit maßgebend.[31] Zu beachten ist hierbei bei Bauaufträgen, für deren Vergabe VOB/A gilt, deren § 9 Nr. 4 (insgesamt!), dabei auch der dortige Absatz 3, was für die **Auslegung** des bezüglich der Stoffe und Bauteile vertraglich Vorgeschriebenen/Geschuldeten mit von Bedeutung ist.

**15**      **Vertragsmäßigkeitsmaßstab** ist für Stoffe und Bauteile **auch** das **Bauprodukten-Gesetz** (BauPG), das am 15. 8. 1992 in Kraft getreten ist. Seine Regelungen sind „gesetzliche Bestimmungen" i. S. v. § 4 Nr. 2 Abs. 1 Satz 2 VOB/B, die im BauPG in Bezug genommenen Verordnungen/Ausführungsvorschriften und („bekanntgemachten harmonisierten oder anerkannten") „Normen" sowie „europäischen technischen Zulassungen" sind „behördliche Bestimmungen" i. S. d. eben genannten § 4 Nr. 2 Abs. 1 Satz 2 VOB/B und großenteils (zugleich) „anerkannte Regeln der Technik".[32]

**16 a**     Eine der zentralen Stellen des BauPG ist § 5 mit seinen **Brauchbarkeitsanforderungen** an Stoffe und Bauteile (beides „Bauprodukte"), und zwar unter folgenden ausdrücklichen Kriterien:
– Gebrauchstauglichkeit für die konkrete bauliche Anlage („bei ordnungsgemäßer Instandhaltung dem Zweck entsprechend während einer angemessenen Zeitdauer und unter Berücksichtigung der Wirtschaftlichkeit")
– mechanische Festigkeit und Standsicherheit
– Brandschutz
– Wärmeschutz
– Schallschutz
– Nutzungssicherheit
– Umweltschutz und Energieeinsparung
– Hygiene und Gesundheit

Zum **„Konformitäts"-Nachweis** durch Kennzeichnung des Bauproduktes mit dem CE-Zeichen sowie den Ausnahmen siehe § 4 BauPG.

**16 b**     Die Stoffe und die Bauteile müssen mit dem sogenannten „Ü-Zeichen" (Übereinstimmungszeichen) oder mit dem CE-Zeichen versehen sein. Das am 1. 8. 1997 in Kraft getretene „Gesetz zur Regelung der Sicherheitsanforderungen an Produkte und zum Schutz der CE-Kennzeichnung" (ProdSG) regelt dabei für „Bauprodukte" und für die dort in Bezug genommenen anderen Produkte allerdings nur das Verbot des Missbrauchs der CE-Kennzeichnung. – „CE" ist die Abkürzung für „Conformité Européenne". – Die CE-Kennzeichnung bestätigt, dass auf Grund des gesetzlich vorgesehenen offiziellen Zertifizierungsverfahrens oder der Konformitätserklärung des Produktherstellers (hierbei Kontrolle durch akkreditierte Prüfstellen wie etwa TÜV oder DEKRA) die **Übereinstimmung** des Produkts **mit den Anforderungen** der zuständigen gesetzlichen und behördlichen Bestimmungen und einschlägigen Richtlinien mit positivem Ergebnis überprüft wurde. Ansonsten ist die Regelungsmaterie der Bauprodukte einschließlich der materiellen Brauchbarkeitsanforderungen und Sicherheitsanforderungen durch § 2 Abs. 3 Nr. 1 ProdSG aus dem Pflichten- und Befugniskatalog diese Gesetzes ausgeklammert und allein dem **Bauproduktengesetz** als Spezialgesetz zugewiesen. Im Einklang mit diesen Bestimmungen und diese ergänzend finden sich als öffentlich-rechtliche Regelungen die Bestimmungen der **Landesbauordnungen** über den sogenannten **„Übereinstimmungsnachweis"** bei Bauprodukten, wozu auch die Regelungen über die „Übereinstimmungserklärung" des Produktherstellers sowie das „Übereinstimmungszertifikat" und die Kennzeichnung mit dem „Übereinstimmungszeichen" („Ü-Zeichen") gehören. Das Ü-Zeichen ist in der Regel entbehrlich, wenn das Bauprodukt bereits das CE-Zeichen trägt und dieses Zeichen die bauordnungsrechtlich festgelegten Klassen und Leistungsstufen

---

[31] *Heiermann/Riedl/Rusam* VOB/B § 4 Rdn. 75; *Ingenstau/Korbion* VOB/B § 4 Nr. 6 Rdn. 4; *Nicklisch/Weick* VOB/B § 4 Rdn. 83.
[32] Siehe hierzu auch die aufschlussreichen Bauprodukt-Merkblätter (zur EU-Richtlinie 89/106/EWG) der zuständigen Landesministerien, z. B. in Bayern des Staatsministeriums für Wirtschaft, Verkehr und Technologie.

Beseitigung vertragswidriger Stoffe oder Bauteile § 4 Nr. 6

ausweist. Die einschlägigen Bauordnungsvorschriften zu der Thematik einschließlich hierzu gehörender vorgeschriebener bauaufsichtlicher Zulassungen und Zulassungsverfahren sind zu beachten. Sie beziehen auch die einschlägigen EU-Vorschriften unter deren ausdrücklicher Nennung mit ein. Die Landesbauordnungen regeln die Materie in den Abschnitten „Bauprodukte und Bauarbeiten". – Beispielsweise in der Bayerischen Bauordnung ist das Abschnitt III im Dritten Teil mit den Artikeln 19 bis 27.

**b) Probenwidrige Stoffe sowie Bauteile. Probenwidrig** sind Stoffe oder Bauteile, deren Güte oder sonstige Beschaffenheit mit den zum Vertragsinhalt bestimmten Proben oder gar mit den vertraglich zugesicherten Eigenschaften von Proben, insbesondere nach Maß, Gewicht oder Qualität, nicht übereinstimmen.[33] Zu beachten ist hier auch § 13 Nr. 2 VOB/B. 17

## II. Anordnung des Auftraggebers zur Entfernung (Satz 1 Halbsatz 2)

### 1. Eindeutige und berechtigte Anordnung

Der Auftraggeber muss seinen Willen in einer für den Auftragnehmer unübersehbaren **Bestimmtheit** und mit dem erforderlichen **Nachdruck** zum Ausdruck bringen,[34] und zwar durch eine keine Wahl lassende eindeutige, Befolgung heischende Aufforderung,[35] die genau zu bezeichnenden bzw. genau bezeichneten[36] Stoffe oder Bauteile zu entfernen. Allein die Äußerung von Unzufriedenheit oder von bloßen Wünschen, Vorschlägen oder von Einverständniserklärungen auf Anfragen reicht daher ebenso wie bei der Anordnung § 4 Nr. 1 Abs. 3 und 4 VOB/B nicht aus. 18

Schriftform ist für die Anordnung nicht vorgeschrieben; daher kann sie auch **mündlich** erfolgen. Aus **Beweisgründen** empfiehlt sich jedoch die Schriftform.[37] Die Pflicht zur Entfernung besteht nur, wenn **objektiv anzuerkennende Mängel** in dem Sinne vorliegen, dass die Stoffe oder Bauteile nicht vertragsgerecht sind oder den Proben nicht entsprechen.[38] Das ergibt sich schon aus dem objektivierenden Wortlaut von § 4 Nr. 6 Satz 1 VOB/B, der schlicht und schlechthin von Stoffen oder Bauteilen spricht, „die dem Vertrag oder den Proben nicht entsprechen" sowie aus dem Fehlen einer ausdrücklichen anderweitigen Aussage – etwa wie der ausdrücklich verankerten subjektivierenden Sichtweise in § 4 Nr. 1 Abs. 4 Satz 1 VOB/B –, so dass deshalb die Mangelhaftigkeit im Sinne der Vertragswidrigkeit samt Probenwidrigkeit auch nach allgemeinen Grundsätzen an objektiven Kriterien zu messen ist.[39] 19

Im Gegensatz dazu ist der Auftragnehmer in den Grenzen von § 4 Nr. 1 Abs. 4 VOB/B zur Befolgung einer nach § 4 Nr. 1 Abs. 3 und 4 VOB/B erteilten allgemeinen Vertragsausführungsanordnung auch dann verpflichtet, wenn sie sachlich unberechtigt ist.[40]

---

[33] *Heiermann/Riedl/Rusam* VOB/B § 4 Rdn. 75; *Ingenstau/Korbion* VOB/B § 4 Nr. 6 Rdn. 5. So auch *Kapellmann/Messerschmidt/Merkens* VOB/B § 4 Rdn. 137.
[34] OLG Bremen NJW 1963, 495; *Kapellmann/Messerschmidt/Merkens* VOB/B § 4 Rdn. 138; *Ingenstau/Korbion* VOB/B § 4 Nr. 6 Rdn. 8.
[35] BGH *Schäfer/Finnern* Z 2.414 Bl. 219, 220 zur Anordnung nach § 4 Nr. 1 Abs. 3 und 4; für den gleichinhaltlichen Begriff der „Anordnung" und des „Vorschreibens" gemäß § 13 Nr. 13 VOB/B, beides im Sinne einer „bindenden Anweisung": BGH BauR 1975, 421, 422; BGH NJW 1977, 1966; BGHZ 91, 206, 214 = NJW 1984, 2457, 2459 = BauR 1984, 510, 513 = ZfBR 1984, 222, 224. So auch *Kapellmann/Messerschmidt/Merkens* VOB/B § 4 Rdn. 138.
[36] *Vygen* Bauvertragsrecht, Rdn. 486, desgl. *Kapellmann/Messerschmidt/Merkens* VOB/B § 4 Rdn. 138.
[37] *Ingenstau/Korbion* VOB/B § 4 Nr. 6 Rdn. 8; *Vygen* Bauvertragsrecht, Rdn. 486.
[38] *Heiermann/Riedl/Rusam* VOB/B § 4 Rdn. 75; *Ingenstau/Korbion* VOB/B § 4 Nr. 6 Rdn. 9; *Kapellmann/Messerschmidt/Merkens* VOB/B § 4 Rdn. 139; *Nicklisch/Weick* VOB/B § 4 Rdn. 85.
[39] *Heiermann/Riedl/Rusam* VOB/B § 4 Rdn. 75; *Ingenstau/Korbion* VOB/B § 4 Nr. 6 Rdn. 9; *Kapellmann/Messerschmidt/Merkens* VOB/B § 4 Rdn. 139; *Nicklisch/Weick* VOB/B § 4 Rdn. 85 mit Rdn. 87; a. A. *Kaiser* Mängelhaftung, Rdn. 21 c und BlGBW 1976, 101, 102 unter Verkennung der oben wiedergegebenen Gründe für die objektive Vertragswidrigkeit.
[40] Auf diesen Unterschied weist zu Recht *Ingenstau/Korbion* VOB/B § 4 Nr. 6 Rdn. 9 hin.

§ 4 Nr. 6 Beseitigung vertragswidriger Stoffe oder Bauteile

20   Ist die Beseitigungsanordnung nach § 4 Nr. 6 Satz 1 VOB/B sachlich berechtigt, weil Stoffe oder Bauteile objektiv dem Vertrag oder den Proben nicht entsprechen, ist der Auftragnehmer zu deren Entfernung verpflichtet.[41]

## 2. Meinungsverschiedenheiten zwischen Auftragnehmer und Auftraggeber

21   Der Fall, dass über die Berechtigung der vom Auftraggeber behaupteten bzw. beanstandeten Vertragswidrigkeit oder Probenwidrigkeit von Stoffen oder Bauteilen zwischen Auftragnehmer und Auftraggeber **Meinungsverschiedenheiten** eintreten, ist in § 4 Nr. 6 VOB/B nicht geregelt. Wenn und soweit für solche Fälle im Bauvertrag nicht eine besondere Bestimmung getroffen ist, etwa Klärung durch ein Sachverständigengutachten, dem sich beide Parteien unterwerfen oder Klärung durch baubegleitende Streitschlichtung nach § 18 Nr. 3 VOB/B (Fassung 2006), kann jeder Vertragspartner, soweit nicht im Bauvertrag eingeschränkt oder ausgeschlossen, den in § 18 Nr. 4 VOB/B 2006 (früher § 18 Nr. 3 VOB/B) eröffneten Weg der Einholung eines Schiedsgutachtens auf Grund materialtechnischer Untersuchung durch eine staatliche oder staatlich anerkannte **Materialprüfungsstelle** beschreiten; auf Grund der einschneidenden Folgen der Anordnung besteht für beide Parteien höchstes Interesse an Gewissheitserlangung darüber, ob die Entfernungsanordnung objektiv gerechtfertigt ist. Die von der Materialprüfungsstelle getroffenen Feststellungen sind nach § 18 Nr. 4 Satz 1, Hs. 2 VOB/B (früher Nr. 3) **verbindlich**, und zwar nach Maßgabe der §§ 317–319 BGB.[42] Denn es handelt sich hierbei um Meinungsverschiedenheiten über die „Eigenschaft" von Stoffen und Bauteilen; allerdings gilt die genannte VOB/B-Bestimmung nach dem dortigen Satz 1 nur für solche Stoffe und Bauteile, für die „allgemein gültige Prüfungsverfahren" bestehen. Nach dem dortigen Satz 2 trägt die Kosten der unterliegende Teil.

22   § 4 Nr. 1 Abs. 4 VOB/B ist bei Meinungsverschiedenheiten zwischen Auftraggeber und Auftragnehmer nicht anwendbar, da es sich bei der Beseitigungsanordnung nicht um eine Anordnung im Sinne dieser Vorschrift handelt.[43] Bis zur Klärung der Streitfrage gemäß § 18 Nr. 4 (früher Nr. 3) VOB/B ist die verlangte Entfernung der beanstandeten Stoffe oder Bauteile nach **Treu und Glauben** suspendiert.[44]

23   Wird der Weg des § 18 Nr. 3 oder Nr. 4 (früher Nr. 3, wobei die jetzige Nr. 3 neu in die VOB/B 2006 aufgenommen wurde) VOB/B nicht in Anspruch genommen, weil keine Partei ihn wählt („kann") und wird auch sonst keine Einigung zwischen den Parteien erzielt, müssten ggfls. die Meinungsverschiedenheiten auf dem ordentlichen Rechtsweg im **streitigen Zivilrechtsverfahren** – mit oder ohne vorangehendem oder gleichzeitigem „Selbstständigem Beweisverfahren" nach §§ 485 ff. ZPO – ausgetragen werden.[45] Der Weg des „Selbstständigen Beweisverfahrens" ist wichtig im Hinblick auf die Beweislast, die bis zur Abnahme grundsätzlich den Auftragnehmer, nach der Abnahme grundsätzlich den Auftraggeber trifft.

## 3. Rechte des Auftragnehmers bei unberechtigter Beseitigungsanordnung

24   Ergibt die Feststellung von dritter Seite oder stellt sich sonst heraus, dass die Beanstandungen des Auftraggebers **zu Unrecht** erfolgt sind, ist der Auftragnehmer berechtigt, die

---

[41] *Ingenstau/Korbion* VOB/B § 4 Nr. 6 Rdn. 10; *Heiermann/Riedl/Rusam* VOB/B § 4 Rdn. 75; *Kapellmann/Messerschmidt/Merkens* VOB/B § 4 Rdn. 138/139; *Nicklisch/Weick* VOB/B § 4 Rdn. 83 Satz 1 i. V. m. Rdn. 85 Satz 1.

[42] Vgl. *Heiermann/Riedl/Rusam* VOB/B § 4 Rdn. 78; *Ingenstau/Korbion* VOB/B § 4 Nr. 6 Rdn. 10; *Kapellmann/Messerschmidt/Merkens* VOB/B § 4 Rdn. 139; *Nicklisch/Weick* VOB/B § 4 Rdn. 87; *Vygen* Bauvertragsrecht, Rdn. 486.

[43] *Nicklisch/Weick* VOB/B § 4 Rdn. 87; auch *Heiermann/Riedl/Rusam* VOB/B § 4 Rdn. 74.

[44] *Ingenstau/Korbion* VOB/B § 4 Nr. 6 Rdn. 10; auch *Kapellmann/Messerschmidt/Merkens* VOB/B § 4 Rdn. 139.

[45] *Heiermann/Riedl/Rusam* VOB/B § 4 Rdn. 78; *Ingenstau/Korbion* VOB/B § 4 Nr. 6 Rdn. 10; *Vygen* Bauvertragsrecht, Rdn. 486.

betreffenden Stoffe oder Bauteile bei der Herstellung der Vertragsleistung einzubauen oder sonst zu verwenden.[46]

Hindert der Auftraggeber den Auftragnehmer am Einbau und der Verwendung von Stoffen oder Bauteilen durch zu Unrecht erfolgte Beanstandung oder zu Unrecht erfolgte Beseitigungsanordnung, so können sich daraus **Schadensersatzansprüche** des Auftragnehmers aus § 6 Nr. 6 Satz 1 (früher § 6 Nr. 6) VOB/B oder auch zusätzliche Vergütungsansprüche nach § 2 Nr. 5 VOB/B oder § 2 Nr. 6 VOB/B ergeben, soweit deren tatbestandlichen Voraussetzungen vorliegen, desgleichen eine Verlängerung der Ausführungsfristen nach § 6 Nrn. 1, 2 lit. a oder c und 4 VOB/B oder das Recht zur Kündigung nach § 9 VOB/B mit den sich daraus ergebenden Folgen.[47] Darüber hinaus kommen gegebenenfalls Ansprüche aus §§ 280 Abs. 1, 241 Abs. 2 BGB n. F., früher positiver Vertragsverletzung in Betracht. Die vorgenannten Ansprüche gelten auch für die Auswirkungen der Zeitdauer der Überprüfung der Beanstandungen. 25

### 4. Fristsetzung zur Entfernung von der Baustelle

Die sich als Beseitigungsanordnung darstellende Aufforderung muss nach § 4 Nr. 6 Satz 1, 2. Hs. VOB/B als Voraussetzung des in § 4 Nr. 6 Satz 2 VOB/B geregelten Selbsthilferechts mit einer vom Auftraggeber bestimmten Frist verbunden werden.[48] Die Fristsetzung kann auch für weitere, in anderen Bestimmungen geregelte Ansprüche des Auftragnehmers, welche eine Fristsetzung voraussetzen, von Bedeutung sein.[49] Zwar ist über die Bemessung der Frist in Nr. 6 nichts ausgesagt; jedoch muss, wie bei Durchführungsfristen allgemein, die Frist **angemessen** sein.[50] Das ergibt sich hier auch aus dem von VOB/B angewandten allgemeinen Prinzip angemessener Fristsetzung, das in folgenden Vorschriften mit vergleichbarer Interessenlage zum Ausdruck kommt: § 4 Nr. 7 Satz 3, § 5 Nr. 4, § 9 Nr. 2, § 13 Nr. 5 Abs. 2 und § 17 Nr. 6 Abs. 3 VOB/B.[51] Dies ist auch ein Gebot von Treu und Glauben nach § 242 BGB, weil der Auftragnehmer Zeit zur Prüfung der Beanstandung und zur Durchführung der Entfernungsmaßnahme benötigt. Dementsprechend richtet sich die **Angemessenheit** nach dem zeitlichen Erfordernis der Entfernung der beanstandeten Stoffe oder Bauteile,[52] dabei nach ihrem Umfang[53] und ihrer Art sowie nach sonstigen konkreten unvermeidlichen Zeitbedürfnissen. Eine zu kurz bemessene Frist verlängert sich auf die nach objektiven Kriterien zu bemessende „angemessene" Frist; hierzu gilt das in der Kommentierung bei den vorgenannten VOB-Bestimmungen zur „angemessenen" Fristsetzung Gesagte. 26

Unterlassene Fristsetzung führt dazu, dass, solange die (grundsätzlich nachholbare) Fristsetzung unterbleibt, das **Selbsthilferecht** nach § 4 Nr. 6 Satz 2 VOB/B dem Auftraggeber **nicht** zusteht, da diese Fristsetzung Voraussetzung hierfür ist.[54] 27

---

[46] *Heiermann/Riedl/Rusam* B § 4 Rdn. 78; *Ingenstau/Korbion* VOB/B § 4 Nr. 6 Rdn. 11; *Kapellmann/Messerschmidt/Merkens* B § 4 Rdn. 145.
[47] *Heiermann/Riedl/Rusam* VOB/B § 4 Rdn. 78; *Ingenstau/Korbion* VOB/B § 4 Nr. 6 Rdn. 11; *Vygen* Bauvertragsrecht, Rdn. 486. So auch *Kapellmann/Messerschmidt/Merkens* VOB/B § 4 Rdn. 145.
[48] *Heiermann/Riedl/Rusam* VOB/B § 4 Rdn. 75, 76; *Ingenstau/Korbion* VOB/B § 4 Nr. 6 Rdn. 12; *Vygen* Bauvertragsrecht, Rdn. 487.
[49] Vgl. *Ingenstau/Korbion* VOB/B § 4 Nr. 6 Rdn. 12.
[50] *Heiermann/Riedl/Rusam* VOB/B § 4 Rdn. 75; *Ingenstau/Korbion* VOB/B § 4 Nr. 6 Rdn. 12; *Kapellmann/Messerschmidt/Merkens* VOB/B § 4 Rdn. 140; *Nicklisch/Weick* VOB/B § 4 Rdn. 83; *Vygen* Bauvertragsrecht, Rdn. 487; *Kaiser* Mängelhaftung, Rdn. 21/21 a und BlGBW 1976, 101, 102; *Werner/Pastor* Rdn. 1610.
[51] *Ingenstau/Korbion* VOB/B § 4 Nr. 6 Rdn. 12; *Nicklisch/Weick* VOB/B § 4 Rdn. 83; *Kaiser* Mängelhaftung, Rdn. 21/21 a und BlGBW 1976, 101, 102.
[52] *Heiermann/Riedl/Rusam* VOB/B § 4 Rdn. 75.
[53] *Nicklisch/Weick* VOB/B § 4 Rdn. 83 a. E.
[54] *Heiermann/Riedl/Rusam* VOB/B § 4 Rdn. 76; *Ingenstau/Korbion* VOB/B § 4 Nr. 6 Rdn. 13; *Kapellmann/Messerschmidt/Merkens* VOB/B § 4 Rdn. 140, 141; *Nicklisch/Weick* VOB/B § 4 Rdn. 85; *Vygen* Bauvertragsrecht, Rdn. 487.

**28** Der Auftragnehmer ist allerdings **auch ohne** entsprechende **Aufforderung**/Beseitigungsanordnung und Fristsetzung **verpflichtet,** den Einbau oder die sonstige Verwendung vertragswidriger (einschl. probenwidriger) Stoffe oder Bauteile **zu unterlassen,** weil er dem Auftraggeber die Herstellung einer mängelfreien und auch sonst vertragsgemäßen Leistung schuldet und deshalb ohnehin zur Verwendung von vornherein einwandfreier Stoffe oder Bauteile gehalten ist.[55] Daher und insoweit ist der Auftragnehmer auch verpflichtet, von sich aus auf die Baustelle gelangte vertragswidrige Stoffe oder Bauteile erst gar nicht zum Einbau und zu sonstiger Verwendung bei Herstellung der Leistung kommen zu lassen, was am besten durch Entfernung dieser Stoffe oder Bauteile von der Baustelle geschieht, ebenso wie der Auftragnehmer im Hinblick auf seine erfolgsorientierte Pflicht zur Herstellung einer vertragsgemäßen Leistung bzw. eines vertragsgemäßen Werks gemäß § 4 Nr. 7 Satz 1 VOB/B, verpflichtet ist, schon während der Ausführung als mangelhaft oder vertragswidrig erkannte Leistungen auf eigene Kosten von sich aus durch mangelfreie zu ersetzen; für den BGB-Bauvertrag bzw. soweit § 4 Nr. 7 VOB/B eingeschränkt oder ausgeschlossen sein sollte, ergibt sich dies zwingend aus §§ 631, 633 Abs. 1 BGB, weil danach der Unternehmer verpflichtet ist, das Werk so herzustellen, dass es die zugesicherten Eigenschaften hat und fehlerfrei ist.

**29** Deshalb kann sich der Auftragnehmer gegenüber dem Auftraggeber später bei entsprechenden Mängelrügen und Gewährleistungsansprüchen sowie Schadensersatzansprüchen zu einer Enthaftung nicht auf eine **fehlende Beseitigungsanordnung** des Auftraggebers – auch nicht zur Begründung eines Mitverschuldens des Auftraggebers oder seiner Erfüllungsgehilfen nach § 254 bzw. nach §§ 254, 278 BGB – berufen.[56] Etwas anderes gilt dann, wenn und soweit der Auftraggeber sich mit der Verwendung vertragswidriger Stoffe oder Bauteile ausdrücklich oder konkludent oder stillschweigend **einverstanden** erklärt hat und der Auftragnehmer dabei auch nicht seine Prüfungs- und Hinweispflicht gemäß § 4 Nr. 3 VOB/B verletzt hat.[57] Ein **konkludentes** oder **stillschweigendes** Einverständnis oder ein entsprechender **Rechtsverzicht** des Auftraggebers kann darin liegen, dass er ersichtlich die Vertragswidrigkeit von Stoffen oder Bauteilen **erkannt,** aber keine Beseitigungsanordnung ausgesprochen und auch sonst nichts zur Verhinderung der Verwendung der entsprechenden Stoffe oder Bauteile unternommen hat oder auf eine entsprechende Beseitigungsanordnung nicht mehr zurückgekommen ist, obwohl er nach Fristablauf ersichtlich die noch auf der Baustelle lagernden beanstandeten Stoffe oder Bauteile wahrgenommen hat; je nach den Gegebenheiten des Einzelfalles kann hier statt Einverständnis oder Verzicht auch Mitverschulden nach § 254 (gegebenenfalls i. V. m. § 278) BGB gegeben sein.

### 5. Einbau und sonstige Verwendung vertrags- oder probenwidriger Stoffe oder Bauteile durch den Auftragnehmer

**30** Der Einbau oder die sonstige Verwendung vertragswidriger einschließlich probenwidriger Stoffe oder Bauteile durch den Auftragnehmer bei der Herstellung der Leistung führt zu einer mangelhaften Leistung mit den Mängelbeseitigungsansprüchen nach §§ 4 Nr. 7 VOB/B vor der Abnahme oder nach § 13 Nr. 5 VOB/B nach der Abnahme sowie bei Vorliegen der entsprechenden weiteren Voraussetzungen zu den einschlägigen Minderungsansprüchen oder zu den Schadensersatzansprüchen nach § 4 Nr. 7 VOB/B (vor der Abnahme) oder nach § 13 Nr. 7 VOB/B (nach der Abnahme).[58]

**31** Baut der Auftragnehmer Stoffe oder Bauteile, die dem Vertrag oder der Probe nicht entsprechen, ein, so kann er hierfür **keine Vergütung** beanspruchen, wie sich aus § 2 Nr. 8 Abs. 1 Satz 1 ergibt.[59]

---

[55] *Ingenstau/Korbion* VOB/B § 4 Nr. 6 Rdn. 13; *Kapellmann/Messerschmidt/Merkens* VOB/B § 4 Rdn. 140; *Vygen* Bauvertragsrecht, Rdn. 487.
[56] *Ingenstau/Korbion* VOB/B § 4 Nr. 6 Rdn. 13; *Vygen* Bauvertragsrecht, Rdn. 487.
[57] So auch *Vygen* a. a. O.
[58] Vgl. *Ingenstau/Korbion* VOB/B § 4 Nr. 6 Rdn. 6; *Vygen* Bauvertragsrecht, Rdn. 485.
[59] *Heiermann/Riedl/Rusam* VOB/B § 4 Rdn. 78.

## C. Selbsthilferechte des Auftraggebers (Satz 2)

### I. Voraussetzungen

Nach § 4 Nr. 6 Satz 2 VOB/B können Stoffe oder Bauteile, die dem Vertrag oder den **32** Proben nicht entsprechen, auf Kosten des Auftragnehmers entfernt oder für seine Rechnung veräußert werden, wenn er der nach § 4 Nr. 6 Satz 1 VOB/B erteilten Beseitigungsanordnung innerhalb der gesetzten **angemessenen** Frist nicht nachgekommen ist. Voraussetzungen des vertraglich vereinbarten Selbsthilferechts nach Satz 2 sind somit: **Objektive Vertragswidrigkeit** (einschließlich Probenwidrigkeit) der entsprechenden Stoffe oder Bauteile, die Erteilung einer ordnungsgemäßen und berechtigten **Anordnung** der Entfernung nebst Setzung einer angemessenen Frist durch den Auftraggeber und das **ungenutzte Verstreichenlassen der Frist** durch den Auftragnehmer.[60] Die Selbsthilferechte bestehen nur solange wie die Beseitigungspflicht des Auftragnehmers besteht, da diese die Voraussetzung für die Selbsthilferechte ist, d. h. also nur **bis** zum **Einbau** der betreffenden Stoffe oder Bauteile (siehe oben Rdn. 1).

Ein **Verzug** oder ein sonstiges **Verschulden** des Auftragnehmers **hinsichtlich des Verstreichenlassens** der Frist ist darüber hinaus **nicht erforderlich**. Es genügt das objektive **33** Verstreichen der Frist. Dies folgt aus dem Wortlaut von § 4 Nr. 5 Satz 2 VOB/B und dem systematischen Vergleich mit den vergleichbaren Bestimmungen in § 13 Nr. 5 Abs. 2 und in § 8 Nr. 3 Abs. 2 Satz 1 VOB/B, denen das Recht zur Selbsthilfe nach § 4 Nr. 5 Satz 2 VOB/B angelehnt ist und die ebenfalls keinen Verzug und kein (sonstiges) Verschulden voraussetzen.[61]

Für die Entbehrlichkeit des Verzuges spricht zusätzlich, dass § 4 Nr. 6 Satz 2 VOB/B **34** zwar entsprechend seinem Wortlaut den §§ 634 Nr. 2, 637 BGB n. F./§ 633 BGB a. F. ähnlich und nachgebildet ist, aber gerade den Verzug des Unternehmers/Auftragnehmers und damit (auch) das Verschulden als Voraussetzung nicht übernommen hat.[62] Dem steht auch nicht § 305 c Abs. 2 BGB/früher § 5 AGB-Gesetz entgegen, weil es sich insoweit um eine ergänzende Vertragsauslegung im zulässigen Rahmen handelt, zumal die VOB durch die vorgenannten Bestimmungen bei objektiver Betrachtung hinreichende Anhaltspunkte für die Auslegung des tatsächlichen Parteiwillens, nämlich ohne Verzug und ohne Verschulden liefert.[63]

### II. Ausübung

#### 1. Sorgfalt- und Fürsorgepflichten des Auftraggebers

Bei der Ausübung der Selbsthilferechte – **Entfernung oder Veräußerung** – ist der **35** Auftraggeber generell zur Sorgfalt und Fürsorge, deshalb auch zur Information des Auftragnehmers verpflichtet, damit diesem kein unnötiger Nachteil entsteht.[64] Die entstandenen Selbsthilferechte dürfen daher umfänglich nur soweit ausgeübt werden, wie es zur Abwen-

---

[60] *Heiermann/Riedl/Rusam* VOB/B Rdn. 76; *Kapellmann/Messerschmidt/Merkens* VOB/B § 4 Rdn. 141; *Nicklisch/Weick* VOB/B § 14 Rdn. 85; *Vygen* Bauvertragsrecht, Rdn. 488.
[61] *Heiermann/Riedl/Rusam* VOB/B § 4 Rdn. 76; *Ingenstau/Korbion* VOB/B § 4 Nr. 6 Rdn. 14; *Kapellmann/Messerschmidt/Merkens* VOB/B § 4 Rdn. 141; *Nicklisch/Weick* VOB/B § 4 Rdn. 85; *Kaiser* Mängelhaftung, Rdn. 22 a; *ders.* BlGBW 1976, 101, 102 und ZfBR 1985, 55, 56; *Vygen* Bauvertragsrecht, Rdn. 488; *Werner/Pastor* Rdn. 1610.
[62] *Ingenstau/Korbion* VOB/B § 4 Nr. 6 Rdn. 14; *Kaiser* aaO; *Vygen* Bauvertragsrecht, Rdn. 488.
[63] *Ulmer/Brandner/Hensen* § 5 Rdn. 13 ff.
[64] *Kapellmann/Messerschmidt/Merkens* VOB/B § 4 Rdn. 142; *Nicklisch/Weick* VOB/B § 4 Rdn. 86; *Vygen* Bauvertragsrecht, Rdn. 488 Abs. 2.

§ 4 Nr. 6         Beseitigung vertragswidriger Stoffe oder Bauteile

dung der Gefahr einer späteren Mangelhaftigkeit und sonstigen Vertragswidrigkeit der Leistung **erforderlich** ist.[65] Verletzt der Auftraggeber diese Pflichten, deren Art und Umfang von den Gegebenheiten des Einzelfalles abhängen und ihre konkrete Ausgestaltung durch das jeweils tatsächlich ausgeübte Selbsthilferecht der Entfernung von der Baustelle oder der Veräußerung erhalten, so **haftet** der Auftraggeber dem Auftragnehmer für einen hieraus entstehenden Schaden aus (Schuld-)Pflichtverletzung nach § 280 Abs. 1 BGB n. F., früher positiver Vertragsverletzung.[66] Verschuldensmaßstab ist hierbei § 276 BGB, wobei jedoch eine Beschränkung der Haftung auf Vorsatz und grobe Fahrlässigkeit analog § 680 BGB dann zu bejahen ist, wenn eine **akute Gefahr** besteht, dass der Auftragnehmer vertragswidrige Stoffe oder Bauteile einbaut.[67]

36   Eine generelle Haftungsbeschränkung auf Vorsatz und grobe Fahrlässigkeit gemäß § 300 Abs. 1 BGB wegen Annahmeverzugs des Auftragnehmers[68] ist zu verneinen, weil ein Fall des Annahmeverzugs nicht vorliegt,[69] nachdem es sich bei § 4 Nr. 6 VOB/B um eine Sonderregelung eigener Art handelt.

## 2. Entfernungsbefugnis auf Kosten des Auftragnehmers

37   Kraft der Entfernungsbefugnis darf der Auftraggeber die entsprechenden – noch nicht eingebauten – Stoffe oder Bauteile **auf Kosten des Auftragnehmers** unter Beachtung der unter vorstehender Randnummer genannten Sorgfalts- und Fürsorgepflichten von der in Rdn. 11 definierten „Baustelle" – und nur von dieser[70] – entfernen. D. h., der Auftraggeber kann die genannten Stoffe oder Bauteile von der Baustelle an eine den Umständen nach angemessene andere Örtlichkeit bringen bzw. bringen lassen, muss dabei aber für sachgemäße Lagerung und Aufbewahrung sorgen,[71] davor natürlich auch für einen ordnungsgemäßen Transport. Er hat den Auftragnehmer von der erfolgten Entfernung zu unterrichten und ihm zugleich **mitzuteilen,** wohin er die Stoffe oder Bauteile gebracht hat oder hat bringen lassen, da der Auftragnehmer in der Lage sein muss, diese wieder an sich zu nehmen.[72] Eine **Vernichtung** der Gegenstände ist **nicht** erlaubt.[73]

38   Die betreffenden Stoffe oder Bauteile sind so zu lagern und aufzubewahren, dass sie dem Einfluss und der Übernahme durch den Auftragnehmer **zugänglich** sind und der Auftragnehmer sie ohne Schwierigkeiten und ohne Schaden an sich nehmen und sachgerecht darüber **weiterverfügen** kann.[74] Es ist auch dafür Sorge zu tragen, dass die Gegenstände durch die Maßnahmen des Auftraggebers nicht (noch mehr) verschlechtert oder zerstört oder einem Abhandenkommen auch durch Diebstahl, ausgesetzt werden.[75]

39   Die Entfernung im Wege der Selbsthilfe geschieht auf Kosten des Auftragnehmers. Es handelt sich dabei um einen **aufschiebend bedingten Auftrag** und nicht um eine Geschäftsführung ohne Auftrag, da § 4 Nr. 6 Satz 2 VOB/B einen **vertraglich** vereinbarten

---

[65] *Ingenstau/Korbion* VOB/B § 4 Nr. 6 Rdn. 15.
[66] *Heiermann/Riedl/Rusam* VOB/B § 4 Rdn. 77; *Ingenstau/Korbion* VOB/B § 4 Nr. 6 Rdn. 15; *Kapellmann/Messerschmidt/Merkens* VOB/B § 4 Rdn. 147; *Nicklisch/Weick* VOB/B § 4 Rdn. 86; *Vygen* Bauvertragsrecht, Rdn. 488.
[67] *Nicklisch/Weick* VOB/B § 4 Rdn. 86. So auch *Kapellmann/Messerschmidt/Merkens* VOB/B § 4 Rdn. 147.
[68] So aber *Ingenstau/Korbion* VOB/B § 4 Nr. 6 Rdn. 15 a. E.; unter Bezugnahme hierauf auch *Heiermann/Riedl/Rusam* VOB/B § 4 Rdn. 77.
[69] So zutreffend *Nicklisch/Weick* VOB/B § 4 Rdn. 86 a. E. Auch *Kapellmann/Messerschmidt/Merkens* VOB/B § 4 Rdn. 147.
[70] *Ingenstau/Korbion* VOB/B § 4 Nr. 6 Rdn. 15; *Nicklisch/Weick* VOB/B § 4 Rdn. 86.
[71] *Heiermann/Riedl/Rusam* VOB/B § 4 Rdn. 77; *Ingenstau/Korbion* VOB/B § 4 Nr. 6 Rdn. 15; *Kapellmann/Messerschmidt/Merkens* VOB/B § 4 Rdn. 142; *Nicklisch/Weick* VOB/B § 4 Rdn. 86.
[72] *Heiermann/Riedl/Rusam* VOB/B § 4 Rdn. 77; *Ingenstau/Korbion* VOB/B § 4 Nr. 6 Rdn. 15; *Kapellmann/Messerschmidt/Merkens* VOB/B § 4 Rdn. 142; *Nicklisch/Weick* VOB/B § 4 Rdn. 86; *Vygen* Bauvertragsrecht, Rdn. 488.
[73] *Ingenstau/Korbion* VOB/B § 4 Nr. 6 Rdn. 15.
[74] *Ingenstau/Korbion* VOB/B § 4 Nr. 6 Rdn. 15.
[75] *Ingenstau/Korbion* wie vor.

Kostenerstattungsanspruch darstellt.[76] Anspruchsgrundlage für den geschuldeten Kostenersatz ist daher § 4 Nr. 6 Satz 2 VOB/B selbst als Vertragsanspruch; hinsichtlich Art und Umfang des Aufwendungsersatzes für die Kosten der Entfernung gilt **§ 670 BGB entsprechend**.[77] Zu dem geschuldeten Aufwendungsersatz gehören insbesondere Löhne, Ladekosten, Transportkosten, Lagerungskosten etc.,[78] weiter die sonstigen Aufwendungen, die als notwendige Folge der Entfernung der betreffenden Stoffe oder Bauteile dem Auftraggeber entstehen und sonst nicht entstanden wären und die er im Sinne von § 670 BGB „den Umständen nach für erforderlich halten darf". Diese Kosten sind daher zugleich auch in **angemessenen Grenzen** zu halten,[79] was sich zugleich auch aus den Sorgfalts- und Fürsorgepflichten des Auftraggebers zur Schadensminderung ergibt.[80]

## 3. Veräußerungsbefugnis

Unter denselben Voraussetzungen, die für die Selbsthilfemöglichkeit der Entfernung vertragswidriger (einschließlich probenwidriger) Stoffe oder Bauteile von der Baustelle gelten, hat der Auftraggeber als alternative Möglichkeit die Befugnis zur Veräußerung der genannten Gegenstände für Rechnung des Auftragnehmers. Der Auftraggeber hat also zwischen der Entfernungsbefugnis und der Veräußerungsbefugnis ein **Wahlrecht**.[81] 40

Bei der Ausübung der Veräußerungsbefugnis gelten die für die Wahrnehmung der Selbsthilferechte oben erörterten **Sorgfalts- und Fürsorgepflichten** des Auftraggebers[82] mit dem dort genannten Haftungsmaßstab und der dazu gegebenen Begründung.[83] Eine etwa auch hier denkbare Lagerung der Gegenstände, nämlich vor dem Verkauf, muss ebenfalls sachgemäß erfolgen. Dem Käufer gegenüber muss der Auftraggeber so handeln, dass diesem berechtigte Rügen oder gar Schadensersatzansprüche nicht entstehen, vor allem muss der Auftraggeber die ihm bekannten **Mängel** an den zu veräußernden Sachen dem Erwerber offenbaren,[84] andernfalls die diesbezügliche Haftung voll zu seinen Lasten geht. 41

Da der Verkauf **für Rechnung** des Auftragnehmers erfolgt, muss der Auftraggeber im Rahmen seiner Sorgfalts- und Fürsorgepflicht zwecks zumutbarer Schadensminderung versuchen, einen dem Wert der Sachen entsprechenden tragbaren Kaufpreis zu erzielen.[85] Er ist dem Auftragnehmer über die Durchführung des Verkaufsgeschäftes und insbesondere dessen Ergebnis nach § 259 BGB **rechenschaftspflichtig**.[86] Der nach Abzug der Kosten verbleibende Veräußerungserlös steht dem Auftragnehmer zu und ist ihm auszuhändigen.[87] Bei der Abwicklung der Rechenschaftspflicht und der Erlösübermittlung haftet der Auftraggeber nach dem Verschuldensmaßstab des § 276 BGB ohne eine Haftungsbeschränkung, weil es 42

---

[76] So auch *Heiermann/Riedl/Rusam* VOB/B § 4 Rdn. 77 und *Kapellmann/Messerschmidt/Merkens* VOB/B § 4 Rdn. 143. Ebenfalls *Ingenstau/Korbion* VOB/B § 4 Nr. 6 Rdn. 16, allerdings „alternativ auch Geschäftsführung ohne Auftrag".
[77] *Ingenstau/Korbion* VOB/B § 4 Nr. 6 Rdn. 16; so auch *Heiermann/Riedl/Rusam* VOB/B § 4 Rdn. 77 und *Kapellmann/Messerschmidt/Merkens* VOB/B § 4 Rdn. 143.
[78] *Heiermann/Riedl/Rusam* VOB/B § 4 Rdn. 77; *Ingenstau/Korbion* VOB/B § 4 Nr. 6 Rdn. 16.
[79] *Heiermann/Riedl/Rusam* VOB/B § 4 Rdn. 77.
[80] Vgl. oben Rdn. 35.
[81] *Ingenstau/Korbion* VOB/B § 4 Nr. 6 Rdn. 18; *Kapellmann/Messerschmidt/Merkens* VOB/B § 4 Rdn. 144; *Nicklisch/Weick* VOB/B § 4 Rdn. 86.
[82] *Ingenstau/Korbion* VOB/B § 4 Nr. 6 Rdn. 19; *Kapellmann/Messerschmidt/Merkens* VOB/B § 4 Rdn. 144; *Nicklisch/Weick* VOB/B § 4 Rdn. 86.
[83] So auch *Nicklisch/Weick* VOB/B § 4 Rdn. 86; anderer Ansicht *Heiermann/Riedl/Rusam* VOB/B § 4 Rdn. 77: generell Beschränkung auf Vorsatz oder grobe Fahrlässigkeit, und zwar gemäß § 300 Abs. 1 BGB, weil – entgegen der hier mit *Nicklisch/Weick* vertretenen Ansicht – Gläubigerverzug vorliege; ebenso *Ingenstau/Korbion* VOB/B § 4 Nr. 6 Rdn. 19.
[84] *Ingenstau/Korbion* VOB/B § 4 Nr. 6 Rdn. 19.
[85] *Heiermann/Riedl/Rusam* VOB/B § 4 Rdn. 77; *Ingenstau/Korbion* VOB/B § 4 Nr. 6 Rdn. 19; *Nicklisch/Weick* VOB/B § 4 Rdn. 86.
[86] *Heiermann/Riedl/Rusam* VOB/B § 4 Rdn. 77; *Ingenstau/Korbion* VOB/B § 4 Nr. 6 Rdn. 20; *Kapellmann/Messerschmidt/Merkens* VOB/B § 4 Rdn. 144; *Nicklisch/Weick* B § 4 Rdn. 86.
[87] Wie vorst. Fn.

**§ 4 Nr. 6**                                    Beseitigung vertragswidriger Stoffe oder Bauteile

sich hier um einen Teil der vertraglich vereinbarten Selbsthilfebefugnis selbst handelt.[88] Im Übrigen siehe Rdn. 35.

43    Ein **Selbsterwerb** durch den Auftraggeber ist wegen der diesbezüglichen Verbotstatbestände der §§ 181, 456, 457 BGB nur statthaft, wenn dies – gegebenenfalls auch nachträglich – zwischen Auftraggeber und Auftragnehmer vereinbart wird.[89]

## D. Mögliche weitere Ansprüche des Auftraggebers

44    Neben den Ansprüchen des Auftraggebers aus § 4 Nr. 6 Satz 2 VOB/B können dem Auftraggeber bei Vorliegen der entsprechenden Tatbestandsvoraussetzungen auch die Ansprüche und Rechte nach § 5 Nr. 4 VOB/B in Verbindung mit § 6 Nr. 6 oder § 8 Nr. 3 VOB/B zustehen.[90] Das kann sich insbesondere daraus ergeben, dass die Auswechselung der vertragswidrigen Stoffe oder Bauteile gegen ordnungsgemäße Stoffe oder Bauteile sich **verzögert** oder mangels Erhältlichkeit **nicht möglich** ist.[91] Außerdem können Schadensersatzansprüche des Auftraggebers aus Nebenpflichtverletzung begründet sein, sofern deren spezifische Voraussetzungen eingetreten sind. Der Beseitigungsanspruch des Auftraggebers nach § 4 Nr. 6 Satz 1 selbst ist auch **einklagbar** (Rdn. 6 a. E.).

Die VOB/B regelt in **§ 4 Nrn. 6** und 7 sowie in **§ 13 Nrn. 5, 6** und 7 abschließend die Ansprüche, die dem Auftraggeber bei einer mangelhaften Leistung des Auftragnehmers zustehen.[92]

---

[88] *Ingenstau/Korbion* VOB/B § 4 Nr. 6 Rdn. 20.
[89] *Heiermann/Riedl/Rusam* VOB/B § 4 Rdn. 77; *Ingenstau/Korbion* VOB/B § 4 Nr. 6 Rdn. 20; so auch *Kapellmann/Messerschmidt/Merkens* VOB/B § 4 Rdn. 144.
[90] *Heiermann/Riedl/Rusam* VOB/B § 4 Rdn. 78; *Ingenstau/Korbion* VOB/B § 4 Nr. 6 Rdn. 21; *Kapellmann/Messerschmidt/Merkens* VOB/B § 4 Rdn. 146.
[91] Wie vorst. Fn.
[92] BGH NJW 1965, 152.

# § 4 Nr. 7

## § 4 Nr. 7 [Mangelbeseitigungs- und Schadensersatzpflicht vor Abnahme]

Leistungen, die schon während der Ausführung als mangelhaft oder vertragswidrig erkannt werden, hat der Auftragnehmer auf eigene Kosten durch mangelfreie zu ersetzen. Hat der Auftragnehmer den Mangel oder die Vertragswidrigkeit zu vertreten, so hat er auch den daraus entstehenden Schaden zu ersetzen. Kommt der Auftragnehmer der Pflicht zur Beseitigung des Mangels nicht nach, so kann ihm der Auftraggeber eine angemessene Frist zur Beseitigung des Mangels setzen und erklären, dass er ihm nach fruchtlosem Ablauf der Frist den Auftrag entziehe (§ 8 Nr. 3).

**Literatur:** *Acker/Roskosny,* Die Abnahme beim gekündigten Bauvertrag und deren Auswirkung auf die Verjährung, BauR 2003, 1279; *Anderson,* Zur Problematik des § 8 Ziff. 3 VOB/B (Entziehung des Auftrags durch den Auftraggeber), BauR 1972, 65; *Aurnhammer,* Ein Versuch zur Lösung des Problems der Schadensquote, VersR 1974, 1060; *Baden,* Nochmals: Hat der Bauherr im Verhältnis zum Unternehmer die Verspätung oder Mangelhaftigkeit der Arbeiten des Vorunternehmers zu vertreten?, BauR 1991, 30; *Brück/Reichelt,* Die Entwicklung des privaten Baurechts seit 2002: VOB/B, NJW 2005, 2273; *Bühl,* Der Kostenzuschußanspruch des Auftragnehmers, BauR 1985, 502; *Clemm,* Mängelbeseitigung auf Kosten des Auftragnehmers vor der Abnahme des Bauwerkes nach der VOB/B, BauR 1986, 136; *ders.,* Die rechtliche Einordnung der Prüfungs- und Hinweispflicht des Auftragnehmers im Bauvertrag (§ 4 Nr. 3 VOB/B) und die Rechtsfolgen ihrer Verletzung, BauR 1987, 609; *v. Craushaar,* Risikotragung bei mangelhafter Mitwirkung des Bauherrn, BauR 1987, 14; *Dähne,* Nochmals: Zur Problematik des § 8 Nr. 3 VOB/B (Entziehung des Auftrags durch den Auftraggeber), BauR 1972, 279; *ders.,* Rechtsnatur und Verjährung des Schadensersatzanspruches in § 4 Nr. 7 S. 2 VOB/B (auch zu § 8 Nr. 3 Abs. 2 VOB/B), BauR 1973, 268; *Enders,* Gleichlauf von VOB/B- und BGB-Bauvertrag unter besonderer Berücksichtigung des Vergütungsrechts, 1984; *Früh,* Die Kostenbeteiligungspflicht des Bauherrn bei der Mängelbeseitigung unter besonderer Berücksichtigung der sogenannten „echten Vorteilsausgleichung" (Abzug „neu für alt"), BauR 1992, 160; *ders.,* Die „Sowieso-Kosten", 1991; *Ganten,* Beratungspflicht des Architekten, BauR 1974, 78; *ders.,* Die Erstattung von sogenannten „Regiekosten" als Schadensersatz, BauR 1987, 22; *Grauvogl,* Die Erstattung von Kosten der Ersatzvornahme vor der Abnahme im VOB-Bauvertrag, FS Vygen, 1999, 291; *Grieger,* Verspätete oder mangelhafte Vorunternehmerleistung – Wer hat sie zu vertreten?, BauR 1990, 406; *Groß,* Vorteilsausgleichung im Gewährleistungsrecht, FS Korbion, 1986, 123; *ders.,* Der Einfluß der Abtretung von Mängelansprüchen an Dritte im Rahmen von Werkverträgen, NJW 1971, 648; *Harms,* Die „doppelte" Fristsetzung zur Mängelbeseitigung – Wirksames Instrument oder rechtliches nullum?, BauR 2004, 745; *Hartmann,* Die Beratungs-, Hinweis- und Aufklärungspflichten des Architekten, BauR 1974, 168; *Heyers,* Zur Divergenz und Realisierung der Schadensersatzansprüche des Auftraggebers aus Zeitverlust im Rahmen der VOB, BauR 1974, 24; *Jakobs,* Nichterfüllung und Gewährleistung beim Werkvertrag, FS Beitzke, 1979, 67; *ders.,* Die Abnahme beim Werkvertrag, AcP 183 (1983), 145; *ders.,* Nichterfüllung und Rücktritt, FS F. A. Mann, 1977, 35; *Kahlke,* Zum Verzug des zur Mängelbeseitigung Verpflichteten gemäß §§ 538, 633, 634 BGB und § 13 Nr. 5 Abs. 2 VOB/B, BauR 1981, 516; *Kaiser,* Der Schadensersatzanspruch nach § 4 Nr. 7 Satz 2 VOB/B – Grundsätzliche Rechtsfragen –, BauR 1991, 391; *ders.,* Die Haftung des Auftragnehmers vor der Abnahme, BlGBW 1976, 101 und 121; *ders.,* Aktuelle Rechtsfragen im privaten Baurecht, ZfBR 1985, 1 und 55; *ders.,* Der Anspruch auf Ersatz der Fremdnachbesserungskosten nach §§ 4 Nr. 7; 8 Nr. 3 VOB/B, ZfBR 1999, 64; *Kiesel,* Die VOB 2002 – Änderungen, Würdigung, AGB-Problematik, NJW 2002, 2064; *Knütel,* Zur „Selbstvornahme" nach § 637 Abs. 1 BGB n. F., BauR 2002, 689; *Köhler,* Anmerkung zu BGH NJW 1983, 2191, JZ 1983, 706; *ders.,* Juristentag und Reform des Werkvertragsrechts – eine kurze Bilanz, NJW 1985, 945; *Kohler,* Werkmangelrechte, Werkleistungsanspruch und allgemeines Leistungsstörungsrecht, BauR 1988, 278; *Kraus,* Ansprüche des Auftragnehmers bei einem durch Vorunternehmer verursachten Baustillstand, BauR 1986, 17; *Korintenberg,* Erfüllung und Gewährleistung beim Werkvertrag, 1935; *Mandelkow,* Die Unverhältnismäßigkeit der Nachbesserung, BauR 1996, 656; *Merl,* Schuldrechtsmodernisierungsgesetz und werkvertragliche Gewährleistung, FS Jagenburg, 2002, 597; *Müller-Foell,* Ersatzvornahme beim VOB-Bauvertrag vor Abnahme auch ohne Kündigung?, NJW 1987, 1608; *Mundt,* Zur angemessenen Nachbesserungsfrist bei witterungsabhängigen Nachbesserungsarbeiten; BauR 2005, 1397; *Nicklisch,* Risikoverteilung im Werkvertragsrecht bei Anweisungen des Bestellers, FS Bosch, 1976, 731; *Peters,* Der Anspruch auf Schadensersatz wegen Nichterfüllung gemäß § 635 BGB, JZ 1977, 458; *Schmitz,* Die Mängelbeseitigung vor Abnahme nach dem BGB, BauR 1979, 195; *Schulz,* Ermittlung der Schadensquote durch Bausachverständige, BauR 1984, 40; *Schütz,* Mangelhafte Werkherstellung und der Neuherstellungsanspruch, 1970; *Siegburg,* Bauaufwand infolge fehlerhafter Vorgaben des Bauherrn, FS Korbion, 1986, 411; *ders.,* Verantwortlichkeit des Auftraggebers für Baumängel bei fehlerhafter Vorunternehmerleistung, ZfBR 2001, 291; *ders.,* Der Baumangel nach der geplanten VOB/B 2002, FS Jagenburg, 2002, 839; *Soergel,* Die quotenmäßige Mangelverantwortung der Bauvertragsparteien, ZfBR 1995, 165; *Thamm,* Die Dauer einer „angemessenen Nachfrist" für Lieferung und Mängelbeseitigung, BB 1982, 2018; *Tempel,* Ist die VOB/B noch zeitgemäß?, NZBau 2002, 465 und 532; *Tomic,* Verjährung des Kostenerstattungsanspruchs (§§ 4 Nr. 7, 8 Nr. 3 VOB/B), BauR 2006, 441; *Vorwerk,* Mängelhaftung des Werkunternehmers und Rechte des Bestellers nach neuem Recht, BauR 2003, 1; *Vygen,* Behinderung des Auftragnehmers durch verspätete oder mangelhafte Vorunternehmerleistungen, BauR 1989, 387; *Weyer,* Die Beratungs-

## § 4 Nr. 7 Mangelbeseitigungs- und Schadensersatzpflicht vor Abnahme

pflichten des Architekten – insbesondere rechtliche und wirtschaftliche Beratung vor Vertragsschluß und während der Leistungsphasen 1–4, BauR 1987, 131; *ders.*, Vermeintliche und wirkliche Kleinigkeiten bei der werkvertraglichen Gewährleistung, dargestellt am Beispiel zu geringer Wohnfläche, FS Jagenburg, 2002, 1043.

### Übersicht

| | Rdn. |
|---|---|
| **A. Grundlagen** | 1–22 |
| I. Regelungsinhalt | 1 |
| II. Abgrenzung gegenüber anderen Regelungen der VOB/B | 3 |
| 1. § 4 Nr. 6 VOB/B | 3 |
| 2. § 13 Nr. 5 Abs. 1 VOB/B | 4 |
| 3. § 13 Nr. 7 VOB/B | 5 |
| III. Bezüge zur Rechtslage nach BGB | 6 |
| 1. Mangelbeseitigung | 6 |
| 2. Schadensersatz | 8 |
| 3. Auftragsentziehung | 10 |
| IV. Bedeutung und Würdigung | 15 |
| 1. § 4 Nr. 7 Satz 1 VOB/B | 16 |
| 2. § 4 Nr. 7 Satz 2 VOB/B | 21 |
| 3. § 4 Nr. 7 Satz 3 VOB/B | 22 |
| **B. Gemeinsame Voraussetzungen für die Rechte gemäß Satz 1 bis 3** | 23–66 |
| I. Allgemeine Tatbestandselemente | 23 |
| II. Leistung des Auftragnehmers | 24 |
| 1. Leistung | 24 |
| 2. Zurechenbarkeit | 28 |
| III. Mangelhaftigkeit oder Vertragswidrigkeit der Leistung | 30 |
| 1. Mangel und Vertragswidrigkeit | 31 |
| 2. Mangelarten | 34 |
| 3. Prognose | 36 |
| IV. Zeitliche Grenzen | 38 |
| 1. Anfang | 38 |
| 2. Ende | 39 |
| a) Regel | 39 |
| b) Ausnahme bei § 4 Nr. 7 Satz 2 VOB/B | 41 |
| c) Entsprechung beim BGB-Vertrag | 46 |
| V. Erkennen des Mangels oder der Vertragswidrigkeit; unterlassene Mängelrüge | 47 |
| VI. Alleinverantwortlichkeit des Auftraggebers für den Mangel | 52 |
| 1. VOB/B-Vertrag; Rechtsausschluss | 52 |
| 2. BGB-Vertrag; kein Rechtsausschluss | 60 |
| **C. Der Beseitigungsanspruch (Satz 1)** | 67–158 |
| I. Besondere Voraussetzungen und Einschränkungen | 67 |
| 1. Verschuldensunabhängigkeit | 67 |
| 2. Unverhältnismäßiger Aufwand | 68 |
| a) Mangelbeseitigungsverweigerung durch Auftragnehmer | 68 |

| | Rdn. |
|---|---|
| b) Minderungsbefugnis des Auftraggebers | 73 |
| c) Verhältnis zur Schadensersatzhaftung | 75 |
| 3. Vertragsaufhebung | 76 |
| II. Anspruchsinhalt | 77 |
| 1. Mangelbeseitigung | 77 |
| 2. Unterlassen mangelbehafteter Baufortführung | 81 |
| III. Kosten | 82 |
| 1. Grundlagen | 82 |
| 2. Sowiesokosten | 83 |
| 3. Vorteilsausgleichung | 86 |
| IV. Kostentragung bei (Mit-)Verantwortung des Auftraggebers für den Mangel | 90 |
| 1. Alleinverantwortlichkeit des Auftraggebers | 91 |
| a) VOB/B-Vertrag | 92 |
| b) BGB-Vertrag | 93 |
| 2. Beiderseitige Verantwortlichkeit | 99 |
| a) Grundsatz: Mangelbeseitigung unter Kostenteilung | 101 |
| b) Grundlage der Kostenbeteiligung des Auftraggebers | 103 |
| c) Verantwortungszuweisung | 108 |
| d) Abrechnung bei Mangelentdeckung | 118 |
| e) Abrechnung nach Mangelbehebung | 121 |
| f) Mitverantwortlichkeit mehrerer Auftragnehmer | 123 |
| V. Prozessuales | 124 |
| 1. Allgemein: Abweisung der Schlusszahlungs- bzw. Gesamtwerklohnklage | 125 |
| 2. Alleinverantwortlichkeit des Auftragnehmers für den Mangel | 128 |
| a) Herstellungsklage und Zahlungspflicht | 129 |
| b) Klage auf Abschlagszahlung | 131 |
| 3. Mit- oder Alleinverantwortlichkeit des Auftraggebers für den Mangel | 134 |
| a) Herstellungsverlangen und Zahlungspflicht | 136 |
| b) Zahlungsklage, Mangelbeseitigungsanspruch und Zahlungspflicht | 143 |
| c) Eigener Lösungsvorschlag | 149 |

|  | Rdn. |  | Rdn. |
|---|---|---|---|
| D. Der Schadensersatzanspruch (Satz 2) | 159–193 | 2. Bezug zu § 323 Abs. 1 BGB oder §§ 634 Nr. 3, 323 Abs. 1 BGB | 197 |
| I. Grundlagen/Wesen | 159 | II. Besondere Voraussetzungen und Grenzen | 201 |
| 1. VOB/B-Vertrag | 159 | 1. Herstellungsanspruch | 201 |
| 2. BGB-Vertrag | 160 | 2. Aufforderung zur Leistung | 202 |
| II. Besondere Anspruchsvoraussetzungen und -grenzen | 161 | 3. Fristsetzung | 203 |
| 1. Schadenszurechnung | 161 | a) Fristbemessung | 204 |
| 2. Verschulden | 162 | b) Unangemessene Frist | 206 |
| 3. Grenzen aus rechtssystematischen Gründen | 163 | 4. Androhung des Auftragsentzugs | 207 |
| a) Schadensersatz wegen Nichterfüllung | 163 | 5. Fristsäumnis | 209 |
| b) Verhältnis zur Auftragsentziehung und zum Herstellungsanspruch | 170 | 6. Entbehrlichkeit der Fristsetzung mit Ablehnungsandrohung | 210 |
| c) Verhältnis zu § 6 Abs. 6 VOB/B und zu Vertragsstrafevereinbarungen | 172 | a) Unmöglichkeit | 211 |
| | | b) Ernsthafte Leistungsverweigerung | 212 |
| 4. Zeitliche Grenzen | 173 | c) Besonderes Auftraggeberinteresse | 215 |
| III. Schadensberechnung | 174 | d) Kündigungsrecht aus wichtigem Grund | 216 |
| 1. Grundlagen | 174 | e) Allgemeine Geschäftsbedingungen | 217 |
| 2. Regelmäßiger Anspruchsumfang | 176 | 7. Ausschluss wegen Rechtsmissbrauchs | 219 |
| 3. Neuherstellung und Neuherstellungskosten | 177 | III. Rechtsfolgen | 220 |
| 4. Mangelbeseitigung durch Auftraggeber | 179 | 1. Kündigungsrecht des Auftraggebers | 220 |
| 5. Vorenthaltungsschäden | 181 | 2. Unterlassene Auftragsentziehung | 222 |
| a) Grundlagen/Ersatzfähige Schäden | 182 | 3. Folgen der Auftragsentziehung | 223 |
| b) Merkantilisierung von Gebrauchseinschränkungen | 184 | F. Ersatzvornahme und Kostenvorschuss | 226–238 |
| IV. Schadensminderungsgründe | 185 | I. Rechtslage beim BGB-Vertrag | 226 |
| 1. Vorteilsausgleichung | 185 | II. Diskussion beim VOB/B-Vertrag | 227 |
| 2. Sowiesokosten | 188 | 1. Formale Argumente | 228 |
| 3. Mitverantwortung des Auftraggebers | 190 | 2. Schutzzweckangemessenheit | 230 |
| V. Anspruchsentstehung | 191 | 3. Fehlendes Bedürfnis | 232 |
| VI. Prozessuales; Beweislast | 192 | III. Einzelheiten des Kostenvorschussanspruchs | 238 |
| E. Auftragsentziehung (Satz 3) | 194–225 | | |
| I. Grundlage und Wesen | 194 | | |
| 1. Vergleich mit § 649 BGB | 196 | | |

# A. Grundlagen

## I. Regelungsinhalt

§ 4 Nr. 7 VOB/B enthält die wesentliche Regelung der Rechte des Auftraggebers für **1** den Fall, dass **Leistungen** schon **während der Ausführung** als **mangelhaft** oder **vertragswidrig** erkannt werden. Dem Auftraggeber werden zwei Ansprüche eingeräumt: Satz 1 gewährt einen Anspruch darauf, dass der Auftragnehmer auf eigene Kosten die mangelhaften Leistungen durch **mangelfreie** ersetzt. Satz 2 sieht bei Mangelhaftigkeit oder Vertragswidrigkeit der Leistung, die der Auftragnehmer zu vertreten hat, einen **Schadensersatzanspruch** vor. Schließlich eröffnet Satz 3 dem Auftraggeber eine Gestaltungsbefugnis dahingehend, den **Auftrag zu entziehen,** wenn der Auftragnehmer die geschuldete Man-

§ 4 Nr. 7    Mangelbeseitigungs- und Schadensersatzpflicht vor Abnahme

gelbeseitigung auch nach Setzung einer angemessenen Frist zur Beseitigung des Mangels und trotz Androhung der Auftragsentziehung nicht erledigt.

2   Der Auftraggeber kann bei einem Vorgehen auf der Grundlage von § 4 Nr. 7 Satz 3 VOB/B gemäß **§ 8 Nr. 3** VOB/B **Kostenvorschuss** und **Kostenerstattung** für eine Ausführung des Werkes durch einen Dritten verlangen. Über die Textfassung hinaus befürwortet eine Mindermeinung **auch ohne Auftragsentziehung** Ansprüche auf Kostenvorschuss und Kostenerstattung vor bzw. nach einer vom Auftraggeber selbst durchgeführten Mangelbeseitigung.

## II. Abgrenzung gegenüber anderen Regelungen der VOB/B

### 1. § 4 Nr. 6 VOB/B

3   Mit dem in § 4 Nr. 6 VOB/B gewährten Anspruch auf Entfernung der nicht dem Vertrag oder den Proben entsprechenden Stoffe oder Bauteile von der Baustelle hat § 4 Nr. 7 VOB/B gemeinsam, dass beide Regelungen an eine sachlich nicht ordnungsgemäße Leistungserbringung anknüpfen und sie grundsätzlich nur bis zur Abnahme gelten. Im Unterschied zu § 4 Nr. 7 VOB/B bezweckt der Entfernungsanspruch gemäß § 4 Nr. 6 VOB/B allerdings, einer mangelhaften oder vertragswidrigen Bauausführung vorzubeugen, die als Folge einer Verwendung der auf der Baustelle lagernden vertrags- oder probewidrigen Stoffe oder Bauteile droht. Mit dem Einbau solcher Materialien wird daher der Anwendungsbereich des § 4 Nr. 6 VOB/B verlassen. Allerdings wird dann in aller Regel eine mangelhafte oder vertragswidrige Leistung i. S. v. § 4 Nr. 7 VOB/B vorliegen, so dass der Beseitigungsanspruch gemäß § 4 Nr. 7 Satz 1 VOB/B **zeitlich als Folgeanspruch** zu § 4 Nr. 6 VOB/B erscheint.[1]

### 2. § 13 Nr. 5 Abs. 1 VOB/B

4   Die tatbestandliche Beschränkung des § 4 Nr. 7 Satz 1 VOB/B auf die „schon während der Ausführung" als mangelhaft oder vertragswidrig erkannten Leistungen grenzt den Anwendungsbereich dieser Norm von demjenigen des § 13 Nr. 5 Abs. 1 VOB/B ab. § 13 Nr. 5 Abs. 1 VOB/B hat mit § 4 Nr. 7 Satz 1 VOB/B gemeinsam, dass beide Regelungen auf mangelfreie Herstellung des geschuldeten Werks zielen. Die Rechte gemäß § 4 Nr. 7 Satz 1 VOB/B sind hingegen nur begründet, wenn die gerügte Leistung **weder abgenommen noch abnahmefähig bereitgestellt**[2] ist, d. h. die nach § 12 Nr. 1 VOB/B angeforderte Abnahme nicht grundlos – § 12 Nr. 3 VOB/B – über die in § 12 Nr. 1 VOB/B bezeichnete Frist hinaus verweigert wird. Eine Vertragskündigung vor Abnahme oder abnahmefähiger Bereitstellung genügt nicht, so dass in einem solchen Fall eine Mangelhaftung nur auf der Basis des § 4 Nr. 7 VOB/B in Betracht kommt.[3] Insofern sind die zeitlichen Anwendungsbereiche des § 4 Nr. 7 Satz 1 VOB/B einerseits und des § 13 Nr. 5 Abs. 1 VOB/B andererseits klar und lückenlos[4] und damit auch zweckmäßig voneinander abgegrenzt. Denn mit Abnahme oder grundloser Abnahmeverweigerung ist, letzterenfalls nach Ablauf der in § 12 Nr. 1

---

[1] *Ingenstau/Korbion/Oppler* VOB/B § 4 Nr. 7 Rdn. 2.
[2] BGHZ 50, 163 = NJW 1968, 1525; OLG Celle BauR 1995, 713 f.; *Ingenstau/Korbion/Oppler* VOB/B § 4 Nr. 7 Rdn. 6.
[3] BGHZ 50, 160, 165 f. = NJW 1968, 1524; BGH NJW 1974, 1707; BGH NJW 1988, 140 = BauR 1987, 689 = ZfBR 1987, 271; *Acker/Roskosny* BauR 2003, 1279, 1282; *Brügmann/Kenter* NJW 2003, 2121, 2122.
[4] Das gilt namentlich für die grundlose Abnahmeverweigerung hinsichtlich der Zeit bis zum erfolglosen Verstreichen der gemäß § 12 Nr. 1 VOB/B eingeräumten Abnahmefrist, *Ingenstau/Korbion/Oppler* VOB/B § 4 Nr. 7 Rdn. 6; *Nicklisch/Weick/Nicklisch* VOB/B § 4 Rdn. 96; *Kaiser* BlGBW 1976, 101; *ders.* Mängelhaftung Rdn. 24 m. w. N.; *Locher* PrivBauR Rdn. 206; insb. gegen *Daub/Piel/Soergel/Steffani* Erl. Z. B 4109 (nur Abnahme beende die Anwendung des § 4 Nr. 7 VOB/B); a. A. *Siegburg* Gewährleistung Rdn. 1269 f. (bis zum fruchtlosen Ablauf der Frist gemäß § 12 Nr. 1 VOB/B bzw. der unberechtigten Verweigerung der förmlichen Abnahme).

Mangelbeseitigungs- und Schadensersatzpflicht vor Abnahme § 4 Nr. 7

VOB/B bezeichneten Frist, § 13 Nr. 5 VOB/B anzuwenden. Diese Vorschrift erfasst alsdann auch die gemäß § 4 Nr. 7 Satz 1 VOB/B erhobenen, aber noch nicht erfüllten Ansprüche,[5] sofern nicht sonstige, die Anwendbarkeit des § 13 Nr. 5 VOB/B nach den allgemeinen Regeln ausschließende Umstände vorliegen, wie etwa vorbehaltlose Abnahme in Kenntnis des Mangels. Dadurch werden jedoch nicht die Grenzen der Geltendmachung von Kosten einer Ersatzvornahme beseitigt, die sich vor Abnahme bei Geltung des § 4 Nr. 7 VOB/B aus § 4 Nr. 7 Satz 3 VOB/B in Verbindung mit § 8 Abs. 3 VOB/B ergeben.[6]

### 3. § 13 Nr. 7 VOB/B

Dieselbe **zeitliche Grenze** gilt grundsätzlich auch für das Verhältnis der **Schadensersatzansprüche** gemäß § 4 Nr. 7 Satz 2 VOB/B und § 13 Nr. 7 VOB/B zueinander. Die theoretisch klare Trennung wird allerdings aus Systemgründen **durchbrochen** im Sinne fortgesetzter Anwendbarkeit des § 4 Nr. 7 Satz 2 VOB/B, wenn trotz einer auf Grund von § 4 Nr. 7 Satz 1 VOB/B verlangten und vor Abnahme bzw. abnahmefähiger Herstellung gelungenen Mangelbeseitigung ein Schaden über die Abnahme bzw. abnahmefähige Bereitstellung hinaus verbleibt.[7]

### III. Bezüge zur Rechtslage nach BGB

#### 1. Mangelbeseitigung

Zu § 4 Nr. 7 Satz 1 VOB/B findet sich im allgemeinen bürgerlichen Recht in § 631 Abs. 1 i. V. m. § 633 Abs. 1 BGB eine nur in gewisser Weise **parallele** Regelung; nach Streichung des § 634 Abs. 1 Satz 2 BGB a. F. ist zweifelhaft, ob eine Parallele überdies dem § 634 Abs. 1 Nr. 1 BGB zu entnehmen ist, wenn dessen Anwendung von der Abnahme abhängt. Beim BGB-Vertrag hat der Besteller **bis zur Abnahme** unzweifelhaft einen Anspruch auf vertragsgemäße Herstellung, der unmittelbar auf der werkvertraglichen Erfolgsbezogenheit – § 631 Abs. 1 BGB – beruht, in § 633 Abs. 1 BGB verdeutlicht und in § 633 Abs. 2 BGB hinsichtlich der Werkbeschaffenheit konkretisiert wird; dieser Anspruch ist Teil der Erfüllungspflicht.[8] Vor Abnahme oder abnahmefähiger Bereitstellung besteht grundsätzlich nur der **Erfüllungsanspruch** als solcher, nicht aber ein davon getrennter gewährschaftsrechtlicher Anspruch auf Mangelbeseitigung. Die Anwendung des Gewährschaftsrechts setzt nämlich im allgemein-bürgerlichrechtlichen Werkvertragsrecht die durch die Abnahme oder abnahmefähige Bereitstellung bewirkte Zuordnung des Werkstücks zum vertraglichen Leistungsprogramm voraus; denn erst diese Zuordnung macht aus dem Leistungsversuch des Unternehmers das „Werk" im Sinne der Gewährschaftsregeln des BGB, das – wie der Mangelbegriff erfordert – mit dem Leistungsversprechen des Unternehmers zu vergleichen ist.[9] Nur ausnahmsweise kann der Auftraggeber vor Abnahme des Werks Gewährleistungsrechte geltend machen, wenn die Gefahr schon vor der Abnahme auf den Auftraggeber übergegangen ist, etwa wegen Annahmeverzugs, oder bei vorzeitiger Vertragsbeendigung namentlich durch Kündigung, oder bei offenkundiger Unmöglichkeit für den Auftragnehmer, den Mangel zu beseitigen.[10] Sofern eine Nachbesserung zur vertragsgemäßen Herstellung genügt, ist der Erfüllungsanspruch je nach der dem Unternehmer im

---

[5] BGH NJW 1982, 1524 = BauR 1982, 279; OLG Frankfurt BauR 1987, 102 = ZfBR 1986, 286; *Kleine-Möller/Merl/Oelmaier/Merl* § 12 Rdn. 689; *Siegburg* Gewährleistung Rdn. 885.
[6] OLG Düsseldorf NJW-RR 2001, 1388 f. = BauR 2001, 1463.
[7] *Brügmann/Kenter* NJW 2003, 2121, 2123; *Siegburg* Gewährleistung Rdn. 1271.
[8] BGHZ 51, 277 = NJW 1969, 654; BGH NJW 1971, 839 = BauR 1971, 127; *Palandt/Sprau* Vorbem. v. § 633 Rdn. 7, § 633 Rdn. 3; *Staudinger/Peters* § 633 Rdn. 3, 88, 141, 152.
[9] *Jakobs* FS Beitzke S. 67, 74 ff.; *ders.* AcP 183 (1983), 145, 149 ff.; *Kohler* BauR 1988, 278, 279 f., 295.
[10] *Palandt/Sprau* Vorbem. v. § 633 Rdn. 7; zu Letzterem BGH NJW 2000, 133 und BGH NJW 2001, 3329.

§ 4 Nr. 7 Satz 1 VOB/B enthält dagegen für den **VOB/B-Vertrag** zwar auch einen der Erfüllungsebene zugeordneten Anspruch,[13] doch ist dieser spezifisch im Hinblick auf die nach Abnahme bzw. abnahmereife Herstellung geltende Gewährleistungsregel des § 13 Nr. 5 Abs. 1 VOB/B für die Phase der Bauausführung strukturiert[14] und enthält demgemäß eine den Erfüllungsanspruch eigenständig regelnde Ordnung. Deshalb ist insoweit, wie es um mangelhafte oder vertragswidrige Leistungen in der Bauausführungsphase geht, der Rückgriff auf den allgemeinen Erfüllungsanspruch entbehrlich und ausgeschlossen.[15]

Rahmen des technisch Möglichen zu überlassenden Disposition entweder durch Neuherstellung oder durch Nachbesserung des in Ausführung befindlichen Werks zu erfüllen;[11] diese in der Herstellungsphase vor Abnahme oder abnahmefähiger Bereitstellung bestehende Entscheidungskompetenz des Auftragnehmers wird dadurch bestätigt, dass § 635 Abs. 1 BGB diese Zuweisung der Dispositionsbefugnis auch für das Nacherfüllungsverlangen des Werkbestellers in der Gewährleistungsphase vorsieht. Der Erfüllungsanspruch kann gemäß § 275 Abs. 1 BGB entfallen oder gemäß § 275 Abs. 2 und 3 BGB auf Einrede des Auftragnehmers undurchsetzbar sein. § 635 Abs. 3 BGB ist als gewährschaftsrechtliche Regelung auf den Erfüllungsanspruch unmittelbar nicht anwendbar; allerdings ist seine analoge Geltung wegen der Funktionsgleichheit von Erfüllungsanspruch vor Abnahme oder abnahmefähiger Bereitstellung einerseits und sich daran anschließendem Nacherfüllungsanspruch gemäß den §§ 634 Nr. 1, 635 BGB andererseits anzunehmen.[12]

## 2. Schadensersatz

8 Für die Schadensersatzhaftung gemäß § 4 Nr. 7 Satz 2 VOB/B bieten die funktional in der Nachfolge des § 635 BGB a. F. stehenden **§§ 634 Nr. 4, 280 Abs. 1 und 3, 281, 283 oder 311 a BGB kein Vorbild.** Entgegen verbreiteter Ansicht[16] setzt nämlich das Vorliegen eines mangelhaften Werks, wie es diese Normen tatbestandlich bei Anwendung unter Vermittlung des § 634 Nr. 4 BGB voraussetzen, eine Zuordnung des zu bemängelnden Leistungsgegenstands zum vertraglichen Leistungsprogramm voraus; da diese Zuordnung erst durch die Abnahme oder abnahmefähige Bereitstellung bewirkt wird, ist erst danach die Haftung gemäß den §§ 634 Nr. 4, 280, 281, 283 oder 311a BGB begründet.[17] Die Abnahme, bzw. die ihr insoweit gleichstehende grundlose Abnahmeverweigerung nach Ablauf der nach § 12 Nr. 1 VOB/B bestimmten Abnahmefrist, führt jedoch grundsätzlich zur Unanwendbarkeit des § 4 Nr. 7 Satz 2 VOB/B.

9 Die Parallele zu § 4 Nr. 7 Satz 2 VOB/B ist bei bürgerlichrechtlichen Werkverträgen in der Regel in der **positiven Vertragsverletzung** zu sehen,[18] die jetzt in § 280 Abs. 1 BGB normiert ist. § 4 Nr. 7 Satz 2 VOB/B selbst muss als ein Recht aus positiver Vertragsverletzung verstanden werden,[19] da der dort gewährte Schadensersatzanspruch typischerweise neben dem nicht wegen Leistungsunmöglichkeit ausgeschlossenen Erfüllungsanspruch gemäß § 4 Nr. 7 Satz 1 VOB/B steht und er auch nicht notwendigerweise vom Eintritt des Leistungsverzugs abhängt. Für eine derartige Einordnung spricht auch, dass es sich bei § 4 Nr. 7 Satz 2 VOB/B um herkömmlich typischerweise der positiven Vertragsverletzung zugeordnete Mangelfolgeschäden handelt; denn § 4 Nr. 7 Satz 2 VOB/B erstreckt sich

---

[11] *Staudinger/Peters* § 634 Rdn. 25, 27 f.
[12] *Palandt/Sprau* Vorbem. v. § 633 Rdn. 7.
[13] Dazu unten Rdn. 16.
[14] Vgl. *Nicklisch/Weick/Nicklisch* VOB/B § 4 Rdn. 89.
[15] *Siegburg* Gewährleistung Rdn. 881.
[16] Maßgeblich früher *Korintenberg* S. 127, 154; ferner *Schütz* S. 104 ff. und z. B. noch *Nicklisch/Weick/Nicklisch* VOB/B Vor § 4 Rdn. 19.
[17] So zum früheren Recht OLG Hamm NJW-RR 1989, 602; eingehend *Jakobs* FS Beitzke S. 67, 74 ff.; *ders.* AcP 183 (1983), 145, 149 ff.; *Kohler* BauR 1988, 278, 279 f., 295.
[18] Vgl. zu § 635 BGB a. F. BGH NJW 1969, 839; OLG Hamm BauR 1989, 745 f.
[19] BGH BauR 1972, 172; BGH BauR 1978, 306 f. = ZfBR 1978, 75 f.; *Ingenstau/Korbion/Oppler* VOB/B § 4 Nr. 7 Rdn. 27 m. w. N.; zu dieser und anderen begrifflichen Einordnungen *Staudinger/Peters* (2000) § 633 Rdn. 149.

grundsätzlich insbesondere auf solche Schäden, die bei weiterbestehendem Werkvertrag trotz der gemäß § 4 Nr. 7 Satz 1 VOB/B zu verlangenden Mangelbeseitigung nicht entfallen.[20]

## 3. Auftragsentziehung

Die Auftragsentziehung, die nach § 4 Nr. 7 Satz 3 i. V. m. § 8 Nr. 3 VOB/B auf Grund einer trotz Androhung der Auftragsentziehung nicht fristgerechten Mangelbeseitigung statthaft ist, kann beim BGB-Vertrag – vor der Abnahme oder abnahmefähigen Bereitstellung – **im Ergebnis** durch Ausübung des **Rücktritts** erreicht werden. Da vor der Abnahme die §§ 320 ff. BGB anwendbar sind,[21] kann der Rücktritt im Fall verzögerter Leistung gemäß den §§ 323 Abs. 1 und 2, 346 BGB erfolgen. Die Schuldrechtsreform hat die durch eine Leistungsverzögerung veranlasste Rücktrittsbefugnis auf der Grundlage des § 323 BGB den Voraussetzungen der Auftragsentziehung gemäß § 4 Nr. 7 Satz 3 VOB/B dadurch angenähert, dass nun die Rücktrittsbefugnis gemäß § 323 Abs. 1 BGB im Unterschied zur Regelung in § 326 BGB a. F. verzugs- und daher entgegen § 285 BGB a. F., jetzt § 286 Abs. 4 BGB, verschuldensunabhängig ist. Andererseits setzt § 323 BGB im Unterschied zu § 4 Nr. 7 Satz 3 i. V. m. § 8 Nr. 3 VOB/B nicht voraus, dass die Auftragsentziehung angedroht wurde; eine auf § 307 Abs. 2 Nr. 1 BGB gestützte AGB-rechtliche Bedenklichkeit dieser Regelung der VOB/B, weil die dortige Regelung nicht mit dem von den §§ 634 Nr. 3, 323 BGB geprägten Leitbild übereinstimme,[22] liegt deshalb allerdings nicht vor, weil der Fall des § 4 Nr. 7 Satz 3 i. V. m. § 8 Nr. 3 VOB/B wesensverschieden ist, da diese Regelung grundsätzlich im Unterschied zu den §§ 634 Nr. 3, 323 BGB bereits vor Abnahme anwendbar ist und dies eine erhöhte Warnung des Auftragnehmers rechtfertigt, bevor der Auftraggeber den Vertrag zur Auflösung bringen kann. Hinsichtlich der **Rechtsfolgen** hat die als Kündigung zu verstehende Auftragsentziehung mit dem Rücktritt **gemeinsam,** dass das Leistungsprogramm **für die Zukunft außer Kraft** gesetzt wird. Sie **unterscheidet** sich aber dadurch vom Rücktritt, dass ihr die rücktrittsrechtliche Folge der **Rückabwicklung** der schon ausgetauschten Leistungen **fehlt.**

Bei Qualifizierung der mangelhaft erbrachten Leistung als Teilleistung ist allerdings beim BGB-Vertrag an einen **Teilrücktritt** zu denken. Die grundsätzliche Zulässigkeit eines Teilrücktritts bei Teilleistungen setzt die in § 323 Abs. 5 Satz 1 BGB vorgesehene Regelung voraus, und zwar ausweislich des § 323 Abs. 5 Satz 2 BGB auch für eine Leistung, die lediglich wegen Qualitätsmängeln als Teilleistung anzusehen ist.[23] Sofern § 323 Abs. 5 Satz 1 BGB nur für die quantitative Nichtleistung gilt oder auch für die qualitative Nichtleistung und der Rücktritt auch bei dieser richtigerweise von der Erfüllung der allgemeinen Rücktrittsvoraussetzungen abhängt, ist der als zulässig vorausgesetzte Teilrücktritt bei Qualitätsmängeln verschuldensunabhängig – § 636 Abs. 1 Satz 1 BGB a. F. wurde dadurch entbehrlich – auf § 323 Abs. 1 und 2 BGB zu stützen.[24] Ein solcher Teilrücktritt kann im Ergebnis kündigungsgleiche Wirkungen haben, wenn die rücktrittsrechtlich ausgelöste Rückabwicklung auf den mangelbehafteten Werkleistungsteil beschränkt wird.

Der **werkmangelrechtliche Rücktritt** gemäß den **§§ 634 Nr. 3, 323 oder 326 Abs. 5 BGB** ist vor der Abnahme aus denselben Gründen wie die Schadensersatzhaftung gemäß den §§ 634 Nr. 4, 280 Abs. 1 und 3, 281, 283 oder 311 a BGB richtigerweise ausgeschlossen;[25] anders verhält es sich nur im Sonderfall des § 323 Abs. 4 BGB.[26] Bei § 4 Nr. 7 Satz 3 VOB/B wird aber das Fehlen der Abnahme – sofern nicht der Fall der unberechtigten Abnahmeverweigerung nach Ablauf der durch § 12 Nr. 1 VOB/B vorgegebenen Abnahme-

---

[20] BGH NJW 1982, 1524 = BauR 1982, 278; *Kaiser* Mängelhaftung Rdn. 28 f.; *Siegburg* Gewährleistung Rdn. 1269 ff.
[21] BGH NJW-RR 1988, 311.
[22] *Kiesel* NJW 2002, 2067.
[23] A. A. OLG Celle ZGS 2004, 74; *Palandt/Heinrichs* § 323 Rdn. 24.
[24] *Palandt/Heinrichs* § 323 Rdn. 24.
[25] Anders viele, so beispielsweise *Nicklisch/Weick/Nicklisch* VOB/B Vor § 4 Rdn. 17.
[26] Zum früheren Recht dazu *Jakobs* FS Beitzke S. 67, 74 ff.; ders. AcP 183 (1983), 145, 149 ff.; *Kohler* BauR 1988, 278, 279, 295.

§ 4 Nr. 7 Mangelbeseitigungs- und Schadensersatzpflicht vor Abnahme

frist vorliegt – gerade vorausgesetzt. Schon aus diesem Grunde, aber auch weil § 4 Nr. 7 Satz 3 VOB/B die durch den werkmangelrechtlichen Rücktritt in der Regel ausgelöste Gesamtrückabwicklung ausschließt, überzeugt die Annahme einer funktionalen Parallele zwischen § 4 Nr. 7 Satz 3 VOB/B und dem durch die §§ 634 Nr. 3, 323 oder 326 Abs. 5 BGB eingeräumten Rücktrittsrecht nicht.[27]

13 Auch für die Fälle der **§§ 634 Nr. 3, 326 BGB,** also bei Unmöglichkeit der Mangelbehebung, für die Fälle der **§§ 634 Nr. 3, 323 Abs. 2 BGB,** also bei endgültiger Beseitigungsverweigerung durch den Unternehmer oder bei fruchtlosem Verstreichen einer fixen Leistungszeit oder bei besonderem Interesse des Bestellers an einer sofortigen Rücktrittsausübung, muss **nicht** etwa – parallel zu dem Recht des § 4 Nr. 7 Satz 3 VOB/B – ausnahmsweise der **Rücktritt** auch **ohne vorherige Abnahme auf § 634 Nr. 3 BGB gestützt** werden.[28] Der praktische Erfolg des Rücktritts kann nämlich nicht nur durch die unmöglichkeitsrechtliche Regelung in den §§ 275, 326 BGB erreicht werden, sondern gleichermaßen unabhängig von einem Vertretenmüssen des Unternehmers auch durch einen **unmittelbar** auf die **§§ 323 oder 326 Abs. 5 BGB** gestützten Rücktritt bzw. durch eine **Kündigung.** Bei Unmöglichkeit der Mangelbehebung gilt insoweit § 326 Abs. 5 BGB, bei endgültiger Beseitigungsverweigerung durch den Unternehmer oder bei erfolglosem Verstreichen einer fixen Leistungsfrist sowie bei besonderem Interesse des Bestellers an einer sofortigen Geltendmachung seiner Rechte kommt § 323 Abs. 1 und 2 BGB zur Anwendung. Die Parallelität zwischen einem auf § 634 Nr. 3 BGB gestützten Rücktrittsrecht und den Vertragslösungsrechten gemäß §§ 323 oder 326 Abs. 5 BGB ist dadurch vollständig, dass auch bei Erschließung des Rücktrittsrechts durch § 634 Nr. 3 BGB auf die diesbezüglichen rücktrittsrechtlichen Normen verwiesen wird, die bei unmittelbarer Ermöglichung des Rücktritts im Rahmen des allgemeinen Leistungsstörungsrechts gelten.

14 **§ 649 Abs. 1 BGB** sieht ein **verschuldensunabhängiges Kündigungsrecht** des Bestellers als solches vor. Bei dessen Ausübung bleibt jedoch der Vergütungsanspruch dem Grunde nach aufrechterhalten. Er wird nur dem Umfang nach gemindert unter Berücksichtigung dessen, was der Unternehmer an Aufwendungen erspart oder durch anderweitige Arbeitsleistung erwirbt bzw. böswillig zu erwerben unterlässt.

### IV. Bedeutung und Würdigung

15 In rechtsdogmatischer Hinsicht darf, wie der Vergleich mit der allgemeinen bürgerlichrechtlichen Rechtslage zeigt, die eigenständige Bedeutung von § 4 Nr. 7 VOB/B nicht überschätzt werden.

#### 1. § 4 Nr. 7 Satz 1 VOB/B

16 Der Anspruch gemäß § 4 Nr. 7 Satz 1 VOB/B ist im Gegensatz zu § 13 Nr. 5 VOB/B nicht der Gewährleistungs-, sondern der **Erfüllungsebene**[29] zuzurechnen. Zwar unterscheidet er sich durch diese Zuordnung von der gewährleistungsrechtlich orientierten Sonderregelung in § 634 Nr. 1 BGB, die vom Nachbesserungsverlangen am hergestellten, abgenommenen Werk ausgeht. Doch greift § 4 Nr. 7 Satz 1 VOB/B inhaltlich in den wesentlichen Zügen doch nur den allgemeinen, vor Abnahme bestehenden werkvertraglichen Erfüllungsanspruch der §§ 631, 633 Abs. 1 BGB auf.[30]

---

[27] Dafür *Nicklisch/Weick/Nicklisch* VOB § 4 Rdn. 109.
[28] So wohl auch *Staudinger/Peters* § 634 Rdn. 9 i. V. m. 11; anders noch in der Vorauﬂ. (2000) § 634 Rdn. 23 zum alten Schuldrecht, nämlich für eine Wandelung schon vor Abnahme gestützt auf § 634 Abs. 2 BGB a. F.
[29] BGHZ 51, 277 = NJW 1969, 654; BGH NJW 1971, 839 = BauR 1971, 126; *Ingenstau/Korbion/Oppler* VOB/B § 4 Nr. 7 Rdn. 2; *Siegburg* Gewährleistung Rdn. 897.
[30] Vgl. *Staudinger/Peters* § 633 Rdn. 88.

Die **eigenständige normative Leistung** des § 4 Nr. 7 Satz 1 VOB/B besteht vor 17
diesem Hintergrund zunächst in der bloßen **Klarstellung,** dass die schon nach allgemeinem
bürgerlichen Recht bereits vor der Abnahme vertragswesentliche **Erfolgsbezogenheit** des
Werkvertrags nicht nur die Forderung umfasst, dass das Werk überhaupt fristgerecht, sondern
auch, dass es schließlich **qualitätsgerecht** hergestellt werde. Über diese Klarstellung hinaus
ergibt sich allerdings aus § 4 Nr. 7 Satz 1 VOB/B, dass die **Mangelbeseitigungspflicht**
grundsätzlich **gegenwärtig** zu **erfüllen** ist und dem Auftragnehmer zur Mangelbeseitigung
nicht, wie dies § 634 Abs. 1 Satz 2, 2. Hs. BGB a. F. vorsah und sich ohnedies aus allgemeinen Regeln des bürgerlichen Rechts ergibt, bis zum vorgesehenen Abnahmezeitpunkt Zeit
gelassen ist.[31]

Abgesehen von diesem Moment enthält § 4 Nr. 7 Satz 1 VOB/B keine besonderen 18
rechtlichen Belastungen für den Auftragnehmer. In praktisch-technischer Hinsicht hat die
Regelung für ihn vielmehr **Vorteile:**[32] Schon während der Bauausführung beanstandete
Mängel können in der Regel leichter und kostengünstiger behoben werden als nach der
Abnahme; die frühzeitige Mangelbeseitigung schließt das Entstehen von Mängeln an weiteren Werkleistungen aus, die auf den mangelhaften Vorleistungen aufbauen; die etwa
erforderliche Ermittlung der Mangelursache kann später, nach Abnahme, besonders erschwert sein.

Die Regelung in § 4 Nr. 7 Satz 1 VOB/B ist daher zweckmäßig. Dass sie auf die VOB/B 19
beschränkt, nicht aber explizit im Bürgerlichen Gesetzbuch zu finden ist, ist aus der
besonderen **Natur der Bauwerkleistung** zu erklären. Das werkvertragliche Leitbild des
BGB geht von einer einzelnen, autonom durchzuführenden Werkherstellung durch den
Unternehmer aus. Im Unterschied dazu ist die Bauwerkleistung ein komplexer und länger
dauernder, auf Zusammenarbeit von Auftraggeber und Auftragnehmer angelegter Leistungsvorgang, dessen Durchführung der Auftraggeber in der Regel überwachen und in den er
korrigierend eingreifen kann, da die Leistung auf dem vom Auftraggeber zur Verfügung
gestellten Grundstück stattfindet.[33]

§ 4 Nr. 7 Satz 1 VOB/B und §§ 631 Abs. 1, 633 Abs. 1 BGB haben auch gemein, dass 20
nicht nur ein **Recht des Auftraggebers** auf mangelfreie, vertragsgemäße Leistung gewährt
wird. Vielmehr folgt aus dem übereinstimmenden Charakteristikum beider Regelungen,
eine vor Abnahme zu erbringende Erfüllungsleistung zu bezeichnen, auch die **Obliegenheit**
des Auftragnehmers, bei Kenntnis der Sachlage, die er auf bloßen Hinweis des Auftraggebers
oder von dritter Seite erlangte, von sich aus die qualitativ zureichende Leistung darzubieten.[34]

## 2. § 4 Nr. 7 Satz 2 VOB/B

Auch die Schadensersatzregelung in § 4 Nr. 7 Satz 2 VOB/B ist im Wesentlichen eine 21
bloße Konkretisierung der allgemeinen Rechtsfigur der positiven Vertragsverletzung und hat
somit vornehmlich **klarstellende** Bedeutung; die weitgehende textliche Übereinstimmung
mit dem die herkömmliche positive Vertragsverletzung inkorporierenden § 280 Abs. 1
BGB belegt dies. Diese Klarstellung in § 4 Nr. 7 Satz 2 VOB/B ist allerdings nicht unnötig,
da die positive Vertragsverletzung trotz ihrer jetzigen Normierung in § 280 Abs. 1 BGB der
tatbestandlichen Verfestigung durchaus bedarf, weil § 280 Abs. 1 BGB selbst als eine allgemeine Regelung den Fall der Mangelhaftigkeit nicht spezifisch nennt.

---

[31] Vgl. *Staudinger/Peters* § 633 Rdn. 88.
[32] Siehe auch OLG Düsseldorf NJW-RR 1996, 1422, 1423; so auch *Ingenstau/Korbion/Oppler* VOB/B § 4 Nr. 7 Rdn. 3.
[33] Vgl. zu dieser Charakterisierung *Nicklisch/Weick/Nicklisch* VOB/B § 4 Rdn. 88.
[34] *Ingenstau/Korbion/Oppler* VOB/B § 4 Nr. 7 Rdn. 16.

### 3. § 4 Nr. 7 Satz 3 VOB/B

22   Die Möglichkeit der Auftragsentziehung gemäß § 4 Nr. 7 Satz 3 VOB/B hat dagegen einen **eigenständigen Regelungsgehalt.** Sie verschafft eine verschuldensunabhängige Gelegenheit zur Beendigung des Vertragsverhältnisses, ohne zu einer schon aus bautechnischen Gründen schwierigen vollständigen Rückabwicklung nach Gesamtrücktritt vom Vertrag gemäß den §§ 323 oder 326 Abs. 5, 346 BGB, unmittelbar oder durch § 634 Nr. 3 BGB vermittelt, zu führen, ohne aber mangels Rücktritts auch den restlichen Vergütungsanspruch so wie im Falle des § 649 BGB im Grundsatz unberührt zu lassen. Als ein den Besonderheiten des Bauvertrags angepasstes und wegen der strengen normativen Voraussetzungen auch mit Rücksicht auf die Belange des Auftragnehmers nicht unangemessenes Druckmittel für den Auftraggeber, das vom Bürgerlichen Gesetzbuch jedenfalls nicht auf den ersten Blick erkennbar inhaltsgleich bereitgestellt wird, ist diese Regelung zu begrüßen.

## B. Gemeinsame Voraussetzungen für die Rechte gemäß Satz 1 bis 3

### I. Allgemeine Tatbestandselemente

23   § 4 Nr. 7 VOB/B regelt die Rechtslage für „Leistungen, die schon während der Ausführung als mangelhaft oder vertragswidrig erkannt werden". Diese Voraussetzungen gelten außer für den Beseitigungsanspruch gemäß Satz 1 auch für die **weiteren Rechte** gemäß Satz 2 und 3, da diese ihrer systematischen Stellung wegen an die von Satz 1 vorausgesetzte Sachlage anknüpfen.

### II. Leistung des Auftragnehmers

#### 1. Leistung

24   Leistungen im Sinne der Vorschrift sind alle im Rahmen des zwischen Auftragnehmer und Auftraggeber bestehenden Bauvertrags geschaffenen **Werkzustände** und **Werkvorgänge,** die nach ihrer objektiven Beschaffenheit und der daraufhin anzunehmenden Erfüllungsabsicht des Auftragnehmers **unmittelbar zur Bauherstellung beitragen** sollen. Der Begriff erfasst daher die jeweilige Werksituation im jeweiligen Stand der Verwendung von Stoffen und der Aufwendung von Arbeit, ebenso die dadurch geschaffene Werkstoffeinbindung, die Gestaltung einschließlich der Maße.

25   Bloß **vorbereitende** Maßnahmen, namentlich die schlichte Bereitstellung von Baustoffen zum Einbau, genügen nicht. Die Existenz des § 4 Nr. 6 VOB/B zeigt, dass diese Fälle aus dem Anwendungsbereich von § 4 Nr. 7 VOB/B auszugrenzen sind. Auch einzelne Arbeitsvorgänge können auf Grund des § 4 Nr. 7 VOB/B nicht beanstandet werden, sofern sie lediglich bauvorbereitenden Charakter haben.

26   Dasselbe gilt für **einzelne Arbeitsvorgänge,** die unmittelbar zur Bauherstellung beitragen, wenn zu erwarten ist, dass sie, gegebenenfalls in Verbindung mit anderen Maßnahmen des Auftragnehmers, eine mangelfreie Bauausführung nicht ausschließen. § 4 Nr. 7 VOB/B ist **nicht** ein über das Ziel der mangelfreien Bauausführung hinausgehendes Instrument, mit dessen Hilfe dem Auftragnehmer **Weisungen** zu einer **lediglich zweckmäßigen Bauausführung** gegeben werden können, solange die Bauqualität nicht gefährdet ist; § 4 Nr. 3 VOB/B gibt außerhalb dieser Gefährdungssituation allein den Maßstab für die Anordnungsbefugnis des Auftraggebers an.

27   Schon im Interesse einer klaren tatbestandlichen Abgrenzung des § 4 Nr. 7 VOB/B von § 4 Nr. 3 und Nr. 6 VOB/B ist folglich der Leistungsbegriff des § 4 Nr. 7 VOB/B auf die unmittelbare Bereitstellung des Werks in dem Zustand zu beziehen, in dem es dem Auftrag-

geber nach dem gegenwärtigen objektiven Erscheinungsbild **voraussichtlich demnächst** vom Auftragnehmer als Erfüllung zur Abnahme angeboten werden wird. Ebenso sprechen für diesen Leistungsbegriff die werkvertragstypische Erfolgsbezogenheit und die Funktion des § 4 Nr. 7 VOB/B, die nach Abnahme gegebenen Mängelrechte partiell und modifiziert jedenfalls dem praktischen Ergebnis nach zeitlich vorzuziehen.

### 2. Zurechenbarkeit

Die Beanstandung muss sich auf Leistungen desjenigen Auftragnehmers beziehen, gegen 28 den Rechte aus § 4 Nr. 7 VOB/B geltend gemacht werden; die Leistungen müssen ihm zuzurechnen sein. Die Zurechenbarkeit ergibt sich zunächst aus der **Ursächlichkeit** des Auftragnehmerverhaltens für das Entstehen des Mangels bzw. der Vertragswidrigkeit. Ferner darf die **Zurechenbarkeit nicht** gemäß § 13 Nr. 3 i. V. m. § 4 Nr. 3 VOB/B **unterbrochen** sein.[35]

Eine **Erweiterung** der Auftragnehmerhaftung über diesen Rahmen hinaus durch All- 29 gemeine Geschäftsbedingungen des Auftraggebers verstößt in aller Regel gegen § 307 BGB. Dies gilt auch dann, wenn in den AGB eine Kollektivhaftung aller baubeteiligten Auftragnehmer für Mängel oder sonstige Schäden für den Fall vorgesehen ist, dass sich der konkrete Verursacher nicht ermitteln lässt.[36]

### III. Mangelhaftigkeit oder Vertragswidrigkeit der Leistung

Die Leistung muss mangelhaft oder vertragswidrig sein. Aus dem Regelungsverbund von 30 § 4 Nr. 7 VOB/B und § 13 Nr. 5–7 VOB/B sowie aus der Absicht der VOB/B, dem Auftraggeber wegen einer qualitativ ungenügenden Werkleistung aufeinander abgestimmte Rechte vom Beginn der Leistungsausführung an bis zur Verjährung der Gewährleistungsrechte zur Verfügung zu stellen, folgt ein Bedarf an **terminologischer Harmonisierung,** der durch Auslegung der in § 4 Nr. 7 Satz 1 VOB/B verwendeten Begriffe **nach Maßgabe des § 13 Nr. 1 VOB/B** zu befriedigen ist. Daraus ergibt sich im Wesentlichen:

### 1. Mangel und Vertragswidrigkeit

Ein **Mangel** liegt gemäß **§ 13 Nr. 1 VOB/B** vor, wenn die Bauleistung die vereinbarte 31 Beschaffenheit nicht hat und sie den anerkannten Regeln der Technik nicht entspricht oder, falls es an einer Beschaffenheitsvereinbarung fehlt, wenn die Bauleistung sich für die nach dem Vertrag vorausgesetzte, sonst für die gewöhnliche Verwendung nicht eignet und sie nicht eine Beschaffenheit aufweist, die bei Werken der gleichen Art üblich ist und die der Auftraggeber nach der Art der Leistung erwarten kann. Wegen der Einzelfälle ist auf die Kommentierung zu § 13 Nr. 1 VOB/B zu verweisen. Dem entsprechend genügt hier auch ein unwesentlicher Mangel,[37] was schon daraus folgt, dass anderenfalls in § 13 Nr. 7 Abs. 3 Satz 1 VOB/B kein Anlass bestünde, wesentliche von unwesentlichen Mängeln abzugrenzen. Die Kriterien der Mangelhaftigkeit nach § 13 Nr. 1 VOB/B stimmen weitgehend mit denen überein, die das allgemeine bürgerliche Recht in **§ 633 Abs. 2 Satz 1 und 2 BGB** aufstellt. Zwar nimmt das BGB nicht explizit auf die anerkannten Regeln der Technik Bezug, doch spielen diese auch dort bei der Beurteilung der Mangelhaftigkeit eine maßgebliche Rolle.

**Vertragswidrigkeit** der Leistung liegt vor, wenn die Leistung qualitativ zum Nachteil 32 des Auftraggebers vom **vertraglichen Leistungsprogramm** abweicht. Das vertragliche Leistungsprogramm wird, wie § 1 Nr. 2 VOB/B zeigt, namentlich bestimmt von der

---

[35] Dazu näher unten Rdn. 52 ff.
[36] Vgl. zum vormaligen § 9 AGBG OLG Karlsruhe BB 1983, 727; *Ingenstau/Korbion/Oppler* VOB/B § 4 Nr. 7 Rdn. 14.
[37] KG, Urt. v. 6. 5. 2004 – 10 U 62/03 –, BauR 2006, 154 (LS); *Nicklisch/Weick/Nicklisch* VOB/B § 13 Rdn. 34; *Weyer* FS Jagenburg S. 1045.

Leistungsbeschreibung, den Besonderen und Zusätzlichen Vertragsbedingungen, den ausdrücklich in Bezug genommenen Allgemeinen und den Zusätzlichen Technischen Vertragsbedingungen sowie den Allgemeinen Vertragsbedingungen für die Ausführung von Bauleistungen; ferner machen Zeichnungen, Proben und sonstige Eigenschaftszusicherungen Angaben zum Leistungsprogramm.

33 Bis zum Inkrafttreten des unter dem Einfluss der Schuldrechtsmodernisierung neu gefassten § 13 Nr. 1 VOB/B lag oft, aber nicht notwendigerweise bei einem Verstoß gegen das auf diese Weise bestimmte Leistungsprogramm auch eine **mangelhafte** Leistung vor.[38] Es konnte jedoch im Einzelfall am Mangel fehlen, weil die anerkannten Regeln der Technik beachtet wurden oder die Leistung so beschaffen war, dass ihr Wert oder ihre Tauglichkeit zu dem nach dem Vertrag oder gewöhnlich vorausgesetzten Gebrauch nicht aufgehoben oder gemindert war, da ein nur unerheblicher Mangel vorlag,[39] während eine unerhebliche Mangelhaftigkeit durchaus als vertragswidrig gemäß § 4 Nr. 7 Satz 1 VOB/B gerügt werden konnte,[40] da jedenfalls bis zur Abnahme das Auftraggeberinteresse als schutzwürdig anzuerkennen war, eine auch im Einzelnen ordnungsgemäße Leistung zu erhalten. Die jetzige Definition des Mangels in § 13 Nr. 1 VOB/B hingegen erfasst bereits jede vertragswidrige Leistung als eine mangelhafte, so dass für eine selbstständige Bedeutung dieser Tatbestandsalternative des § 4 Nr. 7 Satz 1 VOB/B kein Raum bleibt.[41]

## 2. Mangelarten

34 Auch mangelhafte oder vertragswidrige **Leistungsteile** können im Rahmen des § 4 Nr. 7 VOB/B beanstandet werden, sofern zu befürchten ist, dass sie zu einer insgesamt unzureichenden Bauleistung führen.[42] Auch einzelne baubezogene Leistungshandlungen können Rechte gemäß § 4 Nr. 7 VOB/B auslösen, wenn sie vertragswidrig sind und ihretwegen eine qualitätswidrige Bauausführung eingetreten oder zu erwarten ist. Dies wird etwa bei einem Verstoß gegen die Eigenleistungspflicht gemäß § 4 Nr. 8 VOB/B anzunehmen sein.[43]

35 Die Vertragswidrigkeit, zu der gemäß § 633 Abs. 2 Satz 3 BGB und § 4 Nr. 7 VOB/B[44] neben der **qualitativen Schlechtleistung** auch die **Aliudleistung** gehört, muss sich allerdings auf die **Werkbeschaffenheit** beziehen. Die Zuwenig- bzw. **Teilleistung** hingegen, die § 633 Abs. 2 Satz 3 BGB ebenfalls dem Sachmängelrecht zuweist, ist in § 5 Nr. 1 und 4 VOB/B speziell geregelt.[45] Die schlichte **Leistungsverzögerung** genügt ebenfalls grundsätzlich nicht, da diese eigens in § 5 Nr. 4 VOB/B mit den in § 6 Nr. 6 bzw. § 8 Nr. 3 VOB/B geregelten Folgen erfasst ist.[46] Ist jedoch die Leistungsverzögerung die Folge einer gemäß § 4 Nr. 7 Satz 1 VOB/B geschuldeten Beseitigung eines Mangels oder einer Vertragswidrigkeit, so ist der erst durch die verspätet mangelfreie Leistung herbeigeführte Schaden allein auf der Basis von § 4 Nr. 7 Satz 2 VOB/B abzurechnen.[47]

---

[38] *Ingenstau/Korbion/Oppler* VOB/B § 4 Nr. 7 Rdn. 10; *Nicklisch/Weick/Nicklisch* VOB/B § 4 Rdn. 95.
[39] *Siegburg* Gewährleistung Rdn. 850.
[40] *Ingenstau/Korbion/Oppler* VOB/B § 4 Nr. 7 Rdn. 11; *Kleine-Möller/Merl/Oelmaier/Merl* § 12 Rdn. 693; *Nicklisch/Weick/Nicklisch* VOB/B § 4 Rdn. 85.
[41] *Siegburg* FS Jagenburg S. 851 f. mit dem konsequenten Vorschlag, diese Tatbestandsalternative zu streichen.
[42] Vgl. *Ingenstau/Korbion/Oppler* VOB/B § 4 Nr. 7 Rdn. 10, 12 mit dem Hinweis auf den Fall einer nicht den Vertragsbedingungen entsprechend ausgehobenen Baugrube.
[43] Vgl. dazu die Kommentierung zu → § 4 Nr. 8.
[44] *Merl* FS Jagenburg S. 603 f.; ob sich dasselbe auch aus § 13 Nr. 1 VOB/B ergibt, ist bestritten; vgl. dazu *Kapellmann/Messerschmidt/Weyer* VOB/B § 13 Rdn. 37.
[45] *Merl* FS Jagenburg S. 604 f.
[46] *Heiermann/Riedl/Rusam/Riedl* VOB/B § 4 Rdn. 82; *Ingenstau/Korbion/Oppler* VOB/B § 4 Nr. 7 Rdn. 10; *Nicklisch/Weick/Nicklisch* VOB/B § 4 Rdn. 95; *Kaiser* Mängelhaftung Rdn. 23 e, 28; *Locher* PrivBauR Rdn. 206.
[47] BGH BauR 1974, 208, 209, insoweit nicht abgedruckt in BGHZ 62, 90 = NJW 1974, 646; *Ingenstau/Korbion/Oppler* VOB/B § 4 Nr. 7 Rdn. 10, 28; *Nicklisch/Weick/Nicklisch* VOB/B § 4 Rdn. 95; vgl. in diesem Sinne auch BGHZ 54, 356 = NJW 1971, 100 = BauR 1971, 52.

## 3. Prognose

Für die Beurteilung der Mangelhaftigkeit oder, soweit § 4 Nr. 7 Satz 1 VOB/B weiterhin textlich darauf abstellt, der Vertragswidrigkeit der Leistungen kommt es im Rahmen des § 4 Nr. 7 VOB/B auf die **zu erwartende künftige Situation** zu demjenigen Zeitpunkt an, zu dem voraussichtlich der Auftragnehmer die Bauleistung so fertiggestellt hat, dass er sie für **abnahmereif** hält. Entscheidend ist also die Frage, ob derzeit nach der objektiven Lage und dem weiteren, vom Auftragnehmer auszuführenden Leistungsplan davon auszugehen ist, dass ein Mangel im Sinne von § 13 Nr. 1 VOB/B zu jenem künftigen Zeitpunkt der Andienung der Leistung zur Abnahme vorliegen wird. 36

Eine solche vorausschauende Betrachtungsweise beruht auf der Notwendigkeit, dem Auftragnehmer einen **unternehmerischen Freiraum** bei der baulichen Einzelausführung zu gewährleisten. Er soll nicht jeweils in allen Stufen der Bauausführung der Inanspruchnahme nach § 4 Nr. 7 VOB/B ausgesetzt sein, sofern nur zu erwarten ist, dass seine Maßnahme mit Rücksicht auf das Gesamtkonzept der von ihm zu erbringenden Leistung einer mangelfreien, vertragsgerechten Ausführung mit hinreichend großer Wahrscheinlichkeit nicht entgegensteht. Ist eine solche Intensität an Gefahr für die letztliche Mangelfreiheit bzw. Vertragsgemäßheit der Leistung nicht erreicht, mag der Auftraggeber sein **Hinweis- und Anordnungsrecht** nach § 4 Nr. 3 VOB/B ausüben, demgemäß auf Gefahren aufmerksam machen und auf Verhinderung drängen. 37

### IV. Zeitliche Grenzen

#### 1. Anfang

Die Begrenzung des § 4 Nr. 7 VOB/B auf Leistungen während der Ausführung erfordert eine Bestimmung von Anfang und Ende der Normanwendung. Der Anwendungsbereich des § 4 Nr. 7 VOB/B beginnt mit dem Ansetzen zur unmittelbaren Bauausführung, also mit der **Objektwerdung**. Vorher fehlt es schon an der Leistung im Normsinne. Vorher lässt sich eine Mangelhaftigkeit oder Vertragswidrigkeit auch allenfalls hinsichtlich des zur Verwendung vorgesehenen Materials oder hinsichtlich der angekündigten Vorgehensweise bei der Bauausführung feststellen, doch enthält insoweit § 4 VOB/B in Nr. 3 und Nr. 6 eine eigenständige und deshalb abschließende Regelung. 38

#### 2. Ende

**a) Regel.** Das Ende der Anwendbarkeit von § 4 Nr. 7 VOB/B ist zweckgerecht mit Rücksicht auf das Anliegen der VOB/B zu bestimmen, dem Auftraggeber vom Beginn der Anwendbarkeit des § 4 Nr. 7 VOB/B an bis zur Verjährung der Gewährleistungsrechte gemäß § 13 VOB/B zeitlich lückenlos Behelfe zur Abwehr qualitätswidriger Bauleistungen zur Verfügung zu stellen. Daher markiert der Anfang der möglichen Anwendung von **§ 13 VOB/B** das Ende der Anwendbarkeit von § 4 Nr. 7 VOB/B. Vom Normzweck her ausgelegt dauert also die Leistungsausführung im Sinne des Tatbestandes des § 4 Nr. 7 Satz 1 VOB/B so lange, bis die Abnahme vollzogen[48] – hierher zählt auch der Fall der Abnahmeersetzung gemäß § 641a BGB – oder zu erwarten ist. Letzteres ist grundsätzlich mit **abnahmefähiger Bereitstellung** der Leistung der Fall.[49] Diese zeitliche Grenze stimmt auch mit dem Wortsinn des § 4 Nr. 7 Satz 1 VOB/B überein, da mit abnahmefähiger Bereitstellung die Bauausführung als nach dem Vertragsprogramm abgeschlossen gilt, das Tatbestandsmerkmal „während der Ausführung" also nicht mehr erfüllt ist. 39

---

[48] Vgl. BGH NJW 2003, 1450, 1451 zur Anwendbarkeit der Verjährungsfristen der §§ 13 Nr. 4 und Nr. 7 Abs. 3 VOB/B auf nach einer Kündigung fortbestehende Ansprüche aus § 4 Nr. 7 Satz 1 und 2 VOB/B nicht bereits ab Kündigung sondern erst ab Abnahme; dazu auch *Brück/Reichelt* NJW 2005, 2273, 2275.

[49] BGHZ 50, 163 = NJW 1968, 1525; *Siegburg* Gewährleistung Rdn. 882.

§ 4 Nr. 7    Mangelbeseitigungs- und Schadensersatzpflicht vor Abnahme

40    Aus dem genannten Grundsatz folgt ferner auch die grundsätzliche **Unanwendbarkeit** des § 4 Nr. 7 VOB/B vor der Abnahme, sobald die Leistung durch **Aufforderung zur Abnahme** gemäß § 12 Nr. 1 VOB/B bereitgestellt ist, **und** sofern die **Abnahmefähigkeit** nicht durch das Vorhandensein wesentlicher Mängel im Sinne des § 12 Nr. 3 VOB/B ausgeschlossen ist. Allerdings zwingt das Ziel, Regelungslücken hinsichtlich der Mangelrechte des Auftraggebers zu vermeiden, in Übereinstimmung mit der Formel, dass es für die Anwendung des § 4 Nr. 7 VOB/B auf die Erwartbarkeit der Abnahme ankommt, insoweit zu einer **Ausnahme.** Über den Wortlaut der Vorschrift hinausgehend wird in Fällen der grundlosen Verweigerung der nach § 12 Nr. 1 VOB/B verlangten Abnahme die in § 12 Nr. 1 VOB/B vorgesehene Frist zur Abnahme dem Geltungsbereich des § 4 Nr. 7 VOB/B zugerechnet.[50] Sind vor Abnahme entstandene Mängelansprüche gemäß § 4 Nr. 7 VOB/B noch nicht erfüllt, wenn mit Abnahme oder abnahmefähiger Herstellung § 4 Nr. 7 VOB/B unanwendbar wird, so setzen sie sich als Rechte gemäß § 13 Nr. 5, 7 VOB/B fort.[51]

41    **b) Ausnahme bei § 4 Nr. 7 Satz 2 VOB/B.** Über die vorbezeichneten Zeitgrenzen hinaus sind allerdings weiterhin Schäden auf Grund des § 4 Nr. 7 Satz 2 VOB/B für den Fall zu ersetzen, dass mangelhafte bzw. vertragswidrige Leistungen zwar noch **während der Ausführung** durch einwandfreie ersetzt wurden und deshalb nach Abnahme keine Ansprüche gemäß § 13 Nr. 5–7 VOB/B entstehen konnten, dass aber nicht alle schadensträchtigen Folgen ebenfalls bis zur Abnahme beseitigt wurden,[52] oder dass nach der Abnahme weitere Schäden als Folge der zunächst minderen Qualität der Leistung eintraten.[53] Sonst würde dem Auftraggeber derjenige Schaden unbilligerweise nicht abgenommen werden, der auf Grund der zwischenzeitlich mangelhaften Bauausführung dem Auftragnehmer unter den Voraussetzungen des § 4 Nr. 7 Satz 2 VOB/B angelastet werden muss.[54] Zur Erhaltung des Schadensersatzanspruchs ist ein Vorbehalt des Anspruchs oder eine Substantiierung des Anspruchs bei der Abnahme entbehrlich.[55]

42    Hingegen ist die Anwendbarkeit des § 4 Nr. 7 Satz 2 VOB/B **nicht** auf **Schäden** infolge eines Mangels auszudehnen, der zwar während der Ausführung entdeckt, aber **erst nach Abnahme** durch Nachbesserung auf der Grundlage des § 13 Nr. 5 VOB/B **behoben** wurde. Für eine solche Ausdehnung besteht weder ein Anlass, da insoweit der Tatbestand des § 13 Nr. 7 VOB/B eröffnet ist, noch eine stimmige normative Anknüpfung, weil § 4 Nr. 7 Satz 2 VOB/B durch seine textliche Fassung, der Auftraggeber könne „auch" Schadensersatz verlangen, einen Rückbezug auf die in § 4 Nr. 7 Satz 1 VOB/B bezeichnete Mangelbeseitigung während der Bauausführung herstellt.[56]

43    Die über die Bauausführung hinaus erstreckte Schadensersatzhaftung auf der Grundlage des § 4 Nr. 7 Satz 2 VOB/B kann allerdings der für Schadensersatzansprüche gemäß § 13 Nr. 7 VOB/B geltenden **Verjährungsfrist des § 13 Nr. 4 VOB/B** unterliegen. Die dort vorgesehene, im Einzelnen je nach Werkleistung differenzierende Verjährungsfrist tritt an die Stelle der sonst im Anwendungsbereich von § 4 Nr. 7 VOB/B geltenden, jetzt dreijährigen Regelverjährung nach § 195 BGB,[57] wenn es sich um mangelbezogene Schäden handelt, die bei einem Auftreten nach Abnahme von § 13 Nr. 7 VOB/B erfasst wären. Nach Abnahme oder abnahmefähiger Bereitstellung ist nämlich im Interesse der Rechts-

---

[50] *Ingenstau/Korbion/Oppler* VOB/B § 4 Nr. 7 Rdn. 6; *Kaiser* BlGBW 1976, 101; *ders.* Mängelhaftung Rdn. 24 m. w. N.; *Locher* PrivBauR Rdn. 206.
[51] Siehe oben Rdn. 4 f.
[52] *Ingenstau/Korbion/Oppler* VOB/B § 4 Nr. 7 Rdn. 39; *Nicklisch/Weick/Nicklisch* VOB/B § 4 Rdn. 107; *Kaiser* Mängelhaftung Rdn. 43.
[53] *Kaiser* Mängelhaftung Rdn. 43.
[54] *Werner/Pastor* Rdn. 1738; wohl auch BGH BauR 1978, 307.
[55] BGH BauR 1978, 307; *Nicklisch/Weick/Nicklisch* VOB/B § 4 Rdn. 116.
[56] *Ingenstau/Korbion/Oppler* VOB/B § 4 Nr. 7 Rdn. 39; *Nicklisch/Weick/Nicklisch* VOB/B § 4 Rdn. 107 gegen *Kaiser* Mängelhaftung Rdn. 43.
[57] *Ingenstau/Korbion/Oppler* VOB/B § 4 Nr. 7 Rdn. 39; *Staudinger/Peters* § 633 Rdn. 101; zum früheren Recht, das eine regelmäßige Verjährungsfrist von dreißig Jahren vorsah, *Ingenstau/Korbion/Oppler* (14. Aufl. 2001) VOB/B § 4 Rdn. 362; *Dähne* BauR 1973, 268.

sicherheit eine möglichst einheitliche Bereinigung aller Ansprüche wegen Baumängeln angezeigt; es darf weder dem Unternehmer noch dem Besteller verjährungsrechtlich zum Nachteil gereichen, dass der Unternehmer die Mangelbeseitigung vor Abnahme erledigen konnte.

Dass der Auftraggeber infolge der Mängelbeseitigung den Beginn der kurzen Verjährungsfrist gemäß § 13 Nr. 4 VOB/B nicht durch schriftliche Mängelanzeige nach § 13 Nr. 5 Abs. 1 Satz 2 VOB/B **hinausschieben** kann, steht dem nicht entgegen.[58] Dies kann er nämlich auch in dem mit § 4 Nr. 7 Satz 2 VOB/B in Bezug zu setzenden Anwendungsbereich des § 13 Nr. 7 VOB/B nicht. Im Übrigen ist es dem Auftraggeber regelmäßig auf Grund des doch schon abgeschlossenen Mangeltatbestands auch möglich und zumutbar, seinen Schaden abschließend in der kurzen Frist des § 13 Nr. 4 VOB/B abzurechnen.[59] Dies wird ihm nämlich sogar im Fall des § 13 Nr. 7 VOB/B zugemutet, wenn die Mangelbeseitigung noch aussteht. 44

Bei **Teilabnahmen** gilt auch dann nichts anderes, wenn der Gesamtschaden etwa erst später endgültig festzustellen ist.[60] Zu einer verjährungsrechtlichen Risikoverschiebung, zu der auch ein Aufschub des Verjährungsbeginns auf den Zeitpunkt der Schlussabnahme gehört,[61] besteht hier ebenso wenig Anlass wie im vorgenannten Fall einer Schlussabnahme ohne vorherige Teilabnahmen. Denn auch hier darf der Auftragnehmer nicht schlechter stehen als nach § 13 Nr. 7 VOB/B. Sonst würde ihm zum Nachteil gereichen, dass ihm die verlangte Mangelbeseitigung vor Abnahme gelang. Notfalls mag der Auftraggeber im Übrigen so, wie dies im Falle des § 13 Nr. 7 VOB/B bei einer nach Abnahme durchgeführten Mangelbeseitigung möglich ist und ihm dann angesonnen wird, die kurze Verjährung des Schadensersatzanspruchs durch geeignete **prozessuale Mittel** hemmen, insbesondere gemäß § 204 Abs. 1 Nr. 1 BGB durch eine Feststellungsklage zum Haftungsgrund. 45

**c) Entsprechung beim BGB-Vertrag.** Auch bei einem allgemein bürgerlich-rechtlichen Bauvertrag besteht die mangelbedingte Schadensersatzhaftung auf Grund positiver Vertragsverletzung gemäß § 280 Abs. 1 BGB über die Abnahme hinaus fort, wenn es wegen erfolgreicher Mängelbeseitigung vor der Abnahme nicht zur Anwendung der §§ 634 Nr. 4, 280 Abs. 1 und 3, 281, 283 oder 284 BGB kommen kann, aber Schäden über die Abnahme hinaus fortbestehen oder nach der Abnahme auf Grund des inzwischen behobenen Mangels neue Schäden entstehen. Soweit diese Schäden, falls der Mangel erst nach Abnahme aufgetreten wäre, dem Anwendungsbereich der §§ 634 Nr. 4, 280 Abs. 1 und 3, 281, 283 oder 284 BGB zuzuordnen wären, muss ihre Geltendmachung aus den zum VOB/B-Vertrag genannten Gründen allerdings auch der Verjährungsregel des § 634 a BGB unterliegen. 46

### V. Erkennen des Mangels oder der Vertragswidrigkeit; unterlassene Mängelrüge

Die Bezugnahme von § 4 Nr. 7 Satz 1 VOB/B auf Leistungen, die schon während der Ausführung als mangelhaft oder vertragswidrig erkannt werden, bedeutet im Übrigen nur, dass die Bauleistungen objektiv bereits vorhanden sein und in der genannten Weise zu der Prognose Anlass geben müssen, dass nach der Sachlage unter Berücksichtigung des künftig zu erwartenden Leistungsablaufs mit einem Mangel bzw. einer Vertragswidrigkeit bei der Andienung der Leistung zur Abnahme oder Teilabnahme zu rechnen ist. Besteht eine solche Sachlage zwar, wird sie jedoch **nicht erkannt,** so werden naturgemäß die Rechte aus § 4 47

---

[58] So aber *Heyers* BauR 1974, 24; dagegen *Ingenstau/Korbion/Oppler* (14. Aufl. 2001) VOB/B § 4 Rdn. 362.
[59] So auch *Ingenstau/Korbion/Oppler* (14. Aufl. 2001) VOB/B § 4 Rdn. 362.
[60] So aber *Heyers* BauR 1974, 24; dagegen *Ingenstau/Korbion/Oppler* (14. Aufl. 2001) VOB/B § 4 Rdn. 362.
[61] Dafür *Ingenstau/Korbion/Oppler* (14. Aufl. 2001) VOB/B § 4 Rdn. 362.

Nr. 7 VOB/B nicht geltend gemacht. Durch diesen Erkenntnismangel auf Seiten des Auftraggebers wird aber die **spätere Geltendmachung von Mängelrechten** auf der Basis von § 13 VOB/B **nicht grundsätzlich ausgeschlossen;** ein Ausschluss der Rechte aus § 13 VOB/B kann sich lediglich aus den allgemein für diese Vorschrift geltenden Regeln ergeben.

48 Ein **Ausschluss von Rechten** nach § 13 VOB/B kommt allerdings in Betracht, wenn der Auftraggeber den Fehler bzw. die Vertragswidrigkeit zwar während der Ausführung **erkannte,** er aber **unterließ, Ansprüche** nach § 4 Nr. 7 VOB/B **zu erheben.** Wenn der Auftraggeber seine Kenntnis auch bei der Abnahme nicht kundtat und sich die Mangelrechte dementsprechend auch **nicht vorbehielt,**[62] kann sich deren Ausschluss aus § 12 Nr. 5 Abs. 3 i. V. m. § 12 Nr. 4 Abs. 1 Satz 3 VOB/B ergeben, die das in § 640 Abs. 2 BGB zum Ausdruck gebrachte allgemeine Prinzip aufgreifen.

49 Trotz ordnungsgemäßem Vorbehalt von Gewährleistungsrechten bei der Abnahme kann es darüber hinaus, Verschulden vorausgesetzt, eine **positive Vertragsverletzung,** nunmehr geregelt in § 280 Abs. 1 BGB, des Auftraggebers darstellen, wenn er die Gewährleistungsrechte nach § 13 Nr. 5–7 VOB/B geltend machen will, obwohl er die Mangelhaftigkeit bzw. Vertragswidrigkeit der Leistung bereits während der Bauausführung zwar erkannt, den Auftragnehmer aber treuwidrig nicht über diese Tatsache unterrichtet hatte. Diese positive Vertragsverletzung gemäß § 280 Abs. 1 BGB kann gegen die gewährleistungsrechtliche Inanspruchnahme des Auftragnehmers einzuwenden sein.[63]

50 Ein **fahrlässiges Nichterkennen** der Mangelhaftigkeit bzw. Vertragswidrigkeit während der Bauausführung schließt es nicht aus, nach Abnahme Mängelrechte geltend zu machen. § 4 Nr. 7 Satz 1 VOB/B steht dem jedenfalls nicht entgegen; die Norm erfasst nämlich diesen Fall nicht, da sie sich nur auf positive Kenntnis, nicht aber fahrlässige Nichtkenntnis oder bloße Vermutung bezieht.[64] Damit stimmt überein, dass auch § 12 Nr. 5 Abs. 3 VOB/B und § 640 Abs. 2 BGB eine Präklusion von Gewährschaftsrechten erst bei Kenntnis des Auftraggebers von der Mangelhaftigkeit bzw. Vertragswidrigkeit der Leistungen anordnen. Diese Begrenzung der Präklusion ist zu respektieren, da sie die richtige Konsequenz aus dem Umstand zieht, dass es zur Erfolgsbezogenheit der unternehmerischen Leistungspflicht gehört, das Werk selbstständig und ohne Überwachung durch den Auftraggeber ordnungsgemäß herzustellen.

51 Dass der Auftraggeber gemäß § 4 Nr. 1 Abs. 2 und 3 VOB/B ein **Überwachungs- und Weisungsrecht** hat, und dass dessen unzureichende Ausübung zur Aufrechterhaltung des Mangels bzw. der Vertragswidrigkeit über die Abnahme hinaus beigetragen hat, entlastet den Auftragnehmer nicht.[65] Diese Rechte werden dem Auftraggeber nämlich allein in dessen eigenem Interesse gewährt; deshalb haben sie keinen obliegenheitsartig den Auftragnehmer begünstigenden Reflex. Es entspricht auch allgemeinen Rechtsgrundsätzen, dass sich ein Schädiger, der in seinem eigenen Verantwortungsbereich handelt, nicht mit Hinweis auf seine unzureichende Beaufsichtigung durch den Geschädigten entlasten kann. § 13 Nr. 3 i. V. m. § 4 Nr. 3 VOB/B bestätigt dieses Prinzip indirekt, indem dort der Grundsatz sichtbar wird, dass ein Beitrag des Auftraggebers zur Mangelentstehung den Auftragnehmer nicht allgemein entlastet; was aber für den dort bezeichneten, zur Mangelhaftigkeit des Werks führenden Beitrag des Auftraggebers durch positives Tun gilt, muss auch und erst recht für dessen Unterlassen gelten. Nur in besonders gelagerten Ausnahmefällen mag vereinzelt anders zu entscheiden sein.[66]

---

[62] Vgl. dazu näher → Vor § 12 Rdn. 110 ff.
[63] *Nicklisch/Weick/Nicklisch* VOB/B § 4 Rdn. 28.
[64] *Ingenstau/Korbion/Oppler* VOB/B § 4 Nr. 7 Rdn. 17 unter Berufung auf *Locher* PrivBauR Rdn. 206.
[65] BGH NJW 1973, 518, 519; *Nicklisch/Weick/Nicklisch* VOB/B § 4 Rdn. 28.
[66] Dies deutet BGH VersR 1962, 1063 an.

## VI. Alleinverantwortlichkeit des Auftraggebers für den Mangel

### 1. VOB/B-Vertrag; Rechtsausschluss

Für die Rechte aus § 4 Nr. 7 VOB/B gelten ebenso wie für die Gewährschaftsrechte des § 13 Nr. 5, 7 VOB/B die Beschränkungen gemäß § 13 Nr. 3 i. V. m. § 4 Nr. 3 VOB/B.[67] Soweit Mängel oder Vertragswidrigkeiten Folge der Leistungsbeschreibung, einer Anordnung des Auftraggebers, der von diesem gestellten oder vorgeschriebenen Stoffe oder Bauteile oder einer unzureichenden Vorleistung eines anderen Unternehmers sind, haftet daher der Auftragnehmer auch im Rahmen des § 4 Nr. 7 VOB/B nur dann, wenn er seiner in § 4 Nr. 3 VOB/B normierten Pflicht[68] zum Vorbringen seiner Bedenken nicht nachgekommen ist.[69] Nur solchenfalls bestehen gegenüber dem Auftragnehmer, dessen Leistung zum Entstehen des Mangels oder der Vertragswidrigkeit beigetragen hat, dem Grunde nach die Rechte gemäß § 4 Nr. 7 VOB/B.[70] Sie sind solchenfalls allerdings inhaltlich in derselben Weise beschränkt wie im Anwendungsbereich von § 13 Nr. 5 und 7 VOB/B.[71] 52

Nach **anderer Auffassung** soll der Auftragnehmer für eine Mangelhaftigkeit bzw. Vertragswidrigkeit auch dann nach § 4 Nr. 7 VOB/B verantwortlich sein, wenn diese gemäß § 13 Nr. 3 VOB/B allein dem Auftraggeber anzulasten wäre, weil der Auftragnehmer seiner Hinweispflicht nach § 4 Nr. 3 VOB/B genügt hat. Für diese Ansicht werden praktische und dogmatische Gründe vorgebracht, die jedoch die Entscheidung nicht tragen können: 53

Dass derartige Mängel nicht bestehen bleiben dürften und es auch hier Sache des Unternehmers sei, für Abhilfe zu sorgen,[72] beschreibt nur den regelmäßigen **Wunsch** des Auftraggebers. Dieser Wunsch ist zwar verständlich, nötigt aber nicht zu der Konsequenz, dass gerade der Auftragnehmer auf der Grundlage des bereits bestehenden Vertrags die Herstellung besorgen müsse. Vielmehr stellt die Folgerung, dass derartige Mängel auf Kosten des Auftragnehmers zu beseitigen seien, die bloße Behauptung einer Rechtslage dar, die erst zu begründen wäre. 54

Gewichtiger ist dagegen der Hinweis auf den **AGB-Charakter der VOB** und auf die Unklarheitenregel des § 305 c BGB, früher § 5 AGBG. Wenn danach Unklarheiten zu Lasten des Verwenders gingen, so sei zu Lasten des Auftragnehmers eine im Hinblick auf § 13 Nr. 3 i. V. m. § 4 Nr. 3 VOB/B restriktive Handhabung des insoweit schweigenden § 4 Nr. 7 VOB/B geboten,[73] zumal auch der Rückschluss aus der ausdrücklichen Regelung des § 13 Nr. 3 i. V. m. § 4 Nr. 3 VOB/B diese nahelege. 55

Eine restriktive Interpretation der Regelung ist deshalb jedoch **nicht zwingend** geboten. Zunächst liegt es schon nahe, die in § 4 Nr. 7 Satz 1 VOB/B fehlende Verweisung auf § 13 Nr. 3 i. V. m. § 4 Nr. 3 VOB/B darauf zurückzuführen, dass die Geltung von § 4 Nr. 3 VOB/B im Anwendungsbereich von § 4 Nr. 7 VOB/B selbstverständlich war, weil die für § 13 Nr. 3 VOB/B maßgebliche Norm zur Risikoverteilung zwischen Auftraggeber und Auftragnehmer, nämlich § 4 Nr. 3 VOB/B, ohnehin in auffällig engem normativen Zusammenhang mit § 4 Nr. 7 VOB/B plaziert ist. Im Übrigen bejaht die herrschende Meinung auch die Parallelfrage, ob der Unternehmer bei Inanspruchnahme gemäß § 4 Nr. 7 Satz 1 VOB/B die Herstellung wegen unverhältnismäßigen Aufwands ablehnen dürfe und statt dessen auf Minderung haften könne; sie befürwortet also insoweit trotz des AGB-Charakters der VOB/B und trotz des Schweigens von § 4 Nr. 7 Satz 1 VOB/B eine interpretatorische 56

---

[67] *Ingenstau/Korbion/Oppler* VOB/B § 4 Nr. 7 Rdn. 13 f.; krit. *Siegburg* ZfBR 2001, 295 f.
[68] Zu deren Grenzen → § 4 Nr. 3 Rdn. 42 ff.; → § 13 Nr. 3 Rdn. 38; zur Begrenzung auf die eigene Leistung *Staudinger/Peters* § 633 Rdn. 62.
[69] *Ingenstau/Korbion/Oppler* VOB/B § 4 Nr. 7 Rdn. 13 f.; *Nicklisch/Weick/Nicklisch* VOB/B § 4 Rdn. 95; *Staudinger/Peters* § 633 Rdn. 110; a. A. *Siegburg* Gewährleistung Rdn. 1460; *ders.* FS Korbion S. 424.
[70] *Ingenstau/Korbion/Oppler* VOB/B § 4 Nr. 7 Rdn. 15.
[71] Dazu näher → § 13 Nr. 5 Rdn. 70 und → § 13 Nr. 7 Rdn. 63 ff.
[72] So *Staudinger/Peters* (1994) § 633 Rdn. 130; seither nicht mehr so vertreten.
[73] *Siegburg* Gewährleistung Rdn. 1460; *ders.* FS Korbion S. 424 f.; *ders.* ZfBR 2001, 296.

§ 4 Nr. 7   Mangelbeseitigungs- und Schadensersatzpflicht vor Abnahme

Angleichung an die Rechtslage bei § 13 Nr. 5, 6 VOB/B.[74] Und schließlich legt die **Regelungseinheit,** die von § 4 Nr. 7 Satz 1 VOB/B vor Abnahme zu § 13 Nr. 5 VOB/B nach Abnahme führt, eine einheitliche Anwendung von § 13 Nr. 3 i. V. m. § 4 Nr. 3 VOB/B durchaus sachlich nahe.

57   Auch der Hinweis darauf, die befürwortete Anwendung des § 13 Nr. 3 i. V. m. § 4 Nr. 3 VOB/B im Bereich von § 4 Nr. 7 VOB/B führe zur Unwirksamkeit der VOB-Regelung gemäß § 307 Abs. 1 BGB, früher § 9 Abs. 1 AGBG, trägt nicht. § 13 Nr. 3 i. V. m. § 4 Nr. 3 VOB/B ist nämlich durchaus als zweckangemessene Interpretation des **§ 254 Abs. 1 BGB** zu verstehen, so dass es an einem gemäß § 307 Abs. 1 BGB zu beanstandenden **Verstoß gegen** die **Leitbildfunktion** des Gesetzes **fehlt.**[75]

58   Schließlich **passt** auch die **Rechtsfolge** des § 4 Nr. 7 Satz 1 VOB/B, nämlich die Mangelbeseitigung auf Kosten des Auftragnehmers, in den Fällen des § 13 Nr. 3 i. V. m. § 4 Nr. 3 VOB/B **nicht.** Dies erkennt auch die Gegenansicht an, indem sie hier eine volle Kostenübernahme durch den Auftraggeber verlangt. Diese Unstimmigkeit zeigt, dass schon der Tatbestand des § 4 Nr. 7 Satz 1 VOB/B unanwendbar ist.

59   Die Unanwendbarkeit von § 4 Nr. 7 Satz 1 VOB/B **schadet** übrigens auch **dem Auftraggeber nicht,** trotz seines praktischen Interesses an der fortgesetzten Inpflichtnahme des Auftragnehmers zur Mangelbeseitigung. Denn auf diese würde die Anwendung des § 4 Nr. 7 Satz 1 VOB/B solchenfalls doch allein noch hinauslaufen, wenn die Kosten vom Auftraggeber selbst zu tragen wären. Der Auftraggeber kann nämlich bei Unanwendbarkeit von § 4 Nr. 7 VOB/B den Auftragnehmer im Wege eines **Zusatzauftrags** gemäß § 1 Nr. 4 Satz 1 VOB/B in der Regel zur Durchführung der ordnungsgemäßen Herstellung anhalten. Er ist dann freilich gemäß § 2 Nr. 6 VOB/B zur Vergütung verpflichtet;[76] doch gerade darin zeigt sich die Stimmigkeit der Entscheidung, diese Fallgruppe nicht dem Tatbestand des § 4 Nr. 7 VOB/B zuzuordnen.

### 2. BGB-Vertrag; kein Rechtsausschluss

60   Die dargestellten allgemeinen Voraussetzungen des § 4 Nr. 7 VOB/B weichen von den allgemeinen bürgerlichrechtlichen Regeln zur Beurteilung eines BGB-Bauvertrages **nicht wesentlich** ab. Sowohl der vor Abnahme geltende Herstellungsanspruch nach den §§ 631 Abs. 1, 633 Abs. 1 BGB, den der Unternehmer ebenfalls auch unaufgefordert durch Behebung eines bereits während der Leistungsausführung aufgetretenen Mangels zu erfüllen hat, als auch die mit § 4 Nr. 7 Satz 2 VOB/B in Parallele zu setzende Haftung wegen positiver Vertragsverletzung gemäß § 280 Abs. 1 BGB erfordern eine dem Unternehmer zuzurechnende Leistung, von der nach ihrem objektiven Zustand anzunehmen ist, dass sie zu einem mangelhaften Werk im Sinne des § 633 Abs. 1 und 2 BGB zur Zeit des Angebots zur Werkabnahme führen werde.

61   Eine **wesentliche** Abweichung folgt allerdings daraus, dass eine **explizite Entsprechung zu § 13 Nr. 3 i. V. m. § 4 Nr. 3 VOB/B fehlt,** d. h. eine Regelung des Inhalts, dass die Unternehmerhaftung bei einem auf den Verantwortungsbereich des Auftraggebers zurückzuführenden Mangel – dies ist der Regelungsbereich namentlich der §§ 644 f. BGB – vollständig ausgeschlossen ist, wenn der Unternehmer den Besteller auf das Mangelrisiko nach gebotener Prüfung gehörig hingewiesen hat.[77]

62   Zwar erreicht die wohl **h. M.** für den BGB-Bauvertrag eine **entsprechende Lösung.** Sie nimmt nämlich dem Unternehmer die Leistungsgefahr mit Rücksicht auf § 645 Abs. 1

---

[74] Dazu näher → § 13 Nr. 5 Rdn. 48 ff.
[75] Vgl. in diesem Sinne *Ingenstau/Korbion/Wirth* VOB/B § 13 Nr. 3 Rdn. 8.
[76] Zu den Einzelheiten der Abrechnung, wenn der Auftragnehmer seiner Prüfungs- und Hinweispflicht nicht genügte, bei Herstellung gemäß § 4 Nr. 7 Satz 1 VOB/B unten Rdn. 103 ff., bei einem Schadensersatzverlangen gemäß § 4 Nr. 7 Satz 2 VOB/B unten Rdn. 190.
[77] Zum Bestehen einer Prüfungs- und Hinweispflicht beim BGB-Vertrag und zu deren Inhalt vgl. die Kommentierung zu → § 4 Nr. 3 VOB/B bzw. zu → § 13 Nr. 3 VOB/B.

Satz 1 BGB oder nach Treu und Glauben ab, sofern er seiner – auch beim BGB-Vertrag anzunehmenden – Prüfungs- und Hinweispflicht genügt hat.[78] Dieser Ansicht ist jedoch nicht beizutreten.[79] Grundsätzlich kann der Unternehmer nur bei Leistungsunmöglichkeit als Folge des Werkuntergangs freiwerden.

Dies ergibt sich zunächst aus der **Normentstehung**. Die Gesetzesverfasser verwarfen einen Antrag, der in den Fällen des § 645 Abs. 1 Satz 1 BGB die auf Kosten des Bestellers zu bewirkende Herstellung des Werks in das Belieben des Unternehmers stellen wollte. Diese Entscheidung wurde damit begründet, „dass die in dem Antrag berücksichtigte Frage, inwiefern der Untergang des Werks berechtige oder verpflichte, ein neues Werk herzustellen, wegen der Verschiedenheit der Fälle nur konkret entschieden werden könne und zur Erledigung durch das Gesetz sich nicht eigne".[80] Daraus ergibt sich, dass die Nachbesserungspflicht nicht schon generell und daher allein wegen der Verantwortlichkeit des Bestellers für die Mangelentstehung in Fällen des § 645 Abs. 1 Satz 1 BGB ausgeschlossen sein sollte.[81] 63

Dies ist auch **vertragstypangemessen**. Denn auf diese Weise wird im Einklang mit der Erfolgsbezogenheit des Werkvertrags und in Übereinstimmung mit dem Prinzip entschieden, dass die Pflicht zur Bewirkung des Erfolgs vom vertraglichen Versprechen als solchem und nicht von einer Pflichtwidrigkeit des Unternehmers bestimmt wird. Gegenteilige Wertungen, die in verallgemeinerungsfähiger Weise in § 13 Nr. 3 i. V. m. § 4 Nr. 3 VOB/B enthalten sein mögen, werden daher durch die speziellen Vorgaben zu § 645 Abs. 1 Satz 1 BGB ausgeschlossen. 64

Die Lösung, die den Auftragnehmer dem Grunde nach in der Mangelverantwortung lässt, ist auch **zweckmäßig**. Den ursprünglich mit der Werkausführung befassten Unternehmer nun zur Mangelbeseitigung in die Pflicht zu nehmen, erspart dem Besteller nämlich die Risiken, die mit der Gewinnung eines neuen Unternehmers, der Ermittlung der Ursachen des Mangels, der Mangelbeseitigung und schließlich eventuell der Feststellung der Haftungszuständigkeit bei Scheitern der Mangelbeseitigung verbunden sind. Die hier vertretene Ansicht erreicht dies zwanglos, während nach der Gegenansicht Aushilfe bei **ergänzender Vertragsauslegung** gesucht werden muss. Ob aber eine solche Auslegung möglich ist, die im Rahmen eines VOB/B-Vertrages die Regelung des § 1 Nr. 4 Satz 1 VOB/B eröffnet – und dies rechtfertigt übrigens eine insoweit unterschiedliche Behandlung von BGB- und VOB/B-Vertrag –, erscheint doch zweifelhaft. Jedenfalls aber sind mit einer ergänzenden, auf Treu und Glauben Rücksicht nehmenden Vertragsauslegung typischerweise unerwünschte Unklarheiten bezüglich des Inhalts des Bauvertrages verbunden, weil bei diesem Ansatz die Vertragsbedingungen, insbesondere hinsichtlich der Preisgestaltung, nicht ohne weiteres feststehen.[82] 65

Die hier befürwortete Lösung kann auch nicht ohne unzulässige Verletzung der speziellen, bei der Erörterung von § 645 Abs. 1 BGB zutage getretenen legislativen Vorgabe mit dem bloßen Hinweis auf Treu und Glauben allein deswegen abgelehnt werden, weil der Besteller den Werkmangel im Sinne des § 645 Abs. 1 BGB **zurechenbar veranlasst** hat.[83] Für eine Befreiung des Unternehmers gemäß § 242 BGB muss mehr verlangt werden; beispielsweise eine nachhaltige Störung des Vertrauensverhältnisses auf Grund eines objektiven Fehlverhaltens des Auftraggebers. Ein solches Fehlverhalten kann etwa darin liegen, dass der 66

---

[78] So wohl BGH BauR 1977, 421; *Ingenstau/Korbion/Wirth* VOB/B § 13 Nr. 3 Rdn. 11; MünchKomm/ *Soergel* (2. Aufl. 1988) § 644 Rdn. 3; *Soergel/Teichmann* (12. Aufl. 1997) § 631 Rdn. 18; *Nicklisch* FS Bosch S. 731 f.
[79] So auch *Staudinger/Peters* § 645 Rdn. 6, 10; *Siegburg* FS Korbion S. 422; *ders.*, offen lassend in Gewährleistung Rdn. 1441; *v. Craushaar* BauR 1987, 14, 15.
[80] *Jakobs/Schubert* Beratung des BGB, 1980, zu § 645, S. 903.
[81] Dies verkennt *Siegburg* Gewährleistung Rdn. 1452.
[82] Vgl. dazu *Siegburg* Gewährleistung Rdn. 1451 mit dem Hinweis, die ergänzende Vertragsauslegung sei insoweit nicht gestaltlos.
[83] So aber wohl BGH BauR 1977, 421; befürwortend *Ingenstau/Korbion/Wirth* VOB/B § 13 Nr. 3 Rdn. 11.

**§ 4 Nr. 7**            Mangelbeseitigungs- und Schadensersatzpflicht vor Abnahme

Auftraggeber sich fortgesetzt in sachwidriger, daher zu Mängeln führender Weise in die Bauausführung einmischt und für sachverständige Gegenvorstellungen des Unternehmers nicht offen ist.[84] Daneben kommt eine Befreiung des Unternehmers von der Pflicht zur mangelfreien Herstellung selbstverständlich nach allgemeinen Regeln des Unmöglichkeitsrechts dann in Betracht, wenn der Mangel zur Unausführbarkeit des Werks geführt hat; auch nach Maßgabe des § 644 Abs. 1 Satz 2, Abs. 2 BGB kann eine Leistungsbefreiung zum Vorteil des Unternehmers eintreten.[85]

## C. Der Beseitigungsanspruch (Satz 1)

### I. Besondere Voraussetzungen und Einschränkungen

#### 1. Verschuldensunabhängigkeit

67    Liegen die vorgenannten, für alle Rechte gemäß § 4 Nr. 7 VOB/B geltenden Voraussetzungen vor, so ist für eine Inanspruchnahme gemäß Satz 1 im Unterschied zur Schadensersatzhaftung nach Satz 2 ein **Verschulden** des Auftragnehmers **nicht** erforderlich.[86] Eine Verschuldensabhängigkeit der Haftung gemäß Satz 1 vertrüge sich nicht damit, dass Satz 1 lediglich den vertraglichen Erfüllungsanspruch inhaltlich konkretisiert, wenngleich auch geringfügig modifiziert.

#### 2. Unverhältnismäßiger Aufwand

68    **a) Mangelbeseitigungsverweigerung durch Auftragnehmer.** Erfordert die fehlerfreie vertragsgerechte[87] Herstellung einen unverhältnismäßig hohen Aufwand oder gefährdet sie gar Leib und Leben,[88] so ist im Rahmen des Satzes 1 ein Recht des Auftragnehmers anzuerkennen, die Beseitigung des Mangels oder der vertragswidrigen Beschaffenheit zu verweigern.[89] Im Anwendungsbereich des § 4 Nr. 7 Satz 1 VOB/B kann nämlich insoweit nur **so** entschieden werden **wie** in Fällen des **§ 13 Nr. 5 VOB/B**, der bei wesentlich identischem Beurteilungsgegenstand nur zeitlich versetzt an die Ansprüche nach § 4 Nr. 7 Satz 1 VOB/B anschließt. Für § 13 Nr. 5 VOB/B **besteht** allerdings ein **Verweigerungsrecht** des Auftragnehmers wegen unverhältnismäßigen Aufwands aus der Minderungsbefugnis gemäß § 13 Nr. 6 VOB/B. Denn § 13 Nr. 6 VOB/B setzt die gesetzliche Anordnung des § 633 Abs. 2 Satz 3 BGB a. F., dessen Regelungsgehalt in § 635 Abs. 3 BGB fortbesteht, nämlich das Verweigerungsrecht des Unternehmers wegen unverhältnismäßigen Aufwands, als auch im Bereich der VOB/B geltend voraus. § 13 Nr. 6 VOB/B knüpft nämlich insoweit an das ihm vorgegebene gesetzliche Vorbild des § 634 Abs. 2, 2. Alt. BGB a. F. an, der seinerseits die sofortige Minderung erlaubte, soweit der Unternehmer wegen unverhältnismäßigen Aufwands die Mängelbeseitigung verweigern durfte.[90] Die Frage, ob das Schweigen

---

[84] Zu Einzelheiten der Abrechnung bei Erfüllung und Nichterfüllung der Hinweispflicht des Unternehmers, wenn der Besteller mangelfreie bzw. vertragsgemäße Herstellung bzw. Nachbesserung verlangt unten Rdn. 94 ff. und 100 ff.; wenn der Besteller Schadensersatz verlangt unten Rdn. 192.

[85] *Staudinger/Peters* § 644 Rdn. 3, 12; a. A. *Mandelkow* BauR 1996, 659.

[86] *Ingenstau/Korbion/Oppler* VOB/B § 4 Nr. 7 Rdn. 18; *Nicklisch/Weick/Nicklisch* VOB/B § 4 Rdn. 94; *Locher* PrivBauR Rdn. 206; *Siegburg* Gewährleistung Rdn. 883; *Dähne* BauR 1973, 268.

[87] Ein gegen gesetzliche oder behördliche Bestimmungen verstoßendes Herstellungsverlangen kann nicht als vertraglich geschuldet angesehen werden und kann daher verweigert werden; OLG Karlsruhe BauR 2005, 729, 730 f.

[88] OLG Karlsruhe BauR 2005 729, 730 f.

[89] So auch die h. M.; *Ingenstau/Korbion/Oppler* VOB/B § 4 Nr. 7 Rdn. 20; *Kleine-Möller/Merl/Oelmaier/Merl* § 12 Rdn. 706; *Nicklisch/Weick/Nicklisch* VOB/B § 4 Rdn. 99; *Vygen* Bauvertragsrecht Rdn. 491 f.; a. A. *Siegburg* Gewährleistung Rdn. 884 unter Hinweis darauf, dass der AGB-Charakter der VOB/B eine Analogie zu § 13 Nr. 6 VOB/B nicht zulasse.

[90] *Staudinger/Peters* (2000) § 634 Rdn. 22 i. V. m. 25.

des § 4 Nr. 7 Satz 1 VOB/B den Rückgriff auf die allgemeinen bürgerlichrechtlichen Regeln gestattet,⁹¹ kann daher wegen der gebotenen entsprechenden Anwendung von § 13 Nr. 6 VOB/B hier dahinstehen.

Im Übrigen folgt das Leistungsverweigerungsrecht des Auftragnehmers auch aus **Treu und Glauben** als einem allgemeinen Prinzip, das auch die VOB/B beherrscht und als dessen Ausprägung sich § 13 Nr. 6 VOB/B vor dem Hintergrund des § 633 Abs. 2 Satz 3 BGB a. F. bzw. jetzt des § 635 Abs. 3 BGB darstellt.⁹² Die restriktive Interpretation des § 4 Nr. 7 Satz 1 VOB/B in Fällen des unverhältnismäßigen Herstellungsaufwandes kann daher – als Folgerung aus § 242 BGB, dessen Anwendbarkeit hier lediglich inhaltlich im Hinblick auf § 13 Nr. 6 VOB/B und in Übereinstimmung mit den allgemeinen werkvertraglichen Regeln konkretisiert wird – auch nicht als Verstoß gegen §§ 305 c Abs. 2, 307 BGB angesehen werden. 69

Ein **unverhältnismäßig hoher Aufwand** liegt vor, wenn objektiv der Vorteil aus der Beseitigung des Mangels bzw. der Vertragswidrigkeit deutlich geringer zu gewichten ist als der Beseitigungsaufwand des Auftragnehmers. Die Frage, ob ein Mangel erheblich ist, ist allerdings nicht allein an Hand des zur Zeit der Feststellung des Mangels erforderlichen Aufwands für die Mangelbeseitigung zu entscheiden.⁹³ Vielmehr kommt es einerseits auf die Bedeutung und Schwere des Mangels bzw. auf das Maß der Abweichung vom werkvertraglich vereinbarten Leistungserfolg an, andererseits auf den Arbeits- und Kosteneinsatz für den Auftragnehmer. 70

Vor Abnahme ist allerdings mit Rücksicht darauf, dass es bisher an einer Billigung der Leistung als im Wesentlichen vertragsgemäß fehlt, sowie im Hinblick auf die Erfolgsbezogenheit des Werkversprechens **Zurückhaltung** bei der Annahme eines unverhältnismäßigen Aufwands zu üben. Auch kann der Auftragnehmer im Einzelfall nach § 242 BGB gehalten sein, die Mängelbeseitigung statt durch Vornahme der vertraglich ursprünglich vorgesehenen Leistungen – die unverhältnismäßigen Aufwand erfordern würden – zumindest durch andere, kostengünstiger mögliche und doch dem Auftraggeber zumutbare Maßnahmen modifiziert zu bewirken; auch insoweit ist das Recht zur völligen Verweigerung der Leistung restriktiv zu handhaben.⁹⁴ Eine solch enge Handhabung kommt der Kritik daran entgegen, dass es im Bereich des § 4 Nr. 7 Satz 1 VOB/B überhaupt ein Leistungsverweigerungsrecht wegen unverhältnismäßigen Aufwands gibt. 71

Im Übrigen trägt zur zurückhaltenden Anwendung dieses auftragnehmerfreundlichen Leistungsverweigerungsrechts auch bei, dass der **Auftragnehmer** schon nach allgemeinen Grundsätzen die **Darlegungs- und Beweislast** für das Vorliegen eines unverhältnismäßigen Aufwands zu tragen hat. 72

**b) Minderungsbefugnis des Auftraggebers.** Zum Ausgleich für die Versagung des Mangelbeseitigungsanspruchs gemäß § 4 Nr. 7 Satz 1 VOB/B wegen unverhältnismäßigen Aufwands darf der Auftraggeber allerdings grundsätzlich **auch vor Abnahme mindern**.⁹⁵ Denn die Angleichung an die §§ 13 Nr. 5 Abs. 1 und 13 Nr. 6 VOB/B muss im Fall des § 4 Nr. 7 Satz 1 VOB/B auch konsequent zu Ende geführt werden, indem die rechtsnotwendige Regelungseinheit, die zwischen dem Leistungsverweigerungsrecht des Auftragnehmers wegen unverhältnismäßigen Aufwands einerseits und der Minderungsbefugnis des Auftraggebers andererseits besteht, erkannt und als solche gewahrt wird. Das gilt erst recht, 73

---

⁹¹ Dies nun in diesem Zusammenhang offen lassend auch *Ingenstau/Korbion/Oppler* VOB/B § 4 Nr. 7 Rdn. 21.
⁹² *Nicklisch/Weick/Nicklisch* VOB/B § 4 Rdn. 99.
⁹³ OLG Düsseldorf NJW-RR 1996, 1422, 1423.
⁹⁴ Vgl. in diesem Sinne *Kaiser* Mängelhaftung Rdn. 26 ff.; insoweit zustimmend *Ingenstau/Korbion/Oppler* VOB/B § 4 Nr. 7 Rdn. 23.
⁹⁵ Strittig, aber h. M., so *Heiermann/Riedl/Rusam/Riedl* VOB/B § 4 Rdn. 85 a. E.; *Ingenstau/Korbion/Oppler* VOB/B § 4 Nr. 7 Rdn. 21; *Kleine-Möller/Merl/Oelmaier/Merl* § 12 Rdn. 706; *Nicklisch/Weick/Nicklisch* VOB/B § 4 Rdn. 93, 99; a. A. LG Amberg NJW 1982, 1540 = BauR 1982, 498; *Kaiser* Mängelhaftung Rdn. 26 ff.; *Schmalzl* Haftung Rdn. 172.

§ 4 Nr. 7          Mangelbeseitigungs- und Schadensersatzpflicht vor Abnahme

weil das allgemeine Werkvertragsrecht schon explizit in § 634 Abs. 1 Satz 2 BGB a. F. – das neue Werkvertragsrecht hat dies nicht geändert – das Recht zur Minderung auch schon auf die Zeit vor Abnahme, also in den Regelungsbereich des § 4 Nr. 7 Satz 1 VOB/B, vorzog, wenn der Unternehmer die mangelfreie Herstellung wegen unverhältnismäßigen Aufwands endgültig verweigert. Diese Befugnis im Rahmen des § 4 Nr. 7 Satz 1 VOB/B auszuschließen und damit eine Regelungsabweichung nicht nur von § 13 Nr. 5 und 6 VOB/B, sondern auch vom allgemeinen Werkvertragsrecht zu verursachen, würde zu einer sachwidrigen Differenzierung führen und sollte deshalb vermieden werden.

74    Die **Grenze für den Übergang** vom Beseitigungsanspruch **zur Minderung** darf allerdings nicht niedrig angesetzt werden. Dem strengen Maßstab zum Nachteil des Auftragnehmers hinsichtlich seines Rechtes, die Mangelbeseitigung wegen unverhältnismäßigen Aufwandes abzulehnen, entspricht der strenge Maßstab zum Nachteil des Auftraggebers hinsichtlich seiner Befugnis, die Nachbesserung durch den Auftragnehmer abzulehnen. Der Auftraggeber muss eben zunächst die Mangelbeseitigung als Regelfall akzeptieren, da die VOB/B generell vom Vorrang der ordnungsgemäßen Werkherstellung ausgeht. Außer im Fall der berechtigten Mangelbeseitigungsverweigerung des Auftragnehmers kann deshalb der unmittelbare Übergang zur Minderung nur gestattet werden, wenn der Auftraggeber beweist, dass der Auftragnehmer offenbar keinen tauglichen Versuch zur Mängelbeseitigung unternimmt, so dass auf mangelnde Bereitschaft oder Unfähigkeit zur Mangelbehebung zu schließen ist; der Auftraggeber darf nämlich vom Auftragnehmer bei unberechtigtem Unterlassen der Mangelbeseitigung zumindest das verlangen, was er von ihm bei berechtigter Verweigerung verlangen könnte.

75    **c) Verhältnis zur Schadensersatzhaftung.** Die verschuldensabhängige Schadensersatzhaftung gemäß § 4 Nr. 7 Satz 2 VOB/B bleibt durch das Recht des Auftragnehmers unberührt, die Beseitigung der mangelhaften oder vertragswidrigen Leistung wegen unverhältnismäßigen Aufwands zu verweigern.[96]

### 3. Vertragsaufhebung

76    Die einverständliche **Entlassung** des Auftragnehmers aus dem Bauvertrag aus Anlass eines während der Bauausführung aufgetretenen Mangels bzw. einer Vertragswidrigkeit befreit den Auftragnehmer ebenfalls von der Herstellungspflicht gemäß § 4 Nr. 7 Satz 1 VOB/B. Eine solche Entlassung kann insbesondere in der **Abrede** zwischen Auftraggeber und Auftragnehmer liegen, dass nun ein **Dritter** mit der fehlerfreien vertragsgemäßen Fertigstellung betraut werde und der Auftragnehmer die damit entstehenden Drittkosten übernehme. Mit der einverständlichen Entlassung des Auftragnehmers aus dem Bauvertrag entfallen auch die weiteren Rechte des Auftraggebers aus § 4 Nr. 7 VOB/B. Der Lohnanspruch des entlassenen Auftragnehmers ist auf den Umfang seiner mangelfrei fertiggestellten Teilleistung beschränkt.[97] Der dem Dritten für die Mangelbeseitigung geschuldete Betrag kann bei Vereinbarung einer Kostenübernahme aufrechnungsweise, wenn der Auftraggeber dem Dritten bereits gezahlt hat, sonst auf Grund eines als vereinbart anzusehenden Zurückbehaltungsrechts vom Werklohnanspruch des Auftragnehmers abgezogen werden.[98]

---

[96] *Ingenstau/Korbion/Oppler* VOB/B § 4 Nr. 7 Rdn. 22; *Kleine-Möller/Merl/Oelmaier/Merl* § 12 Rdn. 716, allerdings mit nicht überzeugendem Bezug auf BGHZ 50, 160 = NJW 1968, 1526.
[97] So wohl auch, aber missverständlich *Ingenstau/Korbion/Oppler* VOB/B § 4 Nr. 7 Rdn. 24.
[98] Vgl. BGH Schäfer/Finnern/Hochstein Z 2414 Bl. 175.

## II. Anspruchsinhalt

### 1. Mangelbeseitigung

Der Anspruch, dessen Geltendmachung ggf. dem bauleitenden bzw. bauaufsichtführenden Architekten obliegt,[99] ist auf Ersetzung der beanstandeten Leistung durch eine mangelfreie bzw. vertragsgemäße gerichtet. Die Ersetzung kann je nach Sachlage auf eine **Nachbesserung** am vorhandenen Leistungssubstrat, aber auch auf eine **Neuherstellung** hinauslaufen. Für die Zeit bis zur Abnahme war dies im Grundsatz auch für den BGB-Vertrag nie streitig.[100]

Die Entscheidung zwischen Nachbesserung und Neuherstellung obliegt – auch dies gilt für BGB- und VOB/B-Vertrag gleichermaßen und übrigens unabhängig davon, ob vor oder nach Abnahme ein Mangel beseitigt werden soll – grundsätzlich dem pflichtgemäßen, d. h. dem an der technischen oder wirtschaftlichen Sachrichtigkeit orientierten **Ermessen des Auftragnehmers**; § 635 Abs. 1 BGB zeigt dies für die Gewährleistungsrechte beim BGB-Vertrag. Die grundsätzliche Anerkennung seiner Wahlfreiheit trägt dem Umstand Rechnung, dass § 4 Nr. 7 Satz 1 VOB/B nicht nur einen Anspruch des Auftraggebers begründet, sondern auch ein Ersetzungsrecht des Auftragnehmers enthält. Die Norm erkennt damit das Bestehen eines unternehmerischen Freiraums insoweit an, als der Unternehmer grundsätzlich selbst über die Modalität der von ihm geschuldeten Vertragsausführung soll bestimmen können.[101] Ihm ist die Wahl der Beseitigungsmethoden im Übrigen auch deshalb in der Regel zu überlassen, weil er das Erfolgsrisiko trägt.[102]

Danach hat der Auftragnehmer prinzipiell die Befugnis, sich für die **Neuherstellung** auf eigene Kosten zu entscheiden. Ausnahmen mögen denkbar sein, wenn die Neuherstellung zu einer bei der Nachbesserung vermeidbaren Bauverzögerung führen würde oder sie besondere Risiken für die sonstige Bauausführung birgt. Möchte hingegen der Auftragnehmer eine **Nachbesserung** durchführen, so kann ihm diese allerdings vom Auftraggeber verwehrt werden, wenn nicht mit hinreichender Sicherheit zu erwarten ist, dass die bloße Nachbesserung zu einem ordnungsgemäßen Werk führen werde; ein solcher Verdacht ist namentlich begründet, wenn Nachbesserungsversuche bereits gescheitert sind.[103] Jedenfalls gehört zur geschuldeten Ersetzung auch die Pflicht zur vorgängigen Klärung der Fehlerursachen, zur Freilegung der Fehlerquelle sowie die Pflicht, nach erfolgter Ersetzung der mangelhaften bzw. vertragswidrigen Leistung noch verbleibende Nachbesserungsspuren zu beseitigen.[104]

Mit Rücksicht auf die Wahlfreiheit des Auftragnehmers ist eine **Klage** des Auftraggebers aus § 4 Nr. 7 Satz 1 VOB/B grundsätzlich allgemein **auf Ersetzung** der mangelhaften oder vertragswidrigen Leistung durch eine mangelfreie zu richten und müssen technische Vorgaben unterbleiben, sofern sich die Parteien nicht auf solche geeinigt haben;[105] entsprechend ist zu tenorieren. Abweichende Klageanträge sind, sofern sie nicht im vorbezeichneten Sinne ausgelegt werden können, gemäß § 139 Abs. 1 ZPO zu erörtern. Nur im Falle einer Ermessensschrumpfung, wenn eine Nachbesserung zur Mangelbeseitigung nicht genügen

---

[99] BGH NJW 1973, 1458 = BauR 1973, 323; dazu *Wagner* BauR 1987, 131 ff.
[100] *Korintenberg* S. 74 f.; *Kohler* BauR 1988, 279; zur Rechtslage bei § 4 Nr. 7 Satz 1 VOB/B statt vieler *Ingenstau/Korbion/Oppler* VOB/B § 4 Nr. 7 Rdn. 18.
[101] Vgl. *Staudinger/Peters* § 634 Rdn. 25.
[102] BGH BauR 1976, 430; *Ingenstau/Korbion/Wirth* VOB/B § 13 Nr. 5 Rdn. 61; *Nicklisch/Weick/Nicklisch* VOB/B § 13 Rdn. 119.
[103] Zu allem *Ingenstau/Korbion/Oppler* VOB/B § 4 Nr. 7 Rdn. 18; *Kleine-Möller/Merl/Oelmaier/Merl* § 12 Rdn. 697; *Nicklisch/Weick/Nicklisch* VOB/B § 4 Rdn. 97 unter Bezug auf OLG München OLGZ 1971, 8.
[104] BGHZ 58, 338 f.; BGHZ 72, 33; BGHZ 96, 224 = NJW 1986, 923 = BauR 1986, 212 f. = ZfBR 1986, 68; *Staudinger/Peters* § 634 Rdn. 30.
[105] BGH BauR 1973, 313; OLG Hamm BauR 2004, 102, 104; *Ingenstau/Korbion/Wirth* VOB/B § 13 Nr. 5 Rdn. 62 (zu § 13 VOB/B).

würde, ist der Antrag auf Neuherstellung bzw. Auswechslung des gerügten Bauteils zu richten und darf entsprechend verurteilt werden. Ferner kann dem Auftragnehmer dann, wenn er zu erkennen gegeben hat, dass er statt der fachgerechten eine ungeeignete Verfahrensweise wählen werde, die Beseitigungsmethode insoweit vorgeschrieben werden, dass er die ungeeignete nicht wählen darf und die gegebene Methode im Urteilsausspruch benannt wird. Ist streitig, ob einer dieser Fälle vorliegt, so hat der Auftraggeber den Beweis zu führen.[106]

### 2. Unterlassen mangelbehafteter Baufortführung

81   Die Kehrseite des Mangelbeseitigungsanspruches ist die Pflicht des Auftragnehmers, die Fortführung der mangelhaften Bauausführung zu unterlassen. Verstößt er dagegen, kann dies eine **einstweilige Verfügung** rechtfertigen, die dem Auftragnehmer die Fortsetzung der Baumaßnahme vorläufig untersagt.[107]

## III. Kosten

### 1. Grundlagen

82   Die Kosten für die Ersetzung trägt grundsätzlich der **Auftragnehmer.** Die für den BGB-Bauvertrag insoweit ehedem vor Abnahme unmittelbar anzuwendenden §§ 633 Abs. 2 Satz 2, 476 a BGB a. F., in deren Rechtsfolge jetzt § 635 Abs. 2 BGB steht und der folglich auch die vor Abnahme geltende Rechtslage anzeigt, bezeichnen den **Umfang** der Kostentragungspflicht in einer auf den VOB/B-Vertrag übertragbaren Weise. Dem gemäß trägt der Auftragnehmer außer den unmittelbaren Nachbesserungs- oder Neuherstellungskosten, zu denen namentlich auch die Kosten der Fehlerlokalisierung und der Freilegung der Fehlerquelle gehören, auch die sonstigen Aufwendungen, namentlich Transport-, Wege-, Arbeits- und Materialkosten, einschließlich der durch die Ersetzung entstehenden Eigenaufwendungskosten des Auftraggebers z. B. für die Beaufsichtigung der Nachbesserung oder Neuherstellung durch einen Architekten.[108] Wegen der Einzelheiten, namentlich zur Abgrenzung vom Schadensersatzanspruch, ist auf die Kommentierung der Parallelproblematik bei § 13 Nr. 5 VOB/B zu verweisen.[109]

### 2. Sowiesokosten

83   Die im Zuge der Mangelbeseitigung anfallenden so genannten Sowiesokosten hat grundsätzlich der **Auftraggeber** zu tragen.[110] Sowiesokosten sind zu **definieren** als diejenigen Kosten, die ohnehin, d. h. unabhängig von der sich nun als mangelhaft herausstellenden Leistung des Auftragnehmers, entstanden wären. Dabei handelt es sich um die Kosten, die entstehen, weil der Auftraggeber zur Behebung der Mangelhaftigkeit bzw. Vertragswidrigkeit Leistungen erwartet, die im ursprünglichen Leistungsprogramm, also insbesondere im Leistungsverzeichnis, nicht enthalten oder sogar ausgeschlossen waren, die aber richtigerweise von Anfang an darin hätten enthalten sein müssen, um eine ordnungsgemäße Werkleistung des Auftragnehmers überhaupt zu ermöglichen. Es sind also die Kosten, um die das Werk

---

[106] BGH BauR 1997, 638; OLG Köln BauR 1977, 275; OLG Hamm BauR 2004, 102, 104; *Ingenstau/Korbion/Wirth* VOB/B § 13 Nr. 5 Rdn. 62 (zu § 13 VOB/B).
[107] OLG München BauR 1987, 598.
[108] *Ingenstau/Korbion/Oppler* VOB/B § 4 Nr. 7 Rdn. 19; *Kapellmann/Messerschmidt/Merkens* VOB/B § 4 Rdn. 160; *Staudinger/Peters* § 635 Rdn. 2.
[109] Dazu → § 13 Nr. 5 Rdn. 64 ff.
[110] BGHZ 90, 344, 346 = NJW 1984, 1676 = BauR 1984, 395 = ZfBR 1984, 173; BGHZ 91, 206, 209 = NJW 1984, 2457 = BauR 1984, 510 = ZfBR 1984, 222; BGH BauR 1971, 60; BGH BauR 1976, 430; BGH NJW-RR 1984, 849 = BauR 1989, 462 = ZfBR 1989, 213; BGH NJW-RR 1990, 360 = BauR 1990, 360 = ZfBR 1990, 171.

bei ordnungsgemäßer Ausführung von vornherein teurer gewesen wäre.[111] In Betracht kommen beispielsweise anfangs nicht vorgesehene, aber von Anbeginn nötige und nicht erst durch fehlerhafte Baumaßnahmen verursachte Aufwendungen für die Stützung eines Berghanges.[112] Diese Kosten sind nicht durch die vertragswidrige Leistung des Auftragnehmers veranlasst, ihm also nicht zuzurechnen; es handelt sich um einen **Vertragsabschluss- und nicht** um einen hier entscheidenden **Vertragsdurchführungsfehler**.

Soweit in solchen Fällen eine Gewährleistung stattfindet – so etwa, wenn die Unvollständigkeit des Leistungsverzeichnisses zum Entstehen des Mangels beigetragen hat, aber der Auftragnehmer seine Prüfungs- und Hinweispflicht nicht erfüllt hat –, darf die Mangelbeseitigung nicht zu einer mittelbaren Ausweitung des vom Auftragnehmer übernommenen **vertraglichen Leistungsprogramms** führen; dessen Umfang – der die Frage nach dem übernommenen Maß an Aufwand für die Herbeiführung des geschuldeten Erfolges beantwortet – muss vielmehr im Rahmen der Mangelbehebung als solcher unverändert bleiben. Die Sachlage ist daher ebenso wie der Fall zu beurteilen, dass die Lücke im Leistungsverzeichnis noch vor Baubeginn entdeckt worden wäre. Da es solchenfalls zu einem vom Auftraggeber nach § 2 Nr. 6 VOB/B,[113] beim BGB-Vertrag nach § 632 BGB zu vergütenden **Zusatzauftrag** gekommen wäre, gilt dies auch hier. Was aber auf dieser Grundlage selbstständig zu vergüten ist, muss der Auftragnehmer nicht andererseits auf der Basis von § 4 Nr. 7 Satz 1 VOB/B oder §§ 631 Abs. 1, 633 Abs. 1 und 2 BGB kostenfrei leisten. 84

Im Zusammenhang mit der hier erörterten Mängelhaftungsproblematik nicht zu entscheiden ist hingegen die Frage, ob der an sich begründete Anspruch auf Zusatzvergütung unter dem Gesichtspunkt des **Verschuldens bei Vertragsschluss** zu mindern oder auszuschließen ist, beispielsweise wegen vom Auftragnehmer allein- oder mitverschuldeter Lücken im Leistungsverzeichnis. Ferner muss hier dahinstehen, ob dann eine Zusatzvergütung unter **bereicherungsrechtlichen** Gesichtspunkten geschuldet ist. 85

### 3. Vorteilsausgleichung

Die so genannte Vorteilsausgleichung, zu definieren als die Anrechnung von Vorteilen, die der Auftraggeber infolge der zunächst mangelhaften oder vertragswidrigen Leistung des Auftragnehmers erwarb, wurde im Schadensersatzrecht entwickelt.[114] Die dort geltenden Regeln können nach der h. M. grundsätzlich auch **auf den Mangelbeseitigungsanspruch übertragen** werden[115] mit der Konsequenz, dass unter gewissen Umständen eine **Zuzahlungspflicht** des Auftraggebers begründet ist.[116] 86

Viele der von der h. M. unter dem Aspekt der Vorteilsausgleichung vorgebrachten Gesichtspunkte lassen sich richtigerweise als vom Auftraggeber zu tragende **Sowiesokosten** erfassen.[117] Raum für die Frage nach einer Vorteilsausgleichung bleibt daher nur ausnahmsweise dann, wenn die Mangelbeseitigung besondere, ursprünglich weder vorgesehene noch nötige Aufwendungen des Auftragnehmers mit sich brachte und dadurch dem Auftraggeber besondere, nach dem ursprünglichen Leistungsprogramm **nicht zu erwartende Vorteile** zugute kamen, deren Vergütung dem Auftraggeber auch in Anbetracht der Mangelverantwortung des Auftragnehmers zuzumuten ist. 87

---

[111] BGHZ 91, 211 f. = NJW 1984, 2458 = BauR 1984, 512 = ZfBR 1984, 222; BGH NJW-RR 1990, 89 = BauR 1990, 85 = ZfBR 1990, 16; OLG Brandenburg, Urt. v. 18. 1. 2007 – 12 U 120/06; OLG Düsseldorf NJW-RR 1992, 23 = BauR 1991, 747; *Kleine-Möller/Merl/Oelmaier/Merl* § 12 Rdn. 704; ausführlich *Früh* BauR 1992, 160, 161; *ders.* Die „Sowieso-Kosten" S. 29, 38 ff.
[112] BGH BauR 1990, 360, 361.
[113] Vgl. *Früh* BauR 1992, 160, 163; *Groß* FS Korbion S. 123, 130.
[114] Dazu unten Rdn. 185 ff.
[115] BGHZ 91, 206 = NJW 1984, 2457 = BauR 1984, 510 = ZfBR 1984, 222; *Werner/Pastor* Rdn. 2469; *Siegburg* Gewährleistung Rdn. 1243 ff.; *Groß* FS Korbion S. 123, 125 gegen *Groß* NJW 1971, 648, 649 f.
[116] Vgl. *Kleine-Möller/Merl/Oelmaier/Merl* § 12 Rdn. 705.
[117] Zur Unterscheidung von Vorteilsausgleichung und Sowiesokosten *Früh* BauR 1992, 160, 162 f.

**88** Mit der Vorteilsausgleichung ist allerdings beim Mangelbeseitigungsanspruch auch dann **Zurückhaltung** zu üben, wenn die entstandenen Vorteile bei einer schadensersatzrechtlichen Inanspruchnahme des Auftragnehmers schadensmindernd zu berücksichtigen wären.[118] Dies folgt aus der Orientierung und Beschränkung des Mangelbeseitigungsanspruchs auf das bloße Interesse an der Vertragserfüllung in natura. Denn daraus ergibt sich zugunsten des Auftragnehmers, dass er für die dem Auftraggeber entstandenen Nachteile nicht einstehen muss, die sich als Folge der zunächst nicht qualitätsgerechten Leistung eingestellt haben. Wenn aber der Auftragnehmer durch Ausblendung aller **negativen** Weiterungen seiner fehlerhaften Leistung solcherart geschont wird, erscheint es konsequent, auch umgekehrt die dem Auftraggeber durch die zunächst mangelhafte Leistung zuwachsenden **Vorteile** grundsätzlich im Rahmen des bloßen Mangelbeseitigungsverlangens zu ignorieren und insoweit eine Zuzahlungspflicht des Auftraggebers aus dem Gesichtspunkt der Vorteilsausgleichung zu verneinen.

**89** Entscheidend kommt hinzu, dass die Vorteilsausgleichung auch im Schadensrecht nur zur **Anspruchseinschränkung,** nicht aber – im Falle eines für ihn günstigen Saldos – zu einem Gegenanspruch führt. Die Vorteilsausgleichung beim bloßen Nachbesserungsverlangen liefe aber auf die Begründung eines selbstständigen Gegenanspruches hinaus.

### IV. Kostentragung bei (Mit-)Verantwortung des Auftraggebers für den Mangel

**90** Ist die Mangelhaftigkeit bzw. Vertragswidrigkeit auf einen gemäß § 13 Nr. 3 i. V. m. § 4 Nr. 3 VOB/B oder gemäß § 645 Abs. 1 Satz 1 BGB allein oder zumindest auch dem Auftraggeber zurechenbaren Umstand zurückzuführen, so kann sich dies **auf** die Pflicht des Auftragnehmers zur mangelfreien oder vertragsgemäßen **Herstellung sowie** auf die nach § 4 Nr. 7 Satz 1 VOB/B oder §§ 631 Abs. 1, 633 Abs. 1 und 2 BGB grundsätzlich vom Auftragnehmer geschuldete Tragung der **Kosten auswirken.**[119] Dabei ist zwischen VOB/B-Vertrag und BGB-Vertrag zu unterscheiden.

#### 1. Alleinverantwortlichkeit des Auftraggebers

**91** Hat der **Auftragnehmer** seiner **Prüfungs- und Hinweispflicht genügt** und liegt daher ein Fall der alleinigen Verantwortlichkeit des Auftraggebers vor, so ist die Rechtslage bei VOB/B- und BGB-Vertrag zwar unterschiedlich, aber jeweils vergleichsweise einfach.

**92** a) **VOB/B-Vertrag.** Ist die VOB/B anwendbar, so **entfällt die Haftung des Auftragnehmers** bereits dem Grunde nach.[120] Die Frage der Kostentragung durch den Auftragnehmer auf Grund von § 4 Nr. 7 Satz 1 VOB/B stellt sich daher nicht.

**93** b) **BGB-Vertrag.** Für den BGB-Vertrag trifft dies dagegen nicht zu; der **Unternehmer bleibt zur Herstellung verpflichtet.**[121] Allerdings hat das ordnungsgemäße Verhalten des Unternehmers zur Folge, dass die nun von ihm durchzuführende qualitätsgerechte Herstellung grundsätzlich **vollständig auf Kosten des Bestellers** stattfindet. Dieses unstreitige Ergebnis wird **verschieden begründet.**

**94** Wohl mit Rücksicht darauf, dass der Anspruch aus § 645 Abs. 1 Satz 1 BGB der vertragliche Vergütungsanspruch selbst sei, wenn auch in modifiziertem Umfang, und dass daher der ursprüngliche vertragliche Vergütungsanspruch mit der Zahlung auf die mangelhafte Leistung konsumiert werde, wird etwa eine Grundlage für die weitere Vergütung in **ergänzender Vertragsauslegung** gesucht.[122] Zu einer solchen Annahme besteht aber kein

---

[118] Vgl. dazu unten Rdn. 185 ff.
[119] Vgl. statt vieler zutreffend zur Verquickung von Leistungs- und Gegenleistungsproblematik *Siegburg* ZfBR 2001, 292.
[120] Dazu eingehend oben Rdn. 52 ff.
[121] Dazu eingehend oben Rdn. 60 ff.
[122] *Siegburg* FS Korbion S. 411, 421; *ders.* ZfBR 2001, 291 f.

Anlass. § 645 Abs. 1 Satz 1 BGB stellt nämlich nicht den Vertragsanspruch gemäß § 631 Abs. 1 BGB in einer bloß dem Umfang nach geänderten Form dar. Dies wird schon dadurch belegt, dass § 645 Abs. 1 Satz 1 BGB im Unterschied zu § 631 Abs. 1 BGB einen unabhängig von der Abnahme fälligen Anspruch gewährt. Ferner zeigt sich dies schon daran, dass § 645 Abs. 1 Satz 1 BGB in bemerkenswerter Abweichung von § 326 Abs. 2 BGB, der von einem „Behalten des Anspruchs auf die Gegenleistung" spricht, einen eigenen Anspruch formuliert, wenngleich für die Bestimmung seines Umfangs auf den ursprünglichen Vertragsanspruch zurückgegriffen wird. Das ist auch ganz sinnvoll. Denn in Fällen des § 645 Abs. 1 Satz 1 BGB besteht im Unterschied zum Fall des § 326 Abs. 2 BGB die Leistungspflicht des Unternehmers, objektive Leistungsmöglichkeit vorausgesetzt, gerade fort. Daher ist die Aufrechterhaltung des eigentlichen **vertraglichen Zahlungsanspruchs** gemäß § 631 Abs. 1 BGB als Grundlage für die Vergütung der schließlich ordnungsgemäßen Werkleistung sachgerecht.

Der von der Abnahme nach ordnungsgemäßer Herstellung an durchsetzbare vertragliche 95 Vergütungsanspruch gemäß § 631 Abs. 1 BGB, evtl. i. V. m. § 632 BGB, ist allerdings **dem Betrage nach** mit Rücksicht auf den vorgängig entstandenen Anspruch **gemäß § 645 Abs. 1 Satz 1 BGB zu modifizieren.**[123] Der Blick auf einschlägige Regelungen der VOB/B bietet eine inhaltliche Konkretisierung:

Führt die Mangelbeseitigung gemessen am ursprünglichen vertraglichen Leistungsumfang 96 zu einem **geringeren Aufwand,** bietet sich die entsprechende Anwendung von § 2 Nr. 4 i. V. m. § 8 Nr. 1 Abs. 2 VOB/B an,[124] weil die vom Unternehmer zunächst erbrachte ungenügende Leistung wegen der Zahlungspflicht des Bestellers gemäß § 645 Abs. 1 Satz 1 BGB, die unabhängig vom eigentlichen vertraglichen Werklohnanspruch besteht, als Übernahme einer Vertragsleistung durch den Besteller anzusehen ist. Diese Regelung der VOB/B ist nicht nur sachgerecht, sie kann auch rechtlich widerspruchsfrei in den BGB-Bauvertrag übertragen werden. Die VOB/B nimmt nämlich insoweit ohnehin nur das allgemeine werkvertragliche Prinzip auf, dass eine vollständige oder teilweise Kündigung des Werkvertrags ohne Angabe von Gründen möglich ist[125] – der Kündigung entspricht die Übernahme einer Vertragsleistung durch den Besteller –, und dass dies eben den Anspruch auf die vereinbarte Vergütung abzüglich der ersparten Aufwendungen gemäß § 649 BGB auslöst, auf den § 8 Nr. 1 Abs. 2 VOB/B bezeichnenderweise ausdrücklich Bezug nimmt.

Bringt hingegen die Mangelbeseitigung gemessen am ursprünglichen vertraglichen Leis- 97 tungsumfang einen **Mehraufwand** mit sich, passt § 2 Nr. 6 Abs. 1 Satz 1 VOB/B, soweit es gerade um die Bemessung der Vergütung für diese Mehrleistung geht.[126] Denn diese Vorschrift gilt etwa für den Fall, dass eine gemäß § 7 VOB/B auf Vergütungsgefahr des Bestellers stehende Leistung nochmals ausgeführt werden muss. Dieser Fall ist der vorliegenden Konstellation des § 645 Abs. 1 Satz 1 BGB vergleichbar, so dass § 2 Nr. 6 Abs. 1 Satz 1 VOB/B auch hier als eine sachgerechte Lösung anzusehen ist. Die Übernahme der VOB/B-Regelung in den Bereich des rein bürgerlichrechtlichen Bauvertrags ist auch rechtsdogmatisch unbedenklich, da § 2 Nr. 6 Abs. 1 Satz 1 VOB/B eine bloße Konkretisierung der werkvertraglichen Grundregel des § 632 Abs. 1 BGB und des § 242 BGB darstellt.[127]

Insgesamt ergibt sich ein stimmiges und handhabbares **Abrechnungssystem.** Zunächst 98 ist die mangelhafte Bauleistung unabhängig von einer Abnahme gemäß § 645 Abs. 1 Satz 1 BGB abzurechnen. Daneben steht nach ordnungsgemäßer, abgenommener Leistung der vertragliche Vergütungsanspruch zur Verfügung. Dieser ist jedoch analog § 2 Nr. 4 VOB/B bzw. gemäß § 649 BGB zu reduzieren, soweit Leistungsteile, die von dem vertraglichen Vergütungsanspruch ursprünglich erfasst waren, bereits gemäß § 645 Abs. 1 Satz 1 BGB vergütet worden sind. Andererseits ist der vertragliche Vergütungsanspruch gemäß § 632

---

[123] So im Ergebnis auch *Siegburg* ZfBR 2001, 293.
[124] So auch *Enders* S. 136 f.
[125] In diesem Sinne auch *Ingenstau/Korbion/Keldungs* VOB/B § 2 Nr. 4 Rdn. 2.
[126] Im Ergebnis so auch *Siegburg* FS Korbion S. 411, 422; *v. Craushaar* BauR 1987, 14, 16.
[127] Vgl. *Ingenstau/Korbion/Keldungs* VOB/B § 2 Nr. 6 Rdn. 2; *Enders* S. 157 m. w. N.

§ 4 Nr. 7    Mangelbeseitigungs- und Schadensersatzpflicht vor Abnahme

Abs. 1 BGB in Entsprechung zu § 2 Nr. 6 Abs. 1 Satz 1 VOB/B insoweit zu erhöhen, als im Rahmen der abnahmefähigen Herstellung nun, gemessen am ursprünglich auf den Vertragspreis bezogenen Leistungsumfang, infolge des Mangels Mehrleistungen nötig wurden.

### 2. Beiderseitige Verantwortlichkeit

99    Hat der Auftragnehmer seiner **Prüfungs- und Hinweispflicht nicht genügt,**[128] ist auf Grund von § 4 Nr. 7 Satz 1 VOB/B und §§ 633 Abs. 1, 634 Nr. 1 BGB **gleichermaßen** dem Grunde nach ein **Anspruch auf Herstellung** des mangelfreien bzw. vertragsgemäßen Bauwerks prinzipiell gegeben,[129] obwohl auch ein dem Auftraggeber gemäß § 4 Nr. 3 (§ 13 Nr. 3) VOB/B bzw. § 645 Abs. 1 Satz 1 BGB zurechenbarer Umstand Ursache der Mangelhaftigkeit bzw. Vertragswidrigkeit ist. Der **Anspruch auf mangelfreie Herstellung** wird also **aufrechterhalten.** Eine darüber hinausgehende Wirkung hat der Verstoß des Auftragnehmers gegen Prüfungs- und Hinweispflichten nicht. Keinesfalls führt er für den Auftragnehmer zu einer Ausweitung seines Haftungskreises über den Bereich seiner eigenen werkvertraglichen Leistung hinaus auf den Leistungsbereich Dritter, insbesondere auf den Bereich anderer Gewerke.[130] Auch eine selbstständige Haftung aus positiver Vertragsverletzung gemäß § 280 Abs. 1 BGB wegen Verletzung der Prüfungs- und Hinweispflicht tritt nicht neben die Mangelgewährleistung.[131] **Haftfrei** ist der Auftragnehmer bei Verletzung der Prüfungs- und Hinweispflicht dem Grunde nach **ausnahmsweise** nur dann, wenn er nachweist, dass sein pflichtwidriges Unterlassen der Prüfung und des Hinweises für das Entstehen des Mangels **nicht kausal** war, weil der Auftraggeber jedenfalls auf der zu dem Mangel oder der Vertragswidrigkeit führenden Bauausführung bestanden hätte. Dem steht der Fall gleich, dass eine rechtzeitige Prüfung und ein rechtzeitiger Hinweis des Auftragnehmers denselben Aufwand für die Mangelbeseitigung nötig gemacht hätten.[132]

100    In allen diesen Fällen laufen die Regelungen von **VOB/B und BGB parallel.** Problematisch ist allerdings, ob und inwieweit sich der **Auftragnehmer** an den **Kosten** der ordnungsgemäßen Herstellung **beteiligen** muss.

101    **a) Grundsatz: Mangelbeseitigung unter Kostenteilung.** Beim **VOB/B-Vertrag** scheitert die Haftung des Auftragnehmers auf Herstellung des mangelfreien bzw. vertragsgemäßen Werks im Falle beiderseitiger Verantwortlichkeit nicht schon generell, da die ihm günstige Ausschlussregelung des § 13 Nr. 3 i. V. m. § 4 Nr. 3 VOB/B gerade nicht anzuwenden ist. § 4 Nr. 3, letzter Hs. VOB/B zeigt jedoch, dass es **möglich** und **notwendig** ist, dennoch die **Mitverantwortung des Auftraggebers** für das Entstehen des Mangels bzw. der Vertragswidrigkeit zu berücksichtigen.[133] Die Wirksamkeit dieser Regelung ist nicht AGB-rechtlich im Hinblick auf die §§ 305 c Abs. 2 und 307 BGB zu bezweifeln.[134] Es handelt sich nämlich um eine inhaltlich durchaus überzeugende Regelung, die bloß den allgemeinen Grundsatz des § 254 Abs. 1 BGB übernimmt, der im Schadensrecht für die Schadensmitverursachung durch den Geschädigten gilt.[135] Diese Norm ihrerseits ist nur eine Sonderausprägung des in § 242 BGB normierten allgemeinen Grundsatzes von Treu und Glauben,[136] der zum Vor- und Nachteil von Auftraggeber und

---

[128] Zu deren Bestehen oben Rdn. 52 ff.
[129] Als unzweifelhaft bezeichnet dies *Clemm* BauR 1987, 609, 616 m. w. N.; eine Haftung aus pVV gemäß § 280 Abs. 1 BGB wegen Verletzung der Aufsichts- und Hinweispflicht besteht hingegen nicht, vgl. OLG Karlsruhe NJW-RR 2003, 963; jedoch wohl a. A. *Vorwerk* BauR 2003, 1, 5 ff.
[130] OLG München NJW-RR 1988, 20; OLG München BauR 1996, 547.
[131] *Clemm* BauR 1987, 609, 615 f.
[132] Dazu *Siegburg* Gewährleistung Rdn. 1478 f.
[133] *Siegburg* Gewährleistung Rdn. 1494.
[134] Vgl. dazu aber *Siegburg* Gewährleistung Rdn. 1370 ff.
[135] Zustimmend *Siegburg* ZfBR 2001, 294.
[136] BGHZ 57, 152; BGH NJW 1984, 1676 ff. = BauR 1984, 395 = ZfBR 1984, 173 ff.; OLG Brandenburg BauR 2001, 102, 105; insoweit, als es im vorliegenden Zusammenhang nicht um Schadensersatz-

Auftragnehmer gilt.[137] Vielmehr ist umgekehrt eine formularmäßige Freizeichnung des Auftraggebers in den hier interessierenden Fällen der Mischverursachung wegen Verstoßes gegen § 307 BGB als unwirksam anzusehen.[138]

Auch beim **BGB-Vertrag** ist eine **Mitverantwortung** des Bestellers mit Rücksicht auf § 254 Abs. 1 BGB bzw. außerhalb des Schadensrechts auf § 242 BGB **anzuerkennen**, obwohl sein Anspruch auf ordnungsgemäße Herstellung fortbesteht.[139] § 4 Nr. 3, letzter Hs. VOB/B macht nämlich nur die oben genannten allgemeinen Grundsätze sichtbar; es handelt sich inhaltlich nicht um eine Eigentümlichkeit des VOB/B-Vertrags.[140]

**102**

**b) Grundlage der Kostenbeteiligung des Auftraggebers.** Der Hinweis auf § 254 Abs. 1 BGB bzw. – außerhalb des Schadensersatzrechts formal richtiger – auf § 242 BGB betrifft nur die Zulässigkeit und Erforderlichkeit, neben der fortgesetzten Haftung des Auftragnehmers auf Herstellung des mangelfreien und vertragsgemäßen Werks eine Mitverantwortung des Auftraggebers anzunehmen. Damit ist noch keine **zur Haftungsnorm verdichtete Grundlage** für die Verpflichtung des Auftraggebers gefunden, sich an den Mangelbeseitigungskosten zu beteiligen. Die §§ 4 Nr. 3, 13 Nr. 3 VOB/B sagen jedenfalls nichts zu den Voraussetzungen der anteiligen Verantwortungszuweisung, insbesondere nichts dazu, ob schon der „Sphärengedanke" als Anknüpfungsgrund genügt.[141]

**103**

**aa) Abzulehnende Ansätze.** Die Grundlage für die Beteiligung des Auftraggebers an den Herstellungsaufwendungen **unmittelbar** in **§ 254 Abs. 1 BGB** zu suchen, bzw. in **§ 242 BGB**, auf den die Rechtsprechung bei fortgesetztem Herstellungsverlangen des Auftraggebers zurückgreift,[142] überzeugt schon wegen der geringen inhaltlichen Konturierung[143] dieser Normen nicht. Überhaupt ist es nicht plausibel, die Regel des § 254 Abs. 1 BGB, auf die sich auch die Anwendung des § 242 BGB bei anderen als Schadensersatzansprüchen inhaltlich bezieht, zur selbstständigen Anspruchsgrundlage zu entwickeln statt ihr den Charakter einer bloßen Anspruchseinschränkung zu belassen. Die Entwicklung einer solchen selbstständigen Anspruchsgrundlage ist aber notwendig. Schon die Zuzahlungspflicht des Auftraggebers, die richtigerweise erst nach Erfüllung seines fortgesetzten Herstellungsverlangens als durchsetzbar anzusehen ist, erfordert eine eigene Anspruchsgrundlage. Noch deutlicher zeigt sich diese Notwendigkeit, wenn es aus Gründen der infolge des Mangels oder infolge eines sonstigen Umstands eingetretenen Leistungsunmöglichkeit nicht mehr zur Herstellung eines abnahmefähigen Werks kommt und daher der werkvertragliche Vergütungsanspruch überhaupt nicht entstehen kann, der etwa gemäß § 254 Abs. 1 BGB bzw. § 242 BGB einwendungsweise modifiziert sein könnte. Dass nämlich solchenfalls dem Auftragnehmer eine Teilvergütung zusteht, darf nicht nur nach der Grundentscheidung des § 4 Nr. 3, letzter Hs. VOB/B – und des mit gleichem Inhalt im BGB-Bereich herangezogenen § 242 BGB – offenkundig sein. Vielmehr entspricht die Bejahung eines Teilvergütungsanspruches auch dem in dieser Hinsicht rezipierbaren[144] Regelbild des § 645 Abs. 1 Satz 1 BGB – bzw. des § 13 Nr. 3 i.V.m. § 4 Nr. 3, 1. Hs. VOB/B – insofern, als in dessen Anwendungsbereich der Anspruch des Auftragnehmers

**104**

---

ansprüche (aus § 4 Nr. 7 Satz 2 oder aus § 13 Nr. 7 VOB/B bzw. § 635 BGB) geht, ist entgegen *Staudinger/Peters* § 633 Rdn. 182 der Kritik von *Staudinger/Schiemann* (1998) § 254 Rdn. 23 zuzustimmen, doch ändert sich am Ergebnis nichts, da das in § 254 Abs. 1 BGB für das Schadensrecht Angeordnete im Rahmen des allgemein anwendbaren § 242 BGB inhaltsgleich gilt.

[137] Verallgemeinerungsfähig BGH BauR 1987, 79 f.; *Siegburg* Gewährleistung Rdn. 1349.
[138] So zum früheren § 9 AGBG OLG München BauR 1986, 580.
[139] Palandt/*Sprau* § 635 Rdn. 7; *Staudinger/Peters* § 633 Rdn. 182.
[140] Zustimmend *Siegburg* ZfBR 2001, 294.
[141] Offenbar a. A. *Siegburg* Gewährleistung Rdn. 1494 f.
[142] Vgl. BGHZ 90, 348 = NJW 1984, 1677 f. = BauR 1984, 397 f. = ZfBR 1984, 174 f.; BGH NJW 1981, 1449 = BauR 1981, 287 = ZfBR 1981, 141; *Ingenstau/Korbion/Wirth* VOB/B § 13 Nr. 5 Rdn. 276; *Früh* BauR 1992, 161 m. w. N.
[143] Vgl. dazu näher *Ganten* Pflichtverletzung S. 224 ff.
[144] Insoweit anders *Siegburg* FS Korbion S. 423.

unabhängig von der schließlichen abnahmefähigen Fertigstellung unmittelbar mit der Leistungsstörung entsteht.[145]

105  Die Entwicklung einer Anspruchsgrundlage auf Grund einer erweiterten Auslegung des § 642 BGB[146] oder einer **ergänzenden Vertragsauslegung**[147] bezweckt, eine Mitverantwortung des Auftraggebers unabhängig von seinem Eigenverschulden oder einem ihm gemäß § 278 BGB zurechenbaren Fremdverschulden nach Maßgabe des auf eine objektive Mitverursachung reduzierten „Sphärengedankens" zu begründen,[148] und zwar evtl. noch über die von § 645 Abs. 1 Satz 1 BGB bzw. § 13 Nr. 3 i. V. m. § 4 Nr. 3 VOB/B erfassten Fälle hinaus.[149] Diese Ausweitung widerspricht der Auffassung der Rechtsprechung.[150] Sie ist auch sachlich nicht zu befürworten. Wenn nämlich die Mitverantwortung des Auftraggebers für den Mangel eine Grundlage in § 254 Abs. 1 BGB bzw. – inhaltsgleich außerhalb des Schadensrechts – in § 242 BGB hat, so sind folgerichtig bei der Wahl und der inhaltlichen Gestaltung der Anspruchsgrundlage die Grenzen zu beachten, die § 254 Abs. 1 BGB für die Schadensbeteiligung des Geschädigten zieht. Im unmittelbaren Anwendungsbereich des § 254 Abs. 1 BGB ist aber anerkannt, dass eine Schadensbeteiligung des Geschädigten auf Grund bloßer Sphärenrisiken auszuschließen ist, wenn der seiner Sphäre zuzurechnenden bloßen Schadensmitverursachung ein Verschulden des anderen Teils gegenübersteht.[151] Deshalb darf ein bloß seiner Sphäre zuzurechnender Umstand auf Seiten des Auftraggebers in Anbetracht der schuldhaften Nichterfüllung der Prüfungs- und Hinweispflicht durch den Auftragnehmer keine Mitverantwortung begründen.

106  Bei der mithin hier befürworteten[152] **Verschuldensabhängigkeit** der Haftung des Auftraggebers ist dessen Haftung zwar engeren Voraussetzungen unterworfen als im Anwendungsbereich von § 13 Nr. 3 i. V. m. § 4 Nr. 3 VOB/B bzw. von § 645 Abs. 1 Satz 1 BGB, weil diese Normen Rechte des Auftragnehmers unabhängig von einem Verschulden des Auftraggebers begründen. Andererseits liegt in den Fällen des § 13 Nr. 3 i. V. m. § 4 Nr. 3 VOB/B bzw. § 645 Abs. 1 Satz 1 BGB auch kein Verschulden des Auftragnehmers vor. Mit dem Verschulden des Auftragnehmers bei Nichterfüllung seiner Prüfungs- und Hinweispflicht eine andere Interessenwertung zu begründen, mit dem Ergebnis, dass er ein mangelfreies Werk auf seine Kosten herstellen muss, wenn es am Verschulden des Auftraggebers fehlt, ist mit Rücksicht auf die Erfolgsbezogenheit der vertraglichen Leistungsübernahme gerechtfertigt.[153]

107  **bb) Lösungsansatz.** Das Ziel, von der Abnahme unabhängige, unmittelbare Ansprüche des Auftragnehmers gegen den Auftraggeber zu entwickeln, diese Ansprüche aber auf die Fälle eines dem Auftraggeber zurechenbaren eigenen oder fremden Verschuldens zu beschränken, ist mit der Grundlegung dieser Ansprüche in einer **positiven Vertragsverletzung**, § 280 Abs. 1 BGB, zu erreichen. Diese Grundlage hat überdies den Vorzug, die Gestaltlosigkeit einer ergänzenden Vertragsauslegung zu vermeiden.[154] Die in § 13 Nr. 3 i. V. m. § 4 Nr. 3 VOB/B bzw. in § 645 Abs. 1 Satz 1 BGB vorgegebenen Elemente können maßgeblich zur Konkretisierung der objektiven Pflichten herangezogen werden, die der

---

[145] Dazu oben Rdn. 95 ff., 99; diese Feststellung bedeutet allerdings nicht, dass diese Ansprüche – Möglichkeit der ordnungsgemäßen Fertigstellung des Werks vorausgesetzt – schon unmittelbar durchsetzbar sind (dazu näher unten Rdn. 143 ff.).
[146] Dazu *Groß* FS Korbion S. 123, 129 f.
[147] *Siegburg* FS Korbion S. 423.
[148] So klar im Ergebnis *Siegburg* ZfBR 2001, 294.
[149] So jedenfalls *Groß* FS Korbion S. 129.
[150] BGH NJW 1984, 1678 = BauR 1984, 398; MünchKomm/*Soergel* (3. Aufl. 1997) § 633 Rdn. 112, 116; *Siegburg* Gewährleistung Rdn. 1493; *Groß* FS Korbion S. 125.
[151] Vgl. *Lange* Schadensersatzrecht (2. Aufl. 1990), § 10 VII 1.2; in diesem Sinne wohl auch *Ganten* Pflichtverletzung S. 228 f. Fn. 30; a. A. *Siegburg* Gewährleistung Rdn. 1497.
[152] So auch BGH BauR 1984, 395, 398 = ZfBR 1984, 173, 174; vgl. dazu ablehnend *Siegburg* Gewährleistung Rdn. 1455 ff., 1493 f.
[153] A. A. *Siegburg* Gewährleistung Rdn. 1456.
[154] Vgl. dazu oben Rdn. 65 a. E.

Auftraggeber zu erfüllen hat und deren Nichterfüllung von ihm zu verantworten ist. Die **Pflichtverletzung** ist übrigens in der Regel gemäß § 280 Abs. 1 Satz 2 BGB auch **als verschuldet zu vermuten,** so dass sich praktisch oft der Unterschied zu der vom Sphärengedanken als Haftungsgrundlage ausgehenden Gegenansicht verringert.

**c) Verantwortungszuweisung.** Die Verteilung der Verantwortlichkeit zwischen Auftraggeber und Auftragnehmer, praktisch also die Quotierung der mangelbedingten Kosten, hängt vom **Einzelfall** ab. Bei der Quotenbildung kommt es mit Rücksicht auf subjektive Umstände insbesondere auch darauf an, ob der Auftragnehmer lediglich Bedenken hat bzw. haben musste oder ob er sogar Gewissheit hinsichtlich der mangelhaften Grundlage seiner Arbeit hat.[155] Eine vollständige Liste aller Fälle kann nicht gegeben werden, jede Schematisierung ist fehl am Platz. Unter dieser Prämisse sind nur einige Leitlinien vorzugeben; im Übrigen muss auf die grundsätzlichen Ausführungen zur Zurechnung von Verantwortungskreisen im Rahmen der Kommentierung zu § 4 Nr. 3 VOB/B bzw. zu § 13 Nr. 3 VOB/B verwiesen werden.

**aa) Baustoffe und Bauteile.** Lässt der Auftraggeber eigene fehlerhafte Baustoffe oder Bauteile verbauen, hat er dafür nach Maßgabe von § 645 Abs. 1 Satz 1 BGB und § 4 Nr. 3 i. V. m. § 13 Nr. 3 VOB/B analog objektiv einzustehen. Das zusätzlich erforderliche Verschulden des Auftraggebers liegt insbesondere vor, wenn er die Verwendung ungeeigneter Baumaterialien verbindlich vorschlägt, ohne dies zuvor mit seinem Architekten oder Statiker zu erörtern.[156] Im Übrigen kann der Verschuldensvorwurf freilich im Allgemeinen nicht durch Zurechnung des etwaigen Verschuldens des Stoff- oder Teillieferanten begründet werden, da dieser im Verhältnis zum Auftragnehmer grundsätzlich nicht gemäß § 278 BGB als Erfüllungsgehilfe des Auftraggebers anzusehen ist. An einem Eigenverschulden wird es ebenfalls in den meisten Fällen fehlen, da den Auftraggeber keine allgemeine Prüfungspflicht hinsichtlich der Eignung und Qualität gelieferter Materialien und Bauteile trifft.[157]

Allerdings folgt aus § 280 Abs. 1 Satz 2 BGB, dass der Auftraggeber Behauptungen des Auftragnehmers substantiiert widerlegen muss, nach denen besondere, nur dem Auftraggeber bekannte Umstände des Einzelfalls eine Prüfungspflicht und deren vorwerfbare Verletzung durch den Auftraggeber, etwa wegen Unzuverlässigkeit eines Baustofflieferanten[158] begründen; insoweit trägt der Auftraggeber auch die Beweislast. In diesem Rahmen kann es zu einer Haftung des Auftraggebers kommen. Solchenfalls ist aber die den Auftraggeber treffende Quote in Anbetracht des Auftragnehmerverschuldens nicht zu hoch anzusetzen, es sei denn, der Auftraggeber hat ein ihm bekanntes Risiko vorsätzlich verschwiegen.

**bb) Vorunternehmerleistungen.** Fehlerhafte Leistungen von Vorunternehmern sind nach bestrittener, aber herrschender und richtiger Ansicht dem Auftraggeber im Verhältnis zum Auftragnehmer ebenfalls nicht auf der Basis des § 278 BGB zuzurechnen. Für die Anwendung des § 278 BGB fehlt es an der Eigenschaft der Vorunternehmer, Erfüllungsgehilfen des Auftraggebers im Verhältnis zu nachfolgenden Auftragnehmern zu sein.[159] Allerdings ist die Vorunternehmerleistung im Hinblick auf die Leistung des Nachunternehmers als ein vom Auftraggeber gestellter Stoff im Sinne von § 645 Abs. 1 Satz 1 BGB bzw. §§ 4 Nr. 3, 13 Nr. 3 VOB/B anzusehen.[160] Denn es kann keinen Unterschied machen, ob sich die Vorleistung auf die Anlieferung eines vorgefertigten Bauteils beschränkt, oder ob sie in Fertigung oder Einbau eines Bauteils an Ort und Stelle besteht. Daher gelten hinsichtlich

---

[155] *Soergel* ZfBR 1995, 165 ff.
[156] OLG Celle BauR 2003, 101, 103.
[157] Zu allem *Siegburg* Gewährleistung Rdn. 1350 ff., 1454.
[158] Vgl. *Siegburg* Gewährleistung Rdn. 1360.
[159] BGHZ 95, 130 f. = NJW 1985, 2475 = BauR 1985, 562; MünchKomm/*Soergel* (3. Aufl. 1997) § 633 Rdn. 84; *Bühl* BauR 1985, 506; *Siegburg* FS Korbion S. 423 m. w. N.; zu der Entscheidung im Übrigen kritisch *Siegburg* Gewährleistung Rdn. 1454, 1495; *Baden* BauR 1991, 30 ff.; *Grieger* BauR 1990, 406 ff.; *Hochstein* Anm. zu BGH Schäfer/Finnern/Hochstein § 6 Nr. 6 VOB/B (1973) Nr. 3; *Kraus* BauR 1986, 17 ff.; *Vygen* BauR 1989, 387 ff.
[160] Zutreffend *Siegburg* Gewährleistung Rdn. 1356.

der Haftung des Auftraggebers für Vorunternehmerleistungen dieselben Gesichtspunkte wie im vorgenannten Fall der Stellung von Baustoffen oder Bauteilen;[161] der Auftraggeber kann im Einzelfall zu einer geringen Quote haftbar sein. Jedenfalls haftet der Nachunternehmer nur für die Fehlerhaftigkeit seines eigenen Werks, nicht auch für die Herstellung einer mangelfreien Vorleistung; insoweit ist der Auftraggeber allein auf den Vorunternehmer verwiesen und hat das Risiko seiner Insolvenz allein zu tragen.[162]

112 cc) **Sonderfachleute, insbesondere Architekt und Statiker.** Beruht der Mangel auf der fehlerhaften Leistung eines vom Besteller beauftragten Architekten, Ingenieurs, Statikers oder eines sonstigen Sonderfachmanns, so ist zu differenzieren. Erledigten diese Sonderfachleute **Planungs- und Koordinierungsaufgaben,** was insbesondere beim Architekten und hinsichtlich der Planung auch beim Bauingenieur und Statiker der Fall sein wird, ist § 278 BGB anwendbar,[163] da der Auftraggeber dem Auftragnehmer die Stellung von ordnungsgemäßen Plänen schuldet und gegenüber dem Auftragnehmer für den organisatorischen Rahmen bei der Bauausführung verantwortlich ist. Das gilt auch für Fehler im Leistungsverzeichnis.[164] Für Baufehler, die auf mangelnde **Beaufsichtigung** zurückzuführen sind, scheitert die Mitverantwortung des Auftraggebers in der Regel, weil der Auftraggeber im Verhältnis zum Auftragnehmer die Beaufsichtigung nicht schuldet und ihm daher ein Aufsichtsfehler des Architekten nicht gemäß § 278 BGB zuzurechnen ist.[165] Diese Grundsätze gelten auch für das Verhältnis von Haupt- und Subunternehmer; im Bereich der Planungs- und Koordinierungsfehler ist der vom Bauherrn beauftragte Sonderfachmann Erfüllungsgehilfe des Hauptunternehmers im Verhältnis zum Subunternehmer.[166]

113 Bei der Festlegung der **Haftungsquoten** ist in der Regel von einem überwiegenden Verantwortungsanteil des Auftraggebers auszugehen, soweit er für seine Sonderfachleute gemäß § 278 BGB einzustehen hat und sofern dem Auftragnehmer die Fehlerhaftigkeit der Leistung des Sonderfachmannes nicht bekannt war und ihm außer einer Verletzung der Prüfungs- und Hinweispflicht kein Ausführungsfehler anzulasten ist.[167]

114 **Fehlt** es nach den vorgenannten Grundsätzen in den Fällen fehlerhafter Stoffe und Bauteile, mangelhafter Vorleistung oder fehlerhafter Leistung eines Sonderfachmannes an einer **Mitverantwortlichkeit** des Auftraggebers, so ist der Auftragnehmer zwar zur Bewirkung der ordnungsgemäßen Bauherstellung auf eigene Kosten verpflichtet. Er kann aber, sofern sich nicht bereits nach den Regeln der Gesamtschuld nach § 426 BGB ein Ausgleich mit dem Baustoff- oder Bauteilelieferanten, dem vorgängigen anderen Werkunternehmer oder dem Sonderfachmann ergibt, analog § 255 BGB vom Auftraggeber die Abtretung der diesem erwachsenen Ersatzansprüche Zug um Zug gegen Behebung des Mangels verlangen.[168]

115 dd) **Bindende Anordnung und Anweisung.** Jedenfalls muss sich der Auftraggeber an den Kosten für die Behebung derjenigen Fehler quotenmäßig beteiligen, die auf seine Anweisungen im Sinne von § 645 Abs. 1 Satz 1 BGB bzw. – inhaltlich im Wesentlichen entsprechend[169] – auf seine bindenden Anordnungen gemäß § 4 Nr. 3 (§ 13 Nr. 3) VOB/B

---

[161] Dies vermindert in der Praxis den Unterschied zu der von Siegburg ZfBR 2001, 294 vertretenen verschuldensunabhängigen Einstandspflicht für Vorgewerke.
[162] OLG München NJW-RR 1988, 20 = BauR 1988, 252 (Leitsatz).
[163] BGHZ 95, 131 = NJW 1985, 2475 f. = BauR 1985, 562; BGH BauR 1987, 88; BGH NJW 1987, 782; BGH NJW 2002, 141, 142 = BauR 2002, 86, 88 = ZfBR 2002, 57, 58; OLG Celle BauR 2000, 1073; OLG Dresden BauR 2000, 1341, 1344; OLG Koblenz BauR 2007, 1278, 1279; vgl. auch BGH NJW-RR 1989, 89 = BauR 1989, 102 und OLG Frankfurt BauR 1987, 323; *Ingenstau/Korbion/Wirth* VOB/B § 13 Nr. 3 Rdn. 25; *Siegburg* Gewährleistung Rdn. 1344 ff.
[164] *Ingenstau/Korbion/Wirth* VOB/B § 13 Nr. 3 Rdn. 20; *Siegburg* Gewährleistung Rdn. 1347.
[165] BGHZ 137, 35, 41 = NJW 1998, 456, 458 = BauR 1997, 1021, 1025 = ZfBR 1997, 33, 34 f.; BGH BauR 1973, 313, 314 (insoweit nicht abgedruckt in BGHZ 61, 42); BGH BauR 1974, 205.
[166] BGH BauR 1987, 88 zum Architekten.
[167] *Siegburg* Gewährleistung Rdn. 1516 ff.; *ders.* Aachener Bausachverständigentage 1985, S. 24 m. w. N.; zur Quotenbildung *Aurnhammer* VersR 1974, 1060 ff. und *Schulz* BauR 1984, 40 ff.
[168] *Siegburg* Gewährleistung Rdn. 1534 f.; *Bühl* BauR 1985, 506 m. w. N.
[169] *Siegburg* Gewährleistung Rdn. 1343.

zurückzuführen sind. Dabei stehen den Anordnungen des Auftraggebers die Anordnungen solcher Personen gleich, derer sich der Auftraggeber als Sachwalter im Verhältnis zum Auftragnehmer bedient, z. B. eines verantwortlichen Bauleiters. Derartige Anweisungen bzw. Anordnungen können sich aus zur Ausführung überlassenen Plänen ergeben, ferner aus der Leistungsbeschreibung, in der insbesondere Fehler oder Auslassungen von nicht selbstverständlichen[170] Leistungen vorkommen werden; sie können aber auch in sonstigen verbindlich gemeinten Angaben zur Verwendung von Materialien oder zur Anwendung bestimmter Ausführungsmodalitäten liegen.

116 Die Mitverantwortlichkeit des Auftraggebers hängt von der **zurechenbaren Verursachung** des Mangels durch seine Vorgabe ab. Daran kann es – dem Gedanken des rechtmäßigen Alternativverhaltens entsprechend – fehlen, wenn davon auszugehen ist, dass der Auftragnehmer das verlangte Bauverfahren ohnehin angewendet oder die vorgeschriebenen Baumaterialien ohnehin eingesetzt hätte, weil es sich – insbesondere da dem gegenwärtigen Stand der Technik entsprechend – um das übliche Verfahren oder Material handelt.[171] Ebenso fehlt es an dem erforderlichen Zurechnungszusammenhang, wenn die Anweisung zur Verwendung bestimmter Baustoffe nur gattungsmäßig gemeint war und die Gattung als solche tauglich ist, aber das vom Auftragnehmer auf Grund eigener freier Entscheidung konkret ausgewählte Material einen Fehler aufweist.[172]

117 Im Übrigen scheitert die Mitverantwortung des Auftraggebers auch hier an **fehlendem Verschulden.** Allerdings trägt der Auftraggeber für das Fehlen seines Verschuldens die Darlegungs- und Beweislast entsprechend § 280 Abs. 1 Satz 2 BGB. Die Entlastung wird ihm kaum je gelingen, da zur Erteilung dezidierter Anordnungen und Anweisungen in der Regel gehört, dass man sich zuvor sachkundig gemacht hat; daran aber fehlt es wohl häufig, wenn – wie das Auftreten des Mangels nun zeigt – die Anordnung bzw. Anweisung objektiv sachwidrig war. Im Übrigen muss sich der Auftraggeber das Verschulden seiner Hilfspersonen, insbesondere seines Architekten oder sonstiger Verantwortlicher, derer er sich zur Anleitung des Auftragnehmers im Zuge der Bauausführung bedient hat, gemäß § 278 BGB wie eigenes zurechnen lassen.

118 **d) Abrechnung bei Mangelentdeckung.** Auf der Basis einer Haftung wegen positiver Vertragsverletzung, § 280 Abs. 1 BGB, ergibt sich auch hier ein ausgewogenes und praktikables **Abrechnungssystem, das für BGB- und VOB/B-Vertrag** im Wesentlichen gleichermaßen gilt: Zunächst entsteht unter den oben genannten Voraussetzungen unabhängig von der mangelfreien Herstellung, also bereits vor Abnahme, ein Schadensersatzanspruch des Auftragnehmers, der durch die §§ 249 ff. BGB inhaltlich bestimmt wird. Auszugehen ist demnach grundsätzlich von der Differenzhypothese: der Auftragnehmer ist so zu stellen, wie er ohne das schädigende Ereignis, d. h. ohne die fehlerhaften Anweisungen, Pläne bzw. ohne die Gestellung ungeeigneten Materials oder untauglicher Vorleistungen Dritter, stünde.

119 Unter solchen Umständen hätte er als gegenwärtig durchsetzbaren Anspruch den **Vergütungsanspruch** erworben, der dem derzeitigen Bautenstand entspricht. Dieser Anspruch, der die Grundlage der Schadensbemessung ist, kann der Schlusszahlungsanspruch sein, wenn das Bauwerk ohne die fehlerhafte Vorgabe des Auftraggebers nun abnahmefähig errichtet wäre; es kann aber auch ein Anspruch auf Abschlagszahlung oder, insbesondere beim BGB-Vertrag, ein sonstiger Teilvergütungsanspruch in Betracht kommen. Wenn derzeit weder der Schlusszahlungs- noch ein Abschlagszahlungs- oder Teilvergütungsanspruch fällig wäre, ist das verspätete Entstehen eines Vergütungsanspruchs auszugleichen. Der auf diese Weise ermittelte Betrag ist alsdann in einem zweiten Rechenschritt auf Grund von § 254 Abs. 1 BGB proportional in dem Maße zu kürzen, der dem Mitverantwortungsanteil

---

[170] *Ingenstau/Korbion/Wirth* VOB/B § 13 Nr. 5 Rdn. 278.
[171] Darin liegt der entscheidungstragende Kern der so genannten Blasbachtalbrücken-Entscheidung, OLG Frankfurt NJW 1983, 457 = BauR 1983, 158 f.
[172] BGH ZfBR 1996, 255 f. mit zahlreichen weiteren Nachweisen unter Aufgabe von BGH NJW 1973, 754 = BauR 1973, 188, 190.

des Auftragnehmers entspricht. Das Ergebnis ist die Schadensersatzsumme, die vor der Mangelbeseitigung fällig ist.

120 In die schadensersatzrechtliche Differenzrechnung kann der Auftragnehmer allerdings nicht einbeziehen, dass er ohne die vom Auftraggeber ausgelöste Mangelverursachung nicht von Gewährleistungsrechten, dabei insbesondere von **Mangelbeseitigungsansprüchen** bzw. deren Kosten betroffen wäre; er kann folglich nicht geltend machen, deshalb schadensrechtlich von der Mangelbeseitigungspflicht befreit zu sein. Insoweit gehen nämlich der schadensrechtlichen Differenzhypothese Besonderheiten des Werkvertragsrechts vor, da die Differenzhypothese schon nach allgemein schadensrechtlichen Regeln ohnehin nur als eine gegenüber wertenden Korrekturen offene Basis der Schadensberechnung gilt. Zu diesen werkvertraglichen, die Schadensbemessung beeinflussenden Besonderheiten gehört – wie sich für den VOB/B-Vertrag aus § 4 Nr. 7 Satz 1 i. V. m. § 4 Nr. 3 VOB/B und für den BGB-Vertrag erst recht in Anbetracht des dort geltenden Fortbestands des Mangelbeseitigungsanspruchs schon für den Fall der Alleinverantwortung des Bestellers für den Mangel ergibt – der Fortbestand des Mangelbeseitigungsanspruchs in Fällen beiderseitiger Mangelverantwortung, der nicht durch allgemeine schadensrechtliche Grundsätze in Frage gestellt werden darf. Im Übrigen kann schon das Vorhandensein eines ersatzfähigen Schadens in Gestalt des bloßen Belastetseins mit der Mangelbeseitigungspflicht abzulehnen sein, weil die den Auftragnehmer effektiv belastende Mangelbeseitigung zu einem schadenskompensierenden Vergütungsanspruch zugunsten des Auftragnehmers führt; der Bestand der Mängelbeseitigungspflicht allein ist daher nicht als einwendbarer, da wirtschaftlich effektiver Nachteil anzusehen.

121 **e) Abrechnung nach Mangelbehebung.** Nach der weiterhin geschuldeten Herstellung des mangelfreien bzw. vertragsgemäßen Werks entsteht unter den gewöhnlichen Voraussetzungen, also insbesondere nach Abnahme bzw. abnahmefähiger Herstellung, dem Grunde nach der werkvertragliche Vergütungsanspruch. Sein Umfang ist allerdings in zwei Hinsichten zu modifizieren.

122 Zunächst können sich durch den Mangel, und zwar gemessen am ursprünglichen vertraglichen Leistungsprogramm, Leistungserschwerungen ergeben haben, die nach § 2 Nr. 6 VOB/B bzw. § 632 Abs. 1 BGB zu honorieren sind. Der danach ermittelte Zusatzbetrag ist um den Eigenverantwortungsteil des Auftragnehmers zu kürzen, der nach Maßgabe des im Hinblick auf § 254 Abs. 1 BGB zu interpretierenden § 242 BGB zu bestimmen ist. Ferner können auch Leistungserleichterungen eingetreten sein; dies übrigens vornehmlich deswegen, weil der auf Grund positiver Vertragsverletzung gemäß § 280 Abs. 1 BGB vom Auftraggeber vergütete Leistungsteil so zu behandeln ist, als läge insoweit eine Eigenausführung durch den Auftraggeber vor, die hinsichtlich der Vergütung gemäß § 2 Nr. 4 VOB/B bzw. wie bei einer Kündigung gemäß § 649 BGB zu behandeln ist. Als Leistungserleichterung ist folglich der Betrag anzusetzen, den der Auftragnehmer bereits für die mangelhafte Leistung zu beanspruchen hatte. Die so genannten Sowiesokosten schließlich trägt der Auftraggeber zusätzlich schon nach allgemeinen Regeln uneingeschränkt.

123 **f) Mitverantwortlichkeit mehrerer Auftragnehmer.** Beruht ein Mangel **sowohl** darauf, dass der **Auftraggeber** ihn nach Maßgabe der hier dargestellten Grundsätze mitzuverantworten hat, **als auch** auf der bei der Mangelentstehung mitwirkenden **Beteiligung mehrerer Auftragnehmer,** von denen einer die mangelhafte Bauleistung erbrachte und ein anderer Auftragnehmer es nach Maßgabe des § 4 Nr. 3, ggf. i. V. m. § 13 Nr. 3 VOB/B pflichtwidrig **unterließ, auf** die **Mangelhaftigkeit** der Vorleistung **hinzuweisen,** so sind die **Mangelbeseitigungsansprüche** im Verhältnis zu allen Auftragnehmern entsprechend dem Verantwortungsanteil des Auftraggebers dem Umfang nach beschränkend zu **modifizieren;** im Übrigen haften die jeweils teilweise verantwortlichen Auftragnehmer wie **Gesamtschuldner,** soweit sie auf Behebung desselben Mangels bzw. auf Ausgleich für denselben Mangel in Anspruch genommen werden.[173]

---

[173] OLG Hamm BauR 2003, 101 ff.; *Siegburg* Gewährleistung Rdn. 1573 ff.

## V. Prozessuales

Bei der prozessualen Bewältigung der mit dem Anspruch auf mangelfreie bzw. vertrags- 124
gemäße Herstellung aufgeworfenen Fragen sind **verschiedene Ausgangslagen** zu unterscheiden. Zum einen ist danach zu differenzieren, ob der Auftragnehmer allein für den Mangel verantwortlich ist, oder ob der Auftraggeber wegen seiner Mit- oder Alleinverantwortung einen Kostenbeitrag leisten muss; ferner aber auch danach, ob der Auftraggeber ordnungsgemäße Werkleistung fordert, oder ob der Auftragnehmer auf Zahlung klagt. Letzterenfalls kommt es auch darauf an, ob die Schlusszahlung, bzw. beim BGB-Vertrag Gesamtwerklohnzahlung, oder ob eine Abschlagszahlung verlangt wird.

### 1. Allgemein: Abweisung der Schlusszahlungs- bzw. Gesamtwerklohnklage

Die Klage des Auftragnehmers auf **Zahlung des Werklohns** gemäß §§ 631 Abs. 2, 632 125
BGB bzw. auf **Schlusszahlung** gemäß § 16 Nr. 3 VOB/B ist in allen Fällen **mangels Fälligkeit** als derzeit unbegründet abzuweisen,[174] wenn die Bauleistung – wie im Anwendungsbereich des § 4 Nr. 7 Satz 1 VOB/B vorausgesetzt – weder abgenommen noch abnahmefähig, d. h. beim VOB/B-Vertrag nach Maßgabe der in § 12 Nr. 1 VOB/B gesetzten Frist und in den durch § 12 Nr. 3 VOB/B vorgegebenen Grenzen, bereitgestellt ist.[175] Allerdings darf Fälligkeit auch nicht dadurch eingetreten sein, dass der Auftraggeber aus besonderen Gründen, z. B. gemäß § 4 Nr. 3 (§ 13 Nr. 3) VOB/B oder wegen Anspruchsverzichts, keine Rechte auf vertragsgemäße Herstellung hat.

Dass die **Abnahme** fälligkeitsbestimmend ist, ergibt sich für den BGB-Vertrag aus § 641 126
Abs. 1 Satz 1 BGB. Diese Regelung gilt trotz des Schweigens von § 16 Nr. 1 VOB/B auch für den VOB/B-Vertrag.[176] Die Fälligkeit bei einer **grundlosen Abnahmeverweigerung,** also nach Aufforderung zur Abnahme einer gemäß § 12 Nr. 1, Nr. 3 VOB/B abnahmefähigen bzw. gemäß § 4 Nr. 3 (§ 13 Nr. 3) VOB/B vom Auftraggeber nicht mehr zu beanstandenden Leistung, folgt aus dem Rechtsgedanken des § 162 Abs. 1 BGB. Da der Auftragnehmer danach so zu stellen ist, als habe die Abnahme stattgefunden, ist eine der Zahlungsklage vorgängige Klage auf Abnahme entbehrlich.[177]

Dass bei Bestehen eines Mangels der Gesamtwerklohnanspruch wegen fehlender Abnah- 127
me bzw. Abnahmepflicht noch nicht fällig ist und daher noch nicht erfolgreich eingeklagt werden kann, ist auch dann hinzunehmen, wenn der Mangel relativ zur erhobenen Forderung nur unbedeutend ist. Härten kann der Auftragnehmer nämlich durch Einforderung von **Abschlagszahlungen** nach § 16 Nr. 1 VOB/B ausweichen. Auch beim BGB-Vertrag können Abschlagszahlungen gemäß § 632a BGB und im Übrigen auch dann im Einzelfall auf Grund von § 242 BGB verlangt werden, wenn eine ausdrückliche Vereinbarung fehlt,[178] so dass der Unternehmer bei vergleichsweise unbedeutenden Mängeln bereits auf dieser Grundlage eine angemessene Teilvergütung verlangen kann. Dem Anspruch auf **Abschlagszahlungen** gegenüber stehen dem Auftraggeber allerdings die Verteidigungsmittel zur Verfügung, die er nach Abnahme gegen die Pflicht zur Schlusszahlung hätte.[179]

### 2. Alleinverantwortlichkeit des Auftragnehmers für den Mangel

Für die Fälle, in denen der Auftraggeber für den Mangel nicht mitverantwortlich ist, 128
ergibt sich Folgendes:

---
[174] Im Unterschied zur Lage nach Abnahme kommt es also insoweit auf selbständige Zurückbehaltungsrechte oder Aufrechnungsmöglichkeiten des Auftraggebers nicht an; dazu → § 13 Nr. 5 Rdn. 168, 171 ff.
[175] *Siegburg* Gewährleistung Rdn. 3033.
[176] BGHZ 79, 180 = NJW 1981, 822 = BauR 1981, 201; BGH NJW 1981, 1448 = BauR 1981, 285.
[177] *Siegburg* Gewährleistung (3. Aufl. 1994) Rdn. 831; vgl. auch *ders.,* Gewährleistung Rdn. 3035.
[178] BGH NJW 1985, 857 = BauR 1985, 196.
[179] Zu diesen → § 13 Nr. 5 Rdn. 169 ff.; im Grundsatz auch *Siegburg* Gewährleistung Rdn. 3029, 3033.

§ 4 Nr. 7                    Mangelbeseitigungs- und Schadensersatzpflicht vor Abnahme

129   **a) Herstellungsklage und Zahlungspflicht.** Klagt der Auftraggeber nach § 4 Nr. 7 Satz 1 VOB/B bzw. §§ 631 Abs. 1, 633 Abs. 2 BGB auf Herstellung des mangelfreien bzw. vertragsgemäßen Werks, so ist auf entsprechenden Antrag des beklagten Auftragnehmers **zur Herstellung Zug um Zug gegen Abnahme und Zahlung** des Werklohns bzw. Schlusszahlung zu verurteilen, gegebenenfalls auch Zug um Zug gegen Abschlagszahlung. Im Ergebnis läuft dies, in Übereinstimmung mit § 641 Abs. 1 Satz 1 BGB und mit § 16 Nr. 1 bzw. 3 VOB/B, auf eine Vorleistungspflicht des Auftragnehmers hinaus.[180]

130   Der auf Herstellung gerichtete Klageantrag und der Urteilstenor haben sich an die Grenzen des materiellen Rechts zu halten; folglich muss zwar das Ziel der Herstellung möglichst genau angegeben werden, doch sind die Modalitäten der Herstellung dem Unternehmer grundsätzlich freizustellen.[181]

131   **b) Klage auf Abschlagszahlung.** Die Einforderung von Abschlagszahlungen kann sich auf § 16 Nr. 1 VOB/B oder – beim BGB-Vertrag – auf § 632a BGB, eine Vereinbarung von Zahlungen nach Baufortschritt bzw. auf § 242 BGB stützen. Die Fälligkeit von Ansprüchen auf Abschlagszahlung hängt anders als bei der Schluss- bzw. Gesamtwerklohnzahlung nicht von der Abnahme ab.[182] Für den VOB/B-Vertrag gilt,[183] dass zu einer Abschlagszahlung für eine mangelhafte oder vertragswidrige Leistung, deretwegen der Auftraggeber einen Anspruch gemäß § 4 Nr. 7 Satz 1 VOB/B auf mangelfreie und vertragsgemäße Herstellung hat,[184] nur Zug um Zug gegen Erfüllung dieses Anspruchs verurteilt werden kann. Das ist rechtlich stimmig, weil das nach Abnahme bestehende Leistungsverweigerungsrecht gemäß § 634a Abs. 4 BGB[185] schon auf den Zeitraum vor Abnahme vorwirkt, ehe die Gewährschaftsrechte mit der Abnahme beginnen.[186] Dieses Ergebnis ist auch interessengerecht. Denn einerseits wird dem Auftragnehmer, der seine Leistung ordnungsgemäß erbracht hat, eine zügige Vollstreckung des Abschlagsanspruches ermöglicht. Andererseits erhält der Auftraggeber bis zur Erbringung der ordnungsgemäßen Leistung durch Gewährung eines wirtschaftlich erheblichen Leistungsverweigerungsrechts ein hinreichendes Druckmittel, das ihm außerdem das Risiko einer Insolvenz des Auftragnehmers erspart.

132   Die Anwendung dieser Grundsätze auf **BGB-Verträge,** in denen Teilvergütungen nach Baufortschritt werkvertraglich geschuldet sind, ist aus den genannten Gründen auch sachlich gerechtfertigt.

133   Der **Umfang** des mangelbedingten Leistungsverweigerungsrechts, d. h. das Maß der bloßen Zug-um-Zug-Verurteilung statt der uneingeschränkten Verurteilung zur Zahlung, richtet sich nach denselben Gesichtspunkten, die für die nach Abnahme verlangte Schlusszahlung oder Gesamtwerklohnzahlung gelten; insoweit ist zu verweisen.[187] Dies gilt auch für die damit zusammenhängenden vollstreckungsrechtlichen Fragen.[188] Auch hinsichtlich der Möglichkeit, das Recht des Auftraggebers zur Abschlagsverweigerung in Allgemeinen Geschäftsbedingungen des Auftraggebers oder Auftragnehmers auszuschließen, zu erweitern oder sonst zu modifizieren, gilt dasselbe wie bei der nach Abnahme verlangten Schlusszahlung bzw. Gesamtwerklohnzahlung.[189]

---

[180] *Werner/Pastor* Rdn. 2716.
[181] Zu den Einzelheiten und Grenzen oben Rdn. 77 ff.
[182] BGHZ 73, 144 f. = NJW 1979, 651 = BauR 1979, 161 f.; *Siegburg* Gewährleistung Rdn. 389.
[183] BGHZ 73, 144 f. = NJW 1979, 651 = BauR 1979, 161 f.; ferner BGH NJW-RR 1988, 1043 = BauR 1988, 475.
[184] Letzteres trifft im Falle eines Rechtsverzichts zu; vgl. *Kaiser* Mängelhaftung Rdn. 189.
[185] Dazu näher → § 13 Nr. 5 Rdn. 172 ff.
[186] Vgl. dazu – übertragbar – in kaufrechtlichem Zusammenhang für das Verhältnis des früheren, von § 639 Abs. 1 BGB a. F. als der Vorläufernorm des jetzigen § 634c Abs. 4 BGB in Bezug genommenen § 478 BGB a. F. zu § 320 BGB *Soergel/Huber* (12. Aufl. 1991) Vor § 459 Rdn. 184 ff.
[187] Dazu → § 13 Nr. 5 Rdn. 199 ff.
[188] Dazu → § 13 Nr. 5 Rdn. 210 ff.
[189] Dazu → § 13 Nr. 5 Rdn. 194 ff.

## 3. Mit- oder Alleinverantwortlichkeit des Auftraggebers für den Mangel

Ist der Auftraggeber beim VOB/B- und beim BGB-Vertrag für den Mangel bzw. die 134
Vertragswidrigkeit mitverantwortlich und daher verpflichtet, sich an den **Kosten** der dem
Grunde nach vom Auftragnehmer zu bewirkenden ordnungsgemäßen Bauausführung zu
**beteiligen,** und hat der Auftragnehmer den **Mangel** oder die Vertragswidrigkeit **bereits**
abnahmefähig **beseitigt,** so steht dem Auftragnehmer gegen den Auftraggeber ein selbstständiger, in der beschriebenen Weise **quotenmäßig beschränkter Zahlungsanspruch**
zu. Ebenso verhält es sich beim BGB-Vertrag[190] auch dann, wenn der Besteller in den Fällen
der vom Unternehmer beachteten Prüfungs- und Hinweispflicht für den Mangel oder die
Vertragswidrigkeit alleinverantwortlich ist.[191] Die herrschende Ansicht leitet den selbstständigen Zahlungsanspruch aus § 242 BGB her;[192] nach der hier vertretenen Auffassung ergibt
er sich aus den Grundsätzen der positiven Vertragsverletzung gemäß § 280 Abs. 1 BGB.[193]

Die Prozesslage kompliziert sich für die herrschende Meinung, wenn die **ordnungs-** 135
**gemäße Herstellung noch aussteht.**[194] Die maßgeblichen Entscheidungen betreffen zwar
die Zeit nach Abnahme, doch gilt vor Abnahme nichts anderes.[195] Im Übrigen enthalten die
Entscheidungen nichts Spezifisches, das der Gleichbehandlung von VOB/B- und BGB-Vertrag in dieser Hinsicht entgegenstehen könnte. Vor ordnungsgemäßer Herstellung soll nach
**herrschender Meinung** Folgendes gelten:

**a) Herstellungsverlangen und Zahlungspflicht.** Verlangt der Auftraggeber **im Pro-** 136
**zessweg** die mangelfreie bzw. vertragsgemäße Herstellung nach §§ 631 Abs. 1, 633 Abs. 1
und 2 BGB oder nach § 4 Nr. 7 Satz 1 VOB/B, so schuldet der Auftragnehmer diese gemäß
§ 273 Abs. 1 BGB nur **Zug um Zug** gegen Zahlung der vom Auftragnehmer geschuldeten
und im Rechtsstreit möglichst genau festzustellenden Zuschussquote.[196]

**Außerprozessual** wird dem Auftraggeber die Zug-um-Zug-Zahlung nicht zugemutet, 137
weil die Kostenbeteiligungspflicht oft dem Grund und der Höhe nach nicht feststeht; noch
weniger als eine Zug-um-Zug-Abwicklung ist daher vom Auftraggeber ein Anerkenntnis,
ein bindendes Zuschussangebot oder gar eine Vorabzahlung seines Zuschusses zu verlangen,
zumal er dadurch ein wirtschaftliches Druckmittel verliert. Andererseits kann der Auftragnehmer eine Gewähr dafür erwarten, dass der Zuschuss mit abnahmefähiger Herstellung des
ordnungsgemäßen Werks auch wirklich gezahlt wird. Ein angemessener Interessenausgleich
werde – so meint die Rechtsprechung – dadurch geschaffen, dass der Auftragnehmer in
entsprechender Anwendung von § 273 Abs. 3 BGB vom Auftraggeber die Stellung einer
**Sicherheitsleistung** verlangen könne. Diese könne entgegen § 273 Abs. 3 Satz 2 BGB
auch durch eine vertrauenswürdige Bürgschaft erbracht werden. Vor Stellung der Sicherheit
müsse der Auftragnehmer nicht mit der Mängelbeseitigung beginnen.

Der Auftragnehmer habe allerdings die **Berechnungsgrundlage,** notfalls mit Hilfe eines 138
Sachverständigengutachtens, substantiiert darzulegen, indem er die voraussichtlichen Instandsetzungskosten, die darin enthaltenen Sowiesokosten und die vom Auftraggeber zu
tragende Quote expliziert; unterbleibt dies, so sei eine Nachbesserungsverweigerung unberechtigt und der Auftraggeber ohne weiteres dazu berechtigt, zur Fremdnachbesserung auf
Kosten des Unternehmers überzugehen. Dasselbe soll gelten, wenn der Auftragnehmer die
sofortige Auszahlung des Zuschusses verlangt.

**Leiste** dagegen der Auftraggeber die **Sicherheit** in Höhe des substantiiert dargelegten 139
Zuschusses **nicht** – ein geringfügiges Unterschreiten der zu Recht eingeforderten Sicher-

---

[190] Beim VOB/B-Vertrag entfällt die Mangelbeseitigungspflicht des Auftragnehmers; dazu oben Rdn. 52 ff.
[191] Dies ergibt sich aus dem oben Rdn. 60 ff. Ausgeführten.
[192] BGHZ 90, 348 = NJW 1984, 1678 = BauR 1984, 398 ff.
[193] Dazu oben Rdn. 107.
[194] Maßgeblich BGHZ 90, 347 ff. = NJW 1984, 1678 f. = BauR 1984, 398 ff.; BGHZ 90, 357 = NJW 1984, 1680 = BauR 1984, 404 = ZfBR 1984, 182; dazu *Ingenstau/Korbion/Wirth* VOB/B § 13 Nr. 5 Rdn. 275 ff.; *Staudinger/Peters* § 634 Rdn. 17; *Siegburg* Gewährleistung Rdn. 1548 ff.
[195] *Staudinger/Peters* § 634 Rdn. 17 a. E.
[196] BGHZ 90, 354 = NJW 1984, 1679 = BauR 1984, 401 = ZfBR 1984, 176.

heitsleistung ist dabei unerheblich –, so komme der Auftraggeber in Annahmeverzug, so dass er die Nachbesserung nicht erzwingen könne, ihm auch kein Aufwendungsersatzanspruch zustehe und der **Restwerklohn fällig** werde. Dies solle auch gelten, wenn der Auftragnehmer fälschlich die sofortige Auszahlung des Zuschusses verlange.

140 Nach ordnungsgemäßer Erbringung der Sicherheitsleistung könne der Auftraggeber gemäß § 887 Abs. 1 ZPO vollstrecken; vom Kostenerstattungsanspruch nach § 887 Abs. 2 ZPO seien die von ihm geschuldeten Zuschussbeträge abzusetzen.

141 Sache des Einzelfalls sei schließlich die Verfahrensweise, wenn sich später die geforderte und gezahlte **Sicherheitsleistung** als **unangemessen** erweise. Es komme auf die Modalitäten des Mangels und des Verhaltens der Beteiligten an; eine überhöhte Forderung gehe jedoch in der Regel zu Lasten des Auftragnehmers, da er in erster Linie zur Mangelbeseitigung verpflichtet sei und der Auftraggeber sich auf das Erheben von Einwänden gegen die geforderte Sicherheitsleistung beschränken könne.

142 **Nach** abnahmereifer **Mangelbeseitigung** muss der als Sicherheit geleistete Zuschuss an den Auftragnehmer **ausgezahlt** werden; reicht der Betrag nicht, ist der Differenzbetrag nachzuschießen. Ist der Zuschussbetrag insgesamt streitig, muss der Auftraggeber auf Auszahlung des ihm zustehenden Betrags klagen.

143 **b) Zahlungsklage, Mangelbeseitigungsanspruch und Zuzahlungspflicht.** Die **Prozessinitiative** kann auch vom **Auftragnehmer** ausgehen. Macht dieser vor Abnahme, also im Anwendungsbereich des § 4 Nr. 7 Satz 1 VOB/B, den Anspruch auf Abschlagszahlung nach § 16 Nr. 1 VOB/B geltend bzw. – bei einem BGB-Vertrag – auf Grund individualvertraglicher Vereinbarung, § 632a BGB bzw. auf Grund von § 242 BGB, oder erhebt der Auftragnehmer nach Abnahme die Werklohnklage bzw. die Schlusszahlungsklage nach §§ 631 Abs. 2, 632 BGB bzw. § 16 Nr. 3 VOB/B, so gelangt die herrschende Meinung zu einer **doppelten Zug-um-Zug-Verurteilung:**[197] Der Auftraggeber wird zur Werklohnzahlung Zug um Zug gegen Herstellung des mangelfreien Werks Zug um Zug gegen Zahlung der den Auftraggeber treffenden Zuschussquote verurteilt.

144 Aufgrund eines solchen Urteils muss der Auftraggeber den Zuschuss ebenso wie im soeben behandelten Fall der Werkherstellungsklage, und zwar aus denselben Gründen, nicht vor der Mangelbeseitigung auszahlen. Vielmehr genügt für die Zug-um-Zug-Vollstreckung nach §§ 756, 765 ZPO das Angebot der Leistung des Auftraggebers in einer gemäß § 294 BGB den Annahmeverzug begründenden Weise. Es genügt folglich ein bloß tatsächliches Anbieten so, dass der Auftragnehmer nur noch zuzugreifen braucht. Das läuft praktisch auf eine **Sicherheitsleistung** hinaus, wie sie im vorerwähnten Fall der Herstellungsklage für richtig gehalten wurde.

145 Wird der Auftraggeber vom Auftragnehmer gemäß § 295 Satz 2 BGB dazu aufgefordert, seine Sicherheit anzubieten, kommt er aber dieser Aufforderung nicht nach, so gerät er gemäß § 298 BGB in **Annahmeverzug.** Der Vergütungstitel des Auftragnehmers kann dann ohne weiteres vollstreckt werden.

146 Bietet hingegen der Auftraggeber den Kostenzuschuss tatsächlich an, so hängt die Vollstreckung des Zahlungstitels des Auftragnehmers davon ab, dass dieser die **Nachbesserung** in abnahmefähiger Weise erledigt. Sofern Einverständnis der Beteiligten über den Umfang der Zuschusspflicht besteht, sonst nach weiterer Klage des Auftragnehmers, ist dann auch der als Sicherheit geleistete Betrag an den Auftragnehmer auszuzahlen, erforderlichenfalls ein Mehrbetrag vom Auftraggeber nachzuzahlen, eine übermäßige Sicherheitsleistung aber an den Auftraggeber zurückzuzahlen.

147 In dieser Regelung liegt zwar eine gewisse **Vorleistung des Auftragnehmers,** aber das ist nicht sachfremd. Die Vorleistungspflicht des Auftragnehmers ist werkvertragstypisch; im Übrigen wird damit ein Anreiz zur ordnungsgemäßen Werkherstellung geschaffen.

---

[197] Dazu insbesondere BGHZ 90, 357 = NJW 1984, 1680 = BauR 1984, 404 = ZfBR 1984, 182; *Ingenstau/Korbion/Wirth* VOB/B § 13 Nr. 5 Rdn. 283; *Werner/Pastor* Rdn. 2742 ff.; *Siegburg* Gewährleistung Rdn. 1549; *Kaiser* ZfBR 1985, 60 f.

Unterlässt der Auftragnehmer die Mangelbeseitigung trotz hinreichender Sicherheitsleistung oder misslingt die Mangelbeseitigung, so kann der Auftraggeber den Auftragnehmer auf **Freigabe** des bereitgestellten Zuschusses in Anspruch nehmen. Dieser Anspruch ergibt sich wohl aus § 812 Abs. 1 Satz 2, 2. Alt. BGB wegen Zweckverfehlung. Er kann weiterhin gemäß § 634 Nr. 2 BGB bzw. beim VOB/B-Vertrag entsprechend § 4 Nr. 7 Satz 3 VOB/B oder – nach Abnahme – § 13 Nr. 5 Abs. 2 VOB/B einen Drittunternehmer mit der Behebung des Mangels betrauen[198] und dabei anfallende Kosten mit dem Restwerklohn und der Eigenbeteiligungsquote verrechnen. 148

**c) Eigener Lösungsvorschlag.** Die referierte herrschende Ansicht ist in den Einzelheiten nicht nur rechtsdogmatisch **fragwürdig**; sie ist vor allem prozessual **unpraktisch**, weil sie zu verwickelten Tenorierungen und komplexen Vollstreckungslagen mit der Gefahr weiterer Auseinandersetzungen führt, soweit es um die Beteiligung des Auftraggebers an den Mangelbeseitigungsaufwendungen geht. Eine vergleichsweise Erledigung ist deshalb zu empfehlen.[199] Sie wird aber oft nicht zu erreichen sein, so dass eine Bereinigung von Rechts wegen stattfinden sollte. 149

Obwohl sie diesem Ziel dient, ist dabei allerdings nicht der Auffassung zu folgen, dass der Herstellungsklage des Auftraggebers nur nach Zahlung des auf ihn entfallenden Zuschusses stattzugeben sei.[200] Dadurch würde der Auftraggeber nämlich nicht nur mit dem Risiko einer Fehleinschätzung von Grund und Höhe seiner Beteiligung belastet. Ihm würde auch ein probates Druckmittel genommen, um die ordnungsgemäße Herstellung durchzusetzen. Folgende Lösung wird vorgeschlagen, deren Akzeptanz in der Praxis jedoch abzuwarten bleibt: 150

**aa) Alleinverantwortlichkeit des Auftraggebers.** Soweit beim BGB-Vertrag – im Unterschied zum VOB/B-Vertrag – eine Herstellungspflicht des Unternehmers trotz Erfüllung seiner Prüfungs- und Hinweispflicht anzuerkennen ist, der Besteller aber die dabei entstehenden Kosten zu tragen hat, ist das auch prozessual sachgerechte Ergebnis bereits vom materiellen Recht vorgezeichnet.[201] Der Unternehmer kann **vor Mangelbeseitigung unabhängig von** einer **Abnahme Zahlung** gemäß § 645 Abs. 1 Satz 1 BGB verlangen; insoweit besteht kein Zurückbehaltungsrecht gemäß § 273 BGB. 151

Das ist angemessen, weil die Verantwortlichkeit allein beim Besteller liegt. Weiterhin werden auf diese Weise zufällige Entscheidungsdifferenzierungen danach vermieden, ob eine Herstellung der mangelfreien Leistung noch möglich oder inzwischen unmöglich geworden ist. Im Übrigen ist der Anspruch gemäß § 645 Abs. 1 Satz 1 BGB regelmäßig geringer als der Werklohnanspruch, so dass ein Interesse des Unternehmers fortbesteht, sich durch mangelfreie Leistung den restlichen Werklohn zu verdienen. 152

Der **Restwerklohnanspruch** ist auf Grund einer Kombination der zu § 649 BGB geltenden Grundsätze mit dem im Hinblick auf § 2 Nr. 6 VOB/B auszulegenden § 632 Abs. 1 BGB zu ermitteln.[202] Er wird nach den allgemeinen Regeln über Abschlagszahlungen, sonst mit Abnahme bzw. abnahmefähiger Herstellung fällig. Früher erhobene Klagen sind als derzeit unbegründet abzuweisen. 153

**bb) Beiderseitige Verantwortlichkeit.** Bei beiderseitiger Verantwortlichkeit für den Mangel ist eine Befreiung von den prozessualen Komplikationen auf der Basis der herrschenden Meinung schwer zu erreichen. Denn deren aus § 242 BGB bzw. § 254 Abs. 1 BGB entwickelte Lösung ist im Kern eine Einwendungslösung und als solche auf bloße Verteidigung gegen die Inanspruchnahme auf ordnungsgemäße Werkherstellung konzipiert. Die wünschenswerte prozessuale Vereinfachung ist eher möglich auf der Grundlage des hier 154

---

[198] Entgegen *Ingenstau/Korbion/Wirth* VOB/B § 13 Nr. 5 Rdn. 286 steht dem Auftraggeber der Weg über § 887 ZPO nicht offen, da er keinen vollstreckbaren Titel auf Durchführung der Mangelbeseitigung hat.
[199] So auch *Siegburg* Gewährleistung Rdn. 3046.
[200] So *Bühl* BauR 1985, 506, 510 ff.; anders auch *Siegburg* Gewährleistung Rdn. 1553.
[201] Dazu oben Rdn. 93 ff.
[202] Dazu oben Rdn. 95 ff.

bereits zur Anspruchsgrundlage vertretenen Ansatzes. Danach ist von einem **selbstständigen Schadensersatzanspruch des Auftragnehmers** aus positiver Vertragsverletzung gemäß § 280 Abs. 1 BGB[203] auszugehen, der **nicht** davon **abhängt,** ob und wann die mangelfreie **Herstellung** gelingt.

155 Auch dieser Anspruch ist zwar nicht von vornherein offensichtlich dagegen geschützt, dass der Auftraggeber gemäß § 273 BGB im Hinblick auf seinen Herstellungsanspruch ein Zurückbehaltungsrecht geltend macht. Allerdings sprechen gewichtige Argumente dafür, ein solches **Zurückbehaltungsrecht auszuschließen:** § 273 BGB ist eine Ausprägung von Treu und Glauben und daher der Einzelfallbeurteilung besonders zugänglich. Dabei ist auf die Natur und den Grund der in Verbindung gesetzten wechselseitigen Ansprüche besondere Rücksicht zu nehmen. Bei einem Schadensersatzanspruch aus positiver Vertragsverletzung gemäß § 280 Abs. 1 BGB ist die durch § 249 Satz 1 BGB vorgegebene Differenzhypothese zu berücksichtigen. Es ist also eine vollständige Betrachtung der Rechtslage geboten, die sich bei Ausbleiben der vom Auftraggeber zu verantwortenden verfehlten Vorgabe eingestellt hätte. Der Werklohnanspruch des Auftragnehmers wäre dann unabhängig von einem Zurückbehaltungsrecht des Auftraggebers entstanden. Demgemäß sollte aus § 249 Satz 1 BGB gefolgert werden, dass das Zurückbehaltungsrecht des Auftraggebers insoweit ausgeschlossen ist, als sich der Auftragnehmer darauf beschränkt, seinen Anspruch aus positiver Vertragsverletzung gemäß § 280 Abs. 1 BGB geltend zu machen.

156 Eine solche Lösung schließt allerdings nicht mit den von der herrschenden Meinung angenommenen prozessualen Konsequenzen[204] das neben dem Anspruch auf Grund positiver Vertragsverletzung gemäß § 280 Abs. 1 BGB etwa stehende Recht des Auftragnehmers aus, je nach Bautenstand **Abschlagszahlungen** und – nach fälligkeitsbegründender Abnahme – die Schluss- bzw. Gesamtwerklohnzahlung einzufordern.

157 Die geschilderte Lösung hat **praktische Vorteile.** Sie führt nämlich nicht nur zu einer prozessualen Vereinfachung; sie vermeidet nicht nur die zufällige Differenzierung danach, ob im Einzelfall die Nachbesserung an einer technischen Unmöglichkeit scheitert oder nicht. Sie reduziert auch die Vorleistungslast des Auftragnehmers in angemessener Weise und lässt doch dem Auftraggeber ein noch genügendes Druckmittel, um den Auftragnehmer zur Herstellung des mangelfreien Werkes anzuhalten. Denn der zu zahlende Betrag bleibt in der Regel unter dem Vertragspreis, den sich der Auftragnehmer im Allgemeinen doch noch verdienen will.

158 Die hier vorgeschlagene Lösung vermeidet auch die Gefahr, dass der Auftraggeber in unzumutbarer Weise mit dem **Risiko einer Fehleinschätzung** von Grund und Höhe seiner Kostenbeteiligung belastet wird; denn Grund und Ausmaß seiner Kostenbeteiligung sind in dem vor ordnungsgemäßer Herstellung etwa geführten Zahlungsrechtsstreit um die Haftung aus positiver Vertragsverletzung gemäß § 280 Abs. 1 BGB auszutragen, also bestmöglich justiziell prüfbar. Auch in der umgekehrten Prozesslage, in der der Auftraggeber die Herstellung des mangelfreien Werks einklagt, trifft ihn ein solches Einschätzungsrisiko nicht. Der Auftragnehmer kann nämlich diesem Anspruch ein Zurückbehaltungsrecht wegen Nichtbegleichung seiner Forderung aus positiver Vertragsverletzung entgegensetzen, und in diesem Zusammenhang ist die Kostenbeteiligungspflicht gerichtlich zu prüfen. Die in letztgenanntem Fall zu erwartende Zug-um-Zug-Verurteilung verursacht übrigens keine nennenswerten prozessualen Komplikationen, da insoweit nur eine einfache Zug-um-Zug-Verurteilung vorliegt.

---

[203] Dazu oben Rdn. 107.
[204] Vgl. dazu oben Rdn. 143 ff.

## D. Der Schadensersatzanspruch (Satz 2)

### I. Grundlagen/Wesen

#### 1. VOB/B-Vertrag

Der Sache nach handelt es sich bei dem Anspruch aus § 4 Nr. 7 Satz 2 VOB/B um einen solchen aus **positiver Vertragsverletzung**,[205] der jetzt allgemein in § 280 Abs. 1 BGB normiert ist. Grundsätzlich gilt der von § 276 BGB vorgegebene Haftungsmaßstab. Der Anspruch gemäß § 4 Nr. 7 Satz 2 VOB/B tritt nämlich nicht an die Stelle des Anspruchs auf Erfüllung der Pflicht zur mangelfreien bzw. vertragsgemäßen Leistung, wie dies bei einem von der positiven Vertragsverletzung zu trennenden Gewährleistungsanspruch der Fall ist, sondern ergänzt den Anspruch aus § 4 Nr. 7 Satz 1 VOB/B;[206] er begleitet also in einer für die positive Vertragsverletzung gemäß § 280 Abs. 1 BGB typischen Weise den Erfüllungsanspruch. Die Durchsetzung des Schadensersatzanspruchs ist daher auch im Unterschied zu Gewährleistungsansprüchen gemäß § 13 VOB/B nicht von einer Abnahme abhängig, sondern ebenso wie der Anspruch gemäß § 4 Nr. 7 Satz 1 VOB/B sofort fällig.[207]

**159**

#### 2. BGB-Vertrag

Die Parallele zu § 4 Nr. 7 Satz 2 VOB/B ist beim BGB-Bauvertrag nicht in den §§ 634 Nr. 4, 280 Abs. 1 und 3, 281, 283 und 311a BGB zu sehen. Die Anwendung dieser Normen setzt nämlich die Zuordnung der Werkleistung zum Vertragsprogramm voraus, da sich erst dann die Mangelhaftigkeit der Werkleistung feststellen lässt; diese Zuordnung wird erst durch die – im Vergleichsfall des § 4 Nr. 7 Satz 2 VOB/B gerade noch ausstehende – Abnahme oder abnahmefähige Herstellung bewirkt.[208] Vielmehr ist beim BGB-Vertrag die von § 4 Nr. 7 Satz 2 VOB/B erfasste Materie nach den Regeln der **positiven Vertragsverletzung,** geregelt in § 280 Abs. 1 BGB, zu behandeln.[209] Das trägt überdies in wünschenswerter Weise zur Begründung einer Schadensersatzpflicht bei, die von der Einhaltung der durch den Vorrang der Nacherfüllung in § 634 Nr. 1 BGB für die Schadensersatzhaftung gemäß § 634 Nr. 4 BGB insbesondere mit Rücksicht auf die §§ 280 Abs. 1 und 3, 281 Abs. 1 BGB etwa gezogenen Grenzen unabhängig ist.[210] Die Parallele zwischen VOB/B-Vertrag und BGB-Vertrag zeigt damit im Übrigen ebenfalls, dass es auch rechtssystematisch angezeigt ist, auch § 4 Nr. 7 Satz 2 VOB/B als einen Fall einer positiven Vertragsverletzung einzuordnen.

**160**

---

[205] BGH BauR 1972, 17 und BauR 1978, 306 f. = ZfBR 1978, 75 f.; *Ingenstau/Korbion/Oppler* VOB/B § 4 Nr. 7 Rdn. 27 m. w. N.; *Kleine-Möller/Merl/Oelmaier/Merl* § 12 Rdn. 715; *Locher* PrivBauR Rdn. 208; *Siegburg* Gewährleistung Rdn. 1275; *Dähne* BauR 1973, 268, 271; *Kaiser* BlGBW 1976, 121 und BauR 1991, 391, 392 sowie *ders.* Mängelhaftung Rdn. 29; offen lassend *Nicklisch/Weick/Nicklisch* VOB/B § 4 Rdn. 106; *Staudinger/Peters* § 633 Rdn. 149.
[206] *Ingenstau/Korbion/Oppler* VOB/B § 4 Nr. 7 Rdn. 27; *Siegburg* Gewährleistung Rdn. 1269.
[207] *Ingenstau/Korbion/Oppler* VOB/B § 4 Nr. 7 Rdn. 40.
[208] Dazu oben Rdn. 9; wie hier RGZ 62, 214; BGH NJW 1969, 839; a. A. allg. *Soergel/Teichmann* (12. Aufl. 1997) § 635 Rdn. 1; ebenso bei Vorliegen der Voraussetzungen von § 634 Abs. 2 BGB, damit stets bei einem durch weitere Werkherstellungsleistungen nicht mehr behebbaren Schaden, *Staudinger/Peters* § 633 Rdn. 100 sowie *Peters* JZ 1977, 458, 463.
[209] BGH NJW 1969, 839; OLG Hamm BauR 1989, 745 f.; *Staudinger/Peters* § 633 Rdn. 99; vgl. dagegen *Korintenberg* S. 127, 154; ferner *Schütz* S. 104 ff. und z. B. noch *Nicklisch/Weick/Nicklisch* VOB/B Vor § 4 Rdn. 19.
[210] Vgl. zum früheren Recht entsprechend zum Verhältnis von § 635 BGB a. F. zur Schadensersatzhaftung gemäß § 634 BGB a. F. *Staudinger/Peters* (2000) § 635 Rdn. 20.

## II. Besondere Anspruchsvoraussetzungen und -grenzen

### 1. Schadenszurechnung

161   Der Eintritt des Schadens muss durch die Mangelhaftigkeit bzw. Vertragswidrigkeit nach den Grundsätzen der Adäquanztheorie **verursacht** worden sein.[211] Darüber hinaus muss der Schaden dem Auftragnehmer auch unter dem Gesichtspunkt des **Rechtswidrigkeitszusammenhanges** zuzurechnen sein, woran es insbesondere im Bereich der so genannten Sowiesokosten fehlt; diese Thematik wird aber üblicherweise – und dem wird hier gefolgt – erst als Schadensbemessungsgesichtspunkt behandelt.

### 2. Verschulden

162   Der Schadensersatzanspruch nach § 4 Nr. 7 Satz 2 VOB/B erfordert, abgesehen vom Vorliegen der allgemeinen Voraussetzungen für die Anwendung von § 4 Nr. 7 VOB/B, dass der Auftragnehmer oder ein Erfüllungsgehilfe gemäß § 278 BGB zurechenbar den Mangel oder die Vertragswidrigkeit verschuldet hat.[212] Der Verschuldensbegriff wird auch hier, entsprechend den allgemeinen Grundsätzen einer Schadensersatzhaftung wegen positiver Forderungsverletzung, von § 276 BGB bestimmt;[213] es genügt also **leichte Fahrlässigkeit**. Bei einer Garantieübernahme kann auch eine verschuldensunabhängige Schadensersatzhaftung stattfinden.[214] Für eine Verschärfung der Verschuldensanforderung, insbesondere für eine Beschränkung der Haftung auf Fälle einer schwerwiegenden Pflichtverletzung,[215] fehlt die Grundlage im Text des § 4 Nr. 7 Satz 2 VOB/B. Zu einer solchen Haftungseinschränkung in Ausnahme von allgemeinen bürgerlichrechtlichen Grundsätzen besteht auch sachlich kein Anlass.[216]

### 3. Grenzen aus rechtssystematischen Gründen

163   a) **Schadensersatz wegen Nichterfüllung.** Bei der **Bestimmung** des Kreises der **ersatzfähigen Schäden** ist wie bei sonstigen Ansprüchen aus positiver Vertragsverletzung gemäß § 280 Abs. 1 BGB grundsätzlich davon auszugehen, dass § 4 Nr. 7 Satz 2 VOB/B im Unterschied zu § 13 Nr. 7 VOB/B diesbezüglich keine Beschränkungen enthält;[217] namentlich unterscheidet die Vorschrift auch nicht zwischen positivem und negativem Interesse.[218] Jedoch darf der Kreis der ersatzfähigen Schäden nicht allein auf Grund der rechtsdogmatischen Einordnung des Anspruchs abschließend bestimmt werden. Vielmehr ist dabei insbesondere auch auf den **systematischen Zusammenhang** Rücksicht zu nehmen.[219]

164   aa) Beim **VOB/B-Vertrag verbietet** es der systematische Zusammenhang **grundsätzlich**, einen **Schadensersatzanspruch wegen Nichterfüllung** des ganzen Vertrags auf der Basis des § 4 Nr. 7 Satz 2 VOB/B anzuerkennen; das gilt selbst dann, wenn abgesehen von der Abnahme die Voraussetzungen des § 13 Nr. 7 Abs. 2 VOB/B vorliegen sollten.[220]

---

[211] OLG München BauR 2001, 965; *Kapellmann/Messerschmidt/Merkens* VOB/B § 4 Rdn. 164; *Siegburg* Gewährleistung Rdn. 1278.
[212] *Siegburg* Gewährleistung Rdn. 1278; *Kaiser* BauR 1991, 391 ff.
[213] *Ingenstau/Korbion/Oppler* VOB/B § 4 Nr. 7 Rdn. 26; *Kapellmann/Messerschmidt/Merkens* VOB/B § 4 Rdn. 164.
[214] *Nicklisch/Weick/Nicklisch* VOB/B § 4 Rdn. 102.
[215] So *Kaiser* BauR 1991, 391, 396; *ders.* Mängelhaftung Rdn. 28.
[216] Ebenso *Ingenstau/Korbion/Oppler* VOB/B § 4 Nr. 7 Rdn. 26.
[217] BGHZ 48, 79 = NJW 1967, 2262; BGHZ 50, 164 = NJW 1968, 1524; *Ingenstau/Korbion/Oppler* VOB/B § 4 Nr. 7 Rdn. 29; *Nicklisch/Weick/Nicklisch* VOB/B § 4 Rdn. 103; *Staudinger/Peters* § 633 Rdn. 102.
[218] *Kaiser* BauR 1991, 391, 397.
[219] *Clemm* BauR 1986, 136, 141; *Kaiser* BauR 1991, 391, 396 ff.
[220] *Ingenstau/Korbion/Oppler* VOB/B § 4 Nr. 7 Rdn. 29; *Nicklisch/Weick/Nicklisch* VOB/B § 4 Rdn. 103; *Staudinger/Peters* § 633 Rdn. 102.

Mangelbeseitigungs- und Schadensersatzpflicht vor Abnahme § 4 Nr. 7

Zunächst folgt eine solche Anspruchsbeschränkung schon daraus, dass § 4 Nr. 7 Satz 2 VOB/B primär konzipiert ist als ein Anspruch, der den Herstellungsanspruch des § 4 Nr. 7 Satz 1 VOB/B lediglich ergänzt, und zwar für die Fälle, in denen trotz Mangelbehebung oder Beseitigung der Vertragswidrigkeit ein Schaden zurückbleibt.[221] Vor allem aber verträgt sich eine undifferenzierte Gewährung von Schadensersatz wegen Nichterfüllung des gesamten Vertrags auf der Grundlage von § 4 Nr. 7 Satz 2 VOB/B nicht damit, dass ein solcher Anspruch im Anwendungsbereich von § 4 Nr. 7 VOB/B in einem Sonderfall eigens – und daher abschließend – geregelt ist: Schadensersatz wegen Nichterfüllung soll nur unter den engeren Voraussetzungen des § 4 Nr. 7 Satz 3 i. V. m. § 8 Nr. 3 Abs. 2 Satz 2 VOB/B gewährt werden, nämlich bei Auftragsentziehung und Interessenfortfall.[222] Insbesondere die Beschränkung gemäß § 8 Nr. 3 Abs. 2 Satz 2 VOB/B auf Fälle, in denen das Bestellerinteresse aus den Gründen fortgefallen ist, die zur Auftragsentziehung geführt haben, würde offensichtlich unterlaufen, wenn § 4 Nr. 7 Satz 2 VOB/B als Grundlage zum Ersatz aller Schäden wegen Nichterfüllung gedeutet würde. Denn § 4 Nr. 7 Satz 2 VOB/B ist ausweislich des § 8 Nr. 3 Abs. 2 Satz 1 VOB/B in allen Fällen des § 4 Nr. 7 Satz 3 VOB/B anwendbar,[223] also auch, wenn die besonderen Voraussetzungen des § 8 Nr. 3 Abs. 2 Satz 2 VOB/B nicht vorliegen.

**165** Jedenfalls dem Umfang nach läuft es allerdings im Wesentlichen – mit Ausnahme des Ersatzes von entgangenem Gewinn – auf einen Schadensersatz wegen Nichterfüllung des ganzen Vertrages hinaus, wenn bei **völlig unbrauchbarer** Bauleistung, deren Hinnahme dem Auftraggeber unzumutbar ist, ein Anspruch des Auftraggebers auf Ersatz der Kosten für Abriss und Neuherstellung zugelassen würde.[224] Diese Ausweitung des Schadensersatzanspruches in Geld ist grundsätzlich aus rechtssystematischen Gründen bedenklich,[225] weil § 4 Nr. 7 Satz 3 VOB/B dem Auftraggeber den Weg zu einer solchen Abrechnungsweise eigens eröffnet, aber eben erschwerte Voraussetzungen dafür aufstellt.

**166** Akzeptabel ist ein Ersatz des **Nichterfüllungsschadens** auf der Basis des § 4 Nr. 7 Satz 2 VOB/B allenfalls **in Sonderfällen**. Ausgangspunkt ist dabei, dass diese Vorschrift ein Fall der positiven Vertragsverletzung ist. Bei dieser ist gewohnheitsrechtlich die Befugnis zur Abstandnahme von der weiteren Vertragsdurchführung und zum Übergang auf den Schadensersatz wegen Nichterfüllung anerkannt, wenn eine derart schwerwiegende Gefährdung des Vertragszwecks vorliegt, dass dem anderen Teil nach Treu und Glauben ein Festhalten am Vertrag nicht zugemutet werden kann.[226] Ein solcher Fall ist wohl bei einer völlig unbrauchbaren Bauleistung oft gegeben, weil sie das Vertrauen in die Leistungsfähigkeit des Vertragspartners grundlegend und daher auch für die Zukunft erschüttert. Darüber hinaus kommt hier aber auch die endgültige, ernsthafte und schuldhafte Leistungsverweigerung[227] in Betracht, ferner das wiederholte Scheitern der Mangelbehebung.[228]

**167** In den Fällen, in denen der Schadensersatzanspruch gemäß § 4 Nr. 7 Satz 2 VOB/B ausnahmsweise das Nichterfüllungsinteresse erfasst, steht die Schadensberechnung allerdings auch unter den Geboten von Treu und Glauben. Daraus kann sich ergeben, dass der Auftraggeber die Kosten der Mangelbeseitigung nicht fordern kann, wenn ihm zuzumuten ist, die Leistung mit ihren unbehebbaren Mängeln zu behalten; der Schadensersatz be-

---

[221] BGHZ 50, 160, 164 f. = NJW 1968, 1524; BGH NJW 1982, 1524 = BauR 1982, 277 = ZfBR 1982, 112; OLG Düsseldorf BauR 1980, 276; *Ingenstau/Korbion/Oppler* VOB/B § 4 Nr. 7 Rdn. 29.
[222] BGH NJW-RR 1998, 235 = BauR 1997, 1027, 1028 = ZfBR 1998, 31; *Ingenstau/Korbion/Oppler* VOB/B § 4 Nr. 7 Rdn. 29; *Nicklisch/Weick/Nicklisch* VOB/B § 4 Rdn. 103; *Siegburg* Gewährleistung Rdn. 1272.
[223] Zu Letzterem *Ingenstau/Korbion/Oppler* VOB/B § 4 Nr. 7 Rdn. 30; *Staudinger/Peters* § 633 Rdn. 102.
[224] BGHZ 50, 165 = NJW 1968, 1524; BGH BauR 1989, 455; *Ingenstau/Korbion/Oppler* VOB/B § 4 Nr. 7 Rdn. 31.
[225] Mit Recht kritisch *Clemm* BauR 1986, 136, 141; im Ansatz auch *Kaiser* BauR 1991, 391, 397 f.
[226] Allgemein *Jauernig/Vollkommer* § 282 Rdn. 1 (ausführlicher in der 8. Aufl. 1997 § 276 Anm. V 4 c); in vorliegendem Zusammenhang *Kaiser* BauR 1991, 391, 398 ff.
[227] *Vygen* Bauvertragsrecht Rdn. 499.
[228] Zu allem *Kaiser* BauR 1991, 391, 400.

schränkt sich dann auf den Ausgleich der durch den Mangel bedingten Wertminderung.[229] Im Ergebnis wird damit der Rechtsgedanke der Mangelbeseitigungsverweigerung wegen unverhältnismäßigen Aufwands, der schon den Mangelbeseitigungsanspruch einschränkt, in das Schadensersatzrecht übernommen. Der dann zu gewährende Geldersatzanspruch ist allerdings grundsätzlich auf Ersatz des vollen Nichterfüllungsschadens gerichtet.

**168** bb) Auch beim **BGB-Vertrag** ist der Schadensersatzanspruch wegen Mängel während der Bauausführung als Anspruch aus positiver Vertragsverletzung gemäß § 280 Abs. 1 BGB grundsätzlich nicht auf Schadensersatz wegen Nichterfüllung gerichtet. Denn solange die Mangelhaftigkeit der Leistung nicht zu einer Schadensersatzabrechnung auf der Grundlage der §§ 280 Abs. 1 und 3, 281, 283 oder 311 a BGB – vor der Abnahme – oder der §§ 634 Nr. 4, 280 Abs. 1 und 3, 281, 283 oder 311 a BGB – nach Abnahme bzw. abnahmefähiger Bereitstellung – geführt hat, ist der Übergang vom Erfüllungsanspruch auf das Begehren von Schadensersatz wegen Nichterfüllung von Gesetzes wegen nicht vorgesehen; das ergibt sich insbesondere, die Möglichkeit der Mangelbeseitigung vorausgesetzt, aus § 281 Abs. 1 BGB und aus dem Rückschluss aus § 281 Abs. 2 BGB sowie § 636 BGB. Der schon damit vorgegebenen Beschränkung entspricht auch, dass die hier behandelte Schadensersatzhaftung vor Abnahme sich auf die Regeln der positiven Vertragsverletzung gemäß § 280 Abs. 1 BGB gründet, insofern, als eine Haftung aus positiver Vertragsverletzung in diesem Stadium typischerweise das Erfüllungsinteresse nicht ersetzt, sondern es lediglich begleitend sichert.

**169** Ein Schadensersatzanspruch wegen Nichterfüllung auf Grund positiver Vertragsverletzung gemäß § 280 Abs. 1 BGB ist nur **ausnahmsweise** in engen Grenzen bei schwerwiegender Vertragsstörung anzuerkennen; insoweit gilt das soeben zum VOB/B-Vertrag Ausgeführte entsprechend.[230] Dabei gibt § 281 Abs. 1 und 2 BGB Anlass zu restriktiver Handhabung der positiven Vertragsverletzung, weil in der Regel der dort beschriebene Weg zum Schadensersatz wegen Nichterfüllung beschritten werden muss.

**170** b) **Verhältnis zur Auftragsentziehung und zum Herstellungsanspruch.** Ein Anspruch aus § 4 Nr. 7 Satz 2 VOB/B ist zwar in der Regel neben dem **Herstellungsanspruch** gemäß Satz 1 gegeben;[231] das folgt schon aus dem Wort „auch" im Text der Regelung.[232] Insoweit kann davon gesprochen werden, dass der Schadensersatzanspruch eine Auffangfunktion[233] hat. Die **Auftragsentziehung** auf Grund von Satz 3 – mit der eine Nachbesserung naturgemäß entfällt – **schließt die Schadensersatzpflicht** jedoch **nicht aus,** wie § 8 Nr. 3 Abs. 2 Satz 1 VOB/B zeigt. Vielmehr kann die Auftragsentziehung unter den Voraussetzungen des § 8 Nr. 3 Abs. 2 Satz 2 VOB/B den Schadensersatzanspruch sogar dem Umfang nach erweitern. Darüber hinaus kann der Auftraggeber Schadensersatz auf Grund von § 4 Nr. 7 Satz 2 VOB/B ausnahmsweise, soweit er nicht die Kosten einer Fremdnachbesserung ersetzt verlangt,[234] auch dann verlangen, wenn er **weder** nach § 4 Nr. 7 Satz 1 VOB/B **Herstellung** des mangelfreien Werks verlangt[235] **noch** von der Möglichkeit einer **Auftragsentziehung** auf Grund § 4 Nr. 7 Satz 3 VOB/B Gebrauch gemacht hat. Letzteres gilt insbesondere für den Fall, dass der Auftragnehmer den Bauvertrag gegen den Widerspruch des Auftraggebers zu Unrecht gekündigt oder er sich sonst endgültig geweigert hat, die Arbeiten fortzusetzen. Dieses Verhalten stellt nämlich eine endgültige Leistungsverweigerung des Auftragnehmers dar, so dass der Auftraggeber auch ohne die solchenfalls funktionslose Förmlichkeit einer Kündigungsandrohung und einer Kündigungserklärung unmittelbar die Mehrkosten der Fertigstellung und die Mängelbeseitigungskosten ersetzt verlangen kann, zumal es unter diesen Umständen nicht der vorgängigen Kündigung

---

[229] BGH BauR 1989, 462, 466.
[230] Dazu oben Rdn. 166.
[231] BGH ZfBR 2000, 465.
[232] So auch *Staudinger/Peters* § 633 Rdn. 102.
[233] *Kaiser* Mängelhaftung Rdn. 28; *Siegburg* Gewährleistung Rdn. 1274; *Vygen* Bauvertragsrecht Rdn. 499.
[234] Vgl. dazu unten Rdn. 194 ff.
[235] BGH NJW 1979, 549 f. = BauR 1979, 152 f. = ZfBR 1979, 65 f.; *Ingenstau/Korbion/Oppler* VOB/B § 4 Nr. 7 Rdn. 30.

bedarf, um Unklarheiten zwischen den Beteiligten über den Fortbestand der Rechte und Pflichten zur Bauausführung auszuschließen.²³⁶

Beim **BGB-Vertrag** gilt für den Anspruch gemäß § 280 Abs. 1 BGB aus positiver Vertragsverletzung **nichts anderes.** Insbesondere ist auch dieser Anspruch nicht davon abhängig, dass der Besteller seinen Anspruch auf mangelfreie Herstellung verfolgt oder stattdessen das Vertragsverhältnis beendet bzw. zu einer Abwicklung bringt. Die Kündigung, die als Parallele zur Auftragsentziehung anzusehen ist, beseitigt die Haftung schon deshalb nicht, weil sie den Vertragsrahmen und damit den Anknüpfungspunkt der positiven Vertragsverletzung für die Vergangenheit unberührt lässt. 171

c) **Verhältnis zu § 6 Nr. 6 VOB/B und zu Vertragsstrafevereinbarungen.** § 4 Nr. 7 Satz 2 VOB/B ist für die Fälle, in denen der Auftraggeber Schadensersatz wegen **verspäteter Bauwerksherstellung infolge vertragswidriger Nichtausführung einer Mangelbeseitigung** verlangt, als eine dem § 6 Nr. 6 VOB/B vorgehende Spezialregelung anzusehen. Die dort vorgesehenen tatbestandlichen Beschränkungen des Schadensersatzanspruchs sind dem gemäß in diesen Fällen nicht anwendbar.²³⁷ Ein Vertragsstrafeversprechen für den Fall mangelbedingt verspäteter Bauausführung hindert den Auftraggeber nicht daran, statt der an sich möglichen Geltendmachung der Vertragsstrafe Schadensersatz gemäß § 4 Nr. 7 Satz 2 VOB/B zu fordern.²³⁸ 172

### 4. Zeitliche Grenzen

§ 4 Nr. 7 Satz 2 VOB/B enthält eine abschließende Regelung der Schadensersatzansprüche des Auftraggebers aus Anlass von Werkmängeln oder Vertragswidrigkeiten **vor Abnahme** bzw. abnahmefähiger Herstellung.²³⁹ Auch und gerade wenn die Beseitigung des Mangels oder der Vertragswidrigkeit noch vor Abnahme gelang,²⁴⁰ ist ein dann noch nicht ausgeglichener Schaden auf der Grundlage des § 4 Nr. 7 Satz 2 VOB/B abzurechnen.²⁴¹ Dieser Anspruch unterliegt jedoch von der Abnahme an der für Ansprüche aus § 13 VOB/B geltenden Verjährung.²⁴² 173

## III. Schadensberechnung

### 1. Grundlagen

Der Umfang des auf Grund von § 4 Nr. 7 Satz 2 VOB/B ersatzfähigen Schadens wird in den oben genannten Grenzen²⁴³ von den **§§ 249 ff. BGB** bestimmt.²⁴⁴ Für die beim BGB-Vertrag begründete Haftung auf Grund positiver Vertragsverletzung gemäß § 280 Abs. 1 BGB gilt in der Regel nichts Abweichendes. 174

Ausgangspunkt der Schadensbemessung ist daher auch hier, allerdings in den genannten Grenzen und daher insbesondere grundsätzlich unter Ausschluss des Schadensersatzes wegen 175

---

²³⁶ BGH BauR 2001, 1577 = ZfBR 2001, 468; offen lassend BGH NJW 2000, 2997, 2998 = BauR 2000, 1479 = ZfBR 2000, 479, 480.
²³⁷ BGH NJW-RR 2000, 1260 = BauR 1189 = ZfBR 2001, 465 im Anschluss an BGHZ 50, 160, 164 und BGH NJW 1975, 1701, 1703 = BauR 1975, 344, 346; OLG Jena OLG-NL 2006, 73, 74 f.
²³⁸ BGH NJW 1975, 1701, 1703 = BauR 1975, 344, 346.
²³⁹ BGHZ 50, 164 f. = NJW 1968, 1526; *Ingenstau/Korbion/Oppler* VOB/B § 4 Nr. 7 Rdn. 28, 39; *Kleine-Möller/Merl/Oelmaier/Merl* § 12 Rdn. 714; *Kaiser* Mängelhaftung Rdn. 24; daneben kann der Auftraggeber Schadensersatz auf Grund von § 8 Nr. 3 Abs. 2 VOB/B verlangen, wenn die Voraussetzungen des § 4 Nr. 7 Satz 3 VOB/B erfüllt sind.
²⁴⁰ Anderenfalls ist der Anwendungsbereich von § 4 Nr. 7 Satz 2 VOB/B verlassen; vor Abnahme bereits entstandene und unerledigte Ansprüche werden nun allein von § 13 Nr. 7 VOB/B erfasst.
²⁴¹ Dazu oben Rdn. 41 ff.; zur Parallele beim BGB-Vertrag Rdn. 46.
²⁴² Dazu oben Rdn. 43; zum BGB-Vertrag Rdn. 46.
²⁴³ Dazu oben Rdn. 163 ff.
²⁴⁴ BGH NJW 1986, 1524; BGH ZfBR 2000, 465; *Kapellmann/Messerschmidt/Merkens* VOB/B § 4 Rdn. 166.

## § 4 Nr. 7 — Mangelbeseitigungs- und Schadensersatzpflicht vor Abnahme

Nichterfüllung, die herkömmliche schadensersatzrechtliche **Differenzhypothese:** Der Schädiger muss den Geschädigten so stellen, wie dieser bei Ausbleiben des schädigenden Ereignisses – hier also bei mangelfreier Leistung – stünde; Maßstab ist damit das Erfüllungsinteresse.[245] In der Regel ist Naturalherstellung geschuldet, § 249 Satz 1 BGB; aus § 249 Satz 2 BGB und aus § 251 BGB wird sich aber nicht selten ein Geldanspruch ergeben. Entgangener Gewinn ist unter den Voraussetzungen des § 252 BGB zu ersetzen;[246] für den entgangenen Gewinn aus verbotswidrigen Verträgen gilt dies nur dann nicht, wenn die Verbotswidrigkeit zu einer auch zivilrechtlichen Unwirksamkeit gemäß § 134 BGB geführt hätte, was bei Verstößen gegen bauordnungsrechtliche Vorschriften nicht stets der Fall ist.[247] Geldersatz für immaterielle Schäden ist nach der Neufassung des § 253 Abs. 1 BGB zwar grundsätzlich ausgeschlossen, aber gemäß § 253 Abs. 2 BGB – was bei Baumängeln in Betracht kommt – bei Verletzung des Körpers und der Gesundheit auch bei vertraglicher Haftung geschuldet. § 254 BGB ist anwendbar. Den Geschädigten trifft also die Pflicht, den Schaden möglichst gering zu halten.[248] Dazu gehört insbesondere etwa, die Mangelbeseitigung nicht zu verschleppen.[249]

### 2. Regelmäßiger Anspruchsumfang

176   Zum ersatzfähigen Schaden gehören alle durch die Mangelhaftigkeit bzw. Vertragswidrigkeit verursachten Vermögensschäden einschließlich der entfernteren Mangelfolgeschäden.[250] Dazu zählen insbesondere Schäden an **anderen Sachgütern** des Auftraggebers, z. B. an Leistungen anderer Gewerke oder an sonstigen Sachen des Auftraggebers, die nicht notwendigerweise mit dem fraglichen Bauvorhaben in Verbindung stehen müssen. Ersatzfähig sind insoweit unzweifelhaft die Wiederherstellungskosten.[251] Erfasst werden hier auch die außergerichtlichen Kosten zur Feststellung des Schadens nach Grund und Höhe, also insbesondere Gutachterkosten.[252] Ersatzfähig sind aber auch reine **Vermögensschäden.** Zu den ersatzfähigen Vermögensschäden können etwa auch Werklohnausfälle gehören, die ein Hauptunternehmer in der Insolvenz seines Auftraggebers erleidet, wenn der Auftraggeber vor Eintritt der Zahlungsunfähigkeit berechtigterweise die Abnahme und Schlusszahlung verweigerte, weil ein Subunternehmer mit einer Nachbesserung in Verzug geriet.[253] Ebenfalls ersatzfähig ist eine durch den Nachunternehmer ausgelöste Vertragsstrafe, die der Generalunternehmer auf Grund seiner Vereinbarung mit dem Auftraggeber an diesen zu entrichten hat.[254]

### 3. Neuherstellung und Neuherstellungskosten

177   Der prinzipiell weite und nur aus rechtssystematischen Gründen einzuschränkende Kreis der ersatzfähigen Schäden gestattet, den Unternehmer auch auf schadensersatzrechtlicher Grundlage zu Beseitigung und **Neuherstellung** auf eigene Kosten zu verpflichten. Dies ist

---

[245] BGH VersR 1967, 806; *Kaiser* ZfBR 1999, 65.
[246] BGH BauR 1990, 464 = ZfBR 1990, 194; BGH ZfBR 2001, 465.
[247] Für einen Verstoß gegen Vorschriften über die Mindesthöhe von Wohnräumen BGHZ 75, 366 = NJW 1980, 775 = ZfBR 1980, 130.
[248] BGH NJW-RR 2004, 526 f.; *Ingenstau/Korbion/Oppler* VOB/B § 4 Nr. 7 Rdn. 33, 38.
[249] Für den BGB-Werkvertrag BGH NJW-RR 2004, 739 f.
[250] BGH NJW 2000, 2997 = BauR 2000, 1479 = ZfBR 2000, 479.
[251] BGH BauR 1978, 306 = ZfBR 1978, 75; *Ingenstau/Korbion/Oppler* VOB/B § 4 Nr. 7 Rdn. 34.
[252] *Ingenstau/Korbion/Oppler* B § 4 Nr. 7 Rdn. 35; *Kapellmann/Messerschmidt/Merkens* VOB/B § 4 Rdn. 166 mit weiteren Beispielen; *Staudinger/Peters* § 633 Rdn. 102; das gilt auch, wenn der Auftraggeber diese Feststellungen mit Hilfe eigener Fachleute treffen kann, so *Ingenstau/Korbion/Oppler* VOB/B § 4 Nr. 7 Rdn. 35; die dort abgelehnten Entscheidungen BGH NJW 1969, 1109 und BGH NJW 1976, 1256 betreffen Gemeinkosten des Auftraggebers bzw. Rechtsverfolgungsaufwand; zu diesen und anderen so genannten Regiekosten *Ganten* BauR 1987, 22 ff.
[253] OLG München BauR 2001, 964.
[254] OLG Düsseldorf, Urt. v. 9. 9. 2003 – 23 U 98/02 – BauR 2005, 439 (LS); zur grundsätzlichen Ersatzfähigkeit der Vertragsstrafe vgl. BGH NJW 1998, 1493.

deshalb unbedenklich, weil inhaltlich lediglich der fortbestehende²⁵⁵ Herstellungsanspruch des § 4 Nr. 7 Satz 1 VOB/B aufgegriffen wird.²⁵⁶ Dieser Anspruch muss nicht auf den Fall des völlig untauglichen Leistungsversuchs beschränkt werden.²⁵⁷

Wie beim Herstellungsanspruch ist dem Auftragnehmer allerdings auch hier mit Rücksicht auf Treu und Glauben ein **Leistungsverweigerungsrecht** zuzugestehen, wenn die Neuherstellung einen unverhältnismäßigen Aufwand verursachen würde; dann kann der Auftraggeber nur einen Ausgleich in Geld verlangen.²⁵⁸ Soweit es alsdann um den Geldersatz geht, bleibt es bei dem Grundsatz, dass der Schadensersatzanspruch gemäß § 4 Nr. 7 Satz 2 VOB/B bzw. – beim BGB-Vertrag – auf Grund positiver Vertragsverletzung gemäß § 280 Abs. 1 BGB im Gegensatz zum Anspruch gemäß § 4 Nr. 7 Satz 1 VOB/B und anders als bei § 633 Abs. 2 Satz 3 BGB auf Ersatz des vollen Interesses gerichtet ist, für ihn also nicht der Einwand des unverhältnismäßigen Aufwands gilt.²⁵⁹

**4. Mangelbeseitigung durch Auftraggeber**

Die Frage, ob der Auftraggeber die Abriss- und Neuherstellungskosten auf der Grundlage des § 4 Nr. 7 Satz 2 VOB/B verlangen kann, um auf diese Weise die **Mangelbeseitigung durch einen Dritten** zu **finanzieren,** bejaht die Rechtsprechung jedenfalls in Einzelfällen; dem ist trotz rechtssystematisch begründeter Zweifel grundsätzlich beizutreten.²⁶⁰

Praktisch am bedeutendsten ist hier wohl der Fall, dass der Auftragnehmer die nach § 4 Nr. 7 Satz 1 VOB/B geschuldete Mangelbeseitigung ernsthaft und endgültig verweigert. Solchenfalls hat der Auftraggeber unter den weiteren Voraussetzungen des Satzes 2 einen Anspruch auf Erstattung der Mangelbeseitigungskosten,²⁶¹ der auch aufrechnungsweise der Werklohnforderung des Auftraggebers entgegengehalten werden kann. Damit entsteht ein ähnlicher Anspruch wie bei einer Auftragsentziehung nach § 4 Nr. 7 Satz 3 VOB/B; im Fall des Satzes 3 kann eventuell die weitere Schadensersatzhaftung gemäß § 8 Nr. 3 Abs. 2 Satz 2 VOB/B hinzutreten.

**5. Vorenthaltungsschäden**

Die Ersatzfähigkeit von Vorenthaltungsschäden auf der Basis von § 4 Nr. 7 Satz 2 VOB/B – und Entsprechendes gilt für die Abrechnung beim BGB-Vertrag – ist in zweierlei Hinsicht problematisch:

**a) Grundlagen/Ersatzfähige Schäden.** Zunächst könnte § 6 Nr. 6 VOB/B bzw. beim BGB-Vertrag die Verzugsfolgenordnung der §§ 280 Abs. 1 und 2, 286 ff. BGB eine abschließende Spezialregelung sein, die es ausschließt, **Vorenthaltungsschäden** auf der Basis der an einen Mangel anknüpfenden Schadensersatznormen zu erfassen. Dies ist jedoch nicht der Fall, soweit die Verzögerung auf der vom Auftragnehmer zu vertretenden mangelhaften bzw. vertragswidrigen Bauausführung beruht.²⁶² § 4 Nr. 7 Satz 2 VOB/B gewährt dem Auftraggeber vor Abnahme und bei aufrechterhaltenem Vertrag einen Anspruch auf den

---

[255] Darin liegt der entscheidende Unterschied zum Fall des § 635 BGB, da dort die Mangelbeseitigung als solche gemäß § 634 Abs. 1 BGB a. E. ausgeschlossen ist: dort ist deshalb Schadensersatz nur in Geld zu leisten, vgl. BGH NJW 1987, 645 f.
[256] Anders *Clemm* BauR 1986, 136, 141.
[257] So aber *Ingenstau/Korbion/Oppler* VOB/B § 4 Nr. 7 Rdn. 31.
[258] Zu allem BGHZ 50, 160 = NJW 1968, 1524; *Ingenstau/Korbion/Oppler* VOB/B § 4 Nr. 7 Rdn. 31.
[259] *Ingenstau/Korbion/Oppler* VOB/B § 4 Nr. 7 Rdn. 32.
[260] Dazu oben Rdn. 165.
[261] BGH NJW 2000, 2997 f. = BauR 2000, 1479 f. = ZfBR 2000, 479 f.; *Ingenstau/Korbion/Oppler* VOB/B § 4 Nr. 7 Rdn. 62; *Staudinger/Peters* § 633 Rdn. 102; *Kaiser* Mängelhaftung Rdn. 28 e; *Vygen* Bauvertragsrecht Rdn. 499; vgl. dazu auch oben Rdn. 170. – Dass sich die Voraussetzungen dieses Schadensersatzanspruchs nicht mit denen eines eventuellen Kostenerstattungsanspruchs analog § 633 Abs. 3 BGB bzw. § 13 Nr. 5 Abs. 2 VOB/B decken, trifft zwar zu, ist aber entgegen *Nicklisch/Weick/Nicklisch* VOB/B § 4 Rdn. 113 c noch kein Einwand gegen die Zulässigkeit eines solchen Inhalts des Schadensersatzanspruchs unter den Voraussetzungen des § 4 Nr. 7 Satz 2 VOB/B.
[262] BGH MDR 1961, 927 = DB 1961, 1256.

Ersatz des Schadens, der ihm dadurch entsteht, dass das Bauwerk deshalb später fertiggestellt wird, weil der Auftragnehmer während der Bauausführung eine mangelhafte oder vertragswidrige Leistung durch eine mangelfreie oder vertragsgemäße Leistung ersetzt.[263] Ohne weiteres ersatzfähig – das war bisher[264] unstreitig und steht im Einklang mit § 252 BGB – sind dem gemäß alle verzögerungsbedingten konkret messbaren Vermögensschäden. Dazu zählen entgangene Mieteinnahmen,[265] aber auch andere Gewinneinbußen, wie etwa Umsatzminderungen wegen Ausfalls einer gewerblich genutzten baulichen Anlage oder erhöhte Kosten wegen der Anmietung eines Ersatzgutes.[266]

183 Der ganz herrschenden Ansicht ist beizutreten; insoweit ist § 4 Nr. 7 Satz 2 VOB/B eine dem § 6 Nr. 6 VOB/B vorgehende **Spezialregelung**.[267] Es handelt sich nämlich nicht um Schadensersatz wegen Nichterfüllung,[268] sondern um einen Schadensersatzanspruch, der neben dem Herstellungsanspruch, also dem vertraglichen Erfüllungsanspruch, steht. Die Sachlage ist dieselbe wie im Falle der §§ 280 Abs. 1 und 2, 286 BGB; hier wie dort wird ein lediglich erfüllungsbegleitender Schadensersatzanspruch gewährt. Wegen des Fortbestandes des Erfüllungsanspruchs findet insoweit, als es um den Verzögerungsschaden geht, auch kein unzulässiger Übergriff in den Anwendungsbereich des § 4 Nr. 7 Satz 3 VOB/B statt.

184 **b) Merkantilisierung von Gebrauchseinschränkungen.** Von der Frage nach dem Ausgleich real messbarer Nutzungsausfälle zu unterscheiden ist die weitere, im Zivilrecht allgemein erörterte und daher hier nicht grundsätzlich zu behandelnde Problematik, ob ein ersatzfähiger Schaden auch dann vorliegt, wenn von einer Substituierung der nicht nutzbaren Sache durch Anmietung eines vergleichbar zu verwendenden Ersatzguts abgesehen, auf den Gebrauch also schlicht verzichtet wird, und auch sonst die Gebrauchseinschränkung **keinen unmittelbar wirtschaftlich fassbaren Nutzungsausfallschaden** zur Folge hat. Hier geht es um die Frage, inwieweit der Sachgebrauch als solcher merkantilisiert ist und eine schlichte Gebrauchseinschränkung ohne unmittelbar messbare vermögensmäßige Folge im Wege des Schadensersatzes ausgeglichen werden muss. Die Rechtsprechung und wohl herrschende Ansicht bejaht in diesen Fällen einen materiellen Schaden, wenn es sich bei dem nicht nutzbaren Wirtschaftsgut um ein für die Lebensführung zentrales Gut handelt und dessen erkaufte Nutzung in wesentlicher Hinsicht nicht gewährleistet ist.[269] Hier gelten, auch für den Anspruchsinhalt, dieselben Grundsätze wie beim Schadensersatzanspruch gemäß § 13 Nr. 7 VOB/B; darauf ist zu verweisen.[270]

## IV. Schadensminderungsgründe

### 1. Vorteilsausgleichung

185 Als selbstverständlich ist anzusehen, dass im vorliegenden schadensersatzrechtlichen Zusammenhang die Grundsätze der Vorteilsausgleichung gelten.[271] Danach kommt es für die schadensmindernde Berücksichtigung von beim Gläubiger eingetretenen Vorteilen nicht nur

---

[263] BGH a. a. O.; BGH NJW-RR 2000, 1260 = BauR 2000, 1189 = ZfBR 2000, 465.
[264] Kritisch *Kaiser* BauR 1991, 391, 398.
[265] BGH BauR 1990, 464 = ZfBR 1990, 194; BGH NJW-RR 2000, 1260 = BauR 2000, 1189 = ZfBR 2000, 465; BGH BauR 2001, 1579 = ZfBR 2001, 473; *Ingenstau/Korbion/Oppler* VOB/B § 4 Nr. 7 Rdn. 34.
[266] Zu § 635 BGB, aber auf die VOB/B übertragbar, BGHZ 72, 31 = NJW 1978, 1626 = BauR 1978, 402 = ZfBR 1978, 17, jeweils passim; BGH BauR 1979, 159 = ZfBR 1979, 24; *Staudinger/Peters* § 633 Rdn. 102.
[267] Zu Letzterem BGH NJW-RR 2000, 1260 = BGH BauR 2000, 1189 = ZfBR 2000, 465 unter Bezug auf BGHZ 50, 160, 164 = NJW 1968, 1524 und BGH NJW 1975, 1703 = BauR 1975, 346.
[268] So aber *Kaiser* BauR 1991, 391, 398 f.
[269] BGHZ 98, 222 ff. = NJW 1987, 53 = BauR 1987, 317 = ZfBR 1987, 282; BGHZ 101, 332 = NJW 1988, 253.
[270] Dazu → § 13 Nr. 7 Rdn. 109 ff.
[271] *Ingenstau/Korbion/Oppler* VOB/B § 4 Nr. 7 Rdn. 34; *Kapellmann/Messerschmidt/Merkens* VOB/B § 4 Rdn. 168.

auf die Frage an, ob die Vorteile **adäquat kausal** durch das zum Schadensersatz verpflichtende Ereignis veranlasst wurden, sondern auch darauf, ob ihre Berücksichtigung dem Gläubiger nach Treu und Glauben mit Rücksicht auf den Schutzzweck der haftungsbegründenden Norm **zumutbar** ist und den Schädiger nicht unangemessen entlastet.[272] Demgemäß anzurechnende schadensmindernde Vorteile als Folgen des Mangels können sich aus bauverzögerungsbedingt ersparten Baudarlehenszinsen oder aus einem infolge der verspäteten Fertigstellung erwachsenden Steuervorteil ergeben.[273]

Hingegen scheidet eine Anrechnung grundsätzlich aus, wenn der Schädiger unter dem Gesichtspunkt **„neu für alt"** die durch die Mangelbeseitigung bedingte längere Lebensdauer oder die Ersparnis von Renovierungsaufwendungen als Vorteile des Geschädigten geltend macht. Dem Schuldner obliegt nämlich die unverzügliche Mängelbehebung und damit die gegenwärtige Herstellung einer neuwertigen Sache; eine Vorteilsausgleichung vertrüge sich damit nicht, soweit sie auf eine Prämierung der verzögerlichen Mangelbeseitigung hinausliefe.[274] Das gilt auch dann, wenn sich die Mangelbeseitigung wegen der Dauer eines Rechtsstreits über die Mangelbeseitigung verzögert hat, und zwar auch dann, wenn dies an verzögerlicher Arbeit des Gerichts liegt.[275]

Anderes mag sich zwar dann ergeben, wenn der Mangel erst spät auftrat und die Mangelbeseitigung daher erst nach einiger Zeit des unbeeinträchtigten Gebrauchs stattfand; dieser Fall – etwa einer neuen Dacheindeckung kurz vor Ablauf der Gewährleistungsfrist[276] – wird jedoch, insoweit anders als bei einer die Abnahme voraussetzenden Schadensersatzhaftung gemäß § 13 Nr. 7 VOB/B,[277] im Geltungsbereich des § 4 Nr. 7 Satz 2 VOB/B wohl praktisch nicht vorkommen. Aber auch solchenfalls sind die Vorteile aus dem Gesichtspunkt „neu für alt" dann nicht anzurechnen, wenn der Auftraggeber diese Vorteile nicht für sich verbuchen kann, weil sie, beispielsweise auf Grund der Veräußerung des Bauobjektes oder bei einem Bau auf Rechnung eines Dritten, bei einem anderen eintreten und dieser dem Auftraggeber nicht zur Vergütung des erlangten Vorteils verpflichtet ist.[278]

## 2. Sowiesokosten

Schon unter dem Gesichtspunkt fehlender Verknüpfung[279] zwischen Mangel und Schaden ist die Ersatzfähigkeit solcher Belastungen des Auftraggebers grundsätzlich zu verneinen, die sich als so genannte Sowiesokosten darstellen. Dabei handelt es sich um diejenigen **Kosten,** die ohnehin, d. h. **unabhängig von der** sich nun als **mangelhaft** herausstellenden **Leistung des Auftragnehmers entstanden** wären, weil das **ursprüngliche Leistungsprogramm,** dabei namentlich das Leistungsverzeichnis, **unvollständig** war und von Anbeginn an unter Erhöhung der vereinbarten Vergütung hätte ergänzt werden müssen. Es handelt sich also um die Kosten, um die das Werk bei ordnungsgemäßer Ausführung **von vornherein teurer** gewesen wäre; sie sind nicht Gegenstand der Gewährleistung.[280] Zwi-

---

[272] So in bauvertraglichem Zusammenhang BGHZ 91, 210 = NJW 1984, 2458 = BauR 1984, 511; *Siegburg* Gewährleistung Rdn. 1243 f.
[273] BGH NJW 1983, 2137 f. = BauR 1983, 465 = ZfBR 1983, 225.
[274] BGHZ 91, 215 ff. = NJW 1984, 2459 f. = BauR 1984, 513 f.; *Siegburg* Gewährleistung Rdn. 1244, 1246.
[275] OLG Oldenburg IBR 2000, 320.
[276] *Siegburg* Gewährleistung Rdn. 1247.
[277] Vgl. dazu BGHZ 91, 206, 217 = BauR 1984, 510 = ZfBR 1984, 222 ff.; BGH NJW 2002, 141, 142 = BauR 2002, 86, 88 = ZfBR 2002, 57, 58.
[278] BGH NJW-RR 1990, 89 f. = BauR 1990, 85 = ZfBR 1990, 17; LG Bonn BauR 1989, 334.
[279] Häufig werden die Sowiesokosten im Zusammenhang mit der Vorteilsausgleichung gesehen, so z. B. *Siegburg* Gewährleistung Rdn. 1219; dagegen mit Recht *Groß* FS Korbion S. 123, 131.
[280] BGHZ 91, 211 f. = NJW 1984, 2458 = BauR 1984, 512 = ZfBR 1984, 222; BGHZ 126, 326 = BauR 1994, 776 = ZfBR 1994, 273; BGHZ 139, 244, 247 = NJW 1998, 3707 f. = BauR 1999, 37 = ZfBR 1999, 14 f.; BGH NJW-RR 1990, 89 = BauR 1990, 85 = ZfBR 1990, 16; BGH NJW 2002, 141, 142 = BauR 2002, 86, 88 = ZfBR 2002, 57, 58; OLG Düsseldorf NJW-RR 1992, 23 = BauR 1991, 747; OLG Schleswig BauR 2000, 1201; *Kleine-Möller/Merl/Oelmaier/Merl* § 12 Rdn. 704; ausführlich *Früh* BauR 1992, 160, 161; *ders.* Die „Sowieso-Kosten" S. 29, 38 ff.

schen solchen Kosten und dem Mangel fehlt der Rechtswidrigkeitszusammenhang. Die Sowiesokosten beruhen nämlich nicht auf einem pflichtwidrigen Verhalten des Auftragnehmers, weil sie eine Folge der vom Auftraggeber veranlassten und daher auch von ihm allein zu verantwortenden beschränkten Leistungspflicht des Auftragnehmers sind.

189 Sofern in solchen Fällen eine Gewährleistung überhaupt stattfindet – namentlich etwa, weil der Auftragnehmer seiner Prüfungs- und Hinweispflicht nicht genügt hat –, darf das Gewährleistungsrecht **nicht** zu einer **Ausweitung der Leistungspflicht** des Auftragnehmers über denjenigen Bereich hinaus führen, der ihm durch die Vertragsabsprache zur Erledigung zugewiesen ist. Vielmehr hätte der Auftraggeber für solche Baumaßnahmen richtigerweise nachträglich einen Zusatzauftrag erteilen müssen, wenn die Unzulänglichkeit des ursprünglichen Vertragsrahmens noch rechtzeitig vor Bauausführung entdeckt worden wäre. Entsprechend haftet der Auftraggeber nun auch vergütungsrechtlich, und zwar beim VOB/B-Vertrag auf Grund von § 2 Nr. 6 VOB/B,[281] beim BGB-Vertrag auf Grund von § 632 BGB. Was der Auftraggeber nach diesen Vorschriften selbstständig vergüten muss, ist aber nicht andererseits auf gewährleistungsrechtlichem Weg wieder in Abzug zu bringen.[282]

### 3. Mitverantwortung des Auftraggebers

190 Verlangt der für die Mangelentstehung mitverantwortliche Auftraggeber Schadensersatz in Geld, so ist die Berücksichtigung seiner Mitverantwortung[283] im Gegensatz zu den Fällen des Nachbesserungsverlangens unkompliziert möglich. Auf Schadensersatzansprüche – beim VOB/B- und beim BGB-Vertrag gleichermaßen – ist **§ 254 Abs. 1 BGB** zwanglos **anwendbar.** Nach dieser Norm findet eine **verhältnismäßige Kürzung des Schadensersatzanspruchs** statt.[284] Wird auf schadensersatzrechtlicher Grundlage **Naturalleistung,** also Mangelbeseitigung verlangt, ist ebenso wie beim Herstellungsanspruch gemäß § 4 Nr. 7 Satz 1 VOB/B zu verfahren.[285]

## V. Fälligkeit; Durchsetzung

191 Der Schadensersatzanspruch ist **mit** seiner **Entstehung,** also mit Vorliegen der Voraussetzungen des § 4 Nr. 7 Satz 2 VOB/B, **fällig.** Allerdings bedarf es dazu ferner einer **substantiierten Geltendmachung,** die Grund und Höhe des Anspruchs deutlich macht. Insofern wird mehr verlangt als ein bloßer Hinweis des Auftraggebers auf das Bestehen des Anspruchs; ein solcher genügt nur im Rahmen von § 4 Nr. 7 Satz 1 VOB/B, da der Auftragnehmer vor Abnahme ohnehin von sich aus für die mangelfreie Herstellung sorgen muss.

## VI. Prozessuales; Beweislast

192 Nach dem Grundsatz, dass die **Darlegungs- und Beweislast** für einen entscheidungsrelevanten Umstand den jeweils durch diesen Umstand rechtlich Begünstigten trifft, liegt die Darlegungs- und Beweislast für die Voraussetzungen des Schadensersatzanspruchs **grundsätzlich** beim **Auftraggeber.** Das trifft namentlich für den Schaden zu, und zwar sowohl hinsichtlich seiner Verursachung durch einen Mangel bzw. eine Vertragswidrigkeit als auch

---

[281] So auch *Früh* BauR 1992, 160, 163; *Groß* FS Korbion S. 123, 130.
[282] Vgl. zur Frage einer Auftragnehmerhaftung aus Gründen, die mit Mängelhaftung nichts zu tun haben, oben Rdn. 84 f.
[283] Zu den Voraussetzungen oben Rdn. 108 ff.
[284] Vgl. BGH NJW 1984, 1677 = BauR 1984, 397; BGH BauR 1987, 88; NJW-RR 1988, 275; *Siegburg* Gewährleistung Rdn. 1234; *Groß* FS Korbion S. 125.
[285] Dazu oben Rdn. 99 ff.

hinsichtlich seines Umfangs. Auch bezüglich der Setzung von verzugsbegründenden Fristen ist der Auftraggeber beweispflichtig.[286]

Anderes gilt allerdings bis zur Abnahme **für die Mangelhaftigkeit** bzw. **Vertragswidrigkeit;** insofern trägt der **Auftragnehmer** die Darlegungs- und Beweislast;[287] der Auftraggeber muss lediglich hinreichend substantiiert behaupten, dass ein Mangel vorliege. Für die Frage des **Verschuldens** kommt explizit gemäß § 280 Abs. 1 Satz 2 BGB eine Umkehr der Darlegungs- und Beweislast zum Nachteil des Auftragnehmers nach den Grundsätzen in Betracht, die allgemein bei Leistungsstörungen und damit auch für die von § 280 Abs. 1 Satz 1 BGB erfasste positive Vertragsverletzung gelten.[288]

193

## E. Auftragsentziehung (Satz 3)

### I. Grundlage und Wesen

§ 4 Nr. 7 Satz 3 VOB/B gibt dem Auftraggeber ein Mittel, sich bei verzögerter Behebung des gerügten Mangels bzw. der Vertragswidrigkeit aus der bauvertraglichen Bindung zu befreien, indem er den Auftrag entzieht. Die Auftragsentziehung ist der Sache nach **eine Kündigung,** beendet also das Vertragsverhältnis nur mit **Wirkung für die Zukunft.**[289] Diese Gestaltung trägt der Tatsache Rechnung, dass die VOB/B eine rückwirkende Umgestaltung des Vertragsverhältnisses ablehnt, wie sie etwa der Rücktritt zur Folge hat.[290] Schon deshalb, aber auch wegen tatbestandlicher Unterschiede sind die §§ 323, 326 BGB im Anwendungsbereich des § 4 Nr. 7 Satz 3 VOB/B aus Spezialitätsgründen nicht anwendbar.[291]

194

**Neben** der Vertragsbeendigung kann die Auftragsentziehung **Schadensersatzansprüche** nach Maßgabe des § 8 Nr. 3 Abs. 2 VOB/B auslösen.

195

### 1. Vergleich mit § 649 BGB

Beim BGB-Bauvertrag ist eine Kündigung mit Wirkung nur für die Zukunft in § 649 BGB vorgesehen. Die Parallele der VOB/B dazu findet sich jedoch in **§ 8 Nr. 1 VOB/B,**[292] während der Fall des § 4 Nr. 7 Satz 3 VOB/B in § 8 Nr. 3 VOB/B gesondert erfasst ist. Auch passen die Rechtsfolgen des § 649 BGB bzw. des § 8 Nr. 1 VOB/B nicht zum Fall des § 4 Nr. 7 Satz 3 VOB/B, da ein jedenfalls dem Grunde nach fortbestehender und nur unter dem Gesichtspunkt der Aufwandsersparnis reduzierter Vergütungsanspruch in Anbetracht der von § 4 Nr. 7 Satz 3 VOB/B vorausgesetzten Kündigungsgrundlage – Nichterbringen einer rechtzeitigen qualitätsgerechten Bauleistung – sachlich nicht angemessen und folgerichtig in § 8 Nr. 3 VOB/B auch nicht vorgesehen ist. Ein koordinierender Vergleich mit § 649 BGB liegt daher nicht nur fern,[293] sondern ist nicht möglich.

196

### 2. Bezug zu § 323 Abs. 1 BGB oder §§ 634 Nr. 3, 323 Abs. 1 BGB[294]

Als Regelungen, die mit § 4 Nr. 7 Satz 3 VOB/B vergleichbar seien, wurden nach **früherem Schuldrecht** nur entweder die verzugsbedingten Rechte gemäß § 326 BGB

197

---

[286] *Ingenstau/Korbion/Oppler* VOB/B § 4 Nr. 7 Rdn. 40.
[287] BGH BauR 1997, 129 f.; *Ingenstau/Korbion/Oppler* VOB/B § 4 Nr. 7 Rdn. 40.
[288] Vgl. BGHZ 23, 290 f. = NJW 1957, 746 f.
[289] *Staudinger/Peters* § 633 Rdn. 97; AnwKomm-BGB/*Leupertz* Anhang zu §§ 631–651: der VOB/B-Bauvertrag Rdn. 93.
[290] *Ingenstau/Korbion/Vygen* VOB/B § 8 Rdn. 2 sowie VOB/B Vor §§ 8 und 9 Rdn. 43 ff. zur vormaligen Wandlung nach § 634 BGB a. F.
[291] *Kaiser* Mängelhaftung Rdn. 31 b.
[292] *Siegburg* Gewährleistung Rdn. 2034.
[293] So *Ingenstau/Korbion/Oppler* (14. Aufl. 2001) VOB/B § 4 Rdn. 366 gegen *Dähne* BauR 1972, 279, 280 f. sowie *Kaiser* BlGBW 1976, 121, 122 und *ders.* Mängelhaftung Rdn. 31 b.
[294] Zur Kündigungsmöglichkeit gemäß § 314 BGB vgl. die Kommentierung zu → § 8 Nr. 1 VOB/B Rdn. 16 ff. sowie *Kapellmann/Messerschmidt/Lederer* VOB/B § 8 Rdn. 2 ff.; *Ingenstau/Korbion/Vygen* VOB/B § 8 Rdn. 12 ff.

§ 4 Nr. 7   Mangelbeseitigungs- und Schadensersatzpflicht vor Abnahme

a. F.[295] oder die Wandelung gemäß § 634 BGB a. F.[296] angesehen, wobei zur Vermeidung einer Rückabwicklung der bereits erbrachten Leistung an die Stelle der rücktrittsrechtlichen Elemente dieser Normen eine Kündigung treten sollte, die auf den noch nicht erbrachten Teil der Leistung beschränkt sei.[297] Von der Entscheidung der Frage, ob die Parallelsetzung mit § 326 BGB a. F. oder mit der Wandelung zutreffe, sollte in der Regel die Antwort auf die praktische **Frage** abhängen, **ob** die Anwendung des § 4 Nr. 7 Satz 3 VOB/B ein – allerdings gemäß § 285 BGB a. F. widerlegbar vermutetes – **Verschulden des Auftragnehmers** an der nicht rechtzeitigen Herstellung des qualitätsgerechten Bauwerks **voraussetze,** wie angezeigt schien, wenn die Parallele zu § 4 Nr. 7 Satz 3 VOB/B in § 326 BGB a. F. und nicht in der Wandelung oder im Kündigungsrecht gemäß § 649 BGB a. F. zu sehen war. Wie bei der Parallelsetzung des § 4 Nr. 7 Satz 1 VOB/B mit Wandelung oder Kündigung gemäß § 649 BGB a. F. konnte ferner vom Verschuldenserfordernis abgesehen werden, wenn stattdessen allein § 636 Abs. 1 Satz 1 BGB a. F. als die mit § 4 Nr. 7 Satz 3 VOB/B vergleichbare Regelung angesehen wurde.[298]

**198**   Das **neue Schuldrecht** hat diese durch die uneinheitliche Verschuldensabhängigkeit der zitierten Regelungen ausgelösten Zweifel an der normativen Bezugnahme des § 4 Nr. 7 Satz 3 VOB/B beseitigt, indem es sowohl § 636 Abs. 1 Satz 1 BGB a. F. als auch die vormalige Wandelung dadurch hat im allgemeinen Schuldrecht aufgehen lassen, dass dort in § 323 Abs. 1 BGB **allgemein** und **einheitlich** ein nun im Unterschied zur Regelung in § 326 BGB a. F. **verschuldensunabhängiges gesetzliches Rücktrittsrecht** für den Fall der Leistungsverzögerung eingeführt wurde, und zwar unter Vermittlung der gewährleistungsrechtlichen Werkvertragsregelung in § 634 Nr. 3 BGB unter Einschluss des Falls, dass der Besteller wegen nicht fristgemäßer Mangelbeseitigung zurücktritt. Daraus folgt für § 4 Nr. 7 Satz 3 VOB/B, dass der Vergleich mit der allgemeinen zivilrechtlichen Rechtslage eindeutig indiziert, dass auch hier die Auftragsentziehung nicht von einem Verschulden des Auftragnehmers an der Verzögerung bei der Mangelbeseitigung abhängt.

**199**   Es hat auch **praktischen Sinn,** dem Auftraggeber die **Auflösung** seiner vertraglichen Bindung **ohne Rücksicht auf ein Verschulden** des Auftragnehmers zu ermöglichen. Dem Auftraggeber ist es nämlich nicht zuzumuten, auf die nicht rechtzeitig erbrachte mangelfreie Leistung weiter warten und deshalb die damit verbundenen Nachteile hinnehmen zu müssen, nur weil die Leistungsverzögerung unverschuldet ist; denn jedenfalls gehört die Ursache für die nicht rechtzeitige Leistung der **Sphäre des Auftragnehmers** an. Das war die zu billigende, schon seinerzeit zu generalisierende Wertung des § 636 Abs. 1 Satz 1 BGB a. F.,[299] und der Übergang von dem verzugs- und damit verschuldensabhängigen Rücktrittsrecht gemäß § 326 BGB a. F. auf die verschuldensunabhängige Rücktrittsbefugnis wegen bloßer Leistungsverzögerung gemäß § 323 Abs. 1 BGB hat die Maßgeblichkeit dieser Erwägung verallgemeinert und damit gesteigert.

**200**   Die Unabhängigkeit einer Anwendung des § 4 Nr. 7 Satz 3 VOB/B von einem Auftragnehmerverschulden darf allerdings **nicht** dazu führen, dass eine **verschuldensunabhängige Schadensersatzhaftung** gemäß § 8 Nr. 3 Abs. 2 VOB/B stattfindet. Dies aber lässt sich vermeiden, auch wenn § 4 Nr. 7 Satz 3 VOB/B verschuldensunabhängig ausgestaltet ist. Zur Erreichung dieses berechtigten Ziels – eine verschuldensunabhängige Schadensersatzhaftung wegen verzögerter Herstellung des vertragsgemäßen Werks passt weder in das Konzept der VOB/B noch des Bürgerlichen Gesetzbuchs – genügt es nämlich, nur die Schadensersatzhaftung gemäß § 8 Nr. 3 Abs. 2 VOB/B, nicht aber das Recht zur Auftrags-

---

[295] *Ingenstau/Korbion/Oppler* (14. Aufl. 2001) VOB/B § 4 Rdn. 366; *Kleine-Möller/Merl/Oelmaier/Merl* (2. Aufl. 1997) § 12 Rdn. 548; *Locher* PrivBauR (6. Aufl. 1996) Rdn. 116; *Schmalzl* Haftung Rdn. 173; *Vygen* Bauvertragsrecht Rdn. 503; *Anderson* BauR 1972, 65; *Merl* FS Jagenburg S. 604.
[296] *Nicklisch/Weick/Nicklisch* VOB/B § 4 Rdn. 109; *Staudinger/Peters* (2000) § 633 Rdn. 142.
[297] *Nicklisch/Weick/Nicklisch* VOB/B § 4 Rdn. 109; dasselbe wird wohl auch implizit von denjenigen vertreten, die die Parallele zu § 326 BGB ziehen wollen.
[298] Dafür mit näherer Begründung Voraufl. Rdn. 198 ff.
[299] Vgl. dazu *Jakobs* FS F. A. Mann S. 33 ff.

entziehung als verschuldensabhängig anzusehen.³⁰⁰ Damit wird lediglich die in § 323 Abs. 1 BGB im Zusammenwirken mit den §§ 280 Abs. 1 und 3, 281 BGB vorgesehene Differenzierung zwischen Vertragslösungsbefugnis und Schadensersatzhaftung haftungssystemgerecht in den Regelungszusammenhang der §§ 4 Nr. 7 Satz 3, 8 Nr. 3 VOB/B übernommen.

## II. Besondere Voraussetzungen und Grenzen

### 1. Herstellungsanspruch

Zunächst erfordert § 4 Nr. 7 Satz 3 VOB/B neben den allgemeinen Voraussetzungen zur Anwendung von § 4 Nr. 7 VOB/B, dass eine **Pflicht zur Beseitigung** einer mangelhaften oder vertragswidrigen Leistung gemäß § 4 Nr. 7 Satz 1 VOB/B besteht. Fehlt es an einer solchen vom Auftragnehmer zu verantwortenden mangelhaften bzw. vertragswidrigen Leistung oder kann der Auftragnehmer die Beseitigung wegen unverhältnismäßigen Aufwands verweigern und kann er die erforderlichen tatsächlichen Voraussetzungen im Bestreitensfall beweisen, so fehlt die Grundlage für eine Auftragsentziehung.³⁰¹

201

### 2. Aufforderung zur Leistung

Ferner setzt § 4 Nr. 7 Satz 3 VOB/B über die stets erforderliche Mangelanzeige hinausgehend eine – die Mangelanzeige allerdings praktisch einschließende – **Aufforderung zur Beseitigung** der mangelhaften bzw. vertragswidrigen Leistung voraus.³⁰² Damit ist **mehr als ein bloßer Hinweis** gemeint, wie er im Rahmen von Satz 1 genügt. Verlangt wird eine hinreichend eindeutige Beanstandung in Verbindung mit dem Verlangen einer ordnungsgemäßen Herstellung, die dem Auftragnehmer zugehen muss.³⁰³ Eine Angabe zu den Methoden der qualitätsgerecht zu erbringenden Leistungen ist nicht zu fordern, da deren Wahl grundsätzlich zum Verantwortungsbereich des Auftragnehmers gehört. Die zu § 13 Nr. 5 Abs. 1 Satz 1, Abs. 2 VOB/B entwickelten Grundsätze gelten auch hier; wegen der Einzelheiten kann daher auf die Kommentierung zu § 13 Nr. 5 Abs. 1 Satz 1 VOB/B verwiesen werden.³⁰⁴

202

### 3. Fristsetzung

Des Weiteren muss eine **angemessene Frist** zur Beseitigung des Mangels bzw. der Vertragswidrigkeit gesetzt werden.³⁰⁵ Diese Frist kann schon, wie dies ehedem § 634 Abs. 1 Satz 2 BGB a. F. ausdrücklich vorgesehen hatte und woran die Schuldrechtsreform in der Sache nichts ändern wollte, vor dem Fertigstellungstermin gesetzt werden, wenn sich bereits davor Mängel zeigen.³⁰⁶ § 4 Nr. 7 Satz 3 VOB/B geht vom Regelfall aus, dass der Auftraggeber durch Vorgabe eines **Datums** oder eines nach den §§ 186 ff. BGB **bestimmten Ausführungszeitraums** den Termin nennt, bis zu dem die ordnungsgemäße Leistung erbracht werden muss;³⁰⁷ die bloße Aufforderung zur Erklärung der Leistungsbereitschaft binnen einer bestimmten Frist genügt nicht. Der Angabe des Endtermins steht es gleich, wenn der Auftraggeber den spätesten Anfangstermin nennt, dessen Einhaltung nötig ist, um

203

---

³⁰⁰ So auch *Staudinger/Peters* § 633 Rdn. 142.
³⁰¹ *Ingenstau/Korbion/Oppler* VOB/B § 4 Nr. 7 Rdn. 61.
³⁰² *Ingenstau/Korbion/Oppler* VOB/B § 4 Nr. 7 Rdn. 42; *Kapellmann/Messerschmidt/Merkens* VOB/B § 4 Rdn. 172; *Kaiser* Mängelhaftung Rdn. 30; *Siegburg* Gewährleistung Rdn. 2051.
³⁰³ *Ingenstau/Korbion/Oppler* VOB/B § 4 Nr. 7 Rdn. 42.
³⁰⁴ *Ingenstau/Korbion/Oppler* VOB/B § 4 Nr. 7 Rdn. 42; dazu → § 13 Nr. 5 Rdn. 85 ff.
³⁰⁵ Aufgrund der Vergleichbarkeit mit der Regelung des § 13 Nr. 5 Abs. 2 VOB/B sind die zu dieser Regelung ergangenen Entscheidungen auch hier verwertbar; die nachfolgenden Entscheidungen betreffen teilweise § 13 Nr. 5 Abs. 2 VOB/B.
³⁰⁶ *Knütel* BauR 2002, 689, 690 (zu § 637 BGB).
³⁰⁷ *Ingenstau/Korbion/Wirth* VOB/B § 13 Nr. 5 Rdn. 117.

die mangelfreie Leistung noch bis zu dem an sich stattdessen anzugebenden Endtermin zu erbringen.[308] Überhaupt genügt die **Aufforderung zur Arbeitsaufnahme** an einem bestimmten Anfangstermin, wenn der Auftraggeber wegen der Komplexität der geschuldeten Werkleistung und namentlich, weil im Zuge der angeforderten Mangelbeseitigung weitere Mängel entdeckt werden könnten, zu einer hinreichend sicheren Abschätzung der Dauer der erforderlichen Maßnahmen außerstande ist.[309]

**204** a) **Fristbemessung.** Wegen der Vielzahl der maßgeblichen Umstände gilt grundsätzlich, dass Fristen **nicht schematisch** gesetzt werden können.[310] Fristbestimmende Klauseln in Allgemeinen Geschäftsbedingungen sind daher wegen ihres unangemessen generalisierenden Charakters im Hinblick auf § 307 BGB bedenklich.[311] Die Angemessenheit der Beseitigungsfrist ist vielmehr jeweils im Einzelfall objektiv unter Berücksichtigung der von der Eigenart der erforderlichen Maßnahmen und der – von äußeren Umständen wie z. B. Witterungsverhältnissen[312] oder Vorleistungen anderer Gewerke abhängigen – Zeit zu bestimmen, die ein durchschnittlich qualifizierter Auftragnehmer bei unverzüglich nach Zugang der Beseitigungsaufforderung aufgenommener Arbeit und bei zügiger Arbeitsfortsetzung zur Herstellung des qualitätsgerechten Werks voraussichtlich benötigt.[313] Wenn die Mangelbeseitigung Voraussetzung für die Arbeitsaufnahme anderer Baubeteiligter ist, kann eine besonders zügige Arbeit des pflichtigen Auftragnehmers erwartet werden, so dass eine kürzere Frist genügen mag.[314] Im Ergebnis kann eine Frist zur Mängelbeseitigung auch dann korrekt bemessen sein, wenn die gesetzte Mängelbeseitigungsfrist kürzer ist als die vereinbarte Fertigstellungsfrist für das gesamte Bauwerk;[315] in der Regel ist jedoch entsprechend § 634 Abs. 1 Satz 2 BGB a. F. die Frist so zu bemessen, dass sie nicht vor dem vertraglich vereinbarten Fertigstellungstermin abläuft.[316]

**205** **Im Einzelnen** ist zu beachten: Der Fristbeginn ist um die Zeit hinauszuschieben, die bis zum Eingang eines von den Beteiligten einvernehmlich zur Entscheidungsgrundlage gemachten Sachverständigengutachtens über die Ursache und Möglichkeit der Mangelbeseitigung verstreicht.[317] Die Frist darf bei einer prozessualen Austragung des Streits um die Mangelverantwortung auch nicht so bemessen sein, dass ihr Ende in die Zeit zwischen Verkündung und Zustellung des Urteils fällt.[318] Die Frist darf grundsätzlich nicht vor der sich nach § 5 VOB/B bestimmenden Ausführungsfrist enden. Dabei ist allerdings zugunsten des Auftraggebers zu beachten, dass der Auftragnehmer die gesamte ordnungsgemäße Vertragsleistung in dieser Frist zu erbringen hat, also in der Regel keine Fristverlängerung wegen der erforderlichen Beseitigung von Mängeln bzw. Vertragswidrigkeiten erwarten kann.[319] Abweichend davon ist aber mit Rücksicht auf den Rechtsgedanken des § 323 Abs. 2 Nr. 3 BGB und auf § 242 BGB eine kürzere Frist zuzulassen, wenn ein Abwarten bis zum Ablauf der Herstellungsfrist dem Auftraggeber nicht zuzumuten ist, weil dadurch der Fortgang des Baus planwidrig und eventuell auch zum Nachteil anderer Gewerke aufgehalten wird.[320]

---

[308] *Ingenstau/Korbion/Oppler* VOB/B § 4 Nr. 7 Rdn. 44 sowie auch *Ingenstau/Korbion/Wirth* VOB/B § 13 Nr. 5 Rdn. 131; *Kahlke* BauR 1981, 516.
[309] BGH BauR 1982, 496 f. = ZfBR 1982, 212; *Ingenstau/Korbion/Oppler* VOB/B § 4 Nr. 7 Rdn. 44 sowie auch *Ingenstau/Korbion/Wirth* VOB/B § 13 Nr. 5 Rdn. 118.
[310] Vgl. dagegen *Thamm* BB 1982, 2018; und zustimmend *Ingenstau/Korbion/Oppler* VOB/B § 4 Nr. 7 Rdn. 43: In der Regel zwei Wochen, höchstens ein Monat.
[311] *Ingenstau/Korbion/Wirth* VOB/B § 13 Nr. 5 Rdn. 128.
[312] Ausführlich hierzu *Mundt* BauR 2005, 1397 f.
[313] *Ingenstau/Korbion/Oppler* VOB/B § 4 Nr. 7 Rdn. 43; *Kleine-Möller/Merl/Oelmaier/Merl* § 12 Rdn. 727; *Kaiser* Mängelhaftung Rdn. 31; *Kahlke* BauR 1981, 516.
[314] *Ingenstau/Korbion/Oppler* VOB/B § 4 Nr. 7 Rdn. 43.
[315] OLG Düsseldorf NJW-RR 1996, 1422, 1423.
[316] *Knütel* BauR 2002, 689, 690 f.
[317] BGH BauR 1975, 137; *Ingenstau/Korbion/Oppler* VOB/B § 4 Nr. 7 Rdn. 43.
[318] OLG Düsseldorf BauR 1982, 588 f.; *Ingenstau/Korbion/Wirth* VOB/B § 13 Nr. 5 Rdn. 127.
[319] *Ingenstau/Korbion/Oppler* VOB/B § 4 Nr. 7 Rdn. 45.
[320] *Ingenstau/Korbion/Oppler* VOB/B § 4 Nr. 7 Rdn. 43; *Schmitz* BauR 1979, 195.

b) **Unangemessene Frist.** Die Bestimmung einer unangemessenen Frist **setzt** eine 206 **angemessene in Gang.**[321] Die Setzung einer unangemessen langen, beispielsweise sechswöchigen,[322] oder einer unbestimmten Frist in Allgemeinen Geschäftsbedingungen des Auftragnehmers, ferner der generelle Ausschluss von Rechten aus verzögerter Herstellung der qualitätsgerechten Leistung führt zur Unwirksamkeit dieser Klauseln wegen Verstoßes gegen § 307 BGB, der im Hinblick auf §§ 308 Nr. 2, 309 Nr. 8 lit. a BGB auszulegen ist.[323] Den Streit über die Angemessenheit der gesetzten Frist entscheidet das Gericht.[324] Allerdings ist kein Raum für die Ersetzung einer unangemessen kurzen Frist durch eine angemessen lange Frist, wenn der Auftraggeber die Setzung der unangemessen kurzen Frist mit einem Verbot zum Betreten der Baustelle verbunden hatte und er dieses Verbot nicht aufhob, obwohl der Auftragnehmer die Bereitschaft zur Mangelbehebung angezeigt hatte; in einem solchen Fall kann der Auftraggeber nicht nur nicht den Auftrag entziehen, sondern er kann auch keine Rechte auf § 4 Nr. 7 Satz 1 VOB/B stützen und insbesondere nicht Ersatz von Mangelbeseitigungskosten verlangen.[325]

### 4. Androhung des Auftragsentzugs

Zur Fristsetzung muss grundsätzlich die **Androhung des Auftragsentzugs** für den Fall 207 fruchtlosen Fristablaufs **hinzutreten.** An diesem Erfordernis ist festzuhalten, damit dem Auftragnehmer vor Augen geführt wird, welche gravierenden Folgen eine nicht fristgerechte ordnungsgemäße Leistung gemäß § 8 Nr. 3 VOB/B haben kann. **Unterbleibt** die Androhung, so ist die Auftragsentziehung ebenso wie in anderen Fällen, in denen eine Tatbestandsvoraussetzung des § 4 Nr. 7 Satz 3 VOB/B nicht erfüllt ist, **nur** als **Kündigung gemäß § 8 Nr. 1 VOB/B** anzusehen,[326] sofern nur die Erklärung über die Auftragsentziehung gemäß § 140 BGB mit Rücksicht auf den Willen des Auftraggebers entsprechend umdeutbar ist. Eine solche Kündigung hat gemäß § 8 Nr. 1 VOB/B nur mindere und den Auftragnehmer eher begünstigende Folgen.

Aus der nötigen Warnfunktion der Androhung der Auftragsentziehung folgt auch, dass 208 dieser Begriff zwar nicht als solcher verwendet werden muss, sich aber sonst aus der Äußerung **zweifelsfrei** der **bestimmte Wille** des Auftraggebers ergeben muss, nach fruchtlosem Fristablauf **keine Leistung** des Auftragnehmers mehr **entgegenzunehmen.**[327] Diese Voraussetzung ist beispielsweise erfüllt, wenn der Auftraggeber klar angedroht hat, nach erfolglosem Fristablauf einen anderen Unternehmer mit der Herstellung des ordnungsgemäßen Werks zu beauftragen.[328] Auch ist für die Androhung der Auftragsentziehung – im Gegensatz zur Auftragsentziehung selbst, § 8 Nr. 5 VOB/B – die Beachtung einer Form materiellrechtlich nicht nötig, wenngleich aus Beweisgründen Schriftform anzuraten ist.

### 5. Fristsäumnis

Die Frist ist fruchtlos verstrichen, wenn die **Beseitigung des Mangels** bzw. der Vertrags- 209 widrigkeit in der gesetzten angemessenen Frist **nicht gelang.**[329] Es kommt auf den **Erfolg** an; das Beseitigungsbemühen des Auftragnehmers allein hilft ihm nicht. Anders kann aus-

---

[321] *Ingenstau/Korbion/Oppler* VOB/B § 4 Nr. 7 Rdn. 46. Vgl. zum Parallelproblem bei § 326 BGB a. F. RGZ 106, 90; *Kleine-Möller/Merl/Oelmaier/Merl* § 12 Rdn. 728; *Kaiser* Mängelhaftung Rdn. 31; *Siegburg* Gewährleistung Rdn. 2053.
[322] OLG Stuttgart NJW 1981, 1106.
[323] *Ingenstau/Korbion/Oppler* VOB/B § 4 Nr. 7 Rdn. 47.
[324] *Ingenstau/Korbion/Oppler* VOB/B § 4 Nr. 7 Rdn. 47 unter Bezug auf BGH NJW 1973, 456 (Leitsatz; zu § 326 BGB a. F.).
[325] OLG Hamm BauR 2000, 1346 f.
[326] BGH NJW 1988, 141 = BauR 1987, 689 = ZfBR 1987, 243; BGH NJW-RR 1988, 209 = BauR 1988, 84; OLG Frankfurt NJW-RR 1987, 979 = BauR 1988, 600, 604; *Ingenstau/Korbion/Oppler* VOB/B § 4 Nr. 7 Rdn. 52; *Siegburg* Gewährleistung Rdn. 2053.
[327] *Ingenstau/Korbion/Oppler* VOB/B § 4 Nr. 7 Rdn. 52; *Kleine-Möller/Merl/Oelmaier/Merl* § 12 Rdn. 731.
[328] BGH NJW 1983, 1732 = BauR 1983, 259 = ZfBR 1983, 124; OLG Düsseldorf BauR 1977, 135.
[329] *Ingenstau/Korbion/Oppler* VOB/B § 4 Nr. 7 Rdn. 53; *Knütel* BauR 2002, 689 (zu § 637 BGB).

nahmsweise mit Rücksicht auf Treu und Glauben zu entscheiden sein, wenn bei Fristablauf nur noch relativ unbedeutende Leistungsteile ausstehen und mit einer kurzfristigen Fertigstellung der Gesamtleistung zu rechnen ist; allerdings sind bei der je nach Einzelfall vorzunehmenden Interessenabwägung die Belange des Auftraggebers nicht gering zu veranschlagen.[330] Als Fristsäumnis ist es auch anzusehen, wenn die gesetzte Frist zwar noch nicht verstrichen ist, aber **schon jetzt erkennbar** wird, dass es dem Auftragnehmer auch bei Anspannung aller Kräfte **nicht gelingen** kann, die geschuldete Herstellung der qualitätsgerechten Leistung in der gesetzten angemessenen Frist zu bewirken.[331]

### 6. Entbehrlichkeit der Fristsetzung mit Ablehnungsandrohung

210   Die Setzung einer mit Ablehnungsandrohung verbundenen Frist zur Beseitigung des Mangels sowie damit[332] auch die Aufforderung zur Durchführung der Beseitigung können unter den Voraussetzungen der §§ 323 Abs. 2, 636, 326 Abs. 5 BGB entbehrlich sein.[333] Erforderlich ist jedoch grundsätzlich stets, dass auszuschließen ist, dass der Auftragnehmer auf Grund einer Fristsetzung mit Ablehnungsandrohung nicht doch noch geleistet hätte.[334] Es gibt **vier typische Konstellationen,** für deren Vorliegen jeweils der Auftraggeber die Darlegungs- und Beweislast trägt:[335]

211   a) **Unmöglichkeit.** Die Unmöglichkeit[336] der Mangelbeseitigung befreit von der Notwendigkeit, zur Mangelbeseitigung unter Fristsetzung aufzufordern und die Auftragsentziehung gemäß § 4 Nr. 7 Satz 3 VOB/B anzudrohen; dies entspricht jetzt[337] der Sache nach der Regelung in § 275 Abs. 1 BGB bzw. in § 326 BGB, insoweit im Unterschied zu § 323 Abs. 2 BGB. Ein Mangelbeseitigungsanspruch besteht nämlich in diesem Fall überhaupt nicht, weil das fehlerhafte Werk nicht nachbesserungsfähig ist, so dass eine Aufforderung zur Mangelbeseitigung sinnlos wäre. Ein solcher Fall kann namentlich vorliegen, wenn nach Bauerrichtung Planungsfehler des Architekten zutage treten,[338] der Baumangel auf Grund einer fehlerhaften Planung und Bauaufsicht bei der Erstellung einer Fußbodenheizung entstand,[339] oder eine statisch wirksame Tragekonstruktion nicht nachträglich eingebaut werden kann.[340]

212   b) **Ernsthafte Leistungsverweigerung.** Die Aufforderung zur Mangelbeseitigung und die Androhung der Auftragsentziehung sind ferner – insoweit in Entsprechung mit § 323 Abs. 2 Nr. 1 BGB – bei der ernsthaften und endgültigen Leistungsverweigerung durch den Auftragnehmer entbehrlich,[341] mit der Verzug eintritt.[342] Eine ernsthafte und endgültige

---

[330] So auch *Ingenstau/Korbion/Oppler* VOB/B § 4 Nr. 7 Rdn. 54.
[331] Vgl. *Ingenstau/Korbion/Wirth* VOB/B § 13 Nr. 5 Rdn. 131.
[332] *Ingenstau/Korbion/Oppler* VOB/B § 4 Nr. 7 Rdn. 50 weist mit Recht auf den grundsätzlichen Zusammenhang beider Voraussetzungen hin; andererseits kann auch nur eines der beiden Erfordernisse fehlen, soweit zu der Zeit, zu der Fristsetzung und Beseitigungsaufforderung an sich indiziert gewesen wären, einer der nachfolgend genannten Ausnahmetatbestände erfüllt war, vgl. BGH BauR 1975, 137.
[333] *Ingenstau/Korbion/Oppler* VOB/B § 4 Nr. 7 Rdn. 48 ff.; *Nicklisch/Weick/Nicklisch* VOB/B § 4 Rdn. 110; *Knütel* BauR 2002, 689, 691 f.; bei § 13 Nr. 5 Abs. 2 VOB/B gilt im Wesentlichen dasselbe; im Folgenden sind daher auch zu dieser Vorschrift ergangene Entscheidungen anzuführen. Auch bei Anwendung des § 323 Abs. 2 BGB n. F., die beim BGB-Vertrag in Betracht kommt, ergibt sich grundsätzlich nichts anderes, da es sich letztlich um allgemeine Grundsätze handelt, vgl. *Ingenstau/Korbion/Oppler* VOB/B § 4 Nr. 7 Rdn. 48.
[334] OLG Düsseldorf NJW-RR 2001, 1387 f. = BauR 2001, 1461 f.
[335] *Ingenstau/Korbion/Oppler* VOB/B § 4 Nr. 7 Rdn. 50.
[336] BGH BauR 1985, 452; *Siegburg* Gewährleistung Rdn. 2054.
[337] Im früheren Recht folgte Entsprechendes aus § 634 Abs. 2, 1. Alt. BGB a. F.; vgl. BGHZ 43, 227, 232; BGH BauR 1995, 452; OLG Hamm BauR 1992, 107; OLG Rostock BauR 1997, 656.
[338] BGHZ 43, 227, 232.
[339] OLG Hamm BauR 1992, 107.
[340] OLG Rostock BauR 1997, 656.
[341] BGHZ 50, 166 = NJW 1968, 1526; BGH BauR 1986, 575; BGH NJW 2000, 2997, 2998 = BauR 2000, 1479 = ZfBR 2000, 479, 480, im Anschluss an BGH BauR 1997, 1027 = ZfBR 1998, 31; *Ingenstau/Korbion/Oppler* VOB/B § 4 Nr. 7 Rdn. 48; *Siegburg* Gewährleistung Rdn. 2054.
[342] *Ingenstau/Korbion/Oppler* VOB/B § 4 Nr. 7 Rdn. 48; zum Verzugsbeginn BGH NJW 1985, 488.

Erfüllungsverweigerung ist **nur unter besonderen, engen Voraussetzungen** anzunehmen, damit sichergestellt wird, dass es primär bei der Vertragsdurchführung bleibt und den Auftragnehmer die einschneidenden Folgen des § 4 Nr. 7 Satz 3 VOB/B nicht ungewarnt treffen. Es kommt stets auf die besonderen Umstände des Einzelfalls an.[343] Eine ernsthafte und endgültige Leistungsverweigerung ist sicherlich **nicht** während einverständlich betriebener Einholung eines Sachverständigengutachtens zur Mängelklärung gegeben. Sie liegt auch noch nicht vor, wenn bloße Meinungsverschiedenheiten über die Grenzen der vertraglichen Leistungspflicht bestehen, oder wenn der Auftragnehmer die Mangelbeseitigung in einer anderen als der vom Auftraggeber gewünschten Weise oder gegen Kostenerstattung vorschlägt.[344] Die Insolvenz des Auftragnehmers allein steht der Leistungsverweigerung nicht gleich, weil die Entscheidung des Insolvenzverwalters über die Mangelbeseitigung abzuwarten ist;[345] die Entscheidung des Insolvenzverwalters, die Weiterführung von noch offen stehenden Bauleistungen abzulehnen, ist dabei noch nicht zwingend auch als Ablehnung einer Nachbesserung anzusehen.[346] Auch die Betriebsaufgabe allein genügt nicht, weil dem Auftragnehmer in der Regel unbenommen ist, die Nachbesserung durch einen Dritten als Erfüllungsgehilfen zu leisten.[347]

Eine ernsthafte und endgültige Leistungsverweigerung **liegt** aber **vor,** wenn der Auftragnehmer – gleich aus welchem Grund[348] – definitiv die Mangelbeseitigung verweigert. Dies kann insbesondere dadurch geschehen, dass der Auftragnehmer abschließend die Ansicht äußert, es fehle an einem Mangel bzw. einer Vertragswidrigkeit oder anderenfalls sei er dafür nicht haftbar. Ebenso kann es verstanden werden, wenn der Auftragnehmer gegenüber einer vom Auftraggeber erhobenen Klage auf ordnungsgemäße Herstellung am Klageabweisungsantrag festhält.[349] Gleiches gilt für den Rückgriff des Hauptunternehmers, wenn der streitverkündete Subunternehmer im Vorprozess trotz anderslautender Gutachten erklärt hat, zu keiner Mangelbeseitigung bereit zu sein.[350] Eine definitive Leistungsverweigerung kann ferner bei fortgesetzter Verweisung auf die Verantwortlichkeit Dritter sowie dann anzunehmen sein, wenn der Auftragnehmer nur zusammen mit anderen seiner Ansicht nach verantwortlichen Auftragnehmern nachbessern will.[351] Schließlich kommt der Fall in Betracht, dass der Auftragnehmer irrig eine Mitverantwortung des Auftraggebers für den Mangel annimmt und deshalb die vorbehaltlose Mangelbeseitigung entschieden verweigert.[352] 213

Der endgültigen Erfüllungsverweigerung **steht** es **gleich,** wenn die dem Grunde nach anerkannte Verpflichtung von der vorherigen Überweisung zu Recht einbehaltener Vergütungsteile abhängig gemacht wird,[353] wenn sich die Zusage der Mängelbeseitigung durch schlichtes längeres Untätigbleiben als leeres Versprechen erweist,[354] oder wenn der Auftragnehmer auf ein wiederholtes Mangelbeseitigungsverlangen überhaupt nicht reagiert.[355] Macht der Auftragnehmer hingegen die Nachbesserung wegen einer Kostenbeteiligungspflicht des Auftraggebers von einer Sicherheitsleistung abhängig und substantiiert er die geltend gemachte Mitverursachungsquote, die er im Bestreitensfall mit einem Sachverständigengutachten unterlegt, verweigert der Auftragnehmer die Mangelbeseitigung zu Recht; 214

---

[343] BGH NJW 1983, 1732 = BauR 1983, 259; BGH BauR 1985, 199 = ZfBR 1985, 80.
[344] Vgl. zu § 13 VOB/B *Ingenstau/Korbion/Wirth* VOB/B § 13 Nr. 5 Rdn. 141 ff.
[345] OLG Hamm BauR 1984, 538.
[346] OLG Naumburg BauR 2003, 115 f.
[347] Vgl. BGHZ 88, 247; BGH BauR 1985, 199 = ZfBR 1985, 80.
[348] So zu § 13 VOB/B BGH BauR 1985, 199 = ZfBR 1985, 80; *Ingenstau/Korbion/Wirth* VOB/B § 13 Nr. 5 Rdn. 139.
[349] Vgl. BGH BauR 1982, 497.
[350] OLG Düsseldorf BauR 2004, 1344 (LS).
[351] BGH NJW 1983, 1732 = BauR 1983, 259 = ZfBR 1983, 124.
[352] Vgl. BGH BauR 1985, 199 = ZfBR 1985, 80.
[353] BGH NJW 1983, 1732 = BauR 1983, 260 = ZfBR 1983, 124.
[354] Vgl. KG BauR 1984, 527 = ZfBR 1984, 132; zu allem auch *Ingenstau/Korbion/Oppler* VOB/B § 4 Nr. 7 Rdn. 48.
[355] BGH BauR 1982, 497 = ZfBR 1982, 212; *Ingenstau/Korbion/Wirth* VOB/B § 13 Nr. 5 Rdn. 145.

unterlässt er allerdings diese Substantiierung und gegebenenfalls die Beibringung des Sachverständigengutachtens, verweigert er die Mangelbeseitigung zu Unrecht und kann daher der Auftraggeber ohne Nachfristsetzung zur Fremdnachbesserung auf Kosten des Auftragnehmers übergehen.[356] Eine Fristsetzung wäre im Übrigen eine sinnlose und daher entbehrliche Förmelei, wenn mit einer negativen Antwort sicher zu rechnen ist, weil nach der tatsächlichen, insbesondere der wirtschaftlichen Lage keinesfalls zu erwarten ist, dass die ordnungsgemäße Leistung noch erbracht werden wird.[357]

**215** **c) Besonderes Auftraggeberinteresse.** Aus den §§ 281 Abs. 2, 323 Abs. 2 Nr. 3 BGB lässt sich zwanglos als verallgemeinerungsfähige Rechtsregel die Berechtigung entnehmen, auf die Fristsetzung nebst Aufforderung zur Mängelbeseitigung zu verzichten, wenn dies durch ein besonderes Bestellerinteresse gerechtfertigt ist. Das ist bei **Unzumutbarkeit** des weiteren Festhaltens am Vertrag der Fall,[358] insbesondere wenn die bisherigen Leistungen, namentlich auch die bereits angestrengten Bemühungen um die Mangelbeseitigung, wegen der dabei unterlaufenen schweren, zumindest fahrlässig verursachten Fehler oder wegen der Vielzahl der Mangelbeseitigungsversuche die Vertrauensbasis zwischen Auftraggeber und Auftragnehmer erschüttert haben und auch nicht zu erwarten ist, dass künftig in angemessener Frist eine brauchbare Leistung erbracht werde. Unzumutbarkeit liegt ferner insbesondere vor, wenn die bisherigen Leistungen bewusst in Abweichung vom Vertrag erbracht wurden, sie erhebliche Mängel zur Folge hatten und der Unternehmer nachhaltig lediglich zu einer Nachbesserung bereit ist, die den vertraglich geschuldeten Erfolg nicht herbeiführt.[359] Eine Unzuverlässigkeit des Unternehmers, die die Fristsetzung nebst Aufforderung zur Mängelbeseitigung entbehrlich machen würde, kann allerdings nicht schon aus der Zahl der ursprünglich vorhandenen Mängel oder daraus hergeleitet werden, dass sich die Behebung der Mängel über einen längeren Zeitraum hinzieht.[360] Ein besonderes Interesse des Auftraggebers, unmittelbar gemäß § 4 Nr. 7 Satz 3 VOB/B vorzugehen, kann ausnahmsweise wohl auch dann anzuerkennen sein, wenn die Voraussetzungen einer berechtigten Geschäftsführung ohne Auftrag zur Abwehr einer Gefahrenlage vorliegen und es zur Beseitigung der Gefahr nötig ist, sofort einen Dritten mit der Baumaßnahme zu betrauen.[361] Dies ist beispielsweise der Fall, wenn ein Leck an einer Fernwärmehausanschlussleitung am Abend eines Wintertages entdeckt wird.[362] Die Insolvenz des Auftragnehmers allein befreit nicht vom Erfordernis der Fristsetzung zur Mangelbestätigung, vielmehr muss dem Insolvenzverwalter die Entscheidung für die Mangelbeseitigung ermöglicht werden.[363] Unzumutbar kann ferner sein, den Auftraggeber auf die Mangelbeseitigung durch den Auftragnehmer zu verweisen, wenn dieser auf eine Aufforderung, sich über seine Bereitschaft zur Mangelbeseitigung zu äußern, nicht in der gesetzten oder sonst angemessenen Frist geäußert hat, sofern eine solche Erklärung wegen eines besonderen Interesses des Auftraggebers an einer solchen Klarstellung berechtigterweise erwartet werden darf, etwa wegen berechtigter Zweifel an der Erfüllbarkeit durch den Auftragnehmer.[364]

**216** **d) Kündigungsrecht aus wichtigem Grund.** Die Nachbesserungskosten kann der Auftraggeber auch ersetzt verlangen, wenn er den Auftrag zwar nicht gemäß den §§ 4 Nr. 7 Satz 3, 8 Nr. 3 VOB/B gekündigt hat, er aber von einer Befugnis zur Kündigung aus wichtigem Grund Gebrauch gemacht hat. Eine solche Befugnis steht dem Auftraggeber etwa

---

[356] BGHZ 90, 352 = NJW 1984, 1676 = BauR 1984, 395 = ZfBR 1984, 173.
[357] Vgl. zu § 13 Nr. 5 VOB/B *Kaiser* Mängelhaftung Rdn. 81 a; offen lassend BGH BauR 1985, 200 = ZfBR 1985, 80.
[358] BGHZ 50, 166 = NJW 1968, 1526; BGHZ 92, 311 = NJW 1985, 382 = BauR 1985, 84 = ZfBR 1985, 34; BGH NJW 1975, 826 = BauR 1975, 281; BGH BauR 1985, 452; BGH BauR 1986, 575; *Ingenstau/Korbion/Oppler* VOB/B § 4 Nr. 7 Rdn. 49; *Siegburg* Gewährleistung Rdn. 2054.
[359] OLG Düsseldorf BauR 1997, 314.
[360] OLG Düsseldorf BauR 1997, 314.
[361] Vgl. zu § 13 VOB/B *Ingenstau/Korbion/Wirth* VOB/B § 13 Nr. 5 Rdn. 149.
[362] OLG Düsseldorf NJW 1993, 478.
[363] OLG Düsseldorf NJW-RR 1993, 1110 f.
[364] *Harms* BauR 2004, 745, 748 ff.

zu, wenn er die Kündigung erklärt, nachdem sich der Auftragnehmer seinerseits durch eine unberechtigte Kündigung vom Vertrag losgesagt hat.[365]

**e) Allgemeine Geschäftsbedingungen.** In Allgemeinen Geschäftsbedingungen **des Auftraggebers** dürfen weitere Fallgruppen nicht vorgesehen werden, für die die Fristsetzung mit Ablehnungsandrohung entbehrlich sein soll.[366] Insbesondere verstößt eine Klausel, die bei einer grob gegen die anerkannten Regeln der Technik verstoßenden Werkleistung eine Auftragsentziehung ohne Fristsetzung und Beseitigungsaufforderung zulässt, gegen § 309 Nr. 4 BGB bzw. § 307 BGB.[367] Dasselbe gilt für die Klausel, dass der Auftraggeber bei einer Weigerung des Auftragnehmers, Beanstandungen und Mängel sofort zu beheben, das Recht habe, sofort die weitere Leistung zurückzuweisen und sofort andere Unternehmer mit der Mangelbehebung auf Kosten des Auftragnehmers zu betrauen.[368]

Auch der **Auftragnehmer** kann gemäß § 307 BGB i. V. m. dem Rechtsgedanken des § 309 Nr. 8 lit. b BGB nicht in Allgemeinen Geschäftsbedingungen die genannten Ausnahmefälle einer Auftragsentziehung ohne Fristsetzung und Ablehnungsandrohung abbedingen, etwa indem er vorsieht, dass der Auftraggeber den Auftrag stets nur nach erfolgloser Nachfristsetzung entziehen könne.[369]

### 7. Ausschluss wegen Rechtsmissbrauchs

Das Recht zur Auftragsentziehung kann in besonderen Fällen wegen Rechtsmissbrauchs ausgeschlossen sein. Rechtsmissbrauch kann etwa bei Geringfügigkeit des Aufwands zur Beseitigung der Mängel, auf die die Auftragsentziehung gestützt werden soll, in Betracht kommen, jedoch begründet die geringe Höhe der Mängelbeseitigungsaufwendungen allein noch nicht den Rechtsmissbrauchseinwand.[370] Eine Auftragsentziehung ist jedenfalls mit Rücksicht auf den Zweck des Kündigungsrechts, eine Schlechtausführung zu verhindern und damit den Aufwand für eine notwendige Mängelbeseitigung möglichst gering zu halten,[371] auch bei geringen Mängelbeseitigungsaufwendungen dann nicht rechtsmissbräuchlich, wenn Grund zu der Annahme besteht, dass dem Auftragnehmer die Mangelbeseitigung nicht gelingen werde, und wenn die Feststellung und Behebung der gerügten Mängel nach der restlichen Herstellung des Bauwerks nicht ohne weiteres möglich wäre.[372]

## III. Rechtsfolgen

### 1. Kündigungsrecht des Auftraggebers

Sind die vorbezeichneten Voraussetzungen erfüllt, hat der Auftraggeber nach Maßgabe von § 8 Nr. 3 VOB/B das Recht zur Auftragsentziehung mit Wirkung für die Zukunft, also ein Kündigungsrecht.[373] Mit dem erfolglosen Ablauf der Mangelbeseitigungsfrist **erlischt** der auf Mangelbeseitigung gerichtete Leistungsanspruch nicht ohne weiteres, sondern es **entsteht** nach § 4 Nr. 7 Satz 3 VOB/B lediglich ein **auf Vertragslösung gerichtetes Gestaltungsrecht** des Auftraggebers. Der Auftraggeber muss dieses auch dann in der in § 8 Nr. 5 VOB/B vorgesehenen schriftlichen Form eigens ausüben, wenn er von der Fristsetzung mit Ablehnungsandrohung ausnahmsweise absehen konnte. Das Kündigungsrecht

---

[365] BGH NJW 1999, 1330, 1331 = BauR 1999, 391, 392 = ZfBR 1999, 135.
[366] Vgl. dazu *Ingenstau/Korbion/Oppler* VOB/B § 4 Nr. 7 Rdn. 51.
[367] OLG Köln Schäfer/Finnern/Hochstein § 8 VOB/B Nr. 4, S. 25 (zu den vormaligen §§ 11 Nr. 4 und 9 AGBG).
[368] OLG Düsseldorf BauR 1985, 453.
[369] So mit Recht *Ingenstau/Korbion/Oppler* VOB/B § 4 Nr. 7 Rdn. 51.
[370] OLG Düsseldorf NJW-RR 1996, 1422, 1423.
[371] Vgl. oben Rdn. 14.
[372] OLG Düsseldorf a. a. O.
[373] *Ingenstau/Korbion/Oppler* VOB/B § 4 Nr. 7 Rdn. 56; *Kapellmann/Messerschmidt/Merkens* VOB/B § 4 Rdn. 179; *Kleine-Möller/Merl/Oelmaier/Merl* § 12 Rdn. 743; *Ludwigs* Das Baugewerbe S. 153.

§ 4 Nr. 7  Mangelbeseitigungs- und Schadensersatzpflicht vor Abnahme

kann ausweislich des § 309 Nr. 8 lit. b BGB, der im Rahmen des § 307 BGB als Interpretationsrichtlinie anzusehen ist, in Allgemeinen Geschäftsbedingungen nicht abbedungen werden.[374]

221 Ohne besondere Vollmacht kann der **Architekt** den Auftrag nicht namens des Auftraggebers entziehen.[375] Das gilt auch, obwohl § 15 Abs. 2 Nr. 8 HOAI den Architekten verpflichtet, den Auftragnehmer bei mangelhafter oder vertragswidriger Leistung unter Androhung der Auftragsentziehung zur Beseitigung in einer angemessenen Frist aufzufordern. Nach der vom Auftraggeber oder mit dessen Vollmacht vom Architekten erklärten Auftragsentziehung muss der Architekt dem Auftraggeber durch Benennung eines Ersatzunternehmers behilflich sein.

### 2. Unterlassene Auftragsentziehung

222 Übt der Auftraggeber sein Kündigungsrecht nicht aus, so **besteht** der **Bauvertrag fort.** Der Auftraggeber kann die gewöhnlichen Vertragsrechte geltend machen, insbesondere also nach § 4 Nr. 7 Satz 1 VOB/B Herstellung des mangelfreien Werks verlangen.

### 3. Folgen der Auftragsentziehung

223 Entzieht der Auftraggeber den Auftrag, wird das **Vertragsverhältnis umgestaltet.** Wie bei allen gestaltenden Rechtsakten kann die mit Auftragsentziehung eintretende Gestaltungswirkung nicht einseitig, wohl aber einverständlich wieder aufgehoben werden. Die weiteren Rechtsfolgen der Auftragsentziehung richten sich nach § 8 Nr. 3 VOB/B.

224 Der Anspruch gemäß § 4 Nr. 7 Satz 1 VOB/B auf **mangelfreie Herstellung** derjenigen Leistungsteile, die **vor** der Auftragsentziehung vom Auftragnehmer erbracht worden sind, **bleibt unberührt.**[376] Allerdings **muss** der Auftraggeber **den Auftragnehmer nicht,** und zwar auch nicht unter dem Gesichtspunkt der Schadensminderung, **mit** der Ausführung der **Mangelbeseitigung beauftragen,** weil dies im Widerspruch gerade zu dem von § 4 Nr. 7 Satz 3 VOB/B gewährten Recht der Auftragsentziehung und dem von § 8 Nr. 3 Abs. 2 Satz 1 VOB/B vorgesehenen Recht zur Ersatzvornahme auf Kosten des Auftragnehmers stünde; Ausnahmen können im Einzelfall nach Treu und Glauben angezeigt sein; so etwa in Bezug auf die Verwendung bereits angelieferter Baumaterialien, soweit deren uneingeschränkte Tauglichkeit feststeht und der neue Unternehmer und der gekündigte Auftragnehmer keine Bedenken gegen die Verwendung haben.[377] Hat der Auftraggeber hiernach das **Recht zur Ersatzvornahme** zwecks Nachbesserung und damit einen Anspruch auf Übernahme der Nachbesserungskosten, kann er **auch Kostenvorschuss** verlangen.[378] Diese Rechte bestehen nur, wenn der Auftraggeber gemäß §§ 4 Nr. 7, 8 Nr. 3 VOB/B vorgeht,[379] wobei allerdings vom Auftraggeber bei endgültiger ernsthafter Ausführungsverweigerung des Auftragnehmers nicht erwartet wird, den vollständigen Weg der §§ 4 Nr. 7, 5 Nr. 4, 8 Nr. 3 VOB/B einzuhalten.[380] Sofern **der Auftraggeber nicht gemäß § 8 Nr. 3 Abs. 2 Satz 1 VOB/B vorgeht,** behält der **Auftragnehmer** auch im Falle der Auftragsentziehung gemäß § 4 Nr. 7 Satz 3 VOB/B grundsätzlich das **Recht zur Beseitigung der Mängel** seiner bis zur Auftragsentziehung erbrachten Werkleistungen, die nicht Grund der Auftragsentziehung waren.[381]

---

[374] *Ingenstau/Korbion/Oppler* VOB/B § 4 Nr. 7 Rdn. 61.
[375] So – und zum Folgenden – *Ingenstau/Korbion/Oppler* VOB/B § 4 Nr. 7 Rdn. 65.
[376] BGH NJW 1974, 1707 = BauR 1974, 412; BGH BauR 1987, 690 m. w. N.; *Ingenstau/Korbion/Oppler* VOB/B § 4 Nr. 7 Rdn. 60.
[377] *Ingenstau/Korbion/Vygen* VOB/B § 8 Nr. 3 Rdn. 48.
[378] BGH ZfBR 1989, 213 m. w. N.; OLG Karlsruhe BauR 2006, 540, 542; Zum Kostenvorschuss → § 13 Nr. 5 Rdn. 123 ff.
[379] OLG Düsseldorf BauR 1994, 147 (Leitsatz).
[380] OLG Düsseldorf BauR 1994, 370.
[381] OLG Düsseldorf NJW-RR 1996, 1422, 1423.

Mangelbeseitigungs- und Schadensersatzpflicht vor Abnahme § 4 Nr. 7

Soweit die besonderen Voraussetzungen des Schadensersatzanspruchs wegen Nichterfüllung gemäß § 8 Nr. 3 Abs. 2 Satz 2 VOB/B nicht vorliegen, bleibt auch der **Schadensersatzanspruch** gemäß § 4 Nr. 7 Satz 2 VOB/B als Minimum **bestehen,** wie § 8 Nr. 3 Abs. 2 Satz 1 VOB/B zeigt. Auch die **Minderung** nach § 13 Nr. 6 VOB/B **bleibt unbenommen;** die Verjährungsfrist richtet sich nach § 13 Nr. 4 VOB/B, wobei die Frist hier mangels Abnahme der beanstandeten Leistung vom Zeitpunkt der Abnahme der von einem anderen Unternehmer fertiggestellten Leistung bestimmt wird.[382]  225

## F. Ersatzvornahme und Kostenvorschuss

### I. Rechtslage beim BGB-Vertrag

Beim BGB-Vertrag sehen die §§ 634 Nr. 2, 637 Abs. 1 BGB ein geeignetes, bereits vor Abnahme einsetzbares Mittel vor, um eine mangelfreie Herstellung ohne ein Tätigwerden des Unternehmers zu erreichen, indem dem Besteller die Ersatzvornahme auf Kosten des Unternehmers gestattet wird. Dieser Anspruch wird durch die §§ 634 Nr. 2, 637 Abs. 3 BGB um einen Kostenvorschussanspruch ergänzt; das frühere Werkvertragsrecht hatte den Kostenvorschussanspruch zwar nicht explizit ausgewiesen, er war aber auch seinerzeit gestützt auf den in § 242 BGB normierten Grundsatz von Treu und Glauben unter Anlehnung an § 669 BGB nahezu allgemein anerkannt.[383] Vorausgesetzt wird gemäß § 637 Abs. 1 BGB, sofern nicht ein Sonderfall gemäß § 637 Abs. 2 BGB vorliegt, sowohl für das Recht zur Ersatzvornahme als auch für den Kostenvorschussanspruch – abgesehen vom Fortbestand des Herstellungs- bzw. Nachbesserungsanspruchs gegen den Unternehmer – lediglich, dass der Unternehmer den Mangel nicht in der ihm zur Nacherfüllung gesetzten angemessenen Frist beseitigt hat, und zwar ohne Rücksicht auf ein Verschulden.[384] Eine mit einer Ablehnungsandrohung verbundene Fristsetzung sowie eine Auftragsentziehung, wie dies in § 4 Nr. 7 Satz 3 VOB/B vorgesehen ist, sind also nicht nötig.  226

### II. Diskussion beim VOB/B-Vertrag

Beim VOB/B-Vertrag wird mit Rücksicht auf die Rechtslage beim BGB-Vertrag die **Frage** aufgeworfen, ob der Auftraggeber allein auf den Weg des § 4 Nr. 7 Satz 3 VOB/B verwiesen ist, wenn der Auftragnehmer keine qualitätsgerechte Leistung erbringt, oder ob er **auch ohne Auftragsentziehung** die Möglichkeit der **Ersatzvornahme auf Kosten des Auftragnehmers** hat. Die höchstrichterliche **Rechtsprechung** geht von einer abschließenden Regelung der Frage in § 4 Nr. 7 Satz 3 VOB/B aus, indem sie daran festhält, dass der Auftraggeber Ersatz für die Kosten der ordnungsgemäßen Bauherstellung durch einen Dritten **nur** verlangen kann, **wenn** der Auftrag **zuvor** gemäß § 8 Nr. 3 VOB/B **gekündigt** wurde;[385] ein Anderes gilt nur, wenn der Auftragnehmer die Mangelbeseitigung oder die weitere Ausführung des Werkes ernsthaft und endgültig verweigert hat, weil in einem  227

---

[382] *Ingenstau/Korbion/Oppler* VOB/B § 4 Nr. 7 Rdn. 60; *Dähne* BauR 1973, 268; a. A. *Tomic,* BauR 2006, 441 ff.

[383] Eingehend (zum früheren Recht) § 13 Nr. 5 Rdn. 123 ff.; BGHZ 47, 273; BGHZ 54, 247; BGHZ 56, 141; BGHZ 68, 377 f.; BGHZ 94, 334 = NJW 1985, 2325, 2326 = BauR 1985, 570; BGH BauR 1989, 201, 202; *Staudinger/Peters* (2000) § 633 Rdn. 3, 196 ff., 211 ff. m. w. N.; *Ehrhardt-Renken* Der Kostenvorschussanspruch nach §§ 633 Abs. 3 BGB, 13 Nr. 5 Abs. 2 VOB/B, Diss. Hamburg, 1985; *Kaiser* ZfBR 1999, 64; *Siegburg* Gewährleistung Rdn. 1002; einschränkend noch *Köhler* JZ 1983, 706 und NJW 1985, 945, 947.

[384] *Staudinger/Peters* § 634 Rdn. 50; Verzug i. S. des § 286 BGB ist also nicht erforderlich; vgl. dazu zum insoweit entgegengesetzten früheren Recht *Staudinger/Peters* (2000) § 633 Rdn. 199, 202 ff.

[385] BGH NJW-RR 1986, 1148 = BauR 1986, 573 = ZfBR 1986, 226; BGH BauR 1997, 1027 f.; BGH NJW-RR 1998, 235 = BauR 1997, 1027, 1028 f. = ZfBR 1998, 31 f.; *Kleine-Möller/Merl/Oelmaier/Merl* § 12 Rdn. 753; *Siegburg* Gewährleistung Rdn. 986 f.; a. A. OLG Hamm OLGR 1997, 85.

§ 4 Nr. 7　　　　Mangelbeseitigungs- und Schadensersatzpflicht vor Abnahme

solchen Fall kein Anlass zur Klärung des Vertragsverhältnisses und dabei insbesondere der Beendigung des Mangelbeseitigungsrechts des Auftragnehmers mittels einer Vertragskündigung besteht.[386] Unterbleibt dieses Vorgehen, so kann der Anspruch auf Ersatz von Fremdnachbesserungskosten nicht aus der analogen Anwendung von § 13 Nr. 5 Abs. 2 VOB/B oder der §§ 634 Nr. 2, 637 BGB hergeleitet werden.[387] Diese Auffassung ist auf Widerspruch gestoßen;[388] die Gegenansicht nimmt einen von der Auftragsentziehung unabhängigen Kostenerstattungsanspruch gemäß den §§ 634 Nr. 2, 637 Abs. 1 BGB bzw. in Analogie zu § 13 Nr. 5 Abs. 2 VOB/B an und gewährt, entsprechend der Rechtslage beim BGB-Vertrag, auch einen Kostenvorschussanspruch.[389] Dieser Gegenansicht ist nicht beizutreten. Vielmehr ist § 4 Nr. 7 Satz 3 VOB/B eine abschließende Sonderregelung; als solche ist sie auch nicht im Hinblick auf § 307 BGB AGB-rechtlich bedenklich,[390] da die Vorschrift bereits vor Abnahme Rechte des Auftraggebers begründet, die dieser bei einem BGB-Bauvertrag gemäß den grundsätzlich von der Abnahme abhängigen §§ 634 Nr. 2, 637 BGB nicht hat.

### 1. Formale Argumente

228　Auch die der herrschenden Rechtsprechung entgegengesetzte Auffassung konzediert, dass § 4 Nr. 7 Satz 3 VOB/B den bauvertraglich sachgerechtesten Weg angebe.[391] Sie bringt allerdings formale Einwände vor, indem sie zunächst auf die Textfassung des § 4 Nr. 7 Satz 3 VOB/B verweist, bei der das Wort „kann" nur die Möglichkeit und nicht den Zwang zur Wahl des dort beschriebenen Weges bezeichne. Ferner weist sie darauf hin, dass das Gesetzesrecht **subsidiär** gelte, soweit die als Allgemeine Geschäftsbedingungen anzusehenden und daher restriktiv auszulegenden Bestimmungen der VOB/B keine Regelung enthielten.[392]

229　Diese formalen Gesichtspunkte tragen jedoch nicht. Das Hilfsverb „kann" mag ebenso und wohl nahe liegend in § 4 Nr. 7 Satz 3 VOB/B nur zur Bezeichnung der Tatsache verwendet worden sein, dass der Auftraggeber die Auftragsentziehung **wählen darf,** statt die in § 4 Nr. 7 Satz 1 und 2 VOB/B vorgesehenen Rechte geltend zu machen.[393] Der grundsätzlich richtige Hinweis auf die gebotene enge Auslegung der VOB/B-Bestimmungen als Allgemeine Geschäftsbedingungen[394] verhindert im Übrigen nicht die Auslegung schlechthin, sondern lässt sie im Rahmen der Systematik der VOB/B zu. **Systematische Auslegung** hat aber zu beachten, dass die VOB/B für die Zeit nach Abnahme in § 13 Nr. 5 Abs. 2 VOB/B eine den §§ 634 Nr. 2, 637 Abs. 1 und 3 BGB nachgebildete Regelung enthält. Da also die Problematik bei Abfassung der VOB/B durchaus nicht übersehen wurde, liegt im Rahmen statthafter Auslegung der Umkehrschluss nahe, dass vor Abnahme der Weg über die §§ 634 Nr. 2, 637 BGB ausgeschlossen und durch das in § 4 Nr. 7 Satz 3 VOB/B vorgesehene spezielle Verfahren ersetzt ist.

---

[386] BGH NJW 2000, 2997, 2998 = BauR 2000, 1481 = ZfBR 2000, 480; BGH BauR 2001, 1900; insoweit anders BGH NJW-RR 1986, 1148 = BauR 1986, 573 = ZfBR 1986, 226; *Clemm* BauR 1986, 136; *Kaiser* Mängelhaftung Rdn. 30, 31 b; *ders.* ZfBR 1999, 64.
[387] BGH NJW-RR 1998, 235 f. = BauR 1997, 1027, 1028 f. = ZfBR 1998, 31 f. (zu § 633 Abs. 3 BGB a. F.).
[388] So zum früheren § 633 Abs. 3 BGB *Ingenstau/Korbion/Oppler* VOB/B § 4 Nr. 7 Rdn. 62; *Nicklisch/Weick/Nicklisch* VOB/B § 4 Rdn. 113 a ff.; *Müller-Foell* NJW 1987, 1608 ff.; *Schmitz* BauR 1979, 195; *Grauvogl* FS Vygen S. 291 ff.; zum neuen Werkvertragsrecht *Knütel* BauR 2002, 689, 693.
[389] So noch OLG Celle BauR 1984, 409; auf der Basis der neueren BGH-Rechtsprechung ist dies konsequenterweise nicht mehr möglich.
[390] A. A. *Tempel* NZBau 2002, 534.
[391] *Ingenstau/Korbion/Oppler* VOB/B § 4 Nr. 7 Rdn. 62 f.; zweifelnd *Grauvogl* FS Vygen S. 295 ff.
[392] *Hochstein* EWiR 1986, 935; *Müller-Foell* NJW 1987, 1608 f.; *Schmitz* BauR 1979, 195.
[393] BGH NJW-RR 1998, 235, 236 = BauR 1997, 1027, 1028 = ZfBR 1998, 31, 32; *Kaiser* ZfBR 1999, 65.
[394] BGH NJW-RR 1998, 235 = BauR 1997, 1027 = ZfBR 1998, 31.

## 2. Schutzzweckangemessenheit

Eine analoge Anwendung der §§ 634 Nr. 2, 637 Abs. 1 und 3 BGB oder des § 13 Nr. 5 Abs. 2 VOB/B ist auch **nicht sachgerecht;** denn dies würde zu einem gemessen an den Voraussetzungen des § 4 Nr. 7 Satz 3 VOB/B **unangemessen erleichterten Übergang** auf die Ersatzvornahme führen. Vor Abnahme ist nämlich das Recht des Auftragnehmers darauf, seine Vertragsleistung selbst zu erbringen, noch besonders schützenswert. Gerade das zeigt und respektiert auch die Regelung des § 4 Nr. 7 Satz 3 VOB/B in der Verbindung mit § 8 Nr. 2 VOB/B, indem sie besonders strenge und formalisierte Voraussetzungen für den Übergang auf die Ersatzvornahme auf Kosten des Auftragnehmers aufstellt. Dies muss durch Anerkennung des abschließenden Charakters dieser Regelung respektiert werden. Im Übrigen ist der Auftraggeber durch die Möglichkeit eines Schadensersatzanspruchs gemäß § 4 Nr. 7 Satz 2 VOB/B ohnehin schon in besonderer Weise über das beim BGB-Vertrag geltende Maß geschützt, so dass die Ausgewogenheit der Regelung leiden würde, wenn überdies ein Kostenvorschussanspruch ohne Auftragsentziehung anerkannt würde.[395] **230**

Das muss erst recht in den Fällen gelten, in denen der Auftraggeber nur wegen **Unkenntnis** der Regelung des § 4 Nr. 7 Satz 3 VOB/B, nicht aber aus einem besonderen sachlichen Grund voreilig zur Ersatzvornahme geschritten ist und er damit das von § 4 Nr. 7 Satz 3 VOB/B anerkannte, nur nach eindringlicher Warnung zu enttäuschende Interesse des Auftragnehmers an einer weiteren Vertragsdurchführung geringgeachtet hat. Denn in solchen Fällen **bewirkt** die konkurrierende Anwendung der §§ 634 Nr. 2, 637 Abs. 1 und 3 BGB **nur, den Auftraggeber vor den Nachteilen seines eigenen Verfahrensfehlers zu schützen.** Diesem **unzulässigen** Ergebnis in den Fällen auszuweichen, in denen ein anderer Grund für dieses Vorgehen des Auftraggebers vorliegt, würde allerdings erfordern, prozessual schwer handhabbare Kriterien für die ausnahmsweise Anwendbarkeit der §§ 634 Nr. 2, 637 Abs. 1 und 3 BGB zu entwickeln; davon aber sollte im Interesse der Rechtssicherheit abgesehen und dem gemäß der Weg über § 4 Nr. 7 Satz 3 VOB/B als abschließend angesehen werden. **231**

## 3. Fehlendes Bedürfnis

Zur Eröffnung eines zweiten Weges, der neben demjenigen des § 4 Nr. 7 Satz 3 VOB/B zu Ersatzvornahme und Kostenvorschuss führt, besteht auch nicht etwa deshalb ein sachliches Bedürfnis, weil § 4 Nr. 7 Satz 3 VOB/B immer zu einer vollständigen Vertragsbeendigung führt, ohne dass möglich sei, die Ersatzvornahme auf den mangelhaften Leistungsteil zu beschränken, ansonsten aber den Auftragnehmer weiterarbeiten zu lassen. **232**

Häufig kommt nämlich im Rahmen des § 4 Nr. 7 Satz 3 VOB/B gemäß § 8 Nr. 3 Abs. 1 Satz 2 VOB/B eine **Teilkündigung** bezüglich der mangelhaften Teilleistung in Betracht. Dem steht auch nicht entgegen, dass mit einer Teilbeendigung und der damit eintretenden Vertragsaufspaltung praktisch eventuell ärgerliche Abrechnungsschwierigkeiten verbunden sind. Denn dies ist die normale Folge einer Teilkündigung, die die VOB/B offenbar hinnimmt, indem sie die Teilkündigung gestattet. Im Übrigen macht die Ersatzvornahme auf Grund Kostenvorschussleistung, würde sie in Analogie zu den §§ 634 Nr. 2, 637 Abs. 1 und 3 BGB bzw. § 13 Nr. 5 Abs. 2 VOB/B zugelassen, dieselbe Teilabrechnung nötig wie die Teilkündigung, weil der Auftragnehmer in beiden Fällen den Vertrag teilweise nicht selbst durchführt. **233**

Das zwingende Bedürfnis fehlt jedoch auch dann, wenn der Auftraggeber im Einzelfall nur eine **Gesamtkündigung** des Auftrags aussprechen kann; so etwa, weil es sich bei den beanstandeten Leistungen um nicht abgeschlossene Leistungsteile handelt.[396] Hier wird ohnedies in der Regel auch eine Teilersatzvornahme ausgeschlossen sein. Im Übrigen ist dem Auftraggeber bei Unzulässigkeit einer Teilkündigung auch zuzumuten, sich darüber **234**

---

[395] *Kaiser* ZfBR 1999, 64 ff.
[396] Vgl. dazu *Ingenstau/Korbion/Oppler* VOB/B § 4 Nr. 7 Rdn. 62 ff.

schlüssig zu werden, ob die unzureichende Leistung des Auftragnehmers so schwer wiegt, dass die Gesamtliquidation des Vertragsverhältnisses angezeigt ist. Denn die strengen Voraussetzungen des § 4 Nr. 7 Satz 3 VOB/B belegen, dass dem Auftraggeber die Abstandnahme vom Vertrag nicht leicht gemacht werden soll.

235 Im Übrigen kann der Auftraggeber die Gesamtkündigung vermeiden und von dem in § 4 Nr. 7 Satz 3 VOB/B vorgegebenen Weg Abstand nehmen, aber doch zu einer Ersatzvornahme gelangen, ohne auf die analoge Anwendung von §§ 634 Nr. 2, 637 Abs. 1 und 3 BGB bzw. § 13 Nr. 5 VOB/B angewiesen zu sein, indem er hilfsweise ein **Leistungsurteil auf der Basis des § 4 Nr. 7 Satz 1 VOB/B erstreitet und dieses gemäß § 887 ZPO vollstreckt.** Schließlich hilft dem Auftraggeber in den kritischen Fällen der Unzumutbarkeit eines Festhaltens am Vertrag auch, dass solchenfalls nicht selten der Weg über § 4 Nr. 7 Satz 2 VOB/B zur Ersatzvornahme führt.[397]

236 Zu beachten ist schließlich auch, dass der **Auftraggeber** letztlich durch die Versagung eines eigenständigen Rechts zur Ersatzvornahme bzw. auf Kostenvorschuss **oft gar nicht belastet** sein muss. Denn der Architekt des Auftraggebers ist verpflichtet, diesen sachkundig über seine Rechte nach § 4 Nr. 7 VOB/B, dabei namentlich über die Bedeutung der Mangelrüge und der Fristsetzung, zu unterrichten, sofern der Auftraggeber selbst nicht hinreichend baurechtskundig ist und auch nicht erkennbar die Wahrnehmung seiner baurechtlichen Interessen einem Dritten anvertraut hat.[398] Durch Rückgriff auf die Gewährleistungshaftung des Architekten kann sich der Auftraggeber dann gegebenenfalls schadensersatzrechtlich entlasten, wenn er die Kosten der Ersatzvornahme nicht dem Auftragnehmer aufbürden kann, weil der in § 4 Nr. 7 Satz 3 VOB/B vorgezeichnete Weg nicht eingehalten wurde, die Analogie zu den §§ 634 Nr. 2, 637 Abs. 1 und 3 BGB oder zu § 13 Nr. 5 Satz 2 VOB/B aber abgelehnt wird.

237 Trotz mithin grundsätzlicher Ablehnung eines Kostenvorschussanspruchs ohne Vertragskündigung kann sich allerdings **ausnahmsweise** mit Rücksicht auf **Treu und Glauben** gemäß § 242 BGB eine kündigungsunabhängige Kostenvorschusspflicht ergeben, namentlich unter dem Gesichtspunkt unzulässigen selbstwidersprüchlichen Verhaltens.[399] Dies kann etwa der Fall sein, wenn der Auftraggeber mit zumindest stillschweigender Billigung des Auftragnehmers einen Dritten mit der Mangelbehebung beauftragt, weil nur der Dritte auf Grund erforderlicher besonderer Fachkenntnisse zur sachgerechten Mangelbeseitigung imstande ist.

### III. Einzelheiten des Kostenvorschussanspruchs

238 Die Voraussetzungen, der Inhalt und die Grenzen des Kostenvorschussanspruchs zur Mängelbeseitigung beim BGB-Bauvertrag und im Anwendungsbereich des § 4 Nr. 7 VOB/B, sollte auch dort ein Kostenvorschussanspruch dem Grunde nach als zulässig angesehen werden, unterscheiden sich nicht von dem beim Kostenvorschussanspruch im Fall des § 13 Nr. 5 VOB/B Geltenden. Dasselbe gilt für die prozessuale oder aufrechnungsweise Geltendmachung sowie die Abrechnung über den Kostenvorschuss. Insoweit ist daher auf die Kommentierung zu § 13 Nr. 5 VOB/B zu verweisen.[400]

---

[397] Dazu oben Rdn. 178.
[398] BGH NJW 1973, 1458 = BauR 1973, 323 m. Anm. *Locher*; *Ingenstau/Korbion/Oppler* VOB/B § 4 Nr. 7 Rdn. 66; ferner zur Beratungspflicht *Ganten* BauR 1974, 78 und *Hartmann* BauR 1974, 168.
[399] *Kaiser* ZfBR 1999, 66.
[400] Vgl. → § 13 Nr. 5 Rdn. 150 ff., 162 ff.

## § 4 Nr. 8 [Pflicht des Auftragnehmers zur Selbstausführung]

(1) Der Auftragnehmer hat die Leistung im eigenen Betrieb auszuführen. Mit schriftlicher Zustimmung des Auftraggebers darf er sie an Nachunternehmer übertragen. Die Zustimmung ist nicht notwendig bei Leistungen, auf die der Betrieb des Auftragnehmers nicht eingerichtet ist. Erbringt der Auftragnehmer ohne schriftliche Zustimmung des Auftraggebers Leistungen nicht im eigenen Betrieb, obwohl sein Betrieb darauf eingerichtet ist, kann der Auftraggeber ihm eine angemessene Frist zur Aufnahme der Leistung im eigenen Betrieb setzen und erklären, dass er ihm nach fruchtlosen Ablauf der Frist den Auftrag entziehe (§ 8 Nr. 3).

(2) Der Auftragnehmer hat bei der Weitervergabe von Bauleistungen an Nachunternehmer die Vergabe- und Vertragsordnung für Bauleistungen, Teile B und C, zugrunde zu legen.

(3) Der Auftragnehmer hat die Nachunternehmer dem Auftraggeber auf Verlangen bekannt zu geben.

Literatur: *Brösskamp*, Organisationsanforderungen an den Generalunternehmer und deren vertragliche Regelung, Jahrbuch BauR 2000, 137 ff.; *ders.*, Der Schutz der erbrachten Leistung durch Nachunternehmer bei der Abwicklung eines Generalunternehmervertrages, FS Vygen 1999, 285; *Coesters*, Die Zahlungszusage auf der Baustelle, Jus 1994, 370 ff.; *Feudner*, Generalunternehmer/Drittschadensliquidation, BauR 1984, 257; *Grauvogl*, Der „durchgängige" Nachunternehmervertrag – ein Dauerdilemma, Festgabe Steffen Kraus, 2003, 55; *Hennemann*, Sind Leistungen von Tochterfirmen Leistungen im „eigenen Betrieb"?, BauR 2001, 1021 ff.; *Hickl*, Generalunternehmervertrag und Nachunternehmervertrag – ein Kooperationsverhältnis, FS W. Jagenburg 2002, 279; *Kapellmann*, Ansprüche des Auftraggebers auf Verzugsschadensersatz, Vertragsstrafe oder Kündigung aus wichtigem Grund bei Verletzung der eigenen Mitwirkungspflicht, aber unterlassener Behinderungsanzeige seitens des Auftragnehmers?, FS Vygen 1999, 194; *Kirberger*, Die „durchgereichte" Vertragsstrafe, in Festgabe f. Steffen Kraus, 2003, S. 101; *Kniffka*, Rechtliche Probleme des Generalunternehmervertrages, ZfBR 1992, 1; *ders.*, Die Durchstellung von Schadensersatzansprüchen des Auftraggebers gegen den auf Werklohn klagenden Subunternehmer – Überlegungen zum Schaden des Generalunternehmers und zum Zurückbehaltungsrecht aus einem Freistellungsanspruch –, BauR 1998, 55; *Konopka/Acker*, Schuldrechtsmodernisierung: Anwendungsbereich des § 651 BGB im Bau- und Anlagenvertrag, BauR 2004, 251; *Kraus*, Gestaltung von Nachunternehmerverträgen, NJW 1997, 223; *Leupertz*, Baustofflieferung und Baustoffhandel: Im juristischen Niemandsland, BauR 2006, 1648; *Locher*, AGB-Gesetz und Subunternehmerverträge, NJW 1979, 2235; *Marbach*, Besonders abzunehmende Leistungsteile, Anforderungen der Praxis, insbesondere bei mehrstufigen Vertragsverhältnissen, Jahrbuch Baurecht 1999, 92; *Möller*, Die Haftung des Generalunternehmers nach dem GSB als unmittelbare Haftung des Geschäftsführers/Vorstandes, BauR 2005, 8; *Oberhauser*, Vertragsstrafe und Regressmöglichkeiten gegenüber Dritten, BauR 2006, 210; *Ramming*, Überlegungen zur Ausgestaltung von Nachunternehmerverträgen durch AGB, BB 1994, 518; *Rathjen*, Probleme der Haftung für den Erfüllungsgehilfen, BauR 2000, 170; *Roquette/Knolle*, Eine vom Generalunternehmer an den Bauherrn zu zahlende Vertragsstrafe kann als Verzugsschaden gegenüber dem Subunternehmer geltend gemacht werden – Bespr. d. BGH-Urt. v. 18. 12. 1997 VII ZR 342/96, BauR 2000, 47 ff.; *Schlünder*, Gestaltung von Nachunternehmerverträgen in der Praxis, NJW 1995, 1057; *Schmitz*, Der Baukonkurs – Das Bauunternehmen in der Insolvenz; *Schuhmann*, Das Vergütungsrisiko des Subunternehmers im Anlagenbau bei konkretisierungsbedürftiger Leistungsbeschreibung, BauR 1998, 228; *Sohn*, „Die durchgereichte Vertragsstrafe", FS W. Jagenburg 2002, 855; *Vygen/Oppler/Joussen*, Der Subunternehmervertrag nach VOB und BGB, 2004; *v. Westphalen*, Subunternehmer-Verträge bei internationalen Bauverträgen-Unangemessenheitskriterium nach § 9 AGB-Gesetz; FS Locher, 1990, 375; *v. Wietersheim*, Geltendmachung von Vertragsstrafen aus dem Verhältnis Generalunternehmer/Bauherr im Verhältnis zwischen Generalunternehmer unjd Subunternehmer, BauR 1999, 526.

Siehe im Übrigen die Hinweise → Vor § 4 sowie → § 4 Nr. 1.

### Übersicht

| | Rdn. | | Rdn. |
|---|---|---|---|
| A. Grundsätzlich Leistung „im eigenen Betrieb" (Absatz 1 Satz 1) | 1–7 | I. Mögliche Formen des Unternehmereinsatzes | 8 |
| I. Inhalt und Zweck der Regelung | 1 | II. Begriff und Eigenschaft des Nachunternehmers, „Erfüllungsgehilfe" | 15 |
| II. Bezug auf „Betrieb" des Auftragnehmers | 4 | 1. „Nachunternehmer" | 15 |
| B. Zulässigkeit der Übertragung der Leistung an Nachunternehmer (Absatz 1 Sätze 2 und 3) | 8–46 | 2. Der Nachunternehmer ist ein Auftragnehmer | 16–18 |

## § 4 Nr. 8 — Pflicht des Auftragnehmers zur Selbstausführung

|  |  | Rdn. |  | Rdn. |
|---|---|---|---|---|
|  | 3. Übertragbare (Bau-)„Leistung" | 19, 20 | gel bezüglich Vergütung/Zahlung und Haftung | 27 |
|  | 4. „Nebenunternehmer" im Gegensatz zum Nachunternehmer | 21 | b) Regel und Ausnahme bei der Vergütung/Zahlung und bei der Mängelhaftung bzw. früheren Gewährleistung: konkrete Rechtsprechungsfälle | 30 |
|  | 5. Der Nachunternehmer ist „Erfüllungsgehilfe" (i. d. R. aber nicht „Verrichtungsgehilfe") | 22, 23 | c) Regel und Ausnahme bei der Haftung überhaupt | 31 |
| III. | Eigenständigkeit der Vertragsbeziehungen zwischen Auftraggeber und Auftragnehmer sowie zwischen Auftragnehmer und Nachunternehmer | 24 | IV. Schriftliche Zustimmung des Auftraggebers (Satz 2) | 34 |
|  | 1. Grundsatz, Vertragsrechtliches | 24 | V. Betriebsfremde Leistungen (Satz 3) | 43 |
|  | a) VOB/B im Nachunternehmervertrag, AGB-Rechtliches | 25 | VI. Auftragsentziehungsrecht des Auftraggebers (Satz 4) | 47 |
|  | b) AGB-rechtlicher „Kernbereich" | 26 | C. Pflicht zur Zugrundelegung der VOB bei Weitervergabe (Absatz 2) | 48–58 |
|  | 2. Eigenständigkeit von Hauptvertrag und Nachunternehmer-Vertrag | 27 | D. Pflicht zur Bekanntgabe der Nachunternehmer (Absatz 3) | 59–61 |
|  | a) Grundsätzlich keine direkte Rechtsbeziehung zwischen Nachunternehmer und „Bauherr" – Ausnahmen von der Re- |  | E. Rechtsfolgen bei Verletzung der Auftragnehmer-Pflichten aus § 4 Nr. 8 | 62–65 |
|  |  |  | F. Besonderheiten bei öffentlichen Bauaufträgen | 66 |

## A. Grundsätzlich Leistung „im eigenen Betrieb" (Absatz 1 Satz 1)

### I. Inhalt und Zweck der Regelung

1 Nach § 4 Nr. 8 Abs. 1 VOB/B hat der Auftragnehmer die Leistung im eigenen Betrieb auszuführen. Mit schriftlicher Zustimmung des Auftraggebers darf er sie an Nachunternehmer, in der Baupraxis auch „Subunternehmer" genannt, übertragen. Die Zustimmung ist nicht notwendig bei Leistungen, auf die der Betrieb des Auftragnehmers nicht eingerichtet ist.

2 Eine vergleichbare Regelung kennt das gesetzliche **Werkvertragsrecht** des BGB – im Gegensatz zum Dienstvertragsrecht des BGB – nicht, weshalb dort der Werkunternehmer ohne weiteres im eigenen Namen und auf eigene Rechnung die von ihm dem Besteller nach dem Werkvertrag geschuldete Leistung oder Teile hiervon unter Aufrechterhaltung seines mit dem Besteller bestehenden Vertragsverhältnisses zur Ausführung an einen Dritten (weiter-)übertragen darf.[1] Die in § 4 Nr. 8 Abs. 1 VOB/B verankerte persönliche, auf den (eigenen) **„Betrieb"** bezogene Leistungsverpflichtung des Auftragnehmers hat seinen Grund in der Besonderheit des Bauvertrags, vor allem in seinem **Langzeitcharakter** und in der oft enormen, bisweilen auch existenziellen wirtschaftlichen Bedeutung des jeweiligen vertragsgegenständlichen Bauvorhabens für den Besteller/Auftraggeber, die einen störungsfreien Bauablauf und somit ein besonderes **Vertrauensverhältnis** mit dem gegenseitigen **Kooperationsverhältnis** gem. Rdn. 9 ff. → Vor § 3 zwischen Auftraggeber und Auftragnehmer notwendig machen.[2] Dabei muss der Auftraggeber – auch im Hinblick auf seine Verpflichtung nach § 4 Nr. 1 Abs. 1 Satz 1 VOB/B, für die Aufrechterhaltung der allgemei-

---

[1] *Ingenstau/Korbion* VOB/B § 4 Nr. 8 Rdn. 1; Palandt/*Sprau* § 631 Rdn. 9.
[2] *Heiermann/Riedl/Rusam* VOB/B § 4 Rdn. 104; *Ingenstau/Korbion* VOB/B § 4 Nr. 8 Rdn. 3; *Vygen* Bauvertragsrecht, Rdn. 171.

nen Ordnung auf der Baustelle zu sorgen und das Zusammenwirken seiner verschiedenen Auftragnehmer zu regeln – wissen, wer sich auf „seiner" Baustelle aufhält.[3]

Der Auftraggeber eines Bauvertrages hat also ein besonderes Interesse daran, dass die (beauftragte) Bauleistung mit allen dazugehörigen Bauarbeiten von nur **einem** Vertragspartner ausgeführt wird, weshalb VOB/A und VOB/B vom Regelfall-Modell des selbstleistenden **Alleinunternehmers** ausgeht.[4] Das zeigt sich vor allem auch in den §§ 2 Nr. 1 und 25 Nr. 2 Abs. 1 sowie Abs. 2 VOB/A, wonach im öffentlichen Auftragswesen die Bauleistungen an Unternehmer/Bieter zu vergeben sind, welche die erforderliche Fachkunde, Leistungsfähigkeit und Zuverlässigkeit, also die gebotene „Eignung" (§ 25 Nr. 2 Abs. 1 Satz 1 VOB/A) besitzen. Dieser Grundsatz und diese Regelung, auf welche auch die Bsetimmungen in VOB/B über die **Ausführung** der Bauleistung ausgerichtet sind,[5] könnte durch einen unbegrenzten Nachunternehmereinsatz praktisch unterlaufen werden; das will § 4 Nr. 8 VOB/B unterbinden.[6] 3

## II. Bezug auf „Betrieb" des Auftragnehmers

Die Selbstausführungsverpflichtung/Eigenleistungsverpflichtung des Auftragnehmers ist **nicht** als **höchstpersönliche,** also personenbezogene Pflicht zu verstehen, **sondern** sie ist auf seinen **Betrieb** abgestellt,[7] wie sich ausdrücklich und zweifelsfrei aus § 4 Nr. 8 Abs. 1 Satz 1 VOB/B ergibt. Die Verpflichtung zur Ausführung der Leistung „im eigenen Betrieb" bedeutet allerdings nicht, dass der Auftragnehmer die Bauleistung etwa in einer eigenen räumlichen Betriebsstätte (etwa Werkstatt, Werkhalle, Bauhof u. dergl.) ausführen muss.[8] Das wäre schon wegen der Natur der meisten Bauleistungen als Errichtung eines Bauwerks auf dem vom Auftraggeber zur Verfügung gestellten Grundstück[9] nicht durchführbar. 4

Ausführung der Leistung „im eigenen Betrieb" ist **hinsichtlich der Betriebsbezogenheit,** also nicht örtlich-räumlich, sondern **funktional** zu verstehen und bedeutet: Der Auftragnehmer kann das in seinem Geschäftsbetrieb beschäftigte Personal und die ihm im Rahmen seines Geschäftsbetriebs zur Verfügung stehenden Sachmittel zur Erbringung der geschuldeten Bauleistung auch auf der Baustelle oder sonst andernorts als in der eigenen örtlichen und räumlichen Betriebsstätte, soweit Fertigung/Herstellung für das Bauwerk stattfindet, einsetzen. Dabei müssen die sachlichen Mittel wie z.B. Maschinen, Geräte und Betriebsräume auch nicht im Eigentum des Auftragnehmers stehen, sondern er darf auch von Dritten gemietete Gegenstände und Räume benützen.[10] Entscheidend ist nur, dass der Auftragnehmer rechtlich und tatsächlich über die sachlichen Mittel für den Bedarf des jeweiligen Auftrages verfügen kann, auf sie Zugriff hat. 5

**Die funktionale Betrachtungsweise** muss nach dem bei Rdn. 2 und 3 beschriebenen Sinn und Zweck des Selbstausführungsgebotes auch **hinsichtlich** des Merkmals **„eigenen"** (Betriebs) gelten, wenn es um die Ausführung der Leistung durch bestimmte in das auftragnehmende Unternehmen betriebswirtschaftlich eingegliederte Unternehmenseinheiten geht. So sind auch die Leistungen von 100%igen **Tochterunternehmen** oder Tochterunternehmen mit solchermaßen mehrheitlicher Beteiligung des Auftragnehmers als Muttergesellschaft,

---

[3] *Kapellmann/Messerschmidt/Merkens* VOB/B § 4 Rdn. 189.
[4] Vgl. *Ingenstau/Korbion* VOB/B § 4 Nr. 8 Rdn. 2; *Vygen* Bauvertragsrecht, Rdn. 171.
[5] *Kleine-Möller/Merl/Oelmaier,* § 9 Rdn. 13/14.
[6] *Kleine-Möller/Merl/Oelmaier,* § 9 Rdn. 13/14.
[7] *Heiermann/Riedl/Rusam* VOB/B § 4 Rdn. 104; *Ingenstau/Korbion* VOB/B § 4 Nr. 8 Rdn. 4.
[8] *Ingenstau/Korbion* VOB/B § 4 Nr. 8 Rdn. 4; *Kapellmann/Messerschmidt/Merkens* VOB/B § 4 Rdn. 190; *Nicklisch/Weick* VOB/B § 4 Rdn. 117.
[9] Bau-Grundstück = „Stoff" und damit „Hauptsache", aus der, an der oder/und mit deren Hilfe das nach § 631 BGB, § 1 Nr. 1 VOB/B geschuldete Bauwerk als auszuführende (Bau-)Leistung herzustellen ist; s. auch → Vor § 3 Rdn. 5, 6 und → Vor § 1 Rdn. 18; zum Begriff „Bauleistungen" siehe die Definition in § 1 VOB/A, außerdem → Vor § 1 Rdn. 31 ff.
[10] *Heiermann/Riedl/Rusam* VOB/B § 4 Rdn. 104; *Ingenstau/Korbion* VOB/B § 4 Nr. 8 Rdn. 4; *Nicklisch/Weick* VOB/B § 4 Rdn. 117. So auch *Kapellmann/Messerschmidt/Merkens* VOB/B § 4 Rdn. 190.

§ 4 Nr. 8 Pflicht des Auftragnehmers zur Selbstausführung

dass ein rechtlich und tatsächlich gesicherter beherrschender Einfluss auf eine jederzeit mögliche Verfügbarkeit über die Fachkunde, die (betriebs)wirtschaftliche, finanzielle sowie technische Leistungsfähigkeit und die sonst für die Ausführung der betreffenden Leistung notwendigen Ressourcen zugunsten der Muttergesellschaft besteht, grundsätzlich als Leistung „im **eigenen** Betrieb" i. S. v. § 4 Nr. 8 Abs. 1 Satz 1 VOB/B anzusehen, so dass es insoweit nicht der Zustimmung des Auftraggebers nach Satz 2 bedarf. Denn Sinn und Zweck des Selbstausführungsgebotes ist bei Bestehen der vorgenannten Konstellation unabhängig von der rechtlichen Form der Organisation der leistungsausführenden Unternehmenseinheit erreicht und gewahrt. Unter Beachtung dessen kann es keinen Unterschied machen und macht auch keinen, ob die betreffende Unternehmenseinheit formal eine eigene juristische Person oder eine rechtlich „unselbstständige" Niederlassung, Geschäftsstelle, Spezialabteilung (z. B. Spezialtiefbau/Grundbau, Betonfertigteilwerk, Spannbetonabteilung etc.) oder sonstige Geschäftseinheit ohne eigene Rechtspersönlichkeit ist. Entscheidend ist die tatsächliche organisatorische Eingliederung der Unternehmenseinheit in das auftragnehmende Mutterunternehmen mit zielgerichteter Zuordnung und Hinwendung zur betreffenden Leistungsart und die **tatsächliche Verfügbarkeit** über das personelle und sächliche Betriebspotenzial der Unternehmenseinheit für die der Muttergesellschaft beauftragten Leistung.[11]

6   Bei Leistungsfertigung **in** der **örtlich-räumlichen Betriebsstätte** des Auftragnehmers liegt eine Erbringung von „Bauleistungen" nur vor bei der Bearbeitung von Gegenständen oder individuellen Herstellung von Bauteilen nach speziellen Wünschen/Vorgaben, die – wie der Hersteller weiß – eigens **für** ein **bestimmtes Bauwerk** verwendet werden sollen. Es sind also Bauteile, die konkreten **Bauwerksbezug** haben (müssen) und somit ebenfalls werkvertragliche Bauwerk(s)-Arbeiten[12] darstellen, auch i. S. der diesbezüglichen gewährleistungsrechtlichen/mängelhaftungsrechtlichen Verjährungsvorschriften der VOB/B und des BGB-Werkvertragsrechts. Das sind beispielsweise auf Maß für das spezielle Bauvorhaben eigens gefertigte Fenster oder Rollläden jeweils durch den Fensterhersteller sowie den Rollladenhersteller.[13] Weiteres Beispiel: auf Bauobjekt-Maß gefertigte Betonfertigteile oder nach speziellen objektbezogenen Vorgaben hergestellter Fertigbeton, Spezialanfertigung von Fußbodenplatten und sonstigen Bodenbelägen nach besonderen Wünschen wie im Fall BGH NJW 1980, 2081 = BauR 1980, 355. Diese Hersteller sind dann zugleich auch Erfüllungsgehilfen des genannten Fenster-, Rollladen-, Betonfertigteil-, Fertigbetoneinbauers. Zum **Erfüllungsgehilfen** näher **Rdn. 22**.

7   Die grundsätzliche Verpflichtung zur Selbstausführung/Eigenleistung gilt nicht nur für den Einzelunternehmer, sondern auch bei einer mit derselben Leistung beauftragten bauausführenden **Unternehmer-Mehrheit**, sei es in der Form der Bau-Arbeitsgemeinschaft, sei es in einer anderen Form unternehmerischer Zusammenarbeit.[14] Bei zu einer Bau-Arbeitsgemeinschaft zusammengeschlossenen Auftragnehmern liegt eine Leistung „im eigenen Betrieb" auch dann vor, wenn die in der Gesellschaft bürgerlichen Rechts verbundenen ARGE-Mitglieder in ihrer Gesamtheit mit einem Mitglied oder mit mehreren einzelnen Mitgliedern oder mit wiederum zu einer (Unter-)Arbeitsgemeinschaft zusammengeschlossenen ARGE-Mitgliedern einen Nachunternehmervertrag abschließen, denn hier sind diesel-

---

[11] Vgl. *Hennemann*, BauR 2001, 1021, 1023/1024, auch unter dem zu beachtenden europarechtlichen Bezug und mit zurecht erfolgendem Hinweis auf die dort zitierten „Ballast Nedam" – Urteile I und II des EuGH und auf OLG Düsseldorf v. 16. 5. 2001 – Verg 10/00 – zur Erfüllung der parallelen vergaberechtlichen betrieblichen Eigenleistungsverpflichtung durch beherrschendes (rechtlich) anderes Unternehmen, z. B. Tochtergesellschaft. Ebenso OLG Frankfurt a. M. NZBau 2002, 161, 163, „Waldstadion", unter Hinweis auf EuGH NZBau 2000, 149 „Holst Italia SpA" sowie OLG Saarbrücken 1 Verg 1/04 NZBau 2004, 690 ff. Vgl. auch die „Münzplättchen III"-Entscheidung des OLG Düsseldorf v. 15. 6. 2000 BauR 2000, 1603 im Zusammenhang mit der Los-Limitierung, wobei beherrschendes und beherrschtes Unternehmen **nicht** als **verschiedene** Bieter angesehen werden können.
[12] Siehe Rdn. 19, 48, „Bauleistungen".
[13] BGH BauR 1979, 324 unter I.
[14] *Heiermann/Riedl/Rusam* VOB/B § 4 Rdn. 104; *Ingenstau/Korbion* VOB/B § 4 Nr. 8 Rdn. 5. So auch *Kapellmann/Messerschmidt/Merkens* VOB/B § 4 Rdn. 190.

ben natürlichen oder juristischen Personen und damit Rechtspersönlichkeiten einbezogen, die gleichzeitig unmittelbar Bauvertragspartner des Auftraggebers sind. Das Selbstausführungsgebot (= die Eigenleistungsverpflichtung) schließt lediglich die **Weitervergabe** von Aufträgen und den ihnen zugrundeliegenden Leistungen oder Teilen hiervon an außenstehende Dritte aus.

## B. Zulässigkeit der Übertragung der Leistung an Nachunternehmer (Abs. 1 Sätze 2 und 3)

### I. Mögliche Formen des Unternehmereinsatzes

Dem Bauherrn, der als Besteller/Auftraggeber auftreten will, stehen für die Beteiligung der verschiedenen in Betracht kommenden Unternehmer an der Ausführung des Bauvorhabens unterschiedliche rechtliche Gestaltungsmöglichkeiten zur Verfügung. Er kann die jeweiligen Einzelgewerke gesondert beauftragen mit der Folge, dass er mit all diesen Unternehmern eigene unmittelbare, jeweils selbstständige, **getrennte Bauverträge** abschließt. 8

Er kann aber auch einen einzigen Bauunternehmer als sogenannten **Generalunternehmer** mit sämtlichen Leistungen beauftragen, die zur Ausführung der Gesamtleistung für das betreffende Bauvorhaben gehören; der Generalunternehmer ist dann gegenüber seinem Auftraggeber alleiniger Auftragnehmer, der einen Teil der beauftragten Gesamtbauleistung selbst ausführt und einen anderen Teil – beim VOB-Bauauftrag gemäß § 4 Abs. 1 Satz 2 VOB/B mit schriftlicher Zustimmung des Auftraggebers – durch Weitervergabe auf Grund jeweils **eigenständigen** Bauvertrags im eigenen Namen und auf eigene Rechnung durch Nachunternehmer (Subunternehmer) ausführen lässt.[15] – Der Generalunternehmer kann „Empfänger von Baugeld" i. S. d. § 1 Abs. 1 Satz 1 GSB sein. Der Nachunternehmer im Verhältnis zu seinem Auftragnehmer ist es nicht als nur mit einem Teil des Baues befasster Unternehmer; denn er verfügt nicht wie ein Bauträger, Generalübernehmer oder Generalunternehmer an Stelle des Kreditnehmers über die in Rede stehenden Finanzierungsmittel.[16] 9

Statt der umfassenden Vergabe der Gesamtbauleistung an einen Generalunternehmer kann der Auftraggeber auch einen – meist wesentlichen – **Teil** der zu einem Bauvorhaben gehörigen Leistungen in Auftrag geben; dieser Auftragnehmer ist dann sog. Hauptunternehmer, wobei der Hauptunternehmer einen wesentlichen Teil des ihm in Auftrag gegebenen Teils wiederum selbst ausführt und einen anderen Teil oder andere Teile an Nachunternehmer vergibt. Unterschiede zwischen Generalunternehmer und **Hauptunternehmer** bestehen also im Umfang der ihnen vom Auftraggeber übertragenen Leistung,[17] wie dies vor allem auch durch die Regelungen in Nr. 3.1, 3.3 und 3.6 des Vergabehandbuchs (VHB) des Bundes zu § 8 VOB/A herausgestellt ist. 10

Beauftragt beispielsweise ein Auftraggeber einem Bauunternehmer mit der **schlüsselfertigen Herstellung** eines Wohnhauses oder eines sonstigen Gebäudes, so ist dieser Auftragnehmer ein Generalunternehmer, der etwa die Ausbauleistungen oder auch Teile des Rohbaues durch Subunternehmer ausführen lässt. Vergibt jedoch der Auftraggeber an den in Rede stehenden Auftragnehmer beispielsweise nur den gesamten Rohbau, so ist dieser Auftragneh- 11

---

[15] Grundlegend zu Begriff u. Rechtsbeziehungen Generalunternehmer/Hauptunternehmer – Nachunternehmer/Nebenunternehmer: BGH Schäfer/Finnern Z 2222 Bl. 21 f = BauR 1974, 134 f.; *Ramming* BB 1994, 518 l. sp., mit allgemeinen u. grundlegenden Gesichtspunkten zum Nachunternehmervertrag überhaupt; s. a. *Grauvogl*, Der „durchgängige" Nachunternehmervertrag – ein Dauerdilemma, Festgabe Steffen Kraus, 2003, S. 55 ff.

[16] Siehe BGH BauR 2000, 573 ff. = NZBau 2000, 129, 130 m. w. N.; *Bruns*, Wer ist Baugeldempfänger nach dem GSB?, NZBau 2000, 180 ff. m. zahlr. Hinweisen. Zum Schadensersatzanspruch gegen den/die Geschäftsführer der Generalunternehmer-GmbH aus GSB bei zweckwidriger Verwendung von „Baugeld" (von der Bauherrin an GU geleistete Zahlungen aus Baudarlehen) siehe Hanseatisches OLG, BauR 2003, 1058 ff. und *Möller* BauR 2005, 8 ff.

[17] *Ingenstau/Korbion* Anh. 3 Rdn. 148.

mer Hauptunternehmer, der dann seinerseits etwa die Zimmer- und Holzbauarbeiten, Dachdeckungs- und Dachabdichtungsarbeiten sowie die Putz- und Malerarbeiten weitervergibt, während er die Mauerarbeiten oder Beton- und Stahlbetonarbeiten selbst ausführt.

12 Wird der Generalunternehmer nicht nur mit den eigentlichen Bauleistungen beauftragt, sondern auch mit den **Planungsarbeiten** (Architekten- und Ingenieurleistungen), so spricht man in der Regel vom sogenannten **Totalunternehmer**.[18]

13 Läßt der Generalunternehmer alle von ihm geschuldeten Bauleistungen und – soweit zusätzlich übernommen – Planungsleistungen schließlich durch Drittunternehmen ausführen, so dass er selbst überhaupt keine Bauleistungen (und Planungsleistungen) selbst erbringt, ist er **Generalübernehmer**.[19] Der Generalübernehmer befasst sich gewerbsmäßig nicht selbst mit der Ausführung von Bauleistungen, unterhält in der Regel dafür auch gar keinen dafür eingerichteten Betrieb, sondern „lässt" die übernommenen Bau- und Planungsleistungen „ausführen" und tritt funktionell (nicht rechtlich) eigentlich als Vermittler (gleichsam als „Bauleistungshändler")[20] auf. Seine Aufgabe besteht vor allem in der Koordinierung sämtlicher Tätigkeiten und ist somit Wahrnehmung reiner Manageraufgabe.[21]

14 Der **Generalunternehmer,** der seine Werkleistungen (Bauleistungen) teilweise, und der **Generalübernehmer,** der seine Leistungen zur Gänze jeweils im eigenen Namen und auf eigene Rechnung durch Nachunternehmer als eigenen Auftragnehmern ausführen lässt, rücken durch die Weitervergabe/Weiterbeauftragung der Leistungen gegenüber den Nachunternehmern zwar insoweit selbst in die Stellung des Auftraggebers ein, werden aber gleichwohl dadurch **nicht „Bauherr";** denn sie errichten/erstellen gegenüber und für ihren eigenen Auftraggeber gewerbsmäßig zwar im eigenen Namen und für eigene Rechnung ein Bauwerk, aber auf dem Grundstück ihres Auftraggebers. Nur letzterer ist und bleibt somit „Bauherr" mit dem ihm wesenstypischen sogenannten „Bauherren-Risiko" und dem bestimmenden Einfluss auf das gesamte Baugeschehen samt dessen wirtschaftlicher Durchführung. Der Bauherr nämlich ist Herr des **gesamten** Baugeschehens; i. d. R. ist der Bauherr deshalb zugleich Eigentümer des Baugrundstücks, zumindest Inhaber der bestimmenden Verfügungsgewalt über das Baugrundstück.[22] Somit ergibt sich folgende **Definition** des **„Bauherrn":** Bauherr ist, wer veranlassend auf seine Verantwortung und im eigenen Namen für eigene oder fremde Rechnung wirtschaftlich und technisch die Herstellung, die Änderung oder den Abbruch einer baulichen Anlage selbst oder durch Dritte vorbereitet oder ausführt.[23] **Auch** der **Bauträger** mit seinem bestimmenden Einfluss auf das Baugrundstück ist daher Bauherr (vgl. auch § 34 c Abs. 1 Nr. 2 a GewO).

## II. Begriff und Eigenschaft des Nachunternehmers, „Erfüllungsgehilfe"

### 1. „Nachunternehmer"

15 „Nachunternehmer" (auch „Subunternehmer" genannt) ist derjenige Unternehmer, der als „Auftragnehmer des Auftragnehmers" „nach" ihm die Ausführung der Gesamtheit oder – als Regelfall – eines Teils der vom weitervergebenden Auftragnehmer gegenüber

---

[18] *Ingenstau/Korbion* Anh. 3 Rdn. 148 Fn. 6; *Locher* PrivBauR Rdn. 389; *Vygen* Bauvertragsrecht, Rdn. 17.
[19] *Ingenstau/Korbion* Anh. 3 Rdn. 162; *Palandt/Sprau* § 631 Rdn. 9; *Werner/Pastor* Rdn. 1050; BGH NJW 1978, 1054, 1055 = BauR 1978, 220, 221.
[20] *Heiermann/Riedl/Rusam* Einf. A § 8 Rdn. 31, 32; ähnlich *Ramming* BB 1994, 518 l. Sp. „Zwischenhändlerfunktion".
[21] *Ingenstau/Korbion* Anh. 3 Rdn. 162; *Locher* PrivBauR Rdn. 390; *Vygen* Bauvertragsrecht, Rdn. 19; so wohl auch BGH NJW 1978, 1054, 1055 = BauR 1978, 220, 221 f. = Schäfer/Finnern/Hochstein § 34 c GewO Nr. 1 (mittelbar der Feststellung; ... „Generalübernehmer, der selbst überhaupt keine eigenen Bauleistungen erbringt, sondern alle Bauleistungen durch Nachunternehmer erbringen lässt" ...).
[22] BGH NJW 1978, 1054, 1055 = BauR 1978, 220, 221; *Vygen* Bauvertragsrecht, Rdn. 19; *Werner/Pastor* Rdn. 1050.
[23] Vgl. BGH gem. vorst. Fn.

dessen Auftraggeber geschuldeten werkvertraglichen Bauleistung übernimmt, und zwar auf Grund eines zwischen ihm (Nachunternehmer) und dem weitervergebenden Auftragnehmer abgeschlossenen **selbstständigen** Werkvertrags/Bauvertrags als rechtlich eigenständigem **Nachunternehmervertrag;**[24] der Nachunternehmer hat somit insoweit diesen Werkteil gegenüber seinem Vertragspartner als **selbstständiger Unternehmer,** und zwar **eigenverantwortlich** zu erstellen.[25] Er steht lediglich zu seinem Auftraggeber, meist einem Hauptunternehmer oder Generalunternehmer, nicht aber zu dessen Auftraggeber, oft Bauherrn, in einem Vertragsverhältnis. – **Drittschutz:** Allerdings sind Eigentümer des Baugrundstücks, meist der „Bauherr" (s. Rdn. 14) hinsichtlich vertraglicher Schutz- und Nebenpflichten (Sorgfalts- und Obhutspflichten) in den zwischen Generalunternehmer und Nachunternehmer bestehenden Werkvertrag einbezogen.[26] Damit liegt insoweit ein „Vertrag mit Schutzwirkung zugunsten Dritter" vor;[27] der Dritte, hier der durch den Nachunternehmer verletzte Eigentümer, hat hieraus einen direkten vertraglichen Schadensersatzanspruch auch gegen den genannten Nachunternehmer wegen der Verletzung von dessen Schutz- und Nebenpflichten. Dabei steht aber der Anspruch auf die werkvertragliche Hauptleistung/Bauleistung allein dem vorerwähnten Generalunternehmer zu.[28]

Die **Eigenverantwortlichkeit** als selbstständiger Unternehmer gilt für den Nachunternehmer selbstverständlich **auch innerbetrieblich.** Es gilt diesbezüglich insbesondere § 4 Nr. 2 Abs. 2 VOB/B für das Verhältnis zu **seinen Arbeitnehmern** einschließlich der unfallrechtlichen Belange. In diesem Zusammenhang hat zum unfallversicherungsrechtlich maßgeblichen Unternehmer der BGH[29] entschieden: Für die **unfallversicherungsrechtliche Zuordnung** der Tätigkeit eines durch den Arbeitnehmer eines anderen Unternehmens bei Bauarbeiten verletzten Arbeitnehmers kommt es, wenn mehrere Unternehmen an einer Baustelle tätig sind, darauf an, ob Aufgaben des „Unfallbetriebes" oder solche des Unternehmens, dessen Arbeitnehmer der Verletzte ist („Stammbetrieb") der Tätigkeit des Verunglückten das Gepräge gegeben haben ... (wird im Urteil näher ausgeführt). Als „weiterer Unternehmer" i. S. des früheren **§ 636 RVO** (jetzt §§ 106, 104 SGB VII) können dabei auch solche an einer Baustelle tätigen Unternehmen in Betracht kommen, die **mit** dem „**Unfallbetrieb**" eine Bau-**Arbeitsgemeinschaft** bilden. Eine solche Arbeitsgemeinschaft ist aber dann **nicht** gegeben, wenn und **soweit** zwischen den an der Baustelle tätigen Unternehmen werkvertragliche **Nachunternehmerverhältnisse** bezüglich zu erbringender Bauleistungen begründet wurden. Es liegt dann und insoweit kein Anwendungsfall des § 636 Abs. 2 (mit § 637) RVO bzw. der §§ 106, 104 SGB VII vor; vielmehr bleiben dann die im Rahmen des Bauvorhabens eingesetzten Beschäftigten eines Unternehmens in ihrer Tätigkeit nur diesem zugeordnet. Arbeitsschutzrechtlich zum Miteinander und Nebeneinander mehrerer Unternehmer als Arbeitgeber auf einer Baustelle siehe § 8 Arbeitsschutzgesetz und *Leube:* Pflichten des Arbeitgebers und der Beschäftigten zum Schutz anderer Personen, BB 2000, 302, 303.

## 2. Der Nachunternehmer ist ein Auftragnehmer

Im Vertragsverhältnis eines Auftragnehmers zum Nachunternehmer (auch **Subunternehmer** genannt) ist der Auftragnehmer nunmehr Auftraggeber und der Nachunternehmer im Verhältnis zu diesem **Auftragnehmer.** Demgemäß und sachlogisch **gelten für die vertraglichen Rechtsbeziehungen** dieser Vertragsparteien, wenn und soweit VOB/B Vertragsbestandteil ist, ohne weiteres und zwangsläufig **die** von VOB/B **für** das Rechtsverhältnis zwischen **Auftraggeber und Auftragnehmer** getroffenen **Regelungen der §§ 1 bis 18 VOB/B;** die VOB/B kennt für die Vertragsabwicklung nur den „Auftragnehmer" und den

16

---

[24] H. M., vgl. z. B. BGH NJW 1990, 1475, 1476 = BauR 1990, 358/359 = ZfBR 1990, 175 sowie BGH NJW 1981, 1779 = BauR 1981, 383, 384 = ZfBR 1981, 169, beide Urteile im Zusammenhang mit Mängelbeseitigungsabwicklung nach § 13 Nr. 5 VOB/B; *Ingenstau/Korbion* Anh. 3 Rdn. 181; *Vygen* Bauvertragsrecht, Rdn. 107, 14, 18; *Werner/Pastor* Rdn. 1050/1051; s. a. *Kniffka,* BauR 1998, 55, 56 ff., Die Durchstellung von Schadensersatzansprüchen der Auftraggebers gegen den auf Werklohn klagenden Subunternehmer – Anm.: den meisten Quellennachweisen liegt dabei die Weitervergabe durch einen Generalunternehmer oder Hauptunternehmer zugrunde; *Grauvogl,* Der „durchgängige" Nachunternehmervertrag – ein Dauerlemma, Festgabe Steffen Kraus, 2003, S. 55 ff.
[25] Siehe bereits § 4 Nr. 2 Abs. 1 VOB/B.
[26] OLG Braunschweig NJW-RR 1986, 1314; OLG Celle NJW-RR 1999, 1693 = BauR 2000, 580; *Palandt-Heinrichs,* § 328 Rdn. 31 mit Rdn. 13.
[27] Wie vorst. Fn.
[28] Palandt/*Heinrichs,* BGB § 328 Rdn. 13.
[29] BGH NJW 1998, 2365 ff. = BauR 1998, 616, 617–619 = ZfBR 1998, 194, 195, 196 m. w. N.

## § 4 Nr. 8

"Auftraggeber" und sie unterscheidet insoweit nicht danach, ob der Auftragnehmer zugleich die Eigenschaft des Nachunternehmers hat. Nachunternehmer(bau)verträge sind Bauverträge (= Werkverträge) wie jeder andere Bauvertrag auch. Soweit ergänzend zur VOB/B oder in gegebenen Fällen statt der VOB/B das BGB Anwendung findet, gelten die dortigen werkvertragsrechtlichen Bestimmungen für das Rechtsverhältnis zwischen "Besteller" und "Unternehmer" und die einschlägigen allgemeinschuldrechtlichen Bestimmungen für das Rechtsverhältnis zwischen "Gläubiger" und "Schuldner". **Ebenso** gelten im Nachunternehmervertragsverhältnis die beiderseitigen und wechselseitigen **Kooperationspflichten** (siehe → Vor § 3 Rdn. 9 ff.) von Auftraggeber und Auftragnehmer bzw. Besteller und Unternehmer. – Der Nachunternehmer ist übrigens im Verhältnis zu seinem eigenen Auftragnehmer nicht "Empfänger von **Baugeld**" i. S. d. § 1 Abs. 1 Satz 1 GSB (BGH BauR 2000, 573 ff. = NZBau 2000, 129, 130 m. w. N.; siehe auch *Bruns*, Wer ist Baugeldempfänger nach dem GSB?, NZBau 2000, 180 ff.). Ansonsten aber erstreckt sich der Schutzbereich des § 1 Abs. 1 GSB aus der Sicht der echten "Baugeldempfänger" i. S. d. § 1 Abs. 1 Satz 1 regelmäßig auf die so genannten "Nachmänner", denen als Subunternehmer die Herstellung des Baues oder von Teilen hiervon übertragen wurde (vgl. OLG Dresden BauR 2000, 585 ff.).

17   Konsequenterweise kann der Nachunternehmer seinerseits im eigenen Namen und auf eigene Rechnung für einen Teil der von ihm an seinen Auftraggeber geschuldeten Bauleistung einen Nachunternehmervertrag abschließen und ist dann gegenüber seinem Vertragspartner (dem **"Nach-Nachunternehmer"**) Auftraggeber. Für solche weiteren Nachunternehmerverträge gelten zwischen den jeweiligen Vertragsparteien selbstredend dann natürlich auch die in Rdn. 16 genannten Rechtsregelungen einschl. § 4 Nr. 8 VOB/B. Solche Nachunternehmerverträge haben dann gegenüber den vorgeschalteten Bauverträgen ebenfalls grundsätzlich rechtliche **Eigenständigkeit.** Der (jeweilige) weitervergebende Auftragnehmer hat also eine **"janusköpfige" Doppelstellung** (Doppelrolle, Zweifrontenstellung).

18   Der "erste Auftragnehmer" bei hintereinandergeschalteten bzw. nachgeschalteten Auftragsverhältnissen in einer mehrstufigen **Werkvertragskette** (werkvertraglichen Leistungskette) ist meist ein Hauptunternehmer oder **Generalunternehmer,** oft als Totalunternehmer, vielfach auch ein Generalübernehmer oder ein Bauträger.

### 3. "Übertragbare" (Bau-)"Leistung"

19   (1) Der Auftragnehmer darf nach § 4 Nr. 8 Abs. 1 Sätze 2 und 3 VOB/B unter den dort genannten Voraussetzungen die ihm beauftragte "Leistung" "an Nachunternehmer" übertragen. Durch die Mehrzahl-Formulierung ergibt sich, dass die Leistung (auch) an mehrere Nachunternehmer übertragen werden kann. Das beinhaltet: der Auftragnehmer kann die von ihm gegenüber seinem Auftraggeber auszuführende Leistung an einen einzigen Nachunternehmer oder an eine Nachunternehmer-Gemeinschaft (zum Beispiel Bauarbeitsgemeinschaft aus Nachunternehmern) oder, was der Regelfall ist, je in selbstständigen Teilen (zum Beispiel nach Gewerken, Teilgewerken oder nach anderen Kriterien aufgeteilt) an einzelne Nachunternehmer weitervergeben. Da VOB/B, welche die Materie ihres § 4 Nr. 8 regelt, nur "Bauleistungen", also bauliche Werkleistungen, zum Gegenstand hat, § 4 Nr. 8 Abs. 2 bei ihrer Weitervergabe die Zugrundelegung von VOB/B verlangt und der Nach-"Unternehmer" eben auch ein "Unternehmer" ist, was deshalb nach § 631 Abs. 1 BGB begrifflich auch für Nachunternehmerleistungen eine Werkherstellungs-Leistung voraussetzt und beinhaltet, muss es sich bei der an einen Nach-"Unternehmer" zu übertragenden Leistung oder bei dem zu übertragenden Teil hiervon ebenfalls um eine bauliche Werk(vertrags)leistung nach § 631 BGB handeln. Nur für solche Leistungen kann der übernehmende Vertragspartner auch Erfüllungsgehilfe des ihn beauftragenden Unternehmers/Auftragnehmers sein, denn nur dann ist er in den werkvertraglichen Pflichtenkreis des weitervergebenden Auftragnehmers gegenüber dessen Auftraggeber mit einbezogen, was konstitutives Merkmal der Erfüllungsgehilfenschaft ist; siehe näher unten Rdn. 22 und hier (3). Ergänzend ist dabei anzumerken, dass § 631 Abs. 2 BGB mit der Wendung "Herstellung oder Veränderung einer Sache" Arbeiten/Leis-

tungen **an** einer **bereits bestehenden Sache des Bestellers/**Auftraggebers dem **Werkvertragsrecht** unterstellt, so dass Leistungen des Unternehmers/Auftragnehmers an vorhandenen Grundstücken des Bestellers/Auftraggebers zur **Herstellung** (Erstellung) sowie zur Veränderung von Bauwerken auf diesen Grundstücken oder Leistungen an einem vorhandenen Bauwerk des Bestellers/Auftraggebers zu dessen **Erneuerung** oder/und **Bestand**serhaltung wie zum Beispiel Änderung, Reparatur, Sanierung, Umbau, Erweiterung werkvertragliche bauliche Leistungen sind. Vertragsgegenstand ist dabei nämlich in der Hauptsache und im Vordergrund stehend die **Bearbeitung** des vorhandenen Grundstücks oder des vorhandenen Bauwerks zur Schaffung eines (Werk-)Gesamterfolges als vertragsprägendem Schwerpunkt und nicht in erster Linie die Anfertigung und Übereignung hierin einzubauender oder hierzu sonstig zu verwendender beweglicher Sachen; deren Anfertigung ist hier nur dienendes (untergeordnetes) Hilfsmittel für die eine Werkleistung und Werkvertragsleistung darstellende „Bearbeitung" des Grundstücks oder Gebäudes. Das schließt insoweit zugleich die Erfüllung der Tatbestandsmerkmale des § 651 Satz 1 BGB n. F. „Vertrag, der die **Lieferung** herzustellender... **beweglicher Sachen** zum Gegenstand hat" aus. VOB/B ist hier also anwendbar und vereinbarungsfähig. – Hierzu ausführlich mit Beispielen *Palandt/Sprau*, BGB, wie unten a. E. von (3) und so auch *Konopka/Acker,* BauR 2004, 251, 255, 256.

(2) Wenn und soweit nun der Unternehmer/Auftragnehmer einen Teil, also einen Ausschnitt aus seiner insgesamt auszuführenden werkvertraglichen Leistung weiterüberträgt, der darin besteht, dass der Sub-Beauftragte aus von ihm zu beschaffenden Stoff, für das konkrete Bauwerk **Bauteile und sonstige später in die Gesamt-Bauwerksubstanz** als Einbauteile **eingehende Sachen** (z. B. Fertigbeton, Betonfertigteile, Treppe, Fenster, Fassadenteile, Rollläden) **herzustellen** oder zu erzeugen und dem Unternehmer/Auftragnehmer – mit oder ohne Einbauleistung – zu liefern hat, erhebt sich zunächst die Frage, ob und inwieweit § 651 BGB n. F. bzw. a. F. mit der dortigen Verweisung auf die Anwendung des Kaufrechtes Platz greift. Für den Werklieferungsvertrag nach § 651 BGB a. F. galt gemäß dortiger ausdrücklicher Regelung bei Herstellung „vertretbarer" Sachen (also Fertigprodukten, Serienware aus der laufenden Produktion des Lieferanten, die ohne weiteres „austauschbar" ist) das Kaufrecht, bei Herstellung „nicht vertretbarer" Sachen (also spezialangefertigter Gegenstände „auf Maß" oder/und nach sonstigen bestimmten Wünschen und Vorgaben des jeweiligen Bestellers mit spezifischen individuellen Merkmalen, die daher nicht ohne weiteres „austauschbar" sind) das Werkvertragsrecht. § 651 BGB n. F. weist nach seinem Wortlaut die hierin genannten herzustellenden oder zu erzeugenden beweglichen Sachen auch dann dem Kaufrecht zu, wenn sie „nicht vertretbare" Sachen sind, wobei dann aber „auch die §§ 642, 643, 645, 649 und 650" „anzuwenden" sind. Siehe nun aber (3).

(3) Zu den kraft vertraglicher Weitervergabe von einem „Sub-Unternehmer" herzustellenden oder zu erzeugenden **bauwerksbezogenen** beweglichen Sachen gemäß (2) hat die Rechtsprechung, soweit diese Produkte einen **Ausschnitt aus** der **werkvertraglichen Gesamtleistung** darstellen, welche der Unternehmer/Auftragnehmer seinem Auftraggeber schuldet, folgendes zur Abgrenzung von § 651 BGB a. F. festgestellt:

Solche **bauwerksbezogenen** (Teil-)Leistungen des Subunternehmers sind werkvertragliche Leistungen nach § 631 BGB und deshalb als Bauwerksarbeiten **von vornherein dem** Anwendungsbereich von **§ 651 BGB a. F.** (und dementsprechend auch von **§ 651 BGB n. F.**, Anm. des Autors) **entzogen,** wenn im konkreten Fall folgende Voraussetzungen bzw. Merkmale vorliegen:
Überlässt der für die Herstellung, für die Veränderung oder für sonstige Leistungen an einem bestehenden Grundstück oder Bauwerk eingesetzte Unternehmer die Herstellung von in das entstehende oder vorhandene Bauwerk einzubauenden Sachen einem Subunternehmer, dann handelt es sich um **werkvertragliche** Arbeiten „bei Bauwerken" im Sinne von § 631 BGB und 638 BGB a. F. Abs. 1 Satz 1 (und dementsprechend auch im Sinne von § 634a BGB n. F. Abs. 1 Nr. 2, Anm. des Autors), wenn die herzustellende(n) oder zu erzeugende(n) Sache(n) für die Herstellung des (neuen) Bauwerks oder für die Erneuerung oder den Bestand des vorhandenen „zu bearbeitenden" Bauwerks durch – auftraggeberseitigen oder auftragnehmerseitigen oder subunternehmerseitigen – Einbau mit der Gesamtbauwerksubstanz verbunden wird bzw. werden und für das Bauwerk von so wesentlicher Bedeutung ist bzw. sind, dass der Schwerpunkt im Beitrag zur Erreichung des über den einzubauenden Gegenstand hinausgehenden Erfolgs des **Gesamt**-Werks liegt und der Subunternehmer **weiß,** dass der von ihm herzustellende bzw. zu erzeugende Gegenstand **für** ein **bestimmtes** Bauwerk verwendet werden soll. Über den Hauptunternehmer, also den weitervergebenden Unternehmer/Auftrag-

nehmer und dessen werkvertraglicher baulicher Verpflichtung gegenüber seinem Auftraggeber ist dann nämlich ein werkvertraglicher direkter Bezug der Leistung des Subunternehmers zu dem Gesamt-Bauwerk und den dieses betreffenden Arbeiten geschaffen. Es liegt dann insoweit eine Mitwirkung des Subunternehmers bei dem Gesamt-Bauwerk vor, wenn er Gegenstände herstellt, damit diese dort durch Eingang in die Bausubstanz Verwendung finden (BGH vom 19. 3. 2002 – X ZR 49/00, BauR 2002, 1260, 1261 = NZBau 2002, 389 m. w. N. und i. V. m. BGH NJW 2002, 387; BGH NJW 1998, 3197 u. BGH BauR 1990, 351).

Der Subunternehmer muss also insoweit – was für die Qualifikation als Werkleistung erforderlich ist – zweckgerichtet und **funktional** in den Gesamt-Werkherstellungsvorgang einbezogen sein, und zwar so, dass seine Leistung gerade der konkreten baulichen Werkherstellung dient und er dies auch weiß. Dazu muss die Herstellung/Erzeugung der betreffenden Sache(n) nicht örtlich auf der Baustelle stattfinden, sondern sie kann auch im Werk des Subunternehmers oder an sonstiger Stätte geschehen; entscheidend ist, dass die Herstellung/Erzeugung der betreffenden Sache(n) die vorgenannte dienlich-funktionale werkvertragliche (objektive und subjektive) Bezogenheit hat. Diese **funktionale (Bau-)Werksbezogenheit** wird umso eher erfüllt, als der Subunternehmer die von ihm hergestellte(n) oder erzeugte(n) Sache(n) kraft werkvertraglicher Einbauverpflichtung selbst einzubauen hat, denn dann tritt in der Regel die Herstellung der einzubauenden Sache bedeutungsgemäß hinter die Einbauleistung zurück. Es kann aber wie oben gesagt auch ohne eigene Einbauleistung des Subunternehmers bei ihm echte (Bau-)Werkleistung vorliegen, wenn auch ohne eigene Einbauleistung die „funktionale (Bau-)Werksbezogenheit" gegeben ist. Umgekehrt führt die eigene Einbauleistung des Sub-Beauftragten bezüglich der von ihm hergestellten Sache(n) nicht immer, aber in der Regel, zur rechtlichen Qualifikation seiner Gesamtleistung als werkvertragliche Bauleistung. – Liegt solchermaßen eine werkvertragliche Bauleistung vor, so ist der Nachunternehmer zugleich **Erfüllungsgehilfe** des ihn beauftragenden Auftragnehmers im Sinne der unten bei Rdn. 22 dargestellten gängigen Begriffsdefinition. In solchen Fällen nämlich steht nicht im Vordergrund die Herstellung oder Erzeugung der beweglichen Sache und deren Übertragung zu Eigentum, sondern in erster Linie der über diese Sache hinausgehende Erfolg des Gesamt-Werkes, an dem der Subunternehmer mit seiner Leistung herstellungsdienlich mitwirkt und der somit leistungsprägend den Schwerpunkt der Leistungsverpflichtung des Subunternehmers darstellt. Es liegt dann und insoweit eine werkvertragliche Arbeit/Leistung an einem vorhandenen Grundstück oder an einem vorhandenen oder im Entstehen begriffenen Bauwerk vor gemäß oben (1). – Hierzu und auch zu oben (1) und (2) *Palandt/Sprau*, BGB, Hauptband 2002, 61. Auflage, § 638 BGB (a. F.) Rdn. 9–12; *Palandt/Sprau*, BGB, ab 62. Aufl., § 651 (n. F.) Rdn. 4 und § 634a (n. F.) Rdn. 18, 10, 15–17, 19; *Leupertz* BauR 2006, 1648, 1605/1649.

(4) Die vorgenannten unter (3) aufgeführten Merkmale, die auch für den an den Nachunternehmer übertragenen Leistungs-Teil zur Qualifikation „werkvertragliche Bauleistung" im Sinne von § 631 BGB und im Sinne von §§ 1 ff. VOB/B führen, treffen in der Regel naturgemäß nur für die bauwerksbezogene Herstellung und Erzeugung „nicht vertretbarer" Sachen zu. Dies, weil in der Regel nur hierbei die enge sachliche Verklammerung mit einem **„bestimmten"** Bauwerk eintreten kann.

Für die – auch bauwerksbezügliche – bloße Lieferung herzustellender oder zu erzeugender „vertretbarer" Sachen wie z. B. Mauerziegel, Dachziegel, Betonfertigteile, Fenster etc. **aus Serienproduktion** gilt regelmäßig § 651 BGB a. F. und n. F., weil wegen der Austauschbarkeit der objektive Bezug und die sonstige enge sachliche Verklammerung zu einem „bestimmten" Bauwerk fehlt. Die oben bei (2) genannten Baubestandteile wie Betonfertigteile, Treppe, Fenster, Türen, Fassadenteile, Rollläden können hingegen, **wenn** sie **individuelle Spezialanfertigungen** für ein bestimmtes Bauwerk darstellen, also in das Gesamt-Werk einzupassen sind und der hierzu durch Weitervergabe unterbeauftragte Unternehmer diese Zweckbestimmung seiner Leistung kennt, werkvertragliche Bauleistungen nach § 631 BGB und nach VOB/B sein, so dass insoweit auch Nachunternehmereigenschaft, nicht Lieferanteneigenschaft, vorliegt. – Das OLG Nürnberg hat allerdings in einem Urteil vom 11. 10. 2005 – 9 U 804/05 (BauR 2007, 122, 123) bei Zurückweisung der Nichtzulassungsbeschwerde durch den BGH die Herstellung und Lieferung von 100 Laubengang-Hauseingangstüren nach speziellem Maß, „Rohling mit 31 db-Wert" und lackiert nach „RAL-Farbton einfarbig oberflächenbehandelt" schon wegen nicht vorhandener Einbauverpflichtung des Auftragnehmers dem § 651 BGB n. F. unterstellt. – Weitere Beispiele zum Thema Herstellung und Erzeugung von Einbauteilen als werkvertragliche Bauleistungen und somit zugleich Arbeiten/Leistungen „bei Bauwerken" gemäß § 638 BGB a. F. Absatz 1 Satz 1 und § 634a BGB n. F. Absatz 1 Nr. 2 siehe – bejahend (= § 631 BGB) und verneinend (= § 651 BGB) – bei *Palandt/Sprau,* BGB, Hauptband 2002, 61. Auflage, § 638 (a. F.) Rdn. 9–12 sowie *Palandt/Sprau,* BGB, ab 62. Auflage, § 651 (n. F.) Rdn. 4, 5 und § 634a (n. F.) Rdn. 10, 15–19. In dem oben bei (3) beschriebenen BGH-Urteil vom 19. 3. 2002 – X ZR 49/00, BauR 2002, 1260, 1261 = NZBau 2002, 389 hat der 10. Senat für den konkret vorliegenden Fall das Vorliegen eines Werkvertrages verneint. Es habe sich um ein „bloßes Beschaffungsgeschäft" gehandelt, das sich im Ziel auf eine bewegliche Gesamtsache bezog. Leistungsgegenstand war nämlich Getriebe und Generator als mit einer Kupplung verbundene und in einem Traggestell montierte Einheit, wobei der Lieferant den Generator und das Getriebe vorher von einem Fachunternehmen bezogen hatte. Bestimmt war dieser Leistungsgegenstand zum Selbsteinbau durch den Besteller in dessen kleines Wasserkraftwerk.

Begrifflich und rechtlich **nicht** zu den Nachunternehmern gehören die Unternehmer, **20** die selbst keine Teile der Bauleistung erbringen, also in den Herstellungsvorgang selbst nicht einbezogen sind, sondern in **Hilfsfunktion** tätig sind; dazu gehören (bloße) Lieferanten von Baustoffen, serienmäßig hergestellten (vorgefertigten) Bauteilen, Bauhilfsstoffen, Baubetriebsstoffen und sonstigen Gegenständen, die für die Ausführung des Bauvorhabens benötigt werden, Baumaschinenverleiher, Fuhrunternehmer und dergleichen.[30]

Mit Baustoff- und Bauteilelieferanten sind die Hersteller vorgefertigter Produkte gemeint, auf die gemäß § 651 BGB n. F. und a. F. die Vorschriften des **Kaufrechts** Anwendung finden.[31] Diese Lieferanten führen ebenso wenig Bauleistungen aus wie dies etwa bei den Fuhrunternehmern oder Baumaschinen- und Geräteverleihern der Fall ist. Ein **Bauteilelieferant** wird allerdings dann zum Nachunternehmer, wenn er von ihm gelieferte Bauteile – etwa Fenster – auch selbst einbaut,[32] weil er dann durch den Einbau eine Werkleistung mit Hilfe seiner Bauteile erbringt; er ist auch dann Nachunternehmer, wenn er Bauteile für ein bestimmtes Bauwerk nach Maß herstellt (Fall der Rdn. 6). Ebenso ist ein Fuhrunternehmer als echter Nachunternehmer anzusehen, wenn er nicht nur Material transportiert, sondern dieses auch zu einem Bestandteil der Leistung – etwa einem Erddamm – verarbeitet.[33]

### 4. „Nebenunternehmer" im Gegensatz zum Nachunternehmer

Vom Nachunternehmer ist der in der VOB nicht erwähnte sog. **Nebenunternehmer** zu **21** trennen und zu unterscheiden; dieser tritt **neben** den Generalunternehmer oder Hauptunternehmer oder überhaupt neben anderen Auftragnehmern seines Auftraggebers in eine unmittelbare rechtliche Beziehung zu dem Auftraggeber des Generalunternehmers oder Hauptunternehmers oder anderen Auftragnehmers. Dem Nebenunternehmer werden die von ihm auszuführenden Leistungen entweder unmittelbar vom Auftraggeber oder vom Generalunternehmer bzw. Hauptunternehmer namens und in Vollmacht des Auftraggebers übertragen. Oft obliegt dem General- bzw. Hauptunternehmer auf Grund vertraglicher Vereinbarung mit seinem Auftraggeber dann zugleich die Aufgabe (meist entgeltliche Geschäftsbesorgung), die vertragsgemäße Ausführung der vom Nebenunternehmer dem Auftraggeber im unmittelbaren Vertragsverhältnis geschuldeten Leistung zu überwachen und/oder die eigenen Arbeiten mit denen des Nebenunternehmers abzustimmen.[34] Zwischen den Nebenunternehmern bestehen keine vertraglichen Beziehungen. Ein Beispiel für Ne-

---

[30] H. M.; vgl. *Kapellmann/Messerschmidt/Merkens* VOB/B § 4 Rdn. 201.
[31] Siehe hierzu abgrenzend oben Rdn. 19.
[32] *Heiermann/Riedl/Rusam* Einf. A § 8 Rdn. 13.
[33] Siehe vorst. Fn.
[34] *Ingenstau/Korbion* Anh. 3 Rdn. 252; *Werner/Pastor* Rdn. 1060.

## § 4 Nr. 8 Pflicht des Auftragnehmers zur Selbstausführung

benunternehmerschaft ist das Nebeneinander oder das Nacheinander oder teilweise Nacheinander von (vorleistendem) Vorunternehmer und (nachleistendem) Nachfolgeunternehmer i. S. d. Rdn. 4–7, 11–13 und 15 zu → § 4 Nr. 1.

### 5. Der Nachunternehmer ist „Erfüllungsgehilfe" (i. d. R. aber nicht „Verrichtungsgehilfe")

**22** (1) Der jeweilige **Nachunternehmer** ist **Erfüllungsgehilfe** des jeweiligen Auftragnehmers iSv § 278 BGB im Verhältnis zum jeweiligen Auftraggeber für die vom Auftragnehmer, etwa einem Generalunternehmer oder Hauptunternehmer, dem Nachunternehmer durch selbstständigen Werkvertrag/Bauvertrag (= Nachunternehmervertrag) zur Ausführung übertragenen Teile der Gesamtbauleistung, die der Auftragnehmer seinem Auftraggeber schuldet.[35] Denn der Nachunternehmer ist unmittelbar in den Werkherstellungsvorgang, also in die Ausführung der vom Auftragnehmer dem Auftraggeber geschuldeten Gesamtbauleistung und somit gerade in den **werkvertraglichen Pflichtenkreis** des Auftragnehmers (etwa Generalunternehmers oder Hauptunternehmers) gegenüber dem Auftraggeber mit **einbezogen.** – Kann der Nachunternehmer die ihm obliegende Leistung nicht erbringen, da er seinerseits von einem erforderlichen **weiteren Nachunternehmer** nicht bedient wird, kann damit die Entziehung des Gesamtauftrags an den ersten Nachunternehmer begründet werden (OLG Köln 1 U 56/93 v. 13. 1. 1994, Revision durch Beschluss des BGH VII ZR 41/94 v. 3. 11. 1994 nicht angenommen). Das ist eine Folge der Erfüllungsgehilfenhaftung im Rahmen der vom OLG Köln ausdrücklich festgestellten erfolgsgerichteten Unternehmer-Einstandspflicht des ersten Nachunternehmers für das tatsächliche Erbringenkönnen der übernommenen Leistung (siehe auch Rdn. 24). D. W. ist i. d. R. dem Unternehmer/Auftragnehmer die **Mangel-Kenntnis** eines mit der Prüfung des Werks beauftragten Mitarbeiters eines **Nachunternehmers als Arglist zuzurechnen** (BGH BauR 2007, 114 ff. = NZBau 2007, 96 ff.).

(2) Nicht in den werkvertraglichen Pflichtenkreis des Auftragnehmers einbezogen sind z. B. (Baustoff-)**Lieferanten,** Fuhrunternehmer, Baumaschinenverleiher, Baugeräteverleiher und sonstige Nicht-Werkunternehmer, weil sie selbst keine Teile der in Auftrag gegebenen **Bauleistung** – also keine Werkleistung, sondern (Kauf-)Lieferung, Fuhrleistung, Verleih und anderes – erbringen; sie sind insoweit nicht Erfüllungsgehilfen des Auftragnehmers. Die Lieferanten, Fuhrunternehmer etc. sind jedoch dann wiederum Erfüllungsgehilfen, wenn und soweit sie wie z. B. im Fall der Rdn. 6 als Hilfspersonen des sie beauftragenden Unternehmers von ihm bewusst und gewollt in seinen werkvertraglichen Pflichtenkreis gegenüber dem Besteller einbezogen werden.[36] Das ist z. B. dann der Fall, wenn der Lieferant auf Bauobjekt-Maß Betonfertigteile zu fertigen oder nach speziellen konkret-objektbezogenen Vorgaben Fertigbeton herzustellen hat. Siehe auch Rdn. 19, 20.

---

[35] Allgemeine Meinung, statt vieler: BGH NJW 1981, 1779 = BauR 1981, 383, 385 = ZfBR 1981, 169, 170; OLG Düsseldorf BauR 1996, 267, 270; *Ingenstau/Korbion* Anh. 3 Rdn. 144; Palandt/*Sprau* § 631 Rdn. 10; *Vygen* Bauvertragsrecht, Rdn. 18; *Werner/Pastor* Rdn. 1052.

[36] *Palandt/Heinrichs* § 278 Rdn. 14 m. w. N.; BGH BauR 2002, 945, 946 r. Sp. m. w. N. (hier: Baumaterialieferant grundsätzlich nicht Erfüllungsgehilfe des Werkunternehmers); BGH NJW 1978, 1157 = BauR 1978, 304 (Lieferung eines bei der Herstellung einer Sanitär- und Heizungsanlage verwendeten mangelhaften Ventils auf Grund Kaufvertrags zwischen Bauauftragnehmer und Lieferant) m. w. N.; OLG Karlsruhe NJW-RR 1997, 1240, 1241 = BauR 1997, 847, 848, 849: „Der Bauunternehmer, der dem Bauherrn u. a. zur Fertigung von Betonzwischendecken verpflichtet ist und den Beton nach konkreten qualitativen und quantitativen Vorgaben von einem anderen Unternehmen herstellen und als Fertigbeton an die Baustelle liefern lässt, bedient sich dieses Unternehmens bei der Erfüllung einer eigenen Verbindlichkeit als Erfüllungsgehilfe"; OLG Celle BauR 1996, 263, 264: Baustofflieferant i. d. R. nicht Erfüllungsgehilfe des ihn beauftragten Auftragnehmers (Werkunternehmers). Anders aber dann, wenn Baustofflieferant (hier von Estrichmaterial) mit dem Willen des Werkunternehmers/Bauunternehmers bei der Erfüllung einer ihm gegenüber dem Besteller obliegenden Verbindlichkeit als Hilfsperson des Unternehmers tätig wird und vom Unternehmer **über die kaufvertragliche Lieferpflicht hinaus** bewusst in den **werkvertraglichen** Pflichtenkreis des Unternehmers gegenüber dem Besteller einbezogen wird. Das ist der Fall, wenn (ein) Mitarbeiter des Lieferanten in Verhandlungen und Besprechungen mit dem Besteller einbezogen (wird) werden und diese(r) Mitarbeiter dabei nicht nur hinsichtlich des Materials, sondern auch hinsichtlich der **Verlegung** des Materials den Besteller und den Unternehmer (berät) beraten.

*Pflicht des Auftragnehmers zur Selbstausführung* § 4 Nr. 8

(3) Der Nachunternehmer ist in der Regel **kein „Verrichtungsgehilfe"** des Bauunternehmers/Auftragnehmers, denn er ist als selbstständiger Unternehmer im Allgemeinen nicht in dem Maße den Weisungen des Hauptunternehmers unterworfen, dass er als dessen deliktshaftungsrechtliche Hilfsperson anzusehen wäre.[37]

Dagegen ist der Auftraggeber des Generalunternehmers oder Hauptunternehmers oder 23 sonstigen Auftragnehmers nicht dessen Erfüllungsgehilfe gegenüber dem Nachunternehmer,[38] es sei denn, dass der Auftraggeber gegenüber dem Generalunternehmer/Hauptunternehmer/sonstigen Auftragnehmer oder gegenüber dem Nachunternehmer direkt oder gegenüber beiden eine Verpflichtung übernommen hat, die an sich vertragliche Pflicht des Generalunternehmers/Hauptunternehmers/sonstigen Auftragnehmers gegenüber dem Nachunternehmer ist.[39] Gleichwohl muss sich aber der Auftraggeber des Nachunternehmers ein Planungsverschulden seines Auftraggebers oder von dessen Architekten **anrechnen** lassen, wie näher → Vor § 3 Rdn. 95–98 ausgeführt ist.

### III. Eigenständigkeit der Vertragsbeziehungen zwischen Auftraggeber und Auftragnehmer sowie zwischen Auftragnehmer und Nachunternehmer

#### 1. Grundsatz, Vertragsrechtliches

Der Vertrag des Auftragnehmers (**z. B. Generalunternehmer** oder Hauptunternehmer) 24 mit dem Nachunternehmer = „Nachunternehmervertrag" ist ein **selbstständiger Bauleistungsvertrag,** aus dem sich die gegenseitigen Rechte und Pflichten grundsätzlich **unabhängig** davon ergeben, welche Ansprüche der Auftraggeber oder andere Baubeteiligte gegen den Auftragnehmer (z. B. General- oder Hauptunternehmer) besitzen und in welchem Umfang sie davon Gebrauch machen.[40] **Jeder Anspruch** ist sonach grundsätzlich **je gesondert** nach **seinen Voraussetzungen, seinem Inhalt** und **seiner Durchsetzbarkeit und Durchsetzung** gemäß dem jeweiligen Vertragsverhältnis und **gemäß der jeweiligen** etwaigen sonstigen **Rechtsbeziehung** zu beurteilen und **zu behandeln.** Der jeweilige Nachunternehmer ist gegenüber seinem jeweiligen Auftraggeber ein mit allen Rechten und mit allen Pflichten versehener Auftragnehmer, der insoweit eigenverantwortlich (§ 4 Nr. 2 VOB/B) der verschuldensunabhängigen werkvertraglichen Erfolgshaftung (vgl. → § 4 Nr. 1 Rdn. 120–122) unterliegt. Auch deshalb hat der Nachunternehmer seinerseits gegenüber seinem Auftraggeber für Fehlleistungen seines eigenen Subunternehmers – z. B. fehlschlagender Maschineneinsatz, Werkmängel, Leistungsverzug – mit allen Folgen einzustehen; denn es ist Sache jedes Unternehmers, dafür Sorge zu tragen und einzustehen, dass er die von ihm übernommene Leistung auch tatsächlich erbringen kann (siehe auch das bei Rdn. 22 (1) in Bezug genommene Urteil des OLG Köln 1 U 56/93). Die rechtliche **Eigenständigkeit** des (jeweiligen) **Nachunternehmervertrages** und die rechtliche Eigenständigkeit des Vertrags zwischen Auftraggeber und Auftragnehmer (**„Hauptvertrag"**) sowie demgemäß deren **selbstständige, gesonderte Beurteilung** und Behandlung im Bereich der vertraglichen und vertragsrechtlichen Beziehungen hat seinen Grund darin, dass je ein eigener, rechtlich unabhängiger Werkvertrag zwischen dem Auftraggeber und dem Auftragnehmer einerseits sowie dem Auftragnehmer und dem einzelnen Nachunternehmer andererseits vorliegt.[41]

---

[37] BGH NJW 1994, 2756, 2757 = BauR 1994, 780, 781 = ZfBR 1994, 270, 271.
[38] *Ingenstau/Korbion* Anh. 3 Rdn. 152; *Werner/Pastor* Rdn. 1052.
[39] *Ingenstau/Korbion* Anh. 3 Rdn. 152.
[40] Allgemeine Meinung; BGH NJW 1990, 1475, 1476 = BauR 1990, 358, 359 = ZfBR 1990, 175 (Kostenvorschussanspruch zur Mängelbeseitigung); BGH NJW 1981, 1779 = BauR 1981, 383, 384 = ZfBR 1981, 169 (Mängelbeseitigungsabwicklung nach § 13 Nr. 5 VOB/B) m. w. N.; *Ingenstau/Korbion* Anh. 3 Rdn. 141; *Kapellmann/Messerschmidt/Merkens* VOB/B § 4 Rdn. 203; *Werner/Pastor* Rdn. 1057, 1051; zur Problematik *Grauvogl,* Der „durchgängige" Nachunternehmervertrag – ein Dauerdilemma, Festgabe Steffen Kraus, 2003, S. 55 ff.
[41] Wie vorst. Fn. sowie: *Heiermann/Riedl/Rusam* B § 4 Rdn. 104; *Vygen* Bauvertragsrecht, Rdn. 18; *Werner/Pastor* Rdn. 1050, 1051, 1057; *Ramming* BB 1994, 517 l. Sp.m 525 l. Sp.

## § 4 Nr. 8

**Allerdings** „hält" der BGH nunmehr gemäß seinen beiden weitgehend gleichlautenden Urteilen vom 28. 6. 2007 – VII ZR 81/06 („Mängelschadensersatz in werkvertraglicher Leistungskette I"; Vorteilsausgleichung nach Verjährung, BauR 2007, 1564, 1565, 1566 = NZBau 2007, 578, 579) und VII ZR 8/06 („Mängelschadensersatz in werkvertraglicher Leistungskette II"; Vorteilsausgleichung nach Abgeltungsvereinbarung, BauR 2007, 1567, 1568, 1569 = NZBau 2007, 580, 581) ausdrücklich „nicht uneingeschränkt" an seiner bisherigen strikten Eigenständigkeits-Rechtsprechung zur rechtlichen Unabhängigkeit/Selbstständigkeit in der Werkvertragsverhältnisse in der Auftraggeber-Auftragnehmer-Kette „fest", jedenfalls für die den beiden Urteilen zugrundeliegende Fallkonstellation finanziellen Schadensersatzes nach § 635 BGB a. F./§ 13 Nr. 7 VOB/B bei nach Treu und Glauben heranzuziehendem Rechtsgedanken der Vorteilsausgleichung. Der 7. Senat hat diesbezüglich entschieden: Steht im Rahmen einer werkvertraglichen Leistungskette fest, dass der Nachunternehmer von seinem Auftraggeber wegen Mängeln am Werk nicht mehr in Anspruch genommen werden kann oder wird, so kann er nach dem Rechtsgedanken der Vorteilsausgleichung gehindert sein, seinerseits Ansprüche wegen dieser Mängel gegen seinen Auftragnehmer geltend zu machen. Der 7. Senat legt dabei eine schadensrechtlich-wirtschaftliche Betrachtungsweise an und kommt zum Ergebnis, daß ein zwischengeschalteter Unternehmer (Nachunternehmer), der ganz oder teilweise wegen der betreffenden Mängel keine Vermögenseinbuße und somit keinen wirtschaftlichen Nachteil sprich Schaden erleidet, weil er von seinem Auftraggeber ganz bzw. teilweise nicht mehr in Anspruch genommen werden kann oder wird, grundsätzlich den durch das Ausbleiben der Vermögenseinbuße erlangten vermögensmäßigen, wirtschaftlichen Vorteil nach Treu und Glauben via Vorteilsausgleichung an seinen Auftragnehmer weitergeben muss. Im Fall I war Hintergrund eine eingetretene und geltend gemachte oder zwecks Schadensminderung geltend zu machende Verjährung des gesamten Mängelschadens im Verhältnis des zwischengeschaltenten (Nach-)Unternehmers zu seinem Auftraggeber. Im Fall II hatte der vorgeschaltete Unternehmer sich mit seinem Auftraggeber auf eine finanzielle Abgeltung des gesamten Mängelschadens geeinigt, allerdings mit einem geringeren Betrag als es den gesamten Mängelbeseitigungskosten ensprach; der an den nachgeschalteten Auftragnehmer weiterzugebende Vorteil bestand also in dem ersparten Schadensausgleichs-Teilbetrag, in dessen Höhe beim vorgeschalteten Unternehmer keine Vermögenseinbuße eingetreten war. Es bleibt nun zu beobachten, wie sich die „Eigenständigkeits"-Rechtsprechung des BGH weiterentwickelt.

Unabhängig von Vorstehendem freilich können zwischen Auftragnehmer und Nachunternehmer im und zum Nachunternehmervertrag inhaltlich gleiche und gleichlaufende Regelungen getroffen werden wie sie sich im davon rechtlich eigenständigen Hauptvertrag zwischen Auftragnehmer und seinem Auftraggeber finden; dabei hat der Auftragnehmer (oft als Generalunternehmer), der „zwischen den zwei Stühlen" Auftraggeber und Nachunternehmer sitzt, zwangsläufig ein begründetes Interesse an der **Parallelschaltung** (Synchronität) wichtiger Regelungen des Generalunternehmervertrags einerseits und des Nachunternehmervertrags andererseits wie z. B. mindestens Gleichstellung beim Zahlungseingangs-, Insolvenz- und Kreditrisiko, Abnahmezeitpunkt, Haftung, Gewährleistungsumfang, Gewährleistungsfristen, Kündigungsmöglichkeiten.[42] Werden solche Gleichschaltungs- und Koppelungsregelungen nicht individualvertraglich vereinbart, sondern als Allgemeine Geschäftsbedingungen oder formularmäßige Klauseln, so sind insbesondere wegen des Charakters der **Verknüpfung** mit Abläufen im Bereich des Hauptvertragsverhältnisses, die der Nachunternehmer nicht beeinflussen kann, die gesetzlichen Einschränkungen des AGB-Rechtes zu beachten. Siehe dazu auch Rdn. 29, 30, 50. – Dem Auftraggeber als ein „verletzter Dritter" direkte vertragliche Schadensersatzansprüche gegen den Subunternehmer des von ihm beauftragten Bauunternehmers aus der Rechtsfigur des **„Vertrages mit**

---

[42] Werner/Pastor Rdn. 1058.

*Schutzwirkung zugunsten Dritter"* wegen der Verletzung von Schutz- und Nebenpflichten zustehen, siehe oben Rdn. 15 a. E.

**a) VOB/B im Nachunternehmer-Vertrag, AGB-Rechtliches.** Bezüglich der Vereinbarung bzw. Einbeziehung und der Handhabung von **VOB/B im Nachunternehmervertrag** ist zu beachten und zu berücksichtigen, dass nach der BGH-Rechtsprechung bis 22. 1. 2004 ein „Kernbereichs"-Eingriff in deren Regelungsgefüge dazu führt, dass das AGB-rechtliche Angemessenheits-Privileg, welches die VOB/B als solche und auch speziell nach § 23 Abs. 2 Nr. 5 AGB-Gesetz, seit 1. 1. 2002 § 309 Nr. 8 b ff. BGB, als vereinbartes Ganzes mit sich geschlossener ausgewogener Regelung genießt, verlorengeht, weil dann eben VOB/B nicht mehr „als Ganzes" vereinbart ist mit der Folge, dass die einzelnen Bestimmungen von VOB/B (Paragraphen, Nummern, Absätze und Sätze) je einer isolierten Inhaltskontrolle nach dem AGB-Gesetz zu unterziehen sind. – Diese ständige Rechtsprechung zur VOB/B **„als Ganzes"**, die seit BGH NJW 1983, 816 = BauR 1983, 161 galt, ist mit Urteil des BGH U v. 22. 1. 2004 – VII ZR 419/02, NJW 2004, 1597 = BauR 2004, 668 = NZBau 2004, 267 geändert worden: Nunmehr bedarf es keines Eingriffs in den „Kernbereich" der VOB/B. **Jede** vertragliche Abweichung von der VOB/B führt vielmehr dazu, dass diese nicht als Ganzes vereinbart ist; es kommt nicht darauf an, welches Gewicht der Eingriff hat. So auch der BGH in einem weiteren Urteil BGH BauR 2004, 1142 = NZBau 2004, 385. Im erstgenannten Urteil des BGH ist noch ausdrücklich darauf hingewiesen, dass diese Beurteilung sich nach dem bis 31. 12. 2001 geltenden Zivilrecht richtet und dass offen bleibt, inwieweit die Rechtsprechung des BGH zur VOB/B als Ganzes auch auf Fälle unter Geltung des Schuldrechtsmodernisierungsgesetzes 2002 anwendbar ist.

**b) AGB-rechtlicher „Kernbereich".** Nach der in Rdn. 25 erwähnten bisherigen älteren Rechtsprechung des BGH liegt ein Eingriff in den **Kernbereich** von VOB/B im vorgenannten Sinne vor, wenn sich der Hauptunternehmer oder Generalunternehmer im Rahmen eines VOB/B-Vertrages in von ihm gestellten Allgemeinen Vertragsbedingungen das Recht vorbehält, vom Vertrag mit dem Nachunternehmer **zurückzutreten** (oder gleichgelagert: den Vertrag mit dem Nachunternehmer zu **kündigen**), wenn die Arbeiten vom Auftraggeber des Hauptunternehmers oder Generalunternehmers eingestellt werden, ohne dabei dem Nachunternehmer in diesem Fall die Vergütungs-Rechte des § 8 Nr. 1 VOB/B i. V. m. § 649 BGB zuzugestehen. Dasselbe gilt regelmäßig, wenn die vertragsgemäß fertiggestellte Leistung des Nachunternehmers nach dem Klauselwerk des Hauptunternehmers/Generalunternehmers erst als abgenommen gelten soll, wenn sie im Rahmen der **Abnahme** des Gesamtbauvorhabens vom Auftraggeber des Hauptunternehmers abgenommen wird. Ob eine Klausel individualvertraglich oder formularmäßig/AGB-mäßig vereinbart ist und ob sie dabei gegen AGB-rechtliche Bestimmungen verstößt oder nicht, spielt bei der Frage, ob sie einen Eingriff in den Kernbereich von VOB/B enthält, keine Rolle. Selbst wenn nämlich eine derartige Klausel sogar gegen AGB-rechtliche Bestimmungen verstößt, ist sie bei der Frage, ob VOB/B „als Ganzes" vereinbart wurde, zu berücksichtigen; denn es wäre sinn- und zweckwidrig, wenn gerade besonders zu missbilligende Eingriffe in den Regelungsgehalt der VOB/B, die sogar dem AGB-rechtlichen Unwert-Urteil unterfallen, bei der hier vorzunehmenden Prüfung außer Acht bleiben müssten.[43]

### 2. Eigenständigkeit von Hauptvertrag und Nachunternehmervertrag

**a) Grundsätzlich keine direkte Rechtsbeziehung zwischen Nachunternehmer und „Bauherr" – Ausnahmen von der Regel bezüglich Vergütung/Zahlung und Haftung.** Aus dem unter Rdn. 15, 16, 24 behandelten **Eigenständigkeitsprinzip** ergibt sich, dass unmittelbare **vertragliche** Rechte und Pflichten zwischen Auftraggeber (meist „Bauherr") des Hauptunternehmers/Generalunternehmers und Nachunternehmer grundsätzlich nicht bestehen; denn der **Nachunternehmer** steht zum vorgenannten Auftraggeber

---

[43] BGH NJW 1995, 526, 527 = BauR 1995, 234, 235 = ZfBR 1995, 77, 78 m. w. N.

§ 4 Nr. 8 Pflicht des Auftragnehmers zur Selbstausführung

in keinem unmittelbaren Vertragsverhältnis,[44] soweit nicht besondere Vereinbarungen zwischen dem Bauherrn und dem Nachunternehmer vorliegen, etwa mit der Folge einer Schadensersatzpflicht des Bauherrn – nach Kündigung seines Werkvertrags mit dem Hauptunternehmer – wegen Verletzung der Vereinbarung durch eine unterlassene Unterrichtung und gleichwohl erfolgter Entgegennahme weiterer Leistungen des Nachunternehmers.[45] Eine solche „besondere Vereinbarung" ist auch die Rechtsfigur des **„Vertrages mit Schutzwirkung zugunsten Dritter",** wonach ein geschädigter Auftraggeber als verletzter Dritter wegen Verstoß gegen Schutz- und Nebenpflichten einen direkten vertraglichen Schadensersatzanspruch gegen den von seinem Auftragnehmer beauftragten Nachunternehmer haben kann, siehe oben Rdn. 24 a. E. und Rdn. 15 a. E.

28 Der Nachunternehmer hat die von ihm übernommene Leistung bzw. übernommenen Leistungsteile – in eigener Verantwortung – gegenüber dem Auftragnehmer als seinem Auftraggeber zu erbringen; der Nachunternehmer wird nicht schon dadurch und auch dann nicht Vertragspartner des Auftraggebers seines Auftraggebers, wenn vereinbart ist, dass der Nachunternehmer seine Rechnungen unmittelbar dem Auftraggeber (seines Auftraggebers) zuleiten und dieser seine Zahlungen direkt an den Nachunternehmer leisten soll.[46] **Auch** Ansprüche des Nachunternehmers aus **Geschäftsführung ohne Auftrag** oder aus **ungerechtfertigter Bereicherung** gegenüber dem Auftraggeber seines Auftraggebers sind **grundsätzlich nicht** möglich, wenn der Hauptvertrag und/oder der Nachunternehmervertrag wirksam ist. Einen solchen Anspruchsdurchgriff verwehrt der aus der Parteiautonomie folgende Vorrang der vertraglichen Rechte gegenüber dem Ausgleich der aus der erbrachten Leistung resultierenden Vorteile Dritter, die außerhalb des Vertrags stehen.[47]

29 (1) Der oben in Rdn. 24 – unter Beachtung der eventuellen Vorteilsausgleichung beim Mängelschadensersatz gemäß den beiden berichteten BGH-Urteilen vom 28. 6. 2007, VII ZR 81/06 und VII ZR 8/06 sowie weiterer (auch von künftiger Rechtsprechung entwickelter) Ausnahmen wie z. B. eingangs der Rdn. 31 (1) genannt – behandelte Grundsatz der **rechtlichen Eigenständigkeit** des Werkvertrages/Bauvertrages zwischen Auftraggeber und Auftragnehmer („Hauptvertrag") und des Werkvertrages/Bauvertrages zwischen Auftragnehmer und Nachunternehmer („Nachunternehmervertrag") sowie ggf. zwischen Letzterem und dessen Auftragnehmer und so fort („Nach-Nachunternehmerverträge") hat, wie ausgeführt, zur logischen Folge, dass **vertragliche** Rechte und Pflichten, somit auch Ansprüche nur im Verhältnis der jeweiligen Vertragspartner zueinander bestehen.

Die grundsätzliche rechtliche Selbstständigkeit/Eigenständigkeit von Hauptvertrag und Nachunternehmervertrag betrifft und umfasst die Erfüllung **aller gegenseitigen** sich aus dem jeweiligen Vertrag ergebenden **Rechte und Pflichten,** wirkt sich also auf **alle Vertragsvorgänge** aus, dabei konsequentermaßen **auch** auf die **Rückabwicklung** aus **ungerechtfertigter Bereicherung,** wie der anschauliche Fall des BGH VII ZR 315/97[48] zeigt.

---

[44] BGH BauR 1974, 134; OLG Düsseldorf BauR 1996, 267, 270; *Ingenstau/Korbion* Anh. 3 Rdn. 141; *Kapellmann/Messerschmidt/Merkens* § 4 Rdn. 203; *Vygen* Bauvertragsrecht, Rdn. 18; *Werner/Pastor* Rdn. 1051, 1057; *Locher* PrivBauR Rdn. 389, 630.
[45] BGH NJW-RR 1993, 532 = BauR 1993, 223, 224, 225 = ZfBR 1993, 116, 117 = BB 1993, 685, 686: nach Kündigung fortwirkende Dreiervereinbarung (gem. § 133, 157 BGB nach Interessenlage) zur Sicherung der Vergütungsansprüche des Nachunternehmers: „Nimmt der Bauherr vom Subunternehmer, dem zukünftige Werklohnansprüche des Hauptunternehmers abgetreten waren, nach Kündigung seines Werklohnvertrages mit dem Hauptunternehmer weitere Leistungen entgegen, ohne den Subunternehmer von der Kündigung zu unterrichten, so kann darin eine zum Schadensersatz verpflichtende Verletzung der Vereinbarung liegen, in der sich der Bauherr im eigenen Interesse dem Subunternehmer gegenüber verpflichtet hatte, der Abtretung zuzustimmen"; *Werner/Pastor* Rdn. 1051, 1053.
[46] BGH BauR 1974, 134, 135; *Ingenstau/Korbion* Anh. 3 Rdn. 143; *Werner/Pastor* Rdn. 1051, 1053, 1049.
[47] Bezüglich wirksamem Hauptvertrag BGH *Schäfer/Finnern* Z 2.222, Bl. 21 f.; bezüglich wirksamem Nachunternehmervertrag und Hervorhebung des verdrängenden Vorrangs der vertraglichen Rechte BGH BauR 2004, 1151, 1152 = NZBau 2004, 387, 388 m. w. N.
[48] BGH, Urt. v. 18. 6. 1998 BauR 1998, 1113, 1114 = ZfBR 1999, 13 zum Bereicherungsausgleich, wenn der Generalunternehmer den Nachunternehmer (= Kläger) des Hauptunternehmers (= Beklagter) beauftragt, die Leistung des Nachunternehmers aber dem Hauptunternehmer bezahlt hat: „Soweit die Zahlung ohne

*Pflicht des Auftragnehmers zur Selbstausführung* **§ 4 Nr. 8**

Betroffen sind somit neben anderem Inhalt, Art und Umfang der Bauleistung, Abnahmen, Vergütung/Zahlung, frühere Gewährleistung bzw. jetzige Mängelansprüche, Verzugshaftung,[49] sonstige Haftung, Anspruchsankündigungen (z. B. nach § 2 Nr. 6 VOB/B), gebotene Bedenkenmitteilungen, Behinderungsanzeigen, Vorbehalte einschließlich Schlusszahlungsvorbehalte, sonstige rechtsbegründenden und rechtswahrenden Erklärungen und Handlungen und dgl. mehr. Das gilt, soweit nicht zwischen den betroffenen Beteiligten, oft allen dreien (= erststufiger Auftraggeber, zweitstufiger Auftraggeber, Auftragnehmer/Nachunternehmer), ausdrücklich, konkludent oder stillschweigend etwas anderes vereinbart ist.[50] Solche **Spezial-Vereinbarungen,** auch die Voraussetzungen des etwaigen „Vertrages mit Schutzwirkung zugunsten Dritter" (siehe Rdn. 27 a. E.), hat diejenige Partei zu beweisen, die sich darauf beruft. Zum Vorliegen oder Nicht-Vorliegen solcher Vereinbarungen siehe in **Rdn. 30** die Beispiele aus der **Rechtsprechung.**

(2) – Zur Werk**vergütungszahlung** bestimmt allerdings der durch das **„Gesetz zur Beschleunigung fälliger Zahlungen"** vom 30. 3. 2000 eingeführte und am 1. 5. 2000 in Kraft getretene neue und auch nach der Schuldrechtsmodernisierung 2002 so fortgeltende § 641 Abs. 2 Satz 1 BGB durch seine Regelung der so genannten **„Durchgriffsfälligkeit"** folgendes: Die Vergütung des Nachunternehmers „wird spätestens fällig, wenn und soweit" dessen Auftraggeber („Besteller") von seinem eigenen Auftraggeber für das versprochene Werk wegen des vom Nachunternehmer hergestellten Teiles des Werks die „Vergütung oder Teile davon erhalten hat".[51] Dies ist jedoch kein Bruch des Selbstständigkeits- und Eigenständigkeitsprinzips, sondern gerade wegen dieses Prinzips war zur Erreichung des speziellen rechtspolitischen Sach-Zwecks des Zahlungsbeschleunigungsgesetzes der Ausnahmetatbestand der „Durchgriffsfälligkeit" geschaffen worden. Diese Durchgriffsfälligkeit gilt so nur im BGB-Bauvertrag. Im VOB/B-Bauvertrag ist Voraussetzung für die Wirkung der Durchgriffsfälligkeit aus § 641 Abs. 2 Satz 1 BGB die in § 16 VOB/B festgelegte Stellung einer entsprechenden Rechnung (Abschlagsrechnung, Schlussrechnung) als weitere, **zusätzliche Fälligkeitsvoraussetzung.**[52] Zur zeitlichen Anwendbarkeit der neuen BGB-Bestimmungen des Zahlungsbeschleunigungsgesetzes für Werkverträge/Bauverträge vor/nach dem 1. 5. 2000 siehe Art. 2 Abs. 1 des Gesetzes.

**b) Regel und Ausnahme bei der Vergütung/Zahlung und bei der Mängelhaftung bzw. früheren Gewährleistung – konkrete Rechtsprechungsfälle.** 30

(1) Zur Vergütung und Zahlung einschließlich **Rdn. 29 (1), letzter Satz** Beispiele aus der **Rechtsprechung: BGH** *Schäfer/Finnern/Hochstein* Z 2300 Bl. 22, 24: Originärer vertraglicher **Vergütungsanspruch** des Nachunternehmers nur gegen den Hauptunternehmer als seinem unmittelbaren Auftraggeber, nicht jedoch gegenüber dessen Auftraggeber/Bauherrn; unmittelbarer Zahlungsanspruch des Nachunternehmers gegenüber dem Bauherrn jedoch auf Grund besonderer unmittelbarer Abrede mit ihm möglich, etwa auf Grund einer Bürgschaft oder eines selbstständigen Garantieversprechens, beispielsweise durch die Erklärung des Bauherrn, er werde in jedem Falle, gegebenenfalls aus seinem Vermögen, für die Bezahlung der Leistung des Nachunternehmers sorgen. – **OLG Düsseldorf** BauR 1996, 267, 270: Aus § 4 Nr. 8 Abs. 1 Satz 2 VOB/B lässt sich kein **Vergütungsanspruch** des Auftragnehmers an

---

Rechtsgrund geschehen ist, ist diese Leistung im Verhältnis zwischen der Beklagten und dem Generalunternehmer bereicherungsrechtlich abzuwickeln." Denn: „Die Beklagte hat durch die Leistung der Klägerin nichts erhalten. Diese hat den Auftrag des Generalunternehmers erfüllt und an diesen geleistet." – Kritisch hierzu *Kaiser,* BauR 1999, 901 bis 903.

[49] Siehe die Beispiele unten Rdn. 31 (2)a.

[50] Vgl. die unten Rdn. 30 genannten Rechtsprechungsbeispiele. – Zu in Nachunternehmerverträgen verwendeten Vergütungsklauseln, Abnahmeklauseln und Gewährleistungs(frist)klauseln unter dem Aspekt Parallelschaltung/Koppelung siehe auch die ausführliche Darstellung von *Locher* NJW 1979, 2235 ff. sowie *Locher/Korbion* Rdn. 144 ff. und *Vygen* Bauvertragsrecht Rdn. 263–269, alle auch m. w. N.; *Werner/Pastor* Rdn. 1057, 1058, 1059, 1053. D. w. auch unten Rdn. 53–58 bezügl. Vertragsbedingungen. Ausführlich zum Themenkreis *Ramming* BB 1994, 518 ff. bezügl. Vertragsgestaltung, dabei auch der dortigen Ausführungen zur Verkehrssicherungspflicht u. zur Bauleistungsversicherung auf S. 525 ff. im (Vertrags-)Verhältnis „Hauptunternehmer"-Nachunternehmer.

[51] Zum genannten Gesetz siehe den Aufsatz von *Kniffka* „Das Gesetz zur Beschleunigung fälliger Zahlungen", ZfBR 2000, 227 ff., dabei speziell zur „Durchgriffsfälligkeit" dort S. 231 l. Sp. sowie den ebenso hervorragenden Aufsatz unter gleichem Titels von *Kiesel* NJW 2000, 1673 ff., dabei speziell zur „Durchgriffsfälligkeit" dort S. 1678 l. Sp.; beide Aufsätze beschäftigen sich zudem ausführlich mit dem Verhältnis der durch das Zahlungsbeschleunigungsgesetz eingeführten Bestimmungen bei den §§ 284 a. F., 288 a. F. und 631 ff. BGB zu den jeweils einschlägigen VOB/B-Regelungen.

[52] So auch *Kiesel,* a. a. O. NJW 2000, 1673, 1678 Ziff. 5., 1675 r. Sp.

§ 4 Nr. 8       Pflicht des Auftragnehmers zur Selbstausführung

seinen Auftraggeber deshalb herleiten, weil der Nachunternehmer entsprechende Zahlungen, etwa Zusatzvergütung oder geänderte Vergütung vom Auftragnehmer fordert. Die genannte Bestimmung regelt lediglich, unter welchen Voraussetzungen der Unternehmer (Auftragnehmer) die ihm nach dem Vertrag obliegenden Leistungen an einen Nachunternehmer übertragen darf. Das begründet aber nicht per se eine Pflicht des Auftraggebers gegenüber seinem Auftragnehmer, an ihn die vom Nachunternehmer in Rechnung gestellten Beträge zu zahlen. Also auch keine „Durchgriffs"-Wirkung „von unten nach oben" zugunsten des „zwischen zwei Stühlen sitzenden" Auftragnehmers. – **BGH** NJW RR 1994, 1044 = BauR 1994, 624, 625 = ZfBR 1994, 210: **Sicherungs- und Zahlungsvereinbarung** zwischen Bauherr und Nachunternehmer. – **BGH** NJW-RR 1993, 532, 533 = BauR 1993, 223, 224, 225 = ZfBR 1993, 116, 117 = BB 1993, 685, 686: Aus ersichtlicher Interessenlage gem. §§ 133, 157 BGB anzunehmende Sicherungsvereinbarung zwischen Hauptunternehmer, Nachunternehmer und Bauherr zur Sicherung der Vergütungsansprüche des Nachunternehmers durch Abtretung der Vergütungsansprüche des HU gegen den Bauherrn an den NU unter Zustimmung des Bauherrn mit Fortwirkung nach Kündigung des Werkvertrags zwischen Bauherr und HU mit der Folge einer Schadensersatzpflicht des Bauherrn bei (positiver Vertrags-)Verletzung der Vereinbarung. – **OLG Koblenz** BB 1992, 1304 und **OLG Hamm** BauR 1992, 813 (9): Zum kumulativen **Schuldbeitritt**/Schuldmitübernahme des Bauherrn gegenüber Subunternehmer bei Zahlungsschwäche oder Zahlungsunfähigkeit des Hauptunternehmers; Recht der Schuldbeitretenden, Einwendungen des „Hauptschuldners" zu erheben. – **OLG Hamm** NJW 1993, 2625, 2626: Mündliche Erklärung des Bauherrn gegenüber Nachunternehmer: „Wenn der Bauträger (= AN des BH und AG des NU) tatsächlich zahlungsunfähig werden sollte, werden wir einspringen; zahlt er nicht, zahlen wir selbst", sei nicht kumulativer Schuldbeitritt/Schuldmitübernahme, sondern mündlich erklärte Bürgschaft, die aber wegen fehlender Schriftform unwirksam sei; dagegen wirksamer formloser Schuldbeitritt des Bauherrn bei schon eingetretener Zahlungseinstellung des Bauträgers/Auftraggebers durch die mündliche Äußerung, er „verbürge sich dafür, dass das Geld von den Eigentümern direkt an ihn (= NU) gezahlt werde" in Urt. OLG Hamm 12 U 47/94 v. 19. 10. 1994 *Schäfer/Finnern/Hochstein* Nr. 43 zu § 631 BGB. – **OLG Düsseldorf** BauR 1995, 257: Zusage des Bauherrn (durch den konkludent hierzu bevollmächtigten Architekten) an den Auftragnehmer des Hauptunternehmers, also den Subunternehmer, „dass, falls er (der Subunternehmer) von seinem Auftraggeber keine Vergütung erhält, der Bauherr in den Auftrag einsteigen und die geleistete Arbeit vergüten wird", sei als Schuldbeitritt für die Zukunft zu verstehen. **BGH** VII ZR 117/99 v. 26. 10. 2000 BauR 2000, 626: „Droht der Sub-Sub-Unternehmer mit der Einstellung der Arbeiten, falls sein Auftraggeber die Abschlagszahlungen nicht leistet, und drängt der Bauleiter des Generalunternehmers auf Fortsetzung der Arbeiten mit der Erklärung, der Generalunternehmer werde im Falle der Zahlungsunfähigkeit des Subunternehmers dessen Verpflichtungen übernehmen und den Werklohn zahlen, so liegt darin ein **Schuldbeitritt** des Generalunternehmers, sofern der Bauleiter dazu Vollmacht hatte." – Dagegen sieht **OLG Oldenburg** v. 4. 7. 1996 – 8 U 47/96 in der Erklärung des Bauherrn zum Nachunternehmer wie: „Sie bekommen Ihr Geld" oder „Arbeiten Sie weiter, Sie bekommen auf jeden Fall Ihr Geld" **keine Schuldübernahme** und keine Garantieerklärung für die Zahlung; solche Erklärungen seien zu unbestimmt, um daraus auf solch weitreichende Verpflichtungsübernahmen schließen zu können, mangels weiterer Anhaltspunkte habe der Bauherr nur seine bestehende Verpflichtung gegenüber seinem unmittelbaren auftragnehmenden Vertragspartner unterstrichen (diese Auslegung des Gerichts mag verstehen, wer will, der Kommentator kann dieses Ergebnis nicht nachvollziehen). Nach **Kammergericht Berlin,** BauR 2005, 1680 Nr. 9, kann nicht der Ausnahmefall zusätzlicher entgeltlicher Beauftragung eines Subunternehmers durch den Bauherrn angenommen werden, wenn der Subunternehmer den Bauherrn darauf hinweist, dass bestimmte Arbeiten nicht von seinem Auftrag gedeckt sind und der Bauherr ihn gleichwohl zur Erledigung auffordert. – **BGH** IX ZR 276/99 v. 30. 11. 2000 BauR 2001, 628, 629 r. Sp.: „Verspricht der Auftraggeber einem Nachunternehmer, der sich wegen Zahlungsverzugs des Hauptauftragnehmers an ihn gewandt hat, er werde „von

*Pflicht des Auftragnehmers zur Selbstausführung* **§ 4 Nr. 8**

seinen Rechten gemäß **§ 16 Nr. 6 VOB/B** Gebrauch machen", so übernimmt er allein damit noch **keine Bürgschaft** und „erst recht" auch keinen Schuldbeitritt, also auch **keine Schuldübernahme;** zur Abgrenzung einer Zahlungszusage als „Bürgschaft" oder als „Schuldbeitritt" siehe auch *Palandt/Heinrichs,* Überblick vor § 414 Rdn. 4 und *Coesters,* JuS 1994, 370 ff. „Die Zahlungszusage auf der Baustelle". **OLG Düsseldorf** NJW-RR 1997, 211, 212: Vereinbaren Generalunternehmer und Subunternehmer zur Beilegung ihres Streits, ob eine Leistung von dem zwischen ihnen geschlossenen Pauschalvertrag umfasst war, dass, wenn der Bauherr für die Leistung eine **Vergütung** an den GU zahlt, diese voll an den Subunternehmer gezahlt wird, so wird dadurch eine **aufschiebend bedingte Werklohnforderung** begründet. Der GU handelt dabei nicht treuwidrig i. S. d. § 161 Abs. 1 BGB, wenn er nach einer solchen Vereinbarung davon absieht, den Bauherrn auf Zahlung zu verklagen; **BGH** BB 1996, 1524, 1525 m. w. N. und *Korbion/Locher,* AGB-Gesetz und Bauerrichtungsverträge Rdn. 155: Eine AGB-Zahlungsklausel, wonach bei einem Werkvertrag der Anspruch des Nachunternehmers auf seinen Werklohn von der Zahlung des Kunden an den Hauptunternehmer abhängig gemacht wird **(„pay-when-paid-Klausel"),** verstößt wegen unangemessener Benachteiligung des Nachunternehmers gegen § 9 AGB-Gesetz, auch im Hinblick auf das Eigenständigkeitsprinzip gemäß Rdn. 24 ff.; siehe auch **OLG Koblenz** U v. 5. 12. 2003 – 8 U 1016/03 i. V. m. BGH Beschluss v. 26. 8. 2004 – VII ZR 5/04 über die Zurückweisung der Nichtzulassungsbeschwerde, BauR 2004, 1832 Nr. 8 (nur Ls.) u. IBR 10/2004, 560, mit dem zusätzlichen Rechtsaspekt der einseitigen vertraglichen Durchbrechung des Grundsatzes der Eigenständigkeit von Hauptvertrag und Nachunternehmervertrag; **OLG Düsseldorf** NJW-RR 1999, 1323, 1324: Allein aus der **Vereinbarung** des Unternehmers mit seinem Subunternehmer, dass der **Werklohn erst gezahlt** werden soll, **wenn** der **Unternehmer** von seinem Auftraggeber das **Geld erhält,** ergibt sich **nicht,** dass der **Subunternehmer auch** das **Risiko der Zahlungsunfähigkeit** übernimmt; vielmehr wird der **Werklohnanspruch des Subunternehmers** spätestens **mit** der **Eröffnung des Insolvenzverfahrens** über das Vermögen des **Auftraggebers** des Unternehmers **fällig.** Folgenden **schadensersatzrechtlichen Haftungsdurchgriff** gegen den Bauherrn aus culpa in contrahendo (BGB a. F.) billigte das **OLG Braunschweig** BauR 2004, 1784–1786 dem Nachunternehmer zu: Der Bauherr haftet einem Subunternehmer eines insolvent gewordenen Bauträgers für den Ausfall des Werklohnes unter dem Gesichtspunkt des Schadensersatzes aus Sachwalterhaftung, wenn der Werkvertrag nur deshalb nicht unmittelbar zwischen dem Bauherrn und dem Unternehmer sondern zwischen diesem als Subunternehmer und dem Bauträger des Bauherrn abgeschlossen worden ist, weil der ihn vermittelnde Bauherr die erkennbar berechtigten Bedenken des Subunternehmers an einer solchen Vertragskonstellation aus wirtschaftlichem Eigeninteresse oder unter Inanspruchnahme besonderen persönlichen Vertrauens zerstreut hat. – Zur gesetzlichen sogenannten **„Durchgriffsfälligkeit"** des § 641 Abs. 2 BGB i. d. F. v. 30. 3. 2000 siehe Rdn. 29 a. E.

(2) **Rechtsprechungs**beispiele **zur Mängelhaftung und** früheren **Gewährleistung: BGH** NJW 1989, 1602, 1603 = BauR 1989, 322, 323 = ZfBR 1989, 158, 159, 160 und **BGH** BauR 1989, 727, 728 = ZfBR 1989, 251, 252: Grundsätzlich getrennte **Abnahme** und getrennte **Verjährungsfrist** für die Gewährleistung bzw. nach dem neuen Schuldrecht für die Mängelansprüche hinsichtlich Beginn und Dauer. Bezüglich der Zulässigkeit der „Parallelschaltung" von Abnahme und Gewährleistungsfrist durch AGB gilt grundsätzlich, dass die Gleichschaltung bzw. Koppelung der Abnahme der Nachunternehmerleistung im Verhältnis zum Generalunternehmer mit der Abnahme der gesamten Generalunternehmerleistung durch dessen Auftraggeber sowie jedenfalls die Koppelung ohne jede zeitliche Schranke gem. § 9 Abs. 1 und 2 AGB-Gesetz/307 Abs. 1 Satz 1, Abs. 2 BGB 2002 unwirksam ist. Deshalb ist das Urteil des **OLG Jena** v. 17. 6. 1998 – 2 U 997/97 diesseitigen Erachtens nicht haltbar, wonach die vom Bauherrn vorgenommene Abnahme auch im Nachunternehmerverhältnis wirke, falls und soweit der Nachunternehmervertrag hinsichtlich seines Leistungsinhaltes identisch mit dem Hauptvertrag zwischen Hauptunternehmer und Bauherrn sei. Denn auf Grund des vertragsrechtlichen Selbstständigkeits- und Eigen-

§ 4 Nr. 8 Pflicht des Auftragnehmers zur Selbstausführung

ständigkeitsprizips hat der Hauptunternehmer gegenüber dem Nachunternehmer als seinem Auftragnehmer ein eigenständiges Recht die Abnahme zu verweigern, wenn die Voraussetzungen hierfür gegeben sind, etwa das Vorliegen wesentlicher Mangelhaftigkeit, die der Bauherr anders beurteilt oder anders behandeln will (z. B. nur mit Mängelvorbehalt oder mit finanzieller Abgeltung). – **OLG Düsseldorf** BauR 1995, 111: **Verlängerung der Verjährungsfrist** für die Gewährleistung bzw. nach neuem Recht für die Mängelansprüche in VOB-Nachunternehmervertrag auf 2 Jahre und 4 Wochen ist zulässig. – **BGH** NJW 1981, 1779 = BauR 1981, 383, 384 = ZfBR 1981, 169: Haftung des Hauptunternehmers – hier **Gewährleistungshaftung**/Haftung für die **Mängelansprüche** – schlägt nicht ohne weiteres auf sein Vertragsverhältnis zu dem Nachunternehmer durch. – **OLG Schleswig** NJW-RR 1998, 1551, 1552: Bleibt ein Bauvorhaben wegen Zahlungsunfähigkeit des Hauptunternehmers stecken und vereinbart deshalb der Bauherr mit dem Subunternehmer die Fertigstellung des Gewerks, kann die Auslegung dieser Vereinbarung ergeben, dass der Subunternehmer dem Bauherrn als Erfolg das gesamte Gewerk schuldet und auch für die Teile gewährleistungspflichtig ist, die er bereits vor Abschluss der Vereinbarung mit dem Bauherrn erstellt hatte. Trotz der Trennung der Rechtsverhältnisse des Bauherrn zum Hauptunternehmer, des Hauptunternehmers zum Subunternehmer sowie des Bauherrn zum Subunternehmer auf Grund von direkt erteilten Zusatzaufträgen, kann der Bauherr bei der Durchsetzung von Gewährleistungsansprüchen gegenüber dem Subunternehmer wegen des **gesamten** Bauwerks und nicht nur wegen der Zusatzaufträge prozessführungsbefugt sein. – **BGH** BauR 1990, 358, 359 = ZfBR 1990, 175: Eigenständiger Anspruch des Hauptunternehmers gegen den Nachunternehmer auf Zahlung eines **Kostenvorschusses** für Mängelbeseitigung unabhängig davon, ob der Hauptunternehmer seinem Auftraggeber einen solchen Kostenvorschuss schuldet, der Auftraggeber diesen Kostenvorschuss verlangt oder ob der Hauptunternehmer einen seinem Auftraggeber geschuldeten Kostenvorschuss für die Mängelbeseitigung bereits geleistet hat.

(3) Nicht hierher gehört das Thema der verzugsbedingten **Vertragsstrafe** im „Hauptvertrag" und deren adäquat-kausale Rechtsauswirkung **als Schadensersatzanspruch** im Nachunternehmervertragsverhältnis, siehe dazu Rdn. 31 (2).

**31 c) Regel und Ausnahme bei der Haftung überhaupt**
(1) Nach dem in Rdn. 29 Gesagten schlägt die **vertragliche Haftung** des Generalunternehmers/Hauptunternehmers oder des sonstigen Auftragnehmers gegenüber seinem Auftraggeber grundsätzlich nicht und nicht ohne weiteres (automatisch) auf sein Vertragsverhältnis zu dem Nachunternehmer durch,[53] sondern nur dann, wenn zwischen den entsprechenden Beteiligten solches vereinbart ist[54] oder wenn sich dies zwangsläufig rechtlich als schadensersatzrechtliche Kausalitätsfolge ergibt wie nachfolgend unter (2) und (3) aufgezeigt oder wenn Treu und Glauben eine „Durchstellung" gebietet wie z. B. in der den beiden BGH-Urteilen vom 28. 6. 2007 zugrundeliegenden Fall- und Rechtskonstellation der Vorteilsausgleichung beim Mängelschadensersatz in der werkvertraglichen Leistungskette gemäß Rdn. 29, 24 sowie in den Fällen gemäß Rdn. 33 (2) oder wenn aufgrund Sonderrechtes, wie z. B. durch Konkursrecht/Insolvenzrecht, eine (durchschlagende) Verknüpfung der beiden Rechtsverhältnisse wie nachfolgend unter (5) dargestellt gegeben ist bzw. eintritt. Ihren **eigenen Regeln** unterliegt selbstverständlich die **deliktische Haftung,** siehe nachfolgend unter (4).
(a) Es müssen zwischen den jeweiligen Vertragspartnern **selbstständig** die Voraussetzungen gegeben sein, welche die jeweiligen Rechte (einschließlich Ansprüche) und Pflichten begründen; deshalb schlägt etwa für einen Anspruch nach § 13 Nr. 5 VOB/B die Mängelbeseitigungsaufforderung des Auftraggebers gegenüber dem Auftragnehmer ohne besondere anderweitige Vereinbarung nicht automatisch auf den Nachunternehmer durch, sondern der Auftragnehmer muss gegenüber dem Nachunternehmer als

---
[53] BGH NJW 1981, 1779 = BauR 1981, 383, 384 = ZfBR 1981, 169; *Werner/Pastor* Rdn. 1059, 1057.
[54] Dazu zählt i. w. S. auch der „Vertrag mit Schutzwirkung für Dritte", s. Rdn. 27, 24, 15 je a. E.

seinem eine eigene selbstständige Mängelbeseitigungsaufforderung aussprechen.[55] Deshalb ist in einem solchen Fall **auch umgekehrt** der Einwand des von dem Generalunternehmer auf Mängelbeseitigung in Anspruch genommenen Nachunternehmers, der Bauherr habe die Nachbesserung verweigert, unbeachtlich, solange der Nachunternehmer die Nachbesserung dem Generalunternehmer nicht in verzugsbegründender Weise anbietet und diesem damit Gelegenheit gibt, den Bauhherrn zur Entgegennahme der Nachbesserung anzuhalten.[56] Zu einem etwaigen **Schadensersatzanspruch** des Generalunternehmers, der **wegen** vom **Nachunternehmer** zu verantwortenden **Mängeln** mit dem Auftraggeber (des Genralunternehmers) einen **Prozessvergleich** geschlossen hat, siehe BGH VII ZR 446/99 v. 25. 1. 2001.[57]

(b) Da der Nachunternehmer seine Leistung allein dem Generalunternehmer/Hauptunternehmer oder sonstigen Auftragnehmer als seinem Auftraggeber und nicht dessen Auftraggeber schuldet, sind auch nicht die Voraussetzungen des **§ 421 BGB** erfüllt, so dass ein Ausgleichsanspruch des Architekten oder eines anderen Gewährleistungspflichtigen des Bauherrn gegen den Generalunternehmer/Hauptunternehmer oder sonstigen Auftragnehmer sich nicht zugleich gegen den Nachunternehmer richten kann und der Generalunternehmer/Hauptunternehmer/sonstige Auftragnehmer, der wegen Mängeln nach § 426 BGB von dem Architekten des Bauherrn oder einem anderen Gewährleistungspflichtigen auf Ausgleich in Anspruch genommen wird, in der Regel von seinem Nachunternehmer Gewährleistung nur fordern kann, wenn er diesen gemäß § 13 Nr. 5 VOB/B zur kostenlosen Mängelbeseitigung aufgefordert hat.[58] Ist letzteres der Fall und erfüllt der Nachunternehmer seine Gewährleistungspflicht nur zögerlich, so dass es zu einem gerichtlichen Beweissicherungsverfahren (Selbstständigen Beweisverfahren) und zu einem für den Auftraggeber des Nachunternehmers auf Grund des Ergebnisses des Beweissicherungsgutachtens nicht aussichtslosen anschließenden Rechtsstreit zwischen dem genannten Auftraggeber und dem Bauherrn kommt, so hat der Auftraggeber wegen der Kosten dieser Verfahren gegen den Nachunternehmer grundsätzlich einen Schadensersatzanspruch aus **positiver Vertragsverletzung,** unter Beachtung etwaigen eigenen Mitverschuldens gem. § 254 BGB.[59] Zur positiven Vertragsverletzung des Nachunternehmers siehe weiter Rdn. 33 I (2).

(2) (a) **Unberührt von** der **Eigenständigkeit** der jeweiligen Vertragsbeziehungen bleibt die **vertragsrechtlich-schadensrechtliche** adäquate **Kausalität,** welche als eigene spezifische Rechtskategorie zwangsläufig zur Folge haben kann, dass sich ein Vertragsverstoß im Nachunternehmer-Vetragsverhältnis zugleich im Hauptvertragsverhältnis auswirkt und in beiden Vertragsverhältnissen Ansprüche des jeweiligen Auftraggebers begründet, die durch diesen Vetragsverstoß als Ausgangsursache verursacht worden sind, etwa: So führt ein Leistungsverzug des Nachunternehmers über die Erfüllungsgehilfenhaftung des Hauptunternehmers nach § 278 BGB zugleich zu einer Leistungsverzögerung des Hauptunternehmers im Hauptvertragsverhältnis zum Bauherrn und bei eigenständigem Vorliegen der Verzugsvoraussetzungen nach §§ 284, 285 BGB a. F./§ 286 BGB n. F. und/oder Vertragsstrafenvoraussetzungen **im** genannten **Hauptvertragsverhältnis** dort zum rechtlich eigenen Leistungsverzug des Hauptunternehmers, mit der Folge einer verzugsbedingten Schadensersatzverpflichtung und/oder einer verzugsbedingten Vertragsstrafenzahlungs-Verpflichtung des Hauptunternehmers gegenüber seinem Auftraggeber, dem Bauherrn. Schon die Belastung mit dieser Verbindlichkeit des Hauptunternehmers sowie dann auch die entsprechende Bezahlung an den Bauherrn ist ein Schaden, den der Hauptunternehmer kausal durch den Leistungsverzug des Nachunternehmers **im Nachunternehmervertragsverhältnis** erleidet. Dadurch wird

---

[55] Ramming BB 1994, 518, 528, 529.
[56] So zutreffend OLG Düsseldorf NJW-RR 1998, 1553 = BauR 1998, 1263.
[57] BGH BauR 2001, 793, 794 = NZBau 2001, 263, 264.
[58] BGH NJW 1981, 1779 = BauR 1981, 383, 384/385 = ZfBR 1981, 169, 170.
[59] Vgl. OLG Düsseldorf NJW-RR 1996, 729, 730 = BauR 1996, 129, 130, 131.

ein **Verzugsschadensersatzanspruch** des Hauptunternehmers gegen den Nachunternehmer begründet: im BGB-Bauvertrag gemäß §§ 286, 287, 284, 285 BGB a. F./§§ 280 Abs. 2, 281 Abs. 1, 286 BGB n. F. und im VOB/B-Bauvertrag gemäß § 6 Nr. 6 VOB/B (gegebenenfalls i. V. m. den eben genannten BGB-Bestimmungen). Deshalb ist der Nachunternehmer, welcher mit der Beseitigung der Mängel seines Gewerks im Verzug ist, dem Hauptunternehmer zum Schadensersatz verpflichtet. Ein solcher Schadensersatzanspruch umfasst auch den Schaden, der dem Hauptunternehmer durch den Wegfall einer mit seinem Auftraggeber vereinbarten Beschleunigungsvergütung[60] oder dadurch entsteht, dass der Auftraggeber des Hauptunternehmers die Gesamtleistung nicht abnimmt, der Hauptunternehmer deshalb seine ihm zustehende Leistungs-Zahlung nicht erhält und der Auftraggeber zahlungsunfähig wird.[61]

(b) So hat im Falle eines VOB/B-Vertrages der BGH[62] zurecht entschieden, dass der **Generalunternehmer** eine im Verhältnis zum **Bauherrn** gültig (also wirksam!) vereinbarte **Vertragsstrafe als Verzugsschaden** gegenüber dem **Nachunternehmer** gemäß § 6 Nr. 6 VOB/B geltend machen („durchstellen") kann, wenn die rechtlich wirksam verwirkte Vertragsstrafe adäquat-kausal auf dem Verzug des Nachunternehmers beruht, wobei ein solcher Schadenseintritt nicht außerhalb der Lebenserfahrung liegt, da bekanntermaßen Generalunternehmer und Bauherr häufig eine Vertragsstrafe zu vereinbaren pflegen. Denn die Verwirkung der Vertragsstrafe in einem solchen Fall stellt für den Auftraggeber (meist Generalunternehmer) des Nachunternehmers einen **eigenen Schaden** dar, weil sich sein Vermögen auf Grund der erlittenen Vertragsstrafe konkret (und nachweisbar) verringert. In dieser Entscheidung ist der BGH zugleich auch ausdrücklich und eindeutig der – wegen falsch verstandener, angeblich entgegenstehender Selbstständigkeit und Eigenständigkeit der jeweiligen Vertragsverhältnisse erfolgten – Verneinung derartiger Schadensersatzansprüche durch vorausgegangene Urteile des OLG Dresden (NJW-RR 1997, 83, 84) und zweier Senate des OLG Frankfurt/Main (10 U 188/95 v. 17. 1. 1997 und 24 U 168/94 v. 20. 9. 1996) entgegengetreten. Weiter führt der BGH aus: „Zwar kann ein Subunternehmer schon bei geringer Verzögerung seiner Leistung im Ergebnis seinen Vergütungsanspruch verlieren, wenn der Hauptunternehmer dem Bauherrn eine nennenswerte Vertragsstrafe zu zahlen hat und der diese als Schaden vom Subunternehmer ersetzt verlangen kann. Dies allein rechtfertigt jedoch nicht den Ausschluss eines solchen Schadensersatzanspruches. Allerdings kann dem Hauptunternehmer **im Einzelfall** ein mitwirkendes Verschulden zur Last fallen. Der Tatrichter muss nach dem von Amts wegen zu berücksichtigenden Mitverschuldenseinwand gemäß **§ 254 Abs. 2 BGB** beispielsweise entscheiden, ob und gegebenenfalls wann der Hauptunternehmer den Subunternehmer auf die **Gefahr** eines für den Subunternehmer **ungewöhnlich hohen Schadens** wegen einer auf den Hauptunternehmer bei Vertragsausführung zukommenden Vertragsstrafe **aufmerksam zu machen** hat."[63] Dieses Urteil des 7. Senates hat der 10. Senat des BGH[64] voll bestätigt, und zwar ausdrücklich auch für die

---

[60] OLG Brandenburg BauR 2003, 1738 ff.
[61] OLG München BauR 2001, 964, 965, 966, rechtskräftig durch Nichtannahmebeschluss des BGH v. 8. 2. 2001 – VII ZR 253/99. Es ging beim Gewerk des Nachunternehmers um die Anbringung einer Dachrinne an einer Glasrotunde mit Auftragswert von ca. 4000,– DM, der Zahlungsausfall beim Hauptunternehmer betrug 100 000,– DM.
[62] BGH U. v. 18. 12. 1997 – VII ZR 342/96 NJW 1998, 1493, 1494 = BauR 1998, 330, 331 = ZfBR 1998, 146; *Oberhauser,* Vertragsstrafe und Regressmöglichkeiten gegenüber Dritten, BauR 2006, 210 ff.
[63] Siehe zum Gesamtthema auch *v. Wietersheim,* Geltendmachung von Vertragsstrafen aus dem Verhältnis Generalunternehmer/Bauherr im Verhältnis zwischen Generalunternehmer und Subunternehmer, BauR 1999, 526 und *Roquette/Knolle,* Eine vom Generalunternehmer an den Bauherrn zu zahlende Vertragsstrafe kann als Verzugsschaden gegenüber dem Subunternehmer geltend gemacht werden, BauR 2006, 47 ff. sowie *Petra Kirberger,* Die „durchgereichte" Vertragsstrafe, Festgabe Steffen Kraus, 2003, S. 101 ff.
[64] BGH v. 25. 1. 2000 – X ZR 197/97 NJW-RR 2000, 684, 685 = BauR 2000, 1050, 1051, 1052 = NZBau 2000, 195, 196. Im Anschluss daran z. B. auch Thüringer OLG, BauR 2003, 1416, 1417, wobei das OLG zurecht hervorhebt, dass eine (z. B. wegen AGB-rechtlichen Verstoßes) **unwirksame** Vertragsstrafenvereinbarung nicht zu einem Schadensersatzanspruch gegen den Nachunternehmer führt.

Weitergabe einer hohen Vertragsstrafe an den Subunternehmer. Danach ist der Hauptunternehmer grundsätzlich auch dann berechtigt, eine an seinen Auftraggeber auf Grund vertraglicher Verpflichtung gezahlte Vertragsstrafe als Schadensersatzanspruch gemäß § 6 Nr. 6 VOB/B durchzustellen, wenn diese fast 70% seines Vergütungsanspruchs erreicht, sofern und soweit der Subunternehmer die betreffende Verzögerung schuldhaft verursacht hat; dabei bleibt jedoch dem Subunternehmer der Einwand mitwirkenden Verschuldens des Hauptunternehmers wegen nicht oder nicht ausreichenden Hinweises nach § 254 Abs. 2 BGB auf die hohen Risiken. – Zum Fehlschlagen der Weiterbelastung einer bauherrnseitig verhängten Vertragsstrafe mittels Schadensersatzanspruchs an den Nachunternehmer bei Übernahme einer AGB-rechtlich unwirksamen Vertragsstrafenklausel aus dem Hauptvertrag in den Nachunternehmervertrag und bei Verursachungsanteilen mehrerer Nachunternehmer siehe KG Berlin BauR 2004, 1162 ff. und OLG Düsseldorf (rechtskräftig durch Nichtzulassungsbeschluss des BGH) BauR 2005, 439.

**Entsprechendes** gilt **für** anderweitige Leistungsstörungen und **sonstige Vertragsverstöße** mit daraus resultierenden Rechten einschließlich Ansprüchen in den jeweils **beiden** Vertragsverhältnissen.

(3) Die unter (2) behandelte (adäquate) **Kausalität** „verknüpft" also als eigener rechtlicher Schadens-Zurechnungstatbestand die beiden, vertragsrechtlich gesehen, rechtlich je eigenständigen Vertrags- und Schadensereignisse dergestalt, dass sie als eine zwangsläufige schadensrechtliche Kausalitätsfolge im Schadensersatzanspruch des Hauptunternehmers gegen den Nachunternehmer münden („Brückenwirkung" der Kausalität). Das Prinzip der Selbstständigkeit und Eigenständigkeit für jede Vertragsbeziehung bleibt unberührt. Es müssen nämlich in jedem Vertragsverhältnis die dortigen rechtlich eigenständigen Voraussetzungen für (Leistungs-)Verzug, Vertragsstrafe und Schadensersatz jeweils unabhängig voneinander erfüllt sein. Verzögert beispielsweise der Nachunternehmer seine Leistung und erleidet dadurch sein Auftraggeber einen Schaden, weil er hierdurch gegenüber dem Bauherrn die vertraglich vereinbarte Vertragsstrafe verwirkt, liegen aber bezüglich des Nachunternehmers die förmlichen oder/und sachlichen Voraussetzungen des (Leistungs-)Verzuges nicht vor, etwa wegen unterlassener Mahnung oder/und Fristsetzung, dann kann gleichwohl wegen dieser objektiven Verzögerung der Hauptunternehmer gegenüber dem Bauherrn in Verzug geraten, weil und soweit im Hauptvertragsverhältnis die förmlichen und sachlichen Verzugs-Voraussetzungen vorliegen. Der Hauptunternehmer muss dann die verzugsbedingte Vertragsstrafe oder/und den verzugsbedingten Schadensersatz dem Bauherrn bezahlen, ohne dass er diese (durch Leistungsverzögerung oder gar Leistungsverzug des Nachunternehmers verursachte und erlittene) Schadensbelastung als Schadensersatzanspruch an den Nachunternehmer weitergeben kann.

(4) Die behandelte **Eigenständigkeit** im Bereich der **vertraglichen** Rechte und Pflichten lässt auch das Feld der **deliktischen** Haftung **unberührt.** Diese folgt, in vom Gesetzgeber bewusst gewollter grundsätzlicher Unabhängigkeit vom Recht der vertraglichen Beziehungen, ihren **eigenen Regeln.** Daher haftet der Nachunternehmer deliktisch unmittelbar dem Bauherrn, mit welchem er keine vertraglichen Beziehungen hat, für Schäden i. S. von § 823 Abs. 1 (und natürlich auch 823 Abs. 2) BGB, die er ihm durch, in oder bei Erfüllung der vom zwischengeschalteten Unternehmer ihm beauftragten Nachunternehmer Bauarbeiten schuldhaft zufügt. Solch eine Schadenszufügung kann auch dadurch geschehen, dass durch eine mangelhafte Bauleistung des Nachunternehmers vorher unversehrte Teile des Bauwerks beschädigt werden und **dadurch** das **Eigentum** am ganz oder teilweise errichteten oder schon vorhandenen Bauwerk **verletzt** wird.[65] Beispiel: Durch fehlerhafte Ausführung von Beifüllarbeiten wird die vorher mangelfrei hergestellte Außenisolierung eines Kellers, somit ein **bereits fertiges** oder vorhandenes **einwandfreies** Gewerk beschädigt.[66] Daneben und zugleich kann auch der zwischengeschaltete

---

[65] Vgl. BGHZ 39, 366; BGHZ 55, 392; BGHZ 96, 221= BauR 1986, 211; *Werner/Pastor* Rdn. 1839.
[66] OLG Koblenz NJW-RR 1998, 374 = BauR 1998, 351.

Unternehmer, welcher Auftragnehmer des Bauherrn ist (z. B. Generalunternehmer/ Hauptunternehmer) und den Nachunternehmer beauftragt hat, deliktisch dem Bauherrn für einen derartigen vom Nachunternehmer verursachten Schaden gemäß § 823 Abs. 1 BGB einstehen müssen, und zwar hauptsächlich aus dem Gesichtspunkt des **Organisationsverschuldens,** meist Kontrollpflichtverletzung. Dazu der BGH:[67] „Verletzt der Unternehmer eine dem Besteller aus einem Werkvertrag geschuldete **Kontrollpflicht** gegenüber einem Subunternehmer, kann dies eine Haftung des Unternehmers gegenüber dem Besteller aus unerlaubter Handlung begründen." Im genannten Fall hatte der Unternehmer den Nachunternehmer mit dem von diesem fehlerhaft durchgeführten Umbau beauftragt, die dafür maßgeblichen Vorgaben erteilt und laut BGH dadurch letztlich die Ursache für den Eigentumsschaden gesetzt, weil er zugleich die erforderlichen begleitenden Unterweisungen und Kontrollen zur Schadensvermeidung versäumt habe.

(5) Nach **Amtsgericht München**[68] kann der **Konkursverwalter** vom Nachunternehmer der Gemeinschuldnerin Zahlung des **Minderung**sbetrages verlangen, **ohne** dem Nachunternehmer die Möglichkeit der **Nachbesserung** einräumen zu müssen. Es sei von insgesamt vorliegender rechtlicher Unmöglichkeit der Nachbesserung auszugehen. Wegen der Konkurseröffnung sei es dem Kläger als Konkursverwalter verwehrt, einzelne Gläubiger bevorzugt zu befriedigen. Nachbesserungs- und Mängelbeseitigungsansprüche des Bauherrn gegen die Gemeinschuldnerin aus dem Bauvorhaben, für das auch der beklagte Nachunternehmer Leistungen ausgeführt hat, hätten durch die Konkurseröffnung nurmehr den Rang einfacher, nicht bevorrechtigter Konkursforderungen und hätten sich in einen Anspruch auf anteilsmäßige Befriedigung in Geld verwandelt. Der Konkursverwalter sei daher daran gehindert, zugunsten des Bauherrn eine Nachbesserung zuzulassen, weil dadurch der Bauherr zum Nachteil der übrigen Gläubiger der Gemeinschuldnerin voll befriedigt würde und darin eine ungerechtfertigte Bevorzugung des Bauherrn läge. Die Gemeinschuldnerin selbst dürfe also keine Nachbesserung oder Mängelbeseitigung vornehmen. Damit sei aus Rechtsgründen auch der Nachunternehmer mit einer Nachbesserung ausgeschlossen. Vgl. auch den ähnlich liegenden Fall des BGH IX ZR 28/05 vom 10. 8. 2006 unten Rdn. 33 (2) (re). – Diesem Urteil kann hiesigen Erachtens weder für das frühere Konkursrecht noch für das seit 1. 1. 1999 geltende Insolvenzrecht gefolgt werden. Das Konkursrecht/Insolvenzrecht lässt dem Konkursverwalter/Insolvenzverwalter freie Hand, ob er den Gläubiger (hier Bauherr) durch Vertragserfüllung in natura (hier Nachbesserung) befriedigen will und deshalb mit dieser Leistung entsprechend den Nachunternehmer in Anspruch nimmt. Grundsätzlich ist der Konkursverwalter (jetzt Insolvenzverwalter) an die vertraglichen Vereinbarungen gebunden[69] und er darf auch erfüllen. Im hiesigen Fall würde dies auch nicht zu Lasten der Konkursmasse/Insolvenzmasse sowie der übrigen Gläubiger gehen, weil der wertmäßige Vorteil der Nachbesserungsleistung beim Gläubiger einer entsprechenden und gleichwertigen Last beim Nachunternehmer entspricht, womit bei der Konkursmasse/Insolvenzmasse lediglich ein „durchlaufender Posten" vorliegt.

32  Überhaupt folgt aus dem **Eigenständigkeitsprinzip** des Hauptvertragsverhältnisses und des Nachunternehmervertragsverhältnisses für die **Gewährleistung** und die vertragliche **Schadensersatzhaftung:** Auch wenn der Auftraggeber von seinem Generalunternehmer/ Hauptunternehmer oder sonstigen Auftragnehmer keine Nachbesserung/Nacherfüllung verlangt, kann dies grundsätzlich gleichwohl der betreffende **Auftragnehmer** aus eigenem Vertragsrecht gegenüber dem Nachunternehmer tun. Denn der vorgenannte Auftragnehmer in seiner Eigenschaft als Auftraggeber des Nachunternehmers hat von letzterem eine man-

---

[67] BGH NJW-RR 1998, 1128, 1129.
[68] AG München, Urt. v. 10. 6. 1998 – 221 C 11940/98 – NJW-RR 1999, 1034/1035 = BauR 1999, 175, 176 (noch für das frühere Konkursrecht).
[69] BGH, U v. 17. 12. 1998 – IX ZR 151/98 NJW 1999, 1261/1262 = BauR 1999, 392, 393, 394 = BB 1999, 340. **Zur Bau-Insolvenz überhaupt** mit ihren vielfältigen Problemstellungen siehe *Claus Schmitz*, Das Bauunternehmen in der Insolvenz, RWS-Skript 304.

gelhafte Vertragsleistung in **seinem** Rechtsverhältnis erhalten, was einen Vertragsverstoß darstellt. Gleiches gilt für ein Minderungsbegehren oder eine vertragliche Mängelschadensersatzforderung oder sonstige vertragliche Schadensersatzforderung, allerdings unter Beachtung der eingangs der Rdn. 31 (1) genannten Ausnahmen und einschlägiger eventueller Weiterentwicklung der Rechtsprechung. Maßgeblich dafür ist, dass der betreffende Baumangel oder Schaden in die Verantwortung des Nachunternehmers fällt. Die jeweiligen anspruchsbegründenden Voraussetzungen müssen dabei selbstständig für sich in der jeweiligen Vertragsbeziehung vorliegen.[70] Jedoch kann **im Einzelfall** der Grundsatz von **Treu und Glauben,** vergleiche die Fälle (2) der Rdn. 33, **ausnahmsweise** der Geltendmachung von Gewährleistungsansprüchen und von Schadensersatzansprüchen durch den Generalunternehmer oder den sonstigen Auftragnehmer des Bauherrn gegen den Nachunternehmer entgegenstehen, vor allem wenn sich die Rechtsausübung dem vertraglichen Kooperationsverhältnis zuwiderlaufend als sachlich **rechtsmissbräuchlich** erweist. In solchen Ausnahmefällen gebietet das dem Bauvertrag als Langzeitvertrag innewohnende **Kooperationsprinzip** als Ausfluss von Treu und Glauben und des Redlichkeitsgebotes (siehe → Vor § 3 Rdn. 9), dass die formelle Trennung von Hauptvertrag und Nachunternehmervertrag zur Vermeidung nicht sachgerechter kooperationswidriger Ergebnisse eines Korrektivs bedarf.[71] In diesem Sinne der Anwendung des Rechtsmissbrauchsgedankens hat das OLG Düsseldorf[72] in einem Fall, in welchem der Auftraggeber („Bauherr") des Generalunternehmers ausdrücklich auf die Inanspruchnahme des Generalunternehmers wegen angeblicher Mängel der Nachunternehmerleistung verzichtet hatte und der Generalunternehmer gegenüber dem Nachunternehmer gleichwohl und dazu noch „ins Blaue hinein" einfach Mängel der Nachunternehmerleistung behauptet hat, zutreffend entschieden: „Ein Generalunternehmer, der von seinem Auftraggeber nach dessen ausdrücklicher Erklärung wegen angeblicher Mängel des Werks des Subunternehmers nicht in Anspruch genommen wird, handelt rechtsmissbräuchlich, wenn er unter Behauptung derartiger Mängel des Werks des Subunternehmers aus einer von diesem gestellten **Gewährleistungsbürgschaft** auf erste Anforderung Zahlung verlangt." Und deshalb weiter: „Mit dem Einwand der unzulässigen Rechtsausübung kann der Hauptschuldner den Gläubiger auf **Unterlassung,** eine Bürgschaft auf erste Anforderung geltend zu machen, in Anspruch nehmen", und zwar schon durch **einstweilige Verfügung.**

**33** (1) (a) Im Bereich der gewährleistungsrechtlichen **Mängelhaftung** führt die rechtliche **Eigenständigkeit** des Hauptvertragsverhältnisses und des Nachunternehmervertragsverhältnisses für die Frage einer **materiellrechtlichen Rückgriffshaftung** konsequenterweise zu folgendem Ergebnis: Eine Haftung des Nachunternehmers gegenüber seinem Auftraggeber für und wegen Leistungsmängeln/Werkmängeln besteht nur insoweit, als im Vertragsverhältnis zwischen diesen beiden Parteien die formellrechtlichen und materiellrechtlichen rechtsbegründenden Voraussetzungen für die Anwendung der Gewährleistungsregelungen alten Rechts bzw. Mängelhaftungsregelungen neuen Rechts und/oder (je nach Fall-Lage) für die Anwendung der mängelbezogenen Vertragserfüllungshaftung eigenständig erfüllt sind. Das sind insbesondere die nach § 13 Nr. 5 Abs. 2 VOB/B erforderliche Mängelbeseitigungsaufforderung mit Fristsetzung[73] bzw. die nach § 8 Nr. 3 Abs. 1 VOB/B erforderliche wirksame Auftragsentziehung mit den erforderlichen vorausgehenden Formalien, je als Voraussetzung für das Ersatzvornahmerecht des Auftraggebers und die diesbezügliche Kostentragungspflicht des Nachunternehmers und dessen Pflicht zum Ersatz des etwa entstehenden (weiteren) Schadens gem. § 13 Nr. 7 Abs. 1 und 2 VOB/B bzw. gem. § 8 Nr. 3 Abs. 2 VOB/B. Das

---

[70] Vgl. BGH NJW 1990, 1475, 1476 = BauR 1990, 358/359 = ZfBR 1990, 175; *Werner/Pastor* Rdn. 1057; siehe auch unten Rdn. 53–58 bzgl. Vertragsbedingungen; zur Vertragsgestaltung bezüglich diesen Themas im Nachunternehmervertrag *Ramming* BB 1994, 518, 528, 529.
[71] Ähnlich auch *Hickl,* Generalunternehmervertrag und Nachunternehmervertrag – ein Kooperationsverhältnis, FS W. Jagenburg 2002, 279, 288.
[72] OLG Düsseldorf NJW-RR 1998, 776, 777.
[73] BGH NJW 1981, 1779 = BauR 1981, 383, 384 = ZfBR 1981, 169 m. w. N. (nicht gleitsichere Fliesen an Schwimmbeckenumrandung); vgl. auch BGH NJW 1990, 1475 = BauR 1990, 358 f. = ZfBR 1990, 175.

## § 4 Nr. 8

Gleiche gilt für den Anwendungsbereich der §§ 633, 634, 635 BGB a. F./§§ 633–638 BGB n. F. im BGB-Bauvertrag. Nach OLG Brandenburg in BauR 2003, 1738 ff. kann unter diesen Voraussetzungen ein Auftragnehmer von seinem Nachunternehmer Aufwendungsersatz, gleichsam als Mängelbeseitigungskostenerstattung, für einen mit dem Auftraggeber wegen Mängeln der Nachunternehmerleistung „**vertretbar**" vereinbarten Minderungsnachlass verlangen, durch den die Nachbesserungspflicht oder die Kostenerstattungspflicht des Auftragnehmers nach § 13 Nr. 5 Abs. 1 bzw. Abs. 2 VOB/B zum Erlöschen gebracht wird. Ähnliches gilt nach vorgenannter Enscheidung unter Hinweis auf *Palandt/Heinrichs*, BGB, 61. Aufl., vor § 249 Rdn. 82 und BGH NJW 1993, 1139, 1141 für die schadensrechtliche Handhabung nach § 13 Nr. 7 VOB/B bei Aufwendungen aus „**vertretbaren**" Abfindungsvereinbarungen zwischen dem Auftragnehmer und seinem Auftraggeber, da solche Verbindlichkeiten dem Schädiger, hier Nachunternehmer, haftungsrechtlich zugerechnet werden können. – **Ausnahmsweise Besonderheiten** auf Grund **Treu und Glauben** siehe nachstehend unter (2) –

(b) Neben den in vorst. (a) genannten Regelungen kann eine allgemeine (Rückgriffs-)Haftung des Nachunternehmers aus (Schuld-)Pflichtverletzung nach § 280 Abs. 1, § 241 Abs. 2 BGB n. F., vormals positiver Vertragsverletzung **im und für vorstehenden Sach- und Regelungsbereich** nicht greifen. Denn die **Gewährleistungsregelungen/ Mängelanspruchsregelungen** der VOB/B sowie des gesetzlichen Werkvertragsrechtes sind in ihrem Anwendungsbereich abschließende Sonderbestimmungen und **schließen** für diese Regelungsmaterien eine (ersatzweise) Anwendung einer allgemeinen (Rückgriffs-)**Haftung des Nachunternehmers aus** neurechtlicher und altrechtlicher „**positiver Vertragsverletzung**" aus. Diese kann also im vorgenannten Mängelhaftungsbereich nicht anstelle der vorgenannten Anspruchs- und Haftungsregeln, etwa zur „Überbrückung" fehlender dortiger Anspruchsvoraussetzungen (wie z. B. unterlassener Aufforderungen und Fristsetzungen oder Kündigungserklärungen) herangezogen werden. Führt also etwa die Verletzung vertraglicher Prüfungs- und Hinweispflichten zunächst zu nichts anderem als einem Werkmangel, so kommt insoweit – wenn nicht eine spezielle andere Parteivereinbarung getroffen ist – eine Haftung des Nachunternehmers allein aus geschuldeter Vertragserfüllung oder aus Gewährleistung (z. B. gemäß §§ 4 Nr. 3, 13 Nr. 3 i. V. m. §§ 4 Nr. 7, 8 Nr. 3 bzw. i. V. m. § 13 Nrn. 5 ff. VOB/B) in Betracht.[74] Gerät der Nachunternehmer **mit** der **Mängelbeseitigung** in **Verzug**, haftet er, bei Vorliegen der formell-rechtlichen und materiell-rechtlichen Verzugsvoraussetzungen im Verhältnis zu seinem Auftraggeber, seinem Vertragspartner grundsätzlich für daraus entstehende, auch mittelbare Schäden. Dabei umfasst eine solche Schadensersatzpflicht auch den Schaden, der dem Auftraggeber dadurch entsteht, dass dessen Auftraggeber die Gesamtleistung nicht abnimmt, der erstgenannte Auftraggeber seine Leistungs-Zahlung nicht erhält und dessen Auftraggeber zahlungsunfähig wird.[75]

Eine **echte positive Vertragsverletzung** des Nachunternehmers gegenüber seinem Auftraggeber lag allerdings bei folgender Fall-Situation des OLG Dresden[76] vor: Der Nachunternehmer verletzt seine vertraglichen Nebenpflichten gegenüber seinem Auftraggeber, wenn er das Vertragssoll durch direkte Verhandlungen mit dem Planer des Bauherrn abweichend vom üblichen Stand der Technik konkretisiert, ohne dies seinem Auftraggeber mitzuteilen. Kann wegen dieser **unterlassenen Mitteilung** der Auftraggeber sich gegen das Nachbesserungsverlangen des Bauleiters des Bauherrn nicht wehren, muss der Subunternehmer die Nachbesserungskosten ersetzen, die seinem Auftraggeber durch Anpassung der Leistung an den üblichen Stand der Technik entstehen, obwohl die Werkleistung selbst dem konkretisierten Vertragssoll entspricht.

---

[74] BGH NJW 1981, 1779 = BauR 1981, 383, 384 = ZfBR 1981, 169 m. w. N. (nicht gleitsichere Fliesen an Schwimmbeckenumrandung); vgl. auch BGH NJW 1990, 1475 = BauR 1990, 358 f. = ZfBR 1990, 175.

[75] OLG München BauR 2001, 964, 965, 966, rechtskräftig durch Nichtannahmebeschluss des BGH v. 8. 2. 2001 – VII ZR 253/99. Es ging bei dem Gewerk des Nachunternehmers um die Anbringung einer Dachrinne an einer Glasrotunde mit Auftragswert von ca. 4000,– DM, der Zahlungsausfall bei dessen Auftraggeber betrug 100 000,– DM.

[76] OLG Dresden BauR 2001, 809, 810, 811.

Eine **Haftung** des Nachunternehmers aus **eigenständiger „positiver Vertragsverletzung"** besteht z. B. auch in folgendem Fall des OLG Dresden:[77] Hat ein Nachunternehmer (hier: Installateur) von seinem **Haftpflichtversicherer** im Rahmen der Regulierung eines Schadensfalles (hier: Wasserrohrbruch) die Entschädigungssumme ausgezahlt erhalten, so ist er auf Grund einer **vertraglichen Nebenpflicht** des Werkvertrages verpflichtet, die erhaltene Summe an seinen geschädigten Vertragspartner herauszugeben, wenn dieser die Schäden auf seine Kosten behoben hat und eine unmittelbare Inanspruchnahme des Nachunternehmers durch den Bauherrn nicht droht.

(c) **Prozessrechtlicher Anhang:** Für den **Rückgriff** des auftragnehmenden Bauleistungsübernehmers gegen den Nachunternehmer als seinem Auftragnehmer ist zivilverfahrensrechtlich von wichtiger Bedeutung, dass im **Selbstständigen Beweisverfahren** nach §§ 485 ff. ZPO zwischen ersterem und dessen Auftraggeber, die **Streitverkündung** entsprechend §§ 66 ff. ZPO durch den Auftragnehmer an den Nachunternehmer als seinem Vertragspartner zulässig ist; dies hat alle Bindungs- und sonstigen Wirkungen der Streitverkündung insbesondere für das Beweisverfahren, den etwaigen anschließenden Rechtsstreit und die Verjährungsunterbrechung entsprechend § 209 Abs. 2 Nr. 4 BGB zur Folge.[78] Somit kann der Streitverkünder das Sachverständigengutachten aus dem Selbstständigen Beweisverfahren mit seinem Auftraggeber, gegen den streitverkündeten Nachunternehmer entsprechend §§ 66 ff., 493 Abs. 1 ZPO als Beweismittel verwenden.

(2) Nach dem Grundsatz von **Treu und Glauben** können sich **trotz** der rechtlichen **Eigenständigkeit** von Hauptvertrag (z. B. Generalunternehmervertrag) und Nachunternehmervertrag **Besonderheiten** bei **Rückgriffen** gegen den Nachunternehmer aus begründeter Inanspruchnahme durch den Bauherrn ergeben, wie die beiden BGH-Urteile vom 28. 6. 2007 VII ZR 81/06 und VII ZR 8/06 in Rdn. 24 zur Vorteilsausgleichung beim Mängelschadensersatz in der werkvertraglichen Leistungskette und wie die nachstehende obergerichtliche Rechtsprechung zeigen:

(a) Trotz und unbeschadet der rechtlichen Eigenständigkeit von Hauptvertrag und Nachunternehmervertrag können, wie OLG Koblenz[79] entschieden hat, die Umstände des **Einzelfalles** gebieten, dass sich der Generalunternehmer bei Beurteilung seiner Gewährleistungsrechte gegenüber dem Nachunternehmer im Wege der **Vorteilsausgleichung** eine von diesem mit dem Bauherrn erzielte **Mängelabgeltung** entgegenhalten lassen muss. Derartige Umstände können vorliegen, wenn der Nachunternehmer alle Mängel durch Zahlung abgilt und dies kraft beiderseitiger Erklärung auch im Verhältnis zum Generalunternehmer gelten soll. Dieser erlangt dann als Drittbegünstigter einen unmittelbaren Anspruch gegen den Bauherrn, es jetzt und zukünftig zu unterlassen, Mängelansprüche gegen ihn zu erheben. Der Nachunternehmer ist dann hinsichtlich seines Werklohnanspruchs gegen den Generalunternehmer in der Regel so zu stellen, als habe er die Mängel tatsächlich beseitigt, zumal die zahlungsweise Mängelabgeltung eine im Bauwesen anerkannte und bewährte Form der Mängelerledigung ist.

(b) Ebenfalls als Ausfluss von **Treu und Glauben** kann nach OLG Hamm NJW-RR 1996, 1338 ausnahmsweise dem Auftragnehmer des Bauherrn gegenüber dem Nachunternehmer als seinem Vertragspartner die Verpflichtung obliegen, einer Gewährleistungs-Inanspruchnahme oder anderen Inanspruchnahme durch den Bauherrn die **Einrede** der eingetretenen **Verjährung** entgegenzuhalten oder dem Bauherrn gegenüber auch von zur Verfügung stehenden **anderen Einreden oder Einwendungen** Gebrauch zu machen, selbst wenn im Nachunternehmervertrags-Verhältnis Verjährung für die entsprechenden Gewährleistungs- oder sonstigen Ansprüche nicht eingetreten ist oder auch sonst keine anspruchshemmenden oder anspruchsvernichtenden Einreden oder Einwendungen des Nachunternehmers beste-

---

[77] OLG Dresden NJW-RR 1998, 373 = BauR 1998, 409 Ls.
[78] BGH BauR 1998, 172, 173 = ZfBR 1998, 26; BGHZ 134, 190 = NJW 1997, 859 = BauR 1997, 347 = ZfBR 1997, 148.
[79] OLG Koblenz NJW-RR 1998, 453 f. = BauR 1997, 1054 f.

hen. Eine solche Verpflichtung des Auftraggebers des Nachunternehmers kann aus **§ 254 BGB** folgen, wonach der Auftraggeber als Geschädigter (auf Grund der Inanspruchnahme durch den Bauherrn als Folge der etwa mangelhaften oder sonst nicht störungsfreien Ausführung durch den Nachunternehmer) verpflichtet sein kann, den Schaden abzuwenden oder zu mindern; dazu gehört u. a. der Gebrauch von Rechtsbehelfen zur Anspruchsabwehr wie z. B. die Verjährungseinrede (so auch BGH, Urteil vom 28. 6. 2007 – VII ZR 81/06 BauR 2007, 1564, 1566 = NZBau 2007, 578, 579 zur Vorteilsausgleichung beim Mängelschadensersatz in werkvertraglicher Leistungskette). Der Nichtgebrauch solcher Rechtsbehelfe und damit ein Verstoß gegen § 254 BGB kann dazu führen, dass der entsprechende **Rückgriffsanspruch** gegen den Nachunternehmer nicht (mehr) besteht oder nicht durchsetzbar ist und dass bei einer Feststellungsklage des Auftraggebers des Nachunternehmers gegen diesen auf Freistellung von Gewährleistungsansprüchen des Bauherrn das Feststellungsinteresse fehlen kann wie ebenfalls in dem Fall des OLG Hamm NJW-RR 1996, 1338 aufgezeigt ist.

(c) Gemäß BGH-Urteil vom 10. 8. 2006 – IX ZR 28/05 (BauR 2006, 1884, 1885 f. = NZBau 2006, 635, 636 f.) kann der **Insolvenzverwalter** beim VOB/B-Bauvertrag in dem Insolvenzverfahren über das Vermögen des Hauptunternehmers von dem Nachunternehmer nach und wegen § 13 Nr. 6 VOB/B **Minderung** statt Nachbesserung verlangen, **wenn** dem **Bauherrn** wegen der Mängel an dem Bauwerk **nur** eine **Insolvenzforderung** zusteht.

### IV. Schriftliche Zustimmung des Auftraggebers (Satz 2)

34  Als Ausnahme von der grundsätzlichen Selbstausführungsverpflichtung/Eigenleistungsverpflichtung darf der Auftragnehmer nach § 4 Nr. 8 Abs. 1 Satz 2 VOB/B mit schriftlicher Zustimmung des Auftraggebers die Leistung an Nachunternehmer übertragen. Auch bei späterem Wechsel eines Nachunternehmers bedarf es selbstverständlich dieser Zustimmung, nachdem diese bereits für die Erstübertragung der Leistung notwendig ist.[80] „Übertragen" bedeutet die gesamte oder teilweise Weitervergabe der Leistung durch einen vom Vertrag mit dem Auftraggeber („Hauptvertrag") unabhängigen, rechtlich eigenständigen Werkvertrag/Bauvertrag mit dem Nachunternehmer („Nachunternehmervertrag"), der damit Vertragspartner des Auftragnehmers und damit dessen **Erfüllungsgehilfe** im Sinne von § 278 BGB im Verhältnis zum Auftraggeber wird.[81] Zum Begriff und zur Erfüllungsgehilfeneigenschaft des Nachunternehmers ist auf Rdn. 22, 23, zur rechtlichen Beurteilung und Qualifikation der Vertragsbeziehungen zwischen Auftraggeber und Auftragnehmer einerseits sowie zwischen Auftragnehmer und Nachunternehmer andererseits auf Rdn. 24–33 zu verweisen und im Zusammenhang mit beidem auf die Ausführungen Rdn. 8–14 zu den Unternehmereinsatzformen.

35  Der Auftragnehmer kann der Erfüllungsgehilfenhaftung für das (Fehl-)Verhalten seines Nachunternehmers nicht entgegenhalten, der Auftraggeber sei mit der Weiter(ver)gabe der betreffenden Leistung an den Nachunternehmer **einverstanden** gewesen.[82] Aus der Zustimmung des Auftraggebers lässt sich auch kein Vergütungsanspruch des Auftragnehmers gegen seinen Auftraggeber allein deshalb herleiten, weil insoweit der Nachunternehmer entsprechende Zahlungen, etwa eine Zusatzvergütung oder eine geänderte Vergütung vom Auftragnehmer als seinem Vertragspartner fordert, wie dies OLG Düsseldorf[83] zurecht feststellt (siehe näher zu dieser Entscheidung oben Rdn. 30 „Beispiele aus der Rechtsprechung").

36  Die wirksame Übertragung erfordert die **schriftliche Zustimmung** des Auftraggebers nach **§ 182 BGB**. Diese kann gemäß § 183 BGB als Einwilligung vor der Übertragung oder gemäß § 184 BGB als Genehmigung nachträglich erfolgen.[84] Die Zustimmung kann etwa in

---

[80] *Ingenstau/Korbion* VOB/B § 4 Nr. 8 Rdn. 14.
[81] *Ingenstau/Korbion* VOB/B § 4 Nr. 8 Rdn. 8, Anh. 3 Rdn. 144.
[82] BGHZ 66, 43, 46 = NJW 1976, 516, 517 = BauR 1976, 131, 132.
[83] OLG Düsseldorf BauR 1996, 267, 270.
[84] *Heiermann/Riedl/Rusam* VOB/B § 4 Rdn. 104; *Ingenstau/Korbion* VOB/B § 4 Nr. 8 Rdn. 9.

Besonderen, Zusätzlichen oder sonstigen Vetragsbedingungen enthalten sein; sie kann sich auch aus späterer Vertragsänderung ergeben. Die Zustimmung kann sogar noch nach Erfüllung der vergebenen Leistung erteilt werden.[85] Die Zustimmung muss **schriftlich**, d. h. unter Beachtung der §§ 127, 128 BGB erfolgen. Für die vor dem 1. 8. 2001 geschlossenen Verträge reicht, weil es sich um vereinbarte Schriftform handelt, die Erklärung durch Telefax aus; für die zeitlich danach geschlossenen Verträge ergibt sich dies unmittelbar aus § 127 Abs. 2 BGB in der seit 1. 8. 2001 geltenden Fassung. Da § 4 Nr. 8 Abs. 1 Satz 2 VOB/B die Erteilung der Zustimmung überhaupt, also „ganz oder gar nicht", in das alleinige Belieben des Auftraggebers stellt und ein „nein" den Auftragnehmer stärker „beeinträchtigt" als ein eingeschränktes „ja", darf der Auftraggeber sich auch zwischen dem „ganz oder gar nicht" bewegen und die Zustimmung mit **Bedingungen und Auflagen**[86] sowie mit sonstigen Einschränkungen und Maßgaben verbinden.[87] Diese ist der Auftragnehmer einzuhalten verpflichtet; andernfalls handelt er vertragswidrig und haftet je nach Beschaffenheit und Inhalt der Bedingung, Auflage, Einschränkung und sonstigen Maßgabe wegen Nichterfüllung oder wegen (Schuld-)Pflichtverletzung nach § 280 Abs. 1 BGB n. F., vormals positiver Vertragsverletzung.[88] An die vorgenannten Bedingungen etc. ist der Auftragnehmer nur dann nicht gebunden, wenn sie gegen Treu und Glauben (§ 242 BGB) oder gegen ein gesetzliches Verbot (§§ 134, 138 BGB) verstoßen.[89] Es ist aber durchaus zulässig und im wohlverstandenen Interesse des Auftraggebers sachgerecht, manchmal sogar geboten, die Zustimmung an **Nachweise durch den Auftragnehmer** zu knüpfen, wonach der Nachunternehmer etwa seine Verpflichtungen zur Zahlung von Steuern, Abgaben und Sozialversicherungsbeiträgen erfüllt und/oder eine ausreichende Haftpflichtversicherungsdeckung, eventuell auch Bauleistungsversicherungsdeckung, abgeschlossen hat sowie keine illegalen Arbeitskräfte beschäftigt.[90]

Die Zustimmung kann sich nach Vorgesagtem als zulässiger Akt freier Willensbildung des Auftraggebers auch auf die Weitergabe eines **Teiles** oder von Teilen der Bauleistung beschränken oder sich auf die Weitergabe der gesamten vertraglichen Bauleistung ausdehnen, obwohl letzteres nicht dem Sinn der VOB entspricht.[91] Dabei darf sich das Einverständnis mit der ganzen oder teilweisen Weitervergabe der Bauleistung auf bestimmte namentlich genannte oder anderweitig gekennzeichnete Unternehmer (etwa nach Größe, Regionalität etc.) beschränken.[92] 37

Bei von einer der Parteien beabsichtigten Einschaltung von Nachunternehmern kann und soll zweckmäßigerweise die **Zustimmung** des Auftraggebers zur Weitervergabe an Nachunternehmer bereits im **schriftlichen Bauvertrag** oder in einer Begleitvereinbarung festgelegt oder zumindest vorgesehen werden.[93] Das kann auch mit der Wendung geschehen: „Der Auftragnehmer hat mindestens …% der Leistung im eigenen Betrieb auszuführen", denn damit ist zugleich gesagt, dass für den anderen Teil der Leistung Nachunternehmer eingesetzt werden dürfen. Die Zustimmung zur Weitervergabe an Nachunternehmer kann als **konkludente** Willenserklärung bereits in der Art des Bauvertrags selbst liegen, z. B. wenn dieser von vornherein auf einen **Generalunternehmereinsatz** abgestellt ist.[94] Denn die Weitervergabe an Nachunternehmer ist dem Generalunternehmervertrag, und für Leistungen über den Rohbau im engen Sinne hinaus auch dem Hauptunternehmervertrag, imma- 38

---

[85] *Heiermann/Riedl/Rusam* VOB/B § 4 Rdn. 104.
[86] *Heiermann/Riedl/Rusam* VOB/B § 4 Rdn. 104; *Ingenstau/Korbion* VOB/B § 4 Nr. 8 Rdn. 11.
[87] *Kapellmann/Messerschmidt/Merkens* VOB/B § 4 Rdn. 193, zugleich mit Hinweis darauf, dass die Tragweite einer eingeschränkten Zustimmung bei Nichteindeutigkeit durch Auslegung zu ermitteln ist.
[88] *Ingenstau/Korbion* VOB/B § 4 Nr. 8 Rdn. 11.
[89] *Ingenstau/Korbion* VOB/B § 4 Rdn. 416.
[90] Vgl. *Ingenstau/Korbion* VOB/B § 4 Nr. 8 Rdn. 11.
[91] *Ingenstau/Korbion* VOB/B § 4 Nr. 8 Rdn. 9.
[92] *Ingenstau/Korbion* VOB/B § 4 Nr. 8 Rdn. 9 a. E.; vgl. auch den Fall des OLG Celle BauR 2005, 1336 ff. bezügl. im vertragl. NV-Verzeichnis benannter/nicht benannter Nachunternehmer.
[93] Vgl. *Vygen* Bauvertragsrecht, Rdn. 216.
[94] *Ingenstau/Korbion* VOB/B § 4 Nr. 8 Rdn. 9; *Vygen* Bauvertragsrecht, Rdn. 171.

§ 4 Nr. 8                        Pflicht des Auftragnehmers zur Selbstausführung

nent; vergleiche hierzu auch unten bei Rdn. 44 a. E. Die Zustimmung zur ganzen oder teilweisen Weitervergabe der Leistung an einen oder mehrere Nachunternehmer kann auch bereits in vom Auftraggeber oder vom Auftragnehmer verwendeten AGB oder diesen gleichzustellenden Formularverträgen erfolgen, da die ganze oder teilweise Übertragung der Werkleistung an einen oder an mehrere Nachunternehmer nach dem gesetzlichen Werkvertragsrecht des BGB zulässig ist, wie bereits unter Rdn. 2 dargestellt, und somit eine solche vertragliche Zustimmungsregelung nicht gegen § 9 AGB-Gesetz verstößt.[95] Aber dabei ist zu beachten, dass eine Formular- bzw. AGB-Klausel mit dem Wortlaut: „Der Auftragnehmer darf die ihm übertragene Leistung nur mit vorheriger schriftlicher Zustimmung des Auftraggebers weitervergeben", nach dem wohl zutreffenden Urteil des OLG Dresden vom 3. 8. 2006 – 13 U 40/06 – BauR 2007, 1050 ff. wegen der Mehrdeutigkeit des Wortlautes und dieserhalb Auslegungszweifeln gemäß § 5 AGBG (jetzt § 305 c Abs. 2 BGB n. F.) zulasten des verwendenden Auftraggebers dahin auszulegen ist, dass sie nur die Weitervergabe der **gesamten** Leistung, nicht jedoch die Weitervergabe einzelner Teile hiervon verbietet. – **In Ausnahmefällen** kann aus **Treu und Glauben** (§ 242 BGB), insbesondere aus Zumutsbarkeitserwägungen eine **Zustimmungspflicht** des Auftraggebers bestehen mit der Folge, dass die Zustimmung des Auftraggebers als erteilt anzusehen ist. Dies etwa analog dem Gebot bei vertraglich vereinbartem Zustimmungsvorbehalt des Auftraggebers gemäß § 399 BGB, wonach der Auftraggeber die Zustimmung zur Abtretung **nicht unbillig** verweigern darf.[96] Ein unbilliges Verweigern der Zustimmung zur Übertragung der Leistung oder einer Teilleistung an einen Nachunternehmer kann hiernach dann angenommen werden, wenn triftige Belange des Auftragnehmers an der ganzen oder wenigstens teilweisen Weiterübertragung auf einen **geeigneten** (d. h. fachkundigen, leistungsfähigen und zuverlässigen) Nachunternehmer das durch § 4 Nr. 8 Abs. 1 VOB/B[97] vertraglich geregelte Selbstausführungsgebot als grundsätzlich schützenswertes Interesse des Auftraggebers überwiegen. Das kann etwa der Fall sein, wenn der Auftragnehmer unverschuldet und unvorhergesehen in die Situation gerät, seine Leistung ganz oder teilweise nicht mehr selbst ausführen zu können. In all solchen Fällen ist das Merkmal „ohne schriftliche Zustimmung" in Satz 4 des § 4 Nr. 8 Abs. 1 VOB/B nicht erfüllt, so dass dann Satz 4 nicht anwendbar ist.

39    Das Vorliegen einer **Zustimmung** für den Abschluss von Nachunternehmerverträgen ist **nicht** schon **zu verneinen,** wenn der Auftraggeber dem Auftragnehmer erklärt, er sei mit der Übernahme bestimmter Arbeiten durch einen anderen Unternehmer einverstanden, der Auftragnehmer bleibe jedoch Vertragspartner und die an ihn bezahlten Beträge seien als **„durchlaufende Gelder"** zu betrachten, wenn mit dieser Erklärung die Bezahlung einer (seinerzeit) doppelten Umsatzsteuer vermieden werden sollte.[98] Ebensowenig scheidet die Annahme eines Nachunternehmervertrags und des Zustimmungswillens hierzu dadurch aus, dass der Auftragnehmer durch Subvergabe eines Teiles seines Bauauftrages aus seinem Bauvertrag nichts verdient.[99] In Ausnahmefällen kann nach dem Grundsatz von Treu und Glauben, insbesondere aus Zumutbarkeitserwägungen, eine Zustimmungspflicht des Auftraggebers bestehen, mit der Folge, dass die Zustimmung als erteilt zu gelten hat. In einem solchen Fall ist in Satz 4 des § 4 Nr. 8 Abs. 1 VOB/B (ab Fassung 2000) das Merkmal „ohne schriftliche Zustimmung" nicht erfüllt, so dass insoweit eine Auftragsentziehung nicht erfolgen kann.

---

[95] So zutreffend *Heiermann/Riedl/Rusam* VOB/B § 4 Rdn. 104 a. E. und *Ingenstau/Korbion* VOB/B § 4 Nr. 8 Rdn. 9 entgegen *Ulmer/Brandner/Hensen* Anh. §§ 9–11 Rdn. 906, *Schlosser/Coester-Waltjen/Graba* § 9 Rdn. 134 sowie *Nicklisch/Weick* B § 4 Rdn. 118, der insoweit allerdings den Generalunternehmer von dieser Beschränkung ausklammert; das von diesen Autoren vorgebrachte Argument, der Grundsatz der Eigenleistung/Selbstausführung würde ausgehöhlt, verkennt, dass dieser Grundsatz dem gesetzlichen Werkvertragsrecht des BGB (auch als Zulässigkeitsmaßstab nach AGB-Recht) fremd ist und seinerseits „nur" in einer **Vertrags**ordnung, die ja VOB/B darstellt, verankert ist.
[96] BGH BB 2000, 220, 221 = BauR 2000, 569, 570, 571 = NZBau 2000, 245, 246 m. w. N.
[97] Außerhalb der ausdrücklichen Ausnahmen des § 4 Nr. 8 Abs. 1 Satz 3 VOB/B.
[98] BGH *Schäfer/Finnern* Z 2212 Bl. 20, 21 (Rückseite); *Ingenstau/Korbion* VOB/B § 4 Nr. 8 Rdn. 10.
[99] Wie vorst. Fn.

Die Zustimmung ist schriftlich zu erteilen und unterliegt somit den Schriftformerfordernissen der §§ 126, 126 a, 127 BGB. Da es sich vorliegend um einen Fall **gewillkürter Schriftform** handelt, ist die Einhaltung der Form entbehrlich, wenn ein entgegenstehender übereinstimmender Wille der Beteiligten erkennbar wird.[100] Im Einzelfall ist die Auslegung gemäß dem wirklichen Willen nach § 133 BGB maßgebend, wobei auch zu berücksichtigen ist, ob beide Partner davon ausgehen, dass das lediglich mündlich Abgesprochene Gültigkeit haben soll.[101]   40

Für das Vorliegen der Zustimmung und ihren Inhalt sowie ihre Reichweite hat der Auftragnehmer die Darlegungs- und **Beweislast,** weil er sich auf ein Ausnahmerecht beruft.[102]   41

**AGB-Rechtliches** zum **ungenehmigten Nachunternehmereinsatz:** Das Kammergericht Berlin[103] hat zu Recht das Folgende entschieden: Eine AGB-Klausel, wonach der Auftragnehmer eine Vertragsstrafe von 3% des Gesamtauftragswertes zu zahlen hat, wenn er Leistungen ohne die Zustimmung des Auftraggebers an Nachunternehmer vergibt, ist wegen unangemessener Benachteiligung des Auftragnehmers gemäß § 9 AGBG **unwirksam.** Dies zum einen, weil die Klausel die Verwirkung der einen Fall des § 339 Satz 1 BGB darstellenden Vertragsstrafe **ohne** das Vorliegen des Verzuges oder eines sonstigen **Verschuldens** vorsieht. Zum anderen auch deshalb, weil die **Höhe** mit 3% **unangemessen** ist, da die gesamte Vertragsstrafe bereits dann verwirkt wäre, wenn auch nur für einen geringen Teilbereich, welcher möglicherweise wesentlich unterhalb des Umfanges des Vertragsstrafenbetrages liegt, ein ungenehmigter Nachunternehmereinsatz erfolgt. Die Klausel ist außerdem gemäß § 3 AGBG **nichtig,** weil sie im vorliegenden Fall versteckt positioniert, also an einer nicht „ohne Schwierigkeiten erkennbaren, übersichtlichen Stelle" des Vertrages platziert ist. Vorliegend war die Klausel in einem „Beiblatt zum Angebot mit besonderen Vertragsbedingungen" mit der Überschrift „Zu Nr. 9 – weitere Bedingungen" aufgeführt, ohne dass die Überschriften der Regelungen auf eine Vertragsstrafenklausel aufmerksam machten, zumal die „normale" Vertragsstrafenklausel sich an anderer Stelle in den BVB befindet.   42

### V. Betriebsfremde Leistungen (Satz 3)

Die in § 4 Nr. 8 Abs. 1 Satz 2 VOB/B vorgeschriebene Zustimmung ist nach Satz 3 nicht notwendig bei Leistungen, auf die der Betrieb des Auftragnehmers nicht eingerichtet ist. Im Hinblick auf den in Satz 1 festgelegten Grundsatz der Selbstausführung/Eigenleistung ist Satz 3 **einschränkend auszulegen,**[104] zumal Satz 3 ohnehin eine Ausnahme von der Regelung des Satz 2 bildet, die ihrerseits bereits eine Ausnahme darstellt.   43

Satz 3 meint nach Vorstehendem Leistungen, die der Auftragnehmer nach seiner Tätigkeit und Einrichtung nicht ausführen kann,[105] also so genannte betriebsfremde Leistungen. Dabei ist Satz 3 nicht auf eine Bauleistung anwendbar, die auf Grund einer Vergabe nach **Fachlosen** (vgl. § 4 Nr. 3 Satz 1 VOB/A) dem Auftragnehmer beauftragt wurde; denn hierbei sind gerade Bauleistungen verschiedener Handwerks- oder Gewerbezweige nach Fachgebieten oder Gewerbezweigen getrennt, also gewerksspezifisch zu vergeben, was einen für die jeweilige Leistung einschlägigen Fachbetrieb des Auftragnehmers voraussetzt, welcher zur Selbstausführung geeignet ist. Satz 3 findet daher Anwendung bei einer Vergabe nach Teillosen (vgl. § 4 Nr. 2 VOB/A) oder bei einer Vergabe der Gesamtbauleistung an   44

---

[100] *Heiermann/Riedl/Rusam* VOB/B § 4 Rdn. 105; *Ingenstau/Korbion* VOB/B § 4 Nr. 8 Rdn. 12; *Nicklisch/Weick* VOB/B § 4 Rdn. 118 a. E.; *Palandt/Heinrichs* § 127 Rdn. 1.
[101] *Ingenstau/Korbion* VOB/B § 4 Nr. 8 Rdn. 12.
[102] *Ingenstau/Korbion* VOB/B § 4 Nr. 8 Rdn. 13.
[103] KG Berlin BauR 2001, 1101 ff. m. w. N. u. Anm. *Leinemann* und BauR 2002, 101, 102, 103 (rk.).
[104] *Heiermann/Riedl/Rusam* VOB/B § 4 Rdn. 106; *Ingenstau/Korbion* VOB/B § 4 Nr. 8 Rdn. 15; *Nicklisch/Weick* VOB/B § 4 Rdn. 119. So auch *Kapellmann/Messerschmidt/Merkens* § 4 Rdn. 194.
[105] *Ingenstau/Korbion* VOB/B § 4 Nr. 8 Rdn. 15.

§ 4 Nr. 8 einen einzigen Auftragnehmer,[106] häufig Generalunternehmer. Gleiches hat auch für den Hauptunternehmer zu gelten, soweit dieser entsprechend wie der Generalunternehmer für den Auftraggeber **ersichtlich** bestimmte Leistungen nicht im eigenen Betrieb ausführen kann wie etwa beim sogenannten erweiterten Rohbau, bei welchem der Hauptunternehmer selber nur die Beton- und Stahlbetonarbeiten ausführt und die Zimmerer- und Holzbauarbeiten, Dachdeckungs- und Dachabdichtungsarbeiten, Putzarbeiten sowie die Malerarbeiten für das Außenmauerwerk an gewerksspezifische Fachunternehmen vergibt. Denn wer bei Vertragsabschluss **als Generalunternehmer** oder **Hauptunternehmer** auftritt, gibt damit zu erkennen, dass er nur Teile der Gesamtleistung im eigenen Betrieb ausführen will und/oder kann.[107] Schließt der Auftraggeber **in Kenntnis dessen** ohne Vorbehalt(e) den Bauvertrag ab, so liegt hierin i. d. R. zugleich eine (konkludente) Zustimmung gemäß § 4 Nr. 8 Abs. 1 Satz 2 VOB/B zur Nachunternehmerbeauftragung. Siehe hierzu auch oben bei Rdn. 38.

45 Zu beachten ist wegen § 4 Nr. 8 Abs. 1 Satz 1 VOB/B (Ausführung im eigenen Betrieb), dass der Auftragnehmer – soweit nicht die Ausnahme nach vorstehenden Rdn. 43, 44 gegeben ist – sich nur um die Vergabe eines Bauauftrages bemühen darf, für den er auch die erforderliche **Kompetenz zur Selbstausführung** im eigenen Betrieb besitzt.[108] Muß der Bieter Zweifel haben, ob der (potenzielle) Auftraggeber weiß oder erkennt, dass der Betrieb des Bieters die Selbstausführung der gesamten angestrebten Auftragsleistung nicht zulässt, ist er zur Aufklärung über die wahren Verhältnisse verpflichtet. Andernfalls kann nach altem Schuldrecht eine Haftung aus Verschulden bei Vertragsabschluss (culpa in contrahendo) oder für den Fall des Auftragserhalts und der Auftragsdurchführung eine Haftung aus positiver Vertragsverletzung begründet sein, nach neuem Schuldrecht also eine Haftung wegen Pflichtverletzung gemäß § 280 Abs. 1 i. V. m. §§ 311 Abs. 2, 241 Abs. 2 BGB n. F. im ersterem Fall, gemäß § 280 Abs. 1 i. V. m. § 241 Abs. 2 BGB n. F. in zweiterem Fall. Im Einzelfall ist auch eine arglistige Täuschung des Auftraggebers iSv § 123 BGB denkbar.[109]

46 Satz 3 kommt also im Allgemeinen nur **in beschränktem Umfang** in Betracht, so – abgesehen von den Fällen der Rdn. 44 – wenn die betreffende Teilleistung eine nicht sonderlich ins Gewicht fallende Leistung im Verhältnis zur vertraglich geschuldeten Gesamtleistung ist.[110] Aufgrund dieser eingeschränkten Anwendung der Regelung in Abs. 1 Satz 3 kann nicht davon gesprochen werden, die Verpflichtung des Auftragnehmers zur Ausführung im eigenen Betrieb werde hierdurch ausgehöhlt und deshalb sei diese Regelung wegen Verstoßes gegen den früheren § 9 AGB-Gesetz, seit 1. 1. 2002 § 307 BGB n. F., unwirksam.[111] Dabei wird vor allem auch übersehen, dass § 4 Nr. 8 VOB/B im Verhältnis zum gesetzlichen Werkvertragsrecht des BGB insgesamt eine den Auftragnehmer in seinen Befugnissen einschränkende Regelung enthält. Wenn VOB angesichts dessen eine gesetzeskonforme Ausnahme gestattet, die zur gesetzlich zugelassenen und wohl auch gewollten freien Weiterübertragbarkeit von Werkleistungen führt, kann gegen kein von § 9 AGB-Gesetz bzw. seit 1. 1. 2002 von § 307 BGB n. F. erfasstes Gebot und Verbot verstoßen sein.

Der Auftragnehmer hat die **Darlegungs- und Beweislast**[112] dafür, dass die Voraussetzungen von Satz 3 vorliegen, da es sich hierbei um eine **Ausnahmebestimmung** handelt und zudem der Auftraggeber in die betrieblichen Verhältnisse des Auftragnehmers in der Regel „nicht hineinsieht" und auch „nicht hineinsehen kann".

---

[106] *Ingenstau/Korbion* VOB/B § 4 Nr. 8 Rdn. 15; *Vygen* Bauvertragsrecht, Rdn. 171.
[107] *Kleine-Möller/Merl/Oelmaier* § 9 Rdn. 14.
[108] *Ingenstau/Korbion* VOB/B § 4 Nr. 8 Rdn. 16; *Nicklisch/Weick* VOB/B § 4 Rdn. 119.
[109] Vgl. *Ingenstau/Korbion* VOB/B § 4 Nr. 8 Rdn. 16.
[110] *Ingenstau/Korbion* VOB/B § 4 Nr. 8 Rdn. 16; so wohl auch *Heiermann/Riedl/Rusam* VOB/B § 4 Rdn. 106 und *Nicklisch/Weick* VOB/B § 4 Rdn. 119, die von „Nebenleistungen" in Relation zur zu vergebenden oder vergebenen Gesamtleistung sprechen.
[111] So aber *Schlosser/Coester-Waltjen/Graba* § 9 Rdn. 1324; gegen diese Meinung zu Recht *Heiermann/Riedl/Rusam* VOB/B § 4 Rdn. 106; *Nicklisch/Weick* VOB/B § 4 Rdn. 119.
[112] So auch *Kapellmann/Messerschmidt/Merkens* VOB/B § 4 Rdn. 195.

### VI. Auftragsentziehungsrecht des Auftraggebers (Satz 4)

Satz 4 wurde in den § 4 Nr. 8 Abs. 1 VOB/B durch die VOB/B – Ausgabe 2000 **47** erstmalig eingeführt und zugefügt. Das hier bei Verstoß des Auftragnehmers gegen die Sätze 2 und 3 (Zustimmungserfordernis und begrenzte Zustimmungsentbehrlichkeit) verankerte Vorgehensrecht des Auftraggebers bis hin zur Auftragsentziehung nach § 8 Nr. 3 VOB/B gleich den beiden weiteren in § 8 Nr. 3 genannten Auftragsentziehungsfällen galt jedoch auch schon vor der VOB/B 2000, und zwar analog § 4 Nr. 7 Satz 3 i. V. m. § 8 Nr. 3 VOB/B. Durch den neuen, zusätzlichen Satz 4 wurde also lediglich eine schon bestehende Rechtslage durch den VOB/B-Text 2000 gleichsam „kodifiziert". Näheres siehe unten bei Rdn. 64 i. V. m. den dort genannten Randnummern.

## C. Pflicht zur Zugrundelegung der VOB bei Weitervergabe (Abs. 2)

Nach § 4 Nr. 8 Abs. 2 VOB/B ist der Auftragnehmer verpflichtet, bei der Weitervergabe **48** von Bauleistungen an Nachunternehmer die VOB mit den Teilen B und C zugrundezulegen, bei Vergabe durch einen öffentlichen oder mit öffentlichen Mitteln geförderten Auftraggeber auch mit Teil A. Vom ausdrücklichen Wortlaut des Absatz 2 und von der Regelung der Nr. 8 insgesamt her trifft diese Verpflichtung **nur auf Bauleistungen** zu, nicht aber auf andere Leistungen wie z. B. Transporte/Fuhrleistungen, Anmietung von Baumaschinen, Baugeräten und Baugerüsten, Gerüsterstellung oder Beschaffung von Baustoffen, Bauhilfsstoffen, Baubetriebsstoffen und serienmäßig vorgefertigten Bauteilen auf Grund von Kaufverträgen nach § 433 oder von kaufrechtlichen Lieferverträgen nach § 651 BGB.[113]

Bei öffentlichen Aufträgen haben die Vertragsparteien – zusätzlich – die **Verordnung PR** **49** **Nr. 1/72** über die Preise für Bauleistungen bei öffentlichen oder mit öffentlichen Mitteln finanzierten Aufträgen vom 6. 3. 1972 zu beachten. Dies gilt gem. § 2 Abs. 5 Nr. 1 der VO auch für das Verhältnis zwischen Auftragnehmer und Nachunternehmer.

Der Nachunternehmer erfüllt einen Teil der Bauleistungspflicht seines Auftraggebers. **50** Daher besteht bei der Vertragsgestaltung ein Interesse dieses Auftraggebers an Deckungsgleichheit (**„Parallelschaltung"**) der ihn bindenden Ausführungsbedingungen aus dem Hauptvertrag mit denjenigen, die als Vertragsbedingungen in den Nachunternehmervertrag eingehen sollen. Nach den besonderen Gegebenheiten des Baugeschehens oder den sonstigen Besonderheiten des Einzelfalles kann daher im späteren Vertrag mit Nachunternehmern die Vereinbarung Zusätzlicher oder Besonderer Vertragsbedingungen oder Zusätzlicher Technischer Bestimmungen/Vertragsbedingungen erforderlich werden, die auch im Bauvertrag zwischen dem Auftraggeber und dem Auftragnehmer enthalten sind oder, im Gegenteil, dort nicht enthalten sind. Der im Verhältnis zu Nachunternehmern in die Auftraggeberstellung einrückende Auftragnehmer muss dabei die Einschränkungen des gesetzlichen AGB-Rechts beachten,[114] aber auch die in den Rdn. 24, 29, 30 dargestellten Grundsätze. So ist rein AGB-rechtlich eine Kündigungsklausel in Subunternehmerverträgen unwirksam, wonach einschränkungslos jedwede Beendigung oder Änderung im Leistungsumfang des Hauptvertrages einen wichtigen Kündigungsgrund hinsichtlich des Subunternehmervertrages bedeuten soll (BGH III ZR 293/03, BauR 2004, 1943 ff.).

---

[113] *Heiermann/Riedl/Rusam* VOB/B § 4 Rdn. 107; *Kapellmann/Messerschmidt/Merkens* VOB/B § 4 Rdn. 201. – Zur Unterscheidung Bauleistung/Bauwerksarbeiten gegenüber anderen Leistungen („Bauhilfsleistungen") im Zusammenhang mit dem Bauvorhaben, siehe oben Rdn. 19, 20, 22; Palandt/*Sprau* § 651 Rdn. 2–5, § 634a Rdn. 10, 15–19.

[114] Vgl. *Ingenstau/Korbion* VOB/B § 4 Nr. 8 Rdn. 27; *Korbion/Locher* Rdn. 144 ff.; *Werner/Pastor* Rdn. 1058; *Ramming* BB 1994, 518, 521 ff. Zur Beachtung der Erfordernisse der VOB bei Vertragsabschlüssen zwischen einem Generalunternehmer und dem Nachunternehmer siehe auch das aus praktischer Erfahrung aufgebaute „Merkblatt für Generalunternehmer", herausgegeben von Spitzenverbänden der Bauindustrie und des Bauhandwerks.

## § 4 Nr. 8

**51** Bezüglich der Vereinbarung bzw. Einbeziehung und Handhabung von **VOB/B im Nachunternehmervertrag** ist zu beachten, dass das AGB-rechtliche Angemessenheits-Privileg, welches die VOB/B als vereinbartes Ganzes mit in sich geschlossener ausgewogener Regelung genießt, nicht verlorengeht, weil die nicht insgesamte Einbeziehung von VOB/B zur Folge hat, dass die einzelnen Bestimmungen von VOB/B (Paragraphen, Nummern, Absätze und Sätze) je einer **isolierten AGB-rechtlichen Inhaltskontrolle** zu unterziehen sind. Das kann gerade im Vertragsverhältnis zum Nachunternehmer schädlich werden, soweit, wie in der Praxis häufig, der Hauptunternehmer als Auftraggeber des Nachunternehmers bestrebt ist, auch hinsichtlich der Anwendung von VOB/B durch vertragliche Regelung sein Vertragsschicksal im Verhältnis zum Nachunternehmer mit dem Vertragsschicksal zu verknüpfen, das er seinerseits mit seinem Auftraggeber hat. – Zur **VOB/B „als Ganzes"** und zur bisherigen sowie neuen Rechtsprechung des BGH hierzu seit 22. 1. 2004 siehe oben **Rdn. 25.**

**52** Nach der bisherigen, älteren Rechtsprechung des BGH musste ein Eingriff in den so genannten „Kernbereich" der VOB/B vorliegen, damit diese nicht mehr „als Ganzes" vereinbart war (wohingegen nach der jetzigen, neuen BGH-Rechtsprechung hierfür jeder Eingriff genügt), siehe oben Rdn. 25. Danach lag ein so genannter Eingriff in den **Kernbereich** von VOB/B vor, wenn sich der Hauptunternehmer oder Generalunternehmer im Rahmen eines VOB/B-Vertrages in von ihm gestellten Allgemeinen Vertragsbedingungen das Recht vorbehält, vom Vertrag mit dem Nachunternehmer **zurückzutreten** (oder gleichgelagert: den Vertrag mit dem Nachunternehmer zu **kündigen**), wenn die Arbeiten vom Auftraggeber des Hauptunternehmers eingestellt werden, ohne dabei dem Nachunternehmer in diesem Fall die Vergütungs-Rechte des § 8 Nr. 1 VOB/B i. V. m. § 649 BGB zuzugestehen. Dasselbe galt regelmäßig, wenn die vertragsgemäß fertiggestellte Leistung des Nachunternehmers nach dem Klauselwerk des Hauptunternehmers erst als abgenommen gelten soll, wenn sie im Rahmen der **Abnahme** des Gesamtbauvorhabens vom Auftraggeber des Hauptunternehmers abgenommen wird. Ob eine Klausel individualvertraglich oder formularmäßig/AGB-mäßig vereinbart ist und ob sie dabei gegen AGB-rechtliche Bestimmungen verstößt oder nicht, spielte bei der Frage, ob sie einen Eingriff in den Kernbereich von VOB/B enthält, keine Rolle. Selbst wenn nämlich eine derartige Klausel sogar gegen AGB-rechtliche Bestimmungen verstößt, ist sie bei der Frage, ob VOB/B „als Ganzes" vereinbart wurde, zu berücksichtigen; denn es wäre sinn- und zweckwidrig, wenn gerade besonders zu missbilligende Eingriffe in den Regelungsgehalt der VOB/B, die sogar dem AGB-rechtlichen Unwert-Urteil unterfallen, bei der hier vorzunehmenden Prüfung außer acht bleiben müssten.[115]

**53** § 4 Nr. 8 Abs. 2 VOB/B begründet **lediglich** eine **Verpflichtung** des **Auftragnehmers**, und zwar allein im Vertragsverhältnis **zu** seinem **Auftraggeber**. Der Nachunternehmer kann hieraus für sich gegen den Auftragnehmer als seinem Auftraggeber **keine Ansprüche** herleiten,[116] und zwar weder Ansprüche auf Zugrundelegung der VOB, noch Ansprüche wegen nicht erfolgter oder unzureichend erfolgter Zugrundelegung der VOB.

**54** Der jeweilige Werk-/Bau-Vertrag des Auftraggebers mit dem Auftragnehmer und des Auftragnehmers mit dem Nachunternehmer – auch wenn (aus welchen Rechtsgründen oder sonstigen Gründen auch immer) Bestandteile oder ganze Vertragsregelungen aus dem Vertragsverhältnis des subvergebenden Auftragnehmers zu seinem Auftraggeber in den Nachunternehmervertrag eingehen bzw. eingegangen sind – sind jeweils **rechtlich eigenständig** und rechtlich völlig selbstständig und unabhängig voneinander zu betrachten, zu beurteilen und zu behandeln,[117] wie dies bereits oben Rdn. 24–33 zur Eigenständigkeit der Vertragsbeziehungen ausführlich dargestellt ist. Der Nachunternehmer hat daher nur die Rechte

---

[115] BGH NJW 1995, 526, 527 = BauR 1995, 234, 235 = BB 1995, 275 = ZfBR 1995, 77, 78 m. w. N.
[116] *Ingenstau/Korbion* VOB/B § 4 Nr. 8 Rdn. 28; *Ramming* BB 1994, 518, 519, 520.
[117] *Ingenstau/Korbion* VOB/B § 4 Nr. 8 Rdn. 28.

einschließlich Ansprüche, die ihm nach seinem eigenen Vertrag mit dem Auftragnehmer als seinem Auftraggeber eingeräumt sind.[118]

Insbesondere kann der Nachunternehmer bei gegenüber dem Hauptvertrag anderer Vertragsgestaltung mit dem Auftragnehmer nicht Einwendungen aus VOB/B herleiten, etwa mit der Begründung, für den Hauptvertrag habe der Auftragnehmer mit dem Auftraggeber die Anwendung von VOB/B vereinbart.[119] Denn es handelt sich ja um zwei verschiedene und voneinander strikt **zu trennende Verträge,** die sich weder überschneiden noch sonst rechtlich miteinander verbunden sind; der Auftragnehmer ist und bleibt an das gebunden, was er in seinem Vertrag mit dem Auftraggeber vereinbart hat, der Nachunternehmer an das, was in seinem Vertrag mit dem Auftragnehmer festgelegt ist.[120] Etwas anderes gilt nur bei entsprechender Vereinbarung zwischen den jeweilig Beteiligten, wie etwa z. B. in den entsprechenden Fällen bei Rdn. 27, 29, 30, 33 I (2). 55

Aus der Eigenständigkeit der Verträge und Vertragsbeziehungen folgt auch, dass eine etwaige **AGB-Kontrolle** für beide Verträge gesondert, rechtlich unabhängig voneinander zu befolgen hat. Es kann somit durchaus der eine Vertrag ganz oder teilweise mit dem AGB-Gesetz konform sein, der andere ganz oder teilweise oder in anderen Teilen nicht oder umgekehrt,[121] was sich vor allem auf unterschiedliche Zusätzliche Vertragsbedingungen und Allgemeine Vertragsbedingungen (auch wenn sie vom jeweiligen Verwender oft unzutreffend mit dem falschen Etikett „Besondere Vertragsbedingungen" gekennzeichnet werden) oder auf die in der Praxis oft so genannten „Vorbemerkungen" – meist vor oder in dem Leistungsverzeichnis oder der Leistungsbeschreibung – beziehen kann. 56

Wegen der Eigenständigkeit der jeweiligen Vertragsverhältnisse hat der Auftraggeber nicht das Recht, dem Nachunternehmer unmittelbar Weisungen zu erteilen[122] oder sich sonst in das Vertragsverhältnis zwischen Auftragnehmer und Nachunternehmer **einzumischen.**[123] Sollte der Auftraggeber Beanstandungen gegen den Nachunternehmer erheben wollen, der ja im Verhältnis zum Auftraggeber „nur" Erfüllungsgehilfe des Auftragnehmers im Sinne von § 278 BGB ist, muss er sich an den Auftragnehmer wenden und von diesem Abstellung oder Beseitigung verlangen.[124] 57

Ohne besondere Vereinbarungen besteht auch kein unmittelbares Rechtsverhältnis zwischen Nachunternehmer und Auftraggeber bezüglich **Zahlungen;** Näheres hierzu siehe Rdn. 29 und 30. Unter den Voraussetzungen des § 16 Nr. 6 VOB/B ist jedoch der Auftraggeber zu unmittelbaren Zahlungen an den Nachunternehmer berechtigt.[125] 58

## D. Pflicht zur Bekanntgabe der Nachunternehmer (Abs. 3)

Nach § 4 Nr. 8 Abs. 3 VOB/B hat der Auftragnehmer die Nachunternehmer dem Auftraggeber auf Verlangen **bekanntzugeben.** Dieser Auskunftsanspruch des Auftraggebers, mit der die entsprechende Auskunftspflicht des Auftragnehmers korrespondiert, ist eine weitere Schutzbestimmung zugunsten des Auftraggebers, mit der ihm die Möglichkeit gegeben wird, die Einhaltung seiner berechtigten Interessen zu kontrollieren. Insbesondere hat der Auftraggeber ein berechtigtes Interesse daran, zu wissen, wer als Nachunternehmer an seinem Bauvorhaben mitarbeitet („mitwirkt"), ob dieser die für die Erfüllung seiner vertraglichen Verpflichtungen notwendige Eignung, nämlich die erforderliche Fachkunde, 59

---

[118] *Ingenstau/Korbion* VOB/B § 4 Nr. 8 Rdn. 28; *Locher* NJW 1978, 2235, 2236.
[119] *Ingenstau/Korbion* wie vor.
[120] *Ingenstau/Korbion* wie vor.
[121] *Ingenstau/Korbion* VOB/B § 4 Nr. 8 Rdn. 28; *Locher* NJW 1979, 2235, 2238, 2239; *Ramming* BB 1994, 518, 519 l. Sp.
[122] *Ingenstau/Korbion* VOB/B § 4 Nr. 8 Rdn. 29.
[123] *Ingenstau/Korbion* VOB/B § 4 Nr. 8 Rdn. 29.
[124] Hierauf weist *Ingenstau/Korbion* VOB/B § 4 Nr. 8 Rdn. 29 zutreffend hin.
[125] So auch *Kapellmann/Messerschmidt/Merkens* VOB/B § 4 Rdn. 203.

§ 4 Nr. 8 Pflicht des Auftragnehmers zur Selbstausführung

Leistungsfähigkeit und Zuverlässigkeit besitzt sowie über ausreichende technische und wirtschaftliche Mittel verfügt (vgl. § 25 Nr. 2 Abs. 1 und § 2 Nr. 1 Satz 1 VOB/A) und ob die Erfordernisse und Anforderungen von § 4 Nr. 8 eingehalten wurden.[126]

60 Zur „Bekanntgabe der Nachunternehmer" gehört sonach zunächst Name und Anschrift sowie Bauleistung des jeweiligen Nachunternehmers;[127] letzteres deshalb, weil ohne Nennung der Leistung und deren Zuordnung zum jeweiligen Nachunternehmer der Auftraggeber mit den (sozusagen „in der Luft hängenden") Namen und Anschriften nichts anfangen kann, sie ihm nichts nützen.

61 Gemäß dem vorstehend genannten Schutzzweck der Bestimmung und rechtlichen Interesse des Auftraggebers erstreckt sich dessen Auskunftsanspruch auch auf die Tatsachen, welche die Frage nach der Eignung des Nachunternehmers, nämlich Fachkunde, Leistungsfähigkeit, Zuverlässigkeit und Verfügung über ausreichende technische und wirtschaftliche Mittel i. S. von § 25 Nr. 2 Abs. 1 und § 2 Nr. 1 Satz 1 VOB/A beantworten.[128] In diesem Rahmen hat der Auftraggeber auch das Recht, die notwendigen Auskünfte zu erhalten, um beurteilen zu können, ob der Auftragnehmer seiner vertraglichen Verpflichtung nach § 4 Nr. 8 Abs. 2 VOB/B Genüge getan hat und ob der Auftragnehmer seine Zahlungsverpflichtungen gegenüber dem Nachunternehmer erfüllt hat, um gegebenenfalls von § 16 Nr. 6 VOB/B Gebrauch machen[129] und so Problemen des Baufortschritts wegen etwaiger Arbeitseinstellung des Nachunternehmers bei nichterfolgter Zahlung durch den Auftragnehmer vorbeugen oder abhelfen zu können. Weitere Auskunftsansprüche des Auftraggebers bestehen nicht.[130]

## E. Rechtsfolgen bei Verletzung der Auftragnehmer-Pflichten aus Nr. 8

62 **Schadenersatz.** Die in § 4 Nr. 8 VOB/B enthaltenen Pflichten des Auftragnehmers sind **vertragliche Nebenpflichten,** deren Verletzung bei hierdurch entstehenden Schäden Schadensersatzansprüche aus (Schuld-)Pflichtverletzung nach § 280 Abs. 1 BGB n. F., früher **positiver Vertragsverletzung**[131] gegen den Auftragnehmer auslösen.[132] Hat die Verletzung der Pflichten aus Nr. 8 Baumängel zur Folge, richtet sich die Verjährung nach der Abnahme nach § 13 Nr. 4 VOB/B, etwa wenn Baumängel darauf beruhen, dass der Auftragnehmer die Leistung entgegen den Bestimmungen von Nr. 8 verbotswidrig an den Nachunternehmer übertragen und der Nachunternehmer mangelhaft geleistet hat.[133] Ansonsten gilt für die Verletzung der Pflichten aus Nr. 8 als (Schuld-)Pflichtverletzung bzw. als früherer positiver Vertragsverletzung die gesetzliche Verjährungsfrist des BGB (n. F./a. F.) unter Berücksichtigung der verjährungsrechtlichen Überleitungsvorschrift EGBGB Art. 229 § 6. Soweit der Verstoß gegen die Pflichten aus Nr. 8 zu Baumängeln geführt hat, bestimmen sich die Rechte des Auftraggebers vor der Abnahme nach § 4 Nr. 7 VOB/B, nach der Abnahme nach § 13 Nr. 5–7.

63 Verursacht der Verstoß des Auftragnehmers gegen das Selbstausführungsgebot des § 4 **Nr. 8 Abs. 1** VOB/B einen Schaden, so steht dem Auftraggeber, bei vorstehender Randnum-

---

[126] *Ingenstau/Korbion* VOB/B § 4 Nr. 8 Rdn. 30. So auch *Kapellmann/Messerschmidt/Merkens* VOB/B § 4 Rdn. 205.
[127] *Nicklisch/Weick* VOB/B § 4 Rdn. 121; *Kapellmann/Messerschmidt/Merkens* VOB/B § 4 Rdn. 205.
[128] *Heiermann/Riedl/Rusam* VOB/B § 4 Rdn. 107; *Ingenstau/Korbion* VOB/B § 4 Nr. 8 Rdn. 31. So auch *Kapellmann/Messerschmidt/Merkens* VOB/B § 4 Rdn. 205.
[129] *Heiermann/Riedl/Rusam* VOB/B § 4 Rdn. 107; *Ingenstau/Korbion* VOB/B § 4 Nr. 8 Rdn. 31.
[130] *Heiermann/Riedl/Rusam* VOB/B § 4 Rdn. 107; *Ingenstau/Korbion* VOB/B § 4 Nr. 8 Rdn. 31.
[131] Zu Bedeutung und Funktion von § 280 Abs. 1 BGB n. F. siehe → **Vor § 3 Rdn. 51,** speziell zu seiner „Ablöse"-Funktion bezüglich der vormaligen p. V. V. dort (2) dritter Spiegelstrich.
[132] *Heiermann/Riedl/Rusam* VOB/B § 4 Rdn. 107; *Ingenstau/Korbion* VOB/B § 4 Nr. 8 Rdn. 6; *Kapellmann/Messerschmidt/Merkens* VOB/B § 4 Rdn. 206. Vgl. a. OLG Celle BauR 2005, 1336 ff.
[133] BGHZ 59, 323, 327 f. = NJW 1973, 38, 39 = BauR 1973, 46, 48; *Ingenstau/Korbion* VOB/B § 4 Nr. 8 Rdn. 6; *Kapellmann/Messerschmidt/Merkens* VOB/B § 4 Rdn. 206.

*Pflicht des Auftragnehmers zur Selbstausführung* **§ 4 Nr. 8**

mer, hierfür ein **Schadensersatzanspruch** aus (Schuld-)Pflichtverletzung nach § 280 Abs. 1 BGB n. F., vormals **positiver Vertragsverletzung** zu; dies gilt sowohl bei Aufrechterhaltung des Vertrages als auch bei der in nachstehender Randnummer genannten Kündigung aus wichtigem Grund.

Gleichermaßen führt die Verletzung der in § 4 **Nr. 8 Abs. 2** VOB/B geregelten vertraglichen (Neben-)Verpflichtung zu einer gleichartigen Schadensersatzhaftung des Auftragnehmers, wenn die Abweichung von VOB/B sachlich nicht zu rechtfertigen und dem Auftraggeber deswegen ein Schaden entstanden ist.[134]

**Auftragsentziehung.** (1) Die Weitervergabe von Bauleistungen an (einen) Nachunternehmer ohne die erforderliche Zustimmung des Auftraggebers verstößt gegen das Selbstausführungsgebot des § 4 Nr. 8 Abs. 1 VOB/B und ist Verletzung einer vertraglichen (Neben-)Pflicht. Das Gleiche gilt für eine **auch sonst unbefugte Weitervergabe**, etwa wenn eine nicht erteilte Zustimmung auch nicht nach Nr. 8 Abs. 1 Satz 3 entbehrlich ist, weil der Betrieb des Auftragnehmers auf die betreffende Bauleistung eingerichtet ist (Nr. 8 Abs. 2 Satz 1 i. V. m. Sätzen 2, 3). Verstößt also der Auftragnehmer gegen die Selbstausführungsverpflichtung des § 4 Nr. 8 Abs. 1 Sätze 1 bis 3, indem er ohne schriftliche Zustimmung des Auftragggebers oder ohne dass die Zustimmung als erteilt zu gelten hat oder gilt oder entbehrlich ist (siehe Rdn. 37, 38, 39, 43 bis 46), Leistungen nicht im eigenen Betrieb erbringt, obwohl sein Betrieb darauf eingerichtet ist, kann der Auftraggeber gemäß dem in die VOB/B Ausgabe 2000 neu aufgenommenen (zusätzlichen) Satz 4 des § 4 Nr. 8 Abs. 1 vorgehen, siehe oben Rdn. 47. Dabei ist der Vertrag bereits durch die verbotene Weitergabe als solche verletzt. 64

(2) Demgemäß konsequent als **Folgeänderung** ist der § 8 Nr. 3 Abs. 1 Satz 1 VOB/B ab der VOB/B-Fassung 2000 explizit um die Aufnahme des fruchtlosen Ablaufs der „im Falle des § 4 Nr. 8 Abs. 1 gesetzten Frist" als zusätzlichem Auftragsentziehungsgrund erweitert worden. Es kann auch hier die (angedrohte und dann vollzogene) Auftragsentziehung gemäß § 8 Nr. 3 Abs. 1 Satz 2 auf einen in sich abgeschlossenen Teil der vertraglichen Leistung beschränkt werden; daran kann der Auftraggeber ein Interesse haben, vor allem auch, wenn sich die Vertragswidrigkeit der Weitervergabe oder das Interesse des Auftraggebers an der Nichtweitervergabe auf einen bestimmten funktional und technisch abgrenzbaren Teil der Leistung bezieht.

(3) Bei wirksamer Auftragsentziehung nach § 8 Nr. 3 Abs. 1 Satz 1 VOB/B i. V. m. § 4 Nr. 8 Abs. 1 Satz 4 VOB/B gelten die **Rechtsfolgen** des § 8 Nr. 3 Absätze 2 bis 4, Nr. 6 und Nr. 7 VOB/B. Die Auftragsentziehung ist **wirksam**, wenn sie, wie § 8 Nr. 5 es verlangt, **schriftlich** erklärt wird. Das setzt gemäß §§ 127, 126 BGB den Zugang der **original unterschriebenen** Auftragsentziehungserklärung/Kündigungserklärung beim Auftragnehmer oder dessen empfangsbevollmächtigten Vertreter voraus; außerdem müssen die in § 4 Nr. 8 Abs. 1 Satz 4 VOB/B genannten Voraussetzungen erfüllt sein oder es muss ausnahmsweise die Fristsetzung entbehrlich sein. Die gesetzte Frist muss angemessen sein. Sie muss so, aber auch nur so bemessen sein, dass es dem Auftragnehmer objektiv möglich ist, innerhalb der Frist die Leistung im eigenen Betrieb (wieder) aufzunehmen. Dabei braucht nicht berücksichtigt zu werden, ob und wie sich der Auftragnehmer von rechtlichen Verpflichtungen gegenüber dem Nachunternehmer lösen kann, da er von vorneherein seine Verpflichtung nach § 4 Nr. 8 Abs. 1 Sätze 1 bs 3 zu beachten hatte und im Vordergrund das berechtigte Interesse des Auftraggebers an unverzüglicher Selbstausführung steht.[135] Siehe zu alldem im Einzelnen die dortige Kommentierung.

(4) Die **vorbehandelte Befugnis** des Auftraggebers **zur Auftragsentziehung** nach vorausgehender Setzung einer angemessenen Frist zur Aufnahme der Leistung im eigenen Betrieb mit gleichzeitiger Androhung der Auftragsentziehung bei fruchtlosem Fristablauf bestand in den entsprechenden Fällen auch schon bis zur VOB/B 2000, und zwar analog § 4

---

[134] *Ingenstau/Korbion* VOB/B § 4 Nr. 8 Rdn. 28.
[135] *Kapellmann/Messerschmidt/Merkens* VOB/B § 4 Rdn. 196.

§ 4 Nr. 8                Pflicht des Auftragnehmers zur Selbstausführung

Nr. 7 Satz 3, § 8 Nr. 3 VOB/B mit den dort geregelten Folgen.[136] Die analoge Anwendung der vorgenannten Bestimmungen rechtfertige sich daraus, dass ein Auftragnehmer, der seine Pflicht zur Selbstausführung/Eigenleistung nach § 4 Nr. 8 Abs. 1 Satz 1 VOB/B nicht erfüllt bzw. sie missachtet und entgegen dem Zustimmungserfordernis nach § 4 Nr. 8 Abs. 1 Satz 2 VOB/B – ohne Vorliegen der Ausnahmevoraussetzungen nach Satz 3 – die Bauleistung oder Teile hiervon eigenmächtig an (einen) Nachunternehmer überträgt, unbefugt handelt und somit durch diese Weitervergabe eine Vertragswidrigkeit begeht.[137] Zu beachten war damals und ist auch seit der VOB/B 2000, dass die Vertragswidrigkeit des Nachunternehmereinsatzes für sich **allein** grundsätzlich eine Kündigung aus wichtigem Grunde ohne vorangehende Fristsetzung zur Beseitigung des vertragswidrigen Zustandes und ohne gleichzeitige Kündigungsandrohung noch nicht rechtfertigt.

(5) Ohne eine Fristsetzung mit Kündigungsandrohung gemäß vorstehend (2) bis (4) ist eine fristlose Kündigung aus wichtigem Grunde nur berechtigt, wenn durch den vertragswidrigen Nachunternehmereinsatz das Vertrauensverhältnis zwischen den Vertragsparteien entscheidend (schwerwiegend) gestört ist, also so wie wenn der Auftragnehmer eine Fristsetzung der vorgenannten Art mit Kündigungsandrohung missachtet hätte. Letzteres ist z. B. dann der Fall, wenn der Auftraggeber bereits vor dem Verstoß zum Ausdruck gebracht hat oder wenn sonst klar ersichtlich war, dass er, der Auftraggeber, Wert auf die Selbstausführung legt und der Auftragnehmer dies ignoriert hat. Das Gleiche gilt, wenn der Auftragnehmer die Ausführung der Arbeiten im eigenen Betrieb ernsthaft und endgültig verweigert oder wenn sich herausstellt, dass der Auftragnehmer von Anfang an zur Selbstausführung nicht in der Lage war, dies aber dem Auftraggeber verschwiegen hat.[138] – Auch ist insoweit auf das Vergabehandbuch (VHB) des Bundes in Nr. 4 zu § 4 VOB/B und den dort genannten Aspekt der **Infragestellung** der gegenwärtigen und künftigen **Zuverlässigkeit** hinzuweisen: „Setzt der Auftragnehmer vertragswidrig Nachunternehmer ein, ist die Fortführung der Arbeiten durch diesen zu untersagen. Verstöße gegen die Vertragsbedingungen (auch § 4 Nr. 8 Abs. 1 VOB/B ist eine solche, Anm. d. Verf.) können Zweifel an der Zuverlässigkeit des Auftragnehmers begründen, die bei künftigen Vergabeverfahren zu berücksichtigen sind."

65     Der **Anspruch** des Auftraggebers gegen den Auftragnehmer **auf Bekanntgabe** der Nachunternehmer nach § 4 Nr. 8 Abs. 3 VOB/B ist als Auskunftsanspruch ein **einklagbares Recht**, wie sich bereits aus dem Wortlaut „hat" ... „auf Verlangen" „bekanntzugeben", ergibt.[139]

## F. Besonderheiten bei öffentlichen Bauaufträgen

66     Bei öffentlichen Bauaufträgen ist zu § 4 Nr. 8 VOB/B das Vergabehandbuch (VHB) in Nr. 4 zu § 4 B zu beachten, worin insbesondere Näheres zu den materiellen und formellen Zustimmungsvoraussetzungen nach § 4 Nr. 8 Abs. 1 VOB/B niedergelegt ist., wie z. B. oben Rdn. 64 a. E. Oft ist in Vertragsbedingungen des öffentlichen Auftraggebers, etwa in ZVB, das Erfordernis der Auftraggeberzustimmung unter Abweichung von der Regelung nach § 4 Nr. 8 Abs. 1 Satz 3 VOB/B auch auf solche Bauleistungen ausgedehnt, auf die der Betrieb des Auftragnehmers nicht eingerichtet ist; d. h. ein solcher Auftraggeber verlangt in jedem Fall der Weitervergabe die Einholung der Zustimmung.

---

[136] *Ingenstau/Korbion* VOB/B § 4 Nr. 8 Rdn. 17.
[137] *Ingenstau/Korbion* VOB/B § 4 Nr. 8 Rdn. 17.
[138] *Kapellmann/Messerschmidt/Merkens* B § 4 Rdn. 198.
[139] *Ingenstau/Korbion* VOB/B § 4 Nr. 8 Rdn. 30; *Kapellmann/Messerschmidt/Merkens* VOB/B § 4 Rdn. 205. – D. W. siehe dazu, auch zur weiteren Begründung der Einklagbarkeit, → Vor § 4 Rdn. 22 mit Rdn. 17.

# § 4 Nr. 9

**§ 4 Nr. 9 [Funde bei Ausführung der Leistung]**

Werden bei Ausführung der Leistung auf einem Grundstück Gegenstände von Altertums-, Kunst- oder wissenschaftlichem Wert entdeckt, so hat der Auftragnehmer vor jedem weiteren Aufdecken oder Ändern dem Auftraggeber den Fund anzuzeigen und ihm die Gegenstände nach näherer Weisung abzuliefern. Die Vergütung etwaiger Mehrkosten regelt sich nach § 2 Nr. 6. Die Rechte des Entdeckers (§ 984 BGB) hat der Auftraggeber.

Literatur: *Hönes*, Vereinbarungen über Altertumsfunde nach § 4 Nr. 9 VOB/B. Siehe ferner die Hinweise → Vor § 4 sowie → § 4 Nr. 1.

### Übersicht

| | Rdn. | | Rdn. |
|---|---|---|---|
| A. Inhalt und Zweck der Regelung des Satz 1 | 1 | III. Anzeigepflicht und Ablieferungspflicht nach öffentlich-rechtlichen Bestimmungen | 14 |
| B. Entdeckung von Gegenständen von Altertums-, Kunst- oder wissenschaftlichem Wert (Satz 1 Halbsatz 1) | 2–7 | D. Vergütung etwaiger Mehrkosten (Satz 2) | 15–17 |
| I. Art der Gegenstände | 2 | E. Entdeckerrechte an den Funden (Satz 3) | 18–23 |
| II. Entdeckung | 6 | I. Rechte des Entdeckers beim Auftraggeber | 18 |
| III. Schatzfunde ohne Altertums-, Kunst- oder wissenschaftlichem Wert | 7 | II. Geltung der Regelung nur im jeweiligen Bauvertragsverhältnis | 21 |
| C. Anzeige- und Ablieferungspflicht (Satz 1 Halbsatz 2) | 8–14 | F. Rechtsfolgen bei Verletzung der Auftragnehmer-Pflichten aus Nr. 9 | 24–26 |
| I. Anzeigepflicht | 8 | | |
| II. Ablieferungspflicht | 11 | | |

## A. Inhalt und Zweck der Regelung des Satz 1

§ 4 Nr. 9 Satz 1 VOB/B enthält Bestimmungen darüber, wie der Auftragnehmer sich zu verhalten, insbesondere was er zu veranlassen hat, wenn bei der Ausführung der Leistung auf einem Grundstück Gegenstände von Altertums-, Kunst- oder wissenschaftlichem Wert entdeckt werden. Hierzu legt Satz 1 Halbsatz 1 fest, dass in einem solchen Fall der Auftragnehmer vor jedem weiteren Aufdecken oder Ändern dem Auftraggeber den Fund **anzuzeigen** und ihm die Gegenstände nach näherer Weisung **abzuliefern** hat. Damit soll verhindert werden, dass der Fund mit seinem Altertums-, Kunst- oder wissenschaftlichem Wert durch unsachgemäße Ausgrabung oder sonstigen Umgang **beschädigt** wird[1] oder abhanden kommt. 1

## B. Entdeckung von Gegenständen von Altertums-, Kunst- oder wissenschaftlichem Wert (Satz 1 Halbsatz 1)

### I. Art der Gegenstände

§ 4 Nr. 9 Satz 1, 1. Hs. VOB/B spricht schlechthin von entdeckten „Gegenständen", so dass im Gegensatz zur gesetzlichen Schatzfund-Regelung des § 984 BGB, welche nur die Entdeckung beweglicher „Sachen" behandelt, Fundgegenstände im Sinne von Nr. 9 Satz 1 2

---

[1] So auch *Nicklisch/Weick* VOB/B § 4 Rdn. 124.

§ 4 Nr. 9

sowohl **bewegliche** Sachen als auch **unbewegliche** Sachen, damit auch Grundstücksbestandteile im Sinne der §§ 93, 94 BGB sein können.[2] Nach § 4 Nr. 9 Satz 1 VOB/B sind also nicht nur Einzelsachen Fundgegenstände, sondern vielmehr ist auch der ganze und, mithin auch ein ganzer Fundzusammenhang mit seiner Einbettung in die örtliche Situation „Fundgegenstand".

3  Gegenüber der gesetzlichen Schatzfund-Regelung des **§ 984 BGB** ist jedoch § 4 Nr. 9 Satz 1 VOB/B insoweit enger, als innerhalb des Kreises der beweglichen und unbeweglichen Sachen nur solche von Altertums-, Kunst- oder wissenschaftlichem Wert der VOB-Regelung über die Anzeigepflicht und Ablieferungspflicht unterfallen.

4  Ob die bei der Ausführung der Leistung auf dem Grundstück, meist durch Ausgrabungs-/Ausschachtungsarbeiten oder Baggerarbeiten gefundenen Gegenstände von Altertums-, Kunst- oder wissenschaftlichem Wert sind, richtet sich nach der Auffassung der maßgeblichen **Fachkreise,** insbesondere der für die Beantwortung dieser Frage einschlägigen wissenschaftlichen Zweige.[3] In der Regel ist zur diesbezüglichen Aufklärung und Beurteilung ein fachlich zuständiger Sachverständiger beizuziehen.[4]

5  Von der Praxis her wird es sich in der Regel um **Bodenfunde,** aber auch um bisher verborgene Gegenstände in mit dem Grund und Boden fest verbundenen Gebäuden und Gebäudebestandteilen, welche allesamt nach § 94 BGB wesentliche Bestandteile eines Grundstücks sind, handeln. Zu den Bodenfunden, oft im Zuge von Erdarbeiten, Aushubarbeiten, Tiefbauarbeiten, Spezialtiefbauarbeiten, Fundamentfreilegungsarbeiten und dergleichen, gehören z. B. Grabhügel/Hügelgräber aus vorchristlicher oder merowingischer Zeit, Ringwälle, sonstige historische Erdwerke, Mauerreste und sonstige **Bodenaltertümer** („Bodendenkmäler") Funde aus erdgeschichtlichen Epochen (z. B. Fossilien, Skelette) oder aus menschheitsgeschichtlichen Epochen wie z. B. Grabfunde oder alte Münzen;[5] solche Münzfunde sind sowohl Schatzfunde im Sinne von § 984 BGB als auch Funde von (gleichzeitig) Altertums-, Kunst- und wissenschaftlichem Wert. **Funde in Gebäuden** und Gebäudebestandteilen, z. B. im Zuge von Umbauarbeiten, können ebenfalls (etwa eingemauerte oder sonst im Mauerwerk oder in Geheimfächern verborgene) Münzen, Schmuck, Wand- und Deckenmalereien/-gemälde, Skulpturen und andere Kunstgegenstände sein, die eines oder zugleich zwei oder alle drei Merkmale von Nr. 9 Satz 1, Halbsatz 1 erfüllen.

## II. Entdeckung

6  Der Begriff „Entdeckung" in § 4 Nr. 9 Satz 1 VOB/B ist identisch mit dem gleichnamigen Begriff in § 984 BGB, weil beide Bestimmungen die gleiche Regelungsmaterie betreffen und Nr. 9 Satz 3 auch auf § 984 BGB im systematischen Zusammenhang Bezug nimmt. Entdeckung ist Wahrnehmung.[6] Dabei müssen die Bloßlegung (etwa mittels des Bagger-Greifers), die den Zustand der Verborgenheit beendet und die erstmalige Wahrnehmung des Fundes nicht notwendig zeitlich zusammenfallen.[7]

---

[2] *Ingenstau/Korbion* VOB/B § 4 Nr. 9 Rdn. 2; *Nicklisch/Weick* VOB/B § 4 Rdn. 123; *Hönes,* BauR 2007, 1177, 1178, 1179.

[3] *Heiermann/Riedl/Rusam* VOB/B § 4 Rdn. 108; *Ingenstau/Korbion* VOB/B § 4 Nr. 9 Rdn. 2. So auch *Kapellmann/Messerschmidt/Merkens* VOB/B § 4 Rdn. 208. Siehe auch *Hönes,* BauR 2007, 1177, 1179, 1180.

[4] *Heiermann/Riedl/Rusam* VOB/B § 4 Rdn. 108; *Ingenstau/Korbion* VOB/B § 4 Nr. 9 Rdn. 2; *Kapellmann/Messerschmidt/Merkens* VOB/B § 4 Rdn. 208; *Nicklisch/Weick* VOB/B § 4 Rdn. 123.

[5] Wie etwa die bei einem Gebäudeabbruch auf einem im Eigentum des Landes Schleswig-Holstein stehenden Grundstück in der Lübecker Altstadt entdeckten 23 200 Gold- und Silbermünzen aus dem 14. und 15. Jh.; dieser Schatzfund war Gegenstand des sich mit einer vielschichtigen Problematik zur Materie ausführlich befassenden, lesenswerten BGH-Urteils in NJW 1988, 1204 = BauR 1988, 354 = ZfBR 1988, 130 = JZ 1988, 665 mit Anm. *Gursky;* vgl. auch *Ingenstau/Korbion* VOB/B § 4 Nr. 9 Rdn. 2 und *Kapellmann/Messerschmidt/Merkens* VOB/B § 4 Rdn. 208.

[6] *Palandt/Bassenge* § 984 Rdn. 1; vgl. auch BGH NJW 1988, 1204, 1206 = BauR 1988, 354, 357, 358 = ZfBR 1988, 130, 131, 132.

[7] BGH NJW 1988, 1204, 1207 = BauR 1988, 254, 360 = ZfBR 1988, 130, 133.

### III. Schatzfunde ohne Altertums-, Kunst- oder wissenschaftlichem Wert

In den Fällen, in denen bei Ausführung der Leistung auf einem Grundstück zwar 7
Schatzfunde im Sinne von § 984 BGB gemacht werden, der jeweils gefundene Gegenstand aber keinen Altertums-, Kunst- oder wissenschaftlichem Wert aufweist (der in § 984 BGB ja nicht vorausgesetzt wird), gilt auch im Rahmen des VOB-Vertrages dann ausschließlich (und unmittelbar) **§ 984 BGB**.[8] Die dem Auftragnehmer nach § 984 BGB zustehenden Rechte gehen dann allerdings in entsprechender Anwendung von § 4 Nr. 9 VOB/B auf den Auftraggeber über.[9]

## C. Anzeige- und Ablieferungspflicht (Satz 1 Halbsatz 2)

### I. Anzeigepflicht

Der Auftragnehmer ist nach § 4 Nr. 9 Satz 1, 2. Hs. VOB/B **verpflichtet,** dem Auftrag- 8
geber den Fund unverzüglich[10] (d. h. ohne schuldhaftes Zögern, § 121 BGB) anzuzeigen, nachdem er oder seine Erfüllungsgehilfen Gegenstände entdeckt haben, die von Altertums-, Kunst- oder wissenschaftlichem Wert sein **können.** Eine diesbezügliche Annahme genügt also, damit entsteht bereits die Anzeigeverpflichtung; Gewissheit (vor allem auch was den Wert angeht) ist nicht erforderlich.[11] Die Annahme allein muss deshalb genügen, weil der Auftragnehmer oder der Erfüllungsgehilfe vielfach nicht beurteilen kann, ob der Fundgegenstand wirklich von Altertums-, Kunst- oder wissenschaftlichem Wert ist und nur so der Schutzzweck der Regelung erreicht werden kann, Funde von vorgenanntem Wert vor Verlust oder Beschädigung zu schützen sowie ihrer zivilrechtlichen Bestimmung nach § 4 Nr. 9 Satz 3 VOB/B, § 984 BGB und/oder auch der eventuellen öffentlich-rechtlichen Zweckbestimmung wie z. B. Schutz von Bodendenkmälern zuzuführen.[12]

Der Auftragnehmer hat zunächst jedes weitere Aufdecken z. B. Ausgraben, Abwaschen, 9
Abkratzen etc. zu **unterlassen;** gleichermaßen darf er den Fundgegenstand nicht ändern, aus seiner Lage bringen, auseinandernehmen, mit anderen Sachen verbinden oder dergleichen.[13]

Nach der Anzeige hat der Auftragnehmer die weitere Entschließung und nähere Weisung 10
des Auftraggebers abzuwarten.[14] Der Auftraggeber ist dann verpflichtet, auf die Anzeige des Auftragnehmers **unverzüglich** durch entsprechende Weisungen oder die sonst sachlich gebotenen Entscheidungen zu reagieren.[15] Dabei ist zu berücksichtigen, dass der Auftraggeber allerdings unter Umständen erst sach- und fachkundigen **Rat** einholen muss,[16] in der

---

[8] *Ingenstau/Korbion* VOB/B § 4 Nr. 9 Rdn. 2; *Heiermann/Riedl/Rusam* VOB/B § 4 Rdn. 108; *Kapellmann/Messerschmidt/Merkens* VOB/B § 4 Rdn. 208.
[9] *Heiermann/Riedl/Rusam* VOB/B § 4 Rdn. 108; *Ingenstau/Korbion* VOB/B § 4 Nr. 9 Rdn. 2 a. E.
[10] *Heiermann/Riedl/Rusam* VOB/B § 4 Rdn. 108; *Ingenstau/Korbion* VOB/B § 4 Nr. 9 Rdn. 3; *Kapellmann/Messerschmidt/Merkens* VOB/B § 4 Rdn. 209.
[11] *Daub/Piel/Soergel/Steffani* ErlZ B 4273; *Ingenstau/Korbion* VOB/B § 4 Nr. 9 Rdn. 3. So auch *Kapellmann/Messerschmidt/Merkens* VOB/B § 4 Rdn. 209.
[12] So auch *Kapellmann/Messerschmidt/Merkens* VOB/B § 4 Rdn. 209.
[13] *Ingenstau/Korbion* VOB/B § 4 Nr. 9 Rdn. 4; so auch *Kapellmann/Messerschmidt/Merkens* VOB/B § 4 Rdn. 209.
[14] *Daub/Piel/Soergel/Steffani* ErlZ B 4273 letzter Absatz; *Ingenstau/Korbion* VOB/B § 4 Nr. 9 Rdn. 4. So auch *Kapellmann/Messerschmidt/Merkens* VOB/B § 4 Rdn. 209.
[15] *Daub/Piel/Soergel/Steffani* ErlZ B 4273 („unverzüglich"); *Heiermann/Riedl/Rusam* VOB/B § 4 Rdn. 108 („alsbald"); *Ingenstau/Korbion* VOB/B § 4 Nr. 9 Rdn. 4. („in möglichst kurzer Zeit"); *Nicklisch/Weick* VOB/B § 4 Rdn. 124 („möglichst umgehend"); *Kapellmann/Messerschmidt/Merkens* VOB/B § 4 Rdn. 210 („unverzüglich").
[16] *Daub/Piel/Soergel/Steffani* ErlZ B 4273 letzter Absatz. So auch *Kapellmann/Messerschmidt/Merkens* VOB/B § 4 Rdn. 209.

§ 4 Nr. 9                                                          Funde bei Ausführung der Leistung

Regel bei der zuständigen Behörde (etwa dem Denkmalschutzamt), was aber der Auftraggeber zügig betreiben muss. Die vorgenannte Unverzüglichkeit folgt aus dem Prinzip von Treu und Glauben gemäß § 242 BGB[17] und aus der Systematik von § 4 Nr. 9 Satz 1 VOB/B welche das – auf die Anzeige folgende – Abliefern „nach näherer Weisung" verlangt.[18] Die Pflicht des Auftraggebers, auf die Anzeige des Auftragnehmers unverzüglich zu antworten, ist eine **Mitwirkungspflicht**[19] zur Weiterführung der Bauarbeiten; die Verletzung dieser Mitwirkungspflicht führt zum Annahmeverzug.[20] Wird hierdurch die weitere Bauausführung erschwert und/oder auf Grund Behinderung verzögert, hat der Auftragnehmer die Rechte aus § 6 VOB/B, u. U. auch aus § 9 VOB/B.[21] § 642 BGB, der kein Verschulden voraussetzt, ist nach der hier vertretenen Auffassung auch bei fortbestehendem Bauvertrag neben § 6 Nr. 6 VOB/B anwendbar.[22]

## II. Ablieferungspflicht

11   Der Auftragnehmer ist des Weiteren verpflichtet, die aufgefundenen Gegenstände nach näherer Weisung des Auftraggebers abzuliefern. Das ist naturgemäß nur bei **beweglichen** Gegenständen möglich oder dann, wenn sie auf Verlangen des Auftraggebers und nach dessen Vorgaben aus ihrer Verbindung mit dem Grund und Boden oder dem damit verbundenen Gebäude herausgelöst werden. „Nach näherer Weisung" bedeutet, dass das Ablieferungs-Verlangen noch nähere Angaben darüber beinhaltet, wann der Auftragnehmer, wie (mit welchen Mitteln) und welche der gefundenen Gegenstände wohin und an wen – etwa an den Auftraggeber oder an einen von ihm zu bestimmenden bzw. bestimmte Dritten wie z. B. eine Amtsstelle für Denkmalpflege, Vor- und Frühgeschichte, Archäologie, ein bestimmtes Museum etc. – zu befördern bzw. zu übermitteln hat; dazu können noch weitere Vorgaben kommen.

12   Allerdings wird man diesbezüglich dem Auftragnehmer ein **Weigerungsrecht** aus Treu und Glauben zuerkennen müssen, falls er nicht die erforderlichen sächlichen und personellen Mittel, insbesondere Transport- und Verlademittel oder geeignete Arbeitskräfte hierzu besitzt und die Beschaffung dieser Mittel und Kräfte kostenmäßig für den Auftragnehmer außerhalb der nach dem jeweiligen Einzelfall zu bewertenden Zumutbarkeit liegt;[23] etwa weil er aus eigenen finanziellen Mittel nicht vorschießen oder weil er sonst nicht vorfinanzieren kann und/oder weil er auch organisatorisch dazu nicht in der Lage ist, insbesondere sein Betrieb hierauf nicht eingerichtet ist.

13   Bis zur Ablieferung trifft den Auftragnehmer für den entdeckten Gegenstand eine **Fürsorge- und Obhutspflicht** als vertragliche Nebenpflicht dahin, dass die Sache weder beschädigt noch zerstört wird, noch abhanden kommt. Insoweit haftet er dem Auftraggeber gemäß §§ 280 Abs. 1, 241 Abs. 2 BGB n. F., früher aus positiver Vertragsverletzung, i. V. m. § 276 BGB für eine eigene schuldhafte Pflichtverletzung oder nach § 278 BGB für eine schuldhafte Pflichtverletzung seiner Erfüllungsgehilfen.[24] Zu dieser Fürsorgepflicht gehört

---

[17] *Heiermann/Riedl/Rusam* VOB/B § 4 Rdn. 108; *Ingenstau/Korbion* VOB/B § 4 Nr. 9 Rdn. 4; *Nicklisch/Weick* VOB/B § 4 Rdn. 124.
[18] *Nicklisch/Weick* VOB/B § 4 Rdn. 124.
[19] Siehe hierzu → Vor § 4 Rdn. 4, 5, 10, 8 achter Spiegelstrich nebst dem Rechtsprechungsgrundsatz, wonach der Besteller/Auftraggeber die Entscheidungen zu treffen hat, die für die reibungslose Ausführung des Baues erforderlich sind; auch *Nicklisch/Weick* VOB/B § 4 Rdn. 127.
[20] *Heiermann/Riedl/Rusam* VOB/B § 4 Rdn. 108; *Ingenstau/Korbion* VOB/B § 4 Nr. 9 Rdn. 4; *Nicklisch/Weick* VOB/B § 4 Rdn. 127 i. V. m. Rdn. 13.
[21] *Heiermann/Riedl/Rusam* VOB/B § 4 Rdn. 108; *Ingenstau/Korbion* VOB/B § 4 Nr. 9 Rdn. 4; *Nicklisch/Weick* VOB/B § 4 Rdn. 127.
[22] Siehe hierzu → Vor § 3 Rdn. 79–83.
[23] *Ingenstau/Korbion* VOB/B Nr. 9 § 4 Rdn. 6; *Kapellmann/Messerschmidt/Merkens* VOB/B § 4 Rdn. 210.
[24] *Ingenstau/Korbion* VOB/B § 4 Nr. 9 Rdn. 6; *Kapellmann/Messerschmidt/Merkens* VOB/B § 4 Rdn. 210, 214.

unter anderem die ordnungsgemäße Beaufsichtigung, Verwahrung und – falls vom Auftraggeber verlangt – die ordnungsgemäße Verladung und der ordnungsgemäße Transport des entdeckten Gegenstandes.[25]

### III. Anzeigepflicht und Ablieferungspflicht nach öffentlich-rechtlichen Bestimmungen

Unberührt von der dem Auftragnehmer obliegenden vertraglichen (Neben-)Pflicht zur Anzeige und Ablieferung gemäß § 4 Nr. 9 Satz 1 VOB/B bleiben und sind Anzeigepflichten und Ablieferungspflichten des Bauunternehmers/Auftragnehmers, des Grundstückseigentümers und/oder des Auftraggebers auf Grund gesetzlicher oder sonstiger **öffentlich-rechtlicher** Bestimmungen, mit denen insbesondere verhütet werden soll, dass Ausgrabungen unsachgemäß ausgeführt, mit Funden nicht richtig umgegangen und dadurch wissenschaftlich wertvolle, oft unersetzliche archäologische und geschichtliche Gegenstände und Urkunden oder Kunstgegenstände verloren gehen.[26]  14

### D. Vergütung etwaiger Mehrkosten (Satz 2)

Die Mehrkosten, welche dem Auftragnehmer durch die und in Folge der Entdeckung und/oder durch das Ausführen der Weisungen des Auftraggebers entstehen, sind ihm gemäß § 4 Nr. 9 Satz 2 VOB/B vom Auftraggeber nach Maßgabe von § 2 Nr. 6 VOB/B zu vergüten. Es handelt sich hier nämlich um Mehrleistungen, zu deren Erbringung der Auftragnehmer vertraglich nicht ohne Kostenausgleich verpflichtet sein soll und ist.[27] Dazu zählen auch Kosten für Wartezeiten, die unmittelbar durch die Fundentdeckung, die Fundanzeige, die Auftraggeber-Weisung und die Ausführung der Weisung entstehen, wozu auch die Wartezeiten und -kosten innerhalb des Zeitraums zwischen Entdeckung, Anzeige und Ausführung der Weisung gehören. Nicht unter § 4 Nr. 9 Satz 2 VOB/B fällt die Vergütung von solchen Wartezeiten/Stillstandskosten (mit eventuellen Baustellenneueinrichtungskosten), deren Ursache ein infolge des Fundes behördlich verhängter Baustop ist wie im Falle des OLG Braunschweig BauR 2004, 1621, 1622.  15

Die Bestimmung in § 4 Nr. 9 Satz 2 VOB/B, wonach sich die Vergütung etwaiger Mehrkosten nach „**§ 2 Nr. 6**" VOB/B regelt, bedeutet die Anwendbarkeit des **gesamten** § 2 Nr. 6 VOB/B einschließlich der Berechnungsregel von § 2 Nr. 6 Abs. 2 und der Vergütungsanspruchs-Voraussetzung der Anspruchsankündigung nach § 2 Nr. 6 Abs. 1 Satz 2 vor Ausführung der Weisung des Auftraggebers.[28] Es gelten hier daher auch die von der höchstrichterlichen Rechtsprechung entwickelten Grundsätze von der ausnahmsweise nach Treu und Glauben gegebenen Entbehrlichkeit der vorherigen Ankündigungspflicht;[29] dabei ist zugunsten des Auftragnehmers zu berücksichtigen, dass § 4 Nr. 9 Satz 2 VOB/B einen im Baugeschehen verhältnismäßig selten vorkommenden Fall behandelt, mit dessen Eintritt ein Auftragnehmer ersichtlich nicht rechnet, so dass der Auftraggeber grundsätzlich nicht davon ausgehen kann, es handle sich hier nicht um zusätzliche Leistungen zum  16

---

[25] *Ingenstau/Korbion* VOB/B § 4 Nr. 9 Rdn. 6. So auch *Kapellmann/Messerschmidt/Merkens* VOB/B § 4 Rdn. 210.
[26] So zutreffend *Daub/Piel/Soergel/Steffani* ErlZ B 4274 mit Hinweis auf die Übersicht über das öffentliche Denkmalschutzrecht von *Hingst*, Denkmalschutz und Denkmalpflege in Deutschland, Badische Fundberichte, Sonderheft 7, 1964.
[27] *Ingenstau/Korbion* VOB/B § 4 Nr. 9 Rdn. 7.
[28] *Ingenstau/Korbion* VOB/B § 4 Nr. 9 Rdn. 7; *Leinemann/Sterner* VOB/B § 4 Rdn. 142; ähnlich *Heiermann/Riedl/Rusam* VOB/B § 4 Rdn. 108 und *Nicklisch/Weick* VOB/B § 4 Rdn. 125.
[29] Dazu BGH BauR 1996, 542 ff. = ZfBR 1996, 269 ff. und BGH-Folgerechtsprechung, siehe bei → § 2 Nr. 6.

§ 4 Nr. 9                                                     Funde bei Ausführung der Leistung

Bauvertrag und der Auftragnehmer werde die hierfür anfallenden Kosten selbst tragen wollen oder tragen.[30] Auch kann für die Frage des Eintritts von Zusatzarbeiten und Kosten das bei Rdn. 17 Gesagte oft zutreffen.

17    Oft können gerade auch die bis zur Weisung des Auftraggebers entstandenen Kosten – in der Hauptsache solche, die unmittelbar mit der Entdeckung selbst und deren Absicherung im Zusammenhang stehen sowie eventuelle damit ursächlich unmittelbar verbundene Wartezeiten – in der Regel vorher gar nicht angezeigt werden.[31] Dem Auftragnehmer kann nach Treu und Glauben naturgemäß und selbstverständlicherweise nur über solche Vorgänge und damit verbundenen Kosten eine Anspruchsankündigung abverlangt werden, mit denen er selbst rechnen kann oder muss, die also nicht für ihn selbst überraschend auftreten. § 2 Nr. 6 Abs. 1 Satz 2 VOB/B schließt daher bei einer solchen Unmöglichkeit vorheriger Anzeige den Mehrkosten-Vergütungsanspruch nicht aus.[32]

## E. Entdeckerrechte an den Funden (Satz 3)

### I. Rechte des Entdeckers beim Auftraggeber

18    § 4 Nr. 9 Satz 3 VOB/B bestimmt schließlich, dass für die Fundgegenstände die Rechte des Entdeckers nach § 984 BGB der Auftraggeber hat. Dies bedeutet, dass das Eigentum an dem Fund zur Hälfte vom Auftraggeber, zur anderen Hälfte vom **Eigentümer** der Sache, in welcher der entdeckte Gegenstand verborgen war, erworben wird; das wird in der Regel – muss aber nicht – der Eigentümer des Grundstücks sein.[33] Zwischen dem als Entdecker geltenden Auftraggeber und dem Eigentümer der Sache, in welcher der Fund verborgen war, entsteht Miteigentum nach §§ 1008 ff., 741 ff. BGB.[34] Sind der Auftraggeber und der Sacheigentümer identisch, so erwirbt der Auftraggeber Alleineigentum am Fundgegenstand.[35]

19    Zu beachten ist, dass nach § 984 BGB das Eigentum/Miteigentum erst **mit Besitznahme** und nicht schon mit der Entdeckung erworben wird, wobei die Inbesitznahme nicht notwendig durch den Entdecker selbst geschehen muss.[36] Die gesetzliche Eigentumserwerbsvoraussetzung der Inbesitznahme ist nämlich durch die Vertragsregelung des § 4

---

[30] In diesem Sinne auch *Ingenstau/Korbion* VOB/B § 4 Nr. 9 Rdn. 7. Für eine grundsätzliche Entbehrlichkeit der Anspruchsankündigung(spflicht) *Kapellmann/Messerschmidt/Merkens* VOB/B § 4 Rdn. 211, 212: § 4 Nr. 9 sei eine gesonderte Vergütungsregelung mit der Wertung, dass der Auftraggeber generell die finanziellen Folgen des hiesigen Bodenrisikos zu tragen habe, zumal bei der rechtlich gebotenen Unverzüglichkeit der Fundanzeige der Auftragnehmer regelmäßig selbst nicht wissen könne, ob Zusatzarbeiten und sonstige kostenträchtige Umstände (z. B. Wartezeiten) sich ergeben werden.
[31] So zu Recht *Ingenstau/Korbion* VOB/B § 4 Nr. 9 Rdn. 7 und *Kapellmann/Messerschmidt/Merkens* VOB/B § 4 Rdn. 211, 212.
[32] *Ingenstau/Korbion* VOB/B § 4 Nr. 9 Rdn. 7; BGH BauR 1996, 542 ff. = ZfBR 1996, 269 ff. und BGH-Folgerechtsprechung, siehe bei → § 2 Nr. 6.
[33] *Ingenstau/Korbion* VOB/B § 4 Nr. 9 Rdn. 8; *Kapellmann/Messerschmidt/Merkens* VOB/B § 4 Rdn. 213; ohne Differenzierung, also Grundstückseigentümer schlechthin: *Heiermann/Riedl/Rusam* VOB/B § 4 Rdn. 108 und *Nicklisch/Weick* VOB/B § 4 Rdn. 126; dies ist jedoch ungenau, da sich auf einem Grundstück durchaus Sachen (etwa Schatullen) befinden können, welche rechtlich nicht wesentliche Bestandteile des Grundstücks nach § 94 BGB sind, also einem anderen gehören können und in denen der eigentliche Fundgegenstand von Altertums-, Kunst- oder wissenschaftlichem Wert verborgen sein konnte, z. B. auch in Scheinbestandteilen nach § 95 BGB oder im Zubehör nach § 97 BGB, weshalb § 984 BGB ja auch von „Sache" spricht, „in welcher der Schatz verborgen war".
[34] *Ingenstau/Korbion* VOB/B § 4 Nr. 9 Rdn. 8; *Palandt/Bassenge* § 984 Rdn. 1; ungenau (siehe vorst. Fn.): *Heiermann/Riedl/Rusam* VOB/B § 4 Rdn. 108 und *Nicklisch/Weick* VOB/B § 4 Rdn. 126, wonach Auftraggeber und „Grundstückseigentümer" Miteigentümer seien.
[35] *Ingenstau/Korbion* VOB/B § 4 Nr. 9 Rdn. 8 ebenso; gleichermaßen *Nicklisch/Weick* VOB/B § 4 Rdn. 126, die aber – ungenau, siehe die beiden vorstehenden Fußnoten – vom „Grundstückseigentümer" spricht statt vom „Sacheigentümer" (der aber in der Praxisregel mit dem Grundstückseigentümer identisch sein wird).
[36] *Bassenge* § 984 Rdn. 1.

Nr. 9 Satz 1 VOB/B gegenständlich nicht erfasst und daher nicht berührt. Bezüglich einer etwaigen Inbesitznahme durch den Auftraggeber ist der Auftragnehmer als **Besitzmittler** des Auftraggebers[37] anzusehen.

Entscheidend für die Zuordnung des sogenannten „**Eigentümeranteils**" ist, wer Eigentümer derjenigen Sache ist, in welcher der Schatz verborgen „war" (§ 984 BGB), d. h., in der sich der Schatz bis zur Bloßlegung befunden hat.[38] Es kommt also nicht auf den Zeitpunkt der (erstmaligen) Wahrnehmung des Fundes an, da die hierzu notwendige Bloßlegung, die den Zustand der Verborgenheit beendet, mit der Wahrnehmung nicht zwangsläufig zeitlich zusammenfallen muss.[39] Somit spielt es z. B. keine Rolle, ob der Fundgegenstand z. B. im Rahmen von Abbrucharbeiten erst vor oder mit oder nach der Trennung vom Grundstück oder von (vorher) mit dem Grundstück fest verbundenen Bauteilen oder sonstigen wesentlichen Grundstücksbestandteilen nach § 94 BGB entdeckt worden ist.[40]

20

## II. Geltung der Regelung nur im jeweiligen Bauvertragsverhältnis

Die vorgenannte vertragliche Regelung von § 4 Nr. 9 Satz 3 VOB/B – Rechte des Entdeckers beim Auftraggeber – gilt nur **im Verhältnis der Bauvertragsparteien** zueinander, also nur zwischen dem jeweiligen Auftragnehmer und jeweiligen Auftraggeber eines Bauvertrags nach VOB/B, auch bei nachgeschalteten Auftragnehmern in einer Auftraggeber-Auftragnehmer-Kette (z. B. bei Beteiligung von Generalunternehmern/Hauptunternehmern und Nachunternehmern).[41] Nicht betrifft dies das Verhältnis zwischen dem Auftraggeber und den Arbeitnehmern oder sonstigen Beschäftigten des Auftragnehmers, die auf Grund entsprechender Arbeits- oder Dienstverträge beim betreffenden Bauvorhaben für den Auftragnehmer tätig sind, es sei denn, zwischen diesen und dem Auftraggeber sind dem Satz 3 entsprechende **Vereinbarungen** getroffen worden;[42] solche Vereinbarungen können auch auf dem Weg Arbeitnehmer – Auftragnehmer (als Arbeitgeber) – Auftraggeber getroffen werden.

21

Finden Arbeitnehmer des Auftragnehmers ohne eine besondere Vereinbarung, wie sie vorstehend genannt wurde, während der Ausführung der Bauleistung auf einem Grundstück Gegenstände von Altertums-, Kunst- oder wissenschaftlichem Wert im Sinne von § 4 Nr. 9 Satz 1 VOB/B, die zugleich einen Schatzfund nach § 984 BGB darstellen, so hat im Hinblick auf § 984 BGB grundsätzlich der entdeckende Arbeitnehmer das **Entdeckerrecht** und erwirbt nach § 984 BGB den hälftigen Entdeckeranteil, auch wenn zwischen seinem Arbeitgeber (= Auftragnehmer) und dessen Auftraggeber die Geltung von VOB/B mit § 4 Nr. 9 vereinbart ist.[43] Insofern stehen dem Arbeitgeber, der gleichzeitig der Auftragnehmer des betreffenden Bauvertrags ist, nur dann die Entdeckerrechte zu, wenn der Arbeitnehmer im Rahmen einer vom Arbeitgeber (auch auf Drittveranlassung) von vornherein geplanten

22

---

[37] Ingenstau/Korbion VOB/B § 4 Nr. 9 Rdn. 8.
[38] BGH NJW 1988, 1204, 1207 = BauR 1988, 354, 360 = ZfBR 1988, 130, 133 = JZ 1988, 665 mit Anmerkung Gursky; Heiermann/Riedl/Rusam VOB/B § 4 Rdn. 108; Ingenstau/Korbion VOB/B § 4 Nr. 9 Rdn. 8.
[39] BGH und Ingenstau/Korbion wie vorst.
[40] BGH und Ingenstau/Korbion wie vorst.
[41] Vgl. Ingenstau/Korbion VOB/B § 4 Nr. 9 Rdn. 9.
[42] Ingenstau/Korbion VOB/B § 4 Nr. 9 Rdn. 9.
[43] BGH NJW 1988, 1204, 1206 f. = BauR 1988, 354, 358 = ZfBR 1988, 130, 132 mit weiteren Nachweisen zum Meinungsstand; siehe auch die Anmerkung Gursky in der Entscheidungsveröffentlichung in JZ 1988, 665; Ingenstau/Korbion VOB/B § 4 Nr. 9 Rdn. 9; Kapellmann/Messerschmidt/Merkens VOB/B § 4 Rdn. 213; Nicklisch/Weick VOB/B § 4 Rdn. 126; a. A., Zuordnung der Entdeckung des Schatzes zum Arbeitgeber: MünchKomm/Quack § 984 Rdn. 2, Zeuner JZ 1955, 195, 197 bei seiner Fn. 10 und Ballerstedt JZ 1953, 389, 390 bei Fn. 15.

und gezielten Schatzsuche tätig ist,[44] was bei einer Bauausführung einschließlich Abbrucharbeiten regelmäßig nicht der Fall ist.[45]

23  Unabhängig davon aber stehen dem Auftragnehmer gegenüber seinen Arbeitnehmern oder sonstigen Beschäftigten die Entdeckerrechte dann zu, wenn zwischen ihnen eine **Vereinbarung** über die Übertragung der Entdeckerrechte oder auch nur die Ablieferung eines etwa entdeckten Schatzfundes getroffen worden ist.[46] Bloße **einseitige** Anweisungen/ Weisungen an den Arbeitnehmer wie etwa dahin, bei den Arbeiten auf wertvolle Sachen, insbesondere Schätze/Funde der in § 4 Nr. 9 Satz 1 VOB/B und in § 984 BGB genannten Art zu achten und sie – soweit möglich – zu bergen und abzuliefern, dürften den zulässigen Rahmen des Arbeitgeber-„Direktionsrechts" überschreiten.[47]

## F. Rechtsfolgen bei Verletzung der Auftragnehmer-Pflichten aus Nr. 9

24  Die in § 4 Nr. 9 VOB/B festgelegten Pflichten des Auftragnehmers sind **vertragliche Nebenpflichten.** Verletzt der Auftragnehmer sie, etwa durch Unterlassen oder nicht rechtzeitige Vornahme der nach Satz 1 geforderten Anzeige und Ablieferung oder durch unsachgemäßen Umgang und sonst nicht sorgfältige und fürsorgliche Behandlung des Fundes, so haftet er dem Auftraggeber für dadurch entstehende Schäden aus Verletzung vertraglicher (Schuld-)Pflicht gemäß § 280 Abs. 1 BGB n. F., früher positiver Vertragsverletzung, auch hinsichtlich seiner Erfüllungsgehilfen (§ 278 BGB).[48]

25  Bei **schuldhafter Zerstörung,** Beschädigung, Abhandenkommen oder rechtswidriger Aneignung kommt auch ein Anspruch des ermittelbaren Eigentümers des Fundgegenstandes oder der/des Eigentümer(s) nach § 984 BGB und des Besitzers aus unerlaubter Handlung nach §§ 823 ff. BGB wegen Eigentums- und Besitzverletzung in Betracht.[49]

26  Die **Ablieferungspflicht** des Auftragnehmers nach § 4 Nr. 9 Satz 1 VOB/B ist selbstständig einklagbar und in dringlichen Fällen auch dem einstweiligen Rechtsschutz zugänglich, weil sie als besondere vertragliche Herausgabepflicht konzipiert, imperativ gefasst sowie inhaltlich konkret bestimmt ist und dabei gezielt die „Ablieferung" als Herausgabeweg nennt; zudem ist hier dem Auftraggeber allein mit nachträglichen Schadenersatzansprüchen und -leistungen oft nicht oder nur wenig gedient.[50]

---

[44] BGH NJW 1988, 1204, 1206 = BauR 1988, 354, 357, 358 = ZfBR 1988, 130, 132 = JZ 1988, 665 m. Anm. *Gursky*; RGZ 70, 308, 310; *Ingenstau/Korbion* VOB/B § 4 Nr. 9 Rdn. 9; wie hier auch *Kapellmann/ Messerschmidt/Merkens* B § 4 Rdn. 213 und *Leinemann/Sterner* VOB/B § 4 Rdn. 143; Palandt/*Bassenge* § 984 Rdn. 1: nicht genügend hierzu, dass bei den Arbeiten auf wiederverwendbare Sachen zu achten ist (näher BGH a. a. O.).
[45] *Ingenstau/Korbion* VOB/B § 4 Nr. 9 Rdn. 9.
[46] BGH NJW 1988, 1204, 1026 f. = BauR 1988, 354, 358 = ZfBR 1988, 130, 132 = JZ 1988, 665 m. Anm. *Gursky*; *Heiermann/Riedl/Rusam* VOB/B § 4 Rdn. 108; *Ingenstau/Korbion* VOB/B § 4 Nr. 9 Rdn. 9; *Nicklisch/Weick* VOB/B § 4 Rdn. 126.
[47] *Ingenstau/Korbion* VOB/B § 4 Nr. 9 Rdn. 9; von BGH, vorst. Fn., offengelassen mit Hinweis auf BAG AP § 611 BGB „Direktionsrecht" Nr. 26 m. Anm. *Brox*; nicht eindeutig *Heiermann/Riedl/Rusam* VOB/B § 4 Rdn. 108.
[48] *Ingenstau/Korbion* VOB/B § 4 Nr. 9 Rdn. 5, 6; *Kapellmann/Messerschmidt/Merkens* VOB/B § 4 Rdn. 214.
[49] Vgl. *Heiermann/Riedl/Rusam* VOB/B § 4 Rdn. 108; *Kapellmann/Messerschmidt/Merkens* VOB/B § 4 Rdn. 215; *Nicklisch/Weick* B § 4 Rdn. 127.
[50] Siehe hierzu → Vor § 4 Rdn. 22, 13. Wie hier auch *Kapellmann/Messerschmidt/Merkens* VOB/B § 4 Rdn. 215.

# § 4 Nr. 10

**§ 4 Nr. 10 [Zustandsfeststellung von Teilen der Leistung]**
Der Zustand von Teilen der Leistung ist auf Verlangen gemeinsam von Auftraggeber und Auftragnehmer festzustellen, wenn diese Teile der Leistung durch die weitere Ausführung der Prüfung und Feststellung entzogen werden. Das Ergebnis ist schriftlich niederzulegen.

## Übersicht

| | Rdn. | | Rdn. |
|---|---|---|---|
| 1. Allgemeines | 1 | 4. Beweislastfragen | 7 |
| 2. Bloße Beweissicherungsfunktion | 2 | 5. Mehrkosten zu Unrecht verweigerter Zustandsfeststellung | 9 |
| 3. Schriftform | 6 | | |

## 1. Allgemeines

Nach § 4 Nr. 10 VOB/B ist der Zustand von Teilen der Leistung auf Verlangen gemeinsam von Auftragnehmer und Auftraggeber festzustellen, wenn diese Teile durch die weitere Ausführung der Prüfung und Feststellung entzogen werden. § 4 Nr. 10 VOB/B bestimmt damit das Verfahren für die unechte = technische Teilabnahme, die früher in § 12 Nr. 2 b VOB/B a. F. geregelt war. In diesem Fall handelt es sich, wie sich schon aus dem Begriff „Teile der Leistung" in § 4 Nr. 10 VOB/B ergibt, um **nicht in sich abgeschlossene, unselbständige Leistungen.**[1] Insoweit liegen deshalb auch die Voraussetzungen des § 12 Nr. 2 VOB/B nicht vor, so dass hier **keine echte Abnahme im Rechtssinne** mit den → Vor § 12 Rdn. 89 ff. dargestellten Folgen und Wirkungen in Betracht kommt.[2]   1

## 2. Bloße Beweissicherungsfunktion

Durch die in § 4 Nr. 10 VOB/B vorgesehene Zustandsfeststellung wird dem Auftragnehmer die Möglichkeit eingeräumt, unselbständige Teilleistungen/Leistungsteile, die „**durch die weitere Ausführung der Prüfung und Feststellung entzogen** werden", vor Fortsetzung der nachfolgenden Arbeiten vom Auftraggeber auf ihre ordnungsgemäße technische Beschaffenheit und Funktion überprüfen zu lassen.   2

Das ist ein **Gebot der Zweckmäßigkeit,** z. B. in Bezug auf die Bewehrung, bevor die Böden und Decken betoniert werden, oder bei in Böden/Wänden verlegten Leitungen, bevor die Rohrgräben verfüllt und die Wandschlitze geschlossen werden.[3] Denn derartige Leistungen können später nur noch mit Schwierigkeiten und erhöhtem Kostenaufwand überprüft werden. Das kann für den Auftragnehmer in mehrfacher Hinsicht nachteilig sein. Denn er muss in Bezug auf seinen Werklohnanspruch den **Umfang der erbrachten Leistung** beweisen, was gerade bei Bewehrungs- oder Leitungs-/Rohrverlegungsarbeiten später nur noch schwer möglich ist, wenn nicht rechtzeitig vor Durchführung der weiteren Arbeiten ein **gemeinsames Aufmaß** genommen worden ist.   3

Zum anderen wird durch die frühzeitige technische Teilabnahme von Leistungsteilen, die durch die weitere Ausführung der Prüfung und Feststellung entzogen werden, die spätere **rechtsgeschäftliche Abnahme vorbereitet**[4] und festgestellt, ob die Teile der Leistung, die auf Grund des Baufortschritts nicht mehr zugänglich und deshalb dann nur noch schwer zu prüfen sind, ordnungsgemäß hergestellt sind. Dagegen kommt **nach durchgeführter**   4

---
[1] *Ingenstau/Korbion/Oppler* VOB/B § 4 Nr. 10 Rdn. 2.
[2] *Ingenstau/Korbion/Oppler* VOB/B § 4 Nr. 10 Rdn. 3; *Heiermann/Riedl/Rusam* VOB/B § 4 Rdn. 109; *Nicklisch/Weick* VOB/B § 4 Rdn. 10.
[3] *Ingenstau/Korbion/Oppler* VOB/B § 4 Nr. 10 Rdn. 2; OLG Düsseldorf, NJW-RR 1992, 1373 = BauR 1992, 813 L zu § 12 Nr. 2 b VOB/B a. F.; *Heiermann/Riedl/Rusam* a. a. O.
[4] BGH BauR 1975, 423; *Ingenstau/Korbion/Oppler* VOB/B § 4 Nr. 10 Rdn. 3; *Heiermann/Riedl/Rusam* a. a. O.; *Nicklisch/Weick* VOB/B § 4 Rdn. 129.

§ 4 Nr. 10            Zustandsfeststellung von Teilen der Leistung

**rechtsgeschäftlicher Abnahme** eine Zustandsfeststellung nicht mehr in Betracht, so dass dem Besteller auch kein Aufwendungsersatzanspruch für ihre nachträgliche Durchführung zusteht.[5]

5    An technischen Teilabnahmen zur Vorbereitung der rechtsgeschäftlichen Abnahme hat naturgemäß **auch der Auftraggeber ein Interesse.**[6] Deshalb kann die Verletzung einer technischen Teilabnahme- oder **Nachweisverpflichtung** durch den Unternehmer, z. B. in Bezug auf die Dichtigkeit eines Kellers oder einer Fassade, auch eine positive Vertragsverletzung/Pflichtverletzung (§§ 280, 241 Abs. 2 BGB n. F.) darstellen und den Auftraggeber berechtigen, bis zur Ermöglichung vertragsgemäßer Überprüfung die rechtsgeschäftliche Abnahme zu verweigern.[7] Jedoch kann der Auftraggeber die im Rahmen einer technischen Teilabnahme erforderlichen Feststellungen zumeist unabhängig von § 4 Nr. 10 VOB/B auch von sich aus treffen. § 4 Nr. 10 VOB/B dagegen regelt den umgekehrten Fall und begründet einen entsprechenden **Anspruch des Auftragnehmers** gegen den Auftraggeber, weil es sich bei der Zustandsfeststellung, ebenso wie bei der durch sie vorbereiteten späteren rechtsgeschäftlichen Gesamtabnahme, um eine **Willenserklärung des Auftraggebers** bzw. von ihm zu treffende Feststellungen handelt. Dadurch kann sich der Auftraggeber, was die Ordnungsmäßigkeit der betreffenden Teilleistungen angeht, bei der späteren rechtsgeschäftlichen Abnahme insoweit nicht mehr ohne Weiteres auf eine mangelhafte Herstellung berufen. Jedenfalls ist der Beweis dafür durch die Zustandsfeststellung dann erschwert.

### 3. Schriftform

6    Nach § 4 Nr. 10 Satz 2 VOB/B ist das **Ergebnis** der Zustandsfeststellung **schriftlich** niederzulegen. Dieses Protokoll sollte Angaben darüber enthalten, welche Leistungsteile besichtigt wurden, welcher Zustand in welchem Entwicklungsstadium festgestellt wurde und ob die Feststellungen Mangelfreiheit oder ggf. welche konkreten Mängel ergeben haben.[8] Ebenso sollte in das Protokoll aufgenommen werden, ob die Feststellungen einvernehmlich erfolgten oder streitig geblieben sind.[9] Das Protokoll ist von beiden Vertragsparteien bzw. deren Vertretern zu unterschreiben.[10] Jede Partei hat das Recht auf Erhalt einer unterschriebenen Ausfertigung des Protokolls.[11]

### 4. Beweislastfragen

7    Fraglich ist, wen die **Beweislast** trifft, wenn eine der Vertragsparteien nach der Zustandsfeststellung bei der späteren rechtsgeschäftlichen Abnahme Unrichtigkeiten des Ergebnisprotokolls behauptet, sei es, dass der Auftraggeber Mängel rügt, die nicht im Protokoll aufgeführt sind, oder sei es, dass der Auftragnehmer im Protokoll aufgeführte Mängelrügen für unberechtigt hält. Zu Recht weist *Ingenstau/Korbion/Oppler*[12] darauf hin, dass es zu weitgehend wäre, den Erklärungen in dem Feststellungsprotokoll eine Anerkenntnis- bzw. Präklusionswirkung zuzuordnen, da den Parteierklärungen ein entsprechender Erklärungswert, der auf einschneidende Einwendungsausschlüsse hinausläuft, regelmäßig nicht beigemessen werden kann. Da die Zustandsfeststellung lediglich Beweissicherungsfunktion hat, aber nicht schon die Wirkungen rechtsgeschäftlicher Abnahme auslöst, kann sie als solche auch noch **nicht zur Beweislastumkehr** führen.[13] Vielmehr muss nach allgemeinen Beweislastregeln bis zur rechtsgeschäftlichen Abnahme der **Auftragnehmer beweisen,** dass

---

[5] OLG Düsseldorf, BauR 1986, 121 zu § 12 Nr. 2 b VOB/B a. F.
[6] *Nicklisch/Weick* VOB/B § 4 Rdn. 130.
[7] OLG Düsseldorf, BauR 1996, 121 f. zu § 12 Nr. 2 b VOB/B a. F.
[8] *Ingenstau/Korbion/Oppler* VOB/B § 4 Nr. 10 Rdn. 5.
[9] *Ingenstau/Korbion/Oppler* a. a. O.
[10] *Heiermann/Riedl/Rusam* a. a. O.
[11] *Heiermann/Riedl/Rusam* a. a. O.
[12] B § 4 Nr. 10 Rdn. 6.
[13] So aber *Locher* Das private Baurecht, 5. Aufl. 1993, Rdn. 140; *Nicklisch/Weick* VOB/B § 4 Rdn. 132; *Ingenstau/Korbion/Oppler* VOB/B § 4 Nr. 10 Rdn. 6.

seine Leistung vertragsgerecht und mängelfrei ist. Jedoch wird, wenn die Leistung bei der technischen Teilabnahme vom Auftraggeber als mängelfrei festgestellt worden ist, ein **Beweis des ersten Anscheins zu Gunsten des Auftragnehmers** sprechen.[14]

**Verweigert** der Auftraggeber dagegen eine vom Auftragnehmer beantragte technische Teilabnahme, obwohl dieser einen Anspruch darauf hat, trifft den Auftraggeber die Beweislast für später behauptete diesbezügliche Mängel schon deshalb, weil darin eine **Beweisvereitelung** liegt.[15]

**5. Mehrkosten zu Unrecht verweigerter Zustandsfeststellung**

Außerdem stellt die ungerechtfertigte Verweigerung einer vom Auftragnehmer beantragten technischen Teilabnahme eine Nebenpflichtverletzung dar, die den Auftraggeber aus positiver Vertragsverletzung/Pflichtverletzung (§§ 280, 241 Abs. 2 BGB n. F.) zum Schadensersatz verpflichtet.[16] Der Auftraggeber trägt deshalb auch aus diesem Grunde alle Mehrkosten, die durch eine **spätere Prüfung** der Ordnungsmäßigkeit der betreffenden Leistung etwa anfallen und bei Durchführung der vom Auftragnehmer beantragten technischen Teilabnahme vermieden worden wären, z. B. für das Aufgraben oder Aufschlagen der betreffenden Stellen des Bauwerks.[17]

Dagegen ist die unberechtigte Verweigerung der Zustandsfeststellung **keine Abnahmeverweigerung im Sinne von § 12 Nr. 3 VOB/B,** weil diese auf die Fälle rechtsgeschäftlicher Abnahme beschränkt ist. Deshalb werden hierdurch auch nicht die diesbezüglichen Folgen ungerechtfertigter Abnahmeverweigerung ausgelöst.[18]

---

[14] Wie hier *Ingenstau/Korbion,* 13. Auflage, B § 12 Rdn. 79 unter Hinweis auf *Baumgärtel* Handbuch der Beweislast, Band 1, § 12 VOB/B Rdn. 3.
[15] Allgemeine Meinung; vgl. *Ingenstau/Korbion/Oppler* VOB/B § 4 Nr. 10 Rdn. 9; *Heiermann/Riedl/Rusam* VOB/B § 4 Rdn. 109; *Nicklisch/Weick* VOB/B § 4 Rdn. 132.
[16] *Ingenstau/Korbion/Oppler* VOB/B § 4 Nr. 10 Rdn. 9, 10; *Heiermann/Riedl/Rusam* a. a. O.
[17] *Ingenstau/Korbion/Oppler* VOB/B § 4 Nr. 10 Rdn. 10 unter Hinweis auf *Vygen* Bauvertragsrecht nach VOB und BGB, Rdn. 400 mit dem Beispiel des Aufgrabens zwecks Feststellung aufgetretener Nässeschäden.
[18] Ebenso *Ingenstau/Korbion/Oppler* a. a. O.

## § 5 Ausführungsfristen

1. Die Ausführung ist nach den verbindlichen Fristen (Vertragsfristen) zu beginnen, angemessen zu fördern und zu vollenden. In einem Bauzeitenplan enthaltene Einzelfristen gelten nur dann als Vertragsfristen, wenn dies im Vertrag ausdrücklich vereinbart ist.
2. Ist für den Beginn der Ausführung keine Frist vereinbart, so hat der Auftraggeber dem Auftragnehmer auf Verlangen Auskunft über den voraussichtlichen Beginn zu erteilen. Der Auftragnehmer hat innerhalb von 12 Werktagen nach Aufforderung zu beginnen. Der Beginn der Ausführung ist dem Auftraggeber anzuzeigen.
3. Wenn Arbeitskräfte, Geräte, Gerüste, Stoffe oder Bauteile so unzureichend sind, dass die Ausführungsfristen offenbar nicht eingehalten werden können, muss der Auftragnehmer auf Verlangen unverzüglich Abhilfe schaffen.
4. Verzögert der Auftragnehmer den Beginn der Ausführung, gerät er mit der Vollendung in Verzug, oder kommt er der in Nummer 3 erwähnten Verpflichtung nicht nach, so kann der Auftraggeber bei Aufrechterhaltung des Vertrages Schadensersatz nach § 6 Nr. 6 verlangen oder dem Auftragnehmer eine angemessene Frist zur Vertragserfüllung setzen und erklären, dass er ihm nach fruchtlosem Ablauf der Frist den Auftrag entziehe (§ 8 Nr. 3).

# Vorbemerkung § 5

**Übersicht**

| | Rdn. | | Rdn. |
|---|---|---|---|
| **A. Stellenwert der Bauzeit** | 1–6 | b) Der Grobterminplan oder Grobablaufplan | 30 |
| I. Bauzeit und Baubeteiligte | 2 | c) Der Detailterminplan oder Detailablaufplan | 31 |
| II. Bauzeit nach BGB und VOB | 3 | II. Bauzeit und Ingenieur nach dem Leistungsbild gemäß §§ 55, 57 HOAI | 34 |
| 1. Bauzeit und BGB | 4 | 1. Bauzeitenplan nach § 55 Abs. 2 Nr. 3 HOAI – Bauzeitenplan als Teil der Entwurfsplanung | 35 |
| 2. Bauzeit und VOB | 6 | 2. Bauzeit und Ausführungsplanung sowie Vorbereitung der Vergabe (§ 55 Abs. 2 Nr. 5, 6 HOAI) | 36 |
| **B. Planung und Bauzeit** | 7–54 | 3. Bauzeit und Bauoberleitung (§ 55 Abs. 2 Nr. 8 HOAI) | 40 |
| I. Bauzeit und Architekt nach dem Leistungsbild des § 15 HOAI | 8 | III. Bauzeit und Fachplaner | 41 |
| 1. Der Leistungsbeschrieb nach § 15 HOAI | 10 | IV. Bauzeit und Unternehmer | 43 |
| 2. Stellungnahmen in der Literatur | 12 | 1. Unternehmer-Ablaufplanung – Dispositionsmaßnahmen des Unternehmers | 44 |
| 3. Ablaufplanung und Leistungsphasen des § 15 HOAI | 15 | 2. Schärfegrade der Unternehmer-Ablaufplanung | 50 |
| a) Zeitplan und Leistungsbeschreibungen | 15 | **C. VOB-Regeln und Bauzeit** | 55–75 |
| b) Zeitplanung – Erfordernis nach BGB-Werkvertragsrecht | 20 | I. Die Schwächen des BGB | 56 |
| c) Zeitplanung nach technischen Leistungsgeboten | 23 | II. Die Stärken der VOB | 60 |
| d) Zeitplanung im Rahmen der Objektüberwachung | 24 | 1. §§ 10, 11 VOB/A und der öffentliche Auftraggeber | 61 |
| e) Zeitplanung und Koordinierungsaufgabe | 25 | 2. Vorprägungen durch §§ 10, 11 VOB/A | 63 |
| 4. Ablaufplanung und Ablaufsteuerung nach Baumanagementregeln | 28 | | |
| a) Der Generalplan oder Generalablaufplan | 29 | | |

## Vor § 5

Vorbemerkung § 5. Ausführungsfristen

| | Rdn. | | Rdn. |
|---|---|---|---|
| 3. §§ 10, 11 VOB/A und der private Auftraggeber | 69 | 2. Dispositionsrecht des Auftraggebers kraft Ermächtigung | 102 |
| 4. Grenzen der Maßstabsbildung und des Ergänzungsverhältnisses | 75 | 3. Dispositionsrecht kraft Ermächtigung und § 5 Nr. 2 VOB/B | 104 |
| 5. Richtlinien des VHB zu § 11 VOB/A | 82 | E. **Ausführungsfristen, Planungsbedarf und Dispositionsbefugnisse** | 105–115 |
| D. **Vereinbarte Ausführungsfristen und Auftraggeber-/Auftragnehmerdisposition** | 83–104 | I. Regelungsinhalt des § 5 VOB/B | 105 |
| | | 1. Überblick | 105 |
| I. Auftraggeberdisposition | 92 | 2. Leistungszeit nach BGB und VOB/B | 106 |
| 1. § 4 Nr. 1 VOB/B als Grundlage | 92 | II. Ablaufplanung des Auftraggebers und des Auftragnehmers | 107 |
| 2. Bauzeitenplan als Dispositions- und Koordinationsmittel | 93 | III. Planungs- und Bauzeit, Ausführungsfristen | 110 |
| 3. Grenzen der Auftraggeberdisposition | 94 | 1. Planung der Planungs- und Bauzeit | 110 |
| 4. Ablaufstörung und Koordinationspflicht des Auftraggebers | 96 | a) Planungsmittel nach Baumanagementgesichtspunkten | 111 |
| II. Auftragnehmerdisposition | 98 | b) Verbindliche Vertragsfristen, Flexibilität und § 5 Nr. 2 VOB/B | 112 |
| 1. Grundlage in § 4 Nr. 2 VOB/B | 98 | c) Rückgriff auf § 10 VOB/A | 113 |
| 2. Verlust- und Einschränkungstatbestände | 103 | d) Beratungsaufgabe des Objektplaners | 114 |
| 3. Anerkennungs- und Sicherungstatbestände | 104 | 2. Ausführungsfristen | 115 |
| III. Vertragsfristen und Auftraggeberdispositon | 101 | | |
| 1. Ausführungsfristen kraft vertraglicher Regelung | 102 | | |

**Literatur:** *Ágh-Ackermann/Kuen,* Akute Probleme des zeitgemäßen Bauvertrages, 1993; *Bauer,* Mehrkosten bei Bauverzögerungen aus Behinderungen oder Leistungsänderungen, Seminar Bauverzögerung, Rechtliche und baubetriebliche Probleme in Einzelbeiträgen, S. 138; *Duve/Richter,* Kausalitätsfragen bezüglich eines gestörten Bauablaufs, BauR 2006, 608; *Genschow,* Anordnungen zur Bauzeit – Vergütungs- oder Schadensersatzansprüche des Auftragnehmers? (zugleich eine Entgegnung auf Thode, ZfBR 2004, 214 ff.), ZfBR 2004, 642; *Genschow/Stelter,* Störungen im Bauablauf, München, 2004; *Heiermann,* Allgemeine Voraussetzungen für Ansprüche des Vertragspartner aus Bauzeitverzögerungen nach § 6 Nr. 1 VOB/B, Seminar Bauverzögerung, Rechtliche und baubetriebliche Probleme in Einzelbeiträgen, 1987, 1; *Heyers,* Zur Divergenz und Realisierung der Schadensersatzansprüche des Auftraggebers aus Zeitverlust im Rahmen der VOB, BauR 1974, 24; *Kaiser,* Umfang der Schadensersatzhaftung wegen Verzugs des Auftragnehmers nach der VOB/B, NJW 1974, 1310; *Kemper,* Nachträge und ihre mittelbaren Bauzeitauswirkungen, NZBau 2001, 138; *Kreikenbohm,* Verzug des Bauunternehmers im Werkvertragsrecht, BauR 1993, 647; *Kühne,* Die Fälligkeit der Werkherstellung, insbesondere bei fehlender Zeitvereinbarung, BB 1988, 711; *Kutschmann,* Wenn der Bauunternehmer den Bau liegen läßt, BauR 1972, 133; *Johannsen,* Terminrahmen – Zeitzwänge und Idealablauf, in Bausteine der Projektsteuerung – Teil 1, Seminar in Berlin März 1994, Deutscher Verband der Projektsteuerer; *Leineweber,* Mehrkosten des Auftragnehmers bei gestörtem Bauablauf, Jahrbuch Baurecht 2002, 107; *Markus,* VOB/B-Novelle 2006 – Keine Anordnunsbefugnis des Auftraggebers zur Bauzeit, NZBau 2006, 537; *Martinsen,* Termineinhaltung – ein Problem der Ablaufplanung, -steuerung und Vertragsgestaltung, Baubetriebsberater 1974, 841; *Müller,* Schadensersatz bei Bauverzögerung und -behinderungen beim VOB-Vertrag, Seminar Schadensersatzprobleme, Schriftenreihe der Deutschen Gesellschaft für Baurecht, Bd. 21, 1994, 37; *Olshausen,* Planung und Steuerung als Grundlage für einen zusätzlichen Vergütungsanspruch bei gestörtem Bauablauf, FS Korbion, 1986, 323; *Petzschmann,* Berechnung von Schadensersatz bei Bauverzögerungen, Seminar Schadensersatzprobleme, Schriftenreihe der Deutschen Gesellschaft für Baurecht, Bd. 21, 1994, 47; *Piel,* Zur Abgrenzung zwischen Leistungsänderung (§ 1 Nr. 3; 2 Nr. 5 VOB/B) und Behinderung (§ 6 VOB/B), FS Korbion, 1986, 349; *Reister,* Bauzeitnachträge nach § 2 Nr. 5 VOB/B, § 6 Nr. 6 VOB/B und § 242, FS Thode 2005, 125; *Rickey,* Behinderungen des Auftragnehmers und seine Schadensersatzansprüche gegen den Auftraggeber, Seminar Bauverzögerung, Rechtliche und baubetriebliche Probleme in Einzelbeiträgen, 1987, 115; *Roquette,* Praktische Erwägungen zur Bauzeit bei Vertragsgestaltung und baubegleitender Beratung, Jahrbuch Baurecht 2002, 33; *Schiffers,* Ausführungsfristen – ihre Festlegung und ihre Fortschreibung bei auftraggeberseitig zu vertretenden Behinderungen, Jahrbuch Baurecht 1998, 275; *Schubert,* Die Kosten der Bauzeit, FS Soergel 1993, 355; *ders.,* Feststellen und Dokumentieren von Bauzeitverzögerungen aus Behinderungen und Leistungsänderungen, Seminar Bauverzögerung, Rechtliche und baubetriebliche Probleme in Einzelbeiträgen, 1987, 77; *Steinmeyer*, Bauverzögerungen durch den Auftragnehmer und Ansprüche des Auftraggebers hieraus, Seminar Bauverzögerung, Rechtliche und baubetriebliche Probleme in Einzelbeiträgen, 1987, 59; *Sturmberg/Steinbrecher*, Der gestörte Bauablauf und seine Folgen, 2001, Köln; *Thode*, Nachträge wegen gestörten Bauablaufs im VOB/B-Vertrag – Eine kritische Bestandsaufnahme, ZfBR 2004, 214; *Vygen*, Behinderung des Auftragnehmers und ihre Auswirkungen auf die vereinbarte Bauzeit, BauR 1983, 210; *ders.*, Behinderung des Bauablaufs und ihre Auswirkungen auf den Vergütungsanspruch des Unternehmers, BauR 1983, 424; *ders.*, Behinderung des Auftragnehmers durch verspätete oder mangelhafte Vorunternehmerleistung, BauR 1989, 387; *ders.*, Behinderungen des Auftragnehmers und ihre Auswirkungen auf die vereinbarte Bauzeit, Seminar Bauverzögerung, Rechtliche und baubetriebliche Probleme in Einzelbeiträgen, 1987, 27; *Weyer*, Bauzeitverlängerung aufgrund von Änderungen des Bauentwurfs durch den Auftraggeber, BauR 1990, 138; *Will*, Bauherrenaufgaben: Projektsteuerung nach § 31 HOAI contra „Baucontrolling". Plädoyer für eine institutionelle Trennung der Wahrnehmung von Bauherren und Architektenaufgaben, BauR 1984, 333; *Wirth/Würfele*, Bauzeitverzögerung: Mehrvergütung gemäß § 2 Nr. 5 VOB/B oder § 6 Nr. 6 VOB/B?, Jahrbuch Baurecht 2006, 119; *Zanner*, Kann der AG durch Anordnung gemäß § 1 Nr. 3 VOB/B nicht nur Leistungsinhalte sondern auch die Bauzeit einseitig ändern?, BauR 2006, 177; *Zanner/Keller*, Das einseitige Anordnungsrecht des Auftraggebers zur Bauzeit und Bauablauf und seine Vergütungsfolgen, NZBau 2004, 353.

## A. Stellenwert der Bauzeit

Der zeitgerechten Ausführung der Bauleistung kommt ein hoher Stellenwert zu. Das gilt sowohl aus der Sicht des Auftraggebers als auch des Unternehmers. Für den Auftraggeber ist jeder Tag, mit dem der früher oder jedenfalls zeitgerecht in die Nutzungsphase eingetreten werden kann, Geld wert.[1] Für den Unternehmer hat die Einhaltung der Bauzeit erheblichen Einfluss auf die Wirtschaftlichkeit und den Gewinn. Das wirtschaftliche Gelingen einer Baumaßnahme setzt eine **sachgerechte Ablaufplanung** voraus, in welcher die dem Unternehmer zugestandene Bauzeit einen bestimmten Stellenwert erhält. Glaubhaftigkeit, Aussagefähigkeit, Vollständigkeit und Rechenarbeit sind wesentliche Kriterien einer sachgerechten Terminplanung.[2]

### I. Bauzeit und Baubeteiligte

Die Festlegung der Bauzeit ist in erster Linie eine Angelegenheit der Planer. Der **Objektplaner** nach § 15 HOAI oder nach § 55 HOAI hat im Einvernehmen mit dem Auftraggeber einen Ablauf- und Terminplan zu erstellen. Der mit der Planung und Überwachung beauftragte Architekt kann auch einen Bauzeitenplan vereinbaren.[3] In diesen fügt sich die für den Unternehmer reservierte Bauzeit ein. Diese Terminplanung kann im Einzelfall auch Sache eines **Projektsteuerers** sein (§ 31 Abs. 1 Nr. 3 HOAI). Die Gruppe der in § 73 HOAI angeführten Fachplaner betrifft die Sorge um die Aufstellung und die Einhaltung eines Terminplans demgegenüber nicht. Die in § 73 HOAI enthaltene Leistungsbeschreibung listet weder als Grundleistung noch als Besondere Leistung Maßnahmen der Fachplaner zur Steuerung und Einhaltung der Planungs- und Bauzeit auf. Wenn auch die HOAI kraft Gesetzes lediglich eine Preis- und keine Leistungsordnung ist,[4] ist es doch symptomatisch, dass die HOAI zu § 73 keinen Vergütungsansatz für zeitliche Ablaufplanungen vorsieht, solches aber – wenn auch rudimentär – § 15 Abs. 2 HOAI durchaus kennt.

### II. Bauzeit nach BGB und VOB

BGB und VOB enthalten grundsätzlich **unterschiedliche** Regelungen zur Bauzeit. Das BGB lässt notwendig die Besonderheiten des Bauvertrages als Langzeitvertrag mit den

---

[1] *Vygen/Schubert/Lang* Bauverzögerung und Leistungsänderung, 4. Aufl., Rdn. 1.
[2] *Vygen/Schubert/Lang* Bauverzögerung und Leistungsänderung, 4. Aufl., Rdn. 344 ff.
[3] BGH U. v. 21. 3. 2002, VII ZR 224/00, NJW 2002, 2716 = NZBau 2002, 381 = BauR 2002, 1249.
[4] BGH U. v. 24. 10. 1996, VII ZR 283/95, NJW 1997, 586 = BauR 1997, 154; BGH U. v. 22. 10. 1998, VII ZR 91/97, NJW 1999, 427 = BauR 1999, 187.

**Vor § 5**  Vorbemerkung § 5. Ausführungsfristen

verschiedensten Abhängigkeiten unberücksichtigt und stellt im Konfliktfall allein die Verzugsregelung zur Lösung bereit. Demgegenüber weist die VOB praxisorientierte Ansätze auf, die sich sowohl in der VOB/A, als auch in der VOB/B und der VOB/C zeigen. In der VOB/A sind es nicht mehr nur die §§ 11 und 12, sondern auch § 24, weil die Bauzeit Gegenstand von Verhandlungen i. S. d. Bestimmung sei kann.[5]

## 1. Bauzeit und BGB

4   Die Regelung des BGB hinsichtlich der Leistungszeit ist für einen Bauvertrag ersichtlich ungeeignet. Das in **§ 271 BGB** beschriebene Grundmodell, dass der Gläubiger mangels Vertragsregelung die Leistung sofort verlangen und der Schuldner sie sofort bewirken kann, wenn sich auch aus den Umständen eine Leistungszeit nicht entnehmen lässt, wird den Realitäten eines Bauvertrages **nicht** gerecht. Die Unternehmerleistung hängt in vielfältiger Weise von der Zurverfügungstellung von Ausführungsunterlagen durch den Auftraggeber (§ 3 Nr. 1 VOB/B; siehe Kommentierung dort) und von sonstigen Mitwirkungshandlungen des Auftraggebers (§ 3 Nr. 2 VOB/B; siehe Kommentierung dort) sowie Koordinierungsmaßnahmen (§ 4 Nr. 1, siehe Kommentierung dort) ab. Ein Bedingungsverhältnis besteht unter Ausführungsgesichtspunkten gleichfalls zwischen den verschiedenen Gewerken; dabei baut der **nachleistende** Unternehmer nicht nur auf der Vorleistung i. S. d. § 4 Nr. 3 VOB/B (siehe Kommentierung dort) auf. Dessen Werk setzt auch so nicht zu qualifizierende Leistungen voraus, um den eigenen Leistungsteil sachgerecht erbringen zu können. Das beginnt schon bei dem Baugrundstück, das als bebaubar zur Verfügung gestellt werden muss.

5   Diese **Vorausleistungen** wie auch die entsprechende, vom Auftraggeber vorzunehmende **Koordinierung** (§ 4 Nr. 1 Abs. 1 VOB/B; Kommentierung siehe dort) müssen mangelfrei und zeitgerecht erfolgen. Angesichts dieser vielfältigen Verflechtungen passt § 271 BGB nicht; die Vorschrift ist auf einen sich in einmaligem Leistungsaustausch erschöpfenden Vertrag zugeschnitten. Fehlt es an einer Fertigstellungsfrist, hat der Auftragnehmer mit der Herstellung des vertraglich geschuldeten Bauwerks im Zweifel alsbald nach Vertragsschluss zu beginnen und sie in angemessener Zeit zügig zu Ende zu führen.[6] Ist störungsbedingt eine Parteivereinbarung nicht mehr maßgebend, ergibt sich die Frist für die Ablieferung des Werks auch aus den Umständen.[7] Die in §§ 286, 323 BGB enthaltene Rücktrittsregelung ist unangemessen, weil die Rückabwicklung nach §§ 346 ff. BGB zur Zerstörung wirtschaftlicher Werte führt.[8]

## 2. Bauzeit und VOB

6   Demgegenüber zeichnet die VOB eine praxisnahe Ausgestaltung der Bauzeitproblematik aus. § 11 VOB/A enthält nicht nur für den öffentlichen Auftraggeber Hinweise für eine sachgerechte Bestimmung und Vereinbarung der Ausführungsfristen. Die Regelung hat nach h. M. bei europaweiten Vorgaben ab Erreichen des Stellenwerts insgesamt bieterstützenden Charakter.[9] Zugleich konkretisiert diese Vorschrift das Begriffsverständnis für in § 5 VOB/B auftauchende Begriffe wie Bauzeitenplan und Einzelfristen. Wenn auch **§ 11 VOB/A** nach dem Gesamtkonzept der VOB nicht Vertragsbestandteil wird, ist die Vorschrift demnach für das Verständnis des Regelungsinhalts des § 5 VOB/B unverzichtbar. Zwischen beiden Vorschriften besteht ein Ergänzungsverhältnis.[10] Die VOB/B regelt die Bauzeit und Bauzeitstörungen im Wesentlichen abschließend in §§ 5, 6.

---

[5] *Ax* BauR 1999, 1239; *Heiermann/Riedl/Rusam*, VOB/A § 24 Rdn. 8.
[6] BGH U. v. 8. 3. 2001, VII ZR 470/99, BauR 2001, 946 = NJW-RR 2001, 806 = NZBau 2001, 389.
[7] BGH U. v. 22. 5. 2003, VII ZR 469/01, BauR 2003, 1215 = NJW-RR 2003, 1238 = NZBau 2003, 498.
[8] *Vygen* Bauvertragsrecht Rdn. 619.
[9] Vgl. *Kapellmann/Messerschmidt/Langen* VOB, 1. Aufl., A, § 11 Rdn. 8; kritisch Beck'scher VOB-Komm/ *Motzke* Teil A, § 11 Rdn. 4.
[10] *Vygen* Bauvertragsrecht Rdn. 625.

## B. Planung und Bauzeit

Die in § 5 VOB/B angeführten Ausführungsfristen (Vertragsfristen) sind Teil eines vom Planer in Zusammenarbeit mit dem Auftraggeber zu entwickelnden **Ablaufprogramms,** das sowohl die Planungs- als auch die Bauzeit einschließt. Die Abwicklungsvorstellungen gewinnen innerhalb des Planungsprozesses unterschiedliche Tiefe und Präzision. Die Vertragsfristen des § 5 beanspruchen die höchste Genauigkeitsstufe für sich und sind deshalb abwicklungsmäßig dem Schnittpunkt zwischen Grobablaufplanung und Detailablaufplanung zuzuweisen. Diese Zuordnung macht es notwendig, sich mit der Zeitplanung der Architekten/Ingenieure auseinanderzusetzen.

### I. Bauzeit und Architekt nach dem Leistungsbild des § 15 HOAI

Der Grundleistungsbeschrieb in § 15 HOAI weist nur kümmerliche Leistungsansätze aus, die sich mit der Planungs- und Bauzeit befassen. Das schadet in keiner Weise, denn die dem Architekten obliegende Aufgabe folgt nicht aus der HOAI, sondern aus dem nach dem geschlossenen Vertrag geschuldeten Erfolg.[11] Tiefe und Dichte der zu erstellenden Ablaufplanung richten sich am Stellenwert des Faktors aus, den das Zeitmoment für den Auftraggeber hat. Deshalb entsteht hierdurch auch kein falsches Bild. Die Einhaltung des für die Verwirklichung des Vorhabens vorgesehenen Zeitrahmens hat aus Kosten- und Nutzungsgründen denselben Stellenwert wie die Erreichung des versprochenen qualitativen Standards. Das Werk der Planer ist nicht nur das mangelfreie Entstehenlassen des körperlichen Bauwerks,[12] sondern er hat auch dafür zu sorgen, dass das Bauwerk in der **vorgesehenen Bauzeit** entsteht. Hierfür ist notwendig, dass die Planungsleistungen der einzuschaltenden Fachplaner zeitgerecht beauftragt und integriert werden und im Verlauf der Bauausführung die den Unternehmer nach § 3 Nr. 1 VOB/B zur Verfügung zu stellenden Ausführungsplanungen in der Zeit geliefert werden.

Bezeichnet man in Orientierung an § 31 HOAI den bei einem Bauvorhaben gebotenen **Planungskomplex** (einschließlich Fachplanungskomplex) als Projekt und als das Objekt das körperliche Bauwerk,[13] so hat der Planer den Planungs- und den Bauablauf entsprechend den Bauherrenwünschen zeitlich festzulegen, abzustimmen und vertragsrechtlich abzusichern. Diese Aufgabe schließt ein, unrealistische Terminvorstellungen des Auftraggebers abzuwehren und solche Terminaussagen zu treffen, die unter Berücksichtigung der gegebenen Terminzwänge eine planmäßige Abwicklung und Einhaltung der Terminziele ermöglichen.[14] Diesbezüglich sollte auch beachtet werden, dass zwischen der Bauzeit, der Bauphysik und der Mangelfreiheit durch z. B. stoffliche Vorgaben bedingte Sachzwänge bestehen, die – sollen Baumängel vermieden werden – nicht mit Füßen getreten werden dürfen. Die Sachmangelfreiheit sollte nicht zum Opfer auf dem Altar der Zeitplanung werden. Diesbezüglich sollten unsinnige Bauherrenvorstellungen zurückgewiesen werden.[15] Wenn der in der **HOAI** enthaltene Grundleistungsbeschrieb dem Stellenwert der Anforderungen an die Zeitgerechtigkeit der Planungs- und Bauleistung nicht gerecht wird, kommt den wegen der

---

[11] BGH U. v. 22. 10. 1998, VII ZR 91/97, NJW 1999, 427 = BauR 1999, 187; BGH U. v. 24. 10. 1996, VII ZR 283/95, NJW 1997, 586 = BauR 1997, 154.
[12] BGHZ 31, 224, 227; BGH BauR 1989, 97, 100 = ZfBR 1989, 24.
[13] *Will* BauR 1984, 333.
[14] *Johannsen* in Bausteine der Projektsteuerung, Teil 1, Seminar 1994, Deutscher Verband der Projektsteuerer e. V.
[15] OLG Düsseldorf OLGR 1994, 13; notfalls muss auf einer vertraglichen Risikoübernahme bestanden werden; vgl. BGH U. v. 26. 9. 2002, VII ZR 290/01, NJW 2003, 287 = NZBau 2003, 38 = BauR 2002, 1872.

**Vor § 5** Vorbemerkung § 5. Ausführungsfristen

preisrechtlichen Ausrichtung der HOAI kein Stellenwert zu. Die Honorarordnung darf nicht überstrapaziert werden; sie verfolgt Honorierungsinteressen und legt die entsprechenden Honorierungsparameter fest. Sie ist trotz § 2 Abs. 2 nicht dem Ziel verpflichtet, einen Leistungskatalog zu benennen, der generell geeignet ist, sämtliche Auftraggeber- und Bauherrnziele sachgerecht und umfänglich sicherzustellen.[16] § 2 Abs. 2 HOAI darf nicht dahin missverstanden werden, dass mehr als die katalogisierten Grundleistungen im Allgemeinen nicht erforderlich sei. Was der Planer an Maßnahmen schuldet, damit in der Zeit geplant und gebaut werden kann, folgt aus den werkvertraglich vereinbarten Zeitzielvorstellungen.

### 1. Die Leistungsbildbeschreibung nach § 15 HOAI

10  Das Aufstellen eines Zeit- und Organisationsplanes ist die vorletzte in § 15 Abs. 2 Nr. 2 HOAI genannte katalogisierte Besondere Leistung in der Leistungsphase 2 (Vorplanung). Als Grundleistung taucht das Aufstellen eines Zeitplanes (**Balkendiagramm**) erst in der Leistungsphase 8, Objektüberwachung, auf. Das Aufstellen, Überwachen und Fortschreiben von differenzierten Zeit-, Kosten- oder Kapazitätsplänen ist eine katalogisierte Besondere Leistung dieser Leistungsphase. In der § 5 VOB/B korrespondierenden Leistungsphase 7, Mitwirkung bei der Vergabe, in welcher die Entscheidung über den Vertragsinhalt und Vertragsschluss fällt, ist jeglicher Hinweis auf das Gebot zur Fixierung der Ausführungsfristen als Vertragsfristen zu vermissen.

11  Ein der Bedeutung der Terminplanung gerecht werdendes Konzept **fehlt** in der Leistungsbildbeschreibung des § 15 HOAI. Das Aufstellen eines Zeit- und Organisationsplanes als Besondere Leistung in der Phase 2 verfehlt die Wirkung; insbesondere muss aber bereits bei Beauftragung des Planers allein mit Grundleistungen gemäß der von § 2 Abs. 2 HOAI verfolgten Intention die planerische Bewältigung der Terminsabläufe gesichert sein. Schweigt der HOAI zu Planungs- und Bauzeitgesichtspunkten unter honorarrechtlichen Aspekten, ergeben sich hieraus Rechtsfolgen für den werkvertraglichen Pflichtenkatalog des Planers nicht. Die HOAI enthält Vergütungsaussagen, nicht aber ein Pflichtenheft.

### 2. Stellungnahmen in der Literatur

12  In der Literatur wird dieser Zurückhaltung der HOAI durch entsprechende Auslegung wie auch dadurch Rechnung getragen, dass die Bauzeitorganisation Teil der **Werkaufgabe des Planers** ist, deren detaillierte Benennung in einer Honorarordnung nicht erforderlich ist.

13  Technisch orientiert werden den einzelnen Leistungsphasen nach werkvertraglichen Vorstellungen folgende Zeit-Planungsaufgaben des Architekten zugewiesen:
– Der Grundlagenermittlung die Festlegung von Eckterminen,
– der Vorplanung eine Rahmenterminplanung, Planung und Ausführung betreffend,
– der Entwurfsplanung die Fortschreibung der Terminplanung,
– der Genehmigungsplanung bis einschließlich der Mitwirkung bei der Vergabe (Phasen 4 bis 7) die Fortschreibung der Terminplanung,
– der Phase 8 die Ausführungstermine,
– der Phase 9 die Gewährleistungstermine.[17]

14  Die Unzulänglichkeiten dieses HOAI-Ansatzes sind vielfältig, aber rein honorarrechtlich bedingt und liegen darin, dass die Festlegung der Ausführungstermine in der Leistungsphase 8 den Bedürfnissen nicht entspricht. Vertragliche Ausführungsfristen müssen in der Leistungsphase 7 erwogen und die Ausführungszeit muss bereits in der Leistungsphase 6 vorgegeben werden. Denn nur bei **bekannter Ausführungszeit** kann der Unternehmer

---

[16] BGH U. v. 24. 10. 1996, VII ZR 283/95, NJW 1997, 586 = BuR 1997, 154.
[17] Seminar der Bayerischen Architektenkammer, Baukostenplanung und -kontrolle, Prof. Ulrich *Elwert*.

B. Planung und Bauzeit

sachgerecht Personal- und Geräteeinsatz vorausberechnen und damit ein ausreichend sicher kalkuliertes Angebot abgeben. Rationelles Bauen fordert die Einhaltung bestimmter Bauzeiten, da diese einen entscheidenden Kalkulationsfaktor darstellen.[18] Die geforderte Fortschreibung der Terminplanung muss deshalb zu jeweils höheren **Genauigkeitsgraden** führen. Dem tragen die Grundleistungsbeschreibungen der HOAI in § 15 nicht ausreichend Rechnung. Da der HOAI die Planungsaufgabe nicht zu entnehmen ist, weil dies nicht der Sinn des Preisrechts ist,[19] schaden solche Ungereimtheiten nur dann, wenn sich ein Planer fälschlich an der HOAI auch als vertraglicher Anforderungskatalog ausrichtet. Die aus der Planungs- und Bauzeit abzuleitenden Forderungen folgen aus dem Werkvertrag.

### 3. Ablaufplanung und Leistungsphasen des § 15 HOAI

a) **Zeitplan und Leistungsbeschreibungen.** Im Allgemeinen wird vom Planer nach dem Leistungsbeschrieb in der Phase 1 des § 15 HOAI für das vorgesehene Honorar im Rahmen der Klärung der Aufgabenstellung das Aufstellen eines groben Zeitplanes gefordert.[20] Dem entspricht nach den Vorstellungen des Projektmanagements an eine Terminplanung der Rahmen- oder Generalablaufplan.[21] Auch die Bezeichnung Grobablauf- oder Rahmenterminplan ist geläufig.[22] Hierbei handelt es sich um einen Übersichtsplan, der für die wichtigsten Abschnitte Rahmentermine festlegt. Im Einzelnen ist die begriffliche Zuordnung eine Definitionsfrage, was daraus ersichtlich wird, dass der Rahmenterminplan von manchen nur bei Großprojekten für notwendig gehalten wird und dem Ziel dient, dem Auftraggeber einen anschaulichen und leicht verständlichen Überblick über den gesamten Termin zu geben.[23] Wie der Rahmenterminplan hat auch der Generalablaufplan oder Generalterminplan das Gesamtprojekt zum Gegenstand und umfasst sämtliche Projektphasen von der Grundlagenermittlung bis zur Inbetriebnahme, womit die Bauzeit inbegriffen ist. Damit erfolgt die Festlegung eines Terminrahmens für die Planung, Bauvorbereitung und Bauausführung. Planungsergebnis ist auch die erforderliche Zahl von Planungs- und Ausführungskapazitäten.[24] Der Generalterminplan wird oft als sog. **Meilensteinplan** beschrieben,[25] der die Eckdaten des Planungs- und Bauablaufes enthält. Hinsichtlich der Baudurchführung sollte er bereits die zeitlichen Vorstellungen hinsichtlich der Rohbauerstellung, des Innenausbaues einschließlich der Erstellung der Außenanlagen, der Mängelbeseitigung und der Inbetriebnahme enthalten.[26]

Schlüssig ist eine derartige zeitliche Dispositionsaufgabe als Grundleistung des Planers im Rahmen der Leistungsphase 1 des § 15 HOAI, **Grundlagenermittlung,** nicht abzuleiten. Denn wenn die erste Grundleistung der Leistungsphase 1 (Grundlagenermittlung, Klären der Aufgabenstellung) der Information des Planers über die Bauherrnwünsche und deren Abklärung dient,[27] kann es sinnvoller Weise nur darum gehen, **Ecktermine** festzuhalten, ohne dass deren Steuerung durch Planung von Seiten des Architekten im Rahmen einer Grundleistung gefordert wäre. Diese Grundleistung wäre nachvollziehbar auch nicht von der Besonderen Leistung „Aufstellen eines Zeit- und Organisationsplanes" in der Phase 2 abzugrenzen.

---

[18] *Vygen* Bauvertragsrecht Rdn. 617; *Jebe* S. 31 ff.
[19] BGH U. v. 24. 10. 1996, VII ZR 283/95, NJW 1997, 586 = BauR 1997, 154.
[20] *Locher/Koeble/Frik* § 15 Rdn. 16; *Langen/Schiffers* Bauplanung und Bauausführung Rdn. 46 ff.
[21] Seminar der Bayerischen Architektenkammer, Terminplanung und -kontrolle, Seminar A 3; *Bauer* Baubetrieb S. 467.
[22] *Bauer* Baubetrieb, S. 467; vgl. wegen der Begriffe auch *Kapellmann/Messerschmidt/Langen* VOB, 1. Aufl., B, § 11 Rdn. 29 ff.
[23] Seminar der Bayerischen Architektenkammer, Terminplanung und -kontrolle, Seminar A 3.
[24] Seminar Terminplanung und -kontrolle (Fn. 11).
[25] *Johannsen* (Fn. 14).
[26] *Johannsen* (Fn. 14).
[27] *Löffelmann/Fleischmann* Rdn. 61.

**Vor § 5**    Vorbemerkung § 5. Ausführungsfristen

**17**  In der Leistungsphase 2 des § 15 Abs. 2 Nr. 2 HOAI **(Vorplanung)** gehört zu der dort beschriebenen Abstimmung der Zielvorstellungen (Randbedingungen, Zielkonflikte) auch die Zeitkomponente.[28] Im aufzustellenden Zielkatalog sind die Ziele nach Art, Maß und zeitlichem Bezug systematisch darzustellen.[29] Das schließt jedoch als Grundleistung die Erstellung einer **Generaltermin- oder Grobterminplanung** (Grobablaufplanung)[30] nicht ein. Ansonsten wäre nämlich die Besondere Leistung in der Phase 2 „Aufstellen eines Zeit- und Organisationsplanes" nicht verständlich. Dieser Aspekt hat jedoch nach der Rechtsprechung des BGH[31] nur honorarrechtlichen Stellenwert. Was der Planer im Verlauf des dynamischen Planungsprozesses unter Zeitgesichtspunkten zur Information des Auftraggebers und der Abstimmung der anderen Planungsbeteiligten schuldet, folgt aus den erfolgsbezogenen Notwendigkeiten. Dieser Grobablaufplan hat entgegen *Löffelmann/Fleischmann*[32] nicht nur den voraussichtlichen Ablauf der Bauausführung aufzuzeigen, sondern muss sich im Dienst der Zielerreichung mit allen aus dem Planungsablauf, den planungs- und bauordnungsrechtlichen Aspekten und der Bauausführung ergebenden Zeitabhängigkeiten befassen.[33] Als Planungsmittel werden Balkendiagramme und Netzpläne angegeben.[34]

**18**  Damit wird einer angesichts der Bauzeitbedeutung sehr wichtigen Planungsleistung ihr Charakter als Grundleistung genommen. Das bedeutet zugleich, dass der Komplex der Terminplanung bei Beauftragung nur mit den Grundleistungen **nicht Teil des beauftragten Leistungsumfanges** ist. Sache des Planers ist es, bei Vergabe der Planungsleistung nach dem Prinzip handlungsorientierter Beauftragung mittels Anführung der Grundleistungen gem. Auflistung nach § 15 HOAI auf diese Ungereimtheit aufmerksam zu machen, über den Leistungsbedarf aus Termingesichtspunkten aufzuklären, auf Beauftragung mit der Erstellung eines Zeit- und Organisationsplanes zu bestehen und diese Tätigkeit dann nach den Grundsätzen des § 5 Abs. 4 HOAI mittels einer schriftlichen Honorarvereinbarung vergütungsrechtlich abzusichern. Denn werkvertraglich schuldet der Architekt jene zeitlichen Steuerungsmechanismen, die aus objektiver Sicht zur Sicherung der Zeitvorstellungen geeignet sind.

**19**  Eine weitere Ungereimtheit besteht darin, dass sowohl aus technischer als auch werkvertraglicher rechtlicher Sicht die **Fortschreibung der Zeit- und Organisationspläne** – erstellt als Besondere Leistung nach § 15 Abs. 2 Nr. 2 HOAI – für geboten erachtet wird.[35] Ein Grundleistungsbeschrieb wie auch eine Besondere Leistung ist diesbezüglich in § 15 HOAI jedoch nicht auszumachen. Alles spricht dafür, dass eine Fortschreibung auch nicht stillschweigend zu einer Grundleistung deklariert werden kann. Dies ist jedoch ein rein honorarrechtliches, nicht aber ein werkvertragliches Problem. Erwogen werden könnte, dem Leistungsbeschrieb „Aufstellen" als weitere Komponente die „Fortschreibung" zuzuweisen; angesichts der differenzierten Begriffsverwendung in § 15 Abs. 2 Nr. 8 HOAI bestehen dagegen jedoch Bedenken. Denn dort wird als 5. Grundleistung das „Aufstellen und Überwachen eines Zeitplanes (Balkendiagramm)" beschrieben, wogegen als 2. katalogisierte Besondere Leistung das Leistungspaket „Aufstellen, Überwachen und Fortschreiben von differenzierten Zeit-, Kosten- oder Kapazitätsplänen" angeführt wird. Damit wird zwischen „Aufstellen" und „Fortschreiben" deutlich unterschieden. Durch die Fortschreibung und die Verfeinerung entstehen der „mittelfeine Terminplan" und der „Feinstterminplan",[36] womit eine vertragsrechtliche Verknüpfung nicht verbunden ist.

---

[28] *Locher/Koeble/Frik* § 15 Rdn. 34; *Hartmann* Teil 4 Kapitel 2 § 15 Rdn. 30.
[29] *Hartmann* Teil 4 Kapitel 2 § 15 Rdn. 30.
[30] Seminar Terminplanung und -kontrolle (Fn. 14); *Johannsen* (Fn. 34).
[31] U. v. 24. 10. 1996, VII ZR 283/95, NJW 1997, 586 = BauR 1997, 154.
[32] Architektenrecht Rdn. 144.
[33] *Locher/Koeble/Frik* § 15 Rdn. 16; *Hesse/Korbion/Mantscheff/Vygen* § 15 Rdn. 68; *Jochem* § 15 Rdn. 29.
[34] *Hesse/Korbion/Mantscheff/Vygen* § 15 Rdn. 68.
[35] Seminar Baukostenplanung und -kontrolle (Fn. 17); Seminar Terminplanung und -kontrolle (Fn. 14); *Jochem* § 15 Rdn. 29; *Hartmann* Teil 4 Kapitel 2 § 15 Rdn. 42 a. E.
[36] *Kapellmann/Messerschmidt/Langen* VOB, 1. Aufl., B, § 5 Rdn. 30.

B. Planung und Bauzeit                                                                          **Vor § 5**

**b) Zeitplanung – Erfordernis nach BGB-Werkvertragsrecht.** Die Lösung dieses   20
Dilemmas kann nur darin gefunden werden, dass das Werkvertragsrecht des BGB nach
§ 631 den allein honorarrechtlich zu verstehenden und am Maßstab des Erfolgs gemessen
defizitären Leistungsbeschrieb in § 15 HOAI gleichsam auffängt. Denn die Ablaufplanung
ist Teil des vom Planer geschuldeten Erfolgs oder des sonst den Planer treffenden Leistungs-
konvoluts,[37] weil der Auftraggeber in einer definierten Planungs- und Bauzeit das Bauwerk
hergestellt wissen will. Hat ein Auftraggeber ein Interesse, das beabsichtigte Vorhaben
innerhalb einer bestimmten Zeit zu verwirklichen, ist die zeitliche Abwicklung durch
Ablaufplanung und Ablaufsteuerung Teil des vom Architekten geschuldeten werkvertraglichen Erfolges. Mit Rücksicht auf BGH[38] könnte auch die Auffassung vertreten werden,
der Planer schulde Zeitsteuerungsmaßnahmen als Teil der werkvertraglich geschuldeten
Aufgaben. Die honorarrechtliche Behandlung im Rahmen des § 15 HOAI beeinflusst die
Definition und die nach Werkvertragsrecht erfolgsorientiert gebotenen Handlungen nicht.
Denn das geschuldete Werk und die Leistungsbilder der HOAI mit ihren Grundleistungen
und Besonderen Leistungen sind zweierlei.[39] Schuldet der Planer nicht nur das mangelfreie,
sondern auch das zeitgerechte Entstehenlassen des Bauwerks, ist hinsichtlich der Beachtung
der **Zeitkomponente** nach Werkvertragsgrundsätzen des BGB (§ 631 Abs. 2 BGB) die
Vornahme derjenigen Handlungen geschuldet, wodurch die Zeiteinhaltung sichergestellt
werden kann.

Zum Parameter für die Ordnungsmäßigkeit der Vertragserfüllung wird damit nicht der   21
Grundleistungsbeschrieb der HOAI, sondern die insoweit einschlägige und notwendige
**technische Methode.** Das Vergütungsproblem ist sekundärer Natur und Angelegenheit in
erster Linie des Planers, dem es darum gehen muss, durch den Abschluss der entsprechenden
Honorarvereinbarungen für Vergütungssicherheit zu sorgen.

Diese Beurteilung führt dazu, dass der Planer aus **werkvertraglichen Erfolgsgesichts-**   22
**punkten** die Erstellung eines **Zeit- und Organisationsplanes** wie auch dessen Fortschreibung schuldet. Das Werkvertragsrecht ebnet wegen seiner Werk- und Erfolgsorientierung die honorarrechtlich unterschiedliche Behandlung der Grundleistungen und der
Besonderen Leistungen ein und fordert deren Erbringung ohne Berücksichtigung der
unterschiedlichen Handlungsqualifizierung. In der Folge hat der Planer jene bauablauf-
organisatorischen Maßnahmen zu ergreifen, die notwendig sind, um mit dem Auftraggeber vereinbarte Planungs- und Bauzeiten einhalten und kontrollieren zu können. Hono-
rarrechtlicher Absicherungsbedarf besteht unter den Voraussetzungen des § 10 Abs. 4
HOAI.

**c) Zeitplanung nach technischen Leistungsgeboten.** Damit wird zum Tauglichkeits-   23
maßstab der Projekt- und Bauablaufplanung das, was aus **Baumanagementgesichtspunk-**
**ten** geboten ist. Die Ausrichtung an den Grundleistungsbeschrieben und der Auflistung von
Besonderen Leistungen im Leistungsbild Objektplanung (§ 15 HOAI) ist nicht hilfreich.
Der Planer hat in den einzelnen Leistungsphasen das an Ablaufplanung zu erbringen, was
nach der Phasenablaufgliederung zur Sicherung des Erfolgs notwendig und geboten ist, um
den für die Projekt- und Objektabwicklung vorgesehenen Zeitrahmen einzuhalten. Die
Leistungsbeschreibung und die Einteilung in Grundleistungen und Besondere Leistungen
nach HOAI-Regeln sind allein unter Honorierungsgesichtspunkten bedeutsam und für den
Planer beachtlich.[40]

**d) Zeitplanung im Rahmen der Objektüberwachung.** Hieran ändert die Nor-   24
mierung der 5. Grundleistung in der Objektüberwachung (§ 15 Abs. 2 Nr. 8 HOAI)
nichts. Danach ist das Aufstellen und Überwachen eines Zeitplanes (Balkendiagramm)
eine Grundleistung. Diese ist abzugrenzen von der in derselben Phase beschriebenen

---
[37] BGH U. v. 22. 10. 1998, VII ZR 91/97, NJW 1999, 427 = BauR 1999, 187.
[38] U. v. 24. 10. 1996, VII ZR 283/95, NJW 1997, 586 = BauR 1997, 154.
[39] BGH U. v. 22. 10. 1998, VII ZR 91/97, NJW 1999, 427 = BauR 1999, 187.
[40] BGH NJW 1997, 586 = BauR 1997, 154; NJW 1999, 427 = BauR 1999, 187.

Besonderen Leistung „Aufstellen, Überwachen und Fortschreiben von differenzierten Zeit-, Kosten- oder Kapazitätsplänen." Beim **Balkendiagramm** handelt es sich um eine einfache Darstellung von Terminabläufen: In ein Koordinatenkreuz werden auf der Vertikalen die Arbeitsabschnitte bzw. Tätigkeiten und auf der Horizontalen wird die Zeit dargestellt.[41] Die zeitproportionale Darstellungsweise, die für Bauarbeiten ohne besondere Fertigungsrichtung geeignet ist, lässt erkennen, wann welche Tätigkeiten unter zeitlichen Gesichtspunkten begonnen und beendet sein müssen.[42] Eine vertragliche Bindung der Unternehmer an diese Termine scheidet ohne besondere vertragsrechtliche Vorkehrungen nach der Phasenabfolge aus. Denn die Objektüberwachung folgt der Mitwirkung bei der Vergabe und damit dem Vertragsschluss, in welchem es um die Vereinbarung von Vertragsfristen nach § 5 VOB/B geht, nach. Nicht nur die relativ groben Angaben eines Balkendiagrammes,[43] sondern die Zuordnung der Aufstellung und des Überwachens eines Zeitplanes in die Leistungsphase 8, und damit den Ausführungsbereich, haben zur Folge, dass eine vertragliche Bindung des Unternehmers an diese Termine ohne besondere dahin gehende Vereinbarung ausscheidet. Die Festlegung von Ausführungsterminen als Teil der Grundleistung in der Phase 8, wie dies auch in der fachlich-technischen Literatur so vorgesehen ist,[44] kann nicht isoliert und ohne Verknüpfung mit der Vertragsschlussphase (§ 15 Abs. 2 Nr. 7 HOAI) gesehen werden; nur bei Vorziehen dieser in der Phase 8 genannten Teilleistung in die Phase 7 oder unter Zugrundelegung des nach BGB-Werkvertragsgrundsätzen gebotenen Ergänzungsbedarfs gelingt es, dass in einem Balkendiagramm enthaltene Termine als Vertragsfristen in einen Bauvertrag eingehen können.[45]

**25** e) **Zeitplanung und Koordinierungsaufgabe.** Als Teilaspekt der den Auftraggeber nach § 4 Nr. 1 Abs. 1 VOB/B und § 15 Abs. 2 Nr. 8 HOAI – dritte Grundleistung – treffenden Verpflichtung zur Koordinierung besteht gleichfalls die Notwendigkeit, die zeitliche Abstimmung der Leistungen vertragsrechtlich bereits in den Phasen 6 und 7 des § 15 HOAI vorzusehen. Denn ohne vertragliche Absicherung muss der Auftraggeber mit den Koordinierungsmöglichkeiten vorlieb nehmen, die sich nach § 5 Nr. 2 VOB/B bieten. Dann hat der Auftragnehmer jedoch erst 12 Werktage nach Zugang der Aufforderung mit der Leistung zu beginnen. Zutreffend schafft der Architekt mit dem Zeitplan grundsätzlich die Voraussetzung zur Wahrnehmung der ihn treffenden Koordinierungspflicht.[46] Ohne vertraglich exakte Absicherung des Beginns der Bauleistung bietet sich dem Planer mit Rücksicht auf die Unternehmerdisposition nur die Kompetenz zur Steuerung des Beginns der Bauleistung nach § 5 Nr. 2 VOB/B.[47] Vertragsrechtlich fällt auf, dass die Koordinierungsaufgabe nach § 15 Abs. 2 Nr. 8 HOAI, dritte Grundleistung, die Abstimmung der Fachplaner und nicht des Auftragnehmer betrifft, sodass auch insoweit der in Rdn. 20 angeführte werkvertragliche Ergänzungsbedarf besteht.

**26** Hieran ändert sich nichts, wenn dem Planer als Besondere Leistung in der **Phase 8** das Aufstellen, Überwachen und Fortschreiben von differenzierten Zeit-, Kosten- und Kapazitätsplänen übertragen worden ist. Abwicklungsmäßig bleibt trotz des erheblich verbesserten Schärfegrades das Vertragsproblem: Ohne Einbeziehung der so festgelegten Bauzeiten in den bereits im Rahmen der Phase 7 geschlossenen Bauvertrag bleibt die Auftraggeber-/Planerkompetenz nur den durch § 5 Nr. 2 VOB/B vorgegebenen Möglichkeiten verhaftet. Die vertragliche Zubilligung eines einseitig ausübbaren Dispositionsrechts bleibt als Ausweg.[48]

---

[41] *Vygen/Schubert/Lang* Rdn. 333.
[42] *Vygen/Schubert/Lang* Rdn. 333.
[43] *Hartmann* Teil 4 Kapitel 2 § 15 Rdn. 94.
[44] Seminar Baukostenplanung und -kontrolle (Fn. 17).
[45] Vgl. *Locher/Koeble/Frik* § 15 Rdn. 183.
[46] *Hartmann* Teil 4 Kapitel 2 § 15 Rdn. 94.
[47] → § 5 Nr. 2 Rdn. 11.
[48] → § 5 Nr. 2 Rdn. 3 ff.; OLG Köln NJW 1986, 71, 72 = BauR 1986, 582.

B. Planung und Bauzeit                                                                   Vor § 5

§ 5 Nr. 2 VOB/B zieht der zeitlichen Disposition des Auftraggebers ebenso Schranken wie
§ 6 Nr. 3, 4 VOB/B.[49]

Als **Ergebnis** bleibt, dass die HOAI die Bauzeitenplanung und -disposition unzulänglich   27
geregelt hat; unter werkvertraglichen Erfolgs- und Einstandsgesichtspunkten besteht die
Notwendigkeit, auf die technischen Erfordernisse und Möglichkeiten der Ablaufsteuerung
zurückzugreifen. Die Honorarordnung verbietet dies wegen des auf die Regelung der
Vergütung beschränkten Ansatzes nicht, sondern fordert im Gegenteil dazu heraus, die
Leistungsbeschreibung in geregelten Leistungsbildern nicht als Schranke für die zur Erfolgssicherung gebotenen Leistungshandlungen zu begreifen.

### 4. Ablaufplanung und Ablaufsteuerung nach Baumanagementregeln

Die Ablaufplanung und Ablaufsteuerung unterscheidet nach dem Schärfegrad oder der   28
Planungstiefe folgende Planungsschritte:

**a) Der Generalplan oder Generalablaufplan.** Der General- oder Generalablaufplan   29
bezieht sich auf das Gesamtprojekt und enthält Terminaussagen beginnend von der Grundlagenermittlung bis zur Inbetriebnahme. Hierdurch wird ein Terminrahmen für die Planung,
die Bauvorbereitung und die Bauausführung vorgegeben.[50] Der Generalterminplan definiert
als **Meilensteinplan** die Eckdaten des Planungs- und Bauablaufes.[51] Nach der phasenspezi-
fischen Abwicklung in § 15 Abs. 2 HOAI ist dieser Leistungsbereich der Phase der Vorplanung zuzuweisen.

**b) Der Grobterminplan oder Grobablaufplan.** Die nächste Stufenfolge mit Verfeine-   30
rungscharakter stellt der Grobterminplan dar, der zwischen Planungsleistungen und Bauausführungsleistungen unterscheidet. Bezogen auf die im Zusammenhang mit § 5 VOB/B
interessierende Ausführung enthält bereits der Grobablaufplan den voraussichtlichen Ausführungsbeginn und das voraussichtliche Ausführungsende wie auch mögliche Ausführungsfristen einschließlich zu beachtender Zwischenfristen.[52] Dabei geht es nicht um die Objekt-
ausführung insgesamt, sondern um die terminliche Beurteilung der verschiedenen Gewerke,
so dass sich für jedes Gewerk auch bereits die erforderliche Ausführungskapazität bestimmen
lässt.[53] Da derartige Kapazitätsberechnungen erst nach Vorliegen der Leistungsbeschreibung
mit Leistungsverzeichnis samt darin enthaltenen Mengenangaben möglich sind, kann der
Grobablaufplan leistungsphasenspezifisch nur den Phasen 6 und 7 des § 15 HOAI zugewiesen werden.

**c) Der Detailterminplan oder Detailablaufplan.** Der Detailterminplan (auch Detail-   31
ablaufplan) betrifft – bezogen auf die Bauausführung – einzelne Bauabschnitte und Gewerke;
er enthält u. a. Zwischentermine für Einzelleistungen der an der Ausführung beteiligten
Unternehmer. Auch Bezeichnungen wie mittelfeine Terminplanung und Feinterminplan
sind gebräuchlich.[54] Vertragsrechtlich betrachtet wird der Detailterminplan aus dem Grobterminplan entwickelt, was nach der Vergabe und damit nach Auftragserteilung an den
Unternehmer geschieht.[55] Nach Abschluss des Bauvertrags werden die Detailabläufe durch
Abstimmung der Gewerke und Festlegung der Termine für einzelne Leistungen, worunter
neben der Planung auch die Bauvorbereitung und die Baudurchführung fällt, festgelegt.
Derartige Konkretisierungen oder Ergänzungen sind jedoch bei einer bereits bestehenden

---

[49] Vgl. *Kapellmann/Schiffers* Band 1, 5. Aufl., Rdn. 787, 800, 1333 ff.
[50] *Langen/Schiffers* Bauplanung und Bauausführung Rdn. 43 ff., *Schiffers* Jahrbuch Baurecht 1998, 275, 276; *Kapellmann/Schiffers* Band 1 Rdn. 33 ff. Seminar Terminplanung und -kontrolle (Fn. 23); *Johannsen* (Fn. 5).
[51] *Johannsen* (Fn. 14).
[52] Seminar Terminplanung und -kontrolle (Fn. 23); vgl. auch *Langen/Schiffers* Bauplanung und Bauausführung Rdn. 43.
[53] Seminar Terminplanung und -kontrolle (Fn. 23).
[54] *Kapellmann/Messerschmidt/Langen* VOB, B, § 5 Rdn. 30; *Langen/Schiffers* Bauplanung und Bauausführung Rdn. 43.
[55] Seminar Terminplanung und -kontrolle (Fn. 23).

vertraglichen Grundlage nur einvernehmlich möglich. Denn das betrifft bereits die den Auftragnehmer zustehende baustellenspezifische Ablaufplanung (§ 4 Nr. 2 Abs. 1 Satz 3 VOB/B)

**32** Der Vergleich mit dem Leistungsbild des § 15 HOAI belegt die Parallelität mit der in der Leistungsphase 8 beschriebenen 5. Grundleistung „Aufstellen und Überwachen eines Zeitplanes (Balkendiagramm)."

**33** Dem schließt sich die Steuerungsaufgabe mit dem Ziel an, durch Datenerhebung, Datenauswertung und Ist-Soll-Vergleiche zu Schlussfolgerungen samt etwa gebotenen Anpassungsmaßnahmen zu kommen. Dieser Leistungsbereich ist **Teil der Objektüberwachung** nach § 15 Abs. 2 Nr. 8 HOAI, wenn auch insoweit ein detaillierter Grundleistungsbeschrieb fehlt. Die vorrangige und aus § 631 BGB zu entwickelnde Erfolgsverantwortung des Planers, wonach bei entsprechender Vereinbarung Zeitvorgaben einzuhalten sind, überlagert die Leistungsbeschreibung nach § 15 Abs. 2 HOAI, die nicht dazu bestimmt ist, den nach werkvertraglichen Erfolgsgesichtspunkten gebotenen Handlungsinhalt und -umfang zu beschreiben.

## II. Bauzeit und Ingenieur nach dem Leistungsbild gemäß §§ 55, 57 HOAI

**34** Die bereits im Leistungsbild der Objektplanung für Gebäude nach § 15 HOAI festgestellte Zurückhaltung der HOAI hinsichtlich Leistungsinhalt und Leistungsintensität unter Bauzeitgesichtspunkten setzt sich im Leistungsbild Objektplanung für Ingenieurbauwerke und Verkehrsanlagen verstärkt fort. Ausdrücklich findet sich das Aufstellen und Überwachen eines **Zeitplans** (Balkendiagramm) als Grundleistung in der Phase 3 (Entwurfsplanung). Als 5. Grundleistung sind dort u. a. angeführt „Finanzierungsplan; Bauzeiten- und Kostenplan". Die Leistungsphase 5 (Ausführungsplanung) kennt das Aufstellen von Ablauf- und Netzplänen als Besondere Leistung. In der Leistungsphase 8 (Bauoberleitung) ist das „Aufstellen und Überwachen eines Zeitplans (Balkendiagramm)" die letzte Teilleistung innerhalb der 1. Grundleistung. Die örtliche Bauüberwachung nach § 57 HOAI enthält dazu keinerlei Aussagen.

### 1. Bauzeitenplan nach § 55 Abs. 2 Nr. 3 HOAI – Bauzeitenplan als Teil der Entwurfsplanung

**35** Abweichend von § 15 HOAI kennt das Leistungsbild Objektplanung für Ingenieurbauwerke und Verkehrsanlagen (§ 55 HOAI) den Begriff des Bauzeitplans. Dessen Erstellung ist Teil des Grundleistungspakets nach § 55 Abs. 2 Nr. 3 HOAI. Diese Zuordnung weist aus, dass der Bedeutungsgehalt des Bauzeitplans nach § 55 Abs. 2 Nr. 3 HOAI nicht identisch ist mit dem Begriff des Bauzeitplans nach § 5 VOB/B. Die VOB/B verknüpft den Bauzeitplan mit der **Rechtzeitigkeit** von **Unternehmerleistungen,** was bei § 55 HOAI wegen der Verbindung mit der Leistungsphase Entwurfsplanung ausscheidet. Deshalb kann dem Bauzeitplan auch nicht der Stellenwert zukommen, den der Zeitplan (Balkendiagramm) nach der Leistungsphase 8 (Bauoberleitung) aufweist. Gegenstand des Bauzeitenplans im Sinne von § 55 Abs. 2 Nr. 3 HOAI ist die Festlegung oder Abschätzung von Zeiträumen für wesentliche Bauleistungen auf der Grundlage noch unbekannter Termine für den Baubeginn und das Bauende.[56] *Hartmann*[57] definiert den nach § 55 Abs. 2 Nr. 3 HOAI als Grundleistung geschuldeten Bauzeitenplan als sogenannten **Leitplan,** da ohne Mitwirkung der ausführenden Unternehmer Bauzeitenpläne nur unvollständig festzulegen seien. Mehr als eine Vorgabe für die beteiligten Unternehmer stelle dieser Bauzeitenplan nach § 55 Abs. 2 Nr. 3 HOAI nicht dar. Auch das kann jedoch nur gelten, wenn dieser

---

[56] *Locher/Koeble/Frik* § 55 Rdn. 41.
[57] Teil 4 Kapitel 2 § 55 Rdn. 35.

B. Planung und Bauzeit                                                Vor § 5

Bauzeitenplan aus der Leistungsphase 3 im Rahmen der Vorbereitung der Vergabe und des Vertragsschlusses selbst einen für den schließlich beauftragten Unternehmer rechtlich relevanten Stellenwert erhält. Ohne diese vertragsrechtliche Verknüpfung in der Beziehung zu Unternehmern bleibt der als Teil der Entwurfsplanung erstellte Bauzeitenplan lediglich Erfüllungshandlung des Ingenieurs im Verhältnis zum Auftraggeber.

### 2. Bauzeit und Ausführungsplanung sowie Vorbereitung der Vergabe (§ 55 Abs. 2 Nr. 5, 6 HOAI)

Die bezüglich der Objektplanung für Gebäude bemängelte Verknüpfung des § 5 VOB/B 36 mit den Beiträgen des Planers im Rahmen der Vorbereitung des Bauvertragsabschlusses und der Mitwirkung daran (vgl. oben Rdn. 24 ff.) wird in der Leistungsphase 6 des § 55 HOAI unter honorarrechtlichen Aspekten ansatzweise hergestellt. Die letzte Grundleistung ist das „Festlegen der wesentlichen Ausführungsphasen". Dazu gehört zwar in erster Linie das Erarbeiten von Bauabläufen unter fachlich-technischer Hinsicht.[58] Darin erschöpft sich die Leistung aber nicht; notwendig mit der fachlichen Abstimmung ist auch die zeitliche Komponente zu berücksichtigen, was schon die Leistungsbeschreibung unter Verwendung des Begriffs **„Ausführungsphasen"** beinhaltet. Denn dies beinhaltet auch die nach zeitlichen Gesichtspunkten geordnete Zusammenstellung verschiedener Unternehmerleistungen, womit Ausführungsabschnitte gemeint sind.[59] Das Honorar für die Phase 6 deckt folglich auch Leistungen des Ingenieurs ab, die Anführungszeiten zum Gegenstand haben.

Das Festlegen wesentlicher Ausführungsphasen schließt deshalb als Teil der Vorbereitung 37 der Vergabe auch die Übernahme dieser Zeiträume in die **Vergabeunterlagen** ein. Der Schärfegrad und damit die Genauigkeit der Zeitvorstellung dieser Grundleistung bleibt selbstverständlich hinter der Besonderen Leistung „Aufstellen von Ablauf- und Netzplänen" zurück, die als einzige in der Phase 5 (Ausführungsplanung) katalogisiert ist.

Vertragsrechtlich führt dies hinsichtlich der Festlegung von Ausführungsfristen im Rah- 38 men des § 5 VOB/B zu folgendem: Beschränkt sich der Ingenieur auf die Erfüllung der Grundleistung „Festlegung der wesentlichen Ausführungsphasen" ist die Einführung von bloßen **Ca-.Fristen oder Sollensfristen** die Folge.[60]

Der Auftraggeber bewegt sich dann im Verhältnis zum beauftragten Unternehmer mangels der gebotenen Bestimmtheit der Fristen außerhalb des Anwendungsbereichs des § 5 Nr. 1 VOB/B. Die konkrete Aufnahme der Bauarbeiten regelt sich allein nach § 5 Nr. 2 VOB/B. Denn diese Vorschrift ist subsidiären Charakters; sie greift ein, wenn für den Beginn der Ausführung keine Vertragsfrist vereinbart ist und ermöglicht dem Auftraggeber, einseitig den Beginn der Ausführung in bestimmter Weise festzulegen.[61] In Abstimmung des Dispositionsrechts des Auftraggebers und der dem Unternehmer[62] zukommenden Vorbereitungszeit hat der Unternehmer innerhalb einer Frist von 12 Werktagen nach Aufforderung mit der Ausführung zu beginnen, wenn es an einer vereinbarten Frist für den Beginn fehlt.

Hat der Ingenieur als Besondere Leistung das Aufstellen von **Ablauf- und Netzplänen** 39 übernommen, und einen solchen Ablaufplan oder Netzplan erstellt, ist dem Schärfegrad nach im Sinne von § 5 Nr. 1 VOB/B die Vereinbarung von Ausführungsfristen als Vertragsfristen möglich. Denn ein Ablauf- oder Netzplan ist bereits Teil der Ausführungsplanung (§ 55 Abs. 2 Nr. 5 HOAI) und der operativen Ebene zugehörig. Der Netzplan zerlegt das Projekt in die erforderlichen Vorgänge, weist deren Abhängigkeitsbeziehungen auf und legt deren Reihenfolge im Bauablauf dar.[63] „Der Netzplan ist als Modell des Herstellungsablaufs

---

[58] *Hartmann* Teil 4 Kapitel 3 § 55 Rdn. 65.
[59] *Locher/Koeble/Frik* § 55 Rdn. 68.
[60] → § 5 Nr. 1 Rdn. 8.
[61] *Ingenstau/Korbion/Döring* VOB/B § 5 Nr. 1–3 Rdn. 10; *Nicklisch/Weick* § 5 Rdn. 7.
[62] → § 5 Nr. 2 Rdn. 14.
[63] *Bauer* Baubetrieb S. 542; vgl. auch *Ágh-Ackermann/Kuen* S. 116; *Kapellmann/Schiffers* Band 1 Rdn. 1666; *Langen/Schiffers* Bauplanung und Bauausführung Rdn. 40.

neben dem Vertragstext und neben den Zeit-, Kapazitäts-, Finanz- und Zahlungsplänen zu einer gewöhnlichen Darstellungsform des Vertragsinhalts und der Vertragsabwicklung geworden."[64] Da mittels des Netzplanes den einzelnen Vorgängen bestimmte Dauern zugeordnet werden, bedingt der hieraus entwickelbare Terminplan die Festlegung des Starts und des Endes der einzelnen Vorgänge. Lässt der Planer die sich aus der frühest möglichen und der spätest zulässigen Lage eines Vorgangs[65] ergebenden zeitlichen Verschiebungsmöglichkeiten außer Acht, kann aus dem Netzplan als Terminplan in den Vertrag mit den ausführenden Unternehmern eine eindeutige Ausführungsfrist im Sinne einer Vertragsfrist übernommen werden. Denn eine **Vertragsfrist** ist eine Ausführungsfrist nur, wenn sie ausreichend bestimmt ist und ihr Verbindlichkeitscharakter klar zum Ausdruck kommt.[66] Hierfür ist eine eindeutige Festlegung des Fertigstellungstermins oder einer Ausführungsfrist erforderlich.[67] Ungenügend sind demnach lediglich ungefähre Bauzeitenfestlegungen,[68] etwa in dem Sinne, dass aus einem Netzplan der früheste bzw. späteste Anfang und das früheste bzw. späteste Ende eines Vorgangs[69] in den Bauvertrag übernommen werden. Denn derartige Beginnspannen lassen den vertraglich verbindlichen Termin gerade offen. In solchen Fällen wird lediglich eine **Ausführungsfrist** vertraglich verbindlich festgelegt, nicht aber der Beginn mit den Ausführungen.

### 3. Bauzeit und Bauoberleitung (§ 55 Abs. 2 Nr. 8 HOAI)

**40** In der Leistungsphase 8 des § 55 HOAI (Bauoberleitung) erscheint als letzte Teilleistung der 1. Grundleistung das „Aufstellen und Überwachen eines Zeitplans (Balkendiagramm)." Ein Netzplan wird demnach als Grundleistung mit dem Honorar nicht vergütet, weswegen eine Verknüpfung der Leistungen unter zeitlichen Abhängigkeitsgesichtspunkten[70] nicht gefordert ist. Dieser Zeitplan kann nicht ohne Rücksicht auf die mit den Unternehmern geschlossenen Bauverträge und die dort enthaltenen Bauzeitenangaben entwickelt werden. Der Zeitplan nach § 55 Abs. 2 Nr. 8 HOAI ist nämlich schon von der zeitlichen Abfolge her gesehen für den ausführenden Unternehmer in keiner Weise verbindlich. Er dient ausschließlich der **Kontrolle** der Rechtzeitigkeit der Unternehmerleistungen. Die vertraglich verbindlichen Leistungszeiten der Unternehmer müssen in der Phase 7 des § 55 HOAI vereinbart werden. Deshalb darf sich der Zeitplan nicht an üblichen Bauzeiten und ortsüblichen Witterungsverhältnissen und den Vorstellungen des Auftraggebers orientieren.[71] Vielmehr muss der Zeitplan aus der Grundleistung „Festlegen der wesentlichen Ausführungsphasen" der Leistungsphase 6 (Vorbereitung der Vergabe) entwickelt werden, deren zeitliche Komponenten **Bauvertragsinhalt** geworden sind. Bauvertragsrechtlich kommt der in der Leistungsphase 8 entwickelte Zeitenplan zu spät, da er als Teil der Ausführungskontrolle dem Bauvertragsschluss nachfolgt.[72] Aus dem **Zeitplan** ergibt sich deshalb der **Zeitrahmen** für die Unternehmerleistung nur dann, wenn dieser Zeitrahmen so auch zum Bauvertragsinhalt gemacht worden ist.[73] Das belegt, dass auch im Rahmen von § 55 HOAI ungeschrieben zur Sicherstellung des unter zeitlichen Gesichtspunkten versprochenen Werks als werkvertragliche Grundleistung im Rahmen der Leistungsphase 7 (Mitwirkung bei der Vergabe) Aktivitäten des Ingenieurs gefordert sind.

---

[64] *Ágh-Ackermann/Kuen* S. 111, 116.
[65] Vgl. dazu *Bauer* Baubetrieb S. 544; *Vygen/Schubert/Lang* Rdn. 334, 335.
[66] *Kapellmann/Messerschmidt/Langen* VOB/B § 5 Rdn. 11; *Ingenstau/Korbion/Döring* VOB/B § 5 Nr. 1–3 Rdn. 2; *Heiermann/Riedl/Rusam* VOB/B § 5 Rdn. 1.
[67] → § 5 Nr. 1 Rdn. 8.
[68] *Ingenstau/Korbion/Döring* VOB/B § 5 Nr. 1–3 Rdn. 2; *Vygen/Schubert/Lang* Rdn. 36, 37.
[69] Vgl. dazu *Vygen/Schubert/Lang* Rdn. 335; *Bauer* Baubetrieb S. 544.
[70] *Vygen/Schubert/Lang* Rdn. 333, 334; *Locher/Koeble/Frik* § 55 Rdn. 85.
[71] So aber *Locher/Koeble/Frik* § 55 Rdn. 85.
[72] *Hartmann* Teil 4 Kapitel 2 § 15 Rdn. 94; *Bindhardt/Jagenburg* § 6 Rdn. 164.
[73] *Bindhardt/Jagenburg* § 6 Rdn. 164.

B. Planung und Bauzeit                                                                                           Vor § 5

### III. Bauzeit und Fachplaner

Die defizitäre Einstellung der HOAI bezüglich der Bauzeit besteht auch im Bereich der  41
Fachplanungsleistungen nach § 73 HAOI. Zwei Gründe sind hierfür maßgeblich: Einmal
geht es der HOAI als Preisrecht um die Benennung von Leistungen der Planer unter
Zeitsteuerungsaspekten nur des Honorar wegen und nicht zu dem Zweck, für Auftraggeber
wie auch Planer eine Orientierungshilfe zur Bestimmung des richtigen Vertragsinhalts zu
sein.[74] Zum Anderen wird der Fachplanereinsatz bereits nach dem Grundleistungsbeschrieb
der Grundlagenermittlung (§ 73 Abs. 3 Nr. 1 HOAI) dem Objektplaner (§ 15 oder § 55
HOAI) zugeordnet (im Benehmen mit). Das führt im Ergebnis dazu, dass die Bewältigung
der Planungs- und Bauzeit in erster Linie eine Angelegenheit des **Objektplaners** ist. Zum
anderen wird der Fachplaner in der Phase 8 (Objektüberwachung) in der 2. Grundleistung
auf das Mitwirken bei dem Aufstellen und Überwachen eines Zeitplanes (Balkendiagramm)
verwiesen. Da auch sonstige Aussagen im Grundleistungsbereich zur Verwirklichung des
Bauvorhabens in der vorgegebenen Zeit fehlen und in der Leistungsphase 8 als Besondere
Leistung nur das „Aufstellen, Fortschreiben und Überwachen von Ablaufplänen (Netzplan-
technik für EDV)" auftaucht, verdeutlicht dies, dass in dem aufgewiesenen Rahmen in erster
Linie der Architekt/Ingenieur als Objektplaner Honorar für die Organisierung der Pla-
nungs- und Bauzeit erhält.

Dieses Modell schlägt fehl, wenn ein Objektplaner fehlt. Das Leistungsbild des Fachplaners nach § 73 HOAI ist dann nicht geeignet, die zur Wahrung der zeitlichen Vorstellungen des Auftraggebers gebotenen Leistungshandlungen vorzugeben. Der dann vom
Fachplaner nach § 631 BGB geschuldete Erfolg, der die Einhaltung der zeitlichen Vorstellungen des Auftraggebers einschließt, nötigt allerdings zur Vornahme jener Handlungen, die nach Baumanagement- oder Projektsteuerungsregeln zur Zielerreichung angesichts
der objektspezifischen Gegebenheiten geboten sind. Die oben Rdn. 22 ff. zur Aufgabenstellung des Architekten geschilderten Einsichten und Erfordernisse gelten in gleicher
Weise.

Das flexible und damit den Erfordernissen anpassungsfähige **Werkvertragsrecht** über-  42
lagert den Grundleistungsbeschrieb der HOAI, der lediglich honorarrechtlichen Normie-
rungszwecken dient. Denn die HOAI regelt als öffentliches Preisrecht kein Vertragsrecht.[75]
Die Leistungsbilder der HOAI mit ihren Leistungsphasen und Leistungsbeschreibungen
erhalten jedoch Vertragsqualität, wenn im Planervertrag die Beschreibung der Aufgabe des
Planers sich an den Leistungsphasen z. B. des § 15 HAI orientiert. Dann schuldet der Planer
die vereinbarten Arbeitsschritte nicht nur als Leistungspflicht, sondern als Teilerfolg des
geschuldeten Gesamterfolges mit der Folge, dass das Werk des Planers mangelhaft ist, wenn
ein solcher Teilerfolg nicht erbracht wird.[76]

### IV. Bauzeit und Unternehmer

Der beauftragte Unternehmer hat den **Bauablauf** der konkreten Maßnahme zu **planen.**  43
Gleichzeitig ist das konkrete Vorhaben Teil der allgemeinen **Betriebsplanung,** nämlich der
zeitlichen Disposition verschiedener Baustellen unter Berücksichtigung der Kapazitäten des
Auftragnehmers. Neben der Ablaufplanung des Auftraggebers/Planers steht die Ablauf-

---

[74] BGH U. v. 24. 10. 1996, VII ZR 283/95, NJW 1997, 586 = BauR 1997, 154; BGH U. v. 22. 10. 1998, VII ZR 91/97, NJW 1999; 427 = BauR 1999, 187.
[75] BGH U. v. 24. 10. 1996, VII ZR 283/95, BGHZ 133, 399 = NJW 1997, 586 = BauR 1997, 154 = ZfBR 1997, 74.
[76] BGH U. v. 11. 11. 2004, VII ZR 128/03, NJW-RR 2005, 318 = NZBau 2005, 158 = BauR 2005, 400 = ZfBR 2005, 178; BGH U. v. 24. 6. 2004, VII ZR 259/02, BGHZ 159, 376 = NJW 2004, 2588 = NZBau 2004, 509 = BauR 2004, 1640 = ZfBR 2004, 781.

planung des beauftragten Unternehmers.[77] Diese beschränkt sich auf die eigentliche Bauproduktion[78] und setzt in der Bieterphase an der Leistungsbeschreibung mit Leistungsverzeichnis ein. Ziel und Aufgabe der Unternehmer-Ablaufplanung ist die Ermittlung und Darstellung des kostengünstigsten Weges zur Herstellung des Bauwerks unter den objektspezifischen Bedingungen bei Anwendung bestimmter Fertigungstechniken und Einsatz produktiver Faktoren.[79] Maßgebliche Randbedingungen einer solchen Ablaufplanung sind die Anforderungen an die Bauzeit, die Gegebenheiten des Bauraums, konstruktivtechnologisch bedingte Zwangspunkte sowie das Ziel, ein möglichst kostengünstiges Verfahren zu wählen.[80] Dem Ablaufplan des Unternehmers liegt die Ermittlung der Vorgangsdauern der Einzelnen im Leistungsverzeichnis beschriebenen Leistungen unter Berücksichtigung des Bausolls und es der Bauumstände zu Grunde.[81]

### 1. Unternehmer-Ablaufplanung – Dispositionsmaßnahmen des Unternehmers

**44**   Der Ablaufplan des Unternehmers ist ein Bauzeitenplan im Sinne des § 5 Nr. 1 VOB/B. Der Unternehmer-Ablaufplan entbehrt jedoch der Vertragsqualität. § 5 Nr. 1 VOB/B setzt für die Ausübung der Sanktionen nach § 5 Nr. 3, 4 VOB/B grundsätzlich voraus, dass sich die zeitliche Ablaufstörung als Verletzung von Vertragsfristen erweist. Der Ablaufplan des Unternehmers ist ein **Betriebsinternum,** solange der Plan nicht zum Vertragsbestandteil gemacht worden ist. *Schiffers*[82] empfiehlt allerdings dem Auftraggeber, sich noch vor dem Vertragsschluss von dem Bieter einen produktorientierten Ablaufplan vorlegen zu lassen, der dort „Vertragsterminplan" genannt wird. Der Unternehmer-Ablaufplan dient ansonsten als Internum lediglich der Steuerung und Kontrolle der übernommenen Bauleistung durch den Auftragnehmer. Mit dem Unternehmer-Ablaufplan nimmt der Auftragnehmer die ihm nach § 4 Nr. 2 Abs. 1 Satz 1, 3 VOB/B nicht nur als Recht, sondern auch als Pflicht zukommende Dispositionsaufgabe wahr. Der Unternehmer-Ablaufplan ist deshalb Ausdruck der dem Unternehmer obliegenden Dispositions- und Leitungsaufgaben nach § 4 Nr. 2 Abs. 1 VOB/B. Diese Leitungsaufgabe beinhaltet nicht nur die fachlich-technische richtige Ausführung, sondern auch die zeitlich zutreffende Bemessung und Organisation der **Teilbauvorgänge** im Rahmen der dem übernommenen Gewerk zur Verfügung stehenden Gesamtbauzeit. Der Bauablaufplan des Unternehmers ist die Vorausplanung der Bauvorgänge mit dem Ziel der Bemessung der Einzelheiten der Teilvorgänge im Rahmen der für das Gewerk zur Verfügung stehenden Gesamtbauzeit auf der Grundlage der Produktionskapazitäten. Dabei werden die Teilvorgänge zu technisch-logisch stimmigen **Bauvorgangsketten** koordiniert und nach wirtschaftlich-technischen Aspekten optimiert.[83] *Roquette* spricht mit Bezugnahme auf *Schiffers*[84] von Vorgängen, denen Vorgangsdauern zugewiesen werden.[85] Denn der Bauablaufplan ist das Ergebnis einer sorgfältigen Arbeitsvorbereitung des beauftragten Unternehmers; als Darstellungsmittel können Termin- oder Vorgangslisten, Balkenpläne, Netzpläne oder Zeit-Weg-Diagramme dienen.[86] Das qualitativ und wirtschaftlich sichere Gelingen der Unternehmerleistung setzt die Erstellung eines Ablaufplanes als Hilfsmittel für alle Dispositionen und Koordinierungsmaßnahmen des Bauleiters des Unternehmers voraus.[87] Dieser Plan ist ein Kontroll- und Steuerungsinstrument für den Unternehmer,

---

[77] *Schiffers* im Jahrbuch Baurecht 1998, 275, 291; *Kapellmann/Schiffers* Band 1 Rdn. 1224, 1296; *Langen/Schiffers* Bauplanung und Bauausführung Rdn. 56.
[78] *Bauer* Baubetrieb S. 461; *Langen/Schiffers* Bauplanung und Bauausführung Rdn. 56.
[79] *Bauer* Baubetrieb S. 464.
[80] *Bauer* Baubetrieb S. 466, 467.
[81] *Vygen/Schubert/Lang* Bauverzögerung und Leistungsänderung, 4. Aufl., Rdn. 341.
[82] In Jahrbuch Baurecht 1998, 275, 291.
[83] *Bauer* Baubetrieb S. 462.
[84] Jahrbuch Baurecht 1998, 257.
[85] Jahrbuch Baurecht 2002, 39; *Langen/Schiffers* Bauplanung und Bauausführung Rdn. 38.
[86] *Olshausen* FS Korbion S. 323, 327; vgl. auch *Kapellmann/Schiffers* Band 1 Rdn. 37 ff.
[87] *Klärner/Schwörer* Qualitätssicherung im schlüsselfertigen Bauen S. 24; vgl. auch *Vygen/Schubert/Lang* Bauverzögerung und Leistungsänderung, 4. Aufl., Rdn. 350.

B. Planung und Bauzeit                                                                                      Vor § 5

der damit die ihm vertragsrechtlich eingeräumte Bauzeit für sich strukturiert. Werkvertragliche Pflichtenlagen werden dadurch – als Internum – nicht begründet.

Bleibt dieser Unternehmer-Ablaufplan Internum, ist er im daran gemessenen Abweichungs- oder Störungsfall nicht geeignet, darauf gestützt Forderungen des Auftraggebers gem. § 5 Nr. 3 VOB/B zu rechtfertigen. Parameter für die Prüfung nach dieser Vorschrift, ob Arbeitskräfte, Geräte, Gerüste, Stoffe oder Bauteile so unzureichend sind, dass Ausführungsfristen offenbar nicht eingehalten werden können, ist grundsätzlich ein vertraglich einschlägiger und damit im **Außenverhältnis** wirksamer Ablaufplan. Die Kontrolle und Überwachung der Baumaßnahmen am Unternehmer-Ablaufplan veranlasst in erster Linie den Unternehmer zu Steuerungsmaßnahmen. Als Teil der Unternehmerdisposition rechtfertigt der Unternehmer-Ablaufplan aber auch Forderungen des Auftraggebers nach § 5 Nr. 3 VOB/B.[88] Als **Kontroll- und Steuerungssystem** hat der Unternehmer-Bauablaufplan zentrale Bedeutung,[89] und entfaltet diese primär für den Unternehmer und sekundär für den Auftraggeber bzw. dessen objektüberwachenden Planer.    45

Als Soll-Plan gilt er demnach für den Unternehmer, dessen Arbeitsvorbereitungsergebnis der Ablaufplan ist. Selbst wenn der Plan in regelmäßiger Abstimmung dem Auftraggeber bzw. dessen objektüberwachenden Planer zur Kenntnis gegeben wird,[90] bleibt dessen interne Wirkung erhalten.    46

Das schließt nicht aus, dass dem Auftraggeber bzw. dessen Planer eine Prüfungsmöglichkeit hinsichtlich der Unternehmer-Ablaufpläne zukommt. Nach § 4 Nr. 1 Abs. 2 VOB/B hat der Unternehmer dem Auftraggeber auf dessen Verlangen Werkzeichnungen oder andere Ausführungsunterlagen sowie die Ergebnisse von Güteprüfungen zur **Einsicht** vorzulegen und die erforderlichen **Auskünfte** zu erteilen, wenn hierdurch keine Geschäftsgeheimnisse preisgegeben werden. Zu diesen Ausführungsunterlagen zählen nicht nur planerische, vom Unternehmer erstellte Unterlagen, wie z.B. Konstruktionszeichnungen, sondern auch vom Auftragnehmer erstellte Ablaufpläne. Denn das **Überwachungsrecht** des Auftraggebers wird in § 5 Nr. 3 VOB/B vorausgesetzt und über § 4 Nr. 1 Abs. 2 VOB/B realisiert. Im Hinblick auf den hohen Stellenwert der zeitgerechten Ausführung muss bezüglich der Überwachung des Zeitplans und der Zeitgerechtigkeit der Ausführung dasselbe gelten wie für die Überwachung der qualitätsmäßigen Anforderungen.[91] Gegenstand der Überwachung muss angesichts der Bedeutung der Einhaltung der Bauzeit auch sein, ob der Unternehmer kapazitätsmäßig seine Leistung in Übereinstimmung mit den eigenen Ablaufplänen erstellt. Eine sachgerechte Kontrolle der vom Unternehmer vorgesehenen Beschickung der Baustelle ist dem Auftraggeber ohne Kenntnis des Unternehmer-Ablaufplanes nicht möglich. Dennoch bleibt die grundsätzlich interne Wirkung des Bauzeitenplans des Unternehmers erhalten. Das schließt nicht aus, dass der Unternehmer-Ablaufplan Anhaltspunkte dafür liefert, ob i.S.v. § 5 Nr. 3 VOB/B Ausführungsfristen offenbar nicht eingehalten werden können.[92]    47

Dies ändert sich vertragsrechtlich eindeutig dann, wenn der vom Unternehmer erstellte Bauzeitenplan zum **Vertragsbestandteil** wird und damit den terminlichen Ablauf der Baumaßnahme nach den in § 5 Nr. 1, 3 VOB/B enthaltenen Grundsätzen bestimmt. Allerdings gewinnt der Auftraggeber hierdurch keinen durchsetzbaren Anspruch auf die Einhaltung der in diesem Plan vorgesehenen Baustellenbeschickung. Dagegen sprechen das dennoch zu Gunsten des Auftragnehmers bestehende Dispositionsrecht (§ 4 Nr. 2 Abs. 1 VOB/B) und die Regelung in § 5 Nr. 3 VOB/B. Die gegenteilige Auffassung würde dann, wenn die Ablaufplanung eine entsprechende Tiefe erreicht,[93] zu einer Fesselung des Bauablaufs führen, was dem Baugeschehen nicht förderlich wäre.    48

---

[88] → § 5 Nr. 3 Rdn. 6 ff.
[89] *Olshausen* FS Korbion S. 323, 328.
[90] *Olshausen* FS Korbion S. 323, 330; *Schiffers* Jahrbuch Baurecht 1998, 275, 291.
[91] *Ingenstau/Korbion/Oppller* VOB/B § 4 Nr. 1 Rdn. 53.
[92] → § 5 Nr. 3 Rdn. 8, 9, 15.
[93] Vgl. Rdn. 50.

**49** Soweit der BGH[94] die Erstellung eines Bauzeitenplanes für eine ordnungsgemäße Ablaufplanung für unerlässlich hält und fordert, dass der Auftraggeber im Rahmen seiner **Koordinierungspflicht** gehalten ist, auf die Erstellung eines Bauzeitenplanes hinzuwirken, ist zu unterscheiden, welche Ablaufplanung – des Architekten oder des Unternehmers – damit angesprochen ist. Aus dem Zusammenhang ergibt sich, dass es dem BGH um die Erstellung eines Bauzeitenplanes durch den Auftraggeber selbst bzw. dessen Planer geht. Denn nur aus einer solchen Zeitplanung des Auftraggebers könnte der Unternehmer eventuell schließen, dass der Auftraggeber auch für die mangelfreie Erbringung der Vorleistung verantwortlich zeichnen möchte, was der BGH jedoch als Verpflichtungsinhalt des Auftraggebers abgelehnt hat.

### 2. Schärfegrade der Unternehmer-Ablaufplanung

**50** Auch der Ablaufplan des Unternehmers für die beauftragte Bauleistung differenziert innerhalb der Planungsstufen nach **Planungsdichte oder -tiefe**. In der Baubetriebslehre werden dieselben Begriffe verwendet wie im Bereich des Projektmanagements.[95] Der Unternehmer legt mit Hilfe des Grob- oder Rahmenterminplans als einem Übersichtsplan die wichtigsten Bauabschnitte nach bestimmten Zeiteinheiten fest; regelmäßig wird als Zeiteinheit ein Monat verwendet. Der Übersichtsplan **(Rahmenterminplan)** dient dem Unternehmer als langfristiges Steuerungsmittel des Bauablaufs. Der Koordinationsablaufplan verwendet als Zeiteinheit einen Arbeitstag und bildet die Grundlage für Kontrolle und Steuerung des Bauablaufs durch die Bauleitung des Unternehmers.

**51** Die der Ablaufplanung für das Bauvorhaben zu Grunde liegenden Ausgangsdaten gehen aus den Ausschreibungsunterlagen hervor. Sie sollen z. B. Angaben über das Bauwerk, seine Gliederung, Teilleistungen, Bauzeit und Baubeginn, eventuelle geforderte Zwischentermine usw. enthalten.[96] Die DIN 18299 enthält im Abschnitt 0.2 entscheidende Hinweise, wobei der Abschnitt 0.2.1 als Angaben zur Ausführung vorsieht: „Vorgesehene Arbeitabschnitte, Arbeitsunterbrechungen und -beschränkungen nach Art, Ort und Zeit sowie Abhängigkeit von Leistungen anderer". Fehlt es daran, kann der Auftragnehmer als vertraglich vorgesehenen Bauumstand eine im Wesentlichen ungestörte, fließende Tätigkeit zu Grunde legen. Stopp and Go füllt dann § 2 Nr. 5 VOB/B aus. Besondere Erschwernisse (vgl. DIN 18299 Abschnitt 0.2.2) beeinflussenden Arbeitsablauf und damit die Bauzeit. Aus dem **Zeit- und Mengengerüst des Leistungsverzeichnisses** hat der Unternehmer die für die Ausführung erforderliche Leistungskapazität und den Einsatz der notwendigen Produktionsfaktoren, wie Personal, Gerät, Material und eventuell Nachunternehmer unter Berücksichtigung des verfügbaren Bauraumes zu bestimmen.[97] Die Unternehmer-Ablaufplanung muss das Mengengerüst der geforderten Leistungen des Leistungsverzeichnisses ausweisen und die kalkulierten Aufwands- und Leistungswerte der wesentlichen Leistungspositionen sowie den geplanten Personal- und Geräteeinsatz enthalten.[98] Der Plan ist entsprechend den örtlichen und zeitlichen Gegebenheiten fortzuschreiben und zu aktualisieren.[99] Die Differenzierung kann dem Feinheitsgrad nach so weit gehen, dass auf der Grundlage der Zeiteinheit von einem Arbeitstag Feinablaufpläne für einzelne Arbeitsabschnitte erarbeitet werden.[100]

**52** Der Bauablaufplan ist für ein funktionierendes Kontroll- und Steuerungssystem von maßgeblicher Bedeutung, was nur gelingen kann, wenn die Planung auf der Grundlage einer zutreffenden **Mengenermittlung** und unter Berücksichtigung der vereinbarten Vertragsfristen die einschlägigen **Aufwands- und Leistungswerte** einstellt.[101]

---

[94] BauR 1985, 561, 563 = NJW 1985, 2475 = ZfBR 1985, 282; BGH NJW 2002, 2716 = NZBau 2002, 381.
[95] Vgl. *Bauer* Baubetrieb S. 465; *Rösel* Baumanagement S. 245 ff.
[96] *Bauer* Baubetrieb S. 465.
[97] *Olshausen* FS Korbion S. 323, 326; *Bauer* Baubetrieb S. 466.
[98] *Olshausen* FS Korbion S. 323, 328; *Kapellmann/Schiffers* Band 1 Rdn. 37.
[99] *Langen/Schiffers* Bauplanung und Bauausführung Rdn. 62 ff.
[100] *Bauer* Baubetrieb S. 467.
[101] *Olshausen* FS Korbion S. 323, 328.

C. VOB – Regeln und Bauzeit

Aus **technischer** Sicht kommen als Darstellungsmittel Balkenpläne, Netzpläne oder Zeit-Weg-Diagramme in Betracht.[102] 53

Diese vom Auftragnehmer erarbeiteten planerischen Grundlagen enthalten jedoch grundsätzlich nur betriebliche und damit **unternehmensinterne Soll-Abläufe**. Als Kontrollinstrument dienen sie grundsätzlich dem Unternehmer; diesem und nicht dem Auftraggeber wird damit die Möglichkeit gegeben, die Leitungs- und Dispositionsaufgabe nach § 4 Nr. 2 Abs. 1 VOB/B wahrzunehmen. Denn als wesentliche Arbeitsunterlage für die Baustelle[103] ist der Unternehmerablaufplan ein Kontroll- und Steuerungsmittel für die Mitarbeiter des Unternehmers, die damit arbeiten sollen. Als Parameter für die Wahrnehmung der Rechte aus § 4 Nr. 1 Abs. 3 VOB/B scheidet die Unternehmerablaufsteuerung mangels vertraglicher Verbindlichkeit aus. Denn der Auftragnehmer hat die Befugnis zur abweichenden Steuerung und Planung. Das schließt aber nicht aus, dass die Unternehmerablaufplanung einen Ansatz zur Wahrnehmung der Auftraggeberrechte aus § 5 Nr. 3 VOB/B dann bietet, wenn die **Baustellenförderung** dieser Unternehmerablaufplanung nicht entspricht.[104] Das setzt aber voraus, dass der Auftragnehmer das Recht hat, zumindest Einsicht in diese Unternehmerablaufplanung zu erhalten. 54

## C. VOB – Regeln und Bauzeit

Die VOB geht mit der Bauzeit entschieden sorgfältiger und praxisnäher um als das BGB.[105] In Ergänzung zu § 271 BGB hatte sich das **Werkvertragsrecht** des BGB noch bis 31. 12. 2002 in § 636 mit Fragen der verspäteten Herstellung befasst, aber die Bewältigung von Ablaufstörungen, deren Grund in unterlassenen oder nicht zeitgerechten Mitwirkungsmaßnahmen des Auftraggebers der sachgerechten Anwendung der Verzögerungs- und Verzugsvorschriften überlassen. Das führte wegen der in § 636 BGB a. F. durch Verweis auf § 634 BGB a. F. getroffenen Regelung zwar nicht zum Verzicht des Auftraggebers auf Eingriffsmaßnahmen schon während des Bauablaufs; das vom BGB verfolgte Konzept entsprach aber in vielerlei Weise **nicht** den Realitäten des Bauens.[106] Seit 1. 1. 2002 schweigt das Werkvertragsrecht zu Zeitstörungen vollständig. Die Regelung findet sich nur noch im allgemeinen Schuldrecht, §§ 280 Abs. 2, 286; 281 Abs. 1; 323 BGB. 55

### I. Die Schwächen des BGB

Die Schwächen des BGB beginnen bereits bei der **Leistungszeit.** Denn fehlt eine vertragliche Leistungszeitbestimmung, können nach § 271 Abs. 1 BGB nur die Umstände dazu führen, dass der Gläubiger die Leistung nicht sofort verlangen und der Schuldner sie nicht sofort bewirken kann. Beim Bauvertrag ergibt sich aus der Natur des Schuldverhältnisses und der Beschaffenheit der Unternehmerleistung, dass diese nur im fachlich-technischen wie auch zeitlichen Kontext anderer Baubeteiligter erbracht werden kann, was das Vorliegen der verschiedensten Vorleistungen sowohl der Planer als auch anderer Unternehmer voraussetzt.[107] 56

Aus diesem Abhängigkeitsverhältnis zieht weder § 271 BGB noch das Werkvertragsrecht Konsequenzen für eine abweichende Leistungszeitbestimmung; **Störungstatbestände** werden 57

---

[102] *Olshausen* FS Korbion S. 323, 329; *Langen/Schiffers* Bauplanung und Bauausführung Rdn. 38–42.
[103] *Olshausen* FS Korbion S. 323, 329.
[104] → § 5 Nr. 3 Rdn. 8 ff.; 15.
[105] *Vygen/Schubert/Lang* Rdn. 10 ff.; *Daub/Piel/Soergel/Steffani* ErlZ A 11.1.
[106] *Daub/Piel/Soergel/Steffani* ErlZ A 11.5; *Vygen/Schubert/Lang* Rdn. 10 ff.
[107] *Kühne* BB 1988, 713; BGH NJW 1974, 1080; *Daub/Piel/Soergel/Steffani* ErlZ A 11.5.

den allein über Verzugsregeln abgewickelt. Fristverlängerungen, wie sie § 6 VOB/B unter bestimmten Umständen voraussieht, lassen sich weder aus § 271 BGB noch aus §§ 281 Abs. 1, 323 Abs. 1 BGB ableiten.

**58** § 636 Abs. 1 BGB a. F. ermöglichte zwar mit dem Verweis auf **§ 634 Abs. 1 Satz 2 BGB** a. F. dem Auftraggeber auch schon im Verlauf der Baumaßnahme Eingriffe durch die Möglichkeit zur Fristsetzung. Damit setzte die Regelung des BGB nicht erst am eingetretenen Störungsfall ein, sondern hatte durchaus die drohende Nichteinhaltung der Leistungszeit im Auge.[108] Aber die in § 634 Abs. 1 Satz 2 BGB a. F. enthaltene Regelung war nicht praxisgerecht. Hieran hat sich in Folge der Schuldrechtsreform seit 1. 1. 2002 Wesentliches nicht geändert. Die Fristsetzung bestimmt sich nach § 323 BGB und führt zum Rücktritt. Allerdings braucht nach § 323 Abs. 4 BGB nicht bis zum Eintritt der Fälligkeit zu warten, sondern der Rücktritt kann schon zuvor erklärt werden, wenn offensichtlich ist, dass die Voraussetzungen des Rücktritts eintreten werden. Wenn dies auch im Vergleich zum bisherigen Rechtszustand die Effektivität steigert, ist die Regelung in § 5 Nr. 4 VOB/B entscheidend praxisnäher; diese knüpft nämlich schon daran an, dass der Auftragnehmer der mit Recht beanstandeten Baustellenförderung nicht nachkommt. Der Rücktritt führt wegen der wertezerstörenden Rückabwicklung nach §§ 346 ff. BGB nicht zu angemessenen Rechtsfolgen.[109] Hat der Unternehmer die Baustelle nicht ausreichend mit Gerät und Personal beschickt, ist die bloße Fristsetzung untauglich. Fristsetzungen für die Arbeitsaufnahme oder die Beendigung der Bauleistung sind unpraktikabel, wenn dem Auftraggeber wegen schleppender Bauweise, die der Unternehmer nicht abzustellen gedenkt, nicht zumutbar ist, bis zum Ablauf der für die Beendigung gesetzten Frist zuzuwarten. § 5 Nr. 3 i. V. m. Nr. 4 VOB/B bietet die sachgerechte Alternative: Der Auftraggeber kann eine Frist für die **Intensivierung der Baustellenbesetzung** setzen und bei Ausbleiben der Änderung durch Kündigung die Konsequenzen ziehen. Diesen Weg bot § 636 Abs. 1 BGB a. F. trotz der Verweisung auf § 634 Abs. 1 Satz 2 BGH a. F. nicht. Durch § 323 Abs. 4 BGB n. F. ist insofern eine Änderung eingetreten, als der Auftraggeber bereits vor dem Eintritt der Fälligkeit der Leistung zurücktreten kann, wenn offensichtlich ist, dass die Voraussetzungen des Rücktritts eintreten werden. Das hat die Rücktrittsmöglichkeit im Vergleich zum Rechtszustand vor dem 1. 1. 2002 effizienter gemacht, das Niveau des § 5 Nr. 3, 4 VOB/B wird dennoch nicht erreicht, weil diese Regelung die Kündigungsmöglichkeit bei Beginnverzögerung oder der nicht ordnungsgemäßen Beschickung der Baustelle eröffnet. Eine Prognoseentscheidung, ob der Auftragnehmer die gesetzte Frist zur Erbringung der Leistung einhalten wird, erübrigt sich damit.

**59** Mit den Verzugsregeln nach §§ 280 Abs. 2, 281, 288 BGB wird lediglich die Anspruchssituation des Auftraggebers erfasst. Eine Mehrkosten- oder Schadensersatzregelung zu Gunsten des Unternehmers bei **Behinderungen und Bauzeitverlängerungen** fehlt.[110] § 642 BGB gleicht dies nicht aus. Zwar geht der Entschädigungsanspruch über den Aufwendungsersatzanspruch nach § 304 BGB hinaus und soll den Unternehmer dafür entschädigen, dass er Arbeitskräfte, Geräte und Kapital bereit gehalten hat und seine zeitliche Disposition durchkreuzt wird.[111] Der Anspruch beinhaltet aber nicht vollen Schadensersatz und kann auch mit dem Schadensersatzanspruch nach § 6 Nr. 6 VOB/B nicht verglichen werden.[112] Gemäß § 642 Abs. 2 BGB bestimmt sich die Höhe der Entschädigung nach der Dauer des Verzugs und der Höhe der vereinbarten Vergütung, wie auch danach, was der Unternehmer in Folge des Verzugs an Aufwendungen erspart oder durch anderweitige Verwendung seiner Arbeitskraft erwerben kann.

---

[108] MünchKomm/*Soergel* 3. Aufl., § 636 Rdn. 12.
[109] *Vygen/Schubert/Lang* Rdn. 11.
[110] *Vygen/Schubert/Lang* Rdn. 12.
[111] So Palandt/*Sprau* § 642 Rdn. 5.
[112] MünchKomm/*Busche* § 642 Rdn. 16, 17; 27.

## II. Die Stärken der VOB

Die Stärken der VOB finden im Teil A wie auch im Teil B ihren Ausdruck. Der Teil A der **60** VOB hat allerdings lediglich in dem durch §§ 97, 102, 127 GWB und § 6 VgV vorgegebenen Rahmen für die öffentlichen Auftraggeber jenseits der in § 2 VgV aus §§ 1 a und 1 b VOB/A vorgegebenen Schwellenwerte bindende Rechtsqualität erhalten. Das dort enthaltene Kaskadenprinzip weist für Aufträge jenseits der Schwellenwerte (5 Millionen Euro für Bauaufträge) der VOB/A 2. Abschnitt Rechtssatzqualität zu. Denn § 127 GWB ermächtigt die Bundesregierung zum Erlass der Vergabeverordnung und diese verweist ihrerseits in § 6 VgV auf eine ganz bestimmte Ausgabe des Abschnitts 2 der VOB/A. Diese so begründete Rechtssatzqualität[113] ändert jedoch nichts daran, dass die VOB/A bei Vergaben unterhalt der Schwellenwerte nach § 2 VgV und §§ 1 a und 1 b VOB/A keine Rechtssatzqualität aufweist.[114] Auch dann, wenn die öffentliche Hand gehalten ist, die VOB/A zu beachten, handelt es sich insoweit lediglich um eine innerdienstliche Verwaltungsvorschrift, die unmittelbare Rechtswirkungen im Außenverhältnis nicht zu begründen vermag.[115] Der 1. Abschnitt der VOB/A, der für Vergaben unterhalb der Schwellenwerte gilt, hat demnach keine unmittelbaren Auswirkungen auf das Vertragsverhältnis der Bauvertragsparteien, auch wenn die öffentliche Hand innerdienstlich gehalten ist, deren Regelungen zu beachten, oder wenn ein privater Auftraggeber sich in seinem Ausschreibungsverhalten an der VOB/A ausrichtet. Die VOB/A enthält im Abschnitt 1 kein zwingendes Vertragsrecht in der Weise, dass an die Stelle der getroffenen Vereinbarungen die Regelungen der VOB/A treten. Das trifft auch auf solche Vorschriften der VOB/A zu, die dem Schutz eines Bieters dienen sollen.[116]

### 1. §§ 10, 11 VOB/A und der öffentliche Auftraggeber

Der öffentliche Auftraggeber ist bei Vergaben unterhalb der Schwellenwerte nach § 2 **61** VgV behördenintern auf Grund von Verwaltungsvorschriften gehalten, die in §§ 10, 11 VOB/A enthaltenen Empfehlungen hinsichtlich der Ausführungsfristen einzuhalten.[117] Danach sind die Ausführungsfristen ausreichend zu bemessen und die Jahreszeit, Arbeitsbedingungen und etwaige besondere Schwierigkeiten sind zu berücksichtigen: Für die Bauvorbereitung ist dem Auftragnehmer genügend Zeit zu lassen. § 11 VOB/A greift sämtliche in § 5 VOB/B als Vertragsnorm enthaltenen Problemstellen in gleicher Weise auf und nimmt begriffliche Festlegungen vor. Nach § 10 Nr. 4 Abs. 1 lit. d VOB/A sollen soweit erforderlich die Ausführungsfristen in den Verdingungsunterlagen geregelt werden. Das geht über den für den öffentlichen Auftraggeber bedeutsamen Anwendungsbereich weit hinaus und beeinflusst als Auslegungshorizont die Anwendung des § 5 VOB/B allgemein.

Schreibt ein privater Auftraggeber nach den Regeln der VOB/A im offenen Verfahren **62** (öffentliche Ausschreibung nach § 3 Nr. 1 VOB/A) aus, begründet er im Verhältnis zu den Bietern grundsätzlich einen Vertrauenstatbetand und verspricht die Beachtung der in VOB/A enthaltenen Regeln.[118]

---

[113] Vgl. noch zum Vergaberechtsänderungsgesetz BGH U. v. 17. 2. 1999, X ZR 101/97, NJW 2000, 137 = BauR 1999, 736, 738.
[114] BGH U. v. 30. 3. 2006, VII ZR 44/05, NJW 2006, 2555 = NZBau 2006, 504 = BauR 2006, 1128.1130 = ZfBR 2006, 465.
[115] BGH U. v. 30. 3. 2006, VII ZR 44/05, NJW 2006, 2555 = NZBau 2006, 504 = BauR 2006, 1128.1130 = ZfBR 2006, 465; BGH U. v. 21. 11. 1991, VII ZR 203/90, BGHZ 116, 149, 151 = NJW 1992, 827 = BauR 1992, 221; BGH U. v. 27. 6. 1996, VII ZR 59/95, NJW 1997, 61 = BauR 1997, 126.
[116] BGH U. v. 30. 3. 2006, VII ZR 44/05, NJW 2006, 2555 = NZBau 2006, 504 = BauR 2006, 1128.1130 = ZfBR 2006, 465; BGH U. v. 11. 11. 1993, VII ZR 47/93, BGHZ 124, 64, 69 = NJW 1994, 850 = BauR 1994, 236.
[117] BGH U. v. 30. 3. 2006, VII ZR 44/05, NJW 2006, 2555 = NZBau 2006, 504 = BauR 2005, 1128; 1130; BGH U. v. 21. 11. 1991, VII ZR 203/90, BGHZ 116, 149 = NJW 1992, 827 = ZfBR 1992, 67 = BauR 1992, 221; *Ingenstau/Korbion/Vygen* Einl. Rdn. 45.
[118] Vgl. OLG Düsseldorf BauR 2000, 149; OLG Köln BauR 1994, 100; *Dähne* BauR 1999, 289 ff.; kritisch *Quack* BauR 2003, 1290.

## 2. Vorprägungen durch §§ 10, 11 VOB/A

**63** § 5 VOB/B setzt die Vereinbarung von Vertragsfristen voraus, die bei der Ausführung der Arbeiten zu beachten sind. Ob derartige Ausführungsfristen zu vereinbaren und nach welchen Kriterien sie zu bestimmen sind, kann nicht der VOB/B entnommen werden. Die entsprechenden Empfehlungen spricht die VOB/A in § 10 und § 11 aus.

**64** Nach § 10 Nr. 4 Abs. 1 lit. d VOB/A sollen in den Zusätzlichen Vertragsbedingungen oder in den Besonderen Vertragsbedingungen, soweit erforderlich, **Ausführungsfristen** nach § 11 VOB/A und § 5 VOB/B geregelt werden. Im Anschreiben (Aufforderung zur Angebotsabgabe) gem. § 10 Nr. 1 Abs. 1 lit. a VOB/A sind insbesondere etwaige Bestimmungen über die Ausführungszeit anzugeben (§ 10 Nr. 5 Abs. 2 lit. b VOB/A). Die Ausführungszeit und die Ausführungsfristen sind zu unterscheiden; mit der **Ausführungszeit** sollen lediglich Anhaltspunkte geliefert werden, in welchem Jahr und in welcher Jahreszeit mit der Ausführung der Arbeiten zu rechnen ist.[119] Einzelfristen im Sinne der Ausführungsfristen sind darunter nicht zu verstehen.

**65** Diese **Ausführungsfristen** greift § 10 Nr. 4 Abs. 1 lit. d VOB/A auf und fordert deren Angabe in den Zusätzlichen oder Besonderen Vertragsbedingungen, soweit dies für erforderlich gehalten wird. Da sowohl das Angebotsschreiben, in welchem die Angabe der Ausführungszeit erwartet wird, als auch die Zusätzlichen oder Besonderen Vertragsbedingungen nach § 10 Nr. 1 Abs. 1 VOB/A zu den Vergabeunterlagen zählen, macht die Differenzierung zwischen Ausführungszeit und Ausführungsfristen keinen Sinn, wenn im Zuge der Ausschreibung bereits Ausführungsfristen benannt werden. Die Aufforderung zur Abgabe eines Angebots (Anschreiben) nach dem Muster des **Vergabehandbuchs** (Fassung 2006) für die Durchführung von Bauaufgaben des Bundes im Zuständigkeitsbereich der Finanzverwaltungen (EVM (B) A) enthält wohl deshalb auch keine Angaben zur Ausführungszeit. Dagegen benennt das Muster EVM (B) BVB (Besondere Vertragsbedingungen) desselben Handbuchs in Ziff. 1.1 konkretisierungsfähige Festlegungen zum Ausführungsbeginn sowie zum Fertigstellungsende und die Ziff. 1.2 enthält Aussagen zu Vertragsfristen hinsichtlich Ausführungsbeginn sowie Vollendung und führt die Möglichkeit zur Bestimmung von Einzelfristen als Vertragsfristen an.

**66** Nach **Weiteren Besonderen Vertragsbedingungen** (WBVB) in der Anlage zur Richtlinie zu § 10 VOB/A des Vergabehandbuchs (VHB, Ausgabe 2002), dort T 2 (13), wird als eine zusätzliche Möglichkeit vorgesehen, dem Auftragnehmer die Erstellung eines **Baufristenplanes** für seine vertraglichen Leistungen aufzuerlegen, anhand dessen die Einhaltung der Vertragsfristen nachgewiesen und überwacht werden kann. Dabei sind die Festlegungen des Auftraggebers, z. B. zur baufachlichen oder terminlichen Koordinierung mit den übrigen Leistungsbereichen zu berücksichtigen. Der Plan ist bei Änderungen zu überarbeiten und dem Auftraggeber zu übergeben.

**67** Im Übrigen sind § 11 VOB/A folgende Vorprägungen zu entnehmen:
– Die Vorschrift geht von der vertraglichen Festlegung bestimmter Ausführungsfristen aus.
– Diese Ausführungsfristen nach der Nr. 1 der Bestimmung stehen im Gegensatz zu den Einzelfristen nach der Nr. 2. Diese **Einzelfristen** haben Bezug zu Leistungsteilen, woraus für die Ausführungsfrist der Schluss zu ziehen ist, dass sie die gesamte vertraglich übernommene Leistung betrifft.
– Wird keine Frist für den Beginn der Ausführung vorgesehen, muss eine ausreichende Frist für die Abgabe der Aufforderungserklärung vorgesehen werden, damit sich der Auftragnehmer in seiner Disposition darauf einstellen kann.
– Wird ein **Bauzeitenplan** aufgestellt, sollen nur die für den Fortgang der Gesamtarbeit besonders wichtigen Einzelfristen als vertraglich verbindliche Fristen (Vertragsfristen) bezeichnet werden. Einzelfristen sind deshalb grundsätzlich keine Vertragsfristen.

---

[119] *Ingenstau/Korbion/Kratzenberg* A § 10 Rdn. 55; aA. *Heiermann/Riedel/Rusam* VOB, A, § 10 Rdn. 8; *Franke/Kemper/Janner/Grünhagen* VOB, A, § 10 Rdn. 15: Diese Autoren fordern die Angabe eines bestimmten Ausführungszeitraumes; *Kapellmann/Messerschmidt/von Rintelen* VOB, 1. Aufl., § 10 Rdn. 30 fordern eine genauere Angabe nur dann, wenn die Ausführungszeit bereits feststeht.

C. VOB – Regeln und Bauzeit                                                              Vor § 5

- Die vertraglich verbindlichen Fristen sind von den unverbindlichen Fristen abzugrenzen. Diese Fristendifferenzierung ermöglicht, je nach den Erfordernissen, dem Unternehmer im Rahmen der ihm nach § 4 Nr. 2 VOB/B zukommenden Disposition ausreichend Spielraum und Flexibilität einzuräumen.

Im Übrigen gibt die Regelung Empfehlungen, unter welchen Voraussetzungen Einzelfristen für in sich abgeschlossene Leistungsteile bestimmt werden sollen. 68

### 3. §§ 10, 11 VOB/A und der private Auftraggeber

Wenn der Abschnitt 1 der VOB (VOB/A) mangels seiner Rechtsnormenqualität auch grundsätzlich **keinen klagbaren Anspruch** auf Einhaltung einräumt,[120] und sich als innerdienstliche Verwaltungsvorschrift nur an den öffentlichen Auftraggeber wendet,[121] so enthält die VOB/A doch auch wesentliche materielle Inhalte, die für den privaten Auftraggeber in gleicher Weise bedeutsam sind. Denn entschließt sich der private Auftraggeber zur Ausschreibung der Bauleistungen und bedient er sich hierfür eines Architekten, hat dieser die in § 15 Abs. 2 Nr. 7 HOAI beschriebenen Grundleistungen zu erbringen. Dazu zählt das Zusammenstellen der Verdingungsunterlagen für alle Leistungsbereiche als erste Grundleistung. Was unter diesen Verdingungsunterlagen zu verstehen ist, beschreibt § 10 Nr. 1 Abs. 1 VOB/A unter Verwendung des Begriffs **Vergabeunterlagen,** worunter das Anschreiben und die Verdingungsunterlagen gem. § 9 VOB/A (Leistungsbeschreibung) wie auch die Zusätzlichen und Besonderen Vertragsbedingungen fallen (§ 10 Nr. 4 VOB/A). Inhaltlich haben sich die von einem privaten Nachfrager von Bauleistungen aufgestellten Verdingungsunterlagen ebenfalls an den Anforderungen der VOB/A auszurichten. Da ein Bewerber auch außerhalb der Vergabe öffentlicher Bauaufträge wissen muss, wann mit der Ausführung zu rechnen ist und welche Ausführungszeit zur Verfügung steht, um den Auftrag im Rahmen der gesamtbetrieblichen Disposition einordnen und auch sachgerecht kalkulieren zu können,[122] ist der private Nachfrager von Bauleistungen in derselben Weise wie der öffentliche Auftraggeber gehalten, in den Vergabeunterlagen Angaben über die in Betracht kommenden Ausführungsfristen zu machen. 69

Zudem besteht zwischen dem Teil B und dem Teil A der VOB ein **Ergänzungsverhältnis.**[123] Die VOB/A umschreibt zahlreiche Begriffe, die inhaltlich für auf der Grundlage der VOB/B geschlossene Bauverträge maßgeblich sind.[124] Dazu zählen nicht nur § 5, § 9 und § 10 VOB/A, sondern auch § 11 VOB/A, der seinerseits mehrfach auf § 5 VOB/B verweist. Dass die VOB/B ihrerseits eine Bezugnahme auf Bestimmungen der VOB/A vermeidet, schließt das Ergänzungsverhältnis nicht aus. Dieses wird auch dadurch bestätigt, dass die VOB aus drei Teilen besteht und Teil A die „Allgemeinen Bestimmungen für die Vergabe von Bauleistungen" beinhaltet. 70

Schreibt ein privater Auftraggeber nach den Regeln der VOB/A im offenen Verfahren (öffentliche Ausschreibung nach § 3 Nr. 1 VOB/A) aus, begründet er im Verhältnis zu den Bietern grundsätzlich einen Vertrauenstatbestand und verspricht die Beachtung der in VOB/A enthaltenen Regeln.[125] 71

Wenn es auch dem **privaten Auftraggeber** freigestellt ist, sich bei der Vergabe von Bauleistungen von den Bestimmungen der VOB/A leiten zu lassen, gewinnt der Bieter anhand des Regelungsinhalts der VOB/A sowohl bei Ausschreibungen durch die öffentliche Hand als auch den privaten Auftraggeber einen Maßstab für die Beurteilung der ihm nach 72

---

[120] *Ingenstau/Korbion/Vygen* Einl. Rdn. 41.
[121] BGH U. v. 30. 3. 2006, VII ZR 44/05, NJW 2006, 2555 = NZBau 2005, 504 = BauR 2006, 1128, 1130.
[122] Vgl. *Heiermann/Riedl/Rusam* VOB/A § 10 Rdn. 8.
[123] → Syst I Rdn. 17 ff.
[124] *Heiermann/Riedl/Rusam* Einl. Rdn. 9; *Kaiser* Mängelhaftung Rdn. 7 d.
[125] Vgl. OLG Düsseldorf BauR 2000, 149; OLG Köln BauR 1994, 100; *Dähne* BauR 1999, 289 ff.; kritisch *Quack* BauR 2003, 1290.

den Vergabeunterlagen zugedachten Risiken.[126] Dieser Aspekt lässt sich unabhängig davon entwickeln, dass dem Teil A der VOB unterhalb der Schwellenwerte ein klagbarer Anspruch auf Einhaltung der Vergabevorschriften nicht entnommen werden kann.[127] Dabei ist auch bedeutungslos, ob sich der private Auftraggeber ausdrücklich oder nach den Umständen erkennbar im Einvernehmen mit den Bietern den Regeln des Teiles A der VOB **unterworfen** hat.[128]

**73** Der BGH[129] steht auf dem Standpunkt, dass trotz der fehlenden Rechtssatzqualität des Abschnitts der VOB/A bei Vergaben der öffentlichen Hand unterhalb der Schwellenwerte, die VOB/A dann, wenn sie zur Grundlage einer Ausschreibung gemacht wird, mittelbar Rechtswirkungen zu begründen vermag. Dazu gehört z. B. die Rechtsfigur des Verschuldens bei Vertragsverhandlungen.[130] Im Einzelfall können die vergaberechtlichen Bestimmungen auch als Ausprägung des Grundsatzes von Treu und Glauben verstanden werden.[131] *Quack*[132] vertritt den Standpunkt, die Wirkung der VOB/A beruhe nicht auf der Geltung als Rechtsnorm oder als Rechtsprinzip, sondern allein auf der normativen Wertung der Vertragserklärungen der Beteiligten nach allgemeinen Grundsätzen der Rechtsgeschäftslehre. Abgesehen davon, dass keineswegs gesichert ist, unter welchen Voraussetzungen konkret davon gesprochen werden kann, die VOB/A sei zur Grundlage der Ausschreibung gemacht worden,[133] stellt sich die Frage, ob die Geltung der gesamten VOB/A erforderlich ist. Soweit der BGH bereit ist, im Einzelfall die vergaberechtlichen Bestimmungen als Ausprägung des Grundsatzes von Treu und Glauben zu verstehen, wird es im Übrigen nicht darauf ankommen, ob die VOB/A zur Grundlage der Ausschreibung gemacht worden ist.

**74** Soweit der Teil A materiellen Gehalt hat[134] und Anforderungen an den Nachfrager der Bauleistungen stellt, konkretisiert das Regelwerk allgemein gültige Grundsätze, deren Einhaltung dem Auftraggeber im Interesse des Gelingens des Bauwerks generell anzuraten und unabhängig davon ist, ob die VOB/A zur Grundlage einer Ausschreibung gemacht worden ist. Diese allgemeinen Grundsätze können gerade ausweislich der in § 11 VOB/A niedergelegten Regeln für die Ausführungsfristen nicht nur Ansprüche aus Verschulden bei Vertragshandlungen konkretisieren,[135] sondern sind geeignet, bei Verschulden den Tatbestand der **positiven Forderungsverletzung** (jetzt § 280 Abs. 1 BGB) auszufüllen. Denn legt der Ausschreibende seiner Bauzeitplanung unrealistische, nämlich optimale und im realen Baugeschehen kaum einzuhaltende Zeitvorgaben zu Grunde, liegt bei Einschaltung eines Planers ein schuldhafter Planungsfehler oder Koordinierungsfehler vor, der im Verhältnis zum Unternehmer auf der Grundlage einer positiven Vertragsverletzung Schadensersatzansprüche nach § 6 Nr. 6 VOB/B rechtfertigt.[136] § 11 VOB/A konkretisiert in anderen Rechtsbeziehungen, z. B. im Planervertrag nach § 15 Abs. 2 Nr. 5, 6 HOAI, begründete Pflichten. Dasselbe gilt auch **ohne Planereinsatz,** da sich dann der Vorwurf unmittelbar und nicht auf dem Umweg über § 278 BGB (Planer als Erfüllungsgehilfe des Auftraggebers) gegen den Auftraggeber wendet, dessen Aufgabe nach § 4 Nr. 1 VOB/B die fachliche und zeitliche

---

[126] → Syst I Rdn. 56 ff.
[127] *Korbion/Hochstein/Keldungs* Rdn. 30 ff.; *Kaiser* Mängelhaftung Rdn. 7 a; *Ingenstau/Korbion/Vygen* Einl. Rdn. 41; OLG Stuttgart BauR 1976, 435.
[128] So aber OLG Köln BauR 1994, 100.
[129] BGH U. v. 30. 3. 2006, VII ZR 44/05, NJW 2006, 2555 = NZBau 2006, 504 = BauR 2006, 1128.1130 = ZfBR 1006, 465; BGH U. v. 21. 11. 1991, VII ZR 203/90, BGHZ 116, 149, 151 = NJW 1992, 827 = BauR 1992, 221.
[130] BGH U. v. 8. 9. 1998, X ZR 48/97, NJW 1998, 3636 = BauR 1998, 1231 = ZfBR 1998, 20.
[131] BGH U. v. 21. 11. 1991, VII ZR 203/90, BGHZ 116, 149, 151 = NJW 1992, 827 = BauR 1992, 221.
[132] BauR 1998, 381, 384.
[133] OLG Köln BauR 1994, 100 fordert eine ausdrückliche oder nach den Umständen eindeutige Vereinbarung.
[134] *Ingenstau/Korbion/Vygen* Einl. Rdn. 43.
[135] Dazu vor allem BGH BauR 1994, 236, 238 = NJW 1994, 850; BauR 1993, 214; BauR 1992, 759 = NJW-RR 1992, 1046; BauR 1991, 478; vgl. auch *Drittler* BauR 1994, 451; *Cuypers* BauR 1994, 426.
[136] OLG Köln NJW 1986, 71.

C. VOB – Regeln und Bauzeit   Vor § 5

Koordinierung ist.[137] Die Aufstellung eines realistischen und aussagekräftigen Bauzeitenplanes, aus dem sich die Ausführungsfristen für die Unternehmerleistungen ergeben, ist probates Mittel, um dieser Aufgabe gerecht zu werden.[138]

### 4. Grenzen der Maßstabsbildung und des Ergänzungsverhältnisses

Dieses Ergänzungsverhältnis wie auch der ableitbare Anforderungskatalog kennen allerdings auch ihre **Grenzen,** was gerade hinsichtlich der Beziehung zwischen § 11 VOB/A einerseits und § 5 VOB/B andererseits gilt. Denn beachtet der Ausschreibende den Anforderungskatalog hinsichtlich der Bemessung der Ausführungsfristen nach Maßgabe der jahreszeitlichen Anforderungen, den Arbeitsbedingungen und etwaigen besonderen Schwierigkeiten bei der Ausführung nicht, kann mangels Rechtsnormenqualität der VOB/A bei Vergaben unterhalb der Schwellenwerte (§ 2 VgV: 5 Millionen Euro) hierauf eine Klage auf Einhaltung des § 11 Nr. 1 Abs. 1 VOB/A nicht gestützt werden.[139] Die VOB/A weist bei Vergaben unterhalb der Schwellenwerte nach § 2 VgV und §§ 1 a und 1 b VOB/A keine Rechtssatzqualität auf.[140] Auch dann, wenn die öffentliche Hand gehalten ist, die VOB/A zu beachten, handelt es sich insoweit lediglich um eine innerdienstliche Verwaltungsvorschrift, die unmittelbare Rechtswirkungen im Außenverhältnis nicht zu begründen vermag.[141] Der 1. Abschnitt der VOB/A, der für Vergaben unterhalb der Schwellenwerte gilt, hat demnach keine unmittelbaren Auswirkungen auf das Vertragsverhältnis der Bauvertragsparteien, auch wenn die öffentliche Hand innerdienstlich gehalten ist, deren Regelungen zu beachten, oder wenn ein privater Auftraggeber sich in seinem Ausschreibungsverhalten an der VOB/A ausrichtet. Die VOB/A enthält im Abschnitt 1 kein zwingendes Vertragsrecht in der Weise, dass an die Stelle der getroffenen Vereinbarungen die Regelungen der VOB/A treten. Das trifft auch auf solche Vorschriften der VOB/A zu, die dem Schutz eines Bieters dienen sollen.[142] Der BGH[143] steht aber auf dem Standpunkt, dass trotz der fehlenden Rechtssatzqualität des Abschnitts der VOB/A bei Vergaben der öffentlichen Hand unterhalb der Schwellenwerte, die VOB/A dann, wenn sie zur Grundlage einer Ausschreibung gemacht wird, mittelbar Rechtswirkungen zu begründen vermag. Dazu gehört z. B. die Rechtsfigur des Verschuldens bei Vertragsverhandlungen.[144]

75

Ein Schadensersatzanspruch wegen Verschuldens bei Vertragsverhandlungen scheitert aber nicht nur daran, dass das Vertrauen in die Einhaltung der VOB/A-Anforderungen regelmäßig **nicht schützenswert** sein wird,[145] sondern auch deshalb, weil der Unternehmer gehalten ist, im Rahmen der Angebotsabgabe das Leistungsvolumen und damit die Kapazitätsanforderungen zu ermitteln und zu überprüfen, ob das Leistungssoll innerhalb der vorgegebenen Ausführungsfristen von ihm erbracht werden kann. Der Bieter hat die in den Verdingungsunterlagen vorgegebene Bauzeit mit den einschlägigen Produktionsfunktionen daraufhin zu prüfen, ob und wie ein sinnvoller Arbeitseinsatz und -ablauf innerhalb des

76

---

[137] → § 4 Nr. 1 Rdn. 41.
[138] *Heiermann/Riedl/Rusam* VOB/B § 4 Rdn. 7; → § 4 Nr. 1 Rdn. 44 ff.
[139] *Korbion/Hochstein* Rdn. 19: *Ingenstau/Korbion/Vygen* Einl. Rdn. 41.
[140] BGH U. v. 30. 3. 2006, VII ZR 44/05, NJW 2006, 2555 = NZBau 2006, 504 = BauR 2006, 1128.1130 = ZfBR 2006, 465.
[141] BGH U. v. 30. 3. 2006, VII ZR 44/05, NJW 2006, 2555 = NZBau 2006, 504 = BauR 2006, 1128.1130 = ZfBR 2006, 465; BGH U. v. 21. 11. 1991, VII ZR 203/90, BGHZ 116, 149, 151 = NJW 1992, 827 = BauR 1992, 221; BGH U. v. 27. 6. 1996, VII ZR 59/95, NJW 1997, 61 = BauR 1997, 126.
[142] BGH U. v. 30. 3. 2006, VII ZR 44/05, NJW 2006, 2555 = NZBau 2006, 504 = BauR 2006, 1128.1130 = ZfBR 2006, 465; BGH U. v. 11. 11. 1993, VII ZR 47/93, BGHZ 124, 64, 69 = NJW 1994, 850 = BauR 1994, 236.
[143] BGH U. v. 30. 3. 2006, VII ZR 44/05, NJW 2006, 2555 = NZBau 2006, 504 = BauR 2006, 1128.1130 = ZfBR 2006, 465; BGH U. v. 21. 11. 1991, VII ZR 203/90, BGHZ 116, 149, 151 = NJW 1992, 827= BauR 1992, 221.
[144] BGH U. v. 8. 9. 1998, X ZR 48/97, NJW 1998, 3636 = BauR 1998, 1231 = ZfBR 1998, 20; BGB U. v. 21. 11. 1991, VII ZR 2003/90, BGHZ 116, 149 = NJW 1992, 827 = BauR 1992, 221, 222 ZfBR 1992, 67.
[145] Dazu BGH BauR 1994, 236, 238 = NJW 1994, 850 = ZfBR 1994, 115.

unteren und des oberen Grenzwerts erreichbar ist.[146] Wenn auch im Rahmen der Angebotskalkulation vom Bieter der Bauablauf und die Baustelleneinrichtung nur grob geplant werden, müssen dennoch schon bei dieser **Bieter-Grobplanung** für die Hauptleistung die kostengünstigsten Produktionsverfahren und die dafür erforderliche Baustelleneinrichtung bestimmt werden,[147] was den haftungsbegründenden Vorwurf an den Nachfrager und späteren Auftraggeber, die Bauzeit angemessen nicht vorgegeben zu haben, ausschließt. Im VHB wird der Bieter durch die einheitlichen Formblätter (EFB)-Preis 1 b im Rahmen der Ermittlung der Angebotssumme angehalten, die Gesamtstunden für die zu vergebende Leistung zu ermitteln. Denn das Formular EFB-Preis 1 b verlangt die Angabe der eigenen Lohnkosten durch die Bekanntgabe des Kalkulationslohns multipliziert mit den Gesamtstunden.

**77** Unzulänglich bemessene Ausführungsfristen begründen unabhängig von der Rechtsqualität des § 11 VOB/A[148] nicht die **Anwendbarkeit von § 134 BGB**[149] und führen nicht zur Nichtigkeit der vertraglichen Fristenregelung. Die VOB/A weist bei Vergaben unterhalb der Schwellenwerte nach § 2 VgV und §§ 1 a und 1 b VOB/A keine Rechtssatzqualität auf.[150] Auch dann, wenn die öffentliche Hand gehalten ist, die VOB/A zu beachten, handelt es sich insoweit lediglich um eine innerdienstliche Verwaltungsvorschrift, die unmittelbare Rechtswirkungen im Außenverhältnis nicht zu begründen vermag.[151] Die VOB/A enthält im Abschnitt 1 kein zwingendes Vertragsrecht in der Weise, dass an die Stelle der getroffenen Vereinbarungen die Regelungen der VOB/A treten. Das trifft auch auf solche Vorschriften der VOB/A zu, die dem Schutz eines Bieters dienen sollen.[152]

**78** Auch wenn § 11 VOB/A bei Vergaben ab einem Schwellenwert von 5 Millionen Euro nach § 97 Abs. 6 GWB, § 6 VgV Rechtsnormqualität aufweist, wirkt die Bestimmung nicht i. S. v. von § 134 BGB als ein gesetzliches Verbot mit Nichtigkeitsfolge für zu knapp bemessene Fristen. Entscheidend ist nämlich, ob das Gesetz sich nicht nur gegen den Abschluss wendet, sondern auch gegen seine privatrechtliche Wirksamkeit und damit gegen seinen wirtschaftlichen Erfolg.[153] Da sich der Bieter bei der Angebotsabgabe mit der Frist konkret auseinandersetzt, ist die Anwendbarkeit des § 134 BGB nicht geboten. Derjenige, der sich in Kenntnis einer zu knapp bemessenen Frist auf diese eingelassen und bei der Kalkulation des Angebots die zu kurze Frist notwendig bei der Bemessung der Baustellebeschickung berücksichtigt hat, bedarf des Schutzes durch § 134 BGB nicht. Als Rechtsvorschrift mag § 11 VOB/A geeignet sein, Vergaberechtsschutz zu begründen,[154] ein vertragsrechtlicher Stellenwert über § 134 BGB kommt ihr jedoch nicht zu. Wenn ihre Zielrichtung der Rechtsschutz im Vergabeverfahren ist, was § 97 VII GWB, § 6 VgV so bewirken, ist diese Rechtsfolgenseite mit dem Abschluss des Bauvertrags überholt und damit auch erschöpft.

---

[146] Schriftenreihe des Bundesministers für Raumordnung, Bauwesen und Städtebau, Kostenermittlung im Hochbau durch Kalkulation von Leitpositionen – Rohbau und Ausbau –, S. 31.
[147] *Bauer* Baubetrieb S. 470.
[148] Oberhalb des Schwellenwerts von 5 Millionen Euro (§ 2 VgV) Rechtsnorm, darunter lediglich Verwaltungsvorschrift, siehe BGH U. v. 30. 3. 2006, VII ZR 44/05, NJW 2006, 2555 = NZBau 2006, 504 = BauR 2006, 1128.1130 = ZfBR 2006, 465.
[149] *Heiermann/Riedl/Rusam* A § 11 Rdn. 4.
[150] BGH U. v. 30. 3. 2006, VII ZR 44/05, NJW 2006, 2555 = NZBau 2006, 504 = BauR 2006, 1128.1130 = ZfBR 2006, 465.
[151] BGH U. v. 30. 3. 2006, VII ZR 44/05, NJW 2006, 2555 = NZBau 2006, 504 = BauR 2006, 1128.1130 = ZfBR 2006, 465; BGH U. v. 21. 11. 1991, VII ZR 203/90, BGHZ 116, 149, 151 = NJW 1992, 827 = BauR 1992, 221; BGH U. v. 27. 6. 1996, VII ZR 59/95, NJW 1997, 61 = BauR 1997, 126.
[152] BGH U. v. 30. 3. 2006, VII ZR 44/05, NJW 2006, 2555 = NZBau 2006, 504 = BauR 2006, 1128.1130 = ZfBR 2006, 465; BGH U. v. 11. 11. 1993, VII ZR 47/93, BGHZ 124, 64, 69 = NJW 1994, 850 = BauR 1994, 236.
[153] BGH U. v. 22. 10. 1998, VII ZR 99/97, NJW 1999, 51 = BauR 1999, 53 = ZfBR 1999, 93; *Kapellmann/Messerschmidt/Langen* VOB, 1. Aufl., A, § 11 Rdn. 10; a. A. *Niebuhr/Lederer* in FS Jagenburg S. 455, 471 (jedoch zu § 9 VOB/A); *Niebuhr/Kulartz/Kuo/Portz* Kommentar zum Vergaberecht, § 97 EWB Rdn. 295 ff.
[154] *Kapellmann/Messerschmidt/Langen* VOB, 1. Aufl., A, § 11 Rdn. 8; *Ingenstau/Korbin/Döring* VOB, 15. Aufl., A, § 11 Rdn. 2; kritisch Beck'scher VOB-Komm/*Motzke* VOB/A, 1. Aufl., § 11 Rdnr. 7 ff.

C. VOB – Regeln und Bauzeit                                                    Vor § 5

Bei einem öffentlichen Auftraggeber vermag auch unterhalb der Schwellenwerte die   79
Selbstbindung der Verwaltung über den Grundsatz von Treu und Glauben nicht die Unwirksamkeit zu knapper Fristen zu begründen.[155] Zwar hat der BGH[156] für die Zuschlagsfrist nach § 19 Nr. 2 VOB/A erklärt, der öffentliche Auftraggeber sei im Vergabeverfahren nach der VOB/A gemäß den Geboten von Treu und Glauben gehalten, Bindungsfristen nur aus hinreichenden und gegebenenfalls nachprüfbaren Gründen vorzusehen, was bedeute, dass keinesfalls **unangemessene** Fristen eingesetzt werden könnten. Wenn hieraus die Unwirksamkeit zu langer Fristen gefolgert wird, kann diese Wertung auf § 11 Nr. 1 VOB/A nicht übertragen werden.[157] Denn der Bieter hat im Rahmen der Angebotsabgabe wie auch der Vergabe- und Vertragsschlussverhandlungen die Möglichkeit, die terminlichen Anforderungen zu prüfen, auch die Folgen hinsichtlich der Ablaufplanung und der Betriebsdisposition zu bedenken und bei Zweifeln die Vereinbarung abzulehnen oder anderweitig zu gestalten.

Das Ergänzungsverhältnis zwischen § 11 VOB/A und § 5 VOB/B verdeutlicht § 11   80
Abs. 1 Nr. 1 Satz 2 VOB/A und § 5 Nr. 2 Satz 2 VOB/B: Die in der erstgenannten Vorschrift aufgegriffene Forderung, dem Auftragnehmer für die Bauvorbereitung genügend Zeit zu gewähren, konkretisiert § 5 Nr. 2 Satz 2 VOB/B bei Fehlen einer abweichenden vertraglichen Regelung. Die Bauvorbereitung wird auf **12 Werktage** bemessen. Ohne Umsetzung durch die VOB/B ist die Forderung des § 11 Nr. 1 Abs. 3 VOB/A geblieben, wonach bei fehlender vertraglicher Festlegung eines Ausführungsbeginns eine Frist, innerhalb derer die Aufforderung zur Arbeitsaufnahme ausgesprochen werden kann, in den Verdingungsunterlagen festzulegen ist. § 5 Nr. 2 Satz 1 VOB/B räumt dem Auftragnehmer gegen den Auftraggeber einen Anspruch auf Auskunft über den voraussichtlichen Beginn ein. Die Besonderen Vertragsbedingungen im VHB (EVM (B) BVB) sehen in Ziff. 1.1 alternativ die Möglichkeit vor, dass mit der Ausführung nach besonderer schriftlicher Aufforderung durch den Auftraggeber zu beginnen ist, die spätestens ... Werktage nach Zugang des Auftragsschreibens erfolgt. Das ist nach den Vergabehandbüchern für die Durchführung von Bauaufgaben im Bereich der Staatsbauverwaltung der Länder nicht anders.[158]

Folgenlos bleibt auch die Nichtbeachtung der in § 11 Nr. 2 Abs. 1 enthaltenen Forde-   81
rung der VOB/A, **Einzelfristen** für in sich abgeschlossene Teile der Leistung nur bei erheblichem Interesse des Auftraggebers zu bestimmen und in einem Bauzeitenplan nur die für den Fortgang der Gesamtarbeit besonders wichtigen Einzelfristen als Vertragsfristen zu bezeichnen (§ 11 Nr. 2 Abs. 2 VOB/A). Denn § 5 Nr. 1 Satz 2 VOB/B macht die Vertragsqualität der in einem Bauzeitenplan enthaltenen Einzelfrist nicht von der Einhaltung des in § 11 Nr. 2 Abs. 2 VOB/A enthaltenen Anforderungskatalogs, sondern davon abhängig, ob diese Einzelfrist im Vertrag ausdrücklich als Vertragsfrist vereinbart worden ist. Damit hat es der Unternehmer im Rahmen der Vertragsverhandlungen in der Hand, sich auf Fristen für Leistungsteile als Vertragsfristen einzulassen. Im Übrigen it zu beachten, dass die Regelung in ihrer Eigenschaft als materielles Gesetz nach § 97 Abs. 6 GWB, § 6 VgV allenfalls dem Vergaberechtsschutz dient, nicht aber vertragsrechtlichen Einfluss gewinnt.

### 5. Richtlinien des VHB zu § 11 VOB/A

Die Richtlinien des VHB (Fassung 2006) zu § 11 VOB/A führen zur Bemessung der   82
Ausführungsfristen folgendes aus:
„2.1 Ausführungsfristen können bemessen werden entweder durch Angabe eines Anfangs- und/oder Endzeitpunktes (Datum) oder nach Zeiteinheiten; Werktage, Wochen. Werktage

---

[155] So aber *Heiermann/Riedl/Rusam* A § 11 Rdn. 4 unter Verweis auf BGH BauR 1992, 221 für den Fall der Abweichung von § 19 Nr. 2 VOB/A: verlängerte Zuschlagsfrist.
[156] BGHZ 116, 149 = NJW 1992, 827 = ZfBR 1992, 67 = BauR 1992, 221, 223.
[157] So auch *Kapellmann/Messerschmidt/Langen* VOB, 1. Aufl. § 11 Rdn. 11; a. A. *Heiermann/Riedl/Rusam* A § 11 Rdn. 4.
[158] Vgl. VHB Bayern, Gesamtausgabe, Muster II 2.01, Anlage 2, BVB/H, Ausgabe 1992 unter Ziff. 3.1; im Zuge der Verwaltungsvereinfachung sind diese VHB der Länder jedoch teilweise zurückgezogen worden.

sind alle Tage mit Ausnahme von Sonn- und Feiertagen. 2.2. Die Fristbestimmung durch Angabe von Daten soll nur dann gewählt werden, wenn der Auftraggeber den Beginn der Ausführung verbindlich festlegen kann und ein bestimmter Endtermin eingehalten werden muss. Auch bei Fristbemessung nach Zeiteinheiten soll der Beginn der Ausführung möglichst genau genannt werden. Treten vor Zuschlagserteilung die Voraussetzungen für eine nach Daten zu bestimmende Frist ein, sind die Daten, der vorgesehenen Ausführungsfristen entsprechend, im Auftragsschreiben festzulegen. 2.3 Bei Bemessung der Ausführungsfristen ist zu berücksichtigen, welche zeitliche Abhängigkeit von vorausgehenden und nachfolgenden Leistungen besteht, zu welchem Zeitpunkt die zur Ausführung erforderlichen Unterlagen vom Auftraggeber zur Verfügung gestellt werden können, in welchem Umfang arbeitsfreie Tage – Samstage, Sonn- und Feiertage – in die vorgesehene Frist fallen, inwieweit mit Ausfalltagen durch Witterungseinflüsse während der Ausführungszeit normalerweise gerechnet werden muss. 3. Werden Wahl- oder Bedarfspositionen vorgesehen, so ist darauf zu achten, ob und inwieweit dadurch die Ausführungsfristen beeinflusst werden können; gegebenenfalls sind entsprechende Änderungen der Baufristen vorzusehen."

## D. Vereinbarte Ausführungsfristen und Auftraggeber-/Auftragnehmerdisposition

83  Im Bauvertrag im Sinne von § 5 Nr. 1 VOB/B verbindlich vereinbarte Ausführungsfristen bilden einen Kompromiss zwischen der dem Auftraggeber wie auch dem Unternehmer zukommenden Dispositionsbefugnis. Deren Rechtsgrundlage bildet für den Auftraggeber § 4 Nr. 1 VOB/B und für den Unternehmer § 4 Nr. 2 VOB/B. Die Feinabstimmung hinsichtlich der Zeitdimension nimmt § 5 VOB/B vor, dessen Nr. 2 bei vertraglich ungeregeltem Ausführungsbeginn gleichfalls einen **interessengerechten Kompromiss** zwischen der Auftraggeber- und der Unternehmerdisposition vornimmt.

84  Die Frage nach der **einseitig** ausübbaren Verfügungsmacht des **Auftraggebers** über die Bauzeit stellt sich besonders deshalb, weil nach einer weit verbreiteten Meinung zu den Anordnungen im Sinne von § 2 Nr. 5 VOB/B neben den ausdrücklich angeführten Planungsänderungen auch solche über die Bauzeit gehören sollen.[159] So hat der BGH[160] ausgeführt, dass zu den Anordnungen im Sinne des § 2 Nr. 5 VOB/B auch solche über die Bauzeit und über den Beginn der Ausführung gehören. Hierdurch entsteht der Eindruck, als könne der Auftraggeber auch ohne entsprechende vertragliche Grundlage mit verbindlicher Wirkung für den Unternehmer jeweils neu über die Bauzeit in der Weise disponieren, dass dem Unternehmer lediglich die Preisänderungsmöglichkeiten nach § 2 Nr. 5 VOB/B blieben. Dem ist uneingeschränkt nicht so. Der Auftraggeber, der nach § 649 BGB bzw. § 8 Nr. 1 VOB/B jederzeit kündigen kann, kann deshalb auch eine Arbeitsunterbrechung oder einen Baustopp anordnen.[161] Davon sind jedoch Bauzeitverschiebungen in dem Sinne zu unterscheiden, dass ein Baustopp und zugleich ein zeitlicher Neubeginn einseitig angeordnet werden. Diesbezüglich ist nämlich der Umstand zu beachten, dass der Tatbestand der Behinderung nach § 6 VOB/B vorliegt. Das verlangt die Berücksichtigung der Interessen des Auftragnehmers.[162]

85  Teilweise wird sogar die Auffassung vertreten, § 1 Nr. 3 VOB/B decke im Rahmen der danach einseitig möglichen Änderung des Bauentwurfs Bauzeitverschiebungen ab, denen

---

[159] *Kapellmann/Messerschmidt/von Rintelen* VOB/B § 2 Rdn. 183; *Leinemann/Schorfs* VOB/B, § 2 Rdn. 95; *Kapellmann/Schiffers* Band 1 Rdn. 786.
[160] BGHZ 50, 25, 30; BGH Schäfer/Finnern Z 2331 Bl. 61.
[161] *Kapellmann/Messerschmidt/Kapellmann* VOB, 1. Aufl., B, § 2 Rdn. 185; *Franke/Kemper/Janner/Grünhagen* VOB, 1. Aufl., B, § 2 Rdnr. 123; *Ingenstau/Korbion/Keldungs* VOB, 15. Aufl., B, § 2 Nr. 5 Rdn. 16, 17 (jedoch unklar).
[162] *Kapellmann/Messerschmidt/Langen* VOB, 1. Aufl., B, § 5 Rdnr. 15.

## D. Vereinbarte Ausführungsfristen und Auftraggeber-/Auftragnehmerdisposition  Vor § 5

der Auftragnehmer unterworfen ist.[163] Da im Rahmen der Neufassung der VOB/B 2006 eine Änderung des § 1 Nr. 3 dahin anstand, ausdrücklich die einseitig ausübbare Befugnis zur Änderung der Bauzeit aufzunehmen,[164] und dieser Vorschlag in die Neufassung nicht aufgenommen worden ist, verbietet sich ein Verständnis des § 1 Nr. 3 dahin, dass die Änderungsbefugnis bezüglich des Bauentwurfs einseitig vorgenommene Bauzeitverschiebungen abdeckt.[165]

Das gebietet sich gerade im Hinblick auf die Kooperationspflichten, die beide Seiten eines **86** Bauvertrages treffen. Nach BGH[166] sollen die Kooperationspflichten u. a. gewährleisten, dass in Fällen, in denen nach der Vorstellung einer oder beider Parteien die vertraglich vorgesehene Vertragsdurchführung oder der Inhalt des Vertrages an die geänderten tatsächlichen Verhältnisse angepasst werden muss, entstandene Meinungsverschiedenheiten oder Konflikte nach Möglichkeit einvernehmlich beigelegt werden. Klärungen sind im Wege der Verhandlung zu lösen.

Grundlage der **Dispositionsbefugnis des Auftraggebers** ist dessen Pflicht zur Erarbei- **87** tung einer Ablaufplanung und zur Vornahme der Ablaufkoordinierung nach § 4 Nr. 1 VOB/B. Diese Disposition bewirkt bei einseitiger Neufestlegung von Bauzeiten durch den Auftraggeber nicht deren absolute Verbindlichkeit für den Unternehmer. Treten im Bauablauf Zeitstörungen auf, hat der Auftraggeber nach § 4 Nr. 1 Abs. 1 VOB/B die Aufgabe, das Zusammenwirken der verschiedenen Unternehmer zu regeln. Damit werden lediglich Koordinierungsaufgabe nicht aber auch Befugnisse beschrieben. Der Vergleich mit § 4 Nr. 1 Abs. 3 VOB/B verdeutlicht das, wo ausdrücklich von Befugnis die Rede ist. Die in § 4 Nr. 1 Abs. 1 VOB/B angeführte Regelungsaufgabe kann auf verschiedene Weise, auch einvernehmlich mit den betroffenen Unternehmern erfüllt werden. Formuliert § 4 Nr. 1 Abs. 1 VOB/B lediglich eine Aufgabe ohne Befugnisse, besteht hinsichtlich der Bewältigung von Bauablaufstörungen die Notwendigkeit des Rückgriffs auf § 2 Nr. 5 VOB/B, der ausdrücklich für die Rechtsfolge der Preisvereinbarung auf der Tatbestandsseite neben der Änderung des Bauentwurfs auf „andere Anordnungen des Auftraggebers" abhebt. Soweit *Thode*[167] lediglich vertragsrechtlich berechtigte Anordnungen als geeignet ansieht, und jede andere Auffassung als systemwidrig einstuft, muss unterschieden werden.

§ 2 Nr. 5 ist hinsichtlich der Voraussetzung „andere Anordnung" keine Befugnisgrund- **88** lage und deckt einseitig bleibende Bauzeitverschiebungen, dennen der betroffene Auftragnehmer nicht Folge leistet, nicht ab. § 2 Nr. 5 VOB/B knüpft lediglich faktisch an „anderen Anordnungen des Auftraggebers" an und besagt zur Legitimation solcher Anordnungen nichts. § 2 Nr. 5 VOB/B ist einschlägig, wenn der Unternehmer der Anordnung unabhängig von ihrer Rechtmäßigkeit und damit vertragsrechtlichen Absicherung Folge leistet, sich also auf den einseitig vom Auftraggeber vorgegebenen abgeänderten Bauablaufplan einlässt.[168] Diese Konstellation wird von § 2 Nr. 5 VOB/B abgedeckt, weil die Regelung von ihrem Wortlaut her auch eine nicht vertragskonforme Änderung der Bauzeit − z. B. eine Bauzeitverschiebung − erfasst, wenn nur der Auftragnehmer sich darauf einlässt. Die Vorschrift spricht von „anderen Anordnungen" und differenziert nicht zwischen unbefugten und durch eine Befugnis gedeckten Anordnungen. Sie setzt jedoch notwendig voraus, dass der Auftragnehmer sich auf die Anordnung einlässt, sie also befolgt, denn ansonsten käme es nicht zu einer Änderung der Grundlagen des Preises für die vertraglich vorgesehene Leistung als weiterer Tatbestandsvoraussetzung für die Rechtsfolge der zu treffenden Preisvereinbarung. Für die Änderung der preislichen Grundlagen wie auch die Rechtsfolgeseite ist unerheblich, ob der Auftragnehmer der Anordnung folgen muss oder ihr freiwillig Folge leistet.

---

[163] *Zanner/Keller* NZBau 2004, 353, 359; *Wirth/Würfele* Jahrbuch Baurecht 2006, 119, 148.
[164] Vgl. Änderungsvorschlag vom 17. 5. 2006, NZBau aktuell Heft 6/2006, IX ff.).
[165] *Markus* NZBau 2006, 537, 538.
[166] U. v. 28. 10. 1999, VII ZR 393/98, NJW 2000, 807 = NZBau 2000, 130 = BauR 2000, 409.
[167] ZfBR 2004, 214.
[168] Vgl. *Markus* NZBau 2006, 537, 539.

**89** Dass die „andere Anordnung des Auftraggebers" vertragsrechtlich qualifikationsneutral ist, lässt sich zweifach begründen: Einmal wäre es ein Leichtes gewesen, die Voraussetzungen dieser Anordnung näher so zu beschreiben wie das bezüglich der Änderung der Grundlagen des Preises geschehen ist; diesbezüglich wird eine Änderung der Grundlagen des Preises für eine im Vertrag vorgesehene Leistung vorausgesetzt. Der DVA formuliert hinsichtlich der „anderen Anordnung" gerade nicht „oder andere vertraglich vorgesehene Anordnungen des Auftraggebers". Dass die VOB/B nicht notwendig die von *Thode* postulierte Vertragskonformität i. S. einer vertragsrechtlich rechtmäßigen Anordnung voraussetzt, um Vergütungsansprüche zu gewähren, macht 2 Nr. 9 VOB/B überaus deutlich. Danach verlangt der Auftraggeber vom Auftragnehmer Leistungen, die dieser vertraglich gerade nicht zu beschaffen hat. Wenn der Auftragnehmer sich darauf jedoch einlässt, also trotz fehlender vertraglicher Rechtfertigung solche Pläne oder Berechnungen erstellt, soll er eine Vergütung erhalten. § 2 Nr. 9 VOB/B ist keine Befugnisgrundlage für das Verlangen des Auftraggebers. Dieses Verlangen ist klar vertragswidrig, was die Regelung ihrem Wortlaut nach klar herausstellt. Dennoch erhält der Unternehmer eine Vergütung, wenn er dem Verlangen entspricht. Demnach ist auch ein vertragswidriges Verlangen des Auftraggebers, dem der Auftragnehmer jedoch nachkommt, geeignet, Vergütungsansprüche für das, was dem Verlangen gemäß erbracht wird, zu begründen.

**90** Das kann ohne weiteres auf § 2 Nr. 5 VOB/B für den Fall übertragn werden, dass der Auftragnehmer einer vertragswidrigen Anordnung Folge leistet.[169] Vertragskonform ist eine den zeitlichen Bauablauf betreffende Disposition des Auftraggebers, die über einen Baustopp hinausgeht, nur dann, wenn der Vertrag dem Auftraggeber eine solche Dispositionsbefugnis einräumt. Diese Disposition ist jedoch nach Maßgabe der Anforderungen aus § 315 Abs. 1 BGB nach billigem Ermessen zu treffen und steht weiter unter dem Gebot kooperativen Verhaltens gemäß der diesbezüglich einschlägigen BGH-Rechtsprechung.[170] Die Frage der Vertragskonformität einer Anordnung des Auftraggebers, welcher der Auftragnehmer folgt, was für die Anwendbarkeit des § 2 Nr. 5 VOB/B zwingend notwendig ist, stellt sich für die Vergütungsfrage im Rahmen des § 2 Nr. 5 VOB/B nicht. Dieser Punkt ist von Bedeutung, wenn der Auftragnehmer wegen der von ihm befolgten Anordnung in eine Behinderungslage nach § 6 VOB/B kommt und zu entscheiden ist, ob neben § 2 Nr. 5 VOB/B auch auf § 6 Nr. 6 VOB/B rekurriert werden kann.[171] Das Problem ist auch dann zu entscheiden, wenn der Auftragnehmer der Anordnung keine Folge leistet, und zu entscheiden ist, ob der Auftragnehmer in Schuldnerverzug gerät. Soweit *Kapellmann/Schiffers*[172] eine Befugnisgrundlage für Bauzeitverschiebungen aus zwingenden technischen Sachnotwendigkeiten auch mit dem Inhalt ableiten, dass der Auftraggeber zur Terminsverschiebung für den Arbeitsbeginn des Auftragnehmers berechtigt wird, kommt diese Lösung notwendig mit dem § 6 VOB/B zugrunde liegenden Konzept in Konflikt. Zwingende technische Sachnotwendigkeiten rechtfertigen die Anordnung, dass der betroffene Unternehmer mit den Arbeiten nicht beginnt. Die Festlegung eines Neubeginns hat bereits die Interessen des Auftragnehmers zu berücksichtigen und ist vertragsrechtlich nur dann berechtigt, wenn die sich aus § 6 Nr. 2 bis 4 VOB/B ergebenden Regeln beachtet werden.

**91** Die in § 2 Nr. 5 VOB/B einzuordnende Neudisposition des Auftraggebers führt zu Lasten des Unternehmers zu einer Behinderung nach § 6 Nr. 1 VOB/B mit den sich daraus für die Fristbestimmung aus § 6 Nr. 4 VOB/B ergebenden Konsequenzen.[173] Die einseitig verbindliche und damit den Auftragnehmer strikt bindende Auftraggeberdisposition be-

---

[169] *Kapellmann/Schiffers* Vergütung Nachträge und Behinderungsfolgen beim Bauvertrag Band 1, 5. Aufl., Rdn. 797, 798–800.
[170] U. v. 28. 10. 1999, VII ZR 393/98, NJW 2000, 807 = NZBau 2000, 130 = BauR 2000, 409.
[171] Das bejahen *Kapellmann/Schiffers* Vergütung Nachträge und Behinderungsfolgen beim Bauvertrag Band 1, 5. Aufl., Rdn. 797 und *Markus* NZBau 2006, 537, 539.
[172] *Kapellmann/Schiffers* Vergütung Nachträge und Behinderungsfolgen beim Bauvertrag Band 1, 5. Aufl., Rdn. 786.
[173] Vgl. OLG Köln NJW 1986, 71 = BauR 1986, 582.

D. Vereinbarte Ausführungsfristen und Auftraggeber-/Auftragnehmerdisposition   Vor § 5

schränkt sich deshalb auf die Verfügungsbefugnis über den vereinbarten Beginn oder das Ende der Ausführungsfrist. Der Auftraggeber kann darauf gestützt nicht verbindlich einen neuen Termin hinsichtlich des Beginns oder des Endes der Bauleistung bestimmen, sondern gleichsam nur den bisherigen Termin oder die bisherigen Fristen absagen. Die in § 6 VOB/B enthaltenen Behinderungsregeln schließen unter Berücksichtigung des Dispositionsrechts des Unternehmers, dessen Fundament § 4 Nr. 2 VOB/B ist, eine solche Befugnis aus. Die VOB/B regelt in § 6 Nr. 3 und Nr. 4 die Pflichten des Unternehmers bezüglich Wiederaufnahme der Arbeiten nach Wegfall der Behinderung und die Dauer der Ausführungsfrist **eigenständig**, was die einseitige verbindliche Disposition des Auftraggebers hinsichtlich der neuen Termine/Fristen ausschließt. Festlegungen sind lediglich Anlass, unter Berücksichtigung der Unternehmerdisposition nach Maßgabe von § 6 Nr. 3, 4 VOB/B zu einer für beide Seiten annehmbaren Terminierung zu kommen.

## I. Auftraggeberdisposition

### 1. § 4 Nr. 1 VOB/B als Grundlage

Grundlage der Auftraggeberdisposition ist § 4 Nr. 1 VOB/B. Danach hat der Auftraggeber für die Aufrechterhaltung der Ordnung auf der Baustelle zu sorgen und das Zusammenwirken der verschiedenen Unternehmer zu regeln. Damit verfolgt der Auftraggeber eigene wie auch die Interessen der am Bau beteiligten Unternehmer, die vor Behinderungen oder Störungen anderer geschützt werden sollen.[174] Dem Auftraggeber obliegt dabei nicht nur die Organisation des technisch sachgerecht abgestimmten Einsatzes der verschiedenen Unternehmer. Die Wahrnehmung der Auftraggeberdisposition und -koordination hat auch eine zeitliche Dimension: Beginn, Dauer und Ende der Unternehmerleistungen sind in Übereinstimmung zu bringen.[175]

92

### 2. Bauzeitenplan als Dispositions- und Koordinationsmittel

Die Koordination des Bauablaufs gelingt am besten mittels eines Bauzeitenplans.[176] Die Erarbeitung eines Bauzeitenplans ist originäre Aufgabe eines Architekten.[177] Ein brauchbares Mittel zur Koordinierung und als Controlling ist der Bauzeitenplan nur, wenn folgende Daten beachtet werden: Anzahl der Gewerke, ihre Abfolge und Umfang, ihre Abhängigkeiten, Wartezeiten, Pufferzeiten und Zeitreserven, Start- und Endtermine der beteiligten Unternehmen und die verfügbaren Zeitspannen hierfür.[178] Zu einem wirksamen Steuerungsinstrument wird ein solches „integriertes Terminplanungssystem" jedoch nur, wenn dessen rechtliche Absicherung erfolgt. Rechtswirkungen hat ein solcher **Bauzeitenplan**, wenn die darin enthaltenen Fristen **Vertragsfristen** im Sinne von § 5 Nr. 1 VOB/B sind, durch die Anfang und Ende einer Bauleistung bestimmt werden. Gerade bei einer Großbaustelle ist ein Bauzeitenplan für eine ordnungsgemäße Ablaufplanung unerlässlich, weswegen der Auftraggeber im Rahmen seiner Koordinierungspflicht gehalten ist, auf die Erstellung eines derartigen Bauzeitenplans hinzuwirken.[179] Fehlt es an einer vertraglichen Regelung über den Beginn der Ausführung, unterliegt die Auftraggeberdisposition nach § 4 Nr. 1 VOB/B nämlich den Einschränkungen aus § 5 Nr. 2 VOB/B. Zusätzlich wird dem Unternehmer ein Auskunftsanspruch hinsichtlich der Auftraggeberdisposition über den

93

---

[174] *Ingenstau/Korbion/Oppler* VOB, 15. Aufl., B, § 4 Nr. 1 Rdn. 13; → § 4 Nr. 1 Rdn. 41, 42.
[175] → § 4 Nr. 1 Rdn. 46.
[176] *Heiermann/Riedl/Rusam* VOB/B § 4 Rdn. 7; *Ingenstau/Korbion/Oppler* VOB/B § 4 Nr. 1 Rdn. 13; → § 4 Nr. 1 Rdn. 46, 47.
[177] BGH U. v. 21. 3. 2002 VII ZR 224/00, NJW 2002, 2716 = NZBau 2002, 381 = BauR 2002, 1249, 1251 = ZfBR 2002, 362.
[178] *Wirth/Seefeldt* Controlling, S. 212.
[179] BGH BauR 1985, 561 = NJW 1985, 2475 = ZfBR 1985, 282.

Beginn der Ausführung eingeräumt; außerdem hat der Unternehmer nach § 5 Nr. 2 Satz 2 VOB/B sich der Anordnung des Auftraggebers nicht unverzüglich zu beugen,[180] sondern ihm steht eine 12-werktägige Bauvorbereitungsfrist zu.

### 3. Grenzen der Auftraggeberdisposition

94   Fehlt es an näheren vertraglichen Regelung über ein Dispositionsrecht des Auftraggebers hinsichtlich der Bauzeit im Sinne eines Bestimmungsrecht nach §§ 315, 316 BGB,[181] können, von § 5 Nr. 2 VOB/B abgesehen, Ausführungs- und Einzelfristen gerade nicht einseitig vom Besteller dem ausführenden Unternehmer vorgegeben werden.[182] Entgegen OLG Düsseldorf[183] hat ein Unternehmer zeitliche Anordnungen deshalb nur dann zu beachten, wenn die zeitliche Anordnung bei rechtlicher Qualifizierung als Behinderung[184] die im Behinderungsfall nach § 6 Nr. 3, 4 VOB/B beachtlichen Regeln für die Wiederaufnahme der Arbeiten und die Neufestlegung der Beendigungsfrist berücksichtigt. Wird die für den Beginn vorgesehene Frist aus dem Auftraggeber zurechenbaren Gründen verzögert, kann der Auftraggeber nicht einseitig eine neue, ihm allein genehme Frist bestimmen.[185] Die neue Frist muss auch die Interessen des Auftragnehmers berücksichtigen.

95   § 1 Nr. 3 VOB/B scheidet als Rechtsgrundlage für einseitig ausübare und verpflichtende Bauzeitanordnungen aus. Das gilt gerade deshalb, weil im Rahmen der Neufassung der VOB/B 2006 Änderungsvorschläge, wonach § 1 Nr. 3 VOB/B auch Änderungen bezüglich der Bauzeit erfassen sollte,[186] nicht umgesetzt wurden, sondern § 1 Nr. 3 VOB/B unverändert geblieben ist. Damit scheidet auch eine entsprechende Auslegung der den Bauentwurf betreffenden Befugnis aus.[187] Bauablaufstörungen sind notwendig der Auslöser für die den Auftraggeber treffende Koordinierungsverpflichtung. Diese Koordinierungsaufgabe hat der Auftraggeber bei Abschluss des Vertrages wie auch im Verlauf der Baumaßnahme zu lösen. Die Befugnisgrundlage ist § 4 Nr. 1 Abs. 3 VOB/B in den dort aufgezeichneten Grenzen. Bauzeitmaßnahmen des Auftraggebers sind nicht isoliert im Rahmen des § 2 Nr. 5 nach Maßgabe der „anderen Anordnung des Auftraggebers" zu beurteilen. Die eigentliche sedes materiae für Anordnungen, deren Hintergrund Ablaufstörungen sind, bildet § 4 Nr. 1 VOB/B, dssen Absatz 1 die Aufgabe und dessen Absatz 3 die Befugnisgrundlage liefert. Zu Änderungsanordnungen ist der Auftraggeber nach § 4 Nr. 1 Abs. 3 VOB/B befugt, wenn die Anordnung zur vertragsgemäßen Ausführung der Leistung notwendig ist und die Leitungsbefugnis des Auftragnehmers beachtet wird. Dann ist die Anordnung vertragsrechtlich berechtigt und vom Auftragnehmer auch notwendig zu beachten. Allein die zwingend technische Sachnotwendigkeit liefert keine berechtigte Anordnungsbefugnis.[188] Eine solche setzt notwendig die Beachtung der Leitungsinteressen des Auftragnehmers voaus, der die betroffene Baustelle abwicklungsmäßig in die Organisation seines Gesamtbetriebes eingebunden hat. § 2 Nr. 5 VOB/B ist demnach bei Bauablaufstörungen mit der Notwendigkeit einer Neukoordinierung im Zusammenhang mit § 4 Nr. 1 VOB/B zu sehen.

---

[180] Vgl. dahingehend aber *Ingenstau/Korbion/Oppler* VOB/B § 4 Rdn. 11.
[181] Vgl. Staudinger/*Peters* 2000, § 636 Rdn. 41; Staudinger/*Peters* 2003, § 633 Rdn. 126; OLG Köln NJW 1986, 71, 72 = BauR 1986, 582; *Nicklisch/Weick* VOB/B § 5 Rdn. 6: als Abrufrecht bezeichnet.
[182] Staudinger/*Peters*, 2000, § 636 Rdn. 41; 2003, § 633 Rdn. 126; *Kapellmann/Messerschmidt/Langen* VOB, 1. Aufl. B, § 5 Rdn. 15.
[183] IBR 1995, 505 = BauR 1996, 115.
[184] Vgl. dazu OLG Köln NW 1986, 71, 72 = BauR 1986, 582.
[185] OLG Köln BauR 1997, 318.
[186] Vgl. *Markus* NZBau 2006, 537, 538.
[187] Für ein solches Verständnis jedoch *Zanner/Keller* NZBau 2004, 353 u. 359; *Wirth/Würfele* Jahrbuch Baurecht 2006, 119, 148.
[188] A. A. *Kapellmann/Schiffers* Vergütung Nachträge und Behinderungsfolgen beim Bauvertrag Band 1, 5. Aufl., Rdn. 787 zu § 1 Nr. 3.

D. Vereinbarte Ausführungsfristen und Auftraggeber-/Auftragnehmerdisposition  **Vor § 5**

### 4. Ablaufstörung und Koordinationspflicht des Auftraggebers

Bei Ablaufstörungen, deren Folge die fehlende Übereinstimmung des mit dem Unternehmer vertraglich vereinbarten Bauablaufs (Beginn und Ende der Bauleistung) ist, hat der Auftraggeber selbstverständlich das Recht und die Pflicht, dem Unternehmer mitzuteilen, dass z. B. der geplante Beginn scheitert. Das legitimiert auch den **Baustopp.** Wer nach § 8 Nr. 1 Abs. 1 VOB/B ohne Angabe von Gründen den Bauvertrag kündigen darf, ist als Minus auch zur Anordnung eines Baustopps befugt.[189] Grundlage dieser Anordnung ist § 4 Nr. 1 Abs. 3 VOB/B, wonach der Auftraggeber befugt ist, unter Wahrung der dem Auftragnehmer zustehenden Leitung (§ 4 Nr. 2 VOB/B) Anordnungen zu treffen. Das löst jedoch bereits die Behinderung des Unternehmers nach § 6 Nr. 1 VOB/B aus. Die weitere Mitteilung des Auftraggebers, die Behinderung werde am ... beseitigt sein und am ... seien die Arbeiten aufzunehmen, ist in ihrer rechtlichen Verbindlichkeit nicht allein durch § 4 Nr. 1 Abs. 1, 3 VOB/B gedeckt.

§ 4 Nr. 1 Abs. 3 VOB/B ist die maßgebliche Befugnisgrundlage bei Bauablaufstörungen mit Auswirkungen auf die Beginn- und die Endfrist der Werkleistung. Werden die dort genannten Kriterien – Notwendigkeit der Anordnung zur Sicherung einer vertragsgemäßen Leistung und Wahrung der Leitungsbefugnis des Auftragnehmers – bei der Anordnung einer neuen Beginn- und Endfrist beachtet, ist die Anordnung vertragsrechtlich gedeckt. Die Wahrung der Leistungsbefugnisse des Auftragnehmers setzt als Minimum die sich aus § 6 Nr. 2 bis 4 VOB/B ergebenden Behinderungsregelungen voraus. Deshalb ist die **Unternehmerdisposition** ist zu beachten.[190] Dieser Unternehmerdisposition tragen die sich aus § 6 Nr. 3, 4 VOB/B ergebenden Regeln Rechnung. Nur bei Beachtung der sich hieraus ergebenden Anforderungen sind die die weitere Ausführung der Bauleistung betreffenden Anordnungen des Auftraggebers beachtlich. § 4 Nr. 1 Abs. 3 VOB/B rechtfertigt nicht den einseitigen Eingriff des Auftraggebers in den zeitlichen Leistungsablauf ohne Berücksichtigung der Interessen des Auftragnehmers. Der Auftraggeber ist zwar dazu befugt, einen Baustopp anzuordnen oder zu bestimmen, zum vereinbarten Termin werde nicht begonnen,[191] die einseitige Festsetzung eines neuen Beginn- und Endtermins ist ihm jedoch versagt. Dabei ist nämlich die Unternehmerdisposition zu berücksichtigen. Die zu beachtende Entschließungsfreiheit des Auftragnehmers ist nur gewahrt, wenn die den Unternehmer insoweit schützenden Vorschriften der §§ 4 Nr. 2, 6 VOB/B berücksichtigt worden sind. Nur bei Berücksichtigung der nach § 4 Nr. 1 Abs. 3 und § 6 Nr. 2 bis 4 VOB/B beachtlichen Unternehmerinteressen, ist eine Anordnung des Auftraggebers vertragsrechtlich gerechtfertigt, die eine neue Beginn- und Endfrist beitmmt. § 4 Nr. 1 Abs. 3 VOB/B legitimiert den Auftraggeber nicht dazu, Einzelheiten des zeitlichen Leistungsablaufs bestimmen und mit verbindlicher Wirkung für den Unternehmer regeln zu wollen.[192]

### II. Auftragnehmerdisposition

#### 1. Grundlage in § 4 Nr. 2 VOB/B

Grundlage des dem Auftragnehmer nach der VOB zukommenden Dispositionsrechts ist § 4 Nr. 2 VOB/B, das sich auch aus allgemeinen Grundsätzen rechtfertigt.[193] Innerhalb der vertraglich maßgebenden Ausführungsfristen ist der Auftragnehmer in seiner Zeiteinteilung grundsätzlich frei. Solange diese Ausführungsfristen gewahrt bleiben, ist der Auftragnehmer auf der Basis seines Dispositionsrechts befugt, Verschiebungen im Ablauf des übernommenen

---

[189] Dagegen *Kapellmann/Messerschmidt/Langen* VOB 2. Aufl., VOB/B, § Rdn. 15.
[190] *Kapellmann/Messerschmidt/Langen* VOB 1. Aufl., B, § 5 Rdn. 15; *Kapellmann/Schiffers* Band 1, 5. Aufl., Rdn 1333.
[191] *Kapellmann/Messerschmidt/Langen* VOB, 1. Aufl., VOB/B § 2 Rdn. 185.
[192] *Heiermann/Riedl/Rusam* VOB/B § 4 Rdn. 18; *Ingenstau/Korbion/Oppler* VOB/B § 4 Nr. 1 Rdn. 81.
[193] *Staudinger/Peters,* 2003 § 633 Rdn. 130; → § 4 Nr. 2 Rdn. 119.

## Vor § 5

Gewerks vorzunehmen wie auch mit Blick auf einen wirtschaftlichen und kostengünstigen Bauablauf zweckmäßig zu disponieren.[194] Damit wird die im Verlauf der Objektverwirklichung aus Unternehmersicht gebotene Flexibilität gesichert.[195]

### 2. Verlust- und Einschränkungstatbestände

99 Diese Kompetenz geht verloren, wenn Einzelfristen als Vertragsfristen einvernehmlich geregelt wurden.[196] Sie wird auch durch § 5 Nr. 3 VOB/B eingeschränkt, da diese Vorschrift bei einer Beschickung der Baustelle mit Personal und Gerät, mit welcher die Einhaltung der Ausführungsfristen offenbar nicht gesichert erscheint, in Grenzen ein **Eingriffsrecht des Auftraggebers** statuiert.[197] Selbstverständlich schränkt die Vereinbarung verbindlicher Ausführungsfristen nach § 5 Nr. 1 VOB/B das Dispositionsrecht des Unternehmers ein.

### 3. Anerkennungs- und Sicherungstatbestände

100 Dessen Aufrechterhaltung will der Auskunftsanspruch des Unternehmers gegen den Auftraggeber nach § 5 Nr. 2 Satz 1 VOB/B sichern, wobei es in erster Linie um die Respektierung der **betrieblichen Disposition** des Auftragnehmers insgesamt geht, der neben der einen vertraglich übernommenen Baustelle andere zeitlich sachgerecht so zu disponieren hat, dass der Betrieb und die Arbeitnehmer kontinuierlich beschäftigt sind. Auch die 12-Werktagesfrist nach § 5 Nr. 2 Satz 2 VOB/B soll dem Unternehmer die sachgerechte Bauvorbereitung im Zusammenhang anderer Baustellen ermöglichen. Dem Dispositionsrecht des Auftragnehmers wird trotz der an sich strengen Formulierung in § 6 Nr. 3 Satz 2 VOB/B auch insofern Rechnung getragen, als ihm im Behinderungsfall zugestanden bzw. von ihm sogar gefordert wird, ein Zwischentätigkeit aufzunehmen, was sich aus § 642 Abs. 2 und § 326 Abs. 2 Satz 2 wie auch generell aus Schadensminderungspflichten entnehmen lässt.[198] Vor allem dann, wenn die Wiederaufnahme der Arbeiten nicht absehbar ist, kann es geboten sein, dass der Auftragnehmer einen anderen Auftrag vorzieht oder einen solchen annimmt, den er dann auch – freilich unter Berücksichtigung der Einzelumstände – zu Ende führen darf.[199] Die Beachtlichkeit dieser Unternehmerdisposition wird maßgeblich davon abhängen, welchen Realitätsbezug die Feststellung des Auftraggebers über die Dauer der Behinderung und dessen Anordnung über die Aufnahme- oder Wiederaufnahmemöglichkeit der Arbeiten aufweist.

### III. Vertragsfristen und Auftraggeberdisposition

101 Ausführungsfristen und Einzelfristen als Vertragsfristen müssen vertraglich vereinbart werden. Dem Auftraggeber kommt insoweit ein einseitiges Bestimmungsrecht grundsätzlich nicht zu.[200] Dies kommt nur bei Vereinbarung eines entsprechenden Leistungsbestimmungsrechts nach § 315 BGB in Betracht.[201]

### 1. Ausführungsfristen kraft vertraglicher Regelung

102 Vertragsfristen müssen Gegenstand der vertraglichen Willensübereinstimmung sein, wobei es bedeutungslos ist, wann, wie und in welcher Form sich die Vertragsparteien hinsichtlich

---

[194] Staudinger/*Peters* 2003 § 633 Rdn. 121.
[195] Staudinger/*Peters* 2003 § 633 Rdn. 121.
[196] Staudinger/*Peters* 2003 § 633 Rdn. 121.
[197] Staudinger/*Peters* 2003 § 633 Rdn. 130; → § 5 Nr. 3 Rdn. 2.
[198] Staudinger/*Peters* 2003 § 642 Rdn. 64.
[199] *Heiermann/Riedl/Rusam* VOB/B § 6 Rdn. 16; *Leinemann* VOB § 6 Rdn. 43; OLG Stuttgart BauR 1975, 54, 55.
[200] Staudinger/*Peters* 2003 § 633 Rdn. 120; *Kapellmann/Schiffers* Bd. 1 Rdn. 1333.
[201] *Kapellmann/Messerschmidt/Langen* VOB, 1. Aufl., VOB/B, § 5 Rdn. 13.

D. Vereinbarte Ausführungsfristen und Auftraggeber-/Auftragnehmerdisposition **Vor § 5**

des Bauablaufs einigen.²⁰² Haben die vertragsschließenden Parteien Ausführungsfristen für die gesamte vergebene Bauleistung oder Einzelfristen für Leistungsteile als Vertragsfristen vereinbart, kommt dem Auftraggeber keinerlei Befugnis zu, zu Lasten des Unternehmers einseitig und abweichend ohne Rücksicht auf die Dispositionsbefugnis des Auftragnehmers über den Beginn und das Ende der Bauleistung mit verbindlicher Wirkung zu disponieren. Das **Dispositions- und Koordinationsrecht** des Auftraggebers, das sich aus § 4 Nr. 1 Abs. 1, 3 VOB/B ableitet, ermöglicht im Störungsfall lediglich die Anweisung an den Unternehmer, mit den Arbeiten nicht zu beginnen oder diese nicht fortzusetzen. Eine Befugnis zur Bestimmung eines vertraglich verbindlichen Termins für die Wiederaufnahme wie auch die Beendigung der Arbeiten lässt sich hieraus wegen der Sonderregelung in § 6 Nr. 1, Nr. 3 und 4 VOB/B nur bei Beachtung dieser Behinderungsregeln und des Dispositionsrechts des Auftragnehmers herleiten. Diese Behinderungsregeln sind einschlägig, weil eine Behinderung vorliegt, wenn ein Bauzeitenplan vertraglich vereinbart worden ist, aber der Auftraggeber dem Auftragnehmer neue Ausführungszeiten deshalb benennt, weil z. B. die Vorgewerke oder beizustellende Ausführungspläne nicht rechtzeitig fertig geworden sind.²⁰³ Auch die berechtigte Einstellung der Leistung nach den Regeln aus § 648 a deshalb, weil der Auftraggeber eine mit Recht geforderte Sicherheitsleistung nicht stellt, erweist sich als eine Behinderung mit Auswirkung auf den vertraglich vereinbarten Bauzeitenplan.²⁰⁴ Eine in einem solchen oder ähnlich gelagerten Fall einseitig vom Auftraggeber genannte Ausführungszeit ist nicht verbindlich, es sei denn, dieser Termin würde sich bei Anwendung der aus § 6 Nr. 2 bis 4 VOB/B und der Unternehmerdispositionsbefugnis folgenden Regeln – zufällig – ebenfalls ergeben.

### 2. Dispositionsrecht des Auftraggebers kraft Ermächtigung

Ein einseitig ausübbares Dispositionsrecht steht dem Auftraggeber auch dann zu, wenn die Parteien dies im Vertrag gemäß § 315 BGB so vorgesehen haben. So kann der Auftraggeber vertraglich ermächtigt werden, den Beginn der Ausführungsfrist festzulegen, was z. B. dann der Fall ist, wenn die Leistung „**auf Abruf**" erfolgen soll. Diese Terminsbestimmung auf Abruf begründet eine Vertragsfrist.²⁰⁵ Dasselbe gilt, wenn im Bauvertrag ein verbindlicher Bauzeitenplan vorgesehen ist, den der Auftraggeber nachliefern soll. Dann ist dem Besteller ein Bestimmungsrecht nach Maßgabe von §§ 315, 316 BGB zugestanden.²⁰⁶ Gleiches gilt bei einer Formel: „Die Arbeiten sind in der Zeit zu beginnen und zu beenden, wie bei oder nach Auftragserteilung schriftlich mitgeteilt wird."

**103**

### 3. Dispositionsrecht kraft Ermächtigung und § 5 Nr. 2 VOB/B

Hierdurch wird der dem Unternehmer bei Fehlen einer vertraglich vereinbarten Frist für den Beginn der Ausführung an sich nach § 5 Nr. 2 Satz 2 VOB/B durch die 12-Werktagesfrist zukommende Schutz unterlaufen. In entsprechender Anwendung von § 5 Nr. 2 Satz 1 VOB/B muss dem Auftragnehmer umso mehr ein Auskunftsanspruch zugebilligt werden. Im Übrigen ist sehr die Frage, ob ein dermaßen umschriebenes Abrufrecht des Auftraggebers oder seines Planers bei dessen Ausübung nicht doch der Berücksichtigung der **12-Werktagesfrist** nach § 5 Nr. 2 Satz 2 VOB/B bedarf, anderenfalls dem Auftragnehmer diese Zeitspanne als Bauvorbereitungszeit zusteht. Denn das vertraglich zu Gunsten des Auftraggebers vereinbarte Bestimmungsrecht zur Festlegung des Beginns der Ausführungen ändert nichts daran, dass zum Zeitpunkt des Vertragsschlusses die Fristbestimmung fehlt, was den Schutzbedarf des Unternehmers aktualisiert. Anderseits führt eine völlige Unterwer-

**104**

---

²⁰² *Daub/Piel/Soergel/Steffani* ErlZ A 11.51.
²⁰³ *Ingenstau/Korbion/Döring* VOB/B § 6 Nr. 2 Rdn. 6; OLG Köln BauR 1986, 582 = NJW 1986, 71.
²⁰⁴ *Schulze-Hagen* BauR 2000, 35.
²⁰⁵ *Nicklisch/Weick* VOB/B § 5 Rdn. 6; *Ingenstau/Korbion/Döring* VOB/B, § 5 Nr. 1–3 Rdn. 12; *Kapellmann/Messerschmidt/Langen* B, § 5 Rdn. 68.
²⁰⁶ *Staudinger/Peters* 2003 § 633 Rdn. 126.

fung derartiger Bestimmungsrechte unter den Regelungsgehalt des § 5 Nr. 2 VOB/B zu deren Überflüssigkeit. Ein Abrufrecht oder eine Abrufobliegenheit kommt dem Auftraggeber nämlich bereits nach § 5 Nr. 2 VOB/B bei fehlender vertraglicher Festlegung eines Ausführungstermins zu.

## E. Ausführungsfristen, Planungsbedarf und Dispositionsbefugnisse

### I. Regelungsinhalt des § 5 VOB/B

#### 1. Überblick

105   § 5 VOB/B mit der Überschrift „Ausführungsfristen" beschreibt überwiegend Pflichten des Auftragnehmers (Nr. 1 Satz 1; Nr. 2 Satz 2 und Satz 3; Nr. 3) und seltener Pflichten des Auftraggebers (Nr. 2 Satz 1). Rechtswahlmöglichkeiten räumt dem Auftraggeber die Nr. 4 ein. Die genannten Pflichtenkreise der Baubeteiligten haben unterschiedlichen Rechtscharakter, einige sind als Hauptleistungspflichten (Nr. 1 Satz 1; Nr. 3), andere als Nebenpflichten einzustufen (Nr. 2 Satz 1 und Satz 3). Die Nr. 1 Satz 2 enthält hinsichtlich der in einem Bauzeitenplan enthaltenen Einzelfristen eine Auslegungsregel (nicht eine Fiktion).

#### 2. Leistungszeit nach BGB und VOB/B

106   Die in § 5 Nr. 1 VOB/B niedergelegte Verpflichtung des Auftragnehmers setzt voraus, dass der Bauvertrag Vertragsfristen enthält. Anders als das BGB, das in § 271 eine Hilfsregel für den Fall bestimmt, dass es an einer ausdrücklichen oder den Umständen entnehmbaren Leistungszeitbestimmung fehlt, geht die VOB/B in erster Linie von vertraglich vereinbarten Ausführungsfristen aus.[207] Die Bedeutung einer vertraglich abgesicherten Zeitplanung wird dadurch betont. Das entspricht der Notwendigkeit, einen Vorgang, an dem eine Vielzahl von Planern und Bauschaffenden beteiligt sind, nicht nur fachlich, sondern auch zeitlich zu koordinieren.

### II. Ablaufplanung des Auftraggebers und des Auftragnehmers

107   Der Projekt- und Bauleiter des Auftraggebers bedarf zur Verwirklichung des Projekts in dem vom Auftraggeber vorgesehen Zeitrahmen eines Ablaufplanes. Der Terminplan muss alle Leistungen so exakt und in der gebotenen Tiefe in Abstimmung mit den Beteiligten erfassen, dass gleichsam ein **„Fahrplan"** entsteht.[208] In diesem Rahmen bilden die Ausführungsfristen als Vertragsfristen einen feststehenden Rahmen als bauherrnseitiges Bemessungsergebnis, das dem Unternehmer in Gestalt eines graphischen oder tabellarischen Bauzeitenrahmenplanes überlassen wird.[209] Die so vertraglich vorgegebene Bauzeit wird neben anderen Randbedingungen – wie Bauraum, konstruktiv-technologische Zwangspunkte, vom Gedanken des Kostenminimums geprägte kostengünstige Verfahren,[210] Qualitätsanforderungen, Zeitreserven[211] – zu einem **Bestimmungsfaktor** für die Ablaufplanung des Auftragnehmers.[212] Diese Ablaufplanung des Unternehmers enthält neben fachlich-technischen Aspekten[213] auch Zeitelemente: Denn zur Darstellung einer Bauablaufplanung aus der Sicht des Auftragnehmers gehören neben Termins- bzw. Vorgangslisten mit Angaben

---

[207] *Heiermann/Riedl/Rusam* VOB/B § 5 Rdn. 2.
[208] Vgl. *Klärner/Schwörer* Qualitätssicherung im schlüsselfertigen Bauen S. 24.
[209] *Agh-Ackermann/Kuen* S. 100, 101.
[210] *Agh-Ackermann/Kuen* BauR 1993, 655, 657.
[211] *Schiffers* Jahrbuch Baurecht 1998, 292, 293.
[212] *Bauer* Baubetrieb S. 466.
[213] *Bauer* Baubetrieb S. 464, 465.

E. Ausführungsfristen, Planungsbedarf und Dispositionsbefugnisse **Vor § 5**

über den frühesten bzw. spätesten Anfang und dem frühesten bzw. spätesten Ende ein Balkenplan, Netzpläne oder Zeit-Weg-Diagramme bzw. Taktpläne.[214]

Stehen unter wirtschaftlichen Erfolgsgesichtspunkten Auftraggeber und Auftragnehmer **108** vor der Notwendigkeit einer termingerechten Leistungserfüllung, haben sowohl der Auftraggeber als auch der Unternehmer für einen planmäßigen **Einsatz aller Produktionsfaktoren** auf der Baustelle zu sorgen.[215] Das schließt die Erstellung eines Zeitplanes durch den Auftraggeber ein, um das dem Unternehmer grundsätzlich zustehende Dispositionsrecht einzugrenzen.[216] Denn der Auftraggeber hat grundsätzlich keinen Anspruch darauf, dass der Auftragnehmer seinen Zeitplan, den sich dieser innerhalb des durch den Vertrag gesetzten zeitlichen und räumlichen Rahmens auf Grund der ihm nach § 4 Nr. 2 VOB/B zukommenden Disposition erstellt hat, abändert.[217] Im Gegenteil darf der Auftragnehmer innerhalb der vertraglich vereinbarten Fristen seine Ablaufplanung frei vornehmen, soweit diese Disposition mit Rücksicht auf die sonstigen Umstände gerechtfertigt ist.

Der Unternehmer hat bei einer VOB/BA-Vergabe nach dem Formular EFB-Preis 1 a des **109** Vergabehandbuchs des Bundes bei den Angaben zur Kalkulation mit vorbestimmten Zuschlägen unter Ziff. 3.1 hinsichtlich der eigenen Lohnkosten die Gesamtstunden anzugeben und mit dem Verrechnungslohn zu multiplizieren. Dasselbe gilt nach dem Formular EFB-Preis1 b nach Ziff. 2.1 bezüglich der Angaben zur Kalkulation über die Endsumme. Wie der Auftragnehmer innerhalb vereinbarter Beginn- und Endfristen diese Gesamtstundenanzahl verteilt, ist grundsätzlich Gegenstand seiner technischen und ablauf-organisatorischen Leitungsbefugnis. Diese Befugnis wird zwingend durch vertraglich vereinbarte Einzelfristen eingeschränkt und ist auch sonst nur dann beachtlich, wenn davon sachlich berechtigt Gebrauch gemacht wird. Sehen nämlich der dem Auftragnehmer überlassene Ablaufplan oder sonstige Vertragsunterlagen die Abhängigkeit anderer Leistungen von dessen Leistungsstand vor (vgl. DIN 19299 Abschnitt 0.2.1), schränkt dies die Dispositionsbefugnis des Auftragnehmers ein. Diese hat auch Erfahrungswerte hinsichtlich der Baustellenbesetzung zu berücksichtigen, die eine wirtschaftliche Abwicklung einer Baumaßnahme gewährleisten. Ansonsten definiert der Auftragnehmer die innerhalb der Vertragsfrist vorzunehmenden Arbeitsschritte nach Verlauf und Intensität.[218] Einschränkungen gibt es auch durch § 5 Nr. 3 VOB/B.[219] Greift der Auftraggeber in die vertragskonform getroffene Unternehmerdisposition ein, liegt ein Fall der Behinderung vor. Dieser wird unter Bauzeitgesichtspunkten durch § 6 VOB/B eigenständig und gerade nicht nur entsprechend der Auftraggeberdisposition geregelt.

### III. Planungs- und Bauzeit, Ausführungsfristen

#### 1. Planung der Planungs- und Bauzeit

Aufgabe der Baubeteiligten ist es, die für die Realisation eines Projekts benötigte und zur **110** Verfügung stehende Zeit durch das Aufstellen von Terminplänen (Ablaufplänen) zu bestimmen und damit die Einhaltung des **Zeitrahmens** zu kontrollieren. Grundlage ist § 4 Nr. 1 VOB/B: Wesentlicher Inhalt des dort enthaltenen Gebots, das Zusammenwirken der verschiedenen Unternehmer zu regeln, ist auch die zeitliche Abstimmung.[220]

---

[214] *Olshausen* FS Korbion S. 323, 329; *Langen/Schiffers* Bauplanung und Bauausführung Rdn. 52, 56.
[215] *Olshausen* FS Korbion S. 323.
[216] Vgl. *Ägh-Ackermann/Kuen* S. 112.
[217] Vgl. *Ägh-Ackermann/Kuen* S. 50, 51; BGH NJW 1966, 971.
[218] *Kapellmann/Schiffers* Vergütung Nachträge und Behinderungsfolgen beim Bauvertrag Band 1, 5. Aufl., Rdn. 1203.
[219] *Schiffers* Jahrbuch Baurecht 1998, 286.
[220] *Heiermann/Riedl/Rusam* VOB/B § 4 Rdn. 7; *Ingenstau/Korbion/Oppler* VOB/B § 4 Nr. 1 Rdn. 9; *Kapellmann/Messerschmid/Merkens* VOB/B § 4 Rdn. 8.

**Vor § 5**  Vorbemerkung § 5. Ausführungsfristen

111 **a) Planungsmittel nach Baumanagementgesichtspunkten.** Als Mittel stehen auf der Auftraggeberseite unter Baumanagementgesichtspunkten betrachtet je nach Schärfegrad verschiedene Ablaufplanarten zur Verfügung. Aus der Sicht des Auftraggebers spricht man von einer projektorienteren Terminplanung.[221] Mit dem Generaltermin- oder **Generalablaufplan** werden die Termine für die wesentlichen Planungs- und Ausführungsphasen vorgegeben; der Grobtermin- oder **Grobablaufplan** liefert die voraussichtlichen Vertragstermine und damit die Termine für die Ausschreibungsphase der Gewerke.[222] Auf dieser Ebene sind nach *Nolte*[223] unter zeitlichen Gesichtspunkten Erkenntnisse über den voraussichtlichen Ausführungsbeginn und das voraussichtliche Ausführungsende wie auch über mögliche Ausführungsfristen zu erwarten. Wenn nach diesen von Projektsteuerungsaspekten geprägten Erwägungen dann im **Detailterminplan** zeitlich den Vergaben folgend Detailabläufe durch Abstimmen und Festlegen der Termine für die einzelnen Leistungen erarbeitet werden, ist die rechtliche Grundlage zweifelhaft. Denn § 5 Nr. 1 Satz 1 VOB/B setzt als Ergebnis der Vereinbarung zwischen dem Auftraggeber und dem Auftragnehmer verbindliche Fristen (Vertragsfristen) voraus. Bloß voraussichtlichen Vorgaben zum Ausführungsbeginn und zum Ausführungsende wie auch lediglich möglichen Ausführungsfristen geht mangels gebotener Bestimmtheit die Qualität als Vertragsfrist gerade ab.[224]

112 **b) Verbindliche Vertragsfristen, Flexibilität und § 5 Nr. 2 VOB/B.** Die technische Sicht behält sich im Rahmen des Grobterminplans, aus dem sich die voraussichtlichen Vertragstermine der Unternehmerleistungen ergeben, demgegenüber Flexibilität vor, die vertragsrechtlich ohne Einvernehmen der Vertragsparteien oder sonstige vertragliche Regelungsmechanismen wegen der definitiven Festlegung in § 5 Nr. 2 VOB/B nicht mehr herstellbar ist. Denn bei Fehlen einer vertraglich verbindlichen Frist für den Beginn der Ausführung wird danach der Beginn der Ausführung durch den dort geregelten Abruf samt 12-werktägiger Vorbereitungsfrist vorgegeben. Das Dilemma wird auch von *Olshausen*[225] offen gelegt, wenn ausgeführt wird, dass ein übersichtlicher Grobterminplan des Auftraggebers und ein detaillierter Bauablaufplan des Unternehmers die Voraussetzungen für eine ordnungsgemäße Bauausführung darstellen und deshalb entsprechend der HOAI und im Sinne der VOB/B verbindlich vorgeschrieben sein sollten. Denn begründet der Grobablaufplan nicht mehr als Daten zum voraussichtlichen Ausführungsbeginn und -ende wie zur möglichen Ausführungsfrist, wird die zwingende Rechtsfolge des § 5 Nr. 2 VOB/B nicht ausgeschlossen. Mit dieser ist aber, von § 5 Nr. 2 Satz 2 VOB/B abgesehen, zeitliche Abschätzbarkeit der Durchführung der Maßnahme gerade nicht verbunden.

113 **c) Rückgriff auf § 10 VOB/A.** Das dargestellte Problem kennzeichnet bereits § 10 VOB/A, indem hinsichtlich der Bauzeit in Nr. 4 und Nr. 5 der Vorschrift unterschiedliche Anforderungen an den Auftraggeber als Ausschreibenden gestellt werden. Nach § 10 Nr. 5 Abs. 2 lit. b VOB/A sind in dem Anschreiben etwaige Bestimmungen über die Ausführungszeit anzugeben. § 10 Nr. 4 Abs. 1 lit. d VOB/A empfiehlt demgegenüber, Ausführungsfristen gem. § 11 VOB/A, § 5 VOB/B in den Zusätzlichen Vertragsbedingungen oder in den Besonderen Vertragsbedingungen zu regeln. Angaben zur Ausführungszeit liegen schon dann vor, wenn zeitliche Richtpunkte, auch in jahreszeitlicher Hinsicht, vorgegeben werden,[226] während für Ausführungsfristen im Sinne von § 11 VOB/A und § 5 VOB/B verbindliche Vertragsfristen verlangt werden, die den Geboten der Klarheit und Bestimmtheit genügen müssen.[227]

---

[221] *Langen/Schiffers* Bauplanung und Bauausführung Rdn. 43.
[222] Vgl. Seminar Terminplanung und -kontrolle (Fn. 23), Abschnitt A, Seminar A 3, Referent *Nolte* S. 3 ff.
[223] Seminar Terminplanung und -kontrolle (Fn. 23), Abschnitt A, Seminar A 3, S. 4.
[224] → § 5 Nr. 1 Rdn. 8.
[225] In FS Korbion S. 323, 327.
[226] *Ingenstau/Korbion/Kratzenberg* A § 10 Rdn. 55.
[227] *Kleine-Möller/Merl/Mai/Merl* § 13 Rdn. 124, 125; *Ingenstau/Korbion/Döhring* VOB/B § 5 Rdn. 2 ff.; *Vygen/Schubert/Lang* Rdn. 37; *Heiermann/Riedl/Rusam* VOB/B § 5 Rdn. 4.

E. Ausführungsfristen, Planungsbedarf und Dispositionsbefugnisse          Vor § 5

**d) Beratungsaufgabe des Objektplaners.** Den Objektplaner, dem in den Leistungs- 114
bildern des § 15 oder § 55 HOAI die Vorbereitung und die Mitwirkung bei der Vergabe,
und damit die Leistungsphasen 6 und 7 beauftragt worden sind, trifft folglich eine Beratungsaufgabe: Nur verbindliche Fristen (Vertragsfristen) nach § 5 Nr. 1 Satz 1 VOB/B schränken
das Dispositionsrecht des Auftragnehmers ein, führen aber andererseits auch dazu, dass der
Auftraggeber seinen Mitwirkungspflichten aus §§ 3, 4 VOB/B zeitgerecht nachkommen
muss, um leicht feststellbare Behinderungstatbestände zu vermeiden. Werden Vertragsfristen
wegen der damit verbundenen Festlegungsrisikos vermieden, führt dies notwendig zur
Anwendung von § 5 Nr. 2 VOB/B, womit die Feinabstimmung dem Auftraggeber unter
Berücksichtigung der dem Auftragnehmer zukommenden Dispositionsfrist von 12 Werk-
tagen obliegt. Als dritter Weg bietet sich an, zu Gunsten des Auftraggebers vertraglich ein
Bestimmungsrecht oder vorzusehen, dass sich die Parteien später einvernehmlich über die
Bauzeit einigen.[228] Auch eine solche einseitig durch Abruf erfolgende Terminsbestimmung
begründet eine Vertragsfrist.[229]

## 2. Ausführungsfristen

§ 5 VOB/B enthält mit seiner Überschrift „Ausführungsfristen" Fristen unterschiedlichen 115
Rechtscharakters. Nur die Vertragsfristen binden den Unternehmer in seiner Dispositionsbefugnis, halten ihm diese aber innerhalb der Ausführungsfrist offen.[230] **Einzelfristen**
schränken dieses unternehmerische Dispositionsrecht nicht ein, solange diese keine Vertragsfristen sind.[231] In einem Bauzeitenplan enthaltene Einzelfristen gelten nach § 5 Nr. 1 Satz 2
VOB/B nur dann als Vertragsfristen, wenn dies im Vertrag ausdrücklich bestimmt ist.
Derartige Einzelfristen ohne Vertragsfristencharakter dienen der Terminüberwachung und
können Anlass für einen Eingriff in die Unternehmerdisposition durch den Auftraggeber
nach Maßgabe des § 5 Nr. 3 VOB/B bilden, wenn in Folge der Nichtbeachtung der Einzelfristen die Ausführungsfristen offenbar nicht eingehalten werden können.

---

[228] *Vygen/Schubert/Lang* Rdn. 28; *Nicklisch/Weick* VOB/B § 5 Rdn. 6.
[229] *Nicklisch/Weick* VOB/B § 5 Rdn. 6; *Kleine-Möller/Merl/Mai/Merl* § 13 Rdn. 128.
[230] Staudinger/*Peters* 2003, § 633 Rdn. 121, 130; *Kapellmann/Masserschmidt/Langen* VOB/B § 5 Rdn. 78.
[231] A. A. Staudinger/*Peters* 2003, § 633 Rdn. 121; wie hier *Vygen/Schubert/Lang* Rdn. 34.

## § 5 Nr. 1

### § 5 Nr. 1 [Vertragsfristen und Einzelfristen]

Die Ausführung ist nach den verbindlichen Fristen (Vertragsfristen) zu beginnen, angemessen zu fördern und zu vollenden. In einem Bauzeitenplan enthaltene Einzelfristen gelten nur dann als Vertragsfristen, wenn dies im Vertrag ausdrücklich vereinbart ist.

**Literatur:** Siehe die Hinweise → Vor § 5.

### Übersicht

| | Rdn. |
|---|---|
| A. Allgemeines | 1–6 |
| B. Vertragsfristen | 7–29 |
|   I. Termine und Ausführungsfristen | 8 |
|     1. Termine | 8 |
|     2. Ausführungsfristen | 12 |
|     3. Bemessung von Terminen und Ausführungsfristen | 14 |
|     4. Vorteile einer kalendermäßigen Bestimmung | 22 |
|   II. Vereinbarung von Vertragsfristen | 23 |
|     1. Individualvertragliche Vereinbarungen | 24 |
|     2. Ausübung eines vertraglich vereinbarten Dispositionsrechts | 25 |
|     3. Bestimmungen in Allgemeinen Geschäftsbedingungen | 29 |
| C. Einzelfristen | 37–59 |
|   I. Regelung nach § 11 Nr. 2 VOB/A | 38 |
|   II. Einzelfristen als Kontrollfristen oder Vertragsfristen | 43 |
|   III. Einzelfristen und Bauzeitenplan | 44 |
|     1. Bauzeitenplan des Auftraggebers | 45 |
|     2. Bauzeitenplan des Auftragnehmers | 49 |
|     3. Bauzeitenplan des Auftragnehmers und § 5 Nr. 1 Satz 2 VOB/B | 54 |
|   IV. Einzelfristen als Vertragsfristen | 56 |
|     1. Ausdrückliche und konkludente Vereinbarung | 57 |
|     2. Bestimmungen in Allgemeinen Geschäftsbedingungen | 58 |
|   V. Einzelfristen und Fristeninhalt | 59 |
| D. Rechtsfolgen aus Vertragsfristen (§ 5 Nr. 1 Satz 1 VOB/B) | 60–77 |
|   I. Verpflichtung zum Beginn mit der Ausführung | 61 |
|     1. Ausführungsfrist und Bauvorbereitung | 62 |
|     2. Bauvorbereitungsstadium und Ausführungsstadium | 63 |
|     3. Vertraglicher Festlegungsbedarf | 66 |
|     4. Hinderungsgründe | 67 |
|     5. Anzeige des Beginns der Ausführung | 70 |
|   II. Verpflichtung zur Vollendung der Ausführung | 71 |
|   III. Förderungspflicht | 75 |
|     1. Pflichten- und Anspruchssituation | 76 |
|     2. Dispositionsrecht des Auftragnehmers | 77 |
| E. Fehlen von Vertragsfristen | 79–81 |
|   I. Fehlen einer Vereinbarung | 79 |
|   II. Wegfall der Vertragsfrist | 81 |
|   III. Verzug mit der Bauausführung | 82 |
| F. Änderung und Verschiebung von Vertragsfristen | 84–89 |
|   I. Auf Grund einvernehmlicher Vereinbarung | 84 |
|   II. Einseitige Änderungen und Verschiebungen | 88 |
| G. AGB-Konformität des § 5 Nr. 1 VOB/B | 90 |

## A. Allgemeines

**1** Die Regelung ist im Rahmen der Fassungen der VOB/B 2000, 2002 und 2006 unverändert geblieben. Sie belegt, dass der Auftraggeber trotz der Erfolgsorientierung des Werkvertrags und der Subsidiarität der Tätigkeitspflicht[1] einen Anspruch auf Tätigwerden zu dem vereinbarten Zeitpunkt (Beginn) und mit der gebotenen Intensität (Förderung) hat. Die Nr. 1 regelt in den Sätzen 1 und 2 unterschiedliches. Der **Satz 1**, wonach die Ausführung nach den verbindlichen Fristen (Vertragsfristen) zu beginnen, angemessen zu fördern und zu

---
[1] Staudinger/*Peters* 2003, § 631 Rdn. 14, 15.

Vertragsfristen und Einzelfristen § 5 Nr. 1

vollenden ist, verschafft dem Auftraggeber Erfüllungsansprüche. Satz 1 ist die Anspruchsgrundlage für das Begehren auf zeitgerechten **Beginn,** die angemessene **Förderung** und die zeitgerechte **Vollendung.** Die näheren Voraussetzungen für das Vorliegen derartiger Vertragsfristen bestimmt die Regel nicht. Die Nr. 3 ergänzt und konkretisiert die Voraussetzungen für den Anspruch auf angemessene Förderung unter Berücksichtigung des dem Unternehmer zustehenden Dispositionsrechts. Diesem Recht aus § 4 Nr. 2 VOB/B würde nämlich unter zeitlich-organisatorischen Aspekten der Untergang drohen, wenn der Auftraggeber den Anspruch auf angemessene Förderung allein auf der Basis von § 5 Nr. 1 Satz 1 VOB/B und damit relativ voraussetzungslos durchsetzen könnte.

**Satz 2** enthält trotz seiner einer Fiktion angenäherten Formulierung (gelten) eine **Auslegungsregel.** Ohne ausdrückliche Regelung, dass in einem Bauzeitenplan enthaltene Einzelfristen Vertragsfristen sein sollen, fehlt diese Rechtsqualität. 2

Die Ansprüche auf Beginn, angemessene Förderung und auf Vollendung setzen das Vorliegen von Vertragsfristen voraus. 3

Nur § 5 Nr. 1 VOB/B befasst sich mit den Fristen; die Verknüpfung mit § 11 VOB/A ist zu beachten. Was unter einer Frist zu verstehen ist, wie ihr Beginn und ihr Ende zu bestimmen sind, regelt sich nach §§ 186 ff. BGB. Dabei wird unter **Frist** ein abgegrenzter, also bestimmter oder jedenfalls bestimmbarer Zeitraum begriffen.[2] 4

Die **Ausführungsfristen** gliedern sich in **Vertragsfristen** und in **Einzelfristen,** denen Vertragsfristenqualität gem. Satz 2 nur unter besonderen Voraussetzungen zukommt. 5

Vertragsfristen haben den Beginn und das Ende und damit nach dem Leistungsinhalt gewerkebezogen die **gesamte Bauleistung** zum Gegenstand, wogegen eine Einzelfrist lediglich einen **Leistungsteil** aus dem beauftragten Gesamtwerk betrifft.[3] Knüpfen die Hauptpflichten, mit der Ausführung zu beginnen und die Leistungen zu vollenden, an den Vertragsfristen an, liegen solche Fristen notwendig vor, wenn sie den Beginn und das Ende der Bauleistung regeln. Die Gesamtleistung betreffende Anfangs- und Endfristen sind immer Vertragsfristen nach § 5 Nr. 1 Satz 1 VOB/B.[4] 6

## B. Vertragsfristen

Vertragsfristen sind die verbindlichen Fristen. Nach § 5 Nr. 1 Satz 1 VOB/B liegt eine **Vertragsfrist** vor, wenn die Parteien einen Termin für den Beginn und das Ende der Arbeiten vereinbart haben. Dasselbe gilt bei Festlegung des Beginns und einer Ausführungsfrist.[5] Hat die Vereinbarung lediglich eine **Ausführungsfrist** für die Gesamtleistung zum Gegenstand, ohne dass eine Bestimmung hinsichtlich des Beginns getroffen wird, liegt zwar gleichfalls eine Vertragsfrist vor; da aber für den Beginn der Ausführung eine Fristvereinbarung fehlt, ist für die Aufnahme der Arbeiten die Regelung nach § 5 Nr. 2 VOB/B einschlägig.[6] 7

### I. Termine und Ausführungsfristen

#### 1. Termine

Unter einem Termin für den Beginn oder das Ende der Gesamtbauleistung ist ein bestimmter Zeitpunkt zu verstehen, an dem die Bautätigkeit aufgenommen oder beendet 8

---

[2] Palandt/*Heinrichs* § 186 Rdn. 3.
[3] *Daub/Piel/Soergel/Steffani* ErlZ A 11.15; *Kapellmann/Messerschmidt/Langen* VOB/B § 5 Rdn. 20; Beck'scher-VOB-Komm/*Motzke* A, § 11 Rdn. 54.
[4] Ingenstau/Korbion/*Döring* VOB/B § 5 Nr. 1–3 Rdn. 2, 4.
[5] *Daub/Piel/Soergel/Steffani* ErlZ A 11.30.
[6] *Daub/Piel/Soergel/Steffani* ErlZ A 11.31.

## § 5 Nr. 1 Vertragsfristen und Einzelfristen

werden soll.[7] Das notwendige **Bestimmtheitsgebot** darf nicht durch „Unverbindlichkeitsformeln", wie z. B. cirka, etwa, ungefähr aufgeweicht werden.[8] Cirka-Termine sind ebenso wenig Vertragstermine wie „Sollens-Termine". Die Formel, mit den Leistungen **soll** am 8. 3. 2006 begonnen werden, bringt Unbestimmtheit und nicht Bestimmtheit zum Ausdruck. Sollensfristen sind auch in Verbindung mit exakten Terminsangaben keine Vertragsfristen im Sinne von § 5 Nr. 1 VOB/B.[9] Auch folgende Formel kennzeichnet Unbestimmtheit: „Mit dem Arbeitsbeginn ist ab 8. 1. 1955 zu rechnen, falls die Witterung die Fortführung der Arbeiten zulässt."[10] Eine solche Vereinbarung beinhaltet der Sache nicht mehr als die Bekanntgabe des voraussichtlichen Beginns der Ausführung im Sinne von § 5 Nr. 2 Satz 1 VOB/B.

9   Fehlt der Festlegung für den Beginn der Arbeiten die notwendige Bestimmtheit, kommt zwingend **§ 5 Nr. 2 VOB/B** zur Anwendung.

10   Ausreichende Bestimmtheit ist gesichert, wenn für den Beginn die 43. Kalenderwoche und für das Ende die 48. Kalenderwoche vorgesehen ist. Hinsichtlich des Beginns liegt in einem solchen Fall ein dem Auftraggeber konkludent eingeräumtes Abruf- und Dispositionsrecht vor: Der Auftraggeber hat nach **§ 315 BGB** die Möglichkeit, binnen kurzem – ohne Einhaltung der 12-Werktagesfrist nach § 5 Nr. 2 Satz 2 VOB/B – den Beginn auf einen der Werktage innerhalb der 43. Kalenderwoche festzulegen. Die Vereinbarung einer **Zeitspanne** (z. B. eine bestimmte Kalenderwoche) als Frist für den Beginn macht die Ausübung der dem Auftraggeber nach § 4 Nr. 1 VOB/B zukommenden Dispositionsbefugnis unbedingt notwendig, was so zwischen den Parteien auch gewollt ist. Denn die Vereinbarung des Beginns mit z. B. 43. Kalenderwoche soll gerade die notwendige **Flexibilität** für den Auftraggeber sichern, aber andererseits auch dem Unternehmer die gebotene Bauvorbereitung ermöglichen. Das **Abrufrecht**[11] wird auf die vereinbarte Spanne eingeschränkt und geht bei unterbliebener Ausübung innerhalb der vorgesehenen Spanne verloren. Der Tatbestand der Behinderung liegt vor.

11   Die Regeln für die Aufnahme der Arbeiten bestimmen sich dann nach § 6 Nr. 3 VOB/B. § 5 Nr. 2 VOB/B ist nicht mehr einschlägig.

### 2. Ausführungsfristen

12   Mit der Vereinbarung von Ausführungsfristen einigen sich die Parteien auf eine abgegrenzte, bestimmte oder jedenfalls bestimmbare Zeitspanne für die Vollendung der Arbeiten. Dies kann durch Termine für Anfang und Ende oder durch bloße Bestimmung der Leistungszeit in Tagen, Wochen, Monaten oder Jahren erfolgen. Entscheiden sich die Vertragspartner auf **Tage** als Zeiteinheit, sollte festgelegt werden, ob es sich um Werktage oder Arbeitstage handelt. Denn unter einem Werktag wird auch ein Samstag verstanden,[12] wobei Werktage auch Schlechtwettertage sind.[13] Arbeitstage sind demgegenüber nur Montag mit Freitag, jedoch gleichfalls unabhängig davon, ob wegen Schlechtwetters an manchen Tagen nicht gearbeitet werden kann. Sollen als Arbeitstage nur jene zählen, an denen witterungsbedingt der Einsatz möglich war, muss dies vereinbart werden. Denn ansonsten gilt als allgemeiner Grundsatz die Aussage in den Richtlinien des VHB (Stand 1. 2. 2006) zu § 11 VOB/A (Ziff. 2.3), wonach bereits bei der Bemessung der Ausführungsfrist eventuell witterungsbedingte Ausfalltage zu berücksichtigen sind.

13   Haben die Parteien eine Ausführungszeit von z. B. 3 Monaten beginnend ab Abruf vereinbart, begründet der Ablauf dieser 3-Monatsfrist, gerechnet ab dem Abruf, den Verzug

---

[7] Vgl. Palandt/*Heinrichs* § 186 Rdn. 4; VGH München NJW 1991, 1250.
[8] *Ingenstau/Korbion/Döring* VOB/B § 5 Nr. 1–3 Rdn. 3; *Heiermann/Riedl/Rusam* VOB/B § 5 Rdn. 4; *Kapellmann/Messerschmidt/Langen* VOB/B § 5 Rdn. 11; *Vygen* Bauvertragsrecht Rdn. 635.
[9] OLG Düsseldorf Schäfer/Finnern/Hochstein § 11 VOB/B Nr. 7.
[10] Diese Formel wird in BGHZ 50, 25 angeführt.
[11] Vgl. dazu *Nicklisch/Weick* VOB/B § 5 Rdn. 6; BGH NJW 1972, 99.
[12] BGH BauR 1978, 485 = NJW 1978, 2594.
[13] *Vygen* Bauvertragsrecht Rdn. 636.

des Auftragnehmers. § 286 Abs. 2 Nr. 2 BGB ist einschlägig, da Berechenbarkeit nach dem Kalender seit 1. 1. 2002 für den Eintritt des Verzugs auch ohne Mahnung ausreicht.[14] Der Verzug setzt damit im Gegensatz zur Rechtslage bis 31. 12. 2001 keine Mahnung durch den Auftraggeber voraus.[15]

### 3. Bemessung von Terminen und Ausführungsfristen

§ 5 Nr. 1 VOB/B besagt zur Bemessung von Terminen und Ausführungsfristen nichts. Empfehlungen enthält § 11 Nr. 1 VOB/A. Danach sind die Ausführungsfristen **ausreichend zu bemessen**. Konkretisierend bemerkt die Regelung, dass Jahreszeiten, Arbeitsbedingungen und etwaige besondere Schwierigkeiten zu berücksichtigen seien und genügend Zeit für die Bauvorbereitung zu gewähren sei. 14

Das **VHB** (Stand 1. 2. 2006) empfiehlt in den Richtlinien nach Ziff. 2.3 zu § 11 VOB/A bei der Bemessung der Ausführungsfristen zu berücksichtigen, welche **zeitliche Abhängigkeiten** von vorausgehenden und nachfolgenden Leistungen bestehen, zu welchem Zeitpunkt die zur Ausführung erforderlichen Unterlagen vom Auftraggeber zur Verfügung gestellt werden können, im welchem Umfang arbeitsfreie Tage – Samstage, Sonn- und Feiertage – in die vorgesehene Frist fallen und inwieweit mit Ausfalltagen durch Witterungseinflüsse während der Ausführungszeit normalerweise gerechnet werden muss. Kommen Wahl- oder Bedarfspositionen in Betracht, ist deren Einfluss auf die Ausführungsfrist zu beachten; eventuell sind Änderungen der Baufristen vorzusehen (Ziff. 3 der Richtlinie zu § 11 VOB/A). 15

Die Bemessung der Ausführungsfristen muss **realistisch und glaubhaft** erfolgen. Der Vertragsterminplan muss in seiner technischen und zeitlichen Abwicklung umsetzbar sein.[16] Beruhen die Ausführungsfristen bei Berücksichtigung eines normalen Ablaufs auf nicht realistischen Zeitvorgaben, liegt ein dem Auftraggeber zurechenbarer schuldhafter Planungsfehler des Architekten vor.[17] Dem Vertragsgegner muss eine Terminierung genannt werden, die auch bei üblichem, gerade nicht optimalen Baugeschehen eingehalten werden kann. Zudem ist es Sache des Auftraggebers, für angemessene **Puffer- oder Reservezeiten** im Bauzeitenplan zu sorgen, um Abwicklungsstörungen folgenlos für die weiteren Bauleistungen abfangen zu können.[18] 16

Dies kann dadurch geschehen, dass für die jeweiligen Gewerke Extremwerte wie „frühestmöglicher Beginn" und „spätestmögliches Ende" vorgesehen werden[19] oder die nach dem Ablaufplan vorgesehene Ende-Anfang-Beziehung produktionstechnisch nicht absolut zwingend deshalb ist, weil die Folgetätigkeit auch schon vor dem planungstechnischen Ende der vorhergehenden Leistung begonnen werden kann (versteckte Puffer).[20] Die Pufferzeit eröffnet die Möglichkeit, eine Einzeltätigkeit zu verzögern, ohne dass die Kette des Bauvorgangs insgesamt verzögert wird. Pufferzeiten sind entweder offene oder verdeckte Zeitreserven, die bei Bedarf ausgeschöpft werden können. Nach *Schiffers*[21] dokumentiert eine gute Terminplanung in Pufferzeiten vorgedachte Möglichkeiten, nun im Bedarfsfall auf sie zurückgreifen zu können. Deren Auflösung und damit die Änderung der bisherigen Ablaufstruktur muss der Auftragnehmer auch bei auftraggeberseitigen Behinderungen hinnehmen.[22] Einen finanziellen Ausgleich kann der Auftragnehmer hierfür nicht verlangen.[23] Diese Puffer sind 17

---

[14] Palandt/*Heinrichs* § 286 Rdn. 23.
[15] Vgl. *Vygen/Schubert/Lang* Rdn. 38.
[16] *Schubert* Seminar Bauverzögerung S. 85.
[17] OLG Köln BauR 1986, 582.
[18] *Vygen* Bauvertragsrecht Rdn. 662, 701; *Kapellmann/Schiffers* Band 1 Rdn. 1352; *Vygen/Schubert/Lang* Rdn. 269; *Vygen* BauR 1989, 387 ff.; *Ágh-Ackermann/Kuen* S. 103; *Schiffers* Jahrbuch Baurecht 1998, 275, 292, 293.
[19] *Ágh-Ackermann/Kuen* S. 103.
[20] *Kapellmann/Schiffers* Band 1 Rdn. 1262.
[21] In Jahrbuch Baurecht 1998, 275, 292, 293.
[22] *Schiffers* in Jahrbuch Baurecht 1998, 275, 304; → § 6 Nr. 3 Rdn. 3.
[23] *Kapellmann/Schiffers* Band. 1 Rdn. 1484.

nicht nur eine Ausgleichzeit für den Auftragnehmer und für von diesem gesetzte Behinderungen, wenn die Ablaufplanung vom Auftraggeber bzw. dessen Architekt stammt. Demnach sind Tätigkeiten mit Reservezeiten unkritisch und befinden sich damit auf dem unkritischen Weg.[24] Demgegenüber wird als **„kritischer Weg"** jene Verknüpfung bezeichnet, bei welcher die Verzögerung einer Tätigkeit die Zeit- und Abwicklungsstörung des gesamten Herstellungsvorganges bewirkt. Vorgänge zwischen Baubeginn und Bauende sind auf dem „kritischen Weg" wenn sie keine Pufferzeiten besitzen.[25] Diese Zusammenhänge bedeuten allerdings nicht, dass ein Planer in einem Bauzeitenplan keinerlei Vorgänge „auf dem kritischen Weg" vorsehen dürfte. Schon fachtechnische Zusammenhänge machen Zeitplanungen auf dem kritischen Weg notwendig. Der Planer ist jedoch bei Aufstellung eines Bauzeitenplanes grundsätzlich gehalten, sowohl in der Abfolge als auch in der jeweiligen Leistungsdauer alle Eventualitäten des Herstellungsvorganges zu berücksichtigen.[26] Das schließt ein, auch Pufferzeiten z. B. für Mängelbehebungsarbeiten im Erfüllungsstadium vorzusehen.[27]

**18** Allerdings ist es auch Aufgabe des Unternehmers in der **Angebotsphase,** die aus der vorgegebenen Bauzeit und dem Mengengerüst des Leistungsverzeichnisses unmittelbar ableitbaren erforderlichen Leistungskapazitäten und den Einsatz der erforderlichen Produktionsfaktoren zu prüfen.[28] Anhand von Leistungswerten der einzusetzenden Geräte und von Leistungsansätzen der vorgesehenen Arbeitskräfte ist zu kontrollieren, ob die in den Verdingungsunterlagen angeführte Bauzeit unter Berücksichtigung der für die Abfolge der Arbeiten geltenden Verknüpfungsregeln eingehalten werden kann.[29] Praktisch ist der Unternehmer gezwungen, bei zeitlichen Vorgaben in den Verdingungsunterlagen einen **groben Ablaufplan** zu erstellen, um unter Prüfung und Berücksichtigung der einzusetzenden Verfahren und sonstigen Bedingungen der Objektrealisierung die Möglichkeiten zur Einhaltung der vorgegebenen Bauzeit kontrollierend auszuloten.[30] Der Bieter/Unternehmer bildet sich anhand der im Leistungsverzeichnis vorhandenen Vorgaben die entsprechenden Vorgänge und weist diesen die dazu gehörigen Vorgangsdauern zu.[31]

**19** Die Vorgangsdauer gibt die Dauer der für die Ausführung einer Leistung erforderlichen Leistungszeit in Arbeitstagen an. Die Summe der Vorgangsdauern ergibt die Anzahl der Arbeitstage, jedoch jeweils unter der Voraussetzung einer bestimmten Baustellenbesetzung und einer bestimmten Arbeitsleistung je Person (Aufwandswert). Denn die Vorgangsdauer berechnet sich nach der im Leistungsverzeichnis im Vordersatz angegebenen Menge und dem für eine Einheit erforderlichen Aufwandswert. Unter einem solchen Aufwandswert ist die Arbeitszeit zu verstehen, die eine Person für die Herstellung einer nach dem Leistungsverzeichnis beschriebenen Leistungseinheit benötigt (z. B. Verlegen von einem Quadratmeter des beschriebenen Parketts).[32] Dieser Aufwandswert wird mit der Leistungsmenge multipliziert, was die erforderliche Gesamtstunden für die Leistung ergibt. Dividiert man diese Gesamtstunden durch das Produkt aus der je Arbeitstag beschäftigten Personen mit der Stundenanzahl je Arbeitstag, ergibt sich die Vorgangsdauer. Die vom Auftragnehmer in der Angebotsabgabe nach den Grundsätzen des Vergabehandbuch für die Durchführung von Bauaufgaben des Bundes im Zuständigkeitsbereich der Finanzbauverwaltungen (VHB) nach dem Formular EFB-Preis 1a oder EFB-Preis 1b jeweils anzugebenden Gesamtstunden der Bauleistung ergeben sich aus der Summe der Aufwandswerte multipliziert jeweils mit dem

---

[24] *Ágh-Ackermann/Kuen* S. 127, 128.
[25] *Ágh-Ackermann/Kuen* S. 127; *Roquette* Jahrbuch Baurecht 2002, 40.
[26] *Ágh-Ackermann/Kuen* S. 103.
[27] *Vygen* Bauvertragsrecht Rdn. 702.
[28] *Olshausen* FS Korbion S. 323, 326.
[29] Vgl. *Schubert* Seminar Bauverzögerung S. 86.
[30] Vgl. zu solchen Ablaufplänen des Unternehmers *Bauer* Baubetrieb S. 465 ff.; *Olshausen* FS Korbion, S. 323, 329; *Klärner/Schwörer* Qualitätssicherung im schlüsselfertigen Bauen S. 25.
[31] *Schiffers* in Jahrbuch Baurecht 1998, 275, 278/279; *Kapellmann/Schiffers* Vergütung Nachträge und Behinderungsfolgen beim Bankvertrag Band 1 Rdn. 42.
[32] *Kapellmann/Schiffers* Band 1 Rdn. 42; *Langen/Schiffers* Bauplanung und Bauausführung Rdn. 29.

Produkt aus der jeweiligen Baustellenbesetzung und der Arbeitsstundenanzahl pro Arbeitstag. Auf diese Weise kann der Bieter darüber befinden, ob und unter welchen Voraussetzungen die in den Vergabeunterlagen angegebene Ausführungsfrist eingehalten werden kann. Dieser Vorgang ist freilich mit Unsicherheiten behaftet, weil der Aufwandswert ein – allerdings aus Erfahrung – angenommener Wert ist, der nicht mit den konkreten Produktionsgegebenheiten identisch sein muss.[33] Trotz vorhandener Dateien über Zeitverbrauchsparameter und Aufwandswerte[34] handelt es sich demnach um prognostische Einschätzungen.[35]

Der Unternehmer ist als Bieter gehalten, auf unter zeitlichen Abwicklungsgesichtspunkten bestehende Bedenken aufmerksam zu machen. Anderenfalls erweckt er den Eindruck, dass bei wirtschaftlich und technisch sinnvollem Personal- und Geräteeinsatz nach dem vom Unternehmer als am kostengünstigsten angestrebten Ablaufmodell der Fließfertigung die Einhaltung der Bauzeit möglich ist.[36] Denn der Ausnützungsgrad und der Beschäftigungsgrad bestimmen zusammen mit dem Leistungsfaktor die unternehmerische Ablauf- und Kostenplanung.[37] Eingeschlossen ist die Prüfung, wie viel Zeit neben den Vorbereitungsarbeiten einschließlich der Baustelleneinrichtung für die eigentlichen objektfördernden Tätigkeiten an der Baustelle selbst zur Verfügung steht.[38] Bietet der Unternehmer auf ein Leistungsverzeichnis hin an, das auch bestimmte Ausführungsfristen enthält, ist damit auch das Versprechen verbunden, die Baustelle so beschicken zu können, dass das Werk zeitgerecht entsteht.

20

Umgekehrt enthält das Angebot des Auftraggebers das Versprechen, die Bauabwicklung so koordinieren zu können, dass der Auftragnehmer seiner Leistung unter wirtschaftlich sinnvollen Baustellenbedingungen erbringen kann. Wenn nämlich der Auftraggeber in der von ihm für seine Leistung verfassten Leistungsbeschreibung mit Leistungsverzeichnis keine der in Abschnitt 0.2. der DIN 18299 angeführten Besonderheiten anführt und auch jeglichen Hinweis auf eine Arbeitsabschnittsbildung oder Arbeitsunterbrechungen und -beschränkungen unterlässt, darf der Auftragnehmer seiner Arbeitsablaufplanung und damit seiner Kalkulation eine insoweit störungsfreie Bauabwicklung zugrunde legen. Solche Besonderheiten, die zu den Bauumständen gehören, werden damit von Seiten des Auftraggebers als nicht vertragsrelevant bezeichnet und gleichsam das Vorliegen üblicher Verhältnisse vertragsrechtlich versprochen. Eine Anordnung von Unterbrechungen oder Abschnittsbildungen von Seiten des Auftraggebers erweist sich dann als Behinderung, wenn im Leistungsverzeichnis solche Umstände nicht benannt werden.[39] Zutreffend führen *Englert/Grauvogl/Katzenbach*[40] aus, bei Fehlen von irgendwelchen Hinweisen nach Abschnitt 0 einer ATV könne der Bieter davon ausgehen, dass die Bauarbeiten ungehindert und in einem Zug, ohne Unterbrechungen und Beschränkungen in der vorgegebenen Zeitschiene bzw. mangels einer solchen in üblicher Bauzeit unverändert ausgeführt werden können.

21

### 4. Vorteile einer kalendermäßigen Bestimmung

Der Vorteil einer kalendermäßigen Bestimmung von Anfang und Ende der Gesamtbauleistung besteht nach § 286 Abs. 2 Nr. 1 BGB für den Auftraggeber darin, dass der Unter-

22

---

[33] *Kapellmann/Schiffers* Band 1 Rdn. 42.
[34] Vgl. *Langen/Schiffers* Bauplanung und Bauausführung Rdn. 29 mit Verweisen auf LBB NRW, Terminplanung, Zeitbedarfswerte für Bauleistungen im Hochbau. Zeitbedarfswerte für Bauleistungen im Hochbau, 1998 und Mittag, Aktuelle Baupreise mit Lohnanteilen; ARH Tabellen; *Hoffmann* Zahlentafeln für den Baubetrieb, 2002.
[35] *Langen/Schiffers* Bauplanung und Bauausführung Rdn. 29.
[36] Vgl. *Weeber/Rösch* Bauleitung und Projektmanagement für Architekten und Ingenieure 4/7.7. Rdn. 13; *Ágh-Ackermann/Kuen* S. 28, 29.
[37] *Ágh-Ackermann/Kuen* S. 29.
[38] *Ingenstau/Korbion/Döring* VOB/B § 5 Nr. 1–3 Rdn. 6.
[39] Vgl. DIN 18299 Abschnitt 0.2.1.
[40] Beck'scher VOB/Kommentar Teil C, DIN 18299 Rdn. 61.

nehmer ohne Mahnung – von Behinderungstatbeständen mit fristverlängernder Wirkung nach § 6 Nr. 2 VOB abgesehen – in Verzug gerät.[41] Im Behinderungsfall geht dieser Vorteil verloren; verschiebt die Behinderung das Ende der Gesamtbauleistung nach den sich aus § 6 Nr. 4 VOB/B ergebenden Regeln, ist der Termin für die Vollendung der Leistung nur gemäß den Verlängerungskriterien nach § 6 Nr. 4 VOB/B bestimmbar, aber nicht mehr kalendermäßig berechenbar (§ 286 Abs. 2 Nr. 2 BGB). Dasselbe gilt, wenn der Auftraggeber erklärt, der Unternehmer könne nicht am für den Beginn vorgesehenen Termin die Leistungen aufnehmen. In solchen Fällen ist eine Mahnung zur Begründung des Verzugs erforderlich.

## II. Vereinbarung von Vertragsfristen

23   Vertragstechnisch können die Ausführungsfristen vom Auftraggeber in den Verdingungsunterlagen festgelegt, dann vom Bieter so übernommen und schließlich durch Zuschlag zum Vertragsinhalt werden.[42] Ist die Festlegung von Vertragsfristen in individualvertraglichen Vereinbarungen unproblematisch, erweisen sich Regelungen in vorformulierten Vertragsbedingungen meist als AGB-widrig und damit unwirksam.

### 1. Individualvertragliche Vereinbarungen

24   § 5 Nr. 1 VOB/B setzt die Begründung von Vertragsfristen nach Regeln des BGB voraus, womit Vertragsfristen auch durch ein dem Auftraggeber oder einem Dritten eingeräumtes **Bestimmungsrecht,** dessen Ausübung nach § 315 BGB oder § 317 BGB erfolgt, begründet werden.[43] Dieses Bestimmungsrecht betrifft nicht nur die Leistung selbst, sondern kann auch die Leistungsumstände, wie z. B. die Leistungszeit, zum Gegenstand haben. Vertragsfristen müssen Gegenstand der vertraglichen Willensübereinstimmung sein,[44] was auch bei Bestimmungsrechten gewährleistet ist. § 5 Nr. 2 VOB/B statuiert vorformuliert bei Fehlen einer vertraglichen Beginnfrist ein solches Abrufrecht des Auftraggebers gleichfalls. Anerkannt ist, dass die sich aus § 5 Nr. 2 Satz 2 VOB/B ergebende Frist für den Beginn der Ausführung eine Vertragsfrist ist.[45] Dieses Abrufrecht betrifft jedoch nur den Beginn und deckt einseitige Festlegungen des Auftraggebers hinsichtlich des Endes der Bauleistung nicht. Ein individualvertraglich vereinbartes Bestimmungsrecht setzt für die Wirksamkeit seiner Ausübung nach den sich aus §§ 315, 319 BGB ergebenden Anforderungen die gegenständliche Festlegung (nur Beginn oder auch Ende) voraus.

25   Ein lediglich den **Beginn** betreffendes Abrufrecht begründet kein Dispositionsrecht hinsichtlich des Endes. Wird der Auftraggeber ermächtigt, die zeitliche Abstimmung der Leistung mittels eines Bauzeitenplanes vorzunehmen, bildet die Rechtsgrundlage hierfür gleichfalls § 315 BGB. Der so bestimmte Ausführungszeitraum entspricht den Billigkeitsanforderungen nach § 315 Abs. 3 BGB nur dann, wenn die damit unter baubetrieblichen Gesichtspunkten erforderlichen Leistungswerte in Grenzen denen entsprechen, die den Vertragspreisen zu Grunde liegen. Der mit einer solchen Vereinbarung dem Auftraggeber zuzugestehende **Ermessensspielraum**[46] wird durch Billigkeitsanforderungen eingeschränkt, denen nur dann ausreichend entsprochen ist, wenn die Interessen beider Parteien im Rahmen des bereits geschlossenen Vertrages ausreichend berücksichtigt werden.

26   Vom Auftraggeber in der Ausschreibung vorgesehene Ausführungsfristen, welche der Bieter seiner Angebotskalkulation zugrunde gelegt hat, werden bei einem Zuschlag nach

---

[41] *Vygen/Schubert/Lang* Rdn. 38.
[42] *Daub/Piel/Soergel/Steffani* ErlZ A 11.52.
[43] *Nicklisch/Weick* VOB/B § 5 Rdn. 6; BGH NJW 1971, 99.
[44] *Daub/Piel/Soergel/Steffani* ErlZ A 11.51.
[45] *Ingenstau/Korbion/Döring* VOB/B § 5 Nr. 1–3 Rdn. 12.
[46] *Palandt/Heinrichs* § 315 Rdn. 10.

verlängerter Bindefrist, wozu es wegen eines **vergaberechtlichen Nachprüfungsverfahrens** gekommen ist, Vertragsinhalt. Dies gilt auch dann, wenn die vorgesehene Ausführungsfrist rein faktisch nicht eingehalten werden kann. Mit der Verzögerung des Zuschlags geht keine Komplettverschiebung einher, was noch das OLG Jena angenommen hatte.[47] Diese Auffassung des OLG Jena ist in Rechtsprechung[48] und Literatur[49] auf Kritik gestoßen. Denn bei aufrechterhaltenem Angebot und lediglich verlängerter Bindefrist muss der Zuschlag notwendig zum Inhalt des nach § 24 Nr. 3 VOB/A notwendig unverändert gebliebenen Angebots erfolgen. Die wegen des verschobenen Zuschlags erforderliche Fristanpassung erfolgt entweder über eine ergänzende Vertragsauslegung[50] oder mittels der beide Vertragsteile treffenden Kooperationspflichten,[51] dies eventuell in Verbindung mit einer entsprechenden Anwendung des § 2 Nr. 5 VOB/B.[52] Bedenken gegen eine analoge Anwendung von VOB/B-Bestimmungen auf unmittelbar nicht geregelte Sachverhalte[53] sind wegen der vergaberechtlichen Besonderheiten, die darin bestehen, dass vor Zuschlag und damit Vertragsschluss an den vorgesehenen Vertragsfristen nichts geändert werden darf und die fristbeeinflussenden Umstände demnach nicht nach, sondern vor Vertragsschluss liegen, zurückzustellen. Kommt es zwischen den Parteien zu keiner Einigung über die neu zu bestimmende Ausführungsfrist, muss der Auftraggeber die Möglichkeit haben, in Übereinstimmung mit den sich aus § 6 VOB/B ergebenden Regeln eine Anordnung zu treffen.

Nach der Auslegungsregel in § 5 Nr. 1 Satz 2 VOB/B sind allerdings in einem zum Vertragsbestandteil gemachten Bauzeitenplan enthaltene Einzelfristen ohne ausdrückliche vertragliche Vereinbarung keine Vertragsfristen. Davon sind in Bauzeitenplänen, die als **Balkendiagramme** taggenau aufgestellt sein können oder nach Wochen unterscheiden, enthaltene Angaben über den Beginn und das Ende der gesamten Leistung zu unterscheiden. Solche einvernehmlichen und die Bauleistung insgesamt betreffende Fristen (Termine) sind immer Vertragsfristen.[54] Festlegungen, die den Anfang und das Ende, oder den Anfang und eine Ausführungsfrist der gewerkespezifischen Gesamtbauleistung betreffen, sind regelmäßig Vertragsfristen nach § 5 Nr. 1 Satz 1 VOB/B. 27

## 2. Ausübung eines vertraglich vereinbarten Dispositionsrechts

Das vertraglich eingeräumte Dispositionsrecht kann **nur einmal** ausgeübt werden. Die Festlegung von Beginn und Ende der Gesamtleistung ist unwiderruflich.[55] Die dem Auftraggeber vertraglich eingeräumte Disposition ist damit nicht ein Quellenrecht für mehrmalige Umdispositionen mit der Folge jeweils verbindlicher Fristfestlegungen. Damit würden die sich aus § 6 Nr. 3, 4 VOB/B ergebenden Regeln überflüssig. Erfolgen durch den Auftraggeber nach rechtswirksam ausgeübter Bestimmung Änderungen, z. B. bezüglich des Beginns, erweist sich die Verschiebung als Behinderung nach § 6 VOB. Den Stoppp muss der Auftragnehmer hinnehmen,[56] wegen § 6 Nr. 3, 4 VOB/B aber nicht die Bestimmung des Neubeginns. Wenig praktikabel ist die in § 315 Abs. 3 BGB enthaltene Regel, dass bei einer wegen Verletzung der Billigkeitsgebote unverbindlichen Anordnung die Bestimmung durch **Urteil** getroffen wird. Diese Regelung gilt im Rechtsstreit, hilft aber in der Bauabwicklung nicht weiter, wenn das abgestimmte Weiterarbeiten der verschiedenen Gewerke geboten ist. 28

---

[47] BauR 2000, 161.
[48] BayObLG NZBau 2002, 689 = VergabeR 2002, 534; Thüringer OLG BauR 2005, 1161.
[49] *Gröning* BauR 2004, 199; *Kapellmann* NZBau 2003, 1; *Heilfort/Ziegler* VergabeR 2005, 38.
[50] So *Kapellmann* NZBau 2003, 1 ff.
[51] BGH Ur. v. 23. 23. 1996, VII ZR 245/94, NJW 1996, 2158 = BauR 1996, 542; BGH U. v. 26. 4. 2001, VII ZR 222/99, NJW 2001, 3184 = NZBau 2001, 571 = BauR 2001, 1410; BGH U. v. 28. 10. 1999, VII ZR 393/98, NJW 2000, 807 = NZBau 2000, 130 = BauR 2000, 1409; Thüringer OLG BauR 2005, 1161, 1164.
[52] Dafür BayObLG NZBau 2002, 689 und Thüriner OLG BauR 2005, 1161, 1167.
[53] Vgl. dazu BGH U. v. 2. 10. 1997, VII ZR 44/97, BauR 1997, 1027.
[54] *Ingenstau/Korbion/Döring* VOB/B § 5 Nr. 1–3 Rdn. 4.
[55] Vgl. Palandt/*Heinrichs* § 315 Rdn. 11; OLG Köln NJW-RR 1993, 1073.
[56] *Kapellmann/Schiffers* Band 1 Rdn. 773; → Vor § 5 Rdn. 82.

Hat der Auftraggeber bei der Festlegung der Beginnfrist eine ausreichende Bauvorbereitungsfrist nicht beachtet, weswegen die Bestimmung unverbindlich ist, greift § 5 Nr. 2 VOB/B als Ersatzregel ein, die das vertraglich eingeräumte Dispositionsrecht überlagert. Im Ergebnis führt dies zu einer Verlängerung der zu knapp gesetzten Beginnfrist auf 12 Werktage. Eine zu eng bemessene Fertigstellungsfrist verlängert sich auf die angemessene Frist. Das Baurecht kennt allgemein den Grundsatz, dass sich zu knappe bemessene Fristen auf die angemessene Frist verlängern;[57] dieses Prinzip gilt in Abweichung von § 315 Abs. 3 BGB.

### 3. Bestimmungen in Allgemeinen Geschäftsbedingungen

29 Auffällig ist, dass § 10 Nr. 4 Abs. 1 VOB/A vorsieht, die Ausführungsfristen in Zusätzlichen Vertragsbedingungen oder in Besonderen Vertragsbedingungen zu regeln. Zusätzliche Vertragsbedingungen sind nach der Definition in § 10 Nr. 2 Abs. 1 VOB/A regelmäßig Allgemeine Geschäftsbedingungen, da sie danach zur Mehrfachverwendung bestimmt sind.[58] Im Allgemeinen wird dies bei Besonderen Vertragsbedingungen nicht anders sein, wenn diese auch für die Erfordernisse des Einzelfalles, aber dennoch mit dem Ziel der Mehrfachverwendung vorformuliert werden.[59]

30 Generell gilt im Baubereich, dass Beginn- und Herstellungsfristen in Bauverträgen individuell vereinbart werden.[60] Sehr häufig ist in Verträgen vorgesehen, dass der Auftragnehmer einen ausführungsorientierten Bauzeitenplan zu erstellen hat, der Vertragsbestandteil wird.

31 Das hat damit zu tun, dass die Bauzeitenplanung generell auf der Grundlage einer ausreichend detaillierter Planungs- und Ausführungsstruktur mit berechneten Dauern vorgenommen werden sollte.[61] Die Ermittlung der Vorgangsdauern aber ist in erster Linie eine Erfahrungssache der ausführenden Unternehmer. Denn ein Teil der Betriebs-Planungsaufgabe des Unternehmers ist die Ablaufplanung, worunter die zeitliche, räumliche und kapazitive Koordinierung aller Teilbauvorgänge zu verstehen ist.[62] Die Summe der für die **Teilbauvorgänge** vorgesehenen **Vorgangsdauern** einschließlich der vom Unternehmer in seiner Ablaufplanung vorgesehenen Puffer (Zeitreserven)[63] ergibt dann die für das jeweilige Gewerk vorgesehene Bauzeit. Die ZTV-ING Teil 1 Allgemeines Abschnitt 2 Technische Bearbeitung sehen deshalb im Abschnitt 1.4.1 als vom Auftragnehmer zu liefernde Ausführungszeichnungen u. a. eine Bauzeiteinteilung vor. Allerdings ist diese Bauzeiteinteilung Teil der vom Unternehmer nach Auftragserteilung zu erstellenden Ausführungsunterlagen, weswegen sie sich nach der bereits vereinbarten Vertragsfristen auszurichten hat. Dies folgt für den von der ZTV-ING beherrschten Bereich des Brücken- und Ingenieurbaus deutlich aus Abschnitt 1 des Teils 1, der sich mit den Ausführungsutnerlagen befasst. Bei VOB/A-Vergaben verlangen die Richtlinien des VHB zu § 11 VOB/A in Abschnitt 1.2, dass Ausführungsfristen als Vertragsfristen vertraglich vereinbart und deshalb bereits in den Vergabeunterlagen, also in den Besonderen Vertragsbedingungen (BVB) festgelegt sind. Die Vertragsfristen sind deshalb nach der Vorstellung des öffentlichen Auftraggebers, der das VHB zu beachten hat, in den Besonderen Vertragsbedingungen (EVM (B) BVB – 214 durch Ankreuzung und entsprechende Angaben dazu festzulegen. Die Ankreuzungen für die Vertragsfristen für Beginn und Vollendung (= abnahmereife Fertigstellung) der Ausführung sind im EVM (B) BVB – 214 bereits vorgegeben. Dieses Einheitliche Verdingungsmuster (EVM (B) BVB) sieht in der Ziffer 1 eine klare Regelung für die **Ausführungsfristen** (§ 5) so vor, dass zwischen den Festlegungen für den Beginn und der abnahmereifen Fertigstellung klar unterschieden wird. Der Beginntermin kann nach Wahl und damit alternativ vorgege-

---

[57] BGH U. v. 5. 5. 1992, X ZR 115/90 NJW-RR 1992, 1141, 1143; OLG Frankfurt JBR 2000, 10, Revision vom BGH Beschl. v. 21. 10. 1999, VII ZR 320/98 nicht angenommen.
[58] Korbion/Locher/Sienz A Rdn. 13.
[59] Korbion/Locher/Sienz A Rdn. 11, 13.
[60] Korbion/Locher/Sienz K Rdn. 31.
[61] Rösel Baumanagement, 3. Aufl., S. 59.
[62] Bauer Baubetrieb, 2. Aufl., S. 461.
[63] Kapellmann/Schiffers Band 1 Rdn. 1296.

Vertragsfristen und Einzelfristen  § 5 Nr. 1

ben werden durch exakte Benennung des Tages, spätestens ... Werktage nach Zugang des Auftragsschreibens, in der ... KW ... spätestens am letzten Werktag dieser KW oder innerhalb von 12 Werktagen nach Zugang der Aufforderung durch den Auftraggeber (§ 5 Nr. 2 Satz 2), wobei die Aufforderungen voraussichtlich bis zum ... zugehend wird. Als letzte Möglichkeit nach dieser Regelung über die Ausführungsfristen kommt der den Verdingungsunterlagen beigefügte Bauzeitenplan mit der ausgewiesenen Frist als Ausführungsbeginn in Betracht. Die Frist für die abnahmereife Vollendung kann traggenau, innerhalb von ... Werktagen nach der Frist für den Ausführungsbeginn, in der ... KW und dabei spätestens am letzten Werktag dieser KW oder in der im beigefügten Bauzeitenplan ausgewiesenen Fertigstellungsfrist bestimmt werden.

Das entspricht der Vorstellung, dass die Erstellung eines Bauzeitenplanes eine typische den **Architekten** betreffende **Aufgabe** ist. Die Vereinbarung eines Bauzeitenplanes mit dem Unternehmer wird von der **Vollmacht** eines Architekten gedeckt, der mit der Planung und Überwachung eines Objekts betraut ist. Dann gehört zu seinen Aufgaben auch die Koordination der Baustelle, was den Grund für die Bejahung einer entsprechenden Vollmacht ist. Eine auf diese Weise zustande gekommene Bauzeitenvereinbarung ist auch im Verhältnis zum Auftraggeber wirksam, wenn sie inhaltlich den zwischen Planer und Bauherr vereinbarten Vorgaben entspricht.[64] Das schließt aber **Klauseln** mit Auswirkungen auf Baufristen nicht aus. Ihre Rechtswirksamkeit beurteilt sich nach sorgfältiger Tatsachenfeststellung. 32

Ist ein **Bauzeitenplan** Vertragsbestandteil und legt eine Klausel fest, dass im Bauzeitenplan enthaltene Einzelfristen ebenfalls als Vertragsfristen gelten, ist der Anforderung nach ausdrücklicher Vereinbarung gem. § 5 Nr. 1 Satz 2 VOB/B jedenfalls dann Rechnung getragen, wenn die Regelung nicht an versteckter Stelle, sondern z. B. einer Klausel mit der Überschrift „Ausführungsfristen" zugeordnet ist.[65] Der BGH hält eine Formulierung in Besonderen Vertragsbedingungen (BVB), die in einem Bauzeitenplan enthaltene Einzelfristen als Vertragsfristen erklärt, für wirksam.[66] 33

Eine vom Auftraggeber gestellte Klausel ist rechtsunwirksam, wenn dieser darin die Befugnis für sich in Anspruch nimmt, **einseitig und verbindlich** die Bauzeiten nach einem Bauzeitenplan festzulegen. Die Klausel beinhaltet ein **einseitiges Bestimmungsrecht,** das ohne Angaben zu Anlass, Richtung und sonstigen Bestimmungskriterien den Transparenzanforderungen nicht gerecht wird. Da damit nicht gewährleistet ist, dass die Bestimmung nach den Grundsätzen des § 315 BGB ausgeübt wird, verfällt die Klausel der Unwirksamkeit nach § 307 Abs. 2 Nr. 1 und Abs. 1 Satz 2 BGB.[67] Die Einräumung eines solchen Bestimmungsrechts in Allgemeinen Geschäftsbedingungen ist zwar nicht überraschend; das allein genügt jedoch für eine Übereinstimmung mit den sich aus § 307 BGB ergebenden Anforderungen nicht.[68] Dasselbe gilt, wenn sich der Unternehmer, vom Auftraggeber vorformuliert, verpflichtet, die Arbeiten zügig zu fördern und zu einem noch zu bestimmenden Termin sachgemäß fertig zu stellen.[69] An § 308 Nr. 5 b BGB scheitert eine Klausel, wonach die dem Auftragnehmer **später mitgeteilten Zwischenfristen** als Vertragsfristen gelten, soweit ihnen der Auftragnehmer nicht binnen 12 Werktagen widerspricht. 34

Unwirksam sind auch solche Klauseln, nach denen der Unternehmer künftig vom Auftraggeber vorgenommene Änderungen des vertraglich vereinbarten Bauzeitenplanes in gleicher Weise als Vertragsfrist bindend anerkennt. Die Erklärungsfiktion scheitert an § 307 Abs. 2 Nr. 1 und § 308 Nr. 5 b BGB.[70] Eine Klausel, wonach vor und während der Bauzeit fest- 35

---

[64] BGH U. v. 21. 3. 2002, VII ZR 224/00, NJW 2002, 2716 = NZBau 2002, 381 = BauR 2002, 1249 = ZfBR 2002, 562.
[65] Vgl. *Korbion/Locher/Sienz* K Rdn. 31.
[66] BGH U. v. 14. 1. 1999, VII ZR 73/98, NJW 1999, 1108 = BauR 1999, 645.
[67] *Brandner* FS Locher S. 317, 321; *Glatzel/Hofmann/Frikell* S. 187; *Wolf/Horn/Lindacher* § 9 L 119; vgl. OLG Hamm NJW-RR 1197, 1042.
[68] A. A. *Daub/Piel/Soergel/Steffani* ErlZ A 11.64.
[69] *Glatzel/Hofmann/Frikell* S. 185.
[70] *Glatzel/Hofmann/Frikell* S. 185.

**§ 5 Nr. 1** Vertragsfristen und Einzelfristen

gelegte Fertigstellungstermine für den Auftragnehmer auf jeden Fall bindend sind, wenn der Auftragnehmer nicht rechtzeitig und unter Angabe von Gründen mitteilt, dass ihm die Fertigstellung der Arbeiten zum vorgesehenen Termin nicht möglich sei, scheitert an § 307 Abs. 2 Nr. 1 BGB.[71] Unwirksam ist auch eine Klausel folgenden Inhalts: „Verlangt der Auftraggeber vom Auftragnehmer über die vertragliche Leistung hinausgehende Leistungen oder führen sonstige vom Auftragnehmer nicht zu vertretende Umstände zu Behinderungen, Unterbrechungen oder einem verspäteten Beginn der Arbeiten, führt dies – unter Ausschluss weiter gehender Ansprüche – nur zu einer angemessenen Fristverlängerung, wenn der Auftragnehmer nicht in der Lage ist, vereinbarte Fristen durch verstärkten Personal- oder Geräteeinsatz einzuhalten und der Auftragnehmer den Anspruch auf Fristverlängerung dem Auftraggeber schriftlich ankündigt, bevor er mit der Zusatzleistung besinnt.[72]

36  Umgekehrt sind Klauseln des Unternehmers zum Scheitern verurteilt, die individualvertraglich festgelegte Ausführungsfristen oder Termine als lediglich **annähernd** bezeichnen und folgenlos um bis zu 3 Monaten überschritten werden dürfen. Eine solche Allgemeine Geschäftsbedingung verstößt gegen § 308 Nr. 1 BGB[73] und missachtet den **Vorrang der Individualabrede** nach § 305 b BGB. Gleichzeitig wird § 309 Nr. 8 a BGB berührt, wenn vereinbarte Termine durch vom Unternehmer gestellte Klauseln für unverbindlich erklärt werden.[74] Überhaupt haben Klauseln des Unternehmers, deren Ziel die Schaffung **zeitlicher Freiräume** zur Wiederherstellung schrankenfreier unternehmerischer Disposition ist, § 308 Nr. 1 und § 307 Abs. 2 Nr. 1 BGB zu beachten, woran sie regelmäßig scheitern.[75] Denn der Auftragnehmer kann nicht individualvertraglich das Einverständnis mit Fristen und Terminen erklären, woran sich die Unternehmerdisposition zu halten hat, und mittels vorformulierter Bedingungen deren Unverbindlichkeit anstreben. Dasselbe gilt für die vorformulierte Befugnis, vereinbarte Ausführungsfristen überschreiten zu dürfen[76] und die Regelung, dass eine vereinbarte Lieferzeit erst nach schriftlicher Bestätigung der verbindlichen Maße durch das Herstellerwerk beginnt.[77]

## C. Einzelfristen

37  Einzelfristen betreffen nicht die Gesamtleistung, sondern lediglich **Teile** davon.[78] § 11 Nr. 2 Abs. 1 VOB/A liefert gleichsam die Legaldefinition dafür, was insgesamt im Bereich der VOB unter einer Einzelfrist zu verstehen ist: Einzelfristen sollen nur für in sich abgeschlossene Teile der Leistung bestimmt werden. Für deren Festlegung wird zugleich eine Legitimationsgrundlage geliefert; ihre Bestimmung ist nämlich gerechtfertigt, wenn ein erhebliches Interesse des Auftraggebers dies erfordert.[79]

### I. Regelung nach § 11 Nr. 2 VOB/A

38  § 11 Nr. 2 VOB/A kennt **zwei Arten von Einzelfristen.** Absatz 1 weist die Einzelfrist einem in sich abgeschlossenen Leistungsteil zu. Absatz 2 erweitert die Möglichkeit, Einzel-

---

[71] OLG Hamm NJW-RR 1997, 1042.
[72] BGH B. v. 5. 6. 1997, ZB 54/96, BauR 1997, 1036.
[73] *Ingenstau/Korbion/Döring* VOB/B § 5 Nr. 1–3 Rdn. 6.
[74] Staudinger/*Peters* 2003 § 633 Rdn. 134; BGH NJW 1983, 1322.
[75] Staudinger/*Peters* 2003 § 633 Rdn. 134.
[76] *Ingenstau/Korbion/Döring* VOB/B § 5 Nr. 1–3 Rdn. 6; OLG Stuttgart ZIP 1981, 875; a. A. OLG Frankfurt BB 1983, 207 für den Lieferanten eines Fertighauses.
[77] BGH BauR 1985, 192, 194 = NJW 1985, 855.
[78] *Daub/Piel/Soergel/Steffani* ErlZ A 11.12 bis 11.14; 11.66; *Ingenstau/Korbion/Döring* VOB/B § 5 Nr. 1–3 Rdn. 4; *Kapellmann/Messerschmidt/Langen* VOB/B § 5 Rdn. 20; Beck'scher VOB-Komm/*Motzke* A § 11 Rdn. 59.
[79] Beck'scher VOB-Komm/*Motzke* A § 11 Rdn. 91 ff.

fristen vorzusehen, auf solche Leistungen, die für den Fortgang der Gesamtarbeit besonders wichtig sind. Wird – vom Auftraggeber – ein Bauzeitenplan mit dem Zweck aufgestellt, dass die Leistungen aller Unternehmer sicher ineinandergreifen, sollen nur die für den Fortgang der Gesamtarbeit besonders wichtigen Einzelfristen als vertraglich verbindliche Fristen (Vertragsfristen) bezeichnet werden. § 11 Nr. 2 Abs. 1 VOB/A, lässt offen, welchen Rechtscharakter die dort bezeichnete Einzelfrist für die in sich abgeschlossenen Teile der Leistung haben kann. Die Einzelfrist nach Absatz 2 wird als Vertragsfrist ausgewiesen. Letztlich müssen die Vertragsparteien im Rahmen des Vertrages darüber entscheiden, welche Rechtsfolgen sich aus in den Vertrag eingeführten Fristen/Terminen ergeben sollen und welcher Stellenwert der Termins-/Fristenbestimmung damit zukommen soll.

Jedenfalls wird aus § 11 Nr. 2 VOB/A deutlich, dass Einzelfristen **unterschiedliche Qualität** zukommen kann. Die Alternative zur Vertragsfrist ist die reine **Kontrollfrist**.[80] Nur die Nichteinhaltung einer Vertragsfrist kann bei Nichtbeachtung der Frist für den Beginn oder das Ende die Rechtsfolgen nach § 5 Nr. 4 VOB/B auslösen. Dient die Einzelfrist lediglich der Überprüfung, ob die Werkleistung in der Zeit ist, führt die Störung nicht unmittelbar zu § 5 Nr. 4 VOB/B. In diesem Fall ist § 5 Nr. 4 VOB/B nur über § 5 Nr. 3 VOB/B einschlägig, wenn die Nichteinhaltung der Einzelfristen als Kontrollfristen die Verletzung der Baustellenförderungspflichten belegt.[81] 39

Diese Regelung nach § 11 Nr. 2 VOB/A hat jedoch nur **Empfehlungscharakter.** Deren Verletzung begründet keine VOB-Widrigkeit mit der Folge, dass die VOB/B nicht mehr als Ganzes gelten würde.[82] Maßstab für eine VOB-Widrigkeit einer Regelung ist nämlich nicht die VOB/A, sondern die VOB/B.[83] Deshalb können Einzelfristen nach dem Willen der Parteien auch für solche Leistungsteile vereinbart werden, die abweichend von § 11 Nr. 2 Abs. 1 VOB/A nicht im Sinne von § 12 Nr. 2 VOB/B als in sich abgeschlossen bezeichnet werden können. 40

§ 11 Nr. 2 VOB/B hat nämlich bei Vergaben unterhalb der Schwellenwerte nach §§ 1a und 1b VOB/A keine Rechtssatzqualität. Insoweit handelt es sich vielmehr nur um eine innerdienstliche Verwaltungsvorschrift, die unmittelbar Rechtswirkungen im Außenverhältnis nicht begründen kann.[84] § 11 VOB/A fehlt die unmittelbare Auswirkung ein Vertragsverhältnis zwischen Auftraggeber und Auftragnehmer, denn die VOB/A enthält kein zwingendes Vertragsrecht mit der Folge, dass sich der Inhalt eines geschlossenen Vertrages notwendig an dem ausrichtet, was die VOB/A enthält. Die VOB/A vermag deshalb einen abgeschlossenen Vertrag nicht inhaltlich zu ändern, was bedeutet, dass die Nichtbeachtung der empfehlenden Regeln des § 11 VOB/A auf die Wirksamkeit vertraglich vorgesehener Einzelfristen als Vertragsfristen ohne Einfluss ist. 41

Soweit[85] die Auffassung vertreten wird, Einzelfristen könnten sich auf in sich abgeschlossen bzw. selbstständige oder beliebig andere bzw. unselbstständige Teile der Werkleistung beziehen, liegt die Rechtfertigung in der **Vertragsfreiheit** der Parteien. Das Konzept der VOB empfiehlt dem Auftraggeber, lediglich für in sich abgeschlossene Teile einer Leistung Einzelfristen, ohne sich darüber zu verhalten, ob es sich dabei um Vertragsfristen handelt. Die insoweit einschlägigen Kriterien benennt § 11 Nr. 2 Abs. 2 VOB/A. § 11 Nr. 2 Abs. 2 VOB/A eröffnet von diesem Grundsatz allerdings selbst eine Ausnahme, indem in einem Bauzeitenplan eingeführte Fristen dann als Vertragsfristen bezeichnet werden sollen, wenn davon der Fortgang der Gesamtarbeiten abhängt. Bedeutungslos ist, ob es sich dabei um in 42

---

[80] *Kapellmann/Messerschmidt/Langen* VOB/B § 5 Rn. 11; Beck'scher VOB/Komm/*Motzke* A § 11 Rdn. 59, 60.
[81] *Kapellmann/Messerschmidt/Langen* VOB/B § 5 Rdn. 87, 88.
[82] A. A. wohl *Heiermann/Riedl/Rusam* A § 11 Rdn. 2a.
[83] (nicht belegt)
[84] Vgl. BGH U. v. 30. 3. 2006, VII ZR 44/05, BauR 2006, 1128, 1130 mit Verweis auf BGH U. v. 21. 11. 1991, VII ZR 203/90, BGHZ 116, 149, 151 = NJW 1992, 827 = BauR 1992, 221 = ZfBR 1992, 87; BGH U. v. 27. 6. 1996, VII ZR 59/95, NJW 1997, 61 = BauR 1997, 126, 128 = ZfBR 1997, 29.
[85] *Daub/Piel/Soergel/Steffani* ErlZ A 11.12, 11.15.

§ 5 Nr. 1

sich abgeschlossene Leistungsteile handelt. Der BGH[86] hält eine Klausel in Allgemeinen Geschäftsbedingungen, wonach alle im Bauzeitenplan genannten Einzelfristen Vertragsfristen sind, für wirksam. Angesichts der damit verbundenen Fixierung ist die Praktikabilität einer solchen Regelung jedoch zu bezweifeln; die zeitliche Fesselung kann kontraproduktiv sein.[87]

## II. Einzelfristen als Kontrollfristen oder Vertragsfristen

43   Derartigen Einzelfristen kommt unterschiedlicher Rechtscharakter zu. § 5 Nr. 1 Satz 2 VOB/B liegt in Verbindung mit § 11 VOB/A zu Grunde, dass Einzelfristen grundsätzlich keine Vertragsfristen sind und deshalb die Rechtsfolgen aus § 5 Nr. 4 VOB/B hinsichtlich der Verzögerung des Beginns und des Verzugs mit der Vollendung nicht gezogen werden können.[88] Die Einzelfrist als Kontrollfrist begründet keine Fälligkeit im Sinne von § 286 Abs. 1 BGB. Allerdings bietet die Einzelfrist als Kontrollfrist die Möglichkeit zur Anwendung des § 5 Nr. 3 VOB/B, wenn deren Versäumung den Schluss zulässt, dass die Ausführungsfristen (Vertragsfristen) offenbar nicht eingehalten werden können.

## III. Einzelfristen und Bauzeitenplan

44   Die VOB verknüpft die Einzelfrist mit dem Bauzeitenplan in § 11 Nr. 2 Abs. 2 VOB/A und § 5 Nr. 1 Satz 2 VOB/B. Als Regel gilt, dass Fristen in einem Bauzeitenplan, die sich lediglich auf Teile der vom Auftragnehmer übernommenen Gesamtleistung beziehen, nicht als Vertragsfristen gelten. Vertragsfristenqualität ist nur zu bejahen, wenn dies im Vertrag ausdrücklich vereinbart ist. Der BGH[89] hält jedoch auch eine Klausel für wirksam, wonach im Bauzeitenplan angeführten Fristen Vertragsfristen sind. Eine AGB-Kontrolle begründet die Unwirksamkeit nicht, wenn eine Unangemessenheit nach § 307 Abs. 2 Nr. 1, § 271 BGB nicht vorliegen. Allerdings ist wegen der fehlenden Ausdrücklichkeit der Festlegung, die durch eine bloße Klausel hergestellt wird, die VOB-Widrigkeit die Folge und damit die Privilegierung der VOB/B verloren.[90] Soweit § 5 Nr. 1 Satz 2 VOB/B auf einen Bauzeitenplan abstellt, wird zu Grunde gelegt, dass es sich um einen Bauzeitenplan des Auftraggebers handelt, der Vertragsbestandteil geworden ist oder zu dessen Erstellung der Auftraggeber ermächtigt worden ist. Dies folgt aus § 11 Nr. 2 Abs. 2 VOB/A, da diese Regelung an der **Koordinationsaufgabe des Auftraggebers** (§ 4 Nr. 1 VOB/B) anknüpft und den Bauzeitenplan als ein Mittel voraussetzt, die Leistungen der verschiedenen Unternehmer sicher aufeinander abzustimmen. Deshalb ist geboten, die Ablaufplanung des Auftraggebers von der des Unternehmers zu unterscheiden. Termine, die der Unternehmer in seinem Bauzeitenplan eingeführt hat, um eine Kontrollmöglichkeit des zeitgerechten Ablaufs zu haben, begründen die Anwendung von § 5 Nr. 1 Satz 2 VOB/B nicht.[91] Das schließt den Rückgriff auf den Unternehmerablaufplan zur Begründung eines Auftraggeberanspruchs aus § 5 Nr. 3 VOB/B jedoch nicht aus. Denn die Nichteinhaltung von vertraglichen Ausführungsfristen ist regelmäßig konkret offenbar, wenn die Unternehmerablaufplanung eine bestimmte Baustellenbeschickung voraussetzt, woran sich der Auftragnehmer beständig nicht hält. Was unter der Voraussetzung, dass Ausführungsfristen offenbar nicht eingehalten werden können, zu verstehen ist, kann mittels einer vertragskonformen Unternehmerablaufplanung konkretisiert werden.[92]

---

[86] U. v. 14. 1. 1999, VII ZR 73/98, BauR 1999, 645, 646 = NJW 1999, 1108.
[87] *Kapellmann/Messerschmidt/Langen* VOB/B § 5 Rdn. 28; *Schiffers* in Jahrbuch Baurecht 1998, 275/285.
[88] Beck'scher VOB-Komm/*Motzke* A § 11 Rdn. 59, 60.
[89] U. v. 14. 1. 1999, VII ZR 73/98, BauR 1999, 645, 646 = NJW 1999, 1108.
[90] Vgl. BGH U. v. 22. 1. 2004, VII ZR 419/02, BGHZ 157, 346 = NJW 2004, 1597 = NZBau 2004, 267 = BauR 2004, 668 = ZfBR 2004, 362.
[91] So auch *Kapellmann/Messerschmidt/Langen* VOB/B § 5 Rdn. 83, 84.
[92] Vgl. *Kapellmann/Messerschmidt/Langen* VOB/B § 5 Rdn. 88.

Vertragsfristen und Einzelfristen § 5 Nr. 1

## 1. Bauzeitenplan des Auftraggebers

Selbstverständlich ist es nicht Sache der VOB/A oder der VOB/B als Ordnung für die 45
Vergabe und die Ausführung von Bauleistungen, den Bauzeitenplan des Auftraggebers näher zu regeln. Die VOB setzt dieses Instrument zur Koordinierung und Kontrolle der Bauleistungen voraus. Dass die HOAI diesbezüglich enttäuscht, ist → Vor § 5 Rdn. 15 ff. dargestellt worden. Die Honorarordnung wird im Leistungsbild des **§ 15 HOAI** den Anforderungen an die zeitliche Abstimmung der Bauleistungen nicht ausreichend gerecht. Das ist jedoch wegen ihres Charakters als bloßes Preisrecht[93] nicht verwunderlich. Darf die HOAI damit nicht als eine Art Pflichtenheft mit Leistungssoll-Charakter interpretiert werden,[94] können weder aus positiven Angaben noch aus Fehlstellen in den Leistungsbildbeschreibungen irgendwelche Schlüsse gezogen werden. Die HOAI kennt den Begriff des Bauzeitenplanes überhaupt nicht. § 15 Abs. 2 Nr. 2 HOAI (Vorplanung) führt einen Zeitplan als Besondere Leistung an und verwendet denselben Begriff in der Phase 8 (Objektüberwachung), wobei – zeitlich viel zu spät – das Aufstellen und Überwachen des Zeitplanes als Grundleistung erst in dieser Phase – also nach Abschluss des Bauvertrages (Phase 7) vorgesehen ist.

Informativer ist die **Grundleistungsbeschreibungen** im Leistungsbild des § 55 HOAI 46
(Objektplanung für Ingenieurbauwerke und Verkehrsanlagen). In der Phase 3 (Entwurfsplanung) wird ein Bauzeiten- und Kostenplan als Grundleistung verlangt. Die Phase 5 kennt das Aufstellen von Ablauf- und Netzplänen als Besondere Leistung. Die Phase 6 (Vorbereitung der Vergabe) beschreibt die Festlegung der wesentlichen Ausführungsphasen, womit die Angabe zeitlich getrennter Ausführungsabschnitte gemeint ist.[95] Das schließt die Berücksichtigung eines zeitlich abgestimmten Unternehmereinsatzes ein, jedenfalls sind Zeitangaben bezüglich dieser einzelnen Ausführungsphasen zu empfehlen.[96] In der Phase 8 (Bauoberleitung) ist das Aufstellen und Überwachen eines Zeitplanes (Balkendiagramm) zweite Grundleistung. Die örtliche Bauüberwachung (§ 57 HOAI) hat mit der Organisation und Prüfung der Bauleistungen unter zeitlichen Gesichtspunkten nach der Beschreibung in § 57 HOAI nichts zu tun.

Die in § 15 Abs. 2 Nr. 8 HOAI beschriebene Grundleistung „Aufstellung und Über- 47
wachung eines Zeitplanes" ist ein Mittel zur **Kontrolle** der Einhaltung der Vertragsfristen. Damit erhalten der Auftraggeber und dessen Planer ein Instrument, um die Rechte nach § 5 Nr. 3 und Nr. 4 VOB/B wahrnehmen zu können. Denn der Zeitplan ist als Ablauf- oder Terminplan ein Steuerungsinstrument für den objektüberwachenden Bauleiter.[97] Der Projekt- und Bauleiter auf der Auftraggeberseite benötigt die Ablaufplanung als echten „Fahrplan". Als **„Bau-Controlling"** unter Einsatz von rechnergestützten Systemen wird die Terminplanung und -überwachung zu einem Spezialgebiet der Projektsteuerung, ohne dass dem in § 31 HOAI eine ausreichende, jedoch nach Dienst- oder Werkvertragsrecht auch nicht erforderliche Legitimationsgrundlage entspräche. Denn die in § 31 Nr. 3 HOAI angeführten Terminpläne betreffen das Projekt und die Projektbeteiligten und damit die Planer und Fachplaner, nicht aber das Objekt und die daran beteiligten Bauunternehmer. Wegen der Einzelheiten der einen Projektsteuer treffenden Aufgaben zur terminlichen Steuerung ist auf die von der AHO-Fachkommission Projektsteuerung erarbeitete Untersuchung zum Leistungsbild des § 31 HOAI und zur Honorierung für die Projektsteuerung zu verweisen.[98]

Unabhängig von den – honorarrechtlich orientierten – Anforderungen der HOAI ist der 48
Planer, der nach Werkvertrag die Planung eines Objekts nach dem Leistungsbild des § 15

---

[93] BGH U. v. 24. 10. 1996, VII ZR 283/95, NJW 1997, 586 = BauR 1997, 154; BGH U. v. 22. 10. 1998, VII ZR 91/97, NJW 1999, 427 = BauR 1999, 187.
[94] *Motzke/Wolff* HOAI, 3. Aufl., S. 347, 348.
[95] *Locher/Koeble/Frik* § 55 Rdn. 68.
[96] *Hesse/Korbion/Mantscheff/Vygen* § 55 Rdn. 33; a. A. *Hartmann* Teil 4 Kap. 2 § 55 Rdn. 65.
[97] *Klärner/Schwörer* Qualitätssicherung im Schlüsselfertigen Bauen S. 24.
[98] Nr. 9 der Schriftenreihe des AHO, Stand Nov. 1996.

## § 5 Nr. 1

oder § 55 HOAI übernommen hat, verpflichtet, alle gebotenen planerischen Mittel einzusetzen, um der Pflicht, das Werk in der Zeit abzuliefern, gerecht zu werden. Auch diese Verpflichtung ist objektspezifisch zu beurteilen. Nach BGH[99] ist bei einer Großbaustelle ein Bauzeitenplan zur ordnungsgemäßen Ablaufplanung unerlässlich, weswegen der Auftraggeber im Rahmen seiner Koordinierungspflicht gehalten ist, auf die Erstellung eines Bauzeitenplanes hinzuwirken. Diese Aufgabe obliegt als Teil der Koordinierungspflicht (§ 4 Nr. 1 Abs. 1 VOB/B) typisch dem Objektplaner, der insoweit eine Pflicht des Auftraggebers gegenüber dem Auftragnehmer erfüllt.[100]

### 2. Bauzeitenplanung des Auftragnehmers

43   Aus baubetrieblicher Sicht bedarf auch der Unternehmer einer Ablaufplanung.[101] *Schiffers*[102] spricht von Produktionsplanung. Die Ablaufplanung des Auftraggebers unterscheidet sich von der des Auftragnehmers. Die Planungsaufgabe des Unternehmers ist eine **Betriebsplanung,** deren Gegenstand die Verfahrenswahl, die Gestaltung der Arbeitsbedingungen, die Leistungsberechnung zur Bestimmung des erforderlichen Potentials an Arbeitskräften, Betriebsmitteln und Werkstoffen, die Planung der Baustelleneinrichtung und die zeitliche Ablaufplanung als die zeitliche, räumliche und kapazitive Koordination aller Teilbauvorgänge sind.[103] Diese Produktionsplanung des Auftragnehmers ist eingebettet in die Gesamtablaufplanung, denn der Unternehmer hat nicht nur die eine Baustelle. Diese Ablaufplanung des Unternehmers ist das Ergebnis seiner **Arbeitsvorbereitung.**[104] Dem Unternehmer steht die Auswahl der Planungstiefe wie auch das Darstellungsmittel (Balkenplan, Netzplan, Zeit-Weg-Diagramme oder Termins- bzw. Vorgangslisten) frei.[105] Orientierung an den Objektanforderungen ist geboten, da nur auf diese Weise sichergestellt ist, dass das vom Unternehmer verfolgte Ziel, auf der Grundlage der zeitlichen Vorgaben des Auftraggebers den innerbetrieblichen Einsatz von Arbeitskräften, Geräten und Stoffen zu steuern, erreicht werden kann.[106] Der Auftragnehmer sollte innerhalb seiner internen Ablaufplanung Zeitreserven vorsehen.[107]

50   Dieser Ablaufplan des Unternehmers konkretisiert die Zeitdimension des dem Auftragnehmer nach § 4 Nr. 2 Abs. 1 VOB/B zustehenden Dispositionsrechts, das nach dem Wortlaut der genannten Vorschrift auch eine **Dispositionspflicht** ist. Da es nach § 4 Nr. 2 Abs. 1 Satz 3 VOB/B Sache des Unternehmers ist, die Ausführung der übernommenen vertraglichen Leistung zu leiten und für Ordnung auf der Arbeitsstelle zu sorgen, erweist sich die Bauzeitenplanung des Auftragnehmers grundsätzlich als ein Betriebsinternum. In der Regel ist dieser Ablaufplan ein dem Unternehmer vorbehaltenes Kontroll- und Steuerungsinstrument. Diese Qualität soll durch die Begriffsbildung „**Baufristenplan**" zum Ausdruck gebracht werden,[108] die jedoch der VOB unbekannt ist.

51   Allerdings steht dem Auftraggeber nach § 4 Nr. 1 Abs. 2 Satz 3 VOB/B ein Recht auf **Einsicht** in diese Ablaufplanung des Unternehmers zu. Die Ablaufplanung gehört dann, wenn sie angesichts des Leistungsumfangs aus baubetrieblicher Sicht unbedingt notwendig und dokumentarisch niedergelegt werden muss, zu den **Ausführungsunterlagen,** die auf Verlangen dem Auftraggeber vorgelegt werden müssen. Ein solches Einsichtsrecht ent-

---

[99] BauR 1985, 561 = NJW 1985, 2475 = ZfBR 1985, 282.
[100] BGH U. v. 21. 3. 2002, VII ZR 224/00, NJW 2002, 2716 = NZBau 2002, 381 = BauR 2002, 1249, 1251.
[101] *Langen/Schiffers* Bauplanung und Bauausführung Rdn. 52 ff.; *Bauer* Baubetrieb, S. 461; *Olshausen* FS Korbion S. 323, 329.
[102] Im Jahrbuch Baurecht 1998, 275.
[103] *Bauer* Baubetrieb S. 461.
[104] *Olshausen* FS Korbion S. 323, 329.
[105] *Bauer* Baubetrieb S. 467; *Olshausen* FS Korbion S. 323, 329.
[106] Vgl. *Daub/Piel/Soergel/Steffani* ErlZ A 11.68.
[107] *Kapellmann/Schiffers* Band 1 Rdn. 1296; *Schiffers* Jahrbuch Baurecht 1998, 292, 293.
[108] *Daub/Piel/Soergel/Steffani* ErlZ A 11.67.

spricht den Abstimmungs- und Kooperationsnotwendigkeiten einer umfangreichen und komplexen Baustelle.[109] Dieses Recht bildet wohl auch die Grundlage der von Projektsteuerern vertretenen Auffassung, im Rahmen der Objektüberwachung unter terminlichen Gesichtspunkten die Aufgabe zu haben, die Zeitpläne (Balkendiagramme) des Objektplaners und die der ausführenden Firmen mit den Detailablaufplänen der Ausführung des Projektsteuerers zu überprüfen, gegebenenfalls anzupassen und weiter **Ablaufsteuerung** zu betreiben.[110]

Über dieses **Einsichtsrecht** in die Bauablaufplanung des Unternehmers geht die Befugnis des Auftraggebers im Rahmen von § 4 VOB/B jedoch **nicht** hinaus. Dessen Nr. 1 Abs. 3 Satz 1, wonach der Auftraggeber befugt ist, unter Wahrung der dem Auftragnehmer zustehenden Leitung Anordnungen zu treffen, die zur vertragsgemäßen Ausführung der Leistung notwendig sind, ist keine Befugnisgrundlage für Eingriffe in die Unternehmer-Bauablaufplanung.[111] Zwar ist der Wortlaut (die zur vertragsgemäßen Ausführung der Leistung notwendig sind) sehr weit, aber dieser Vorschrift geht die Sonderregelung nach § 5 Nr. 3 VOB/B vor. Nur die dort angeführten Voraussetzungen legitimieren den Auftraggeber dazu, vom Auftragnehmer **Baustellenförderungsmaßnahmen** zu verlangen, insbesondere die Ablaufplanung zu ändern oder Steuerungsmaßnahmen zu ergreifen. 52

Vom Auftraggeber gestellte Klauseln, die eine qualifizierte Befugnislage des Auftraggebers begründen, sind unwirksam. Das gilt z. B. für folgende Klausel: „Befindet sich der Auftragnehmer während seiner vorgegebenen Bauzeit so offensichtlich in Rückstand mit der Ausführung seiner Leistungen, dass nach Lage der Dinge erwartet werden muss, dass die gesetzten Termine nicht erfüllt werden, ist der Auftraggeber berechtigt, auf Kosten des Antragnehmers durch Verstärkung durch Fremdfirmen die Erfüllung der dem Auftragnehmer obliegenden Verpflichtungen zu sichern.".[112] Ebenfalls unwirksam ist folgende Klausel: „Der Auftraggeber hat das Recht, während der Bauzeit Auflagen über die Anzahl der am Bau beschäftigten Arbeitskräfte zu machen, die innerhalb von 24 Stunden zu erfüllen sind."[113] 53

### 3. Bauzeitenplanung des Auftragnehmers und § 5 Nr. 1 Satz 2 VOB/B

Als Betriebsinternum bildet die Bauzeitenplanung des Unternehmers grundsätzlich keine Basis für die Anwendung von § 5 Nr. 1 Satz 2 VOB/B. Dies ändert sich, wenn der Auftraggeber vom Unternehmer die Vorlage eines Bauzeitenplanes verlangt, den beide Vertragsparteien im Rahmen des Vertragsschlusses zum Vertragsbestandteil machen. Dann wird aus dem Internum ein rechtlich verbindliches **„Externum"**. Die bloße Vertragsformel „Der Auftragnehmer hat auf Verlangen des Auftraggebers (z. B. Baustelleneinrichtungsplan, Geräteverzeichnis, Bauzeitenplan) zu erstellen und dem Auftraggeber zu übergeben"[114] bewirkt dies jedoch nicht. Diese Verpflichtung trifft den Unternehmer auf Verlangen des Auftraggebers nämlich bereits nach § 4 Nr. 1 Abs. 2 Satz 3 VOB/B. 54

Notwendig ist, dass der Bauzeitenplan zum Vertragsbestandteil erklärt wird oder vertraglich vorgesehen ist, dass sich die Bauzeiten nach dem Bauzeitenplan bestimmen. 55

### IV. Einzelfristen als Vertragsfristen

In einem Bauzeitenplan enthaltene Einzelfristen gelten nach § 5 Nr. 1 Satz 2 VOB/B nur dann als Vertragsfristen, wenn dies im Vertrag ausdrücklich vereinbart ist. Dadurch, dass die 56

---

[109] Vgl. zum Inhalt des Kooperationsgebots BGH v. 28. 10. 1999, VII ZR 393/98, NJW 2000, 807 = NZBau 2000, 130 = BauR 2000, 409.
[110] Vgl. DVP (Deutscher Verband der Projektsteuerer e. V.) Information 1994, S. 37.
[111] → § 4 Nr. 1 Rdn. 160; *Kapellmann/Messerschmidt/Merkens* VOB/B § 4 Rdn. 27.
[112] BGH B. v. 5. 6. 1997, VII ZR 54/96, BauR 1997, 1036, 1037.
[113] BGH B. v. 5. 6. 1997, VII ZR 54/96, BauR 1997, 1036, 1037.
[114] Vgl. Hdb. Privates Baurecht *Kleine-Möller* § 2 Rdn. 300.

§ 5 Nr. 1                                                    Vertragsfristen und Einzelfristen

Vertragsparteien den Bauzeitenplan lediglich zum Vertragsbestandteil machen, ist demnach über die Vertragsfristenqualität der darin enthaltenen Einzelfristen nicht entschieden.

### 1. Ausdrückliche und konkludente Vereinbarung

57   Eine konkludente Begründung einer Vertragsfrist soll damit ausgeschlossen werden. Ist die Einzelfrist für den Fortgang der Gesamtarbeit bedeutsam, erfüllt dies zwar eine Tatbestandsvoraussetzung nach § 11 Nr. 2 Abs. 2 VOB/A, reicht jedoch nach dem Willen der VOB/B (§ 5 Nr. 1 Satz 2 VOB/B) für sich zur Begründung einer Vertragsfrist nicht aus. Allerdings sind **verschiedene Formen** ausdrücklicher Vereinbarung möglich. Die individualvertragliche Festlegung, dass im Bauzeitenplan enthaltene Einzelfristen Vertragsfristen sind, genügt ebenso wie die Absicherung auch der Einzelfristen über eine vereinbarte Vertragsstrafe. Sieht der Vertrag selbst neben einer Frist für den Beginn und das Ende Einzelfristen für Leistungsabschnitte vor, handelt es sich auch insoweit um Vertragsfristen.

### 2. Bestimmungen in Allgemeinen Geschäftsbedingungen

58   Nach zutreffender Auffassung[115] kann die Vereinbarung auch vorformuliert in vom Auftraggeber gestellten Allgemeinen Geschäftsbedingungen getroffen werden.[116] Eine solche Klausel ist nicht überraschend im Sinne von § 305 c BGB. Ob hierdurch eine VOB-Widrigkeit begründet wird, ist im Hinblick auf die Rechtsprechung des BGH[117] problematisch, da nunmehr jede Abweichung von der VOB/B dazu führt, dass diese nicht als Ganzes vereinbart ist. Auf das Gewicht des Eingriffs kommt es nicht an. § 5 Nr. 1 Satz 2 VOB/B sieht die Abweichungsmöglichkeit von der Regel – keine Vertragsfrist – vor. Ob das Erfordernis einer ausdrücklichen abweichenden Vereinbarung eine Klauselregelung ohne VOB-Widrigkeit unmöglich macht, ist die Frage. § 11 Nr. 2 Abs. 2 VOB/A verbietet eine Klauselregelung nicht, obwohl danach nur für den Fortgang der Gesamtarbeit besonders wichtige Einzelfristen als Vertragsfristen vorgesehen werden sollen. Das schließt jedoch nicht aus, allgemein vorzusehen, dass derartige Einzelfristen generell als Vertragsfristen gelten. Eine solche Regelung ist mit § 10 Nr. 2 Abs. 1 VOB/A konform, denn der Auftraggeber kann generell vorsehen, dass bei allgemein gegebenen Verhältnissen, worunter die Festlegung von Einzelfristen fallen kann, die Allgemeinen Vertragsbedingungen durch Zusätzliche Vertragsbedingungen ergänzt werden. Für die VOB-Widrigkeit zählt jedoch nicht die Übereinstimmung mit der VOB/A, sondern die totale Übereinstimmung mit der VOB/B. Diese ist angesichts der Formulierung in § 5 Nr. 1 Satz 2 VOB/B mit dem Gebot der **ausdrücklichen Vereinbarung** mehr als fragwürdig, wenn die Vertragsfristenregelung in einer Klausel erfolgt. Das dürfte nicht dem Gebot der Ausdrücklichkeit genügen.

### V. Einzelfristen – Fristeninhalt

59   Die Einzelfrist als Vertragsfrist – wie auch als Kontrollfrist – kann unterschiedlichen Inhalt haben. Für die Einzelleistung können der Beginn wie auch das Ende oder der Beginn und die Ausführungsfrist vorgesehen werden. Ebenso besteht die Möglichkeit, für die Einzelleistung ein Abrufrecht nach § 315 BGB zu vereinbaren. Nur als Vertragsfrist ermöglicht die den Beginn und/oder das Ende regelnde Einzelfrist die Anwendung von § 5 Nr. 4 VOB/B. Ist die Einzelfrist lediglich eine Kontrollfrist,[118] verschafft § 5 Nr. 3 VOB/B unter den dort geregelten Voraussetzungen den beschränkten Eingriff in die Unternehmerdisposition.

---

[115] *Glatzel/Hofmann/Frikell* S. 186; *Korbion/Locher/Sienz* K Rdn. 31.
[116] BGH U. v. 14. 1. 1999, VII ZR 73/98, BauR 1999, 645, 646 = NJW 199, 1108
[117] U. v. 22. 1. 2004, VII ZR 419/02, BGHZ 157, 346 = NJW 2004, 1597 = NZBau 2004, 267 = BauR 2004, 668 = ZfBR 2004, 362.
[118] *Ingenstau/Korbion/Döring* VOB/B § 5 Nr. 1–3 Rdn. 4.

## D. Rechtsfolgen aus Vertragsfristen (§ 5 Nr. 1 Satz 1 VOB/B)

Nur bei Vorliegen von Vertragsfristen besteht nach § 5 Nr. 1 Satz 1 VOB/B die Verpflichtung, die Ausführung danach zu beginnen, angemessen zu fördern und zu vollenden. § 5 Nr. 1 Satz 1 VOB/B setzt als Anspruchsgrundlage Vertragsfristen voraus. Ist die für eine Teilleistung bestimmte Frist lediglich eine Kontrollfrist, kommt Satz 1 nicht zur Anwendung.

### I. Verpflichtung zum Beginn mit der Ausführung

Die Verpflichtung zum Beginn wird nicht bereits mit der Vornahme der **Bauvorbereitung** erfüllt. Zwar ist die Ausführungsfrist so zu bestimmen, dass der Auftragnehmer auch genügend Zeit für die Bauvorbereitung hat (§ 11 Nr. 1 Abs. 1 VOB/A), aber die Ausführung verlangt ausweislich der Sonderregelung in § 4 VOB/B mehr als bloß die interne Bauvorbereitung. Diese ist lediglich die Voraussetzung für die eigentliche Inangriffnahme der Leistungen, die jedoch nicht unbedingt an der Baustelle selbst erbracht werden müssen (zu denken z. B. an die Erstellung von objektangepassten Fertigteilen). Die Verpflichtung zum Beginn mit der Ausführung entsprechend der vereinbarten Frist ist Hauptpflicht, der ein einklagbarer Anspruch des Auftraggebers entspricht. Die in § 5 Nr. 4 VOB/B weiter enthaltene Sanktionsregelung (Schadensersatz) lässt den Hauptanspruch auf Erfüllung unberührt.

#### 1. Ausführungsfrist und Bauvorbereitung

Allerdings sind die Bauvorbereitungsarbeiten so zu erbringen, dass die Ausführungsfrist eingehalten wird.[119] Störungen in der Bauvorbereitung sind nicht geeignet, die Ausführungsfrist zu verlängern; diese müssen vielmehr so disponiert werden, dass die Fristen eingehalten werden können. Deshalb ist dem Auftragnehmer nach § 11 Nr. 1 VOB/A für die Bauvorbereitung genügend Zeit zu lassen, was bei der Bestimmung des Beginns der Arbeiten berücksichtigt werden muss. So muss z. B. zwischen Vertragsschluss und Beginn ausreichend Zeit für die Bauvorbereitung liegen. Allerdings wird dabei vorausgesetzt, dass die Bauvorbereitung tatsächlich ein **innerbetrieblicher Vorgang**[120] ist, was fehlt, wenn die Bauvorbereitung selbstständiger oder unselbstständiger Teil der Vertragsleistung wird. Soll der Unternehmer Zeichnungen, Berechnungen usw. oder andere Besondere Leistungen erbringen, die nach der einschlägigen VOB/C-Norm unter die dort im Abschnitt 4.2 geregelte Kategorie fällt, ist § 2 Nr. 9 VOB/B einschlägig. Für die als Vertragsleistung einzuordnenden **„Bauvorbereitungsmaßnahmen"** ist die Ausführungsfrist verbindlich und nicht die „Bauvorbereitungsfrist" im Sinne von § 11 Nr. 1 Satz 2 VOB/A.[121] Hat der Auftragnehmer nach gewerkespezifische Regeln – z. B. nach der VOB/C[122] – Montagezeichnungen oder Werkstattzeichnungen zu liefern, weist die VOB/C dies bereits der Ausführung zu,[123] weswegen sich vorgesehene Ausführungsfristen vertragsrechtlich notwendig auf diese Planungsleistungen beziehen.[124] Das gilt auch für der unmittelbaren Ausführung der Leistung dienende Tätigkeiten wie z. B. die Herstellung von Fertigteilen oder das Abbinden des Bauholzes auf dem Betriebsgelände. Die erkennbaren Schwierigkeiten machen den Abgrenzungsbedarf zwischen der Bauvorbereitung und der Ausführung deutlich.

---

[119] *Daub/Piel/Soergel/Steffani* ErlZ A 11. 6; *Heiermann/Riedl/Rusam* A § 11 Rdn. 4.
[120] *Heiermann/Riedl/Rusam* A § 11 Rdn. 4.
[121] A. A. *Heiermann/Riedl/Rusam* A § 11 Rdn. 4.
[122] Z. B. DIN 18335 Abschnitt 3.2.1 und 3.2.3; DIN 18379 Abschnitt 3.1.2.
[123] Vgl. z. B. DIN 18381 Abschnitt 3.1.2; DIN 18379 Abschnitt 3.1.2.
[124] So auch *Kapellmann/Messerschmidt/Langen* VOB/B § 5 Rdn. 57.

## 2. Bauvorbereitungsstadium und Ausführungsstadium

**63** Die Abgrenzung zwischen Bauvorbereitung und dem Beginn der Ausführung ist im Hinblick auf die rechtssichere Anwendung von § 5 Nr. 4 Satz 1 VOB/B bedeutsam. Denn die Rechtswahl zwischen Schadensersatz nach § 6 Nr. 6 und Auftragsentzug nach § 8 Nr. 3 VOB/B steht und fällt mit der Verzögerung des Beginns der Ausführung. Eine verzögerliche Bauvorbereitung allein bleibt ausnahmslos ohne Sanktion. § 5 Nr. 3 VOB/B ist schon vom Wortlaut her nicht einschlägig.

**64** Eine Begriffsbestimmung fehlt, weswegen die Abgrenzung zwischen Bauvorbereitung und Ausführung unter Berücksichtigung des **§ 4 VOB/B** vorzunehmen ist. Das Ausführungsstadium ist demnach dadurch gekennzeichnet, dass die Abstimmung und Koordinierung durch den Auftraggeber notwendig sind; außerdem gehört dazu das Recht des Auftraggebers, die vertragsgemäße Ausführung der Leistung zu überwachen. Auftraggeberkoordinierung und Auftraggeberüberwachung erweisen sich als Indikatoren für die Abgrenzung zwischen Bauvorbereitung und Ausführung. Die Bauvorbereitung ist als Internum der Koordinierung und Überwachung durch den Auftraggeber verschlossen.

**65** Sicher wird mit der Ausführung begonnen, wenn der Unternehmer die Baustelle einrichtet und Maßnahmen ergreift, die auf eine zügige Fortsetzung schließen lassen.[125] § 4 Nr. 1 Abs. 1, 2 VOB/B ist aber auch zu entnehmen, dass Maßnahmen des Unternehmers, die nur bei Wahrnehmung der Koordinierung durch den Auftraggeber vorgenommen werden können, wie auch solche, die der Überwachung durch den Auftraggeber unterliegen, dem Ausführungsstadium zuzuweisen sind.[126] Das gilt eindeutig für die Herstellung von Fertigteilen nach Plan oder für das Abbinden eines Dachstuhles. In beiden Fällen hat der Auftraggeber nach § 4 Nr. 1 Abs. 2 Satz 2 VOB/B das Recht, den Arbeitsplatz zu betreten, wo die vertragliche Leistung oder Teile von ihr hergestellt werden. Auch die Wahrnehmung der Rechte aus § 4 Nr. 6 VOB/B bestätigt diesen Standpunkt.

## 3. Vertraglicher Festlegungsbedarf

**66** Im Einzelfall kann vertraglicher **Abklärungsbedarf** bestehen. Enthält z. B. ein Bauzeitenplan die 24. Kalenderwoche als Ausführungsbeginn für den Betonbauunternehmer, dessen vertragliche Aufgabe das Aufstellen einer Gewerbehalle aus Stahlbetonträgern ist, deren Zwischenfelder durch einen anderen ausgemauert werden, ist die Frage, ob in dieser 24. Kalenderwoche mit der Fertigung der Träger oder bereits mit deren Aufstellen zu beginnen ist. Problematisch ist die Zuordnung der Trägerfertigung als Teil der Bauvorbereitung oder der Ausführung, was nicht allein durch § 4 Nr. 1 VOB/B, sondern unter Berücksichtigung der Vertragsintentionen und der Ausführungsbedingungen entschieden werden muss. Das in § 4 Nr. 1 VOB/B zum Ausdruck kommende Verständnis ist nicht mehr maßgeblich, wenn – im Beispiel – die Ausführungsfrist so bemessen ist, dass schon aus **bauphysikalischen** Gründen – z. B. wegen der Abbinde-, Erhärtungs- und Ausschalungsfristen – die Herstellung der Träger der Bauvorbereitungsphase zuzuweisen ist. Die Gebote der rechtssicheren Anwendung des Vertrags wie auch der Rechtsfolgen aus § 5 VOB/B machen es in Fällen, bei denen die Qualifizierung einer Maßnahme als Bauvorbereitung oder als Ausführung fragwürdig ist, notwendig, die Fristenregelung exakt mit einer konkret beschriebenen Tätigkeit (z. B. das Aufstellen der Träger oder des Dachstuhles) zu verknüpfen.

## 4. Hinderungsgründe

**67** Solange die Baugenehmigung nicht erteilt ist, braucht weder der Erdbau- noch der Rohbauunternehmer mit der Vertragsleistung zu beginnen. Denn ohne die Erfüllung der sich aus § 4 Nr. 1 oder § 3 Nr. 1 VOB/B ergebenden Mitwirkungspflichten (oder Oblie-

---

[125] Vgl. *Vygen/Schubert/Lang* Rdn. 33; vgl. auch *Daub/Piel/Soergel/Steffani* ErlZ. A 11.38, 11.39; *Ingenstau/Korbion/Döhring* VOB/B § 5 Nr. 1–3 Rdn. 8.
[126] Vgl. *Kapellmann/Messerschmidt/Langen* VOB/B § 5 Rdn. 57.

genheiten → Vor § 4 Rdn. 4 ff.) kann der Auftraggeber die Leistung nicht verlangen.[127] Dasselbe gilt für fehlende Vorleistungen oder Ausführungsunterlagen. Nach BGH[128] schließt die fehlende Baugenehmigung den Verzugseintritt auch dann aus, wenn der Unternehmer sich zur Weigerung der Arbeitsaufnahme oder der Fortsetzung der Arbeiten hierauf nicht berufen hat. Problematisch ist, den Verzögerungstatbestand nach § 5 Nr. 4 Satz 1, 1. Alt. VOB/B (Verzögerung mit dem Beginn der Ausführung) bei Fehlen einer Ausführungsunterlage oder von Vorleistungen, insbesondere ordnungsgemäßen Vorleistungen, unabhängig von einer Behinderungsanzeige oder der Offenkundigkeit der Behinderung nach § 6 Nr. 1 VOB/B zu verneinen. Denn grundsätzlich soll der Unternehmer nach § 6 Nr. 2 eine Fristverlängerung, wozu auch eine Verschiebung des Beginns der Ausführung zählen kann,[129] nur bei Behinderungsanzeige oder Offenkundigkeit für sich in Anspruch nehmen können (→ § 6 Nr. 1 Rdn. 20 ff.). Allerdings wird dem Auftragnehmer unabhängig von der Erfüllung der Voraussetzungen nach § 6 Nr. 1 VOB/B – und damit auch bei fehlender Anzeige oder fehlender Offenkundigkeit – das Recht eingeräumt, gegenüber Ansprüchen des Auftraggebers z. B. aus § 5 Nr. 4 VOB/B einzuwenden, nicht er, sondern der Auftraggeber habe die Behinderung selbst verursacht.[130]

Die Tatbestandsvoraussetzungen des § 5 Nr. 4 VOB/B setzen voraus, dass die Störungstatbestände ihre Ursache in der Sphäre des Auftragnehmers und nicht des Auftraggebers haben. Schon dem Wortlaut der Vorschrift nach liegt keine Verzögerung des Beginns der Ausführung vor, wenn z. B. die Baugenehmigung fehlt, die der Auftraggeber zu besorgen hätte. Für diesen Standpunkt spricht, dass der Auftraggeber nach Treu und Glauben bei Fehlen einer notwendigen Ausführungsplanung oder einer tauglichen Vorleistung vom Auftragnehmer nicht den Beginn der Ausführung verlangen kann. Der Rechtsmissbrauchseinwand schließt aus, vom Auftragnehmer den Beginn mit der Ausführung zu fordern, wenn der Anspruchsteller selbst die ihn nach dem Vertrag treffenden Mitwirkungspflichten oder Obliegenheiten nicht erfüllt hat (→ § 6 Nr. 1 Rdn. 21). 68

So ist der Anspruch des Auftraggebers auf Beginn mit der Ausführung **nicht durchsetzbar,** wenn die nach dem Vertrag bauseits zu stellenden Baustoffe nicht zur Verfügung stehen. Damit scheitert auch die Verzögerung des Beginns als Voraussetzung für die Rechtswahl nach § 5 Nr. 4 VOB/B und zwar unabhängig davon, ob der Unternehmer eine Behinderung gemäß § 6 Nr. 1 VOB/B angezeigt hat. Für diesen Hinderungstatbestand ist der Auftragnehmer **darlegungs- und beweisbelastet,** da es sich um eine rechtshindernde Einwendung und nicht um ein qualifiziertes Bestreiten handelt. Die Anzeige ist – vom Tatbestand der Offensichtlichkeit abgesehen – geboten, um nach § 6 Nr. 2 VOB/B eine Verschiebung der Frist für den Ausführungsbeginn zu erreichen und Schadensersatzansprüche gemäß § 6 Nr. 6 VOB/B durchzusetzen (→ § 6 Nr. 1 Rdn. 22). Allerdings kann die Verletzung der Pflicht zur Behinderungsanzeige – wiederum von Fällen der Offenkundigkeit der Behinderung abgesehen – nach den Grundsätzen der positiven Vertragsverletzung (§ 280 Abs. 1 BGB) **schadensersatzpflichtig** machen, wenn diese für den eingetretenen Schaden des Auftraggebers kausal gewesen ist und die Möglichkeit bestand, den Schaden bei Erfüllung der Behinderungsanzeige abzuwenden, also die Umstände für eine alsbaldige Aufnahme der Ausführung zu schaffen.[131] Nicht zu leugnen ist die Überlagerung des § 5 Nr. 4 durch § 6 Nr. 1–4 VOB/B, womit eine Kooperationspflicht des Auftragnehmers angesprochen ist. Deren Verletzung ändert jedoch nichts daran, dass Verzögerungen auf den Auftraggeber zurückgehen, wenn dieser hierfür die Ursache gesetzt hat. Dann fehlt es an der Verzögerung durch den Auftragnehmer. 69

---

[127] BGH BauR 1974, 274 = NJW 1974, 1080; BGH BauR 1983, 73, 74 = NJW 1983, 989; *Ingenstau/Korbion/Döring* VOB/B Nr. 1–3 Rdn. 9.
[128] BauR 1974, 73, 74 = NJW 1974, 1080.
[129] BGH BauR 1983, 73, 74 = NJW 1983, 989.
[130] *Heiermann/Riedl/Rusam* VOB/B § 6 Rdn. 9; *Nicklisch/Weick* VOB/B § 6 Rdn. 21; kritisch *Kapellmann/Messerschmidt/Langen* VOB/B § 5 Rdn. 50, 51; differenzierend *Oberhauser* BauR 2001, 1177, 1180.
[131] Vgl. *Heiermann/Riedl/Rusam* VOB/B § 6 Rdn. 9; → § 6 Nr. 1 Rdn. 71 ff.

## § 5 Nr. 1

### 5. Anzeige des Beginns der Ausführung

70 Strittig ist, ob den Unternehmer auch im Rahmen von § 5 Nr. 1 Satz 1 VOB/B eine Pflicht zur Beginnanzeige trifft, die ausdrücklich nur bei der Nr. 2 – Fehlen einer Vereinbarung über den Beginn der Ausführung – vorgesehen ist.[132] Die in § 5 Nr. 2 VOB/B unter den dort geregelten Voraussetzungen statuierte Pflicht zur Beginnanzeige lässt nicht den Schluss zu, dass damit die Mitteilungsverpflichtung als Nebenpflicht des Bauvertrages insgesamt und umfassend in einem VOB-Bauvertrag geregelt und insbesondere in anderen Fällen ausgeschlossen ist. Vielmehr muss auch im Rahmen von § 5 Nr. 1 VOB/B einzelfallbezogen geprüft werden, ob der Unternehmer den Beginn der Ausführung anzeigen muss, um z. B. dem Auftraggeber die Erfüllung seiner Mitwirkungspflichten nach § 4 Nr. 1 oder § 3 Nr. 1 VOB/B zu ermöglichen. Wenn die VOB/B im Rahmen der Abwicklung der Baumaßnahme an vielen Stellen die **Informationspflicht** betont (→ Vor § 4 Rdn. 17 ff.), soll damit nicht bei Schweigen in anderem Zusammenhang die Wahrnehmung von Anzeigepflichten verneint werden. Das widerspräche auch dem Kooperationsgedanken. Das allgemeine Zivilrecht und daraus im Bereich der Nebenpflichten **§ 242 BGB als Quellrecht** und -verpflichtung bilden auch bei einem VOB-Bauvertrag die Basis. Diese kommen zur Anwendung, wenn die VOB/B-Regelung sich nicht als verdrängender Sondertatbestand erweist. Das ist hier nicht der Fall.[133]

### II. Verpflichtung zur Vollendung der Ausführung

71 Die Verpflichtung zur Vollendung der Ausführung innerhalb der Ausführungsfrist ist erfüllt, wenn das Werk abnahmereif erstellt ist.[134] **Unwesentliche Mängel** (vgl. § 12 Nr. 3 VOB/B) schließen demnach die Vollendung der Ausführung nicht aus. Ob die Vollendung die Räumung der Baustelle voraussetzt, ist strittig.[135] Eine generelle Entscheidung, ob die Räumung der Baustelle für die Vollendung konstitutiv ist, scheidet aus. Der Vertragsinhalt und -umfang wie auch die Vertragsauslegung sind entscheidend; die gewerkespezifischen Regeln der VOB/C sind zusätzlich zu berücksichtigen. Formeln, dass sich die Räumung jedenfalls unverzüglich anschließen müsse und die Baustelleneinrichtung die Nutzung nicht merklich behindern dürfe,[136] erweisen sich als flexibel, um dem Einzelfall gerecht werden zu können. Der **Rohbauunternehmer** kann als Besondere Leistung nach Abschnitt 4.2.4 der DIN 18330 und DIN 18331 die Vorhaltung der Gerüste über die eigene Benutzungsdauer hinaus für andere Unternehmer übernehmen. Das betrifft auch den Umbau von Gerüsten und das Vorhalten von Hebezeugen, Aufzügen, Aufenthalts- und Lagerräumen, Einrichtungen und dergleichen für Zwecke anderer Unternehmer. In solchen Fallgestaltungen hängt die Vollendung der werkvertraglich versprochenen Bauleistung nicht davon ab, wann diese Zurverfügungstellung beendet ist. Denn diese Vorhaltung ist lediglich ein Anhängsel zum Bauvertrag und als eigenständiger Mietvertrag, nicht aber als solcher Teil des Bauvertrags zu begreifen, von dessen Erfüllung die abnahmereife Vollendung der Ausführung i. S. d. § 4 Nr. 4 VOB/B abhängt. Der Verputzer hat nach DIN 18350 Fassung 2006 Abschnitt 4.1.6 als Nebenleistung auch An- und Beiputzarbeiten zu erbringen, was jedoch voraussetzt, dass die

---

[132] Gegen eine Verpflichtung *Ingenstau/Korbion/Döring* b § 5 Nr. 1–3 Rdn. 14; für eine Verpflichtung Staudinger/*Peters* 2003 § 633 Rdn. 129.
[133] So auch Staudinger/*Peters* § 636 Rdn. 45.
[134] *Vygen* Seminar Bauverzögerung S. 33; Staudinger/*Peters* 2003 § 633 Rdn. 132; *Ingenstau/Korbion/Döring* VOB/B § 5 Nr. 1–3 Rdn. 23.
[135] Dafür *Vygen* Seminar Bauverzögerung S. 33; *Vygen/Schubert/Lang* Rdn. 62; Staudinger/*Peters* 2003 § 633 Rdn. 132; dagegen *Ingenstau/Korbion/Döring* VOB/B § 5 Nr. 1–3 Rdn. 23; *Heiermann/Riedl/Rusam* VOB/B § 5 Rdn. 7.
[136] *Ingenstau/Korbion/Döring* VOB/B § 5 Nr. 1–3 Rdn. 23.

entsprechenden Gewerke zeitgerecht ablaufen. Wird wegen deren nicht rechtzeitiger Erstellung ein **nachträgliches Anarbeiten** erforderlich, gehört deren Erbringung trotz Qualifizierung als Besondere Leistung nach Abschnitt 4.2.30 der DIN 18350 zur Vollendung, die grundsätzlich innerhalb der Ausführungsfrist zu erfolgen hat. Die Abwicklungsstörung, die darin liegt, dass nicht in einem Zuge gearbeitet werden kann, gehört in den Bereich des § 6 Nr. 1 VOB/B.

Die Qualifizierung der An- und Beiputzarbeiten als **Besondere Leistungen,** soweit sie nicht im Zuge mit den übrigen Putzarbeiten, bei Innenputzarbeiten im selben Geschoss, ausgeführt werden können (Abschnitt 4.2.30 der DIN 18350) hat nicht zur Folge, dass diese Arbeiten werkvertragliche überhaupt nicht geschuldet wären und folglich auf diese Arbeiten bezüglich der abnahmereifen Vollendung nicht abgestellt werden dürfte. Die im Abschnitt 4.2 der DIN 18299 enthaltene Aussage, wonach Besondere Leistungen solche Leistungen sind, die nicht Nebenleistungen nach Abschnitt 4.1 sind und nur dann zur vertraglichen Leistung gehören, wenn sie in der Leistungsbeschreibung besonders erwähnt sind, ändert an diesem Ergebnis nichts. Diese Regelung hat lediglich vergütungsrechtliche Folgen und muss im Zusammenhang mit § 2 Nr. 5 VOB/B gesehen werden. Der Umstand, dass die Leistung nicht in einem Zuge ausgeführt werden kann, ändert die Grundlagen des Preises für eine im Vertrag vorgesehene Leistung mit der Folge, dass ein neuer Preis zu vereinbaren ist. Wird der Auftragnehmer jedoch abweichend von der verbindlichen Ausführungsfrist früher fertig, was das Arbeiten in einem Zug ausschließt, steht dem Auftragnehmer eine zusätzliche Vergütung nicht zu.[137] 72

Ist ein Bauwerk schlüsselfertig zu erstellen, muss das Gebäude bezugsfertig und in allen seinen Nutzungen gebrauchstauglich sein.[138] Einschränkungen, deren Einordnung als unwesentlicher Mangel veranlasst ist, schließen die Vollendung nicht aus. Innerhalb der für die Vollendung vorgesehenen Frist müssen andererseits nicht die nach verschiedenen Allgemeinen Technischen Vertragsbedingungen für Bauleistungen (ATVen = VOB/C) zu liefernden **technischen Unterlagen** vorhanden sein. Derartige näher beschriebene Unterlagen sehen die DIN 18379 oder die DIN 18380 vor (Abschnitte 3.6 und 3.7), halten jedoch zugleich fest, dass diese spätestens bei der Abnahme zu übergeben sind. *Kapellmann/Messerschmidt/Langen*[139] stellen darauf ab, ob diese technischen Unterlagen für die Inbetriebnahme erforderlich sind. Abnahme und Abnahmereife oder Vollendung sind jedoch zu unterscheiden. Die Abnahme hängt davon ab, wann sie der Auftraggeber vornimmt (§ 12 Nr. 1 VOB/B). Die Vollendung der Ausführung ist unabhängig von der rechtsgeschäftlichen Abnahme, einer technischen Feststellung nach § 4 Nr. 10 VOB/B oder einer Fertigstellungsanzeige bzw. Inbenutzungnahme (§ 12 Nr. 5 VOB/B).[140] 73

Der Verpflichtung, die Leistung innerhalb der Vertragsfrist zu vollenden, entspricht der hierauf gerichtete, einklagbare Anspruch des Auftraggebers. Die in § 5 Nr. 4 VOB/B weiter enthaltene Sanktionsregelung lässt diesen Hauptanspruch unberührt. 74

### III. Förderungspflicht

§ 5 Nr. 1 Satz 1 VOB/B verpflichtet den Auftragnehmer zu angemessener Förderung. Damit wird das Ziel verfolgt, die Vollendung der Bauleistung innerhalb der – vertraglichen – Ausführungsfrist sicherzustellen. Diese Förderungsverpflichtung besteht unabhängig davon, ob verbindliche Zwischenfristen und Baufristenpläne vereinbart worden sind. Nach § 5 75

---

[137] OLG Düsseldorf BauR 2002, 1551.
[138] LG Nürnberg-Fürth NJW-RR 1989, 668; OLG Celle BauR 1998, 801; vgl. *Heiermann/Riedl/Rusam* VOB/B § 5 Rdn. 7; *Lotz* BB 1996, 544 mit umfassender Übersicht zum Begriff schlüsselfertig im Anlagenbau; vgl. auch *Brandt* BauR 1982, 524; *de Vasconcellos* NZBau 2000, 361.
[139] VOB, B, § 5 Rdn. 98.
[140] *Kapellmann/Messerschmidt/Langen* VOB/B § 5 Rdnr. 96.

## § 5 Nr. 1

Nr. 1 VOB/B ist der Auftragnehmer auch ohne verbindliche Zwischenfristen und Baufristenpläne zur angemessenen und zügigen Förderung der Bauausführung verpflichtet.[141]

### 1. Pflichten- und Anspruchssituation

76  Hieraus kann der Auftraggeber unmittelbar einklagbare Ansprüche und Rechte auf Vornahme bestimmter Maßnahmen grundsätzlich nicht ableiten.[142] Die Sanktionsregelung und Anspruchsgrundlage für den Auftraggeber ist ausschließlich § 5 Nr. 3 VOB/B.

### 2. Dispositionsrecht des Auftragnehmers

77  Die unmittelbare Einstufung als Anspruchsgrundlage würde das Ende des dem Unternehmer nach § 4 Nr. 2 VOB/B zustehenden Dispositionsrechts bedeuten. Der Streit über die Angemessenheit der Baustellenbeschickung soll vermieden werden. Befugnisse kommen dem Auftraggeber in Wahrung des Dispositionsrechts des Unternehmers nur unter den in § 5 Nr. 3 VOB/B beschriebenen Voraussetzung zu. Hierfür müssen Arbeitskräfte, Geräte, Baustoffe und Bauteile so unzureichend sein, dass die Ausführungsfrist offenbar nicht eingehalten werden kann. Bei Erfüllung dieser Voraussetzungen hat der Auftraggeber einen Anspruch auf Abhilfe. Dieser Anspruch ist gleichfalls selbstständig einklagbar, was durch § 5 Nr. 4 VOB/B als einer zusätzliche Möglichkeiten bietenden Sanktionsnorm nicht ausgeschlossen wird.

78  Erwogen werden könnte, in Anlehnung an die Rechtsprechung zu § 13 Nr. 5 Abs. 1 VOB/B bzw. § 635 BGB, wonach trotz Dispositionsrecht des Auftragnehmers über die Art und Weise der Mängelbehebung dem Auftraggeber dann ein Recht auf Vornahme einer bestimmten Mängelbeseitigung hat, wenn nur noch diese eine in Betracht kommt,[143] dem Auftraggeber unter Hintanstellung der Dispositionsbefugnis des Aufragnehmers das Recht auf Vornahme einer bestimmten Baustellenförderungsmaßnahme zuzugestehen, wenn nur noch diese eine geeignet erscheint, die Einhaltung der Vertragsfristen zu gewährleisten. Anderenfalls wird das Problem in die Vollstreckung verschoben, die bei vertretbaren Handlungen nach § 887 ZPO erfolgt. Spätestens im Zusammenhang mit § 887 Abs. 2 ZPO muss dann durch den vollstreckenden Gläubiger die Konkretisierung der in Betracht zu ziehenden Maßnahme erfolgen, womit der Dispositionsverlust des Auftragnehmers in der Vollstreckung eintritt.

## E. Fehlen von Vertragsfristen

### I. Fehlen einer Vereinbarung

79  Haben die Vertragsparteien keine Vertragsfrist für den **Beginn** der Ausführung vereinbart, gilt hinsichtlich des Beginns § 5 Nr. 2 VOB/B. Damit wird von § 271 BGB abgewichen. Die Zeitspanne für die Ausführung steht bei Fehlen einer Frist für die **Vollendung** der Leistung nicht im Belieben des Unternehmers. Der Auftragnehmer ist verpflichtet, die Arbeit in Anlehnung an § 271 BGB innerhalb der sich aus den Umständen als angemessen ergebenden Bauzeit zu erbringen.[144] Maßgeblich ist eine angesichts des Umfangs der Leistungen und der gegebenenfalls zu berücksichtigenden Erschwernisse

---

[141] KG BauR 2005, 1219 (Ls), BGH B. v. 13. 1. 2005, VII ZR 89/04 (Nichtzulassungsbeschwerde zurückgewiesen).
[142] So auch *Kapellmann/Messerschmidt/Langen* VOB/B § 5 Rdn. 72.
[143] OLG Hamm BauR 2006, 850; OLG Köln BauR 1977, 275, 276; BGH BauR 1976, 430, 432; *Werner/Pastor* Rdn. 1565, 1566.
[144] BGH U. v. 8. 3. 2001, VII ZR 470/99, NJW-RR 2001, 806 NZBau 2001, 389 = OLG Frankfurt NJW-RR 1994, 1361, 1362; *Ingenstau/Korbion/Döring* VOB/B § 5 Nr. 1–3 Rdn. 24; MünchKomm/*Soergel* § 636 Rdn. 6; *Vygen/Schubert/Lang* Bauverzögerung Rdn. 26.

angemessene Frist.¹⁴⁵ Die Festlegung der Leistungszeit (Frist für die Vollendung) wird im Einzelfall auch bei sachverständiger Beratung schwer fallen¹⁴⁶ und letztlich unter analoger Anwendung von § 287 ZPO auf eine Schätzung hinaus laufen.

Der Schätzung ist zugrunde zu legen, dass ein Auftragnehmer von einen kontinuierlichen 80 Arbeitsablauf ausgehen darf, in welchem Personal und Geräte wirtschaftlich sinnvoll ungestört eingesetzt werden können. Maßgeblich ist weder die Zeit, die eine maximal einsetzbare Baustellenbelegschaft benötigt, noch die Zeit, die eine minimal zulässige Arbeiteranzahl bei sinnvollem Arbeitsablauf ohne Leerzeiten benötigt.¹⁴⁷ Der Schätzung dürfen weder optimalste noch schlechteste Baustellenbedingungen zugrunde gelegt werden; Ausgangspunkt muss das sein, welche Zeit ein Bieter nach Maßgabe der technischen Inhalte der Leistungsbeschreibung mit Rücksicht auf dessen Interesse an einer effektiven und wirtschaftlichen Bauabwicklung im Rahmen seiner Angebotskalkulation ansetzt. Ausgangspunkt dürfen Zeitverbrauchsparameter oder Aufwandswerte sein,¹⁴⁸ die wegen ihrer generellen Geltung jedoch auf die konkrete Baustellen abzustimmen sind. Die Schätzung muss letztlich die Vorgangsdauern der einzelnen Leistungen ermitteln und sich dabei vom Grundsatz leiten lassen, dass ein Unternehmer einen kontinuierlichen Produktionsprozess¹⁴⁹ zugrunde legen und sich vom Prinzip leiten lassen darf, bei der Abwicklung möglichst geringe Kosten zu verursachen (Minimalkostenkombination).¹⁵⁰

## II. Wegfall der Vertragsfrist

Dieselben Grundsätze kommen zur Anwendung, wenn eine ursprünglich für den Beginn 81 oder die Vollendung vereinbarte Frist und damit der Zeitplan durch irgendwelche Umstände „umgeworfen" wird. Nach BGH¹⁵¹ ist die Fälligkeit der Leistung des Auftragnehmers so zu bestimmen, als hätten die Parteien eine Frist für die Fertigstellung nicht vereinbart, wenn die ursprüngliche Herstellungsfrist nicht mehr verbindlich ist. Diese Beurteilung lässt die Festlegungsregeln nach § 6 Nr. 3 und Nr. 4 VOB/B außer Acht, wenn es sich um Umstände handelt, die zu Behinderungs- oder Unterbrechungstatbeständen im Sinne von § 6 Nr. 1 VOB/B führen. Danach regelt sich auch eine neue Frist für den Beginn, wenn der Zeitplan für den Beginn „umgeworfen" ist. Denn die Verlängerung der Ausführungsfrist nach § 6 Nr. 4 VOB/B gilt sinngemäß, soweit hindernde Umstände bereits bei Beginn der Bauausführung entgegenstehen.¹⁵²

## III. Verzug mit der Bauausführung

Das Fehlen von Vertragsfristen schließt die Befugnis des Auftraggebers nicht aus, den 82 Unternehmer nach § 286 BGB in Verzug zu setzen. Nach Ablauf der angemessenen, nach Treu und Glauben unter Berücksichtigung des Leistungsumfanges und der Leistungsumstände zu bestimmenden Leistungszeit¹⁵³ hat der Auftraggeber die Möglichkeit zur Mahnung gemäß § 286 Abs. 1 BGB. Der Verzug beginnt mit dem Zugang der Mahnung.¹⁵⁴ In Verzug

---

¹⁴⁵ BGH U. v. 8. 3. 2001, VII ZR 470/99, NZBau 2001, 389 = BauR 2001, 946, BauR 1978, 139, 141; BGH BauR 1974, 206; RGRK-*Glanzmann* § 636 Rdn. 1.
¹⁴⁶ *Daub/Piel/Soergel/Steffani* ErlZ A 11.29.
¹⁴⁷ Vgl. Kostenermittlung im Hochbau, Schriftenreihe des Bundesministers für Raumordnung, Bauwesen und Städtebau, 1986 (Verfasser: *Diederichs* und *Hepermann*), S. 31.
¹⁴⁸ Vgl. *Langen/Schiffers* Bauplanung und Bauausführung, Rdn. 34.
¹⁴⁹ *Kapellmann/Schiffers* Band 1 Rdn. 1296, 1312, 1485.
¹⁵⁰ *Agh-Ackermann/Kuen,* Akute Probleme des zeitgemäßen Bauvertrages, S. 114.
¹⁵¹ BauR 1978, 139, 141.
¹⁵² BGH BauR 1983, 73, 74 = NJW 1983, 989.
¹⁵³ Vgl. *Ingenstau/Korbion/Döring* VOB/B § 5 Rdn. 6; *Kühne* BB 1988, 711.
¹⁵⁴ *Palandt/Heinrichs* § 286 Rdn. 27.

§ 5 Nr. 1                                                                                     Vertragsfristen und Einzelfristen

kann der Unternehmer auf diese Weise jedoch nur mit der Herstellung, nicht aber mit dem Beginn der Ausführung kommen. Die dem Auftraggeber bereits bei „Beginnstörungen" nach § 5 Nr. 3 VOB/B eingeräumten Rechte bilden gerade einen Vorteil gegenüber dem Werkvertragsrecht des BGB. *Döring*[155] hält es für möglich, dass der Auftragnehmer nach den Regeln aus § 5 Nr. 2 VOB/B i. V. m. § 286 Abs. 2 Nr. 2 BGB bei Nichteinhaltung der zu bestimmenden 12-Werktagsfrist auch ohne Mahnung in Verzug kommt. Diese Lösung kommt mit den tatbestandlichen Voraussetzungen des § 5 Nr. 4 VOB/B in Konflikt. Diese Vorschrift knüpft an die Verzögerung des Beginns der Ausführung an. Das hat nicht nur mit der damit verbundenen Erleichterung – Verzicht auf Verschulden –, sondern auch damit zu tun, dass nur mit Erstellung des Werks Verzug begründet werden kann, nicht aber schon mit Störungen im Beginn der Ausführung. Verzug ist Zeitstörung hinsichtlich der Leistung, was beim Werkvertrag das Werk ist; allein die zeitgestörte Handlung reicht nicht aus. Nicht umsonst spricht § 5 Nr. 4 VOB/B vom Verzug mit der Vollendung. Die Frage ist, ob für den Verzug im Werkvertrag handlungs- oder erfolgsorientiert anzuknüpfen ist. Wenn bei einem Werkvertrag die Leistungspflicht des Auftragnehmers erst nach Ablauf der für die Herstellung erforderlichen Zeit fällig ist,[156] spricht manches dafür, den Verzug an die Fertigstellung zu binden.

83   War für die Fertigstellung einer Bauleistung ein Kalendertag vertraglich vereinbart und verschiebt sich dieser Fertigstellungstermin in Folge einer vom Auftraggeber zu vertretenden Arbeitsunterbrechung, ist die Leistung nicht mehr nach dem Kalender bestimmt (§ 286 Abs. 2 Nr. 1 BGB), weswegen der Unternehmer nur durch Mahnung in Verzug gerät.[157]

## F. Änderung und Verschiebung von Vertragsfristen

### I. Auf Grund einvernehmlicher Vereinbarung

84   Die Vertragspartner haben die Möglichkeit, einvernehmlich vereinbarte Ausführungsfristen auch einvernehmlich zu ändern (§ 311 BGB). Grundlage der Änderung kann eine im Bauvertrag zu Gunsten des Auftraggebers vorgesehene Änderungskompetenz sein.[158] Der objektüberwachende Architekt oder Ingenieur, der das Leistungsbild nach § 15 Abs. 2 Nr. 8 oder § 57 HOAI zu erfüllen hat, ist ohne besondere Vollmacht nicht befugt, für den Auftraggeber mit dem Auftragnehmer eine Verlängerung der Bauzeit oder sonst eine Änderung der Ausführungsfrist zu vereinbaren.[159] Denn weisen die Ausführungsfristen Vertragsfristenqualität auf, beinhaltet deren Änderung eine Vertragsänderung, wozu der objektüberwachende Planer auch dann, wenn er mit den Leistungsphasen der Vorbereitung und der Mitwirkung der Vergabe betraut war, auf Grund seiner aufgabenbezogenen oder sog. originären Vollmacht[160] nicht berechtigt ist. Zwar nimmt der Planer im Rahmen der Phase 8 des § 15 HOAI bzw. § 57 HOAI die dem Auftraggeber nach § 4 Nr. 1 VOB/B zukommenden Koordinierungsaufgaben wahr; diese Aufgabenstellung berechtigt jedoch nicht zu Vertragsänderungen.[161]

85   Allerdings hat der BGH[162] einen mit der Planung und Objektüberwachung betrauten Architekten für bevollmächtigt gehalten, einen bereits im Vergabegespräch vorgesehenen Bauzeitenplan zu vereinbaren, soweit dieser den vertraglichen Vorgaben entsprach. Damit

---

[155] In *Ingenstau/Korbion* VOB/B § 5 Rdn. 11.
[156] MünchKomm/*Krüger* § 271 Rdn. 30; *Kühne* BB 1988, 713.
[157] BGH Schäfer/Finnern/Hochstein § 284 BGB Nr. 1.
[158] Vgl. OLG Köln BauR 1986, 582 = NJW 1986, 71, 72; *Nicklisch/Weick* VOB § 5 Rdn. 6.
[159] BGH BauR 1978, 139 = NJW 1987, 995.
[160] Vgl. zu diesem Begriff *Quack* BauR 1995, 441; *Werner/Pastor* Rdn. 1072, 1077.
[161] Vgl. BGH U. v. 7. 3. 2002, VII ZR 1/00, NJW 2002, 3543 = NZBau 2002, 571 = BauR 2002, 1536.
[162] U. v. 21. 3. 2002, VII ZR 224/00, NJW 2002, 2716 = NZBau 2002, 381 = BauR 2002, 249 = ZfBR 2002, 562.

wird aus einer Aufgabe auf eine Bevollmächtigung geschlossen. Dann liegt es nahe, einen bevollmächtigten Planer auch für befugt zu halten, eine vereinbarte Ausführungsfrist im Einvernehmen mit dem ausführenden Unternehmer zu ändern, wenn damit nicht eine Vertragsverletzung im Innenverhältnis zwischen Auftraggeber und Planer verwirklicht wird.

Die Rechtsfolge vertraglich legitimierter Änderung oder Verschiebung von Vertragsfristen ist die Gültigkeit der neu festgelegten Frist als Vertragsfrist. Die Vereinbarung schließt die Anwendung des den Beginn oder die Dauer der Ausführungsfrist sonst regelnden § 6 Nr. 4 VOB/B aus. Regelmäßig wird sich auch die **Förderungspflicht** nach § 6 Nr. 3 VOB/B am Inhalt der Vereinbarung ausrichten. Das Einvernehmen der Parteien über den neuen Fristenlauf überlagert § 6 Nr. 3 VOB/B. 86

Diese einvernehmliche Änderung oder Fristverschiebung schließt nicht aus, dass der unmittelbar betroffene Auftragnehmer behindert ist und Rechte aus § 6 Nr. 6 VOB/B geltend machen kann. Denn auch rechtmäßige Maßnahmen können sich als **Behinderung** erweisen.[163] Nach § 6 Nr. 1 VOB/B ist die Ursache für die Behinderung bedeutungslos.[164] Eine wirksame Vereinbarung, die Ansprüche des Auftragnehmers nicht berücksichtigt und regelt, kann nicht als Verzicht des Unternehmers auf Ansprüche aus eventueller Behinderung ausgelegt werden.[165] 87

## II. Einseitige Änderungen und Verschiebungen

Einseitige Änderungen und Verschiebungen von Vertragsfristen, denen es an einer vertraglichen Legitimation fehlt, sind davon abweichend zu beurteilen. Denn Vertragsfristen können nicht einseitig mit verbindlicher Wirkung neu festgelegt werden.[166] Das dem Auftraggeber nach § 4 Nr. 1 VOB/B zustehende Leitungs- und Dispositionsrecht befugt lediglich dazu, dem Auftragnehmer z. B. die Aufnahme der Arbeiten zum vorgesehenen Termin oder die Fortsetzung der Arbeiten zu verwehren. Das Setzen eines neuen Beginns oder neuer Vollendungsfristen, seien sie kürzer oder länger, wird dadurch nicht gedeckt. Die auf § 4 Nr. 1 VOB/B gestützte Maßnahme kann sich für den Unternehmer als Behinderung erweisen. Diese Vorschrift gibt die Befugnis zur „Störung" des ursprünglich vorgesehenen Ablaufplanes, bildet jedoch keine Rechtsgrundlage für die verbindliche Neubestimmung der ursprünglich einvernehmlich vorgesehenen Ablauftermine. Hierfür gibt auch § 2 Nr. 5 VOB/B nichts her, da diese Bestimmung lediglich die preislichen Folgen bestimmt,[167] und keine Voraussetzungen für die „andere Anordnung" unter Rechtmäßigkeitsgesichtspunkten formuliert. 88

§ 1 Nr. 3 VOB/B und § 2 Nr. 5 VOB/B bilden keine einseitig ausübbare Befugnisgrundlage für den Auftraggeber, die Bauzeit zu verschieben. Die Neufassung der VOB/B 2006 ha in § 1 Nr. 3 VOB/B nicht dazu geführt, dass der Auftraggeber auch Anordnungen hinsichtlich der Bauzeit treffen darf. Entsprechende Änderungsvorschläge sind nicht aufgegriffen worden.[168] Soweit in der Literatur über eine Auslegung versucht worden ist, den Anwendungsbreich des § 1 Nr. 3 VOB/B auf die Bauzeit deshalb zu erweitern, weil die Bauzeit gleichsam Teil des Bauentwurfs ist,[169] sind diese Versuche infolge der Änderungsablehnung durch den DVA als gescheitert anzusehen. § 2 Nr. 5 VOB/B enthält zwar auf der Tatbestandsseite das Merkmal „andere Anordnungen" woraus jedoch hinsichtlich ihrer 89

---

[163] OLG Köln BauR 1986, 582 = NJW 1986, 71, 72; sehr strittig → § 6 Nr. 6 Rdn. 56 ff.
[164] *Piel* FS Korbion S. 349, 350.
[165] Vgl. BGH U. v. 6. 12. 2001, VII ZR 19/00, NJW 2002, 748 = NZBau 2002, 149 = BauR 2002, 472 = ZfBR 2002, 251; BGH U. v. 22. 6. 1995, VII ZR 118/94, NJW-RR 1996, 237 = BauR 1995, 701.
[166] Vgl. Staudinger/*Peters* 2003 § 633 Rdn. 126.
[167] Vgl. umfassend zu § 2 Nr. 5 VOB/B als bloße Rechtsfolgenanordnung *Thode* ZfBR 2004, 214 ff.; *Piel* FS Korbion S. 349, 350; BGHZ 50, 25, 30; OLG Köln BauR 1986, 582 = NJW 1986, 71, 72.
[168] Vgl. *Markus* NZBau 2006, 537.
[169] Vgl. z. B. *Zanner/Keller* NZBau 2004, 353; *Zanner* BauR 2006, 177; *Wirth/Würfele* Jahrbuch Baurecht 2006, 120, 148.

Berechtigung keinerlei Schlüsse gezogen werden können. Soweit der BGH[170] zu den Anordnungen i. S. des § 2 Nr. 5 VOB/B auch solche über die Bauzeit und über den Beginn der Ausführung zählt, lässt sich daraus für § 2 Nr. 5 VOB/B als Befugnisgrundlage nichts ableiten. Denn aus dem nicht detailreichen Sachverhalt lässt sich nur entnehmen, dass der Auftragnehmer der Bauzeitverschiebung nachgekommen ist. Beugt sich ein Auftragnehmer der vom Auftraggeber vorgenommenen Bauzeitänderung, stellt sich die Frage der Berechtigung der Anordnung nicht. § 2 Nr. 5 VOB/B ist jedenfalls dann anwendbar, wenn der Auftragnehmer auf eine einseitige Bauzeitänderung eingeht und sich danach ausrichtet.[171] Dann folgt der Anordnung deshalb, weil der Auftragnehmer der Bauzeitänderung nachkommt, konkludent eine Bauzeitvereinbarung. Folglich stellt sich die Frage nach der Berechtigung der Anordnung nicht. Die Rechtslage gleicht dem in § 2 Nr. 9 VOB/B beschriebenen Tatbestand, den kennzeichnet, dass der Auftraggeber vom Auftragnehmer gerade nicht geschuldete Zeichnungen und Berechnungen verlangt; lässt sich der Auftragnehmer darauf ein, ist die entsprechende Leistung zu vergüten, obwohl die Anordnung rechtswidrig war. Die in § 2 Nr. 5 VOB/B vorgesehene Rechtfolge ist unabhängig davon, ob die Anordnung rechtmäßig oder rechtswidrig ist, wenn nur der Auftragnehmer der Anordnung Folge leistet. Denn nur bei Befolgung können sich die Grundlagen des Preises für eine im Vertrag vorgesehene Leistung ändern. Die Fristenneuregelung und damit die Terminsneuordnung nimmt bei Fehlen einer vertraglichen Einigung oder einer unmaßgeblichen Anordnung, die unbeachtet bleibt, § 6 Nr. 4 VOB/B vor; die Förderungspflicht des Unternehmers beurteilt sich nach § 6 Nr. 3 VOB/B (→ § 6 Nr. 3 Rdn. 49 ff.).

## G. AGB-Konformität des § 5 Nr. 1 VOB/B

90  Da nach BGH[172] jede vertragliche Änderung von der VOB/B dazu führt, dass diese nicht als Ganzes vereinbart ist, was die Prüfbarkeit jeder Einzelregelung der VOB/B am Maßstab der §§ 307 ff. BGB eröffnet, stellt sich die Frage der Konformität des § 5 Nr. 1 VOB/B. Das BGB kennt eine Zeitregelung in § 271. Die Nr. 1 kollidiert weder mit § 271 BGB noch mit dem Transparenzgebot des § 307 Abs. 1 Satz 2 BGB. § 5 Nr. 1 VOB/B geht im Gegensatz zu § 271 Abs. 1 BGB von der Maßgeblichkeit von Vertragsfristen aus. § 5 Nr. 1 Satz 2 VOB/B könnte mit § 308 Nr. 5 BGB kollidieren. Satz 2 darf jedoch nicht als Fiktion verstanden werden, wie das z. B. für § 15 Nr. 3 letzter Satz VOB/B zutrifft. Vielmehr liegt eine Auslegungsregel des Inhalts vor, dass in einem Bauzeitenplan enthaltene Einzelfristen nur dann Vertragsfristen sind, wenn dies im Vertrag ausdrücklich geregelt ist.

---

[170] BGHZ 50, 25, 30.
[171] *Markus* NZBau 2006, 537, 539; *Kapellmann/Schiffers* Band 1 Rdn. 785 ff.; 798 ff.; a. A. *Thode* ZFBR 2004, 214; OLG Hamm NZBau 2006, 180.
[172] U. v. 22. 1. 2004, VII ZR 419/02.

## § 5 Nr. 2 [Fehlende Vertragsfrist für Beginn der Ausführung]

Ist für den Beginn der Ausführung keine Frist vereinbart, so hat der Auftraggeber dem Auftragnehmer auf Verlangen Auskunft über den voraussichtlichen Beginn zu erteilen. Der Auftragnehmer hat innerhalb von 12 Werktagen nach Aufforderung zu beginnen. Der Beginn der Ausführung ist dem Auftraggeber anzuzeigen.

Literatur: Siehe die Hinweise → § Vor § 5.

### Übersicht

| | Rdn. | | Rdn. |
|---|---|---|---|
| A. Allgemeines | 1 | II. Befugnis | 23 |
| B. Fehlende Vertragsfrist für den Beginn der Ausführung | 2–12 | III. Inhalt | 24 |
| | | IV. Form | 25 |
| I. Fallgruppen | 2 | V. Adressat | 26 |
| II. Vertragliches Abrufrecht des Auftraggebers | 3 | VI. Frist für den Abruf – Verzug mit dem Abruf | 27 |
| 1. Befugnis nach § 315 BGB | 3 | F. Abruf und fortbestehende Dispositionsbefugnis | 28–31 |
| 2. Ausübung nach § 315 BGB und 12-Werktagesfrist nach § 5 Nr. 2 VOB/B | 4 | I. Wiederholte Ausübung des Abrufrechts | 29 |
| 3. Zeitlimitiertes Abrufrecht | 6 | II. Wiederholte Ausübung des Abrufrechts und Fristfolgen | 31 |
| 4. Vereinbarung einer Ausübungsfrist | 12 | G. Beginn | 32–38 |
| III. Abrufrecht nach § 5 Nr. 2 VOB/B | 13 | I. Beginn der Ausführung | 33 |
| | | II. Zwölf-Werktagesfrist | 34 |
| C. § 5 Nr. 2 VOB/B und § 4 Nr. 1 VOB/B – Rechtsnatur des Abrufrechts | 14–16 | III. Abweichende Fristvereinbarung – Allgemeine Geschäftsbedingungen | 37 |
| I. Abruf und Disposition des Auftraggebers | 14 | H. Ende der Ausführung | 39–45 |
| II. Abruf als Obliegenheit oder Mitwirkungspflicht | 15 | I. Anzeige über den Beginn | 41–45 |
| D. Auskunftsanspruch | 17–21 | I. Adressat | 42 |
| I. Sicherung der Unternehmerdisposition | 18 | II. Form | 43 |
| II. Adressat des Auskunftsbegehrens | 19 | III. Rechtliche Einordnung | 44 |
| III. Erfüllung der Auskunft – Verletzungsfolgen | 20 | IV. Entfallen der Beginnanzeige | 45 |
| E. Abruf, Adressat, Form, Frist | 22–27 | J. AGB-Konformität des § 5 Nr. 2 VOB/B | 46 |
| I. Abruf als Willenserklärung | 22 | | |

## A. Allgemeines

Die Nr. 2 regelt die Befugnisse und Pflichten der Vertragsparteien für den Fall, dass eine Vertragsfrist für den Beginn der Ausführung weder vereinbart noch dem Auftraggeber eine Bestimmungsbefugnis (§ 315 BGB) eingeräumt worden ist. Die Rechtslage nach Satz 1 kennzeichnet, dass der Auftraggeber dem Unternehmer auf dessen Verlangen **Auskunft** darüber zu erteilen hat, wann mit dem Beginn voraussichtlich zu rechnen ist. Die Vorschrift billigt dem Auftraggeber inzident ein **Abrufrecht** zu, auf dessen Ausübung hin der Auftragnehmer binnen 12 Werktagen mit der Ausführung zu beginnen hat. Diese Hauptpflicht des Unternehmers wird um eine Nebenpflicht ergänzt, nämlich dem Auftraggeber den Beginn **anzuzeigen**.

## B. Fehlende Vertragsfrist für den Beginn der Ausführung

### I. Fallgruppen

2  Anwendungsvoraussetzung ist das Fehlen einer vertraglichen Vereinbarung über den Beginn der Ausführung (→ § 5 Nr. 1 Rdn. 7 ff., 19). Diese Tatbestandsvoraussetzung ist auch dann erfüllt, wenn der vereinbarte Termin für den Beginn mangels Bestimmtheit und Verbindlichkeit **nicht als Vertragsfrist gewertet** werden kann (→ § 5 Nr. 1 Rdn. 8). Denn eine Frist für den Beginn der Ausführung fehlt auch bei teilweiser Unwirksamkeit der insoweit geschlossenen Vereinbarung. Ist eine bestimmt und verbindlich vereinbarte Beginnfrist fruchtlos verstrichen und kann der Unternehmer z. B. wegen fehlender oder unzulänglicher Vorleistungen oder notwendiger Ausführungsplanung (§ 3 Nr. 1 VOB/B) nicht beginnen, ist § 5 Nr. 2 VOB/B nicht einschlägig.[1] Das Verstreichen einer vertraglichen Beginnfrist begründet nicht deren Fehlen, sondern eine **Behinderung.** Die Rechtsfolgen ergeben sich aus § 6 VOB/B.[2]

### II. Vertragliches Abrufrecht des Auftraggebers

#### 1. Befugnis nach § 315 BGB

3  Der Bauvertrag enthält eine Frist für den Beginn der Ausführung, wenn dem Auftraggeber ein Abruf- oder Dispositionsrecht, auszuüben nach § 315 BGB, eingeräumt ist. Haben die Parteien ein Abrufrecht **vereinbart,** unterliegen dessen Ausübung und deren Rechtsfolgen nicht der Regelung des § 5 Nr. 2 VOB/B. Das ausdrücklich vertraglich begründete Abrufrecht unterscheidet sich von dem Abrufrecht nach § 5 Nr. 2 VOB/B. Für jenes und die Rechtswirksamkeit seiner Ausübung sind die Billigkeitsgesichtspunkte nach § 315 BGB zu beachten. Eine Gleichsetzung wird auch nicht durch § 11 Nr. 1 Abs. 3 VOB/A nahe gelegt; denn für die Rechtsfolge aus § 5 Nr. 2 VOB/B, dass erst nach Aufforderung zu beginnen ist, bedarf es keiner Vereinbarung – wovon § 11 Nr. 1 Abs. 3 VOB/A ausgeht –, sondern lediglich des Fehlens einer einvernehmlich vereinbarten Beginnfrist.

#### 2. Ausübung nach § 315 BGB und 12-Werktagesfrist nach § 5 Nr. 2 VOB/B

4  Die Ausübung eines ausdrücklichen vertraglichen Abrufrechts belässt dem Unternehmer nicht die 12-Werktagesfrist nach § 5 Nr. 2 Satz 2 VOB/B. Der Auftraggeber hat vielmehr bei der Bestimmung der Beginnfrist nach **billigem Ermessen** gemäß § 315 Abs. 1, 3 BGB die ausreichende Bauvorbereitungszeit zu berücksichtigen. Wird dies nicht beachtet, ist der für den Beginn gesetzte Termin unverbindlich (§ 315 Abs. 3 BGB). Ob der Auftraggeber bei unverbindlicher Erstausübung ein **zweites Mal** bestimmen darf oder das Bestimmungsrecht **verbraucht** ist, entscheidet die Vertragsauslegung.[3] Nach MünchKomm/*Gottwald*[4] ist auch eine unverbindliche Bestimmung zunächst wirksam; sie bindet den Erklärenden und wird endgültig wirksam, sobald das Klagerecht gem. § 315 Abs. 3 BGB verwirkt ist.[5] Das Bestimmungsrecht als Gestaltungsrecht hat der Ausübungsberechtigte danach jedenfalls verloren.[6]

---

[1] OLG Köln BauR 1997, 318; Kapellmann/Messerschmidt/Langen VOB/B § 5 Rdn. 72.
[2] *Kapellmann/Messerschmidt/Langen* VOB/B § 5 Rdn. 72.
[3] Palandt/*Heinrichs* § 315 Rdn. 15, 16.
[4] § 315 Rdn. 43 u. 35.
[5] Vgl. *Gernhuber* Das Schuldverhältnis § 12 II 7; MünchKomm/*Gottwald* § 315 Rdn. 44.
[6] *Gernhuber* Das Schuldverhältnis § 12 II 7.

**Praktikabilitätserwägungen** führen im Bereich des Werkvertrags dazu, derartige sich 5
aus § 315 Abs. 3 BGB ergebende, von Formalismus geprägte Rechtsfolgen abzulehnen.
Sinnvoll erscheint, dass im Streitfall ein unangemessen zu kurz gesetzter Termin für den
Beginn durch das Gericht, das z. B. über einen Schadensersatzanspruch des Auftraggebers
nach § 6 Nr. 6 VOB/B zu befinden hat, angemessen verschoben wird. Keinen Sinn macht
es auch, den Termin ohne eine auf Klage nach § 315 Abs. 3 BGB ergehende Entscheidung
für verbindlich zu erachten. Denn ein zu knapp gesetzter Termin für den Beginn kann
bereits eine Behinderung darstellen, woraus sich die Fristverlängerung nach den Grundsätzen gemäß § 6 Nr. 4 VOB/B ableitet. In Anlehnung an Fristsetzungen im Rahmen von
§§ 635, 637 BGB bzw. § 13 Nr. 5 Abs. 2 VOB/B müsste auch erwogen werden, das dort
geltende Prinzip, dass zu knapp gesetzte Nachfristen sich von selbst auf die angemessene Frist
verlängern,[7] auf unangemessen knapp gesetzte Beginnfristen zu übertragen.

### 3. Zeitlimitiertes Abrufrecht

Ist die Ausübung des ausdrücklich vereinbarten Abrufrechts zeitlich limitiert und wird 6
innerhalb der Frist hiervon kein Gebrauch gemacht (vgl. unten Rdn. 9 ff.), kommt § 5
Nr. 2 VOB/B gleichfalls nicht zur Anwendung. Der Auftraggeber ist im Gläubigerverzug,
was Rechtsfolgen aus §§ 642, 643 BGB bzw. § 9 Nr. 1 a) VOB/B auslöst. Zwar geht damit
das Bestimmungsrecht verloren; aber dieser Verlust kann nicht dem Fehlen einer vertraglichen Fristvereinbarung über den Beginn der Ausführung gleichgestellt werden. Dieser
Verlust wird weder durch § 5 Nr. 2 VOB/B noch – aus Gründen der im Baubereich
gebotenen Praktikabilität – über das in § 315 Abs. 3 BGB beschriebene Klageverfahren, das
auch bei Verzögerung der Bestimmung greift, **substituiert.** Die unterbliebene Bestimmung
erweist sich als Behinderungstatbestand.[8] Der neue Termin für den Beginn bestimmt sich
nach den Grundsätzen des § 6 Nr. 4 VOB/B. Denn die Grundsätze für die Verlängerung
der Ausführungsfrist gelten sinngemäß auch, wenn hindernde Umstände bereits bei Beginn
der Ausführung entgegenstehen.[9] Dieses Lösungsmodell gerät jedoch in Konflikt mit § 9
Nr. 1, 2 VOB/B: Ist die Kündigung des Bauvertrages durch den Auftragnehmer wegen
unterlassener Mitwirkung des Auftraggebers – Abruf der Bauleistung – erst nach Fristsetzung
für die Vornahme der Handlung – hier Abruf – möglich, wird grundsätzlich die Rechtswirksamkeit des eigentlich verspäteten Abrufs der Bauleistung vorausgesetzt. Die Auflösung
erfolgt zu Gunsten der Fristenregelung nach § 6 Nr. 4 VOB/B. Der verspätete Abruf ist
nichts anderes als die **Beendigung des Behinderungstatbestandes;** aber die im Abruf
genannte neue Beginnfrist ist nur dann maßgeblich, wenn die Bemessungskriterien des § 6
Nr. 4 VOB/B beachtet worden sind. Damit bestimmt sich die neue Frist letztlich nach
Behinderungs-, nicht aber nach Abrufregeln. Basis des außerhalb des vorgesehenen Rahmens erfolgenden Abrufs der Leistung ist nicht mehr das Vertragsrecht, sondern die in § 4
Nr. 1 VOB/B begründete Dispositionsbefugnis, die wegen des zugleich vorliegenden Behinderungstatbestandes das **Dispositionsrecht des Unternehmers** zu berücksichtigen hat.
Den Kompromiss formulieren § 6 Nr. 2 bis 4 VOB/B.

Die Verzögerung oder die Unterlassung des Abrufs begründet unabhängig vom Verschul- 7
den wegen Verletzung einer Mitwirkungsobliegenheit jedenfalls den Tatbestand des Gläubigerverzugs.[10] Der Unternehmer erlangt damit die Möglichkeit zur Kündigung nach § 9
Nr. 1 VOB/B. Deren Wahrnehmung setzt die Fristsetzung zur Vertragserfüllung durch den
Auftraggeber und die Kündigungsandrohung voraus.

Daneben kann das Unterlassen des Abrufs zu einer **Fristverlängerung** nach § 6 Nr. 2 8
VOB/B oder zu **Schadensersatzansprüchen** nach § 6 Nr. 6 VOB/B berechtigen.[11]

---

[7] Palandt/*Sprau* § 637 Rdn. 3.
[8] *Kapellmann/Messerschmidt/Langen* VOB/B § 5 Rdn. 15.
[9] BGH BauR 1983, 73, 74 = NJW 1983, 989.
[10] *Ingenstau/Korbion/Döring* VOB/B § 5 Nr. 1–3 Rdn. 13; *Nicklisch/Weick* VOB/B § 5 Rdn. 7.
[11] *Staudinger/Peters* 2003 § 642 Rdn. 85; *Ingenstau/Korbion/Döring* VOB/B § 5 Nr. 1–3 Rdn. 13.

**§ 5 Nr. 2**   Fehlende Vertragsfrist für Beginn der Ausführung

Außerdem ist grundsätzlich an Schadensersatzansprüche nach § 286 BGB und Entschädigungsansprüche nach §§ 642, 643 BGB zu denken;[12] diese Ansprüche sind jedoch im VOB-Bauvertrag über § 6 Nr. 6 VOB/B als Spezialregelung ausgeschlossen (sehr strittig → § 6 Nr. 6 Rdn. 27 ff.). Ob die Abrufpflicht ein **einklagbares** Recht begründet, ist im Streit.[13] Bei Einordnung als Pflicht und Ablehnung einer bloßen Obliegenheit ist die Einklagbarkeit notwendige Konsequenz; wird lediglich eine Obliegenheit angenommen, folgt die Uneinklagbarkeit zwingend.[14] Die Bejahung einer einklagbaren Abrufpflicht macht jedenfalls im Bereich des Baurechts keinen Sinn. Ein darauf lautender Titel würde über § 894 ZPO den Abruf bei Eintritt der Rechtskraft ersetzen. Der Auftragnehmer könnte nach Ablauf einer gewissen Vorbereitungszeit mit der Ausführung beginnen. Das ist akademisch, aber nicht realitätsgerecht. Kein Unternehmer wird auf einer solchen Grundlage Leistungen erbringen.

9   Die sich aus §§ 642, 643 BGB ergebenden Rechtsfolgen belegen, dass der Vertrag nach Ablauf einer mit der Kündigungsandrohung verknüpften Fristsetzung als beendet angesehen wird. Wenn die VOB/B in § 9 Nr. 2 hiervon deshalb abweicht, weil eine schriftliche Kündigung des Auftragnehmers vorausgesetzt wird, besagt dies für den Fall des Nichtabrufs nichts. Denn dieser Tatbestand allein setzt den Auftragnehmer nicht außerstande, die Leistung zu erbringen. Ruft der Auftraggeber jedoch nicht innerhalb der ihm gesetzten Frist ab, ist der Vertrag auch ohne Kündigung beendet. Der Rechtsprechung sind faktische Beendigungstatbestände nicht unbekannt. Ruft ein Auftraggeber die Bauleistung innerhalb der ihm gesetzten Frist nicht ab und kommt ein Auftragnehmer auf den Bauvertrag nicht zurück, handelt es sich um eine faktische Beendigung. Mit Ablauf der Frist ist die Einklagbarkeit des Abrufs auf jeden Fall zu verneinen. Die Einklagbarkeit des Abrufs besteht auch für die Zeit davor nicht, weil es sich dabei um eine Obliegenheit und nicht um eine Mitwirkungspflicht handelt.

10   Der Abruf ist lediglich ein Last, deren Nichterfüllung anderweitig sanktioniert wird. Die VOB/B sieht die Sanktion in § 9 Nr. 1 durch Schaffung einer Kündigungsmöglichkeit vor; § 643 BGB schafft gleichfalls eine Lösungsmöglichkeit durch Fristsetzung mit Kündigungsandrohung, was allein zur Auflösung des Vertragsverhältnisses führt. Die Mitwirkungsaufgabe des Auftraggebers ist Pflicht, wenn die Baumaßnahme fortgesetzt wird und der Auftraggeber sich dazu im Widerspruch nicht fortsetzungskonform verhält. Ruft der Auftraggeber nicht ab, fehlt ein solches widersprüchliches Verhalten; vielmehr korrigiert der Auftraggeber seine Vertragsentscheidung.[15] Stellt der Auftraggeber die ihm nach § 3 Nr. 1 VOB/B obliegenden Ausführungspläne nicht oder unterlässt er die von ihm zu erledigende Koordinierung (§ 4 Nr. 1 VOB/B), verlangt aber die Fortsetzung der Arbeiten, verletzt der Auftraggeber Pflichten, was auch die Möglichkeit zur Behinderungsanzeige nach § 6 Nr. 1 VOB/B eröffnet.[16] Ruft der Auftraggeber jedoch das Gewerk nicht ab, erfolgt damit eine Korrektur der Vertragsentscheidung, die dem Auftraggeber nach § 649 BGB in Form der Kündigung jederzeit möglich ist.

11   Wird die Leistung nicht abgerufen, handelt es sich letztlich um nichts anderes als eine besondere Form des **Gläubigerverzugs** nach § 295 BGB. Denn wer die Leistung nicht abruft, bringt damit zum Ausdruck, dass er die Leistung nicht annehmen werde. Die nach § 295 BGB notwendige Mitwirkungshandlung eines Gläubigers kann auch in einem Abruf bestehen.[17] Der Abruf erweist sich deshalb lediglich als eine nicht einklagbare Obliegenheit. Der Abruf bzw. dessen Nichtausübung ist hinsichtlich der Rechtsfolgen mit der Erlangung bzw. der Versagung der Baugenehmigung oder dem Scheitern eines Grundstückserwerbs

---

[12] BGH NJW 1972, 99, 100.
[13] Dafür BGH NJW 1972, 99, 100; *Ingenstau/Korbion/Döring* VOB/B § 5 Nr. 1–3 Rdn. 13; *Nicklisch/Weick* VOB/B § 5 Rdn. 10; *Kapellmann/Messerschmidt/Langen* VOB/B § 5 Rdn. 73, 74; dagegen Staudinger/*Peters* 2003 § 642 Rdn. 17 ff.
[14] Vgl. Staudinger/*Peters* 2003 § 642 Rdn. 128; *Gernhuber* Das Schuldverhältnis § 2 III 4. c.
[15] Staudinger/*Peters* 2003 § 642 Rdn. 18.
[16] → § 6 Nr. 1 Rdn. 7 ff.
[17] MünchKomm/*Ernst* § 295 Rdn. 7; *Bamberger/Roth/Grüneberg* § 295 Rdn. 4.

vergleichbar. Der bereits geschlossene Bauvertrag begründet diesbezüglich keine Pflichtenlagen des Auftraggebers; er kommt lediglich in Gläubigerverzug, wenn die erforderliche Baugenehmigung ausbleibt.[18] Die in § 4 Nr. 1 Satz 2 VOB/B enthaltene Formulierung, der Auftraggeber habe die erforderlichen öffentlich-rechtlichen Erlaubnisse herbeizuführen, weist lediglich Aufgaben, nicht aber Pflichten zu.

### 4. Vereinbarung einer Ausübungsfrist

In Ausrichtung an § 11 Nr. 1 Abs. 3 VOB/A ist den Vertragsparteien zu empfehlen, im Vertrag eine Frist zu vereinbaren, innerhalb deren die Aufforderung zur Arbeitsaufnahme ausgesprochen werden kann. Dies dient dem Zweck, dem Unternehmer die entsprechende Betriebs- und Baustellendisposition zu ermöglichen. Das Verstreichen dieser Frist belässt das Dispositionsrecht nach § 4 Nr. 1 VOB/B, das jedoch unter Berücksichtigung der durch die Behinderung berührten Interessen des Unternehmers ausgeübt werden muss.

### III. Abrufrecht nach § 5 Nr. 2 VOB/B

Das Abrufrecht nach § 5 Nr. 2 VOB/B ist eine durch die VOB/B vorformulierte Befugnis, die eine gewisse, vom individualvertraglich vereinbarten Abrufrecht abweichende Ausgestaltung erfährt. Signifikant ist, dass mit dem Abrufrecht gemäß § 5 Nr. 2 VOB/B nicht eine strikte Termindisposition des Auftraggebers verbunden ist. Vielmehr hat der Besteller lediglich die Möglichkeit abzurufen. Die **Beginnfrist** wird durch die **12-Werktagesfrist** bestimmt. Ein termingebundener Abruf unter Verletzung dieser zu Gunsten des Auftragnehmers bestehenden Frist ist unverbindlich.[19] Der Abruf gilt also ohne unwirksame zeitliche Vorgabe erfolgt; der Auftragnehmer hat innerhalb der 12-Werktagesfrist zu beginnen. Innerhalb dieser Frist disponiert der Auftragnehmer. Der Abruf ist andererseits VOB-konform, wenn ein Termin für den Beginn genannt wird und dabei die 12-Werktagesfrist berücksichtigt ist. Baupraktisch ist zur Vermeidung von Fehlvorstellungen folgendes zu berücksichtigen: Fordert der Auftraggeber den Auftragnehmer zum Beginn an einem bestimmten Tag auf, sollte hervorgehoben werden, dass dabei die Berücksichtigung der 12-Werktagesfrist nach § 5 Nr. 2 VOB/B bereits erfolgt ist. Streng genommen berechtigt § 5 Nr. 2 VOB/B lediglich zum Abruf, nicht aber zu einem solchen für einen bestimmten Beginn. Der Beginn wird durch die 12-Werktagesfrist bestimmt. Ist die gesetzte Beginnfrist zu knapp, gilt die 12-Werktagsfrist.[20] Übersteigt die Beginnfrist die 12-Werktagesfrist, begünstigt dies regelmäßig den Auftragnehmer, womit eine dadurch bewirkte Behinderung regelmäßig ausscheidet.[21] Die Bauvorbereitung ist innerhalb der 12-Werktagesfrist zu leisten, Maßnahmen der Bauvorbereitung zählen nicht zum Beginn.

## C. § 5 Nr. 2 VOB/B und § 4 Nr. 1 VOB/B – Rechtsnatur des Abrufrechts

### I. Abruf und Disposition des Auftraggebers

Das Abrufrecht gründet auf der Koordinierungs- und Dispositionsaufgabe des Auftraggebers. § 5 Nr. 2 VOB/B setzt das Abrufrecht voraus und billigt es seinem Wortlaut nach

---

[18] Staudinger/*Peters* 2003 Vorbem. Zu § 631 Rdn. 72.
[19] *Kapellmann/Messerschmidt/Langen* VOB/B § 5 Rdn. 70.
[20] *Kapellmann/Messerschmidt/Langen* VOB/B § 5 Rdn. 70.
[21] *Kapellmann/Messerschmidt/Langen* VOB/B § 5 Rdn. 70 bejahen bei vorausgegangener Bereitschaftsanzeige eine Behinderung. Dem ist jedoch nicht zuzustimmen, weil § 5 Nr. 2 VOB/b eine solche Anzeige nicht vorsieht.

nicht zu. Die VOB/B räumt ausdrücklich ein Abrufrecht nicht ein. § 5 Nr. 2 VOB/B bestimmt lediglich Näheres zur einseitigen Ausübung der Disposition des Auftraggebers durch Festlegungen zum Beginn der Ausführung. Die Vorschrift sichert, dass der Auftragnehmer von der Auftraggeberdisposition nicht überrascht wird und billigt deshalb einen Auskunftsanspruch des Auftragnehmers zu. Der Auftragnehmer soll im Vorfeld die Möglichkeit haben, sich zeitlich in Etwa einrichten zu können. Die Regelung ist deshalb Ausdruck des Kooperationsgedankens. Der Abruf durch den Auftraggeber ist Teil der diesem zukommenden **Ablaufplanung** und **Ablaufsteuerung.** Diese gehören zu den primären Aufgaben des Auftraggebers.[22] Wie die Erstellung eines Bauzeitenplans bei Durchführung der Maßnahme zu den den Auftraggeber treffenden Pflichten zählt,[23] ist auch der Abruf Mittel der Auftraggeberdisposition.

## II. Abruf als Obliegenheit oder Mitwirkungspflicht

15   Damit besteht auch insoweit die Problematik, den Abruf als bloße Obliegenheit oder als Pflicht einzuordnen.[24] Der Unterscheidungsbedarf zwischen Haupt- und Nebenpflichten ist in Folge der Schuldrechtsreform entfallen.[25] Der BGH[26] hat die Abrufpflicht in Abgrenzung von der – abgelehnten – Hauptpflicht den Nebenpflichten zugewiesen und dabei die Möglichkeit einer Qualifizierung als bloße Obliegenheit nicht erwogen. Wenn der überwiegenden Meinung[27] auch dahin beizutreten ist, dass § 643 BGB die Mitwirkungspflichten in den Zusammenhang mit dem Gläubigerverzug stellt und damit eine Wertung als bloße Obliegenheit begründet, kann dies für den VOB-Bauvertrag mit der Eindeutigkeit nicht gesagt werden. Denn die VOB/B führt die Mitwirkungsaufgaben des Auftraggebers an zahlreichen Stellen (z. B. § 3 Nr. 1 und 2; § 4 Nr. 1 VOB/B) als eindeutige Pflichten ein und nimmt die Zuordnung in § 9 Nr. 1 VOB/B keineswegs streitvermeidend an. § 9 Nr. 1 lit. a VOB/B geht vom Annahmeverzug aus, wenn der Auftraggeber eine Handlung unterlässt und dadurch den Auftragnehmer außerstande setzt, die Leistung auszuführen. § 9 Nr. 1 lit. b VOB/B eröffnet die Kündigungsmöglichkeit für den Auftragnehmer aber auch in den Fällen des Schuldnerverzugs des Auftraggebers, den diese Regelung nicht nur bei Nichtleistung einer fälligen Zahlung als gegeben ansieht. Nach der Vorschrift kann der Unternehmer auch dann kündigen, wenn der Auftraggeber auch sonst in Schuldnerverzug gerät. Damit eröffnet die VOB/B durchaus die Möglichkeit, die Nichterfüllung von Mitwirkungshandlungen durch den Auftraggeber als Tatbestand des Schuldnerverzugs einzustufen (→ Vor § 3 Rdn. 32, 33). Das setzte bis 31. 12. 2001 zumindest deren Einstufung als **Nebenpflicht** voraus.

16   Trotz der Schuldrechtsreform, die mit Wirkung ab 1. 1. 2002 wegen der Regelung in § 280 Abs. 1 BGB die Differenzierung zwischen Haupt- und Nebenpflichten eingeebnet hat, hat die Unterscheidung zwischen Pflichten und Obliegenheiten weiterhin Bestand.[28] Die VOB/B gestaltet den Abruf näher nicht aus; § 5 Nr. 2 VOB/B geht von einem Abruf aus. Selbst bei Bekanntgabe einer Ausführungszeit auf Anfrage des Auftragnehmers, fehlt eine Festlegung, dass dann der Abruf innerhalb der genannten Frist zu erfolgen hat. Im Vergleich zu Aufgabenbeschreibungen in § 3 Nr. 1 und § 4 Nr. 1 VOB/B (Verwendung der Hilfszeitwörter „sind zu", „hat zu"), woraus Pflichten abgeleitet werden können, fehlt

---

[22] BGH U. v. 21. 3. 2002, VII ZR 224/00, NJW 2002, 2716 = NZBau 2002, 381 = BauR 2002, 1249, 1251 = ZfBR 2002, 562; *Heiermann/Riedl/Rusam* VOB/B § 4 Rdn. 6.
[23] BGH U. v. 21. 3. 2002, VII ZR 224/00; *Vygen* Bauvertragsrecht Rdn. 357.
[24] Hdb. priv. BauR *(Eichberger/Kleine-Möller)* § 9 Rdn. 6; *Vygen* Bauvertragsrecht Rdn. 362; *Heiermann/Riedl/Rusam* VOB/B § 4 Rdn. 5; → Vor § 3 Rdn. 25 ff.
[25] *Bamberger/Roth/Grüneberg* § 280 Rdn. 11, 12; *Lorenz/Riehm* Rdn. 172.
[26] NJW 1972, 99, 100.
[27] Vgl. *Vygen* Bauvertragsrecht Rdn. 361; Staudinger/*Peters* 2003 § 642 Rn. 17 ff.
[28] MünchKomm/*Kramer* Schuldrecht Allg. Teil Einl. Rdn. 50 ff.; *Bamberger/Roth/Grothe* § 326 Rdn. 27.

hinsichtlich des Abrufs jede auch nur annähernd ähnliche Regelung. Der Abruf ist deshalb grundsätzlich lediglich Gläubigerobliegenheit;[29] ein Umschlag in eine Pflichtenlage erfolgt nur ausnahmsweise, wenn der Auftraggeber, der die gewerkespezifisch zu beurteilende Maßnahme fortsetzt, ohne Abruf in einen Selbstwiderspruch kommt. Ohne Abruf ist dem Auftragnehmer die Leistung unmöglich, was die Rechtsfolgen aus § 326 Abs. 2 BGB auslöst; diese entsprechen denen in § 649 BGB bzw. § 8 Nr. 1 Abs. 2 VOB/B, was der Sachlage entspricht. Denn faktisch wirkt der Nichtabruf wie eine Kündigung. Letztlich kommt es auf die Bedeutung und den Stellenwert der fraglichen Mitwirkungshandlung an.[30] Der unterlassene Abruf führt faktisch zu einer Beendigung des Vertrags[31] ohne Kündigung. Die dem Auftraggeber werkvertraglich jederzeit zustehende Kündigung belegt, dass der Vertrag nicht zur Durchführung kommen muss, also beendet werden kann. Auf diesem Hintergrund trifft den Auftraggeber keine Abrufpflicht. Das schließt ein Klagerecht aus.[32]

## D. Auskunftsanspruch

Der Auftraggeber hat dem Unternehmer auf Verlangen Auskunft über den voraussichtlichen Beginn zu erteilen. § 5 Nr. 2 regelt Näheres über den Zeitpunkt des Abrufs der Bauleistung nicht. § 11 Nr. 1 Abs. 3 VOB/A empfiehlt den Vertragsparteien, die Frist innerhalb deren die Aufforderung ausgesprochen werden kann, unter billiger Berücksichtigung der für die Ausführung maßgebenden Verhältnisse zu bestimmen und in den Verdingungsunterlagen zu vereinbaren.

17

### I. Sicherung der Unternehmerdisposition

Das Auskunftsbegehren sichert die Disposition des Unternehmers nach § 4 Nr. 2 VOB/B. Das an sich einseitig ausübbare Abrufrecht, dessen Rechtsgrundlage das Koordinierungsrecht des Auftraggebers nach § 4 Nr. 1 Abs. 1 VOB/B ist, erfährt hierdurch eine unternehmerfreundliche vom Kooperationsgedanken geprägte Ausgestaltung. Der Abruf soll auf Verlangen gleichsam näher angekündigt werden. Die Art und Weise, in welcher der Auftraggeber von seinem Dispositionsrecht Gebrauch macht, ist in § 4 Nr. 1 Abs. 1 VOB/B näher nicht geregelt. Das Leitungsrecht ermöglicht grundsätzlich die Wahrnehmung der Maßnahmen, die für die Objektverwirklichung erforderlich sind. Wenn es an der vertraglichen Vereinbarung der Beginnfrist fehlt, soll der Unternehmer jedoch die Möglichkeit haben, über den voraussichtlichen Beginn informiert zu werden. Die **Abrufbefugnis** wird demnach um eine **Informationspflicht** erweitert, die jedoch nur auf Verlangen des Auftragnehmers akut wird.

18

### II. Adressat des Auskunftsbegehrens

Adressat des Auskunftsbegehrens ist nach dem Wortlaut des § 5 Nr. 2 VOB/B der Auftraggeber. Das Verlangen kann jedoch auch an den objektüberwachenden Architekten/Ingenieur gerichtet werden. Da das Abrufrecht auf der Dispositionsbefugnis des Auftraggebers beruht, zu deren Wahrnehmung der Auftraggeber den Architekten befugt, dem die

19

---

[29] Vgl. Staudinger/*Peters* 2003 § 642 Rdn. 17 ff.; a. A. *Kapellmann/Messerschmidt/Langen* VOB/B § 5 Rdn. 74; *Ingenstau/Korbion/Döring* VOB/B § 5 Nr. 1–3 Rdn. 13; *Leinemann/Roquette* § 5 Rdn. 38.
[30] Vgl. die Kommentierung zu § 4.
[31] In faktischen Beendigungslagen vgl. BGH BauR 1999, 632, 633; BGH NJW-RR 1994, 403; KG BauR 2001, 1591.
[32] A. A. *Nicklisch/Weick* § 5 Rdn. 10; *Leinemann/Roquette* § 5 Rdn. 39; *Kapellmann/Messerschmidt/Langen* § 5 Rdn. 74.

## III. Erfüllung der Auskunft – Verletzungsfolgen

20  Kann dem Auftragnehmer auf Anfrage der voraussichtliche Beginn nicht benannt werden, verpflichtet dies den Auftraggeber, den Auftragnehmer ungefragt bei Konkretisierung des voraussichtlichen Beginns zu informieren.[35] Unterbleibt dies oder kommt der Auftraggeber seiner Informationspflicht auch sonst nicht oder verspätet nach, kann sich hieraus für den Auftragnehmer eine **Fristverlängerung** nach § 6 Nr. 2 wie auch eine Möglichkeit ergeben, nach § 6 Nr. 6 VOB/B **Schadensersatz** zu verlangen. Voraussetzung hierfür ist jedoch eine Behinderungsanzeige nach § 6 Nr. 1 VOB/B. Eine Kündigungsmöglichkeit nach § 9 Nr. 1 VOB/B wegen Verletzung einer Mitwirkungspflicht setzt nach § 9 Nr. 2 VOB/B voraus, dass eine Fristsetzung mit Kündigungsandrohung erfolgt. Als **Adressat** der Behinderungsanzeige wie auch der Fristsetzung mit Kündigungsandrohung kommt in erster Linie der Auftraggeber selbst in Betracht. Denn liegt die Ursache der Behinderung in der Sphäre des Architekten, scheidet dieser als Adressat aus, obwohl grundsätzlich die Wahrnehmung der Koordinierungsaufgabe Sache des Planers ist.[36]

21  Die Auskunft ist für den Auftragnehmer nicht verbindlich und bindet auch den Auftraggeber nicht. Dabei ist gleichgültig, ob die Auskunft zeitlich einen exakten oder lediglich einen ungefähren Termin benennt. Wegen ihres bloßen Informationscharakters erfolgt keine Einschränkung des Dispositionsrechts des Auftraggebers.[37] Allerdings ist der Auftraggeber nach Treu und Glauben (§ 242 BGB) verpflichtet, den Unternehmer zu informieren, wenn die in der Auskunft mitgeteilte Beginnfrist erkennbar nicht eingehalten werden kann. Dies folgt aus der Kooperationspflicht des Auftraggebers. Die Verletzung dieser Nebenpflicht kann schadensersatzpflichtig machen. Die Auskunft entlässt den Auftraggeber auch nicht von der Notwendigkeit, dem Auftragnehmer die Bauvorbereitungszeit von 12 Werktagen nach § 5 Nr. 2 Satz 2 VOB/B zu belassen.

# E. Abruf, Adressat, Form, Frist

## I. Abruf als Willenserklärung

22  Der Abruf ist eine Willenserklärung und nicht lediglich eine – etwa der Mahnung gleiche – geschäftsähnliche Handlung. Denn die Rechtswirkung des Abrufs tritt nicht kraft Gesetzes ein, sondern weil sie gewollt ist.[38] Als Willenserklärung entfaltet sie Rechtswirkungen – Begründung einer Vertragsfrist – gemäß § 130 BGB bei Erklärung unter Abwesenden erst mit **Zugang**.

---

[33] *Ingenstau/Korbion/Döring* VOB/B § 5 Nr. 1–3 Rdn. 11; vgl. auch BGH U. v. 21. 3. 2002, VII ZR 224/00, NJW 2002, 2716 = NZBau 2002, 381 = BauR 2002, 1249, 1251.
[34] *Kapellmann/Messerschmidt/Langen* VOB/B § 5 Rdn. 64; BGH U. v. 21. 3. 2002, VII ZR 224/00, NJW 2002, 2716 = NZBau 2002, 381 = BauR 2002, 1249, 1251.
[35] *Ingenstau/Korbion/Döring* VOB/B § 5 Nr. 1–3 Rdn. 11.
[36] Staudinger/*Peters* 2003 § 642 Rdn. 46; *Ingenstau/Korbion/Döring* VOB/B § 6 Nr. 1 Rdn. 8.
[37] Staudinger/*Peters* 2003 § 642 Rdn. 127.
[38] Vgl. Palandt/*Heinrichs* Vor § 104 Rdn. 4, 6.

## II. Befugnis

Weitere Rechtswirksamkeitsvoraussetzung ist die Ausübung des Abrufs durch den Auftraggeber. Die Dispositions- und Koordinierungsbefugnis als Quelle des Abrufs steht nach § 4 Nr. 1 Abs. 1 VOB/B dem Auftraggeber zu. Zu dessen Ausübung ist der mit der Objektüberwachung nach § 15 Abs. 2 Nr. 8 HOAI betraute Architekt und der Ingenieur nach § 57 HOAI jedoch regelmäßig kraft Aufgabenübertragung befugt. Allerdings bestimmt der objektüberwachende Planer auf diese Weise vertragsrechtliche Details deshalb, weil der Abruf zu einer Vertragsfrist führt;[39] die dem objektüberwachenden Planer zukommende Aufgabe, das Baugeschehen zu koordinieren, bildet hierfür die ausreichende Befugnisgrundlage. Mit der Aufgabenzuweisung ist die originäre Architektenvollmacht verbunden, im Verhältnis zu den ausführenden Unternehmern dafür zu sorgen, dass die mit dem Auftraggeber vereinbarte zeitliche Abwicklung umgesetzt wird.[40] Die Abruferklärung des Architekten ist deshalb nach § 164 Abs. 1 BGB dem Auftraggeber zuzurechnen. Im Übrigen fordert § 5 Nr. 2 VOB/B nicht einmal ausdrücklich eine Aufforderung zur Leistungsaufnahme durch den Auftraggeber. Lediglich die Anzeige nach § 5 Nr. 2 Satz 3 VOB/B hat gegenüber dem Auftraggeber zu erfolgen. Vom Abruf kann in verschiedener Weise Gebrauch gemacht werden. Die bloße Aufforderung zum Beginn reicht aus, weil der Auftragnehmer innerhalb von 12 Werktagen zu beginnen hat.

23

## III. Inhalt

Das Abrufrecht kann auf verschiedene Weise ausgeübt werden. Die bloße Aufforderung zum Beginn reicht aus; der Auftragnehmer disponiert dann selbst darüber, wann mit der Ausführung innerhalb der **12-Werktagesfrist** begonnen wird. Die Aufforderung, mit den Arbeiten an einem bestimmten Tag zu beginnen, ist bei Einhaltung der 12-Werktagesfrist rechtswirksam. Eine kürzere Frist schränkt das Dispositionsrecht des Unternehmers i. S. der Ausnutzung der 12 Werktage nicht ein; der Abruf ist wegen Nichteinhaltung der 12-Werktagesfrist aber nicht unwirksam. Entscheidend ist die Abruferklärung, wenn nicht der Auftraggeber damit die Erklärung verbindet, dass eine Leistung zu einem späteren Zeitpunkt nicht entgegengenommen wird. Endet in einem solchen Fall die gesetzte Frist innerhalb der 12-Werktagesfrist, ohne dass dem ein vertragliches Einvernehmen über eine Fristverkürzung zu Grunde liegt, ist der Abruf unwirksam. Verlangt der Auftraggeber den Beginn später als nach 12 Werktagen, ist dies wirksam. Diese Forderung lässt dem Auftragnehmer mehr Spielraum und damit Zeit zur Disposition. Ein Behinderungstatbestand ist darin nicht zu erkennen.[41] Die 12-Werktagesfrist ist eine Schutzvorschrift für den Auftragnehmer, dass die Vorbereitungszeit nicht kürzer sein darf. Ein Anspruch darauf, innerhalb dieser Zeit immer auch beginnen zu können, wird dadurch nicht begründet.

24

## IV. Form

Eine besondere Form sieht § 5 Nr. 2 VOB/B nicht vor; auch § 4 Nr. 1 VOB/B kennt keine speziellen Formvorschriften zur Ausübung der dem Auftraggeber obliegenden Koordinierungs- und Dispositionspflichten. Aus **Beweisgründen** und zur genauen Bestimmung des Fristenlaufs ist die Einhaltung der **Schriftform** zu empfehlen.[42] Haben die Parteien im

25

---

[39] → § 5 Nr. 1 Rdn. 24.
[40] Vgl. BGH U. v. 21. 3. 2002, VII ZR 224/00, NJW 2002, 2710 = NZBau 2002, 381 = BauR 2002, 1249, 1251.
[41] A. A. *Kapellmann/Messerschmidt/Langen* VOB/B § 5 Rdn. 70.
[42] *Ingenstau/Korbion/Döring* VOB/B § 5 Nr. 1–3 Rdn. 12.

§ 5 Nr. 2   Fehlende Vertragsfrist für Beginn der Ausführung

Vertrag Schriftform vorgesehen, ist die Einhaltung dieser Form Wirksamkeitsvoraussetzung, so dass der Lauf der 12-Werktagesfrist bei bloß mündlicher Abruferklärung unter Anwesenden nicht in Gang gesetzt wird, wenn nicht damit ein Verzicht auf die Einhaltung der Form verbunden ist. Allein der Umstand, dass nach dem VHB[43] die Schriftform vorgesehen ist, begründet für die öffentliche Hand eine Schriftformvereinbarung nicht.

### V. Adressat

26  Adressat der Abruferklärung ist der Unternehmer. § 4 Nr. 1 Abs. 3 Satz 2 VOB/B begründet die Empfangszuständigkeit des vom Unternehmer bestellten Bauleiters nicht. Dessen danach zu bestimmende Kompetenz setzt erst im Rahmen der Ausführung ein und betrifft den Beginn der Arbeiten noch nicht.

### VI. Frist für den Abruf – Verzug mit dem Abruf

27  Wenn eine Frist für den Abruf im Vertrag nicht vereinbart ist,[44] bestimmt sich der Zeitpunkt für die Ausübung nach § 271 BGB[45] unter Berücksichtigung der besonderen Umstände des Baugeschehens, dass nämlich die Bauleistung in Abhängigkeit von Plänen und fertiggestellten Vorleistungen zu erbringen ist. Verzögert der Auftraggeber den Abruf, kann gem. den Ausführungen zum vertraglich besonders vereinbarten Abruf je nach rechtlicher Qualifizierung der Abrufpflicht als Obliegenheit oder Pflicht[46] auf Vornahme des Abrufs oder auf Schadensersatz nach § 6 Nr. 6 VOB/B bzw. Entschädigung nach § 642 BGB geklagt werden; außerdem besteht die Möglichkeit zur Kündigung nach § 9 Nr. 1 lit. a VOB/B. Verzug setzt die Bejahung einer Pflicht, Fälligkeit nach § 271 BGB und Mahnung gemäß § 286 Abs. 1 BGB voraus.

## F. Abruf und fortbestehende Dispositionsbefugnis

28  Mit der Erklärung des Abrufs hat der Auftraggeber das ihm weiter nach § 4 Nr. 1 VOB/B zustehende Dispositions- und Koordinierungsrecht nicht verloren. Die Einordnung des **Abrufs als Willenserklärung** hat zwar zur Folge, dass nach § 130 Abs. 1 Satz 2 BGB die Rechtswirkungen der Willenserklärung grundsätzlich nur über einen vorher oder gleichzeitig zugehenden Widerruf verhindert werden. Daneben besteht jedoch das Koordinierungs- und Dispositionsrecht des Auftraggebers als Quelle für das Abrufrecht auch nach dessen Ausübung fort. Die durch den Abruf begründete Situation einschließlich der Rechtsfolge, dass der Unternehmer bei ordnungsgemäßem Zugang der Willenserklärung binnen 12 Werktagen mit den Arbeiten beginnen muss, unterliegt weiterhin der **Disposition** und **Koordination** des **Auftraggebers.** Die nach § 5 Nr. 2 VOB/B hervorgerufene Rechtslage kann deshalb über das weiter bestehende Dispositionsrecht des Auftraggebers eine Änderung erfahren. Allerdings kann von dieser Disposition nur im Rahmen der durch den Abruf begründeten Vertragsfrist Gebrauch gemacht werden.[47] § 5 Nr. 2 VOB/B deckt nur einen, nicht einen wiederholten Abruf.[48]

---

[43] Richtlinien zu § 5 VOB/B Nr. 4.
[44] Beachte, dass § 11 Nr. 1 Abs. 3 VOB/A den Parteien die Vereinbarung einer Frist empfiehlt.
[45] Staudinger/*Peters* 2003 § 633 Rdn. 128.
[46] → Vgl. oben Rdn. 12.
[47] → Nr. 1 Rdn. 72; Nr. 2 Rdn. 24; Vor § 5 Rdn. 77 ff.
[48] → Rdn. 24.

Fehlende Vertragsfrist für Beginn der Ausführung **§ 5 Nr. 2**

### I. Wiederholte Ausübung des Abrufrechts

Die dem Auftraggeber kraft seines Dispositionsrechts zukommende Flexibilität, derer die **29** Bauabwicklung auch bedarf, geht nicht deshalb verloren, weil die in § 5 Nr. 2 Satz 2 VOB/B genannte 12-Werktagesfrist ebenfalls eine Vertragsfrist ist.[49] Denn Vertragsfristen ändern an der Koordinierungsbefugnis des Auftraggebers im Störungsfeld nichts.

Das Abrufrecht, von dem § 5 Nr. 2 VOB/B ausgeht, unterscheidet sich von einem **30** ausdrücklich vertraglich vereinbarten Abrufrecht erheblich. Legitimiert das vertraglich ausdrücklich eingeräumte Abrufrecht wohl regelmäßig nur zu einer einmaligen Ausübung,[50] ist der Abruf nach § 5 Nr. 2 VOB/B nichts anderes als Ausdruck einer einmal getroffenen Disposition, über die wiederum neu nach Maßgabe des § 4 Nr. 1 VOB/B disponiert werden kann. Die Grundsätze für das vertragliche Abrufrecht sind demnach nicht auf das VOB-Abrufrecht übertragbar, das ein **Abrufrecht** kraft fortbestehender und nicht verbrauchter **Dispositionsbefugnis** ist. Allerdings hat die Disposition zu beachten, dass der Abruf eine Vertragsfrist begründet. Der AG kann deshalb zwar einen Stopp anordnen, nicht aber einfach ohne Rücksicht auf Behinderungsgesichtspunkte (§ 6 Nr. 1–4 VOB/B) einen späteren Neubeginn festsetzen.[51] Durch den Abruf wurde ein vertragsrechtlich geschützter Vertrauenstatbestand begründet.

### II. Ausübung des Dispositionsrechts und Fristfolgen

Die dem Auftraggeber damit zukommende Dispositionsfreiheit kann selbstverständlich zu **31** **Behinderungen** des Unternehmers nach § 6 Nr. 1 VOB/B und dazu führen, dass die 12-Werktagesfrist nach § 5 Nr. 2 VOB/B wegen Überlagerung durch § 6 Nr. 2 VOB/B nicht gilt. Denn mit der Ausübung des Abrufs ist der Unternehmer nach § 5 Nr. 2 VOB/B gehalten zu disponieren und sich auf den Beginn innerhalb von 12 Werktagen einzustellen. **Umdispositionen** des Auftraggebers können mit **Betriebsdispositionen** des Auftragnehmers in Konflikt geraten und Behinderungsfolgen nach § 6 Nr. 1, 2 und 4 VOB/B auslösen.

## G. Beginn

Der Auftragnehmer hat nach Zugang der Beginnaufforderung innerhalb von 12 Werk- **32** tagen – diese Frist gerechnet ab Zugang nach §§ 187, 188 BGB – zu beginnen. Diese Hauptverpflichtung wird nicht durch die Vornahme von Bauvorbereitungsmaßnahmen im Sinne von § 11 Nr. 1 Abs. 1 Satz 2 VOB/A erfüllt. Innerhalb dieser Frist sind gerade die im Baubereich regelmäßig erforderlichen Bauvorbereitungsmaßnahmen zu treffen.[52] Ein Pflichtenverstoß scheidet jedoch aus, wenn der Auftraggeber innerhalb der 12-Werktagesfrist die in seiner Sphäre liegenden und beispielhaft in § 3 Nr. 1, 2, § 4 Nr. 1 VOB/B genannten Voraussetzungen für einen Beginn nicht geschaffen hat. Dazu gehört auch, dass die für die Leistung notwendigen Vorleistungen anderer Gewerke erbracht worden sind.[53] Zur Abwehr der sich aus einer Verletzung der Beginnpflicht nach § 5 Nr. 4 VOB/B ergebenden Ansprüche und Rechte braucht der Unternehmer die Behinderung nach § 6 Nr. 1 VOB/B nicht notwendig angezeigt zu haben.[54] Die Verpflichtung, mit der Ausführung innerhalb von

---

[49] *Ingenstau/Korbion/Döring* VOB/B § 5 Nr. 1–3 Rdn. 12.
[50] Vgl. zur Problematik oben Rdn. 4.
[51] Vor § 5 Rdn. 77 ff.; § Nr. 1 Rdn. 72.
[52] Vgl. *Daub/Piel/Soergel/Steffani* ErlZ A 11.38, 11.39.
[53] BGH U. v. 21. 10. 1999, VII ZR 185/98, NJW 2000, 1336 = NZBau 2000, 187 = BauR 2000, 722; BGH NJW 1983, 989, 990.
[54] BGH U. v. 14. 1. 1999, VII ZR 73/98, NJW 1999, 1108 → = BauR 1999, 645, 648 = ZfBR 1999, 188; vgl. *Oberhauser* BauR 2001, 1177; *Heiermann/Riedl/Rusam* VOB/B § 6 Rdn. 9; § 5 Rdn. 10; *Nicklisch/*

## I. Beginn mit der Ausführung

33 Mit der Ausführung wird bei Einrichtung der Baustelle mit dem Ziel der sich zügig anschließenden Fortsetzung begonnen.[55] Im Übrigen ist nach Maßgabe der unter → § 5 Nr. 1 Rdn. 53 ff. genannten Kriterien zu prüfen, ob wegen gegebener Dispositions- und Überwachungsrechte des Auftraggebers z. B. bei objektbezogenen Produktionen auf dem Bauhof des Auftragnehmers bereits ein Beginn der Ausführung vorliegt.

## II. Zwölf-Werktagesfrist

34 Die 12-Werktagesfrist ist in § 5 Nr. 2 VOB/B ohne Abweichungsvorbehalt vorgesehen. Hat der Auftraggeber die VOB/B gestellt und verkürzt er die Frist, liegt ein Eingriff in die VOB/B vor, womit die Privilegierung der VOB/B verloren geht.[56] Wird die Frist verlängert, kommt dies dem Auftragnehmer entgegen. Zwar liegt dem Wortlaut nach eine Abweichung von der VOB/B vor, was nach BGH[57] unabhängig vom Gewicht des Eingriffs zur Folge hat, dass die VOB/B nicht mehr als Ganzes vereinbart ist und unter dem Aspekt einer AGB-rechtlichen Kontrolle den Verlust der Privilegierung zur Folge hat. Dies kann jedoch dann nicht gelten, wenn der Auftraggeber in den von ihm gestellten Bedingungen oder nach dem Ergebnis einer vertraglichen Vereinbarung den Auftragnehmer abweichend von der VOB/B begünstigt. Gerade das ist bei Zubilligung einer längeren Bauvorbereitungsfrist der Fall. Nur solche Abweichungen, die den von der VOB/B zugunsten eines Auftragnehmers verfolgten Schutzzweck einschränken, haben zur Folge, dass die VOB/B als Ganzes nicht mehr gilt und jede Einzelregelung einer AGB-Kontrolle unterworfen wird. Das trifft dann nicht zu, wenn der Schutz des Auftragnehmers verbessert wird. Bei der Berechnung der Frist wird nach § 187 Abs. 1 BGB der Tag des Zugangs der Abruferklärung nicht mitgerechnet. Gemäß § 188 Abs. 1 BGB endigt die Frist mit dem Ablauf des letzten Tages der Frist, wobei nur die Werktage, also nicht die Sonn- und Feiertage, zählen. Die arbeitsfreien Samstage sind Werktage.[58] Die so berechnete Frist für den Beginn erweist sich ebenfalls als eine Vertragsfrist, die jedoch nur für den Beginn einschlägig ist.[59]

35 § 5 Nr. 2 Satz 2 VOB/B ist keine Befugnisgrundlage für die einseitige Bestimmung einer Endfrist. Diese kann sich bei entsprechender Festlegung im Vertrag aus der dort vorgesehenen Zeitdauer ergeben. Dem Auftraggeber kann im Vertrag eine entsprechende Kompetenz

---

*Weick* VOB/B § 6 Rdn. 21; a. A. *Kapellmann/Messerschmidt/Kapellmann* VOB/B, § 6 Rdn. 15; *Kapellmann* FS Vygen S. 204.

[55] *Daub/Piel/Soergel/Steffani* ErlZ B 5.20; *Vygen/Schubert/Lang* Bauverzögerung, Rdn. 33.

[56] BGH U. v. 22. 1. 2004, VII ZR 419/02, BGHZ 157, 346 = NJW 2004, 1597 = NZBau 2004, 267 = BauR 2004, 668 = ZfBR 2004, 362.

[57] U. v. 22. 1. 2002, VII ZR 419/02, BGHZ 157, 346 = NJW 2004, 1597 = NZBau 2004, 267 = BauR 2004, 668 = ZfBR 2004, 362.

[58] BGH BauR 1978, 485 = NJW 1978, 2594.

[59] *Ingenstau/Korbion/Döring* VOB/B § 5 Nr. 1–3 Rdn. 12.

eingeräumt worden sein, wobei jedoch zu bedenken ist, dass der Auftragnehmer im Zusammenhang der Angebotsabgabe Vorgangsdauern ermittelt hat und damit von einer gewissen Zeitdauer ausgegangen ist, deren Verkürzung arbeits- und baustellenbedingt Schranken gesetzt sind. Ohne vertraglich verbindliche Endfristfestlegung hat der Auftragnehmer die Herstellung des vertraglich geschuldeten Werks in angemessener Zeit zügig zu Ende zu führen.[60]

Die Verpflichtung, innerhalb dieser Frist zu beginnen, verschafft dem Auftragnehmer auch das Recht dazu. Allerdings unterliegt der Fristenlauf der Disposition des Auftragnehmers. Dies allerdings nicht in der Weise, dass der Auftragnehmer die Frist einseitig und verbindlich hinausschieben könnte; der Auftraggeber muss jedoch die Befugnis haben, bei Störungen im Ablauf dem Auftragnehmer den Beginn zum eigentlich vorgesehenen Zeitpunkt zu verwehren. Die neue Beginnfrist bestimmt sich dann nach § 6 Nr. 4 VOB/B.[61] 36

### III. Abweichende Fristvereinbarung – Allgemeine Geschäftsbedingungen

Eine von § 5 Nr. 2 Satz 2 VOB/B abweichende Beginnfrist kann von den Vertragsparteien vorgesehen werden.[62] Die Regelung bestimmt lediglich für den Fall des Fehlens einer anderweitig festgelegten Bauvorbereitungszeit diese auf 12 Werktage. Die zulässige Abänderungsmöglichkeit folgt aus dem AGB-Charakter der VOB/B und aus § 11 Nr. 1 Abs. 1 VOB/A, wonach dem Auftragnehmer im Vertrag für die Bauvorbereitung genügend Zeit zu gewähren ist. Die Änderung kann auch in vorformulierten Geschäftsbedingungen des Auftraggebers erfolgen, hat jedoch zur Vermeidung einer AGB-Widrigkeit nach § 307 Abs. 2 Nr. 1 BGB darauf zu achten, dass dem Unternehmer tatsächlich objekt- und gewerkespezifisch **genügend Bauvorbereitungszeit** verbleibt. Das OLG Frankfurt[63] hat im konkreten Fall eine Verkürzung auf 5 Werktage nicht für unangemessen erachtet. Eine Verkürzung der 12-werktägigen Bauvorbereitungsfrist z. B. auf die Weise, dass dem Auftragnehmer eine 12-tägige Frist zugestanden wird oder die Anzahl der Werktage reduziert wird, erweist sich jedoch als eine Abweichung von der VOB/B, so dass diese nicht mehr als Ganzes gilt. Damit unterliegt jede Einzelbestimmung der VOB/B der AGB-rechtlichen Kontrolle.[64] 37

Eine vom Auftragnehmer gestellte Klausel, dass im Fall eines Abrufrechts der Unternehmer erst innerhalb von z. B. 24 Werktagen zu beginnen hat, ist an § 308 Nr. 1 BGB zu messen. In vorformulierten Bedingungen enthaltene Fristverkürzungen oder Fristverlängerungen sind jedenfalls auf ihre Zumutbarkeit und Angemessenheit zu prüfen, wobei der **12-Werktagesfrist** der VOB/B unter Berücksichtigung der Natur des Bauvertrages (vgl. § 307 Abs. 2 Nr. 2 BGB) ein gewisser **Leitcharakter** zukommt.[65] Von der Übereinstimmung einer Klausel mit den wesentlichen Grundgedanken der gesetzlichen Regelung (§§ 305–309 BGB) ist die Frage ihrer VOB-Widrigkeit und eines Kerneingriffs in die VOB/B zu unterscheiden. § 5 Nr. 2 VOB/B enthält keinen Abweichungsvorbehalt. Der BGH[66] bejaht in seiner neuesten Rechtsprechung einen Eingriff in die VOB/B bereits bei jeder vertraglichen Abweichung von der VOB/B. 38

---

[60] BGH U. v. 8. 3. 2001, VII ZR 470/99, NJW-RR 2001, 806 = NZBau 2001, 389 = BauR 2001, 946 = ZfBR 2001, 322.
[61] BGH BauR 1983, 73, 74 = NJW 1983, 989.
[62] OLG Frankfurt NJW-RR 1994, 1361; so auch *Vygen/Schubert/Lang* Bauverzögerung, Rdn. 27; a. A. *Glatzel/Hofmann/Frikell* S. 183.
[63] NJW-RR 1994, 1361.
[64] U. v. 22. 1. 2002, VII ZR 419/02, BGHZ 157, 346 = NJW 2004, 1597 = NZBau 2004, 267 = BauR 2004, 668 = ZfBR 2004, 362.
[65] Zu diesem Aspekt vgl. *Anker/Zumschlinge* BauR 1995, 323, 329.
[66] U. v. 22. 1. 2004, VII ZR 419/02; BGHZ 157, 346 = NJW 2004, 1597 = NZBau 2004, 267 = BauR 2004, 668 = ZfBR 2004, 362.

## H. Ende der Ausführung

**39** § 5 Nr. 2 VOB/B setzt die Legitimation zur einseitigen Disposition über den **Beginn** der Ausführung durch Abruf voraus. Die Vorschrift berechtigt nicht zur einseitigen Festlegung des **Endes der Ausführung.** Wird im Vertrag kein verbindlicher Termin für das Ende bestimmt, ist das Bauende in Ausrichtung an § 271 Abs. 1 BGB nach den Umständen unter Berücksichtigung des Objekts, der Gewerkeüblichkeit, dem Leistungsumfang und den Leistungsumständen gemäß Treu und Glauben zu bestimmen.[67] Der BGH[68] verlangt vom Auftragnehmer bei fehlenden vertraglichen Ausführungsfristen mit der Herstellung alsbald nach Vertragsschluss zu beginnen und die Herstellung des Bauwerks in angemessener Zeit zügig zu beenden. Ohne Fälligkeitsregelung im Vertrag begründet § 271 Abs. 1 BGB die sofortige Fälligkeit und Erfüllbarkeit, weswegen es Sache des Auftragnehmers ist, sich auf die fehlende Fälligkeit zu berufen und entsprechend darzulegen, dass absprachegemäß oder den Umständen entsprechend erst später zu leisten war.[69]

**40** Enthält der Bauvertrag eine Ausführungsfrist – z. B. 10 Tage oder Ausführung innerhalb von zwei Monaten –, ohne vertragliche Festlegung des Beginns der Ausführung, ergibt sich das Ende der Ausführung hieraus, wobei der Fristenlauf ab dem tatsächlichen Beginn gerechnet wird, der sich nach § 5 Nr. 2 VOB/B bestimmt. Eine kalendermäßige Bestimmung des Endes der Bauleistung i. S. v. § 286 Abs. 2 Nr. 1 BGB liegt dann nicht vor; das Ende lässt sich lediglich nach dem Kalender berechnen. Verzug mit der Vollendung tritt deshalb entweder nach Mahnung gem. § 286 Abs. 1 BGB oder in Folge der Berechenbarkeit nach dem Kalender gemäß § 286 Abs. 2 Nr. 2 BGB ein.

## I. Anzeige über den Beginn

**41** Nach § 5 Nr. 2 Satz 3 VOB/B hat der Auftragnehmer dem Auftraggeber den Beginn der Ausführung anzuzeigen. Die gebotene Anzeige ist Ausdruck des Kooperationsgebots, von dem sich beide Seiten im Rahmen von § 5 VOB/B leiten lassen müssen.[70]

### I. Adressat

**42** Adressat der Anzeige ist auch der bauleitende Architekt, da die Anzeige gerade den Zweck verfolgt, der Auftraggeberseite weitere Dispositionen zu sichern und sie vor allem in die Lage zu versetzen, den Planbeistellungspflichten ordnungsgemäß nachzukommen.[71] Zur Erfüllung dieser Pflichten und Rechte hat der Auftraggeber aber gerade den bauleitenden Architekten eingeschaltet.

### II. Form

**43** Schriftform ist nicht vorgeschrieben, so dass die Beginnanzeige auch mündlich erfolgen kann. Aus Beweisgründen ist die Einhaltung der Schriftform zu empfehlen.

---

[67] OLG Frankfurt NJW-RR 1994, 1361, 1362; *Ingenstau/Korbion/Döring* VOB/B § 5 Nr. 1–3 Rdn. 24.
[68] U. v. 8. 3. 2001, VII ZR 470/99, NJW-RR 2001, 806 = NZBau 2001, 389 = BauR 2001, 946.
[69] BGH U. v. 21. 10. 2003, X ZR 918/01, BauR 2004, 331.
[70] Vgl. dazu näher *Fuchs* Kooperationspflichten der Bauvertragsparteien, S. 220.
[71] *Ingenstau/Korbion/Döring* VOB/B § 5 Nr. 1–3 Rdn. 14.

## III. Rechtliche Einordnung

Die Anzeige ist keine Willenserklärung, sondern eine geschäftsähnliche Handlung. Die **44** Anzeigepflicht ist eine Nebenverpflichtung und nicht nur eine Obliegenheit.[72] Deren Erfüllung soll sicherstellen, dass der Auftraggeber seinerseits rechtzeitig disponieren kann und in der Lage ist, zur rechten Zeit für die Vorlage der notwendigen Ausführungspläne zu sorgen oder andere Unternehmer abzustimmen. Die vorwerfbare Verletzung macht schadensersatzpflichtig. Grundsätzlich handelt es sich um einen Fall der **positiven Forderungsverletzung**,[73] die nunmehr in § 280 Abs. 1 BGB ausdrücklich geregelt ist;[74] einschlägig ist jedoch auch der Sondertatbestand des § 6 Nr. 6 VOB/B. Dessen Nachteil ist jedoch, dass die Behinderungsanzeige nach § 6 Nr. 1 VOB/B Anspruchsvoraussetzung ist.[75] Nach Sinn und Zweck kann die fehlende Anzeige jedoch nicht Anlass zu einer Behinderungsanzeige sein, da danach anzeigepflichtig nur der Unternehmer, nicht jedoch der Auftraggeber ist. Das führt grundsätzlich zur Anwendung der Rechtsgrundsätze der positiven Forderungsverletzung. Andererseits wird die Anwendung des § 6 Nr. 6 VOB/B nicht verschlossen, da § 6 Nr. 6 VOB/B Grundlagen für ein Schadensersatzverlangen sowohl des Auftraggebers als auch des Auftragnehmers, wenn nur Ursache des Schadensersatzanspruchs ein Behinderungstatbestand ist. Die fehlende Ausführungsanzeige kann sich als eine Behinderung erweisen. Deshalb entspricht es der von § 6 Nr. 6 VOB/B verfolgten Tendenz, den Schadensersatzanspruch des Auftraggebers, der auf der Verletzung der Beginnanzeige beruht und zu einer Behinderung des Auftraggebers geführt hat, doch den Einschränkungen des § 6 Nr. 6 zu unterwerfen (→ § 6 Nr. 6 Rdn. 16).

## IV. Entfallen der Beginnanzeige

Die Beginnanzeige entfällt, wenn der bauleitende Architekt vom Beginn auf andere **45** Weise Kenntnis erhalten hat. Einer Verpflichtung, deren Erfüllung ihren Sinn verloren hat, braucht nicht nachgekommen zu werden. Das ist der Fall, wenn der bauleitende Architekt den Unternehmer im Rahmen des Beginns z. B. in die Baustelle eingewiesen hat.

## J. AGB-Konformität des § 5 Nr. 2 VOB/B

Da nach BGH[76] jede vertragliche Änderung von der VOB/B dazu führt, dass diese nicht **46** als Ganzes vereinbart ist, was die Prüfbarkeit jeder Einzelregelung der VOB/B am Maßstab der §§ 307 ff. BGB eröffnet, stellt sich die Frage der Konformität des § 5 Nr. 2 VOB/B. Die Vorschrift entspricht § 241 Abs. 2 BGB, wonach ein Schuldverhältnis seinem Inhalt nach jeden Teil zur Rücksicht auf die Rechte, Rechtsgüter und Interessen des anderen Teiles verpflichtet. Dazu gehören auch Aufklärungs- und Informationspflichten, die der Auftraggeber im Interesse des Auftragnehmers zu erfüllen hat.[77] Der Auftragnehmer hat bei einem abgeschlossenen Bauvertrag, der Näheres über den genauen Zeitraum der Bauausführung nichts enthält, ein Interesse daran, über den voraussichtlichen Beginn informiert zu wer-

---

[72] *Staudinger/Peters* 2003 § 633 Rdn. 129; *Ingenstau/Korbion/Döring* VOB/B § 5 Nr. 1–3 Rdn. 14.
[73] *Heiermann/Riedl/Rusam* VOB/B § 5 Rdn. 10; *Ingenstau/Korbion/Döring* VOB/B § 5 Nr. 1–3 Rdn. 14.
[74] *Kapellmann/Messerschmidt/Langen* VOB/B § 5 Rdn. 76; *Ingenstau/Korbion/Döring* VOB/B § 5 Nr. 1–3 Rdn. 19.
[75] *Staudinger/Peters* 2003§ 642 Rdn. 48; *Rickey* Seminar Bauverzögerung S. 134.
[76] U. v. 22. 1. 2004, VII ZR 419/02, BGHZ 157, 346 = NJW 2004, 1597 = NZBau 2004, 267 = BauR 2004, 668 = ZfBR 2004, 362.
[77] *MünchKomm/Roth* § 241 Rdn. 114.

## § 5 Nr. 2 — Fehlende Vertragsfrist für Beginn der Ausführung

den,[78] was dem Kooperationsprinzip entspricht. Das ist auch im eigenen Interesse des Auftraggebers, dem es um die Sicherung der Bauausführung geht und seine Dispositionen auf den zeitgerechten Beginn durch den Auftragnehmer einstellt.

**47** Die Begründung einer mit Schadensersatzkonsequenzen aus § 280 Abs. 1 BGB sanktionierten Mitteilungspflicht widerspricht § 642 BGB nicht. Zwar geht es nicht an, mittels der Kooperationspflicht[79] jede den Auftraggeber treffende Obliegenheit in eine nach § 280 Abs. 1 BGB zu beurteilende Schuldnerverpflichtung umzuqualifizieren. Solange aber der Auftraggeber das Objekt realisiert, verbietet sich mit Hinweis auf die jederzeit ausübbare Kündigungsmöglichkeit die Einstufung der in § 5 Nr. 2 Satz 1 enthaltenen Regelung als Ausdruck einer bloßen Gläubigerobliegenheit.

**48** Die Anzeigepflicht des Auftragnehmers bezüglich des Beginns mit der Ausführung nach § 5 Nr. 2 Satz 3 VOB/B entspricht dem berechtigten Informationsinteresse des Auftraggebers (§ 241 Abs. 2 BGB), ist Teil der den Bauvertrag prägenden Kooperationspflicht und soll den Auftraggeber seinerseits in den Stand versetzen, entsprechend zu disponieren.[80] Die Festlegung der Beginnfrist mit 12 Werktagen nach Zugang des Abrufs gerät mit § 271 Abs. 1 BGB nicht in Widerspruch. Die Regelung räumt im Gegenteil dem Auftragnehmer eine entsprechende Vorbereitungszeit ein.

---

[78] *Bamberger/Roth/Grüneberg* § 241 Rdn. 77.
[79] BGH U. v. 28. 10. 1999, VII ZR 393/98, NJW 2000, 807 = BauR 2000, 409.
[80] *Fuchs* Kooperationspflichten S. 220.

## § 5 Nr. 3 [Abhilfe bei mangelhaftem Einsatz des Auftragnehmers]

Wenn Arbeitskräfte, Geräte, Gerüste, Stoffe oder Bauteile so unzureichend sind, dass die Ausführungsfristen offenbar nicht eingehalten werden können, muss der Auftragnehmer auf Verlangen unverzüglich Abhilfe schaffen.

Literatur: Siehe die Hinweise → Vor § 5.

**Übersicht**

| | Rdn. | | Rdn. |
|---|---|---|---|
| A. Befugnis und Anspruchsgrundlage | 1 | III. Verletzung der Förderungsverpflichtung – offenbare Nichteinhaltung der Ausführungsfristen | 15 |
| B. Inhalt und Rechtsnatur | 4 | 1. Maßstab für „offenbar" | 15 |
| C. Ausübungsbefugnis, Form und Adressat | 5 | 2. Vertragliche Besetzungsvereinbarungen | 18 |
| D. Ausübungsvoraussetzungen | 6–18 | E. Informationsanspruch | 19 |
| I. Ausführungsfristen | 7 | F. Anspruchsrealisierung | 20, 21 |
| 1. Maßstab | 8 | G. Ausschlusstatbestand | 22–25 |
| 2. Darlegung | 11 | H. AGB-Konformität des § 5 Nr. 3 VOB/B | 26 |
| II. Unzureichende Förderung der Baustelle | 13 | | |

## A. Befugnis und Anspruchsgrundlage

§ 5 Nr. 3 VOB/B verschafft dem Auftraggeber eine Befugnis, bei Vorliegen bestimmter Tatbestandsvoraussetzungen Abhilfe verlangen zu können. Wenn Arbeitskräfte, Geräte, Gerüste, Stoffe oder Bauteile so unzureichend sind, dass die Ausführungsfristen offenbar nicht eingehalten werden können, hat der Auftragnehmer auf Verlangen des Auftraggebers unverzüglich Abhilfe zu schaffen. Die Vorschrift **konkretisiert** die dem Auftraggeber zustehenden **Befugnisse** in dem Fall, dass der Auftragnehmer die Verpflichtung zur angemessenen Förderung der Ausführung aus § 5 Nr. 1 Satz 1 VOB/B nicht ordnungsgemäß erfüllt. Die dort niedergelegte Förderungsverpflichtung des Auftragnehmers ist **nicht unmittelbar einklagbar**; vielmehr erfahren Anspruch und Befugnisse in der Nr. 3 eine Konkretisierung. Kommt der Auftragnehmer dem berechtigten Abhilfeverlangen nicht nach, kann der Anspruch auf Einsatzverstärkung eingeklagt werden. Der Auftraggeber erhält mit § 5 Nr. 3 VOB/B die Möglichkeit, das Dispositionsrecht des Unternehmers einzuschränken.[1] Im Verhältnis zu § 4 Nr. 1 Abs. 3 VOB/B besteht Abgrenzungsbedarf; § 5 Nr. 3 VOB/B geht vor. 1

Der Auftraggeber hat hinsichtlich der Beschickung der Baustelle keine Anordnungsbefugnis, was für § 4 Nr. 1 Abs. 3 VOB/B kennzeichnend ist. § 4 Nr. 1 Abs. 3 VOB/B ermächtigt nicht zu Eingriffen in den zeitlichen Leistungsablauf.[2] § 5 Nr. 3 VOB/B ist abweichend von § 4 Nr. 1 Abs. 3 VOB/B auch **nicht als Anordnungsbefugnis** konzipiert. Die Befugnis des Auftraggebers geht lediglich dahin, Abhilfe verlangen zu können, wenn wegen unzureichender Baustellenbeschickung die Gefahr droht, dass Ausführungsfristen offenbar nicht eingehalten werden können. Das Abhilfeverlangen berechtigt nicht dazu, in konkret und genau bestimmtem sowie vermehrtem Umfang den Einsatz von Geräten oder Arbeitskräften verlangen zu können. Diese Disposition hinsichtlich der Baustellenabwicklung bleibt dem Auftragnehmer erhalten. Der Anspruch geht lediglich auf verstärkte Baustellenför- 2

---

[1] Staudinger/*Peters* 2003 § 633 Rdn. 130.
[2] Vgl. *Heiermann/Riedl/Rusam* VOB/B § 4 Rdn. 18; *Ingenstau/Korbion/Oppler* VOB/B § 4 Nr. 1 Rdn. 73, 81.

derung. Wie der Auftragnehmer dem entspricht, ist Sache seiner Disposition, zu deren Vornahme § 4 Nr. 2 VOB/B den Auftragnehmer verpflichtet. Unter der Voraussetzung, dass der Auftraggeber das Abhilfeverlangen **berechtigterweise** gestellt und der Unternehmer dem nicht nachgekommen ist, bildet § 5 Nr. 3 VOB/B eine Anspruchsgrundlage für das Begehren auf verstärkten Einsatz. Über die Maßnahmen befindet der Auftragnehmer.

3 Die Lage ist mit der aus § 4 Nr. 7 VOB/B vergleichbar. Geht es bei § 5 Nr. 3 VOB/B um eine Zeitstörung, hat § 4 Nr. 7 VOB/B eine Qualitätsstörung zum Gegenstand. Wie der Auftraggeber bei der Qualitätsstörung nur allgemein deren Beseitigung verlangen kann,[3] geht der Anspruch des Auftraggebers im Rahmen von § 5 Nr. 3 VOB/B nur auf eine Intensivierung der Baustellenförderung. Bei klageweiser Geltendmachung könnte der Klageantrag ohne Verletzung des Dispositionsrechts des Auftragnehmers nicht konkreter gefasst werden. Ein ergehendes Urteil darf eine konkrete Fördermaßnahme nur dann aussprechen, wenn es nur noch diese eine Maßnahme gäbe und die Parteien über die Baustellenförderungsmaßnahme streiten. Die Rechtslage gleicht der bei einem Mängelbeseitigungsverlangen. Grundsätzlich bestimmt der Auftragnehmer auf welche Weise die Nachbesserung erfolgt. Der Grund ist die fortbestehende Sachmängelhaftung des Auftragnehmers. Kann der Mangel jedoch nur noch auf eine Weise beseitigt werden oder besteht Streit über die Art und Weise der Nachbesserung, kann der Auftraggeber ein bestimmtes Verlangen stellen.[4] Gleiches gilt bei Beanstandungen hinsichtlich der Baustellenförderung, da der Auftragnehmer die Einhaltung der vertraglich vereinbarten Fertigstellungsfristen verantwortet. Reduziert sich diese Dispositionsbefugnis des Auftragnehmers aus Sachzwängen heraus nur auf eine einzige Möglichkeit, um die Herstellung des Werks rechtzeitig zu bewirken, hat der Auftraggeber das Recht, vom Auftragnehmer das entsprechende Vorgehen zu verlangen.

## B. Inhalt und Rechtsnatur

4 Inhaltlich beschränkt sich das Abhilfeverlangen auf **Verstärkung des personellen und/oder sachlichen Einsatzes.** Damit wird der Unternehmer auf die Verpflichtung zu angemessener Förderung aus § 5 Nr. 1 Satz 1 VOB/B aufmerksam gemacht. Die Verpflichtung zur Überwachung des zeitlichen Ist-Ablaufs am Maßstab des Soll-Ablaufs trifft den Auftragnehmer bereits nach § 4 Nr. 2 VOB/B.[5] Die Forderung des Auftraggebers auf Vornahme bestimmter Maßnahmen bindet den Auftragnehmer nicht, macht der Verlag die inhaltliche Dispositionsfreiheit des Auftragnehmers bleibt erhalten. Das Abhilfeverlangen rechtfertigt grundsätzlich **konkrete Baustellenförderungsanordnungen** durch den Auftraggeber nicht. Andererseits wird die Rechtswirksamkeit des Abhilfeverlangens durch derartiges Begehren nicht eingeschränkt. Das Abhilfeverlangen ist eine einseitige, empfangsbedürftige **Willenserklärung.**[6] Ein Weisungs- und Anordnungsrecht ist damit nicht verbunden, was sich aus dem Vergleich mit der Umschreibung des Anordnungsrechts nach § 4 Nr. 1 Abs. 3 VOB/B ergibt.[7] Das Anordnungsrecht aus § 4 Nr. 1 Abs. 3 VOB/B berechtigt nämlich trotz der gebotenen Aufrechterhaltung der Leitungsbefugnis des Auftragnehmers zu Anweisungen, eine Baumaßnahme in bestimmter Weise auszuführen,[8] wogegen über § 5 Nr. 3 VOB/B dem Auftragnehmer konkrete Baustellenförderungsmaßnahmen nicht auferlegt werden können. § 4 Nr. 1 Abs. 3 VOB/B begründet eine Befugnis, § 5 Nr. 3 VOB/B schafft lediglich einen Anspruch ohne unmittelbare Selbstvollstreckungsmöglichkeit. Das Abhilfeverlangen schließt die Überwachung nach § 4 Nr. 1 Abs. 2 Satz 1 VOB/B

---

[3] → § 4 Nr. 2 Rdn. 123 ff.
[4] BGH U. v. 24. 4. 1997, VII ZR 110/96, NJW-RR 1997, 1106 = BauR 1997, 638; BGH U. v. 8. 10. 1987, VII ZR 45/87, BauR 1998, 82, 85.
[5] *Ingenstau/Korbion/Döring* § 5 Nr. 1–3 Rdn. 15, 16.
[6] *Heiermann/Riedl/Rusam* VOB/B § 5 Rdn. 12.
[7] A. A. *Ingenstau/Korbion/Oppler* VOB/B § 4 Nr. 1 Rdn. 73, 77.
[8] *Ingenstau/Korbion/Oppler* VOB/B § 4 Nr. 1 Rdn. 73, 80, 81.

Abhilfe bei mangelhaftem Einsatz des Auftragnehmers § 5 Nr. 3

ab, wenn das Überwachungsergebnis das Vorliegen der tatbestandlichen Voraussetzungen nach § 5 Nr. 3 VOB/B bestätigt. Eine Fristsetzung ist nicht erforderlich,[9] aber wegen § 5 Nr. 4 VOB/B zu bedenken.

## C. Ausübungsbefugnis, Form und Adressat

Formvoraussetzungen werden nicht aufgestellt. Das Abhilfeverlangen kann deshalb auch mündlich erklärt werden. Das Vergabehandbuch (VHB) empfiehlt im Teil I zu § 5 VOB/B in Ziff. 4 für das Verlangen, unverzüglich Abhilfe zu schaffen, die Schriftform. § 5 Nr. 2 VOB/B benennt den **Ausübungsberechtigten** nicht. Der bauleitende Architekt muss nach § 15 Abs. 2 Nr. 8 HOAI für ausübungsbefugt gehalten werden, da die Überwachung des Zeitplanes Teil der Werk- und Grundleistung ist.[10] Das Abhilfeverlangen zählt noch zur Überwachung, da es diese abschließt. Diese Befugnislage unterscheidet sich von der im rahmen des § 5 Nr. 4 VOB/B. Die Fristsetzung mit Kündigungsandrohung ist Sache allein des Auftraggebers nicht des objektüberwachenden Architekten. Adressat ist der Auftragnehmer; empfangsbefugt ist nach § 4 Nr. 1 Abs. 3 VOB/B auch der Bauleiter des Auftragnehmers. Die in § 4 Nr. 1 Abs. 3 VOB/B enthaltene Empfangszuständigkeit gilt entsprechend für das Abhilfeverlangen.

5

## D. Ausübungsvoraussetzungen

Das Abhilfeverlangen ist dann berechtigt, wenn die Baustellenbeschickung den Schluss rechtfertigt, dass die Ausführungsfristen offenbar nicht eingehalten werden können. Diese Prognoseentscheidung setzt Kriterien voraus, die denen nach § 323 Abs. 4 BGB entsprechen. Nur unter diesen Umständen kann der Auftraggeber die Verpflichtung des Unternehmers zur angemessenen Förderung der Baustelle mittels des Abhilfeverlangens durchsetzungsfähig machen. Auf ein Abhilfeverlangen ist der Antragnehmer unabhängig von dessen Berechtigung auf der Grundlage der Kooperationsstruktur des Bauvertrages immer gehalten, dem Auftraggeber Rechenschaft zu geben. Auf der Basis der für die Beurteilung der Ablaufstruktur und des Ablaufstandes maßgeblichen Bauzeitenpläne ist die Sachlage zu besprechen.[11] Ohne eine solche vorausgehende Information und einen Klärungsversuch sind Fristsetzung und Auftragsentzug nach den Regeln gem. § 5 Nr. 4 VOB/B problematisch.[12] Die Kooperationsentscheidung des BGH[13] wirkt sich in allen Konfliktlagen aus, die nach vorgängiger Fristsetzung mit Auftragsentzugsandrohung zu einer Vertragsauflösung führen können. Das in § 5 Nr. 4, § 8 Nr. 3 VOB/B beschriebene Vorgehen wird vom Kooperationsgedanken insofern überlagert, als dem Auftragsentzug eine Abklärung der Standpunkte wie auch eine entsprechende Einigungsbemühung vorausgegangen sein muss. Dem hat notwendig die Information zu Grunde zu liegen.[14] Das durch das Kooperationsgebot begründete Verhandlungsgebot setzt eine Information voraus. Das beinhaltet, dass der Auftragnehmer den Auftraggeber bzw. dessen objektüberwachenden Planer über den bauinternen Bauablaufplan unterrichtet, Auskunft über den Bautenstand nach diesem Plan erteilt und darstellt, auf welche Weise in der Folge der Bau personell wie auch maschinell abgewickelt werden soll. Die vorgesehene Ausführungsfrist kann offenbar nicht eingehalten

6

---

[9] *Ingenstau/Korbion/Döring* VOB/B § 5 Nr. 1–3 Rdn. 21.
[10] *Kapellmann/Messerschmidt/Langen* VOB/B § 5 Rdn. 81; vgl. BGH U. v. 21. 3. 2002, VII ZR 224/00, NJW 2002, 2716 = NZBau 2002, 381 = BauR 2002, 1249, 1251 = ZfBR 2002, 562.
[11] Vgl. *Langen* in Jahrbuch Baurecht 2003, 159, 191; *Fuchs* Kooperationspflichten, 131, 388.
[12] → § 5 Nr. 4 Rdn. 70.
[13] U. v. 28. 10. 1999, VII ZR 393/98, NJW 2000, 807 = NZBau 2000, 130 = BauR 2000, 409 = ZfBR 2000, 170.
[14] Vgl. näher § 5 Nr. 4 Rdn. 70; *Langen* in Jahrbuch Baurecht 2003, 152, 191.

## I. Ausführungsfristen

**7** Ausführungsfristen in diesem Sinne sind nur die Vertragsfristen für die Vollendung der Gesamtleistung oder einer vertraglichen Teilleistungsfrist. Ist in einem Vertrag eine Frist für die Fertigstellung oder den Beginn nicht vorgesehen, hat der Auftragnehmer mit der Herstellung des vertraglich geschuldeten Bauwerks oder Bauwerkteils im Zweifel alsbald nach Vertragsschluss zu beginnen und sie in angemessener Zeit zügig zu Ende zu führen.[16] Die Einhaltung von Beginnfristen wird über § 5 Nr. 3 VOB/B nicht geschützt. Dennoch kann der Auftraggeber auch bei unterlassenen Beginn das Abhilfeverlangen stellen, wenn die Beginnverzögerung den Schluss rechtfertigt, dass die Ausführungsfristen offenbar nicht eingehalten werden können. Vertragsfristen für die Vollendung der Gesamtleistung oder von Teilleistungen sind nicht nur die nach § 5 Nr. 1 VOB/B vereinbarten Fristen, sondern bei Fehlen von Endterminen auch die nach § 271 BGB zu bestimmenden Fristen. Die im Unternehmerablaufplan genannten Fristen zählen nicht als Ausführungsfristen, wenn sie bloßes Internum geblieben sind.[17]

### 1. Maßstab

**8** Die Möglichkeit der Einhaltung der Ausführungsfristen bestimmt sich nicht nur nach dem vertraglich vereinbarten **Bauzeitenplan,** sondern auch nach dem Ablaufplan des Unternehmers. Der **Ablaufplan des Unternehmers** ermöglicht die Prüfung sogar in exakterer Weise. Denn das Mengengerüst des Leistungsverzeichnisses und die zur Verfügung stehende Bauzeit ergeben unmittelbar die erforderliche Leistungskapazität und den Einsatz der Produktionsfaktoren wie Personal, Geräte und Material.[18] Diese Gegebenheiten werden vom Auftragnehmer in den betriebsinternen Bauablaufplan eingestellt, der die kalkulierten Aufwands- und Leistungswerte der maßgeblichen Leistungspositionen sowie den geplanten Personal- und Geräteeinsatz enthält.[19] Dieser auftragnehmerseitige, produktionsorientierte Ablaufplan enthält den gesamten Produktionsprozess als Sollvorgabe, wobei die Nachvollziehbarkeit durch die angeführten nach den einschlägigen Kriterien (Anzahl der Vorgangsleistungen und zugeordnete Zeitverbrauchsparameter) ermittelten Vorgangsdauern gesichert ist.[20] Gerade diese organisatorischen Festlegungen im Unternehmerablaufplan über Geräte- und Personaleinsatz erlauben eine Prognose darüber, ob mit der vorgesehenen Beschickung die vereinbarten Ausführungsfristen eingehalten werden können.

**9** Demgegenüber lässt der bauvertragliche Bauzeitenplan allenfalls dann Schlussfolgerungen auf die Nichteinhaltung der Ausführungsfristen zu, wenn darin Einzelfristen nach § 5 Nr. 1 Satz 2 VOB/B enthalten sind, denen der Ausführungsstand nicht entspricht.[21] Denn bei der Beurteilung der Anspruchsvoraussetzungen werden jedenfalls die nicht als verbindliche Vertragsfristen vereinbarten Einzelfristen bedeutsam.[22] Dabei hat es jedoch nicht sein Bewenden. Auch die vom Auftragnehmer zur eigenen Kontrolle erstellten **innerbetrieblichen Baufristen- oder Bauablaufpläne** sind als Maßstab einschlägig.[23] Denn § 5 Nr. 3 VOB/B

---

[15] Vgl. bezüglich § 323 Abs. 4 BGB *Bamberger/Roth/Grothe* § 323 Rdn. 6, 7.
[16] BGH U. v. 18. 3. 2001, VII ZR 470/99, NJW 2001, 2084 = NJW-RR 2001, 806 = NZBau 2001, 389 = BauR 2001, 946.
[17] *Kapellmann/Messerschmidt/Langen* VOB/B § 5 Rdn. 83, 84.
[18] *Olshausen* FS Korbion S. 323, 326.
[19] *Olshausen* FS Korbion S. 323, 328.
[20] *Schiffers* Jahrbuch Baurecht 1998, 275, 279; *Langen/Schiffers* Bauplanung und Bauausführung Rdn. 56.
[21] Vgl. *Daub/Piel/Soergel/Steffani* ErlZ A 11.71.
[22] *Heiermann/Riedl/Rusam* VOB/B § 5 Rdn. 12.
[23] *Ingenstau/Korbion/Döring* VOB/B § 5 Nr. 1–3 Rdn. 5.

schränkt die Beurteilungsgrundlage nicht auf vertragliche Bauzeitenpläne unter Ausschluss betriebsinterner Ablaufpläne ein. Die Regelung gibt einen verbindlichen Maßstab nicht vor. Haben Bauablaufpläne als Ergebnis einer sorgfältigen Arbeitsvorbereitung durch den Unternehmer eine zentrale Bedeutung für ein funktionierendes Kontroll- und Steuerungssystem durch den Unternehmer,[24] müssen sie im Rahmen von § 5 Nr. 3 VOB/B auch dem Auftraggeber als Kontrollinstrument dienlich sein.

Dem kann sich der Auftragnehmer nicht mit dem Hinweis auf die bloß interne Bedeutung und die Tatsache seiner fortbestehenden Dispositionsbefugnis nach § 4 Nr. 2 Abs. 1 VOB/B entziehen. Denn es ist davon auszugehen, dass der Unternehmer den Ablaufplan nach dem Prinzip des Kostenminimums erstellt hat, wonach unter dem Wettbewerbsdruck jeder Auftragnehmer versucht, für die einzelnen Teilprozesse (Vorgänge) das kostengünstigste Verfahren zu wählen.[25] Die eventuell in Betracht kommenden, vom Bauablaufplan abweichenden Dispositionen erweisen sich deshalb als bloß **theoretisches** Modell; in Wahrheit hat sich der Auftragnehmer baubetriebswirtschaftlich auf den Ablaufplan festgelegt, was vor allem dann gilt, wenn der Auftragnehmer-Ablaufplan in Termin- und Vorgangslisten für Anfang und Ende früheste und späteste Anfangs- wie auch Endtermine vorsieht.[26] Geht der Ablaufplan in Gestalt eines Feinablaufplanes für einzelne Arbeitsabschnitte dermaßen in die Tiefe, dass als Zeiteinheit ein Arbeitstag angegeben wird, kann mittels einer Leistungs- und Kapazitätsrechnung bei unveränderter Baustellenbeschickung die offenbare Gefahr der Nichteinhaltung der vereinbarten Ausführungsfristen überzeugungskräftig dargelegt werden.

## 2. Darlegung

Das Abhilfeverlangen setzt voraus, dass dem Unternehmer anhand einer Leistungs- und Kapazitätsrechnung Leistungsdefizite und Kapazitätsbedarf zur Einhaltung der Fristen aufgemacht und belegt werden. Das geeignete Mittel ist die sich aus der Unternehmerplanung ergebende Kapazitätsberechnung. Auf diese oder andere Weise muss aufgezeigt werden, dass die Ausführungsfristen offenbar nicht eingehalten werden können. Deshalb hat der Auftraggeber nach § 4 Nr. 1 Abs. 2 VOB/B auch **Anspruch auf Einsicht** in die vom Unternehmer erstellten Bauablaufpläne. § 4 Nr. 1 Abs. 2 VOB/B ist nach Maßgabe des Kooperationsaspekts entsprechend auszulegen.[27] Aus baubetrieblicher Sicht wird zudem empfohlen, den betriebsinternen Bauablaufplan als Soll-Plan in regelmäßiger Abstimmung dem Bauherrn bzw. dem objektüberwachenden Planer zur Kenntnis zu geben.[28] Eine praxisorientierte und nicht vom Anspruchsdenken geprägte Betrachtungsweise betont auch, dass die Verantwortung für die regelmäßige Kontrolle des Ist-Ablaufs mit dem im Bauablaufplan dargestellten Soll-Ablauf einschließlich der Vorlage der Kontrollergebnisse vorher zu bestimmen sei.[29]

Auf bloße **Vermutungen** kann das Abhilfeverlangen nicht gestützt werden.[30] Insbesondere Zeit-Leistungsdiagramme sind ein Hilfsmittel für die Dokumentation der Leistungsfähigkeit der Baustelle. Unter ihrer Zu Grundelegung kann schon nach wenigen Tagen mit eindeutigen und leicht nachprüfbaren Daten auf eine Verstärkung der Belegschaft oder den vermehrten Geräteeinsatz gedrängt werden.[31] Der Rückgriff auf den **internen produktionsorientierten Ablaufplan** des Auftragnehmers bietet sich an, weil dieser Plan die vom Auftragnehmer geplanten Schritte und Fristfolgen mit dem Ziel der Einhaltung der Vertragstermine aufweist. Der permanente Abgleich dieser auftragnehmerinternen Vorgaben mit der tatsächlichen Abwicklung und dem erreichten Stand belegt, ob und in welchem Ausmaß bereits ein Zeitrückstand eingetreten ist und welche Fristüberschreitungen drohen,

---

[24] *Olshausen* FS Korbion S. 323, 328.
[25] *Bauer* Baubetriebslehre S. 466, 467.
[26] Vgl. *Olshausen* FS Korbion S. 323, 329; vgl. dazu auch Schiffers in Jahrbuch Baurecht 1998, 275, 305 ff.
[27] Vgl. dazu umfassend *Fuchs* NZBau 2004, 65 ff.; *Schiffers* Jahrbuch Baurecht 1998, 275, 290.
[28] *Olshausen* FS Korbion S. 323, 330.
[29] *Olshausen* FS Korbion S. 323, 330.
[30] *Ingenstau/Korbion/Döring* VOB/B § 5 Nr. 1–3 Rdn. 19.
[31] *Weeber-Rösch* Bauleitung und Projektmanagement, Teil 4/7.9 S. 11.

§ 5 Nr. 3       Abhilfe bei mangelhaftem Einsatz des Auftragnehmers

wenn Abhilfemaßnahmen unterbleiben.[32] Die begründete Darlegung der Befürchtung bedient sich jedenfalls baubetrieblicher Mittel, damit der rückständige Leistungsumfang in Arbeitsstunden aus den Stundensätzen des Produktionsplanes für den Fachmann wie auch für den technischen Laien erkennbar wird. Denn ein anschaulich dargestellter Vergleich der Ist-Leistungsbilanz mit der Soll-Leistungsbilanz und die Leistungsbilanz-Prognose auf der Grundlage der tatsächlichen Baustellenförderung lassen ohne weiteres ein Urteil über eventuellen Änderungsbedarf zu. So gesehen erweist sich das Vorgehen nach § 5 Nr. 3 VOB/B als Teil eines kooperativen Prozesses, in dessen Verlauf die maßgeblichen Fakten des Begründungszwanges wegen offengelegt werden.

## II. Unzureichende Förderung der Baustelle

13   Die Befürchtung der offenbaren Nichteinhaltung der Ausführungsfristen muss auf unzureichender Gestellung von Arbeitskräften, Geräten, Gerüsten, Stoffen oder Bauteilen beruhen. Bei einem vom Unternehmer im Rahmen der Angebotsabgabe geforderten Baustellenplan, mit dem die tatsächliche Baustelleneinrichtung mit der Folge nicht übereinstimmt, dass die werktägliche Leistungskapazität nicht erreicht wird, ist diese Befürchtung ebenso gegeben, wie wenn die Baustellenbesetzung das nach dem Bauablaufplan eingestellte Leistungssoll über längere Zeit nicht erreicht, und die Platzverhältnisse eine beliebige Personalsteigerung nicht zulassen.

14   Die Vorschrift erfasst mangels Benennung Leistungen, die der Auftragnehmer nach § 2 Nr. 9 VOB/B – Erstellung von Zeichnungen, Berechnungen usw. – übernommen hat, nicht. Angesichts eines fehlenden Konflikts mit dem Dispositionsrecht des Unternehmers nach § 4 Nr. 2 VOB/B gelten insoweit die allgemeinen Grundsätze. Danach trifft den Unternehmer, der sich – freiwillig – auf das in § 2 Nr. 9 VOB/B genannte Verlangen des Auftraggebers einlässt, die dann nach § 3 Nr. 5 VOB/B („zu beschaffen hat") auch einklagbare Verpflichtung, diese Pläne und Berechnungen zur vorgesehenen Zeit zu erbringen. Kommt er damit in Verzug, gelten die allgemeinen Regeln nach § 286 BGB oder – bei Bejahung einer Hauptpflicht – §§ 323, 325 BGB.

## III. Verletzung der Förderungsverpflichtung – offenbare Nichteinhaltung der Ausführungsfristen

### 1. Maßstab für „offenbar"

15   Auslöser für das Abhilfeverlangen ist nicht jede Verletzung der Förderungsverpflichtung, deren Rechtsgrund § 5 Nr. 1 Satz 1 VOB/B ist. Eingriffe in das Unternehmerdispositionsrecht sind nur berechtigt, wenn die Leistungsstörung so massiv ist, dass die Ausführungsfristen offenbar nicht eingehalten werden können. Nach *Ingenstau/Korbion/Döring*[33] ist dies der Fall, wenn die Nichteinhaltung der Frist mit an Sicherheit grenzender Wahrscheinlichkeit zu erwarten ist. *Heiermann/Riedl/Rusam*[34] reichen eine ernsthafte Befürchtung. Nach dem Wortsinn des Begriffs „offenbar" ist eine solche Leistungsstörung nötig, bei deren unverändertem Fortbestand die Nichteinhaltung der Ausführungsfrist eindeutig oder deutlich ist. Für *Staudinger/Peters*[35] bedeutet „offenbar", dass sich einem verständigen Beobachter ernstliche Zweifel an der Einhaltung der Termine aufdrängen müssen. Diese Prognose lässt sich mit Leistungsbedarfs- und Kapazitätsrechnungen gemäß baubetrieblichen Grundsätzen ohne weiteres belegen. Eindeutig ist auch, dass bloß subjektive Befürchtungen des

---

[32] *Schiffers* Jahrbuch Baurecht, 1998, 275, 290.
[33] § 5 Rdn. 19.
[34] § 5 Rdn. 12.
[35] § 633 Rdn. 131.

Auftraggebers das Abhilfeverlangen nicht rechtfertigen.[36] Der **Bauablaufplan** des Unternehmers wird im Vergleich zum tatsächlichen Bautenstand die Bemessungsgrundlage.[37] Offenbar ist die Nichteinhaltung der Ausführungsfrist dann, wenn der an einem oder mehreren bestimmten Stichtagen tatsächlich vorhandene Produktivitätsgrad des fraglichen Gewerks von dem sich aus dem Bauablaufplan des Unternehmers ergebenden Soll-Fertigstellungsgrad so abweicht, dass bei Fortsetzung dieser negativen Leistungsbilanz die Ausführungsfrist notwendig überschritten wird.[38]

§ 323 Abs. 4 BGB enthält eine vergleichbare Situation, wenn der Gläubiger vor Fälligkeit 16 vom Vertrag zurücktreten darf, wenn offensichtlich ist, dass die Rücktrittsvoraussetzungen eintreten werden. Aufgrund der vorhandenen Umstände ist aus der Sicht ex ante objektiv zu würdigen, ob die Voraussetzungen für den Rücktritt offensichtlich eintreten werden. Hierfür muss nicht absolute Gewissheit bestehen, wohl aber ein hoher Grad an Wahrscheinlichkeit, so dass ernsthafte Zweifel schweigen.[39] Diese Voraussetzungen können auf die Prognoseentscheidung nach § 5 Nr. 3 VOB/B übertragen werden.

Auf diese Weise wird die Störung zu einem „neutralen", aber steuerungsfähigen Ereignis, 17 das als nicht vermeidbarer Teil eines komplizierten Realisationssystems akzeptiert und beherrschbar wird.[40] Ob die vertraglich vereinbarten Ausführungsfristen offenbar nicht eingehalten werden können, ist ergebnis- und rechtsfolgenorientiert zu interpretieren. Ergibt die Prüfung Änderungsbedarf hinsichtlich der Baustellenbeschickung, ist die Voraussetzung erfüllt. Der Änderungsbedarf ist das Ergebnis eines Soll-Ist-Vergleichs auf der Grundlage einer Unternehmerablaufplanung unter Zugrundelegung der vorhandenen Leistungsbilanz.[41]

### 2. Vertragliche Besetzungsvereinbarungen

Ob die Feststellung der offenbaren Erheblichkeit der Leistungsstörung durch vom Auf- 18 traggeber vorformulierte Festlegungen der Mindestbesetzung auf der Baustelle und des Geräteeinsatzes erleichtert werden kann, ist problematisch. Das Einvernehmen über eine Mindestbesetzung von Arbeitnehmern bindet den Unternehmer und verschafft einen eigenständigen, von § 5 Nr. 3 VOB/B unabhängigen Anspruch auf die entsprechende Besetzung. § 5 Nr. 3 VOB/B wird dadurch allein nicht ausgefüllt; hierfür sind maßgeblich allein Leistungsbilanzen und Leistungsbilanzprognosen.[42] Die Einigung über die Mindestbesetzung scheidet als Anspruchsgrundlage für eine gesteigerte Baustellenbesetzung aus. Eine vom Auftraggeber vorformulierte Regelung über die Baustellenbesetzung scheitert wegen Verstoßes gegen § 307 Abs. 2 Nr. 1 BGB.[43] Denn hierdurch erfolgt ein Eingriff in das Dispositionsrecht des Unternehmers, das zu den wesentlichen Grundgedanken auch der gesetzlichen Regelung gehört.

## E. Informationsanspruch

In Verbindung mit § 4 Nr. 1 Abs. 2 Satz 3 VOB/B ist dem Auftraggeber gegen den 19 Auftragnehmer ein Auskunftsanspruch zuzubilligen. Der Unternehmer hat auf das berech-

---

[36] Staudinger/*Peters* 2003 § 633 Rdn. 131.
[37] *Schiffers* Jahrbuch Baurecht 1998, 275, 290.
[38] Vgl. *Zeiß* in *Weeber-Rösch,* Bauleitung und Projektmanagement für Architekten und Ingenieure, Teil 5/5.3 Rdn. 5, 6.
[39] MünchKommBGB/*Ernst* § 323 Rdn. 134.
[40] *Zeiß* in *Weeber-Rösch,* Bauleitung und Projektmanagement für Architekten und Ingenieure, Teil 5/5.3 Rdn. 5.
[41] Ähnlich *Kapellmann/Messerschmidt/Langen* VOB/B § 5 Rdn. 86; *Franke/Kemper/Janner/Grünhaben* VOB/B § 5 Rdn. 44, 34.
[42] A. A. Hdb. priv. BauR *(Kleine-Möller)* § 2 Rdn. 354.
[43] BGH B. v. 5. 6. 1997, ZB 54/96, BauR 1997, 1036.

tigte Verlangen des Auftraggebers nicht nur unverzüglich Abhilfe durch die entsprechende Intensivierung der Baustellenbeschickung zu schaffen, sondern den Auftraggeber auch darüber zu informieren, wie der Produktivitätsrückstand bis zum Ablauf der Ausführungsfrist aufgeholt werden soll. Der Auftraggeber hat einen Anspruch auf Information über die Änderungen im Bauablaufplan. Denn der Unternehmerablaufplan ist änderungsbedingt fortzuschreiben. Die dem Auftraggeber zuzugestehende Kontrollbefugnis aus § 4 Nr. 1 Abs. 2 VOB/B setzt diese Information notwendig voraus. Sie folgt auch aus dem Kooperationsgebot.[44]

## F. Anspruchsrealisierung

20   Die Anspruchsrealisierung durch Erhebung einer Klage auf Förderung der Baustelle ist irreal. Zwar verschafft die Vorschrift hierauf einen Anspruch, dessen klageweise Realisierung ist aber ohne praktikablen Erfolg. Praktisch ist allein die Sanktionierung über die in § 5 Nr. 4 VOB/B enthaltenen Rechtsfolgen. Nach Setzung einer angemessenen Frist für die Verstärkung der Baustellenbeschickung samt Androhung des Auftragsentzugs und fruchtlosem Ablauf dieser Frist kann der Auftraggeber den Vertrag gemäß § 8 Nr. 3 VOB/B kündigen. Alternativ besteht die Möglichkeit des Schadensersatzes nach § 6 Nr. 6 VOB/B. Auch der **Informationsanspruch** (vgl. oben Rdn. 15) ist auf diese Weise abgesichert. Zwar ergibt sich dies weder aus dem Wortlaut des § 4 Nr. 1 Abs. 2 noch aus § 5 Nr. 3 VOB/B, folgt jedoch aus Treu und Glauben. Denn wenn bei einem Langzeitvertrag Hindernisse in der Sphäre des Auftragnehmers aufgetreten sind, die den Ablaufplan wegen Nichteinhaltung der gebotenen Baustellenbesetzung konkret gefährden, kann der Auftraggeber eine angemessene Frist zum Nachweis dafür setzen, dass und gegebenenfalls wann die Vertragserfüllung möglich ist.[45] Das eröffnet nicht nur eine Fristbestimmung für eine Terminzusage samt Benennung eines beauftragten Bauunternehmers,[46] sondern nach Treu und Glauben auch die Möglichkeit, die Frist für die Erstellung eines neuen Bauablaufplans samt Disposition über die Baustellenbeschickung zu setzen und damit die Kündigungsandrohung zu verbinden. Eine solche erweiternde Auslegung des § 5 Nr. 4 VOB/B ist mit Rücksicht auf Treu und Glauben und das Kooperationsgebot geboten.

21   Grundsätzlich kann der Auftraggeber auf den Unternehmer auch durch die Ausübung eines Zurückbehaltungsrechts nach § 320 BGB Druck ausüben. Einschlägig ist die Rechtsposition bei Abschlagszahlungen gemäß § 16 Nr. 1 VOB/B oder § 632a BGB. Gegenforderungen können nach § 16 Nr. 1 Abs. 2 VOB/B einbehalten werden, wozu auch Zurückbehaltungsrechte zählen. § 5 Nr. 3 VOB/B verschafft dem Auftraggeber ein solches Zurückbehaltungsrecht.

## G. Ausschlusstatbestand

22   Der Anspruch auf Förderung der Baustelle durch den Auftragnehmer ist nicht durchsetzbar, wenn die unzulängliche Beschickung mit Arbeitskräften, Geräten, Gerüsten, Stoffen oder Bauteilen auf Umstände zurückgehen, die letztlich ihre Ursache in der Sphäre des Auftraggebers haben. Das kann eintreten, wenn entgegen dem Balkenplan und dem Leistungsverzeichnis (vgl. Abschnitt 0.2.1 der DIN 18299) noch andere Gewerbe an der Baustelle beschäftigt sind, die sich gegenseitig behindern, so dass der Auftrag-

---

[44] Auf Dokumentationsbedarf weisen *Kapellmann/Messerschmidt/Langen* VOB/B § 5 Rdn. 93 hin; vgl. auch *Franke/Kemper/Janner/Grünhaben* VOB/B § 5 Rdn. 32.
[45] BGH NJW 1983, 989, 990.
[46] So in der Entscheidung des BGH NJW 1983, 989, 990.

nehmer die einer ungestörten Ausführung zu Grunde liegende Leistungszahl nicht erreicht. § 5 Nr. 3 VOB/B beruht auf dem Gedanken, dass die angeführten Hinderungstatbestände ausschließlich dem vom Auftragnehmer zu verantwortenden Bereich zuzuweisen sind.[47] Ist das Produktivitätsdefizit z. B. auf noch nicht vollständig vorliegende Vorleistungen oder Ausführungsplanungen zurückzuführen sind, ist das Abhilfeverlangen nicht durchsetzbar.

§ 5 Nr. 3 VOB/B bietet keine Grundlage für ein Verlangen auf **Beschleunigung,** wenn 23 die Ursache für den Leistungsabfall in der Sphäre des Auftraggebers liegt. Die Nr. 3 VOB/B stellt ausschließlich auf die unzureichende Gestellung von Arbeitskräften, Geräten, Gerüsten, Stoffen oder Bauteilen ab, was bei verständiger Würdigung nur dann gegeben sein kann, wenn die vom Auftraggeber zu beherrschenden Umstände (vgl. § 6 Nr. 2 VOB/B: Risikobereich des Auftraggebers) eine zureichende Gestellung überhaupt zulassen.[48] Zwar ist § 5 Nr. 3 VOB/B verschuldensunabhängig ausgestaltet und stellt lediglich darauf ab, dass die aufgelisteten – und generell im Verantwortungsbereich des Auftragnehmers befindlichen – Verzögerungsgründe vorliegen. Korrekturbedarf ist jedoch geboten, wenn der eigentliche und maßgebliche Grund dem Verantwortungsbereich des Auftraggebers zuzuweisen ist. Das ist besonders einsichtig, falls der Auftraggeber nach dem Bauvertrag die für die Ausführung benötigten Baustoffe beizustellen hat, was trotz rechtzeitiger Aufforderung durch den Auftragnehmer nicht geschieht.[49] Dasselbe gilt, wenn Geräte und Gerüste mangels unzureichend zur Verfügung gestellter Lager- und Arbeitsplätze nicht in der eigentlich vorgesehenen und nach dem Bauablaufplan erforderlichen Anzahl vorgehalten werden können. Die Überlassung solcher Lager- und Arbeitsplätze ist nach § 4 Nr. 4 lit. a VOB/B Sache des Auftraggebers.

In solchen Fällen ist der Auftragnehmer in der Aufnahme der Arbeiten behindert, was bei 24 Behinderungsanzeige oder Offenkundigkeit nach § 6 Nr. 1 und Nr. 2 VOB/B zur Verlängerung der Ausführungsfristen und damit auch zu einer Verschiebung der Beginnfrist führt. Denn die in § 6 Nr. 2 VOB/B enthaltene Rechtsfolge der Fristverlängerung für die Ausführung muss entsprechend gelten, wenn hindernde Umstände bereits dem Beginn der Ausführung entgegenstehen.[50] Die Rechtsfolgen aus § 6 Nr. 2 und die aus § 5 Nr. 3 VOB/B schließen sich jedoch aus. Die Verteidigung des Auftragnehmers gegenüber dem Anspruch auf Intensivierung der Baustellenförderung setzt im Behinderungsfall jedoch nicht notwendig eine schriftliche Behinderungsanzeige nach § 6 Nr. 1 VOB/B oder Offenkundigkeit der Behinderung voraus. Denn wie sich der Auftragnehmer auch ohne Einhaltung der Voraussetzungen nach § 6 Nr. 1 VOB/B gegen Schadensersatzansprüche des Auftraggebers aus § 6 Nr. 6 VOB/B bei fehlendem Verschulden an der Verzögerung verteidigen kann,[51] ist die Abwehr eines Baustellenförderungsanspruchs bei Verursachung der Leistungsminderung durch den Auftraggeber ohne Behinderungsanzeige oder Offenkundigkeit der Behinderung möglich.

Die Darlegungs- und Beweislast für diese Ausnahmetatbestände trifft den Auftrag- 25 nehmer. Kein Ausnahmetatbestand ist, wenn es dem Auftragnehmer nicht gelungen ist, rechtzeitig Geräte, Gerüste und Stoffe oder Bauteile auf dem Markt zu besorgen.[52] Das ist sein Risiko. Auf Verschulden stellt § 5 Nr. 3 VOB/B insoweit nicht ab. Maßgeblich ist allein eine objektiv vorzunehmende Sphären- und Verantwortlichkeitsabgrenzung.

---

[47] *Ingenstau/Korbion/Döring* VOB/B § 5 Nr. 1–3 Rdn. 17; *Kapellmann/Messerschmidt/Langen* VOB/B § 6 Rdn. 90.
[48] *Kapellmann/Messerschmidt/Langen* VOB/B § 5 Rdn. 90.
[49] Vgl. zur Stoffbeistellung generell DIN 18299 Abschnitt 2.1.2.
[50] BGH NJW 1989, 989.
[51] BGH U. v. 14. 1. 1999, VII ZR 73/98, NJW 1999, 1108 = BauR 1999, 645 = ZfBR 1999, 188; *Heiermann/Riedl/Rusam* VOB/B § 6 Rdn. 9; *Ingenstau/Korbion/Döring* VOB/B § 6 Nr. 1 Rdn. 10 a. A. *Kapellmann/Messerschmidt/Kapellmann* VOB/B § 6 Rdn. 15.
[52] *Ingenstau/Korbion/Döring* VOB/B § 5 Nr. 1–3 Rdn. 17; *Franke/Kemper/Janner/Grünhagen* VOB/B § 5 Rdn. 32.

## H. AGB-Konformität des § 5 Nr. 3 VOB/B

**26** Da nach BGH[53] jede vertragliche Änderung von der VOB/B dazu führt, dass diese nicht als Ganzes vereinbart ist, was die Prüfbarkeit jeder Einzelregelung der VOB/B am Maßstab der §§ 307 ff. BGB eröffnet, stellt sich die Frage der Konformität des § 5 Nr. 3 VOB/B.

Wenn auch das BGB weder im Allgemeinen Teil des Schuldrechts noch im Werkvertragsrecht eine direkt entsprechende Regelung kennt, hält die Regelung einer Prüfung am Maßstab des § 307 BGB stand. Die Vorschrift entspricht inhaltlich aus § 241 Abs. 2 BGB ableitbaren Geboten des Inhalts, dass der Auftragnehmer zur Sicherung des Leistungserfolges verpflichtet ist. Der Auftragnehmer hat danach alles zu unterlassen, was den Erfolgseintritt gefährdet.[54] Die Regelung ist auch in Verbindung mit § 323 Abs. 4 BGB zu sehen. Danach kann der Gläubiger bereits vor Eintritt der Fälligkeit der Leistung zurücktreten, wenn offensichtlich ist, dass die Voraussetzungen für den Rücktritt eintreten werden. § 5 Nr. 3 VOB/B will dem vorbeugen, erweist sich als das mildere Mittel und benachteiligt den Auftragnehmer nicht unangemessen. Die Vorschrift ist die konsequente Fortsetzung der Pflichtenlage nach § 5 Nr. 1 VOB/B, die Ausführung angemessen zu fördern. Sie hält die Balance zwischen der Dispositionsbefugnis des Auftragnehmers auf der einen Seite und den berechtigten Interessen des Auftraggebers auf der anderen Seite ein. Im Übrigen ist die Regelung Ausdruck einer richtig verstandenen Prävention.[55]

---

[53] U. v. 22. 1. 2004, VII ZR 419/02, BGHZ 157, 346 = NJW 2004, 1597 = NZBau 2004, 267 = BauR 2004, 668 = ZfBR 2004, 362.
[54] *Bamberger/Roth/Grüneberg* § 241 Rdn. 71.
[55] *Kapellmann/Messerschmidt/Langen* VOB/B § 5 Rdn. 149.

## § 5 Nr. 4 [Befugnis zu Fristsetzung mit Ablehnungsandrohung]

Verzögert der Auftragnehmer den Beginn der Ausführung, gerät er mit der Vollendung in Verzug, oder kommt er der in Nummer 3 erwähnten Verpflichtung nicht nach, so kann der Auftraggeber bei Aufrechterhaltung des Vertrages Schadensersatz nach § 6 Nr. 6 verlangen oder dem Auftragnehmer eine angemessene Frist zur Vertragserfüllung setzen und erklären, dass er ihm nach fruchtlosem Ablauf der Frist den Auftrag entziehe (§ 8 Nr. 3).

**Literatur:** Siehe die Hinweise → Vor § 5

### Übersicht

| | Rdn. |
|---|---|
| A. Rechte und Befugnisse – Rechtswahl | 1–2 |
| B. Rechtswahlvoraussetzungen | 3–10 |
|   I. Nicht eröffneter Anwendungsbereich | 4 |
|     1. Unmöglichkeit der Leistung | 5 |
|     2. Ernsthafte und endgültige Erfüllungsverweigerung | 7 |
|     3. Störung bei übernommener Planlieferungsverpflichtung | 8 |
|   II. Eröffneter Anwendungsbereich | 9 |
|   III. Anwendungsvoraussetzungen | 10 |
| C. Verzögerung des Beginns der Ausführung | 1–14 |
|   I. Bauvorbereitung und Ausführung | 11 |
|   II. Darlegungs- und Beweislast | 13 |
|   III. Beurteilungsgrundlage | 14 |
|   IV. Beginn mit der Ausführung | 16 |
| D. Verzug mit der Vollendung | 17–33 |
|   I. Vollendung | 18 |
|   II. Verzugseintritt | 20 |
|     1. Fälligkeit mit der Vollendung | 21 |
|     2. Mahnung – Entbehrlichkeitstatbestände | 22 |
|     3. Anforderungen an die Mahnung | 26 |
|     4. Zeitpunkt der Mahnung | 27 |
|     5. Mahnung – Nachfristsetzung mit Androhung des Auftragsentzugs | 28 |
|     6. Befugnis | 29 |
|     7. Adressat und Form der Mahnung | 30 |
|     8. Verzugseintritt | 31 |
|     9. Klauseln | 32 |
|   III. Verschulden | 33 |
| E. Verstoß gegen die Förderungspflichten nach § 5 Nr. 3 VOB/B | 35–39 |
|   I. Verzögerung der Förderungsverpflichtung | 36 |
|   II. Materielle Verletzung der Baustellenförderungspflicht | 37 |
|   III. Objektive – nicht subjektive Voraussetzungen | 39 |
| F. Die Rechtswahl | 40–81 |
|   I. Rechtswahl und Bindung | 41 |
|   II. § 5 Nr. 4 VOB/B als Sonderregelung | 42 |
|   III. Aufrechterhaltung des Vertrages und Schadensersatz nach § 6 Nr. 6 VOB/B | 43 |
|     1. Beginnverzögerung, Aufrechterhaltung des Vertrages und Schadensersatzverlangen | 44 |
|     2. Verzug mit der Vollendung und Schadensersatzverlangen | 46 |
|     3. Schlechterfüllung der Baustellenförderungspflicht und Schadensersatzverlangen | 47 |
|     4. Nichteinhaltung von Einzelfristen und Schadensersatzverpflichtung | 49 |
|     5. Schadensersatzanspruch und Schadenspauschalierung | 50 |
|     6. Verjährung | 51 |
|     7. Beweislast | 52 |
|   IV. Nachfristsetzung mit Androhung des Auftragsentzugs | 57 |
|     1. Inhalt, Form, Erklärender und Erklärungsempfänger | 57 |
|     2. Fristsetzung mit Kündigungsandrohung und Kooperationsgebot | 70 |
|     3. Entbehrlichkeit der Nachfristsetzung mit Kündigungsandrohung | 71 |
|     4. Allgemeine Geschäftsbedingungen | 73 |
|   V. Auftragsentziehung – Kündigung | 75 |
|     1. Entscheidungs- und Wahlfreiheit | 76 |
|     2. Erklärungsfrist | 77 |
|     3. Erklärung und Form | 79 |
|     4. Folgen der Kündigung | 81 |
|   VI. Konkurrenzverhältnis | 82 |
| G. AGB-Konformität des § 5 Nr. 4 VOB/B | 83–86 |

## A. Rechte und Befugnisse – Rechtswahl

**1** § 5 Nr. 4 VOB/B verschafft dem Auftraggeber unter bestimmten, im ersten Halbsatz genannten Tatbestandsvoraussetzungen eine Befugnisgrundlage für eine Fristsetzung mit Ablehnungsandrohung. Der Auftraggeber begibt sich damit auf den Weg zur **Vertragsauflösung,** ohne jedoch in dieser Richtung verbindlich festgelegt zu sein. Alternativ kann der Auftraggeber bei Aufrechterhaltung des Vertrages **Schadensersatz** nach § 6 Nr. 6 VOB/B verlangen. Beide Möglichkeiten stehen dem Auftraggeber zur freien Auswahl. Das **Wahlrecht** geht nicht bereits durch die Fristsetzung mit Kündigungsandrohung verloren, da rechtsgestaltend erst die Kündigung ist.[1] Demnach kann der Auftraggeber, der zunächst Schadensersatz nach § 6 Nr. 6 VOB/B verlangt und damit auf der Aufrechterhaltung des Vertrages bestanden hat, auf die Fristsetzung mit Kündigungsandrohung umstellen. Ist der Schadensersatzanspruch jedoch erfüllt, ist wegen des den Anspruch auslösenden Störungstatbestandes der Übergang zur Kündigung ausgeschlossen. Umgekehrt kann der Auftraggeber trotz Fristsetzung mit Kündigungsandrohung vom Auftragsentzug absehen und Vertragserfüllung wie auch Schadensersatz nach § 6 Nr. 6 VOB/B verlangen. Auf der Vertragserfüllung mit Fristsetzung zu beharren und gleichzeitig Schadensersatz zu verlangen wie auch den Auftragsentzug anzukündigen, geht jedoch nicht an. Denn beide Rechte stehen nach § 5 Nr. 4 VOB/B nicht kumulativ, sondern nur alternativ und damit in elektiver Konkurrenz zur Verfügung. Diese Regelung weicht im Ergebnis auch nicht von § 325 BGB ab, wonach in Folge eines Rücktritts Schadensersatzansprüche nicht ausgeschlossen werden. Denn über § 8 Nr. 3 Abs. 2 Satz 2 VOB/B eröffnet sich auch bei Kündigung die Möglichkeit zur Geltendmachung von Schadensersatzansprüchen. Diese Vorschrift hält nämlich sich aus anderen Rechtsgründen ergebende Schadensersatzansprüche aufrecht.

**2** Bei **Mehrdeutigkeit** der Erklärung besteht regelmäßig kein Auslegungs- und Festlegungsbedarf wie noch nach altem Recht im Fall der Mehrdeutigkeit im Verhältnis zwischen Rücktritt und Schadensersatz.[2] Denn die Entscheidung ist erst nach fruchtlosem Fristablauf zu treffen. Mit der Kündigung ist der Schadensersatzanspruch nach § 6 Nr. 6 VOB/B ausgeschlossen. Dem Auftraggeber bleiben aber die nach § 8 Nr. 3 Abs. 2 VOB erhaltenen Schadensersatzansprüche.[3] Die Ausübung des Kündigungsrechts ist nach Ablauf einer gewissen Zeit verwirkt. Lässt sich der Auftraggeber, der auf der Vertragserfüllung besteht und hierfür Frist setzt, die weitere Rechtswahl noch offen, weil er sowohl eine Kündigungsandrohung ausspricht als auch Schadensersatz verlangt, besteht kein Bedarf, dem Schreiben jegliche Wirkung abzusprechen. Denn die maßgebliche Rechtswahl trifft der Auftraggeber mangels der Bindungswirkung der Kündigungsandrohung wie auch des Schadensersatzbegehrens erst nach Fristablauf.

## B. Rechtswahlvoraussetzungen

**3** Die Rechtswahlmöglichkeiten setzen voraus, dass der Auftragnehmer den Beginn der Ausführung verzögert, mit der Vollendung in Verzug gerät oder der Baustellenförderungspflicht aus § 5 Nr. 3 VOB/B nicht nachkommt. Diese drei Tatbestände sind strikt hinsichtlich ihrer Anwendungsvoraussetzungen zu trennen und von anderen Störungstatbeständen abzugrenzen. Diese eröffnen die eingeräumte Rechtswahlmöglichkeit nicht.

---

[1] So für die Rücktrittsandrohung und den Rücktritt selbst BGH NJW 1979, 672.
[2] Vgl. dazu BGH NJW 1982, 1280; BGH NJW-RR 1988, 1100; OLG Hamm NJW 1987, 2089.
[3] → § 8 Nr. 3.

## I. Nicht eröffneter Anwendungsbereich

Trotz Verzögerung des Ausführungsbeginns oder Nichterfüllung der Förderungspflicht 4
nach § 5 Nr. 3 VOB/B ist nicht in allen Fällen der Anwendungsbereich der Nr. 4 eröffnet.
Liegen die Gründe in einer nachträglichen objektiven Unmöglichkeit oder verweigert der
Unternehmer endgültig und ernsthaft die Leistung, greifen die allgemeinen Leistungsstörungstatbestände ein.

### 1. Unmöglichkeit der Leistung

Ist die Leistung nachträglich objektiv unmöglich geworden (§ 275 Abs. 1 BGB) oder 5
liegen die Voraussetzungen nach § 275 Abs. 2, 3 BGB vor, auf die sich der Auftragnehmer
auch beruft, beurteilt sich das Rechtsverhältnis nicht nach § 5 Nr. 4 VOB/B, sondern
gemäß § 275 BGB hinsichtlich der Verpflichtung zur Erbringung der Bauleistung und nach
§ 326 BGB für die Zahlungsverpflichtung des Auftraggebers. Die in § 5 Nr. 4 VOB/B drei
alternativ angeführten Tatbestandsvoraussetzungen setzen die rechtliche oder technische
Erfüllbarkeit des Bauvertrages voraus. Unmöglichkeitstatbestände nach § 275 BGB oder
§ 311 a BGB sind in § 5 Nr. 4 VOB/B nicht geregelt.[4] Ausschließlich nach BGB-Regeln
bestimmen sich gleichfalls die Tatbestände der anfänglichen Unmöglichkeit (§ 311 a BGB).

Dasselbe gilt bei nachträglichem Unvermögen, das in § 275 Abs. 1 BGB auch hinsichtlich 6
der Anwendung von § 323 BGB nachträglicher objektiver Unmöglichkeit gleichgestellt ist.
Denn § 275 Abs. 1 BGB behandelt die subjektive und die objektive nachträgliche Unmöglichkeit in gleicher Weise.

### 2. Ernsthafte und endgültige Erfüllungsverweigerung

Der Anwendungsbereich des § 5 Nr. 4 VOB/B ist verschlossen, wenn der Auftragnehmer 7
die Erfüllung des Bauvertrages ernsthaft und endgültig verweigert. In solchen Fällen liegt
keine Verzögerung, sondern eine Vereitelung vor.[5] Die Ansprüche des Auftraggebers ergeben sich aus positiver Vertragsverletzung und damit nunmehr aus § 280 Abs. 1 BGB.[6] Für
diesen Schadensersatzanspruch gelten die sich aus § 6 Nr. 6 VOB/B ergebenden Schranken
(entgangener Gewinn nur bei Vorsatz oder grober Fahrlässigkeit) nicht.[7] Auch die für den
Schadensersatzanspruch wegen Nichterfüllung nach § 8 Nr. 3 Abs. 2 Satz 2 VOB/B geltende Schranke des Interessenwegfalls ist nicht beachtlich.[8] Die Kündigungsmöglichkeit nach
§ 8 Nr. 3 VOB/B ist in solchen Fällen ohne Vermittlungsnotwendigkeit durch § 5 Nr. 4
VOB/B zu bejahen.

### 3. Störung bei übernommener Planlieferungsverpflichtung

Hat der Auftragnehmer nach § 2 Nr. 9 VOB/B die Erstellung von Zeichnungen und 8
Berechnungen als vertragliche Leistung übernommen, sind Abwicklungsstörungen nach
allgemeinen Regeln und nicht nach § 5 Nr. 4 VOB/B zu regeln. Denn die zögerliche
Lieferung solcher Pläne hat nichts mit Bauleistungen zu tun, deren rechtzeitiger Beginn,
Vollendung oder Förderung Anliegen des § 5 Nr. 4 VOB/B ist. Dem Auftraggeber stehen
deshalb insoweit die Vorgehensweisen nach **allgemeinem Leistungsstörungsrecht,** insbesondere nach §§ 280, 286 BGB oder § 323 BGB, zu Verfügung. Das gilt nicht für solche
Planungs- und Berechnungsleistungen, die z. B. nach der VOB/B wegen ihrer Qualität als

---

[4] *Leinemann/Roquette* VOB/B § 5 Rdn. 58; A. A. *Ingenstau/Korbion/Döring* VOB/B § 5 Nr. 4 Rdn. 1.
[5] BGH BauR 1980, 465; BauR 1976, 126 = NJW 1976, 517; *Leinemann/Roquette* VOB/B § 5 Rdn. 55.
[6] *Heiermann/Riedl/Rusam* VOB/B § 5 Rdn. 15.
[7] A. A. OLG Celle Schäfer/Finnern Z 2510 Bl. 49 (zu § 5 in der Fassung 1952).
[8] BGHZ 65, 372, 374; *Nicklisch/Weick* VOB/B § 5 Rdn. 22.

§ 5 Nr. 4   Befugnis zu Fristsetzung mit Ablehnungsandrohung

Nebenleistung oder typische Unternehmerleistung als Teil der Ausführungsleistung eingestuft werden müssen.[9]

## II. Eröffneter Anwendungsbereich

9   Der Anwendungsbereich ist eröffnet, wenn der Auftragnehmer den Beginn der Ausführung verzögert, mit der Vollendung in Verzug gerät oder den in Nr. 3 genannten Förderungspflichten nicht nachkommt. Negativ muss hinzukommen, dass nicht der Auftraggeber die Verantwortung für die Störungstatbestände trägt. An der Verzögerung durch den Unternehmer fehlt es nämlich, wenn die fehlende Mitwirkung des Auftraggebers für die Nichteinhaltung der Beginnfrist ursächlich ist. Auch eine Verletzung der Bauleistungs- und Bauförderungspflicht ist zu verneinen, falls der Auftraggeber die gebotene Mitwirkung unterlässt. Mit der Vollendung ist der Auftragnehmer nicht in Verzug, wenn die Vollendung aus vom Auftraggeber zu verantwortenden Gründen scheitert. Kann sich der Unternehmer auf Leistungsverweigerungsrechte berufen, scheitert die Rechtsausübung nach § 5 Nr. 4 VOB/B gleichfalls. Berechtigt § 16 Nr. 5 Abs. 5 VOB/B zur Einstellung der Arbeiten oder ist sonst ein berechtigter Grund zur Arbeitseinstellung gegeben (z. B. aus § 648 a BGB), liegt zu Lasten des Auftraggebers ein Behinderungstatbestand vor, dessen Folge **Fristverlängerung** nach § 6 Nr. 2, 4 VOB/B wie auch Schadensersatzansprüche nach § 6 Nr. 6 VOB/B sein können. Das schließt die Geltendmachung von Rechten nach § 5 Nr. 4 VOB/B durch den Auftraggeber aus. Diese Rechtsfolgen greifen auch, wenn der Auftragnehmer nach § 9 Nr. 1 lit. a VOB/B wegen Gläubigerverzugs des Auftraggebers (Mitwirkungsaufgaben werden nicht erfüllt) an sich zur Kündigung berechtigt ist und der Störungstatbestand auf die fehlende Mitwirkung zurückzuführen ist.[10] Zur Abwehr der Ansprüche und Gestaltungsrechte ist die Wahrung der sich aus § 6 Nr. 1 VOB/B ergebenden Pflicht zur Behinderungsanzeige nicht geboten. Vom Auftraggeber verursachte Abwicklungsstörungen schließen die Voraussetzungen des § 5 Nr. 4 VOB/B tatbestandlich aus.

## III. Anwendungsvoraussetzungen

10   Die Anwendungsvoraussetzungen werden in § 5 Nr. 4 VOB/B abschließend und nicht erweiterungsfähig aufgelistet. Als **Sondertatbestand,** der den Rückgriff auf Ansprüche aus §§ 280, 281 BGB (Schadensersatz statt der Leistung) BGB und § 636 BGB a. F. ausschließt,[11] ist die Regelung auf die normierten Störungstatbestände beschränkt. Das gilt auch für die Rücktrittsregelung in § 323 BGB, denn die VOB/B strebt ersichtlich nicht die Rückabwicklung, sondern die Auflösung für die Zukunft an.[12] Soweit *Langen*[13] im Hinblick auf die Schuldrechtsreform für jede der in § 5 Nr. 4 VOB/B gelisteten Voraussetzungen die Erfüllung der Verzugsvoraussetzungen fordert, und damit bei der Beginnverzögerung und der unzulänglichen Baustellenförderung eine Mahnung wie auch weiter Verschulden voraussetzt, ist dem nicht zu folgen. Die VOB/B weicht insoweit vom BGB ab. Wenn auch der Schadensersatzanspruch nach dem in Verweisung genommenen § 6 Nr. 6 VOB/B Verzugsschäden erfasst und das BGB nach §§ 280 Abs. 1, 2, 286 hierfür neben der Fälligkeit auch eine Mahnung oder Mahnungsersatz verlangt, ist das nicht das Konzept der VOB/B. Die VOB/B Fassung 2002 ist im Rahmen der Anpassung an die Ergebnisse der Schuldrechts-

---

[9] Vgl. z. B. DIN 18379 Abschnitt 3.1.5; vgl. auch BGH U. v. 28. 3. 1996, VII ZR 228/94, NJW-RR 1996, 853 = BauR 1996, 544 = ZfBR 1996, 256.
[10] BGH BauR 1983, 73 = NJW 1983, 989; *Ingenstau/Korbion/Döring* VOB/B § 5 Nr. 4 Rdn. 7; *Heiermann/Riedl/Rusam* VOB/B § 5 Rdn. 14.
[11] *Ingenstau/Korbion/Döring* VOB/B § 5 Nr. 4 Rdn. 29, 30.
[12] *Ingenstau/Korbion/Döring* VOB/B § 5 Nr. 4 Rdn. 29.
[13] In *Kapellmann/Messerschmidt* VOB/B § 5 Rdn. 106.

reform an einigen Stellen geändert worden, jedoch nicht in § 5. Auch die Fassung der VOB/B 2006 hat § 5 unverändert gelassen. Die Details der Regelung in § 5 Nr. 3 und Nr. 4 VOB/B bewirken aber durchaus eine Angleichung. Das ist insbesondere bei der Beginnverzögerung der Fall. Denn ist der Beginn zeitlich genau fixiert, ist § 286 Abs. 2 Nr. 1 BGB einschlägig, weswegen sich eine weitere Mahnung erübrigt. Fehlt ein Beginndatum oder ist dieses unbestimmt, trifft § 5 Nr. 2 VOB/B zu, was nach § 286 Abs. 2 Nr. 2 BGB zur Berechenbarkeit des Beginns führt und damit eine gesonderte Mahnung überflüssig macht. Auch bei der Verletzung der Baustellenförderungsverpflichtung beruht die VOB/B-Regelung im Ergebnis praktisch gleichfalls auf einer Mahnung. Da nämlich der Bauvertrag die Grundlage für die Baustellenförderungsverpflichtung ist und Rechtsfolgen aus der Vernachlässigung dieser Pflicht gemäß § 5 Nr. 3 VOB/B ein Abhilfeverlangen voraussetzen, was letztlich einer Mahnung gleichkommt, entspricht die VOB/B-Regelung in § 5 Nr. 4 insgesamt den Voraussetzungen des BGB für die Geltendmachung eines Verzugsschadens. Damit läuft das Petitum von Langen leer, es ist hinsichtlich des Verzugsschadens bereits erfüllt und braucht hinsichtlich der Kündigungsmöglichkeit für sich genommen nicht erfüllt zu werden. Die Regelung enthält Besonderheiten zur Darlegungs- und Beweislast des Ablaufs der Beginn- oder Herstellungsfrist nicht. Insoweit gelten die allgemeinen Regeln für den Fall fehlender vertraglicher Festlegung. Wegen der Regelung in § 271 BGB trifft den Unternehmer die Beweislast für den Nichtablauf der Beginn- und einer angemessenen Herstellungsfrist.[14]

## C. Verzögerung des Beginns der Ausführung

### I. Bauvorbereitung und Ausführung

Erst die Verzögerung des Beginns der Ausführung und nicht schon Verzögerungen in der Bauvorbereitung verschaffen die Befugnisse. Eine Verzögerung des Beginns ist sicher beurteilungsfähig, wenn für den Beginn eine Vertragsfrist nach § 5 Nr. 1 VOB/B vereinbart worden ist oder sich die Beginnfrist nach § 5 Nr. 2 VOB/B bestimmt. Fehlt eine Beginnregelung im Vertrag, gilt § 271 BGB. Damit hat der Auftragnehmer nach BGH[15] im Zweifel alsbald nach Vertragsschluss zu beginnen und das Werk in angemessener Zeit zügig zu Ende zu führen. Verschiebt sich die Beginnfrist durch Behinderungstatbestände nach § 6 Nr. 1, 2, 4 VOB/B – eine Behinderungsanzeige ist nach überwiegender Meinung für die Verteidigung des Auftragnehmers gegen die Rechtsausübung gemäß § 5 Nr. 4 VOB/B nicht erforderlich –,[16] berechnet sich die neue Beginnfrist nach Maßgabe des § 6 Nr. 4 VOB/B. Dies ist mit größeren Unsicherheiten verbunden. Ob von einer **Behinderungsanzeige** – vom Tatbestand der offenbaren Behinderung abgesehen – gemäß § 6 Nr. 1 VOB/B im Zusammenhang der Verteidigung des Unternehmers gegen Ansprüche aus § 5 Nr. 4 VOB/B abgesehen werden kann, ist jedoch problematisch. Denn gelingt die Abwehr nur über die Verschiebung der Beginnfrist, muss der Unternehmer letztlich die Fristverlängerung für sich in Anspruch nehmen, was nur unter den Voraussetzungen nach § 6 Nr. 1, 2, 4 VOB/B möglich ist. Dieser Umstand spricht dafür, auf eine Behinderungsanzeige nicht zu verzichten. Gegen deren Notwendigkeit spricht, dass der Auftragnehmer den Beginn nicht verzögert, wenn der Auftraggeber hierfür die Ursache gesetzt hat.

Der Vergleich mit der Regelung der Sachmängelhaftung spricht dafür, im Rahmen von § 5 Nr. 4 VOB/B auf die Notwendigkeit einer Behinderungsanzeige seitens des Auftrag-

---

[14] BGH U. v. 21. 10. 2003, X ZR 218/01, NZBau 2004, 155 = NJW-RR 2004, 209 = BauR 2004, 331 = ZfBR 2004, 157.
[15] U. v. 8. 3. 2001, VII ZR 470/99 NZBau 2001, 389 = BauR 2001, 946.
[16] BGH U. v. 14. 1. 1999, VII ZR 73/98, NJW 1999, 1108 = BauR 1999, 645 = ZfBR 1999, 188; *Heiermann/Riedl/Rusam* VOB/B § 6 Rdn. 9; a. A. *Kapellmann/Messerschmidt-Kapellmann* VOB/B § 6 Rdn. 15.

§ 5 Nr. 4  Befugnis zu Fristsetzung mit Ablehnungsandrohung

nehmers zu verzichten. Denn es fehlt für den Fall der Zeitstörung eine mit § 13 Nr. 3 VOB/B vergleichbare Regelung. Geht die Mangelhaftigkeit der Werkleistung auf Vorgaben von Seiten des Auftraggebers zurück, steht der Auftragnehmer dennoch ein, wenn er seiner Prüfungs- und Bedenkenhinweispflicht nicht nachgekommen ist. Eine ähnliche Regelung fehlt in § 5 Nr. 4 VOB/B, die jedoch in einem Satz 2 wie folgt lauten könnte: Das gilt auch dann, wenn die Störung auf Umständen aus dem Risikobereich des Auftraggebers beruht, es sei denn, der Auftragnehmer hat die Behinderung unverzüglich schriftlich angezeigt. § 5 Nr. 4 VOB/B ist mangels einer solchen Aussage dahin zu interpretieren, dass die tatbestandlichen Voraussetzungen der Regelung nicht auf Umstände zurückgeführt werden dürfen, die im Risikobereich des Auftraggebers liegen. Ist das der Fall, kommt § 5 Nr. 4 VOB/B nicht zur Anwendung. Die Vorschrift enthält nicht – wie § 13 Nr. 3 VOB/B – eine Gegenausnahme für den Fall, dass der Auftragnehmer eine Behinderung nicht schriftlich angezeigt hat.

## II. Darlegungs- und Beweislast

**13**  Die Darlegungs- und Beweislast für die **Beginnfrist** trifft den Auftraggeber.[17] Sache des Auftraggebers ist es auch, bei fehlender Einigung der Vertragsparteien über die Verschiebung der Beginnfrist die Fälligkeit der Leistung nach der neuen Frist darzulegen und notfalls zu beweisen. Nur für die **Behinderung** und eine eventuell gebotene Behinderungsanzeige trifft die Beweislast den Auftragnehmer. Ist keine Beginnfrist vereinbart, hat der Auftragnehmer nach der Rechtsprechung des BGH[18] alsbald nach Vertragsschluss mit der Herstellung zu beginnen und sie in angemessener Zeit zügig zu Ende zu führen hat. Dies ist nach BGH[19] eine zur sofortigen Fälligkeit und Erfüllbarkeit führende Regeln, die solange anzuwenden ist, bis feststeht, dass ein bestimmter anderer Leistungszeitpunkt rechtsgeschäftlich bestimmt ist oder sich sonstwie aus den Umständen Falles ergibt. Deshalb ist es Sache des Schuldners, der sich auf fehlende Fälligkeit beruft, darzulegen und im Bestreitensfall zu beweisen, dass auf Grund einer rechtsgeschäftlichen Festlegung oder der Umstände des Falles erst zu einem bestimmten anderen späteren Zeitpunkt zu leisten war. Diese Regelung würde dazu führen, dass nicht der Auftraggeber die Verzögerung des Beginns beweisen müsste, sondern der Auftragnehmer eine abweichende Beginnregelung. Diese von BGH zu § 271 BGB entwickelte Rechtsprechung ist jedoch nicht auf den VOB-Bauvertrag übertragbar. § 271 BGB ist mit diesem Inhalt deshalb nicht übertragbar, weil bei fehlender vertraglicher Beginnregelung § 5 Nr. 2 VOB/B greift, womit die Fälligkeit des Beginns der Werkleitung den Abruf verlangt. Ohne Abruf gibt es keine Beginnverzögerung.

## III. Verzögerung des Beginns Beurteilungsgrundlage

**14**  Die Verzögerung des Beginns beurteilt sich ausschließlich objektiv. Vorausgesetzt wird die Fälligkeit des Anspruchs auf die Herstellung des Werks. Das ist der Fall, wenn der Auftragnehmer eine vereinbarte Beginnfrist nicht einhält. Fehlt es daran, führte § 271 BGB nicht weiter. Diese Vorschrift und die dazu gehörige Rechtsprechung[20] werden durch die Abrufregelung des § 5 Nr. 2 VOB/B verdrängt. Der Abruf und die 12-Werktagesfrist lösen den Beginn aus. Ohne Abruf entsteht die Fälligkeit des Anspruchs auf Herstellung des Werks durch Aufnahme der darauf ausgerichteten Tätigkeit nicht. Die vom BGH[21] für den Bereich

---

[17] *Ingenstau/Korbion/Döring* VOB/B § 5 Nr. 4 Rdn. 22.
[18] U. v. 8. 3. 2001, VII ZR 470/99, NZBau 2001, 389 = BauR 2001, 946.
[19] U. v. 21. 10. 2003, X ZR 218/01, NZBau 2004, 155 = NJW-RR 2004, 209 = BauR 2004, 331 = ZfBR 2004, 157.
[20] BGH U. v. 21. 10. 2003, X ZR 218/01.
[21] U. v. 21. 10. 2003, X ZR 218/01, NZBau 2004, 155 = NJW-RR 2004, 209 = BauR 2004, 331 = ZfBR 2004, 157.

eines BGB-Werkvertrags nach Maßgabe des § 271 BGB entwickelten Grundsätze sind auf einen VOB-Bauvertrag nicht übertragbar. Danach gilt, dass bei einem Vertrag, der keine Festlegung hinsichtlich des Beginns mit der Ausführung enthält, der Auftraggeber die Leistung sofort verlangen und der Auftragnehmer sie sofort bewirken kann, wenn sich nicht aus den Umständen etwas anderes zu entnehmen ist. § 271 Abs. 1 BGB enthält nach der höchstrichterlichen Rechtsprechung eine zur sofortigen Fälligkeit und Erfüllbarkeit führenden Regel, die solange anzuwenden ist, bis feststeht, dass von Fällen einer gesetzlichen Regelung der Leistungszeit abgesehen ein bestimmter anderer Leistungszeitpunkt rechtsgeschäftlich bestimmt ist oder sich sonst wie aus den Umständen des Falles ergibt. Folglich braucht der Auftraggeber zur Fälligkeit des Anspruchs auf Werkerstellung nicht besonders vorzutragen, vielmehr ist es Sache des Auftragnehmers, der sich auf ein Fehlen der Fälligkeit beruft, darzulegen und im Bestreitensfall zu beweisen, dass auf Grund einer rechtsgeschäftlichen Abrede oder der Umstände des Falles erst zu einem bestimmten anderen späteren Zeitpunkt zu leisten war. Hieran ändert sich nichts deshalb, weil nach der BGH-Rechtsprechung[22] der Unternehmer im Zweifel nach Vertragsschluss mit der Herstellung alsbald zu beginnen und sie in angemessener und für die Herstellung notwendiger Zeit zügig zu Ende zu führen hat.Dennoch bleibt danach der Auftragnehmer im Streit, wann im konkreten Fall die angemessene Fertigstellungsfrist tatsächlich abgelaufen ist und deshalb Fälligkeit eingetreten ist, für die diesbezüglich maßgeblichen Umstände darlegungs- und beweispflichtig. Diese Gesichtspunkte sind bei einem VOB/B – Bauvertrag nicht einschlägig. Fehlt im Vertrag eine Beginnregelung hat der Auftragnehmer gerade nicht mit der Herstellung alsbald zu beginnen. Der Auftragnehmer darf – und muss – auf einen Abruf warten. Er hat nach Abruf innerhalb von 12 Werktagen zu beginnen. § 5 Nr. 2, 4 VOB/B erweisen sich im Vergleich zur BGB-Regelung als eine klare Sonderregelung.

Auf subjektive Momente, insbesondere auf Verschulden, kommt es nicht an.[23] Dies gilt im Unterschied zum Verzug mit der Vollendung, wofür nach §§ 280 Abs. 1, 286 BGB Verschulden vorausgesetzt wird. Geht die Verzögerung auf vom Auftraggeber zu verantwortende Umstände zurück, verzögert nicht der Auftragnehmer, sondern der Auftraggeber, womit die Rechtsausübung scheitert.[24] Hierfür ist jedoch der Auftragnehmer darlegungs- und beweisbelastet; der diesbezügliche Vortrag erweist sich nicht als ein qualifiziertes Bestreiten, sondern als Einwand. Maßgeblich ist die Risikosphärenbestimmung, wie sie bei § 6 Nr. 2 lit. a) VOB/B vorgenommen wird. Denn bei Vereinbarung einer Beginnfrist oder bei Fehlen einer solchen ist über § 5 Nr. 2 VOB/B eine eindeutige Festlegung für den Beginn mit der Ausführung erfolgt. Für aus der Sphäre des Auftraggebers stammende Behinderungen ist der Auftragnehmer als Ausnahmetatbestand darlegungs- und beweisbelastet. Die Sphäre des Auftraggebers bestimmt sich nach den auch für § 6 Nr. 2 VOB/B einschlägigen Kriterien.

### IV. Beginn mit der Ausführung

Der Unternehmer hat mit der Ausführung ab Einrichtung der Baustelle begonnen. Hat der Unternehmer im Zusammenhang mit der Baumaßnahme **Fertigteile** zu liefern und einzubauen, kann bereits das Gießen dieser Fertigteile im Werk der Beginn der Ausführung sein, wenn sich nicht aus dem Vertragsverständnis Abweichendes ergibt.[25] Die gebotene Abgrenzung zur bloßen Bauvorbereitung führt dazu, die vertraglich übernommene Lieferung von diesbezüglichen Ausführungsplänen, die der Objektplaner freizugeben hat, nicht

---

[22] U. v. 8. 3. 2001, VII ZR 470/99, NJW-RR 2001, 806 = NZBau 2002, 389 = BauR 2001, 946 = ZfBR 2001, 322.
[23] OLG Koblenz BauR 1989, 729, 730 = NJW-RR 1989, 1503; *Ingenstau/Korbion/Döring* VOB/B § 5 Nr. 4 Rdn. 3.
[24] *Ingenstau/Korbion/Döring* VOB/B § 5 Nr. 4 Rdn. 3.
[25] *Vygen/Schubert/Lang* Rdn. 57; vgl. → § 5 Nr. 1 Rdn. 61, 62 ff.

als Beginn mit der Ausführung einzustufen. Der Verzug mit **Planlieferungspflichten** beurteilt sich nach §§ 280 Abs. 1, 2; 286 BGB.

## D. Verzug mit der Vollendung

17   Zweierlei ist für den zweiten Anwendungsfall Verzug mit der Vollendung erforderlich: Die Vollendung muss noch ausstehen und der Auftragnehmer muss damit in Verzug sein. Letzteres setzt Fälligkeit und den Verzugseintritt voraus.

### I. Vollendung

18   Unter welchen Voraussetzungen es an der Vollendung fehlt, bestimmt sich nach dem Vertragsinhalt; auch eine gewerkespezifische Beurteilung ist geboten. Bei der Verpflichtung zur schlüsselfertigen Herstellung sind an die Vollendung andere Anforderungen zu stellen als bei einer Losvergabe. Grundsätzlich meint Vollendung die Herstellung der **Abnahmereife**.[26] Nicht wesentliche Mängel schließen die Bejahung der Abnahmereife nach § 12 Nr. 3 VOB/B nicht aus. Strittig und nach gewerkespezifischen Anforderungen zu beurteilen, ist die Frage, ob die Räumung der Baustelle wie auch die Überlassung von Bedienungsanleitungen und dergleichen zur Vollendung gehören (→ § 5 Nr. 1 Rdn. 71). Hat der Auftragnehmer Baubehelfe für Nachfolgegewerbe bereit zu halten, schließt das die Vollendung des eigenen Gewerks unabhängig von dieser Vorhaltung nicht aus.[27]

19   Hat der Auftraggeber die Leistung abgenommen, belegt dies die Vollendung der Leistung. Nicht entscheidend ist dann, ob ide Leistung tatsächlich frei von wesentlichen Mängeln ist oder die für ihre zweckentsprechende Nutzung erforderliche Fertigstellungsqualität aufweist. Hat der Auftraggeber die Leistung trotz vorhandener Mängel abgenommen, gilt dasselbe. Zwar hat der Auftragnehmer dann die Mängel innerhalb einer regelmäßig gesetzten Frist zu beseitigen. Aber die Bauabwicklung hat mit der Abnahme das Erfüllungsstadium verlassen und ist in das Sachmängelhaftungsstadium eingetreten. Mit der Vollendung ist ein Auftragnehmer nicht in Verzug, wenn der Auftraggeber innerhalb der Ausführungsfrist abgenommen hat und damit das Erfüllungsstadium verlassen worden ist. Die Abnahmereife ist in solchen Fällen bedeutungslos, sie wird durch die innerhalb der Ausführungsfrist erklärte rechtsgeschäftliche Abnahme ersetzt. Werden zu einem späteren Zeitpunkt Mängel festgestellt, die übersehen worden sind oder nicht erkannt werden konnten, kann diese Wirkung durch eine Anfechtung nicht beseitigt werden, das es an den Voraussetzungen des § 119 BGB fehlt. Eine bloß technische Abnahme, bei der erhebliche Mängel übersehen werden, löst die Rechtswirkungen einer rechtsgeschäftlichen Abnahme nicht aus.

### II. Verzugseintritt

20   Der Auftragnehmer ist mit der Vollendung in Verzug, wenn die Fertigstellung fällig ist, aber ausbleibt und der Auftragnehmer gemahnt worden ist, es sei denn eine Mahnung erübrigt sich gemäß § 286 Abs. 2 BGB.

#### 1. Fälligkeit mit der Vollendung

21   Die Vollendung ist fällig, wenn im Bauvertrag eine Vertragsfrist für die Fertigstellung nach § 5 Nr. 1 VOB/B vereinbart worden ist. Dies kann ein kalendermäßig bestimmter Tag oder

---

[26] Staudinger/*Peters* 2003 § 633 Rdn. 132; *Heiermann/Riedl/Rusam* VOB/B § 5 Rdn. 7; *Ingenstau/Korbion/Döring* VOB/B § 5 Nr. 1–3 Rdn. 23; BGH U. v. 14. 1. 1999, VII ZR 73/98, NJW 1999, 1108 = BauR 1999, 645, 648 = ZfBR 1999, 188.

[27] → § 5 Nr. 1 Rdn. 71.

das Ende einer Woche oder eines Monats sein. Ist der Zeitpunkt für die Vollendung durch Angabe einer Leistungszeit ab Aufnahme der Arbeiten festgelegt – z. B. drei Wochen nach Arbeitsaufnahme –, lässt sich die Fälligkeit aus dem Kalender berechnen. Eigenständig nach den sich aus § 271 BGB und den Geboten von Treu und Glauben ergebenden Kriterien ist die **Herstellungszeit** zu bestimmen, wenn der Vertrag Regeln über die Herstellungszeit nicht enthält. Der Auftragnehmer ist dann verpflichtet, die Arbeiten innerhalb einer angemessenen Ausführungszeit fertig zu stellen.[28] Mit Eintritt dieses Datums ist die Vollendung fällig.

## 2. Mahnung – Entbehrlichkeitstatbestände

§ 286 Abs. 2 BGB enthält die Tatbestände, bei deren Vorliegen eine den Verzug begründende Mahnung entbehrlich ist. Nach der Nr. 1 bedarf es der Mahnung nicht, wenn für die Leistung eine Zeit nach dem Kalender bestimmt ist. Das sind Fälle der unmittelbaren oder mittelbaren Bestimmung der Leistungszeit durch den Kalender; so z. B. wenn die Fertigstellung am 1. 6. oder 10 Werktage nach Vertragsschluss erfolgen soll. Eine kalendermäßige Bestimmung liegt auch vor, wenn das Werk Ende der 43. KW vollendet sein muss. Verzug tritt dann mit Beginn der 44. KW ohne Mahnung ein.[29] Kommt es zu einer Behinderung, weil ein Vorunternehmer die Vorleistung nicht rechtzeitig fertig gestellt hat oder hält der Auftraggeber die von ihm übernommenen Planlieferfristen nicht ein, weswegen sich bereits der Beginn verschiebt oder die Baustellenförderung entsprechend beeinträchtigt ist, geht die kalendermäßige Bestimmung verloren. Die neu nach den Regeln aus § 6 Nr. 1, 4 VOB/B zu ermittelnde Frist bestimmt sich nicht mehr nach dem Kalender.[30]

Ist für die Leistung eine bestimmte Ausführungszeit bei im Vertrag offenem Beginn vorgesehen, liegen die Voraussetzungen nach § 286 Abs. 2 Nr. 1 BGB gleichfalls nicht vor. Denn in diesen Fällen ist der Tag des Abrufs völlig offen; hieran ändert § 5 Nr. 2 VOB/B nichts.[31] Auf diese Konstellation trifft nunmehr § 286 Abs. 2 Nr. 2 BGB zu. Danach bedarf es zur Begründung des Verzugs der Mahnung auch dann nicht, wenn der Leistung ein Ereignis vorauszugehen hat und eine angemessene Zeit für die Leistung in der Weise bestimmt ist, dass sie sich von dem Ereignis an nach dem Kalender berechnen lässt. Erforderlich ist demnach zweierlei: Vertraglich muss ein Ereignis bestimmt sein und weiter eine Frist, deren Lauf sich ab dem Ereignis berechnen lässt.

Ein solches Ereignis kann der Abruf nach § 5 Nr. 2 VOB/B sein. § 286 Abs. 2 Nr. 2 BGB wird erfüllt durch die Vereinbarung, dass die Leistung innerhalb von 20 Werktagen nach Abruf fertig gestellt sein muss. Diese Frist muss vertraglich bestimmt sein; die Vereinbarung, die Leistung müsse in angemessener Zeit nach Abruf abnahmereif sein, genügt nicht. Die Vorschrift verlangt zwingend eine Fristbestimmung. Auch in Anlehnung an die BGH-Rechtsprechung[32] ausgerichtete Formeln, wonach die Leistung nach Abruf in angemessener Zeit zügig zu Ende zu führen ist, genügen nicht. Denn hierdurch wird Berechenbarkeit nach dem Kalender nicht sicher gestellt.[33]

Eine den Verzug begründende Mahnung ist nach § 286 Abs. 2 Nr. 3 BGB auch bei ernsthafter und endgültiger Verweigerung der Leistung durch den Auftragnehmer nicht erforderlich. Hieran sind strenge Anforderungen zu stellen; der Auftragnehmer muss ein Verhalten an den Tag legen, das keinen vernünftigen Zweifel daran lässt, dass er unter keinen Umständen mehr freiwillig zur Erbringung der Leistung bereit ist. Die Mahnung muss sich angesichts des Schuldnerverhaltens als leere Förmelei erweisen. Bloße Meinungsverschie-

---

[28] BGH U. v. 8. 3. 2001, VII ZR 470/99, NZBau 2001, 389 = BauR 2001, 946; OLG Frankfurt NJW 1994, 1361 = OLG-Report 1994, 51 = IBR 1994, 280; → § 5 Nr. 1 Rdn. 79.
[29] MünchKomm/*Ernst* § 286 Rdn. 56.
[30] MünchKomm/*Ernst* § 286 Rdn. 56.
[31] BGH NJW 1986, 2049, 2050.
[32] BGH U. v. 8. 3. 2001, VII ZR 470/99, NJW-RR 2001, 806 = NZBau 2001, 389 = BauR 2001, 946.
[33] MünchKomm/*Ernst* § 286 Rdn. 60.

denheiten, insbesondere solche über geänderte Ausführungs- oder Vergütungsgesichtspunkte genügen nicht. Damit bringt der Auftragnehmer nicht zum Ausdruck endgültig und ernsthaft nicht zur Ausführung der Leistung bereit zu sein. Verlangt der Auftraggeber nach Anordnung eines Baustopps den Beginn zu einem anderen Zeitpunkt, worauf sich der Auftragnehmer mit Recht nicht einlässt, sondern einen Beginn zu einem anderen Zeitpunkt vorschlägt, wird die Leistung nicht endgültig und ernsthaft abgelehnt. Anders ist der Versuch zu beurteilen, nachträglich andere Bedingungen als vereinbart durch die Verweigerungshaltung durchzusetzen.[34] Ob der Auftragnehmer die Leistung ernsthaft und endgültig verweigert, ist nach Maßgabe des Einzelfalls zu beurteilen. Ansonsten ist für den Verzugseintritt eine Mahnung erforderlich (§ 286 Abs. 1 BGB). Das gilt insbesondere, wenn eine Ausführungsfrist nicht vereinbart worden ist und sich deshalb die Fertigstellungsfrist nach § 271 BGB bestimmt. In einem solchen Fall kann der Auftraggeber den Auftragnehmer, der die Leistung innerhalb angemessener, nach Treu und Glauben zu bestimmender Leistungszeit zu erbringen hat,[35] gemäß § 286 Abs. 1 BGB durch Mahnung in Verzug setzen.[36]

### 3. Anforderungen an die Mahnung

26    Die Mahnung, die nur dann vorliegt, wenn die Aufforderung zur Fertigstellung der Leistung bestimmt und eindeutig ist, muss nicht mit einer Fristsetzung verbunden sein.[37] **Höflichkeitsfloskeln** können geeignet sein, der Leistungsanforderung den Mahncharakter zu nehmen, so, wenn der Auftraggeber lediglich zum Ausdruck bringt, der Vollendung werde mit Spannung entgegen gesehen oder für die Vollendung wäre man besonders dankbar.[38] Ein Schreiben, in welchem der Auftraggeber den Auftragnehmer um Mitteilung darüber bittet, wann mit der Vollendung zu rechnen sei, stellt gleichfalls keine Mahnung dar.

### 4. Zeitpunkt der Mahnung

27    Die Mahnung muss nach dem Eintritt der Fälligkeit (§ 286 Abs. 1 BGB) und damit nach Ablauf der für die Fertigstellung vereinbarten oder zu bestimmenden Frist erfolgen. Eine vorherige Mahnung ist wirkungslos und entfaltet nicht nach Eintritt der Fälligkeit von selbst Wirkungen.[39]

### 5. Mahnung – Nachfristsetzung mit Androhung des Auftragsentzugs

28    Die Mahnung ist von der Nachfristsetzung zur Vertragserfüllung mit Androhung des Auftragsentzugs zu unterscheiden. Die Befugnis zu diesem Vorgehen steht dem Auftraggeber erst nach Verzugseintritt zu und setzt demnach die vorherige Mahnung oder Ersatztatbestände voraus. Mit der Mahnung kann die Nachfristsetzung mit Androhung des Auftragsentzugs auch nicht verknüpft werden, da eine beendete oder vorsorgliche Ausübung ausgeschlossen ist.[40] Eine Nachfristsetzung mit Androhung des Auftragsentzugs erfüllt auch nicht die Mahnungsfunktion, da § 5 Nr. 4 VOB/B deutlich die Verzugseintrittsvoraussetzungen und die Rechtswahl nach Verzug, die zwischen Aufrechterhaltung des Vertrages und Schadensersatzbegehren einerseits sowie Nachfristsetzung mit Kündigungsandrohung andererseits zu treffen ist, unterscheidet.

---

[34] MünchKomm/*Ernst* § 323 Rdn. 99 ff.
[35] BGH U. v. 8. 3. 2001, VII ZR 470/99, NZBau 2001, 389 = NJW-RR 2001, 800 = BauR 2001, 946 = ZfBR 2001, 322.
[36] Ingenstau/Korbion/*Döring* VOB/B § 5 Nr. 4 Rdn. 2.
[37] Palandt/*Heinrichs* § 286 Rdn. 17; MünchKomm/*Ernst* § 286 Rdn. 48.
[38] MünchKomm/*Ernst* § 286 Rdn. 48.
[39] MünchKomm/*Ernst* § 286 Rdn. 52.
[40] Es müssen dieselben Grundsätze wie bei einer Mahnung gelten; vgl. insoweit MünchKomm/*Ernst* § 286 Rdn. 48.

## 6. Befugnis

Die Befugnis der Mahnung ist nicht ausschließlich dem Auftraggeber vorbehalten. Auch 29
der objektüberwachende Planer darf rechtswirksam mahnen. Diese Aufgabe ist Teil seiner
Aufgabe zur zeitlichen und fachlichen Überwachung und Koordinierung.[41] Die Nachfristsetzung mit Androhung des Auftragentzuges ist gleichfalls nicht ausschließlich dem Auftraggeber vorbehalten, weil dadurch eine Rechtsgestaltung noch nicht vorgenommen wird.[42]

## 7. Adressat und Form der Mahnung

Die Mahnung ist formlos, jedoch ist Schriftlichkeit aus Beweisgründen zu empfehlen. 30
Adressat ist notwendig der Auftragnehmer. Die Vertretungsregelung des § 4 Nr. 1 Abs. 3
Satz 2 VOB/B greift nicht. Denn die Mahnung ist keine Anordnung, die sich aus dem
Dispositionsrecht des Auftraggebers nach § 4 Nr. 1 VOB/B ableitet.

## 8. Verzugseintritt

Der Verzug tritt gemäß § 286 Abs. 1 BGB mit Zugang der Mahnung ein.[43] Für die dem 31
Auftraggeber damit zustehende Rechtswahl gemäß der Rechtsfolgenanordnung in § 5 Nr. 4
VOB/B muss nicht zusätzlich der Ablauf einer gewissen Leistungsfrist abgewartet werden.
Entscheidet sich der Auftraggeber für die Nachfristsetzung mit Auftragsentzug, erhält der
Auftragnehmer auf diese Weise eine letzte Gelegenheit zur Herstellung des Werks, zur
Aufnahme oder Förderung der Arbeiten. Beharrt der Auftraggeber auf der Vertragserfüllung,
ist die Vertragsfortsetzung gesichert.

## 9. Klauseln

Vom Auftraggeber gestellte Klauseln, wonach bei Verzug mit der Vollendung unabhängig 32
vom Vorliegen der Voraussetzungen in § 286 Abs. 2 BGB eine Mahnung entbehrlich sei,
scheitern an § 309 Nr. 4 bzw. § 307 Abs. 2 Nr. 1 BGB.

### III. Verschulden

Der Verzug setzt Verschulden voraus. Trifft den Auftragnehmer an der Versäumung der 33
Fertigstellungsfrist kein Verschulden, fehlt es am Verzug. Allerdings wird nach §§ 280 Abs. 1
Satz 2 BGB das Verschulden vermutet, so dass der Auftragnehmer sein fehlendes Verschulden darlegen und beweisen muss. Das nicht fristgerechte Tätigwerden des eingeschalteten
Subunternehmers entlastet nicht, da der Subunternehmer Erfüllungsgehilfe des Auftragnehmers in dessen Verhältnis zum Auftraggeber ist. Denn Erfüllungsgehilfe ist, wer nach den
rein tatsächlichen Vorgängen des gegebenen Falles mit dem Willen des Schuldners bei der
Erfüllung der diesem obliegenden Verbindlichkeit als seine Hilfsperson tätig wird.[44] Am
Verschulden fehlt es auch nicht, wenn der Unternehmer gemietetes Gerät/Gerüst oder
bestellte Baustoffe oder Bauteile **zu spät** erhält. Vermieter und Lieferanten sind allerdings
nicht Erfüllungsgehilfen des Auftragnehmers, da sie lediglich zur Schaffung der Leistungsvoraussetzungen beitragen, nicht aber die Leistungshandlung im Verhältnis zum Auftraggeber vornehmen.[45] Hiervon macht das OLG Karlsruhe[46] bezüglich der Lieferung von
Fertigbeton durch ein Fertigbetonwerk deshalb eine Ausnahme, weil dadurch die Herstel-

---

[41] BGH U. v. 21. 3. 2002, VII ZR 224/00, NJW 2002, 2716 = NZBau 2002, 381 = BauR 2002, 1249 = ZfBR 2002, 562; *Locher/Koeble/Frik* HOAI § 15 Rdn. 181.
[42] → Rdn. 41 und 58.
[43] MünchKomm/*Ernst* § 286 Rdn. 46.
[44] BGH ZfBR 1992, 31; BGHZ 98, 330, 334.
[45] MünchKomm/*Grundmann* § 278 Rdn. 31.
[46] BauR 1997, 847.

§ 5 Nr. 4  Befugnis zu Fristsetzung mit Ablehnungsandrohung

lung von Ortbeton auf der Baustelle ersetzt wird. Wenn demnach auch grundsätzlich eine Verschuldenszurechnung nach § 278 BGB ausscheidet, reicht der Hinweis des Auftragnehmers auf Leistungsstörungen im Bereich des **Lieferanten** oder Vermieters nicht aus. Hat der Unternehmer das Werk nicht fristgerecht hergestellt, weil er dazu benötigtes Material nicht rechtzeitig erhalten hat, genügt das allein nicht zur Darlegung und zum Beweis dafür, dass die Leistung in Folge eines Umstandes unterblieben ist, den er selbst nicht zu vertreten hat.[47] Vom Lieferanten und Werklieferer, der Serienstoffe und -teile liefert, ist der Hersteller von speziell für das Objekt anzufertigenden Bauteilen zu unterscheiden, die ihrerseits vom Auftragnehmer beauftragt wurden. Der Hersteller von unvertretbaren Sachen ist als Erfüllungsgehilfe des Auftragnehmers einzustufen.[48] Hieran hat sich im Zuge der Neuregelung des § 651 BGB mit der Folge, dass der Werklieferungsvertrag auch bezüglich unvertretbarer beweglicher Sachen dem Kaufrecht unterstellt wird, nichts geändert.

34   Ist der Auftragnehmer nach § 320 BGB z. B. i. V. m. § 16 Nr. 5 Abs. 5 VOB/B zur Einstellung der Arbeiten berechtigt, fehlen die Fälligkeit wie auch das Verschulden. Soweit Oberlandesgerichte[49] ein solches Leistungsverweigerungsrecht auch in den Fällen von § 2 Nr. 5, 6 VOB/B bei fehlender Einigkeit über die geänderte oder zusätzliche Vergütung zubilligen, ist größte Vorsicht angezeigt.[50]

## E. Verstoß gegen die Förderungspflichten nach § 5 Nr. 3 VOB/B

35   Die Rechtswahl nach § 5 Nr. 4 VOB/B steht dem Auftraggeber auch bei der Verletzung der Baustellenförderungspflichten nach § 5 Nr. 3 VOB/B zu. Alternativ zum Anspruch auf Erfüllung der Förderungsverpflichtung, dessen Existenz durch die mögliche Rechtswahl für die Aufrechterhaltung des Vertrages und das Begehren auf Schadensersatz nach § 6 Nr. 6 VOB/B vorausgesetzt wird, kann sich der Auftraggeber auch für den Auftragsentzug entscheiden. Vorausgesetzt wird, dass der Unternehmer auf das Abhilfeverlangen des Auftraggebers hin nicht unverzüglich Abhilfe geschaffen hat.

### I. Verzögerung der Förderungsverpflichtung

36   Unter Zeitgesichtspunkten hat der Unternehmer unverzüglich, und damit i. S. v. § 121 BGB ohne schuldhaftes Zögern für Abhilfe zu sorgen (§ 5 Nr. 3 VOB/B). Die unscharfe Formulierung „kommt der Auftragnehmer der in Nr. 3 erwähnten Verpflichtung nicht nach" deckt sowohl zeitliche Verzögerungen als auch der Sache nach nicht ausreichende Baustellenfördermaßnahmen ab. Welche Zeit dem Auftragnehmer als schadlose Zeiteinheit und damit folgenlose Toleranz für die Vornahme der entsprechenden Organisationsmaßnahmen zuzugestehen ist, hängt von den objektspezifischen Umständen ab. Im Allgemeinen kommen nur wenige Tage in Betracht.

### II. Materielle Verletzung der Baustellenförderungspflicht

37   Der Auftragnehmer kommt der ihn treffenden Förderungspflicht auch nicht nach, wenn nach den Leistungs- und Kapazitätsberechnungen **unzulängliche Maßnahmen** ergriffen werden. Die Rechtswahl nach der Nr. 4 wird demnach ebenfalls eröffnet, wenn der

---

[47] BGH BauR 1979, 324.
[48] Vgl. BGH BauR 1979, 325; in Abgrenzung zu BGHZ 48, 118, 121 = NJW 1967, 1903 und BGH LM § 463 Nr. 13.
[49] OLG Celle BauR 1999, 262; OLG Zweibrücken BauR 1995, 251.
[50] → § 2 Nr. 5 Rdnr. 77 § 2 Nr. 6 Rdnr. 95.

Auftragnehmer nachweisbar zwar etwas, aber im Ergebnis dennoch zu wenig tut. Der Auftraggeber muss nicht warten, ob der Auftragnehmer bei bescheidener Förderung die Zeit einhält oder nicht, wenn aus baubetrieblicher Sicht die ergriffenen Maßnahmen nicht ausreichen, um die Ausführungsfristen einzuhalten. Das entspricht der Regelung in § 323 Abs. 4 BGB.

Die Abhilfe muss auch von einiger Dauer und damit nachhaltig sein. So liegt eine 38 Verletzung der Förderungspflicht vor, wenn der Auftragnehmer lediglich kurzfristig für Abhilfe sorgt, um anschließend Arbeitnehmer und/oder Gerät wieder ganz oder teilweise abzuziehen. Ein solches Vorgehen nötigt nicht dazu, das Abhilfeverlangen erneut stellen zu müssen, um erst im Anschluss daran die Rechte aus § 5 Nr. 4 VOB/B ausüben zu können.

### III. Objektive – nicht subjektive Voraussetzungen

Der Tatbestand der Verletzung der Baustellenförderungspflicht ist rein objektiv formuliert. 39 Verschulden des Auftragnehmers wird nicht vorausgesetzt. Scheitert die Intensivierung der Baustellenbeschickung jedoch an den Baustellengegebenheiten oder sonstigen Umständen, die in der Verantwortung des Auftraggebers liegen, vermögen das Abhilfeverlangen und die fortbestehenden Unzulänglichkeiten in der Besetzung der Baustelle die Rechtswahlmöglichkeiten nach § 5 Nr. 4 VOB/B nicht auszulösen. Denn diese Sanktion kann nur greifen, wenn die Verbesserung der Baustellenbesetzung aus Gründen unterbleibt, die objektiv in der Verantwortung des Auftragnehmers liegen.[51]

## F. Die Rechtswahl

§ 5 Nr. 4 VOB/B eröffnet dem Auftraggeber eine Wahlmöglichkeit zwischen zwei 40 Alternativen: Aufrechterhaltung des Bauvertrages verbunden mit der Möglichkeit, die Zeitstörung zum Anlass für ein Schadensersatzverlangen nach § 6 Nr. 6 VOB/B zu nehmen. Zum anderen kann sich der Auftraggeber für den Auftragsentzug entscheiden, wenn dem Auftragnehmer zuvor eine angemessene Frist zur Vertragserfüllung verbunden mit der Ankündigung des Auftragsentzugs gesetzt worden ist. Der Auftraggeber ist in seiner **Wahl frei**.[52] Die Wirksamkeit der Wahlentscheidung hängt jedoch von unterschiedlichen Voraussetzungen ab. Die Kündigungsmöglichkeit hat der Auftraggeber grundsätzlich (zu Ausnahmen vgl. unten Rdn. 54) nur nach vorausgegangener fruchtloser Nachfristsetzung mit Androhung des Auftragsentzugs.[53]

### I. Rechtswahl und Bindung

Die Freiheit der Wahl bleibt dem Auftraggeber bis zum Vollzug der getroffenen Wahl 41 durch Erfüllung erhalten. Die Fristsetzung für die Vertragserfüllung – sei es zum Beginn der Ausführung, der Fertigstellung oder der Baustellenförderung – verbunden mit der Ankündigung des Auftragsentzugs bindet den Auftraggeber nicht. Ein Rechtsverlust, wie in § 634 Abs. 1 Satz 3 letzter Halbsatz BGB a. F. formuliert war, ist nicht angeordnet. Der Auftraggeber ist frei in der Entscheidung, ob trotz Kündigungsandrohung gemäß § 8 Nr. 3 VOB/B gekündigt wird. Ihm bleibt es unbenommen, sich für die Aufrechterhaltung des Vertrages und für die Geltendmachung von Schadensersatzansprüchen nach § 6 Nr. 6 VOB/B zu entscheiden. Das Verhalten, die Kündigung anzudrohen und dann doch nicht umzusetzen,

---

[51] Vgl. *Vygen* Bauvertragsrecht Rdn. 668.
[52] *Ingenstau/Korbion/Döring* § 5 Nr. 4 Rdn. 8.
[53] Hdb. priv. BauR *(Mai/Merl)* § 13 Rdn. 163.

erweist sich auch nicht als eine Pflichtverletzung, die Schadensersatzpflichten auszulösen vermag. Der Auftragnehmer hat keinen Anlass, sich darauf zu verlassen und deshalb die Baustellenförderung mit Schadensfolgen für den Auftraggeber schleifen zu lassen. *Langen*[54] verneint die Alternativität mit der Begründung, die Kündigung verwehre nicht den Schadensersatz, da auf § 8 Nr. 3 VOB/B verwiesen werde und folglich vor der Kündigung entstandene Schadensersatzansprüche aufrecht erhalten werden. Das schließt die Alternative jedoch nicht aus, denn das bloße Schadensersatzbegehren beendet den Vertrag nicht. Erst die **Kündigung** als einseitig wirksames Gestaltungsrecht führt zur **Aufhebung** des Bauvertrages in der Zukunft[55] und hat den Verlust des Vertragserfüllungsanspruchs zur Folge. Innerhalb welcher Frist von der Kündigungsmöglichkeit bei Rechtsverlust nach Ablauf dieser Frist Gebrauch gemacht werden muss, ist ungeregelt geblieben. Die Anwendung des in § 350 BGB für den Rücktritt enthaltenen Rechtsgedankens, dass der andere Teil – hier der Unternehmer – eine angemessene Ausübungsfrist setzen kann, erscheint als sinnvoll und übertragbar. Anderenfalls ist eine Ausübungsgrenze nach Treu und Glauben zu bestimmen (vgl. unten Rdn. 58 ff.).

## II. § 5 Nr. 4 VOB/B als Sonderregelung

42   Die Nr. 4 enthält eine Sonderregelung. Dadurch werden §§ 280, 286, 323 BGB ausgeschlossen.[56] Allerdings ist der Schadensersatzanspruch für den Auftraggeber nach § 6 Nr. 6 VOB/B in der Sache nichts anderes als ein Verzugsschadensersatz gemäß §§ 280, 286 BGB mit der Modifikation, dass der entgangene Gewinn nur bei Vorsatz oder grober Fahrlässigkeit zu ersetzen ist.[57] Eine weitere Abweichung von den Anspruchsvoraussetzungen für den Ersatz des Verzugsschadens besteht darin, dass in den Fällen der **Verzögerung** des Beginns und der unzulänglichen **Baustellenförderungspflicht** neben dem Abhilfeverlangen nach § 5 Nr. 3 VOB/B eine Mahnung nicht notwendig ist.[58] Das Abhilfeverlangen ersetzt die Mahnung.

## III. Aufrechterhaltung des Vertrages und Schadensersatz nach § 6 Nr. 6 VOB/B

43   Die Entscheidung für die Aufrechterhaltung des Vertrages fällt der Auftraggeber, wenn er lediglich eine angemessene Frist für die Vertragserfüllung – ohne Androhung des Entzugs – setzt. Insofern unterscheidet sich die Regelung von § 323 BGB, wo für den Rücktritt vom Vertrag lediglich die Fristsetzung oder diese ersetzende Tatbestände verlangt werden. Die Vorschrift verweist auf die Möglichkeit, Schadensersatz nach § 6 Nr. 6 VOB/B verlangen zu können. Diese Verweisung ist keine bloße Rechtsfolgenverweisung, sondern eine **Rechtsgrundverweisung.** Schadensersatzansprüche stehen dem Auftraggeber nur unter den in § 6 Nr. 6 VOB/B genannten Voraussetzungen zu.[59] Der Schadensersatzanspruch ist seinem Wesen nach ein Anspruch aus §§ 280, 286 BGB auf Ersatz des Verzugsschadens.[60] Die Anspruchsvoraussetzungen werden in Folge der Verweisung modifiziert. Verzug im rechtstechnischen Sinne ist jedoch nicht immer erforderlich.[61]

---

[54] In *Kapellmann/Messerschmidt* VOB/B § 5 Rdn. 102.
[55] Palandt/*Sprau* § 649 Rdn. 1; BGH NJW 1993, 1972.
[56] *Heiermann/Riedl/Rusam* VOB/B § 5 Rdn. 15; BGH BB 1968, 359.
[57] *Ingenstau/Korbion/Döring* VOB/B § 5 Nr. 4 Rdn. 11.
[58] *Nicklisch/Weick* VOB/B § 5 Rdn. 32; a. A. *Vygen* Bauvertragsrecht Rdn. 669.
[59] *Kapellmann/Messerschmidt/Langen* VOB/B § 5 Rdn. 105.
[60] Vgl. *Nicklisch/Weick* VOB/B § 5 Rdn. 26; *Heiermann/Riedl/Rusam* § 5 Rdn. 23; *Ingenstau/Korbion/Döring* VOB/B § 5 Nr. 4 Rdn. 9, 13; VOB/B § 13 Rdn. 117; OLG Frankfurt NJW-RR 1994, 1361.
[61] a. A. *Kapellmann/Messerschmidt/Langen* VOB/B § 5 Rdn. 105.

Befugnis zu Fristsetzung mit Ablehnungsandrohung  § 5 Nr. 4

## 1. Beginnverzögerung, Aufrechterhaltung des Vertrages und Schadensersatzverlangen

Unter Zugrundelegung der gesetzlichen Voraussetzungen nach §§ 280, 286 BGB für einen Schadensersatzanspruch wegen Verzugs wäre in sämtlichen Fällen, in denen für den Beginn keine Vertragsfrist nach § 5 Nr. 1 VOB/B bestimmt ist, eine **Mahnung** erforderlich; §§ 280 Abs. 2, 286 Abs. 2 Nr. 1 BGB würden dies wegen fehlender kalendermäßiger Festlegung der Beginnfrist voraussetzen. § 5 Nr. 2 VOB/B führt zur Anwendbarkeit von § 286 Abs. 2 Nr. 2 BGB, was die Mahnung entbehrlich macht. Verzögert der Unternehmer den Beginn, indem er nach Ablauf der 12-Werktagesfrist gemäß § 5 Nr. 2 VOB/B die Leistungen nicht aufnimmt, ist der Schadensersatzanspruch bei Bejahung eines Verschuldens dem Grunde nach gegeben. § 6 Nr. 6 VOB/B verlangt für den Schadensersatzanspruch – insoweit in Übereinstimmung mit dem Verzugstatbestand – nur noch Verschulden, nicht aber weiter, dass eine Abmahnung des Unternehmers erfolgt ist; § 5 Nr. 4 VOB/B setzt für den Schadensersatz lediglich die **Verzögerung, nicht** aber den **Verzug** voraus. 44

Da für den Schadensersatzanspruch aus § 6 Nr. 6 VOB/B jedoch Verschulden notwendig ist, liegt in den Fällen der Verzögerung mit dem Beginn der Ausführung oft auch ein Verzug vor. Das trifft zu, wenn eine exakte Beginnfrist kalendermäßig bestimmt ist (§ 286 Abs. 2 Nr. 1 BGB) oder der Leistung ein Ereignis vorauszugehen hat und eine angemessene Zeit für die Leistung in der Weise bestimmt ist, dass sie sich von dem Ereignis an nach dem Kalender berechnen lässt (§ 286 Abs. 2 Nr. 2 BGB). Letzters ist bei Fallgestaltungen nach § 5 Nr. 2 VOB/B gegeben, weil die Beginnfrist über die 12 Werktagesfrist nach dem Kalender berechnet werden kann. Dann ist eine Mahnung für den Verzugseintritt überflüssig, was wegen der Verschuldensvoraussetzung nach § 6 Nr. 6 VOB/B den Verzugstatbestand auslöst. Dennoch muss Verzug nicht immer vorliegen.[62] Wenn nämlich für den Beginn im Vertrag keine Frist und abweichend von § 5 Nr. 2 VOB/B vertraglich ein Abrufrecht des Auftraggebers ohne Vorgaben für einen dann zu erfolgenden Beginn mit den Arbeiten vorgesehen ist, kommt es zu einer Beginnverzögerung ohne Verzug. Denn die tatbestandlichen Voraussetzungen des § 286 Abs. 2 BGB sind nicht erfüllt; für die Leistung ist weder eine Zeit nach dem Kalender nicht bestimmt (§ 286 bs. 2 Nr. 1 BGB) noch hat der Leistung ein Ereignis vorauszugehen, von welchem aus sich die Zeit für die Leistung nach dem Kalender berechnen lässt. Ohne Mahnung, die § 5 Nr. 4 VOB/B jedoch für die Verzögerung mit dem Beginn nicht voraussetzt, tritt Verzug in solchen Fällen nicht ein. Nach der Rechtsprechung des BGH[63] hat der Auftragnehmer mit der Herstellung des Werks dann alsbald nach dem Abruf zu beginnen und die Leistung in angemessener Zeit zügig zu Ende zu bringen. Der Abruf beinhaltet nicht, dass mit der Leistung unmittelbar darauf begonnen werden muss, denn dem Auftragnehmer ist eine Vorbereitungszeit einzuräumen. Die VOB/B-Bestimmungen verstoßen damit zwar gegen § 309 Nr. 4 BGB; ist die VOB/B jedoch als Ganzes Vertragsbestandteil geworden, sind § 5 Nr. 4 i. V. m. § 6 Nr. 6 VOB/B als Einzelbestimmungen einer AGB-Kontrolle nicht zu unterwerfen.[64] Im Übrigen hat die Verweisung auf § 6 Nr. 6 VOB/B die Beschränkung des Schadensersatzanspruchs der Höhe nach zur Folge. 45

## 2. Verzug mit der Vollendung und Schadensersatzverlangen

Da für den Verzug Mahnung oder kalendermäßige Bestimmung bzw. Berechenbarkeit nach § 286 Abs. 2 Nr. 1, 2 BGB und Verschulden erforderlich sind (§§ 280 Abs. 1, 286 BGB), begründet die Verweisung auf § 6 Nr. 6 VOB/B, worin Verschulden als Schadensersatzvoraussetzung statuiert ist, nur die Einschränkung der höhenmäßigen Einstandspflicht; 46

---

[62] Dafür jedoch *Kapellmann/Messerschmidt/Langen* VOB/B § 5 Rdn. 106; ebenso *Leinemann/Roquette* VOB/B § 5 Rdn. 59, 73; *Heiermann/Riedl/Rusam* VOB/B § 5 Rdn. 20; *Franke/Kemper/Zanner/Grünhagen* VOB/B § 5 Rdn. 41; → § 5 Nr. 4 Rdn. 82.
[63] U. v. 8. 3. 2001, VII ZR 470/99, NZBau 2001, 389 = BauR 2001, 946.
[64] BGHZ 86, 142 = NJW 1983, 816 = BauR 1983, 161, 164.

§ 5 Nr. 4   Befugnis zu Fristsetzung mit Ablehnungsandrohung

entgangener Gewinn ist nur zu ersetzen, wenn der Verzug auf Vorsatz oder grobe Fahrlässigkeit zurückzuführen ist.

### 3. Schlechterfüllung der Baustellenförderungspflicht und Schadensersatzverlangen

47  Wie im Fall der Beginnverzögerung, die für sich ein schuldhaftes Verhalten nicht voraussetzt, ist bei der Schlechterfüllung der Baustellenförderungspflicht für das Schadensersatzbegehren neben dem Verschulden des Auftragnehmers hieran eine **Mahnung nicht** Anspruchsvoraussetzung.[65] Soweit der Schadensersatzanspruch aus § 6 Nr. 6 i. V. m. § 5 Nr. 3 VOB/B an einer vorwerfbar unzulänglichen Baustellenbeschickung anbindet, erfolgt eine totale Loslösung von Verzugsvoraussetzungen. Der Schadensersatzanspruch wird gleichsam in das Stadium vor dem Verzug verlagert. Denn nach § 286 Abs. 1 Satz 1 BGB setzt Verzug Fälligkeit voraus und weiter grundsätzlich eine Mahnung, die nach Eintritt der Fälligkeit erfolgt. § 5 Nr. 3 VOB/B beruht jedoch auf einer Prognose, nach welcher offenbar die für die Fälligkeit maßgebliche Ausführungsfrist nicht eingehalten werden kann. Damit billigt § 5 Nr. 4 i. V. m. § 5 Nr. 3 und § 6 Nr. 6 VOB/B dem Auftraggeber einen Schadensersatzanspruch unabhängig von einem tatsächlich vorliegenden Verzug mit der Vollendung der Leistung zu. Angeknüpft wird nicht am Verzug mit der Vollendung, sondern an einer vorwerfbaren unzulänglichen Beschickung der Baustelle.

48  Setzt der Auftraggeber den Vertrag mit dem Auftragnehmer fort, kann dem Auftraggeber unabhängig davon, ob der Auftragnehmer mit der Vollendung in Verzug kommt, deshalb einen Schaden erleiden, weil die Baustelle unzulänglich beschickt worden ist, was z. B. bei Nachfolgehandwerkern zu Mehrvergütungsansprüchen führt. Die unzulängliche Baustellenbeschickung ist für sich zu beurteilen und muss unabhängig vom weiteren Fortgang der Arbeiten und auch von der Einhaltung der Beendigungsfrist ursächlich für einen dem Auftraggeber entstandenen Schaden sein.

49  Die Baustellenförderungspflicht aktualisiert sich nach § 5 Nr. 3 VOB/B jedoch nur auf entsprechendes Verlangen des Auftraggebers. Das macht eine weitere Mahnung nach § 286 Abs. 1 BGB überflüssig. Schafft der Auftragnehmer hierauf nicht unverzüglich Abhilfe, gewinnt der Auftraggeber ohne weitere Mahnung den Anspruch auf Ersatz des hierauf zurückgehenden Verzögerungsschadens. Das Verlangen nach § 5 Nr. 3 VOB/B begründet die Wahlmöglichkeiten nach § 5 Nr. 4 VOB/B. Die Rechtsgrundverweisung auf § 6 Nr. 6 VOB/B führt die Mahnung abweichend von den BGB-Verzugsvoraussetzungen nicht ein.

### 4. Nichteinhaltung von Einzelfristen und Schadensersatzverpflichtung

49  § 5 Nr. 4 VOB/B erfasst seinem Wortlaut nach den Fall nicht, dass die Vertragsparteien Einzelfristen als Vertragsfristen vereinbart haben, die der Auftragnehmer nicht einhält. *Langen*[66] befürwortete eine analoge Anwendung des § 5 Nr. 4 VOB/B, was jedoch mit der höchstrichterlichen Rechtsprechung in Konflikt kommt, dass eine analoge Anwendung von einzelnen Regelungen der VOB/B wegen ihres AGB-Charakters und § 305 e Abs. 2 BGB nicht analog auf eindeutig geregelte Sachverhalte anwendbar sind.[67] *Franke/Kemper/Zanner/Grünhagen*[68] weisen die Nichteinhaltung vertraglich vereinbarter Einzelfristen als Vertragsfristen tatbestandlich dem Verzug mit der Vollendung zu. Sie kommen jedoch mit dem Begriff der Vollendung in Konflikt. Denn Verzug mit der Vollendung ist im Sinne des § 5 Nr. 1 Satz 1 VOB/B zu verstehen. Unter Vollendung ist dort wegen des systematischen Zusammenhangs und der Abgrenzung zur Einzelfrist nach § 5 Nr. 1 Satz 2 VOB/B die Ausführung des Gesamtwerks zu verstehen. Als Lösung bietet sich an, dass an der Nichteinhaltung einer vertraglich vereinbarten Einzelfrist für sich genommen überhaupt nicht

---

[65] A. A. *Vygen* Bauvertragsrecht Rdn. 669; *Ingenstau/Korbion/Döring* VOB/B § 5 Nr. 4 Rdn. 10; wie hier *Nicklisch/Weick* VOB/B § 5 Rdn. 32.
[66] In: *Kapellmann/Messerschmidt* VOB/B § 5 Rdn. 112.
[67] BGH U. v. 2. 10. 1997, VII ZR 44/97, NJW-RR 1998, 235 = BauR 1997, 1027 = ZfBR 1998, 31.
[68] VOB/B § 5 Rdn. 39.

angeknüpft werden darf; für diesen Sachverhalt muss eine Verbindung mit einer unzulänglichen Beschickung der Baustelle nach § 5 Nr. 3 VOB/B hergestellt werden, sollen sich daraus Schadensersatzansprüche ableiten. § 5 Nr. 4 Halbsatz 1 VOB/B hat bewusst davon abgesehen, die Nichteinhaltung einer Einzelfrist für sich schadensersatzrechtlich zu sanktionieren. Das ist bei dem Vorbehalt der VOB/B gegen solche Einzelfristen, wie er sich aus § 5 Nr. 1 Satz 2 VOB/B ergibt, auch verständlich.

### 5. Schadensersatzanspruch und Schadenspauschalierung

Inhalt und Umfang des Schadensersatzanspruchs bestimmen sich nach § 6 Nr. 6 VOB/B, falls die Vertragsparteien im Bauvertrag nicht eine Pauschalierung des Verzugsschadens vorgesehen haben. Diese Pauschalierungsmöglichkeit wird in § 11 Nr. 4 VOB/A angeregt. Die Pauschale soll 5% der Auftragssumme nicht überschreiten. Eine in Allgemeinen Geschäftsbedingungen enthaltene Schadenspauschale muss den Prüfungskriterien des § 309 Nr. 5 genügen. Die Vorgabe von 5% als Obergrenze ist nicht Ausdruck der allgemeinen baugewerblichen Überzeugung hinsichtlich des nach dem gewöhnlichen Lauf der Dinge zu erwartenden Schadens i. S. v. § 309 Nr. 5 a BGB. Denn in den Hinweisen zu den Allgemeinen Bestimmungen für die Vergabe von Bauleistungen, VOB/A, DIN 1960 Ausgabe 2002, heißt es zur Einführung der Pauschalierungsregelung, die Pauschalierung des Verzugsschadens sollte nur in den Fällen vereinbart werden, in denen die **branchenüblichen Allgemeinen Geschäftsbedingungen** des jeweiligen Fachbereichs eine Begrenzung des Verzugsschadens der Höhe nach vorsehen. Derartige Allgemeine Geschäftsbedingungen gebe es z. B. in der elektrotechnischen Industrie und im Bereich des Maschinen- und Anlagenbaus. Der Nachweis eines wesentlich niedrigeren Schadens als die Pauschale darf nicht abgeschnitten werden.

### 6. Verjährung

Der Schadensersatzanspruch verjährt innerhalb der für den Erfüllungsanspruch des Auftraggebers geltenden Frist.[69] Der Anspruch auf Erstellung des Bauwerk verjährt nach § 195 BGB in drei Jahren, was demnach auch für den Schadensersatzanspruch des Auftraggebers aus §§ 5 Nr. 4, 6 Nr. 6 VOB/B gilt.[70] Eines **Vorbehalts** im Rahmen der Abnahme, wie dies nach §§ 11 Nr. 4, 12 Nr. 5 Abs. 3 VOB/B für eine Vertragsstrafe anspruchserhaltend notwendig ist, bedarf es **nicht.** Die Verjährungsfrist beginnt mit der Entstehung des Verzugsschadens zu laufen.[71] Das wirft Probleme auf, weil bei Schadensentstehung durch Verzögerung des Beginns oder zu Recht beanstandeter Baustellenförderung eine Abkoppelung vom Fertigstellungsdatum erfolgt. Macht der nachfolgende Auftragnehmer Behinderungskosten geltend, sind die Voraussetzungen für den Verjährungsbeginn nach § 199 Abs. 1 BGB frühestens ab diesem Zeitpunkt entstanden. Der Verjährungsbeginn dieser Ansprüche ist eigenständig und unabhängig vom Verjährungsbeginn des Erfüllungsanspruchs zu bestimmen. Nur die Verjährungsfrist ist identisch, nicht der Beginn des Fristenlaufs.

### 7. Beweislast

Der Auftraggeber hat darzulegen und zu beweisen, dass die Ausgangstatbestände nach § 5 Nr. 4 VOB/B – Beginnverzögerung, Verzug mit der Vollendung oder Schlechterfüllung der Baustellenförderungspflicht – vorliegen. Wann mit der Ausführung zu beginnen und die Leistung zu vollenden ist, hat der Auftraggeber darzulegen und bei Bestreiten auch zu beweisen. Zudem ist der darauf zurückzuführende und nachweislich entstandene Schaden darzustellen. Hinsichtlich der Darlegungs- und Beweislast ist zu differenzieren. Die Fälligkeit und das in Abrede stellen der Fälligkeit sind von der Behauptung zu unterscheiden, man

---

[69] BGH NJW 1991, 220, 221; BGH JZ 1962, 357; *Ingenstau/Korbion/Döring* VOB/B § 5 Nr. 4 Rdn. 11.
[70] Vgl. BGH NJW 1991, 220, 221.
[71] Vgl. MünchKomm/*v. Feldmann* § 195 Rdn. 17; BGH DB 1973, 915.

## § 5 Nr. 4

habe rechtzeitig begonnen, die Baustelle vertragskonform beschickt und die Leistung auch rechtzeitig vollendet. Der BGH hat für den Anwendungsbereich des § 271 Abs. 1 BGB wegen der dort enthaltenen sofortigen Fälligkeit und Erfüllbarkeit für den Fall, dass ein bestimmter anderer Leistungszeitpunkt rechtsgeschäftlich weder bestimmt ist noch sich sonstwie aus den Umständen ergibt, abgeleitet, der Auftraggeber brauche zur Fälligkeit der geltend gemachten Forderung nicht besonders vorzutragen. Vielmehr sei es Sache des Schuldners, der sich auf das Fehlen der Fälligkeit beruft, darzulegen und notfalls zu beweisen, dass auf Grund einer rechtsgeschäftlichen Festlegung oder der Umstände des Falles erst zu einem bestimmten anderen späteren Zeitpunkt zu leisten sei.[72] Ist für den Beginn der Arbeiten vertraglich ein Termin bestimmt oder ergibt sich ein solcher nach den Regeln gemäß § 5 Nr. 2 VOB/B, liegt es deshalb am Auftragnehmer darzulegen, dass vertragsrelevante Gründe zur Verschiebung des Termins geführt haben oder er zum festgelegten Zeitpunkt mit der Herstellung des Werks begonnen hat. Denn nach § 363 BGB hat der Schuldner die Erfüllung darzutun und zu beweisen. Gleiches gilt, wenn die Vertragsparteien eine Ausführungsfrist vereinbart haben. Fehlt es daran, folgt aus § 271 Abs. 1 BGB, dass der Auftragnehmer das Werk in angemessener Zeit zügig zu Ende zu bringen hat.[73] Das hat zur Folge, dass bei Streit darüber, wann im konkreten Fall die angemessene Fertigstellungsfrist tatsächlich abgelaufen und deshalb Fälligkeit eingetreten ist, der Auftragnehmer für die insoweit maßgeblichen Umstände darlegungs- und beweispflichtig ist.[74]

53   Macht der Auftraggeber Schadensersatzansprüche wegen vorwerfbarer unzulänglicher Baustellenbeschickung geltend, ist der Auftraggeber dafür darlegungs- und beweisbelastet, dass der Ist-Bautenstand mit dem Bausoll-Bautenstand nicht übereinstimmt. Gegenteilige Behauptungen des Auftragnehmers ändern an dieser Verteilung der Lasten nichts. Sache des Auftragnehmers ist es, darzutun und zu beweisen, dass dennoch die Ausführungsfristen eingehalten werden können. § 271 BGB kann keine Darlegungs- und Beweislastverteilung für den Fall der Schlechterfüllung der Baustellenförderungsverpflichtung entnommen werden. Will der Auftraggeber darauf gestützt Schdensersatzansprüche geltend machen, muss er nach den sich aus § 280 Abs. 1 BGB ergebenden Regeln die Pflichtverletzung dartun und notfalls auch beweisen. Besteht Streit darüber, ob deshalb die Ausführungsfristen offenbar nicht eingehalten werden können, trifft den Auftragnehmer die Darlegungs- und Beweislast für seine gegenteilige Behauptung. Wenn nach der höchstrichterlichen Rechtsprechung bei Streit darüber, wenn im konkreten Fall die angemessene Fertigstellungsfrist tatsächlich abgelaufen und deshalb Fälligkeit eingetreten ist, der Schuldner für die insoweit maßgeblichen Umstände darlegungs- und beweisbelastet ist,[75] liegt eine Übertragung dieser Grundsätze dann nahe, wenn die Nichteinhaltung der Ausführungsfrist den Gegenstand gegensätzlicher Auffassungen bildet. Für eine solche Darlegungs- und Beweislastverteilung spricht auch die größere Sachnähe des Auftragnehmers, der allein über den Einsatz seines Personals und seiner Betriebsmittel disponiert.

54   Nach § 636 Abs. 2 BGB a. F. traf den Auftragnehmer die Beweislast für die Behauptung, er habe das Werk rechtzeitig hergestellt. Wenn diese Regelung ihrem Wortlaut nach auch nur im dort geregelten Fall des Rücktritts galt, war die vorgenommene **Beweislastumkehr** auch bei Aufrechterhaltung des Vertrags und dem Schadensersatzbegehren nach § 6 Nr. 6 VOB/B einschlägig. Denn die Beweislastumkehr galt auch für den Anspruch auf Ersatz des Verzugsschadens.[76]

55   Da § 636 BGB mit Wirkung ab 1. 1. 2002 ersatzlos aufgehoben wurde und Zeitstörungstatbestände nunmehr auch für das Werkvertragsrecht ausschließlich im allgemeinen Leistungsstörungsrecht geregelt sind, gilt grundsätzlich die aus § 280 Abs. 1 BGB ableitbare Beweislastregelung. Danach hat der Gläubiger die Pflichtverletzung und damit das Vorliegen

---

[72] U. v. 21. 10. 2003, VII ZR 218/01, NZBau 2004, 155 = BauR 2004, 331 = ZfBR 2004, 157.
[73] BGH U. v. 8. 3. 2001, VII ZR 470/99, NZBau 2001, 389 = BauR 2001, 948.
[74] U. v. 21. 10. 2003, VII ZR 218/01, NZBau 2004, 155 = BauR 2004, 331 = ZfBR 2004, 157.
[75] U. v. 21. 10. 2003, VII ZR 218/01, NZBau 2004, 155 = BauR 2004, 331 = ZfBR 2004, 157.
[76] Staudinger/*Peters* 2000 § 636 Rdn. 109.

der Beginnverzögerung, des Verzugs mit der Fertigstellung und die Verletzung der Baustellenförderungsverpflichtung darzulegen und zu beweisen. Entscheidend ist wegen des Fehlens einer speziellen Regelung wie in § 636 Abs. 2 BGB a. F., wie Behauptungen des Auftragnehmers hinsichtlich des rechtzeitigen Beginns, der vertragskonformen Baustellenförderung oder der Fertigstellung einzustufen sind. Die Darlegungs- und Beweislast des Auftragnehmers könnte aus §§ 362, 363 BGB dann hergeleitet werden, wenn in diesem Behauptungen nicht lediglich ein qualifiziertes Bestreiten gesehen, sondern damit die Vertragserfüllung vorgebracht wird. Nimmt der Auftragnehmer nach seinen Behauptungen für sich in Anspruch, mit den angeführten Leistungen begonnen, die Baustelle vertragskonform gefördert und die Leistung fertig gestellt und damit seine Vertragspflichten erfüllt zu haben, trifft ihn nach § 363 BGB hierfür die Beweislast. Denn die Beweislast für das Ob und Wie der zur Erfüllung erbrachten Leistungen trägt nach allgemeinen Grundsätzen der Schuldner, da es sich um ein rechtsvernichtende Einwendung handelt.[77] Demnach ist zwischen dem qualifizierten Bestreiten und der Inanspruchnahme einer rechtsvernichtenden Einwendung zu qualifizieren, wobei von der Einwendung und damit der entsprechenden Beweislastverteilung dann auszugehen ist, wenn der Auftragnehmer zusätzlich zum durch entsprechenden Tatsachenvortrag unterlegten qualifizierten Bestreiten für sich Erfüllung in Anspruch nimmt.

Nach § 280 Abs. 1 Satz 2 BGB wird das Verschulden lediglich beim Verzug mit der Vollendung **vermutet,** so dass sich insoweit der Auftragnehmer entlasten muss. Die damit verbundene Darlegungs- und Beweisbelastung gilt jedoch auch in den anderen schadensauslösenden Störungstatbestände (Beginnverzögerung und Schlechterfüllung der Baustellenförderung).[78] Es liegt am Unternehmer darzutun und zu beweisen, dass ihn an der Verzögerung des Beginns oder der unzulänglichen Baustellenbeschickung kein Verschulden trifft.[79] Behauptet der Auftragnehmer Hinderungsumstände, die in der Sphäre des Auftraggebers liegen, trifft ihn die Darlegungs- und Beweislast gleichfalls.

### IV. Nachfristsetzung mit Androhung des Auftragsentzugs

#### 1. Inhalt, Form, Erklärender, Erklärungsempfänger

Die Nachfristsetzung mit Androhung des Auftragsentzugs ist grundsätzlich (zu den Ausnahmen vgl. unten Rdn. 70) Voraussetzung für die Kündigung nach § 8 Nr. 3 VOB/B. Das BGB in der Fassung ab 1. 1. 2002 hat die Fristsetzung mit Ablehnungsandrohung als Voraussetzung für Rücktrittsmöglichkeiten aufgegeben. § 323 BGB verlangt nur noch eine Fristsetzung, die allerdings zur Darlegung der Ernsthaftigkeit der Fristsetzung z. B. mit einer Ablehnungsandrohung verknüpft werden kann. Doch ist diese Androhung bei sonst bestehender Ernsthaftigkeit der Fristsetzung keine Rücktrittsvoraussetzung mehr.[80] Die Notwendigkeit der Ablehnungsandrohung wurde aufgegeben, weil die aufgegebene Lösung zu einer Überforderung der Gläubiger geführt hat und als unzweckmäßig erschien. Die VOB/B ist dieser Tendenz in § 5 Nr. 4 VOB/B nicht gefolgt, hat das reine Fristenmodell nicht übernommen, sondern ist bei der Verknüpfung von Fristsetzung mit Entzugsandrohung verblieben. Die Androhung des Auftragsentzugs soll für den Auftragnehmer ein Zeichen der absoluten Ernsthaftigkeit der Fristsetzung sein, worauf das BGB nunmehr verzichtet hat.

Eine bloße Fristsetzung zur Vertragserfüllung reicht nicht aus, um bei fruchtlosem Fristablauf die Wirksamkeit des Auftragsentzugs zu begründen,[81] wenn nicht insgesamt ein

---

[77] *Bamberger/Roth/Dennhardt* § 363 Rdn. 1.
[78] *Ingenstau/Korbion/Döring* VOB/B § 6 Nr. 6 Rdn. 25; OLG Düsseldorf BauR 1999, 491; OLG Düsseldorf BauR 2001, 812.
[79] *Vygen* BauR 1983, 413, 42; *Ingenstau/Korbion/Döring* VOB/B § 6 Nr. 6 Rdn. 25.
[80] BT-Drucks. 14/6040 S. 184, 185; *Bamberger/Roth/Grothe* § 323 Rdn. 12.
[81] Vgl. BGH U. v. 13. 12. 2001, VII ZR 432/00, NJW 2002, 1274 = NZBau 2002, 265 = BauR 2002, 782.

## § 5 Nr. 4

Sachverhalt vorliegt, bei welchem – analog § 323 Abs. 2 BGB – auf eine Fristsetzung mit Kündigungsandrohung überhaupt verzichtet werden kann.[82] Die Fristsetzung hat nach dem Wortlaut zur Vertragserfüllung zu erfolgen (zu Ausnahmen vgl. unten Rdn. 61). Als ausstehende Leistung muss demnach je nach Beanstandungsinhalt der ausstehende Beginn, die fehlende Vollendung oder die unzulängliche Baustellenförderung mit der gebotenen Bestimmtheit bezeichnet werden.[83] Ob diese Erklärung der **objektüberwachende Architekt** gemäß Leistungsbild nach § 15 Abs. 2 Nr. 8 HOAI ohne besondere Bevollmächtigung rechtswirksam abgeben kann, ist fraglich. Nach BGH deckt die dort als 5. Grundleistung erfasste und damit bei entsprechender Beauftragung als Aufgabe beschriebene Überwachung eines Zeitplanes die Fristsetzung mit Kündigungsandrohung eher nicht.[84]

59 Der BGH[85] hat hinsichtlich einer Nachfristsetzung durch den Planer die fehlende Androhung des Auftragsentzugs gerügt, aber zur Frage, ob der Architekt zur Nachfristsetzung mit Kündigungsandrohung kompetent wäre, eine Stellungnahme vermieden. Wenn auch ein mit der Planung und Überwachung eines Objekts betrauter Planer die Koordination der Baustelle vorzunehmen hat und deshalb befugt ist, einen Bauzeitenplan mit dem Auftragnehmer zu vereinbaren,[86] hat eine Fristsetzung mit Kündigungsandrohung mit dieser Koordinierungsaufgabe nur bedingt zu tun. Mag eine Fristsetzung noch deshalb dazu gehören, weil der Bezug mit der zeitlichen Konzeptionierung der Baumaßnahme zu bejahen ist, hat die Kündigungsandrohung damit nichts mehr zu tun. Zwar ist die Nachfristsetzung mit angedrohtem Auftragsentzug noch ohne Rechtsfolgen und löst, insbesondere auf der Auftraggeberseite keinen Rechtsverlust aus, handelt es sich dennoch um eine Rechtswahrung, die über die technische Aufgabe der Überwachung des Zeitplanes hinausgeht.[87] Allerdings ist die Rechtslage nicht mit der in § 643 BGB vergleichbar, weil dort die Kündigungsandrohung nach fruchtlosem Fristablauf zum Rechtsverlust durch Erlöschen des Erfüllungsanspruchs führte.[88] Als **Erklärungsempfänger** kommt ausschließlich der Unternehmer und nicht dessen Bauleiter nach § 4 Nr. 1 Abs. 3 VOB/B in Betracht. Der Ernst der Lage, der über die Fristsetzung mit Kündigungsandrohung vermittelt werden soll, muss gegenüber dem Auftragnehmer selbst zum Ausdruck gebracht werden.

60 Die VOB/B schreibt für die Fristsetzung samt Androhung des Auftragsentzugs **keine bestimmte Form** als Wirksamkeitsvoraussetzung vor. Der Umstand, dass die Kündigung nach § 8 Nr. 5 VOB/B schriftlich zu erklären ist, begründet eine Formnotwendigkeit für die Kündigungsandrohung nicht. Aus Beweisgründen ist die Wahrung der Schriftform dringend geboten. Das Vergabehandbuch (VHB) regelt in den Richtlinien zu § 5 VOB/B das Schriftformgebot in Ziff. 4 als Verwaltungsanweisung auch für den Fall der Nachfristsetzung mit Androhung des Auftragsentzugs. Die Erklärung wird als Willenserklärung wirksam erst mit **Zugang** (§ 130 BGB). Den Zugang hat der Auftraggeber zu beweisen. Die Nachfristsetzung mit Kündigungsandrohung gem. § 5 Nr. 4 VOB/B hat keine Gestaltungswirkung. Denn diese Erklärung hat nach Fristablauf nicht den Verlust des Erfüllungsanspruchs zur Folge. Dem entspricht die neue Rechtslage im BGB in § 281 und § 323 seit 1. 1. 2002. Vielmehr ist für die Vertragsauflösung die Kündigung nach § 8 Nr. 5 VOB/B erforderlich.

61 Ausnahmsweise kann dem Unternehmer auch eine Frist zur **Abgabe einer Zusage** gesetzt werden, dass mit dem Bau zu einem bestimmten Zeitpunkt begonnen oder das Werk zu einem bestimmten Zeitpunkt vollendet werde.[89] Die Zulässigkeit eines solchen Vorgehens

---

[82] → Vgl. nachfolgend Rdn. 70.
[83] *Vygen* Bauvertragsrecht Rdn. 674.
[84] Vgl. BGH MDR 1968, 486.
[85] MDR 1968, 486.
[86] BGH U. v. 21. 3. 2002, VII ZR 224/00, NJW 2002, 2716 = NZBau 2002, 381 = BauR 2002, 1249 = ZfBR 2002, 562.
[87] *Kapellmann/Messerschmidt/Langen* VOB/B § 5 Rdn. 131.
[88] BGH U. v. 28. 11. 2002, VII ZR 270/01 = BauR 2003, 381, 383.
[89] Staudinger/*Peters* 2003 § 633 Rdn. 139 mit Bezug auf BGH NJW 1983, 989, 990.

Befugnis zu Fristsetzung mit Ablehnungsandrohung                    **§ 5 Nr. 4**

rechtfertigt sich aus Treu und Glauben im Rahmen eines langfristigen auf Kooperation hin angelegten Vertrages[90] und ist nicht nur bei ausstehender Vollendung, sondern auch hinsichtlich der Arbeitsaufnahme gerechtfertigt. *Peters*[91] betont mit Recht, den Unternehmer träfen nach Treu und Glauben hinsichtlich seiner zeitlichen Dispositionen Auskunftspflichten, was die Mitteilung des Beginns, den Stand und die Erklärung über die Fristeneinhaltung einschlösse. Wird damit die Androhung des Auftragsentzugs verknüpft, wird dem Auftragnehmer der Ernst der Lage ausreichend verdeutlicht. Ein so unterrichteter Auftragnehmer ist nicht schützenswert, wenn er sich gegen den Auftragsentzug damit verteidigt, § 5 Nr. 4 VOB/B sehe die Kündigung nur bei Fristsetzung zur Auftragserfüllung vor.

Dieselben Grundsätze gelten, wenn dem Unternehmer Frist für die Erklärung gesetzt **62** wird, den beabsichtigten Baustelleneinsatz zu erläutern. Denn hierbei handelt es sich um ein milderes Mittel im Vergleich zu dem, eine Kündigung auch ohne jegliche Fristsetzung dann zuzulassen, wenn sich die Fristsetzung als eine **reine Förmelei** erweist.[92] Bleibt der Auftraggeber nämlich auf eine Fristsetzung zur Abgabe einer Erklärung hinsichtlich des Beginns, der Baustellenförderung oder der Fertigstellung ohne Erklärung, wäre eine weitere Fristsetzung zur Vertragserfüllung eine reine Förmelei. In dem Zusammenhang ist auch § 322 Abs. 4 BGB zu beachten, wonach der Gläubiger bereits vor dem Eintritt der Fälligkeit der Leistung zurücktreten kann, wenn offensichtlich ist, dass die Voraussetzungen des Rücktritts eintreten werden. Der Rückgriff auf diese Regelung wird durch § 5 Nr. 3, 4 VOB/B nicht allein deshalb ausgeschlossen, weil die Nr. 4 eine Fristsetzung voraussetzt. Die in § 323 Abs. 4 BGB angeführte Fallkonstellation, dass eine ex ante Prognose zu dem Ergebnis kommt, die Voraussetzungen des Rücktritts würden offensichtlich eintreten, hat die VOB-Regelung überhaupt nicht bedacht. Wenn in diese ex ante Betrachtung sämtliche Voraussetzungen des § 323 Abs. 2 BGB einzubeziehen sind, die eine Fristsetzung nach Eintritt der Fälligkeit erübrigen,[93] kann die Nichteinhaltung einer Frist, die dem Auftragnehmer zur Abgabe einer Erklärung über den Beginn, die Baustellenförderung und die Fertigstellung gesetzt worden ist, die Prognose rechtfertigen, der Auftragnehmer werde offensichtlich die Leistung nicht vertragskonform erbringen. Unter diesen Umständen hat die Fristsetzung zur Abgabe einer Erklärung durch den Auftragnehmer auch im Rahmen des § 5 Nr. 4 VOB/B einen Stellenwert.

Das OLG Düsseldorf[94] hält eine Fristsetzung zur Abgabe einer Erklärung dann für **63** ausreichend, wenn sich der Auftragnehmer zuvor zur fristgerechten Leistung außerstande erklärt hat oder bei einem langfristigem Vertrag Leistungshindernisse in der Sphäre des Schuldners aufgetreten sind. Allgemein wird eine Fristsetzung zur Abgabe einer Erklärung dann genügen müssen, wenn die rechtzeitige Erfüllbarkeit der Bauleistung durch den Unternehmer nach seinem eigenen Verhalten oder zuvor abgegebenen Erklärungen in Frage steht, nicht aber schon dann, wenn es darum geht, den Auftragnehmer zu einer ihm ohne weiteres möglichen Leistung anzuhalten. Auf diese Weise wird auch § 323 Abs. 4 BGB in einer der VOB-Regelung angemessenen Weise deshalb Rechnung getragen, weil § 5 Nr. 4 VOB/B ausdrücklich weder eine mit § 323 Abs. 2 BGB noch mit § 323 Abs. 4 BGB vergleichbare Ausnahmeregelung kennt. Im Vergleich zur Rücktrittsregelung des BGB ist die VOB-Regelung auftragnehmerschützend. Dieser Schutz wird ausreichend auch über eine Fristsetzung zur Abgabe eine Erklärung dann hergestellt, wenn die Nichteinhaltung dieser Frist die Einschätzung rechtfertigt, eine weitere Fristsetzung zur Leistung erweise sich als reine Förmelei.

Dem Unternehmer ist für die Aufnahme der Arbeiten, deren Vollendung oder die **64** Intensivierung der Baustellenbeschickung eine angemessene Frist zu setzen. Die Frist darf

---

[90] BGH BauR 1983, 73, 75 = NJW 1983, 989; *Ingenstau/Korbion/Döring* VOB/B § 5 Nr. 4 Rdn. 16.
[91] Staudinger/*Peters* 2003 § 633 Rdn. 121.
[92] BGH U. v. 16. 5. 2002, VII ZR 479/00, NJW 2002, 3019 = BauR 2002, 1399, 1400 = ZfBR 2002, 676; BGH U. v. 5. 12. 2002, VII ZR 360/01, NJW 2003, 580 = NZBau 2003, 149 = BauR 2003, 386.
[93] *Bamberger/Roth/Grothe* § 323 Rdn. 7.
[94] BauR 2001, 1461, 1462 .

nicht vor Fälligkeitseintritt ablaufen,[95] da die Fristsetzung ansonsten unwirksam ist. Der Auftragnehmer muss nicht eine nach Tagen oder Wochen bestimmte Frist setzen; das Verlangen, binnen angemessener Frist zu leisten, genügt, ebenso wie bei einer nach Tagen bemessenen zu kurzen Frist eine angemessene Frist gesetzt ist.[96] Die Aufforderung, unter letztmaliger Fristsetzung unverzüglich zu leisten, enthält eine Fristsetzung i. S. d. § 5 Nr. 4 VOB/B.[97] Der Zeitraum beurteilt sich nach der vorhandenen Abwicklungsstörung. Bei der **Beginnstörung** ist nicht auf die insgesamt erforderliche Bauvorbereitung abzustellen, sondern darauf, was einem an sich leistungstreuen Unternehmer unter Berücksichtigung der Interessen des Auftraggebers zuzubilligen ist. So kann eine Frist von 9 Tagen ausreichend bemessen sein, wenn der Auftraggeber z. B. aus beachtlichen Gründen auch auf eine frühe Vollendung drängt.[98] Bezüglich der **Störung in der Baustellenförderung** ist maßgeblich, welche Zeit ein Unternehmer für die gebotene Umdisponierung gewöhnlich benötigt. Für die **Vollendung** sind dem Auftragnehmer so viele Tage zuzugestehen, als ein sachkundiger, leistungsfähiger und zuverlässiger Vertragspartner in sofort begonnener oder fortgesetzter Arbeit für die noch ausstehenden Leistungen benötigt.[99] Wird die Kündigungsandrohung mit einer Fristsetzung zur Abgabe einer Erklärung verbunden, kann die Frist für diese Erklärung sehr knapp bemessen sein. Wenn dabei auch eine Überlegungsfrist zuzubilligen ist, kann die Frist ab Zugang 2 bis 4 Tage betragen. Wird die Frist zu kurz gesetzt, ist die Erklärung nicht wirkungslos, sondern setzt eine angemessene Frist in Lauf.[100]

65 Die Fristsetzung hat die vorzunehmenden Maßnahmen so genau zu beschreiben, dass der Unternehmer **zweifelsfrei** ersehen kann, welche Leistung von ihm begehrt wird.[101]

66 Hat der Auftragnehmer in von ihm gestellten Geschäftsbedingungen für den Fall des Auftragsentzugs wegen Verzugs eine Nachfrist von 6 Wochen vorausgesetzt, ist die Klausel wegen Verstoßes gegen § 308 Nr. 2 BGB unwirksam.[102]

67 Die Androhung des Auftragsentzugs muss mit der Nachfristsetzung verbunden sein. Die bloße Nachfristsetzung berechtigt nach fruchtlosem Fristablauf nicht zum Auftragsentzug.[103] Damit wird lediglich auch in den Fällen der Beginnverzögerung und der unzulänglichen Baustellenbeschickung Verzug begründet.[104] Die Nachfristsetzung und die Kündigungsandrohung müssen in derselben Erklärung enthalten sein, so dass ein Nachschieben der Kündigungsandrohung wirkungslos ist. Geboten ist die Wiederholung der Nachfristsetzung mit Androhung des Auftragsentzugs, um die Ernsthaftigkeit der Fristsetzung, die für sich genommen nach § 280 Abs. 1, 2, § 286 BGB verzugsbegründend sein mag, zu betonen.[105]

68 Die Androhung der Auftragsentziehung nach § 8 Nr. 3 VOB/B liegt nicht nur vor, wenn der Wortlaut der Regelung in § 5 Nr. 4 VOB/B verwendet wird. Problematisch ist, ob eine Fristsetzung verbunden mit der Erklärung, nach Ablauf der Frist weitere Arbeiten des Auftragnehmers abzulehnen, ausreichend ist. Da dem Auftragnehmer aber mit der Erklärung, nach Ablauf der Frist würden die Leistung abgelehnt, und mit ähnlich gelagerten Aussagen der Ernst der Lage und die drohende Vertragsbeendigung deutlich wird, genügen solche Formeln im Ergebnis gleichfalls. Nicht ausreichend ist die Erklärung, nach Ablauf der Frist werde Schadensersatz verlangt; dies beinhaltet nämlich keine Ankündigung der Auflösung des Vertrags, sondern spricht im Gegenteil für den Weg des Vertragsfort-

---

[95] BGH NJW 1996, 1814.
[96] BGH U. v. 13. 12. 2001, VII ZR 432/00, NJW 2002, 1274 = NZBau 2002, 265 = BauR 2002, 782.
[97] BGH a. a. O.
[98] OLG Koblenz BauR 1989, 729.
[99] *Ingenstau/Korbion/Döring* VOB/B § 5 Nr. 4 Rdn. 18.
[100] BGH NJW 1985, 9640; BGH U. v. 13. 12. 2001, VII ZR 432/00, NJW 2002, 1274 = NZBau 2002, 265 = BauR 2002, 782.
[101] OLG Köln *Schäfer/Finnern/Hochstein* Nr. 3 zu § 5 VOB/B Nr. 4.
[102] BGH BauR 1985, 192 = NJW 1985, 855.
[103] *Ingenstau/Korbion/Döring* VOB/B § 5 Nr. 4 Rdn. 17; BGH MDR 1968, 486.
[104] BGH MDR 1968, 486.
[105] *Ingenstau/Korbion/Döring* VOB/B § 5 Nr. 4 Rdn. 17.

Befugnis zu Fristsetzung mit Ablehnungsandrohung § 5 Nr. 4

bestandes und des Schadensersatzverlangens nach der ersten Wahlmöglichkeit. Neben der Fristsetzung genügt die Erklärung, die Leistung abzulehnen und Schadensersatz zu verlangen.[106]

Nicht ausreichend ist nach Langen[107] die mit der Fristsetzung verbundene Erklärung, die Kündigung bleibe vorbehalten oder die vom Architekten in Vertretung des Auftraggebers abgegebene Erklärung, er werde dem Auftraggeber die Kündigung des Bauvertrages empfehlen. Derartigen Verknüpfungen fehlt bei strenger Beurteilung das Androhungselement, auf das die VOB/B in § 5 Nr. 4 im Gegensatz zu § 323 Abs. 1 BGB gerade nicht verzichtet hat. Dennoch kann der Verzicht des BGB auf Androhungselemente im Einzelfall geeignet sein, im Zweifelsfall die Voraussetzungen nach § 5 Nr. 4 VOB/B großzügiger zu interpretieren, was z. B. dann geboten ist, wenn die Fristsetzung lediglich mit einer Ablehnungserklärung verknüpft ist. Es ist auch die Frage, ob im Lichte der Regelung in § 323 Abs. 1 BGB nicht doch eine Erklärung, die Kündigung bleibe vorbehalten, ausreichend ist. Wenn auch graduelle Unterschiede zwischen der Erklärung bestehen, bei fruchtlosem Fristablauf bleibe die Kündigung vorbehalten und der, der Auftrage werde bei fruchtlosem Fristablauf entzogen, besteht auch nach der letztgenannten Erklärung hinsichtlich der Kündigung Entscheidungsfreiheit. Auch bei VOB-Bauverträgen kann die Situation gegeben sein, dass der Auftraggeber hinsichtlich der Erfüllung der an die Androhung zu stellenden Voraussetzungen überfordert ist, was im Rahmen der BGB-Reform Anlass zur Aufgabe der Androhungsvoraussetzung geführt hat.[108] Gerade dann, wenn Auftraggeberseite ein Verbraucher ist, besteht Veranlassung, § 5 Nr. 4 VOB/B im Lichte des § 323 Abs. 1 BGB zu interpretieren, also hinsichtlich der Mittel, die zur Betonung der Ernsthaftigkeit der Fristsetzung geeignet sind, großzügiger als bisher zu sein. Ein privater Auftraggeber, der sich zum Abschluss eines Bauvertrages unter Einbeziehung der VOB/B entschlossen hat, darf hinsichtlich der später ausgesprochenen Kündigung nicht daran scheitern, dass er die Kündigung nicht angedroht, sondern sich diese lediglich vorbehalten hat. Keinen Zweifel kann es daran geben, dass ein Architekt oder ein Projektsteuerer, der ohne besondere Bevollmächtigung ohnehin nicht berechtigt ist, die Auftragsentziehung i. S. v. § 5 Nr. 4 VOB/B anzudrohen,[109] allein mit dem Hinweis, er werde dem Auftraggeber die Kündigung bei Nichteinhaltung der Frist empfehlen, die Voraussetzungen für eine wirksame Kündigung mangels Androhung des Auftragsentzugs nicht geschaffen hat.[110]

## 2. Fristsetzung mit Kündigungsandrohung und Kooperationsgebot

Der Auftraggeber hat darauf zu achten, dass im Rahmen der Nachfristsetzung mit Kündigungsandrohung die sich aus dem Kooperationsgebot ergebenden Pflichten nicht verletzt werden.[111] Danach sind auch Fristenprobleme zunächst einer möglichst einvernehmlichen Lösung zuzuführen. Entstehen nämlich während der Vertragsdurchführung Meinungsverschiedenheiten über die Notwendigkeit oder die Art und Weise einer Anpassung des Vertrages oder seiner Durchführung an geänderte Umstände, sind die Parteien grundsätzlich verpflichtet, durch Verhandlungen eine einvernehmliche Beilegung der Meinungsverschiedenheiten zu versuchen. Diese Verpflichtung obliegt einer Partei ausnahmsweise dann nicht, wenn die andere Partei ihre Bereitschaft, eine einvernehmliche Lösung herbeizuführen, nachhaltig und endgültig verweigert. Das in § 5 Nr. 4 VOB/B einseitig dem Auftraggeber eingeräumte Recht zur Nachfristsetzung mit Kündigungsandrohung wird deshalb von dem Kooperationsgebot überlagert. Der Versuch einer einvernehmlichen Lösung des Fristenpro-

---

[106] OLG Koblenz BauR 1989, 729; *Heiermann/Riedl/Rusam* VOB/B § 5 Rdn. 24.
[107] In: *Kapellmann/Messerschmidt* VOB/B § 5 Rdn. 131.
[108] BT-Drucks. 14/6040 S. 139.
[109] *Kapellmann/Messerschmidt/Langen* VOB/B § 5 Rdn. 131.
[110] *Kapellmann/Messerschmidt/Langen* VOB/B § 5 Rdn. 131.
[111] BGH U. v. 28. 10. 1999, VII ZR 393/98, NJW 2000, 807 = NZBau 2000, 130 = BauR 2000, 400.

## 3. Entbehrlichkeit der Nachfristsetzung mit Kündigungsandrohung

71   Die Nachfristsetzung samt Kündigungsandrohung ist entbehrlich, wenn der Unternehmer schwerwiegend und schuldhaft gegen seine Vertragspflichten verstoßen hat und die Vertrauensgrundlage erschüttert ist.[112] Die Neuregelung in § 323 Abs. 2 BGB ist hinsichtlich der Entbehrlichkeit der Nachfristsetzung wegen der Vergleichbarkeit der Interessenlage übertragbar. Danach ist die Fristsetzung wegen offensichtlicher Zwecklosigkeit entbehrlich, wenn der Schuldner u. a. die Erfüllung bestimmt, ernstlich und endgültig verweigert. Diesem Schuldner braucht nach Treu und Glauben der Ernst der Lage nicht klar gemacht und keine letzte Gelegenheit eingeräumt zu werden. Das Verhalten des Auftragnehmers muss unzweifelhaft als sein „letztes Wort" zu verstehen sein, so dass eine Änderung seiner Haltung durch eine Fristsetzung als ausgeschlossen erscheint.[113] Die darin liegende positive Forderungsverletzung berechtigt zur Kündigung nach § 8 Nr. 3 VOB/B ohne vorherige Fristsetzung mit Ablehnungsandrohung.[114] Systematisch handelt es sich um einen außerhalb des Anwendungsbereichs des § 5 Nr. 4 VOB/B liegenden Sachverhalt. Eine Terminsüberschreitung reicht nur aus, wenn sich hieraus in Verbindung mit anderen Umständen eine schwerwiegende Unzuverlässigkeit des Unternehmers ergibt.[115] Nach OLG Köln[116] ist eine Fristsetzung entbehrlich, wenn der Auftragnehmer die Leistung endgültig und ernsthaft ablehnt sowie bei Vertrauensverlust mit der Folge der Unzumutbarkeit der Fristsetzung.[117] Bloße **Meinungsverschiedenheiten** über den Vertragsinhalt oder den Vertragsumfang reichen **nicht** aus.[118] Dies gilt jedenfalls, wenn gute Gründe für die Haltung des Unternehmers bestehen, denen der Auftraggeber nur nicht zu folgen bereit ist. Maßgebend sind die Umstände des Einzelfalles, wobei das gesamte Verhalten des Auftragnehmers zu würdigen ist.[119] Dazu gehört auch das Verhalten im Prozess.[120] Eine ernsthafte und endgültige Erfüllungsverweigerung liegt vor, wenn der Unternehmer die Leistung von der Zahlung einer weiteren Vergütung abhängig macht, die ihm eindeutig nicht zusteht.[121] Sie fehlt, wenn der Unternehmer seine Leistung vom Erhalt des bestellten Baumaterials abhängig macht.[122]

72   Generell sind an die Bejahung einer endgültigen Leistungsverweigerung **strenge Anforderungen** zu stellen.[123] Die Weigerung des Auftragnehmers muss als sein letztes Wort aufgefasst werden können.[124] Dessen Erklärung, auch innerhalb einer angemessen gesetzten Nachfrist nicht leisten zu können, reicht jedoch aus.[125]

## 4. Allgemeine Geschäftsbedingungen

73   Vom Auftraggeber gestellte Allgemeine Geschäftsbedingungen, nach denen die Kündigung gemäß § 8 Nr. 3 VOB/B auch ohne Nachfristsetzung mit Androhung des Auftrags-

---

[112] BGH BauR 1996, 705; OLG Düsseldorf NJW-RR 1994, 149.
[113] BGH NJW 1997, 51, 52.
[114] Vgl. BGH NJW 1992, 967, 971 zu § 326 BGB.
[115] OLG Düsseldorf NJW-RR 1994, 149.
[116] *Schäfer/Finnern/Hochstein* Nr. 4 zu § 5 Nr. 4 VOB/B.
[117] Vgl. auch BGHZ 50, 160; OLG Celle BauR 1973, 49.
[118] *Ingenstau/Korbion/Döring* VOB/B § 5 Nr. 4 Rdn. 19, 20.
[119] Vgl. BGH U. v. 16. 5. 2002, VII ZR 479/00, NJW 2002, 3019 = BauR 2002, 1399.
[120] BGH U. v. 21. 12. 2000, VII ZR 488/99, NZBau 2001, 211, 212 = BauR 2001, 667, 669 = ZfBR 2001, 177.
[121] *Ingenstau/Korbion/Döring* VOB/B § 5 Nr. 4 Rdn. 19.
[122] So BGH NJW 1992, 235 für den Bereich des Kaufvertrages.
[123] BGHZ 104, 13; BGH NJW-RR 1993, 883; BGH NJW 1984, 48.
[124] BGH NJW 1997, 51, 52.
[125] BGH NJW 1984, 48.

entzugs zulässig ist, scheitern an § 309 Nr. 4 BGB.[126] Umgekehrt sind vom Auftragnehmer gestellte Klauseln, in denen vor Ausübung der Kündigung eine zu lange Nachfrist gefordert wird, wegen Verstoßes gegen § 308 Nr. 2 BGB unwirksam. Selbstverständlich kann das Kündigungsrecht nicht vorformuliert ausgeschlossen werden; eine solche gestellte Geschäftsbedingung ist nach § 309 Nr. 8 a BGB unwirksam. Der Verzicht des BGB auf eine Fristsetzung mit Ablehnungsandrohung in § 323 Abs. 1 und § 281 Abs. 1 BGB wirft die Frage auf, ob der Auftraggeber in von ihm vorformulierten Vertragsbedingungen rechtswirksam auf die Notwendigkeit der Kündigungsandrohung verzichten, also Identität mit der Rechtsidee des BGB herstellen kann. Zwischen der AGB-widrigkeit und der VOB-widrigkeit einer solchen Klausel ist zu unterscheiden. Eine AGB-widrigkeit fehlt deshalb, weil das BGB für den der Kündigung gleichzustellenden Fall des Rücktritts auf die Ablehnungsandrohung verzichtet und sich mit der bloßen Fristsetzung begnügt hat.[127] Daraus, dass § 643 BGB im Fall der Obliegenheitsverletzung des Auftraggebers bei der Fristsetzung mit Kündigungsandrohung verblieben ist, kann ein gegenteiliger Schluss nicht gezogen werden.[128] Denn § 5 Nr. 4 VOB/B behandelt wie §§ 281 und 323 BGB Schuldnerpflichten, wogegen §§ 642, 643 BGB grundsätzlich Bauherrn-/Auftraggeberobliegenheiten zum Gegenstand hat.[129]

Die Sanktionsvoraussetzungen strukturiert die Neufassung des BGB unterschiedlich, was der Einordnung der Pflichten deshalb entspricht, weil die nicht zeitgerechte Erfüllung von Obliegenheiten allein mit der Nichteinhaltung einer gesetzten Frist (ohne Kündigungsandrohung) nicht zur Auflösung des Vertrages führen soll (§ 643 BGB). § 323 BGB hat es demgegenüber mit Vertragspflichten (Haupt- oder Nebenpflichten) zu tun,[130] deren Nichterfüllung nach Fälligkeit und vorangegangener Fristsetzung (ohne Rücktritts- oder Ablehnungsandrohung) zum Rücktritt berechtigt. Die Kündigungsandrohung in § 643 BGB erweist sich auch deshalb als ein auf andere Fallgestaltungen nicht übertragbarer Sonderfall, weil der Vertrag nach Fristablauf ohne weiteres, also gerade ohne Kündigung aufgelöst wird. Deshalb verstoßen vorformulierte Klauseln, in denen der Auftraggeber von der Notwendigkeit einer Kündigungsandrohung neben der Fristsetzung absieht, nicht gegen wesentliche Grundgedanken der gesetzlichen Regelung Allerdings liegt ein Verstoß gegen die VOB/B vor, was zur VOB-Widrigkeit der Klausel führt. Nunmehr begründet jede vertragliche Abweichung von der VOB/B, dass diese nicht mehr als Ganzes vereinbart ist, ohne dass es darauf ankommt, welches Gewicht der Eingriff hat.[131] Die Inhaltskontrolle der VOB/B ist auch dann eröffnet, wenn nur geringfügige inhaltliche Abweichungen von der VOB/B vorliegen, was auch davon unabhängig sein soll, ob eventuelle benachteiligende Regelungen im vorrangigen Vertragswerk möglicherweise durch andere Regelungen ausgeglichen werden. Der BGH lässt allerdings ausdrücklich offen, ob die Rechtsprechung zur VOB/B als Ganzes auch auf Fälle unter Geltung des Gesetzes zur Modernisierung des Schuldrechts anwendbar ist.

### V. Auftragsentziehung – Kündigung

Erst mit der Auftragsentziehung nach § 8 Nr. 3, 5 VOB/B löst sich das Vertragsverhältnis für die Zukunft im Umfang des Auftragsentzugs auf. Die Nachfristsetzung mit Kündigungsandrohung hat keinerlei gestaltende Wirkung, womit die Rechtslage der bei § 323 BGB gleicht, da auch dort die Fristsetzung allein noch keine Rechtsfolgen auslöst.

---

[126] *Ingenstau/Korbion/Döring* VOB/B § 5 Nr. 4 Rdn. 10.
[127] A. A. *Kapellmann/Messerschmidt/Langen* VOB/B § 5 Rdn. 157.
[128] So aber *Kapellmann/Messerschmidt/Langen* VOB/B § 5 Rdn. 157.
[129] *Bamberger/Roth/Voit* § 642 Rdn. 6–8 .
[130] *Bamberger/Roth/Grothe* § 323 Rdn. 4.
[131] BGH U. v. 22. 1. 2004, VII ZR 419/02, NJW 2004, 1597 = NZBau 2004, 267 = BauR 2004, 668 = ZfBR 2004, 362.

## § 5 Nr. 4 Befugnis zu Fristsetzung mit Ablehnungsandrohung

### 1. Entscheidungs- und Wahlfreiheit

76 § 5 Nr. 4 VOB/B belässt dem Auftraggeber die freie Entscheidungsmöglichkeit, weswegen auch nach Fristablauf auf der Vertragserfüllung bestanden werden kann. § 5 Nr. 4 VOB/B bestimmt keine Ausschlussfrist für die Kündigungserklärung. Rechtsverlust tritt jedenfalls ein, wenn der Auftraggeber nach fruchtlosem Fristablauf weitere Arbeiten des Auftragnehmers annimmt. Die Kündigungsmöglichkeit erwächst dann erst bei abermaliger Verwirklichung einer in § 5 Nr. 4 festgelegten Abwicklungsstörung samt Nachfristsetzung mit Kündigungsandrohung.[132] Allein dadurch, dass sich der Auftraggeber nach Fristablauf in eine weitere Verhandlung mit dem vertragsuntreuen Auftragnehmer einlässt, liegt nicht ein Verzicht auf das Kündigungsrecht.[133] Als Gestaltungsrecht ist das Kündigungsrecht **unverjährbar**,[134] unterliegt aber durchaus der **Verwirkung**,[135] für deren Eintritt angesichts des baupraktischen Entscheidungsbedarfs ein kurzer Zeitraum – auch von wenigen Tagen – angesetzt werden muss.

### 2. Erklärungsfrist

77 In Ausrichtung an § 350 BGB muss dem Auftragnehmer zugestanden werden, dem Auftraggeber für die Ausübung der Kündigung eine angemessene Frist mit der Folge zu setzen, dass nach deren fruchtlosem Ablauf das Kündigungsrecht erloschen ist. Eine solche Frist kann in vom Auftragnehmer gestellten Geschäftsbedingungen vorgesehen sein; die Rechtswirksamkeit einer solchen Klausel ist zu bejahen, wenn die Frist angemessen ist. eine Abweichung von der VOB/B i. S. d. Rechtsprechung des BGH[136] wird dadurch nicht begründet. Denn § 5 Nr. 4 VOB/B enthält diesbezüglich keine Regelung. Begrifflich setzt das Vorliegen einer Abweichung von der VOB/B eine entsprechende Aussage voraus. Greifen Allgemeine Geschäftsbedingungen einen Punkt auf, zu dem die VOB/B schweigt, kann nicht von einer Abweichung gesprochen werden. Es könnte erwogen werden, eine Frist von 12 Werktagen als Obergrenze vorzusehen, da die 12-Werktagesfrist in der VOB/B an mehreren Stellen vorgesehen ist (§ 5 Nr. 2; § 8 Nr. 3 Abs. 4; § 12 Nr. 1).

78 Im Übrigen unterliegt die Ausübung der Kündigung trotz Vorliegens der Kündigungsgründe nach Treu und Glauben dem Missbrauchsverbot. Hat der Auftragnehmer die Arbeiten mit einem Tag Verspätung begonnen oder steht die Vollendung der Arbeiten binnen kurzem bevor, kann die Kündigung nach Treu und Glauben als **unzulässige Rechtsausübung** ausgeschlossen sein.[137] Denn Treu und Glauben bilden eine allen Rechten immanente Inhaltsbegrenzung. Bei nur unerheblichen Fristüberschreitungen fehlt es einer Kündigung an ausreichend schutzwürdigen Eigeninteressen wie auch an der Verhältnismäßigkeit.

### 3. Erklärung und Form

79 Die Kündigung kann nicht schon bedingt mit der Nachfristsetzung erklärt werden.[138] **Schriftform** ist nach § 8 Nr. 5 VOB/B als Wirksamkeitsvoraussetzung einzuhalten. Die empfangsbedürftige Willenserklärung muss dem Auftragnehmer selbst zugehen (§ 130 BGB). Die Kündigung ist zu Erhaltung der Ansprüche aus § 8 Nr. 3 VOB/B auch dann erforderlich, wenn der Auftragnehmer die Erfüllung ernsthaft und endgültig verweigert hat und deshalb die Nachfristsetzung samt Kündigungsandrohung entfiel.[139] Wenn auch weder § 5 Nr. 4 noch § 8 VOB/B Anforderungen hinsichtlich der Begründung der Kündigung enthält, ist dennoch wegen der verschiedenen Rechtsfolgen der in § 8 VOB/B behandelten

---

[132] OLG Düsseldorf NJW-RR 1994, 149.
[133] OLG Düsseldorf BauR 2001, 1459.
[134] Vgl. insoweit zur Unverjährbarkeit des Rücktritts *Bamberger/Roth/Henrich* § 194 Rdn. 17.
[135] Palandt/*Heinrichs* § 242 Rdn. 102; *Bamberger/Roth/Grüneberg* § 242 Rdn. 134.
[136] U. v. 22. 1. 2004, VII ZR 419/02, BGHZ 157, 346 = NJW 2004, 1597 = NZBau 2004, 267 = BauR 2004, 668 = ZfBR 2004, 362.
[137] *Bamberger/Roth/Grothe* § 323 Rdn. 26; vgl. *Vygen* Bauvertragsrecht Rdn. 675; BGH NJW 1974, 360.
[138] *Ingenstau/Korbion/Döring* VOB/B § 5 Nr. 4 Rdn. 21; OLG Düsseldorf BauR 2001, 1461.
[139] OLG Celle BauR 1973, 49; *Vygen* Bauvertragsrecht Rdn. 675; *Steinmeyer* Seminar Bauverzögerung S. 71.

Kündigungstatbestände zu fordern, dass das Kündigungsschreiben wenigstens Anhaltspunkte dafür enthält, auf welchen Tatbestand sich der Auftraggeber beruft (→ § 8 Nr. 1 Rdn. 18 ff. Lassen sich diese jedoch außerhalb des Schreibens anderen Umständen gleichfalls entnehmen, ist dem ausreichend Rechnung getragen.

Fehlen die Gründe für eine Kündigung nach § 8 Nr. 3 i. V. m. § 5 Nr. 4 VOB/B, auf die sich der kündigende Auftraggeber jedoch ausschließlich berufen hat, ist die Kündigung wirkungslos.[140] Eine Aufrechterhaltung als grundlose Kündigung nach § 8 Nr. 1 VOB/B ist nur möglich, wenn sich der Auftraggeber auf jeden Fall für die Auflösung des Vertrages entschieden hat, was sich nach dem Inhalt der Erklärung richtet.[141] Die Kündigungserklärung ist nach §§ 133, 157 BGB unter Berücksichtigung von Sinn und Zweck auszulegen. Wird die Kündigung mit der Verwirklichung der Voraussetzungen nach § 5 Nr. 4 VOB/B begründet, die jedoch fehlen, scheitert eine Umdeutung in eine freie Kündigung regelmäßig. Hiergegen sprechen vor allem die völlig unterschiedlichen Rechtsfolgen (→ § 8 Nr. 1 Rdn. 23). Nach Auffassung des BGH[142] kommt es hinsichtlich der Folgen einer auf bestimmte Gründe gestützte Kündigung maßgeblich darauf an, ob sich aus der Kündigungserklärung ergibt, dass der Bauvertrag unabhängig davon beendet sein soll, ob der geltend gemachte Kündigungsgrund vorliegt. Der Bundesgerichtshof ist der Überzeugung, dass dies die Auslegung regelmäßig ergibt, wenn aus den Umständen des Einzelfalles nichts anderes folgt. Denn mit einer solchen Kündigung werde nicht nur zum Ausdruck gebracht, dass das Vertragsverhältnis beendet sei, sondern mit ihr würden auch die Voraussetzungen für den Einsatz eines Drittunternehmers oder für den vollständigen Abbruch des Vorhabens geschaffen, was konfliktfrei nur bei einer auf jeden Fall wirkenden Kündigung gelinge. Dieser Standpunkt kann in dem durch § 5 Nr. 4 gezogenen Rahmen nur dann mit Recht vertreten werden, wenn der Auftraggeber nach der Kündigung einen Drittunternehmer einsetzt. Der nach § 5 Nr. 4 VOB/B ohne ausreichenden Grund gekündigte Auftragnehmer kann sich nicht auf den Standpunkt berufen, frei gekündigt worden zu sein, wenn der Auftraggeber von einem Drittunternehmereinsatz absieht, sondern im Gegenteil vom – unwirksam gekündigten – Auftragnehmer weiterhin die vertragskonforme Leistung fordert. Bei der Auslegung einer Kündigungserklärung ist demnach das der Kündigung nachfolgende Verhalten des Auftraggebers zu berücksichtigen.

### 4. Folgen der Kündigung

Die Kündigungsfolgen ergeben sich aus § 8 Nr. 3 VOB/B. Der Auftraggeber hat die Möglichkeit der Drittvergabe; ihm bleiben die Ansprüche auf Ersatz des etwa entstandenen weiteren Schadensersatzes erhalten (→ § 8 Nr. 1 Rdn. 4 ff). Bei Interessewegfall kann Schadensersatz statt der Leistung begehrt werden.

### VI. Konkurrenzverhältnis

Alternativ zu § 5 Nr. 4 VOB/B verbleibt dem Auftraggeber die Möglichkeit, auf der Vertragserfüllung zu bestehen und diese zum Gegenstand einer Leistungsklage mit Vollstreckungsmöglichkeit nach § 887 ZPO zu machen.[143] Die Klage auf Erbringung der vertraglich übernommenen Leistung kann gemäß § 255 ZPO auch mit einem Antrag auf Fristbestimmung im Urteil verbunden werden, was bis 31. 12. 2001 den Übergang zum Scha-

---

[140] BGH U. v. 24. 7. 2003, VII ZR 218/02, BGHZ 156, 82 = NJW 2003, 3474 = NZBau 2003, 665 = BauR 2003, 1889 = ZfBR 2004, 41.
[141] BGH U. v. 24. 7. 2003, VII ZR 218/02, BGHZ 156, 82 = NJW 2003, 3474 = NZBau 2003, 665 = BauR 2003, 1889; umfassend und kritisch *Schmidt* NJW 1995, 1313 ff.
[142] U. v. 24. 7. 2003, VII ZR 218/02, BGHZ 156, 82 = NJW 2003, 3474 = NZBau 2003, 665 = BauR 2003, 1889, 1891.
[143] *Ingenstau/Korbion/Döring* VOB/B § 5 Nr. 4 Rdn. 26.

§ 5 Nr. 4                                         Befugnis zu Fristsetzung mit Ablehnungsandrohung

densersatz wegen Nichterfüllung gemäß § 283 BGB ermöglichte. Dieser Weg ist seit 1. 1. 2002 in Folge der Schuldrechtsreform versperrt. Gleichfalls erhalten bleibt dem Auftraggeber die Einrede des nichterfüllten Vertrages nach § 320 BGB, was sogar bei Kündigung insoweit gilt, als es sich um Ansprüche hinsichtlich der ausgeführten Bauleistung handelt.[144] Denn die Kündigung berührt die Vertragsbeziehung bezüglich der erbrachten Leistungen nicht (→ § 8 Nr. 1 Rdn. 4, 5). Ausgeschlossen sind Rechtsausübungen nach § 323 BGB. Insoweit stellt § 5 Nr. 4 VOB/B einen Sondertatbestand dar, der zeitliche Abwicklungsstörungen sowohl hinsichtlich der Voraussetzungen als auch der Rechtsfolgen eigenständig regelt.[145] Durch das Schuldrechtsmodernisierungsgesetz bietet § 323 BGB eine eigenständige verschuldensunabhängige Rücktrittregelung bei Nichtbringung einer fälligen Leistung. Sie unterscheidet sich von der VOB/B-Regelung in § 5 Nr. 4 durch den Verzicht auf eine Kündigungsandrohung und die Rückabwicklungsanordnung. Deshalb verdrängt § 5 Nr. 4 VOB/B als Sonderregelung die Rücktrittsabwicklung nach § 323 BGB.[146] Auch der Rückgriff auf §§ 280, 286 BGB ist verwehrt. Zwar haben § 5 Nr. 4, § 6 Nr. 6 VOB/B den Verzugsschaden zum Gegenstand;[147] aber auch dessen Ersatz legen die genannten Vorschriften nach Anwendungsvoraussetzungen und Rechtsfolgen eigenständig unter Verdrängung der BGB-Regeln (§§ 280, 286 BGB) fest.[148]

## G. AGB-Konformität des § 5 Nr. 4 VOB/B

**83**    Da nach BGH[149] jede vertragliche Änderung von der VOB/B dazu führt, dass diese nicht als Ganzes vereinbart ist, was die Prüfbarkeit jeder Einzelregelung der VOB/B am Maßstab der §§ 307 ff. BGB eröffnet, stellt sich die Frage der Konformität des § 5 Nr. 4 VOB/B mit §§ 307–309 BGB. Die Prüfung hat zwischen der ersten Alternative (Aufrechterhaltung des Vertrages und Schadensersatzbegehren nach § 6 Nr. 6 VOB/B) und der zweiten Alternative (Nachfristsetzung mit Androhung des Auftragsentzugs) zu unterscheiden. Die erste Alternative deckt sich deshalb mit § 280 Abs. 1, 2, § 286 BGB, weil bei Aufrechterhaltung des Vertrages der Ersatz des Verzögerungsschadens begehrt wird. § 6 Nr. 6 VOB/B, auf den im Wegen der Rechtsgrundverweisung Bezug genommen wird,[150] hat den Ersatz der durch die hindernde Umstände nachweislich entstandenen Schaden zum Gegenstand, wozu der Verzögerungsschaden gehört.[151] § 5 Nr. 4 VOB/B entspricht § 280 Abs. 2, 286 BGB insoweit, als der Ersatz des Verzögerungsschadens verschuldensabhängig ist. Ein solches Verschulden wird in § 280 Abs. 1 Satz 2 BGB vermutet und in der verwiesenen Regelung des § 6 Nr. 6 erster Halbsatz VOB/B zur Anspruchsvoraussetzung gemacht. Konkordanz besteht auch insofern, als in zwei Anwendungsalternativen des § 5 Nr. 4 VOB/B die Verzugsvoraussetzungen erfüllt sein müssen. Das gilt so hinsichtlich des Verzugs mit der Vollendung als auch der Verletzung der Baustellenförderungsverpflichtung. Denn das insoweit nach § 5 Nr. 3 VOB/B erforderliche Abhilfeverlangen steht der Mahnung nach § 286 Abs. 1 BGB gleich. Die VOB/B-Lösung weicht aber auch hinsichtlich der ersten Anwendungsalternative – Verzögerung des Beginns der Ausführung – in den geregelten Fällen nicht vom BGB ab.[152] Ist nämlich der Beginn zeitlich exakt gemäß den Anforderungen des § 5 Nr. 1 VOB/B entsprechend den Bestimmtheitsanforderungen festgelegt,[153] kommt der Auftragnehmer nach

---

[144] *Kapellmann/Messerschmidt/Langen* VOB/B § 5 Rdn. 138.
[145] *Kapellmann/Messerschmidt/Langen* VOB/B § 5 Rdn. 143 ff.
[146] *Kapellmann/Messerschmidt/Langen* VOB/B § 5 Rdn. 145.
[147] Vgl. OLG Frankfurt NJW-RR 1994, 1361 und oben Rdn. 36.
[148] *Kapellmann/Messerschmidt/Langen* VOB/B § 5 Rdn. 139.
[149] U. v. 22. 1. 2004, VII ZR 419/02, BGHZ 157, 346 = NJW 2004, 1597 = NZBau 2004, 267 = BauR 2004, 668 = ZfBR 2004, 362.
[150] → § 5 Nr. 4 Rdn. 43; *Kapellmann/Messerschmidt/Langen* VOB/B § 5 Rdn. 105.
[151] → § 6 Nr. 6.
[152] → § 5 Nr. 4 Rdn. 45.
[153] → § 5 Nr. 1 Rdn. 8.

Befugnis zu Fristsetzung mit Ablehnungsandrohung § 5 Nr. 4

§ 286 Abs. 2 Nr. 1 BGB auch ohne Mahnung in Verzug, wenn dieser Termin nicht eingehalten wird. Fehlt es an einer solchen Beginnfestlegung, ist § 5 Nr. 2 VOB/B einschlägig, was zur Berechenbarkeit nach dem Kalender und damit zum Verzug ohne Mahnung nach § 286 Abs. 2 Nr. 2 BGB führt. Eine Abweichung liegt vor, wenn sich der festgelegte Beginn durch Behinderungsumstände verschiebt und Beginnfestlegung nach § 6 Nr. 4 VOB/B erfolgt.[154] In Verzug kommt der Auftragnehmer unter diesen Voraussetzungen nur durch Mahnung (§ 286 Abs. 1 BGB), was jedoch gemäß § 5 Nr. 4, § 6 Nr. 6 VOB/B für den Schadensersatzanspruch nicht vorausgesetzt wird. Die VOB/B wählt in § 5 Nr. 4 Satz 1 erster Halbsatz bewusst den Begriff der Verzögerung des Beginns mit der Ausführung und setzt sich insoweit bewusst ab von der hinsichtlich der Vollendung verwendeten Formulierung „gerät er mit der Vollendung in Verzug". Das lässt keinen Raum für die Annahme einer Verzugsvoraussetzung auch im Anwendungsfall der Verzögerung mit dem Beginn.[155] Im Übrigen besteht eine Kontrollmöglichkeit unter dem Gesichtspunkt des Verschuldens: Mahnt der Auftraggeber in den Fällen der dem Auftraggeber zurechenbaren behinderungsbedingten Beginnverschiebung nicht, verfehlt der Auftraggeber die ihn treffenden vom Kooperationsgedanken geprägten Informationsverpflichtung, was zur Verneinung der Verschuldensvoraussetzungen führt.

Mit der Fristsetzung samt Androhung des Auftragsentzugs setzt sich die VOB/B von der vom BGB gewählten Rücktrittslösung ab. Die VOB-Regelung verstößt damit jedoch nicht gegen wesentliche Grundgedanken der gesetzlichen Regelung, sondern berücksichtigt die besonderen Gegebenheiten eines Bauvertrages.[156] Das BGB normiert in § 323 Abs. 1 die Rücktrittsmöglichkeit unter der Voraussetzung, dass der Schuldner die fällige Leistung nicht erbringt und eine angemessen gesetzte Frist fruchtlos abgelaufen ist. Mit der Schuldrechtsreform ist bewusst auf die Fristsetzung mit Ablehnungsandrohung (§ 326 BGB a. F.) verzichtet worden; das BGB wählt auch nicht die Kündigung, sondern den Rücktritt, der die Geltendmachung des Schadensersatzanspruches jedoch nicht ausschließt (§ 325 BGB). Die VOB-Regelung entspricht mit der Fristsetzung samt Androhung des Auftragsentzugs den Anforderungen aus dem Kooperationsgebot;[157] das Baugeschehen definiert sich nach § 4 Nr. 1 VOB/B als ein koordinierter Ablaufprozess verschiedenster Baubeteiligter, deren Leistungen in einem gegenseitigen Abhängigkeitsverhältnis stehen. Wenn das BGB sich insgesamt bei Störungstatbeständen mit der einfachen Fristbestimmung begnügt und die Materialien zum Ausdruck bringen, ein Schuldner, der nicht rechtzeitig oder schlecht geleistet habe, müsse eine Fristsetzung grundsätzlich und von vornherein ernst nehmen und nach deren Ablauf mit Konsequenzen unabhängig von weiteren Drohgebärden rechnen,[158] ist das insgesamt nicht das Konzept der VOB/B. Sie stellt nicht nur bei § 5 Nr. 4 VOB/B auf die Notwendigkeit der Androhung des Auftragsentzugs ab, sondern tut dies z. B. auch bei § 4 Nr. 7 und Nr. 8; dieser Grundsatz prägt auch § 9 Nr. 2 VOB/B und wird speziell im Werkvertragsrecht des BGB in Fällen unterlassener Mitwirkung des Auftraggebers auch nicht aufgegeben (§ 643 BGB). Insgesamt dient die Fristsetzung mit Androhung des Auftragsentzugs der Rechtssicherheit; hierdurch wird für Klarheit der Verhältnisse gesorgt, weswegen insgesamt das von § 5 Nr. 4 VOB/B aufgestellte Erfordernis einer Fristsetzung mit Ablehnungsandrohung nicht gegen wesentliche Grundgedanken der gesetzlichen Regelung verstößt.[159]

Der Verzicht der VOB/B auf den Rücktritt und die Bevorzugung einer Kündigungslösung entspricht den faktischen Gegebenheiten und Erfordernissen des Bauvertrags. Wenn auch das allgemeine Leistungsstörungsrecht des BGB in § 323 den Rücktritt regelt, finden die Besonderheiten des Werkvertrags bereits in § 649 BGB und § 643 sowie § 648 a Abs. 5 BGB Ausdruck. Zwar verweisen § 634 Nr. 3, § 636 BGB für Sachmängeltatbestände auf

---

[154] → § 6 Nr. 4 Rdn. 13.
[155] A. A. *Heiermann/Riedl/Rusam* VOB/B § 5 Rdn. 20; *Leinemann/Schirmer* § 5 Rdn. 50; *Kapellmann/Messerschmidt/Langen* VOB/B § 5 Rdn. 106.
[156] *Kapellmann/Messerschmidt/Langen* VOB/B § 5 Rdn. 150, 151.
[157] BGH U. v. 28. 10. 1999, VII ZR 393/98, NJW 2000, 807 = BauR 2000, 409.
[158] BT-Drucks. 14/6040 S. 139.
[159] So auch *Kapellmann/Messerschmidt/Langen* VOB/B § 5 Rdn. 152.

die Rücktrittsregelung in § 323 BGB; das ist jedoch keine absolute Entscheidung gegen die Kündigungsregelung, was §§ 649, 643, 648a Abs. 5 BGB belegen. Denn den Bauvertrag kennzeichnet im mangel- oder zeitbedingten Störungsfall regelmäßig aus, dass ein nachfolgender Auftragnehmer auf der bis dahin erbrachten Leistung des störungsbedingt ausgeschiedenen Unternehmers aufbaut. Eine Rückabwicklung des Bauvertrags nach den Regeln gemäß §§ 346 ff. BGB wäre regelmäßig wertevernichtend. Im Übrigen kommt hinzu, dass die Rückgewähr oder die Herausgabe nach der Natur des Erlangten (Bauleistung) ausgeschlossen (§ 346 Abs. 2 Nr. 1 BGB) und deshalb Wertersatz – unter Belassung des bis dahin erbrachten Werks – zu leisten ist.

**86**   Mit Recht hat sich deshalb der Deutsche Vergabe- und Vertragsausschuss auf den Standpunkt gestellt, § 5 Nr. 4 VOB/B müsse nicht geändert werden und die Beibehaltung der Regelung verstoße nicht gegen die gesetzliche Regelung. Die Formulierung der „Leistungsablehnungsandrohung" stelle die Umsetzung des im Bauvertragsrecht geltenden Grundsatzes von Treu und Glauben unter Berücksichtigung der beidseitig sich aus dem Kooperationsgebot ergebenden Pflichten dar.[160]

---

[160] Vgl. *Kratzenberg* NZBau 2002, 177, 179.

## § 6 Behinderung und Unterbrechung der Ausführung

1. Glaubt sich der Auftragnehmer in der ordnungsgemäßen Ausführung der Leistung behindert, so hat er es dem Auftraggeber unverzüglich schriftlich anzuzeigen. Unterlässt er die Anzeige, so hat er nur dann Anspruch auf Berücksichtigung der hindernden Umstände, wenn dem Auftraggeber offenkundig die Tatsache und deren hindernde Wirkung bekannt waren.
2. (1) Ausführungsfristen werden verlängert, soweit die Behinderung verursacht ist:
   a) durch einen Umstand aus dem Risikobereich des Auftraggebers,
   b) durch Streik oder eine von der Berufsvertretung der Arbeitgeber angeordnete Aussperrung im Betrieb des Auftragnehmers oder in einem unmittelbar für ihn arbeitenden Betrieb,
   c) durch höhere Gewalt oder andere für den Auftragnehmer unabwendbare Umstände.
   
   (2) Witterungseinflüsse während der Ausführungszeit, mit denen bei Abgabe des Angebots normalerweise gerechnet werden musste, gelten nicht als Behinderung.
3. Der Auftragnehmer hat alles zu tun, was ihm billigerweise zugemutet werden kann, um die Weiterführung der Arbeiten zu ermöglichen. Sobald die hindernden Umstände wegfallen, hat er ohne weiteres und unverzüglich die Arbeiten wiederaufzunehmen und den Auftraggeber davon zu benachrichtigen.
4. Die Fristverlängerung wird berechnet nach der Dauer der Behinderung mit einem Zuschlag für die Wiederaufnahme der Arbeiten und die etwaige Verschiebung in eine ungünstigere Jahreszeit.
5. Wird die Ausführung für voraussichtlich längere Dauer unterbrochen, ohne dass die Leistung dauernd unmöglich wird, so sind die ausgeführten Leistungen nach den Vertragspreisen abzurechnen und außerdem die Kosten zu vergüten, die dem Auftragnehmer bereits entstanden und in den Vertragspreisen des nicht ausgeführten Teils der Leistung enthalten sind.
6. Sind die hindernden Umstände von einem Vertragsteil zu vertreten, so hat der andere Teil Anspruch auf Ersatz des nachweislich entstandenen Schadens, des entgangenen Gewinns aber nur bei Vorsatz oder grober Fahrlässigkeit. Im Übrigen bleibt der Anspruch des Auftragnehmers auf angemessene Entschädigung nach § 642 BGB unberührt, sofern die Anzeige nach Nr. 1 Satz 1 erfolgt oder wenn Offenkundigkeit nach Nr. 1 Satz 2 gegeben ist.
7. Dauert eine Unterbrechung länger als 3 Monate, so kann jeder Teil nach Ablauf dieser Zeit den Vertrag schriftlich kündigen. Die Abrechnung regelt sich nach den Nummern 5 und 6; wenn der Auftragnehmer die Unterbrechung nicht zu vertreten hat, sind auch die Kosten der Baustellenräumung zu vergüten, soweit sie nicht in der Vergütung für die bereits ausgeführten Leistungen enthalten sind.

## Vorbemerkung § 6

### Übersicht

| | Rdn. |
|---|---|
| A. Einführung: Allgemeines und Grundlegung | 1–17 |
|   I. Behinderung und Unterbrechung nach BGB | 2 |
|     1. Regelungsdefizit des BGB | 2 |
|     2. Übertragung der Grundsätze aus § 6 Nr. 1 VOB/B auf das gesetzliche Werkvertragsrecht | 4 |
|       a) Behinderungsanzeige als Nebenpflicht | 4 |
|       b) Form, Adressat und Inhalt | 6 |
|     3. Übertragung der Grundsätze des § 6 Nr. 2 VOB/B auf das gesetzliche Werkvertragsrecht | 7 |
|     4. Übertragung der Grundsätze des § 6 Nr. 3 VOB/B auf das gesetzliche Werkvertragsrecht | 9 |

# Vor § 6

Vorbemerkung § 6. Behinderung und Unterbrechung der Ausführung

| | Rdn. | | Rdn. |
|---|---|---|---|
| a) Förderungspflicht | 9 | II. Verschlossener Anwendungsbereich | 26 |
| b) Gebot der Wiederaufnahme der Arbeiten | 10 | 1. Nicht- oder Schlechterfüllung | 27 |
| c) Informationspflichten | 12 | a) Ernsthafte und endgültige Erfüllungsverweigerung | 27 |
| aa) Informationspflichten des Auftraggebers | 12 | b) Schlechterfüllung des Auftragnehmers | 29 |
| d) Informationspflichten des Auftragnehmers | 13 | c) Schlechterfüllung des Auftraggebers | 30 |
| 5. Übertragung der Grundsätze des § 6 Nr. 4 VOB/B auf das gesetzliche Werkvertragsrecht | 14 | 2. Unmöglichkeit | 31 |
| 6. Keine Übertragung der Grundsätze des § 6 Nr. 5 VOB/B auf das gesetzliche Werkvertragsrecht | 15 | III. Behinderung und Unterbrechung | 32 |
| | | 1. Begriff der Behinderung | 32 |
| | | 2. Unterbrechung | 34 |
| 7. Keine Übertragung der Grundsätze des § 6 Nr. 6 VOB/B auf das gesetzliche Werkvertragsrecht | 16 | 3. Behinderung – Ursachen und Zurechnungsfaktoren | 35 |
| | | 4. Behinderung – tatsächliche und rechtliche Umstände | 37 |
| 8. Keine Übertragung der Grundsätze des § 6 Nr. 7 VOB/B auf das gesetzliche Werkvertragsrecht | 17 | a) Tatsächliche Umstände | 38 |
| | | b) Rechtliche Umstände | 40 |
| | | c) Behinderung durch rechtmäßige Maßnahmen | 41 |
| **B. Regelungsinhalt des § 6 VOB/B** | 18–47 | d) Behinderung durch rechtswidrige Maßnahmen | 43 |
| I. Eröffneter Anwendungsbereich | 19 | 5. Einfluss des Bauvertragstyps auf die Behinderung | 44 |
| 1. Zeitstörungen | 19 | a) Global-Pauschalvertrag | 45 |
| 2. Hindernde Umstände | 21 | b) Detail-Pauschalvertrag | 46 |
| 3. Umstände aus der Sphäre des Auftraggebers | 22 | c) Einheitsvertrag | 47 |
| 4. Umstände aus der Sphäre des Auftragnehmers | 23 | | |
| 5. Sonstige, von außen kommende Umstände | 25 | | |

**Literatur:** *Agh-Ackermann/Kühn,* Technisch-wirtschaftliche Aspekte des Bauvertrages – Die Behinderung, BauR 1991, 30; *Boldt,* Bauverzögerungen aus dem Verantwortungsbereich des Auftraggebers: Ist § 6 VOB/B bedeutungslos, BauR 2006, 185; *Diehr,* Zum Verhältnis von Vergütungs- und Schadensersatzanspruch des Auftragnehmers wegen Bauzeitstörungen nach der VOB/B, BauR 2001, 1507; *Geschow,* Anordnungen zur Bauzeit – Vergütungs- oder Schadensersatzansprüche, ZfBR 2004, 642; *Heiermann,* Die Spezialregelung des § 6 VOB/B bei Behinderung und Unterbrechung der Ausführung von Bauleistungen, BB 1981, 876; *ders,* Der Schadensersatzanspruch des Unternehmers nach § 6 Nr. 6 wegen Behinderung durch verspätet gelieferte oder fehlerhafte Schal- und Bewährungspläne, Die Bauwirtschaft 1986, 1091; *Heilfort,* Besonderheiten der Entstehung, Auswirkung und Darstellung von Bauablaufstörungen in leistungsflexiblen Gewerken – dargestellt am Beispiel Trockenbau-, BauR 2003, 1646; *Kaiser,* Umfang der Schadenshaftung wegen Verzuges des Auftragnehmers nach der VOB Teil B, NJW 1974, 1310; *Kapelmann,* Der Schaden des Auftraggebers bei Verzug des Auftragnehmers mit der Fertigstellung eines Mietobjekts, BauR 1997, 48; *Kapelmann/Schiffers,* Die Ermittlung der Ersatzansprüche des Auftragnehmers aus vom Bauherrn zu vertretenden Behinderungen (§ 6 Nr. 6 VOB/B), BauR 1986, 615; *Kemper,* Nachträge und ihre mittelbare Bauzeitauswirkung, NZBau 2001, 238; *Kreikenbohm,* Verzug des Unternehmers im Werkvertragsrecht, BauR 1993, 647; *Leineweber,* Mehrkostenforderungen des Auftraggebers bei gestörtem Bauablauf, Jahrbuch Baurecht 2002, 107; *dies,* Sachwalterpflichten des Architekten beim gestörten Bauablauf, FS Jagenburg, 2002, S. 477; *Meier,* Planungs- und Planungsbehinderungsnachträge beim VOB/B-Bauvertrag, BauR 2004, 729; *Niemöller,* Der Mehrvergütungsanspruch für Bauzeitverlängerungen durch Leistungsänderungen und/oder Zusatzleistungen beim VOB/B-Bauvertrag, BauR 2006, 170; *Oberhauser,* Formelle Pflichten des Auftragnehmers bei Behinderungen, BauR 2001, 1177; *Olshausen,* Planung und Steuerung als Grundlage für einen zusätzlichen Vergütungsanspruch bei gestörtem Bauablauf, FS Korbion, 1986, S. 323; *Peters,* Schadensersatz wegen Nichterfüllung und Verzug beim gegenseitigen Vertrag, NJW 1979, 688; *Piel,* Zur Abgrenzung zwischen Leistungsänderung (§ 1 Nr. 3, 2, Nr. 5 VOB/B) und Behinderung (§ 6 VOB/B), FS Korbion, 1986, S. 249; *Reister,* Baubetriebliche Abwägung zur Arbeitseinstellung beim Bauvertrag, NZBau 2001, 1; *Roquette,* Praktische Erwägungen zur Bauzeit bei Vertragsgestaltung und baubegleitender Beratung, Jahrbuch Baurecht 2003, 33; *Schimmel/Buhlmann,* Schuldnerverzug nach der Schuldrechtsmodernisierung – Tatbestandsvoraussetzungen und Rechtsfolgen, MDR 2002, 609; *Thode,* Nachträge wegen gestörten Bauablauf im VOB/B-Vertrag – eine kritische Bestandsaufnahme, ZfBR 2004, 214; *Vygen,* Behinderungen des Auftragnehmers und ihre Auswirkungen auf die vereinbarte Bauzeit, BauR 1983, 210; *ders.,* Behinderungen des Auftragnehmers und ihre Auswirkungen auf den Vergütungsanspruch des Unternehmers, BauR 1983, 414; *ders,* Bauablaufstörungen: Sachnachträge – Zeitnachträge, BauR 2006, 166; *Walzel,* Zur Frage der Haftung des Auftraggebers aus § 278 BGB Bei Bauzeitverzögerungen des Auftragnehmers, BauR 1984, 569; *Weyer,* Bauzeitverlängerung aufgrund von Änderungen des Bauentwurfs durch den Auftraggeber, BauR 1990, 138, *Zanner,* Kann der AG durch Anordnung gemäß § 1 Nr. 3 VOB/B nicht nur Leistungsinhalte, sondern auch die Bauzeit einseitig ändern, BauR 2006, 177; *Zanner/Keller,* Das einseitige Anordnungsrecht des Auftraggebers zu Bauzeit und Bauablauf und seine Vergütungsfolgen, NZBau 2004, 353.

## A. Einführung: Allgemeines und Grundlegung

§ 6 VOB/B widmet sich in besonderer Weise dem Problem der Zeitstörung. Mit deren Erscheinungsformen Behinderung und Unterbrechung regelt die VOB/B jedoch den Komplex nicht insgesamt.[1] Die Rechtsfolgen bei Unmöglichkeit und der endgültigen und ernsthaften Leistungsverweigerung des Auftragnehmers zieht das BGB. Bei einer Baustelle, die wegen vielfältig beteiligter Personen ein komplexes Sozialsystem und angesichts der zu organisierenden Planungs- und Baumaßnahmen ein in gleicher Weise kompliziert strukturiertes Dachsystem darstellt, sind zeitliche **Abwicklungsstörungen** nahezu unvermeidbar. § 6 VOB/B stellt sich diesem Problem praxisbezogen. Die Bestimmung macht Änderungen und Unterbrechungen der Ausführung zu einem neutralen Ereignis, das der Regelung durch die Vertragsparteien bedarf. Eine weitere Einschränkung im Anwendungsbereich der Vorschrift folgt aus § 4 Nr. 7 wie aus § 13 Nr. 7 VOB/B. Zeitstörungen, deren Ursache **mangelhafte Leistungen** sind, werden vom Gewährleistungsrecht erfasst, wenn die Ansprüche wegen der gewährleistungspflichtigen Unternehmer zu beurteilen sind.[2] Letztlich ist § 6 VOB/B hinsichtlich der Nummern 1 bis 4 Ausdruck von sich aus Treu und Glauben ergebenden Grundsätzen, weswegen diese Regelungenprinzipien im Allgemeinen auf den BGB-Bauvertrag übertragen werden können. Hierfür besteht Bedarf, da das Werkvertragsrecht des BGB die verspätete Leistung lediglich über den Schuldnerverzug nach § 280 Abs. 2, 281 BGB regelt, die für alle Vertragsverhältnisse gelten.[3] Insoweit besteht daher keine Sonderreglung für das Werkvertragsrecht, sodass auffüllungsbedürftige Lücken bestehen, soweit Behinderungs- und Unterbrechungsfolgen festzulegen sind. Die Handlungsspielräume, die die §§ 642, 643 BGB bei **unterlassener** oder **verspäteter Mitwirkung** des Auftraggebers lassen, eröffnen die Wahlmöglichkeit zwischen Entschädigungsanspruch und Kündigung. Für eine Bewältigung des zeitgestörten Herstellungsprozesses fehlt es an Ansätzen.

### I. Behinderung und Unterbrechung nach BGB

#### 1. Regelungsdefizit des BGB

Gemessen am Regelungsgehalt des § 6 VOB/B bleibt das BGB entscheidend zurück. § 6 VOB/B trifft Regelungen für die **Ausführungsphase,** wogegen das BGB mit den Verzugsbestimmungen auf die nicht rechtzeitige Herstellung und damit den **Vollendungszeitpunkt** abstellt. Störungstatbestände, die sich auf den Prozess der Bauwerkserstellung und damit auf die Einhaltung der Leistungszeit negativ auswirken, sind für das gesetzliche Werkvertragsrecht kein Anlass, die Ausführungsfristverlängerung, die Weiterführungs- und Wiederaufnahmepflicht sowie die Abrechnungsmöglichkeit einer eigenständigen Norm zuzuführen. Das BGB stellt ausdrücklich kein besonderes Regularium bereit, das die zeitliche Abwicklungsstörung an sich betrifft. Vielmehr sind Leistungsstörungen, die den Beginn, die Fortführung oder die Vollendung der Leistung hemmen, verzögern oder unterbrechen je

---

[1] BGHZ 65, 372 = Baurecht 1976, 126, 127; BGH NJW 1958, 217.
[2] BGH NJW 1975, 1701, 1703.
[3] BGH BauR 2000, 722; BGH BauR 2003, 531.

nach Art und Umfang der Behinderung und der zugrunde liegenden Ursachen als Fälle des Gläubigerverzugs nach §§ 293 ff. BGB oder ggf. als eine als Schuldnerverzug zu qualifizierende Pflichtverletzung im Sinne von § 280 BGB zu werten.[4] Dennoch müssen die meisten Bestimmungen des § 6 VOB/B – dessen Nrn. 5 bis 7 ausgenommen – als Kasuistik dessen gesehen werden, was sich aus §§ 241, 242 BGB unter Berücksichtigung sachlogischer Strukturen des Baugeschehens als Rechtspflicht und Rechtsfolgenaussage ableiten lässt.[5]

3    Kann das vom Auftraggeber angestrebte Objekt nur gelingen, wenn zahlreiche Baubeteiligte sach- und zeitgerecht mitwirken, ist jeder Schuldner – und damit auch der Auftragnehmer – auf Grund **leistungssichernder Nebenpflichten**[6] gehalten, befürchtete und ihn betreffende Behinderungen und Unterbrechungen anzuzeigen. Die Verpflichtung aus § 241 Abs. 2 BGB, auf die Rechte, Rechtsgüter und Interessen des Vertragspartners Rücksicht zu nehmen sowie aus § 242 BGB, die Leistung so zu bewirken, wie Treu und Glauben mit Rücksicht auf die Verkehrssitte es erfordern, führt notwendig zur Bejahung einer Verpflichtung zur Behinderungsanzeige. Gerade weil das BGB-Werkvertragsrecht den Umstand vernachlässigt, dass das Bauwerk in der Zeit entsteht, und damit gewissen Gefährdungen ausgesetzt ist, und erst die nicht rechtzeitige Vollendung sanktioniert, entfaltet § 242 BGB besondere Bedeutung. Denn diese Vorschrift betrifft ihrem Wortsinn nach gerade das „Wie", also die Art und Weise der Leistung. Dazu gehört nicht nur die Erteilung von Informationen, um dem Auftraggeber die Vornahme der Maßnahmen zu ermöglichen, die unter Koordinierungsgesichtspunkten zur Leistungserstellung erforderlich sind, sondern auch die **leistungssichernde Aufklärung,** die dem Auftraggeber die Wahrnehmung seiner Dispositionsaufgabe ermöglicht.[7] § 6 Nrn. 1 bis 4 VOB/B erweisen sich daher nicht als Abweichungen vom BGB, sondern als Konkretisierung der Gebote von Treu und Glauben bei einem Langzeitvertrag im Baubereich.

### 2. Übertragung der Grundsätze aus § 6 Nr. 1 VOB/B auf das gesetzliche Werkvertragsrecht

4    a) **Behinderungsanzeige als Nebenpflicht.** Die Anzeigeverpflichtung die § 6 Nr. 1 VOB/B statuiert, ist eine leistungssichernde Nebenpflicht i. S. d. § 241 Abs. 2 BGB.[8] Die Verpflichtung zur Behinderungsanzeige beruht darauf, den Auftraggeber vor den Schäden zu bewahren, die diesem aus einer Zeitstörung erwachsen können. Der Auftraggeber soll in die Lage versetzt werden, Maßnahmen zu ergreifen, um den ordnungsgemäßen Bauablauf zu sichern, vor allem, um die Behinderung zu beseitigen oder sich sonst im weiteren Bauablauf auf die Störung einzustellen.[9] Die Behinderungsanzeige ist Teil eines **Informationsgebots,** das einen Langzeitvertrag kennzeichnet, dessen zeitgerechte Abwicklung nur gelingen kann, wenn die Baubeteiligten rechtzeitig im Störungsfall unterrichtet werden.[10]

5    Die unterlassene Behinderungsanzeige stellt daher eine Pflichtverletzung mit der Folge von Schadenersatzansprüchen des Auftraggebers nach §§ 280 bis 283 BGB dar.[11] Wählt der Auftraggeber weiterhin Erfüllung der vertraglichen Verpflichtungen, kann sich der Unternehmer aus schadensersatzrechtlichen Gründen nicht auf eine Fristverlängerung berufen. Er ist folglich gehalten, die vereinbarte Ausführungsfrist einzuhalten und die Behinderung durch Intensivierung der Baustellenbeschickung auszugleichen.

6    b) **Form, Adressat und Inhalt.** Mangels entsprechender Regelungen bedarf die Behinderungsanzeige nach BGB keiner besonderen Form.[12] Da die Wahrung der Schriftform nach

---

[4] BGH BauR 2000, 722; BGH BauR 2003, 531.
[5] *Vygen/Schubert/Lang* Rdn. 23 f.
[6] Vgl. MünchKomm/*Kramer* § 241 Rdn. 19.
[7] MünchKomm/*Roth* § 241 Rdn. 114 ff.
[8] MünchKomm/*Kramer* § 241 Rdn. 19.
[9] Ingenstau/Korbion VOB/B § 6 Nr. 1 Rdn. 4.
[10] Kleine-Möller/Merl § 14 Rdn. 17.
[11] Ingenstau/Korbion VOB/B § 6 Nr. 1 Rdn. 4; Kleine-Möller/Merl § 14 Rdn. 17.
[12] Kleine-Möller/Merl § 14 Rdn. 17.

A. Einführung: Allgemeines und Grundlegung                                 Vor § 6

§ 6 Nr. 1 VOB/B nicht konstitutiv ist, sondern eine mündliche Anzeige ausreicht, um den Vorwurf der Pflichtverletzung auszuräumen,[13] besteht auch kein Anlass, gemäß § 242 BGB mit Rücksicht auf eine baugewerbliche Verkehrssitte für die Erstattung der Behinderungsanzeige die Schriftform zu verlangen. Als Willenserklärung oder rechtsgeschäftsähnliche Handlung vermag eine Anzeige allerdings Wirkungen nur bei nachweisbarem Zugang entfalten (§ 130 BGB). Hinsichtlich des in Betracht kommenden Adressatenkreises gelten die für § 6 Nr. 1 VOB/B maßgebenden Ausführungen entsprechend. Denn bei Einschaltung eines bauüberwachenden Architekten/Ingenieurs ergeben sich insoweit wie auch hinsichtlich der an den Inhalt der Anzeige zu stellenden Anforderungen keine VOB-spezifischen Besonderheiten. Inhaltlich muss die Information so beschaffen sein, dass der Auftraggeber oder dessen bauleitender Architekt die gegebenenfalls gebotenen Dispositionen veranlassen kann. Demnach muss die Anzeige die Tatsachen enthalten, aus denen sich für den Auftraggeber mit hinreichender Klarheit die Gründe für die Behinderung oder die Unterbrechung ergeben.[14]

### 3. Übertragung der Grundsätze des § 6 Nr. 2 VOB/B auf das gesetzliche Werkvertragsrecht

Auch beim gesetzlichen Werkvertragsrecht können die in § 6 Nr. 2 Abs. 1 lit. a) bis c) VOB/B aufgezählten Tatbestände im Ergebnis zu einer Verlängerung der Bauzeit führen.[15] § 6 Nr. 2 VOB/B zählt zum Kreis jener VOB/B-Bestimmungen, die Ausdruck dessen sind, was im Baugewerbe als gewerbsüblich und dem Baubeteiligten zumutbar anzusehen ist. Die in § 6 Nr. 2 VOB/B angeführten Behinderungen schließen den Verzug aus. Dies ergibt sich bereits nach BGB-Regeln aus § 286 Abs. 4 BGB. Denn liegt die Ursache für die Nichteinhaltung von Vertragsfristen in der Sphäre des Auftraggebers oder führen Streiks bzw. Aussperrungen zum Stillstand des Betriebs des Auftragnehmers, fehlt das Verschulden des Unternehmers ebenso wie bei höherer Gewalt oder anderen für den Auftragnehmer unabwendbaren Umständen.[16]

§ 271 Abs. 1 BGB ermöglicht die Übertragung der Fristverlängerungsregeln nach § 6 Nr. 2 VOB/B auf das gesetzliche Werkvertragsrecht.[17] Sachlogische Gebote, deren Ausdruck die in § 6 Nr. 1 und Nr. 2 VOB/B enthaltenen Forderungen und Rechtsfolgen sind, begründen die **Leistungszeitverlängerung,** wenn der Bauablauf durch Umstände behindert wird, mit denen der Unternehmer weder bei Angebotsabgabe noch im Rahmen des Vertragsschlusses rechnen musste. Denn beim Werkvertrag ergibt sich die Leistungszeit aus der Beschaffenheit der Leistung und der hierfür erforderlichen Zeit, die bei Behinderung innerhalb vertraglich festgelegter Ausführungsfristen nicht mehr zur Verfügung steht.[18] Die Störung des Ablaufplans des Unternehmers, der seine Kapazitäten so eingeplant hat, dass ein objektiv durchschnittlicher und kontinuierlicher Arbeitsablauf und die Einhaltung der Vertragsfristen gesichert ist, muss bei vertraglich gesicherter Aufrechterhaltung dieser **Leistungskapazität** notwendig zu einer Neuordnung der Vertragsfristen führen. Jede Änderung der Leistungsinhalte und/oder der Leistungsumstände ist mit einer Leistungsmehrung und deshalb mit einem geänderten Zeitbedarf verbunden. Gilt im Bauvertrag ein individuell ausgehandelter oder ausgewogener vorformulierter konfliktregelnder Mechanismus für den Behinderungsfall, ist die vertragliche Bestimmung der Leistungszeit bei Ablaufstörungen unterblieben. Damit gewinnen gemäß § 271 Abs. 1 BGB die Umstände, insbesondere die Natur des Schuldverhältnisses zeitbestimmende Qualität. Da § 6 Nr. 2 VOB/B diese Umstände konkretisiert, finden die sich aus § 6 Nr. 2 VOB/B ergebenden Rechtsfolgen auch nach gesetzlichem Werkvertragsrecht Anwendung. Bewirken die vertraglich vereinbarten

---

[13] *Heiermann/Riedl/Rusam* VOB/B § 6 Rdn. 7.
[14] BGH NJW-RR 1990, 403 = BauR 1990, 210, 212.
[15] *Kleine-Möller/Merl* § 14 Rdn. 14.
[16] *Vygen/Schubert/Lang* Rdn. 23.
[17] MünchKomm/*Krüger* § 271 Rdn. 30.
[18] MünchKomm/*Krüger* § 271 Rdn. 30.

Leistungsinhalte und die vertraglich zugrunde zu liegenden Umstände die Grundlage des Bauzeitrahmens, führt deren Änderung zu einer Störung der Geschäftsgrundlage nach § 313 BGB. Folglich ist eine Anpassung der Vertragsfristen notwendig, wenn die Gründe der Sphäre des Auftraggebers zuzuweisen sind.

### 4. Übertragung der Grundsätze des § 6 Nr. 3 VOB/B auf das gesetzliche Werkvertragsrecht

9   **a) Förderungspflicht.** § 6 Nr. 3 VOB/B konkretisiert Gebote aus Treu und Glauben.[19] Die in Satz 1 enthaltene Förderungsverpflichtung ist als **leistungssichernde Nebenverpflichtung** zu qualifizieren und deshalb auch für das Werkvertragsrecht nach BGB einschlägig.[20] Die Forderung, dass der Auftragnehmer alles zu tun hat, was ihm billigerweise zugemutet werden kann, um die Weiterführung der Arbeiten zu ermöglichen, knüpft schon dem Wortlaut nach an Geboten von Treu und Glauben an. Welche Förderungspflichten den Auftragnehmer im Einzelnen treffen, ist einzelfallbezogen anhand der Gegebenheiten zu bestimmen. Zurechenbarkeit und Verschuldenskriterien sind Konkretisierungselemente.[21] Hat der Auftragnehmer die Ursache der Behinderung gesetzt, begründen Treu und Glauben eine intensivere Förderungspflicht als bei Zurechenbarkeit zu Lasten des Auftraggebers. Trifft den Unternehmer zudem ein Verschulden, liegt eine Pflichtverletzung vor. Der Auftragnehmer ist daher bereits nach Schadensersatzregeln in besonderer Weise in der Pflicht, für die Weiterführung der Arbeiten Sorge zu tragen.[22]

10  **b) Gebot zur Wiederaufnahme der Arbeiten.** Auch die in Satz 2 enthaltene Verpflichtung, die Wiederaufnahme der Arbeiten anzuzeigen, folgt aus den Geboten von Treu und Glauben. Gerade bei Störungseintritt ist bei einem Langzeitvertrag die für die Kooperation und Abstimmung erforderliche **Kommunikation** bedeutsam. Dem Auftraggeber soll damit die rechtzeitige Erfüllung seiner Mitwirkungspflichten wie Planbeistellung oder Wahrnehmung sonstiger Dispositionsaufgaben ermöglicht werden. Das Gebot zur Wiederaufnahme der Arbeiten nach Wegfall der hindernden Umstände formuliert § 6 Nr. 3 Satz 2 VOB/B sehr streng dahin, dass nach Wegfall der hindernden Umstände die Arbeiten ohne Weiteres unverzüglich wieder aufzunehmen sind. Für das gesetzliche Werkvertragsrecht ist diese Regelung, die auch schon für den VOB-Bereich eine erhebliche Aufweichung durch angemessene Berücksichtigung der **Auftragnehmerdisposition** erfährt,[23] abzumildern.[24] Denn kann die Dauer der Unterbrechung nicht abgeschätzt werden, hat der Auftragnehmer nicht nur das Recht, sondern unter Schadensminderungsgesichtspunkten auch die Pflicht, eine andere Baustelle vorzuziehen oder einen anderen Auftrag anzunehmen. Diese berechtigt vorgenommene Disposition muss nach Treu und Glauben bei der zeitlichen Festlegung des Wiederaufnahmegebots berücksichtigt werden und kann dazu führen, dass der Unternehmer die ersatzweise aufgenommene Tätigkeit zunächst zu Ende führen darf.[25]

11  **c) Informationspflichten.** Die bei der Abwicklungsstörung entstehenden Informationspflichten gehen nach Treu und Glauben über das in § 6 Nr. 3 VOB/B geregelte hinaus. Danach wird lediglich dem Auftragnehmer auferlegt, den Kommunikationsprozess durch die Mitteilung über die Wiederaufnahme der Arbeiten in Gang zu halten. Unter Berücksichtigung von Treu und Glauben intensiviert das gesetzliche Werkvertragsrecht diesen Pflichtenkreis.

---

[19] *Ingenstau/Korbion* VOB/B § 6 Nr. 3 Rdn. 2.
[20] *Kleine-Möller/Merl* § 14 Rdn. 16; *Vygen/Schubert/Lang* Rdn. 23 f.
[21] *Ingenstau/Korbion* VOB/B § 6 Nr. 3 Rdn. 2; *Heiermann/Riedl/Rusam* B § 6 Rdn. 16.
[22] *Ingenstau/Korbion* VOB/B § 6 Nr. 3 Rdn. 2; *Heiermann/Riedl/Rusam* B § 6 Rdn. 16.
[23] *Ingenstau/Korbion* VOB/B § 6 Nr. 3 Rd. 7.
[24] *Ingenstau/Korbion* VOB/B § 6 Nr. 3 Rdn. 8; *Heinermann/Riedl/Rusam* B § 6 Rdn. 18; *Kleine-Möller/Merl* § 14 Rdn. 18.
[25] *Heiermann/Riedl/Rusam* VOB/B § 6 Rdn. 18.

**aa) Informationspflichten des Auftraggebers.** Der Auftraggeber, in dessen Verant- 12
wortungsbereich der Behinderungstatbestand angesiedelt ist, hat den Unternehmer auf
dessen Nachfrage darüber zu unterrichten, wann mit der Beendigung der Unterbrechung zu
rechnen ist. Umgekehrt gilt dasselbe zu Lasten des Auftragnehmers, wenn der Unterbrechungsgrund in dessen Sphäre liegt. Der Auftraggeber ist nach Treu und Glauben gehalten,
den Auftragnehmer über die ungefähre Dauer oder deren Beendigung zu informieren. Nach
Treu und Glauben hat der Auftraggeber dem Auftragnehmer jene Informationen zukommen
zu lassen, die für die Leistungserbringung und die Sicherung des Leistungserfolges notwendig sind.[26] Dem Auftragnehmer kann nicht zugemutet werden, sich eigeninitiativ hinsichtlich der Beendigung der Unterbrechung zu vergewissern, wenn die ihn hindernden Umstände in der Sphäre des Auftraggebers liegen.

**d) Informationspflichten des Auftragnehmers.** Nach Treu und Glauben ist der 13
Auftragnehmer nicht nur gehalten, die ihm in § 6 Nr. 1 und Nr. 3 VOB/B zugewiesenen Informationspflichten zu erfüllen. Gemäß § 242 BGB müssen sich Vertragspartner
das an Information zugänglich machen, was zur **Leistungssicherung** geboten ist.[27] Dazu
kann im Rahmen des § 6 Nr. 1 VOB/B bei einem Hinderungsgrund in der Sphäre des
Unternehmers auch gehören, den Auftraggeber über den Zeitpunkt der Behebung zu
informieren. Die VOB/B-Regelung darf nicht zu dem Fehlschluss verleiten, den Bereich
der Nebenpflichten im Rahmen des realisierungsbedingten Kommunikationsprozesses
abschließend zu bestimmen. Dazu kann bei entsprechendem Informationsbedarf auf
Seiten des Auftraggebers zur Wahrnehmung seiner **Dispositionsaufgabe** (§ 4 Nr. 1
Abs. 1 VOB/B) auch gehören, dass der Unternehmer den Auftraggeber im Voraus sein
zeitliches Konzept zur Behebung einer von ihm zu verantwortenden Behinderung darlegt.

## 5. Übertragung der Grundsätze des § 6 Nr. 4 VOB/B auf das gesetzliche Werk-vertragsrecht

§ 6 Nr. 4 VOB/B legt die Grundsätze fest, nach denen die Fristverlängerung zu 14
berechnen ist. Die aufgelisteten Kriterien, nämlich die Dauer der Behinderung, der
Zuschlag für die Wiederaufnahme der Arbeiten und die etwaige Verschiebung in eine
ungünstigere Jahreszeit, sind auch für das Werkvertragsrecht des BGB maßgeblich. Hierbei
handelt es sich um Faktoren, die aus sachlogischen Gesichtspunkten die Verlängerung der
vertraglichen Ausführungsfristen gewerbeüblich bestimmen. Die Übertragung der in § 6
Nr. 4 VOB/B niedergelegten **Bemessungsfaktoren** ist zwingend geboten, weil die neue
Ausführungspflicht gemäß § 271 BGB nach den Umständen zu bestimmen ist. Diese
beachtenswerten Umstände sind nach der Dauer der Behinderung unter Berücksichtigung
der Erschwernisse für die Wiederaufnahme der Tätigkeit wie auch evtl. veränderter, durch
die Jahreszeit bedingter Umstände festzulegen. Für das gesetzliche Werkvertragsrecht ist der
in § 6 Nr. 4 VOB/B enthaltene Katalog aber auch nicht abschließender Natur. Ergänzungsbedarf besteht gerade bezüglich des Verlängerungsmoments „Dauer der Behinderung", das sich unmittelbar dann nicht anwenden lässt, wenn die Behinderung nicht zu
einer Unterbrechung, sondern lediglich dazu führt, dass der Unternehmer die in die
Ablaufplanung eingestellten **Produktionsziffern oder Leistungswerte** nicht erreicht.
Das durch die Verminderung der Prozessgeschwindigkeit begründete Leistungsdefizit lässt
sich in Arbeitsstunden und die entsprechenden Tagwerke umrechnen, was letztlich zur
exakten Bestimmung der Fristverlängerung führt, wenn nicht eine **Intensivierung der
Baustellenbeschickung** zum Ausgleich der Behinderung und zur Sicherung der Vertragsfristen erfolgt.

---

[26] MünchKomm/*Roth* § 241 Rdn. 71.
[27] MünchKomm/*Roth* § 241 Rdn. 71.

### 6. Keine Übertragung der Grundsätze des § 6 Nr. 5 VOB/B auf das gesetzliche Werkvertragsrecht

**15** Nach § 6 Nr. 5 VOB/B sind die ausgeführten Leistungen nach den Vertragspreisen abzurechnen, wenn die Ausführungen für voraussichtlich längere Dauer unterbrochen wird, ohne dass die Leistung dauernd unmöglich wird. In diesem Fall soll der Auftragnehmer nicht weiterhin die Preisgefahr und damit das **Vergütungsrisiko** tragen, das durch das gemäß § 16 Nr. 1 VOB/B bestehende Recht auf Abschlagszahlungen im Vergleich zum gesetzlichen Vertragsrecht ohnehin erheblich gemildert ist. Eine Übertragung dieser Grundsätze in die §§ 631 ff. BGB scheidet aus. Hierdurch würde erheblich von §§ 640, 641 BGB abgewichen, was sich durch Vorschriften des allgemeinen Schuldrechts nicht rechtfertigen lässt. Auch die Grundsätze von Treu und Glauben oder die Rechtsfigur des Fortfalls der Geschäftsgrundlage berechtigen nicht generell zu einer in § 6 Nr. 5 VOB/B vorformulierten und zugunsten des Auftragnehmers vorgesehenen Lösung der Vergütungsfrage bei **Unterbrechung der Ausführung.** Dem stehen auch die §§ 242, 243 BGB entgegen, wonach die Lösung bei Aufrechterhaltung des Vertrages in einer Entschädigungsregelung, sonst in einer Vertragsbeendigung gesehen wird.

### 7. Keine Übertragung der Grundsätze des § 6 Nr. 6 VOB/B auf das gesetzliche Werkvertragsrecht

**16** Eine Übertragung scheidet aus, da § 6 Nr. 6 VOB/B im Vergleich zum Leistungsstörungsrecht des BGB eine **Sonderregelung** darstellt.[28] Sie betrifft sowohl Ansprüche des Auftragnehmers gegen den Auftraggeber als auch umgekehrt dessen Ansprüche gegen den Auftragnehmer. Erfasst werden alle Behinderungen, gleichgültig ob sie auf Schuldnerverzug oder Pflichtverletzung beruhen. Sämtliche Umstände, die sich hindernd auf die Bauausführung und damit negativ auf die Einhaltung der Bauzeit auswirken, lösen die in § 6 Nr. 6 angeführten **Schadenersatzansprüche** aus, wenn hinzukommt, dass ein Vertragsteil diese hindernden Umstände zu vertreten hat. Ein Bedarf zur Übernahme dieser Regelung auf das gesetzliche Werkvertragsrecht besteht nicht, weil § 642 BGB die Rechtsfolgen des **Annahmeverzuges** festlegt, die in §§ 280 bis 283 BGB Verzugsregeln bestimmen und die Verletzung von Nebenpflichten mit schädigenden Auswirkungen über die gesetzlichen Regeln der **Pflichtverletzung** erfasst werden. Im Gegenteil weicht § 6 Nr. 6 VOB/B durch die Beschränkung der Schadensersatzhaftung für **entgangenen Gewinn** (§ 252 BGB) auf Vorsatz und grobe Fahrlässigkeit erheblich von der BGB-Regelung ab.

### 8. Keine Übertragung der Grundsätze des § 6 Nr. 7 VOB/B auf das gesetzliche Werkvertragsrecht

**17** Bereits die in § 6 Nr. 7 VOB/B enthaltene Rechtsfolgenanordnung, nämlich die Abrechnung nach den sich aus den Nrn. 5 und 6 ergebenden Grundsätzen schließt es aus, Grundgedanken aus § 6 Nr. 7 VOB/B auf das gesetzliche Werkvertragsrecht zu übertragen. Wenn damit auch das nach allgemeinen Grundsätzen bei Dauerschuldverhältnissen und Langzeitverträgen gültige **Kündigungsrecht aus wichtigem Grund** konkretisiert wird, bleibt diese Wirkung auf den VOB-Vertrag beschränkt. Unter welchen Voraussetzungen bei einer längeren Unterbrechung der Bauabwicklung ein BGB-Bauvertrag von Auftraggeber und Auftragnehmer gekündigt werden kann, bestimmt sich in Ausrichtung am Einzelfall. Die Unterbrechungsdauer von drei Monaten kann nur ein allgemeines Orientierungsdatum sein. Die im Vergleich zur BGB-Regelung beachtliche Besonderheit besteht darin, dass der Unterbrechungstatbestand ohne Rücksicht auf Ursache und Zurechenbarkeit die Kündigung legitimiert, wogegen §§ 642, 643 BGB als normierte Kündigungsmöglichkeit für die

---

[28] *Ingenstau/Korbion* § 6 Nr. 6 Rdn. 1; *Heiermann/Riedl/Rusam* VOB/B § 6 Rdn. 35; *Vygen/Schubert/Lang* Rdn. 24.

Kündigung durch den Auftragnehmer Störungen im Bereich der Mitwirkungshandlungen des Auftraggebers voraussetzt. Im Übrigen kann der Auftragnehmer das Vertragsverhältnis – aus wichtigem Grund – kündigen, wenn der Auftraggeber das Vertragsverhältnis gefährdet und dem Auftragnehmer die Fortsetzung nicht mehr zumutbar ist.[29] Der bloße überlange Unterbrechungstatbestand, der nach § 6 Nr. 7 VOB/B einen Kündigungsgrund schafft, begründet ohne Hinzukommen weiterer Umstände kein Kündigungsrecht das werkvertraglichen Prinzipien. Demnach erweist sich § 6 Nr. 7 VOB/B nach Voraussetzungen und Rechtsfolgen als echter **Sondertatbestand,** was die Anwendbarkeit im Rahmen des gesetzlichen Werkvertragsrechts ausschließt.

## B. Regelungsinhalt des § 6 VOB/B

§ 6 VOB enthält ein Konglomerat unterschiedlichster Regelungen. Die Vorschrift knüpft **18** **ohne exakte Definition** der Behinderungs- und Unterberechungstatbestände an Störungen in der zeitlichen Abwicklung einer Baumaßnahme an und auferlegt dem Auftragnehmer Informations- und Förderungspflichten (§ 6 Nr. 1 und Nr. 3). Die Vertragsfristen werden unter näher bestimmten Voraussetzungen verlängert (§ 6 Nr. 2), wobei sich die Berechnungsregeln aus der Nr. 4 ergeben. Die Nr. 5 eröffnet abweichend von § 16 VOB/B bei längerer Unterbrechung eine Abrechnungsmöglichkeit der bisher erbrachten Leistungen und Nr. 7 schafft ein Kündigungsrecht für beide Vertragspartner, das eigenständig neben §§ 8, 9 VOB/B steht.

### I. Eröffneter Anwendungsbereich

#### 1. Zeitstörungen

Der Regelungsort nach § 5 VOB/B „*Ausführungsfristen*" verdeutlicht i. V. m. der Über- **19** schrift des § 6 VOB/B „*Behinderung und Unterbrechung der Ausführung*", dass § 6 VOB/B allein die „*Zeitstörung*" zum Gegenstand hat. Die in der Nr. 1 gebrauchte Formulierung „*Glaubt sich der Auftragnehmer in der ordnungsgemäßen Ausführung der Leistung behindert, ...*" beschränkt sich auf diese Zeitkomponente. Die sachlich/fachliche Ausführung der Leistungen in der Weise, dass sie den vertraglichen oder sonst allgemein gebotenen Ansprüchen an Güte und Qualität entspricht, ist nicht Regelungsgegenstand. Der Begriff „*ordnungsgemäße Ausführung*" ist demnach i. S. d. zeitgerechten Ausführung zu verstehen. Dieser Zusammenhang wird durch die Festlegung in den übrigen Nummern des § 6 VOB/B bestätigt. Allerdings können Qualitätsansprüche sowie deren Verfehlung und damit Qualitätsstörungen im Bereich der Mitwirkungsaufgaben des Auftraggebers oder der Leistungen von vorleistenden Unternehmern sich als Zeitstörungstatbestände auswirken.[30]

Der Anwendungsbereich ist jedoch nicht auf die in § 6 VOB/B ausdrücklich genannten **20** Behinderungsfälle beschränkt.[31] So verweisen auch andere Vorschriften der VOB/B auf § 6 Nr. 6 VOB/B als Rechtsfolge. So findet die Vorschrift nach § 5 Nr. 4 Satz 1 bei Aufrechterhaltung des Vertrages Anwendung, wenn der Auftragnehmer den Beginn der Ausführung verzögert, mit der Vollendung in Verzug gerät oder den Förderpflichten nach § 5 Nr. 3 VOB/B nicht nachkommt. Ferner findet § 6 Nr. 6 VOB/B bei einem gekündigten Bauvertrag Anwendung, wenn die Kündigung nach § 6 Nr. 7 VOB/B erfolgt. Bei einer Kündigung nach § 5 Nr. 4 i. V. m. § 8 Nr. 3 VOB/B kommt § 6 Nr. 6 VOB/B zur Anwendung, wenn der kündigende Auftraggeber nicht umfassenden Schadensersatz anstatt der Leistung

---

[29] BGH NJW 1981, 1264; BGH NJW 1989, 1483.
[30] *Werner/Pastor* Rdn. 1819.
[31] OLG Braunschweig BauR 2001, 1739.

verlangt, sondern die Fertigstellung der Leistung betreibt und Ersatz des Verzögerungsschadens begehrt.[32]

## 2. Hindernde Umstände

21   Die Vorschrift ist auf sämtliche hindernde Umstände anzuwenden, die sich negativ auf die Einhaltung der vertraglich maßgeblichen Ausführungsfristen auswirken können. In welcher **Sphäre** sie ihre Ursachen haben, ist für die Anwendung des § 6 VOB/B nur in dem Rahmen maßgeblich, als die Regelung darauf abstellt.[33] Insbesondere sind nach § 6 Nr. 1 VOB/B nicht nur solche Behinderungstatbestände mitteilungspflichtig, die dem Auftraggeber zurechenbar und damit auch von ihm beeinflussbar sind. Für den Auftraggeber sind für die Koordinierung und Leitung der Baustelle auch solche hindernde Umstände bedeutsam, die im Verantwortungsbereich des Unternehmers liegen. Da § 6 Nr. 1 VOB/B auf die Zurechenbarkeit der hindernden Umstände nicht abstellt, wird die Pflicht zur Behinderungsanzeige hiervon unabhängig konkretisiert.

## 3. Umstände aus der Sphäre des Auftraggebers

22   Insbesondere folgende Umstände aus der Sphäre des Auftraggebers können die Einhaltung der Beginn- und Vollendungsfristen beeinflussen:[34] Fehlende Genehmigung; nicht rechtzeitige Bereitstellung des Baugrundstücks oder der für die Ausführungen notwendigen Vorleistungen;[35] fehlende oder verspätete Planlieferung, zu spät bauseits bereitgestellte Stoffe; durch Nachbareinsprüche und -klagen bedingte Baueinstellung; Anordnungen, die zu veränderter Ausführung oder zu Zusatzleistungen führen; sich ergebende Mehrmengen, mit denen nach dem Vertrag nicht zu rechnen war; während der Ausführung auftretende Erschwernisse, die nach dem Vertragsinhalt nicht zu berücksichtigen waren oder die sich aus Anordnungen, z. B. nach § 4 Nr. 1 Abs. 3 VOB/B ergeben. Hindernde Umstände sind auch dann dem Auftraggeber zuzurechnen, wenn der Auftraggeber seinen Mitwirkungs- oder Leistungspflichten nicht nachkommt und der Auftragnehmer deshalb ein Recht zur Arbeitseinstellung oder gar zur Kündigung nach § 9 VOB/B hat.[36] Hindernde Umstände aus der Sphäre des Auftraggebers sind außerdem **fehlende Planungs- oder Koordinierungsleistungen,** deren Beanstandung durch den Auftragnehmer gemäß § 4 Nr. 3 VOB/B zu Entscheidungsbedarf unter Inanspruchnahme der für das geordnete Bauen erforderlichen Bauzeit führt. Damit bedingen Qualitätsaspekte Zeitstörungen, was auch gilt, wenn der nachleistende Auftragnehmer an der Vorleistung Mängel beanstandet, deren ordnungsgemäße Beseitigung zeitintensiv, aber notwendig ist, um die Qualität der Nachleistung sicherzustellen.

## 4. Umstände aus der Sphäre des Auftragnehmers

23   Aus der Sphäre des Unternehmers stammende hindernde Umstände gehören ebenfalls zum Anwendungsbereich des § 6 VOB/B. Dabei ist zwischen den einzelnen Nummern der Vorschrift zu unterscheiden. Da § 6 Nr. 1 VOB/B eine Differenzierung nach hindernden Umständen aus der Sphäre des Auftraggebers oder des Auftragnehmers nicht vornimmt, entsteht die Verpflichtung zur Behinderungsanzeige auch dann, wenn der Unternehmer diese zu vertreten hat. Die Nr. 6 trifft unmittelbar zu; die Nrn. 2 und 4 greifen nicht ein, wohl aber die Nr. 3. Die Nrn. 5 und 7 betreffen Unterbrechungstatbestände und formulieren die Rechtsfolgen der Abrechenbarkeit und der Kündbarkeit unabhängig davon, wem der Unterbrechungsgrund zurechenbar ist.

---

[32] BGH NJW 1976, 517, 518.
[33] *Ingenstau/Korbion* VOB/B § 6 Rdn. 7.
[34] Vgl. auch *Werner/Pastor* Rdn. 1819.
[35] *Kleine-Möller/Merl* § 14 Rdn. 2.
[36] OLG Düsseldorf BauR 1998, 341.

B. Regelungsinhalt des § 6 VOB/B

Aus der Sphäre des Unternehmers stammen Behinderungen, wenn die Schwierigkeiten 24
in der Material- und Gerätebeschickung bestehen, der eingesetzte Subunternehmer nicht
zeitgerecht beginnt oder Krankheit oder sonstige Umstände einen Arbeitskräfteausfall bewirken, der auf dem Arbeitsmarkt nicht rechtzeitig ausgeglichen werden kann. Dem Unternehmer ist ebenfalls ein Versagen seiner Bauleitung zurechenbar. Kommt es deshalb zu Verzögerungen, weil die Bauleistung mangelhaft gewesen ist und Nacherfüllungs- oder Neuherstellungsmaßnahmen erforderlich waren, geht das Gewährleistungsrecht oder die Abwicklung nach § 4 Nr. 7 VOB/B vor.

### 5. Sonstige, von außen kommende Umstände

Sonstige Umstände sind solche, die ihrer Ursache nach weder der Sphäre des Auftragneh- 25
mers noch des Auftraggebers zuzuweisen sind.[37] § 6 Nr. 2 Abs. 1 nimmt in lit. b) und c)
hinsichtlich der dort aufgelisteten Behinderungstatbestände eine Zurechnung zu Lasten des
Auftraggebers vor: **Streik** und **Aussperrung** führen ebenso wie **höhere Gewalt** oder für den
Auftragnehmer unabwendbare Umstände zu einer Verlängerung der Ausführungsfristen.
Damit wird in diesen Fällen vom Auftragnehmer keine Leistungsintensivierung zur Einhaltung der ursprünglich vereinbarten Vertragsfristen erwartet. Diese werden im Gegenteil
*„gestreckt"*. Umgekehrt gehen andere Faktoren, die ebenfalls von außen kommen, nicht der
Sphäre des Auftraggebers zuzurechnen sind und nicht unter § 6 Nr. 2 Abs. 1 lit. b), c)
VOB/B fallen, zu Lasten des Auftragnehmers: Die Vertragsfristen bleiben dann erhalten; es
obliegt dem Unternehmer, durch entsprechende **Förderung der Baustelle** trotz der Behinderung die vereinbarten oder unverändert bleibenden Ausführungsfristen einzuhalten. Die
Zeitrisiken, die nach § 6 Nr. 2 Abs. 1 VOB/B nicht vom Auftraggeber zu tragen sind und
eine verlängerte Ausführung zur Folge haben, gehen von selbst zu Lasten des Auftragnehmers;
und dies mit der Folge, dass es bei der Maßgeblichkeit der Vertragsfristen bleibt. Neben § 6
Nr. 3 VOB/B trifft diesen Auftragnehmer die Pflicht aus § 5 Nr. 3 VOB/B.

### II. Verschlossener Anwendungsbereich

Behinderungs- und Unterbrechungstatbestände, die vom Regelungsgehalt des § 6 26
VOB/B erfasst werden, sind von anderen Abwicklungs- und Störungstatbeständen zu
unterscheiden. Unmöglichkeit und Mangelhaftigkeit der Leistung sowie die Tatbestände der
endgültigen Leistungsverweigerung werden von § 6 VOB/B nicht erfasst.[38]

### 1. Nicht- oder Schlechterfüllung

**a) Ernsthafte und endgültige Erfüllungsverweigerung.** Keine Anwendung findet 27
§ 6 Nr. 6 VOB/B, wenn die Leistungsstörung auf einer endgültigen und ernsthaften Erfüllungsverweigerung des Auftragnehmers beruht, da die Haftungsprivilegierung bezüglich des
entgangenen Gewinns auf den an sich leistungsbereiten Schuldner zugeschnitten ist.[39]

Die endgültige und ernsthafte Erfüllungsverweigerung (Erklärung der Nichterfüllung) 28
sowohl des Auftraggebers als auch des Auftragnehmers stellt eine Pflichtverletzung dar[40] und
ermöglicht ohne weitere Fristsetzung Rücktritt vom Vertrag bzw. die Geltendmachung von
Schadensersatz anstatt der Leistungen nach §§ 281, 323 BGB. Die Haftungsbeschränkung
des § 6 Nr. 6 VOB/B greift hier nicht.[41]

---

[37] *Kleine-Möller/Merl* § 14 Rdn. 2.
[38] *Ingenstau/Korbion* VOB/B § 6 Rdn. 4.
[39] BGH NJW 1976, 517, 518; BGH BauR 1980, 465; *Ingenstau/Korbion* VOB/B § 6 Nr. 6 Rdn. 10; *Kapellmann/Messerschmidt* VOB/B § 6 Rdn. 4; *Heiermann/Riedl/Rusam* VOB/B § 6 Rdn. 4; *Kapellmann/Schiffers* Bd. 1 Rdn. 1210.
[40] BGH BauR 1980, 986.
[41] *Ingenstau/Korbion* VOB/B § 6 Rdn. 4, § 6 Nr. 6 Rdn. 9, 10; *Heiermann/Riedl/Rusam* § 6 Rdn. 4.

**29** **b) Schlechterfüllung des Auftragnehmers.** Ebenfalls nicht anwendbar ist § 6 Nr. 6 VOB/B in den Fällen, in denen die Bauverzögerung auf während der Bauausführung erkannte Mängel und deren Beseitigung zurückzuführen ist.[42] Denn nach § 4 Nr. 7 Satz 2 VOB/B hat der Auftragnehmer bei verschuldeter Mangelhaftigkeit oder Vertragswidrigkeit der Leistung vor der Abnahme den daraus entstandenen Schaden zu ersetzen. Auch für diesen Schadensersatzanspruch gelten die Schranken aus § 6 Nr. 6 VOB/B nicht;[43] denn die Primärursache für den Schaden liegt im Mangel und nicht im Verzug als bloßer Sekundärursache.[44]

**30** **c) Schlechterfüllung des Auftraggebers.** Von der Schlechterfüllung der Leistungspflichten des Auftragnehmers ist die vorwerfbare Verletzung von Mitwirkungspflichten durch den Auftraggeber zu unterscheiden. Terminologisch handelt es sich bei der Verletzung von Gläubigerobliegenheiten nicht um eine Pflichtverletzung im rechtstechnischen Sinne. Denn dieser Begriff ist der Schlechtleistung des Schuldners und nicht der Verletzung von Obliegenheiten durch den Gläubiger vorbehalten.[45] Die vorwerfbare Verletzung von Mitwirkungspflichten des Auftraggebers durch unzulängliche Ausführungspläne oder Ausführungsanweisungen, Gestellung mangelbehafteter Stoffe oder Bauteile einschließlich des Grundstücks oder der sonst zur Verfügung gestellten Substanz mit Behinderungsfolgen für den Auftragnehmer unterfällt dem Anwendungsbereich des § 6 VOB/B. Für den hieraus ableitbaren Schadensersatzanspruch wegen Pflichtverletzung[46] gelten die Einschränkungen im Haftungsumfang nach § 6 Nr. 6 VOB/B.[47]

### 2. Unmöglichkeit

**31** Sämtliche Störungen, die nicht lediglich zu einem vorübergehenden Leistungsstillstand führen, werden von § 6 VOB/B nicht erfasst.[48] Behinderung und Unterbrechung kennzeichnet ihr bloß zeitweiliger Charakter. Störungstatbestände mit Dauerwirkung führen zur Unmöglichkeit. In diesen Fällen besteht die Möglichkeit der Vertragskündigung nach § 9 VOB/B.[49] Im Übrigen kommen die gesetzlichen Regelungen der §§ 275, 311a BGB zur Unmöglichkeit zur Anwendung. Rechtliche, wirtschaftliche, politische wie auch tatsächliche Gründe können die Unmöglichkeit begründen.[50] Maßgebend ist, dass nicht lediglich ein zeitweiliges, sondern ein dauerndes Leistungshindernis vorliegt. Dabei sind Sinn und Zweck der Bauleistung zu berücksichtigen; dient die Leistung einem bestimmten Zweck (z. B. Messe oder sonstige Veranstaltung), tritt Unmöglichkeit bei Zweckverfehlung ein, selbst wenn die Leistung an sich noch möglich ist. Im Übrigen kann ein zeitweiliges Erfüllungshindernis nach den Umständen auch einer dauernden Unmöglichkeit gleichstehen.[51] Dies ist zu bejahen, wenn die Erreichung des Vertragszwecks durch die vorübergehende Unmöglichkeit in Frage gestellt wird und deshalb dem Vertragspartner nach den Grundsätzen von Treu und Glauben unter billiger Abwägung der Belange beider Vertragsteile die Einhaltung des Vertrages nicht zugemutet werden kann.[52]

---

[42] BGH, NJW 1975, 1701, 1703; BGH NJW 1976, 517, 518.
[43] *Ingenstau/Korbion* VOB/B § 6 Nr. 6 Rdn. 9; *Heiermann/Riedl/Rusam* B § 6 Rdn. 4.
[44] BGH BauR 1975, 344, 346; *Ingenstau/Korbion* VOB/B § 6 Nr. 6 Rdn. 9.
[45] MünchKomm/*Ernst* § 280 Rdn. 133.
[46] BGHZ 11, 80, 89; 50, 179.
[47] BGH NJW 1967, 2262 = MDR 1967, 755; *Ingenstau/Korbion* VOB/B § 6 Nr. 6 Rdn. 13; *Heiermann/Riedl/Rusam* § 6 Rdn. 4.
[48] *Ingenstau/Korbion* VOB/B § 6 Rdn. 4; *Heiermann/Riedl/Rusam* VOB/B § 6 Rdn. 4; *Kleine-Möller/Merl* § 14 Rdn. 3.
[49] *Kapellmann/Schiffers* Bd. 1 Rdn. 1211.
[50] *Ingenstau/Korbion* VOB/B § 6 Nr. 6 Rdn. 5.
[51] BGH NJW 1982, 1458 = BauR 1982, 273.
[52] *Heiermann/Riedl/Rusam* VOB/B § 6 Rdn. 4; *Palandt/Heinrichs* § 275 Rdn. 11; *Bamberger/Roth* § 275 Rdn. 23.

B. Regelungsinhalt des § 6 VOB/B

### III. Behinderung und Unterbrechung

#### 1. Begriff der Behinderung

Unter den Begriff „Behinderung" fallen alle Leistungsstörungen, die den vorgesehenen oder üblichen Bauablauf hemmen, verzögern oder unterbrechen und sich daher störend auf den Ablauf der Bautätigkeit auswirken.[53] Neben sog. Bauablaufstörungen, die den vorgesehenen Leistungsablauf in sachlicher, zeitlicher oder räumlicher Hinsicht hemmen oder verzögern, zählen hierzu auch Behinderungen oder besser Verhinderungen des Baubeginns sowie zwangsläufige vorübergehende Unterbrechungen der Bautätigkeit.[54] Bedeutungslos ist, ob die Umstände von außen kommen, oder ob der Vertragsteil selbst, der auf Schadensersatz in Anspruch genommen wird, die Ursache hierfür gesetzt hat.[55] 32

Eine Behinderung ist eine Bauablaufstörung mit negativen Auswirkungen auf die Einhaltung der vereinbarten Bauzeit.[56] Ohne Änderung der Baustellenbeschickung und damit der Produktivität oder sonstige Maßnahmen und Umstellungen (Baustellenförderung) können die vertraglichen Ausführungsfristen nicht eingehalten werden. Eine Behinderung oder Verzögerung liegt aus baubetrieblicher Sicht vor, wenn die legitimen unternehmerischen Dispositionen des Auftragnehmers durch Sachverhalte, die zum Risiko oder Verantwortungsbereich des Auftraggebers gehören, gestört werden. Die Behinderung kann bereits die **Arbeitsaufnahme** berühren, wovon zum Beispiel auszugehen ist, wenn der Auftraggeber entgegen seiner Verpflichtung nach § 4 Nr. 4 VOB/B nicht die notwendigen Lager- und Arbeitsplätze auf der Baustelle überlässt.[57] Auch wenn für den Auftragnehmer die Arbeitsaufnahme zum vorgesehenen Zeitpunkt zum Beispiel wegen Mängeln der Vorleistung oder deren fehlender Fertigstellung ausgeschlossen ist, ist der Tatbestand der Behinderung erfüllt. Als Behinderung erweist sich damit ein Störungstatbestand, der die vom Auftragnehmer auf der Grundlage des Vertrags zu Recht disponierte **Abwicklungsgeschwindigkeit** negativ beeinflusst, den Arbeitsfluss hemmt oder unterbricht und ein kontinuierliches Arbeiten ausschließt oder damit die angestrebte Produktivität herabsetzt. Alles was den objektiv-durchschnittlichen und kontinuierlichen Arbeitsablauf, auf den sich ein Auftragnehmer einstellen darf, gefährdet oder negative Folgen für die Einhaltung der vertraglichen Ausführungsfristen hat, ist eine Behinderung.[58] Die Annahme des Arbeitsablaufs als Kontinuum legitimiert die VOB/C in der **DIN 18299**; nach deren Abschnitt 0.2.1 hat der Ausschreibende vorgesehene Arbeitsabschnitte, Arbeitsunterbrechungen und -beschränkungen nach Art, Ort und Zeit sowie die Abhängigkeit von Leistungen anderer anzugeben. Diese Aussage lässt bei Fehlen derartiger Angaben den Gegenschluss auf eine kontinuierliche, unterbrechungsfreie Arbeitsabfolge zu. 33

#### 2. Unterbrechung

Unterbrechungen sind der vorübergehende Stillstand der Arbeiten, die unmittelbar auf den Leistungserfolg gerichtet sind.[59] Die Unterbrechung ist eine besondere Form der Behinderung, die nicht nur eine zeitliche Hemmung oder Einengung der Leistungsdurchführung, sondern Arbeitsstillstand voraussetzt. Die Einstellung der Bautätigkeit darf jedoch nur vorübergehender Natur sein.[60] Tritt dauernde Unmöglichkeit ein, kommen Unmöglichkeitsregeln zum Tragen.[61] 34

---

[53] *Ingenstau/Korbion* VOB/B § 6 Rdn. 2; *Heiermann/Riedl/Rusam* VOB/B § 6 Rdn. 2; *Kapellmann/Messerschmidt* VOB/B § 6 Rdn. 1.
[54] *Heiermann/Riedl/Rusam* VOB/B § 6 Rdn. 2.
[55] BGHZ 48, 78, 81 f= NJW 1967, 2262.
[56] BGH NJW 1967, 2262; BGH BauR 1976, 126, 127; *Kapellmann/Schiffers* Bd. 1 Rdn. 1202.
[57] OLG Düsseldorf BauR 1995, 706; *Heiermann/Riedl/Rusam* VOB/B § 6 Rdn. 2.
[58] *Kapellmann/Schiffers* Bd. 1 Rdn. 1202.
[59] *Ingenstau/Korbion* VOB/B § 6 Rdn. 3.
[60] *Ingenstau/Korbion* VOB/B § 6 Rdn. 3.
[61] *Heiermann/Riedl/Rusam* VOB/B § 6 Rdn. 4.

### 3. Behinderungen – Ursachen und Zurechnungsfaktoren

**35** Wer die Behinderungen verursacht hat und ob sie dem Auftraggeber oder dem Unternehmer zurechenbar sind, thematisiert § 6 VOB/B nicht generell, sondern erklärt die Verursachung und Zurechenbarkeit nur punktuell für bedeutsam. Die Gründe für die Behinderung sind für die Tatsache der Zeitstörung und die Rechtsfolgen hieraus nur in dem Maße bedeutsam, als § 6 VOB/B darauf abstellt. Für den Begriff „Behinderung" ist es belanglos, welcher Baubeteiligter die Störung verursacht hat und wer sie zu vertreten hat.[62] Der hindernde Umstand kann ausweislich des § 6 Nr. 2 Abs. 1 lit. d und lit. c) VOB/B auch ein von außen kommendes Ereignis sein.[63]

**36** Da § 6 VOB/B im Übrigen nicht auf die Verantwortlichkeit für hindernde Umstände oder ein Verschulden abstellt, reicht für die Verpflichtung zur Behinderungsanzeige nach § 6 Nr. 1 VOB/B jeglicher hindernde Umstand aus. Der Auftragnehmer ist nicht nur verpflichtet, Hinderungsgründe, die in die Sphäre des Auftraggebers fallen, mitzuteilen, sondern auch solche, die ihren Grund in seinem eigenen Verantwortungsbereich haben. Derartige, dem Auftragnehmer zurechenbare Gründe, führen allerdings nicht zu einer Verlängerung der Vertragsfristen, sondern haben zur Folge, dass der Auftragnehmer nach § 5 Nr. 3 VOB/B auf Verlangen des Auftraggebers zu einer entsprechenden Baustellenförderung verpflichtet ist.

### 4. Behinderung – tatsächliche und rechtliche Umstände

**37** Die zu einer Behinderung oder Unterbrechung führenden hindernden Umstände können tatsächlicher oder rechtlicher Art sein.[64] Irrelevant ist auch, ob es sich um rechtmäßige oder rechtswidrige Zustände handelt.[65] § 6 VOB/B stellt grundsätzlich allein auf die hindernde Wirkung ab. Eine Verknüpfung des Behinderungstatbestandes mit zusätzlichen Voraussetzungen oder Qualifikationen, zum Beispiel hinsichtlich der **Rechtswidrigkeit** einer hindernden Maßnahme oder eines **Verschuldens,** erfolgt nur enumerativ nach einzelnen Nummern des § 6 VOB/B für die dort gezogenen Rechtsfolgen.[66] Der Begriff der Behinderung ist mit solchen zusätzlichen Anforderungen jedenfalls nicht belastet, sodass mangels weiterer über das Vorliegen der Behinderung hinausgehender Anforderungen für die Begründung der Anzeigepflicht nach § 6 Nr. 1 VOB/B auf die Qualität der hindernden Umstände und deren Bereichszugehörigkeit nicht abgestellt werden darf.[67] Genügend ist eine Störung des Bauablaufs durch hindernde Umstände. Dies ändert sich bei der Nummer 2, soweit es um den Absatz 1 lit. a geht, die Fristverlängerung kommt nur in Betracht, wenn der hindernde Umstand aus dem Risikobereich des Auftraggebers stammt. Macht der Auftragnehmer zusätzlich Schadensersatz nach § 6 Nr. 6 VOB/B geltend, müssen die hindernden Umstände nicht nur aus dem Risikobereich des Auftraggebers stammen; der Verschuldensvorwurf kommt als Anspruchsvoraussetzung dazu.

**38** **a) Tatsächliche Umstände.** Tatsächliche Umstände können angesichts der vielfachen Verflechtung zwischen Planungsleistungen (vor allem Ausführungspläne) und Bauwerksleistungen sowie den verschiedenen gewerkespezifischen Leistungen in vielfältiger Weise auftreten.[68] Ein fehlender Ausführungsplan begründet eine Behinderung aus tatsächlichen Umständen in derselben Weise wie eine fehlende oder mangelbehaftete Vorleistung. Weisen die Bodenverhältnisse des Baugrundstücks nicht die Voraussetzungen auf, von denen der Tragwerksplaner ausgegangen ist, besteht gleichfalls ein Zustand, der den vorgesehenen Bauablauf stören kann. Der Ausfall von Gerätschaften oder die Tatsache, dass die Nachbarschaft gegen

---

[62] *Ingenstau/Korbion* VOB/B § 6 Rdn. 7.
[63] BGHZ 48, 78, 81 = NJW 1967, 2262.
[64] *Ingenstau/Korbion* VOB/B § 6 Rdn. 5; *Heiermann/Riedl/Rusam* VOB/B § 6 Rdn. 2; *Kleine-Möller/Merl* § 14 Rdn. 2.
[65] *Ingenstau/Korbion* VOB/B § 6 Rdn. 6; *Heiermann/Riedl/Rusam* VOB/B § 6 Rdn. 2.
[66] *Kapellmann/Schiffers* Bd. 1 Rdn. 1202 ff; Werner/Pastor Rdn. 1818.
[67] Einschränkend *Kapellmann/Schiffers* Bd. 1 Rdn. 1215.
[68] Vgl. *Werner/Pastor* Rdn. 1819.

das Schwenken eines Turmdrehkrans mit Erfolg vorgeht,[69] erweist sich als hindernder, tatsächlicher Umstand. Witterungsverhältnisse, Temperaturverhältnisse, Temperaturverhältnisse des Untergrundes usw. gehören gleichfalls dazu. In der VOB/C sind gewerkespezifisch hindernde Umstände im Abschnitt 3 aufgezählt: Diese Auflistungen betreffen – meist in Abschnitt 3.1 beispielhaft zusammengefasst – die für das Gelingen einer Bauleistung erforderlichen Voraussetzungen, deren Fehlen der Auftragnehmer zu rügen hat und zu Zeitstörungen führen kann.

Als neutrale, bei keiner Vertragspartei unmittelbar nach Bereichsregeln zurechenbare tatsächliche Umstände oder „äußere Einflüsse", kommen höhere Gewalt und sonstige für den Auftragnehmer unabwendbare Umstände in Betracht (§ 6 Abs. 1 lit. b VOB/B). Dabei scheiden nach der ausdrücklichen Regelung in § 6 Nr. 2 Abs. 2 VOB/B jedoch **Witterungsverhältnisse** aus, mit den bei Angebotsabgabe normalerweise gerechnet werden musste. Denn diese Witterungsbedingungen sind nach § 11 Nr. 1 Abs. 1 VOB/A bei der Festlegung der Ausführungsfristen von vornherein zu berücksichtigen.

**b) Rechtliche Umstände.** Als rechtlich hindernde Umstände kommen vor allem die fehlende Baugenehmigung, eine Baueinstellung durch die Behörde oder eine Baueinstellung des Unternehmers wegen ausstehender Abschlagszahlungen (§ 16 Nr. 5 Abs. 3 Satz 3 VOB/B) in Betracht. Die Auseinandersetzung der Bauvertragspartei über die Art und Weise einer vertraglich geschuldeten Leistung oder nach § 4 Nr. 7 Satz 1 VOB/B vorzunehmenden Mängelbeseitigung kann den Bauablauf ebenfalls stören. Den rechtlichen Umständen sind leistungsändernde und leistungserweiternde Anordnungen der Bauherrschaft nach § 1 Nr. 3 und Nr. 4 VOB/B zuzuweisen, womit erkennbar wird, dass der Behinderungsbegriff sowohl durch rechtmäßige als auch rechtswidrige Umstände erfüllt wird.

**c) Behinderung durch rechtmäßige Maßnahmen.** Behinderungen können durch rechtmäßige Maßnahmen des Auftraggebers oder sonst eines Dritten verursacht werden. Der hindernde Umstand muss nicht rechts- oder vertragswidrig sein. Mit der Wahrnehmung der dem Auftraggeber nach § 1 Nr. 3, 4; § 2 Nr. 5, 6; § 4 Nr. 1 VOB/B oder an anderen Stellen der VOB/B zukommenden Kompetenzen mit Auswirkungen auf den vertraglich vorgesehenen Bauablauf kann eine Behinderung verbunden sein.[70] Problematisch ist, ob den Auftragnehmer bei derartigen Änderungsanordnungen oder der Anforderung zusätzlicher Leistungen die Pflicht zur Behinderungsanzeige trifft. Dies entscheidet allein der Gesichtspunkt, ob die Mitteilung nicht angesichts der Offenkundigkeit der hindernden Wirkung der Änderungsanordnung überflüssig ist. Von Änderungsanordnungen sind Leistungskonkretisierungen zu unterscheiden, deren Rechtsgrundlage § 4 Nr. 1 Abs. 3 VOB/B bildet.[71] Da sich diese Anordnung innerhalb des vertraglich festgelegten Leistungsrahmens bewegt, vermag sie zu einer Behinderung des Auftragnehmers grundsätzlich zu führen.

Rechtmäßig durch den Auftragnehmer gesetzte hindernde Umstände sind zum Beispiel die Einstellung der Tätigkeit wegen Verzugs mit einer Abschlagszahlung nach § 16 Nr. 5 Abs. 3 VOB/B. Erweisen sich Vorleistungen oder Planvorlagen als derart mangelhaft, dass bei objektiver Betrachtung der Leistung des Auftragnehmers die Mangelhaftigkeit droht, hat der Unternehmer ein den Bauablauf störendes Leistungsverweigerungsrecht.[72]

**d) Behinderung durch rechtswidrige Maßnahmen.** Als rechtswidrige hindernde Umstände kommen auf Seiten des Auftragnehmers in Betracht: Die Verzögerung des Beginns, die unzulängliche Beschickung der Baustelle (§ 5 Nr. 3 VOB/B), der Verzug mit der Vollendung. Auf Seiten des Auftraggebers kommen in Frage der Annahmeverzug, zum Beispiel durch Unterlassung des Abrufs der Bauleistung oder der Verstoß gegen die Mitteilungsverpflichtung nach § 5 Nr. 2 VOB/B; vor allem die Verletzung der Mitwirkungsaufgaben durch den Auftraggeber aus § 3 Nrn. 1, 3; § 4 Nr. 1, 4 VOB/B kann zu Ablauf-

---

[69] OLG Karlsruhe NJW-RR 1993, 91.
[70] OLG Köln BauR 1986, 582, 584; OLG Koblenz NJW-RR 1988, 851; *Ingenstau/Korbion* VOB/B § 6 Rdn. 6.
[71] BGH BauR 1992, 759 = NJW-RR 1992, 1046.
[72] BGH BauR 1985, 77, 78, vgl. auch OLG Düsseldorf BauR 1987, 478.

störungen führen. Rechtswidrig ist auch, wenn der Auftraggeber den ihn nach § 9 Nr. 3 VOB/A treffenden Beschreibungspflichten hinsichtlich der Boden- und Wasserverhältnisse nicht nachgekommen ist, sich im Bauverlauf die Gegebenheiten anders darstellen und Erschwernisse und abweichende Bauverfahren die Folge sind.

### 5. Einfluss des Bauvertragstyps auf die Behinderung

44    Ob ein Umstand hindernd und damit als Behinderung zu werten ist, hängt auch vom jeweils abgeschlossenen Bauvertragstyp ab.[73] Der Bauvertragstyp beeinflusst die Qualifizierung notwendig, denn Behinderungen sind solche tatsächlichen oder rechtlichen Umstände, die den Auftragnehmer im **vertragsgemäß** vorgesehenen Bauablauf stören.[74] Die mit dem Vertragstyp hinsichtlich Leistungsinhalt und Leistungsumfang vom Auftragnehmer übernommenen Risiken (Leistungsrisiken) sind zugleich auch Zeitrisiken. Änderungsanordnungen, Mehrmengen, Zusatzleistungen und Risiken aus Grund und Boden wirken sich unter Behinderungsgesichtspunkten bei einem Einheitspreisvertrag anders aus als bei einem Pauschalvertrag. Eine Leistungsdetaillierung eröffnet die Möglichkeit zur exakten Festlegung von Behinderungen. Jede Globalisierung birgt die Gefahr, dass die fehlende Festlegung eines vertragsgemäß vorgesehenen Bauablaufs die Festlegung einer Ablauf- und Zeitstörung erschwert oder unmöglich macht.

45    **a) Global-Pauschalvertrag.** Ist ein Global-Pauschalvertrag[75] geschlossen worden, sind rechtliche oder tatsächliche Umstände mit hindernder Wirkung kaum darstellbar. Denn der vertragsgemäß vorgesehene Bauablauf berücksichtigt die lediglich global übernommene Leistungsverpflichtung. Mehrmengen und leistungskonkretisierende Anordnungen sind Teile des vom Auftragnehmer übernommenen Risikos.[76] Dieses Risiko hat nicht nur eine preisliche, sondern auch eine bauzeitliche Komponente. Ist das Bausoll lediglich global beschrieben, die Ausführungszeit aber begrenzt, ist in dieser Zeit das zu erbringen, was Teil dieses Bausolls ist.[77] Sämtliche Leistungen, die Teil dieses Bausolls sind, scheiden als Behinderung aus. Denn der Ablaufplan des Unternehmers hat sich global auf ein globales Bausoll einzustellen, sodass sämtliche Vorgänge, die innerhalb dieses globalen Leistungsinhalts und -umfangs verbleiben, keine Behinderung darstellen.[78] Jede Beschränkung des Unternehmers auf eine bestimmte Art und Weise der Bauausführung mit Auswirkungen auf die Festlegung der Bauzeit läuft Gefahr, dass Unternehmerablaufplan und vertraglich geschuldeter Leistungsinhalt nicht konkret abgestimmt sind.[79]

46    **b) Detail-Pauschalvertrag.** Das trifft grundsätzlich auch auf den Detail-Pauschalvertrag[80] zu, bei dem der Pauschalierung ein in Teilleistungen aufgegliedertes Leistungsverzeichnis zugrunde liegt, womit das Bausoll bezüglich der Leistungsqualität genau beschrieben ist.[81] Ist damit zu Lasten des Auftragnehmers ein von diesem übernommenes Mengen-Ermittlungsrisiko[82] verbunden, ist eine Mengenentwicklung, die von der vom Auftragnehmer angenommenen Mengenentwicklung – ohne Eingriffe durch den Auftraggeber – abweicht, keine Behinderung nach § 6 Nr. 1 VOB/B.[83] Der Auftragnehmer hat vielmehr die Baustelle gemäß § 5 Nr. 3 VOB/B so zu beschicken, dass der Zeitplan eingehalten wird. Das Zeitenrisiko wird lediglich nach Treu und Glauben durch eine im Einzelfall zu ermittelnde **Opfergrenze** wie auch dadurch bestimmt, welche Baustellen-

---

[73] *Kapellmann/Schiffers* Bd. 1 Rdn. 100 ff.
[74] *Kapellmann/Schiffers* Bd. 1 Rdn. 1202.
[75] Zum Begriff: *Kapellmann/Schiffers* Bd. 2 Rdn. 6 ff.
[76] *Kapellmann/Messerschmidt* B § 2 Rdn. 246; *Ingenstau/Korbion* VOB/B § 2 Rdn. 8.
[77] *Vygen/Schubert/Lang* Rdn. 56 ff.
[78] *Vygen/Schubert/Lang* Rdn. 373.
[79] Zum Leistungsumfang beim Global-Pauschalvertrag: *Kapellmann/Schiffers* Bd. 2 Rdn. 400 ff.
[80] Zum Begriff: *Kapellmann/Schiffers* Bd. 2 Rdn. 2 ff.
[81] *Kapellmann/Schiffers* Bd. 2, Rdn. 60; *Kapellmann/Messerschmidt* B § 2 Rdn. 242.
[82] Vgl. *Kapellmann/Messerschmidt* VOB/B § 2 Rdn. 234 ff.
[83] *Vygen/Schubert/Lang* Rdn. 144.

besetzung aus baubetrieblicher Sicht noch als sinnvoll erscheint. Die Mehrmenge, die an sich wegen gestiegenen Leistungsumfangs Auswirkungen auf die Leistungszeit und damit die vertraglich vorgesehene Bauzeit hat, und zu den entsprechenden Wertungen bei einem Einheitspreisvertrag führt, erweist sich bei einem Pauschalvertrag, mit welchem der Auftragnehmer das Mengenrisiko übernommen hat, aus rechtlicher Sicht nicht als Behinderung. Denn der Auftragnehmer hat mit der Vereinbarung der Leistungszeit zugleich das Vertragsversprechen abgegeben, die nach dem Vertrag zur Ausführung kommenden effektive Mengen – ohne dass der Auftraggeber einseitig eingreifend Mehrmengen anordnet – innerhalb der vereinbarten Bauzeit zu erbringen.[84]

c) **Einheitspreisvertrag.** Beim Einheitspreisvertrag ist das Bausoll samt Mengenangabe im Vordersatz der einzelnen Teilleistungspositionen beschrieben. Hierauf richtet sich der Unternehmer bei Erstellung seiner Ablaufplanung ein. An dem Mengengerüst orientieren sich die zu kalkulierenden Aufwands- und Leistungswerte, was wiederum den Geräte- und Personaleinsatz bestimmt. Die vertraglich vereinbarte Bauzeit wie auch Leistungsinhalt und Leistungsumfang setzt der Unternehmer innerbetrieblich in eine bestimmte **Baustellenbesetzung** und **Baustellenbeschickung** um, was – jedenfalls hinsichtlich der zeitabhängigen Kosten – unmittelbar in die Preise eingeht.[85] In den Bauablaufplan des Unternehmers als einem zentralen Kontroll- und Steuerungssystem gehen die nach dem Leistungsverzeichnis des Einheitspreisvertrages je Art der Teilleistung vorgegebenen Mengen, die daraus ermittelten Aufwands- und Leistungswerte, die Anzahl der Gesamtstunden, der Personal- wie auch der Geräteeinsatz ein. Daher stellt jede angeordnete Änderung der Leistungsart (Bausoll), eine Zusatzleistung wie auch einen sich entwickelnde Mehrmenge für den Auftragnehmer eine Störung im Bauablauf, und damit eine Behinderung dar.[86] Dasselbe gilt für geänderte Bauumstände, die der Auftragnehmer nach der Leistungsbeschreibung mit Leistungsverzeichnis annehmen durfte, sich jedoch hiervon abweichend darstellen.[87]

47

---

[84] Zum Leistungsumfang bei Detail-Pauschalvertrag: *Kapellmann/Schiffers* Bd. 2 Rdn. 200 ff.
[85] *Kapellmann/Schiffers* Bd. 1 Rd, 566 f.
[86] *Vygen/Schubert/Lang* Rdn. 142 f.
[87] Kapellmann/Messerschmidt VOB/B § 2 Rdn 37 ff.

## § 6 Nr. 1

### § 6 Nr. 1 [Behinderungsanzeige]

**Glaubt sich der Auftragnehmer in der ordnungsgemäßen Ausführung der Leistung behindert, so hat er es dem Auftraggeber unverzüglich schriftlich anzuzeigen. Unterlässt er die Anzeige, so hat er nur dann Anspruch auf Berücksichtigung der hindernden Umstände, wenn dem Auftraggeber offenkundig die Tatsache und deren hindernde Wirkung bekannt waren.**

**Literatur:** Siehe die Hinweise → Vor § 6. Zusätzlich: *Breyer*, Ein Lösungsvorschlag zur Behandlung von Anordnungen des Auftraggebers zur Bauzeit, BauR 2006, 1222 ff.; *Diehr*, Die Ansprüche des Werkunternehmers gegen den öffentlichen Auftraggeber wegen verzögerten Zuschlags infolge eines von einem Konkurrenten eingeleiteten Vergabeverfahrens, ZfBR 2002, 316 ff.; *Gröning*, Vergaberechtliche Bewältigung nachprüfungsbedingter Bauzeitverschiebungen und dadurch verursachte Preiserhöhungen, BauR 2004, 199; *Kapellmann*, Zeitliche und geldliche Folgen eines nach Verlängerung der Bindefrist erteilten Zuschlags, NZBau 2003, 1 ff.; *Kemper*, Nachträge und ihre mittelbare Bauzeitauswirkung, NZBau 2001, 238; *Kleine-Möller*, Die Haftung des Auftraggebers gegenüber einem behinderten Nachfolge-Unternehmer, NZBau 2000, 401 ff.; *Leineweber*, Sachwalterpflichten des Architekten bei Bauablaufstörungen, FS Jagenburg S. 476 ff.; *Oberhauser*, Formelle Pflichten des Auftragnehmers bei Behinderungen, BauR 2001, 1177 ff.; *Putzier/Goede*, Auswirkungen eines nach Verlängerung der Bindefrist erteilten Zuschlags auf den Inhalt der angebotenen Leistung, VergabeR 2003, 391 ff.; *Thode*, Nachträge wegen gestörten Bauablaufs im VOB/B-Vertrag Eine kritische Bestandsaufnahme, ZfBR 2004, 214 ff.; *Wirth/Würfele*, Bauzeitverzögerung: Mehrvergütung gemäß § 2 Nr. 5 VOB/B oder Schadensersatz gemäß § 6 Nr. 6 VOB/B?, Jahrbuch Baurecht 2006, 119 ff.; *Zanner/Keller*, Das einseitige Anordnungsrecht des Auftraggebers zu Bauzeit und Bauablauf und seine Vergütungsfolgen, NZBau 2004, 353 ff.

**Übersicht**

| | Rdn. |
|---|---|
| **A. Allgemeines und Grundlegung** | 1–6 |
|   I. Behinderungsanzeige als Teil eines Informationssystems | 1 |
|   II. § 6 VOB/B keine abschließend Regelung der Informationspflichten | 2 |
|     1. Ergänzungsbedarf nach Treu und Glauben | 2 |
|     2. Auskunfts- und Informationspflichten des Auftragnehmers | 4 |
|     3. Auskunfts- und Informationspflichten des Auftraggebers | 6 |
| **B. Rechtsnatur der Pflicht zur Behinderungsanzeige** | 7–23 |
|   I. Nebenpflicht zur Ermöglichung der Dispositionsaufgabe des Auftraggebers | 7 |
|   II. Nebenpflicht zur Ermöglichung der Rechtswahrung durch den Auftraggeber | 8 |
|   III. Qualifizierung der Behinderungsanzeige und Vertragsänderung | 9 |
|     1. Behinderungsanzeige als einseitiges Rechtsgeschäft (Gestaltungsrecht) | 10 |
|     2. Behinderungsanzeige als Rechtshandlung? | 14 |
|   IV. Verletzung der Pflicht zur Behinderungsanzeige | 15 |
|     1. Rechtslage des Auftraggebers | 16 |
|       a) Verbindlichkeit der Vertragsfristen | 17 |
|       b) Schadensersatzansprüche aus § 6 Nr. 6 VOB/B und Kündigungsmöglichkeit | 18 |
|     2. Rechtslage des Auftragnehmers | 21 |
|       a) Der Auftragnehmer als Schuldner | 22 |
|       b) Der Auftragnehmer als Gläubiger | 23 |
| **C. Anzeigepflicht des Auftragnehmers – Voraussetzungen – Erfüllung** | 24–77 |
|   I. Regelung nach § 6 Nr. 1 Satz 1 VOB/B | 24 |
|     1. Befürchtete Behinderungen | 25 |
|       a) Prüfungspflichten | 26 |
|       b) Maßstab | 27 |
|     2. Eingetretene Behinderungen | 28 |
|     3. Behinderungstatbestand | 29 |
|     4. Behinderungsanzeige | 35 |
|       a) Form | 36 |
|       b) Inhalt | 46 |
|       c) Adressat | 47 |
|       d) Absender oder Erklärender | 52 |
|       e) Zeitkomponente | 53 |
|       f) Darlegungs- und Beweislast | 55 |
|   II. Entbehrlichkeit der Behinderungsanzeige – Regelung nach § 6 Nr. 1 Satz 2 VOB/B | 56 |
|     1. Offenkundigkeit – Maßstab | 58 |
|       a) Positive Kenntnis | 58 |
|       b) Vorwerfbare Unkenntnis – Allgemeinkundigkeit | 59 |
|     2. Gegenstand der Kenntnis/Offenkundigkeit | 61 |

Behinderungsanzeige § 6 Nr. 1

| | Rdn. | | Rdn. |
|---|---|---|---|
| 3. Offenkundigkeit – Bezugsperson | 63 | 3. Fortbestand der ursprünglichen Vertragsfristen | 82 |
| a) Stellung des bauleitenden Architekten – Wissenszurechnung | 64 | II. Grundlagen | 84 |
| | | 1. Subjektiver Ansatz | 84 |
| | | 2. Objektiver Ansatz | 85 |
| b) Stellung des bauleitenden Architekten – Allgemeinkundigkeit hindernder Umstände | 66 | III. Verletzung der Anzeige- und Prüfungspflicht | 86 |
| | | 1. Wissentliche Verletzung der Anzeigepflicht | 86 |
| 4. Spezifische Behinderungstatbestände und ihre Abwicklung | 67 | 2. Unwissentliche Verletzung der Anzeigepflicht – verletzte Prüfungspflicht | 87 |
| a) Inhaltliche Änderung des Bau-Soll | 68 | 3. Prüfungspflicht und Organisationsaufgabe des Auftragnehmers | 88 |
| b) Änderung der Bauumstände | 69 | | |
| c) Änderung der Bauzeit | 72 | IV. Verletzung der Anzeige- und/oder Prüfungspflicht – Verteidigungsmöglichkeiten des Auftragnehmers | 89 |
| d) Verspätet gelieferte Baugenehmigung oder Ausführungsplanung | 74 | | |
| 5. Darlegungs- und Beweislast | 77 | V. Verteidigungsmöglichkeit des Auftraggebers gegenüber Vertragsstrafansprüchen | 90 |
| **D. Verletzung der Anzeigepflicht bei fehlender Offenkundigkeit** | 78–90 | | |
| I. Überblick | 78 | **E. Behinderungsanzeige und Ansprüche aus § 642 BGB** | 91 |
| 1. Erscheinungsformen der Anzeigepflichtverletzung | 80 | **F. Allgemeine Geschäftsbedingungen** | 94 |
| 2. Ausführungsfristverlängerung | 81 | | |

## A. Allgemeines und Grundlegung

### I. Behinderungsanzeige als Teil eines Informationssystems

§ 6 Nr. 1 VOB/B ist in der Fassung der VOB/B 2006 unverändert geblieben. § 6 Nr. 1 VOB/B legt dem Auftragnehmer unter näher beschriebenen Voraussetzungen eine Informationspflicht auf. Diese steht als **leistungssichernde Nebenpflicht**[1] im Dienste eines die gesamte VOB/B beherrschenden, im Rahmen der Abwicklung eines Objekts unter zeitlichen Gesichtspunkten besonders bedeutsamen Informationssystems.[2] Diese Pflicht ist dem Kreis der Schutzpflichten gemäß § 241 Abs. 2 BGB zuzurechnen; denn Schutzzweck ist die Sicherstellung der Ausführung in der vertraglich vorgesehenen Zeit wie auch das Integritätsinteresse des Auftraggebers. Die Behinderungsmitteilung soll den Auftraggeber in die Lage versetzen, den Bauablauf steuernde Maßnahmen ergreifen zu können.[3] Außerdem dient die Behinderunganzeige dazu, den Auftraggeber vor unberechtigten Behinderungsansprüchen des Auftragnehmers zu schützen,[4] Beides begründet die Zuordnung in den Bereich der Schutzpflichten gemäß § 241 Abs. 2 BGB, denn zum Kreis der in dieser Vorschrift genannten Pflichten gehören sowohl leistungssichernde Nebenpflichten als auch Schutzpflichten.[5] Der vermögensrechtliche Status quo des Auftraggebers soll insofern gesichert werden, als der

1

---

[1] → Vor § 6 Rdn. 4; vgl auch *Fuchs* Kooperationspflichten der Bauvertragsparteien S. 207.
[2] → vor § 6 Rdn. 17 ff.
[3] *Fuchs* Kooperationspflichten der Bauvertragsparteien S. 207; BGH U. v. 24. 2. 2005 – VII ZR 141/03, BGHZ 162, 259 = NJW 2005, 1653 = NZBau 2005, 387 = BauR 2005, 857 = BGH U. v. 21. 10. 1999 – VII ZR 185/98, BGHZ 143, 32 = NJW 2000, 1336 = NZBau 2000, 187 = BauR 2000, 722.
[4] BGH U. v. 21. 10. 1999 – VII ZR 185/98, NJW 2000, 1336 = NZBau 2000, 187 = BauR 2000, 722.
[5] *Bamberger/Roth/Grüneberg* BGB § 241 Rdn. 47–49 und 71; MünchKomm/*Roth* BGB § 241 Rdn. 67 ff. u. 90: a. A. *Fuchs* Kooperationspflichten der Bauvertragsparteien S. 207, der zwischen den Schutzpflichten und den Besonderen Kooperationpflichten trennt und die Pflicht zur Behinderungsanzeige der letzteren Kategorie zuweist.

## § 6 Nr. 1

Auftragnehmer Behinderungsansprüche nur kontrolliert geltend machen können soll. § 6 Nr. 1 VOB/B ist außerdem Ausdruck des den VOB-Bauvertrag beherrschenden **Kooperationsprinzips**. Bauvertragsparteien sind auf der Grundlage eines VOB-Bauvertrages nach der Rechtsprechung des BGH während der Vertragsdurchführung zur Kooperation verpflichtet.[6] Ist die Vertragsdurchführung nach der Vorstellung des Auftragnehmers behinderungsbedingt nicht in der Zeit gewährleistet, soll die Kooperationspflicht eine Anpassung an die geänderten tatsächlichen Verhältnisse sicher stellen. Die **Behinderungsmitteilung** ist ein wesentlicher **Aspekt** der **Kooperationsverpflichtung**. Eine weitere Mitteilungspflicht aus dem Kreis der Kooperationspflicht findet sich in § 6 Nr. 3 VOB/B, wonach der Auftragnehmer den Auftraggeber von der Wiederaufnahme der Arbeiten zu unterrichten hat. Dieser geregelte Pflichtenkreis des Auftragnehmers wird in § 5 Nr. 2 Satz 3 VOB/B um eine Beginnanzeigepflicht ergänzt. Während § 5 Nr. 2 Satz 1 VOB/B auch eine Auskunftspflicht des Auftraggebers statuiert, fehlen Informationspflichten des Auftraggebers in § 6 VOB/B.

### II. § 6 VOB/B ohne abschließenden Regelungscharakter

#### 1. Ergänzungsbedarf nach Treu und Glauben

2   Die Regelungen in § 6 VOB/B dürfen nicht dahin missverstanden werden, dass damit der gemäß § 241 Abs. 2 BGB geschuldete Kreis von Informationspflichten auf die ausdrücklichen Festlegungen beschränkt wird. **Ungeregelte Auskunftslagen** beruhen auf Lücken, nicht aber auf einer vertragsrechtlich bewusst verneinten oder beschränkten Auskunfts- und Informationspflicht. Inhalt eines Bauvertrages, dessen Abwicklung in einem komplizierten zeitlichen und fachlich-technischen Beziehungsgeflecht erfolgt,[7] sind auch Warnpflichten, wenn der andere Teil über abwicklungs- und entscheidungserhebliche Umstände Bescheid wissen muss, um sich im Bauablauf organisatorisch darauf einzustellen. Ein Bauvertragspartner ist über Abläufe zu informieren, wenn Gefahren für das Leistungsinteresse bestehen, denen durch entsprechendes Verhalten Rechnung getragen werden kann.[8] Gerade bei einem Bauvertrag als Kooperationsvertrag, der strukturell sogar dahin verstanden werden soll, dass die eine Vertragspartei der anderen bei der Rechtwahrung helfen soll,[9] sind die Parteien auf eine vertrauensvolle Zusammenarbeit angewiesen, was Inhalt und Umfang der Nebenpflichten i. S. d. § 241 Abs. 2 BGB zu bestimmen vermag.[10]

3   Wenn auch die Bestimmungen der VOB/B wegen der fehlenden Ausrichtung des Werkvertragsrechts auf die Besonderheiten der Bauabwicklung einem dringenden Bedürfnis der Praxis entsprechen[11] und im Rahmen der Abfassung die Regeln von Treu und Glauben beachtet wurden,[12] weswegen die VOB/B auch eine im Ganzen einigermaßen ausgewogene Vertragsordnung darstellt,[13] lässt sich eine erschöpfende Berücksichtigung der besonders einen Langzeitvertrag kennzeichnenden leistungssichernden Nebenpflichten nicht feststellen. Hierzu können auch auf der Seite des Auftraggebers Auskunfts- und Aufklärungspflichten gehören,[14] wenn deren Erfüllung im Störungsfall für den Auftragnehmer Ablaufbedeutung hat. Derartige Pflichten formuliert die VOB/B nicht, sie sind jedoch Teil der

---

[6] BGH U. v. 28. 10. 1999 – VII ZR 393/98, BGHZ 143, 89 = NJW 2000, 807 = NZBau 2000, 130 = BauR 2000, 409.
[7] *Langen/Schiffers* Bauplanung und Bauausführung Rdn. 45 ff.
[8] Vgl. BGH NJW 1975, 824.
[9] *Quack* IBR 2000, 198.
[10] *Bamberger/Roth/Grüneberg* BGB § 241 Rdn. 44.
[11] *Ingenstau/Korbion/Vygen* VOB/B Einl. Rdn. 33.
[12] *Weick* S. 66.
[13] BGH BauR 1983, 161 164; BGH U. v. 22. 1. 2004 – VII ZR 419/02, BGHZ 157, 346 = NJW 2004, 1597 = NZBau 2004, 267 = BauR 2004, 668 = ZfBR 2004, 362.
[14] MünchKomm/*Busche* BGB § 642 Rdn. 1.

Behinderungsanzeige § 6 Nr. 1

beiderseitigen Kooperationspflichten eines VOB-Bauvertrages.[15] Im Einzelfall kann auch eine Erweitung der Anzeigenpflicht des Auftragnehmers geboten sein.

## 2. Auskunfts- und Informationspflichten des Auftragnehmers

§ 6 VOB/B normiert ausschließlich Anzeige- und Informationspflichten des Auftragnehmers. Die Nrn. 1 und 3 sind hierfür die Anspruchsgrundlage. Die Informationspflicht als Nebenleistungspflicht erfährt hierdurch jedoch keine abschließende Regelung. § 241 Abs. 2 BGB bildet einzelfallbezogen in Verbindung mit den Kooperationsstrukturen des Bauvertrages die Grundlage für eine Erweiterung der auskunftspflichtigen Anlässe, wenn die sachgerechte Wahrnehmung der **Dispositionsaufgabe des Auftraggebers** auf solche Informationen angewiesen ist. Nach der Schuldrechtsreform wurde § 242 BGB in seiner Funktion einer Ermächtigungsgrundlage für außergesetzliche Neubildung von Rechtssätzen[16] von § 241 Abs. 2 BGB abgelöst. Nunmehr bildet § 241 Abs. 2 BGB die maßgebliche Grundlage und § 242 BGB gewinnt Bedeutung nur noch hinsichtlich der näheren Ausgestaltung der Nebenpflichten.[17] § 241 Abs. 2 BGB bildet aufbauend auf der Natur des Bauvertrages als Kooperationsvertrag die geeignete Grundlage, um die von der VOB/B vorformulierten Informationspflichten einzelfallbezogen und bedarfsgerecht zu erweitern. Den Hintergrund bildet das schutzwürdige Interesse des Auftraggebers,[18] der nach § 4 Nr. 1 Abs. 1 VOB/B das Zusammenwirken der verschiedenen Unternehmer zu regeln hat, wofür im Störungsfall die entsprechenden Informationen auch der beteiligten Auftragnehmer erforderlich sind. Der Auftraggeber ist für die Anpassung seines Steuerungsplanes im Störungsfall auf die Information des Auftragnehmers angewiesen. Wenn *Langen/Schiffers*[19] die Auffassung vertreten, eine professionelle auftraggeberseitige Bauleitung sei bei sorgfältiger Wahrnehmung ihrer Überwachungspflichten in der Lage „(nahezu) alle relevanten Veranlassungen zu künftigen oder bereits eingetretenen Behinderungen" zu erkennen, ist dies jedenfalls kein Argument gegen die kooperativen Strukturen der VOB/B. Die billige Rücksichtnahme auf die schutzwürdigen Interessen des Auftraggebers kann es so gebieten, dass der gestörte Auftragnehmer nach § 6 Nr. 3 VOB/B nicht nur alles zu tun hat, was ihm billigerweise zugemutet werden kann, um die Weiterführung der Arbeiten zu ermöglichen, sondern dass er den Auftraggeber darüber informiert, welche Maßnahmen beabsichtigt sind und wie sich diese auf die weitere zeitliche Abwicklung der Baumaßnahme auswirken. § 6 Nr. 3 VOB/B bildet deshalb in Verbindung mit der Kooperationspflicht des Unternehmers die Grundlage für eine Informationsverpflichtung, damit der Auftraggeber seinerseits die gebotenen Dispositionen treffen und den weiteren Ablauf der Baumaßnahme organisieren kann.

4

Die Baupraxis geht von einem solchen Verständnis des die Baubeteiligten treffenden, und die VOB/B-Regelung betreffenden **Informationssystems** als selbstverständlich aus. Ausführungs-Jour-Fixtermine sind – jedenfalls bei größeren Objekten – gängige Praxis. Die Baupraxis verwirklicht eine Verhaltensordnung, die nach den Geboten der Verkehrssitte eine Information des Auftraggebers durch den Auftragnehmer dann erwartet, wenn dies für die sachgemäße Erledigung der den Auftraggeber treffenden Organisationsaufgabe geboten erscheint.

5

## 3. Auskunfts- und Informationspflichten des Auftraggebers

Mit Verweis auf die ausdrückliche Regelung in § 6 VOB/B, die Informationspflichten des Auftraggebers nicht kennt, können deshalb derartige Nebenpflichten des Auftraggebers

6

---

[15] BGH U. v. 28. 10. 1999 – VII ZR 393/98, BGHZ 143, 89 = NJW 2000, 807 = NZBau 2000, 130 = BauR 2000, 409.
[16] MünchKomm/*Roth* BGB 3. Aufl., § 242 Rdn. 1.
[17] *Bamberger/Roth/Grüneberg* BGB § 241 Rdn. 42.
[18] Vgl. zu diesem Ansatz MünchKomm/*Roth* BGB § 241 Rdn. 64.
[19] Bauplanung und Ausführung Rdn. 69.

nicht verneint werden. Denn Vertragspartner müssen sich ganz allgemein jene Information zugänglich machen, die der andere Teil benötigt, um seine Leistung erbringen oder den Leistungserfolg sichern zu können.[20] Gerade dann, wenn der Grund für eine Behinderung in der Sphäre des Auftraggebers liegt, treffen diesen auch ungefragt Informationspflichten, damit der Auftragnehmer seiner Dispositionsaufgabe (§ 4 Nr. 2 Abs. 1 Satz 3 VOB/B) nachkommen kann. Denn bei sachgemäßem Vorgehen hat sich der Auftragnehmer in der Angebotsphase mittels eines **produktionsorienten Terminplans** versichert, ob und unter welchen Voraussetzungen die Terminsvorgaben des Auftraggebers eingehalten werden können.[21] Kann der Auftraggeber die von ihm nach § 3 Nr. 1 VOB/B beizustellenden und für die Ausführung nötigen Planungsunterlangen nicht entsprechend den Planlieferterminen zur Verfügung stellen oder gelingt die nach § 4 Nr. 1 Abs. 1 VOB/B dem Auftraggeber obliegende Koordinierung nicht plangemäß, muss der Auftragnehmer rechtzeitig informiert werden, um Umdispositionen vornehmen zu können.

## B. Rechtsnatur der Pflicht zur Behinderungsanzeige

### I. Nebenpflicht zur Ermöglichung der Dispositionsaufgabe des Auftraggebers

7   Die Pflicht des Auftragnehmers zur Behinderungsanzeige ist eine Nebenpflicht im Dienste der Hauptleistungspflicht, die Leistung in der vertraglich vereinbarten Zeit zu erbringen.[22] Der Unternehmer ist nach Treu und Glauben gehalten, den Auftraggeber vor Schaden zu bewahren. Dieser Schaden kann durch einen **gestörten Bauablauf** deshalb begründet werden, weil dem Auftraggeber die rechtzeitige Wahrnehmung seiner Dispositionspflichten oder sonstiger Befugnisse mangels Kenntnis unterbunden oder erschwert wird. In erster Linie verfolgt die Erfüllung der Anzeigepflicht den Zweck, dem Auftraggeber die Beseitigung der in seinem Verantwortungsbereich gelegenen Hindernisse zu ermöglichen und die entsprechenden Koordinierungsmaßnahmen nach § 4 Nr. 1 Abs. 1 VOB/B zu treffen.[23] Die Behinderungsanzeige dient der **Information** des Auftraggebers über Störungen und dessen Warnung, um ihm die Möglichkeit zu eröffnen, in der Sphäre des Auftraggebers liegende Störungen zu beseitigen.[24] Deshalb werden an den Inhalt der Anzeige auch die entsprechenden Anforderungen gestellt. Der Inhalt der Anzeige muss so beschaffen sein, dass der Auftraggeber für die Abstellung der Hinderungsgründe sorgen kann.[25] Außerdem soll die Behinderungsanzeige den Auftraggeber auch von unberechtigten Behinderungsansprüchen schützen; denn die rechtzeitige und korrekte Behinderungsanzeige ermöglicht dem Auftraggeber, Beweise für eine in Wahrheit nicht oder nicht in dem geltend gemachten Umfang bestehende Behinderung zu sichern.[26] Der Auffassung von Leinemann,[27] das Anzeigeerfordernis bei einer Behinderung stelle keine vertragliche Nebenpflicht mit Sanktionierung nach § 280 Abs. 1 BGB deshalb dar, weil sie lediglich den eigenen Interessen des Auftragnehmers diene, ist nicht zu folgen. Diese Qualifizierung lässt außer Acht, dass der Anzeige nach BGH[28] Informations-, Warn- und Schutzfunktionen zukommt. Der Auftrag-

---

[20] MünchKomm/*Roth* BGB § 241 Rdn. 71.
[21] Langen/*Schiffers* Bauplanung und Bauausführung Rdn. 52; Kapellmann/*Schiffers* Band 1 Rdn. 37 ff.
[22] BGH U. v. 21. 10. 1999 – VII ZR 185/98, BGHZ 143, 32 = NJW 2000, 1336 = NZBau 2000, 187 = BauR 2000, 722; *Ingenstau/Korbion/Döring* VOB/B § 6 Nr. 1 Rdn. 4; *Kleine-Möller/Merl/Mai* § 14 Rdn. 16.
[23] BGH BauR 1983, 73, 75; *Nicklisch/Weick* VOB/B § 6 Rdn. 17; *Ingenstau/Korbion/Döring* VOB/B § 6 Nr. 1 Rdn. 4.
[24] BGH U. v. 21. 10. 1999 – VII ZR 185/98, NJW 2000, 1336 = NZBau 2000, 187 = BauR 2000, 722.
[25] BGH BauR 1990, 210; *Ingenstau/Korbion/Döring* VOB/B § 6 Nr. 1 Rdn. 6; vgl. auch unten Rdn. 35 ff.
[26] BGH U. v. 21. 10. 1999 – VII ZR 185/98, NJW 2000, 1336 = NZBau 2000, 187 = BauR 2000, 722.
[27] § 6 Rdn. 18.
[28] U. v. 21. 10. 1999 – VII ZR 185/98, BGHZ 143, 32 = NJW 2000, 1336 = NZBau 2000, 187 = BauR 2000, 722.

geber soll in die Lage versetzt werden, auf der Grundlage der Information Störungen abzustellen, sich vor unberechtigten Ansprüchen zu schützen und die ihn treffende Bauablauforganisation störungsgerecht einzurichten.

## II. Nebenpflicht zur Ermöglichung der Rechtswahrung durch den Auftraggeber

Das bedeutet jedoch nicht, dass die Nebenpflicht zur Behinderungsanzeige nur bei Störungstatbeständen besteht, die in der Verantwortung des Auftraggebers liegen. Eine solche Beschränkung nimmt Nr. 1 nicht vor.[29] Das **Informationsbedürfnis des Auftraggebers** liegt auch dann vor, wenn der Grund für die Behinderung der Sphäre des Auftragnehmers zuzuweisen ist. Der Auftraggeber soll in die Lage versetzt werden, seine Rechte aus § 5 Nr. 3 VOB/B wahrzunehmen. Im Übrigen muss der Auftraggeber bei Streik oder Aussperrung über die Behinderungsanzeige davon in Kenntnis gesetzt werden, dass der Auftragnehmer die in § 6 Nr. 2 VOB/B vorformuliert vorgesehene Verlängerung der vertraglichen Ausführungsfristen in Anspruch nimmt. Auch in diesem Fall besteht für den Auftraggeber der Bedarf, nach § 4 Nr. 1 Abs. 1 VOB/B die Baustelle jedenfalls hinsichtlich der Gewerke zu disponieren, die auf der Vorleistung des gestörten Auftragnehmers aufbauen. Denn dem Bauablauf liegt auf Seiten des Auftraggebers dessen projektorientierte Terminplanung und -steuerung zugrunde,[30] die einer Anpassung bei Störungstatbeständen im Bereich des Auftragnehmers bedarf.

8

## III. Qualifizierung der Behinderungsanzeige und Vertragsänderung

Die Behinderungsanzeige ist für den Auftraggeber das Signal, dass der Auftragnehmer einen Behinderungstatbestand zum Anlass nimmt, sich auf die Änderung der vertraglich vereinbarten Fristen zu berufen. Mit der Behinderungsanzeige optiert der Auftragnehmer für eine Möglichkeit, die sich ohne die Behinderungsanzeige unter den in § 6 Nr. 2 Abs. 1 VOB/B angeführten Voraussetzungen nicht bietet. Denn die Behinderungsanzeige sichert dem Auftragnehmer bei fehlender Offenkundigkeit der Behinderung oder Unterbrechung das Recht, sich auf die Verlängerung der Ausführungsfrist nach § 6 Nr. 2 Abs. 1 VOB/B zu berufen.[31] Die Behinderungsanzeige ist damit als rechtsgeschäftsähnliche Handlung oder Willenserklärung[32] aufschiebende Bedingung für die Ausführungsfristverlängerung, wenn es tatsächlich zur Behinderung kommt wie auch Auslöser für Dispositionsmaßnahmen des Auftraggebers.

9

### 1. Behinderungsanzeige als einseitiges Rechtsgeschäft (Gestaltungsrecht)

Die Behinderungsanzeige ist nicht nur Tatbestandsvoraussetzung für eine Fristverlängerung nach § 6 Nr. 2 Abs. 1 VOB/B oder den Schadensersatzanspruch gemäß § 6 Nr. 6 VOB/B,[33] sondern hat die Qualität eines **einseitigen Rechtsgeschäfts**. Denn bei Vorliegen der weiteren Voraussetzungen – objektives Vorhandensein einer Behinderung nach § 6 Nr. 2 Abs. 1 VOB/B[34] – ändern sich die ursprünglichen Vertragsfristen entsprechend

10

---

[29] Vgl. unten Rdn. 29; → Vor § 6 Rdn. 70, 71; *Fuchs* Kooperationspflichten der Bauvertragsparteien, S. 208 209.
[30] *Langen/Schiffers* Bauplanung und Bauausführung Rdn. 44; *Kapellmann/Schiffers* Band 1 Rdn. 33, 36.
[31] BGHZ 48, 78 = NJW 1967, 2262 = MDR 1967, 755; *Heiermann/Riedl/Rusam* VOB/B § 6 Rdn. 9.
[32] Vgl. unten Rdn. 11 ff.; zum Problem auch *Heiermann* Seminar Bauverzögerung S. 23.
[33] Vgl. BGHZ 48, 78, 81 = NJW 1967, 2262 = MDR 1967, 755; BGH BauR 1971, 202, 203; *Ingenstau/Korbion/Döring* VOB/B § 6 Nr. 1 Rdn. 2; *Nicklisch/Weick* VOB/B § 6 Rdn. 21.
[34] Vgl. dazu näher Rdn. 11 ff.

## § 6 Nr. 1

den sich aus § 6 Nr. 2, 4 VOB/B ergebenden Grundsätzen, ohne dass es insoweit einer Änderungsvereinbarung der Vertragsparteien bedarf.[35] Die in § 6 Nr. 2 VOB/B angeordnete Verlängerung der Ausführungsfrist bewirkt nicht nur eine Veränderung der Rechtslage des Auftragnehmers, sondern führt zu einem Eingriff in die Rechtsverhältnisse des Auftraggebers. Die erforderliche Berechtigung zu diesem Eingriff[36] verschafft die VOB/B mit der Verpflichtung und Befugnis zur Behinderungsanzeige. Hierdurch wird nicht bloß ein Anspruch des Auftragnehmers auf Fristverlängerung begründet, dem durch eine Vereinbarung zu entsprechen wäre, sondern die ursprüngliche Vertragsfrist wird kraft der getroffenen Vereinbarung gemäß den Bestimmungskriterien in § 6 Nr. 4 VOB/B verlängert.[37]

**11** Da die Behinderungsanzeige eine Vertragsänderung kraft vorformulierten Einvernehmens bei Vorliegen der Voraussetzungen nach § 6 Nr. 2 Abs. 1 VOB/B bewirkt, und der Auftragnehmer mit deren Erklärung zum Ausdruck bringt, den Störungstatbestand grundsätzlich gerade nicht durch **vermehrte Baustellenförderung** auszugleichen, sondern die Ausführungsfristverlängerung für sich in Anspruch zu nehmen,[38] handelt es sich um eine **Willenserklärung** und nicht nur um eine rechtsgeschäftsähnliche Handlung. Ihr ist der Charakter eines Gestaltungsrechts zuzuweisen, da die Änderungswirkung sich für den Vertrag – Verlängerung der Ausführungsfristen – unabhängig von der konkreten Einlassung des Auftraggebers ergibt. Deshalb ist die vielfach praktizierte Zurückweisung derartiger Behinderungsanzeigen durch den Auftraggeber[39] ohne rechtlichen Stellenwert. Die Rechsfolgen der Behinderungsanzeige bedingen nicht ein Einvernehmen des Auftraggebers mit dem Auftragnehmer, sondern hängen allein vom objektiven Vorliegen der weiteren, vor allem in § 6 Nr. 2 VOB/B genannten **Fristverlängerungsvoraussetzungen** ab. Der Auftraggeber muss mit der Fristverlängerung nicht einverstanden sein; diese tritt von selbst gem. § 6 Nr. 2 Abs. 1 VOB/B in Kraft. Denn hierdurch wird dem Auftragnehmer nicht bloß ein Anspruch auf Fristverlängerung eingeräumt, sondern die **Rechtsmacht** zugebilligt, die Fristverlängerung einseitig durch Behinderungsanzeige unter den in § 6 Nr. 2 Abs. 1 VOB/B genannten Voraussetzungen zu bewirken.[40] Aus der Formulierung der Nr. 2 Abs. 1 folgt mit *Ingenstau/Korbion/Döring*,[41] dass es für die Fristverlängerung und deren Wirksamkeit keiner besonderen Vereinbarung der Vertragsparteien bedarf; diese ist im Gegenteil infolge der Maßgeblichkeit des § 6 Nr. 2 VOB/B bereits getroffen und aktualisiert sich im Falle der Behinderungsanzeige. Das belegt die Qualität und Wirkung der Behinderungsanzeige als einseitige Willenserklärung gestaltender Art, die ihr vertraglich kraft Vereinbarung gemäß § 6 Nr. 1, 2 VOB/B beigemessen wird. Die durch § 6 Nr. 2 Abs. 1 VOB/B unter der Voraussetzung einer ausgeübten Behinderungsanzeige angeordnete Verlängerung einer Vertragsfrist führt zur Einordnung der Behinderungsanzeige als **Gestaltungsrecht** auch deshalb, weil jede Umgestaltung eines Schuldverhältnisses durch einseitigen Akt der Legitimation durch ein Gestaltungsrecht bedarf.[42] Tritt die Behinderung ein, auf die der Unternehmer in seiner Behinderungsanzeige als drohende bezeichnet hat, oder erfolgt der Hinweis auf eine tatsächlich eingetretene Behinderung, verliert die ursprüngliche Vertragsfrist als Folge des § 6 Nr. 2 VOB/B von selbst ihre Wirkung. An ihre Stelle tritt eine neue Frist,[43] die nach den sich aus § 6 Nr. 4 VOB/B ergebenden Regeln zu berechnen ist.

---

[35] → nachfolgend § 6 Nr. 2 Rdn. 15 ff.
[36] Zur Notwendigkeit eines Berechtigungstatbestandes vgl. *Flume* Allgemeiner Teil des Bürgerlichen Rechts, Zweiter Band, Das Rechtsgeschäft, 4. Aufl., S. 137.
[37] → § 6 Nr. 2 Rdn. 6, 15 ff.
[38] Näher → § 6 Nr. 2 Rdn. 1.
[39] *Langen/Schiffers* Bauplanung und Bauausführung Rdn. 67.
[40] Näher → § 6 Nr. 2 Rdn. 15 ff.; a. A. *Heiermann* Seminar Bauverzögerung S. 6; wie hier *Vygen/Schubert/Lang* S. 109 Rdn. 149; *Ingenstau/Korbion/Döring* VOB/B § 6 Nr. 2 Rdn. 2; anders in Rdn. 6 zu Nr. 4; *Kapellmann/Messerschmidt* VOB/B § 6 Rdn. 29; wohl auch *Nicklisch/Weick* VOB/B § 6 Rdn. 23 und *Heiermann/Riedl/Rusam*, VOB/B § 6 Rdn. 24.
[41] VOB/B § 6 Nr. 2 Rdn. 2; anders jedoch in Nr. 4 Rdn. 6.
[42] *Gernhuber* Das Schuldverhältnis S. 612.
[43] → § 6 Nr. 2 Rdn. 6.

Allerdings ist zwischen einer bloßen **Verlängerung** einer gestörten Frist und dem **Bedarf** 12
für eine völlig neue **Bauzeitvereinbarung** zu unterscheiden. Hat die Behinderung zur
Folge, dass der Bauzeitenplan total umgeworfen und eine völlige Neuordnung notwendig
ist, bedarf es einer vertraglichen Vereinbarung, zu deren Abschluss die Vertragsparteien nach
Kooperationsregeln verpflichtet sind.[44] Da § 6 VOB/B den Anspruch auf Berücksichtigung
der hindernden Umstände in den Nrn. 2, 4 mit einer bloßen Fristverlängerung verknüpft,
stellt sich die Frage, ob im Fall einer totalen Zeitstörung eine Bauzeitvereinbarung unabhängig von den in der Nr. 1 formulierten Voraussetzungen abzuschließen ist. Nach *Werner/Pastor*[45] fällt die vereinbarte Ausführungsfrist bei totaler Zeitstörung und einem durchgreifenden Neuordnungsbedarf weg. Vieles spricht dafür, dass § 6 Nr. 1 VOB/B auf diesen
Tatbestand überhaupt nicht zugeschnitten ist. In der Praxis wird meist kein abschließender
Entscheidungsbedarf bestehen, weil die totale Zeitstörung ein offenkundiger Tatbestand
i. S. d. § 6 Nr. 1 Satz 2 VOB/B sein wird.

Allein die Formulierung des BGH,[46] von den in § 6 Nr. 1 VOB/B behandelten Voraussetzungen hinge ab, ob der Auftragnehmer eine Verlängerung der Ausführungsfrist (§ 6 13
Nrn. 2–4 VOB/B in Anspruch nehmen könne, bestimmt die rechtsgeschäftliche Konstruktion der Verlängerung der Ausführungsfrist nicht. Dagegen spricht die Fassung in § 6 Nr. 2
Abs. 1 VOB/B, wonach die Ausführungsfristen verlängert werden. Im Unterschied zu an
anderen Stellen (z. B. § 2 Nr. 5 Satz 2 oder § 2 Nr. 6 Abs. 2 VOB/B) gebrauchten Formeln
wird die **Verlängerung** nicht von einer zwischen den Parteien erst noch zu schließenden
Vereinbarung abhängig gemacht, sondern diese Verlängerung hiervon unabhängig angeordnet. Lediglich § 6 Nr. 1 Satz 2 VOB/B geht dahin, dass der Auftragnehmer bei Unterlassen
der Behinderungsanzeige einen Anspruch auf Berücksichtigung der hindernden Umstände
nur dann hat, wenn dem Auftraggeber offenkundig die Tatsache und deren hindernde
Wirkung bekannt waren. Diese sprachliche Fassung verfolgt jedoch nicht die Intention, dem
Auftragnehmer im Fall der Offenkundigkeit der Behinderung in Abweichung von den sich
bei einer Behinderungsanzeige ergebenden Rechtsfolgen zunächst lediglich einen Anspruch
auf Berücksichtigung der Behinderung zu verschaffen, dem erst durch eine Vereinbarung zu
entsprechen wäre.

## 2. Behinderungsanzeige als Rechtshandlung?

Im Zusammenhang mit dem richtigen Adressaten für die Behinderungsanzeige[47] erörtert 14
die Literatur[48] die Frage, ob die Behinderungsanzeige in die Rechtsgeschäftslehre einzuordnen ist. *Heiermann* verneint die rechtsgeschäftliche Qualität,[49] andere befassen sich mit der
Problematik nicht ausdrücklich.[50] Bei fehlender Rechtsgeschäftsqualität bliebe nur die Einstufung als Rechtshandlung und zwar als geschäftsähnliche Handlung.[51] Deren Kennzeichen
ist, dass sie nicht final auf die Bewirkung von Rechtsfolgen bezogen ist und selbst keine
Regelung enthält.[52] Wenn auch zahlreiche Mitteilungen und Anzeigen (z. B. §§ 149, 170,
374 Abs. 2, 409 BGB) deshalb als geschäftsähnliche Handlungen ausgestaltet sind,[53] weil
ihnen die finale Ausrichtung auf eine Rechtsfolge fehlt, trifft diese Qualifizierung auf die
Behinderungsanzeige nicht zu. Ohne Behinderungsanzeige und Offenkundigkeit der Behinderung werden trotz Vorliegens der Voraussetzungen nach § 6 Nr. 2 Abs. 1 VOB/B die

---

[44] *Werner/Pastor* Rdn. 1820.
[45] Rdn. 1820.
[46] BGHZ 48, 78, 81 = NJW 1967, 2262 = MDR 1967, 755.
[47] Vgl. unten Rdn. 47 ff.
[48] *Heiermann* Seminar Bauverzögerung S. 23.
[49] In Seminar Bauverzögerung S. 23.
[50] Z. B. *Werner/Pastor* Rdn. 1824; *Ingenstau/Korbion/Döring* VOB/B § 6 Nr. Rdn. 4, 5; *Heiermann/Riedl/Rusam* VOB/B § 6 Rdn. 7; *Kapellmann/Messerschmidt* VOB/B § 6 Rdn. 7.
[51] Dazu näher Palandt/*Heinrichs* BGB Vor § 104 Rdn. 4; *Flume* (Fn. 17) S. 104 ff.
[52] *Flume* (Fn. 17) S. 107.
[53] *Flume* (Fn. 17) S. 112, 113.

## § 6 Nr. 1

vertraglichen Ausführungsfristen nicht verlängert. Deshalb trifft der Auftragnehmer bei Unterlassen der Behinderungsanzeige eine Entscheidung für den Fortbestand der ursprünglichen Fristen, und beinhaltet die Abgabe der Behinderungsanzeige die bewusste **Option für die Verlängerung** der Ausführungsfrist. Unterlässt der Auftragnehmer eine Behinderungsanzeige trotz hindernder Umstände, kann dies den Eindruck erwecken, dem Auftragnehmer seien Umstellungen ohne Produktionsverlust und damit die Einhaltung der Bauzeit möglich.[54] § 6 Nr. 1 und Nr. 2 VOB/B ermöglicht dem Auftragnehmer mittels der Behinderungsanzeige eine Vertragsgestaltung; ihre Wahrnehmung stellt eine bewusste Rechtsfolgenentscheidung dar. Das begründet die Behinderungsanzeige als einseitiges Rechtsgeschäft (Gestaltungsrecht).

### IV. Verletzung der Pflicht zur Behinderungsanzeige

15  Die Verletzung der Anzeigepflicht ist sowohl aus der Sicht des Auftraggebers als auch des Auftragnehmers zu beurteilen. Dem Auftragnehmer geht es um die Möglichkeit, die Behinderung zur Begründung einer Ausführungsfristverlängerung zu nutzen (§ 6 Nr. 4 VOB/B) und die damit eventuell verbundenen Mehrkosten und Schäden ersetzt zu erhalten (§ 6 Nr. 6 VOB/B oder § 642 BGB). Der Auftraggeber baut bei unterlassener Behinderungsanzeige auf den Fortbestand der vertraglich vereinbarten Vertragsfristen und darauf, bei deren Nichteinhaltung aus Verzug oder aus sonstigen Gründen Schadensersatzansprüche ableiten zu können. Unterlässt der Auftragnehmer eine Behinderungsanzeige, kann dies den Eindruck erwecken, dass ihm eine Umstellung des Bauablaufprogramms ohne Produktivitätsverlust möglich ist.[55] Rechtlich bedeutsam ist die Verletzung der Anzeigepflicht jedoch nur bei fehlender Offenkundigkeit der hindernden Umstände und ihrer hindernden Wirkung. Liegen die Voraussetzungen nach § 6 Nr. 1 Satz 2 VOB/B vor, bedarf es der Mitteilung der hindernden Umstände nicht. Dann treten die nachteiligen Folgen der Anzeigepflichtverletzung nicht ein.[56]

#### 1. Rechtslage des Auftraggebers

16  Das Verständnis der Behinderungsanzeige als Gestaltungsrecht wie auch als dem Auftraggeber gegenüber zu erfüllende Nebenpflicht hat für die Unterlassung der Behinderungsanzeige zur Konsequenz, dass von der eingeräumten Gestaltungsmöglichkeit kein Gebrauch gemacht worden ist.

17  **a) Verbindlichkeit der Vertragsfristen.** Damit bleibt es bei Fehlen einer Behinderungsanzeige – vom totalen Neuordnungsbedarf abgesehen – grundsätzlich bei der Verbindlichkeit der ursprünglichen Vertragsfristen. Der Auftraggeber hat auch bei Vorliegen von solchen hindernden Umständen, die an sich § 6 Nr. 2 Abs. 1 VOB/B ausfüllen, Anspruch auf Einhaltung der ursprünglichen Vertragsfristen und auf Intensivierung der Baustellenförderungspflicht nach § 5 Nr. 3 VOB/B. Eine Verlängerung der Ausführungsfrist tritt nach § 6 Nr. 1 Satz 2 VOB/B nur ein, wenn dem Auftraggeber die Behinderung samt hindernder Wirkung offenkundig bekannt war.

18  **b) Schadensersatzansprüche aus § 6 Nr. 6 VOB/B und Kündigungsmöglichkeit.** Aus Ablaufstörungen können sich unter den in § 5 Nr. 4 VOB/B genannten Voraussetzungen Schadensersatzansprüche gemäß § 6 Nr. 6 VOB/B oder die Möglichkeit zur Kündigung nach § 8 Nr. 3 VOB/B ergeben. Die vorwerfbare Verletzung der Nebenpflicht (Anzeigepflicht) begründet Schadensersatzansprüche des Auftraggebers aus **positiver Vertragsverletzung (nunmehr § 280 Abs. 1 BGB)**, wenn dieser bei Anzeige die schadenstiftende

---

[54] BGH U. v. 21. 3. 2002 – VII ZR 224/00, NJW 2002, 2716 = NZBau 2002, 381 = BauR 2002, 1249, 1252.

[55] BGH U. v. 21. 3. 2002 – VII ZR 224/00, NJW 2002, 2716 = NZBau 2002, 381 = BauR 2002, 1249, 1252.

[56] *Heiermann/Riedl/Rusam* VOB/B § 6 Rdn. 10.

Behinderung rechtzeitig hätte abstellen können;[57] deren Abwicklung bestimmt sich gleichfalls nach § 6 Nr. 6 VOB/B.[58] Andererseits fehlt es an der schadens- und haftungsbegründenden Kausalität, wenn dem Auftraggeber die hindernden Umstände einschließlich deren hindernde Wirkung offenkundig bekannt waren. Es ist schon zweifelhaft, ob die Verletzung der Informationspflicht gegenüber einem Informierten überhaupt eine Rechtsverletzung darstellt, ihr fehlt jedenfalls die Ursächlichkeit für einen Schaden.

Diese Folgen unterlassener Behinderungsanzeige und damit Rechtsgestaltung machen den Auftragnehmer jedoch gegen die genannten Schadensersatzansprüche und die Kündigungsmöglichkeit nicht verteidigungslos. Der Einwand, ihn treffe an der Behinderung, die in der Sphäre des Auftraggebers liegt (§ 6 Nr. 2 Abs. 1 lit. a) VOB/B) oder die nach § 6 Nr. 2 Abs. 1 lit. b) und c) VOB/B zu einer Fristverlängerung wegen Streiks, Aussperrung, höherer Gewalt oder unabwendbaren Umständen führt, **kein Verschulden,** bleibt dem Auftragnehmer trotz fehlender Behinderungsanzeige erhalten.[59] Denn die Verletzung der Anzeigepflicht kann nicht dazu führen, dass der Auftragnehmer ohne Rücksicht darauf schadensersatzpflichtig ist, dass der Auftraggeber den eigentlich schadenverursachenden hindernden Umstand verursacht hat.[60] Die gegenteilige Auffassung von Kapellmann, wonach § 6 Nr. 1 VOB/B das vertragliche Verbot beinhalte, sich gegenüber dem Auftraggeber auf das fehlende Verschulden dann berufen zu können, wenn die Pflicht zur Anzeige nicht erfüllt wurde,[61] geht zu weit und unterlässt die Differenzierung zwischen der Schuld/Verantwortung an dem Behinderungstatbestand und einer verschuldeten Anzeigepflichtverletzung. Richtig führt die unterlassene Anzeige bei fehlender Offenkundigkeit der Behinderung lediglich dazu, dass es bei den Vertragsfristen bleibt. Deren Nichteinhaltung geht bei einem in der Sphäre des Auftraggebers liegenden Behinderungsgrund jedoch zu Lasten des Auftraggebers. Unabhängig von einer unterlassenen Anzeige der Behinderung kann sich der Auftragnehmer hierauf berufen. Wäre es dem Auftraggeber bei rechtzeitiger Behinderungsanzeige möglich gewesen, durch Dispositionen im Bauablauf den Schaden abzuwenden, wird die unterlassene Behinderungsanzeige kausal und der Auftragnehmer ist nach § 280 Abs. 1 BGB schadensersatzpflichtig. Sind die Hinderungsgründe dem Auftraggeber zuzurechnen und wirken sich diese wie auch die unterlassene Anzeige aus, ist § 254 BGB anzuwenden.[62]

Die Formulierung in § 6 Nr. 1 Satz 2 VOB/B, der Auftragnehmer habe bei Unterlassen der Anzeige nur bei Kenntnis des Auftraggebers Anspruch auf Berücksichtigung der hindernden Umstände, hat lediglich für die Rechtsfolgen der verlängerten Ausführungsfrist nach § 6 Nr. 2 Abs. 1 VOB/B und für die Schadensersatzansprüche des Auftragnehmers nach § 6 Nr. 6 VOB/B Bedeutung.[63] Die Verteidigungsmöglichkeiten des Auftragnehmers, die sich nach §§ 276, 278, 254 BGB ergeben, werden hierdurch nicht eingeschränkt.[64]

## 2. Rechtslage des Auftragnehmers

Die Rechtslage des Auftragnehmers bei Verletzung der Anzeigepflicht unterscheidet sich nach dessen Gläubiger- und Schuldnerstellung. Schuldner ist er hinsichtlich der Pflichtenstellung aus dem Bauvertrag und der sich daraus ergebenden Ansprüche des Auftraggebers.

---

[57] *Ingenstau/Korbion/Döring* VOB/B § 6 Nr. 1 Rdn. 4; *Nicklisch/Weick* VOB/B § 6 Rdn. 21; *Kleine-Möller/Merl/Mai* § 14 Rdn. 17; a. M. *Leinemann* § 6 Rdn. 18.
[58] → § 6 Nr. 6 Rdn. 45.
[59] *Nicklisch/Weick* VOB/B § 6 Rdn. 21; *Ingenstau/Korbion/Döring* VOB/B § 6 Nr. 1 Rdn. 2; *Heiermann/Riedl/Rusam* VOB/B § 6 Rdn. 9; *Oberhauser* BauR 2001, 1177 1182.
[60] *Heiermann/Riedl/Rusam* VOB/B § 6 Rdn. 9; *Ingenstau/Korbion/Döring* VOB/B § 6 Nr. 1 Rdn. 2, 4.
[61] In *Kapellmann/Messerschmidt* VOB/B § 6 Rdn. 15; *Kapellmann* FS Vygen S. 204.
[62] *Heiermann/Riedl/Rusam* VOB/B § 6 Rdn. 9.
[63] Nach Meinung von *Nicklisch/Weick* VOB/B § 6 Rdn. 21 auch für die Rechtsfolgen aus einer Unterbrechung nach § 6 Nr. 5 und Nr. 7; so auch *Heiermann/Riedl/Rusam* VOB/B § 6 Rdn. 9.
[64] *Heiermann/Riedl/Rusam* VOB/B § 6 Rdn. 9; *Nicklisch/Weick* VOB/B § 6 Rdn. 21; *Ingenstau/Korbion* VOB/B § 6 Nr. 1 Rdn. 2, 4.

## § 6 Nr. 1

Der Auftragnehmer ist in seiner Gläubigerstellung betroffen, wenn Ansprüche aus § 6 Nr. 5 bis 7 VOB/B gegen den Auftraggeber zu beurteilen sind.

22 **a) Der Auftragnehmer als Schuldner.** Bei unterlassener Behinderungsanzeige bleibt es bei den Vertragsfristen, es sei denn der Tatbestand der Offenkundigkeit nach § 6 Nr. 1 Satz 2 VOB/B liegt vor.[65] Bei Fortbestand der Vertragsfristen ist der Auftragnehmer verpflichtet, die Bauleistung zu den ursprünglichen Vertragsterminen zu erbringen und die **Baustellenförderungspflicht** gemäß § 5 Nr. 3 VOB/B zu erfüllen. Der Umstand, dass der Auftraggeber die hindernden Umstände verursacht hat oder auch sonst eine Fristverlängerung nach § 6 Nr. 2 VOB/B eintreten würde, beeinflusst diese Hauptleistungspflichten nicht. Lediglich bei Schadensersatzansprüchen des Auftraggebers nach § 6 Nr. 6 VOB/B oder im Falle der Kündigung kommt gemäß § 254 BGB die Verantwortung oder Mitverantwortung des Auftraggebers zum Tragen.[66] Bei der Geltendmachung von Schadensersatzansprüchen findet § 254 BGB unmittelbar Anwendung; zur Abwehr oder Verteidigung gegen die Kündigung und die Kündigungsfolgen ist § 254 BGB entsprechend anzuwenden. Denn § 254 BGB gilt analog, wenn in sonstigen gesetzlich nicht geregelten Fällen beiderseitiges Verschulden vorliegt und abzuwägen ist.[67] Im Ergebnis ist das Kündigungsrecht des Auftraggebers zu versagen, wenn dieser eindeutig die Ursache für den Zeitverzug gesetzt hatte, und die Ausgangsfristen nur deshalb maßgeblich bleiben, weil der Auftragnehmer der Anzeigepflicht nicht nachgekommen ist. Bleibt es mangels Behinderungsanzeige bei den Vertragsfristen, obwohl Behinderungsgründe in der Sphäre des Auftraggebers liegen (§ 6 Nr. 2 VOB/B), gehen auch die in Abweichung von der ursprünglichen Bauablaufplanung des Auftragnehmers notwendig werdenden Kosten für **Beschleunigungsmaßnahmen** zu seinen Lasten. Denn § 6 Nr. 6 VOB/B setzt die Behinderungsanzeige voraus.

23 **b) Der Auftragnehmer als Gläubiger.** Schadensersatzansprüche aus § 6 Nr. 6 VOB/B stehen dem Auftragnehmer nur bei Erfüllung der Anzeigepflicht oder Offenkundigkeit der Behinderung und ihrer hindernden Wirkung und damit der Voraussetzungen aus § 6 Nr. 1 VOB/B zu.[68]

## C. Anzeigepflicht des Auftragnehmers – Voraussetzungen – Erfüllung

### I. Regelung nach § 6 Nr. 1 Satz 1 VOB/B

24 Die Verpflichtung zur unverzüglichen Anzeige entsteht nach der Formulierung in Satz 1 bereits dann, wenn sich der Auftragnehmer in der ordnungsgemäßen Ausführung der Leistung **behindert glaubt.** Das schließt die Meldepflicht der tatsächlich eingetretenen Behinderung nicht aus.[69] Den Rechtsgrund bildet die allgemeine, aus der Kooperationspflicht (§ 241 Abs. 2 BGB) abzuleitende Informationspflicht.[70] Außerdem folgt im Wege der Auslegung des Satzes 1, dass die Festlegung einer Anzeigepflicht bereits dann, wenn sich der Auftragnehmer behindert glaubt, erst recht eine solche bei Vorliegen einer Behinderung zur Folge haben muss und von den Bauvertragspartnern gewollt ist.

### 1. Befürchtete Behinderungen

25 Die Anzeigepflicht entsteht, wenn sich der Auftragnehmer in der ordnungsgemäßen Ausführung der Leistung behindert glaubt. Sicheres Wissen wird nicht vorausgesetzt.[71] Ein

---

[65] *Heiermann/Riedl/Rusam* VOB/B § 6 Rdn. 10.
[66] *Heiermann/Riedl/Rusam* VOB/B § 6 Rdn. 9; *Nicklisch/Weick* VOB/B § 6 Rdn. 21.
[67] *Palandt/Heinrichs* BGB § 254 Rdn. 3; *MünchKomm/Oetker* § 254 Rdn. 20, 21.
[68] BGH BauR 1971, 202, 203; *Ingenstau/Korbion/Döring* VOB/B § 6 Nr. 1 Rdn. 2.
[69] *Kleine-Möller/Merl/Mai* § 14 Rdn. 17.
[70] Vgl. oben Rdn. 4 ff.; außerdem → Vor § 6 Rdn. 17 ff.
[71] *Ingenstau/Korbion/Döring* VOB/B § 6 Nr. 1 Rdn. 3.

bloßer **Verdacht** oder eine konturlose Gefahr der Behinderung löst die Anzeigepflicht **nicht** aus. Da der Auftragnehmer zur wirksamen Behinderungsanzeige hinreichend Tatsachen anführen muss, aus denen die Behinderung abgeleitet wird,[72] entsteht die Anzeigepflicht, wenn sich die Besorgnis des Auftragnehmers auf nachweisbare Fakten stützen kann. Nur wenn der Auftragnehmer **greifbare Tatsachen** für eine mögliche Behinderung benennen und hieraus der Auftraggeber Schlüsse für die Wahrnehmung seiner Leistungsaufgabe nach § 4 Nr. 1 VOB/B ziehen kann, bestehen die Voraussetzungen für eine befürchtete Behinderung. Diese Fakten entnimmt der Auftragnehmer am besten seinem **Unternehmerablaufplan,** denn dieser ist das Instrument für Kontrolle und Steuerung im Bauablauf.[73]

a) **Prüfungspflichten.** Das setzt die Prüfung und damit auch die Bejahung einer entsprechenden Prüfungspflicht voraus.[74] Die Informationspflicht des Auftragnehmers entsteht nicht erst dann, wenn dieser Anlass zu befürchteten Behinderungen hatte, sondern schon dann, wenn der Auftragnehmer diese Befürchtungen bei sachgerechter Prüfung hätte haben müssen. Der Bejahung einer derartigen **Prüfungspflicht** steht die Formulierung in § 6 Nr. 1 Satz 1 VOB/B nicht entgegen, die eine solche Prüfungspflicht nicht einführt. Denn die Erfüllung der Anzeigepflicht kann schon nach dem Wortlaut nicht in das subjektive Belieben des einzelnen Auftragnehmers gestellt werden. Im Übrigen wird die niedergelegte Anzeigepflicht über die Gebote von Treu und Glauben (§ 242 BGB) ergänzt. Die Regelung in § 6 Nr. 1 Satz 1 VOB/B darf nicht dahin mißverstanden werden, dass der Katalog von Informations- und Aufklärungspflichten abschließend auf die Behinderungsanzeige bei entsprechender positiver Kenntnislage des Auftragnehmers beschränkt ist und damit der Vorwurf, sich hinsichtlich der drohenden Behinderung nicht ausreichend vergewissert zu haben, sanktionslos bliebe. Im Einzelfall kann die Nebenpflicht zur Information auch so weit gehen, dass sich der Informationspflichtige die Besorgnis oder Gewissheit über die drohende Behinderung aus ihm zugänglichen Quellen verschaffen muss und bereits die schuldhafte Unkenntnis oder fehlende Besorgnis den Verletzungstatbestand begründet.[75] Eine solche Pflichtenlage ist bei einem VOB/B-Bauvertrag zu bejahen, da die VOB/B vom Prinzip eines möglichst vorverlagerten Schutzgedankens geprägt ist, was seinen Ausdruck z. B. in § 3 Nr. 3 VOB/B findet. Hilfsmittel zur Wahrnehmung dieser Prüfungspflicht ist der am vertraglichen Bauzeitenplan ausgerichtete **Unternehmerablaufplan** als einem Kontroll- und Steuerungsinstrument.[76] Allerdings sind bloß **vorsorgliche Behinderungsanzeigen,** denen ein Anlass zu realer Besorgnis nicht zugrunde liegt, unbeachtlich.[77] Der Hinweis des Auftragnehmers, Planlieferfristen seien pünktlich einzuhalten, da die Vertragstermine ansonsten nicht eingehalten werden können, ist keine Behinderungsanzeige, sondern ein bloßer **Warnvermerk** ohne abwicklungsorientierten Anlass.[78]

b) **Maßstab.** Ob eine konkrete Gefahr für die Einhaltung der vertraglich vorgesehenen Bauzeit besteht, beurteilt sich am Maßstab des Unternehmerablaufplans als Indikator;[79] enthält ein Bauzeitenplan Einzelfristen als **Kontrollfristen,** belegt deren Nichteinhaltung ebenfalls die Gefahr der Behinderung. Denn der Auftragnehmer hat die Einhaltung der vertraglichen Ausführungszeiten am Maßstab des **Kapazitätseinsatzes** zu prüfen, der dem Ablaufplan zugrunde liegt. In die Erwägung fließt nicht ein, ob der Auftragnehmer die z. B. durch verspätete Planvorlagen oder fertiggestellte Vorleistungen verlorene Bauzeit durch eine

---

[72] BGH U. v. 21. 10. 1999 – VII ZR 185/98, BGHZ 143, 32 = NJW 2000, 1336 = NZBau 2000, 187 = BauR 2000, 722 = ZfBR 2000, 248; BauR 1990, 210, 212 = NJW-RR 1990, 403; vgl. unten Rdn. 40.
[73] *Olshausen* FS Korbion S. 323, 330.
[74] *Kaiser* NJW 1974, 445; *Ingenstau/Korbion/Döring* VOB/B § 6 Nr. 1 Rdn. 3; *Heiermann/Riedl/Rusam* VOB/B § 6 Rdn. 6.
[75] Vgl. MünchKomm/*Roth* BGB § 241 Rdn. 126.
[76] *Bauer* Baubetrieb S. 465; *Olshausen* FS Korbion S. 323, 330.
[77] *Kapellmann/Messerschmidt* VOB/B § 6 Rdn. 6.
[78] OLG Köln BauR 1981 472.
[79] → Vor § 6 Rdn. 92; 94 ff.

Leistungsintensivierung aufholen kann.[80] Denn der Auftragnehmer hat einen Anspruch darauf, die mit dem Bauvertragssoll und den vertraglichen Ausgangsfristen abgestimmte Bauablaufplanung beizubehalten. Die Tatsache, dass es nach den unter § 6 Nr. 2 Abs. 1 VOB/B genannten Voraussetzungen zu einer Verlängerung der Ausführungsfristen kommt, belegt, dass der Auftragnehmer auf ihn nicht zurückführbare Bauzeitrückstände nicht durch **Leistungsintensivierung** ausgleichen muss.[81] Ob dem Auftragnehmer unter dem Gesichtspunkt der Schadensminderungspflicht eventuell eine Pflicht zur Umplanung, zur Änderung des Arbeitsablaufs oder anderweitigen Abwicklung zugemutet werden kann,[82] ist eine Frage des Einzelfalles und hat damit zu tun, ob der Auftragnehmer der Geschädigte ist. Im Übrigen beurteilt sich die Verpflichtung des Unternehmers zur Minimierung der Störungsfolgen nach § 6 Nr. 3 VOB/B.[83] Die dort niedergelegte Förderungs- und Wiederaufnahmeverpflichtung hat nicht den Sinn, die in § 6 Nr. 2 VOB/B angeordnete Ausführungsfristverlängerung rückgängig zu machen. Das Spannungsverhältnis beider Vorschriften ist sinnvoll aufzulösen.[84]

## 2. Eingetretene Behinderungen

28   Die Anzeigepflicht betrifft auch die bereits eingetretene Behinderung. Rechtsgrund hierfür bildet § 6 Nr. 1 Satz 1 VOB/B wie auch die auf Treu und Glauben basierende **Kooperationspflicht** als Fundament der Anzeigepflicht überhaupt.[85] Denn ein Kooperationsverhältnis begründet in erster Linie **Informationspflichten** dann, wenn die Vertragsdurchführung gestört wird.[86, 87]

## 3. Behinderungstatbestand

29   Die fundiert befürchtete oder bereits eingetretene Behinderung ist eine Bauablaufstörung mit negativen Auswirkungen auf die Einhaltung der vertraglich vereinbarten Bauzeit.[88] Eine Behinderung fehlt, wenn der Auftragnehmer die vereinbarten Vertragsfristen nicht einhält, z. B. zu früh beginnt und der Bautenstand die Fortsetzung der Arbeiten noch nicht gestattet.[89] Vor allem ein Netzplan – im Unterschied zu einem Balkenplan – legt die vertraglich vorgesehenen Abhängigkeiten offen und bildet einen wichtigen Beurteilungsmaßstab.[90] Für die Anwendung des § 6 Nr. 1 VOB/B ist es belanglos, welcher Sphäre die hindernden Umstände zuzuweisen sind. Hierauf stellt die Festlegung der Anzeigepflicht im Unterschied zu Formulierungen in § 6 Nr. 2 Abs. 1 VOB/B oder § 6 Nr. 6 VOB/B nicht ab. Für die Vorschrift ist wegen ihrer Zielrichtung, den Auftraggeber von der drohenden oder eingetretenen Behinderung zu informieren und ihn zu warnen,[91] nur die Tatsache der Behinderungsgefahr oder des Behinderungseintritts bedeutsam. In wessen Verantwortungsbereich die hindernden Umstände liegen und vom sie zusätzlich auch zu vertreten sind, ist bedeutungslos.[92] Demnach sind auch solche hindernden Umstände mit Auswirkungen auf die

---

[80] A. A. *Ingenstau/Korbion/Döring* VOB/B § 6 Nr. 1 Rdn. 3.
[81] *Kapellmann/Schiffers* Bd. 1 Rdn. 1458; a. A. *Heiermann/Riedl/Rusam* VOB/B § 6 Rdn. 24.
[82] So *Kapellmann/Schiffers* Bd. 1 Rdn. 1457; *Heiermann/Riedl/Rusam* VOB/B § 6 Rdn. 24; *Vygen/Schubert/Lang* Rdn. 137.
[83] → § 6 Nr. 3 Rdn. 16 ff.; 20 ff.; 41 ff.
[84] → § 6 Nr. 2 Rdn. 4; und → § 6 Nr. 3 Rdn. 4; → § 6 Nr. 4 Rdn. 6.
[85] Vgl. oben Rdn. 24; BGH U. v. 28. 10. 1999 – VII ZR 393/98, BGHZ 143, 89 = NJW 2000, 807 = NZBau 2000, 130 = BauR 2000, 409; *Kleine-Möller/Merl/Mai* § 14 Rdn. 16; *Heiermann/Riedl/Rusam* VOB/B § 6 Rdn. 5.
[86] BGH U. v. 28. 10. 1999 – VII ZR 393/98, NJW 2000, 807 = NZBau 2000, 130 = BauR 2000, 409.
[87] Vgl. *Kapellmann/Messerschmidt* VOB/B § 6 Rdn. 1.
[88] → Vor § 6 Rdn. 59 ff.; 65.
[89] OLG Düsseldorf BauR 2002, 1551.
[90] *Vygen/Schubert/Lang* Rdn. 333 334.
[91] BGH U. v. 21. 10. 1999 – VII ZR 185/98, BGHZ 143, 32 = NJW 2000, 1336 = NZBau 2000, 187 = BauR 2000, 722.
[92] *Piel* FS Korbion S. 349, 350; *Staudinger/Peters* BGB § 642 Rdn. 46; *Heiermann/Riedl/Rusam* VOB/B § 6 Rdn. 6; vgl. auch → Vor § 6 Rdn. 70, 71.

Bauzeit mitzuteilen, die ausschließlich in der Sphäre des Auftragnehmers liegen.[93] In diesem Fall hat der Auftraggeber zwar keine Möglichkeit, durch Disposition dafür zu sorgen, dass die hindernden Umstände abgestellt werden. Die Wahrnehmung der Rechte aus § 5 Nr. 3 VOB/B wie auch die allgemeine Bauablaufdisposition machen die Unterrichtung jedoch notwendig.

Generell sind **hindernde Umstände** (dieser Begriff taucht in § 6 Nr. 6 VOB/B auf) solche Einflüsse auf den Bauablauf, die ein nachteiliges Abweichen vom ursprünglich vorgesehenen zeitlichen Ablauf der Bauausführung bewirken.[94] Für *Kapellmann/Schiffers*[95] sind Störungen **unplanmäßige Einwirkungen** auf den vom Auftragnehmer vertragsgemäß geplanten Produktionsprozess.[96] Diese Definition ist für den Anwendungsbereich des § 6 Nr. 1 VOB/B nicht unerheblich. Denn damit werden sämtliche Behinderungen, die sich durch Planungs- oder sonstige Anordnungen des Auftraggebers nach § 1 Nr. 3, 4 und § 2 Nr. 5 VOB/B ergeben, dem Anwendungsbereich des § 6 Nr. 1 VOB/B entzogen. *Leinemann*[97] hält deshalb rein bauzeitbezogen Anordnungen des Auftraggebers und Mengenmehrungen[98] für keine Behinderung im Rechtssinne und wendet rechtsfolgenorientiert § 2 Nr. 5 VOB/B an. Damit wird jedoch die Fristen- und Bauzeitenproblematik ausgeblendet; die Regeln aus § 2 VOB/B liefern zur Bauzeit keine Antwort. Soweit *Kapellmann*[99] unter Behinderungen „Störungen mit Folgen versteht und zwar Störungen des Bauablaufs des Auftragnehmers, nämlich die unplanmäßige Einwirkung auf den vom Auftragnehmer unter Beachtung vertraglicher Vorgaben geplanten Produktionsablauf" liegt es nahe, gleichfalls geplante Eingriffe seitens des Auftraggebers vom Anwendungsbereich auszuschließen. An anderer Stelle[100] werden jedoch die Bauleistung modifizierende oder lediglich die Bauzeit betreffende Anordnungen formal als Störung eingestuft. **30**

§ 6 Nr. 1 VOB/B knüpft für die Anzeigeverpflichtung an einer Behinderung an. Die Regelung unterlässt nähere Qualifizierungen, weswegen Einschränkungsbemühungen fruchtlos sind. Auf „Behinderungen im Rechtssinne", wie von *Leinemann* formuliert,[101] kommt es nicht an; maßgeblich ist, ob die in § 6 Nr. 1 VOB/B getroffene Regelung bestimmte die ordnungsgemäße Ausführung der Leistung unter Zeitgesichtspunkten Behinderungstatbestände ausgrenzt. Das ist angesichts der **neutralen Begrifflichkeit** zu verneinen und folgt auch aus § 6 Nr. 2 Abs. 1 lit. a) VOB/B. Ein Umstand aus dem Risikobereich des Auftraggebers ist auch eine Anordnung des Auftraggebers gemäß § 1 Nr. 3, 4 oder § 2 Nr. 5 VOB/B bzw. eine Mengenmehrung nach § 2 Nr. 3 VOB/B. **31**

**Hindernde Umstände** können rechtlicher wie tatsächlicher Art und als rechtmäßig oder rechtswidrig einzustufen sein.[102] *Haghsheno/Kaben*[103] liefern eine Übersicht über mögliche Ursachen von Bauablaufstörungen anhand einer empirischen Untersuchung. Die angeführten Qualifizierungsmerkmale wirken sich für die Entstehung der Anzeigepflicht nicht aus. § 6 Nr. 1 Satz 1 VOB/B stellt hierauf nicht ab.[104] Deshalb sind auch **Nachträge** oder **geänderte Leistungen** i. S. v. § 2 Nr. 5 oder Nr. 6 VOB/B auf der Grundlage von § 1 Nr. 3, 4 VOB/B (Planungsänderungen) mit Auswirkungen auf die zeitgerechte Abwicklung der Baumaßnahme anzeigepflichtige Behinderungen.[105] Wird bei Altbauten Asbest festgestellt, mit dessen Auftreten nach dem Leistungsverzeichnis nicht zu rechnen war, können **32**

---

[93] Staudinger/*Peters* BGB § 642 Rdn. 46; *Kapellmann/Schiffers* Bd. 1 Rdn. 1202.
[94] *Olshausen* FS Korbion S. 323, 324.
[95] Bd. 1 Rdn. 1202.
[96] → Vor § 6 Rdn. 61 ff.
[97] § 6 Rdn. 6.
[98] § 6 Rdn. 7.
[99] In *Kapellmann/Messerschmidt* VOB/B § 6 Rdn. 1.
[100] *Kapellmann/Messerschmidt* VOB/B § 6 Rdn. 13.
[101] § 6 Rdn. 6.
[102] → Vor § 6 Rdn. 72 ff.
[103] Jahrbuch Baurecht 2005, S. 261 ff.
[104] *Heiermann* Seminar Bauverzögerung S. 8; OLG Köln BauR 1986, 582, 584 = NJW 1986, 71, 72.
[105] *Kemper* NZBau 2001, 238 241; OLG Nürnberg NZBau 2000, 518 = BauR 2001, 409.

notwendig werdende Entsorgungsmaßnahmen einen Behinderungstatbesttand begründen.[106] **Änderungen von Ausführungsplänen** mit Folgen für den Bauablauf können sich als Behinderung erweisen.[107] Das OLG Köln[108] sieht zutreffend in einer vertraglich abgesicherten Verlegung einer vertraglich vereinbarten Ausführungsfrist eine Behinderung, obwohl es sich dabei nicht um eine rechtswidrige, sondern eine rechtmäßige Maßnahme handelt.[109] Fehlerhafte Angaben zu **Wasserdurchlässigkeitswerten** im Leistungsverzeichnis eines Auftraggebers können zu einer Behinderung des Auftragnehmers führen.[110] Behinderungstatbestände liegen auch bei **Mehrmengen** und **Nachtragsaufträgen** vor.[111] Liefert der Auftraggeber von ihm zu stellende Pläne verspätet ab, oder gibt er vom Auftragnehmer erstellte Werkstattzeichnungen oder Montagepläne entgegen den Planlieferfristen verspätet frei, handelt es sich gleichfalls um Behinderungstatbestände.[112] Ein **Nachunternehmer** ist behindert, wenn der Vorunternehmer, auf dessen Leistungen er aufbaut, das Werk nicht zeitgerecht oder mangelfrei beendet und sich deshalb der Beginntermin für den Nachunternehmer verschiebt.[113] Generell gilt, dass der Begriff der hindernden Umstände weit zu fassen ist; hierunter sind alle Störungen zu verstehen, die auf die Ausführung mit negativen Bauzeitfolgen einwirken. Dabei macht es keinen Unterschied, ob sie von außen kommen oder von einem Vertragsteil zu vertreten sind; sowohl der Schuldner- als auch der Gläubigerverzug können darunter fallen.[114]

33  Wird dem Auftragnehmer nach erfolgloser Durchführung eines **Vergabenachprüfungsverfahrens** der Zuschlag auf der Basis des vergaberechtlich notwendig unveränderten Angebots erteilt, entsteht gleichfalls ein Bauzeitproblem.[115] Denn angesichts der fortgeschrittenen Zeit kann auf der Grundlage dieses Vertrages oft die vertraglich vereinbarte Bauzeit nicht eingehalten werden. Unter **Bauzeitgesichtspunkten** ist zu unterscheiden: Ist die Zeitentwicklung Anlass für einen totalen **Neuordnungsbedarf,** besteht trotz der vertraglich wirksam vereinbarten Bauzeiten angesichts der Divergenz zwischen der Realität und den vergabrechtlichen Zwängen, die zu einem unveränderten Vertragsabschluss nötigen, im Hinblick auf die Kooperationspflichten die Notwendigkeit zu einem vertraglichen Einvernehmen über neue Fristen. Diese Fallgestaltung bewegt sich außerhalb des Anwendungsbereichs des § 6 VOB/B, weil die **Neuordnung** eines faktisch gestörten Ablaufs sich mit der in § 6 Nr. 2 VOB/B vorgesehenen Rechtsfolge der **Verlängerung** von Baufristen mit Rücksicht auf die in § 6 Nr. 3 VOB/B geregelte Weiterführungspflicht nicht bewältigen lässt. Im Übrigen kommt § 6 VOB/B direkt und nicht lediglich analog zur Anwendung. *Kapellmann*[116] und das OLG Jena[117] legen die vom Bieter gemäß der Anforderung der Vergabestelle abgegebene Bindefristverlängerungserklärung dahin aus, dass eine Leistung angeboten wird mit einem Beginntermin und einer Zeitdauer, die sachgerecht an die Verschiebung des Zuschlags angepasst sind. Hierfür besteht kein Bedarf. Denn nach § 6 Nr. 1 VOB/B spielt es keine Rolle, wann und unter welchen Umständen der Behinderungstatbestand, an dessen Existenz bei einem im Vergleich zu den Ausführungsfristen verspäteten Zuschlag nicht gezweifelt werden kann, entstanden ist. Der Enstehungstatbestand muss seinen Grund nicht in der Bauabwicklung haben, sondern kann auch in den Rechtsschutz-

---

[106] OLG Düsseldorf BauR 1999, 491.
[107] OLG Frankfurt BauR 1999, 49.
[108] BauR 1986, 582, 583 = NJW 1986, 71, 72 (allerdings hinsichtlich der Behinderung i. S. v. § 6 Nr. 6 VOB/B).
[109] A. A. *Leinemann* VOB/B § 6 Rdn. 6.
[110] OLG Düsseldorf in *Schäfer/Finnern/Hochstein* § 5 VOB/B Nr. 6.
[111] OLG Düsseldorf in *Schäfer/Finnern/Hochstein* Nr. 2 zu § 6 Nr. 1 VOB/B.
[112] Vgl. OLG Celle BauR 1995, 552.
[113] BGH U. v. 19. 12. 2002 – VII ZR 440/01, NJW 2003, 1601 = NZBau 2003, 325 = BauR 2003, 531.
[114] BGHZ 48, 78, 81 = NJW 1967, 2262 = MDR 1967, 755.
[115] Vgl. *Gröning* BauR 2004, 199; *Kapellmann* NZBau 2005, 1; Thüringisches OLG BauR 2005, 1161; BaOblG NZBau 2002, 689; OLG Jena BauR 2000, 1611. *Putzier/Goede* VergabeR 2003, 391; *Diehr* ZfBR 2002, 316.
[116] NZBau 2003, 1, 4.
[117] NZBau 2000, 163 = BauR 2000, 1611.

Behinderungsanzeige § 6 Nr. 1

möglichkeiten des Vergabeverfahrens mit Auswirkungen auf den Zeitpunkt des Vertragsschlusses liegen. In diesen Fällen ist entweder konsequent in der Bindefristverlängerungserklärung eine Behinderungsanzeige zu sehen oder der Fall der Bauzeitstörung infolge eines Vergabenachprüfungsverfahrens zählt zu den Fällen, in denen für den Auftraggeber die **Offenkundigkeit** der hindernden Tatsachenwirkung bekannt ist.

Die Anzeigepflicht entfällt nicht bei hindernden Umständen, die nach § 6 Nr. 2 Abs. 1 VOB/B Grund für eine Verlängerung der Ausführungsfrist sind. Die Anzeige hat im Gegenteil auch in den Fällen, bei denen an sich eine Fristverlängerung ansteht, rechtswahrende Wirkung,[118] ausgenommen der Fall der Offenkundigkeit der Behinderung gem. § 6 Nr. 1 Satz 2 VOB/B. 34

### 4. Behinderungsanzeige

Die Behinderungsanzeige hat unverzüglich und schriftlich gegenüber dem Auftraggeber zu erfolgen. Über die inhaltlichen Anforderungen schweigt die Vorschrift. Der Rückgriff auf die Wahrnehmung von nach Treu und Glauben im Interesse der Unterrichtung des anderen Vertragsteils gebotenen Informationspflichten führt zugunsten des Auftraggebers zu einer **gewissen Begründungspflicht**. Die genannten Anforderungen haben einen unterschiedlichen rechtlichen Stellenwert; teilweise sind sie Rechtswirksamkeitsvoraussetzung. Die Schutz-, Warn- und Informationszwecke der Behinderungsanzeige bestimmen die inhaltlichen Anforderungen. 35

a) Form. Zwar fordert § 6 Nr. 1 Satz 1 VOB/B die Einhaltung der **Schriftform**. In der Literatur ist jedoch anerkannt, dass die zuverlässige mündliche Anzeige gleichfalls ausreicht, um sowohl Schadensersatzansprüche aus § 6 Nr. 6 VOB/B zu erhalten als auch den Verlust der Ausführungsfristverlängerung gemäß § 6 Nr. 2 Abs. 1 VOB/B auszuschließen.[119] *Kapellmann*[120] vergleicht die in § 6 Nr. 1 VOB/B getroffene Regelung mit § 8 Nr. 5 VOB/B und hält deshalb die Behinderungsanzeige nur dann für rechtswirksam, wenn die Schriftform eingehalten worden ist. Der Vergleich ist problematisch, weil die Kündigung zur Beendigung des Vertrages führt und deshalb anders zu gewichten ist, als eine Behinderungsanzeige. 36

Ob die VOB/B die Schriftform im Einzelnen des **Beweises** wegen oder aus **Rechtswirksamkeitsgründen** einführt, ist im Einzelfall im Wege der Auslegung zu lösen. So ist bei § 4 Nr. 10 VOB/B anerkannt, dass das Erfordernis, das Ergebnis der gemeinsamen Zustandsfeststellung schriftlich niederzulegen, von Beweissicherungsgründen getragen wird.[121] Im Übrigen sollte das in § 6 Nr. 1 VOB/B niedergelegte Schriftformerfordernis in gleicher Weise wie bei § 4 Nr. 3 VOB/B verstanden werden. Das legt die Vergleichbarkeit des Konflikts nahe, denn in beiden Fällen geht es um mögliche Qualitätsstörungen, bei § 4 Nr. 3 VOB/B um die technische Qualität und bei § 6 Nr. 1 VOB/B um die zeitliche Qualität. Bei § 4 Nr. 3 VOB/B wird das Schriftformerfordernis nicht als Rechtswirksamkeitserfordernis, sondern als Beweismittel eingestuft. Das entspricht der h. M.[122] Für beide Störungstatbestände besteht Anlass, das in gleicher Weise formulierte **Formerfordernis unter Beweisaspekten** zu sehen, weswegen die von Kapellmann zu § 6 Nr. 1 VOB/B vertretene Auffassung abzulehnen ist. 36

---

[118] BGHZ 48, 78, 81 = NJW 1967, 2262 = MDR 1967, 755; *Ingenstau/Korbion/Döring* VOB/B § 6 Nr. 1 Rdn. 2.
[119] *Ingenstau/Korbion/Döring* VOB/B § 6 Nr. 1 Rdn. 5; Staudinger/*Peters* BGB § 642 Rdn. 46; *Daub/Piel/Soergel/Steffani* ErlZ B 6.14; *Heiermann/Riedl/Rusam* VOB/B § 6 Rdn. 7.
[120] In *Kapellmann/Messerschmidt* VOB/B § 6 Rdn. 7.
[121] *Kapellmann/Messerschmidt/Merkens* VOB/B § 4 Rdn. 219; *Ingenstau/Korbion/Oppler* VOB/B § 4 Nr. 10 Rdn. 5.
[122] BGH U. v. 10. 4. 1975 – VII ZR 183/74, BauR 1975, 278; *Kapellmann/Messerschmidt/Merkens* VOB/B § 4 Rdn 93, 94; *Ingenstau/Korbion/Oppler* VOB/B § 4 Nr. 3 Rdn. 64; *Franke/Kemper/Zanner/Grünhagen* VOB/B § 4 Rdn. 176.

**§ 6 Nr. 1**

**38** Allerdings muss der Auftragnehmer die Behinderungsanzeige und die Einhaltung der inhaltlichen Anforderungen beweisen,[123] was in der Praxis bei bloß mündlich erfolgter Anzeige erfahrungsgemäß Schwierigkeiten bereitet.[124] Dies gilt insbesondere hinsichtlich der inhaltlichen Anforderungen an die Behinderungsanzeige.[125] Diese Beweislastverteilung zu Lasten des Auftragnehmers gilt jedoch nur, wenn er sich einredeweise auf die gemäß § 6 Nr. 2 VOB/B verlängerte Ausführungsfrist oder angriffsweise auf Schadensersatzansprüche gemäß § 6 Nr. 6 VOB/B mit der Begründung beruft, dass vom Auftraggeber zu vertretende hindernde Umstände für ihn schadensverursachend waren. Sie trifft nicht zu, wenn der Auftraggeber nach § 6 Nr. 6 VOB/B mit der Behauptung Schadensersatzansprüche verfolgt, der Auftragnehmer habe die gebotene Anzeige unterlassen, weswegen er schadensvermeidende Dispositionen nicht vorgenommen habe. Die Darlegungs- und Beweislast für die Voraussetzungen der Anspruchsgrundlagen nach den Regeln der positiven Vertragsverletzung (§ 280 Abs. 1 BGB) wegen Verletzung der Anzeigepflicht[126] trifft dann nach allgemeinen Beweislastregeln den Auftraggeber als den Anspruchsteller.

**39** Der Schriftform wird jedenfalls genügt, wenn die Eintragung der hindernden Umstände im **Bautagebuch** oder die Aufnahme in ein Baubesprechungsprotokoll erfolgt.[127] Dabei handelt es sich jedoch primär um eine Frage der zutreffenden Adressierung. Denn gelangt das Bautagebuch oder das Besprechungsprotokoll nicht an den Auftraggeber als den gem. § 6 Nr. 1 Satz 1 VOB/B richtigen Adressaten, bleibt die Benennung im Bautagebuch oder im Besprechungsprotokoll ohne Wirkung.[128]

**40** **b) Inhalt. aa) Benennung der Fakten.** Inhaltlich muss die Anzeige konkretisierend die Tatsachen bezeichnen, aus denen der Auftragnehmer ableitet, behindert zu sein. Diese möglicherweise oder tatsächlich hindernden Umstände sind mit hinreichender Klarheit zu bezeichnen.[129] Die Behinderungsanzeige muss **Tatsachen** enthalten, aus denen sich für den Auftraggeber mit hinreichender Klarheit die Gründe für die Behinderung ergeben. Der Auftragnehmer hat die Angaben zu machen, ob und wann seine Arbeiten, die nach dem Bauablauf nunmehr noch ausgeführt werden müssen, nicht oder nicht wie vorgesehen ausgeführt werden können.[130] Entsprechend dem **Warn-** und **Informationszweck** der Behinderungsanzeige sind inhaltlich solche Anforderungen zu stellen, dass dem Auftraggeber die Möglichkeit gegeben wird, die Behinderung abzustellen.[131] Die bloße Mitteilung, sich behindert zu glauben oder tatsächlich behindert zu sein, genügt jedenfalls nicht. Welche Anforderungen im Einzelnen zu stellen sind, hängt davon ab, in welchem Bereich die hindernden Umstände liegen. Solche, die der Auftraggeber zu verantworten hat, sind klar deshalb zu benennen, damit der Auftraggeber die Möglichkeit zu zielsicheren Beseitigung der Behinderung nach § 4 Nr. 1 VOB/B hat.

**41** Das bedeutet im Einzelnen Folgendes: Der Auftragnehmer hat die nach seinem vertragskonform erstellten Bauablaufplan auszuführenden Arbeiten nach Zeit, Art und Besetzung der Baustelle darzustellen und die Art der Behinderung exak zu benennen, insbesondere die Nichtaufnahmemöglichkeit zur vorgesehenen Zeit, die Behinderung durch fehlende oder mangelhafte Vorarbeiten, Unterbrechung oder zeitweise Baustopps und Ähnliches. Teil der

---

[123] *Ingenstau/Korbion/Döring* VOB/B § 6 Nr. 1 Rdn. 5; BGH U. v. 14. 1. 1999 – VII ZR 73/98, NJW 1999, 1108 = BauR 1999, 645.
[124] *Heiermann* Seminar Bauverzögerung S. 20.
[125] Vgl. dazu Rdn. 40 ff.
[126] *Heiermann/Riedl/Rusam* VOB/B § 6 Rdn. 9.
[127] *Vygen/Schubert/Lang* Rdn. 147; *Ingenstau/Korbion/Döring* VOB/B § 6 Nr. 1 Rdn. 5; *Heiermann* Seminar Bauverzögerung S. 20.
[128] Vgl. zum richtigen Adressaten Rdn. 41.
[129] BGH U. v. 24. 2. 2005 – VII ZR 141/03, NJW 2005, 1653 = NZBau 2005, 387 = BauR 2005, 857; BGH U. v. 21. 10. 1999 § VII ZR 185/98, BGHZ 143, 32 = NJW 2000, 1336 = NZBau 2000, 187 = BauR 2000, 722 = ZfBR 2000, 248, BGH BauR 1990, 210, 212 = NJW-RR 1990, 403; *Ingenstau/Korbion/Döring* VOB/B § 6 Nr. 1 Rdn. 6; *Heiermann/Riedl/Rusam* VOB/B § 6 Rdn. 7.
[130] BGH U. v. 24. 2. 2005 – VII ZR 141/03, NJW 2005, 1653 = NZBau 2005, 387 = BauR 2005, 857.
[131] BGH U. v. 21. 10. 1999 – VII ZR 185/98, NJW 2000, 1336 = BauR 2000, 722.

Information muss auch sein, dass dem Auftragnehmer eine Änderung des geplanten Arbeitsablaufs oder der Herstellungsmethode und damit generell eine Umdisposition zur Weiterführung der Arbeiten ohne Auswirkungen auf die Vertragsfristen nicht möglich ist. Lägen nämlich hierfür die Voraussetzungen vor und könnte vom Auftragnehmer eine flexible Anpassung verlangt werden, wäre keine Behinderung gegeben.[132] Dem Auftragnehmer zur Verfügung stehende Zeitreserven können den Tatbetand der Behinderung ausschließen, wenn deren „Verbrauch" zumutbar ist. Ist dem Auftragnehmer die Ausschöpfung versteckter Zeitreserven möglich und zumutbar, fehlt es an einer anzeigepflichtigen Behinderung. Dann wird nämlich die Behinderung nicht zur Dispositionsmaßnahme des Auftraggebers, sondern durch solche des Auftragnehmers aufgefangen. Das Problem besteht darin, unter welchen Voraussetzungen ein Auftragnehmer von ihm vorgesehene Zeitreserven für auftraggeberseitige Behinderungen aufgeben muss.[133] Den Hintergrund bildet dabei auch, dass die Behinderung und ihre Darstellung bei Geltendmachung von Ansprüchen aus § 6 Nr. 6 VOB/B exakt nach den sich aus § 286 ZPO ergebenden Regeln zu beweisen ist und Erleichterungen nach § 287 ZPO ausscheiden.[134] Liegen die Gründe in der Sphäre des Auftragnehmers selbst, ist eine solche exakte Kennzeichnung nicht zu fordern. Der Auftraggeber muss nur die Möglichkeit haben, den weiteren Ablauf in Abhängigkeit von der Abwicklung durch den Auftragnehmer, der die hindernden Umstände selbst verursacht hat, zu planen. Nach Treu und Glauben kann in einem solchen Fall bei Bedarf vom anzeigepflichtigen Auftragnehmer auch die Mitteilung gefordert werden, auf welche Weise und in welchem zeitlichen Rahmen die hindernden Umstände beseitigt werden und welche Gestalt die weitere Unternehmerablaufplanung annimmt.[135]

**bb) Auskunftspflichten.** Inhaltlich kann die Anzeige so auch zur Auskunft über den weiteren Verlauf der Bauarbeiten geraten, auf welche der Auftraggeber nach § 4 Nr. 1 Abs. 2 Satz 3 VOB/B einen Anspruch hat, soweit die vertragsgemäße Ausführung betroffen ist. Dazu gehört auch die Zeitgerechtigkeit der Leistung. Für die Behinderungsanzeige nach § 6 Nr. 1 VOB/B und die damit verbundenen Wirkungen (Fristverlängerung unter den Voraussetzungen nach § 6 Nr. 2 VOB/B und Aufrechterhaltung der Schadensersatzansprüche nach § 6 Nr. 6 VOB/B) ist diese Auskunft jedoch nicht konstitutiv. 42

**cc) Keine Ankündigung von Ersatzansprüchen.** Die Behinderungsanzeige braucht sich nicht damit zu befassen, welchen ungefähren Umfang und welche ungefähre Höhe ein Ersatzanspruch gegebenenfalls hat.[136] Nach BGH[137] muss die Anzeige alle Tatsachen enthalten, aus denen sich für den Auftraggeber mit hinreichender Klarheit die Gründe für die Behinderung – oder die Unterbrechung – ergeben.[138] Entscheidend ist der Informationsbedarf des Auftraggebers, was sich danach richtet, welche Art der Behinderung vorliegt, ob diese nämlich in der vom Auftraggeber beeinfluss- und steuerbaren Sphäre liegt oder andere Gründe vorliegen. Es müssen sich jedenfalls für den Auftraggeber mit hinreichender Klarheit die Behinderungsgründe ergeben.[139] Die kausale Verknüpfung zwischen dem Störungstatbestand und der befürchteten oder tatsächlich eingetretenen Behinderung ist darstellungspflichtig.[140] 43

**dd) Keine Rechtsvorbehalte.** Eines Rechtsvorbehalts und eines Hinweises darauf, dass eine Verlängerung der Ausführungsfrist nach § 6 Nr. 2 Abs. 1 VOB/B – dessen Vorausset- 44

---

[132] Vgl. *Kapellmann/Schiffers* Bd. 1 Rdn. 1457.
[133] *Kapellmann/Schiffers* Bd. 1 Rdn. 1484; → § 6 Nr. 3 Rdn. 4, 18, 19.
[134] BGH U. v. 24. 2. 2005 – VII ZR 141/03, NJW 2005, 1653 = NZBau 2005, 387 = BauR 2005, 857.
[135] Vgl. bezüglich des Zusammenhangs mit § 5 Nr. 3 VOB/B dort → Rdn. 15.
[136] BGH U. v. 24. 2. 2005 – VII ZR 141/03, NJW 2005, 1653 = NZBau 2005, 387 = BauR 2005, 857; BGH BauR 1990, 210, 212 = NJW-RR 1990, 403.
[137] BGH U. v. 21. 10. 1999 – VII ZR 185/98, NJW 2000, 1336 = BauR 2000, 722; BGH BauR 1990, 210, 212 = NJW-RR 1990, 403.
[138] Vgl. auch BGH BauR 1983, 73 = NJW 1983, 989, 900.
[139] BGH U. v. 24. 2. 2005 – VII ZR 141/03, NJW 2005, 1653 = NZBau 2005, 387 = BauR 2005, 857.
[140] *Heiermann* Seminar Bauverzögerung S. 19, 20.

zungen unterstellt – beansprucht werde, bedarf es für den Eintritt der Verlängerungswirkung nicht.[141] Dies gebietet auch nicht die Qualifizierung der Behinderungsanzeige als Gestaltungsrecht,[142] da diese Wirkung der Behinderungsanzeige immanent ist.[143]

**45** **ee) Kein Angebot auf Abschluss einer Ausführungsfristverlängerungsvereinbarung.** Mit der Behinderungsanzeige muss bei Vorliegen ausführungsfristverlängernder hindernder Umstände ein Angebot an den Auftraggeber auf Abschluss einer Fristverlängerungsvereinbarung nicht verbunden werden. Auch die Autoren, die im Rahmen der Umsetzung des § 6 Nr. 4 VOB/B eine Parteivereinbarung zur fristverlängernden Änderung des Bauvertrages fordern,[144] verknüpfen die Geltendmachung dieses Anspruchs – der hier verneint wird[145] – nicht bereits mit der Behinderungsanzeige. § 6 Nr. 1 Satz 1 VOB/B bietet für einen solchen Kombinationsbedarf keinen Anhalt.

**46** **ff) Keine Bekanntgabe einer in Anspruch genommenen Fristverlängerung.** Die Regelung setzt als Wirksamkeitsbedingung auch nicht voraus, dass der Auftragnehmer in der Behinderungsanzeige eine Vorstellung darüber äußert, welche Fristverlängerung in Betracht kommen könnte. Derlei ist auch deshalb als gefährlich, weil der Auftraggeber darin eine verbindliche Festlegung erblicken könnte. Im Interesse eines koordinierten Bauablaufs erscheint eine Abstimmung der Vertragspartner jedoch geboten, wenn – wie meist – nachfolgende Maßnahmen zu koordinieren sind. Diese Kooperation bewegt sich jedoch außerhalb des durch die Behinderungsanzeige als einer einseitigen Maßnahme gezogenen Rahmens.

**47** **c) Adressat.** Adressat der Behinderungsanzeige ist nach § 6 Nr. 1 Satz 1 VOB/B der **Auftraggeber.** Das schließt wegen der Parallelgeltung des BGB die ordnungsgemäße Anzeige gegenüber einem vertretungsberechtigten Dritten gemäß § 164 BGB nicht aus. Ist ein **Architekt** vom Auftraggeber/Bauherr **mit einer umfassenden Vertretungsmacht** ausgestattet, kann die Behinderungsanzeige diesem gegenüber rechtswirksam erklärt werden. Das setzt Zugang beim Vertreter nach § 130 BGB voraus. Von einer solchen Vollmacht muss z. B. ausgegangen werden, wenn der Architekt nicht nur mit der Mitwirkung bei der Vergabe nach § 15 Abs. 2 Nr. 7 HOAI betraut wurde, sondern die Vergabe für den Auftraggeber selbst vorgenommen hat und weiter mit der Bauüberwachung nach der Leistungsphase 8 des § 15 Abs. 2 HOAI betraut worden ist.

**48** Ist der **Architekt** ohne zusätzliche Bevollmächtigung neben Planung und Koordinierung mit der **Bauleitung** nach § 15 Abs. 2 Nr. 8 HOAI (vgl. auch § 73 Abs. 2 Nr. 8 HOAI für den Fachplaner oder § 57 HOAI für den Ingenieur) betraut worden, spricht die auch im Rahmen der Objektüberwachung vorzunehmende Koordinierung und Abstimmung für eine Empfangszuständigkeit des Architekten.[146] Die Zuständigkeit fehlt dann allerdings im Falle eines Interessenkonflikts, wenn nämlich die Ursache der Behinderung im Planungs- oder Koordinierungsbereich liegt, sich der Planer den Einwendungen verschließt und keine Gewähr für eine Weiterleitung der Behinderungsanzeige an den Besteller besteht.[147] Von der prinzipiellen Empfangszuständigkeit geht auch *Heiermann* deshalb aus, weil der Planer den Bauzeitenplan zu überwachen hat.[148] Der Unternehmer hat sich danach an den Auftraggeber unmittelbar zu halten, wenn die Behinderung auf den Architekten zurückgeht und dieser die Behinderungsbefürchtungen des Auftragnehmers blockiert.

---

[141] A. A. *Heiermann* Seminar Bauverzögerung S. 19, 20.
[142] Vgl. oben Rdn. 9 ff.
[143] Vgl. oben Rdn. 10, 11.
[144] *Ingenstau/Korbion/Döring* VOB/B § 6 Nr. 4 Rdn. 6; *Heiermann/Riedl/Rusam* VOB/B § 6 Rdn. 24; *Vygen/Schubert/Lang* S. 109 Rdn. 149, empfehlen eine Verlängerungsvereinbarung.
[145] → § 6 Nr. 2 Rdn. 13 ff.; → § 6 Nr. 4 Rdn. 7 ff.
[146] So Staudinger/*Peters* BGB § 642 Rdn. 46; *Ingenstau/Korbion/Döring* VOB/B § 6 Nr. 1 Rdn. 8; *Kapellmann/Messerschmidt* VOB/B § 6 Nr. 1 Rdn. 9.
[147] Staudinger/*Peters* BGB § 642 Rdn. 46; *Ingenstau/Korbion/Döring* VOB/B § 6 Nr. 1 Rdn. 8; ähnlich *Kleine-Möller/Merl/Mai* § 14 Rdn. 22.
[148] In Seminar Bauverzögerung S. 25.

Diese aus baupraktischen Gesichtspunkten sehr unsichere Kompetenz des **bauleitenden** 49 **Architekten,** die *Ingenstau/Korbion* nicht anders sehen[149] und dem Auftragnehmer das volle Risiko zuweist, mit dem bauleitenden Architekten auch den richtigen Adressaten gewählt zu haben, spricht dafür, in aller Regel nur den Auftraggeber selbst für empfangszuständig zu halten.[150] Die VOB-Regelung sorgt für klare Verhältnisse und erklärt – offenkundig in Kenntnis der Bauumstände – den Auftraggeber und nicht auch noch zusätzlich den bauleitenden Architekten zum Adressaten. Für die Praxis ist dem behinderten Unternehmer zu empfehlen, die an den Auftraggeber adressierte Behinderungsanzeige in Kopie dem bauleitenden Architekten zukommen zulassen.[151] Diese Empfehlung ist insbesondere bedeutsam, wenn neben dem Architekten auch noch Fachplaner (§ 73 HOAI) tätig sind. Da die **Fachplaner** jedenfalls nach der Leistungsbeschreibung in § 73 Abs. 3 Nr. 8 HOAI auf eine Mitwirkungsaufgabe beschränkt sind, ist eine lediglich an den objektüberwachenden Fachplaner adressierte Behinderungsanzeige mehr als problematisch. Denn der in erster Linie für den Bauablauf Verantwortliche ist der bauleitende Architekt. Der **objektüberwachende Fachplaner** scheidet deshalb als alleiniger **Adressat** einer Behinderungsanzeige aus.

Diese Auffassung folgt zwingend aus der Qualifizierung der Behinderungsanzeige als 50 **Willenserklärung und Gestaltungsrecht.**[152] Bewirkt die Behinderungsanzeige im Behinderungsfall unter den Voraussetzungen des § 6 Nr. 2 VOB/B die Ungültigkeit der ursprünglichen Ausführungsfrist und deren Verlängerung, kann wegen dieser Rechtsfolgen Adressat der Anzeige nur der Auftraggeber selbst oder dessen ausdrücklich oder stillschweigend Bevollmächtigter sein. Die Empfangszuständigkeit des bauleitenden Architekten kann nicht allein damit begründet werden, dass dessen Aufgabe gerade die Terminkoordinierung und Fristüberwachung ist.[153] Denn diese Befugnisse bewegen sich ausschließlich im Rahmen der vertraglich fixierten Vertragsfristen und begründen keinerlei Kompetenz zu deren Änderung.[154] Ausgeschlossen erscheint, dass bei dermaßen beschnittener Vertretungsmacht die Begründung einer Empfangszuständigkeit zu einer Veränderung von Vertragsfristen führen kann. Jedenfalls reicht die **bloße Bauleitungsfunktion** nicht aus; anderes gilt, wenn es im Bauvertrag heißt, sämtliche auftretenden Schwierigkeiten seien mit der Bauleitung zu besprechen. Dann genügt der Auftragnehmer seiner Anzeigepflicht durch Mitteilung an den bauleitenden Architekten.[155] So wie der bauleitende Architekt ohne Zusatzkompetenz nicht zu einer Änderung vertraglich vereinbarter Fertigstellungstermine befugt ist,[156] kann der Auftragnehmer nicht durch die bloße Mitteilung der Behinderungsanzeige an diesen Architekten eine Änderung der Vertragsfristen bewirken.

Fehlt die Kompetenz des bauleitenden Architekten, ist dieser als Mittelsperson auch nicht 51 der **Empfangsbote** des Auftraggebers, was zur Folge hätte, dass die Anzeige gemäß § 130 BGB zu dem Zeitpunkt als dem Auftraggeber zugegangen gewertet werden könnte, zu welchem mit einer Weiterleitung nach dem regelmäßigen Lauf der Dinge gerechnet werden darf. Unzulänglichkeiten oder Ausfall der Übermittlung gingen zum Nachteil des Auftraggebers.[157] Der bauleitende Architekt ist Empfangsbote nur, wenn er vom Auftraggeber zur Entgegennahme von Erklärungen bestellt worden ist. Diese Position ist allein mit der Übertragung der Objektüberwachung, die in erster Linie eine technisch-organisatorische ist,

---

[149] *Döring* B § 6 Nr. 1 Rdn. 8; vgl. auch OLG Köln BauR 1981, 472.
[150] Dafür *Nicklisch/Weick* VOB/B § 6 Rdn. 19; für eine Kompetenz des Planers nur in Ausnahmefällen auch *Vygen/Schubert/Lange* Rdn. 135; gegen eine Kompetenz des bauleitenden Architekten gemäß der sog. originären Architektenvollmacht auch *Kaiser* NJW 1974, 445; *Werner/Pastor* Rdn. 1077; *Jagenburg* BauR 1978, 180, 186.
[151] *Kapellmann/Schiffers* Bd. 1 Rdn. 1219.
[152] Vgl. oben Rdn. 10 ff.
[153] So aber *Kapellmann/Schiffers* Bd. 1 Rdn. 1219.
[154] Vgl. BGH BauR 1978, 139; *Werner/Pastor* Rdn. 1077.
[155] LG Würzburg *Schäfer/Finnern* Z 2411 Bl. 4.
[156] BGH BauR 1978, 139.
[157] Palandt/*Heinrichs* BGB § 130 Rdn. 9.

nicht verbunden.[158] Mit der Abgabe der Behinderungsanzeige an den bauleitenden Architekten „macht" der Auftragnehmer vielmehr den Planer zu seinem **Erklärungsboten;**[159] womit die Rechtswirkungen der Anzeige von der beweisbaren Weiterleitung und dem Zugang beim Auftraggeber/Bauherrn selbst abhängig sind. Denn Zugang ist bei Einschaltung eines Erklärungsboten erst dann zu bejahen, wenn dieser Bote die Erklärung richtig an den eigentlichen Empfänger übermittelt hat.[160]

52  **d) Absender oder Erklärender.** Erklärender muss nach § 6 Nr. 1 Satz 1 VOB/B der Auftragnehmer sein. Ähnlich der Problematik bei Zuleitung der Behinderungsanzeige an den bauleitenden Architekten stellt sich die Frage, ob die Behinderungsanzeige des **Bauleiters** des Unternehmers rechtswirksam ist. Ist die Bauleitung des Auftragnehmers gemäß § 164 BGB entsprechend bevollmächtigt, scheitert die Behinderungsanzeige nicht an § 180 BGB. Kann sich die Bauleitung des Auftragnehmers lediglich auf die sich aus § 4 Nr. 1 Abs. 3 VOB/B ergebende Kompetenz berufen, ist auch mit dieser Aufgabe allein die Organisation und Disposition der Baustelle, nicht aber die Wahrnehmung von Rechten verbunden, die den Vertragsinhalt umgestalten.[161] Eine Behinderungsanzeige eines Subunternehmers unmittelbar gegenüber dem Bauherrn und damit unter Umgehung des Hauptunternehmers ist ausreichend. Der Subunternehmer ist Erfüllungsgehilfe des Auftragnehmers; dessen Behinderung ist entscheidend, weswegen auch dessen Behinderungsanzeige unmittelbar gegenüber dem Bauherrn ausreichend ist.[162]

53  **e) Zeitkomponente.** Die Behinderungsanzeige hat unverzüglich zu erfolgen. Dieser rechtstechnisch geprägte und in gleicher Weise bei § 2 Nr. 8 Abs. 2 VOB/B gebrauchte Begriff ist in Anlehnung an § 121 BGB auszulegen.[163] Danach hat der Auftragnehmer die Behinderung unter Berücksichtigung der Prüfung der Auswirkungen der befürchteten oder eingetretenen hindernden Umstände auf den Bauablauf so bald anzuzeigen, als es ihm nach den Umständen möglich und zumutbar ist. Dem Auftragnehmer steht eine **Beobachtungs-, Prüfungs- und Überlegungsphase** zu. Voreiliges und leichtfertiges Handeln soll ausgeschlossen werden, um letztlich unbegründete Behinderungsanzeigen, die erst ihrerseits Verwirrung stiften würden, zu vermeiden.[164] Eine zunächst unterbliebene Anzeige kann bei Fortwirken der hindernden Umstände nachgeholt werden.[165] Damit werden die Fristverlängerung wie auch eventuelle Schadensersatzansprüche aus § 6 Nr. 6 VOB/B und Abrechnungsmöglichkeiten nach § 6 Nr. 5, 7 VOB/B gesichert, soweit die nachfolgend gemeldete Behinderung für Schäden oder Unterbrechung kausal ist. Wegen des Zusammenhangs der Behinderungsanzeige mit Ansprüchen aus § 642 BGB vgl. Rdn. 91, 92.

54  Hat der Auftragnehmer die eingetretene Behinderung unverzüglich angezeigt, aber trotz Möglichkeit hierzu, die Anzeige der konkret drohenden Gefahr unterlassen, verliert die Behinderungsanzeige nicht ihre Wirkung. Denn die Anzeige einer drohenden Behinderung ist lediglich vorsorglicher Art und bewirkt – unter den Voraussetzungen des § 6 Nr. 2 VOB/B – eine Fristverlängerung nur bei tatsächlichem Eintritt der Behinderung.[166] Die vorwerfbare Nebenpflichtverletzung, die darin liegt, dass der Auftragnehmer schuldhaft die konkret drohende Gefahr nicht unverzüglich angezeigt hat, wird allerdings durch eine **nachfolgende** Behinderungsanzeige nicht geheilt. Die Nebenpflichtverletzung bleibt beste-

---

[158] Vgl. zur Problematik der sog. originären Architektenvollmacht *Quack* BauR 1995, 441; *Pauly* BauR 1998, 1143; *Dören* Jahrbuch Baurecht 2003, S. 133 und BGH U. v. 24. 7. 2003 – VII ZR 79/02 BauR 2003, 1892; BGH U. v. 7. 2. 2002 – VII ZR 1/00, NJW 2002, 3543 = NZBau 2002, 571 = BauR 2002, 1536 und OLG Stuttgart BauR 1994, 789.
[159] Palandt/*Heinrichs* BGB § 130 Rdn. 9.
[160] Palandt/*Heinrichs* BGB § 130 Rdn. 9.
[161] A. A. *Kleine-Möller/Merl/Mai* § 14 Rdn. 23.
[162] *Kleine-Möller/Merl/Mai* § 14 Rdn. 23.
[163] So BGH BauR 1994, 625 = NJW 1994, 3357 = NJW-RR 1994, 1108 = ZfBR 1994, 222 für den Begriff „unverzüglich" bei § 2 Nr. 8 Abs. 2 VOB/B, *Ingenstau/Korbion/Döring* VOB/B § 6 Nr. 1 Rdn. 7.
[164] *Heiermann* Seminar Bauverzögerung S. 21, 22.
[165] OLG Köln BauR 1981, 472, 474.
[166] → § 6 Nr. 2 Rdn. 25.

hen und führt zu Schadensersatzansprüchen, wenn es dem Auftraggeber bei rechtzeitiger Anzeige gelungen wäre, den Behinderungstatbestand z. B. durch entsprechende Dispositionsmaßnahmen zu verhindern. Unter diesen Umständen kann es bei Zuweisung des hindernden Umstandes in den Risikobereich des Auftraggebers[167] trotz Vorliegens der Voraussetzungen nach § 6 Nr. 2 Abs. 1 lit. a) VOB/B nicht zu einer Verlängerung der Ausführungsfrist kommen. Bei Abwägung der Verursachungs- und Verschuldensfaktoren nach § 254 BGB verdrängt die vorwerfbar unterlassene Behinderungsanzeige den Risikogedanken. Auch aus schadensersatzrechtlichen Gesichtspunkten muss sich der Auftragnehmer an den vereinbarten Vertragsfristen festhalten lassen; eine Fristverlängerung erfolgt nicht.[168]

**f) Darlegungs- und Beweislast.** Meist wird die Darlegungs- und Beweislast für die Erfüllung der Anzeigepflicht generell dem Auftragnehmer auferlegt.[169] Diese Auffassung trägt in dieser Allgemeingültigkeit nicht. Die Darlegungs- und Beweislast trifft den Kläger für die anspruchsbegründenden Tatsachen und den Beklagten für solche tatsächlichen Umstände, die Gegenrechte, wie rechtshemmende, rechtsvernichtende oder rechtshindernde Einreden ausfüllen.[170] Die Beweislast hinsichtlich der fehlenden oder der vorgenommenen Behinderungsanzeige entscheidet sich deshalb danach, welchen Stellenwert die Vornahme oder das Unterlassen der Behinderungsanzeige im Rahmen der Verfolgung eines Anspruchs oder der Verteidigung gegen einen solchen hat. Stützt der Auftraggeber einen Schadensersatzanspruch gegen den Auftragnehmer nach § 6 Nr. 6 VOB/B auf die fehlende Behinderungsanzeige, die es ihm unmöglich machte, durch Disposition schadensvermeidend tätig zu werden, trifft die Beweislast für das Fehlen der Anzeige den Auftraggeber. Beruft sich umgekehrt der Unternehmer verteidigungsweise auf eine verlängerte Ausführungsfrist, trifft ihn für die Behinderungsanzeige die Darlegungs- und Beweislast.

55

## II. Entbehrlichkeit der Behinderungsanzeige – Regelung nach § 6 Nr. 1 Satz 2 VOB/B

Die Behinderungsanzeige ist entbehrlich und der Auftragnehmer hat trotz Fehlens der Behinderungsanzeige Anspruch auf Berücksichtigung der hindernden Umstände, wenn dem Auftraggeber offenkundig die Tatsache und deren hindernde Wirkung bekannt waren. Die Postulierung einer Nebenverpflichtung zur Information eines bereits Informierten wäre reine Förmelei. § 6 Nr. 1 Satz 2 VOB/B konkretisiert damit Anforderungen von Treu und Glauben, da einer Rechtsausübung eines über die Behinderung informierten Auftraggebers, der sich auf eine fehlende Behinderungsanzeige beruft, jegliches schutzwürdiges Interesse fehlt.[171] Als **Ausnahmeregelung** ist die Vorschrift jedoch eng auszulegen. Offenkundig bekannt müssen dem Auftraggeber die hindernden Tatsachen und ihre hindernde Wirkung sein. Nur wenn das Informations-, Warn- und Schutzbedürfnis des Auftraggebers im Einzelfall keine Anzeige erforderlich macht, ist diese wegen Offenkundigkeit entbehrlich.[172] **Offenkundigkeit** liegt im Ergebnis deshalb dann vor, wenn es einer Warnung des Auftraggebers nicht bedarf und der Auftraggeber auf der Grundlage der ihm bekannten Fakten zur Steuerung der Ablaufplanung unabhängig von weiteren Informationen seitens des Auftragnehmers in der Lage ist. Soll das Kiterium der Offenkundigkeit die Anzeige überflüssig machen, muss die Auftraggeberseite bereits über die Informationen verfügen, die ihr die Behinderungsanzeige verschaffen sollte. Die Offenkundigkeit als Substitutionselement be-

56

---

[167] Zu diesem Kriterium ohne Rücksicht auf das Verschulden vgl. BGH BauR 1990, 210, 211 = NJW-RR 1990, 403 = ZfBR 1990, 138.
[168] → § 6 Nr. 2 Rdn. 14.
[169] *Nicklisch/Weick* VOB/B § 6 Rdn. 22; *Heiermann/Riedl/Rusam* VOB/B § 6 Rdn. 10.
[170] Vgl. nur *Baumgärtel* Beweislast S. 18.
[171] BGH BauR 1990, 210, 211; *Heiermann/Riedl/Rusam* VOB/B § 6 Rdn. 10.
[172] Vgl. BGH U. v. 21. 19. 1999 – VII ZR 185/98 BGHZ 143, 32 = NJW 2000, 1336 = NZBau 2000, 187 = BauR 2000, 722.

§ 6 Nr. 1

dingt deshalb notwendig einen positiven Wissenstand über die Behinderungsgründe und welche Arbeiten angesichts des dem Auftraggeber bekannten Bauablaufplanes vom Auftragnehmer nicht oder nicht wie vorgesehen ausgeführt werden können. Ohne einen dem Auftraggeber überlassenen ausführungsorientieren Bauablaufplan des Auftragnehmers bestehen demnach von vornherein Informaktionslücken.

57 Der Ausnahmetatbestand setzt mit der Formulierung, die Tatsachen und deren hindernde Wirkung müssten dem Auftraggeber offenkundig bekannt sein, einen gewissen Kenntnisstand voraus. In Anlehnung an die Terminologie in § 291 ZPO sind offenkundig bekannt nicht nur die dem Auftraggeber tatsächlich positiv zur Kenntnis gelangten hindernden Umstände. Denn **allgemeinkundige Tatsachen** muss der Auftraggeber auch dann gegen sich gelten lassen, wenn er sie positiv nicht kennt aber aus allgemein zugänglichen Quellen hätte in Erfahrung bringen können. Die Vorschrift stellt auf den Kenntnisstand des Auftraggebers ab, womit zu entscheiden ist, unter welchen Voraussetzungen das Wissen des bauleitenden Planers die Ausnahmeregelung durchgreifen lässt.

### 1. Offenkundigkeit – Maßstab

58 **a) Positive Kenntnis.** Offenkundig bekannt sind dem Auftraggeber die hindernden Umstände und deren hindernde Wirkung, wenn er darum positiv weiß. Da der Auftragnehmer für den Ausnahmetatbestand nach § 6 Nr. 1 Satz 2 VOB/B darlegungs- und beweisbelastet ist,[173] und sich der Beweis dieser subjektiven Merkmale nur schwer führen lässt, ist bedeutsam, dass offenkundig bekannt auch solche Hinderungstatbestände sind, die unter die Kategorie der **Allgemeinkundigkeit** fallen. Hat der Auftraggeber allgemeinkundige hindernde Umstände und deren hindernde Wirkung nicht gekannt, führt diese Unkenntnis nicht zur Unanwendbarkeit der Ausnahmeregelung. Der Beweis der subjektiven Kenntnislage beim Auftraggeber ist allerdings ohne weiteres zu führen, wenn die Umstände und ihre Wirkungen Gegenstand von Baustellenbesprechungen waren.[174] Kennt der Auftraggeber die hindernden Umstände und verschließt er sich deren hindernder Wirkung, die jedoch offen auf der Hand liegt, ist positive Kenntnis dennoch zu bejahen. Denn die Verweigerung des Nachvollzugs eindeutiger und nahe liegender Schlussfolgerungen schließt die offenbare Kenntnis nicht aus.[175] Positive Kenntnis setzt nicht voraus, dass das Wissen den ungefähren Umfang und die ungefähre Höhe eines sich aus der Behinderung ergebenden Ersatzanspruches einschließt. Denn diese gehört auch nicht zu den mitteilungspflichtigen Tatsachen.[176]

59 **b) Vorwerfbare Unkenntnis – Allgemeinkundigkeit.** § 291 ZPO erklärt offenkundige Tatsachen für nicht beweisbedürftig. In Anlehnung an diese Vorschrift ist wegen der Vergleichbarkeit der Interessenlagen der in § 6 Nr. 1 Satz 2 VOB/B verwendete terminus „offenkundig" gleichfalls dahin zu interpretieren, dass zu den offenkundigen Tatsachen die allgemeinkundigen gehören.[177] Hierunter fallen die Tatsachen samt der zugehörigen hindernden Wirkung, die durch Information aus allgemein zugänglichen und zuverlässigen Quellen wahrnehmbar sind. Dazu gehören Berichte aus Presseorganen, Fernsehsendungen oder Rundfunkberichten, was in erster Linie Bedeutung für die in § 6 Nr. 2 Abs. 1 lit. b) und c) genannten hindernden Umstände (Streik, Aussperrung, höhere Gewalt und eventuell andere unabwendbare Umstände) haben kann.[178] Damit schließt fahrlässige Unkenntnis den Ausnahmetatbestand nicht aus, wenn die hindernden Umstände – wie z. B. der Streik oder die Aussperrung – aus Rundfunknachrichten oder Presseberichten hätten entnommen werden können. In einem solchen Fall hindert die Unkenntnis des Auftraggebers die Anwendung der Ausnahmevorschrift nicht.

---

[173] Vgl. oben Rdn. 55; unten Rdn. 77.
[174] BGH BauR 1976, 279, 280.
[175] Vgl. *Kapellmann/Schiffers* Bd. 1 Rdn. 1422.
[176] BGH BauR 1990, 210, 212 = NJW-RR 1990, 403 = ZfBR 1990, 138.
[177] Vgl. zu § 291 ZPO *Thomas/Putzo* ZPO § 291 Rdn. 1; *Zöller/Greger* ZPO § 291 Rdn. 1.
[178] *Heiermann/Riedl/Rusam* VOB/B § 6 Rdn. 10.

Allgemeinkundig ist dabei nicht nur das, was über die genannten Medien einer beliebig 60
großen Anzahl von Menschen zugänglich und zuverlässig wahrnehmbar gewesen wäre. Im
Baubereich ist auf den möglichen Kenntnisstand der Baubeteiligten und der Bauschaffenden
abzustellen, wie auch auf deren besondere Unterrichtungsquellen. Wird im Bereich des
Verfahrensrechts auf den Kreis der am Gerichtsort versammelten Allgemeinheit abgestellt,[179]
ist es legitim, bei Anwendung der Ausnahmeregelung auf die baugewerblichen **Berufskreise
im Bereich der Baustelle** abzuheben.[180] Deren Wissen und Kenntnisstand wird auch
durch die Rechtsprechung geprägt, die z. B. dahin geht, dass ein Auftraggeber nicht wissen
muss, dass ein Unternehmer eine verhältnismäßig kurze und durchaus nicht unübliche
Verzögerung des Baugeschehens als eine Behinderung ansieht.[181] Langen/Schiffers[182] neigen
zu einer großzügigeren Bejahung der Offenkundigkeit aus dem Grund, eine professionelle
auftraggeberseitige Bauleitung erkenne bei sorgfältiger Wahrnehmung ihrer Überwachungspflichten nahezu alle relevanten Veranlassungen zu künftigen oder bereits eingetretenen
Behinderungen oder ihr sei dies zumindest möglich. Dabei wird jedoch außer Acht gelassen,
dass eine lediglich mögliche Kenntnis für den Verzicht auf eine Behinderungsanzeige nicht
ausreicht. Positive Kenntnis aber ist im Streit darzulegen und zu beweisen.

## 2. Gegenstand der Kenntnis/Offenkundigkeit

Die positive Kenntnis/Offenkundigkeit muss sich auf die drohenden oder tatsächlich 61
hindernden Umstände wie auch auf deren hindernde Wirkung beziehen. Nur wenn die
Informations-, Warn- und Schutzfunktion im Einzelfall keine Anzeige erfordert, ist die
Behinderungsanzeige wegen Offenkundigkeit entbehrlich.[183] Deshalb müssen neben der
Behinderung selbst die Gründe hierfür bekannt sein und der Auftraggeber muss wissen,
welche Arbeiten, die eigentlich zu erbringen sind, nicht oder nicht wie vorgesehen ausgeführt werden. Die Offenkundigkeit braucht sich nicht auf den ungefähren Umfang und
die ungefähre Höhe des zu erwartenden Ersatzanspruches zu erstrecken.[184] Dies folgt
daraus, dass die Behinderungsanzeige insoweit keine Mitteilungen enthalten muss.[185] An
der Offenkundigkeit der hindernden Wirkung fehlt es bei kurzen und gewöhnlichen
Behinderungen, mit denen die Baupraxis im Baualltag rechnet. Solchen Ereignissen hat der
Auftragnehmer bei Erstellung der **Ablaufplanung** durch Berücksichtigung von **Pufferzeiten** und Ausweichmöglichkeiten Rechnung zu tragen.[186] Insoweit kann aus rechtlichen
und baupraktischen Gesichtspunkten davon ausgegangen werden, dass der Auftragnehmer
solche „Kleinigkeiten" im Rahmen seiner Ablaufplanung ausgleichen kann oder durch
Pufferbildung bereits berücksichtigt hat. Denn wie die Ablaufplanung des Auftraggebers
gewisse Zeitreserven durch Pufferbildung zu berücksichtigen hat,[187] hat auch der Auftragnehmer seiner Unternehmerablaufplanung in gewissem Umfang Zeitreserven zugrunde zu
legen; das gilt schon deshalb, weil die zu erbringenden **Nebenleistungen** nicht nur kosten-
sondern auch zeitmäßig zu berücksichtigen sind; außerdem muss das Mangelrisiko bedacht
werden.

Bewegt sich eine Zeitstörung innerhalb dieser **Zeitreserve,** fehlt das Moment der 62
Offenkundigkeit. Das für die Beurteilung der Offenkundigkeit maßgebliche Anerkennungsgremium wird insoweit nicht nur von den Baubeteiligten, sondern auch von der Recht-

---

[179] *Zöller/Greger* ZPO § 291 Rdn. 1.
[180] Vgl. *Heiermann/Riedl/Rusam* VOB/B § 6 Rdn. 10.
[181] BGH BauR 1979, 245, 246.
[182] Bauplanung und Bauausführung Rdn. 69; ebenso *Kapellmann/Schiffers* Bd. 1 Rdn. 1223.
[183] BGH U. v. 21. 10. 1999 – VII ZR 185/98, BGHZ 143, 32 = NJW 2000, 1336 = NZBau 2000, 187 = BauR 2000, 722.
[184] BGH BauR 1990, 210 = NJW-RR 1990, 403.
[185] Vgl. oben Rdn. 43.
[186] *Kapellmann/Schiffers* Bd. 1 Rdn. 1262; *Olshausen* FS Korbion S. 323, 329.
[187] *Vygen/Schubert/Lang* Rdn. 133, 273, 274; OLG Köln BauR 1986, 582 = NJW 1986, 71; *Kapellmann/Schiffers* Bd. 1 Rdn. 1296.

sprechung gebildet.[188] Danach müssen unwesentliche Verzögerungen, z. B. durch verspätete Planvorlagen, nicht notwendig behindernde Auswirkungen auf den Bauablauf haben.[189] Das ist aus baubetrieblicher Sicht[190] gerade bei Störungstatbeständen im **Bereich nicht kritischer Tätigkeiten** der Fall, die regelmäßig weder zu einem Anspruch auf Fristverlängerung noch ein Anrecht auf Mehrkostenerstattung begründen. Der Auftragnehmer muss auf die Behinderung durch vertraglich vereinbarte Verschiebung von Ausführungsfristen nicht hinweisen, wenn diese gewichtig ist, da eine solche dem Auftraggeber dann offenkundig bekannt ist.[191] Umgekehrt kann von einer Offenkundigkeit bei Nachtragsaufträgen und Mehrmengenentwicklung nicht ohne weiteres ausgegangen werden.[192] Entscheidungen stellen meist allein darauf ab, ob dem Auftraggeber der hindernde Umstand wie die hindernde Wirkung positiv bekannt waren. Eine Prüfung der Allgemeinkundigkeit erfolgt nicht. Ein längerer **Baustopp** oder eine **Verschiebung der Bauzeit** um eine solche Zeiteinheit, deren Neutralisierung durch Veränderungen in der Ablauforganisation des Auftragnehmers angesichts ihres Umfangs von vornherein ausscheidet, erweisen sich als offenkundige Behinderungen.[193]

### 3. Offenkundigkeit – Bezugsperson

63   Soweit auf die Offenkundigkeit durch positives Wissen des Auftraggebers abgehoben wird, erfolgt die Beurteilung grundsätzlich aus der Person des Auftraggebers. Auf diesen stellt die Ausnahmeregelung in § 6 Nr. 1 Satz 2 VOB/B ab. Das **Wissen eines Dritten** ist nach §§ 164, 166 BGB nur maßgeblich, wenn eine entsprechende Vertretungsmacht vorliegt. Das beurteilt sich in gleicher Weise wie bei der Empfangszuständigkeit für die Behinderungsanzeige.[194] Der bauleitende Architekt, der sich für seine Kompetenz allein auf die Beauftragung mit der Bauleitungsaufgabe berufen kann, ist ein solcher grundsätzlich Wissensvertreter nicht.[195]

64   **a) Stellung des bauleitenden Architekten – Wissenszurechnung.** Es geht nicht an, dass allein das Wissen eines Architekten, der weder zum Abschluss noch zur inhaltlichen Änderung von Bauverträgen auf der Basis der bloßen Bauleiterfunktion befugt ist, geeignet ist, bei Vorliegen der Voraussetzungen nach § 6 Nr. 2 Abs. 1 VOB/B zu einer Aufhebung bisheriger Vertragsfristen und deren Neubestimmung nach den Bemessungskriterien des § 6 Nr. 4 VOB/B zu kommen. Hält die überwiegende Meinung[196] den Architekten dann nicht für den richtigen **Adressaten einer Behinderungsanzeige,** wenn er die hindernden Umstände zu vertreten hat oder sich den Vorhaltungen des Auftragnehmers verschließt, kann danach jedenfalls in diesen Bereichen das Wissen des Architekten die Offenkundigkeit zu Lasten des Auftraggebers nicht bewirken. Das betrifft vor allem die Fälle, in welchen infolge der Fehlleistungen des koordinierenden und objektüberwachenden Architekt die Ausführungspläne nicht entsprechend den vereinbarten Planlieferfristen dem Auftragnehmer übergeben werden.

65   Entsprechend der zur Empfangszuständigkeit aufgefundenen Lösung[197] scheidet der bauleitende Architekt/Ingenieur als Stellvertreter im Wissen jedoch überhaupt aus. Auf den

---

[188] BGH BauR 1979, 245, 246; OLG Köln BauR 1981, 472, 474.
[189] OLG Köln *Schäfer/Finnern/Hochstein* Nr. 1 zu § 6 Nr. 1 VOB/B = BauR 1981, 472, 474.
[190] *Ágh-Ackermann/Kuen* S. 128.
[191] OLG Köln NJW 1986, 71, 72.
[192] OLG Düsseldorf *Schäfer/Finnern/Hochstein* Nr. 1 und Nr. 2 zu § 6 Nr. 1 VOB/B.
[193] *Kapellmann/Messerschmidt* VOB/B § 6 Rdn. 11; *Leinemann* VOB/B § 6 Rdn. 15.
[194] Vgl. oben Rdn. 47 ff.
[195] A. A. *Ingenstau/Korbion/Döring* VOB/B § 6 Nr. 1 Rdn. 15; *Heiermann/Riedl/Rusam* VOB/B § 6 Rdn. 10; *Vygen* BauR 1983, 210; *Kapellmann/Schiffers* Bd. 1 Rdn. 1234 wie hier: *Nicklisch/Weick* VOB/B § 6 Rdn. 20; *Kaiser* NJW 1974, 445.
[196] *Ingenstau/Korbion/Döring* VOB/B § 6 Nr. 1Rdn. 8; *Heiermann/Riedl/Rusam* VOB/B § 6 Rdn. 8; *Kapellmann/Schiffers* Bd. 1 Rdn. 1219.
[197] Vgl. oben Rdn. 47, 48.

speziell nicht bevollmächtigten bauleitenden Architekten ist § 166 Abs. 1 BGB unmittelbar nicht anwendbar, da der Bauleiter des Auftraggebers gerade nicht befugt ist, verbindlich für den Auftraggeber rechtsgeschäftliche Änderungen des Bauvertrages vorzunehmen. Der Umstand, dass der Planer für die Terminkoordinierung und die Fristenüberwachung zuständig ist,[198] begründet keine vertragsrechtliche Änderungskompetenz. Für eine entsprechende Anwendung des § 166 Abs. 1 BGB auf die Tatbestände der Wissenzurechnung[199] ist kein Raum. Ist der bauleitende Planer Wissensvertreter im Rahmen solcher durch die Aufgabenstellung gedeckter Willenserklärungen,[200] scheidet er als Wissensvertreter im nichtrechtsgeschäftlichen Bereich im Übrigen kraft entsprechenden Willens des Auftraggebers aus.

**b) Stellung des bauleitenden Architekten – Allgemeinkundigkeit hindernder Umstände.** Die Beurteilungsbasis erweitert sich um den Wissenshorizont des bauleitenden Architekten, wenn die Wissenzurechnung nicht über die positive Kenntnis, sondern über die Allgemeinkundigkeit[201] der hindernden Umstände und ihrer behindernden Wirkung erfolgt. Denn die baugewerblichen Kreise unterscheiden den Wissenshorizont, den sich ein von einem Architekten beratener Bauherr aus allgemein zugänglichen oder bauspezifischen Quellen beschaffen kann, von dem Wissen eines Auftraggebers als nicht beratenen Laien. Das für die Allgemeinkundigkeit maßgebliche Anerkennungsgremium hat deshalb die Beratung des Auftraggebers durch den bauleitenden Planer zu berücksichtigen, der sein Wissensspektrum einbringt. Dabei kann die Kenntnis des Inhalts des Bautagebuchs,[202] das über die Verzögerungen Eintragungen enthält, eine Erkenntnisquelle für die Beurteilung der Allgemeinkundigkeit des Behinderungstatbestandes bilden.

**66**

### 4. Spezifische Behinderungstatbestände und ihre Abwicklung

Die Baupraxis kennzeichnet typische Situationen, in denen sich die Frage nach der Anzeigepflicht oder der Offenkundigkeit der hindernden Umstände stellt. Dabei geht es in erster Linie um die **Änderung der Bauumstände**, die **Änderung der Bauinhalte** und die **Änderung der Bauzeit**. Ob eine Notwendigkeit zur Behinderungsanzeige nach § 6 Nr. 1 Satz 1 VOB/B besteht, um eine Bauzeitverlängerung auszulösen, beurteilt sich nach den Einzelfallumständen.

**67**

**a) Inhaltliche Änderung des Bau-Soll.** Ordnet der Auftraggeber nach § 2 Nr. 5 VOB/B eine Änderung vertraglich beauftragter Leistungen oder gemäß § 2 Nr. 6 VOB/B zusätzliche Leistungen an, beurteilt sich die hindernde Wirkung anhand des vertragskonform erstellten Ablaufplans des Auftragnehmers.[203] Eine **Offenkundigkeit der Behinderung** liegt bei wertender Betrachtung unabhängig von der Kenntnis des Auftraggebers vom Ablaufplan des Unternehmers dann vor, wenn angesichts des Umfangs und der Bedeutung der Änderungen und/oder der Zusatzleistungen im Vergleich zum bisher beauftragten Leistungsumfang kapazitätsmäßig angesichts der baubetrieblich sinnvollen Baustellenbeschickung mit einer Verlängerung der Ausführungsfrist gerechnet werden muss. Da diese Extremfälle der Praxisrealität nicht entsprechen und nicht besonders ins Gewicht fallende Leistungen infolge einer intensivierten Baustellenbesetzung oder durch eine Umstellung der Ablaufplanung in der vereinbarten Zeit erbringbar sein können,[204] kann dem Auftragnehmer nur empfohlen werden, die drohende oder eintretende Behinderung anzuzeigen. Eine

**68**

---

[198] Hierauf stellen *Kapellmann/Schiffers* Bd. 1 Rdn. 1219 ab.
[199] *Palandt/Heinrichs* BGB § 166 Rdn. 6; BGHZ 83, 296; 117, 106.
[200] Fall der sog. originären Architektenvollmacht, dazu *Quack* BauR 1995, 441 und OLG Stuttgart BauR 1994, 789.
[201] Vgl. oben Rdn. 57, 58.
[202] Vgl. unten Rdn. 77.
[203] *Kapellmann/Schiffers* Bd. 1 Rdn. 1224; → Vor § 6 Rdn. 88 ff.
[204] Vgl. OLG Düsseldorf *Schäfer/Finnern/Hochstein* Nr. 2 zu § 6 Nr. 1 VOB/B; *Heiermann/Riedl/Rusam* VOB/B § 6 Rdn. 10; *Kapellmann/Schiffers* Bd. 1 Rdn. 1225–1227.

positive Kenntnis des Auftraggebers ist ohne Überlassung des Bauablaufplans kaum darstellbar.[205] Soweit *Piel*[206] den Standpunkt vertritt, dass mit jeder leistungsändernden Anordnung eine Anpassung der Bauzeit notwendig verbunden und deshalb eine Beachtung der Anforderungen nach § 6 Nr. 1 VOB/B nicht geboten sei, bleibt unberücksichtigt, dass primär die Bauablaufänderung ist[207] und sich dem erst sekundär und eventuell die Bauzeitänderung anschließt. Dabei ist zu erwägen, ob und unter welchen Umständen der Unternehmer verpflichtet sein kann, eine **Änderung der Ablaufplanung** – eventuell gegen entsprechende Vergütung – zur Einhaltung der Bauzeit vorzunehmen.[208] Die Anordnung des Auftraggebers, trotz Änderung des Bau-Solls sei die ursprüngliche Leistungszeit einzuhalten, erweist sich jedenfalls als eine **Beschleunigungsanordnung,** deren Verbindlichkeit nach § 2 Nr. 5 VOB/B oder § 1 Nr. 4 VOB/B zu beurteilen ist.[209]

**69** **b) Änderung der Bauumstände.** Bauumstände ändern sich, wenn eine Anordnung nach § 2 Nr. 5 VOB/B nicht den Bauinhalt, sondern das Wie der Bauleistung betrifft.[210] Die Änderung wird gemessen an dem, was sich nach dem Vertragsinhalt als Bauumstände ergibt oder üblicherweise angenommen werden kann. Fehlen besondere Angaben zu den Verhältnissen auf der Baustelle oder zum Arbeitsverfahren, braucht der Auftragnehmer die im Abschnitt 0.1 und 0.2 der DIN 18299 und der einschlägigen gewerkespezifischen Allgemeinen Technischen Vertragsbedingung für Bauleistungen aufgelisteten Besonderen Umstände, deren Bewältigung nach Abschnitt 4.2 der genannten Allgemeinen Technischen Vertragsbedingungen für Bauleistungen eine Besondere Leistung darstellt, nicht zu berücksichtigen. Werden diese Leistungen entsprechend den schwierigeren Bauumständen angeordnet, liegt eine Behinderung vor, da der Bauablaufplan des Unternehmers, der diese Leistungen so nicht vorgesehen hat, gestört ist. Fehlen z. B. bei einem Erdbauunternehmer im Leistungsverzeichnis Angaben über vorhandenen Bewuchs auf der freizumachenden Fläche, werden die Bauumstände für den Erdbauunternehmer über die nach Abschnitt 4.1.2 und 4.1.3 der DIN 18305 erfassten und als Nebenleistungen einzukalkulierenden vorbereitenden Tätigkeiten mit beschrieben. Derartige Anordnungen konkretisieren lediglich den Leistungsumfang nach § 4 Nr. 1 Abs. 3 VOB/B;[211] sie erweisen sich als die Bauumstände betreffende Anordnung nur dann, wenn die im Abschnitt 4.2 aufgelisteten **Besonderen Leistungen** (z. B. der Schutz gefährdeter Bäume gem. Abschnitt 3.1.7 oder das Roden gem. Abschnitt 4.2.3 jeweils der DIN 18300) gefordert werden.

**70** Fehlen solche Anordnungen des Auftraggebers, tritt eine Behinderung des Auftragnehmers deshalb ein, weil er die vertraglich übertragene Leistung nicht erfüllen kann. Denn die für die Durchführung der Erdarbeiten erst noch vorzunehmenden Rodungen, was eine Besondere und ohne Ausschreibung nicht beauftragte Leistung darstellt, erweisen sich ebenso als Hindernis, wie wenn der Zimmerer oder Parkettleger wegen zu hoher Baufeuchte bzw. Restfeuchte des Estrichs unter Ausschluss der Belegereife[212] mit den Arbeiten im Qualitätssicherungsinteresse nicht beginnen kann oder diese unterbrechen muss.

**71** Dasselbe gilt bei Anordnungen, durch welche **Arbeitsbeschränkungen** nach Art, Ort und Zeit verfügt werden, die in der Leistungsbeschreibung entgegen Abschnitt 0.2.1 der DIN 18299 nicht enthalten sind. Wenn der Unternehmer z. B. bei Putzerneuerungs- oder Trockenbauarbeiten an einem Krankenhaus mit der Anordnung konfrontiert wird, die Stemm- und Presslufthammerarbeiten an bestimmten Flächen nur zu bestimmten Zeiten

---

[205] *Kapellmann/Schiffers* Bd. 1 Rdn. 1227.
[206] In FS Korbion S. 349, 356.
[207] Vgl. *Kapellmann/Schiffers* Bd. 1 Rdn. 1224.
[208] Vgl. dazu → § 6 Nr. 2 Rdn. 67 ff.; → § 6 Nr. 3 Rdn. 51; → § 6 Nr. 4 Rdn. 27 ff; vgl. auch *Vygen/Schubert/Lang* Rdn. 149, die eine zumutbare Umplanung dann ins Auge fassen, wenn noch weitere Arbeiten anstehen (Schadensminderungspflicht).
[209] → § 6 Nr. 2 Rdn. 67 ff.; → § 6 Nr. 4 Rdn. 27; *Kapellmann/Schiffers* Bd. 1 Rdn. 1458 mit dem Ergebnis, dass eine Befugnis des Auftraggebers zu Beschleunigungsanordnungen grundsätzlich nicht besteht.
[210] *Kapellmann/Schiffers* Bd. 1 Rdn. 2.
[211] BGH BauR 1992, 759 = ZfBR 1992, 211.
[212] Vgl. OLG Hamm BauR 2004 1958; OLG Frankfurt BauR 2003, 1727.

durchzuführen, ändert sich das Wie des Bauverfahrens. Eine Zeitstörung liegt vor, wenn anordnungsbedingt die Produktivität, die der Unternehmer seinem Bauablaufplan vertragskonform zugrunde gelegt hat, nicht erreichbar ist. Ein Bieter, der nach Zuschlagserteilung Auftragnehmer ist, kann nach DIN 18299 Abschnitt 0.2.1 bei Fehlen von Abschnittsbildungen im Leistungsbeschrieb davon ausgehen, dass die Bauarbeiten ungehindert und in einem Zuge, ohne Unterbrechung und Beschränkungen in der vorgesehenen oder üblichen Zeit ausgeführt werden.[213] Der Auftragnehmer darf deshalb im Allgemeinen davon ausgehen, dass er seine Arbeiten nach Art einer Fließfertigung als Kontinuum durchziehen kann. Darauf beruht nicht nur seine Kalkulation, sondern diese Bauumstände sind auch vertragsrechtlich gerechtfertigt, wenn der Vertrag Abschnittsbildungen nicht vorsieht.[214]

c) **Änderungen der Bauzeit.** Teilt der Auftraggeber zum eigentlich vorgesehenen Beginntermin mit, die Aufnahme scheitere, weil die Vorunternehmerleistung noch nicht vollständig sei oder kommt es zu einem Baustopp z. B. auf Grund denkmalschützerischer Aspekte, wird bei nicht kleinlicher Unterbrechung von bloß wenigen Tagen die hindernde Wirkung des Vorgangs offenkundig sein. Halten sich die Verschiebungen oder Unterbrechungen im Rahmen, sind sie also verhältnismäßig kurz und nicht unüblich, ist eine Behinderungsanzeige angebracht, wenn zumutbare Umdispositionen des Auftragnehmers ausscheiden. Denn ein Auftraggeber muss in einer so gekennzeichneten Situation keineswegs wissen, dass der Unternehmer hierin bereits eine Behinderung sieht.[215] Stellt der Auftragnehmer abgesichert nach § 16 Nr. 5 Abs. 3 Satz 3 VOB/B oder § 648a Abs. 1 Satz 1 BGB die Arbeiten ein, liegt hierin eine Behinderung. Dasselbe gilt, wenn der Auftraggeber im Verlauf der Bauarbeiten einen **Baustopp** anordnet.[216] Hierdurch gehen dem Auftragnehmer die Arbeitstage verloren, die er als solche in seinen Bauablaufplan eingestellt hat. Die Anordnung von **Arbeitsabschnitten** bei einem Bauablauf, den der Auftragnehmer mangels gegenteiliger Anhaltspunkte in der Leistungsbeschreibung mit Leistungsverzeichnis mit Recht (vgl. Abschnitt 0.2.1 der DIN 18299) als continuum geplant hat, ist eine Behinderung, da auf diese Weise der vom Auftragnehmer vertragsgemäß vorgesehene Bauablauf gestört, nämlich verzögert wird.[217] Offenkundigkeit liegt nur dann vor, wenn angesichts der vereinbarten Bauzeit und des vorliegenden Bauablaufplans angenommen werden kann, dass die hierdurch verlorenen Arbeitstage nicht als **Puffer** vorsorglich eingestellt waren.[218] Maßgeblich ist, ob ein Auftraggeber wissen muss, dass bereits verhältnismäßig kurze und nicht unübliche Verzögerungen eine Behinderung darstellen.[219]

Im Übrigen steht dem Auftraggeber ohne entsprechende Vereinbarung eine einseitig ausübbare **Dispositionsbefugnis** über die vertraglich vereinbarte Bauzeit nicht zu.[220] Zwar legitimiert § 4 Nr. 1 Abs. 1 VOB/B in gewissem Umfang Befugnisse des Auftraggebers, die auch die Bauvertragsfristenvereinbarung überlagern. Diese Befugnis deckt jedoch als **Negativkompetenz** nur das Recht ab, dem Unternehmer den Beginn zu einem bestimmten Zeitpunkt zu versagen. Eine einseitig ausübbare **positive Baufristenkompetenz** ist damit nicht in dem Sinne verbunden, dass der Auftraggeber den Beginn und das Ende neu und einseitig festlegen könnte. Zwischen der Befugnis, dem Unternehmer zum vereinbarten Beginntermin den Arbeitseinsatz zu verwehren und den Neubeginn und das Ende zu bestimmen, ist zu unterscheiden. Denn § 6 Nrn. 2 bis 4 VOB/B trifft bereits die entsprechenden Regelungen, an die der Auftraggeber gebunden ist.[221] Besonderes kann sich aus

---

[213] Beck'scher VOB-Komm/C DIN 18299 Rdn. 61; *Kapellmann/Schiffers* Bd. 1 Rdn. 1296, 1485.
[214] *Kapellmann/Schiffers* Bd. 1 Rdn. 1296, 1485; OLG Frankfurt BauR 1999, 49, 50.
[215] BGH BauR 1979, 245, 246; *Kapellmann/Schiffers* Bd. 1 Rdn. 1228 1229.
[216] OLG Düsseldorf BauR 1988, 487, 488; *Nicklisch/Weick* VOB/B § 6 Rdn. 20.
[217] Vgl. *Kapellmann/Schiffers* Bd. 1 Rdn. 1296, 1485.
[218] Zur Pufferzeit in der Unternehmerablaufplanung vgl. *Olshausen* FS Korbion S. 323, 329; *Kapellmann/Schiffers* Bd. 1 Rdn. 1483, 1484; *Schiffers* Jahrbuch Baurecht 1998, S. 275, 292.
[219] BGH BauR 1979, 245, 246.
[220] *Kapellmann/Schiffers* Bd. 1 Rdn. 1333; *Kapellmann/Messerschmidt/von Rintelen* VOB/B § 1 Rdn. 57; vgl. auch *Vygen/Schubert/Lang* Rdn. 176 177.
[221] Vgl. zur Dispositionsbefugnis des Auftraggebers hinsichtlich der Bauzeit → § 6 Nr. 3 Rdn. 49 ff.

dem Ablaufplan des Auftragnehmers ergeben, wenn der Auftraggeber mit seiner Bestimmung innerhalb der dort vorgesehenen Pufferzeiten liegt.

74    **d) Verspätet gelieferte Baugenehmigung oder Ausführungsplanung.** Der Auftraggeber ist nach § 4 Nr. 1 VOB/B zur Beschaffung der Baugenehmigung und gemäß § 3 Nr. 1 VOB/B zur Lieferung der nötigen Ausführungsplanung verpflichtet. Vom Auftraggeber nicht eingehaltene Planlieferdaten, die im Verhältnis zum Auftragnehmer so vereinbart wurden, wirken sich offenbar behindernd aus, wenn die Verzögerung einen längeren Zeitraum betrifft. Während zwei Tage Zeitverzögerung noch überbrückbar erscheinen, wenn vertraglich eine angemessene Vorlaufzeit vorgesehen ist,[222] wirken sich 10 Tage offenkundig zeitstörend aus.[223] Eine Zeitstörung wird nicht dadurch ausgeschlossen, dass dem Unternehmer nicht freigegebene Vorabzüge zur Verfügung gestellt werden. Die Pläne müssen verbindlich, also freigegeben sein, anderenfalls liegt eine Behinderung vor.[224]

75    Diese Grundsätze gelten in gleicher Weise bei Fehlen vertraglich vereinbarter Planlieferdaten. Allerdings setzt die Behinderung die **rechtzeitige Plananforderung (Abruf)** voraus, damit nach § 295 BGB ein Gläubigerverzug bejaht werden kann. Der Abruf hat die übliche Vorlaufzeit zu beachten, die je nach Ausführungsplanung zwischen 5 Arbeitstagen bei Aussparungsplänen und 30 Arbeitstagen bei Schalungsplänen liegen können.[225] Letztlich kommt es auf den Einzelfall ein.[226] Die Offenkundigkeit liegt vor, wenn der Gläubigerverzug über eine erhebliche Zeit andauert. Entgegen OLG Köln[227] kann nicht unterstellt werden, der Auftragnehmer könne zeitneutral eine solche Störung durch „Springen" auffangen. Denn jede von der vom Auftragnehmer vertragsfristenkonform vorgeplanten Arbeitsausführung abweichende „Umsetzung" ist im Normalfall grundsätzlich behindernd.[228] Stellt der Auftragnehmer den Ablauf um,[229] wird es regelmäßig an der Offenkundigkeit fehlen; unterlässt er diese Umstellung und kommt es deshalb zu einer längerdauernden Unterbrechung, ist die Behinderung offenkundig.

76    Dieselben Grundsätze gelten bei einer **verspätet vorgelegten Baugenehmigung,** die den Beginn über eine längere Zeit hinaus verschiebt. Im Einzelfall kommt es darauf an, ob für den Beginn nach Ablaufplan ein bestimmter Zeitpuffer (Frühester und spätester Anfang) vorgesehen ist. Bewegt sich die Vorlage innerhalb dieses Zeitraums, fehlt es bereits an der Behinderung. Eine Verzögerung oder Behinderung **nicht kritischer Tätigkeiten** begründet nämlich im Regelfall keinen Anspruch auf eine Fristverlängerung, weswegen eine Behinderung des Unternehmers ausscheidet.[230] Die Überschreitung dieses Zeitrahmens führt zur Behinderung; Offenkundigkeit liegt vor, wenn auch sonst übliche Zeitpuffer überschritten werden.

### 5. Darlegungs- und Beweislast

77    Da die offenkundige Bekanntheit der hindernden Tatsache und ihrer hindernden Wirkung den Ausnahmetatbestand bildet, trifft den Auftragnehmer hierfür die Darlegungs- und Beweislast.[231] Deshalb liegt es an ihm, durch Eintragungen im **Bautagebuch** oder sonstige **Dokumentationsmittel** den Nachweis der Behinderungtatbestände und damit der Möglichkeit der Kenntnisnahme durch den Auftraggeber zu schaffen. *Kapellmann/*

---

[222] Nach *Vygen/Schubert/Lang* Rdn. 357: 3 Wochen für Schal- und Bewehrungspläne.
[223] *Kapellmann/Schiffers* Bd. 1 Rdn. 1230 und Rdn. 1314 hinsichtlich der Vorlaufzeit für derartige Pläne.
[224] *Olshausen* FS Korbion S. 323, 328; *Kapellmann/Schiffers* Bd. 1 Rdn. 1295, 1304.
[225] *Kapellmann/Schiffers* Bd. 1 Rdn. 1314.
[226] Vgl. z.B. für Sichtbeton das Merkblatt Sichtbeton des Deutschen Beton- und Bautechnik-Vereins, Fassung August 2004. Hinsichtlich der Bewehrungspläne vgl. DIN 1045 Fassung 2001 Abschnitt 4.2.1.
[227] BauR 1981, 472.
[228] *Kapellmann/Schiffers* Bd. 1 Rdn. 1233; *Ingenstau/Korbion/Döring* VOB/B § 6 Nr. 1 Rdn. 11.
[229] Vgl. hinsichtlich der Verpflichtung zur Umstellung des Arbeitsablaufs → § 6 Nr. 3 Rdn. 32 ff.
[230] *Agh-Ackermann/Kuen* S. 128.
[231] *Ingenstau/Korbion/Döring* VOB/B § 6 Nr. 1Rdn. 16; *Heiermann/Riedl/Rusam* VOB/B § 6 Rdn. 10; *Kapellmann/Messerschmidt* VOB/B § 6 Rdn. 14.

*Schiffers*[232] halten zutreffend die Führung eines Bautagebuchs durch den Bauleiter des Unternehmers für ein Mittel, um die offenkundige Bekanntheit begründen zu können. In der Eintragung der Behinderung in das Bautagebuch kann eine – empfangsbedürftige – Behinderungsanzeige nur dann gesehen werden, wenn das Bautagebuch dem Auftraggeber auch zugeleitet wird.[233] Das setzt die entsprechende Aufmachung dieses Bautagebuchs voraus, z. B. dergestalt, dass die Aufzeichnungen doppelt geführt werden und dem Auftraggeber ein heraustrennbares Blatt oder der Ausdruck bei EDV-Bearbeitung überlassen wird.

## D. Verletzung der Anzeigepflicht bei fehlender Offenkundigkeit – Rechtsfolgen

### I. Überblick

78 Die Verletzung der Anzeigepflicht nach § 6 Nr. 1 VOB/B wird damit sanktioniert, dass sich der Unternehmer erfolgreich nicht auf die Verlängerung der Ausführungsfristen berufen kann;[234] ihm steht ohne Anzeige der Behinderung auch der Anspruch nach § 6 Nr. 6 VOB/B nicht zu.[235] Die Anzeigepflichtverletzung hat diese Folgen nach dem Wortlaut des § 6 Nr. 1 Satz 2 VOB/B nicht, wenn die Behinderung und deren hindernde Wirkung offenkundig bekannt waren. Die unterlassene Anzeige begründet darüber hinaus bei entsprechender Vorwerfbarkeit eine **Schadensersatzpflicht** wegen positiver Forderungsverletzung (§ 280 Abs. 1 BGB).[236] Dies gilt dann, wenn der Besteller bei rechtzeitiger Behinderungsanzeige in der Lage gewesen wäre, die schadenstiftenden hindernden Umstände durch entsprechende **Disposition** zu vermeiden.[237] Dabei darf die Mitverantwortung des Auftraggebers jedoch nicht übersehen werden, wenn die hindernden Umstände nach § 6 Nr. 2 VOB/B in dessen Sphäre liegen, und den Auftraggeber lediglich die Verletzung der Pflicht zur Behinderungsanzeige trifft.[238] Die analog § 254 BGB vorzunehmende Gewichtung führt zur alleinigen Verantwortung des Auftraggebers, wenn Offenkundigkeit zu bejahen ist. Bei Offenkundigkeit der Behinderung entfällt die Pflicht zur Behinderungsanzeige.[239]

79 Problematisch ist, ob der Fortbestand der vertraglichen Ausgangsfristen allein von der objektiven Verletzung der Anzeigepflicht abhängt, oder ein Verschulden vorausgesetzt wird. Die entsprechenden subjektiven Komponenten in der Person des Auftraggebers – positive Kenntnis und Offenkundigkeit[240] von der Behinderung und ihrer hindernden Wirkung – sichern die Fristverlängerung trotz fehlender Anzeige. Die unverschuldete Unkenntnis des Auftragnehmers oder seines Bauleiters von der objektiv gegebenen Behinderung oder ihrer hindernden Wirkung muss gleichfalls die Fristverlängerung erhalten.

### 1. Erscheinungsformen der Anzeigepflichtverletzung

80 Die Anzeigepflichtverletzung kennt viele Gesichter. Die total unterlassene Anzeige begründet ebenso eine Pflichtverletzung wie die Nichteinhaltung der Anforderungen an den Inhalt,[241] die fehlerhafte Adressierung[242] oder die verspätete Abgabe.[243]

---

[232] Vergütung Nachträge und Behinderungsfolgen beim Bauvertrag Bd. 1 Rdn. 1235, 1236.
[233] *Kapellmann/Schiffers* Bd. 1 Rdn. 1235.
[234] BGHZ 48, 78, 81 = NJW 1967, 2262 = MDR 1967, 755; *Heiermann/Riedl/Rusam* VOB/B § 6 Rdn. 9.
[235] BGH BauR 1971, 202, 203; *Ingenstau/Korbion* VOB/B § 6 Rdn. 10.
[236] *Heiermann/Riedl/Rusam* VOB/B § 6 Rdn. 4; *Ingenstau/Korbion/Döring* VOB/B § 6 Nr. 1 Rdn. 4; *Nicklisch/Weick* VOB/B § 6 Rdn. 21; a. A. *Leinemann* VOB/B § 6 Rdn. 12.
[237] *Staudinger/Peters* BGB § 642 Rdn. 48.
[238] Vgl. *Staudinger/Peters* BGB § 642 Rdn. 48.
[239] Vgl. oben Rdn. 15, 56.
[240] Dazu oben Rdn. 56 ff.
[241] Vgl. dazu oben Rdn. 40.
[242] Dazu oben Rdn. 47 ff.
[243] Dazu oben Rdn. 53 f.

## 2. Ausführungsfristverlängerung

**81** Eine Ausführungsfristverlängerung erfolgt unter den Voraussetzungen des § 6 Nr. 2 VOB/B bei Vorliegen folgender weiterer, alternativer Bedingungen:
(a) Nach Inhalt, Adressat und Zeitpunkt korrekte Behinderungsanzeige;
(b) Vorwerfbar unterlassene Behinderungsanzeige aber Offenkundigkeit;
(c) Unverschuldet unterlassene Behinderungsanzeige.

## 3. Fortbestand der ursprünglichen Vertragsfristen

**82** Die ursprünglichen, vertraglich vereinbarten Ausführungsfristen bleiben erhalten, obwohl es zu Behinderungen nach § 6 Nr. 2 VOB/B kommt, wenn die Fristverlängerung an folgenden alternativen Voraussetzungen scheitert:
(a) Trotz Kenntnis von der Behinderung unterlässt der Unternehmer die Behinderungsanzeige; für den Auftraggeber ist die Behinderung nicht offenkundig;
(b) Der Unternehmer kennt die Behinderung nicht, was jedoch auf der Verletzung von Prüfungspflichten[244] beruht; dem Auftraggeber ist die Behinderung nicht offenkundig.
(c) Die Behinderungsanzeige erfolgt verspätet oder richtet sich an den falschen Adressaten.

**83** Genügt die Behinderungsanzeige den inhaltlichen Anforderungen[245] nicht, muss es nicht notwendig beim Fortbestand der Vertragsfristen unter Ausschluss der Verlängerung der Ausführungsfristen bleiben. Eine inhaltlich ungenügende Anzeige ist nicht einfach wirklungslos, sondern kann im Einzelfall Anlass zur Begründung einer Nachfrageverpflichtung des Auftraggebers sein. Der Einzelfall entscheidet darüber, ob den Auftraggeber eine **Nachfragepflicht** trifft; fehlt den Angaben die hinreichende Konkretisierung, ist der Auftraggeber im Interesse des gesicherten Ablaufs gehalten, beim Auftragnehmer nachzufragen. Bei einer dem Inhalt nach unzureichenden Behinderungsanzeige greift die beide Vertragsparteien treffende **Kooperationspflicht**.[246] Die Behinderungsanzeige muss hierfür jedoch so substantiell sein, dass der Auftraggeber den Eindruck gewinnt, der Auftragnehmer gehe angesichts von Störungen von einem Anpassungsbedarf aus.[247] Eine völlig nichts sagende Behinderungsanzeige löst kooperativ bedingte Nachfragepflichten nicht aus. Das Versagen beider ist nach § 254 BGB (analog) zu gewichten; trifft den Auftraggeber das überwiegende Versagen, greift die Fristverlängerung. Eine **inhaltsleere Behindungerungsanzeige** begründet grundsätzlich den Ausnahmetatbestand der Offenkundigkeit nicht. Eine **inhaltsschwache Behinderungsanzeige** kann zur **Offenkundigkeit** führen, wenn sie Anlass für eine Nachfrage bietet, der Auftraggeber dies jedoch ignoriert und aus Nachlässigkeit die gebotene Nachfrage unterlässt.

## II. Grundlagen

### 1. Subjektiver Ansatz

**84** Die in § 6 Nr. 1 VOB/B formulierte Rechtsfolge, dass bei unterlassener Behinderungsanzeige eine Berücksichtigung der hindernden Umstände nicht erfolgt, ist die Konsequenz der Verletzung der Informationspflicht, die § 6 Nr. 1 VOB/B punktuell, aber keineswegs abschließend strukturiert.[248] Dieser schadensersatzrechtliche Hintergrund setzt Verschulden des Auftragnehmers voraus. Konnte dieser die Behinderung nicht erkennen, und entfällt

---

[244] Vgl. dazu oben Rdn. 26; *Olshausen* FS Korbion S. 323, 330.
[245] Dazu oben Rdn. 40.
[246] BGH U. v. 28. 10. 1999 – VII ZR 393/98, BGHZ 143, 89 = NJW 2000, 807 = NZBau 2000, 130 = BauR 2000, 409.
[247] Vgl. BGH U. v. 28. 10. 1999 – VII ZR 393/98, BGHZ 143, 89 = NJW 2000, 807 = NZBau 2000, 130 = BauR 2000, 409 410.
[248] Vgl. oben Rdn. 2 ff.

deshalb der Vorwurf einer schuldhaften Nebenpflichtverletzung, erfolgt gleichwohl die Verlängerung der Ausführungsfrist unter den in § 6 Nr. 2 VOB/B genannten Voraussetzungen.

## 2. Objektiver Ansatz

Ein bloß objektiv geleiteter Beurteilungsansatz geht fehl, weil die Vorschrift zum Ausgangspunkt der Behinderungsanzeige die Meinung des Unternehmers, sich behindert zu glauben, bereits für ausreichend erklärt.

### III. Verletzung der Anzeige- und Prüfungspflicht

#### 1. Wissentliche Verletzung der Anzeigepflicht

Die Anzeigepflicht nach § 6 Nr. 1 Satz 1 VOB/B ist verletzt, wenn der Unternehmer oder sein Bauleiter die hindernden Umstände und deren hindernde Wirkung kennt. Das Wissen des nach § 4 Nr. 1 Abs. 3 VOB/B bestellten Bauleiters muss sich der Auftragnehmer zurechnen lassen; hinsichtlich des Wissens der sonstigen Arbeitnehmer gelten die auch für die Zurechnung im Rahmen der arglistigen Täuschung maßgeblichen Grundsätze.[249] Danach muss sich der Auftragnehmer das Wissen seiner Arbeitnehmer nicht zurechnen lassen, wohl aber das seines Bauleiters oder des von ihm beauftragten Subunternehmers.

#### 2. Unwissentliche Verletzung der Anzeigepflicht – verletzte Prüfungspflicht

Der Auftragnehmer hat trotz fehlender Kenntnis von den hindernden Umständen und deren hindernder Wirkung die Anzeigenpflicht auch dann verletzt, wenn der Grund darin liegt, dass der Auftragnehmer oder sein Bauleiter den hinsichtlich der Zeiteinhaltung geltenden Prüfungspflichten nicht nachgekommen ist. Den Auftragnehmer trifft bei Auftreten eines Störungstatbestandes eine **Prüfungspflicht**.[250] Auf der Grundlage des Unternehmerablaufplans, der eventuell eingebauten Zeitreserven oder Zeitpuffer[251] und Prüfung der Frage, ob die Störung auf dem **kritischen Weg** liegt,[252] ist zu untersuchen, welche Auswirkungen auf den zeitlichen Ablauf und die Einhaltung der Vertragsfristen bestehen. Die Prüfungspflicht schließt die Frage ein, ob es dem Auftragnehmer durch Umorganisation möglich ist, die Zeitstörung unter Zeitgesichtspunkten folgenlos auszugleichen, was jedoch letztlich i. V. m. § 6 Nr. 3 VOB/B eine Frage des § 254 BGB ist.[253] Eine unterlassene Behinderungsanzeige kann bei dem Auftraggeber den Eindruck erwecken, dass dem Auftragnehmer Umstellungen ohne Produktivitätsverlust möglich sind.[254] Die Verletzung dieser Prüfungspflicht ist schuldhaft, jedoch nicht kausal, wenn eine Prüfung zu Besorgnissen keinen Anlass gegeben hätte. Geht die versäumte Behinderungsanzeige auf vorwerfbar unterlassene – und kausal gewordene – Prüfung zurück, treten die Wirkungen nach § 6 Nr. 1 VOB/B ein. Die vorwerfbare Verletzung der Prüfungspflicht ist in gleicher Weise eine Nebenpflichtverletzung. Eine Verlängerung der Ausführungsfristen nach § 6 Nr. 2 VOB/B scheidet dann aus. War für die Abwicklung der Baumaßnahme die Erstellung eines **Unternehmerablaufplans** erforderlich, kann bereits dieses Versäumnis einen Vorwurf gegen den Unternehmer begründen und dazu führen, dass die unterlassene Behinderungsanzeige bei fehlender Offenkundigkeit der Behinderung den Fortbestand der Vertragsfristen zur Folge hat.

---

[249] BGHZ 62, 63, 66 = BauR 1974, 130; BGHZ 66, 4, 45 = BauR 1976, 131; → § 13 Nr. 4 Rdn. 325 ff.
[250] Vgl. Rdn. 26 und *Kaiser* NJW 1974, 445; *Ingenstau/Korbion/Döring* VOB/B § 6 Nr. Rdn. 3; *Heiermann/Riedl/Rusam* VOB/B § 6 Rdn. 6; *Olshausen* FS Korbion S. 323, 330.
[251] Vgl. dazu *Kapellmann/Schiffers* Bd. 1 Rdn. 1483; *Olshausen* FS Korbion S. 323, 329.
[252] Vgl. zum kritischen Weg *Heilfert* BauR 2003, 457, 459; *Ágh-Ackermann* BauR 1996, 342; *Duve/Richter* BauR 2006, 608, 610.
[253] Vgl. *Vygen/Schubert/Lang* Rdn. 149; vgl. auch *Kapellmann/Schiffers* Bd. 1 Rdn. 1457.
[254] BGH U. v. 21. 3. 2002 – VII ZR 224/00, NJW 2002, 2716 = NZBau 2002, 381 = BauR 2002, 1249 1252.

### 3. Prüfungspflicht und Organisationsaufgabe des Auftragnehmers

88  Die Rechtsprechung des BGH zur Schaffung der organisatorischen Voraussetzungen zur Beurteilung der Mangelfreiheit des Werks[255] ist auf die Anforderungen an den Auftragnehmer hinsichtlich der Prüfung der Zeitgerechtigkeit seiner Leistung zu übertragen. Der Auftragnehmer hat aus fachtechnischer und baubetrieblicher Sicht das zu tun, was objektspezifisch geboten ist, um beurteilen zu können, ob sich Einflüsse irgendwelcher Art störend auf den zeitlichen Ablauf der Bauausführung auswirken. Die auch rechtlich bedeutsame **Organisationsverpflichtung** betrifft die baubetrieblich geforderte Kontrolle und Steuerung des Bauablaufs.[256] Die gebotene Prüfungspflicht ist Teil dieser Organisationsaufgabe des Auftragnehmers. Damit ist der **Unternehmerablaufplan** Mittel zur Erfüllung dieser Organisationsaufgabe und gleichzeitig die Grundlage für eine Antwort auf die Frage, ob der Auftragnehmer seine Prüfungsverpflichtung verletzt hat.

### IV. Verletzung der Anzeige- und/oder Prüfungspflicht – Verteidigungsmöglichkeiten des Auftragnehmers

89  Die vorwerfbare Verletzung der Anzeige- und/oder Prüfungspflicht schließt zwar bei fehlender Offenkundigkeit der Behinderung zu Lasten des Auftragnehmers dessen Berufung auf die Verlängerung der Ausführungsfristen nach § 6 Nr. 2 VOB/B aus. Die Verteidigung gegen Schadensersatzansprüche des Auftraggebers geht dadurch jedoch nicht vollständig verloren.[257] Denn haben die hindernden Umstände ihren Grund im Verantwortungsbereich des Auftraggebers (§ 6 Nr. 2 VOB/B) und kann dem Auftragnehmer lediglich die **Verletzung der Nebenpflicht** zur Prüfung und Anzeige vorgeworfen werden, geht die Bauablaufstörung in erster Linie auf den Auftraggeber zurück. Zwar bleibt es infolge der fehlenden Anzeige bzw. Offenkundigkeit der hindernden Tatsachen bei der Rechtsverbindlichkeit der vertraglich maßgebenden Ausführungs- oder Fertigstellungsfristen. Deren Nichteinhaltung geht dann jedoch auf den Auftraggeber zurück. Nach BGH[258] kann sich der Auftragnehmer auf fehlendes Verschulden auch dann berufen, wenn er eine Behinderung nicht gemäß § 6 Nr. 1 VOB/B angezeigt hat. Zu Lasten des Auftragnehmers kann lediglich der Zeitstörungsanteil samt damit verbundener Kostenbelastung gehen, dessen Eintritt der Auftraggeber bei rechtzeitiger und inhaltlich richtiger Behinderungsanzeige durch Dispositionsmaßnahmen hätte vermeiden können. *Kapellmann*[259] geht zu weit, wenn er formuliert, § 6 Nr. 1 VOB/B enthalte das vertragliche Verbot gegenüber dem Auftragnehmer, sich auf fehlendes Verschulden gegenüber dem Auftragnehmer dann berufen zu können, wenn er seinerseits Anzeigepflichten nicht wahrgenommen hat. Die Vorschrift regelt demgegenüber lediglich, dass es bei den Vertragsfristen bleibt. Hinsichtlich der Rechtsfolgen hieraus besteht weiterhin gemäß den sich aus § 254 BGB ergebenden Grundsätzen Bedarf dafür, an der Ursache der Nichteinhaltung der Fristen anzuknüpfen und den Verursachungsanteil des den Meldepflichten nicht genügenden Auftragnehmers festzustellen. **§ 254 BGB** in entsprechender Anwendung bewirkt die Bedeutungslosigkeit der Nebenpflichtverletzung, wenn die – unterlassene – Anzeige zu keinerlei die Störung beseitigenden Maßnahmen des Auftraggebers geführt hätte. Hätte der Auftraggeber die Störung unterbunden oder Beschleunigungsmaßnahmen angeordnet, ist gemäß § 254 Abs. 1 BGB in erster Linie nach dem Maß der Verursachung zu entscheiden und in zweiter Linie auf die Abwägung des Verschuldens abzustellen.[260] Verfolgt der Auftraggeber nach § 5 Nr. 4 i. V. m.

---

[255] BGHZ 117, 318 = NJW 1972, 1754 = BauR 1992, 500; → § 13 Nr. 4 Rdn. 345 ff.
[256] *Olshausen* FS Korbion S. 323, 330.
[257] Vgl. *Heiermann/Riedl/Rusam* VOB/B § 6 Rdn. 9; *Nicklisch/Weick* VOB/B § 6 Rdn. 21; a. A. *Kapellmann/Messerschmidt* VOB/B § 6 Rdn. 15; *Kapellmann* FS Vygen S. 196.
[258] U. v. 14. 1. 1999 – VII ZR 73/98, NJW 1999, 1108 = BauR 1999, 645 = ZfBR 1999, 188.
[259] *Kapellmann/Messerschmidt* VOB/B § 6 Rdn. 15.
[260] *Palandt/Heinrichs* BGB § 254 Rdn. 60, 61.

§ 8 Nr. 3 VOB/B die Kündigung wegen Nichteinhaltung der unverändert gebliebenen Vertragsfristen, scheitert in den Fällen des § 6 Nr. 2 VOB/B trotz fehlender Behinderungsanzeige die Rechtswirksamkeit der Kündigung dennoch. Die Kündigung bleibt wegen des **Rechtsmissbrauchseinwands** wirkungslos.[261]

### V. Verteidigungsmöglichkeit des Auftragnehmers gegenüber Vertragsstrafeansprüchen

*Kapellmann*[262] eröffnet die Verteidigungsmöglichkeit gegenüber einer geltend gemachten **90** Vertragsstrafe unabhängig von einer eigentlich veranlassten Behinderungsanzeige mit dem nicht ausreichend klaren Regelungszusammenhang. Damit wird die für § 6 Nr. 1 VOB/B für einschlägig gehaltene Regelung nicht auf die Vertragsstrafe übertragen. Der BGH[263] erweitert die bezüglich § 6 Nr. 1 VOB/B bestehende Einwendungsmöglichkeit, sich trotz fehlender Behinderungsanzeige auf fehlendes Verschulden berufen zu können, auf die Geltendmachung einer Vertragsstrafe. Letztlich ist eine Differenzierung angezeigt: Führt die Behinderung zu einem völligen Neuordnungsbedarf des Bauzeitenplans, wirkt die Vertragsstrafenvereinbarung nicht fort,[264] so dass weitere Erwägungen überflüssig sind. Besteht die Vertragsstrafenvereinbarung fort, und hat der Auftragnehmer die Behinderungsanzeige vorwerfbar unterlassen, bleibt es nach der Regelung des § 6 Nr. 1 VOB/B bei der Maßgeblichkeit des vereinbarten Vertragstermins, was notwendig auch für die Beurteilung der Verwirkung der Vertragsstrafe gilt. An der Nichteinhaltung dieses Termins aus in der Sphäre des Auftraggebers liegenden Gründen trifft den Auftragnehmer jedoch nur dann ein kausales Verschulden, wenn dem Auftraggeber bei rechtzeitiger Behinderungsmöglichkeit auch die rechtzeitige Beseitigung des Hindernisses möglich gewesen wäre. Ist das der Fall, was der Auftraggeber zu beweisen hat, trifft den Auftragnehmer ein Verschulden. Der Umstand des Zusammentreffens der Verletzung von Hauptpflichten und Nebenpflichten, worauf Oberhauser abstellt,[265] führt hinsichtlich des Umfangs der Ersatzpflicht aus dem Vertragsstrafeversprechen zur Anwendung von § 254 BGB. Der Vorwurf der Verletzung der Pflicht zur Behinderungsanzeige betrifft in einem solchen Fall letztlich die Nichteinhaltung der Ausführungsfrist. Wäre dem Auftraggeber die rechtzeitige Beseitigung des in seiner Sphäre liegenden Hindernisses nicht möglich gewesen und wäre es damit auf jeden Fall zu einer Fristüberschreitung gekommen, wäre die vorwerfbare Pflichtverletzung nicht kausal und der Verwirkungsfall nicht eingetreten.

### E. Behinderungsanzeige und Ansprüche aus § 642 BGB

Der BGH[266] ist der Auffassung, dass bei einem zeitgestörten jedoch aufrecht erhaltenen **91** Vertrag neben § 6 Nr. 6 VOB/B auch § 642 BGB anwendbar ist.[267] Die Fassung des § 6 Nr. 6 VOB/B in der Ausgabe von Oktober 2006 macht den Entschädigungsanspruch aus § 642 BGB, der nach dem neu eingefügten Satz 2 unberührt bleibt, von der Behinderungsanzeige oder der Offenkundigkeit der Behinderung abhängig. Hinsichtlich der Altfassung des § 6 Nr. 6 VOB/B stellt sich die Frage, ob die erfolgreiche Geltendmachung dieses Anspruchs – wie des Schadensersatzanspruchs aus § 6 Nr. 6 VOB/B auch – gleichfalls davon

---

[261] Vgl. auch oben Rdn. 21.
[262] *Kapellmann/Messerschmidt* VOB/B § 6 Rdn. 16; vgl. auch *Oberhauser* BauR 2001 1176, 1180 1182 und *Kapellmann* FS Vygen S. 204.
[263] U. v. 14. 1. 1999 – VII ZR 73/98, NJW 1999, 1108 = BauR 1999, 645.
[264] BGH U. v. 14. 1. 1999 – VII ZR 73/98, NJW 1999, 1108 = BauR 1999, 645; BGH NJW 1993, 2674 = BauR 1993, 600 601.
[265] BauR 2001, 1177 1182.
[266] U. v. 21. 10. 1999 – VII ZR 185/98, NJW 2000, 1336 = NZBau 2000, 187 = BauR 2000, 722.
[267] Vgl. näher → § 6 Nr. 6.

abhängig ist, dass der Auftragnehmer die Pflicht zur Behinderungsanzeige nicht vorwerfbar verletzt hat, es sei denn, der Tatbestand der Offenkundigkeit liegt vor. *Kapellmann*[268] hält es für notwendig, das für den Anspruch aus § 642 BGB geltende BGB-System, das sich hinsichtlich des Angebotsverhaltens in den Anforderungen aus § 295 BGB erschöpft, von dem VOB-System, das in § 6 Nr. 1 VOB/B Abweichendes verlangt, strikt zu trennen.[269] Diese Auffassung ist jedoch auf der Basis der Anwendbarkeit des § 642 BGB im Rahmen eines VOB-Bauvertrages aus systematischen Gründen abzulehnen. Denn wie die der Regelung des § 6 Nr. 6 VOB/B unterliegenden Ansprüche durch den dortigen Regelungsinhalt eine Veränderung erfahren,[270] führt die Anwendbarkeit des § 642 BGB im Rahmen eines VOB-Bauvertrages notwendig zu einer Sstemzusammenführung.

92  Die Anspruchslage aus § 642 BGB kann dann gerade nicht mehr allein am BGB-Haftungssystem – bloß Gläubigerverzug gemäß § 295 BGB – gemessen werden. Ein danach entstandener Anspruch ist zudem den Geltungsvoraussetzungen der VOB/B ausgesetzt. § 6 Nr. 1 VOB/B ist nicht auf die allein durch die VOB/B geschaffenen Anspruchsgrundlagen beschränkt, sondern ergreift – § 6 Nr. 6 VOB/B macht dies deutlich – auch solche Ansprüche, die ihren Rechtsgrund im BGB haben, wenn die Anwendbarkeit dieser BGB-Regelung ergänzend neben der VOB/B bejaht wird.[271] Macht der Auftragnehmer einen Entschädigungsanspruch nach § 642 BGB geltend, ist deshalb § 6 Nr. 1 VOB/B einschlägig. Das ist entgegen *Fuchs*[272] auch nicht widersprüchlich, wenn darauf hingewiesen wird, eine Behinderungsanzeige sei zur Abwehr von Ansprüchen nicht erforderlich. Darum geht es nämlich bei § 642 BGB nicht; diese Vorschrift verschafft ausschließlich dem Auftragnehmer gegenüber den Auftraggeber Ansprüche. § 6 Nr. 1 VOB/B erweitert die Gläubigerverzugsvoraussetzungen des § 295 BGB um die Pflicht zur Behinderungsanzeige.

93  Soweit Kapellmann[273] bei isolierter Inhaltskontrolle die AGB-Festigkeit des § 6 Nr. 6 Satz 2 VOB/B (Fassung 2006) bezweifelt, müsste diese Skepsis und auch auf Satz 1 übertragen werden, weil – bezogen auf den Satz 2 – nicht nur § 642 BGB, sondern auch § 280, § 286, § 281 BGB Ansprüche unabhängig von einer Behinderungsanzeige einräumen. Ein Leitbildverstoß liegt jedoch nicht vor. Bei einem vom Kooperationsgebot geprägten Bauvertrag erfährt § 295 BGB eine Modifikation dahin, dass zum wörtlichen Angebot auch die Behinderungsanzeige gehört, damit der Gläubiger in den Stand gesetzt wird, seinerseits die gebotene Handlung vorzunehmen. Denn dies muss keineswegs immer eindeutig sein. So kann z. B. erst die sachkundige Prüfung des nachleistenden Unternehmers Ergänzungsbedarf hinsichtlich des vorleistenden Unternehmers belegen oder das Erfordernis einer auftraggeberseitigen Detailplanung oder Berechnung aufweisen. In solchen Fällen führt das wörtliche Anbieten der eigenen Leistung nicht zum Gläubigerverzug; der Hinweis auf das Leistungsdefizit und dessen Auswirkungen gehört dazu. § 295 BGB ist bei komplexen Verträgen um die Behinderungsanzeige zu erweitern.

## F. Allgemeine Geschäftsbedingungen

94  Klauseln, die dem Auftragnehmer die Anzeigepflicht auch bei **Offenkundigkeit** mit der Folge auferlegen, dass deren Verletzung den Fortbestand der ursprünglichen Vertragsfristen bewirkt, sind nach § 307 Abs. 2 Nr. 1 BGB unwirksam. Denn eine Informationspflichtverletzung fehlt, wenn der Auftraggeber informiert oder der hindernde Umstand offen-

---

[268] *Kapellmann/Messerschmidt* VOB/B § 6 Rdn. 10.
[269] Ebenso *Leinmann* VOB/B § 6 Rdn. 97; *Fuchs* Kooperationspflichten der Bauvertragsparteien S. 217 ff.
[270] Vgl. → § 6 Nr. 6.
[271] Vgl. auch → § 6 Nr. 1.
[272] Kooperationspflichten der Bauvertragsparteien S. 217, 218.
[273] In *Kapellmann/Messerschmidt* VOB/B § 6 Rdn. 10.

kundig ist.²⁷⁴ Dasselbe gilt, wenn dem Auftragnehmer mittels der vom Auftraggeber gestellten Vertragsbedingungen die Berufung auf die Offenkundigkeit der hindernden Umstände versagt wird.²⁷⁵ Unwirksam sind gleichfalls solche vom Auftraggeber gestellte Klauseln, nach denen der Auftragnehmer sich bei Änderungen von Fristen oder Terminen hiernach nach bestem Vermögen einrichten muss und weder Mehrkosten noch Schadensersatzansprüche geltend gemacht werden können.²⁷⁶

---

²⁷⁴ *Ingenstau/Korbion/Döring* VOB/B § 6 Nr. 1 Rdn. 10; a. A. *Markus/Kaiser/S. Kapellmann* AGB-Handbuch Bauvertragsklauseln Rdn. 414 mit Verweis auf BGH NJW-RR 1989, 625; der Hinweis bestätigt jedoch die Unwirksamkeit einer Klausel, die auch bei Offenkundigkeit der Behinderung eine Anzeigepflicht statuiert.
²⁷⁵ *Kapellmann/Schiffers* Bd. 1 Rdn. 1242.
²⁷⁶ OLG München BB 1984, 1386; *Ingenstau/Korbion/Döring* VOB/B § 6 Nr. 6 Rdn. 12.

## § 6 Nr. 2

### § 6 Nr. 2 [Verlängerung der Ausführungsfrist]

(1) Ausführungsfristen werden verlängert, soweit die Behinderung verursacht ist:
a) durch einen Umstand aus dem Risikobereich des Auftraggebers,
b) durch Streik oder eine von der Berufsvertretung der Arbeitgeber angeordnete Aussperrung im Betrieb des Auftragnehmers oder in einem unmittelbar für ihn arbeitenden Betrieb,
c) durch höhere Gewalt oder andere für den Auftragnehmer unabwendbare Umstände.

(2) Witterungseinflüsse während der Ausführungszeit, mit denen bei Abgabe des Angebots normalerweise gerechnet werden musste, gelten nicht als Behinderung.

Literatur: Vgl. die Hinweise → Vor § 6.

**Übersicht**

| | Rdn. |
|---|---|
| **A. Allgemeines und Grundlegung** | 1–12 |
| I. Fassungsänderung durch VOB 2000 | 1 |
| II. Verlängerung der Ausführungsfrist | 1a |
|   1. Abgrenzungsbedarf und konstruktives Konzept | 2 |
|     a) Anknüpfung an Verantwortungsbereiche | 3 |
|     b) Erweiterung der Pflichtenkreise durch § 6 Nr. 3 VOB/B | 4 |
|     c) § 6 Nr. 2 VOB/B als Zeitgefahrtragungsregel | 5 |
|   2. Anspruch auf Bauzeitverlängerung oder Anordnung der Bauzeitverlängerung | 6 |
| III. Stellung im System | 7 |
|   1. Vertragliches Störungskonzept nach § 6 Nr. 2 Abs. 1 lit. a VOB/B | 8 |
|     a) Vertragliche Leistungs- und Zeitbilanz | 9 |
|     b) Wiederherstellung gestörter Zeitbilanz durch § 6 Nr. 2 VOB/B | 10 |
|   2. Wegfall der Geschäftsgrundlage und Vertragsanpassung bei § 6 Nr. 2 Abs. 1 lit. b und c VOB/B | 12 |
| **B. Konstruktion: § 6 Nr. 2 Abs. 1 VOB/B als Anspruchs- oder Gestaltungsgrundlage** | 13–31 |
| I. § 6 Nr. 2 Abs. 1 VOB/B als vorformulierte Vereinbarung der Ausführungsfristverlängerung | 14 |
|   1. § 6 Nr. 2 Abs. 1 VOB/B als gestaltende/verfügende Störungsregelung | 15 |
|     a) Verfügende Änderungsvereinbarung nach § 305 BGB | 16 |
|     b) Bestimmtheits- und Bestimmbarkeitserfordernisse | 18 |
|   2. Anspruch auf Verlängerung der Ausführungsfrist | 21 |
|   3. Die verlängerte Ausführungsfrist | 22 |
|     a) Der verschobene Beginn | 23 |
|     b) Die Behinderung im Verlauf der Ausführung | 24 |
| II. Effektive Behinderung | 25 |
| III. Zusammentreffen mehrerer Behinderungsursachen | 28 |
|   1. Erfassen von Einzelverzögerungen und Ursachen | 29 |
|   2. Berücksichtigung von Sekundärverzögerungen | 31 |
| **C. Behinderungstatbestände nach § 6 Nr. 2 Abs. 1 lit. a VOB/B** | 32–69 |
| I. Sphären und Verantwortungsbereiche | 33 |
|   1. Objektive Zurechnungskriterien | 34–44 |
|   2. Auftraggebersphäre – Risikobereiche des Auftraggebers | 45 |
|     a) Festlegung der Risikobereiche nach der VOB/B | 46 |
|     b) Festlegung der Risiko-/Verantwortungsbereiche nach der VOB/A | 57 |
|     c) Festlegung der Risiko-/Verantwortungsbereiche durch die VOB/C | 58 |
|   3. Auswirkungen des Bauvertrags – Bedeutung des Bauvertragstyps | 59 |
|     a) Leistungs- und Zeitrisiko | 60 |
|     b) Einheitspreis- und Pauschalpreisvertrag | 64 |
|     c) Bewertung nach der VOB/C | 66 |
|   4. Beschleunigung und Umstellung der Ablaufplanung – Maßnahmen zur Vermeidung der Verlängerung der Ausführungsfrist | 67 |
|     a) § 6 Nr. 3 VOB/B als Anspruchsgrundlage | 68 |

| | Rdn. | | Rdn. |
|---|---|---|---|
| b) § 4 Nr. 1 Abs. 1, 3 VOB/B als Befugnisgrundlage für Beschleunigungsanordnungen | 69 | E. Behinderungstatbestand nach § 6 Nr. 2 Abs. 1 lit. c VOB/B | 76–81 |
| | | I. Höhere Gewalt | 77 |
| D. Behinderungstatbestand nach § 6 Nr. 2 Abs. 1 lit. b VOB/B | 70–75 | II. Unabwendbare Umstände | 80 |
| | | F. Der Sonderfall: Witterungseinflüsse nach § 6 Nr. 2 Abs. 2 VOB/B | 82–87 |
| I. Streik | 71 | I. Normale oder außergewöhnliche Witterungsverhältnisse | 83 |
| II. Aussperrung | 72 | | |
| III. Betroffene Betriebseinheit | 73 | II. Örtliche Auswirkungen der Witterungsverhältnisse | 87 |
| IV. Dauer der Arbeitskampfmaßnahme und Verlängerung der Ausführungsfrist | 75 | G. Allgemeine Geschäftsbedingungen | 88–89 |

## A. Allgemeines und Grundlegung

### I. Fassungsänderung durch VOB 2000

Die Fassung der VOB 2000 (Ausgabe Dezember 2000) hat den Wortlaut der Nr. 2 Abs. 1 **1** lit. a) entsprechend einer in Literatur schon seit langem vertretenen Kritik[1] und in der Rechtsprechung[2] vorgenommenen Interpretation abgeändert und damit den Einwendungen Rechnung getragen. Bei dieser Fassung ist es in der Ausgabe der VOB/B von 2006 geblieben. Das gelebte Verständnis der bisherigen Bestimmung, wonach gemäß lit. a) Ausführungsfristen verlängert wurden, soweit die Behinderung durch einen vom Auftraggeber zu vertretenden Umstand verursacht war, wurde mit dem korrigierenden Interpreationsergebnis in Einklang gebracht. Dieses bestand nämlich nach der höchstrichterlichen Rechtsprechung darin, dass gerade ein Verschulden – wofür jedoch der Wortlaut „zu vertretenden Umstand" sprach – nicht erforderlich war, sondern ein Ereignis ausreichte, das dem bauvertraglichen Risikobereich des Auftraggebers zuzuordnen war. Genau das bringt der nunmehrige Wortlaut „a) durch einen Umstand aus dem Risikobereich des Auftraggebers" zum Ausdruck. Damit ist eindeutig auf ein Verschulden nicht abzustellen, sondern darauf, ob die Ursache in einem dem Auftraggeber zurechenbaren Bereich liegt.[3] Eine solche Bereichszuweisung nimmt die VOB/B nur punktuell (z. B. § 3 Nr. 1, 2, § 4 Nr. 1) nicht aber als ein geschlossenes System vor. Dieses System ist zudem durch Vorgaben zu erweitern, die aus der gemäß § 1 Abs. 1 Satz 2 VOB/B mitgeltenden VOB/C entnommen werden können.

### II. Verlängerung der Ausführungsfrist

Nach § 6 Nr. 2 VOB/B verlängert sich die Ausführungsfrist unter den in Absatz 1 dieser **1 a** Bestimmung geregelten Voraussetzungen. Diese Verlängerung der Frist ist von den Vertragspartnern vorformuliert durch Vereinbarung der VOB/B als Vertragsbestandteil so gewollt. Die Vertragsfristen sind damit nicht unveränderbar, sondern unter den in der Vorschrift abschließend aufgezählten Voraussetzungen beweglich. Diese **Flexibilisierung der Vertragsfristen** macht die Abgrenzung zu § 5 Nr. 3 VOB/B notwendig, wonach die vertraglich vereinbarten Ausführungsfristen aufrechterhalten bleiben und der Auftragnehmer in

---

[1] *Kraus* BauR, Beilage zu Heft 4 1997, 21; *Vygen* BauR 1983, 210 und 1989 876; *Ingenstau/Korbion* 13. Aufl., VOB/B § 6 Nr. 2 Rdn. 31 ff.
[2] BGH U. v. 16. 10. 1997 – VII ZR 64/96, BGHZ 137, 35 = NJW 1998, 456 = BauR 1998, 1021 = ZfBR 1998, 33; BGH BauR 1983, 73, 74; BGH NJW-RR 1990, 403 = BauR 1990, 210 211; BGH BauR 1993, 600.
[3] *Ingenstau/Korbion/Döring* VOB/B § 6 Nr. 2 Rdn. 6, 7; *Kapellmann/Schiffers* Bd. 1 Rdn. 1249.

§ 6 Nr. 2                                                                                                       Verlängerung der Ausführungsfrist

vermehrtem Umfang Leistungen zu erbringen hat. Während § 6 Nr. 2 VOB/B die Vertragsfristen **dynamisiert,** bleiben die Fristen bei Vorliegen der in § 5 Nr. 3 VOB/B aufgelisteten Voraussetzungen starr. Trotz dieser Ausführungsfristverlängerung durch § 6 Nr. 2 VOB/B erwartet die VOB/B vom Auftragnehmer eine Minimierung der damit verbundenen nachteiligen Folgen und legt gemäß § 6 Nr. 3 VOB/B eine Weiterführungspflicht nach **Zumutbarkeitskriterien** auf. Damit ist auch das Verhältnis von § 6 Nr. 2 VOB/B zu § 6 Nr. 3 VOB/B zu klären.

### 1. Abgrenzungsbedarf und konstruktives Konzept

2   § 6 Nr. 2 VOB/B unterscheidet sich im Anwendungsbereich von § 5 Nr. 3 VOB/B. Diese Bestimmung betrifft Störungstatbestände aus dem Verantwortungsbereich des Auftragnehmers; deren Folge ist bei Aufrechterhaltung der Vertragsfristen das Gebot zur intensiveren Baustellenförderung.

3   **a) Anknüpfung an Verantwortungsbereichen.** § 5 Nr. 3 und § 6 Nr. 2 VOB/B knüpfen mit unterschiedlichen Folgen an den Verantwortungsbereichen der Vertragspartner an. § 6 Nr. 2 Abs. 1 lit.a) VOB/B verwendet dabei den Begriff „Risikobereich" des Auftraggebers, wogegen § 5 Nr. 3 VOB/B Einzelheiten – Arbeitskräfte, Geräte, Gerüste, Stoffe oder Bauteile – benennt, die deutlich vom Unternehmer zu beherrschen und nach § 4 Nr. 2 Abs. 1 Satz 2 VOB/B auch dessen Sache sind. § 5 Nr. 3 VOB/B hält an den Vertragsfristen fest, wenn zeitstörende Umstände ihren Grund in der nicht vertragskonformen **Besetzung der Baustelle** haben. Damit wird ein Verantwortungsbereich des Auftragnehmers beschrieben. Haben die hindernden Umstände ihren Grund dagegen im Verantwortungsbereich des Auftraggebers (§ 6 Nr. 2 Abs. 1 lit. a) VOB/B) oder handelt es sich um Hindernisse aus dem Kreis des § 6 Nr. 2 Abs. 1 lit. b) und c) VOB/B, wird der Auftragnehmer nicht durch eine Erhöhung seiner Leistungskapazität zur Einhaltung der Vertragsfristen in die Pflicht genommen;[4] vielmehr ist die **Verlängerung der Ausführungsfrist** die Folge. In bewusst von den Vertragspartnern getroffener Auswahl beschränkt sich die vorformulierte Verlängerung der Ausführungsfristen auf die in Absatz 1 in den Buchstaben a bis c enthaltenen Tatbestände. In anderen Fällen – von Korrekturen nach den Regeln des Fortfalls der Geschäftsgrundlage abgesehen[5] – verbleibt es bei der Maßgeblichkeit der vereinbarten Vertragsfristen und damit bei der **Förderungsverpflichtung** nach § 5 Nr. 3 VOB/B, wenn die Behinderung ihren Grund in den dort genannten, der Sphäre des Auftragnehmers zuzuweisenden Umständen hat.

4   **b) Erweiterung der Pflichtenkreise durch § 6 Nr. 3 VOB/B.** § 6 Nr. 2 ist von der in § 6 Nr. 3 niedergelegten Weiterführungsverpflichtung zu unterscheiden. Diese Weiterführungspflicht hebelt die Verlängerung der Ausführungsfrist nicht aus, sondern mildert deren Folgen lediglich im Rahmen eines billigen Interessenausgleichs ab. Dessen weitere **Konkretisierung** erfolgt über die beide Vertragsparteien treffende **Kooperationspflicht.**[6] Denn Teil dieser beiderseitigen Kooperationspflicht sind Mitwirkungshandlungen, die nicht nur von Seiten des Auftraggebers, sondern auch vom Auftragnehmer erbracht werden müssen.[7] § 6 Nr. 3 VOB/B ist Ausdruck dieser den Auftragnehmer in Gestalt von Mitwirkungshandlungen treffenden Kooperationspflicht. Die Bestimmung ist deshalb im Lichte der beide Vertragsparteien treffenden Kooperationspflicht zu interpretieren. Das **Kooperationsgebot** macht die Zusammenarbeit der Vertragsparteien gerade bei Zeitstörungen notwendig, weswegen die Grenzen der Fristverlängerung und des Wiederaufnahmegebots mit Rücksich auf die beiderseitigen Interessen zu bestimmen sind. Innerhalb der durch § 5

---

[4] *Kapellmann/Messerschmidt* VOB/B § 6 Rdn. 31; *Kapellmann/Schiffers* Bd. 1 Rdn. 1458.
[5] Vgl. unten Rdn. 12.
[6] BGH U. v. 28. 10. 1999 – VII ZR 393/98, BGHZ 143, 89 = NJW 2000, 807 = NZBau 2000, 130 = BauR 2000, 409; *Kniffka* Jahrbuch Baurecht 2001, S. 1 ff., 8, 12; *Fuchs* NZBau 2004, 65 ff.; *Schwarze* BauR 2004, 895 ff.
[7] *Kniffka* Jahrbuch Baurecht 2001, S. 1, 12.

Verlängerung der Ausführungsfrist **§ 6 Nr. 2**

Nr. 3 VOB/B und § 6 Nr. 2 VOB/B bestimmten Grenzen erzeugt § 6 Nr. 3 VOB/B eine gewisse Beweglichkeit und auf den jeweiligen Einzelfall abgestimmte Pflichtenlage, deren Folge ist, dass der Auftragnehmer hinsichtlich der Wiederaufnahme der zeitgestörten Arbeiten sich nicht starr auf die gem. § 6 Nr. 4 VOB/B neu berechnete Ausführungsfrist berufen darf. Bei Beurteilung der fristverlängernden Kriterien ist vielmehr die Wiederaufnahme- und Weiterführungspflicht gem. § 6 Nr. 3 VOB/B angemessen und mit Rücksicht auf das Kooperationsgebot zu berücksichtigen.[8]

**c) § 6 Nr. 2 VOB/B als Zeitgefahrtragungsregel.** § 6 Nr. 2 VOB/B hat damit im Zeitkonzept der VOB/B einen bestimmten Stellenwert: Mit der positiven Feststellung der Veränderbarkeit der Ausführungsfristen unter den gefassten Voraussetzungen ist negativ verbunden, dass es darüber hinaus grundsätzlich[9] bei der Maßgeblichkeit der Vertragsfristen mit den sich hieraus für den Unternehmer ergebenden Risiken bleibt. § 6 Nr. 2 VOB/B beschreibt – positiv ausgedrückt – das **Zeitrisiko des Auftraggebers.** Bei den mittels § 6 Nr. 2 VOB/B ausgegrenzten Zeitstörungstatbeständen trägt der Auftragnehmer das **Zeitstörungsrisiko.** Nach Maßgabe des § 6 Nr. 2 Abs. 1 VOB/B trägt der Auftraggeber die **Zeitgefahr.**  5

**2. Anspruch auf Bauzeitverlängerung oder Anordnung der Bauzeitverlängerung?**

Konstruktiv wird die Verlängerung der Ausführungsfristen angeordnet.[10] Der Auftragnehmer hat auf der Grundlage des § 6 Nr. 2 Abs. 1 VOB/B nicht bloß einen Anspruch auf Fristverlängerung, der Rechnung getragen werden müsste. Die Bestimmung führt die Verlängerung unmittelbar auf Grund vorformulierter Einigung durch.[11] Die Ausgangsvertragsfrist ist aufgehoben, eine **neue Frist** gilt.[12] Deren Bestimmung richtet sich nach § 6 Nr. 4 VOB/B unter Berücksichtigung der Anforderungen aus § 6 Nr. 3 VOB/B (→ § 6 Nr. 4 Rdn. 6). Zutreffend halten *Ingenstau/Korbion/Döring*[13] deshalb fest, für die Fristverlängerung als solche und deren Wirksamkeit bedürfe es keiner besonderen Vereinbarung; die Verlängerungsvereinbarung sei vielmehr bereits getroffen. Bedeutsam ist, unter welchen Voraussetzungen diese Wirkungen im Einzelnen eintreten. Die Vorschrift unterscheidet hindernde Umstände, die im Risikobereich des Auftraggebers liegen, von solchen, die als höhere Gewalt oder Streik bzw. Aussperrung von außen kommen und der Beherrschung sowohl durch den Auftragnehmer als auch Auftraggeber entzogen sind. Diese unbeherrschbaren Zeitstörungsrisiken werden in § 6 Nr. 2 Abs. 1 lit. b) und c) VOB/B dem allgemeinen Lebensrisiko gleich behandelt und dem Auftraggeber wegen ihrer fristverlängernden Wirkung zugewiesen.  6

**III. Stellung im System**

Systematisch geht die Regelung auf verschiedene Quellen zurück. § 6 Nr. 2 Abs. 1 lit. a) VOB/B betrifft Störungstatbestände vertragsrechtlicher Art. Sie wirken sich über die § 642 BGB ergänzende Regelung[14] in § 6 Nr. 6 VOB/B hinaus auf die Bauzeit aus. Die Ver-  7

---

[8] Vgl. näher → § 6 Nr. 3 Rdn. 4, 5; → § 6 Nr. 4 Rdn. 6.
[9] Wegen der Möglichkeit des Rückgriffs auf § 313 BGB vgl. unten Rdn. 12.
[10] Vgl. näher unten Rdn. 13 ff.
[11] *Vygen/Schubert/Lang* Rdn. 149; *Kapellmann/Messerschmidt* VOB/B § 6 Rdn. 29; *Kapellmann/Schiffers* Bd. 1 Rdn. 1243; *Ingenstau/Korbion/Döring* VOB/B § 6 Nr. 2 Rdn. 2; anders jedoch bei Nr. 4 Rdn. 6, wo grundsätzlich ein Einigungsbedarf bejaht wird; *Leinemann* spricht unter § 6 Rdn. 21, 38 ebenfalls vom Fristverlängerungsanspruch, der einer Feststellungsklage zugänglich sein soll (dort Rdn. 37 mit Verweis auf KG IBR 2003, 67).
[12] So auch *Kapellmann/Schiffers* Bd. 1 Rdn. 1243.
[13] VOB/B § 6 Nr. 2 Rdn. 2; anders dann jedoch bei Nr. 4 Rdn. 6.
[14] Vgl. BGH U. v. 19. 12. 2002 – VII ZR 440/01, NJW 2003, 1601 = NZBau 2003, 325 = BauR 2003, 531; BGH U. v. 21. 10. 1999 – VII ZR 185/98, BGHZ 143, 32 = NJW 2000, 1336 = NZBau 2000, 187 = BauR 2000 722.

## § 6 Nr. 2  Verlängerung der Ausführungsfrist

längerungsgründe nach den Buchstaben b und c sind Einzelausprägungen des Rechtsinstituts des Wegfalls der Geschäftsgrundlage nach § 313 BGB.

### 1. Vertragliches Störungskonzept nach § 6 Nr. 2 Abs. 1 lit. a) VOB/B

8   Das § 6 Nr. 2 Abs. 1 lit. a) VOB/B zugrundeliegende Konzept setzt die durch den Bauvertrag bestimmte Risikolage fort. Mit den im Leistungsverzeichnis und eventuell in Plänen beschriebenen Leistungen und Leistungsmengen einschließlich der dem Auftraggeber sonst nach § 9 VOB/A und nach Abschnitt 0 der einschlägigen VOB/C-Normen obliegenden Beschreibungsvorgaben (Bau-Soll und Bau-Umstände) werden Kalkulation, Festlegung der kapazitiven Möglichkeiten, Ablaufplanung des Unternehmers und damit das **Bauzeitkonzept** bestimmt.[15] Sind Baustellenbesetzung und Kapazitäten unter Berücksichtigung der Bauzeit auf die in der Leistungsbeschreibung enthaltenen Leistungen und Vordersätze wie auch die **Baustellengegebenheiten** (Bau-Soll und Bau-Umstände)[16] abgestimmt,[17] muss eine Veränderung derjenigen die Unternehmerplanung beeinflussenden Umstände, die im Rahmen des Vertragsschlusses im **Risikobereich des Auftraggebers** liegen, notwendig zu einer Veränderung der Leistungsinhalte auf der Unternehmerseite führen. Diese Veränderung wirkt auf die Leistungsart oder die Leistungsinhalte ein, wenn die vertraglich vereinbarte Bauzeit gehalten werden soll, oder führt zu einer Verlängerung der Bauzeit, wenn Beschleunigungsmaßnahmen ausbleiben.[18] Denn die ursprüngliche Bauzeit kann bei Störung der Bauumstände mit negativem Einfluss auf die Produktivität nur bei Anordnung von Beschleunigungsmaßnahmen oder sonstigen Umplanungsmaßnahmen gehalten werden.

9   **a) Vertragliche Leistungs- und Zeitbilanz.** Der Vertragsschluss schafft als erste kooperative Aktion zwischen Auftraggeber und Auftragnehmer eine ausgewogene Leistungs- und Zeitbilanz, in die das Leistungssoll (Bau-Soll) und die Bauumstände eingestellt und im Rahmen der Preisbildung und der Unternehmerablaufplanung berücksichtigt sind. Denn die vereinbarte Bauzeit ist Ergebnis einer kalkulatorischen Prognose des erforderlichen Geräte-, Stoff- und Personaleinsatzes, die zur Bestimmung der einzelnen Vorgangsdauern und in der Summe der gesamten Bauzeit führt. Das einheitliche Formblatt EFB-Preis 1 a des Vergabehandbuchs (VHB) verdeutlicht diesen Vorgang; denn in Ziff. 3.1 werden die Gesamtstunden ausgeworfen und mit dem Verrechnungslohn multipliziert. Damit ist auf der Grundlage der Verdingungsunterlagen – Leistungsbeschreibung, Pläne usw. – die Prognose über die Vorgangsdauer gefallen und damit die Äquivalenz zwischen Bausoll i. S. d. § 2 Nr. 1 VOB/B, zu dem deshalb auch die die Bauzeit beeinflussenden Bauumstände gehören, und dem Preis hergestellt. Diese Gleichung ist gestört, wenn hindernde Umstände auftreten, die aus vertragsrechtlicher Sicht dem Verantwortungsbereich des Auftraggebers zuzuordnen sind. Zur Wiederherstellung der Gleichung oder Bilanz sind Reaktionen nötig. Veränderungen auf der linken Seite der Gleichung (gekennzeichnet als Verantwortungsbereich des Auftraggebers) bedingen zur Erzielung der Ausgewogenheit und damit der Wiederherstellung der Gleichung Veränderungen auf der rechten Seite der Gleichung (vom Auftragnehmer zu verantwortender Bereich).

10  **b) Wiederherstellung gestörter Zeitbilanz durch § 6 Nr. 2 VOB/B.** Die durch den Vertrag und seine Bestandteile definierten Verantwortlichkeiten wirken demnach im Zuge der Maßnahme fort. Veränderungen mit hindernder Wirkung führen zu einer Bauzeitverlängerung, wenn die hindernden Umstände in einem Bereich liegen, den nach dem Vertragskonzept der Auftraggeber beherrscht. § 6 Nr. 2 Abs. 1 lit. a) VOB/B handelt von Umständen aus dem Risikobereich des Auftraggebers, wobei die Qualität dieser Umstände

---

[15] *Bauer* Baubetrieb S. 465, 466; *Olshausen* FS Korbion S. 323, 328; *Kapellmann/Schiffers* Bd. 1 Rdn. 297 ff.; *Langen/Schiffers* Bauplanung und Bauausführung Rdn. 32 ff.; *Schubert* Seminar Bauverzögerung S. 77, 86.
[16] *Kapellmann/Schiffers* Bd. 1 Rdn. 2 ff.
[17] *Schubert* Seminar Bauverzögerung S. 77, 86.
[18] Vgl. zu Beschleunigungsmaßnahmen Rdn. 67 ff.; → § 6 Nr. 3 Rdn. 49 ff.

Verlängerung der Ausführungsfrist                                  § 6 Nr. 2

als dem Auftraggeber zuzuweisende Obliegenheiten oder Mitwirkungspflichten[19] gleichgültig ist. Umgekehrt erweisen sich Leistungsrisiken, die der Auftragnehmer übernimmt, auch als Zeitrisiken für diesen, wenn Änderungen behindernde Wirkung entfalten. Letztlich geht es um die Sicherung der **Äquivalenz,** die der Bauvertragsschluss hergestellt hat, jedoch durch hindernde Umstände gestört wird. Die in § 6 Nr. 2 Abs. 1 lit. a) VOB/B angeordnete Bauzeitverlängerung dient der Wiederherstellung gestörter **Vertragsäquivalenz.**

§ 6 Nr. 2 Abs. 1 lit. a) VOB/B beruht damit auf einer vertragsrechtlichen Grundlage durch Fortschreibung des dem Auftraggeber auferlegten Vertragsrisikos.   11

### 2. Wegfall der Geschäftsgrundlage und Vertragsanpassung bei § 6 Nr. 2 Abs. 1 lit. b) und c) VOB/B

Systematisch erweisen sich die in § 6 Nr. 2 Abs. 1 lit. b) und c) VOB/B beschriebenen Situationen als der Rechtsfigur des Wegfalls der Geschäftsgrundlage zugehörige Tatbestände. Das Ausbleiben von Streiks oder Aussperrung wie auch von Fällen höherer Gewalt gehört zu denjenigen Umständen und allgemeinen Verhältnissen, die als objektive Geschäftsgrundlage gegeben sein müssen, damit der Vertrag noch als sinnvolle Regelung bestehen kann. Ohne die vorformulierte Regelung in § 6 Nr. 2 Abs. 1 VOB/B bestünde Anpassungsbedarf gemäß **§ 313 BGB,** den die Vertragspartner vorweggenommen haben. Die VOB/B regelt mit § 6 Nr. 2 Abs. 1 lit. b) und c) einen Störungsfall aus dem Formenkreis des Wegfalls der Geschäftsgrundlage, womit das Problem verbunden ist, ob darüber hinaus ein **Rückgriffsverbot** oder eine **Rückgriffsmöglichkeit** besteht. Diese Frage betrifft unmittelbar den Streit, ob bei einem einen **Lieferanten** betreffenden Streik gleichfalls eine Bauzeitverlängerung erfolgt. § 6 Nr. 2 Abs. 1 lit. b) VOB/B trifft unmittelbar nicht zu.[20] Raum für eine ausdehnende Auslegung der Bestimmung in § 6 Nr. 2 Abs. 1 lit. b) VOB/B besteht angesichts ihrer Eindeutigkeit jedenfalls nicht. Fraglich erscheint, ob die Vertragspartner mit der Regelung als einer Einzelausprägung der Grundsätze des Wegfalls der Geschäftsgrundlage ein Rückgriffsverbot auf die allgemeinen Prinzipien der Rechtsfigur des Wegfalls der Geschäftsgrundlage im Übrigen – bezogen auf den **Streik in Zulieferbetrieben** – gewollt haben. Dies ist zu verneinen, da ein solcher abschließender Regelungswille mit Rückgriffsverbot nicht erkennbar ist. Die damit gewonnene Beweglichkeit in der Beurteilung am Maßstab der allgemeinen Regeln des Fortfalls der Geschäftsgrundlage lässt Raum für eine Einzelfallbeurteilung, bei der neben den alternativen Beschaffungsmöglichkeiten und der Frage der rechtzeitigen Bestellung auch eine Rolle spielt, welche Zeitreserven und objektspezifischen Beschleunigungsmöglichkeiten der Auftragnehmer zur Verfügung hat.[21] Demgegenüber sind *Nicklisch/Weick*[22] der Überzeugung, der Auftragnehmer stehe für die rechtzeitige Materialbeschaffung garantiemäßig ein. Abgesehen von der diesbezüglichen Regelungslücke in § 6 Nr. 2 Abs. 1 lit. b) VOB/B ist für diese Auffassung jedoch eine Rechtsgrundlage nicht ersichtlich.   12

### B. Konstruktion: § 6 Nr. 2 Abs. 1 VOB/B als Anspruchs- oder Gestaltungsgrundlage

Unter den in § 6 Nr. 2 Abs. 1 VOB/B angeführten Voraussetzungen tritt die Verlängerung der Ausführungsfristen unmittelbar ein. Die Vorschrift verschafft den Vertragspartnern nicht Ansprüche, sondern gestaltet den Vertragsinhalt um. Beide Parteien können sich   13

---

[19] Vgl. dazu unter Kooperationsgesichtspunkten *Kniffka* in Jahrbuch Baurecht 2001, S. 1 ff., 3 ff.
[20] Vgl. verneinend *Nicklisch/Weick* VOB/B § 6 Rdn. 27; auf den Einzelfall abstellend: *Ingenstau/Korbion/Döring* VOB/B § 6 Nr. 2 Rdn. 13; *Heiermann/Riedl/Rusam* VOB/B § 6 Rdn. 13; *Vygen/Schubert/Lang* Rdn. 125.
[21] Vgl. unten Rdn. 74.
[22] VOB/B § 6 Rdn. 27.

§ 6 Nr. 2  Verlängerung der Ausführungsfrist

hierauf berufen. Denn die Bauzeitverlängerung führt z. B. zugunsten des Auftraggebers dazu, dass bei streikbedingtem Ausfall der Unternehmerleistungen Mitwirkungspflichten oder -obliegenheiten nicht unbedingt zum vorgesehenen, ungestörten Bauzeitenablauf erledigt sein müssen. Die Zeitstörung Streik entlastet damit auch den Auftraggeber, wenn z. B. die Rechtzeitigkeit von Planlieferungen zur Beurteilung ansteht.

### I. § 6 Nr. 2 Abs. 1 VOB/B als vorformulierte Vereinbarung der Ausführungsfristverlängerung

14  Fehlt die rechtswirksame **Behinderungsanzeige** oder die **Offenkundigkeit** der Behinderung, bleibt die von den Vertragspartnern getroffene Verlängerungsvereinbarung wirkungslos.[23] Die mit § 6 Nr. 2 Abs. 1 VOB/B getroffene Ausführungsfristverlängerungsvereinbarung verschafft Auftraggeber und Auftragnehmer nicht bloß einen Erfüllungsanspruch auf Anpassung der Ausführungsfristen. Die Anpassung wird vielmehr dadurch vorgenommen. Die bisherigen vertraglichen Ausführungsfristen verlieren ihre Rechtswirksamkeit; sie werden durch neue Ausführungsfristen ersetzt.[24] § 6 Nr. 2 Abs. 1 VOB/B hat verfügenden und nicht lediglich anspruchsbegründenden Charakter.[25] Die neuen Ausführungsfristen können entweder vertraglich zwischen den Parteien vereinbart oder im Streitfall durch das Gericht nach Maßgabe der sich aus § 6 Nr. 3 und Nr. 4 VOB/B ergebenden Kriterien bestimmt werden. Diese Gerichtsentscheidung hat keinerlei rechtsgestaltende Wirkung, sie stellt vielmehr nur eine bereits bestehende Rechtslage fest.[26]

#### 1. § 6 Nr. 2 Abs. 1 VOB/B als gestaltende/verfügende Störungsregelung

15  Die Vorschrift regelt die durch die hindernden Umstände bewirkte Störung unmittelbar und hat damit **verfügenden** Charakter. Die Bestimmung begründet nicht die Pflicht zum Abschluss eines Änderungsvertrages, sondern ändert die Leistungszeit. Der VOB-Bauvertrag enthält deshalb mit § 6 Nr. 2 Abs. 1 VOB/B zugleich einen Änderungsvertrag i. S. d. § 311 BGB.

16  **a) Verfügende Änderungsvereinbarung nach § 305 BGB.** Dies ergibt ein Vergleich mit anderweitigen Formulierungen in der VOB/B. Nach § 2 Nr. 3 Abs. 2 VOB/B ist auf Verlangen ein neuer Preis zu vereinbaren; gemäß § 2 Nr. 5 ist gleichfalls ein neuer Preis unter Berücksichtigung der Mehr- oder Minderkosten zu vereinbaren. Ein Vereinbarungsgebot enthalten auch § 2 Nr. 6 Abs. 2 und Nr. 10 VOB/B. Die Formulierung in § 6 Nr. 2 Abs. 1 VOB/B weicht hiervon ab und geht dahin, dass die Ausführungsfristen verlängert werden. Damit ordnet die Vorschrift die Verlängerung an und verschafft nicht lediglich Ansprüche auf eine solche Verlängerung.[27] Entsprechend den zum Vergleich angeführten Parallelregelungen müsste es hierfür heißen, dass eine neue Ausführungsfrist auf Verlangen zu vereinbaren ist, soweit die Behinderung auf die in der Vorschrift weiter genannten Ursachen zurückgeht.

17  Deshalb stellen *Ingenstau/Korbion/Döring*[28] mit Recht fest, für die Fristverlängerung als solche und deren Wirksamkeit bedürfe es keiner besonderen Vereinbarung zwischen den Vertragspartnern. Diese **Verlängerungsvereinbarung** haben Auftraggeber und Auftragnehmer mit Einbeziehung der VOB/B durch § 6 Nr. 2 Abs. 1 VOB/B vielmehr bereits

---

[23] BGHZ 48, 78, 81 = NJW 1967, 2262 = MDR 1967, 755; *Heiermann/Riedl/Rusam* VOB/B § 6 Rdn. 9; *Nicklisch/Weick* VOB/B § 6 Rdn. 23; → § 6 Nr. 1 Rdn. 78.
[24] *Kapellmann/Schiffers* Bd. 1 Rdn. 1243.
[25] Vgl. Rdn. 15 ff.
[26] → § 6 Nr. 4 Rdn. 12; → § 6 Nr. 7 Rdn. 1.
[27] So auch *Vygen/Schubert/Lang* Rdn. 149; von einem Anspruch auf Fristverlängerung gehen aus *Vygen* Bauvertragsrecht Rdn. 657; *Heiermann* Seminar Bauverzögerung S. 6; *ders.* BB 1981, 876, 878.
[28] VOB/B § 6 Nr. 2 Rdn. 2; gegenteilig jedoch Rdn. 6 zu Nr. 4.

Verlängerung der Ausführungsfrist § 6 Nr. 2

getroffen.[29] Mit dem geschlossenen Bauvertrag kommt zugleich nach § 311 BGB eine Änderungsvereinbarung zustande.

**b) Bestimmtheits- und Bestimmbarkeitserfordernisse.** Die fehlende exakte Neufestlegung der verlängerten Ausführungsfrist schließt die Wirksamkeit dieser Änderungsvereinbarung nicht aus; denn für die Rechtswirksamkeit einer Vereinbarung genügt die Bestimmbarkeit der wesentlichen Vertragsinhalte.[30] Die vorformuliert getroffene Einigkeit der Vertragspartner enthält zudem zwei bestimmt feststellbare Änderungspunkte. 18

**aa) Bestimmt getroffene Veränderungen.** Mit der angeordneten Verlängerung der Ausführungsfrist gilt die ursprüngliche Vertragsfrist nicht mehr.[31] Diese Vereinbarung ist bestimmt getroffen. Damit hat die Einigung weiter zum Gegenstand, dass den Auftragnehmer zur Aufrechterhaltung der ursprünglichen Vertragsfristen gerade nicht die gesteigerte Baustellenförderungspflicht nach § 5 Nr. 3 VOB/B trifft.[32] Das Einvernehmen der Vertragspartner geht im Gegenteil dahin, dass die Unternehmerablaufplanung grundsätzlich ungestört und die Baustellenbeschickung unverändert bleiben. Das schließt nicht aus, dass der Auftragnehmer unaufgefordert **Beschleunigungsmaßnahmen** vornimmt, wofür ihm ein Vergütungsanspruch nach der Regeln der Geschäftsführung ohne Auftrag zusteht.[33] Greift die Regelung nach § 6 Nr. 2 Abs. 1 VOB/B ein, ist der Rückgriff auf § 5 Nr. 3 VOB/B kraft bestimmt ausgedrückten und einvernehmlich aufgefundenen Vertragswillens der Vertragspartner ausgeschlossen. Die **Zeitrisiken (Zeitgefahr)** trägt in den in § 6 Nr. 2 Abs. 1 VOB/B geregelten Fällen nicht der Auftragnehmer, sondern der Auftraggeber.[34] Der **Auftraggeber** hat das Recht, sich auf die ursprünglichen Vertragsfristen zu berufen, verloren, weil die hindernden Umstände in seinem **Risikobereich** liegen (§ 6 Nr. 2 Abs. 1 lit. a) VOB/B) oder § 6 Nr. 2 Abs. 1 lit. b) oder c) VOB/B ausfüllen. 19

**bb) Bestimmbare Fristenverlängerung.** Unbestimmt aber bestimmbar ist die neue Ausführungsfrist. Die verlängerte Ausführungsfrist lässt sich nach den in § 6 Nr. 3 und Nr. 4 VOB/B benannten Kriterien bestimmen, was den Bestimmbarkeitsanforderungen[35] entspricht. 20

## 2. Anspruch auf Verlängerung der Ausführungsfrist

Eine bloß anspruchsbegründende Qualität und damit eine durch § 6 Nr. 2 VOB/B lediglich begründete Pflicht zum Abschluss eines Änderungsvertrages lässt sich aus § 6 Nr. 1 Satz 2 VOB/B nicht herleiten. Zwar hat danach der Auftragnehmer bei unterlassener Behinderungsanzeige nur dann einen Anspruch auf Berücksichtigung des hindernden Umstandes, wenn dem Auftraggeber offenkundig die Tatsache und deren hindernde Wirkung bekannt waren. Hieraus lässt sich aber nichts gegen den **Verfügungscharakter** der in § 6 Nr. 2 VOB/B angeordneten Verlängerung ableiten. Da die Behinderungsanzeige als Verfügungsvoraussetzung bei Offenkundigkeit entbehrlich ist, wird damit zum Ausdruck gebracht, dass für die Verlängerung der Ausführungsfrist neben der **effektiven Behinderung**[36] entweder die Behinderungsanzeige oder die Offenkundigkeit erforderlich ist. Aus der Formel des BGH,[37] von den in § 6 Nr. 1 VOB/B behandelten Voraussetzungen hänge lediglich ab, ob der Auftragnehmer eine Verlängerung der Ausführungsfrist (§ 6 Nrn. 2 bis 4) für sich in Anspruch nehmen könne, ohne dem Auftraggeber für die daraus erwachsenden 21

---

[29] Vgl. auch Staudinger/*Peters* BGB § 642 Rdn. 50.
[30] Palandt/*Heinrichs* BGB Einf. § 145 Rdn. 3.
[31] Kapellmann/*Schiffers* Bd. 1 Rdn. 1243.
[32] Kapellmann/*Schiffers* Bd. 1 Rdn. 1458; Kapellmann/*Messerschmidt* VOB/B § 6 Rdn. 31.
[33] Kapellmann/*Messerschmidt* VOB/B § 6 Rdn. 33; Ingenstau/*Korbion*/*Döring* VOB/B § 6 Nr. 6 Rdn. 40, dort jedoch unter schadensersatzrechtlichen Gesichtspunkten.
[34] Nicklisch/*Weick* VOB/B § 6 Rdn. 23.
[35] Dazu Palandt/*Heinrichs* BGB Einf. § 145 Rdn. 3.
[36] Vgl. dazu unten Rdn. 25, 26.
[37] BGHZ 48, 78, 81 = NJW 1967, 2262 = MDR 1967, 755.

§ 6 Nr. 2                                                                    Verlängerung der Ausführungsfrist

Nachteile einstehen zu müssen, kann nichts gegen die Verfügungswirkung der in § 6 Nr. 2 VOB/B getroffenen Regelung hergeleitet werden.

### 3. Die verlängerte Ausführungsfrist

**22**    Die Rechtsfolge, dass bei Erfüllung der Tatbestandsvoraussetzungen in lit. a) bis lit. c) die Ausführungsfristen verlängert werden, ist nicht völlig eindeutig. Für Unsicherheiten sorgt die Anknüpfung an den Begriff „Ausführungsfristen", der im Sinne von § 5 Nr. 1 VOB/B zu verstehen ist.[38] Darunter fallen neben den Vertragsfristen auch die **Einzelfristen,** wozu auch die Beginnfristen zählen.[39] Begründen im Verantwortungsbereich des Auftraggebers liegende Umstände, wie z. B. eine noch ausstehende Genehmigung oder fehlende Vorleistungen,[40] eine **Beginnverschiebung,** ist § 6 Nr. 2 VOB/B sinngemäß anzuwenden.[41]

**23**    **a) Der verschobene Beginn.** Zwischen einem behinderten Beginn und einer Behinderung im Verlauf der vorgesehenen begonnenen Baumaßnahme ist zu unterscheiden. Verschiebt sich der Beginn aus Gründen, die im Risikobereich des Auftraggebers liegen,[42] ist der Termin für den Neubeginn nach den Anforderungen gemäß § 6 Nr. 3 VOB/B zu bestimmen. Die Ausführungsfrist für die Beendigung der Maßnahme ist gemäß den Kriterien nach § 6 Nr. 4 VOB/B festzulegen. § 6 Nr. 2 Abs. 1 VOB/B ist einschlägig, weil die Beginnverzögerung zu einer Veränderung der Ausführungsfristen führt. Denn ist z. B. für den Beginn der 3. 5. und für das Ende der 4. 6. vorgesehen, muss bei verzögertem Beginn mit 10. 5. auch das Ausführungsende hinausgeschoben werden. Die zeitliche Verschiebung des Endes um die Behinderungszeit von 7 Tagen stellt eine Verlängerung dar.

**24**    **b) Die Behinderung im Verlauf der Ausführung.** Tritt die Behinderung im Verlauf der Ausführung ein, verlängert sich die Ausführungsfrist, wenn die Voraussetzungen nach § 6 Nr. 2 Abs. 1 VOB/B vorliegen. Das ist der klassische Fall der Verlängerung der Ausführungsfrist, der dadurch gekennzeichnet ist, dass mit den Arbeiten zum vorgesehen Termin begonnen worden ist, sich aber im Verlauf der Arbeiten hindernde Umstände zeitstörend auf den Bauablauf auswirken.

### II. Effektive Behinderung

**25**    Eine Verlängerung der Ausführungsfrist kommt nur in Betracht, wenn die Behinderung[43] tatsächlich eingetreten ist.[44] Ihr Vorliegen kann am vertragskonformen **Unternehmerablaufplan**[45] und am **Bauzeitenplan**[46] gemessen werden. Die im Unternehmerablaufplan getroffenen Kapazitätsfestlegungen sind geeignet, den Nachweis der Behinderung wie auch der Verzögerung zu führen, indem die Kapazitätsfestlegung nach dem Bauablauf-Soll dem tatsächlichen, nämlich gestörten Kapazitätseinsatz gegenübergestellt wird.[47] Wenn auch der vom Unternehmer erstellte produktionsorientierte Terminplan, der notwendig auf einer Angebotskalkulation aufbaut, eine Prognose darstellt,[48] spricht für ihn jedoch auch eine allerdings beidseitig widerlegbare Richtigkeitsvermutung.[49] Bloßer Be-

---

[38] Vgl. → § 5 Nr. 1 Rdn. 12 ff.
[39] Vgl. → § 5 Nr. 1 Rdn. 29 ff.
[40] Vgl. BGH BauR 1983, 73, 74 = NJW 1983, 989 = ZfBR 1983, 19.
[41] Vgl. BGH BauR 1983, 73, 74 = NJW 1983, 989 = ZfBR 1983, 19.
[42] Vgl. unten Rdn. 32 ff.; 45 ff.
[43] Vgl. zum Begriff → Vor § 6 Rdn. 61 ff.
[44] *Ingenstau/Korbion/Döring* VOB/B § 6 Nr. 2 Rdn. 2.
[45] → Vor § 6 Rdn. 92; vgl. auch *Kapellmann/Schiffers* Bd. 1 Rdn. 300 und 1266 ff.
[46] → Vor § 6 Rdn. 97.
[47] *Schubert* Seminar Bauverzögerung S. 77, 92; *Kapellmann/Schiffers* Bd. 1 Rdn. 1268, 1269.
[48] *Kapellmann/Schiffers* Bd. 1 Rdn. 1256.
[49] *Kapellmann/Schiffers* Bd. 1 Rdn. 1266.

hinderungsverdacht reicht aus; § 6 Nr. 1 begründet zwar die Anzeigepflicht bereits bei konkreter Behinderungsgefahr,[50] zu einer Verlängerung der Ausführungsfrist kommt es jedoch nach der eindeutigen Formulierung der Nr. 2 Abs. 1 nur bei **Behinderungseintritt**.[51] Darlegungs- und beweispflichtig ist derjenige, der sich auf die Verlängerung der Ausführungsfrist und damit die Vertragsänderung beruft sowie Rechte hieraus für sich ableitet.[52] Das wird regelmäßig der Auftragnehmer sein; der Auftraggeber ist ist in der Darlegungs- und Beweislast, wenn er sich z. B. seinerseits auf eine Verschiebung der Planlieferungszeiten und die fehlende Kausalität seiner verzögerten Mitwirkungspflicht beruft. Eine Beweisführung setzt eine sachkundige **Dokumentation** voraus, die nachvollziehbar den Vergleich der Ist-Leistungskapazitäten mit den dem Unternehmerablaufplan zugrunde gelegten Soll-Kapazitäten[53] ermöglicht. Die Dokumentation, spielt deshalb nicht nur unter dem Gesichtspunkt der Darlegungs- und Beweislast bei Geltendmachung eines Schadens nach § 6 Nr. 6 VOB/B eine Rolle,[54] sondern hat erheblichen Einfluss auf die **Fristbeurteilung**.[55] Auf der Grundlage der Angebotskalkulation und ihrer zugrunde liegenden Ablaufplanung ist die entsprechende Prüfung vorzunehmen, ob nämlich überhaupt Störungstatbestände vorliegen und welche Auswirkungen diese haben. Die **Richtigkeit der Terminplanung** kann im Vergleich mit den Zeitansätzen der Arbeitskalkulation und schließlich mit der Ist-Abwicklung bei unbehinderten Phasen und Bauabschnitten verifiziert werden.[56]

Dabei ist auch zu berücksichtigen, dass nicht jeder hindernde Umstand zu einer Verlängerung der Ausführungsfrist führen muss. Denn **unwesentliche** Verzögerung haben nicht notwendig behindernde Auswirkungen auf den Bauablauf.[57] Behinderungen, deren Alltäglichkeit bei der Erstellung eines Ablaufplanes einzukalkulieren ist, und die sich in einem gewissen Rahmen halten, stellen effektive Behinderungen nicht dar. Denn solchen Ereignissen hat der Auftragnehmer bei der Erstellung der Ablaufplanung durch Berücksichtigung von **Pufferzeiten** und Ausweichmöglichkeiten Rechnung zu tragen.[58] Die abstrakte Richtigkeit der Unternehmerablaufplanung ist auf der Grundlage der der Angebotskalkulation zugrunde liegenden Zeitansätze bei identischem Bausoll in Verbindung mit der Arbeitskalkulation zu verifizieren; die konkrete Richtigkeit erweist sich im Vergleich mit dem dokumentierten Ist-Ablauf. Eine Überprüfung der auftragnehmerseitigen Terminplanung hat auch zu berücksichtigen, ob die dort beschriebenen Arbeitsabläufe (Vorgänge oder Ablaufketten)[59] Zeitreserven (Puffer) oder Umdispositionsmöglichkeiten enthalten, woraus sich Auffangmöglichkeiten ergeben können.[60] Diese vertragsrechtliche Eingrenzung der Auswirkung hindernder Umstände zeigt sich auch, wenn der Störungstatbestand nicht auf dem **kritischen Weg** liegt.[61] Sind derartige **Zeitreserven** nicht beachtet, rechtfertigen unwesentliche Verzögerungen, denen der Auftragnehmer hätte Rechnung tragen müssen, eine Ausführungsfristverlängerung nicht. Zusätzlich ist die Weiterführungspflicht nach § 6 Nr. 3 Satz 1 VOB/B zu beachten (→ § 6 Nr. 3 Rdn. 2 ff.).

Diese Behinderung muss nach § 6 Nr. 1 VOB/B angezeigt worden sein; ging ihr eine erkannte Behinderungsgefahr voraus, setzt die Verlängerung der Ausführungsfrist auch die

---

[50] → § 6 Nr. 1 Rdn. 25.
[51] *Ingenstau/Korbion/Döring* VOB/B § 6 Nr. 2 Rdn. 2.
[52] BGH NJW 1995, 49; Palandt/*Heinrichs* BGB § 311 Rdn. 6.
[53] *Schubert* Seminar Bauverzögerung S. 77, 91, 92; *Vygen/Schubert/Lang* Rdn. 359 ff.
[54] *Kapellmann/Schiffers* Bs. 1 Rdn. 1254 ff.
[55] Dazu BGH U. v. 24. 2. 2005 – VII ZR 141/03, NJW 2005, 1653 = NZBau 2005, 387 = BauR 2005, 857.
[56] *Kapellmann/Schiffers* Bd. 1 Rdn. 1265, 1266.
[57] OLG Köln BauR 1981, 472, 474.
[58] Vgl. *Olshausen* FS Korbion S. 323, 329; *Kapellmann/Schiffers* Bd. 1 Rdn. 1265, 1483, 1484; OLG Köln BauR 1986, 582 = NJW 1986, 71.
[59] Vgl. zu diesen Begriffen *Kapellmann/Schiffers* Bd. 1 Rdn. 39 ff., 1260; *Langen/Schiffers* Bauplanung und Bauausführung Rdn. 33 ff.
[60] *Kapellmann/Schiffers* Bd. 1 Rdn. 1265, 1457, 1668; *Vygen/Schubert/Lang* Rdn. 378 ff., 384.
[61] → § 6 Nr. 1 Rdn. 61, 62; und unten Rdn. 62.

**Anzeige** der Behinderungsgefahr voraus, wenn hierfür ausreichend konkrete Gründe bestanden.[62]

### III. Zusammentreffen mehrerer Behinderungsursachen

28  Treffen Verursachungsgründe, die nach § 6 Nr. 2 Abs. 1 VOB/B eine Ausführungsfristverlängerung begründen, mit solchen, bei denen der Auftragnehmer das Zeitrisiko trägt, zusammen, hält § 6 Nr. 2 Abs. 1 VOB/B die Lösung durch die Einschränkung „soweit" bereit: Eine Verlängerung kommt demnach nur in dem Umfang in Betracht, als der Auftraggeber das Zeitrisiko trägt und die Behinderung verursacht hat. Geht das Zeitrisiko in gewissem – festzustellenden – Umfang zu Lasten des Auftragnehmers, ist diese Verlängerungseinheit zu eliminieren. Die zeitlichen Auswirkungen unterschiedlich zurechenbarer Behinderungstatbestände, die sich gegenseitig nicht bedingen, sondern von einander unabhängig laufen, dürfen in der Regel nicht addiert werden. Das ist anders wenn eine durchgängige Kausalkette festzustellen ist.[63] Die **Verursachungsanteile** sind gem. § 254 BGB zu bestimmen,[64] was jedoch nur dann gilt, wenn eine solche Verursachung tatsächlich besteht. Diese Vorschrift findet keine entsprechende, sondern unmittelbare Anwendung.[65] Die „**Soweit-Formel**" in § 6 Nr. 2 Abs. 1 VOB/B beinhaltet das Abwägungsgebot, das in § 254 BGB näher strukturiert wird. Die Soweitformel passt bei Behinderungstatbeständen, die von verschiedenen Unternehmern gesetzt worden sind und unabhängig von einander laufen. Die Formel greift nicht, wenn Behinderungstatbestände auf der Auftragnehmerseite mit solchen zusammentreffen, die dem Risikobereich des Auftraggebers zuzurechnen sind. Bei einer **Doppelkausalität** in dem Sinne, dass ein dem Auftraggeber zurechenbarer Behinderungstatbestand zeitlich den Behinderungstatbestand in der Sphäre des Auftragnehmers vollkommen überlagert oder sogar noch übertrifft, richtet sich die Fristverlängerung in vollem Umfang nach den sich aus der Behinderung des Auftraggebers ergebenden Folgen.[66] Eine solche Doppelkausalität liegt vor, wenn zwei oder noch mehr Ursachen selbstständig und unabhängig von einander die Behinderung mit zeitgleichen Folgen verursachen. Die Fristverlängerung bestimmt sich bei solchen Fallgestaltungen ausschließlich nach dem Behinderungsanteil des Auftraggebers. Das folgt notwendig daraus, dass § 6 Nr. 2 VOB/B auch bei gleichzeitig dem Auftragnehmer zurechenbaren Behinderungstatbeständen zum Erlöschen der bisher vereinbarten oder gesetzlich maßgeblichen Bauzeit führt und eine neue Bauzeit vereinbart ist, die sich nach § 6 Nr. 2, 4 VOB/B bestimmt. Der bezogen auf die bisher maßgebliche Bauzeit festzustellende und dem Auftragnehmer zurechenbare Behinderungstatbestand ist damit rechtlich völlig unerheblich. Streng betrachtet fehlt damit sogar der Tatbestand der Doppelkausalität, weil die der Sphäre des Auftraggebers zurechenbare Behinderung im Augenblick ihres Vorhandenseins zum Erlöschen der bisher vereinbarten Ausführungsfrist führt.[67] Dieser Gesichtspunkt ist bei der Berücksichtigung eines sog. **Eigenanteils auftraggeberseitiger Behinderungstatbestände** zu berücksichtigen.[68]

### 1. Erfassung von Einzelverzögerungen und Ursachen

29  Damit besteht die Notwendigkeit die Einzelverzögerungen (**Primärverzögerung**) und deren Ursachen exakt festzustellen. Denn nur in dem Umfang, als die Ursachen in den

---

[62] → § 6 Nr. 1 Rdn. 24 ff.
[63] *Kapellmann/Schiffers* Bd. 1 Rdn. 1263.
[64] *Heiermann/Riedl/Rusam* VOB/B § 6 Rdn. 12.
[65] Für entsprechende Anwendung *Heiermann/Riedl/Rusam* VOB/B § 6 Rdn. 12.
[66] Vgl. *Duve/Richter* BauR 2006, 608, 618.
[67] Vgl. oben Rdn. 14; *Kapellmann/Schiffers* Bd. 1 Rdn. 1243; *Kapellmann/Messerschmidt* VOB/B § 6 Rdn. 29; siehe zu Kausalitätsfragen *Duve/Richter* BauR 2006, 608.
[68] Dazu *Kapellmann/Schifffers* Bd. 1 Rdn. 1266 mit Verweis auf Rdn. 1554 ff. und 1572.

Verlängerung der Ausführungsfrist § 6 Nr. 2

Verantwortungsbereich des Auftraggebers fallen (§ 6 Nr. 2 Abs. 1 lit. a) VOB/B) oder sonst (§ 6 Nr. 2 Abs. 1 lit. b) und c) VOB/B) das Zeitrisiko des Auftraggebers ausmachen, tritt die Verlängerung der Ausführungsfrist ein. Mit baubetrieblichen Methoden lassen sich Einzelverzögerungen feststellen und aufsummieren,[69] womit auch die Möglichkeit eröffnet ist, solche Verzögerungsanteile, die zu Lasten des Auftragnehmers gehen, auszuscheiden. Diese Methoden ermöglichen auch die **Ursachenfeststellung** und sichern damit die vertragsrechtlich bestimmte Zuordnung in die Risikosphäre des Auftraggebers oder Auftragnehmers.[70]

Denn ein aussagefähiger **Ablaufplan (Soll)** sichert im Vergleich zum **Ist-Ablauf** Feststellungen zum Grund der Behinderung, zum Maß der Behinderung, zum Maß unmittelbarer Sekundärfolgen, zur Verschiebung von Teilleistungen und zu Verzögerungen, die sich ohne äußere Behinderungseinflüsse aus langsamerer Ausführung gegenüber der vorgesehenen Soll-Zeit ergeben.[71] 30

### 2. Berücksichtigung von Sekundärverzögerungen

Treffen Behinderungsursachen aus verschiedenen Verantwortungsbereichen und Risikosphären zusammen, müssen auch die Sekundärverzögerungen, deren Kriterien sich aus § 6 Nr. 4 VOB/B ergeben, ursachen- und vertragsgerecht zugeordnet werden. Diese Sekundärverzögerungen sind aus dem Zeitbedarf für das **Wiederanlaufen** der Arbeiten nach einer Phase der Behinderung bzw. der Unterbrechung und einer eventuellen **Verschiebung** in eine ungünstigere Jahreszeit zu ermitteln.[72] Entsprechend der Formulierung in § 6 Nr. 2 Abs. 1 VOB/B sind die Sekundärverzögerungen nur soweit geeignet, eine Verlängerung der Ausführungsfrist zu begründen, als sie auf eine nach § 6 Nr. 2 Abs. 1 VOB/B in der Risikosphäre des Auftraggebers liegende Primärverzögerung zurückgehen. Sekundäre Verzögerungsanteile sind aus der Fristenverlängerung in dem Umfang herauszurechnen, als die Ursache vom Auftragnehmer zu verantworten ist. Dabei sind jedoch die oben unter Rdn. 28 angestellten Überlegungen zur Doppelkausalität zu berücksichtigen. Denn führt eine im Risikobereich des Auftraggebers liegende Behinderung zur Unwirksamkeit der vertraglich vereinbarten oder gesetzlich maßgeblichen Ausführungsfrist, ist eine insoweit daneben wirkende und dem Auftragnehmer zurechenbare Behinderung unerheblich. Sie gewinnt Bedeutung erst dann, wenn der Einhaltung der neu nach § 6 Nr. 2, 4 VOB/B zu bestimmenden Ausführungsfrist Hinderungsgründe in der Sphäre des Auftragnehmers entgegenstünden. 31

### C. Behinderungstatbestände nach § 6 Nr. 2 Abs. 1 lit. a) VOB/B

Die Regelung ordnet die Verlängerung der Ausführungsfristen an, wenn die Behinderung[73] durch einen Umstand aus dem Risikobereich des Auftraggebers verursacht ist. Diese Regelung gilt seit der Neufassung der VOB/B 2000. Deshalb ist die Risikosphäre des Auftraggebers von derjenigen des Auftragnehmers zu unterscheiden. Diese Änderung war lange überfällig und gefordert.[74] Der Wortlaut der Vorschrift wurde damit in Übereinstimmung mit der höchstrichterlichen Rechtsprechung gebracht, die auch schon die Altfassung im Sinne einer Risikoregelung interpretiert hat.[75] 32

---

[69] *Vygen/Schubert/Lang* Rdn. 377, 378.
[70] Vgl. näher Rdn. 31 ff.
[71] *Schubert* Seminar Bauverzögerung S. 77, 110, 111; *Kapellmann/Schiffers* Bd. 1 Rdn. 1266.
[72] *Vygen/Schubert/Lang* Rdn. 379, 380; *Kapellmann/Schiffers* Bd. 1 Rdn. 1095, 1096; *Schubert* Seminar Bauverzögerung S. 104, 105.
[73] Zum Begriff → Vor § 6 Rdn. 59 ff.
[74] *Ingenstau/Korbion/Döring* VOB/B § 6 Nr. 2 Rdn. 5 m. w. N.
[75] BGH NJW-RR 1990, 403 = BauR 1990, 210.

## § 6 Nr. 2

### I. Sphären und Verantwortungsbereiche

33 § 6 Nr. 2 VOB/B liegt eine Bereichseinteilung zugrunde. Die Verknüpfung der Ausführungsfristverlängerung mit Umständen aus dem Risikobereich des Auftraggebers macht die Unterscheidung von solchen Behinderungen notwendig, die dem Auftragnehmer zuzurechnen sind. Diese sich aus § 6 Nr. 2 Abs. 1 lit. a) VOB/B ergebende Konsequenz wird in lit. b) und c) um Umstände erweitert, die keiner der Vertragspartner zu vertreten hat. Grundsätzlich können die hindernden Umstände dem betrieblichen und dem außerbetrieblichen Bereich zugewiesen werden. Der **betriebliche** Verantwortungsbereich des Auftragnehmers und damit seine Risikosphäre wird neben § 4 Nr. 2 VOB/B auch durch § 5 Nr. 3 VOB/B beschrieben, soweit die Parteien nicht im Vertrag dem Auftragnehmer weitere Pflichten neben seiner Ausführungsverpflichtung zugewiesen haben (z.B. § 2 Nr. 9 VOB/B: Übernahme von Planungsaufgaben). Zu den **außerbetrieblichen** Bereichen gehören die in § 6 Nr. 2 Abs. 1 lit. b) und c) VOB/B angeführten Ereignisse und die nach der VOB/B wie auch nach dem sonstigen Vertragsinhalt dem Auftraggeber bzw. Auftragnehmer obliegenden Aufgaben. Außerbetriebliche Faktoren sind ebenfalls solche Umstände, die nach dem Vertragsinhalt von einem der Vertragspartner zu verantworten sind. § 6 Nr. 2 VOB/B hat es nicht mit hindernden und der Sphäre des Auftragnehmers zugehörigen Umständen zu tun, sondern betrifft außerbetriebliche Einflüsse.

#### 1. Objektive Zurechnungskriterien

34 Nach der in § 6 Nr. 2 Abs. 1 lit. a) VOB/B gebrauchten Formel „Umstand aus dem Risikobereich des Auftraggebers" erfolgt die Zurechnung rein objektiv. Die Fristverlängerung hängt nicht davon ab, ob der Auftraggeber den hindernden Umstand verschuldet hat. Die Anknüpfung erfolgt objektiv unter **Sphären- und nicht nach Verschuldensgesichtspunkten.** Die für die Anwendung von § 6 Nr. 2 Abs. 1 lit. a) VOB/B maßgebliche Sphäre des Auftraggebers wird durch den von ihm zu verantwortenden sachlichen und personellen Bereich geprägt.[76] Für § 6 Nr. 2 Abs. 1 lit. a) VOB/B ist ein Verschulden des Auftraggebers nicht erforderlich; es muss sich nur um Ereignisse handeln, die seinem bauvertraglichen Risikobereich zuzuordnen sind.[77]

35 Allein entscheidend ist die Festlegung der vom Auftraggeber zu verantwortenden Sphäre oder des Pflichtkreises, was in Abgrenzung zum Pflichtkreis des Auftragnehmers zu geschehen und die **bauvertraglichen Risikostrukturen** zu berücksichtigen hat.[78] Diese bauvertraglichen Risikobereiche werden durch die VOB/B und die VOB/C rollenspezifisch fixiert, erweisen sich jedoch entsprechenden Absprachen der Vertragspartner zugänglich und sind über Risikoübernahmen auch flexibel. Dabei gilt, dass vom Auftragnehmer in Art und Umfang übernommene Leistungsrisiken zugleich Zeitrisiken sein können. Die Tragung der Zeitgefahr ist bei einem Einheitspreisvertrag anders zu beurteilen als bei einem Pauschalvertrag.[79] Der bauzeitliche Risikobereich des Auftragnehmers fällt bei einem klar und eindeutig formulierten Leistungsverzeichnis anders aus als bei einem **offenen Leistungsbeschrieb,** bei welchem nicht deutlich genug ist, welche Leistungen nach Art und Inhalt exakt vom Unternehmer zu erbringen sind, wenn die VOB/C-Regelung für eine ausreichende Präzisierung nicht sorgt. Bloß leistungskonkretisierende Anordnungen[80] sind in ihren Auswirkungen auf die Tragung der Zeitgefahr anders zu beurteilen als leistungsändernde

---

[76] *Daub/Piel/Soergel/Steffani* ErlZ B 6.27.
[77] BGH BauR 1990, 210, 211 = NJW-RR 1990, 403 = ZfBR 1990, 138; *Ingenstau/Korbion/Döring* VOB/B § 6 Nr. 2 Rdn. 7, 11; *Kapellmann/Messerschmidt* VOB/B § 6 Rdn. 18.
[78] BGH BauR 1990, 210, 211 = NJW-RR 1990, 403 = ZfBR 1990, 138; Staudinger/*Peters* BGB § 642 Rdn. 51; *Daub/Piel/Soergel/Steffani* ErlZ B 6.27; *Ingenstau/Korbion/Döring* VOB/B § 6 Rdn. 7 ff.; *Heiermann/Riedl/Rusam* VOB/B § 6 Rdn. 12; *Leinemann* VOB/B § 6 Rdn. 23, 24.
[79] → Vor § 6 Rdn. 80 ff. und unten Rdn. 60, 64, 65.
[80] BGH BauR 1992, 759 = ZfBR 1992, 211.

Verlängerung der Ausführungsfrist § 6 Nr. 2

Anordnungen nach § 1 Nr. 3, § 2 Nr. 5 VOB/B. Die Tragung der Zeitgefahr wird deshalb wesentlich durch den konkret geschlossenen Bauvertrag und seine Typenzuordnung bestimmt.[81]

Diese risikoorientierte Einordnung stellt auf ein Verschulden überhaupt nicht mehr ab.[82] 36 Das Verhalten **Dritter** setzt demnach auch deren Einstufung als Erfüllungsgehilfen nicht voraus; entscheidend ist allein, ob das Tun oder Unterlassen dem Risikobereich des Auftraggebers zuzuordnen ist. Dieser Risikobereich wird nicht bloß durch dessen Mitwirkungspflichten, Mitwirkungs- und Eingriffsrechte gekennzeichnet, sondern auch durch bloße Handlungen ohne Rücksicht auf die rechtliche Befugnis dazu. Deshalb gehören auch einseitig vom Auftraggeber vorgenommene Bauzeitverschiebungen, wozu eine rechtliche Befugnis fehlt,[83] dazu. Maßgebend ist allein, dass die Störung in dem vom Auftraggeber kraft Vertrages oder nach dem Gesetz zu verantwortenden Bereich liegt, Deshalb gehören auch solche Entwicklungen dazu, die daraus entstehen, dass Leistungswiederholungen wegen zufälligen Untergangs oder Zerstörung vor Gefahrübergang (§ 7 VOB/B) notwendig werden. Leistungsanordnungen nach § 1 Nr. 3, 4 VOB/B sind eindeutig dem Risikobereich des Auftraggebers zuzuweisen, ebenso fehlerhafte wie auch unterlassene Koordinierungsmaßnahmen gemäß § 4 Nr. 1 VOB/B.[84]

*nicht belegt* 37–44

## 2. Auftraggebersphäre – Risikobereiche des Auftraggebers

Die Risikobereiche des Auftraggebers bestimmen sich nach dem Vertrag; wesentlicher 45 Bestimmungsfaktor ist die VOB/B; die VOB/C-Vorschriften wie auch die VOB/A ergänzen die Bereichsfestlegung. Grob- und Feinabstimmung sind zu unterscheiden.

**a) Festlegung der Risikobereiche nach der VOB/B.** Die VOB/B legt die Risik- 46 obereiche des Auftraggebers durch die Beschreibung der ihn treffenden Mitwirkungspflichten oder -obliegenheiten wie auch dessen Eingriffsrechte fest. Bedeutsam sind vor allem §§ 3 und 4 VOB/B, wie auch § 1 Nr. 3 und Nr. 4 VOB/B mit den Komplementärbestimmungen in § 2 Nr. 5 und 6 VOB/B.[85]

**aa) Boden- und Grundwasserrisiko:** Der Auftraggeber hat dem Auftragnehmer ein 47 bebaubares, baureifes Grundstück zur Verfügung zu stellen. Behinderungen aus verspäteter Bereitstellung oder im Bauvertrag nicht benannten Risiken aus anders angetroffenen Boden- und Grundwasserverhältnissen mit Behinderungsfolgen gehen zu Lasten des Auftraggebers. Denn Grund und Boden sind im Sinne von § 4 Nr. 3 VOB/B wie auch § 645 BGB der vom Auftraggeber gestellte Baustoff,[86] deren Beschreibung und Darstellung der Auftraggeberseite auch nach § 9 Nr. 3 Abs. 3 VOB/A obliegt. Diese **Beschreibungsverantwortung** beruht darauf, dass die Boden- und Wasserverhältnisse im **Verantwortungs-/Risikobereich** des Auftraggebers liegen.[87] Übergreifend lässt sich dies aus dem Leistungsbild Baugrund- und Gründungsberatung gemäß § 92 HOAI ableiten, dessen Beauftragung in der Verantwortung des Auftraggebers liegt. Die Boden- und Wasserverhältnisse werden auch durch die VOB/C dem Verantwortungsbereich des Auftraggebers zugewiesen. Denn in den Allgemeinen Technischen Vertragsbedingungen für Bauleistungen DIN 18300 bis 18308,

---

[81] Vgl. unten Rdn. 59 ff.
[82] BGH BauR 1990, 210, 211 = NJW-RR 1990, 403 = ZfBR 1990, 138; *Ingenstau/Korbion/Döring* VOB/B § 6 Nr. 2 Rdn. 6.
[83] *Kapellmann/Messerschmidt/von Rintelen* VOB/B § 1 Rdn. 57; *Kapellmann/Schiffers* Bd. 1 Rdn. 1333.
[84] Vgl. unten Rdn. 51.
[85] *Vygen/Schubert/Lang* Rdn. 115; *Ingenstau/Korbion/Döring* VOB/B § 6 Nr. 2 Rdn. 8; *Heiermann/Riedl/Rusam* VOB/B § 6 Rdn. 12; *Kleine-Möller/Merl/Mai* § 14 Rdn. 36.
[86] MünchKomm/*Busche* BGB § 645 Rdn. 6; Staudinger/*Peters* BGB § 645 Rdn. 12; RGRK-*Glanzmann* BGB § 645 Rdn. 2.
[87] *Englert/Grauvogl/Maurer* Rdn. 458 ff.; *Englert* BauR 1991, 537; *Ingenstau/Korbion/Kratzenberg* VOB/A § 9 Rdn. 54; *Kapellmann/Messerschmidt* VOB/B § 6 Rdn. 19; *Leinemann* VOB/B § 6 Rdn. 23; *v. Craushaar* FS Locher S. 9, 19; *Heiermann/Riedl/Rusam* VOB/A § 9 Rdn. 4; *Vygen* BauR 1983, 210, 218.

**§ 6 Nr. 2**　　　　　　　　　　　　　　　　　　　　　　　Verlängerung der Ausführungsfrist

18313, 18315 ff. werden nach den dort enthaltenen Hinweisen für das Aufstellen von Leistungsverzeichnissen (Abschnitt 0) sämtliche Angaben über die Boden- und/oder Wasserverhältnisse verlangt. Diese Zuordnung rechtfertigt sich zudem daraus, dass die genannten Allgemeinen Technischen Vertragsbedingungen bei Auftreten unvermuteter Hindernisse oder unvorhergesehener Ereignisse, wie z. B. Wasserandrang, Bodenauftrieb, Ausfließen von Schichten,[88] das Vergütungsrisiko dem Auftraggeber durch die Qualifizierung der zu treffenden Maßnahmen als Besondere Leistungen zuweisen, womit unter den Voraussetzungen nach DIN 18299 Abschnitt 4.2 und § 2 Nr. 6 VOB/B eine Zusatzvergütung zugunsten des Auftragnehmers gesichert ist. Wirken sich diese notwendig werdenden Besonderen Leistungen, die in der Leistungsbeschreibung nicht enthalten sind und damit das Bausoll, aus dem der terminliche Abwicklungsplan abgeleitet wird, bestimmen, auf die Bauzeit aus, kommt es zu einer Verlängerung der Bauzeit nach § 6 Nr. 2 Abs. 1 lit. a) VOB/B. Dasselbe gilt, wenn **Altlasten** oder sonstige **Kontaminationen** Auswirkungen auf den Inhalt und die Baumstände mit Folgen auf die Bauzeit auftreten, die in der Leistungsbeschreibung mit Leistungsverzeichnis nicht angeführt sind.[89]

48　　bb) **Baugenehmigung oder andere öffentlich-rechtliche Genehmigungen.** Behinderungen durch verspätet erteilte Baugenehmigungen oder andere öffentlich-rechtliche Genehmigungen fallen nach § 4 Nr. 1 Abs. 1 Satz 2 VOB/B in die Sphäre des Auftraggebers.[90] Dasselbe gilt, wenn es einem Nachbarn gelingt, über verwaltungsgerichtliche Maßnahmen einen Baustopp zu bewirken.[91] Übernimmt der Auftragnehmer die Besorgung z. B. einer straßenverkehrsrechtlichen Erlaubnis zur Sperrung eines Gehwegs oder einer Straße, sind Abwicklungsstörungen mit Behinderungsfolgen dem Verantwortungsbereich des Auftragnehmers zuzuweisen. Ist die Behinderung darauf zurückzuführen, dass die dem Auftraggeber auf dessen Antrag erteilte verkehrsrechtliche Genehmigung den Vorstellungen und Wünschen nicht entspricht, liegt der hindernde Umstand in der Sphäre des Auftraggebers, da dieser die Genehmigung grundsätzlich zu besorgen hat.[92]

49　　cc) **Verletzung sonstiger Mitwirkungspflichten.** Der Katalog der sonstigen Mitwirkungspflichten oder -obliegenheiten folgt aus § 3 und § 4 VOB/B. Nach § 3 Nr. 1 VOB/B hat der Auftraggeber dem Auftragnehmer die für die Ausführung nötigen Unterlagen unentgeltlich und rechtzeitig zur Verfügung zu stellen.[93] Dazu gehören freigegebene Ausführungspläne;[94] für die Sicherung der zeitgerechten Mitwirkung ist eine Planlieferliste mit eine entsprechende Vorlaufzeit beachtenden Soll-Daten am besten.[95] Ohne eine solche Planlieferliste fallen ausbleibende oder nicht rechtzeitige Planbeistellungen oft nur bei rechtzeitiger Plananforderung durch den Auftragnehmer in den Verantwortungsbereich des Auftraggebers.[96] Verspätet überlassene Schalungs- und Bewehrungspläne führen zu einer Verlängerung der Ausführungsfrist nach § 6 Nr. 2 Abs. 1 lit. a) VOB/B.[97] Wegen der ausschließlich objektiv zu beurteilenden Zurechnung nach Verantwortungsbereichen ist bedeutungslos, dass bei einem Versagen der vom Auftraggeber zugezogenen Architekten und Sonderfachleute Zurechnung nach §§ 276, 278 BGB wegen deren Erfüllungsgehilfenstellung erfolgt. Nach § 3 Nr. 2 VOB/B sind auch das Abstecken der Hauptachsen der

---

[88] Vgl. z. B. DIN 18300 Abschnitt 3.5.5.
[89] Vgl. *Leinemann* BauR 2005, 593 ff.; *Roquette/Paul* BauR 2004, 736 ff.; *Quack* ZfBR 2003, 107 ff.; *Wirth* BauR 2003, 1909; Brandenburgisches OLG BauR 2005, 575; LG Berlin BauR 2003, 1905; *Leinemann* VOB/B § 6 Rdn. 24.
[90] BGH BauR 1983, 73, 74; *Heiermann/Riedl/Rusam* VOB/B § 6 Rdn. 12; *Vygen/Schubert/Lang* Rdn. 137.
[91] Vgl. *Kapellmann/Schiffers* Bd. 1 Rdn. 1348.
[92] VOB-Stelle Sachsen-Anhalt IBR 1995, 509.
[93] Vgl. näher Kommentierung zu → § 3 Nr. 1.
[94] *Schubert* Seminar Bauverzögerung S. 77, 96; *Olshausen* FS Korbion S. 323, 328; *Kapellmann/Schiffers* Bd. 1 Rdn. 1293, 1295.
[95] *Vygen/Schubert/Lang* Rdn. 406.
[96] *Schubert* Seminar Bauverzögerung S. 77, 104.
[97] OLG Dresden BauR 2000, 1881 1883.

baulichen Anlage wie auch der Grenzen des Geländes und das Schaffen der notwendigen Höhenfestpunkte in unmittelbarer Nähe der baulichen Anlage Sache des Auftraggebers. Ohne anderweitige – häufige – vertragliche Regelung gehen diesbezügliche Behinderungen zu Lasten des Auftraggebers. In den Risikobereich des Auftraggebers fallen weiter die in § 4 Nr. 4 VOB/B aufgelisteten Pflichten, nämlich die notwendigen Lager- und Arbeitsplätze auf der Baustelle, vorhandene Zufahrts- und Anschlussgleise, sowie vorhandene Anschlüsse für Wasser und Energie zu überlassen. Allerdings betrifft dieses Risiko nur vorhandene Anschlüsse und nicht erst noch zu schaffende.[98] Werden vorhandene Zufahrtswege geschlossen oder wird deren Benutzung eingeschränkt, gilt die Zuweisungsregel nach § 4 Nr. 4 VOB/B gleichfalls.[99] Das schließt die Verantwortlichkeit des Auftraggebers für eine durch Demonstrationen oder Bürgerinitiativen unbeeinträchtigte Benutzung der öffentliche Wege zur Baustelle ein.[100] In den Verantwortungsbereich des Unternehmers fällt die fehlerhafte Einschätzung der Tragkraft einer vorhandenen Brücke, was dazu führt, dass ein weniger leistungsfähiges Gerät eingesetzt werden muss, woraus sich Behinderungen ergeben. Besonders bedeutsam ist die Koordinierungspflicht wie auch die Pflicht des Auftraggebers, für die Aufrechterhaltung der allgemeinen Ordnung auf der Baustelle zu sorgen (§ 4 Nr. 1 Abs. 1 Satz 1 VOB/B). Behinderungen aus unzulänglicher fachlicher und zeitlicher Koordinierung gehören in den Verantwortungsbereich des Auftraggebers. Allerdings fallen die Koordinierung und Abstimmung der vom Haupt-/Generalunternehmer eingesetzten Subunternehmer in den Verantwortungsbereich des Haupt-/Generalunternehmers. Nimmt der Auftraggeber die ihm nach § 4 Nr. 1 Abs. 2 VOB/B obliegende Anordnungsbefugnis nicht wahr, die z. B. bei verspätet getroffener Entscheidung über Alternativpositionen oder notwendiger Bedarfspositionen gefordert ist, geht die Behinderung gleichfalls zu dessen Lasten.[101]

Ist der Unternehmer bereits im Schuldnerverzug, was den Auftraggeber zur Fortsetzung anderer Arbeiten mit der Folge nötigt, dass für die Wiederaufnahme der Arbeiten des im Verzug befindlichen Auftragnehmers **kostenpflichtige Zusatzarbeiten** notwendig werden (z. B. Abnehmen von Decken), kommt der Auftraggeber durch ein wörtliches Angebot des Unternehmers, das ohne Rücksicht auf die zu vertretenden Erschwernisse abgegeben wird, nicht in Annahmeverzug.[102] Der Auftragnehmer kann sich dann auf eine Verlängerung der Ausführungsfrist nicht berufen.[103]

**dd) Ausübung von Anordnungs- und Eingriffsbefugnissen.** Änderungsanordnungen (§ 1 Nr. 3 VOB/B) und die Anordnung von Zusatzleistungen (§ 1 Nr. 4 VOB/B) begründen eine Verlängerung der Ausführungsfrist, wenn die Änderung/Zusatzleistung im Vergleich zum ursprünglichen Leistungsinhalt und Leistungsumfang die Bauausführung in der nach dem Ablaufplan vorgesehenen Zeit behindert. Leistungsmehrungen und Leistungsänderungen begründen nicht nur eine geänderte Vergütung nach § 2 Nr. 5 und Nr. 6 VOB/B, sondern haben auch Auswirkungen auf die Bauzeit.[104] Hat nämlich die vertragliche Einigung in Kenntnis der vertraglich geschuldeten Bauumstände und des Bau-Soll einvernehmlich zu Bauvertragsfristen geführt, ist das **Äquivalenzverhältnis** bei Eingriffen in die Bauumstände wie auch das Bau-Soll gestört.[105] Die Zeitgefahr trägt der Auftragnehmer nur bei Fortbestand der vertraglich vereinbarten Leistungsinhalte samt den diesen zugrunde zu legenden Bauumständen (Bausoll). Das **Zeitrisiko** geht bei Eingriffen in das Leistungs- oder

---

[98] → § 4 Nr. 4 Rdn. 3.
[99] OLG Düsseldorf BauR 1991, 337.
[100] *Ingenstau/Korbion/Döring* VOB/B § 6 Nr. 2 Rdn. 8 a. E.
[101] *Vygen/Schubert/Lang* Rdn. 137.
[102] BGH BauR 1986, 206 = NJW 1986, 987 = ZfBR 1986, 64.
[103] *Ingenstau/Korbion/Döring* VOB/B § 6 Nr. 2 Rdn. 10.
[104] *Vygen/Schubert/Lang* Rdn. 137; *Vygen* Bauvertrag Rdn. 656 ff., *Kapellmann/Messerschmidt* VOB/B § 6 Rdn. 20; *Heiermann/Riedl/Rusam* VOB/B § 6 Rdn. 12; *Kleine-Möller/Merl/Mai* § 14 Rdn. 36; BGH BauR 1990, 210, 211 = NJW-RR 1990, 403.
[105] Vgl. oben Rdn. 9, 10.

**§ 6 Nr. 2**                                          Verlängerung der Ausführungsfrist

Bauumstands-Soll zu Lasten des Auftraggebers. Deshalb ist der Auftragnehmer auch gehalten, bei den Vergütungsregelungen nach § 2 Nr. 5 und Nr. 6 VOB/B die zeitabhängigen **Kostenanteile** zu berücksichtigen. Grundsätzlich dasselbe gilt bei **Mengenänderungen,** die sich ohne leistungsändernde Eingriffe nach § 2 Nr. 3 VOB/B beurteilen.[106] Ob die Mengentoleranz von 10% nach dieser Bestimmung, die bewirkt, dass nur für die 110% übersteigenden Mengen ein neuer Einheitspreis zu ermitteln ist, auch eine vertraglich einzukalkulierende Zeittoleranz darstellt, ist problematisch.[107] Es spricht mehr dafür als dagegen. Denn die Preisbestimmung muss notwendig die zeitabhängigen Baukosten berücksichtigen und damit in die Preiskalkulation die Auswirkungen einer Mengenmehrung von 10% auf die Bauzeit einstellen. Deshalb ist der **Bauzeitfaktor** von der 10%-Regelung miterfasst.[108] Das bedeutet: Selbstverständlich wirkt sich – jedenfalls bei einem Einheitspreisvertrag – jede Mengenmehrung bei einer auf die Ausgangsmenge abgestimmten Baustellenförderung auf die Bauzeit aus. Diese Mengenmehrung ist – gleichgültig ob sich diese abwicklungsmäßig so ergibt oder auf Bauherrenanordnungen zurückzuführen ist – bei einem Einheitspreisvertrag dem Risikobereich des Auftraggebers zuzuweisen. Davon zu unterscheiden sind die vergütungsrechtlichen Folgen. Eine Bauzeitverlängerung, die mengenmäßig auf eine Volumenmehrung bis zu 10% zurückgeht, hat keine Vergütungsfolgen, weil sich der Einheitspreis nach § 2 Nr. 3 Abs. 1 VOB/B nicht ändert. Die Mehrmenge allein schafft den Ausgleich. Übersteigt die Mehrmenge die 10%-Schranke führt eine damit verbundene Verlängerung der Bauzeit je nach den Umständen (höherer Tariflohn wegen der zeitlichen Verschiebung, deshalb auch höhere Stoffkosten, Kostensteigerung wegen Gerätemiete, höhere Baustellengemeinkosten) eventuell zu einem höheren Einheitspreis. Soweit *Leinemann*[109] den Rückgriff auf § 6 Nr. 2 VOB/B wegen der Regelung in § 2 VOB/B verneint, wird nicht bedacht, dass es um die Auswirkungen von Mehrmengen auf die Ausführungsfrist geht, was § 2 VOB/B nicht regelt.

**52** Behindernde Umstände im Verantwortungsbereich des Auftraggebers sind auch **Anordnungen** über den **Beginn der Bauzeit.**[110] Die Kompetenz hierzu leitet sich aus § 4 Nr. 1 VOB/B ab.[111] Denn wenn der Auftraggeber nach § 8 VOB/B den Bauvertrag jederzeit kündigen kann, hat er deshalb und in Verbindung mit der ihm notwendig zuzubilligenden Dispositionsbefugnis auch das Recht, über den Beginn der Arbeiten des einzelnen Gewerks zu disponieren.[112] § 4 Nr. 1 VOB/B legitimiert zur Anordnung eines **Baustopps,** um einen Nachbareinspruch zu klären.[113] Unter welchen Voraussetzungen der so behinderte Auftragnehmer dann zu beginnen hat, bestimmt sich nach § 6 Nr. 3 VOB/B. Eine Befugnis, einen für den Auftragnehmer verbindlichen neuen Beginntermin zu bestimmen, ist damit grundsätzlich nicht verbunden.[114] Dass Anordnungen über die Bauzeit Vergütungsfolgen nach § 2 Nr. 5 VOB/B auslösen können,[115] rechtfertigt nicht den Schluss auf die Verbindlichkeit eines neu gesetzten Termins.[116] Zwischen ändernden und lediglich aufhebenden Bauzeit-

---

[106] Staudinger/*Peters* BGB § 642 Rdn. 51; *Kapellmann/Messerschmidt* VOB/B § 6 Rdn. 19; a. A. *Leinemann* VOB/B § 6 Rdn. 25.
[107] Dafür *Vygen/Schubert/Lang* Rdn. 127; für eine Einzelfallbeurteilung ohne Anbindung an die 10%-Regelung *Kapellmann/Schiffers* Bd. 1 Rdn. 566.
[108] *Kapellmann/Schiffers* Bd. 1 Rdn. 566 567; *Vygen/Schubert/Lang* Rdn. 144.
[109] VOB/B § 6 Rdn. 25.
[110] BGHZ 95, 128 = BauR 1985, 561, 564 = NJW 1986, 2475 = ZfBR 1985, 282; BGHZ 50, 25, 30 = BauR 1971, 202, 203.
[111] → § 5 Nr. 1 Rdn. 72.
[112] *Kapellmann/Messerschmidt/von Rintelen* VOB/B § 1 Rdn. 57 arbeiten mit § 2 Nr. 5 VOB/B und betonen, der Auftraggeber könne den Beginntermin nicht einseitig ändern, wohl seien auch vertragswidrige Änderungen der Bauzeit, denen der Auftragnehmer folge, beachtlich.
[113] OLG Düsseldorf BauR 1988, 487.
[114] → § 6 Nr. 3 Rdn. 50; OLG Düsseldorf BauR 1988, 487, 489.
[115] BGH BauR 1985, 561, 564; BGHZ 50, 25, 30 = BauR 1971, 202, 203; vgl. auch OLG Düsseldorf IBR 1995, 505 = BauR 1996, 115.
[116] → § 6 Nr. 3 Rdn. 49 ff.; → § 6 Nr. 4 Rdn. 27 ff.

Verlängerung der Ausführungsfrist § 6 Nr. 2

anordnungen ist zu unterscheiden. Einen **Baustopp** kann der Auftraggeber anordnen; das folgt zumindest aus § 2 Nr. 5 VOB/B und im Wege der Schlussfolgerung aus dem Kündigungsrecht als minus.[117] Den Neubeginn und eine neue Ausführungsfrist kann der Auftraggeber einseitig nicht dekretieren, was schon daraus folgt, dass die ursprüngliche Ausführungsfrist vertraglich vereinbart oder gesetzlich geregelt war. Ist die Beginnfrist nach der in § 6 Nr. 2 VOB/B enthaltenen Regelung unwirksam geworden,[118] kann der Auftraggeber nicht besser stehen. Die Ausgangsregeln, die den Vertragsschluss beherrscht haben, gelten vielmehr fort. Daszu gehört die Bestimmung der Ausführungsfrist nach den sich aus § 6 Nr. 3, 4 VOB/B ergebenden Regeln, die von den Vertragspartnern vereinbart, worden sind.

Diese den vertraglichen Leistungsinhalt/-umfang verändernden Anordnungen sind jedoch von den bloß **leistungskonkretisierenden** zu unterscheiden. Rechtsgrundlage dieser Anordnungen ist § 4 Nr. 1 Abs. 3 VOB/B. Diese begründen weder Vergütungsansprüche[119] noch führen sie zu einer Verlängerung der Ausführungsfristen. Denn solche Änderungen hatte der Auftragnehmer bei Vertragsschluss im Rahmen der Vereinbarung der Vertragsfristen bereits zu berücksichtigen.[120] 53

Ist der Auftragnehmer zur **Leistungsverweigerung** wegen Nichtzahlung von Abschlagsforderungen oder Nichtgestellung einer nach § 648 a BGB geforderten Sicherheit berechtigt, liegen die Gründe in der Sphäre des Auftraggebers.[121] Dasselbe gilt, wenn der Auftragnehmer bei Fallgestaltungen nach § 1 Nr. 4, § 2 Nr. 6 (oder auch § 2 Nr. 5 VOB/B) auf den Abschluss einer **Nachtragsvereinbarung** besteht und der Auftraggeber deren Abschluss verweigert.[122] Da eine solche Nachtragsvereinbarung nach höchstrichterlicher Rechtsprechung keineswegs einen endgültigen Zahlungsanspruch begründet, sondern die Prüfung einer eventuellen Doppelverpflichtung veranlasst ist,[123] gewinnt eine solche Nachtragsvereinbarung keinen rechtlichen Stellenwert, was gegen die Berechtigung eines Leistungsverweigerungsrechts sprechen könnte.

Der öffentliche Auftraggeber trägt bei einem erfolglos durchgeführten Nachprüfungsverfahren das damit verbundene Zeitverschiebungsrisiko, wenn der Zuschlag nach dessen Abschluss zeitverzögert erfolgt. Diese Verfahrensrisiken gehen nicht zu Lasten des Auftragnehmers, sondern des Auftraggebers (Bieters).[124] Sämtliche Risiken derartiger komplexer Verwaltungs- wie auch Überprüfungsverfahren gehen zu Lasten desjenigen, der als Bauherr bauen will.[125]

**ee) Der Sonderfall: Die rechtzeitige und mangelfreie Vorunternehmerleistung.** 54
Für den rein objektiv geprägten Ansatz, der die Anwendung des § 6 Nr. 2 Abs. 1 lit. a) VOB/B lediglich danach bestimmt, ob die hindernden Umstände in die Risikosphäre des Auftraggebers fallen, ist bedeutungslos, ob der Vorunternehmer Erfüllungsgehilfe des Auftraggebers im Verhältnis zum nachfolgenden Unternehmer ist. Daran, dass der BGH[126] diese Stellung des vorleistenden Unternehmers verneint hat, was Bedeutung im Rahmen des § 6 Nr. 6 VOB/B erlangt, scheitert die Verlängerung der Ausführungsfrist nicht, wenn die hindernden Umstände ihren Grund in der zeit- oder qualitätsgestörten Leistung des Vor-

---

[117] Vgl. *Kapellmann/Schiffers* Bd. 1 Rdn. 1333, 1352.
[118] Vgl. Rdn. 14.
[119] Vgl. BGH BauR 1992, 759 = ZfBR 1992, 211.
[120] Vgl. unten Rdn. 59; 64, 65 und → Vor § 6 Rdn. 82.
[121] Staudinger/*Peters* BGB § 642 Rdn. 51.
[122] Vgl. *Kuffer* ZfBR 2004, 110 ff.; *Vygen* BauR 2005, 431.
[123] BGH U. v. 26. 4. 2005 – X ZR 166/04, BauR 2005, 1317 mit Anmerkung von *Quack*.
[124] Vgl. Thüringisches OLG BauR 2005, 1161 ff.; BayObLG NZBau 2002, 689; OLG Jena BauR 2000 1611; *Kapellmann* NZBau 2003, 1 ff.; *Gröning* BauR 2004, 199 ff.; *Putzier/Goede* VergabeR 2003, 391 ff.; *Diehr* ZfBR 2002, 316 ff.; *Kapellmann/Messerschmidt* VOB/B § 6 Rdn. 19.
[125] *Leinemann* VOB/B § 6 Rdn. 23.
[126] BGHZ 95, 128 = BauR 1985, 561, 563 = NJW 1985, 2475 = ZfBR 1985, 282; BGH U. v. 21. 10. 1999 – VII ZR 185/98, NJW 2000, 1336 = NZBau 2000, 187 = BauR 2000, 722; BGH U. v. 13. 1. 2000 – VII ZR 38/99, NJW-RR 2000, 970 = NZBau 2000, 247 = BauR 2000, 1481; BGH U. v. 19. 12. 2002 – VII ZR 440/01, NJW 2003, 1601 = NZBau 2003, 325 = BauR 2003, 531 = ZfBR 2003, 254; vgl. im Übrigen → § 6 Nr. 6 Rdn. 85 ff.

§ 6 Nr. 2  Verlängerung der Ausführungsfrist

unternehmers haben. Denn die Vorleistung ist Teil des Verantwortungsbereichs des Auftraggebers.[127]

55  Ohne Belang ist, ob der Auftraggeber in Ausübung seiner Koordinierungspflicht nach § 4 Nr. 1 VOB/B wegen der verzögerlichen oder mangelhaften Leistung des Vorunternehmers für den nachfolgenden Auftragnehmer den Baubeginn verschiebt[128] oder der nachfolgende Auftragnehmer durch eigene Prüfung seine Behinderung feststellt. Denn jedenfalls hat der Auftraggeber dem nachleistenden Unternehmer das Objekt so zur Verfügung zu stellen, dass dieser seine Leistungen beginnen kann; das setzt gewöhnlich Vor- oder sonstige Leistungen voraus, auf denen das nachfolgende Gewerk aufbauen kann.[129] Der sachliche und zeitliche **Abstimmungsbedarf** mehrerer am Bau beteiligter Gewerke gemäß § 4 Nr. 1 Abs. 1 VOB/B verdeutlicht gleichfalls, dass Behinderungen im Vorgewerk dem Verantwortungsbereich des Auftraggebers zuzuordnen sind.[130] Die Fassung der **DIN 18299** (Ausgabe 2006) bekräftigt diese Risikobereichszuweisung zu Lasten des Auftraggebers für die Zeitgerechtigkeit der Vorleistung im Abschnitt 0.2.1. In der Neufassung heißt dieser Abschnitt wie folgt: „Vorgesehene Arbeitsabschnitte, Arbeitsunterbrechungen und Arbeitsbeschränkungen nach Art, Art und Zeit sowie Abhängigkeit von Leistungen anderer." Der Abschnitt 0.1.21 fordert vom Auftraggeber nach den Erfordernissen des Einzelfalles in der Leistungsbeschreibung mit Leistungsverzeichnis Angaben zu Ort und Zeit der vom Auftraggeber veranlassten Vorarbeiten, womit diese Vorarbeiten gleichfalls deutlich dem Risikobereich des Auftraggebers zugewiesen werden.

56  **ff) Anschläge auf Bauwerke.** Erweisen sich Anschläge Dritter auf das Bauwerk mit zerstörender oder sonst auf die Fortsetzung der Bauarbeiten hindernder Wirkung als Akte höherer Gewalt, regeln sich die Zeitfolgen i. V. m. § 7 VOB/B.[131] Ordnet nämlich der Auftraggeber die Beseitigung der angerichteten Schäden oder die Neuleistung an, beurteilen sich die Rechtsfolgen nach § 2 Nr. 6 VOB/B,[132] womit die Ausführungsfristverlängerung verbunden ist.[133] Ist diese Schwelle nicht erreicht, ergibt sich die Risikozuweisung aus dem Inhalt und Umfang der den Auftragnehmer im Einzelnen auferlegten Schutzpflichten. § 4 Nr. 5 VOB/B beschränkt das den Unternehmer treffende Risiko auf die Vermeidung von Beschädigungen und Diebstahl. Dieser Risikobereich findet seine nähere Konkretisierung in der DIN 18299 Abschnitt 4.1.10 einerseits und Abschnitten 4.2.4 sowie 4.2.13 bzw. 4.2.16 andererseits. Hieraus wird erkennbar, dass der Auftraggeber die Verantwortung für den Schutz und die Sicherung gefährdeter baulicher Anlagen und benachbarter Grundstücke mittels besonderer Maßnahmen trägt. Da diese entsprechenden Maßnahmen als Besondere Leistungen eingestuft werden, deren Erbringung nur bei Ausschreibung geschuldet ist, sind die durch Anschläge und Gewaltakte der Baustelle und dem Objekt drohenden Gefahren dem Verantwortungsbereich des Auftraggebers zuzuweisen.

57  **b) Festlegung der Risiko-/Verantwortungsbereiche nach der VOB/A.** Die VOB/A legt mit § 9 ebenfalls Verantwortungsbereiche oder Risikobereiche fest. Das Gebot

---

[127] *Ingenstau/Korbion/Döring* VOB/B § 6 Nr. 2 Rdn. 9; *Kleine-Möller/Merl/Mai* § 14 Rdn. 36; *Vygen/Schubert/Lang* Rdn. 145 ff.; *Heiermann/Riedl/Rusam* VOB/B § 6 Nr. 12; *Staudinger/Peters* BGB § 642 Rdn. 52; vgl. BGH U. v. 19. 12. 2002 – VII ZR 440/01, NJW 2003, 1601 = NZBau 2003, 325 = BauR 2003, 531 = ZfBR 2003, 254.

[128] Dazu OLG Köln BauR 1986, 582 = NJW 1986, 71, 72; *Ingenstau/Korbion/Döring* VOB/B § 6 Nr. 2 Rdn. 6.

[129] BGH U. v. 19. 12. 2002 – VII ZR 440/01, NJW 2003, 1601 = NZBau 2003, 325 = BauR 2003, 531 = ZfBR 2003, 243; *Ingenstau/Korbion/Döring* VOB/B § 6 Nr. 2 Rdn. 9; *Kapellmann/Schiffers* Bd. 1 Rdn. 1249 mit dem Hinweis, dass eine fehlende Vorunternehmerleistung auch ein unabwendbarer Umstand sei mit der Folge der Anwendung von § 6 Nr. 2 Abs. 1 lit. c) VOB/B. Das wird auch für die mangelhafte und damit nicht fortsetzungsfähige Vorunternehmerleistung gelten, auf welcher der nachleistende Unternehmer notwendig aufbaut.

[130] *Vygen/Schubert/Lang* Rdn. 145 ff.

[131] Vgl. *Rutkowsky* NJW 1988, 1761, 1764; → Vor § 7 Rdn. 8 ff.

[132] BGH BauR 1973, 317; a. A. → Vor § 7 Rdn. 11.

[133] Vgl. oben Rdn. 51.

Verlängerung der Ausführungsfrist § 6 Nr. 2

in § 9 Nr. 3 Abs. 3 VOB/A, die Boden- und Wasserverhältnisse zu beschreiben, rechtfertigt, das Boden- und Wasserrisiko dem Auftraggeber anzulasten.[134] § 10 Nr. 4 Abs. 1 lit. b) VOB/A greift die § 4 Nr. 4 VOB/B entnehmbare Verantwortlichkeit des Auftraggebers für die Benutzung von Lager- und Arbeitsplätzen, Zufahrtswegen, Anschlussgleisen sowie Wasser- und Energieanschlüsse auf.

**c) Festlegung der Risiko-/Verantwortungsbereiche durch die VOB/C.** Die 58 VOB/C nimmt eine Zuweisung der Verantwortungsbereiche auf vielfältige Weise vor. Grundlegendes strukturiert die DIN 18299; die gewerkespezifischen Festlegungen enthalten die Allgemeinen Technischen Vertragsbedingungen für Bauleistungen ab der DIN 18300. Von eminenter Bedeutung ist jeweils der Abschnitt 0, der mit seinen Hinweisen für die Aufstellung der Leistungsbeschreibung eine Beschreibung des Verantwortungsbereichs des Auftraggebers vornimmt. Ergänzendes leistet der Abschnitt 4, wonach die im Abschnitt 4.2 aufgelisteten Leistungen ohne ausdrückliche Beschreibung im Leistungsverzeichnis nicht zur vertraglich geschuldeten Leistung gehören. Ist deren Erbringung notwendig und erkennbar, dass die Leistungsbescheibung mit Leistungsverzeichnis keinerlei Angaben hierzu enthält, liegt die dadurch begründete Zeitstörung im Verantwortungsbereich des Auftraggebers. War z. B. bisher in einem Leistungsverzeichnis für Betonerhaltungsarbeiten (DIN 18349), das dem Bauvertrag zugrunde liegt, lediglich eine Untergrundvorbereitung nach Abschnitt 3.2 dieser VOB/C-Regelung ausgeschrieben und wird objektbedingt das Entfernen von Beschichtungen und Imprägnierungen wie auch ein Abschleifen nicht tragfähigen Betons erforderlich, handelt es sich nach Abschnitt 4.2.15 dieser DIN um eine Besondere Leistung. Dieses zeitintensive Leistungsvolumen wirkt sich im Vergleich zum geplanten Ablauf zeitstörend aus und löst eine Ausführungsfristverlängerung nach § 6 Nr. 2 Abs. 1 lit. a) VOB/B in Verbindung mit § 2 Nr. 6 VOB/B aus, wenn eine effektive Behinderung die Folge ist.[135]

**3. Auswirkungen des Bauvertrags – Bedeutung des Bauvertragstyps**

Sind unter Behinderungen oder Störungen unplanmäßige Einwirkungen auf den vom 59 Auftragnehmer vertragsgemäß geplanten Produktionsprozess zu verstehen,[136] sind dem Verantwortungsbereich des Auftragnehmers diejenigen hindernden Umstände zuzuweisen, die er mit dem Bauvertrag übernommen hat. Die in § 5 Nr. 3 VOB/B angeführten Störungsquellen fallen in den Verantwortungsbereich des Auftragnehmers; das gilt auch für die Störungen im Bauleitungs-/Dispositionsbereich des Auftragnehmers nach § 4 Nr. 2 VOB/B. Außerdem sind eventuell störende Umstände, die bereits bei Vertragsschluss als solche erkannt wurden oder erkennbar waren, bei der vertraglich vereinbarten Bauzeitenplanung oder bei der Unternehmerablaufplanung zu berücksichtigen. Unzulänglichkeiten in der **Bauzeitenbemessung,** die darauf zurückzuführen sind, dass der Auftragnehmer erkannte oder erkennbare Leistungsumstände oder sonstige Bau-Soll-Anforderungen nicht beachtet hat, begründen keine Bauzeitverlängerung nach § 6 Nr. 2 Abs. 1 lit. a) VOB/B. Insoweit besteht Dispositions- und Planungsmöglichkeit. Erkannte wie erkennbare Risiken einer hinsichtlich der Bauumstände und der Leistungsart wie auch des Leistungsumfangs vagen Leistungsbeschreibung gehen nicht nur unter **Vergütungs-,** sondern auch unter **Zeitgefahrtragungsgesichtspunkten** zu Lasten des Auftragnehmers. Der Auftragnehmer darf ein undeutliches Leistungsverzeichnis weder wirtschaftlich[137] noch zeitlich nach der für ihn günstigsten Lösung interpretieren. Nimmt der Auftraggeber gemäß § 4 Nr. 1 Abs. 3 VOB/B bestimmende Anordnungen vor, die sich innerhalb des vertraglichen Rahmens bewegen, besteht kein Anlass für eine Bauzeitverlängerung. Der Auftragnehmer hat dieses Zeitrisiko mit dem Leistungsrisiko übernommen.

---

[134] Vgl. oben Rdn. 47.
[135] Vgl. oben Rdn. 25, 26.
[136] So *Kapellmann/Schiffers* Bd. 1 Rdn. 1202.
[137] Vgl. BGH BauR 1993, 595, 597 = NJW-RR 1993, 1109 = ZfBR 1993, 219 und → Vor § 6 Rdn. 80 ff.

60  **a) Leistungs- und Zeitrisiko.** Unklare Leistungsbeschreibungen begründen deshalb nicht nur ein Risiko unter Preis-/Leistungsgesichtspunkten nach § 2 Nr. 1 VOB/B, sondern berühren auch die Tragung der Zeitgefahr. Denn im Preis hat der Auftragnehmer im Rahmen seiner Angebotskalkulation auch den Zeitfaktor berücksichtigt, was das VHB im Formular EFB-Preis 1 a mit der dort geforderten Angabe der Gesamtstundenzahl verdeutlicht. Ist z. B. der Anteil der Groß- und Kleinflächenschalung bei Betonarbeiten aus dem Leistungsverzeichnis nicht erkennbar,[138] und legt der Auftragnehmer seiner Zeitplanung ohne Nachfrage einen bestimmten Prozentsatz zugrunde, der nach Vorliegen der Schalpläne nicht zutrifft, geht die darauf beruhende Behinderung zwar auf den Auftraggeber zurück. Dieses Behinderungsrisiko trifft wegen vertraglicher Übernahme jedoch den Auftragnehmer. Denn die Unternehmerablaufplanung erfolgte gleichsam „in's Blaue".[139]

61  Die mit solchen durch unklare Leistungsbeschreibungen bedingten **Leistungsrisiken** verbundenen **Zeitrisiken** gehen deshalb in derselben Weise auf den Auftragnehmer über wie das Risiko, für den angebotenen Preis die zur Erfolgserzielung notwendige Leistung zu erbringen.

62  Die Beurteilung von hindernden Umständen auf dem **nichtkritischen Weg** belegen dies. Denn eine Behinderung nichtkritischer Tätigkeiten begründet im Regelfall deshalb keine Fristverlängerung,[140] weil die damit verbundene, vertraglich gesicherte Pufferzeit gerade bei der Unternehmerablaufplanung berücksichtigt werden muss. Auf Hindernisse, die sich innerhalb dieser Pufferzeit einstellen und auch anfallen, hat der Auftragnehmer seine Planung einzustellen und flexibel zu reagieren.

63  Bei der Erstellung des Bauzeiten- und Unternehmerablaufplans muss der Auftragnehmer außerdem den Anfall von im Leistungsverzeichnis angeführten Eventualpositionen berücksichtigen. Das mit dieser Leistung verbundene Zeitrisiko trägt der Auftragnehmer und nicht der Auftraggeber. Die Anordnung der **Eventualposition** liegt zwar im Verantwortungsbereich des Auftraggebers, der Auftragnehmer hatte jedoch bei Vertragsabschluss die Möglichkeit, die dafür benötigte Bauzeit bei der Erstellung des Zeitplans zu berücksichtigen. Allerdings ist auch zu beachten, dass eine Eventualposition noch nicht Vertragsinhalt und damit noch nicht Bausoll ist, auf welches im Rahmen der Angebotskalkulation unter Zeitgesichtspunkten Rücksicht zu nehmen ist. Das spricht dafür, dass sich die Anordnung von Eventualpositionen zeitverlängernd auswirken kann; deren Ursache liegt jedenfalls deutlich in der Risikosphäre des Auftraggebers.[141] Die mit der Anordnung der Eventualposition verbundene Aufforderung des Auftraggebers, die Bauzeit einzuhalten, kann sich deshalb nach den Umständen des Einzelfalles als eine Vergütungsansprüche auslösende **Beschleunigungsanordnung** erweisen.[142] Das Vergabehandbuch empfiehlt in den Richtlinien zu § 11 VOB/A in Ziff. 3, darauf zu achten, ob und inwieweit durch Wahl- und Bedarfspositionen die Ausführungsfristen beeinflusst werden können; gegebenenfalls sind entsprechende Änderungen der Baufristen vorzusehen.

64  **b) Einheitspreis- und Pauschalpreisvertrag.** Über die Vertragstypen Einheits- und Pauschalpreisvertrag wird deshalb die in § 6 Nr. 2 Abs. 1 lit. a) VOB/B enthaltene Zeit-Gefahrtragungsregel erheblich modifiziert. Denn die Pauschalierung des Leistungsumfanges wie auch der Leistungsart bei bestimmt vereinbarter Bauzeit führt zu einer **Übernahme des Bauzeitrisikos** durch den Auftragnehmer.[143] Die Grenze des Bauzeitrisikos wird über § 2 Nr. 8 VOB/B mit beeinflusst: Leistungen, für die der Unternehmer eine zusätzliche Vergütung beanspruchen kann, legitimieren auch eine Bauzeitverlängerung.[144] Damit wird die

---

[138] Vgl. BGH BauR 1987, 683, 684 = NJW-RR 1987, 1306 = ZfBR 1987, 237.
[139] Vgl. ähnlich *Heiermann/Riedl/Rusam* VOB/B § 6 Rdn. 12.
[140] *Ágh-Ackermann/Kuen* S. 128; vgl. *Duve/Richter* BauR 2006, 608, 610; *Heilfort* BauR 2003, 457, 459.
[141] Vgl. *Kapellmann/Schiffers* Bd. 1 Rdn. 598.
[142] Vgl. zur Beschleunigungsmaßnahme auch → § 6 Nr. 3 Rdn. 34, 51; → § 6 Nr. 4 Rdn. 27 ff.
[143] → Vor § 6 Rdn. 80 ff.
[144] → Vor § 6 Rdn. 81, 85, 86.

Vergütungsopfergrenze jedenfalls zu einem Anhalt auch für die **Zeitopfergrenze** des Auftragnehmers.

Das besagt nicht, dass mit einem Einheitspreisvertrag jegliche Übernahme der Zeitgefahr durch den Auftragnehmer ausscheidet. Bei unklar, lediglich durch Leistungszielvorgaben[145] beschriebenen Teilleistungspositionen trifft den Auftragnehmer neben dem durch § 2 Nr. 1 VOB/B beschriebenen **Preis-/Leistungsrisiko** auch das Zeitrisiko. Ist z. B. bei Erdarbeiten die Teilleistung Verdichten lediglich durch den zu erzielenden Verdichtungsgrad beschrieben (DIN 18300 Abschnitt 0.2.14), bestimmt der Auftragnehmer mit den nach Abschnitt 3.7.6 derselben DIN beschriebenen Leistungsschritten auch über die Bauzeit. Fehleinschätzungen gehen nach dem Vertrag zu seinen Lasten. In solchen Fällen ist es Aufgabe des Auftragnehmers, in seiner Ablaufplanung für ausreichende Zeitreserven zu sorgen. 65

**c) Bewertung nach der VOB/C.** Sowohl das Leistungs- als auch das notwendig damit verbundene Zeitrisiko wird maßgeblich durch die gewerkespezifischen Allgemeinen Technischen Vertragsbedingungen für Bauleistungen der VOB/C beeinflusst. Denn im Leistungsverzeichnis enthaltene Unklarheiten und Unvollkommenheiten erfahren oft über die nach § 1 Nr. 1 VOB/B mitgeltenden VOB/C-Regeln eine Klarstellung. Diese betrifft in erster Linie die Leistungsart, bleibt aber für die Leistungszeit, die für diese Art und Weise der Bauleistung anzusetzen ist, nicht ohne Bedeutung. Maßgeblich ist, dass die VOB/C-Regeln eine Art Normalausführungsprogramm oder **Mindestleistungsprogramm** beinhalten,[146] das dann zur Ausführung kommt, wenn der Auftraggeber etwas anderes nicht will. Grundlage für diese Qualifizierung bildet die im Abschnitt 0.3 jeder VOB/C-Regelung enthaltene Feststellung, dass von den Allgemeinen Technischen Vertragsbedingungen abweichende Regelungen nur dann gelten, wenn sie in der Leistungsbeschreibung eindeutig und im Einzelnen angegeben sind. Fehlt es daran, schuldet der Auftragnehmer nach dem Bauvertrag nur die in der VOB/C beschriebene Leistungshandlung, wie ihn berechtigt, auch nur die hierfür nach baubetrieblichen Erkenntnissen nötige Bauzeit anzusetzen. Hiervon abweichende, im Verlauf der Maßnahme angeordnete Änderungen mit zeitstörender Wirkung gehen damit auf den Verantwortungsbereich des Auftraggebers zurück. Die insoweit häufig anzutreffende Qualifizierung dieser Arbeiten als Besondere Leistungen (vgl. z. B. Abschnitt 3.7.7 der DIN 18 300) belegt diese Auffassung. 66

### 4. Beschleunigung und Umstellung der Ablaufplanung – Maßnahmen zur Vermeidung der Verlängerung der Ausführungsfrist

Maßnahmen zur Vermeidung der Verlängerung der Ausführungsfrist oder zur Abminderung der Verzögerung beurteilen sich in erster Linie nach § 6 Nr. 3 VOB/B. **Beschleunigungsmaßnahmen** sind jedoch auch mit § 2 Nr. 5 oder Nr. 6 VOB/B zu verknüpfen. Diese Vorschriften kommen insbesondere zur Anwendung, wenn der Auftraggeber zu Bewältigung witterungsbedingter oder sonstiger bauphysikalischer Hindernisse Zusatzleistungen anordnet, damit die ansonsten gestörte Bauzeit eingehalten werden kann. Diese **Beschleunigung** dient demnach der **Aufrechterhaltung des Bauzeitenplans**. Nach § 6 Nr. 3 VOB/B hat der Auftragnehmer alles zu tun, was ihm billigerweise zugemutet werden kann, um die Weiterführung der Arbeiten zu ermöglichen. Diese Vorschrift verschafft dem Auftraggeber einen entsprechenden Anspruch. Priorität kommt schon nach der Nummernanordnung des § 6 VOB/B der Bauzeitverlängerung zu. Der Auftragnehmer ist nur gehalten, deren Folgen abzumildern, wenn die Maßnahmen billigerweise zumutbar sind. 67

**a) § 6 Nr. 3 VOB/B als Anspruchsgrundlage.** Können Beschleunigungsmaßnahmen nach Maßgabe der in § 6 Nr. 3 VOB/B niedergelegten Voraussetzungen vom Auftraggeber 68

---
[145] Vgl. BGH BauR 1994, 236.
[146] *Ingenstau/Korbion/Vygen* VOB/B Einl. Rdn. 35; Beck'scher VOB-KommTeil C Syst III; *Motzke* Rdn. 60 ff.

## § 6 Nr. 2 Verlängerung der Ausführungsfrist

verlangt werden, erweist sich diese Vorschrift hierfür als die Anspruchsgrundlage. Die Folge ist, dass dem Auftraggeber grundsätzlich keine Anordnungskompetenz für Beschleunigungsmaßnahmen zukommt, es sei denn, die Anforderung deckt sich mit den Anspruchsvoraussetzungen in § 6 Nr. 3 VOB/B.[147] Die Anordnung von **Zusatz- oder Besonderen Leistungen** nach § 2 Nr. 5 oder § 2 Nr. 6 VOB/B, deren Effekt die Zeiteinhaltung oder die Beschleunigung ist, bleibt möglich. Das betrifft z. B. eine andere, unter Bauzeitgesichtspunkten günstigere Stoffauswahlanordnung oder eine abweichende Leistungsausführung, die weniger zeitintensiv ist. Diese Maßnahmen können als unechte Beschleunigungsmaßnahmen bezeichnet werden.[148]

69  b) **§ 4 Nr. 1 Abs. 1, 3 VOB/B als Befugnisgrundlage für Beschleunigungsanordnungen.** Die Frage ist, ob § 6 Nr. 3 VOB/B die Befugniskompetenz des Auftraggebers aus § 4 Nr. 1 Abs. 1, 3 VOB/B zur Anordnung von Beschleunigungsmaßnahmen ausschließt oder solche Maßnahmen mit den sich aus § 2 Nr. 5 VOB/B ergebenden Vergütungsfolgen zu befolgen sind.[149] § 6 VOB/B geht als Sonderregelung vor und überlagert die Kompetenzen, weswegen die Anordnung von Beschleunigungsmaßnahmen wie auch das Verlangen solcher Maßnahmen grundsätzlich nur nach den Voraussetzungen nach § 6 Nr. 3 VOB/B gerechtfertigt ist.[150] Im Einzelfall ist jedoch sorgfältig zu unterscheiden, ob der Auftraggeber eine Leistungsanordnung nach § 1 Nrn. 3, 4 mit den Vergütungsfolgen gemäß § 2 Nr. 5, Nr. 6 VOB/B erteilt und damit Zeitstörungen bewältigt, oder ob sich die Anordnung rein auf Zeitvorgaben beschränkt.[151] Reine **Zeitanordnungen** sind anders zu beurteilen als **Leistungsanordnungen** mit Zeitauswirkungen.[152]

### D. Behinderungstatbestand nach § 6 Nr. 2 Abs. 1 lit. b) VOB/B

70  Die Ausführungsfristen verlängern sich ebenfalls, soweit die Behinderung durch Streik oder eine von der Berufsvertretung der Arbeitgeber angeordnete Aussperrung im Betrieb des Auftragnehmers oder in einem unmittelbar für ihn arbeitenden Betrieb verursacht ist. Streik und Aussperrung müssen den Betrieb des Auftragnehmers oder einen unmittelbar für ihn arbeitenden Betrieb betreffen und die Zeitstörung bewirken. Da die VOB/B allein auf die behindernde Wirkung abhebt, ist es gleichgültig, ob die Arbeitskampfmaßnahmen rechtmäßig oder rechtswidrig sind.[153] Allerdings muss die Aussperrung von der Berufsvertretung der Arbeitgeber angeordnet sein.

#### I. Streik

71  Unter Streik ist die gemeinsam und planmäßig durchgeführte Arbeitseinstellung einer größeren Anzahl von Arbeitnehmern eines Betriebes oder Betriebszweiges zu einem bestimmten Kampfzweck, verbunden mit dem Willen, die Arbeit nach Beendigung des Arbeitskampfes wiederaufzunehmen, zu verstehen.[154] Während für die Aussperrung das Erfordernis der Anordnung durch die Berufsvertretung der Arbeitgeber notwendig ist, muss der Streik nicht durch tariffähige Parteien durchgeführt werden. Deshalb begründet auch ein **wilder Streik (illegitimer Streik)** eine Verlängerung der Ausführungsfrist,[155] wenn damit

---

[147] *Kapellmann/Messerschmidt* VOB/B § 1 Rdn. 57–58; *Kapellmann/Schiffers* Bd. 1 Rdn. 787, 1458 ff.
[148] Vgl. *Kapellmann/Messerschmidt/von Rintelen* VOB/B § 1 Rdn. 58.
[149] Vgl. BGH BauR 1985, 561, 564; OLG Düsseldorf BauR 1988, 487, 489.
[150] Im Ergebnis so auch OLG Düsseldorf BauR 1988, 487, 489; vgl. auch → § 6 Nr. 4 Rdn. 27 ff.
[151] → § 6 Nr. 3 Rdn. 51; → § 6 Nr. 4 Rdn. 27 ff.
[152] Vgl. *Kapellmann/Messerschmidt/von Rintelen* VOB/B § 1 Rdn. 58.
[153] *Heiermann/Riedl/Rusam* VOB/B § 6 Rdn. 13; *Ingenstau/Korbion/Döring* VOB/B § 6 Nr. 2 Rdn. 16.
[154] BAG NJW 1989, 57.
[155] *Heiermann/Riedl/Rusam* VOB/B § 6 Rdn. 13; *Ingenstau/Korbion/Döring* VOB/B § 6 Nr. 2 Rdn. 13, 16.

eine Behinderung verbunden ist; dies gilt auch dann, wenn der Streik nicht flächendeckend, sondern allein auf den Betrieb des Auftragnehmers oder seines Nachunternehmers beschränkt geführt wird. Welcher Zweck mit dem Streik verfolgt wird, ist bedeutungslos.

## II. Aussperrung

Aussperrung ist der durch Arbeitgeber koordiniert durchgeführte Ausschluss einer Vielzahl von Arbeitern mit dem Ziel, durch dieses Kampfmittel eine kollektive vertragliche Regelung zu erreichen oder ein gefordertes kollektives Zugeständnis abzuwehren.[156] Fristverlängernde Wirkung hat die Aussperrung jedoch nur bei **Anordnung durch die Berufsvertretung,** so dass eine Aussperrung der Arbeitnehmer allein durch den Auftragnehmer nicht ausreicht. Den Hintergrund bildet der Sphärengedanke; für eine eigeninitiierte Aussperrung trägt der Auftragnehmer die Verantwortung.

72

## III. Betroffene Betriebseinheit

Von Streik oder Aussperrung muss grundsätzlich der Betrieb des Auftragnehmers betroffen sein. Besondere Anforderungen an die Dauer der Arbeitsniederlegung werden nicht gestellt. Nach der Vorschrift genügt auch eine Arbeitskampfmaßnahme in einem unmittelbar für den Auftragnehmer arbeitenden Betrieb. Dieser Betrieb muss als **Sub- oder Nachunternehmer** bei dem konkreten Bauobjekt eingeschaltet sein. Das eventuell nach § 4 Nr. 8 Abs. 1 VOB/B erforderliche Einverständnis des Auftragnehmers muss vorliegen. Die Beschäftigung eines Subunternehmers ohne Einverständnis führt zu einer positiven Vertragsverletzung mit der Folge, dass sich der Auftragnehmer aus Schadensersatzgründen nicht auf die Ausführungsfristverlängerung nach § 6 Nr. 2 Abs. 1 lit. b) VOB/B berufen darf.

73

Die Rechtsfolgen eines Streiks oder einer Aussperrung bei einem **Zulieferer** sind umstritten.[157] Ihrem Wortlaut nach trifft die Vorschrift auf Arbeitskampfmaßnahmen bei einem Lieferanten nicht zu. Raum für eine Auslegung besteht nicht, denn die Regelung hat einen eindeutigen Inhalt.[158] Die Frage kann nur sein, ob der Rückgriff auf die allgemeinen Regeln des Rechtsinstituts des Fortfalls der Geschäftsgrundlage greift, was zu bejahen ist.[159] Der Bestimmung ist nämlich ein Rückgriffsverbot nicht zu entnehmen. Damit besteht die Möglichkeit, den Anforderungen des Einzelfalles unter Berücksichtigung sämtlicher Umstände Rechnung zu tragen.[160] Nach *Ingenstau/Korbion*[161] sind Streiks bei Zulieferbetrieben unter der Voraussetzung beachtlich, dass für den Auftragnehmer eine unter Preis- und Materialgesichtspunkten angemessene Alternative ausscheidet und den Auftragnehmer auch nicht der Vorwurf verspäteter Besorgung trifft. Alternativen scheiden aus, wenn der Auftraggeber im Leistungsverzeichnis exakt den Baustoff dieses bestreikten Zulieferers vorgeschrieben hat.[162]

74

---

[156] BAG 1, 291, 316; *Kleine-Möller/Merl/Mai* § 14 Rdn. 39.
[157] Vgl. die Übersicht bei *Ingenstau/Korbion/Döring* VOB/B § 6 Nr. 2 Rdn. 13; *Kleine-Möller/Merl/Mai* § 14 Rdn. 40; *Kapellmann/Messerschmidt* VOB/B § 2 Rdn. 23; *Vygen/Schubert/Lang* Rdn. 125.
[158] Vgl. Palandt/*Heinrichs* BGB § 133 Rdn. 5, 6.
[159] Vgl. oben Rdn. 12.
[160] Vgl. oben Rdn. 12.
[161] *Döring* VOB/B § 6 Nr. 2 Rdn. 13.
[162] *Vygen/Schubert/Lang* Rdn. 125; nach Staudinger/*Peters* BGB § 642 Rdn. 54 begründet Streik bei einen Zulieferer keine Ausführungsfristverlängerung, da der Unternehmer zu angemessener Vorratshaltung und zum Rückgriff auf einen anderen Lieferanten verpflichtet ist; eventuell komme eine Beurteilung nach § 6 Nr. 2 Abs. 1 lit. c) VOB/B in Betracht, wenn sich der Vorgang als unabwendbarer Umstand erweist.

## IV. Dauer der Arbeitskampfmaßnahme und Verlängerung der Ausführungsfrist

**75** Ob die Arbeitskampfmaßnahme tatsächlich behindernde Wirkung entfaltet, ist eigenständig am Maßstab des Bauzeitenplans bzw. des Unternehmerablaufplans[163] zu prüfen. Bei kurzfristigen Maßnahmen von wenigen Tagen ist zu untersuchen, ob diese Behinderung nicht durch **Puffer oder Zeitreserven** aufgefangen werden kann, so dass es deshalb nicht zu einer Ausführungsfristverlängerung kommt. Enthält der Zeitplan solche unverbrauchten Puffer, kann sich aus vertragsrechtlicher Sicht ergeben, dass dem Unternehmer die Berufung auf die geringfügige Behinderung verwehrt ist.[164]

## E. Behinderungstatbestand nach § 6 Nr. 2 Abs. 1 lit. c VOB/B

**76** Die Ausführungsfristen werden auch verlängert, soweit die Behinderung durch höhere Gewalt oder andere für den Auftragnehmer unabwendbare Umstände verursacht ist. Beide Begriffe werden inhaltsgleich in § 7 Nr. 1 VOB/B verwendet. Die Witterungsverhältnisse, mit denen normalerweise am Ort der Bauausführung zu rechnen ist, erfahren in § 6 Nr. 2 Abs. 2 VOB/B eine Sonderregelung. Die gewöhnlichen, jahreszeitlichen **Witterungsverhältnisse** sind nach § 11 Nr. 1 Abs. 1 VOB/A bei der Bemessung der Ausführungsfrist bereits zu berücksichtigen. Solche Witterungsverhältnisse begründen deshalb keine Fristverlängerung.

### I. Höhere Gewalt

**77** Höhere Gewalt ist nach der Rechtsprechung ein von außen auf den Betrieb einwirkendes außergewöhnliches Ereignis, das unvorhersehbar ist, bei Anwendung äußerster Sorgfalt ohne Gefährdung des wirtschaftlichen Unternehmererfolges nicht abgewendet werden kann und auch nicht wegen seiner Häufigkeit von dem Unternehmer in Rechnung zu stellen und in Kauf zu nehmen ist.[165] Maßgebliche Kriterien sind: Jegliches Verschulden des Auftragnehmers oder seiner Erfüllungsgehilfen (einschließlich Subunternehmer) schließt die Bejahung höherer Gewalt aus;[166] das Ereignis muss – im Unterschied zum unabwendbaren Umstand – **betriebsfremden Charakter** haben und darf damit nicht aus der Bauausführung entstehen. **Naturereignisse** wie Orkane, Blitzschlag, Überschwemmung, Erdbeben zählen dazu. Gewöhnliche Witterungsverhältnisse regelt § 6 Nr. 2 Abs. 2 VOB/B gesondert. Politische Verhältnisse können sich gleichfalls auf die Abwicklung einer Baumaßnahme als höhere Gewalt behindernd auswirken.[167] Höhere Gewalt scheidet aus, wenn auch nur das **geringste Verschulden** bei der Entstehung eine Rolle gespielt hat. Das Ereignis muss unvorhersehbar und unvermeidbar gewesen sein.[168] Abweichend von § 7 Nr. 1 VOB/B, wo das Ereignis objektiv und unabhängig von der konkreten Situation des betroffenen Auftragnehmers unvorhersehbar und unvermeidbar gewesen sein muss, weswegen höhere Gewalt oder ein anderer objektiv unvermeidbarer vom Auftragnehmer nicht zu vertretender Umstand fehlt, wenn das Ereignis für den Auftraggeber vermeidbar gewesen wäre,[169] kommt es bei § 6

---

[163] Vgl. oben Rdn. 25 mit weiteren Verweisen.
[164] Vgl. dieselben Erwägungen bezüglich der Offenkundigkeit bei → § 6 Nr. 1 Rdn. 55; OLG Köln BauR 1981, 472, 474; *Kapellmann/Schiffers* Bd. 1 Rdn. 1352, 1455 ff., 1462 ff.; *Olshausen* FS Korbion S. 323, 329.
[165] BGHZ 7, 338; BGH NJW-RR 1988, 986; vgl. auch → § 7 Rdn. 12.
[166] *Ingenstau/Korbion/Döring* VOB/B § 6 Nr. 2 Rdn. 19.
[167] BGHZ 83, 197 = NJW 1982, 1458 = BauR 1982, 273.
[168] BGH U. v. 21. 8. 1997 – VII ZR 17/96, BGHZ 136, 303 = NJW 1997, 3018 = BauR 1997, 1019.
[169] BGH U. v. 21. 8. 1997 – VII ZR 17/96, BGHZ 136, 303 = NJW 1997, 3018 = BauR 1997, 1019.

Nr. 2 Abs. 1 lit. c) VOB/B auf den Auftragnehmer an. Brandstiftung, Überschwemmungen, Blitzschlag, Sabotageakte und Ähnliches fallen darunter. Graffiti-Schmierereien können danach nicht als unabwendbares Ereignis eingestuft werden; denn mit solchen Vorgängen ist bei Sichtbetonwänden, Schallschutzwänden bei Längenbauwerken (z. B. bei Bahnstrecken) oder auch gefliesten Wänden (z. B. bei Fußgängertunneln oder U-Bahnhöfen, Treppenaufgängen) zu rechnen. Das Moment der Unvorhersehbarkeit fehlt.[170] Denn ein unabwendbares Ereignis liegt nicht schon deshalb vor, weil ein Dritter die Bauleistung vor der Abnahme beschädigt.[171]

Handlungen **Dritter,** die schädigend auf die Bauleistung einwirken, erweisen sich als höhere Gewalt, wenn damit nicht zu rechnen ist und die Eingriffe bei Anwendung äußerster Sorgfalt ohne Erfolgsgefährdung nicht abgewendet werden können.[172] Wegen den in § 4 Nr. 5 VOB/B aufgelisteten **Schutzpflichten,** die in der DIN 18299 Abschnitt 4.2.5, 4.2.6 und 4.2.12 eine weitere Einschränkung erfahren, bestehen Besonderheiten. Womit zu rechnen ist und unter welchen Umständen eine Gefährdung des wirtschaftlichen Erfolges eintritt, bestimmt sich deshalb auch danach, dass nach der DIN 18299 Besondere Schutzmaßnahmen Sache des Auftragnehmers nur dann sind, wenn sie diesem beauftragt wurden. Ein Verschulden des Auftragnehmers muss deshalb ausfallen, wenn eine Beauftragung mit Besonderen Schutzmaßnahmen nicht erfolgt ist. Zu schützen hat der Auftragnehmer seine Leistungen nach § 4 Nr. 5 VOB/B gegen Diebstahl und Beschädigung. Das schließt hinsichtlich der Witterungs- und sonstigen Umweltgefahren nach DIN 18299 Abschnitt 4.1.10 lediglich den Schutz gegen Niederschlagswasser ein, mit dem normalerweise gerechnet werden muss. Besondere Schutzmaßnahmen bei Kontamination sowie gegen Witterungsschäden, Hochwasser und Grundwasser stellen nach Abschnitt 4.2.5 und 4.2.6 bereits Besondere Leistungen dar. Dasselbe gilt gemäß Abschnitt 4.2.17 der DIN 18299 für Besondere Maßnahmen zum Schutz und zur Sicherung gefährdeter baulicher Anlagen und benachbarter Grundstücke. Die Kriterien der Vorhersehbarkeit und Vermeidbarkeit bestimmen sich jedoch unabhängig davon, ob dem Auftragnehmer Schutzmaßnahmen beauftragt wurden, durch deren Einsatz der hindernde Umstand vermieden worden wäre. Maßgebend sind das Objekt und die Umgebungsbedingungen.

Deshalb erweisen sich gewaltsame **Anschläge** Dritter auf das Bauobjekt und deren Abwehr in erster Linie als dem Verantwortungsbereich des Auftraggebers zugehörig.[173] Verschuldensvorwürfe können gegen den Unternehmer nicht erhoben werden, wenn der Schutz nicht Vertragsinhalt ist.

## II. Unabwendbare Umstände

Unabwendbare Umstände werden für den Auftragnehmer durch Ereignisse begründet, die nach menschlicher Einsicht und Erfahrung in dem Sinne unvorhersehbar sind, dass sie oder ihre Auswirkungen trotz wirtschaftlich erträglicher Mittel durch die äußerste nach Sachlage zu erwartende Sorgfalt nicht verhütbar oder in ihren Wirkungen bis auf ein erträgliches Maß unschädlich zu machen sind.[174] Wie der auch hier einschlägige Vergleich mit § 7 Nr. 1 VOB/B bestätigt,[175] schließt jegliches Verschulden die Annahme eines unabwendbaren Umstandes voraus. Verschulden ist dem Auftragnehmer unabhängig davon vorzuwerfen, ob die entsprechenden Schutzmaßnahmen gemäß § 4 Nr. 5 VOB/B und der VOB/C (vor

---
[170] *Ingenstau/Korbion/Döring* VOB/B § 6 Nr. 2 Rdn. 19; BGH U. v. 31. 1. 1991 – VII ZR 291/88, BGHZ 113, 315 = NJW 1991, 1812 = BauR 1991, 331 335; a. A. *Köhler* BauR 2002, 27.
[171] BGH U. v. 31. 1. 1991 – VII ZR 291/88, BGHZ 113, 315 = NJW 1991, 1812 = BauR 1991, 331 335.
[172] *Ingenstau/Korbion/Döring* VOB/B § 6 Nr. 2 Rdn. 19; vgl. auch *Rutkowsky* NJW 1988, 1761, 1763.
[173] *Ingenstau/Korbion/Döring* VOB/B § 6 Nr. 2 Rdn. 19.
[174] BGHZ 61, 144 = NJW 1973, 1698 = BauR 1973, 317 = MDR 1973, 923.
[175] Vgl. wegen des Begriffs und seiner Umschreibung auch → § 7 Rdn. 17.

## § 6 Nr. 2 Verlängerung der Ausführungsfrist

allem DIN 18299) beauftragt waren.[176] Diese Umstände sind bei Schäden durch Diebstahl oder Beschädigung zu beachten.[177]

81 Der unabwendbare Umstand muss **nicht betriebsfremden Charakter** aufweisen,[178] weswegen z. B. Baumaßnahmen im Grundwasser- und Bodenbereich zu einem unabwendbaren Ereignis führen können. Nicht erkennbar ist, warum nach *Peters* das unabwendbare Ereignis einen betriebsfremden Charakter aufweisen muss;[179] Die Vorschrift bringt eine solche Einschränkung nicht zum Ausdruck; die Betriebsfremdheit wird auch nicht per definitionem vorausgesetzt. Denn es gibt auch betriebsbezogene Umstände, die oder deren Auswirkungen mit äußerster nach Sachlage zu erwartender Sorgfalt nicht verhütbar oder in ihren Wirkungen bis auf ein erträgliches Maß unschädlich zu machen sind. Man denke daran, dass ein völlig neues Gerät wegen eines Ausreißers versagt und zu den Bauablauf negativen Folgen führt. Typisch unabwendbare Umstände können insbesondere die z. B. in DIN 18300 Abschnitt 3.1.5, 3.3.1, 3.5.3, 3.5.5 und 3.8.4 beschriebenen Vorkommnisse sein, die den Auftragnehmer zu Maßnahmen zwingen, die von der bisherigen Vertragsleistung abweichen und Auswirkungen auf die Einhaltung der Vertragsfristen haben. Solche außergewöhnlichen Ereignisse oder unvermutete Hindernisse werden z. B. auch in DIN 18301 Abschn. 3.4 oder DIN 18303 Abschn. 3.1.3 und 3.2.2 beschrieben. Auch ein gänzlich unvorhergesehenes Unwetter kann ein unabwendbares Ereignis sein.[180]

### F. Der Sonderfall: Witterungseinflüsse nach § 6 Nr. 2 Abs. 2 VOB/B

82 Stören Witterungseinflüsse den Bauablauf, versagt § 6 Nr. 2 Abs. 2 VOB/B den Behinderungscharakter und damit die Rechtsfolge der Verlängerung der Ausführungsfrist. Nach dieser Vorschrift gelten **Witterungsverhältnisse** während der Ausführungszeit, mit denen bei Abgabe des Angebots normalerweise gerechnet werden musste, nicht als Behinderung. Den Hintergrund bildet § 11 Nr. 1 Abs. 1 VOB/A, wonach die Vertragspartner bei der Bemessung der Ausführungsfristen die Jahreszeit und damit auch die einschlägigen Witterungsverhältnisse zu berücksichtigen haben. Würden gewöhnliche Witterungsverhältnisse zu einer Verlängerung der Fristen führen, läge eine **Doppelbewertung** dieser Verhältnisse vor. Diese Witterungseinflüsse sind als Ausdruck elementarer Naturkräfte höhere Gewalt oder unabwendbare Umstände, wenn sie so nicht zu erwarten waren (vgl. oben Rdn. 77, 81). Entscheidend ist, mit welchen Witterungseinflüssen normalerweise gerechnet werden muss.

#### I. Normale oder außergewöhnliche Witterungsverhältnisse

83 Mit Schlechtwettertagen muss gerechnet werden, diese sind in der unternehmerischen Ablaufplanung wie auch bei Vereinbarung der Vertragsfristen zu berücksichtigen.[181] Nur außergewöhnliche Witterungsverhältnisse sind geeignet, nach § 6 Nr. 2 Abs. 1 lit. c) VOB/B Berücksichtigung zu finden, wobei für die Beurteilung der Außergewöhnlichkeit bei Verwertung der Erkenntnisse des Wetterdienstes nicht allein auf die Mittelwerte der vergangenen 10 oder 20 Jahre abzustellen ist. Gewöhnlich sind die Witterungseinflüsse, die

---

[176] Vgl. oben Rdn. 78.
[177] Vgl. BGH MDR 1968, 833; OLG Düsseldorf BauR 1985, 728.
[178] So *Ingenstau/Korbion/Döring* VOB/B § 6 Nr. 2 Rdn. 20; auch → § 7 Rdn. 17, a. A. Staudinger/*Peters* BGB § 642 Rdn. 56.
[179] So Staudinger/*Peters* BGB § 642 Rdn. 56.
[180] BGHZ 61, 144 = NJW 1973, 1698 = BauR 1973, 317.
[181] *Ingenstau/Korbion/Döring* VOB/B § 6 Nr. 2 Rdn. 24.

Verlängerung der Ausführungsfrist § 6 Nr. 2

nach den Erkenntnissen des Wetterdienstes noch den Mittelwerten wie auch vereinzelt auftretenden Spitzen entsprechen. Nach Staudinger/*Peters*[182] sind als Behinderung, die im Ablaufplan keine Berücksichtigung gefunden hat, solche Witterungsverhältnisse anzusehen, die von den klimatischen Mittelwerten signifikant abweichen. Außergewöhnlich ist ein **Wolkenbruch,** mit dem angesichts seiner Stärke an der Baustelle im Durchschnitt nur alle 20 Jahre zu rechnen ist.[183] Nicht völlig außergewöhnliche Niederschlagsmengen stellen keine Behinderung i. S. d. § 6 Nr. 2 lit. c) VOB/B dar.[184] Lang anhaltende Kälteperioden, wie z. B. der Winter 1995/96 oder der Winter 1978/79 in Norddeutschland stellen außergewöhnliche Witterungseinflüsse dar und führen zu einer Verlängerung der Ausführungsfrist wegen höherer Gewalt.[185] So ist ein Niederschlag von 64 mm pro m² ein unabwendbarer Umstand, wenn nach den Erkenntnissen des Wetterdienstes an der Baustelle maximal zwischen 40 bis 50 mm pro m² an Niederschlagsmenge gemessen wurden.[186] Überschwemmungen, wie das Jahrhundert-Hochwasser an der Elbe und ihren Nebenflüssen sowie an der Oder 2002 erweisen sich als außergewöhnliche Ereignisse, auf die sich Bauvertragsparteien nicht einstellen müssen.[187] Letztlich geht es um die Feststellung, welche Witterungsverhältnisse die Parteien bei vertraglicher Festlegung der Bauzeiten oder der Auftragnehmer im Rahmen der Ablaufplanung zugrunde zu legen haben. Üblicherweise werden die Witterungsausfallzeiten entsprechend der **Schlechtwetterregelung** der Arbeitsämter, bestimmte Temperaturverhältnisse, Regenmengen und andere messbaren Größen beachtet.[188] Wenn der Auftragnehmer trotz des unabwendbaren Ereignisses arbeitet, was der Auftraggeber auch so akzeptiert, verbleibt es bei der Maßgeblichkeit der vertraglichen Ausgangsfristen mit der Folge, dass sich der Auftraggeber hinsichtlich der ihn treffenden Planhilfefristen nicht auf eine Verlängerung berufen kann.[189]

Wird der Bauablauf durch gewöhnliche Witterungseinflüsse gestört, mit denen normalerweise zu rechnen ist, erfolgt keine Verlängerung der Vertragsfristen, da es nach § 6 Nr. 2 Abs. 2 VOB/B an der Behinderung fehlt.[190] Deshalb empfehlen die Richtlinien des Vergabehandbuchs zu § 11 VOB/A in Ziff. 2.3 auch, dass bei der Bemessung der Ausführungsfristen zu berücksichtigen ist, inwieweit mit Ausfalltagen durch Witterungseinflüsse während der Ausführungszeit normalerweise gerechnet werden muss. Bloße **Schlechtwettertage** verlängern die Ausführungsfristen nicht, wenn die Witterungslage dem allgemein vorauszusehenden Witterungsablauf entspricht.[191] **84**

Bei stark von Witterungseinflüssen abhängigen Arbeiten kann sich deshalb ein Einvernehmen der Vertragspartner darüber empfehlen, dass im Rahmen der vertraglich festgelegten Ausführungszeit eine bestimmte Anzahl von **Ausfalltagen** berücksichtigt ist, und eine entsprechende Verlängerung der Vertragsfristen erfolgt, wenn die tatsächlich anfallenden Ausfalltage diese Zahl überschreiten. **85**

Das schließt nicht aus, dass im Einzelfall auch **gewöhnliche Witterungsverhältnisse** sich **für bestimmte Arbeiten** wie unabwendbare Umstände auswirken. Denn können z. B. Beschichtungsarbeiten nur bei ganz bestimmten Untergrund- und Umgebungstemperaturen durchgeführt werden, die in der vorgesehenen Zeit wegen einer nicht außergewöhnlichen Witterungslage nicht gegeben sind, liegt dennoch ein **unabwendbares Ereignis** vor.[192] Technische oder bauchemische Möglichkeiten, trotz dieser Umstände mit der Tätigkeit **86**

---

[182] BGB § 642 Rdn. 58.
[183] OLG Koblenz *Schäfer/Finnern/Hochstein* Nr. 1 zu § 6 Nr. 2 VOB/B.
[184] OLG Düsseldorf *Schäfer/Finnern* Z 2411 Bl. 16.
[185] *Vygen/Schubert/Lang* Rdn. 128.
[186] BGHZ 61, 144, 145 = NJW 1973, 1698 = BauR 1973, 317.
[187] *Ingenstau/Korbion/Döring* VOB/B § 6 Nr. 2 Rdn. 25; vgl. auch *Kapellmann/Messerschmidt* VOB/B § 6 Rdn. 26.
[188] *Schubert* Seminar Bauverzögerung S. 96.
[189] Vgl. *Kapellmann/Schiffers* Bd. 1 Rdn. 1479.
[190] *Ingenstau/Korbion/Döring* VOB/B § 6 Nr. 2 Rdn. 35.
[191] *Ingenstau/Korbion/Döring* VOB/B § 6 Nr. 2 Rdn. 24.
[192] *Vygen/Schubert/Lang* Rdn. 105; *Ingenstau/Korbion/Döring* VOB/B § 6 Nr. 2 Rdn. 26.

## § 6 Nr. 2

fortsetzen zu können, ändern an der Fristverlängerung nichts.[193] Denn derartige Hilfsmittel werden in der VOB/C regelmäßig als Besondere Leistungen qualifiziert, die ohne besondere Erwähnung im Vertrag nicht geschuldet sind. Deren Anordnung begründet einen Vergütungsanspruch nach § 2 Nr. 6 VOB/B. Als Beispiel ist auf die DIN 18331 (Beton- und Stahlbetonarbeiten), Abschnitt 4.2.7, zu verweisen, wonach Vorsorge- und Schutzmaßnahmen für das Betonieren unter +5° C Lufttemperatur Besondere Leistungen sind. Diese Einordnung wird z. B. auch in der DIN 18336 (Abdichtungsarbeiten), Abschnitt 4.2.7, oder ähnlich in der DIN 18349 (Betonerhaltung), Abschnitt 4.2.6, vorgesehen. Erteilt der Auftraggeber die entsprechenden Aufträge nicht, bleibt es bei der Verlängerung; die aufgezeigten Anordnungsmöglichkeiten erweisen sich als Möglichkeiten zur **Beschleunigung**.[194] Jedenfalls hat es der Auftraggeber über die Erteilung eines derartigen Zusatzauftrags (Anforderung der Weiterarbeit), der nach § 1 Nr. 3 VOB/B und vergütungsmäßig nach § 2 Nr. 5 oder Nr. 6 VOB/B einzustufen ist, auf diese Weise in der Hand, eine durch Witterungsverhältnisse eintretende Zeitverschiebung zu korrigieren. Hierbei handelt es sich um Leistungsanordnungen mit Zeitwirkungen.[195]

### II. Örtliche Auswirkungen der Witterungsverhältnisse

87  Die außergewöhnlichen Witterungsverhältnisse müssen sich, soll eine verlängernde Wirkung damit verbunden sein, auf die Baustelle auswirken. Nicht die allgemeine, sondern nur die für die Baustelle wirksam gewordene Witterungslage ist bedeutsam.[196] Der Sitz oder der Bauhof des Auftragnehmers erlangt Bedeutung, wenn dort z. B. Fertigteile hergestellt werden, was sich wegen der dort herrschenden außergewöhnlichen Witterungsverhältnisse – z. B. Sturm behindert den Einsatz der Großflächenschalung, eine wirtschaftlich und technische sinnvolle Alternative ist nicht gegeben – verzögert.

### G. Allgemeine Geschäftsbedingungen

88  Vom Auftraggeber gestellte Klauseln, deren Ziel der Ausschluss der fristverlängernden Wirkung von Behinderungstatbeständen ist, die dazu nach § 6 Nr. 2 Abs. 1 VOB/B führen, scheitern an § 307 Abs. 2 Nr. 1 BGB und sind deshalb AGB-widrig[197] wie auch VOB-widrig. Die VOB gilt damit nicht mehr als Ganzes.[198] AGB- und VOB-widrig sind weiter solche Besteller-Klauseln, wonach eine Fristverlängerung nur eingreift, wenn die vom Auftraggeber zu verantwortende Verzögerung mehr als 4 Wochen beträgt.[199] Dieselbe Missbilligung muss eine solche Klausel erfahren, nach welcher die Verlängerung gem. § 6 Nr. 2 Abs. 1 lit. a) VOB/B nur bei Verschulden des Auftraggebers in Betracht kommt oder generell ausgeschlossen wird.[200] Unwirksam ist außerdem eine Klausel des Inhalts, dass Massenmehrungen, Massenminderungen und Zusatzleistungen nicht zu einer Verlängerung der Ausführungstermine führen.[201] Eine Klausel, die in erster Linie vom Auftragnehmer bei angeordneten Zusatzleistungen oder Änderungsleistungen einen vermehrten Personaleinsatz fordert und eine angemessene Fristverlängerung nur bei Erfüllung dieser Voraussetzung

---

[193] *Kapellmann/Messerschmidt* VOB/B § 6 Rdn. 27.
[194] Auch → § 6 Nr. 3 Rdn. 34; → § 6 Nr. 4 Rdn. 27 ff.
[195] → § 6 Nr. 3 Rdn. 50; → § 6 Nr. 4 Rdn. 28, 29; vgl. oben Rdn. 69.
[196] *Staudinger/Peters* BGB § 642 Rdn 58; *Ingenstau/Korbion/Döring* VOB/B § 6 Nr. 2 Rdn. 22.
[197] *Ingenstau/Korbion/Döring* VOB/B § 6 Nr. 2 Rdn. 4; *Glatzel/Hofmann/Frikell* S. 190, 191; *Markus/Kaiser/Kapellmann* Rdn. 426.
[198] Vgl. BGH U. v. 22. 1. 2004 – VII ZR 419/02, NJW 2004, 1597 = NZBau 2004, 267 = BauR 2004, 668.
[199] *Ingenstau/Korbion/Döring* VOB/B § 6 Nr. 2 Rdn. 4.
[200] OLG Karlsruhe NJW-RR 1993, 1435 = BauR 1994, 145.
[201] *Glatzel/Hofmann/Frikell* S. 190; *Markus/Kaiser/S. Kapellmann* Rdn. 424.

Verlängerung der Ausführungsfrist  § 6 Nr. 2

zugesteht, ist wegen Einmischung in die Dispositionsfreiheit des Auftragnehmers und die Störung des Preis-/Leistungsverhältnisses einschließlich der Bauumstände unwirksam.[202] Sie ist zudem VOB-widrig, weil das Dispositionsrecht des Auftragnehmers aus § 4 Nr. 2 Abs. 1 Satz 2 VOB/B. Nicht zu beanstanden ist eine Formulierung, wonach gemäß § 211 Abs. 4 SGB III anerkannte **Schlechtwettertage** nicht als Behinderung gelten.[203] Denn das entspricht allgemein dem vom Auftragnehmer zu beachtenden Gebot, die Witterungsverhältnisse, mit denen normalerweise zu rechnen ist, zu berücksichtigen.

Umgekehrt gelingt es dem Auftragnehmer nicht, durch von ihm gestellte Klauseln die Verlängerung der Ausführungsfrist auf solche Tatbestände zu erstrecken, bei denen der Hinderungsgrund in seinem Verantwortungs-/Risikobereich liegt. **89**

---

[202] BGH NJW-RR 1997, 1513 = BauR 1997, 1036.
[203] *Glatzel/Hofmann/Frikell* S. 190.

## § 6 Nr. 3

### § 6 Nr. 3 [Weiterführungspflicht]

Der Auftragnehmer hat alles zu tun, was ihm billigerweise zugemutet werden kann, um die Weiterführung der Arbeiten zu ermöglichen. Sobald die hindernden Umstände wegfallen, hat er ohne weiteres und unverzüglich die Arbeiten wiederaufzunehmen und den Auftraggeber davon zu benachrichtigen.

Literatur: Vgl. die Hinweise → Vor § 6 und zu § 6 Nr. 1

### Übersicht

| | Rdn. |
|---|---|
| A. Allgemeines und Grundlegung | 1–18 |
|   I. Stellung im System | 1 |
|     1. Das Verhältnis zu § 6 Nr. 2 VOB/B | 2 |
|       a) Ausschluss der Fristverlängerung durch § 6 Nr. 3 Satz 1 VOB/B | 3 |
|       b) Abmilderung der Fristverlängerungsfolgen | 4 |
|     2. Das Verhältnis zu § 5 Nr. 3 VOB/B | 7 |
|       a) Rechtsfolgen nach § 5 Nr. 3 VOB/B | 8 |
|       b) Rechtsfolgen nach § 6 Nr. 3 VOB/B | 9 |
|     3. Das Verhältnis zu § 5 Nr. 1 Satz 1 VOB/B | 12 |
|   II. Anwendungsbereich des § 6 Nr. 3 VOB/B | 14 |
|     1. Herkunftsunabhängiger Behinderungstatbestand | 15 |
|     2. Konkretisierung des Pflichteninhalts | 16 |
|     3. Qualifizierung der Weiterführungsarbeiten – Sperrwirkung der VOB/C und des Bauvertrages | 18 |
| B. Pflichtenlage des Auftragnehmers | 19–48 |
|   I. Die Pflicht zur Weiterführung der Arbeiten nach § 6 Nr. 3 Satz 1 VOB/B | 20 |
|     1. Die Weiterführung der Arbeiten ermöglichende Leistung | 21 |
|       a) Qualifizierung der Leistung | 22 |
|       b) Geschuldete Leistung – Qualifizierung und Vertragslage | 24 |
|       c) Maßnahmen innerhalb des vertraglichen Leistungsumfanges, jedoch abweichend vom Unternehmerablaufplan | 32 |
|       d) Schadensersatzpflicht des Auftragnehmers | 35 |
|       e) Schutzpflichten und Schutzmaßnahmen | 36 |
|     2. Pflichtverletzung und Sanktionierung | 37 |
|       a) Positive Vertragsverletzung | 38 |
|       b) Kündigungsmöglichkeit | 39 |
|     3. Minimierung der Baustellenbesetzung – Abzug von der Baustelle | 40 |
|   II. Die Pflichtenlage zur Wiederaufnahme der Arbeiten nach § 6 Nr. 3 Satz 2 VOB/B | 41 |
|     1. Anwendungsbereich | 42 |
|     2. Pflichteninhalt | 43 |
|       a) Wiederaufnahmepflicht | 44 |
|       b) Benachrichtigungspflicht | 47 |
| C. Befugnislage des Auftraggebers | 49–51 |
|   I. Zeitbestimmungsrecht | 50 |
|   II. Leistungsbestimmungsrecht | 51 |
| D. Fortbestand des Bauvertrages | 52 |
| E. Allgemeine Geschäftsbedingungen | 53 |

## A. Allgemeines und Grundlegung

### I. Stellung im System

**1** Systematisch bereitet die Handhabung der Vorschrift Schwierigkeit. Nach der in § 6 Nr. 3 VOB/B getroffenen Regelung hat der Auftragnehmer alles zu tun, was ihm billigerweise zugemutet werden kann, um die Weiterführung der Arbeiten zu ermöglichen. Sobald die hindernden Umstände wegfallen, hat er ohne weiteres und unverzüglich die Arbeiten wiederaufzunehmen und den Auftraggeber davon zu benachrichtigen. *Ingenstau/Korbion/*

Weiterführungspflicht  § 6 Nr. 3

*Döring*[1] qualifizieren die **Weiterführungspflicht** nach Satz 1 als eine Nebenpflicht. Regelungsgrundlage ist § 5 Nr. 1 Satz 1 VOB/B; der Auftragnehmer hat die Ausführung angemessen zu fördern. § 6 Nr. 3 Satz 1 VOB/B setzt diese Förderungsverpflichtung konkretisierend in die Behinderungssituation um. Das Verhältnis zu § 5 Nr. 3 VOB/B wie auch zu § 6 Nr. 2 VOB/B bedarf der Abklärung. Denn § 6 Nr. 3 VOB/B bezweckt nicht die Aufhebung der nach der Nr. 2 bewirkten Ausführungsfristverlängerung, sondern kann nur den Sinn haben, auf die Fristbestimmung einzuwirken und die Folgen einer Fristverlängerung abzumildern.

### 1. Das Verhältnis zu § 6 Nr. 2 VOB/B

§ 6 Nr. 2 und Nr. 3 VOB/B sind selbstständig zu beurteilen. Grundsätzlich wirkt die Weiterführungspflicht auf die in der Nr. 2 getroffene Anordnung der Ausführungsfristverlängerung nicht ein. Eine Verknüpfung besteht allerdings insoweit, als § 6 Nr. 2 VOB/B eine **effektive Behinderung** voraussetzt.[2] Ob tatsächlich eine Behinderung eingetreten ist, muss unter Berücksichtigung der Weiterführungspflicht nach § 6 Nr. 3 Satz 1 VOB/B beurteilt werden.  2

**a) Ausschluss der Fristverlängerung durch § 6 Nr. 3 Satz 1 VOB/B.** Die Weiterführungspflicht kann die Ausführungsfristverlängerung ausschließen. Hatte nämlich der Auftragnehmer den eingetretenen Behinderungen nach baubetrieblichen Grundsätzen in der Unternehmerablaufplanung durch Bildung von **Zeitreserven (Puffer)** Rechnung zu tragen[3] oder befand sich die gestörte Tätigkeit nicht auf dem **kritischen Weg**,[4] ist eine Anpassung der Unternehmerleistungen an die Störung geboten, wenn die damit verbundenen Tätigkeiten nach Treu und Glauben zumutbar sind.[5] *Bauer*[6] nennt zeitliche, quantitative und intensitätsmäßige Anpassungsmöglichkeiten. Kriterien hierfür sind: Mögliche Störungen müssen in einem praxisgerecht ausgelegten Ablaufplan sowohl vom Auftraggeber als auch Auftragnehmer mitberücksichtigt werden;[7] die Anpassung an die Störung hält sich kostenmäßig in Grenzen. In diesen Fällen bleibt es beim Fortbestand der vertraglichen Ausführungsfristen. § 6 Nr. 2 VOB/B wird verdrängt. Das gilt auch, wenn sich Umsetzungen problem- und folgenlos bewerkstelligen lassen und das Beharren des Auftragnehmers auf der Arbeitsabfolge seines Ablaufplans unter Berücksichtigung baupraktischer und baubetrieblicher Anforderungen unverständlich wäre.[8]  3

Im Rahmen dieser Erwägungen ist die Rechtsprechung des BGH zur Kooperationspflicht in einem VOB/B-Bauvertrag zu berücksichtigen.[9] Das **Kooperationsgebot** konkretisiert die Anpassungspflicht des Auftragnehmers im Behinderungsfall, was im Einzelfall die Wirkung haben kann, dass die bisherige Vertragsfrist Bestand hat. Denn Teil der Kooperations-

---

[1] VOB/B § 6 Nr. 3 Rdn. 2; so auch *Leinemann* VOB/B § 6 Rdn. 42; *Franke/Kemper/Zanner/Grünhagen* VOB/B § 6 Rdn. 51.
[2] → § 6 Nr. 2 Rdn. 25, 26.
[3] Vgl. zu Puffern als Zeitreserven *Kapellmann/Schiffers* Bd. 1 Rdn. 1262 1265, 1296 1483, 1484, 1668; *Vygen/Schubert/Lang* Rdn. 270, 378 384; *Bauer* Baubetrieb S. 544; *Schiffers* Jahrbuch Baurecht 1998, S. 281, 282 mit Hinweis auf die DIN 69900 Teil 1 S. 6.
[4] → § 6 Nr. 2 Rdn. 26, 62; vgl. auch *Bauer* Baubetrieb S. 545; *Heilfort* BauR 2003, 457, 459; *Duve/Richter* BauR 2006, 608, 610; *Agh-Ackermann/Kuen* Akute Probleme, S. 127 128.
[5] *Kapellmann/Schiffers* Bd. 1 Rdn. 1265; *Vgen/Schubert/Lang* Rdn. 386 ff.; *Bauer* Baubetrieb S. 671 ff.; *Olshausen* FS Korbion S. 323 329.
[6] Baubetrieb S. 671 ff.
[7] *Kapellmann/Schiffers* Bd. 1 Rdn. 1352 und 1265 (S. 579); nach *Bauer* Baubetrieb S. 669 sind vom Auftragnehmer lediglich betriebliche und außerbetriebliche Störungstatbestände, soweit sie sich aus den Vergabeunterlagen ergeben, durch ausreichende Zeitreserven zu berücksichtigen.
[8] Ähnlich *Vygen/Schubert/Lang* Rdn. 149, 386 ff.; *Kapellmann/Schiffers* Bd. 1 Rdn. 1265.
[9] BGH U. v. 23. 5. 1996 – VII ZR 245/94, BGHZ 133, 44 = NJW 1996, 2158 = BauR 1996, 542, 543; BGH U. v. 21. 10. 1999 – VII ZR 185/98, BGHZ 143, 32 = NJW 2000, 1336 = NZBau 2000, 187 = BauR 2000, 722; *Kniffka* Jahrbuch Baurecht 2001, S. 1 ff., bes. 12, 13.

## § 6 Nr. 3 — Weiterführungspflicht

pflichten sind Informations- und Mitwirkungspflichten.[10] Ein durch Umstände aus der Sphäre des Auftraggebers oder sonst ausgelöster Behinderungsfall, der an sich zu einer Fristverlängerung nach § 6 Nr. 2 VOB/B führt, löst unter Kooperationsgesichtspunkten die Verpflichtung des Auftragnehmers aus, Weiterführungsmöglichkeit kooperativ mit dem Auftraggeber auszuloten. Deshalb ist der Auftragnehmer gehalten, den Auftraggeber über sein Ablaufprogramm zu informieren und im Wege der Verhandlung eine Klärung herbeizuführen.

4   **b) Abmilderung der Fristverlängerungsfolgen.** Liegt eine effektive Behinderung mit Fristverlängerungsfolgen gem. § 6 Nr. 2 VOB/B vor, wirkt sich die Weiterführungspflicht des Auftragnehmers dahin aus, den dadurch eventuell beim Auftraggeber eintretenden Schaden so gering wie möglich zu halten.[11] Trotz der nach den § 6 Nr. 4 VOB/B verlängerten Ausführungsfrist bleibt es bei der Verpflichtung nach § 5 Nr. 1 Satz 1 VOB/B, die Baumaßnahme angemessen zu fördern. Die Basis bildet Treu und Glauben, wonach der Schuldner sich bei der Abwicklung des Bauvertrages so zu verhalten hat, dass die Interessen des Auftraggebers nicht verletzt werden.[12] In dem Zusammenhang ist auch die Blankettnorm des § 241 Abs. 2 BGB fruchtbar zu machen.[13] Diese Rücksichtnahmepflicht bestimmt darüber, welche Umdispositionen dem Auftragnehmer zumutbar sind und ob sowie in welchem Umfang von ihm eingestellte Puffer (Zeitreserven) freigegeben werden müssen. Da es dem Auftraggeber trotz der eingetretenen Behinderung weiterhin um die Einhaltung der ursprünglichen Vertragsfristen geht, auf welche die Abwicklung des Gesamtobjekts abgestellt ist, ist der Auftragnehmer auch mit Rücksicht auf das **Kooperationsgebot** gehalten, die Behinderungsfolgen in Grenzen zu halten. Die damit begründete Pflicht zur Abmilderung der Fristverlängerungsfolgen kann auf zweierlei Weise wirken.

5   **aa) Weiterführungspflicht bestimmt die Fristverlängerung.** Die in § 6 Nr. 3 Satz 1 VOB/B niedergelegte Pflicht des Auftragnehmers, alles zu tun, was billigerweise zumutbar ist, um die Weiterführung der Arbeiten zu ermöglichen, beeinflusst die Handhabung der **Fristberechnungsregeln** in § 6 Nr. 4 VOB/B. Wird danach die Fristverlängerung in erster Linie nach der Dauer der Behinderung berechnet, bestimmt sich diese Dauer unter Berücksichtigung der Weiterführungspflicht nach § 6 Nr. 3 Satz 1 VOB/B. Denn es ist selbstverständlich, dass die Behinderungsdauer von weiterführenden Maßnahmen des Auftragnehmers abhängt. § 6 Nr. 3 Satz 1 VOB/B erweist sich damit als eine typische Nebenpflicht im Interesse der Hauptleistungspflicht.[14] Der Auftragnehmer darf nicht stur an seinem geplanten Ablaufplan festhalten, sondern ist im Rahmen des ihm kooperativ Zumutbaren gehalten, flexibel zu reagieren.[15] Bauen ist auch ausweislich der dem Auftraggeber nach § 1 Nr. 3 und 4, § 2 Nr. 5 VOB/B zukommenden und einseitig ausübbaren Kompetenzen grundsätzlich ein dynamischer Prozess, weswegen der Auftragnehmer in den durch das Kooperationsgebot und die Rücksichtnahmepflicht gezogenen Grenzen Beweglichkeit zeigen muss.

6   **bb) Weiterführungspflicht als allgemeine Schadensvermeidungspflicht.** Daneben wirkt die Weiterführungspflicht als allgemeine Schadensvermeidungs- und damit Schutzpflicht. Selbst wenn sich die billigerweise zumutbare Tätigkeit nicht verkürzend auf die Ausführungsfristverlängerung auswirkt, kann die Fortsetzung der Tätigkeit geboten sein, um Schaden vom Auftraggeber abzuwenden. Hat die Behinderung oder Unterbrechung Auswirkungen auf das Integritätsinteresse des Auftraggebers, können Maßnahmen des Auftragnehmers in Betracht kommen.

---

[10] BGH U. v. 23. 5. 1996 – VII ZR 45/94, BGHZ 133, 44 = NJW 1996, 2158 = BauR 1996, 542; BGH U. v. 28. 10. 1999 – VII ZR 393/98, BGHZ 143, 89 = NJW 2000, 807 = NZBau 2000, 130 = BauR 2000, 409.
[11] *Ingenstau/Korbion/Döring* VOB/B § 6 Nr. 3 Rdn. 3.
[12] *Palandt/Heinrichs* BGB § 242 Rdn. 35.
[13] Vgl. *Palandt/Heinrichs* BGB § 241 Rdn. 7.
[14] *Ingenstau/Korbion/Döring* VOB/B § 6 Nr. 3 Rdn. 2.
[15] *Kapellmann/Messerschmidt* VOB/B § 6 Rdn. 30.

## 2. Das Verhältnis zu § 5 Nr. 3 VOB/B

Das Verhältnis zwischen § 5 Nr. 3 und § 6 Nr. 3 VOB/B wird nicht durch verschiedene Anwendungsbereiche bestimmt. § 6 Nr. 3 VOB/B ist nach h. M.[16] in seiner Anwendung nicht auf die Behinderungstatbestände im Verantwortungsbereich des Auftraggebers gem. § 6 Nr. 2 Abs. 1 lit. a) VOB/B oder die dort in lit. b) und c) aufgeführten Tatbestände beschränkt, sondern erfasst auch solche hindernden Umstände, die im Risikobereich des Auftragnehmers liegen. § 5 Nr. 3 VOB/B stellt zwar deutlich auf vom Auftragnehmer zu verantwortende hindernde Umstände ab, führt aber nicht dazu, den Anwendungsbereich des § 6 Nr. 3 VOB/B nur auf solche hindernde Umstände zu beschränken, für die gemäß § 6 Nr. 2 VOB/B der Auftraggeber die Zeitgefahr trägt.

**a) Rechtsfolgen nach § 5 Nr. 3 VOB/B.** Die Vorschriften unterscheiden sich in der unterschiedlichen Zielrichtung. Auf der gemeinsamen, in § 5 Nr. 1 Satz 1 VOB/B enthaltenen Basis, die Ausführung angemessen zu fördern, begründet § 5 Nr. 3 VOB/B zugunsten des Auftraggebers ein Abhilfeverlangen, dem der Auftragnehmer unter den geregelten Voraussetzungen nachzukommen hat.[17] In eingeschränkter Weise erhält der Auftraggeber über § 5 Nr. 3 VOB/B die Möglichkeit, das Dispositions- und Leitungsrecht des Auftragnehmers aus § 4 Nr. 2 VOB/B zu beeinflussen.[18]

**b) Rechtsfolgen nach § 6 Nr. 3 VOB/B.** § 6 Nr. 3 Satz 1 VOB/B legt eine vertragliche Nebenpflicht des Auftragnehmers fest und bildet deshalb zugunsten des Auftraggebers eine Anspruchsgrundlage. Darüber hinaus konkretisiert die Vorschrift die Ausübung der Dispositionsbefugnis des Auftragnehmers. Die Rechtsfolgen der Vorschrift unterscheiden sich deshalb gravierend von denen nach § 5 Nr. 3 VOB/B.

**aa) § 6 Nr. 3 Satz 1 VOB/B als Dispositionsaussage.** § 6 Nr. 3 Satz 1 VOB/B wirkt unmittelbar auf das Dispositions- und Leitungsrecht des Auftragnehmers ein. Die Vorschrift enthält Direktiven für die Wahrnehmung der Leitungsaufgabe aus § 4 Nr. 2 Abs. 1 VOB/B im Fall der Zeitstörung. Der Auftragnehmer hat die Dispositionen vorzunehmen, die ihm billigerweise zugemutet werden können, um die Weiterführung der vertraglichen Leistungen zu gewährleisten. Hat § 4 Nr. 2 Abs. 1 Satz 2 VOB/B die Unternehmerdisposition ganz allgemein hinsichtlich der Ausführung zum Gegenstand, befasst sich § 6 Nr. 3 Satz 1 VOB/B mit der **Dispositionsaufgabe in der Krise.**

**bb) § 6 Nr. 3 Satz 1 VOB/B als Anspruchsgrundlage.** Zugleich verschafft die Vorschrift dem Auftraggeber einen Anspruch auf Weiterführung der Arbeiten, soweit dies dem Auftragnehmer billigerweise zugemutet werden kann. Die Förderungspflicht nach § 5 Nr. 1 Satz 1 VOB/B wird in der Krise konkretisiert und von Zumutbarkeitsgesichtspunkten abhängig gemacht. Bestimmend hierfür sind die Behinderungsumstände wie auch die rechtliche Einordnung der konkret mit Rücksicht auf das Kooperationsgebot und die Rücksichtnahmepflicht (§ 241 Abs. 2, § 242 BGB) ergriffenen Weiterführungsmaßnahme des Auftragnehmers.[19]

## 3. Das Verhältnis zu § 5 Nr. 1 Satz 1 VOB/B

§ 6 Nr. 3 Satz 1 VOB/B ist im Verhältnis zu § 5 Nr. 1 Satz 1 VOB/B die **Spezialregelung.** Im Behinderungsfall prägt das vom Zumutbarkeitsprinzip bestimmte Weiterführungsgebot die **Förderungsverpflichtung** aus § 5 Nr. 1 Satz 1 VOB/B. Gilt für diese das Prinzip der Angemessenheit, wird dieses Prinzip durch Zumutbarkeitsaspekte ersetzt oder jedenfalls um den **Zumutbarkeitsgedanken** ergänzt. Ist für die Förderungsverpflichtung der Ablauf der Arbeiten gemäß dem in Übereinstimmung mit den Vertragsfristen aufgestell-

---

[16] *Ingenstau/Korbion/Döring* VOB/B § 6 Nr. 3 Rdn. 2, 3; *Heiermann/Riedl/Rusam* VOB/B § 6 Rdn. 16; *Staudinger/Peters* BGB § 642 Rdn. 59.
[17] → § 5 Nr. 3 Rdn. 16, 17.
[18] → § 5 Nr. 3 Rdn. 1.
[19] Vgl. unten Rdn. 20 ff.

ten Bauablaufplan maßgeblich, stellt § 6 Nr. 3 Satz 1 VOB/B zu Lasten des Auftragnehmers diesen vertragskonformen und produktionsorientierten Ablaufplan in Frage. Kooperativ ist der Produktionsablaufplan zu überdenken und mit der eingetretenen Störung zu verknüpfen. Der Einzelfall ist demnach hinsichtlich seiner Besonderheiten und Umstände umfassend zu würdigen. Der Vertragsinhalt, die zur Weiterführung der Arbeiten erforderliche Tätigkeit, deren rechtliche Einordnung als Nebenleistung oder Besondere Leistung, die Zuordnung des hindernden Umstandes in den Verantwortungsbereich des Auftraggebers oder Auftragnehmers, die Frage des Verschuldens wie auch die Folgen der Behinderung für die Fortsetzung des Gesamtobjekts und sämtliche weiteren Konsequenzen sind zu berücksichtigen. Das **Abwägungsspektrum** ist deshalb im Vergleich zu dem Gebot aus § 5 Nr. 1 Satz 1 VOB/B, die Ausführung angemessen zu fördern, erheblich erweitert.

13   Die Weiterführungspflicht nach § 6 Nr. 3 Satz 1 VOB/B hat jedoch ihren Grund in **§ 5 Nr. 1 Satz 1 VOB/B.** Denn die Verpflichtung zur Förderung verdeutlicht, dass die VOB/B nicht nur um einen vertragsgemäßen Beginn und um eine zeitgerechte Beendigung, sondern wegen des für das Gelingen notwendigen und auch zeitlich abgestimmten Zusammenwirkens vieler Baubeteiligter in unterschiedlichsten Bereichen um einen vertrags- und zeitgerechten **Abwicklungsprozess** besorgt ist. Die Störung dieses Abwicklungsprozesses soll möglichst ausgeglichen werden.

### II. Anwendungsbereich des § 6 Nr. 3 VOB/B

14   Das Gebot, für die Weiterführung der Arbeiten alles zu tun, was dem Auftragnehmer billigerweise zugemutet werden kann, und die Arbeiten nach dem Wegfall der hindernden Umstände unverzüglich und ohne weiteres wieder aufzunehmen, gilt in jedem Behinderungsfall.

#### 1. Herkunftsunabhängiger Behinderungstatbestand

15   Eine Unterscheidung nach Verantwortlichkeiten für die hindernden Umstände trifft die Vorschrift nicht. Der Geltungsbereich der Regelung ist deshalb nicht auf die Behinderungs- und Unterbrechungstatbestände beschränkt, die in der Sphäre des Auftraggebers liegen. Den **Auftragnehmer** trifft diese Pflicht gerade auch dann, wenn die hindernden Umstände ihren Grund in seinem Verantwortungsbereich haben.[20] Für diesen Fall beurteilt sich die Verpflichtung zur Leistungsfortsetzung nicht ausschließlich nach § 5 Nr. 3 VOB/B. § 6 Nr. 3 VOB/B wird auch nicht durch § 6 Nr. 2 VOB/B verdrängt, sondern erfasst jeden Behinderungstatbestand, gleichgültig, ob die Ursache im Verantwortungsbereich des Auftraggebers oder des Auftragnehmers liegt.[21] Trifft § 5 Nr. 3 VOB/B zu und hat der Auftraggeber gegenüber dem Unternehmer das Abhilfeverlangen gestellt, bildet auch § 6 Nr. 3 VOB/B die Anspruchsgrundlage für die Weiterführung der Arbeiten. In einem solchen Fall werden die Zumutbarkeitskriterien durch § 5 Nr. 3 VOB/B mitbestimmt. Das gilt z. B. bei Ausfall eines Kranes und einer damit verbundenen Behinderung.

#### 2. Konkretisierung des Pflichteninhalts

16   Der Pflichteninhalt wird allerdings erheblich dadurch bestimmt, in wessen Verantwortungsbereich die Ursache für die Behinderung liegt und ob ein Verschulden des Verantwortlichen hinzukommt.[22] **Verantwortlichkeit und Verschulden** sind maßgebliche Bestimmungskriterien für die Konkretisierung des billigerweise zumutbaren Handelns. Beides

---

[20] *Ingenstau/Korbion/Döring* VOB/B § 6 Nr. 3 Rdn. 2, 3; *Heiermann/Riedl/Rusam* VOB/B § 6 Rdn. 16; *Nicklisch/Weick* VOB/B § 6 Rdn. 31.
[21] *Ingenstau/Korbion/Döring* VOB/B § 6 Nr. 3 Rdn. 6.
[22] *Ingenstau/Korbion/Döring* VOB/B § 6 Nr. 3 Rdn. 3.

beeinflusst auch die Kostentragungspflicht; denn geht der Behinderungstatbestand zu Lasten des Auftragnehmers, sind Kosten infolge gemäß § 5 Nr. 3, § 6 Nr. 3 VOB/B veranlasster Maßnahmen vom Auftragnehmer zu tragen.

Die Überschreitung der **Zumutbarkeitsgrenze** befreit den Auftragnehmer von der Weiterführungspflicht. Der Bauvertrag bleibt bestehen, weswegen auch die Leistungsverpflichtung des Auftragnehmers nicht entfällt. Der Auftraggeber ist lediglich gehindert, die Fortsetzung der Leistungen zu verlangen, die deshalb auch nicht fällig sind und mit denen der Auftragnehmer auch nicht in Verzug geraten kann, es sei denn, dass der hindernde Umstand vom Auftragnehmer zu vertreten ist. Diese Zumutbarkeitsgrenze ist nach Billigkeitsregeln zu bestimmen, was eine an Treu und Glauben (§ 242 BGB) ausgerichtete Bewertung der Vertragsinteressen beinhaltet. § 241 Abs. 2 BGB bildet in gewisser Weise die Basis dieses Abwägungsvorgangs. Denn beide Vertragsparteien sind im Störungsfall zu Rücksicht auf die Rechte, Rechtsgüter und Interessen des jeweils anderen Teils verpflichtet. Die im Lichte der Kooperationspflichten der Parteien zu interpretierende Regelung des § 6 Nr. 3 VOB/B ist nichts anderes als eine Konkretisierung der sich aus § 241 Abs. 2 BGB ergebenden Nebenpflichten, wozu insbesondere Mitwirkungspflichten gehören.[23] 17

### 3. Qualifizierung der Weiterführungsarbeiten – Sperrwirkung der VOB/C und des Bauvertrags

§ 6 Nr. 3 Satz 1 VOB/B verpflichtet den Auftragnehmer nicht zur Vornahme jedweder Tätigkeit, unabhängig davon, in welcher Weise die Leistung konkret im Rahmen der **VOB/C-Leistungshierarchie** einzustufen ist. Die Vorschrift ebnet deshalb auch nicht die auf die Weise und durch den Bauvertrag vorgegebene Sperrwirkung ein. Die Rechtsnatur der für die Weiterführung notwendigen Arbeiten ist deshalb von Gewicht, weil bei Vorliegen von **Besonderen Leistungen** oder bisher nicht beauftragten **Hauptleistungen** gemäß der einschlägigen VOB/C-Norm vertragsrechtlich für den Auftragnehmer keine Handlungspflicht besteht. § 6 Nr. 3 Satz 1 VOB/B hebt diese Sperre nicht auf, und hält den Auftragnehmer nicht zur Vornahme jeglicher Handlung für verpflichtet, sondern macht die Tätigkeitspflicht von **Zumutbarkeitserwägungen** abhängig. Als dem Auftragnehmer zumutbar können aber nur solche Leistungen angesonnen werden, die überhaupt beauftragt sind und deren Umdisposition wie auch die Aufgabe von Zeitreserven in Betracht kommen. Damit entfaltet die Strukturierung der Leistungsarten nach der VOB/C eine erhebliche Rolle.[24] Dieser Aspekt hat weniger mit Leistungsunmöglichkeit oder Leistungsvermögen[25] als vielmehr damit zu tun, zu welcher die Weiterführung der Arbeiten ermöglichenden Leistung der Auftragnehmer nach dem Vertrag einschließlich der VOB/B und der VOB/C verpflichtet ist. Das wird entscheidend durch die Pflichtenlage des Auftragnehmers bestimmt. *Ingenstau/Korbion/Döring*[26] geraten mit ihrer an der Leistungsunmöglichkeit oder am fehlenden Leistungsvermögen ausgerichteten Grenzziehung in Gefahr, den Rahmen des Ausgangsvertrages zu sprengen und damit den Pflichtenkreis über den Vertragsrahmen hinaus auszudehnen. § 6 Nr. 3 Satz 1 VOB/B ist keine Leistungserweiterungsklausel, sondern nur geeignete, die zeitliche Abwicklung bisher beauftragten Leisungen zu beeinflussen.[27] Bloße **Taktverschiebungen** sind anders zu behandeln als die Begründung völlig **neuer Leistungspflichten,** wobei es unerheblich ist, ob der Auftragnehmer hierfür eine gesonderte Vergütung verlangen könnte. **Beispiel:** Stellt sich im Zuge der Belegungsarbeiten heraus, dass der zu belegende Estrich noch nicht belegereif ist, ist der Estrichleger nicht verpflichtet, Trocknungsarbeiten auszuführen, selbst wenn der Auftraggeber zur Zahlung bereit ist. § 1 18

---

[23] *Bamberger/Roth/Grüneberg* BGB § 241 Rdn. 42, 55 ff., bes. 62, 63.
[24] Vgl. unten Rdn. 24 ff.
[25] So aber *Ingenstau/Korbion/Döring* VOB/B § 6 Nr. 3 Rdn. 4; wie hier *Kapellmann/Messerschmidt* VOB/B § 6 Rdn. 30; *Leinemann* VOB/B § 6 Nr. 3 Rdn. 44.
[26] VOB/B § 6 Nr. 3 Rdn. 4.
[27] Vgl. *Kapellmann/Messerschmidt* VOB/B § 6 Rdn. 30.

## § 6 Nr. 3

Nr. 4 Satz 2 VOB/B bildet die Schranke. Der Vertragsgegenstand und damit das inhaltliche Bausoll (§ 2 Nr. 1 VOB/B) können über § 6 Nr. 3 VOB/B samt § 241 Abs. 2 BGB nicht erweitert werden. Kooperative Mitwirkungspflichten werden durch den Vertragsinhalt begrenzt.

### B. Pflichtenlage des Auftragnehmers

**19** Die sich aus § 6 Nr. 3 VOB/B für den Auftragnehmer ergebenden Pflichten bestimmen sich nach Satz 1 und Satz 2. Die Pflicht zur Weiterführung der Arbeiten folgt aus Satz 1, die Pflicht zur Wiederaufnahme der Arbeiten ergibt sich aus Satz 2. Dessen 2. Halbsatz statuiert noch eine Informationspflicht des Auftragnehmers. Pflichten des Auftraggebers werden nicht fixiert. Über § 241 Abs. 2 BGB und den Grundsatz von Treu und Glauben (§ 242 BGB), der zur näheren inhaltlichen Ausgestaltung der Nebenpflicht aus § 241 Abs. 2 BGB geeignet ist,[28] besteht insoweit Ergänzungsbedarf; haben die hindernden Umstände ihren Grund im Verantwortungsbereich des Auftraggebers, trifft den Auftraggeber eine Informationspflicht.[29] Denn der Auftragnehmer bedarf zur Wahrnehmung seiner Dispositionsaufgabe der Auskunft darüber, wann mit dem ungefähren Wegfall der Hinderungsgründe zu rechnen ist. Zudem ist dem Auftragnehmer nicht zumutbar, sich aus eigener Initiative auf der Baustelle darüber zu vergewissern, ob die Voraussetzungen für seinen Leistungsbeginn eingetreten sind. Im vom Auftraggeber zu verantwortenden Störungsfall trifft diesen die Leitungs- und Koordinierungsaufgabe nach § 4 Nr. 1 Abs. 1 VOB/B, wozu die Informationspflicht gehört.[30] Andererseits ist die aus § 6 Nr. 2 VOB/B ableitbare Konsequenz einer in der Sphäre des Auftraggebers liegenden Störung, nämlich die Verlängerung der Ausführungsfrist, nicht als endgültig zu verstehen. Die Mitwirkungspflicht des Auftragnehmers wird aktualisiert, „wenn einer der Vertragspartner in dem primär ihm obliegende Verantwortungsbereich zur Erreichung des Vertragszwecks auf den anderen angewiesen ist und diesem die Hilfe ohne Preisgabe eigener Interessen möglich und auch zumutbar ist".[31] Das betrifft den Komplex der Umdisposition des Produktionsablaufs nach dem bisherigen Ablaufplan wie auch die Behandlung der vom Auftragnehmer für sich selbst vorgesehenen Zeitreserven (Puffer).

### I. Die Pflicht zur Weiterführung der Arbeiten nach § 6 Nr. 3 Satz 1 VOB/B

**20** Die Pflicht zur Weiterführung der Arbeiten im Behinderungsfall ist nicht strikt wertungsfrei – wie die Wiederaufnahmepflicht nach Satz 2 –, sondern **wertungsabhängig** fixiert. Was billigerweise zur Ermöglichung der Weiterführung der Arbeiten zumutbar ist, orientiert sich in erster Linie an der Art der Maßnahme, den Aufwendungen und den **Kosten** hierfür. Neben der rechtlichen Einordnung dieser Leistungshandlung ist bedeutsam, ob der Auftragnehmer diese konkrete Handlung nach dem Vertrag schuldet und wen die Verantwortung für die Behinderung oder die Unterbrechung trifft. Hat der Auftragnehmer die Behinderung verschuldet, sind die Leistungspflichten auch aus schadensersatzrechtlicher Sicht zu würdigen.

#### 1. Die Weiterführung der Arbeiten ermöglichende Leistung

**21** Entsprechend den Leistungsstrukturen der VOB/C, die nach den Allgemeinen Technischen Vertragsbedingungen für Bauleistungen immer nach demselben Prinzip zwischen

---

[28] *Bamberger/Roth/Grüneberg* BGB § 241 Rdn. 42; MünchKomm/*Roth* BGB § 241 Rdn. 47.
[29] → Vor § 6 Rdn. 18.
[30] → Vor § 6 Rdn. 18.
[31] MünchKomm/*Roth* BGB § 241 Rdn. 47.

Hauptleistungen, Nebenleistungen und Besonderen Leistungen unterscheiden, muss die für die Weiterführung aus technischer Sicht notwendige Leistungshandlung in diese Leistungshierarchie eingeordnet werden.[32] Ergibt die weiter notwendige Vertragsprüfung, dass diese Leistung bereits vertraglich beauftragt und von den Vergütungsregeln erfasst ist, ist deren Vornahme ohne Zweifel zumutbar. Die Qualifizierung der Leistung wirkt sich aus, wenn es daran fehlt.

**a) Qualifikation der Leistung.** Sämtliche VOB/C-Normen differenzieren hinsichtlich der Leistungsarten zwischen den jeweils im Abschnitt 3 beschriebenen Hauptleistungen, die entsprechend der Überschrift dieses Abschnitts auch als Ausführungsleistungen bezeichnet werden können, und den im Abschnitt 4 – nicht abschließend – aufgelisteten Nebenleistungen und Besonderen Leistungen. 22

Eine Ausführungsleistung nach Abschnitt 3 ist gemäß § 1 Nr. 1 und § 2 Nr. 1 VOB/B nur zu erbringen, wenn sie in der Leistungsbeschreibung mit Leistungsverzeichnis enthalten ist oder sich das Leistungssoll nach der einschlägigen VOB/C-Vorschrift als Normal- oder Mindestleistungsprogramm erweist (→ § 6 Nr. 2 Rdn. 66; → Einl. I Rdn. 20, 61). Eine **Nebenleistung** gehört gemäß DIN 18299 Abschnitt 4.1 auch dann zur vertraglichen Leistung, wenn sie im Vertrag keine Erwähnung findet. Die **Besonderen Leistungen** sind nach Abschnitt 4.2 der DIN 18299 nur dann Teil des vertraglich geschuldeten Leistungsumfanges, wenn sie in der Leistungsbeschreibung besonders erwähnt sind. Diese Vertragslage, die insbesondere aus § 1 Nr. 1 und § 2 Nr. 1 VOB/B abzuleiten ist, ändert § 6 Nr. 3 Satz 1 VOB/B nicht ab; diese ist vielmehr Teil der **Zumutbarkeitsregelung.** § 241 Abs. 2 BGB in Verbindung mit dem Kooperationsgebot eines VOB/B-Vertrages[33] begründen auf der Rechtsfolgenseite Mitwirkungspflichten als Nebenpflichten. Solche Pflichten erweisen sich nicht als Quelle von Hauptleistungspflichten, sondern sind nur in der Lage, bestehende Hauptleistungspflichten zu modifizieren oder zu ergänzen. 23

**b) Geschuldete Leistung – Qualifikation und Vertragslage.** Diese Leistungsdifferenzierung ist im Rahmen der Anwendung des § 6 Nr. 3 Satz 1 VOB/B zu berücksichtigen. Die Rechtsfolgen sind je nach Leistungsqualifikation unterschiedlich und führen bei Erforderlichkeit einer bloßen **Nebenleistung** dazu, dass eine fristverlängernde Behinderung überhaupt ausscheidet. 24

**aa) Weiterführung durch Nebenleistung möglich.** Ist für die Weiterführung der Arbeiten eine Nebenleistung erforderlich, ist diese zumutbar und zu erbringen. Die Nebenleistung ist Teil der Vertragsleistung, sie ist geschuldet und hat neben ihrer qualitätssichernden Wirkung auch den Zweck, Behinderungtatbestände infolge **Unzulänglichkeiten der Vorleistung** zu vermeiden. Wenn z. B. der Fliesenleger nach der DIN 18352 Abschnitt 4.1 den Untergrund innerhalb der nach der DIN 18202 zulässigen Toleranzen ausgleichen und kleinere Putzüberstände beseitigen muss, handelt es sich nach der Wertung durch die VOB/C um Arbeiten, die der Auftragnehmer sämtlich in seiner **Ablaufplanung** berücksichtigen musste. Hierfür steht dem Auftragnehmer keine besondere Vergütung zu, sie ist durch den Bauvertrag auch ohne ausdrückliche Benennung im Leistungsverzeichnis bereits vertraglich geschuldet. Nebenleistungen begründende Baumstände begründen keinen zusätzlichen Zeitbedarf. Damit schließt § 6 Nr. 3 Satz 1 VOB/B eine fristverlängernde Störung nach § 6 Nr. 2 VOB/B aus. 25

**bb) Weiterführung durch Besondere Leistung möglich.** Gelingt die Weiterführung nur mittels Besonderer Leistungen, die bisher nach den Regeln der DIN 18299 Abschnitt 4.2 in Verbindung mit § 2 Nr. 1 VOB/B als nicht beauftragt anzusehen sind, 26

---

[32] Vgl. ähnlich im Ansatz *Daub/Piel/Soergel/Steffani* ErlZ B 6.55 und 6.56; wie hier *Kapellmann/Messerschmidt* VOB/B § 6 Rdn. 30; *Leinemann* VOB/B § 6 Rdn. 42; a. A. *Ingenstau/Korbion/Döring* VOB/B § 6 Nr. 3 Rdn. 4.
[33] BGH U. v. 28. 10. 1999 – VII ZR 393/98, BGHZ 143, 89 = NJW 2000, 807 = NZBau 2000, 130 = BauR 2000, 409 = ZfBR 2000, 170; BGH B. v. 6. 6. 2003 – VII ZR 186/01 NZBau 2003, 433 = BauR 2003, 1383 = ZfBR 2003, 681; dazu auch *Fuchs* NZBau 2004, 65 ff.

## § 6 Nr. 3 — Weiterführungspflicht

begründet § 6 Nr. 3 Satz 1 VOB/B **keine Fortführungspflicht**. Diese Bestimmung hat keine leistungserweiternde Funktion und hebt die Leistungshierarchie der VOB/C, die über § 2 Nr. 1 VOB/B Einfluss entfaltet, nicht auf.[34]

27   Derartige Besondere Leistungen sind nur dann zu erbringen, wenn eine entsprechende Anordnung des Auftraggebers nach § 1 Nr. 3 oder Nr. 4 VOB/B vorliegt, woraus sich die Vergütungskonsequenzen nach § 2 Nr. 5 bzw. Nr. 6 VOB/B ergeben.[35] Eine solche Mitwirkung ist vom Auftraggeber zu fordern; über die Behinderungsanzeige nach § 6 Nr. 1 VOB/B[36] wird diesem nämlich die Möglichkeit zur zielsicheren Beseitigung der Behinderung, z. B. durch Anordnung einer Besonderen Leistung geschaffen.

28   Die in § 6 Nr. 3 Satz 1 VOB/B verwendete Formel, der Auftragnehmer habe alles zu tun, was ihm billigerweise zugemutet werden kann, muss einschränkend die Mitwirkungspflichten des Auftraggebers und weiter dessen **Zahlungsverpflichtung** berücksichtigen. Diese Mitwirkungsaufgabe darf über § 6 Nr. 3 Satz 1 VOB/B i. V. m. § 2 Nr. 8 Abs. 2 VOB/B nicht ausgehebelt werden.[37] Dieser Weg ist infolge der dem Auftragnehmer auferlegten Behinderungsanzeige versperrt; § 6 Nr. 1 VOB/B bezweckt, den Auftraggeber mit der ihn treffenden **Leitungsaufgabe** (§ 4 Nr. 1 Abs. 1 VOB/B) einzubinden. Dieselbe Erwägung spricht dagegen, den Auftragnehmer bezüglich des Anfalls einer Besonderen Leistung zur Weiterführung der Arbeiten über § 2 Nr. 8 Abs. 1 Satz 1 VOB/B von einer Anordnung durch den Auftraggeber freizustellen. Aus dem Umstand, dass eine vom Auftragnehmer wegen einer auftraggeberseitigen Behinderung mit dem Ziel der Weiterführung ergriffene Maßnahme nach z. B. § 2 Nr. 8 VOB/B zu vergüten wäre, kann nicht auf eine Verpflichtung des Auftragnehmers zur Aufnahme einer solchen Tätigkeit geschlossen werden. § 2 Nr. 8 VOB/B geht gerade im Gegenteil davon aus, dass der Auftragnehmer eine vertragsrechtlich nicht geschuldete Leistung erbringt.[38] § 6 Nr. 3 Satz 1 VOB/B schafft nicht die Grundlage dafür, bei Ausführung einer Besonderen Leistung ohne Auftrag die eigenmächtige Abweichung vom Auftrag zu verneinen und damit die Tätigkeit wie auch die Vergütung abzusichern. Im Übrigen trifft den Auftraggeber nach § 241 Abs. 2 BGB die Pflicht zur Rücksichtnahme auf die Interessen des Auftragnehmers, was im Fall der Zeitstörung die Leistungsaufgabe des Auftraggebers besonders aktualisiert.

29   Ein solches Vorgehen wäre gerade bei Beanstandungen an der Vorleistung zudem aus dem Grunde nicht im Interesse des über die Behinderungsanzeige informierten Auftraggebers, weil der Verlust von Gewährleistungsansprüchen gegen den vorleistenden Unternehmer die Folge wäre.

30   cc) **Weiterführung durch Haupt-/Ausführungsleistung möglich.** Diese Grundsätze gelten auch, wenn die Weiterführung der Arbeiten nur mit Haupt- oder Ausführungsleistungen nach Abschnitt 3 der jeweiligen VOB/C-Vorschrift möglich wäre, die jedoch mangels Auflistung im Leistungsverzeichnis nicht zur vertraglich geschuldeten Leistung gehören.[39] Für die Beseitigung der Behinderung ist die Mitwirkung des Auftraggebers nötig, worauf mit Recht deshalb abzustellen ist, weil der Auftraggeber über die Behinderungsanzeige ins Bild gesetzt ist. Diese Leistungen hat der Auftraggeber nach § 1 Nr. 4 VOB/B zu beauftragen, woraus sich die Vergütungsfolgen gemäß § 2 Nr. 6 VOB/B ergeben. Aus den oben Rdn. 28 dargestellten Gründen ist § 2 Nr. 8 VOB/B nicht geeignet, auf die Notwendigkeit einer Auftraggeberanordnung zu verzichten und eine Tätigkeitspflicht allein aus § 6 Nr. 3 Satz 1 VOB/B zu begründen. Auch hier wird das Zumutbarkeitskriterium durch das Erfordernis der **Auftraggeberanordnung** mitbestimmt.

---

[34] *Kapellmann/Messerschmidt* § 6 Rdn. 30; *Leinemann* VOB/B § 6 Rdn. 42.
[35] *Ingenstau/Korbion/Döring* VOB/B § 6 Nr. 3 Rdn. 4; *Kapellmann/Messerschmidt* VOB/B § 6 Rdn. 30; *Leinemann* VOB/B § 6 Rdn. 42, 44; → § 6 Nr. 2 Rdn. 51.
[36] → § 6 Nr. 1 Rdn. 40.
[37] In diese Richtung aber *Ingenstau/Korbion/Döring* VOB/B § 6 Nr. 3 Rdn. 5 a. A.
[38] → § 2 Nr. 8.
[39] *Leinemann* VOB/B § 6 Rdn. 42; *Kapellmann/Messerschmidt* VOB/B § 6 Rdn. 30.

**dd) Leistungsverweigerungsrecht des Auftragnehmers.** In diesen Fällen ist der Auftragnehmer ohne eine entsprechende Anordnung des Auftraggebers, die ihrerseits wiederum die Schranken aus § 1 Nr. 3, 4 und § 2 Nr. 5 VOB/B einhalten muss, nicht zur Leistungsaufnahme verpflichtet. Dennoch sollte insoweit nicht von einem Recht zum Nichttätigwerden oder von einem Leistungsverweigerungsrecht[40] gesprochen werden. Denn nach §§ 320 wie auch § 273 BGB setzt ein solches Leistungsverweigerungsrecht in erster Linie eine Leistungsverpflichtung eines Vertragsteils voraus, der sich jedoch auf Gegenrechte berufen kann. Fehlt es bereits an einer Leistungsverpflichtung, bedarf es eines Leistungsverweigerungsrechts nicht.

Diese Grundsätze durchbrechen allerdings schadensersatzrechtliche Verpflichtungen. War **31** die im Leistungsverzeichnis nicht enthaltene Ausführungsleistung plangemäß nicht geboten, wird sie jedoch deshalb erforderlich, weil der **Auftragnehmer im eigenen Verantwortungsbereich** vorwerfbar hindernde Umstände gesetzt hat, begründet § 6 Nr. 3 Satz 1 VOB/B z. B. in Verbindung mit Verzug oder § 6 Nr. 6 VOB/B die Tätigkeitsverpflichtung des Auftragnehmers unabhängig von Auftraggeberanordnungen und von der Einordnung der Leistung als Haupt-/Ausführungsleistung oder Besonderer Leistung.[41]

**c) Maßnahmen innerhalb des vertraglichen Leistungsumfangs, jedoch abwei-** **32** **chend vom Unternehmerablaufplan.** Im Übrigen ist der Auftragnehmer nach bautechnischer und baubetrieblicher Sachlage gehalten, durch anderweitige Planung des Bauablaufs, Umsetzungen und Umdispositionen, eventuell auch durch Einsatz eines anderen Geräts oder Baustoffs die Auswirkungen der Behinderung zu minimieren.[42] Das kann z. B. dadurch geschehen, dass die durch die Witterung gestörten Arbeiten zurückgestellt und andere vorgezogen werden; der Einsatz eines leistungsfähigeren Gerätes oder die Zuziehung einer um weitere Arbeitnehmer verstärkten Mannschaft kann die Behinderungsfolgen reduzieren.[43] Den Hintergrund bildet die auch aus § 241 Abs. 2, § 242 BGB abgeleitete Nebenpflicht des Auftragnehmers, bei Störungen im Bauablauf möglichst Schäden des Auftraggebers zu vermeiden oder Ablaufstörungen in ihren Folgen zu minimieren. In welchem Umfang dies jedoch dann zumutbar ist, wenn damit Kosten verbunden sind, bedarf einer Einzelfallabwägung. *Staudinger/Peters*[44] vertreten die Auffassung, dem Auftragnehmer seien auch Maßnahmen zumutbar, die zusätzliche Kosten auslösen, ohne dass der Auftragnehmer sie auf den Besteller abwälzen können muss. *Leinemann*[45] reduziert das Umstellungsgebot auf kostenneutrale Maßnahmen. Hat der Auftragnehmer in seinem produktionsorientierten Ablaufplan Puffer vorgesehen oder hätte er solche Puffer aus Gründen des Realitätserfordernisses von Bauablaufplanungen vorsehen müssen,[46] sind Störungen, die sich innerhalb der Puffer bewegen, kostenmäßig grundsätzlich bereits in der Kalkulation berücksichtigt.

Die gebotenen Leistungen unterfallen nicht der Kategorie Haupt-/Ausführungsleistung **33** oder Besondere Leistung nach der VOB/C, sondern sind sonstiger, in erster Linie organisatorischer, den Ablaufplan betreffender Art.[47] Sie wirken sich auf das wirtschaftliche Ergebnis des Auftragnehmers aus, da der nach den Grundsätzen der **Minimalkostenkombination**[48] erstellte Ablaufplan hierdurch gestört wird. Diese Anpassung des Bauablaufs an die Störung

---

[40] *Franke/Kemper/Zanner/Grünhagen* VOB/B § 6 Rdn. 51; *Ingenstau/Korbion/Döring* VOB/B § 6 Nr. 3 Rdn. 4.
[41] Vgl. unten Rdn. 35.
[42] *Vygen* Seminar Bauverzögerung S. 57; *Vygen/Schubert/Lang* Rdn. 149, 386 ff.; *Kapellmann/Messerschmidt* VOB/B § 6 Rdn. 30; *Kapellmann/Schiffers* Bd. 1 Rdn. 1265, 1457; *Leinemann* VOB/B § 6 Rdn. 44; *Staudinger/Peters* BGB § 642 Rdn 59.
[43] BGH *Schäfer/Finnern* Z 2311 Bl. 20; *Kapellmann/Schiffers* Bd. 1 Rdn. 1460 jedoch mit Hinweis auf regelmäßig mit Personalverstärkung oder Geräteeinsatzänderung verbundener Kostensteigerung.
[44] BGB § 642 Rdn. 59.
[45] VOB/B § 6 Rdn. 44.
[46] Vgl. *Olshausen* FS Korbion S. 323 329; *Bauer* Baubetrieb S. 544; *Kapellmann/Schiffers* Bd. 1 Rdn. 1483.
[47] Vgl. *Vygen/Schubert/Lang* Rdn. 387.
[48] *Agh-Ackermann/Kuen* S. 26; 30.

**§ 6 Nr. 3**                                                Weiterführungspflicht

zur Folgenreduzierung, wozu auch gehört, die Verlängerung der Ausführungsfrist nach § 6 Nr. 2 Nr. 4 VOB/B zu minimieren,[49] ist unabhängig von Auftraggeberanordnungen. Geboten sind allein **Unternehmerdispositionen,** deren Grundlage § 4 Nr. 2 Abs. 1 VOB/B ist.[50] In wessen Verantwortungsbereich die hindernden Umstände ihren Grund haben, ob sie vom Auftraggeber oder Auftragnehmer zu vertreten sind, welche Kostenfolgen die Umdisposition bezogen auf die Teilleistungskosten, die Gemeinkosten der Baustelle oder die allgemeinen Gemeinkosten hat, spielt für die Auslotung der Zumutbarkeitsgrenzen eine Rolle.[51] Der Grundsatz der **Minimalkostenkombination** wird maßgeblich dadurch geprägt, dass der Auftragnehmer im Rahmen der vertraglich vereinbarten Termine im Sinne seiner subjektiven Minimalkostenkombination nach eigenem Ermessen jene zweckmäßige Kombination der Produktionskomponenten und Abläufe ermittelt, die optimale Ausnützung gewährleistet, Risiko minimiert und die geringsten Kosten verursacht.[52] Die nach § 6 Nr. 3 Satz 1 VOB/B im Rahmen der Zumutbarkeit gebotene Umdisposition bewirkt einen störenden Eingriff in diese Minimalkostenkombination.

**34**    **Umdispositionen** sind unabhängig von den Kostenfolgen dann zumutbar, wenn der Auftragnehmer die hindernden Umstände zu verantworten hat, weil sie in seinem Risikobereich liegen.[53] Vom Auftragnehmer kann dann auch ein Einsatz verstärkter wirtschaftlicher Mittel gefordert werden.[54] Handelt es sich um Hinderungsgründe nach § 6 Nr. 2 Abs. 1 lit. b) und c) VOB/B sind die Kostenfolgen einschließlich der Auswirkungen auf Qualitätsrisiken einzelfallbezogen abzuwägen.[55] Trifft den Auftraggeber ein Verschulden an der Behinderung, z. B. weil die Planlieferfristen nicht eingehalten wurden, sind kosten- und qualitätsneutrale Umdispositionen zumutbar, bei kostenträchtigen ist eine Einzelfallabschätzung nach Treu und Glauben geboten. Die Möglichkeit eines eventuellen **Kostenausgleichs** nach § 6 Nr. 6 VOB/B ist zu berücksichtigen. Fallen die Hinderungsgründe lediglich objektiv in den Verantwortungsbereich des Auftraggebers (§ 6 Nr. 2 Abs. 1 lit. a) VOB/B), wird der Auftragnehmer grundsätzlich nicht von seiner Weiterführungspflicht befreit, nach Zumutbarkeitsregeln sind die Pflichten jedoch weniger intensiv.[56] Hat der Auftragnehmer die Behinderung nicht nur zu verantworten, sondern auch verschuldet, hat er nach § 6 Nr. 3 Satz 1 VOB/B alles nur mögliche zu tun, um die Leistungen fortzuführen und die Behinderung auszugleichen. Dazu ist der Auftragnehmer auch nach schadensersatzrechtlichen Grundsätzen gemäß § 6 Nr. 6 VOB/B verpflichtet.[57] **Beschleunigungsmaßnahmen,**[58] nämlich verstärkter Kapazitätseinsatz, Änderung des Bauverfahrens, verstärkte Ausnutzung vorhandener Kapazitäten, sind zu ergreifen, damit trotz der Störung die Arbeiten möglichst fristgerecht ausgeführt werden.[59] Hat keiner der Vertragspartner die hindernden Umstände zu verantworten oder verschuldet, entscheiden über die Art und Weise der den Auftragnehmer treffenden Weiterführungspflicht Billigkeitsgesichtspunkt unter angemessener Berücksichtigung der betroffenen Belange.[60] **Beschleunigungsmaßnahmen** muss der Auftragnehmer in solchen Fällen oder dann, wenn der Behinderungstatbestand nach § 6 Nr. 2 Abs. 1 lit. a) VOB/B in der Risikosphäre des Auftraggebers liegt, nicht ergreifen. Der Auftraggeber ist nicht berechtigt, in die Auftragnehmerdisposition über

---

[49] Vgl. oben Rdn. 5.
[50] Vgl. oben Rdn. 10.
[51] *Ingenstau/Korbion/Döring* VOB/B § 6 Nr. 3 Rdn. 2, 4; *Heiermann/Riedl/Rusam* VOB/B § 6 Rdn. 16, 17.
[52] *Ágh-Ackermann/Kuen* S. 30.
[53] → § 6 Nr. 2 Rdn. 59 ff.; *Ingenstau/Korbion/Döring* VOB/B § 6 Nr. 3 Rdn. 3; *Heiermann/Riedl/Rusam* VOB/B § 6 Nr. 3 Rdn. 16.
[54] BGH BauR 1983, 73, 75.
[55] *Ingenstau/Korbion/Döring* VOB/B § 6 Nr. 3 Rdn. 4.
[56] *Staudinger/Peters* BGB § 642 Rdn. 59.
[57] *Heiermann/Riedl/Rusam* VOB/B § 6 Rdn. 16; *Ingenstau/Korbion/Döring* VOB/B § 6 Nr. 3 Rdn. 3.
[58] Dazu *Vygen/Schubert/Lang* Rdn. 388, 391.
[59] *Ingenstau/Korbion/Döring* VOB/B § 6 Nr. 3 Rdn. 3, 4.
[60] *Heiermann/Riedl/Rusam* VOB/B § 6 Rdn. 16.

Weiterführungspflicht  § 6 Nr. 3

Beschleunigungsanordnungen einzugreifen.[61] Soweit *Döring*[62] eine solche Beschleunigungsanordnung des Auftraggebers für möglich hält und ausführt, solchen Anordnungen könne sich der Auftragnehmer nach den Grundsätzen der Kooperationspflicht nicht entziehen, wird diese Kooperationspflicht überdehnt. Die Kooperationsverpflichtung[63] manifestiert sich in einer **Mitwirkungsverpflichtung,** deren Rechtsgrund § 241 Abs. 2 BGB i. V. m. § 242 BGB ist.[64] Liegt aber der Behinderungstatbestand nach § 6 Nr. 2 Abs. 1 lit. a) VOB/B in dem Risikobereich des Auftraggebers, ist dieser zwar zur dennoch angestrebten Sicherung der vertraglichen Bauzeitvorgaben auf den Auftragnehmer angewiesen. Die Konkretisierung der Mitwirkungsverpflichtung hat jedoch die Interessen des Auftragnehmers zu berücksichtigen, der zu deren Preisgabe nicht verpflichtet ist. Dabei ist die Auslastung des Auftragnehmers, dessen sonstige betriebliche Disposition wie auch zu berücksichtigen, dass der Auftragnehmer nicht über derartige Anordnungen bei eigener Auslastung gezwungen werden kann, Subunternehmer einzuschalten.[65] Die aus § 1 Nr. 3, 4 und § 2 Nr. 5 VOB/B (andere Anordnung) zugunsten des Auftraggebers ableitbaren Befugnisse werden im Zeitstörungsfall durch die in § 6 Nr. 1, 2 und 4 VOB/B getroffene Regelung überlagert. Über § 1 Nr. 3, 4 und § 2 Nr. 5 VOB/B dann der Auftraggeber nur das berechtigt anordnen, wozu der Auftragnehmer nach § 6 Nr. 3 VOB/B verpflichtet ist. § 6 Nr. 3 Satz 1 VOB/B verpflichtet den Auftragnehmer nach Zumutbarkeitsregeln zur „Weiterführung" der Arbeiten. Das beinhaltet keine Beschleunigung.

**d) Schadensersatzpflicht des Auftragnehmers.** Liegen die Hinderungsgründe in der 35 Sphäre des Auftragnehmers[66] und trifft den Auftragnehmer oder dessen Erfüllungsgehilfen (vor allem Subunternehmer) ein Verschulden, ist der Auftragnehmer aus schadensersatzrechtlichen Gründen unabhängig von der Leistungsqualifizierung[67] zur Vornahme solcher Tätigkeiten verpflichtet, wodurch die Fortführung der Arbeiten gesichert wird. Ob die Leistungshandlung als Nebenleistung, Besondere Leistung oder Haupt-/Ausführungsleistungen gemäß der VOB/C einzuordnen ist, ist bedeutungslos, wenn bei ungestörtem Bauablauf die infolge der vom Auftragnehmer verschuldeten Störung notwendig gewordene Leistung nicht angefallen wäre. Hatte z. B. der Estrichleger, der den Baubeginn schuldhaft verzögert hat, nach dem Leistungsverzeichnis einen Zementestrich einzubringen, kann die kostenintensive und allein zu Lasten des Auftragnehmers gehende Umstellung auf einen Asphaltestrich nach § 6 Nr. 3 Satz 1 VOB/B i. V. m. § 5 Nr. 3 VOB/B geboten sein, wenn nur auf diese Weise die geplante Fortsetzung des Bauablaufs mit den nachfolgenden Gewerken gesichert ist. Der Vertrag, der die geschuldete Leistung in anderer Weise beschreibt, beschränkt die nach Zumutbarkeitsregeln gemäß § 6 Nr. 3 Satz 1 VOB/B zu bestimmende Leistungsverpflichtung nicht.

**e) Schutzpflichten und Schutzmaßnahmen.** Von den der Weiterführung der Leis- 36 tung dienenden Tätigkeiten sind die Schutzpflichten des Auftragnehmers zu unterscheiden.[68] Diese treffen den Unternehmer nach § 4 Nr. 5 VOB/B gemäß den Konkretisierungen nach DIN 18299 Abschnitt 4.1.10 und Abschnitten 4.2.5 bzw. 4.2.16. Werden Schutzmaßnahmen gegen Niederschlagswasser erst infolge der Behinderung nötig, ist deren Vornahme unabhängig von Feststellungen zum Verantwortungsbereich und zum Verschulden nach § 6 Nr. 3 Satz 1 VOB/B zumutbar, da die Maßnahme der Kategorie der Nebenleistungen zugehörig ist.[69] Stellen die Schutzmaßnahmen Besondere Leistungen dar, bedarf

---

[61] *Kapellmann/Messerschmidt* VOB/B § 6 Rdn. 31; *Kapellmann/Schiffers* Bd. 1 Rdn. 1458, 1462 ff.; *Leinemann* VOB/B § 6 Rdn. 44; a. A. *Ingenstau/Korbion/Döring* VOB/B § 6 Nr. 3 Rdn. 4.
[62] *Ingenstau/Korbion/Döring* VOB/B § 6 Nr. 3 Rdn. 4.
[63] BGH U. v. 28. 10. 1999 – VII ZR 393/98, BGHZ 143, 89 = NJW 2000, 807 = NZBau 2000, 130 = BauR 2000, 409 = ZfBR 2000, 170; *Kniffka* Jahrbuch Baurecht 2001, S. 1 ff, 12.
[64] Vgl. MünchKomm/*Roth* BGB § 241 Rdn. 47.
[65] *Kapellmann/Messerschmidt* VOB/B § 6 Rdn. 31; *Kapellmann/Schiffers* Bd. 1 Rdn. 1458.
[66] → § 6 Nr. 2 Rdn. 59 ff.
[67] Vgl. oben Rdn. 21 ff.
[68] Vgl. dazu *Ingenstau/Korbion/Döring* VOB/B § 6 Nr. 3 Rdn. 5.
[69] Vgl. oben Rdn. 24, 25.

es grundsätzlich einer Anordnung;[70] hat der Auftragnehmer die hindernden Umstände zu vertreten (verschuldet), ist die Anordnung aus schadensersatzrechtlichen Gründen nicht Voraussetzung für die Weiterführungspflicht.

### 2. Pflichtverletzung und Sanktionierung

37 Kommt der Auftragnehmer der Weiterführungspflicht, die unter Berücksichtigung der Zumutbarkeitskriterien besteht, nicht nach, ist hinsichtlich der Rechtsfolgen zu unterscheiden.

38 **a) Positive Vertragsverletzung (§ 280 Abs. 1 BGB).** Die schuldhafte Verletzung begründet den Tatbestand der positiven Vertragsverletzung. Dessen Abwicklung erfolgt nach § 6 Nr. 6 VOB/B, weswegen entgangener Gewinn vom Auftraggeber nur unter den dort geregelten Voraussetzungen zu ersetzen ist.[71]

39 **b) Kündigungsmöglichkeit.** Für eine Kündigungsmöglichkeit bei – auch unverschuldeter – Pflichtverletzung fehlt eine ausdrückliche Regelung. Weder § 5 Nr. 4 VOB/B noch § 8 Nr. 3 VOB/B greift diesen Störungstatbestand auf. Ein Recht zur Kündigung ist in entsprechender Anwendung des § 5 Nr. 4 VOB/B zu bejahen.[72] Das Analogieverbot[73] ist nicht einschlägig; dem § 6 Nr. 3 VOB/B ist eine besondere Ausprägung der Förderungsverpflichtung aus § 5 Nr. 1 Satz 1 VOB/B. Das erschließt die Kündigungsmöglichkeit aus § 5 Nr. 4 VOB/B unter den dortigen Voraussetzungen, wenn der Tatbestand des § 6 Nr. 3 Satz 1 VOB/B erfüllt ist, der Auftragnehmer jedoch der Weiterführungspflicht nicht entspricht.

### 3. Minimierung der Baustellenbesetzung – Abzug von der Baustelle

40 Der Auftragnehmer, der die hindernden Umstände weder verschuldet noch objektiv zu verantworten hat, kann im Einzelfall zur Reduzierung der Baustellenbesetzung oder zum Abzug von der Baustelle berechtigt oder dazu aus Gründen der Schadensminderungspflicht gemäß § 254 BGB verpflichtet sein.[74] Scheidet nämlich die Weiterführungspflicht nach § 6 Nr. 3 Satz 1 VOB/B aus und besteht nach der Baustellensituation für die Aufrechterhaltung der nach dem Bauablaufplan vorgesehenen Baustellenbesetzung kein Bedarf, gewinnt der **Unternehmer** Freiheit in der Ausübung seines **Dispositionsrechts** aus § 4 Nr. 2 Abs. 1 VOB/B. Dies kann bei Unklarheit über die Beendigung der vom Auftraggeber zu verantwortenden oder gar verschuldeten Störung dazu legitimieren, unter Berücksichtigung der sonstigen betrieblichen **Unternehmerdisposition** eine andere Baustelle zu beginnen und diese angemessen zu fördern. Die Befugnis hierzu lässt sich § 642 Abs. 2 BGB entnehmen, wonach bei Ausfall der Mitwirkung des Auftraggebers die Höhe der Entschädigung unter Berücksichtigung der anderweitigen Einsatzmöglichkeiten zu bestimmen ist.[75] Hat der Auftragnehmer gegen den Auftraggeber Schadensersatzansprüche aus § 6 Nr. 6 VOB/B, ist ein solches Vorgehen gemäß § 254 BGB sogar geboten.[76] Ist die Behinderung beseitigt und damit die Weiterführung der Arbeiten in vollem Umfang möglich, ist in die Zumutbarkeitserwägungen nach § 6 Nr. 3 Satz 1 VOB/B der Umstand einzubeziehen, dass der Auftragnehmer berechtigterweise eine anderweitige Baustelle angenommen oder in Angriff genommen hat. Ob und in welchem Umfang dem Auftragnehmer der Abzug von Arbeitskräften und Gerät von dieser zweiten Baustelle oder gar die Einschaltung eines Subunternehmers zumutbar ist, entscheidet sich unter Abwägung sämtlicher betroffener Belange, wozu auch eventuelle Zeitstörungsfolgen der zweiten Baustelle zählen.

---

[70] Vgl. oben Rdn. 26.
[71] Staudinger/*Peters* BGB § 642 Rdn. 62, 65; *Ingenstau/Korbion/Döring* VOB/B § 6 Nr. 3 Rdn. 6.
[72] *Ingenstau/Korbion/Döring* VOB/B § 6 Nr. 3 Rdn. 6.
[73] BGH U. v. 2. 10. 1997 – VIII ZR 44/97, NJW-RR 1998, 235 = BauR 1997, 1027.
[74] *Heiermann/Riedl/Rusam* VOB/B § 6 Rdn. 16; *Ingenstau/Korbion/Döring* VOB/B § 6 Nr. 3 Rdn. 7.
[75] Staudinger/*Peters* BGB § 642 Rdn. 25, 26.
[76] Vgl. OLG Stuttgart BauR 1975, 54.

## II. Die Pflichtenlage zur Wiederaufnahme der Arbeiten nach § 6 Nr. 3 Satz 2 VOB/B

Nach § 6 Nr. 3 Satz 2 VOB/B hat der Auftragnehmer die Arbeiten unverzüglich und ohne weiteres wiederaufzunehmen, wenn die hindernde Umstände weggefallen sind. Die Pflicht zur Wiederaufnahme ist demnach nicht von einer Auftraggeberaufforderung abhängig, sondern entsteht mit Wegfall des Hindernisses. Die Arbeiten sind unverzüglich und damit **ohne schuldhaftes Zögern**[77] in Angriff zu nehmen. Der Auftraggeber ist von der Wiederaufnahme zu verständigen. 41

### 1. Anwendungsbereich

Die Vorschrift ist auf die **Unterbrechung** der Ausführung zugeschnitten; denn nur bei Stillstand der gewerkespezifischen Tätigkeiten kommt im eigentlichen Sinne eine Wiederaufnahme in Betracht. Unterbrechen Störungstatbestände lediglich Arbeitsabschnitte des Auftragnehmers nach dessen Ablaufplan, ist jedoch eine Fortsetzung an anderer Stelle möglich und geboten, ist § 6 Nr. 3 Satz 1 VOB/B einschlägig. *Ingenstau/Korbion/Döring*[78] wenden Satz 2 auch auf die Unterbrechung von Teilleistungen an. 42

### 2. Pflichteninhalt

§ 6 Nr. 3 Satz 2 VOB/B begründet neben der **Wiederaufnahmepflicht** eine **Benachrichtigungspflicht** des Auftragnehmers. Eine Informationspflicht des Auftraggebers legt die Vorschrift nicht fest; nach § 241 Abs. 2 BGB und Treu und Glauben ist jedoch auch ein Informationsgebot des Auftraggebers zu bejahen.[79] Das folgt notwendig auch aus dem einen VOB/B-Vertrag beherrschenden Kooperationsgebot, dessen eine wesentliche Folge Informationspflichten sind.[80] Liegt die Störungsursache im Gesamtwertungsbereich des Auftraggebers, entspricht es der Pflicht zur Rücksichtnahme auf die Interessen des Auftragnehmers, dass der Auftraggeber nach Beseitigung der hindernden Umstände den Auftragnehmer davon unterrichtet. Die Wiederaufnahmepflicht des Auftragnehmers nach § 6 Nr. 3 Satz 2 VOB/B entsteht in solchen Fällen in Abhängigkeit von dieser Mitteilung. Im Allgemeinen wird es erforderlich sein, dass die Vertragspartner den Störungstatbestand zum Anlass für eine einvernehmliche Anpassung der Ablaufplanung nehmen. Denn eine einseitig ausübbare Kompetenz zur Bauzeitfestlegung kommt dem Auftraggeber nach § 4 Nr. 1 Abs. 1 VOB/B nicht zu.[81] 43

**a) Wiederaufnahmepflicht.** Die Wiederaufnahme setzt die Kenntnis des Auftragnehmers vom Wegfall der hindernden Umstände voraus.[82] Haben diese ihren Grund im Verantwortungsbereich des Auftraggebers, ist dieser verpflichtet, den Auftragnehmer zu verständigen und es ist nicht Sache des Auftragnehmers, sich durch Baustellenbesichtigungen davon Kenntnis zu verschaffen. Die Verpflichtung zur unverzüglichen und damit ohne schuldhaftes Zögern[83] gebotenen Wiederaufnahme lässt Raum für die Berücksichtigung der Interessen des Auftragnehmers, der zwischenzeitlich nach den oben Rdn. 40 dargestellten Gründen von der Baustelle abgezogen und eine andere Tätigkeit aufgenommen hat. Wenn die Weiterführungspflicht unabhängig von einer Aufforderung zur Wiederaufnahme seitens des 44

---

[77] Vgl. zum Begriff unverzüglich im Zusammenhang mit § 2 Nr. 8 Abs. 2 VOB/B BGH BauR 1994, 625 = NJW 1994, 3357 = NJW-RR 1994, 1108 = ZfBR 1994, 222.
[78] VOB/B § 6 Nr. 3 Rdn. 8.
[79] → Vor § 6 Rdn. 17 ff.
[80] BGH U. v. 28. 10. 1999 – VII ZR 393/98, BGHZ 143, 89 = NJW 2000, 807 = NZBau 2000, 130 = BauR 2000, 409 = ZfBR 2000, 170; *Kniffka* Jahrbuch Baurecht 2001, S. 1 ff., bes. 8 ff.
[81] Vgl. unten Rdn. 45, 50, 51; → § 6 Nr. 4 Rdn. 27 ff.
[82] *Ingenstau/Korbion/Döring* VOB/B § 6 Nr. 3 Rdn. 9.
[83] Vgl. BGH BauR 1994, 625 = NJW 1994, 3357 = NJW-RR 1994, 1108 = ZfBR 1994, 222.

## § 6 Nr. 3 — Weiterführungspflicht

Auftraggebers besteht,[84] darf § 6 Nr. 3 Satz 2 VOB/B nicht dahin verstanden werden, dass bei Hindernissen im Gesamtwertungsbereich des Auftraggebers den Auftragnehmer eine Bautenstandsprüfungspflicht trifft. Die vorwerfbare Verletzung der Wiederaufnahmepflicht macht nach der Rechtsfigur der positiven Forderungsverletzung schadensersatzpflichtig, wobei die Abwicklung (§ 280 Abs. 1 BGB) nach § 6 Nr. 6 VOB/B erfolgt.[85]

45 Die Regeln für die Wiederaufnahme bestimmen sich nicht nach § 5 Nr. 2 VOB/B. Ein Rückgriff auf diese Bestimmung ist ausgeschlossen. Dem Auftraggeber kommt nicht die Kompetenz zu, nach Wegfall der hindernden Umstände einseitig vom Auftragnehmer die Wiederaufnahme innerhalb von **12 Werktagen** zu verlangen. Die 12-Werktagesfrist liefert allenfalls einen vagen Anhaltspunkt dafür, dass die VOB/B von einer innerhalb dieses Zeitraums aktualisierbaren Leistungsbereitschaft des Auftragnehmers ausgeht.[86] Dieser Aspekt kann neben den Einzelfallumständen einen Beurteilungsbeitrag dafür liefern, wann eine schuldhaft verzögerte Wiederaufnahme vorliegt.

46 Entsprechend § 5 Nr. 4 und § 8 Nr. 3 VOB/B muss dem Auftraggeber bei verzögerter Wiederaufnahme der Arbeiten ein Kündigungsrecht zugebilligt werden. Zwar fehlt eine derartige ausdrückliche Sanktionsregel; die Anwendung von **§ 5 Nr. 4 VOB/B** ist jedoch angebracht.[87] Der Störungstatbestand Verzögerung der möglichen und gebotenen Wiederaufnahme muss wegen der Gleichheit der Interessenlage entsprechend den Regeln für die Verzögerung des Beginns abgewickelt werden. Dies entspricht einer Praxisnotwendigkeit, denn der Auftraggeber muss in diesem Fall die Möglichkeit zur Einschaltung eines Drittunternehmers haben. Mit dem Analogieverbot[88] kommt man nicht in Konflikt, weil die Basisregelung § 5 Nr. 1 VOB/B ist, die lediglich in § 6 Nr. 3 Satz 2 VOB/B eine besondere Ausprägung erfährt. Das eröffnet den Anwendungsbereich des § 5 Nr. 4 VOB/B.

47 **b) Benachrichtigungspflicht.** Die Benachrichtigungspflicht ist Teil der die Vertragspartner treffenden und in der VOB/B nur punktuell geregelten **Informationspflichten**.[89] Adressat ist auch der bauleitende Architekt (§ 15 Abs. 2 Nr. 8 HOAI), da dessen Überwachungs- und Koordinationsaufgabe betroffen ist. Treu und Glauben können im Störungsfall dem Auftragnehmer auch gebieten, den Auftraggeber bzw. dessen bauleitenden Architekten jedenfalls auf entsprechende Nachfrage darüber zu informieren, wann nach Beseitigung der hindernden Umstände mit einer Wiederaufnahme zu rechnen ist. Umgekehrt besteht ein Informationsgebot im Verhältnis Auftraggeber zu Auftragnehmer des Inhalts, wann der im Verantwortungsbereich des Auftraggebers aufgetretene Hinderungsgrund beseitigt sein dürfte. Diese Informationspflichten sichern die erforderliche Kommunikation und damit die Wahrnehmung der beiderseits bestehenden **Dispositionsinteressen und -aufgaben**.[90]

48 Die Verletzung der in § 6 Nr. 3 Satz 2 VOB/B ausdrücklich niedergelegten Benachrichtigungspflicht stellt eine positive Vertragsverletzung (§ 280 Abs. 1 BGB) dar und kann nach den Regeln des § 6 Nr. 6 VOB/B schadensersatzpflichtig machen, wenn hierdurch schadensvermeidende Auftraggeberdispositionen verhindert werden.[91] Eine Sanktionierung nach Kündigungsregeln scheidet aus. Der gegenteiligen Auffassung von *Döring*[92] ist zu widersprechen. Die Verletzung der Benachrichtigungspflicht für sich bei aufgenommener Arbeit hat nicht den Stellenwert der Tatbestände, für die § 5 Nr. 4 VOB/B eine Kündigungsmöglichkeit vorsieht.

---

[84] *Kapellmann/Messerschmidt* VOB/B § 6 Rdn. 35.
[85] *Ingenstau/Korbion/Döring* VOB/B § 6 Nr. 3 Rdn. 11; *Kapellmann/Messerschmidt* VOB/B § 6 Rdn. 35.
[86] Vgl. in diese Richtung OLG Düsseldorf BauR 1988, 487.
[87] *Kapellmann/Messerschmidt* VOB/B § 6 Rdn. 35.
[88] BGH U. v. 2. 10. 1997 – VII ZR 44/97, NJW-RR 1998, 235 = BauR 1997, 1027.
[89] → Vor § 6 Rdn. 17 ff.; vgl. auch BGH U. v. 28. 10. 1999 – VII ZR 393/98, BGHZ 143, 89 = NJW 2000, 807 = NZBau 2000, 130 = BauR 2000, 409; *Kniffka* Jahrbuch Baurecht 2001, S. 1 ff. bes. 8 ff.
[90] Vgl. *Leinemann* VOB/B § 6 Rdn. 42.
[91] *Staudinger/Peters* BGB § 642 Rdn. 64; *Ingenstau/Korbion/Döring* VOB/B § 6 Nr. 3 Rdn. 11.
[92] In *Ingenstau/Korbion* VOB/B § 6 Nr. 3 Rdn. 11.

## C. Befugnislage des Auftraggebers

Die durch § 6 Nr. 3 VOB/B wie auch § 6 Nr. 4 VOB/B gekennzeichnete Rechtslage **49** verdeutlicht, dass dem Auftraggeber keine Kompetenz zur verbindlichen zeitlichen Disposition des Auftragnehmers im Behinderungsfall zukommt. Der Auftraggeber kann lediglich über Leistungskompetenzen den zeitlichen Ablauf der Baumaßnahme beeinflussen.

### I. Zeitbestimmungsrecht

Eine einseitig ausübbare Zeitbestimmungsbefugnis im Behinderungsfall steht dem Auf- **50** traggeber nicht zu.[93] Eine solche Kompetenz wird bereits durch die in § 6 Nr. 3 und Nr. 4 VOB/B enthaltenen Regeln ausgeschlossen, die überflüssig wären, wenn dem Auftraggeber der Rückgriff auf seine **Leitungskompetenz** nach § 4 Nr. 1 Abs. 1 VOB/B gestattet wäre. Die Befugnis, den Beginn der Arbeiten abzusagen und bei entsprechend weiträumiger Disposition auch einen Neubeginn festzusetzen,[94] kann nicht auf die Wiederaufnahme der Tätigkeiten nach den sich aus § 6 Nr. 3 Satz 2 VOB/B ergebenden Regeln übertragen werden. Deren Existenz schließt ein derartiges Zeitbestimmungsrecht des Auftraggebers aus oder legitimiert es nur bei Beachtung dieser Regeln. Das gilt auch für eine Zeitbestimmung hinsichtlich der neu festzulegenden Ausführungsfrist. Zwar können i. S. v. § 2 Nr. 5 VOB/B Anordnungen des Auftraggebers auch solche über die Bauzeit sein,[95] verbindlich sind diese Anordnungen jedoch nur bei Beachtung der Auftragnehmerinteressen, die durch § 6 Nr. 3 und Nr. 4 VOB/B geschützt werden.

### II. Leistungsbestimmungsrecht

Selbstverständlich kommt dem Auftraggeber auch bei Zeitstörungen das Anordnungsrecht **51** nach § 1 Nr. 3, 4 VOB/B zu. Anordnungen über eine vom Bauvertrag abweichende **Ausführungstechnik** oder anderen **Materialeinsatz,** mit denen eine Beschleunigung der Abwicklung und damit eine Verkürzung oder gar Aufhebung der Verzögerung verbunden sind, sind nach § 1 Nr. 3, 4 VOB/B zulässig. Der Auftragnehmer, der diesen Anordnungen unterworfen ist, erhält einen Ausgleich über die Vergütungsregeln nach § 2 Nr. 5 oder Nr. 6 VOB/B. Damit wird auch eine Rechtfertigungsgrundlage für **Beschleunigungsmaßnahmen** geschaffen. Änderungen des Bau-Soll mit Auswirkungen auf die Bauzeit sind durch § 1 Nr. 3, Nr. 4 VOB/B gerechtfertigt; deren Anwendbarkeit neben § 6 Nr. 3 wie auch Nr. 4 VOB/B ist zu bejahen. Entsprechendes gilt, wenn im Bauvertrag die Ausführungstechnik nicht beschrieben ist, der Auftragnehmer die Maßnahme jedoch durch die entsprechenden Tätigkeiten konkretisiert hat und die Anordnung nach § 1 Nr. 3 VOB/B eine Methodenumstellung fordert.[96] Dem Auftraggeber steht keine Beschleunigungskompetenz in der Weise zu, dass er von dem Auftragnehmer einen verstärkten Personal- oder Geräteeinsatz fordert.[97] Das betrifft das **Dispositionsrecht** des Auftragnehmers.[98, 99]

---

[93] Vgl. OLG Düsseldorf BauR 1988, 487, 488; *Kapellmann/Schiffers* Bd. 1 Rdn. 1458; *Kapellmann/Messerschmidt* VOB/B § 6 Rdn. 31.
[94] Vgl. die Sachlage in OLG Düsseldorf BauR 1996, 115, wobei sich die Parteien über die Verschiebung einig waren.
[95] BGH BauR 1985, 561, 564; BGHZ 50, 25, 30 = BauR 1971, 202, 203; OLG Köln NJW 1986, 71, 72 = BauR 1986, 582, wobei in diesem Fall dem Auftraggeber das Recht zur Verlegung der Ausführungszeit vertraglich vereinbart zustand; *Kapellmann/Messerschmidt* VOB/B § 2 Rdn. 185; *Ingenstau/Korbion/Keldungs* VOB/B § 2 Nr. 5 Rdn. 20; *Leinemann/Schoofs* VOB/B § 2 Rdn. 95.
[96] Vgl. auch → § 6 Nr. 4 Rdn. 27 ff.
[97] *Kapellmann/Schiffers* Bd. 1 Rdn. 1466; a. A. *Ingenstau/Korbion/Keldungs* VOB/B § 2 Nr. 5 Rdn. 21.
[98] *Kapellmann/Schiffers* Bd. 1 Rdn. 1458; *Kapellmann/Messerschmidt* VOB/B § 6 Rdn. 31; a. A. *Ingenstau/Korbion/Döring* VOB/B § 6 Nr. 3 Rdn. 4.
[99] *Kapellmann/Schiffers* Bd. 1 Rdn. 1458; *Leinemann* VOB/B § 6 Rdn. 44; *Heiermann/Riedl/Rusam* VOB/B § 6 Rdn. 16; *Kapellmann/Messerschmidt* VOB/B § 6 Rdn. 31.

§ 6 Nr. 3    Weiterführungspflicht

Dieses Dispositionsrecht befugt andererseits den Auftragnehmer nicht dazu, von sich aus **einseitig** kostensteigernde Maßnahmen in der Absicht zu ergreifen, die Bauzeit einzuhalten und mit diesen Kosten dann auch den Auftraggeber zu belasten. Abgesehen von den betriebswirtschaftlichen Erwägungen, die *Kapellmann/Schiffers*[100] anstellen, ist nämlich zu berücksichtigen, dass bei Fallgestaltungen, die § 6 Nr. 2 VOB/B erfasst, die bisherige Bauzeit ihre Geltung verloren hat und eine neue Fristenregelung gilt.[101] Damit besteht von vornherein keine **einseitig ausübbare Befugnis des Auftragnehmers** zur Vornahme von **Beschleunigungsmaßnahmen** in der Absicht, die bisherige Bauzeit einzuhalten. Da diese vertragsrechtlich nicht mehr relevant ist, können kostenverursachende Beschleunigungsmaßnahmen vom Auftragnehmer mit Aussicht auf Kostenerstattung nur auf der Basis einer Vertragsvereinbarung ausgeführt werden.[102] Ansonsten bleibt nur die äußerst fragwürdige Geltendmachung auf der Grundlage von § 2 Nr. 8 Abs. 2 oder Abs. 3 VOB/B.

## D. Fortbestand des Bauvertrages

52    § 6 Nr. 3 VOB/B setzt den Fortbestand des Bauvertrages voraus. Führt die Unterbrechung nach § 6 Nr. 7 VOB/B zur Kündigung oder ergeben sich aus sonstigen Gründen Aufhebungsmöglichkeiten, von denen eine Partei Gebrauch macht, erlöschen die Weiterführungs- und die Wiederaufnahmepflicht.[103]

## E. Allgemeine Geschäftsbedingungen

53    Allgemeine Geschäftsbedingungen des Auftraggebers, die verschärfend von der Pflichtenlage nach § 6 Nr. 3 VOB/B abweichen sind VOB-widrig. Das ist z. B. der Fall, wenn dem Auftragnehmer eine Wiederaufnahme innerhalb von **3 Werktagen** auferlegt wird. Umgekehrt gilt dasselbe für den Fall, dass der Auftragnehmer in von ihm gestellten Bedingungen eine Wiederaufnahme innerhalb von 20 Werktagen vorsieht oder das Bedingungswerk eine Weiterführungspflicht generell ausschließt. Im Allgemeinen wird zugleich eine AGB-Widrigkeit nach § 307 Abs. 2 Nr. 1 BGB zu bejahen sein. Unwirksam ist eine Klausel folgenden Inhalts: „Verlangt der Auftraggeber von dem Auftragnehmer über die vertragliche Leistung hinausgehende Leistungen oder führen sonstige von dem Auftragnehmer nicht zu vertretende Umstände zu Behinderungen, Unterbrechungen oder zu einem verspäteten Beginn der Arbeiten, führt dies – unter Ausschluss weitergehender Ansprüche – nur zu einer angemessenen Fristverlängerung, wenn der Auftragnehmer nicht in der Lage ist, vereinbarte Fristen durch verstärkten Personal- und oder Geräteeinsatz einzuhalten und der Auftragnehmer den Anspruch auf Fristverlängerung dem Auftraggeber schriftlich ankündigt, bevor er mit der Ausführung der zusätzlichen Leistung beginnt."[104]

---

[100] Bd. 1 Rdn. 1463 ff.
[101] → § 6 Nr. 2 Rdn. 14.
[102] *Kapellmann/Schiffers* Bd. 1 Rdn. 1466.
[103] *Ingenstau/Korbion/Döring* VOB/B § 6 Nr. 3 Rdn. 12; → § 6 Nr. 7 Rdn. 1, 2.
[104] BGH Nichtannahmebeschluss vom 5. 6. 1997 – VII ZR 54/96, NJW 1997, 1513 = BauR 1997, 1036.

# § 6 Nr. 4

## § 6 Nr. 4 [Berechnung der Fristverlängerung]

Die Fristverlängerung wird berechnet nach der Dauer der Behinderung mit einem Zuschlag für die Wiederaufnahme der Arbeiten und die etwaige Verschiebung in eine ungünstigere Jahreszeit.

**Literatur:** Vgl. die Hinweise → Vor § 6 und § 6 Nr. 1 sowie: *Börgers,* Zur sogenannten „Hinfälligkeit" von Vertragsstrafevereinbarungen, BauR 1997, 917 ff.; *Duve/Richter,* Kausalitätsfragen bezüglich eines gestörten Bauablaufs, BauR 2006, 608 ff.; *Heilfort,* Bauablaufbezogene Darstellung von Behinderungen zur Schadensermittlung gemäß § 6 Nr. 6 VOB/B, BauR 2003, 457 ff.; *Roquette,* Praktische Erwägungen zur Bauzeit bei Vertragsgestaltung und baubegleitender Beratung, Jahrbuch Baurecht 2002, 33 ff.

### Übersicht

| | Rdn. | | Rdn. |
|---|---|---|---|
| **A. Allgemeines und Grundlegung** | 1–15 | 1. Dauer der Behinderung bei Unterbrechung | 18 |
| I. Stellung im System | 1 | 2. Dauer der Behinderung bei verzögerter Abwicklung | 19 |
| 1. Wirkung und § 6 Nr. 2 VOB/B als Ausgangsregel | 2 | II. Tatbestände der Sekundärverzögerung | 20 |
| a) Gegenstand | 3 | 1. Wiederaufnahmezuschlag | 21 |
| b) Folgen | 4 | 2. Zuschlag für die Verschiebung in eine ungünstigere Jahreszeit | 22 |
| 2. Verhältnis zu § 6 Nr. 3 | 6 | | |
| II. Konstruktion und Konzept | 7 | | |
| 1. Fristverlängerung ohne neu abzuschließenden Änderungsvertrag | 8 | III. Ergebnis der Verlängerungsberechnung | 23 |
| 2. Fristfestlegung durch das Gericht | 12 | IV. Dokumentation und Beweisführung | 25 |
| 3. Kein einseitig ausübbares Zeitbestimmungsrecht | 13 | **C. Beschleunigungsmaßnahmen und Bauzeitbestimmung** | 27–30 |
| III. Verlängerungskriterien | 15 | **D. Klauseln** | 31 |
| **B. Merkmale für die Berechnung der Verlängerung** | 16–26 | | |
| I. Dauer der Behinderung als Primärverzögerung | 17 | | |

## A. Allgemeines und Grundlegung

### I. Stellung im System

§ 6 Nr. 4 VOB/B legt die Kriterien für die Berechnung der **Ausführungsfristverlängerung** fest. Die Fristverlängerung berechnet sich nach der Dauer der Behinderung mit einem Zuschlag für die Wiederaufnahme der Arbeiten und die etwaige Verschiebung in eine ungünstige Jahreszeit. Die Vorschrift ergänzt § 6 Nr. 2 VOB/B und setzt die dort niedergelegten Gründe für eine Ausführungsfristverlängerung voraus. Als reine **Berechnungsregel** kann an § 6 Nr. 4 VOB/B nicht eigenständig angeknüpft werden; die Vorschrift setzt § 6 Nr. 2 VOB/B als **Basisbestimmung** voraus. Ohne Gründe für eine Ausführungsfristverlängerung bedarf es Berechnungsregeln für die Verlängerung nicht. Da es zu einer Ausführungsfristverlängerung nur in Übereinstimmung mit § 6 Nr. 2 VOB/B kommt, sind Verlängerungen der Ausführung, die auf vom Auftragnehmer zu verantwortenden Gründen beruhen, nicht berücksichtigungsfähig. Hierfür bildet § 254 BGB nicht die Grundlage;[1] gehen Behinderungen auf Verantwortungsbereiche des Auftragnehmers zurück,[2] kann diese Behinderung zwar zu einer Verlängerung der Ausführung, nicht aber zu einer Verlängerung der **Ausführungsfrist** führen. Zwischen der faktischen Verlängerung der Bauzeit und der

1

---

[1] So aber *Vygen* BauR 1983, 210, 219; *Vygen/Schubert/Lang* Rdn. 150; *Ingenstau/Korbion/Döring* VOB/B § 6 Nr. 4 Rdn. 2; *Kapellmann/Schiffers* Bd. 1 Rdn. 1354 ff., 1554 ff.; auch BGH BauR 1993, 600 603.

[2] Vgl. → § 6 Nr. 2 Rdn. 59 ff.; *Kapellmann/Schiffers* Bd. 1 Rdn. 1354 ff.

§ 6 Nr. 4 Berechnung der Fristverlängerung

Veränderung der Vertragsfristen ist zu unterscheiden. Bei Änderungen in der zeitlichen Abwicklung besteht Bedarf, zwischen der Vertragsfristenkomponente und der rein tatsächlichen Verlängerungskomponente zu unterscheiden. Erstere begründet über § 6 Nr. 2, Nr. 4 VOB/B eine Vertragsänderung; Letztere führt bei Hinzutreten einer Mahnung zum Verzug.

Trifft nämlich eine dem Auftragnehmer zurechenbare Behinderung zeitgleich mit einem Behinderungstatbestand zusammen, den der Auftraggeber nach § 6 Nr. 2 Abs. 1 VOB/B deshalb zu verantworten, weil er in seinen Risikobereich fällt oder aber § 6 Nr. 2 Abs. 1 lit. b) oder c) VOB/b ausfüllt, verlängert sich die Ausführungsfrist. Die ursprüngliche vertraglich vereinbarte Ausführungsfrist verliert ihre Gültigkeit. Damit muss ein noch an der vormaligen Vertragsfrist gemessener Behinderungstabestand des Auftragnehmers rechtlich unerheblich werden. Diese Behinderung gewinnt nur unter der Voraussetzung einen Stellenwert, dass deshalb auch die neu nach § 6 Nr. 4 VOB/B bestimmte Frist nicht eingehalten werden kann. Dies geht jedoch allein zu Lasten des Auftragnehmers, der die in seiner Sphäre liegende Behinderung zum Anlass für eine verstärkte Baustellenförderung (§ 5 Nr. 3 VOB/B) nehmen muss.

Wenn *Ingenstau/Korbion/Döring*[3] ausführen, in den Fällen einer beiden Parteien zurechenbaren Behinderung komme es für die Fristberechnung darauf an, ob und inwieweit die Unterbrechung oder Behinderung von dem einen oder anderen Vertragsteil verursacht worden sei und es müsse der auf den Auftragnehmer entfallende Anteil bei der Neubestimmung der Frist ausgeklammert werden, bleibt unberücksichtigt, dass die Rechtsfolge des in der Sphäre des Auftraggebers liegenden Behinderungstatbestandes der Geltungsverlust der vereinbarten Vertragsfrist ist.[4] Die neue Frist ist ausschließlich nach dem Behinderungstatbestand des Auftraggebers zu bestimmen. Besteht zu diesem Zeitpunkt behinderungsbedingt auf Seiten des Auftragnehmers zurechenbar keine Leistungsbereitschaft, geht die dadurch verursachte Verzögerung zu seinen Lasten. Damit verliert § 254 BGB an Bedeutung. Dieses Ergebnis bestätigen wohl auch *Kapellmann/Schiffers*,[5] wenn diese Autoren in den Fällen der Doppelkausalität die Verursachungsstränge völlig getrennt betrachten.

## 1. Wirkung und § 6 Nr. 2 VOB/B als Ausgangsregel

2   § 6 Nr. 4 VOB/B enthält keine Rechtsfolgenanordnung. Diese ergibt sich allein aus § 6 Nr. 2 VOB/B, weswegen die Nr. 4 ausschließlich eine **Hilfsregel** darstellt. Die Berechnungsregel ist wegen dieses Zusammenhangs bedeutsam allein für die Verlängerung der Ausführungsfristen nach § 5 Nr. 1 VOB/B. Die vertraglich vereinbarten Beginnfristen und Vollendungsfristen wie auch die Einzelfristen als Kontroll- oder Vertragsfristen erfahren eine Veränderung. Die neu berechneten Fristen sind gleichfalls Vertragsfristen, die jedoch nicht ohne Mahnung zum Verzug führen. Die Voraussetzungen nach § 286 Abs. 2 BGB, wonach es bei den dort angeführten Tatbeständen einer Mahnung nicht bedarf, liegen nicht vor.

3   **a) Gegenstand.** Gegenstand der Regelung sind allein die **Vertragsfristen.** Da es zu deren rechtlich bedeutsamer Verlängerung ausschließlich unter den in § 6 Nr. 2 VOB/B geregelten Voraussetzungen kommt, sind Bauzeitverzögerungen aufzulösen. Die bloß tatsächliche Verlängerung der vertraglich vorgesehenen und so auch fortbestehenden Ausführungsfrist ist von der Veränderung der vertraglichen Ausführungsfrist zu unterscheiden. Bei **Bauzeitüberschreitungen** ist deshalb an erster Stelle zu prüfen, ob die Überschreitung nicht in Wahrheit auf einer **Verlängerung** der vertraglichen Ausführungsfristen beruht. Die bloß tatsächliche Verlängerung – bei Fortbestand der vereinbarten Vertragsfrist – erweist sich als ein Fall der Nichteinhaltung der Vertragspflichten und damit der Zeitstörung, woraus sich gemäß § 5 Nr. 4 VOB/B die entsprechenden Folgeansprüche ergeben können. Diese

---

[3] VOB/B § 6 Nr. 4 Rdn. 2; so auch *Kapellmann/Schiffers* Bd. 1 Rdn. 1354.
[4] → § 6 Nr. 2 Rdn. 14; *Kapellmann/Schiffers* Bd. 1 Rdn. 1243.
[5] Bd. 1 Rdn. 1357, 1358; vgl. *Duve/Richter* BauR 2006, 608, 617, 618.

Behinderung mit tatsächlicher Verlängerungsfolge ändert die Rechtslage nicht, sondern muss sich in der rechtlichen Beurteilung am unveränderten Vertragsinhalt messen lassen. Haben umgekehrt Behinderungen vertragsändernde Kraft, indem die ursprünglichen Vertragsfristen außer Kraft treten und neue Fristen gelten, hat die Anwendung des § 5 Nr. 4 VOB/B die neue Ausgangs- und Vertragslage zu berücksichtigen. *Börgers*[6] schließt aus § 6 Nr. 4 VOB/B, dass Vertragsfristen durch den Behinderungstatbestand gerade nicht hinfällig würden und stellt einen Mechanismus zur Herstellung der Einigung über eine neue Vertragsfrist vor.[7] Diese Auffassung, die sich primär mit der Frage der Hinfälligkeit von Vertragsstrafevereinbarungen befasst, ist nur insoweit zustimmungsfähig, als Behinderungstatbestände nach § 6 Nr. 2, 4 VOB/B nicht an sich zur Hinfälligkeit einer jeglichen Vertragsfrist überhaupt führen. Die ursprüngliche Fristenvereinbarung verliert jedoch ihre Gültigkeit; sie wird durch die nach § 6 Nr. 3, 4 VOB/B zu bestimmende neue Vertragsfrist ersetzt. Insoweit ist lediglich zur Vermeidung einer gerichtlichen Auseinandersetzung ein vertragliches Einvernehmen günstig, nicht aber notwendig.

**b) Folgen.** § 6 Nr. 2, Nr. 4 VOB/B haben ausschließlich mit der **rechtswirksamen** **4** **Veränderung der Ausführungsfristen** zu tun. Eine Bauzeitüberschreitung ist unter Maßstabsgesichtspunkten auf eine eventuelle vertragliche Veränderung der Ausführungsfristen hin zu prüfen. Kommt es nach § 6 Nr. 2, Nr. 4 VOB/B zu Änderungen, hat der Auftragnehmer bei Einhaltung der **neuen Soll-Zeit** i. S. v. § 5 Nr. 4 VOB/B den Beginn der Ausführung weder verzögert noch ist er mit der Vollendung in Verzug geraten. Überschreitet der Auftragnehmer diese neu bestimmte vertragliche Ausführungsfrist, ist für die Anwendung von § 5 Nr. 4 VOB/B Raum. Geht die Bauzeitüberschreitung sowohl auf im Einflussbereich des Auftraggebers liegende Umstände (§ 6 Nr. 2 VOB/B) als auch auf solche im Risikobereich des Auftragnehmers[8] zurück, ist der auf den Unternehmer entfallende Zeitanteil zu eliminieren. Denn um diesen Anteil können sich die Vertragsfristen nicht verändern. Für die Verschiebung der Vertragsfristen sind nur die Behinderungskomponenten einschlägig, die im Einfluss- und Verantwortungsbereich des Auftraggebers liegen.

Zu einer Anwendung von § 254 BGB kommt es insoweit nicht.[9] Denn die Vertragsfrist **5** bestimmt sich ausschließlich nach den im Verantwortungsbereich des Auftraggebers gemäß § 6 Nr. 2 Abs. 1 VOB/B liegenden Kriterien. Eine entsprechende Anwendung der allgemeinen Rechtsgedanken aus § 254 BGB ist lediglich insofern veranlasst, als eine **Ursachenfeststellung** für die Abweichung der Ist-Zeit von der Soll-Zeit geboten ist. Führt diese Ursachenfeststellung zu hindernden Umständen im Verantwortungsbereich des Auftraggebers, ist die Maßgeblichkeit einer neuen Soll-Zeit die Folge. Die ursprüngliche Soll-Zeit aus dem Bauvertrag **(Soll-Zeit (1))** wird ersetzt durch die neu zu bestimmende vertragliche **Soll-Zeit (2)**. Eine zur Ist-Zeit verbleibende Zeitdifferenz (im Vergleich zur Soll-Zeit 2) geht zu Lasten des Auftragnehmers und eröffnet die Anwendungsmöglichkeit von § 5 Nr. 4 VOB/B. Sind Ist-Zeit und Soll-Zeit (2) deckungsgleich, hat der Auftragnehmer den Bauvertrag zeitgerecht abgewickelt. Unterschreitet die Ist-Zeit die Soll-Zeit (2) hat der Auftragnehmer Beschleunigungsmaßnahmen[10] ergriffen. Deren Vergütung bestimmt sich nach § 2 Nr. 5, Nr. 6 oder § 6 Nr. 6 VOB/B.

## 2. Verhältnis zu § 6 Nr. 3 VOB/B

Neben dieser Verknüpfung mit § 6 Nr. 2 VOB/B beeinflusst § 6 Nr. 3 Satz 1 VOB/B **6** die Berechnungsregel in § 6 Nr. 4 VOB/B. Denn die in erster Linie unter bautechnischen

---

[6] BauR 1997, 917, 919.
[7] BauR 1997, 917, 922.
[8] → § 6 Nr. 2 Rdn. 59 ff.; *Kapellmann/Schiffers* Bd. 1 Rdn. 1358.
[9] A. A. *Ingenstau/Korbion/Döring* VOB/B § 6 Nr. 4 Rdn. 2; *Kapellmann/Schiffers* arbeiten in Bd. 1 Rdn. 1354 nur hinsichtlich des Schadens mit § 254 BGB, unterlassen dies in Rdn. 1357, 1358 jedoch bezüglich des Zeitmoments.
[10] Vgl. dazu unten Rdn. 27 ff.

und baubetrieblichen Aspekten zu beurteilende Dauer der Behinderung hängt von der Weiterführungspflicht ab.[11] Deshalb erschöpft sich die Feststellung der Dauer der Behinderung oder Unterbrechung nicht in einer Ermittlung der tatsächlichen Gegebenheiten.[12] Die Bestimmung der neuen vertraglich maßgebenden Soll-Zeit (2)[13] hat hinsichtlich des Faktors „Dauer der Behinderung" nicht nur Maß zu nehmen am Ist-Zustand, sondern auch zu berücksichtigen, welche Anforderungen an den Auftragnehmer gemäß § 6 Nr. 3 VOB/B hinsichtlich der Weiterführung und der Wiederaufnahme der Arbeiten zu stellen sind. Ansonsten würden diesbezügliche Pflichtverletzungen prämiert und in die Festlegung der Dauer der Behinderung Zeitfaktoren einfließen, die bei sachgerechter Erfüllung der Weiterführungs- und Wiederaufnahmepflichten nach § 6 Nr. 3 VOB/B vermeidbar gewesen wären.

## II. Konstruktion und Konzept

7   Die Vorschrift schweigt sich als reine Berechnungsregel dazu aus, auf welche Weise vertragsrechtlich die neue Ausführungsfrist (Soll-Zeit(2)) zustande kommt. Nach *Ingenstau/ Korbion/Döring*[14] bedarf es für die Fristverlängerung grundsätzlich einer Vereinbarung, weil es sich um eine Ergänzung oder Änderung des Vertrags handele. Da dem bauleitenden Architekten im Rahmen der Bauüberwachung nach § 15 Abs. 2 Nr. 8 HOAI eine Kompetenz zu Vertragsänderungen nicht zukommt, bedarf es konsequent einer Vereinbarung zwischen Auftraggeber und Auftragnehmer. Ähnlich billigen *Heiermann/Riedl/Rusam*[15] einen Anspruch auf Verlängerung der Ausführungsfrist zu, dem durch eine entsprechende Vereinbarung zu entsprechen sei.

### 1. Fristverlängerung ohne neu abzuschließenden Änderungsvertrag

8   Aus den zu § 6 Nr. 2 VOB/B vertretenen Gründen[16] bedarf es weder für die Fristverlängerung an sich noch für die exakte Bestimmung der Verlängerung einer Vereinbarung der Vertragspartner. Diese haben sich vielmehr in § 6 Nr. 4 VOB/B auf die **Verlängerungskriterien** geeinigt. Danach ist die Verlängerungsfrist jedenfalls bestimmbar. Ein im Zeitstörungsfall wirkender Änderungsvertrag ist bereits geschlossen.

9   Mit *Daub/Piel/Soergel/Steffani*[17] erfolgt die Verlängerung der Ausführungsfrist auf Grund vorweggenommener Vereinbarung. Es handelt sich um einen mit dem Bauvertrag zugleich geschlossenen **Änderungsvertrag** nach § 311 BGB, wobei den Bestimmbarkeitsanforderungen Rechnung getragen ist.[18] Die von *Ingenstau/Korbion/Döring*[19] vorgenommene Differenzierung zwischen der Fristverlängerung als solcher, für die eine Vereinbarung nicht für notwendig erachtet wird, und der datumsmäßigen Festlegung der Fristverlängerung, die dem Vereinbarungszwang unterworfen wird, zerreißt einen einheitlichen Vorgang und unterwirft zusammengehörige Teile eines Ganzen einem unterschiedlichen Reglement.

10  Hierfür besteht kein Anlass. Unter den in § 6 Nr. 2 VOB/B genannten Voraussetzungen, deren Feststellung Wertungen notwendig macht, verfolgen die Vertragspartner das Außerkrafttreten der ursprünglichen Vertragsfristen und die **Geltung neuer Fristen**, deren Bestimmung gleichfalls für Wertungen offen ist. Der Vertragsinhalt im Zeitstörungsfall ist im Wege der Auslegung unter Berücksichtigung der sich aus § 6 Nr. 4 VOB/B ergebenden

---

[11] → § 6 Nr. 3 Rdn. 5, 20 ff.
[12] So aber *Ingenstau/Korbion/Döring* VOB/B § 6 Nr. 4 Rdn. 4.
[13] Vgl. oben Rdn. 5.
[14] VOB/B § 6, 1 Nr. 4 Rdn. 6,7; anders aber bei § 6 Nr. 2 Rdn. 2.
[15] VOB/B § 6 Rdn. 24.
[16] → § 6 Nr. 2 Rdn. 13 ff.
[17] ErlZ B 6.71 und 6.72; vgl. auch *Franke/Kemper/Zanner/Grünhagen* VOB/B § 6 Rdn. 65.
[18] Vgl. Palandt/*Heinrichs* BGB Einf. § 145 Rdn. 3.
[19] VOB/B § 6 Nr. 4 Rdn. 6.

Bemessungskriterien zu bestimmen. Eine Bestimmung der Bauzeit durch eine Partei allein oder durch einen Dritten nach §§ 315, 317 BGB ist ausweislich der getroffenen Regelung in § 6 Nr. 4 VOB/B nicht gewollt. Damit ist jedenfalls im Grundsatz die Fristverlängerung hinreichend genau festgelegt, weswegen eine Einigung der Vertragspartner hierüber nicht notwendig ist.[20]

Selbstverständlich wird es in der Praxis dem **Kooperationsgebot**[21] entsprechen, sich nach Darlegung der hindernden Umstände durch den Auftragnehmer auf eine neue Vertragsfrist zu einigen. Der Umstand, dass diese Einigung scheitern kann und die Bestimmung der neuen Vertragsfristen im Streit durch das Gericht zu treffen ist,[22] verdeutlicht, dass die Fristbestimmung bereits über den Bauvertrag samt § 6 Nr. 2, Nr. 4 VOB/B erfolgt ist.

## 2. Fristfestlegung durch das Gericht

Die Streitentscheidung durch das Gericht ist nämlich mangels materiellrechtlicher Gestaltungsbefugnis nicht gestaltender, sondern lediglich feststellender Art. Diese Feststellung erfolgt auf der Basis der bereits gültigen Vertragslage. Nur diese Qualifizierung ist sinnvoll; die Annahme eines Gestaltungsurteils würde nicht weiterführen, da die Gestaltung mangels entsprechender Regelungen nur in die Zukunft, nicht aber für die Vergangenheit Wirkungen entfalten könnte.

## 3. Kein einseitig ausübbares Zeitbestimmungsrecht

§ 6 Nr. 4 VOB/B belegt mit seinen Berechnungsregeln zugleich, dass der Auftraggeber nicht einseitig die neuen Vertragsfristen festlegen darf.[23] Ihm ist nach dem Regelwerk des § 6 VOB/B eine solche **Kompetenz** nicht eingeräumt. § 6 Nr. 4 VOB/B bestimmt die Frist nach den Berechnungsregeln, deren Ziel die Berücksichtigung der Interessenlage des Auftragnehmers ist. Das schließt außerhalb des Anwendungsbereichs des § 6 Nr. 4 VOB/B nicht aus, dem Auftraggeber ein solches Bestimmungsrecht hinsichtlich der Aufhebung eines Termins für den Beginn und eines neuen Beginntermins festzulegen. Dies gilt dann, wenn hierdurch angesichts der Weiträumigkeit der zeitlichen Vorgaben eine Behinderung des Auftragnehmers nicht eintritt, sondern sich dieser angesichts der Verschiebung von z. B. einem Jahr oder einem 1/2 Jahr problemlos hierauf einstellen kann. Ein einseitig vom Auftraggeber im Störungsfalls ausübbares Zeitbestimmungsrecht wird durch die Rechtsprechung des BGH auch nicht legitimiert. Die Entscheidung in BGHZ 50, 25, 30 trägt nicht, weil im dortigen Fall nach dem Inhalt des Auftragsbestätigungsschreibens mit einem Arbeitsbeginn am 8. 1. 1955 zu rechnen war, weswegen mangels verbindlicher Beginnfrist[24] über den Beginn nach § 5 Nr. 2 VOB/B bestimmt werden konnte.[25] Die Entscheidung in BGH BauR 1985, 561, 564[26] hat nach dem Sachverhalt das Vorliegen einer Anordnung verneint; diese hätte zudem wegen der Mangelhaftigkeit der Vorleistung lediglich zum Gegenstand gehabt, dass der nachfolgende Unternehmer zur vorgesehenen Zeit nicht beginnen kann.

Die literarische Diskussion darüber, ob § 1 Nr. 3 VOB/B eine verbindliche einseitige Bauzeitbestimmung durch den Auftraggeber ermöglicht,[27] ist deshalb erledigt, weil im Rahmen der Fassung der VOB/B entsprechende Änderungsanträge unberücksichtigt

---

[20] Staudinger/*Peters* BGB § 642 Rdn. 67; *Kapellmann/Messerschmidt* VOB/B § 6 Rdn. 29.
[21] BGH U. v. 28. 10. 1999 – VII ZR 393/98, BGHZ 143, 89 = NJW 2000, 807 = NZBau 2000, 130 = BauR 2000, 409; *Kniffka* Jahrbuch Baurecht 2001, S. 1 ff.
[22] *Ingenstau/Korbion/Döring* VOB/B § 6 Nr. 4 Rdn. 7.
[23] Vgl. unten Rdn. 27 ff. und OLG Köln BauR 1997, 318; *Kapellmann/Messerschmidt/von Rintelen* VOB/B § 1 Rdn. 57; *Kapellmann/Schiffers* Bd. 1 Rdn. 1333, 1337.
[24] → § 5 Nr. 1 Rdn. 8.
[25] → § 5 Nr. 2 Rdn. 2.
[26] BGHZ 95, 128 = NJW 1985, 2475 = ZfBR 1985, 282.
[27] Vgl. bejahend *Zanner/Keller* NZBau 2004, 353; *Wirth/Würfele* Jahrbuch Baurecht 2006, S. 119, 148.

§ 6 Nr. 4                                                              Berechnung der Fristverlängerung

geblieben sind.[28] Damit kommt allein noch in Betracht, ob § 2 Nr. 5 (andere Anordnung) oder § 4 Nr. 1 Abs. 3 VOB/B einseitige Bauzeitanordnungen als Störungsregelung legitimiert. Das ist zu verneinen, weil die VOB/B den Komplex Bauzeit in §§ 5, 6 gesondert regelt und für Bauzeitstörungstatbestände aus der Sphäre des Auftragnehmers die Vorgehensweise nach § 5 Nr. 3, 4 VOB/B vorsieht. Störungstatbestände, deren Ursache in Tatbeständen liegen, die § 6 Nr. 2 VOB/B beschreibt, führen zur Aufhebung der vertraglich vereinbarten Vertragsfrist. Welche Fristen dann gelten und wie sich der Auftragnehmer zu verhalten hat, folgt aus § 6 Nr. 3 und 4 VOB/B, worauf sich die Parteien vertraglich bei Vereinbarung der VOB/B gerade geeinigt haben. In dieses Konzept passt es nicht, dem Auftraggeber ein einseitig verbindliches Anordnungsrecht nach Maßgabe des § 2 Nr. 5 (andere Anordnung) oder § 4 Nr. 1 Abs. 3 VOB/B zuzugestehen. Diese Regelungen eröffnen die Möglichkeit zur Anordnung eines **Baustopps** als die Bauzeitstörung auslösendes Ereignis. Für die weitere **Abwicklung dieser Bauzeitstörung** darüber hinaus auf diese Vorschriften zurückzugreifen, verbietet sich; es gelten die Sonderregeln aus § 6 VOB/B.

### III. Verlängerungskriterien

15   Die Umsetzung der in § 6 Nr. 4 VOB/B genannten Bemessungskriterien für die Fristverlängerung beinhaltet nicht lediglich ein bautechnisches und baubetriebliches Rechenwerk. Wenn auch bei der Ermittlung der Zuschläge für die Wiederaufnahme der Arbeiten oder die etwaige Verschiebung in eine ungünstigere Jahreszeit in erster Linie bautechnische und -betriebliche Aspekte zu berücksichtigen sind, erschöpft sich die Aufgabe hier wie auch bei der Ermittlung der Dauer der Behinderung nicht in der Feststellung der **tatsächlichen Gegebenheiten**.[29]

Die Berücksichtigung der Verlängerungskriterien führt zu neuen vertraglich maßgeblichen Ausführungsfristen als Soll-Zeit (2). Bei der Feststellung der Dauer der Behinderung ist mit Rücksicht auf die Anforderungen aus § 6 Nr. 3 VOB/B[30] nicht auf den tatsächlich vom Unternehmer beanspruchten Behinderungszeitraum abzustellen; maßgeblich ist die Behinderungszeit, die dem Auftragnehmer unter Berücksichtigung der **Weiterführungs- und Wiederaufnahmepflicht** mit Recht zusteht. Die baubetriebliche Bewertung ist deshalb um rechtliche Aspekte zu erweitern. Das trifft so auch für die Zuschlagsbestimmung zu; denn die Verschiebung in eine ungünstigere Jahreszeit gebietet eventuell unter vertragsrechtlichen Verpflichtungen den Einsatz darauf abgestellter Mittel, Baustoffe und Methoden, so dass der Zuschlag wegen Erweiterung oder Änderung des Leistungsinhalts verkürzt anfällt.

### B. Merkmale für die Berechnung der Verlängerung

16   Die für die Fristverlängerung maßgeblichen Kriterien legt § 6 Nr. 4 VOB/B abschließend fest. Die Berechnung erfolgt nach der Dauer der Behinderung, wozu auch die Unterbrechung zählt, unter Berücksichtigung eines Zuschlags für die Wiederaufnahme der Arbeiten und die etwaige Verschiebung in eine ungünstigere Jahreszeit. Zwischen der Dauer der Behinderung als **Primärverzögerung** und der **Sekundärverzögerung** durch Verschiebung in eine ungünstigere Jahreszeit und durch das Wiederanlaufen der Bauarbeiten ist zu unterscheiden.[31]

---

[28] *Markus* NZBau 2006, 537, 538.
[29] So aber *Ingenstau/Korbion/Döring* VOB/B § 6 Nr. 4 Rdn. 4.
[30] Vgl. oben Rdn. 6.
[31] *Vygen/Schubert/Lang* Rdn. 379 ff.

## I. Dauer der Behinderung als Primärverzögerung

Bezüglich der Ermittlung der Dauer der Behinderung ist zwischen der Unterbrechung 17
und der Behinderung, die durch einen zögerlichen Fortgang der Arbeiten dazu führt, dass
die dem Ablaufplan zugrunde gelegten Produktionsziffern nicht erreicht werden, zu unterscheiden.

### 1. Dauer der Behinderung bei der Unterbrechung

Am einfachsten ist die Dauer der Behinderung im Unterbrechungsfall zu bestimmen. Die 18
Dauer der Unterbrechung bis zur Wiederaufnahme der Tätigkeit lässt sich durch Eintragungen im Bautagebuch oder Feststellungen im Balken- bzw. Netzplan ermitteln.[32] Eine
Korrektur dieser Daten ist angebracht, wenn der Auftragnehmer seiner Wiederaufnahmepflicht nicht rechtzeitig nachgekommen ist.[33] Allerdings ist die **Verkürzung** der tatsächlich
in Anspruch genommenen Unterbrechungszeit unter dem Gesichtspunkt der verletzten
Wiederaufnahmepflicht nur unter **schadensersatzrechtlichen** Erwägungen gesichert.
Hierfür bieten sowohl die Rechtsfigur der positiven Vertragsverletzung als auch des Verzugs
die Rechtsgrundlage. Da die Verzugsregeln durch § 5 Nr. 3 VOB/B verdrängt werden, sind
die Rechtssätze der positiven Forderungsverletzung (§ 280 Abs. 1 BGB) mit Abwicklung
nach § 6 Nr. 6 VOB/B einschlägig. Bei schuldhaft verspätet wiederaufgenommener Tätigkeit ist die Dauer der Behinderung danach zu bestimmen, wann der Auftragnehmer die
Leistungen hätte aufnehmen können.

### 2. Dauer der Behinderung bei verzögerter Abwicklung

Die Dauer der Behinderung bei eingeschränkter Tätigkeit ist durch Vergleich mit den im 19
Unternehmerablaufplan zugrunde gelegten Leistungsansätzen zu ermitteln. Der Bauablauf
ist gemessen am Unternehmerablaufplan verlangsamt (verlangsamter Produktionsbetrieb,
**Stopp-and-go-Betrieb**).[34] Enthält ein Unternehmerablaufplan die Festlegung von Tätigkeiten samt Leistungswerten der eingesetzten Geräte bzw. von Leistungsansätzen der vorgesehenen Arbeitskräfte über die als Ausführungsfrist vorgesehene Zeitdauer,[35] folgt die
Behinderung aus dem Vergleich mit den tatsächlich erzielten Leistungsansätzen bzw. Leistungswerten. Dabei wird freilich vorausgesetzt, dass der produktionsorientierte Unternehmerablaufplan vertragskonform und realitätsgerecht ist, was jedoch – beidseitig widerlegbar –
vermutet wird.[36] Die ermittelte **Unterdeckung** ergibt den zusätzlich erforderlichen Zeitbedarf, der in Arbeitstage umgerechnet werden kann. Diese baubetrieblichen Feststellungen
sind rechtlich eventuell im Hinblick auf die **Weiterführungspflicht** korrekturbedürftig.
Aus den oben Rdn. 6, 18 dargestellten Erwägungen erfolgt eine Verkürzung der Dauer der
Behinderung, wenn sich bei der Zeitdauer vorwerfbar eine Verletzung dieser Weiterführungspflicht ausgewirkt hat.

## II. Tatbestände der Sekundärverzögerung

Fälle der Sekundärverzögerung[37] sind die zu berücksichtigenden Zuschläge für eine 20
Wiederaufnahme der Arbeiten und für eine etwaige Verschiebung in eine ungünstige Jahreszeit.

---

[32] *Vygen* Seminar Bauverzögerung S. 57; *Vygen/Schubert/Lang* Rdn. 396 ff.
[33] Vgl. oben Rdn. 6.
[34] *Kapellmann/Schiffers* Bd. 1 Rdn. 1252 ff.
[35] *Schubert* Seminar Bauverzögerung S. 86.
[36] *Kapellmann/Schiffers* Bd. 1 Rdn. 1266.
[37] *Schubert* Seminar Bauverzögerung S. 104; *Vygen/Schubert/Lang* Rdn. 379 ff.

## § 6 Nr. 4

### 1. Wiederaufnahmezuschlag

21 Der Zuschlag dient der Berücksichtigung von **Einarbeitungsverlusten,** die sich aus der Disposition von Arbeitskräften, Geräten oder Materialien sowie der Einarbeitung des Personals ergeben.[38] Dem Wortlaut nach findet dieser Störfaktor Berücksichtigung nur bei einer Unterbrechung. Denn terminologisch liegt eine Wiederaufnahme nur bei einer einmal unterbrochenen Tätigkeit vor. Ein zusätzlicher Zeitbedarf für das Wiederanlaufen der Tätigkeit entfällt deshalb bei einer bloßen Behinderung.[39] Die Größenordnung dieses Störfaktors und damit die Verlustzeit ist aus Minderleistungskennzahlen zu ermitteln, die vergleichbare, jedoch ungestörte Leistungsteile ergeben.[40]

### 2. Zuschlag für die Verschiebung in eine ungünstigere Jahreszeit

22 Führt die Behinderung/Unterbrechung zu einer Verschiebung in eine ungünstigere Jahreszeit, ist der Zeitzuschlag gerechtfertigt, weil vor allem in den Wintermonaten die Arbeitsproduktivität absinkt.[41] Für die einzelnen Gewerke liegen mit Rücksicht auf den Grad der Schutzmaßnahmen Erfahrungswerte, nämlich **Minderleistungskennzahlen** in % der Normalleistung, vor.[42] Darauf, ob der Auftraggeber zusätzliche Maßnahmen für die Weiterarbeit bei Frost und Schnee, die nach Abschnitt 4.2.15 Besondere Leistungen sind, gemäß § 2 Nr. 6 VOB/B angeordnet hat, ist zu achten. Fehlt es hieran, braucht der Auftragnehmer an den Schlechtwettertagen, bei denen ein Weiterarbeiten aus bauphysikalischen Gründen ausgeschlossen ist, keiner Tätigkeit nachzugehen.

### III. Ergebnis der Verlängerungsberechnung

23 Das Ergebnis der Verlängerungsberechnung nach § 6 Nr. 4 VOB/B stellt nicht nur den störungsbedingten theoretischen Bauablauf mit einer **störungsbedingten theoretischen Gesamtbauzeit** dar,[43] sondern ergibt – wenn sich die Vertragspartner nicht auf eine andere Frist einigen – die **neue Vertragsfrist.** Sie ist die Folge der Aufsummierung der Einzelverzögerungen einschließlich der damit verbundenen Sekundärfolgen. Unterschreitet die tatsächliche Gesamtverzögerung die neue Vertragsfrist (Soll-Zeit (2)), können sich hieraus bei **Beschleunigungsmaßnahmen** eventuelle Vergütungsansprüche des Auftragnehmers nach § 2 Nr. 5 oder Nr. 6 VOB/B bzw. Schadensersatzansprüche gem. § 6 Nr. 6 VOB/B ergeben. Hat im Streit das Gericht die Fristverlängerung festzustellen, kann dies nur auf der Grundlage einer nach § 286 ZPO nachgewiesenen Behinderung erfolgen.[44] Die Fristverlängerung selbst unterliegt hinsichtlich der Dauer der einschätzenden Beurteilung des Gerichts, wofür nicht mehr die Regeln des Vollbeweises (§ 286 ZPO), sondern die Schätzungsregeln nach § 287 ZPO gelten.[45]

24 Der Sachverhalt, dass eine Verschiebung aus einer ungünstigeren Jahreszeit in eine günstigere Jahreszeit – mit entsprechend höherer Produktivität – erfolgt, ist ohne Regelung geblieben. § 6 Nr. 4 VOB/B befasst sich nur mit der **Fristverlängerung, nicht** mit einer **Fristverkürzung.** Von manchen[46] wird die Auffassung vertreten, entsprechend dem Grund-

---

[38] *Vygen/Schubert/Lang* Rdn. 379.
[39] Anders *Schubert* Seminar Bauverzögerung S. 104, 105; nur auf die Unterbrechung beschränkt in *Vygen/Schubert/Lang* Rdn. 379.
[40] *Vygen/Schubert/Lang* Rdn. 379, 454 ff., 464.
[41] *Agh-Ackermann/Kuen* BauR 1991, 542, 553; *Vygen/Schubert/Lang* Rdn. 454 ff.
[42] *Vygen/Schubert/Lang* Rdn. 457, 462.
[43] So die baubetriebliche Zuordnung bei *Schubert* Seminar Bauverzögerung S. 106 und *Vygen/Schubert/Lang* Rdn. 383.
[44] BGH U. v. 24. 2. 2005 – VII ZR 141/03, NJW 2005, 1653 = NZBau 2005, 387 = BauR 2005, 857.
[45] BGH U. v. 24. 2. 2005 – VII ZR 225/03, NJW 2005, 1650 = NZBau 2005, 335 = BauR 2005, 861.
[46] *Ingenstau/Korbion/Döring* VOB/B § 6 Nr. 4 Rdn. 5; *Heiermann/Riedl/Rusam* VOB/B § 6 Rdn. 21; *Nicklisch/Weick* VOB/B § 6 Rdn. 38.

satz von Treu und Glauben müsse dies zu einer Verkürzung der Bauzeit führen. Mit *Kapellmann/Schiffers*[47] greifen derartige Verkürzungserwägungen nicht durch.[48] Die Grundlage für die Ausführungsfristverlängerung bildet nämlich § 6 Nr. 2 VOB/B. Dieser Vorschrift lässt sich auch nicht andeutungsweise der Wille der Parteien entnehmen, dass Behinderungen Anlass für eine Verkürzung der Bauzeit sind. Die behinderungsbedingte Verschiebung der Arbeiten in eine bessere Jahreszeit schließt allerdings den Ansatz der entsprechenden **Sekundärverzögerung** aus. Verlängerungsfaktoren sind allein die Primärverzögerung und ein Zuschlag für die Wiederaufnahme der Arbeiten. Eine Beschleunigungsfolge haben die Parteien mit Vereinbarung der VOB/B nicht vorgesehen. Treu und Glauben werden nach den Regeln des Wegfalls der Geschäftsgrundlage regelmäßig einen zu einer Bauzeitverkürzung führenden Anpassungsbedarf nicht fordern.

Die **Versäumung** dieser neu berechneten oder festgestellten Frist führt **nicht ohne Mahnung** gemäß § 286 Abs. 2 BGB zum **Verzug**. Eine Mahnung ist erforderlich.[49] Denn diese Leistungszeit ist dann im Sinne von § 286 Abs. 2 Nr. 1 BGB nicht nach dem Kalender bestimmt.[50] Die Nr. 2 ist gleichfalls nicht erfüllt, weil danach ein vertragliche Vereinbarung hinsichtlich eines Ereignisses und eine von diesem Ereignis ab zu rechnende Frist vorliegen müsste.[51] Daran fehlt es.

### IV. Dokumentation und Beweisführung

Grundlage für die sachgerechte Feststellung einer Behinderung wie auch deren Dauer ist 25 eine aussagekräftige **Dokumentation,** die während der Baumaßnahme von den Baubeteiligten gefertigt werden muss und auch ein Mittel zur Steuerung des Bauablaufs ist. Entscheidend sind neben dem Ablaufplan die Dokumentation von Leistungsänderungen, die Überwachung der Planlieferliste, die ordentliche Führung des Bautagebuchs, Baubesprechungsberichte und Behinderungsanzeigen.[52] Ob eine Behinderung tatsächlich eingetreten ist, und damit überhaupt eine Ursache für eine Fristverlängerung besteht, ist nach allgemeinen Regeln der Darlegungs- und Beweislast, nämlich nach § 286 ZPO, zu beurteilen. Das Vorliegen einer Behinderung als Grund für eine Fristverlängerung unterliegt nicht der einschätzenden Beurteilung gemäß § 287 ZPO.[53] Damit gelten für das Vorhandensein einer **Behinderung** die Regeln des **Vollbeweises.** Erst die weiteren Folge einer Behinderung beurteilen sich nach § 287 ZPO. Inwieweit eine dermaßen bewiesene Behinderung zu einer **Verlängerung der Bauzeit** und damit der Vertragsfristen geführt hat, unterliegt deshalb nach § 287 ZPO der einschätzenden Beurteilung des Tatrichters.[54] Dazu gehört folglich auch der Komplex der Wiederaufnahme nach § 6 Nr. 3 VOB/B, wogegen die Frage, ob Umstände eine Weiterführung der Arbeiten ermöglichten (→ § 6 Nr. 3 Rdn. 20 ff.), beweismäßig § 286 ZPO zuzuweisen ist. Das betrifft nämlich die Frage, ob überhaupt eine Behinderung eingetreten ist. Insoweit ist auf das Regelbeweismaß der vollen Überzeugung (Gewissheit) abzustellen.[55] Für die Beweisführung ist i. d. R. eine konkrete, bauablaufbezogene Darstellung der jeweiligen Behinderung unumgänglich. Dem Auftragnehmer, der sich durch einen Tatbestand in der nach § 6 Nr. 2 Abs. 1 VOB/B zu beurteilenden Risikosphäre des Auftraggebers behindert fühlt, ist zuzumuten, eine aussagekräftige Dokumentation zu

---

[47] BauR 1986, 615, 630.
[48] So auch *Kapellmann/Messerschmidt* VOB/B § 6 Rdn. 42.
[49] *Langen/Schiffers* Bauplanung und Bauausführung Rdn. 1775.
[50] MünchKomm/*Ernst* BGB § 286 Rdn. 56.
[51] MünchKomm/*Ernst* BGB § 286 Rdn. 57.
[52] BGH U. v. 24. 2. 2005 – VII ZR 141/03, NJW 2005, 1653 = NZBau 2005, 387 = BauR 2005, 857; *Vygen/Schubert/Lang* Rdn. 396 ff.; *Vygen* Seminar Bauverzögerung S. 57; BGH BauR 1986, 347, 348 = NJW 1986, 1684.
[53] BGH U. v. 24. 2. 2005 – VII ZR 141/03, NJW 2005, 1653 = NZBau 2005, 387 = BauR 2005, 857.
[54] BGH U. v. 24. 2. 2005 – VII ZR 225/03, NJW 2005, 1650 = NZBau 2005, 335 = BauR 2005, 861.
[55] Vgl. *Musielak/Foerste* ZPO § 286 Rdn. 17, 18.

erstellen. Aus dieser haben sich der in Anspruch genommene Behinderungtatbestand, dessen Dauer und der Umfang zu ergeben. Insoweit bestehende Defizite gehen nicht zu Lasten des Auftraggebers.[56] Diesbezüglich sind Bauablaufpläne als Balkenpläne oder Netzpläne von großem Stellenwert, wenn sich daraus die Abhängigkeit der einzelnen Vorgängen mit ausreichender Deutlichkeit ergibt.

26 Im Streit darüber, ob eine Verlängerung eingetreten ist, trifft den **Auftragnehmer** die Darlegungs- und Beweislast, wenn sich der Auftraggeber auf Rechte aus § 5 Nr. 4 VOB/B beruft.[57] Da sich der Auftragnehmer auf eine Vertragsänderung beruft, hat er deren Voraussetzungen im Streit darzutun und notfalls zu beweisen. Die Beweislast für eine Vertragsänderung trägt derjenige, der Rechte hieraus ableitet.[58] Nichts anderes gilt, wenn der Auftragnehmer aus der Behinderung Zahlungsansprüche nach § 6 Nr. 6 oder § 2 Nr. 5 VOB/B ableitet.[59]

## C. Beschleunigungsmaßnahmen und Bauzeitbestimmung

27 § 6 Nr. 2, 3 und 4 VOB/B belegen, dass der Auftragnehmer von sich aus zur Vornahme von Beschleunigungsmaßnahmen nicht verpflichtet ist. Die durch diese Vorschriften nach Grund und Dauer festgelegte Ausführungsfristverlängerung wird lediglich durch die Weiterführungspflicht und die Wiederaufnahmepflicht nach § 6 Nr. 3 VOB/B beeinflusst. Die verlängerte Vertragsfrist darf der Auftragnehmer ausnutzen, er muss sie nicht verkürzen.[60] Eine Befugnis zur einseitigen Verkürzung der verlängerten Bauvertragsfrist kommt dem Auftraggeber nicht zu. Dessen **Bauleitungs- und Dispositionsbefugnis** gemäß § 4 Nr. 1 Abs. 1 VOB/B besteht innerhalb des vertraglich bestimmten Rahmens. Nur § 1 Nr. 3, Nr. 4 VOB/B dehnen die Kompetenz über den Vertragsrahmen aus. Beschleunigungsbefugnisse stehen dem Auftraggeber nur auf der Grundlage einer speziellen Vereinbarung zu.[61]

28 Möglichkeiten zur faktischen Bauzeitverkürzung über ein **Leistungsbestimmungsrecht des Auftraggebers** bestehen.[62] Die Anordnungskompetenzen nach § 1 Nr. 3 und Nr. 4 VOB/B bleiben nämlich neben § 6 Nr. 3 VOB/B erhalten und werden hierdurch nicht verdrängt oder eingeschränkt.[63] Der Umfang dieser Kompetenz ist jedoch problematisch. Im Kern ist diese Befugnis jedoch zu bejahen, soweit der Auftraggeber sich auf **Leistungsanordnungen** beschränkt. Die Befugnis erstreckt sich auch auf Arbeitsmethoden und Geräteeinsatz, wenn dies Teil der vertraglich beschriebenen Leistung ist. Eine weitergehende Einflussnahme auf die Ausführung, deren Umsetzung Zeitgewinn bedeutet, ist wegen des Interesses des Unternehmers an der Aufrechterhaltung seines Dispositionsrechts nach § 4 Nr. 2 Abs. 1 VOB/B abzulehnen. Deshalb scheidet eine Kompetenz des Auftraggebers, einen **verstärkten Personaleinsatz** anzuordnen aus.[64]

29 Anderes gilt, wenn mit **Änderungen im Baustoff- oder Bautechnikbereich** ein Zeitgewinn verbunden ist. Ist z. B. die Baustelle aus vom Auftraggeber zu vertretenden Gründen zeitgestört und die Sohlplatte als Dreifeldplatte konstruiert, hat der Auftraggeber über § 1 Nr. 3 VOB/B die Möglichkeit zur Anordnung als Einfeldplatte, um damit einen **Beschleunigungseffekt** zu erzielen. Änderungsanordnungen im inhaltlichen Leistungsbereich nach § 1 Nr. 3, 4 VOB/B mit Beschleunigungseffekt sind berechtigt. Die Äquiva-

---

[56] BGH U. v. 24. 2. 2005 – VII ZR 141/03, NJW 2005, 1653 = NZBau 2005, 387 = BauR 2005, 857.
[57] *Nicklisch/Weick* VOB/B § 6 Rdn. 39; *Ingenstau/Korbion/Döring* VOB/B § 6 Nr. 4 Rdn. 7.
[58] BGH NJW 1995, 49.
[59] *Nicklisch/Weick* VOB/B § 6 Rdn. 39.
[60] Vgl. *Kapellmann/Schiffers* Bd. 1 Rdn. 1455, 1458; *Kapellmann/Messerschmidt* VOB/B § 6 Rdn. 30, 31; *Langen/Schiffers* Rdn. 1791, 2520; a. A. *Ingenstau/Korbion/Döring* VOB/B § 6 Nr. 4 Rdn. 4 (wenn die Anstrengung zumutbar ist); vgl. auch *Ingenstau/Korbion/Keldungs* VOB/B § 2 Nr. 5 Rdn. 21.
[61] *Marbach* BauR 2003, 1794, 1801; vgl. auch *Wirth/Würfele* Jahrbuch Baurecht 2006, S. 120, 161.
[62] *Kapellmann/Messerschmidt/von Rintelen* VOB/B § 1 Rdn. 58, 59.
[63] *Kapellmann/Messerschmidt/von Rintelen* VOB/B § 1 Rdn. 59.
[64] Vgl. dazu *Kapellmann/Schiffers* Bd. 1 Rdn. 1324; 1458.

lenz wird gewahrt, weil der Auftragnehmer Anspruch auf eine veränderte oder eine Zusatzvergütung erhält. Diese Befugnis erstreckt sich auch auf die Bauweise und den damit verbundenen Geräteeinsatz, wenn eine entsprechende vertragliche Festlegung erfolgt ist. Kann z. B. die Restfeuchte im Estrich, die an sich wegen des Austrockungsgebots Grund für eine Bauzeitverlängerung ist, für den Bodenleger über eine Beschichtung entschärft werden, neutralisiert die Anordnung nach § 1 Nr. 4 VOB/B die nach Vertrag und Ablaufplan vorprogrammierte Bauzeitverlängerung.

Eine einseitig ausübbare Befugnis des Auftraggebers, die dem vertragskonformen Unternehmerablaufplan zugrunde liegende, vertraglich jedoch nicht fixierte **Arbeitsweise** wegen der Zeitstörung per Anordnung zu ändern, ist zu verneinen. Für eine Anordnung des Auftraggebers, z. B. die Bodenlegerarbeiten, die nach den ursprünglichen Vertragsfristen mit einer Kolonne in der vorgesehenen Zeit zu erledigen und so auch disponiert waren, nunmehr mit 3 Kolonnen durchzuführen, fehlt die Rechtsgrundlage. Das gilt auch z. B. für eine Linienbaumaßnahme, deren Durchführung mit einer Mannschaft so vorgesehen war, dass von einem Ende zum anderen gearbeitet wird; der Auftraggeber kann zur Beschleunigung nicht den Einsatz zweier Mannschaften fordern, die jeweils von den Endpunkten zur Mitte hin arbeiten.[65] § 2 Nr. 5 VOB/B ist hierfür keine ausreichende Befugnisgrundlage. Solche Maßnahmen sind nur einer einvernehmlichen Regelung zugänglich, die zugleich die Vergütung mit regelt. Die **Dispositionsbefugnis des Auftragnehmers** nach § 4 Nr. 2 VOB/B ist gleichfalls schutzbedürftig. 30

## D. Klauseln

Eine Klausel, die den Auftragnehmer zu verstärktem Einsatz an Material, Gerät und Personal verpflichtet, wenn die Überschreitung vertraglicher Fristen droht, ohne dass dem Auftragnehmer hierfür irgendwelche Zahlungsansprüche zustünden, scheitert an § 307 Abs. 2 Nr. 1 BGB.[66] Ebenfalls unwirksam ist eine Klausel, die den auf die Sekundärverzögerung entfallenden Verlängerungszeitraum vorformuliert z. B. auf maximal 5 Arbeitstage beschränkt.[67] Eine vom Auftraggeber gestellte Klausel, wonach sich der Auftragnehmer nur dann auf eine Ausführungsfristverlängerung berufen kann, wenn höhere Gewalt vorliegt oder der Auftraggeber grob fahrlässig oder vorsätzlich gegen ihn treffende Mitwirkungspflichten verstoßen hat und hierdurch eine Unterbrechung von mehr als 30 Arbeitstagen verursacht wird, ist unwirksam. Dasselbe gilt, wenn nach einem vom Auftraggeber aufgestellten Bedingungswerk eine Winterpause oder vom Arbeitsamt anerkannte Schlechtwettertage nicht als Unterbrechung gelten.[68] Im Störungsfall kann der Auftraggeber über Klauseln auch nicht zu seinen Gunsten ein Leistungsbestimmungsrecht vorsehen.[69] 31

---

[65] *Kapellmann/Schifffers* Bd. 1 Rdn. 1458.
[66] *Glatzel/Hofmann/Frikell* S. 190; *Korbion/Locher/Sienz* Rdn. 39, 42.
[67] Vgl. *Glatzel/Hofmann/Frikell* S. 191.
[68] *Korbion/Locher/Sienz* Rdn. 42.
[69] *Korbion/Locher/Sienz* Rdn. 42.

## § 6 Nr. 5

### § 6 Nr. 5 [Vorzeitige Leistungsabrechnung]

Wird die Ausführung für voraussichtlich längere Dauer unterbrochen, ohne dass die Leistung dauernd unmöglich wird, so sind die ausgeführten Leistungen nach den Vertragspreisen abzurechnen und außerdem die Kosten zu vergüten, die dem Auftragnehmer bereits entstanden und in den Vertragspreisen des nicht ausgeführten Teils der Leistung enthalten sind.

Literatur: Vgl. die Hinweise → Vor § 6 und § 6 Nr. 1 VOB/B

**Übersicht**

| | Rdn. | | Rdn. |
|---|---|---|---|
| A. Allgemeines und Grundlegung | 1–11 | II. Rechtsfolgen | 21 |
| I. Stellung im System | 1 | 1. Vergütung für die ausgeführten Leistungen | 22 |
| 1. Abrechnungsmöglichkeit und Abrechnungsart | 2 | 2. Vergütung für bereits entstandene, in noch nicht ausgeführten Leistungsteilen enthaltene Kosten | 24 |
| a) Fälligkeitsvoraussetzungen | 3 | 3. Abrechnungsregeln nach dem geschlossenen Bauvertrag | 27 |
| b) Qualifizierung der Rechnung | 4 | a) Abrechnung bei einem Einheitspreisvertrag | 28 |
| c) Entscheidungs- und Festlegungsbedarf | 9 | b) Abrechnung bei einem Pauschalvertrag | 29 |
| 2. Abgrenzung zu § 6 Nr. 7 VOB/B | 12 | c) Abrechnung bei einem Stundenlohnvertrag | 30 |
| II. Schrankenziehung nach Treu und Glauben | 13 | d) Abrechnung bei einem Selbstkostenerstattungsvertrag | 31 |
| III. Rechtsfolgen | 14 | 4. Einwendungen gegen die Abrechnung | 32 |
| B. Abrechnungsvoraussetzungen im Einzelnen | 15–34 | III. Abwicklung bei Ursachenvielfalt | 34 |
| I. Tatbestand | 16 | | |
| 1. Ausführungsbeginn | 16 | | |
| 2. Unterbrechung, Unterbrechungsdauer und Unmöglichkeit | 18 | | |

## A. Allgemeines und Grundlegung

### I. Stellung im System

**1** Nach der Vorschrift erhält der Auftragnehmer unter den in § 6 Nr. 5 VOB/B näher geregelten Voraussetzungen die **Möglichkeit zur vorzeitigen Abrechnung.** Die Formulierung „so sind die ausgeführten Leistungen nach ..." abzurechnen, begründet keinen Zwang zur vorzeitigen Leistungsabrechnung. Den Abrechnungstyp im Rahmen von Abschlagsrechnung, Teilschlussrechnung und Schlussrechnung legt die Nr. 5 nicht fest. Die Regelung schweigt auch dazu, ob der Auftragnehmer die Vergünstigung der vorzeitigen Abrechnung für sich in Anspruch nehmen darf, wenn der Unterbrechungstatbestand von ihm zu verantworten oder gar verschuldet ist. Die in § 6 Nr. 5 VOB/B vorausgesetzte Unterbrechung basiert auf der **fortbestehenden Rechtswirksamkeit** des Bauvertrages, dessen Kündigung gemäß § 6 Nr. 7 VOB/B erst bei einer drei Monate überschreitenden Unterbrechungsdauer statthaft ist. Die Unterbrechung soll den Auftragnehmer nicht daran hindern, die bis dahin durch Leistung verdiente Vergütung zu erhalten.[1] Der Vergütungsanspruch geht jedoch insofern darüber hinaus, als auch die Kosten ersetzt verlangt werden können, die dem Auftragnehmer bereits entstanden sind, jedoch in den Vertragspreisen des noch nicht ausgeführten Teils der Leistung enthalten sind. Das sind z.B. die gesamten

---

[1] *Ingenstau/Korbion/Döring* VOB/B § 6 Nr. 5 Rdn. 1; *Heiermann/Riedl/Rusam* VOB/B § 6 Rdn. 25.

Vorzeitige Leistungsabrechnung                                                      § 6 Nr. 5

**Kosten der Baustelleneinrichtung,** wenn diese auf die Teilkosten der einzelnen Positionen des Leistungsverzeichnisses umgelegt worden sind und die bis zur Unterbrechung angelaufenen Kosten der **Baustellenvorhaltung.** Dieser Aspekt spielt dann eine Rolle, wenn die Kosten der Baustelleneinrichtung, deren Vorhaltung und Abbau nicht in einer gesonderten Position enthalten sind. Unter **Kalkulationsgesichtspunkten** ist das demnach bei der **Zuschlagskalkulation** bedeutsam.

### 1. Abrechnungsmöglichkeit und Abrechnungsart

Die Abrechnung betrifft die bis zur Unterbrechung ausgeführten Leistungen und schließt  2
die Vergütung der **Kosten** ein, die dem Auftragnehmer bereits entstanden und in den Vertragspreisen des noch nicht ausgeführten Teils der Leistung enthalten sind. Letzteres betrifft vor allem die **Gemeinkosten** der Baustelle und die Allgemeinen **Geschäftskosten,** wenn diese im Wege der **Zuschlagskalkulation** auf die Teilleistungen umgelegt worden sind.[2] Da die Fälligkeit nach der Vorschrift von der Abnahme der ausgeführten Leistungen unabhängig ist, ähnelt das Abrechnungsprinzip dem einer Abschlagsrechnung nach § 16 Nr. 1 VOB/B. Die Abrechnung gemäß § 6 Nr. 5 VOB/B ist jedoch angesichts der Sonderregelung nicht als Abschlags-, sondern als eine **Teilschlussrechnung** zu qualifizieren.[3] Das schließt bei Bedarf den Rückgriff auf Regeln aus § 16 Nr. 1 VOB/B nicht aus. Für die Fälligkeit ist auf die Abnahme als sonst geltender Fälligkeitsvoraussetzung verzichtet. Wird der Abrechnung nach § 6 Nr. 5 VOB/B die Qualität einer **Teil-Schlussrechnung** zugewiesen, besteht ab dem Zeitpunkt einer länger dauernden Unterbrechung **Teilschlussrechnungsfähigkeit** mit der Folge, dass ab diesem Zeitpunkt grundsätzlich entsprechend der auch bei der Kündigung geltenden Rechtsprechung die Befugnis zur klageweisen Durchsetzung bereits gestellter **Abschlagsrechnungen** fehlt.[4] Auf die in den nachfolgenden Rdn. 6, 7 enthaltenen Besonderheiten ist jedoch zu achten. Die rechtliche Einordnung ist auch insofern bedeutsam, als sich die Fälligkeitskriterien in § 16 Nr. 1 anders bestimmen als nach § 16 Nr. 3 VOB/B: Bei einer Abschlagsrechnung tritt **Fälligkeit** binnen 18 Werktagen ein; bei einer Teilschlussrechnung beträgt die Prüfungszeit gemäß § 16 Nr. 3 Abs. 1 VOB/B zwei Monate.

a) **Fälligkeitsvoraussetzungen.** Die Vorschrift verlangt die Abrechnung nach den Ver-  3
tragspreisen. Das Gebot zur **prüfbaren Abrechnung** gemäß § 14 Nr. 1 VOB/B gilt auch hier. Deshalb ist die bis zur Unterbrechung erbrachte Leistung bei einem **Einheitspreisvertrag** prüfbar aufzumessen und hierüber gemäß den Anforderungen nach § 14 Nr. 1 VOB/B Nachweis zu führen. Kommt es bei einem **Pauschalvertrag** zu einer Unterbrechung, ist die Höhe der für die erbrachten Teilleistungen abrechenbaren Vergütung nach dem Verhältnis des Werts der erbrachten Teilleistungen zum Wert der nach dem Pauschalvertrag geschuldeten Gesamtleistung zu errechnen.[5] Der Auftragnehmer hat die erbrachten Leistungen von den nicht erbrachten abzugrenzen und das Verhältnis der bewirkten Leistungen zur vereinbarten Gesamtleistung sowie das Verhältnis des Preisansatzes für die Teilleistungen zum Pauschalpreis darzulegen. Die Abgrenzung und die Bewertung müssen den Auftraggeber in die Lage versetzen, sich sachgerecht zu verteidigen. Die Anforderungen im Einzelfall bestimmen sich nach den Informations- und Kontrollineressen des Auftraggebers, die Umfang und Differenzierung der für die Prüfung erforderlichen Angaben bestimmen.[6] Die **Prüfbarkeit**

---

[2] Vgl. unten Rdn. 24.
[3] Vgl. unten Rdn. 4, 5; a. A. *Leinemann* VOB/B § 6 Rdn. 79, 81; wie hier *Kapellmann/Messerschmidt* VOB/B § 6 Rdn. 45.
[4] Vgl. für den Kündigungsfall BGH U. v. 25. 10. 1990 – VII ZR 201/89 = NJW 1991, 565 = BauR 1991, 81; BGH NJW-RR 1987, 724 = BauR 1987, 453; *Kniffka/Koeble* Kompendium 9. Teil Rdn. 13.
[5] BGH BauR 1995, 691 = NJW 1995, 2712 = ZfBR 1995, 297; BauR 1995, 545 = NJW 1995, 1837 = ZfBR 1995, 198; BauR 1980, 356, 357; vgl. auch unten Rdn. 26.
[6] BGH U. v. 2. 5. 2002 – VII ZR 325/00, NJW-RR 2002, 1177 = NZBau 2002, 508 = BauR 2002, 1406; BGH U. v. 11. 2. 1999 – VII ZR 91/98, NJW 1999, 2036 = BauR 1999, 632; BGH U. v. 4. 7. 1996 – VII ZR 227/93 NJW 1996, 3270 = BauR 1996, 846.

## § 6 Nr. 5

der Rechnung ist **Fälligkeitsvoraussetzung**.[7] Eine rechtsgeschäftliche Abnahme der ausgeführten Leistungen wird nicht vorausgesetzt.[8] Eine derartige Regelung enthält die Bestimmung im Unterschied zu § 8 Nr. 6 VOB/B unabhängig davon nicht, ob § 8 Nr. 6 VOB/B die Abnahme als Fälligkeitsvoraussetzung einführt.[9] Die Regelung ordnet die ausgeführte Leistung nicht als Teilleistung ein, deren Abnahme nach § 12 Nr. 2 VOB/B erwogen werden könnte. Es wäre im Übrigen Zufall, wenn die Unterbrechung gerade zu diesem Zeitpunkt erfolgen würde, in welchem in sich abgeschlossene Teile der Gesamtleistung vorliegen. Bei einem infolge der Unterbrechung nicht vollständigen Werk fehlen die Abnahmevoraussetzungen.[10] Dies gilt jedenfalls dann, wenn es sich um eine Unterbrechung von längerer Dauer handelt, die weder der Auftraggeber noch der Auftragnehmer zum Anlass für eine Kündigung nach § 6 Nr. 7 VOB/B genommen hat. Entsprechend § 8 Nr. 6 VOB/B ist dem Auftragnehmer das Recht zuzubilligen, **gemeinsam** mit dem Auftraggeber das **Aufmaß** zu nehmen.[11] Fälligkeitsvoraussetzung ist diese gemeinsame Aufmaßnahme nicht. Bleibt der Auftraggeber dann einem ausgehandelten Aufmasstermin unentschuldigt fern und ist ein neues Aufmaß oder eine Überprüfung des einseitig vom Auftragnehmer genommenen Aufmaßes nicht mehr möglich, hat der Auftrageber im Prozess des Auftragnehmers auf Zahlung vorzutragen und zu beweisen, welche Massen zutreffend oder dass die vom Auftragnehmer genannen Massen unzutreffend sind.[12]

4   **b) Qualifizierung der Rechnung.** Die Abrechnung nach § 6 Nr. 5 VOB/B führt nicht zu einer Schlussrechnung,[13] sondern zu einer **Teilschlussrechnung**,[14] was die Notwendigkeit einer Abnahme nicht bedingt. Nur für den Fall der Kündigung nach § 6 Nr. 7 und § 8 VOB/B hat der BGH[15] die zu erstellende und fälligkeitsbegründende Rechnung als Schlussrechnung eingestuft. Da der Bauvertrag trotz der Unterbrechung bestehen bleibt und damit der Auftragnehmer verpflichtet ist, weiterzubauen, eröffnet § 6 Nr. 5 VOB/B über die in § 16 Nr. 4 VOB/B eigentlich bestehenden Grenzen[16] hinaus die Möglichkeit zur Erstellung einer Teilschlussrechnung mit allen sich daraus hinsichtlich der Verjährung und einer Teilschlusszahlung auch sonst ergebenden Konsequenzen.[17] Eine Schlussrechnung scheidet im Hinblick auf die fortbestehende Leistungsverpflichtung aus. Die Unterbrechung führt auch nicht zu einer Spaltung des Bauvertrages in zwei selbstständige Teile. Lediglich unter Abrechnungsgesichtspunkten wird eine Aufteilung vorgenommen.

5   Die auf § 6 Nr. 5 VOB/B gestützte Rechnung weist nicht den Charakter einer **Abschlagsrechnung** auf.[18] Das Recht auf Abschlagszahlung wird dem Auftragnehmer bereits nach § 16 Nr. 1 VOB/B eingeräumt. Das allein würde jedoch nicht genügen, um die Abrechnung nach § 6 Nr. 5 VOB/B als Teilschlussrechnung zu qualifizieren. Entscheidend sind die Terminologie und das damit verbundene Verständnis. § 16 Nr. 1 VOB/B formuliert für die Abschlagszahlung, eine solche sei unter bestimmten Voraussetzungen zu gewähren und hierfür sei die Leistung durch eine prüfbare Austellung nachzuweisen. § 16 Nr. 1 Abs. 3 VOB/B bestimmt zur Fälligkeit, diese trete binnen 18 Werktagen nach Zugang der Aufstellung ein. Mit § 14 und § 16 Nr. 3 Abs. 1 VOB/B vergleichbar spricht demgegenüber

---

[7] BGH BauR 1990, 516; BauR 1990, 605 = NJW-RR 1990, 1170 = ZfBR 1990, 226.
[8] *Heiermann/Riedl/Rusam* VOB/B § 6 Rdn. 32.
[9] → § 8 Nr. 6 Rdn. 52, 53.
[10] BGH NJW-RR 1993, 1461; ob dies jedoch im Hinblick auf BGH U. v. 11. 5. 2006 – VII ZR 146/04, NJW 2006, 2475 = NZBau 2006, 569 = BauR 2006, 1294 noch uneingeschränkt für § 6 Nr. 5 VOB/B vertreten werden kann, ist fraglich.
[11] Vgl. *Ingenstau/Korbion/Döring* VOB/B § 6 Nr. 5 Rdn. 13.
[12] BGH U. v. 22. 5. 2003 – VII ZR 143/02, NJW 2003, 2678 = NZBau 2003, 497 = BauR 2003, 1207.
[13] So aber *Nicklisch/Weick* VOB/B § 6 Nr. 77; *Heiermann/Riedl/Rusam* VOB/B § 6 Rdn. 32.
[14] So auch *Kapellmann/Messerschmidt* VOB/B § 6 Nr. 45.
[15] NJW 1987, 382, 383 = BauR 1987, 95.
[16] Vgl. dazu → § 16 Nr. 4 Rdn. 8 ff.
[17] Vgl. → § 16 Nr. 4 Rdn. 16.
[18] So aber *Leinemann* VOB/B § 6 Rdn. 81.

§ 6 Nr. 5 VOB/B davon, die Leistungen seien nach den Vertragspreisen abzurechnen. Das ist signifikant, denn damit wird der entscheidende Unterschied zu einer Abschlagsforderung/Abschlagsrechnung und den Zahlungen hierauf ausgedrückt: Abschlagszahlungen sind abzurechnen und ohne eine solche Abrechnung hat der Auftraggeber einen Anspruch auf Rückzahlung von Abschlagszahlungen.[19] § 6 Nr. 5 VOB/B aber spricht gerade von einer Abrechnung und nicht lediglich – wie § 16 Nr. 1 VOB/B – von einer nachprüfbaren Aufstellung. Hat der Auftragnehmer die Abrechnung nach § 6 Nr. 5 VOB/B erstellt, kann der Auftraggeber nicht mit der Behauptung einer fehlenden Schlussrechnung einen Rückforderungsanspruch geltend machen. Diese Rechtsposition, Abschlagszahlungen geltend machen zu können, verbleibt beim Auftragnehmer auch bei einer Unterbrechung der Ausführung bis zu dem Zeitpunkt, zu welchem **Teilschlussrechnungsfähigkeit** besteht.

Ab Teilschlussrechnungsfähigkeit ist auch entsprechend § 6 Nr. 5 VOB/B abzurechnen, wenn der Auftragnehmer ein Zahlungsbegehren ab diesem Zeitpunkt stellt. Ob der Auftragnehmer abrechnen will, steht in seinem Belieben, wenn er jedoch abrechnet, dann ordnet § 6 Nr. 5 VOB/B **zwingend** die Erstellung einer **Teilschlussrechnung** an. Das ergibt sich aus dem Hilfszeitwort „sind" im Zusammenhang mit dem Verb „abzurechnen", was als „muss" zu interpretieren ist. Die VOB/B verfolgt an dieser Stelle eine klare abrechnungstechnische Grenzziehung zwischen den erbrachten und den noch ausstehenden Leistungen; die VOB/B will gerade den mit einer Abschlagszahlung verbundenen Nachteil einer weiter bestehenden Abrechnungsnotwendigkeit vermeiden. Die weitere **Geltendmachung** einer **Abschlagsrechnung** ist demnach dem Wortlaut nach ausgeschlossen; zum anderen ist es angemessen, die Regel, dass nach Kündigung keine Abschlagszahlung mehr verlangt werden kann,[20] auf den Tatbestand einer längeren Unterbrechung dann anzuwenden, wenn § 6 Nr. 5 VOB/B die Abrechnung zwingend formuliert, und die länger dauernde Unterbrechung zum Anlass für ein Zahlungsbegehren genommen wird. Dieser Ansatz eröffnet in gewissem Umfang eine Wahlmöglichkeit: Rechnet der Auftragnehmer wegen der Unterbrechung nach den Regeln des § 6 Nr. 5 VOB/B ab, handelt es sich um eine Teilschlussrechnung. Ist die Unterbrechung nicht der Anlass für die Rechnungsstellung und werden nur die bereits erbrachten Leistungen ohne Ansatz der Kosten abgerechnet, die bereits entstandenen aber in den Vertragspreisen des noch nicht ausgeführten Leistungsteils enthalten sind, handelt es sich um eine Abschlagsrechnung. Eine solche Möglichkeit ist dem Auftragnehmer zuzubilligen.

Das bedeutet freilich nicht, dass ein Auftragnehmer bei einer länger dauernden Unterbrechung notwendig neben der Abrechnung der ausgeführten Leistungen nach den Vertragspreisen in das Rechenwerk auch die Kosten einzustellen hat, die ihm bereits entstanden und in den Vertragspreisen des nicht ausgeführten Teils der Leistung enthalten sind. Das steht dem Auftragnehmer frei und hat nicht zur Konsequenz, dass deshalb lediglich eine Abschlagsforderung (Abschlagsrechnung) geltend gemacht wird. Die Regelung formuliert nämlich das Abrechnungsgebot hinsichtlich der erbrachten Leistungen und spricht hinsichtlich dieser auch auf andere Positionen umgelegten Kosten lediglich von einer Vergütungspflicht. Dieser Anspruch muss jedoch keineswegs geltend gemacht werden.

**Abrechnungstechnisch** erweitert § 6 Nr. 5 VOB/B im Vergleich zur Abrechnung nach den Regeln einer Abschlagsrechnung den Umfang der vergütungsfähigen Leistungen. Denn nach § 16 Nr. 1 VOB/B sind bei Abschlagszahlungen die Leistungen in Höhe des Werts der nachgewiesenen vertragsgemäßen Leistungen zu vergüten; darunter fallen jedoch die Kosten nicht, die dem Auftragnehmer zwar bereits entstanden, aber in den Vertragspreisen der noch nicht ausgeführten Leistungsteile enthalten sind. Deren vorzeitige **Inrechnungstellung** ermöglicht § 6 Nr. 5 VOB/B.

---

[19] BGH U. v. 30. 9. 2004 – VII ZR 187/03, NZBau 2005, 41 = NJW-RR 2004, 1950 = BauR 2004, 1940; BGH U. v. 24. 1. 2002 – VII ZR 196/00, NJW 2002, 1567 = NZBau 2002, 329 = BauR 2002, 938.
[20] BGH U. v. 24. 1. 2002 – VII ZR 196/00, NJW 2002, 1567 = NZBau 2002, 329 = BauR 2002, 938; *Kniffka/Koeble* Kompendium, 9. Teil Rdn. 13.

## § 6 Nr. 5                                                Vorzeitige Leistungsabrechnung

9     **c) Entscheidungs- und Festlegungsbedarf.** Hinsichtlich der durch den Auftragnehmer in Anspruch genommenen Abrechnung besteht demnach kein Entscheidungsbedarf, wenn das Rechenwerk Teile der **Gemeinkosten** der Baustelle enthält, die dem Auftragnehmer bereits entstanden, aber in den Vertragspreisen der noch nicht ausgeführten Leistungen enthalten sind. Dadurch ist die Abrechnung deutlich als **Teilschlussrechnung** nach § 6 Nr. 5 VOB/B deklariert, da dieser Leistungsanteil über eine Abschlagsrechnung gemäß § 16 Nr. 1 VOB/B nicht durchsetzbar ist.

10     Berechnet der Unternehmer mit der Abrechnung lediglich die ausgeführten Leistungen, ist die Einordnung der Abrechnung offen. Festlegungsbedarf besteht, da Abschlagsrechnung und Teilschlussrechnung wegen der sich aus § 16 Nr. 3 VOB/B ergebenden, jedoch auf die Schluss- und Teilschlussrechnung beschränkten Rechtsfolgen[21] unterschiedliche Konsequenzen haben. Nach obigen Darlegungen ist[22] der Auftragnehmer nicht gezwungen, im Rahmen der Abrechnung gemäß § 6 Nr. 5 VOB/B auch den Teil an Gemeinkosten des Objekts in die Abrechnung einzustellen, der ihm bereits entstanden ist, aber in den Vertragspreisen der noch nicht ausgeführten Leistungen enthalten ist.

11     Die Festlegung steht allein dem Auftragnehmer zu. Die Erklärung ist bei der entsprechenden Bezeichnung als Abschlags- oder Teilschlussrechnung oder Bezugnahme auf § 16 Nr. 1 bzw. § 6 Nr. 5 VOB/B eindeutig. Im Übrigen hat nach §§ 133, 157 BGB unter Ausrichtung am **Empfängerhorizont** Auslegung zu erfolgen. Der Auftraggeber vermag die Rechnungsqualität nicht durch die als Schlusszahlung deklarierte Zahlung zu bestimmen. Stehen dem Auftragnehmer verschiedene Abrechnungsmöglichkeiten zur Auswahl, ist die Rechnungserteilung samt Fixierung der Rechnungsart Ausdruck einer final ausgerichteten Rechtsfolgensteuerung. Damit erweist sich die **Rechnungsstellung** jedenfalls insoweit als **Willenserklärung**,[23] als der Erklärende deren Qualität bestimmt. Die Qualifizierung als rechtsunerhebliche Handlung[24] scheidet aus, weil der Auftragnehmer angesichts der Wahlmöglichkeit die Rechtsmacht der einseitigen Festlegung des gewollten Rechnungstyps hat. Eine bloß rechtsgeschäftsähnliche Handlung kommt gleichfalls nicht in Betracht, da der Rechnungssteller mit der Wahl des Rechnungstyps final die beabsichtigten Rechtsfolgen bestimmt.[25] Liegen aber die Voraussetzungen für eine abschließende Abrechnung wegen des Tatbestandes einer längeren Unterbrechung vor, verliert der Auftragnehmer die Befugnis zur Stellung und weiteren Verfolgung von Abschlagsrechnungen. Dann ist nach § 6 Nr. 5 VOB/B abzurechnen. Die Möglichkeit über Abschlagsrechnungen lediglich zu dann später abrechnungsbedürftigen Vorauszahlungen zu kommen, ist dann erloschen,[26] wenn der Auftragnehmer deutlich den Unterbrechungstatbestand zum Anlass für die Rechnungsstellung macht.

### 2. Abgrenzung zu § 6 Nr. 7 VOB/B

12     Dauert die Unterbrechung länger als drei Monate, hat jeder Vertragsteil nach § 6 Nr. 7 VOB/B die Möglichkeit zur Kündigung. Erst dadurch wird der Bauvertrag, dessen Fortgeltung im Rahmen der Nr. 5 gesichert ist,[27] für die Zukunft mit der Folge aufgelöst, dass es bei der Abrechnung nach den Grundsätzen der Nr. 5 verbleibt. Die Abrechnung nach § 6 Nr. 5 VOB/B führt nicht zur Beendigung des Bauvertrages; diese Bestimmung ermöglicht lediglich eine vorgezogene Abrechnung. Die Beendigung wird erst durch eine Kündigung unter den Voraussetzungen nach § 6 Nr. 7 VOB/B herbeigeführt. Zu den Ansprüchen gemäß § 6 Nr. 5 VOB/B kommen solche aus § 6 Nr. 6 VOB/B hinzu. Weiterhin kann der

---

[21] → § 16 Nr. 3 Rdn. 61 ff.
[22] → Rdn. 7.
[23] Vgl. *Locher* Rechnung S. 8.
[24] Dafür *Weyer* BauR 1981, 290 ff.; *Lenzen* BauR 1982, 23, 25.
[25] Vgl. *Locher* Rechnung S. 11.
[26] Oben Rdn. 6, 7.
[27] *Ingenstau/Korbion/Döring* VOB/B § 6 Nr. 5 Rdn. 11.

Auftragnehmer bei Kündigung die Vergütung der **Baustellenräumungskosten** verlangen, wenn er die Unterbrechung nicht zu vertreten hat, und diese Kosten nicht in der Vergütung für die bereits aufgeführten Leistungen enthalten sind. Damit hat der Auftragnehmer bei Unterbrechungen mit mehr als dreimonatiger Dauer die Wahl zwischen Abrechnung auf der Basis des Fortbestandes des Vertrags und der Kündigung samt Abrechnung des gekündigten Vertrags (§ 6 Nr. 7 VOB/B). Die vom Auftragnehmer zugunsten des Fortbestandes getroffene Wahl ist nicht bestandskräftig. Denn die Kündigungsmöglichkeit des Auftraggebers beurteilt sich unabhängig von der Wahl des Auftragnehmers.

## II. Schrankenziehung nach Treu und Glauben

Das Abrechnungsrecht scheitert am **Rechtsmissbrauchsverbot**, wenn der Auftragnehmer den Unterbrechungstatbestand selbst zu verantworten hat.[28] Die Vertragsuntreue schließt als rechtshindernde Einwendung das Abrechnungsrecht aus.[29] Der Umstand, dass in § 6 Nr. 7 VOB/B die Vergütung der Kosten für die Baustellenräumung davon abhängt, dass der Auftragnehmer die Unterbrechung nicht zu vertreten hat, schränkt die Anwendung des Rechtsmissbrauchsgedankens nicht ein. Allerdings hat der BGH[30] ein Kündigungsrecht aus § 6 Nr. 7 VOB/B auch dem Auftragnehmer zugestanden, aus dessen Risikosphäre die Ursache für die Unterbrechung der Bauausführung herrührt oder diese zu vertreten hat, sofern ihm ein Festhalten am Vertrag nicht zumutbar ist. Der BGH hat seinen Standpunkt u. a. damit begründet, dass die Vorschrift nicht nach Risikosphären oder nach Verschulden differenziere, was an sich auch für § 6 Nr. 5 VOB/B zutrifft. Die Erwägungen zur Kündigungsmöglichkeit bei Unzumutbarkeit der Fortsetzung unabhängig davon, in welcher Sphäre die Gründe für die Unterbrechung liegen, treffen jedoch auf § 6 Nr. 5 VOB/B nicht zu. Nimmt der Auftragnehmer die länger dauernde Unterbrechung nicht zum Anlass für eine Kündigung, selbst wenn die Unterbrechung länger als drei Monate dauert, ist ihm die Fortsetzung nach dem eigenen Verhalten nicht unzumutbar. Ist er in einem solchen Fall für die Unterbrechung verantwortlich oder hat er diese sogar zusätzlich verschuldet, ist er nach § 5 Nr. 3 VOB/B verpflichtet, die Behinderung zu beseitigen und die Baustelle konform mit den vertraglichen Bauzeitregelungen zu beschicken. Ein gegenteiliges Verhalten kann nicht dazu führen, einem vertragsuntreuen Auftragnehmer eine endgültige Abrechnungsmöglichkeit für bis zur Unterbrechung erbrachte Leistungen zu ermöglichen. Treu und Glauben bilden eine sämtlichen Rechten immanente Inhaltsbegrenzung,[31] deren rechtshindernde oder rechtsvernichtende Wirkungen unabhängig davon sind, ob Vertragsbestandteile diese Rechtsbegrenzungen teilweise übernehmen oder unbeachtet lassen. Deshalb stellt die unberechtigte Leistungsverweigerung des Auftragnehmers keine Unterbrechung der Bauausführung dar, die ihm die vorzeitige Abrechnung seiner Leistungen nach § 6 Nr. 5 VOB/B ermöglicht.[32]

## III. Rechtsfolgen

Die Rechtsfolgen des § 6 Nr. 5 VOB/B beschränken sich ausschließlich auf die Abrechnung. Eine technische oder rechtsgeschäftliche Abnahme, deren Voraussetzungen sich allein nach § 12 VOB/B beurteilen, ist damit nicht verbunden und wird auch nicht vorausgesetzt.

---

[28] Vgl. → § 6 Nr. 2 Rdn. 59 ff.
[29] *Nicklisch/Weick* VOB/B § 6 Rdn. 71; *Heiermann/Riedl/Rusam* VOB/B § 6 Rdn. 31; BGH BauR 1976, 126; BGH NJW 1951, 836; OLG Düsseldorf *Schäfer/Finnern/Hochstein* Nr. 6 zu § 5 VOB/B; OLG Köln BauR 1996, 257 258.
[30] U. v. 13. 4. 2004 – VII ZR 363/02, NJW 2004, 2273 = NZBau 2004, 432 = BauR 2004, 1285.
[31] Vgl. Palandt/*Heinrichs* BGB § 242 Rdn. 38, 41.
[32] BGHZ 65, 372 = BauR 1976, 126 mit Verweis auf BGH *Schäfer/Finnern* Z 2.511 Bl. 1.

## § 6 Nr. 5

Der Vertrag befindet sich noch vollständig in der Erfüllungsphase und nicht in der Phase der Sachmängelhaftung. Die Abrechnung ändert nichts an der **Gefahrtragungsverpflichtung** des Auftragnehmers, die sich weiterhin nach § 7 und § 12 Nr. 6 VOB/B beurteilt. Da der Bauvertrag uneingeschränkt fortbesteht[33] und Abnahme wie auch Gefahrübergang nicht erfolgen, treffen den Unternehmer in der Zeit der Unterbrechung die **Schutzpflichten** nach § 4 Nr. 5 VOB/B. Die hierfür im Vergleich zur vertraglich vorgesehenen Bauzeit anfallenden gesteigerten Kosten können nur nach § 6 Nr. 6 oder § 2 Nr. 5, 6 VOB/B ersetzt verlangt werden.[34] Welche Vorschrift exakt eingreift, hängt von den Umständen ab, die zur Unterbrechung führen. Die DIN 18299 weist im Abschnitt 4.2 in Zeiten der Unterbrechung anfallende **Schutzleistungen** nicht als Besondere Leistungen aus.

## B. Abrechnungsvoraussetzungen im Einzelnen

15 Die vorgezogene, von einer Abnahme unabhängige Abrechnung der erbrachten Leistungen nach § 6 Nr. 5 VOB/B setzt voraus, dass die Ausführung für voraussichtlich längere Dauer unterbrochen wird. Der Fall der Unmöglichkeit oder des Unvermögens der Leistung darf nicht eintreten. Dieser Tatbestand nach der Nr. 5 eröffnet als Rechtsfolge die Möglichkeit zur Abrechnung der im zweiten Halbsatz angeführten Kostenarten.

### I. Tatbestand

#### 1. Ausführungsbeginn

16 Nur solche hindernden Umstände berechtigen zur vorzeitigen Abrechnung, die eine Unterbrechung der Ausführung bewirken. Das wiederum setzt den Beginn der Ausführung voraus. Eine bloße Behinderung im Sinne eines **verlangsamten** Herstellungsprozesses reicht nicht aus.[35] Die begonnenen Maßnahmen müssen zu einem Stillstand gekommen sein. Bloß **unterbrochene Bauvorbereitungsmaßnahmen**[36] genügen nicht. Das jeweils in Betracht kommende Gewerk muss in das Ausführungsstadium[37] getreten sein. Das setzt nicht notwendig Tätigkeiten auf der Baustelle voraus. Das Herstellen von für das konkrete Objekt bestimmten und darauf abgestimmten Fertigteilen, wie z. B. Binder und Träger aus Stahlbeton, das Abbinden des für den Dachstuhl bestimmten Holzes in der Werkstatt des Zimmerers oder die Herstellung von objektspezifisch ausgerichteten Lüftungskanälen, genügen. Denn diese Teile müssen nach Abtransport zur Baustelle nur noch montiert oder eingebaut werden.[38] Hat ein Auftragnehmer nicht nur die Ausführung von Bauarbeiten, sondern auch deren Planung übernommen (§ 2 Nr. 9 VOB/B) und sind die hierfür anfallenden Kosten kalkulatorisch in den Einheitspreisen oder im Pauschalpreis enthalten, genügt auch die Erbringung derartiger Planungsleistungen, um bei einer länger andauernden Unterbrechung die Abrechnungsmöglichkeit nach § 6 Nr. 5 VOB/B in Anspruch nehmen zu können. Die Vorschrift setzt nicht wie bei § 648 BGB voraus, dass bereits ein Mehrwert des Grundstücks durch die Leistung entstanden ist; derartige Wertausgleichsüberlegungen liegen der Regelung in § 6 Nr. 5 VOB/B nicht zugrunde. Auszugleichen sind die erbrachten Leistungen. Das müssen nicht notwendig Bauleistungen sein. Die Regelung beschreibt das Leistungserfordernis im Unterschied zu § 16 Nr. 1 VOB/B nicht näher.

---

[33] *Ingenstau/Korbion/Döring* VOB/B § 6 Nr 5 Rdn. 11.
[34] *Kapellmann/Schiffers* Bd. 1 Rdn. 1654; *Heiermann/Riedl/Rusam* VOB/B § 6 Rdn. 33; OLG Frankfurt ZfBR 1986, 237, 238.
[35] *Heiermann/Riedl/Rusam* VOB/B § 6 Rdn. 25; *Ingenstau/Korbion/Döring* VOB/B § 6 Nr. 5 Rdn. 3, 4.
[36] → § 5 Nr. 1 Rdn. 51 ff.
[37] Vgl. → § 5 Nr. 1 Rdn. 53 ff.
[38] *Heiermann/Riedl/Rusam* VOB/B § 6 Rdn. 25.

Vorzeitige Leistungsabrechnung  § 6 Nr. 5

Wenn mit der Herstellung solcher für das Bauobjekt bestimmter Bauteile der Beginn der 17 Ausführung bejaht wird, ist auf der **Rechtsfolgenseite** eigenständig zu prüfen, ob und in welchem Umfang für die ausgeführte Leistung eine Vergütung zu beanspruchen ist.[39]

### 2. Unterbrechung, Unterbrechungsdauer und Unmöglichkeit

Die Ausführung muss voraussichtlich auf **längere Dauer** unterbrochen werden. Das 18 Kündigungsrecht aus § 6 Nr. 7 VOB/B lässt den Schluss zu, dass eine Unterbrechung von mehr als drei Monaten regelmäßig eine solche von längerer Dauer ist.[40] Das Recht zur Abrechnung entsteht jedoch nicht erst bei Erreichen dieser Unterbrechungsdauer, sondern schon dann, wenn eine auf hinreichende Anhaltspunkte gestützte Prognose nicht nur den Verdacht, sondern den belegbaren Schluss rechtfertigt, dass der gewerkebezogene Baustillstand zu einer über längere Zeit andauernden Unterbrechung führen wird. *Leinemann* ist der Auffassung, dass die Beschreibung „längere Dauer" über Einzelumstände des konkreten Vertrages zu bestimmen sei, was auch dazu führen könne, dass wenige Tage ausreichen könnten.[41] Der maßgebliche Rahmen wird jedoch nicht allein durch die Bauzeitvorgaben des einzelnen Vertrages, dessen Gegenstand Leistungen aus einem bestimmten Gewerk sind, bestimmt.
**Beispiel:** Hat der Bodenleger Parkett bei einer Wohnungseigentumsanlage zu verlegen und kommt es wegen Vermarktungsschwierigkeiten zu einer Unterbrechung, werden nicht wenige Tage mit dem Argument ausreichen, der Auftragnehmer habe lediglich eine Bauzeit von 20 Arbeitstagen vereinbart. Letztlich ist die Bestimmung Billigkeitsrecht und nach Treu und Glauben zu konkretisieren. Die Beurteilung setzt Gewissheit nicht voraus, sondern begnügt sich mit einem hohen Wahrscheinlichkeitsgrad.[42] Welche Unterbrechungsdauer prognostizierbar sein muss, hängt von den Einzelfallumständen ab. Die **Untergrenze** wird die Zweimonatsfrist für die Fälligkeit von Schluss- und Teilschlussrechnungen nach § 16 Nr. 3 Abs. 1 VOB/B bilden. Denn es macht keinen Sinn, eine kürzere Frist genügen zu lassen, wenn sich andererseits der Auftraggeber mit der Prüfung der Abrechnung zwei Monate Zeit lassen kann.

Eine Unterbrechung der Ausführung scheitert nicht daran, dass der Unternehmer unter- 19 brechungsbedingt **Schutzmaßnahmen** zur Sicherung der Leistung vor Diebstahl oder Niederschlag erbringt. Derartige Nebenleistungen stellen nicht die Fortsetzung der Ausführung dar, da sich am Bautenstand nichts ändert.[43]

Die Unterbrechung muss **vorübergehender** Natur sein. Führen die hindernden Um- 20 stände zu einer dauernden Unmöglichkeit der Leistung, scheitert die Anwendung des § 6 Nr. 5 VOB/B. Negative Tatbestandsvoraussetzung ist die voraussichtlich länger dauernde Unterbrechung, ohne dass die Leistung dauernd unmöglich wird. Die Rechtsfolgen aus einer **nachträglich** eintretenden Unmöglichkeit oder eines Unvermögens ergeben sich aus §§ 275, 280, 284–285 und § 326 BGB und nicht aus § 6 Nr. 5 VOB/B.[44] Gerät der Unternehmer in Liquidation, begründet dies den Fall der Unmöglichkeit nicht, da die Leistungserfüllung durch einen Nachunternehmer möglich bleibt.[45] Ermöglichen die im Leistungsverzeichnis oder in vertragsrelevanten Plänen vorgesehenen Bauweisen die erfolgreiche Umsetzung des geschuldeten Werks nicht, fehlt der Tatbestand der dauernden Unmöglichkeit, wenn eine Umplanung den Eintritt des Werkerfolgs gewährleistet. Solche Vorgänge sind vertragsrechtlich über § 1 Nr. 3 und Nr. 4 VOB/B abgesichert und begründen wegen des Änderungsbedarfs in der Planung lediglich eine vorübergehende Unmöglich-

---

[39] Vgl. unten Rdn. 19, 20.
[40] *Ingenstau/Korbion/Döring* VOB/B § 6 Nr. 3 Rdn. 3; *Heiermann/Riedl/Rusam* VOB/B § 6 Rdn. 25.
[41] VOB/B § 6 Rdn. 73.
[42] *Ingenstau/Korbion/Döring* VOB/B § 6 Nr. 5 Rdn. 2.
[43] *Heiermann/Riedl/Rusam* VOB/B § 6 Rdn. 25.
[44] Vgl. → Vor § 6 Rdn. 49 ff.
[45] BGHZ 73, 140 = BauR 1979, 159 = NJW 1979, 549.

keit. Stellt der Auftragnehmer im Wege der Bedenkenanmeldung fest, die Leistung lasse sich mangelfrei nicht erstellen (§ 4 Nr. 3 VOB/B), berechtigt dies den Auftragnehmer nur im Ausnahmefall zur Einstellung der Arbeit.[46] Diesen Konflikt regelt § 4 Nr. 7 VOB/B.[47] Verweigert der Auftraggeber die gebotene Mitwirkung durch Umplanung endgültig, schlägt das Unterbrechungsstadium in das Unmöglichkeitsstadium mit den sich hieraus ergebenden Konsequenzen um.

**Beispiel:** Das Bauordnungsamt beanstandet die geplante und teilweise bereits vorgenommene Ausführung eines Treppengeländers wegen Verletzung der Verkehrssicherungspflicht. Der Auftraggeber ist ernsthaft und endgültig nicht bereit, eine Ausführungsänderung anzuordnen oder eine vom Auftragnehmer erstellte Änderungsplanung freizugeben. Der Auftragnehmer hat ausgehend von § 4 Nr. 2 Abs. 2 VOB/B ein Leistungsverweigerungsrecht; die Erfüllung wird unmöglich infolge der endgültig ausbleibenden Mitwirkung des Auftraggebers. Die Lösung nach § 6 Nr. 5 VOB/B weist deutlich in solchen Fallgestaltung Parallelen mit § 645 BGB auf, wobei diese Bestimmung jedoch Unausführbarkeit voraussetzt. § 6 Nr. 5 VOB/B begnügt sich mit einer zeitweiligen Unausführbarkeit.

## II. Rechtsfolgen

21 Die Rechtsfolgenseite kennzeichnet die Abrechnungsmöglichkeit für die ausgeführte Leistung; abgerechnet werden können auch die im zweiten Halbsatz gesondert angeführten Kosten. Die Vorschrift stellt darüber hinaus keine Anforderungen; deshalb bestehen Abgrenzungsprobleme zu den Abrechnungsvoraussetzungen nach § 8 Nr. 3 und Nr. 6 VOB/B wie auch § 16 Nr. 1 VOB/B. Im Übrigen ist der Auftragnehmer nicht verpflichtet, die Baustelle aufrechtzuerhalten.[48]

### 1. Vergütung für die ausgeführten Leistungen

22 Als ausgeführt sind unzweifelhaft jene Leistungen anzusehen, die ein Bauwerk oder ein Bauwerksteil (Gewerk) durch die Verwendung von Arbeit und Material in Verbindung mit dem Erdboden unmittelbar schaffen, erhalten oder ändern.[49] Problematisch ist die vorzeitige Abrechnungsmöglichkeit hinsichtlich solcher Teile, die objektspezifisch, z. B. als Binder, Träger, abgebundene Sparren und Pfetten oder Be- und Entlüftungskanäle, in der Werkstatt des Auftragnehmers hergestellt, aber noch nicht eingebaut wurden.[50] Der BGH[51] hat aus § 8 Nr. 3 Abs. 3 VOB/B für den in § 8 Nr. 6 VOB/B gleichfalls verwendeten Begriff „ausgeführte Leistungen" gefolgert, dass **angelieferte,** aber noch nicht eingebaute Bauteile von der VOB/B nicht als erbrachte Leistungen behandelt werden. Dies ergibt sich für den in § 8 VOB/B behandelten Kündigungsfall daraus, dass nach der Nr. 3 dieser Bestimmung der Auftraggeber für die Weiterführung der Arbeiten die angelieferten Stoffe und Bauteile gegen angemessene Vergütung in Anspruch nehmen kann. Die Übertragung dieses Begriffsverständnisses auf den gleich lautenden Terminus in § 6 Nr. 5 VOB/B ist mangels Vergleichbarkeit nicht gerechtfertigt. Da der Bauvertrag noch existent ist und der Auftragnehmer regelmäßig infolge der Unterbrechung am Einbau behindert wurde, ist es angemessen, im Zusammenhang des § 6 Nr. 5 VOB/B objektspezifisch hergestellte, aber noch nicht eingebaute Bauteile gleichfalls als ausgeführte Leistungen zu werten.

---

[46] → § 4 Nr. 3 Rdn. 66.
[47] *Leinemann* VOB/B § 6 Rdn. 75.
[48] *Kapellmann* BauR 1985, 123, 126.
[49] Vgl. *Ingenstau/Korbion* VOB/A § 1 Rdn. 4.
[50] Für eine Berechtigung zur Abrechnung *Heiermann/Riedl/Rusam* VOB/B § 6 Rdn. 25; wohl auch *Ingenstau/Korbion/Döring* VOB/B § 6 Nr. 5 Rdn. 14.
[51] BauR 1995, 545, 546 = NJW 1995, 1837 = ZfBR 1995, 198.

Auf solche Bauteile ist wegen der Vergleichbarkeit der Interessenlage die Regelung in  23
§ 16 Nr. 1 Satz 3 VOB/B zu übertragen. Danach gelten als eine Abschlagsrechnung rechtfertigende Leistung auch die für die geforderten Leistung eigens angefertigten und bereitgestellten Bauteile, sowie die auf die Baustelle angelieferten Stoffe und Bauteile, wenn dem Auftraggeber nach seiner Wahl das Eigentum an ihnen übertragen oder entsprechende Sicherheit gegeben wird. Ein Grund dafür, von diesem den Auftraggeber sichernden Maßnahmen im Zusammenhang der Abrechnung gemäß § 6 Nr. 5 VOB/B abzusehen, besteht nicht. Demnach hängt die Abrechnungsmöglichkeit solcher Leistungen nach § 6 Nr. 5 VOB/B davon ab, dass der Unternehmer dem Auftraggeber das Eigentum überträgt oder Sicherheit leistet.[52] Dies eröffnet die Möglichkeit, als ausgeführte Leistung auch die bloße Materiallieferung anzusehen.

## 2. Vergütung für bereits entstandene, in noch nicht ausgeführten Leistungsteilen enthaltene Kosten

Nach dem 2. Halbsatz hat der Auftraggeber außerdem die Kosten zu vergüten, die dem  24
Auftragnehmer bereits entstanden und in den Vertragspreisen des nicht ausgeführten Teils der Leistung enthalten sind. Darunter sind in erster Linie die **Gemeinkosten** der Baustelle und die umsatzbezogenen Gemeinkosten außerhalb der Baustelle (**Allgemeine Geschäftskosten**) zu verstehen, die bei der Zuschlagskalkulation prozentual auf die einzelnen Teilleistungen verteilt werden.[53] Nicht darunter fallen die Einzelkosten der bei einem Einheitspreisvertrag im Leistungsverzeichnis enthaltenen Teilleistungspositionen. Der 2. Halbsatz erfasst die neben den Einzelkosten der Teilleistung zu berücksichtigenden Gemeinkosten der Baustelle und die Allgemeinen Geschäftskosten (Gemeinkosten der Verwaltung), die insgesamt bei dem einzelnen Objekt ebenfalls als Kostenfaktor anfallen und bei der Zuschlagskalkulation prozentual sowie bei der Kalkulation über die Angebotsendsumme als eine Summe dem Additionsergebnis der Einzelkosten der Teilleistungen hinzugefügt werden.[54]

Hieraus folgt, dass das Rechenwerk bei der **Zuschlagskalkulation** einfacher aufgemacht  25
werden kann. Denn der Zuschlagssatz lässt sich der Kalkulation entnehmen; mit diesem Satz werden die Einzelkosten der noch ausstehenden Teilleistungen multipliziert. Das Produkt ergibt die abrechnungsfähigen Kosten, soweit diesen Kosten bereits reale Aufwendungen entsprechen. Vorausgesetzt wird dabei, dass der Auftragnehmer die im Zuschlagssatz berücksichtigten Leistungen tatsächlich noch vor der Unterbrechung erbracht hat. Angesichts der unterschiedlichen in den Gemeinkosten der Baustelle enthaltenen Kostenfaktoren bestehen insoweit Feststellungsschwierigkeiten. Denn zu den Gemeinkosten der Baustelle zählen: Kosten für das Einrichten und Räumen der Baustelle, Vorhaltekosten, Betriebs- und Bedienungskosten, Kosten der örtlichen Bauleitung, der technischen Bearbeitung, Konstruktion und Kontrolle, allgemeine Baukosten, Sonderkosten und Sozialkosten und Lohnnebenkosten (wenn nicht im Mittellohn berücksichtigt).[55] Soweit im Leistungsverzeichnis für die Einrichtung und das Räumen der Baustelle eine eigene Position vorhanden ist, entfällt die Berücksichtigung bei der Ermittlung der Gemeinkosten der Baustelle. Da die Mehrzahl der Kostengruppen zeitabhängig ist, muss der Zeitfaktor beachtet werden. Denn die Gemeinkosten wie auch die Allgemeinen Geschäftskosten dürfen nur in dem Umfang in die Abrechnung einfließen, als sie dem Unternehmer bereits entstanden sind, jedoch auf noch nicht ausgeführte Leistungen umgelegt wurden.

Die eventuell dem Auftragnehmer für während der Dauer der Unterbrechung erbrachte  26
**Schutzleistungen** zustehenden Vergütungsansprüche sind wegen der nach § 6 Nr. 5 VOB/B beachtlichen Zeitschranke nicht vorzeitig abrechnungsfähig. Die Vorschrift erfasst

---

[52] So weit scheint *Ingenstau/Korbion/Döring* VOB/B § 6 Nr. 5 Rdn. 14 nicht zu gehen.
[53] Vgl. *Schubert* FS Korbion S. 355, 356; *Drees/Paul* Kalkulation von Baupreisen S. 40, 41; *Plünecke* Preisermittlung für Bauarbeiten S. 32 ff.; *Prange/Leimböck/Klaus* Baukalkulation S. 12 ff.
[54] Vgl. *Prange/Leimböck/Klaus* Baukalkulation S. 34; *Drees/Paul* S. 40, 41.
[55] *Prange/Leimböck/Klaus* Baukalkulation S. 14.

## § 6 Nr. 5   Vorzeitige Leistungsabrechnung

nur die bis zum Baustillstand erbrachten Leistungen.[56] Die durch die länger dauernde Unterbrechung erst in der Folge verursachten Kosten fallen nicht unter die Abrechnungsregeln des § 6 Nr. 5 VOB/B.[57] Diese werden nach § 2 Nr. 5, 6 oder § 6 Nr. 6 VOB/B vergütet bzw. erstattet.[58]

### 3. Abrechnungsregeln nach dem geschlossenen Bauvertrag

27   Die Abrechnung nach § 6 Nr. 5 VOB/B hat die für den abgeschlossenen Bauvertrag typenspezifisch geltenden Abrechnungsregeln einzuhalten. Ansonsten fehlt es an der Prüfbarkeit, eventuell auch an der Schlüssigkeit des geltend gemachten Anspruchs. Demnach unterscheidet sich die Abrechnung bei einem Einheitspreisvertrag von dem eines Pauschalpreisvertrages. Wiederum eigenständig ist der Stundenlohn- und der Selbstkostenerstattungsvertrag zu beurteilen.[59]

28   **a) Abrechnung bei einem Einheitspreisvertrag.** Beim Einheitspreisvertrag sind die sich aus dem Aufmaß ergebenden Mengen mit dem Einheitspreis gem. § 2 Nr. 2 VOB/B zu multiplizieren. Die Vorlage des Aufmaßes sichert die Prüfbarkeit. Entsprechend § 8 Nr. 5 VOB/B ist dem Auftragnehmer ein Recht auf ein gemeinsames Aufmaß einzuräumen. Wie bei der Abschlagszahlung[60] steht dem Auftragnehmer die Abrechnungssumme zu 100% zu. Ein vereinbarter Sicherheitsinhalt ist nach den Regeln aus § 17 VOB/B abzugsfähig. Soweit der Auftragnehmer die Vergütung für solche erbrachten Leistungen verlangt, die auf die Gemeinkosten der Baustelle oder Allgemeine Geschäftskosten entfallen und in Vertragspreisen noch nicht ausgeführter Teilleistungen enthalten sind, muss das Rechenwerk gemäß dem generellen Gebot der Prüfbarkeit der Abrechnung nachvollziehbar aufgemacht werden. Den Informations- und Kontrollinteressen des Auftraggebers[61] ist Rechnung zu tragen. Das bedeutet, dass der Auftragnehmer die Gemeinkosten und die Baustellengemeinkosten bezogen auf das konkrete Objekt darstellt, welche kostenauslösenden Leistungen bereits erbracht sind und welcher Betrag sich mit Rücksicht auf die praktizierte Kalkulation ergibt.

29   **b) Abrechnung bei einem Pauschalvertrag.** Für die Abrechnung bei einem unterbrochenen Pauschalvertrag gelten wegen der Gleichheit der Interessen die Abrechnungsregeln für einen gekündigten Pauschalvertrag. Danach[62] lässt sich die Höhe der Teilvergütung für die bis zur Unterbrechung erbrachten Leistungen nur nach dem Verhältnis des Werts der erbrachten Teilleistung zum Wert der nach dem Pauschalvertrag geschuldeten Gesamtleistung errechnen. Die Abrechnung setzt deshalb auch hier im Allgemeinen eine Aufmaßnahme voraus, da die erbrachte Leistung von den noch ausstehenden Leistungen abzugrenzen ist. Es gehört zur Begründetheit der Abrechnung, dass der Auftragnehmer das Verhältnis der bewirkten Teilleistungen zur vereinbarten Gesamtleistung und das Verhältnis des Preisansatzes für die Teilleistungen zum Pauschalpreis darstellt.[63]

30   **c) Abrechnung bei einem Stundenlohnvertrag.** Die Abrechnung eines unterbrochenen Stundenlohnvertrages unterscheidet sich nicht von der bei ungestörter Abwicklung. Die Abrechnungsregeln nach § 15 VOB/B sind einzuhalten.

31   **d) Abrechnung bei einem Selbstkostenerstattungsvertrag.** Die Abrechnung bei einem unterbrochenen Selbstkostenerstattungsvertrag orientiert sich an den in § 5 Nr. 3

---

[56] *Daub/Piel/Soergel/Steffani* ErlZ B 6.88; *Heiermann/Riedl/Rusam* VOB/B § 6 Rdn. 32.
[57] *Ingenstau/Korbion/Döring* VOB/B § 6 Nr. 5 Rdn. 16.
[58] *Kapellmann/Schiffers* Bd. 1 Rdn. 1654.
[59] *Heiermann/Riedl/Rusam* VOB/B § 6 Rdn. 32; *Ingenstau/Korbion/Döring* VOB/B § 6 Nr. 5 Rdn. 13.
[60] BGH BauR 1990, 207, 208 = NJW-RR 1990, 858; BauR 1987, 694, 696.
[61] Vgl. dazu BGH U. v. 26. 10. 2000 – VII ZR 99/99, NJW 2001, 521 = NZBau 2001, 85 = BauR 2001, 251.
[62] BGH U. v. 4. 7. 2002 – VII ZR 102/01, NZBau 2002, 614 = BauR 2002, 1588; BGH U. v. 2. 5. 2002 – VII ZR 325/00, NZBau 2002, 508 = BauR 2002, 1406; BGH U. v. 18. 4. 2002 – VII ZR 164/01, NJW 2002, 2780 = NZBau 2002, 507 = BauR 2002, 1403; BGH BauR 1995, 691 = NJW 1995, 2712 = ZfBR 1995, 297; BauR 1995, 545 = NJW 1995, 1837 = ZfBR 1995, 198; BauR 1980, 356, 357.
[63] BGH BauR 1995, 691, 692 = NJW 1995, 2712 = ZfBR 1995, 297.

Abs. 2 VOB/A enthaltenen Vergütungsregeln. Die für Löhne, Stoffe, Gerätevorhaltung und andere Kosten einschließlich der Gemeinkosten getroffene Vereinbarung kommt auf die festzustellenden Teilleistungen zur Anwendung. Der Leistungsumfang muss deshalb nach den verbrauchten Gütern und den geleisteten Arbeitsstunden beweisbar ermittelt werden.[64]

### 4. Einwendungen gegen die Abrechnung

Der Auftraggeber hat gegen die Abrechnung sämtliche Einwendungen hinsichtlich der Prüfbarkeit wie auch der inhaltlichen Richtigkeit des Rechenwerks. Dieses den Auftragnehmer zum Beweis[65] zwingende Bestreiten betrifft auch die Verneinung einer Unterbrechung auf voraussichtlich längere Dauer. Rügt der Auftraggeber die **Tauglichkeit** der bis zur Unterbrechung erbrachten Teilleistungen wird nach h. M.[66] eine Vergütung mit der Begründung versagt, dass der **mangelbehaftete Teil** als nicht ausgeführt zu gelten habe.[67] Hierfür besteht kein Anlass. Die Vergleichbarkeit mit der Abschlagsrechnung und Abschlagszahlung rechtfertigt den Rückgriff auf § 16 Nr. 1 Abs. 2 VOB/B, wonach Einbehalte in dem im Vertrag und in den gesetzlichen Bestimmungen vorausgesehenen Fällen zulässig sind. Trotz der Formulierung in § 16 Nr. 1 VOB/B, wonach Abschlagszahlungen in Höhe des Werts der jeweils nachgewiesenen vertragsgemäßen Leistungen zu gewähren sind, ist bei mangelhaft erbrachten Leistungen und darauf gestütztem Zurückbehaltungsrecht eine Zahlung Zug-um-Zug gegen Beseitigung des Mangels die Folge und nicht eine Abweisung des Zahlungsanspruchs.[68] 32

Für eine hiervon abweichende Beurteilung besteht im Rahmen von § 6 Nr. 5 VOB/B keine Veranlassung.[69] Nach § 4 Nr. 7 VOB/B ist der Auftragnehmer von sich aus verpflichtet, Mängel und Vertragswidrigkeiten der Leistung zu beseitigen. Die Unterbrechung der Ausführung hindert regelmäßig die **Mängelbeseitigung** nicht. Der Bauvertrag besteht fort und befindet sich im Erfüllungsstadium; damit gelten die Regeln des allgemeinen Leistungsstörungsrechts, was nach § 320 BGB zur Einrede des nichterfüllten Vertrages führt. Das berechtigt zwar grundsätzlich zum Einbehalt des gesamten offenen Werklohnes, aber der Auftragnehmer kann dartun und notfalls auch beweisen, dass der einbehaltene Betrag auch bei Berücksichtigung des Durchsetzungsinteresses des Bestellers unverhältnismäßig und deshalb unbillig ist.[70] Dem Auftraggeber steht ein Leistungsverweigerungsrecht entsprechend § 641 Abs. 3 BGB in regelmäßig dreifacher Höhe zu (Druckzuschlag). Für eine Reduzierung des Vergütungsanspruchs um die auf die Mängelbeseitigung entfallenden Kosten entsprechend der nach BGH[71] bei § 648 BGB zu beachtenden Regel besteht ebenfalls kein Anlass. Denn Anliegen des § 6 Nr. 5 VOB/B ist nicht die Besicherung, sondern die Abrechnung erbrachter Teilleistungen im Wege einer Teilschlussrechnung. Die von der h. M. vertretene Auffassung, mangelbehaftete Leistungen überhaupt als noch nicht ausgeführt zu betrachten, leidet an **Rechtfertigungsmängeln** und entspricht nicht der durch § 320 BGB wie auch § 641 Abs. 3 BGB gekennzeichneten Rechtslage. Dem Auftragnehmer steht der Werklohn entsprechend den Regeln nach § 6 Nr. 5 VOB/B zu und der Auftraggeber ist im Mangelfall in der Lage, sich der Mängel wegen nach § 320, § 641 Abs. 3 BGB mit dem regelmäßig dreifachen Mängelbeseitigungsaufwand zu verteidigen. Zu zahlen ist deshalb lediglich der einschränkungsfreie Betrag, der vom Zurückbehaltungsrecht erfasst Betrag ist nur Zug um Zug gegen Mängelbeseitigung aufzubringen. 33

---

[64] *Ingenstau/Korbion/Döring* VOB/B § 6 Nr. 5 Rdn. 15; *Heiermann/Riedl/Rusam* VOB/B § 6 Rdn. 32.
[65] *Ingenstau/Korbion/Döring* VOB/B § 6 Nr. 5 Rdn. 15.
[66] *Ingenstau/Korbion/Döring* VOB/B § 6 Nr. 5 Rdn. 13 a. E.; *Heiermann/Riedl/Rusam* VOB/B § 6 Rdn. 32; *Nicklisch/Weick* VOB/B § 6 Rdn. 80.
[67] So *Ingenstau/Korbion/Döring* VOB/B § 6 Nr. 5 Rdn. 13 a. E.
[68] BGH BauR 1991, 81 = NJW 1991, 565; BauR 1981, 577 = NJW 1981, 2801; *Ingenstau/Korbion/U. Locher* VOB/B § 16 Nr. 1 Rdn. 41; → § 16 Nr. 1 Rdn. 52, 53.
[69] So auch *Leinemann* VOB/B § 6 Rdn. 76 a. E.
[70] BGH U. v. 4. 7. 1996 – VII ZR 125/95, NJW-RR 1997, 18.
[71] BGHZ 68, 180 = NJW 1977, 945 = BauR 1977, 208.

## III. Abwicklung bei Ursachenvielfalt

**34**  Hat die voraussichtlich länger dauernde Unterbrechung ihren Grund nicht nur in hindernden Umständen, die nach § 6 Nr. 2 Abs. 1 VOB/B Veranlassung für eine Fristverlängerung sind, sondern geht die Unterbrechung auch auf Ursachen zurück, die im Verantwortungsbereich des Auftragnehmers liegen,[72] ist die Regelung nach § 6 VOB/B (Nrn. 5, 6 und 7) vorrangig.[73] Für die **Abrechnungsmöglichkeit** nach § 6 Nr. 5 VOB/B bedeutet dies: Geht die Unterbrechung auf hindernde Umstände in der Sphäre des Auftraggebers zurück, ist zugunsten des Auftragnehmers der Anspruch auf vorzeitige Abrechnung entstanden. Dieser Anspruch geht nicht dadurch verloren, dass im Verlauf der bereits eingetretenen Unterbrechung ein hindernder Umstand in der Sphäre des Unternehmers hinzukommt. Dieser Umstand wirkt sich nicht mehr aus und beeinträchtigt den schon entstandenen Abrechnungsanspruch aus § 6 Nr. 5 VOB/B nicht. Umgekehrt ist der Abrechnungsanspruch verloren, wenn die Unterbrechung auf in der Sphäre des Unternehmers liegende Gründe zurückführbar ist. Kommen solche aus der Sphäre des Auftraggebers hinzu, ändert sich die Rechtslage nicht.

---

[72] Vgl. → § 6 Nr. 2 Rdn. 59 ff.
[73] BGHZ 48, 78, 81 = NJW 1967, 2261; BGHZ 62, 90, 92 = NJW 1974, 646 = BauR 1974, 208; *Heiermann/Riedl/Rusam* VOB/B § 6 Rdn. 31; *Ingenstau/Korbion/Döring* VOB/B § 6 Nr. 5 Rdn. 9.

# § 6 Nr. 6

## § 6 Nr. 6 [Schadenersatz bei verschuldeten Behinderungen]

Sind die hindernden Umstände von einem Vertragsteil zu vertreten, so hat der andere Teil Anspruch auf Ersatz des nachweislich entstandenen Schadens, des entgangenen Gewinns aber nur bei Vorsatz oder grober Fahrlässigkeit. Im Übrigen bleibt der Anspruch des Auftragnehmers auf angemessene Entschädigung nach § 642 BGB unberührt, sofern die Anzeige nach Nr. 1 Satz 1 erfolgt oder wenn Offenkundigkeit nach Nr. 1 Satz 2 gegeben ist.

**Literatur:** *Drees/Paul*, Analyse der Kalkulation und Kapazitätsplanung, Bauwirtschaft 1990, 72; *Gutsche*, Behinderung der Bauausführung und Vergütungsansprüche bei nicht rechtzeitiger Übergabe von Bauausführung und Vergütungsansprüche bei nicht rechtzeitiger Übergabe von Ausführungsunterlagen, Bauwirtschaft 1984, 1123 ff., 1163; *Pfarr/Toffel*, Methoden zur Ermittlung der Mehrkosten, Bauwirtschaft 1991, Heft Juli, 43 und Heft August, 61; *Toffel*, Eine Methode zur Ermittlung der Kosten geänderter Bauabläufe, Bauwirtschaft 1982, 447; *Döring*, Der Vorunternehmer als Erfüllungsgehilfe des Auftraggebers, Festschrift v. Craushaar, 1997, 193 ff; *Vygen*, Behinderung des Auftraggebers durch verspätete oder mangelhafte Vorunternehmerleistungen, BauR 1989, 347; *v. Craushaar*, Der Vorunternehmer als Erfüllungsgehilfe des Auftraggebers, Festschrift für Vygen, S. 154 ff; *Kleine-Möller*, Die Haftung des Auftraggebers gegenüber dem behinderten Nachfolgeunternehmer, NZBau 2000, 401; *Drittler*, Behinderungsschaden des Auftragnehmers nach § 6 Nr. 6 VOB/B – Gehören Allgemeine Geschäftskosten dazu? BauR 1999, 825; *Dier*, Zum Verhältnis von Vergütungs- und Schadensersatzanspruch des Auftragnehmers wegen Bauzeitstörungen nach der VOB/B, BauR 2001, 1507; *Kemper*, Nachträge und mittelbare Bauzeitauswirkungen, NZBau 2001, 238; *Leineweber*, Mehrkostenanforderungen des Auftragnehmers bei gestörtem Bauablauf, Jahrbuch Baurecht 2002, 107; *Thode*, Nachträge wegen gestörten Bauablaufs im VOB/B-Vertrag – Eine kritische Bestandsaufnahme, ZfBR 2004, 214; *Vygen*, Bauablaufstörungen: Sachnachträge-Zeitnachträge, BauR 2006, 166; *Niemöller*, Der Mehrvergütungsanspruch für Bauzeitverlängerungen durch Leistungsänderungen und/oder Zusatzleistungen beim VOB/B-Bauvertrag, BauR 2006, 170; *Boldt*, Bauverzögerungen aus dem Verantwortungsbereich des Auftraggebers: Ist § 6 Nr. 6 VOB/B bedeutungslos? BauR 2006, 185; *Oberhauser*, Vertragsstrafe und Regressmöglichkeiten gegenüber Dritten, BauR 2006, 210 – Vgl. im übrigen die Hinweise → Vor § 6.

### Übersicht

| | Rdn. | | Rdn. |
|---|---|---|---|
| **A. Allgemeines und Grundlegung** | 1–29 | III. Ziel und Schutzzweck der Vorschrift | 28 |
| I. Stellung im System | 3 | | |
| 1. Abgrenzung gegenüber sonstigen Schadensersatzansprüchen | 3 | **B. § 6 Nr. 6 VOB/B – Voraussetzungen im Einzelnen** | 30–124 |
| 2. Verschlossener Anwendungsbereich | 4 | I. Hindernde Umstände | 31 |
| a) Unmöglichkeit der Auftragnehmerleistung bzw. der Mitwirkungshandlung des Auftraggebers | 4 | 1. Hindernde Umstände in der Sphäre des Auftragnehmers | 32 |
| | | 2. Hindernde Umstände in der Sphäre des Auftraggebers | 33 |
| b) Mangeltatbestände mit Zeitstörungsfolgen | 5 | a) Mitwirkungsaufgaben | 34 |
| c) Tatbestände des Schadensersatzanspruches statt der Leistung | 9 | b) Eingriffs- und Anforderungsbefugnisse | 42 |
| | | c) Schuldnerstellung des Auftraggebers | 46 |
| 3. Eröffneter Anwendungsbereich | 13 | 3. Hindernde Wirkung | 47 |
| a) Hindernde Umstände aus der Sphäre des Auftragnehmers | 14 | II. Behinderungsanzeige | 50 |
| | | III. Kausalität – Zurechnungszusammenhang | 52 |
| b) Hindernde Umstände aus der Sphäre des Auftraggebers | 16 | IV. Verschulden | 55 |
| 4. Aufrechterhaltene Regelungen | 21 | 1. Begriffsverwendung in § 6 VOB/B – Verwendungstrias | 56 |
| a) Vergütungsansprüche | 22 | a) Subjektives Begriffsverständnis in § 6 Nr. 6 VOB/B | 56 |
| b) Entschädigungsansprüche nach § 642 BGB | 23 | b) Vorsatz und Fahrlässigkeit nach § 276 BGB | 57 |
| II. Anspruchsqualität des § 6 Nr. 6 VOB/B – Haftungsbegründung oder Haftungsbeschränkung? | 24 | c) Gattungs- und Geldschuld | 58 |
| | | 2. Verschulden des Auftragnehmers | 59 |

## § 6 Nr. 6 — Schadenersatz bei verschuldeten Behinderungen

| | Rdn. | | Rdn. |
|---|---|---|---|
| 3. Verschulden des Auftraggebers | 61 | c) Mehrkosten im Bereich der Allgemeinen Geschäftskosten | 96 |
| a) Der Auftraggeber als Schuldner | 62 | d) Behinderungsbedingte Minderleistungen und echte Verluste | 97 |
| b) Der Auftraggeber als Gläubiger – Mitwirkungsaufgabe, Obliegenheiten | 64 | e) Beschleunigungskosten und Mehraufwand | 99 |
| c) Verschulden der Planer (Architekten und Ingenieure) | 69 | f) Sonderkosten | 102 |
| d) Verschulden des Vorunternehmers | 71 | 4. Entgangener Gewinn und Nutzungsausfall | 103 |
| 4. Mitverschulden und Mitverursachung | 76 | 5. Schadensnachweis | 107 |
| V. Schaden | 79 | VI. Umsatzsteuer und Verjährung des Anspruchs „aus § 6 Nr. 6 VOB/B" | 110 |
| 1. Schadensfeststellung | 80 | 1. Verjährung | 110 |
| a) Feststellung des hypothetischen Soll-Aufwandes | 82 | 2. Abschlagszahlung | 111 |
| b) Feststellung des behinderungsbedingten Ist-Aufwandes | 83 | 3. Umsatzsteuerbelastung | 112 |
| 2. Schaden des Auftraggebers | 84 | VII. Verhältnis der Ansprüche aus § 6 Nr. 6 VOB/B zu Vergütungsansprüchen nach § 2 VOB/B (Konkurrenz) | 113 |
| a) Finanzierungskosten | 85 | 1. Meinungsstand | 114 |
| b) Mehrkosten an Architekten- und Ingenieurleistungen | 87 | 2. Abgrenzung der Anspruchsgrundlagen | 116 |
| c) Miet- und Nutzungsausfall | 88 | VIII. Entschädigungsanspruch nach § 642 BGB | 120 |
| d) Vertragsstrafe | 90 | C. Darlegungs- und Beweislast | 125–128 |
| e) Sonstige Schadenspositionen | 91 | D. Allgemeine Geschäftsbedingungen | 129–131 |
| 3. Schaden des Auftragnehmers | 92 | I. Auftraggeberklauseln | 129 |
| a) Mehrkosten im Bereich der Einzelkosten der Teilleistungen | 93 | II. Auftragnehmerklauseln | 131 |
| b) Mehrkosten im Bereich der Gemeinkosten der Baustelle | 94 | E. Änderungen der VOB/B 2006 | 132 |

## A. Allgemeines und Grundlegung

**1** Nach dem Wortlaut des § 6 Nr. 6 VOB/B hat der andere Teil Anspruch auf Ersatz des nachweislich entstandenen Schadens, wenn die hindernden Umstände von einem Vertragsteil zu vertreten sind. Dieser Anspruch geht auf Ersatz des entgangenen Gewinns jedoch nur bei Vorsatz oder grober Fahrlässigkeit. Den Ausgangspunkt der Regelung bildet eine Zeitstörung, deren Folge Verzögerungs- oder Verzugsschäden sind und deren Ursache in der Sphäre des Auftraggebers oder Auftragnehmers liegen kann. Nach der Rechtsprechung des BGH hat § 6 Nr. 6 VOB/B die Funktion eines **Auffangtatbestandes,** der als Anspruchsgrundlage in allen Fällen in Betracht kommt, in denen eine Partei die hindernden Umstände zu vertreten hat.[1] Daneben soll es sich um eine echte **Haftungsbeschränkung** zugunsten jedes Vertragsteils handeln, der die hindernden Umstände zu vertreten hat und wegen des durch die Verzögerung dem anderen Teil entstandenen Schadens in Anspruch genommen wird.[2] Regelungsgegenstand sind Schadensersatzansprüche des Auftraggebers wie auch des Auftragnehmers, wobei zugunsten des an sich leistungsfähigen und leistungsbereiten Anspruchsgegners berücksichtigt wird, dass im Zuge der Bauabwicklung eine Vielzahl von

---

[1] BGHZ 95, 128 = NJW 1985, 2475 = BauR 1985, 561 = ZfBR 1985, 282; *Ingenstau/Korbion* B § 6 Nr. 6 Rdn. 1.
[2] *Ingenstau/Korbion* B § 6 Nr. 6 Rdn. 8.

nicht immer genau absehbaren Schwierigkeiten auftreten können.[3] Das gilt nicht nur für den Auftragnehmer, der bei der Bereitstellung von Arbeitskräften und Material, bei der Zeitplanung und anderen Organisationsfragen Abwicklungsprobleme haben kann,[4] sondern auch für den Auftraggeber, der mit Baugenehmigung, Prüfstatik, Werkplanung, Fachplanung, Ausschreibung, Vorleistungen anderer Unternehmen in vielfältiger Weise Risiken ausgesetzt ist. Dieser Situation soll haftungsmildernd im Behinderungsfall Rechnung getragen werden.[5]

Wegen dieser Haftungsbeschränkung, besteht **Abgrenzungsbedarf** zu anderen Anspruchsgrundlagen, denen diese Beschränkung fremd ist. Die VOB/B verweist an zwei Stellen (§ 5 Nr. 4; § 6 Nr. 7) auf § 6 Nr. 6, deren Ausgangspunkt eine vom Auftraggeber oder Auftragnehmer ausgehende Behinderung ist. Bei Schadensersatzansprüchen wegen Nichterfüllung (§ 8 Nr. 2 Abs. 2, § 8 Nr. 3 Abs. 2 Satz 2), sonstigen Schadensersatzansprüchen (§ 4 Nr. 7 Satz 2; § 13 Nr. 7 VOB/B) und Entschädigungsansprüchen (§ 9 Nr. 3 VOB/B, § 642 BGB) gilt die Haftungsbeschränkung nicht. Die Schadensersatzansprüche sind außerdem von Vergütungsansprüchen abzugrenzen, die sich aus § 2 Nr. 5, Nr. 6 VOB/B ergeben können.

## I. Stellung im System

### 1. Abgrenzung gegenüber sonstigen Schadensersatzansprüchen

Ausgangspunkt der Schadensersatzregelung sind Behinderungen. Schadensersatzansprüche des Unternehmers oder Auftraggebers wegen **Unmöglichkeit**[6] werden von § 6 Nr. 6 VOB/B nicht erfasst. Die hindernden Umstände[7] dürfen nur zu einem **zeitweiligen Erfüllungshindernis** führen. Den Übergang von der bloßen Zeitstörung zur Unmöglichkeit markiert § 6 Nr. 5 und Nr. 7 VOB/B. Beendet auch nach mehr als dreimonatiger Unterbrechung der Ausführung erst die Kündigung die Pflichtstellung aus dem Vertrag, wird deutlich, dass eine Zeitstörung nur bei Hinzutreten weiterer Umstände qualitativ in eine Unmöglichkeit umschlägt. Begründen in der Ausführungsphase **Mängel** in der Leistung des Auftragnehmers den Behinderungstatbestand für die Fortsetzung der Tätigkeit durch denselben oder andere Auftragnehmer, folgen Schadensersatzansprüche aus § 4 Nr. 7 Satz 2 VOB/B; die Haftungsbegrenzung aus § 6 Nr. 6 VOB/B gilt nicht.[8] Die endgültige und ernsthafte **Erfüllungsverweigerung** des Auftragnehmers vor oder nach Fälligkeit der Leistung, erfüllt den Tatbestand der Pflichtverletzung (§§ 280 Abs. 3; 281 BGB).[9] Der hieraus folgende Schadensersatzanspruch des Auftraggebers erfasst den gesamten Verzögerungsschaden einschließlich des entgangenen Gewinns.[10] Die Haftungsbeschränkung aus § 6 Nr. 6 VOB/B greift nicht ein; ihr Schutzzweck trifft auf den Vertragsteil nicht zu, der vor Ausführung endgültig und ernsthaft die Erfüllung verweigert, da die Haftungsbegrenzung nur den leistungswilligen und leistungsbereiten Schuldner schützt. Hierbei ist es gleichgültig, ob die Verweigerung echte Schuldnerpflichten oder Gläubigerobliegenheiten betrifft.[11] Diese Rechtsfolgen sind auch einschlägig, wenn der Auftraggeber vor Baubeginn endgültig und ernsthaft die Mitwirkung an der Maßnahme verweigert, z. B. dem Unternehmer die Einrichtung der Baustelle verwehrt oder keine Ausführungspläne zur Verfügung stellt. Unabhängig von der Qualifizierung der Mitwirkungshandlung als Obliegenheit oder echte

---

[3] BGHZ 62, 372, 373 = BauR 1976, 126 = NJW 1976, 517.
[4] BGHZ 62, 372, 376 = BauR 1976, 126 = NJW 1976, 517.
[5] *Nicklisch/Weick* VOB/B § 6 Rdn. 42; *Heiermann/Riedl/Rusam* VOB/B § 6 Rdn. 36.
[6] Vgl. → Vor § 6 Rdn. 45 ff.
[7] Vgl. → Vor § 6 Rdn. 35 ff.
[8] BGHZ 65, 372, 375 = BauR 1976, 126 = NJW 1976, 517.
[9] BGH BauR 1980, 465.
[10] BGHZ 65, 372, 377 = BauR 1976, 126 = NJW 1976, 517.
[11] *Ingenstau/Korbion* VOB/B § 6 Nr. 6 Rdn. 10.

vertragliche Mitwirkungsverpflichtung[12] erweist sich die unterlassene oder verspätete Mitwirkung jedenfalls als eine Pflichtverletzung, woraus sich bei Verschulden eine Schadensersatzverpflichtung ableitet. Zu dem Forderungs- und Pflichtenkatalog, die eine **Pflichtverletzung** begründen können, gehören nicht nur alle Haupt- und Nebenpflichten, sondern auch die sog. reinen „Gläubigerobliegenheiten", zu denen z. B. beim Werkvertrag die zur Herstellung des Werkes erforderlichen Handlungen des Gläubigers (§ 642 BGB) zählen.[13] Demnach begründet die Verletzung von Gläubigerobliegenheiten über den – von jeglichem Verschulden unabhängigen – Tatbestand des Annahmeverzugs nach §§ 293 ff. BGB hinaus beim Hinzukommen eines Verschuldens eine Pflichtverletzung. Damit wird zugleich der Anwendungsbereich des § 6 Nr. 6 VOB/B beschrieben.

### 2. Verschlossener Anwendungsbereich

4    **a) Unmöglichkeit der Auftragnehmerleistung bzw. der Mitwirkungshandlung des Auftraggebers.** Ist dem Auftragnehmer die Erbringung der Leistung oder dem Auftraggeber die Erfüllung der für das Gelingen des Werks erforderlichen Mitwirkungshandlungen unmöglich, beurteilen sich die Rechtsfolgen nach §§ 275, 280, 283 ff., 311 a und 326 BGB. Der Schadensersatzanspruch aus §§ 275 Abs. 4, 280, 283 BGB erfährt die Haftungsbeschränkung nach § 6 Nr. 6 VOB/B nicht.

5    **b) Mangeltatbestände mit Zeitstörungsfolgen.** Bei Mangeltatbeständen, die sich hindernd auf den Beginn oder in der Ausführungsphase nachteilig auf den weiteren Bauablauf auswirken, ist zwischen den Mangeltatbeständen in der Auftragnehmerleistung und Mängeln im Bereich der den Auftraggeber treffenden Mitwirkungsaufgaben zu unterscheiden.

6    **aa) Mängel am Werk des Auftragnehmers.** Begründen vor der Abnahme Mängel in der Leistung des Auftragnehmers wegen der gebotenen Mängelbeseitigungsmaßnahmen die verspätete Fertigstellung, woraus sich Schäden für den Auftraggeber ergeben, bildet § 4 Nr. 7 Satz 2 VOB/B die allein einschlägige Anspruchsgrundlage.[14] Die Haftungsbeschränkung nach § 6 Nr. 6 VOB/B wirkt sich nicht aus. Erweist sich ein Mangel in der Unternehmerleistung als für die Bauabwicklung hindernder Umstand, sind die Rechtsfolgen ausschließlich § 4 Nr. 7 und nicht § 6 Nr. 6 VOB/B zu entnehmen. Ein Anlass für eine eingeschränkte Haftung besteht nicht, denn für die Tauglichkeit und Vertragsgemäßheit der Leistung trifft den Auftragnehmer die uneingeschränkte Verantwortlichkeit.[15] Der für Mängel und Vertragswidrigkeiten einstandspflichtige Auftragnehmer ist nicht schutzbedürftig, wenn sich hieraus ergebende Zeitstörungen schadensverursachend auswirken. § 4 Nr. 7 Satz 2 VOB/B begrenzt deshalb im Gegensatz zu anderen Bestimmungen der VOB/B den Umfang der Schadensersatzpflicht nicht.[16] Demnach hat der Auftragnehmer vollen Schadensersatz bei Verzögerungen zu leisten, die auf einen bereits während der Ausführung erkannten und vom Auftragnehmer zu vertretenden Mangel zurückgehen.[17] Sind Mängel in der Unternehmerleistung der Anlass für eine verspätete Benutzung, gehen darauf zurückführbare Nachteile und Schäden nicht auf eine verzögerliche, sondern die mangelhafte Leistung zurück,[18] weswegen als Anspruchsgrundlage § 4 Nr. 7 Satz 2 VOB/B einschlägig ist, der eine umfangmäßige Begrenzung wie § 6 Nr. 6 VOB/B nicht kennt.[19]

---

[12] *Nicklisch/Weick* VOB/B § 4 Rdn. 13; *Ingenstau/Korbion* VOB/B § 9 Nr. 1 Rdn. 23 ff.; *Heiermann/Riedl/Rusam* VOB/B § 4 Rdn. 5 f.
[13] BGHZ 11, 80, 83 = NJW 1954, 229; BGHZ 50, 175, 178 = NJW 1968, 1524; *Heiermann/Riedl/Rusam* VOB/B § 6 Rdn. 12; *Ingenstau/Korbion* VOB/B § 9 Nr. 1 Rdn. 23.
[14] BGH BauR 2000, 1189.
[15] BGHZ 65, 372, 376 = BauR 1976, 126 = NJW 1976, 517.
[16] BGHZ 50, 160, 164 = NJW 1968, 1524; BGHZ 48, 78.
[17] BGHZ 65, 372, 375, 376 = BauR 1976, 126 = NJW 1976, 517.
[18] BGH NJW 1975, 1701, 1703 = BauR 1975, 344, 346.
[19] BGH NJW 1975, 1701, 1703 = BauR 1975, 344, 346.

**bb) Mängel im Bereich der Mitwirkungsaufgabe des Auftraggebers.** Verursachen 7
Mängel innerhalb des vom Auftraggeber zu verantwortenden Bereichs[20] Zeitverzögerungen, ist § 6 Nr. 6 VOB/B einschlägig. Die vorwerfbare Schlechterfüllung einer vom Auftraggeber zu erfüllenden Obliegenheit stellt eine positive Vertragsverletzung dar.[21] Wirkt sich diese Pflichtverletzung für den Auftragnehmer hindernd aus, greift die Haftungsbeschränkung nach § 6 Nr. 6 VOB/B ein. Die Ungleichbehandlung im Vergleich zu den Mängeln der Unternehmerleistung ist wegen der in § 4 Nr. 7 VOB/B enthaltenen Sonderregelung gewollt. Hiervon sind Planungs-, Koordinierungs- und Vorunternehmerleistungen betroffen, die sämtlich der Sphäre des Auftraggebers zuzuweisen sind. Die hinsichtlich der Vorunternehmerleistung umstrittene Problematik des dem Auftraggeber zurechenbaren Verschuldens (Vorunternehmer als Erfüllungsgehilfe des Auftraggebers) bildet einen eigenen Problemkreis.

**cc) Mängel nach der Abnahme.** Gewährleistungstatbestände mit der Folge, dass nach 8
der Abnahme am Werk des Auftragnehmers auftretende Mängel zeitweise dessen Nutzung beeinträchtigen oder ausschließen, wickeln sich ausschließlich nach § 13 VOB/B ab.[22] § 6 Nr. 6 VOB/B hat ausschließlich Behinderungen und Unterbrechungen während der Ausführung zum Gegenstand.

**c) Tatbestände des Schadensersatzanspruches statt der Leistung.** Für die in der 9
VOB/B geregelten Tatbestände des Schadensersatzanspruches statt der Leistung ist § 6 Nr. 6 VOB/B nicht einschlägig. Der Auftraggeber kann nach § 8 Nr. 2 Abs. 2 VOB/B dann, wenn der Auftragnehmer seine Zahlungen einstellt oder das Insolvenzverfahren bzw. ein vergleichbares gesetzliches Verfahren beantragt oder ein solches eröffnet wird, kündigen. Rechtsfolgen sind die Abrechnung der ausgeführten Leistungen und der Anspruch auf Schadensersatz statt der Leistung hinsichtlich des Restes. Hieraus sich ergebende Verzögerungsschäden unterliegen der Höhe nach keiner Beschränkung. Fälle, in denen es zu einer **Gesamtliquidation des Vertrages** kommt, werden vom Schutzzweck des § 6 Nr. 6 VOB/B nicht erfasst. Diese Vorschrift will den leistungsfähigen und leistungsbereiten Auftragnehmer vor den nicht in jeder Weise abschätzbaren Schwierigkeiten bei der Abwicklung einer Baumaßnahme im Bereich z. B. der Bereitstellung von Arbeitskräften und Material, bei der Zeitplanung und anderen Organisationsproblemen schützen.[23] Der Auftragnehmer, der seine Zahlungen einstellt oder in Insolvenz gerät und deshalb Verzögerungen in der Bauabwicklung bewirkt, ist in den Schutzbereich des § 6 Nr. 6 VOB/B nicht einbezogen.

Das trifft auch auf den in § 8 Nr. 3 Abs. 2 Satz 2 VOB/B geregelten Fall zu. Zwar bilden 10
u. a. Störungstatbestände nach § 5 Nr. 4 VOB/B dessen Ausgangspunkt, womit der Schutzbereich des § 6 Nr. 6 VOB/B eigentlich eröffnet ist. Für eine eingeschränkte Haftung hinsichtlich des entgangenen Gewinns sieht die Regelung jedoch keinen Anlass, weil die Ausführung für den Auftraggeber aus den Gründen, die zur Entziehung des Auftrags geführt haben, kein Interesse hat. Der Schadensersatz statt der Leistung geht auf den vollen Schadensersatz und unterliegt der Beschränkung des § 6 Nr. 6 VOB/B nicht.[24]

Den Schutz dieser Vorschrift verdient auch der Vertragsteil nicht, der durch **ernsthafte** 11
**und endgültige Erfüllungsverweigerung** einen Schadensersatzanspruch auf Grund einer Pflichtverletzung gegen sich auslöst, wobei es gleichgültig ist, ob diese Verweigerungshaltung vor oder nach Fälligkeitseintritt praktiziert wird.[25]

Das rechtfertigt nicht den Schluss, dass der Auftragnehmer in allen Fällen, in denen eine 12
Verpflichtung zu Schadensersatz statt der Leistung besteht, uneingeschränkt zur Haftung herangezogen werden kann. Durch § 6 Nr. 6 VOB/B wird in Verbindung mit § 5 Nr. 4, § 8 Nr. 3 VOB/B die Regelung der §§ 280 Abs. 2, 286 BGB, die im Verzugsfall einen

---

[20] *Vygen* Bauvertragsrecht, Rdn. 350 ff.
[21] BGHZ 11, 80, 83 = NJW 1954, 229.
[22] *Ingenstau/Korbion* VOB/B § 6 Nr. 6 Rdn. 9.
[23] BGHZ 65, 372, 376 = NJW 1976, 517 = BauR 1976, 126.
[24] BGHZ 48, 78, 80 = NJW 1967, 2262 = MDR 1967, 755; BGHZ 62, 90, 92 = NJW 1974, 646 = BauR 1974, 208, 210.
[25] BGHZ 65, 372, 377 = NJW 1976, 517 = BauR 1976, 126.

**§ 6 Nr. 6**

Schadensersatzanspruch statt der Leistung zubilligt, verdrängt.[26] Der Leistungsverzug des Unternehmers erfährt durch § 5 Nr. 4, § 8 Nr. 3, § 6 Nr. 6 VOB/B eine Sonderregelung.

### 3. Eröffneter Anwendungsbereich

13   § 6 Nr. 6 VOB/B kommt als Sonderregelung in sämtlichen Fällen der Behinderung oder Unterbrechung zur Anwendung.[27] Die Besonderheit liegt darin, dass die Vorschrift hindernde Umstände sowohl aus dem Verantwortungsbereich des Auftraggebers als auch solche des Auftragnehmers erfasst. Das modifiziert im Vergleich zu der ansonsten geltenden Rechtslage die Anspruchssituation. Zwischen der Behinderung des Auftraggebers durch den Auftragnehmer und der des Auftragnehmers durch den Auftraggeber ist zu unterscheiden.

14   **a) Hindernde Umstände aus der Sphäre des Auftragnehmers.** Die Schadensersatzansprüche des Auftraggebers gegen den Auftragnehmer nach § 6 Nr. 6 VOB/B beruhen auf einer Verzögerung oder einem Verzug des Auftragnehmers. Der Auftragnehmer verletzt Schuldnerpflichten – unter Ausschluss der Pflichten zur mangelfreien Leistung –, was sich zeitstörend und für den Auftraggeber schädigend auswirkt. Die vom Auftragnehmer zu verantwortenden hindernden Umstände registriert § 5 Nr. 4 VOB/B, wobei gleichzeitig für den Fall der Aufrechterhaltung des Vertrags auf die schadensersatzrechtliche Abwicklung nach § 6 Nr. 6 VOB/B verwiesen wird. Das modifiziert die §§ 280, 286 BGB als ansonsten nach BGB-Regeln unter der Voraussetzung der Aufrechterhaltung des Vertrages einschlägige Vorschriften. Die Abweichung besteht darin, dass nach § 5 Nr. 4 VOB/B für den Schadensersatzanspruch bereits die **Beginnverzögerung** ausreicht, womit ein Verzug nicht erforderlich ist. Allerdings statuiert § 6 Nr. 6 VOB/B das Verschuldenserfordernis als Anspruchsvoraussetzung eigenständig. Außerdem ist der Auftragnehmer zur Zahlung von entgangenem Gewinn nur bei Vorsatz oder grober Fahrlässigkeit verpflichtet.

15   Als hindernde Umstände, die der Auftragnehmer zu vertreten hat, kommen nach den durch § 4 Nr. 2 und § 5 Nr. 3 VOB/B vorgenommenen Verantwortungszuweisungen vor allem in Betracht: **Mängel in der Ablauforganisation** nach § 4 Nr. 2 VOB/B, Unzulänglichkeiten in der Baustellenbeschickung, Geräte- und Personalausfall, Materialknappheit. Hat der Auftragnehmer nach § 2 Nr. 9 VOB/B oder einer sonst getroffenen Vereinbarung Pläne oder statische Berechnungen zu liefern, die nicht rechtzeitig beigebracht werden, ist § 6 Nr. 6 VOB/B nicht einschlägig. Die VOB/B ist auf Planungsleistungen, die der Unternehmer zu erbringen hat, nicht anwendbar.[28] Das gilt nicht nur für die Gewährleistung und die Verjährung, sondern auch für die Folgen einer verspätet erbrachten Planungsleistung.

16   **b) Hindernde Umstände aus der Sphäre des Auftraggebers.** Hindernde Umstände aus der Sphäre des Auftraggebers können typologisch verschiedenen Ursprungs sein. Die rechtliche Qualifizierung beeinflusst die Entscheidung, ob § 6 Nr. 6 VOB/B eine eigenständige Anspruchsgrundlage darstellt. Hindernd kann im Bereich des Auftraggebers sowohl die Verletzung von Schuldnerpflichten als auch bloßer Obliegenheiten bzw. Mitwirkungspflichten sein.

17   **aa) Verletzung echter Schuldnerpflichten.** Die Verletzung von Schuldnerpflichten des Auftraggebers liegt vor, wenn dieser nach § 16 VOB/B fällige Abschlags- oder Teilschlussrechnungen nicht bezahlt, und der Auftragnehmer deshalb nach § 16 Nr. 5 Abs. 3 Satz 3 VOB/B die Arbeit einstellt. Verursacht dies einen Schaden beim Auftragnehmer, der deshalb z. B. die Maßnahme nicht zeitgerecht abschließen kann und wegen eines neuen Tarifvertrags den Arbeitnehmern höhere Löhne zahlen muss, gründet der Schadensersatzanspruch des Auftragnehmers auf. 6 Nr. 6 VOB/B, wobei der Auftraggeber auf Grund der

---

[26] *Ingenstau/Korbion* VOB/B § 5 Nr. 4 Rdn. 11.
[27] BGHZ 95, 128 = NJW 1985, 2475 = BauR 1985, 561; *Ingenstau/Korbion* VOB/B § 6 Nr. 6 Rdn. 1.
[28] BGHZ 101, 369; BauR 1987, 702, 705 = NJW 1988, 142 = ZfBR 1988, 33; vgl. *Korbion* FS Locher S. 127, 128.

Haftungsbeschränkung für entgangenen Gewinn nur bei Vorsatz oder grober Fahrlässigkeit ersatzpflichtig ist.

Der Vergleich mit der Kündigungssituation ergibt eine dermaßen eingeschränkte Scha- 18 densersatzlage nicht. Denn bei Kündigung nach § 9 Nr. 1 lit. b, Nr. 3 VOB/B hat der Auftragnehmer einen Anspruch auf angemessene Entschädigung nach § 642 BGB;[29] außerdem bleiben weitergehende Ansprüche des Auftragnehmers unberührt. Dazu gehören gerade Ansprüche aus Verzug, die den Ersatz des entgangenen Gewinns beinhalten.

**bb) Verletzung von Mitwirkungsaufgaben.** Die Verletzung von Mitwirkungsauf- 19 gaben des Auftraggebers kann die sich aus § 3 Nr. 1, 2, § 4 Nr. 1, Nr. 4 VOB/B ergebenden Aufgabenfelder betreffen. Bei einem VOB/B-Vertrag handelt es sich hierbei um echte **Nebenpflichten** des Auftraggebers, deren Verletzung Schadensersatzansprüche des Auftragnehmers auslösen können.[30] Die Vertragspartner eines VOB-Bauvertrages stufen diese Aufgaben durch die Vereinbarung der VOB/B jedenfalls auch als Nebenpflichten ein. Dafür sprechen die in §§ 3, 4 VOB/B gebrauchten Formeln, wonach der Auftraggeber für die Aufrechterhaltung der Ordnung auf der Baustelle zu sorgen und das Zusammenwirken der verschiedenen Unternehmer zu regeln sowie die für die Ausführung nötigen Unterlagen dem Auftragnehmer unentgeltlich und rechtzeitig zu übergeben hat. Auch wenn man die in § 3 Nr. 1 bis 4 VOB/B festgelegten Aufgaben des Auftraggebers lediglich als **Gläubigerobliegenheiten** beurteilt, deren verzögerliche Erfüllung keinen Schuldner- sondern einen Gläubigerverzug begründet, stellt § 6 Nr. 6 VOB/B die einschlägige Anspruchsgrundlage dar.

Der Vergleich mit der Kündigungssituation nach § 9 Nr. 1 lit. a, Nr. 3 VOB/B belegt 20 eine Schlechterstellung des Auftragnehmers im Fall der Vertragsdurchführung. Denn bei Kündigung behält der Auftragnehmer nach den genannten Vorschriften neben dem Entschädigungsanspruch eventuelle Schadensersatzansprüche wegen Pflichtverletzung nach §§ 280, 281 BGB ohne umfangmäßige Beschränkung; § 6 Nr. 6 VOB/B wird nämlich in § 9 Nr. 3 VOB/B nicht in Verweisung genommen. Wird demgegenüber der Vertrag durchgeführt, erfahren die auf § 6 Nr. 6 VOB/B gestützten Schadensersatzansprüche die Haftungsbeschränkung nach dieser Regelung.

**4. Aufrechterhaltene Regelungen**

§ 6 Nr. 6 VOB/B betrifft Schadensersatzansprüche aus unterlassener oder verzögerter 21 Erfüllung von Schuldnerpflichten oder Gläubigerobliegenheiten. Hindernde Umstände in der Sphäre des Auftraggebers,[31] zu denen auch Tatbestände der Schlechterfüllung gehören, können ausweislich § 9 Nr. 3 VOB/B i. V. m. § 642 BGB Entschädigungsansprüche auslösen, aber auch unter den in § 1 Nr. 3, Nr. 4, § 2 Nr. 5, Nr. 6 VOB/B Vergütungsansprüche begründen.

**a) Vergütungsansprüche.** § 6 Nr. 6 VOB/B verdrängt die vertraglichen Vergütungs- 22 ansprüche nach § 2 Nr. 5, Nr. 6, Nr. 8 VOB/B grundsätzlich nicht.[32] Diese Vorschriften schließen sich wegen des völlig unterschiedlichen Regelungsgegenstandes nicht gegenseitig verdrängend aus. Die Ansprüche aus § 2 Nr. 5, Nr. 6 VOB/B sind auf der Grundlage der Ausgangskalkulation zu ermitteln, wogegen für § 6 Nr. 6 VOB/B der dem Auftragnehmer entstandene Schaden gemäß § 249 BGB durch Vermögensvergleich festzustellen ist.[33] Ein Zahlungsbegehren, das an fehlenden Voraussetzungen für einen Vergütungsanspruch nach § 2 Nr. 5, 6, 8 VOB/B scheitert, kann aber unter schadensersatzrechtlichen Gesichtspunkten nach § 6 Nr. 6 VOB/B bei Erfüllung der hierfür erforderlichen Tatbestandsmerkmale

---

[29] Zu Parallelgeltung bzw. Konkurrenz mit § 642 BGB neben § 6 VOB/B.
[30] BGHZ 11, 80, 83 = NJW 1954, 229.
[31] Vgl. dazu → § 6 Nr. 2 Rdn. 45 ff.; zum Konkurrenzverhältnis weiter unten Rdn. 113 ff.
[32] *Heiermann/Riedl/Rusam* VOB/B § 6 Rdn. 35; *Nicklisch/Weick* VOB/B § 6 Rdn. 51; BGHZ 50, 25, 30 = NJW 1968, 1234; BGH BauR 1971, 202, 203.
[33] *Vygen/Schubert/Lang* Rdn. 286, 288; vgl. unten Rdn. 93 ff.

## § 6 Nr. 6 Schadenersatz bei verschuldeten Behinderungen

erfolgreich sein. Neben einem vertraglichen Vergütungsanspruch ist für Schadensersatzansprüche nach § 6 Nr. 6 VOB/B jedoch kein Raum.

23 **b) Entschädigungsansprüche nach § 642 BGB.** Mit der VOB/B 2006 wurde § 6 Nr. 6 um einen Satz 2 ergänzt, dass der Anspruch des Auftragnehmers auf angemessene Entschädigung nach § 642 BGB unberührt bleibt, wenn die Behinderung rechtzeitig angezeit worden oder Offenkundigkeit gegeben ist. Diese Klarstellung entspricht der bisherigen Rechtsprechung des BGH.[34] Die konkurrierende Geltung des § 642 BGB neben § 6 Nr. 6 VOB/B ist bedeutsam, wenn den Auftraggeber an den hindernden Umständen kein Verschulden trifft. § 6 Nr. 6 VOB/B scheidet dann für den Auftragnehmer als Anspruchsgrundlage für Schadensersatzansprüche aus; § 642 BGB bietet die Gelegenheit zur Durchsetzung eines Entschädigungsanspruchs.[35] Derartige Fallgestaltungen sind gerade im Bereich Erdbau denkbar, wenn trotz Bodengutachtens unerwartet z. B. Sandlinsen auftreten, die zu einem Baustillstand und zu Umsetzungen führen.

### II. Anspruchsqualität des § 6 Nr. 6 VOB/B – Haftungsbegründung oder Haftungsbeschränkung?

24 Die Rechtsprechung behandelt § 6 Nr. 6 VOB/B als eigenständige Anspruchsgrundlage.[36] § 6 Nr. 6 VOB/B stellt jedoch überwiegend keine Anspruchsgrundlage dar, sondern knüpft an bereits existente an. Hierbei handelt es sich, um Ansprüche aus Schuldnerverzug und Pflichtverletzung. Denn hat ein Vertragsteil hindernde Umstände zu vertreten, erweist sich dies regelmäßig als Schuldnerverzug oder als Pflichtverletzung. Greift ein Vertrag individualvertraglich ausgehandelt oder vorformuliert auf einen solchen gesetzlichen oder durch die Rechtsprechung bzw. Rechtswissenschaft begründeten Anspruch zurück, bildet nicht die Vertragsvorschrift, sondern das Gesetz die Anspruchsgrundlage. § 6 Nr. 6 VOB/B hat **anspruchsbestätigende** und **haftungsbeschränkende** Wirkung. Die Haftungsbeschränkung betrifft die Zubilligung eines Ersatzanspruchs für entgangenen Gewinn nur bei Vorsatz oder grober Fahrlässigkeit.

25 Hiervon bestehen lediglich zwei Ausnahmen, die dazu führen, § 6 Nr. 6 VOB/B insoweit Anspruchsgrundlagenqualität beizumessen. Nach § 5 Nr. 4 VOB/B kann der Auftraggeber bei Aufrechterhaltung des Vertrages Schadensersatz gemäß § 6 Nr. 6 VOB/B verlangen, wenn der Auftragnehmer den **Beginn der Ausführung** verzögert. Hierfür ist ein Verschulden nicht erforderlich. Die Verbindung mit der durch § 6 Nr. 6 VOB/B eingeführten Verschuldensvoraussetzung begründet nicht notwendig einen Verzug, weswegen § 6 Nr. 6 VOB/B in diesem Fall nicht auf einer Verzugshaftung aus §§ 280 Abs. 2, 286 BGB aufbaut. Denn für die Verzögerung des Beginns der Ausführung ist weder eine Mahnung noch eine kalendermäßige Bestimmung der Beginnfrist erforderlich.[37] § 6 Nr. 6 VOB/B erweist sich bei einer solchen Fallgestaltung als eigenständige Anspruchsgrundlage, da es in einer derartigen Konstellation an einer gesetzlichen Zahlungsverpflichtung aus §§ 280 Abs. 2, 286 BGB fehlt.

26 § 6 Nr. 6 VOB/B bildet außerdem eine eigenständige Anspruchsgrundlage, wenn der unterlassenen, verzögerten oder fehlerhaften Mitwirkungshandlung des Auftraggebers lediglich der Stellenwert eines **Gläubigerverzugs** (ohne zusätzliche Bejahung einer Pflichtverletzung) zugestanden wird. Diese singuläre Betrachtungsweise, die bei Verschulden den Übergang zur Pflichtverletzung (§§ 280 ff BGB) nicht vollzieht, muss § 6 Nr. 6 VOB/B die Qualität einer Anspruchsgrundlage zuweisen.

---

[34] BGH NJW 2000, 1336; BauR 2000, 722; NZBau 2000, 187; BGH NJW 2004, 2373; BauR 2004, 1285; NZBau 2004, 432.

[35] BGH NJW 2000, 1336 = BauR 2000, 722 = ZfBR 2000, 248 = NZBau 2000, 187 (Vorunternehmer II).

[36] So BGH in BGHZ 95, 128 = NJW 1985, 2475 = BauR 1985, 561, 562 = ZfBR 1985, 282; BGH NJW 2000, 1336 = BauR 2000, 722 = ZfBR 2000, 248 = NZBau 2000, 187; OLG Köln NJW 1986, 71; *Nicklisch/Weick* VOB/B § 6 Rdn. 41.

[37] *Nicklisch/Weick* VOB/B § 5 Rdn. 26.

Die in § 5 Nr. 3, Nr. 4 VOB/B geregelte **unzulängliche Baustellenbeschickung** 27
erweist sich bei Vorwerfbarkeit als Verzug; das Abhilfeverlangen ist der Mahnung gleichzusetzen, sodass sich der Auftragnehmer nach Zugang des Abhilfeverlangens gemäß § 286 BGB in Verzug befindet. § 6 Nr. 6 VOB/B basiert demnach auf §§ 280 Abs 2, 286 BGB als Anspruchsgrundlage.

### III. Ziel und Schutzzweck der Vorschrift

§ 6 Nr. 6 VOB/B hat nach dem Regelungszusammenhang eine selbständige Bedeutung 28
innerhalb der die Ausführungsfristen und die Folgen einer Verzögerung der Ausführung regelnden §§ 5 und 6 VOB/B.[38] Die Haftungsbeschränkung soll das **Risiko des Auftragnehmers** verringern, der an sich leistungsfähig und auch leistungsbereit ist, der aber mit einer Vielzahl von nicht immer genau absehbaren Schwierigkeiten bei der Bereitstellung von Arbeitskräften und Material, bei der Zeitplanung und anderen Organisationsfragen zu kämpfen hat. Wenn er auch dafür einstehen muss, soll er doch für Verzögerungsschäden, die nicht auf mangelhafte Bauausführung zurückzuführen sind, grundsätzlich nur beschränkt haften.[39]

Diese Wertung gilt ebenfalls für den **Auftraggeber.** Denn der leistungsbereite und 29
leistungsfähige Auftraggeber hat in gleicher Weise die Beschaffung der Baugenehmigung, die sachgerechte Planung und Koordinierung, seine Angaben, Anordnungen oder Lieferungen zu verantworten (§ 4 Nr. 3, letzter Hs. VOB/B). Angesichts der insoweit bestehenden Schwierigkeiten, die in der koordinierten Abwicklung verschiedener Planer und Gewerke und in der Bewältigung der sonstigen Mitwirkungsaufgaben angelegt sind, besteht auch zugunsten eines bau- und zahlungswilligen und -bereiten Auftraggebers das Bedürfnis, das Haftungsrisiko zu beschränken.[40]

## B. § 6 Nr. 6 VOB/B – Voraussetzungen im Einzelnen

Ein Vertragsteil hat nach der Vorschrift Anspruch auf Ersatz des nachweislich entstandenen 30
Schadens, wenn die hindernden Umstände von dem anderen Vertragsteil zu vertreten sind. Der entgangene Gewinn ist aber nur bei Vorsatz oder grober Fahrlässigkeit zu ersetzen. Ausgangspunkt der Regelung sind damit die hindernden Umstände; ob solche in welchem Verantwortungsbereich vorliegen, ist objektiv zu beurteilen. Das Erfordernis, dass diese hindernden Umstände der Anspruchsgegner vertreten müsse, ist im Sinne der Verschuldensanforderungen nach §§ 276, 278 BGB und nicht als objektives Zurechnungskriterium zu verstehen.

### I. Hindernde Umstände

Nach der Rechtsprechung[41] ist der Begriff „hindernde Umstände", der in der Nr. 6 des 31
§ 6 VOB/B nicht anders zu verstehen ist als in der Nr. 1 oder der Nr. 3 dieser Bestimmung, weit zu fassen. Hierunter sind alle **Störungen** zu verstehen, die auf die Ausführung der Leistung hindernd einwirken, indem sie den vorgesehenen Bauablauf hemmen oder verzögern und sich dadurch auf die vorgesehene Bauzeit auswirken.[42] Dabei macht es keinen Unterschied, ob sie von außen kommen oder der Vertragsteil selbst, der auf Schadensersatz

---

[38] BGHZ 48, 78, 80 = NJW 1967, 2262 = MDR 1967, 755.
[39] BGHZ 65, 372, 376 = BauR 1976, 126 = NJW 1976, 517; *Heiermann/Riedl/Rusam* VOB/B § 6 Rdn. 35.
[40] *Nicklisch/Weick* VOB/B § 6 Rdn. 42; *Heiermann/Riedl/Rusam* VOB/B § 6 Rdn. 36.
[41] BGHZ 48, 78, 81 = NJW 1967, 2262 = MDR 1967, 755; BGHZ 65, 372, 375 = BauR 1976, 126 = NJW 1976, 517.
[42] BGHZ 48, 78; OLG Nürnberg BauR 2001, 409.

in Anspruch genommen wird, die Ursache hierfür gesetzt hat. Es gibt erfahrungsgemäß kein durchgreifendes Unterscheidungsmerkmal zwischen Umwelteinflüssen und solchen aus der Person oder dem Bereich eines Vertragsteils, wie etwa den Betrieb des Auftragnehmers, hervorgehenden. In der Überschrift zu § 6 VOB/B ist demgemäß auch ganz allgemein von einer „Behinderung der Ausführung" die Rede. Auch der **Schuldner – sowie der Gläubigerverzug** können deshalb darunter fallen.

### 1. Hindernde Umstände in der Sphäre des Auftragnehmers

32   Hindernde Umstände in der Sphäre des Auftragnehmers begründen bei Bejahung des Verschuldens grundsätzlich auf der Basis der §§ 280, 286 BGB einen Schadensersatzanspruch aus Verzug. Die Aufgabenverteilung nach der VOB/B und den sonstigen Vertragsbestandteilen bestimmt über die in die **Sphäre des Auftragnehmers** fallenden hindernden Umstände.[43] Folgende Vorschriften der VOB/B kennzeichnen die Unternehmersphäre: § 4 Nr. 2; § 5 Nr. 3; § 5 Nr. 4; § 6 Nr. 3. Auch die Behinderungsanzeige gehört dazu (§ 6 Nr. 1 VOB/B), bei deren Wahrnehmung der Auftraggeber in der Lage gewesen wäre, die Behinderung abzustellen (z. B. fehlende Anforderung von Ausführungsplänen). Der Aufgabenbereich des Auftragnehmers wird durch die Vorschriften der VOB/C erweitert. Setzt der Auftragnehmer im Einvernehmen mit dem Auftraggeber Subunternehmer ein, ist deren zeitgerechter und koordinierter Einsatz in derselben Weise Sache des Auftragnehmers wie der Einsatz des eigenen Personals und Gerätes.

### 2. Hindernde Umstände in der Sphäre des Auftraggebers

33   Die über Schuldnerpflichten wie auch Mitwirkungsaufgaben/Gläubigerobliegenheiten und Eingriffs- sowie Gestaltungsrechte gekennzeichnete Sphäre des Auftraggebers wird gleichfalls durch die VOB/B, erweiternd auch über die VOB/A und den konkreten Bauvertrag beschrieben. Maßgeblich sind insbesondere folgende Bestimmungen der VOB/B: § 1 Nr. 3, Nr. 4; § 4 Nr. 1 für Eingriffs- und Gestaltungsrechte. § 3 Nr. 1, Nr. 2; § 4 Nr. 1, Nr. 3, Nr. 4; § 5 Nr. 2 für Mitwirkungsaufgaben/Gläubigerobliegenheiten. Die **Schuldnerpflichten** des Auftraggebers kennzeichnen die Zahlungspflichten nach § 16 VOB/B und die Abnahmepflicht nach § 640 BGB bzw. § 12 VOB/B. Im Einzelnen sind folgende Mitwirkungsaufgaben und Eingriffs-/Gestaltungsrechte bedeutsam.

34   **a) Mitwirkungsaufgaben. aa) Baureifes Grundstück und Vorleistungen.** Der Auftraggeber hat ein baureifes Grundstück zur Verfügung zu stellen; das folgt aus § 9 VOB/A, § 3 Nr. 2 und § 4 Nr. 4 VOB/B.[44] Für die einzelnen Gewerke ist es demnach Sache des Auftraggebers, die Voraussetzungen für deren Arbeitsaufnahme durch Bereitstellung der entsprechenden Vorleistungen anderer Unternehmer zu schaffen.[45] Die Qualifizierung der Vorunternehmer als Erfüllungsgehilfen des Auftraggebers erweist sich als davon zu trennendes Problem.[46] Für die Leistungsbereiche der nachleistenden Unternehmer, wie z. B. den Fliesenleger oder Dachdecker, bilden die entsprechenden Vorleistungen der Estrichleger oder Maurer die notwendige Voraussetzung für die Baureife des Grundstücks. Die Gewerke der vorleistenden Unternehmer sind deshalb notwendig dem Verantwortungsbereich des Auftraggebers zuzuweisen, dessen Obliegenheit die Gestellung eines baureifen Grundstücks ist. Dessen nach § 4 Nr. 1 VOB/B bestehende Koordinierungs- und Abstimmungsaufgabe,[47] die auch schon im Ausschreibungsbereich Bedeutung erlangt, bestätigt diese Auffassung. Denn der Auftraggeber hat nach der DIN 18299 (Fassung 2002) Abschnitt 0 in mehrfacher Weise zugunsten der nachfolgenden Unternehmer die Vorarbeiten zu berücksichtigen.

---

[43] *Heiermann/Riedl/Rusam* VOB/B § 6 Rdn. 41.
[44] *Heiermann/Riedl/Rusam* VOB/B § 9 Rdn. 4; *Kapellmann/Schiffers* Bd. 1 Rdn. 1290.
[45] OLG Düsseldorf, BauR 1998, 341.
[46] Vgl. BGHZ 95, 128 = NJW 1985, 2475 = BauR 1985, 561.
[47] Vgl. *Vygen/Schubert/Lang* Rdn. 268 ff.; OLG Köln BauR 1986, 582 = NJW 1986, 71.

Danach sind unter Berücksichtigung der Erfordernisse des Einzelfalles gemäß Abschnitt 0.1. 19 Art und Zeit der vom Auftraggeber veranlassten Vorarbeiten, nach Abschnitt 0.1.20 die Arbeiten anderer Unternehmer auf der Baustelle und gemäß Abschnitt 0.2.1 vorgesehene Arbeitsabschnitte, Arbeitsunterbrechungen und Beschränkungen nach Art, Ort und Zeit sowie Abhängigkeit von Leistungen anderer zu beschreiben. Der zur Bebauung zur Verfügung gestellte Baugrund ist gestellter Baustoff i. S. v. § 4 Nr. 3 VOB/B, für den der Auftraggeber die Verantwortung trägt.[48]

Deshalb gehen **Risiken aus Grund und Boden,** die vertragsrechtlich der Auftragnehmer 35 nicht übernommen hat, auch unter Behinderungs- und Schadensersatzgesichtspunkten zu Lasten des Auftraggebers.[49] Dasselbe gilt für Maßnahmen im Bestand bezüglich der zum Umbau, zur Instandsetzung oder Modernisierung zur Verfügung gestellten Bausubstanz. Denn das zu bearbeitende Gebäude ist wie der Baugrund zur Verfügung gestellter Baustoff.[50]

**bb) Vermessung des Grundstücks und Ausführungsunterlagen.** Die Einmessung 36 des Gebäudes in das Grundstück wird als Obliegenheit des Auftraggebers in § 3 Nr. 2 VOB/B beschrieben.[51] Was darunter im Einzelnen vermessungstechnisch zu verstehen ist, muss sachverständig unter Berücksichtigung des Leistungsbildes Bauvermessung nach § 98 b HOAI ermittelt werden. Die vertragliche oder in der Baupraxis sehr **häufige faktische Übernahme** dieser Leistung durch den Unternehmer führt zur entsprechenden Entlastung des Auftraggebers und Belastung des Auftragnehmers.[52] Die Beistellung zur Ausführung nötiger Planunterlagen (Werkpläne nach § 15 Abs. 2 Nr. 5 HOAI) beschreibt § 3 Nr. 1 VOB/B als Obliegenheit/Mitwirkungsaufgabe des Auftraggebers.[53] Dieser hat alle erforderlichen Unterlagen rechtzeitig zu übergeben, wozu insbesondere die Ausführungspläne einschließlich aller notwendigen Details (vgl. § 15 Abs. 2 Nr. 5 HOAI) sowie die Statik zählen.[54] Die Pläne müssen zur Ausführung freigegeben sein. Bloße Vorabzüge sind rechtlich bedeutungslos.[55]

Was im Einzelnen für die Ausführung planerisch **nötig** ist, und sich deshalb bei Fehlen, 37 nicht rechtzeitiger Vorlage oder bei Mängeln als hindernd erweist, bedarf der fachtechnischen, sachverständig beratenden Abklärung unter Berücksichtigung sowohl der Allgemeinen Technischen Vertragsbedingungen für Bauleistungen (VOB/C) als auch der gewerkespezifischen allgemeinen anerkannten Regeln der Technik. Die Wertungen und Leistungsbeschreibungen der **HOAI** sind zu beachten; diesbezüglich können Auflistung und Inhaltsbeschreibung von Besonderen Leistungen weiterführend sein. Weitgehend unbeachtet lässt die Praxis insbesondere die vertragsrechtlich maßgeblichen Aussagen der **VOB/C,** die vor allem in den technisch orientierten Ausbaugewerken in vielfältiger Weise dem Auftragnehmer die Erstellung von Ausführungsunterlagen ansinnt und deren Freigabe durch den Auftraggeber fordert. Das bedingt erhebliche Verschiebungen in der Verantwortlichkeit für hindernde Umstände. Z. B. hat nach der DIN 18360 (Metallbauarbeiten) gemäß Abschnitt 3.1.1.3 für die Bauteile nach Abschnitten 3.2 bis 3.6 (das sind Fenster, Türen, Fassaden, Fensterwände, Schaufenster, Vitrinen, Bekleidungen und Überdachungen, Vordächer, Sonnenschutzkonstruktionen) der Auftragnehmer vor Fertigungsbeginn Zeichnungen und/oder Beschreibungen zu liefern, die der Freigabe durch den Auftraggeber bedürfen. **Montage- und Werkstattzeichnungen** sind nach den VOB/C-Normen ab DIN 18379 Sache des Auftragnehmers.

---

[48] BGHZ 60, 14, 20 = NJW 1973, 368.
[49] *Vygen/Schubert/Lang* Rdn. 143.
[50] BGHZ 60, 14, 20 = NJW 1973, 368.
[51] OLG Düsseldorf NJW-RR 1998, 739 = BauR 1998, 340.
[52] Vgl. hinsichtlich des Fachplaners, der über den vertraglich übernommenen Pflichteninhalt hinaus verantwortlich Tätigkeiten entfaltet BGH BauR 1996, 418.
[53] BGH BauR 2002, 1249 = NZBau 2002, 381.
[54] BGH BauR 2002, 1249; OLG Saarbrücken BauR 1998, 1010.
[55] *Kapellmann/Schiffers* Bd. 1 Rdn. 1295; *Olshausen* FS Korbion S. 323, 328.

**§ 6 Nr. 6**

**38** Die Ausführungspläne müssen rechtzeitig vorliegen. Vereinbarte **Planlieferfristen** sind einzuhalten. Fehlt es daran, sind die Pläne unter Beachtung technisch gebotener **Vorlauffristen**[56] so zu liefern, dass der Auftragnehmer entsprechend dem Bauzeitenplan mit der Leistung beginnen, diese fördern und vollenden kann. Sind Planlieferfristen mit dem Auftragnehmer nicht vereinbart, setzt eine – hindernde – **Obliegenheitsverletzung des Auftraggebers** durch unterlassene oder verspätete Planbeistellung nach § 295 S. 2 BGB regelmäßig die schriftliche Plananforderung durch den Auftragnehmer voraus. Die Vereinbarung vertraglicher Abruffristen ist zulässig.[57]

**39** cc) **Koordination und Leitung der Baustelle.** Dem Auftraggeber obliegt nach § 4 Nr. 1 VOB/B die Regelung des Zusammenwirkens der verschiedenen auf der Baustelle tätigen Unternehmer. Das hat neben einer fachtechnischen auch eine zeitliche Komponente.[58] Der vom Auftraggeber aufgestellte **Bauzeitenplan** wie auch die in der Leistungsbeschreibung mit Leistungsverzeichnis nach DIN 18299 Abschnitt 0.2.1 darzustellenden Abhängigkeiten von den Vorarbeiten anderer Unternehmer bilden Mittel und Methoden zur Wahrnehmung dieser Koordinationsaufgabe. Die Koordination hat so zu erfolgen, dass der Projektablauf realistisch vorgeplant ist, weswegen Pufferzeiten zu berücksichtigen sind, um eventuelle Verzögerungen schadensfrei auffangen zu können.[59] Teil der notwendigen Disposition ist auch, die rechtzeitige Entscheidung über eine auszuführende Alternative wie auch der zeitgerechte Abruf der Bauleistungen des Auftragnehmers nach § 5 Nr. 2 VOB/B.[60] Unter diesem Gesichtspunkt zählen auch folgende Behinderungen zum Verantwortungsbereich des Auftraggebers: Behinderung durch einen vom Nachbarn erwirkten Baustopp;[61] Behinderung durch die verspätete Anlieferung der durch den Auftraggeber zu stellenden Baustoffe oder die verspätete Fertigstellung von notwendigen Eigenleistungen;[62] Störungen des Bauablaufs durch Bürgerinitiativen und Demonstrationen.[63] Auch das Fernhalten derartiger Störungen zählt zur Pflicht des Auftraggebers, dem Auftragnehmer ein baureifes Grundstück zur Verfügung zu stellen und für die Aufrechterhaltung der allgemeinen Ordnung auf der Baustelle zu sorgen. Es fällt jedoch nicht in die Verantwortlichkeit des Auftraggebers, wenn die Vertragspartner im Bauvertrag eine bestimmte Bauzeit mit festgelegtem Ausführungsbeginn vereinbart haben, der Auftragnehmer aber vorzeitig mit seinen Arbeiten beginnt, diese dann aber nicht fortsetzen kann, weil notwendige Vorunternehmerleistungen noch nicht fertiggestellt sind, die zu einer Unterbrechung zwingen.[64]

**49** dd) **Genehmigungen.** Grundsätzlich hat der Auftraggeber nach § 4 Nr. 1 Satz 2 VOB/B für die erforderlichen öffentlich-rechtlichen Genehmigungen zu sorgen, sodass durch ihr Fehlen bedingte Behinderungen zu dessen Lasten gehen.[65] Diese Beschaffungspflicht bezieht sich auf das Baurecht (auch für Nutzungsänderungen), Straßenverkehrsrecht, Gewerberecht, Wasserrecht, Immisionsschutzrecht und die landesrechtlichen Regelungen über die Zweckentfremdung von Wohnungen. Im Einzelfall sieht die VOB/C zu Lasten des Auftragnehmers Ausnahmen vor; so nach der DIN 18381(Gas-, Wasser- und Abwasser-In-

---

[56] Vgl. für die die einzelnen Ausführungspläne die gängigen Vorlauffristen nach der Auflistung bei *Kapellmann/Schiffers* Bd. 1 Rdn. 1314: Schalpläne als Vorabzüge zur generellen Schalungsdurchplanung: 6 Wochen vor Beginn der Arbeiten; Schalpläne als Ausführungsunterlagen: 3 Wochen bis 20 Arbeitstage vor Arbeitsbeginn; Bewehrungspläne: 3 Wochen bis 25 Arbeitstage vor Arbeitsbeginn; Aussparungspläne: 5 Arbeitstage vor Arbeitsbeginn; für Fertigteile ist es notwendig, je Planart eine weitere Frist bis zu zwei Wochen zuzuschlagen.
[57] *Kapellmann/Schiffers* Bd. 1 Rdn. 1304; *Olshausen* FS für Korbion S. 323, 329.
[58] *Vygen/Schubert/Lang* Rdn. 270; *Kapellmann/Schiffers* Bd. 1 Rdn. 1293, 1303.
[59] *Kapellmann/Schiffers* Bd. 1 Rdn. 1296; OLG Köln BauR 1986, 582 = NJW 1986, 71; *Olshausen* FS für Korbion S. 313, 329.
[60] *Kapellmann/Schiffers* Bd. 1 Rdn. 1320.
[61] *Kapellmann/Schiffers* Bd. 1, Rdn. 1348.
[62] *Vygen/Schubert/Lang,* Rdn. 137.
[63] *Vygen,* BauR 1983, 210, 217.
[64] OLG Düsseldorf BauR 2002, 1551.
[65] BGH BauR 1974, 247; BauR 1976, 128; OLG Hamm, BauR 2003, 1042; OLG München BauR 1980, 274.

stallationsanlagen innerhalb von Gebäuden), die in Abschnitt 3.1.6 vorsieht, dass der Auftragnehmer die für die Ausführung erforderlichen Genehmigungen und Abnahmen zu veranlassen hat. Ferner ist der Auftraggeber denknotwendig nicht für auftragnehmerspezifische Genehmigungen verantwortlich.

Solange die erforderlichen öffentlich-rechtlichen Genehmigungen nicht vorliegen, hat der Auftragnehmer ein **Leistungsverweigerungsrecht**.[66] In diesem Zusammenhang besteht auch eine Verpflichtung des Auftraggebers, den Auftragnehmer über alle störungsrelevanten Umstände bei der Erteilung öffentlich-rechtlicher Genehmigungen und Erlaubnisse rechtzeitig und vollständig zu informieren. Der Auftragnehmer soll sich auf Störungen einrichten können, sobald diese dem Auftraggeber bekannt und bewusst werden. Der Auftraggeber darf dem Auftragnehmer vor und während der Bauausführung keine Informationen vorenthalten, die für die Ausführung notwendig oder wenigstens sachdienlich sein können.[67] Diese Informationspflicht stellt eine wesentliche Mitwirkungspflicht des Auftraggebers dar.[68] 41

**b) Eingriffs- und Anordnungsbefugnisse.** Hindernd für den Bauablauf können auch ausgeübte Eingriffs- und Anordnungsbefugnisse wirken, deren Rechtsgrundlagen § 1 Nr. 3, Nr. 4 sowie § 4 Nr. 1 VOB/B bilden. 42

**aa) Anordnungsbefugnisse.** Ordnet der Auftraggeber für den im Leistungsverzeichnis beschriebenen Vorgang, der maschineller wie auch händischer Erledigung zugänglich ist, die händische Ausführung an, behindert dies den unter Maschineneinsatz konzipierten Arbeitsablauf und hat schädigende Folgen für den Auftragnehmer, da sich die Arbeitskosten im Vergleich zu den berechtigt so kalkulierten Kosten erhöhen. Die Bauumstände betreffenden Anordnungen haben kostensteigernde Wirkung auch dann, wenn der Auftraggeber mit Rücksicht auf Nutzerinteressen in Abweichung vom kontinuierlichen Arbeitsvorgang, den der Auftragnehmer angesichts fehlender Hinweise im Leistungsverzeichnis mit Recht unterstellt hat, Arbeitsunterbrechungen oder Arbeitsbeschränkungen anordnet.[69] Werden nach § 2 Nr. 5 VOB/B vertraglich vorgesehene Leistungen geändert oder kommen gemäß § 2 Nr. 6 VOB/B bisher nicht beauftragte Leistungen hinzu, hat dies Auswirkungen auf den vom Auftragnehmer nach Maßgabe des bisherigen Leistungsumfanges aufgestellten Ablaufplan, was sich schädigend auswirken kann. Hiervon zu trennen ist die sich anschließende Frage nach dem Konkurrenzverhältnis zwischen § 6 Nr. 6 VOB/B und den §§ 2 Nr. 5, 6 VOB/B. 43

**bb) Eventual- oder Alternativpositionen.** Soweit dem Auftraggeber auf Grund von Eventual- oder Alternativpositionen im Leistungsverzeichnis ein Wahlrecht zusteht, ob eine bestimmte Leistung oder welche von mehreren alternativ angebotenen Leistungen zur Ausführung kommen, hat er dieses Wahlrecht so rechtzeitig auszuüben, dass der Bauablauf nicht beeinträchtigt wird. Eine verspätete Ausübung des Wahlrechts kann zu Störungen des geplanten Bauablaufs führen, weil ggf. erforderliche Materialien vom Auftragnehmer erst bestellt bzw. hergestellt oder sonstige Arbeitsvorbereitungen getroffen werden müssen. Die unverzügliche Entscheidung und Mitteilung an den Auftragnehmer stellt daher eine Mitwirkungspflicht des Auftraggebers dar, deren Verletzung Schadensersatzansprüche auslösen kann.[70] Gleiches gilt, wenn der Auftraggeber eine Materialauswahl (Bemusterung) treffen muss. 44

**cc) Sonderproblem: Verschiebung der Bauzeit.** Ein Sonderproblem stellt die Dispositionsmöglichkeit des Auftraggebers über die Bauzeit dar. Grundsätzlich geben die möglichen Änderungsanordnungen des § 1 Nr. 4 VOB/B dem Auftraggeber kein Recht, einseitig die einmal vereinbarten Ausführungsfristen zu ändern.[71] Insbesondere handelt es 45

---

[66] BGH BauR 1976, 128.
[67] BGH BauR 2000, 409 = NZBau 2000, 130.
[68] BGH BauR 1996, 542.
[69] Vgl. DIN 18299 Abschnitt 0.2.1; *Kapellmann/Schiffers* Bd. 1 Rdn. 1332 ff; *Olshausen* FS Soergel S. 355, 360.
[70] *Vygen/Schubert/Lang,* Rdn. 201 und 210.
[71] *Thode,* ZfBR 2004, 214; *Kapellmann/Messerschmid* VOB/B § 6 Rdn. 57; OLG Hamm BauR 2005, 1480; a. A. *Zanner* BauR 2006, 177.

sich bei einer Anordnung hinsichtlich der Bauumstände zunächst nicht um eine „**andere Anordnung**" im Sinne des § 2 Nr. 5 VOB/B.[72] Eine solche andere Anordnung liegt dann vor, wenn der Auftraggeber ein neben § 1 Nr. 3 und 4 VOB/B vertraglich vereinbartes zusätzliches **Leistungsbestimmungsrecht** ausübt.[73] Ein solches vereinbartes zusätzliches Leistungsbestimmungsrecht kann auch die Bauumstände betreffen. Ordnet der Auftraggeber auf Grund eines solchen vereinbarten Leistungsbestimmungsrechts eine Änderung der Bauumstände an, handelt er rechtmäßig. Die Ansprüche des Auftragnehmers richten sich dann nach § 2 Nr. 5 VOB/B. Mangels Pflichtwidrigkeit seines Handelns scheiden Schadensersatzansprüche aus § 6 Nr. 6 VOB/B aus. Liegt jedoch keine vereinbarte Anordnungsbefugnis des Auftraggebers bezüglich der Bauumstände vor, ist eine Änderungsvereinbarung erforderlich.[74] Ordnet der Auftraggeber dennoch eine Änderung der Bauumstände an, ist sein Verhalten rechtswidrig. Wenn der Auftragnehmer eine solche pflichtwidrige Anordnung befolgt, obwohl er hierzu nicht verpflichtet ist, bestehen nur Schadensersatzansprüche aus § 6 Nr. 6 VOB/B. Vergütungsansprüche nach § 2 Nr. 5 VOB/B sind ausgeschlossen.[75]

**46**   **c) Schuldnerstellung des Auftraggebers.** Die Schuldnerstellung des Auftraggebers beschreibt dessen Zahlungs- wie auch Abnahmeverpflichtung. Behinderungen mit Schadensfolgen können sich aus einem Zahlungsverzug gemäß § 16 Nr. 5 VOB/B in Verbindung mit der Einstellung der Arbeiten durch den Auftragnehmer ergeben. Verweigert der Auftraggeber die Zahlung fälliger Abschläge, so kann der Auftragnehmer nach entsprechender Fristsetzung die Arbeiten nach § 16 Nr. 5 VOB/B einstellen. Erfolgt diese Einstellung berechtigt, gehen dadurch bedingte Bauverzögerungen zu Lasten des Auftraggebers. Gleiches gilt, wenn die Arbeiten auf Grund einer nicht rechtzeitig übergebenen Sicherheitsleistung nach § 648a BGB eingestellt werden. Hierbei ist zu beachten, dass die Frist, innerhalb derer der Auftraggeber die Sicherheit beizubringen hat, ausreichend bemessen ist. Denn mit Stilllegung und Wiederaufnahme der Tätigkeiten sind Zusatz- wie auch Minderleistungen verbunden;[76] **Minderleistungen** infolge eines Verlustes des Einarbeitungseffekts und aus der Verschiebung in eine ungünstigere Jahreszeit können hinzu kommen.[77] Kostenträchtige Bauzeitverlängerungen können auch mit einer verspäteten Abnahme verbunden sein. Verweigert der Auftraggeber die Abnahme zu Unrecht, verlängert sich die Schutzpflicht des Auftragnehmers nach § 4 Nr. 5 VOB/B, was gleichfalls mit Mehrkosten verbunden ist.

### 3. Hindernde Wirkung

**47**   Die hindernden Umstände müssen eine hindernde Wirkung mit den anderen Vertragsteil schädigenden Folgen haben. Ob eine Behinderung eingetreten ist, bemisst sich am **Bauzeiten-** wie auch am vertragskonformen **Unternehmerablaufplan**.[78] Dabei ist zu beachten, dass der Auftraggeber seinen Mitwirkungsaufgaben so zu genügen hat, dass ein objektiv-durchschnittlicher und kontinuierlicher Arbeitsablauf gesichert ist.[79] Eine Behinderung mit Schadensfolgen entsteht auch, wenn der Unternehmer an der Umsetzung seines **vertragskonformen Bauablaufplans** gehindert wird. Denn eine kostengünstige Lösung kann der Auftragnehmer nur verwirklichen, wenn ein kontinuierlicher Arbeitseinsatz der wesentlichen Arbeitskolonnen die Gleichmäßigkeit der Beschäftigung und die Erreichung eines klar vorgegebenen Leistungszieles innerhalb der vorgesehenen Zeiteinheit gewährleistet.[80] Sind

---

[72] A. A. *Vygen/Schubert/Lang,* Rdn. 181; *Ingenstau/Korbion* VOB/B § 2 Nr. 5 Rdn. 15 ff; *Kapellmann/Messerschmidt* VOB/B § 6 Rdn. 57.
[73] *Thode* ZfBR 2004, 214.
[74] *Kapellmann/Messerschmidt* VOB/B § 6 Rdn. 57.
[75] *Thode* ZfBR 2004, 214, 225.
[76] *Vygen/Schubert/Lang* Rdn. 501 ff.
[77] *Vygen/Schubert/Lang* Rdn. 464; 457 ff.
[78] *Kapellmann/Schiffers* Bd. 1 Rdn. 1296.
[79] *Kapellmann/Schiffers* Bd. 1 Rdn. 1308.
[80] *Olshausen* FS Soergel S. 355, 360.

in der Leistungsbeschreibung mit Leistungsverzeichnis keine Arbeitsabschnitte, Arbeitsunterbrechungen und -beschränkungen nach Art, Ort und Zeit vorgesehen, darf der Auftragnehmer seiner Kalkulation und der dieser zugrunde liegenden Bauabwicklung mit Recht eine kontinuierliche **Fließarbeit** zugrunde legen. Denn anderenfalls ist der Auftraggeber nach DIN 18299 Abschnitt 0.2.1 verpflichtet, derart vorgesehene Arbeitsabschnitte, Arbeitsunterbrechungen und -beschränkungen exakt vorzugeben.

Führen Anordnungen, fehlende Pläne, Genehmigungen oder Vorleistungen, untaugliche Pläne und Vorleistungen, unterlassene Anordnungen oder Festlegungen zu nach dem Ablaufplan nicht vorgesehenen Arbeitsunterbrechungen und/oder -beschränkungen, bzw. zur Bildung von so nicht vorgesehenen Arbeitsabschnitten, liegt eine Behinderung mit schädigenden Folgen für den Auftragnehmer vor. Denn **Minderleistungen** infolge des Verlustes des Einarbeitungseffektes, durch häufiges Umsetzen des Arbeitsplatzes, bei Stilllegung und Wiederaufnahme und solche bei einem nicht kontinuierlichen Arbeitsfluss werden meist die Folge sein.[81] 48

Dasselbe gilt für den Auftraggeber, wenn der Auftragnehmer die hindernden Umstände, wie sie in § 5 Nr. 3, Nr. 4 VOB/B beschrieben sind, verwirklicht, also den Baubeginn verzögert, mit der Vollendung in Verzug gerät oder die Baustelle nicht sachgerecht fördert, sodass dem Auftraggeber hieraus Schäden entstehen. Denn steht die erforderliche Vorleistung dem nachfolgenden Gewerk nicht rechtzeitig zur Verfügung, liegt darin eine Behinderung im Verhältnis zu dem sonst vorgesehenen zeitlichen Ablauf, aus dem der nachleistende Unternehmer Ansprüche aus § 2 Nr. 5 oder § 6 Nr. 6 VOB/B ableiten kann. Diese Zahlungsverpflichtung begründet in der Person des Auftraggebers einen Schaden, der über § 6 Nr. 6 VOB/B an den eigentlichen Verursacher durchgestellt werden kann.[82] Nutzungsschäden aus verspäteter Vermietbarkeit und dergleichen kommen dazu. 49

## II. Behinderungsanzeige

Macht der Auftraggeber wegen eines Verzugs des Auftragnehmers in Verbindung mit § 6 Nr. 6 VOB/B Schadensersatzansprüche geltend, bildet die in § 6 Nr. 1 VOB/B angeführte Behinderungsanzeige keine Anspruchsvoraussetzung. 50

Das ist anders, wenn Anspruchsteller der Auftragnehmer ist. Die Rechtsdurchsetzung über § 6 Nr. 6 VOB/B ist für den Auftragnehmer nur erfolgreich, wenn er seiner Anzeigepflicht nach **§ 6 Nr. 1 VOB/B** nachgekommen ist oder der Fall der Offenkundigkeit der hindernden Tatsache samt ihrer hindernden Wirkung vorliegt.[83] Wenn § 6 Nr. 6 VOB/B auch nicht auf die Nr. 1 als Anspruchsvoraussetzung rekurriert, folgt die Abhängigkeit des Schadensersatzanspruchs von den in der Nr. 1 angeführten Voraussetzungen deutlich aus der in § 6 Nr. 1 Satz 2 VOB/B gewählten Formulierung. Hiervon werden sämtliche Schadensersatzansprüche erfasst, gleichgültig welcher Quelle sie entstammen. Die Behinderungsanzeige ersetzt die Mahnung.[84] 51

## III. Kausalität – Zurechungszusammenhang

Die hindernden Umstände müssen nach allgemeinen zivilrechtlichen Kausalitätsgrundsätzen einen Schaden verursacht haben. Maßgeblich ist, dass der Schaden adäquat kausal auf die hindernden Umstände zurückgeht. Das schließt ein, dass die hindernden Umstände nicht hinweg gedacht werden können, ohne dass der Schaden entfiele. Dieses Mindest- 52

---

[81] Vgl. dazu umfassend *Vygen/Schubert/Lang* Rdn. 464 ff.; 474 ff.; 496 ff.; 501 ff.
[82] OLG Köln NJW 1986, 71 = BauR 1986, 582.
[83] *Ingenstau/Korbion* VOB/B § 6 Nr. 1 Rdn. 2; OLG Köln BauR 1981, 472; BGH BauR 1979, 245.
[84] *Heiermann/Riedl/Rusam* VOB/B § 6 Rdn. 47.

kausalitätserfordernis[85] wird wegen einer damit verbundenen unerträglichen Ausweitung der Schadensersatzpflicht für das Zivilrecht durch die **Adäquanzformel** eingeschränkt. Danach darf die Möglichkeit eines Schadenseintritts infolge des hindernden Umstandes nicht außerhalb jeglicher Wahrscheinlichkeit liegen oder – positiv formuliert – der hindernde Umstand muss den Eintritt eines Schadens der eingetretenen Art generell nicht unerheblich erhöht haben.[86]

53   Dieser adäquate Zurechnungszusammenhang muss sowohl hinsichtlich der **haftungsbegründenden** als auch der **haftungsausfüllenden Kausalität** bestehen. Liegt eine Behinderung des Auftragnehmers durch den Auftraggeber vor, scheitert ein Schadensersatzanspruch dennoch, wenn der Auftragnehmer bei rechtzeitiger Mitwirkung des Auftraggebers auch nicht früher oder schneller hätte arbeiten können.[87] Überlagern sich hindernde Umstände, die sowohl vom Auftraggeber als auch Auftragnehmer zu verantworten und zu vertreten sind, scheitern Schadensersatzansprüche des Erstverursachers, der zugleich der Anspruchsteller ist, in diesem Umfang völlig.

54   Haben **beide Seiten** hindernde Umstände verursacht und zu vertreten, die jeweils bei dem anderen Vertragsteil Schäden verursacht haben, trifft jeden die Pflicht zum Ersatz des durch ihn entstandenen Schadens. Haben gleichzeitig wirkende beiderseitige Behinderungen eine einheitliche Verzögerung und einen einheitlichen Verzögerungsschaden verursacht, ist der Schaden nach den Grundsätzen gemäß § 254 BGB aufzuteilen.[88] Wirken mehrere Verzögerungsursachen zusammen, die Auftragnehmer und Auftraggeber zu vertreten haben, so ist ein nach § 6 Nr. 6 VOB/B zu erstattender Verzögerungsschaden nach dem Verschuldens- und Verursachungsbeitrag gemäß § 254 BGB zu teilen.[89] Die Frage, ob und inwieweit in solchen Fällen das Verhalten des Auftragnehmers einerseits und dasjenige des Auftraggebers andererseits den Schaden verursacht haben, ist nach § 287 ZPO zu beurteilen.[90]

## IV. Verschulden

55   § 6 Nr. 6 VOB/B macht den Anspruch des einen Vertragsteils gegen den anderen verschuldensabhängig. Nur wenn die hindernden Umstände von einem Vertragsteil zu vertreten sind, hat der andere Teil Anspruch auf Ersatz des nachweislich entstandenen Schadens. Diese Formel ist notwendig im Sinne der §§ 276, 278 BGB dahin zu verstehen, dass der Anspruch nur bei Vorliegen der Verschuldensformen Fahrlässigkeit oder Vorsatz besteht. In der Verwendungstrias des Begriffs „vertreten" in § 6 VOB/B kommt diesem Rahmen der Nr. 6 nicht die Bedeutung eines bloß objektiven Zurechnungsfaktors, sondern einer subjektiven Vorwerfbarkeit zu.

### 1. Begriffsverwendung in § 6 VOB/B – Verwendungstrias

56   **a) Subjektives Begriffsverständnis in § 6 Nr. 6 VOB/B.** Die hindernden Umstände müssen von dem in Anspruch genommenen Vertragsteil zu vertreten sein. Vertretenmüssen setzt Verschulden i. S. des § 276 BGB, also Vorsatz oder Fahrlässigkeit, voraus. Im Gegensatz zum Anspruch des Auftragnehmers auf Fristverlängerung (§ 6 Nr. 2 Abs. 1 lit. a VOB/B) reicht die bloße Zurechenbarkeit nach Risikosphären für die Geltendmachung von Schadensersatzansprüchen nicht aus. Dies ergeben die Grundregeln des Vertragsrechts, wonach ein Schadensersatzanspruch regelmäßig Verschulden voraussetzt (§ 280 BGB).[91] Der Begriff

---

[85] *Palandt/Heinrichs* Vor § 249 Rdn. 57.
[86] *Palandt/Heinrichs* Vor § 249 Rdn. 59.
[87] BGH BauR 1976, 128; *Heiermann/Riedl/Rusam* VOB/B § 6 Rdn. 42.
[88] *Nicklisch/Weick* § 6 Rdn. 65; BGH BauR 1993, 600 = NJW 1993, 2674 = ZfBR 1993, 214.
[89] BGH BauR 1993, 600 = NJW 1993, 2674 = ZfBR 1993, 214.
[90] BGH NJW-RR 1988, 1373; BGH BauR 1993, 600, 603 = NJW 1993, 2674 = ZfBR 1993, 214.
[91] *Kapellmann/Schiffers* Bd. 1 Rdn. 1344; *Vygen/Schubert/Lang* Rdn. 254.

"zu vertreten" beinhaltet im Rahmen der Nr. 6 auch deshalb **subjektive Vorwerfbarkeit,** weil der 2. Halbsatz für den Ersatz des entgangenen Gewinns Vorsatz oder grobe Fahrlässigkeit voraussetzt. Wird der Vorschrift vorwiegend anspruchsbestätigende und haftungseinschränkende Bedeutung beigemessen, folgt das Verschuldenserfordernis bereits aus den in § 6 Nr. 6 VOB/B vorausgesetzten Haftungstatbeständen des Schuldnerverzugs und der Pflichtverletzung. Die Hervorkehrung des Verschuldensmoments gewinnt eigenständige Bedeutung nur in dem Umfang, als § 6 Nr. 6 VOB/B die Qualität einer eigenständigen Anspruchsgrundlage zukommt. Innerhalb dieses Anwendungsbereichs beinhaltet das Erfordernis „vertreten" subjektive Vorwerfbarkeit aus Gründen der Regelungsgleichheit mit den Schadensersatzansprüchen aus Verzug oder Pflichtverletzung.

**b) Vorsatz und Fahrlässigkeit nach § 276 BGB.** Nach § 276 BGB hat der Schuldner 57 Vorsatz und Fahrlässigkeit zu vertreten. Vorsatz setzt Wissen und Wollen hinsichtlich der hindernden Umstände, ihrer Kausalität und des Schadenseintritts voraus. Die Kenntnis des konkreten Schadens ist nicht erforderlich.[92] Fahrlässig handelt, wer die im Verkehr erforderliche Sorgfalt außer Acht lässt. Ihre Bestimmungskriterien bilden die Voraussehbarkeit und die Vermeidbarkeit, was nach objektivem, durch die spezifischen Verkehrsbedürfnisse gebotenen Sorgfaltsmaßstab und nicht nach individuellen Vorstellungen zu beurteilen ist.[93]

**c) Gattungs- und Geldschuld.** Für seine finanzielle Leistungsfähigkeit hat der Schuldner einzustehen, weil der Grundsatz der Einstandspflicht für die finanzielle Leistungsfähigkeit der Rechts- und Wirtschaftsordnung immanent ist.[94] Hat der Auftraggeber oder Auftragnehmer im Rahmen der Erstellung des Bauwerks Baustoffe zu liefern oder sich für die Erbringung der Werkleistung zu beschaffen, fällt das Beschaffungsrisiko nach § 276 Abs. 1 S. 1 BGB in die Sphäre des Beschaffungspflichtigen, der sein Unvermögen zur Gestellung auch dann zu vertreten hat, wenn ihm ein Verschulden nicht zur Last fällt, solange nur die Lieferung aus der Gattung möglich ist.

## 2. Verschulden des Auftragnehmers

Die in §§ 276, 278 BGB angeführten Verschuldenskriterien sind auf den Auftragnehmer 59 direkt anwendbar. Der Auftragnehmer schuldet die Bauleistung. Kommt er mit der Vollendung gemäß § 5 Nr. 4 VOB/B in Verzug, wird nach § 280 Abs. 1 S. 2 BGB das Verschulden vermutet. Bilden die in § 5 Nr. 3 VOB/B beschriebenen Gründe die Schadensursache, ist der Auftragnehmer nach Zugang des Abhilfeverlangens bei unverändert fortbestehendem Zustand gleichfalls im Verzug, weswegen die Verschuldensvermutung greift. Verzögert der Unternehmer den Beginn, begründet eine Mahnung, die für die Durchsetzung der Rechte aus § 5 Nr. 4 VOB/B nicht erforderlich ist, gleichfalls den Verzug. Gehen die Zeitstörungen auf Materialknappheit zurück, ist von einem Verschulden unabhängig davon auszugehen, wann und unter welchen Voraussetzungen der Auftragnehmer das notwendige Material geordert hat. Fragen der Rechtzeitigkeit der Bestellung, der üblichen Materialdisposition und zur **Einordnung des Lieferanten** als eventuellen Erfüllungsgehilfen sind bedeutungslos.

Der Auftragnehmer muss sich das Verschulden der **Subunternehmer** nach § 278 BGB 60 zurechnen lassen, wobei gleichgültig ist, ob der Subunternehmereinsatz nach § 4 Nr. 8 VOB/B im Einvernehmen mit dem Auftraggeber erfolgt ist. Denn Erfüllungsgehilfe ist, wer nach den rein tatsächlichen Vorgängen des gegebenen Falles mit dem Willen des Schuldners bei der Erfüllung der diesem obliegenden Verbindlichkeiten als seine Hilfsperson tätig wird.[95]

---

[92] *Palandt/Heinrichs* § 276 Rdn. 10.
[93] *Palandt/Heinrichs* § 276 Rdn. 15.
[94] OLG München, BauR 1992, 74.
[95] BGHZ 98, 330, 334; BGH ZfBR 1992, 31.

## 3. Verschulden des Auftraggebers

**61** §§ 276, 278 BGB sind in der Anspruchssituation des Auftragnehmers gegen den Auftraggeber unmittelbar nur anwendbar, wenn der Auftraggeber die Position des Schuldners einnimmt. Lediglich eine entsprechende Anwendung kommt in Betracht, wenn die hindernden und schadenstiftenden Umstände im Bereich der vom Auftraggeber zu verantwortenden Mitwirkungsaufgaben (Gläubigerobliegenheiten) liegen. Zwischen der Schuldner- und der Gläubigerposition des Auftraggebers ist zu unterscheiden. § 276 BGB trifft unmittelbar nur auf den Auftraggeber als Schuldner zu.

**62** **a) Der Auftraggeber als Schuldner.** Der Auftraggeber ist Schuldner hinsichtlich seiner Zahlungs- und Abnahmepflicht (§ 631, § 640 BGB). Werden Zahlungen vorwerfbar nicht geleistet, was den Unternehmer nach § 16 Nr. 5 VOB/B zur Arbeitseinstellung berechtigt oder nimmt der Auftraggeber zu Unrecht nicht ab, was eine kostennachteilige und durch die Einheitspreise nicht gedeckte Schutzmaßnahmenverlängerung gemäß § 4 Nr. 5 VOB/B zur Folge hat, ist § 276 BGB einschlägig. Läßt sich der Auftraggeber diesbezüglich von Dritten beraten oder vertreten, ist deren Erfüllungsgehilfenstellung nicht zweifelhaft (§ 278 BGB).

**63** Die Rechtslage beurteilt sich anders, wenn der Auftraggeber **Baustoffe** beistellt. Insoweit wie auch hinsichtlich der Mitwirkungsaufgaben nach § 3 Nr. 1, Nr. 2; § 4 Nr. 1, Nr. 4 VOB/B treffen den Auftraggeber Nebenpflichten oder Obliegenheiten, womit eine Schuldnerstellung gerade nicht verbunden ist.

**64** **b) Der Auftraggeber als Gläubiger – Mitwirkungsaufgabe, Obliegenheiten.** Unter welchen Voraussetzungen der Gläubiger etwas zu vertreten hat, regelt das BGB nicht ausdrücklich; Geht man mit der wohl überwiegenden Auffassung davon aus, dass sich die Mitwirkungsaufgabe des Auftraggebers als Gläubigerobliegenheit darstellt, ist § 278 BGB wegen seines auf den Schuldner beschränkten Normadressatenkreises unmittelbar nicht anwendbar.

**65** Mitwirkungsaufgaben des Auftraggebers sind in der VOB/B geregelt.[96] So hat der Auftraggeber nach § 4 Nr. 1 VOB/B das Zusammenwirken der Unternehmer auf der Baustelle **zu koordinieren,** wozu auch die Erstellung eines Bauzeitenplans gehört, der auf realistischen Zeitvorgaben beruht. Kommt es durch eine unzureichende Terminplanung zu einer Verlegung von vertraglich vorgesehenen Ausführungsfristen durch spätere gegenläufige Angaben des Auftraggebers, stellen sich diese als vom Auftraggeber verschuldete Behinderungen i. S. des § 6 Nr. 6 VOB/B dar.[97] Im Gegenzug dazu hat der Auftraggeber jedoch keine Mitwirkungspflicht dahin gehend, den Auftragnehmer bei der Ausführung seiner Leistung **zu überwachen.** Wenn der Auftraggber die Arbeiten der beauftragten Unternehmer dennoch überwachen lässt, was regelmäßig durch den bauüberwachenden Architekten im Rahmen der Leistungsphase 8 geschieht, erfolgt dies ausschließlich im eigenen Interesse des Bauherrn, nicht jedoch auf Grund einer rechtlichen Verpflichtung gegenüber den beauftragten Unternehmen.[98]

**66** Ferner hat der Aufttraggeber nach § 4 Nr. 1 VOB/B grundsätzlich die Beschaffungspflicht für die erforderlichen **öffentlich-rechtlichen Genehmigungen und Erlaubnisse.**[99] Dennoch trägt der Auftraggber nicht das generelle Erteilungsrisiko für alle öffentlich-rechtlichen Erfordernisse des Bauens. Insbesondere hat er Verzögerungen, die ihre Ursache im behördlichen Bereich haben, nur dann zu vertreten, wenn diese auf ein eigenes Verschulden zurückzuführen ist, wie z. B. bei fehlerhaften, nicht vollständigen oder verspätet vorgelegten Genehmigungsunterlagen oder sonstiger unzulänglicher Mitwirkung im Genehmigungsverfahren. Ebenso liegt ein Verschulden des Auftraggebers vor, wenn dieser auf Bitte der Genehmigungsbehörde wegen nachbarlicher Einwendungen einen Baustopp an-

---

[96] OLG Düsseldorf BauR 1998, 341 (Abstecken der Hauptachse).
[97] OLG Köln BauR 1986, 582.
[98] *Kapellmann/Schiffers* Bd. 1, Rdn. 1365.
[99] BGH BauR 1974, 247; BauR 1976, 128; OLG Hamm BauR 2003, 1042.

ordnet.¹⁰⁰ Gleiches gilt, wenn der Auftraggeber Ausführungs- und Montagepläne oder die Statik verspätet bereitstellt bzw. freigibt.¹⁰¹ Ein Verschulden fehlt, wenn die Stadtverwaltung unvorhersehbar eine öffentliche Straße sperrt, was für den Unternehmer mit einer Kostenmehrung verbunden ist.¹⁰² Verschiebt der Auftraggeber den Baubeginn, weil Finanzierungsschwierigkeiten bestehen oder beantragte Fördermittel nicht rechtzeitig bewilligt werden, gehen diese Risiken nach allgemeinen Rechtsgrundsätzen zu Lasten des Bauherrn, der für seine Finanzkraft einzustehen hat. Den Auftraggeber trifft kein Verschulden an dem Auftragnehmer durch die Nichtannahme der Leistung entstehenden Schäden, wenn infolge des vorausgegangenen Schuldnerverzugs die Leistung des Unternehmers nur noch unter Erschwernissen erbracht werden kann, was das Unternehmerangebot nicht berücksichtigt.¹⁰³

**aa) Eigenverschulden.** Versäumt jedenfalls der Auftraggeber übernommene Mitwirkungsaufgaben in eigener Person (ohne Einschaltung eines Dritten), hat der Auftraggeber sein Versagen unabhängig von einer Festlegung zwischen den genannten Meinungen zu vertreten. Bei entsprechender Anwendung des § 276 BGB wird jedenfalls die im Verkehr erforderliche Sorgfalt, z. B. hinsichtlich der rechtzeitigen Bereitstellung von Grund und Boden für den Rohbauunternehmer oder von dem Fliesenleger zu stellenden Fliesen oder Platten, verletzt. Die Anwendung vertraglicher Risikoregeln führt zum gleichen Ergebnis, weil die Übernahme der Gestellung von Material die entsprechende Risikotragung beinhaltet. § 3 Nr. 2 bzw. § 4 Nr. 4 VOB/B wie auch § 9 Nr. 3 Abs. 3 VOB/A sind Ausdruck der den Auftraggeber hinsichtlich der Gestellung von Grund und Boden treffenden Risiken. 67

**bb) Fremdverschulden.** Die entsprechende Anwendung des § 278 BGB führt notwendig dazu, dass der Auftraggeber für das Verschulden der von ihm zur Erbringung der Mitwirkungsaufgaben eingesetzten Erfüllungsgehilfen einzustehen hat. Diese Zurechnung des Versagens eines Erfüllungsgehilfen scheitert nicht an dem Argument, der Auftraggeber habe sich dem Auftragnehmer gegenüber zur Übernahme von Mitwirkungsaufgaben nicht verpflichtet. Insoweit greift ein Argumentationsverbot deshalb, weil die Einstandspflicht für den Erfüllungsgehilfen nach § 278 BGB Folge einer entsprechenden Anwendung auf **Obliegenheiten** ist. Kennzeichen der Gläubigerobliegenheiten ist der fehlende Verpflichtungscharakter.¹⁰⁴ Die Entscheidung nach der vertraglichen Risikoverteilungslehre führt gleichfalls dazu, dass der Auftraggeber für das Versagen seiner eingeschalteten Erfüllungsgehilfen einzustehen hat. Denn der Gläubiger muss für Dritte, die zur Erledigung der im übernommenen Risikorahmen liegenden Aufgaben eingeschaltet werden, grundsätzlich nach § 278 BGB einstehen.¹⁰⁵ Die Zurechnung des Verschuldens der vom Auftraggeber eingeschalteten Dritten ist zwar hinsichtlich der zugezogenen **Architekten** und **Fachplaner** unbestritten, aber die Stellung der **Vorunternehmer** als Erfüllungsgehilfen ist in Rechtsprechung und Literatur erheblich streitbefangen.¹⁰⁶ 68

**c) Verschulden der Planer (Architekten und Ingenieure).** Gehen die hindernden Umstände auf den vom Auftraggeber eingeschalteten Planer (Architekten oder Fachplaner) zurück, der Werkpläne nicht rechtzeitig beistellt, die Koordination nicht sach- oder zeitgerecht vornimmt, rechtzeitig vom Auftragnehmer beigestellte Pläne nicht fristgerecht zur Ausführung freigibt oder nachgefragte Ausführungsalternativen nicht rechtzeitig entscheidet, ist dieses Versagen dem Auftraggeber nach § 278 BGB zuzurechnen. Hierüber besteht in Rechtsprechung und Literatur Einverständnis.¹⁰⁷ Den Hintergrund bilden Tatbestände, bei 69

---

¹⁰⁰ OLG Düsseldorf BauR 1988, 487; *Ingenstau/Korbion* VOB/B § 6 Nr. 6 Rdn. 22.
¹⁰¹ BGH BauR 2002, 1249 = NZBau 2002, 381; OLG Saarbrücken BauR 1998, 1010.
¹⁰² OLG Düsseldorf BauR 1991, 337; *Ingenstau/Korbion* VOB/B § 6 Nr. 6 Rdn. 22.
¹⁰³ BGH BauR 1986, 206, 207 = NJW 1986, 987.
¹⁰⁴ *Palandt/Heinrichs* Einl. § 241 Rdn. 13; § 278 Rdn. 24.
¹⁰⁵ Baden BauR 1991, 30, 31.
¹⁰⁶ Vgl. die Übersicht bei *Heiermann/Riedl/Rusam* VOB/B § 6 Rdn. 44.
¹⁰⁷ BGH NJW 1984, 1676, 1677 = BauR 1984, 395, 397; BGHZ 95, 128, 131 = NJW 1985, 2475 = BauR 1985, 561, 562; OLG Köln BauR 1986, 582; OLG Hamm BauR 2001, 1761; *Vygen/Schubert/Lang* Rdn. 257; *Ingenstau/Korbion* VOB/B § 6 Nr. 6 Rdn. 18; *Werner/Pastor* Rdn. 2458 ff.; 1977 ff.

denen für Mängel in der Leistung eines Unternehmers ein Mitverschulden des Planers wegen eines Koordinierungs- oder Planungsfehlers ursächlich ist. Die Einstandspflicht des Auftragnehmers reduziert sich im Verhältnis zum Auftraggeber nach §§ 254, 278 BGB um die auf den Planer treffende Quote.[108]

70   Der durch einen Mangel der Bauleistung betroffene und geschädigte Auftraggeber soll sich gemäß §§ 278, 254 BGB im Verhältnis zum Auftragnehmer, an dessen Leistung der Mangel aufgetreten ist, an den Kosten der Mängelbeseitigung beteiligen. Auf den durch eine mangelhafte Bauleistung geschädigten Auftraggeber trifft der allgemeine Rechtsgedanke nach § 254 BGB zu, dass der Geschädigte für jeden Schaden mitverantwortlich ist, bei dessen Entstehung er zurechenbar mitgewirkt hat.[109] Der Rechtsprechung, die den Auftraggeber das Planungs- und Koordinierungsversagen der Planer über § 254, 278 BGB zurechnet,[110] liegt der Gedanke zugrunde, dass der Auftraggeber diejenige Sorgfalt und Aufmerksamkeit außer Acht gelassen hat, die einem verständigen Auftraggeber und Bauherrn obliegt, um sich vor Schäden zu bewahren. Es liegt im eigenen Interesse des Auftraggebers, den Auftragnehmern richtige Pläne zu überlassen und die am Bau beteiligten Unternehmer sachgerecht zu koordinieren, um eine mangelfreie Leistung sicherzustellen. Zu diesem Zweck werden Planer eingeschaltet, deren Verhalten sich der Auftraggeber nach § 254 Abs. 2 Satz 2, § 278 BGB wie eigenes Verschulden zurechnen lassen muss.[111] Das gilt auch, wenn der Planer eine unrealistische Bauzeitenplanung erstellt hat, die den Bauablauf zu optimistisch ohne die erforderlichen Pufferzeiten abgewickelt hat.[112] Das Eigeninteresse liegt nicht nur darin, einen qualifizierten Planer einzuschalten und die Mitwirkung auf das Auswahlverschulden zu reduzieren. Kein im Verhältnis zum Auftragnehmer zurechenbares Verschulden besteht jedoch dann, wenn der bauüberwachende Architekt seiner Überwachungspflicht nicht ordnungsgemäß nachgekommen ist.[113]

71   **d) Verschulden des Vorunternehmers.** Soweit Behinderungen des Nachfolgeunternehmers auf nicht rechtzeitige oder fehlerhafte Leistungen eines Vorunternehmers zurückzuführen sind, auf die der Nachfolgeunternehmer aufbaut oder die er weiterführen muss, stellt sich die Frage, ob sich der Auftraggeber ein Verschulden des Vorunternehmers dem Nachfolgeunternehmer gegenüber nach § 278 BGB zurechnen lassen muss. Nach dem Wortlaut des § 278 BGB ist der Vorunternehmer dann Erfüllungsgehilfe des Auftraggebers, wenn dieser sich seiner als Gehilfen zur Erfüllung der ihm gegenüber dem Nachfolgeunternehmer obliegenden Pflicht bedient. Es kommt also darauf an, ob der Vorunternehmer eine Aufgabe übernimmt, die im Verhältnis zum Nachfolgeunternehmer dem Auftraggeber selbst obliegt. Eine Verschuldenszurechnung nach § 278 BGB ist dann gegeben, wenn der Auftraggeber dem Nachfolgeunternehmer gegenüber objektiv eine Verbindlichkeit übernommen hat und der Vorunternehmer bei der Erfüllung dieser Verbindlichkeit mit Willen des Auftraggebers tätig ist.[114]

72   **aa) Rechtsprechung des BGH.** Der BGH hat es in den beiden sog. „Vorunternehmerentscheidungen" abgelehnt, den Vorunternehmer als Erfüllungsgehilfen des Auftraggebers in dessen Verhältnis zum Nachunternehmer einzustufen und deshalb dem Auftraggeber Fehler im Vorgewerk i. S. eines Verschuldens gemäß § 6 Nr. 6 VOB/B zuzurechen.[115] Der Auftraggeber wolle sich gegenüber dem Nachfolgeunternehmer regelmäßig nicht verpflichten, notwendige Vorarbeiten zu erbringen. Außerdem folge aus dem Zusammenspiel der §§ 4

---

[108] BGH BauR 1971, 265, 269, 270; BauR 1970, 57, 59; *Werner/Pastor* Rdn. 2461.
[109] *Palandt/Heinrichs* § 254 Rdn. 3.
[110] BGH BauR 1970, 57, 59; BauR 1971, 265, 269, 270; BauR 1984, 395, 397 = NJW 1984, 1767, 1677; BGHZ 95, 128, 131 = NJW 1985, 2475 = BauR 1985, 561, 562.
[111] OLG Köln NJW 1986, 71.
[112] OLG Köln NJW 1986, 71.
[113] *Kapellmann/Schiffers* Bd. 1, Rdn. 1365.
[114] *V. Craushaar*, FS Vygen, S. 155.
[115] BGHZ 95, 128 = NJW 1985, 2475 = ZfBR 1985, 282 = BauR 1985, 561 (Vorunternehmer I); BGH NJW 2000, 1336 = BauR 2000, 722 = ZfBR 2000, 248 = NZBau 2000, 187 (Vorunternehmer II).

Nr. 3 und 13 Nr. 3 VOB/B, dass der Nachfolgeunternehmer auch in gewissem Umfang für die Vorleistung mitverantwortlich sei. Danach handle es sich bei der Überlassung des Baugrundstücks an den Nachunternehmer grundsätzlich nicht um eine Haupt- oder Nebenleistungspflicht, sondern nur um eine Gläubigerobliegenheit. Derartige Gläubigerobliegenheiten begründen für den Auftragnehmer weder einen Erfüllungsanspruch noch im Falle einer Verletzung eine Haftung auf Schadensersatz. Eine Erfüllungsgehilfeneigenschaft des Vorunternehmers und folglich eine Verschuldenszurechnung nach § 278 BGB komme danach ausnahmsweise nur dann in Betracht, wenn auf Grund besonderer Umstände anzunehmen sei, dass der Auftragnehmer dem Nachfolgeunternehmer für die mangelfreie Erfüllung der Vorleistung einstehen will. Solche Ausnahmefälle können dann vorliegen, wenn sich der Auftraggeber gegenüber dem Nachfolgeunternehmer zu einer Vorleistung verpflichtet.[116] Als Beispiele für solche ausdrücklichen Vorleistungsverpflichtungen wird hier einerseits der sog. „Behelfsbrückenfall" herangezogen, in dem sich der Auftraggeber gegenüber dem Auftragnehmer verpflichtet hat, bis zu einem bestimmten Zeitpunkt eine Behelfsbrücke zur Verfügung zu stellen.[117] Andererseits komme eine solche Verpflichtung in Betracht, wenn sich der Auftraggeber verpflichtet, für den vom Auftraggeber geschuldeten Abtransport eine Deponie bereit zu halten.[118] Wenn dem Vertrag keine eindeutige Übernahme von Pflichten zu entnehmen ist, komme es auf die jeweilige vertragliche Gestaltung an. Bei Fristüberschreitungen komme es darauf an, ob der Auftraggeber die Verpflichtung übernommen hat, das Bauwerk zu den vereinbarten Fristen als für die Nachunternehmerleistung geeignet zur Verfügung zu stellen. Eine solche Pflicht sei ggf. im Wege der Vertragsauslegung festzustellen, wobei allein die Vereinbarung von Vertragsfristen nicht ausreichend sei, eine Vorleistungsverpflichtung des Auftraggebers, das Bauwerk rechtzeitig und mängelfrei für die Nachunternehmerleistung zur Verfügung zu stellen, anzunehmen.[119]

**bb) Nebenpflicht/Obliegenheit.** Die Argumentation des BGH ist nicht stichhaltig. 73
Zum einen stellt es eine zentrale Pflicht und nicht nur eine Obliegenheit des Auftraggebers dar, dem Unternehmer ein baureifes Grundstück zur Verfügung zu stellen, das durch ggf. erforderliche Vorleistungen derart weit aufbereitet ist, dass der Unternehmer ohne Gefahr für die eigene Leistung hierauf auch tatsächlich aufbauen kann.[120] Diese Pflicht folgt einerseits aus § 645 BGB, wonach der Auftraggeber das Vergütungsrisiko trägt, wenn Beeinträchtigungen des Werkes allein auf seine Vorgaben zurückzuführen sind.[121] Daneben bringt der Auftraggeber in der Regel durch den mit dem Nachunternehmer abgeschlossenen Bauvertrag zum Ausdruck, dass er das Risiko der zeitgerechten Fertigstellung der Vorunternehmerleistung übernimmt.[122] Dies ist insbesondere dann der Fall, wenn im Vertrag verbindliche Beginn- und Fertigstellungsfristen vereinbart sind. Außerdem bestätigt die in § 13 Nr. 3 VOB/B enthaltene Regelung von der Haftungsfreistellung des Nachfolgeunternehmers bei Erfüllung der Prüfungs- und Bedenkenhinweispflicht, dass das Risiko der Mangelhaftigkeit der Vorleistung im Verhältnis zum Nachfolgeunternehmer vom Auftraggeber getragen wird.[123] Bedient sich der Auftraggeber zur Erfüllung seiner Verpflichtung, dem Unternehmer ein Baugrundstück mit mangelfrei und ordnungsgemäß ausgeführten Vorleistungen zur Verfügung zu stellen, eines Nachunternehmers, handelt es sich hierbei um seinen Erfüllungsgehilfen, für dessen Fehlverhalten er gemäß § 278 BGB einzustehen hat.[124]

---

[116] BGH NJW 2000, 1336 = BauR 2000, 722 = ZfBR 2000, 248 = NZBau 2000, 187.
[117] OLG Celle BauR 1994, 629.
[118] BGH ZfBR 1992, 31.
[119] BGH NJW 2000, 1336 = BauR 2000, 722 = ZfBR 2000, 248 = NZBau 2000, 187.
[120] *Ingenstau/Korbion* VOB/B § 6 Nr. 6 Rdn. 20; *Kapellmann/Messerschmidt* VOB/B § 6 Rdn. 48, 54; *Vygen/Schubert/Lang* Rdn. 263; *Vygen* BauR 1989, 387; *Döring*, FS für Craushaar S. 193, 195 f; FS Jagenburg, S 111, die Erfüllungsgehilfeneigenschaft des Vorunternehmers bejaht auch OLG Düsseldorf BauR 1999, 1309.
[121] V. Craushaar, FS für Vygen S. 154, 156.
[122] *Ingenstau/Korbion* VOB/B § 6 Nr. 6 Rdn. 20; OLG Celle bauR 1994, 629.
[123] *Vygen* BauR 1989, 387, 394.
[124] *Ingenstau/Korbion* VOB/B § 6 Nr. 6 Rdn. 6.

**74**   Unabhängig davon würde auch die Bejahung einer Obliegenheit, dem Nachfolgeunternehmer ein baureifes Grundstück zur Verfügung zu stellen notwendig dazu führen, den vorleistenden Unternehmer im Rahmen des auf die Erfüllung von Obliegenheiten anwendbaren § 278 BGB als Erfüllungsgehilfen des Auftraggebers im Verhältnis zum Nachfolgeunternehmer einzuordnen.[125] Die schon angeführte Risikolehre[126] rechnet dem Auftraggeber den schuldhaft vom vorleistenden Unternehmer verursachten Fehler, der zu Verzögerungen beim Nachfolgeunternehmer führt, nach bloß objektiven Risikogesichtspunkten zu. Wenn der Auftraggeber die vergebene Bauleistung in der vertraglich vereinbarten Zeit zu den Vertragspreisen erbracht wissen will, trifft ihn gegenüber sich selbst wie auch den nachleistenden Auftragnehmern die Verpflichtung, für eine mangelfreie und zeitgerechte Erstellung der Leistungen der Vorunternehmer zu sorgen. Die von ihm eingesetzten Unternehmer sind entsprechend § 278 BGB seine Erfüllungsgehilfen. Hierfür kommt es nicht darauf an, ob der Auftraggeber im Verhältnis zum Nachfolgeunternehmer das Risiko der zeitgerechten und mangelfreien Leistung der vorleistenden Unternehmer ausdrücklich oder stillschweigend übernommen hat.[127] Denn bereits die bejahte Obliegenheit des Auftraggebers im Verhältnis zum Nachfolgeunternehmer berechtigt zur Anwendung des § 278 BGB.

**75**   **cc) Anwendbarkeit von § 642 BGB.** Neben der verschuldensabhängigen Haftung aus § 6 Nr. 6 VOB/B ist der verschuldensunabhängige Anspruch des Auftragnehmers aus § 642 BGB anwendbar.[128] Diese Anspruchskonkurrenz ist nun im Rahmen der VOB/B 2006 ausdrücklich in § 6 Nr. 6 Satz 2 VOB/B geregelt. Der Entschädigungsanspruch steht dem Auftragnehmer insbesondere dann zu, wenn der Auftraggeber auf Grund nicht rechtzeitiger oder mangelhafter Vorunternehmerleistung hinsichtlich seiner zu erbringenden Leistung behindert ist. In der älteren Vorunternehmerentscheidung vom 27. 6. 1985[129] hat der BGH noch einen Entschädigungsanspruch des Auftragnehmers aus § 642 BGB mit der Begründung verneint, dass der Vorunternehmer bei der rechtzeitigen Bereitstellung des Baugrundstücks grundsätzlich nicht mitwirke, weil er insoweit nicht in den werkvertraglichen Pflichtenkreis des Auftragnehmers gegenüber den anderen Baubeteiligten einbezogen sei. Diese Rechsprechung hat er in seinem Urteil vom 21. 10. 1999[130] ausdrücklich aufgegeben. Nach dieser neuen zutreffenden Rechtsprechung kann der Auftraggeber dem Nachfolgeunternehmer aus § 642 BGB haften, wenn er durch das Unterlassen einer bei der Herstellung des Werkes erforderlichen Mitwirkungshandlung in Verzug der Annahme kommt. § 6 Nr. 6 VOB/B verdrängt bei aufrecherhaltenem Vertrag nicht § 642 BGB. § 6 Nr. 6 VOB/B ist **keine abschließende Regelung** von Leistungsstörungen, die zu Verzögerungen führen. § 642 BGB regelt einen verschuldensunabhängigen Entschädigungsanspruch bei Gläubigerverzug und knüpft an die Obliegenheit des Bestellers an, bei der Herstellung des Werkes mitzuwirken. Unterlässt der Besteller diese Mitwirkungshandlung, die in weitem Sinne zu verstehen ist, gerät er in Annahmeverzug. In diesem Fall kann dem Unternehmer über den Ersatz der Mehraufwendungen hinaus ein Anspruch aus § 642 BGB auf angemessene Entschädigung zustehen. Nach Auffassung des BGH umfasst dieser Anspruch jedoch nicht Wagnis und entgangenen Gewinn.[131] Nach dem neuen § 6 Nr. 6 Satz 2 ist es beim VOB/

---

[125] *Vygen* BauR 1989, 387, 395, wobei auf den Verantwortungsbereich und die Mitwirkungspflicht abgestellt wird, was die Anwendung des § 278 BGB rechtfertigt.
[126] Dazu auch *Baden* BauR 1991, 30, 31.
[127] So aber *Ingenstau/Korbion* VOB/B § 6 Nr. 6 Rdn. 20; OLG Celle 1994, 629 hinsichtlich der Zeitgerechtigkeit der Leistung; BGHZ 95, 128, 134 = NJW 1985, 2475 = BauR 1985, 561, 563.
[128] *Franke/Kemper/Zanner/Grünhagen* § 6 Rdn. 85; a. A. *Ingenstau/Korbion* VOB/B § 6 Nr, 6 Rdn. 2, danach soll die Anwendbarkeit des § 642 BGB beim VOB/B-Vertrag kraft Vereinbarung ausgeschlossen sein; *Kapellmann/Messerschmidt* VOB/B § 6 Rdn 49; *Kapellmann/Schiffers* Bd. 1, Rdn 1393 f.
[129] BGHZ 95, 128 = NJW 1985, 2475 = ZfBR 1985, 282 = BauR 1985, 561.
[130] BGH NJW 2000, 1336 = BauR 2000, 722 = ZfBR 2000, 248 = NZBau 2000, 187 (Vorunternehmer II).
[131] BGH NJW 2000, 1336 = BauR 2000, 722 = ZfBR 2000, 248 = NZBau 2000, 187; a. A. OLG Koblenz BauR 2002, 811; OLG Celle BauR 2000, 416; Kleine-Möller NZBau 2000, 401.

B-Vertrag jedoch Anspruchsvoraussetzung, dass der Auftragnehmer die Behinderung rechtzeitig nach § 6 Nr. 1 Satz 1 VOB/B angezeigt hat oder Offenkundigkeit nach § 6 Nr. 1 Satz 2 gegeben ist. Auch diese Einschränkung gegenüber dem reinen BGB-Vertrag entspricht der bestehenden Rechtsprechung des BGB, wonach beim VOB/B-Vertrag zu einem Annahmeverzug begründenden Angebot des Auftragnehmers auch gehört, dass dieser gemäß § 6 Nr. 1 VOB/B anzeigt, wenn er wegen hindernder Umstände zur Leistungserbringung nicht imstande ist und eine solche Behinderungsanzeige nur dann entbehrlich ist, wenn dem Auftraggeber offenkundig die tatsächliche Behinderung und deren hindernde Wirkung bekannt sind (§ 6 Nr. 1 S. 2 VOB/B).[132] Die Höhe der Entschädigung orientiert sich an der vereinbarten Vergütung. Deshalb können die durch die Behinderung verursachten Mehrkosten anhand der Auftragskalkulation des Auftragnehmers berechnet werden. Hierbei sind jedoch ersparte Aufwendungen des Auftragnehmers ebenso zu berücksichtigen wie Vorteile durch die anderweitige Verwendung seiner Arbeitskraft.[133]

### 4. Mitverschulden und Mitverursachung

Ein beiderseitiges Verschulden an einer behinderungsbedingten Verzögerung des Bauablaufs kann in zwei Gestaltungen auftreten. Zum einen kann es sein, dass **unterschiedliche hindernde Umstände** den Bauablauf gestört haben, wobei für die einen Behinderungen allein der Auftraggeber verantwortlich ist, weil er z. B. erforderliche Pläne zu spät übergeben hat. Andere Behinderungstatbestände, die ebenfalls zu einer Verzögerung geführt haben, hat hingegen ausschließlich der Auftragnehmer verursacht, z. B. weil er erforderliches Material zu spät bestellt hat. In diesen Fällen können jeweils gesonderte gegeneinander gerichtete Schadensersatzansprüche bestehen. Jede Partei kann von der anderen nur den Schaden ersetzt verlangen, der seine Ursache in den vom anderen Partner zu vertretenden Umständen hat.[134] 76

Wenn beide Vertragspartner gemeinsam **einen Behinderungstatbestand** zu vertreten haben, ist der Schaden entsprechend den Regeln gemäß § 254 BGB zu quoteln.[135] Bei einem Zusammenwirken derartiger Verzögerungsursachen ist der hierdurch entstandene Verzögerungsschaden entsprechend dem jeweiligen Verursachungs- und Verschuldensbeitrag gemäß § 254 BGB zu teilen, wobei für die Festlegung des Beitrags auf eine Schätzung nach § 287 ZPO zurückgegriffen werden darf.[136] Im Rahmen der Beurteilung der einzelnen Verursachungsbeiträge ist der jeweiligen Partei auch das Verschulden seiner Erfüllungsgehilfen zuzurechnen. 77

Vom vorbeschriebenen Fall, in welchem mehrere Behinderungsursachen zusammenwirken (kumulative Kausalität), sind die Fälle der sog. **Doppelkausalität** zu unterscheiden. Hier führen zwei oder mehrere Ursachen selbständig und unabhängig voneinander zu der Behinderung. Die eingetretene Verzögerung hat also zwei Ursachen, die jede für sich zu der Verzögerung geführt hätte. Dies ist beispielsweise dann der Fall, wenn die Baubehörde erst zwei Monate nach dem geplanten Baubeginn die erforderliche Baufreigabe erteilt und der Auftragnehmer erst einen Monat nach dem geplanten Baubeginn die erforderliche Prüfstatik für das Gerüst beibringt, ohne das die Bauarbeiten nicht begonnen werden können. In analoger Anwendung des § 295 BGB, wonach der Gläubiger selbst leistungsbereit sein muss, wenn er den Gläubiger in Annahmeverzug setzen will, gerät der Auftragnehmer bei eigener Fristüberschreitung dann nicht in Verzug, solange der Auftraggeber eine eigene erforderliche Mitwirkungshandlung nicht erbringt.[137] Im Gegenzug kann sich aber auch der Auftragnehmer nicht auf die vom Auftragger verursachte Verzögerung berufen, solange er nicht selbst leistungsbereit ist. Dies ergibt sich aus einer direkten Anwendung des § 295 BGB. Wenn der 78

---

[132] BGH BauR 2003, 531.
[133] *Kapellmann/Schiffers* Bd. 1, Rdn. 1649.
[134] *Vygen/Schubert/Lang*, Rdn. 260.
[135] BGH BauR 1993, 600, 603 = NJW 1993, 2674 = ZfBR 1993, 214.
[136] BGH BauR 1993, 600, 603 = NJW 1993, 2674 = ZfBR 1993, 214; BGH NJW-RR 1988, 1373.
[137] *Kapellmann/Schiffers* Bd. 1 Rdn. 1355 ff.

Auftragnehmer mit seiner Leistung in Schuldnerverzug gerät und folglich nicht leistungsbereit ist, kommt der Auftraggeber durch ein Angebot der Leistung, das ohne Rücksicht auf die vom Auftragnehmer zu vertretenden Erschwernisse erteilt wird, nicht in Annahmeverzug.[138]

## V. Schaden

79  Sind die hindernden Umstände von einem Vertragsteil zu vertreten, so hat der andere Teil Anspruch auf Ersatz des nachweislich entstandenen Schadens, des **entgangenen Gewinns** aber nur bei Vorsatz oder grober Fahrlässigkeit. Der 2. Halbsatz beinhaltet eine entscheidende Haftungsbeschränkung; die Einschränkung, dass der **nachweislich** entstandene Schaden zu ersetzen sei, engt die Voraussetzungen für die Geltendmachung eines abstrakten Schadens ein.[139] Sinn und Zweck des § 6 Nr. 6 VOB/B ist der Ausgleich des durch die hindernden Umstände entweder dem Auftraggeber oder dem Auftragnehmer entstandenen Verzögerungsschadens.[140] Da die Vorschrift mit ihrer Formulierung den Zweck verfolgt, das Risiko des Ersatzpflichtigen in überschaubaren Grenzen zu halten,[141] geht dessen Ersatzpflicht dahin, dem Geschädigten nur den ihm wirklich entstandenen Schaden zu ersetzen. Das bedingt, dass der Schaden im Einzelnen dargelegt und unter Beweis gestellt werden muss.[142]

### 1. Schadensfeststellung

80  Ob und in welchem Umfang dem Anspruchsteller ein Schaden entstanden ist, ist nach der im Zivilrecht gemäß § 249 BGB maßgeblichen **Differenzhypothese** zu ermitteln. Danach besteht der Schaden in der Differenz zweier Güterlagen, nämlich der tatsächlich durch das Schadensereignis geschaffenen und der unter Ausschaltung dieses Ereignisses gedachten. Ein Vermögensschaden ist gegeben, wenn der jetzige tatsächliche Wert des Vermögens des Geschädigten geringer ist als der Wert, den das Vermögen ohne das die Ersatzpflicht begründende Ereignis haben würde.[143] Ist der Auftragnehmer der Anspruchsteller, der sich darauf beruft, infolge hindernder und vom Auftraggeber zu vertretender Umstände einen Schaden erlitten zu haben, führt dies notwendig zu einem Kostenvergleich. Die ohne das Schadensereignis dem Auftragnehmer hypothetisch entstandenen, regelmäßig mit den kalkulierten identischen Kosten sind mit den tatsächlich infolge der hindernden Umstände entstandenen Kosten zu vergleichen.[144] Diese Schadensberechnung nach der Differenzhypothese ist jedoch anschließend noch einer normativen Kontrolle zu unterziehen, die sich einerseits an der jeweilige Haftungsgrundlage, also dem sie ausfüllenden haftungsbegründenden Ereignis, und andererseits an der darauf begründenden Vermögensminderung orientiert und dabei auch die Verkehrsanschauung berücksichtigt.[145]

81  Nach der Regelung des § 6 Nr. 6 VOB/B ist vom Ersatz der entgangene Gewinn grundsätzlich ausgenommen. Dessen Ersatz kommt nur in Betracht, wenn der hindernde und schadenstiftende Umstand vorsätzlich oder grob fahrlässig verursacht worden ist.

82  **a) Feststellung des hypothetischen Soll-Aufwandes.** Basis der durchzuführenden konkreten Schadensberechnung des Auftragnehmers ist der hypothetische Soll-Aufwand,

---

[138] BGH BauR 1986, 206 = ZfBR 1986, 64; *Ingenstau/Korbion* VOB/B § 6 Nr. 6 Rdn. 26; *Kapellmann/Schiffers* Bd. 1 Rdn. 1357.
[139] Vgl. *Ingenstau/Korbion* VOB/B § 6 Nr. 6 Rdn. 33.
[140] BGHZ 65, 372, 375 = BauR 1976, 126 = NJW 1976, 517; BGHZ 97, 163 = NJW 1986, 1684 = NJW-RR 1986, 763 = BauR 1986, 347, 348.
[141] BGHZ 65, 372, 376 = BauR 1976, 126; BGHZ 97, 163 = NJW 1986, 1684 = NJW-RR 1986, 763 = BauR 1986, 347, 348.
[142] BGHZ 97, 163 = NJW 1986, 1684 = NJW-RR 1986, 763 = BauR 1986, 347, 348.
[143] Vgl. *Palandt/Heinrichs* Vor § 249 Rdn. 8 m. w. N.
[144] OLG Braunschweig BauR 2001, 1739, 1745; *Ingenstau/Korbion* VOB/B § 6 Nr. 6 Rdn. 29.
[145] BGH NJW 1998, 302; BauR 1979, 343.

also der Aufwand, der ihm für die Fertigstellung seiner Leistung ohne die eingetretenen (vom Auftraggber zu vertretenden) Behinderungen entstanden wäre. Im Rahmen dieser hypothetischen Kostenberechnung sind die Kausalverläufe des geplanten Bauablaufs unter Berücksichtigung etwaiger nachträglicher Erkenntnisse plausibel darzustellen. Eine brauchbare Grundlage stellt hier die **Auftragskalulation** dar.[146] Es spricht eine vom Auftraggeber zu widerlegende Rentabilitätsvermutung dafür, dass diese Kalkulation realistische Zeit- und Kostenansätze beinhaltet.[147] Hätten sich auch ohne die Behinderungen Abweichungen von der kalulierten Bauablaufplanung ergeben, ist auf die sog. Arbeitskalkulation des Auftragnehmers abzustellen, also die unter Berücksichtigung der nach Beauftragung gewonnenen Erkenntnisse fortgeschriebene Auftrags- bzw. Angebotskalkulation.[148]

b) **Feststellung des behinderungsbedingten Ist-Aufwandes.** Hinsichtlich des tatsächlichen behinderungsbedingten Ist-Aufwandes ist eine **konkrete Kostenermittlung** erforderlich. Der Auftragnehmer hat die ihm tatsächlich entstandenen Mehrkosten konkret darzustellen. Erforderlich ist hinsichtlich des zusätzlichen Zeitaufwandes ein störungsmodifizierter Bauzeitenplan, aus dem die Auswirkungen der einzelnen Behinderungen auf die kalkulierte Bauzeit herausgelesen werden können.[149] Auf Grundlage dieser behinderungsbedingt verlängerten Bauzeit können die zeitabhängigen Kosten berechnet werden. Hierbei sind insbesondere die Kosten für das auf der Baustelle vorgehaltene Personal nach Zeit, Personen und Tätigkeit konkret darzulegen.[150] Gleiches gilt für einen zusätzlichen Aufwand an Leistungsgeräten, wobei hier zur Ermittlung der Mehrkosten auf die Baugeräteliste zurückgegriffen werden kann.[151] Führt die Behinderung zu einem erhöhten Materialaufwand, so ist dieser anhand der Materialnachweise zu ermitteln. Dies gilt entsprechend für eingesetzte Nachunternehmer. Hier ergeben sich die Mehrkosten in der Regel aus den Schlussrechnungen in Form von Nachträgen.

## 2. Schaden des Auftraggebers

Schadensersatzansprüche des Auftraggebers beruhen i. d. R auf einer verspäteten Fertigstellung der Vertragsleistung, also Verzug, oder einem Verstoß gegen die Baustellenförderungsverpflichtung. Der dem Auftraggeber infolge verspäteter Fertigstellung eines Bauwerks entstehende Verzögerungsschaden kann insbesondere aus folgendem bestehen:

a) **Finanzierungskosten.** Der Auftraggeber hat Anspruch auf Ersatz seines durch die Verzögerung entstehenden **finanziellen Mehraufwandes;** das gilt insbesondere bei Verzug mit der Erstellung eines Mietwohngebäudes.[152] Zum ersatzfähigen Schaden gehört der gesamte Zinsaufwand, der auf die Verzugszeit entfällt, da dieser Aufwand ohne den Verzug nicht angefallen wäre.[153] Allerdings kommen damit verbundene Vorteile, z. B. Erträgnisse aus noch nicht gebundenem Kapital oder aus Steuerersparnis, in Abzug.[154] Obergrenze für die zu erstattenden Finanzierungskosten ist die entgangenes Nettomiete, also der Rohmietertrag unter Abzug der Bewirtschaftungs- und Betriebskosten.[155] Denn es kann kein durch die Finanzierungskosten verursachter Schaden sein, dass ein kalkulierter Verlust aus Vermietung infolge des Verzugs später eintritt. Die Finanzierungskosten können als solchen keinen

---

[146] BGH BauR 1986, 347, 248; *Vygen/Schubert/Lang* Rdn. 283 ff; *Kapellmann/Schiffers* Bd. 1 Rdn. 1573; *Kapellmann/Messerschmidt* VOB/B § 6 Rdn. 81.
[147] *Kapellmann/Messerschmidt* § 6 Rdn. 82.
[148] *Kapellmann/Messerschmidt* § 6 Rdn. 81.
[149] *Kapellmann/Messerschmidt* § 6 Rdn. 40, 84.
[150] BGH BauR 1998, 184, 185.
[151] OLG Düsseldorf BauR 2003, 892.
[152] Vgl. BGH NJW-RR 1990, 980 = BauR 1990, 464.
[153] BGH NJW-RR 1990, 980 = BauR 1990, 464; BGHZ 121, 210 = BauR 1993, 600, 603 = NJW 1993, 2674 = ZfBR 1993, 214.
[154] BGH NJW 1983, 2137 = BauR 1983, 465; BGH NJW-RR 1990, 980 = BauR 1990, 464; BGHZ 121, 210 = BauR 1993, 600, 603 = NJW 1993, 2674 = ZfBR 1993, 214.
[155] BGH ZfBR 2000, 466.

über den Mietertrag hinausgehenden Schaden verursachen. Soweit die Finanzierung den Ertrag überschreitet, beruht der dadurch entstehende Nachteil nicht auf dem Verzug des Auftragnehmers, sondern auf der Disposition des Auftraggebers, der diesen Verlust – bewusst oder unbewusst – eingegangen ist.[156]

86 Diese in der Zeit des Verzugs anfallenden Finanzierungskosten sind kein entgangener Gewinn.[157] Demgegenüber stellt Mietausfall grundsätzlich entgangener Gewinn dar, wobei allerdings tatsächlich entgangener Gewinn nur das ist, was vom Rohmietertrag nach Abzug der Kosten der Regelfinanzierung sowie weiterer Kosten verbleibt.[158]

87 **b) Mehrkosten an Architekten- und Ingenieurleistungen.** Grundsätzlich unterliegen auch die Mehrkosten für Architekten- und Ingenieurleistungen bei verlängerter Bauzeit dem zu ersetzenden Schaden. Im Normalfall erleidet der Auftraggeber infolge einer bloßen Bauzeitverlängerung alledings keinen Schaden, weil dem Architekten hier in der Regel kein Mehrvergütungsanspruch für seine Leistungen nach § 15 Abs. 2 Nr. 8 HOAI zusteht.[159] Mehrkosten entstehen daher nur, wenn der Bauherr mit dem Architekten oder Ingenieur zulässigerweise ein Zeithonorar nach § 6 HOAI vereinbart hat, eine erhöhtes Honorar nach § 4a HOAI zu zahlen ist oder dem Architekten ein Festhalten an dem Honorar nach § 15 Abs. 2 Nr. 8 HOAI nach den Grundsätzen von Treu und Glauben nicht zumutbar wäre.[160]

88 **c) Miet- und Nutzungsausfall.** Der Auftraggeber kann einen durch den verursachten Mietausfall entstandenen Schaden grundsätzlich nur bei grob fahrlässiger oder vorsätzlicher Verzögerung des Bauvorhabens als entgangenen Gewinn verlangen. Der Mietausfall errechnet sich dann aus den Bruttomieteinnahmen abzüglich der Bewirtschaftungskosten und Erhaltungsaufwendungen. Neben den entgangenen Mieteinnahmen kann der Auftraggeber jedoch nicht den regelmäßigen Finanzierungsaufwand ersetzt verlangen, der bei einer früheren Vermietung des Gebäudes auch angefallen und aus den Mieterträgen gedeckt worden wäre.[161]

89 Aufwendungen, die für eine auf Grund der verspäteten Fertigstellung des Bauvorhabens längere Vorhaltung einer Mietwohnung oder für die Beschaffung einer Ersatzwohnung entstehen, stellen einen nicht von der Haftungsbeschränkung umfassten ersatzfähigen Schaden i. S. d. § 6 Nr. 6 VOB/B dar. Der bloße Nutzungsausfall allein ist jedoch nur bei Lebensgütern möglich, deren ständige Verfügbarkeit für die eigenständige Lebensführung von zentraler Bedeutung ist.[162] Für die eigene Wohnung kann daher regelmäßig Nutzungsausfall beansprucht werden.[163] Anders kann dies bei Wohnungsteilen von untergeordneter Bedeutung (z. B. Schwimmbad) oder bei einer nur gegegentlich von Besuchern genutzten Eigentumswohnung sein.[164] Die Höhe des auf Grund der entgangenen Nutzung entstandenen Schadens errechnet sich nach der ortsüblichen Miete, wobei der Gewinnanteil des Vermieters und die bei privater Nutzung sonst nicht anfallenden Kosten in Abzug zu bringen sind.[165]

90 **d) Vertragsstrafe.** Unter § 6 Nr. 6 VOB/B fällt auch eine Vertragsstrafe, die ein Hauptunternehmer an dessen Auftraggeber wegen verzögerter Fertigstellung bezahlen muss und deren Erstattung er vom Nachunternehmer deshalb verlangt werden kann, weil die Verzögerung auf dessen Pflichtverletzung beruht.[166] Der Hauptunternehmer macht hier einen

---

[156] BGH NJW-RR 1990, 980 = BauR 1990, 464; BGH NJW 2000, 2818 = BauR 2000, 1188.
[157] BGH NJW-RR 2000, 1186 = BauR 2000, 1188 = NZBau 2000, 387; BGHZ 121, 210 = BauR 1993, 600, 603 = NJW 1993, 2674 = ZfBR 1993, 214.
[158] BGHZ 121, 210 = BauR 1993, 600, 603 = NJW 1993, 2674 = ZfBR 1993, 214.
[159] Vgl. dazu auch *Ingenstau/Korbion* VOB/B § 6 Nr. 6 Rdn. 39 einerseits und *Heiermann/Ried/Rusam* VOB/B § 6 Rdn. 50; *Preussner* BauR 2006, 203.
[160] LG Freiburg BauR 1980, 467; *Brandt* BauR 1973, 13, 17.
[161] BGH BauR 1990, 464.
[162] BGHZ 98, 212, 222; BGHZ 117, 260, 262.
[163] BGHZ 98, 212, 224.
[164] BGHZ 98, 212, 225.
[165] BGHZ 98, 212, 225.
[166] BGH NJW 1998, 1493 = BauR 1998, 330; BGH NJW-RR 2000, 684.

eigenen **konkreten Schaden** in Form der Zahlung der Vertragsstrafe an seinen Auftraggeber und damit die Minderung seines Vermögens geltend.[167] Der Nachunternehmer, gegen dessen Werklohnforderung der Hauptunternehmer mit einer Vertragsstrafe aufrechnet, die er wiederum an den Bauherrn bezahlen musste, kann nicht mit Erfolg einwenden, die Abwälzung einer Vertragsstrafe, die den überwiegenden Teil seiner Schlussrechnungssumme abdeckt, sei unzulässig.[168] Der haftungsrechtliche Zusammenhang kann selbst dann noch fortwirken, wenn die Vertragsstrafenklausel im Verhältnis Hauptunternehmer – Bauherr nach § 307 Abs. 1 BGB wegen eines unangemessenen Tagessatzes unwirksam ist, aber der Hauptunternehmer durch eine Äußerung des Gerichts veranlasst wurde, in einem Vergleich die Vertragsstrafe hinzunehmen.[169] Ohne eine solche Zwangslage wird der Kausalzusammenhang jedoch unterbrochen, wenn die Vertragsstrafenregelung aus dem Hauptvertrag infolge AGB-widrigkeit unwirksam ist. Diese Prüfung hat das Gericht von Amts wegen vorzunehmen.[170] Nur dann, wenn der Hauptunternehmer den vom Bauherrn vorgenommenen Vertragsstrafenabzug trotz AGB-Widrigkeit der Klausel ernsthaft hat hinnehmen müssen, bleibt der Kausalzusammenhang bestehen.[171] Der Nachunternehmer kann dem Schadensersatzanspruch jedoch im Einzelfall ggf. unter dem Gesichtspunkt des mitwirkenden Verschuldens entgegenhalten, dass der Hauptunternehmer ihn vor Vertragsschluss und während der Durchführung der Arbeiten nicht bzw. nicht ausreichend über die wirtschaftlichen Risiken eines Schadensersatzanspruchs in Höhe der eigenen, an einem ganz anderen Auftragsvolumen orientierten Vertragsstrafe hingewiesen hat.[172] Dieser Einwand muss jedoch auf Ausnahmefälle beschränkt werden, in denen der Nachunternehmer nicht mit einer am Gesamtauftragsvolumen orientierten Vertragsstrafenregelung im Verhältnis Hauptunternehmer – Bauherr rechnen musste. Jedenfalls in Generalunternehmerverträgen liegt eine Vertragsstrafe für den Fall der verzögerten Fertigstellung nicht außerhalb jeder Lebenserfahrung.[173]

**e) Sonstige Schadenspositionen.** Als weitere mögliche Schadenspositionen kommen in Betracht: Schäden am Bauwerk selbst, die infolge der Verzögerung, z. B. wegen eines Wassereinbruchs, entstehen, der bei Rechtzeitigkeit verhindert worden wäre;[174] notwendig werdende Unterbringung in einem Hotel oder Lagerkosten für unterzubringendes Mobiliar;[175] Kosten für ein Gutachten, das die Verzögerung wie auch die Gründe hierfür feststellen soll;[176] Kosten für während der Verzögerung beschäftigungsloses, aber ungekündigtes Personal;[177] Schadensersatz, den der Auftraggeber einem Dritten deshalb zu zahlen hat, weil diesem Räume in dem fertigzustellenden Gebäude rechtzeitig nicht zur Verfügung gestellt werden können.[178] Läßt der Auftraggeber die Bauarbeiten durch einen Dritten fertig stellen, nachdem der Unternehmer die Arbeiten eingestellt hat und es sich hierbei um eine nach den Umständen um eine von ihm zu vertretende ersthafte Erfüllungsverweigerung handelt, soll er nach Auffassung des OLG Düsseldorf die Mehrkosten für die Fertigstellung der Bauarbeiten nach § 6 Nr. 6 VOB/B geltend machen können, wenn eine wirksame Kündigung nach § 8 Nr. 2 oder Nr. 3 VOB/B nicht ausgesprochen wurde.[179]

---

[167] *Ingenstau/Korbion* VOB/B § 6 Nr. 6 Rdn. 38.
[168] BGH NZBau, 2000, 195 = BauR 2000, 1051.
[169] BGH BauR 2002, 1086.
[170] OLG Jena BauR 2003, 1416, OLG Düsseldorf, BauR 2005, 439 (Ls.); IBR 2005, 8.
[171] KG BauR 2004, 1162.
[172] BGH BauR 1998, 330; eingehend hierzu *Oberhauser* BauR 2006, 210.
[173] BGH BauR 1998, 330; BauR 2000, 1051; a. A. v. *Wietersheim*, BauR 1999, 526, 528.
[174] BGH NJW 1967, 2262; BGH BauR 2001, 1577; *Ingenstau/Korbion* VOB/B § 6 Nr. 6 Rdn. 36.
[175] *Ingenstau/Korbion* VOB/B § 6 Nr. 6 Rdn. 36.
[176] *Ingenstau/Korbion* VOB/B § 6 Nr. 6 Rdn. 36; BGH BauR 1971, 51; BauR 1970, 244.
[177] *Heiermann/Riedl/Rusam* VOB/B § 6 Rdn. 50.
[178] *Ingenstau/Korbion* VOB/B § 6 Nr. 6 Rdn 36.
[179] OLG Düsseldorf NJW-RR 2000, 231.

### 3. Schaden des Auftragnehmers

92 Der gleichfalls nach der Differenzhypothese durch Vergleich zweier Vermögenslagen zu ermittelnde Schaden des Auftragnehmers[180] besteht vor allem in verzögerungsbedingten Mehrkosten, die sich im Vergleich zu der dem Vertrag mit Recht zugrunde gelegten Kalkulation der Gestellungskosten ergeben. Diese Mehrkosten können entsprechend den Grundsätzen für den Aufbau und die Durchführung der Bauauftragsrechnung im Bereich der Einzelkosten der Teilleistungen, der Gemeinkosten der Baustelle wie auch der Allgemeinen Geschäftskosten liegen.[181] Verlust- und damit Schadensquellen können daneben behinderungsbedingte Minderleistungen wie auch echte Verluste sein.[182] Soweit der Auftragnehmer durch die Bauverzögerung Vorteile erlangt, z. B. Zinserträge aus einer infolge der Bauverzögerung nicht abgearbeiteten Vorauszahlung, sind diese auszugleichen.[183]

93 **a) Mehrkosten im Bereich der Einzelkosten der Teilleistungen.** Die Einzelkosten der Bauleistungen können sich bei Behinderungen und Unterbrechungen deshalb verteuern, weil Verschiebungen infolge Lohn- und Materialpreiserhöhungen Verteuerungsfolgen haben, die durch Lohn- und/oder Materialgleitklauseln nicht aufgefangen werden.[184] Die Notwendigkeit zeitlich verlängerter Schutzmaßnahmen nach § 4 Nr. 5 VOB/B gehört ebenfalls in diese die Einzelkosten der Teilleistung erhöhende Kategorie.

94 **b) Mehrkosten im Bereich der Gemeinkosten der Baustelle.** Im Bereich der Gemeinkosten der Baustelle wirken sich verteuernd die zeitabhängigen Kostenfaktoren aus. Dazu gehören vor allem die längere Vorhaltung und Unterhaltung der Baustelleneinrichtung, die zusätzlichen Lohn- und Gehaltskosten für das Bauleitungspersonal, wie auch die erhöhten Gemeinkosten der Baustelle einschließlich der durch verlängerte Vorhaltung und Einsatzzeiten bezüglich der vorgehaltenen Geräte, Schalungen usw. entstehenden Mehrkosten.[185] Eine pauschale prozentuale Umlage der Baustellengemeinkosten ist nicht möglich. Solange die Störung keine zusätzlichen Baustellengemeinkosten verursacht, entsteht auch kein zu ersetzender Schaden.[186] Bei einem Gerätestillstand muss der Auftragnehmer im Einzelnen darlegen, bis zu welchem Zeitpunkt bei störungsfreiem Ablauf jedes Gerät gebraucht worden wäre, ob und wo es anschließend eingesetzt worden wäre, wie lange es infolge des Stillstands auf der Baustelle tatsächlich eingesetzt wurde und eingesetzt werden musste und welche Folgen dies für den nachfolgend geplanten Geräteeinsatz hatte.[187]

95 Die **konkrete Berechnung** der insoweit anfallenden Kostensteigerungen ist bei angemieteten Geräten einfach, weil die Mietkosten für die verlängerte Bauzeit in Ansatz zu bringen sind. Bei **Eigengeräten** ist der Ansatz einer fiktiven Miete nicht statthaft, weil die Miete Gewinnanteile des Vermieters enthält, und entgangener Gewinn nach § 6 Nr. 6 VOB/B nur ausnahmsweise angesetzt werden darf. Das VHB (Ziff. 3.2 zu § 6 VOB/B) schließt auch die Anerkennung von Abschreibungssätzen, wie sie in Baugerätelisten oder ähnlichen der Kalkulation dienenden Hilfsmitteln ausgewiesen sind, als Nachweis aus. Die **Baugeräteliste** verteilt die Anschaffungskosten auf die vermutliche Nutzungsdauer und enthält zudem eine Kapitalverzinsung, weswegen die Sätze der Baugeräteliste nicht dem tatsächlich entstandenen Schaden unter Ausschluss des entgangenen Gewinns entsprechen.[188]

---

[180] Vgl. *Vygen/Schubert/Lang* Rdn. 286 ff.
[181] Vgl. zur Bauauftragsrechnung *Voigt* in Bauorg, Unternehmer-Handbuch für Bauorganisation und Betriebsführung, Zentralverband des Deutschen Baugewerbes, Kapitel IV.
[182] Vgl. *Vygen/Schubert/Lang* Rdn. 286 ff., 454 ff.; vgl. umfassend und unter baubetrieblichen Gesichtspunkten systematisierend *Kapellmann/Schiffers* Bd. 1 Rdn. 1419 ff.
[183] OLG Bremen OLGR 1999, 101; *Ingenstau/Korbion* VOB/B § 6 Nr. 6 Rdn. 40.
[184] *Vygen/Schubert/Lang* Rdn. 289; *Kapellmann/Schiffers* Bd. 1 Rdn. 1420.
[185] *Ingenstau/Korbion* VOB/B § 6 Nr. 6 Rdn. 40; *Vygen/Schubert/Lang* Rdn. 289, 299; *Kapellmann/Schiffers* Bd. 1 Rdn. 1423 ff.
[186] *Kapellmann/Messerschmidt* VOB/B § 6 Rdn. 67.
[187] OLG Braunschweig BauR 1994, 667.
[188] Vgl. dazu näher *Dähne* BauR 1978, 249; *Heiermann* BB 1981, 876, 882; *Clemm* DB 1985, 2599; *Kapellmann/Schiffers* BauR 1986, 620; *Kapellmann/Schiffers* Bd. 1 Rdn. 1519.; *Hager* BauR 1991, 284.

Hinsichtlich der verzögerungsbedingt erhöhten Baustellengemeinkosten ist jedoch eine **Schadensschätzung** zulässig,[189] weswegen die Baugeräteliste jedenfalls einen für eine Schätzung nach § 287 ZPO greifbaren Anhalt liefert.[190] Da die Kapitalverzinsung und andere Faktoren, wie z. B. geringere Abnutzung infolge des Stillstandes, dadurch bedingte verlängerte Wartungsintervalle, eventuell verlängerte Lebensdauer und geringere Reparaturanfälligkeit, berücksichtigt werden müssen, sind die Werte der Baugeräteliste im Wege der Schätzung maßvoll zu bereinigen.[191] Nach einem Urteil des OLG Düsseldorf beträgt der kostendeckende Faktor 70% des Baugerätelistenwertes.[192]

**c) Mehrkosten im Bereich der Allgemeinen Geschäftskosten.** Allgemeine Geschäftskosten entstehen allein durch die Aufrechterhaltung des Geschäftsbetriebes und unabhängig von der Bautätigkeit. Hierunter können Pkw-Kosten, Kosten des Bauhofs wie auch Versicherungskosten und Lizenzgebühren fallen.[193] Diese allgemeinen Geschäftskosten verändern sich daher im Allgemeinen bei einer behinderungsbedingten Bauzeitverlängerung nicht. Dennoch zählen verzögerungsbedingt erhöhte Allgemeine Geschäftskosten des Auftragnehmers nach § 6 Nr. 6 VOB/B zum ersatzfähigen Schaden, da der Auftragnehmer bei einer planmäßigen Fertigstellung des Bauwerks ohne Stillstandszeit diese allgemeinen Geschäftskosten bei einem Folgeauftrag erwirtschaftet hätte.[194] Der Schaden des Auftragnehmers ist darin zu sehen, dass dieser in der Zeit des Stillstandes keine Bauleistung erbringen und abrechnen konnte, in der Teile zur Deckung der in der Stillstandszeit entstandenen allgemeinen Geschäftskosten enthalten und dem Auftragnehmer zugeflossen wären.[195] Nach der Rechtsprechung muss der Auftragnehmer die Erhöhung jedoch hinreichend spezifiziert darlegen und beweisen, wobei eine konkrete und plausible Darlegung verlangt wird, dass die zeitabhängigen Kosten gemäß der Kalkulation bei ungestörtem Bauablauf erreicht worden wären.[196] Hierbei gilt jedoch eine widerlegbare Rentabilitäts- und Beschäftigungsvermutung.[197] Kalkulatorisch werden die allgemeinen Geschäftskosten als Zuschlag auf die Bauleistung erfasst. Da es im Falle eines Schadens aus Bauzeitverlängerung jedoch keine zusätzliche Bauleistung gibt, werden die in der behinderungsbedingten Bauzeitverlängerung entstehenden allgemeinen Geschäftskosten in der Weise erfasst, dass die in der Urkalkulation enthaltenen allgemeinen Geschäftskosten durch die Vertragsbauzeit dividiert und dieser zeitvariable Einheitsbetrag mit der Bauzeitverlängerung multipliziert wird.[198]

**d) Behinderungsbedingte Minderleistungen und echte Verluste.** Zu den behinderungsbedingten Minderleistungen im gestörten Bauablauf zählen Minderleistungen aus Witterungsgründen,[199] wozu bereits Minderleistungskennzahlen für einzelne Arbeitsvorgänge vorliegen.[200] Verluste aus Minderleistungen ergeben sich weiter bei stillstandsbedingtem Verlust des Einarbeitungseffekts,[201] aus häufigem Umsetzen des Arbeitsplatzes,[202] infolge Änderungen der optimalen Abschnittsgröße,[203] wegen nicht optimaler Kolonnenbesetzung[204] und schließlich bei nicht kontinuierlichem Arbeitsfluss[205] sowie bei Stillegung und Wiederauf-

---

[189] Vgl. dazu unten Rdn. 105.
[190] *Heiermann/Riedl/Rusam* VOB/B § 6 Rdn. 49; *Vygen/Schubert/Lang* Rdn. 301; OLG Düsseldorf BauR 1988, 487, Revision vom BGH nicht angenommen.
[191] *Heiermann/Riedl/Rusam* VOB/B § 6 Rdn. 49; *Ingenstau/Korbion* VOB/B § 6 Nr. 6 Rdn. 44.
[192] OLG Düsseldorf BauR 2003, 892.
[193] *Prange/Leimböck/Klaus* Baukalkulation, S. 16; *Vygen/Schubert/Lang* Rdn. 289.
[194] OLG Düsseldorf 1988, 487; OLG München BauR 1992, 74, 76.
[195] OLG Düsseldorf BauR 1988, 487, 490; OLG München BauR 1992, 74, 76.
[196] BGH NJW 2002, 2716 = BauR 2002, 1249 = NZBau 2002, 381; OLG Nürnberg BauR 2001, 409.
[197] *Kapellmann/Messerschmidt* VOB/B § 6 Rdn. 68.
[198] *Drittler*, BauR 1999, 825, 829; a. A. KG ZfBR 1984, 129.
[199] *Vygen/Schubert/Lang* Rdn. 457 ff.
[200] *Vygen/Schubert/Lang* Rdn. 462.
[201] *Vygen/Schubert/Lang* Rdn. 464 ff.
[202] *Vygen/Schubert/Lang* Rdn. 474 ff.
[203] *Vygen/Schubert/Lang* Rdn. 482 ff.
[204] *Vygen/Schubert/Lang* Rdn. 488 ff.
[205] *Vygen/Schubert/Lang* Rdn. 496 ff.

nahme.²⁰⁶ Diese Minderleistungen sind verlustbringend, weil der tatsächliche Bauablauf von den kalkulierten Ansätzen abweicht und die Differenz kostenträchtig ausgeglichen werden muss.²⁰⁷

98  Echte Verluste entstehen, wenn eingestelltes Personal und angemietetes Gerät anderweitig nicht eingesetzt werden können, aber während der Stillstandszeiten Kosten verursacht.²⁰⁸ Zu dieser Kostengruppe gehören auch die Ausgaben für bereits angeschafftes Material, das infolge der Verzögerung im Interesse der Beschleunigung durch einen anderen, z. B. nicht austrocknungsbedürftigen und deshalb zeitsparenden, Baustoff ersetzt wird, aber anderweitig nicht mehr eingesetzt werden kann. Echte Verluste sind auch finanzielle Nachteile, die der behinderte Unternehmer in anderen Rechtsverhältnissen erleidet, bei denen infolge der hindernden Umstände nicht fristgerecht begonnen oder die Baumaßnahme abgeschlossen werden kann.

99  **e) Beschleunigungskosten und Mehraufwand.** Zum ersatzfähigen Schaden können auch zusätzliche Kosten für Beschleunigungsmaßnahmen zählen, die der Auftragnehmer durchführt, um behinderungsbedingte Verzögerungen wieder aufzuholen und die über die in § 6 Nr. 3 VOB/B enthaltene allgemeine Schadensminderungspflicht hinausgehen. Hierunter fallen z. B. der erhöhte Einsatz von Personal und Geräten, die Überprüfung und Berichtigung unzutreffender oder unvollständiger Ausführungsunterlagen oder die Einholung eines vom Auftraggeber vorwerfbar nicht beauftragten Bodengutachtens.²⁰⁹ Gelingt dem Auftragnehmer trotz der Behinderung und einer damit verbundenen, nach § 6 Nr. 2 bis 4 VOB/B zu berechnenden, vertraglich maßgeblichen Bauzeit auf Wunsch des Auftraggebers die Einhaltung des ursprünglich vertraglich vorgesehenen Zeitplanes, liegt dem regelmäßig der Einsatz zusätzlicher Arbeitskräfte, Geräte und Maschinen zugrunde. Ein gegenüber dem kalkulierten – als angemessen anzusehender – erhöhter Aufwand beeinflusst das Betriebsergebnis und kann einen entsprechenden *Schaden* bewirken.²¹⁰ Ein derartiger ersatzfähiger Mehraufwand für einseitige, also nicht vom Auftraggeber angeordnete, Beschleunigungsmaßnahmen ist jedoch nur in der Höhe ersatzfähig, als die Kosten nicht höher als die dem Auftraggeber aus der verlängerten Bauzeit entstehenden Kosten bzw. Schäden sind.²¹¹

100  Da aber nicht unmittelbar erkennbar ist, ob die terminliche Verkürzung der eigentlich maßgeblichen neuen Bauvertragsfrist problemlos durch Umstellen des Bauablaufs oder nur mittels besonderer **Beschleunigungsmaßnahmen** erfolgt, sind die entsprechenden Nachweise für den im Vergleich zur Ablaufplanung erhöhten Einsatz zu führen. Der Rückgriff auf das hypothetische Kostenäquivalent, das bei Inanspruchnahme der verlängerten Bauzeit angefallen wäre, ist angesichts der in § 6 Nr. 6 VOB/B enthaltenen Beschränkung auf den Ersatz des nachweislich entstandenen Schadens nicht zulässig.²¹²

101  Davon zu trennen ist die Frage, ob der Auftragnehmer gegenüber dem Auftraggeber verpflichtet ist, derartige **Beschleunigungsmaßnahmen** zu ergreifen.²¹³ Dies ist grundsätzlich zu verneinen, weil sich bei Behinderungen die vertraglich maßgebliche Bauzeit nach den Grundsätzen aus § 6 Nr. 2 bis Nr. 4 VOB/B berechnet und der Auftraggeber keine einseitig ausübbare Befugnis zur Verkürzung der Bauzeit besitzt. Allerdings gelten die Pflichten aus § 6 Nr. 3 VOB/B.

102  **f) Sonderkosten.** Ersatzfähig sind auch behinderungsbedingte Sonderkosten, die nicht unmittelbar mit der Produktion zusammenhängen, wie z. B. die Kosten eines baubetrieb-

---

²⁰⁶ *Vygen/Schubert/Lang* Rdn. 501 ff.
²⁰⁷ Vgl. BGH NJW 1998, 546 = BauR 1997, 1021.
²⁰⁸ OLG Düsseldorf BauR 1996, 862, 865 (Akkordausfallentschädigung), *Ingenstau/Korbion* VOB/B § 6 Nr. 6 Rdn. 40; *Kapellmann/Messerschmidt* VOB/B § 6 Rdn. 66.
²⁰⁹ *Kapellmann/Schiffers* Bd. 1 Rdn. 1419 ff; 1462 ff; *Ingenstau/Korbion* VOB/B § 6 Nr. 6 Rdn. 49.
²¹⁰ BGH BauR 1986, 347; vgl. dazu kritisch *Kapellmann/Schiffers* Bd. 1 Rdn. 1462 ff.
²¹¹ *Kapellmann/Schiffers* Bd. 1 Rdn. 1472.
²¹² Zu dieser sog. Äquivalenztheorie *Gutsche* Bauwirtschaft 1984, 1123 ff. und 1163 ff.
²¹³ Vgl. dazu *Kapellmann/Schiffers* Bd. 1 Rdn. 1466 ff.

lichen Sachverständigengutachtens, das zum Nachweis der Kausalität der Behinderung und der dadurch entstandenen Mehrkosten eingeholt wurde.[214] Die eigene Tätigkeit des Auftragnehmers zur Dokumentation und Berechnung eines etwaigen behinderungsbedingten Schadens sind Bemühungen zur eigenen Rechtswahrung, die regelmäßig außerhalb des Schutzkreises der Haftung des Schädigers liegt. In diesen Fällen scheidet eine Schadensüberwälzung regelmäßig aus. Eine andere Beurteilung kommt nur dann in Betracht, wenn dem Geschädigten bei der Rechtsverfolgung außergewöhnliche Belastungen erwachsen, die das, was im Verkehr als übliche persönliche Bemühungen zur Rechtswahrung angesehen wird, übersteigen.[215] Daher sind etwaige Kosten für im Rahmen der Schadensverfolgung eingesetztes Personal nur dann zu ersetzen, wenn der konkrete Aufwand weit über dem normalen, üblichen Maß liegt und als „außergewöhnlich hoch" bzw. sogar „extrem" bezeichnet werden kann.

### 4. Entgangener Gewinn und Nutzungsausfall

**103** Entgangener Gewinn ist nur zu ersetzen, wenn der Anspruchsgegner die hindernden Umstände vorsätzlich oder grobfahrlässig verursacht hat. Nach der Legaldefinition des § 252 S. 2 BGB gilt als entgangen der Gewinn, welcher nach dem gewöhnlichen Laufe der Dinge oder nach den besonderen Umständen, insbesondere nach den getroffenen Anstalten und Vorkehrungen, mit Wahrscheinlichkeit erwartet werden konnte. Bei der Ermittlung des entgangenen Gewinns ist anhand der Erwartungen des Einzelfalls darauf abzustellen, ob und wie sich beim Anspruchsteller bei ordnungsgemäßer Durchführung des Bauvorhabens ein Überschuss voraussichtlich nach den konkreten Umständen eingestellt hätte. Beim Auftraggeber kommt es hierbei auf den Zeitpunkt der vorgesehenen rechtzeitigen Nutzung des Bauvorhabens an; beim Auftragnehmer hingegen auf die rechzeitige Erstellung des Bauvorhabens.[216] Der Auftraggeber kann bei einem Mietobjekt gemäß § 252 BGB, dessen Grundsätze auch im Rahmen eines Bauvertrages nach § 6 Nr. 6 VOB/B gelten,[217] als entgangenen Gewinn die für die Verzugszeit wirklich oder voraussichtlich entgangenen **Erträge**, z.B. die Mieteinnahmen, ersetzt verlangen.[218] Der entgangene Gewinn besteht jedoch nicht aus den Bruttomieten; die darin enthaltenen, und durch die verspätete Fertigstellung ersparten Bewirtschaftungskosten, Betriebskosten, Erhaltungskosten und ähnliches müssen herausgerechnet werden.[219] Neben dieser Nettomiete kann der Auftraggeber nicht noch zusätzlich den regelmäßigen Finanzierungsaufwand ersetzt verlangen. Denn bei Vermietung wäre dieser Aufwand aus den Mieterträgen zu decken gewesen, weswegen der Gewinn aus den Mieteinnahmen um die Regelfinanzierungskosten vermindert gewesen wäre. Allerdings können allein wegen des Verzugs anfallende Finanzierungskosten, z.B. höhere Zwischenfinanzierungskosten, zusätzlich erstattet verlangt werden.[220] Im Übrigen sind Finanzierungskosten nur höchstens im Unfang der Nettomiete ersetzbar. Denn soweit die Finanzierungskosten den Ertrag überschreiten, beruht der dadurch entstehende Schaden nicht auf dem Verzug, sondern auf der Disposition des Auftraggebers.[221]

**104** Der Auftraggeber, der das Objekt nicht vermieten, sondern zum **Selbstbezug** nutzen will, erleidet durch die Verzögerung einen **Nutzungsausfall.** Dieser Nutzungsausfall und der damit verbundene vorübergehende Entgang der Gebrauchsmöglichkeit erweist sich als ersatzfähiger Vermögensschaden, wenn die Wohnung oder das Objekt für seine Lebens-

---

[214] BGH BauR 1986, 347; *Franke/Kemper/Zanner/Grünhagen* § 6 Rdn. 112.
[215] BGHZ 75, 233, 237; BGH NJW-RR 1994, 534; OLG Düsseldorf NZBau 2002, 43; *Kapellmann/Messerschmidt* VOB/B § 6 Rdn. 74.
[216] *Ingenstau/Korbion* VOB/B § 6 Nr. 6 Rdn. 32.
[217] *Ingenstau/Korbion* VOB/B § 6 Nr. 6 Rdn. 32.
[218] BGH BauR 1990, 464, 465 = NJW-RR 1990, 980.
[219] BGH BauR 1990, 464, 465 = NJW 1990, 980.
[220] BGH BauR 1990, 464, 465 = NJW 1990, 980.
[221] BGH BauR 1990, 464, 465 = NJW 1990, 980.

haltung von zentraler Bedeutung war.²²² Dieser Nutzungsausfall ist als Schaden, nicht als entgangener Gewinn einzustufen.²²³

105 Zur Ermittlung des entgangenen Gewinns ist ausnahmsweise eine **abstrakte Schadensberechnung** zulässig.²²⁴ Dies kommt aber nur in Betracht, wenn es dem Geschädigten trotz aller zumutbaren Anstrengungen nicht möglich ist, seinen entangenen Gewinn konkret zu ermitteln, was bei Bauverträgen nur ausnahmsweise der Fall sein dürfte.²²⁵ Diese Beweislasterleichterung entlastet den Anspruchsteller jedoch nicht davon, die Ursächlichkeit, also den adäquat-kausalen Zusammenhang zwischen den hindernden Umständen und dem geltend gemachten Schaden darzulegen und zu beweisen.²²⁶

106 Auch trifft den Anspruchsteller die **Darlegungs- und Beweislast für das Vorliegen von grob fahrlässigem oder vorsätzlichem Handeln.** Die für leicht fahrlässiges Handeln geltende Beweiserleichterung des Anspruchstellers nach § 280 Abs. 1 S. 2 BGB, wonach sich der Schädiger selbst vom Vorwurf des Verschuldens entlasten muss, gilt hier nicht.²²⁷

### 5. Schadensnachweis

107 Der Wortlaut des § 6 Nr. 6 VOB/B spricht für eine Schadensberechnung, bei der der Geschädigte im Einzelnen darlegen muss, welche Schäden ihm konkret durch die Behinderung tatsächlich entstanden sind.²²⁸ Der Geschädigte hat daher einen **konkreten Mehrkostennachweis** zu führen.²²⁹ Dies gilt nach Auffassung des BGH auch bei Grossbaustellen, da im Rahmen der dort ohnehin üblichen Dokumentation des Bauablaufs etwaige Behinderungen und die sich hieraus ergebenden Folgen festgehalten werden.²³⁰ Eine **abstrakte Berechnung,** die lediglich auf allgemeine Erfahrungswerte abstellt, ist damit ausgeschlossen, soweit nicht bei Vorliegen der Voraussetzungen hinsichtlich des ersetzungsfähigen Gewinns die Regeln des § 252 BGB eingreifen.²³¹

108 Der BGH²³² hält das sog. **Äquivalenzkostenverfahren** für ungeeignet, da sich mit dem Gebot des konkreten Schadensnachweises und dem mit § 6 Nr. 6 VOB/B verfolgten Ziel der Risikominimierung eine Schadensberechnung nur schwer vereinbaren lässt, die einen von dem jeweiligen Fall weitgehend losgelösten, letztlich nur an allgemeinen Erfahrungssätzen orientierten und mithin unter Umständen gar nicht eingetretenen Schaden ermittelt.²³³ Da bei diesem Verfahren die Kosten einer fiktiven Verlängerung zugrunde gelegt werden, zu der es gekommen wäre, wenn der Auftragnehmer unter Fortschreibung der Behinderung und ihrer Auswirkungen weiter „nach Vorschrift" gearbeitet hätte — was gerade nicht geschehen ist —, stuft der BGH das Äquivalenzkostenverfahren²³⁴ als eine sehr verallgemeinernde, vom Einzelfall losgelöste, weitgehend auf fiktiven Elementen beruhende Berechnungsmethode ein, die nur bedingt geeignet sei, dem Richter die notwendige Überzeugung von dem Vorliegen eines Schadens zu vermitteln, der grundsätzlich konkret zu berechnen ist.

---

²²² Vgl. BGH BauR 1986, 318; BGH Großer Senat BGHZ 98, 212 = NJW 1987, 50 = BauR 1987, 312 = ZfBR 1986, 279; vgl. auch BGHZ 96, 124 = NJW 1986, 427 = BauR 1986, 105.
²²³ A. A. *Ingenstau/Korbion* VOB/B § 6 Nr. 6 Rdn. 37.
²²⁴ BGH BauR 1976, 128; BGH NJW-RR 2000, 684.
²²⁵ *Ingenstau/Korbion* VOB/B § 6 Nr. 6 Rdn. 33.
²²⁶ OLG Nürnberg BauR 2001, 409, 411; OLG Koblenz BauR 1997, 872.
²²⁷ OLG Düsseldorf BauR 2001, 812.
²²⁸ BGH BauR 1986, 347 = NJW 1986, 1684; OLG Düsseldorf NJW-RR 1998, 670; OLG Nürnberg MDR 2000, 227.
²²⁹ BGH NJW-RR 2002, 2716 = BauR 2002, 1249 = NZBau 2002, 381; OLG Braunschweig BauR 2001, 1739, 1746.
²³⁰ BGH BauR 2002, 1249.
²³¹ BGH NJW-RR 1990, 980 = BauR 1990, 464, 465; BGH BauR 1986, 347.
²³² NJW 1986, 1684 = BauR 1986, 347.
²³³ BGH NJW 1986, 1684 = BauR 1986, 347, 348.
²³⁴ Vgl. dazu auch *Vygen/Schubert/Lang* Rdn. 291 ff.; *Grieger* BauR 1985, 524 ff.

Eine **Schätzung** des entstandenen Schadens nach § 287 ZPO wird dadurch nicht ausgeschlossen.[235] Nach dem BGH darf eine Klage nicht wegen lückenhaften Vorbringens abgewiesen werden, wenn der Haftungsgrund unstreitig oder beweisen, ein Schadenseintritt zumindest wahrscheinlich und greifbare Anhaltspunkte für eine richterliche Schadensschätzung vorhanden sind.[236] Der Auftragnehmer wird damit nicht überfordert, denn mit Hilfe einer sachgerechten **Baudokumentation** lassen sich die Grundlagen für eine konkrete Nachweisführung unter Zuhilfenahme baubetrieblicher Erkenntnisse schaffen.[237] Nach den Erkenntnissen der Baubetriebswirtschaft lassen sich störungsbedingte Zusatzkosten bei entsprechender Arbeitsvorbereitung durch Bauablaufplanung und Ausführungskalkulation aus diesen Unterlagen sowohl unter dem Gesichtspunkt der Verursachung als auch hinsichtlich der Folgen ableiten, was auch dann gelingt, wenn unterschiedliche Störungseinflüsse zusammenwirken.[238]

109

## VI. Umsatzsteuer und Verjährung des Anspruchs „aus § 6 Nr. 6 VOB/B"

### 1. Verjährung

Für alle nach dem 1. 1. 2002 abgeschlossenen Bauverträge gilt einheitlich für Auftraggeber und Auftragnehmer die regelmäßige Verjährungsfrist von 3 Jahren nach § 195 BGB. Nach § 199 BGB beginnt diese Frist mit dem Schluss des Jahres zu laufen, in dem der Anspruch entstanden ist und der Gläubiger von den den Anspruch begründenden Umständen und der Person des Schuldners Kenntnis erlangt hat oder ohne grobe Fahrlässigkeit erlangen musste. Unabhängig davon endet die Verjährungsfrist gemäß § 199 Abs. 3 BGB nach 10 Jahren. Aufgrund seines vergütungsähnlichen Charakters setzt die Fälligkeit des Schadensersatzanspruchs aus § 6 Nr. 6 VOB/B beim Auftragnehmer jedoch eine **prüfbare Abrechnung** nach § 14 Nr. 1 VOB/B voraus.[239] Dies hat zur Folge, dass der Schadensersatzanspruch des Auftragnehmers aus § 6 Nr. 6 VOB/B erst nach einer prüfbaren Abrechnung und nach Ablauf der 2-monatigen Prüfungsfrist des § 16 Nr. 3 Abs. 1 VOB/B fällig wird. Die dreijährige Verjährungsfrist des § 195 BGB beginnt daher erst am Ende des Jahres zu laufen, in dem der Behinderungsschaden vom Auftragnehmer prüfbar abgerechnet worden und die 2-monatige Prüfungsfrist abgelaufen ist. Im Rahmen dieser Abrechnung hat der Auftragnehmer seine Auftragskalkulation und seinen tatsächlich infolge der Bauverzögerung entstandenen erhöhten Eigenaufwand (Lohn, Material, Baustellengemeinkosten, Allgemeine Geschäftskosten) darzulegen.[240]

110

### 2. Abschlagszahlung

Die Qualifizierung als vergütungsgleicher Anspruch hat zur Folge, dass dem Auftragnehmer nach § 16 Nr. 1 VOB/B ein Anspruch auf Abschlagszahlungen zusteht.[241] Daher kann ein „Behinderungsnachtrag", der den Anforderungen an die Prüfbarkeit genügt, auch Gegenstand von Abschlagsrechnungen sein.[242]

111

---

[235] BauR 1986, 347, 350 = NJW 1986, 1684; vgl. auch *Ingenstau/Korbion* VOB/B § 6 Nr. 6 Rdn 44.
[236] BGH BauR 1986, 347, 350 = NJW 1986, 1684; OLG Düsseldorf BauR 1996, 862, 865; *Vygen/Schubert/Lang*, Rdn. 298 ff., 313 ff., 424.
[237] *Vygen/Schubert/Lang* Rdn. 296 ff.; 561 ff.; *Pfarr/Toffel* Bauwirtschaft 1991, 43 ff.; 61 ff.; *Bauer* Bauwirtschaft 1987, 334 ff.
[238] Olshausen FS Korbion S. 323, 331.
[239] BGH NJW 1974, 236; *Ingenstau/Korbion* VOB/B § 6 Nr. 6 Rdn. 53; *Heiermann/Riedl/Rusam* VOB/B § 6 Rdn. 54.
[240] *Ingenstau/Korbion* VOB/B § 6 Nr. 6 Rdn. 53.
[241] *Vygen/Schubert/Lang* Rdn. 308; a. A. OLG Frankfurt BauR 1980, 570.
[242] *Kapellmann/Schiffers* Bd. 1 Rdn. 1644.

### 3. Umsatzsteuerbelastung

**112** Die Mehrwertsteuerpflichtigkeit des Anspruchs gemäß § 6 Nr. 6 VOB/B ist im Streit.[243] Schadensersatzansprüche fallen grundsätzlich mangels Leistungsaustausch nicht unter § 1 Nr. 1 UStG (Abschnitt R 3 der Umsatzsteuerrichtlinien (UStR)). Der BGH[244] hat dazu ausgeführt: „Nach § 1 Abs. 1 Nr. 1 UStG ist eine von einem Unternehmer im Rahmen seines Unternehmens erbrachte Leistung nur dann steuerbar, wenn ihr eine Gegenleistung, das Entgelt (§ 10 UStG), gegenübersteht. Es muss ein **Austausch von Leistungen** stattfinden, wobei die Leistungen in einem bestimmten inneren Zusammenhang stehen müssen.[245] Wie dieser Zusammenhang zwischen Leistung und Gegenleistung im Einzelfall beschaffen sein muss, ist umstritten.[246] Bei dem vorliegenden Sachverhalt dürfte die umsatzsteuerliche Problematik darin liegen, dass die zusätzlichen Zahlungen zwar in einem wirtschaftlichen und rechtlichen Zusammenhang mit dem Bauvertrag stehen, aber, letztlich unfreiwillig erfolgen.[247] Daher handelt es sich bei solchen unfreiwilligen zusätzlichen Zahlungen um eine nicht steuerbare Schadensersatzleistung.[248]" Hinzu kommt, dass die auf Grund der aufgetretenen Behinderungen entstandenen erhöhten Kosten des Auftragnehmers sich nicht in einem Mehrwert der erbrachten Leistung für den Auftraggeber wiederspiegeln, so dass es an den Voraussetzungen eines Leistungsaustausches fehlt.[249] Der BGH hat sich zu dieser Frage bislang noch nicht konkret geäußert, sondern lediglich festgestellt, dass dem Auftragnehmer ein Anspruch auf Feststellung der Leistungspflicht des Auftraggebers zur Mehrwertsteuerzahlung zusteht.[250]

## VII. Verhältnis der Ansprüche aus § 6 Nr. 6 VOB/B zu Vergütungsansprüchen nach § 2 VOB/B (Konkurrenz)

**113** Anordnungen des Auftraggebers nach § 1 Nr. 3 oder Nr. 4 VOB/B können erhebliche Auswirkungen auf den zeitlichen Ablauf der Baumaßnahme haben und folglich zu Bauablaufstörungen führen. Beispielsweise kann für die geänderte Leistung eine neue Ausführungsplanung des Auftraggebers erforderlich sein oder bei Zusatzleistungen Lieferzeiten des benötigten Materials abgewarten werden müssen. Übt der Auftraggeber sein vertragliches Leistungsbestimmungsrecht nach § 1 Nr. 3 oder § 1 Nr. 4 VOB/B aus und führen die geänderten oder zusätzlichen Leistungen zu einem zeitlichen Mehraufwand, stellt sich die Frage, ob der Auftragnehmer die hierdurch verursachten Kosten als Vergütungsansprüche nach § 2 Nr. 5 bzw. § 2 Nr. 6 VOB/B oder als Behinderungsschaden nach § 6 Nr. 6 VOB/B geltend machen kann. Diese Frage ist insbesondere deshalb von Bedeutung, als er im ersten Fall an seine Auftragskalulation gebunden ist und ihm ein Anspruch auf Erstattung der verzögerungsbedingten Kosten, die auf Grund dieser Berechnungsgrundlagen nicht als Bestandteil der geänderten und zusätzlichen Vergütung berücksichtigt werden können, nicht zusteht.[251]

---

[243] Für die Mehrwertsteuerpflicht *Dähne* BauR 1978, 429, 433; *Kapellmann* BauR 1985, 123, 124; dagegen *Vygen/Schubert/Lang* Rdn. 307; *Heiermann/Riedl/Rusam* VOB/B § 6 Rdn. 52; OLG Düsseldorf BauR 1988, 487; BauR 1997, 646 rechtskräftig infolge Nichtannahme durch den BGH; KG ZfBR 129, 132; ohne Festlegung *Ingenstau/Korbion* VOB/B § 6 Nr. 6 Rdn. 46.
[244] BGHZ 97, 163 = NJW 1986, 1684 = BauR 1986, 347, 351 = NJW-RR 1986, 763.
[245] BFH UStR 1981, 147.
[246] *Weiss* DStR 1983, 215.
[247] EuGH UStR 1982, 159, 162 = NJW 1983, 505.
[248] *Weiss* UStR 1982, 162, 163; a. A. *Kapellmann/Messerschmidt* VOB/B § 6 Rdn. 76.
[249] *Vygen/Schubert/Lang* Rdn. 307; *Heiermann/Riedl/Rusam* VOB/B § 6 Rdn. 52.
[250] BGH BauR 1986, 347, 351.
[251] *Thode*, ZfBR 2004, 214.

## 1. Meinungsstand

Grundsätzlich verdrängt § 6 Nr. 6 VOB/B die Vergütungsansprüche der §§ 2 Nr. 5, Nr. 6 VOB/B nicht. Zu beachten ist hier jedoch, dass die diesbezüglichen Entscheidungen des BGH[252] nicht den angesprochenen Fall betroffen haben, dass der zeitliche Mehraufwand auf Anordnungen des Auftraggebers nach § 1 Nr. 3, Nr. 4 VOB/B beruht. Diesen konkreten Fall hat der BGH bislang noch nicht abschließend entschieden. In der Rechtsprechung der Oberlandesgerichte wurde in diesem Fall weitgehend eine parallele Anwendbarkeit des § 6 Nr. 6 VOB/B neben den Vergütungsregelungen des § 2 Nr. 5, Nr. 6 VOB/B vertreten.[253] Maßgebend war hier die Auffassung, dass Schadensersatz nach § 6 Nr. 6 VOB/B auch bei einem vertragsgemäßem Verhalten des Auftraggebers möglich sei. Diese Auffassung wurde zunächst vom OLG Braunschweig in Frage gestellt.[254] Das OLG Hamm hat nun entschieden, dass eine Verlängerung der Bauzeit nur dann einen Mehrvergütungsanspruch des Auftragnehmers nach § 2 Nr. 5 VOB/B begründet, wenn sie auf einer **vertragsgemäßen Anordnung** des Auftraggebers beruht. Ist die Bauzeitverlängerung hingegen auf eine **vertragswidrige Anordnung** des Auftraggebers oder auf sonstige Baubehinderungen zurückzuführen, sollen nur Ansprüche des Auftragnehmers nach § 6 Nr. 6 VOB/B oder nach § 642 BGB in Betracht kommen.[255]

114

In der neueren Literatur wird mit zum Teil uneinheitlicher Begründungen bei Änderungsanordnungen des Auftraggebers, die mittelbare Auswirkungen auf die Bauzeit haben, eine **kummulative Anwendung** der Vergütungsansprüche nach § 2 Nr. 5 und der Schadensersatzansprüche nach § 6 Nr. 6 behaht.[256] Im Ergebnis soll hinsichtlich der Auswirkungen auf die Bauzeit eine rechtswidrige „andere Anordnung" i.S. des § 2 Nr. 5 Alt. 2 VOB/B vorliegen, die geeignet ist, zugleich Vergütungsansprüche als auch Schadenersatzansprüche auszulösen. Der Auftragnehmer soll sich bei solchen zeitlichen Auswirkungen nach Belieben aussuchen können, ob er seine Ansprüche auf § 2 Nr. 5 VOB/B oder § 6 Nr. 6 VOB/B stützt.[257] Demhingegen gelangt Thode zu dem Ergebnis, dass eine Überschneidung der Anspruchsgrundlagen aus § 2 Nr. 5 VOB/B und § 6 Nr. 6 VOB/B für Mehrkosten wegen mittelbarer Bauzeitverzögerungen, die in Folge einer rechtmäßigen Änderungsanordung eintreten, ausgeschlossen, weil systemwidrig ist.[258] Niemöller sieht in einer Anordnung des Auftraggebers, die nicht billigem Ermessen entspricht eine Pflichtverletzung mit der Folge, dass sowohl die Anspruchsvoraussetzungen des § 2 Nr. 5 VOB/B als auch des § 6 Nr. 6 VOB/B erfüllt sind.[259]

115

## 2. Abgrenzung der Anspruchgrundlagen

Eine Anspruchskonkurrenz der Vergütungsregelung des § 2 Nr 5 VOB/B und des Schadensersatzanspruchs des § 6 Nr. 6 VOB/B ist ausgeschlossen. Dies gilt sowohl für den Fall, dass der Auftraggeber unmittelbar bauzeitgerichtete Anordnungen trifft ebenso wie für nur mittelbare zeitliche Auswirkungen. § 2 Nr. 5 VOB/B enthält eine im Anwendungsbereich der VOB/B ausschließlich geltende Sonderregelung für den Mehrvergütungsanspruch des Auftragnehmers, wenn durch eine Änderung des Bauentwurfs oder durch andere Anordnungen des Auftraggebers die Grundlagen des vereinbarten Preises für die im Vertrag vorgesehene Leistung geändert werden.[260]

116

---

[252] BGH NJW 1968, 1234.
[253] OLG Köln, NJW 1986, 71; OLG Koblenz, NJW-RR 1988, 851; OLG Nürnberg, BauR 2001, 409.
[254] OLG Braunschweig, BauR 2001, 1739.
[255] OLG Hamm 2005, 1480; *Weise*, NJW-Spezial 2006, 69.
[256] *Diehl*, BauR 2001, 1507; *Kemper*, NZBau 2001, 238, *Leineweber*, Jahrbuch Baurecht 2002, 107.
[257] *Kapellmann/Messerschmidt*, VOB/B § 6 Rdn. 57.
[258] *Thode*, ZfBR 2004, 214, so nun auch *Franke/Kemper/Zanner/Grünhagen* § 6 Rdn. 82.
[259] *Niemöller*, BauR 2006, 170.
[260] OLG Nürnberg, BauR 2001, 409.

## § 6 Nr. 6

**117** Ein Vergütungsanspruch nach § 2 Nr. 5 VOB/B setzt eine **rechtmäßige Anordnung** voraus, wohingegen der Tatbestand eines Schadensersatzanspruchs nach § 6 Nr. 6 VOB/B nur bei einer **schuldhaften Pflichtverletzung** erfüllt ist. Die dem Auftraggeber bei Vereinbarung der VOB/B eingeräumte Anordnungsbefugnis nach § 1 Nr. 3 und Nr. 4 VOB/B begründet ein vertraglich vereinbartes Leistungsbestimmungsrecht.[261] Nimmt der Auftraggeber diese ihm eingeräumte Befugnis wahr, übt er in rechtmäßiger Weise ein ihm vertraglich zustehendes Recht aus. Rechtsfolge ist ein Anspruch des Auftragnehmers aus § 2 Nr. 5 oder Nr. 6 VOB/B auf Anpassung der vereinbarten Vergütung. Wenn die rechtmäßig geänderte Ausführung auch einen zusätzlichen zeitlichen Aufwand nach sich zieht und daher zu einer Bauzeitverlängerung führt, sind Ansprüche hieraus nur nach § 2 Nr. 5 oder Nr. 6 VOB/B durchsetzbar.[262] Die dadurch bedingten Mehrkosten des Auftragnehmers sind im Rahmen der Nachtragskalkulation zu berücksichtigen, wobei der Auftraggeber an seine Auftragskalkulation gebunden ist. Schadensersatzansprüche nach § 6 Nr. 6 VOB/B scheiden mangels Pflichtverletzung und Rechtswidrigkeit des auftraggeberseitigen Handelns aus.[263] Gleiches gilt, wenn die Behinderungen auf in der Leistungsbeschreibung nicht erkennbare und daher auch in der Angebotskalkulation nicht berücksichtige Leistungserschwernisse, wie z. B. abweichende Bodenverhältnisse, beruhen. Da der Unternehmer in diesen Fällen eine andere Leistung auszuführen hat, als er auf Grund der Leistungsbeschreibung schuldet, liegt ein Fall des § 2 Nr. 5 VOB/B vor.[264] Grundsätzlich stellen Änderungen der Bodenverhältnisse gegenüber der Ausschreibung auch Änderungen des Bauentwurfs dar, die der Unternehmer nach § 1 Nr. 3 VOB/B auszuführen hat. In diesen Fällen ist es nicht zwingend, dass diese Änderung auf eine Initiative des Auftraggebers zurückgeht. Sie kann vielmehr auch von dritter Seite veranlasst sein oder sich aus technischen Notwendigkeiten ergeben.

**118** Die Vergütungsregelungen des § 2 Nr. 5 und Nr. 6 VOB/B erfassen hingegen nur **rechtmäßige Änderungsanordungen** des Auftraggebers. Liegen die Voraussetzungen einer vertragsgemäßen Anordnung nach § 1 Nr. 3 oder Nr. 4 VOB/B nicht vor, bleiben dem Auftragnehmer nur Ansprüche aus § 6 Nr. 6 VOB/B oder § 642 BGB. Dies gilt auch dann, wenn der Auftragnehmer einer solchen vertragswidrigen Anordnung, die er an sich nicht befolgen muss, dennoch nachkommt. Insbesondere stellt eine solche rechtswidrige Anordnung des Auftraggebers **keine „andere Anordnung"** i. S. des § 2 Nr. 5 Alt. 2 VOB/B dar.[265] Eine solche ist nur bei einem rechtmäßigem Handeln des Auftragnehmers anzunehmen. § 2 Nr. 5 Alt. 2 VOB/B kommt daher zur Anwendung, wenn die Vertragsparteien neben den in § 1 Nr. 3 und Nr. 4 VOB/B geregelten Leistungsbestimmunsrechten des Auftraggebers zusätzliche Leistungsbestimmungsrechte vereinbaren, wie beispielsweise die Umstände der Leistungserbringung oder die Bauzeit zu ändern.[266] Es bleibt also auch hier dabei, dass Vergütungsansprüche nach § 2 Nr. 5 nur bei rechtmäßiger Ausübung eines dem Auftraggeber vertraglich eingeräumten Leistungsbestimmungsrecht bestehen. Sind zeitliche Verzögerungen jedoch auf ein vertragswidriges Verhalten des Auftraggerbers zurückzuführen, verbleiben dem Auftragnehmer Schadensersatzansprüche nach § 6 Nr. 6 VOB/B. In diesem Fall muss er seinen entstandenen Schaden konkret nachweisen.

**119** Auch wenn der Auftragnehmer einer vertragswidrigen Anordnung des Auftraggebers nachkommt, bleibt der Anwendungsbereich des § 6 Nr. 6 VOB/B eröffnet.[267] Eine solche **vertragswidrige Anordnung** wird nicht dadurch rechtmäßig, dass sie vom Auftragnehmer akzeptiert wird. Vielmehr wird der Auftragnehmer eine solche Anordnung regelmäßig vor

---

[261] BGH BauR 1994, 760; BGHZ 131, 392 = BauR 1996, 378; BGH BauR 2003, 1892.
[262] *Kapellmann/Messerschmidt*, VOB/B § 6 Rdn. 56.
[263] OLG Braunschweig BauR 2001, 1735; OLG Hamm BauR 2005, 1480; *Thode* ZfBR 2004, 214.
[264] *Vygen/Schubert/Lang*, Rdn. 165; *Kapellmann* Jahrbuch Baurecht 1999, 1 ff; a. A. *Ingenstau/Korbion* B, § 2 Nr. 5, Rdn. 10; *Heiermann/Riedl/Rusam*, VOB/B § 2 VOB/B Rdn. 79.
[265] *Thode* ZfBR 2004, 214; a. A. *Kapellmann/Messerschmidt*, VOB/B § 2 Rdn. 185 und § 6 Rdn. 57; *Diehr*, BauR 2001, 1507; *Leineweber*, Jahrbuch BauR 2002, 107.
[266] *Thode* ZfBR 2004, 214.
[267] A. A. *Weise*, NJW-Spezial 2006, 69.

dem Hintergrund einer bei einer Weigerung möglicherweise drohenden Kündigung und dadurch entstehenden finanzielle Risiken ausführen. Nur dann, wenn die Parteien auf Grundlage der zunächst vertragswidrigen Anordnung des Auftraggbers eine Vertragsänderung vereinbaren, ist weder der Tatbestand des § 2 Nr. 5 und Nr. 6 eröffnet, da es an einer rechtmäßigen einseitigen Leistungsbestimmung fehlt. Auch auf § 6 Nr. 6 VOB/B kann nicht mehr zurückgegriffen werden, da auf Grund der Vereinbarung keine rechtswidrige Pflichtverletzung vorliegt. In diesem Fall bestimmen sich die Vergütungsansprüche des Auftragnehmers für die vertraglich geänderte Leistung nach § 632 Abs. 2 BGB.[268]

### VIII. Entschädigungsanspruch nach § 642 BGB

Im Rahmen der VOB/B 2006 wurde § 6 Nr. 6 VOB/B um einen neuen Satz 2 ergänzt. **120** Danach bleibt der Anspruch des Auftragnehmers auf angemessene Entschädigung nach § 642 BGB unberührt, sofern eine Behinderungsanzeige erfolgt oder Offenkundigkeit gegeben ist. Es handelt sich bei dieser Ergänzung lediglich um eine Klarstellung der bisherigen Rechtsprechung des BGH, wonach § 642 BGB auch ohne einen ausdrücklichen Verweis in der VOB/B neben § 6 Nr. 6 VOB/B Anwendung findet. Ebenfalls entspricht es der bisherigen Rechtsprechung, dass beim VOB/B-Vertrag als zusätzliche Voraussetzung des Entschädigungsanspruchs nach § 642 BGB die Behinderung im Sinne von § 6 Nr. 1 VOB/B angezeigt oder Offenkundigkeit vorliegen muss.[269]

Der Auftragnehmer kann somit neben § 6 Nr. 6 VOB/B einen verschuldenunabhängigen **121** Entschädigungsanspruch nach § 642 BGB verlangen, wenn der Auftraggeber vertragliche Mitwirkungspflichten nicht erfüllt und dadurch in Annahmeverzug kommt. Mitwirkungspflichten des Auftraggebers, die einen solchen Annahmeverzug begründen können, bestehen insbesondere in der Bereitstellung eines baureifen Grundstücks,[270] der Übergabe erforderlicher Pläne und Unterlagen,[271] der Beschaffung der erforderlichen Baugenehmigung,[272] der Entscheidung über Bedenkenhinweise und Klärung sonstiger für die weitere Bauausführung notwendiger Fragen. Ferner kommt eine Verletzung von Mitwirkungspflichten in Betracht, wenn der Auftraggeber seinen Koordinierungspflichten und seiner Kooperationspflicht nicht bzw. nicht in ausreichendem Umfang nachkommt.[273] Auch soweit mangelhafte oder verspätete Vorleistungen eines Vorunternehmers dazu führen, dass der Auftraggeber das Baugrundstück nicht in einer für die Leistungserbringung geeigneten Weise zur Verfügung stellen kann, liegt eine Mitwirkungspflichtverletzung vor.[274]

Beim VOB/B-Vertrag verlangt § 6 Nr. 6 Satz 2 VOB/B durch die Verweisung auf § 6 **122** Nr. 1 VOB/B zusätzlich zu den gesetzlichen Voraussetzungen in § 642 BGB, dass der Auftragnehmer dem Auftragegeber unverzüglich die Behinderung durch schriftliche Anzeige mitteilt. Unterlässt er diese Anzeige, hat er nur dann Anspruch auf eine angemessene Entschädigung, wenn dem Auftraggeber offenkundig die Tatsache der Behinderung und deren hindernde Wirkung auf den Bauablauf bekannt waren (§ 6 Nr. 1 Satz 2 VOB/B). Insoweit gelten die allgemeinen Grundsätze zur Behinderungsanzeige.[275]

Die Höhe der Entschädigung bestimmt sich nach § 642 BGB einerseits nach der Dauer **123** des Verzugs und der Höhe der vereinbarten Vergütung, anderseits danach, was der Auftragnehmer infolge des Verzugs an Aufwendungen erspart hat oder durch anderweitige

---

[268] Vgl. *Weise* NJW-Spezial 2006, 69.
[269] BGH NJW 2000, 1336 = BauR 2000, 722 = NZBau 2000, 187; BGH NJW 2004, 2373 = BauR 2004, 1285 = NZBau 2004, 432.
[270] BGHZ 143, 32, 41; OLG Düsseldorf NJW-RR 2000, 466.
[271] BGH NJW 1987, 644.
[272] *Palandt*, § 642 Rdn. 1.
[273] OLG Köln, BauR 1990, 729; OLG Hamm NJW-RR 1999, 319; NZBau 2001, 691; OLG Düsseldorf NZBau 2000, 427.
[274] BGH NJW 2000, 1336 = BauR 2000, 722 = NZBau 2000, 187.
[275] § 6 Nr. 1 Rdn. 32 ff.

Verwendung seiner Arbeitskraft erwerben konnte. Der Entschädigungsanspruch bemisst sich daher nicht wie Schadensersatz nach der Differenzhypothese, sondern nach Vergütungsmaßstäben und ohne Rücksicht darauf, ob tatsächlich ein Schaden eingetreten ist. Er ist daher aus der Auftragskalulation zu entwickeln.[276] So können Entschädigungsansprüche als fortgeschriebene Vergütung für bereitsgestelltes Gerät und Personal auch dann bestehen, wenn diese Produktionsfaktoren tatsächlich keine Mehrkosten verursacht haben. Die Entschädigung berechnet sich somit nach der fortgeschriebenen Kalkulation für zusätzlich entstehende zeitabhängige Kosten. Dies sind in erster Linie zusätzliche Geräte- und Personalkosten sowie die Kosten für die längere Vorhaltung der Baustelleneinrichtung und der Bauleitung.[277] Auch hinsichtlich der allgemeinen Geschäftskosten ist als Bestandteil der Kalkulation ein Zuschlag zu gewähren.[278] Andererseits muss sich der Auftragnehmer entsprechend der Regelung in § 649 Satz 2 BGB bzw. § 8 Nr. 1 Abs. 2 VOB/B die Kosten aus der Kalkulation anrechnen lassen, die er infolge des Annahmeverzuges erspart bzw. in der Zeit des Annahmeverzuges anderweitig erwerben konnte. Entsprechend der zu § 649 BGB aufgestellten Grundsätze hat der Auftragnehmer daher den beanspruchten Entschädigungsanspruch auf Grundlage seiner Kalkulation zu berechnen und hierbei auch zur Frage der ersparten Aufwendungen und des anderweitigen Erwerbs Stellung zu nehmen.[279]

124   Der Entschädigungsanspruch umfasst nach Auffassung des BGH jedoch nicht Wagnis und Gewinn.[280] Danach kann der Auftragnehmer den kalkulatorischen Anteil aus der Vergütung für Wagnis und Gewinn nicht beanspruchen. Diese Auffassung ist fragwürdig. Zwar bereinigt diese Rechtsprechung einen Wertungswiderspruch, da der Auftragnehmer einen entgangenen Gewinn im Rahmen des verschuldensanhängigen Schadensersatzanspruchs nach § 6 Nr. 6 VOB/B nur bei grober Fahrlässigkeit oder Vorsatz des Auftraggebers verlangen kann. Andererseits sind auch Wagnis und Gewinn Bestandteile der Kalkulation der vereinbarten Vergütung, die durch den Annahmeverzug des Auftraggebers nicht erspart werden.[281] Auch enthält § 642 BGB keine Einschränkung dahingehend, dass diese kalkulatorischen Faktoren nicht entschädigt werden. Daher ist im Rahmen der Entschädigungsberechnung richtigerweise auch ein Zuschlag für Wagnis und Gewinn vorzunehmen, wobei nur der Gewinn der betroffenen Baustelle, nicht aber ein entgangener Gewinn aus anderen Baustellen einzustellen ist.[282] Als Sonderform der Vertragsvergütung unterliegt der Entschädigungsanspruch aus § 642 BGB der Umsatzsteuer.[283]

## C. Darlegungs- und Beweislast

125   Der Anspruchsteller, der aus § 6 Nr. 6 VOB/B und den dieser Vorschrift zugrunde liegenden Haftungstatbeständen vorgeht, muss die hindernden Umstände, die Verantwortlichkeit des Anspruchsgegners für diese hindernden Umstände, den ihm entstandenen Schaden und die haftungsbegründende wie auch haftungsausfüllende Kausalität beweisen. Der Auftragnehmer muss daher im Einzelnen vortragen und beweisen, dass (a) über den geltend gemachten Zeitraum eine Behinderung tatsächlich vorgelegen und diese Behinderung als Folge eine Verzögerung der Arbeiten des Auftragnehmers bewirkt hat,[284] (b) diese Behinderung nach § 6 Nr. 1 VOB/B dem Auftraggeber unverzüglich angezeigt worden ist

---

[276] *Vygen/Schubert/Lang* Rdn. 323; *Kapellmann/Schiffers*, Bd. 1 Rdn. 1648 ff.
[277] *Jansen/Preussner*, Beck'scher Online Kommentar, § 6 Rdn 65.
[278] *Jansen/Preussner*, Beck'scher Online Kommentar, § 6 Rdn 65.
[279] *Vygen/Schubetr/Lang* Rdn. 322 f.
[280] BGH NJW 2000, 1336 = BauR 2000, 722 = NZBau 2000, 187.
[281] *Vygen/Schubert/Lang* Rdn. 324, *Ingenstau/Korbion* VOB/B § 6 Nr. 6 Rdn. 49.
[282] *Vygen/Schubert/Lang* Rdn. 324, *Ingenstau/Korbion* VOB/B § 6 Nr. 6 Rdn. 49; *Jansen/Preussner*, Beck'scher Online Kommentar, § 6 Rdn 65.
[283] *Jansen/Preussner*, Beck'scher Online Kommentar, § 6 Rdn 65; *Kapellmann/Schiffers*, Bd. 1 Rdn. 1650.
[284] OLG Hamm BauR 2004, 1304.

oder dem Auftraggeber offenkundig bekannt war und (c) die Behinderung einen Schaden des Auftraggebers verursacht hat. Das Verschulden des Anspruchsgegners wird nach § 280 Abs. 1 S. 2 BGB regelmäßig vermutet.[285] Daher muss sich der Anspruchsgegner hinsichtlich des Verschuldens entlasten.[286] Soweit der Anspruchsteller entgangenen Gewinn geltend macht, trifft ihn die Darlegungs- und Beweislast für eine vorsätzliche oder grob fahrlässige Verursachung der hindernden Umstände.[287]

Bei der Ermittlung des eingetretenen Schadens ist hinsichtlich des Beweismaßes zwischen der haftungsbegründenden und der haftungsausfüllenden Kausalität zu unterscheiden. Die Frage, ob eine Pflichtverletzung des Auftraggebers zu einer Behinderung des Auftragnehmers geführt hat, betrifft die **haftungsbegründende Kausalität** und damit den Haftungsgrund. Dieser Ursachenzusammenhang ist nach den allgemeinen Regeln der Darlegungs- und Beweislast, also nach dem Strengbeweis des § 286 ZPO, zu beurteilen.[288] Der Auftragnehmer, der einen Anspuch aus § 6 Nr. 6 VOB/B geltend macht, muss daher substantiiert zu den durch Pflichtverletzungen des Auftraggebers entstandenen Behinderungen vortragen, wozu in der Regel eine konkrete, bauablaufbezogene Darstellung der jeweiligen Behinderung erforderlich ist.[289] Weder der Umstand, dass überhaupt eine Behinderung vorliegt, noch die Ursächlichkeit der Pflichtverletzung für die Behinderung ist einer einschätzenden Bewertung nach § 287 ZPO zugänglich. Die bloße Angabe des geplanten und des tatsächlichen Baubeginns sind daher nicht ausreichend. Erforderlich ist vielmehr, dass der gesamte geplante und tatsächliche zeitliche Bauablauf gegenübergestellt werden. Mit anderen Worten: Die geplanten Soll-Bauabläufe ohne die eingetretenen Behinderungen sind mit den Ist-Bauabläufen konkret zu vergleichen.[290]

126

Im Gegensatz dazu können die weiteren Folgen der konkreten Behinderung auch nach § 287 ZPO geschätzt werden, soweit sie nicht mehr zum Haftungsgrund gehören, sondern dem durch die Behinderung erlittenen Schaden und damit der **haftungsausfüllenden Kausalität** zuzuorden sind.[291] Für eine solche Schätzung muss der Anspruchsteller jedoch ausreichende Schätzungsgrundlagen dartun und ggf. auch beweisen. Eine mögliche Schadensschätzung befreit den Anspruchsteller nicht davor, greifbare Tatsachen für den Ursachenzusammenhang zwischen Schadenseintritt und Schadenshöhe darzulegen und hierfür auch Beweis anzutreten.[292] Erforderlich ist also auch hier eine baustellenbezogene Darstellung der Ist- und Soll-Abäufe, die die Bauzeitverlängerung nachvollziehbar macht. Beispielsweise muss ein Auftragnehmer, der Schadensersatzansprüche wegen verspäteter Übergabe bzw. Freigabe von Plänen geltend macht, im Einzelnen vortragen, welche einzelnen von ihm beabsichtigten Arbeitsschritte dadurch, dass ihm die Pläne nicht rechtzeitig übergeben bzw. freigegeben worden sind, verschoben werden mussten. Nicht ausreichend ist es hier, wenn der Auftragnehmer ohne nähere Darlegung, wann die jeweiligen Pläne hätten umgesetzt werden sollen, aus der dargelegten Verspätung der Übergabe von Plänen auf eine um diesen Zeitraum verlängerte Bauzeit schließen will.[293] Auch ein Vortrag, dass die verspätete Planlieferung zu Bauablaufstörungen und dadurch bedingten Produktivitätsverlusten geführt hat, die durch Beschleunigungsmaßnahmen ausgeglichen worden seien, ist keine ausreichende

127

---

[285] OLG Düsseldorf BauR 1999, 491; BauR 1997, 646; BauR 1988, 487; OLG Köln BauR 1986, 582 = NJW 1996, 71; *Heiermann/Riedl/Rusam* VOB/B § 6 Rdn. 48; *Vygen/Schubert/Lang* Rdn. 254 ff., *Ingenstau/Korbion* VOB/B § 6 Nr. 6 Rdn. 25.
[286] OLG Düsseldorf BauR 1988, 487; BauR 1991, 774; BauR 1996, 862; BauR 1999, 491; BauR 2001, 812; OLG Köln NJW 1986, 71 = BauR 1986, 582; *Vygen,* BauR 1983, 414, 429; *Ingenstau/Korbion* VOB/B § 6 Nr. 6 Rdn. 25.
[287] *Heiermann/Riedl/Rusam* VOB/B § 6 Rdn. 48.
[288] BGH BauR 2005, 857 = NJW 2005, 1653 = NZBau 2005, 387; OLG Nürnberg BauR 2001, 401 = NZBau 2000, 518.
[289] BGH BauR 2002, 1249 = NZBau 2002, 381.
[290] OLG Düsseldorf NJW-RR 1998, 671.
[291] BGH BauR 2005, 861 = NJW 2005, 1650 = NZBau 2005, 335.
[292] BGH NJW 1983, 998, 999; NJW 2002, 2716.
[293] OLG Braunschweig, BauR 2001, 1739.

Grundlage für eine Schadensschätzung.²⁹⁴ Wenn der Auftragnehmer die Bauzeit einhält, dies aber nur durch erhöhte, in der Auftragskalulation nicht vorgesehene Mehraufwendungen, wie zusätzlichen Geräte- und Personaleinsatz, erreicht, ist die Darlegung eines Soll-Ist-Vergleiches durch Gegenüberstellung der kalkulierten und und tatsächlich entstandenen Kosten erforderlich.²⁹⁵

**128** Zu den darzulegenden **Schätzungsgrundlagen** zählen bespielsweise die Gegenüberstellung von geplanten und tatsächlichen Arbeitsabläufen sowie Kostenansätzen. In die Schätzung können auch Vermutungen, wie z. B. die bereits erörterte Rentabilitätsvermutung (Richtigkeit und Auskömmlichkeit der Arbeitskalkulation) eingestellt werden. Ferner ist eine Plausibilitätskontrolle möglich, dass von mehreren möglichen Abläufen der wahrscheinlichste angenommen werden kann.²⁹⁶ Hinsichtlich der Vorhaltekosten bedarf es daher zunächst keines konkreten Nachweises, dass bestimmte Geräte ohne die Bauzeitverlängerung sofort auf einer anderen Baustelle eingesetzt worden wären. Ebenso ist bei einem verlängerten Personaleinsatz von einer Beschäftigungsvermutung auszugehen, weil jedenfalls eine überwiegende Wahrscheinlichkeit dafür spricht, dass ein Unternehmer bedacht ist, sein Personal und seine Geräte rentabel einzusetzen.²⁹⁷ Eine geeingete Schätzungsgrundlage für die verlängerte Gerätevorhaltung bietet die **Baugeräteliste** 1991. Hierbei sind als reine Kosten jedoch nur etwa 70% des Baugerätelistenwertes anzusetzen.²⁹⁸ Die darin enthaltenen Sätze bedürfen ggf. noch vom Einzelfall abhängiger zusätzlicher Modifikationen, da nicht unbedingt alle Kostenbestandteile aus der Baugeräteliste ersatzfähiger Schaden i. S. des § 6 Nr. 6 VOB/B sind. Bei reinen Stillständen entfallen beispielsweise die Kosten für Betriebs- und Schmierstoffe. Auch Reparaturkosten fallen bei einem Gerätestillstand jedenfalls in geringerer Höhe an. Bei längerer Stillstandsdauer kann sich die Lebenszeit der Maschine verlängern, was ggf. Auswirkungen auf die Abschreibung und Verzinsung hat.

## D. Allgemeine Geschäftsbedingungen

### I. Auftraggeberklauseln

**129** Die Haftungsbeschränkung des § 6 Nr. 6 VOB/B ist AGB-rechtlich unbedenklich.²⁹⁹ Eine über § 6 Nr. 6 VOB/B hinausgehende Haftungsbeschränkung oder gar eine vollständige Haftungsfreizeichnung von etwaigen Schadensersatzansprüchen bei verschuldeten Bauverzögerungen verstößt dagegen entweder gegen § 309 Nr. 7 b BGB oder im kaufmännischen Verkehr gegen § 307 BGB.³⁰⁰ Unproblematisch kann die Haftungsbeschränkung in allgemeinen Geschäftsbedingungen dahin gehend aufgehoben werden, dass der Schadensersatzanspruch auch bei einfacher Fahrlässigkeit den entgangenen Gewinn umfasst, weil damit letzlich nur die in § 252 BGB enthaltene Regelung wieder in Kraft gesetzt wird.

**130** Unwirksam sind folgende vom Auftraggeber gestellten Klauseln:
(1) Der Auftragnehmer hat sich bei Änderungen von Fristen und Terminen hierauf nach bestem Vermögen einzurichten, Mehrkosten oder Schadensersatzansprüche können nicht gefordert werden.³⁰¹
(2) Für den Fall der Verletzung von Mitwirkungspflichten haftet der Auftraggeber lediglich für Vorsatz oder grobe Fahrlässigkeit.³⁰² Diese Klausel stellt eine auch im kaufmän-

---

²⁹⁴ BGH BauR 2002, 1249.
²⁹⁵ *Ingenstau/Korbion* VOB/B § 6 Nr. 6, Rdn. 43.
²⁹⁶ *Kapellmann/Schiffers* Bd. 1, Rdn. 1619 ff.
²⁹⁷ BGH BauR 1986, 347; *Vygen/Schubert/Lang* Rdn. 305.
²⁹⁸ OLG Düsseldorf BauR 2003, 892.
²⁹⁹ A. A. *Glatzel/Hofmann/Frikell*, S 192.
³⁰⁰ *Vygen/Schubert/Lang* Rdn. 284; *Ingenstau/Korbion* VOB/B § 6 Nr. 6 Rdn. 12.
³⁰¹ OLG München BB 1984, 1386.
³⁰² OLG München BauR 1990, 471 = NJW-RR 1990, 1358.

nischen Geschäftsverkehr unzulässige Haftungsbeschränkung für Kardinalpflichten des Verwenders dar.[303]

(3) Der Auftragnehmer hat bei kurzfristiger Behinderung oder Unterbrechung, die ihre Ursache in „paralleler Tätigkeit" verschiedener Unternehmer auf der Baustelle hat, keine Nachforderungsansprüche. Gleichfalls unwirksam ist eine Klausel, wonach der Auftragnehmer bei einer vom Auftraggeber veranlassten zeitweiligen Einstellung der Arbeiten nur Ansprüche aus § 645 BGB hat.[304]

(3) Bei Behinderung oder Unterbrechung erhält der Auftragnehmer für Vorhaltungs- und Stilllegungskosten keine Erstattung, gleich aus welchem Grund die Behinderung/Unterbrechung erfolgt.[305] Diese Klausel entlastet den Auftraggeber in unangemessener Weise, für selbst oder durch Erfüllungsgehilfen zurechenbar verursachte Stilllegungskosten.[306]

(4) Alle höhere Gewalt, Betriebsstörungen und Ursachen, die der Auftraggeber nicht zu vertreten hat, entbinden den Auftraggeber von Schadensersatzansprüchen jeder Art.[307]

(5) Der Auftraggeber haftet nicht für Bauzeitverlängerungen, die dem Auftragnehmer durch nicht rechtzeitig fertiggestellte oder nachzubessernde Vorleistungen entstehen, wenn den Auftraggeber selbst hierfür kein Verschulden trifft. Der Verstoß liegt im Ausschluss auch von Ansprüchen aus § 642 BGB.[308]

(6) Eine Verlängerung der Ausführungsfrist wegen Behinderung oder Unterbrechung (auch infolge Witterungseinflüssen) begründet keinen Anspruch auf besondere Vergütung. VOB/B § 6 Nr. 6 bleibt unberührt. Diese Klausel ist wegen Ausschlusses einer Vergütungsanpassung nach den Regeln des Wegfalls der Geschäftsgrundlage unwirksam.[309]

(7) Treten Umstände ein, die der Auftragnehmer nicht zu vertreten hat, welche seine Arbeitsleistung auf der Baustelle mehr als 12 Monate nach Auftragserteilung verzögern, hat er Anspruch auf tarifliche Lohnerhöhung von diesem Zeitpunkt an, wenn diese von diesem Zeitpunkt an mehr als 3% betragen. Der Verstoß liegt hier darin, dass eine Haftung des Auftraggebers – auch für Vorsatz und grobe Fahrlässigkeit – für die Ersten 12 Monate gänzlich ausgeschlossen sein soll.[310]

(8) Ein Schadensersatzanspruch gegenüber dem Auftraggeber oder dessen Bevollmächtigten auf Grund von Terminverzögerungen ist ausgeschlossen, es sei denn, es liegt Vorsatz oder grobe Fahrlässigkeit vor. Obwohl eine Haftungsbeschränkung auf Vorsatz und grobe Fahrlässigkeit grundsätzlich zulässig ist, ist diese Klausel nach § 307 BGB unwirksam, da sie auch die Verletzung wesentlicher Vertragspflichten umfasst, was zu einer unangemessenen Benachteiligung des Auftragnehmers führt.[311]

(9) Bei verspätetem Beginn der Arbeiten kann der Auftragnehmer keinerlei Forderungen gegenüber dem Auftraggeber herleiten; bei längeren Unterbrechungen der Arbeiten durch behördliche Maßnahmen und andere Behinderungen hat der Auftragnehmer unbeschadet des Kausalzusammenhangs keinen Anspruch auf Schadensersatz und entgangenen Gewinn.[312]

(10) Der Auftraggeber haftet nicht für Bauzeitverzögerungen, die dem Auftragnehmer durch nicht rechtzeitig fertig gestellte oder nachzubessernde Vorleistungen entstehen, wenn den Auftraggeber selbst hierfür kein Verschulden trifft. Durch diese Klausel wird dem Auftragnehmer auch der verschuldensunabhängige Anspruch aus § 642 BGB versagt, was eine unangemessene Abweichung von wesentlichen Grundgedanken des Werkvertragsrechts bedeutet.[313]

---

[303] *Glatzel/Hofmann/Frikell* S. 194.
[304] *Ingenstau/Korbion* VOB/B § 6 Nr. 6 Rdn. 12.
[305] OLG München NJW-RR 1987, 661.
[306] *Ingenstau/Korbion* VOB/B § 6 Nr. 6 Rdn. 12.
[307] *Glatzel/Hofmann/Frikell,* S. 193.
[308] *Glatzel/Hofmann/Frikell* S. 192.
[309] *Glatzel/Hofmann/Frikell* S. 193.
[310] *Markus/Kaiser/Kapellmann* Rdn 419 mit Verweis auf LG München – 7 O 3095/88.
[311] *Markus/Kaiser/Kapellmann* Rdn. 432; OLG; München BauR 1990, 471 = NJW-RR 1990, 1358.
[312] *Markus/Kaiser/Kapellmann* Rdn. 436; OLG Frankfurt BauR 1999, 774.
[313] *Markus/Kaiser/Kapellmann* Rdn. 444; BGH BauR 1996, 378 = NJW 1996, 1346.

(11) In derselben Weise sind unwirksam Klauseln, deren Ziel es ist, Unterbrechungen und Behinderungen, die sich aus Bauleitungsmaßnahmen oder aus Gründen unabwendbarer Ereignisse ergeben, zu Lasten des Auftragnehmers hinsichtlich ihrer Folgen ausgleichslos zu lassen.[314]

Sämtliche Klauseln, nach denen Arbeitsunterbrechungen oder angeordnete Baustopps ohne Mehrkostenausgleich bleiben, verfallen der Unwirksamkeit nach §§ 307, 309 Nr. 7 BGB.[315]

## II. Auftragnehmerklauseln

131   Klauseln des Auftragnehmers, nach denen die Haftung im Verzugsfall nur dann besteht, wenn dieser auf vorsätzlichem Handeln der nichtleitenden Angestellten oder sonstiger Erfüllungsgehilfen beruht, sind unwirksam.[316]

## E. Änderungen der VOB/B 2006

132   Im Rahmen der Änderung der VOB/B 2006 wurde § 6 Nr. 6 VOB/B um einen neuen Satz 2 ergänzt, wonach der Anspruch des Auftragnehmers auf angemessene Entschädigung nach § 642 BGB unberührt bleibt, sofern er die Behinderung entsprechend § 6 Nr. 1 Satz 1 VOB/B angezeigt hat oder Offenkundigkeit nach § 6 Nr. 1 Satz 2 VOB/B gegeben ist. Insoweit erfolgte eine Anpassung an die Rechtsprechung des BGH. Dieser hat bereits in seinem Urteil vom 21. 4. 1999[317] entschieden, dass der verschuldensunabhängige Entschädigungsanspruch nach § 642 BGB auch ohne einen ausdrücklichen Veweis neben § 6 Nr. 6 VOB/B Anwendung findet. Nach dem BGH müssen beim VOB/B Vertrag für den gesetzlichen Anspruch aus § 642 BGB als zusätzliche Voraussetzung eine Behinderungsanzeige oder Offenkundigkeit vorliegen. Diese Rechtsprechung wird mit dem Verweis im nunmehrigen Satz 2 des § 6 Nr. 6 VOB/B deutlich gemacht.[318]

---

[314] Vgl. dazu näher die Beispiele bei *Glatzel/Hofmann/Frikel* S. 199, 200, 201.
[315] *Korbion/Locher* Rdn. 80.
[316] OLG Köln *Schäfer/Finnern/Hochstein,* Nr. 58 zu § 9 AGBG.
[317] BGH NJW 2000, 1336 = BauR 2000, 722 = NZBau 2000, 187.
[318] Begründung des DVA im Beschluss vom 27. 6. 2006.

## § 6 Nr. 7

**§ 6 Nr. 7 [Kündigung bei längerer Unterbrechung]**

Dauert eine Unterbrechung länger als 3 Monate, so kann jeder Teil nach Ablauf dieser Zeit den Vertrag schriftlich kündigen. Die Abrechnung regelt sich nach den Nummern 5 und 6; wenn der Auftragnehmer die Unterbrechung nicht zu vertreten hat, sind auch die Kosten der Baustellenräumung zu vergüten, soweit sie nicht in der Vergütung für die bereits ausgeführten Leistungen enthalten sind.

Literatur: Vgl. die Hinweise → Vor § 6 und vor § 6 Nr. 1

**Übersicht**

| | Rdn. | | Rdn. |
|---|---|---|---|
| A. Allgemeines und Grundlegung..... | 1–26 | c) Rechnungsinhalt – einzustellende Vergütungsansprüche................... | 21 |
| I. Konkretisiertes Billigkeitsrecht... | 1 | | |
| II. Stellung im System............... | 6 | | |
| 1. Konkurrenz mit anderen Kündigungsmöglichkeiten.... | 7 | III. Schrankenziehung nach Treu und Glauben..................... | 25 |
| a) Konkurrenz mit Kündigungsrechten des Auftraggebers.................... | 8 | B. Kündigungsvoraussetzungen nach § 6 Nr. 7 VOB/B................... | 29–38 |
| | | I. Unterbrechung................... | 29 |
| b) Konkurrenz mit Kündigungsrechten des Auftragnehmers................. | 12 | II. Fortbestand der Unterbrechung | 33 |
| | | III. Kündigungserklärung........... | 35 |
| 2. Entscheidungs- und Feststellungsbedarf................... | 13 | IV. Zeitpunkt der Kündigungserklärung............................. | 38 |
| a) Die Rechtswahl des Auftraggebers................. | 14 | C. Kündigungsfolgen.................. | 39–46 |
| | | I. Abrechnungsregeln.............. | 40 |
| b) Die Rechtswahl des Auftragnehmers.............. | 15 | 1. Abrechnung der erbrachten Leistungen.................. | 41 |
| 3. Kündigung – Gesamt- oder Teilkündigung................ | 16 | 2. Abrechnung der Baustellenräumungskosten............... | 42 |
| 4. Qualifizierung der Rechnung und Fälligkeitsvoraussetzungen..................................... | 17 | 3. Abrechnung der Kosten für Schutzmaßnahmen und der Schadensersatzansprüche...... | 45 |
| a) Abnahme – Schlussrechnung – Abschlagsrechnung................... | 18 | II. Darlegungs- und Beweislast...... | 46 |
| b) Fälligkeitsvoraussetzung – Schlussrechnung.. | 20 | D. Allgemeine Geschäftsbedingungen..................................... | 47 |

## A. Allgemeines und Grundlegung

### I. Konkretisiertes Billigkeitsrecht

§ 6 Nr. 7 VOB/B ist konkretisiertes, durch die VOB/B als bereit liegende Vertragsordnung[1] umgesetztes Billigkeitsrecht.[2] Mit der Nr. 7 wird die Störung der Geschäftsgrundlage eines Bauvertrages einer Regelung durch Zubilligung eines Kündigungsrechts zugeführt.[3] Für die Vertragspartner bilden die Gebote von Treu und Glauben aus § 242 BGB wie auch § 313 BGB die Ermächtigungsgrundlage für die Schaffung von Vertragsrecht in dem Störungsfall, dass eine Unterbrechung länger als drei Monate dauert. Die fortdauernde **Aufrechterhaltung der Leistungsbereitschaft** des Auftragnehmers soll ab einem bestimmten Zeitpunkt, den die VOB/B mit einer Unterbrechung von mehr als drei Monaten

1

---

[1] BGHZ 86, 135 = NJW 1983, 816 = BauR 1983, 161 = ZfBR 1983, 92; BGH BauR 1996, 378, 381.
[2] BGH U. v. 13. 5. 2004 – VII ZR 363/02, BGHZ 159, 161 = NJW 2004, 2373 = NZBau 2004, 432 = BauR 2004, 1285.
[3] Staudinger/*Peters* BGB § 636 Rdn. 97.

## § 6 Nr. 7

erreicht sieht, durch Kündigung beendet werden können. Die VOB/B verwirklicht den Gedanken der **privatautonomen** Vertragsanpassung durch Zubilligung eines Gestaltungsrechts.[4] Damit wird zugleich eine **richterliche** Vertragsanpassung mittels der Regeln des Rechtsinstituts des Fortfalls der Geschäftsgrundlage (§ 313 BGB) bei länger dauernder Unterbrechung ausgeschlossen. Privatautonome Gestaltungsmöglichkeit bei länger dauernder Unterbrechung verbietet die Berufung auf die Rechtsfolgen des Wegfalls der Geschäftsgrundlage; dabei ist gleichgültig, ob der Richterspruch lediglich feststellender bzw. gestaltender Natur ist,[5] oder die Auffassung vertreten wird, wonach in erster Linie die Parteien zu einer Neuverhandlung verpflichtet sind und dies sogar Anspruchsvoraussetzung für die Anpassungsklage ist.[6] § 313 BGB begründet für beide Vertragsparteien bei Störung der Geschäftsgrundlage einen Anspruch auf Vertragsanpassung und folgt damit tendenziell einer neueren Auffassung, die in derartigen Fällen zunächst die Anpassung als eine Aufgabe der Parteien ansieht. Im Zusammenhang mit § 6 Nr. 7 VOB/B kann dahin gestellt bleiben, ob die Begründung eines konstruktiven und kooperativen Nachverhandelns als formaler Akt fruchtlos oder fruchtbar ist[7] und ob § 313 BGB mit der Begründung eines Anspruchs auf Anpassung auf der Überzeugung beruht, dass Vertragsparteien bei Störung der Geschäftsgrundlage in erster Linie eine Verhandlungspflicht trifft.[8] Die Vertragsparteien eines VOB/B-Bauvertrages haben jedenfalls mit der in § 6 Nr. 7 VOB/B getroffenen Regelung einen Störungstatbestand im Auge, der einer Lösung bedarf und für den sie mit dem Vertrag auch eine Lösung vorgesehen haben. Diese besteht darin, dass jeder der Vertragspartner ein Kündigungsrecht hat. Damit ist auch weiter die Bereinigung von Rechtsfolgenfragen unter dem Gesichtspunkt der Vergütung durch Verweis auf die Regelung in § 6 Nr. 5 VOB/B verbunden. Folglich scheidet eine nach den Rechtsgrundsätzen des Wegfalls der Geschäftsgrundlage gemäß § 313 BGB erfolgende Anpassung aus. Denn erfolgt keine Kündigung, bleibt der Vertrags trotz der Unterbrechung aufrechterhalten.[9] Der Auftragnehmer kann gemäß § 6 Nr. 5 VOB/B die bisher erbrachten Arbeiten abrechnen. Diese Vertragslage schließt eine Anpassung nach § 313 BGB aus. Deshalb kann der Auftraggeber die Ausübung des Kündigungsrechts des Auftragnehmers aus § 6 Nr. 7 VOB/B nicht mit einem Antrag auf Vertragsanpassung gemäß § 313 BGB verhindern.[10] Der Zusammenhang der Regelungen nach § 6 Nr. 5 und Nr. 7 VOB/B ergibt, dass die Parteien einvernehmlich bei einer kürzeren Unterbrechung als 3 Monate eine Äquivalenzstörung verneint und damit auch innerhalb dieser Frist eine Anpassung nach § 313 BGB ausgeschlossen haben. Jenseits dieser Frist kommt zwar eine Anpassung nach den Regeln des Fortfalls der Geschäftsgrundlage in Betracht; jedoch geht eine Kündigung einer Partei vor. Das Kündigungsrecht kann nicht über Anpassungsregeln aus § 313 BGB ausgeschlossen werden. Insofern kommt der **Kündigungsregelung eine Sperrwirkung** zu.[11] Eine andere Frage ist, unter welchen Voraussetzungen von einer wegen Fristablaufs möglichen Kündigung rechtsmissbräuchlich Gebrauch gemacht wird.

Soweit die Bestimmung zu den näheren Voraussetzungen des Kündigungsrechts schweigt, ist Auslegung geboten.[12] Bedeutsam ist insbesondere, ob das Kündigungsrecht auch der

---

[4] Vgl. MünchKomm/*Roth* BGB § 242 Rdn. 423, 424.
[5] Palandt/*Heinrichs* BGB § 313 Rdn. 29; *Bamberger/Roth/Grüneberg* BGB § 313 Rdn. 86; MünchKomm/*Roth* BGB § 313 Rdn. 85 ff.
[6] *Horn* NJW 1985, 1118, 1125; *ders.* AcP 181 (1981), 255, 276; MünchKomm/*Roth* BGB § 313 Rdn. 93 lehnen das Nachverhandeln als Anspruchsvoraussetzung ab.
[7] Dazu MünchKomm/*Roth* BGB § 313 Rdn. 93.
[8] Palandt/*Heinrichs* BGB § 313 Rdn. 29; a. A: *Bamberger/Roth/Grüneberg* BGB § 313 Rdn. 85, 86; MünchKomm/*Roth* BGB § 313 Rdn. 93.
[9] Vgl. Palandt/*Heinrichs* BGB § 313 Rdn. 40.
[10] Zum Verhältnis gesetzlicher Kündigungsrechte zu § 313 vgl. MünchKomm/*Roth* BGB § 313 Rdn. 142, 143.
[11] Zu einer ähnlichen Sperrwirkung vgl. MünchKomm/*Roth* BGB § 313 Rdn. 143.
[12] Vgl. zu Auslegung und Analogie im Rahmen der VOB/B BGH U. v. 2. 10. 1997 – VII ZR 44/97, NJW-RR 1998, 235 = BauR 1997, 1027 = ZfBR 1998, 31.

Vertragspartei zusteht, in deren Risikobereich die Ursache der Unterbrechung liegt oder die sogar die Unterbrechung zu vertreten hat.[13] Das betrifft auch das Verhältnis des Kündigungsrechts aus § 6 Nr. 7 VOB/B zu dem aus § 9 VOB/B; denn hat der Unterbrechungstatbestand seine Ursache in der Sphäre des Auftraggebers, ermöglicht auch § 9 VOB/B dem Auftragnehmer die Kündigung. Macht er hiervon keinen Gebrauch, stellt sich die Frage, ob § 6 Nr. 7 VOB/B dem Auftraggeber neben § 8 Nr. 1 VOB/B ein andere Rechtsfolgen auslösendes Kündigungsrecht zubilligt.[14]

Aus der Unternehmersicht ermöglicht die Kündigung die einschränkungsfreie Wiedererlangung der **unternehmerischen Dispositionsfreiheit**; bei Fortbestand des Vertrages ist der Auftragnehmer zur Aufrechterhaltung seiner Leistungsbereitschaft verpflichtet, um die Erfüllung der Wiederaufnahmepflicht nach § 6 Nr. 3 VOB/B sicherzustellen. Die Regelung wahrt damit die Privatautonomie von Auftraggeber und Auftragnehmer und überlässt den unmittelbar Betroffenen die Wahrnehmung ihrer Interessen. Grundsätzlich schließt die Vorschrift den **Rückgriff auf Unmöglichkeitsregeln (§ 275 BGB)** aus. Allein der Umstand, dass ein Baustillstand von mehr als drei Monaten eingetreten ist, soll nach dem Willen der Parteien kein Grund sein, die bauvertraglich geschuldete Leistung als unmöglich geworden anzusehen. Das schließt nicht aus, dass ab einer bestimmten Unterbrechungsdauer der Stillstand die Qualität einer nachträglichen Unmöglichkeit annimmt.

Eingriffe in diese **Zumutbarkeitsschwelle** von drei Monaten, innerhalb derer der Unternehmer in den Grenzen des § 6 Nr. 3 VOB/B die Pflicht zur Wiederaufnahme zu beachten hat, sind VOB/B-widrig,[15] führen dazu, dass die VOB/B nicht mehr als Ganzes gilt und sind oft zugleich AGB-widrig.[16] § 6 Nr. 7 VOB/B mutet dem Unternehmer zu, bei seiner **Betriebsdisposition** Unterbrechungen bis zu 3 Monaten zu berücksichtigen; der Auftragnehmer hat Betrieb und Baustelle so zu disponieren, dass innerhalb dieser Zeit der zeitgestörte Vertrag innerhalb vernünftiger Zeitgrenzen nach den sich aus § 6 Nr. 3 VOB/B ergebenden Regeln weiter abgewickelt werden kann. Diese Drei-Monatsfrist konkretisiert jedoch nicht vertraglich abgesicherte Vorstellungen des Auftragnehmers über den **kontinuierlichen Arbeitsablauf**. Der Auftragnehmer darf davon ausgehen, dass der Auftraggeber ihm einen kontinuierlichen Arbeitsablauf ermöglicht;[17] die in § 6 Nr. 7 VOB/B enthaltene Regelung bedeutet nicht, der Auftragnehmer müsse im Rahmen seiner Ablaufplanung derartige Unterbrechungen einplanen und z. B. auch seine Schutzmaßnahmen kalkulatorisch bereits darauf ausrichten.[18] Wird diese Zumutbarkeitsschwelle überschritten, soll es in der freien, allein von der Zeitschranke von drei Monaten bestimmten **Entschließungsfreiheit** des Auftraggebers und Auftragnehmers liegen, sich für oder gegen den Fortbestand der Bindung zu entscheiden. Da § 6 Nr. 7 VOB/B bei diesem Verständnis die Gebote von Treu und Glauben konkretisiert, verfällt ein vorformulierter Eingriff, der die Zeitgrenze und damit die Zumutbarkeitsschranke wesentlich verkürzt oder verlängert nach § 307 Abs. 1, Abs. 2 Nr. 2 BGB der Unwirksamkeit.[19]

Die Vorschrift steht im Kontext mit anderen Kündigungsmöglichkeiten, die nicht verdrängt werden; deren Anwendungsbereich bleibt neben § 6 Nr. 7 VOB/B eröffnet. Die VOB/B überlässt den Vertragspartnern in verschiedenen, sich schneidenden Sachverhaltsmustern die **Rechtswahl**.[20] In Betracht kommen insbesondere die freie Auftraggeberkündigung nach § 8 Nr. 1 VOB/B und § 9 VOB/B. Da mit diesen Kündigungsmöglichkeiten

---

[13] Dazu bejahend BGH U. v. 13. 5. 2004 – VII ZR 363/02, BGHZ 159, 161 = NJW 2004, 2373 = NZBau 2004, 32 = BauR 2004, 1285 = ZfBR 2004, 684.
[14] So BGH U. 13. 5. 2004 – VII ZR 363/02, BGHZ 159, 161 = NJW 2004, 2373 = NZBau 2004, 432 = BauR 2004, 1285 = ZfBR 2004, 648; → Rdn. 8.
[15] BGH U. v. 22. 1. 2004 – VII ZR 19/02, NJW 2004, 1597 = NZBau 200 267 = BauR 2004, 668.
[16] Vgl. unten Rdn. 47.
[17] *Kapellmann/Schiffers* Bd. 1 Rdn. 1296, 1312, 1485; vgl. DIN 18299 Abschnitt 0.2.1; *Olshausen* FS Soergel S. 355, 360.
[18] § 4 Nr. 5 Rdn. 2 ff.
[19] Vgl. unten Rdn. 44.
[20] Vgl. Rdn. 8 ff.

andere Rechtsfolgen verknüpft sind, ist die Bestimmung des Verhältnisses dieser Kündigungsregelungen zueinander von erheblicher Bedeutung. Das beeinflusst die Konkretisierung des Anwendungsbereichs vor allem des sehr offen formulierten § 6 Nr. 7 VOB/B.[21]

5   Das aus Treu und Glauben und § 313 BGB abgeleitbare Kündigungsrechts aus § 6 Nr. 7 VOB/B schränkt in Verbindung mit dem Rechtsmissbrauchsgedanken die Rechtsausübung zugleich ein: Wer die Unterbrechung selbst zu verantworten oder gar zu vertreten hat, kann sich auf die Kündigungsmöglichkeit aus § 6 Nr. 7 VOB/B nicht berufen. Der BGH[22] vertritt diesen Standpunkt nicht, sondern erkennt in der Regelung keine Differenzierung nach Risikosphären oder nach Verschulden. Eine Einschränkung wird nur insoweit für erforderlich gehalten, als es einer Partei im Einzelfall zumutbar ist, an dem Vertrag festzuhalten. Hat § 6 Nr. 7 VOB/B jedoch letztlich seinen Rechtsgrund in der nunmehr in § 313 BGB Ausdruck findenden Regelung der Störung der Geschäftsgrundlage, beeinflusst die dort geregelte Tatbestandsvoraussetzung für die richterliche Umgestaltung des Vertrages im Rahmen des § 6 Nr. 7 VOB/B das Kündigungsrecht. § 313 BGB aber sieht vor, dass die Anpassung des Vertrages verlangt werden kann, soweit einem Teil unter Berücksichtigung aller Umstände des Einzelfalles, insbesondere der vertraglichen oder gesetzlichen Risikoverteilung, das Festhalten am unveränderten Vertrag nicht zugemutet werden kann. Die angemessene Korrektur einer **zeitgestörten Vertragsbeziehung** mit den an Treu und Glauben ausgerichteten Mitteln, kann unter Berücksichtigung dieses Zusammenhanges dann nicht von demjenigen in Anspruch genommen werden, in dessen Verantwortungs-/Risikobereich der Störungstatbestand liegt. Vertraglich gesicherte Privatautonomie zur Gestaltung einer Störung steht dem Gestörten und nicht dem Störer zu. Denn Beherrschbarkeit und Beeinflussbarkeit eines Risikos durch die eine oder andere Partei, insbesondere objektive oder subjektive Zurechenbarkeit der Herbeiführung eines Risikoeintritts bestimmen die Anwendung des § 313 BGB[23] und damit auch das Kündigungsrecht aus § 6 Nr. 7 VOB/B.[24]

## II. Stellung im System

6   Die Vorschrift gesteht Auftraggeber und Auftragnehmer bei einer Unterbrechung von mehr als 3 Monaten die Möglichkeit zur Kündigung des Bauvertrages zu. Die Abrechnung der erbrachten Leistungen richtet sich nach § 6 Nr. 5 VOB/B. Die in die Abrechnung einzustellenden Positionen werden um die Kosten der **Baustellenräumung** erweitert, wenn der Auftragnehmer die Unterbrechung nicht zu vertreten hat.[25] Schadensersatzansprüche können gemäß der Regelung in § 6 Nr. 6 VOB/B bei Vorliegen der dort genannten Voraussetzungen geltend gemacht werden.

### 1. Konkurrenzen mit anderen Kündigungsmöglichkeiten

7   Die nach § 6 Nr. 7 VOB/B Auftraggeber wie Auftragnehmer je selbstständig eingeräumte Kündigungsmöglichkeit konkurriert mit Kündigungsrechten aus anderen Bestimmungen, deren Merkmal ist, das Gestaltungsrecht nur einseitig und unter anderen Voraussetzungen zuzugestehen. Überschneidungen mit der Kündigungsmöglichkeit nach § 6 Nr. 7 VOB/B bestehen. Aus der Auftraggebersicht handelt es sich um Kündigungsmöglichkeiten nach § 8 Nr. 1 und Nr. 3 VOB/B. Für den Auftragnehmer ist die Kündigungsmöglichkeit aus § 9 VOB/B in Betracht zu ziehen.

---

[21] Vgl. BGH U. v. 13. 5. 2004 – VII ZR 363/02, NJW 2004, 2373 = NZBau 2004, 432 = BauR 2004, 1285.
[22] BGH U. v. 13. 5. 2004 – VII ZR 363/02, NJW 2004, 2373 = NZBau 2004, 432 = BauR 2004, 1285.
[23] So MünchKomm/*Roth* BGB § 313 Rdn. 72.
[24] Vgl. auch nachfolgend Rdn. 23.
[25] Vgl. unten Rdn. 38 ff.

**a) Konkurrenz mit Kündigungsrechten des Auftraggebers.** Dem Auftraggeber stehen in Fällen der Zeitstörung neben § 6 Nr. 7 VOB/B Kündigungsmöglichkeiten nach § 5 Nr. 4, § 8 Nr. 3 VOB/B zu. Das freie Kündigungsrecht nach § 8 Nr. 1 VOB/B bleibt mit seiner in § 8 Nr. 1 Abs. 2 VOB/B beschriebenen Rechtsfolge, die dem Auftragnehmer die vereinbarte Vergütung abzüglich dort genannter Posten zugesteht, als uninteressant außer Betracht. Das spielt insbesondere eine Rolle, wenn die Ursache für die Unterbrechung in der Sphäre des Auftraggebers liegt. Bei Bejahung einer Kündigungsmöglichkeit nach § 6 Nr. 7 VOB/B[26] sind lediglich die bis dahin erbrachten Leistungen abzurechnen. § 8 Nr. 1 VOB/B würde dazu führen, dass der Auftragnehmer die vertraglich vereinbarte Vergütung abzüglich ersparter Aufwendungen und des anderweitigen erzielten oder möglichen Erwerbs verlangen könnte.

Nach herrschender und auch zutreffender Meinung[27] überschneiden sich die Anwendungsbereiche der Kündigungsmöglichkeiten nach § 5 Nr. 4, § 8 Nr. 3 VOB/B und § 6 Nr. 7 VOB/B ab dem Zeitpunkt, zu welchem die Unterbrechung länger als drei Monate andauert. Davor besteht allein der Rückgriff auf § 5 Nr. 4, § 8 Nr. 3 VOB/B. Die Anwendbarkeit des § 6 Nr. 7 VOB/B führt jedoch nicht zum Ausschluss der Rechte aus § 5 Nr. 4 VOB/B. Das rechtfertigen bereits die unterschiedlichen Kündigungsvoraussetzungen. Denn begründet der Unterbrechungstatbestand einen Verzug mit der Vollendung oder geht die Unterbrechung auf eine unzulängliche Baustellenbeschickung nach § 5 Nr. 3 VOB/B zurück, steht dem Auftraggeber das Kündigungsrecht nach § 5 Nr. 4, § 8 Nr. 3 VOB/B auch bei einer Unterbrechungsdauer von mehr als drei Monaten nur nach angemessener **Fristsetzung** zur Vertragserfüllung und **Kündigungsandrohung** zu. Unter schadensersatzrechtlichen Gesichtspunkten ist es im Wesentlichen bedeutungslos, ob die Kündigung aus § 6 Nr. 7 oder § 5 Nr. 4, § 8 Nr. 3 VOB/B erfolgt. Denn nach § 8 Nr. 3 Abs. 2 Satz 1 VOB/B bleiben dem Auftragnehmer bei Kündigung die bereits bestehenden Schadensersatzansprüche erhalten, womit im Rahmen des § 5 Nr. 4 VOB/B die Beschränkung nach § 6 Nr. 6 VOB/B einschlägig ist. Diese gilt kraft ausdrücklichen Verweises auch in § 6 Nr. 7 VOB/B. Unter Schadensersatzgesichtspunkten soll es grundsätzlich gleichgültig sein, ob der Auftraggeber sich nach § 5 Nr. 4 VOB/B für die Aufrechterhaltung des Vertrages oder dessen Kündigung entscheidet, da anderenfalls ein für den Auftraggeber von der Sache her nicht zu rechtfertigender Anreiz zur Kündigung des Vertragsverhältnisses bestünde.[28] Demnach führt die Kündigung nach § 5 Nr. 4, § 8 Nr. 3 VOB/B gleichfalls zur Haftungsbeschränkung gemäß § 6 Nr. 6 VOB/B; diese ist im Rahmen von § 8 Nr. 3 Abs. 2 Satz 1 VOB/B beachtlich.[29]

Einen **Rechtsfolgenunterschied** begründet § 8 Nr. 3 Abs. 2 Satz 2 VOB/B. Danach ist der Auftraggeber auch berechtigt, auf die weitere Ausführung zu verzichten und Schadensersatz wegen Nichterfüllung zu verlangen, wenn die Ausführung aus den Gründen, die zur Auftragsentziehung geführt haben, für ihn kein Interesse mehr hat. Für diesen Schadensersatzanspruch wegen Nichterfüllung gilt die Beschränkung des § 6 Nr. 6 VOB/B nicht.[30] Solche Schadensersatzansprüche wegen Nichterfüllung verschafft § 6 Nr. 7 VOB/B mit Verweis auf § 6 Nr. 6 VOB/B nicht.

Zwischen den verschiedenen Kündigungsmöglichkeiten besteht ein weiterer Rechtsfolgenunterschied insofern, als der Auftraggeber bei Kündigung nach § 5 Nr. 4, § 8 Nr. 3 VOB/B gemäß § 8 Nr. 3 Abs. 3 VOB/B ein Recht auf Inanspruchnahme auf der Baustelle vorhandener **Geräte, Einrichtungen, angelieferter Stoffe und Bauteile** gegen angemessene Vergütung hat. Diese Befugnis steht dem Auftraggeber mangels Verweises bei Kündi-

---

[26] So BGH U. v. 13. 5. 2004 – VII ZR 363/02, NJW 200 2373 = NZBau 2004, 432 = BauR 200 1285.
[27] *Ingenstau/Korbion/Döring* VOB/B § 6 Nr. 7 Rdn. 3; *Kapellmann/Messerschmidt* VOB/B § 6 Rdn. 105; *Heiermann/Riedl/Rusam* VOB/B § 6 Rdn. 57; *Nicklisch/Weick* VOB/B § 6 Rdn. 73, 74; a. A. *Schmidt* MDR 1968, 801, 805; *Hereth/Ludwig/Naschold* VOB/B ErlZ B 6.14–6.16 und 6.93.
[28] BGHZ 48, 78; BGHZ 62, 90, 92 = NJW 1974, 646 = BauR 1974, 208, 210.
[29] *Ingenstau/Korbion/Vygen* VOB/B § 8 Nr. 3 Rdn. 51.
[30] BGHZ 62, 90, 92 = NJW 1974, 646 = BauR 1974, 208, 210.

gung im Rahmen von § 6 Nr. 7 VOB/B nicht zu. Die mehr als dreimonatige Unterbrechung eröffnet eine Kündigungsmöglichkeit für beide Teile, weswegen es nicht angezeigt ist, den Auftragnehmer, dem gleichfalls ein Lösungsrecht zusteht,[31] hinsichtlich der Verwendung von Materialien, Bauteilen und Baustelleneinrichtung in seiner Disposition einzuschränken.

12 **b) Konkurrenz mit Kündigungsrechten des Auftragnehmers.** Das Kündigungsrecht des Auftragnehmers aus § 6 Nr. 7 VOB/B kann mit dem nach § 9 Nr. 1 VOB/B konkurrieren und sich überschneiden. Die in § 9 Nr. 1 lit. a) und b) VOB/B angeführten Tatbestände können zu einer mehr als dreimonatigen Unterbrechung führen. Die verschiedenen Kündigungsvoraussetzungen und das differenzierte Rechtsfolgensystem begründen das Nebeneinander der verschiedenen Gestaltungsrechte und die Wahlmöglichkeit des Auftragnehmers.[32] Unterlässt der Auftraggeber Mitwirkungspflichten, wie z. B. die Planlieferung nach § 3 Nr. 1 VOB/B, oder führen Anordnungen nach § 1 Nr. 3 VOB/B zu planerischem und statischem Änderungsbedarf mit Unterbrechungsfolgen, ist die Kündigung erst nach Fristsetzung mit Kündigungsandrohung statthaft (§ 9 Nr. 2 VOB/B). Will der Auftragnehmer nach § 9 Nr. 1 VOB/B kündigen, ändert die hierauf zurückführbare und drei Monate überschreitende Unterbrechungszeitraum an diesen Kündigungsvoraussetzungen nichts. Im Unterschied zu § 6 Nr. 7 VOB/B verschafft § 9 Nr. 3 VOB/B einen Anspruch auf angemessene Entschädigung gemäß § 642 BGB, den § 6 Nr. 7 mit Verweis auf § 6 Nr. 6 VOB/B dem Wortlaut nach nicht kennt. Der BGH hat mit der Entscheidung vom 13. 5. 2004[33] diese Unterschiede deshalb eingeebnet, weil der Auftraggeber bei einem von ihm verschuldeten Unterbrechungstatbestand Schadensersatz nach § 6 Nr. 6 VOB/B und nach ebenfalls anwendbarem § 642 BGB eine Entschädigung schuldet, wenn der Unterbrechungstatbestand lediglich zu verantworten ist. Die Fassung 2006 des § 6 Nr. 6 VOB/B verweist nun mehr auch auf § 642 BGB. Daraus ergibt sich, dass im Vergleich zu einer Kündigung durch den Unternehmer gem. § 9 VOB/B keine Rechtsfolgenunterschiede bestehen. Wenn sich unter diesen Umständen auch Rechtsfolgenunterschiede nicht einstellen, bleibt dennoch der Unterschied, dass der Auftragnehmer sich gegen eine Kündigung entscheiden kann, was der Auftraggeber mit seiner Kündigung zu unterlaufen vermag.

## 2. Entscheidungs- und Feststellungsbedarf

13 Das System der konkurrierenden Kündigungsmöglichkeiten und die Rechtswahlmöglichkeit nötigen Auftraggeber und Auftragnehmer zur Festlegung. Diese erfolgt durch die Schaffung der Kündigungsvoraussetzungen nach § 5 Nr. 4 VOB/B durch den Auftraggeber bzw. nach § 9 Nr. 1, Nr. 2 VOB/B durch den Auftragnehmer. Eine Bindungswirkung entfaltet dieses Vorgehen jedoch nicht. Die Rückgriffsmöglichkeit auf § 6 Nr. 7 VOB/B bleibt bei Vorliegen dessen Voraussetzungen erhalten.

14 **a) Die Rechtswahl des Auftraggebers.** Setzt der Auftraggeber in Übereinstimmung mit § 5 Nr. 4, § 8 Nr. 3 VOB/B eine Frist zur Vertragserfüllung und droht er für den Fall des fruchtlosen Fristablaufs den Auftragsentzug gemäß § 8 Nr. 3 VOB/B an, stützt sich eine nachfolgende Kündigung auch bei einer mehr als dreimonatigen Unterbrechung hierauf. Ein Rückgriff auf die Kündigung nach § 6 Nr. 7 VOB/B scheidet aus, es sei denn, die Kündigungserklärung, die schriftlich zu erfolgen hat, bezieht sich ausdrücklich auf § 6 Nr. 7 VOB/B. Denn die endgültige Rechtswahl trifft der Auftraggeber erst bei Kündigungserklärung; eine Bindungswirkung entfaltet die Verfahrenseinleitung nach § 5 Nr. 4 VOB/B nicht.

---

[31] Wegen der Schranken vgl. unten Rdn. 23 ff.
[32] *Ingenstau/Korbion/Döring* VOB/B § 6 Nr. 7 Rdn. 3; *Heiermann/Riedl/Rusam* VOB/B § 6 Rdn. 57; *Nicklisch/Weick* VOB/B § 6 Rdn. 73, 74.
[33] VII ZR 363/02, BGHZ 159, 161 = NJW 2004, 2373 = NZBau 2004, 432 = BauR 2004, 1285 = ZfBR 2004, 684.

**b) Die Rechtswahl des Auftragnehmers.** Diese Grundsätze gelten auch für die Entscheidung des Auftragnehmers zwischen mehreren zur Auswahl zur Verfügung stehenden Kündigungsmöglichkeiten. 15

### 3. Kündigung – Gesamt- oder Teilkündigung

Dem Wortlaut nach erfolgt bei Vorliegen der Voraussetzungen die Kündigung des Vertrages. Kapellmann[34] lässt die Beschränkung auf einen Teil der Leistung dann zu, wenn sich die Unterbrechung auf diesen Teil der Leistung bezieht und die Abgrenzung von den Restleistungen möglich ist. Das widerspricht dem Wortlaut. Die Bestimmung formuliert ausdrücklich, dass jeder Teil nach Ablauf der Unterbrechungsdauer von drei Monaten den Vertrag kündigen könne. Würde die Formulierung dahin gehen, dass der Auftrag entzogen werden könne, könnte dem in § 8 Nr. 3 Abs. 1 VOB/B zum Ausdruck kommenden Verständnis näher getreten werden. Denn nach § 8 Nr. 3 Abs. 1 Satz 2 VOB/B kann bei einer Entziehung des Auftrags die Beschränkung auf in sich abgeschlossene Teile der vertragliche Leistung vorgenommen werden. Die in § 6 Nr. 7 VOB/B enthaltene Regelung, jeder Teil könne den Vertrag schriftlich kündigen, lässt eine solche Interpretation angesichts der deutlich unterschiedlichen Wortwahl nicht zu. Der DVA hätte ohne weiteres § 6 Nr. 7 VOB/B in Anlehnung an § 5 Nr. 4 und § 8 Nr. 3 Abs. 1 VOB/B formulieren können. Dies ist jedoch offenkundig und mit Recht nicht so erfolgt, weil eine Unterbrechung von mehr als 3 Monaten die Zeit- und Leistungsäquivalenz des gesamten Vertrages in Frage stellt. 16

### 4. Qualifizierung der Rechnung und Fälligkeitsvoraussetzung

Die für die Abrechnung der Leistungen geltenden Regeln sind wegen des Verweises auf § 6 Nr. 5 VOB/B hieraus zu entnehmen. Diese sind in → § 6 Nr. 5 Rdn. 19 ff. dargestellt. Hierauf kann verwiesen werden. 17

**a) Abnahme – Schlussrechnung – Abschlagsrechnung.** Die zu erstellende Rechnung ist eine Schlussrechnung.[35] Denn der Bauvertrag hat mit der Kündigung sein Ende gefunden,[36] damit ist die Vorleistungspflicht des Auftragnehmers entfallen und die erbrachte Leistung abschließend zu berechnen. Der Auftragnehmer ist nicht mehr in der Lage, bis dahin gestellte Abschlagsrechnungen prozessual unabhängig vom Schlussrechnungsgebot weiter zu verfolgen.[37] Denn die Kündigung führt zu einem Abrechnungsverhältnis.[38] Das gilt auch für einen bereits rechtshängigen und auf eine Abschlagsrechnung gestützten Zahlungsanspruch.[39] Dem Auftragnehmer ist nach Kündigung zuzumuten, das Vertragsverhältnis rasch abzuwickeln, zu diesem Zweck umgehend die Schlussrechnung zu erstellen und dabei den bereits fällig gewordenen Anspruch auf Abschlagszahlung in den alsbald fällig werdenden Anspruch auf Schlusszahlung aufzunehmen.[40] Da der BGH[41] nach Kündigung des Bauvertrages die Existenz eines Anspruchs auf Abschlagszahlung verneint, und damit die **Kündigung** bezüglich dieses Anspruchs als **Erlöschensgrund** behandelt, geht dem bereits rechtshängig gemachten Abschlagszahlungsanspruch die Rechtsgrundlage verloren. Die Kla- 18

---

[34] Kapellmann/Messerschmidt VOB/B § 6 Rdn. 106; ebenso Ingenstau/Korbion/Döring VOB/B § 6 Nr. 7 Rdn. 6.
[35] BGH NJW 1987, 382, 383 = BauR 1987, 95.
[36] Vgl. Rdn. 36.
[37] BGH BauR 1991, 81; BauR 1987, 453 = NJW-RR 1987, 724; BGH BauR 1985, 456 = NJW 1985, 1840; OLG Hamm NJW-RR 1993, 1491; OLG Düsseldorf NJW-RR 1992, 1373; Kniffka/Koeble Kompendium 9. Teil Rdn. 13.
[38] OLG Dresden BauR 2003, 1736 1737.
[39] A. A. Ingenstau/Korbion/U. Locher VOB/B § 16 Nr. 1 Rdn. 41, 42; Kleine-Möller/Merl § 10 Rdn. 82.
[40] BGH BauR 1985, 456, 457 = NJW 1985, 1840.
[41] BGH U. v. 11. 11. 2004 – VII ZR 128/03, NJW-RR 2005, 318 = NZBau 2005, 158 = BauR 2005, 400 unter Aufgabe von BGH BauR 1999, 267; vgl. BGH U. v. 25. 10. 1990 – VII ZR 201/89, NJW 1991, 565 = BauR 1991, 81.

§ 6 Nr. 7

ge ist ohne Umstellung auf Ansprüche aus einer zu erstellenden Schlussrechnung unbegründet.[42] Danach ist bedeutungslos, ob eine Schlussrechnung bereits erstellt oder noch zu erstellen ist (vgl. kritisch → § 16 Nr. 1 Rdn. 12). Erweist sich die Abschlagsrechnung bereits inhaltlich deshalb als eine Schlussrechnung, weil es nach deren Erstellung zu weiteren Leistungen nicht gekommen ist, ist diese Rechnung der Sache nach als Schlussrechnung zu behandeln,[43] wenn sie alle Positionen enthält.

19 Der Übergang vom Anspruch auf Abschlagszahlung zum **Anspruch auf Schlusszahlung** ist nicht nach den Klageänderungsgesichtspunkten gemäß § 263 ZPO zu beurteilen, sondern nach § 264 Nr. 3 ZPO.[44] Denn der Anspruch auf Abschlagszahlung ergibt sich ebenso wie der Anspruch auf Schlusszahlung aus der Errichtung des vertraglich beauftragten Bauwerks, womit der beiden Ansprüchen zugrunde liegende Lebenssachverhalt derselbe ist.[45] Infolge der Erstellung der Schlussrechnung ist lediglich später eine Veränderung eingetreten. Eine zwischenzeitlich aufgemachte Schlussrechnung kann auch neu in das Berufungsverfahren eingeführt werden. Die **Zulässigkeit der Berufung** kann nicht damit verneint werden, der Berufungsführer führe eine neue Rechnung ein und bekämpfe damit nicht die Ausgangsbeschwer.[46] Die Zurückweisung als neuer Tatsachenvortrag nach § 531 Abs. 2 Nr. 3 ZPO verbietet sich.[47] Das gilt auch dann, wenn dem Auftragnehmer schon in der ersten Instanz die Erstellung der Schlussrechnung möglich gewesen wäre. Denn die prozessrechtlichen **Präklusionsvorschriften** sollen die Parteien anhalten, zu einem bereits vorliegenden Tatsachenstoff rechtzeitig vorzutragen. Sie haben nicht den Zweck, auf eine beschleunigte Schaffung der materiell-rechtlichen Voraussetzungen hinzuwirken.[48] Damit hat jedoch gerade die Erstellung einer Schlussrechnung zu tun. Im Verfahren kann eine Schlussrechnung durch eine andere ausgetauscht werden; das stellt keine Änderung des Streitgegenstandes dar.[49]

20 b) **Fälligkeitsvoraussetzung – Schlussrechnung.** Fälligkeitsvoraussetzung ist die Schlussrechnung, die den Prüfbarkeitskriterien des § 14 VOB/B entsprechen muss.[50] Von der rechtsgeschäftlichen Abnahme ist die Fälligkeit unabhängig.[51] Da die Kündigung den Gegenstand des Werkvertrages auf das bis dahin erbrachte Teilwerk beschränkt und die weitere Ausführung der Arbeiten hierdurch unmöglich wird, ist dem Auftraggeber die Berufung auf die fehlende Abnahme versagt.[52] Hieran hat die Entscheidung des BGH vom 19. 12. 2002[53] nichts geändert.[54] Danach hat der Auftragnehmer zwar einen Anspruch auf Abnahme und erst mit der Abnahme beginnt die Verjährungsfrist für die Sachmängelhaftungsansprüche zu laufen. Der BGH hat die Fälligkeit des infolge der Kündigung entstehenden Vergütungsanspruch jedoch von einer Abnahme nicht abhängig gemacht.[55]

21 Die Rechtsprechung des BGH,[56] die nunmehr auch im Fall der Kündigung die **rechtsgeschäftliche Abnahme** als Fälligkeitsvoraussetzung einstuft, begründet keine Änderung.

---

[42] → § 16 Nr. 1 Rdn. 9 ff., 14; vgl. auch *Schreiber/Neudel* BauR 2002, 1007.
[43] Vgl. unten Rdn. 20.
[44] BGH BauR 1985, 456, 458 = NJW 1985, 1840.
[45] BGH BauR 1985, 456, 458 = NJW 1985, 1840; BGH BauR 1985, 112, 113.
[46] BGH U. v. 18. 12. 2003 – VII ZR 124/02, NJW-RR 2004, 526 = NZBau 2004, 272 = BauR 2004, 695.
[47] Vgl. zum Problem der Neuheit von Tatsachenstoff auch BGH Uv. 8. 6. 2004 – VI ZR 199/03, NJW 200 2825 = VersR 200 1177 und *Dieti* VersR 2005, 2 ff.
[48] BGH U. v. 9. 10. 2003 – VII ZR 335/02, NJW-RR 2004, 167 = NZBau 200, 98 = BauR 2004, 115 = ZfBR 2004, 58.
[49] BGH U. v. 4. 7. 2002 – VII ZR 103/01, NJW-RR 2002, 1596 = NZBau 2002, 614 = BauR 2004, 1588 = ZfBR 2002, 787.
[50] BGH NJW-RR 1990, 1171 = BauR 1990, 605.
[51] BGH BauR 1987, 95 = NJW 1987, 382.
[52] BGH BauR 1993, 469, 472 = NJW 1993, 1972; Staudinger/*Peters* BGB § 649 Rdn. 12.
[53] VII ZR 103/00, NJW 2003, 1450 = NZBau 2003, 265 = BauR 2003, 689.
[54] *Kniffka/Koeble* Kompendium 5. Teil Rdn. 162; BGH U. v. 9. 10. 1986 – VII ZR 249/85, NJW 1987, 382 = BauR 1987, 382.
[55] In diese Richtung tendieren jedoch *Acker/Roskosny* BauR 2003, 1279.

Der Vergütungsanspruch nach § 6 Nr. 7, Nr. 5 VOB/B ist nach dem Willen der Parteien unabhängig von einer rechtsgeschäftlichen Abnahme fällig. Der rechtlich tragfähige Grund für einen Verzicht auf das Abnahmeerfordernis liegt in dem Verweis in § 6 Nr. 7 VOB/B auf § 6 Nr. 5 VOB/B. Ist nämlich der dort geregelte Vergütungsanspruch abnahmeunabhängig,[57] schließt die Verweisung in § 6 Nr. 7 auf die Nr. 5 die Feststellung einer Abnahmenotwendigkeit aus. Wenn sich die Abrechnung nach den Regeln der Nr. 5 ausrichtet, erfasst dies auch den Verzicht auf die Abnahme als Fälligkeitsvoraussetzung. Die Regelung vermeidet auch einen Verweis auf § 8 Nr. 6 VOB/B, was gleichfalls dafür spricht, die Fälligkeit des Vergütungsanspruchs unabhängig von der rechtsgeschäftlichen Abnahme zu bejahen. Das schließt einen Abnahmevorgang hinsichtlich dieses Teilwerks nicht aus.[58] Zur Fälligkeit des Schlussrechnungsbetrages bedarf es deshalb auch nicht der Herbeiführung der Abnahmefähigkeit.[59] Im Übrigen richtet sich die Fälligkeit der Forderung nach § 16 Nr. 3 VOB/B. Fällig ist der Anspruch demnach spätestens 2 Monate nach Zugang der Schlussrechnung.

**22** Ausnahmsweise bedarf es einer weiteren Schlussrechnung nicht, wenn die vom Auftragnehmer bis zur Kündigung erstellten Teilrechnungen sämtliche ausgeführten Arbeiten enthalten.[60] Denn eine Schlussrechnung liegt nicht nur dann vor, wenn sie ausdrücklich als solche bezeichnet ist. Ausreichend ist, wenn mehrere **Teilrechnungen** alle vom Auftragnehmer übernommenen und ausgeführten Arbeiten enthalten, so dass sich eine weitere Rechnung erkennbar erübrigt.[61] Würde die neue Rechnung lediglich den Rechnungsinhalt der bisher erstellten Rechnungen wiederholen, bedarf es der Erteilung einer Schlussrechnung zur Begründung der Fälligkeit des Vergütungsanspruchs nicht. Unter dieser Voraussetzung gewinnt auch eine **Abschlagsrechnung** Schlussrechnungsqualität. Abgesehen, dass dies unter Leistungsgesichtspunkten meist Zufall sein wird, ist zu beachten, dass in die Schlussrechnung auch die über die Vergütung der erbrachten Leistungen hinausgehenden Ansprüche eingestellt werden müssen, soll deren Fälligkeit begründet werden.[62]

**23** c) **Rechnungsinhalt – einzustellende Vergütungsansprüche.** In die Schlussrechnung sind neben den Ansprüchen für die erbrachte Leistung sämtliche anderweitigen, sich aus § 6 Nr. 5 bis Nr. 7, § 9 Nr. 3 Satz 2 VOB/B ergebenden Zahlungsansprüche einzustellen.[63] Das betrifft die dem Auftragnehmer im Bereich der Baustellengemeinkosten wie auch der allgemeinen Geschäftskosten entstandenen Kosten, soweit sie in den Vertragspreisen der nicht mehr ausgeführten Leistungsteile enthalten sind,[64] weiter die Kosten für die Räumung der Baustelle, soweit sie nicht in der Vergütung für die bereits ausgeführten Leistungen enthalten sind und der Auftragnehmer die Unterbrechung nicht zu vertreten hat, sowie die sich aus § 6 Nr. 6 VOB/B ergebenden Zahlungsansprüche. Anderenfalls wären die vom Auftragnehmer aus einem einheitlichen Vertragsverhältnis nach Kündigung herzuleitenden Ansprüche in unterschiedlicher Weise geltend zu machen, wofür ein einleuchtender Grund nicht erkennbar ist.[65] Die VOB/B verfolgt das Ziel, die Abwicklung eines Vertrages zu vereinfachen und ihr, soweit wie möglich, prüfbare Abrechnungen zugrunde zu legen. Das rechtfertigt die einheitliche Behandlung auch hinsichtlich des Verjährungsbeginns, dessen Lauf von der Rechnungsstellung abhängt. Die in der Schlussrechnung nicht enthaltenen aber einstellungsbedürftigen Forderungen verjähren deshalb einheitlich nach den sich aus § 16 Nr. 3 VOB/B, §§ 195 ff. BGB ergebenden Regeln.[66]

---

[56] U. v. 11. 5. 2006 VII ZR 146/04, NJW 2006, 2475 = NZBau 2006, 569 = BauR 2006, 1294.
[57] → § 6 Nr. 5 Rdn. 3, 4.
[58] BGH BauR 1993, 469, 472 = NJW 1993, 1972.
[59] OLG Düsseldorf BauR 1994, 147.
[60] OLG Köln NJW-RR 1992, 1375.
[61] BGH NJW 1975, 1701, 1702; OLG Köln NJW-RR 1992, 1375.
[62] BGH BauR 1987, 95, 96 = NJW 1987, 382.
[63] BGH BauR 1987, 95, 96 = NJW 1987, 382.
[64] → § 6 Nr. 5 Rdn. 24 ff.
[65] BGH BauR 1987, 95, 96 = NJW 1987, 382.
[66] BGH BauR 1987, 95, 96 = NJW 1987, 382.

**24**  In der Schlussrechnung sind auch die Kosten für die während der Unterbrechung vom Auftragnehmer erbrachten **Schutzmaßnahmen** zu berücksichtigen, wenn hierfür eine besondere Vergütung nach der DIN 18299 in Verbindung mit den gewerkespezifischen VOB/C-Normen in Betracht kommt. Sind diese Schutzleistungen nach Abschnitt 4.2.4 und 4.2.16 der DIN 18299 als Besondere Leistungen zu qualifizieren, hängt die Vergütung von der Erfüllung der Voraussetzungen nach § 2 Nr. 6 VOB/B ab. Soweit die Schutzmaßnahmen die Arbeiten gegen normales Niederschlagswasser sichern und deshalb nach DIN 18299 Abschnitt 4.1.10 und § 4 Nr. 5 VOB/B als in der Vertragsleistung zu berücksichtigende Nebenleistung zu qualifizieren sind, verursacht deren Leistung über die **verlängerte Bauzeit** Kosten. Damit ist ein Schadensersatzanspruch unter den Voraussetzungen nach § 6 Nr. 6 VOB/B zu begründen. Gemäß § 4 Nr. 5 VOB/B hat der Auftragnehmer die von ihm ausgeführten Leistungen bis zur rechtsgeschäftlichen Abnahme vor Beschädigung und Diebstahl zu schützen. Eine Unterbrechung führt zu einer Verlängerung der Bauzeit und damit zu einer verstärkten Vorhaltung der Schutzmaßnahmen. Hat der Auftraggeber die Unterbrechung nicht zu vertreten, was z. B. dann der Fall ist, wenn diese einem vorleistenden Unternehmer zuzurechnen ist,[67] kommt ein Entschädigungsanspruch gemäß § 642 BGB in Betracht.[68] Auf diese Möglichkeit wird nunmehr in § 6 Nr. 6 (Fassung 2006) ausdrücklich verwiesen.

### III. Schrankenziehung nach Treu und Glauben

**25**  Das Kündigungsrecht des Auftraggebers scheitert trotz einer drei Monate übersteigenden Unterbrechung, wenn der Auftraggeber selbst den Unterbrechungsgrund zu verantworten hat.[69] Liegen Gründe für eine Kündigung des Auftragnehmers nach § 9 Nr. 1 VOB/B vor, die auch zu einer mehr als dreimonatigen Unterbrechung führen, steht allein der **Gestörte**, nicht aber der Störer das Recht zur Vertragskündigung. Anderenfalls böte sich ein probates Mittel, um über die Verletzung von Vertrags- oder Mitwirkungspflichten, die so weit gehen, dass die Baustelle mehr als drei Monate still liegt, eine Kündigungsmöglichkeit für den untreuen Vertragspartner zu schaffen. Deshalb kann der Auftraggeber die Entscheidung des Auftragnehmers, der von einer Kündigung sowohl nach § 9 Nr. 1 VOB/B als auch nach § 6 Nr. 7 VOB/B abgesehen hat, nicht unterlaufen.[70] Der BGH stellt auf Zumutbarkeitsgesichtspunkte ab und ist der Auffassung, dass die Vorschrift nicht auf Risikosphären und Verschulden abstellt. Erweist sich die Regelung jedoch als konkretisiertes Billigkeitsrecht,[71] ist notwendig auf derartige Umstände abzuheben. Der BGH schränkt die Kündigungsmöglichkeit demgegenüber dann ein, wenn einer Partei im Einzelfall zumutbar ist, an dem Vertrag festzuhalten. Das ist regelmäßig zu bejahen, wenn die kündigende Vertragspartei bei Vertragsschluss von dem drohenden Eintritt einer Unterbrechung Kenntnis hat oder sie ohne weiteres in der Lage ist, die Unterbrechung zu verhindern oder zu beenden. Darin, dass solche Tatbestände eventuell ein Kündigungsrecht zugunsten des Auftragnehmers nach § 9 VOB/B begründen, wovon dieser jedoch keinen Gebrauch macht, sieht der BGH keine Kündigungssperre für den Auftraggeber. Im konkreten Fall verneint der BGH sogar bei einem eventuellen Verschulden des Auftraggebers an der Unterbrechung infolge vorwerfbarer Veränderung des Hochwasserschutzes ein Hindernis für dessen Kündigung aus § 6 Nr. 7 VOB/B.

---

[67] → § 6 Nr. 6, IV 3 d.
[68] BGH U. v. 13. 5. 2004 – VII ZR 363/02, BGHZ 159, 161 = NJW 2004, 2373 = NZBau 2004, 432 = BauR 2004, 1285.
[69] *Ingenstau/Korbion/Döring* VOB/B § 6 Nr. 7 Rdn. 8; a. A. BGH BGH U. v. 13. 5. 2004 – VII ZR 363/02, NJW 2004, 2373 = NZBau 2004, 432 = BauR 2004, 1285.
[70] *Ingenstau/Korbion/Döring* VOB/B § 6 Nr. 7 Rdn. 8; *Heiermann/Riedl/Rusam* VOB/B § 6 Rdn. 57; a. A. neben BGH *Leinemann* VOB/B § 6 Rdn. 174.
[71] BGH U. s. 13. 5. 2004 – VII ZR 363/02, BGHZ 159, 161 = NJW 2004, 2373 = NZBau 2004, 32 = BauR 2004, 1285.

Diese Grundsätze gelten auch bei einem vom Auftragnehmer zu verantwortenden **Unter-** 26
**brechungsgrund,** den der Auftraggeber weder nach § 5 Nr. 4, § 8 Nr. 3 VOB/B noch
gemäß § 6 Nr. 7 VOB/B zum Anlass für eine Vertragskündigung nimmt. Diese Entscheidung des Auftraggebers für die Aufrechterhaltung des Vertrags kann der vertragsuntreue
Auftragnehmer trotz Vorliegens einer Unterbrechung von mehr als drei Monaten nicht
durch die eigene Kündigung durchkreuzen. Die unterlassene Kündigung durch den eigentlich berechtigten Auftraggeber entfaltet eine Sperrwirkung gegen eine Kündigung durch
den Auftragnehmer, obwohl sich dieser auf den Wortlaut der Regelung des § 6 Nr. 7
VOB/B deshalb berufen könnte, weil diese nicht nach Risikosphären und Verschulden
einschränkt.[72]

**Treu und Glauben** schränken die Ausübung des Kündigungsrechts auch dann ein, wenn 27
bereits bei Vertragsschluss mit der Möglichkeit einer längeren Unterbrechung gerechnet
wurde oder werden musste. Dann waren beide Vertragspartner gehalten, diese mögliche
Störung in ihrer Vertragsentscheidung zu berücksichtigen. Sichert die Kündigungsmöglichkeit nach § 6 Nr. 7 VOB/B bei einem über längere Zeit gestörten Vertrag die schutzwürdigen Eigeninteressen, fehlt es am Schutzbedürfnis, wenn die Parteien mit einer solchen
Störung gerechnet haben oder damit rechnen mussten.[73] Für diesen Ausnahmetatbestand ist
der Vertragsgegner des Kündigenden darlegungs- und beweispflichtig.[74] Ein probates Beweismittel können ein Bauablaufplan oder Angaben im Leistungsverzeichnis sein, wenn dort
in Übereinstimmung mit DN 18299 Abschnitt 0.2.1 Arbeitsabschnitte oder Arbeitsunterbrechungen nach Art, Ort und Zeit enthalten sind.

Im Einzelfall kann das Kündigungsrecht am **Rechtsmissbrauchsverbot** scheitern, 28
wenn zwar die Unterbrechungsdauer von mehr als drei Monaten erfüllt ist, aber die
Fortsetzung der Arbeiten durch den Auftragnehmer oder die Erfüllung der Vertrags- bzw.
Mitwirkungspflichten durch den Auftraggeber binnen kurzem sicher ist. Angesichts der
vertraglich gewollten Rechtszuweisung bei Überschreitung der Drei-Monatsschranke ohne
irgendeine Toleranz muss die Aufnahme der Ausführung binnen weniger Tage jedoch
absolut sicher sein. Denn die Kündigungsmöglichkeit nach § 6 Nr. 7 VOB/B ist von einer
Fristsetzung mit Kündigungsandrohung unabhängig. Im Einzelfall ist eine Abwägung der
Interessen geboten und deren Gewicht wie auch der Zumutbarkeitsgedanke entscheidend.[75]

## B. Kündigungsvoraussetzungen nach § 6 Nr. 7 VOB/B

### I. Unterbrechung

Das beiden Vertragsparteien nach § 6 Nr. 7 VOB/B gleichermaßen zustehende Kündi- 29
gungsrecht setzt dem Wortlaut der Regel nach eine **Ausführungsunterbrechung** von
mehr als drei Monaten voraus. Eine bloße **Behinderung** im Sinne eines verlangsamten
Herstellungsprozesses genügt nicht.[76] Vorausgesetzt wird, dass die Ausführung weiterhin
möglich ist. Dauernde Unmöglichkeit schließt den Anwendungsbereich des § 6 Nr. 7
ebenso aus wie den des § 6 Nr. 5 VOB/B.[77]

Mit der Ausführung muss nicht notwendig begonnen worden sein, um einen Unter- 30
brechungstatbestand zu bejahen.[78] Die Unterbrechung setzt dem Wortlaut nach voraus, dass

---

[72] *Ingenstau/Korbion/Döring* VOB/B § 6 Nr. 7 Rdn. 9.
[73] *Ingenstau/Korbion/Döring* VOB/B § 6 Nr. 7 Rdn. 5; *Heiermann/Riedl/Rusam* VOB/B § 6 Rdn. 57.
[74] *Ingenstau/Korbion/Döring* VOB/B § 6 Nr. 7 Rdn. 5.
[75] *Ingenstau/Korbion/Döring* VOB/B § 6 Nr. 7 Rdn. 7, 8.
[76] Vgl. → § 6 Nr. 5 Rdn. 16; *Ingenstau/Korbion/Döring* VOB/B § 6 Nr. 7 Rdn. 1.
[77] Vgl. → § 6 Nr. 5 Rdn. 20.
[78] BGH U. v. 13. 5. 2004 – VII ZR 363/02, BGHZ 159, 161 = NJW 2004, 2373 = NZBau 2004, 432 = BauR 2004, 1285.

sich das Objekt Ausführungsstadium befindet. Es ist jedoch interessengerecht, die Kündigung auch dann zu ermöglichen, wenn der vertraglich vorgesehene Beginn sich um mehr als drei Monate hinausschiebt.[79]

31  Auf den **Beginn der Arbeiten** kann es nicht ankommen, wenn die Vertragsparteien nach dem Sinn und Zweck der Regelung bei einer Unterbrechung von mehr als drei Monaten das Recht haben sollen, sich vom Vertrag durch Kündigung zu lösen. Die Wiedergewinnung der beiderseitigen Dispositionsfreiheit ist ein Anliegen sowohl bei einem echten Unterbrechungstatbestand als auch dann, wenn die Maßnahme nicht einmal zu einem Beginn gediehen ist. Insofern ist ein mehr als drei Monate ausstehender Beginn jedenfalls genauso regelungsbedürftig wie nach einem Beginn eine mehr als dreimonatige Unterbrechung.

32  **Zeitpunkt der Kündigungserklärung.** Eigentlich setzt die Formulierung des § 6 Nr. 7 Satz 1 VOB/B voraus, dass die schriftliche Kündigung erst nach Ablauf einer mehr als dreimonatigen Unterbrechung erklärt wird. Der BGH[80] hat jedoch eine **zuvor erklärte Kündigung** nicht für unwirksam angesehen, wenn mit Sicherheit feststeht, dass die Unterbrechung länger als drei Monate dauern wird. Das ist mit dem Wortlaut der Regelung in § 6 Nr. 7 Satz 1 VOB/B nicht in Übereinstimmung zu bringen. Diese Auffassung deckt sich auch nicht mit den Wirksamkeitsvoraussetzungen einer Mahnung, die dann, wenn sie vor Fälligkeit erklärt wird und zugeht, nach § 286 Abs. 1 BGB wirkungslos ist.[81] Die Rechtsprechung des BGH führt zu erheblichen Unsicherheiten insofern, als die Anforderungen an das Wirksamkeitskriterium „wenn mit Sicherheit feststeht, dass die Unterbrechung länger als drei Monte dauern wird" in der Praxis sicher kaum feststellbar sein dürften. Im Übrigen ist die Frage, auf wessen Urteil abzustellen ist, das des Erklärenden oder im Streitfall des Gerichts. Deshalb sollte der Wortlaut des § 6 Nr. 7 Satz 1 VOB/B maßgeblich sein. Für die Auffassung des BGH streitet allerdings § 323 Abs. 4 BGB, worum der Wortlaut des § 6 Nr. 7 Satz 1 VOB/B jedoch gerade abweicht.

## II. Fortbestand der Unterbrechung

33  Das Kündigungsrecht nach § 6 Nr. 7 VOB/B setzt nach dem Wortlaut der Vorschrift den Fortbestand der Unterbrechung voraus. Die Formulierung „Dauert eine Kündigung länger als 3 Monate, so" beinhaltet, dass die Unterbrechung zum Zeitpunkt der Kündigung andauern muss.[82] Eine Behinderung nach Wiederaufnahme mag zu Verärgerung Anlass geben, rechtfertigt jedoch eine Kündigung mit Hinweis auf die vergangene dreimonatige Kündigung nicht.

34  Die Unterbrechungszeit muss grundsätzlich in einem Stück mehr als drei Monate betragen. Die Addition zeitlich versetzter Unterbrechungszeiträume, die zu mehr als einer dreimonatigen Unterbrechung führt, berechtigt zur Kündigung regelmäßig nicht.[83] Lassen mehrere Unterbrechungstatbestände und in lediglich geringfügigem Umfang wieder aufgenommene Arbeiten jedoch den Schluss zu, dass z. B. der Auftragnehmer damit unter Verstoß gegen Treu und Glauben die Ausübung des Kündigungsrechts nach § 6 Nr. 7 VOB/B vereiteln will, ist eine nicht kleinliche Wertung dann angebracht, wenn der Umfang der jeweils wieder aufgenommenen Tätigkeit bis zum nächsten Baustopp angesichts des Gesamtumfangs der vertraglich übertragenen Bauleistung bedeutungslos ist.

---

[79] Vgl. BGH U. v. 13. 5. 2004 – VII ZR 363/02, BGHZ 159, 161 = NJW 2004, 2373 = NZBau 2004, 432 = BauR 2004, 1285; *Ingenstau/Korbion/Döring* VOB/B § 6 Nr. 7 Rdn. 5: *Leinemann* VOB/B § 6 Rdn. 173; *Franke/Kemper/Zanner/Grünhagen* VOB/B § 6 Rdn. 122.

[80] U. v. 13. 5. 2004 – VII ZR 363/02, BGHZ 159, 161 = NJW 2004, 2373 = NZBau 2004, 432 = BauR 2004, 1285 = ZfBR 2004, 684.

[81] BGH NJW 1992, 1956; Palandt/*Heinrichs* BGB § 286 Rdn. 16.

[82] *Ingenstau/Korbion/Döring* VOB/B § 6 Nr. Rdn. 4.

[83] *Leinemann* VOB/B § 6 Rdn. 172.

### III. Kündigungserklärung

Die Kündigungserklärung hat nach § 6 Nr. 7 VOB/B schriftlich zu erfolgen. Die Beachtung dieses **Schriftformgebots ist** Rechtswirksamkeitsvoraussetzung. Insoweit gelten die zu § 8 Nr. 5 VOB/B maßgeblichen Grundsätze.[84] Die Schriftform ist nach §§ 126, 127 BGB gewahrt, wenn der Kündigende das die Kündigung enthaltene Schriftstück unterschreibt. Ist diese Form nicht eingehalten, ist die Erklärung nach § 125 Satz 2 BGB nichtig. In Allgemeinen Geschäftsbedingungen kann von diesem Schriftformerfordernis jedoch abgewichen werden.[85]

35

Die Kündigung ist eine empfangsbedürftige Willenserklärung und entfaltet Rechtswirkungen nur bei Zugang gemäß § 130 BGB. Der bauleitende Architekt oder der Bauleiter des Auftragnehmers sind gewöhnlich zur Erklärung der Kündigung weder befugt, noch zu deren Empfang berechtigt.[86]

36

Grundsätzlich hat die Kündigung den Vertrag insgesamt zum Gegenstand,[87] Treu und Glauben können jedoch bei eindeutiger Trennbarkeit von Leistungen und Unterbrechungstatbeständen zu einer Beschränkung der Kündigung auf den tatsächlich gestörten Leistungsbereich führen. Insofern muss die Kündigung nach § 242 BGB nicht notwendig den ganzen Vertrag betreffen. Eine **Teilkündigung** soll nach OLG Düsseldorf[88] möglich sein, wenn sich die Unterbrechung nur auf einen Teil bezieht und der von der Teilkündigung betroffene Teil der vertraglich geschuldeten Gesamtleistung von den übrigen Leistungsteilen, die fortgeführt werden sollen, abzugrenzen ist. Die Entscheidung lässt offen, ob der gekündigte Leistungsteil i. S. v. § 12 Nr. 2 lit. a) VOB/B teilabnahmefähig sein muss. Diese Auffassung führt jedoch zu erheblichen Abgrenzungsschwierigkeiten zur Behinderung und im Extremfall dazu, dass Behinderungen an Leistungsteilen bei insgesamt fortgesetzter Ausführung als Unterbrechung einzustufen sind.[89] Die Heranziehung von § 5 Nr. 4 VOB/B dürfte praktikabler und interessengerechter sein, dies gerade in dem von *Ingenstau/Korbion*[90] angeführten Fall, dass bei mehreren beauftragten Gebäuden, die gleichzeitig zur Ausführung kommen sollen, der Unternehmer seine Ausführung so vorsieht, einen Rohbau nach dem anderen zu beginnen und zu vollenden. Dieser anders gewählte Arbeitstakt begründet sprachlich keine Unterbrechung, wenn der Auftragnehmer die Baustelle ständig im vorgesehenen Umfang besetzt hält.

37

### IV. Zeitpunkt der Kündigungserklärung

Grundsätzlich kann die Kündigung rechtswirksam erst erklärt werden, wenn der Unterbrechungstatbestand länger als drei Monate andauert. Eine zuvor erklärte Kündigung ist wirkungslos; der Eintritt der mehr als drei Monate andauernden Unterbrechung hat nicht heilende Wirkung. Das schließt nach BGH nicht aus, dass die Kündigung rechtswirksam schon zuvor erklärt werden kann, wenn mit Sicherheit gesagt werden kann, dass die Unterbrechung länger als drei Monate dauern wird.[91] Dann kommt der tatsächlich eintretenden Unterbrechung von mehr als drei Monaten heilende Wirkung zu. Welcher Grad an Sicherheit zu fordern ist, kann aus § 323 Abs. 4 BGB erschlossen werden. Danach kann ein

38

---

[84] Vgl. OLG Köln *Schäfer/Finnern/Hochstein* Nr. 4 zu § 8 VOB/B; *Ingenstau/Kobion/Döring* VOB/B § 6 Nr. 7 Rdn. 10.
[85] *Ingenstau/Korbion/Döring* VOB/B § 6 Nr. 7 Rdn. 10.
[86] Vgl. → § 8 Nr. 1 Rdn. 28, 29; → § 9 Nr. 2 Rdn. 37.
[87] Vgl oben Rdn. 16.
[88] In *Schäfer/Finnern/Hochstein* Nr. 6 zu § 5 VOB/B.
[89] Für eine Teilkündigung aber auch *Ingenstau/Korbion/Döring* VOB/B § 6 Nr. 7 Rdn. 6; *Leinemann* VOB/B § 6 Rdn. 172; *Kapellmann/Messerschmidt* VOB/B § 6 Rdn. 106.
[90] *Döring* VOB/B § 6 Nr. 7 Rdn. 6.
[91] BGH U. v. 13. 5. 2004 – VII ZR 363/02, BGHZ 159, 161 NJW 2004, 2373 = NZBau 2004, 432 = BauR 2004, 1285.

§ 6 Nr. 7     Kündigung bei längerer Unterbrechung

Gläubiger bereits vor dem Eintritt der Fälligkeit der Leistung zurücktreten, wenn offensichtlich ist, dass die Voraussetzungen des Rücktritts eintreten werden. Hierfür wird ein hoher Wahrscheinlichkeitsgrad gefordert,[92] der in die maßgebliche ex-ante-Beurteilung einzustellen ist. Es handelt sich dabei um eine Prognoseentscheidung, die sich im Bauablauf letztlich verwirklicht oder scheitert. Im Verwirklichungsfall führt dies letztlich zu einer Heilung der verfrüht zulässigen Kündigung. Auch bei Rekurrierung auf § 323 Nr. 4 BGB bleibt das Bedenken gegen die BGH-Rechtsprechung, dass der Wortlaut des § 6 Nr. 7 Satz 1 VOB/B eindeutig ist.[93]

## C. Kündigungsfolgen

39   Die Kündigungsfolgen beschränken sich nicht auf die in § 6 Nr. 7 VOB/B angeführten Rechtsfolgen. Die Kündigung beendet das Vertragsverhältnis für die Zukunft in dem Umfang, soweit die Kündigungserklärung reicht. Da eine rückwirkende Auflösung des Bauvertrag nicht erfolgt, ist der Auftragnehmer für die vor der Kündigung erbrachten Leistungen gewährleistungspflichtig.[94] § 6 Nr. 7 VOB/B beschränkt seinen Regelungsumfang auf die Abrechnung.

### I. Abrechnungsregeln

40   Die Abrechnung hat nach den Geboten zu § 14 VOB/B prüfbar zu erfolgen. Die Prüfbarkeit ist Fälligkeitsvoraussetzung[95] und beurteilt sich wegen der Qualität der Rechnung als Schlussrechnung nach § 16 Nr. 3 Abs. 1 VOB/B.[96] Fälligkeit tritt deshalb spätestens zwei Monate nach Rechnungszugang ein. Die Fälligkeit ist unabhängig von der rechtsgeschäftlichen Abnahme der bis zur Kündigung erbrachten Leistungen.[97]

#### 1. Abrechnung der erbrachten Leistungen

41   Die Abrechnungsregeln erfassen die bis zur Kündigung erbrachten Leistungen. Insoweit gelten infolge des Verweises auf § 6 Nr. 5 VOB/B die dort dargestellten Regeln.[98]

#### 2. Abrechnung der Baustellenräumungskosten

42   Hat der Auftragnehmer die Unterbrechung nicht zu vertreten, kann er auch die Kosten der Baustellenräumung vergütet verlangen, wenn und soweit diese nicht in der Vergütung für die bereits ausgeführten Leistungen enthalten sind. Diese Vertragsbedingung ist erfüllt, wenn die Baustelleneinrichtungs- und Baustellenräumungskosten im Wege der **Zuschlagskalkulation** auf sämtliche Leistungen umgelegt worden sind oder eine Teilleistungsposition „Einrichten, Vorhalten und Räumen der Baustelle" gebildet worden ist. In beiden Fällen ist die infolge der Kündigung notwendig werdende Baustellenräumung durch Bezahlung der bis zur Kündigung erbrachten Leistungsteile nicht vergütet.

43   Die Bezahlung der für die Räumung anfallenden Kosten hängt davon ab, ob der Auftragnehmer die Unterbrechung zu vertreten hat. Ist das der Fall, scheidet ein Vergütungsanspruch aus. Der Begriff „vertreten" erfährt in der Literatur eine unterschiedliche Auslegung. *Ingen-*

---

[92] *Bamberger/Roth/Grothe* BGB § 323 Rdn. 6, 7.
[93] Vgl. oben Rdn. 32.
[94] Vgl. → Vor § 8 Rdn. 59, 60.
[95] Vgl. → § 14 Rdn. 6, jedoch kritisch; vgl. → § 16 Rdn. 6; BGH BauR 1990, 605 = NJW-RR 1990, 1171.
[96] BGH BauR 1987, 95, 96 = NJW 1987, 382; *Ingenstau/Korbion* VOB/B § 6 Rdn. 113.
[97] Vgl. oben Rdn. 21.
[98] Vgl. → § 6 Nr. 5 Rdn. 22 ff.

stau/Korbion[99] verstehen ihn in Ausrichtung an § 6 Nr. 2 Abs. 1 lit. a) VOB/B im Sinne objektiver Verantwortung, weswegen es allein darauf ankommt, ob die Ursache in der Risikosphäre des Auftraggebers oder Auftragnehmers liegt. *Heiermann/Riedl/Rusam*[100] interpretieren den Begriff „vertreten" im Sinne von §§ 276, 278 BGB als Verschulden. Maßgeblich ist, ob nach Sinn und Zweck der Auftragnehmer für eine wirklich zu erbringende Leistung, die sich im Rahmen des Abwicklungsstadiums für den Auftraggeber als sinnlos deshalb erweist, weil die Leistung nicht vollendet ist, nur dann keinen Lohn erhalten soll, wenn der Unterbrechungstatbestand von ihm vorwerfbar geschaffen worden ist, oder ob es ausreicht, wenn der Unterbrechungsgrund objektiv in seiner Verantwortungssphäre liegt. Dabei ist zu berücksichtigen, dass der Auftraggeber bei Fortsetzung der Arbeiten durch einen Dritten, erneut Baustelleinrichtungs-, Vorhalte- und Räumungskosten zu tragen hat.

Unter Würdigung dieser Umstände ist es sachgerecht, den Begriff „vertreten" bei § 6 Nr. 7 VOB/B **subjektiv** im Sinne eines **Verschuldens** zu verstehen. Denn wurde im Rahmen der Neufassung des § 2 Nr. 2 Abs. 1 lit. a) VOB/B der dortige Begriff „vertreten" durch die Formel „aus dem Risikobereich" ersetzt, ist es bei der Begriffsverwendung „vertreten" in der Nr. 7 verblieben. Das lässt auf den Willen schließen, dass eine ausschließlich auf die Risikosphäre abstellende Betrachtungsweise in § 6 Nr. 7 VOB/B gerade nicht gewollt ist.

**44**

### 3. Abrechnung der Kosten für Schutzmaßnahmen und der Schadensersatzansprüche

Der Auftragnehmer hat in die Abrechnung auf Grund der ausdrücklichen Verweisung in § 6 Nr. 7 VOB/B auch die aus § 6 Nr. 6 VOB/B ableitbaren Schadensersatzansprüche[101] einzustellen. Da nach der Rechtsprechung[102] auch alle anderen vergütungsgleichen Ansprüche der einheitlichen Abrechnung bedürfen, bedarf es der Berücksichtigung der Vergütungsansprüche für vom Auftragnehmer während der Unterbrechung erbrachten Schutzmaßnahmen.[103] Das gilt auch dann, wenn der Auftraggeber die Unterbrechung nicht verschuldet hat. Die Schutzmaßnahmen sind in einem solchen Fall im Rahmen des anwendbaren § 862 BGB zu berücksichtigen.

**45**

## II. Darlegungs- und Beweislast

Nach allgemeinen Darlegungs- und Beweislastregeln hat derjenige, der Rechte aus § 6 Nr. 7 VOB/B ableitet, die tatbestandlichen Voraussetzungen für die Kündigung und die sich hieraus ergebenden Vergütungsansprüche darzustellen. Das schließt die mehr als dreimonatige Unterbrechung der Ausführung, deren Fortdauer zu Zeit der Kündigung, die Schriftform wie auch den Zugang der Kündigung und bei Geltendmachung der Zahlungsansprüche deren Begründetheit ein.[104] Der Gegner ist für Rechtsmissbrauchstatbestände (vgl. oben Rdn. 25 ff.) darlegungs- und beweispflichtig.

**46**

## D. Allgemeine Geschäftsbedingungen

Eine Klausel, die das Kündigungsrecht im Unterbrechungsfall auch dann ausschließt, wenn die Unterbrechung länger als 3 Monate dauert, ist unwirksam.[105] Gegen eine Klausel,

**47**

---

[99] *Döring* VOB/B § 6 Nr. 7 Rdn. 13.
[100] VOB/B § 6 Rdn. 59.
[101] Vgl. dazu → § 6 Nr. 6 Rdn. 95 ff.
[102] BGH BauR 1987, 95, 96 = NJW 1987, 382.
[103] Vgl. oben Rdn. 24.
[104] *Heiermann/Riedl/Rusam* VOB/B § 6 Rdn. 58.
[105] OLG Frankfurt BauR 1999, 774.

## § 6 Nr. 7

wonach die Kündigung im Falle des § 6 Nr. 7 VOB/B nicht der Schriftform bedarf, bestehen keine Wirksamkeitsbedenken.[106] Allerdings erfolgt damit eine Abweichung von der VOB/B, was mit der Gefahr verbunden ist, dass die VOB/B nicht mehr als Ganzes gilt.[107] Ob die Rechtsprechung jedoch auch in solchen Fällen, in denen zugunsten beider Parteien eine Abweichung von der VOB/B mit der Folge bejaht, dass ein Verlust der Privilegierung eintritt, ist zu bezweifeln. Denn mit derartigen für beide Seiten geltenden Klauseln wird eine einseitige Benachteiligung vermieden. Klauseln, die eine Verlängerung der zur Kündigung berechtigenden Unterbrechungsdauer vorsehen, müssen sich an dem in der Regelung mit drei Monaten enthaltenen Billigkeits- wie auch Gerechtigkeitsgedanken und an den Anforderungen des § 308 Nr. 1 BGB messen lassen. Gilt die über die Dreimonatsfrist hinausgehende Frist nach der Klausel für beide Teil wird eine gewisse Überschreitung hinnehmbar sein. Das Kündigungsrecht erst ab 5 Monaten beginnen zu lassen, wird unangemessen sein. Beansprucht der Klauselverwender eine andere Frist als er sie dem anderen Teil zugesteht, liegt ein Verstoß gegen § 307 Abs. 1 BGB vor. Eine vorformulierte Verkürzung der Dreimonatsfrist ist unwirksam und führt dazu, dass die VOB/B nicht mehr als Ganzes gilt. Versagt der Auftraggeber als Klauselsteller dem Auftragnehmer in jedem Fall die Vergütung für die Baustellenräumungskosten, scheitert die Klausel an § 632 BGB, § 307 Abs. 2 Nr. 1 BGB. Gleiches gilt für eine Klausel, wonach bauübliche Störungen in Kauf genommen werden müssen; einer solchen Klausel geht die Transparenz ab.[108]

---

[106] *Ingenstau/Korbion/Döring* VOB/B § 6 Nr. 7 Rdn. 10.
[107] BGH U. v. 22. 1. 2004 – VII ZR 419/02, BGHZ 157, 346 = NJW 2004, 1597 = NZBau 2004, 267 = BauR 2004, 668 = ZfBR 2004, 362.
[108] *Markus/Kaiser/S. Kapellmann* AGB-Handbuch Bauvertragsklauseln Rdn. 437.

# Vor § 7

## § 7 Verteilung der Gefahr

1. Wird die ganz oder teilweise ausgeführte Leistung vor der Abnahme durch höhere Gewalt, Krieg, Aufruhr oder andere objektiv unabwendbare vom Auftragnehmer nicht zu vertretende Umstände beschädigt oder zerstört, so hat dieser für die ausgeführten Teile der Leistung die Ansprüche nach § 6 Nr. 5; für andere Schäden besteht keine gegenseitige Ersatzpflicht.
2. Zu der ganz oder teilweise ausgeführten Leistung gehören alle mit der baulichen Anlage unmittelbar verbundenen, in ihre Substanz eingegangenen Leistungen, unabhängig von deren Fertigstellungsgrad.
3. Zu der ganz oder teilweise ausgeführten Leistung gehören nicht die noch nicht eingebauten Stoffe und Bauteile sowie die Baustelleneinrichtung und Absteckungen. Zu der ganz oder teilweise ausgeführten Leistung gehören ebenfalls nicht Baubehelfe, z. B. Gerüste, auch wenn diese als Besondere Leistung oder selbständig vergeben sind.

## Vorbemerkung § 7

### Übersicht

| | Rdn. | | Rdn. |
|---|---|---|---|
| A. Abgrenzungen | 1–17 | I. Das Regel-/Ausnahmeverhältnis in §§ 644, 645 BGB | 18 |
| I. Sachgefahr | 3 | | |
| II. Sachleistungsgefahr | 4 | II. Die Regelumkehr in § 7 VOB/B | 21 |
| III. Preisgefahr | 7 | | |
| IV. Die Gefahr des § 7 VOB/B | 8 | C. Rechtfertigung der Regelumkehr | 22–28 |
| V. Abgrenzung zur Haftung nach § 10 VOB/B | 14 | I. Die herrschende Auffassung | 23 |
| | | II. Kriterien der Risikoverteilung | 24 |
| VI. Abgrenzung zu Mängelansprüchen nach §§ 13 und 4 Nr. 7 Satz 1 VOB/B | 15 | 1. Die abstrakte Beherrschbarkeit | 25 |
| | | 2. Der Absorptionsvorsprung | 26 |
| VII. Abgrenzung zur Leistungsverzögerung nach § 6 VOB/B | 17 | 3. Die arbeitsteilige Veranlassung | 27 |
| B. Die (erweiterte) Gegenleistungsgefahr im BGB-Bauvertrag | 18–21 | D. Versicherung | 28 |

**Literatur:** *Beitzke,* Höhere-Gewalt-Klauseln, Betr 1967, 1751; *Beuthien,* Zweckerreichung und Zweckstörung im Schuldverhältnis, 1969; *v. Craushaar,* Risikotragung bei mangelhafter Mitwirkung des Bauherrn, BauR 1987, 14; *Doll,* Von der vis maior zur höheren Gewalt, 1989; *Duffek,* Zu § 7 Nr. 1 (a. F.) bzw. § 7 (n. F.) VOB/B: Handlungen des Bauherrn als „unabwendbarer, vom Auftragnehmer nicht zu vertretender Umstand", BauR 1975, 22; *Erman,* Der Sphärengedanke als Gesichtspunkt für die Verteilung der Preisgefahr beim Werkvertrag, JZ 1965, 657; *ders.,* Das Vertragsrisiko, BauR 1972, 193; *Frikell/Glatzel/Hofmann,* Bauvertragsklauseln und AGB-Gesetz, 2. Aufl. 1980; *Gesang,* Force-majeure, 1980; *Hagen,* Drittschadensliquidation bei „Gefahrentlastung" (BGH, NJW 1970, 38), JuS 1970, 442; *Grauvogel,* Bauvertrag, Risikoverlagerung vom Auftraggeber zum Auftragnehmer, Jahrbuch Baurecht 2003, S. 29; *Heiermann,* Probleme bei der Bestimmung der auszuführenden Leistungen, Bauwirtschaft 1971, 1197; *ders.,* Das Problem des Wegfalls der Geschäftsgrundlage im Bauvertrag, BauR 1971, 221; *Hesse,* Welche Bestimmungen der VOB sind rechtsunwirksam?, BB 1973, 546; *Jagenburg,* Verpflichtung zur Leistungserbringung nach dem Stand der Technik, neuesten Stand der Technik usw., in: Nicklisch (Hrsg.), Bau- und Anlagenverträge, 1984, S. 137; *Kaiser,* Die Gefahrtragung im Bauvertrag, FS Korbion, 1986, S. 197; *Köhler,* Unmöglichkeit und Geschäftsgrundlage bei Zweckstörungen im Schuldverhältnis, 1971; *ders.,* Reform des Werkvertragsrechts – notwendig oder entbehrlich?, NJW 1984, 1841; *Koller,* Die Risikozurechnung bei Vertragsstörungen in Austauschverträgen, 1979; *Korbion,* Der Begriff der Bauleistung nach der VOB, Baubetriebswirtschaft/Baurecht 1971, 33; *Marbach,* Nachtragsforderung bei mangelnder Leistungsbeschreibung der Baugrundverhältnisse im VOB-Vertrag und bei Verwirklichung des „Baugrundrisikos", BauR 1994, 168; *Nassauer,* Sphärentheorien zu Regelungen der Gefahrtragungshaftung in vertraglichen Schuldverhältnissen, 1978; *Nicklisch,* Rechtliche

# Vor § 7

Risikozuordnung bei Bau- und Anlagenverträgen, in Nicklisch (Hrsg.), Bau- und Anlagenverträge, 1984, S. 101; *ders.*, Risikoverteilung im Werksvertragsrecht bei Anweisungen des Bestellers, FS Bosch, 1976, S. 731; *Rutkowsky*, Gefahrtragung und Haftung bei gewaltsamen Anschlägen gegen Großbaumaßnahmen und die daran beteiligten Unternehmen, NJW 1988, 1761; *Schäfer/Ott*, Lehrbuch der ökonomischen Analyse des Zivilrechts, 3. Aufl. 2000; *Schmalzl*, Zum Begriff der „Bauleistung" im Sinne des § 7 Ziff. 1 VOB/B, BauR 1972, 276; *Schmidt-Salzer*, Die Bedeutung der Rechtsprechung zu den Allgemeinen Geschäftsbedingungen für Bauunternehmer, Architekten, Bauherren und insbesondere die Öffentliche Hand, BB 1973, Beilage 1; *Schottke*, Das Baugrundrisiko beim VOB-Vertrag, BauR 1993, 407 und 565; *Schulz*, Ermittlung der Schadensquote durch Bausachverständige, BauR 1984, 40; *Siegburg*, Baumängel aufgrund fehlerhafter Vorgaben des Bauherrn, FS Korbion, 1986, S. 411; *Soergel*, Mängelansprüche bei vorzeitiger Vertragsbeendigung wegen höherer Gewalt, FS Korbion, 1986, S. 427; *Spaeth*, Der Begriff der höheren Gewalt im deutschen und französischen Recht, Diss. Köln 1970; *Städtler*, Schadensersatz im Falle höherer Gewalt?, 1986; *Steffen*, Die Bedeutung der „Stoffgleichheit" mit dem „Mangelunwert" für die Herstellerhaftung aus Weiterfresserschäden, VersR 1988, 977; *Teubner*, Die Geschäftsgrundlage als Konflikt zwischen Vertrag und gesellschaftlichen Teilsystemen, ZHR 146 (1982), 625; *Trimarchi*, Die Regelung der Vertragshaftung aus ökonomischer Sicht, ZHR 136 (1972), 118; *Ursprung*, Die Bauleistung, BauR 1973, 341; *Usinger*, Kann die Geltung der VOB/B im Bauträgervertrag vereinbart werden?, NJW 1984, 153; *Weitnauer*, Bespr. von Ingo Koller, Die Risikozurechnung bei Vertragsstörungen in Austauschverträgen, ZHR 146 (1982), 188; *Wendler*, Risikozuordnung durch force majeure-Klauseln, in: Nicklisch (Hrsg.), Bau- und Anlagenverträge, 1984, S. 187; *Weyer*, Zum Schadensersatzanspruch des Unternehmers wegen Beschädigung seines Werks, BlGW 1970, 206.

## A. Abgrenzungen

1   § 7 VOB/B enthält eine **Gefahrtragungsregel.** Er verteilt das Risiko der von keiner Vertragspartei zu vertretenden Zerstörung oder Beschädigung der Leistung des Auftragnehmers vor Vertragserfüllung und behandelt damit einen kleinen Ausschnitt aus dem Recht der Leistungsstörungen. Andere Formen der Leistungsstörungen werden durch die Regeln der Mängelansprüche (§ 13 VOB/B), des Verzugs (§ 6 VOB/B) und der Unmöglichkeit (§§ 275, 326 BGB) erfasst.

2   Vertragliche Gefahrtragungsregeln betreffen Fälle, in denen eine Vertragspartei, ohne dass eine der Vertragsparteien dies zu vertreten hätte, ihre Leistung entweder überhaupt nicht erbringen kann (Unmöglichkeit §§ 275, 326 BGB) oder Leistungshandlungen bereits erbracht hat, die entwertet werden, bevor der Leistungserfolg (Erfüllung) eintritt. In diesen Fällen ist das **Risiko des Fehlschlags** zu verteilen. Das geschieht im Allgemeinen über die Regeln der (Sach-)Leistungsgefahr und der Gegenleistungs- oder Preisgefahr. Daneben gibt es noch die Sachgefahr. Die Einordnung des § 7 VOB/B in das Gefahrtragungssystem bereitet Schwierigkeiten.

### I. Sachgefahr

3   Die Sachgefahr betrifft die Frage, wer den Verlust des in der untergegangenen Sache verkörperten Werts trägt. Das ist an sich keine spezifisch vertragsrechtliche Frage, denn sie stellt sich unabhängig davon, ob die untergegangene Sache Gegenstand einer Leistungsverpflichtung ist oder nicht. Die Antwort auf die Frage nach der Sachgefahr liegt in dem Grundsatz: „Casum sentit dominus – der Rechtsträger trägt den Verlust", wenn nicht besondere Regeln es erlauben, den Verlust auf einen anderen abzuwälzen. Solche **Abwälzungsregeln** findet man in den Schadensersatzanordnungen des vertraglichen (bei der Verletzung von Haupt- oder Nebenpflichten nach § 280 Abs. 1 bzw. §§ 241 Abs. 2, 280 Abs. 1 BGB; bei Verschulden bei der Vertragsanbahnung nach §§ 311 Abs. 2 und 3, 241 Abs. 2, 280 Abs. 1 BGB) und des außervertraglichen (Unrechts- und Gefährdungshaftung) Integritäts- und Güterschutzes. Ausdruck der Sachgefahr ist im Werkvertragsrecht § 644 Abs. 1 Satz 3 BGB, der den Wertverlust des vom Besteller gelieferten, zufällig untergegangenen oder verschlechterten Stoffes dem Besteller zuweist.

A. Abgrenzungen

## II. Sachleistungsgefahr

Die Sachleistungsgefahr ist ein spezifisch schuldrechtliches (nicht unbedingt vertragsrechtliches) Phänomen und betrifft die Frage, ob der zu einer Leistung Verpflichtete die fehlgeschlagene Leistungshandlung erneut vornehmen muss. Sie ist allgemein in § 275 BGB geregelt. Danach wird der Schuldner nur bei Unmöglichkeit frei. Die Unmöglichkeit ist dabei einmal natürlich-technisch und zum anderen mit Rücksicht auf den Gedanken der Opfergrenze (Beschaffungsrisiko des § 276 Abs. 1 Satz 1 BGB; §§ 635 Abs. 3, 275 Abs. 2 und 3) zu bestimmen.[1] Für den (erfolgsbezogenen) Werkvertrag (§§ 631, 633 BGB) heißt das, dass der Unternehmer die Errichtung des Werks so lange schuldet, wie ihm die Errichtung technisch und unter zumutbarem Aufwand möglich ist.[2] Er trägt damit die (Sach-)Leistungsgefahr bis zur Erfüllung seiner Leistungsverpflichtung bzw. bis zur Abnahme des von ihm hergestellten Werks (§ 644 Abs. 1 Satz 1 BGB). Der Zeitpunkt der Erfüllung setzt der Gefahrtragung des Schuldners ein natürliches Ende.

Der Zeitpunkt der **Abnahme** fällt häufig mit dem Zeitpunkt der Erfüllung zusammen. Liegt er vor der Erfüllung, endet die (Sach-)Leistungsgefahr des Werkunternehmers früher. Das folgt nicht unmittelbar aus § 644 Abs. 1 Satz 1 BGB. Denn diese Regelung betrifft eigentlich nicht die (Sach-)Leistungsgefahr, sondern, wie schon der systematische Zusammenhang mit der Vergütungsregelung ergibt, die Gegenleistungs- und Preisgefahr. Dennoch endet mit der Abnahme auch die (Sach-)Leistungsgefahr des Werkunternehmers. Dies ergibt sich aus der Parallele zu den Gefahrtragungsregeln der Gattungsschuld. Wie bei der nur gattungsmäßig bestimmten Leistung die Leistungsgefahr mit der Konkretisierung (§§ 243 Abs. 2, 275 BGB) und gegebenenfalls dem Annahmeverzug (§ 300 Abs. 2 BGB) auf den Sachleistungsgläubiger übergeht, so endet auch die (Sach-)Leistungsgefahr des Werkunternehmers mit der in dem Angebot (Aufforderung zur Abnahme) der fertig gestellten Sache liegenden „Konkretisierung", sei es dadurch, dass die Abnahme erfolgt (§ 644 Abs. 1 Satz 1 BGB), sei es dadurch, dass der Besteller mit der Abnahme in Verzug kommt (§ 644 Abs. 1 Satz 2 BGB).

Soll nach diesem Zeitpunkt noch einmal geleistet werden, geht das nur auf der Grundlage einer **erneuten Vereinbarung.** Das ist die allein interessengerechte Lösung für beide Vertragsparteien. Ließe man die Sachleistungspflicht des Unternehmers auch nach der Abnahme bzw. dem Annahmeverzug des Bestellers bestehen, drängte man dem Unternehmer eine Verpflichtung jenseits seiner geschäftlichen Dispositionen auf und verpflichtete den Besteller, der die untergegangene Leistung vergüten muss, zu einer weiteren Zahlung, die unter Umständen seine finanziellen Belastungsmöglichkeiten übersteigt. Die Sachleistungsgefahr des Unternehmers endet deshalb mit der Abnahme oder dem Verzuge der Abnahme.[3] Die VOB/B enthält hierzu keine abweichende Regelung (vgl. § 12 Nr. 6 VOB/B).

## III. Preisgefahr

Die Gegenleistungs- oder Preisgefahr ist ein spezifisch vertragsrechtliches Phänomen und regelt die Frage, ob der Sachleistungsgläubiger die vereinbarte Vergütung entrichten muss, ohne den Leistungserfolg zu erhalten. Grundsätzlich ist die Preisgefahr in **§ 326 BGB** geregelt. Bei nicht zu vertretender Unmöglichkeit trägt der Sachleistungsschuldner das Risiko und erhält nach § 326 Abs. 1 BGB keine Vergütung.

## IV. Die Gefahr des § 7 VOB/B

Die in § 7 VOB/B angesprochene Gefahr wird in der Literatur überwiegend ohne nähere Auseinandersetzung mit den Besonderheiten des Werkvertragsrechts der Vergütungsgefahr

---

[1] Vgl. *Esser/Schmidt* § 22 I und V; *Emmerich* §§ 3 III; 9 III.
[2] Vgl. MünchKomm/*Soergel* § 644 Rdn. 5; *Grauvogel* Jahrbuch Baurecht 2003, S. 31, 34 f.
[3] Vgl. *Kleine-Möller/Merl/Oelmaier* § 9 Rdn. 131; MünchKomm/*Soergel* § 644 Rdn. 5.

zugeordnet.⁴ Die Gefahr nimmt jedoch eine **Sonderstellung** ein. Sie betrifft nicht die Sachleistungsgefahr. Diese trägt, weil die Leistungsverpflichtung noch nicht erfüllt, keine Abnahme erfolgt und die Leistung noch möglich ist, der Auftragnehmer. Sie betrifft entgegen der überwiegend vertretenen Ansicht⁵ auch nicht die Gegenleistungsgefahr in dem zuvor (vgl. oben Rdn. 7) erläuterten Sinne, weil der Auftraggeber den ausbedungenen Leistungserfolg noch erhalten soll und für die vom Auftragnehmer noch zu erbringende Leistung die ausbedungene Gegenleistung schuldet. Sie hat gewisse Verbindungen zum Bereich der Sachgefahr, weist sie doch dem das Risiko der Zerstörung oder Beschädigung erbrachter Bauleistungen zu, der in der Regel schon Eigentümer des geschaffenen Wertes ist,⁶ obwohl er noch einen schuldrechtlichen Anspruch auf Erbringung der fraglichen Leistungen aus dem Bauvertrag hat.

9   Diese **Eigentumslage** wird auch häufig zur Rechtfertigung der in § 7 VOB/B enthaltenen Regelung herangezogen (siehe → § 7 Rdn. 5). Und dennoch ist es verfehlt, in der Regelung des § 7 VOB/B eine Zuweisung der Sachgefahr zu sehen. Denn die angesprochene Eigentumslage liegt nur in der einfachen Konstellation vor, in der ein Grundstückseigentümer als Bauherr den Bauvertrag mit dem Bauunternehmer schließt. Die VOB/B werden jedoch auch Vertragsgrundlage in Verträgen zwischen Haupt- bzw. Generalunternehmern und Subunternehmern oder Bauträgern und Unternehmern, bei denen der Auftraggeber nicht Grundstückseigentümer ist. Auch wird in der Rechtsfolge keine Entschädigung oder Wertersatz für die untergegangene Sache, sondern die Abrechnung nach Vertragspreisen (§ 6 Nr. 5) für den fehlgeschlagenen Leistungsversuch angeordnet.

10  Die Zuweisung der Gefahr geschieht über die Normierung einer (Sonder-)Vergütung für die fehlgeschlagenen Leistungsversuche. Da es um das **Vergütungsrisiko für fehlgeschlagene Leistungsversuche** geht, wird man der in § 7 VOB/B angesprochenen Lage am ehesten mit einem erweiterten Begriff der Gegenleistungs- und Preisgefahr gerecht. Der beschränkt sich nicht auf die Fälle, in denen schon die (Sach-)Leistungsgefahr beim Geldschuldner (Auftraggeber) liegt, sondern ergreift auch die Fälle, in denen die (Sach-Leistungsgefahr noch beim Geldgläubiger (Auftragnehmer) liegt. Im Normalfall des Übergangs der Preisgefahr auf den Geldleistungsschuldner leistet dieser einmal und erhält nichts. Im Sonderfall des § 7 VOB/B leistet er mit Blick auf den untergegangenen und nachgeholten Leistungsteil zweimal und erhält die Sachleistung einmal.⁷

11  Die Pflicht des Auftraggebers zur **Vergütung der wiederholten Leistungshandlung** ergibt sich entgegen den in Rechtsprechung⁸ und Literatur⁹ vertretenen Auffassungen nicht aus § 2 Nr. 6 oder Nr. 2 VOB/B. Es handelt sich nicht um eine im Vertrag nicht vorgesehene Leistung, sondern um die mit der fortbestehenden Leistungspflicht des Auftragnehmers korrespondierende ursprüngliche vertragliche Vergütungspflicht des Auftraggebers. § 7 VOB/B ordnet lediglich eine zusätzliche Vergütungspflicht für den fehlgeschlagenen Leistungsversuch nach § 6 Nr. 5 VOB/B an, wie das § 645 Abs. 1 Satz 1 BGB für den BGB-Vertrag tut. Daher ist auch die vorherige Ankündigung des Vergütungsanspruchs nach § 2 Nr. 6 Abs. 1 Satz 2 VOB/B entbehrlich.¹⁰

12  Fraglich kann allein sein, ob den Auftragnehmer nicht im Falle des erfolglosen und dennoch zu vergütenden Leistungsversuchs eine der Wertung des § 2 Nr. 6 Abs. 1 Satz 2

---

⁴ *Daub/Piel/Soergel/Steffani* ErlZ B 7.1–7.8; *Riedl* in: *Heiermann/Riedl/Rusam* VOB/B § 7 Rdn. 1, 7; *Oppler* in: *Ingenstau/Korbion* VOB/B § 7 Rdn. 2 f.; *Kleine-Möller/Merl/Oelmaier* § 10 Rdn. 308.
⁵ Siehe Fn. 4.
⁶ Vgl. §§ 94 Abs. 1, 946 BGB.
⁷ Die Besonderheit der Doppelleistung als Auswirkung der Gegenleistungsgefahr in Werkverträgen erwähnte auch *Emmerich* in der 3. Auflage des Leistungsstörungsrechts, 1991, § 26 II 2 b.
⁸ Für § 2 Nr. 6 VOB/B: BGHZ 61, 144 = NJW 1973, 1698.
⁹ Für § 2 Nr. 6 VOB/B: *Daub/Piel/Soergel/Steffani* ErlZ B 7.42; *Oppler* in: *Ingenstau/Korbion* VOB/B § 7 Rdn. 20, *Hereth/Ludwig/Naschold* VOB/B § 7 Rdn. 7.53, *Nicklisch/Weick* VOB/B § 7 Rdn. 20, die sogar eine Vereinbarung für nötig erachten. Für § 2 Nr. 2 VOB/B: *Kaiser* Mängelhaftung Rdn. 374, Rdn. 9. Wie hier *Duffek* BauR 1975, 22, 25.
¹⁰ A. A. *Daub/Piel/Soergel/Steffani* ErlZ B 7.42; wie hier *Duffek* BauR 1975, 22, 25.

A. Abgrenzungen

VOB/B nachempfundene, auf Treu und Glauben (§ 242 BGB) gestützte **Pflicht zur Rücksichtnahme** auf die Interessen seines Vertragspartners, des Auftraggebers, trifft, die ihn anhält, vor der Wiederholung des Leistungsversuchs das Gespräch mit dem Auftraggeber zu suchen, um gegebenenfalls die finanziellen Mehrlasten durch vertragliche Umdispositionen in Grenzen zu halten. Diese Frage ist jedenfalls dann zu bejahen, wenn es sich um erhebliche Mehrbelastungen handelt und Möglichkeiten zur Umdisposition bestehen. Eine Möglichkeit der Umdisposition besteht dabei immer: die Kündigung des Auftraggebers (Bestellers) nach § 8 VOB/B bzw. § 649 BGB.

Die Gefahrtragungsregeln § 7 VOB/B und § 326 BGB können sich **überschneiden**. In einem solchen Fall geht § 7 VOB/B als die speziellere Regelung vor. Wenn die Beschädigung oder Zerstörung zugleich zur Unmöglichkeit führt, ergibt sich aus ihm die Vergütungspflicht. Eine Anwendung des § 326 BGB kommt nur in Betracht, wenn die Unmöglichkeit ohne Beschädigung oder Zerstörung der erbrachten Leistung eintritt.[11]

### V. Abgrenzung zur Haftung nach § 10 VOB/B

Während die Gefahrtragungsregeln allein die vertragliche Leistung und den Aufwand für fehlgeschlagene Leistungsversuche betreffen und die Frage beantworten, welche Partei das Risiko zufälliger, also von keiner der Parteien zu vertretender Störungen trägt, regelt § 10 VOB/B in Absatz 1 die Verschuldenshaftung der Vertragspartner untereinander und in den weiteren Absätzen die Verteilung der Lasten aus einer Haftung beider Vertragspartner gegenüber Dritten. Das Abstellen auf das Verschulden in Absatz 1 schließt eine Überschneidung dieser Regelung mit der Gefahrtragungsregelung in § 7 aus.

### VI. Abgrenzung zu Mängelansprüchen nach §§ 13 und 4 Nr. 7 Satz 1 VOB/B

Im Gegensatz zur Gefahrtragung führen die Mängelansprüche zum Einstehenmüssen des Auftragnehmers für die vertragsgemäße Leistungserbringung mit der Folge, dass er insbesondere nach der Abnahme verpflichtet ist, Mängel des Werks zu beseitigen. Abgrenzungsprobleme zwischen dieser Gewährleistung und der Gefahrtragung können entstehen, wenn durch nicht erkennbare Mängel weitere Leistungsteile desselben Unternehmers beschädigt werden. Hier ist dem **Gewährleistungsrecht der Vorrang** einzuräumen, da der Unternehmer die Schlechtleistung aufgrund der Gewährleistungsvorschriften auch im Rahmen des § 7 VOB/B zu vertreten hat.[12] Dies ergibt sich bereits aus dem Wortlaut des § 7 VOB/B „... vom Auftragnehmer nicht zu vertretenden Umstände ...", da Gewährleistung nichts anderes bedeutet als das Einstehenmüssen (= Vertretenmüssen) für Leistungsmängel auch ohne Verschulden. Ohne Wertungswiderspruch ließe sich nicht begründen, weshalb der Auftragnehmer, dessen unverschuldet mangelhafte Leistung zu weiteren Schäden führt, eine Vergütung erhalten soll, während er ohne weitere Schädigung zur kostenlosen Mängelbeseitigung nach § 4 Nr. 7 Satz 1 VOB/B verpflichtet wäre.[13]

Diese Entscheidung wird durch einen Vergleich mit § 13 Nr. 5 Abs. 1 VOB/B bestätigt, wonach der Auftragnehmer verpflichtet ist, „alle während der Verjährungsfrist hervortretenden Mängel, die auf vertragswidrige Leistung zurückzuführen sind, auf seine Kosten zu

---

[11] Zu einem Anwendungsfall des § 323 BGB a. F. im Baurecht siehe OLG Hamburg BauR 1987, 212. Denkbar sind auch die Fälle der Zerstörung des zu renovierenden Gebäudes vor Beginn der Arbeiten oder des Unbrauchbarwerdens des zu bebauenden Grundstücks durch Überschwemmung oder Erdrutsch.

[12] Im Ergebnis wertungsmäßig ebenso BGH NJW 1977, 1966 = BauR 1977, 420, allerdings zur Leistungsgefahr. Siehe auch *Grauvogel* Jahrbuch Baurecht 2003, S. 29, 36.

[13] Die Frage, ob nach dem Stand der Technik unvermeidbare Mängel zu Mängelansprüchen führen, muss im Gewährleistungsrecht gelöst werden, siehe hierzu *Jagenburg*, Verpflichtung zur Leistungserbringung, S. 137, 142, 146 ff.

beseitigen." Nach dem klaren Wortlaut dieser Vorschrift umfasst der **Nachbesserungsanspruch** auch Schäden, die Folge eines Mangels sind. Auch diese sind selbst wieder Mängel, die auf einer vertragswidrigen Leistung beruhen. Es bleibt also zusammenfassend festzustellen, dass sog. Mangelfolgeschäden, die an der Leistung desselben Unternehmers entstehen, nicht der Gefahrtragungsvorschrift des § 7 VOB/B unterfallen, da sie vom Unternehmer nach den Gewährleistungsvorschriften der §§ 4 Nr. 7 und 13 Nr. 5 Abs. 1 VOB/B zu vertreten sind.[14]

### VII. Abgrenzung zur Leistungsverzögerung nach § 6 VOB/B

17   Beide Vorschriften schließen sich nicht aus. Vielmehr können sie nebeneinander Anwendung finden, wenn ein Ereignis sowohl zu einer Beschädigung als auch zu einer Verzögerung führt. Für einen bestimmten Leistungsteil kann die Vergütung nicht zweimal verlangt werden. Insoweit geht § 7 VOB/B vor. Allerdings können im Falle des § 6 Nr. 7 VOB/B zusätzlich die Kosten der Baustellenräumung vergütungsfähig sein.

## B. Die (erweiterte) Gegenleistungsgefahr im BGB-Bauvertrag

### I. Das Regel-/Ausnahmeverhältnis in §§ 644, 645 BGB

18   Für den Werkvertrag bestimmt das BGB in § 644 Abs. 1 Satz 1 die Abnahme als **Zeitpunkt des Gefahrübergangs** der (erweiterten) Gegenleistungs- und Preisgefahr. Bis dahin trägt der Unternehmer das Risiko, dass Leistungshandlungen unvergütet bleiben. Von diesem Grundsatz regelt das Gesetz drei für den Bauvertrag relevante Ausnahmen:
 – der Besteller ist im Annahmeverzug (§ 644 Abs. 1 Satz 2);
 – der Untergang oder die Verschlechterung des Werks geht auf einen Fehler des vom Besteller gelieferten Stoffes zurück (§ 645 Abs. 1 Satz 1, 1. Alt.);
 – der Untergang oder die Verschlechterung beruht auf einer Weisung des Bestellers (§ 645 Abs. 1 Satz 1, 2. Alt.).

19   Die Rechtsprechung erweitert die Ausnahmen auf solche Fälle, in denen die Kausalkette durch eine **gefahrerhöhende Handlung des Bestellers** in Gang gesetzt wurde.[15] So wendet das OLG Köln § 645 BGB entsprechend an, wenn durch nachfolgende Schweißarbeiten eines anderen Unternehmers das Gebäude mitsamt den bereits fertig gestellten Renovierungsarbeiten abbrennt.[16] Weiter als der BGH in der gerade angeführten Entscheidung geht noch das LG Berlin,[17] das § 645 BGB entsprechend anwendet bei der Beschädigung der Leistung durch nachfolgende Arbeiten anderer Unternehmer gemäß Weisung des Bestellers, wenn nur der Unternehmer diese Handlungen nicht verhindern konnte. Demgegenüber soll § 645 Abs. 1 Satz 1 BGB mangels größerer Gefahrnähe des Hauptunternehmers (Auftraggebers) nicht entsprechend anwendbar sein, wenn die Leistung eines Subunternehmers zufällig untergeht, während er und der Hauptunternehmer noch auf der Baustelle arbeiten.[18] In den Schürmann-Bau-Entscheidun-

---

[14] In der Bauleistungsversicherung gilt eine andere Abgrenzung vgl. → Anh. § 7 Rdn. 20 und 35 ff.
[15] BGHZ 40, 71, 75 = NJW 1963, 1824.
[16] OLG Köln OLGZ 1975, 323, 324; wobei in dieser Entscheidung sogar eine Gefahrtragungsklausel in BVB, welche die Gefahrtragung dem Auftragnehmer bis zur Abnahme übertrug, die entsprechende Anwendung des § 645 BGB nicht hindern sollte.
[17] LG Berlin BauR 1984, 180. Das Gericht stützt seine Entscheidung zwar auf § 645 BGB, jedoch mit der Begründung, ein Erfüllungsgehilfe (Architekt?) des Bestellers habe seine Pflicht zur Baustellenorganisation verletzt, was einen Anspruch aus positiver Vertragsverletzung nahe legt und Gefahrtragungsregeln ausschließt.
[18] BGHZ 78, 352, 355 = NJW 1981, 391 = BauR 1981, 71.

gen[19] hat der BGH im Falle der Zerstörung der Elektroinstallationen durch das Jahrhunderthochwasser § 645 BGB für anwendbar gehalten, weil der Auftraggeber es nicht verhindert hatte, dass der geplante und ausgeführte vorläufige Hochwasserschutz zurzeit der Hochwassergefahr teilweise von dem Unternehmer eines anderen Gewerks wieder beseitigt gewesen war. Der Auftraggeber stehe als Bauherr der Gefahr, die sich aus der Beschaffenheit des Hochwasserschutzes ergab, näher als der Auftragnehmer für die Elektroinstallation.

Das vor allem früher von Teilen der Literatur stark propagierte Gegenkonzept einer **Aufteilung der Gefahr nach Risikosphären**[20] hat sich in der Rechtsprechung nicht durchsetzen können. Der BGH hat die Frage in der oben (Fn. 15) genannten Entscheidung noch offen gelassen.[21] Die von ihm praktizierte entsprechende Anwendung des § 645 BGB in den Fällen einer Gefahrerhöhung durch den Besteller führt jedoch zu vergleichbaren Ergebnissen. Für den VOB-Vertrag ist die Kontroverse ohnehin ohne Belang, da § 7 VOB/B die Diskussion um Ausnahmen von § 644 Abs. 1 Satz 1 BGB müßig macht. **20**

## II. Die Regelumkehr in § 7 VOB/B

Die Grundregel des § 644 Abs. 1 Satz 1 BGB ist in § 12 Abs. 6 VOB/B dem Text nach übernommen. In der Sache kehrt § 7 VOB/B die Regelung des BGB in ihr Gegenteil um, weil, wie eine genauere Analyse der Umstände zeigt (im Einzelnen siehe → § 7 Rdn. 17 ff.), die Gefahr für alle zufälligen Zerstörungen und Beschädigungen dem **Auftraggeber** zugewiesen wird. Es bleibt deshalb entgegen verbreiteter Ansicht neben § 7 VOB/B für die im BGB geregelten und durch Analogie geschaffenen Ausnahmen von § 644 Abs. 1 Satz 1 BGB kein Raum. **21**

## C. Rechtfertigung der Regelumkehr

Die Regelumkehr betrifft allein § 644 Abs. 1 Satz 1 BGB. Da sie über den Ausnahmebereich des § 645 BGB hinausgeht, stellt sich die Frage nach ihrer Rechtfertigung. Die positive Antwort darauf belegt zugleich die Vereinbarkeit des § 7 VOB/B mit den AGB-rechtlichen Bestimmungen der §§ 305 ff. BGB für den Fall, dass die VOB vom Auftragnehmer gestellt werden. **22**

### I. Die herrschende Auffassung

Die von § 644 Abs. 1 Satz 1 BGB abweichende, den Auftraggeber belastende Risikoverteilung beruht auf den Besonderheiten des Bauvertrages. Bereits bei den Beratungen des BGB wurde erwogen, die (erweiterte) Gegenleistungsgefahr beim Bauvertrag dem Besteller aufzuerlegen.[22] Heute rechtfertigt man die von § 644 Abs. 1 Satz 1 BGB abweichende **23**

---

[19] BGHZ 136, 303 und BGHZ 137, 35.
[20] *Erman* JZ 1965, S. 657 ff. Vgl. hierzu auch die Nachweise zum Meinungsstand in BGHZ 40, 71, 75 = NJW 1963, 1824 und bei *Nassauer* S. 142 ff.; *Erman/Seiler* § 645 Rdn. 11 lehnt die Sphärentheorie ab. Siehe auch LG Mönchengladbach NJW 1973, 191, 192, das die „Sphärentheorie" als Beweislastregel versteht.
[21] *Weyer* BlGBW 1970, 206, 210 meint dagegen, der BGH sei in dieser Entscheidung der Sphärentheorie gefolgt. Wie hier OLG Hamm BauR 1980, 576, 577; *Rutkowsky* NJW 1988, 1761 f. und *Nassauer* S. 153.
[22] *Mugdan* Die gesammten Materialien zum Bürgerlichen Gesetzbuch für das Deutsche Reich, Berlin 1899, Band 2, S. 934; siehe die Darstellungen bei *Flach* S. 65 ff. und *Enders* S. 18 ff., der hervorhebt, dass die Ablehnung als auf Praktikabilitätsgründen beruhte. Auch *Hesse* BB 1973, 546, 547 meint wie hier, dass der Gesetzgeber sich der Unbilligkeit der gesetzlichen Regelung bewusst war, so dass sie nicht als Leitbild im Rahmen des § 9 AGB-Gesetz (§ 307 BGB) dienen kann, a. A. *Schmidt-Salzer* BB 1973, Beilage 1, S. 8. Siehe

Risikoverteilung mit der Erwägung, dass der Bauunternehmer seine Leistung auf dem Grundstück des Bestellers zu erbringen habe, während die im BGB enthaltene Regelung von dem Leitbild ausgehe, dass der Unternehmer das Werk in seinen eigenen Räumen erbringe.[23] Insbesondere erlange hierdurch im Regelfall der Auftraggeber sofort Eigentum an den Leistungen des Bauunternehmers nach §§ 946, 94, 93 BGB.[24] An diese Feststellungen knüpft man allgemeine Billigkeitserwägungen oder auch eine Zurechnung nach Einfluss- oder Risikosphären an. Während der „übliche" Unternehmer selbst am besten in der Lage sei, die notwendigen Schutzmaßnahmen abzuschätzen und seinen Leistungsgegenstand vor der Abnahme gegen Gefahren zu schützen, habe der Bauunternehmer üblicherweise weder einen Informationsvorsprung hinsichtlich der am konkreten Ort drohenden Gefahren noch die besseren Möglichkeiten der Gefahrenabwehr. Außerdem folge dem Eigentum an den erbrachten Leistungen bei dieser Gestaltung regelmäßig auch das Risiko nach der Regel: „Casum sentit dominus",[25] nach der das Risiko des zufälligen Untergangs den Eigentümer treffe.

## II. Kriterien der Risikoverteilung

24   Besser begründete Einsichten verspricht der von *Koller* entwickelte methodische Ansatz der Risikoverteilung nach den Kriterien „abstrakte Beherrschbarkeit", „Absorptionsvorsprung" und „arbeitsteilige Veranlassung",[26] der zur marktwirtschaftlich bestmöglichen Ressourcenallokation führen soll.[27] Bei der Überprüfung des § 7 VOB/B anhand dieser Kriterien zeigen sich jedoch auch deren Grenzen. *Koller* selbst knüpft die beiden erstgenannten Kriterien an das Merkmal der Vorhersehbarkeit.[28] § 7 VOB/B regelt aber gerade die unvorhersehbaren Risiken. Letztlich können die Risiken deshalb nur anhand des Kriteriums der arbeitsteiligen Veranlassung verteilt werden. Die zur Rechtfertigung des § 7 VOB/B führende Lösung muss überdies dem Argument standhalten, dass die Tragung unvorhersehbarer Risiken gerade das Unternehmerrisiko des erfolgsbezogenen Werkvertrags ausmache und somit Teil des gesetzlichen Leitbildes des Werkvertrags sei.[29] Doch nun zu den Kriterien im Einzelnen:

### 1. Die abstrakte Beherrschbarkeit

25   Hinsichtlich des Kriteriums der „abstrakten Beherrschbarkeit" ist weder ein klarer Vorsprung des Auftraggebers noch ein solcher des Auftragnehmers feststellbar. Zwar wird der Auftragnehmer aufgrund seiner Erfahrung und seiner Fachkenntnisse besser die typischerweise einer Bauleistung drohenden Gefahren kennen und daher auch besser die notwendigen Vorsorgemaßnahmen abschätzen und treffen können.[30] Die Gefahren jedoch, die aus der Lage und Beschaffenheit des Grundstücks resultieren, kann regelmäßig der Auftraggeber, der das Grundstück ausgewählt hat und häufig auch Eigentümer sein wird, besser beurteilen.

---

auch die Kritik bei *Bähr* Entwurf eines bürgerlichen Gesetzbuchs für das Deutsche Reich, Kritische Vierteljahresschrift für Gesetzgebung und Rechtswissenschaft (30) 1888, 321 und 481, S. 401 f., der unter Hinweis auf die entsprechende Regelung des Preußischen ALR (I. 11. § 967) die Gefahr dem Besteller zuweisen will.

[23] *Daub/Piel/Soergel/Steffani* ErlZ B 7.8.
[24] MünchKomm/*Soergel* § 644 BGB Rdn. 13.
[25] *Flach* S. 74, der daraus schließt, bei fehlendem Eigentum des Auftraggebers am Baugrundstück, z. B. beim Bauträgervertrag, verstoße § 7 VOB/B gegen § 9 Abs. 2 AGB-Gesetz (§ 307 BGB).
[26] *Koller* S. 77 ff., zum Werkvertrag auch S. 288 ff.
[27] Zur Risikoverteilung unter ökonomischen Aspekten allgemein *Schäfer/Ott* S. 109 ff.; zum Vertragsrecht, S. 321 ff. und *Trimarchi* ZHR 136 (1982), 188 ff.
[28] *Koller* S. 88 und 95.
[29] *Schmidt-Salzer* BB 1973 Beilage 1, S. 8.
[30] Mit diesen Erwägungen lehnen in den Gutachten und Vorschlägen zur Überarbeitung des Schuldrechts sowohl *Keilholz* (Bd. III, S. 273) als auch *Weyers* (Bd. II, S. 1156 f.) die Übernahme einer dem § 7 VOB/B entsprechenden Regelung in das Werkvertragsrecht (auch in eine Regelung des Bauvertrages) ab.

D. Versicherung                                                                Vor § 7

Ebenso hat der Auftraggeber im Falle der Tätigkeit mehrerer Auftragnehmer auf der Baustelle die besseren Übersichts- und Kontrollmöglichkeiten. Dies hat sich in der Pflichtenverteilung in § 4 Nr. 1 Abs. 1 Satz 1 und Nr. 5 Satz 1 VOB/B niedergeschlagen.

**2. Der Absorptionsvorsprung**

Grundsätzlich könnte man einen Absorptionsvorsprung beim Auftragnehmer sehen, weil **26** dieser üblicherweise eine Vielzahl von Aufträgen abwickelt und damit gegenüber dem regelmäßig nicht mit vergleichbarer Häufigkeit bauenden Auftraggeber die bessere Möglichkeit der Risikostreuung und -abwälzung besitzt. Jedoch wird diese Annahme schon bei der öffentlichen Hand und bei den Generalunternehmern als Auftraggebern fraglich. Der Vorsprung existiert aber auch deshalb nicht, weil beide Seiten gleichermaßen die Möglichkeit haben, ihr Risiko durch Abschluss einer Bauleistungsversicherung zu absorbieren.[31] Zu den Versicherungsmöglichkeiten siehe → Anh. § 7.

**3. Die arbeitsteilige Veranlassung**

Die Kriterien der Beherrschbarkeit und des Absorptionsvorsprungs finden ihre Grenze in **27** der objektiven Vorhersehbarkeit.[32] Sie wirken deshalb in die dem § 7 VOB/B vorgelagerte Pflichtenverteilung hinein und leisten dort gute Dienste. Für die im Rahmen des § 7 VOB/B allein noch offene Aufgabe der Risikoverteilung für Verluste aus unvorhersehbaren Ereignissen aber geben sie nichts her. Hier bleibt nurmehr die dritte Anknüpfung. Bei ihr ist zu fragen, welche Seite das Risiko veranlasst hat, wen ohne die Möglichkeit, zu seiner Bedarfsdeckung einen anderen einzuschalten, das Risiko fehlgeschlagener Aufwendungen getroffen hätte.[33] Dies ist der Auftraggeber. Denn hätte er die Leistungen selbst erbracht, hätte er auch das Risiko zufälliger Beschädigung oder zufälligen Untergangs selbst zu tragen. Die in § 7 VOB/B vorgesehene Risikotragung entspricht genau diesem Gerechtigkeitsmaßstab.

## D. Versicherung

Die Versicherungswirtschaft hat, abgestimmt auf die Gefahrtragungsregeln des § 7, Ver- **28** sicherungsmodelle entwickelt, die man als Bauwesen- oder Bauleistungsversicherung bezeichnet. Die Modelle werden im Anhang zu § 7 vorgestellt und kommentiert.

---

[31] Einwenden ließe sich allenfalls, es sei marktwirtschaftlich sinnvoll, demjenigen durch Zuweisung des Risikos über die Versicherung entscheiden zu lassen, der die bessere Information über das Risiko habe, da so unnötige Versicherung vermieden werde, so *Flach* S. 94 ff. Jedoch können sich hier zirkuläre Argumentationen ergeben, vgl. Fn. 70.
[32] *Koller* S. 88 und 95 f.
[33] Dieses Kriterium wurde bereits in den Beratungen des BGB diskutiert, vgl. *Mugdan* (Fn. 21) S. 935.

## § 7 Nr. 1–3

### § 7 Nr. 1 [Vom Auftragnehmer nicht zu vertretende Beschädigung]

Wird die ganz oder teilweise ausgeführte Leistung vor der Abnahme durch höhere Gewalt, Krieg, Aufruhr oder andere objektiv unabwendbare vom Auftragnehmer nicht zu vertretende Umstände beschädigt oder zerstört, so hat dieser für die ausgeführten Teile der Leistung die Ansprüche nach § 6 Nr. 5; für andere Schäden besteht keine gegenseitige Ersatzpflicht.

### § 7 Nr. 2 [In die Substanz der baulichen Anlage eingegangene Leistungen]

Zu der ganz oder teilweise ausgeführten Leistung gehören alle mit der baulichen Anlage unmittelbar verbundenen, in ihre Substanz eingegangenen Leistungen, unabhängig von deren Fertigstellungsgrad.

### § 7 Nr. 3 [Nicht eingebaute Stoffe und Bauteile sowie Baubehelfe]

Zu der ganz oder teilweise ausgeführten Leistung gehören nicht die noch nicht eingebauten Stoffe und Bauteile sowie die Baustelleneinrichtung und Absteckungen. Zu der ganz oder teilweise ausgeführten Leistung gehören ebenfalls nicht Baubehelfe, z. B. Gerüste, auch wenn diese als Besondere Leistung oder selbständig vergeben sind.

Literatur: Vgl. die Hinweise → Vor § 7 sowie → Anh. § 7.

### Übersicht

| | Rdn. |
|---|---|
| A. Leistung | 1–8 |
|   I. Festlegung der Leistung in Nr. 2 und 3 | 2 |
|   II. Vertragsgemäßheit | 8 |
| B. Ursachen | 9–27 |
|   I. Krieg | 10 |
|   II. Aufruhr | 11 |
|   III. Höhere Gewalt | 12 |
|   IV. Unabwendbare Umstände | 17 |
|   V. Die Deckung von Unabwendbarkeit und Zufall | 18 |
|   VI. Folgerungen | 23 |
|   VII. Arbeitskampf | 25 |
|   VIII. Baugrundrisiko | 26 |
|   IX. Risikoteilung | 27 |
| C. Vom Auftragnehmer nicht zu vertreten | 28–32 |
|   I. Vertretenmüssen des Auftragnehmers | 28 |
|     1. Verschulden | 28 |
|     2. Verzug | 29 |
|     3. Gewährleistung | 30 |
|   II. Vertretenmüssen des Auftraggebers | 31 |
|     1. Verschulden | 31 |
|     2. Verzug | 32 |
| D. Beschädigung oder Zerstörung | 33 |
| E. Anspruchsumfang | 34 |
| F. Ausschluss anderer „Ansprüche" | 35 |
| G. Beweislast | 37 |
| H. Abweichende Regelungen durch den Auftraggeber | 38 |

## A. Leistung

**1** Durch den Begriff der Leistung werden die im Falle zufälliger Beschädigung oder Zerstörung zu vergütenden von den nicht zu vergütenden Aufwendungen des Unternehmers abgegrenzt. Deshalb besitzt dieser Begriff erhebliche praktische Bedeutung.

### I. Festlegung der Leistung in Nr. 2 und 3

**2** Mit der Änderung der VOB vom 12. 11. 1992 wurde der früher umstrittene Umfang der ganz oder teilweise ausgeführten Leistung im Sinne des § 7 VOB/B durch Einfügung der

Nummern 2 und 3 klargestellt. Zu der Leistung gehören nach dem nunmehr eindeutigen Text des § 7 VOB/B alle mit der baulichen Anlage **unmittelbar verbundenen,** in ihre Substanz eingegangenen Leistungen, unabhängig von ihrem Fertigungsgrad. **Nicht** dazu gehören noch nicht eingebaute Stoffe oder Teile, Baustelleneinrichtungen und Absteckungen sowie Baubehelfe (z. B. Gerüste), selbst wenn diese als Besondere Leistungen oder selbstständig vergeben wurden. Mit dieser Änderung im Wortlaut der VOB/B hat sich der Deutsche Verdingungsausschuss für Bauleistungen der Ansicht des BGH[1] zum Leistungsbegriff in der bisherigen Fassung des § 7 VOB/B angeschlossen und sogar die Definition des BGH z. T. wörtlich übernommen.[2]

Der weite produktionstechnisch-physikalische Leistungsbegriff von *Ursprung*,[3] wonach **3** unter Leistung jede vertragsgemäß beigestellte Energie[4] zu verstehen sei, so dass sämtlicher Arbeits- und Materialaufwand ersatzpflichtig werde, vereinbart sich nicht mit dem nunmehr eindeutigen Wortlaut der Klausel. Dasselbe gilt für *Schmalzls*[5] Definition anhand der Erfolgsbezogenheit bzw. des nur mittelbaren Zusammenhanges mit dem Erfolg, wonach die Leistung unabhängig vom geschuldeten Werk auch die unmittelbaren Herstellungsarbeiten umfasse, die mit zu den Kalkulationsfaktoren zählten. Die Änderung der VOB/B hat klargestellt, dass Leistung i. S. d. § 7 VOB/B nur noch die Maßnahmen sein können, die sich schon vor dem schädigenden Ereignis **unmittelbar** auf die bauliche Anlage selbst ausgewirkt haben; Raum für die genannten weiteren Leistungsbegriffe verbleibt daher – zumindest seit der Änderung der VOB/B – nicht. Diese Abgrenzung mag angesichts verschiedener technischer Arbeitsmöglichkeiten, die zu demselben Erfolg, aber zu unterschiedlichen Ergebnissen im Rahmen des § 7 VOB/B führen können, in Einzelfällen willkürlich erscheinen.[6] Jedoch ist auch die Wahl einer bestimmten Arbeitsweise Teil des **Unternehmerrisikos.** Das Problem kann sich überdies bei jeder Anknüpfung an die erbrachte Leistung stellen, so auch in §§ 8 Nr. 2 Abs. 2, 6 Nr. 5 VOB/B. Dort nimmt mit Recht niemand an der hier vorgenommenen Abgrenzung Anstoß. Letztlich wird das Problem durch die **Versicherbarkeit** entschärft, da der Unternehmer, der im obigen Sinne „riskante" Arbeitsweisen anwendet, für entsprechende Versicherung sorgen kann und wird.[7]

Entscheidendes Abgrenzungskriterium für den Leistungsbegriff des § 7 VOB/B ist nach **4** neuer Fassung des § 7 VOB/B die Verbindung mit der **Substanz der baulichen Anlage.** Von der Gefahrtragung umfasst sind daher die bauhandwerklichen Maßnahmen, mit denen Bauwerke auf der Grundlage des Vertrages unmittelbar geschaffen, erhalten oder geändert werden.[8] Nicht erforderlich ist dabei die Fertigstellung; die Gefahr geht also auch dann über, wenn die Leistung noch nicht abnahme- oder teilabnahmereif ist.[9] **Vorbereitungs- und Schutzmaßnahmen** (z. B. Einrichtung der Baustelle, Lagerung der Baustoffe, Errichtung eines Schutzzeltes) rechnen dagegen auch dann nicht zu den Leistungen im Sinne des § 7 VOB/B, wenn sie in notwendigem Zusammenhang mit der Arbeit stehen. Diese Vorbereitungs- und Schutzmaßnahmen sind nämlich weder mit der baulichen Maßnahme unmittelbar verbunden noch gehen sie in deren Substanz ein. Beschädigungen an Hilfsmitteln (z. B. Baumaschinen, Fahrzeugen, Baustelleneinrichtungen etc.), Vorbereitungsarbeiten und Hilfs-

---

[1] BGH NJW 1973, 368 = BauR 1973, 110.
[2] Schon der BGH definiert die Leistungen i. S. d. § 7 VOB/B a. F. als die „mit dem Bauwerk unmittelbar verbundenen, in seine materielle Substanz eingehenden Leistungen" (NJW 1973, 368, 369 = BauR 1973, 110, 111).
[3] *Ursprung* BauR 1973, 341.
[4] *Ursprung* BauR 1973, 341, 346.
[5] *Schmalzl* BauR 1972, 276, 277.
[6] Siehe das von *Ursprung* BauR 1973, 341 gebildete Beispiel; auch *Daub/Piel/Soergel/Steffani* ErlZ B 7.29 f. will noch nicht eingebaute Fertigteile in bestimmten Fällen zur Leistung i. S. des § 7 VOB/B zählen.
[7] Nach § 1 Nr. 1 ABU sind Baustoffe, Bauteile, Hilfsbauten und Bauhilfsstoffe versichert, nach § 1 Nr. 1 ABN sind Baustoffe und Bauteile für den Roh-, Aus- und Umbau versichert und nach § 1 Nr. 2 d ABN Hilfsbauten und Bauhilfsstoffe durch besondere Vereinbarung versicherbar.
[8] So schon die Rechtsprechung vor der Änderung: BGH NJW 1973, 368 = BauR 1973, 110, 111; ebenso *Oppler* in: *Ingenstau/Korbion* VOB/B § 7 Nr. 1–3 Rdn. 3.
[9] *Oppler* in: *Ingenstau/Korbion* VOB/B § 7 Nr. 1–3 Rdn. 3.

### § 7 Nr. 1–3

bauten (z. B. Schutzzelten, Bauzäunen, Gerüsten, Schalungen, Wasserhaltungsanlagen etc.) sind somit nicht vergütungsfähig.[10] Ebenso wenig geht die Gefahr von noch nicht eingebauten Baustoffen, die auf der Baustelle gelagert werden, auf den Auftraggeber über.[11]

**5** Werden Bauteile nach erfolgtem Einbau kurzfristig nochmals von dem Bauwerk getrennt, so macht dies ihre Eigenschaft als ganz oder teilweise ausgeführte Leistung **nicht rückgängig**,[12] so dass der Auftraggeber gemäß § 7 VOB/B die Gefahr trägt. Dieses Ergebnis folgt jedoch nicht – wie in der Entscheidung anklingt – daraus, dass die eingebauten Teile gemäß § 92 Abs. 1, 2 BGB wesentliche Bestandteile des Gebäudes und damit des Grundstücks werden und auch bei vorübergehendem Ausbau bleiben.[13] Zwar verliert der Auftragnehmer mit dem Einbau der Baustoffe sein Eigentum an diesen Stoffen, der Eigentumsübergang ist jedoch nur ein Gerechtigkeitskriterium unter anderen bei der Beurteilung des § 7 VOB/B. Nicht aber ist er eine notwendige Bedingung für dessen Anwendung. Das zeigt sich in den Fällen, in denen ein Bauwerk **vorübergehend** (im Rahmen eines Erbbauvertrages oder als Holzhaus, § 95 Abs. 1 BGB) errichtet wird und kein Eigentumsübergang nach §§ 946, 94, 93 BGB erfolgt. Weiter zeigt es sich bei den → Vor § 7 Rdn. 9 erwähnten Verträgen, bei denen der Auftraggeber nicht Grundstückseigentümer ist. Es kommt daher für die Anwendung des § 7 VOB/B nicht auf den Eigentumserwerb des Auftraggebers an.[14] Dass die Entscheidung dennoch im Ergebnis richtig ist, liegt daran, dass mit dem erstmaligen Einbau der Bauteile die Gefahr auf den Auftraggeber gemäß § 7 Nr. 1 VOB/B übergeht und dort mangels abweichender Gefahrverteilungsregel auch im Falle des späteren vorübergehenden Ausbaus verbleibt. Für einen Gefahrübergang zurück auf den Auftragnehmer bedürfte es nämlich einer speziellen gesetzlichen oder vertraglichen Regelung, die hier jedoch fehlt.

**6** Durch die Änderung des § 7 VOB/B wurde auch die Frage der Anwendbarkeit auf **selbstständig vergebene Hilfsarbeiten oder -einrichtungen** geklärt. Nach Nr. 3 Satz 2 gehören Baubehelfe auch dann nicht zu der Leistung, wenn sie als Besondere Leistungen oder selbstständig vergeben wurden. Dies gilt jedoch nur, soweit die Arbeiten tatsächlich reine Hilfseinrichtungen (= **Baubehelfe**) zur Herstellung des eigentlichen Bauwerks zum Gegenstand haben. Kommt der Einrichtung dagegen eine eigenständige Bedeutung über den Zeitraum der Bauarbeiten hinaus zu, soll etwa ein Zaun errichtet werden, der auch nach Abschluss der Arbeiten stehen bleiben und dann dem Schutz des fertig gestellten Gebäudes dienen soll, so handelt es sich nicht um eine Hilfseinrichtung, sondern um ein eigenständiges Bauwerk. Auf diese Fälle ist, sofern die Geltung der VOB/B vereinbart ist, auch deren Gefahrübergangsregelung in § 7 Nr. 1 VOB/B anwendbar.[15] Der Gefahrübergang für echte Bauhilfsarbeiten und -einrichtungen richtet sich nach dem BGB: Die Gefahr geht gemäß §§ 644 f. BGB über.

**7** Für die nach dem BGB zu behandelnden Fälle wird man Folgendes erwägen müssen: Die Gerüstarbeiten stellen sich regelmäßig als **Mischform aus Werk- und Mietvertrag** dar: Aufbau und Einrichtung als Werkvertrag, Überlassung als Mietvertrag und Abbau als Werkvertrag. Es bieten sich die Gefahrtragungsregeln in der zeitlichen Staffelung der Vertragselemente an: Zerstörung vor Abschluss des Aufbaus und Inbetriebnahme: Gefahrtragung des Auftragnehmers, keine Vergütung des Aufbauaufwands; Zerstörung nach Abschluss und

---

[10] *Nicklisch/Weick* VOB/B § 7 Rdn. 9.
[11] *Oppler* in: *Ingenstau/Korbion* VOB/B § 7 Nr. 1–3 Rdn. 4.
[12] BGH VersR 1968, 991 für den Fall des Diebstahls von bereits montierten Heizkörpern, die zum Anstrich wieder abgenommen worden waren.
[13] *Palandt/Heinrichs* § 94 Rdn. 7.
[14] So aber in der im Auftrag des Deutschen Verdingungsausschusses für Bauleistungen vom Deutschen Institut für Normung e. V. (DIN) herausgegebenen Ausgabe 1988 der VOB (S. 13): „… die Regelung des § 7 VOB/B, die darauf beruht, dass das herzustellende Werk bereits vor der Abnahme in das Eigentum des Auftraggebers übergeht."
[15] *Rutkowski* NJW 1988, 1761, 1762; i. E. ebenso *Oppler* in: *Ingenstau/Korbion* VOB/B § 7 Nr. 1–3 Rdn. 6, wobei allerdings deren Begründung über Treu und Glauben (§ 242 BGB) nicht zu überzeugen vermag, da sich die Abgrenzung – wie gezeigt – anhand des Wortlautes des § 7 Nr. 3 VOB/B vornehmen lässt.

Inbetriebnahme: Gefahrtragung beim Auftraggeber, Vergütung des Aufbauaufwands (nicht des Gerüsts!) und der anteiligen Nutzungszeit usw.

## II. Vertragsgemäßheit

Die Abnahme- oder Teilabnahmefähigkeit des beschädigten oder zerstörten Teils der insgesamt abnahmefähigen Leistung ist für die Anwendung des § 7 VOB/B ohne Belang.[16] Dies kann jedoch nicht bedeuten, dass die Leistung, soweit erstellt, nicht im Wesentlichen vertragsgemäß sein müsste. Es sollen lediglich die Voraussetzungen des § 12 Nr. 1 und 2 VOB/B hinsichtlich der Fertigstellung bzw. der Abgeschlossenheit nicht vorliegen müssen, da sonst der Anwendungsbereich des § 7 VOB/B auf die geringe Zeitspanne zwischen Fertigstellung und Abnahme reduziert würde. Soweit fertig gestellt, muss die Leistung im Wesentlichen den vertraglichen Erfordernissen entsprechen. Für eine aus qualitativen Gründen nicht abnahmefähige Leistung kann auch nicht über § 7 VOB/B Vergütung verlangt werden. Geringe Mängel werden bei der Abrechnung nach § 6 Nr. 5 VOB/B berücksichtigt, indem die fiktiven Kosten der Mängelbeseitigung vom Entgelt abgezogen werden.[17] 8

## B. Ursachen

§ 7 VOB/B benennt mit der höheren Gewalt, dem Krieg und dem Aufruhr einzelne Schadensursachen und erweckt dadurch den Eindruck, dass nicht alle zufälligen (= von keiner der Vertragsparteien zu vertretenden) Zerstörungen und Beschädigungen der teilweise ausgeführten Leistungen zur Belastung des Auftraggebers mit der Sach- und Wertgefahr führten. Dem Eindruck sind auch die Rechtsprechung und die herrschende Meinung in der Literatur aufgesessen. Er ist nichtsdestoweniger falsch. Die angeführten Ursachen sind ohnehin nur Anwendungsfälle des Oberbegriffs der unabwendbaren Umstände und könnten ohne Inhaltsänderung der in § 7 VOB/B normierten Gefahrtragungsregel ersatzlos gestrichen werden. Die unabwendbaren Umstände aber sind nichts anderes als **Zufallsereignisse,** d. h. es gibt kein Zufallsereignis, das nicht dem Begriff unabwendbarer Umstand unterfiele. Begriffsfestlegungen zu den in § 7 VOB/B herausgehobenen Einzelursachen sind deshalb an sich überflüssig. Wenn sie im Folgenden dennoch präsentiert werden, so geschieht das für den Rechtsanwender, der sich im Einzelfall nicht mit unserer allgemeinen Analyse (unten Rdn. 17 ff.) auseinandersetzen möchte. 9

### I. Krieg

Unter Krieg versteht man sowohl eine **militärische Auseinandersetzung** zwischen Staaten als auch militärische Auseinandersetzungen innerhalb eines Staates zwischen der Regierung und militärisch organisierten Aufständischen, wenn diese ein größeres Gebiet kontrollieren (Bürgerkrieg).[18] Abgesehen von der geringen praktischen Bedeutung im üblichen räumlichen Anwendungsbereich der VOB dürfte sich eine genaue Abgrenzung von innerstaatlichen Konflikten geringerer Intensität zu kriegerischen Auseinandersetzungen auch deshalb erübrigen, weil in § 7 VOB/B das Merkmal Aufruhr als Auffangtatbestand zur Verfügung steht. 10

---

[16] OLG Köln BauR 1985, 203, 204.
[17] Insoweit wie hier *Nicklisch/Weick* VOB/B § 6 Rdn. 80, *Daub/Piel/Soergel/Steffani* ErlZ B 7.34.
[18] Vgl. zu den Problemen einer völkerrechtlichen Definition des Krieges *Meng,* War, in: Bernhardt u. a. (Hrsg.), Encyclopedia of Public International Law, Inst. 4, Amsterdam, New York, Oxford 1982, S. 282, 283 f.

## II. Aufruhr

**11** Aufruhr lässt sich definieren als **öffentliche Zusammenrottung** zahlenmäßig nicht unerheblicher Teile des Volkes, die verbunden ist mit einer Störung der öffentlichen Ruhe und Ordnung und in deren Verlauf Gewalttätigkeiten gegen Sachen und Personen verübt werden.[19] Obwohl bei gewalttätigen Demonstrationen an den Baustellen von Großprojekten dieses Merkmal erfüllt sein wird,[20] dürfte auch hier wegen der Weite des im Folgenden erläuterten Begriffes der höheren Gewalt die praktische Bedeutung im Rahmen der VOB gering sein. Bedeutung erlangt die Unterscheidung nur im Bereich der ABU § 2 Nr. 4 c und ABN § 2 Nr. 5 c, da u. a. Schäden durch Krieg, Bürgerkrieg und innere Unruhen nicht versichert sind, durch höhere Gewalt verursachte dagegen wohl.

## III. Höhere Gewalt

**12** Der Begriff der höheren Gewalt[21] wird in verschiedenen gesetzlichen Vorschriften verwandt, z. B. §§ 1 Abs. 2 Satz 1 HaftpflichtG, 206, 651j Abs. 1, 701 Abs. 3, 1996 Abs. 1 Satz 1 BGB, 734 HGB, 22 Abs. 2 Satz 2 WHG, 54 Abs. 1 WG, 48 Abs. 1 ScheckG, jedoch nicht definiert.[22] Das Reichsgericht bestimmt in einer Entscheidung zu § 1 Reichshaftpflichtg höhere Gewalt als ein Ereignis, das von **außerhalb des Betriebes** oder seiner Einrichtungen wirke und unvorhersehbar, mit wirtschaftlich erträglichen Mitteln nicht abzuwenden und auch nicht wegen seiner Häufigkeit von dem Betriebsunternehmer in Kauf zu nehmen sei.[23] Diese Definition wird seither in ständiger Rechtsprechung verwandt[24] und auch auf § 7 VOB/B übertragen.[25] Dabei soll im Merkmal der Betriebsfremdheit[26] der wesentliche Unterschied zu den anderen unabwendbaren Ereignissen liegen und ein Bereich des Zufalls jenseits von höherer Gewalt und unabwendbarem Ereignis möglich sein.

**13** Die baurechtliche Literatur übernimmt die Auffassung der Rechtsprechung im Grundsatz kritiklos. Demgegenüber stritt man in der allgemeinen zivilrechtlichen Literatur bereits vor Inkrafttreten des BGB darum, ob der Begriff der höheren Gewalt einen über den bloßen Zufall hinausgehenden Inhalt habe[27] und ob er überhaupt als Abgrenzungskriterium tauglich sei.

**14** Im Lager derjenigen, die **Falldifferenzierungen im Zufallsbereich** mit Hilfe des Begriffs der höheren Gewalt für möglich halten, stehen sich zwei Auffassungen gegenüber:

---

[19] *Daub/Piel/Soergel/Steffani* ErlZ B 7.16 unter Hinweis auf diese in dem bis 1970 geltenden § 115 StGB enthaltene Definition. Vgl. auch den Tatbestand des Landfriedensbruchs in § 125 StGB und die einschlägigen Kommentierungen dieser Norm.
[20] Hierzu *Rutkowsky* NJW 1988, 1761.
[21] Eine grundlegende Untersuchung dieses Begriffs findet sich neuestens bei *Doll* passim.
[22] Vgl. zu diesen Vorschriften *Doll* S. 160 ff.
[23] RGZ 95, 64, 65; siehe zur höheren Gewalt auch *Filthaut* Haftpflichtgesetz, 2. Aufl. 1988, § 1 Rdn. 158 ff. mit zahlreichen Literaturhinweisen.
[24] BGHZ 7, 338, 339; 62, 351, 354; neuerdings bezeichnet BGH NJW-RR 1988, 986 = VersR 1988, 910 = JZ 1988, 675 „höhere Gewalt" als wertenden Begriff, der außerbetriebliche Risiken ausschließen will.
[25] BGH BB 1962, 111 = VersR 1962, 160, kritisch zur Übertragung der Auslegung des gesetzlichen Begriffs auf den vertraglichen *Beitzke* Betr 1967, 1751, 1752.
[26] Zu beachten ist jedoch, dass bei der Auslegung von Vorschriften, die lediglich den Begriff der höheren Gewalt und nicht auch den der anderen unabwendbaren Ereignisse verwenden, die Rechtsprechung auf diese Abgrenzung verzichtet und höhere Gewalt als unabwendbaren Zufall bezeichnet, was zu einer Begriffsverwirrung führen kann, RG JW 1938, 176; BGHZ 81, 353, 355 = NJW 1982, 96 in einer Entscheidung zu § 203 a. F. BGB, Siehe hierzu auch MünchKomm/*Grothe* § 206 BGB Rdn. 3. Zum besseren Verständnis trägt RGZ 75, 386, 390 bei, wo das Merkmal der Betriebsfremdheit bei der Abgrenzung der höheren Gewalt nur auf Schadenszufügungen, die in gewerblichen Betrieben eintreten, angewandt wird.
[27] Grundlegend *Gelpcke*, Empfiehlt sich die Anwendung des Begriffes der höheren Gewalt im bürgerlichen Recht?, Verhandlungen des 22. DJT, Band 1, Berlin 1892, S. 348 und *Gerth*, Der Begriff der vis maior im römischen und Reichsrecht, Berlin 1890. Eine Darstellung des Meinungsstandes findet sich auch bei *Adamkiewicz* Gruchot 59, S. 577.

eine **objektive** oder **absolute,** wonach höhere Gewalt ein von außen kommendes, unabwendbares und unverschuldetes Ereignis sei, und eine **subjektive** oder **relative,** wonach höhere Gewalt vorliegen soll, wenn ein Schaden durch äußerste Sorgfalt nicht hätte vermieden werden können.[28] Der Anwendungsbereich der erstgenannten Auffassung soll mehr im Bereich des Haftungsrechts, z. B. § 1 HaftpflichtG, liegen, wohingegen die zweite Auffassung auf die Wahrnehmung von Rechtshandlungen, z. B. § 206 BGB, Anwendung finden soll.[29] Bei der Erörterung der unabwendbaren Umstände wird sich zeigen, dass die behauptete Ausgrenzung aus dem Bereich des Zufalls nicht möglich ist.

Als **Fälle der höheren Gewalt** werden angesehen Naturereignisse,[30] Unwetter und auch Eingriffe Dritter. Witterungseinflüsse sollen nur in Ausnahmefällen höhere Gewalt oder unabwendbare Ereignisse sein.[31] Tatsächlich hat der Auftragnehmer Witterungseinflüsse, mit denen nach der örtlichen Lage und der Jahreszeit zu rechnen ist, in seine Kalkulation einzubeziehen.[32] Lediglich ungewöhnliche Witterungseinflüsse fallen unter den Begriff der höheren Gewalt bzw. des unabwendbaren Ereignisses.[33] In der Literatur wird z. T. auch versucht, Witterungserscheinungen in drei Kategorien einzuteilen, nämlich gewöhnliche, ungewöhnliche und außergewöhnliche,[34] was für die Bauleistungsversicherung Bedeutung haben soll. 15

Jegliches eigene oder einer Vertragspartei zurechenbare Verschulden eines Dritten schließt die Annahme höherer Gewalt wie eines unabwendbaren Umstands aus.[35] 16

### IV. Unabwendbare Umstände

Nach der Rechtsprechung[36] setzt der Begriff des unabwendbaren, vom Auftragnehmer nicht zu vertretenden Umstandes „Ereignisse voraus, die nach menschlicher Einsicht und Erfahrung in dem Sinne **unvorhersehbar** sind, dass sie oder ihre Auswirkungen trotz Anwendung wirtschaftlich erträglicher Mittel durch die äußerste nach der Sachlage zu erwartende Sorgfalt nicht verhütet oder in ihren Wirkungen bis auf ein erträgliches Maß unschädlich gemacht werden können". In der ersten Schürmann-Entscheidung[37] heißt es dazu weiterhin: „Danach ist ein Ereignis nicht schon dann unvorhersehbar, wenn es für den Auftragnehmer nach den vom Bundesgerichtshof entwickelten Kriterien unabwendbar war. Die Voraussetzungen des § 7 Nr. 1 VOB/B sind nur dann erfüllt, wenn das Ereignis objektiv unabhängig von der konkreten Situation des betroffenen Auftragnehmers unvorhersehbar und unvermeidbar war." Der einzige Unterschied zur höheren Gewalt besteht darin, dass z. T. für die höhere Gewalt ein betriebsfremdes Ereignis verlangt wird, wogegen andere unanwendbare Ereignisse **nicht betriebsfremd** zu sein brauchen.[38] In der Literatur wird 17

---

[28] Überblick bei *Doll* S. 166 f.; Staudinger/*Peters* (2004) § 206 Rdn. 3, RGRK-*Johannsen* § 203 Rdn. 2.
[29] Staudinger/*Dilcher*, 12. Aufl. 1980, § 203 Rdn. 3 f.; RGRK-*Johannsen* will dagegen der relativen Theorie für alle Anwendungsbereiche den Vorzug geben.
[30] OLG Köln BauR 1985, 203, 204 sieht den Durchbruch eines Flusses in eine Räumpreßbohrung als unabwendbares Ereignis an.
[31] *Flach* S. 80; *Oppler* in: Ingenstau/Korbion VOB/B § 7 Nr. 1–3 Rdn. 15, *Nicklisch/Weick* VOB/B § 7 Rdn. 13; OLG Düsseldorf VersR 2003, 104.
[32] Dies ist in § 6 Nr. 2 Abs. 2 VOB/B für die Bauverzögerung ausdrücklich geregelt, ergibt sich jedoch auch für § 7 aus dem vertraglichen Leistungsprogramm.
[33] OLG Köln VersR 1973, 43 hält einen Sturm in der Windstärke 9 im Rheinland im November für nicht ungewöhnlich, da Böen dieser Stärke in den vergangenen zehn Jahren in diesem Monat jährlich ein bis zweimal vorgekommen waren.
[34] *Herde* S. 29; *Hereth/Ludwig/Naschold* VOB/B § 7 Rdn. 33. *Koller* S. 225 will Störungen in übliche, ungewöhnliche und außergewöhnliche einteilen und meint, ungewöhnliche Störungen könnten nur bei kurzfristigen Verträgen eine Befreiung vom Leistungserschwerungsrisiko rechtfertigen.
[35] BGH Betr 1953, 593.
[36] BGH VersR 1962, 159; BGHZ 61, 144, 145 = NJW 1973, 1698; BGHZ 136, 303, 305 f.
[37] BGHZ 136, 303, 306.
[38] So auch der BGH in der ersten Schürmann-Bau-Entscheidung: „Ein Fall höherer Gewalt liegt vor, wenn ein von außen einwirkendes und objektiv unabwendbares Ereignis eingetreten ist. Im Unterschied zu dem

auch diese Begriffsbestimmung weitgehend übernommen.[39] Lediglich *Duffek* und *Flach*[40] meinen weitergehend, jede Handlung des Bestellers sei ein unabwendbarer, vom Auftragnehmer nicht zu vertretender Umstand. Im Hinblick auf den Wortlaut allein erscheint diese Auffassung sogar nahe liegend. Jedoch darf die systematische Einordnung des § 7 VOB/B als Gefahrtragungsregel nicht verkannt werden. Bei Verschulden einer Vertragspartei ist § 7 VOB/B unanwendbar.[41] Statt seiner greifen die Regeln der § 326 Abs. 2 BGB oder § 280 Abs. 1 bzw. §§ 241 Abs. 2, 280 Abs. 1 BGB ein.[42]

### V. Die Deckung von Unanwendbarkeit und Zufall

18  Kritikwürdig ist an den oben genannten Definitionen der Rechtsprechung schon die dem üblichen Wortsinn widersprechende Verwendung des Wortes „unvorhersehbar",[43] da es nach den obigen Definitionen weder bei dem Begriff der höheren Gewalt noch bei dem Begriff des unabwendbaren Ereignisses allein auf die tatsächliche Unvorhersehbarkeit ankommt, die in den seltensten Fällen vorliegen wird, sondern häufiger auf die fehlende **Abwendungsmöglichkeit.** Deren Fehlen mag auf technischen oder wirtschaftlichen Gründen beruhen. Die Vorhersehbarkeit wird wertend bestimmt. Gefragt wird nicht, was mit wissenschaftlichen Methoden ex ante feststellbar als mögliches Ereignis in Betracht kam, sondern welches Maß an Voraussicht und Schadensverhütung in der konkreten Situation (im Falle eines Vertrages nach dem Vertragsprogramm) gefordert war. Dieses Maß wird regelmäßig durch die Frage nach der wirtschaftlichen Vertretbarkeit möglicher Verhaltensweisen bestimmt.

19  Die grundsätzliche Kritik an der in Rechtsprechung und Literatur üblichen Bestimmung der Begriffe der höheren Gewalt und der unabwendbaren Ereignisse muss an deren **Inhaltsleere** ansetzen. Bereits vor Inkrafttreten des BGB wurde diese Inhaltsleere kritisiert,[44] und weder Rechtsprechung noch Literatur konnten bisher die behauptete Abgrenzung dieser Tatbestände vom einfachen Zufall, der durch fehlendes Verschulden definiert ist, leisten. Einen solchen Unterschied gibt es auch nicht. Die erste Schürmann-Bau-Entscheidung[45] behauptet ihn zwar auf den ersten Blick, belegt ihn aber nicht. Es spricht vieles dafür, dass die reichlich missverständliche Entscheidung den Unterschied nicht einmal behaupten will. Die Formulierung, dass die Voraussetzungen des § 7 Nr. 1 VOB/B nur dann erfüllt seien,

---

Tatbestandsmerkmal der höheren Gewalt umfasst das unabwendbare Ereignis auch unvorhersehbare nicht betriebsfremde Ereignisse" (BGHZ 136, 303, 306).

[39] *Oppler* in: *Ingenstau/Korbion* VOB/B § 7 Nr. 1–3 Rdn. 13, *Nicklisch/Weick* VOB/B § 7 Rdn. 12, *Riedl* in: *Heiermann/Riedl/Rusam* VOB/B § 7 Rdn. 11.

[40] *Duffek* BauR 1975, 22; *Flach* S. 103 ff.; *v. Craushaar* BauR 1987 S. 14, 15 m. w. N. vertritt die Meinung, § 645 BGB umfasse auch schuldhafte Handlungen des Bestellers.

[41] Auch dies stellt der BGH in der ersten Schürmann-Bau-Entscheidung klar: „Nach seiner Regelungsfunktion, der Regelung der Gefahrtragung vor Abnahme in Fällen unabwendbarer Ereignisse, ist § 7 Nr. 1 VOB/B nicht anwendbar, wenn die Schädigung auf den Auftraggeber zurückzuführen ist" (BGHZ 136, 303, 306).

[42] Ebenso *Nicklisch/Weick* VOB/B § 7 Rdn. 16; *Rutkowsky* NJW 1988, 1761, 1763. *Duffek* meint, Handlungen des Bestellers in den Anwendungsbereich des § 7 VOB/B einbeziehen zu müssen, weil dessen Einwirkungen auf das Werk z. B. nachträgliche Veränderungen, die bereits ausgeführte Arbeiten nutzlos werden lassen, keine Pflichtverletzung darstellten. Er verkennt jedoch, dass aus dem jederzeitigen Kündigungsrecht des Bestellers nach §§ 649 BGB, 8 Nr. 1 VOB/B kein Recht zur Zweckvereitelung ohne Kostenrisiko ableitbar ist, wie die an die Kündigung anknüpfende Vergütungspflicht zeigt. Auch Änderungen kann der Besteller nach § 1 Nr. 3 VOB/B vornehmen, jedoch beseitigt eine Änderung nicht die Vergütungspflicht für bereits gemäß dem ursprünglichen Vertrag ausgeführte Arbeiten, auch stellt eine nicht rechtzeitige Änderung eine Pflichtverletzung dar.

[43] Diese könnte aus dem Bereich des Versicherungsrechts herrühren, vgl. § 2 Nr. 1 ABU, § 2 Nr. 1 ABN. Auch dort wird die Vorhersehbarkeit durch das in der Definition enthaltene wirtschaftliche Kriterium eingeschränkt, siehe *Platen* S. 13; *Wäldner* S. 34 f., was jedoch die Verwendung dieses Begriffes hier nicht sinnvoller macht.

[44] *Gelpcke* (Fn. 27) S. 348, *Gerth* (Fn. 27) S. 210 f., die ebenfalls zu dem hier vertretenen Ergebnis kommen.

[45] BGHZ 136, 303.

„wenn das Ereignis objektiv unabhängig von der konkreten Situation des betroffenen Auftragnehmers unvorhersehbar und unvermeidbar war", wendet sich gegen eine Sichtweise, die nur den Auftragnehmer in den Blick nimmt. Für § 7 Nr. 1 VOB/B muss halt auch der Auftraggeber in den Blick genommen werden. Ist für ihn das Ereignis weder unvorhersehbar noch unabwendbar, gibt es keinen Raum für die Anwendung des § 7 Nr. 1 VOB/B. So gesehen bringt das Urteil lediglich eine Trivialität zum Ausdruck und die durch es ausgelöste Einfügung von „objektiv" in den Text des § 7 Nr. 1 VOB/B ändert nichts an der gegebenen Rechtslage.

Bereits die Ungereimtheit der Rechtsprechung, die Betriebsfremdheit des schädigenden Ereignisses bei der höheren Gewalt letztlich nur dann verlangt, wenn der Begriff der anderen unabwendbaren Ereignisse als Auffangtatbestand zur Verfügung steht – Beispiel § 7 VOB/B –, jedoch die höhere Gewalt einfach als unabwendbaren Zufall bezeichnet, wenn sie als Tatbestandsmerkmal allein steht – Beispiel § 206 BGB –, disqualifiziert die bisherigen Bemühungen. Auch ein im Vergleich zu § 276 BGB erhöhter Sorgfaltsmaßstab der **„äußersten Sorgfalt"** kann nicht zur Unterscheidung herangezogen werden; die Rechtsprechung selbst definierte den Sorgfaltsmaßstab zunächst nicht einheitlich.[46] Außerdem verlangt sie nicht absolut „äußerste Sorgfalt", sondern die „äußerste nach der Sachlage zu erwartende Sorgfalt", was den Sorgfaltsmaßstab an die Sachlage, den Vertrag, bindet. Der Begriff der äußersten Sorgfalt in der heute üblichen Definition der höheren Gewalt ist auch deshalb inhaltsleer, weil er durch das Kriterium der Anwendung wirtschaftlich erträglicher Mittel eingeschränkt wird, dieses jedoch wesentlicher Bestandteil der Definition der vertraglich geschuldeten Sorgfalt ist. Wie → Vor § 7 Rdn. 2 erläutert, bedeutet Gefahrtragung die Zuweisung der Folgen eines von keiner Partei nach §§ 276, 278 BGB (oder anderen Zurechnungsvorschriften, vgl. → Vor § 7 Rdn. 15) zu vertretenden schädigenden Ereignisses. Ein solches **von keiner Partei verschuldetes** Ereignis nennt man Zufall. Zwischen Zufall und den in § 7 VOB/B erwähnten unabwendbaren Ereignissen gibt es in Anknüpfung an die allgemein anerkannte Definition (oben Rdn. 18) keinen Unterschied.[47]

Das hier entwickelte Ergebnis wird dadurch bestätigt, dass in der Rechtsprechung kein Fall entschieden ist, der bei genauer Prüfung in den behaupteten Zwischenbereich des einfachen Zufalls zwischen den unabwendbaren Umständen und der Pflichtverletzung fallen würde. Gerade die Entscheidungen, die diesen Grundsatz proklamieren, stellen letztlich auf Sorgfaltspflichtverstöße ab.[48] Das gilt auf den ersten Blick nicht für die Entscheidung des BGH im Schürmann-Bau.[49] Doch täuscht der erste Blick, wenn man die Kernaussage der Entscheidung darin sieht, dass das maßgebliche Ereignis für beide Seiten unvorhersehbar und unabwendbar sein muss (siehe Rdn. 19). Für den Auftraggeber aber war das Hochwasser nach der Einschätzung des BGH weder unvorhersehbar noch unabwendbar. Wenn der BGH allerdings anschließend über die Anwendung des § 645 BGB zu denselben Folgen kommt, die eine Anwendung des § 7 VOB/B gezeigt hätte, so könnte das als ein Zeichen für die Unterscheidung des Nichtvertretenmüssens vom objektiv Unabwendbaren gedeutet werden. Denn die Folgen des Vertretenmüssens hätten in den Vorschriften der §§ 324 und 325 BGB a. F. gefunden werden müssen. Indessen schließt nach Auffassung des BGH „§ 645 Abs. 1 Satz 1 BGB als Sonderbestimmung in seinem Anwendungsbereich die §§ 323 ff. BGB aus" (BGHZ 136, 303, 307).

Die nach der Sachlage gebotene Sorgfalt wird durch die **vertraglichen Pflichten** bestimmt.[50] Jeder Vertragspartner hat seine Pflichten so zu erfüllen, dass er alle Vorkehrungen

---

[46] Zu den verschiedenen Definitionen siehe *Beitzke* Betr 1967, 1751, 1752.
[47] MünchKomm/*Grothe* § 206 Rdn. 3 bezeichnet höhere Gewalt als Zufall (vgl. hierzu auch Fn. 21).
[48] So BGH VersR 1968, 991. Dies wird sogar in OLG Köln OLGZ 1975, 42, 44 festgestellt.
[49] BGHZ 136, 303.
[50] Im Bereich der Gefährdungshaftung mag das Merkmal der höheren Gewalt einen eigenständigen – von der Betriebsgefahr her zu definierenden – Anwendungsbereich haben, vgl. dazu *Doll* S. 175 f. Gegen die Verwendung des Begriffs im Rahmen der Gefährdungshaftung, *Will*, Quellen erhöhter Gefahr, 1980, S. 296 ff.

zum Schutz gegen gewöhnliche oder ungewöhnliche Schadensursachen – d. h. Ereignisse, die im Rahmen des Vorhersehbaren liegen – trifft, die technisch möglich und im Hinblick auf das Vertragsprogramm wirtschaftlich vertretbar sind. Bei diesem Sorgfaltsmaßstab bleiben lediglich die Ereignisse als ohne Pflichtverstoß „unabwendbar" übrig, die entweder unvorhersehbar sind, oder zwar vorhersehbar, aber aus technischen oder wirtschaftlichen Gründen nicht verhindert oder in ihren Auswirkungen unschädlich gemacht werden können.[51] Der Maßstab der wirtschaftlichen Vertretbarkeit[52] von Schutzmaßnahmen ist dabei nach dem Vertragsprogramm zu bestimmen.

## VI. Folgerungen

23  Im Ergebnis ist § 7 VOB/B daher einfach so zu lesen, dass die (erweiterte) Gegenleistungsgefahr der Auftraggeber trägt (zu den Auswirkungen auf die Bauleistungsversicherung, siehe → Anh. § 7). § 12 Nr. 6 VOB/B wird bei diesem Verständnis nicht gegenstandslos. Diese Vorschrift spricht den gesamten Gefahrtragungsbereich an, und die Abnahme bewirkt immer noch das Ende der Leistungsgefahr des Auftragnehmers (vgl. → Vor § 7 Rdn. 4).

24  Aufgrund der Weite des § 7 VOB/B ist ein Rückgriff auf § 645 BGB, der nur dem Auftraggeber für zwei Umstände, die er nicht nach § 276 BGB zu vertreten hat, die Gefahrtragung auferlegt, nicht nötig. Entgegen der Auffassung der h. M. in der Literatur[53] ist im Anwendungsbereich des § 7 VOB/B auch die entsprechende Anwendung des § 645 BGB nicht erforderlich, da sämtliche durch eine von diesem nicht zu vertretende risikoerhöhende Handlung des Auftraggebers verursachten Schäden **unabwendbare Ereignisse** nach der oben Rdn. 17 zitierten Definition darstellen.[54] Oppler[55] findet für seine Auffassung, § 645 BGB sei neben § 7 VOB/B anwendbar, in der früheren Rechtsprechung keine Stütze. BGHZ 40, 71 betrifft einen Fall, in dem die VOB/B nicht Vertragsgrundlage waren, und in BGH VersR 1968, 991, 992 wird ausdrücklich darauf hingewiesen, dass in BGHZ 40, 71 ein unabwendbares Ereignis i. S. von § 7 VOB/B vorgelegen habe. Die übrigen bekannten Entscheidungen zu § 645 BGB betreffen entweder Sachverhalte, in denen die VOB nicht Vertragsgrundlage war,[56] oder lösen Sachverhalte über § 7 VOB/B, die eine direkte Anwendung des § 645 BGB gerechtfertigt hätten.[57] Erst die Entscheidung des BGH zum Schürmann-Bau[58] schaffte hier auf den ersten Blick eine andere Situation. Sie ist indessen missverständlich formuliert und ändert im Ergebnis nichts am hier entwickelten Regelungskonzept (siehe Rdn. 19 und 21).

## VII. Arbeitskampf

25  Wie die ausdrückliche Erwähnung von Streik und Aussperrung in § 6 Nr. 2 Abs. 1 lit. b VOB/B neben den unter lit. c genannten unabwendbaren Ereignissen zeigt, rechnet die

---

[51] Es besteht auch keine Möglichkeit, einen zwischen höherer Gewalt und anderen unabwendbaren Ereignissen einerseits und Sorgfaltspflichtverletzung andererseits liegenden Bereich des „einfachen" Zufalls dadurch zu begründen, dass dann, wenn nach dem Vertrag keine Versicherungspflicht besteht, bereits das Bestehen einer Versicherungsmöglichkeit eine wirtschaftlich zumutbare Möglichkeit darstellt, den Schaden in seinen Auswirkungen zu mindern. Setzt doch die Versicherbarkeit grundsätzlich ein Risiko des Versicherten voraus, welches ihm nach § 7 VOB/B gerade erst zugewiesen wird; wenn der Auftragnehmer das Diebstahlsrisiko mangels Sorgfaltspflichtverstoß nicht trägt, besteht auch keine Versicherungsmöglichkeit für ihn, so auch OLG Köln OLGZ 1975, 42, 44.

[52] Vgl. zur wirtschaftlichen Zumutbarkeit als Grenze der Obhutspflicht aus § 4 Nr. 5 Satz 1 VOB/B LG Köln Schäfer/Finnern Z 2413 Bl. 49; OLG Köln OLGZ 1975, 42, 43.

[53] Oppler in: Ingenstau/Korbion VOB/B § 7 Rdn. 12; Nicklisch/Weick VOB/B § 7 Rdn. 16, Daub/Piel/Soergel/Steffani ErlZ B 7.6 und 7.20.

[54] Im Ergebnis wie hier Duffek BauR 1975, 22 und Flach S. 103 ff.

[55] Oppler in: Ingenstau/Korbion VOB/B § 7 Rdn. 12.

[56] OLG Köln OLGZ 1975, 323, 325.

[57] OLG Köln BauR 1985, 203 betreffend einen Schaden, der durch die Bodenverhältnisse verursacht wurde.

[58] BGHZ 136, 303.

VOB/B Streik und Aussperrung nicht zu den einen Gefahrübergang nach § 7 VOB/B begründenden Ereignissen.[59] Ausschreitungen anlässlich von Streik oder Aussperrung können wie jeder Eingriff Dritter ein unabwendbares Ereignis sein.[60]

### VIII. Baugrundrisiko

Das Baugrundrisiko trägt bei Fehlen einer anderweitigen Vereinbarung der **Auftraggeber**.[61] Unter dem Baugrundrisiko versteht man das Wagnis, dass trotz sorgfältiger Erkundung des Baugrundes und der Wasserverhältnisse sowie ohne Verschulden eines Vertragspartners die angetroffenen geotechnischen Verhältnisse von den erwarteten geotechnischen Verhältnissen abweichen und hierdurch behindernde und wirtschaftliche Folgen eintreten können.[62] Nicht erfasst von diesem Begriff sind Fälle, in denen eine der Vertragsparteien die Abweichung des Baugrundes von den vertraglich vorgesehenen Gegebenheiten – etwa durch mangelhafte Erkundung der Bodenverhältnisse oder Verletzung der Hinweispflicht – zu vertreten hat. Die Belastung des Auftraggebers mit diesem Risiko ergibt sich zum einen aus der Regelung des § 645 BGB, denn der Baugrund ist ein vom Auftraggeber zur Verfügung gestellter „Stoff".[63] Zum anderen stammt der Baugrund aus dem Einflussbereich des Auftraggebers, so dass diesen auch die unvorhersehbaren Gefahren, die vom Baugrund ausgehen, treffen müssen.[64] Werden also bereits ausgeführte Leistungen durch die Realisierung des Baugrundrisikos beschädigt oder zerstört, so kann der Auftragnehmer die anteilige Vergütung hierfür verlangen.

26

### IX. Risikoteilung

Eine Aufteilung des Gefahrtragungsrisikos analog § 254 BGB ist nicht möglich,[65] insbesondere kann ein schadenstiftendes Ereignis nicht in einen vorhersehbaren/abwendbaren und einen unvorhersehbaren/abwendbaren Teil aufgeteilt werden mit der Folge, dass der Auftragnehmer den ersten Teil des Schadens trüge und der Auftraggeber den zweiten.[66]

27

## C. Vom Auftragnehmer nicht zu vertreten

### I. Vertretenmüssen des Auftragnehmers

#### 1. Verschulden

Der Auftragnehmer hat nach § 10 Abs. 1 VOB/B eigenes Verschulden, d. h. Vorsatz und Fahrlässigkeit gem. § 276 BGB zu vertreten, sowie jegliches Verschulden seiner Erfüllungsgehilfen gem. § 278 BGB.[67] Erfüllungsgehilfen des Auftragnehmers sind seine Mitarbeiter,

28

---

[59] Ebenso *Nicklisch/Weick* VOB/B § 7 Rdn. 14. Diese Ausgrenzung erscheint auch gerechtfertigt, da Streik und Aussperrung zwar oft zu nicht beeinflussbaren Verzögerungen führen können, jedoch Arbeitsunterbrechungen nur in Ausnahmefällen zu Schäden führen werden, die dann regelmäßig auf einer vorhersehbar riskanten Organisation des Betriebsablaufs beruhen.
[60] A. A. *Flach* S. 100 f.
[61] *Schottke* BauR 1993, 565, 572; *Marbach* BauR 1994, 168, 177.
[62] *Schottke* BauR 1993, 407, 408 m. w. N.
[63] MünchKomm/*Soergel* § 645 Rdn. 6; RGRK-*Glanzmann* § 645 Rdn. 2; *Marbach* BauR 1994, 168, 177.
[64] *Marbach* BauR 1994, 168, 177.
[65] BGHZ 61, 144, 146 ff. = NJW 1973, 1698.
[66] So das OLG Saarbrücken NJW 1972, 1761 in der Vorentscheidung zur vorgenannten Entscheidung des BGH.
[67] Siehe zum Verschulden und zum Begriff des Erfüllungsgehilfen die Kommentierungen zu §§ 276 und 278 BGB.

Subunternehmer und deren Mitarbeiter, nicht jedoch seine Lieferanten oder deren Mitarbeiter; vgl. im Einzelnen → § 10 Nr. 1 Rdn. 31 ff.).

## 2. Verzug

29 Ist der Auftragnehmer mit der Erbringung seiner Leistung in Verzug, so hat er nach § 287 Satz 2 BGB auch den zufälligen Untergang seines Leistungsgegenstandes[68] zu vertreten. Jedoch dürfte gerade beim Bauvertrag die Begrenzung am Ende von Satz 2 wichtig sein, da die Zufallshaftung nicht eingreift, wenn auch das fertige Werk zerstört worden wäre. Das wird lediglich dann nicht der Fall sein, wenn die Beschädigung oder Zerstörung gerade auf einer höheren Schadensanfälligkeit der unfertigen Leistung beruht.[69]

## 3. Gewährleistung

30 Das Verhältnis der Gewährleistungsvorschriften, insbesondere des § 4 Nr. 7 Satz 1 VOB/B, zur Gefahrtragung wurde → Vor § 7 Rdn. 15 erörtert.

## II. Vertretenmüssen des Auftraggebers

### 1. Verschulden

31 Auch der Auftraggeber haftet nach § 10 Abs. 1 VOB/B für eigenes Verschulden i. S. von § 276 BGB sowie für das Verschulden seiner Erfüllungsgehilfen gem. § 278 BGB. Vgl. zu den Erfüllungsgehilfen des Auftraggebers → § 10 Nr. 1 Rdn. 59 ff.

### 2. Verzug

32 Befindet sich der Auftraggeber im Annahmeverzug gemäß § 293 BGB, so geht nach § 644 Abs. 1 Satz 2 BGB die Gefahr (Gegenleistungsgefahr und Leistungsgefahr, siehe → Vor § 7 Rdn. 4) auf ihn über. Für die Gefahrtragung nach § 7 VOB/B bleibt danach kein Raum. Ein Annahmeverzug tritt ein, wenn bei verlangter Abnahme (§ 12 Nr. 1 VOB/B) die Frist von 12 Werktagen fruchtlos verstreicht (siehe → § 12 Nr. 1 Rdn. 27), sowie dann, wenn der Auftraggeber mit einer gebotenen Mitwirkungshandlung in Verzug gerät, § 642 BGB.[70] Bei ungerechtfertigter Verweigerung der Abnahme wird dagegen die Abnahme als solche fingiert (siehe → § 12 Nr. 1 Rdn. 26) mit der Folge, dass die Gefahr nach § 644 Abs. 1 Satz 1 BGB auf den Auftraggeber übergeht.

## D. Beschädigung oder Zerstörung

33 Als Beschädigung wird auch der Diebstahl bereits eingebauter Bauteile angesehen, wobei unerheblich ist, wenn diese zur Durchführung anderer Arbeiten nochmals vorübergehend ausgebaut wurden.[71] Es darf jedoch keine Verletzung der Pflicht des Auftragnehmers aus § 4 Nr. 5 Satz 1 VOB/B, Beschädigungen und Diebstähle zu verhindern, vorliegen, da dann der Auftragnehmer die Beschädigung zu vertreten hätte.[72] Diese Sicherungspflicht findet ihre Grenze in der Zumutbarkeit.[73] Die bloße Verschmutzung des Bauwerks, z. B. als Folge der

---

[68] So auch *Wäldner* S. 51.
[69] Praktisch wird dieser Vorteil durch die den Auftragnehmer treffende Beweislast relativiert.
[70] Überblick bei *Kaiser* FS Korbion S. 202 m. w. N.
[71] So im Falle des Diebstahls von Heizkörpern, die zur Durchführung von Anstreicharbeiten vorübergehend wieder abgenommen waren, BGH VersR 1968, 911.
[72] So auch *Riedl* in: Heiermann/Riedl/Rusam VOB/B § 7 Rdn. 11, *Oppler* in: Ingenstau/Korbion VOB/B § 7 Nr. 1–3 Rdn. 13.
[73] OLG Köln OLGZ 1975, 42, 43 für den Diebstahl eingebauter Fensterbänke auf einer Großbaustelle; LG Köln Schäfer/Finnern Z 2413 Bl. 49 für die Beschädigung eingebauter Fensterscheiben durch Dritte. Enger

Überschwemmung eines Kellerrohbaus, führt nicht zu einem Gefahrübergang. Erforderlich ist eine Substanzverletzung.[74]

## E. Anspruchsumfang

Der Anspruchsumfang ergibt sich aus § 6 Nr. 5 VOB/B. Siehe zur Berechnung → § 6 Nr. 5 Rdn. 18 ff. 34

## F. Ausschluss anderer „Ansprüche"

Der Ausschluss der Ersatzpflicht für weitere Schäden besagt, dass bei Vorliegen der Voraussetzungen des § 7 VOB/B lediglich die nach § 6 Nr. 5 VOB/B berechnete Vergütung geschuldet wird, nicht jedoch weitere Kosten wie z. B. der Baustellenräumung.[75] 35

Andere Anspruchsgrundlagen sind zwar nicht ausgeschlossen;[76] jedoch kommen allenfalls Ansprüche aus Gefährdungshaftung in Betracht, da § 7 VOB/B nicht anwendbar ist, wenn verschuldensabhängige Anspruchsgrundlagen wie §§ 326 Abs 2, 280, 283 BGB oder §§ 241 Abs. 2, 280 Abs. 1 BGB eingreifen. 36

## G. Beweislast

Die Beweislast für die Voraussetzungen des § 7 VOB/B trägt der **Auftragnehmer**.[77] Das gilt für die hier vertretene Auffassung nicht anders als für die Auffassung der herrschenden Meinung. Unterschiedlich sind allein die zu beweisenden Tatsachen. Nach der hier entwickelten Auffassung muss der Auftragnehmer lediglich die Voraussetzungen für den „unabwendbaren Umstand" beweisen, d. h. den Entlastungsbeweis fehlenden Sorgfaltsverstoßes führen. Nach der h. M. müsste er darüber hinaus nachweisen, dass nicht nur „einfacher" Zufall vorliegt. Praktisch ist das allerdings noch nie verlangt worden. 37

## H. Abweichende Regelungen durch den Auftraggeber

Von § 7 VOB/B abweichende Regelungen der Gefahrtragung sind grundsätzlich innerhalb der Grenzen der §§ 305 ff. BGB möglich. Für die öffentlichen Auftraggeber ergibt sich das schon aus § 10 Nr. 4 Abs. 2 Satz 1 VOB/A, der ausdrücklich die abweichende Verteilung der Gefahr bei Schäden durch Sturmfluten, Grundwasser, Wind, Schnee, Eis und dergleichen in BVB zulässt. Auch andere Abweichungen sind zulässig,[78] wenn und soweit die Grenzen der §§ 305 ff. BGB gewahrt werden. Die aber sind selbst dann gewahrt, wenn zulasten des Auftragnehmers § 7 VOB/B ganz abbedungen wird. Dann nämlich gilt die gesetzliche Gefahrtragung der §§ 644, 645 BGB. Hierdurch wird zwar die für den Bauvertrag angemessene Regelung zerstört; jedoch kann die für angemessen erachtete Regelung nicht mit Hilfe der §§ 305 ff. BGB erreicht werden, weil erstens keine von der gesetzlichen 38

---

OLG Düsseldorf BauR 1985, 728 = ZfBR 1986, 102 (jeweils nur Leitsatz), wonach der Diebstahl von Teilen einer Heizungsanlage im Allgemeinen nicht als höhere Gewalt oder unabwendbares Ereignis anzusehen sei.

[74] So auch *Daub/Piel/Soergel/Steffani* ErlZ B 7.14, der zu Recht hervorhebt, dass § 7 VOB/B eingreift, wenn die Verschmutzung nicht ohne Beschädigung der Leistung behebbar ist.

[75] *Nicklisch/Weick* VOB/B § 7 Rdn. 19 und 21.

[76] *Riedl* in: Heiermann/Riedl/Rusam VOB/B § 7 Rdn. 16; *Nicklisch/Weick* VOB/B § 7 Rdn. 21, *Daub/Piel/Soergel/Steffani* ErlZ B 7.31.

[77] BGH VersR 1968, 991; OLG Düsseldorf BauR 2003, 1587.

[78] Ebenso wohl *Oppler* in: Ingenstau/Korbion VOB/B § 7 Nr. 1–3 Rdn. 27.

§ 7 Nr. 1–3

Regelung abweichende Gestaltung vorliegt (§ 307 Abs. 3 Satz 1 BGB) und zweitens die §§ 305 ff. BGB selbst für den Fall der Unwirksamkeit einer Klausel auf die gesetzliche Regelung als Ersatzordnung verweist (§ 306 Abs. 2 BGB). Man könnte allenfalls fragen, ob mit der völligen Abbedingung des § 7 VOB/B in vom Auftraggeber gestellten Bedingungswerken die Ausgewogenheit der VOB als Gesamtwerk gestört wird, so dass andere dem Auftraggeber günstige und vom Gesetz abweichende Regelungen dem Unwirksamkeitsverdikt verfallen müssten. Eine über die §§ 644, 645 BGB hinausgehende Gefahrverlagerung zulasten des Auftragnehmers verstößt gegen § 307 BGB,[79] die Vereinbarung des Gefahrübergangs erst mit der baupolizeilichen Abnahme überdies gegen § 308 Nr. 1 BGB.[80]

---

[79] *Korbion/Locher* Rdn. 146.
[80] So auch *Oppler* in: *Ingenstau/Korbion* VOB/B § 7 Nr. 1–3 Rdn. 27 und *Frikell/Glatzel/Hofmann* K 7.7.

# Anhang § 7
# Die Bauleistungsversicherung

**Übersicht**

| | Rdn. | | Rdn. |
|---|---|---|---|
| **A. Einleitung** | 1–15 | § 4. Versicherungsort | 88 |
| I. Geschichtliche Entwicklung | 1 | § 5. Versicherungssummen | 90 |
| 1. Bauwesenversicherung | 1 | § 5 a. Gefahrumstände bei Vertragsschluss und Gefahrerhöhung | 94 |
| 2. Entwicklung der ABU und ABN | 3 | § 6. Prämie | 95 |
| II. Stellung im Versicherungssystem | 5 | § 7. Beginn der Haftung | 97 |
| III. Abgrenzung zu anderen Versicherungszweigen | 6 | § 8. Ende der Haftung | 100 |
| | | § 9. Umfang der Entschädigung | 105 |
| 1. Baugeräteversicherung (ABG und ABMG) | 6 | § 10. Kosten der Wiederherstellung und Aufräumung in eigener Regie des Versicherungsnehmers | 108 |
| 2. Montageversicherung (AMoB) | 7 | § 11. Wiederherstellungs- und Aufräumungskosten durch Lieferungen und Leistungen Dritter | 110 |
| 3. Haftpflichtversicherungen | 8 | | |
| a) Haftpflichtversicherung des Bauherrn | 8 | § 12. Unterversicherung | 111 |
| b) Haftpflichtversicherung der Architekten und Sonderfachleute | 10 | § 13. Grenze der Entschädigung | 112 |
| | | § 14. Selbstbehalt | 113 |
| c) Haftpflichtversicherung des Bauunternehmers und des Bauhandwerkers | 11 | § 15. Sachverständigenverfahren | 114 |
| | | § 16. Zahlung der Entschädigung | 115 |
| IV. Geltungsbereich von ABU und ABN | 13 | § 17. Obliegenheiten des Versicherungsnehmers | 116 |
| 1. Anwendungsbereich der ABU | 14 | § 18. Einschränkung der Agentenvollmacht | 120 |
| 2. Anwendungsbereich der ABN | 15 | § 19. Gerichtsstand | 121 |
| **B. Text und Kommentierung ABN/ABU** | 16–122 | § 20. Schlussbestimmung | 122 |
| § 1. Versicherte Sachen | 16 | **C. Einzelne Klauseln und Zusatzbedingungen** | 123–161 |
| § 2. Versicherte Gefahren | 23 | | |
| § 3. Versicherte Interessen | 68 | | |

**Literatur:** *Beese,* Zum Begriff des „Unvorhergesehenen" im Bereich der Sachversicherung und in den technischen Versicherungen insbesondere, ZfV 1975, 418; *ders.,* Der Sachschaden, ZfV 1975, 352; *Beigel,* Bauleistungsversicherungen, BauR 1987, 148; *Bischoff,* Fälle und Grenzfälle eines eigenen Sachwertinteresses an fremder Sache, VersWiss 1963, 193; *Eiselt/Trapp,* Zur Abgrenzung der von der Betriebshaftpflichtversicherung nicht erfassten Erfüllungspflicht des Werkunternehmers, NJW 1984, 899; *Funk,* Die Montageversicherung, 1971; *Haidinger,* Die Rechtsnatur der Bauwesenversicherung, 1971; *Heise,* Regreß des Versicherers gegen Mitversicherte im Rahmen der AVB für die Bauwesen-Versicherung bei Wohngebäuden, VW 1972, 554; *Herde,* Die Bauwesenversicherung des Bauunternehmers, 1962; *Honsell,* Der Regreß des Sachversicherers nach § 67 VVG bei Gebrauchsüberlassung an Dritte im österreichischen Recht, VersR 1985, 301; *Klingmüller/Trapp,* Aktuelle Probleme in der Bauwesenversicherung, in: Deutsche Gesellschaft für Baurecht (Hrsg.), Pauschalpreisprobleme, Bauwesenversicherung und Baupreisrecht; *König,* Haftpflichtversicherungsrechtliche Probleme in der Bauwirtschaft, 1971; *Littbarski,* Zur Versicherbarkeit des „Unternehmerrisikos", 1978; *Lotter,* Haftpflicht- und Bauversicherungsschutz im Baugewerbe, 1973; *Martin,* Deckung des Haftpflichtrisikos in der Sachversicherung, VersR 1974, 821; *ders.,* Sachversicherungsrecht, 3. Aufl. 1992; *ders.,* Montageversicherung, 1972; *ders.,* Bauleistungs- und Baugeräteversicherung: Neue AVB und Klauseln, VW 1974, 993 ff., 1052 ff., 1130 ff., 1192 ff.; *Möller,* Aktuelle Probleme der Bauleistungsversicherung, VW 1979, 1138 und 1214; *Neuenfeld,* Bauversicherungen, 1976; *Platen,* Handbuch der Versicherung von Bauleistungen, 3. Aufl. 1995; *ders.,* 50 Jahre Bauwesenversicherung, VW 1984, 508; *Pohl/Keil/Schumann,* Rechts- und Versicherungsfragen im Baubetrieb, 2. Aufl. 1985; *v. Rintelen,* Bauleistungsversicherung, in: Beckmann/Matusche-Beckmann, Versicherungsrechts-Handbuch, 2004, § 36; *Schirmer,* Zur Versicherbarkeit des Sachersatzinteresses in der Sachversicherung, VersWiss 70 (1981), 637; *Schmalzl,* Die Haftpflichtversicherung des

Bauunternehmers, BauR 1984, 456; *ders.,* Die Haftpflichtversicherung der Baubeteiligten, BauR 1981, 505; *Thürmann,* Der Sachschadenbegriff in der Bauleistungsversicherung, 1988; *Wäldner,* Funktionale Grundbegriffe der Bauleistungsversicherung im Hinblick auf moderne Unternehmereinsatzformen, 1981; *Wrabetz,* Neues zum unvorhergesehen eintretenden Schadenereignis im Rahmen der Technischen Versicherungen?, VersR 1984, 919; *Wussow,* Ist die Bauwesenversicherung eine Sachversicherung?, VersR 1964, 570; *ders.,* Haftung und Versicherung bei der Bauausführung, 3. Aufl. 1971.

## A. Einleitung

### I. Geschichtliche Entwicklung

#### 1. Bauwesenversicherung

1   Vorläuferin der heutigen Bedingungswerke der Bauleistungsversicherung war die im Jahr 1934 entstandene Bauwesenversicherung, die neben den Bauleistungen auch die Baustelleneinrichtung sowie die Baugeräte und -maschinen umfasste. Sie gewährte zunächst Schutz im Umfang der Gefahrtragungsregeln des einzelnen Bauvertrags. Nachdem sich die VOB/B als Vertragsgrundlage mehr und mehr durchsetzte, wurden die AVB auf die **Gefahrtragungsregeln der VOB/B** umgestellt und 1937 genehmigt. Nach mehreren Änderungen: Ausgliederung der Baugeräteversicherung, Entwicklung der Wohngebäudeversicherung zur Deckung auch des Auftraggeberrisikos und Einführung zahlreicher Klauseln durch die einzelnen Versicherer kam es zur Entwicklung der heutigen Bauleistungsversicherung im Wege einer umfassenden Neuordnung,[1] deren Bedingungswerke 1974 genehmigt wurden.[2] So entstanden unter der Bezeichnung Bauleistungsversicherung die „Allgemeinen Bedingungen für die Bauwesenversicherung von Unternehmerleistungen" (ABU) und die „Allgemeinen Bedingungen für die Bauwesenversicherung von Gebäudeneubauten durch Auftraggeber" (ABN) nebst Klauseln und Zusatzbedingungen. Gleichzeitig wurden die neuen „Allgemeinen Bedingungen für die Kaskoversicherung von Baugeräten" (ABG) und die „Allgemeinen Bedingungen für die Maschinen- und Kaskoversicherung von fahrbaren Geräten" (ABMG) nebst Klauseln unter der Bezeichnung Baugeräteversicherung bekannt gemacht.[3]

2   Die ABU und die ABN sind als **Einzelverträge,** d. h. für einzelne Bauvorhaben konzipiert. Jedoch sind **Jahresverträge** aufgrund der Zusatzbedingungen für Jahresverträge nach den ABU (Klausel 62) bzw. ABN (Klausel 67) möglich und in der Praxis häufig.

#### 2. Entwicklung der ABU und ABN

3   ABU und ABN sind seit ihrer ersten Bekanntmachung in unterschiedlichen Hinsichten ergänzt und verändert worden. Die Änderungen sind im Folgenden mit Veröffentlichungsnachweisen zusammengestellt: Änderung der §§ 2 Nr. 3a ABU und 2 Nr. 4a ABN sowie Einführung der Klauseln Nr. 74, 75 und 76 über Selbstbehalt;[4] Einführung der Klausel Nr. 77 (Glasbruchschäden);[5] Änderung der §§ 8 Nr. 4 ABU und 8 Nr. 5 ABN (Kündigung nach Versicherungsfall), §§ 8 Nr. 1 ABU und ABN (Schadensanzeige);[6] Änderung der §§ 15 ABU und ABN (Sachverständigenverfahren);[7] Einführung der Klausel 50 zu den ABU und ABN (Definition des unvorhergesehenen Schadens abweichend von §§ 2 Nr. 1

---

[1] Eine detaillierte Darstellung der Entwicklung findet sich bei *Platen* S. 1 ff. und *ders.* VW 1984, 508 f., Hinweise auch bei *Wäldner* S. 2 ff. und *Thürmann* S. 7 ff.
[2] VerBAV 1974, 284 ff.
[3] VerBAV 1974, 302 ff.
[4] VerBAV 1977, 417 f.
[5] VerBAV 1978, 159.
[6] VerBAV 1984, 389 ff.
[7] VerBAV 1986, 103 f.; die Änderung erfolgte mit Rücksicht auf BGH NJW 1982, 1391 = VersR 1982, 482, wo die entsprechende Kostentragungsregel in § 15 II e VHB für mit § 9 AGBG (jetzt § 307 BGB) bzw. – bei Altverträgen – mit § 242 BGB unvereinbar gehalten wurde.

A. Einleitung                                                                                    Anh. § 7

Abs. 2 ABU und ABN; Einschluss einfacher Fahrlässigkeit in den Versicherungsschutz;[8] Einführung der Zusatzbedingungen 80 (Mitversicherung von Altbauten gegen Sachschäden in Folge eines Schadens an der Neubauleistung sowie in Folge Leitungswassers) und 81 (Mitversicherung von Altbauten gegen Sachschäden);[9] Einführung der Klauseln 82 (eingeschränkter Verzicht auf Rückgriff gegen Nachunternehmer), 83 (Abweichung von § 1 Nr. 1b ABU: Versicherung von Hilfsbauten und Bauhilfsstoffen nur bei Vereinbarung einer Versicherungssumme), 84 (Abweichung von § 2 Nr. 5c ABN/§ 2 Nr. 4c ABU: Entschädigung auch für Schäden aus inneren Unruhen), 85 (Abweichung von § 2 Nr. 5c ABN/§ 2 Nr. 4c ABU: Entschädigung auch für Schäden durch Streik oder Aussperrung), 90 und 91 (erweiterte Deckung nach Ende der Haftung gemäß § 8 ABU/ABN)[10] und Einführung der Klausel Selbstbehalt zu den ABN, wonach in Abänderung von § 14 Nr. 1 ABN der ermittelte Betrag je Versicherungsfall um den vereinbarten Selbstbehalt gekürzt wird.[11]

Im Zuge der Schaffung des europäischen Binnenmarktes ist durch das Dritte Gesetz zur Durchführung versicherungsrechtlicher Richtlinien des Rates der Europäischen Gemeinschaften vom 21. Juli 1994 (BGBl. I S. 1630) die behördliche **Genehmigung der allgemeinen Versicherungsbedingungen** (AVB) entfallen. Rechtlich und theoretisch ist es daher möglich, dass jedes Versicherungsunternehmen seine eigenen ABU und ABN für die Bauleistungsversicherung schreibt. Die Versicherungsgesellschaften hatten zum 1. Januar 1995 neue ABU und ABN herausgegeben. Diese waren aber auch ohne die Genehmigung und Bekanntmachung durch das Bundesaufsichtsamt für das Versicherungswesen weitestgehend gleich ausgefallen. Denn ausgearbeitet werden die Bedingungen auf **Verbandsebene.** Die Versicherungen übernehmen diese Bedingungen und nutzen den ihnen gegebenen Gestaltungsspielraum regelmäßig nicht. Die wichtigsten Änderungen gegenüber den zuletzt vom Bundesaufsichtsamt für das Versicherungswesen genehmigten Bedingungen waren §§ 3 Nr. 1 ABU, 3 Nr. 2 ABN: Verweis auf die Verdingungsordnung für Bauleistungen in der jeweils gültigen/neuesten Fassung und damit keine statische Verweisung mehr auf die VOB (1973); Einführung der §§ 5 Nrn. 6 und 7 ABU und Nrn. 7 und 8 ABN: Verlangen des Herabsetzens der Prämie nach Maßgabe des § 51 VVG, wenn die Versicherungssumme den Wert der versicherten Sache erheblich übersteigt; Verweis auf die §§ 59, 60 VVG bei Doppelversicherung; neu eingefügter § 5a ABU/ABN: Anzeigeobliegenheiten des Versicherungsnehmers mit Verweis auf die §§ 16 bis 22 VVG; Einwilligungserfordernis bzw. Anzeigeobliegenheit bei Gefahrerhöhung, Verweis auf §§ 23 bis 30 VVG; Neufassung der §§ 6 Nr. 1 ABU/ABN: Fälligkeit der Prämien, Folgen nicht rechtzeitiger Zahlung; Verweis auf §§ 38, 39 VVG und §§ 286, 288 BGB a. F. (vor Inkrafttreten des Schuldrechtsmodernisierungsgesetzes), 352 HGB; § 8 Nr. 3 ABU: Verweis nur noch auf VOB Teil B, nicht mehr auf deren Fassung von 1973; § 10 Nr. 4b ABN: Ersetzen der vertraglichen Bausumme durch die Herstellungskosten; Einfügen einer Nr. 5 in §§ 16 ABU/ABN: § 12 Abs. 1 und 2 sollen unberührt bleiben; Einführen der §§ 19, 20 ABU und ABN: Gerichtsstand und Schlussbestimmung mit Anhang, in dem Vorschriften des VVG, des BGB, des HGB und der ZPO abgedruckt sind; Ergänzung der Klausel 55 Nr. 5: Subsidiarität der Entschädigung gegenüber einem Anspruch aus Haftpflichtversicherung; Ergänzung der Klausel 55 Nr. 8: Ende der Haftung einen Monat nach Abschluss der Bauleistungen gemäß Nr. 1. Seitdem wurden die Bedingungen nur marginal überarbeitet: In §§ 6 Nr. 1 ABU/ABN ist wegen des Ersatzes von Verzugsschäden und -zinsen der Verweis auf §§ 286, 288 BGB a. F. und § 352 HGB durch einen Verweis auf § 280 BGB in der Fassung des Schuldrechtsmodernisierungsgesetzes ersetzt worden; bei der Erwähnung von Geldbeträgen wurde deren Höhe halbiert und die Währung von „DM" auf „EUR" umgestellt. Der Kommentierung werden die Musterbedingungen zu Grunde gelegt, wie sie vom Gesamtverband der Deutschen

4

---

[8] VerBAV 1986, 312, siehe hierzu unten Rdn. 51.
[9] VerBAV 1990, 525 ff.
[10] VerBAV 1991, 355.
[11] VerBAV 1991, 438.

Versicherungswirtschaft e. V. (GDV) zur fakultativen Verwendung vorgeschlagen worden sind (Stand: April 2005).[12]

## II. Stellung im Versicherungssystem

5    Die Bauleistungsversicherung gehört wie die Montageversicherung zu den technischen Versicherungen.[13] Sie ist im Wesentlichen eine **Sachversicherung**.[14] Versichert wird das eigene Sach- bzw. Sachersatzinteresse des Versicherungsnehmers oder der mitversicherten Personen. Dabei ist es im Ergebnis unerheblich, ob die versicherte Bauleistung oder die sonstigen versicherten Sachen, Hilfsbauten etc., im Eigentum des Auftraggebers oder -nehmers stehen. Streit herrscht darüber, ob die Bauleistungsversicherung nicht auch **Elemente der Haftpflichtversicherung** umfasst (vgl. dazu unten Rdn. 71 ff.). Die Bauleistungsversicherung ist weiter eine **Allgefahrenversicherung,** da sie grundsätzlich (d. h. bis auf die in §§ 3 Abs. 2 bis 6 ABU, 3 Abs. 3 bis 7 ABN einzeln ausgeschlossenen Gefahren) jeden unvorhergesehenen Schaden an der Bauleistung oder den sonstigen versicherten Sachen ohne Rücksicht auf die Ursache deckt.

## III. Abgrenzung zu anderen Versicherungszweigen

### 1. Baugeräteversicherung (ABG und ABMG)

6    Die Geräteversicherung ist eine Kaskoversicherung für die in §§ 1 Abs. 2 ABG und ABMG jeweils aufgeführten Baugeräte nebst Zubehör. Die ABMG beziehen sich dabei auf fahrbare und transportable Geräte aller Art und decken auch sog. innere Schäden. Sowohl ihr Anwendungsbereich als auch ihr Deckungsumfang ist somit weiter als derjenige der ABG.[15]

### 2. Montageversicherung (AMoB)

7    Die Montageversicherung ähnelt in ihrer Struktur der Bauleistungsversicherung, deckt jedoch nicht die Risiken von Bauleistungen,[16] sondern die Risiken der Errichtung von Objekten aus Metall, Holz, Keramik und Kunststoff;[17] hierzu zählen auch reine Stahlbauten wie Brückenkonstruktionen, nicht jedoch Stahlbetonbauten.

### 3. Haftpflichtversicherungen[18]

8    **a) Haftpflichtversicherung des Bauherrn.** Neben der speziellen Bauherrenhaftpflichtversicherung besteht eine Deckung des Haftpflichtrisikos des Bauherrn nach Nr. 1.3 c

---

[12] Im Internet kostenfrei abrufbar unter http://www.gdv.de/Downloads/Bedingungen/SU_061.pdf (ABN) und unter http://www.gdv.de/Downloads/Bedingungen/SU_063.pdf (ABU). Die vor dem Wegfall der Genehmigungspflicht verwendeten ABU und ABN sind bei *Platen* abgedruckt. Die nachfolgend unter C. behandelten einzelnen Klauseln und Zusatzbedingungen können unter http://www.gdv.de/Downloads/Bedingungen/SU_062.pdf eingesehen werden.
[13] BGH NJW 1984, 47 = VersR 1983, 821 = ZfBR 1983, 235; *Beigel* BauR 1987, 148.
[14] So *Voit/Knappmann* in *Prölss/Martin,* Bauleistungsversicherung, Vorb. Rdn. 3; *Martin* VW 1972, 150, 214; *ders.* VersR 1974, 824; *Littbarski* Rdn. 650.
[15] *Martin* VW 1974, 1192.
[16] *Martin* Montageversicherung, § 1 AMoB Rdn. 3.3.1 und 3.5.1 meint, auch Bauleistungen könnten nach den AMoB versichert werden. *Möller* VW 1979, 1138, 1141 gibt an, die Einordnung erfolge, ob der Bau- oder der Montageanteil größer sei. Richtigerweise muss man wohl ein Verhältnis der Spezialität zwischen den Bedingungswerken annehmen, wobei die Bauleistung ein Spezialfall der Montage ist.
[17] *Littbarski* Rdn. 653, *Martin* Montageversicherung, § 1 AMoB Rdn. 3.3.1 zählt ebenfalls beispielhaft diese Materialien auf.
[18] Siehe hierzu *Littbarski* Teil 2 F; *Schmalzl* BauR 1981, 505 ff.; *ders.* Berufshaftpflicht, passim.

A. Einleitung  Anh. § 7

der besonderen Bedingungen und Risikobeschreibungen für die Privathaftpflichtversicherung, wonach die Haftpflicht als Bauherr oder Unternehmer bis zu einer Bausumme von EUR 50 000 je Bauvorhaben mitversichert ist. Wird diese Summe überschritten, gilt die Regelung des § 2 AHB über die Vorsorgeversicherung.[19] Entsprechendes gilt für die Einbeziehung dieses Risikos in die Betriebshaftpflicht- oder die Haus- und Grundbesitzhaftpflichtversicherung.

Eine Überschneidung ist denkbar, wenn der Bauherr bei der Versicherung nach den ABN Material des Unternehmers fahrlässig beschädigt, da insoweit nicht die Gefahr nach § 7 VOB/B übergeht, sondern ein Schadenersatzanspruch des Unternehmers aus § 280 Abs. 1 i. V. m. § 241 Abs. 2 BGB und aus § 823 BGB entsteht. Zwischen der Sachfremdversicherung nach ABN und der Haftpflichtversicherung liegt insoweit dann eine Doppelversicherung nach § 59 VVG vor. 9

**b) Haftpflichtversicherung der Architekten und Sonderfachleute.** Überschneidungen mit den Haftpflichtversicherungen der Architekten und der Sonderfachleute kann es nicht geben, da diese nicht in der Bauleistungsversicherung versichert sind. Soweit sie ebenfalls für von der Bauleistungsversicherung gedeckte Schäden haften, geht der Anspruch nach § 67 Abs. 1 Satz 1 VVG auf den Versicherer über. 10

**c) Haftpflichtversicherung des Bauunternehmers und des Bauhandwerkers.**[20] Die Bauleistungsversicherung überschneidet sich im Grundsatz nicht mit der Haftpflichtversicherung der Baubeteiligten, da sie nur das eigene Sach- oder Sachersatzinteresse des Versicherungsnehmers und der Mitversicherten, nicht jedoch Drittschäden deckt.[21] Eine Ausnahme bildet die Versicherung der sog. Mangelbeseitigungsnebenkosten in der Haftpflichtversicherung der Bauhandwerker, da dort auch Mangelfolgeschäden versichert sind.[22] 11

Eine weitere Ausnahme bildet Klausel 55, die überwiegend eine Haftpflichtversicherungsfunktion enthält und für die ein Bedürfnis besteht, weil diese Risiken in der Betriebshaftpflicht nicht oder nicht in diesem Umfang versicherbar sind (vgl. auch unten Rdn. 129). Weil aber grundsätzlich eine Haftpflichtfunktion nicht übernommen werden soll, besteht im Rahmen der ABN bei verschuldeter Schadensverursachung durch einen Mitversicherten auch ein Regressanspruch des Versicherers, § 3 Nr. 3 ABN, wenn der Rückgriff nicht besonders durch Klausel 68 ausgeschlossen ist. Auch nach § 3 Nr. 3 ABU besteht für die dort genannten Fälle ein Rückgriffsanspruch gegen Nachunternehmer, der hinsichtlich § 3 Nr. 3 b ABU durch Klausel 66 vollständig und durch Klausel 82 eingeschränkt ausgeschlossen werden kann. Im Übrigen ist dort jedoch der Regress nach § 3 Nr. 4 ABU ausgeschlossen. Tatsächlich ist somit festzustellen, dass in bestimmten Fällen die Bauleistungsversicherung auch die Funktion einer Haftpflichtversicherung einzelner Baubeteiligter gegenüber anderen Baubeteiligten übernimmt, insbesondere wenn Regressverzicht vereinbart ist. Wegen der Ausschlüsse in § 4 Abs. 1 Nr. 6 AHB kann es jedoch hier in der Regel nicht zu Überschneidungen bzw. Doppelversicherungen kommen. Sollten keine Ausschlüsse greifen und Haftpflichtversicherungsschutz bestehen, so ordnet die Neufassung der Klausel 55 die Subsidiarität der Entschädigung aus der Bauleistungsversicherung gegenüber einem Anspruch aus Haftpflichtversicherung an, so dass immer nur eine Versicherung eintritt. 12

---

[19] Hierzu näher die Kommentierung von *Voit/Knappmann* in *Prölss/Martin* zu § 2 AHB und zu den besonderen Bedingungen und Risikobeschreibungen für die Privathaftpflichtversicherung sowie *Littbarski* Rdn. 643.
[20] Siehe hierzu *Schmalzl* BauR 1984, 456 ff.
[21] *Littbarski* Rdn. 654.
[22] Siehe hierzu *Schmalz* Berufshaftpflichtversicherung Rdn. 476 ff.

## IV. Geltungsbereich von ABU und ABN

13 ABU und ABN sind Musterbedingungen, von denen durch **Individualvereinbarung** in den Grenzen der zwingenden oder zu Gunsten des Versicherungsnehmers halbzwingenden Vorschriften des VVG abgewichen werden kann.[23] Dies geschieht zur Anpassung des Vertrags an das individuelle Risiko und findet sich gerade bei Großkunden häufig. Auf derartige Individualvereinbarungen kann hier natürlich nicht eingegangen werden.

### 1. Anwendungsbereich[24] der ABU

14 Die ABU decken grundsätzlich das **Auftragnehmerrisiko** und können vereinbart werden von Bauunternehmern, die als Haupt- oder Subunternehmer das Risiko hinsichtlich ihrer vertraglich geschuldeten Leistungen versichern wollen, von Bauunternehmern, die ihr Auftragnehmerrisiko und das vertraglich übernommene Auftraggeberrisiko decken wollen (Klausel 64), oder durch Bauherren von nach § 1 ABN nicht versicherbaren Bauwerken, die das gesamte Risiko versichern wollen (Klausel 65).[25]

### 2. Anwendungsbereich der ABN

15 Die ABN werden vereinbart von Bauherren, die sowohl **Auftragnehmer- wie Auftraggeberrisiko** decken wollen und von Generalüber- oder -unternehmern, sowie von Bauträgern, die ebenfalls als Auftraggeber auftreten.[26] Umstritten ist, ob sie sich nur auf schlüsselfertige Gebäudeneu- oder -umbauten beziehen[27] (vgl. unten Rdn. 19).

## B. Text und Kommentierung ABU/ABN

16 **§ 1 Versicherte Sachen**

ABU:
1. Versichert sind die in dem Versicherungsschein bezeichneten Bauleistungen einschließlich aller zugehörigen
   a) Baustoffe und Bauteile;
   b) Hilfsbauten und Bauhilfsstoffe.
2. Baugrund und Bodenmassen sind nur versichert, soweit sie Bestandteil der Bauleistungen sind oder wenn dies besonders vereinbart ist.
3. Nicht versichert sind
   a) Baugeräte einschließlich Zusatzeinrichtungen, wie Ausrüstungen, Zubehör und Ersatzteile;
   b) Kleingeräte und Handwerkzeuge;
   c) Vermessungs-, Werkstatt-, Prüf-, Labor- und Funkgeräte sowie Signal- und Sicherungsanlagen;
   d) Stahlrohr- und Spezialgerüste, Stahlschalungen, Schalwagen und Vorbaugeräte, ferner Baubüros, Baubuden, Baubaracken, Werkstätten, Magazine, Labors und Gerätewagen;
   e) Fahrzeuge aller Art;
   f) Akten, Zeichnungen und Pläne.

ABN:
1. Versichert sind alle Bauleistungen, Baustoffe und Bauteile für den Roh- und Ausbau oder für den Umbau des in dem Versicherungsschein bezeichneten Gebäudes einschließlich der
   a) als wesentliche Bestandteile einzubauenden Einrichtungsgegenstände mit Ausnahme der Sachen gemäß § 1 Nr. 2a bis 2c und Nr. 3;
   b) Außenanlagen mit Ausnahme von Gartenanlagen und Pflanzungen.

---

[23] Vgl. *Littbarski* Rdn. 297.
[24] Eine detaillierte Analyse der Versicherungsmöglichkeiten bei verschiedenen Unternehmereinsatzformen findet sich bei *Wäldner* S. 60 ff.
[25] Siehe im Einzelnen *Platen* Rdn. 4.0.00 ff.
[26] Siehe hierzu auch *Wäldner* S. 78 f.
[27] So *Platen* Rdn. 3.0.0.0; dagegen *Wäldner* S. 19.

B. Text und Kommentierung ABN/ABU  Anh. § 7

2. Nur soweit dies besonders vereinbart ist, sind versichert
   a) Röntgen- und sonstige medizinisch-technische Einrichtungen, optische Geräte und Laboreinrichtungen;
   b) Stromerzeugungsanlagen, Datenverarbeitungs- und sonstige selbständige elektronische Anlagen;
   c) Bestandteile von unverhältnismäßig hohem Kunstwert;
   d) Hilfsbauten und Bauhilfsstoffe;
   e) Baugrund und Bodenmassen, soweit sie nicht Bestandteil der Bauleistungen sind.
3. Nicht versichert sind
   a) maschinelle Einrichtungen für Produktionszwecke;
   b) bewegliche und sonstige nicht als wesentliche Bestandteile einzubauende Einrichtungsgegenstände;
   c) Baugeräte einschließlich Zusatzeinrichtungen, wie Ausrüstungen, Zubehör und Ersatzteile;
   d) Kleingeräte und Handwerkzeuge;
   e) Vermessungs-, Werkstatt-, Prüf-, Labor- und Funkgeräte sowie Signal- und Sicherungsanlagen;
   f) Stahlrohr- und Spezialgerüste, Stahlschalungen, Schalwagen und Vorbaugeräte, ferner Baubüros, Baubuden, Baubaracken, Werkstätten, Magazine, Labors und Gerätewagen;
   g) Fahrzeuge aller Art;
   h) Akten, Zeichnungen und Pläne.

Streitig ist der **Versicherungsumfang** der ABU. *Platen,*[1] *Martin*[2] und *Kaiser*[3] meinen, da die ABU für Bauunternehmer konzipiert seien, könne hier nur der Rohbau, d. h. die Erd-, Mauer- und Betonarbeiten, versichert werden. Ausbaugewerke seien nicht versicherbar. *Platen* führt weiter aus, **Ausbaugewerke** seien die durch Bauhandwerker erbrachten Leistungen wie Installationen, Glaser-, Gipser-, Schreiner- und Malerarbeiten. Das Dach gehöre begrifflich zum Rohbau, werde jedoch in der Regel durch Zimmerleute errichtet.[4] Was das für die Versicherbarkeit bedeuten soll, gibt *Platen* nicht an.  17

Die vorgenannte Beschränkung wird aus den ABU selbst nicht deutlich.[5] Sie ließe sich allenfalls aus der Überschrift „Unternehmerleistungen" ableiten. Doch heißt es dort nicht „Bauunternehmer", und auch Handwerker sind Unternehmer i. S. des Werkvertragsrechts, §§ 631 ff. BGB, und erbringen Bauleistungen i. S. von §§ 1 ABU, 1 VOB/A, 1 VOB/B. Es scheint eher, als habe eine ursprünglich beabsichtigte Beschränkung im endgültigen Bedingungswerk keinen Niederschlag gefunden.[6] Da bei der Auslegung von AVB eine am Wortlaut orientierte objektivierte Auslegung maßgeblich ist,[7] ist eine solche Beschränkung nicht getroffen.  18

Im Rahmen der ABN ist umstritten, ob auch **Ingenieurhoch- und Tiefbauten** nach den ABN versicherbar sind.[8] Aus der Formulierung in § 1 der Zusatzbedingungen für Jahresverträge nach den ABN „Ingenieurbauten, die keine Gebäude darstellen, z. B. ..." könnte man zwar schließen, dass auch in § 1 ABN nur Gebäude, nicht aber davon zu unterscheidende Ingenieurbauten versicherbar seien, da offenbar eine Unterscheidung vorausgesetzt wird und § 1 ABN nur von Gebäuden spricht. Nach allgemeinem Sprachgebrauch jedoch zählen auch Ingenieurbauten zu den Gebäuden. Eine Definition des Begriffs „Gebäude" als Häuser und andere Bauwerke[9] oder Bauwerke aller Art findet sich in  19

---

[1] *Platen* Rdn. 4.1.1.1 und 3.1.1.4; unter Berufung auf *Platen* auch *Schmalzl* BauR 1984, 456, 457 und *ders.* BauR 1981, 505, 509.
[2] *Martin* VW 1974, 993, 1130, 1132.
[3] *Kaiser* Bauwirtschaft 1976, 934; ohne Begründung ebenso *Beigel* BauR 1987, 148, 149.
[4] *Platen* Rdn. 3.1.1.5.
[5] *Wäldner* S. 18 und 60 f. hält mit Recht alle baulichen Anlagen, soweit sie Bauleistungen zum Gegenstand haben, für versicherbar.
[6] So auch *Wäldner* S. 61.
[7] BGHZ 84, 268 = NJW 1982, 2776 = VersR 1982, 841; *Prölss* in: *Prölss/Martin* Vorb. III. Rdn. 1 ff. m. w. N.
[8] *Wäldner* S. 19 schließt aus deren speziellem Ausschluss in Klausel 67 für Jahresverträge auf ihre Versicherbarkeit in den ABN.
[9] Palandt/*Heinrichs* § 94 Rdn. 3; BGH NJW 1982, 756 = BauR 1981, 494 zählt auch Tiefgaragen zu den Gebäuden.

den Kommentierungen zu § 94 BGB. Daher hätte ein Ausschluss auch in § 1 ABN ausdrücklich erfolgen müssen.

20 Der Begriff der versicherten „Bauleistungen" ist nicht identisch mit dem Begriff der Bauleistung in § 7 VOB/B, wie sich bereits aus den Klarstellungen in § 1 Nr. 1 a und b ABU ergibt. Er ist hier weiter (vgl. → § 7 Rdn. 23 ff.) und umfasst auch die erwähnten Baustoffe und Bauteile, Hilfsbauten und Bauhilfsstoffe,[10] deren Gefahr im Rahmen des Bauvertrags nach § 7 VOB/B immer der Unternehmer trägt. Nach § 1 Nr. 1 und Nr. 2 d ABN wiederum wird zwischen Bauleistungen einerseits und Baustoffen, Bauteilen, Hilfsbauten und Bauhilfsstoffen andererseits unterschieden, und die beiden letztgenannten werden nur nach besonderer Vereinbarung versichert.

21 In §§ 1 Nr. 3 ABU und ABN sind Sachen aufgeführt, die überhaupt nicht in der Bauleistungsversicherung versicherbar sind, jedoch z. T. nach den ABG oder ABMG oder anderen Bedingungen versichert werden können.

22 Umfangreiche, individuell für die betreffende Baustelle errichtete **Anlagen zur Wasserhaltung,** zu deren Errichtung sich der Auftragnehmer verpflichtet hat, sind Bauleistungen[11] und nicht Baugeräte.

23 **§ 2 Versicherte Gefahren**
ABU:
1. Entschädigung wird geleistet für unvorhergesehen eintretende Schäden (Beschädigungen oder Zerstörungen) an versicherten Bauleistungen oder an sonstigen versicherten Sachen. Unvorhergesehen sind Schäden, die der Versicherungsnehmer oder seine Repräsentanten rechtzeitig weder vorhergesehen haben noch mit dem für die im Betrieb ausgeübte Tätigkeit erforderlichen Fachwissen hätten vorhersehen können.
2. Entschädigung wird nicht geleistet für
    a) Mängel der versicherten Bauleistungen und sonstiger versicherter Sachen;
    b) Verluste versicherter Sachen, die gestohlen worden oder aus sonstiger Ursache abhanden gekommen sind;
    c) Schäden an Glas-, Metall- oder Kunststoffoberflächen sowie an Oberflächen vorgehängter Fassaden durch eine Tätigkeit an diesen Sachen.
3. Soweit gegen anerkannte Regeln der Technik verstoßen oder notwendige und zumutbare Schutzmaßnahmen nicht getroffen wurden, wird Entschädigung ohne Rücksicht auf mitwirkende Ursachen nicht geleistet für Schäden durch
    a) Frost, insbesondere wenn die „Hinweise für das Bauen im Winter" der Rationalisierungsgemeinschaft Bauwesen im Rationalisierungskuratorium der Deutschen Wirtschaft – RKW – in ihrer jeweiligen Fassung nicht beachtet worden sind;
    b) Gründungsmaßnahmen oder Grundwasser oder durch Eigenschaften oder Veränderungen des Baugrundes (Schäden aus Grund und Boden);
    c) Ausfall der Wasserhaltung, insbesondere wenn einsatzbereite Reserven ausreichender Leistung nicht zur Verfügung gehalten worden sind; einsatzbereit sind Reserven nur, wenn sie die Funktionen einer ausgefallenen Anlage ohne zeitliche Unterbrechung übernehmen können; die Kraftquelle der Reserven muss unabhängig von derjenigen der zunächst eingesetzten Anlage sein;
    d) gänzliche Unterbrechung der Arbeiten des Versicherungsnehmers auf dem Baugrundstück oder einem Teil davon; auch ohne die Voraussetzungen gemäß Nr. 3 ausgeschlossen ist Entschädigung für Schäden während und infolge einer solchen Unterbrechung, wenn diese bei Eintritt des Versicherungsfalles bereits mehr als drei Monate gedauert hatte.
4. Entschädigung wird ohne Rücksicht auf mitwirkende Ursachen ferner nicht geleistet für Schäden durch
    a) normale Witterungseinflüsse, mit denen wegen der Jahreszeit und der örtlichen Verhältnisse gerechnet werden muss; Entschädigung wird jedoch geleistet, wenn der Witterungsschaden infolge eines anderen versicherten Schadens entstanden ist; für Schäden durch Frost gilt Nr. 3 a;
    b) Baustoffe, die durch eine zuständige Prüfstelle beanstandet oder vorschriftswidrig noch nicht geprüft worden sind;

---

[10] Die Möglichkeit zu einer abweichenden Regelung eröffnet Klausel 83.
[11] BGH BauR 1985, 349, 351 = ZfBR 1985, 136 = VersR 1985, 656. Dieser Entscheidung lagen Versicherungsbedingungen zu Grunde, wonach auch Nebenleistungen (Sicherungen an baulichen Anlagen) versichert waren. Die Wasserhaltungsanlage gehört zu den Hilfsbauten nach § 1 Nr. 1 b ABU.

B. Text und Kommentierung ABN/ABU                                      Anh. § 7

c) Kriegsereignisse jeder Art, Bürgerkriege, innere Unruhen, Streik, Aussperrung, Beschlagnahmen oder sonstige hoheitliche Eingriffe;
d) Kernenergie.
5. Nur wenn dies besonders vereinbart ist, wird Entschädigung geleistet für Schäden durch Brand, Blitzschlag oder Explosion sowie durch Löschen oder Niederreißen bei diesen Ereignissen.
6. Für Schäden durch Gewässer oder durch Grundwasser, das durch Gewässer beeinflusst wird, wird Entschädigung ohne Rücksicht auf mitwirkende Ursachen nur nach Maßgabe der besonderen Bestimmungen für „Baustellen im Bereich von Gewässern oder in Bereichen, in denen das Grundwasser durch Gewässer beeinflusst wird" geleistet.

ABN:
1. Entschädigung wird geleistet für unvorhergesehen eintretende Schäden (Beschädigungen oder Zerstörungen) an versicherten Bauleistungen oder an sonstigen versicherten Sachen. Unvorhergesehen sind Schäden, die weder der Auftraggeber noch der beauftragte Unternehmer oder deren Repräsentanten rechtzeitig vorhergesehen haben oder mit dem jeweils erforderlichen Fachwissen hätten vorhersehen können.
2. Nur wenn dies besonders vereinbart ist, wird Entschädigung geleistet für Verluste durch Diebstahl mit dem Gebäude fest verbundener versicherter Bestandteile.
3. Entschädigung wird nicht geleistet für
   a) Mängel der versicherten Bauleistungen und sonstiger versicherter Sachen;
   b) Verluste mit dem Gebäude nicht fest verbundener Sachen, die gestohlen worden oder aus sonstiger Ursache abhanden gekommen sind;
   c) Schäden an Glas-, Metall- oder Kunststoffoberflächen sowie an Oberflächen vorgehängter Fassaden durch eine Tätigkeit an diesen Sachen.
4. Soweit der betroffene Unternehmer gegen anerkannte Regeln der Technik verstoßen oder notwendige und zumutbare Schutzmaßnahmen nicht getroffen hat, wird Entschädigung ohne Rücksicht auf mitwirkende Ursachen nicht geleistet für Schäden durch
   a) Frost, insbesondere wenn die „Hinweise für das Bauen im Winter" der Rationalisierungsgemeinschaft Bauwesen im Rationalisierungskuratorium der Deutschen Wirtschaft – RKW – in ihrer jeweiligen Fassung nicht beachtet worden sind;
   b) Gründungsmaßnahmen oder Grundwasser oder durch Eigenschaften oder Veränderungen des Baugrundes (Schäden aus Grund und Boden);
   c) Ausfall der Wasserhaltung, insbesondere wenn einsatzbereite Reserven ausreichender Leistung zur Verfügung gehalten worden sind; einsatzbereit sind Reserven nur, wenn sie die Funktionen einer ausgefallenen Anlage ohne zeitliche Unterbrechung übernehmen können; die Kraftquelle der Reserven muss unabhängig von derjenigen der zunächst eingesetzten Anlage sein;
   d) gänzliche Unterbrechung der Arbeiten des betroffenen Unternehmers auf dem Baugrundstück oder einem Teil davon; auch ohne die Voraussetzungen gemäß Nr. 4 ausgeschlossen ist Entschädigung für Schäden während und infolge einer solchen Unterbrechung, wenn diese bei Eintritt des Versicherungsfalles bereits mehr als drei Monate gedauert hatte.
5. Entschädigung wird ohne Rücksicht auf mitwirkende Ursachen ferner nicht geleistet für Schäden
   a) durch normale Witterungseinflüsse, mit denen wegen der Jahreszeit und der örtlichen Verhältnisse gerechnet werden muss; Entschädigung wird jedoch geleistet, wenn der Witterungsschaden infolge eines anderen versicherten Schadens entstanden ist; für Schäden durch Frost gilt Nr. 4 a;
   b) durch Baustoffe, die durch eine zuständige Prüfstelle beanstandet oder vorschriftswidrig noch nicht geprüft worden sind;
   c) durch Kriegsereignisse jeder Art, Bürgerkriege, innere Unruhen, Streik, Aussperrung, Beschlagnahmen oder sonstige hoheitliche Eingriffe;
   d) durch Kernenergie.
6. Nur soweit dies besonders vereinbart ist, wird Entschädigung geleistet für Schäden durch Brand, Blitzschlag oder Explosion sowie durch Löschen oder Niederreißen bei diesen Ereignissen.
7. Für Schäden durch Gewässer oder durch Grundwasser, das durch Gewässer beeinflusst wird, wird Entschädigung ohne Rücksicht auf mitwirkende Ursachen nur nach Maßgabe der besonderen Bestimmungen für „Baustellen im Bereich von Gewässern oder in Bereichen, in denen das Grundwasser durch Gewässer beeinflusst wird" geleistet.

Versichert sind Schäden an den versicherten Sachen, wobei der Klammerzusatz (Beschädigungen oder Zerstörungen) die Frage aufwerfen mag, ob hierdurch der vielleicht weitere Begriff des Schadens begrenzt werden soll.[1] Diese Frage stellt sich allerdings nur, wenn man    24

---
[1] So *Thürmann* S. 130.

meint, die Begriffe Beschädigung und Zerstörung erforderten eine **äußere Einwirkung**. Gegen eine solche Begrenzung sprechen bereits §§ 9 Nr. 3 ABU und ABN. Aus ihnen ergibt sich, dass auch sog. innere Schäden versichert sind.[2] Eine Analyse des zur Beschreibung des Schadens verwandten Begriffspaares „Beschädigung oder Zerstörung" zeigt, dass dieses sowohl Handlungen wie Zustände beschreibt, wobei die Umstände sich nur im Umfang des Schadens (total = Zerstörung, teilweise = Beschädigung) unterscheiden.[3] Da eine Zerstörung als solche bezeichnet wird, gleich, ob sie aus der Sache selbst resultiert oder nicht, muss auch eine Beschädigung nicht notwendig von außen kommen. Es wäre unverständlich, wenn Entschädigung für Totalverluste immer, für Teilschäden (Beschädigung) nur bei äußerer Ursache geleistet werden müsste. An diesen Begriffen kann daher die Definition des Sachschadens nicht festgemacht werden.[4]

25 Der **Sachschadensbegriff** erfüllt eine Abgrenzungsfunktion in zwei Richtungen. Durch ihn soll der versicherte Schaden erstens von dem nicht ersatzfähigen reinen Vermögensschaden[5] und zweitens vom ebenfalls nicht ersatzfähigen in den Risikobereich des Unternehmers fallenden Mangel der Werkleistung abgegrenzt werden.

### I. Abgrenzung Sach-/Vermögensschaden

26 Die Abgrenzung zwischen „Sach"schaden und Vermögensschaden kann in der Praxis durchaus Probleme bereiten. Reine Vermögensschäden (z. B. erhöhte Aufwendungen wegen Bauverzögerung) sind mangels Sachbezogenheit leicht auszugrenzen. Gleiches gilt für den Fall der nachträglichen Unmöglichkeit, wenn diese nicht auf einem Schaden an der Bauleistung selbst beruht.[6] Hierzu ist auch der Fall zu rechnen, dass ein begonnenes Bauprojekt wirtschaftlich sinnlos wird. In allen diesen Fällen erleidet ein Baubeteiligter Schäden durch nutzlose oder erhöhte Aufwendungen, die jedoch nicht versichert sind. Hiervon zu unterscheiden sind Vermögensschäden, die als Folge eines Sachschadens entstehen, z. B. Kosten der Schadensfeststellung, Aufräumkosten, durch Verzögerung bedingte Kostensteigerungen. Grundsätzlich werden auch diese in der Bauleistungsversicherung nicht ersetzt. Ausnahmen, welche die Ersatzfähigkeit einiger solcher Folgeschäden regeln, finden sich in §§ 9 bis 11 und 15 ABN und ABU.

#### 1. Meinungsstand

27 Die Rechtsprechung geht weniger von dem Begriff des Sachschadens aus. Sie verwendet vielmehr den Begriff der **Sachbeschädigung**, dessen Merkmale sie auch aus dem Strafrecht[7] und dem vermeintlich vergleichbaren Begriff der Eigentumsverletzung im Deliktsrecht des BGB[8] zu gewinnen versucht.

28 Nach Auffassung des OLG Karlsruhe setzt der Begriff der Sachbeschädigung eine Substanzverletzung oder Einwirkung auf die Substanz nicht voraus. Es genüge vielmehr eine durch Einwirkung auf die Sache bewirkte Wertminderung, welche die Brauchbarkeit der Sache zur Erfüllung ihres Zwecks beeinträchtige.[9] Der BGH hob diese Entscheidung auf, da

---

[2] *Wäldner* S. 25 f.
[3] *Thürmann* S. 179 hält diese Auffassung für bedenklich und meint, es gebe einen Schadensbereich jenseits dieser beiden (welchen?).
[4] *Thürmann* S. 129 f. übersieht diesen Zusammenhang, wenn sie meint, ihre – ohnehin nicht zwingende – sprachliche Analyse des Begriffs „Beschädigung" als äußere Einwirkung ohne weiteres auf die Bauleistungsversicherung übertragen zu können. *Martin* Sachversicherungsrecht VOB/B III 4 bezeichnet zu Recht „Sachschaden" als Oberbegriff zu „Beschädigung und Zerstörung".
[5] So auch *Thürmann* S. 108.
[6] Siehe den Fall OLG Hamburg BauR 1987, 212.
[7] OLG Karlsruhe VersR 1978, 337, 338; BGHZ 75, 50, 56 = BauR 1979, 534 = NJW 1979, 2404 = VersR 1979, 855.
[8] BGH (Fn. 7).
[9] OLG Karlsruhe (Fn. 7).

die Abgrenzung zum Mangel nicht gezogen sei.[10] Im Grunde hielt er an den genannten Kriterien fest, wobei er hinzufügte, dass auf der Grundlage des allgemeinen Sprachgebrauchs unter „Sachbeschädigung" eine **körperliche Einwirkung auf die Substanz** einer bereits bestehenden Sache zu verstehen sei, die eine Veränderung der äußeren Erscheinung und Form mit sich bringe. Voraussetzung sei, dass ein bereits vorhanden gewesener Zustand beeinträchtigt werde; die Beschädigung liege dann in der Aufhebung oder Minderung der Gebrauchsfähigkeit.[11] Eine „Verletzung" der Sachsubstanz sei nicht erforderlich.[12]

Wie *Thürmann*[13] zu Recht feststellt, werden zwei Definitionen wahllos nebeneinander gebraucht, ohne dass das Verhältnis der Begriffe Sachschaden/Sachbeschädigung oder das Verhältnis dieser beiden Definitionen zueinander geklärt würde, nämlich: **29**

(a) Sachschaden als körperliche Einwirkung auf die Substanz einer bereits bestehenden Sache, die eine Veränderung der äußeren Erscheinung und Form mit sich bringe und zu einer Minderung der Brauchbarkeit führe;

(b) Sachschaden als körperliche Einwirkung auf die Substanz einer Sache, die zu einer Minderung der Gebrauchsfähigkeit oder des Wertes führe.

Bei der Definition (b) lässt sich bereits eine **Entmaterialisierung** mit der Folge feststellen, dass auch bestimmte Formen des Nutzungsentzugs als Sachschaden anzusehen wären. Der BGH[14] selbst führt aus, das Schwergewicht habe sich verlagert von der ursprünglich geforderten **Substanzverletzung** auf die Aufhebung oder Minderung der Gebrauchsfähigkeit oder des Wertes einer Sache durch Einwirkung auf diese, ohne dass es einer Substanzverletzung bedürfe. Eine ausschließlich körperliche Betrachtungsweise habe einer mehr funktionellen und wertenden Platz gemacht. **30**

Das Schrifttum folgt der Auffassung des BGH, dass eine Substanzeinwirkung auf eine bestehende Sache erforderlich sei, weitgehend.[15] Umstritten ist allenfalls, ob diese Einwirkung von außen kommen muss oder auch aus der Sache selbst kommen darf.[16] *Beese*[17] meint, regelmäßig liege sowohl eine Beeinträchtigung der Form, der Struktur und der Funktion der Sache vor, jedoch reiche jedes dieser Merkmale für sich aus, den Sachschaden zu begründen. **31**

## 2. Stellungnahme

In dem Bemühen, über den Begriff der Sachbeschädigung eine Abgrenzung des Sachschadens gegenüber dem Mangel zu finden, wird z. T. übersehen, dass der Sachschaden auch gegenüber dem Vermögensschaden abzugrenzen ist. Einerseits wird eine Veränderung der äußeren Erscheinung und Form verlangt, andererseits eine Substanzverletzung nicht gefordert und die Aufhebung oder Minderung der Gebrauchsfähigkeit als ausreichend angesehen. Letztere mag zwar eine **Eigentumsverletzung** nach § 823 Abs. 1 BGB begründen, da dort **32**

---

[10] BGHZ 75, 50, 54 f.
[11] Beispiel: Verstopfung eines Wasserrohres durch Bauschutt, OLG Frankfurt VersR 1983, 1045. Dort wird ein Sachschaden ohne Begründung angenommen.
[12] BGHZ 75, 50, 56 unter Bezugnahme auf BGH VersR 1976, 629.
[13] *Thürmann* S. 30.
[14] BGHZ 75, 62, 71.
[15] *Wäldner* S. 26; *Rehm* S. 31 f.; *Oppler* in: Ingenstau/Korbion VOB/B § 7 Rdn. 18. *Lotter* S. 9 (noch zu den AVB Bauwesenversicherung) meint, die h. M. verlange eine Substanzverletzung. *Voit/Knappmann* in: Prölss/ Martin AMB § 2 Rdn. 2, 3 verlangen eine Einwirkung auf die Sachsubstanz, die Brauchbarkeit oder den Wert mindert. Dort wird eine Schiefstellung einer Maschine nicht als Substanzbeeinträchtigung angesehen, s. aber zur Schiefstellung von Bauwerken in Folge von vornherein mangelhafter Gründung *Voit/Knappmann* in: *Prölss/Martin* ABU § 2 Rdn. 8., anders *Martin* VW 1974, 998, der einen Schaden ablehnt, da eine durch zu weichen Baugrund verursachte Schiefstellung keine Wertminderung gegenüber dem bereits vorhandenen mangelhaften Zustand darstelle. In Sachversicherungsrecht VOB/B III 4, meint *Martin*, es sei eine Substanzbeeinträchtigung, nicht jedoch eine -verletzung nötig, in VOB/B III 6 differenziert er: eine Veränderung der örtlichen Lage stelle in den technischen Versicherungszweigen oft einen Sachschaden dar, in der klassischen Sachversicherung jedoch nicht.
[16] *Wäldner* S. 25.
[17] *Beese* ZfV 1975, 352, 354.

auch die reine Nutzungsmöglichkeit einer Sache geschützt ist.[18] Zur Definition der Sachbeschädigung trägt sie indes nichts bei. Nach dieser Definition wäre auch die Wertminderung eines Hauses durch Einrichtung einer darüber hinwegführenden Tiefflugschneise eine Sachbeschädigung, denn die wertmindernde äußere Einwirkung durch Schallwellen kann nicht verneint werden (weitere Beispiele: radioaktive Verstrahlung – ja, Gaswolke im Keller – nein, zugeparktes Auto – nein, Pkw übers Wochenende im Hof eingeschlossen – nein, Diebstahl?). Abgrenzungskriterium kann nur die **Substanzveränderung** sein. Auch in den im Strafrecht zu § 303 StGB diskutierten Fällen der Sachbeschädigung durch Luftablassen beim Autoreifen oder durch wildes Plakatieren lässt sich eine Substanzveränderung feststellen. Den aufgepumpten Reifen auf Felge muss man als eine Sache (Sachgesamtheit) im Sinne einer Funktionseinheit ansehen, deren Substanz und Form durch Luftablassen verändert wird, da auch die darin enthaltene Luft Teil der Sachsubstanz ist. Gleiches gälte beim Ölablassen aus einem Motor. Auch Plakatieren oder Sprayen führt zu einer Substanzveränderung durch Verbindung des Klebstoffs oder der Farbe mit dem Mauerwerk oder dem Verputz. Einen weiteren Problembereich bilden **Hohlräume,** deren Brauchbarkeit durch Einbringen anderer Materialien gestört wird. Als Beispiele seien hier das durch Bauschutt verstopfte Abwasserrohr[19] oder der mit Gas oder Wasser gefüllte Kellerraum genannt. In diesen Fällen liegt mangels Substanzveränderung kein Sachschaden vor.[20]

33 In dem von der Rechtsprechung entschiedenen Fall der **Schiefstellung eines Gebäudes**[21] drängt sich die Frage auf, ob nicht jedenfalls bis zum Beginn der Senkung oder auch bis zur Bildung von Rissen am Gebäude lediglich die Beziehungen der Sache zur Umwelt gestört sind, nicht jedoch die Sachsubstanz selbst nachteilig verändert ist, so dass ein bloßer Vermögensschaden vorläge. Die Schiefstellung eines Gebäudes stellt lediglich eine Änderung der Lage im Raum dar. Form und Erscheinung des Gebäudes selbst werden nicht verändert. Vergleichen ließe sich dieser Fall auch mit der bloßen Verschmutzung der Bauleistung, die nach § 7 VOB/B mangels Substanzbeeinträchtigung keine Beschädigung darstellt[22] (siehe → § 7 Rdn. 33), oder auch mit dem Fall des im Hafenbecken eingeschlossenen Schiffes, in dem der BGH[23] die Eigentumsverletzung auf die Einschränkung der Nutzungsmöglichkeit stützen konnte, weil in § 823 Abs. 1 BGB eine Substanzbeeinträchtigung nicht erforderlich ist. Dies lässt sich jedoch nicht auf die Sachversicherung übertragen.[24] Auch in anderen Sachversicherungszweigen wird die Nutzungsmöglichkeit nicht geschützt,[25] wenn nicht z. B. das Verlustrisiko ausdrücklich eingeschlossen ist, vgl. §§ 2 Nr. 1 AMoB, 12 Nr. 1 AKB.

34 Richtigerweise muss man eine Substanzbeeinträchtigung, d. h. eine **physische Veränderung der Sachsubstanz,** verlangen. Anders ist eine Abgrenzung zum bloßen Vermögensschaden nicht zu leisten. Eine bloße Verminderung der Brauchbarkeit ohne Substanzbeeinträchtigung kann keinen Sachschaden begründen, auch nicht, wenn sie auf einer äußeren Einwirkung auf die Sache beruht wie der Veränderung der Lage im Raum (Schiefstellung), Verstopfung von Hohlräumen, versperrter Zugang zum Bauwerk durch Überschwemmung

---

[18] Vgl. (auch zu den damit einhergehenden Abgrenzungsschwierigkeiten) BGHZ 55, 153 = NJW 1971, 886.
[19] OLG Frankfurt VersR 1983, 1045 nimmt einen Sachschaden ohne Begründung an; *Thürmann* S. 113 will diesen Fall durch wertende Entscheidung der Gruppe der Sachschäden zuschlagen, da zumindest eine körperliche Einwirkung gegeben ist.
[20] *Rehm* S. 33 meint, bei verstopften Hohlräumen läge zwar keine Beschädigung, jedoch eine Substanzbeeinträchtigung vor, was einen Sachschaden begründe.
[21] BGHZ 75, 50 = NJW 1979, 2404 = BauR 1979, 534 = VersR 1979, 855; Vorinstanz OLG Karlsruhe VersR 1978, 337. In §§ 2 Nr. 3 b ABU, 2 Nr. 4 b ABN wird diese Zweifelsfrage durch den Risikoausschluss für Schäden aus Grund und Boden gelöst.
[22] *Daub/Piel/Soergel/Steffani* ErlZ B 7.14; *Rehm* S. 33 f.
[23] BGHZ 55, 153, 159 = NJW 1971, 886 = VersR 1971, 418.
[24] *Martin* Sachversicherungsrecht VOB/B III 7.
[25] So auch *Martin* Montageversicherung § 2 AMoB Rdn. 1.2.2 und 3.1, der den dortigen Einschluss von Diebstahlschäden als Ausnahme in den technischen Versicherungen bezeichnet; siehe auch LG Köln VersR 1988, 1019 zu § 2 Abs. 1 ABMG, wonach das Steckenbleiben eines Erdbohrers, welches eine Bergung erforderlich macht, mangels Verletzung oder Beeinträchtigung der Substanz keinen Sachschaden darstellt.

oder Verschmutzung. Bei der Schiefstellung ist hervorzuheben, dass es gerade nicht darauf ankommt, ob ein Schaden am Grundstück vorliegt, sondern dass allein auf das Werk, das Gebäude, abzustellen ist, auch wenn beide sachenrechtlich eins sind. Es ist nicht das Grundstück, sondern die Bauleistung versichert.

### II. Abgrenzung Sachschaden/Mangel

Ein weiteres Problem zeigt sich bei der Abgrenzung des „Sach"schadens vom **Mangel**. Hier stellen die veröffentlichten Entscheidungen vor allem darauf ab, dass etwas **bereits Vorhandenes** nachteilig beeinflusst wird und nicht eine Sache von Anfang an fehlerbehaftet war.[26] Zu unterscheiden sind die zwei Fälle, 35

(a) dass eine Leistung oder Teilleistung nachteilig verändert wird durch eine Einwirkung einer anderen Teilleistung desselben oder eines anderen Unternehmers und
(b) dass ein Mangelfolgeschaden durch einen Mangel der betroffenen Leistung oder Teilleistung selbst entsteht, Fall des sog. „weiterfressenden Mangels".

#### 1. Rechtsprechung

Die Rechtsprechung lehnt sich stark an die entsprechenden Entscheidungen zum **weiterfressenden Mangel** im Rahmen des Deliktsrechts an. Sie fragt danach, ob eine abgrenzbare Teilleistung defekt war und dann ihren Defekt weiteren Teilleistungen vermittelte. Neben dem grundlegenden Merkmal, ob die betreffende Leistung von Anfang an mangelhaft war oder nachher zerstört wurde,[27] wendet die Rechtsprechung in unterschiedlicher Gewichtung die Merkmale „integraler Bestandteil der Bauleistung/von außen einwirkend", „unmittelbar anhaftender Mangel/mittelbar aufgetretener Schaden" und „anhaftend/einwirkend" an.[28] 36

Wie *Thürmann*[29] richtig feststellt, greift die Rechtsprechung auch zur Abgrenzung des Sachschadens vom Sachmangel auf den oben Rdn. 27 ff. erläuterten Begriff der Sachbeschädigung zurück, wobei wieder Parallelen zur Sachbeschädigung im Strafrecht und zur Eigentumsverletzung gezogen werden. Erweitert wird die Analyse um das Kriterium der Einwirkung einer Teilleistung auf eine andere. Handelt es sich um eine Entwicklung innerhalb einer Teilleistung, so soll nur ein Mangel vorliegen. Wird jedoch eine Teilleistung durch eine andere beschädigt, soll ein versicherter Schaden vorliegen. Als Teilleistung wird dabei eine – auch in mehreren Arbeitsgängen errichtete – funktionale Einheit betrachtet, die zu einem stabilen Zwischenzustand führt.[30] Als Kriterien zur Bestimmung einer Teilleistung werden nur beispielhaft verschiedene Gewerke und Leistungen verschiedener Unternehmer genannt.[31] 37

#### 2. Entwicklung der eigenen Auffassung

Die Abgrenzung zum nicht versicherten Mangel i. S. der Bauleistungsversicherung ergibt sich grundsätzlich daraus, dass ein bestehender Zustand negativ verändert sein muss. Die pauschale Aussage, „Pfuscharbeit sei nicht versicherbar"[32] ist unhaltbar und trägt zur Lösung 38

---

[26] BGHZ 75, 50, 56; BGH VersR 1976, 629; BGH VersR 1954, 557; BGHZ 23, 349; OLG Frankfurt VersR 1984, 1057; OLG Frankfurt VersR 1989, 801.
[27] BGH NJW 1954, 1846.
[28] BGHZ 75, 50, 57 und BGHZ 75, 62, 69; BGH NJW 1954, 1846; OLG Bremen VersR 1953, 318.
[29] *Thürmann* S. 29 f., die Bildung der vorgenannten Begriffspaare entstammt ebenfalls dieser zutreffenden Analyse.
[30] Vgl. *Thürmann* S. 146.
[31] BGHZ 75, 62, 70; siehe auch die Beispiele in OLG Frankfurt VersR 1984, 1057, 1059.
[32] So aber noch OLG Frankfurt VersR 1984, 1057, 1059; BGH VersR 1956, 637, 638; 1960, 109, 110; 1960, 1074, 1075; NJW 1964, 1025, 1026; *Wussow* VersR 1964, 570, 574 und auch *Beigel* BauR 1987, 148, 150. Die Oberflächlichkeit dieser Aussage zeigt sich bereits bei Betrachtung der sog. Mangelbeseitigungs-

des eigentlichen Abgrenzungsproblems, was denn nun Pfusch sei, nichts bei.³³ Richtig ist allein, dass grundsätzlich Versicherungsschutz für **eigene vertragliche Erfüllungspflichten** nicht gewährt wird und aus versicherungstechnischen Gründen wohl auch nicht gewährt werden kann, da das Ausmaß der notwendigen Prämienerhöhung die Versicherung unattraktiv machen und der Anreiz zu ordentlicher Leistungserbringung weitgehend entfallen würde.³⁴

**39** Der Ausschluss des Ersatzes von Mangelschäden in §§ 2 Nr. 2a ABU/ABN wird eingeschränkt durch §§ 9 Nr. 3 ABU/ABN, die vorsehen, dass Schäden, die auf einem Mangel beruhen, ersatzfähig sind. Hierdurch wird der Mangelbegriff in §§ 2 Nr. 2a ABU/ABN von dem der VOB/B, der auch Mangelfolgeschäden an der eigenen Leistung des Auftragnehmers erfasst (siehe → Vor § 7 Rdn. 15 f.), gelöst.³⁵ In begrenztem Umfang wird hier der oben genannte Ausschluss der Erfüllungspflicht aus der Versicherung aufgehoben, da der versicherte Mangelfolgeschaden werkvertraglich einen Nachbesserungs-, d. h. Erfüllungsanspruch, auslöst.³⁶

**40** Die Versuche, den Begriff der Eigentumsverletzung des BGB oder der Sachbeschädigung des StGB (§ 303) zur Abgrenzung des Mangels vom Mangelfolgeschaden fruchtbar zu machen, müssen scheitern, da dieser Begriffsbildung andere Problemstellungen zu Grunde liegen.³⁷

**41** Der werkvertragliche Begriff des Sachmangels taugt ebenfalls nicht zur Abgrenzung, da jeder vor Abnahme auftretende Schaden nach Werkvertragsrecht einen Sachmangel mit der Folge eines Nachbesserungs- bzw. Erfüllungsanspruchs darstellt. Wenig hilfreich ist auch ein Vergleich mit der Rechtslage nach Abnahme, da dort zwar auch zwischen Schäden und Mängeln unterschieden werden kann, jedoch allein darauf abgestellt wird, ob der Schaden auf einer vertragswidrigen Leistung beruht, § 13 Nr. 5 Abs. 1 VOB/B, und jeder so verursachte Schaden einen Mangel darstellt.

**42** Die Rechtsprechung zu den sog. weiterfressenden Mängeln bei der Abgrenzung von vertraglichen und deliktischen Ansprüchen steht zwar ebenfalls vor dem Problem, zwischen einem vorhandenen Mangel und einem daraus folgenden und davon verschiedenen Schaden zu differenzieren.³⁸ Die dabei entwickelten Kriterien eignen sich jedoch nicht für eine Übertragung, da sie nur einen kleinen Ausschnitt des Abgrenzungsproblems erfassen, nämlich den Fall, dass innerhalb einer Leistung durch Eigendynamik ein Schaden entsteht, jedoch andere Abgrenzungsfragen wie beispielsweise die **planwidrige** Einwirkung auf den Herstellungsprozess durch Mitarbeiter des Unternehmers oder Schäden durch **unerkennbar** unbrauchbares Material nicht erfassen. Weiter müsste konsequenterweise auch eine für sich betrachtet ordnungsgemäße Teilleistung, die jedoch zur Behebung eines Mangels einer anderen Teilleistung zwingend wieder zerstört werden muss, als wertlos betrachtet werden.

**43** *Thürmann* will deshalb nach einem eigenen versicherungsrechtlichen Begriff suchen, der in den verschiedenen Versicherungszweigen identisch sein sollte. Im Rahmen der Bauleistungsversicherung sei der Mangel so vom Schaden abzugrenzen, dass Mangel nur die **unmittelbare** Folge eines fehlgeleiteten Herstellungsprozesses sei, die zu einem hinter der

---

nebenkostenklausel in der Betriebshaftpflichtversicherung der Bauhandwerker, hierzu *Schmalzl* Berufshaftpflicht Rdn. 476 ff.

³³ Grundlegende Kritik bei *Littbarski* Zur Versicherbarkeit des Unternehmerrisikos S. 1 ff.

³⁴ Beachte jedoch auch OLG Hamm VersR 1977, 1093 zur anderen Praxis eines ausländischen Versicherers.

³⁵ So auch *Thürmann* S. 132.

³⁶ *Martin* VW 1974, 997 begründet dies mit einer beabsichtigten Attraktivitätssteigerung der Bauleistungsversicherung; hier seien diese Folgeschäden auch leichter kalkulierbar als in der Montageversicherung, da sie seltener zu Groß- oder Totalschäden führten. Ein weiterer Grund dürfte die schwere Kalkulierbarkeit solcher Folgeschäden für den einzelnen Bauunternehmer sein, die bereits zu der weitergehenden Auffassung von *Eiselt/Trapp* NJW 1984, 899 ff. geführt hat, auch Nachbesserungsarbeiten, die andere Gewerke in Mitleidenschaft zögen, seien von der Haftpflichtversicherung umfasst; dagegen *Schmalzl* BauR 1984, 456, 461, der auf den Einschluss von Mangelbeseitigungsnebenkosten in der Betriebshaftpflichtversicherung der Bauhandwerker hinweist.

³⁷ *Wäldner* S. 24; *Thürmann* S. 107 ff.

³⁸ Siehe hierzu *Steffen* VersR 1988, 977 ff. und auch *Littbarski* FS Korbion S. 269 ff.

Herstellungsabsicht zurückbleibenden Ergebnis führe. Verschlechtere sich ein einmal erreichter Zustand, sei es durch äußere oder innere Einflüsse, so liege ein versicherter Schaden vor. Dieser Auffassung ist zuzustimmen. Im Einzelnen bedeutet das: Lediglich Fehlsteuerungen in Herstellungsabsicht begründen Mängel; Handlungen bei Gelegenheit der Herstellung oder unbeabsichtigte Nebenfolgen der Herstellungshandlungen stellen dagegen eine Beeinträchtigung des Herstellungsprozesses dar und begründen einen ersatzfähigen Schaden. Hierdurch ist ein Schutz des gesamten Herstellungsprozesses gesichert, den die Rechtsprechung durch die Überbetonung des Erfordernisses der Teilleistung nicht erreichen kann. Dort nämlich werden Schäden vor Fertigstellung durch innere Entwicklung vom Versicherungsschutz völlig ausgeklammert.[39]

Der **Teilleistungsbegriff** der Rechtsprechung soll nur zur Begründung einer Außeneinwirkung dienen und hilft teilweise – ohne dass dies gesagt würde – über das Erfordernis der Beeinträchtigung eines bestehenden Zustandes hinweg, wenn nämlich eine später errichtete Teilleistung durch eine früher errichtete beeinträchtigt wird.[40] Die Funktion dieses Begriffs in §§ 9 Nr. 3 ABU/ABN ist jedoch eine andere. Der Begriff soll klarstellen, dass nicht die unterschiedliche Stückelung der Auftragsvergabe auf einen oder eine Vielzahl von Unternehmern zu einem unterschiedlichen Versicherungsschutz führt. Ohne dieses Merkmal müsste sich der allein ausführende Unternehmer, der eine Mauer falsch dimensioniert, so dass der darauf ruhende Dachstuhl beim Einsturz mit zu Schaden kommt, möglicherweise entgegenhalten lassen, dass nur die Folge einer auf Herstellung der Gesamtleistung Haus gerichteten Handlung und damit ein Mangel der Gesamtleistung vorliege. Bei Erstellung durch zwei Unternehmer wäre jedoch fraglos Versicherungsschutz gegeben. Diese unsinnige Differenzierung des Versicherungsschutzes wird durch den Schutz einzelner Teilleistungen auch des Schädigers selbst vermieden.[41] 44

Soweit der Schaden auf der Handlung eines Mitarbeiters beruht, kann als einfache **Kontrollfrage** geprüft werden, ob diese Handlung auch von einem Dritten hätte vorgenommen werden können. Dann kann keine Herstellungshandlung vorliegen. Diese Faustformel hilft jedoch nicht bei Schäden durch Materialeigenschaften. Hier kommt es darauf an, ob ein grundsätzlich ungeeignetes Material verwandt wurde. Dann liegt eine Herstellungshandlung vor, da die falsche Auswahl Teil des Herstellungsplans ist. Führt hingegen ein unerkannter Materialfehler eines an sich geeigneten Materials zur Herstellung einer fehlerhaften Sache, dann handelt es sich um eine vom Herstellungsplan nicht gedeckte Entwicklung, d. h. einen Schaden.[42] 45

Nicht übersehen werden darf allerdings, dass auch bei einem Schaden an einer mangelhaften Teilleistung oder durch eine solche das **Kriterium der Wertminderung** erfüllt sein muss, um einen Schaden zu begründen.[43] Eine völlig wertlose Teilleistung kann auch durch eine Substanzveränderung keinen Schaden mehr erleiden. Beispielsweise entsteht an einer undichten Isolierverglasung, die wegen des Mangels komplett ausgetauscht werden muss, kein weiterer Schaden, wenn sie mit einem Stein eingeworfen wird. Gleiches gilt für die eingestürzte unterdimensionierte Betondecke, die ohnehin komplett hätte erneuert werden müssen. 46

Nach *Martin*[44] ist die nicht versicherte mangelhafte Herstellung einer Bauleistung immer ein versicherter Schaden an Material. Das trifft jedoch nicht zu. Auf den ersten Blick scheint das Material zwar beschädigt oder zerstört im Sinne einer Substanzveränderung und auch in seiner Brauchbarkeit beeinträchtigt, jedoch ist dies auch bei bestimmungsgemäßem Einbau oder Verarbeitung der Fall. Auch dann ist das Material nicht noch einmal verwendbar. Das 47

---

[39] In BGHZ 75, 62, 71 wurde zumindest die Frage, ob ein Schaden an der mangelhaften Teilleistung selbst ersatzfähig ist, ausdrücklich offen gelassen.
[40] *Thürmann* S. 148 ff.
[41] So auch BGHZ 75, 62, 68 f.
[42] *Thürmann* S. 168 f.
[43] Wie hier *Thürmann* S. 119 f.; *Voit/Knappmann* in *Prölss/Martin* ABU § 2 Rdn. 6.
[44] *Martin* in: *Prölss/Martin*, 24. Aufl., ABU/ABN Anm. 6; anders nunmehr *Voit/Knappmann* in *Prölss/Martin* ABU § 2 Rdn. 6.

Material ist darauf angelegt, im Herstellungsprozess verwandt, d. h. beschädigt oder zerstört zu werden, so dass diese **bestimmungsgemäße Verwendung,** auch wenn sie zu einem mangelhaften Ergebnis führt, **kein** Sachschaden sein kann, da das Material seiner bestimmungsgemäßen Verwendung zugeführt wurde und dadurch seine Brauchbarkeit erwiesen hat.[45]

48  Außerdem ist das Material nach §§ 1 Nr. 1a ABU, 1 Nr. 1 ABN vor der Verwendung selbst und nach der Verwendung als Teil der Bauleistung versichert. Es bleibt nicht weiter zusätzlich besonders versichert, was jedoch Voraussetzung wäre, wollte man es nach der Verwendung, wenn feststeht, dass die erstellte Leistung mangelhaft ist, noch als versichert betrachten. Hiergegen spricht bereits, dass es nur einmal bei der Bildung der Versicherungssumme berücksichtigt wird.[46]

49  Anders ist nur in der Begründung, nicht jedoch im Ergebnis, der Fall zu beurteilen, dass das Material durch **falsche Bearbeitung** unbrauchbar wird, bevor es in die Bauleistung eingeht. Werden beispielsweise eine Glasscheibe oder ein Holzbalken so verschnitten, dass sie nicht mehr verwendbar sind, so scheint ein Schaden am Material vorzuliegen, da es noch nicht in eine mangelhafte Bauleistung eingegangen ist und das Material, bevor es in die Bauleistung eingeht, noch selbstständig versichert ist. Auch hier liegt jedoch eine **Herstellungshandlung** vor, die einen Mangel begründet, wobei es nach Sinn und Zweck der Versicherung nicht auf den Einbau ankommen kann, da auch die Materialverarbeitung selbst Teil der Erfüllungspflicht des Unternehmers ist.

### III. Vorhersehbarkeit

50  Nur unvorhergesehene Schäden sind versichert, da die Versicherung nicht eigene Vorsichts- und Vorsorgemaßnahmen des Unternehmers ersetzen will und vom Versicherungsnehmer erwartet wird, dass er sich so verhält wie ein nicht versicherter Unternehmer.[47] Der Begriff „unvorhergesehen" hat bereits einige Verwirrung gestiftet[48] und ist unglücklich gewählt. In der Praxis hat sich zu Recht die Auffassung durchgesetzt, die ihn als „unvorhersehbar" liest.[49] Es handelt sich um ein auf den Versicherungsnehmer und seine Repräsentanten[50] bezogenes Verschuldensmerkmal.

#### 1. Sorgfaltsmaßstab

51  Klausel 50 beschränkt seit 1986 den Sorgfaltsmaßstab auf **grobe Fahrlässigkeit**[51] und bringt ihn wieder mit § 61 VVG in Übereinstimmung. Der Bekanntmachung dieser Änderung wurde lapidar vorangestellt, es handele sich um eine klarstellende Klausel, durch die Befürchtungen der Versicherungsnehmer, dass für Schäden durch leichte Fahrlässigkeit des Versicherungsnehmers oder seines Repräsentanten kein Versicherungsschutz bestehe, begegnet werden solle.[52] Bereits angesichts des Streits um die frühere Fassung verwundert

---

[45] Wie hier *Thürmann* S. 169 ff. mit eingehender Auseinandersetzung mit der Gegenansicht.
[46] *Thürmann* S. 173.
[47] *Platen* Rdn. 3.2.1.2.; *Beese* ZfV 1975, 418.
[48] Siehe die Nachweise zur Diskussion bei *Wäldner* S. 26 f., insbesondere Fn. 112 ff.
[49] OLG Hamm VersR 1988, 731; BGH NJW 1984, 47, 48 = ZfBR 1983, 235 = VersR 1983, 821, 822; VersR 1981, 875, 877.
[50] OLG Hamm VersR 1988, 731; BGH NJW 1984, 47, 48 = ZfBR 1983, 235 = VersR 1983, 821, 822; a. A. gegen den Wortlaut der AVB, *Beese* ZfV 1975, 418, 419, der Arbeitnehmer – gleich in welcher betrieblichen Funktion – als Repräsentanten ausschließen will, da der Versicherungsnehmer sich gerade gegen das Verhalten sämtlicher Mitarbeiter versichern wolle, die nicht wie er das unternehmerische Wagnis trügen. Beese verkennt offenbar den Repräsentantenbegriff, dazu unten Rdn. 29.
[51] VerBAV 1986, 312 in der dort ebenfalls veröffentlichten geschäftsplanmäßigen Erklärung verpflichten sich die Versicherer, diese Klausel auch auf Altverträge anzuwenden. Zur Wirkung einer geschäftsplanmäßigen Erklärung auf Individualverträge im Rahmen der AKB neuestens BGHZ 105, 140 = NJW 1988, 2734, 2736 = VersR 1988, 1062.
[52] VerBAV 1986, 312.

diese Aussage, da erst der BGH gegen das OLG Celle entscheiden musste, dass auch der frühere Maßstab der einfachen Fahrlässigkeit nicht gegen das AGBG verstieß.[53] Es handelt sich um eine erhebliche Änderung,[54] da nunmehr die wesentliche Gruppe der nach § 7 VOB/B zulasten des Auftragnehmers gehenden Schäden, die auf einem eigenen Verschulden des Auftragnehmers = Versicherungsnehmers oder seiner Repräsentanten beruhen, Versicherungsschutz genießen. Das war früher nicht der Fall. Bei der hier vertretenen Auslegung des § 7 VOB/B (siehe → Vor § 7 Rdn. 21 und § 7 Rdn. 17) bestand früher nämlich überhaupt nur dann Versicherungsschutz, wenn der Schaden auf dem Verschulden eines Erfüllungsgehilfen des Auftragnehmers, der nicht Repräsentant des Versicherungsnehmers war, beruhte. Die obige Aussage wäre somit allenfalls dann verständlich, wenn die Regulierungspraxis der Versicherer ihr bereits früher entsprochen hätte. Das legen jedoch die genannten Entscheidungen nicht nahe.

## 2. Repräsentanten

Der grobe Sorgfaltsverstoß muss dem Versicherungsnehmer oder seinen **Repräsentanten** vorzuwerfen sein. Repräsentanten sind Personen, die in dem Geschäftsbereich, zu dem das versicherte Risiko gehört, aufgrund eines Vertretungs- oder ähnlichen Verhältnisses an die Stelle des Versicherungsnehmers getreten und befugt sind, in einem gewissen, nicht ganz unbedeutenden Umfang für den Betriebsinhaber zu handeln und dabei auch dessen Rechte und Pflichten als Versicherungsnehmer wahrzunehmen.[55] Im Rahmen der technischen Versicherungen ist es üblich und auch angeraten, die als Repräsentanten des Versicherungsnehmers geltenden Personen im Versicherungsvertrag einzeln zu benennen, um spätere Streitigkeiten zu vermeiden.[56] **52**

Die bloße **Obhutsüberlassung** reicht zur Begründung der Repräsentantenstellung nicht aus.[57] Der Repräsentant darf nicht mit dem Erfüllungsgehilfen verwechselt werden. Insbesondere ist er nicht identisch mit den Erfüllungsgehilfen des Unternehmers oder des Bauherrn im Rahmen des Werkvertrages.[58] **53**

**Repräsentanten des Bauunternehmers** sind: die Leitung des versicherten Unternehmens bzw. der Betriebsleiter,[59] bei einer GmbH der Geschäftsführer und bei einer AG der Vorstand, bei Personengesellschaften wie KG und oHG die persönlich haftenden Gesellschafter.[60] Auch Prokurist,[61] Bauleiter[62] und Architekt[63] kommen als Repräsentanten des **54**

---

[53] BGH NJW 1984, 47 = VersR 1983, 821 = ZfBR 1983, 235 gegen die Vorinstanz OLG Celle VersR 1982, 457, die eine unangemessene Benachteiligung des Versicherungsnehmer i. S. v. § 9 Abs. 1 und 2 Nr. 2 AGBG sowie eine überraschende Klausel nach § 3 AGBG annahm. Siehe hierzu *Wrabetz* VersR 1984, 919 ff.

[54] Auch *Wäldner* S. 28 bezeichnete die alte Regelung als erhebliche Einschränkung des Versicherungsschutzes gegenüber § 61 VVG.

[55] BGH VersR 1965, 149 f.; NJW 1969, 1387 = VersR 1969, 695, 696 und NJW 1970, 43 = VersR 1969, 1086, 1087; VersR 1971, 538, 539; NJW 1976, 2271 = VersR 1977, 268. In Nr. 26.2 der Zusatzbedingungen zu den AFB für Fabriken und gewerbliche Anlagen werden Repräsentanten definiert als „solche Personen, die in dem Geschäftsbereich, zu dem das versicherte Wagnis gehört, zu Grunde eines Vertretungs- oder ähnlichen Verhältnisses anstelle des Versicherungsnehmers stehen und für ihn die Obhut über das versicherte Interesse wahrnehmen." Vgl. *Wäldner* S. 32.

[56] So auch *Rehm* S. 35; *Platen* Rdn. 3.2.1.5; Wäldner S. 32 f.

[57] BGH NJW 1969, 1387 = VersR 1969, 695; VersR 1986, 696; OLG Stuttgart VersR 1977, 173.

[58] Lediglich *Beese* ZfV 1975, 418, 419 scheint zu meinen, alle Mitarbeiter des Versicherungsnehmers seien Repräsentanten und lehnt deshalb eine Anknüpfung an Repräsentantenverhalten völlig ab.

[59] BGH VersR 1966, 131; ausdrücklich benannt in Ziff. 2.2.8 AMB; vgl. auch §§ 2 Nr. 3 a ABG und ABMG, die abstellen auf eine Person, die über den Einsatz der versicherten Sache verantwortlich zu entscheiden hat.

[60] *Rehm* S. 35.

[61] OLG Hamburg VersR 1988, 1147 zu den ADS, wobei betont wird, der betreffende Prokurist habe umfassend die Geschäfte geführt. Es wird also nicht nur an die formale Stellung angeknüpft.

[62] Zum angestellten Bauleiter BayObLG VersR 1976, 33 m. Anm. Martin zu den AFB; *Klingmüller* VersR 1977, 201. Zum Montageleiter LG Hamburg VersR 1954, 590.

[63] LG Kaiserslautern VersR 1965, 279 für den beratenden Ingenieur eines Bauunternehmens.

Bauunternehmers bzw. des Bauherrn in Betracht.[64] Sofern der Versicherungsnehmer selbst nicht die nötige Sachkunde hat, muss bei der Übertragung von Aufgaben auf andere oder auch bei der Beauftragung von Subunternehmern ein Auswahlverschulden in Erwägung gezogen werden, wenn die Beauftragten nicht die erforderliche Fähigkeit oder Zuverlässigkeit besitzen.[65]

55 **Subunternehmer** sind generell nicht Repräsentanten des Versicherungsnehmers, da sie im Rahmen ihrer Tätigkeit nur eigene Pflichten gegenüber dem Generalunternehmer in eigenem Interesse verfolgen und dieser weiter im Rahmen seines Vertrages mit dem Bauherrn zur Überwachung der Subunternehmer verpflichtet bleibt. Es fehlt daher am Merkmal der Übertragung von Pflichten des Versicherungsnehmers zu eigener Verantwortung. Weiter wäre auch § 3 Nr. 3 a ABU unverständlich, da ein Regress der Versicherer gegen einen Subunternehmer bei einem für diesen nicht unvorhergesehenen Schaden an seiner eigenen Bauleistung unnötig wäre, weil der Versicherer ohnehin leistungsfrei wäre, wenn der Subunternehmer als Repräsentant des Versicherungsnehmers anzusehen wäre.[66]

### IV. §§ 2 Nr. 2 bis 4 ABU, 2 Nr. 3 bis 5 ABN – Risikoausschlüsse oder verhüllte Obliegenheiten?

56 Da die Vorschriften des VVG über Obliegenheitsverletzungen durch die §§ 15a, 34a Satz 1, 68a, 71 VVG fast ausnahmslos zu Gunsten des Versicherungsnehmers halbzwingend sind, ist immer zu prüfen, ob Regelungen in AVB trotz anderer Bezeichnung z. B. als Risikobeschreibung nicht in Wirklichkeit eine Obliegenheit umschreiben. Nach der neueren Rechtsprechung,[67] die sich der Verhaltenstheorie annähert, soll eine **verhüllte Obliegenheit** vorliegen, wenn nicht ein Wagnis individualisierend beschrieben, sondern ein bestimmtes vorbeugendes Verhalten des Versicherten gefordert werde. Insbesondere die Verbindung mit einer Allgefahrenklausel spreche gegen eine Risikobeschreibung.[68] Das legt für die Bauleistungsversicherung die Prüfung auf verhüllte Obliegenheiten besonders nahe.

57 In der Literatur wird das Problem z. T. erörtert. Jedoch fehlt meist eine klare Aussage, ob es sich bei den §§ 2 Nr. 2 bis 4 ABU und 2 Nr. 2 bis 5 ABN um Risikobeschreibungen oder verhüllte Obliegenheiten handelt.[69] *Martin* a. a. O. stellt zwar die verschiedenen Auslegungsmöglichkeiten dar, nämlich unter a) einen bloß deklaratorischen Katalog schon von §§ 2 Nr. 1 ABU/ABN ausgeschlossener Schäden, unter b) den weitgehenden Ausschluss wegen objektiven Fehlverhaltens, unter c) als verhüllte Obliegenheit, entscheidet sich jedoch nicht.

### 1. Rechtsfolgen der Obliegenheitsverletzung

58 Liegt eine vor dem Schadensfall zu erfüllende Obliegenheit nach § 6 Abs. 1 VVG vor, so tritt die Leistungsfreiheit des Versicherers nicht ein, wenn die Verletzung unverschuldet ist,

---

[64] *Wrabetz* VersR 1984, 919, 920.
[65] *Platen* Rdn. 3.2.1.6.
[66] Wie hier *Wäldner* S. 69 m. w. N.; *Rehm* S. 47; a. A. *Klingmüller* S. 29 ff., 37.
[67] BGH VersR 1986, 781 = NJW-RR 86, 1469; beachte aber BGH NJW 1987, 191 = VersR 1986, 1097; weitere Nachweise und umfassende Darstellung des Meinungsstandes bei *Prölss* in *Prölss/Martin* § 6 VVG Rdn. 7 ff.
[68] BGH VersR 1986, 781.
[69] *Martin* in *Prölss/Martin* 24. Aufl., ABU/ABN Anm. 3 B; anders noch *ders.* VW 1974, 993, 998 wo er wegen der Formulierung im Passiv einen Risikoausschluss annahm; *Voit/Knappmann* in *Prölss/Martin* ABU § 2 Rdn. 11 lehnen hier für ABU § 2 Nr. 3 die pauschale Annahme verhüllter Obliegenheiten ab, halten jedoch speziell für ABU § 2 Nr. 3 c eine entsprechende Einordnung für nahe liegend; *Platen* Rdn. 3.2.4.2 spricht zwar nicht von Obliegenheiten, verlangt aber, „dass der Unternehmer ... schuldhaft oder grobfahrlässig gegen die anerkannten Regeln der Technik gehandelt hat", was nur bei Annahme einer Obliegenheit verständlich ist. *Rehm* S. 37 f. erwähnt nicht einmal das Problem, scheint jedoch von Risikoausschlüssen auszugehen.

noch kann der Versicherer den Vertrag unter Berufung auf diese Verletzung kündigen. Ist die Verletzung verschuldet, so muss der Versicherer binnen einem Monat nach Kenntniserlangung den Vertrag fristlos kündigen, um seine Leistungsfreiheit zu erreichen, § 6 Abs. 1 Satz 3 VVG.

Der **Sorgfaltsmaßstab der Klausel 50** lässt sich nicht auf Obliegenheitsverletzungen 59 übertragen.⁷⁰ Klausel 50 passt nur den Sorgfaltsmaßstab der Schadensverursachung der gesetzlichen Regelung in § 61 VVG an. Das VVG unterscheidet jedoch selbst zwischen der Schadensverursachung in § 61 VVG und dem Sorgfaltsmaßstab bei Obliegenheitsverletzungen in § 6 VVG und trifft eine differenzierte Regelung, so dass sich eine Übertragung verbietet. Auch aus sachlichen Gründen ist eine Übertragung nicht angezeigt. Im Hinblick auf die spezielle Umschreibung und Hervorhebung der Obliegenheiten in den AVB kann der Versicherungsnehmer diese vom Versicherer für wesentlich gehaltenen Sorgfaltsanforderungen eindeutig erkennen und für ihre Beachtung Sorge tragen. Dies ist bei der Schadensverursachung durch eine beliebige andere Ursache nicht gegeben.

## 2. Prüfung der einzelnen Absätze

Risikoausschlüsse enthalten §§ 2 Nr. 2 a bis c ABU, 2 Nr. 3 a bis c ABN, wobei der 60 Ausschluss a nur deklaratorisch und b überwiegend deklaratorisch ist, da Mängel keinen Sachschaden begründen können und auch bei Diebstahl einzelner versicherter Baustoffe o. ä. kein Sachschaden vorliegt. Bei Diebstahl von bereits eingebauten Teilen der Bauleistung ist eine Sachbeschädigung gegeben.⁷¹ Hier liegt also ein Risikoausschluss vor. Soweit beim Diebstahl weitere Schäden an versicherten Sachen verursacht werden, sind diese ersatzfähig.⁷² Im Grundsatz gilt gleiches für die ABN. Wegen der dort bestehenden Einschlussmöglichkeit für Schäden durch Diebstahl mit dem Gebäude fest verbundener⁷³ Sachen nach § 2 Nr. 2 ABN stellt § 2 Nr. 3 b ABN den Ausschluss von sonstigen Diebstahlschäden klar.

§ 2 Nr. 2 c ABU bzw. § 2 Nr. 3 c ABN enthalten einen **Ausschluss für Bearbeitungs-** 61 **schäden,** der § 4 I Nr. 6 b AHB ähnelt.⁷⁴ Tätigkeit bedeutet hier eine bewusste und gewollte Einwirkung auf diese Sachen.⁷⁵

Unter Zugrundelegung der o. g. Grundsätze der Rechtsprechung (Rdn. 56) liegen in § 2 62 Nr. 3 a, b, c, d, 1. Halbsatz und 4 a ABU bzw. § 2 Nr. 4 a, b, c, d, 1. Halbsatz und 5 a ABN Obliegenheiten vor, da ein Verhalten des Versicherungsnehmers gefordert wird. Dies ergibt sich bereits aus der einleitenden Formulierung in § 2 Nr. 3 ABU „soweit gegen anerkannte Regeln der Technik verstoßen oder notwendige Schutzmaßnahmen nicht getroffen wurden …" bzw. der entsprechenden Regelung in § 2 Nr. 4 ABN. Sie soll für konkrete Sorgfaltsverstöße den Versicherungsschutz ausschließen, d. h. es wird ein bestimmtes sorgfältiges Verhalten des Versicherungsnehmers bzw. seiner Repräsentanten gefordert, wobei die Vorschrift lediglich objektiv formuliert ist und den Eindruck erweckt, auch Verstöße von bloßen Erfüllungsgehilfen, die nicht Repräsentanten des Versicherungsnehmers sind, schlössen den Versicherungsschutz aus.

In der entsprechenden früheren Regelung in § 2 Nr. 2 d AVB waren Schäden aufgrund 63 von Verstößen gegen Regeln der Technik nur dann vom Versicherungsschutz ausgeschlossen, wenn der Verstoß vom Versicherungsnehmer, nicht jedoch wenn er von einem seiner Erfüllungsgehilfen begangen wurde (so noch heute § 2 Nr. 4 ABN im Gegensatz zu § 2

---

⁷⁰ *Voit/Knappmann* in *Prölss/Martin* ABU § 2 Rdn. 11 wenden Klausel 50 demgegenüber auch im Rahmen des § 2 Nr. 3 ABU an.
⁷¹ BGH VersR 1968, 991, 992 sieht sogar den Diebstahl vorübergehend ausgebauter Teile der Bauleistung als Beschädigung an; OLG Köln OLGZ 1975, 42, 43; OLG Düsseldorf BauR 1985, 728 (L) = ZfBR 1986, 102 (L).
⁷² *Rehm* S. 36 f. mit Beispielen.
⁷³ Zur Auslegung dieses Begriffs BGH VersR 1994, 1185, 1187.
⁷⁴ Insoweit kann auf die Kommentierung dieser Regelung durch *Voit/Knappmann* in *Prölss/Martin* und die dortigen Rechtsprechungshinweise verwiesen werden.
⁷⁵ *Rehm* S. 37.

Nr. 3 ABU). Dies zeigt jedoch ebenfalls das Verständnis als Verhaltensanforderung, welche die Obliegenheit kennzeichnet.[76]

**64** § 2 Nr. 3 d, 2. Halbsatz ABU und gleich lautend § 2 Nr. 4 d, 2. Halbsatz ABN bilden eine Ausnahme; da der Bezug zu den anerkannten Regeln der Technik bzw. den unterlassenen Schutzmaßnahmen aufgehoben und allein eine objektive Anknüpfung an den Zeitraum von drei Monaten erfolgt, liegt hier ein zeitlich bestimmter Risikoausschluss vor.

**65** Nr. 4 ABU und Nr. 5 ABN enthalten überwiegend eindeutige Risikoausschlüsse, da dort nicht an ein sorgfaltswidriges Verhalten, sondern an objektive Kriterien angeknüpft wird, so eindeutig in c und d. Zum Teil wird der Einschluss der hier ausgeschlossenen Risiken in den Klauseln 84 und 85 erlaubt.

**66** Auch b enthält genau betrachtet einen Risikoausschluss, da zwar die Verwendung bestimmter unzulässiger Baustoffe einerseits ein gefahrerhöhendes Verhalten des Versicherungsnehmers ist, hier jedoch der objektive Bezug zu einer Eigenschaft der Baustoffe überwiegt. Dagegen stellt a auf unterlassene Vorsichtsmaßnahmen ab und nicht objektiv generalisierend auf Wetterverhältnisse, da der Schwerpunkt darauf liegt, ob der Versicherungsnehmer mit diesen normalen Witterungseinflüssen rechnen musste. Dies bedeutet nichts anderes, als dass von dem Versicherungsnehmer ein sorgfältiges Verhalten gefordert wird. Dies führte für die Zeit vor Änderung des Sorgfaltsmaßstabs in §§ 2 Nr. 1 Abs. 2 ABU/ABN dazu, dass diese Vorschrift nur als Klarstellung angesehen werden konnte und bereits in §§ 2 Nr. 1 ABU/ABN enthalten war.[77]

**67** Nr. 5 und 6 ABU bzw. Nr. 6 und 7 ABN enthalten ebenfalls eindeutige Risikoausschlüsse, da objektiv an bestimmte Gefahren angeknüpft wird.

**68** **§ 3 Versicherte Interessen**
ABU:
1. Entschädigung wird nur geleistet für Schäden, die nach der VOB (Verdingungsordnung für Bauleistungen in ihrer jeweils gültigen Fassung) Teil B zu Lasten des Unternehmers (Versicherungsnehmers) gehen.
2. Entschädigung wird ohne Rücksicht darauf geleistet, ob der Versicherungsnehmer die betroffene Bauleistung selbst ausführt oder durch einen Nachunternehmer (Subunternehmer) ausführen lässt. Nachunternehmer sind Unternehmer, deren sich der Versicherungsnehmer aufgrund eines Bauvertrages bedient, um seine Verpflichtungen gegenüber seinem Auftraggeber zu erfüllen.
3. Ansprüche, die dem Versicherungsnehmer in Zusammenhang mit einem entschädigungspflichtigen Schaden gegen Nachunternehmer zustehen, gehen auf den Versicherer über,
   a) soweit der Schaden für den Nachunternehmer nicht unvorhergesehen (§ 2 Nr. 1 Abs. 2) war oder
   b) soweit der Schaden an anderen Bauleistungen als denen dieses Nachunternehmers eingetreten ist und eine abweichende Vereinbarung nicht getroffen wurde.
4. Im Übrigen ist ein Rückgriff des Versicherers gegen Nachunternehmer ausgeschlossen.
5. Soweit dies besonders vereinbart ist, wird Entschädigung auch geleistet für Schäden,
   a) die abweichend von der VOB Teil B aufgrund zusätzlicher oder besonderer Vertragsbedingungen zu Lasten des Versicherungsnehmers gehen;
   b) für die der Auftraggeber des Versicherungsnehmers, insbesondere der Bauherr, nach der VOB Teil B die Gefahr trägt.

ABN:
1. Entschädigung wird geleistet für Schäden, die zu Lasten des Versicherungsnehmers (Bauherr oder sonstiger Auftraggeber) oder eines der beauftragten Unternehmer gehen.
2. Schäden an Bauleistungen, die der Versicherungsnehmer selbst erstellt, sind so versichert, als wäre mit diesen Bauleistungen ein Unternehmer aufgrund der VOB (Verdingungsordnung für Bauleistungen in ihrer jeweils neuesten Fassung) beauftragt worden.

---

[76] *Haidinger* S. 5 und 13 nimmt jedoch hinsichtlich der alten AVB-Wohngebäude einen Risikoausschluss an.

[77] *Martin* in *Prölss/Martin* 24. Aufl. ABU/ABN Anm. 3 B d; anders noch *ders.* VW 1974, 993, 998, so er ausführte, da es auf ein Verschulden des Versicherungsnehmers nicht ankomme, gehe der Ausschluss für Witterungsschäden über das hinaus, was sich schon aus dem Merkmal unvorhergesehen ergebe. Dieses Merkmal verlangte jedoch gerade das Fehlen von Verschulden des Versicherungsnehmers, wie auch das Merkmal „normale Witterungseinflüsse, mit denen gerechnet werden muss" ein Verschuldensmerkmal ist.

Dies gilt, wenn der Bauherr nicht Versicherungsnehmer ist, auch für eigene Leistungen des Bauherrn, soweit sie in der Versicherungssumme berücksichtigt sind.
3. Ansprüche, die dem Versicherungsnehmer oder einem versicherten Unternehmer in Zusammenhang mit einem entschädigungspflichtigen Schaden zustehen, gehen auf den Versicherer, wenn nicht etwas anderes vereinbart ist, auch dann über, wenn sie sich gegen einen anderen Versicherten richten.

## I. Versichertes Interesse

Die Bestimmung des versicherten Interesses gibt Antwort auf die Frage, wer in welcher Weise versichert ist. Umstritten ist, ob die Bauleistungsversicherung eine Sach- oder eine Haftpflichtversicherung ist bzw. inwieweit sie Elemente dieser beiden Versicherungszweige enthält. Bedeutsam ist dies vor allem für die Bestimmung des Versicherten, die wiederum über die Berechtigung an der Versicherungsleistung entscheidet, §§ 74 ff. VVG.[1] Weiter richtet sich hiernach die Anwendbarkeit der §§ 149 ff. VVG, die z. T. zwingendes Recht enthalten, und das Vorliegen von Doppelversicherung nach § 59 VVG. Zur Beantwortung ist das jeweilige Interesse der Beteiligten näher zu untersuchen. Als Interesse wird die Beziehung einer Person zu einer Sache, Person oder einem Ereignis bezeichnet, als deren Folge diese Person einen Vermögensschaden zu tragen hat.

### 1. Rechtsprechung

Als Sachinteresse bezeichnet der BGH das aus dem Eigentum an der Sache entspringende Interesse. Er rechnet hierzu auch das Interesse des Vorbehaltskäufers und des Sicherungsgebers. Die Einbeziehung anderer Gefahrträger wie Werkunternehmer, Versendungskäufer, Mieter oder Entleiher lehnte er im Gegensatz zum RG[2] jedenfalls früher ab.[3] Diese Entscheidungen betrafen allerdings keine Gefahrtragungsfälle, sondern Fälle vertraglicher oder deliktischer Schadensersatzhaftung. Inzwischen spricht der BGH beim Kfz-Leasing von einem versicherten **Sacherhaltungsinteresse** sowohl des Leasinggebers = Versicherten als auch des Leasingnehmers = Versicherungsnehmers, da letzterer vertraglich die Gefahr für das Fahrzeug trage.[4] Ebenso sieht das OLG Hamburg in der Gebäudeversicherung des Veräußerers nach Gefahrübergang auf den Erwerber, aber vor dessen Eintragung das Sachinteresse des Erwerbers als für fremde Rechnung versichert an, ohne dies auf ein Anwartschaftsrecht zu stützen.[5] Diese Entscheidungen erscheinen auf andere Gefahrträger übertragbar.

### 2. Literatur

In der Literatur wiederum konzentriert sich der Streit zum einen auf die Einordnung der in der Bauleistungsversicherung versicherten Interessen und zum anderen darauf, ob in der Sachversicherung auch das sog. **Sachersatzinteresse**, d. h. das Interesse desjenigen, der aufgrund vertraglicher Beziehungen für den Schaden an einer Sache Ersatz leisten muss, versichert werden kann oder ob dies nur Gegenstand einer Haftpflichtversicherung sein kann. *Haidinger* meint, soweit die Leistungsgefahr reiche, liege eine Vertragshaftpflicht vor.[6] *Funk*[7] widerlegt diese Auffassung und führt aus, ein Sachersatzinteresse habe bei Auseinanderfallen der wirtschaftlichen und der formalen Eigentümerstellung immer der wirtschaftliche Eigentümer. Er versteht als wirtschaftlichen Eigentümerinteressenten immer denjenigen

---
[1] Beachte aber die in §§ 16 Nr. 1 ABN/ABU geregelte ausschließliche Verfügungsbefugnis des Versicherungsnehmers.
[2] RG LZ 1917, 207 Nr. 13.
[3] BGHZ 22, 109, 114; 30, 40, 42 = NJW 1959, 1221.
[4] BGH NJW 1988, 2803 = VersR 1988, 949; anders noch OLG Hamm VersR 1988, 926.
[5] OLG Hamburg VersR 1978, 1138, 1139.
[6] *Haidinger* S. 54 ff. und 133.
[7] *Funk* S. 102.

# Anh. § 7

Vertragspartner, der nach dem zu Grunde liegenden Vertrag den eingetretenen Sachschaden zu vertreten hat; bei zufälligem Schadenseintritt den, der die Vergütungsgefahr zu tragen hat. *Bischoff*[8] hält die Bauwesenversicherung hinsichtlich der Bauleistung für eine Vermögensschadenversicherung, da der Vergütungsanspruch des Unternehmers versichert sei und ein Sachinteresse lediglich bei Eigentums- und Sicherungsrechten bejaht werden könne, mangels Unmittelbarkeit der Sachbeziehung aber nicht bei Gefahrtragung. *Schirmer*[9] legt in seiner grundlegenden Untersuchung dar, dass der Gefahrträger ein in der Sachversicherung versicherbares Sachersatzintresse habe, da vor dem Versicherungsfall bestehende vertragliche Primäransprüche auf Erfüllung oder Schadenersatz eine der Rückversicherung vergleichbare Situation schüfen und hier eine Haftpflichtversicherung nicht in Betracht komme.

72  Der weitere Streit geht vor allem darum, ob eine Haftpflichtfunktion auch durch eine Sachversicherung wahrgenommen werden kann.[10] Bedeutung hat dies für die Anwendbarkeit der §§ 158a, 157, 156 Abs. 1 VVG. *Martin*[11] führt mit eingehender Begründung aus, dass die Versicherung des Haftpflichtinteresses in der Sachversicherung im Regelfall nicht gegen zwingendes Recht verstoße, da bei vor dem Schadensfall bestehenden Beziehungen zwischen den Beteiligten der Geschädigte des Schutzes der §§ 156ff. VVG nicht bedürfe.

### 3. Stellungnahme

73  **a) Sachinteresse bei obligatorischer Gefahrentlastung.** Die frühere Beschränkung des BGH ist nicht sachgerecht und stimmt auch nicht mit der Definition des Haftpflichtanspruchs in § 149 VVG überein. Richtigerweise hat auch der Gefahrträger ein echtes Sachinteresse, wie die Analyse der zivilrechtlichen Schadenszuweisung zeigt. Man muss hier zunächst differenzieren, ob unter Gefahrtragung die Leistungs-, Gegenleistungs- oder Sachgefahr gemeint ist oder vielleicht ungenau eine Ersatzpflicht ohne Verschulden. Im ersteren Fall besteht ein Sachinteresse des Gefahrträgers, im zweiten Fall handelt es sich tatsächlich um eine Haftpflicht,[12] wobei dann jedoch weiter zu fragen ist, ob nicht auch Haftpflichtrisiken in der Sachversicherung versicherbar sind.

74  Der Werkunternehmer zählt nach der gesetzlichen Regelung allein zur ersten Gruppe, da er zwar die Leistungs- und Vergütungsgefahr, aber nach § 644 Abs. 1 Satz 3 BGB gerade nicht die Gefahr für dem Besteller gehörige Sachen trägt. Soweit in Miet-, Leih- oder Leasingverträgen von einer Gefahrtragung des Mieters o.ä. die Rede ist, muss ebenfalls differenziert werden, ob die Vergütungsgefahr gemeint ist oder eine Ersatzpflicht ohne Verschulden.

75  Im Bauvertrag nach den VOB/B ist als Besonderheit zu berücksichtigen, dass der Unternehmer im Gegensatz zu §§ 644, 645 BGB vor der Abnahme gerade nicht die Vergütungsgefahr für die bereits erstellte Leistung trägt. Den Auftraggeber trifft die (erweiterte) Gegenleistungsgefahr. Soweit ein Schaden an der Bauleistung durch Zufall eintritt, trifft den Auftraggeber das Risiko unnützer Aufwendungen zur Erstellung der Bauleistung. Demgegenüber gehen unnütze Aufwendungen im Falle der Zurechnung über §§ 276, 278 BGB zulasten des Unternehmers. In beiden Fällen liegen keine Schadensersatzansprüche vor. Es geht nur um Tragung bzw. Ersatz nutzloser Aufwendungen.

76  **b) Kein Haftpflichtinteresse des Werkunternehmers hinsichtlich seiner Leistung.** Das Interesse des Werkunternehmers an seiner Leistung ist kein Haftpflichtinteresse.[13] Sollte

---

[8] *Bischoff* VersWiss 1963, 192, 205.
[9] *Schirmer* VersWiss 1981, 637 ff., insb. 661, 663, zur Bauleistungsversicherung S. 728 ff.
[10] *Martin* VW 1974, 1134. Dagegen meint *Haidinger* S. 44 ff., es läge kein Sachinteresse des Unternehmers vor und nimmt eine Passivenversicherung an.
[11] *Martin* Montageversicherung § 1 AMoB Rdn. 7.3 ff. und *ders.* VersR 1974, 821, 826.
[12] Wie hier *Schirmer* VersWiss 1981, 637, 728 f.
[13] So bereits RG LZ 1917, 207 Nr. 13; a. A. noch BGHZ 22, 109, 114 zum Sachinteresse des Mieters und BGHZ 30, 40, 42 = NJW 1959, 1221, vgl. aber auch BGHZ 33, 97, 101 = NJW 1960, 1903 m. Anm. *Prölss*; BGH NJW 1974, 1139 = VersR 1974, 535 und VersR 1974, 832. Wie hier *Kollhosser* in *Prölss/Martin* Vor § 51 VVG Rdn. 31. Weitere Nachweise zur Diskussion bei *Haidinger* S. 51.

die Leistung zerstört werden, ist er keinen Haftpflichtansprüchen, sondern allenfalls Erfüllungsansprüchen ausgesetzt. Ist er einem Erfüllungsanspruch ausgesetzt und hat er zugleich keinen Anspruch auf Vergütung der zerstörten Leistung, so wird ihm der Nachteil aus der Zerstörung des Leistungsgegenstandes zugewiesen. Hieran zeigt sich sein Interesse am Leistungsgegenstand. Der Werkunternehmer hat vor Abnahme an dem Leistungsgegenstand ein Interesse, weil dieser ihn von seiner Erfüllungspflicht befreien wird. Obwohl er sein Eigentum durch Einbau nach § 946 BGB verliert, behält die Leistung für ihn die Funktion der Befreiung von der Erfüllungspflicht genau in dem Umfang, wie sie sich bei dem Hersteller einer beweglichen Sache im Eigentum verkörpert. Durch die Zerstörung wird nicht etwa eine neue Herstellungspflicht begründet, die man als vertragliche Haftpflicht verstehen könnte,[14] vielmehr wird die ursprüngliche vertragliche Leistungspflicht von dem fehlgeschlagenen Leistungsversuch überhaupt nicht berührt (vgl. hierzu auch → Vor § 7 Rdn. 11, keine neue Leistungspflicht). Sie besteht vielmehr so lange fort, bis sie erfüllt oder ihre Erfüllung unmöglich wird. Auch bei Verschulden des Gefahrträgers ändert sich nichts. Die fortbestehende Leistungspflicht wird nicht durch das Hinzutreten von Verschulden des Verpflichteten in eine Schadensersatzpflicht umgewandelt. Demnach liegt bereits das Definitionsmerkmal des § 149 VVG für eine Haftpflicht, dass der Versicherungsnehmer auf Grund seiner Verantwortlichkeit für eine Tatsache an einen Dritten eine Leistung zu bewirken hat, nicht vor.[15] Im Falle der Unmöglichkeit verliert der Unternehmer seinen Vergütungsanspruch, hat für den Leistungsgegenstand nutzlose Aufwendungen erbracht und ist aber seinerseits auch keiner Leistungsverpflichtung mehr ausgesetzt. Hier kann man erst recht nicht von der Versicherung eines Haftpflichtinteresses sprechen.

**c) Unabhängigkeit des Sachinteresses vom Eigentum.** Gerade hier zeigt sich, dass auch über die vom BGH anerkannten Fälle hinaus ein Nichteigentümer ein Interesse an fremder Sache und nicht nur ein Haftpflichtinteresse haben kann. Im Bauvertrag wird die Nachteilszuweisung unabhängig vom Eigentum an der Sache vorgenommen, da keineswegs der Auftraggeber Eigentümer des zu bebauenden Grundstücks sein muss. Es ist demnach kein Grund ersichtlich, in Fällen, in denen das Risiko des Verlusts einem der Vertragspartner zugewiesen ist, diesem ein vom Eigentum unabhängiges versicherbares Interesse an der Sache zu versagen. 77

Gegen die vorstehenden Erwägungen des von der Eigentümerstellung unabhängigen Sachinteresses kann auch nicht ins Feld geführt werden, dass man in den Fällen der obligatorischen Gefahrentlastung dem Eigentümer den Schaden zuweise. Die Zuweisung des Schadens an den Eigentümer hat im Falle der obligatorischen Gefahrentlastung nämlich lediglich den Zweck, zivilrechtliche Regressmöglichkeiten zu begründen,[16] zwingt jedoch keineswegs dazu, im Versicherungsrecht ausschließlich dem Eigentümer ein Sachinteresse zuzubilligen. Im Ergebnis hat der Eigentümer oft gar keinen eigenen Schaden, wenn er nämlich für die fehlgeschlagene Leistungshandlung noch keine Vergütung zahlen muss. Allenfalls trägt er ein Kreditrisiko, wenn er dem Werkunternehmer bereits Vorschuss geleistet hat oder der Vorbehaltskäufer den Kaufpreis noch nicht bezahlt hat. Das Interesse des Unternehmers an der Bauleistung im engeren Sinne (siehe → § 7 Rdn. 1 ff.) besteht darin, dass er die Leistungsgefahr bis zur Abnahme trägt und die Vergütung vor der Abnahme nur im Rahmen des § 7 VOB/B beanspruchen kann.[17] In beiden Fällen zeigt auch die Analyse der zivilrechtlichen Schadenszuweisung, dass der Eigentümer bei der im Versicherungsrecht gebotenen wirtschaftlichen Betrachtungsweise keinen eigenen Schaden hat, da er für die 78

---

[14] So zu Unrecht *Haidinger* S. 54; wie hier zur insoweit vergleichbaren Montageversicherung, *Martin* Montageversicherung § 3 AMoB Rdn. 2.2.2.
[15] Anders das OLG Hamm VersR 1977, 1093, 1094, das eine Versicherung gegen Nachbesserungsansprüche als Haftpflichtversicherung nach § 149 VVG ansieht.
[16] *Rüßmann* in: juris Praxiskommentar Zivilrecht, § 249 Rdn. 63 ff.
[17] *Haidinger* S. 44 ff. meint, es bestehe kein wirtschaftliches Eigentümerinteresse des Unternehmers, der weder Eigentümer noch Anwartschaftsberechtigter der Bauleistung sei, so dass nicht eine Aktiven-, sondern eine Passivenversicherung vorliege.

fehlgeschlagene Leistungshandlung noch keine Vergütung zahlen muss und analog § 285 BGB Ersatzleistungen an den Werkunternehmer abzuführen wären.

## II. Die versicherten Interessen der einzelnen Baubeteiligten

### 1. Auftragnehmerrisiko nach ABU

79   Schäden, die nach der VOB/B zulasten des Unternehmers gehen, § 3 Nr. 1 ABU, sind Schäden an der Bauleistung, für die der Unternehmer im Verhältnis zum Auftraggeber wegen eigenen Verschuldens oder Verschuldens eines Erfüllungsgehilfen nach §§ 276, 278 BGB einzustehen hat, d. h. für die nicht die Voraussetzungen der Gefahrentlastung des § 7 VOB/B vorliegen. Unerheblich ist, ob die VOB/B tatsächlich Vertragsgrundlage sind. Ist eine von § 7 VOB/B abweichende Gefahrtragung beispielsweise gem. § 10 Nr. 4 Abs. 2 VOB/A vereinbart, so kann der Versicherungsschutz durch besondere Vereinbarung nach § 3 Nr. 5 a ABU entsprechend erweitert werden. Die Einbeziehung des Auftraggeberrisikos ist nach § 3 Nr. 5 b ABU durch Vereinbarung der Klausel 64 möglich.

### 2. Bestimmung der versicherten Interessen nach ABN

80   Nach den ABN ist sowohl das Interesse des Versicherungsnehmers (Bauherr oder Generalunternehmer) als auch das sämtlicher beauftragter Unternehmer[18] versichert. Dieses Interesse bestimmt sich nach der Gefahrverteilung in den zu Grunde liegenden Werkverträgen. Es handelt sich um die in → § 7 VOB/B Rdn. 8 ff. erläuterte **erweiterte Gegenleistungsgefahr.** Derjenige ist demnach Versicherter, der die nutzlosen Aufwendungen zur Erbringung der beschädigten oder zerstörten Bauleistung tragen muss. Hierbei handelt es sich ausschließlich um das oben erörterte Sachinteresse, nicht jedoch um eine Schadenstragung aus Haftpflichtgesichtspunkten. Aus den Regressausschlussmöglichkeiten und der Klarstellung in § 3 Nr. 3 ABN ergibt sich, dass Haftpflichtinteressen nicht versichert sind. Durch Regressverzicht wird lediglich ein ähnliches Ergebnis wie bei Mitversicherung erreicht.

81   Wenn die Versicherung von dem **Generalunternehmer** genommen wurde, ergeben sich die versicherten Interessen aus den zwischen dem Generalunternehmer und seinen Nachunternehmern geschlossenen Verträgen.[19] Das Interesse des Bauherrn bzw. des Eigentümers ist dann nicht versichert. Dies bedeutet, dass der Generalunternehmer = Versicherungsnehmer gegen einen im Rahmen des Bauvertrages zwischen ihm und dem Bauherrn nach § 7 VOB/B zulasten des Bauherrn gehenden Schaden versichert ist, weil im Rahmen der für den Versicherungsschutz allein maßgeblichen Verträge zwischen ihm und den Nachunternehmern dieser Schaden nach § 7 VOB/B zu seinen Lasten geht. Der Anspruch des Generalunternehmers gegen den Bauherrn aus § 7 VOB/B geht auf den Versicherer nach § 67 VVG über. Entgegen *Wäldner*[20] ist dieser Regress nicht ausgeschlossen, da das Interesse des Bauherrn in der Unternehmerversicherung nach den ABN gerade nicht versichert ist. Zwar ist das Interesse des Unternehmers auch insoweit versichert, als er den Schaden auf den Bauherrn abwälzen kann, jedoch führt dies nicht zu einer Mitversicherung des Interesses des

---

[18] Unerheblich ist, ob diese vom Generalunternehmer direkt beauftragt sind oder von den Nachunternehmern wiederum Leistungen weiter vergeben werden. *Martin* VW 1974, 993, 1130, 1131.
[19] *Martin* VW 1974, 993, 1130, 1131.
[20] *Wäldner* S. 86, der seine Auffassung auf §§ 8 Nr. 3, 3 Nr. 1 ABN stützen will. Er übersieht jedoch, dass der Klammerzusatz in § 3 Nr. 1 ABN auch so verstanden werden kann, dass sowohl Bauherrn als auch Generalunternehmer als Versicherungsnehmer in Betracht kommen, jedoch immer nur das Interesse des Versicherungsnehmers und der beauftragten Unternehmer versichert ist. Auch § 8 Nr. 3 ABN behält bei der hier vertretenen Auffassung seinen Sinn. Zuzugeben ist jedoch, dass unverständlich bleibt, warum die für die Bestimmung des Risikos des Versicherers bedeutsame Frage der Möglichkeit der Gefahrabwälzung auf den Bauherrn durch den versicherten Generalunternehmer, d. h. nach der Risikoverteilung in deren Beziehung in den ABN im Gegensatz zu § 3 Abs. 1 ABU nicht geregelt ist.

Bauherrn. Dies zeigt sich bereits daran, dass bei der Prämienberechnung nach § 5 Nr. 2a ABN für die Versicherung eines privaten Bauherrn auch die Mehrwertsteuer einzubeziehen ist, bei einer Versicherung durch den Generalunternehmer jedoch regelmäßig nicht. Die Auffassung *Wäldners* führte bei der Berechnung der Entschädigung nach § 11 Nr. 3 Satz 2 ABN jedoch dazu, dass die bei der Prämienberechnung nicht berücksichtigte Mehrwertsteuer die Entschädigungsleistung erhöhen würde. Will der Bauherr sein Interesse aus § 7 VOB/B versichern, muss er daher selbst als Versicherungsnehmer auftreten.

### 3. Das versicherte Interesse an sonstigen Sachen

Das Interesse des Versicherungsnehmers an den in §§ 1 Nr. 1a und b ABU bzw. 1 Nr. 1 und 2 ABN genannten Baustoffen, Bauteilen, Hilfsbauten und Bauhilfsstoffen kann aus seinem Eigentum bzw. seinem Besitz oder Nutzungsrecht entspringen. Soweit sie im Eigentum des Versicherungsnehmers stehen, hat er unzweifelhaft ein Eigentümerinteresse. Hat er ein Anwartschaftsrecht, kann man ihn als wirtschaftlichen Eigentümer ansehen, der sein Eigentümerinteresse versichert, ebenso im Falle der Sicherungsübereignung. Stehen diese Sachen jedoch im Eigentum Dritter und besitzt der Versicherungsnehmer sie aufgrund eines Miet- oder Leihverhältnisses (nicht jedoch bei Sicherungsübereignung, da der Sicherungsgeber ebenfalls ein wirtschaftliches Eigentümerinteresse hat),[21] hätte der Versicherungsnehmer nach der Rechtsprechung des BGH[22] und der hier vertretenen Auffassung kein eigenes Sachinteresse, und man müsste von einer **Versicherung für fremde Rechnung** nach §§ 74 ff. VVG mit Regressverzicht zu Gunsten des Versicherungsnehmers ausgehen.[23] Gleiches gilt, wenn eine solche Sache im Eigentum eines Subunternehmers steht, so dass insoweit dessen Sachinteresse versichert ist.

82

### 4. Keine Mitversicherung der Nachunternehmer nach ABU

Umstritten ist weiter, ob in den ABU Nachunternehmer hinsichtlich der Bauleistung mitversichert[24] oder nur durch einen Regressverzicht geschützte Dritte sind.[25] Im Gegensatz zu den ABN, wo der Subunternehmer hinsichtlich seiner eigenen Leistung mitversichert ist, kommt hier allein das Interesse des Versicherungsnehmers in Betracht, der gegenüber dem Auftraggeber verpflichtet ist, seine Leistung erneut zu bringen.[26] Unerheblich ist, ob möglicherweise der Nachunternehmer seinerseits gegenüber dem Versicherungsnehmer verpflichtet ist, seine Leistung zu wiederholen, da hierdurch das Interesse des Versicherungsnehmers genauso wenig entfällt wie durch sonstige Ersatzansprüche des Versicherungsnehmers gegen Dritte.[27] Es besteht zwar in diesem Fall auch ein Interesse des Nachunternehmers, dieses ist jedoch nicht selbst versichert. Bereits aus der Gegenüberstellung der §§ 3 Nr. 1 ABN und ABU ergibt sich diese Beschränkung der ABU. Weiter wäre der Regressverzicht nach § 3 Nr. 4 ABU hinsichtlich durch sie unvorhergesehen verursachter Schäden an ihrer eigenen Leistung nicht notwendig, wenn Nachunternehmer mitversichert wären, da dann § 67 VVG den Regress ausschlösse, weil sie nicht Dritte i.S. dieser Vorschrift

83

---

[21] Nachweise bei *Haidinger* S. 69 Fn. 151.
[22] BGHZ 22, 109, 114.
[23] *Haidinger* S. 68 sieht auch hierin eine Vertragshaftpflichtversicherung.
[24] *Platen* Rdn. 4.3.4.1 stellt fest, in der Praxis würden die Nachunternehmer zwar meist wie Mitversicherte behandelt, dies finde jedoch in den ABU keine Stütze.
[25] So *Schirmer* VersWiss 1981, 673, 733; *Martin* VW 1974, 1131.
[26] *Platen* Rdn. 4.3.3.3 meint irrig, bei Eintritt des Haftpflichtversicherers des Nachunternehmers ginge der Schaden gar nicht zulasten des Versicherungsnehmers, so dass dessen Anspruchsgrundlage gegen seinen Bauleistungsversicherer entfalle. Er übersieht dabei, dass es nur darauf ankommt, zu wessen Lasten der Schaden im Verhältnis Auftraggeber/Auftragnehmer = Versicherungsnehmer geht. Es entfällt allenfalls der Schaden des Versicherungsnehmers. Grundsätzlich wie hier *Schirmer* VersWiss. 1981, 673, 733f., der jedoch differenziert, ob der Nachunternehmer seine Leistung verweigert und ob der Versicherungsnehmer seinerseits bereits geleistet hat.
[27] Wie hier *Martin* VW 1974, 993, 1052, 1131; *Wäldner* S. 40.

wären.²⁸ Nicht zu leugnen ist, dass Nachunternehmer durch diesen Regressverzicht wirtschaftlich fast so stehen, als seien sie mitversichert.²⁹ Dagegen bestehen jedoch keine Bedenken.

### 5. Mitversicherung der Nachunternehmer nach ABN

84   In der Versicherung nach den ABN ist hinsichtlich der Interessen der Nachunternehmer weiter zu differenzieren. Bei Schäden an ihren eigenen Teilleistungen ist ihr Sachinteresse mitversichert, soweit sie nach der bauvertraglichen Vereinbarung die Gefahr tragen. Bei Schäden an fremden Teilleistungen sowie Leistungen des Hauptunternehmers kann dagegen nur ein **Haftpflichtinteresse der Subunternehmer** bestehen, welches nicht versichert ist, wie die Regressregelung des § 3 Nr. 3 ABN zeigt. Durch den Regressausschluss nach Klausel 68 wird ein der Einbeziehung des Haftpflichtinteresses ähnliches Ergebnis erreicht.³⁰

### 6. Versicherung eines Haftpflichtinteresses in Klausel 55

85   Ein Haftpflichtinteresse wird bei Vereinbarung der Klausel 55 versichert. Handelt es sich um einen Vertrag nach ABU, so gibt es sowohl bei Versicherung eines dem Auftraggeber gehörenden als auch eines Nachbarhauses nur ein Haftpflichtinteresse des Unternehmers, da keine Gefahrtragung vorliegt, sondern bei Beschädigung des Hauses durch die Arbeiten nur gesetzliche oder vertragliche Schadensersatzansprüche eingreifen. Bei der Versicherung nach ABN liegt hinsichtlich des eigenen Hauses durchaus ein Sachinteresse des Versicherungsnehmers vor, hinsichtlich des Nachbarhauses jedoch ebenfalls ein Haftpflichtinteresse. Aus der Sicht eines versicherten Unternehmers liegen auch hier allein Haftpflichtinteressen vor. Es bestehen jedoch keine Bedenken gegen die Versicherung dieser Haftpflichtinteressen in der Sachversicherung. Nur soweit im Verhältnis zum Nachbarn keine vertraglichen Beziehungen vor dem Schadensfall bestehen, sind zumindest die zwingenden Vorschriften der §§ 149 ff. VVG anwendbar. Hinsichtlich der übrigen Vorschriften muss einzeln entschieden werden, ob sie durch die AVB abbedungen sind. Das kann für den Rechtsschutzanspruch aus § 150 VVG wegen der detaillierten Regelung der §§ 9 ABU/ABN bejaht werden, ist hinsichtlich der §§ 156 Abs. 1, 157 VVG jedoch zweifelhaft.

### III. Regressmöglichkeiten des Versicherers

#### 1. Nach ABU

86   Der Übergang der Ersatzansprüche ist in § 3 Nr. 3 ABU geregelt. Diese Klausel schränkt den gesetzlichen Anspruchsübergang aus § 67 Abs. 1 Satz 1 VVG ein. Der Subunternehmer ist dadurch hinsichtlich für ihn unvorhergesehener Schäden an seiner eigenen Leistung nach § 3 Nr. 3a ABU gegen einen Regress geschützt. Es sind jedoch nur seltene Ausnahmefälle denkbar, in denen überhaupt ein übergangsfähiger Anspruch des Versicherungsnehmers in Betracht käme. Eine weitere Abtretung ist bereits wegen § 67 Abs. 1 Satz 1 VVG nicht erforderlich.³¹

---

²⁸ BGHZ 30, 40; VersR 64, 479; beachte aber *Prölss* in *Prölss/Martin* § 67 Rdn. 13, der den Regress zulassen will, wenn der Versicherer gegenüber dem Versicherten nach § 61 VVG leistungsfrei ist.
²⁹ Ein Unterschied ergibt sich lediglich dann, wenn der Schaden an der Leistung des Nachunternehmers für diesen unvorhergesehen ist, jedoch für den Hauptunternehmer vorhersehbar war, da dann nur bei Mitversicherung ein Anspruch des Nachunternehmers bestünde, vgl. *Martin* VW 1974, 993, 1052 Fn. 35.
³⁰ Zu den Regressmöglichkeiten nach dem alten AVB siehe auch *Heise* VW 1972, 554, der betont, dass für Schäden durch Nachunternehmer an fremden Teilleistungen mangels Mitversicherung ein Regress möglich war und dass auch kein Bedürfnis für eine Mitversicherung bestehe, da dieses Risiko in der Betriebshaftpflicht nach §§ 4 I 6 Abs. 3 und 4 II 5 AHB versicherbar sei.
³¹ A. A. ohne Begründung *Wäldner* S. 71 unter Hinweis auf BGH VersR 1969, 1117 ff.

## 2. Nach ABN

Die Regressregelung in § 3 Nr. 3 ABN unterscheidet sich rechtlich von § 3 Nr. 3 ABU.[32] Dort wird eine Einschränkung des gesetzlichen Forderungsübergangs nach § 67 VVG vorgenommen, hier die Regelung des § 67 VVG wiederholt. Da die Beteiligten jeweils nur hinsichtlich ihres Interesses an ihrer eigenen Leistung bzw. der Bauherr als Versicherungsnehmer hinsichtlich seines Interesses als Gefahrträger versichert sind, ist § 3 Nr. 3 ABN so zu verstehen, dass er einen Regress gegen jeden der Beteiligten insoweit ermöglicht, als im Einzelfall nicht sein Interesse versichert ist.[33]

87

### § 4 Versicherungsort

88

**ABU:**
1. Entschädigung wird nur geleistet für Schäden, die innerhalb des in dem Versicherungsschein als Baustelle bezeichneten räumlichen Bereichs eingetreten sind.
2. Sind mehrere voneinander getrennte Plätze als Baustelle bezeichnet, so gelten die Transportwege zwischen diesen Plätzen nur dann als Versicherungsort, wenn dies besonders vereinbart ist.

**ABN:**
1. Entschädigung wird nur geleistet für Schäden, die innerhalb des in dem Versicherungsschein als Baustelle bezeichneten räumlichen Bereichs eingetreten sind.
2. Sind mehrere voneinander getrennte Plätze als Baustelle bezeichnet, so gelten die Transportwege zwischen diesen Plätzen nur dann als Versicherungsort, wenn dies besonders vereinbart ist.

Versicherungsort ist die Baustelle, die üblicherweise nach Ort und Straße oder bei Straßenbauarbeiten durch Angabe der Straßenkilometer, bei Wasserbaustellen der Flusskilometer festgelegt ist.[1] Es handelt sich regelmäßig um das Grundstück des Bauherrn, wobei sich die genaue Bezeichnung auch aus der Baugenehmigung entnehmen lässt.[2] Werden unmittelbar angrenzende Grundstücke oder Straßenteile zur Lagerung von Material mitbenutzt, so zählen sie ebenfalls zur Baustelle.[3] Der Ausschluss der Transportwege bezieht sich nur auf Transporte außerhalb der Baustelle; Schäden durch Be- und Entladevorgänge oder bei Transporten innerhalb der Baustelle sind versichert.[4]

89

### § 5 Versicherungssummen

90

**ABU:**
1. Der Versicherungsnehmer ist verpflichtet, im Umfang seiner Beteiligung an dem Bauvertrag die gesamten Bauleistungen, auch soweit sie durch Nachunternehmer ausgeführt werden, alle durch ihn und den Auftraggeber gelieferten Baustoffe und Bauteile sowie alle Hilfsbauten und Bauhilfsstoffe zu versichern, und zwar auch dann, wenn der Auftrag nachträglich erweitert wird oder wenn zusätzliche Hilfsbauten oder Bauhilfsstoffe benötigt werden.
2. Die Versicherungssummen sind zu bilden
   a) für die Bauleistungen aus der vertraglichen Bausumme ohne Mehrwertsteuer einschließlich der Stundenlohnarbeiten und einschließlich des Neuwertes der Baustoffe und Bauteile, die der Versicherungsnehmer liefert;
   b) für Baustoffe und Bauteile, die der Auftraggeber zur Verfügung stellt, aus deren Neuwert einschließlich der Kosten für die Anlieferung und für das Abladen;
   c) für die eigenen und für die durch den Auftraggeber gelieferten Hilfsbauten und Bauhilfsstoffe aus deren Neuwert.
3. Nach Ende der Haftung des Versicherers sind die Versicherungssummen (Nr. 2) aufgrund eingetretener Veränderungen endgültig festzusetzen. Für die Bauleistungen sind die Schlussrechnungen maßgebend; Berichtigungen, die Versicherungsnehmer und Auftraggeber anerkannt haben, sind zu berücksichtigen. Die Schlussrechnung und deren Berichtigungen sind dem Versicherer unverzüglich vorzulegen.

---

[32] *Schirmer* VersWiss 1981, 637, 735 meint, trotz unterschiedlichen Wortlauts bestehe kein Unterschied zwischen den Regelungen, jedoch scheint dies lediglich für das Ergebnis der Regelungen, die beide zum Regress des Versicherers führen, zu gelten.
[33] Vgl. auch *Prölss* in *Prölss/Martin* § 67 Rdn. 16.
[1] *Rehm* S. 47.
[2] *Platen* Rdn. 3.4.1.1.
[3] *Platen* Rdn. 3.4.1.2 will hierbei auf die örtlichen Gegebenheiten abstellen.
[4] Wie hier *Rehm* S. 48.

4. Versicherungssummen auf Erstes Risiko können vereinbart werden für
   a) Baugrund und Bodenmassen (§ 1 Nr. 2);
   b) Schadensuchkosten (§ 9 Nr. 2 b);
   c) zusätzliche Aufräumungskosten (§ 9 Nr. 2 b) für den Fall, dass infolge von Aufräumungskosten die Versicherungssumme überschritten wird.
5. Die Versicherungssummen vermindern sich nicht dadurch, dass eine Entschädigung geleistet wird.
6. Übersteigt die Versicherungssumme den Wert der versicherten Sache erheblich, so kann sowohl der Versicherungsnehmer als auch der Versicherer nach Maßgabe des § 51 VVG die Herabsetzung der Versicherungssumme und der Prämie verlangen.
7. Im Falle der Doppelversicherung gelten §§ 59 und 60 VVG.

ABN:
1. Der Versicherungsnehmer ist verpflichtet, die gesamten Bauleistungen gemäß § 1 Nr. 1 einschließlich aller Baustoffe und Bauteile zu versichern, und zwar auch dann, wenn das Bauvorhaben nachträglich erweitert wird.
2. Die Versicherungssummen sind zu bilden
   a) für die gemäß § 1 Nr. 1 versicherten Bauleistungen und für mitversicherte Sachen gemäß § 1 Nr. 2 a bis 2 c aus deren gesamten Herstellungskosten einschließlich der Stundenlohnarbeiten und einschließlich des Neuwertes der durch die Bauunternehmer gelieferten Baustoffe und Bauteile, ist der Versicherungsnehmer zum Vorsteuerabzug nicht berechtigt, so ist die Mehrwertsteuer aus den Herstellungskosten in die Versicherungssumme einzubeziehen;
   b) für Baustoffe und Bauteile, die der Auftraggeber zur Verfügung stellt, aus deren Neuwert einschließlich der Kosten für die Anlieferung und für das Abladen;
   c) für versicherte Hilfsbauten und Bauhilfsstoffe (§ 1 Nr. 2 d) aus deren Neuwert.
3. In die Versicherungssumme sind nicht einzubeziehen
   a) Kosten von Leistungen und Sachen gemäß § 1 Nr. 2 und 3, die nicht versichert sind;
   b) Grundstücks- und Erschließungskosten;
   c) Baunebenkosten, wie Makler-, Architekten- und Ingenieurgebühren, Finanzierungskosten und behördliche Gebühren.
4. Nach Ende der Haftung des Versicherers sind die Versicherungssummen (Nr. 2) aufgrund eingetretener Veränderungen endgültig festzusetzen. Für die Bauleistungen sind die Schlussrechnungen maßgebend; Berichtigungen, die Versicherungsnehmer und Unternehmer anerkannt haben, sind zu berücksichtigen. Die Schlussrechnungen und deren Berichtigungen sind dem Versicherer unverzüglich vorzulegen.
5. Versicherungssummen auf Erstes Risiko können vereinbart werden für
   a) Baugrund und Bodenmassen (§ 1 Nr. 2 e);
   b) Schadensuchkosten (§ 9 Nr. 2 b);
   c) zusätzliche Aufräumkosten (§ 9 Nr. 2 b) für den Fall, dass infolge von Aufräumungskosten die Versicherungssumme überschritten wird.
6. Die Versicherungssummen vermindern sich nicht dadurch, dass eine Entschädigung geleistet wird.
7. Übersteigt die Versicherungssumme den Wert der versicherten Sache erheblich, so kann sowohl der Versicherungsnehmer als auch der Versicherer nach Maßgabe des § 51 VVG die Herabsetzung der Versicherungssumme und der Prämie verlangen.
8. Im Falle der Doppelversicherung gelten §§ 59 und 60 VVG.

91  Grundsätzlich kann immer nur die gesamte Bauleistung eines Unternehmers bzw. nach ABN das gesamte Bauvorhaben versichert werden. Eine gesonderte Versicherung einzelner Teilleistungen ist wegen der dadurch provozierten Negativauslese nicht möglich. Bei der Aufteilung eines Vorhabens auf verschiedene Unternehmer nach Losen oder im Rahmen einer ARGE kann jedoch jeder Unternehmer seine Leistung – und damit letztlich einen Teil des Projekts – nach den ABU versichern.

92  Die einzige Ausnahme von § 5 Nr. 1 ABN bildet Klausel 69, wonach bei der Erstellung von Fertighäusern die Errichtung von Keller und Fundamenten allein versicherbar ist.

93  Die **Versicherungssumme** ist daher aus der vertraglichen Bausumme, den vom Auftraggeber zu liefernden Baustoffen und -teilen sowie den vom Auftragnehmer bereitzustellenden Bauhilfsstoffen und Hilfsbauten zu bilden. Bei § 5 Nr. 2 a ABU entfällt die Mehrwertsteuer, da dem Unternehmer in Höhe der Mehrwertsteuer kein Schaden entsteht, weil seine Leistungen zur Schadensbehebung nicht mehrwertsteuerpflichtig sind.[1] Anders insoweit § 5

---

[1] *Rehm* S. 51.

Nr. 1 ABN, da bei privaten Bauherrn, die nicht vorsteuerabzugsberechtigt sind, Mehrwertsteuer auf die Ersatzarbeiten als Schadensposten entsteht.

## § 5 a Gefahrumstände bei Vertragsschluss und Gefahrerhöhung 94
ABU:
1. Bei Abschluss des Vertrages hat der Versicherungsnehmer alle ihm bekannten Umstände, die für die Übernahme der Gefahr erheblich sind, dem Versicherer anzuzeigen. Bei schuldhafter Verletzung dieser Obliegenheit kann der Versicherer nach Maßgabe der §§ 16 bis 21 VVG vom Vertrag zurücktreten und leistungsfrei sein oder den Versicherungsvertrag nach § 22 VVG anfechten.
2. Nach Antragstellung darf der Versicherungsnehmer ohne Einwilligung des Versicherers keine Gefahrerhöhung vornehmen oder gestatten. Der Versicherungsnehmer hat jede Gefahrerhöhung, die ihm bekannt wird, dem Versicherer unverzüglich anzuzeigen, und zwar auch dann, wenn sie ohne seinen Willen eintritt. Im Übrigen gelten die §§ 23 bis 30 VVG. Danach kann der Versicherer zur Kündigung berechtigt oder auch leistungsfrei sein.

ABN:
1. Bei Abschluss des Vertrages hat der Versicherungsnehmer alle ihm bekannten Umstände, die für die Übernahme der Gefahr erheblich sind, dem Versicherer anzuzeigen. Bei schuldhafter Verletzung dieser Obliegenheit kann der Versicherer nach Maßgabe der §§ 16 bis 21 VVG vom Vertrag zurücktreten und leistungsfrei sein oder den Versicherungsvertrag nach § 22 VVG anfechten.
2. Nach Antragstellung darf der Versicherungsnehmer ohne Einwilligung des Versicherers keine Gefahrerhöhung vornehmen oder gestatten. Der Versicherungsnehmer hat jede Gefahrerhöhung, die ihm bekannt wird, dem Versicherer unverzüglich anzuzeigen, und zwar auch dann, wenn sie ohne seinen Willen eintritt. Im Übrigen gelten die §§ 23 bis 30 VVG. Danach kann der Versicherer zur Kündigung berechtigt oder auch leistungsfrei sein.

## § 6 Prämie 95
ABU:
1. Der Versicherungsnehmer hat die erste Prämie (Beitrag) gegen Aushändigung des Versicherungsscheins oder im Falle des Vertragsschlusses gemäß §§ 5 oder 5a VVG nach Ablauf der Widerspruchsfrist zu zahlen, Folgeprämien am Ersten des Monats, in dem ein neues Versicherungsjahr beginnt. Die Folgen nicht rechtzeitiger Zahlung der ersten Prämie ergeben sich aus § 38 in Verbindung mit § 7; im Übrigen gilt § 39 VVG. Der Versicherer ist bei Verzug berechtigt, Ersatz des Verzugsschadens nach § 280 BGB sowie Verzugszinsen nach § 288 BGB zu fordern. Rückständige Folgeprämien dürfen nur innerhalb eines Jahres seit Ablauf der nach § 39 VVG für sie gesetzten Zahlungsfrist eingezogen werden.
2. Die Prämie wird zunächst aus den vorläufigen und nach Ende der Haftung aus den endgültigen (§ 5 Nr. 3) Versicherungssummen berechnet.
3. Die Prämie für eine Verlängerung der Versicherung wird im voraus vereinbart; soweit dies nicht geschehen ist, wird sie nach dem noch zu tragenden Risiko bemessen.
4. Wird der Vertrag gemäß § 8 Nr. 4 gekündigt, so steht dem Versicherer der Teil der Prämie zu, der dem getragenen Risiko entspricht.
5. Werden die Arbeiten unterbrochen (§ 2 Nr. 3 d) oder endet die Haftung gemäß § 8 Nr. 3, so besteht kein Anspruch auf Prämienerstattung.

ABN:
1. Der Versicherungsnehmer hat die erste Prämie (Beitrag) gegen Aushändigung des Versicherungsscheins oder im Falle des Vertragsschlusses gemäß §§ 5 oder 5a VVG nach Ablauf der Widerspruchsfrist zu zahlen, Folgeprämien am Ersten des Monats, in dem ein neues Versicherungsjahr beginnt. Die Folgen nicht rechtzeitiger Zahlung der ersten Prämie ergeben sich aus § 38 in Verbindung mit § 7; im Übrigen gilt § 39 VVG. Der Versicherer ist bei Verzug berechtigt, Ersatz des Verzugsschadens nach § 280 BGB sowie Verzugszinsen nach § 288 BGB zu fordern. Rückständige Folgeprämien dürfen nur innerhalb eines Jahres seit Ablauf der nach § 39 VVG für sie gesetzten Zahlungsfrist eingezogen werden.
2. Die Prämie wird zunächst aus den vorläufigen und nach Ende der Haftung aus den endgültigen (§ 5 Nr. 4) Versicherungssummen berechnet.
3. Die Prämie für eine Verlängerung der Versicherung wird im voraus vereinbart; soweit dies nicht geschehen ist, wird sie nach dem noch zu tragenden Risiko bemessen.
4. Wird der Vertrag gemäß § 8 Nr. 5 gekündigt, so steht dem Versicherer der Teil der Prämie zu, der dem getragenen Risiko entspricht.
5. Werden die Arbeiten unterbrochen (§ 2 Nr. 4 d) oder endet die Haftung gemäß § 8 Nr. 3 oder 4, so besteht kein Anspruch auf Prämienerstattung.

**Anh. § 7**   Anhang § 7. Bauleistungsversicherung

96   Beachte die Abweichungen in § 6 der Zusatzbedingungen für Jahresverträge nach den ABU und § 4 der Zusatzbedingungen für Jahresverträge nach den ABN.

## 97 § 7 Beginn der Haftung
**ABU:**
Die Haftung des Versicherers beginnt mit dem vereinbarten Zeitpunkt, und zwar auch dann, wenn zur Prämienzahlung erst später aufgefordert, die Prämie aber unverzüglich gezahlt wird.
**ABN:**
Die Haftung des Versicherers beginnt mit dem vereinbarten Zeitpunkt, und zwar auch dann, wenn zur Prämienzahlung erst später aufgefordert, die Prämie aber unverzüglich gezahlt wird.

98   §§ 7 ABU/ABN enthalten zu Gunsten des Versicherungsnehmers eine in den Besonderheiten dieses Versicherungszweiges begründete Abweichung vom Einlösungsprinzip des § 38 Abs. 2 VVG, wonach der Versicherer erst ab Zahlung der Erstprämie haftet. Abzustellen ist auf den vereinbarten Zeitpunkt, der auch vor dem regelmäßig durch die Annahme des Antrags des Versicherungsnehmers durch den Versicherer erfolgten Vertragsschluss liegen kann (Rückwärtsversicherung, § 2 VVG). Ist kein Zeitpunkt vereinbart, beginnt der Versicherungsschutz bei schon begonnenen Bauarbeiten mit dem Vertragsschluss, wobei durch Auslegung (z. B. anhand der Prämienkalkulation) zu ermitteln ist, ob auch Schäden an bereits erbrachten Arbeiten versichert sind. Liegt die Aufnahme der Bauarbeiten nach Vertragsschluss, beginnt der Versicherungsschutz hiermit.

99   §§ 7 ABU/ABN befreien den Versicherungsnehmer nicht von den negativen Folgen der Zahlungssäumnis einer nach dem Beginn der Versicherung festgelegten Zahlung. Das wird in der Neufassung der §§ 6 Abs. 1 ABU/ABN ausdrücklich klargestellt.

## 100 § 8 Ende der Haftung
**ABU:**
1. Die Haftung des Versicherers endet mit dem vereinbarten Zeitpunkt oder mit dem Wegfall einer vereinbarten vorläufigen Deckung.
2. Vor Ablauf der Haftung gemäß Nr. 1 kann der Versicherungsnehmer die Verlängerung der Versicherung beantragen. Der Versicherer hat den Versicherungsnehmer rechtzeitig auf den bevorstehenden Ablauf hinzuweisen (Ablaufanfrage).
3. Die Haftung des Versicherers endet für Bauleistungen oder Teile davon spätestens mit dem Zeitpunkt, in dem sie abgenommen werden oder gemäß VOB Teil B § 12 Nr. 5 als abgenommen gelten. Der Versicherungsnehmer ist verpflichtet, dem Bauherrn oder dem sonstigen Auftraggeber unverzüglich schriftlich mitzuteilen, dass seine Leistungen fertiggestellt sind. Für Baustoffe und Bauteile sowie für Hilfsbauten und Bauhilfsstoffe endet die Haftung des Versicherers spätestens einen Monat nach der Haftung für die zugehörige Bauleistung.
4. Nach dem Eintritt eines Versicherungsfalles können Versicherer und Versicherungsnehmer den Versicherungsvertrag kündigen. Die Kündigung ist schriftlich zu erklären. Sie muss spätestens einen Monat nach dem Abschluss der Verhandlungen über die Entschädigung zugehen. Die Kündigung wird einen Monat nach ihrem Zugang wirksam. Der Versicherungsnehmer kann bestimmen, dass seine Kündigung sofort oder zu einem späteren Zeitpunkt wirksam wird, jedoch spätestens zum Schluss des laufenden Versicherungsjahres.

**ABN:**
1. Die Haftung des Versicherers endet mit dem vereinbarten Zeitpunkt oder mit dem Wegfall einer vereinbarten vorläufigen Deckung.
2. Vor Ablauf der Haftung gemäß Nr. 1 kann der Versicherungsnehmer die Verlängerung der Versicherung beantragen. Der Versicherer hat den Versicherungsnehmer rechtzeitig auf den bevorstehenden Ablauf hinzuweisen (Ablaufanfrage).
3. Für Schäden an Bauleistungen, die zu Lasten des Versicherungsnehmers gehen, endet die Haftung des Versicherers spätestens
   a) mit der Bezugsfertigkeit oder
   b) nach Ablauf von sechs Werktagen seit Beginn der Benutzung oder
   c) mit dem Tage der behördlichen Gebrauchsabnahme. Maßgebend ist der früheste dieser Zeitpunkte. Liegen vorstehende Voraussetzungen nur für eines von mehreren Bauwerken oder für einen Teil eines Bauwerkes vor, so endet die Haftung nur für Schäden an diesen Bauwerken oder Teilen. Werden noch Restarbeiten ausgeführt, so gilt Abs. 1 a bis c für Schäden an diesen Restbauleistungen nicht.

4. Für Schäden an Bauleistungen, die zu Lasten eines versicherten Unternehmers gehen, endet die Haftung des Versicherers spätestens mit dem Zeitpunkt, in dem die Bauleistung oder Teile davon abgenommen werden oder nach dem Bauvertrag als abgenommen gelten oder in dem der Auftraggeber in Abnahmeverzug gerät. Der Unternehmer ist verpflichtet, den Auftraggeber zur Abnahme aufzufordern, sobald die Voraussetzungen hierfür vorliegen. Für Baustoffe und Bauteile endet die Haftung des Versicherers spätestens einen Monat nach der Haftung für die zugehörige Bauleistung; das gleiche gilt für versicherte Hilfsbauten und Bauhilfsstoffe.
5. Nach dem Eintritt eines Versicherungsfalles können Versicherer und Versicherungsnehmer den Versicherungsvertrag kündigen. Die Kündigung ist schriftlich zu erklären. Sie muss spätestens einen Monat nach dem Abschluss der Verhandlungen über die Entschädigung zugehen. Die Kündigung wird einen Monat nach ihrem Zugang wirksam. Der Versicherungsnehmer kann bestimmen, dass seine Kündigung sofort oder zu einem späteren Zeitpunkt wirksam wird, jedoch spätestens zum Schluss des laufenden Versicherungsjahres.

Die Haftung des Versicherers endet mit dem vereinbarten Zeitpunkt. Der Versicherungsfall tritt mit dem erkennbaren Schaden, nicht schon mit der Setzung der Schadensursache ein.[1] Gerade bei weiterfressenden Mängeln ist diese Unterscheidung erheblich. Wollte man auf das Setzen der Ursache abstellen, läge bereits bei mangelhafter Erstellung einer Teilleistung, die zwingend zur Beschädigung einer anderen Teilleistung führen muss, i. S. der §§ 8 ABU/ABN der Schadenseintritt vor, obwohl ein Schaden im Sinne von §§ 2 Nr. 1, 9 Nr. 3 ABU/ABN noch gar nicht gegeben ist, sondern bislang nur ein Mangel i. S. von §§ 2 Nr. 2a ABU, 2 Nr. 3 ABN. Die Regelung wird inkonsequent. Außerdem würde so eine unbegrenzte Haftung des Versicherers für Spätschäden begründet, wogegen durch §§ 8 ABU/ABN gerade eine klare zeitliche Begrenzung erreicht werden soll. Es kommt also darauf an, dass der Schaden wahrnehmbar ist. Die Ursache des Schadens ist ebenso unerheblich wie seine tatsächliche Entdeckung. 101

§ 8 Nr. 3 ABN trifft eine besondere Regelung für das Haftungsende bei Schäden an Bauleistungen, die zu Lasten des Versicherungsnehmers gehen. Da dies nach Abs. 3 auch für einzelne Teile des Bauwerks gilt, z. B. einzelne Wohnungen, ermöglicht Klausel 70 eine Weiterversicherung des Sturm- und Leitungswasserrisikos auch für diese Teile, bis die Voraussetzungen der Haftungsbeendigung nach § 8 Nr. 3 ABN für das gesamte Bauwerk vorliegen. So wird ein nahtloser **Anschluss an die folgende Gebäudeversicherung** ermöglicht, die für diese Schäden nach §§ 4 Nr. 3a, 5 Nr. 5a VGB nur für bezugsfertige Gebäude angeboten wird. 102

Nach § 8 Nr. 3 ABU endet die Haftung spätestens mit der Abnahme oder deren Fiktion nach § 12 Nr. 5 VOB/B. Gleiches gilt nach § 8 Nr. 4 ABN für Schäden, die zu Lasten eines versicherten Unternehmers gehen, wobei hier jedoch nicht auf § 12 Nr. 5 VOB/B, sondern auf den konkreten Bauvertrag abgestellt wird. Unterlässt es der Versicherungsnehmer, entgegen § 8 Nr. 3 Satz 2 ABU, bzw. der versicherte Unternehmer nach § 8 Nr. 4 Satz 2 ABN, die Abnahme herbeizuführen, liegt eine Obliegenheitsverletzung vor, deren Folgen sich aus § 6 VVG ergeben.[2] 103

**Nachhaftungen** über das Ende der Haftungszeit nach §§ 8 ABU/ABN hinaus sehen Klauseln 90 und 91 vor. 104

### § 9 Umfang der Entschädigung 105
ABU:
1. Der Versicherer leistet Entschädigung für die Kosten, die der Versicherungsnehmer aufwenden muss (Selbstkosten), um die Schadenstätte aufzuräumen und einen Zustand wiederherzustellen, der dem Zustand unmittelbar vor Eintritt des Schadens technisch gleichwertig ist. Bei Totalschäden an Hilfsbauten und Bauhilfsstoffen leistet der Versicherer Entschädigung für das Material nur in Höhe des Zeitwertes. Der Zeitwert von Resten und Altteilen wird angerechnet.

---

[1] Wie hier *Rehm* S. 58f., unklar *Beigel* BauR 1987, 148, 152.
[2] *Rehm* S. 60 meint, diese Pflichtverletzung habe keinen Einfluss auf den Versicherungsschutz, wenn nicht die Versicherung bereits abgelaufen sei. Diese Regelung soll jedoch gerade das frühestmögliche Ende des Versicherungsschutzes vor dem im Vertrag gemäß Nr. 1 genannten Zeitpunkt sicherstellen, da ein nicht versicherter Unternehmer im eigenen Interesse für einen baldigen Gefahrübergang sorgen würde.

**Anh. § 7** Anhang § 7. Bauleistungsversicherung

2. Der Versicherer leistet keine Entschädigung für
   a) Vermögensschäden, insbesondere für Vertragsstrafen, Gewährleistungsfälle und Schadensersatzleistungen an Dritte;
   b) Schadensuchkosten und zusätzliche Aufräumungskosten, soweit nicht besondere Versicherungssummen (§ 5 Nr. 4) vereinbart sind;
   c) Mehrkosten durch Änderung der Bauweise, durch Verbesserungen gegenüber dem Zustand unmittelbar vor Eintritt des Schadens, durch behelfsmäßige Maßnahmen oder durch Luftfracht.
3. Führt ein Mangel (§ 2 Nr. 2 a) zu einem gemäß § 2 entschädigungspflichtigen Schaden an den mangelhaften oder an mangelfreien Teilen der Bauleistung oder an sonstigen versicherten Sachen, so leistet der Versicherer Entschädigung unter Abzug der Kosten, die zusätzlich aufgewendet werden müssen, damit der Mangel nicht erneut entsteht.

**ABN:**
1. Der Versicherer leistet Entschädigung in Höhe der Kosten, die aufgewendet werden müssen, um die Schadenstätte aufzuräumen und einen Zustand wiederherzustellen, der dem Zustand unmittelbar vor Eintritt des Schadens technisch gleichwertig ist. Bei Totalschäden an versicherten Hilfsbauten und Bauhilfsstoffen leistet der Versicherer Entschädigung für das Material nur in Höhe des Zeitwertes. Der Zeitwert von Resten und Altteilen wird angerechnet.
2. Der Versicherer leistet keine Entschädigung für
   a) Vermögensschäden, insbesondere für Vertragsstrafen, Nutzungsausfall, Gewährleistungsfälle und Schadenersatzleistungen an Dritte;
   b) Schadensuchkosten und zusätzliche Aufräumungskosten, soweit nicht besondere Versicherungssummen (§ 5 Nr. 5) vereinbart sind;
   c) Mehrkosten durch Änderung der Bauweise, durch Verbesserungen gegenüber dem Zustand unmittelbar vor Eintritt des Schadens, durch behelfsmäßige Maßnahmen oder durch Luftfracht.
3. Führt ein Mangel (§ 2 Nr. 3 a) zu einem gemäß § 2 entschädigungspflichtigen Schaden an den mangelhaften oder an mangelfreien Teilen der Bauleistung oder an sonstigen versicherten Sachen, so leistet der Versicherer Entschädigung unter Abzug der Kosten, die zusätzlich aufgewendet werden müssen, damit der Mangel nicht erneut entsteht.

106 §§ 9 Nr. 3 ABU/ABN begrenzen den Ersatz von Mangelfolgeschäden auf den Herstellungsaufwand der mangelhaften Bauleistung. Eigentlich ergibt sich diese Beschränkung bereits aus Nr. 1, da nur die Kosten der Wiederherstellung des ursprünglichen (mangelhaften) Zustands ersetzt werden. Da andererseits niemand die Wiederherstellung eines mängelbehafteten Werks wünscht, kann der Versicherungsnehmer das Werk nunmehr mangelfrei herstellen, jedoch nur die Kosten ersetzt verlangen, die fiktiv zur Wiederherstellung des mangelhaften Werks erforderlich gewesen wären. Diese können z. B. bei ursprünglich verwandtem minderwertigem Material oder durch Schlamperei eingesparter Arbeitszeit erheblich niedriger liegen als die Kosten der ordnungsgemäßen Herstellung. Da der Versicherungsnehmer sich bei Ersatz der Kosten der ordnungsgemäßen Herstellung bereichern würde, regelt Nr. 3 den Abzug der fiktiven Minderkosten und versucht so, den Ersatz auf den tatsächlich entstanden Schaden zu beschränken.

107 Ein weitergehender **Abzug der notwendigen Mängelbeseitigungskosten,** wie er in früheren AVB die Regel war, findet dagegen nur noch bei besonderer Vereinbarung der Klausel 61 zu den ABN statt. Der Unterschied zwischen diesen beiden Modellen besteht darin, dass die oben erläuterte Standardregelung an den tatsächlichen Aufwand anknüpft, mit dem der Versicherungsnehmer die mangelhafte Leistung erstellt hatte, Klausel 61 dagegen an den fiktiven (meist geringeren) Wert der mangelhaften Leistung.

108 **§ 10 Kosten der Wiederherstellung und Aufräumung in eigener Regie des Versicherungsnehmers**

**ABU:**
1. Für Kosten der Wiederherstellung und Aufräumung in eigener Regie des Versicherungsnehmers leistet der Versicherer Entschädigung ohne Zuschläge für
   a) Wagnis und Gewinn;
   b) nicht schadenbedingte Baustellengemeinkosten;
   c) allgemeine Geschäftskosten.

2. Wird nach dem Leistungsverzeichnis abgerechnet, so werden ... v. H. der Preise ersetzt, die in dem Bauvertrag vereinbart oder auf gleicher Grundlage ermittelt worden sind. Durch diesen Vomhundertsatz ist der Ausschluss von Zuschlägen gemäß Nr. 1 a bis 1 c berücksichtigt.
3. Unabhängig von den Preisen des Bauvertrages kann über die Wiederherstellungskosten nur mit Zustimmung des Versicherers abgerechnet werden, die jedoch erteilt werden muss, wenn der Versicherungsnehmer sie aus wichtigem Grund verlangt.
4. Soweit (Nr. 3) über Stundenlohnarbeiten unabhängig von den Preisen des Bauvertrages abgerechnet werden kann, sind zu ersetzen
   a) die für die Baustelle geltenden tariflichen Stundenlöhne für Bau-, Montage- und Werkstattarbeiten, zuzüglich tariflicher Zulagen für Erschwernis, Schmutzarbeit usw.;
   b) tarifliche Zuschläge für Überstunden, Sonntags-, Feiertags- und Nachtarbeiten, soweit solche Zuschläge in der vertraglichen Bausumme enthalten sind und soweit der Ersatz dieser Kosten außerdem besonders vereinbart ist;
   c) Zuschläge auf die Beträge gemäß Nr. 4 a und 4 b, und zwar in Höhe von ... v. H., wenn nicht ein anderer Satz vereinbart ist;
   d) notwendige und schadenbedingte Lohnnebenkosten, soweit sie in der Versicherungssumme enthalten sind;
   e) übertarifliche Lohnanteile und Zulagen, soweit solche Kosten als Teil der vertraglichen Bausumme oder zuzüglich in der Versicherungssumme enthalten sind;
   f) Zuschläge auf die Beträge gemäß Nr. 4 d und 4 e, auf Beträge gemäß Nr. 4 d jedoch nur, soweit sie lohnsteuerpflichtig sind; der Zuschlag beträgt ... v. H., wenn nicht ein anderer Satz vereinbart ist.
5. Soweit (Nr. 3) der Versicherungsnehmer über das Vorhalten eigener Baugeräte für die Zeit ihres Einsatzes zwecks Wiederherstellung und Aufräumung unabhängig von den Preisen des Bauvertrages abrechnen kann, sind zu ersetzen
   a) ... v. H. der mittleren Abschreibungs- und Verzinsungssätze gemäß der durch den Hauptverband der Deutschen Bauindustrie herausgegebenen „Baugeräteliste" in ihrer jeweils neuesten Fassung;
   b) entstandene Kosten für Betriebs- und Schmierstoffe.
6. Soweit (Nr. 3) über Transporte unabhängig von den Preisen des Bauvertrages abgerechnet werden kann, sind die entstandenen Kosten zu ersetzen, höchstens jedoch
   a) bei Transporten im Umkreis von 50 km um den Schadenort die Sätze des Güternahverkehrstarifes;
   b) bei Transporten über größere Entfernungen die Sätze des Deutschen Eisenbahn-Gütertarifes.
   c) Mehrkosten für Eil- und Expressfrachten werden nur ersetzt, soweit dies besonders vereinbart ist.
7. Für Stundenlohnarbeiten sind prüfungsfähige Unterlagen vorzulegen. Aus diesen Unterlagen müssen sich ergeben:
   a) Art, Zweck und Dauer jeder Arbeitsleistung;
   b) die Höhe der tariflichen Stundenlohnsätze;
   c) Art und Höhe etwaiger Lohnzulagen (Nr. 4 a) und Lohnnebenkosten (Nr. 4 d);
   d) die Höhe der übertariflichen Löhne und Zulagen sowie der Zuschläge für Überstunden, Sonntags-, Feiertags- und Nachtarbeiten, soweit sie nach Nr. 4 b und 4 e entschädigungspflichtig sind.
8. Durch die Zuschläge gemäß Nr. 4 c sind abgegolten:
   a) lohnabhängige Kosten, insbesondere für tarifliche und gesetzliche soziale Aufwendungen, sowie vermögenswirksame Arbeitgeberzulagen;
   b) Kosten für Löhne und Gehälter aller Personen, die an der Wiederherstellung und Aufräumung nur mittelbar beteiligt sind; die Arbeiten von Meistern und Polieren werden wie Stundenlohnarbeiten gemäß Nr. 4 a berücksichtigt;
   c) Kosten für die Beförderung von Personen zur Baustelle und zurück, soweit sie nicht Lohnnebenkosten gemäß Nr. 4 d sind;
   d) alle sonstigen schadenbedingten Gemeinkosten, z. B. Bürokosten;
   e) Kosten infolge betrieblicher Störungen und dergleichen;
   f) Kosten für Bauplatzanlagen, ferner für Nebenfrachten und Nebenstoffe in geringen Mengen;
   g) Kosten für das Vorhalten von Handwerkzeugen, Kleingeräten und Gerüsten mit einer Arbeitsbühne bis zu 2 m Höhe;
   h) Kosten für Einrichtung und Betrieb der Werkstatt (einschließlich Gehaltskosten) sowie für das Vorhalten der Werkstatteinrichtung;
   i) Aufwendungen für Verbrauchsstoffe in der Werkstatt, wie Schmiedekohle, Elektroden, Schrauben, Öle, Fette, Treibstoffe, Reinigungs- und Anstrichmittel.
9. Durch die Entschädigung gemäß Nr. 5 a sind die Kosten für Abschreibung und Verzinsung sowie für Reparaturen der Baugeräte abgegolten.

## Anh. § 7

**ABN:**
1. Bei Schäden, die zu Lasten eines versicherten Unternehmers gehen, der die Bauleistung ausgeführt hat, leistet der Versicherer für die Kosten für Wiederherstellung und Aufräumung in eigener Regie des Unternehmers Entschädigung ohne Zuschläge für
   a) Wagnis und Gewinn;
   b) nicht schadenbedingte Baustellengemeinkosten;
   c) allgemeine Geschäftskosten.
2. Wird nach dem Leistungsverzeichnis abgerechnet, so werden ... v. H. der Preise ersetzt, die in dem Bauvertrag vereinbart oder auf gleicher Grundlage ermittelt worden sind. Durch diesen Vomhundertsatz ist der Ausschluss von Zuschlägen gemäß Nr. 1 a bis 1 c berücksichtigt.
3. Unabhängig von den Preisen des Bauvertrages kann über die Wiederherstellungskosten nur mit Zustimmung des Versicherers abgerechnet werden, die jedoch erteilt werden muss, wenn der versicherte Unternehmer sie aus wichtigem Grund verlangt.
4. Soweit (Nr. 3) über Stundenlohnarbeiten unabhängig von den Preisen des Bauvertrages abgerechnet werden kann, sind zu ersetzen
   a) die für die Baustelle geltenden tariflichen Stundenlöhne für Bau-, Montage- und Werkstattarbeiten zuzüglich tariflicher Zulagen für Erschwernis, Schmutzarbeit usw.;
   b) tarifliche Zuschläge für Überstunden, Sonntags-, Feiertags- und Nachtarbeiten, soweit solche Zuschläge in den Herstellungskosten enthalten sind und soweit der Ersatz dieser Kosten außerdem besonders vereinbart ist;
   c) Zuschläge auf die Beträge gemäß Nr. 4 a und 4 b, und zwar in Höhe von ... v. H., wenn nicht ein anderer Satz vereinbart ist;
   d) notwendige und schadenbedingte Lohnnebenkosten, soweit sie in der Versicherungssumme enthalten sind;
   e) übertarifliche Lohnanteile und Zulagen, soweit solche Kosten als Teil der Herstellungskosten oder zusätzlich in der Versicherungssumme enthalten sind;
   f) Zuschläge auf die Beträge gemäß Nr. 4 d und 4 e, auf Beträge gemäß Nr. 4 d jedoch nur, soweit sie lohnsteuerpflichtig sind; der Zuschlag beträgt ... Prozent, wenn nicht ein anderer Satz vereinbart ist.
5. Soweit (Nr. 3) ein versicherter Unternehmer über das Vorhalten eigener Baugeräte für die Zeit ihres Einsatzes zwecks Beseitigung des Schadens unabhängig von den Preisen des Bauvertrages abrechnen kann, sind zu ersetzen
   a) ... v. H. der mittleren Abschreibungs- und Verzinsungssätze gemäß der durch den Hauptverband der Deutschen Bauindustrie herausgegebenen „Baugeräteliste" in ihrer jeweils neuesten Fassung;
   b) entstandene Kosten für Betriebs- und Schmierstoffe.
6. Soweit (Nr. 3) über Transporte unabhängig von den Preisen des Bauvertrages abgerechnet werden kann, sind die entstandenen Kosten zu ersetzen, höchstens jedoch
   a) bei Transporten im Umkreis von 50 km um den Schadenort die Sätze des Güternahverkehrstarifes;
   b) bei Transporten über größere Entfernungen die Sätze des Bundesgütertarifes.
   c) Mehrkosten für Eil- und Expressfrachten werden nur ersetzt, soweit dies besonders vereinbart ist.
7. Für Stundenlohnarbeiten sind prüfungsfähige Unterlagen vorzulegen. Aus diesen Unterlagen müssen sich ergeben:
   a) Art, Zweck und Dauer jeder Arbeitsleistung;
   b) die Höhe der tariflichen Stundenlohnsätze;
   c) Art und Höhe etwaiger Lohnzulagen (Nr. 4 a) und Lohnnebenkosten (Nr. 4 d);
   d) die Höhe der übertariflichen Löhne und Zulagen sowie der Zuschläge für Überstunden, Sonntags-, Feiertags- und Nachtarbeiten, soweit sie nach Nr. 4 b und 4 e entschädigungspflichtig sind.
8. Durch die Zuschläge gemäß Nr. 4 c sind abgegolten:
   a) lohnabhängige Kosten, insbesondere für tarifliche und gesetzliche soziale Aufwendungen, sowie vermögenswirksame Arbeitgeberzulagen;
   b) Kosten für Löhne und Gehälter aller Personen, die an der Wiederherstellung und Aufräumung nur mittelbar beteiligt sind; die Arbeiten von Meistern und Polieren werden wie Stundenlohnarbeiten gemäß Nr. 4 a berücksichtigt;
   c) Kosten für die Beförderung von Personen zur Baustelle und zurück, soweit sie nicht Lohnnebenkosten gemäß Nr. 4 d sind;
   d) alle sonstigen schadenbedingten Gemeinkosten, z. B. Bürokosten;
   e) Kosten infolge betrieblicher Störungen und dergleichen;
   f) Kosten für Bauplatzanlagen, ferner für Nebenfrachten und für Nebenstoffe in geringen Mengen;
   g) Kosten für das Vorhalten von Handwerkzeugen, Kleingeräten und Gerüsten mit einer Arbeitsbühne bis zu 2 m Höhe;

B. Text und Kommentierung ABN/ABU  Anh. § 7

    h) Kosten für Einrichtung und Betrieb der Werkstatt (einschließlich Gehaltskosten) sowie für das Vorhalten der Werkstatteinrichtung;
    i) Aufwendungen für Verbrauchsstoffe in der Werkstatt, wie Schmiedekohle, Elektroden, Schrauben, Öle, Fette, Treibstoffe, Reinigungs- und Anstrichmittel.
9. Durch die Entschädigung gemäß Nr. 5 a sind die Kosten für Abschreibung und Verzinsung sowie für Reparaturen der Baugeräte abgegolten.

Kosten der Wiederherstellung können auch die Kosten einer funktional gleichwertigen, **109** von der vorherigen Bauweise abweichenden Art der Schadensbehebung sein.[1] Der zur Schadensbeseitigung notwendige Abbruch und Wiederaufbau einer anderen Teilleistung zählt zu den Kosten der Schadensbeseitigung jedenfalls dann, wenn auch diese Teilleistung vom Versicherungsumfang umfasst ist.[2]

## § 11 Wiederherstellungs- und Aufräumungskosten durch Lieferungen und Leistungen Dritter **110**

**ABU:**
1. Lieferungen und Leistungen Dritter kann der Versicherungsnehmer für Material und in Ausnahmefällen mit Zustimmung des Versicherers auch sonst in Anspruch nehmen.
2. Unter dieser Voraussetzung leistet der Versicherer Entschädigung für den Rechnungsbetrag in den Grenzen gemäß § 9 sowie außerdem pauschal für schadenbedingte Geschäftskosten des Versicherungsnehmers, und zwar bei einem Rechnungsbetrag
    a) bis zu ... EUR in Höhe von ... v. H. dieses Betrages;
    b) von mehr als ... EUR in Höhe von ... v. H. aus ... EUR zuzüglich ... v. H. des Mehrbetrages.
3. Bei Schäden, die nicht zu Lasten eines versicherten Unternehmers gehen, der die Bauleistung ausgeführt hat, gelten als entschädigungspflichtige Wiederherstellungs- und Aufräumungskosten nur Aufwendungen für Lieferungen und Leistungen Dritter, und zwar in dem Umfang, in dem die Rechnungsbeträge schadenbedingt und der Höhe nach angemessen sind. Angemessen sind in der Regel die Sätze des Leistungsverzeichnisses. Ist der Auftraggeber zum Vorsteuerabzug nicht berechtigt, so ist die Mehrwertsteuer in die Entschädigung einzubeziehen.

**ABN:**
1. Lieferungen und Leistungen Dritter kann der versicherte Unternehmer für Material und in Ausnahmefällen mit Zustimmung des Versicherers auch sonst in Anspruch nehmen.
2. Unter dieser Voraussetzung leistet der Versicherer Entschädigung für den Rechnungsbetrag in den Grenzen gemäß § 9 sowie außerdem pauschal für schadenbedingte Geschäftskosten des versicherten Unternehmers, und zwar bei einem Rechnungsbetrag
    a) bis zu 2500 EUR in Höhe von ... Prozent dieses Betrages;
    b) von mehr als 2500 EUR in Höhe von ... v. H. aus 2500 EUR zuzüglich ... v. H. des Mehrbetrages.
3. Bei Schäden, die nicht zu Lasten eines versicherten Unternehmers gehen, der die Bauleistung ausgeführt hat, gelten als entschädigungspflichtige Wiederherstellungs- und Aufräumungskosten nur Aufwendungen für Lieferungen und Leistungen Dritter, und zwar in dem Umfang, in dem die Rechnungsbeträge schadenbedingt und der Höhe nach angemessen sind. Angemessen sind in der Regel die Sätze des Leistungsverzeichnisses. Ist der Auftraggeber zum Vorsteuerabzug nicht berechtigt, so ist die Mehrwertsteuer in die Entschädigung einzubeziehen.

## § 12 Unterversicherung **111**

**ABU:**
1. Ist die Versicherung ohne Einverständnis des Versicherers nicht in vollem Umfang gemäß § 5 Nr. 1 genommen, so wird nur der Teil des gemäß §§ 9 bis 11 ermittelten Betrages ersetzt, der sich zu dem ganzen Betrag verhält wie die vereinbarte zu der gemäß § 5 Nr. 2 erforderlichen Versicherungssumme.
2. Im Übrigen wird der Einwand der Unterversicherung nicht erhoben.

**ABN:**
1. Ist die Versicherung ohne Einverständnis des Versicherers nicht in vollem Umfang gemäß § 5 Nr. 1 genommen, so wird nur der Teil des gemäß §§ 9 bis 11 ermittelten Betrages ersetzt, der sich zu dem ganzen Betrag verhält wie die vereinbarte zu der gemäß § 5 Nr. 2 erforderlichen Versicherungssumme.
2. Im Übrigen wird der Einwand der Unterversicherung nicht erhoben.

---

[1] BGHZ 75, 62, 71 f.
[2] BGHZ 75, 62, 72 f.

## Anh. § 7

**112 § 13 Grenze der Entschädigung**

ABU:
Grenze der Entschädigung ist jede der Versicherungssummen gemäß § 5 Nr. 2a bis 2c sowie gemäß § 5 Nr. 4a bis 4c.

ABN:
Grenze der Entschädigung ist jede der Versicherungssummen gemäß § 5 Nr. 2a bis 2c sowie gemäß § 5 Nr. 5a bis 5c.

**113 § 14 Selbstbehalt**

ABU:
1. Der nach §§ 9 bis 13 ermittelte Betrag wird um ... Prozent, wenigstens aber um einen Mindestselbstbehalt von ... EUR, gekürzt.
2. Entstehen mehrere Schäden, so wird der Selbstbehalt jeweils einzeln abgezogen.

ABN:
1. Der nach §§ 9 bis 13 ermittelte Betrag wird um ... v. H., wenigstens aber um einen Mindestselbstbehalt von ... EUR, gekürzt.
2. Entstehen mehrere Schäden, so wird der Selbstbehalt jeweils einzeln abgezogen.

**114 § 15 Sachverständigenverfahren**

ABU:
1. Versicherungsnehmer und Versicherer können nach Eintritt des Versicherungsfalles vereinbaren, dass Ursache und Höhe des Schadens durch Sachverständige festgestellt werden. Das Sachverständigenverfahren kann durch Vereinbarung auf sonstige tatsächliche Voraussetzungen des Entschädigungsanspruchs sowie der Höhe der Entschädigung ausgedehnt werden. Der Versicherungsnehmer kann ein Sachverständigenverfahren auch durch einseitige Erklärung gegenüber dem Versicherer verlangen.
2. Für das Sachverständigenverfahren gilt:
    a) Jede Partei benennt schriftlich einen Sachverständigen und kann dann die andere unter Angabe des von ihr benannten Sachverständigen schriftlich auffordern, den zweiten Sachverständigen zu benennen. Wird der zweite Sachverständige nicht binnen zwei Wochen nach Empfang der Aufforderung benannt, so kann ihn die auffordernde Partei durch die für den Schadenort zuständige Industrie- und Handelskammer ernennen lassen. In der Aufforderung ist auf diese Folge hinzuweisen.
    b) Beide Sachverständigen benennen schriftlich vor Beginn des Feststellungsverfahrens einen dritten Sachverständigen als Obmann. Einigen sie sich nicht, so wird der Obmann auf Antrag einer Partei durch die für den Schadenort zuständige Industrie- und Handelskammer ernannt.
    c) Der Versicherer darf als Sachverständige keine Personen benennen, die Mitbewerber des Versicherungsnehmers sind oder mit ihm in dauernder Geschäftsverbindung stehen, ferner keine Personen, die bei Mitbewerbern oder Geschäftspartnern angestellt sind oder mit ihnen in einem ähnlichen Verhältnis stehen. Dies gilt entsprechend für die Benennung eines Obmannes durch die Sachverständigen.
3. Die Feststellungen der Sachverständigen müssen enthalten:
    a) die ermittelten oder vermuteten Ursachen sowie den Umfang der Beschädigungen und Zerstörungen;
    b) die Wiederherstellungs- und Aufräumungskosten (§§ 9 Nr. 1 Abs. 1, 10, 11);
    c) den Zeitwert der betroffenen Hilfsbauten und Bauhilfsstoffe (§ 9 Nr. 1 Abs. 2);
    d) den Zeitwert von Resten und Altteilen (§ 9 Nr. 1 Abs. 3);
    e) Mehrkosten gemäß § 9 Nr. 2c;
    f) in den Fällen des § 9 Nr. 3 die abzuziehenden Kosten.
4. Die Sachverständigen übermitteln beiden Parteien gleichzeitig ihre Feststellungen. Weichen die Feststellungen voneinander ab, so übergibt der Versicherer sie unverzüglich dem Obmann. Dieser entscheidet über die streitig gebliebenen Punkte innerhalb der durch die Feststellungen der Sachverständigen gezogenen Grenzen und übermittelt seine Entscheidung beiden Parteien gleichzeitig.
5. Jede Partei trägt die Kosten ihres Sachverständigen. Die Kosten des Obmannes tragen beide Parteien je zur Hälfte.
6. Die Feststellungen der Sachverständigen oder des Obmannes sind verbindlich, wenn nicht nachgewiesen wird, dass sie offenbar von der wirklichen Sachlage erheblich abweichen. Aufgrund dieser verbindlichen Feststellungen berechnet der Versicherer gemäß § 9 die Entschädigung.
7. Durch das Sachverständigenverfahren werden die Obliegenheiten des Versicherungsnehmers nach § 17 Nr. 3b bis 3f nicht berührt.

**ABN:**
1. Versicherungsnehmer und Versicherer können nach Eintritt des Versicherungsfalles vereinbaren, dass Ursache und Höhe des Schadens durch Sachverständige festgestellt werden. Das Sachverständigenverfahren kann durch Vereinbarung auf sonstige tatsächliche Voraussetzungen des Entschädigungsanspruchs sowie der Höhe der Entschädigung ausgedehnt werden. Der Versicherungsnehmer kann ein Sachverständigenverfahren auch durch einseitige Erklärung gegenüber dem Versicherer verlangen.
2. Für das Sachverständigenverfahren gilt:
   a) Jede Partei benennt schriftlich einen Sachverständigen und kann dann die andere unter Angabe der von ihr benannten Sachverständigen schriftlich auffordern, den zweiten Sachverständigen zu benennen. Wird der zweite Sachverständige nicht binnen zwei Wochen nach Empfang der Aufforderung benannt, so kann ihn die auffordernde Partei durch die für den Schadenort zuständige Industrie- und Handelskammer ernennen lassen. In der Aufforderung ist auf diese Folge hinzuweisen.
   b) Beide Sachverständige benennen schriftlich vor Beginn des Feststellungsverfahrens einen Dritten Sachverständigen als Obmann. Einigen sie sich nicht, so wird der Obmann auf Antrag einer Partei oder beider Parteien durch die für den Schadenort zuständige Industrie- und Handelskammer ernannt.
   c) Der Versicherer darf als Sachverständige keine Personen benennen, die Mitbewerber des Versicherungsnehmers sind oder mit ihm in dauernder Geschäftsverbindung stehen, ferner keine Personen, die bei Mitbewerbern oder Geschäftspartnern angestellt sind oder mit ihnen in einem ähnlichen Verhältnis stehen. Dies gilt entsprechend für die Benennung eines Obmannes durch die Sachverständigen.
3. Die Feststellungen der Sachverständigen müssen enthalten:
   a) die ermittelten oder vermuteten Ursachen sowie den Umfang der Beschädigungen und Zerstörungen;
   b) die Wiederherstellungs- und Aufräumungskosten (§§ 9 Nr. 1 Abs. 1, 10, 11);
   c) den Zeitwert der betroffenen Hilfsbauten und Bauhilfsstoffe (§ 9 Nr. 1 Abs. 2);
   d) den Zeitwert von Resten und Altteilen (§ 9 Nr. 1 Abs. 3);
   e) Mehrkosten gemäß § 9 Nr. 2 c;
   f) in den Fällen des § 9 Nr. 3 die abzuziehenden Kosten.
4. Die Sachverständigen übermitteln beiden Parteien gleichzeitig ihre Feststellungen. Weichen die Feststellungen voneinander ab, so übergibt der Versicherer sie unverzüglich dem Obmann. Dieser entscheidet über die streitig gebliebenen Punkte innerhalb der durch die Feststellungen der Sachverständigen gezogenen Grenzen und übermittelt seine Entscheidung beiden Parteien gleichzeitig.
5. Jede Partei trägt die Kosten ihres Sachverständigen. Die Kosten des Obmannes tragen beide Parteien je zur Hälfte.
6. Die Feststellungen der Sachverständigen oder des Obmannes sind verbindlich, wenn nicht nachgewiesen wird, dass sie offenbar von der wirklichen Sachlage erheblich abweichen. Aufgrund dieser verbindlichen Feststellungen berechnet der Versicherer gemäß § 9 die Entschädigung.
7. Durch das Sachverständigenverfahren werden die Obliegenheiten des Versicherungsnehmers nach § 17 Nr. 3 b bis 3 g nicht berührt.

## § 16 Zahlung der Entschädigung 115

**ABU:**
1. Abweichend von §§ 74 ff. VVG kann über die Rechte aus dem Versicherungsvertrag nur der Versicherungsnehmer verfügen.
2. Der Anspruch auf die Entschädigung ist fällig, sobald er nach Grund und Höhe vollständig festgestellt ist. Jedoch ist auf Verlangen schon vorher als Teilzahlung der Betrag zu zahlen, auf den nach Lage der Sache mindestens ein Anspruch besteht. Die Entschädigung ist nach Ablauf von zwei Wochen seit Fälligkeit zu verzinsen.
3. Der Anspruch kann vor Fälligkeit nur mit Zustimmung des Versicherers abgetreten werden; die Zustimmung muss erteilt werden, wenn der Versicherungsnehmer sie aus wichtigem Grund verlangt.
4. Wenn der Anspruch auf die Entschädigung nicht innerhalb einer Frist von sechs Monaten gerichtlich geltend gemacht wird, nachdem ihn der Versicherer unter Angabe der mit dem Ablauf der Frist verbundenen Rechtsfolge schriftlich abgelehnt hat, so ist der Versicherer von der Entschädigungspflicht frei. Wird ein Sachverständigenverfahren (§ 15) beantragt, so wird der Ablauf der Frist für dessen Dauer gehemmt.
5. Die Bestimmung des § 12 Abs. 1 und 2 VVG bleibt unberührt.

**ABN:**
1. Abweichend von §§ 74 ff. VVG kann über die Rechte aus dem Versicherungsvertrag nur der Versicherungsnehmer verfügen.

2. Der Anspruch auf die Entschädigung ist fällig, sobald er nach Grund und Höhe vollständig festgestellt ist. Jedoch ist auf Verlangen schon vorher als Teilzahlung der Betrag zu zahlen, auf den nach Lage der Sache mindestens ein Anspruch besteht. Die Entschädigung ist nach Ablauf von zwei Wochen seit Fälligkeit zu verzinsen.
3. Der Anspruch kann vor Fälligkeit nur mit Zustimmung des Versicherers abgetreten werden; die Zustimmung muss erteilt werden, wenn der Versicherungsnehmer sie aus wichtigem Grund verlangt.
4. Wenn der Anspruch auf die Entschädigung nicht innerhalb einer Frist von sechs Monaten gerichtlich geltend gemacht wird, nachdem ihn der Versicherer unter Angabe der mit dem Ablauf der Frist verbundenen Rechtsfolge schriftlich abgelehnt hat, so ist der Versicherer von der Entschädigungspflicht frei. Wird ein Sachverständigenverfahren (§ 15) beantragt, so wird der Ablauf der Frist für dessen Dauer gehemmt.
5. Die Bestimmung des § 12 Abs. 1 und 2 VVG bleibt unberührt.

### 116 § 17 Obliegenheiten des Versicherungsnehmers
ABU:
1. Der Versicherungsnehmer hat dem Versicherer unverzüglich schriftlich anzuzeigen:
   a) nachträgliche Erweiterungen des Bauvorhabens (§ 5 Nr. 1);
   b) wesentliche Änderungen der Bauweise;
   c) wesentliche Änderungen des Bauzeitplanes;
   d) wesentliche Änderungen des Bauvertrages;
   e) eine Unterbrechung der Bauarbeiten gemäß § 2 Nr. 3 d.
2. Die gesetzlichen Bestimmungen über Gefahrenerhöhungen (§§ 23 ff. VVG) bleiben unberührt.
3. Bei Eintritt eines Versicherungsfalles hat der Versicherungsnehmer
   a) den Schaden dem Versicherer unverzüglich schriftlich, nach Möglichkeit telegraphisch oder fernschriftlich, anzuzeigen;
   b) den Schaden nach Möglichkeit abzuwenden oder zu mindern und dabei die Weisungen des Versicherers zu befolgen; er hat, wenn die Umstände es gestatten, solche Weisungen einzuholen;
   c) das Schadenbild nach Möglichkeit durch Lichtbildaufnahmen festzuhalten;
   d) das Schadenbild bis zu einer Besichtigung durch den Beauftragten des Versicherers nur zu verändern, soweit Sicherheitsgründe Eingriffe erfordern oder soweit die Eingriffe den Schaden mindern oder nachdem der Versicherer zugestimmt hat oder falls die Besichtigung nicht unverzüglich, spätestens jedoch innerhalb von fünf Arbeitstagen seit Eingang der Schadenanzeige, stattgefunden hat;
   e) einem Beauftragten des Versicherers jederzeit die Nachprüfung der Ursache, des Verlaufs und der Höhe des Schadens zu gestatten und ihm auf Verlangen die für die Feststellung des Schadens erforderlichen Auskünfte zu erteilen;
   f) seiner Kostenaufstellung unaufgefordert ordnungsgemäße und vollständige Belege beizufügen.
4. Verletzt der Versicherungsnehmer eine der Obliegenheiten gemäß Nr. 3, so ist der Versicherer nach Maßgabe der gesetzlichen Bestimmungen (§§ 6 Abs. 3, 62 Abs. 2 VVG) von der Entschädigungspflicht frei.

ABN:
1. Der Versicherungsnehmer hat dem Versicherer unverzüglich schriftlich anzuzeigen:
   a) nachträgliche Erweiterungen des Bauvorhabens (§ 5 Nr. 1);
   b) wesentliche Änderungen der Bauweise;
   c) wesentliche Änderungen des Bauzeitplanes;
   d) eine Unterbrechung der Bauarbeiten gemäß § 2 Nr. 4 d.
2. Die gesetzlichen Bestimmungen über Gefahrenerhöhungen (§§ 23 ff. VVG) bleiben unberührt.
3. Bei Eintritt eines Versicherungsfalles hat der Versicherungsnehmer
   a) den Schaden dem Versicherer unverzüglich schriftlich nach Möglichkeit telegrafisch oder fernschriftlich anzuzeigen;
   b) versicherte Verluste durch Diebstahl unverzüglich der Polizeibehörde zu melden und sich dies bestätigen zu lassen;
   c) den Schaden nach Möglichkeit abzuwenden oder zu mindern und dabei die Weisungen des Versicherers zu befolgen; er hat, wenn die Umstände es gestatten, solche Weisungen einzuholen;
   d) das Schadenbild nach Möglichkeit durch Lichtbildaufnahmen festzuhalten;
   e) das Schadenbild bis zu einer Besichtigung durch den Beauftragten des Versicherers nur zu verändern, soweit Sicherheitsgründe Eingriffe erfordern oder soweit die Eingriffe den Schaden mindern oder nachdem der Versicherer zugestimmt hat oder falls die Besichtigung nicht unverzüglich, spätestens jedoch innerhalb von fünf Arbeitstagen seit Eingang der Schadenanzeige, stattgefunden hat;

B. Text und Kommentierung ABN/ABU                                          Anh. § 7

f) einem Beauftragten des Versicherers jederzeit die Nachprüfung der Ursache, des Verlaufs und der Höhe des Schadens zu gestatten und ihm auf Verlangen die für die Feststellung des Schadens erforderlichen Auskünfte zu erteilen;
g) seiner Kostenaufstellung unaufgefordert ordnungsgemäße und vollständige Belege beizufügen.
4. Verletzt der Versicherungsnehmer eine der Obliegenheiten gemäß § 17 Nr. 3, so ist der Versicherer nach Maßgabe der gesetzlichen Bestimmungen (§§ 6 Abs. 3, 62 Abs. 2 VVG) von der Entschädigungspflicht frei.

Die Anzeigepflicht entsteht bereits dann, wenn ein möglicherweise unter die Versicherung 117
fallendes Schadensereignis vorliegt.[1]

Eine Anzeige mehr als 2 Wochen nach Schadensereignis ist verspätet, da eigene Feststel- 118
lungen des Versicherers ermöglicht werden sollen.[2]

Die falsche Schätzung der Schadenshöhe durch den Versicherungsnehmer stellt keine 119
Obliegenheitsverletzung dar, da § 17 Nr. 3a ABU ihn nicht zur Schadensschätzung verpflichtet.[3]

### § 18 Einschränkung der Agentenvollmacht                                    120
**ABU:**
Die Agenten sind zur Entgegennahme von Anzeigen und Erklärungen des Versicherungsnehmers nicht bevollmächtigt.
**ABN:**
Die Agenten sind zur Entgegennahme von Anzeigen und Erklärungen des Versicherungsnehmers nicht bevollmächtigt.

### § 19 Gerichtsstand                                                         121
**ABU:**
Für Klagen aus dem Versicherungsverhältnis gelten die inländischen Gerichtsstände gemäß §§ 13, 17, 21, 29 ZPO und § 48 VVG.
**ABN:**
Für Klagen aus dem Versicherungsverhältnis gelten die inländischen Gerichtsstände gemäß §§ 13, 17, 21, 29 ZPO und § 48 VVG.

### § 20 Schlussbestimmung                                                     122
**ABU:**
Soweit nicht in den Versicherungsbedingungen Abweichendes bestimmt ist, gelten die gesetzlichen Vorschriften. Dies gilt insbesondere für die im Anhang aufgeführten Gesetzesbestimmungen, die nach Maßgabe der Versicherungsbedingungen Inhalt des Versicherungsvertrages sind.
**ABN:**
Soweit nicht in den Versicherungsbedingungen Abweichendes bestimmt ist, gelten die gesetzlichen Vorschriften. Dies gilt insbesondere für die im Anhang aufgeführten Gesetzesbestimmungen, die nach Maßgabe der Versicherungsbedingungen Inhalt des Versicherungsvertrages sind.

## C. Einzelne Klauseln und Zusatzbedingungen

### Klausel 50 Unvorhergesehen                                                 123
Abweichend von § 2 Nr. 1 Abs. 2 ABU sind unvorhergesehen Schäden, die der Versicherungsnehmer oder seine Repräsentanten weder rechtzeitig vorhergesehen haben, noch mit dem für die im Betrieb ausgeübte Tätigkeit erforderlichen Fachwissen ohne grobe Fahrlässigkeit hätten vorsehen können.

### Klausel 51 Führung                                                         124
wird durch Klausel 500 ersetzt

---

[1] LG Kaiserslautern VersR 1965, 278.
[2] OLG Frankfurt VersR 1982, 1065; LG Kaiserslautern VersR 1965, 278.
[3] OLG Frankfurt VersR 1983, 1045, 1046.

# Anh. § 7

Anhang § 7. Bauleistungsversicherung

125 **Klausel 52 Makler**
Der in dem Versicherungsschein genannte Makler ist bevollmächtigt, Anzeigen und Willenserklärungen des Versicherungsnehmers entgegenzunehmen. Er ist verpflichtet, diese unverzüglich an den Versicherer weiterzuleiten.

126 **Klausel 53 Prozessführung bei Mitversicherung**
wird durch Klausel 500 ersetzt

127 **Klausel 54 Radioaktive Isotope**
1. Der Versicherer leistet Entschädigung bis zu der in dem Versicherungsschein oder in der Anmeldung bezeichneten Summe auf Erstes Risiko auch für Schäden, die an versicherten Sachen durch bestimmungsgemäß vorhandene radioaktive Isotope als Folge eines gemäß ABU, ABN, ABG oder AMBG dem Grunde nach entschädigungspflichtigen Schadens entstehen.
2. Die Summe gemäß Nr. 1 vermindert sich nicht dadurch, dass eine Entschädigung geleistet wird. Der Versicherungsnehmer hat jedoch für die Zeit ab Eintritt des Versicherungsfalles bis zum Ende der laufenden Versicherungsperiode Prämie aus dem Teil der Summe gemäß Nr. 1 zeitanteilig nachzuentrichten, der der geleisteten Entschädigung entspricht.

128 **Klausel 55 Mitversicherung von Altbauten gegen Einsturz**
1. Mitversichert sind die in dem Versicherungsschein bezeichneten Altbauten, soweit an ihnen unmittelbar eine nach § 1 Nr. 1 ABU oder § 1 Nr. 1 ABN versicherte Bauleistung ausgeführt wird, durch die in ihre tragende Konstruktion eingegriffen wird oder durch die sie unterfangen werden.
2. Entschädigung wird geleistet für Einsturz versicherter Altbauten, soweit diese Schäden unmittelbare Folgen der an den Altbauten ausgeführten Bauleistungen sind und soweit ein versicherter Unternehmer ersatzpflichtig ist. Sonstige Schäden stehen einem Einsturz nur dann gleich, wenn der Altbau aus Gründen der Standsicherheit ganz oder teilweise abgebrochen werden muss.
3. Ist das Auftraggeberrisiko versichert (§§ 3 Nr. 5 b ABU, 3 Nr. 1 ABN), so wird Entschädigung auch für Schäden geleistet, die zu Lasten des Auftraggebers gehen.
4. Der Versicherer leistet keine Entschädigung für
   a) Schäden durch Rammarbeiten;
   b) Schäden durch Veränderung der Grundwasserverhältnisse;
   c) Risse und Senkungsschäden, soweit nicht die Voraussetzungen von Nr. 2 gegeben sind;
   d) Schäden an Sachen, die in den Altbauten eingebaut oder untergebracht sind;
   e) Schäden an der künstlerischen Ausstattung (z. B. Stuckierung, Fassadenfiguren) und an Reklameeinrichtungen.
5. Ein Abzug neu für alt wird nicht vorgenommen. Der Versicherer leistet Entschädigung höchstens bis zu der auf Erstes Risiko versicherten Summe. Der als entschädigungspflichtig ermittelte Betrag wird um ... v. H. wenigstens aber um den vereinbarten Mindestselbstbehalt, gekürzt. Der Versicherer leistet keine Entschädigung, soweit der Schaden durch einen Anspruch aus einem Haftpflichtversicherungsvertrag gedeckt ist.
6. Die versicherte Summe vermindert sich jeweils um die geleistete Entschädigung (Nr. 5). Sie erhöht sich wieder auf den vereinbarten Betrag, sobald dem Versicherer eine entsprechende Erklärung des Versicherungsnehmers zugeht. Der Versicherungsnehmer hat in diesem Fall Prämie zeitanteilig nachzuentrichten.
7. Der Versicherungsnehmer ist verpflichtet, den Zustand der versicherten Altbauten vor Beginn der Bauarbeiten durch Zustandsberichte aktenkundig zu machen und während der Bauzeit zu überwachen. Risse sind zu markieren und zu überwachen. Verletzt der Versicherungsnehmer eine dieser Obliegenheiten, so ist der Versicherer nach Maßgabe des § 6 VVG von der Entschädigungspflicht frei.
8. Die Haftung des Versicherers für die mitversicherten Altbauten beginnt mit dem vereinbarten Zeitpunkt. Sie endet einen Monat nach Abschluss der Bauleistungen gemäß Nr. 1.
9. Soweit nicht schriftlich für den Einzelfall oder durch die vorstehenden Bestimmungen etwas anderes vereinbart ist, gelten die ABU oder die ABN.

129 Diese Klausel versichert überwiegend Haftpflichtinteressen, vgl. Rdn. 85. Durch sie soll der Ausschluss der Tätigkeits- und Bearbeitungsschäden in § 4 Abs. 1 Nr. 6 b AHB ausgeglichen werden. Zwar wird in der Betriebshaftpflicht der Bauunternehmer und -hand-

B. Text und Kommentierung ABN/ABU                                      Anh. § 7

werker abweichend hiervon z. T. durch besondere Bedingungen[1] Versicherungsschutz gewährt, jedoch in der Praxis nur mit begrenzten Deckungssummen.[2]

Die Begrenzung der Versicherung auf Schäden am Bauwerk selbst rechtfertigt sich 130 dadurch, dass Schäden an anderen Sachen wie Inventar, Möbeln usw. von der Haftpflicht gedeckt werden, da § 4 Abs. 1 Nr. 6 b AHB den Ausschluss auf Schäden am Bearbeitungsgegenstand begrenzt und für Folgeschäden Haftpflichtversicherungsschutz besteht.

In vergleichbarer Weise wird das Haftpflichtinteresse durch die 1990 eingeführten Zusatz- 131 bedingungen 80 und 81 versichert.

### Klausel 56 Aggressives Grundwasser                                           132
Sind Schäden durch aggressives Grundwasser möglich, so sind rechtzeitig eine Erst- und – falls erforderlich – eine Kontrollanalyse sowie alle nach dem Ergebnis der Analysen erforderlichen Schutzmaßnahmen durchzuführen.
Verletzt der Versicherungsnehmer eine dieser Obliegenheiten, so ist der Versicherer gemäß § 6 VVG von der Entschädigungspflicht frei.

### Klausel 57 Undichtigkeit und Wasserdurchlässigkeit                           133
Undichtigkeit oder Wasserdurchlässigkeit sowie nicht dicht hergestellte oder aus sonstigen Gründen ungeeignete Isolierungen sind nicht entschädigungspflichtig, wenn sie einen Mangel der Bauleistung darstellen.
Risse im Beton sind gemäß § 2 Nr. 1 Abs. 1 ABU, ABN nur dann entschädigungspflichtig, wenn sie unvorhergesehen entstanden sind.
Solche Schäden können vorhersehbar insbesondere dann sein, wenn sie infolge von Kriech-, Schwind-, Temperatur- oder sonstigen statisch bedingten Spannungen entstehen.

### Klausel 58 Bergbaugebiete                                                    134
In den Bergbaugebieten sind die Baupläne vor Beginn der Bauleistungen dem Bergbau-Berechtigten und der zuständigen Bergbehörde vorzulegen. Auflagen dieser Behörde ist zu entsprechen.
Verletzt der Versicherungsnehmer eine dieser Obliegenheiten, so ist der Versicherer gemäß § 6 VVG von der Entschädigungspflicht frei.

### Klausel 59 Gefahr des Aufschwimmens                                          135
Solange die Gefahr des Aufschwimmens besteht, müssen die Bauleistungen durch ausreichende und funktionsfähige Flutungsmöglichkeiten oder Ballast gesichert sein.
Verletzt der Versicherungsnehmer diese Obliegenheit, so ist der Versicherer gemäß § 6 VVG von der Entschädigungspflicht frei.

### Klausel 60 Baustellen im Bereich von Gewässern oder in Bereichen, in denen das 136 Grundwasser durch Gewässer beeinflusst wird
1. An Bauleistungen im Bereich von Gewässern oder in Bereichen, in denen das Grundwasser durch Gewässer beeinflusst wird, sind Schäden durch normale Wasserführung oder normale Wasserstände ohne Rücksicht auf mitwirkende Ursachen nicht versichert. Abweichend von Abs. 1 wird Entschädigung geleistet für Schäden durch Wassereinbrüche oder Ansteigen des Grundwassers, wenn diese Ereignisse infolge eines anderen entschädigungspflichtigen Schadens, insbesondere an Spundwänden oder Fangedämmen, eintreten.
2. Für Schäden an Spundwänden und Fangedämmen sowie an Jochen und sonstigen Hilfskonstruktionen besteht nach Maßgabe des § 6 VVG Versicherungsschutz nur,
    a) wenn diese in einem standsicheren Zustand errichtet worden sind und

---
[1] VerBAV 1984, 439 Unterfangungs- und Unterfahrungsschäden und VerBAV 1981, 188 Bearbeitungsschäden; vgl. auch VerBAV 1963, 206 Senkungen, Rammarbeiten, Erdrutschungen; VerBAV 1978, 133 Abwässer, allmähliche Einwirkung von Temperatur usw.
[2] *Platen* Rdn. 7.0.1; *Littbarski* Rdn. 625 erwähnt für Bearbeitungsschäden eine Selbstbeteiligung von mindestens 10%, eine Versicherungssumme von (damals) höchstens DM 15 000,– und eine Maximierung auf das Doppelte der Versicherungssumme pro Versicherungsjahr.

b) solange die Standsicherheit laufend durch die notwendigen Maßnahmen gewährleistet ist, insbesondere die Sohle des Flusslaufes durch Steinschüttungen in ihrem bisherigen Zustand erhalten wird.
3. Schäden durch Hochwasser oder durch Ansteigen des Grundwassers infolge Hochwasser gelten als unvorhergesehen und sind daher nur versichert, wenn zur Zeit des Schadenseintritts folgende Wasserstände überschritten sind:
Gewässer:Pegel:
Fluss-km:
Pegelnull:    m. ü. NN
Wasserstände/Wassermengen:
Nov.    Dez.    Jan.    Febr.
März    April    Mai    Juni
Juli    Aug.    Sept.    Okt.
4. Wurden Wasserstände oder Wassermengen gemäß Nr. 3 nicht vereinbart, so tritt an deren Stelle für jeden Monat der höchste Wasserstand oder die größte Wassermenge, die während der letzten 10 Jahre an dem der Baustelle am nächsten gelegenen und durch die Baumaßnahmen nicht beeinflussten amtlichen Pegel erreicht wurden. Spitzenwerte, die für einen Monat außergewöhnlich sind, bleiben hierbei unberücksichtigt. Besteht ein für die Baustelle maßgebender amtlicher Pegel nicht, so tritt an die Stelle der Wasserstände oder Wassermengen gemäß Nr. 3 der Wasserstand oder die Wassermenge, mit der an der Baustelle zur Zeit des Schadenseintritts zu rechnen war. Spitzenwerte, die für einen Monat außergewöhnlich sind, bleiben hierbei unberücksichtigt.
5. Schäden durch außergewöhnliches Hochwasser sind nur versichert, wenn dies gemäß § 3 Nr. 5 ABU oder in einem Versicherungsvertrag mit einem Auftraggeber gemäß den ABN besonders vereinbart wurde. Dies gilt auch für Schäden, die das Hochwasser verursacht, bevor es den außergewöhnlichen Wert erreicht hat, die aber mit Sicherheit auch nach diesem Zeitpunkt eingetreten wären.
6. Hochwasser und Ansteigen des Grundwassers infolge von Hochwasser gelten als außergewöhnlich gemäß Nr. 5, wenn folgende Wasserstände oder Wassermengen überschritten sind:
Gewässer:
Pegel:
Fluss-km:
Pegelnull:    m. ü. NN
Wasserstände/Wassermengen:
Nov.    Dez.    Jan.    Febr.
März    April    Mai    Juni
Juli    Aug.    Sept.    Okt.
7. Wurden Wasserstände oder Wassermengen gemäß § 6 nicht vereinbart, so tritt an deren Stelle der Wasserstand oder die Wassermenge, von denen an Schäden durch Hochwasser oder durch Ansteigen des Grundwassers infolge von Hochwasser unabwendbare Umstände im Sinn der VOB (1973) Teil B § 7 darstellen.
8. Die Kosten eines Flutens der Baustelle trägt der Versicherer nur unter den Voraussetzungen des § 63 VVG. Soweit diese Kosten – als Teil der Bausumme oder zusätzlich – zu Lasten des Auftraggebers gehen, trägt der Versicherer sie auch unter den Voraussetzungen des § 63 VVG nur dann, wenn gemäß §§ 3 Nr. 5 b ABU, 3 Nr. 1 ABN das Auftraggeberrisiko unter Einschluss von Schäden durch außergewöhnliches Hochwasser versichert ist.

137 **Klausel 61 Schäden infolge von Mängeln**

Bei Berechnung der Entschädigung sind über §§ 9 Nr. 3 ABU, ABN hinaus alle Kosten abzuziehen, die der Versicherungsnehmer auch ohne Eintritt eines Versicherungsfalles hätte aufwenden müssen, um einen Mangel zu beseitigen.

138 **Klausel 62 Zusatzbedingungen für Jahresverträge nach den „Allgemeinen Bedingungen für die Bauwesenversicherung von Unternehmerleistungen (ABU)"**

Bei Jahresverträgen gelten abweichend von den „Allgemeinen Bedingungen für die Bauwesenversicherung von Unternehmerleistungen (ABU)" folgende Bestimmungen:

### § 1 Versicherte Sachen

1. Versichert sind alle Bauleistungen (§ 1 Nr. 1 ABU), die der Versicherungsnehmer während der Dauer dieses Vertrages innerhalb der Bundesrepublik Deutschland einschließlich des Landes Berlin ausführt oder durch Nachunternehmer ausführen lässt.
2. Baustoffe und Bauteile, die der Auftraggeber zur Verfügung stellt, sind jedoch nur versichert, soweit der Versicherungsnehmer diese Sachen und ihren Neuwert dem Versicherer schriftlich anmeldet.

3. Altbauten sind nur aufgrund besonderer Vereinbarung und nur gemäß den besonderen Bestimmungen für die „Mitversicherung von Altbauten gegen Einsturz" mitversichert.

## § 2 Versicherte Gefahren

1. Undichtigkeit oder Wasserdurchlässigkeit sowie nicht dicht hergestellte oder aus sonstigen Gründen ungeeignete Isolierungen sind nicht entschädigungspflichtig, wenn sie einen Mangel der Bauleistung darstellen. Risse im Beton sind gemäß § 2 Nr. 1 ABU nur dann entschädigungspflichtig, wenn sie unvorhergesehen entstanden sind. Solche Schäden können vorhersehbar insbesondere dann sein, wenn sie infolge von Kriech-, Schwind-, Temperatur- oder sonstigen statisch bedingten Spannungen entstehen.
2. Solange die Gefahr des Aufschwimmens besteht, müssen die Bauleistungen durch ausreichende und funktionsfähige Flutungsmöglichkeiten oder Ballast gesichert sein. Sind Schäden durch aggressives Grundwasser möglich, so sind rechtzeitig eine Erst- und – falls erforderlich – eine Kontroll-Analyse sowie alle nach dem Ergebnis der Analysen erforderlichen Schutzmaßnahmen durchzuführen. Verletzt der Versicherungsnehmer eine dieser Obliegenheiten, so ist der Versicherer gemäß § 6 VVG von der Entschädigungspflicht frei.
3. Für Schäden durch Brand und andere Ursachen gemäß § 2 Nr. 5 ABU wird Entschädigung nur geleistet, wenn dies auf Antrag des Versicherungsnehmers allgemein oder für bestimmte Bauleistungen besonders vereinbar worden ist.
4. Für Schäden durch Gewässer oder durch Grundwasser, das durch Gewässer beeinflusst wird, wird Entschädigung ohne Rücksicht auf mitwirkende Ursachen nur nach Maßgabe der besonderen Bestimmungen für „Baustellen im Bereich von Gewässern oder in Bereichen, in denen das Grundwasser durch Gewässer beeinflusst wird" und nur dann geleistet, wenn dies auf Antrag des Versicherungsnehmers besonders vereinbart worden ist.

## § 3 Versicherte Interessen

Ansprüche, die dem Versicherungsnehmer gegen Nachunternehmer in Zusammenhang mit einem versicherten Schaden an anderen Bauleistungen als denen dieses Nachunternehmers zustehen, gehen abweichend von § 3 Nr. 3 b ABU nicht auf den Versicherer über, wenn dies auf Antrag des Versicherungsnehmers für bestimmte Bauleistungen besonders vereinbart worden ist.

## § 4 Versicherungsort

1. Versicherungsort gemäß § 4 Nr. 1 ABU sind alle Baustellen der gemäß § 1 Nr. 1 versicherten Bauleistungen.
2. Zugehörige Lagerplätze sowie Transportwege zwischen zugehörigen Lagerplätzen und Baustellen oder zwischen mehreren Baustellen oder zugehörigen Lagerplätzen gelten als Versicherungsort nur, soweit dies auf Antrag des Versicherungsnehmers besonders vereinbart worden ist. Das gleiche gilt für provisorische Fabrikationsplätze von Fertigteilen („Feldfabriken").

## § 5 Versicherungssummen

1. Als Versicherungssummen gelten die vertraglichen Bausummen gemäß § 5 Nr. 2 a ABU.
2. Der Neuwert von Baustoffen und Bauteilen, die der Auftraggeber zur Verfügung stellt, ist gemäß § 1 Nr. 2 im voraus anzumelden.
3. Versicherungssummen auf Erstes Risiko (§ 5 Nr. 4 ABU) sind im voraus zu vereinbaren, soweit versichert werden sollen
    a) Baugrund und Bodenmassen (§ 1 Nr. 2 ABU);
    b) Schadensuchkosten (§ 9 Nr. 2 b ABU);
    c) zusätzliche Aufräumungskosten (§ 9 Nr. 2 b ABU).

## § 6 Prämie

1. Prämiensätze
    a) Es gelten die vereinbarten Prämiensätze.
    b) Soweit Prämiensätze nicht im voraus vereinbart sind, ermittelt der Versicherer den angemessenen Prämiensatz von Fall zu Fall aufgrund der Angaben des Versicherungsnehmers (§ 10 Nr. 1 b). Er gewährt auf die für Bauleistungen gleicher Art und gleichen Umfangs bei Einzelverträgen angemessene Prämie den vereinbarten Nachlass.
    c) Auch für die Versicherungssummen auf Erstes Risiko gemäß § 5 Nr. 3 ermittelt der Versicherer den Prämiensatz von Fall zu Fall.
2. Einspruch gegen Prämiensätze:
    a) Der Versicherungsnehmer kann gegen einen gemäß § 6 Nr. 1 b ermittelten Prämiensatz Einspruch erheben, jedoch nur schriftlich und nur innerhalb von vier Wochen nach Zugang der Mitteilung über den Prämiensatz. Die Frist beginnt zu laufen, wenn der Versicherer auf die Folge ihres Ablaufes hingewiesen hat.

b) Erhebt der Versicherungsnehmer keinen Einspruch gemäß Nr. 2a, so gilt die Einigung gemäß § 7 Nr. 3 über den Prämiensatz mit Ablauf der Einspruchsfrist als zustande gekommen.
3. Prämienzuschläge
   Folgende besondere Vereinbarungen treten erst in Kraft, wenn über einen Prämienzuschlag Einigung erzielt worden ist:
   a) Mitversicherung von Baustoffen und Bauteilen, die der Auftraggeber zur Verfügung stellt (§ 1 Nr. 2);
   b) Mitversicherung von Altbauten (§ 1 Nr. 3);
   c) Versicherungsschutz gegen Brand gemäß § 2 Nr. 3;
   d) Einschluss von Schäden durch Gewässer (§ 2 Nr. 4);
   e) Ausschluss des Rückgriffs gegen Nachunternehmer in den Fällen von § 3;
   f) Erweiterung des Versicherungsortes (§ 4 Nr. 2);
   g) Versicherung nicht vollendeter Bauleistungen über das Ende dieses Vertrages hinaus (§ 8 Nr. 4);
   h) Mitversicherung zusätzlich übernommenen Unternehmerrisikos (§ 3 Nr. 5a ABU);
   i) Mitversicherung des Auftraggeberrisikos (§ 3 Nr. 5b ABU);
   j) Entschädigung für zusätzliche Wiederherstellungskosten gemäß § 10 Nr. 4b, 4e und 6c ABU.
4. Vorläufige Prämie
   a) Eine vorläufige Prämie ist für den Rest des bei Beginn der Versicherung laufenden Kalenderjahres sowie für jedes folgende Versicherungsjahr im voraus zu zahlen, gegebenenfalls in den vereinbarten Raten.
   b) Die vorläufige Prämie wird aus dem zuletzt für ein vorausgegangenes Kalenderjahr im Antrag oder gemäß Nr. 5b gemeldeten Umsatz berechnet.
5. Endgültige Prämie
   a) Die endgültige Prämie wird für jedes Versicherungsjahr aus den Umsätzen dieses Versicherungsjahres berechnet. Ein Differenzbetrag gegenüber der vorläufigen Prämie ist nachzuentrichten oder zurückzugewähren.
   b) Der Versicherungsnehmer ist verpflichtet, dem Versicherer spätestens drei Monate nach Ablauf jedes Versicherungsjahres seine Umsätze auf einem Formblatt bekanntzumachen und einem Beauftragten des Versicherers Einsicht in alle Unterlagen zu gewähren, mit deren Hilfe die Angaben über die Umsätze überprüft werden können.
6. Mehrjährigkeitsrabatt
   a) Steht dem Versicherer wegen eines vorzeitigen Vertragsendes nicht die Prämie für fünf volle Versicherungsjahre zu, so entfällt ein vereinbarter Mehrjährigkeitsrabatt rückwirkend; die Unterschiedsbeträge sind nachzuzahlen.
   b) Dies gilt nicht, wenn der Versicherer den Vertrag gekündigt hat.

## § 7 Beginn der Haftung

1. Die Haftung des Versicherers beginnt mit dem vereinbarten Zeitpunkt. Dies gilt auch für Bauleistungen, die zu diesem Zeitpunkt bereits begonnen worden sind.
2. Für Baustoffe und Bauteile, die der Auftraggeber zur Verfügung stellt, beginnt die Haftung erst am Tage des Zugangs der Anmeldung (§ 1 Nr. 2) bei dem Versicherer, mittags 12 Uhr.
3. Für Bauleistungen, für die der Prämiensatz gemäß § 6 Nr. 1b von Fall zu Fall ermittelt wird, beginnt die Haftung des Versicherers erst am Tage des Zugangs der Anmeldung bei dem Versicherer, mittags 12 Uhr, und frühestens mit der Einigung über den Prämiensatz.

## § 8 Ende der Versicherung

1. Dieser Vertrag endet mit dem vereinbarten Zeitpunkt. Er verlängert sich um ein Jahr und weiter von Jahr zu Jahr, wenn er nicht drei Monate vor Ablauf durch eine Partei schriftlich gekündigt wird.
2. Die Haftung des Versicherers endet für jede versicherte Bauleistung gemäß § 8 Nr. 3 ABU, spätestens jedoch mit dem Ende dieses Vertrages.
3. Wird der Vertrag gemäß Nr. 1 oder nach einem entschädigungspflichtigen Versicherungsfall (§ 8 Nr. 4 ABU) oder wegen Obliegenheitsverletzung gekündigt, so endet der gesamte Versicherungsvertrag.
4. Wenn dies auf Antrag des Versicherungsnehmers besonders vereinbart ist, sind jedoch Bauleistungen, die bei Beendigung dieses Vertrages nicht vollendet waren, über den Zeitpunkt der Wirksamkeit der Kündigung hinaus versichert.

## § 9 Umfang der Entschädigung

Liegen bei Eintritt eines Schadens die Voraussetzungen nicht vor, unter denen gemäß § 1 Nr. 2 Baustoffe und Bauteile versichert sind, die der Auftraggeber stellt, so sind die Kosten der Wiederherstellung beschädigter versicherter Bauleistungen nicht entschädigungspflichtig, soweit in ihnen Mehrkosten für die erneute Beschaffung solcher Baustoffe und Bauteile enthalten sind.

### § 10 Obliegenheiten des Versicherungsnehmers

1. Der Versicherungsnehmer hat dem Versicherer unverzüglich schriftlich anzuzeigen
   a) Unterbrechungen von Bauarbeiten gemäß § 2 Nr. 3 d ABU;
   b) den Beginn von Bauleistungen, für die gemäß § 6 Nr. 1 b der Prämiensatz von Fall zu Fall ermittelt wird;
   c) Bauleistungen, bei denen die vertragliche Bausumme (§ 5 Nr. 2 a ABU) 500 000 EUR übersteigt.
2. Verletzt der Versicherungsnehmer die Obliegenheit gemäß § 10 Nr. 1 c, so ist der Versicherer nach Maßgabe des § 6 VVG von der Verpflichtung zur Leistung frei. Die gesetzlichen Bestimmungen über Gefahrerhöhungen (§§ 23 ff. VVG) bleiben unberührt.
3. § 17 Nr. 1 a bis 1 d ABU gelten nicht.

### § 11 Versicherung durch den Auftraggeber

1. Versicherungsschutz besteht nicht, soweit das Interesse des Versicherungsnehmers für einzelne Bauleistungen versichert ist
   a) nach den „Allgemeinen Bedingungen für die Auftraggeberversicherung von Gebäudeneubauten (ABN)" durch einen Versicherungsvertrag des Auftraggebers;
   b) nach den ABU durch Versicherungsvertrag eines Unternehmers, der den Versicherungsnehmer der vorliegenden Jahresvertrages mit den Bauleistungen beauftragt hat.
2. Der Umsatz aus Bauleistungen, für die wegen Nr. 1 Versicherungsschutz durch diesen Vertrag nicht oder in vermindertem Umfang zu gewähren war, wird bei Berechnung der endgültigen Prämie nicht oder nur mit einem angemessen verminderten Prämiensatz berücksichtigt.

Klausel 62 enthält die Zusatzbedingungen für Jahresverträge nach den ABU, die in der Praxis erhebliche Bedeutung haben, da gegenüber der Versicherung nur einzelner Bauvorhaben erhebliche Prämienvorteile entstehen. Unter den Abweichungen gegenüber den ABU sind hervorzuheben die weiteren Risikoausschlüsse in § 2, die Bildung der Prämie in § 6 und insbesondere § 11, der den Nachrang der Jahresversicherung gegenüber einer Versicherung durch den Auftraggeber, sei es Bauherr oder Hauptunternehmer, nach den ABN oder durch einen Hauptunternehmer nach den ABU begründet. Soweit jedoch ein Interesse des Versicherungsnehmers des Jahresvertrags in diesen Versicherungen nicht mitversichert ist, bleibt der Versicherungsschutz bestehen. 139

### Klausel 63 Tunnel-, Schacht-, Durchpress- und Stollenarbeiten 140

Bei Tunnel-, Schacht-, Durchpress- und Stollenarbeiten sind Abweichungen von der Soll-Linie oder von einer vorgesehenen Ausbruchlinie kein Schaden an den versicherten Bauleistungen oder an Baugrund und Bodenmassen.

### Klausel 64 Einschluss der Arbeitgeberschäden 141

1. Entschädigung nach den ABU wird für alle Schäden geleistet, die – auch abweichend von der VOB (1973) Teil B – zu Lasten des Versicherungsnehmers gehen oder für die der Auftraggeber die Gefahr trägt.
2. Schäden an Bauleistungen, die der Auftraggeber erstellt, sind so versichert, als wäre mit diesen Bauleistungen ein Unternehmer aufgrund der VOB (1973) beauftragt worden. Dies gilt, wenn der Bauherr nicht Auftraggeber ist, auch für eigene Leistungen des Bauherrn, soweit sie in der Versicherungssumme berücksichtigt sind.
3. § 3 Nr. 3 ABU (Rückgriff) gilt für Ansprüche, die dem Versicherungsnehmer oder dem Auftraggeber zustehen.
4. Ist der Auftraggeber zum Vorsteuerabzug nicht berechtigt, so ist die Mehrwertsteuer aus der Bausumme in die Versicherungssumme einzubeziehen.
5. Abweichend von §§ 74 ff. VVG kann über die Rechte aus dem Versicherungsvertrag nur der Versicherungsnehmer verfügen.

### Klausel 65 Tiefbau-Auftraggeber als Versicherungsnehmer 142

1. Ist der Auftraggeber Versicherungsnehmer, so wird Entschädigung nach den ABU für alle Schäden geleistet, die zu Lasten des Versicherungsnehmers oder eines der beauftragten Unternehmen gehen, soweit nicht das Interesse einzelner Unternehmer ausdrücklich ausgeschlossen ist.

2. Schäden an Bauleistungen, die der Versicherungsnehmer selbst erstellt, sind so versichert, als wäre mit diesen Bauleistungen ein Unternehmer aufgrund der VOB (1973) beauftragt worden. Dies gilt, wenn der Bauherr nicht Versicherungsnehmer ist, auch für eigene Leistungen des Bauherrn, soweit sie in der Versicherungssumme berücksichtigt sind.
3. § 3 Nr. 3 ABU (Rückgriff) gilt für Ansprüche, die dem Versicherungsnehmer oder einem der versicherten Unternehmer zustehen.
4. Neben den Versicherungsnehmer treten für § 2 Nr. 1 Abs. 2 ABU (unvorhergesehener Schaden), sowie für alle Obliegenheiten des Versicherungsnehmers die beauftragten Unternehmer, und zwar jeder für seine Bauleistungen.
5. Für die Bildung der Versicherungssummen (§ 5 Nr. 1 bis 3 ABU) treten an die Stelle des Bauvertrages und der Bausumme die gesamten Bauleistungen und deren Herstellungskosten. Die Herstellungskosten schließen die Kosten von Stundenlohnarbeiten und den Neuwert der durch die Bauunternehmer gelieferten Baustoffe und Bauteile ein. Ist der Versicherungsnehmer zum Vorsteuerabzug nicht berechtigt, so ist die Mehrwertsteuer aus den Herstellungskosten in die Versicherungssumme einzubeziehen.
6. Abweichend von §§ 74 ff. VVG kann über die Rechte aus dem Versicherungsvertrag nur der Versicherungsnehmer verfügen.

**143 Klausel 66 Verzicht auf Rückgriff gegen Nachunternehmer**

Der Versicherer verzichtet auf Rückgriffsansprüche gemäß § 3 Nr. 3 b ABU gegen Nachunternehmer wegen Schäden an anderen Bauleistungen als denen dieses Nachunternehmers.

**144 Klausel 67 Zusatzbedingungen für Jahresverträge nach den „Allgemeinen Bedingungen für die Bauwesenversicherung von Gebäudeneubauten durch Auftraggeber (ABN)"**

Bei Jahresverträgen gelten abweichend von den „Allgemeinen Bedingungen für die Bauwesenversicherung von Gebäudeneubauten durch Auftraggeber (ABN)" folgende Bestimmungen:

### § 1 Versicherte Sachen

1. Versichert sind alle Neubauten des allgemeinen Hochbaus, die der Versicherungsnehmer während der Dauer dieses Vertrages anmeldet.
2. Nicht nach diesem Vertrag versicherbar sind
    a) Ingenieurbauten, die keine Gebäude darstellen, z. B. Brücken, Silos und Fernsehtürme;
    b) Tiefbauten, die nicht Teil eines Hochbaus sind.
3. Neubauten, die der Versicherungsnehmer angemeldet hat, gelten als versicherbar, wenn nicht der Versicherer innerhalb von zwei Wochen nach Zugang der Anmeldung unter Hinweis auf Nr. 2 widerspricht.

### § 2 Anmeldepflicht

Der Versicherungsnehmer ist verpflichtet, alle Bauten gemäß § 1, die er innerhalb der Bundesrepublik Deutschland einschließlich des Landes Berlin in Auftrag gibt, vor Baubeginn auf einem Formblatt des Versicherers zu diesem Vertrag anzumelden.

### § 3 Versicherte Gefahren

1. Undichtigkeit oder Wasserdurchlässigkeit sowie nicht dicht hergestellte oder aus sonstigen Gründen ungeeignete Isolierungen sind nicht entschädigungspflichtig, wenn sie einen Mangel der Bauleistungen darstellen. Risse in Beton sind gemäß § 2 Nr. 1 Abs. 1 ABN nur entschädigungspflichtig, wenn sie unvorhergesehen entstanden sind. Solche Schäden können vorhersehbar insbesondere dann sein, wenn sie infolge von Kriech-, Schwind-, Temperatur- oder sonstigen statisch bedingten Spannungen entstehen.
2. Solange die Gefahr des Aufschwimmens besteht, müssen die Bauleistungen durch ausreichende und funktionsfähige Flutungsmöglichkeiten oder Ballast gesichert sein. Sind Schäden durch aggressives Grundwasser möglich, so sind rechtzeitig eine Erst- und – falls erforderlich – eine Kontroll-Analyse sowie alle nach dem Ergebnis der Analysen erforderlichen Schutzmaßnahmen durchzuführen. Verletzt der Versicherungsnehmer eine dieser Obliegenheiten, so ist der Versicherer gemäß § 6 VVG von der Entschädigungspflicht frei.
3. Für Schäden durch Brand und andere Ursachen gemäß § 2 Nr. 6 ABN wird Entschädigung nur geleistet, wenn dies auf Antrag des Versicherungsnehmers allgemein oder für bestimmte Neubauten besonders vereinbart worden ist.
4. Für Schäden durch Gewässer oder durch Grundwasser, das durch Gewässer beeinflusst wird, wird Entschädigung ohne Rücksicht auf mitwirkende Ursachen nur nach Maßgabe der besonderen Bestimmungen für „Baustellen im Bereich von Gewässern oder in Bereichen, in denen

das Grundwasser durch Gewässer beeinflusst wird" und nur dann geleistet, wenn dies aufgrund der Anmeldung des Versicherungsnehmers besonders vereinbart ist.

### § 4 Prämie

1. Es gelten die vereinbarten Prämiensätze.
2. Soweit Prämiensätze nicht im voraus vereinbart sind, ermittelt der Versicherer den angemessenen Prämieneinsatz sowie den Satz der Verlängerungsprämie von Fall zu Fall. Er gewährt auf die für Objekte gleicher Art und gleichen Umfangs bei Einzelverträgen angemessene Prämie den vereinbarten Nachlass.
3. Prämiensätze werden insbesondere nicht im voraus vereinbart für Objekte, die besondere Baumaßnahmen erfordern, wie
   a) Pfahl-, Brunnen-, Platten- oder sonstige Spezialgründungen;
   b) Baugrubenumschließung durch Spundwände oder durch Berliner oder sonstigen Verbau;
   c) Wasserhaltung oder wasserdruckhaltende Isolierungen.

### § 5 Einspruch gegen Prämiensätze

1. Der Versicherungsnehmer kann gegen einen gemäß § 4 Nr. 2 ermittelten Prämiensatz Einspruch erheben, jedoch nur schriftlich und nur innerhalb von vier Wochen nach Zugang der Mitteilung über den Prämiensatz. Die Frist beginnt nur zu laufen, wenn der Versicherer auf die Folge ihres Ablaufes hingewiesen hat.
2. Erhebt der Versicherungsnehmer keinen Einspruch gemäß Nr. 1, so gilt die Einigung gemäß § 7 Nr. 2 über den Prämiensatz mit Ablauf der Einspruchsfrist als zustande gekommen.

### § 6 Dauer des Vertrages

1. Der Vertrag besteht für die vereinbarte Zeit.
2. Der Vertrag verlängert sich um ein Jahr und weiter von Jahr zu Jahr, wenn er nicht drei Monate vor Ablauf durch eine Partei schriftlich gekündigt wird.
3. Wird der Vertrag gemäß Nr. 2 oder nach einem entschädigungspflichtigen Versicherungsfall gemäß § 8 Nr. 5 ABN oder wegen Obliegenheitsverletzung gekündigt, so können neue Objekte schon ab Zugang der Kündigung nicht mehr zur Versicherung angemeldet werden.

### § 7 Beginn der Haftung

1. Die Haftung des Versicherers für jedes Objekt beginnt am Tage des Zugangs der ordnungsgemäßen Anmeldung, mittags 12 Uhr.
2. Für Objekte, für die der Prämiensatz gemäß § 4 Nr. 2 von Fall zu Fall ermittelt wird, beginnt die Haftung frühestens mit der Einigung über den Prämiensatz.

### § 8 Ende der Haftung

1. Die Haftung des Versicherers endet für jedes Objekt gemäß § 8 ABN.
2. Zahlt der Versicherungsnehmer die Prämie für ein Objekt bei Fälligkeit nicht unverzüglich, so ist der Versicherer für dieses Objekt gemäß § 38 VVG berechtigt, von dem Vertrag zurückzutreten, und von der Verpflichtung zur Leistung frei.
3. Wird der Vertrag nach einem entschädigungspflichtigen Versicherungsfall gekündigt, so enden mit dem Zeitpunkt der Wirksamkeit der Kündigung der gesamte Vertrag und die Haftung für das von dem Schaden betroffene Objekt.
4. Im übrigen wird die Haftung für angemeldete Objekte nicht dadurch beendet, dass der Vertrag gekündigt wird.

## Klausel 68 Verzicht auf Rückgriff gegen versicherte Unternehmer 145

Der Versicherer verzichtet auf Rückgriffsansprüche gemäß § 3 Nr. 3 ABN gegen versicherte Unternehmer und Nachunternehmer wegen Schäden an versicherten Bauleistungen, die der Schadenstifter nicht selbst erstellt hat; dies gilt jedoch nur, wenn oder soweit der Schadenstifter gegen Haftpflicht nicht versichert ist.

## Klausel 69 Fundamente und Keller von Fertighäusern 146

1. Abweichend von § 5 Nr. 1 ABN sind nur die Fundamente und der Keller als Bauleistungen versichert.
2. Für Schäden aus der Oberkonstruktion (Fertighausbauteile) wird Entschädigung ohne Rücksicht auf mitwirkende Ursachen nicht geleistet.

**147 Klausel 70 Schäden durch Sturm und Leitungswasser an fertiggestellten Teilen von Bauwerken**

Abweichend von § 8 Nr. 3 Abs. 3 ABN endet die Haftung des Versicherers für Schäden durch Leitungswasser und Sturm, die zu Lasten des Auftraggebers gehen, für jedes Bauwerk erst, wenn die Voraussetzungen gemäß § 8 Nr. 3 Abs. 1 a bis c ABN nicht nur für einen Teil, sondern für das ganze Bauwerk vorliegen.

**148 Klausel 71 Mindestselbstbehalt bei Einzelversicherungen von Gebäudeneubauten mit Versicherungssummen bis ... EUR**

Abweichend von § 14 Nr. 1 ABN beträgt der Mindestselbstbehalt ... EUR.

**149 Klausel 74 Prozentualer Selbstbehalt zu §§ 14 Nr. 1 ABU, ABN**

Für den Selbstbehalt gilt abweichend von §§ 14 Nr. 1 ABU, ABN der im Versicherungsschein genannte Prozentsatz.

**150 Klausel 75 Ausschluss des prozentualen Selbstbehalts zu §§ 14 Nr. 1 ABU, ABN**

Der prozentuale Selbstbehalt gemäß §§ 14 Nr. 1 ABU, ABN ist ausgeschlossen.

**151 Klausel 76 Erhöhter Mindestselbstbehalt zu §§ 14 Nr. 1 ABU, ABN**

Abweichend von §§ 14 Nr. 1 ABU, ABN ist der Mindestselbstbehalt auf den im Versicherungsschein genannten Betrag erhöht.

**152 Klausel 77 Glasbruchschäden zu den ABU und ABN**

Glasbruchschäden sind bis zum fertigen Einsatz versichert.

**153 Klausel 80 Mitversicherung von Altbauten gegen Sachschäden infolge eines Schadens an der Neubauleistung sowie infolge Leitungswasser, Sturm und Hagel**

### § 1 Versicherte Sachen

1. Mitversichert sind die in dem Versicherungsschein bezeichneten Altbauten, an denen Bauleistungen nach § 1 Nr. 1 ABN durchgeführt werden, einschließlich der als wesentliche Bestandteile eingebauten Einrichtungsgegenstände mit Ausnahme der Sachen gemäß § 1 Nr. 2 a bis 2 e.
2. Nur soweit dies besonders vereinbart ist, sind versichert
   a) Röntgen- und sonstige medizinisch-technische Einrichtungen, optische Geräte und Laboreinrichtungen
   b) Stromerzeugungsanlagen, Datenverarbeitungs- und sonstige selbständige elektronische Anlagen
   c) maschinelle Einrichtungen für Produktionszwecke
   d) aufwendige Ausstattung und kunsthandwerklich bearbeitete Bauteile
   e) Bestandteile von unverhältnismäßig hohem Kunstwert
   f) Altbauten gegen Einsturz nach den Bestimmungen der Klausel 55.

### § 2 Versicherte Gefahren

1. Entschädigung wird geleistet für unvorhergesehen eintretende Schäden (Beschädigungen oder Zerstörungen) an den versicherten Altbauten und an sonstigen versicherten Sachen, soweit diese Schäden die unmittelbare Folge eines ersatzpflichtigen Bauleistungsschadens an der Neubauleistung im Sinne der ABN sind, sowie durch Leitungswasser, Sturm und Hagel.
2. Für Einsturzschäden durch Sturm wird auch dann Entschädigung geleistet, wenn Altbauten gegen Einsturz nach Klausel 55 nicht mitversichert sind.
3. Als Leitungswasser gilt Wasser, das aus den Zu- und Ableitungsrohren, den sonstigen Einrichtungen der Wasserversorgung oder aus den Anlagen der Warmwasser- oder der Dampfheizung bestimmungswidrig ausgetreten ist. Wasserdampf wird im Rahmen dieser Bedingungen dem Leitungswasser gleichgestellt.
4. Entschädigung wird nicht geleistet für
   a) Risseschäden durch Eingriffe in die tragende Konstruktion des Altbaus, durch Rammarbeiten, durch Veränderung der Grundwasserverhältnisse und durch Setzungen
   b) Schönheitsreparaturen und Reinigungskosten.

B. Text und Kommentierung ABN/ABU  Anh. § 7

5. Nicht versichert sind Schäden durch Brand, Blitzschlag oder Explosion sowie durch Löschen oder Niederreißen bei diesen Ereignissen.
6. Nicht versichert sind Verluste durch Diebstahl.

## § 3 Versicherungssumme

1. Als Versicherungssummen gelten die Wiederherstellungswerte der Altbauten. Der Wiederherstellungswert entspricht dem ortsüblichen Neubauwert.
2. Soweit Versicherungsschutz für diese Risiken beantragt ist, können Versicherungssummen auf erstes Risiko vereinbart werden für
   a) die unter § 1 Nr. 2 a bis f aufgeführten Einrichtungen, Bauteile usw. Darunter fallen auch Bestandteile von unverhältnismäßig hohem Wert, wie z. B. stukkierte oder bemalte Decken- und Wandflächen (Ornamente, Friese), Steinmetzarbeiten (Tür- und Fenstereinfassungen), Butzenscheiben, Jugendstilfenster, wertvolle Vertäfelungen und Fußböden, künstlerisch gestaltete Ausstattungen (Geländer, Türen, Brunnen)
   b) Schadensuchkosten.
   Die Erstrisikosummen vermindern sich jeweils um die geleisteten Entschädigungen. Sie erhöhen sich wieder auf den vereinbarten Betrag, sobald dem Versicherer eine entsprechende Erklärung des Versicherungsnehmers zugeht. Der Versicherungsnehmer hat in diesem Fall den anteiligen Beitrag nachzuentrichten.

## § 4 Umfang der Entschädigung

1. Ein Abzug neu für alt wird für beschädigte Rohbauteile nicht vorgenommen. Als Rohbauteile gelten Bauleistungen im Sinne der Allgemeinen Technischen Vorschriften der VOB Teil C DIN 18300 bis DIN 18336. Bei Schäden am Ausbau wird nur der Zeitwert ersetzt. Der Zeitwert errechnet sich aus dem Neuwert abzüglich der Wertminderung, die sich aus Alter und Abnutzung ergibt. Im übrigen leistet der Versicherer Entschädigung entsprechend §§ 10 und 11 ABN.
2. Nur soweit dies besonders vereinbart ist, wird ein Abzug neu für alt auch bei Schäden am Ausbau nicht vorgenommen.
3. Ist eine Versicherungssumme auf erstes Risiko für Schäden an Bestandteilen von unverhältnismäßig hohem Wert (vgl. § 3 Nr. 2 a) nicht vereinbart worden, so werden im Schadenfall lediglich die Kosten ersetzt, die anfallen, um die technische Funktion des beschädigten Teiles wiederherzustellen.
4. Der Versicherer leistet keine Entschädigung, soweit für den Schaden eine Leistung aus einem anderen Versicherungsvertrag beansprucht werden kann.

## § 5 Unterversicherung

Ist die Versicherungssumme niedriger als der Wiederherstellungswert, so wird nur der Teil des ermittelten Entschädigungsbetrages ersetzt, der sich zu dem ganzen Betrag verhält wie die vereinbarte zu der gemäß § 3 Nr. 1 erforderlichen Versicherungssumme. Im Übrigen wird der Einwand der Unterversicherung nicht erhoben.

## § 6 Selbstbehalt

Abweichend von § 14 ABN beträgt der Selbstbehalt ... %, mindestens ... EUR je Schadenfall.

## § 7 Schlussbestimmung

Soweit nicht schriftlich für den Einzelfall oder durch die vorstehenden Bestimmungen etwas anderes vereinbart ist, gelten die Allgemeinen Bedingungen für die Bauwesenversicherung von Gebäudeneubauten durch Auftraggeber.

## Klausel 81 Mitversicherung von Altbauten gegen Sachschäden   154

### § 1 Versicherte Sachen

1. Mitversichert sind die in dem Versicherungsschein bezeichneten Altbauten, an denen Bauleistungen nach § 1 Nr. 1 ABN durchgeführt werden, einschließlich der als wesentliche Bestandteile eingebauten Einrichtungsgegenstände mit Ausnahme der Sachen gemäß § 1 Nr. 2 a bis 2 e.
2. Nur soweit dies besonders vereinbart ist, sind versichert
   a) Röntgen- und sonstige medizinisch-technische Einrichtungen, optische Geräte und Laboreinrichtungen
   b) Stromerzeugungsanlagen, Datenverarbeitungs- und sonstige selbständige elektronische Anlagen
   c) maschinelle Einrichtungen für Produktionszwecke
   d) aufwendige Ausstattung und kunsthandwerklich bearbeitete Bauteile
   e) Bestandteile von unverhältnismäßig hohem Kunstwert.

## § 2 Versicherte Gefahren

1. Entschädigung wird geleistet für unvorhergesehen eintretende Schäden (Beschädigungen oder Zerstörungen) an den versicherten Altbauten und an sonstigen versicherten Sachen.
2. Entschädigung wird nicht geleistet für
   a) Risseschäden durch Eingriffe in die tragende Konstruktion des Altbaus, durch Rammarbeiten, durch Veränderung der Grundwasserverhältnisse und durch Setzungen. Entschädigung wird jedoch geleistet, wenn die Altbauten infolge von Risseschäden aus Gründen der Standsicherheit ganz oder teilweise abgebrochen werden müssen.
   b) Schönheitsreparaturen und Reinigungskosten.
3. Nicht versichert sind Schäden durch Brand, Blitzschlag oder Explosion sowie durch Löschen oder Niederreißen bei diesen Ereignissen.
4. Nicht versichert sind Verluste durch Diebstahl.

## § 3 Versicherungssumme

1. Als Versicherungssummen gelten die Wiederherstellungswerte der Altbauten. Der Wiederherstellungswert entspricht dem ortsüblichen Neubauwert.
2. Soweit Versicherungsschutz für diese Risiken beantragt ist, können Versicherungssummen auf erstes Risiko vereinbart werden für
   a) die unter § 1 Nr. 2 a bis e aufgeführten Einrichtungen, Bauteile usw. Darunter fallen auch Bestandteile von unverhältnismäßig hohem Wert, wie z. B. stukkierte oder bemalte Decken- und Wandflächen (Ornamente, Friese), Steinmetzarbeiten (Tür- und Fenstereinfassungen), Butzenscheiben, Jugendstilfenster, wertvolle Vertäfelungen und Fußböden, künstlerisch gestaltete Ausstattungen (Geländer, Türen, Brunnen)
   b) Schadensuchkosten.
   Die Erstrisikosummen vermindern sich jeweils um die geleisteten Entschädigungen. Sie erhöhen sich wieder auf den vereinbarten Betrag, sobald dem Versicherer eine entsprechende Erklärung des Versicherungsnehmers zugeht. Der Versicherungsnehmer hat in diesem Fall den anteiligen Beitrag nachzuentrichten.

## § 4 Umfang der Entschädigung

1. Ein Abzug neu für alt wird für beschädigte Rohbauteile nicht vorgenommen. Als Rohbauteile gelten Bauleistungen im Sinne der Allgemeinen Technischen Vorschriften der VOB Teil C DIN 18300 bis DIN 18336. Bei Schäden am Ausbau wird nur der Zeitwert ersetzt. Der Zeitwert errechnet sich aus dem Neuwert abzüglich der Wertminderung, die sich aus Alter und Abnutzung ergibt. Im übrigen leistet der Versicherer Entschädigung entsprechend §§ 10 und 11 ABN.
2. Nur soweit dies besonders vereinbart ist, wird ein Abzug neu für alt auch bei Schäden am Ausbau nicht vorgenommen.
3. Ist eine Versicherungssumme auf erstes Risiko für Schäden an Bestandteilen von unverhältnismäßig hohem Wert (vgl. § 3 Nr. 2 a) nicht vereinbart worden, so werden im Schadenfall lediglich die Kosten ersetzt, die anfallen, um die technische Funktion des beschädigten Teiles wiederherzustellen.
4. Der Versicherer leistet keine Entschädigung, soweit für den Schaden eine Leistung aus einem anderen Versicherungsvertrag beansprucht werden kann.

## § 5 Unterversicherung

Ist die Versicherungssumme niedriger als der Wiederherstellungswert, so wird nur der Teil des ermittelten Entschädigungsbetrages ersetzt, der sich zu dem ganzen Betrag verhält wie die vereinbarte zu der gemäß § 3 Nr. 1 erforderlichen Versicherungssumme. Im Übrigen wird der Einwand der Unterversicherung nicht erhoben.

## § 6 Selbstbehalt

Abweichend von § 14 ABN beträgt der Selbstbehalt ... %, mindestens ... EUR je Schadenfall.

## § 7 Schlussbestimmung

Soweit nicht schriftlich für den Einzelfall oder durch die vorstehenden Bestimmungen etwas anderes vereinbart ist, gelten die Allgemeinen Bedingungen für die Bauwesenversicherung von Gebäudeneubauten durch Auftraggeber.

## 155 Klausel 82 Verzicht auf Rückgriff gegen Nachunternehmer

Der Versicherer verzichtet auf Rückgriffsansprüche gemäß § 3 Nr. 3 b ABU gegen Nachunternehmer wegen Schäden an anderen Bauleistungen als denen dieses Nachunternehmers; dies gilt jedoch nur, wenn oder soweit der Schadenstifter gegen Haftpflicht nicht versichert ist.

### Klausel 83 Hilfsbauten und Bauhilfsstoffe  156
Abweichend von § 1 Nr. 1 b ABU sind Hilfsbauten und Bauhilfsstoffe nicht versichert, wenn hierfür keine Versicherungssumme vereinbart wurde.

### Klausel 84 Innere Unruhen  157
Abweichend von § 2 Nr. 5 c ABN/§ 2 Nr. 4 ABU leistet der Versicherer Entschädigung auch für Schäden durch Innere Unruhen.

Die Versicherung dieser Gefahr kann jederzeit gekündigt werden. Die Kündigung wird zwei Wochen nach Zugang wirksam.

### Klausel 85 Streik, Aussperrung  158
Abweichend von § 2 Nr. 5 c ABN/§ 2 Nr. 4 c ABU leistet der Versicherer Entschädigung auch für Schäden durch Streik oder Aussperrung.

Die Versicherung dieser Gefahren kann jederzeit gekündigt werden. Die Kündigung wird zwei Wochen nach Zugang wirksam.

### Klausel 90 Nachhaftung (erweiterte Deckung)  159
1. Nach Ende der Haftung gemäß § 8 ABU/ABN leistet der Versicherer während der Nachhaftungszeit von ... Monaten Entschädigung für unvorhergesehen eintretende Schäden (Beschädigungen oder Zerstörungen) an den versicherten Bauleistungen.
    1.1 die bei Erfüllung der Gewährleistungs- oder Restarbeiten im Rahmen der bauvertraglich vereinbarten Verpflichtungen verursacht werden.
    1.2 die während der versicherten Bauzeit auf der Baustelle verursacht wurden.
2. Bei Berechnung der Entschädigung sind über § 9 Nr. 3 ABU/ABN hinaus alle Kosten abzuziehen, die auch ohne Eintritt eines Versicherungsfalles hätten aufgewendet werden müssen, um einen Mangel zu beseitigen.
3. Der Versicherer leistet keine Entschädigung, soweit für den Schaden eine Leistung aus einem anderen Versicherungsvertrag beansprucht werden kann.
   Dem Versicherungsnehmer steht es frei, welchen Versicherer er in Anspruch nimmt. Meldet er den Schaden zu diesem Vertrag, so wird dieser Versicherer in jedem Fall in Vorleistung treten.
4. Alle übrigen Bedingungen des Vertrages gelten auch für diese Deckung.

### Klausel 91 Nachhaftung  160
1. Nach Ende der Haftung gemäß § 8 ABU/ABN leistet der Versicherer während der Nachhaftungszeit von ... Monaten Entschädigung für unvorhergesehen eintretende Schäden (Beschädigungen oder Zerstörungen) an den versicherten Bauleistungen, die bei Erfüllung der Gewährleistungs- oder Restarbeiten im Rahmen der bauvertraglich vereinbarten Verpflichtungen verursacht werden.
2. Bei Berechnung der Entschädigung sind über § 9 Nr. 3 ABU/ABN hinaus alle Kosten abzuziehen, die auch ohne Eintritt eines Versicherungsfalles hätten aufgewendet werden müssen, um einen Mangel zu beseitigen.
3. Der Versicherer leistet keine Entschädigung, soweit für den Schaden eine Leistung aus einem anderen Versicherungsvertrag beansprucht werden kann.
   Dem Versicherungsnehmer steht es frei, welchen Versicherer er in Anspruch nimmt. Meldet er den Schaden zu diesem Vertrag, so wird dieser Versicherer in jedem Fall in Vorleistung treten.
4. Alle übrigen Bedingungen dieses Vertrages gelten auch für diese Deckung.

### Klausel 92 Unvorhergesehen  161
Abweichend von § 2 Nr. 1 Abs. 2 ABN unvorhergesehen sind Schäden, → RS die der Versicherungsnehmer, die mitversicherten Unternehmen oder deren Repräsentanten weder rechtzeitig vorhergesehen haben, noch mit dem für die im Betrieb ausgeübte Tätigkeit erforderlichen Fachwissen ohne grobe Fahrlässigkeit hätten vorhersehen können.

### Klausel 500 Mitversicherungs- und Prozessführungsklausel für die Technischen Versicherungszweige  161
1. Bei Versicherungen, die von mehreren Versicherern gezeichnet worden sind, haften diese stets nur für ihren Anteil und nicht als Gesamtschuldner.

2. Der führende Versicherer ist bevollmächtigt, Anzeigen und Willenserklärungen des Versicherungsnehmers für alle beteiligten Versicherer entgegenzunehmen und in deren Namen im Rahmen des § 6 Abs. 1 VVG die Versicherungsverträge zu kündigen.
3. Die vom führenden Versicherer abgegebenen Erklärungen oder mit dem Versicherungsnehmer getroffenen Vereinbarungen sind auch für die beteiligten Versicherer verbindlich. Der führende Versicherer ist jedoch ohne Zustimmung (Einwilligung oder Genehmigung) der beteiligten Versicherer, von denen jeder einzeln zu entscheiden hat, nicht berechtigt
   a) zur Erhöhung von Summen und/oder Limiten über die im Versicherungsschein genannten prozentualen Werte bzw. Maximalbeträge hinaus. Dies gilt nicht für Summenanpassungen im Rahmen der Bestimmungen für die vertraglich vorgesehenen Abrechnungsverfahren (Summe/Beitrag);
   b) zur Änderung der Kündigungsbestimmungen oder der Versicherungsdauer. Dies gilt nicht für Verlängerungen der Versicherungsdauer, die aufgrund einer im Versicherungsvertrag getroffenen Regelung gewährt werden; ferner bleibt die Berechtigung des führenden Versicherers zur Kündigung gemäß § 6 Abs. 1 VVG unberührt;
   c) zur Erweiterung des Deckungsumfangs, zur Verminderung des Selbstbehaltes und/oder des Beitrags.
4. Bei Schäden, die voraussichtlich ... Euro übersteigen oder für die Mitversicherer von grundsätzlicher Bedeutung sind, ist auf Verlangen der beteiligten Versicherer eine Abstimmung herbeizuführen.
5. Soweit die vertraglichen Grundlagen für die beteiligten Versicherer die gleichen sind, ist folgendes vereinbart:
   a) Der Versicherungsnehmer wird bei Streitfällen aus diesem Vertrag seine Ansprüche nur gegen den führenden Versicherer und nur wegen dessen Anteil gerichtlich geltend machen.
   b) Der führende Versicherer ist von den beteiligten Versicherern ermächtigt, alle Rechtsstreitigkeiten aus oder im Zusammehang mit diesem Vertrag (einschließlich der Verfolgung von Regressansprüchen) auch bezüglich ihrer Anteile als Kläger oder Beklagte zu führen. Ein gegen oder vom führenden Versicherer erstrittenes, rechtskräftig gewordenes Urteil wird deshalb von den beteiligten Versicherern als auch für sie verbindlich anerkannt. Das gilt ebenfalls für die mit dem Versicherungsnehmer nach Rechtshängigkeit geschlossenen Vergleiche.
   c) Falls der Anteil des führenden Versicherers die Berufungssumme oder Revisionsbeschwer nicht erreicht, ist der Versicherungsnehmer berechtigt und auf Verlangen des führenden Versicherers verpflichtet, die Klage auf einen Zweiten, erforderlichenfalls auf weitere Versicherer auszudehnen, bis diese Summe erreicht ist. Wird diesem Verlangen nicht entsprochen, so gilt Nr. 5 b (Satz 2) nicht.

## § 8 Kündigung durch den Auftraggeber

1. (1) Der Auftraggeber kann bis zur Vollendung der Leistung jederzeit den Vertrag kündigen.

   (2) Dem Auftragnehmer steht die vereinbarte Vergütung zu. Er muss sich jedoch anrechnen lassen, was er infolge der Aufhebung des Vertrags an Kosten erspart oder durch anderweitige Verwendung seiner Arbeitskraft und seines Betriebs erwirbt oder zu erwerben böswillig unterlässt (§ 649 BGB).

2. (1) Der Auftraggeber kann den Vertrag kündigen, wenn der Auftragnehmer seine Zahlungen einstellt, von ihm oder zulässigerweise vom Auftraggeber oder einem anderen Gläubiger das Insolvenzverfahren (§§ 14 und 15 InsO) beziehungsweise ein vergleichbares gesetzliches Verfahren beantragt ist, ein solches Verfahren eröffnet wird oder dessen Eröffnung mangels Masse abgelehnt wird.

   (2) Die ausgeführten Leistungen sind nach § 6 Nr. 5 abzurechnen. Der Auftraggeber kann Schadensersatz wegen Nichterfüllung des Restes verlangen.

3. (1) Der Auftraggeber kann den Vertrag kündigen, wenn in den Fällen des § 4 Nr. 7 und 8 Abs. 1 und des § 5 Nr. 4 die gesetzte Frist fruchtlos abgelaufen ist (Entziehung des Auftrags). Die Entziehung des Auftrags kann auf einen in sich abgeschlossenen Teil der vertraglichen Leistung beschränkt werden.

   (2) Nach der Entziehung des Auftrags ist der Auftraggeber berechtigt, den noch nicht vollendeten Teil der Leistung zu Lasten des Auftragnehmers durch einen Dritten ausführen zu lassen, doch bleiben seine Ansprüche auf Ersatz des etwa entstehenden weiteren Schadens bestehen. Er ist auch berechtigt, auf die weitere Ausführung zu verzichten und Schadensersatz wegen Nichterfüllung zu verlangen, wenn die Ausführung aus den Gründen, die zur Entziehung des Auftrags geführt haben, für ihn kein Interesse mehr hat.

   (3) Für die Weiterführung der Arbeiten kann der Auftraggeber Geräte, Gerüste, auf der Baustelle vorhandene andere Einrichtungen und angelieferte Stoffe und Bauteile gegen angemessene Vergütung in Anspruch nehmen.

   (4) Der Auftraggeber hat dem Auftragnehmer eine Aufstellung über die entstandenen Mehrkosten und über seine anderen Ansprüche spätestens binnen 12 Werktagen nach Abrechnung mit dem Dritten zuzusenden.

4. Der Auftraggeber kann den Auftrag entziehen, wenn der Auftragnehmer aus Anlass der Vergabe eine Abrede getroffen hatte, die eine unzulässige Wettbewerbsbeschränkung darstellt. Die Kündigung ist innerhalb von 12 Werktagen nach Bekanntwerden des Kündigungsgrundes auszusprechen. Nummer 3 gilt entsprechend.

5. Die Kündigung ist schriftlich zu erklären.

6. Der Auftragnehmer kann Aufmaß und Abnahme der von ihm ausgeführten Leistungen alsbald nach der Kündigung verlangen; er hat unverzüglich eine prüfbare Rechnung über die ausgeführten Leistungen vorzulegen.

7. Eine wegen Verzugs verwirkte, nach Zeit bemessene Vertragsstrafe kann nur für die Zeit bis zum Tag der Kündigung des Vertrags gefordert werden.

# Vorbemerkung § 8

**Übersicht**

| | Rdn. | | Rdn. |
|---|---|---|---|
| A. Allgemeines und Grundlegung | 1–60 | b) Einseitiger Verstoß gegen das Schwarzarbeitergesetz | 8 |
| I. Nichtigkeitsgründe | 2 | c) Rechtsfolgen des beiderseitigen Verstoßes gegen das Schwarzarbeitergesetz | 10 |
| 1. Verstoß gegen ein gesetzliches Verbot (§ 134 BGB) | 3 | | |
| a) Beiderseitiger Verstoß gegen das Schwarzarbeitergesetz | 4 | d) Fehlende Eintragung in die Handwerksrolle | 12 |

|  | Rdn. |  | Rdn. |
|---|---|---|---|
| e) Ohne Rechnung – Abrede (Schwarzgeldabrede)... | 14 | 1. Endgültige Erfüllungsverweigerung durch den Auftragnehmer.................. | 83 |
| f) Baugenehmigungspflicht.. | 15 | 2. Erfüllungsverweigerung des Auftraggebers durch Versagung der Mitwirkung....... | 85 |
| g) Zuschlagserteilung im Widerspruch zu § 13 VgV........................ | 19 | 3. Sonstige Tatbestände der positiven Vertragsverletzung und Vertragsliquidierung........ | 88 |
| 2. Wahrung gesetzlicher Formvorschriften (§ 311 b BGB)... | 20 | 4. Rücktrittsrecht und Kündigung aus wichtigem Grund – Folgen aus der Schuldrechtsreform.................. | 90 |
| a) Bauleistung und Baugrundstück................ | 21 | V. Vertraglich vereinbartes Rücktrittsrecht.................. | 93 |
| b) Zusammengesetzte Verträge und § 311 b BGB... | 20 | 1. Abgrenzung zwischen Rücktritt und Kündigung........ | 93 |
| c) Anfechtungsmöglichkeit.. | 28 | 2. Entscheidungskriterien...... | 94 |
| 3. Verbot der Arbeitnehmerüberlassung im Bereich des Baugewerbes................. | 29 | C. Vertragsauflösung durch Aufhebungsvertrag.................. | 95–100 |
| 4. Sittenwidrigkeit des Bauvertrages nach § 138 BGB......... | 31 | I. Wirkungsumfang............. | 95 |
| 5. Unmöglichkeit der Leistung.. | 35 | II. Folgen der Rückwirkung...... | 97 |
| II. Anfechtbarkeit – Vernichtbarkeit | 41 | III. Folgen bei Wirkung in die Zukunft.................. | 98 |
| 1. Anfechtung nach § 119 BGB | 42 | IV. Formvoraussetzungen........ | 100 |
| a) Der Erklärungsirrtum..... | 43 | D. Kündigungstatbestände........... | 101–112 |
| b) Der Inhaltsirrtum......... | 45 | I. Ersetzungsfunktion der Kündigungstatbestände nach §§ 8, 9 VOB/B.................. | 101 |
| c) Der beachtliche Motivirrtum........................ | 50 | II. Kündigungstatbestand nach § 650 BGB.................. | 102 |
| d) Der Kalkulations- oder Berechnungsirrtum....... | 52 | 1. Kostenanschlag als Voraussetzung................. | 103 |
| 2. Anfechtung nach § 123 BGB | 59 | 2. Keine generelle Kostenkontrollpflicht................ | 104 |
| B. Der Rücktritt vom Bauvertrag..... | 61–94 | 3. § 650 BGB im VOB-Bauvertrag................. | 105 |
| I. Rücktritt und Unmöglichkeit der Bauleistung.............. | 62 | a) Kostenangebot und Kostenanschlag – Unterscheidungsbedarf............. | 106 |
| 1. Nachträgliche Unmöglichkeit | 62 | b) Kein Abänderungsbedarf der VOB/B............. | 108 |
| 2. Nachträgliches Unvermögen | 64 | c) Vom Auftragnehmer erstelltes Leistungsverzeichnis................ | 109 |
| II. Verdrängung des Rücktritts – Kündigung bei Zerstörungstatbeständen.................. | 65 | 4. Mitteilungspflicht nach § 650 Abs. 2 BGB und Verletzungsfolgen.................. | 110 |
| 1. Ausschlusswirkung der Kündigungsregeln nach § 5 Nr. 4, § 8 Nr. 3, § 9 VOB/B........ | 65 | | |
| 2. Gesetzliche Regelungen des Rücktrittsrechts durch Schuldrechtmodernisierung... | 66 | | |
| 3. Vorteile der Kündigungsregeln.................... | 71 | | |
| III. Wegfall der Geschäftsgrundlage.. | 74 | | |
| IV. Tatbestände der Pflichtverletzung (bis 31. 12. 2001 positive Vertragsverletzung) und Rücktrittsrecht........................ | 82 | | |

**Literatur:** *Becker,* Aktuelle Probleme der gewerblichen Arbeitnehmerüberlassung unter besonderer Berücksichtigung der Bauwirtschaft, ZfBR 1983, 47; *ders.,* ZIP 1986, 409 ff.; *Böttcher,* Die Kündigung eines Werkvertrages aus wichtigem Grund nach dem Schuldrechtsmodernisierungsgesetz, ZfBR 2003, 213; *Dähne,* Der Kalkulationsirrtum in der Baupraxis, Seminar „Ausschreibung und Kalkulation", Deutsche Gesellschaft für Baurecht, Bd. 18 (1991), S. 68; *Glatzel,* Unwirksame Bauvertragsklauseln zum Kalkulationsirrtum nach dem AGB-Gesetz, Seminar „Ausschreibung und Kalkulation", Deutsche Gesellschaft für Baurecht, Bd. 18 (1991), S. 31; *van Gelder,* Der Anspruch nach § 649 Satz 2 BGB bei Verlustgeschäften und seine Geltendmachung im Prozeß, NJW 1975, 189; *Groß,* Die Abrechnung des Pauschalvertrages bei vorzeitig gekündigtem Vertrag, BauR 1992, 36; *Hahn,* Die Ansprüche des Auftraggebers bei Entziehung des Auftrages wegen wettbewerbswidrigen Verhaltens gemäß § 8 Nr. 4 VOB/B, BauR 1989, 284; *Heiermann,* Der Kalkulationsirrtum des Bieters beim Bauvertrag, BB 1984, 1836; *von Hoyningen-Huene,* Subunternehmervertrag oder illegale Arbeitnehmerüberlassung? Erörterung von Einzelfragen, BB 1985, 1669; *Hundertmark,* Die Behandlung des fehlkalkulierten Angebots bei der Bauvergabe nach VOB/A, BB 1982, 16; *Joussen,* Die Abwicklung fehlerhafter/

A. Allgemeines und Grundlegung                                          Vor § 8

nichtiger Bauverträge, in FS Vygen, S. 182; *Kadel/Koppert*, Der Einsatz von Leiharbeitnehmern unter rechtlichen und personalpolitischen Aspekten, BB 1990, 2331; *Kapellmann*, Die Berechnung der Vergütung nach Kündigung des Bau- oder Architektenvertrages durch den Auftraggeber, Jahrbuch Baurecht 1998, S. 35; *ders.*, „In sich abgeschlossene Teile der Leistung" gemäß VOB, FS Thode, S. 29; *Kniffka*, Die neuere Rechtsprechung zur Abrechnung nach Kündigung des Bauvertrages, Jahrbuch Baurecht 2000, S. 1; *Knychalla*, Abnahme nach Kündigung des Bauvertrages, Jahrbuch Baurecht 2007, S. 1; *Köhler*, Die Überschreitung des Kostenanschlags, NJW 1983, 1633 ff.; *ders.*, Schwarzarbeitsverträge: Wirksamkeit, Vergütung, Schadensersatz, JZ 1990, 466; *ders.*, Die Neuregelungen im Werkvertragsrecht nach dem Schuldrechtsmodernisierungsgesetz, BauR 2002, 181; *Kreikenbohm*, Verzug des Unternehmers im Werkvertragsrecht, BauR 1993, 647; *Kutschmann*, Wenn der Bauhandwerker den Bau liegen läßt, BauR 1972, 133; *Lang*, Die Teilkündigung, BauR 2006, 1956; *Marschall*, Zur Abgrenzung zwischen Werkvertrag und Arbeitnehmerüberlassung, NZA 1985, 150; *Neusüß*, Irren im Wettbewerb – Konsequenzen von Fehleinschätzungen nach der VOB, Seminar „Ausschreibung und Kalkulation", Deutsche Gesellschaft für Baurecht, Bd. 18 (1991), S. 11; *Nicklisch*, Ergänzende Vertragsauslegung und Geschäftsgrundlagenlehre – ein einheitliches Institut zur Lückenfüllung, BB 1980, 949; *Niemöller*, Vergütungsansprüche nach Kündigung des Bauvertrages, BauR 1997, 539; *Pahlmann*, Die Bindungswirkung des unverbindlichen Kostenanschlags, DRiZ 1978, 367; *Reus*, Die Kündigung durch den Auftraggeber gemäß § 8 VOB/B, BauR 1995, 636; *Peters*, Die Fälligkeit des Werklohns bei einem gekündigten Bauvertrag, NZBau 2006, 559; *Richter*, Illegale Arbeitnehmerüberlassung. Der Nachweis von Vorsatz und Fahrlässigkeit bei Scheinwerkverträgen, BB 1992, 421; *Sahl/Bachner*, Die Neuregelung der Arbeitnehmerüberlassung im Baugewerbe, NZA 1994, 1063; *Schaub*, Die Abgrenzung der gewerbsmäßigen Arbeitnehmerüberlassung von Dienst- und Werkverträgen sowie sonstigen Verträgen der Arbeitsleistung an Dritte, NZA Beilage 3.1; *Schelle*, Anfechtungstatbestände nach §§ 119, 120 BGB im Bauvertragswesen, BauR 1985, 511; *Schmidt*, Zur unberechtigten Kündigung aus wichtigem Grund beim Werkvertrag, NJW 1995, 1313; *Schmitz*, Kündigungsrecht des Auftragnehmers bei objektiv vorliegenden, vom Auftraggeber aber nicht zeitnah gerügten Mängeln? (Anmerkung zu OLG Celle, BauR 2000, 416), BauR 2000, 1126; *Sienz*, Die Neuregelungen im Werkvertragsrecht nach dem Schuldrechtsmodernisierungsgesetz, BauR 2002, 181; *Tiedtke*, Die gegenseitigen Ansprüche des Schwarzarbeiters und seines Auftraggebers, DB 1990, 2307; *Voit*, Die außerordentliche Kündigung des Werkvertrages durch den Besteller, BauR 2002, 1776; *ders.*, Die Änderungen des allgemeinen Teils des Schuldrechts durch das Schulrechtsmodernisierungsgesetz und ihre Auswirkungen auf das Werkvertragsrecht, BauR 2002, 145; *Vygen*, Die Kündigung des Bauvertrages und deren Voraussetzungen, Jahrbuch Baurecht 1998, S. 1; *Weber*, Der Kalkulationsirrtum in der Rechtsprechung des BGH, Seminar „Ausschreibung und Kalkulation", Deutsche Gesellschaft für Baurecht, Bd. 18 (1991), S. 82; *Werner*, Anwendungsbereich und Auswirkungen des § 650 BGB, in FS Korbion, S. 473; *Wieser*, Der Kalkulationsirrtum, NJW 1972, 708.

## A. Allgemeines und Grundlegung

Neben den in §§ 8, 9 VOB/B angeführten Beendigungsgründen, die bereits ihrerseits keine abschließende Aufzählung der Kündigungsgründe enthalten,[1] sind die nach allgemeinen Rechtsgrundsätzen beachtlichen Unwirksamkeits-, Anfechtungs- und Rücktrittsgründe einschlägig. Die VOB/B enthält dazu meist keine Sonderregelungen, von der Verdrängung des Rücktrittsrechts bei Verzögerungstatbeständen abgesehen. 1

### I. Nichtigkeitsgründe

Gründe für eine von Anfang an bestehende endgültige Unwirksamkeit (Nichtigkeit) können sich aus § 134 BGB in Verbindung mit einer entsprechenden Verbotsnorm, aus §§ 126, 127 BGB wie auch § 311 b BGB und § 13 VgV ergeben. Ein Bauvertrag kann im Einzelfall wegen Verstoßes gegen die guten Sitten nach § 138 BGB nichtig sein. 2

#### 1. Verstoß gegen ein gesetzliches Verbot (§ 134 BGB)

Ein Bauvertrag ist nichtig, wenn beide Vertragspartner gegen das **Schwarzarbeitsgesetz** (in der Fassung der Änderung vom 23. 12. 2003, BGBl I S. 2848) verstoßen. Ein einseitiger Verstoß des Auftragnehmers gegen das Schwarzarbeitsgesetz führt nicht zur Nichtigkeit des Bauvertrages nach § 134 BGB.[2] Nach dem Gesetz zur Bekämpfung der Schwarzarbeit (§ 1) 3

---

[1] BGH NJW 1958, 217; *Locher* PrivBauR Rdn. 130.
[2] BGH U. v. 25. 1. 2002, VII ZR 296/00, NJW-RR 2002, 557 = NZBau 2002, 149 = BauR 2001, 632 = ZfBR 2001, 269; OLG Nürnberg BauR 2000, 1494.

handelt ordnungswidrig, wer Dienst- oder Werkverträge in erheblichem Umfang erbringt, obwohl er Mitteilungspflichten gegenüber dort im Einzelnen genannten Dienststellen nicht nachgekommen ist oder ein Handwerk als stehendes Gewerbe ohne Eintragung in der Handwerksrolle betreibt. Gemäß § 2 des Gesetzes begeht der Auftraggeber von Dienst- oder Werkleistungen eine Ordnungswidrigkeit, wenn er Personen beauftragt, die diese Leistungen unter Verstoß gegen die sich aus § 1 ergebenden Pflichten erbringen, was der Auftraggeber weiß. Ordnungswidrig handelt auch ein General- oder Hauptunternehmer bei Beauftragung eines Subunternehmers, von dem er weiß oder leichtfertig nicht weiß, dass dieser nicht deutsche Auftragnehmer ohne erforderliche Arbeitserlaubnis einsetzt. Dasselbe gilt bei Unterbeauftragung eines weiteren Nachunternehmers, der nicht deutsche Auftragnehmer ohne die erforderliche Arbeitserlaubnis einsetzt.

4  **a) Beiderseitiger Verstoß gegen das Schwarzarbeitsgesetz.** Mit der Androhung von Geldbußen sowohl gegen den Auftraggeber als auch den Auftragnehmer will das Schwarzarbeitsgesetz die Schwarzarbeit schlechthin verbieten.[3] Der Leistungsaustausch unter den als Ordnungswidrigkeit eingestuften Tatbestandsvoraussetzungen soll verhindert werden.[4] Die in §§ 1, 2 des Gesetzes enthaltene Bußgeldandrohung ist ein gewichtiger Anhaltspunkt dafür, dass die Rechtsordnung einem das Verbot der Schwarzarbeit missachtenden Vertrag die Wirksamkeit versagen will. Das ist im Interesse der wirtschaftlichen Ordnung und dient der Zweckverwirklichung. Jedenfalls dann, wenn beide Vertragspartner gegen das Schwarzarbeitsgesetz verstoßen haben, ist der Bauvertrag nichtig.[5]

5  Die Frage, ob ein gegen gesetzliche Verbote verstoßendes Rechtsgeschäft gemäß § 134 BGB nichtig ist, beantwortet sich aus Sinn und Zweck der Verbotsnorm. Verbotsnormen sind unterschiedlicher Struktur. § 13 S. 5 VgV verbietet den Vertragsschluss vor Ablauf der 14-Tagesfrist und Satz 6 ordnet bei Zuwiderhandlung die Nichtigkeitsfolge an; eine Strafbewehrung kennt die Regelung nicht. Die zivilrechtlichen Folgen eines Verstoßes gegen strafbewehrte Verhaltensregeln beurteilen sich nach deren Sinn und Zweck. Entscheidend ist, ob das Gesetz sich nicht nur gegen den Abschluss des Rechtsgeschäfts wendet, sondern auch gegen seine privatrechtliche Wirksamkeit und damit gegen seinen wirtschaftlichen Erfolg.[6] Abzustellen ist darauf, ob die Rechtsfolge hingenommen werden soll,[7] oder ob bei Verletzung auch nur einseitiger Verbote Schutzzwecke betroffen sind.[8]

6  Wendet sich der Verbotstatbestand nicht nur gegen den Abschluss des Rechtsgeschäfts, sondern auch gegen dessen privatrechtliche Wirksamkeit und den angestrebten wirtschaftlichen Erfolg, ist der Schluss auf die Nichtigkeit gerechtfertigt.[9] Indizielle Bedeutung kommt einer gegen alle Beteiligten geltenden Straf- und Bußgeldandrohung zu; sie enthält einen gewichtigen Hinweis darauf, dass die Rechtsordnung verbotswidrigen Verträgen die Wirksamkeit versagen will.[10]

7  Im Einzelfall kann allerdings „die Berufung auf die Nichtigkeit" eines gegen ein gesetzliches Verbot verstoßendes Rechtsgeschäfts gegen **Treu und Glauben** verstoßen, so dass der Vertrag im Ergebnis doch als wirksam zu behandeln ist.[11]

8  **b) Einseitiger Verstoß gegen das Schwarzarbeitsgesetz.** Verstößt nur der Auftragnehmer gegen das Schwarzarbeitsgesetz, was der Auftraggeber nicht kennt, bleibt der Bau-

---

[3] → Vor § 2 Rdn. 117 ff.; *Köhler* JZ 1990, 466 ff.
[4] BGHZ 85, 39, 43 = BauR 1983, 66, 68 = NJW 1983, 109.
[5] BGH B. v. 25. 1. 2001, VII ZR 296/00, BauR 2001, 632 = NJW-RR 2002, 557 = NZBau 2002, 149; BGH NJW 1970, 2542 = BauR 1990, 721; BGHZ 85, 39, 43 = BauR 1983, 66, 68 = NJW 1983, 109.
[6] BGH U. v. 22. 10. 1998, VII ZR 99/97, BGHZ 139, 387 = NJW 1999, 51 = BauR 1999, 53; BGH U. v. 22. 12. 2000, VII ZR 310/99, BGHZ 146, 250 = NJW 2001, 818 = NZBau 2001, 132 = BauR 2001, 391.
[7] BGH U. v. 17. 11. 2003, V ZR 429/02, NJW 2003, 3692 = BauR 2004, 342, 343.
[8] BGH U. v. 22. 12. 2000, VII ZR 310/99, BGHZ 146, 250 = NJW 2001, 818 = BauR 2001, 391.
[9] BGHZ 89, 369 = NJW 1984, 1175 = BauR 1984, 290; BGH NJW 1981, 1204, 1205; BGHZ 53, 152, 156 = NJW 1970, 609; BGHZ 78, 269, 271 = NJW 1981, 387.
[10] BGHZ 85, 39 = NJW 1983, 109 = BauR 1983, 66, 68.
[11] BGHZ 85, 39, 47 ff. = BauR 1983, 66, 69 = NJW 1983, 109.

## A. Allgemeines und Grundlegung    Vor § 8

vertrag wirksam.[12] In besonderen Fällen kann sich die Unwirksamkeit auch bei einer einseitig bleibenden Gesetzesverletzung ergeben; das ist der Fall, wenn der Zweck des Verbotsgesetzes anders nicht zu erreichen ist und die rechtsgeschäftliche Regelung nicht hingenommen werden darf.[13]

Grundsätzlich gebieten nämlich die Interessen des **gesetzestreuen** Vertragspartners, diesem **9** die Erfüllungs- und Gewährleistungsansprüche zu belassen, deren Verlust bei Bejahung der Vertragsnichtigkeit die Folge ist. Dieser Rechtsverlust ist bei einem einseitigen Verstoß gegen das Gesetz zur Bekämpfung der Schwarzarbeit als Folge der Nichtigkeit des Bauvertrages gerechtfertigt, wenn der andere Vertragsteil den Verstoß positiv kennt und diese Kenntnis bewusst zum eigenen Vorteil ausnutzt.[14] Diese Willensrichtung liegt nicht schon dann vor, wenn es dem Auftraggeber um die Vergabe eines kostensparenden Auftrags geht. Für die bewusste Ausnutzung zum eigenen Vorteil ist ein Handeln aus Gewinnsucht konstitutiv.[15] Unterlässt der Auftraggeber die an sich mögliche Anfechtung nach § 119 BGB, steht dem – gegen das Schwarzarbeitsgesetz verstoßenden – Auftragnehmer der Werklohnanspruch zu.[16] Im Haftungsfall ist dem „Schwarzarbeiter" die Berufung auf ein Mitverschulden nach § 253 BGB des Inhalts versagt, der Auftraggeber habe mit der Beschäftigung eines „Schwarzarbeiters" ein Risiko übernommen und gegen die eigenen wohl verstandenen Interessen verstoßen.[17]

**c) Rechtsfolgen des beiderseitigen Verstoßes gegen das Schwarzarbeitsgesetz.** **10** Rechtsfolge der durch den beiderseitigen Verstoß bewirkten Nichtigkeit ist der Ausschluss vertraglicher Ansprüche. Dem Auftraggeber stehen gegen den Auftragnehmer weder Sachmängelansprüche noch sonstige vertraglichen Ansprüche aus dem nichtigen Bauvertrag zu.[18] Die Zubilligung **bereicherungsrechtlicher Ausgleichsansprüche** zu Gunsten des vorleistenden Schwarzarbeiters steht der generalpräventiven Wirkung des Gesetzes zur Bekämpfung der Schwarzarbeit nicht entgegen. Nach Treu und Glauben entspräche es nicht der Billigkeit, dem durch die Leistung begünstigten Besteller den vertraglich nicht gerechtfertigten Vorteil unentgeltlich zu belassen.[19] Bei dessen Bemessung nach § 818 Abs. 2 BGB sind Abschläge wegen der fehlenden vertraglichen Sachmängelhaftung geboten; bereits aufgetretene Mängel sind im Rahmen der Saldierung in die Ausgleichsrechnung einzubeziehen.[20] Praktisch tritt im Umfang der Mängelbeseitigungskosten eine Entreicherung ein. Das bloße Risiko eines Mangels infolge der Beauftragung eines „Schwarzarbeiters" begründet keinen ausgleichspflichtigen Sachmangeltatbestand oder das Recht zu einem nicht vereinbarten Sicherheitseinbehalt.

Veranlasst der Auftraggeber die Arbeitnehmer des Auftragnehmers in nicht unerheblichem **11** Umfang zur Schwarzarbeit während der vom Auftragnehmer bezahlten Arbeitszeit, liegt eine nachhaltige Störung des Vertrauensverhältnisses zwischen Auftraggeber und Auftragnehmer vor, die zur **Kündigung aus wichtigem Grund** durch den Auftragnehmer berechtigt.[21] Erfolgt die so veranlasste Schwarzarbeit nach Feierabend, liegt darin ein Grund zur fristlosen Kündigung des Bauvertrages nur dann, wenn die Arbeiten erheblich sind.

**d) Fehlende Eintragung in die Handwerksrolle.** Allein die fehlende Eintragung eines **12** Unternehmers in die Handwerksrolle beeinträchtigt die Rechtswirksamkeit des mit diesem

---

[12] BGH U. v. 5. 1. 2001, VII ZR 296/00, NJW-RR 2002, 557 = NZBau 2002, 149 = BauR 2001, 632; BGHZ 89, 369 = NJW 1984, 1175 = BauR 1984, 290.
[13] BGH U. v. 22. 12. 2000, VII ZR 310/99, BGHZ 146, 250 = NJW 2001, 818 = NZBau 2001, 132 = BauR 2001, 391, 394; BGHZ 89, 369 = NJW 1984, 1175, 1176 = BauR 1984, 290.
[14] BGH NJW 1985, 2403 = BauR 1985, 197, 198.
[15] BGH NJW 1985, 2403, 2404 = BauR 1985, 197, 198.
[16] OLG Nürnberg BauR 2000, 1494; Revision dagegen nicht angenommen BGH B. v. 25. 1. 2001, VII ZR 296/00, NZBau 2002, 149 = NJW-RR 2002, 557 = BauR 2001, 632.
[17] OLG Oldenburg JBR 1998, 335 (Revision vom BGH nicht angenommen, B. v. 12. 8. 1997, VI ZR 65/97).
[18] BGH NJW 1990, 2542 = BauR 1990, 721, 722.
[19] BGH NJW 1990, 2542 = BauR 1990, 721. 723.
[20] BGH NJW 1990, 2542 = BauR 1990, 721. 723.
[21] OLG Köln BauR 1993, 80 = NJW 1993, 73.

*Motzke*

**Vor § 8**  Vorbemerkung § 8. Kündigung durch den AG

Unternehmer abgeschlossenen Bauvertrages nicht. Denn das in § 1 HandwO niedergelegten Eintragungserfordernis verfolgt nicht den Zweck, Gefahren für die Gesamtheit oder für Einzelne aus einer unsachgemäßen Berufsausübung abzuwenden. Der Verstoß richtet sich allein gegen eine Ordnungsvorschrift.[22] Wird damit das Interesse an der Erhaltung und Förderung eines gesunden, leistungsfähigen Handwerkerstandes als Ganzes verfolgt, erscheint es nicht als erforderlich, einem im Rahmen eines verbotenen Handwerksbetriebes zu Stande gekommenen Rechtsgeschäft die zivilrechtliche Wirksamkeit zu versagen.[23] Ist ein Auftragnehmer lediglich für das Metallbauerhandwerk in die Handwerksrolle eingetragen und nicht für das Spengler- und Dachdeckerhandwerk, führt dies nicht zur Nichtigkeit des Bauvertrages.[24] Infolge des Dritten Gesetzes zur Änderung der Handwerksordnung und anderer handwerksrechtlichen Vorschriften[25] ist die Zahl der selbstständigen Betriebe eines zulassungspflichtigen Handwerks als stehendes Gewerbe erheblich reduziert worden. In die Handwerksrolle einzutragen sind im Bereich des Bauens nur noch Maurer und Betonbauer, Ofen- und Luftheizungsbauer, Zimmerer, Dachdecker, Straßenbauer, Wärme-, Kälte- und Schallschutzisolierer, Brunnenbauer, Steinmetzen, Steinbildhauer, Stukkateure, Maler, Gerüstbauer, Metallbauer, Kälteanlagenbauer, Klempner, Installateur und Heizungsbauer, Elektrotechniker, Tischler und Glaser. Zulassungsfrei und deshalb nicht in die Handwerksrolle einzutragen sind Fliesen-, Platten- und Mosaikleger, Beton- und Terrazzohersteller, Estrichleger, Parkettleger, Rollladen- und Jalousiebauer; ebenfalls ohne Eintragung in die Handwerksrolle können handwerksähnliche Gewerbe betrieben werden, nämlich Eisenflechter, Bautrocknungsgewerbe, Bodenleger, Asphaltierer (ohne Straßenbau), Fuger (im Hochbau), Holz- und Bautenschutzgewerbe (Mauerschutz und Holzimprägnierung in Gebäuden), Rammgewerbe (Einrammen von Pfählen im Wasserbau), Betonbohrer und -schneider, Kabelverleger im Hochbau (ohne Anschlussarbeiten) und Einbau von genormten Baufertigteilen (z. B. Fenster, Türen, Zargen, Regale). Angesichts geänderter wirtschaftlicher und rechtlicher Rahmenbedingungen hält das BVerfG es für zweifelhaft, ob die Regelungen um den großen Befähigungsnachweis überhaupt noch zumutbar sind.[26]

13   Die fehlende berufsrechtliche Qualifikation kann im Einzelfall einen **Anfechtungsgrund** gemäß § 119 Abs. 2 BGB liefern.[27] Denn zu den verkehrswesentlichen Eigenschaften einer Person zählen auch solche tatsächlichen und rechtlichen Verhältnisse, die infolge ihrer Beschaffenheit und vorausgesetzten Dauer nach den Anschauungen des Verkehrs Einfluss auf die Wertschätzung der Person auszuüben pflegen. Qualifikationsmerkmale wie die Eintragung in die Handwerksrolle können dazu gehören, wenn der Betrieb als Meisterbetrieb dargestellt wird und es den Kunden gerade darauf ankam.[28] Da irrtums- und damit anfechtungsrelevant jedoch nur die verkehrswesentlichen Eigenschaften sind, besteht Berücksichtigungsbedarf nur, wenn diese Eigenschaften von dem Erklärenden in irgendeiner Weise erkennbar dem Vertrag zu Grunde gelegt worden sind. Hierfür ist nicht notwendig, sie zum Inhalt der Erklärung zu machen.[29] Eine bloß **unbewusst wirkende Vorstellung** des Auftraggebers, der Auftragnehmer werde die berufsrechtlichen Voraussetzungen für die gewerbliche Tätigkeit erfüllen, reicht für eine Anfechtung wegen eines Eigenschaftsirrtums nicht aus.

14   **e) Ohne Rechnung – Abrede (Schwarzgeldabrede).** Die Abrede des Auftraggebers mit dem Auftragnehmer, die Leistung werde ohne Rechnung bezahlt, womit letztlich Einkommen- und Umsatzsteuer „gespart" werden sollen, führt nicht zur Nichtigkeit des

---

[22] OLG Hamm NJW-RR 1990, 523.
[23] OLG Hamm NJW-RR 1990, 523; vgl. auch BayObLG BauR 2004, 1672; BGH NJW 1984, 230, 231; BGHZ 78, 263, 266 = NJW 1981, 399.
[24] BGH U. v. 25. 1. 2001, VII ZR 296/00, NZBau 2002, 149 = NJW-RR 2002, 557; BauR 2001, 632.
[25] Vom 24. 12. 2003, BGBl I S. 2934.
[26] B. v. 5. 12. 2005 – 1 BvR 1730/02 NVwZ 2006, 181.
[27] → Vor § 2 Rdn. 123.
[28] OLG Hamm NJW-RR 1990, 523.
[29] BGH NJW 1984, 230, 231.

gesamten Werkvertrages. Der Umstand, dass die Abrede eine Steuerhinterziehung erleichtern soll, hat auf die Wirksamkeit des Vertrages keinen Einfluss. Nichtigkeit des gesamten Vertrages ist nur dann die Folge, wenn die Steuerhinterziehung der Hauptzweck des Vertrages ist.[30] Der Hauptzweck eines solchen Vertrages ist jedoch nicht die Steuerhinterziehung, sondern die Errichtung des vereinbarten Werkes. Nichtig ist allein die Abrede, keine Rechnung zu stellen, was jedoch nach § 139 BGB nicht den gesamten Vertrag erfasst. Allerdings ist auch die Vergütung ohne Mehrwertsteuer geschuldet, wenn die „Ohne Rechnung-Abrede" unwirksam ist.[31] Die gegenteilige Rechtsprechung einiger Oberlandesgerichte ist damit überholt.[32]

**f) Baugenehmigungspflicht.** Schließt der Auftraggeber den Bauvertrag zu einem Zeitpunkt ab, in welchem die Baugenehmigung nicht vorliegt, bleibt dies ohne Vereinbarung einer aufschiebenden oder auflösenden Bedingung (§ 158 BGB) für die Rechtswirksamkeit des Vertrages ohne Folgen. § 134 BGB ist nicht einschlägig; denn eine fehlende öffentlich-rechtliche Baugenehmigung führt nach § 72 Abs. 6, § 79 MBO und den entsprechenden Vorschriften der Landesbauordnungen (z. B. Art. 72 Abs. 5, 81 BayBO) zur Baueinstellung. Die **Durchführung der Baumaßnahme**, nicht aber der Bauvertrag bedarf nach dem Bauordnungsrecht unter den einschlägigen Voraussetzungen der Baugenehmigung. Die Rechtswirksamkeit des Bauvertrages bleibt unberührt.[33]

**aa) Baugenehmigung – Gläubigerobliegenheit.** Die Beschaffung der Baugenehmigung ist nach § 4 Nr. 1 Abs. 1 VOB/B Teil der dem Auftraggeber obliegenden Mitwirkung; deren Verletzung begründet demnach einen Gläubigerverzug,[34] was den Auftragnehmer gemäß § 9 Nr. 1 lit. a) VOB/B zur Kündigung berechtigt, nicht aber zur Nichtigkeit des Bauvertrages führt. Die Verletzung dieser Gläubigerobliegenheit erweist sich als Leistungsstörung auf der Grundlage eines rechtswirksamen Bauvertrages.

**bb) Baugenehmigung – Nebenpflicht des Auftragnehmers.** Das gilt auch, wenn nach dem Bauvertragsinhalt der Auftragnehmer die öffentlich-rechtliche Genehmigung zu besorgen hat. Ohne ausdrückliche Vereinbarung kann dies aus der VOB/C folgen, deren Inhalt nach § 1 Nr. 1 Satz 2, § 2 Nr. 1 VOB/B den Pflichtenkreis des Auftragnehmers umschreibt. So hat nach der DIN 18381 Abschnitt 3.1.7 (Gas-, Wasser- und Abwasser-Installationsanlagen innerhalb von Gebäuden, Ausgabe 2006) der Auftragnehmer die für die Ausführung erforderlichen Genehmigungen und Abnahmen zu veranlassen. Wenn der Auftragnehmer bauvertraglich zur Besorgung der Baugenehmigung verpflichtet ist, stellt deren Fehlen eine Leistungsstörung dar, die wegen der zu Grunde liegenden Verletzung einer Nebenpflicht gemäß § 280 Abs. 1 BGB einzuordnen ist. Behindert die fehlende Baugenehmigung den Beginn der Bauarbeiten, sind die Rechtsfolgen nach § 5 Nr. 4, § 8 Nr. 3 VOB/B zu beurteilen. Hat der Auftragnehmer die Besorgung der Baugenehmigung übernommen, haftet er für die von ihm zu vertretende Verzögerung.[35] Hat der Auftragnehmer die Beschaffung der Baugenehmigung im Rahmen der Übernahme von Planungsleistungen neben den eigentlichen Bauwerksleistungen übernommen, erweist sich die Nichterteilung der Baugenehmigung als Sachmangeltatbestand; die Mängelbeseitigung scheidet aus, wenn die Konzeption des Werks nicht unwesentlich verändert werden müsste.[36] In solchen Fällen kommt ausnahmsweise die an sich durch die VOB/B ausgeschlossene Möglichkeit zum Rücktritt in Betracht.[37]

---

[30] BGH U. v. 21. 12. 2000, VII ZR 192/98, NJW-RR 2001, 380 = NZBau 2001, 195 = BauR 2001, 630.
[31] BGH U. v. 21. 12. 2000, VII ZR 192/98, NJW-RR 2001, 380 = NZBau 2001, 195 = BauR 2001, 630.
[32] Z. B. OLG Hamm BauR 1997, 501; OLG Saarbrücken IBR 2000, 424; OLG Naumburg IBR 2000, 64.
[33] BGH BauR 1976, 129; BGH NJW 1961, 1023; *Kleine-Möller/Merl/Oelmaier* § 4 Rdn. 21.
[34] → § 4 Nr. 1 Rdn. 13 hinsichtlich der rechtlichen Einordnung der Mitwirkungsaufgabe.
[35] BGH U. v. 17. 1. 2002, VII ZR 490/00, NJW 2002, 1568 = NZBau 2002, 331 = BauR 2002, 792 = ZfBR 2002, 472.
[36] BGH U. v. 21. 12. 2000, VII ZR 17/99, NJW 2001, 1642 = NZBau 2001, 261 = BauR 2001, 785 = ZfBR 2001, 310.
[37] Siehe Vor § 8 Rdn. 61 ff.

18   **cc) Leistungsverweigerungsrecht.** Der Auftragnehmer hat ein Leistungsverweigerungsrecht nach § 320 BGB, solange die vom Auftraggeber zu stellende Baugenehmigung fehlt.[38] Der Auftragnehmer ist nämlich nach § 4 Nr. 2 Abs. 1 Satz 2 VOB/B u. a. verpflichtet, die gesetzlichen und behördlichen Bestimmungen zu beachten. Das sich aus § 72 Abs. 6 MBO Fassung 2002 (oder z. B. Art. 72 Abs. 5 BayBO) ergebende Verbot, mit der Bauausführung einschließlich des Baugrubenaushubs vor Zustellung der Baugenehmigung zu beginnen, richtet sich auch an den Auftragnehmer.

19   **g) Zuschlagserteilung im Widerspruch zu § 13 VgV.** Ein im Widerspruch zu den Anforderungen aus § 13 Satz 1 bis 5 VgV geschlossener Bauvertrag ist nichtig. Die Nichtigkeitsfolge tritt ein, wenn der Zuschlag vor Ablauf der Informationsfrist von 14 Kalendertagen erfolgt, wobei die Frist am Tag nach der Absendung der Information an die Bieter zu laufen beginnt, deren Angebote nicht berücksichtigt werden sollen. Damit wird eine Ausnahme von dem § 114 Abs. 2 Satz 1 GWB prägenden Grundsatz gemacht, dass Vergabeverfahrensfehler und damit verbundene Rechtsverletzungen die Rechtswirksamkeit eines erfolgten Zuschlags nicht berühren.[39] Die Rechtswirksamkeit der in § 13 Satz 6 VgV angeordneten Nichtigkeitsfolge ist ebenso im Streit wie deren Anwendungsbereich. *Kau*[40] vertritt die Auffassung, der Satz 6 sei von der Ermächtigungsgrundlage in § 97 Abs. 6 GWB nicht gedeckt. Die Ermächtigungsgrundlage legitimiere lediglich Regelungen für das Vergabeverfahren, nicht aber Anordnungen materiellrechtlicher Art, nämlich die Anordnung der Unwirksamkeit des unter Verstoß gegen die Fristenregelung geschlossenen Bauvertrages. Dieses Verständnis ist zu eng; Teil des bei der Vergabe zu beachtenden Verfahrens ist nicht nur die in § 114 Abs. 2 Satz 1 GWB getroffene Feststellung, sondern auch, dass vom Verordnungsgeber im Interesse effektiven Rechtsschutzes für besonders gravierend eingestufte Verfahrensfehler die Nichtigkeitsfolge für den Bauvertrag angeordnet wird. Zum Verfahrensrecht gehören auch Aussagen über Verfahrensfolgen. Zutreffend stellt *Hailbronner*[41] auch darauf ab, dass ohne den Satz 6 (in der damaligen Fassung des § 13 VgV war es der Satz 4) wegen der zuvor in Satz 5 (bzw. nach damaliger Fassung Satz 3) Verbotsaussage ein Verstoß nach § 134 BGB vorliegen und die Vertragsnichtigkeit daraufgestützt abgeleitet werden könnte. Im Übrigen ist die Frage entstanden, ob die Rechtsfolgenregelung des § 13 Satz 5 und 6 VgV über den eigentlichen Anwendungsbereich hinaus auf Fälle erstreckt werden könnte, bei denen der öffentliche Auftraggeber von der gebotenen Ausschreibung überhaupt absieht und vergabeverfahrenswidrig freihändig vergibt.[42] Da § 13 VgV eine Schutzvorschrift zu Gunsten der nicht berücksichtigten Bieter ist, kann der Bieter/Auftragnehmer, dem der Zuschlag erteilt worden, darauf gestützt keine Schadensersatzansprüche nach § 280 Abs. 1 BGB herleiten.

### 2. Wahrung gesetzlicher Formvorschriften (§ 311 b BGB)

20   Nach § 311 b BGB bedarf ein Vertrag, durch den sich der eine Teil verpflichtet, das Eigentum an einem Grundstück zu übertragen oder zu erwerben, der notariellen Beurkundung. Die Nichtbeachtung dieser Formerfordernisse führt zur **Nichtigkeit** des Vertrages (§ 125 BGB). In der Regel begründet ein Bauvertrag die in § 631 BGB beschriebenen Pflichten; der Auftragnehmer hat das Bauwerk zu errichten, der Auftraggeber hat die vereinbarte Vergütung zu entrichten, weswegen der Anwendungsbereich des § 311 b BGB grundsätzlich nicht betroffen ist.

21   **a) Bauleistung und Baugrundstück.** Der Umstand, dass das im Bauvertrag beschriebene Bauwerk auf einem bestimmten Grundstück zu erstellen ist, erweitert den Pflichtenkreis nicht. Damit übernimmt weder der Auftragnehmer die Verpflichtung, dem Auftraggeber das

---

[38] BGH BauR 1976, 128, 129; *Kleine-Möller/Merl/Eichberger/Kleine-Möller* § 9 Rdn. 68, 69.
[39] *Hailbronner* NZBau 2002, 474; vgl. auch *Erdl* VergabeR 2001, 10.
[40] NZBau 2002, 110.
[41] NZBau 2002, 474, 474.
[42] Vgl. dazu u. a. *Hailbronner* NZBau 2002, 474; *Kau* NZBau 2003, 110 mit weiteren Nachweisen.

Eigentum an diesem Grundstück zu übertragen, noch verpflichtet sich der Auftraggeber im Verhältnis zum Auftragnehmer zum Erwerb dieses Grundstücks.

Die Tatsache, dass das vertragsgegenständliche Bauwerk auf einem vom Auftraggeber erst noch zu erwerbenden Grundstück errichtet werden soll, rechtfertigt die Beurkundungspflicht aus § 311 b BGB nicht. Zwischen faktischer Notwendigkeit und vertraglich begründeter Verpflichtung zum Grundstückserwerb als Tatbestandsvoraussetzung für die Bejahung der Beurkundungspflicht ist zu unterscheiden. Wer einen Bauvertrag in der Erwartung abschließt, demnächst ein bestimmtes Grundstück zu erwerben, handelt auf eigenes Risiko, wenn die Erwartung enttäuscht wird. Nur eine rechtliche und nicht schon eine **tatsächliche oder wirtschaftliche Einheit** zwischen Bauvertrag und Grundstückskaufvertrag löst die Beurkundungspflicht für den Bauvertrag aus.[43] Gelingt die Bereitstellung des Grundstücks nicht, entfällt die Geschäftsgrundlage für den Bauvertrag nicht. Die Zurverfügungstellung eines baureifen Grundstücks ist Teil der Gläubigerobliegenheiten; Misslingen führt zum Gläubigerverzug verbunden mit den Rechten nach §§ 293 ff. BGB wie auch §§ 642, 643 BGB. Die VOB/B enthält als Spezialregelung die Kündigungsmöglichkeit nach § 9 VOB/B, wodurch §§ 642, 643 BGB nur noch im dort (§ 9 VOB/B) enthaltenen Verweisungsumfang einschlägig sind. Führt die fehlende Bereitstellung des Grundstücks im Verhältnis Haupt-/Generalunternehmer zum Subunternehmer dazu, dass Letzterer seine Leistungen nicht erbringen kann, beurteilen sich dessen Zahlungsansprüche gemäß § 645 BGB.[44]

**b) Zusammengesetzte Verträge und § 311 b BGB.** Allerdings erstreckt sich bei gemischten oder zusammengesetzten Verträgen der Formzwang auf den gesamten Vertrag, sofern dieser rechtlich eine Einheit bilden soll.[45] Der Bauvertrag und der Grundstückserwerbsvertrag stehen in einen rechtlichen Zusammenhang, wenn die Vereinbarungen nach dem Willen der Beteiligten derart voneinander abhängig sind, dass sie miteinander „stehen und fallen" sollen. Ein dermaßen einheitlicher Vertrag kann schon dann vorliegen, wenn nur einer der Vertragspartner einen solchen Einheitswillen erkennen lässt und der andere Partner ihn anerkennt oder zumindest unbeanstandet hinnimmt.[46] Die auf ein bestimmtes Grundstück beschränkte Leistungspflicht des Auftragnehmers kann ein gewichtiges Indiz dafür sein, dass die Parteien einen einheitlichen Vertragswillen in dem Sinne hatten, dass Bauvertrag und Grundstückserwerb miteinander stehen und fallen sollen.[47] Ein einheitlicher Vertrag setzt nicht voraus, dass an jedem der Rechtsgeschäfte dieselben Parteien beteiligt sind.[48]

Eine Erstreckung des Formzwanges gemäß § 311 b BGB auf zusammengesetzte Verträge kann im Baubereich in erster Linie im Geschäftsbereich des **Generalunternehmer- oder Schlüsselfertigbaues** wie auch **Fertighausbaues** vorkommen. Bietet ein Unternehmer die schlüsselfertige Errichtung eines Doppelhauses auf einem ganz bestimmten Grundstück zu einem Preis an, der auch die Grundstückskosten einschließt, wird für den Interessenten erkennbar der Eindruck erweckt, dass dem Interessenten auch das Grundstück verschafft wird. Dies widerlegt die bei getrennt geschlossenen Verträgen bestehende tatsächliche Vermutung der rechtlichen Selbstständigkeit des Bauvertrages und des Grundstückskaufvertrages.[49]

Für einen einheitlichen Vertragswillen kann auch sprechen, wenn ein Generalunternehmer mit einem Eigenheiminteressenten einen Bauvertrag für ein bestimmtes, von dem Interessenten noch zu erwerbendes Grundstück schließt, nach welchem die Bauleistung auf diesem bestimmten Grundstück zu erbringen ist.[50] Denn die auf ein **bestimmtes Grund-**

---

[43] BGHZ 76, 43, 48 = NJW 1980, 829.
[44] OLG München NJW 1992, 348 = BauR 1992, 74, 76.
[45] Palandt/Heinrichs § 311 b Rdn. 32; MünchKomm/*Kanzleiter* § 311 b Rdn. 55, 56.
[46] BGHZ 78, 348 = NJW 1981, 274, 275.
[47] OLG Hamm BauR 1998, 545.
[48] BGHZ 76, 43, 49 = NJW 1980, 829.
[49] BGHZ 78, 348 = NJW 1981, 274, 275.
[50] BGH NJW 1994, 721 = BauR 1994, 239; vgl. auch *Koeble* NJW 1992, 1142, 1143; OLG Hamm NJW-RR 1989, 1366.

**Vor § 8**                                    Vorbemerkung § 8. Kündigung durch den AG

stück beschränkte Leistungspflicht** des Auftragnehmers stellt ein gewichtiges Indiz für einen einheitlichen Vertragswillen der Parteien in dem Sinne dar, dass der Bauvertrag und der Grundstückserwerb miteinander stehen und fallen sollen.[51]

26   Eine solche beschränkte Leistungsverpflichtung mit der beschriebenen indiziellen Wirkung wird jedoch nicht allein dadurch begründet, dass im Bauvertrag das zu erstellende Bauwerk samt Lageangabe, z. B. durch Flurnummer oder Grundstücksbezeichnung nach Benennung des Grundbuchblattes, beschrieben wird. Denn zu **Baustellenangaben** ist der Auftraggeber nach § 9 Nr. 3 VOB/A gehalten. Für die in der genannten BGH-Entscheidung[52] erwogene Einheitlichkeit von Grundstückserwerb und Bauvertrag war konstitutiv, dass der Auftragnehmer nach dem Inhalt des Bauvertrages auf einem noch vom Auftraggeber zu erwerbenden Grundstück, das nach Flurnummer genau bezeichnet war, schlüsselfertig ein Massivhaus errichten sollte. Eine Korrektur der in BGHZ 76, 43, 47 = NJW 1980, 829, 830 getroffenen Entscheidung, nach der es im Risikobereich des Auftraggebers liegt, das für die Bebauung vorgesehene Grundstück zu erwerben, erfolgt damit nicht.

27   Wenn ein Haus oder eine sonstige Bauwerkleistung nicht ohne Grundstück errichtet werden kann, begründet dies allein einen rechtlichen Zusammenhang zwischen Grundstückskaufvertrag und Bauvertrag nicht.[53] Entscheidend ist der **Verknüpfungswille** der Parteien, der vorliegen kann, wenn in dem Bauvertrag eine Verpflichtung des Bestellers der Bauwerksleistung zum Grundstückserwerb aufgenommen oder das Grundstück, auf dem die Bauwerksleistung erbracht werden soll, als vom Besteller noch zu erwerbend bezeichnet ist.[54] Die wechselseitige Abhängigkeit fehlt, wenn anlässlich des Grundstückskaufs der spätere Abschluss eines Bauvertrages vereinbart wird.[55] Der Grundstücksverkäufer muss mit dem Auftragnehmer der Bauleistung nicht identisch sein.[56]

28   **c) Anfechtungsmöglichkeit.** Ist nach objektiver Sachlage oder nach der – berechtigten – Empfängersicht der Besteller der Bauwerksleistung von einem einheitlichen Vertragswillen nicht auszugehen, kann eine Anfechtungslage nach § 119 Abs. 1 BGB dann vorliegen, wenn der Auftraggeber den – nunmehr – isoliert zu Stande gekommenen Bauvertrag in der irrigen Vorstellung einer Vertragseinheit abgeschlossen hat.[57] Für eine solche Vorstellung können alle Umstände sprechen, die für einen einheitlichen Vertrag angeführt werden können. Dazu gehört z. B. auch das Fehlen einsichtiger Gründe, vor Erwerb des Grundstücks riskant einen isolierten Bauvertrag zu vereinbaren.

### 3. Verbot der Arbeitnehmerüberlassung im Bereich des Baugewerbes

29   § 12a AFG a. F. (nunmehr § 1b AÜG) verbietet die gewerbsmäßige Überlassung von gewerblichen Auftragnehmern im Baubereich. Dabei sind Betriebe des Baugewerbes i. S. d. § 12a AFG (heute § 1b AÜG) nur Betriebe des Bauhauptgewerbes nach der Baubetriebeverordnung vom 28. 1. 1980.[58] Nicht erfasst werden die in § 2 Baubetriebe-Verordnung genannten Baunebengewerbe.[59] Nach § 134 BGB sind dagegen verstoßende Verträge nichtig. Von dieser Nichtigkeitsfolge werden Subunternehmerverträge nicht erfasst, weswegen zwischen einer verbotenen Auftragnehmerüberlassung und einem Subunternehmervertrag zu unterscheiden ist.[60] Mangels klar umschriebener Merkmale ist bei einer Differenz zwischen dem Vertragsinhalt und der Vertragsabwicklung auf die tatsächliche Durchführung abzustellen. Gerade bei Schein-Werkverträgen droht die Gefahr, dass auf Arbeitskräfteüber-

---

[51] OLG Hamm BauR 1998, 545.
[52] NJW 1994, 721 = BauR 1994, 239.
[53] OLG Hamm BauR 1998, 545; BGHZ 76, 43, 49 = NJW 1980, 829, 830.
[54] BGHZ 76, 43, 49 = NJW 1980, 829, 830; BGH NJW 1994, 721 = BauR 1994, 239, 240.
[55] BGH U. v. 13. 6. 2002, VII ZR 321/00, NJW 2002, 2559 = BauR 2002, 1541 = NZBau 2002, 502.
[56] BGHZ 76, 43, 49 = NJW 1980, 829, 830.
[57] BGH NJW 1994, 721 = BauR 1994, 239, 240.
[58] BGH U. v. 17. 2. 2000, III ZR 78/99, NJW 2000, 1557 = NZBau 2000, 290 = ZfBR 2000, 963.
[59] OLG Dresden IBR 2003, 511.
[60] Vgl. *Hök* BauR 1995, 45, 47; *Frikell* Nachunternehmervertrag, S. 9, 10.

A. Allgemeines und Grundlegung **Vor § 8**

lassung ausgerichtete Verträge mit „Werkvertrag" überschrieben werden und damit der Entleiher zum Subunternehmer gemacht wird.[61]

Derartig **„getarnte Subunternehmerverträge"**, die in der Vertragsabwicklung wegen 30 der vom Verleiher ausgeübten Leitungs- und Anweisungsrechte in Wirklichkeit Auftragnehmerüberlassungsverträge sind, sind nach § 134 BGB nichtig, da sich das Verbot gegen beide Teile des Vertrages richtet.[62]

## 4. Sittenwidrigkeit des Bauvertrages nach § 138 BGB

Die Nichtigkeit eines Bauvertrages wegen Sittenwidrigkeit gemäß § 138 BGB ist in der 31 Baupraxis regelmäßig schwer darstellbar.[63] Die Vorschrift findet auch auf Werkverträge Anwendung. Für die Beurteilung des Missverhältnisses zwischen Leistung und Gegenleistung kommt es auf die Gegenüberstellung des objektiven Werts der beiderseitigen Leistungen an. Ob ein auffälliges Missverhältnis besteht, lässt sich nur auf Grund einer umfassenden Würdigung des Einzelfalles unter Einschluss der übernommenen Risiken beurteilen. Bietet ein Unternehmer auf eine Ausschreibung des Auftraggebers die in einem Leistungsverzeichnis beschriebenen Leistungen an, führt ein lediglich **unangemessen niedriger Preis** (§ 25 Nr. 3 Abs. 1 VOB/A) nicht zur Sittenwidrigkeit. Die öffentliche Hand darf nach § 25 Nr. 3 Abs. 1 VOB/A auf einen unangemessenen hohen oder niedrigen Preis einen Zuschlag nicht erteilen. Der Ermittlung dienen die Einheitlichen Formblätter EFB-Preis des Vergabehandbuchs (dort Teil III, EFB Preis 1 a bis 1 c; das Vergabehandbuch enthält in den Richtlinien zu § 25 VOB/A auch Wertungsmaßstäbe).

Wäre danach der Ausschluss aus der Wertung geboten, was jedoch nicht beachtet worden 32 ist, scheitert die Rechtswirksamkeit des Bauvertrages nicht an § 138 BGB. Denn ein unangemessen niedriger Angebotspreis muss noch kein auffälliges Missverhältnis zwischen Leistung und Gegenleistung begründen. Unangemessen niedrig sind die Preise nämlich schon dann, wenn die Lohnkosten den bautechnisch erforderlichen Ansätzen nicht entsprechen, der Mittellohn sowie die Zuschläge für lohngebundene und lohnabhängige Kosten sich nicht im Rahmen der tarifvertraglichen Vereinbarungen und der gesetzlichen Verpflichtungen halten, die Stoffkosten nicht den üblichen Ansätzen entsprechen und bei den Baustellengemeinkosten die Ansätze für die Erfüllung aller gesetzlichen (z. B. Umwelt-, arbeits- und Unfallschutz), technisch und betriebswirtschaftlich notwendigen Aufwendungen nicht ausreichend sind.[64] Außerdem ist zu berücksichtigen, dass die durch § 25 Nr. 3 VOB/A veranlasste Preisprüfung nicht wie § 138 BGB den Zweck verfolgt, dem Missbrauch der Privatautonomie entgegenzuwirken. Die VOB/A-Vorschrift steht im Dienst der **sparsamen und wirtschaftlichen** Mittelverwendung wie auch der vorbeugenden Prüfung, ob der Bieter nach dem Inhalt seines Angebots in der Lage sein wird, die versprochene Leistung vertragsgerecht zu erbringen.[65]

Zwischen Preis und Leistung muss zur Erfüllung eines offenbaren Missverhältnisses nach 33 § 138 Abs. 2 BGB deshalb eine entschieden größere Diskrepanz bestehen, als sie zur Begründung eines unangemessen niedrigen Angebotspreises nötig ist. Außerdem gehören zum Tatbestand des Wuchers subjektive Momente. Der Wucherer muss die bei dem anderen Teil bestehende Schwächesituation (Zwangslage, Unerfahrenheit, mangelndes Urteilsvermögen, erhebliche Willensschwäche) ausbeuten; eine solche Gestaltung ist bei einem Unternehmer nur in Ausnahmefällen denkbar, wobei regelmäßig Unerfahrenheit, mangelndes Urteilsvermögen und Willensschwäche ausscheiden werden.

Ein im Zusammenhang mit einer Bestechung geschlossener Bauvertrag ist nicht ohne 34 weiteres nichtig. Die **Vereinbarung** über die **Zahlung** von **Bestechungs- oder Schmier-**

---

[61] *Motzke* Subunternehmervertrag Rdn. 17 ff. in: *F. Graf von Westphalen* Vertragsrecht und AGB-Klauselwerke.
[62] → Vor § 2 Rdn. 121, 122.
[63] → Vor § 2 Rdn. 142 ff.
[64] Vgl. Vergabehandbuch 2006, Teil I, Richtlinien zu § 25 VOB/A. Abschnitt 1.6.4.
[65] *Heiermann/Riedl/Rusam* A § 25 Rdn. 1; *Ingenstau/Korbion/Kratzenberg* A § 25 Rdn. 1.

**geld** ist zwar nach § 138 Abs. 1, § 134 BGB i. V. m. § 13 UWG und § 299 StGB nichtig. Diese Nichtigkeit einer **Schmiergeldabrede** erfasst jedoch nicht ohne weiteres einen zudem abgeschlossenen Folgevertrag. Ein Bauvertrag als Folgevertrag einer derartigen Schmiergeldabsprache muss seinerseits von der Rechtsordnung derart missbilligt werden, dass auch ihm die Wirksamkeit zu versagen ist. Hierfür müsste der Bauvertrag für sich betrachtet und unabhängig von der Schmiergeldabsprache gegen ein gesetzliches Verbot verstoßen. Der auf Grund einer Bestechung zu Stande gekommene Bauvertrag ist sittenwidrig, wenn die Schmiergeldabrede mit Angestellten des Auftragnehmers zu einer für den Auftragnehmer nachteiligen Vertragsgestaltung führt. Fehlt ein solcher Nachteil, ist der Vertrag trotz der Bestechung nicht sittenwidrig.[66] Nach den einschlägigen Anscheinsbeweisregeln hat der Bestechende das Fehlen eines Nachteils zu beweisen. Die Ziffer 11 der Zusätzlichen Vertragsbeziehungen des VHB, Fassung 2002, EVM (B) ZVB/E, ermöglicht zudem die Möglichkeit zur Kündigung aus wichtigem Grund (§ 8 VOB/B), wenn der Auftragnehmer näher in der Ziffer 1 bezeichneten Personen auf der Auftraggeberseite Vorteile anbietet, verspricht oder gewährt.

### 5. Unmöglichkeit der Leistung

35   Ist die nach dem Vertrag zu erbringende Leistung von Anfang an **objektiv** oder nur dem Auftragnehmer (subjektiv) **unmöglich,**[67] bleibt der Vertrag gemäß § 311 a BGB wirksam. Für die ab 1. 1. 2002 geschlossenen Verträge hat sich die Rechtslage im Vergleich zur früheren, durch § 306 BGB a. F. gekennzeichneten Rechtsfolge der Unwirksamkeit erheblich geändert. Der Auftragnehmer hat seinen Prüfungs- und Bedenkenhinweispflichten nach § 3 Nr. 3 und § 4 Nr. 3 VOB/B zu entsprechen.[68] Ist eine vom Auftragnehmer zugesicherte Eigenschaft oder ein Beschaffenheitsmerkmal technisch nicht herstellbar, ergeben sich die Rechtsfolgen nicht aus den Unmöglichkeitsregeln, sondern bestimmen sich nach dem Sachmängelrecht.[69]

36   Der Tatbestand der objektiven oder subjektiven Unmöglichkeit ist strikt von Tatbeständen der Sachmängelhaftung nach § 4 Nr. 7 bzw. § 13 VOB/B zu unterscheiden. Geht die Unmöglichkeit auf Mängel in der Leistung des Auftragnehmers zurück, haftet er aus §§ 633 ff. BGB. Diese Regeln stellen Sondervorschriften dar, die grundsätzlich die Anwendbarkeit der Unmöglichkeitsregeln ausschließen.[70] Liegt die Ursache für die Unmöglichkeit der Leistung nach den in § 645 BGB enthaltenen Grundsätzen im Verantwortungsbereich des Auftraggebers, ist es sachgerecht, dass dieser nach § 645 BGB haftet. So ist der Besteller der Gefahr für ein Werk, die sich aus dem von dem Besteller zur Verfügung gestellten Stoff ergibt und die zu Unausführbarkeit des Werks führt, näher als der Auftragnehmer.[71] Für die vor dem Unmöglichwerden der Werkerstellung erbrachten Leistungen hat der Auftragnehmer demnach einen Vergütungsanspruch nach § 645 BGB. Ist ein nach Reparaturregeln erteilter Auftrag von Anfang an nicht durchführbar, weil der Bauzustand nicht mehr reparierbar ist und nur eine völlige Neuherstellung des Bauwerks oder Bauwerksteils in Betracht kommt, bleibt der Vertrag gemäß § 311 a BGB wirksam. Auf den Sachverhalt trifft § 275 Abs. 1 BGB zu, wonach der Anspruch auf die Leistung ausgeschlossen ist, soweit diese für den Schuldner oder für jedermann unmöglich ist. Der Unmöglichkeitstatbestand liegt nicht schon dann vor, wenn die Leistung lediglich mit den vertraglich vorgesehenen und auch kalkulierten Maßnahmen nicht durchgeführt werden kann. Sind davon abweichende und Erfolg versprechende Maßnahmen geboten, liegt auch keine Pflichtverletzung des Auftragnehmers, sondern desjenigen vor, der das Leistungsverzeichnis erstellt hat. Hat der

---

[66] BGH U. v. 6. 5. 1999, VII ZR 132/97, BGHZ 141, 357 = NJW 1999, 2266 = BauR 1999, 1047 = ZfBR 1999, 310; BGH NJW-RR 1990, 442 = BB 1990, 733.
[67] → Vor § 6 Rdn. 46, 47.
[68] *Lauenroth* BauR 1973, 21.
[69] BGHZ 54, 236, 237 = NJW 1970, 2021; vgl. auch → Vor § 6 Rdn. 47.
[70] BGH U. v. 21. 12. 2000, VII ZR 17/99, NJW 2001, 1642 = NZBau 2001, 261 = BauR 2001, 785.
[71] BGH U. v. 16. 12. 2004 VII ZR 16/03, NJW-RR 2005, 669 = NZBau 2005, 295 = BauR 2005, 735.

A. Allgemeines und Grundlegung  Vor § 8

Auftragnehmer das Leistungsverzeichnis erarbeitet, kann es am Verschulden fehlen, wenn vom Auftragnehmer in der Bietungsphase eine technisch diffizile Untersuchung der vorhandenen Substanz nicht erwartet werden kann.

Der Auftraggeber kann gemäß § 311a Abs. 2 BGB nach seiner Wahl Schadensersatz statt 37 der Leistung oder Ersatz seiner Aufwendungen in dem in § 284 BGB bestimmten Umfang verlangen. Diese Sekundäransprüche sind ausgeschlossen, wenn der Schuldner das Leistungshindernis bei Vertragsschluss nicht kannte und seine Unkenntnis auch nicht zu vertreten hat. Entscheidend ist, ob dem Auftragnehmer bei der Begründung des Schuldverhältnisses eine Pflichtverletzung zum Vorwurf gemacht werden kann.[72] Das Problem kann im Bereich des Neubaues kaum, in den Fällen des Planens und Bauens im Bestand eher auftreten. Denn bei Instandsetzung, Modernisierung, Restaurierung und ähnlichen Maßnahmen stellt sich die Frage, auf welche Weise sich ein Unternehmer vor Vertragsschluss mit der vorhandenen Substanz auseinander zu setzen hat. Das ist einzelfallbezogen zu beurteilen und hat zudem damit zu tun, ob dem Vertrag ein von einem Architekten erstelltes Leistungsverzeichnis, auf welches der Auftragnehmer geboten hat, zu Grunde liegt, oder ob der Auftragnehmer einen Kostenanschlag oder ein Kostenangebot erarbeitet hat. Grundsätzlich darf der aus § 645 BGB ableitbare Grundsatz nicht außer Acht gelassen werden, dass der Auftraggeber die versteckten Risiken der Substanz zu tragen hat. Denn wie der Baugrund ist auch die vom Auftraggeber gestellte Bausubstanz ein Baustoff, dessen unerkannt gebliebenen Risiken grundsätzlich der Auftraggeber zu tragen hat.[73] Der Schadensersatzanspruch setzt Verschulden des Auftragnehmers an der Unmöglichkeit der Leistung voraus; allerdings muss sich der Auftragnehmer wegen der Formulierung in § 311a Abs. 2 Satz 2 BGB entlasten.[74]

Ist die Leistung gleichgültig aus welchem der in § 275 Abs. 1 BGB genannten Umstände 38 von Anfang an unmöglich (**Unvermögen** oder **objektve Unmöglichkeit**) bleibt der Vertrag wirksam. Das ist die Rechtsfolge aus § 311a Abs. 1 BGB, die weiter in Abs. 2 mit einem Schadensersatzanspruch statt der Leistung oder mit einem Aufwendungsersatzanspruch verknüpft wird. Die weiteren Rechtsfolgen hängen von der Rechtswahl des Auftraggebers ab, der zwischen dem Anspruch auf Schadensersatz und auf Ersatz der Anforderungen wählen kann.[75]

Fälle der nachträglichen Unmöglichkeit oder des Unvermögens wirken sich nach § 275, 39 §§ 283, 285, 326 BGB nicht unmittelbar auf den Bestand des Vertrages aus. Hat der Auftragnehmer die Unmöglichkeit verschuldet, bieten sich dem Auftraggeber die Möglichkeit des Schadensersatzes nach § 283 BGB. Der Rücktritt ist verschuldensunabhängig nach §§ 326 Abs. 5, 323 BGB möglich.

Von den Unmöglichkeitstatbeständen sind die Fälle der mangelhaften oder vertragswid- 40 rigen Leistung zu unterscheiden. Diese haben in § 4 Nr. 6, 7 bzw. § 13 Nr. 5 bis Nr. 7 VOB/B eine völlig eigenständige Regelung erfahren. Die Unmöglichkeit der Mängelbeseitigung führt abhängig vom Willen des Auftraggebers, dem allein die Auswahl zusteht, zur Minderung (§ 13 Nr. 6 VOB/B). Der Fortbestand des Bauvertrages wird nicht beeinträchtigt. Der Rückgriff auf Ansprüche aus § 283 BGB wird durch die in § 13 Nr. 6 VOB/B getroffene Sonderregelung ausgeschlossen.[76]

## II. Anfechtbarkeit – Vernichtbarkeit

Der Bauvertrag ist mangels anderweitiger Regeln in der VOB/B nach den allgemeinen 41 Grundsätzen des BGB durch Anfechtung mit der sich aus § 142 BGB Rechtsfolge vernicht-

---

[72] *Bamberger/Roth/Gehrlein* § 311a Rdn. 5; *Palandt/Heinrichs* § 311a Rdn. 6.
[73] BGH U. v. 16. 12. 2004, VII ZR 16/03, NJW-RR 2005, 669 = NZBau 2005, 295 = BauR 2005, 735; *Staudinger/Peters* 2003 § 645 Rdn. 12; *Bamberger/Roth/Voit* § 645 Rdn. 5.
[74] *Bamberger/Roth/Voit* § 311a Rdn. 9.
[75] → *Palandt/Grüneberg* § 311a Rdn. 1 ff.
[76] *Heiermann/Riedl/Rusam* VOB/B Einf. §§ 8, 9 Rdn. 12.

bar. Greift ein Anfechtungstatbestand durch, ist der Bauvertrag als von Anfang nichtig anzusehen. Die Rückabwicklung bereits erbrachter Bauleistungen erfolgt nach Bereicherungsregeln. *Nicklisch*[77] hält es in Anlehnung an vollzogene Arbeits- und Gesellschaftsverträge für geboten, die Rechtsfolgen der Anfechtung auch bei einem im Abwicklungsstadium befindlichen Bauvertrag nicht in die Vergangenheit, sondern nur für die Zukunft wirken zu lassen.[78] Eine generelle und streng an den dogmatischen Grundstrukturen ausgerichtete Lösung scheidet aus. Eine Kontrolle nach Treu und Glauben wie auch an Rechtsmissbrauchsgesichtspunkten ist geboten, wobei eine Anfechtung gemäß § 119 BGB anders zu beurteilen ist als eine solche wegen arglistiger Täuschung oder Drohung (§ 123 BGB).

### 1. Anfechtung nach § 119 BGB

**42** Bei der Anfechtung nach § 119 BGB sind der Erklärungsirrtum, der Inhaltsirrtum und der grundsätzlich unbeachtliche Motivirrtum zu unterscheiden. Der Kalkulations- oder Berechnungsirrtum bildet einen Sonderfall.[79]

**43** **a) Der Erklärungsirrtum.** Eine Anfechtung wegen Irrtums in der Erklärungshandlung nach § 119 Abs. 1, 2. Alternative BGB kommt in Betracht, wenn der Unternehmer oder Auftraggeber sich verschrieben oder versprochen hat. Der Irrtum liegt im Akt der Willensentäußerung, also im Sprech- oder Schreibakt. Auf der Unternehmerseite kann es insbesondere zu einer fehlerbehafteten Übertragung kalkulierter Preise in das Leistungsverzeichnis kommen, so wenn z. B. ein Komma verrutscht oder ein „Zahlendreher" unterläuft.[80] Die nach §§ 121, 143 BGB erklärte Anfechtung hat gem. § 142 BGB rückwirkende Kraft. Ob damit eine Gesamtnichtigkeit des Vertrages verbunden ist, beurteilt sich nach § 139 BGB. Denn beschränkt sich der Irrtum bei einem Einheitspreisvertrag auf einen einzelnen Einheitspreis oder eine Teilpauschale, betrifft die Wirkung gem. § 142 BGB dieses Vertragselement. Im Übrigen bleibt der Vertrag bestehen, denn die Annahme einer Gesamtwirkung nach § 139 BGB verbietet sich unter diesen Umständen.[81] Ist die vertraglich vereinbarte Pauschalsumme von einem solchen Irrtum behaftet, wird dies bei Anfechtung regelmäßig die Unwirksamkeit des Gesamtvertrages zur Folge haben.[82]

**44** Die Rückabwicklung nach § 812 Abs. 1 Satz 1, § 818 Abs. 2 BGB hat den Rückbau nicht zur Folge. Denn die Herausgabe der erlangten Bauleistung ist wegen der Beschaffenheit des Erlangten regelmäßig unmöglich, so dass der Empfänger der Bauleistung den Wert zu ersetzen hat.

**45** **b) Der Inhaltsirrtum.** Davon zu unterscheiden ist der Inhaltsirrtum nach § 119 Abs. 1, 1. Alternative BGB. Der Erklärende ist sich bei der Abgabe der Willenserklärung über deren Inhalt im Irrtum. Der Sprech- oder Schreibakt gelingt, der Erklärende irrt sich über den Inhalt seiner Erklärung, weswegen der erklärte und der gebildete Willen nicht übereinstimmen. Unbeachtlich und hiervon zu trennen ist der bereits im Rahmen der Willensbildung beim Erklärenden unterlaufene Irrtum.[83] Ein solcher **Motivirrtum** ist grundsätzlich unbeachtlich.[84] Der Irrtum über die verkehrswesentlichen Eigenschaften einer Person oder einer Sache nach § 119 Abs. 2 BGB bildet eine Ausnahme.[85]

---

[77] In *Nicklisch/Weick* VOB/B Vor §§ 8, 9 Rdn. 25.
[78] Dem schließen sich *Kaiser* Mängelhaftung Rdn. 167 und *Heiermann/Riedl/Rusam* VOB/B Einf. §§ 8, 9 Rdn. 9 an.
[79] BGH U. v. 7. 7. 1998, VII ZR 17/97, NJW 1998, 3192 = BauR 1998, 1089; BGH U. v. 13. 7. 1995, VII ZR 142/94, NJW-RR 1995, 1360 = BauR 1995, 842; vgl. → Vor § 2 Rdn. 151 ff.; *Schelle* BauR 1985, 511 ff.
[80] *Kleine-Möller/Merl/Kleine-Möller* § 10 Rdn. 384.
[81] *Kleine-Möller/Merl/Kleine-Möller* § 10 Rdn. 390, 391; vgl. → § 2 Rdn. 187 ff.
[82] *Kleine-Möller/Merl/Kleine-Möller* § 10 Rdn. 391.
[83] Auf die zeitliche Abfolge und die Irrtumssituation abstellend OLG Nürnberg IBR 1994, 274.
[84] *Palandt/Heinrichs* § 119 Rdn. 29.
[85] *Palandt/Heinrichs* § 119 Rdn. 23.

A. Allgemeines und Grundlegung  **Vor § 8**

Im Baubereich sind von den verschiedenen Typen des Irrtums über den Erklärungsinhalt[86] **46** die über den Geschäftstyp, die Person des Geschäftspartners und über den Geschäftsgegenstand bedeutungslos.[87] Relevant kann im Einzelfall der **Irrtum über die Rechtsfolgen** der Erklärung sein, wobei die Grenzen zum unbeachtlichen Motivirrtum im Einzelfall fließend und schwierig auszumachen sind. Kein Inhaltsirrtum, sondern ein Motivirrtum liegt vor, wenn der Auftraggeber mit einem bestimmten **Leistungsbeschreibungstext** eine bestimmte Leistung verbindet, was im Widerspruch zur einschlägigen Standardleistung nach der maßgeblichen gewerkespezifischen Allgemeinen Technischen Vertragsbedingung für Bauleistungen (VOB/C) steht. Beispiel: Im Leistungsverzeichnis für Malerarbeiten sind Spachtelarbeiten ausgeschrieben. Der Bieter meint, hierbei handele es sich um eine punktuelle Leistung, was sich jedoch nach DIN 18363 Abschnitt 3.1.6. deshalb als irrig erweist, weil danach die Flächen ganzflächig einmal mit Spachtelmasse zu überziehen sind. Kein Anfechtungsrecht besteht, wenn der Auftraggeber einen Putz ohne Angabe einer bestimmten Oberflächen-Putzstruktur ausschreibt und damit im Gegensatz zur Festlegung in DIN 18350 Abschnitt 3.2.4, wonach in einem solchen Fall (vgl. auch Abschnitt 0.3.1 dieser DIN) der Putz als geriebener Putz bzw. Kratzputz auszuführen ist, die Meinung verbindet, zum angebotenen Preis jede Putzstruktur nach § 4 Nr. 1 Abs. 3 VOB/B ohne Preisfolgen anordnen zu können. Dasselbe gilt bei Ausschreibung einer Leistung in der Meinung, dass der Auftragnehmer damit auch ansonsten Besondere und damit normalerweise nach Abschnitt 4.2 der VOB/C-Normen zusätzlich vergütungspflichtige Leistungen für den angebotenen Preis erbringen müsse, was sich jedoch bei Vertragsauslegung als falsch erweist.

In diesen Fällen besteht keine irrtums- und damit auch keine anfechtungsrelevante **47** Differenz zwischen dem gebildeten Geschäftswillen und der abgegebenen Willenserklärung, sondern bereits die Willensbildung, die zur Auffindung der Formulierung im Leistungsverzeichnis geführt hat, war irrtumsbehaftet. Damit liegt ein unbeachtlicher Motivirrtum vor. Ein Irrtum im **Beweggrund** (Motiv) berechtigt im hier relevanten Zusammenhang nur nach § 119 Abs. 2 BGB bei einem Irrtum über verkehrswesentliche Eigenschaften zu einer Anfechtung.[88] Nach der Rechtsprechung[89] liegt ein unbeachtlicher Motivirrtum vor, „wenn ein rechtsirrtumfrei erklärtes und gewolltes Rechtsgeschäft außer der mit seiner Vornahme erstrebten Rechtswirkung noch andere, nicht erkannte und nicht gewollte Rechtswirkungen hervorbringt."

Das ist z.B. der Fall, wenn der Auftraggeber bei einem **Detailpauschalvertrag**[90] und **48** damit einem Pauschalvertrag auf der Basis eines detaillierten Leistungsverzeichnisses der Meinung ist, notwendig werdende Besondere Leistungen, die in den Katalog des Abschnitts 4.2 der VOB/C-Normen fallen, ohne zusätzlich anfallende Vergütung fordern zu können. Andere[91] sind der Meinung, ein Inhaltsirrtum nach § 119 Abs. 1 BGB liege von vornherein nicht vor, wenn sich der Irrtum auf Rechtsfolgen beziehe, die nicht selber Inhalt der rechtsgeschäftlichen Erklärung sind, sondern dem Rechtsgeschäft kraft Gesetzes oder auf Grund ergänzender Vertragsauslegung zuzurechnen sind. Ein solcher Rechtsfolgenirrtum des Erklärenden ist deshalb unbeachtlich, weil diese Rechtsfolgen von Rechts wegen und unabhängig vom Willen des Erklärenden eintreten.[92]

Der Ausschluss der Anfechtung einer Bauvertragspartei wegen eines deshalb in Anspruch **49** genommenen **Rechtsfolgenirrtums,** weil die Rechtsfolgenvorstellung des Erklärenden mit den sich aus der VOB insgesamt (den Teilen A, B und C in ihrer Gesamtheit) ergebenden

---

[86] Dazu *Palandt/Heinrichs* § 119 Rdn. 12 ff.
[87] → Vor § 2 Rdn. 153 ff.
[88] MünchKomm/*Kramer* § 119 Rdn. 105 ff.; *Palandt/Heinrichs* § 119 Rdn. 23, 29.
[89] Vgl. die Zusammenstellung in MünchKomm/*Kramer* § 119 Rdn. 86; BGHZ 134, 152, 156 = NJW 1997, 653; BGH NJW 2002, 3100, 3103.
[90] Zum Begriff vgl. *Kapellmann/Messerschmidt/Kapellmann* VOB/B § 2 Rdn. 242 und *Kapellmann/Schiffers* Bd. 2 Rdn. 2 ff.
[91] MünchKomm/*Kramer* § 119 Rdn. 84; *Palandt/Heinrichs* § 119 Rdn. 15; *Flume* Allgemeiner Teil des Bürgerlichen Rechts, 2. Bd., § 23/4 d).
[92] *Flume* Allgemeiner Teil des Bürgerlichen Rechts, 2. Bd., § 23/4 d).

Rechtsfolgen nicht deckungsgleich ist, lässt sich auch damit begründen, dass mit der Vereinbarung der VOB/B als Vertragsbestandteil gemäß deren § 1 Nr. 1 Satz 2 auch die VOB/C als Vertragsbestandteil gilt. Das prägt den Inhalt der bauvertraglichen Rechtsfolgeseite im weiteren unabhängig vom Vertrags- und Rechtsfolgenwillen der Bauvertragspartner.

50 **c) Der beachtliche Motivirrtum.** Als beachtlichen Motivirrtum behandelt § 119 Abs. 2 BGB den Irrtum über die verkehrswesentliche Eigenschaften einer Person oder einer Sache. Im Einzelfall kann die Eintragung des Auftragnehmers in der **Handwerksrolle** oder z. B. als Mitglied in einer Güteüberwachungsgemeinschaft eine derartige verkehrswesentliche Eigenschaft sein,[93] deren Fehlen dann, wenn der Auftraggeber hierauf erkennbar Wert gelegt hat, zur Anfechtung berechtigt. Dieser Aspekt kann wegen des Dritten Gesetzes zur Änderung der Handwerksordnung und anderer handwerklicher Vorschriften[94] an Bedeutung deshalb gewinnen, weil nach § 18 Abs. 2 HWO zahlreiche Handwerke zulassungsfrei oder als handwerksähnliche Gewerbe betrieben werden können (Anlage B zur Handwerksordnung). Die Eintragung in die Handwerksrolle und damit das Erfordernis eines Meisterbetriebes entfallen damit. Zu den verkehrswesentlichen Qualitäten, deren Fehlen zur Anfechtung berechtigen können, gehört auch, dass der Auftrag in der Person des Auftragnehmers nicht die Voraussetzungen der Schwarzarbeit nach § 1 Abs. 1 SchwArbG erfüllt.[95] Nach Treu und Glauben ist die Wirkung einer solchen Anfechtung unter Rechtsmissbrauchsgesichtspunkten jedoch auf die **Zukunft** zu beschränken. Sie kommt damit einer Kündigung gleich, denn bei einem bereits im Abwicklungsstadium befindlichen Bauvertrag besteht angesichts der Irrtumssituation mit Recht nur ein Interesse, sich für die Zukunft von dem Auftragnehmer zu trennen. Das gilt jedenfalls dann, wenn sich die beanstandete fehlende personelle Eigenschaft nicht in irgendeiner Weise nachteilig am erstellten Werk auswirkt. Dann erscheint es angemessener, nach den Regeln des **institutionellen Rechtsmissbrauchsverbots**[96] die Wirkungen der Anfechtung auf die einer Kündigung zu beschränken und die Rückabwicklung nach § 812 Abs. 1, § 818 Abs. 2 BGB abzulehnen.

51 Der Irrtum des Auftraggebers über Eigenschaften des Bauwerks gemäß § 119 Abs. 2 BGB rechtfertigt keine Anfechtung, soweit aus dem gleichen Grunde Sachmängelansprüche geltend gemacht werden können. Das hat seinen Grund darin, dass die Anfechtung nach § 121 Abs. 2 BGB noch 30 Jahre nach Abgabe der Erklärung möglich ist, wogegen das Gewährleistungsrecht mit den kurzen Verjährungsfristen eine schnelle Abwicklung anstrebt.[97] Dieser Ausschluss erfasst jedenfalls bei einem VOB-Bauvertrag auch den Zeitraum vor der Abnahme, da § 4 Nr. 7 VOB/B bei mangelhafter oder sonst vertragswidriger Ausführung einen Sondertatbestand enthält. Für die Zeit nach der Abnahme ist § 13 Nr. 5 VOB/B einschlägig.[98]

52 **d) Der Kalkulations- oder Berechnungsirrtum.** Zwei Typen des Kalkulations- oder Berechnungsirrtums sind zu unterscheiden. Der sog. interne Kalkulationsirrtum wird anders als der sog. externe Kalkulationsirrtum behandelt.[99]

53 **aa) Der interne Kalkulationsirrtum.** Der interne oder einseitige Kalkulationsirrtum ist ein unbeachtlicher Motivirrtum.[100] Der Irrtum kann auch als ein solcher bei der Erklärungsvorbereitung eingestuft werden.[101] Denn die Kalkulation bildet lediglich die

---

[93] BGH NJW 1984, 230, 2341; OLG Hamm NJW-RR 1990, 523; → Vor § 2 Rdn. 157.
[94] BGBl. I 2003 S. 2934.
[95] OLG Nürnberg BauR 2000, 1494 (Revision nicht angenommen) BGH NJW-RR 2002, 557 = NZBau 2002, 149 = BauR 2001, 632.
[96] *Palandt/Heinrichs* § 242 Rdn. 40.
[97] *Palandt/Sprau* Vorb. § 633 Rdn. 15; *Ingenstau/Korbion/Vygen* VOB/B Vor §§ 8, 9 Rdn. 38; *Kaiser* Mängelhaftung Rdn. 167 c.
[98] *Ingenstau/Korbion/Vygen* VOB/B Vor §§ 8, 9 Rdn. 38.
[99] → Vor § 2 Rdn. 162 ff. m. w. Nachw.
[100] BGH U. v. 7. 2. 1998, X ZR 17/97, BGHZ 139, 177 = NJW 1998, 3192 = BauR 1998, 1089; BGH NJW-RR 1987, 1307; *Kniffka/Koeble* Kompendium, 5. Teil Rdn. 125.
[101] *Palandt/Heinrichs* § 119 Rdn. 10; *Medicus* Allgemeiner Teil, Rdn. 256.

## A. Allgemeines und Grundlegung

Grundlage für die Willenserklärung, deren Inhalt allein der kalkulierte Preis ohne die Kalkulationsgrundlagen ist. Deren Offenlegung findet nicht statt; selbst bei Offenlegung, was teilweise nach den Einheitlichen Formblättern des Vergabehandbuchs (EFB-Preis) erfolgt, werden diese Preisangaben jedenfalls nicht Vertragsbestandteil.[102] Grundsätzlich trägt derjenige, der auf Grund einer für richtig gehaltenen, in Wirklichkeit aber nicht zutreffenden Berechnungsgrundlage einen bestimmten Preis oder eine bestimmte Vergütungsgrundlage ermittelt und seinem Angebot zu Grunde legt, das Richtigkeitsrisiko seiner Kalkulation.[103] Das gilt insbesondere dann, wenn der Bieter irrtümlich davon ausgeht, bestimmte Positionen vernachlässigen zu können. Solche Spekulationsirrtümer gehen voll zu Lasten des Bieters. Das trifft auch zu, wenn sich der Bieter in der Risikoeinschätzung von Positionen im Leistungsverzeichnis verschätzt.[104] Eine Anfechtung nach § 119 Abs. 2 BGB scheidet aus, weil der Preis kein wertbildender Faktor ist und deshalb als verkehrswesentliche Eigenschaft ausscheidet.[105] Grundsätzlich gilt, dass ein Kalkulationsirrtum, der nicht die Voraussetzungen des § 119 Abs. 1 oder Abs. 2 BGB erfüllt, nicht zur Anfechtung berechtigt.[106]

Das OLG Nürnberg[107] hält bei der Abgrenzung eines Kalkulationsirrtums von einem Erklärungsirrtum für maßgeblich, wann der Irrtum unterlaufen ist. Liegt der Irrtum bei der Ermittlung der Angebotssumme, handelt es sich um einen Kalkulationsirrtum, tritt er bei Abgabe des Angebots auf, liegt ein Erklärungsirrtum vor. **54**

Problematisch ist, ob ausnahmsweise auch bei einem „internen" Kalkulationsirrtum dem Bieter dann ein Anfechtungsrecht entsprechend § 119 Abs. 1 BGB zusteht, wenn der Auftraggeber den Kalkulationsirrtum vor Vertragsschluss positiv erkannt hat.[108] An der Versagung des Anfechtungsrechts bei einem internen oder einseitigen Kalkulationsirrtum ändert sich nichts, wenn der Erklärungsempfänger den Kalkulationsirrtum des Erklärenden hätte erkennen können, ohne dass er ihn positiv erkannt hat.[109] Der BGH lehnt die Anfechtbarkeit auch dann ab, wenn der Erklärungsempfänger den Kalkulationsirrtum positiv kannte oder diese positive Kenntnis treuwidrig vereitelt wird.[110] Für die Anfechtbarkeit könnte zwar das dann fehlende Schutzbedürfnis des Verkehrsinteresses sprechen. Der BGH entscheidet sich demgegenüber für eine Lösung außerhalb der §§ 119 ff. BGB zu Gunsten der Grundsätze der Haftung für Verschulden bei Vertragsverhandlungen[111] und der unzulässigen Rechtsausübung.[112] Eine unzulässige Rechtsausübung kann vorliegen, wenn der Empfänger des Vertragsangebots das Angebot annimmt und auf der Durchführung des Vertrages besteht, obwohl er wusste (oder sich treuwidrig der Kenntnisnahme entzog), dass das Angebot auf einem Kalkulationsirrtum des Erklärenden beruht. Hierfür reicht jedoch die positive Kenntnis allein nicht aus. Maßgeblich sind die Umstände des Einzelfalles, wobei entscheidend auf das Ausmaß des Irrtums, insbesondere sein Gewicht abzustellen ist. Mit Treu und Glauben unvereinbar ist die Annahme eines – vom Angebotsempfänger erkannten – fehlerhaft berechneten Angebots nur dann, wenn die Vertragsdurchführung für den Erklärenden schlechthin unzumutbar ist, etwa weil er dadurch in erhebliche wirtschaftliche Schwierig- **55**

---

[102] Vgl. den Vermerk bei den Formblättern EFB-Preis 1 a bis 1 d und EFB-Preis 2 in der Ausgabe des VHB bis 2001. Die Ausgabe des VHB 2002 und 2006 enthält diesen Vermerk nicht mehr.
[103] BGH U. v. 7. 7. 1998, X ZR 97,/97, BGHZ 139, 177 = NJW 1998, 3192 = BauR 1998, 1089; BGH NJW-RR 1986, 569 = BauR 1986, 334, 336; *Heiermann* BB 1984, 1836; *Ingenstau/Korbion/Kratzenberg* A § 19 Rdn. 27.
[104] BGH BauR 1972, 381; LG Aachen BauR 1986, 698, 699.
[105] *Palandt/Heinrichs* § 119 Rdn. 27; *Ingenstau/Korbion/Kratzenberg* A § 19 Rdn. 27.
[106] OLG Köln BauR 1996, 98.
[107] IBR 1994, 274.
[108] Dafür *Heiermann* BB 1984, 1836, 1840; offen gelassen von BGH NJW-RR 1986, 569 = BauR 1986, 334, 336.
[109] BGH U. v. 7. 7. 1998, X ZR 17, 97, BGHZ 139, 177 = NJW 1998, 3192 = BauR 1998, 1089, 1090; BGH NJW-RR 1995, 1360 = BauR 1995, 842.
[110] BGH NJW 1998, 3192 = BauR 1998, 1089, 1090.
[111] Vgl. BGH NJW 1980, 180 = BauR 1980, 63; vgl. auch OLG Celle BauR 2004, 1302.
[112] A. A. MünchKomm/*Kramer* § 119 Rdn. 123.

keiten geraten würde.[113] Bei alledem ist zudem zu beachten, dass ein Auftraggeber im Ausschreibungsverfahren nicht verpflichtet ist, ohne offenbare Anhaltspunkte in den abgegebenen Angeboten diese auf etwaige Kalkulationsfehler zu überprüfen oder weitere Ermittlungen anzustellen. Der Auftraggeber ist nicht gehalten, von sich aus zu klären, ob ein Kalkulationsfehler vorliegt oder nicht. Derartiges könnte sich erst ergeben, wenn sich der Tatbestand des Kalkulationsfehlers geradezu aufdrängt.[114] Der Wertungsvorgang nach § 25 VOB/A verfolgt auch nicht in der 3. Stufe, nämlich der Prüfung der Angebotspreise nach § 25 Nr. 3 Abs. 2 VOB/A das Ziel, eventuelle Kalkulationsfehler aufzuspüren.

**56** **bb) Der externe Kalkulationsirrtum.** Dieser auch als „offener" Kalkulationsirrtum bezeichnete Irrtum setzt die Einbeziehung der Kalkulationsgrundlagen in die Vertragsverhandlungen voraus.[115] Dem soll nach der Literatur[116] der vom anderen Teil erkannte Kalkulationsirrtum gleichstehen. Die Behandlung dieser Irrtumslage ist umstritten.[117] Während die Rechtsprechung früher meist ein Anfechtungsrecht bejaht hat,[118] lehnen die überwiegende Literaturmeinung und der BGH ein solches ab.[119] Dem ist zuzustimmen, denn die irrtumsbehaftete Kalkulation, deren unzulängliche Grundlagen in die Verhandlung einbezogen werden, bleibt weiterhin Teil der Willensbildung, wenn diese auch in Vertragsverhandlungen offen gelegt wird.[120] Der Bieter wird über Auslegungshilfen oder Schadensersatzansprüchen wegen Verschuldens bei Vertragsverhandlungen geschützt. Fehlt es hierfür am Verschulden, bietet der Grundsatz von Treu und Glauben eine Korrekturmöglichkeit, wenn der ausschreibende Auftraggeber den Grund für das Missverständnis selbst gesetzt hat. Je nach Fallgestaltung können auch die Grundsätze des Wegfalls der Geschäftsgrundlage einschlägig sein.[121]

**57** § 313 BGB kodifiziert die hinsichtlich der Störung der Geschäftsgrundlage ergangene Rechtsprechung. Danach[122] sind Geschäftsgrundlage die bei Vertragsschluss bestehenden gemeinsamen Vorstellungen beider Parteien oder die dem Geschäftsgegner erkennbaren und von ihm nicht beanstandeten Vorstellungen der einen Vertragspartei vom Vorhandensein oder dem zukünftigen Eintritt gewisser Umstände, sofern der Geschäftswille der Parteien auf dieser Vorstellung aufbaut. Allerdings ist nach BGH[123] bei einem Pauschalvertrag die offen gelegte Kalkulation des Auftragnehmers nur selten Geschäftsgrundlage in diesem Sinne auch für den Auftraggeber. Eine Anpassung kommt nur ausnahmsweise und unabhängig von der Erkennbarkeit des Kalkulationsirrtums in Betracht, so dann, wenn der andere Teil sich die unrichtige Kalkulation soweit zu eigen gemacht hat, dass eine Verweigerung der Anpassung treuwidrig wäre oder dann, wenn beide Parteien einen bestimmten Berechnungsmaßstab zur Grundlage ihrer Vereinbarung gemacht haben oder wenn die andere Seite den Irrtum bemerkt und treuwidrig ausgenutzt hat. Im Hinblick auf die jüngere Rechtsprechung des BGH[124] besteht auch bei einem externen Kalkulationsirrtum, den der Erklärungsempfänger erkannt hat oder bei welchem der Erklärungsempfänger die Kenntnisnahme treuwidrig vereitelt hat, kein Anfechtungsrecht. Vielmehr ist der Konflikt über die Rechtsfigur des Verschuldens bei Vertragsverhandlungen oder mit den Regeln rechtsmissbräuchlichen Ver-

---

[113] BGH NJW 1998, 3192 = BauR 1998, 1089, 1092.
[114] BGH NJW 1998, 3192 = BauR 1998, 1089, 1093.
[115] BGH BauR 1986, 334, 336 = NJW-RR 1986, 569 = ZfBR 1986, 128; OLG Köln BauR 1995, 98, 99.
[116] *Palandt/Heinrichs* § 119 Rdn. 18.
[117] Vgl. dazu *Schelle* BauR 1985, 511 ff.
[118] RG 64, 268; 162, 201; OLG München NJW-RR 1990, 1406; der BGH hat die Frage in BauR 1986 334, 336 = NJW-RR 1986, 569 = ZfBR 1986, 128 ausdrücklich offen gelassen; vgl. BGH NJW 1983, 1671, 1672.
[119] BGH U. v. 7. 7. 1998, X ZR 17, 97, BGHZ 139, 177 = NJW 1998, 3192 = BauR 1998, 1089; vgl. die Nachweise bei *Palandt/Heinrichs* § 119 Rdn. 18, 19; → Vor § 2 Rdn. 166 ff.
[120] *Palandt/Heinrichs* § 119 Rdn. 19.
[121] BGH NJW-RR 1995, 1360 = BauR 1995, 842.
[122] BGH NJW-RR 1995, 1360 = BauR 1995, 842.
[123] BGH NJW-RR 1995, 1360 = BauR 1995, 842.
[124] BGH U. v. 7. 7. 1998, X ZR 17/97, BGHZ 139, 177 = NJW 1998, 3192 = BauR 1998, 1089.

haltens zu lösen. Hat der Auftraggeber den Kalkulationsirrtum positiv erkannt oder die Kenntniserlangung treuwidrig (§ 162 BGB) vereitelt, ergeben sich zu Gunsten des Bieters/Auftragnehmers Schadensersatzansprüche aus § 241 Abs. 2, § 311 Abs. 2 Nr. 1, § 280 Abs. 1 BGB.[125] Er ist so zu stellen, wie er ohne das schädigende Ereignis, also bei vertragsgemäßer Aufklärung, stünde. Das kann z. B. bedeuten, dass der Auftraggeber, der dem unwissenden Auftragnehmer eine bevorstehende Erhöhung der Deponiekosten verschweigt, die Differenz zu zahlen hat.[126] Ansprüche aus Verschulden bei Anbahnung des Vertragsverhältnisses setzen jedoch ein schutzwürdiges Vertrauen voraus.[127]

**cc) Allgemeine Geschäftsbedingungen.** In Allgemeinen Geschäftsbedingungen, die vom Auftraggeber gestellt werden, darf die Befugnis des Auftragnehmers, sich auf einen ausnahmsweise – z. B. über Ansprüche aus Verschulden bei Vertragsverhandlungen oder nach Treu und Glauben – rechtserheblichen Kalkulationsirrtum zu berufen, nicht ausgeschlossen werden.[128]

58

### 2. Anfechtung nach § 123 BGB

Die Anfechtung nach § 123 BGB bleibt beiden Vertragspartner unter der Voraussetzung der arglistigen Täuschung oder der Drohung in vollem Umfang erhalten. Eine Verdrängung durch Sachmängelhaftungsregeln findet nicht statt,[129] was insbesondere bei der arglistigen Vorspiegelung von Eigenschaften bedeutsam sein kann. Denn der arglistig Handelnde verdient die Vergünstigung der kurzen Verjährungsfristen für die Gewährleistungsansprüche nicht.

59

Verneint der Bieter im Angebotsschreiben wahrheitswidrig die Beteiligung an einer unzulässigen Wettbewerbsbeschränkung (negative Bietererklärung) oder stellt der Bieter im Rahmen des Vertragsschlusses stillschweigend das Vorliegen einer derartigen Wettbewerbsbeschränkung in Abrede, berechtigt diese arglistige Täuschung nicht zu einer Anfechtung nach § 123 BGB. Diese Möglichkeit wird durch die Kündigung nach § 8 Nr. 4 VOB/B verdrängt.[130] Dies folgt aus den verschiedenen Wirkungen wie auch den Kündigungs- bzw. Anfechtungsfristen. Nach Bekanntwerden des Kündigungsgrundes, nämlich der unzulässigen Wettbewerbsabrede, kann die Kündigung nur innerhalb einer Ausschlussfrist von **12 Werktagen** ausgesprochen werden. Die damit angestrebte schnelle Abwicklung wäre ausgeschlossen, wenn dem getäuschten Auftraggeber die Anfechtung innerhalb einer **Jahresfrist** nach § 124 Abs. 1 BGB bliebe. § 8 Nr. 4 VOB/B strebt außerdem mit der Auftragsentziehung eine Wirkung nur für die Zukunft und nicht eine Rückabwicklung nach den Regeln der ungerechtfertigten Bereicherung an.

60

## B. Der Rücktritt vom Bauvertrag

Die VOB/B führt nicht zu einem gänzlichen Ausschluss des Rücktritts. Bei Unmöglichkeit der Bauleistung bleiben die Rücktrittsmöglichkeiten nach § 326 Abs. 5 BGB erhalten. Bei Zeitstörungstatbeständen werden § 281 BGB und § 323 BGB durch § 5 Nr. 4, § 8 Nr. 3 VOB/B ersetzt, womit an die Stelle des Rücktrittsrechts ein Kündigungsrecht tritt. Das gilt regelmäßig auch bei Wegfall der Geschäftsgrundlage, wenn der Vertrag bereits in das Abwicklungsstadium eingetreten ist.

61

---

[125] *Kniffka/Koeble* Kompendium, 5. Teil Rdn. 126.
[126] OLG Stuttgart NJW-RR 1997, 1241 = BauR 1997, 855.
[127] BGH Urt. v. 11. 11. 1993, VII ZR 47/93, NJW 1994, 850 = BauR 1994, 236; OLG Celle BauR 2004, 1302.
[128] BGH-NJW 1983, 1671; OLG München BB 1984, 1386; *Glatzel/Hofmann/Frikell* S. 110.
[129] *Kaiser* Mängelhaftung Rdn. 167 a; *Ingenstau/Korbion/Vygen* VOB/B Vor §§ 8, 9 Rdn. 38.
[130] *Ingenstau/Korbion/Vygen* VOB/B § 8 Nr. 4 Rdn. 3.

**Vor § 8**

## I. Rücktritt und Unmöglichkeit der Bauleistung

### 1. Nachträgliche Unmöglichkeit

**62** Erweist sich die beauftragte Bauleistung als nachträglich unmöglich, was an der Rechtswirksamkeit des Vertrages nichts ändert,[131] hat der Auftraggeber mangels einer Sonderregelung in der VOB/B die Rücktrittsmöglichkeiten gemäß § 323 BGB. Das Recht zum Rücktritt vom Vertrag mit den sich aus §§ 346 ff. BGB ergebenden Rücktrittsfolgen ergibt sich aus § 326 Abs. 5 BGB; es ist verschuldensunabhängig. Regelmäßig sind mit der Rückabwicklung keine Schwierigkeiten verbunden, da mangels Leistung durch den Auftraggeber nichts zurückzugewähren ist.[132]

**63** Beschränkt sich die nachträgliche Unmöglichkeit auf eine **in sich abgeschlossene Teilleistung** i. S. v. § 12 Nr. 2 VOB/B, legitimiert § 323 Abs. 5 BGB nur in diesem Umfang zum Rücktritt. Der Vertrag bleibt hinsichtlich der übrigen Leistungen in vollem Umfang aufrecht erhalten. Das ändert sich, wenn der Auftraggeber an der Teilleistung kein Interesse hat.

### 2. Nachträgliches Unvermögen

**64** Diese Grundsätze gelten nicht nur bei nachträglicher objektiver Unmöglichkeit, sondern auch bei nachträglichem Unvermögen, da § 275 Abs. 1 BGB beide Unmöglichkeitsfälle gleichstellt. Für den VOB/B-Bauvertrag ist allerdings die Besonderheit beachtlich, dass das Unvermögen des Auftragnehmers innerhalb des durch § 1 Nr. 4, § 4 Nr. 8 Abs. 1 Satz 3 VOB/B bestimmten Rahmens nicht zur Leistungsbefreiung nach § 275 BGB führt, sondern das Recht des Auftragnehmers begründet, die ihm selbst betriebsbedingt unmöglich gewordene Leistung an einen Nachunternehmer zu vergeben. Mangels eines der Unmöglichkeit gleichgestellten Unvermögens scheidet der Rücktritt des Auftraggebers aus.

## II. Verdrängung des Rücktritts – Kündigung bei Zeitstörungstatbeständen

### 1. Ausschlusswirkung der Kündigungsregeln nach § 5 Nr. 4, § 8 Nr. 3, § 9 VOB/B

**65** Abgesehen vom Rücktritt nach §§ 326, 323 BGB wegen vom Auftragnehmer verursachter Unmöglichkeit der Auftragnehmerleistung verdrängen § 5 Nr. 4, § 8 Nr. 3 sowie § 9 VOB/B Rücktrittsmöglichkeiten der Vertragspartner nach gesetzlichen Vorschriften. Solche bestehen nach § 323 BGB beim Verzug und sonstigen Fällen der Pflichtverletzung, wozu auch § 324 BGB gehört. Die in **§ 5 Nr. 4 VOB/B** geregelten Tatbestände, die in ihrem Anwendungsbereich weitgehend mit Verzugsregeln des BGB deckungsgleich sind, verdrängen die Rücktrittsregeln.[133]

### 2. Gesetzliche Regelung des Rücktrittsrechts durch die Schuldrechtsmodernisierung

**66** Das von dem Schuldrechtsmodernisierungsgesetz verfolgte Konzept hat Änderungsbedarf nicht ausgelöst. Das gesetzliche Rücktrittsrecht kommt in Betracht bei Unmöglichkeit der Leistung (§ 326 Abs. 5, § 323 BGB), bei Schlechtleistung nach § 323 Abs. 1, § 636 BGB, sonstigen Fällen der Pflichtverletzung (§ 323 Abs. 1 BGB), Verzug (§ 323 Abs. 1 BGB) und Teilleistung (§ 323 Abs. 1, Abs. 5 BGB). Der Rücktritt ist in allen Fällen und insoweit

---

[131] Vgl. oben Rdn. 39.
[132] *Ingenstau/Korbion/Vygen* VOB/B Vor §§ 8, 9 Rdn. 31.
[133] *Ingenstau/Korbion/Vygen* VOB/B Vor §§ 8, 9 Rdn. 39; *Kapellmann/Messerschmidt/von Rintelen* VOB/B § 8 Rdn. 6.

## B. Der Rücktritt vom Bauvertrag  Vor § 8

abweichend vom bisherigen Rechtszustand bei Verzug verschuldensunabhängig ausübbar. § 323 Abs. 1 formuliert die Rücktrittsvoraussetzungen ohne Rücksicht auf ein Verschulden allein in Abhängigkeit von der Nichterbringung der fälligen Leistung oder der Nichterbringung der vertragsgemäßen Leistung sowie des fruchtlosen Ablaufs einer Frist bzw. des Vorliegens eines die Fristsetzung ersetzenden Tatbestandes (§ 323 Abs. 2 Nr. 1 bis 3 BGB). Der Rücktritt ist nach § 323 Abs. 4 BGB sogar vor dem Eintritt der Fälligkeit der Leistung möglich, wenn offensichtlich ist, dass die Voraussetzungen des Rücktritts eintreten werden. Der Rücktritt ist ausgeschlossen, wenn der Gläubiger für den Umstand, der ihn zum Rücktritt berechtigen würde, allein oder weit überwiegend verantwortlich ist (§ 323 Abs. 6 BGB).

Der Gläubiger ist gemäß § 324 BGB auch bei einer Pflichtverletzung nach § 241 Abs. 2 **67** BGB zum Rücktritt berechtigt, wenn ihm ein Festhalten am Vertrag nicht mehr zuzumuten ist. Rücktrittsregeln gelten auch, wenn bei Störungen der Geschäftsgrundlage eine Vertragsanpassung ausscheidet oder einem Teil nicht zumutbar ist (§ 313 Abs. 3 Satz 1 BGB). Für Dauerschuldverhältnisse ersetzt die Kündigung den Rücktritt (§ 313 Abs. 3 Satz 2 BGB).

Wenn der Rücktritt nach § 346 Abs. 1 BGB auch zur Rückabwicklung der empfangenen **68** Leistungen und der gezogenen Nutzungen führt, wandelt § 346 Abs. 2 Nr. 1 BGB diese potenziell wertezerstörende Rechtsfolge in eine Wertersatzpflicht dann, wenn die Rückgewähr oder die Herausgabe nach der Natur des Erlangten nicht herausgegeben werden kann. Ein derartiger Wertersatz kommt gerade im Baubereich in Betracht, wenn verschiedene Werkleistungen untrennbar mit anderen Sachen verbunden oder wesentlicher Bestandteil eines Grundstücks werden.[134] Typisch hierfür sind z. B. Fälle, in denen im Dünnbett Fliesen verlegt, Putz auf Mauerwerk, Beschichtung auf Putz oder sonstige Werkleistungen erbracht werden, die nach §§ 93, 94 BGB wesentlicher Bestandteil des Grundstücks werden. Im Baubereich nähert sich deshalb der Rücktrittstatbestand hinsichtlich der Rechtsfolgen maßgeblich den Wirkungen der Kündigung an. Denn die Kündigung entfaltet unter ungestörter Belassung der Bauleistung Wirkungen ausschließlich für die Zukunft und führt deshalb nicht zu einer Wertevernichtung. Wertersatz ist im Rücktrittsfall bei vertraglich vereinbarter Gegenleistung nach Maßgabe sich hieraus ergebender Regeln zu leisten (§ 346 Abs. 2 BGB), was Kündigungsgrundsätzen gleichfalls entspricht. Denn die bis zur Kündigung erbrachte Leistung ist gemäß den vertraglichen Vereinbarungen zu vergüten.[135]

Wenn trotz erklärten Rücktritts dem Gläubiger die Werkleistung verbleibt und an die **69** Stelle der Rückgewähr die Verpflichtung zum Wertersatz tritt (§ 346 Abs. 2 BGB), stellt sich die Frage, auf welche Weise Sachmangeltatbestände an dieser dem Gläubiger verbleibenden Leistung auszugleichen sind? Grundsätzlich führt der Rücktritt zum Erlöschen der Erfüllungsansprüche.[126] Ungeklärt ist, ob auch Nacherfüllungsansprüche, also im Werkvertrag solche nach § 13 Nr. 1, 5 BGB oder § 635 BGB erlöschen.[137] Eine an § 346 Abs. 2 BGB ausgerichtete Lösung, die daran anknüpft, zurzeit der Rückabwicklung bekannte Mangeltatbestände im Rahmen der Ermittlung des Wertersatzes zu berücksichtigen, scheitert dann, wenn die Sachmängel erst zu einem späteren Zeitpunkt – innerhalb der Verjährungsfrist für die Sachmängelansprüche – auftreten. Wenn dem Gläubiger die Werkleistung gegen eine Vergütung verbleibt, die sich an der Vertragsvereinbarung ausrichtet, entspricht es nicht nur den Geboten von Treu und Glauben, dem Auftraggeber insoweit auch Sachmängelansprüche zuzubilligen. Denn der Rücktritt beseitigt den Vertrag nicht, sondern wandelt ihn lediglich in ein Abwicklungsverhältnis um.[138] Hat dieses Abwicklungsverhältnis den körperlichen Fortbestand der Bauleistung zur Folge, wofür der Auftraggeber auch die vereinbarte Vergütung entrichtet, beinhaltet dieses fortbestehende Abwicklungsverhältnis auch den Fortbestand der Sachmängelansprüche des Auftraggebers in dem Um-

---

[134] MünchKomm/*Gaier* § 346 Rdn. 21: A. A. *Kaiser* JZ 2001, 1057, 1059.
[135] → § 8 Nr. 1 Rdn. 36 a ff.
[136] MünchKomm/*Gaier* Vor § 346 Rdn. 41.
[137] Vgl. MünchKomm/*Gaier* Vor § 346 Rdn. 42.
[138] MünchKomm/*Gaier* Vor § 346 Rdn. 40; Bamberger/Roth/*Grothe* Vor § 346 Rdn. 9.

fang, als die Werkleistung erbracht und nicht zurückgewährt, sondern im Gegenteil vertragskonform vergütet worden ist.

Auch insofern hat das Schuldrechtsmodernisierungsgesetz zu einer Annäherung zwischen Rücktritt und Kündigung im Baubereich geführt.

70 § 323 Abs. 4 BGB nähert sich mit seinem Regelungsinhalt, dass der Gläubiger bereits vor dem Eintritt der Fälligkeit der Leistung – sogar ohne Fristsetzung – zurücktreten kann, wenn offensichtlich ist. dass die Voraussetzungen des Rücktritts eintreten werden, stark § 5 Nr. 4 VOB/B an. Diese Regelung enthält jedoch **Kommunikationsregeln,** was § 323 Abs. 4 BGB abgeht. Diese VOB-Regelung bietet die Möglichkeit zur Fristsetzung mit Androhung der Kündigung bereits dann, wenn der Auftragnehmer den Beginn der Ausführung verzögert oder der Baustellenförderungsverpflichtung nach Abhilfeaufforderung nicht entspricht. Die Neuregelung des BGB eröffnet im Vorfeld der Fälligkeit der Werkleistung, die mit der hierfür erforderlichen Herstellungszeit verknüpft ist,[139] Lösungsmöglichkeiten, deren Voraussetzungen im Vorfeld des Ablaufs der Herstellungsfrist allerdings als sehr vage deshalb einzustufen sind, weil die ex ante vorzunehmende Prognoseentscheidung auf unsicherer Grundlage zu treffen ist.[140] § 5 Nr. 4 VOB/B sieht in Verbindung mit § 5 Nr. 3 VOB/B ein Verfahren vor, das *Ernst*[141] hinsichtlich der „kommunikationslosen" Rücktrittsbefugnis dann für geboten hält, wenn Zweifel und gerade keine Gewissheit hinsichtlich der zukünftigen Erfüllung bestehen. *Ernst* schlägt nämlich für den Zweifelsfall im Rahmen des § 323 Abs. 4 BGB vor, dass der Gläubiger den Schuldner zur Erklärung über die Möglichkeiten der Erfüllung auffordert. Damit erweist sich § 5 Nr. 3, 4 VOB/B als eine Frucht des den Bauvertrag beherrschenden **Kooperationsgebots.** Vieles spricht dafür, bei BGB-Werkverträgen die Regelung des § 323 Abs. 4 BGB um das Verfahren nach § 5 Nr. 3, 4 VOB/B zu konkretisieren.

### 3. Die Vorteile der Kündigungsregeln

71 Die VOB/B-Regelung verfolgt insoweit ein vom BGB grundlegend abweichendes Konzept, das mit der Kündigung die Auflösung nur **für die Zukunft** erreicht, den Bauvertrag für die bereits erbrachten Leistungen klar bestehen lässt und damit eine Rückabwicklung nach §§ 346 ff. BGB vermeidet. Den Besonderheiten des Bauvertrages wird die Vertragskündigung sicherer gerecht.[142] Denn unter Vergütungsgesichtspunkten bewirkt ein Rücktritt vom Bauvertrag gemäß § 346 Abs. 2 Satz 2 BGB, dass die vom Auftragnehmer erbrachte Werkleistung belassen wird und ihr Wert zu vergüten ist, was nach den Entgeltregeln des Ausgangsvertrages zu erfolgen hat. Diese Bestimmung entspricht der des früheren Rechts, weil § 346 S. 2 BGB a. F. über den Wortlaut hinaus für sonstige Leistungen galt, die, wie Werkleistungen, ihrer Natur nach nicht zurückgewährt werden können.[143]

72 Hinsichtlich der Vergütung wird damit eine mit den Kündigungsfolgen identische Lösung erzielt, die sich jedoch im **Gewährleistungsbereich** zu unterscheiden droht. Berührt der Rücktritt vom Vertrag den Fortbestand der bis dahin erbrachten Bauleistung nicht, für die der Auftraggeber auch zu bezahlen hat, muss es in seinem Interesse liegen, dass der Auftragnehmer für diesen Bauwerksteil Gewähr leistet. Diesem Interesse tragen die Rücktrittsregeln ausdrücklich keinerlei Rechnung. Erlöschen mit dem Rücktritt die beiderseitigen Erfüllungsansprüche und die mit den Erfüllungsansprüchen zusammenhängenden sekundären Ansprüche,[144] führt dies – ungerechtfertigt – zu Gunsten des Auftragnehmers zu einer Freistellung von der Gewährleistung für das bestehen bleibende Werk, an dem meist Drittunternehmer fortsetzen. Lediglich Schadensersatzansprüche bleiben erhalten (§ 325

---

[139] MünchKomm/*Krüger* § 271 Rdn. 30.
[140] Vgl. dazu MünchKomm/*Ernst* § 323 Rdn. 132, 133.
[141] In MünchKomm § 323 Rdn. 135.
[142] *Ingenstau/Korbion/Vygen* VOB/B Vor §§ 8, 9 Rdn. 39.
[143] *Palandt/Grüneberg* § 346 Rdn. 7; MünchKomm/*Gaier* § 346 Rdn. 21.
[144] *Palandt/Grüneberg* Einf. § 346 Rdn. 6; → oben Rdn. 69.

B. Der Rücktritt vom Bauvertrag

BGB). Ist mit dem Bauvertrag gewöhnlich bei störungsfreier Abwicklung zu Lasten des Auftragnehmers eine Sachmängelhaftung verbunden, darf ein Bauvertrag, dessen Fortsetzung aus Gründen scheitert, die in der Risikosphäre des Auftragnehmers liegen, nicht eine gewährleistungsmäßige Schlechterstellung des Auftraggebers zur Folge haben. Ob aus der in § 346 Abs. 2 Satz 1 Nr. 1 und Satz 2 BGB getroffenen Regelung der Schluss gezogen werden darf, dass bezüglich des Werks, für welches Wertersatz zu leisten ist, werkvertragliche Sekundäransprüche fortbestehen, ist nicht geklärt.[145] Dies sollte im Hinblick auf den fortbestehenden Vertrag, der sich gleichsam wegen § 346 Abs. 1 Satz 1 Nr. 1 BGB in ein „hinkendes Abwicklungsverhältnis" umgewandelt hat, bejaht werden.

Diesem Bedürfnis wird die Kündigung sicher gerecht. Denn die Kündigung wirkt ausschließlich in die Zukunft; die Vertragsbeziehung bleibt **für die Vergangenheit** und damit die bereits erbrachte Leistung voll erhalten,[146] womit die Sachmängelhaftung des Auftragnehmers in ganzer Breite sicher gestellt ist. Für Dauerschuldverhältnisse bevorzugt § 313 Abs. 3 BGB unter näher geregelten Verhältnissen die Kündigung, wenn eine Anpassung ausscheidet. 73

### III. Wegfall der Geschäftsgrundlage

Der Wegfall der Geschäftsgrundlage hat nach den aus § 242 BGB entwickelten Regeln bisher grundsätzlich einen Anpassungsbedarf begründet,[147] wobei maßgeblich auf Zumutbarkeitsgesichtspunkte unter Beachtung einer umfassend gebotenen Interessenabwägung abzustellen war. 74

Der Wegfall der Geschäftsgrundlage ist nunmehr explizit in § 313 BGB unter der Bezeichnung „Störung der Geschäftsgrundlage" einer Regelung zugeführt worden. Die Norm kodifiziert die durch Richterrecht geschaffene und bisher aus § 242 BGB abgeleitete Rechtsfigur des Wegfalls der Geschäftsgrundlage. Die Vorschrift sucht bei nachträglicher Veränderung der Umstände, bei deren Fortbestand nach dem Vertragsinhalt und damit dem Vertragswillen der Parteien die Äquivalenz zwischen Leistung und Gegenleistung gesichert war, einen Ausgleich durch Anpassung und billigt – notfalls (§ 313 Abs. 3 BGB) – ein Rücktrittsrecht zu. Bei Dauerschuldverhältnissen ersetzt das Kündigungsrecht den Rücktritt. § 313 Abs. 1 BGB hat die nachträgliche schwerwiegende Veränderung der objektiven Umstände zum Gegenstand (Objektive Geschäftsgrundlage). Der Absatz 2 stellt dem gleich, wenn wesentliche Vorstellungen, die zur Grundlage des Vertrages geworden sind, sich als falsch herausstellen. Das ist die Störung der subjektiven Geschäftsgrundlage. 75

**Sachmängelstörungstatbestände** in der Bauphase und damit vor der Abnahme wie auch nach der Abnahme folgen ihren eigenständigen Regeln. Ein Rückgriff auf die Regeln des § 313 BGB ist ausgeschlossen.[148] Wer es übernimmt, ein Bauwerk nach von ihm gefertigten Plänen zu errichten, steht nach Sachmängelhaftungsgesichtspunkten ein, wenn feststeht, dass die Baugenehmigung aus Rechtsgründen nicht erteilt werden kann.[149] Weder Unmöglichkeitsregeln noch die Rechtsfigur der Störung der Geschäftsgrundlage greift ein. Dasselbe gilt für **Zeitstörungen**.[150] Hat der durch Umstände aus der Sphäre des Auftraggebers behinderte nachfolgende Auftragnehmer den vertraglich vorgesehenen Beginn nicht rechtzeitig aufnehmen können, aber bei fehlender Offenkundigkeit die Behinderungsanzeige gemäß § 6 Nr. 1 VOB/B versäumt, scheidet die Begründung einer dem Auftragnehmer nach VOB-Regeln versagten Hilfestellung über Anpassungsregeln nach § 313 BGB aus. 76

---

[145] → oben Rdn. 69.
[146] BGH BauR 1995, 691, 692.
[147] BGH NJW 1984, 1747; *Palandt/Heinrichs* 60. Aufl., § 242 Rdn. 130.
[148] BGH NJW 1992, 1384, 1385.
[149] BGH U. v. 21. 12. 2000, VII ZR 17/99, NJW 2001, 1642 = NZBau 2001, 261 = BauR 2001, 785, 788.
[150] Vgl. BGH BauR 1989, 219 (für den Fall der Leistungsstörung ganz allgemein).

**Vor § 8**   Vorbemerkung § 8. Kündigung durch den AG

Denn § 8 Nr. 1 VOB/B bestimmt über die Berücksichtigungsfähigkeit der Zeitstörung zu Gunsten des Auftragnehmers im Sinne einer Fristverlängerung (§ 8 Nr. 1 Satz 2, Nr. 2 Abs. 1 VOB/B) oder die Begründung eines Schadensersatzanspruches nach § 6 Nr. 6 VOB/B abschließend. Die Anpassungsregeln bei Störung der Geschäftsgrundlage scheiden auch aus, wenn sich in einem VOB-Bauvertrag die aufgetretenen Probleme durch **einseitige Auftraggeberanordnungen** lösen lassen und dem Äquivalenzprinzip, dessen Verwirklichung § 313 BGB für den Störungsfall anstrebt, durch entsprechende – geänderte oder zusätzliche – Vergütungsansprüche des Auftragnehmers Rechnung getragen wird. Insofern enthalten § 1 Nr. 3, 4 VOB/B wie auch § 2 Nr. 5 VOB/B ein eigenständiges Regularium, das § 313 BGB selbst dann vorgeht, wenn die VOB-Sonderregeln an der Einhaltung ihrer Voraussetzungen scheitern. § 313 BGB ist kein Auffangbecken für nach der VOB/B mögliche aber versäumte Gestaltungs- und Verteidigungsmöglichkeiten. **Beispiel:** Vertragsgegenstand ist ausdrücklich eine Reparatur. Das Bauwerk oder Bauwerksteil erweist sich jedoch nicht als reparaturfähig; der beidseitig verfolgte werkvertraglich geschuldete Erfolg lässt sich nur durch eine Neuherstellung bewirken. Die Anpassung nimmt die VOB/B über § 1 Nr. 3 oder Nr. 4 VOB/B durch eine einseitig mögliche Anordnung des Auftraggebers vor. Dem Vergütungsinteresse trägt § 2 Nr. 5, 6 VOB/B Rechnung. Auch im Verhältnis zu den **Unmöglichkeitsregeln** (§ 275 Abs. 1 BGB) und dem sich aus § 275 Abs. 2 BGB ergebenden Leistungsverweigerungsrecht ist § 313 BGB subsidiär.[151]

**77**   § 313 BGB setzt im Anwendungsbereich eines VOB-Bauvertrages eine solche Störung der Umstände voraus, dass einem der Vertragsparteien ein Festhalten am unveränderten Vertrag nicht zugemutet werden kann und die VOB/B einschließlich der nach § 1 Nr. 1 Satz 2 VOB/B mitgeltenden VOB/C eine besondere Rechtsfolgenregelung nicht enthält. So könnte erwogen werden, dass bei erheblichen mengenmäßigen Abweichungen der tatsächlich ausgeführten Leistung von den im Vordersatz enthaltenen Mengen eine Störung der Geschäftsgrundlage nach Maßgabe des § 313 Abs. 2 BGB Anpassungsbedarf auslöst. § 2 Nr. 3 VOB/B hat jedoch genau diese Möglichkeit im Auge, womit die VOB/B die Differenz zwischen der Vertragsmenge und der tatsächlich ausgeführten Menge eigenständig löst.[152] Der Rückgriff auf § 313 BGB verbietet sich.[153] Eine Störung der Geschäftsgrundlage kann hinsichtlich einer zwischen den Parteien **vereinbarten Fälligkeitsregelung** bejaht werden, wenn z. B. die Fälligkeit einer Vergütung von der Zusage einer öffentlichen Forderung abhängt, die jedoch ausbleibt oder zeitlich verschoben wird.[154] Hat eine Gemeinde für ihre Kanalbaumaßnahme eine Förderungszusage erhalten, worauf mit dem Bau begonnen wird, kann die unvorhersehbare und rückwirkende Änderung der Förderungsrichtlinien eine Störung der Geschäftsgrundlage darstellen.[155] Gehen Vertragsparteien von einem Nachlass von 38% auf den Listenpreis aus und übersehen sie dabei, dass die im Vertrag vereinbarten Preise bereits den Nachlass enthalten, rechtfertigt dieser Ausnahmefall in Abweichung von dem Grundsatz, dass ein Irrtum in der Preiskalkulationen im Allgemeinen Anpassungsbedarf nach § 313 BGB nicht auslöst, die Anwendung der Regeln über den Fortfall der Geschäftsgrundlage.[156] Ist ein Vertrag infolge eines Verschuldens bei Vertragsverhandlungen zu ungünstigen Bedingungen zu Stande gekommen, und hält der Geschädigte gleichwohl am Vertrag fest, besteht ein Anspruch auf Anpassung des Vertragsinhalts.[157] Bei alledem ist jedoch zu berücksichtigen, dass **vertragliche Risikoübernahmen** nicht über § 313 BGB korrekturfähig sind.[158] Vorfälle innerhalb dieses von einer Vertragspartei übernommenen Risikobereichs können nicht dem anderen Vertragsteil nach Maßgabe der

---

[151] *Bamberger/Roth/Grüneberg* § 313 Rdn. 22.
[152] KG BauR 2001, 1591, 1593.
[153] *Heiermann/Riedl/Rusam* B § 2 Rdn. 17.
[154] Vgl. OLG Oldenburg NJW-RR 1997, 785 (allerdings für Architektenhonorar).
[155] BGH NJW-RR 1990, 601.
[156] OLG CelleBauR 1998, 1265.
[157] OLG Düsseldorf BauR 1997, 477, 479.
[158] *Bamberger/Roth/Grüneberg* § 313 Rdn. 28.

## B. Der Rücktritt vom Bauvertrag  Vor § 8

Regeln für die Störung der Geschäftsgrundlage angelastet werden. Dazu gehören im Allgemeinen auch Tatbestände der **Leistungserschwernis** und eines damit verbundenen **erhöhten Aufwandes**.[159]

Allerdings kennt gerade die **VOB/C** diesbezüglich vertragliche Regelung, die – § 313 BGB verdrängend – dann greifen, wenn unvorhersehbare Umstände auftreten, mit denen der Auftragnehmer bei der Kalkulation des Angebots gerade nicht rechnen musste. Die VOB/C greift an vielen Stellen das Auftreten ungewöhnlicher oder unvermuteter Umstände auf und nimmt die Anpassung nach eigenen Regeln vor. In solchen Fällen, für die beispielhaft der Abschnitt 3.1.5 oder 3.5.3 der DIN 18300 oder der Abschnitt 3.1.3 der DIN 18303 steht, sieht die über § 1 Nr. 1 Satz 2 VOB/B zum Vertragsbestandteil gewordene einschlägige VOB/C-Regelung vor, dass die angesichts der überraschend aufgetretenen Lage erforderlichen Maßnahmen gemeinsam festzulegen sind; ihre rechtliche Einordnung als Besondere Leistung – die bisher im Vertrag nicht vorgesehen ist (§ 2 Nr. 1, 6 VOB/B) – sichert die Vergütung des zusätzlichen Aufwandes, der z. B. in einem anderen Geräteeinsatz oder einem Stoffaustausch bestehen kann. Der Rückgriffs auf § 313 BGB ist verwehrt, weil die Vertragsbestandteile die Störung der Geschäftsgrundlage (z. B. Boden- oder Wasserverhältnisse) einer vom Äquivalenzgedanken getragenen Regelung zuführen. Die Besonderheit dieses Regelungskonzepts besteht in Abweichung von § 313 BGB darin, dass für § 313 BGB tragende Zumutbarkeitsgesichtspunkte bedeutungslos sind. Die Abwicklung einer Störung erfolgt gemäß § 313 BGB über eine Anpassung oder bei Unmöglichkeit bzw. Unzumutbarkeit für einen Teil durch Rücktritt. § 2 Nr. 7 Abs. 1 Satz 2 VOB/B enthält für den Pauschalvertrag bei Mengenänderungen eine Sonderregelung die in der Fassung der VOB 2006 auf § 313 BGB verweist. Diese Anpassung – die Fassung der VOB/B 2002 hatte noch auf § 242 BGB verwiesen – war wegen der Sonderbestimmung in § 313 BGB geboten.[160]

Scheidet eine Anpassung aus, erfolgt die Vertragsauflösung entweder nach Rücktritts- oder Kündigungsregeln. In Ausrichtung an den mit diesen Gestaltungsrechten verbundenen Rechtsfolgen entscheidet sich die Rechtswahl nach den der Sachlage angemessenen Folgen.[161] Bei einem Dauerschuldverhältnis tritt gemäß nunmehriger auch ausdrücklicher Regelung in § 313 Abs. 3 BGB an die Stelle des Rücktritts die Kündigung,[162] was bei einem Bauvertrag, der als Langzeitvertrag ein Dauerschuldverhältnis nicht begründet, dann angemessen ist, wenn mit den Bauleistungen bereits begonnen worden ist.[163] Denn wie bei teilweise abgewickelten Verträgen die **Anpassung** auf die noch nicht erbrachten Leistungen zu beschränken ist,[164] betrifft die Vertragauflösung gleichfalls allein die noch ausstehende Bauleistung. Dieses Ziel wird mit der **Kündigung,** nicht aber mit dem Rücktritt erreicht, dessen Rückabwicklungsfolgen erstellte Teilwerke betreffen und den Besteller insoweit gewährleistungslos stellen.

Geschäftsgrundlage sind nach der ständigen Rechtsprechung[165] die bei Vertragsschluss bestehenden gemeinsamen Vorstellungen beider Parteien oder die dem Geschäftsgegner erkennbaren und von ihm nicht beanstandeten Vorstellungen der einen Vertragspartei vom Vorhandensein oder dem zukünftigen Eintritt gewisser Umstände, sofern der Geschäftswille der Parteien auf dieser Vorstellung aufbaut. Die Anwendung der Grundsätze des Wegfalls der Geschäftsgrundlage kommt nur dann in Betracht, wenn es sich um eine derart einschneidende Änderung handelt, dass ein Festhalten der ursprünglichen Regelung zu einem unträglichen mit Recht und Gerechtigkeit schlechthin nicht mehr zu vereinbarenden Ergebnis

---

[159] *Dauner-Lieb/Heidel/Lepa/Ring/Krebs,* Schuldrecht, § 313 Rdn. 48.
[160] Vgl. dazu *Vogel/Vogel* BauR 1997, 556 ff.
[161] Vgl. umfassend → Vor § 2 Rdn. 198 ff.
[162] BGH NJW 2000, 1714; *Palandt/Grüneberg* § 313 Rdn. 42.
[163] *Heiermann/Riedl/Rusam* VOB/B Einf. §§ 8, 9 Rdn. 7; die Kündigung aus wichtigem Grund favorisiert *Ingenstau/Korbion/Vygen* VOB/B Vor §§ 8, 9 Rdn. 39.
[164] *Palandt/Grüneberg* § 313 Rdn. 24; BGHZ 58, 363.
[165] BGH NJW-RR 1995, 1360 = BauR 1995, 842; BGHZ 121, 378, 391 = BauR 1993, 458, 463.

führen würde, und das Festhalten an der ursprünglichen vertraglichen Regelung für die betroffene Partei deshalb unzumutbar wäre.[166]

81 Notwendig entscheiden hierüber die Einzelfallaspekte. So hat der BGH bezüglich einer Preisänderung nach § 2 Nr. 7 Abs. 1 Satz 2 VOB/B, die nach Treu und Glauben bei erheblicher Abweichung vom Leistungsumfang geboten sein kann, eine starre der Beurteilung zu Grunde zu legende Risikogrenze abgelehnt[167] und eine im Rahmen eines Pauschalvertragsschlusses offen gelegten Kalkulation nicht als Geschäftsgrundlage eingestuft.[168]

### IV. Tatbestände der Pflichtverletzung (bis 31. 12. 2001 positive Vertragsverletzung) und Rücktrittsrecht

82 Bei den Fallgruppen der vormaligen positiven Vertragsverletzung, die nunmehr von §§ 241 Abs. 2, 280 BGB erfasst wird, ist zwischen den vom Auftraggeber und Auftragnehmer gesetzten Tatbeständen zu unterscheiden.

#### 1. Endgültige Erfüllungsverweigerung durch den Auftragnehmer

83 Verweigert der Auftragnehmer vor oder nach Fälligkeit der Leistung deren Erfüllung endgültig, berechtigt dies den Auftraggeber zum Rücktritt. Liegt die Erfüllungsverweigerung nach Eintritt der Fälligkeit, folgt dies schon aus §§ 241 Abs. 2, 323 Abs. 4 BGB, wobei in der Ablehnung der Erfüllung bis 31. 12. 2001 zugleich ein Verzicht auf eine Nachfristsetzung lag.[169] Denn bis zum 31. 12. 2001 begründeten die Regeln der positiven Vertragsverletzung unabhängig von § 326 BGB a. F. das Rücktrittsrecht. Seit 1. 1. 2002 erfasst § 324 BGB den Störungsfall sogar unabhängig von einer Fristsetzung.[170] Der Auftraggeber erleidet bei Wahrnehmung dieses Rücktrittsrechts jedoch den Nachteil, die bei einer Drittvergabe entstehenden Mehrkosten verschuldensunabhängig nicht verlangen zu können. Das Rückabwicklungsverhältnis führt zum Erlöschen der Erfüllungs- und der sekundären Ansprüche.[171] Allerdings bleibt der Schadensersatzanspruch erhalten (§ 325 BGB).

84 Davon zu unterscheiden ist das Vorgehen nach **§ 8 Nr. 3 VOB/B** in entsprechender Anwendung, was die Rechtsprechung[172] bei endgültiger und ernsthafter Erfüllungsverweigerung des Auftragnehmers gleichfalls für zulässig erachtet. Die Kündigung und damit das Vorgehen nach § 8 Nr. 3 VOB/B sichert über dessen Absatz 2 die Möglichkeit, die bei Drittbeauftragung entstehenden Mehrkosten als Schadensersatz geltend machen zu können. Dem Auftraggeber steht die Rechtswahl zwischen beiden Alternativen – Kündigung oder Rücktritt – zu.[173] Denn hat diese Art der positiven Vertragsverletzung in der VOB/B keine Regelung gefunden und findet § 8 Nr. 3 VOB/B lediglich entsprechend Anwendung, spricht mehr für eine Konkurrenz der Gestaltungsrechte als deren gegenseitiger Ausschluss.

#### 2. Erfüllungsverweigerung des Auftraggebers durch Versagung der Mitwirkung

85 Verweigert der Auftraggeber die Erfüllung der ihn treffenden **Mitwirkungsaufgaben/ Gläubigerobliegenheiten,**[174] entscheidet sich das BGB wie auch die VOB/B gegen den

---

[166] BGHZ 121, 378, 392 = BauR 1993, 458, 464.
[167] BGH BauR 1996, 250.
[168] BGH NJW-RR 1995, 1360 = BauR 1995, 842, 843.
[169] *Emmerich* Das Recht der Leistungsstörung S. 332 ff.
[170] MünchKomm/*Ernst* § 323 Rdn. 132; *Palandt/Grüneberg* § 323 Rdn. 23.
[171] *Palandt/Grüneberg* Einf. § 346 Rdn. 6; *Voit* BauR 2002, 1776, 1780; *Peters* NZBau 2002, 113, 117.
[172] BGH BauR 1974, 274, 275 = NJW 1974, 1080, 1081; BGHZ 65, 372, 375 = BauR 1976, 126; BGH BauR 1980, 465, 466.
[173] A. A. BGH BauR 1980, 465, 466, nach dessen Auffassung das Rücktrittsrecht durch das Kündigungsrecht ersetzt wird.
[174] → § 6 Nr. 2 Rdn. 46 ff.; → Vor § 6 Rdn. 44; vgl. → Vor § 4 Rdn. 4 ff.

### B. Der Rücktritt vom Bauvertrag

Vertragsrücktritt und für die Kündigung. §§ 642, 643 BGB berechtigten den Auftragnehmer dazu, dem Auftraggeber zur Erfüllung seiner Mitwirkungshandlungen eine angemessene Frist verbunden mit der Kündigungsandrohung zu setzen. Verstreicht diese Frist fruchtlos, gilt der Vertrag nach § 643 Satz 2 BGB ohne weiteres Zutun, insbesondere ohne Kündigungserklärung als aufgehoben. Die **VOB/B** räumt dem Auftragnehmer in § 9 Nr. 1 a) VOB/B gleichfalls eine Kündigungsmöglichkeit ein, die nach Fristsetzung und Kündigungsandrohung jedoch der Ausübung in Schriftform bedarf. Abweichend von § 643 Satz 2 BGB greift demnach **keine Auflösungsfiktion** ein. Beide Vorschriften billigen dem Auftragnehmer bei Obliegenheitsverletzungen des Auftraggebers, die bis 31. 12. 2001 bei Verschulden zur Fallgruppe der positiven Vertragsverletzung zählten,[175] in Abweichung von dem sonst als Rechtsfolge bei Pflichtverletzungen ausgelösten Rücktrittsrecht ein Kündigungsrecht zu. Damit wird den Besonderheiten des Bauvertrages in der Abwicklungsphase angemessen Rechnung getragen. Das stellt sicher, dass der Auftragnehmer nach § 642 BGB eine Entschädigung erhält. Die Einräumung eines Rücktrittsrechts hätte nach § 325 BGB zur Folge, dass Schadensersatzansprüche geltend gemacht werden könnten. Über §§ 642, 643 BGB und § 9 Nr. 3 VOB/B wird der Auftraggeber besser und der Unternehmer schlechter gestellt.

Dazu gehört auch die Nichtgestellung einer nach § 648 a BGB vom Auftragnehmer mit Recht angeforderten Sicherheit. Denn leistet der Auftraggeber die angeforderte Sicherheit nicht, ermöglicht § 648 a Abs. 1 BGB nach fruchtlosem Ablauf einer Frist samt angedrohter Leistungsverweigerung die Einstellung der Arbeiten und nach Ablauf einer weiteren Frist samt Kündigungsandrohung (§ 648 a Abs. 5 BGB) die Vertragsauflösung. Hierfür ist allerdings eine ausdrückliche Kündigung nicht erforderlich, da nach § 643 Satz 2 BGB der Vertrag als aufgehoben gilt, wenn die Sicherheit nicht bis zum Ablauf der Frist erfolgt. Nach nunmehr gesicherter höchstrichterlicher Rechtsprechung[176] gibt § 648 a Abs. 1 BGB dem Unternehmer auch nach der rechtsgeschäftlichen Abnahme das Recht, eine Sicherheit zu verlangen, wenn der Besteller noch Erfüllung des Vertrages in Gestalt der Mängelbeseitigung fordert. Leistet der Besteller auf ein berechtigtes Sicherungsverlangen nach der Abnahme die Sicherheit nicht, ist der Auftragnehmer zur Verweigerung der Mängelbeseitigung berechtigt. In sinngemäßer Anwendung des § 648 a Abs. 5 Satz 1 BGB i. V. m. § 643 Satz 1 BGB kann der Auftragnehmer dem Besteller eine Nachfrist zur Sicherheitsleistung mit der Erklärung setzen, er die Mängelbeseitigung ablehne, wenn die Sicherheit nicht fristgerecht geleistet werde. Der fruchtlose Ablauf der Frist führt zur Freistellung von der Mängelbeseitigungspflicht. Dem Auftragnehmer steht in weiterer sinngemäßer Anwendung des § 645 Abs. 1 Satz 1 und § 648 a Abs. 5 Satz 2 BGB der Anspruch auf die um den mängelbedingten Minderwert gekürzte Vergütung und der Anspruch auf Ersatz des Vertrauensschadens zu. Macht der Auftragnehmer von dieser Möglichkeit keinen Gebrauch, kann der Besteller dem Verlangen auf Zahlung des vollen Werklohns das gesetzliche Leistungsverweigerungsrecht auch entgegenhalten, wenn er die Sicherheit nicht gestellt hat.

Bei Ausübung eines derartigen Kündigungsrechts oder einer sonstigen Gestaltung, die gerade über §§ 642, 643 oder § 648 a BGB auch ohne Kündigung zur Auflösung des Vertrages führt, ist der Umstand ausreichend zu berücksichtigen, dass das den Bauvertrag als Langzeitvertrag beherrschende **Kooperationsgebot** den Parteien im Streitfall primär eine Verhandlungspflicht auferlegt. Kündigt eine Vertragspartei ohne Ausschöpfung dieses Kooperationsgebots, bleibt die Kündigung wirkungslos und kann ihrerseits dem anderen Teil Grund für eine außerordentliche Kündigung liefern.[177] Die Einhaltung des Kooperationsgebots, dessen Inhalt bei Entstehung von Meinungsverschiedenheiten z. B. über die Notwendigkeit oder die Art und Weise einer Vertragsanpassung an die Gegebenheiten darin

---

[175] *Emmerich* S. 311 ff.; BGHZ 11, 80, 83, 89 = NJW 1954, 229; BGHZ 50, 175, 179.
[176] BGH U. v. 22. 1. 2004, VII ZR 183/02, NJW 2004, 1525 = NZBau 2004, 259 = BauR 2004, 826 = ZfBR 2004, 385.
[177] BGH U. v. 28. 10. 1999, VII ZR 393/98, BGHZ 143, 89 = NJW 2000, 807 = NZBau 2000, 130 = BauR 2000, 409.

besteht, sich mit der Position des anderen Vertragsteils auseinander zu setzen und den eigenen Standpunkt zu vertreten,[178] wird zur **Rechtswirksamkeitsbedingung** der Kündigung aus wichtigem Grund.

### 3. Sonstige Tatbestände der Pflichtverletzung und Vertragsliquidierung

88 Sonstige Tatbestände der Pflichtverletzung berechtigen zu einer Vertragsauflösung aus wichtigem Grund dann, wenn dem einen Teil eine weitere Zusammenarbeit mit dem anderen Teil angesichts der Verletzung von Nebenpflichten oder Leistungstreuepflichten nicht mehr zumutbar ist. Das kann z. B. der Fall sein, wenn der Auftraggeber angesichts immer wieder vorkommender Fehlleistungen das Vertrauen in den Auftragnehmer endgültig verloren hat oder der Auftragnehmer schwer und nachhaltig gegen seine Beratungs- und Aufklärungspflichten verstoßen hat.[179] Macht der Auftragnehmer korrekt auf Bedenken aufmerksam (§ 4 Nr. 3 VOB/B), berechtigt dies den Auftraggeber nicht zur Kündigung,[180] dies gilt selbst dann, wenn sich die Bedenken nicht bestätigen. Der Auftragnehmer kann kündigen, wenn der Auftraggeber die Arbeitnehmer des Auftragnehmers während der bezahlten Arbeitszeit zu Schwarzarbeit anhält,[181] oder der Auftragnehmer Angestellte des Auftraggebers besticht.[182]

89 Das Ziel der Vertragsliquidation kann alternativ über den Rücktritt oder die Kündigung erreicht werden.[183] Nach *Heiermann/Riedl/Rusam*[184] wird das Rücktrittsrecht durch die Kündigung dann ersetzt, wenn bereits mit der Bauausführung begonnen worden ist. Das BGB räumt dem Gläubiger unter den Voraussetzungen nach §§ 324, 325 ein Rücktrittsrecht und darüber hinaus einen Schadensersatzanspruch ein. Der Rücktritt führt auch nicht notwendig zu einer Werterverrichtung, weil nach § 346 Abs. 2 Nr. 1 BGB Wertersatz dann die Folge ist, wenn Rückgewähr oder Herausgabe nach der Natur des Erlangten ausgeschlossen ist. Es ist nicht einzusehen, warum durch die VOB/B, die eine geschlossene Regelung der Tatbestände der Pflichtverletzung nicht enthält, eine Besserstellung des betroffenen Vertragsteils dadurch herbeigeführt werden soll, dass für den Auftraggeber nur noch die Kündigung möglich sein soll, die über § 8 Nr. 3 VOB/B die Möglichkeit zur Geltendmachung weiterer Schadensersatzansprüche absichert.

### 4. Rücktrittsrecht und Kündigung aus wichtigem Grund – Folgen aus der Schuldrechtsreform

90 Die Kündigung eines Bauvertrages aus wichtigem Grund ist in der höchstrichterlichen Rechsprechung anerkannt.[185] Zu Gunsten eines Auftraggebers liegen die Voraussetzungen hierfür vor, wenn der Auftragnehmer die Erfüllung des Vertrages unberechtigt und endgültig verweigert und es deshalb der vertragstreuen Partei nicht zumutbar ist, das Vertragsverhältnis fortzusetzen.[186] An dieser Ausgangslage hat sich infolge der durch die Schuldrechtsreform in § 314 BGB getroffenen Regelung nichts geändert. Die Beschränkung des Anwendungsbereichs auf ein **Dauerschuldverhältnis,** wozu ein Bauvertrag nicht zählt, hat keine Ausschlussfolgen hinsichtlich anderer Vertragstypen. Ein Dauerschuldverhältnis macht aus, dass der Umfang der ständig neu entstehenden Pflichten von der Dauer der Vertragsbeziehung abhängt,[187] was so für einen Bauvertrag, wenn er nicht als Zeitvertrag abgeschlossen

---

[178] Vgl. *Grieger* BauR 2000, 969.
[179] *Heiermann/Riedl/Rusam* VOB/B Einf. §§ 8, 9 Rdn. 6.
[180] OLG Düsseldorf NJW-RR 1992, 1237 = BauR 1992, 381.
[181] OLG Köln NJW 1993, 73 = BauR 1993, 80.
[182] *Ingenstau/Korbion/Vygen* VOB/B Vor §§ 8, 9 Rdn. 21.
[183] *Bamberger/Roth/Grüneberg* § 314 Rdn. 10.
[184] B Einf. §§ 8, 9 Rdn. 6.
[185] BGH U. v. 28. 10. 1999, VII ZR 393/98, BGHZ 143, 89, NJW 2000, 807 = NZBau 2000, 230 = BauR 2000, 409.
[186] Vgl. auch BGH BauR 1996, 704.
[187] *Bamberger/Roth/Grüneberg* § 241 Rdn. 27.

## B. Der Rücktritt vom Bauvertrag

wird,[188] nicht gilt. Der **Bauvertrag** weist lediglich in gewissem Umfang Ähnlichkeiten mit einem Dauerschuldverhältnis auf, als sich die Abwicklung der genau definierten, hinsichtlich Gegenstand und Umfang jedoch zeitunabhängigen Leistung regelmäßig über einen bestimmten Zeitraum erstreckt. Eine direkte Anwendung des § 314 BGB auf den Bauvertrag scheidet deshalb aus. *Vygen*[189] bejaht eine analoge Anwendung, wogegen jedoch spricht, dass die Kündigung aus wichtigem Grund für jeden Vertrag aus § 242 und dem Rechtsgedanken aus der in § 626 BGB enthaltenen und aufrecht erhaltenen Regelung abgeleitet worden ist; eines Rückgriffs auf § 314 BGB bedarf es folglich nicht. Deshalb gibt die nunmehr ausdrücklich in § 314 BGB enthaltene Regelung auch keinen Anlass für Schlussfolgerungen in die Richtung, dass dem Werkvertrag ein außerordentliches Kündigungsrecht fremd sei.[190]

Die Schuldrechtsreform hat mit ihrer Regelung des Leistungsstörungsrechts einschließlich der Rechtsfolge des Rücktritts in §§ 323 und 324 BGB entgegen *Böttcher*[191] den Rückgriff auf die Kündigung aus wichtigem Grunde nicht verschlossen. Zwar trifft zu, dass auch die Verletzung nicht leistungsbezogener Nebenpflichten unter den Voraussetzungen des § 324 BGB den Rücktritt vom Vertrag eröffnet, was für Hauptpflichten und leistungsbezogene Nebenpflichten im Verletzungsfall über § 323 BGB ermöglicht wird. Wenn damit auch die Verletzung von Vertragspflichten beiden Vertragsparteien unter den geregelten Voraussetzungen den Rücktritt eröffnet, erweist sich die Kündigung eines Vertrages unter Vermeidung der in §§ 346 ff. BGB normierten Rücktrittsfolgen als andere Kategorie. Leistungsstörungen im Dauerschuldverhältnis bieten Anlass für die Anwendung der §§ 323 und 324 BGB; deren Regelungsinhalt erweist sich wegen der ausdrücklichen Normierung in § 314 BGB nicht als Sperre für eine Kündigungsregelung, die ausweislich der Materialien[192] bei Unzumutbarkeit der Fortsetzung des Vertrages eine Lösungsmöglichkeit unter Aufrechterhaltung der bisher erbrachten Leistungen verfolgt. Ganz im Gegenteil sehen die Materialien zwischen § 314 BGB und § 323 BGB ein Konkurrenzverhältnis, wobei § 314 BGB in seinem Anwendungsbereich den Rücktritt nach § 323 BGB verdrängt.[193] Da bei teilweiser Ausführung der Leistung und Vorliegen der Rücktrittsvoraussetzungen hinsichtlich der restlichen noch ausstehenden Leistungen der Teilrücktritt nach § 323 Abs. 5 BGB das Vertragsverhältnis bezüglich der noch nicht erbrachten Leistungen aufhebt,[194] und damit im Ergebnis die Rechtsfolgen eines Teilrücktritts für die Zukunft von denen der Kündigung nicht zu sondern sind, hätte der Gesetzgeber auch für ein Dauerschuldverhältnis, insbesondere auch im Dienstvertrag auf eine gesonderte Regelung für die Kündigung verzichten können. Mit der Schuldrechtsreform ist die Rücktrittsregelung den Kündigungsfolgen angenähert worden, indem zumindest nach Maßgabe des § 323 Abs. 5 BGB Maß genommen worden ist an den Kündigungsfolgen. Dies geschah jedoch in weiterer Anerkennung des Bedürfnisses eines Rechts zur Kündigung aus wichtigem Grund bei Dauerschuldverhältnissen, um auf diese Weise hinsichtlich der vor der Kündigung erbrachten Leistungen je nach Wahl des Vertragspartners Rücktritts- oder Kündigungsfolgen auszulösen. Denn mit dem Rücktritt besteht grundsätzlich kein Raum zur Anwendung von Sachmängelhaftungsregeln hinsichtlich der erbrachten Leistung, was jedoch bei der Kündigung gerade der Fall ist.[195]

Diese Ausgangslage trifft auf einen sich über eine gewisse Dauer abwickelnden Bauvertrag gleichfalls zu: Der Auftraggeber kann ein Interesse daran haben, die bis zur Leistungsstörung nach §§ 323, 324 BGB vom Auftragnehmer erhaltenen Leistungen zu behalten und das Rechtsverhältnis wegen Unzumutbarkeit der Fortsetzung für die Zukunft zu beenden.

---

[188] Vgl. dazu das VHB in EVM (Z) ZVB.
[189] In *Ingenstau/Korbion* VOB/B vor §§ 8, 9 Rdn. 12, 13; für eine analoge Anwendung auch *Sienz* BauR 2002, 181, 194, 195; gegen eine analoge Anwendung *Böttcher* ZfBR 2003, 213, 219.
[190] Wegen der Zweifel vgl. *Voit* BauR 2002, 1776 ff. und *Böttcher* ZfBR 2003, 213 ff.
[191] ZfBR 2003, 213, 219.
[192] BT-Drucks. 14/6040 S. 177.
[193] BT-Drucks. 14/6040 S. 177.
[194] Vgl. zum Teilrücktritt und den Rechtsfolgen *Boldt* NZBau 2002, 655, 658; *Voit* BauR 2002, 1776, 1780 ff.; *Böttcher* ZfBR 2003, 213, 219.
[195] *Voit* BauR 2002, 1776, 1788.

Insofern bietet die in §§ 280, 323, 324 BGB getroffene Regelung keinen Grund für die Annahme einer abschließenden Regelung mit Sperrwirkung zu Lasten einer Kündigungsmöglichkeit. Das hat der Gesetzgeber bei einem Dauerschuldverhältnis ausdrücklich so gesehen und die Kündigungsmöglichkeit unter den Voraussetzungen des § 314 BGB geregelt. Der auf Dauerschuldverhältnisse beschränkten Regelung dieser Vorschrift kann nicht der abschließende Wille des Gesetzgebers entnommen werden, anderen Vertragstypen eine solche Lösungsmöglichkeit abschließend zu versagen. Dagegen spricht schon, dass es bei der besonderen Regelung in § 626 BGB für den Dienstvertrag verblieben ist. Den Materialien ist auch nicht zu entnehmen, dass im Zuge der Schuldrechtsreform das nach der Rechtsprechung des BGH für das Werkvertragsrecht anerkannte Recht zur Kündigung aus wichtigem Grund[196] wegen der Regelung des Leistungsstörungsrechts in §§ 280, 323, 324 BGB entfallen sollte. Die Anwendbarkeit dieser Bestimmungen auf den Werkvertrag ist ausweislich der Untersuchungen von *Voit*[197] auch deshalb keineswegs gesichert, weil die Verwirklichung der Normvoraussetzung „Teilleistung bewirkt" angesichts der in §§ 643, 645 BGB zum Ausdruck kommenden Wertung fragwürdig ist. Kommt es zur Beendigung eines Werkvertrages nach den Regeln gemäß §§ 643, 645 BGB knüpft die Vergütung nämlich an der bis zur Beendigung erbrachten Arbeit, nicht aber an bewirkten Teilleistungen an. Dies mag im Einzelfall dann, wenn Teilerfolge darstellbar sind, anders sind, führt aber insgesamt dazu, weiterhin von der Möglichkeit einer Kündigung aus wichtigem Grund im Werkvertrag auszugehen.[198] Dies rechtfertigt sich für den **Auftraggeber** jedenfalls aus § 649 Satz 1 BGB, weil danach dem Auftraggeber die Kündigung jederzeit und ohne jegliche Rücksicht auf Gründe möglich ist. Für den **Auftragnehmer** folgt das Recht zur Kündigung aus wichtigem Grund aus einem **Erst-Recht-Schluss** über §§ 643, 645 BGB. Denn wenn Obliegenheitsverletzungen des Auftraggebers unter den in §§ 642, 643 BGB genannten Voraussetzungen zur Beendigung des Vertrages für die Zukunft führen, muss erst Recht bei Pflichtverletzungen und daraus abzuleitender Unzumutbarkeit der Fortsetzung des Vertrages für den Unternehmer eine Kündigungsmöglichkeit aus wichtigem Grund bestehen.[199]

### V. Vertraglich vereinbartes Rücktrittsrecht

#### 1. Abgrenzung zwischen Rücktritt und Kündigung

93    Die Vereinbarung eines vertraglichen Rücktrittsrechts ist nach § 305 BGB rechtswirksam.[200] **Auslegungsbedarf** besteht nach §§ 133, 157 BGB allerdings insoweit, ob die Parteien mit der Regelung in Wirklichkeit nicht ein **Kündigungsrecht** begründet haben. Die Tatsache, dass dem Auftraggeber nach § 8 Nr. 1 VOB/B ein jederzeit ausübbares Kündigungsrecht zusteht, schließt die Einräumung eines solchen Rechts kraft Vertrages unter zusätzlich genannten Voraussetzungen nicht aus. Das gilt erst recht für den Auftragnehmer, dem nach § 9 Nr. 1 VOB/B ein Kündigungsrecht nur unter den dort limitiert aufgezählten Kündigungsgründen zusteht. *Ingenstau/Korbion/Vygen*[201] machen die Rechtswirksamkeit des Rücktrittsvorbehalts davon abhängig, ob im Zusammenhang mit der Rückabwicklung die Gefahr der Zerstörung oder Beschädigung wirtschaftlicher Werte droht, was

---

[196] Vgl. BGH BauR 1980, 465; BGH NJW-RR 1989, 1248; BGH NZBau 2000, 375 = BauR 2000, 1182; BGH NJW 2001, 521.
[197] BauR 2002, 1776, 1782.
[198] Dafür auch *Staudinger/Peters* § 649 Rdn. 2; *Palandt/Sprau* § 649 Rdn. 10; *Voit* BauR 2002, 1776, 1767; *Sienz* BauR 2002, 181, 194 ff.
[199] *Staudinger/Peters* 2003 § 643 Rdn. 20 ff.; vgl. auch BGH NJW-RR 1998, 1391, wo das Recht zur Kündigung aus wichtigem Grund vorausgesetzt wird.
[200] Bejahend *Heiermann/Riedl/Rusam* VOB/B Einf. §§ 8, 9 Rdn. 15; *Nicklisch/Weick* VOB/B Vor §§ 8, 9 Rdn. 23; *Kleine-Möller/Merl/Siebert/Kleine-Möller* § 15 Rdn. 28; a. A. *Ingenstau/Korbion/Vygen* VOB/B Vor §§ 8, 9 Rdn. 40.
[201] B vor §§ 8, 9 Rdn. 40.

C. Vertragsauflösung durch Aufhebungsvertrag                    Vor § 8

die Unzulässigkeit der Vereinbarung begründen soll. Dabei bleibt unberücksichtigt, dass gerade bei Bauwerken § 346 Abs. 2 Satz 1 Nr. 1 BGB die Rückabwicklung der erbrachten Werkleistungen auf einen **Wertausgleich** reduziert.[202] Die Gefahr der Wertezerstörung besteht demnach nicht.

### 2. Entscheidungskriterien

Für die Vereinbarung eines **Rücktrittsrechts** spricht, wenn die Parteien im Fall der Ausübung Regelungen hinsichtlich der Leistungsrückgewähr, insbesondere hinsichtlich des Rückbaues und der Kostentragung vorgesehen haben.[203] Von gravierender Bedeutung ist ferner, welches Ziel die vertragsschließenden Parteien hinsichtlich der bis zur Rücktritts-/Kündigungserklärung erbrachten Werkleistung verfolgten: Nur bei einer Kündigung bleibt die Gewährleistung des Auftragnehmers erhalten, während sie bei einem Rücktritt wegen der damit verbundenen Umwandlung des Schuldverhältnisses in ein Rückabwicklungsverhältnis mit Erlöschensfolge für Erfüllungs- und Sekundäransprüche[204] verloren gehen. Dieser Lösungsansatz ist jedoch für die in § 346 Abs. 2 Satz 1 Nr. 1 BGB zum Wertersatz führenden Sachverhalte zu bezweifeln, weil der Auftraggeber die Leistung behält und Wertersatz zu leisten hat.    94

## C. Vertragsauflösung durch Aufhebungsvertrag

### I. Wirkungsumfang

Nach § 311 Abs. 1 BGB können die Vertragspartner den Bauvertrag voraussetzungslos einvernehmlich aufheben.[205] Ob die Aufhebung **ex tunc** oder **ex nunc** wirken soll, bedarf der Festlegung und ist bei fehlender Eindeutigkeit eine Frage der Auslegung.[206] Zugleich ist zu prüfen, ob mit der Aufhebung ein **Erlassvertrag** verknüpft ist. Der Aufhebungsvertrag unterscheidet sich vom Erlassvertrag nach § 397 BGB dadurch, dass er nicht die einzelne Forderung, sondern das gesamte Schuldverhältnis im weiteren Sinne betrifft.[207]    95

Haben die Vertragspartner den Bauvertrag zu einem Zeitpunkt einvernehmlich aufgehoben, in welchem die Voraussetzungen für einen Anspruch nach § 8 Nr. 2 bis Nr. 4 bzw. § 9 VOB/B vorgelegen haben, bleibt ein solcher Anspruch erhalten.[208] Denn grundsätzlich entfaltet die Vertragsaufhebung Wirkungen **für die Zukunft**,[209] womit der Vertrag die Basis sowohl für bereits erbrachte Leistungen als auch entstandene Ansprüche bleibt. Im Übrigen erstreckt sich eine Vertragsaufhebung nicht auf bereits entstandene Ansprüche, die zwar auf der Grundlage des Vertrages, aber unter Hinzutreten weiterer Voraussetzungen begründet wurden.    96

### II. Folgen der Rückwirkung

Bei rückwirkender Aufhebung des Vertrages bestimmt sich die Rückabwicklung nach §§ 812 ff. und nicht gemäß §§ 346 ff. BGB.[210] Da die Vertragsaufhebung mit ex tunc    97

---

[202] MünchKomm/*Gaier* § 346 Rdn. 21; *Bamberger/Roth/Grothe* § 346 Rdn. 16; *Palandt/Grüneberg* § 346 Rdn. 8.
[203] *Heiermann/Riedl/Rusam* VOB/B Einf. §§ 8, 9 Rdn. 15.
[204] Vgl. *Palandt/Grüneberg* Einf. § 346 Rdn. 6; *Voit* BauR 2002, 1776, 1780.
[205] BGH NJW 1973, 1463 = BauR 1973, 319, 320.
[206] BGH NJW 1978, 2198.
[207] *Palandt/Grüneberg* § 397 Rdn. 2.
[208] BGH BauR 1973, 319, 320 = NJW 1973, 1463; *Heiermann/Riedl/Rusam* VOB/B Einf. §§ 8, 9 Rdn. 8.
[209] MünchKomm/*Emmerich* § 311 Rdn. 34.
[210] Strittig, vgl. *Bamberger/Roth/Gehrlein* § 311 Rdn. 35; MünchKomm/*Emmerich* § 311 Rdn. 34.

Wirkung zu einem späteren Wegfall des rechtlichen Grundes führt, ist die Anwendbarkeit des Bereicherungsrechts nach § 812 Satz 2, 1. Hs. BGB zwanglos zu begründen.

### III. Folgen bei Wirkung in die Zukunft

**98** Heben die Parteien den Vertrag einvernehmlich ganz oder teilweise lediglich mit Wirkung für die Zukunft auf, ohne die Rechtsfolgen für die vereinbarte Vergütung zu regeln, sind diese durch Auslegung der Vereinbarung zu ermitteln. Dabei ist auf die Umstände abzustellen, die zur Aufhebung oder Änderung geführt haben.[211] Hinsichtlich einer einvernehmlichen Teilaufhebung hat der BGH[212] den Rückgriff auf die Regelung in § 2 Nr. 4 VOB/B ausgeschlossen. Dies verbietet den Lösungsansatz entsprechend § 649 BGB bzw. § 8 Nr. 1 Abs. 2 VOB/B bei einer die gesamte Leistung betreffenden Aufhebung für die Zukunft.[213] Soweit für eine solche Ausrichtung auf BGH VII ZR 113/71[214] zurückgegriffen wird, ist dies deshalb nicht zutreffend, weil sich diese Entscheidung mit einer einvernehmlichen Aufhebung und den Rechtsfolgen aus § 8 Nr. 3 Abs. 2 VOB/B befasst. Das ist sachgerecht, denn die Rechtsfolgen einer einvernehmlichen Aufhebung aus Gründen, die auch eine Kündigung gerechtfertigt hätten, sollten denen der Kündigung entsprechen.

**99** Heben Vertragsparteien einen Bauvertrag aus freien Stücken einvernehmlich auf, ohne die Vergütungsfolgen zu regeln, spricht im Wege der Auslegung mehr für den Rechtsfolgewillen, dass lediglich die erbrachten Leistungen zu vergüten sind als für eine § 649 BGB und § 8 Nr. 1 Abs. 2 VOB/B entsprechende Lösung.

### IV. Formvoraussetzungen

**100** Für die Vertragsaufhebung ist Schriftform auch dann nicht Rechtswirksamkeitsvoraussetzung, wenn für spätere Änderungen nach dem Bauvertrag die Schriftform einzuhalten ist.[215] Derjenige, der sich auf die Aufhebung eines Vertrages beruft, hat nach allgemeinen Darlegungs- und Beweislastregeln den Aufhebungstatbestand zu beweisen.

## D. Kündigungstatbestände

### I. Ersetzungsfunktion der Kündigungstatbestände nach §§ 8, 9 VOB/B

**101** Die in §§ 8, 9 VOB/B für Auftraggeber und Auftragnehmer enthaltenen Kündigungstatbestände haben keinen abschließenden Charakter. Soweit die Kündigungsgründe reichen, erfolgt jedoch eine Ersetzung der nach Allgemeinem oder Besonderem Schuldrecht des BGB ansonsten gegebenen Rechte. Das betrifft insbesondere das Rücktrittsrecht bei Zeitstörungstatbeständen nach § 323 BGB. Die Ersetzung erfolgt durch § 5 Nr. 4 und § 8 Nr. 3 VOB/B. Die in §§ 642, 643 BGB beschriebene Kündigungssituation wird ebenfalls durch § 9 Nr. 1 lit. a), Nr. 3 VOB/B ersetzt. Bei einer mehr als dreimonatigen Unterbrechung bietet § 6 Nr. 7 VOB/B beiden Parteien eine Lösungsmöglichkeit durch Kündigung.[216]

---

[211] BGH, U. v. 29. 6. 2000, VII ZR 186/99, NZBau 2000, 467 = BauR 2000, 1754 = NJW 2000, 3277; BGH, U. v. 29. 4. 1999, VII ZR 248/99, NJW 1999, 2661 = BauR 1999, 1021.
[212] U. v. 29. 6. 2000, VII ZR 248/98, NJW 2000, 3277 = NZBau 2000, 467 = BauR 2000, 1754.
[213] A. A. *Werner/Pastor* Rdn. 1335.
[214] BauR 1973, 319.
[215] *Bamberger/Roth/Gehrlein* § 311 Rdn. 35.
[216] *Heiermann/Riedl/Rusam* VOB/B Einf. §§ 8, 9 Rdn. 3 b.

## II. Kündigungstatbestand nach § 650 BGB

Eigenständige und nicht verdrängte Bedeutung hat § 650 BGB.[217] Danach steht dem Auftraggeber ein Kündigungsrecht zu, wenn sich herausstellt, dass das Werk nicht ohne wesentliche **Überschreitung eines Kostenanschlags,** der dem Vertrag ohne Übernahme der Richtigkeitsgewähr durch den Unternehmer zu Grunde gelegt worden ist, erbracht werden kann. Der Auftragnehmer ist gemäß § 650 Abs. 2 BGB verpflichtet, dem Auftraggeber von einer zu erwartenden Überschreitung des Kostenanschlags zu unterrichten, damit die Entscheidung über die Fortsetzung oder Kündigung des Bauvertrages getroffen werden kann. Wird das Werk im Einvernehmen der Vertragspartner wesentlich anders ausgeführt, kann das Angebot nicht mehr als Kostenanschlag nach § 650 BGB angesehen und dem Vertrag zu Grunde gelegt werden.[218] 102

### 1. Kostenanschlag als Voraussetzung

Voraussetzung ist ein Kostenanschlag oder Kostenvoranschlag des Auftragnehmers. Dieser unterscheidet sich von einem verbindlichen Vertragsangebot des Auftragnehmers, das Vertragsbestandteil und Basis für den Vertragsschluss wird. Der **Kostenanschlag/Kostenvoranschlag** stellt lediglich eine Art gutachtliche Äußerung des Auftragnehmers zur Kostenfrage dar, für die der Auftragnehmer die Gewähr gerade nicht übernommen hat. Die vom Auftraggeber erwartete Orientierung leistet ein Auftragnehmer nur dann, wenn er selbst Leistungsart, Menge und Preise bestimmt.[219] Der Kostenanschlag bildet bloß die beiderseitige Geschäftsgrundlage für den Bauvertrag.[220] Die Mitteilungspflicht des Auftragnehmers und die Kündigungsmöglichkeit des Auftraggebers sind Elemente einer Sonderregelung, die ansonsten nach den Regeln des Wegfalls der Geschäftsgrundlage aufgefunden werden müsste.[221] 103

### 2. Keine generelle Kostenkontrollpflicht

Entgegen der Auffassung von *Staudinger/Peters*[222] trifft den Auftragnehmer nicht generell über die Normvoraussetzungen des § 650 BGB hinaus eine Kostenbeobachtungs- und Kostenkontrollpflicht. Wird der Auftraggeber von einem Planer beraten, hat dieser die Kostenermittlungsverfahren nach § 15 Abs. 2 HOAI in der Leistungsphase 2 (Kostenschätzung), der Leistungsphase 3 (Kostenberechnung), Leistungsphase 7 (Kostenanschlag) und Leistungsphase 8 (Kostenfeststellung) zu erbringen. Die Fassung der HOAI in der 5. Änderungsverordnung hat mit Wirkung ab 1. 1. 1996 auch eine Kostenkontrollpflicht der Architekten wie auch der Fachplaner (im Leistungsbild nach § 73 HOAI) eingeführt. Kostenermittlung, Kostenbeobachtung und Kostenkontrolle sind preisrechtlich deutlich Aufgaben der mit entsprechenden Planungsleistungen betrauten Architekten. Deshalb kann die Kostenkontrollpflicht den Auftragnehmer über § 650 BGB hinaus nur zu treffen, wenn eine entsprechende Nebenpflicht zu bejahen ist. Eine solche scheidet aus, wenn der Bauherr/Auftraggeber von einem Architekten in Kostenfragen beraten und betreut wird. Diese Kostenkontrollpflicht des Architekten leitet sich werkvertraglich aus seiner Sachwalterstellung[223] und als Teilerfolg bei einem in Anlehnung an die HOAI geschlossenen Vertrag ab.[224] 104

---

[217] → Vor § 2 Rdn. 242 ff.
[218] OLG Karlsruhe BauR 2003, 1589.
[219] Vgl. zum Orientierungsaspekt *Bamberger/Roth/Voit* § 650 Rdn. 5.
[220] OLG Frankfurt NJW-RR 1989, 209; *Staudinger/Peters* § 650 Rdn. 17; *MünchKomm/Busche* § 650 Rdn. 6; *Köhler* NJW 1983, 1633.
[221] BGHZ 59, 339 = NJW 1973, 140; *MünchKomm/Soergel* § 650 Rdn. 2.
[222] § 650 Rdn. 2 ff.
[223] Vgl. OLG Hamm BauR 1995, 415, 416; *Kniffka* BauR 1996, 773, 776.
[224] BGH U. v. 11. 11. 2004, VII ZR 128/03, NZBau 2005, 158 = NJW-RR 2005, 318 = BauR 2005, 400.

### 3. § 650 BGB im VOB-Bauvertrag

**105**  Soweit § 650 BGB im Rahmen eines VOB-Bauvertrages nur ein geringes Anwendungsgebiet deshalb eingeräumt wird, weil bei einem Einheitspreisvertrag die Sonderregelungen des § 2 VOB/B eingriffen,[225] bleibt unberücksichtigt, dass es auch auf der Basis eines VOB-Bauvertrages zu einem **Kostenanschlag** nach § 650 BGB kommen kann.

**106**  a) **Kostenangebot und Kostenanschlag – Unterscheidungsbedarf.** Ein Kostenanschlag liegt nicht vor, wenn der Unternehmer auf ein vom Auftraggeber erstelltes Leistungsverzeichnis hin ein Vertragsangebot unterbreitet. Die Preise für die Teilleistungen sind Vertragspreise; die Angebotsendsumme ist weder Vertragspreis noch als Kostenanschlag zu werten.

**107**  Entscheidend ist der rechtliche Unterschied zwischen einem vom Unternehmer auf ein Leistungsverzeichnis hin abgegebenen Vertragsangebot und einem Kostenanschlag.[226] Das auf Einheitspreisbasis aufbauende Kostenangebot enthält verbindliche **Teilleistungspreise** (Einheitspreise); die **Angebotsendsumme** stellt keinen Vertragspreis dar; deren Einhaltung ist auch nicht beiderseitige Geschäftsgrundlage, was bereits das in § 2 Nr. 2 VOB/B enthaltene Vertrags- und Abrechnungsprinzip des Einheitspreisvertrages ausschließt. Das auf der Basis eines Leistungsverzeichnisses des Auftraggebers erstellte Vertragsangebot des Unternehmers (Bieter) kann auch **nicht in zwei Teile** unterschiedlichen rechtlichen Gehalts gespalten werden, nämlich in ein verbindliches Vertragsangebot bezüglich der Teilleistungspreise und eine gutachtliche Äußerung hinsichtlich der Angebotsendsumme. Eine solche Willensrichtung hat der Bieter (spätere Auftragnehmer) nicht; dafür besteht kein Anlass, da die für die Errechnung der Angebotsendsumme maßgeblichen Massen auf Feststellungen der Auftraggeber- und nicht der Bieterseite beruhen. § 2 Nr. 3 VOB/B steht der Anwendung der Regeln aus § 650 BGB gleichfalls nicht entgegen.[227] Diese Vorschrift ist nämlich auf ein Vertragsangebot zugeschnitten, das Vertragsbestandteil wird.[228] Für einen Kostenanschlag trifft die Regelung nicht zu. Schließt der Kostenanschlag des Auftragnehmers mit einem Pauschalpreis ab, ist § 650 BGB wegen der vom Auftragnehmer damit übernommenen Risiken nicht einschlägig; das gilt auch bei einem garantierten Maximalpreis (GMP-Vertrag).[229]

**108**  b) **Kein Abänderungsbedarf der VOB/B.** Die Regeln des § 650 BGB gelten unabhängig davon, ob im Vertrag die Anwendbarkeit der § 1 Nr. 3, 4 und § 2 Nr. 3, 5 und 6 VOB/B ausgeschlossen worden ist.[230] Denn bei Änderungsanordnungen und der Anforderung von Zusatzleistungen greift das Regelungsregime des § 650 BGB nicht. Die Informationspflicht und das Kündigungsrecht beruhen auf einem ungestört zur Durchführung kommenden Kostenanschlag. Bereits nach allgemeinen Werkvertragsregeln entfällt das Kündigungsrecht nach § 650 BGB, wenn die Überschreitung des Kostenanschlags auf Änderungsanordnungen oder Nachtragsaufträgen beruht.[231] Begründen Massenmehrungen nach § 2 Nr. 2 VOB/B im Vergleich zur Angebotsendsumme eine jenseits einer Toleranzgrenze liegende Preiserhöhung, greift die Mitteilungspflicht nach § 650 Abs. 2 BGB gleichfalls nicht ein. Denn die Massenvorgaben in den Vordersätzen hat der das Leistungsverzeichnis erstellende Planer, nicht aber der Auftragnehmer zu verantworten, der im Rahmen der Angebotsabgabe regelmäßig auch keine Massenkontrolle durchführt und auch nicht durchzuführen braucht.[232] Das Angebot des Auftragnehmers, das auf einem von einem Planer erstellten Leistungsverzeichnis aufbaut, ist zudem kein Kostenanschlag.

---

[225] So RGRK-*Glanzmann* § 650 Rdn. 250.
[226] → Vor § 2 Rdn. 250 ff.
[227] Dahin aber *Ingenstau/Korbion/Vygen* VOB/B Vor §§ 8, 9 Rdn. 18.
[228] *Locher* PrivBauR Rdn. 133, hält § 2 Nr. 3 VOB/B für eine Sonderregelung, die § 650 BGB vorgeht; so auch *Kleine-Möller/Merl/Siebert/Klein-Möller* § 15 Rdn. 59, 60; ähnlich *Heiermann/Riedl/Rusam* VOB/B Einf. §§ 8, 9 Rdn. 5.
[229] *Ingenstau/Korbion/Vygen* Vor §§ 8, 9 Rdn. 18; zum GMP-Vertrag vgl. *Oberhauser* BauR 2000, 2397; *Grünhoff* NZBau 2000, 313.
[230] *Werner* FS Korbion S. 473, 475; a. A. *Ingenstau/Korbion/Vygen* VOB/B Vor §§ 8, 9 Rdn. 18.
[231] *Werner* FS Korbion S. 473, 475.
[232] → Vor § 2 Rdn. 254, 255.

D. Kündigungstatbestände  **Vor § 8**

c) **Vom Auftragnehmer erstelltes Leistungsverzeichnis.** Erstellt der Unternehmer 109
selbst ein Leistungsverzeichnis, dem auch eine eigene Massenermittlung zu Grunde liegt, ist
eine Kostenbeobachtungspflicht des Auftragnehmers zu bejahen. Dabei ist gleichgültig, ob
das Leistungsverzeichnis samt darin enthaltenen Massenvorgaben die Grundlage für einen
Kostenanschlag i. S. v. § 650 BGB oder für ein Vertragsangebot bietet. Deren Grundlage ist
§ 650 BGB bei Vorliegen eines Kostenanschlags und die den Auftragnehmer treffende
Aufklärungs- und Kostenbeobachtungspflicht als Teil des den Bauvertrag konstituierenden
Nebenpflichtenkatalogs,[233] wenn ein Vertragsangebot unterbreitet wird. Bei einer solchen
Konstellation ist der Auftraggeber regelmäßig im Kostenbereich nicht von einem Planer
beraten; der Auftragnehmer übernimmt mit der Ermittlung der Grundlagen des Leistungsverzeichnisses und dessen Texterung Verantwortung, die sich in der Kostenkontrollpflicht
zeigt.

**4. Mitteilungspflicht nach § 650 Abs. 2 BGB und Verletzungsfolgen**

Die Mitteilungspflicht entsteht bei einer wesentlichen Überschreitung des Kosten- 110
anschlags. Abzustellen ist dabei auf die Anschlagssumme und nicht auf Einzelpositionen.[234]
Welche **Toleranz** besteht, hängt von der Objektgröße und den Objektumständen ab. In der
Kommentarliteratur werden Prozentsätze zwischen 10 und 20%, ausnahmsweise auch 25%
genannt.[235] Diese Grundsätze gelten auch für die Mitteilungspflicht als Teil einer den
Auftragnehmer treffenden Nebenverpflichtung. Die vorwerfbare Missachtung der Informationspflicht macht nach § 280 Abs. 1 BGB schadensersatzpflichtig. Der Besteller ist dabei so
zu stellen, wie er bei rechtzeitiger und gehöriger Mitteilung stünde.[236] Hätte der Auftraggeber gekündigt, ist nach den Regeln gemäß §§ 650 Abs. 1, 645 Abs. 1 BGB abzurechnen.
Dabei ist auf den Zustand des Werks zum fiktiven Kündigungszeitpunkt abzustellen.[237]

Bezüglich der überschießenden Werkleistung hat der Auftraggeber nach § 2 Nr. 8 Abs. 1 111
VOB/B einen **Beseitigungsanspruch.** Behält er das Werk, ist er in diesem Umfang ohne
rechtlichen Grund bereichert.[238] Denn die schadensersatzrechtliche Betrachtungsweise hat
zur Konsequenz, dass sich der Auftragnehmer und damit auch der Auftraggeber so behandeln lassen müssen, als wäre bei ordnungsgemäßer Mitteilung gekündigt worden. Damit
fehlt der überschießenden Leistung der Rechtsgrund.[239] Da der Auftraggeber auch die
Entfernung der Mehrleistung fordern kann, ist es sachgerecht, die Vermögensmehrung nach
objektiven Gesichtspunkten auf der Grundlage der Kostenanschlagspreise zu berechnen,[240]
wenn sich der Auftraggeber für das Behalten entscheidet. Diese tatsächlich vorhandene
Wertschöpfung darf nicht durch die prozentuale Begrenzung einer noch zulässigen Überleitung des Kostenanschlags begrenzt werden; das gebieten die Grundsätze der Vorteilsausgleichung.[241]

Die Schadensersatzpflicht entfällt, wenn der Auftragnehmer beweisen kann, dass der 112
Auftraggeber bei rechtzeitiger Information nicht gekündigt hätte.[242] Der Auftragnehmer als

---

[233] MünchKomm/*Busche* § 631 Rdn. 108; *Staudinger/Peters* § 650 Rdn. 3.
[234] *Heiermann/Riedl/Rusam* VOB/B Einf. §§ 8, 9 Rdn. 5.
[235] *Palandt/Sprau* § 650 Rdn. 2: 15 bis 10%, ausnahmsweise auch 25%; MünchKomm/*Busche* § 650 Rdn. 10: 10%; vgl. auch *Staudinger/Peters* § 650 Rdn. 8: auf den Einzelfall abstellend; *Köhler* NJW 1983, 1635 lehnt Prozentsätze gleichfalls ab; *Bamberger/Roth/Voit* § 650 Rdn. 7 weisen Prozentangaben nur Richtschnur-charakter zu.
[236] *Staudinger/Peters* § 650 Rdn. 12.
[237] *Palandt/Sprau* § 650 Rdn. 3; OLG Frankfurt OLGZ 1984, 198.
[238] Vgl. *Köhler* NJW 1983, 1633, 1635.
[239] A. A. *Palandt/Sprau* § 650 Rdn. 2; a. A. auch → Vor § 2 Rdn. 281.
[240] *Staudinger/Peters* § 650 Rdn. 13; a. A. *Köhler* NJW 1983, 1633, 1635; subjektiver Nutzen des Werks für den Besteller.
[241] OLG Celle BauR 2003, 1224, 1226; OLG Celle BauR 2000, 1493; MünchKomm/*Busche* § 650 Rdn. 18.
[242] MünchKomm/*Soergel* 3. Aufl., § 650 Rdn. 13; *Palandt/Sprau* § 650 Rdn. 3; a. A. *Erman/Schwenker* § 650 Rdn. 12; *Staudinger/Peters* § 650 Rdn. 14.

Aufklärungs- und Informationspflichtiger trägt nämlich das **Risiko einer unklaren Sach- und Rechtslage,** die durch den Verletzungstatbestand geschaffen worden ist. Deren Erfüllung sollte gerade klare Verhältnisse schaffen.[243]

---

[243] BGH NJW-RR 1989, 1102; BGH NJW 1988, 831; BGH NJW-RR 1988, 1066; BGH NJW 1989, 2320; vgl. zu weiteren Ansichten hinsichtlich der Beweisbelastung *Köhler* NJW 1983, 1633, 1634; vgl. → Vor § 2 Rdn. 272 ff.

entsprechend seinen Planungsideen zu gestalten.³ Der Gesetzgeber stellt jedoch auch in einem solchen Fall die Interessen des Auftraggebers über die des Auftragnehmers.

§ 649 BGB bzw. § 8 Nr. 1 VOB/B ist mit Rücksicht auf die Rechtsfolgen auch Ausdruck eines richtig verstandenen und zugleich umgesetzten **Kooperationsgedankens.** Denn die Durchsetzung eines Werkvertrags, wonach der Auftragnehmer entweder planen oder bauen soll, gegen den Willen des Auftraggebers ist vernünftigerweise gar nicht denkbar. Denn der mit einem Bauvertrag beauftragte Auftragnehmer bedarf der Ausführungsplanung und der Koordinierung, bei deren Ausbleiben die Abwicklung sinnvoll nicht durchgeführt werden kann. Wegen mangelnder Mitwirkung würde sich ohne die Regelung des § 649 BGB der Weg über §§ 642, 643 BGB anbieten. 1c

## I. Stellung im System

§ 8 VOB/B hat verschiedene Kündigungstatbestände zum Gegenstand. Mit Ausnahme der Regelung nach der Nr. 3 sind sämtliche eigenständig ausgestaltet. § 8 Nr. 1 VOB/B regelt die **freie Kündigung,** die mit § 649 BGB vergleichbar ist und sich inhaltlich von dieser Vorschrift nicht unterscheidet. Die Nr. 2 bis 4 des § 8 VOB/B befassen sich mit der Kündigung aus **wichtigem Grund,** indem solche Gründe benannt und zum Anlass für eine Kündigung gemacht werden. Sämtliche Vorschriften enthalten über die Beschreibung des Kündigungsgrundes hinaus eine eigenständige Rechtsfolgenregelung hinsichtlich der Abrechnung und der sich aus der Nichtausführung der restlichen Leistungen ergebenden Folgen. § 8 Nr. 3 VOB/B knüpft an Störungstatbeständen an, die in § 4 Nr. 7, 8 und § 5 Nr. 4 VOB/B geregelt sind und erfüllt sein müssen, damit das Kündigungsrecht nach § 8 Nr. 3 VOB/B entsteht.⁴ Die Vorschrift bildet damit den Sanktionsabschluss an anderer Stelle geregelter Rechtswahlentscheidungen. Allerdings wird die Regelung auf andere Kündigungstatbestände entsprechend angewendet (vgl. → § 8 Nr. 3 Rdn. 13 ff.). 2

### 1. Kündigung als Gestaltungsrecht

Die Kündigung ist ein einseitig ausübbares Gestaltungsrecht. Die Ausübung erfolgt durch den Auftraggeber mittels schriftlicher **Willenserklärung** (§ 8 Nr. 5 VOB/B), die des **Zugangs** nach § 130 BGB bei dem richtigen Adressaten bedarf. Die Wahrung der Schriftform ist Wirksamkeitsvoraussetzung;⁵ die Kündigung durch einen vollmachtlosen bauleitenden Architekten ist unwirksam. Ist der Architekt bevollmächtigt, ist § 174 BGB einschlägig. Die nachträgliche Vorlage der Vollmacht entfaltet hinsichtlich der nach § 174 BGB unwirksamen Kündigung keine heilende Wirkung; auch eine Genehmigung scheidet aus.⁶ Die Wirkungen der Kündigung sind unabhängig von einem Einverständnis des Auftragnehmers. Rechtswirksam wird die Kündigung als empfangsbedürftige Willenserklärung bei Vorliegen der Voraussetzungen mit Zugang. Wendet sich der Empfänger gegen das Vorliegen der Voraussetzungen, hindert nicht dies, sondern das Fehlen der Kündigungsgründe deren Wirkung. Im Unterschied zum **Rücktritt,** der das Vertragsverhältnis unter Erlöschen der beiderseitigen Erfüllungsansprüche und sämtlicher Sekundäransprüche in ein vertragliches, durch §§ 346 ff. BGB geregeltes Rückabwicklungsschuldverhältnis umwandelt,⁷ und damit in die Vergangenheit wirkt, beseitigt die Kündigung die vertraglichen Leistungspflichten nur für die Zukunft.⁸ 3

---

³ Vgl. zu diesen Überlegungen *Weyers* Gutachten und Vorschläge zur Überarbeitung des Schuldrechts Band II S. 1115 ff., 1136.
⁴ BGH NJW 1973, 1463 = BauR 1973, 319, 320.
⁵ BGH NJW 1973, 1463.
⁶ *Bamberger/Roth/Habermeier* § 174 Rdn. 10.
⁷ *Palandt/Grüneberg* Einf. § 346 Rdn. 6; problematisierend MünchKomm/*Gaier* Vor § 346 Rdn. 41 ff.
⁸ BGH U. v. 28. 3. 1996, VII ZR 228/94 NJW-RR 1996, 853 = BauR 1996, 544; BauR 1995, 691, 692 = NJW 1995, 2712 = ZfBR 1995, 297; BGH BauR 1987, 690, 691 = ZfBR 1977, 238; MünchKomm/*Gaier* Vor § 346 Rdn. 21.

4    **a) Wirkung für die Zukunft.** Diese auf die Zukunft beschränkte Wirkung der Kündigung belässt es hinsichtlich der erbrachten Leistung bei dem Fortbestand des gekündigten Bauvertrages. Für die Zukunft entfällt jegliche Leistungsverpflichtung. Die Kündigung beschränkt das Werk auf das bis dahin erstellte Teilwerk,[9] und führt dazu, dass die Ausführung der weiteren Arbeiten unmöglich ist. Mit der Kündigung bringt der Auftraggeber zum Ausdruck, die Vollendung des noch nicht fertiggestellten Teiles des Werkes durch den beauftragten Unternehmer nicht zu wollen. Dessen bis dahin bestehende und aus §§ 640, 641 BGB ableitbare Vorleistungsverpflichtung entfällt. Deshalb kann der Auftragnehmer nach der Kündigung auch **keine Abschlagszahlungen** mehr verlangen, sondern muss seine Leistungen abschließend berechnen.[10] Allein mit der Kündigung erlöschen die bis dahin zu beachtenden Schutzpflichten gemäß § 4 Nr. 5 VOB/B jedoch nicht. Denn die Kündigung beendet das Erfüllungsstadium nicht, so dass dem Auftraggeber die ihm vor der Abnahme zustehenden und entstandenen Erfüllungsansprüche hinsichtlich der durch die Kündigung beschränkten Leistungen auch nach der Kündigung zustehen.[11] Endet das Erfüllungsstadium erst mit der Abnahme, bleibt es bis dahin bei den Schutzpflichten aus § 4 Nr. 5 VOB/B für die bis zur Kündigung erbrachten Leistungen. Auf den Auftraggeber gehen die Preis- und die Leistungsgefahr über, die bei ungestörter Abwicklung erst mit Abnahme, Abnahmeverzug oder unberechtigter Abnahmeverweigerung zu tragen gewesen wären. Wenn der BGH[12] auch bei Kündigung eines Bauvertrages sowohl für die Fälligkeit des Werklohnanspruchs als auch für den Beginn der Verjährung der Sachmängelansprüche[13] auf die Notwendigkeit einer rechtsgeschäftlichen Abnahme abstellt, begründet die Kündigung weder das Ende der Preis-/Leistungsgefahr noch das Ende einer Schutzpflicht. Deshalb entfaltet der gekündigte Bauvertrag hinsichtlich der erbrachten Werkleistung durchaus Nachwirkungen.[14]

5    **b) Fortbestand des Vertrages für die bereits erbrachte Leistung.** Führt die Kündigung – bei Vorliegen eines Kündigungsgrundes oder der Ausübung eines freien Kündigungsrechts – zum Erlöschen des Bauvertrages ab dem Zeitpunkt ihres Zugangs, bleibt der Bauvertrag für die bis dahin erbrachten Leistungen notwendig erhalten. Bezüglich der bis zur Kündigung erbrachten Teilleistungen ändert sich – im Unterschied zum Rücktritt, der ein Rückabwicklungsschuldverhältnis auslöst – an der Vertragslage nichts. Für die erbrachte Teilleistung bleibt der Bauvertrag mit allen vereinbarten Inhalten bestehen. Das betrifft sowohl die Vergütung als auch die Sachmängelhaftung und sonstige sich hieraus ergebenden Rechtsfolgen.[15] Nur im Einzelnen besteht Abweichungsbedarf wegen der durch die Kündigung bewirkten Besonderheiten.

6    **aa) Vergütungsanspruch.** Die Kündigung lässt den Vergütungsanspruch des Auftragnehmers für die bereits erbrachte Leistung notwendig unberührt.[16] Das gilt so auch bei einer Kündigung aus wichtigem Grund; eine solche Kündigung des Bestellers berührt den Werklohnanspruch des Unternehmers für den bis zur Kündigung erbrachten Teil der Werkleistung grundsätzlich nicht.[17] Der Auftraggeber bleibt hinsichtlich derjenigen Teile, die er behalten und benutzen will, vergütungspflichtig, gleichgültig, ob die Kündigung aus § 8

---

[9] BGH U. v. 19. 12. 2002, VII ZR 103/00, BGHZ 153, 244 = NJW 2003, 1450 = NZBau 2003, 265 = BauR 2003, 689 = ZfBR 2003, 352; BauR 1993, 469, 471, 472 = NJW 1993, 1972 = ZfBR 1993, 189; BGH U. v. 11. 5. 2006, VII ZR 146/04, NJW 2006, 2475 = NZBau 2006, 569 = BauR 2006, 1294.
[10] BGH BauR 1987, 453 = NJW-RR 1987, 724 = ZfBR 1987, 200; BauR 1985, 456 = NJW 1985, 1840.
[11] BGH U. v. 19. 12. 2002, VII ZR 103/00 NJW 2003, 1450 = NZBau 2003, 265 = BauR 2003, 689.
[12] U. v. 11. 5. 2006, VII ZR 146/04, NJW 2006, 2475 = NZBau 2006, 569 = BauR 2006, 1294.
[13] U. v. 19. 12. 2002, VII ZR 103/00, BGHZ 153, 244 = NJW 2003, 1450 = NZBau 2003, 965 = BauR 2003, 689.
[14] BGH BauR 1987, 689, 690 = ZfBR 1987, 238.
[15] BGH U. v. 19. 12. 2002, VII ZR 103/00, NJW 2003, 1450 = NZBau 2003, 265 = BauR 2003, 689; *Thode* ZfBR 1999, 116, 122.
[16] BGH BauR 1995, 691, 692 = NJW 1995, 2712 = ZfBR 1995, 297.
[17] BGH NJW 1993, 1972 = BauR 1993, 469, 471; BGH BauR 1990, 632 = NJW-RR 1990, 1109; BGH BauR 1987, 689, 690 = ZfBR 1987, 238.

Freies Kündigungsrecht                                   § 8 Nr. 1

Nr. 1 Abs. 1, § 8 Nr. 3 Abs. 1 i. V. m. § 4 Nr. 7 oder § 5 Nr. 4 VOB/B hergeleitet wird.[18]
§ 8 Nr. 1 Abs. 2 VOB/B geht insoweit noch darüber hinaus und belässt dem Auftragnehmer bei einer freien Kündigung den gesamten Vergütungsanspruch. In Abzug ist lediglich das zu bringen, was sich der Auftragnehmer infolge der Kündigung erspart hat und was er durch anderweitigen Einsatz seiner Arbeitskraft erworben hat oder hätte erwerben können.

**bb) Sachmängelansprüche.** Demnach bleiben dem Auftraggeber bezüglich der erbrachten Teilleistung sämtliche Sachmängelansprüche erhalten.[19] Denn es kann nicht davon ausgegangen werden, dass der Auftraggeber mit der Kündigung auch seine Mängelbeseitigungsansprüche aus § 4 Nr. 7 Satz 1 VOB/B oder § 13 Nr. 4 bis 7 VOB/B hinsichtlich der bis zur Kündigung erbrachten Werkleistungen und daran aufgetretener Mängel aufgeben will.[20] Deren Fortexistenz schließt ihre Qualifizierung als Erfüllungsansprüche nicht aus; denn die Kündigung bewirkt den Ausschluss weiterer Erfüllung lediglich bezüglich der noch nicht hergestellten Werkteile.[21] Umgekehrt muss dem Auftragnehmer bei einer Kündigung auch das Recht zugebilligt werden, Mängel an den von ihm hergestellten Werk selbst zu beseitigen oder beseitigen zu lassen.[22] Eventuelle Schwierigkeiten, die darin bestehen, dass die Sachmangelfreiheitskriterien für das fertige Werk gelten, und deshalb nicht auf das unfertige Produkt übertragen werden können, sind im Wege der Auslegung zu lösen. Notfalls ist auf die gewöhnliche Verwendungseignung und die hierfür erforderlichen Voraussetzungen abzustellen.

Dogmatisch stimmig wie auch interessengerecht kann es deshalb für die Abwicklung von Werkmängeln an den bis zur Kündigung erbrachten Werkleistungen bei den gesetzlichen oder den Bestimmungen der VOB/B verbleiben. Eine Berücksichtigung des **Mängelbeseitigungsaufwandes,** den sich der gekündigte Unternehmer erspart, lediglich im Rahmen der Abrechnung nach § 8 Nr. 1 Abs. 2 VOB/B entspricht weder der Sach- noch der Interessenlage. Hierdurch würde eine ungerechtfertigte Verkürzung der nach dem Gewährleistungsrecht bestehenden Rechtslage eintreten.[23]

**Vor** der rechtsgeschäftlichen Abnahme, die nach § 8 Nr. 6 VOB/B vorgesehen ist und auf die der gekündigte Auftragnehmer einen Anspruch hat,[24] stehen dem Auftraggeber Erfüllungsansprüche hinsichtlich der Mängel der Teilleistung nach § 4 Nr. 7 VOB/B zu. **Nach** der Abnahme kommen die Ansprüche aus § 13 Nr. 4 bis 7 VOB/B in Betracht.[25] Die Verjährungsfristen nach § 13 Nr. 4 VOB/B oder nach § 13 Nr. 7 Abs. 3 VOB/B sind nach einer Kündigung oder Teilkündigung auf Ansprüche aus § 4 Nr. 7 Satz 1, 2 VOB/B, die nach der Kündigung erhalten bleiben, grundsätzlich erst anwendbar, wenn die bis zur Kündigung erbrachte Leistung abgenommen worden ist.[26] Der Auftraggeber kann diese Gewährleistungsansprüche einem noch offenen Vergütungsanspruch des Auftragnehmers nach § 320 BGB entgegenhalten, was zur Zug-um-Zug-Verurteilung führt. Das Verfahren nach § 4 Nr. 7, § 8 Nr. 3 VOB/B berechtigt nach Kündigung des Auftrags hinsichtlich der ausstehenden Mängelbeseitigung zum Einsatz eines Drittunternehmers und dazu, entweder mit einem Kostenvorschuss- oder Kostenerstattungsanspruch[27] aufzurechnen. Hinsichtlich der nach der Abnahme an dem Teilwerk auftretenden Mängel verschafft § 13 Nr. 5 Abs. 2 VOB/B eine solche Aufrechnungsposition.[28]

---

[18] BGH BauR 1987, 689, 690 = ZfBR 1987, 238.
[19] *Ingenstau/Korbion/Vygen* VOB/B § 8 Nr. 1 Rdn. 12.
[20] BGH BauR 1987, 689, 690 = ZfBR 1987, 238.
[21] BGH BauR 1987, 689, 690 = ZfBR 1987, 238.
[22] BGH BauR 1987, 689, 690 = ZfBR 1987, 238.
[23] BGH U. v. 11. 5. 2006, VII ZR 146/04, NJW 2006, 2475 = NZBau 2006, 569 = BauR 2006, 1294; BGH BauR 1987, 689, 690 = ZfBR 1987, 238.
[24] BGH U. v. 19. 12. 2002, VII ZR 103/00, BGHZ 153, 244 = NJW 2003, 1450 = NZBau 2003, 265 = BauR 2003, 289; → § 8 Nr. 6 Rdn. 24 ff.
[25] BGHZ 153, 244 = NJW 2003, 1450 = NZBau 2003, 265 = BauR 2003, 289.
[26] BGHZ 153, 244 = NJW 2003, 1450 = NZBau 2003, 265 = BauR 2003, 289.
[27] → § 8 Nr. 3 Rdn. 40.
[28] → § 8 Nr. 6 Rdn. 34.

§ 8 Nr. 1                                                              Freies Kündigungsrecht

**10**  Die Auftragsentziehung aus freien Stücken nach § 8 Nr. 1 Abs. 1 VOB/B legitimiert den Auftraggeber nicht ohne Hinzutreten weiterer besonderer Gründe zur **Minderung**.[29] Da der Bauvertrag für die bis zur Kündigung erbrachten Werkleistungsteile in vollem Umfang erhalten bleibt,[30] besteht grundsätzlich zu einer von den Gewährleistungsregeln abweichenden Beurteilung keine Veranlassung. Ein bevorzugter Übergang zur Minderung würde letztlich dazu führen, dass die Mangelfolgen lediglich in die Abrechnung nach § 8 Nr. 1 Abs. 2 VOB/B eingeführt werden, was der BGH[31] abgelehnt hat. Lediglich generell kann gelten, dass bei einer Kündigung öfters als sonst der Fall gegeben sein mag, dass Gewährleistungsrechte sofort geltend gemacht werden können, ohne dass es einer Fristsetzung nach §§ 636, 637 Abs. 2, 323 BGB bedarf.[32] Dieser allgemeine Leitgedanke ist auf das Gewährleistungssystem der VOB/B bezüglich der Meinung übertragbar, wenn auch die Geltendmachung der Minderung nach § 13 Nr. 6 VOB/B nicht von einer Fristsetzung abhängig ist. Ein nach § 13 Nr. 6 VOB/B bestehender Minderungsanspruch, der unter gleichen Voraussetzungen auch vor der Abnahme zuzugestehen ist,[33] reduziert bei Geltendmachung den Vergütungsanspruch des gekündigten Auftragnehmers nach den sich aus § 638 Abs. 3 BGB ergebenden Regeln.

**11**  cc) **Sicherheitsleistung.** Hat der Auftragnehmer entsprechend den Vereinbarungen des gekündigten Bauvertrags eine Erfüllungssicherheit (§ 17 Nr. 1 VOB/B) geleistet, entfällt deren Rechtsgrund infolge der Kündigung nach § 8 Nr. 1 VOB/B mit der Abnahme der bis zur Kündigung erbrachten Leistungen. Die Erfüllungssicherheit ist zu Gunsten des Auftragnehmers freizugeben. Der Verwertungsfall ist nicht gegeben. Der Anspruch des Auftraggebers auf eine vereinbarungsgemäß vom Auftragnehmer zu stellende oder gestellte Gewährleistungssicherheit (§ 17 Nr. 1 VOB/B) bleibt im Umfang der vor der Kündigung erbrachten Teilleistung erhalten.[34] § 17 Nr. 8 VOB/B ist in vollem Umfang anwendbar, weswegen für beide Vertragsparteien der Beginn der Verjährungsfrist der Gewährleistungsansprüche für die Teilleistung bedeutsam ist.[35]

**12**  dd) **Darlegungs- und Beweislast.** Die Darlegungs- und Beweislast für Mängel an der bis zur Kündigung erbrachten Teilleistung beurteilt sich nicht anders als bei einem ungestört abgewickelten Werkvertrag. Vor der Abnahme trifft den Auftragnehmer die Darlegungs- und Beweislast dafür, dass das Teilwerk als solches frei von Mängeln ist.[36] Denn erst die Abnahme der durch die Kündigung beschränkten vertraglich geschuldeten Werkleistung beendet das Erfüllungsstadium des gekündigten Vertrages und führt die Erfüllungswirkungen der Werkleistung herbei.[37] Diese Wirkung kommt der Kündigung für sich genommen nicht zu; die Kündigung selbst ist keine konkludente Abnahme. Der Auftragnehmer hat nach der Kündigung auch einen Anspruch gegen den Auftraggeber auf Abnahme, wenn die bis zur Kündigung erbrachten Leistungen die Voraussetzungen für die Abnahmepflicht des Auftraggebers erfüllen. Der Umstand, das kündigungsbedingt lediglich eine Teilleistung vorliegt, schließt die Abnahmefähigkeit nicht aus.[38] Da die Kündigung leistungsstandunabhängig erfolgt, sondern von anderen Erwägungen geleitet wird, kann die Abnahmefähigkeit auch nicht davon abhängen, ob die bis zur Kündigung erbrachten Leistungen i. S. v. § 12

---

[29] Vgl. *Ingenstau/Korbion/Vygen* VOB/B Vor § 8 Rdn. 8; großzügiger *Nicklisch/Weick* VOB/B § 8 Rdn. 62.
[30] BGH U. v. 11. 5. 2006, VII ZR 146/04, NJW 2006, 2475 = NZBau 2006, 569 = BauR 2006, 1294; BGH BauR 1987, 689, 690 = ZfBR 1987, 238.
[31] BGH BauR 1987, 689, 690 = ZfBR 1987, 238.
[32] BGH NJW 1983, 2439 = BauR 1983, 459, 461 = ZfBR 1983, 230; BGH NJW 1975, 825, 826 = BauR 1975, 280.
[33] BGH BauR 1989, 462, 466, 467; OLG Düsseldorf NJW-RR 1994, 342; OLG Hamm NJW-RR 1989, 1180, 1181.
[34] OLG Düsseldorf BauR 1979, 325; *Heiermann/Riedl/Rusam* VOB/B § 8 Rdn. 10 c.
[35] → § 8 Nr. 6 Rdn. 24 ff.
[36] BGH BauR 1993, 469, 471 = NJW 1993, 1972 = ZfBR 1993, 189.
[37] BGH U. v. 19. 12. 2002, VII ZR 103/00, BGHZ 153, 244 = NJW 2003, 1450 = NZBau 2003, 965 = BauR 2003, 689.
[38] Vgl. BGH U. v. 11. 5. 2006, VII ZR 146/04, NJW 2006, 2475 = NZBau 2006, 569 = BauR 2006, 1294.

Nr. 2 VOB/B die Qualität von in sich abgeschlossenen Teilen der Leistung aufweisen. Maßgeblich kann allein die Sachmangelfreiheit gem. § 12 Nr. 3 VOB/B (Freiheit von wesentlichen Mängeln) sein. Nach der Abnahme des Teilwerks hat der Auftraggeber nach allgemeinen Regeln die Mangelhaftigkeit des Teilwerks zu beweisen, wenn hieraus Sachmängelansprüche angriffs- oder verteidigungsweise geltend gemacht werden.[39] Dabei ist zu berücksichtigen, dass die Mangelfreiheit des Teilwerks nicht Anspruchsvoraussetzung für die Vergütung nach § 8 Nr. 1 VOB/B ist. Die Darlegungs- und Beweislast hinsichtlich der Qualität der Teilleistung wird erst bedeutsam, wenn der Auftraggeber aus der Mangelhaftigkeit Gegenrechte ableitet. Für deren Abwehr und damit die Mangelfreiheit trifft den Auftragnehmer vor der Abnahme des Teilwerks die Darlegungs- und Beweislast. Als Gewährleistungspflichten auslösender Mangel zählt nicht allein die kündigungsbedingte Unvollständigkeit des Werks, sondern nur die dem Teilwerk anhaftende und Sachmängeltatbestände nach § 13 Nr. 1 VOB/B bzw. § 4 Nr. 7 VOB/B verwirklichende Beeinträchtigung.[40]

**ee) Kündigungsbedingte Teilleistung und Sachmangelfreiheit.** Der BGH[41] verneint für den Bauvertrag Bedenken, die der Abnahme einer bis zur Kündigung erbrachten Leistung entgegenstehen. Denn es geht i. d. R. um hinreichend abgrenzbare Teilleistungen, die auch in diesem Stadium der Überprüfung auf ihre Vertragskonformität zugänglich sind. Steht ein Auftragnehmer nach Kündigung für die Sachmangelfreiheit seiner bis dahin erbrachten Leistung ein,[42] ist in diesem Stadium die **Vertragskonformität** der **Teilleistung** zu prüfen. Nichts anderes gilt für die Abnahme, denn diese kann wegen wesentlicher Mängel verweigert werden (§ 12 Nr. 3 VOB/B). Das – in beiden Situationen gleiche – Problem ist der für die Sachmangelfreiheit einer kündigungsbedingten Teilleistungen maßgebliche Parameter. Denn einige der in § 13 Nr. 1 VOB/B genannten Sachmangelfreiheitskriterien stellen offenkundig auf das fertige Werk ab. Das gilt für das Vorliegen der vereinbarten Beschaffenheit und die vertraglich vorausgesetzte Verwendungseignung. Bei einem kündigungsbedingten Teilwerk wird deshalb unter dem Aspekt der Sachmangelfreiheit in erster Linie auf die gewöhnliche Verwendungseignung oder darauf abzustellen sein, ob die Qualitäten des Teilwerks geeignet sind, um darauf sachgerecht aufbauend die vertraglich vereinbarten Beschaffenheiten oder die vertraglich vorausgesetzte Verwendungseignung zu erreichen. Den Ausgangspunkt bildet jedoch der Umstand, dass bei vereinbarten Beschaffenheitsmerkmalen für die fertige Leistung oder einer vertraglich vorausgesetzten Verwendungseignung eine ausdrückliche Qualitätsvereinbarung für eine Teilleistung fehlt. Sachmangelfreiheitsvereinbarungen für die fertige Leistung sind nach §§ 133, 157 BGB zweckgerichtet auszulegen, um das Problem der Qualitätsanforderungen an eine kündigungsbedingte Teilleistung zu lösen. Lassen sich Leistungsdefizite der Teilleistung im Rahmen der kündigungsbedingt entfallenen Fortsetzung der Leistung ohne weiteres in Übereinstimmung mit den anerkannten Regeln der Technik ausgleichen, liegt kein Sachmangel vor. Ob sich aus **Beschaffenheitsvereinbarung** für eine **fertige Leistung** über die Auslegung jedoch Beschaffenheitsvereinbarungen auch für Teilleistungen ableiten lassen, dürfte fraglich sein.

13

Macht der Besteller geltend, die Teilleistung sei für ihn **ohne jeden Wert,** weswegen eine Vergütung überhaupt nicht anfalle, ist der Auftraggeber darlegungs- und beweisbelastet.[43]

13 a

## 2. Ausübung der Kündigung – Formalien

**a) Bedingungsfeindlichkeit.** Als einseitig gestaltende Willenserklärung ist die Kündigung bedingungsfeindlich.[44] Dem Erklärungsempfänger ist Ungewissheit oder ein Schwebe-

14

---

[39] BGH NJW 1981, 2403 = BauR 1981, 575 = ZfBR 1981, 218.
[40] BGH BauR 1993, 469, 471 = NJW 1993, 1972; *Heiermann/Riedl/Rusam* VOB/B § 8 Rdn. 10.
[41] U. v. 11. 5. 2006, VII ZR 146/04, NJW 2006, 2475 = NZBau 2006, 569 = BauR 2006, 1294.
[42] BGH U. v. 19. 12. 2002, VII ZR 103/00, BGHZ 153, 244 = NJW 2003, 1450 = NZBau 2003, 265 = BauR 2003, 689.
[43] BGH BauR 1993, 469, 471 = NJW 1993, 1972 = ZfBR 1993, 189.
[44] *Palandt/Heinrichs* Einf. § 158 Rdn. 13.

§ 8 Nr. 1                                                          Freies Kündigungsrecht

zustand nicht zumutbar, was insbesondere bei einem Langzeitvertrag gilt. Das Gebot der Bedingungsfeindlichkeit, dessen Verletzung die Unwirksamkeit der Kündigung bewirkt, wird bei der Formulierung sog. Potestativbedingungen nicht missachtet.[45] Deren Erfüllung hängt nämlich allein vom Willen des Kündigungsempfängers ab, so dass der eintretende Schwebezustand für den Gekündigten abschätzbar und zumutbar ist.[46] Unschädlich sind außerdem bloße Rechtsbedingungen,[47] die bei einer freien Kündigung nach § 8 Nr. 1 VOB/B jedoch ausscheiden.

15  b) **Empfangsbedürftigkeit.** Die Kündigung wirkt erst mit Zugang (§ 130 BGB). Die Empfangszuständigkeit ist in § 8 Nr. 1 oder Nr. 5 VOB/B näher nicht geregelt. Der **Bauleiter des Auftragnehmers** ist nicht dessen Empfangsbote. § 4 Nr. 1 Abs. 3 Satz 2 VOB/B begründet eine solche Position nicht. Danach ist der Bauleiter des Auftragnehmers nur Adressat von Anweisungen, zu deren Erteilung es im Rahmen der Bauabwicklung kommt. Damit ist der Bauleiter nach dem Willen des Auftragnehmers **Empfangsbote** nur für solche Erklärungen, die mit der Abwicklung der Baumaßnahme verknüpft sind. Bei Übergabe eines Kündigungsschreibens (§ 8 Nr. 5 VOB/B) an den Bauleiter ist dieser **Erklärungsbote** des kündigenden Auftraggebers, weswegen Zugang und damit Wirksamkeit erst mit Übergabe an den Auftragnehmer selbst zu bejahen sind.[48]

16  c) **Form – Schriftlichkeit und inhaltliche Anforderungen.** Nur an die Schriftform stellt die VOB/B klare Anforderungen; inhaltliche Voraussetzungen werden nicht formuliert. Die Anforderungen an die Schriftform definieren §§ 126, 126 a, 127 BGB.

17  aa) **Schriftform.** § 8 Nr. 5 VOB/B schreibt die Einhaltung der Schriftform als Wirksamkeitsvoraussetzung vor.[49] Eine bloß mündlich erklärte Kündigung ist unwirksam (§ 125 Satz 2 BGB).[50] Eine mündliche Kündigung könnte Wirkungen nur dann entfalten, wenn darin und in deren unbeanstandeter Entgegennahme die einvernehmliche Aufhebung des Schriftformvorbehalts läge. Davon kann ausgegangen werden, wenn der Auftragnehmer auf eine solche Kündigung hin von der Baustelle unter deren Räumung abzieht. Wirksamkeitsvoraussetzungen ist nicht noch zusätzlich die Beauftragung eines Ersatzunternehmers oder die Fertigstellung der gekündigten Leistung.[51] Mit dem Verzicht auf die Schriftform, die konkludent im Abzug von der Baustelle liegt, entfaltet nämlich die mündliche Kündigung ihre Wirkung. Dieser Vorgang führt auch nicht zu einer einvernehmlichen Vertragsaufhebung,[52] denn die Kündigung bleibt bei Aufhebung des Schriftformgebots ein einseitiger Gestattungsakt.[53] Nach § 126 a BGB kann die Schriftform durch die elektronische Form ersetzt werden. Hierbei ist das Signaturgesetz vom 16. 5. 2001 (BGBl. I S. 876) einschlägig; hierdurch wurde der Rechtsrahmen für die elektronische Signatur geschaffen. Notwendig sind die für die Speicherung und Anwendung des Signaturschlüssels geeignete Soft- und Hardware sowie ein von einem Zertifizierungsanbieter zugeteiltes qualifiziertes Zertifikat.

18  bb) **Inhaltliche Voraussetzungen der Kündigungserklärung.** Inhaltliche Anforderungen stellt die VOB/B an die Kündigung nicht. Der Wille zur Vertragsbeendigung für die Zukunft muss Ausdruck finden. Dabei muss der Begriff „Kündigung" oder „Auftrags-

---

[45] *Nicklisch/Weick* VOB/B Vor §§ 8, 9 Rdn. 28.
[46] *Heiermann/Riedl/Rusam* VOB/B Einf. zu §§ 8, 9 Rdn. 17; BAG NJW 1995, 1982.
[47] *Palandt/Heinrichs* Einf. § 158 Rdn. 13.
[48] *Palandt/Heinrichs* § 130 Rdn. 9.
[49] BGH NJW 1973, 1463; *Heiermann/Riedl/Rusam* VOB/B § 8 Rdn. 47; *Kapellmann/Messerschmidt/Lederer* VOB/B § 8 Rdn. 106.
[50] → § 8 Nr. 5 Rdn. 3.
[51] A. A. *Ingenstau/Korbion/Vygen* VOB/B § 8 Nr. 5 Rdn. 4; *Kapellmann/Messerschmidt/Lederer* B § 8 Rdn. 113: diese Autoren arbeiten in solchen Fällen mit einvernehmlicher Vertragsaufhebung.
[52] → Vor § 8 Rdn. 95 ff.; *Ingenstau/Korbion/Vygen* VOB/B § 8 Nr. 5 Rdn. 4 nehmen in solchen Fällen eine einvernehmliche Vertragsbeendigung an.
[53] A. A. *Kapellmann/Messerschmidt/Lederer* VOB/B § 8 Rdn. 107.

Freies Kündigungsrecht  § 8 Nr. 1

entziehung" nicht fallen. Auch bei Verwendung der Bezeichnung „Rücktritt" kann eine Kündigung gewollt sein, was insbesondere dann in Frage kommt, wenn Rücktrittsvoraussetzungen fehlen. Die Erklärung ist nach § 133 BGB so auszulegen wie sie der Empfänger nach Treu und Glauben unter Berücksichtigung der Verkehrssitte verstehen durfte. Maßgeblich ist der durch normative Auslegung zu ermittelnde objektive Erklärungswert.[54] So lassen die Worte „Annullierung" oder „Stornierung" auf eine Kündigung schließen,[55] wogegen der Wunsch nach einer „Sistierung" eher dahin zu deuten ist, dass der vorgesehene Baubeginn verschoben werden soll. Wünscht eine Vertragspartei eine Vertragsänderung, zielt dies auf den Abschluss eines Änderungsvertrages nach § 311 BGB und ist von einer Kündigung zu unterscheiden. Eine Umdeutung eines solchen Änderungswunsches in eine Kündigung ist wegen der völlig unterschiedlichen Rechtsfolgen (§ 140 BGB) nicht zulässig.

**cc) Festlegung des Kündigungsrechts.** Wegen der im Einzelnen unterschiedlichen Rechtsfolgen ist zwischen der Kündigung nach § 8 Nr. 1 oder der nach § 8 Nr. 2, 3 oder 4 VOB/B klar zu unterscheiden. Aus dem Kündigungsschreiben des Auftraggebers muss sich entnehmen lassen, ob das Kündigungsrecht als freies oder als ein solches aus einem wichtigen Grund, z. B. aus § 4 Nr. 7 Satz 3 oder § 4 Nr. 8 Abs. 1 Satz 3 VOB/B in Anspruch genommen wird.[56] Ein Mangel führt nicht zur Unwirksamkeit der Kündigungserklärung, wenn die Auslegung unter Berücksichtigung des Empfängerhorizonts und des Abwicklungsstadiums der Baumaßnahme samt vorausgegangenen schriftlichen und mündlichen Erklärungen eine eindeutige Zuordnung ermöglicht. 19

**dd) Angabe der Kündigungsgründe.** Von der Festlegung des Kündigungsrechts – freies nach § 8 Nr. 1 VOB/B und Kündigung aus wichtigem Grunde nach § 8 Nr. 2 bis 4 VOB/B – ist die Angabe der Kündigungsgründe zu unterscheiden. Die Inanspruchnahme des freien Kündigungsrechts erfolgt – abgesehen von der Einhaltung einer Zeitschranke[57] – voraussetzungslos, weswegen keinerlei Gründe angegeben werden müssen. Da nach BGH[58] im Regelfall die Kündigung eines Bauvertrags dahin zu verstehen ist, dass auch eine freie Kündigung gewollt ist, muss sich aus der Kündigungserklärung oder aus den Umständen ergeben, wenn die Kündigung so nicht verstanden werden soll. Dieses Verständnis macht es notwendig, dass der Kündigende den wichtigen Grund angibt, um bei dessen Fehlen die Umdeutung in eine freie Kündigung auszuschließen. Denn eine Kündigung, die ausschließlich für den Fall erklärt wird, dass ein außerordentlicher Kündigungsgrund nach § 8 Nr. 2–4 VOB/B vorliegt, ist unwirksam, wenn ein solcher Grund nicht vorliegt. Hat der Kündigende den außerordentlichen Kündigungsgrund angegeben, wird die Auslegung regelmäßig nicht ergeben, dass der Bauvertrag auch unabhängig vom Vorliegen eines solchen Grundes beendet sein soll. Denn ein derart Kündigender konditioniert die Beendigung gerade in Abhängigkeit vom Vorliegen eines solchen außerordentlichen Grundes. 20

**ee) Wechseln und Nachschieben von Kündigungsgründen.** Der Auftraggeber ist in der Lage, mit ex tunc Wirkung einen Wechsel zwischen einer Kündigung nach § 8 Nr. 1 VOB/B und einer solchen aus einem wichtigen Grunde vorzunehmen, wenn nur zum Zeitpunkt der Kündigungserklärung der wichtige Grund bestanden hat.[59] Denn der Auftragnehmer, der es gegenüber dem Auftraggeber verstanden hat, die Existenz eines wichtigen Grundes zum Zeitpunkt der Kündigungserklärung zu verheimlichen, ist nicht schüt- 21

---

[54] *Palandt/Heinrichs* § 133 Rdn. 9.
[55] *Heiermann/Riedl/Rusam* Einf. §§ 8, 9 Rdn. 17.
[56] *Ingenstau/Korbion/Vygen* VOB/B § 8 Rdn. 3; *Nicklisch/Weick* VOB/B Vor §§ 8, 9 Rdn. 30; *Heiermann/Riedl/Rusam* VOB/B Einf. §§ 8, 9 Rdn. 18; offen gelassen in BGH *Schäfer/Finnern* Z 2510 Bl. 25 ff.
[57] Vgl. unten Rdn. 27.
[58] VII ZR 218/02, U. v. 24. 7. 2003, BGHZ 156, 82 = NJW 2003, 3474 = NZBau 2003, 665 = BauR 2003, 1889.
[59] BGH NJW 1993, 1972 = BauR 1993, 469; BGHZ 82, 100 = NJW 1982, 438 = BauR 1982, 79, 82 = ZfBR 1982, 15; *Heiermann/Riedl/Rusam* VOB/B Einf. §§ 8, 9 Rdn. 18.

§ 8 Nr. 1    Freies Kündigungsrecht

zenswert. Erst recht ist dem Kündigenden gestattet, im Rahmen der gewählten Kündigungsart – Kündigung aus wichtigem Grunde – andere, zum Zeitpunkt der Erklärung – vorhandene wichtige Gründe mit ex tunc Wirkung nachzuschieben.[60] Das Nachschieben misslingt allerdings, wenn der Kündigungsgrund wie bei § 4 Nr. 7, Nr. 8 VOB/B eine zuvor erklärte Kündigungsandrohung voraussetzt, woran es fehlt.[61] Liegt eine Kündigungsandrohung bezüglich § 5 Nr. 4 VOB/B vor und wird die Kündigung hierauf gestützt und erklärt, scheitert ein Nachschieben unter dem Gesichtspunkt des § 4 Nr. 8 VOB/B. Denn die Kündigungsandrohung hatte einen nicht genehmigten Subunternehmereinsatz nicht zum Gegenstand.

22    Das Nachschieben von wichtigen Gründen für eine Kündigung ist auch bei vorausgegangener einvernehmlicher Vertragsaufhebung bedeutsam. Hierdurch ergeben sich nämlich die Rechtsfolgen der außerordentlichen Kündigung.[62]

### 3. Fehlen eines wichtigen Grundes – Umdeutung

23    Kündigt der Auftraggeber außerordentlich, trifft ihn die Darlegungs- und Beweislast für das Vorliegen eines wichtigen Grundes.[63] Fehlt der wichtige Grund, ist die Kündigung wirkungslos und nichtig, es sei denn, die Umdeutung in eine freie Kündigung nach § 8 Nr. 1 VOB/B gelingt.[64] Eine nichtige Kündigung kann gemäß § 140 BGB dann in eine freie Kündigung umgedeutet werden, wenn anzunehmen ist, dass deren Geltung bei Kenntnis der Nichtigkeit gewollt sein würde. Nach BGH[65] kann eine aus wichtigem Grunde gescheiterte Kündigung in eine freie Kündigung umgedeutet werden. Richtigerweise gelingt dies jedoch angesichts der unterschiedlichen Rechtsfolgen nur dann, wenn zweifelsfrei feststeht, dass der Kündigende den Bauvertrag auf jeden Fall beenden wollte.[66] Der BGH ist der Auffassung, im Regelfall sei auch eine auf einen außerordentlichen Kündigungsgrund gestützte Kündigung eines Bauvertrages dahin zu verstehen, dass auch eine freie Kündigung gewollt ist. Will der Auftraggeber seine Kündigung so nicht verstanden wissen, müsse sich das aus der Erklärung oder den Umständen ergeben.[67] Dieses Auslegungsergebnis wird daraus abgeleitet, dass eine derartige Kündigung nicht nur rechtliche, sondern auch tatsächliche Wirkungen entfalte, nämlich die Voraussetzungen für den Einsatz eines Drittunternehmers oder für den vollständigen Abbruch des Bauvorhabens geschaffen werden. Das sei konfliktfrei nur möglich, wenn die außerordentliche Kündigung auch für den Fall wirksam ist, wenn der Kündigungsgrund nicht besteht. Wenn der BGH zur Begründung der Interessengerechtigkeit der Lösung auf den Kooperationsgedanken wie auch darauf abstellt, dass damit beide Parteien Sicherheit für ihre zukünftige Disposition erhalten, bleibt die Faktenlage unberücksichtigt, die sich nach einer auf einen außerordentlichen Kündigungsgrund gestützten Kündigungserklärung einstellt. Daran sollte für die rechtliche Lösung angeknüpft werden.

23 a    Denn beachtet der gekündigte Auftragnehmer die Kündigungserklärung nicht, bestreitet er das Vorliegen des Kündigungsgrundes und arbeitet er auf der Baustelle weiter, was

---

[60] BGH BauR 1993, 469, 471 = NJW 1993, 1972 = ZfBR 1993, 189; BGH NJW 1975, 825 = BauR 1975, 280; BGH NJW 1976, 518, 519; BGHZ 82, 100 = BauR 1982, 79, 82 = NJW 1982, 438 = ZfBR 1982, 15; OLG Hamm NJW-RR 1986, 764; *Ingenstau/Korbion/Vygen* VOB/B § 8 Rdn. 5.
[61] *Kapellmann/Messerschmidt/Lederer* VOB/B § 8 Rdn. 19.
[62] BGHZ 65, 391 = NJW 1976, 518, 519.
[63] *Ingenstau/Korbion/Vygen* VOB/B § 8 Rdn. 7.
[64] BGH U. v. 22. 7. 2003 VII ZR 218/02, BGHZ 156, 82 = NJW 2003, 3474 = NZBau 2003, 665 = BauR 2003, 1889.
[65] NJW 1981, 977; BauR 1987, 689 = ZfBR 1987, 271, wobei eine Festlegung in dieser Entscheidung bezüglich einer Umdeutung ausdrücklich nicht getroffen wird.
[66] OLG Karlsruhe BauR 1994, 116, 117, 118; OLG Schleswig BauR 1989, 730; OLG Frankfurt BauR 1988, 599; *Heiermann/Riedl/Rusam* VOB/B Einf. §§ 8, 9 Rdn. 18; *Ingenstau/Korbion/Vygen* VOB/B § 8 Nr. 1 Rdn. 8; *Staudinger/Peters* § 649 Rdn. 8; umfassend dazu *Schmidt* NJW 1995, 1313.
[67] VII ZR 218/02 U. v. 24. 7. 2003, BGHZ 156, 82 = NJW 2003, 3474 = NZBau 2003, 665 = BauR 2003, 1889.

der Auftraggeber auch so hinnimmt, besteht überhaupt kein Anlass, eine Umdeutung auch nur zu erwägen. Duldet der Auftraggeber die fortgesetzte Tätigkeit des eigentlich gekündigten Auftragnehmers nicht, sondern verweist er ihn von der Baustelle, besteht die Möglichkeit, den Konfliktfall unter Berücksichtigung der Kündigungserklärung wie auch der Tatsache, dass der Auftraggeber die weitere Tätigkeit nicht duldet, einen Drittunternehmer einschaltet, der die noch offen Leistungseinheiten erledigt, einer Lösung zuzuführen.

Die Annahme des BGH, die regelmäßig zutreffende Auslegung einer außerordentlichen Kündigung des Auftraggebers dahin, dass jedenfalls die freie Kündigung gewollt sei, womit die weitere Abwicklung des Bauvorhabens auf eine sichere rechtliche und zeitliche Grundlage gestellt werde, blendet das nach Empfang der Kündigungserklärung folgende weitere Geschehen unberechtigt völlig aus. Es entspricht nicht den tatsächlichen Gegebenheiten, dass auf eine wegen eines wichtigen Grundes erklärte Kündigung des Auftraggebers hin in jedem Fall ein gekündigter Auftragnehmer die Baustelle räumt. Die Fälle, dass die Fortsetzung erfolgt, sind nicht selten; wenn der Auftraggeber das so nicht will, wird ein Baustellenverbot wegen der Kündigung ausgesprochen. Stellt der Auftragnehmer die Arbeiten ein und setzt der Auftraggeber einen Drittunternehmer ein, können die Rechtsfolgen jedenfalls über § 326 Abs. 2 BGB abgeleitet werden. Denn hierdurch wird dem Gekündigten die Leistung unmöglich, wofür der Auftraggeber verantwortlich ist. Die Rechtsfolge, dass der Auftragnehmer den Vergütungsanspruch bezüglich der unmöglich gewordenen Leistung abzüglich der Ersparnisse und anderweitigen Erwerbs oder anderweitiger Erwerbsmöglichkeit behält, knüpft dann hieran, nicht aber an der Kündigung an. Der BGH verknüpft Rechtsfolgen mit einer Kündigung im Hinblick auf nach dieser Kündigung eintretende Umstände, die über § 326 Abs. 2 BGB zu einem mit § 649 Satz 2 BGB identischen Ergebnis führen können. Dogmatisch wesentlich klarer und keineswegs unsicherer ist es, an das anzuknüpfen, was nach dem Zugang der Kündigung erfolgt. Für den Fall, dass es an einem außerordentlichen Kündigungsgrund fehlt, wird die entscheidende Disposition hierdurch, nicht aber durch die Kündigung geschaffen. Allerdings besteht auch die Möglichkeit, aus einem der Kündigung nachfolgendes Baustellenverbot zu entnehmen, dass die Kündigung unabhängig vom Vorliegen eines außerordentlichen Kündigungsgrundes auch als eine freie gewollt ist.[68]

## B. Kündigung nach § 8 Nr. 1 VOB/B – Freies Kündigungsrecht

Die Vorschrift entspricht in vollem Umfang § 649 BGB. Bei § 649 BGB ist es trotz gegenteiliger Ansätze im Rahmen der Schuldrechtsreform geblieben. Das Kündigungsrecht nach § 8 Nr. 1 Abs. 1 VOB/B ist unabhängig vom Vorliegen irgendwelcher Gründe. Die Vorschrift macht wie § 649 BGB eine Ausnahme von dem Grundsatz, dass Verträge zu halten sind. Den **rechtfertigenden Grund** bildet die in § 8 Nr. 1 Abs. 2 VOB/B vorgesehene Vergütungsregelung, die den Auftragnehmer so stellt, wie wenn der Bauvertrag durchgeführt worden wäre.[69] Befriedigt der Auftraggeber den Auftragnehmer hinsichtlich seines Vergütungsanspruchs, kann der Auftragnehmer am Abruf und der Erbringung der vertraglich vereinbarten Bauleistungen kein Interesse haben.

Die Vorschrift wird in § 2 Nr. 4 VOB/B bezüglich der Vergütungsregeln in Verweisung genommen; daraus folgt, dass die **Leistungsübernahme** durch den Auftraggeber selbst nicht als Kündigung, sondern als Sonderfall des Änderungsvorbehalts gemäß § 1 Nr. 3 zu verstehen ist.[70] Das Schriftformerfordernis nach § 8 Nr. 5 VOB/B ist damit nicht einschlägig.

---

[68] *Ingenstau/Korbion/Vygen* VOB/B § 8 Nr. 1 Rdn. 8.
[69] BGH BauR 1981, 198 = ZfBR 1981, 80; *Ingenstau/Korbion/Vygen* VOB/B § 8 Nr. 1 Rdn. 3.
[70] *Jagenburg* NJW 1992, 3205; vgl. zu → § 2 Nr. 4 Rdn. 4 ff.

## § 8 Nr. 1

### I. Ausübungsbesonderheiten

26 Nach § 8 Nr. 1 Abs. 1 VOB/B kann der Auftraggeber den Vertrag bis zur Vollendung der Leistung jederzeit kündigen. Kündigungsberechtigter ist damit der Besteller der Werkleistung; als **Adressat** kommt – ungenannt – ausschließlich der Auftragnehmer in Betracht; dessen Bauleiter nach § 4 Nr. 1 Abs. 3 VOB/B ist auch nicht dessen Empfangsbote.[71] Das freie Recht zur Kündigung des gesamten Vertrages legitimiert auch zu **Teilkündigungen**,[72] die insbesondere dann in Betracht kommen, wenn der Auftraggeber entgegen § 2 Nr. 4 VOB/B nicht die Selbstübernahme, sondern die Drittvergabe vornimmt.

### 1. Zeitpunkt

27 Die Kündigung ist **bis zur Vollendung** der Leistung möglich. Die äußerste Zeitgrenze bilden damit die Vollendung und die Abnahme.[73] Auch vor der rechtsgeschäftlichen Abnahme aber nach Vollendung der Werkleistung, scheidet eine Kündigung aus. Hat der Auftragnehmer nach § 640 Abs. 1 Satz 3 BGB dem Auftraggeber für die Abnahme eine Frist gesetzt und ist tatsächlich Abnahmereife zu bejahen, scheidet eine Kündigung aus. Das gilt in gleicher Weise nach Zugang der Fertigstellungsanzeige gemäß § 12 Nr. 5 Abs. 1 VOB/B. Die Kündigungsmöglichkeit ist nicht erst nach Ablauf der 12-Werktagesfrist ausgeschlossen. Ist die Leistung jedoch nicht frei von wesentlichen Mängeln, was den Eintritt der Fiktion nicht hindert,[74] fehlt die Vollendung. Solange sich das Werk unabhängig von der Abnahme noch im Erfüllungsstadium befindet, ist die Kündigung nach § 8 Nr. 1 VOB/B noch möglich. Das Vollendungsstadium ist noch nicht erreicht, wenn die Abnahme des Werks wegen wesentlicher Mängel (§ 12 Nr. 3 VOB/B) mit Recht verweigert werden kann.[75] Hat der Auftragnehmer die Mängel beseitigt, ist das Kündigungsrecht schon vor der Abnahme dieser Mängelbeseitigungsarbeiten erloschen. Das Kündigungsrecht entsteht frühestens nach Abschluss des Bauvertrages.

### 2. Kündigungsberechtigter

28 Kündigungsberechtigter ist der **Auftraggeber.** Der bauleitende Architekt, dem die Objektüberwachung nach § 15 Abs. 2 Nr. 8 VOB/B zukommt, ist ohne eine besondere, ihm rechtsgeschäftlich erteilte Vollmacht weder zur Kündigung des gesamten Vertrages noch zur Vornahme von Teilkündigungen befugt. Eine dem Architekten eingeräumte Befugnis ist eingeschränkt und insbesondere zwischen technischer und rechtsgeschäftlicher Befugnislage unterscheidend zu interpretieren.[76] Es gibt auch keine Vermutung, dass der Architekt die Vollmacht besitzt, den Bauvertrag zu ändern,[77] wozu z. B. eine Teilkündigung im Ergebnis führt. Die mit der Objektüberwachung verbundene sog. originäre Architektenvollmacht[78] berechtigt auf keinen Fall zu einer Kündigung des Bauvertrages. Dies gilt auch dann, wenn ein Auftragnehmer Leistungen verzögert und ein Vorgehen nach § 5 Nr. 4 VOB/B veranlasst ist. Die Befugnis des objektüberwachenden Architekten endet bei der Fristsetzung mit Kündigungsandrohung.[79] Ist der Architekt ausnahmsweise vom Auftraggeber bevoll-

---

[71] Vgl. oben Rdn. 15.
[72] Dazu vor allem *Lang,* BauR 2006, 1956.
[73] BGH NJW 1975, 825 = BauR 1975, 280, 281.
[74] → § 12 Nr. 5 Rdn. 7, 8.
[75] *Ingenstau/Korbion/Vygen* VOB/B § 8 Nr. 1 Rdn. 10; a. A. OLG Celle BauR 1995, 713, 714.
[76] BGH VII ZR 1/00 U. v. 7. 3. 2002 NJW 2002, 3543 = NZBau 2002, 571 = BauR 2002, 1536.
[77] BGH VII ZR 79/02 U. v. 24. 7. 2003, NJW-RR 2004, 92 = NZBau 2004, 31 = BauR 2003, 1892; OLG Düsseldorf BauR 2000, 891.
[78] Zu diesem Begriff vgl. *Quack* BauR 1995, 441; OLG Stuttgart BauR 1994, 789: originäre Architektenvollmacht i. S. einer Mindestvollmacht, die in ihrer Reichweite eng auszulegen ist; vgl. auch *Meissner* BauR 1987, 902 ff.; *v. Craushaar* BauR 1982, 421 ff.
[79] → § 5 Nr. 4 Rdn. 28.

mächtigt, kann der Auftragnehmer nach § 174 BGB vorgehen und die Vorlage der Vollmachtsurkunde verlangen. Erfolgt dies nicht und wird die Kündigung vom Auftragnehmer aus diesem Grunde zurückgewiesen, ist die Kündigung unwirksam.

**3. Adressat**

Die Kündigung ist an den Vertragspartner, also den Auftragnehmer zu adressieren. Ab Zugang bei diesem ist die Kündigung rechtswirksam (§ 130 BGB). Der Bauleiter des Auftragnehmers wird über § 4 Nr. 1 Abs. 3 Satz 2 VOB/B allein nicht zu dessen Empfangsboten.[80]  29

## II. Kündigungsumfang

In welchem Umfang der Auftraggeber von dem freien Kündigungsrecht Gebrauch machen will, liegt in dessen Belieben. Gestattet § 8 Nr. 1 Abs. 1 VOB/B die Auftragsentziehung in vollem Umfang, legitimiert dies zu einer **Teilkündigung.** Strittig ist, ob die Teilkündigung i. S. v. § 12 Nr. 2 VOB/B in sich abgeschlossene Teilleistungen betreffen muss oder davon unabhängig ist.[81] Für eine Beschränkung des Kündigungsrechts auf in sich abgeschlossene **Teilleistungen** besteht kein Bedarf. Der Auftragnehmer ist insoweit nicht schutzbedürftig; dessen Interessen werden durch die nach § 8 Nr. 5 VOB/B vorzunehmende Aufmaßnahme und Abnahme ausreichend gewahrt. Dies verdeutlicht auch § 8 Nr. 3 Abs. 1 Satz 2 VOB/B, wo allerdings die Beschränkung auf in sich abgeschlossene Teile der Leistung vorgenommen wird.  30

**Beispiel:** Hat ein Auftragnehmer die vier Wände eines Objekts zu verklinkern, kann die Kündigung auch dann rechtswirksam ausgesprochen werden, wenn erst zwei Wände vollflächig verklinkert sind, die übrigen jedoch lediglich bis zur Mitte bzw. 2/3 der Fläche belegt sind. Auch wenn insoweit nicht in sich abgeschlossene Teile einer Leistung vorliegen, ist die Trennung der Leistungen von denen des nachfolgenden Auftragnehmers durch Aufmaßnahme und Aufmaßpläne ohne weiteres möglich. Das gilt so auch für einen Sanitärinstallateur, der Unterputzspülkästen zu setzen und anzuschließen hat. Der Umstand, dass diese Leistung insgesamt verschiedene Ausbaustadien aufweist, schließt die freie Auftraggeberkündigung nicht aus. Damit sind allerdings Abrechnungsschwierigkeiten verbunden, wenn die ungleichartigen Leistungen in einer Sammelposition zusammengefasst und auch unter der Bezeichnung Setzen und Anschließen von Unterputzspülkästen einschließlich sämtlicher dazugehöriger Teile bepreist worden ist. Für die unterschiedlichen Ausbaustadien den zugehörigen Preis zu finden, ist dann nicht einfach.

**Teilkündigung und in sich geschlossene Leistung.** Aus § 8 Nr. 3 Abs. 1 Satz 2 VOB/B darf nicht geschlossen werden, dass die Wirksamkeit einer Teilkündigung auf der Basis einer freien Auftraggeberkündigung nach § 8 Nr. 1 Abs. 1 VOB/B die Beschränkung auf einen in sich abgeschlossenen Teil der vertraglichen Leistung voraussetzt. § 8 Nr. 3 VOB/B erweist sich diesbezüglich als eine Einschränkung der ansonsten grundsätzlich freien Teilkündigung; die Einschränkung gilt lediglich für die genannten Störungstatbestände der Regelung und die Bestimmung der in sich abgeschlossenen Teilleistung ist im Lichte dieser Störungstatbestände auszulegen. Daraus kann nicht generell abgeleitet werden, dass Teilkündigungen immer in sich abgeschlossene Teilleistungen zum Gegenstand haben müssen.[82] Wenn § 8 Nr. 1 Abs. 1 VOB/B dem Auftraggeber bis zur Vollendung der Leistung **jederzeit** die Möglichkeit einräumt, einen Bauvertrag zu kündigen, beinhaltet dies notwendig die  30 a

---

[80] Vgl. oben Rdn. 15.
[81] Für eine Beschränkung der Teilkündigung *Staudinger/Peters* § 649 Rdn. 13; ohne Begrenzung *Lang* BauR 2006, 1956; *Ingenstau/Korbion/Vygen* VOB/B § 8 Nr. 1 Rdn. 74; *Heiermann/Riedl/Rusam* VOB/B § 8 Rdn. 2 c; *Kapellmann/Messerschmidt/Lederer* VOB/B § 8 Rdn. 20.
[82] Vgl. *Lang* BauR 2006, 1956, 1957; *Kapellmann* FS Thode S. 29, 37.

§ 8 Nr. 1                                                                                          Freies Kündigungsrecht

völlige Unabhängigkeit der Kündigungsmöglichkeit vom Leistungsstand und dessen Verhältnis zum Leistungsganzen. Eine Beschränkung auf in sich abgeschlossene Teile der Leistung erfolgt in § 8 Nr. 1 Abs. 1 VOB/B im Vergleich zur Formulierung in § 8 Nr. 3 Abs. 1 Satz 2 VOB/B gerade nicht.[83] Die Beschränkung der Nr. 3 darf nicht auf die freie Auftraggeberkündigung nach § 8 Nr. 1 VOB/B übertragen werden. Auch der BGH[84] sieht für eine freie Auftraggeberkündigung, die sich auf Teile beschränkt, keinerlei Einschränkungen vor.

### III. Vergütungsfolgen – Vergütungsvoraussetzungen

31  Die vergütungsmäßigen Folgen der Kündigung regelt § 8 Nr. 1 Abs. 2 VOB/B. Nach dessen Satz 1 steht dem Auftragnehmer grundsätzlich die vereinbarte Vergütung ohne Differenzierung zwischen Vergütungsansätzen für bereits erbrachte Teilleistungen und solchen Leistungsteilen zu, die wegen der Kündigung nicht mehr zur Ausführung kommen. Der Auftragnehmer muss sich nach Satz 2 jedoch anrechnen lassen, was er infolge der Aufhebung des Vertrags an Kosten erspart oder durch anderweitige Verwendung seiner Arbeitskraft und seines Betriebs erwirbt oder zu erwerben böswillig unterlässt. Der Verweis auf § 649 BGB sichert die Geltung einheitlicher Prinzipien. Diese Grundsätze bestimmen die **Berechnungsgrundlagen** des dem Auftragnehmer zustehenden Vergütungsanspruchs. Keine Regelungen trifft die Vorschrift zu den Fälligkeitsvoraussetzungen des Vergütungsanspruchs. Die Abrechnung des Vergütungsanspruchs nach den sich aus §§ 14, 16 VOB/B ergebenden Abrechnungskriterien ist Fälligkeitsvoraussetzung. Die Abnahme der bis zur Kündigung erbrachten Teilleistungen ist nach BGH[85] Fälligkeitsvoraussetzung.

#### 1. Fälligkeitsvoraussetzungen des Vergütungsanspruchs nach § 8 Nr. 1 Abs. 2 VOB/B

32  Die Fälligkeitsvoraussetzungen eines Vergütungsanspruchs des Auftragnehmers bestimmt § 16 VOB/B in Abhängigkeit von der Erstellung einer Abschlags- oder Schlussrechnung. Bei ungestörter Bauvertragsabwicklung ist die Fälligkeit des Schlusszahlungsanspruch des Auftragnehmers von der Abnahme der Werkleistung,[86] der Erstellung der Schlussrechnung[87] und längstens dem Ablauf einer **zweimonatigen Prüfungsfrist** abhängig.[88] Die Kündigung schließt die Notwendigkeit der Abrechnung und die Erstellung einer Schlussrechnung als Fälligkeitsvoraussetzung nicht aus.[89] Der Beginn der Verjährungsfrist für die Zahlungsansprüche hängt von der Erfüllung dieser Voraussetzungen ab. Ob die Abnahme der bis zur Kündigung erbrachten Teilleistungen Fälligkeitsvoraussetzung ist,[90] ist problematisch. Da die VOB/B zur Abnahme als Fälligkeitsvoraussetzung überhaupt schweigt,[91] ist ausschließlich auf das durch das Werkvertragsrecht des BGB geprägte System abzustellen, das aber gerade neben §§ 641, 640 BGB durch § 649 BGB bestimmt wird. Wird § 649 Satz 2 BGB als eigenständige Fälligkeitsaussage begriffen, die den Sonderfall der Kündigung betrifft und

---

[83] *Kapellmann/Messerschmidt/Lederer* VOB/B § 8 Rdn. 20; *Ingenstau/Korbion/Vygen* VOB/B § 8 Nr. 1 Rdn. 74; *Franke/Kemper/Zanner/Grünhaben* VOB/B § 8 Rdn. 5.
[84] U. v. 19. 12. 2002, VII ZR 103/00, BGHZ 153, 244 = NJW 2003, 1450 = NZBau 2003, 265 = BauR 2003, 689.
[85] U. v. 11. 5. 2006, VII ZR 146/04, NJW 2006, 2475 = NZBau 2006, 569 = BauR 2006, 1294.
[86] BGHZ 79, 180 = BauR 1981, 201 = NJW 1981, 822 = ZfBR 1981, 82; *Ingenstau/Korbion/U. Locher* VOB/B § 16 Rdn. 17 mit weiteren umfassenden Nachweisen.
[87] BGH BauR 1975, 282; BGH BauR 1981, 204 = NJW 1981, 1040 = ZfBR 1981, 81; BGH BauR 1984, 182 = NJW 1984, 1757 = ZfBR 1984, 74.
[88] *Ingenstau/Korbion/U. Locher* VOB/B § 16 Nr. 3 Rdn. 8.
[89] BGH BauR 1987, 95 = NJW 1987, 382 = ZfBR 1987, 38 = NJW-RR 1987, 208.
[90] Dagegen BGH VII ZR 195/96 18. 12. 1997 BauR 1998, 576, 578 = ZfBR 1998, 147 (allerdings für den Architektenvertrag); dafür BGH U. v. 11. 5. 2006, VII ZR 146/04, NJW 2006, 2475 = NZBau 2006, 569 = BauR 2006, 1294.
[91] → § 16 Nr. 3 Rdn. 30.

Freies Kündigungsrecht § 8 Nr. 1

sich deshalb von dem in §§ 641, 640 BGB erfassten Regelfall abhebt, ist die Bewertung durch den BGH[92] zu bezweifeln. Denn § 649 Satz 2 BGB formuliert, der Unternehmer sei bei Kündigung berechtigt, die vereinbarte Vergütung zu verlangen. Diese Formulierung spricht für eine eigenständige und von §§ 641, 640 BGB unabhängige Fälligkeitsregelung. Im Sinn des § 199 Abs. 1 Nr. 1 BGB ist ein Anspruch nämlich fällig, wenn er entstanden ist, was dann bejaht wird, wenn der Anspruch geltend gemacht werden kann.[93] Gerade die Geltendmachung eröffnet § 649 Satz 2 BGB wenn die vereinbarte Vergütung bei Kündigung verlangt werden kann.

**a) Abnahme der bis zur Kündigung erbrachten Teilleistung als Fälligkeitsvoraussetzung.** Der BGH[94] hat dies für einen gekündigten Architektenvertrag verneint. Wegen der Besonderheiten der Fälligkeitsregelung des § 8 Abs. 1 HOAI ist die Übertragung dieser Auffassung auf einen gekündigten Bauvertrag nicht zwingend geboten; denn hinsichtlich des bis zur Kündigung erbrachten Leistungsumfangs ist das in § 8 Abs. 1 HOAI angeführte Fälligkeitskriterium der Vertragsmäßigkeit der Leistung durchaus anwendbar. Da die Abnahme der Architektenleistung bei ungestörter Abwicklung kein Fälligkeitskriterium ist, besteht keine Veranlassung, auf die Abnahme bei gekündigtem Architektenvertrag abzustellen. In der Entscheidung vom 30. 10. 1997[95] hat der BGH ausgeführt, in allen Fällen vorzeitiger Beendigung eines VOB-Bauvertrages sei die Fälligkeit von der Erteilung einer prüfbaren Schlussrechnung abhängig. Das Gericht hat auf eine Entscheidung vom 9. 10. 1986 Bezug genommen, wonach die Fälligkeit nach vorzeitiger Beendigung eines VOB-Bauvertrages keine Abnahme, wohl aber eine Schlussrechnungsstellung voraussetze.[96] Hieran hat sich durch die Entscheidung des BGH vom 19. 12. 2002[97] ausdrücklich deshalb nichts geändert, weil sich das Urteil mit der Abnahme als Voraussetzung für den Verjährungsbeginn der Sachmängelansprüche aus § 13 VOB/B befasst. 32 a

Der BGH bejaht die Notwendigkeit der rechtsgeschäftlichen **Abnahme als Voraussetzung für die Verjährungsregeln nach § 13 Nr. 4 oder Nr. 7 Abs. 3 VOB/B** und hält davor, und damit im Erfüllungsstadium, das durch die Kündigung allein noch nicht beendet wird, die Ansprüche aus § 4 Nr. 7 Satz 1 und Satz 2 VOB/B für gegeben. Die Haftung für Mängel richtet sich in diesen Fällen erst dann nach § 13 VOB/B, wenn die mangelhafte Leistung nach der Kündigung auch abgenommen worden ist. Die Entscheidung befasst sich nicht mit der Frage der Fälligkeit der Werklohnforderung bei gekündigtem Bauvertrag in Abhängigkeit von einer Abnahme. Allerdings kann in dieser Entscheidung ein erstes Anzeichen für eine Abwendung von der bisherigen Rechtsprechung gesehen werden, die auch nicht unumstritten ist.[98] In der Entscheidung vom 22. 9. 2005[99] hatte der BGH angedeutet, die Auffassung, bei vorzeitiger Beendigung eines Vertrages sei eine Abnahme für die Fälligkeit eines Vergütungsanspruchs nicht erforderlich, bedürfe im Hinblick auf die Entscheidung vom 19. 12. 2002[100] einer Überprüfung. Die Änderung der bisherigen Rechtsprechung, die dahin ging, dass es nach vorzeitiger Beendigung eines VOB-Bauvertrages für die Fälligkeit der Vergütung für die erbrachte Leistung oder vergütungsgleicher Forderungen keiner Abnahme des unfertigen Werks, wohl aber der Erteilung einer Schlussrechnung bedarf,[101] 32 b

---

[92] U. v. 11. 5. 2006, VII ZR 146/04, NJW 2006, 2475 = NZBau 2006, 569 = BauR 2006, 1294.
[93] BGHZ 79, 178.
[94] VII ZR 155/96 U. v. 18. 12. 1997 BauR 1998, 576, 578.
[95] VII ZR 222/96 NJW-RR 1998, 451 = BauR 1998, 185.
[96] VII ZR 249/85 NJW 1987, 382 = BauR 1987, 95.
[97] VII ZR 103/00 BGHZ 153, 244 = NJW 2003, 1450 = NZBau 2003, 265 = BauR 2003, 689.
[98] Für die Abnahme als Fälligkeitsvoraussetzung *Kniffka* ibr-online Kommentar § 640 Rdn. 24; *Thode* ZfBR 1999, 116, 123; *Acker/Roskonsny* BauR 2003, 1279, 1281; a. A. *Kapellmann/Messerschmidt/Lederer* VOB/B § 8 Rdn. 23.
[99] VII ZR, 117/03, BGHZ 164, 159 = NJW 2005, 3574 = NZBau 2005, 685 = BauR 2005, 1913.
[100] VII ZR, 103/00, BGHZ 153, 244 = NJW 2003, 1450 = NZBau 2003, 265 = BauR 2003, 689 = ZfBR 2003, 252.
[101] BGH U. v. 9. 10. 1986, VII ZR 249/85, NJW 1987, 382 = NJW-RR 1987, 208 = BauR 1987, 85 = ZfBR 1987, 38.

hat der BGH mit der Entscheidung vom 11. 5. 2006[102] vorgenommen. Danach wird nach Kündigung eines Bauvertrages die Werklohnforderung grundsätzlich erst mit der Abnahme der bis dahin erbrachten Werkleistung fällig.

32 c  Die bei einem beendeten Bauvertrag bezüglich der Abnahmefolgen vorliegende Parallelität von Fälligkeit und Beginn der Verjährungsfristen für die Sachmängelansprüche spricht dafür, auch bei einem gekündigten Bauvertrag die Abnahme nicht nur zur Voraussetzung für den Verjährungsbeginn der Sachmängelansprüche, sondern auch für die Fälligkeit des Werklohnanspruches zu machen. Dafür spricht auch, dass der Auftragnehmer nach der Kündigung einen Anspruch gegen den Auftraggeber auf Abnahme hat, wenn die von ihm bis zur Kündigung erbrachte Leistung die Voraussetzungen für die Abnahmepflicht des Auftraggebers erfüllt.[103] Diese Rechtslage, die sich in nichts von der bei einem ungestört abgewickelten Bauvertrag unterscheidet, könnte den Schluss rechtfertigen, dass die Abnahme Fälligkeitsvoraussetzung auch bei einem gekündigten Bauvertrag ist. Der Umstand, dass bei einem gekündigten Bauvertrag eine fiktive Abnahme ausscheidet,[104] hat nicht zur Folge, die Abnahme als Fälligkeitsvoraussetzung für den Vergütungsanspruch zu verneinen.

32 d  Wenn der Bundesgerichtshof allerdings ausführt, es sei kein rechtlich tragfähiger Grund dafür ersichtlich, an die Fälligkeitsvoraussetzungen des für den erbrachten Leistungsteil geschuldeten Vergütungsanspruchs geringere Anforderungen zu stellen, als sie für den Fall des vollständig durchgeführten Vertrages bestehen, begegnet dieser Standpunkt dennoch im Hinblick auf die in § 649 Abs. 1 Satz 2 BGB getroffene Regelung Bedenken. Soweit der BGH die rechtlich geregelten Fälligkeitsvoraussetzungen in § 641 BGB sieht, trifft dies auf den Regelfall des fertig gestellten Werkes zu. § 649 Abs. 1 Satz 2 BGB formuliert, der Unternehmer sei bei Kündigung durch den Besteller berechtigt, die vereinbarte Vergütung zu verlangen. Demnach kann der Unternehmer die Vergütung im Fall der Kündigung geltend machen, was gerade nach § 199 Abs. 1 Nr. 1 BGB die Fälligkeit des Vergütungsanspruchs beinhaltet. Denn ein Anspruch ist entstanden, wenn er geltend gemacht werden kann; damit ist die Fälligkeit des Anspruchs verbunden.[105] Deshalb kann ohne weiteres aus § 649 Abs. 1 Satz 2 BGB als Sonderregelung im Vergleich zu §§ 641, 640 BGB abgeleitet werden, dass im Fall der freien Auftraggeberkündigung der Vergütungsanspruch gerade unabhängig von einer Abnahme der teilfertigen Leistung allein durch das Verlangen fällig werden soll. Dem entspricht die Rechtslage in § 645 BGB. Denn auch der dort geregelte Vergütungsanspruch soll unabhängig von der Abnahme der bis zum Untergang oder der Verschlechterung erbrachten Leistung fällig werden.[106] § 645 BGB verwendet mit „kann der Unternehmer ... verlangen" dieselbe Formulierung wie in § 649 Satz 2 BGB; da auch die Ausgangslage mit der in § 649 BGB identisch ist, und § 645 wie auch § 649 BGB Sondertatbestände erfasst, ist der Schluss gerechtfertigt, dass es bei einer freien Auftraggeberkündigung gerade nicht auf die Abnahme des bis zur Kündigung erbrachten Werks als Fälligkeitsvoraussetzung ankommen soll. Im Übrigen bestehen durchaus dogmatische Schwierigkeiten, wenn die Abnahme auch dazu dient, festzustellen, ob die erbrachte Werkleistung vertragsgemäß erbracht wurde.[107] Denn die nach § 13 Nr. 1 VOB/B oder § 633 Abs. 2 BGB maßgeblichen Sachmangelfreiheitsparameter haben die Parteien regelmäßig für das fertige Werk vereinbart. Das gilt jedenfalls für eine vereinbarte Beschaffenheit und für die vertraglich vorausgesetzte Verwendungseignung. Bleibt das Werk in einem „Zwischenstadium" stecken, können diese Sachmangelfreiheitsparameter jedenfalls unmit-

---

[102] VII ZR 146/04, NJW 2006, 2475 = NZBau 2006, 569 = BauR 2006, 1294.
[103] BGH U. v. 19. 12. 2002, VII ZR 103/00, BGHZ 153, 244 = NJW 2003, 1450 = NZBau 2003, 265 = BauR 2003, 689.
[104] *Kniffka* ZfBR 1998, 113, 115; BGH BauR 2003, 689, 692.
[105] *Erman/Schmidt-Räntsch* § 199 Rdn. 3; *Bamberger/Roth/Henrich* § 199 Rdn. 4; BGHZ 113, 188, 194.
[106] MünchKomm/*Busche* § 645 Rdn. 11; BGH U. v. 11. 3. 1982, VII ZR 357/80, BGHZ 83, 197, 206 = NJW 1982, 1458.
[107] Dazu VII ZR 103/00, BGHZ 153, 244 = NJW 2003, 1450 = NZBau 2003, 265 = BauR 2003, 689 = ZfBR 1002, 252; *Kniffka* ZfBR 1998, 113; *Thode* ZfBR 1999, 116, 120.

telbar nicht angewendet werden. Entweder bleibt es dann bei der gewöhnlichen Verwendungseignung als einzigem Sachmangelfreiheitskriterium (§ 633 Abs. 2 Satz 2 Nr. 2/BGB oder § 13 Nr. 1 Satz 3 b) VOB/B) oder es bedarf einer zweckgeleiteten Auslegung (§§ 133, 157 BGB) der getroffenen vertraglichen Vereinbarung.

**b) Abrechnungsgebot – Schlussrechnungserstellung.** § 8 Nr. 6, 2. Hs. VOB/B 33 belegt die Notwendigkeit einer prüfbaren Abrechnung der bis zur Kündigung ausgeführten Leistungsteile. Diese Vorschrift gilt auch für eine vom Auftraggeber nach § 8 Nr. 1 VOB/B ausgesprochene Kündigung.[108] Gleichgültig ist, ob es sich um einen Pauschal- oder Einheitspreisvertrag handelt;[109] der Abrechnungsbedarf ist beiden Vertragstypen eigen, da sich bei einem **gekündigten Pauschalvertrag** die Höhe der Teilvergütung nur nach dem Verhältnis des Werts der erbrachten Teilleistung zum Wert der nach dem Vertrag geschuldeten Gesamtleistung ermitteln lässt.[110]

Nach der vorzeitigen Beendigung eines VOB-Bauvertrages bedarf es für die Fälligkeit der 34 Vergütung für die erbrachten Leistungen oder der sich sonst aus § 8 Nr. 1 Abs. 2 Satz 2 VOB/B ergebenden vergütungsgleichen Forderungen (entgangener Gewinn) der Erteilung einer **Schlussrechnung** gemäß § 16 Nr. 3 Abs. 1 Satz 1 VOB/B.[111] In allen Fällen vorzeitiger Beendigung eines VOB-Bauvertrages ist es sach- und interessengerecht die Fälligkeit aller sich aus der Beendigung ergebenden vergütungsgleichen Ansprüche des Auftragnehmers, also auch solcher, die über die Vergütung für erbrachte Leistungen hinausgehen, von der Erteilung einer Schlussrechnung abhängig zu machen.[112] Die VOB/B verfolgt das Ziel, die Abwicklung eines ihr unterliegenden Vertrages zu vereinfachen und ihr, soweit wie möglich, prüfbare Abrechnungen zu Grunde zu legen. Deshalb verjähren die in einer Schlussrechnung enthaltenen wie auch die in ihr nicht aufgeführten Forderungen, die der Auftragnehmer in die Schlussrechnung hätte aufnehmen können, einheitlich nach § 16 Nr. 3 Abs. 1 Satz 1 VOB/B.[113] Zu den Abrechnungsgrundsätzen im Einzelnen vgl. → § 8 Nr. 6 Rdn. 17 ff.

**c) Abnahme – doch Fälligkeitsvoraussetzung?** Die rechtsgeschäftliche Abnahme der 35 bis zur Kündigung erbrachten Teilleistungen galt bisher nach der Rechtsprechung nicht als Fälligkeitsvoraussetzung. Der BGH[114] versagte dem Auftraggeber infolge der Kündigung die Berufung auf die fehlende Abnahme als Fälligkeitsvoraussetzung. Das infolge vorzeitiger Vertragsbeendigung unfertige Werk bedarf – anders als das vollendete Bauwerk – jedenfalls hinsichtlich der Fälligkeit der Vergütung keiner Abnahme.[115] Gegen diese Auffassung sind gewichtige Stimmen laut geworden,[116] die sich schließlich in der Rechtsprechung des BGH auch durchgesetzt haben.[117] Infolge der Kündigung ist die zu erbringende Leistung neu zu

---

[108] BGH BauR 1988, 82 = NJW-RR 1988, 208.
[109] *Ingenstau/Korbion/Vygen* VOB/B § 8 Nr. 1 Rdn. 28 ff.
[110] BGH NJW 1995, 2712 = BauR 1995, 691 = ZfBR 1995, 297; vgl. unten Rdn. 43 ff.
[111] BGH NJW 1987, 382 = NJW-RR 1987, 208 = BauR 1987, 95 = ZfBR 1987, 38.
[112] BGH NJW 1987, 382 = NJW-RR 1987, 208 = BauR 1987, 95, 96 = ZfBR 1987, 38.
[113] BGHZ 53, 222, 225 = BauR 1970, 113; BGH BauR 1987, 95, 96 = NJW 1987, 382 = NJW-RR 1987, 208 = ZfBR 1987, 38.
[114] U. v. 25. 3. 1993, X ZR 17/92, BauR 1993, 469, 472 = NJW 1993, 1972 = ZfBR 1993, 189 (bezogen auf einen BGB-Werkvertrag).
[115] BGH BauR 1987, 95 = NJW 1987, 382 = ZfBR 1987, 38 (bezogen auf einen VOB-Bauvertrag) mit Verweis auf OLG Düsseldorf BauR 1978, 404; OLG Hamm BauR 1981, 376, 377 und OLG München in *Schäfer/Finnern/Hochstein* Nr. 6 zu VOB/B, die sämtlich denselben Standpunkt vertreten; ebenso *Kleine-Möller/Merl/Kleine-Möller* VOB/B § 10 Rdn. 63; *Heiermann/Riedl/Rusam* VOB/B § 8 Rdn. 48; *Kapellmann/Messerschmidt/Lederer* VOB/B § 8 Rdn. 23; *Franke/Kemper/Zanner/Grünhagen* B § 8 Rdn. 90; a. A. *Ingenstau/Korbion/Vygen* VOB/B § 8 Nr. 6 Rdn. 16 (Anschluss an BGH U. v. 11. 5. 2006, VII 7 R 146/04 und unter Aufgabe des gegenteiligen Standpunkts in der 14. Aufl.); *Vygen* Bauvertragsrecht Rdn. 677; differenzierend *Nicklisch/Weick* VOB/B § 8 Rdn. 61, wobei zwischen mangelfreien und gravierend mangelbehafteten Leistungen unterschieden wird.
[116] *Kniffka* ZfBR 1998, 113; *ders.* in FS von Craushaar S. 359; *Thode* ZfBR 1999, 116.
[117] U. v. 11. 5. 2006, VII ZR 146/04, NJW 2006, 2475 = NZBau 2006, 569 = BauR 2006, 1294; kritisch dazu *Peters* NZBau 2006, 559.

## § 8 Nr. 1            Freies Kündigungsrecht

definieren, weswegen die Abnahmefähigkeit des bis zur Kündigung erbrachten Teilwerks an dem an der Vollendung ausgerichteten Maßstab der Abnahmereife scheitern könnte. Die Vertragsmäßigkeit des Werks ist daran zu messen, ob das Teilwerk frei von wesentlichen Mängeln ist. Da der BGH[118] dem Auftragnehmer nach der Kündigung einen Anspruch gegen den Auftraggeber auf Abnahme zugesteht, wenn die bis zur Kündigung erbrachte Leistung die Voraussetzungen für die Abnahmepflicht des Auftraggebers erfüllt, spricht von diesem Standpunkt aus gesehen vieles dafür, die Abnahme nicht nur für den Beginn der Verjährungsfrist der Sachmängelansprüche für maßgeblich zu erklären, sondern wegen des einheitlichen Stellenwerts die Abnahme damit auch zur Fälligkeitsvoraussetzung des Vergütungsanspruchs zu erklären.[119]

**35 a**    Die höchstrichterliche Rechtsprechung sieht ausweislich der Entscheidungsgründe jedoch auch die mit dem Abnahmeerfordernis als Fälligkeitsvoraussetzung verbundenen Schwierigkeiten, wenn der mit der Abnahme verbundene Zweck der Feststellung der Vertragsmäßigkeit der bis zur Kündigung erbrachten Leistung angeführt wird. Das geht zu Lasten des Auftragnehmers, der jedenfalls bei einer freien Auftraggeberkündigung, nicht die Chance hat, das Werk entsprechend den im Bauvertrag vereinbarten Sachmangelfreiheitskriterien fertig zu stellen. Im Rahmen der nach Kündigung gemäß der BGB-Rechtsprechung notwendigen Abnahme sind jedenfalls Teilleistungen auf ihre Vertragsmäßigkeit zu prüfen, was weniger damit zu tun hat, ob es in sich abgrenzbare Teilleistungen mit selbstständiger Funktionsfähigkeit sind,[120] sondern die Übertragbarkeit der traglichen Sachmangelfreiheitskriterien auf diese Teilleistung betrifft. Diese Sachmangelfreiheitskriterien aus dem Vertrag und § 13 Nr. 1 VOB/B stellen nämlich auf die fertige Leistung ab. Wird die Fortsetzung durch Kündigung unterbrochen, bleibt ein Torso, auf den diese traglichen Sachmangelfreiheitskriterien allenfalls im Wege der Auslegung anwendbar sind. Im Zweifel bleibt bei einem Teilwerk nur übrig, allein an den gewöhnlichen Verwendungseignungskriterien Maß zu nehmen. Denn schließlich sind die Sachmangelfreiheitskriterien bei einem aus mehreren Teilleistungen bestehende Gesamtwerk nach dem Vertragswillen nur hierauf und nicht auf Teilwerke bezogen. Damit bestehen Auslegungsprobleme, zu denen jedoch Sachverhaltsaspekte hinzukommen. Selbst wenn das Problem Vertragskonformität einer Teilleistung durch Auslegung der Sachmangelparameter lösbar ist, stellt sich die Frage, ob ein Defizit im Bereich dieses Teilwerks nicht durch Ausgleichsmaßnahmen bei Fortsetzung der Arbeiten möglich gewesen wäre. Damit sind technisch besetzte Sachverhaltsfragen angesprochen. Diese sind nicht bloß singulär, sondern in vielfältiger Weise denkbar.

**35 b**    **Beispiele:** Hat ein Natursteinleger auch die Estricharbeiten übernommen, und wird der Bauvertrag nach Erbringung der Estricharbeiten gekündigt, ist es dem Auftragnehmer nicht mehr möglich eventuelle Unzulänglichkeiten im Estrichbereich im Zuge der Natursteinverlegung auszugleichen, jedoch technisch ohne weiteres möglich gewesen wäre. Mauerwerk ist nach der DIN 1053 – 1 Abschnitt 9.2.1 vollfugig zu vermauern. Der Rohbauunternehmer hat auch die Verputzarbeiten auszuführen. Das vollfugige Ausfüllen von Stoß- und Lagerfugen will er im Zusammenhang mit Putzarbeiten als eigenständigen Arbeitsgang erledigen, also durchaus getrennt vom eigentlichen Verputzen, was technisch möglich ist. Dazu kommt der Auftragnehmer kündigungsbedingt nicht mehr.

**35 c**    Das letztgenannte Beispiel belegt, dass die Sachmangelfreiheit einer Teilleistung nach den vertraglich maßgeblichen Parametern auch nicht im Wege der Auslegung möglich ist, sondern die Arbeitsplanung des Auftragnehmers zu berücksichtigen hat, deren auf die Herstellung der Mangelfreiheit abzielende Verwirklichung dem Auftragnehmer infolge der Kündigung verwehrt. Denn die Reduktion des Mangelfreiheitsparameters auf die Anforderungen an das Mauerwerk als Singulärleistung lässt außer Acht, dass der gekündigte Auftrag-

---

[118] VII ZR 103/00 U. v. 19. 12. 2002 NJW 2002, 1450 = NZBau 2003, 265 = BauR 2003, 689.
[119] A. A. *Bamberger/Roth/Voit* § 649 Rdn. 12; *Staudinger/Peters* 2003 § 649 Rdn. 20; eher kritisch *Palandt/Sprau* § 649 Rdn. 4.
[120] So *Buscher* BauR 2006, 1297.

nehmer auch den Putz im Auftrag hatte, und Defizite im Mauerwerk noch im Rahmen der Putzarbeiten ausgeglichen werden konnten. Derartige Fallgestaltungen sind keineswegs singulär, sondern können sich vielfältig u. a. auch bei einem gekündigten Generalunternehmervertrag einstellen. So z. B. wenn nach Erstellung des Rohbaus gekündigt und festgestellt wird, dass die Rohbetondecken nicht den Ebenheitsanforderungen nach DIN 18202 entsprechen. Der Generalunternehmer konnte jedoch – so seine Vorstellung – ohne weiteres in Fortsetzung der Arbeiten einen Ausgleichsestrich nach DIN 18560 Abschnitt 4.2 einbringen, was jedoch nunmehr kündigungsbedingt ausscheidet. Es kann bei solchen Fallgestaltungen nicht angehen, dass die Teilleistung ohne Rücksicht auf die technischen Möglichkeiten eines nicht nur mit der konkret bemängelten Leistung beauftragten Unternehmers beurteilt wird, dem kündigungsbedingt die Herstellung eines mangelfreien Endzustandes versagt wird. Die Baurealität weist dermaßen viele Facetten auf, dass das Abnahmeerfordernis und damit die Sachmangelfreiheit einer kündigungsbedingten Teilleistung als zwingende Fälligkeitsvoraussetzung eine Vielzahl neuer Probleme aufwirft. Diese hält der BGH jedoch für bewältigungsfähig. Aber die aufgelisteten Beispiele verdeutlichen, dass die Erreichung des Zwecks der Abnahme, die Vertragsmäßigkeit kündigungsbedingter Teilleistungen, jedenfalls die Überwindung vieler Hürden erfordert, was vergütungsrechtlich sämtlich zu Lasten des Auftragnehmers geht. Der Auftragnehmer hat Schwierigkeiten in der Darstellung seiner Forderung; hinzukommt die Schwierigkeit mit der Fälligkeit. Es ist die Frage, ob die VOB/B mit ihrer Formulierung in § 8 Nr. 6 VOB/B nicht eine Bereinigung in dem Sinne bezweckt, jedenfalls für den VOB-Bauvertrag von der Abnahmenotwendigkeit als Fälligkeitsvoraussetzung abzusehen.

Die Rechtsprechung des BGH belastet den Auftragnehmer über das hinaus, was nach Peters[121] Folgen einer – seiner Meinung nach unzutreffenden – Auslegung des § 641 BGB sind. Der Unternehmer trägt die Risiken, die sich aus den Auslegungsschwierigkeiten wie auch aus technischen Beurteilungen ergeben. In dem Zusammenhang könnte § 8 Nr. 6 VOB/B als einer Allgemeinen Geschäftsbedingung dahin interpretiert werden, den Auftragnehmer im Kündigungsfall von sämtlichen dieser Ungewissheiten freizustellen. Denn fraglich ist, ob der BGH seinen Standpunkt mit dem Hinweis darauf rechtfertigen kann, dass der Auftragnehmer nach § 8 Nr. 6 VOB/B alsbald nach Kündigung Abnahme verlangen kann. Die Rechtsprechung des BGH macht aus dem „kann" im Ergebnis ein „Muss". Gerade das verfolgt die Nr. 6 VOB/B nicht. Wenn die VOB/B zum Ausdruck bringt, der Auftragnehmer könne die Abnahme verlangen, wird dieses Abnahmeverlangen gerade in das freie Belieben des Auftragnehmers gestellt. § 8 Nr 6 VOB/B lässt die Interpretation zu, dass die Fälligkeit des Vergütungsanspruchs jedenfalls bei einem VOB-Bauvertrag bei Kündigung gerade nicht von einer Abnahme abhängen soll. Wäre nämlich wie sonst bei einem VOB-Bauvertrag die Abnahme eine zwingende Fälligkeitsvoraussetzung, erübrigt sich jede Notwendigkeit, auf die Abnahme nach Kündigung aufmerksam zu machen.[122]   **35 d**

Für den Beginn der Verjährungsfrist für die Gewährleistungsansprüche bedarf es der Abnahme. Diese Verjährungsfrist beginnt ohne Abnahme der bis zur Kündigung erbrachten Werkleistung nach der höchstrichterlichen Rechtsprechung. Die Ausführungen unter Rdn. 35 a ff. wecken auch hieran Zweifel nicht zu laufen.[123]   **36**

## 2. Vergütungsansprüche – Berechnungsgrundlagen

**a) Abrechnung nach § 631 Abs. 1 BGB.** Aus § 8 Nr. 1 bs. 2 VOB/B bzw. § 649   **36 a**
Satz 2 BGB darf nicht der Schluss gezogen werden, der Auftragnehmer sei auf den dort bestimmten **Abrechnungsmodus** beschränkt. Diesen kennzeichnet, dass dem Auftragnehmer auf der hypothetischen Grundlage des insgesamt zur Ausführung gelangten Leistungsumfangs der danach zu bestimmende Vergütungsanspruch nach Maßgabe der Vertragsnatur

---
[121] NZBau 2006, 559.
[122] Vgl. näher zu § 8 Nr. 6 Rdn. 54.
[123] BGH BauR 2003, 689; vgl. → § 8 Nr. 6 Rdn. 34, 38.

§ 8 Nr. 1 Freies Kündigungsrecht

(Einheitspreisvertrag, Pauschalpreisvertrag, Stundenlohnvertrag) abzüglich der Ersparnisse hinsichtlich der nicht ausgeführten Teile und des kündigungsbedingt möglich gewordenen anderweitigen Erwerbs zusteht. Das ist jedoch nicht die einzige Möglichkeit. Der Auftragnehmer hat die Wahl. Er kann sich auf die Abrechnung der erbrachten Leistungen beschränken, was aus § 631 Abs. 1 BGB und § 2 Nr. 2 VOB/B folgt.[124] Reduziert sich nämlich infolge der Kündigung das zu erbringende Werk auf die bis dahin erbrachten Leistungen, die deshalb auch die gesamte vertraglich geschuldete Leistung darstellt,[125] bestimmt sich die nach § 631 Abs. 1 BGB bzw. § 2 Nr. 2 VOB/B geschuldete vertragliche Vergütung notwendig auf die bis dahin erbrachte Leistung.[126] § 649 Satz 2 BGB bzw. § 8 Nr. 1 Abs,. 2 VOB/B schließt die Abrechnungsmöglichkeit in Beschränkung auf die erbrachte Leistung nicht aus. Im Gegenteil ist diese Abrechnungsart die in erster Linie vertragsrechtlich deshalb angebrachte, weil die Kündigung den Vertrag auf die bis dahin erbrachten Leistungen reduziert und den Leistungsumfang neu definiert.[127] § 8 Nr. 1 Abs. 2 VOB/B bzw. der inhaltlich gleich lautende § 649 Satz 2 BGB erweitert die Abrechnungsmöglichkeit um die dort geregelte Variante. Über die Abrechnungsweise entscheidet allein der Auftragnehmer. Die Wahl bestimmt über die an die Abrechnung anzulegenden Prüfbarkeits- und Richtigkeitskriterien. Eine Mischung zwischen beiden Abrechnungsmöglichkeiten ist dem Auftragnehmer verwehrt; eine Mischung begründet zugleich auch Einwendungen gegen die Prüfbarkeit.

36 b  **aa) Erbrachte Leistungen als Abrechnungsbasis.** Der Auftragnehmer hat nach § 8 Nr. 6 VOB/B Anspruch auf Aufmaßnahme. Diese vollzieht sich nach den gemäß den einschlägigen und gewerkespezifischen Regeln der VOB/C Abschnitt 5, wenn anderes nicht rechtswirksam vereinbart worden ist. Diese Aufmaßregeln nach Abschnitt 5 der jeweils einschlägigen ATV stellen nach der Rechtsprechung des BGH[128] Allgemeine Geschäftsbedingungen dar, bei deren Auslegung die Verkehrssitte maßgeblich ist. Aufmaßregeln sind Abrechnungsregeln und enthalten vertragsrechtliche Regelungen. Denn sie nehmen Einfluss auf die Art der Abrechnung und bestimmen damit den Preis für die erbrachte Leistung. Wegen ihrer vertragsrechtlichen Bedeutung sind sie Allgemeine Geschäftsbedingungen.[129] Auf welcher vertragsrechtlichen Grundlage Aufmaß zu nehmen ist, ist eine Rechtsfrage und keine Sachverständigenfrage. Die Feststellung der Verkehrssitte als Auslegungshilfe kann einem Sachverständigen übertragen werden.[130] Bei einem **Einheitspreisvertrag** sind die festgestellten Mengen der erbrachten Leistungspositionen mit dem vertraglichen Einheitspreis zu multiplizieren. Die Summe der Positionspreise ergibt ohne Rücksicht auf den Umfang der noch ausstehenden Leistungen den Vergütungsanspruch. Anlass zu einer Korrektur des Einheitspreises nach § 2 Nr. 3 VOB/B besteht nicht. Der Umstand, dass die Kündigung im Vergleich zum Vordersatz zu einem reduzierten Leistungsumfang führt, berechtigt zu einer Korrektur des Einheitspreises deshalb nicht, weil dem Auftragnehmer bei einer Abrechnung nach § 8 Nr. 1 Abs. 2 bzw. § 649 Satz 2 BGB die Möglichkeit zur Geltendmachung des infolge der Mindermengen bedingten Ausfalls der Gemeinkosten, der Baustellengemeinkosten oder des Gewinns bleibt.[131]

36 c  Grundsätzlich ist für die Ermittlung der dem Auftragnehmer kündigungsbedingt zustehenden Vergütung bei einem **Pauschalpreisvertrag** die Gesamtleistung nachträglich in alle **Einzelleistungen** zu zerlegen. Für diese Einzelleistungen – die ausgeführten und kündi-

---

[124] BGH U. v. 30. 9. 1999, VII ZR 250/98 NJW-RR 2000, 309 = NZBau 2000, 73 = BauR 2000, 100.
[125] *Kniffka* FS von Craushaar S. 359, 364.
[126] *Kniffka* Jahrbuch BauR 2000, 1, 3.
[127] *Kniffka* FS von Craushaar S. 364.
[128] U. v. 17. 7. 2004, VII ZR 75/03, NJW-RR 2004, 1228 = NZBau 2004, 500 = BauR 2004, 1438 = ZfBR 2004, 778.
[129] U. v. 17. 7. 2004, VII ZR 75/03, NJW-RR 2004, 1228 = NZBau 2004, 500 = BauR 2004, 1438 = ZfBR 2004, 778.
[130] U. v. 17. 7. 2004, VII ZR 75/03, NJW-RR 2004, 1228 = NZBau 2004, 500 = BauR 2004, 1438 = ZfBR 2004, 778.
[131] OLG Celle BauR 1995, 558; → § 2 Nr. 3 Rdn. 7 ff.

gungsbedingt entfallen – sind die Preise nach Maßgabe der dem Vertragsschluss zugrunde liegenden Kalkulation zu bestimmen.[132] Für die ausgeführten Leistungen darf hinsichtlich der Preisbildung nicht lediglich auf übliche, angemessene oder sich aus einer Durchschnittskalkulation ergebende Preise abgestellt werden. Maßgeblich ist die dem Vertragsschluss zugrunde liegende **Kalkulation, die im Streit auch offen gelegt** werden muss.[133] Soweit zur Bewertung der erbrachten Leitungen aus der Zeit vor Vertragsschluss Anhaltspunkte nicht vorhanden oder nicht ergiebig sind, muss der Auftragnehmer im nachhinein im Einzelnen darlegen, wie die erbrachten Leistungen unter Beibehaltung des Preisniveaus der vereinbarten Pauschale zu bewerten sind. Ein Rückgriff auf **prozentuale Bewertungen** scheidet aus.[134] Auf diese Weise wird die **Gefahr kalkulatorischer Verschiebungen** des Auftragnehmers zu Lasten des Auftraggebers vermieden, die darin liegt, dass der gekündigte Auftragnehmer die ausgeführten Leistungen im Vergleich zu den nicht ausgeführten nunmehr höher bewertet. Davon kann eine Ausnahme gemacht werden, wenn die ausstehenden Leistungen nur einen geringfügigen Umfang ausmachen. Dann lässt es der BGH zu, dass lediglich die ausstehenden Leistungen bewertet und vom Pauschalpreis abgezogen werden, wenn keine kalkulatorischen Verschiebungen zu Lasten des Auftraggebers verdeckt werden können.[135] Hat ein Auftragnehmer vor der Kündigung eines Pauschalvertrages nur geringfügige Teilleistungen erbracht, ist er in der Lage, die ihm zustehende Mindestvergütung ohne Aufgliederung in Einzelteilleistungen und deren Bewertung auf die Weise zu berechnen, dass die Gesamtleistung als nicht erbracht behandelt wird und von dem Pauschalpreis die hinsichtlich der Gesamtleistung ersparten Aufwendungen abgezogen werden.[136]

Bei einem **Pauschalvertrag** ist zusätzlich zur Feststellung der erbrachten Leistungen, die erforderlich bleibt, notwendig, das Verhältnis des Werts der erbrachten Leistung zum Wert der für den Pauschalpreis zu erbringenden Gesamtleistung zu ermitteln. Dieses Verhältnis ist auf den Pauschalpreis zu übertragen, was den zu zahlenden Betrag für die erbrachte Leistung ergibt.[137] Der erste Schritt besteht demnach in der Feststellung der bis zur Kündigung erbrachten Leistungen durch Aufmaßnahme oder sonstige den Leistungsstand nachvollziehbare Hilfsmittel und deren Bewertung wie auch der Bewertung der nicht erbrachten Leistungen. Der zweite Schritt besteht in der Ermittlung des Verhältnisses des Werts der erbrachten Leistungen zu der Gesamtleistung, für welche der Pauschalpreis gebildet worden ist. Macht z. B. der Wert der Leistung ³/₅ der Gesamtleistung aus, steht dem Auftragnehmer aus dem Pauschalpreis ³/₅ zu. Diese Wertfeststellung ist einfach dann, wenn dem Pauschalvertrag ein Leistungsverzeichnis zu Grunde liegt, auf dessen Grundlage pauschaliert worden ist **(Detailpauschalvertrag).**[138] Dann wird nämlich das Aufmaßergebnis mit den im Leistungsverzeichnis enthaltenen Einheitspreisen mulitipliziert. Die Summe der erbrachten Leistungspositionen wird in das Verhältnis zur Angebotsendsumme der Gesamtleistung gesetzt

---

[132] BGH U. v. 4. 5. 2000, VII ZR 53/99, NJW 2000, 2980 = NZBau 2000, 375 = BauR 2000, 1182, 1187 = ZfBR 2000, 472.

[133] *Kniffka* Jahrbuch Baurecht 2000, 1, 6; BGH U. v. 30. 10. 1997, VII ZR 222/96, NJW-RR 1998, 451 = BauR 1998, 185 = ZfBR 1998, 79; BGH U. v. 11. 2. 1999, VII ZR 399/97, BGHZ 140, 365 = NJW 1999, 1867 = BauR 1999, 635 = ZfBR 1999, 196.

[134] BGH U. v. 4. 7. 1996, VII ZR 227/93, NJW 1996, 3270 = BauR 1996, 3270 = ZfBR 1996, 310; *Kniffka* Jahrbuch Baurecht 2000, 1, 8.

[135] BGH U. v. 4. 5. 2000, VII ZR 53/99, NJW 2000, 2980 = NZBau 2000, 375 = BauR 2000, 1182, 1187 = ZfBR 2000, 472.

[136] BGH U. v. 25. 11. 2004, VII ZR 394/02, NJW-RR 2005, 325 = NZBau 2005, 147 = BauR 2005, 385.

[137] BGH U. v. 20. 4. 2000, VII ZR 458/97 BauR 2000, 1501 = NJW-RR 2000, 1331 = NZBau 2000, 424 = ZfBR 2000, 477; U. v. 20. 1. 2000, VII ZR 97/99, NJW 2000, 1257 = BauR 2000, 726 = ZfBR 2000, 255; U. v. 11. 2. 1999 VII ZR 91/98 BauR 1999, 632, 633 = NJW 1999, 2036 = ZfBR 1999, 194; U. v. 4. 7. 1996, VII ZR 227/93, NJW 1996, 3270 = ZfBR 1996, 310 = BauR 1996, 846; *Kniffka* Jahrbuch BauR 2000, 1 ff., 5.

[138] BGH U. v. 20. 4. 2000, VII ZR 458/97 BauR 2000, 1501 = NJW-RR 2000, 1331 = NZBau 2000, 424.

## § 8 Nr. 1

und diese Verhältnisbestimmung auf den – von der Angebotsendsumme verschiedenen – Pauschalpreis übertragen. Das Ergebnis ergibt den dem Auftragnehmer zustehenden Vergütungsanspruch.

**36 d** **Beispiel:** Die Angebotsendsumme über 55 Positionen mit genau bestimmten Vordersätzen ergibt 180 266 Euro. Im Pauschalpreisvertrag haben sich die Vertragsparteien auf pauschal 170 000 Euro geeinigt. Ausgeführt hat der Auftragnehmer bis zur Kündigung die Positionen 1 bis 10; das Aufmaß multipliziert mit den positionsbezogenen Einheitspreisen ergibt einen Betrag von 26 258 Euro. Dann hat der Auftragnehmer im Verhältnis zum Wert der Gesamtleistung von 180 266 Euro 14,566% der Leistung erbracht. 14,566% von pauschal 170 000 Euro ergeben 24 762,62 Euro. Die Rechnung kann auch anders aufgemacht werden. Das Verhältnis des Werts der Gesamtleistung von 180 266 Euro nach Maßgabe des Leistungsverzeichnisses zum vereinbarten Pauschalpreis ergibt einen Abschlag von 5,705% oder der vereinbarte Pauschalpreis macht im Verhältnis zum Preis nach dem Leistungsverzeichnis 94,305% aus. Dieses Verhältnis kann auf das Aufmaßergebnis von 26 258 Euro übertragen werden, was 24 762,62 Euro ergibt.[139] Unzutreffend ist es, auf Abschlagszahlungsvereinbarungen oder sonstige Teilzahlungen abzustellen. Denn diese Teilzahlungen müssen nicht notwendig am Wert der erbrachten Teilleistung ausgerichtet sein.[140]

**36 e** **bb)** Bei einem **Globalpauschalvertrag** oder sonstigen Verträgen, bei denen Anhaltspunkte zur Bewertung der erbrachten Leistungen aus der Zeit vor Vertragsschluss nicht vorhanden oder nicht ergiebig sind, muss der Auftragnehmer im Nachhinein einzeln darlegen, wie die erbrachten Leistungen unter Beibehaltung des Preisniveaus der vereinbarten Pauschale zu bewerten sind. Gerade unter diesen Voraussetzungen ist der Grundsatz bedeutsam, dass durch die Kündigung hinsichtlich der Abrechnung keine Partei schlechter oder besser gestellt werden darf, als sie bei der Durchführung des Vertrags stünde.[141] Welche Anforderungen an die Darlegung im Einzelfall zu stellen sind, hängt von dem Vertrag ab, den seinem Abschluss, seiner Durchführung und Abwicklung zu Grunde liegenden Umständen und vom Informationsbedürfnis des Bestellers. Die Anforderungen ergeben sich auch daraus, welche Angaben der Besteller zur Wahrung seines Interesses an sachgerechter Verteidigung benötigt.[142] Der Auftraggeber muss die Möglichkeit bekommen, eventuelle Unrichtigkeiten einer Abrechnung zu erkennen. Andererseits ist die Prüfbarkeit kein Selbstzweck, da die Prüfbarkeitsanforderungen allein dem Schutz des Auftraggebers dienen. Will der Auftraggeber die Einhaltung der vertraglichen Vergütungsansätze unter Beibehaltung des Preisniveaus der vereinbarten Pauschale bewerten, muss der Auftragnehmer nicht lediglich die erbrachten, sondern er muss auch die gekündigten Leistungen bewerten. Denn erst die Summe der hinsichtlich der erbrachten wie auch der gekündigten Leistungen ausgeworfenen Preise ergibt die Gesamtsumme, von welcher aus die Pauschale gebildet worden ist. Bewertet der gekündigte Auftragnehmer lediglich die ausgeführten Leistungen für sich ohne Rücksicht darauf, dass die Pauschale die Gesamtleistung abdeckt, wird das Gebot missachtet, dass die erbrachten Leistungen unter Beibehaltung des Preisniveaus der vereinbarten Pauschale zu bewerten sind.[143] Auf diese Weise sollen auch kalkulatorische Verschiebungen zu Lasten des Auftraggebers vermieden werden.[144] Das Verhältnis des Werts der erbrachten Teilleistung zum Wert der nach dem Pauschalvertrag geschuldeten Gesamtleitung setzt notwendig die Ermittlung des Werts der gekündigten Teilleistungen voraus. Da das Preisniveau durch die

---

[139] Auf diese Berechnungsmöglichkeit verweist der BGH im U. v. 4. 7. 1996, VII ZR 227/93, BauR 1996, 846, 848 = NJW 1996, 3270 = ZfBR 1996, 310.

[140] BGH U. v. 4. 7. 1996, VII ZR 227/93, NJW 1996, 3270 = ZfBR 1996, 310 = BauR 1996, 846, 848.

[141] BGH U. v. 21. 12. 1995, VII ZR 198/94, BGHZ 131, 362 = NJW 1996, 1282 = ZfBR 1996, 143 = BauR 1996, 382.

[142] BGH U. v. 11. 2. 1999, VII ZR 91/98 NJW 1999, 2036 = BauR 1999, 632 = ZfBR 1999, 194; BGH U. v. 11. 2. 1999 VII ZR 399/97 NJW 1999, 1867 = BauR 1999, 635 = ZfBR 1999, 196.

[143] BGH U. v. 4. 7. 1996, VII ZR 227/93 NJW 1996, 3270 = BauR 1996, 846 = ZfBR 1996, 310.

[144] BGH U. v. 4. 5. 2000, VII ZR 53/99, NJW 2000, 2980 = NZBau 2000, 375 = BauR 2000, 1182, 1187 = ZfBR 2000, 472.

Freies Kündigungsrecht                                                                                       § 8 Nr. 1

Gesamtpauschale bestimmt wird, muss notwendig auch die Gesamtleistung nachträglich bewertet werden. Eine auf die erbrachte Teilleistung beschränkte Bewertung würde zu einer Verfälschung führen.

**Beispiel:** Hat ein Auftragnehmer Mauer- und Verputzarbeiten für ein Objekt für Pauschal 100 000 Euro übernommen und sind lediglich die Mauerarbeiten ausgeführt worden, die der Auftragnehmer zur Geltendmachung des Anspruchs im Nachhinein mit 80 000 Euro kalkuliert, wäre es falsch die gekündigten Putzarbeiten mit 20 000 Euro anzusetzen, also das Verhältnis der ausgeführten zu den nicht ausgeführten Leistungen mit $^4/_5$ zu $^1/_5$ zu bestimmen und damit dem Auftragnehmer auch 80 000 Euro zuzubilligen. Das Preisniveau der vereinbarten Pauschale wird nämlich dadurch bestimmt, dass die Gesamtleistung pauschaliert worden ist. Dieses Preisniveau lässt sich ermitteln, wenn auch die Putzarbeiten kalkuliert werden. Führt deren Kalkulation dazu, dass die Putzarbeiten mit 25 000 Euro kalkuliert worden sind, ergibt sich als Wert der Leistung ein Gesamtbetrag von 105 000 Euro, dem die Pauschale von 100 000 Euro gegenüber steht. Der Abschlag macht demnach 4,76% aus, weswegen dem Auftragnehmer für die Maurerarbeiten nicht 80 000 Euro, sondern davon 95,24% zustehen, also 76 192,00 Euro.   36f

Da bei einem Pauschalpreisvertrag die Pauschale für die Gesamtleistung aufgefunden worden ist, muss bei der Ermittlung der Vergütung für die bis zur Kündigung erbrachte Teilleistung bei fehlenden oder nicht aus ausgiebigen Anhaltspunkten für die Bewertung aus der Zeit vor dem Vertragsschluss notwendig auch für die Gesamtleistung die Bewertung nachträglich vorgenommen werden. Wird lediglich die erbrachte Teilleistung bewertet und das Verhältnis der bewirkten Leistung zur vereinbarten Gesamtleistung und des Preisansatzes für die Teilleistung zum Pauschalpreis dargelegt, wird nämlich das Preisniveau der vereinbarten Pauschale verfehlt. Die nachträglich aus dem Kopf kalkulierte Teilleistung wird nämlich dann lediglich in das Verhältnis zur Gesamtpauschale gesetzt, womit ungleiche Parameter in Beziehung gesetzt werden. Die nachträglich kalkulierte Teilleistung stellt nämlich den Preis ohne Abschlag dar, während der Pauschalpreis die Vergütung unter Berücksichtigung des Abschlags darstellt. Das Verhältnis dieser Preise spiegelt damit nicht den Wert der Leistungen.   36g

Die gegen diese Vergütungsermittlung von *Glöckner*[145] erhobene Kritik des Inhalts, der Wert der nach dem Vertrag geschuldeten Leistung sei unerheblich, von Bedeutung sei allein die Höhe der zu entrichtenden Vergütung nach Maßgabe der Kosten der abzuziehenden nicht erbrachten Teilleistung, lässt außer Acht, dass die Einhaltung des Preisniveaus der vereinbarten Pauschale notwendig die Ermittlung der Preise voraussetzt, von denen die Gesamtpauschale ausgegangen ist. Unter „Wert" der erbrachten Teilleistung, die nach der BGH-Rechtsprechung[146] in das Verhältnis zum Wert der nach dem Pauschalvertrag geschuldeten Gesamtleistung zu setzen ist, sind bei fehlenden oder unergiebigen Bewertungsansätzen aus der Zeit vor Vertragsschluss die im Nachhinein im Einzelnen vom Auftragnehmer darzulegenden Ansätze zu verstehen.   36h

Welcher **Genauigkeitsgrad für die Abrechnung** erforderlich ist, hängt von den Umständen des Einzelfalles ab.[147] Handelt es sich um einen Pauschalvertrag, der lediglich **ein Gewerk** zum Gegenstand hat, ist eine an Teilleistungspositionen ausgerichtete nachträgliche, notfalls aus dem Kopf vorgenommene Urkalkulation[148] erforderlich. Wenn der BGH[149] auch ausgeführt hat, der geforderte Abrechnungsvorgang setze nicht notwendig ein Leistungsverzeichnis voraus und eine gewerkebezogene Aufstellung könne ausreichen,[150] wird doch den Informations-, Prüfungs- und Verteidigungsinteressen des Auftraggebers bei einem   36i

---

[145] BauR 1998, 669, 673.
[146] U. v. 4. 7. 1996 VII ZR 227/93 NJW 1996, 3270 = BauR 1996, 846 = ZfBR 1996, 310.
[147] BGH U. v. 11. 2. 1999, VII ZR 399/97, BGHZ 140, 365 = NJW 1999, 1867 = BauR 1999, 635 = ZfBR 1999, 196.
[148] BGH U. v. 7. 11. 1996, VII ZR 82/95, NJW 1997, 733 = BauR 1997, 304 = ZfBR 1997, 78.
[149] U. v. 30. 10. 1997, VII ZR 321/95, NJW-RR 1998, 234 = BauR 1998, 121 = ZfBR 1998, 78.
[150] U. v. 11. 2. 1999, VII ZR 91/98, NJW 1999, 2036 = BauR 1999, 632 = ZfBR 1999, 194.

Pauschalvertrag, der lediglich ein Gewerk zum Gegenstand hat, nur bei nachträglicher Bewertung der erbrachten und nicht erbrachten Leistungen über ein Leistungsverzeichnis entsprochen. Das ist auch keine Überforderung, weil die Teilleistungen erfasst und aus dem Kopf bepreist werden können. Eine **Aufmaßnahme** ist nicht unbedingt notwendig; es können im Einzelfall auch Fotos ausreichen, wenn sich hieraus der Leistungsstand der erbrachten und der nicht erbrachten Leistungen ermitteln und z. B. mit Hilfe eines Sachverständigen näher bestimmen lässt.[151] Hat der Globalpauschalvertrag verschiedene Gewerke zum Gegenstand, kann den Informations-, Prüfungs- und Verteidigungsinteressen des Auftraggebers auch eine ausreichend aufgegliederte gewerkebezogene Kalkulation dann genügen, wenn eine andere Kalkulation bei Übernahme des Vertrages nicht möglich war.[152]

**Beispiel:** Der Auftragnehmer hat pauschal die technische Ausrüstung eines Gebäudes bestehend aus Wasser-, Entwässerungsanlagen, Heizanlage und zentrale Wassererwärmungsanlage sowie die Nieder- und Mittelspannungsanlage für 350 000 Euro übernommen. Eine Aufgliederung auf die einzelnen Anlagen wurde nicht vorgenommen. Dann reicht es für die Nachprüfbarkeit der Abrechnung der bis zur Kündigung erbrachten Wasser- und Entwässerungsanlagen aus, wenn der Auftragnehmer nachträglich aus dem Kopf[153] den ausgeführten und den nicht ausgeführten Gewerken pauschal Preise zuordnet, woraus sich der Wert der erbrachten wie auch der nicht erbrachten Gewerke ergibt und damit auch das Verhältnis des Werts der erbrachten Gewerke zum Wert der nach dem Pauschalpreisvertrag insgesamt zu erbringenden Gewerke bestimmen lässt. Nicht richtig wäre, z. B. die ausgeführten Wasser- und Entwässerungsanlagen mit pauschal 50 000 Euro und dann die nicht ausgeführten Gewerke dergestalt zu pauschalieren, dass die Gesamtsumme 350 000 ergibt. Eine Pauschale wird regelmäßig durch Abschläge ermittelt, die sich entweder betragsmäßig oder prozentual ergeben. Ergibt im Beispiel die gewerkebezogene pauschal nachträglich vorgenommene Kalkulation aus dem Kopf in der Summe 378 565 Euro, macht die Gesamtpauschale von 350 000 Euro 92,45% von 378 565 Euro aus. Demnach kann der Auftragnehmer von den 50 000 Euro diese Prozentsatz, also 46 227,20 Euro verlangen.

**36 j** Der BGH lässt sich in seiner Rechtsprechung[154] auch davon leiten, dass dann, wenn bei Vertragsschluss für den Auftraggeber erkennbar wegen eines fehlenden Aufmaßes nur eine überschlägige, nämlich gewerkebezogene Kalkulation erfolgte, auch im Fall der Kündigung mehr als eine gewerkebezogene Ermittlung der ausgeführten und kündigungsbedingt nicht ausgeführten Leistungsteile nicht zu erfolgen brauche. Zudem beeinträchtigen kleinere Ungereimtheiten in der Darlegung der erbrachten Leistungen im Verhältnis zu den gekündigten Leistungen die Nachprüfbarkeit nicht, wenn nur die Abrechnung insgesamt den Auftraggeber in die Lage versetzt, sich ausreichend zu verteidigen und einer Überprüfung durch eine Beweisaufnahme zugänglich ist. Insoweit entstehende Zweifel gehen zu Lasten des Auftragnehmers, der die **Beweislast** für die erbrachten Leistungen und für die **Höhe** der ihm dafür zustehenden **Vergütung** trägt.

**36 k** Hat der gekündigte Auftragnehmer bei einem mehrere Gewerke umfassenden Auftrag **Subunternehmer** eingeschaltet, ist er hinsichtlich der nicht ausgeführten Leistungen berechtigt, die Bewertungsansätze aus dem Subunternehmervertrag zu übernehmen.[155]

Folgende Methoden zur Ermittlung der ausgeführten Leistung und des darauf entfallenden Vergütungsanteils sind von vornherein unzureichend, da sie dem Informations- und Kontrollinteresse des Auftraggebers nicht genügen und ihm außerdem eine ausreichende Verteidigungsmöglichkeit nicht bieten: Ansatz von gegriffenen Prozentsätzen der geschuldeten Leistung.[156] Der BGH hat auch eine auf der Grundlage von nachträglich gebildeten Einheitspreisen durch des Gericht – und nicht vom klagenden Auftragnehmer – vorgenom-

---

[151] BGH U. v. 11. 2. 1999, VII ZR 91/98, NJW 1999, 2036 = BauR 1999, 632 = ZfBR 1999, 194.
[152] BGH U. v. 11. 2. 1999, VII ZR 91/98, NJW 1999, 2036 = BauR 1999, 632 = ZfBR 1999, 194.
[153] BGH U. v. 7. 11. 1996, VII ZR 82/95, NJW 1997, 733 = BauR 1997, 304.
[154] U. v. 11. 2. 1999, VII ZR 91/98 NJW 1999, 2036 = BauR 1999, 632 = ZfBR 1999, 194.
[155] Vgl. BGH U. v. 11. 2. 1999 VII ZR 399/97 NJW 1999, 1867 = BauR 1999, 635 = ZfBR 1999, 196.
[156] *Kniffka* Jahrbuch BauR 2000, 1, 7.

Freies Kündigungsrecht § 8 Nr. 1

mene prozentuale Bewertung deshalb für unzureichend erklärt, weil die gebildeten Einheitspreise nicht Gegenstand der Vertragsverhandlungen waren, der Bezug zu den Grundlagen des Vertragspreises nicht erkennbar war und keine Angaben zum Verhältnis des Werts der erbrachten Teilleistungen zum Wert der nach dem Vertrag geschuldeten Gesamtleistung gemacht worden sind.[157] Wenn der Auftragnehmer **nachträglich** zur Darlegung des Werts der erbrachten Leistungen auf **Einheitspreise** aus dem Kopf abstellt, muss die Ableitung dieser Einheitspreise dargelegt werden;[158] die Bewertung der erbrachten Leistungen mittels bestimmten Prozentsätzen der Gesamtvergütung ist bei Fehlen einer näheren Darstellung des Beweises nicht zugänglich und deshalb gleichfalls unzureichend.[159] Auf **Teilzahlungsabreden** kann nicht abgestellt werden, wenn nicht feststeht, dass die vereinbarte Teilzahlung exakt dem Inhalt und Umfang der ausgeführten Leistung entspricht.[160] Entscheidend ist, ob die Teilzahlungsabrede an einem bestimmten Leistungsstand anbindet und die Zahlung vom Nachweis dieses Leistungsstandes wie auch davon abhängt, dass dieser Leistungsstand gemessen am Wert der Gesamtleistung wertmäßig den Teilzahlungen entspricht. Deshalb reicht allein eine Teilzahlungsvereinbarung, die an nachgewiesenen Leistungsständen (z. B. mittels Bautenstandsberichten des objektüberwachenden Architekten) nicht aus. In Bausch und Bogen können solche exakt an dann auch nachgewiesenen Leistungsständen ausgerichtete Teilzahlungsabreden jedoch als Maßstab für den Wert der erbrachten Teilleistungen im Verhältnis zum Wert der Gesamtleistung nicht verworfen werden.[161] Denn die Parteien haben mit der Teilzahlungsvereinbarung jedenfalls eine solche Bewertung vorgenommen, weswegen sie die Grundlage für die vertragliche Preisbildung dann bildet, wenn sie in sich stimmig und einigermaßen realistisch, also nicht fiktiv ist, sondern im Allgemeinen der Erfahrung der Wertentwicklung im Verhältnis zwischen Rohbau und Ausbau entspricht.

**cc)** Bei einem **gekündigten Stundenlohnvertrag** ist es Sache des Auftragnehmers Nachweis für die bis zur Kündigung geleisteten Stunden durch Taglohnzettel zu erbringen (§ 15 Nr. 3 VOB/B). Fehlt es an solchen oder unterschriftlich anerkannten Taglohnzetteln, bleibt allein das Verfahren nach § 15 Nr. 5 VOB/B, was die Feststellung des Leistungsstandes nach § 8 Nr. 6 VOB/B durch gemeinsame Aufmaßnahme voraussetzt. Auf der Basis eines solchen einvernehmlich festgestellten Leistungsstandes ist ein Sachverständiger in der Lage, auf den Stundenaufwand zu schließen. Auf diese Weise kann der für die erbrachten Leistungen zustehende Vergütungsanspruch ermittelt werden. Die für den Einheitspreisvertrag und den Pauschalpreisvertrag geltenden Grundsätze, dass das Verhältnis der bewirkten Leistung zur vereinbarten Gesamtleistung und des Preisansatzes für die Teilleistungen zum Gesamtpreis darzulegen ist, gelten bei nach oben offener Preisgestaltung nicht. Das ändert sich allerdings, wenn für die Vergütung eine **Obergrenze,** also ein **Höchstpreis** vereinbart worden ist. Dann sind die für den Einheits- und Pauschalpreisvertrag geltenden Grundsätze übertragbar.

**361**

**b) Abrechnung nach § 8 Nr. 1 Abs. 2 VOB/B.** Daneben hat der Auftragnehmer die Möglichkeit, die ihm kündigungsbedingt zustehende Vergütung gemäß § 8 Nr. 1 Abs. 2 VOB/B zu ermitteln. Der Antragnehmer kann frei wählen, ob er lediglich die erbrachte Leistung berechnet oder nach § 8 Nr. 1 Abs. 2 VOB/B vorgeht. Die Berechnungsgrundlagen für den Vergütungsanspruch bestimmt § 8 Nr. 1 Abs. 2 VOB/B in Übereinstimmung mit § 649 BGB. Nach § 8 Nr. 1 Abs. 2 Satz 1 VOB/B steht dem Auftragnehmer die vereinbarte Vergütung zu. Satz 1 bildet die alleinige Anspruchsgrundlage. Das Anrechnungsgebot des Satzes 2 ist als Einwendung konzipiert. Diese dogmatische Konzeption der Sätze 1

**37**

---

[157] U. v. 29. 6. 1995, VII ZR 184/94, NJW 1995, 2712 = BauR 1995, 691 = ZfBR 1995, 297.
[158] BGH U. v. 4. 7. 1996, VII ZR 227/93, NJW 1996, 3270 = BauR 1996, 846, 849 = ZfBR 1996, 310.
[159] BGH U. v. 4. 7. 1996, VII ZR 227/93, NJW 1996, 3270 = BauR 1996, 846, 849 = ZfBR 1996, 310.
[160] BGH U. v. 16. 10. 1997, VII ZR 82/96 NJW-RR 1998, 236 = BauR 1998, 125 = ZfBR 1998, 32.
[161] In diese Richtung jedoch *Kniffka* Jahrbuch BauR 2000, 1, 8; ebenso *Ingenstau/Korbion/Vygen* VOB/B § 8 Nr. 1 Rdn. 37.

§ 8 Nr. 1 Freies Kündigungsrecht

und 2 hat prozessuale Bedeutung. Materiellrechtlich sind beide Vorschriften zusammen zu lesen und ergeben in ihrer Verbundenheit den Zahlungsanspruch des Auftragnehmers.

**38**   aa) **Anspruchsgrundlage und Anspruchshöhe.** Der Zahlungsanspruch des gekündigten Auftragnehmers besteht von vornherein in der um Ersparnisse und anderweitig erzielte oder erzielbare Erlöse eingeschränkten Höhe. Der Einwand der Ersparnis ist kein Gegenrecht des Bestellers, das nur auf dessen Einrede hin berücksichtigt werden dürfte. Vielmehr besteht der Vergütungsanspruch aus § 8 Nr. 1 Abs. 2 VOB/B von vornherein nur abzüglich der Ersparnisse und des anderweitigen Erwerbs oder böswillig unterlassenen anderweitigen Erwerbs.[162] Dennoch ist § 8 Nr. 1 Abs. 2 Satz 2 VOB/B nicht Teil der Anspruchsgrundlage für den Vergütungsanspruch, sondern eine Einwendung, für deren tatbestandliche Voraussetzungen der Auftraggeber darlegungs- und beweisbelastet ist, was jedoch den Auftragnehmer nicht vollständig entlastet.[163] Nach § 8 Nr. 1 Abs. 2 Satz 1 VOB/B ist der Auftragnehmer unabhängig vom Stand der Bauleistungen berechtigt, die gesamte Vergütung nach dem geschlossenen Bauvertrag zu verlangen.[164] Der Umfang der im Kündigungszeitpunkt erbrachten Leistungen ist wegen der berücksichtigungsbedürftigen Ersparnisse hinsichtlich der kündigungsbedingt nicht zur Ausführung kommenden Leistungen und der anderweitig erzielten oder erzielbaren Erlöse bedeutsam. Denn im Umfang der ausgeführten Teilleistung scheidet eine Berücksichtigung irgendwelcher Ersparnisse aus.[165] § 8 Nr. 6 VOB/B fordert im Übrigen die Rechnungsstellung mit dem Ansatz der ausgeführten Leistungen.

**39**   Die **prüfbare Abrechnung** der Vergütungsansprüche des Auftragnehmers setzt die Darstellung des Vergütungsanspruchs voraus. Das Rechenwerk muss dem Wortlaut nach weder nach § 14 Nr. 1 noch nach § 8 Nr. 6 VOB/B Ausführungen zu den Ersparnissen enthalten. Das hängt damit zusammen, dass § 8 Nr. 6 VOB/B lediglich eine **prüfbare Rechnung** über die **ausgeführten Leistungen** verlangt. Das nach § 8 Nr. 6 VOB/B geforderte Rechenwerk muss sich deshalb mit der Abgrenzung der ausgeführten von den nicht ausgeführten Leistungen befassen wie auch mit dem Wert der Teilleistung zum Wert der Gesamtleistung und dem Verhältnis des Preises der ausgeführten Teilleistung zum Preis der Gesamtleistung, nach dem Wortlaut der Bestimmung aber nicht mit den ersparten Aufwendungen. Im Kontext mit § 8 Nr. 1 Abs. 2 VOB/B ist das nicht konsequent, da danach der Auftragnehmer Anspruch auf die Gesamtvergütung abzüglich der Ersparnisse und des anderweitigen Verdienstes hat. Eine Forderungsdarstellung muss sich deshalb notwendig auch mit diesen Ersparnissen befassen, deren Art und Umfang allein der Auftragnehmer kennt.[166] § 8 Nr. 6 VOB/B steht mit seiner Forderung nach Vorlage einer prüfbaren Rechnung über die ausgeführten Leistungen jedoch nicht allein. Auch nach § 14 Nr. 1 VOB/B hat der Auftragnehmer seine Leistungen prüfbar abzurechnen, womit die Beschränkung des Rechenansatzes auf die ausgeführten Leistungen beiden Bestimmungen gemeinsam ist. Allerdings ist § 8 Nr. 6 VOB/B für den gekündigten Bauvertrag die sachnähere Regelung, von der eigentlich erwartet werden könnte, dass gerade für den Fall der freien Bauherrnkündigung das Rechenwerk auch die Ersparnisse und den anderweitigen Erwerb aufzunehmen hat.

**39 a**   Der Bundesgerichtshof hat ausgehend von Bauverträgen, die nach § 649 BGB gekündigt wurden und damit auf der Grundlage allein des BGB geschlossen waren, **Abrechnungsregeln** und **Regeln zur Darlegungslast** aufgestellt, wonach Angaben zu den ausgeführten

---

[162] BGH U. v. 14. 1. 1999, VII ZR 277/97, BGHZ 140, 263, 265 = NJW 1999, 1253 = BauR 1990, 642; BGH BauR 1981, 198, 199 = ZfBR 1981, 80; BGH BauR 1986, 577 = NJW-RR 1986, 1026 = ZfBR 1986, 220; BGH NJW-RR 1992, 1077, 1078; MünchKomm/*Busche* § 649 Rdn. 12; *Palandt/Sprau* § 649 Rdn. 4; *Ingenstau/Korbion/Vygen* VOB/B § 8 Nr. 1 Rdn. 24.
[163] BGH U. v. 21. 12. 2000, VII ZR 467/99 NJW-RR 2001, 385 = NZBau 2001, 202 = BauR 2001, 666; vgl. unten Rdn. 60, 61.
[164] *Ingenstau/Korbion/Vygen* VOB/B § 8 Nr. 1 Rdn. 40, 41.
[165] BGH U. v. 8. 10. 1987, VII ZR 45/87, BauR 1988, 82 = NJW-RR 1988, 208.
[166] BGH U. v. 14. 1. 1999, VII R 277/97, BGHZ 140, 963 = NJW 1999, 1253 = BauR 1999, 642 = ZfBR 1991, 191; vgl. auch BGH U. v. 21. 12. 2000, VII ZR 467/99, NJW-RR 2001, 385 = NZBau 2001, 202 = BauR 2001, 666.

Leistungen in Abgrenzung zu den nicht ausgeführten Leistungen wie auch Angaben zu den Ersparnissen und zu den anderweitigen Erwerbsmöglichkeiten oder einem tatsächlichen Erwerb notwendig sind. Dies erfolgte zunächst im Zusammenhang mit den Erfordernissen an ein **schlüssiges Klagevorbringen**,[167] und wurde dann auf die **Prüffähigkeit** der **Abrechnung** selbst bei einem VOB/B-Bauvertrag, der nach § 8 Nr. 1 VOB/B gekündigt worden ist, übertragen.[168] Zwischen den Anforderungen an einen schlüssigen Klagevortrag und an die Prüffähigkeit einer Rechnung ist jedoch zu unterscheiden; das gilt insbesondere hinsichtlich der Unterscheidung zwischen einem BGB-Bauvertrag und einem VOB/B-Bauvertrag deshalb, weil § 641 BGB die Fälligkeit des Vergütungsanspruchs lediglich von der Abnahme abhängt und der Stellenwert der Rechnung lediglich im Rahmen der Begründetheit des Anspruchs relevant ist. Für die Begründetheit des Anspruchs ist das schlüssige Vorbringen der Klage und nicht eine prüffähige Rechnung maßgeblich. Eine solche kann jedoch Voraussetzung für die Verzinsungspflicht nach § 641 Abs. 4 BGB sein, wobei diese Vorschrift allerdings infolge der Sonderregelung gem. § 16 VOB/B abbedungen ist.[169] Die Rechtsprechung des BGH hat es dabei vermieden, sich näher mit den Prüffähigkeitsanforderungen nach § 14 Abs. 1 und § 8 Nr. 6 VOB/B zu befassen, wonach lediglich die **Leistungen** prüfbar abzurechnen sind.

**39 b** Die VOB-Abrechnungsregeln gehen weder in § 14 Nr. 1 noch in § 8 Nr. 6 auf den Sonderfall ein, dass der Bauvertrag gekündigt und die Vergütung nach § 8 Nr. 1 Abs. 2 VOB/B verlangt wird. Der Bundesgerichtshof hat die Anforderungen an die **Prüffähigkeit einer Abrechnung** damit verbunden, dass der Auftraggeber in die Lage versetzt werden muss, die **Berechtigung der Forderung,** gemessen an den vertraglichen Vereinbarungen zu überprüfen.[170] Das reicht über den Ansatz in § 8 Nr. 6 und § 14 Nr. 1 VOB/B hinaus und verknüpft die Anforderungen an die Prüfbarkeit der Rechnung mit dem in der Rechnung berechneten Anspruch. Berechnet der Auftragnehmer nach der Kündigung lediglich die bis dahin erbrachten Leistungen, decken sich die Prüfbarkeitsanforderungen voll mit denen aus § 14 Nr. 1 VOB/B. Berechnet der gekündigte Auftragnehmer seinen Anspruch nach Maßgabe der durch § 8 Nr. 1 Abs. 2 VOB/B eröffneten Möglichkeiten, muss der Auftragnehmer neben der vereinbarten Vergütung für die gesamte Leistung die ersparten Aufwendungen hinsichtlich der gekündigten Leistungen und gegebenenfalls anderweitigen Erwerb in die Rechnung aufnehmen.[171] Denn nur so ist dem Auftraggeber die Prüfung der Berechtigung der Forderung möglich.

**39 c** Damit nötigen allein schon die Anforderungen an die Prüfbarkeit der Abrechnung des Vergütungsanspruchs aus § 8 Nr. 1 Abs. 2 VOB/B und der Umstand, dass der Vergütungsanspruch von vornherein um die Ersparnisse und den anderweitigen Erwerb gemindert ist,[172] den Auftragnehmer zu entsprechenden Feststellungen in der Abrechnung. Dieses materiellrechtliche Befassungsgebot setzt sich bei prozessualer Durchsetzung des Anspruchs in einer den Unternehmer treffenden **Darlegungs- und Beweislast** fort.[173] Außerdem ist in der Regel nur der Unternehmer in der Lage, die ersparten Aufwendungen wie auch den anderweitigen Erwerb vorzutragen.[174] Zutreffend spricht *Vygen*[175] von einer „**Erstdarlegungslast**" des Auftragnehmers, durch deren Erfüllung der Auftraggeber seinerseits in den Stand versetzt werden soll dazulegen und zu beweisen, dass der Unternehmer höhere Erspar-

---

[167] BGH U. v. 7. 11. 1996, VII ZR 82/95, NJW 1997, 733 = BauR 1997, 304; BGH U. v. 4. 7. 1996, VII ZR 227/93 NJW 1996, 3270 = BauR 1996, 846, 848.
[168] BGH U. v. 11. 2. 1999, VII ZR 399/97, BGHZ 140, 365 = NJW 1999, 1867 = BauR 1999, 635, 637.
[169] OLG Naumburg NJW-RR 1997, 404; *Staudinger/Peters* 2003 § 641 Rdn. 120.
[170] BGH U. v. 11. 2. 1999 VII ZR 399/97 NJW 1999, 1867 = BauR 1999, 635, 637.
[171] Vgl. BGH U. v. 14. 1. 1999, VII ZR 277/97, BGHZ 140, 263 = NJW 1999, 1253 = BauR 1999, 642 = ZfBR 1999, 191.
[172] BGH U. v. 14. 1. 1999, VII ZR 277/97, BGHZ 140, 263 = NJW 1999, 1253 = BauR 1999, 642 = ZfBR 199, 191; BGH U. v. 21. 12. 1995, VII ZR 198/94, NJW 1996, 1282 = BauR 1996, 382, 383.
[173] BGH U. v. 4. 7. 1996, VII ZR 227/93, NJW 1996, 3270 = BauR 1996, 846, 848.
[174] BGH U. v. 7. 11. 1996, VII ZR 82/95, NJW 1997, 733 = BauR 1997, 304.
[175] In *Korbion/Ingenstau* VOB/B § 8 Nr. 1 Rdn. 46.

nisse und mehr anderweitigen Erwerb erzielt hat als der Unternehmer sich anrechnen lassen will. Denn für **höhere Ersparnisse** und höheren oder überhaupt anderweitigen Erwerb ist der Besteller darlegungs- und beweisbelastet.[176]

40 **bb) Zahlungsanspruch als Vergütungsanspruch.** Der Auftragnehmer hat nach Kündigung einen Vergütungsanspruch. § 8 Nr. 1 Abs. 2 Satz 1 VOB/B billigt die vereinbarte Vergütung und nicht etwa einen Aufwendungsersatz- oder Schadensersatzanspruch zu. Der Auftragnehmer soll das erhalten, was er nach Herstellung des Werks gehabt hätte, nicht weniger, aber auch nicht mehr. Die Kündigung darf dem Unternehmer im Zusammenhang mit der Abrechnung weder Vorteile nehmen noch darf er Vorteile daraus ziehen, dass ein für ihn ungünstiger Vertrag gekündigt worden ist.[177] Das in Satz 2 angeordnete Anrechnungsprinzip stellt sicher, dass ungerechtfertigte Bereicherungen vermieden werden.[178] Damit ist dem gekündigten Auftragnehmer bei einem **Gewinngeschäft** der Gewinn garantiert; hieran ändert sich bei einem **Verlustgeschäft** nichts. Mehr als die vereinbarte Vergütung unter Abzug der ersparten Aufwendungen und der anderweitig erwirtschafteten oder erzielbaren Erlöse kann nach § 8 Nr. 1 Abs. 2 VOB/B nicht verlangt werden.[179]

41 **cc) Abrechnung bei einem Einheitspreisvertrag.** Bei einem Einheitspreisvertrag hat der Auftragnehmer deshalb den Vergütungsanspruch, der als Ausgangspunkt der Berechnung heranzuziehen ist, nach den vertraglichen Einheitspreisen abzurechnen.[180] Dafür sind die Einheitspreise mit den für sie anzunehmenden Mengen zu vervielfältigen und auf dieser Basis die bezüglich der einzelnen Positionen des Leistungsverzeichnisses sich ergebenden Ansprüche zu errechnen.[181] Die Mengen der erbrachten Leistungen bestimmen sich nach dem Aufmaß. Soweit die Leistungen nicht ausgeführt wurden, ist es im Allgemeinen gerechtfertigt, von den im Leistungsverzeichnis angegebenen Mengen auszugehen.[182] Dies gilt unabhängig davon, ob das Leistungsverzeichnis mit dem Vordersätzen vom Auftraggeber (dessen Planer) oder vom Auftragnehmer erstellt worden ist. In beiden Fällen ist dem Auftraggeber ein Bestreiten möglich, was den Auftragnehmer in die Beweislast zwingt. Allein der Umstand, dass das Leistungsverzeichnis vom Auftraggeber (dessen Planer) stammt, begründet keine Beweislastumkehr.

42 Da dem Auftragnehmer der Vergütungsanspruch nach § 8 Nr. 1 Abs. 2 Satz 1 VOB/B insgesamt zusteht, ist eine Unterscheidung zwischen den ausgeführten Teilleistungen und den nicht mehr zur Durchführung kommenden Leistungen nur hinsichtlich der **Ersparnisse** bedeutsam, zu denen es im Umfang der geleisteten Arbeiten nicht kommt.[183] Die ausgeführten Leistungen sind mit den vertraglich vereinbarten Einheitspreisen anzusetzen, selbst wenn diese Preise ungünstig angesetzt wurden und Ausgleich über nicht zur Ausführung gekommene besser kalkulierte Positionen erfolgen sollte. Denn ungünstige oder günstige Positionen sind untereinander nicht verrechenbar.[184] Der in § 8 Nr. 6 VOB/B enthaltende Abrechnungsgrundsatz macht die Feststellung der vor der Kündigung ausgeführten Leistungsteile ebenfalls nötig. Auch umsatzsteuerrechtliche Aspekte setzen die Unterscheidung zwischen den ausgeführten und den entfallenen Leistungsteilen voraus.[185]

---

[176] BGH U. v. 21. 12. 1995, VII ZR 198/94 NJW 1996, 1282 = BauR 1996, 382, 383; vgl. auch BGH U. v. 21. 12. 2000, VII ZR 467/99, NZBau 2001, 202 = BauR 2001, 666.
[177] BGH NJW 1996, 1282 = BauR 1996, 382.
[178] BGH BauR 1981, 198, 199 = ZfBR 1981, 80; *Kniffka* Jahrbuch BauRecht 2000, 1 ff.; *van Gelder* NJW 1975, 189, 190.
[179] *van Gelder* NJW 1975, 189, 190; *Heiermann/Riedl/Rusam* VOB/B § 8 Rdn. 3.
[180] *Ingenstau/Korbion/Vygen* VOB/B § 8 Rdn. 29; BGH BauR 1996, 382, 383.
[181] BGH U. v. 21. 12. 1995, VII ZR 198/94, BauR 1996, 382, 383 = NJW 1996, 1282 = ZfBR 1996, 143.
[182] BGH U. v. 21. 12. 1995, VII ZR 198/94, BauR 1996, 382, 383 = NJW 1996, 1282 = ZfBR 1996, 143.
[183] BGH NJW-RR 1988, 208 = BauR 1988, 82, 85.
[184] BGH U. v. 21. 12. 1995, VII ZR 198/94, NJW 1996, 1282 = BauR 1996, 382.
[185] Vgl. unten Rdn. 45.

**dd) Abrechnung bei einem Pauschalpreisvertrag.** Wenn ein Pauschalpreis vereinbart 43 ist, lässt sich nach BGH die Höhe der Vergütung gem. § 8 Nr. 1 Abs. 2 VOB/B nur nach dem Verhältnis des Werts der erbrachten Teilleistung zum Wert der nach dem Pauschalvertrag geschuldeten Gesamtleistung errechnen.[186] Sind bereits Teilleistungen erbracht, deren Vergütung der Auftragnehmer begehrt, müssen nach BGH[187] diese erbrachten Teilleistungen und die dafür anzusetzende Teilvergütung von den nicht ausgeführten Teilen abgegrenzt werden. Dazu gehört auch, dass der Auftragnehmer das Verhältnis der bewirkten Leistungen zur vereinbarten Gesamtleistung und des Preisansatzes für die Teilleistungen zum Pauschalpreis darstellt. Wenn ein Pauschalpreis vereinbart ist, lässt sich die Höhe der Vergütung nur nach dem Verhältnis des Werts der erbrachten Teilleistung zum Wert der nach dem Pauschalvertrag geschuldeten Gesamtleistung errechnen.[188] Macht der Auftragnehmer bei einem Pauschalvertrag den Vergütungsanspruch nach § 8 Nr. 1 Abs. 2 VOB/B geltend, ist allerdings zunächst die vereinbarte Pauschalsumme anzusetzen. Das gilt sowohl für einen Detail- als auch einen Globalpauschalvertrag. Soweit der BGH[189] für die Abrechnung eines gekündigten Bauvertrages fordert, der Auftragnehmer habe zunächst die erbrachten Leistungen und die dafür anteilig anzusetzende Vergütung darzulegen, dann von dem nicht ausgeführten Teil abzugrenzen und die Höhe dieser Vergütung nach dem Verhältnis des Wertes der erbrachten Teilleistung zum Wert der nach dem Pauschalpreisvertrag geschuldeten Gesamtleistung zu errechnen, ist dieser Rechenvorgang für die Ermittlung der **ersparten Aufwendungen** und die Beaufschlagung mit der **Umsatzsteuer** von Bedeutung.

Der Rechenvorgang hat mit § 8 Nr. 1 Abs. 2 Satz 2 VOB/B zu tun. Der Satz 1 dieser 43a Regelung führt zunächst dazu, den Pauschalpreis in der Rechnung auszuweisen. Der nächste Punkt in der Rechnung weist die nicht ausgeführten Leistungen aus. Damit stehen auch die ausgeführten Leistungen fest. Diesen Leistungen – ausgeführte wie nicht ausgeführte – sind im Verhältnis zum Gesamtwert der Leistung Wertansätze zuzuweisen. Mit diesen **Wertansätzen** wird das Schlussrechnungsergebnis maßgeblich beeinflusst; denn erhöht der gekündigte Auftragnehmer den Wertansatz der ausgeführten Leistung, führt dies hinsichtlich der nicht ausgeführten Leistungen zu einer geringen Ersparnis. Die Wertansätze müssen der Vertragsgrundlage entsprechen. Dabei ist es nicht ausgeschlossen, dass den Wertansätzen Prozentsätze nach Erfahrungen zugrunde gelegt werden, wie sie baubetrieblichen Standardwerken entnommen werden können.[190] Behauptete **kalkulatorische Verschiebungen** betreffen nicht die Prüfbarkeit, sondern die Richtigkeit der Rechnung und nötigen zu Feststellungen im gerichtlichen Verfahren.[191] Wenn die ausgeführten Leistungen wertmäßig 70% der Gesamtleistung ausmachen, entfallen auf die nicht ausgeführten Leistungen 30% und damit der diesem Prozentsatz entsprechende Anteil des Pauschalpreises. Hinsichtlich der nicht zur Ausführung gekommenen 30%-Anteile sind die **Ersparnisse** zu ermitteln. Wenn der ausgeführte Teil der Gesamtleistung wertmäßig 70% ausmacht, stehen dem Auftragnehmer die dem entsprechenden Anteile des Pauschalpreises einschränkungsfrei zu.

Der BGH gibt folgende **Schrittfolge** vor: Feststellung der erbrachten Leistungen, Ab- 43b grenzung von den nicht erbrachten Leistungen, Feststellung des Werts der erbrachten Leistungen zum Wert der nach dem Vertrag geschuldeten Gesamtleistung und deshalb, also zum Zweck dieser Wertrelation, Darlegung des Verhältnisses der bewirkten Leistung zur Gesamtleistung und des Preisansatzes für die erbrachten Leistungen zum Pauschalpreis auf der Grundlage der Vertragspreise oder nachträglicher Preisbildung unter Beibehaltung des Preis-

---

[186] BGH U. v. 4. 7. 2002, VII ZR 103/01, NJW-RR 2002, 1596 = NZBau 2002, 614 = BauR 2002, 1588; BauR 1995, 691, 692 = NJW 1995, 2712 = ZfBR 1995, 297.
[187] BauR 2001, 251 = NJW 2001, 521; BauR 1995, 691, 692 = NJW 1995, 2712 = ZfBR 1995, 297.
[188] BGH BauR 1995, 691, 692 = NJW 1995, 2712 = ZfBR 1995, 297; BGH BauR 1980, 356, 357 = ZfBR 1980, 139, 140.
[189] U. v. 30. 10. 1997, VII ZR 321/95, NJW-RR 1998, 234 = BauR 1998, 121.
[190] BGH U. v. 22. 5. 2003, VII ZR 143/02, NJW 2003, 2678 = NZBau 2003, 497 = BauR 2003, 1207 = ZfBR 2003, 567.
[191] BGH U. v. 13. 7. 2006, VII ZR 68/05, NZBau 2006, 637 = BauR 2006, 1753.

## § 8 Nr. 1

niveaus.[192] Auf diese Weise soll dem **Informations- und Kontrollinteresse des Auftraggebers** Rechnung getragen und der Auftraggeber auf dieser Grundlage in die Lage versetzt werden, die **Richtigkeit der Rechnung** zu kontrollieren und sich zu verteidigen.[193] Dem Auftraggeber muss die Prüfung sowohl hinsichtlich der ausgeführten Leistung als auch bezüglich der Ersparnisse und des anderweitigen Erwerbs bzw. der Erwerbsmöglichkeit möglich sein.

**43 c** Die Differenzierung zwischen den ausgeführten und den nicht ausgeführten Leistungen ist außerdem wegen der **Wertansätze** für die ausgeführten und die nicht ausgeführten Leistungen bedeutsam. Der Auftragnehmer hat die **kalkultorischen Ansätze** für hinsichtlich dieser Leistungsteile so darzustellen, dass deren Prüfung möglich ist. Die Wertansätze müssen denen entsprechen, die dem Vertragsschluss zugrunde liegen. Verschiebungen des Auftragnehmrs in diesen Wertansätzen zu Lasten des Auftraggebers betreffen jedoch lediglich die Richtigkeit und nicht die Prüfbarkeit der Rechnung.[194] Mit solchen Verschiebungen wird der Versuch unternommen, die Vergütung für die ausgeführten Leistungen zu erhöhen. Werden die nicht ausgeführten Leistungsteile wertmäßig niedrig eingestuft, führt dies von selbst zur Höherbewertung der ausgeführten Leistungsteile. Gerade bei Sammelpositionen, bei denen die Kündigung zu einem Ende der Leistungen innerhalb des Ausführungsstadium einer solchen Position führt, sind geeignet, den Wert der ausgeführten Leistungen zum Nachteil des Auftraggebers zu erhöhen.

**43 d** Der Zusammenhang dieser Einzelschritte darf jedoch nicht verloren gehen: Dem Auftragnehmer steht zunächst die Pauschalsumme zu. Der Auftragnehmer muss sich hinsichtlich der nicht ausgeführten Leistungen Ersparnisse abziehen lassen. Das bildet den Hintergrund für die Detailschritte und den Informations- und Kontrollbedarf des Auftraggebers: Die Auflösung in die ausgeführten und nicht ausgeführten Leistungen soll den Auftraggeber eine Prüfung sowohl unter Mengen- als auch unter Preisgesichtspunkten ermöglichen.[195]

**44** – **Erfordernis der Aufteilung in Teilleistungen.** Dieses Trennungsgebot ist wegen der Bewertung der ausgeführten Teilleistungen und im Hinblick auf die nach § 8 Nr. 1 Abs. 2 VOB/B zu berücksichtigenden Ersparnisse und eventuell anderweitige Erlöse beachtlich. Denn grundsätzlich steht dem Auftragnehmer der gesamte Vergütungsanspruch zu; das Gebot, Ersparnisse zu berücksichtigen, nötigt zur Feststellung des Leistungsumfangs, weil sich der Ersparnisabzug nur auf den noch nicht vollendeten Teil der Leistungen beziehen kann.[196] Da sich die Ersparnis auf den noch nicht ausgeführten Leistungsteil bezieht, muss für diesen notwendig auch der Vergütungsanteil bestimmt werden, um davon die Ersparnis in Abzug bringen zu können. Das schließt die Bewertung jedenfalls des nicht ausgeführten Leistungsteils ein. Im Übrigen machen nur § 8 Nr. 6, 2. Hs. VOB/B und der Mehrwertsteuerausweis hinsichtlich des echten Leistungsaustausches die Erstellung einer prüfbaren Rechnung unter Feststellung der ausgeführten Leistungen nötig.

**45** Denn hinsichtlich der Vergütung für die nicht ausgeführten Leistungen kann der Auftragnehmer **keine Mehrwertsteuer** verlangen. Insoweit fehlt es an einem steuerbaren Umsatz nach § 1 Abs. 1 Nr. 1 UStG, da dem Umsatz keine Lieferung oder sonstige Leistung des Unternehmers zu Grunde liegt.[197] Demnach zwingt dieser umsatzsteuerrechtliche Gesichtspunkt zur rechnerischen Trennung zwischen der Vergütung für die erbrachten Leistungen und dem Vergütungsanteil, der für die kündigungsbedingt entfallenen Leistungen anzusetzen ist. Der BGH[198] hält es für eine Frage der gemeinschaftsrechtlichen Auslegung der 6. Richt-

---

[192] U. v. 4. 7. 2002 VII ZR 103/01, NJW-RR 2002, 1596 = NZBau 2002, 614 = BauR 2002, 1588.
[193] BGH U. v. 26. 10. 2000, VII ZR 99/99, NZBau 2001, 85, NJW 2001, 521 = BauR 2001, 251.
[194] BGH U. v. 13. 7. 2006, VII ZR 68/05, NZBau 2006, 637 = BauR 2006, 1753.
[195] → wegen der sonstigen Darlegungen zu den Ersparnissen vgl. Rdn. 51 ff.
[196] BGH NJW-RR 1988, 208 = BauR 1988, 82, 85.
[197] BGH BauR 1996, 896, 898; BauR 1992, 231 = ZfBR 1992, 69; BGH NJW 1987, 3123; BGH NJW-RR 1986, 1026 = BauR 1986, 577 = ZfBR 1986, 220; kritisch *Kapellmann* Jahrbuch Baurecht 1998, 35, 55; *Klink* BauR 2000, 638.
[198] U. v. 8. 7. 1999, VII ZR 237/98, NJW 1999, 3261 = BauR 1999, 1294 = ZfBR 2000, 30.

linie des Rates zur Harmonisierung der Rechtsvorschriften der Mitgliedstaaten über die Umsatzsteuer 77/388/EWG, ob die infolge einer Kündigung nicht erbrachten Leistungen der Umsatzsteuer unterliegen und dementsprechend der Auftragnehmer vom Auftraggeber Mehrwertsteuer auch für den Leitungsteil verlangen kann, dem keine Leistungen zu Grunde liegen.

Außerdem nötigt § 8 Nr. 6 VOB/B zur nachprüfbaren Berechnung des erbrachten Leistungsteiles. Dieses Gebot, das in der VOB/B-Fassung 1952 in § 8 Nr. 3 Abs. 4 enthalten war und in der Fassung 1973 als § 8 Nr. 6 VOB/B verselbstständigt wurde, gilt für sämtliche in § 8 Nr. 1 bis Nr. 4 VOB/B enthaltenen Kündigungsfälle und trifft damit auch bei der freien Kündigung nach § 8 Nr. 1 VOB/B zu.[199] Das bei der freien Kündigung nach § 8 Nr. 1 Abs. 2 Satz 1 VOB/B einschlägige Vergütungsprinzip, dass dem Auftragnehmer die vereinbarte Vergütung zusteht, bedingt eine rechnerische Erfassung der **erbrachten Teilleistungen** nur wegen des gekündigten Leistungsteils, dessen wertmäßiger Erfassung und Festlegung der hierauf entfallenden Ersparnisse. 46

– **Abrechnungsprinzip bei der freien Kündigung.** Die Abrechnungsprinzipien der Kündigung aus **wichtigem Grund** und der freien Kündigung sind strikt zu unterscheiden. Denn kündigt der Auftraggeber aus wichtigem Grund, hat der Auftragnehmer nur den Anspruch auf Vergütung der ausgeführten Leistungen.[200] Unter dieser Voraussetzung entsteht bei einem Pauschalvertrag die Notwendigkeit der vergütungsmäßigen Bewertung dieser erbrachten Teilleistung im Verhältnis zur vereinbarten Gesamtleistung und des für diese vereinbarten Pauschalpreises. Die gekündigte Teilleistung ist ohne Bedeutung. Deren Bewertung im Verhältnis zur Gesamtleistung und preislichen Festlegung ist bei der freien Kündigung wegen der abzusetzenden Ersparnisse bedeutsam. 47

Bei der **freien Kündigung** hat der Auftragnehmer den Anspruch auf Zahlung der Pauschalvergütung nach § 8 Nr. 1 Abs. 2 Satz 1 VOB/B. Davon geht die Ersparnis ab. Diese orientiert sich an den nicht erbrachten Teilleistungen, weil im Umfang und den Wert der geleisteten Arbeiten eine Ersparnis nicht anfallen kann. Die Ermittlung der Ersparnis setzt an den ersparten Aufwendungen an und macht es notwendig, den Umfang mit dem Wert der noch ausstehenden Leistungen zu ermitteln. Für die selbstständige Feststellung des Pauschalpreises für die erbrachten Teilleistungen besteht jedenfalls kein Bedarf. Das gilt selbst dann, wenn der Vergütungsanspruch des Auftragnehmers an den erbrachten Teilleistungen anknüpft; dieser Anspruch ist nämlich nur ein Teil des Gesamtanspruchs nach § 8 Nr. 1 Abs. 2 Satz 1 VOB/B. 48

**ee) Schätzung möglich.** Hat der Auftragnehmer bei einem **gekündigten Pauschalvertrag** prüfbar abgerechnet, muss das Gericht in die **Sachprüfung** einsteigen. Einwendungen des Auftraggebers, die kalkulatorischen Bewertungsansätze bezüglich der ausgeführten und der nicht ausgeführten Leistungen seien nicht plausibel, berechtigen nicht zur Zurückweisung der Klage. Im Gegenteil sind Feststellungen zur Höhe der dem gekündigten Auftragnehmer zustehenden Vergütung soweit möglich auch dann zu treffen, wenn sich die Unrichtigkeit einer Schlussrechnung daraus ergibt, dass der Auftragnehmer die **kalkulatorischen Ansätze** hinsichtlich der erbrachten Leistungen nachträglich zu hoch bewertet und auf diese Weise den Vergütungsanteil für die erbrachten Leistungen nachteilig für den Auftraggeber zu Unrecht erhöht. Eine angebliche mit derartigen **Verschiebungen** behauptete „Unplausibilität" rechtfertigt nicht ohne weitere Feststellungen eine Klageabweisung. Vielmehr ist eine derartige nachträgliche Kalkulation auf ihre Richtigkeit hin zu prüfen.[201] Hat ein Auftragnehmer nach einer Kündigung prüfbar, aber sachlich fehlerhaft abgerechnet, gibt § 287 ZPO dem Gericht durchaus die Möglichkeit, den dem Auftragnehmer zustehen- 49

---

[199] BGH BauR 1988, 82, 85 = NJW-RR 1988, 208; *Ingenstau/Korbion/Vygen* VOB/B § 8 Nr. 6 Rdn. 1.
[200] BGH U. v. 26. 7. 2001, X ZR 162/99, NZBau 2001, 621; BGH BauR 1995, 545 = NJW 1995, 1837 = ZfBR 1995, 198; BGH BauR 1987, 689; BGH NJW 1975, 825; *Palandt/Sprau* § 649 Rdn. 11.
[201] BGH U. v. 13. 7. 2006, VII ZR 68/05, NZBau 2006, 637 = BauR 2006, 1753; BGH U. v. 22. 5. 2003, VII ZR 143/02; BGH U. v. 22. 5. 2003, VII ZR 143/02, NJW 2003, 2678 = NZBau 2003, 497 = BauR 2003, 1207 = ZfBR 2003, 567.

§ 8 Nr. 1                                                                         Freies Kündigungsrecht

den Werklohn durch **Schätzung** zu ermitteln. Das gilt dann, wenn die Rechnung mit einem Aufmaß unterliegt und die Kalkulation offen gelegt worden ist. Damit liegen ausreichende Grundlagen für eine Schätzung vor.[202]

50   **ff) Abrechnung bei Stundenlohn- und Selbstkostenerstattungsvertrag.** Bei einem selbstständigen Stundenlohnvertrag erfolgt die Abrechnung auf der Grundlage des in diesem Vertrag angenommenen Zeitbedarfs. Eine Bemessung nach Branchenüblichkeit scheidet aus.[203] Bloß angehängte Stundenlohnarbeiten werden im Rahmen des Einheitspreisvertrages vergütet; ein Ansatz scheidet aus, wenn der Vertrag lediglich Preisansätze für Personal- und Geräteeinsatz benennt. Enthält der Vertrag einen Mindestzeitbedarf, bestimmt sich die Vergütung nach § 8 Nr. 1 Abs. 2 Satz 1 VOB/B unter Berücksichtigung dieses Bedarfs. Bei einem Selbstkostenerstattungsvertrag (§ 5 Nr. 3 VOB/A) ist die Bemessung der Vergütung deshalb problematisch, weil diesen Vertrag die bloße Festlegung der Kostenfaktoren kennzeichnet, während Leistungsart und Leistungsumfang nicht im Einzelnen beschrieben sind. Die Feststellung des Leistungsvolumens ist hypothetisch getrennt nach bei Durchführung verbrauchten Gütern und in Anspruch genommenen Diensten zu treffen, wobei eine vom Auftraggeber vorgenommene Vorkalkulation eine Hilfestellung bietet (vgl. die Leitsätze für die Ermittlung von Preisen für Bauleistungen auf Grund von Selbstkosten [LSP-Bau] im VHB, Teil IV).[204]

### 3. Ersparnisse und anderweitige Erlöse

51   Der Auftragnehmer muss sich auf seinen vertraglichen Vergütungsanspruch nach § 8 Nr. 1 Abs. 2 Satz 2 VOB/B anrechnen lassen, was er infolge der Aufhebung des Vertrages an Kosten erspart **(Aufwendungsersparnis)** oder durch anderweitige Verwendung seiner Arbeitskraft und seines Betriebes erwirbt oder zu erwerben böswillig unterlässt **(anderweitige Erlöse)**. Der Vergütungsanspruch verkürzt sich demnach um kündigungsbedingte Aufwendungsersparnisse und um Erlöse, die der Unternehmer infolge der Kündigung anderweitig erzielen konnte oder hätte erzielen können. Das **Anrechnungsgebot** soll eine Bereicherung des Auftragnehmers ausschließen; der gekündigte Unternehmer soll das erhalten, was er bei ungestörter Bauabwicklung gehabt hätte, nicht mehr, aber auch nicht weniger.[205] Deshalb muss zwischen den Anrechnungsposten und der Kündigung eine kausale Verknüpfung bestehen, die in § 8 Nr. 1 Abs. 2 Satz 2 durch den Begriff „infolge" hervorgehoben wird.

52   **a) Aufwendungsersparnisse.** Der BGH[206] bezeichnet als erspart und damit anrechnungspflichtig die Aufwendungen, die der Unternehmer bei Ausführung des Vertrages hätte machen müssen und die er wegen der Kündigung nicht mehr machen muss. Dabei ist auf die Aufwendung abzustellen, die durch die Nichtausführung des konkreten Vertrages entfallen sind, wobei maßgebend auf die Aufwendungen abzustellen ist, die sich nach den Vertragsunterlagen unter Berücksichtigung der **Kalkulation** ergeben.[207] Solange sich aus sonstigen Umständen keine Anhaltspunkte für eine andere Kostenentwicklung ergeben, bedarf es keiner Darlegung dazu, welche Preise er mit noch nicht beauftragten Subunternehmern vereinbart hätte.[208] Dies gilt jedenfalls bei Kündigung vor der Ausführung.

---

[202] BGH U. v. 13. 7. 2006, VII ZR 68/05, NZBau 2006, 637 = BauR 2006, 1753; BGH U. v. 13. 5. 2004, VII ZR 424/02, NJW-RR 2004, 1385 = NZBau 2004, 549 = BauR 2004, 1441 = ZfBR 2004, 687.
[203] *Ingenstau/Korbion/Vygen* VOB/B § 8 Nr. 1 Rdn. 65; OLG Frankfurt NJW-RR 1987, 979.
[204] Diese Leitsätze beruhen auf der Verordnung PR Nr. 1/72, die am 1. 7. 1999 außer Kraft getreten ist (BGBl I S. 1419). Zur gewohnheitsrechtlichen Fortgeltung der Grundgedanken dieser Baupreisverordnung 1/72 vgl. *Petersen* NZBau 2000, 549.
[205] BGH BauR 1981, 198, 199 = ZfBR 1981, 80; *Ingenstau/Korbion/Vygen* VOB/B § 8 Nr. 1 Rdn. 40.
[206] U. v. 21. 12. 1995, VII ZR 198/94, BauR 1996, 382, 383 = NJW 1996, 1282 = ZfBR 1996, 143.
[207] BGH U. v. 21. 12. 1995, VII ZR 198/94, BauR 1996, 382, 383; *Staudinger/Peters* § 649 Rdn. 19; *Heiermann/Riedl/Rusam* VOB/B § 8 Rdn. 5.
[208] BGH U. v. 24. 6. 1999, VII ZR 342/98 NJW-RR 1999, 1464 = BauR 1999, 1292 = ZfBR 1999, 339.

Freies Kündigungsrecht § 8 Nr. 1

Entsprechend den Kalkulationsprinzipien und Grundsätzen der Bauauftragsrechnung sind folgende **Aufwandsgrößen** zu unterscheiden: Einzelkosten der Teilleistungen, Gemeinkosten der Baustelle, allgemeine Geschäftskosten, Wagnis und Gewinn.[209] Die Einzelkosten der Teilleistung, also die unmittelbaren Herstellungskosten bestehen aus den Lohnkosten, Stoffkosten, Gerätekosten (einschließlich Energie- und Betriebsstoffkosten), sonstigen Kosten und eventuelle Nachunternehmerleistungen. Soweit infolge der Kündigung Teilleistungen entfallen, sind echt erspart noch nicht verauslagte Stoff- oder Materialkosten,[210] ebenso die Kosten des Rüst-, Schal- und Verbaumaterials. Bezüglich der **Baustellengemeinkosten** ist auf den Zeitpunkt der Kündigung und das Bauabwicklungsstadium abzustellen. Denn die Kündigung erspart die Kosten für das Einrichten und Räumen der Baustelle nicht, wenn die Baustelle bereits eingerichtet ist; die Ersparnis liegt dann lediglich im Wegfall der Vorhaltekosten. Zu den Baustellengemeinkosten gehören die Kosten für die Baustelleneinrichtung und für den Einsatz der Bauführer und Poliere. Kündigungsbedingt entfallen auf die gekündigten Leistungen entfallende Vorhaltekosten der Baustelleneinrichtung.[211] Kosten für Bauführer und Poliere entfallen trotz ihrer Qualität als Baustellengemeinkosten und ihrer Zeitabhängigkeit nicht, wenn das Personal weiter beschäftigt wird. 52 a

Bezüglich der **Allgemeinen Geschäftskosten** (Gemeinkosten der Verwaltung), die auf die Baustelle prozentual umgelegt werden,[212] entfällt ein Ersparnisabzug, weil diese Kosten durch das konkrete Geschäft mitabgedeckt werden sollten.[213] Zwischen **Sachkosten** und **Personalkosten** ist zu unterscheiden. Baustellenbezogene Sachkosten entfallen, wenn sie noch nicht angefallen sind oder wegen allgemeiner Verwendungsfähigkeit der Baustoffe und Bauteile ihren Wert behalten. Personalkosten gehören grundsätzlich nur dann zu den ersparten Aufwendungen, wenn sie infolge der Kündigung nicht mehr aufgewandt werden müssen.[214] Personalkosten sind Lohnkosten. 52 b

Bei den **Lohnkosten** entfällt ein Ersparnisabzug, soweit die Löhne in den Allgemeinen Geschäftskosten enthalten sind. Denn diese Kosten entstehen betriebsbedingt. Für Lohnkosten, die als Bezüge der örtlichen Bauleitung in den Baustellengemeinkosten enthalten oder Teil der Einzelkosten der Teilleistungen sind, gelten wegen des Baustellenbezugs Besonderheiten. Aber regelmäßig beschäftigt der Auftragnehmer sein Personal weiter, weswegen der Auftragnehmer die Löhne seines Personals – von der Auflösung des Arbeitsverhältnisses durch Kündigung abgesehen – weiter bezahlen muss. Wenn die **Bauauftragsrechnung** die Lohnkosten auf die Einzelkosten der Teilleistung umlegt, kann dies nicht zur Folge haben, dass sich der gekündigte Auftragnehmer den Lohnkostenanteil, der auf die kündigungsbedingt weggefallenen Teilleistungen entfällt, als Aufwandsersparnis anrechnen lassen muss. Denn diese Kosten bleiben ihm als Aufwand bei Aufrechterhaltung seines Arbeitnehmerpotenzials erhalten. Der anderweitig und kündigungsbedingt mögliche Einsatz des Betriebes des Auftragnehmers und damit seiner Auftragnehmer führt lediglich zu einer **Erlösanrechnung,** wenn der Nachfolgeauftrag den gekündigten Auftrag ersetzt. Der Auftragnehmer muss sich infolge der Kündigung grundsätzlich nicht solche Personalkosten anrechnen lassen, die dadurch entstehen, dass er eine rechtlich mögliche **Kündigung des Personals** nicht vorgenommen hat. § 254 BGB fordert zur Minimierung des vom Auftraggeber aufzubringenden Werklohns nicht die Kündigung von Personal. 53

Weder aus § 649 BGB noch aus § 8 Nr. 1 VOB/B lässt sich eine Verpflichtung des Auftragnehmers ableiten, sein Personal nur deshalb zu reduzieren, weil der Auftraggeber den Vertrag gekündigt hat. War für die gekündigten Teilleistungen ein **Subunternehmereinsatz** vorgesehen und ein entsprechender Vertrag bereits geschlossen, ist die für den Sub- 53 a

---

[209] *Prange/Leimböck/Klaus* S. 11 ff.; *Plümecke* S. 32 ff.
[210] OLG Hamm NJW-RR 1988, 1296.
[211] BGH U v. 24. 6. 1999, VII ZR 342/98 NJW-RR 1999, 1464 = BauR 1999, 1292 = ZfBR 1999, 339.
[212] *Prange/Leimböck/Klaus* S. 16.
[213] *Staudinger/Peters* § 649 Rdn. 19; BGH WM 1957, 707, 709; *Heiermann/Riedl/Rusam* § 8 Rdn. 5.
[214] BGH U. v. 28. 10. 1999, VII ZR 326/98 NJW 2000, 653 = NZBau 2003, 82 = BauR 2000, 430 = ZfBR 2000, 118.

unternehmer vorgesehene Vergütung erspart, soweit nicht dieser seinerseits kündigungsbedingt Ansprüche aus § 8 Nr. 1 VOB/B geltend machen kann. Sind dem Auftragnehmer diesbezüglich Angaben noch nicht möglich, kann er die für den Subunternehmer kalkulierte Vergütung als ersparte Aufwendung in seine Schlussrechnung einstellen und auf Feststellung klagen, dass der Auftraggeber verpflichtet ist, die sich aus der Abrechnung des Subunternehmers ergebende weitere Vergütung zu zahlen.[215]

**53 b** Die Ermittlung dieser Ersparnisse hat vertragskonkret durch den Auftragnehmer zu erfolgen.[216] Hatte der Auftragnehmer lediglich die Absicht, einen Subunternehmer einzusetzen, der jedoch vertraglich noch nicht gebunden war, sind die Ersparnisse konkret nach dem gekündigten Bauvertrag zu ermitteln. Wird das Personal weiter beschäftigt und anderweitig eingesetzt, hat dies grundsätzlich nichts mit ersparten Aufwendungen, sondern mit anderweitigem Erwerb zu tun. Dies hindert den Auftragnehmer jedoch nicht, den anderweitigen Erwerb durch sein Personal von vornherein als ersparte Aufwendung zu berücksichtigen und in Abzug zu bringen.[217] Darüber hinaus ist der anderweitige Erwerb insofern zu berücksichtigen, als er über die ersparten Aufwendungen hinaus geht und zur Deckung der allgemeinen Geschäftskosten oder des Gewinns beiträgt.

**54** Wenn zu den nicht ersparten Kosten alle allgemeinen Geschäftskosten sowie alle Kosten im Betrieb des Auftragnehmers zählen, die unabhängig vom gekündigten Bauvertrag ohnehin entstanden wären,[218] sind auch die Lohnkosten der Arbeitnehmer des Auftragnehmers als fortlaufende Kosten nicht eingespart. Das wird insbesondere dann deutlich, wenn für diese Auftragnehmer mangels eines Folgeauftrags ein produktiver Arbeitseinsatz entfällt.

**55** Soweit der Auftragnehmer **Material** bereits angeschafft hat, das wegen der objektspezifischen Abstimmung anderweitig in nächster Zeit nicht verwendet werden kann, sind diese Kosten zu vergüten; eine Materialersparnis liegt nicht vor.[219]

**56** **b) Erlöse.** Ermöglicht die Kündigung den anderweitigen gewinnbringenden Einsatz des Betriebs, der ohne diese Kündigung ausgeschlossen gewesen wäre, sind der Gewinn und der Deckungsbeitrag der Allgemeinen Geschäftskosten auf den Vergütungsanspruch aus dem gekündigten Vertragsverhältnis anzurechnen.[220] Hätte der gekündigte Auftragnehmer den fraglichen gewinnbringenden Auftrag auch bei Fortsetzung des gekündigten Bauvertrages annehmen und durchführen können, besteht für eine Anrechnung kein Anlass. Denn der Grundgedanke, dass der Auftragnehmer durch die Kündigung weder besser noch schlechter gestellt werden soll, gilt auch hier. Der Auftragnehmer muss allein infolge der Vertragskündigung im Stand gewesen sein, den anderweitigen Auftrag anzunehmen und gewinnbringend durchzuführen.[221]

**57** Konnte der Auftragnehmer **neben** dem gekündigten Auftrag weitere gewinnbringend ausführen, sind die hieraus erzielten Gewinne nicht anzurechnen.[222] Bei einem nicht ausgelasteten Betrieb ist davon auszugehen, dass der weitere Auftrag neben dem gekündigten Bauvertrag durchführbar gewesen wäre. Zieht der gekündigte Auftragnehmer bereits anderweitig beauftragte Leistungen infolge der Kündigung zeitlich lediglich vor, geht diesen Aufträgen der **Ersatzcharakter** ab. Ein zeitlich vorgezogener **Folgeauftrag** ist kein Ersatz- oder Füllauftrag; denn er war auch ohne Kündigung durchführbar.[223] Eine Anrechenbarkeit scheidet aus, denn die Beschäftigungslücke wird nicht durch einen Ersatzauftrag, sondern

---

[215] BGH U. v. 11. 2. 1999, VII ZR 97/97, BGHZ 140, 365 = NJW 1999, 1867 = BauR 1999, 635 = ZfBR 1999, 196.
[216] BGH U. v. 20. 10. 1999, VII ZR 326/98, NJW 2000, 653 = NZBau 2000, 82 = BauR 2000, 430 = ZfBR 2000, 118.
[217] BGH U. v. 30. 9. 1999, VII ZR 206/98, NJW 2000, 205 = NZBau 2000, 140 = BauR 2000, 126 = ZfBR 2000, 47.
[218] *Ingenstau/Korbion/Vygen* VOB/B § 8 Nr. 1 Rdn. 50.
[219] OLG Frankfurt BauR 1988, 599, 605; *Ingenstau/Korbion/Vygen* VOB/B § 8 Nr. 1 Rdn. 54.
[220] *Ingenstau/Korbion/Vygen* VOB/B § 8 Nr. 1 Rdn. 66.
[221] *Ingenstau/Korbion/Vygen* VOB/B § 8 Nr. 1 Rdn. 67.
[222] OLG Frankfurt BauR 1988, 599, 605.
[223] *Glöckner* BauR 1998, 669, 675.

durch bereits anderweitig betrieblich geplante Aufträge geschlossen. Das gilt auch, wenn auf diese Weise die Beschäftigungslücke lediglich verschoben wird. Gelingt deren Schließung durch einen anderweitigen Auftrag, ist zu klären, ob dieser zu diesem Zeitpunkt allein wegen der Beschäftigungslücke angenommen werden konnte. Dem notwendigen Kausalzusammenhang ist eine Zeitgrenze, z. B. durch das Geschäftsjahr, nicht gesetzt.

**c) Füllaufträge.** Bei sog. „Füllaufträgen"[224] oder Ersatzaufträgen ist genau zu überprüfen, ob es sich um eine anderweitige Verwendung der Arbeitskraft oder des Betriebes des gekündigten Auftragnehmers i. S. v. § 8 Nr. 1 Abs. 2 Satz 2 VOB/B handelt. Ist der Auftragnehmer mit dem gekündigten Auftrag nicht ausgelastet, und wird deshalb ein zweiter Auftrag vorgezogen, schließt dies nicht notwendig eine Anrechenbarkeit aus. Allein der zeitlich verzögerte Abschluss und der zeitlich versetzte Ausführungszeitraum lassen nicht den Schluss zu, dass es sich nicht um einen Auftrag anstelle des gekündigten Werkvertrages handelt.[225] **58**

Anzurechnen sind auch die Gewinne, deren Erzielung der Auftragnehmer **böswillig** unterlässt. Hierfür ist nicht nur Vorsatz, sondern die Absicht erforderlich, den Auftraggeber zu schädigen; ausreichend ist auch, wenn der Auftragnehmer eine vorhandene anderweitige und gewinnbringende Einsatzmöglichkeit seiner Auftragnehmer nicht nutzt. Unter welchen Konditionen exakt Böswilligkeit vorliegt, ist in den Einzelheiten umstritten. Insbesondere stellt sich die Frage, ob es ausreicht, wenn der ausgeschlagene Ersatzauftrag lediglich einen **Deckungsbeitrag,** jedoch keinen Gewinn gebracht hätte.[226] Der Vorwurf der Böswilligkeit enthält neben der subjektiven auch eine objektive Komponente: Vorausgesetzt wird eine **Gleichwertigkeit** des ausgeschlagenen Ersatzauftrags mit dem gekündigten Ausgangsvertrag.[227] Ist der Ausgangsvertrag gewinnbringend, muss auch der ausgeschlagene Ersatzauftrag gewinnbringend sein; leistet der – ausgeschlagene – Ersatzauftrag im Ergebnis lediglich einen Deckungsbeitrag, fehlt Bösgläubigkeit. Erwirtschaftet der Ausgangsvertrag nur einen Deckungsbeitrag, liegt Bösgläubigkeit schon vor, wenn auch der Ersatzauftrag über den Deckungsbeitrag nicht hinaus kommt. Für die Gutgläubigkeit oder Bösgläubigkeit ist Maß zu nehmen an der Qualität des Ausgangsvertrages, was auch für die Art der Arbeit, deren Umfang, die Ausführungsfrist, den Leistungsort und die vertraglichen Konditionen, insbesondere hinsichtlich der Zahlung, gilt. Ob Bösgläubigkeit vorgelegen hat, beurteilt sich ex ante und nicht ex post. Maßgeblich ist die **konkrete Gleichwertigkeit,** was hinsichtlich Gewinn und Deckungsbeitrag die Feststellung der zu vergleichenden Vertragsstrukturen voraussetzt. Das bedeutet auch, dass ein verlustgeprägter Ausgangsvertrag durch einen verlustgeprägten Ersatzauftrag substituiert und zur Begründung der Bösgläubigkeit herangezogen werden kann. § 8 Nr. 1 Abs. 2 Satz 2 VOB/B verlangt nur die Berücksichtigung gleichwertiger Aufträge. Diese Vorschrift verschafft dem Auftraggeber nicht das Recht, vom gekündigten Auftragnehmer die Verlagerung der allgemeinen Geschäftsunkosten, die durch den konkreten, gekündigten Bauvertrag mit abgedeckt worden wären, auf einen anderen Bauvertrag zu verlangen, wenn der Ausgangsvertrag nicht nur kostendeckend, sondern auch gewinnbringend war. **59**

## 4. Abrechnungsanforderungen – Konkretisierungen **60**

**a) Prüfbarkeit der Abrechnung.** Insbesondere hinsichtlich der von der Gesamtvergütung nach § 8 Nr. 2 Abs. 2 Satz 1 VOB/B abzuziehenden Ersparnisse und des anderwei-

---

[224] BGH U. v. 21. 12. 1995, VII ZR 198/94, BauR 1996, 382, 383 = NJW 1996, 1282 = ZfBR 1996, 143.
[225] BGH U. v. 21. 12. 1995, VII ZR 198/94, BauR 1996, 382, 383 = NJW 1996, 1282 = ZfBR 1996, 143.
[226] *Ingenstau/Korbion/Vygen* VOB/B § 8 Nr. 1 Rdn. 68 und *Kapellmann/Messerschmidt/Lederer* VOB/B § 8 Rdn. 48 genügt bereits ein Kostenbeitrag; *Heiermann/Riedl/Rusam* § 8 Rdn. 7 sprechen neben Gewinn von Einsparungen.
[227] OLG Koblenz BauR 1992, 379.

tigen Erwerbs (§ 8 Nr. 1 Abs. 2 Satz 2 VOB/B) sind die Prüfbarkeitsanforderungen an die Abrechnung zu beachten. Prüffähig ist eine Abrechnung, wenn der Auftraggeber in die Lage versetzt wird, die Berechtigung der mit der Rechnung geltend gemachten Forderung gemessen an den vertraglichen Vereinbarungen, zu überprüfen. Der Auftraggeber muss die Möglichkeit haben, eventuelle Unrichtigkeiten zu erkennen und sich zu verteidigen.[228] Dabei sind auch die der Abrechnung beigefügten Unterlagen zu berücksichtigen, wenn sie dem Auftraggeber die Prüfung ermöglichen, ob die Ansätze des Auftragnehmers den vertraglichen Grundlagen entsprechen. Welche Anforderungen an eine **prüfbare Schlussrechnung** zu stellen sind, hängt vom Einzelfall ab,[229] nämlich davon, was die Berücksichtigung des Informations- und Kontrollinteresses des Auftraggebers konkret fordert. Das ist vertragsbezogen zu beurteilen, weswegen auf der Leistungsseite des Auftragnehmers detailliert abgeschlossene Verträge nach § 8 Nr. 1 Abs. 2 VOB/B auch detailliert abzurechnen sind. Ist die Leistungsseite des Auftragnehmers demgegenüber pauschaler bestimmt und mit diesem Inhalt auch Vertragsgegenstand geworden, ist auch eine pauschalere Abrechnung zulässig. Das **Informations- und Kontrollinteresse** des Auftraggebers wird durch den Informationsgehalt bestimmt, mit welchem sich der Auftraggeber im Rahmen des Vertragsschlusses zufrieden gab. Die Vertragsgenauigkeit oder -ungenauigkeit setzt sich demnach auch im Kündigungsfall fort. Deshalb bestimmt bereits die **typologische Einordnung** des gekündigten Bauvertrages den berechtigten Anspruch des Auftraggebers an Informations- und Kontrollbedarf. Das Informations- und Kontrollinteresse des Auftraggebers orientiert sich an den Grundlagen des geschlossenen Vertrages und darf nicht unabhängig davon gesehen werden. Mit Recht hebt der BGH hervor, bei der Festlegung der Anforderungen an die Prüfbarkeit sei zu berücksichtigen, was der Auftraggeber zur Wahrnehmung seiner Rechte benötige, wobei auch die Vertragsgestaltung und der Vertragsinhalt von Bedeutung seien.[230] Wer als Auftraggeber einen Einheitspreisvertrags abschließt, kann bei Kündigung eine detailliertere Abrechnung erwarten als derjenige, der einen Pauschalvertrag abschließt.

61 **b) Abrechnung bei Einheitspreisvertrag hinsichtlich der gekündigten und nicht mehr zur Ausführung kommenden Teilleistungen.** Der Auftragnehmer hat sich hinsichtlich der Ersparnisse grundsätzlich mit jeder einzelnen Position auseinander zu setzen[231] und hierfür die der Einheitspreisbildung zu Grunde liegende Kalkulation offen zu legen.[232] Das beinhaltet für die Einzelkosten der Teilleistungen Ausführungen zu den Stoffkosten, den Gerätekosten, dem Lohn, sonstigen Kosten und – bei Bedarf – Nachunternehmerleistungen als den unmittelbaren Herstellkosten. Bei Kalkulation mit vorbestimmten Zuschlägen (vgl. EFB Preis 1 a des VHB) sind weiter die Zuschläge auf die Einzelkosten für Baustellengemeinkosten, Allgemeine Geschäftskosten und Wagnis und Gewinn anzugeben. Ist eine solche **Kalkulation** nicht vorhanden, muss sie **aus dem Kopf** nachgeliefert werden.[233] Diese Angaben sind um die Darstellung der Ersparnisse zu ergänzen. Ist Material noch nicht angeschafft oder kann angeschafftes Material anderweitig verwendet werden, sind die Stoffkosten als unmittelbare Herstellungskosten gespart. Nicht gespart ist der prozentuale Zuschlag für die Allgemeinen Geschäftskosten auf diese Stoffkosten, da die Allgemeinen Geschäftskosten weiter laufen.[234] Das gilt auch für den Gewinnzuschlag;[235] der anteilige

---

[228] BGH U. v. 11. 2. 1999, VII ZR 399/97, BGHZ 140, 365 = NJW 1999, 1867 = BauR 1999, 635 = ZfBR 1999, 196.
[229] BGH U. v. 11. 2. 1999, VII ZR 399/97, BGHZ 140, 365 = NJW 1999, 1867 = BauR 1999, 635 = ZfBR 1999, 196.
[230] BGH U. v. 11. 2. 1999, VII ZR 399/97, BGHZ 140, 365 = NJW 1999, 1867 = BauR 1999, 635 = ZfBR 1999, 196.
[231] BGH U. v. 21. 12. 1995, VII ZR 198/94, BauR 1996, 382 = NJW 1996, 1282 = ZfBR 1996, 143.
[232] BGH U. v. 11. 2. 1999, VII ZR 399/97, BGHZ 140, 365 = NJW 1999, 1867 = BauR 1999, 635 = ZfBR 1999, 196.
[233] BGH U. v. 7. 11. 1996, VII ZR 82/95 NJW 1997, 733 = BauR 1997, 304 = ZfBR 1997, 78.
[234] *Kapellmann/Messerschmidt/Lederer* VOB/B § 8 Rdn. 37.
[235] *Kapellmann/Messerschmidt/Lederer* VOB/B § 8 Rdn. 34.

Zuschlag für Wagnis ist gespart, weil das insoweit bestehende Risiko für die gekündigten Leistungen entfallen ist.[236] Das Argument, Wagnis stelle keine Kosten dar und sei deshalb wie Gewinn zu behandeln,[237] zieht nicht. Denn der Wagniszuschlag ist ein Kostenfaktor und steht für das Unternehmerrisiko.[238] Nach *Drees/Paul* steht der Wagniszuschlag auch für unvorhergesehene Kosten.[239] Die **Zuschläge** für die **Baustellengemeinkosten** entfallen im prozentualen Umfang der wegen der Kündigung gekürzten Bauzeit, womit eine Verringerung der Vorhaltekosten und damit der Baustellengemeinkosten verbunden ist.[240] Der Lohn ist nicht gespart, da die Arbeitnehmer weiter bezahlt werden müssen und vom Auftragnehmer deren Kündigung nicht erwartet werden kann.[241] Bei Einsatz eines Subunternehmers ist dessen Vergütung in dem Umfang gespart, als dieser bei „weiter gegebener Kündigung" Vergütungsverzicht hinnehmen muss.[242] Bei einer Kalkulation über die Endsumme (EFB-Preis 1 b aus dem VHB) werden die Baustellengemeinkosten, die Allgemeinen Geschäftskosten sowie Wagnis und Gewinn gesondert neben den Einzelkosten der Teilleistungen als Beträge ausgeworfen. Die Aufgliederung der Baustellengemeinkosten in Lohnkosten, Gehaltskosten für die Bauleitung, Vorhalten und Reparatur der Geräte, An- und Abtransport der Geräte sowie Sonderkosten ermöglicht eine sehr genaue Erfassung der kündigungsbedingten Ersparnisse; so werden An- und Abtransport nicht gespart, hinsichtlich der Position Vorhalten und Reparatur wird eine prozentualer Zugriff möglich (Ausrichtung an der vorgesehenen und durch Bauzeitenplan belegten Bauzeit im Vergleich zur tatsächlichen kündigungsbedingten Bauzeit). Die Gehaltskosten für die Bauleitung laufen ebenso weiter wie die Lohnkosten für die Beschäftigten, denn diese werden infolge der Kündigung nicht entlassen.[243] Das gilt sowohl für die Lohnkosten als Teil der unmittelbaren Herstellungskosten als auch als Teil der Allgemeinen Geschäftskosten. Entsprechendes gilt für die übrigen in dem VHB unter EFB-Preis 1 c und 1 d enthaltenen Formularen für die Kalkulationsangaben.

Im Einzelnen ist teilleistungsorientiert zu prüfen, welche Kosten dem Auftragnehmer **62** ohne Kündigung entstanden wären und welche er sich kündigungsbedingt erspart hat.[244] Welche Anforderungen an eine prüffähige Schlussrechnung zu stellen sind, bestimmt sich im Einzelfall danach, was erforderlich ist, damit der Auftraggeber die Berechtigung der Forderung nach Maßgabe der vertraglichen Vereinbarungen überprüfen kann. Das kann durchaus sehr ins Detail gehen, wenn der Bundesgerichtshof eine detaillierte Aufschlüsselung der Kalkulation der Baustellengemeinkosten deshalb verlangt, weil darin zeitabhängige Vorhaltekosten enthalten sein können, deren Abzug kündigungsbedingt gerechtfertigt sein kann.[245] Eine derartige **Nachkalkulation nach einzelnen Einheitspreise ist** entbehrlich, wenn das Risiko von Falschkalkulationen einzelner Einheitspreispositionen nicht nennenswert verschleiert oder verschoben werden kann.[246] So reicht eine Differenzierung zwischen Fertigungskosten und einem pauschalen Aufschlag für allgemeine und fertigungsabhängige Gemeinkosten aus, wenn die Leistung nur aus wenigen typisierten Leistungen besteht und scheidet bei einem umfangreichen Auftrag mit zahlreichen Leistungspositionen aus. Das gilt auch dann, wenn **Unter- oder Fehlkalkulationen** einzelner Positionen den Auftraggeber

---

[236] BGH U. v. 30. 10. 1997, VII ZR 222/96, NJW-RR 1998, 451 = BauR 1998, 185; a. A. *Kapellmann/Messerschmidt/Lederer* VOB/B § 8 Rdn. 36.
[237] So *Kapellmann/Messerschmidt/Lederer* VOB/B § 8 Rdn. 36.
[238] *Plümecke* S. 43.
[239] Kalkulation von Baupreisen, S. 115.
[240] *Kapellmann/Messerschmidt/Lederer* VOB/B § 8 Rdn. 38.
[241] BGH U. v. 28. 10. 1999, VII ZR 326/98, NJW 2000, 653 = NZBau 2000, 82 = BauR 2000, 430.
[242] BGH U. v. 11. 2. 1999, VII ZR 399/97, BGHZ 140, 365 = NJW 1999, 1867 = BauR 1999, 635 = ZfBR 1999, 196.
[243] → Rdn. 53.
[244] BGH U. v. 21. 12. 1995, VII ZR 198/94, BGHZ 131, 362 = NJW-RR 1999, 1464 = BauR 1999, 1292; BGH U. v. 14. 1 1999, VII ZR 277/97, BGHZ 140, 263 = NJW 1999, 1253 = BauR 1999, 642; BGH U. v. 24. 6. 1999, VII ZR 342/98, NJW-RR 1999, 1464 = BauR 1999, 1292 = ZfBR 1999, 236.
[245] U. v. 24. 5. 1999, VII ZR 342/98, NJW-RR 1999, 1464 = BauR 1999, 1292.
[246] BGH U. v. 4. 1. 1999, VII ZR 277/97, NJW 1999, 1253 = BauR 1999, 642.

## § 8 Nr. 1 Freies Kündigungsrecht

nicht nennenswert berühren können.[247] Diese Verzichtsaussage ist jedoch nicht nur konturlos, sondern auch ergebnisorientiert und hat eher mit der Richtigkeit als mit der Prüfbarkeit zu tun.

**62 a** Dabei entsteht die Frage, ob für die Feststellung der **Ersparnisse** allein maßgeblich sind die **Kalkulationsgrundlage,** auf denen der Vertragspreis aufbaut, oder ob hypothetisch auf die tatsächliche Kostenentwicklung abzustellen ist, die eventuell bereits hinsichtlich der teilausgeführten Leistungen realistisch geworden ist.[248] Der Bundesgerichtshof vertritt den Standpunkt, es sei auf die tatsächliche Kostenentwicklung abzustellen, wenn Anhaltspunkte für eine konkrete, von den Kalkulationsgrundlagen abweichende Kostenentwicklung vorhanden sind.[249] *Lederer*[250] vertritt mit der Begründung den gegenteiligen Standpunkt, dass es ansonsten im Vergleich zu den Vergütungsregeln zu einem Systembruch käme. Soll vom Grundsatz her infolge der Kündigung keine Partei hinsichtlich der Abrechnung schlechter oder besser gestellt werden als sie bei Durchführung des Vertrages stünde,[251] kann der hypothetischen Kostenentwicklung hinsichtlich der kündigungsbedingt entfallenden Leistungen dann ein Stellenwert nicht abgesprochen werden, wenn für diese hypothetische Kostenentwicklung ausreichend Anhaltspunkte vorliegen. Beweisbelastet ist der Auftraggeber, der sich hierauf beruft. Der befürchtete Wertungswiderspruch liegt nicht vor, weil der Vergütungsanspruch für geänderte oder zusätzliche Leistungen von den Vertragspreisen auszugehen hat, was jedoch hinsichtlich der Ersparnisse dann nicht gilt, wenn die kündigungsbedingt eintretenden Ersparnisse größer sind, als nach den Vertragsgrundlagen anzunehmen. Im Vergleich zum Vertrag höhere Ersparnisse schmälern nämlich den Vergütungsanspruch, was auch bei Fortsetzung des Vertrages deshalb gegolten hätte, weil die kalkulatorisch angenommenen Kosten im Vergleich zu den bei Fortsetzung tatsächlich entstandenen Kosten zu niedrig angesetzt waren.

**62 b** **Beispiel:** Der Auftragnehmer hatte eine Oberfläche so zu behandeln, dass die vorhandene Beschichtung entfernt wird, der Untergrund frei von abmehlenden und sonstigen losen Bestandteilen ist und eine bestimmte Oberflächenzugfestigkeit besitzt. Der Auftragnehmer kalkuliert einen bestimmten Geräteeinsatz und eine bestimmte Leistungszeit je Abrechnungseinheit. Der Auftragnehmer beginnt mit der Leistung und stellt fest, dass ein anderes Gerät erforderlich und die Zeit viel zu optimistisch angesetzt ist. Dann wird gekündigt. Die Ersparnisse stellen hier die Kosten dar, die dem „wahren", also tatsächlich gebotenen Geräte- und Zeiteinsatz entsprechen. Der Ansatz der kalkulierten Kosten würde das Ziel verfehlen, dass infolge der Kündigung keine Partei schlechter oder besser gestellt werden soll. Bei Durchführung des Vertrages hätte der Auftragnehmer keine Chance gehabt, den Einheitspreis anzuheben; er hätte höhere Kosten gehabt; diese und nicht die kalkulierten Gerätekosten hat er sich erspart. Die Anmietung der Gerätschaften verdeutlicht die Überlegung deshalb, weil ein stärkeres Gerät über eine längere Zeit gemietet mit höheren Mietkosten verbunden ist. Das gilt für die Lohnkosten nicht, weil der Auftragnehmer die Beschäftigten nicht kündigt. Diese Erwägungen treffen auch auf Materialkosten zu. Sie gelten allerdings nicht für den Fall des Materialwechsels, weil ein verwendungssicherer Materialwechsel nach § 2 Nr. 5 VOB/B eine Änderung des Preises bedingt. Bei einem erhöhten Verbrauch des ausgeschriebenen Materials liegt dagegen eine Ersparnis vor. Hat ein Auftragnehmer einen Untergrund zu beschichten und knüpft der Vordersatz in der Leistungsbeschreibung nicht am Materialverbrauch sondern an der Fläche an, z. B. wenn es heißt: „Betonuntergrund aus B 20 aufrauen und mit Oberflächenschutzsystem hydrophobierend beschichten, Material Fabrikat V oder gleichwertig, je m² ... Euro", dann macht es einen gewaltigen

---

[247] U. v. 24. 6. 1999, VII ZR 98, N/98 NJW-RR 1999, 1464 = BauR 1999, 1292.
[248] Dazu besonders *Kapellmann/Messerschmidt/Lederer* § 8 Rdn. 28 ff.
[249] U. v. 24. 6. 1999, VII ZR 342/98, NJW-RR 1999, 1464 = BauR 1999, 1292 und U. v. 8. 7. 1999, VII ZR 237/98, NJW 1999, 3261 = ZfBR 2000, 30 = BauR 1999, 1294; BGH U. v. 28. 10. 1999, VII ZR 326/98, BGHZ 143, 79 = NJW 2000, 653 = ZfBR 2000, 118 = NZBau 2000, 82 = BauR 2000, 430.
[250] In *Kapellmann/Messerschmidt* § 8 Rdn. 28 ff.
[251] BGH U. v. 21. 12. 1995, VII ZR 198/94, BGHZ 131, 362 = NJW 1996, 1282 = BauR 1996, 382.

Unterschied, wenn der Verbrauch in der Kalkulation mit 0,5 Liter angenommen wird, aber tatsächlich 1 Liter verbraucht wird. Dieser Mehrverbrauch ist bei der Leistungsbeschreibung preislich Risiko des Auftragnehmers. Wird der Vertrag durchgeführt, geht der Mehrverbrauch zu Lasten des Unternehmers, was dann auch bei kündigungsbedingtem Entfall so gelten muss. Die Ersparnis bestimmt sich nicht nach der kalkulierten Menge, sondern nach dem Verbrauch, der tatsächlich erforderlich gewesen wäre.

Aus welchen Gründen *Kapellmann/Messerschmidt/Lederer*[210] dem Auftragnehmer im Kündigungsfall bei einem Auseinanderfallen der Preisentwicklung das Wahlrecht zwischen Ersparnisermittlung nach kalkuliertem oder konkret sich abzeichnenden hypothetischem Kosten zugestehen wollen, ist nicht recht ersichtlich. Soweit auf den Schutzzweck abgehoben und dargestellt wird, es gehe im Verhältnis zu dem durch das freie Kündigungsrecht privilegierten Auftraggeber um den Schutz des Auftragnehmers, muss beachtet werden, dass die Kündigung im Vergleich zur Durchführung keinen besser oder schlechter stellen darf. Das schließt notwendig die kostenmäßige Überprüfung im Falle der Durchführung ein. Auch insofern muss ein schlechter Vertrag im Fall der Kündigung ein schlechter bleiben, wenn sich der Auftragnehmer hinsichtlich der Material- und Geräteaufwendungen in der Kalkulation geirrt hat. Dieser Irrtum kann nicht die Legitimation für die propagierte Wahlfreiheit des Auftragnehmers bilden. 63

**c) Abrechnung bei einem gekündigten Pauschalvertrag.** Wird ein Pauschalvertrag im Verlauf der Ausführung frei nach § 8 Nr. 1 Abs. 1 VOB/B gekündigt, ist zwischen einem **Detailpauschalvertrag**[211] und einem **Globalpauschalvertrag**[212] zu unterscheiden. Liegt ein Detailpauschalvertrag vor, dessen typisierendes Merkmal die Pauschalierung auf der Grundlage eines vom Auftraggeber oder Auftragnehmer erstellten Leistungsverzeichnisses ist, gelten hinsichtlich der Prüfbarkeitsgrundsätze grundsätzlich die für die Abrechnung eines gekündigten Einheitspreisvertrages maßgeblichen Regeln. Die Pauschalierung bedingt eine Besonderheit. Sie macht für die prüfbare Darstellung des Forderungsbetrages nicht die Feststellung des Verhältnisses der bewirkten Leistung zur vereinbarten Gesamtleistung und des Preisansatzes für die Teilleistung zum Pauschalpreis notwendig. Dieses Vorgehen macht die Existenz des Leistungsverzeichnisses mit den bepreisten Teilleistungen und dem Angebotsendpreis überflüssig, wie die nachfolgenden Darlegungen belegen. Dem Auftragnehmer steht nach § 8 Nr. 1 Abs. 2 Satz 1 VOB/B zunächst die gesamte Pauschale zu. Hinsichtlich der nicht zur Ausführung gekommenen Leistungen sind die ersparten Kosten in Abzug zu bringen. Deshalb müssen die nicht ausgeführten Leistungen festgestellt und preislich mit Rücksicht auf die Pauschalierung bewertet werden. Hierfür ist die Summe der nicht zur Ausführung gekommenen Teilleistungspositionen mit dem Faktor zu multiplizieren, der sich aus dem Verhältnis der Angebotsendsumme zum vereinbarten Pauschalpreis **(Pauschalierungsfaktor)** ergibt. Die Multiplikation der Summe der kündigungsbedingt nicht zur Ausführung gekommenen Teilleistungen mit diesem Faktor ergibt den – pauschalierten – Wert dieser Teilleistungen. Von dieser dem Auftragnehmer nach § 8 Nr. 1 Abs. 2 Satz 1 VOB/B an sich zustehenden Vergütung sind die Ersparnisse abzuziehen. Diese sind vom Auftragnehmer notfalls aus dem Kopf[213] so zu ermitteln, dass der Auftraggeber sich hinsichtlich dieser Ansätze verteidigen kann. 64

**Beispiel:** Die Angebotsendsumme ergibt nach dem Leistungsverzeichnis 850 423,28 Euro. Die Parteien einigen sich auf eine Pauschale von 800 000 Euro. Nach Kündigung ergibt sich das Leistungen bis zur 80. Teilleistungsposition ausgeführt worden sind, die Position 81 bis 120 fehlen. Auf der Grundlage der Vordersätze in diesen gekündigten Positionen ergibt die Summe dieser nicht zur Ausführung kommenden Teilleistungspositionen einen Betrag von 187 560,45 Euro. Auf der Grundlage der Pauschalierung ist dieser Betrag jedoch 64a

---

[210] VOB/B § 8 Rdn. 31, 32.
[211] → Vor § 2 Rdn. 11 ff.
[212] → Vor § 2 Rdn. 11 ff.
[213] BGH U. v. 7. 11. 1996, VII ZR 82/95, NJW 1997, 733 = BauR 1997, 304 = ZfBR 1997, 78.

mit dem Verhältnis der 800 000 zu den 850 423,28 also mit 0,940708 anzusetzen, was 176 439,61 Euro ausmacht. So ist jedenfalls dann vorzugehen, wenn auf der Grundlage der Angebotsendsumme pauschaliert und damit davon abgesehen wurde, z. B. die jeweiligen Summen der einzelnen zusammengefassten Teilleistungspositionen zu pauschalieren. Hiervon geht die Ersparnis ab; die Ersparnisfaktoren sind mit denen bei Kündigung eines Einheitspreisvertrages identisch. Hinsichtlich der ausgeführten Teile stehen dem Auftragnehmer nach dem Leistungsverzeichnis und den dazu gehörigen Teilleistungsangeboten insgesamt zu 850 423,28 abzüglich 187 560,45 = 662 862,83 mal 0,940708 = 623 560,36 Euro. Dieser Betrag ergibt zusammen mit 176 439,61 Euro den Betrag von 799 999,97 Euro, was aufgerundet 800 000 entspricht.

**64 b** Die Ermittlung des Verhältnisses des Werts der Teilleistung zum Wert der Gesamtleistung nicht erforderlich; dies erübrigt sich bei einem Detailpauschalvertrag, weil Festlegungsbasis das Leistungsverzeichnis mit den zu Grunde liegenden Massen ist. Denn den Ausgangspunkt bildet die Pauschale von 800 000 Euro. Davon kommen die Ersparnisse hinsichtlich der nicht zu Ausführung gelangenden Teilleistungen in Abzug. Hierfür ist die Feststellung des die Pauschalierung berücksichtigenden Preises dieser Teilleistung bedeutungslos. Das Rechenwerk wickelt sich anders ab, wenn die Parteien abschließend auf der Basis des Leistungsverzeichnisses die darin enthaltenen Positionen gewerkespezifisch pauschaliert hätten. **Beispiel:** Die Teile I Erdarbeiten, II Beton- und Stahlbetonarbeiten, III Mauerarbeiten, IV Putzarbeiten werden auf der Grundlage dieser Teilendsummen pauschaliert und die Summe dieser Teilpauschalen ergibt die Gesamtpauschale. Dann hat das Rechenwerk an diesen Teilpauschalen anzuknüpfen, wenn der **Pauschalierungsfaktor** jeweils unterschiedlich ausfällt.

**65** Die **Anwendung dieses Pauschalierungsfaktors** ist umstritten. *Kniffka*[214] spricht sich im Anschluss an die BGH-Rechtsprechung[215] für dessen Berücksichtigung aus. *Vygen*[216] und wohl auch *Lederer*[217] halten dies nicht für berechtigt. *Vygen* führt aus, der Pauschalierungsabschlag werde gerade wegen des Verzichts auf das Aufmaß und eine detaillierte Abrechnung vorgenommen, weswegen die Außerachtlassung des Nachlasses letztlich auch aus § 313 BGB abgeleitet werden könne. Das überzeugt jedoch nicht. Denn die Pauschalierung erfolgt aus vielerlei Gründen; die von *Vygen* genannten Aspekte mögen Teil eines Motivbündels sein; ihnen jedoch gleichsam eine solche Maßgeblichkeit zuzuweisen, dass bei Aufmaß- und Abrechnungsnotwendigkeit der Abschlag in Wegfall kommt, beruht auf einer Übergewichtung dieser Faktoren. Das **Motivbündel** ist sowohl auf Seiten des Auftraggebers als auch des Auftragnehmers vielschichtig und hat einerseits aus der Sicht des Auftraggebers insbesondere mit Kostensicherheit und auf Seiten des Auftragnehmers mit dessen technischen Fähigkeiten und Rationalisierungskapazitäten zu tun. Im Übrigen darf der aus § 8 Nr. 6 VOB/B ableitbare Anspruch auf Aufmaßnahme samt den dadurch wie auch für die Abrechnung entstehenden Kosten nicht überwertet werden. Denn das Aufmaß muss nicht notwendig nach Maßgabe der für den Einheitspreisvertrag geltenden Regeln (DIN 18299 Abschnitt 5 und Abschnitt 5 der jeweiligen gewerkespezifischen ATV) genommen werden. Das Aufmaß kann auch nach Plan erfolgen, wenn hierfür die Voraussetzungen vorliegen (DIN 18299 Abschnitt 5), im Einzelfall kommt eine EDV-Unterstützung dazu. Ist die maßgebliche Kalkulation mit Recht auf der Basis von Kubik- oder Quadratmeterpreisen vorgenommen worden, sind die zur Ausführung gekommenen Kubik- oder Quadratmeter festzustellen. Bei einer gewerkeorientierten Kalkulation ist der Fertigungsgrad der Gewerke festzustellen.[218] Deshalb fallen für eine solche Feststellung nicht die mit einer Aufmaßnahme bei einem Einheitspreisvertrag verbundenen Kosten an. Der Pauschalierungsfaktor ist auch deshalb zu berücksichtigen, weil hinsichtlich der erbrachten wie auch der nicht erbrachten Leistungen das Preisniveau des Vertrages zu beachten ist.

---

[214] Jahrbuch Baurecht 2000, 6.
[215] U. v. 4. 7. 1996, VII ZR 227/93 NJW 1996, 3270 = BauR 1996, 846, 848 = ZfBR 1996, 310.
[216] In *Ingenstau/Korbion* VOB/B § 8 Nr. 1 Rdn. 33.
[217] In *Kapellmann/Messerschmidt* VOB/B § 8 Rdn. 55.
[218] → § 8 Nr. 6 Rdn. 38 ff.

Handelt es sich um einen **Globalpauschalvertrag** ist die BGH-Rechtsprechung mit ihrer Forderung nach Feststellung des Verhältnisses der bewirkten Leistung zur vereinbarten Gesamtleistung und des Preisansatzes für die Teilleistungen zum Pauschalpreis[219] relevant. Denn der Pauschalpreis wird vertragsrechtlich meist lediglich auf der Grundlage einer funktionalen Leistungsbeschreibung samt groben planerischen Vorstellungen gebildet.[220] Wird die oft schlüsselfertig zu erbringende Leistung kündigungsbedingt beendet, fehlen vertragsrechtliche Grundlagen, um das Verhältnis der erbrachten Teilleistung zur Gesamtleistung und des Preisansatzes für die Teilleistungen zum Pauschalpreis bestimmen zu können. Erst wenn das Verhältnis der noch ausstehenden Leistungen zur Gesamtleistung feststeht, können Ersparnisse wie auch bestimmt werden, was dem Auftragnehmer ohne Rücksicht auf die Kündigung hinsichtlich der ausgeführten Leistungen an Vergütung zusteht. Das bestimmt sich nach Preisverhältnis der ausgeführten Leistungen zum Gesamtpreis. Anhaltspunkte aus der Zeit vor Vertragsschluss kann die **offen zu legende Kalkulation** des Auftragnehmers liefern. Mangels einer vertraglich verbindlichen Festlegung ist legitimer Ausgangspunkt das, was der Bieter seiner Kalkulation zu Grunde legte. Die Auffassung des Bundesgerichtshofs,[221] eine ausreichend aufgegliederte, gewerkebezogene Aufstellung könne genügen, gilt nicht in jedem Fall, insbesondere dann nicht, wenn aus der Zeit vor Vertragsschluss kalkulatorische Grundlagen des Auftragnehmers vorliegen. Diese Kalkulationsgrundlagen sind unabhängig von ihrem Detaillierungsgrad grundsätzlich maßgeblich, auch wenn sie dem Auftraggeber unbekannt sind. Deshalb bedarf der Auftraggeber auch keines Vertrauensschutzes. Regelmäßig wird es zur Pauschalpreisbildung in einem bestimmten Ablaufstand des auftraggeberseitigen Planungsprozesses kommen, so dass daran angeknüpft werden kann. Insofern bieten die **Kostenermittlungsverfahren der DIN 276** Anhaltspunkte. 66

**Beispiel:** Hat der Auftragnehmer der Pauschalpreisbildung vor Vertragsschluss im auftraggeberseitigen Planungsstadium der Vorplanung (§ 15 Abs. 2 Nr. 2 HOAI) **Kubikmeterpreise** zu Grunde gelegt, darf das Verhältnis der Teilleistung zur Gesamtleistung und der Preisansatz für die Teilleistungen zum Pauschalpreis danach bestimmt werden. Das ermöglicht dem Auftraggeber auch die Wahrnehmung seiner Rechte, weil erfahrungsgemäß Objekte bestimmten Kategorien zugeteilt und nach bekannten Baukostenindices Kubikmeterpreise bestimmt werden können. Bei Kostenschätzungen in der Phase 2 des Leistungsbildes Objektplanung nach § 15 HOAI ist ein solches Vorgehen bekannt und nach der DIN 276 auch zulässig. Dieselben Grundsätze gelten, wenn der Auftragnehmer mit **Quadratmeterpreisen** gerechnet hat. Die Grundlagen für eine solche Preisbildung werden regelmäßig vorliegen; denn ohne eine Vorentwurfsplanung, aus welcher nicht wenigstens die Dimensionierung des beabsichtigten Objekts erkennbar ist, wird sich ein Bieter auf eine Pauschalierung nicht einlassen. Selbstverständlich sind mit diesem Rechenwerk insofern Feststellungsschwierigkeiten verbunden, als der Fertigstellungsgrad zu ermitteln ist. **Beispiel:** Die Gesamtkubatur macht 78 000 cbm aus. Der Auftragnehmer hat je cbm 1100 Euro kalkuliert, also 85 800 000 Euro angesetzt und einen Pauschalpreis von 80 Millionen Euro akzeptiert. Dann ist bei Kündigung festzustellen, welcher Fertigstellungsgrad bezüglich der 78 000 cbm erreicht ist. Sind von 100% lediglich 54% fertig, stehen dem Auftragnehmer von den 80 Mio. Euro 54% einschränkungsfrei zu, also 43,2 Mio. Euro. Von den für die restlichen 46% kalkulatorisch angesetzten 39 468 000 Euro hat er sich im Wege der Pauschalpreisbildung auf den Betrag eingelassen, der sich aus dem Verhältnis der 80 Mio. zu den 85 800 000 ergibt, also 39 468 000 mal 0,9324009, was 36 799 998 Euro ergibt. Hiervon gehen die ersparten Aufwendungen ab. 66a

Ist die **Pauschalierung** im auftraggeberseitigen Stadium der **Entwurfsplanung** (§ 15 Abs. 2 Nr. 3 HOAI) erfolgt und hat der Auftragnehmer dementsprechend der Kalkulation 67

---

[219] U. v. 4. 7. 2002, VII ZR 103/01, NJW-RR 2002, 1596 = NZBau 2002, 614 = BauR 2002, 1588 = ZfBR 2002, 787.
[220] *Vygen* FS Mantscheff 459 ff.
[221] U. v. 4. 7. 2002, VII ZR 103/01, NJW-RR 2002, 1596 = NZBau 2002, 614 = BauR 2002, 1588 = ZfBR 2002, 787.

einen gewerkespezifischen Ansatz zu Grunde gelegt, ist der Fertigstellungsgrad gewerkebezogen festzustellen. Ersparnisse kommen lediglich bezüglich der noch nicht zur Ausführung gekommenen Gewerke in Betracht. Innerhalb der Gewerke, denen in der Kalkulation eine Teilpauschalierung zu Grunde liegt, ist der erreichte Fertigstellungsgrad entscheidend.

**67 a** Fehlen aus der Zeit vor dem Vertragsschluss Unterlagen, muss der Auftragnehmer im Nachhinein im Einzelnen darlegen, wie die erbrachten Leistungen und damit auch die kündigungsbedingt nicht erbrachten Leistungen unter Beibehaltung des Preisniveaus zu bewerten sind.[222] Die Anforderungen sind unter dem Aspekt der Verteidigungsmöglichkeiten des Auftraggebers zu bestimmen. Der auftraggeberseitig erreichte **Planungsstand,** der dem Auftragnehmer zur Abgabe eines Pauschalpreisangebots zur Verfügung stand, bildet den **Maßstab.** Wurde dem Auftragnehmer lediglich neben einer funktionalen Leistungsbeschreibung eine Vorplanung überlassen, muss der Auftraggeber im Nachhinein mit einer Bewertung auf der Grundlage von Kubikmeter- oder Quadratmeterpreisen zufrieden sein. Lag dem Auftragnehmer eine Entwurfsplanung vor, ist dem Auftraggeber eine Bewertung zumindest auf der Grundlage einer gewerkespezifischen Kalkulation zu überlassen.

**67 b** Was der Auftragnehmer nach Maßgabe der dem Auftraggeber zu ermöglichenden Verteidigung darzulegen hat, liegt nicht im freien Belieben des Auftragnehmers, sondern bestimmt sich nach den vom Auftraggeber dem Auftragnehmer zur Kalkulation überlassenen Unterlagen und dem damit erreichbaren kalkulatorischen Detaillierungsgrad. Der Auftraggeber hat Anspruch darauf, dass der Auftragnehmer im Nachhinein die Prüfung des **kalkulatorischen Wahrheitsgehalts** der Ansätze durch den Auftraggeber nach Maßgabe der ihm überlassenen Unterlagen ermöglicht. Dahinter darf der Auftragnehmer bei Darlegungen im Nachhinein nicht zurückbleiben. Was das im Einzelfall bedeutet, ist mit Rücksicht auf die dem Auftraggeber zu ermöglichende Verteidigung zu bestimmen. Eine strikte Ausrichtung an den Vorgaben der DIN 276 Fassung 1993, Kosten im Hochbau, ist nicht geboten. Das würde nämlich bedeuten, dass bei einer Kostenschätzung die 1. Ebene der Kostengliederung und bei einer zu Grunde liegenden Kostenberechnung die 2. Ebene der Kostengliederung erreicht werden müsste. Generell hat der BGH zutreffend ausgeführt, die Anforderungen an die Darstellung der Kalkulation des um die ersparten Aufwendungen verkürzten Vergütungsanspruchs ließen sich nicht schematisch festlegen. Sie ergäben sich aus dem Vertragsgegenstand im Einzelfall und würden durch diesen bestimmt und begrenzt. Seiner **Darlegungslast** genüge der Auftragnehmer in aller Regel, wenn er die ersparten Aufwendungen unter Zugrundelegung seiner Kalkulation vorträgt, die nach System und Differenzierung für Aufträge der konkret vorliegenden Art gebräuchlich ist.[223]

**68** d) **Feststellungsmittel.** Die Mittel zur Feststellung des Leistungsstandes nach Kündigung unterscheiden sich nach Maßgabe des geschlossenen Vertrags. Bei einem **Einheitspreisvertrag** und einem **Detailpauschalvertrag,** dem ein Leistungsverzeichnis zu Grunde liegt, sind Feststellungen durch Aufmaßnahme geboten. Das schließt eine **Fotodokumentation** nicht aus, wenn hierdurch der Leistungsstand beweismäßig erfasst und eine Basis für die Abrechnung geschaffen wird.[224] Denn eine Aufmaßnahme muss nicht notwendig vor Ort, sondern kann bei plangemäßer Ausführung auch nach Plan vorgenommen werden (DIN 18299 Abschnitt 5); das ist sogar die Regel, wenn plangemäß ausgeführt worden ist. Ist ein Globalpauschalvertrag gekündigt worden, richtet sich die Art und Weise der Feststellung nach der Kalkulationsgrundlage. Die Feststellung des Fertigstellungsgrades bedingt nicht notwendig die Vornahme[225] einer Aufmaßnahme; was Feststellungsgegenstand ist, muss sich danach ausrichten, welche Einheiten die Kalkulationsbasis waren. Ist Kalkulationsgrundlage der Kubikmeterpreis, sind die Kubikmeter festzustellen, die sich anhand einer Fotodokumentation und den der Ausführung zu Grunde liegenden Plänen ebenso ergeben

---

[222] BGH U. v. 7. 11. 1996, VII ZR 82/95, NJW 1997, 733 = BauR 1997, 304 = ZfBR 1997, 78.
[223] U. v. 14. 1. 1999, VII ZR 277/97, NJW 1999, 1253 = BauR 1999, 642.
[224] BGH U. v. 11. 2. 1999, VII ZR 91/98, NJW 1999, 2036 = BauR 1999, 632.
[225] BGH U. v. 11. 2. 1999, VII ZR 91/98, NJW 1999, 2036 = BauR 1999, 632 = ZfBR 1999, 1994.

wie bei der Kalkulation zu Grunde liegenden Quadratmeterpreisen die Flächen. Denn der hieraus erschließbare Fertigstellungsgrad lässt sich auf die Kubatur oder die Fläche übertragen, so dass jedenfalls bei sachverständiger Beratung ausreichend Grundlagen für eine Schätzung vorhanden sind.[226] Bildete eine gewerkeorientierte Kalkulation die Grundlage, indem z. B. für Heizungs- und Sanitärarbeitenarbeiten usw. je bestimmte Teilpauschalen gebildet wurden, ist daran und am Stand der Arbeiten anzuknüpfen. Hierfür ist eine teilleistungsbezogene Aufmaßnahme nicht erforderlich. Auch die Methode zur Feststellung des Gegenstands und des Umfangs der ausgeführten Leistungen und ihre Abgrenzung von den nicht ausgeführten bestimmt sich nach danach, welche Angaben der Besteller zur Wahrung seines Interesses an sachgerechter Verteidigung benötigt. Hierfür kommt nicht nur ein Aufmaß in Betracht; Abgrenzungsschwierigkeiten in geringem Umfang berechtigen nicht dazu, die gesamte Abrechnung als unsubstantiiert zurückzuweisen. In solchen Fällen wird nach Beweislast entschieden. Zweifel hinsichtlich des Umfangs der ausgeführten Leistungen gehen zu Lasten des Auftragnehmers.[227] Stehen im Zeitpunkt der Kündigung nur noch sehr geringfügige Bauleistungen aus, kann von dem Prinzip abgewichen werden, dass nach der Kündigung eines **Pauschalpreisvertrages** zum Zweck der Abrechnung erbrachter Leistungen die Gesamtleistung nachträglich in Einzelleistung und dazu gehörige kalkulierte Preise aufgegliedert werden muss. Dann kann bei Vermeidung kalkulatorischer Verschiebungen zu Lasten des Auftraggebers eine Bewertung allein der nicht erbrachten Leistungen und deren Abzug vom Gesamtpreis ausreichen.[228] Ein Auftragnehmer, der bis zur Kündigung eines Pauschalpreisvertrages nur geringfügige Teilleistungen erbracht hat, kann die ihm zustehende Mindestvergütung auch in der Weise berechnen, dass er die gesamte Leistung als nicht erbracht zugrunde legt und von dem Pauschalpreis die hinsichtlich der Gesamtleistung ersparten Aufwendungen absetzt.[229] Damit werden die geringfügig erbrachten Leistungen gesondert überhaupt nicht erfasst. Die Feststellungen können sich auch dann beschränken, wenn der Auftragnehmer nach dem Vertrag überschaubare und einander ähnliche Leistungen schuldete; dann kann ein auf die Positionen des Leistungsverzeichnisses insgesamt bezogener Vortrag ausreichen.[230] Entscheidend ist allein, dass die Abrechnung den Auftraggeber in die Lage versetzt, sich ausreichend zu verteidigen und sie einer Überprüfung durch die Beweisaufnahme zugänglich ist.[231] Hat ein vom Auftraggeber eingeschalteter objektüberwachender Architekt das **Bautagebuch** sorgfältig geführt und stehen sowohl ein Vertragsinhalt gewordener Bauzeitenplan als auch ein Unternehmerablaufplan zur Verfügung, können sich dem Auftraggeber leicht Verteidigungsmöglichkeiten eröffnen, wenn nur zum Kündigungszeitpunkt der **Leistungsstand** beweismäßig gesichert ist.

**e) Ersparter Aufwand – ersparte Kosten.** Es empfiehlt sich, die ersparten Kosten oder Aufwendungen – das BGB verwendet in § 649 den Begriff Aufwendungen, § 8 Nr. 1 Abs. 2 arbeitet baubetrieblich exakter mit dem Begriff Kosten – in **Personal- und Sachkosten** zu unterscheiden und weiter eine Differenzierung zwischen zeitunabhängigen und zeitabhängigen Kosten vorzunehmen.[232] Die Personal- und Sachkosten können unmittelbare Herstellungskosten sein, nämlich solche, die direkt als Einzelkosten Teilleistungen zugeordnet werden können, oder Teil der Allgemeinen Geschäftskosten bzw. der Baustellengemeinkosten sein. Wagnis und Gewinn weisen nicht unmittelbar Kostenstruktur auf, wenn auch

68 a

---

[226] BGH U. v. 13. 7. 2000, VII ZR 68/05, NZBau 2006, 637 = BauR 2006, 1753.
[227] BGH U. v. 4. 7. 1996, VII ZR 227/93, NJW 1996, 3270 = BauR 1996, 846, 848; BGH U. v. 11. 2. 1999, VII ZR 91/98, NJW 1999, 2036 = BauR 1999, 632 = ZfBR 1999, 194.
[228] BGH U. v. 4. 5. 2000, VII ZR 53/99, NJW 2000, 2980 = NZBau 2000, 375 = BauR 2000, 1182, 1187 = ZfBR 2000, 472.
[229] BGH U. v. 25. 11. 2004, VII ZR 394/02, NJW-RR 2005, 325 = NZBau 2005, 147 = BauR 2005, 385 = HBR 2005, 252
[230] BGH U. v. 14. 1. 1999 VII ZR 277/97, BGHZ 140, 263 = NJW 1999, 1253 = BauR 1999, 642 = ZfBR 1999, 191.
[231] BGH U. v. 11. 2. 1999, VII ZR 91/98 NJW 1999, 2036 = BauR 1999, 632 = ZfBR 1999, 194.
[232] BGH U. v. 28. 10. 1999, VII ZR 326/98, NZBau 2000, 82 = NJW 2000, 653 = BauR 2000, 43 = ZfBR 2000, 118 (für einen Architektenvertrag).

## § 8 Nr. 1                                                                                       Freies Kündigungsrecht

beides Kalkulationsfaktoren sind. Bei den unmittelbaren Herstellungskosten ist zwischen den Gemeinkosten und Personalkosten zu unterscheiden. Entfallen kündigungsbedingt Teilleistungen, werden die diesbezüglich erforderlichen **Sachkosten** erspart. Dazu gehören Stoff- und Gerätekosten, was sehr deutlich wird, wenn Bauhilfsstoffe wie z. B. Schaltafeln, Gerüst, oder Pressluftgeräte usw. gemietet werden müssten. Dazu gehören auch Energiekosten und Betriebsstoffe. Die **Personalkosten** bilden insofern eine Besonderheit, als die Kosten für das Personal, die in die Allgemeinen Geschäftskosten einfließen, wegen des fehlenden Teilleistungsbezugs von vornherein nicht erspart werden. Aber auch die Lohnkosten für das unmittelbar mit der Herstellung befasste Personal werden kündigungsbedingt nicht erspart. Denn das Personal wird regelmäßig weiter beschäftigt. Das gilt auch für das Personal, das Teil der Baustellengemeinkosten ist (vor allem Gehaltskosten für die Bauleitung, für die Abrechnung der Bauleistungen, eventuell für die Kalkulation, Aufmassnahme, Vermessung). Bei Weiterbeschäftigung fallen trotz der Kündigung weiterhin Löhne an, wofür wegen der Kündigung der Deckungsbeitrag fehlt. Der BGH[233] legt dem Auftragnehmer nicht die Kündigung des Personals auf. Nur die Lohn- oder Gehaltskosten solcher Beschäftigter sind erspart, die tatsächlich gekündigt werden.

### 5. Darlegungs- und Beweislast

**69**    Der Auftragnehmer ist für den sich aus § 8 Nr. 1 Abs. 2 Satz 1 VOB/B ergebenden, nach dem Vertrag vorgesehenen Vergütungsanspruch darlegungs- und beweisbelastet.[234] Der Auftragnehmer trägt die Darlegungs- und Beweislast für die von ihm bis zur Beendigung als tatsächlich erbracht abgerechneten Leistungen.[235] Der Besteller trägt, obwohl der Einwand der Ersparnis kein Gegenrecht des Auftraggebers ist, das nur auf dessen Vortrag berücksichtigt werden dürfte,[236] für Art und Umfang der streitigen Ersparnis wie auch des anderweitigen oder unterlassenen Erwerbs nach § 8 Nr. 1 Abs. 2 Satz 2 VOB/B die Darlegungs- und Beweislast.[237] Konzeptionell besteht der Anspruch des Auftragnehmers hinsichtlich des auf den gekündigten Teil entfallenden Vergütungsanspruchs allerdings von vornherein lediglich in der Höhe, die sich aus dem Abzug der ersparten Aufwendungen und des anderweitigen oder böswillig unterlassenen Erwerbs ergibt.[238]

**69a**    Die **Schlüssigkeit** einer erhobenen **Vergütungsklage** setzt deshalb voraus, dass der Auftragnehmer zu den anrechenbaren Aufwendungen unter deren Bezifferung nach Maßgabe des konkreten Vertrages vorträgt;[239] das gilt auch für die Erlöse aus anderweitigem oder böswillig unterlassenem Erwerb. Zudem folgt die Notwendigkeit zum bezifferten Vortrag des gekündigten Auftragnehmers aus der Tatsache, dass in der Regel nur er hierzu in der Lage ist. Hierbei handelt es sich um Betriebsinterna, zu deren Beschreibung und Bezifferung regelmäßig nur der Auftragnehmer in der Lage ist.[240] Das bedeutet, dass der Auftragnehmer hinsichtlich der auf den gekündigten Leistungsteil entfallenden Leistungszeit konkret darlegen muss, ob und auf welche Weise seine Arbeitnehmer beschäftigt worden sind. Bei Beschäftigung ist darzulegen, welches Vertragsverhältnis dem zu Grunde liegt.

**69b**    Das Vorbringen muss den Auftraggeber in die Lage versetzen nachzuprüfen, ob es sich um einen **Ersatz-/Füllauftrag** handelt. Der Vortrag, die Arbeitnehmer seien beschäftigungslos

---

[233] U. v. 28. 10. 1999, VII ZR 326/98, NZBau 2000, 82 = NJW 2000, 653 = BauR 2000, 430.
[234] *Ingenstau/Korbion/Vygen* VOB/B § 8 Nr. 1 Rdn. 42 ff.; *Kapellmann/Messerschmidt/Lederer* VOB/B § 8 Rdn. 56.
[235] OLG Naumburg BauR 1999, 915.
[236] BGH BauR 1981, 198, 199 = ZfBR 1981, 80.
[237] BGH U. v. 21. 12. 2000, VII ZR 467/99, NJW-RR 2001, 385 = NZBau 2001, 202 = BauR 2001, 666 = ZfBR 2001, 176; NJW-RR 1992, 1077; BGH BauR 1986, 577, 578 = NJW-RR 1986, 1026 = ZfBR 1986, 220; *Werner/Pastor* Rdn. 1294; *Ingenstau/Korbion/Vygen* § 8 Nr. 1 Rdn. 43; *Baumgärtel* Beweislast § 649 Rdn. 1; *Kniffka* Jahrbuch BauR 2000, 9 ff.; *Palandt/Sprau* § 649 Rdn. 8.
[238] BGH U. v. 7. 11. 1996, VII ZR 82/95 NJW 1997, 733 = BauR 1997, 304 = ZfBR 1997, 78.
[239] BGH U. v. 30. 10. 1997, VII ZR 222/96, NJW-RR 1998, 451 = BauR 1998, 185.
[240] BGH U. v. 30. 10. 1997, VII ZR 222/96, NJW-RR 1998, 451 = BauR 1998, 185.

geblieben, genügt; der Auftragnehmer ist nicht verpflichtet darzutun, welche möglichen Aufträge von ihm ausgeschlagen worden sind. Die Möglichkeit eines gleichwertigen Ersatzauftrags hat der Auftraggeber darzulegen und notfalls auch zu beweisen. Eine solche Beweisführung ist dann, wenn der Auftraggeber dem Auftragnehmer nicht Ersatzaufträge andient, schwierig. Materiell-rechtlich ist der Vortrag des Auftraggebers, der Auftragnehmer habe sich etwas erspart, allerdings keine Einrede, sondern ein Einwand, der zur entsprechenden Darlegungs- und Beweislast des Auftraggebers führt. An Inhalt und Umfang dieser Last sind jedoch keine zu hohen Anforderungen zu stellen, da der Auftraggeber in aller Regel die der Kalkulation des Unternehmers dienenden Grundlagen nicht kennt.[241] Das gilt erst recht bezüglich der anderweitig erzielten oder erzielbaren Erlöse, bezüglich deren dem Auftraggeber ohne vorausgegangenen Vortrag des Auftragnehmers lediglich Behauptungen „ins Blaue" möglich sind.

Das führt jedoch nicht zu einer **Vortrags- und Darlegungsentlastung** des **Auftragnehmers.** Denn was er sich als Ersparnis anrechnen lassen will, hat in erster Linie er vorzutragen und zu beziffern, weil dazu nur der Auftragnehmer in der Lage ist.[242] Hierbei handelt es sich prozessual um die eine an sich nicht beweisbelastete Partei treffenden Aufklärungspflichten, ohne deren Wahrnehmung der eigentlich beweisbelasteten Partei sachgerechter Vortrag nicht möglich ist.[243] Im Anschluss an dieses Vorbringen des Auftragnehmers ist es Sache des Auftraggebers, eine höhere Ersparnis darzulegen und zu beweisen.[244] Eine solche Beweisführung setzt entsprechend substantiierten Vortrag des Auftragnehmers voraus und kann vom Auftraggeber auch nur unter dieser Voraussetzung verlangt werden. Im Einzelfall kann die Offenlegung der Kalkulation durch den Unternehmer geboten sein.[245] Diese Grundsätze gelten in gleicher Weise für erzielte oder anderweitig erzielbare Erlöse; denn auch insoweit fehlt der Auftraggeberseite ohne vorausgegangenen Vortrag durch den Auftragnehmer jede Möglichkeit zu konkreten Behauptungen. Ein strikter Schematismus für die Darstellung der Kalkulation des um die ersparten Aufwendungen verkürzten Vergütungsanspruchs lässt sich nicht entwickeln. Die Anforderungen ergeben sich aus dem Vertragsgegenstand im Einzelfall, wodurch sie bestimmt und begrenzt werden. Im Allgemeinen genügt der gekündigte Auftragnehmer seiner **Darlegungslast,** wenn er ersparte Aufwendungen unter Zugrundelegung seiner Kalkulation vorträgt, die nach System und Differenzierung der Aufträge der konkret vorliegende Art gebräuchlich ist.[246] Das gilt auch für die Darlegungen zum anderweitigen Erwerb. Die **Beweislast** für ersparte Aufwendungen, die anderweitige Verwertung der Arbeitskraft oder deren böswilliges Unterlassen trägt allerdings nicht der Auftragnehmer, sondern der Auftraggeber.[247] Die konkrete Zuweisung des **Hauptbeweises** und des **Gegenbeweises** hat einen hohen Stellenwert. Den Hauptbeweis hat der Auftraggeber nicht nur zu führen, wenn er höhere ersparte Aufwendungen oder einen höheren anderweitigen Erwerb behauptet,[248] sondern als lediglich bei Bestreiten der diesbezüglichen Behauptungen des Auftragnehmers. Deshalb ist bei Ausfall anderer Beweismittel der Auftragnehmer und nicht der Auftraggeber als Partei zu vernehmen (§ 445 ZPO). Im Normalfall stimmen die Darlegungs- und Beweislast überein.[249] Macht der Auftragnehmer Ansprüche aus § 8 Nr. 1 Abs. 2 VOB/B geltend, fallen sie jedoch auseinander. Der Auftragnehmer trifft lediglich die Darlegungslast deshalb, um den Auftrag-

---

[241] BGH BauR 1978, 55; *Werner/Pastor* Rdn. 1294.
[242] BGH U. v. 30. 11. 1997, VII ZR 222/96, NJW-RR 1998, 451 = BauR 1998, 185; BGH U. v. 21. 12. 1995, VII ZR 198/94, BGHZ 131, 362 = BauR 1996, 382, 383 = NJW 1996, 1282 = ZfBR 1996, 143.
[243] Vgl. dazu *Arens* in ZZP 96. Bd., 1983, S. 1 ff.
[244] BGH U. v. 21. 12. 2000, VII ZR 467/99, NJW-RR 2001, 385 = NZBau 2001, 202 = BauR 2001, 666 = ZfBR 2001, 176; *Werner/Pastor* Rdn. 1294; MünchKomm/*Busche* § 649 Rdn. 29, 30.
[245] BGH U. v. 7. 11. 1996 VII ZR 82/95 NJW 1997, 733 = BauR 1997, 304; BGH U. v. 30. 10. 1997, VII ZR 226/96, NJW-RR 1998, 451 = BauR 1998, 185; *Werner/Pastor* Rdn. 1294.
[246] BGH U. v. 14. 1. 1999, VII ZR 277/97, NJW 1999, 1253 = BauR 1999, 642.
[247] BGH U. v. 21. 12. 2000, VII ZR 467/99, NJW-RR 1001, 385 = BauR 2001, 666.
[248] BGH U. v. 4. 7. 1996, VII ZR 227/93, NJW 1996, 3270 = BauR 1996, 846; *Werner/Pastor* Rdn. 1294.
[249] *Baumgärtel*, Beweislastpraxis im Privatrecht, Rdn. 28.

## § 8 Nr. 1 — Freies Kündigungsrecht

geber in den Stand zu versetzen seinerseits zu den ersparten Aufwendungen und zum anderweitigen Erwerb vortragen zu können. Der Auftragnehmer ist nicht gehalten, seinen Vortrag bereits durch Beweisangebote zu untermauern. Eventuelle Beweisangebote des Auftragnehmers haben die Qualität eines Gegenbeweises.[250] Gegenbeweis ist erst zu erheben, wenn der Hauptbeweis geführt ist.

### 6. Sonstige prozessuale Aspekte

Die Abrechnung der nicht erbrachten Leistungen wie auch der durch anderweitigen Einsatz der Arbeitskraft erzielten Erlöse kann auch prüfbar in **Anwaltsschriftsätzen** und damit erst im Rahmen des Prozesses erfolgen.[251] Dies wirkt sich jedoch auf **Fälligkeitszinsen** und nach § 291 ZPO auch auf **Prozesszinsen** aus; diese fallen erst ab Eintritt der Fälligkeit an. Ist dem Auftragnehmer gegenwärtig die Beurteilung noch nicht möglich, ob er kündigungsbedingt einem Subunternehmer eine Vergütung zahlen muss, kann er die für den Subunternehmer einkalkulierte Vergütung als erspart in die Abrechnung einstellen und auf **Feststellung klagen,** dass der Auftraggeber bei Zahlungsverpflichtung des gekündigten Auftragnehmers gegenüber dem Subunternehmer diese weitere Vergütung zu zahlen hat.[252] Beachtet der Auftragnehmer die Abrechnungsregeln für den Vergütungsanspruch nach Kündigung gemäß § 8 Nr. 1, § 14 VOB/B nicht, fehlt einer Klage die **Schlüssigkeit** unter dem **Fälligkeitsgesichtspunkt.** Denn die Prüfbarkeit der Abrechnung ist bei einem VOB-Bauvertrag nach § 16, § 14 VOB/B als eine Fälligkeitsvoraussetzung ausgestaltet. Deshalb ist die Klage abweichend von der Rechtslage bei einem BGB-Bauvertrag als zurzeit unbegründet abzuweisen.[253] Auch bei Kündigung hängt die Fälligkeit der sich infolge der Kündigung ergebenden vergütungsgleichen Ansprüche von der Erteilung einer prüffähigen Schlussrechnung ab.[254] Die Vergütungsklage darf bei fehlender Prüffähigkeit nicht wegen fehlender Substantiierung als endgültig unbegründet abgewiesen werden. Die fehlende Prüfbarkeit ist wie eine fehlende Abnahme Schlüssigkeitsvoraussetzung; da beides jedoch nachgeholt werden kann, ist lediglich die Abweisung der Klage als zurzeit unbegründet berechtigt.

71 a  Nach **§ 139 ZPO** ist der Kläger durch das Gericht konkret auf die fehlende Prüfbarkeit hinzuweisen. Der Hinweis darf sich nicht in allgemeinen und pauschalen Redensarten erschöpfen, sondern muss die Anforderungen je nach Vertragstyp so konkret benennen, dass die Partei weiß, welche Darlegungen fehlen.[255] Ein Verstoß dagegen eröffnet die Berufung nach § 513, 546 ZPO und die Möglichkeit zu neuem Vortrag gem. § 531 Abs. 2 Nr. 2 ZPO.[256] Angesichts dieser Vortrags- und Beweisnot des Auftraggebers wäre es praxisgerechter, § 8 Nr. 1 Abs. 2 Satz 2 VOB/B zu einem Bestandteil der Anspruchsgrundlage zu erklären.

71 b  Der **Prüfbarkeitseinwand** geht bei einem VOB/Bauvertrag zwei Monate nach Zugang einer Schlussrechnung verloren. Hat ein Auftraggeber eines Bauvertrages, in dem die VOB/B vereinbart worden ist, nicht binnen zwei Monaten nach Zugang der Schlussrechnung Einwendungen gegen deren Prüfbarkeit erhoben, wird der Werklohn auch dann fällig, wenn die Rechnung objektiv nicht prüfbar ist. Dann findet eine Sachprüfung statt, ob die Forderung berechtigt ist.[257] Die höchstrichterliche Rechtsprechung beruht auf Treu und Glauben und hatte zunächst Prüfbarkeitseinwendungen gegen Schlussrechnungen eines

---

[250] Vgl. *Thomas/Putzo/Reichold* § 285 Vorbem Rdn. 8.
[251] OLG Düsseldorf BauR 2001, 117.
[252] BGH U. v. 11. 2. 1999, VII ZR 399/97, NJW 1999, 1867 = BauR 1999, 635.
[253] BGH U. v. 11. 2. 1999, VII ZR 399/97, NJW 1999, 1867 = BauR 1999, 635.
[254] BGH U. v. 30. 10. 1997, VII ZR 222/96, NJW-RR 1998, 451 = BauR 1998, 185.
[255] BGH U. v. 27. 10. 1998, X ZR 116/97, NJW 1999, 418 = BauR 1999, 167.
[256] BGH U. v. 19. 3. 2004, V ZR 104/03, NJW 2004, 2152.
[257] BGH U. v. 23. 9. 2004, VII ZR 173/03, NJW-RR 2005, 167 = NZBau 2005, 40 = BauR 2004, 1937 = ZfBR 2005, 56; BGH U. v. 22. 12. 2005, VII ZR 316/03, NJW-RR 2006, 455 = NZBau 2006, 231 = BauR 2006, 678.

Architekten zum Gegenstand.²⁵⁸ Danach verstößt ein Auftraggeber gegen Treu und Glauben, wenn er Einwendungen gegen die Prüffähigkeit einer Honorarschlussrechnung nicht spätestens innerhalb einer Frist von zwei Monaten nach Rechnungszugang vorgebracht hat. Ein Auftraggeber ist ohne Verstoß gegen das fortwirkende Kooperationsgebot nicht in der Lage, die Beurteilung der Prüffähigkeit der Rechnung hinauszuschieben, um diese später in Frage stellen zu können. Der BGH hat den Zeitraum in Ausrichtung an § 16 Nr. 3 Abs. 12 VOB/B im Planerrecht auf zwei Monate bestimmt und diese Rechtsprechung auf die Abrechnung im VOB-Bauvertrag übertragen.²⁵⁹ Der Richtigkeitseinwand wird dadurch nicht ausgeschlossen.

Ob fehlender Vortrag zu den Ersparnissen in der Klage deren **Unschlüssigkeit** bewirkt, **71c** ist strittig.²⁶⁰ Schweigen des Auftragnehmers in der Klage zu Ersparnissen, beinhaltet die Behauptung, dass solche fehlen, weswegen die Klage nicht unschlüssig ist.²⁶¹

## C. Allgemeine Geschäftsbedingungen

Klauseln des Auftraggebers, die das Kündigungsrecht beidseitig auf Tatbestände aus **72** wichtigem Grund **beschränken,** sind bedenkenfrei, weil dadurch lediglich eine Selbstbindung des Auftraggebers eintritt; denn der Auftragnehmer hat gem. § 9 VOB/B lediglich ein außerordentliches Kündigungsrecht.²⁶² Wird eine Klausel desselben Inhalts vom Auftragnehmer gestellt, verstößt sie gegen § 649 BGB und ist damit nach § 307 Abs. 2 Nr. 1 BGB unwirksam.²⁶³ Zielen Klauseln der Auftraggeberseite dahin, den **Vergütungsanspruch** des Auftragnehmers bei Ausübung des freien Kündigungsrechts z. B. auf den Umfang der ausgeführten Bauleistungen zu beschränken, ist gleichfalls Nichtigkeit wegen Verstoßes gegen § 649 BGB i. V. m. § 307 Abs. 2 Nr. 1 BGB die Folge.²⁶⁴ Das gilt auch, wenn nach einer vom Auftraggeber gestellten Klausel die Leistungen des Auftragnehmers bei Kündigung durch den Auftraggeber ohne besonderen Grund nach § 6 Nr. 5 VOB/B unter Ausschluss weiterer Schadensersatzansprüche des Auftragnehmers abzurechnen sind.²⁶⁵ Zugleich liegen damit **Eingriffe** in die VOB/B vor, die deshalb nicht mehr als Ganzes gilt.

Häufig sind vom Auftraggeber gestellte Klauseln, nach denen dieser entgelt- und scha- **73** densersatzlos einzelne Positionen aus dem vergebenen Leistungsumfang streichen oder sonst entfallen lassen kann. Diese Klausel verstößt gegen § 649 BGB und damit gegen § 307 Abs. 2 Nr. 1 BGB wie auch gegen § 8 Nr. 1 VOB/B; der Sache nach handelt es sich um eine **Teilkündigung,** weswegen dem Auftragnehmer hinsichtlich des entzogenen Leistungsteils grundsätzlich der volle Vergütungsanspruch zusteht. Gleichzeitig handelt es sich um einen Eingriff in die VOB/B, die damit nicht mehr als Ganzes gilt.²⁶⁶ Bedenkenfrei ist eine Klausel, wonach dem Auftragnehmer für nicht anfallende **Bedarfspositionen** ein entgangener Gewinn nicht zusteht; denn insoweit fehlt es bei einer aufschiebenden Bedingung zumeist bereits am Auftrag.²⁶⁷ Jedenfalls musste der Auftragnehmer mit dem Nicht-

---

²⁵⁸ BGH U. v. 27. 11. 2003, VII ZR 288/02, NW-RR 2004, 445 = NZBau 2004, 216 = BauR 20074, 316 = ZfBR 2004, 262.
²⁵⁹ BGH U. v. 23. 9. 2004, VII ZR 173/03, NJW-RR 2005, 167 = NZBau 2005, 40 = BauR 2004, 1937 = ZfBR 2005, 56; BGH U. v. 22. 12. 2005, VII ZR 316/03, NJW-RR 2006, 455 = NZBau 206, 231 = BauR 2006, 678.
²⁶⁰ Dafür *Werner/Pastor* Rdn. 1295; dafür OLG Naumburg OLGR 1995, 8.
²⁶¹ So auch *Werner/Pastor* Rdn. 1295.
²⁶² *Kleine-Möller/Merl/Kleine-Möller* § 2 Rdn. 627.
²⁶³ BGH U. v. 8. 7. 1999, VII ZR 237/98, NJW 1999, 3261 = BauR 1999, 1294.
²⁶⁴ BGH BauR 1990, 81 = NJW-RR 1990, 156 = ZfBR 1990, 18; *Korbion/Locher/Sienz* K Rdn. 56; *Ingenstau/Korbion/Vygen* VOB/B § 8 Nr. 1 Rdn. 70.
²⁶⁵ BGHZ 92, 244 = NJW 1985, 631 = BauR 1985, 77 = ZfBR 1985, 37.
²⁶⁶ BGH BauR 1987, 694, 695; BGHZ 92, 244 = BauR 1985, 77 = NJW 1985, 631 = ZfBR 1985, 37; *Korbion/Locher/Sienz* K Rdn. 57 mit weiteren Nachweisen und Klauselvarianten.
²⁶⁷ *Korbion/Locher/Sienz* Rdn. 59.

## § 8 Nr. 1

**74** anfall rechnen, was unter dem Gesichtspunkt der Bauauftragsrechnung zu einer entsprechenden Vorsorge bei der Kalkulation Anlass ist.

Eine vom Auftragnehmer gestellte Klausel, die die im Falle der Kündigung **ersparten Aufwendungen** auf einen bestimmten Prozentsatz beschränkt, und damit den Einwand einer höheren Ersparnis durch den Auftraggeber ausschließt, ist unwirksam.[268] Denn für die ersparten Aufwendungen gilt, dass sie konkret und nach Maßgabe der Vertragskalkulation abzurechnen sind. Dabei ist es gleichgültig, ob der für die ersparten Aufwendung vorgesehene Satz 40% oder 60% ausmacht und ob es sich um ein Verbrauchergeschäft handelt oder um einen Bauvertrag zwischen Unternehmen.[269] Denn auch im Unternehmerverkehr ist eine solche vom Auftragnehmer dem Auftraggeber gestellte Klausel wegen Verstoßes gegen § 307 Abs. 2 Nr. 1 BGB unwirksam.[270] Hat der Auftragnehmer eine Klausel mit einer pauschalierten Aufwandsersparnis gestellt, kann er selbst nicht mehr als z. B. 60% seiner Vergütung bei einer Aufwandsersparnisregelung von 40% verlangen, auch wenn sich nach den Grundsätzen über die Abrechnung eines vorzeitig beendeten Bauvertrages eine Vergütung ergeben sollte, die 60% der Vergütung übersteigt.[271] Im Übrigen scheitern derartige Klauseln dann, wenn sie die Berücksichtigung anderweitigen Erwerbs nicht vorsehen.[272] Ebenfalls unwirksam ist eine vom Auftragnehmer gestellte Klausel, die ihm bei Ausübung des freien Kündigungsrechts den gesamten Vergütungsanspruch ohne Abzüge billigt.

**75** Insgesamt sind Klauseln nach den in §§ 307, 308 Nr. 7, 309 Nr. 5 BGB angeführten Kriterien auf ihre Wirksamkeit zu prüfen. Gilt die **VOB/B nicht als Ganzes**, hält § 8 Nr. 1 VOB/B einer isolierten Kontrolle nach §§ 307 ff. BGB stand. Denn die Regelung entspricht in vollem Umfang der gesetzlichen Regelung in § 649 BGB. Die Vorschrift stimmt mit wesentlichen Grundgedanken der gesetzlichen Regelung überein.

Eine der genannten abweichenden Klauseln hat zur Folge, dass die VOB/B nicht mehr als Ganzes gilt; außerdem ist die Klausel nach § 307 Abs. 2 Nr. BGB unwirksam.

---

[268] Vgl. BGH U. v. 10. 10. 1996 VII ZR 250/91 NJW 1997, 259 = BauR 1997, 156; BGH BauR 1996, 412, 414 = ZfBR 1996, 200 = NJW 1996, 1751.
[269] BGH U. v. 16. 12. 1999, VII ZR 392/96, NJW 2000, 1114 = NZBau 2000, 139 = BauR 2000, 592.
[270] BGH U. v. 27. 10. 1998 X ZR 116/97, NJW 1999, 418 = BauR 1999, 167 = ZfBR 1999, 95.
[271] BGH U. v. 4. 12. 1997, VII ZR 187/96, NJW-RR 1998, 594 = BauR 1998, 357 = ZfBR 1998, 142.
[272] BGH U. v. 16. 12. 1999, VII ZR 392/96, NJW 2000, 1114 = NZBau 2000, 139 = BauR 2000, 592.

# § 8 Nr. 2

**§ 8 Nr. 2 [Kündigung bei Vermögensverfall des Auftragnehmers]**

(1) Der Auftraggeber kann den Vertrag kündigen, wenn der Auftragnehmer seine Zahlungen einstellt, von ihm oder zulässigerweise vom Auftraggeber oder einem anderen Gläubiger das Insolvenzverfahren (§§ 14 und 15 InsO) beziehungsweise ein vergleichbares gesetzliches Verfahren beantragt ist, ein solches Verfahren eröffnet wird oder dessen Eröffnung mangels Masse abgelehnt wird.

(2) Die ausgeführten Leistungen sind nach § 6 Nr. 5 abzurechnen. Der Auftraggeber kann Schadensersatz wegen Nichterfüllung des Restes verlangen.

Literatur: *S. Baldringer*, Vertragliche Lösungsklauseln im Spannungsfeld zwischen Insolvenz und Baurecht, NZBau 2005, 183 ff.; *Heidland*, Zu Rosenberger: Vertragsabwicklung im Konkurs des Bauunternehmers (BauR 1975, 233), BauR 1975, 305; *ders.*, Ist die Bestimmung in § 8 Nr. 2 VOB/B, nach welcher der Auftraggeber im Falle der Konkurseröffnung über das Vermögen des Auftragnehmers den Vertrag kündigen kann, unwirksam?, BauR 1981, 21; *ders.*, Gewährleistungsansprüche im Insolvenzverfahren, in Seminar Abnahme und Gewährleistung in VOB und BGB, Deutsche Gesellschaft für Baurecht, S. 171; *Heisiep*, Wegnahmerechte und Herausgabeansprüche in Krise und Insolvenz, BauR 2005, 1065 ff.; *Henckel*, Anmerkung zu BGH, Urteil vom 26. 9. 1985, JZ 1986, 295; 297; *M. Huber*, Grundstrukturen der Abwicklung eines Bauvertrages in der Insolvenz, NZBau 2005, 177 ff.; 256 ff.; *ders.*, Gegenseitige Verträge und Teilbarkeit von Leistungen in der Insolvenz, NZI 2002, 467 ff.; *A. Koenen*, Die Kündigung nach § 8 Nr. 2 VOB/B und deren Abrechnungsprobleme, BauR 2005, 202 ff.; *G. Meyer*, Die Teilbarkeit von Bauleistungen nach § 105 InsO, NZI 2001, 294 ff.; *Reus*, Die Kündigung durch den Auftraggeber nach § 8 VOB/B, BauR 1995, 636; *Rosenberger*, Vertragsabwicklung im Konkurs des Bauunternehmers, BauR 1975, 233; *Scheffler*, Teilleistungen und gegenseitige, nicht vollständig erfüllte Verträge in der Insolvenz, ZIP 2001, 1182 ff.; *C. Schmitz*, Der Bauträger in der Insolvenz seines Auftragnehmers, BTR 2003, 202 ff.; *ders.*, Mängel nach der Abnahme und offener Werklohn – ein wesentlicher Anwendungsbereich des § 103 InsO bei Bauverträgen, ZIP 2001, 765 ff.; *ders.*, Handlungsmöglichkeiten von Auftragnehmer und Auftraggeber in der wirtschaftlichen Krise des Vertragspartners, BauR 2005, 169 ff.; *ders.*, Die Bauinsolvenz, 3. Aufl., 2003; *Schwörer*, Lösungsklauseln für den Insolvenzfall, 2000; *Seiter*, Anmerkung zu BGH, Urteil vom 26. 9. 1985, BauR 1986, 336; *Timmermanns*, Kündigung bei Insolvenz des Auftragnehmers, BauR 2001, 321 ff.; *O. Vogel*, Bürgschaften in der Insolvenz, BauR 2005, 218 ff.; *ders.*, Ein weites Feld – einige Probleme aus der Schnittmenge von Bau- und Insolvenzrecht, Jahrbuch Baurecht 2004, 109 ff.; *ders.*, Verjährung und Insolvenzrecht, BauR 2004, 1365 ff.; *T. Wellensiek*, Fortführung des Bauvertrags nach Insolvenzantrag des Auftragnehmers und nach Eröffnung des Insolvenzverfahrens, BauR 2005, 186 ff.; *I. Wölfing* – Hamm, Insolvenz eines ARGE-Partners, BauR 2005, 228 ff.

**Übersicht**

| | Rdn. | | Rdn. |
|---|---|---|---|
| A. Allgemeines | 1–47 | nung der Eröffnung mangels Masse) | 11 |
| I. Stellung im System | 2 | b) § 8 Nr. 2 Abs. 1, 2. und 3. Alternative VOB/B (Antrag auf Eröffnung des Verfahrens und Eröffnung des Verfahrens) | 12 |
| 1. Der Schutz des Auftragnehmers | 3 | | |
| 2. Der Schutz des Auftraggebers | 4 | | |
| II. Recht zur Kündigung aus wichtigem Grund – Reaktion auf Vertrauensverlust – Korrektur der Vergabeentscheidung | 5 | c) Entscheidungsfreiheit ab Eröffnung des Insolvenzverfahrens | 13 |
| 1. Der Unterschied zur freien Kündigung nach § 8 Nr. 1 VOB/B | 5 | d) Eintritt des Insolvenzverwalters in den Bauvertrag | 14 |
| 2. Das außerordentliche Kündigungsrecht – Folge des Vertrauensverlustes | 6 | e) Kündigungsmöglichkeit des Auftraggebers nach § 649 BGB, § 8 Nr. 1 VOB/B | 15 |
| III. Rechtswirksamkeit des § 8 Nr. 2 VOB/B | 8 | f) Rechtsfolgenanordnung in § 8 Nr. 2 Abs. 2 VOB/B als Problem | 16 |
| 1. Standpunkt nach KO | 9 | | |
| 2. Standpunkt nach VglO | 10 | g) Gebot zur Interessenabwägung | 17 |
| 3. Standpunkt nach InsO | 11 | h) Gebote von Treu und Glauben | 18 |
| a) Verfahrenseröffnung und § 8 Abs. 1, 1. und 4. Alternative VOB/B (Zahlungseinstellung und Ableh- | | i) Fortsetzungsgefährdung des Bauvertrags | 19 |

| | Rdn. | | Rdn. |
|---|---|---|---|
| j) BGB-Kündigungsmöglichkeit – Fortsetzungsmöglichkeit nach § 103 InsO im Konflikt | 20 | f) Erfüllungsablehnung durch Insolvenzverwalter (§ 103 Abs. 2 InsO) | 49 |
| k) Insolvenzeröffnung als wichtiger Grund | 21 | 6. Keine Teilleistungen erbracht | 50 |
| l) Ansprüche aus § 8 Nr. 2 Abs. 2 VOB/B unter Prüfungsvorbehalt nach Interessenabwägung und Treu und Glauben | 22 | **B. Anwendungsvoraussetzungen des § 8 Nr. 2 VOB/B im Einzelnen** | **51–88** |
| | | I. Kündigungstatbestände | 52–63 |
| | | 1. Neufassung 2000 und 2006 des § 8 Nr. 2 Abs. 1 VOB/B | 53 |
| m) Schutzzweck nach InsO | 23 | a) Beständige wirtschaftliche Leistungsfähigkeit | 53 a |
| n) Rechtsprechungsaufgabe | 24 | b) Fundamentale und dauerhafte Störung der Leistungsfähigkeit | 53 b |
| o) Insolvenzrechtliches Koordinatensystem und Aufrechnung | 25 | c) Entbehrlichkeit einer Fristsetzung | 53 c |
| p) Insolvenzrechtliches Koordinatensystem und Abrechnungsverhältnis | 27 | d) Konflikt mit dem BGB | 53 d |
| IV. AGB-Kontrolle des § 8 Nr. 2 VOB/B | 28 | e) Besondere Umstände – Vertragstypik und Gläubigerinteressen | 53 c |
| V. Insolvenzrechtliche Folgen für die Abwicklung des Bauvertrages – Insolvenz des Auftragnehmers | 30 | 2. Zahlungseinstellung | 54 |
| | | a) Zahlungsunfähigkeit und Zahlungseinstellung nach InsO | 54 a |
| 1. Zahlungseinstellung und Antragstellung | 31 | b) Maßgeblicher Zeitpunkt | 54 b |
| 2. Eröffnung des Insolvenzverfahrens – Teilleistungen vor Eröffnung erbracht | 32 | c) Juristische Person und Überschuldung | 43 c |
| | | d) Adressat | 54 d |
| a) Anwendungsvoraussetzungen gemäß § 103 InsO | 33 | e) Darlegungs- und Beweislast | 54 e |
| | | 3. Beantragung des Insolvenzverfahrens | 55 |
| b) Die Entscheidung des Insolvenzverwalters | 34 | a) Antragsberechtigung | 55 a |
| 3. Erfüllungswahl des Insolvenzverwalters (§ 103 Abs. 1 InsO) | 35 | b) Antrag des Auftragnehmers selbst | 55 b |
| a) Rechtsfolgen der Erfüllungswahl | 36 | c) Antrag des Auftraggebers oder eines anderen Gläubigers | 55 c |
| b) Auswirkungen der Teilbarkeit | 37 | d) Adressat der Kündigung | 55 d |
| c) Zur Aufrechenbarkeit | 38 | e) Entscheidung über den Antrag | 55 e |
| 4. Erfüllungsablehnung durch den Insolvenzverwalter (§ 103 Abs. 2 InsO) | 39 | f) Antragsrücknahme | 55 f |
| | | 4. Eröffnung des Insolvenzverfahrens | 56 |
| a) Gegenstand des Anspruchs | 40 | a) Wirksamkeitsvoraussetzung der Kündigung | 56 a |
| b) Rechtsfolgen | 41 | b) Adressat der Kündigungserklärung | 56 b |
| 5. Teilbarkeit der Leistung – bauvertragliche Aspekte in der Insolvenz des Auftragnehmers (§ 105 InsO) | 43 | c) Rechtsfolgen der Aufhebung des Eröffnungsbeschlusses | 56 c |
| a) Auswirkungen der Erfüllungswahl (§ 103 Abs. 1 InsO) | 44 | 5. Ablehnung der Eröffnung mangels Masse | 57 |
| b) Spaltung des Bauvertrags | 45 | 6. Nachschieben von Kündigungsgründen | 58 |
| c) Mängel der nach Erfüllungswahl erbrachten Leistungen | 46 | II. Besonderheiten bei gemeinschaftlichen Verträgen und ARGEN | 59 |
| d) Mängel der bis zur Verfahrenseröffnung erbrachten Leistungen | 47 | 1. Mehrere Unternehmer in Gesamtschuldnerschaft | 60 |
| e) Sondervereinbarungen und Aufrechenbarkeit | 48 | 2. Einzelwirkung/Gesamtwirkung der Kündigung – Folgen für Nr. 2 Abs. 2 VOB/B | 61 |

Kündigung bei Vermögensverfall des AN § 8 Nr. 2

| | Rdn. | | Rdn. |
|---|---|---|---|
| 3. Die Arbeitsgemeinschaft (ARGE) | 62 | 2. Der Vergütungsanspruch des Auftragnehmers bezüglich der Teilleistung | 76 |
| a) Rechtsnatur der ARGE – Insolvenz eines ARGE-Mitglieds | 63 | 3. Der Gewährleistungsanspruch hinsichtlich der Teilleistung... | 79 |
| b) Kündigungstatbestand gegen ARGE selbst | 63 a | a) Einfluss der Insolvenzeröffnung | 80 |
| III. Kündigungserklärung | 64 | b) Kündigung nach Erfüllungswahl | 81 |
| IV. Kündigungsfolgen | 70 | c) Kündigung nach Ablehnung der Erfüllung | 82 |
| 1. Der nach § 8 Nr. 2 VOB/B vom Auftraggeber gekündigte Bauvertrag | 71 | 4. Der Schadensersatzanspruch wegen Nichterfüllung hinsichtlich des Restes | 83 |
| a) Abgrenzung von den Folgen der Erfüllungsverweigerung durch den Insolvenzverwalter (§ 17 KO) | 72 | 5. Abrechnung – Aufrechnung – Verrechnung | 86 |
| | | a) Abrechnungsregeln | 86 |
| b) Die Folgen der Auftraggeberkündigung nach § 8 Nr. 2 VOB/B | 74 | b) Aufrechnung | 87 |
| | | c) Verrechnung | 88 |

## A. Allgemeines

Mit § 8 Nr. 2 VOB/B beginnt die **Trias der außerordentlichen Kündigungsgründe** 1 des Auftraggebers. Diese liegen im Fehlverhalten des Auftragnehmers vor Vertragsabschluss, soweit es um dessen Beteiligungen an Submissionskartellen geht (§ 8 Nr. 4 VOB/B). Nach § 8 Nr. 2 und Nr. 3 VOB/B rechtfertigen im Verlauf der Abwicklung des Bauvertrages auftretende Ereignisse die Kündigung aus wichtigem Grund. Diese haben **Objektbezug** in § 8 Nr. 3 VOB/B (Verzug oder ausbleibende Mängelbeseitigung) und **Unternehmensbezug** in § 8 Nr. 2 VOB/B. Nach der Nr. 2 ist die Kündigung berechtigt, wenn der Auftragnehmer seine Zahlungen einstellt, von ihm oder zulässigerweise vom Auftraggeber oder einem anderen Gläubiger das Insolvenzverfahren (§§ 14 und 15 InsO) beziehungsweise ein vergleichbares gesetzliches Verfahren beantragt ist, ein solches Verfahren eröffnet wird oder dessen Eröffnung mangels Masse abgelehnt wird. Die Nr. 2 erhielt in der Ausgabe der VOB vom Oktober 2006 eine neue Fassung. Die Vorschrift muss wegen der Anknüpfung an Schwierigkeiten im Finanzbereich des Auftragnehmers (**Vermögensverfall**) in Verbindung mit § 321 BGB gesehen werden. Danach kann derjenige, der aus einem gegenseitigen Vertrag vorzuleisten verpflichtet ist, dann, wenn nach dem Abschlusse des gegenseitigen Vertrages in den Vermögensverhältnissen des anderen Teils eine wesentliche Verschlechterung eintritt, durch die der Anspruch auf die Gegenleistung gefährdet wird, die ihm obliegende Leistung verweigern, bis die Gegenleistung bewirkt oder Sicherheit geleistet wird.

Die Fassung der VOB/B 2000 hatte in § 8 Nr. 2 Abs. 1 VOB/B den Kündigungsgrund der 1a Beantragung des Insolvenzverfahrens durch den Auftragnehmer aufgenommen und demnach folgenden Wortlaut: „Der Auftraggeber kann den Vertrag kündigen, wenn der Auftragnehmer seine Zahlungen einstellt oder das Insolvenzverfahren beziehungsweise ein vergleichbares gesetzliches Verfahren beantragt oder ein solches Verfahren eröffnet oder dessen Eröffnung mangels Masse abgelehnt wird." Die Fassung der VOB/B 2002 hatte hieran nichts geändert. Damit erfasste der Wortlaut der Regelung nur den Antrag des Auftragnehmers als Schuldner i. S. d. § 13 InsO als Kündigungsgrund. Unter den Geltungsbereich der Vorschrift fiel damit nicht der Antrag auf Eröffnung des Insolvenzverfahrens durch einen oder mehrere Gläubiger nach § 14 InsO. Die Begründung des DVA zur Neufassung 2006 hebt hervor, die Interessenlage im Hinblick auf die Kontinuität der Ausführung der Leistung auf Seiten des Auftraggebers sei aber in beiden Fällen – Eröffnungsantrag durch den Auftragnehmer oder durch den Auftraggeber bzw. andere Gläubiger des Auftragnehmers – identisch. Das hat zu einer entsprechenden Erweiterung des Kündigungsrechts geführt.

Motzke

## § 8 Nr. 2

### I. Stellung im System

2  Was die **Bonität** der Vertragspartner anlangt, sind finanzielle Verschlechterungen auf der Auftraggeber- und Auftragnehmerseite zu unterscheiden. § 8 Nr. 2 VOB/B schützt den Auftraggeber, § 9 Nr. 1 lit. b) VOB/B sichert den Auftragnehmer. Die tatbestandlichen Voraussetzungen, unter denen das Recht zur außerordentlichen Kündigung greift, sind dabei unterschiedlich ausgestaltet.

#### 1. Der Schutz des Auftragnehmers

3  Der Schutz des Auftragnehmers geht weiter als der des Auftraggebers. Der nach Werkvertragsrecht **vorleistungspflichtige** Auftragnehmer (§§ 640, 641 BGB) kann nach § 321 BGB die Leistung verweigern, wenn sich die Vermögensverhältnisse des Auftraggebers in der in der Vorschrift beschriebenen Weise verschlechtern. Zahlt der Auftraggeber nicht fristgerecht, verschafft § 16 Nr. 5 Abs. 5 VOB/B unter den dort geregelten Voraussetzungen das **Recht zur Arbeitseinstellung.** Dieses Leistungsverweigerungsrecht ist mit einer Verschlechterung der Vermögensverhältnisse nicht gekoppelt. Und nach § 9 Nr. 1 lit. b) VOB/B kann der Auftragnehmer den Vertrag kündigen, wenn der Auftraggeber eine fällige Zahlung nicht leistet oder sonst in Schuldnerverzug gerät. Allerdings ist die formbedürftige Kündigung erst nach Ablauf einer angemessenen Frist zulässig (§ 9 Nr. 2 VOB/B).

#### 2. Der Schutz des Auftraggebers

4  Haben die Zahlungseinstellung, die Beantragung des Insolvenzverfahrens oder dessen Eröffnung **Leistungsstörungen** i. S. d. § 8 Nr. 3 Satz 1 VOB/B zur Folge, kann der Auftraggeber nach § 8 Nr. 3 VOB/B vorgehen. Das Recht zur außerordentlichen Kündigung nach § 8 Nr. 2 VOB/B ist von der Art und Weise der Vertragsabwicklung und den Einfluss der in § 8 Nr. 2 VOB/B genannten Kündigungsgründe auf die Baumaßnahme gelöst. Es stützt sich allein auf die mit Zahlungseinstellung, Beantragung des Insolvenzverfahrens oder dessen Eröffnung bzw. Nichteröffnung mangels Masse beschriebenen Vermögensverfallsituationen. Den Hintergrund bildet die berechtigte Sorge des Auftraggebers, dass unter solchen Umständen die gedeihliche künftige Abwicklung des Objekts und die gewährleistungsmäßige Absicherung ungesichert erscheinen. Die Zahlungseinstellung wie auch schon ein Antrag auf Eröffnung des Insolvenzverfahrens zerstören das Vertrauensverhältnis, dessen Grundlage die Leistungsfähigkeit und Zuverlässigkeit des Auftragnehmers bilden. Das gilt gerade bei einem Bauvertrag, der meist ein Langzeitvertrag ist.

### II. Recht zur Kündigung aus wichtigem Grund – Reaktion auf Vertrauensverlust – Korrektur der Vergabeentscheidung

#### 1. Der Unterschied zur freien Kündigung nach § 8 Nr. 1 VOB/B

5  Das Kündigungsrecht **aus wichtigem Grund** neben dem freien Kündigungsrecht aus § 8 Nr. 1 VOB/B erhält seine Legitimation durch die vollkommen unterschiedlichen Rechtsfolgen. Gemeinsam ist beiden Kündigungsarten die Beschränkung des Vertrages auf die bis zur Kündigung erbrachte Vertragsleistung (vgl. → § 8 Nr. 1 Rdn. 4 ff.), weswegen der gekündigte Unternehmer auch für das Teilwerk gewährleistungspflichtig bleibt. Der entscheidende Unterschied besteht im Bereich der Vergütungspflicht. Diese beschränkt sich nach § 8 Nr. 2 Abs. 2 VOB/B auf die erbrachte Teilleistung; diese ist gem. § 6 Nr. 5 VOB/B abzurechnen. Die Schadensersatzpflicht wegen Nichterfüllung kommt als Sankti-

onsregel hinzu (§ 8 Nr. 2 Abs. 2 Satz 2 VOB/B). Die Besonderheit des Kündigungsrechts des Auftraggebers besteht demnach in den von § 649 Abs. 1 BGB bzw. § 8 Nr. 1 VOB/B erheblich abweichenden Rechtsfolgen.

### 2. Das außerordentliche Kündigungsrecht – Folge eines Vertrauensverlustes

§ 8 Nr. 2 VOB/B ist **vertragskodifiziertes Billigkeitsrecht.** Denn sorgt ein Auftragnehmer entgegen seiner ihn treffenden Verpflichtung nach § 276 BGB nicht für seine Liquidität, was sich in Zahlungseinstellung, Insolvenzeröffnung oder einem Antrag auf Eröffnung des Insolvenzverfahrens bzw. vergleichbaren gesetzlichen Verfahrens äußert, ist im Rahmen eines Bauvertrages dem Auftraggeber unter Berücksichtigung aller Umstände der typischen bauvertraglichen Abwicklungssituation die Fortsetzung des Vertrages **nicht mehr zumutbar.**[1] Dies gilt auch dann, wenn der Insolvenzverwalter nach § 103 InsO die Vertragserfüllung verlangt. Nach § 2 Nr. 1 VOB/A ist die Bauleistung an fachkundige, leistungsfähige und zuverlässige Unternehmer zu angemessenen Preisen zu vergeben.[2] Im Rahmen der Wertung der Angebote nach § 25 Nr. 2 Abs. 1 VOB/A sind solche Bieter auszuscheiden, die die erforderliche Fachkunde, Leistungsfähigkeit und Zuverlässigkeit nicht besitzen. 6

Demnach erfolgt die Vergabeentscheidung zu Gunsten eines Auftragnehmers, den der Auftraggeber bewusst für zuverlässig und leistungsfähig hält, wozu die finanzielle Liquidität zählt.[3] Der Auftraggeber nimmt an, dass diese **Unternehmerqualitäten** über die gesamte Zeit der Vertragsabwicklung und noch darüber hinaus (Gewährleistungszeit) vorhanden bleiben. Diese Einschätzung beeinflusst die **Vergabeentscheidung** nach den in § 25 VOB/A angeführten Vergabekriterien unmittelbar. Der später eintretende **Liquiditätsverlust** belegt einen Irrtum nach § 119 Abs. 2 BGB über solche Eigenschaften der Person, die bei einer Vergabe nach VOB/A als verkehrswesentlich angesehen werden. Die Zubilligung der außerordentlichen Kündigung ermöglicht eine **Korrektur der Vergabeentscheidung,** zu der es im Wissen um die spätere Zahlungseinstellung, Antrag auf Insolvenzverfahren oder Eröffnung des Insolvenzverfahrens nicht gekommen wäre. Ein Bauvertrag setzt in aller Regel ein gewisses Vertrauensverhältnis voraus. Diese Vertrauensgrundlage wird durch den Vermögensverfall und insbesondere die Insolvenz des Auftragnehmers erschüttert. Dem Auftraggeber ist allein deshalb die Fortsetzung generell nicht mehr zumutbar.[4] Hinzu kommt, dass dem Insolvenzverwalter häufig die erforderliche Sachkunde zur Fortführung des Unternehmens fehlen, und das fachkundige Personal rasch einen anderen Arbeitsplatz anstreben wird. Zudem muss der Auftraggeber befürchten, dass ein liquidiertes Unternehmen die Gewährleistungspflichten für Baumängel nicht hinreichend erfüllen kann.[5] Auch ohne Festlegung im Bauvertrag stünde dem Auftraggeber in den § 8 Nr. 2 VOB/B beschriebenen Situationen wegen der Zusammenhänge im Vergabebereich jedenfalls bei einem VOB-Bauvertrag ein außerordentliches Kündigungsrecht zu. 7

### III. Rechtswirksamkeit des § 8 Nr. 2 VOB/B

Im Hinblick auf § 119 InsO ist die Rechtswirksamkeit der Regelung des § 8 Nr. 2 VOB/B insoweit strittig, als die 2. und die 3. Alternative betroffen sind.[6] *Marotzke,*[7] 8

---

[1] *Seiter* BauR 1986, 336, 338; *Ingenstau/Korbion/Schmitz* VOB/B § 8 Nr. 2 Rdn. 2, 3.
[2] *Ingenstau/Korbion/Schranner* A § 2 Rdn. 16 ff.
[3] Vgl. BGHZ 96, 34 = NJW 1986, 255 = ZfBR 1986, 32 = BB 1986, 23 = BauR 1986, 91, 92.
[4] *Ingenstau/Korbion/Schmitz* VOB/B § 8 Nr. 2 Rdn. 8; BGHZ 96, 34, = BauR 1986, 91, 92 = ZfBR 1986, 32.
[5] *Heidland* BauR 1981, 21, 30, 32; BGHZ 96, 34 = NJW 1986, 255 = ZfBR 1986, 32 = BB 1986, 23 = BauR 1986, 91, 93.
[6] Überblick bei *Koenen* BauR 2005, 202.
[7] In Heidelberger Kommentar § 119 Rdn. 5.

§ 8 Nr. 2  Kündigung bei Vermögensverfall des AN

*Lederer*,[8] *Tintelnot*,[9] *Balthasar*[10] und *Schwörer*[11] halten insolvenzabhängige Lösungsklauseln wegen eines Verstoßes gegen § 119 InsO für unwirksam. Das hätte die Unwirksamkeit des § 8 Nr. 2 2. und 3. Alternative (Antrag auf Verfahrenseröffnung und Verfahrenseröffnung) zur Folge. *Kroth*[12] neigt ebenfalls dieser Auffassung zu. *Huber*[13] hält insolvenzabhängige Lösungsklauseln für grundsätzlich wirksam. Dies entspreche dem Willen des Gesetzgebers, verwirkliche den Normzweck des § 119 ohne Widerspruch zum Regelungsbereich des § 112 InsO, achte den Grundsatz der Vertragsfreiheit und vermeide eine Schlechterstellung des Insolvenzschuldners in der Krise. Den Hintergrund für diese Auffassung bildet auch die Genese des § 119 InsO, die in § 137 Abs. 2 Satz 1 des Regierungsentwurfs ihren Vorläufer hatte. Dieser Entwurf erklärte „Vereinbarungen, die für den Fall der Eröffnung des Insolvenzverfahrens die Auflösung eines gegenseitigen Vertrags vorsehen oder der anderen Partei das Recht geben, sich einseitig vom Vertrag zu lösen" für unwirksam. Auf Empfehlung des Rechtsausschusses wurde die Regelung als rechtspolitisch verfehlt mit der Begründung gestrichen, es fehle an einem ausreichenden Grund für die Unwirksamkeit, wenn derartige Vereinbarungen mittelbar das Wahlrecht des Insolvenzverwalters einschränken. An ihre Stelle ist die Regelung in § 119 InsO getreten, die jedoch nach der Mehrzahl der Autoren dahin zu verstehen ist, dass Lösungsklauseln, die im Ergebnis den Kernaussagen des § 103 InsO – der Insolvenzverwalter kann an Stelle des Schuldners den Vertrag erfüllen und die Erfüllung von dem anderen Teil verlangen – infolge der Lösungsmöglichkeit des anderen Teils widersprechen, unwirksam sind.[14] *Huber*[15] leitet aus der Regelung in § 112 InsO den gegenteiligen Standpunkt ab, weil bei genereller Unwirksamkeit insolvenzabhängiger Lösungsklauseln nach § 119 InsO die Bestimmung in § 112 InsO überflüssig wäre.

### 1. Standpunkt nach KO

9  Nach BGH[16] hat § 8 Nr. 2 VOB/B nicht gegen ein aus § 17 KO ableitbares gesetzliches Verbot verstoßen. Die Vorschrift wurde deshalb für wirksam gehalten. § 103 InsO entspricht dem § 17 KO. Der BGH hat heraus gestellt, dass sich das Kündigungsrecht des Auftraggebers auch im Fall des Konkurses bereits aus § 649 BGB bzw. § 8 Nr. 1 VOB/B ergibt und die Besonderheit des § 8 N. 2 VOB/B im Vergleich zu § 8 Nr. 1 VOB/B in den Rechtsfolgen liegt. Für den BGH war nach der damaligen Rechtslage – die KO kannte keine § 119 InsO entsprechende Vorschrift, wohl aber die VglO in § 53[17] – ausschlaggebend, dass ein Verbotstatbestand fehlte, der den Abschluss einer Vereinbarung untersagte, wonach dem Auftraggeber im Konkursfall des Auftragnehmers ein Kündigungsrecht und damit verbundene Schadensersatzansprüche wegen Nichterfüllung des restlichen Vertrages zustehen sollen. Solche der Masse eventuell nachteiligen Vereinbarungen waren vom Konkursverwalter bei fehlender Anfechtbarkeit und Nichtigkeit nach § 138 BGB hinzunehmen, was letztlich zur Vereinbarkeit des § 8 Nr. 2 VOB/B mit dem Konkursrecht führte. Dieser Standpunkt wurde auch später so vertreten.[18] Der BGH prüfte eine Lösungsklausel erst unter dem Gesichtspunkt der Anfechtbarkeit und hatte damit gegen eine davon unabhängige Wirksamkeit keinerlei Bedenken.

---

[8] In *Kübler/Prütting* § 119 Rdn. 15–23.
[9] In *Kübler/Prütting* § 119 Rdn. 15–23.
[10] In *Nerlich/Römermann* § 119 Rdn. 11.
[11] Lösungsklauseln für den Insolvenzfall Rdn. 200.
[12] In *Braun* Insolvenzordnung, § 119 Rdn. 13.
[13] In MünchKomm InsO § 119 Rdn. 23 ff.; *ders.* NZBau 2005, 177, 181.
[14] *Marotzke* in Heidelberger Kommentar § 119 Rdn. 5.
[15] In MünchKomm InsO § 119 Rdn. 23 ff.; *ders.* NZBau 2005, 177, 181.
[16] U. v. 26. 9. 1985, VII ZR 19/85, NJW 1986, 255 = BauR 1986, 91; Anmerkungen von *Seiter* BauR 1985, 336.
[17] *Berscheid* in *Uhlenbruck* InsO § 119 Rdn. 1.
[18] BGH U. v. 11. 11. 1993, IX ZR 257/92, NJW 1994, 449.

## 2. Standpunkt nach VglO

Nach § 53 VglO konnten sich die Vertragsteile auf eine Abrede, durch die im Voraus die 10
Anwendung der §§ 50 bis 52 VglO ausgeschlossen oder beschränkt wurden, nicht berufen.
Das hatte jedoch auf § 8 Nr. 2 VOB/B a. F. keinen Einfluss. Denn nach § 50 VglO konnte
der Schuldner die Erfüllung oder die weitere Erfüllung ablehnen, was nach § 52 VglO mit
dem Anspruch auf Schadensersatz wegen Nichterfüllung sanktioniert wurde. § 53 VglO
schloss einen vertraglichen Vorbehalt eines Gläubigers, im Falle der Eröffnung des Vergleichsverfahrens über das Vermögen des Schuldners die Erfüllung abzulehnen oder das
Vertragsverhältnis zu kündigen, nicht aus. Das schränkte nämlich die Ablehnungsbefugnis
des Schuldners nicht ein.[19] Demnach entsprach das durch § 8 Nr. 2 VOB/B dem Auftraggeber eingeräumte Kündigungsrecht der Befugnis des Vergleichsschuldners zur Ablehnung
der Erfüllung und erwies sich deshalb nicht als eine Abrede, die im Voraus, die Anwendung
des § 50 VglO ausschloss oder beschränkte. Entschloss sich der Vergleichsschuldner zur
Vertragserfüllung, konnte der Auftraggeber zwar nach § 8 Nr. 2 VOB/B kündigen und
damit die weitere Erfüllung des Vertrages beenden; das widersprach aber nicht den mit § 53
VglO verfolgten Zweck, dem Vergleichsschuldner jedenfalls das Ablehnungsrecht zu belassen. Der Wille des Vergleichsschuldners, den Vertrag fortzusetzen wurde über § 53 VglO
nicht geschützt.

## 3. Standpunkt nach InsO

**a) Verfahrenseröffnung und § 8 Abs. 1, 1. u. 4 Alternative VOB/B (Zahlungs-** 11
**einstellung und Ablehnung der Eröffnung mangels Masse).** Da § 103 InsO inhaltlich
im Vergleich zu § 17 KO keine Veränderung beinhaltet, ist entscheidend auf § 119 InsO
abzustellen. Die KO kannte eine entsprechende Vorschrift nicht. Da §§ 119, 103 InsO dem
Insolvenzverwalter das Wahlrecht nur für den Fall der **Eröffnung** des Insolvenzverfahrens
einräumen, sind die in § 8 Nr. 2 enthaltenen Regelungen in der 1. und der 4. Alternative
von vornherein bedenkenfrei. Denn sie räumen dem Auftraggeber ein Kündigungsrecht bei
Zahlungseinstellung und bei Ablehnung der Eröffnung mangels Masse ein. Diese Fallgestaltungen werden von §§ 119, 103 InsO von vornherein nicht erfasst. Denn § 103 InsO
ermächtigt den Insolvenzverwalter ab Verfahrenseröffnung.

**b) § 8 Nr. 2 Abs. 1, 2. und 3. Alternative VOB/B (Antrag auf Eröffnung des** 12
**Verfahrens und Eröffnung des Verfahrens).** Kritisch sind die 2. und die 3. Alternative,
da es sich insoweit wegen des Zusammenhangs mit einem Insolvenzverfahren um **insolvenzabhängige Lösungsvorbehalte** handelt.[20] Der BGH[21] hat auf gesetzlicher Grundlage
– im Fall zu § 14 VVG – beruhende Lösungsvorbehalte für vorrangig gehalten und
deshalb die dort vorgesehene Kündigungsmöglichkeit im Verhältnis zu § 119 InsO als wirksam angesehen. In einer weiteren Entscheidung[22] hat der BGH die Frage nach der Wirksamkeit von Lösungsklauseln definitiv nicht beantwortet, aber massiv diesbezüglich auf die
Kommentierung von *Huber* in MünchKomm-InsO, § 119 Rdn. 28 ff. und 53 ff. verwiesen.[23] *Koenen*[24] deutet dies als einen eventuellen Hinweis auf die Rechtswirksamkeit solcher
Lösungsklauseln, da Huber diesen Standpunkt einnimmt.

**c) Entscheidungsfreiheit ab Eröffnung des Insolvenzverfahrens.** Unabhängig von 13
diesen grundsätzlichen Problemstellungen gilt, dass § 8 Nr. 2 VOB/B bezüglich der 1., 2.
und 4. Alternative schon dem Wortlaut nach mit §§ 119, 103 InsO nicht in Widerspruch
steht. Denn §§ 119, 103 InsO wollen das **Wahlrecht** des Insolvenzverwalters **ab** dem

---

[19] *Kilger/K. Schmidt* Insolvenzgesetze 17. Aufl., § 53 VglO Rdn. 1.
[20] *Baldringer* NZBau 2005, 183 ff., 185.
[21] U. v. 26. 11. 2003, IV ZR 6/03, NJW-RR 2004, 460.
[22] Vom 27. 5. 2003, IV ZR 51/02, NJW 2003, 2744, 2746.
[23] Vgl. auch *M. Huber* NZBau 2005, 177, 181, 182.
[24] BauR 2005, 202, 206.

Zeitpunkt der **Insolvenzeröffnung** schützen. Die §§ 103–118 InsO setzen ein eröffnetes Verfahren voraus, woran § 119 InsO anknüpft; dieser Vorschrift geht es um die Verhinderung von Beschränkungen der Rechte des Insolvenzverwalters ab Eröffnung des Verfahrens. Damit steht die in § 8 Nr. 2 VOB/B genannte Kündigungsmöglichkeit bei Zahlungseinstellung, Antrag auf Eröffnung des Verfahrens – unabhängig vom Antragsteller – oder Ablehnung der Verfahrenseröffnung nicht im Widerspruch zu § 119 InsO.[25] Kritisch ist § 8 Nr. 2 VOB/B hinsichtlich der 3. Alt., Eröffnung des Insolvenzverfahrens. Die insolvenzrechtlich ausgerichtete Literatur neigt wohl überwiegend der Auffassung zu, dass nach der Erfüllungswahl durch den Insolvenzverwalter eine auf § 8 Nr. 2 VOB/B gestützte Kündigung zu einer unzulässigen Aushöhlung des Wahlrechts des Insolvenzverwalters führt; die baurechtlich ausgerichtete Auffassung ist mehrheitlich eher gegenteiliger Auffassung.[26]

14 **d) Eintritt des Insolvenzverwalters in den Bauvertrag.** Allerdings ist der von der baurechtlich geprägten Literatur eingenommene Standpunkt, der Insolvenzverwalter müsse den Vertrag in seinem rechtlichen Bestand zum Zeitpunkt der Eröffnung des Insolvenzverfahrens hinnehmen, was die Rechtswirksamkeit von vertraglich vorgesehenen Lösungsmöglichkeiten einschließt,[27] nicht mehr tragend. Diese Auffassung stand mit der KO im Einklang, die über § 17 KO hinaus eine § 119 InsO entsprechende Vorschrift nicht kannte. § 119 InsO hat die Rechtslage verändert, weil danach Vereinbarungen, durch die im Voraus die Anwendung der §§ 103–118 InsO ausgeschlossen oder beschränkt wird, für unwirksam erklärt werden. Das schränkt die totale Fortgeltung des Vertragsinhalts für den Insolvenzverwalter gerade ein.

15 **e) Kündigungsmöglichkeit des Auftraggebers nach § 649 BGB, § 8 Nr. 1 VOB/B.** Die entscheidende Frage ist, ob die in § 8 Nr. 2 Abs. 2 VOB/B bezüglich der 3. Alternative getroffene Regelung dem Sinn und Zweck des §§ 103, 119 InsO widerspricht. Das ist im Ergebnis zu verneinen, wobei gleichgültig ist, ob die Kündigung des Auftraggebers vor oder nach der Erfüllungswahl durch den Insolvenzverwalter erfolgt.[28] § 8 Nr. 2 Abs. 1 VOB/B widerspricht §§ 103, 119 InsO deshalb nicht, weil der Auftraggeber den Bauvertrag nach § 649 BGB und § 8 Nr. 1 Abs. 1 VOB/B ohne jegliche Begründung völlig **frei kündigen** kann. Diese Kündigungsmöglichkeit deckt auch sämtliche in § 8 Nr. 2 Abs. 1 VOB/B enthaltenen Kündigungsgründe ab. Wie § 14 VVG eine **gesetzliche Kündigungsmöglichkeit** eines Versicherungsvertrages trotz § 119 InsO schafft,[29] ermöglicht § 649 BGB die Kündigung eines Bauvertrages trotz einer entsprechenden Erfüllungswahl durch den Insolvenzverwalter. Hierfür sind Gründe nicht erforderlich; die in § 8 Nr. 2 Abs. 1 VOB/B angeführten Kündigungsgründe eröffnen auch die jederzeit mögliche Kündigung nach § 649 Abs. 1 BGB. Da diese gesetzliche Regelung mit § 8 Nr. 1 VOB/B deckungsgleich ist, widerspricht die VOB-Regelung auch nicht § 119 InsO. Eine mit einer gesetzlichen Lösungsmöglichkeit vollständig übereinstimmende vertragliche Lösungsmög-

---

[25] *Schmitz* Die Bauinsolvenz 3. Aufl., Rdn. 52, 321 ff.; *ders.* BTR 2003, 202, 204; *Baldringer* NZBau 2005, 183, 185.
[26] *Schmitz* Die Bauinsolvenz 3. Aufl., Rdn. 327; *Ingenstau/Korbion/Schmitz* VOB/B § 8 Nr. 2 Rdn. 9, 10; *Marotzke* in Heidelberger Kommentar, § 119 Rdn. 5; *Koenen* BauR 2005, 202, 205; *Kapellmann/Messerschmidt/Lederer* VOB/B § 8 Rdn. 65, 70; *Baldringer* NZBau 2005, 183, 186, 188; a. A. *Heidland* Der Bauvertrag in der Insolvenz, 2. Aufl., Rdn. 1014; *Franke/Kemper/Zanner/Grünhagen* VOB/B § 8 Rdn. 43; *Leinemann/Schirmer* § 8 Rdn. 61, 62; *Heiermann/Riedl/Rusam* VOB/B § 8 Rdn. 11 c.
[27] Vfgl. BGH NJW 1986, 255; BGH U. v. 27. 5. 2003, IV ZR 51/02, NJW 2003, 2745, 2747; *Heiermann/Riedl/Rusam* VOB/B § 8 Rdn. 11 c.
[28] BGH U. v. 26. 9. 1985, 295, VII ZR 19/85, NJW 1986, 255 = BauR 1986, 91 und U. v. 11. 11. 1993, NJW 1994, 449, beide Urteile zur Rechtslage nach der KO; a. A. *Schmitz* Die Bauinsolvenz, 3. Aufl., Rdn. 53 ff., 321 ff. und *ders.* BTR 2003, 202, 204, der die Auffassung vertritt, die Kündigungsmöglichkeit gem. § 8 Nr. 2 VOB/B sei nach der Erfüllungswahl durch den Insolvenzverwalter ausgeschlossen. *Ders.* noch schärfer in *Ingenstau/Korbion* VOB/B § 8 Nr. 2 Rdn. 10: Auch im Stadium nach der Insolvenzeröffnung aber noch vor der Erfüllungswahl: Kündigung unwirksam.
[29] BGH U. v. 26. 11. 2003, IV ZR 6/03, NJW-RR 2004, 460.

lichkeit nimmt im Verhältnis zu § 119 InsO am Vorrang der anderweitigen gesetzlichen Lösungsmöglichkeit teil.

**f) Rechtsfolgenanordnung in § 8 Nr. 2 Abs. 2 VOB/B als Problem.** Das Problem ist deshalb nicht § 8 Nr. 2 Abs. 1 VOB/B im Vergleich zu §§ 103, 119 InsO, sondern die in Abs. 2 getroffene Rechtsfolgenregelung, wonach die auf die Kündigungsgründe aus § 8 Nr. 2 Abs. 1 VOB/B gestützte Kündigung abweichend von den in § 8 Nr. 1 Abs. 2 VOB/B enthaltenen Rechtsfolgen dazu führt, dass eine Vergütung nur für die bis zur Kündigung erbrachten Leistungen verlangt werden kann und der Auftraggeber wegen des Restes Schadensersatz wegen Nichterfüllung verlangen kann.[30] Müsste der Vertrag wegen der Erfüllungswahl des Insolvenzverwalters fortgesetzt werden, was der Auftraggeber lediglich mit einer freien Kündigung nach § 8 Nr. 1 VOB/B verhindern könnte, wären die vollständige Vergütung abzüglich ersparter Aufwendungen und die Vermeidung eines Schadensersatzanspruches wegen Nichterfüllung gesichert. §§ 103, 119 InsO schaffen die Basis dafür, einen für die Masse günstigen Bauvertrag fortzusetzen, weil die tatsächlichen Kosten für die vertraglich versprochene Werkleistung niedriger sind als die vom Auftraggeber geschuldete Vergütung. Es ist zwar richtig, dass dieser gesetzlich dem Insolvenzverwalter eingeräumten Befugnis die Grundlage bei Zubilligung eines Kündigungsrechts für den Auftraggeber auch nach der Erfüllungswahl durch den Verwalter entzogen wird.[31] Das allein führt jedoch nicht zur Unwirksamkeit; denn die in § 8 Nr. 2 Abs. 1 VOB/B angeführten Kündigungstatbestände samt ihrer in Abs. 2 angeordneten Rechtsfolge sind das Ergebnis der Berücksichtigung von Auftraggeberinteressen. Soweit abstrakt/generell oder konkret/individuell diese Auftraggeberinteressen in der Abwägung des Fortsetzungsinteresses des Insolvenzverwalters einerseits und des Beendigungsinteresses des Auftraggebers andererseits in besonderer Weise schutzwürdig sind, ist der in § 8 Nr. 2 VOB/B vorgesehenen Kündigungsmöglichkeit und ihren Rechtsfolgen der Vorzug zu geben.[32]

**g) Gebot zur Interessenabwägung.** Wird ausschließlich auf die den Insolvenzverwalter leitenden Interessen bei der Entscheidung für die Fortsetzung des Vertrages abgehoben, bleiben die **Interessen des Auftraggebers** völlig unbeachtet, der bei Eröffnung des Insolvenzverfahrens über das Vermögen des Auftragnehmers vertragsrechtlich vor einer völlig veränderten Situation steht. Es mag sein, dass der Insolvenzverwalter noch in der Lage ist, die vertraglich geschuldete Leistung zu erbringen. Hinsichtlich der Verpflichtung, die Leistung dauerhaft mangelfrei zu erbringen und über die Dauer von 4 Jahren Gewähr zu leisten, hat sich die Grundlage des Vertrages infolge der Insolvenz jedoch entscheidend verändert. Im Allgemeinen bestehen bei einem grundlegenden Vermögensverfall gegen eine Klausel, wonach deshalb fristlos gekündigt werden könne, keine Bedenken.[33] Der insolvente Vertragsteil vermag trotz eventuell bestehender Fortsetzungsaussichten einer Kündigung beachtliche Einwendungen nicht entgegen zu setzen. Die entscheidende Frage ist, ob die zugunsten eines Insolvenzverwalters generell offen gehaltene Fortsetzungsmöglichkeit, von welcher unter für die Masse günstigen Voraussetzungen Gebrauch gemacht wird, zur Unwirksamkeit einer Kündigungsklausel führen kann. Da § 119 InsO im Vergleich zur Fassung des § 137 Abs. 2 Satz des Regierungsentwurfs eine definitive gesetzgeberische Entscheidung hinsichtlich der Wirksamkeit von Lösungsklauseln vermeidet und die Entscheidung den Gerichten überlässt,[34] ist eine **Einzelfallabwägung** geboten.

**h) Gebote von Treu und Glauben.** § 8 Nr. 2 Abs. 1, 2 VOB/B widerspricht grundsätzlich nicht Treu und Glauben. Der **Bauvertrag** als Langzeit- und Kooperationsvertrag

---

[30] Vgl. *Kapellmann/Messerschmidt/Lederer* VOB/B § 8 Rdn. 63, 65, 72.
[31] So *Kapellmann/Messerschmidt/Lederer* VOB/B § 8 Rdn. 72.
[32] Für eine solche Abwägung *Timmermanns* BauR 2001, 321, 322; eine solche Abwägung nimmt der BGH in U. v. 26. 9. 1985, VII ZR 19/85, NJW 1986, 255 = BauR 1986, 91 vor.
[33] BGH BauR 1986, 91, 92.
[34] *Timmermanns* BauR 2001, 321, 322.

setzt ein gewisses **Vertrauensverhältnis** voraus, innerhalb dessen die Leistungsfähigkeit des Auftragnehmers und dessen Zuverlässigkeit von besonderer Bedeutung sind. Die Erschütterung dieses Verhältnisses liegt auf der Hand, vor allem auch dann, wenn gerade das Führungspersonal des fallierenden Auftragnehmers das Unternehmen verlässt. Deshalb rechtfertigt die Befürchtung, dass der Vertrag unter Zeit- und Sachmangelfreiheitsgesichtspunkten in der Erfüllungsphase problematisch wird und die Erfüllung der Gewährleistungspflichten während der Verjährungsfrist für die Sachmängelansprüche unsicher ist, die Kündigungsmöglichkeit, ohne dass darin ein Verstoß gegen Treu und Glauben gesehen werden kann.[35] Da die **beständige Leistungsfähigkeit** des Auftragnehmers seiner Risikosphäre zuzuweisen ist, erscheint es auch als gerechtfertigt, den Vergütungsanspruch auf die erbrachte Leistung zu beschränken und dem Auftraggeber im Kündigungsfall ein Recht auf Schadensersatz wegen Nichterfüllung zuzubilligen.[36]

19  i) **Fortsetzungsgefährdung des Bauvertrags.** Grundsätzlich schließt die Kündigungsmöglichkeit nach § 8 Nr. 2 Abs. 1 VOB/B die Entscheidung des Insolvenzverwalter für die Fortsetzung des Vertrages nicht aus (§ 103 InsO). Ihr begegnet der Auftraggeber dann lediglich mit der Kündigung, mit der – als freie Kündigung – der Insolvenzverwalter immer rechnen muss. Deshalb ist ein Bauvertrag, für dessen Erfüllung sich der Insolvenzverwalter entschieden hat, wegen § 649 BGB generell fortsetzungsgefährdet. Bei freier Kündigung steht dem Insolvenzverwalter jedoch der Vergütungsanspruch aus § 649 S. 2 BGB zu, was die Masse begünstigt. Den sich aus § 8 Nr. 2 Abs. 2 VOB/B ergebenden Rechtsfolgen, dass der Auftraggeber Schadensersatzansprüche wegen Nichterfüllung geltend machen kann, könnte mit § 254 BGB begegnet werden. §§ 119, 103 InsO verbieten bezüglich der Frage der Rechtswirksamkeit von Rechtsfolgeregelungen die Berücksichtigung der Vertragsinteressen des anderen Vertragsteils nicht. Zwar verfolgt § 103 InsO den Zweck der Massenanreicherung;[37] § 119 InsO schließt aber nicht generell Vereinbarungen aus, die diesen Zweck stören, sondern erklärt solche Vereinbarungen für unwirksam, die im Voraus die Anwendung der §§ 103–118 ausschließen oder beschränken. Eine Regelung, die eine insolvenzbedingte **Kündigung mit Schadensersatzfolgen** zu Lasten der Masse belegt, beschränkt die Entscheidung des Insolvenzverwalters für die Erfüllung des Vertrages nicht, sondern konfrontiert diese Entscheidung lediglich mit einer Kündigung von Seiten des Auftraggebers, die bei einem Werkvertrag jederzeit möglich ist. Ist eine solche **freie** durch § 649 BGB legitimierte **Kündigung** für die Masse ohne schädliche Folgen, weil sie die Fortsetzungsinteressen des Verwalters wegen des in § 649 BGB bzw. § 8 Nr. 1 VOB/B angeordneten Fortbestandes des Vergütungsanspruchs als Erfüllungsanspruch nicht stört, gerät eine auf § 8 Nr. 2 Abs. 1 3. Alt. VOB/B gestützte Kündigung mit diesen Fortsetzungsinteressen wegen der in Abs. 2 genannten Rechtsfolgen in Konflikt. Das tangiert § 119 InsO mittelbar und nicht direkt.

20  j) **BGB-Kündigungsmöglichkeit – Fortsetzungsmöglichkeit nach § 103 InsO im Konflikt.** Die Entscheidung des Insolvenzverwalters zur Erfüllung eines Bauvertrages steht wegen §§ 649 BGB, 8 Nr. 1 VOB/B immer unter dem **Vorbehalt des Fortsetzungswillens** des Auftraggebers. §§ 103, 119 InsO erfahren deshalb werkvertraglich von vornherein eine erhebliche Einschränkung. Allerdings tangiert dies den von §§ 119, 103 InsO verfolgten Normzweck deshalb nicht, weil § 649 BGB wie auch § 8 Nr. 1 VOB/B die Aufrechterhaltung des Erfüllungsanspruchs der Masse bewirken. Demgegenüber hat eine auf § 8 Nr. 2 Abs. 1, 3. Alt. VOB/B gestützte Kündigung den **Verlust des Erfüllungsanspruchs** hinsichtlich der noch offenen Leistungen und diesbezüglich außerdem Schadensersatzansprüche wegen Nichterfüllung zur Folge, was den Normzweck der §§ 103, 119 InsO beeinträchtigt. Da dieser insolvenzrechtliche Normzweck bei immer möglicher werk-

---

[35] BGH U. v. 26. 9. 1985, VII ZR 19/85, NJW 1986, 255 = BauR 1986, 91, 92.
[36] BGH U. v. 26. 9. 1985, VI ZR 19/85, NJW 1986, 255 = BauR 1986, 91, 93.
[37] BGH U. v. 4. 5. 1995, IX ZR 256/93, BGHZ 129, 336 = NJW 1995, 1966 = ZfBR 1995, 257; BGHZ 116, 156; *Kapellmann/Messerschmidt/Lederer* § 8 Rdn. 72.

vertraglicher Kündigung nur durch entsprechende Bestimmungen des BGB (§ 649 BGB) gesichert wird, steht der insolvenzrechtliche **Normzweck** generell **unter dem Vorbehalt der BGB-Regeln.**

**k) Insolvenzeröffnung als wichtiger Kündigungsgrund.** Nach diesen Regeln ist aber die Eröffnung eines Insolvenzverfahrens ein wichtiger Grund für eine Kündigung.[38] Lässt das **allgemeine Recht** eine Kündigung des Werkvertrages aus wichtigem Grund zu, was entweder aus § 649 Satz 1 oder in Analogie nunmehr zu § 314 BGB abgeleitet wird,[39] und ist die Eröffnung des Insolvenzverfahrens deshalb ein wichtiger Grund, weil dem Auftraggeber dann grundsätzlich wegen des offenkundig werdenden Verlustes der Leistungsfähigkeit des Auftragnehmers die Fortsetzung des Vertragsverhältnisses nicht zugemutet werden kann,[40] darf der **Konflikt** zwischen dem **Insolvenzrecht** einerseits und **allgemeinen Rechtsregeln** wegen der **allgemeinen Zielkonflikte** nicht generell durch Bevorzugung des Lösungsansatzes der InsO entschieden werden.

**l) Ansprüche aus § 8 Nr. 2 Abs. 2 VOB/B unter Prüfungsvorbehalt nach Interessenabwägung und Treu und Glauben.** Die **Konfliktlösung** hat auf einer darunter liegenden Ebene zu erfolgen und zu erwägen, ob der Auftraggeber trotz der Entscheidung des Insolvenzverwalters zugunsten der Erfüllung des Vertrages als Rechtsfolge seiner Kündigung, die jedenfalls wirkt, die Rechtsfolgen aus § 8 Nr. 2 Abs. 2 VOB/B verdient. Darüber befinden die Kriterien, die in § 314 BGB angeführt werden und analog auf den zu lösenden Konfliktfall übertragen werden können. Die **Kontrolle der Rechtsfolgen** sollte daran anschließen, ob die Kündigung durch den Auftraggeber trotz der Erfüllungswahl des Insolvenzverwalters durch eine Abwägung der betroffenen Interessen gerechtfertigt ist. Weder ein positives noch ein negatives Ergebnis beeinflusst die Rechtswirksamkeit der Kündigung;[41] die Einflussnahme besteht in der Bejahung oder Verneinung der Ansprüche aus § 8 Nr. 2 Abs. 2 VOB/B. Einen weiteren Maßstab bildet § 254 BGB. Mit § 254 BGB wird die Entscheidung von einer generellen Grundlage auf die konkreten Vertragsverhältnisse verlagert, was die Rechtswirksamkeit des § 8 Nr. 2 Abs. 2 VOB/B voraussetzt.

**m) Schutzzweck nach InsO.** §§ 119, 103 InsO schützen ihrem Wortlaut nach nicht vor Schadensersatzansprüchen wegen Nichterfüllung, sondern davor, dass dem Insolvenzverwalter die Erfüllungsentscheidung versagt wird. Diese Entscheidung setzt jedoch die **Fortsetzungsfähigkeit** voraus, weswegen der Vertrag nicht bis zur Festlegung durch den Insolvenzverwalter bereits beendet sein darf. Hat der Auftraggeber bereits die **Zahlungseinstellung** des Auftragnehmers zum Anlass für die Kündigung genommen, stellt sich eine Entscheidung nach § 103 InsO durch den Insolvenzverwalter nicht mehr.[42] Dasselbe gilt, wenn der Auftraggeber allein wegen der Antragstellung durch den Auftragnehmer nach § 8 Nr. 2 außerordentlich kündigt.[43] Entscheidet sich der Insolvenzverwalter ohne vorausgegangene Kündigung des Auftraggebers für die Erfüllung des Vertrages, ist dem Auftraggeber die nachfolgende Kündigung nach § 8 Nr. 2 Abs. 1 VOB/B nicht verwehrt.[44] Ob der Auftraggeber lediglich die bis dahin erbrachten Leistungen abzurechnen braucht und hinsichtlich des Restes Schadensersatz wegen Nichterfüllung verlangen kann, bestimmt sich nach dem Ergebnis der Abwägung der Interessen des Insolvenzverwalters an der Erfüllung einerseits

---

[38] OLG Frankfurt IBR 2003, 32; vgl. *Bamberger/Roth/Voit* BGB § 649 Rdn. 21, 22; *Voit* BauR 2002, 1776, 1783.
[39] MünchKommBGB/*Busche* 4. Aufl., § 649 Rdn. 31.
[40] Vgl. die Argumente in BGH U. v. 26. 9. 1985, VII ZR 19/85, NJW 1986, 255 = BauR 1986, 91, 92.
[41] A. A. *Ingenstau/Korbion/Schmitz* VOB/B § 8 Rdn. 10: Unwirksamkeit einer Kündigung nach Insolvenzverfahrenseröffnung, sogar bei noch offener Erfüllungswahl.
[42] *Heidland* Der Bauvertrag in der Insolvenz, 2. Aufl., Rdn. 916.
[43] *Timmermanns* BauR 2001, 321.
[44] A. A. *Schmitz* Die Bauinsolvenz 3. Aufl., Rdn. 321 ff.; ders. in *Ingenstau/Korbion/Schmitz* VOB/B § 8 Rdn. 10.

und der Interessen des Auftraggebers bezüglich der terminstreuen und mangelfreien Fortsetzung des Vertrages einschließlich der Sachmängelhaftung über die Dauer der Verjährungsfrist andererseits. Die **Kooperationspflicht** beider Seiten wird gleichfalls zu berücksichtigen sein. Hat sich der Insolvenzverwalter für die Erfüllung entschieden und kündigt der Auftraggeber nach § 8 Nr. 2 Abs. 1 VOB/B, beurteilen sich die in Abs. 2 angeordneten Rechtsfolgen mit Rücksicht auf § 254 BGB. Überwiegen die Interessen des Auftraggebers an der Kündigung, tritt der über § 103 InsO verfolgte Schutz der Masse zurück. Eine generelle Entscheidung über die Unwirksamkeit des § 8 Nr. 2 Abs. 2 VOB/B mit Unwirksamkeitsfolgen auch für den Abs. 1 scheidet aus, weil § 119 InsO nach der Vorstellung des Gesetzgebers gerade weiterhin der Rechtsprechung überlassen bleiben sollte.[45] Diese Position des Gesetzgebers verbietet eine generelle fallunabhängige Lösung des Interessenkonflikts.

24  **n) Rechtsprechungsaufgabe.** Aufgabe der Rechtsprechung ist in einem solchen Fall, die von der InsO mit §§ 103, 119 intendierten Interessen, zu denen neben dem Zweck der Masseanreicherung auch die Betriebsfortführung zählt,[46] neben den Interessen des Auftraggebers an der terminsgerechten und mangelfreien Fortsetzung des Vertrages einschließlich einer Gewährleistungssicherheit zu gewichten. *Marotzke*[47] ist demgegenüber der Auffassung, dass derjenige, der im Insolvenzfall die Zumutbarkeitsfrage abweichend von § 103 InsO beurteilt und kündigt, zwar die Vorteile dieser Kündigung soll genießen, sich aber über den kündigungsbedingt wegfallenden Rest soll nicht beklagen dürfen. *Marotzke* hält den Vorbehalt des Schadensersatzanspruches wegen des Restes auf dem Hintergrund des insolvenzrechtlichen Koordinatensystems für grob unbillig und deshalb nach § 138 BGB wie auch § 119 InsO für nichtig. Diese Entscheidung wird abstrakt/generell getroffen. Die Billigkeitsfrage stellt sich jedoch auch auf dem Hintergrund des **insolvenzrechtlichen Koordinatensystems** unter **Berücksichtigung** der **Interessen** des anderen Vertragsteils. Bei einem Werkvertrag, dem das auftraggeberseitige Lösungsrecht immanent ist, kann § 119 InsO von vornherein nicht den Ausschluss der Kündigung bei Erfüllungswahl des Verwalters bewirken. Entgegen der Auffassung von *Schmitz*[48] wird durch die Erfüllungswahl des Verwalters der ursprünglich bestehende und vom Schuldner gesetzte Kündigungsgrund der Zahlungseinstellung nicht dauerhaft beseitigt. In die **Interessenabwägung** sind Gewährleistungsmomente und zeitliche Abwicklungsgesichtspunkte mit einzubeziehen.[49] Hinsichtlich der Vergütungs- und Schadensersatzfolgen ist das sog. insolvenzrechtliche Koordinatensystem allein nicht maßgeblich und die Grundlage für ein nach Billigkeit zu treffendes Urteil über die Wirksamkeit von vorformulierten Rechtsfolgeregelungen im Rahmen von Kündigungsklauseln nach § 119 InsO. Denn solche Rechtsfolgeregelungen erfasst § 119 InsO nicht unmittelbar.

25  **o) Insolvenzrechtliches Koordinatensystem und Aufrechnung.** Im Übrigen ist dem insolvenzrechtlichen Koordinatensystem bei der Abwicklung des Schadensersatzanspruchs aus § 8 Nr. 2 Abs. 2 VOB/B, nämlich im Rahmen von Aufrechnungslagen, Rechnung zu tragen. Der Auftraggeber ist nach § 38 InsO mit diesem Anspruch Insolvenzgläubiger, auch wenn der Insolvenzverwalter bereits die Erfüllung verlangt haben sollte.[50] Die Aufrechnung ist ausgeschlossen, wenn der Unternehmer z.B. noch nicht erledigte Ansprüche aus Abschlagsrechnungen haben sollte. Deren Fälligkeit beurteilt sich nach § 16 Nr. 1 Abs. 3 VOB/B. Der Schadensersatzanspruch des Auftraggebers entsteht erst infolge der Kündigung nach § 8 Nr. 2 VOB/B.[51] Damit ist die Aufrechnung nach § 95 Abs. 1 Satz 3 InsO aus-

---

[45] *Timmermanns* BauR 2001, 321, 322. Diese Position des Gesetzgebers verbietet eine generelle fallunabhängige Lösung des Interessenkonflikts.
[46] *Kapellmann/Messerschmidt/Lederer* VOB/B § 8 Rdn. 72.
[47] In Heidelberger Kommentar, § 119 Rdn. 5.
[48] Die Bauinsolvenz, 3. Aufl., Rdn. 321.
[49] Vgl. BGH U. v. 26. 9. 1985, VII ZR 19/85, NJW 1986, 255 = BauR 1986, 91; BGH U. v. 11. 11. 1993, IX ZR 257/92, NJW 1994, 449 jedoch beide Urteile zur KO und die Möglichkeit einer Kündigung nach Erfüllungswahl durch den Konkursverwalter bejahend.
[50] *Marotzke* in Heidelberger Kommentar § 119 Rdn. 5.
[51] BGH U. v. 22. 11. 1979, VII ZR 322/78, BauR 1980, 182, 184.

geschlossen. Die Kündigung führt allerdings zum Verlust der selbstständigen Durchsetzbarkeit der Abschlagsrechnungen; die Vergütung ist schlusszurechnen.[52]

Die **Fälligkeit des Vergütungsanspruchs** des Schuldners (Auftragnehmer) für das bis zur Eröffnung erbrachte Werk tritt nach § 16 Nr. 3 VOB/B tritt erst mit der **Schlussrechnung und Ablauf der Prüfungsfrist** ein. Denn bei einem VOB-Bauvertrag bedarf es auch bei einem gekündigten Vertrag für die Herbeiführung der Fälligkeit des Vergütungsanspruchs einer Schlussrechnung und konsequenterweise auch des Ablaufs der zweimonatigen Prüfungsfrist.[53] Hieran ändert sich infolge der Insolvenzeröffnung nichts; denn insoweit hat mangels gegenteiliger Regelungen in der InsO der Verwalter den Bauvertrag in der abgeschlossenen Art zu übernehmen; der Verwalter kann seine Rechte nur im Rahmen der bestandskräftigen Bestimmungen des Vertrages ausüben.[54] Entgegen *Heidland*[55] hat dies auch nichts damit zu tun, ob der Auftraggeber vom Auftragnehmer nach § 14 Nr. 4 VOB/B die Erstellung einer prüfbaren Schlussrechnung verlangen kann; diese ist jedenfalls nach § 16 Nr. 1 VOB/B Fälligkeitsvoraussetzung. Hat der Insolvenzverwalter die Erfüllung gewählt und der Auftraggeber danach gem. § 8 Nr. 2 Abs. 1 VOB/B den Bauvertrag gekündigt, wird der Auftraggeber wegen des Abrechnungsbedarf und der notwendig zu erstellenden Schlussrechnung erst **nach Eröffnung** des Insolvenzverfahrens etwas zur Insolvenzmasse **schuldig** (§ 96 Abs. 1 Nr. 1 InsO). Die Wahl des Verwalters zu Gunsten der Erfüllung des Vertrages führt zur Qualifikation der Ansprüche des Gemeinschuldners als Masseforderungen.[56] Deren Vergütung schuldet der Auftraggeber nach der Eröffnung des Verfahrens. Damit ist die Aufrechnung mit dem Schadensersatzanspruch aus § 8 Nr. 2 Abs. 2 VOB/B gegen den Vergütungsanspruch ausgeschlossen (§ 96 Abs. 1 Nr. 1 InsO).

Der **Vergütungsanspruch der Masse** und der **Schadensersatzanspruch** des Auftraggebers wegen der Kündigung nach § 8 Nr. 2 Abs. 2 VOB/B stehen zueinander in einem Abrechnungsverhältnis. Das schließt jedoch die Anwendung der **Aufrechnungsregeln** nicht aus.[57] Diese Forderungen sind nämlich selbstständig; diese Selbstständigkeit geht auch nicht durch Einführung der Figur der Verrechnung verloren. Die Verrechnung ist nämlich kein gesetzlich vorgesehenes Rechtsinstitut in den Fällen, in denen sich nach der Gesetzeslage Werklohnansprüche und Ansprüche wegen Nichterfüllung oder andere Ansprüche wegen Schlechterfüllung des Vertrages aufrechenbar gegenüberstehen. In diesen Fällen sind die vertraglichen und gesetzlichen Regeln zur Aufrechnung und zu etwaigen Aufrechnungsverboten anwendbar. Unzulässig ist es, derartige Aufrechnungsverbote, wie sie sich insbesondere aus §§ 95, 96 InsO ergeben, dadurch zu umgehen, dass diese Ansprüche einer vom Gesetz nicht anerkannten Verrechnung unterstellt werden.

**p) Insolvenzrechtliches Koordinatensystem und Abrechnungsverhältnis.** Hat der Insolvenzverwalter die Erfüllung gewählt und kündigt der Auftraggeber nach § 8 Nr. 2 Abs. 1 VOB/B führt dies zwar zu einem Abrechnungsverhältnis. In dieses sind die kündigungsbedingt nach § 8 Nr. 2 Abs. 2 VOB/B entstehenden Schadensersatzansprüche wegen Nichterfüllung und die Vergütungsansprüche des Auftragnehmer für die bis zur Kündigung erbrachten Leistungen einzustellen. Mit dem Begriff „Abrechnungsverhältnis" wird jedoch nicht zum Ausdruck gebracht, dass damit die Forderungen und die Gegenforderungen nicht den Regeln zur Aufrechnung unterliegen.[58] Der Vergütungsanspruch der Masse als Masseforderung wird fällig mit Rechnungsstellung und Ablauf der Prüfungs-

---

[52] BGH U. v. 25. 10. 1990, VII ZR 201/89, NJW 1991, 565 = BauR 1991, 81 = ZfBR 1991, 67.
[53] BGH U. v. 11. 3. 2004, VII ZR 351/02, NZBau 2004, 388 = BauR 2004, 1002 = ZfBR 2004, 451; BGH U. v. 25. 4. 2002, IX ZR 313/99, NJW 2002, 2789 = NZBau 2002, 439 = BauR 2002, 1264, 1267; BGH BauR 1987, 95; *Schmitz* Die Bauinsolvenz 3. Aufl., Rdn. 139, 140; a. A. *Heidland* Der Bauvertrag in der Insolvenz 2. Aufl., Rdn. 1156.
[54] BGH U. v. 26. 9. 1985, VII ZR 19/85, NJW 1986, 255 = BauR 1986, 91, 92.
[55] Der Bauvertrag in der Insolvenz 2. Aufl., Rdn. 1158.
[56] *M. Huber* NZBau 2005, 256, 261.
[57] BGH U. v. 23. 6. 2005, VII ZR 197/03, NJW 2005, 2771 = NZBau 2005, 582 = BauR 2005, 1477.
[58] BGH U. v. 23. 6. 2005, VII ZR 197/03, NJW 2005, 2771 = NZBau 2005, 582 = BauR 2005, 1477.

frist von zwei Monaten (§ 16 Nr. 3 Abs. 1 VOB/B). Diese Forderung erfasst die Vergütungsansprüche für die bis zur Verfahrenseröffnung erbrachten Leistungen und die weiteren, die der Insolvenzverwalter wegen der Erfüllungswahl bis zur Auftraggeberkündigung erbracht hat. Damit wird der Auftraggeber i. S. v. § 96 Abs. 1 Nr. 1 InsO erst nach der Verfahrenseröffnung etwas zur Masse schuldig. Das verbietet die Aufrechnung. Diese Wertung schlägt auf die Behandlung der wechselseitigen Forderungen in einem Abrechnungsverhältnis durch (**Parallelwertung** im **Abrechnungsverhältnis**). Verbietet die InsO die Aufrechnung, kann eine Besserstellung des Auftraggebers und damit eine Verschlechterung der Masse nicht durch Abrechnungsgrundsätze, für die in der InsO Regeln fehlen, begründet werden.[59] Denn der Vergütungsanspruch des Auftragnehmers und die Aufrechnungsforderung des Auftraggebers entstehen nicht bereits zum Zeitpunkt der Kündigung,[60] sondern zu unterschiedlichen Zeitpunkten. Das folgt von den Abschlagsforderungen abgesehen für den Vergütungsanspruch aus § 8 Nr. 6 VOB/B.[61] Löst die Kündigung des Bauvertrages durch den Auftraggeber nach der Entscheidung des Insolvenzverwalters für die Erfüllung des Vertrages ein Abrechnungsverhältnis aus,[62] kann die Schadensersatzforderung des Auftraggebers aus § 8 Nr. 2 Abs. 2 VOB/B von vornherein nur als makelbehaftete Insolvenzforderung in die Abrechnung eingestellt werden. Makelbehaftet ist diese Schadensersatzforderung deshalb, weil mit ihr nicht aufgerechnet werden kann (§ 96 Abs. 1 Nr. 1 InsO). Deshalb gelingt auch die **Selbstexekution im Abrechnungsverhältnis** nicht, so dass die Masse durch die Schadensersatzforderung nicht benachteiligt wird. Befriedigung erfolgt lediglich in Höhe der Quote. Der Masse entgeht lediglich die Durchführung der restlichen Arbeiten und damit der Vergütungsanspruch abzüglich der insoweit ersparten Aufwendungen. Das ist jedoch Ausdruck des zwischen dem Interessenschutz durch die InsO und den Kündigungsregeln des BGB und der Rechtsprechung aufzufindenden Kompromisses.

### IV. AGB-Kontrolle des § 8 Nr. 2 VOB/B

28   Die Kündigungsmöglichkeit aus den in § 8 Nr. 2 Abs. 1 VOB/B genannten Gründen hält einer AGB-Prüfung stand. Denn § 308 Nr. 3 BGB lässt Rücktrittsvorbehalte aus sachlich gerechtfertigten und im Vertrag angegebenen Gründen zu. Sachlich gerechtfertigte Gründe zählt § 8 Nr. 2 Abs. 1 VOB/B auf. Denn die Einstellung der Zahlungen bedeutet ebenso wie ein von Antragsberechtigten gestellter Antrag auf Eröffnung des Insolvenzverfahrens oder die Eröffnung bzw. Ablehnung der Eröffnung mangels Masse, dass der Unternehmer letztlich nicht mehr in der Lage ist, das Vertragsversprechen zu erfüllen. Der Auftragnehmer muss Material und Personal bereit stellen, wofür finanzielle Mittel erforderlich sind. Deshalb rechtfertigt § 308 Nr. 3 BGB den Rücktritt, den die VOB/B generell durch die Kündigungsmöglichkeit ersetzt. Wenn auch die Verschlechterung der Vermögens- und Kreditverhältnisse ein Lösungsrecht vor Verzugseintritt nicht ohne weiteres sachlich rechtfertigen,[63] beruhen jedoch die in § 8 Nr. 2 Abs. 1 VOB/B genannten Kündigungsgründe auf Tatsachen, die eine konkrete und ernsthafte Gefährdung der Vertragsinteressen des Auftraggebers begründen. Wenn schon § 321 Abs. 2 Satz 2 BGB bei fehlender Kreditwürdigkeit einen ausreichenden Grund für ein Lösungsrecht dann liefert, wenn damit eine ernsthafte Gefährdung des Gegenleistungsanspruchs verbunden ist,[64] ist ein Lösungsrecht bei Zahlungseinstellung und den in § 8 Nr. 2 Abs. 1 VOB/B zusätzlich genannten Kündigungsgründen AGB-rechtlich jedenfalls gerechtfertigt.

---

[59] BGH U. v. 23. 6. 2005, VII ZR 197/03, NJW 2005, 2771 = NZBau 2005, 582 = BauR 2005, 1477.
[60] A. A. *Kapellmann/Messerschmidt/Lederer* VOB/B § 8 Rdn. 72.
[61] Vgl. Rdn. 53 zu § 8 Nr. 6 .
[62] Vgl. Rdn. 2 ff. zu § 8 Nr. 6; *Ingenstau/Korbion/Vygen* VOB/B § 8 Nr. 6 Rdn. 1.
[63] *Wolf/Horn/Lindacher* AGB-Gesetz, 4. Aufl., § 10 Nr. 3 Rdn. 37.
[64] Vgl. BGH NJW 2001, 292, 298; *Bamberger/Roth/J. Becker* BGB § 308 Nr. 3 Rdn. 18.

Auch die in § 8 Nr. 2 Abs. 2 VOB/B enthaltene Rechtsfolgenregelung ist AGB-fest. 29
Prüfungsmaßstab ist § 308 Nr. 7 BGB. Die Beschränkung auf die Vergütung für die bis zur
Kündigung erbrachten Leistungen entspricht in vollem Umfang § 308 Nr. 7 lit. a) BGB.
Die nach Maßgabe des § 6 Nr. 5 VOB/B zu bestimmende Vergütung wird nach den
Vergütungsparametern des Vertrages ermittelt und erweist sich damit nicht als eine unangemessen
hohe Vergütung für die erbrachten Leistungen. Der Anspruch auf Schadensersatz
wegen Nichterfüllung, worunter i. S. v. § 281 Abs. 1 BGB der Schadensersatzanspruch
anstatt der Leistung zu verstehen ist, ist mit wesentlichen Grundgedanken der gesetzlichen
Regelung (§ 307 Abs. 2 BGB) vereinbar. Denn ist der Auftragnehmer wegen der Zahlungseinstellung
mangels zu beschaffenden Materials oder zu vergütenden Arbeitnehmern nicht
mehr in der Lage, den Vertrag zu erfüllen, was als Aspekt der Leistungsfähigkeit in seine
Risikosphäre fällt,[65] bestimmen sich die Rechte des Auftraggebers nach §§ 275 Abs. 1, 4,
280 BGB, was den Anspruch auf Schadensersatz einschließt.

## V. Insolvenzrechtliche Folgen für die Abwicklung des Bauvertrages – Insolvenz des Auftragnehmers

Die Eröffnung des Involvenzverfahrens setzt nach § 17 InsO einen Eröffnungsgrund 30
voraus. Allgemeiner Eröffnungsgrund ist die in § 17 Abs. 2 InsO näher beschriebene
**Zahlungsunfähigkeit,** die in der Regel vorliegt, wenn der Schuldner seine Zahlungen
eingestellt hat. Beantragt der Schuldner die Eröffnung des Verfahrens, ist auch die drohende
Zahlungsunfähigkeit ein Eröffnungsgrund § 18 InsO). Bei einer juristischen Person ist auch
die Überschuldung ein Eröffnungsgrund. Diese Gründe für die Eröffnung eines Insolvenzverfahrens
haben für sich genommen nach insolvenzrechtlichen Regeln noch keinen Einfluss
auf die Abwicklung eines Bauvertrages, vielmehr sind diese Verträge – von den Kündigungsmöglichkeiten
des Auftraggebers nach § 8 Nr. 2 VOB/B abgesehen – nach dem Grundsatz
pacta sunt servanda bis zur Verfahrenseröffnung einzuhalten.[66]

### 1. Zahlungseinstellung und Antragstellung

Die Einstellung der Zahlungen durch den Auftragnehmer (oder Auftraggeber) ist ohne 31
weitere rechtsgestaltende Erklärung eines der Vertragspartner ohne Einfluss auf den Bestand
des Vertrages. Dasselbe gilt für die Stellung des Antrags auf Eröffnung des Insolvenzverfahrens
durch den Auftragnehmer, Auftraggeber oder einen dritten Gläubiger. Rechtsfolgen
können sich aus den Maßnahmen ergeben, die sich in der Folge aus § 21 InsO deshalb
einstellen, weil das Insolvenzgericht einen **vorläufigen Insolvenzverwalter** bestellt und
dem Schuldner ein allgemeines Verfügungsverbot auferlegt hat. Der vorläufige Insolvenzverwalter
ist jedoch nicht in der Lage über die Erfüllung einen gegenseitigen Vertrages zu
disponieren. § 103 InsO greift erst ab Verfahrenseröffnung, was mit Eröffnungsbeschluss
gemäß § 27 InsO erfolgt und mit der Ernennung eines Insolvenzverwalters verbunden wird.
Deshalb hat ein bloß vorläufiger Insolvenzverwalter abgeschlossene Bauverträge gemäß
deren Inhalt einzuhalten.[67]

### 2. Eröffnung des Insolvenzverfahrens – Teilleistungen vor Eröffnung erbracht

Mit der Eröffnung des Insolvenzverfahrens (§ 27 InsO) erlöschen die Vertragsansprüche 32
nicht. Der BGH[68] hat seine diesbezügliche frühere Rechtsprechung,[69] die mit dem Schlag-

---

[65] BGH U. v. 26. 9. 1985, VII ZR 19/85, NJW 1986, 255 = BauR 1986, 91, 93.
[66] *Braun/Kroth* InsO 2. Aufl., § 103 Rdn. 54.
[67] MünchKomm/*Huber* InsO § 103 Rdn. 150.
[68] U. v. 25. 4. 2002, IX ZR 313/99, NJW 2002, 2783 = NZBau 2002, 439 = BauR 2002, 1264, 1266.
[69] BGH U. v. 4. 5. 1995, IX ZR 256/93, BGHZ 129, 336, 338 = NJW 1995, 1966; BGH U. v. 27. 2. 1997, IX ZR 5/96, BGHZ 135 25, 26 = NJW 1997, 2184 L.

wort **Erlöschenstheorie** gekennzeichnet wurde, **aufgegeben.** Die Verfahrenseröffnung bewirkt keine materiell-rechtliche Umgestaltung des gegenseitigen Vertrages, sondern hat wegen der beiderseitigen Nichterfüllungseinreden der Vertragspartner (§ 320 BGB) nur zur Folge, dass diese ihre noch ausstehenden Erfüllungsansprüche nicht durchsetzen können **(Suspensivtheorie).**[70] Dies gilt nicht für die Erfüllungsansprüche für bis zur Verfahrenseröffnung bereits erbrachte Leistungen; das ist die anteilige Gegenleistung der Masse für vor Verfahrenseröffnung erbrachte Leistungen.[71] Diese Ansprüche, wozu insbesondere die Vergütungsansprüche des Auftragnehmers für Leistungen zählen, die er bis zur Verfahrenseröffnung erbracht hat, können durchgesetzt werden. Der Vertrag wird deshalb unter dem Gesichtspunkt der Durchsetzbarkeit der verschiedenen Ansprüche aufgespalten. Die noch ausstehenden Erfüllungsansprüche beider Vertragspartner – vom Vergütungsanspruch der Masse für die bis zur Verfahrenseröffnung erbrachten Leistungen abgesehen – werden in ihrer Durchsetzbarkeit gehindert. Das sind bezogen auf die bis zur Insolvenzeröffnung erbrachten Leistungen Mängelbeseitigungsansprüche des Auftraggebers. Der Auftraggeber kann auch den Anspruch auf die noch ausstehenden Restleistungen nicht durchsetzen. Der Auftragnehmer seinerseits hat einen Anspruch auf die Vergütung der bis zur Verfahrenseröffnung erbrachten Leistungen. Dieser Anspruch ist in seiner Durchsetzbarkeit nicht gehindert.[72] Dieser Schwebezustand kann durch Entscheidungen des Insolvenzverwalters – nicht des vorläufigen nach § 22 InsO –[73] oder des Auftraggebers beendet werden. Der bis zur Insolvenzeröffnung geltende Grundsatz, dass Verträge zu halten sind,[74] wird zu Gunsten der Masse durch eine Entscheidungsmöglichkeit des Insolvenzverwalters nach § 103 InsO zur Disposition gestellt.

33  **a) Anwendungsvoraussetzungen gemäß § 103 InsO.** § 103 InsO setzt voraus, dass weder der Auftragnehmer noch der Auftraggeber den Bauvertrag vollständig erfüllt hat. Dabei hat die Abnahme der Werkleistung für den insolvenzrechtlichen Erfüllungsbegriff keine Bedeutung.[75] Da der Auftragnehmer auf Verlangen alle während der Verjährungsfrist auftretenden und auf eine vertragswidrige Leistung zurückführbaren Mängel auf seine Kosten zu beseitigen hat (§ 13 Nr. 4, 5 VOB/B), hat der Auftragnehmer die Leistung erst mit dem mangelfreien Ablauf der Verjährungsfrist bewirkt.[76] Teilweise wird jedoch die Auffassung vertreten, dass auf den Zeitpunkt der Verfahrenseröffnung abzustellen ist: Treten Mängel erst danach auf, liege kein Fall des § 103 InsO vor, vielmehr verschaffe § 13 Nr. 5 VOB/B einen Anspruch auf Mängelbeseitigung als Insolvenzforderung ohne Wahlmöglichkeit für den Verwalter.[77] Beanstandet der Auftraggeber im Verlauf der Bauabwicklung Mängel gem. § 4 Nr. 7 VOB/B, ist die Leistung vollständig nicht erbracht. Der Auftraggeber hat seine Zahlungsverpflichtung auch bei einem Sicherheitseinbehalt nach § 17 VOB/B oder der Gestellung einer Bürgschaft durch den Auftragnehmer und im Gegenzug vollständiger Zahlung durch den Auftraggeber noch nicht vollständig erbracht.[78]

34  **b) Die Entscheidung des Insolvenzverwalters.** Der Insolvenzverwalter entscheidet nach den sich aus § 103 InsO ergebenden Regeln über die Erfüllung des Vertrages oder deren Ablehnung. Der andere Teil (Auftraggeber) kann die Entscheidung durch Aufforderung zur Ausübung des Wahlrechts herbeiführen. Unterlässt der Verwalter auf eine solche Aufforderung eine unverzüglich abzugebende Erklärung, kann er auf Erfüllung nicht mehr

---

[70] *M. Huber* NZBau 2005, 177, 180.
[71] *M. Huber* NZBau 2005, 177, 180.
[72] BGH U. v. 25. 4. 2002, IX ZR 313/99, NJW 2002, 2783 = NZBau 2002, 439 = BauR 2002, 1264, 1266.
[73] *Braun/Kroth* InsO 2. Aufl., § 103 Rdn. 54.
[74] *Pape* in Kölner Schrift zur Insolvenzordnung 2. Aufl., S. 405 ff.; *Braun/Kroth* InsO 2. Aufl., § 103 Rdn. 54.
[75] *M. Huber* NZBau 2005, 177, 179.
[76] *M. Huber* NZBau 2005, 177, 179; *Thode* ZfIR 2000, 165, 179.
[77] *Wellensiek* BauR 2005, 186, 190.
[78] *M. Huber* NZBau 2005, 177, 179; bezüglich der Ablösung eines Einbehalts durch Gestellung einer Bürgschaft a. A. *Schmitz* ZIP 2001, 765, 766; *Wellensiek* BauR 2005, 186, 191.

bestehen (§ 103 Abs. 2 InsO). Die **Wahl** trifft der Verwalter durch eine einseitige, empfangsbedürftige **Willenserklärung**.[79] Allein in Betracht kommender **Adressat** ist in der Insolvenz des Auftragnehmers der Auftraggeber und nicht dessen bauleitender Architekt. Seine originäre Vollmacht[80] begründet keine rechtswirksame Empfangsbotenstellung. Da die Erfüllungswahl nach § 55 Abs. 1 Nr. 2 InsO Masseverbindlichkeiten begründet und i. V. m. § 61 InsO zu einer Schadensersatzverpflichtung des Verwalters führen kann, sind an ein Verhalten des Insolvenzverwalters, um dessen Verständnis als Erfüllungswahl es geht, nicht unerhebliche Anforderungen zu stellen.[81] Eine Zahlungsaufforderung des Verwalters bezüglich noch offener Posten des Insolvenzschuldners (Auftragnehmer) genügt nicht.[82] Arbeiten die Subunternehmer des Auftragnehmers eigenmächtig weiter, stellt dies im Gegensatz zu einem vom Verwalter veranlassten Weiterarbeiten nach dem maßgeblichen Empfängerhorizont ebenfalls keine konkludente Erfüllungswahl dar.

### 3. Erfüllungswahl des Insolvenzverwalters (§ 103 Abs. 1 InsO)

Wählt der Insolvenzverwalter die Erfüllung des Bauvertrages und wird diese Wahl nicht 35 durch eine zuvor vom Auftraggeber ausgesprochene Kündigung gestört, erhalten die zunächst nicht durchsetzbaren Erfüllungsansprüche die Qualität von originären Forderungen der und gegen die Masse.

**a) Rechtsfolgen der Erfüllungswahl.** Die Erfüllungswahl führt zu einem **Qualitäts-** 36 **sprung** der betroffenen Ansprüche.[83] Betroffen sind die Ansprüche des Auftraggebers auf die **noch ausstehende Leistung** einerseits und die Vergütungsansprüche der Masse für diese Leistungen.[84] Der Auftraggeber ist mit seinem Anspruch auf Erfüllung des Bauvertrages nach § 55 Abs. 1 Nr. 2 InsO Massegläubiger. Hat der Auftragnehmer vor Eröffnung des Insolvenzverfahrens seine Werklohnansprüche zur Sicherung abgetreten, erfasst diese **Abtretung** die Vergütungsansprüche für nach der Eröffnung zu erbringenden Leistungen wegen deren Qualität als originäre Forderungen nicht.[85] Trotz dieses Qualitätssprungs sichert jedoch eine vom Auftragnehmer (Insolvenzschuldner) gestellte **Vertragserfüllungsbürgschaft** auch diesen durch die Erfüllungswahl des Insolvenzverwalters nunmehr durchsetzungsfähigen Erfüllungsanspruch des Auftraggebers hinsichtlich der nach Insolvenzeröffnung zu erbringenden Leistungen. Denn bei Identität des Rechtsgrundes (Ansprüche aus dem Bauvertrag) und der Qualifizierung der Ansprüche als Masseforderung mit der Folge einer besonderen Abwicklung in der Insolvenz schließen die **Akzessorietätsregeln** die weitere Besicherung nicht aus. Die Ansprüche werden nicht neu begründet, sondern derselbe Anspruch wird lediglich insolvenzrechtlich nicht als Insolvenzforderung, sondern als Masseforderung eingestuft.[86] Weist die Leistung des Auftragnehmers Mängel auf, haben die Sachmängelhaftungsansprüche gleichfalls die Qualität von Masseschulden nach § 55 Abs. 1 Nr. 2 InsO.[87]

**b) Auswirkungen der Teilbarkeit.** Wegen des **Grundsatzes der Teilbarkeit** von 37 Bauleistungen (§ 105 InsO)[88] gilt dies jedoch nur für die bei Verfahrenseröffnung noch

---

[79] *Wellensiek* BauR 2005, 186, 191.
[80] Vgl. dazu nur *Dören* Jahrbuch BauRecht 2003, 131 ff.; *Pauly* BauR 1998, 1143; BGH U. v. 17. 4. 2004, VII ZR 337/02, NJW-RR 2004, 1384 = NZBau 2004, 503, BauR 2004, 1443; OLG Stuttgart BauR 2004, 1350.
[81] *O. Vogel* Jahrbuch Baurecht 2003, 107, 125.
[82] OLG Dresden ZIP 2002, 815, 816.
[83] *M. Huber* NZBau 2005, 256, 261.
[84] BGH U. v. 25. 4. 2002, IX ZR 313/99, BGHZ 150, 353 = NJW 2002, 2783 = NZBau 2002, 439 = BauR 2002, 1264, 1267.
[85] BGH U. v. 25. 4. 2002, IX ZR 313/99, BGHZ 150, 353 = NJW 2002, 2783 = NZBau 2002, 439 = BauR 2002, 1265, 1267; MünchKomm/*Kreft* InsO § 103 Rdn. 51, 54.
[86] *O. Vogel* BauR 2005, 218, 219/220.
[87] *Eickmann* in Heidelberger Kommentar InsO § 55 Rdn. 17; *Heidland* Der Bauvertrag in der Insolvenz, Rdn. 1056.
[88] Vgl. nachfolgend Rdn. 43 ff.

ausstehenden, also ab Verfahrenseröffnung und Erfüllungswahl des Insolvenzverwalters erbrachten Leistungen und die daran aufgetretenen Mängel. Nach §§ 105, 103 InsO hat die Erfüllungswahl des Verwalters bei Teilbarkeit der Leistung lediglich die zurzeit der Eröffnung des Verfahrens noch ausstehenden Leistungen mit der Folge zum Gegenstand, dass die sich ergebenden Verpflichtungen der Masse Masseverbindlichkeiten darstellen (§ 55 Abs. 1 Nr. 2 InsO). Für die **bis zur Eröffnung erbrachten Leistungen** und insoweit bestehenden **Mängeln** verbleibt es bei der Durchsetzungssperre von Sachmängelhaftungsansprüchen; der Auftraggeber ist lediglich Insolvenzgläubiger (§ 105 Satz 1, § 103 Abs. 2 InsO).[89] Hinsichtlich der **vor Verfahrenseröffnung erbrachten Leistungen** verbleibt es trotz der Erfüllungswahl des Verwalters bei der Nichtdurchsetzbarkeit der Sachmängelansprüche; der Auftraggeber hat insoweit lediglich **Insolvenzansprüche.** Die mangelbehaftete Teilleistung löst Schadensersatzansprüche anstatt der Leistung aus oder hat eine Minderung der auf die Teilleistung entfallende Vergütung zur Folge.[90] Dieser Standpunkt entspricht jedoch nicht der h. M. Danach ist die Erfüllungswahl unteilbar und erfasst deshalb nicht nur die nach der Erfüllungswahl noch zu erbringenden Bauleistungen, sondern beinhaltet auch die Pflicht zur Beseitigung der Mängel an den bis zur Verfahrenseröffnung erbrachten Leistungen.[91]

38   c) **Zur Aufrechenbarkeit.** Wird der primäre wie auch sekundäre Mängelbeseitigungsanspruch des Auftraggebers bezüglich der Mängel an der bis zur Verfahrenseröffnung erbrachten Leistung als Insolvenzforderung mit der Folge qualifiziert, dass der Auftraggeber Schadensersatz wegen Nichterfüllung verlangen kann (§§ 105, 103 Abs. 2 InsO), scheidet eine Aufrechnung gegen die Vergütungsansprüche der Masse für die nach der Eröffnung erbrachten Leistungen aus. Die Unzulässigkeit folgt aus § 96 Abs. 1 Nr. 1 InsO, weil der Auftraggeber als Insolvenzgläubiger erst nach der Eröffnung des Insolvenzverfahrens etwas zur Masse schuldig geworden ist. Eine Aufrechnungsmöglichkeit besteht auch nicht hinsichtlich des Teils des Vergütungsanspruchs, der auf die bis zur Verfahrenseröffnung erbrachten Leistungen entfällt. Dies kommt zwar unter der Voraussetzung in Betracht, dass dieser Anspruch selbstständig und alleiniger Forderungsinhalt ist,[92] scheidet jedoch aus, wenn die Abrechnung der Gesamtleistung gem. § 16 Nr. 3 VOB/B erfolgt. Macht der Insolvenzverwalter nach Erfüllungswahl für die bis zur Verfahrenseröffnung erbrachten Leistungen nach § 16 Nr. 1 VOB/B eine Abschlagsforderung geltend, kann bezüglich der Aufrechenbarkeit mit der mängelbezogenen Insolvenzforderung nichts anderes gelten. Denn der Vergütungsanspruch wird infolge der Vergütungswahl insgesamt eine Masseforderung, die der Auftraggeber erst nach der Eröffnung des Verfahrens zur Insolvenzmasse schuldig geworden ist.

### 4. Erfüllungsablehnung durch Insolvenzverwalter (§ 103 Abs. 2 InsO)

39   Lehnt der Insolvenzverwalter die Erfüllung ab, bleibt es bei der fehlenden Durchsetzbarkeit der Erfüllungsansprüche gegen die Masse.[93] Der Auftraggeber kann nach § 103 Abs. 2 InsO nur eine Forderung wegen Nichterfüllung als Insolvenzgläubiger geltend machen.

40   a) **Gegenstand des Anspruchs.** Dieser Anspruch des Auftraggebers betrifft Mängel an der bis zur Eröffnung erbrachten Leistungen und die restlichen Leistungen, zu deren Ausführung es nach der Verfahrenseröffnung nicht mehr kommt. Kann demnach die Masse den Vergütungsanspruch für die bis zur Verfahrenseröffnung erbrachten Leistungen geltend

---

[89] *Heidland* Der Bauvertrag in der Insolvenz, Rdn. 1056, 1059.
[90] *Huber* in FS Kreft 2004, 327, 333; *ders.* NZBau 2005, 256, 261; vgl. BGH U. v. 10. 8. 2006, IX ZR 28/05, NZBau 2006, 635 = BauR 2006, 1884.
[91] *Kreft* in FS Kirchof, 2003, 282 ff.; *M. Huber* NZBau 2005, 256, 261.
[92] Vgl. zur diesbezüglichen Aufrechenbarkeit unter der Voraussetzung der Ablehnung der Erfüllung durch den Insolvenzverwalter *M. Huber* NZBau 256, 260.
[93] *M. Huber* NZBau 2005, 177, 180; BGH U. v. 25. 4. 2002, IX ZR 313/99, NJW 2002, 2783 = NZBau 2002, 439 = BauR 2002, 1264, 1266.

machen, stellt sich die Frage der Aufrechenbarkeit des Auftraggebers mit seinen Insolvenzforderungen, nämlich bei Mangelhaftigkeit der erbrachten Leistung und bezüglich der Nichterfüllung der noch offenen Werkleistungen, die der Auftraggeber dann regelmäßig teurer vergeben muss.

**b) Rechtsfolgen.** Entscheidet sich der Insolvenzverwalter bewusst gegen die Erfüllung 41 des Bauvertrages oder erklärt er sich nicht unverzüglich zur Aufforderung des Auftraggebers, bleibt es bei der **fehlenden Durchsetzbarkeit** der Erfüllungsansprüche des Auftraggebers. Der Auftraggeber kann nach § 103 Abs. 2 InsO Ansprüche wegen Nichterfüllung nur als Insolvenzgläubiger geltend machen. Mit der Geltendmachung eines solchen Anspruchs durch den Auftraggeber wird der Bauvertrag in ein Abwicklungsverhältnis umgewandelt.[94] Eine vom Auftragnehmer gestellte **Erfüllungsbürgschaft** sichert diesen Schadensersatzanspruch wegen Nichterfüllung (Schadensersatz anstatt der Leistung).[95] Weist die bis zur Entscheidung des Insolvenzverwalters erbrachte Leistung **Mängel** auf, ist der Auftraggeber hinsichtlich seiner Sachmängelhaftungsansprüche Insolvenzgläubiger.[96] Infolge der Entscheidung des Insolvenzverwalters gegen die Erfüllung des Bauvertrages sind der Erfüllungsanspruch wie auch der Nacherfüllungsanspruch des Auftraggebers nicht durchsetzbar. Eine mangelhafte Teilleistung bleibt deshalb mangelbehaftet.[97] Die **fehlende Durchsetzbarkeit** betrifft auch einen **Vorschussanspruch** (§ 637 BGB) und den **Kostenerstattungsanspruch,** da diese Ansprüche eine fortbestehende Nacherfüllungspflicht voraussetzen.[98] Deren Fehlen ist auch der Grund dafür, dass dem Auftraggeber **kein Zurückbehaltungsrecht** nach § 320 BGB oder § 641 Abs. 3 BGB zusteht.[99] Der Auftraggeber hat lediglich eine Insolvenzforderung in Höhe der Kosten der Mängelbeseitigungsarbeiten als **Schadensersatzforderung.**[100]

Die **Aufrechnung** des Auftraggebers mit dieser Forderung gegen Ansprüche der Masse 42 auf ausstehende Vergütung ist möglich.[101] Hindernisse aus § 95 InsO bestehen nicht, weil mit der Erfüllungsablehnung sowohl der restliche Vergütungsanspruch als auch der Schadensersatzanspruch entsteht und fällig wird.[102] Die in §§ 94, 95 InsO enthaltenen und die Aufrechnung einschränkenden Regeln gelten wegen des Gebots einer restriktiven Auslegung auch nicht für solche Ansprüche, die in einem synallagmatischen Verhältnis stehen,[103] Entsteht infolge der Erfüllungsablehnung ein **Abrechnungsverhältnis,** in welches neben dem Vergütungsanspruch auch der Schadensersatzanspruch einzustellen ist,[104] bildet § 95 Abs. 1 Satz 3 InsO von vornherein kein Hindernis.[105] Soweit nunmehr der BGH[106] auch auf ein Abrechnungsverhältnis der Aufrechnungsregeln zur Anwendung bringt, stellt sich die Frage, ob die Aufrechnung über § 94 InsO deshalb abgestützt werden kann, weil die Mangelhaftigkeit der bis zur Insolvenzeröffnung erbrachten Leistung eine Aufrechnungslage begründet. Das scheidet jedoch für Mängel, die erst nach der Verfahrenseröffnung auftreten, aus. Mängelansprüche entstehen nämlich erst ab Auftreten des Mangels; es fehlt an einer Aufrechnungslage, die durch die Vollwirksamkeit und Fälligkeit der zur Aufrechnung gestell-

---

[94] *M. Huber* NZBau 2005, 177, 180.
[95] *Schmitz,* Die Bauinsolvenz 3. Aufl., Rdn. 659; BGH U. v. 17. 12. 1987, IX ZR 263/86, BauR 1988, 220 = ZIP 1988, 222, 224.
[96] *M. Huber* NZBau 2005, 256, 260.
[97] *Heidland* Der Bauvertrag in der Insolvenz, Rdn. 1134.
[98] OLG Brandenburg NZBau 2001, 352, 326; *Schmitz* Bauinsolvenz 3. Aufl., Rdn. 152; a. A. BGH U. v. 22. 2. 2001, VII ZR 115/99, NJW-RR 2001, 739 = NZBau 2001, 313 = ZfBR 2001, 319 = BauR 2001, 789.
[99] *Schmitz* Die Bauinsolvenz 3. Aufl., Rdn. 153; BGH U. v. 17. 12. 1998, IX ZR 151/98, NJW 1999, 1261 = BauR 1999, 392.
[100] *Heidland* Der Bauvertrag in der Insolvenz, Rdn. 1134 a.
[101] *M. Huber* NZBau 2005, 256, 260.
[102] *Heidland* Der Bauvertrag in der Insolvenz, Rdn. 1146.
[103] Wellensiek BauR 2005, 186, 196; *Schmitz* Die Bauinsolvenz 3. Aufl., Rdn. 100 ff.
[104] *Schmitz* Die Bauinsolvenz 3. Aufl. Rdn. 87 ff.
[105] *M. Huber* NZBau 2005, 256, 260.
[106] U. v. 23. 6. 2005, VII ZR 197/03, NJW 2005, 2771 = NZBau 2005, 582 = BauR 2005, 1477.

ten Forderung gekennzeichnet wird.[107] Allein § 95 Abs. 1 Satz 3 InsO bleibt (vgl. nachfolgend Rdn. 49; 73 a). Bei noch ausstehender Vergütung der Masse gegen den Auftraggeber kommt auch eine **Minderung** nach § 638 BGB bzw. § 13 Nr. 6 VOB/B in Betracht. Wenn nämlich der Insolvenzverwalter infolge der Erfüllungsablehnung die Mängel nicht mehr beseitigen muss, hat er keinen Anspruch auf denjenigen Teil des Werklohns, der dem Wert der Mängel entspricht. Der Auftraggeber kann in Höhe der Mängelbeseitigungskosten oder – bei Unverhältnismäßigkeit der Aufwendungen – nach den in § 13 Nr. 6 VOB/B, § 638 Abs. 3 BGB genannten Kriterien[108] mindern.[109] Liegt eine **Leistungskette** vor, kann der Insolvenzverwalter bei einem VOB-Bauvertrag in dem Insolvenzverfahren über das Vermögen des Hauptunternehmers von dem Nachunternehmer Minderung statt Nachbesserung verlangen, wenn dem Bauherrn wegen der Mängel an dem Bauwerk nur eine Insolvenzforderung zusteht.[110]

### 5. Teilbarkeit der Leistung – bauvertragliche Aspekte in der Insolvenz (§ 105 InsO)

43  Teilbarkeit einer Bauleistung im Sinne von § 105 InsO liegt vor, wenn sich die Werkleistungen in verschiedene Gewerke aufteilen lassen.[111] Außerdem sind Bauleistungen dann teilbar, wenn sich der Auftrag über ein Leistungsverzeichnis und die den Positionen entsprechenden Einheitspreise eindeutig aufteilen lässt,[112] was im Ergebnis dazu führt, dass Bauleistungen im Regelfall teilbar sind.[113] Die Teilbarkeit i. S. d. § 105 InsO hat nichts mit den in § 12 Nr. 2 VOB/B enthaltenen Voraussetzungen für eine rechtsgeschäftliche Abnahme von Teilleistungen zu tun. Nach BGH[114] reicht es grundsätzlich aus, wenn sich die erbrachten Leistungen feststellen und bewerten lassen. Hierfür sind Aufmaßnahme und die Bewertung nach Einheitspreisgrundsätzen oder nach dem Verhältnis der erbrachten Leistungen zum Wert der gesamten Leistung die geeignete Grundlage.[115] Die bezüglich der Teilbarkeit einer Leistung in § 105 InsO enthaltenen Regeln haben erheblichen Einfluss auf die Abwicklung eines Bauvertrages bei der Erfüllungswahl durch den Insolvenzverwalter.

44  a) **Auswirkungen der Erfüllungswahl (§ 103 Abs. 1 InsO).** Die Teilbarkeit der Bauleistung wirkt sich bei der **Erfüllungswahl** des **Verwalters** in der Insolvenz des Auftragnehmers, der bis zum Zeitpunkt der Insolvenzeröffnung bereits Leistungen erbracht hat, dahin aus, dass die Erfüllungswahl Auswirkungen lediglich für die noch ausstehenden Bauleistungen hat.

45  b) **Spaltung des Bauvertrags.** Der Bauvertrag wird gespalten und zerfällt deshalb in **zwei Teile,** einen solchen, der die Leistung bis zur Verfahrenseröffnung zum Gegenstand hat, und den zweiten Teil, der die noch ausstehenden Leistungen betrifft.[116] Diese noch ausstehenden Leistungen werden dann mit den Mitteln der Masse erbracht. Die entsprechenden Werklohnforderungen sind Masseforderungen.

46  c) **Mängel der nach der Erfüllungswahl erbrachten Leistungen.** Hinsichtlich dieser noch ausstehenden Leistungen hat der Insolvenzverwalter für sämtliche ihm materiellrecht-

---

[107] *Palandt/Grüneberg* § 387 Rdn. 11.
[108] Vgl. dazu BGH U. v. 9. 1. 2003, VII ZR 181/00, NJW 2003, 1188 = NZBau 2003, 214 = BauR 2003, 533.
[109] BGH U. v. 17. 12. 1998, IX ZR 151/98, NJW 1999, 1261 = BauR 1999, 392.
[110] BGH U. v. 10. 8. 2006, IX ZR 28/05, NZBau 2006, 635 = BauR 2006, 1884.
[111] BGH NJW 1977, 1345.
[112] *Kreft* in FS Uhlenbruck 2000, 387, 396.
[113] BGH U. v. 4. 5. 1995, IX ZR 256/93, NJW 1995, 1966.
[114] U. v. 25. 4. 2002, IX ZR 313/99, BGHZ 150, 153 = NJW 2002, 2783 = NZBau 2002, 439 = BauR 2002, 1264, 1266.
[115] A. A. *Heidland* Der Bauvertrag in der Insolvenz, Rdn. 713, wonach eine Teilleistung eine Nichtleistung ist, z. B. soll bei einem Rohbauunternehmer, der auch die Eindeckung zu besorgen hat, eine Nichtleistung vorliegen, wenn die Eindeckung fehlt. *Heidland* lehnt die BGH-Rechtsprechung in den Rdn. 717 ff. ab.
[116] *Uhlenbruck/Berscheid* InsO, 12. Aufl., § 105 Rdn. 30; BGH U. v. 22. 2. 2001, IX ZR 191/98, NJW 2001, 3704 = NZBau 2001, 498 = BauR 2001, 1580.

lich zurechenbaren Leistungsstörungen einzutreten, also auch für Sachmängelansprüche. Dem Auftraggeber stehen diesbezüglich sämtliche materiell-rechtlich in Betracht kommenden Gegenrechte zu.[117] Nach § 55 Abs. 1 Nr. 2 InsO haben insoweit entstehende Ansprüche die Qualität von Masseverbindlichkeiten.[118]

**d) Mängel der bis zur Eröffnung erbrachten Leistungen.** Bezüglich der bis zur Eröffnung erbrachten Teilleistungen bleibt es trotz der Erfüllungswahl bei der Nichtdurchsetzbarkeit der Sachmängelansprüche und der Beschränkung auf Insolvenzansprüche.[119] Das folgt aus § 105 Satz 1 InsO, da der Auftraggeber bezüglich bereits erbrachter Teilleistungen in jedem Fall Insolvenzgläubiger ist, unabhängig davon, ob sich der Insolvenzverwalter für oder gegen die Erfüllung entscheidet.[120] Nach *Berscheid*[121] kann der Insolvenzverwalter das Erfüllungsverlangen ausdrücklich für den gesamten Vertrag verlangen, was ihn dann gegebenenfalls zur Nachbesserung auch für die bereits erbrachte Teilleistung mit Mitteln der Insolvenzmasse deshalb verpflichtet, weil der Anspruch des Auftraggebers auf Fertigstellung des Werks diesen Anspruch mit umfassen soll.[122] Damit wird im Ergebnis die mit der Teilbarkeitslehre verbundene Aufspaltung des Bauvertrags bei Erfüllungswahl durch den Insolvenzverwalter aufgehoben. Insolvenzrechtlich ist eine solche Betrachtungsweise nach §§ 103, 105 InsO wohl ausgeschlossen. Nach *M. Huber* muss sich die **Lehre von der Vertragsspaltung** auch auf die mangelhafte Teilleistung vor Verfahrenseröffnung erstrecken. Deshalb ist der Auftraggeber bei Mängeln an der vor der Eröffnung erbrachten Teilleistung nicht Massegläubiger, sondern nach § 105 Satz 1 InsO **Insolvenzgläubiger.**[123] 47

**e) Sondervereinbarungen und Aufrechenbarkeit.** Bürgerlich-rechtlich rechtfertigt eine qualitativ andere Abmachung jedoch der Grundsatz der Vertragsfreiheit. Qualitativ werden dadurch Masseverbindlichkeiten nach § 55 Abs. 1 Nr. 1 InsO begründet. Ohne eine solche Vereinbarung kann der Auftraggeber als Insolvenzgläubiger mit Schadensersatzansprüchen wegen Nichterfüllung nicht gegen Vergütungsansprüche der Masse aufrechnen, die dieser aus der Erbringung der Leistungen infolge der Erfüllungswahl zustehen. Das schließt § 96 Nr. 1 InsO aus, denn der Auftraggeber wird erst nach Eröffnung des Insolvenzverfahrens etwas zur Insolvenzmasse schuldig.[124] Die **Aufrechenbarkeit** bezüglich der auf die vor der Eröffnung erbrachten Teilleistungen entfallenden Vergütungsansprüche scheitert, weil die Rechtslage bei Erfüllungswahl nicht mit der bei Erfüllungsablehnung[125] verglichen werden kann. Denn die Erfüllungswahl führt zu einem **einheitlichen Vergütungsanspruch,** der insgesamt eine Masseforderung ist und mit Rechnungsstellung nach der Eröffnung des Verfahrens fällig wird. Die Aufrechnung mit einer Insolvenzforderung schließt § 96 Abs. 1 Nr. 1 InsO aus. *Wellensiek*[126] vertritt die Auffassung, die Aufrechnung sei insoweit möglich, als in dem einheitlichen Vergütungsanspruch Teile für die vor der Verfahrenseröffnung erbrachten Leistungen enthalten sind. Bezüglich der vor der Verfahrenseröffnung mangelhaft erbrachten Leistung und den diesbezüglichen Ansprüchen wird bei Fortsetzungswahl durch den Insolvenzverwalter auch damit argumentiert, die Aufrechnung sei über §§ 94, 95 Abs. 1 Satz 3 InsO gesichert, weil die Mangelhaftigkeit der Leistung unabhängig vom Zeitpunkt ihrer Entdeckung und der Geltendmachung von Ansprüchen 48

---

[117] *Uhlenbruck/Berscheid* InsO, 12. Aufl., § 105 Rdn. 30; *Heidland* Der Bauvertrag in der Insolvenz, Rdn. 1060 ff.
[118] *Heidland* Der Bauvertrag in der Insolvenz, Rdn. 1060.
[119] *Heidland* Der Bauvertrag in der Insolvenz, Rdn. 1056; *M. Huber* NZBau 2005, 256, 261; a. A. von Huber a. a. O. als herrschend bezeichnete Meinung, so *Kreft* FS Kirchhof, 2003, 282 ff.
[120] *Braun/Kroth* InsO, § 105 Rdn. 8.
[121] In *Uhlenbruck* InsO, 12. Aufl., § 105 Rdn. 31.
[122] *Kreft* in FS Uhlenbruck, 2000, 387, 399; *Kreft* FS Kirchhof 2003, 282; vgl. den Überblick über die verschiedenen Meinungen bei *M. Huber* NZBau 2005, 256, 261.
[123] *M. Huber* NZBau 2005, 256, 261.
[124] *M. Huber* NZBau 2005, 256, 261.
[125] Vgl. dazu *M. Huber* NZBau 2005, 256, 260.
[126] BauR 2005, 186, 197.

## § 8 Nr. 2 — Kündigung bei Vermögensverfall des AN

hieraus die Aufrechnungslage begründe, die zur Aufrechnung i. S. v. § 94 InsO berechtige.[127] Für in einem Synallgma stehende Ansprüche wird im Ergebnis § 95 Abs. 1 Satz 3 InsO teleologisch reduziert.

49   f) **Erfüllungsablehnung durch Insolvenzverwalter (§ 103 Abs. 2 InsO).** Hat der Auftragnehmer (Schuldner) vor der Eröffnung des Insolvenzverfahrens Teilleistungen erbracht, stehen dem Insolvenzverwalter bei Ablehnung der weiteren Erfüllung die entsprechenden Vergütungsansprüche für die erbrachte Teilleistung zu. Die Ablehnung der Erfüllung hat zur Folge, dass der Auftraggeber hinsichtlich der noch offenen Leistungen Erfüllungsansprüche nicht durchsetzen kann; er ist auf Schadensersatzansprüche wegen Nichterfüllung (§ 103 Abs. 2 InsO) beschränkt.[128] Der Auftraggeber kann mit diesen Ansprüchen gegen den Vergütungsansprüchen **aufrechnen;** § 95 Abs. 1 Satz 3 InsO schließt die Aufrechnung nicht aus.[129] Das gilt auch für Mängel an den bis zur Eröffnung erbrachten Teilleistungen. Da die Erfüllungsablehnung die Undurchsetzbarkeit des Erfüllungsanspruchs auf Mängelbeseitigung zur Folge hat, und damit lediglich eine Schadensersatzforderung als Insolvenzforderung besteht, steht § 95 Abs. 1 Satz 3 InsO einer Aufrechnung gegen den Vergütungsanspruch nicht entgegen.[130]

### 6. Keine Teilleistungen erbracht

50   Hat keine Vertragspartei vor der Insolvenzeröffnung Teilleistungen erbracht, und entscheidet sich der Insolvenzverwalter in der Insolvenz des Auftragnehmers gegen die Erfüllung des Vertrages, stehen dem Auftraggeber die Rechte aus § 103 InsO zu. Infolge der Eröffnung haben die Erfüllungsansprüche des Auftraggebers ihre Durchsetzbarkeit verloren.[131] Die Entscheidung, sich mit dem Anspruch wegen Nichterfüllung am Insolvenzverfahren beteiligen zu wollen, gestaltet den Bauvertrag in ein Abwicklungsverhältnis um.[132] Entscheidet sich der Insolvenzverwalter für die Erfüllung des Vertrages, entstehen nach § 55 Abs. 1 Nr. 2 InsO Masseverbindlichkeiten und Masseforderungen. Bei Mängeln an der Leistung stehen dem Auftraggeber die Sachmängelansprüche nach Werkvertragsrecht uneingeschränkt zu. Das eröffnet sowohl ein **Zurückbehaltungsrecht** als auch die **Aufrechenbarkeit,** die durch §§ 94 ff. InsO nicht beschränkt wird. Diese gelten nämlich nur für Insolvenzgläubiger.[133] Eine Ausnahme gilt bei angezeigter Masseunzulänglichkeit. Das führt zur Einschränkung der Aufrechnung nach § 209 Nr. 3 durch entsprechende Anwendung der §§ 95, 96 InsO.[134]

## B. Anwendungsvoraussetzungen des § 8 Nr. 2 VOB/B im Einzelnen

51   § 8 Nr. 2 Abs. 1 VOB/B enthält den außerordentlichen Kündigungsgrund. Absatz 2 beschreibt die Rechtsfolgen. Eine Ausübungs- und Zeitschranke wird nicht festgelegt. Die Kündigung kann deshalb auch trotz einer Erfüllungswahl des Insolvenzverwalters erfolgen.[135]

---

[127] *Schmitz* Die Bauinsolvenz 3. Aufl., Rdn. 100 ff.; *Wellensiek* BauR 2005, 186, 196.
[128] *M. Huber* NZBau 2005, 256, 260.
[129] BGH U. v. 22. 9. 2005, VII ZR 117/03, NJW 2005, 3574 = NZBau 2005, 685 = BauR 2005, 1913; MünchKommInsO/*Kreft* § 103 Rdn. 35; *M. Huber* NZBau 256, 260.
[130] *M. Huber* NZBau 2005, 256, 260; a. A. LG Potsdam ZIP 2002, 1734.
[131] BGH U. v. 25. 4. 2002, IX ZR 313/99, NJW 2002, 2783 = NZBau 2002, 439 = BauR 2002, 1264, 1266.
[132] MünchKommInsO/*Kreft* § 103 Rdn. 22.
[133] *Eickmann* in Heidelberger Kommentar § 94 Rdn. 20.
[134] *Eickmann* in Heidelberger Kommentar § 94 Rdn. 21.
[135] Vgl. oben Rdn. 8 ff.

## I. Kündigungstatbestände

Das Recht zur außerordentlichen Kündigung ist bei Zahlungseinstellung, Beantragung des Insolvenzverfahrens oder eines vergleichbaren gesetzlichen Verfahrens und dann gegeben, wenn ein solches Verfahren eröffnet oder dessen Eröffnung mangels Masse abgelehnt wird. Die Kündigungsgründe sind rein **objektiv** und verschuldensunabhängig formuliert, weswegen es bedeutungslos ist, aus welchem Grund der Auftragnehmer in die formalisierten Liquiditätsschwierigkeiten geraten ist.[136]

**1. Neufassung 2000 und 2006 des § 8 Nr. 2 Abs. 1 VOB/B**

Die Vorschrift wurde im Rahmen der Fassung der VOB, Ausgabe Dezember 2000, der Neuregelung des Insolvenzrechts angepasst. Bei dem Kündigungsgrund „Einstellung der Zahlungen" ist es geblieben. An die Stelle der bisherigen Kündigungsgründe „Beantragung des Vergleichsverfahrens" und „Konkurseröffnung" sind die Kündigungsgründe „Beantragung des Insolvenzverfahrens oder eines vergleichbaren gesetzlichen Verfahrens", „Eröffnung eines solchen Verfahrens" und „Ablehnung der Eröffnung mangels Masse" getreten. Die **Neufassung 2006** hat in § 8 Nr. 2 Abs. 1 VOB/B hinsichtlich des Kündigungsgrundes „Antrag auf Eröffnung des Insolvenzverfahrens bzw. eines vergleichbaren gesetzlichen Verfahrens" den Kreis der Antragsberechtigten erweitert. Kam nach der bisherigen Formulierung nur der Auftragnehmer in Betracht,[137] hat die Fassung von 2006 zu einer Ausdehnung auf den Auftraggeber und andere Gläubiger geführt (§§ 13, 14 InsO). Deren Antrag muss jedoch auch zulässig sein.

**a) Beständige wirtschaftliche Leistungsfähigkeit.** Damit wird der für die Abwicklung eines Bauvertrages notwendig fortdauernden wirtschaftlichen Leistungsfähigkeit des Auftragnehmers Rechnung getragen. Allerdings rechtfertigen nicht irgendwelche Zweifel an deren Fortbestand die außerordentliche Kündigung durch den Auftraggeber, der bei ausbleibender Leistung des Auftragnehmers wegen dessen Vorleistungspflicht grundsätzlich über § 320 BGB und § 16 VOB/B ausreichend gesichert ist. Führt die mangelnde Leistungsfähigkeit des Auftragnehmers zu den in § 5 Nr. 3, 4 VOB/B näher beschriebenen Sachverhalten, kann der Auftraggeber mit Fristsetzung und Kündigungsandrohung sowie bei fruchtlosem Ablauf der Frist mit der Kündigung reagieren. Das eröffnet die weitere Abwicklung nach § 8 Nr. 3 VOB/B, womit der Auftraggeber durch Drittvergabe und sonst entstehende Mehrkosten sowie Nachteile zu decken vermag.

**b) Fundamentale und dauerhafte Störung der Leistungsfähigkeit.** Auf solche Leistungsstörungen stellt § 8 Nr. 2 Abs. 1 VOB/B nicht ab. Die Vorschrift setzt auch keine Fristsetzung mit Kündigungsandrohung voraus; die Regelung hält die festgelegten Tatbestände für dermaßen gravierend, dass der Auftraggeber mit der sofortigen Kündigung reagieren kann. Die Tatbestände knüpfen weder an die Verletzung von Haupt- noch Nebenpflichten an, sondern haben mit der wirtschaftlichen Kapazität des Auftragnehmers zu tun. Ganz bestimmte Vorkommnisse, die aus **wirtschaftlichen Gründen** mit Recht abstrakt auf eine **Unfähigkeit zur Vertragserfüllung** schließen lassen, rechtfertigen eine außerordentliche Kündigung. Entsprechend der in § 2 Nr. 1 VOB/A enthaltenen Grundregel, dass Bauaufträge an fachkundige, leistungsfähige und zuverlässige Unternehmer zu angemessenen Preisen zu vergeben sind, regelt die VOB/B in den vorangehenden Bestimmungen lediglich Kündigungstatbestände, die an **Pflichtverletzungen,** Aufforderung zur Pflichterfüllung unter Fristsetzung und Kündigungsandrohung anknüpfen. Das sind die Vorgaben in § 4 Nr. 7 und Nr. 8 Abs. 1 und § 5 Nr. 4 VOB/B. Eine Fristsetzung – jedoch nicht die Kündigung – wird im Allgemeinen für entbehrlich gehalten, wenn sie reine Förmelei wäre,

---
[136] *Heiermann/Riedl/Rusam* VOB/B § 8 Rdn. 11.
[137] Vgl. Rdn. 55 a.

§ 8 Nr. 2     Kündigung bei Vermögensverfall des AN

was vor allem dann gilt, wenn ein Auftragnehmer die eingeforderte Leistungspflicht schlechthin bestreitet oder sonst ernsthaft und endgültig verweigert.[138]

53 c  **c) Entbehrlichkeit einer Fristsetzung.** Die in § 8 Nr. 2 Abs. 1 VOB/B gelisteten Kündigungstatbestände sind dermaßen gravierend, dass dem Auftraggeber eine Fristsetzung mit Kündigungsandrohung nicht zuzumuten ist. Die aufgezählten Gründe bedürfen keiner Bestätigung durch eine konkrete Leistungsstörung innerhalb einer bestimmten Frist. Sachlich wäre gerade bei einer Zahlungseinstellung, bei der bloßen Beantragung des Insolvenzverfahrens oder der Ablehnung der Eröffnung eines solchen Verfahrens mangels Masse eine derartige Fristsetzung mit Kündigungsandrohung nicht ausgeschlossen. Auch bei der Eröffnung des Insolvenzverfahrens ist eine Fristsetzung gegenüber dem Insolvenzverwalter vorstellbar, weil darin i. S. d. § 103 Abs. 2 Satz 2 InsO eine Aufforderung zur Ausübung des Wahlrechts zu sehen wäre.

53 d  **d) Konformität mit dem BGB.** Der Verzicht auf eine solche Fristsetzung deckt sich grundsätzlich mit den **Vorstellungen des BGB;** nach § 281 Abs. 2 und § 323 Abs. 2 BGB ist eine Fristsetzung u.a. entbehrlich, wenn besondere Umstände vorliegen, die unter Abwägung der beiderseitigen Interessen eine sofortige Rechtswahl – Schadensersatz bzw. Rücktritt – rechtfertigen. Allerdings ist die Frage, ob die Beantragung eines Insolvenzverfahrens oder dessen Eröffnung wie auch die Ablehnung der Eröffnung mangels Masse oder die bloße Zahlungseinstellung eine Fristsetzung z. B. nach § 323 Abs. 2 Nr. 3 BGB entbehrlich machen. Denn das Vertragsverhältnis geht in das Insolvenzverfahren in seinem bisherigen Rechtszustand ein, was zur Beurteilung einer Leistungsstörung nach allgemeinen Regeln führt.[139] Daran wird mit der Frage, ob die genannten Umstände einen Verzicht auf eine Fristsetzung vor Rechtsausübung rechtfertigen, aber gerade angeknüpft. Generell ist die Frage, ob die in § 8 Nr. 2 Abs. 1 VOB/B genannten Umstände nach § 323 Abs. 2 Nr. 3 BGB ohne Notwendigkeit der Fristsetzung ein Rücktrittsrecht einräumen, nicht zu beantworten.

53 e  **e) Besondere Umstände – Vertragstypik und Gläubigerinteressen.** Ob besondere Umständen vorliegen, ist nicht nur mit Rücksicht auf allerdings im Vordergrund stehende Gläubigerinteressen,[140] sondern auch im Hinblick auf die Typik des von der Rechtswahl betroffenen Vertrages zu beantworten. Ein auf **Kooperation** angelegter und durch eine **Langzeitkomponente** gekennzeichneter Bauvertrag, der einem Unternehmer nach VOB-Regeln im Hinblick auch auf seine Zuverlässigkeit und Leistungsfähigkeit (§ 2 VOB/A) zugeschlagen worden ist, ist anders zu bewerten als ein auf einen einmaligen Leistungsaustausch ausgerichteter Vertrag, bei dem die Verjährungsfrist für Sachmängelansprüche auch nicht die Dauer wie bei einem VOB-Bauvertrag erreicht. Die in § 8 Nr. 2 Abs. 1 VOB/B genannten Störungstatbestände rechtfertigen jedenfalls bei einem Bauvertrag eine unmittelbare Reaktion ohne vorausgehende Fristsetzung.

54  **2. Zahlungseinstellung**

Der Auftraggeber kann den Bauvertrag kündigen, wenn der Auftragnehmer seine Zahlungen eingestellt hat. Die InsO verknüpft in § 17 Abs. 2 mit der Einstellung der Zahlungen die Zahlungsunfähigkeit. Insolvenzrechtlich betrachtet ist der Kündigungsgrund deshalb bei Zahlungsunfähigkeit gegeben.

54 a  **a) Zahlungsunfähigkeit und Zahlungseinstellung nach InsO.** Die Zahlungsunfähigkeit ist allgemeiner Eröffnungsgrund für das Insolvenzverfahren und liegt gemäß § 17 Abs. 2 Satz 1 InsO vor, wenn der Auftragnehmer (Schuldner) nicht in der Lage ist, seine

---

[138] Vgl. BGH U. v. 16. 5. 2002, VII ZR 479/00, NJW 2002, 3019 = BauR 2002, 1399; U. v. 5. 12. 2002 – VII ZR 360/01, NJW 2003, 580 = NZBau 2003, 149 = BauR 2003, 386; U. v. 21. 12. 2000, VII ZR 488/99, NZBau 201, 211 = BauR 2001, 667.
[139] MünchKommBGB/*Ernst* § 323 Rdn. 130.
[140] BT-Drucks. 14/6040 S. 186.

fälligen Zahlungspflichten zu erfüllen. Die **Einstellung der Zahlungen** begründet die **widerlegbare Vermutung** für das Vorliegen der Zahlungsunfähigkeit. Die Zahlungseinstellung findet ihren äußeren Ausdruck darin, dass der Schuldner einen nicht unerheblichen Teil seiner fälligen Verbindlichkeiten wegen eines objektiven Mangels an Geldmitteln über eine längere Zeit – etwa drei Wochen – nicht begleicht.[141] Eine bloß drohende Zahlungsunfähigkeit, die bei einer Antragstellung des Schuldners gemäß § 18 Abs. 1 InsO Eröffnungsgrund ist, reicht als Kündigungsgrund für das Merkmal Zahlungseinstellung in § 8 Nr. 2 Abs. 1 VOB/B nicht aus. Deshalb ist für die Zahlungseinstellung nicht ausreichend, wenn der Schuldner nur voraussichtlich nicht in der Lage sein wird, die bestehenden Zahlungspflichten im Zeitpunkt der Fälligkeit zu erfüllen (§ 18 Abs. 2 InsO). Eine bloße **Zahlungsstockung** genügt nicht; die Einstellung der Zahlungen muss über eine gewisse Dauer und in einer gewissen Höhe (Quote) bestehen und deshalb für den Rechtsverkehr erkennbar sein.[142] Die Zahlungsverweigerung allein einer Zweigniederlassung genügt nicht.[143]

**b) Maßgeblicher Zeitpunkt.** Die Zahlungseinstellung muss zum Zeitpunkt des Zugangs der Kündigung vorliegen. Wird der Auftragnehmer nach Zugang der Kündigung wieder zahlungsfähig, ändert dies an der Rechtswirksamkeit der Kündigung nichts, wenn der Vorgang nicht ein Beleg für eine bloße Zahlungsstockung ist.[144]   54 b

**c) Juristische Person und Überschuldung.** Ist Auftragnehmer eine jur. Person, ist zwar nach § 19 InsO auch die **Überschuldung** ein Eröffnungsgrund für das Insolvenzverfahren. Die Überschuldung ist jedoch nach § 8 Nr. 2 Abs. 1 VOB/B kein eigenständiger Kündigungsgrund.   54 c

**d) Adressat.** Die Kündigung muss dem Auftragnehmer zugehen. Als empfangsbedürftige Willenserklärung entfaltet die Kündigung ihre gestaltende Wirkung erst mit Zugang (§ 130 BGB). Das ist bei dem Kündigungsgrund der Auftragnehmer selbst.   54 d

**e) Darlegungs- und Beweislast.** Kündigt der Auftraggeber wegen behaupteter Zahlungseinstellung, trifft ihn die **Darlegungs- und Beweislast.** Da sich die Vorgängen jedoch in der Sphäre des Auftragnehmers abspielen, ist dieser für subsidiär darlegungs- und beweisbelastet anzusehen.   54 e

### 3. Beantragung des Insolvenzverfahrens   55

Den zweiten Kündigungsgrund formuliert die Vorschrift in der Fassung von 2002 (und gleichlautend Fassung 2000) in § 8 Nr. 2 Abs. 1 VOB/B nicht völlig eindeutig, wenn es noch im Zusammenhang mit dem Kündigungsgrund der Zahlungseinstellung wie folgt heißt: „wenn der Auftragnehmer seine Zahlungen einstellt oder das Insolvenzverfahren beziehungsweise ein vergleichbares gesetzliches Verfahren beantragt". Die Neufassung von 2006 sorgt, hinsichtlich der Antragsberechtigung für Klarheit.

**a) Antragsberechtigung.** Unklar war in den Fassungen von 2000 und 2002 die Antragsberechtigung. Nach §§ 13, 14 InsO sind antragsberechtigt der Schuldner und Gläubiger. Einen Kündigungsgrund durch Beantragung der Eröffnung des Insolvenzverfahrens liegt jedoch nur vor, wenn der Auftragnehmer selbst den Eröffnungsantrag gestellt hat. Ein Antrag von Gläubigern reichte nicht. Das ergibt eine grammatikalische Auslegung, wobei insbesondere die aktivische Formulierung in den ersten beiden Kündigungsgründen im Vergleich zur passivischen Ausdrucksweise bei den beiden nachfolgenden Kündigungsgründen eine Rolle spielt.[145] Der Auftragnehmer ist Subjekt des 2. Halbsatzes, soweit die ersten beiden Kündi-   55 a

---

[141] *Kirchhof* in Heidelberger Kommentar § 17 Rdn. 26; *Uhlenbruck* InsO § 17 Rdn. 12; BGH WM 2001, 1223; BGH NZI 2001, 417.
[142] BGH NJW 1981, 980, 981.
[143] *Kirchhof* in Heidelberger Kommentar § 17 Rdn. 27.
[144] *Kapellmann/Messerschmidt/Lederer* VOB/B § 8 Rdn. 67.
[145] *Koenen* BauR 2005, 202, 203/204; *Kapellmann/Messerschmidt/Lederer* VOB/B § 8 Rdn. 68; *Ingenstau/Korbion/Vygen* VOB/B § 8 Nr. 2 Rdn. 18 (15. Auflage).

## § 8 Nr. 2

gungsgründe betroffen sind, die deshalb auch das Satzobjekt bilden; im 3. Halbsatz – beginnend mit oder – bilden der 3. und 4. Kündigungsgrund (Verfahrenseröffnung und Ablehnung der Eröffnung mangels Masse) das Satzsubjekt, von dem im Passiv gesagt wird, die Eröffnung finde statt bzw. werden abgelehnt. Im Ürigen spricht für ein solches Verständnis die Systematik deshalb, weil der 3. und der 4. Kündigungsgrund ohne Bedeutung wären, wenn für den 2. Kündigungsgrund – Antrag auf Eröffnung des Insolvenzverfahrens – die Antragstellung eines Gläubigers genügen würde.[146] Eine gegenteilige und damit weite Auslegung zu Gunsten der Antragstellung auch eines Gläubigers würde im Ergebnis auch dazu führen, dass sogar der Auftraggeber selbst den Antrag stellen und damit die Kündigungsmöglichkeit schaffen könnte. Gerade dies erfolgt nunmehr durch die Neufassung des § 8 Nr. 2 Abs. 1 VOB/B (Fassung 2006), wenn neben dem Auftragnehmer selbst als Antragsberechtigte der Auftraggeber oder andere Gläubiger angeführt werden. Denn die Bestimmung lautet nunmehr wie folgt: „Der Auftraggeber kann den Vertrag kündigen, wenn der Auftragnehmer seine Zahlungen einstellt, von ihm oder zulässigerweise vom Auftraggeber oder einem anderen Gläubiger das Insolvenzverfahren (§§ 14, 15 InsO) beziehungsweise ein vergleichbares gesetzliches Verfahren beantragt ist, ein solches Verfahren eröffnet wird oder dessen Eröffnung mangels Masse abgelehnt wird."

Neben dem Auftragnehmer selbst kommen demnach der Auftraggeber und andere Gläubiger des Auftragnehmers als Antragsteller in Betracht. Diese Erweiterung des Kreises der Antragsberechtigten um den Auftraggeber oder einen anderen Gläubiger steht jedoch eine gewisse Einschränkung hinsichtlich der Antragstellung gegenüber. Die Antragstellung muss nämlich zulässigerweise erfolgen. Die Zulässigkeitsvoraussetzungen für Gläubiger, wozu auch der Auftraggeber zählt, formuliert § 14 InsO.

55 b  **b) Antrag des Auftragnehmers selbst.** Der Auftragnehmer kann den Antrag auf Eröffnung des Insolvenzverfahrens bereits bei drohender Zahlungsunfähigkeit (§ 18 InsO) stellen. Die in § 14 InsO genannten Zulässigkeitsvoraussetzungen gelten für den Antrag von Seiten des Auftragnehmers nicht. Die Antragsfähigkeit setzt als Wirksamkeitsvoraussetzung Prozessfähigkeit und damit Geschäftsfähigkeit wie auch wirksame Vertretung voraus.[147]

55 c  **c) Antrag des Auftraggebers oder eines anderen Gläubigers.** Deren Anträge müssen den Anforderungen aus § 14 InsO entsprechen. Der Auftraggeber und die anderen Gläubiger müssen ein rechtliches Interesse an der Eröffnung des Insolvenzverfahrens haben und ihre Forderung wie auch den Eröffnungsgrund glaubhaft machen. Ein rechtliches Interesse fehlt, wenn ein Eröffnungsantrag aus missbräuchlichen Zwecken gestellt wird oder ein einfacheres und billigeres Verfahren zur Forderungsbefriedigung in Betracht kommt. Zur Glaubhaftmachung von Ansprüchen reichen die in § 294 ZPO genannten Mittel aus. Die Ansprüche müssen nicht tituliert sein. Der Eröffnungsgrund bestimmt sich allein nach §§ 17 und 19 InsO. Die drohende Zahlungsfähigkeit nach § 18 InsO scheidet als Eröffnungsgrund aus.

55 d  **d) Adressat der Kündigung.** § 8 Nr. 2 VOB/B schweigt ebenso wie dessen Nr. 5 zum richtigen Adressaten der Kündigung in diesem Fall. Im Einzelfall hängt die richtige Adressatenstellung von der Reaktion des Insolvenzgerichts auf den Antrag ab. Bestellt das Insolvenzgericht nach § 21 InsO einen vorläufigen Insolvenzverwalter und legt es dem Schuldner ein allgemeines Verfügungsverbot auf, ist nach § 22 InsO dieser vorläufige Insolvenzverwalter bei Unternehmensfortführung der allein richtige Adressat der Kündigung.[148] Empfangsbedürftige Willenserklärung sind an denjenigen zu richten, dem die Verwaltungsbefugnis zukommt. Das ist der vorläufige Insolvenzverwalter nach § 22 Abs. 1 InsO. Unterlässt das Insolvenzgericht die Bestellung nach § 21 InsO, bleibt der Auftragnehmer der richtige Adressat.

55 e  **e) Entscheidung über den Antrag.** Die Zulässigkeits- und Begründetheitsvoraussetzungen müssen nicht erfüllt sein. Wenn auch ein unzulässiger oder unbegründeter Antrag

---

[146] *Koenen* BauR 2005, 202, 204.
[147] *Kirchhof* in Heidelberger Kommentar, § 13 Rdn. 4.
[148] *Kirchhof* in Heidelberger Kommentar, § 22 Rdn. 21; *Uhlenbruck* InsO, § 22 Rdn. 17.

zurückgewiesen wird, hat dies auf eine bereits erklärte Kündigung keine Auswirkungen. Denn Kündigungsgrund ist allein ein wirksamer Antrag. § 8 Nr. 2 Abs. 1 VOB/B stellt nicht darauf ab, in welcher Weise über den Antrag entschieden wird und ob die Zulässigkeits- und Begründetheitsvoraussetzungen vorgelegen haben. Die Antragstellung geht als Kündigungsgrund i. S. v. § 8 Nr. 2 Abs. 1 VOB/B nicht verloren, wenn der Antrag des Schuldners sei es aus prozessualen oder materiellen Gesichtspunkten abgewiesen wird. Eine **Kündigung, die erst nach einer solchen bestandskräftigen Abweisung** erklärt wird, gestaltet den Bauvertrag jedoch unabhängig davon, auf welchen Ablehnungsgrund die Entscheidung gestützt wird, nicht um.

f) **Antragsrücknahme.** Dieselben Grundsätze gelten bei einer **Antragsrücknahme,** was nach § 13 Abs. 2 InsO möglich ist. Wird die Kündigung erst nach Rücknahme des Antrags erklärt, geht die Kündigung mangels Kündigungsgrundes ins Leere. Ist die Kündigung dem Auftragnehmer bereits zugegangen, und wird der Eröffnungsantrag erst im Anschluss zurückgenommen, bleibt die Rechtswirksamkeit der Kündigung erhalten. Der Kündigungsgrund muss nämlich lediglich zum Zeitpunkt des Zugangs der Kündigung vorliegen, nicht aber beständig erhalten bleiben, damit es bei der Beendigung des Vertrages bleibt. Die Kündigung bewirkt die Umgestaltung des Vertrages mit Zugang bei Vorliegen der Kündigungsgründe ex nunc. Auf den Fortbestand des Kündigungsgrundes kommt es deshalb nicht an.

**55 f**

### 4. Eröffnung des Insolvenzverfahrens

Die Eröffnung des Insolvenzverfahrens ist der 3. Kündigungsgrund. Die Verfahrenseröffnung ändert an einem abgeschlossenen und in der Abwicklung befindlichen Bauvertrag nichts.[149] Der mit dem Eröffnungsbeschluss (§ 27 Abs. 2 Nr. 2 InsO) zu ernennende Insolvenzverwalter entscheidet bei beidseitig noch nicht vollständig erfüllten Bauverträgen darüber, ob die Erfüllung gewählt oder abgelehnt wird (§ 103 InsO). Gleichgültig ist, wer der Antragsteller ist, weswegen **auch** der Auftraggeber oder ein sonstiger **Gläubiger** den Antrag auf Eröffnung des Insolvenzverfahrens (§ 14 InsO) gestellt haben kann. Die Eröffnung erfolgt mittels Eröffnungsbeschlusses nach § 27 InsO.

**56**

a) **Wirksamkeitsvoraussetzung der Kündigung.** Der Kündigungsgrund muss zum Zeitpunkt des Zugangs der Kündigungserklärung vorliegen, damit die Gestaltungswirkung der Kündigung ex nunc eintreten kann. Entsteht der Kündigungsgrund zu einem späteren Zeitpunkt muss die Kündigung wiederholt werden. Denn der **Zeitpunkt** für das Vorliegen eines **wichtigen Grundes** bestimmt sich nach dem **Zugang der Kündigung.**[150] Ein nachträgliches Entstehen und Nachschieben dieser erst nach der Kündigung entstandenen Gründe ist unzulässig; ansonsten könnte nämlich eine von Anfang an unwirksame Kündigung mit rückwirkender Kraft zu einer begründeten werden, was letztlich mit dem Gedanken der Bedingungsfeindlichkeit einer Kündigung unvereinbar wäre.[151]

**56 a**

b) **Adressat der Kündigungserklärung.** Nach Eröffnung des Insolvenzverfahrens ist Adressat nur der **Insolvenzverwalter** und nicht mehr der Auftragnehmer. Der Auftragnehmer hat die Verwaltungs- und Verfügungsbefugnisse verloren, diese sind nach § 80 Abs. 1 InsO auf den Insolvenzverwalter übergegangen.

**56 b**

c) **Rechtsfolgen der Aufhebung des Eröffnungsbeschlusses.** Wird der Eröffnungsbeschluss aufgehoben, bleibt dies für eine bereits zuvor wirksam zugegangene Kündigung folgenlos. Der Eröffnungsbeschluss kann nach § 34 Abs. 2 InsO vom Schuldner mit sofortiger Beschwerde angefochten werden. Wird der Eröffnungsbeschluss auf eine solche Beschwerde aufgehoben, regelt § 34 Abs. 3 Satz 3 InsO die Rechtsfolgen dahin, dass die vom Insolvenzverwalter oder ihm gegenüber vorgenommenen Rechtshandlungen durch die

**56 c**

---

[149] BGH U. v. 25. 4. 2002, IX ZR 313/99, BGHZ 150, 353 = NJW 2002, 2783, NZBau 2002, 439 = NZBau 2002, 439 = BauR 2002, 1264; MünchKommInsO/*Kreft* § 102 Rdn. 3 ff.
[150] Vgl. *Bamberger/Roth/Fuchs* BGB, § 626 Rdn. 42.
[151] Vgl. *Bamberger/Roth/Fuchs* BGB, § 626 Rdn. 44.

Aufhebung nicht berührt werden. Deshalb bleibt es bei der Kündigung. *Heiermann/Riedl/Rusam*[152] vertreten mit Verweis auf eine Entscheidung des OLG Oldenburg[153] einen gegenteiligen Standpunkt. Danach verliert die Kündigung ihre Wirksamkeit. Dieses Auffassung, die auch von *Ingenstau/Korbion/Vygen* vertreten wird,[154] ist jedenfalls durch § 34 Abs. 3 Satz 3 InsO überholt.

### 5. Ablehnung der Eröffnung mangels Masse

57 Der 4. Kündigungsgrund besteht, wenn die Eröffnung des Insolvenzverfahrens mangels Masse abgelehnt wird. Nach § 26 InsO weist das Insolvenzgericht den Antrag auf Eröffnung des Insolvenzverfahrens ab, wenn das Vermögen des Schuldner voraussichtlich nicht ausreichen wird, um die Kosten des Verfahrens zu decken. Dies gilt unabhängig davon, ob der Schuldner oder Drittgläubiger bzw. der Auftraggeber selbst den Antrag gestellt haben. Wird die Eröffnung aus Zulässigkeitsgründen (§§ 13, 14 InsO) abgewiesen, fehlt es an einem Kündigungsgrund, wenn die Kündigung nicht auf einen anderen wirksamen Grund (Zahlungseinstellung, Eröffnungsantrag Antragsberechtigter) gestützt werden kann.

### 6. Nachschieben von Kündigungsgründen

58 Um die Rechtswirksamkeit einer auf § 8 Abs. 2 Nr. 1 VOB/B gestützten Kündigung prüfen zu können, sind die Kündigungsgründe anzugeben. Legt sich der Auftraggeber auf einen Kündigungsgrund fest, der zurzeit des Zugangs der Kündigung fehlt, ist ein Nachschieben eines anderen vorliegenden Kündigungsgrundes möglich, ohne dass ein Rechtswirksamkeitsverlust eintritt.[155] Dieser Heilungsvorgang setzt jedoch voraus, dass die Kündigung an den richtigen Adressaten gegangen ist. Das setzt dem Nachschieben mit Heilungswirkung Grenzen.

## II. Besonderheiten bei gemeinschaftlichen Verträge und ARGEN

59 Bei einer Mehrheit von Auftragnehmern ist zwischen mehreren Erscheinungsformen zu unterscheiden. Bieten mehrere Unternehmer eine teilbare Leistung an, besteht im Zweifel eine Gesamtschuldnerschaft nach § 427 BGB. Schließen sich die Unternehmer zur Verfolgung eines gemeinschaftlichen Zweckes zusammen, entsteht eine ARGE, die als BGB-Gesellschaft oder als OHG eingestuft werden kann.[156]

### 1. Mehrere Unternehmer in Gesamtschuldnerschaft

60 Ist der Auftrag für ein und dasselbe Gewerk mehreren Auftragnehmern erteilt worden, die dem Auftraggeber nach § 427, § 421 BGB als **Gesamtschuldner** haften, ist jeder Vertrag grundsätzlich selbstständig abzuwickeln. Das gilt auch für die Kündigung. § 425 BGB geht hinsichtlich der dort genannten Umstände, zu denen nach § 425 Abs. 2 BGB die Kündigung gehört, von der Einzelwirkung und nicht einer Gesamtwirkung aus. Für § 8 Nr. 2 VOB/B bedeutet dies, dass der Vertrag grundsätzlich nur dem gegenüber gekündigt werden kann, in dessen Person der besondere Kündigungsgrund entstanden ist. Eine **Gesamtkündigung** nach § 8 Nr. 2 VOB/B soll nach überwiegender Meinung dann möglich sein, wenn infolge des Vermögensverfalls des einen Unternehmers die Vertragserfüllung durch

---

[152] B, § 8 Rdn. 11 a.
[153] BauR 1987, 567.
[154] 15. Aufl. B, § 8 Nr. 2 Rdn. 20.
[155] *Heiermann/Riedl/Rusam* VOB/B § 8 Rdn. 11 a; vgl. auch *Bamberger/Roth/Fuchs* BGB, § 626 Rdn. 44.
[156] Vgl. *Joussen* BauR 1999, 1063; BGH U. v. 14. 9. 2005, VIII ZR 117/04, NJW-RR 2006, 42; BGH U. v. 29. 1. 2001, II ZR 331/00, BGHZ 146, 341 = NJW 2001, 1056 = BauR 2001, 775 = ZfBR 2001, 399; OLG Dresden BauR 2002, 1414.

den anderen als nicht gesichert erscheint.[157] Dieser Standpunkt ist mit der Lage nach § 425 BGB in Deckung zu bringen, denn die Vorschrift beschränkt die Wirkung der sich in einem Schuldverhältnis einstellenden Ereignisse auf dieses, wenn sich nicht aus dem Schuldverhältnis ein anderes ergibt. Das eröffnet die Möglichkeit zur **Gesamtwirkung** der Kündigung unter Berücksichtigung von Inhalt und Zweck des jeweiligen Bauvertrages, womit Raum für eine flexible und am Einzelfall orientierte Beurteilung ist.

## 2. Einzelwirkung/Gesamtwirkung der Kündigung – Folgen für § 8 Nr. 2 Abs. 2 VOB/B

Dabei ist jedoch unter dem Gesichtspunkt der sich aus § 8 Nr. 2 Abs. 2 VOB/B ergebenden Folgen einer Kündigung der Vertragsbeziehung zu einem Gesamtschuldner zu bedenken, dass die Beschränkung der Kündigung auf den einzelnen Gesamtschuldner ohne befriedigende Wirkung bleibt. Denn der Auftraggeber kann nicht diesem gegenüber **Schadensersatz** wegen Nichterfüllung gemäß § 8 Nr. 2 Abs. 2 VOB/B einfordern sowie den Vergütungsanspruch auf die bis dahin erbrachten Leistungen reduzieren und von den anderen **verbleibenden Gesamtschuldnern Erfüllung** des Vertrages verlangen. Entweder verwehrt der Fortbestand der Verträge mit den weiteren Gesamtschuldnern die Möglichkeit, die Rechte aus § 8 Nr. 2 Abs. 2 VOB/B gegenüber dem gekündigten Auftragnehmer geltend zu machen oder der Kündigung muss eine Gesamtwirkung beigemessen werden, weil sich dies so aus dem Schuldverhältnis ergibt (§ 425 Abs. 1 BGB). Eine **Kumulierung** beider Rechtspositionen **scheidet aus.** Die Möglichkeit einen Schadensersatz wegen Nichterfüllung geltend zu machen, setzt voraus, dass ein **Schaden** überhaupt entstanden ist. Daran wird es bei einem Fortbestand des Bauvertrages mit den weiteren Gesamtschuldnern, die bei Verneinung einer Gesamtwirkung der Kündigung zur Vertragserfüllung verpflichtet bleiben, fehlen. Dieser Fortbestand des Vertrages mit den weiteren Gesamtschuldnern wird den Auftraggeber auch daran hindern, einen Drittunternehmer mit den Leistung zu beauftragen. Führt dieser nämlich die Leistungen aus, macht der Auftraggeber sich den verbliebenen Gesamtschuldnern schadensersatzpflichtig (§ 275 Abs. 1, 280 Abs. 1 BGB). Angesichts dieser Umstände ist eine Gesamtwirkung der Kündigung zu verneinen. Der Auftraggeber ist jedoch wegen des Fortbestandes der Verträge mit den anderen Gesamtschuldnern zur Rechtsausübung nach § 8 Nr. 2 Abs. 2 VOB/B nicht in der Lage.

61

## 3. Die Arbeitsgemeinschaft (ARGE)

Die Konzeption der ARGE hat Konsequenzen für die Behandlung der Kündbarkeit nach § 8 Nr. 2 Abs. 1 VOB/B. Nach § 25 Nr. 6 VOB/A sind Bietergemeinschaften wie Einzelbieter zu behandeln, weswegen jedes **Mitglied** der Bietergemeinschaft die geforderten **Zuverlässigkeitskriterien** zu erfüllen hat. Hinsichtlich Fachkunde und Leistungsfähigkeit ist die insgesamt zur Verfügung stehende Kapazität maßgeblich.[158] Diese Umstände sprechen dafür, dass bei Vorliegen der Kündigungsvoraussetzungen im Verhältnis zu einem ARGE-Mitglied der Vertrag gegenüber der ARGE selbst gekündigt werden kann. Liegen die in § 8 Nr. 2 VOB/B aufgelisteten Voraussetzungen lediglich bei einem Mitglied der **ARGE** vor, ist hinsichtlich der Rechtsfolgen konstruktiv auch die rechtliche Einordnung der ARGE bedeutsam.

62

**a) Rechtsnatur der ARGE, Insolvenz eines ARGE-Mitglieds.** Handelt es sich bei der ARGE um eine **BGB-Gesellschaft,**[159] sieht § 728 Abs. 2 BGB bei **Eröffnung des Insolvenzverfahrens** gegen einen Gesellschafter die Auflösung der ARGE vor. Damit verliert der Auftraggeber wegen der zwischenzeitlich bejahten Rechts- und Parteifähigkeit

63

---

[157] Vgl. *Heiermann/Riedl/Rusam* VOB/B § 8 Rdn. 11; *Ingenstau/Korbion/Schmitz* VOB/B § 8 Nr. 2 Rdn. 6, 7; *Nicklisch/Weick* VOB/B § 8 Rdn. 12; kritisch *Daub/Piel/Soergel/Steffani* ErlZ B 8.13.
[158] *Heiermann/Riedl/Rusam* A § 25 Rdn. 105.
[159] Vgl. BGH U. v. 29. 1. 2001, II ZR 331/00, BGHZ 146, 341 = NJW 2001, 1056 = BauR 2001, 693; OLG Dresden BauR 2002, 1414; LG Bonn BauR 2004, 1170; *Joussen* BauR 1999, 1063; *Ingenstau/Korbion* Anhang 3 Rdn. 17 ff.

einer Außengesellschaft bürgerlichen Rechts[160] seinen Vertragspartner; allerdings haften die übrigen solventen Gesellschafter nach der nunmehr maßgeblich Akzessorietätslehre gem. § 128 HGB in entsprechender Anwendung für die Verbindlichkeiten einer ARGE. Wenn diese jedoch wegen der Eröffnung des Insolvenzverfahrens gegen einen Gesellschafter aufgelöst wird, fehlt es an einem Vertragsverhältnis und damit am notwendigen Ausgangspunkt für eine akzessorische Haftung der Gesellschafter. Im ARGE-Vertrag kann jedoch die Fortsetzung der Gesellschaft abweichend von § 728 Abs. 2 BGB vorgesehen werden. Wird die **ARGE als OHG** eingestuft, bleibt die ARGE trotz Eröffnung des Insolvenzverfahrens über das Vermögen eines ihrer Mitglieder bestehen (vgl. § 11 Abs. 2 Nr. 1 InsO), nur der Insolvenzschuldner scheidet aus der ARGE nach § 131 Abs. 3 HGB aus. Damit verliert der Auftraggeber zwar nach § 128 HGB – von § 160 HGB abgesehen – einen mithaftenden Gesamtschuldner; aber der eigentliche Auftragnehmer, nämlich die ARGE als OHG, die nach § 124 HGB unter ihrer Firma Rechte erwerben und Verbindlichkeiten eingehen kann, bleibt davon völlig unberührt. § 8 Nr. 2 VOB/B trifft auf eine solche Regelung nicht zu. Denn auf die OHG als Auftragnehmer treffen die in der Person eines Gesellschafters eintretenden und in § 8 Nr. 2 VOB/B beschriebenen Umstände nicht zu.

**63 a**   b) **Kündigungstatbestand gegen die ARGE selbst.** Da die ARGE selbst nach § 11 Abs. 2 Nr. 1 InsO insolvenzfähig ist, können selbstständige Kündigungstatbestände auch bezüglich der ARGE selbst eintreten. Die ARGE kann die Zahlung einstellen, die ARGE kann die Eröffnung des Insolvenzverfahrens beantragen und dieses Verfahren kann eröffnet oder mangels Masse die Eröffnung abgelehnt werden. Der Umstand, dass die ARGE-Mitglieder – gleichgültig ob die die ARGE als BGB-Gesellschaft oder als OHG konzipiert wird – entsprechend den sich aus § 128 HGB ergebenden Regeln akzessorisch haften, ändert nichts daran, dass die Kündigungsregeln gem. § 8 Nr. 2 VOB/B durchgreifen. Denn die akzessorische Haftung knüpft an der Hauptschuld an, die die ARGE kündigungsbedingt gemäß § 8 Nr. 2 Abs. 2 VOB/B trifft.

### III. Kündigungserklärung

**64**   Aus der Kündigungserklärung, die eine empfangsbedürftige Willenserklärung ist und Rechtswirkungen deshalb erst bei Zugang nach § 130 BGB entfaltet (vgl. → § 8 Nr. 1 Rdn. 14 ff.), muss sich entnehmen lassen, dass der Auftraggeber ein außerordentliches Kündigungsrecht in Anspruch nimmt (vgl. → § 8 Nr. 1 Rdn. 19). Eine exakte Angabe der Kündigungsgründe ist nicht erforderlich. Allerdings muss zurzeit der Kündigungserklärung ein wichtiger Grund vorliegen, soll die Kündigung Rechtswirkungen entfalten. Kündigt der Auftraggeber wegen der Insolvenzeröffnung, ist die Kündigung **gegenüber dem Insolvenzverwalter** auszusprechen.

**65**   Fehlt ein wichtiger Grund, z. B. weil das Insolvenzverfahren nicht eröffnet worden ist und eine Zahlungseinstellung nicht vorliegt, ist die **Umdeutung** in eine freie Kündigung nach § 140 BGB wegen der unterschiedlichen Rechtsfolgen mit Vorsicht vorzunehmen (vgl. → § 8 Nr. 1 Rdn. 23).[161] Der BGH[162] ist der Auffassung, in allen Fällen der außerordentlichen Kündigung sei im Allgemeinen die Kündigung eines Bauvertrages dahin zu verstehen, dass auch eine freie Kündigung gewollt ist. Ist das nicht gewollt, muss es sich aus der Erklärung oder den Umständen ergeben. Hierfür dürfte die Anführung des außerordentlichen Kündigungsgrundes ausreichend sein.

**66**   Der Auftraggeber ist auch in der Lage, einen in der Kündigung angeführten Kündigungsgrund durch einen anderen, zurzeit des Zugangs der Erklärung bereits vorhandenen, zu ersetzen und diesen **nachzuschieben** (vgl. → § 8 Nr. 1 Rdn. 21).

---

[160] BGH NJW 2001, 1056.
[161] Vgl. dazu kritisch *Schmidt* NJW 1995, 1313 ff.
[162] U. v. 24. 7. 2003, VII ZR 218/02, NJW 2003, 3474 = NZBau 2003, 665 = BauR 2003, 1889.

Nach § 8 Nr. 5 VOB/B hat die Kündigung schriftlich zu erfolgen; dabei ist das Gebot 67
der **Bedingungsfeindlichkeit** zu beachten (vgl. → § 8 Nr. 1 Rdn. 14).

Nimmt ein Auftraggeber nach den Ausführungen zu Rdn. 60, 61 die **Gesamtwirkung** 68
eines Kündigungstatbestandes und seiner Kündigung für sich in Anspruch, genügt es nicht,
die Kündigung allein gegenüber dem in Vermögensverfall geratenen Auftragnehmer auszusprechen. Die Gesamtwirkung setzt die Kündigung gegenüber allen voraus. Denn die
Kündigung nach § 8 Nr. 2 VOB/B gegenüber dem in Vermögensverfall geratenen Unternehmer bildet letztlich doch nur die Grundlage dafür, auch im Verhältnis zu den anderen
Unternehmen die Kündigung auszusprechen. Bei einer ARGE sind die Vertretungsregeln
nach dem ARGE-Vertrag zu berücksichtigen.

Nach **Vollendung der Leistung** ist die Kündigung gem. § 8 Nr. 2 VOB/B ausgeschlos- 69
sen. Für § 8 Nr. 2 VOB/B gilt dieselbe Zeitschranke wie bei § 8 Nr. 1 VOB/B (vgl.
→ § 8 Nr. 1 Rdn. 27).

## IV. Kündigungsfolgen

Die Kündigungsfolgen beschreibt § 8 Nr. 2 Abs. 2 VOB/B. Zwischen dem Vergütungs- 70
anspruch des Auftragnehmers und dem Schadensersatzanspruch des Auftraggebers ist zu
unterscheiden. Keine Regelung trifft die Vorschrift für die Beurteilung eventueller Sachmängelhaftungstatbestände hinsichtlich der erbrachten Teilleistung.

### 1. Der nach § 8 Nr. 2 VOB/B vom Auftraggeber gekündigte Bauvertrag

Die Rechtsfolgen der vom Auftraggeber erklärten Kündigung sind vom Kündigungs- 71
grund unabhängig. Allerdings unterscheidet sich die Auftraggeberkündigung wegen der in
§ 8 Nr. 2 Abs. 1 VOB/B genannten Kündigungsgründe in den Rechtsfolgen gravierend
von der Erfüllungsablehnung nach § 103 InsO durch den Insolvenzverwalter.[163]

**a) Abgrenzung von den Folgen der Erfüllungsverweigerung durch den Insol-** 72
**venzverwalter (§ 103 InsO).** Die Eröffnung des Insolvenzverfahrens hat auf den Status des
in der Abwicklung befindlichen und noch von keinem Vertragsteil vollständig erfüllten
Bauvertrages nach der neuen Rechtsprechung des BGH[164] und entgegen dem bisherigen
Stand der Rechtsprechung[165] keinen Einfluss und führt nicht zum Erlöschen der gegenseitigen Erfüllungsansprüche. Diese Ansprüche sind lediglich nicht durchsetzbar. Die Verfahrenseröffnung bewirkt **keine materiell-rechtliche Umgestaltung** des Bauvertrages,
sondern hat wegen der beiderseitigen Nichterfüllungseinreden der Vertragspartner (§ 320
BGB) nur zur Folge, dass diese ihre noch ausstehenden Erfüllungsansprüche, soweit es sich
nicht um Ansprüche auf die Gegenleistung für schon erbrachte Leistungen handelt, nicht
durchsetzen können.[166] Ansonsten übernimmt der Insolvenzverwalter den Bauvertrag in
dem Stadium, in welchem er sich gerade befindet. Der Insolvenzverwalter tritt an Stelle des
Schuldners (Auftragnehmer) in dessen Rechte und Pflichten ein und hat den Vertrag in der
gleichen Weise wie der Schuldner zu erfüllen.[167] Deshalb muss der Insolvenzverwalter eine
vor Insolvenzeröffnung rechtswirksam vorgenommene Kündigung des Bauvertrages, deren
Grund in § 4 Nr. 7 oder § 5 Nr. 3, 4 VOB/B liegt, hinnehmen.[168] Erfasst die Kündigung
lediglich einen Teil, was bei § 4 Nr. 7 VOB/B in Betracht kommen kann, ist insolvenz-

---

[163] Das übersehen *Heiermann/Riedl/Rusam* VOB/B § 8 Rdn. 17.
[164] U. v. 25. 4. 2002, IX ZR 313/99, BGHZ 150, 353, NJW 2002, 2789 = NZBau 2002, 439 = BauR 2002, 1264, 1266.
[165] U. v. 4. 5. 1995, IX ZR 256/93, NJW 1995, 1966 = ZIP 1995, 926.
[166] MünchKomm/*Kreft* InsO § 103 Rdn. 13, 18, 25, 32, 38; *M. Huber* NZBau 2005, 177, 180.
[167] *Heidland* Der Bauvertrag in der Insolvenz, Rdn. 999, jedoch noch so für die Erlöschenstheorie formuliert.
[168] Vgl. *M. Huber* NZBau 2005, 177, 180 für den vor Eröffnung erklärten Rücktritt.

**§ 8 Nr. 2**   Kündigung bei Vermögensverfall des AN

rechtlich zwischen dem sich aus § 8 Nr. 3 VOB/B ergebenden Zahlungsanspruch und dem fortbestehenden Vertrag im Übrigen zu unterscheiden. Hat der Auftraggeber vor der Insolvenzeröffnung nach § 13 Nr. 6 VOB/B mit Recht Minderung verlangt, reduziert die damit verbundene Gestaltungswirkung den Vertrag auf einen Zahlungsanspruch, mit welchem der Auftraggeber nach § 38 InsO Insolvenzgläubiger ist. § 103 InsO findet keine Anwendung.[169] Mit Ausnahme der Vergütungsansprüche der Masse für die von ihr bis zur Insolvenzeröffnung erbrachten Bauleistungen sind unterliegen die sonstigen bauvertraglichen Ansprüche beider Parteien einem Durchsetzungshindernis. Das gilt nach der in § 105 InsO gesetzlich abgesicherten **Teilbarkeitstheorie** auch für die Mängelbeseitigungsansprüche bezüglich der vor Eröffnung erbrachten Bauleistung, mit denen der Auftraggeber sogar bei Erfüllungswahl durch Insovenzverwalter wegen der ausdrücklichen Festlegung in § 105 Satz 1 InsO Insolvenzgläubiger bleibt.

**73**   Entscheidet sich der Insolvenzverwalter gegen die Erfüllung des Vertrages (§ 103 Abs. 2 InsO), bleiben die Erfüllungsansprüche unberührt. Die Ablehnung der Erfüllung entfaltet keine rechtsgestaltende Wirkung. Gestaltend ist diese Ablehnung lediglich insofern, als der Verwalter hierdurch der Erfüllungsansprüche verlustig geht.[170] Der Bauvertrag bleibt aufrecht erhalten. Erst wenn der Auftraggeber die ihm infolge der Erfüllungsablehnung zustehenden Ansprüche wegen Nichterfüllung geltend macht, vollzieht die Umgestaltung des Bauvertrages.[171] Als Rechtsfolge der Erfüllungsablehnung gewährt § 103 Abs. 2 Satz 1 InsO dem Vertragspartner eine Forderung wegen Nichterfüllung, die als Schadensersatz zu qualifizieren ist. Dieser Anspruch ersetzt die wechselseitigen Erfüllungsansprüche; es entsteht ein **Abrechnungsverhältnis,** in welches nach bisheriger Rechtsprechung sämtliche Ansprüche der Vertragspartner als unselbständige Rechnungsposten eingestellt wurden.[172] Dazu gehörten auch Sachmängelansprüche und sonstige aus dem Vertrag mit Recht ableitbaren und bisher entstandenen Ansprüche einschließlich solcher aus Folgeschäden.[173] Hinsichtlich der Sachmängelansprüche bildete die Verjährung kein Hindernis für deren Einstellung in das Abrechnungsverhältnis.[174]

**73 a**   Lehnt der Insolvenzverwalter die Erfüllung ab, hat der Auftraggeber nach § 103 Abs. 2 InsO nur noch Schadensersatzansprüche wegen Nichterfüllung. Dem Insolvenzverwalter seinerseits steht für die erbrachten Leistungen der Vergütungsanspruch zu. Der BGH[175] verknüpft nunmehr mit dem Begriff **„Abrechnungsverhältnis"** nicht, dass die Forderung und die Gegenforderung nicht den Regeln der Aufrechnung unterliegen. Die höchstrichterliche Rechtsprechung wendet auf Sachlagen, in denen sich nach der Gesetzeslage Werklohn und Ansprüche wegen Nichterfüllung oder Schlechterfüllung gegenüber stehen die vertraglichen oder gesetzlichen Regelungen zur Aufrechnung einschließlich eventueller Aufrechnungsverbote an. Der Rechtsfigur der Verrechnung wird wegen fehlender gesetzlicher Grundlage eine Absage erteilt. Insbesondere ist es danach unzulässig, Aufrechnungsverbote dadurch zu umgehen, dass die Ansprüche einer vom Gesetz nicht anerkannten Verrechnung unterstellt werden. Entscheidend ist deshalb hinsichtlich der Aufrechenbarkeit, ob die Voraussetzungen nach §§ 94 ff. InsO vorliegen. Wenn auch § 94 InsO regelmäßig nicht einschlägig ist, lässt jedoch § 95 Abs. 1 Satz 3 InsO die Aufrechnung zu, obwohl der Schadensersatzanspruch des Auftraggebers wegen eines Mangels erst nach der Werklohnforderung des Insolvenzschuldners fällig geworden ist. Denn § 95 Abs. 1 Satz 3 InsO bezweckt den Ausschluss der Aufrechnung dann, wenn ein Gläubiger eine fällige und durch-

---

[169] *M. Huber* NZBau 2005, 177, 180.
[170] *Marotzke* in Heidelberger Kommentar § 103 Rdn. 37 ff., 40; vgl. auch *Uhlenbruck/Berscheid* § 103 Rdn. 85, die zwar auch die Gestaltungswirkung der Erfüllungsablehnung verneinen, eine solche jedoch bereits der Eröffnung des Insolvenzverfahrens beimessen.
[171] *M. Huber* NZBau 2005, 177, 180.
[172] BGH U. v. 16. 1. 1986, VII ZR 138/85, NJW 1986, 1176 = BauR 1986, 339, 340 = ZfBR 1986, 132; OLG Dresden BauR 2003, 1736.
[173] *Uhlenbruck/Berscheid* § 103 Rdn. 87; BGH U. v. 16. 12. 1999, IX ZR 197/99, NJW-RR 2000, 778.
[174] BGH U. v. 16. 1. 1986, VII ZR 138/85, NJW 1986, 1176.
[175] U. v. 23. 6. 2005, VII ZR 197/03, NJW 2005, 2771 = NZBau 2005, 562 = BauR 2005, 1477.

setzbare Forderung nicht bezahlt, sondern deren Erfüllung hinauszögert und es infolgedessen später zum Eintritt einer Aufrechnungslage kommt. Verhindert werden soll, dass der Insolvenzgläubiger mit der Erfüllung seiner Schuld so lange zuwartet, bis er mit einer Gegenforderung aufrechnen kann. Dieser **Gesetzeszweck** und die **Anwendung** des **§ 95 Abs. 1 Satz 3 InsO** sind nicht einschlägig, wenn die Werklohnforderung des Insolvenzschuldners (Unternehmer) zwar vor der Schadensersatzforderung fällig ist, der Unternehmer diese Forderung jedoch wegen eines auf Mängeln gestützten **Leistungsverweigerungsrechts** nicht hätte durchsetzen können. Es wäre unangemessen den Auftraggeber als Insolvenzgläubiger hinsichtlich seiner Schadensersatzforderung auf eine Insolvenzforderung zu verweisen, wenn er eine zwar fällige, aber mit einem Leistungsverweigerungsrecht belastete Forderung nicht umgehend begleicht.[176]

**b) Die Folgen der Auftraggeberkündigung nach § 8 Nr. 2 VOB/B.** Die Auftraggeberkündigung ist in ihren Folgen vollkommen anders zu sehen, was schon deshalb veranlasst ist, weil ihr die verschiedensten Tatbestände des Vermögensverfalls auf der Auftragnehmerseite zu Grunde liegen, und die Vorschrift eine einheitliche Lösung vornimmt. Für die Kündigung wegen Insolvenzeröffnung gilt nichts anderes als bei der Zahlungseinstellung und der Beantragung des Insolvenzverfahrens. Sämtliche Vermögensverfalltatbestände wirken sich bei der Auftraggeberkündigung nach § 8 Nr. 2 VOB/B in gleicher Weise aus. 74

Danach bleibt der Bauvertrag hinsichtlich der bis zur Kündigung erbrachten Teilleistung erhalten. Diesen Rechtsgrund setzt der Vergütungsanspruch nach § 8 Nr. 2 Abs. 2 Satz 1 VOB/B voraus. Insofern gilt für die Auftraggeberkündigung nach § 8 Nr. 2 VOB/B nichts anderes als bei der freien Kündigung gem. § 8 Nr. 1 VOB/B: Der Bauvertrag wird lediglich für die Zukunft aufgelöst und bleibt für die Vergangenheit erhalten (→ § 8 Nr. 1 Rdn. 3 ff.). Der Bauvertrag zerfällt infolge der Kündigung demnach in zwei Teile, die mit der ausgeführten Teilleistung und dem noch offenen Rest der Werkleistung korrespondieren.[177] Wählt der Konkursverwalter die Vertragsfortsetzung, kann diese Rechtswahl durch die Kündigung nach § 8 Nr. 2 VOB/B durchkreuzt werden. Ansonsten gilt der Grundsatz der Priorität: Für § 8 Nr. 2 VOB/B ist kein Raum, wenn sich der Konkursverwalter vor der Kündigung des Auftraggebers gegen die Vertragsfortsetzung entscheidet. 75

## 2. Der Vergütungsanspruch des Auftragnehmers bezüglich der Teilleistung

Der **Zahlungsanspruch** des Auftragnehmers errechnet sich hinsichtlich der ausgeführten Teilleistung infolge des Verweises auf § 6 Nr. 5 VOB/B in vollem Umfang nach den dort enthaltenen Abrechnungsregeln. Diese Vorschrift ist ohne jegliche Einschränkung anwendbar; sie führt zu keiner Besserstellung des Auftragnehmers.[178] Das von *Nicklisch/Weick*[179] verfolgte Anliegen, dass eine **Kostenerstattung** nur in dem Umfang stattfinden könne, als die Kosten in die ausgeführten Leistungen eingeflossen seien, wird über § 6 Nr. 5 VOB/B unmittelbar berücksichtigt.[180] Denn sind die Kosten z. B. für die Einrichtung, die Vorhaltung und den Abbau der Baustelleneinrichtung auf die Einheitspreise insgesamt umgelegt worden, sind diese Kosten gerade schon entstanden.[181] 76

Hat der Auftragnehmer bisher lediglich **Vorbereitungsmaßnahmen** getroffen, fällt eine Vergütung nicht an.[182] Eine ausgeführte Leistung liegt, wie § 8 Nr. 3 Abs. 3 VOB/B zu entnehmen ist, nicht schon dann vor, wenn Teile lediglich angeliefert wurden; diese müssen eingebaut sein.[183] Deshalb begründen Aufmaßnahme, Planung und Einkauf des Materials 77

---

[176] BGH U. v. 22. 9. 2005, VII ZR 117/03, NJW 2005, 3574 = NZBau 2005, 685 = BauR 2005, 1913.
[177] OLG Naumburg BauR 2003, 115, *Heiermann/Riedl/Rusam* VOB/B § 8 Rdn. 18.
[178] Vgl. *Kleine-Möller/Mai/Merl* § 14 Rdn. 57, 58.
[179] B § 8 Rdn. 16.
[180] Vgl. dazu OLG Köln BauR 1996, 257, 258, das den Vergütungsumfang streng auf die ausgeführte Leistung beschränkt.
[181] Vgl. § 6 Nr. 5 Rdn. 28.
[182] OLG Köln BauR 1996, 257.
[183] Vgl. § 8 Nr. 3 Rdn. 50 ff.; BGH BauR 1995, 545 = NJW 1995, 1837 = ZfBR 1995, 198.

durch den Auftragnehmer keine Zahlungspflicht.[184] Andererseits hat der Auftraggeber eine angemessene Vergütung an die Masse zu bezahlen, wenn er nach der Eröffnung des Insolvenzverfahrens in Übereinstimmung mit dem Insolvenzverwalter einen Tatbestand nach § 8 Nr. 3 Abs. 3 VOB/B verwirklicht, nämlich Geräte, Gerüste, Bauteile und Baustoffe verwendet. Diese Vorschrift ist im Rahmen von § 8 Nr. 2 VOB/B anwendbar.[185]

78  Die **Fälligkeit** des Vergütungsanspruchs ist nach der Rechtsprechung des BGH von der rechtsgeschäftlichen Abnahme der Teilleistung abhängig;[186] die Rechnungsstellung ist Fälligkeitsvoraussetzung (vgl. → § 8 Nr. 6 Rdn. 3; 38). Die Abrechnung muss den Prüfbarkeitskriterien nach § 8 Nr. 6 VOB/B entsprechen (vgl. → § 8 Nr. 6 Rdn. 17 ff.).

### 3. Der Gewährleistungsanspruch hinsichtlich der Teilleistung

79  § 8 Nr. 2 Abs. 2 Satz 2 VOB/B, wonach der Auftraggeber hinsichtlich des Restes Schadensersatz wegen Nichterfüllung verlangen kann, verdeutlicht, dass die Kündigung den Bauvertrag in **zwei Teile** aufspaltet. Bezüglich der erbrachten Teilleistung bleibt der Vertrag in vollem Umfang bestehen; wie dieser die Basis für einen Vergütungsanspruch des Auftragnehmers ist, bleibt er für den Auftraggeber die Grundlage für Gewährleistungsansprüche hinsichtlich der Mängel an der Teilleistung. Bezüglich des unausgeführten Restes wandelt sich das Vertragsverhältnis um in einen Schadensersatzanspruch wegen Nichterfüllung. Im Allgemeinen gelten deshalb für die Gewährleistungsansprüche des Auftraggebers was die ausgeführte Teilleistung betrifft die zu § 8 Nr. 1 dargestellten Grundsätze (vgl. dort Rdn. 7 ff.).

80  **a) Einfluss der Insolvenzeröffnung.** Allerdings bleibt die **Eröffnung des Insolvenzverfahrens** als Kündigungsgrund nicht ohne Einfluss auf die Abwicklung des Sachmängelhaftungsanspruchs. Hat der Auftraggeber **vor** einer positiven oder negativen **Erfüllungswahl** des Insolvenzverwalters (§ 103 InsO) **gekündigt**, wirkt die Kündigung gestaltend auf einen Vertrag ein, bezüglich dessen wegen der beiderseitigen Nichterfüllungseinreden ein Durchsetzungshindernis gilt, soweit es sich nicht um Ansprüche auf die Gegenleistung für schon erbrachte Leistungen handelt.[187] Die Kündigung führt zur Beendigung des Vertrages in dem Umfang, als zum Zeitpunkt des Vertragsschlusses noch bestehende Ansprüche noch offen sind. An die Stelle der diesbezüglichen Erfüllungsansprüche tritt der Schadensersatzspruch wegen Nichterfüllung aus § 8 Nr. 2 Abs. 2 VOB/B. Ist die bis zur Eröffnung erbrachte Leistung mangelbehaftet, bleibt es bei dem **Durchsetzungshindernis**. Da insoweit der Vertrag von beiden Seiten noch nicht vollständig erfüllt ist, kommt § 103 InsO zu Anwendung. Entscheidet sich der Insolvenzverwalter für die Erfüllung, gelten die allgemeinen Sachmängelhaftungsregeln. Lehnt der Insolvenzverwalter die Erfüllung ab, erwirbt der Auftraggeber nach § 103 Abs. 2 InsO einen Schadensersatzanspruch als Insolvenzforderung. Dessen Aufrechenbarkeit ist nach § 95 InsO[188] gesichert und völlig unproblematisch dann, wenn ein Abrechnungsverhältnis bejaht wird.[189]

81  **b) Kündigung nach der Erfüllungswahl.** Erfolgt die **Kündigung** gemäß § 8 Nr. 2 Abs. 1 VOB/B **nach der Erfüllungswahl** des Insolvenzverwalters,[190] wirkt die Kündigung auf einen voll wirksamen Bauvertrag, bezüglich dessen die Wahl zu Masseforderungen und Masseverbindlichkeiten geführt hat.[191] Dies gilt wegen § 105 Abs. 1 Satz 1 nur nicht hin-

---

[184] OLG Köln BauR 1996, 257.
[185] *Ingenstau/Korbion/Schmitz* VOB/B § 8 Nr. 2 Rdn. 27.
[186] BGH U. v. 11. 5. 2006, VII ZR 146/04, NJW 2006, 2475 = NZBau 2006, 569 = BauR 2006, 1294; vgl. kritisch dazu § 8 Nr. 1 Rdn. 35 ff.; *Acker/Roskosny* BauR 2003, 1279; *Thode* ZfBR 1999, 110, 121; *Kniffka* ZfBR 1998, 113, 116.
[187] BGFH U. v. 25. 4. 2002, IX ZR 313/99, NJW 2002, 2783 = NZBau 2002, 439 = BauR 2002, 1264, 1266.
[188] Vgl. oben Rdn. 73 a.
[189] Vgl. oben Rdn. 73.
[190] Zur Zulässigkeit vgl. oben Rdn. 11 ff.
[191] BGH U. v. 25. 4. 2002, IX ZR 313/99, NJW 2002, 2789 = NZBau 2002, 439 = BauR 2002, 1264, 1267.

sichtlich der bis zur Eröffnung erbrachten Teilleistung, soweit diese Mängel aufweist und darauf **Mängelbeseitigungsansprüche** gestützt werden. Die diesbezüglichen Ansprüche weisen die Qualität von **Insolvenzforderung** auf.[192] Treten nach der Erfüllungswahl an den anschließend erbrachten Leistungen Mängel auf, weisen die Sachmängelansprüche die Qualität von Masseforderungen auf (§ 55 Abs. 1 Nr. 2 InsO). Diese Ansprüche sind deshalb gemäß § 53 InsO aus der Masse zu befriedigen. Dabei ist gleichgültig, welchen Inhalt diese Ansprüche haben, ob sie auf Mängelbeseitigung, Vorschuss, Erstattung oder Schadensersatz gehen.[193] Das bedeutet zugleich, dass der Auftraggeber sämtliche materiellrechtlichen Anspruchsvoraussetzungen nach § 13 VOB/B für die Geltendmachung dieser Ansprüche einhalten muss. Die Minderung kann deshalb nur unter den in § 13 Nr. 6 VOB/B genannten Voraussetzungen gewählt werden. Allein die Eröffnung des Insolvenzverfahrens führt bei einer Erfüllungswahl des Insolvenzverwalters nicht zu einer Änderung der materiellen Rechtslage.[194] Diese Minderungsvoraussetzungen sind in einer Leistungskette erfüllt, wenn dem Bauherrn wegen der Mängel an dem Bauwerk im Verhältnis gegenüber dem Hauptunternehmer als Insolvenzschuldner nur eine Insolvenzforderung zusteht. Dann kann der Insolvenzverwalter bei einem VOB-Bauvertrag in dem Insolvenzverfahren über das Vermögen des Hauptunternehmers von dem Nachunternehmer Minderung statt Nachbesserung verlangen.[195]

c) **Kündigung nach Ablehnung der Erfüllung.** Hat der Insolvenzverwalter die Erfüllung abgelehnt, ist eine anschließende Kündigung des Bauvertrages nach § 8 Nr. 2 Abs. 1 VOB/B zwar noch möglich, aber ohne jegliche Rechtsfolgen. Denn die Ablehnung führt nach § 103 Abs. 2 InsO dazu, dass dem Auftraggeber nach § 103 Abs. 2 InsO nur noch Schadensersatzansprüche zustehen. Mit deren Geltendmachung vollzieht sich die Umgestaltung des Bauvertrags.[196] Aus § 103 Abs. 2 InsO ist der Schluss zu ziehen, dass die Rechtswahlmöglichkeit des Auftraggebers auf die Geltendmachung des Schadensersatzanspruches wegen Nichterfüllung reduziert wird. Wird an Stelle dieser Wahl dennoch die Kündigung gemäß § 8 Nr. 2 Abs. 1 VOB/B für zulässig gehalten, ist die Rechtsfolge gemäß dessen Absatz 2 identisch. Beide Gestaltungsformen führen zu einem Schadensersatz wegen Nichterfüllung. Bezüglich der Vergütung für die bis zur Eröffnung des Insolvenzverfahrens führen beide Lösungen zum identischen Ergebnis. Denn bei Ablehnung der Erfüllung hat der Insolvenzverwalter einen Anspruch auf die Vergütung der erbrachten Leistungen. Anspruchsgrundlage ist entweder der geschlossene Vertrag[197] oder ungerechtfertigte Bereicherung.[198] Hinsichtlich der Abrechnungsgrundsätze gelten die allgemeinen Regeln für teilweise erbrachte Leistungen.[199]

## 4. Der Schadensersatzanspruch wegen Nichterfüllung hinsichtlich des Restes

Der Schadensersatzanspruch wegen Nichterfüllung besteht nach § 8 Nr. 2 Abs. 2 Satz 2 VOB/B nur hinsichtlich der kündigungsbedingt nicht mehr auszuführenden Werkleistung (Rest). Dieser Schaden wird regelmäßig in der Differenz zwischen der vereinbarten Vergütung für diesen offenen Leistungsrest und dem Preis liegen, der bei Erbringung der restlichen Werkleistung durch einen Drittunternehmer an diesen zu zahlen ist.[200] Schäden aus verspäteter Fertigstellung gehören dazu. Dieses Schadensersatzbegehren, das dadurch gekennzeichnet ist, dass der Auftraggeber die erbrachte Teilleistung behält, ist als sog. **kleiner Schadensersatzanspruch** einzustufen.[201] Dieser Anspruch umfasst auch den ent-

---

[192] *Heidland* Der Bauvertrag in der Insolvenz, Rdn. 1059.
[193] *Heidland* Der Bauvertrag in der Insolvenz, Rdn. 1056 ff., 1060 ff.
[194] Vgl. OLG Celle BauR 1995, 856; *Heiermann/Riedl/Rusam* VOB/B § 8 Rdn. 17.
[195] BGH U. v. 10. 8. 2006, IX ZR 28/05, NZBau 2006, 635 = BauR 2006, 1884.
[196] *M. Huber* NZBau 2005, 177, 180.
[197] BGH NJW 1977, 1345; *Heidland* Der Bauvertrag in der Insolvenz Rdn. 1123 ff.
[198] *Heidland* Der Bauvertrag in der Insolvenz Rdn. 1125; BGH NJW 1955, 259.
[199] Vgl. § 8 Nr. 1 Rdn. 36 a ff.
[200] *Seiter* BauR 1986, 336, 337; *Heiermann/Riedl/Rusam* VOB/B § 8 Rdn. 18; BGH BauR 1980, 574.
[201] *Ingenstau/Korbion/Vygen* 15. Aufl. VOB/B § 8 Nr. 2 Rdn. 27.

gangenen Gewinn (z. B. entgangene Mieten infolge verspäteter Fertigstellung); die Schranke des § 6 Nr. 6 VOB/B gilt nicht.[202] Sonstige Schadensposten, wie z. B. die Notwendigkeit, die Teilleistung bis zur Aufnahme der Arbeiten des Drittunternehmers zu schützen, kommen hinzu. Hat die Werkleistung zwischenzeitlich Schaden genommen, ist auch insoweit Schadensersatz zu leisten. Den Auftraggeber trifft nach § 254 BGB das Gebot zu Schadensminderung. Insgesamt ist der Auftraggeber so zu stellen, als hätte der Auftragnehmer die Gesamtbauleistung zu den vertraglichen Konditionen erbracht.[203] Der Schaden ist nach Voraussetzungen und Inhalt vom Auftraggeber darzulegen und zu beweisen.[204] Der Auftragnehmer bzw. bei Eröffnung des Insolvenzverfahrens der Insolvenzverwalter hat Anspruch auf Überlassung einer Aufstellung über die Mehrkosten der restlichen Fertigstellung entsprechend § 8 Nr. 3 Abs. 4 VOB/B.[205]

84   Die Qualität eines **großen Schadensersatzanspruchs** ist dem Begehren nach § 8 Nr. 2 Abs. 2 Satz 2 VOB/B nur unter den in § 8 Nr. 3 Abs. 2 Satz 2 VOB/B genannten Voraussetzungen zuzuweisen.[206]

85   Der Schadensersatzanspruch ist von einem über den Vermögensverfall hinausgehenden Verschulden unabhängig. § 276 BGB geht nämlich davon aus, dass der Schuldner Geldmangel stets zu vertreten hat.[207]

### 5. Abrechnung – Aufrechnung – Verrechnung

86   a) **Abrechnungsregeln.** Der Auftragnehmer hat seinen Vergütungsanspruch für die vor der Kündigung erbrachte Teilleistung nach § 8 Nr. 6 VOB/B abzurechnen und gemäß den dort niedergelegten Voraussetzungen darzustellen. Der Auftraggeber hat den von ihm geltend gemachten Schadensersatzanspruch nach den in § 8 Nr. 3 Abs. 4 VOB/B niedergelegten Grundsätze, die entsprechend anzuwenden sind,[208] nachzuweisen.

87   b) **Aufrechnung.** Aufrechnungsprobleme entstehen wegen der Einschränkungen nach der InsO nur dann, wenn es zu einer Eröffnung des Insolvenzverfahrens kommt und die Kündigung des Auftraggebers nachfolgt. Ist die Kündigung zuvor ausgesprochen worden und hat der Auftraggeber mit Gegenforderungen die Aufrechnung bereits rechtswirksam erklärt, muss der Insolvenzverwalter den Vertrag in dem vorhandenen Stand in das Insolvenzverfahren übernehmen. Lehnt der Insolvenzverwalter die weitere Erfüllung des Vertrages ab, steht der Masse hinsichtlich der bis zur Verfahrenseröffnung erbrachten Leistungen ein Vergütungsanspruch zu.[209] Weisen diese Leistungen Mängel auf, steht dem Auftraggeber kein Mängelbeseitigungsanspruch zu, sondern lediglich eine Forderung wegen Nichterfüllung (§ 103 Abs. 2 InsO). Die Aufrechnung wird nach § 95 Abs. 1 Satz 3 InsO nicht ausgeschlossen. Denn die Vorschrift passt zwar auf nicht im Synallagma stehende Gegenforderungen nicht aber auf solche, die aus demselben Rechtsgrund abgeleitet werden wie der Vergütungsanspruch.[210] Der BGH[211] schränkt den Sinn des § 95 Abs. 1 Satz 3 InsO ein, wenn der Insolvenzverwalter den Vergütungsanspruch wegen eines mangelbedingten Leistungsverweigerungsrechts des Auftraggebers nicht hätte durchsetzen können. Dasselbe gilt für den Schadensersatzanspruch bezüglich der nicht mehr zur Ausführung kommenden

---

[202] BGHZ 65, 372, 376 = BauR 1976, 126 = NJW 1976, 517.
[203] *Nicklisch/Weick* VOB/B § 8 Rdn. 17.
[204] OLG Hamm BauR 1981, 376, 377.
[205] OLG München BauR 2003, 415; BGH U. v. 18. 4. 2002, VII ZR 260/01, NJW 2002, 2952 = NZBau 2002, 435 = BauR 2002, 1253.
[206] *Ingenstau/Korbion/Vygen* 15. Aufl. VOB/B § 8 Nr. 2 Rdn. 27.
[207] *Nicklisch/Weick* VOB/B § 8 Rdn. 17.
[208] *Ingenstau/Korbion/Schmitz* VOB/B § 8 Nr. 2 Rdn. 34; *Heiermann/Riedl/Rusam* VOB/B § 8 Rdn. 19.
[209] *M. Huber* NZBau 2005, 256, 260; *Heidland* Der Bauvertrag in der Insolvenz, Rdn. 1123 ff.
[210] *MünchKommInso/Kreft*, § 103 Rdn. 35; *M. Huber* NZBau 2005, 256, 260; vgl. oben Rdn. 49, 73 a; a. A. LG Potsdam ZIP 2002, 1734 = NZI 2003, 209.
[211] BGH U. v. 22. 9. 2005, NJW 2005, 3574 = NZBau 2005, 685 = BauR 2005, 1913; vgl. oben Rdn. 73 a.

Leistung. Auch dieser Anspruch ist aufrechenbar. Keinerlei Probleme bestehen, wenn die Insolvenzeröffnung samt Kündigung ein Abrechnungsverhältnis begründet, in welches die gegenseitigen Ansprüche als Rechnungsposten eingestellt werden.[212] Wählt der Insolvenzverwalter nach § 103 InsO die Erfüllung, begründet dies nach § 55 Abs. 1 Nr. 2 InsO Masseforderungen und dementsprechend auch Masseverbindlichkeiten. Insoweit bestehen nach §§ 94 ff. InsO keine die Aufrechnung einschränkenden Regeln, es sei denn, dass es zu einer Masseunzulänglichkeit kommt.[213]

**c) Verrechnung.** Zu einer Verrechnung der einzelnen Ansprüche kann es nur kommen, wenn der Auftraggeber mit Recht den großen Schadensersatzanspruch wegen Nichterfüllung geltend machen kann.[214] Eine Verrechnung kommt außerdem in Betracht bei **Eröffnung des Insolvenzverfahrens** über das Vermögen des Auftragnehmers und **Erfüllungsablehnung** durch den Insolvenzverwalter. Ein noch offener Zahlungsanspruch der Masse hinsichtlich der erbrachten Teilleistungen und Sachmängelansprüche des Auftraggebers bezüglich dieser Teilleistung sind bei Umwandlung in Geldansprüche in ein Abrechnungsverhältnis einstellbar.[215] Für eine solche Verrechnungsmöglichkeit fehlt es nach BGH[216] jedoch an der gesetzlichen Grundlage.

88

---

[212] *M. Huber* NZBau 2005, 256, 260; *Heidland* Der Bauvertrag in der Insolvenz, Rdn. 1137.
[213] *Uhlenbruck* § 94 Rdn. 4; *Eickmann* in Heidelberger Kommentar § 94 Rdn. 20, 21.
[214] *Heiermann/Riedl/Rusam* B § 8 Rdn. 19 b; vgl. oben Rdn. 73.
[215] MünchKommInsO/*Huber* § 103 Rdn. 185; *M. Huber* NZBau 2005, 256, 260.
[216] BGH U. v. 23. 6. 2005, VII ZR 197/03, NJW 2005, 2771 = NZBau 2005, 562 = BauR 2005, 1477.

## § 8 Nr. 3

### § 8 Nr. 3 [Kündigung bei Qualität- und Zeitstörungen]

(1) Der Auftraggeber kann den Vertrag kündigen, wenn in den Fällen des § 4 Nr. 7 und 8 Abs. 1 und des § 5 Nr. 4 die gesetzte Frist fruchtlos abgelaufen ist (Entziehung des Auftrags). Die Entziehung des Auftrags kann auf einen in sich abgeschlossenen Teil der vertraglichen Leistung beschränkt werden.

(2) Nach der Entziehung des Auftrags ist der Auftraggeber berechtigt, den noch nicht vollendeten Teil der Leistung zu Lasten des Auftragnehmers durch einen Dritten ausführen zu lassen, doch bleiben seine Ansprüche auf Ersatz des etwa entstehenden weiteren Schadens bestehen. Er ist auch berechtigt, auf die weitere Ausführung zu verzichten und Schadenersatz wegen Nichterfüllung zu verlangen, wenn die Ausführung aus den Gründen, die zur Entziehung des Auftrags geführt haben, für ihn kein Interesse mehr hat.

(3) Für die Weiterführung der Arbeiten kann der Auftraggeber Geräte, Gerüste, auf der Baustelle vorhandene andere Einrichtungen und angelieferte Stoffe und Bauteile gegen angemessene Vergütung in Anspruch nehmen.

(4) Der Auftraggeber hat dem Auftragnehmer eine Aufstellung über die entstandenen Mehrkosten und über seine anderen Ansprüche spätestens binnen 12 Werktagen nach Abrechnung mit dem Dritten zuzusenden.

Literatur: *Anderson*, Zur Problematik des § 8 Nr. 3 VOB/B, BauR 1972, 65; *Brügmann/Kenter*, Abnahmeanspruch nach Kündigung von Bauverträgen, NJW 2003, 2121 ff.; *Dähne*, Nochmals: Zur Problematik des § 8 Nr. 3 VOB/B (Entziehung des Auftrags durch den Auftraggeber), BauR 1972, 279; ders., Rechtsnatur und Verjährung des Schadensersatzanspruches in § 4 Nr. 7 Satz 2 VOB/B (auch zu § 8 Nr. 3 Abs. 2 VOB/B), BauR 1973, 268; *Fischer*, Probleme der Entbehrlichkeit der Fristsetzung mit Ablehnungsandrohung bei Verweigerung der Nachbesserung (§ 634 Abs. 2 BGB), BauR 1995, 452; *E. J. Groß*, Die Abrechnung des Pauschalvertrages bei vorzeitig gekündigtem Vertrag, BauR 1992, 36; *Grüter*, Das Abschneiden des Werklohns bei Bestellerkündigung in Allg. Geschäftsbedingungen, DB 1980, 867; *Handschumacher*, Der Vergütungsanspruch gemäß § 8 Nr. 3 Abs. 3 VOB/B, BauR 2001, 872; *Jagenburg*, Das Selbsthilferecht des Bauherrn bei mangelhafter oder nicht rechtzeitiger Bauausführung nach der VOB, VersR 1969, 1077; *Kapellmann*, „In sich abgeschlossene Teilleistung" gemäß VOB, FS Thole, S. 29 ff.; *Kreikenbohm*, Verzug des Unternehmers im Werkvertragsrecht, BauR 1993, 647; *Kutschmann*, Wenn der Bauhandwerker den Bau liegen läßt, BauR 1972, 133; *Lang*, Die Teilkündigung des Bauvertrages, BauR 2006, 1956 ff.; *Heide Mantscheff*, Probleme der Entbehrlichkeit der Fristsetzung mit Ablehnungsandrohung bei Verweigerung der Nachbesserung, BauR 1996, 338; *Lang*, Die Teilkündigung des Bauvertrages, BauR 2006, 1956 ff.; *Mugler*, Vergütungs- und Schadensersatzprobleme nach „Kündigung" von Werkverträgen am Beispiel des Bauvertrages, BB 1993, 1460; *Niemöller*, Vergütungsansprüche nach Kündigung des Bauvertrages, BauR 1997, 539; *Reus*, Die Kündigung durch den Auftraggeber gemäß § 8 VOB/B, BauR 1995, 636; *Schmidt*, Zur unberechtigten Kündigung aus wichtigem Grund beim Werkvertrag, NJW 1995, 1313; *Steinmeyer*, Bauverzögerungen durch den Auftragnehmer und Ansprüche des Auftraggebers hieraus, Seminar Bauverzögerung, Rechtliche und baubetriebliche Probleme in Einzelbeiträgen, hsg. von der Deutschen Gesellschaft für Baurecht, S. 59; *van Venrooy*, „Kündigung" des Werkvertrages durch den Besteller nach § 649 Satz 1 BGB, JR 1991, 492.

**Übersicht**

| | Rdn. | | Rdn. |
|---|---|---|---|
| A. Allgemeines | 1–19 | c) Schadensersatz bei Verletzung von nicht leistungsbezogenen Nebenpflichten | 12 |
| I. Stellung im System | 5 | d) Der andere Weg nach § 8 Nr. 3 VOB/B | 13 |
| 1. Die Kündigung als Gestaltungsmittel des Auftraggebers | 6 | e) Ersetzung des Rücktritts durch die Kündigung | 14 |
| 2. Umfassende Rechtsfolgenregelung – angeknüpfter Kündigungsgrund | 8 | II. Anwendungsbereich | 15 |
| 3. Der Unterschied zur BGB-Regelung | 10 | 1. Unmittelbare und entsprechende Anwendung des § 8 Nr. 3 VOB/B | 15 |
| a) Schwebelage nach § 281 Abs. 1, 4 BGB | 10 | 2. Beispiele für vereinbarte und sonst entsprechende Anwendung | 16 |
| b) Befugnisse während der Schwebelage nach § 281 Abs. 1, 4 BGB | 11 | | |

Kündigung bei Qualität- und Zeitstörungen  §  8 Nr. 3

| | Rdn. | | Rdn. |
|---|---|---|---|
| B. **Anwendungsvoraussetzungen des § 8 Nr. 3 VOB/B** | 20–36 | b) Vertragstyp | 40 |
| I. Wichtige Kündigungsgründe – Entstehung des Kündigungsrechts | 21 | c) Anspruchsinhalt – Anspruchsnatur | 41 |
| | | d) Anspruchsrealisierung | 42 |
| 1. Der geregelte Anwendungsfall | 22 | e) Anspruchsabrechnung | 43 |
| 2. Der erweiterte Anwendungsfall | 23 | f) Anspruchsbeschränkungen | 44 |
| a) Entbehrlichkeit von Fristsetzung mit Kündigungsandrohung | 24 | 2. Schadensersatzanspruch nach § 8 Nr. 3 Abs. 2 Satz 1, 2. Hs. VOB/B | 45 |
| b) Fristsetzung zur Erklärungsabgabe mit Kündigungsandrohung | 24 | 3. Schadensersatzansprüche wegen Nichterfüllung nach § 8 Nr. 3 Abs. 2 Satz 2 VOB/B | 47 |
| II. Kündigungserklärung | 27 | 4. Benutzungsrecht und Verwendungsbefugnisse nach § 8 Nr. 3 Abs. 3 VOB/B | 50 |
| 1. Erklärungsvoraussetzungen | 28 | | |
| 2. Kündigung: Gesamt- oder Teilwirkung | 29 | 5. Abrechnungsgebot nach § 8 Nr. 3 Abs. 4 VOB/B | 53 |
| 3. Verlust des Kündigungsrechts | 30 | a) Prüfbarkeitsanforderungen | 54 |
| 4. Einschränkung des Kündigungsrechts | 33 | b) Abzurechnende Ansprüche | 55 |
| 5. Umdeutung – Nachschieben von Kündigungsgründen | 34 | c) Abrechnungsfrist | 56 |
| 6. Darlegungs- und Beweislast | 35 | d) Aufrechnungslagen bei Insolvenz des gekündigten Auftragnehmers | 57 |
| III. Einvernehmliche Aufhebung des Bauvertrages | 36 | 6. Verjährungsregeln | 58 |
| | | 7. Abschließende Regelung | 60 |
| C. **Rechtsfolgen der wirksamen Kündigung** | 37–63 | II. Sonstige Ansprüche des Auftraggebers | 61 |
| I. Rechtsfolgen nach § 8 Nr. 3 Abs. 2 bis 4 VOB/B | 38 | III. Ansprüche des gekündigten Auftragnehmers | 62 |
| 1. Drittunternehmereinsatz zur Vollendung der Leistung | 39 | D. **Allgemeine Geschäftsbedingungen** | 64, 65 |
| a) Zeitpunkt der Auftragserteilung | 39 | | |

## A. Allgemeines

§ 8 Nr. 3 VOB/B wurde im Zusammenhang mit der Neufassung der VOB/B 2000 im Absatz 1 geändert. Die gelisteten Kündigungsgründe wurden um den in § 4 Nr. 8 VOB/B genannten Tatbestand erweitert. Die Neufassungen der VOB/B 2002 und 2006 ließen die Regelung unberührt. Im Abs. 2 Satz 2 ist es bei dem terminus „Schadensersatz wegen Nichterfüllung" verblieben, obwohl das BGB in der Parallelregelung des § 281 von „Schadensersatz statt der Leistung" spricht. 1

§ 8 Nr. 3 VOB/B ist der zweite in der von der VOB/B geregelten Reihe der außerordentlichen Kündigungsgründe. Seine Praxisbedeutung ist überragend, da Anknüpfungspunkt **Abwicklungsstörungen im Bauverlauf** sind. Die Leistungsstörungstatbestände betreffen die **Qualität** der Leistungsausführung (§ 4 Nr. 7 VOB/B), die vertragswidrige Beauftragung eines Subunternehmers (§ 4 Nr. 8 VOB/B) und Unzulänglichkeiten in der Einhaltung der **Vertragsfristen** (§ 5 Nr. 4 VOB/B): Vor Abnahme der Leistung aufgetretene Mängel oder sonstige Vertragswidrigkeiten werden trotz Fristsetzung und Androhung des Auftragsentzugs nicht bereinigt; der damit verbundene Vertrauensverlust berechtigt den Auftraggeber zur Kündigung. Beschäftigt der Auftragnehmer trotz der Notwendigkeit einer schriftlichen Zustimmung des Auftraggebers einen Subunternehmer, woran sich auch bei Fristsetzung mit Androhung des Auftragsentzugs nichts ändert, eröffnet § 8 Nr. 3 VOOB/B die Kündigungsmöglichkeit. Verzögert der Auftragnehmer gem. § 5 Nr. 4 VOB/B den Beginn der Ausführung, gerät er mit der Vollendung in Verzug oder kommt er seiner 2

## § 8 Nr. 3

Baustellenförderungspflicht nach § 5 Nr. 3 VOB/B nicht nach, steht es im Ermessen des Auftraggebers, sich nach Fristsetzung mit Kündigungsandrohung vom Auftragnehmer zu lösen.

3 Die Vorschrift erfasst nach ihrer Überschrift Kündigungstatbestände aus wichtigem Grund; diese Tatbestände charakterisiert, dass der Auftragnehmer sich vertragsuntreu verhält. Der Regelung liegt die Wertung zu Grunde, dass dem Auftraggeber unter solchen Umständen die Fortsetzung des Vertrages nicht mehr zumutbar ist. Das eröffnet die Möglichkeit zur analogen Anwendung der Regelung. Hiergegen bestehen im Ergebnis keine Bedenken. Zwar handelt es sich bei der VOB/B nicht um eine Norm, sondern um eine Allgemeine Geschäftsbedingung, deren einzelne Regelungen wegen § 305 c Abs. 2 BGB nicht analog auf eindeutig geregelte Sachverhalte anwendbar sind.[1] § 8 Nr. 3 Abs. 1 VOB/B ist jedoch nicht zu entnehmen, dass die Kündigungsfolgenregelung auf die drei gelisteten Tatbestände beschränkt sei. Wird eine Kündigung auf andere wichtige Gründe gestützt, bei deren Vorliegen dem Auftraggeber angesichts des Verhaltens des Auftragnehmers die Fortsetzung des Bauvertrages nicht zumutbar ist, fehlt gerade eine anderweitige eindeutige Regelung. Die Vergleichbarkeit der Regelungsfolgen rechtfertigt die analoge Anwendung hinsichtlich der Rechtsfolgenseite. Die gegenteilige Beurteilung hätte zur Folge, dass auf § 8 Nr. 1 VOB/B zurückgegriffen werden müsste; den Vergütungsfolgen müsste durch entsprechende teleologische Reduktion begegnet werden.[2] Die durch einen Drittunternehmereinsatz entstehenden Mehrkosten wären über §§ 280, 281 BGB zu ersetzen.

4 Die **analoge Anwendung** des § 8 Nr. 3 VOB/B hat zur Erstreckung der in dieser Nummer angeordneten Rechtsfolgen auf sonstige Tatbestände geführt, bei denen dem Auftraggeber gleichfalls nicht mehr zugemutet werden kann, den Vertrag mit dem sich als unzuverlässig erwiesenen Auftragnehmer in Zukunft fortzusetzen. Sowohl die Bereinigung mittels der Kündigung als auch die an § 8 Nr. 3 VOB/B ausgerichteten Rechtsfolgen werden als dem Bauvertrag als Langzeitvertrag angemessen erachtet.[3] Allerdings wird die entsprechende Anwendung der Vorschrift nicht insgesamt, sondern teilweise nur beschränkt auf die Kündigung als Gestaltungsrecht vorgenommen.[4]

### I. Stellung im System

5 Auf Qualität- und Zeitstörungen bot das BGB bis 31. 12. 2001 das in §§ 634, 636 BGB beschriebene Reaktionssystem an, das je nach der Rechtswahl des Auftraggebers zu einer Rückgängigmachung des Vertrages (Wandelung), zu einem Rücktritt oder zu einer Minderung führte. Die seit 1. 1. 2002 geltende Neufassung des BGB eröffnet über §§ 281, 323 BGB die Möglichkeit zur Fristsetzung; die sich aus der Versäumung der Frist ergebenden Rechtsfolgen hängen nicht mehr davon ab, ob mit der Fristsetzung die Androhung verbunden ist, die Leistung nach Ablauf der Frist nicht anzunehmen (§ 326 BGB a. F.). Mit dem Ablauf der Frist erfährt das Schuldverhältnis jedoch noch keine Umgestaltung: Dem Auftraggeber verbleiben die Erfüllungsansprüche. Der Anspruch auf die Leistung ist erst ausgeschlossen, wenn der Auftraggeber statt der Leistung Schadensersatz anstatt der Leistung begehrt (§ 281 Abs. 5 BGB). Hiervon weicht das Modell der VOB/B nicht unerheblich ab. Besteht bei der BGB-Regelung die Rechtsfolgen auslösende Erklärung im Schadensersatzbegehren, fordert die VOB/B den Auftraggeber zur Kündigung auf. Bestehen gemäß § 281 Abs. 5 BGB nach Ablauf der gesetzten Nachfrist der Erfüllungsanspruch und der Schadensersatzanspruch zunächst in einem Verhältnis elektiver Konkurrenz,[5] und wird dieses Verhältnis durch die rechtsgestaltende Erklärung, Schadensersatz statt der Leistung zu verlangen,

---

[1] BGH U. v. 2. 10. 1997, VII ZR 44/97, NJW-RR 1998, 235 = BauR 1997, 1027, ZfBR 1998, 31.
[2] *Voit* BauR 2002, 1770, 1787.
[3] *Nicklisch/Weick* VOB/B § 8 Rdn. 20.
[4] BGH BauR 1980, 465, 466.
[5] *Palandt/Heinrichs* § 281 Rdn. 50, 53; *Bamberger/Roth/Grüneberg* § 281 Rdn. 48.

umgestaltet, macht die VOB/B die Kündigung zur Voraussetzung für die Umgestaltung. Die Kündigung im Fall des § 4 Nr. 7 VOB/B tritt an die Stelle der BGB-Lösung gemäß § 281 Abs. 1 Satz 1, 3, Abs. 4 BGB. Die Kündigung im Fall des § 4 Nr. 8 VOB/B ersetzt die BGB-Lösung gemäß § 282 BGB und die Kündigung in Verbindung mit § 5 Nr. 4 VOB/B substituiert die Lösung gemäß § 281 Abs. 1 Satz 1, 4 und § 323 BGB.

## 1. Die Kündigung als Gestaltungsmittel des Auftraggebers

Die VOB/B bietet dem Auftraggeber, der sich vom Bauvertrag lösen will, in den Fällen der Zeitstörung nach § 5 Nr. 4 VOB/B wie auch der gestörten Leistungsqualität nach § 4 Nr. 7 VOB/B und der Verletzung der Verpflichtung zur persönlichen Leistungserbringung (§ 4 Nr. 8 VOB/B) gem. § 8 Nr. 3 VOB/B die Kündigung an. Deren Vorteil liegt darin, dass der Bauvertrag für die erbrachte Teilleistung unter **Erhalt der Sachmängelansprüche** bestehen bleibt,[6] die Vorleistungspflicht für die noch ausstehenden Leistungen entfällt und deren Vergabe an einen Drittunternehmer auf Kosten des säumigen Auftragnehmers erfolgen kann.[7] Infolge des Störungstatbestandes anderweitig begründete Schadensersatzansprüche bleiben in ihrem Umfang aufrechterhalten (§ 8 Nr. 3 Abs. 2 Satz 1, 2. Hs. VOB/B). Ein Schadensersatzanspruch wegen Nichterfüllung – das BGB verwendet in § 281 Abs. 1 nunmehr den Begriff „Schadensersatz statt der Leistung" –, sog. **großer Schadensersatzanspruch,** wird nach § 8 Nr. 3 Abs. 2 Satz 2 VOB/B nur dann zugestanden, wenn die Ausführung aus Gründen, die zur Entziehung des Auftrags geführt haben, für den Auftraggeber kein Interesse mehr hat.

6

Die Regelung wahrt demnach in vollem Umfang die Interessen des Auftraggebers gegenüber einem Auftragnehmer, der sich **zweifach vertragwidrig** deshalb verhalten hat, weil er die Leistungsstörung verursacht und trotz Fristsetzung nicht für Abhilfe gesorgt hat. Gegenüber einem dermaßen vertragsuntreuen Auftragnehmer sind folgende, durch die VOB/B ermöglichte Sanktionen gerechtfertigt: (1) Aufrechterhaltung der Sachmängelhaftung hinsichtlich der Teilleistung; (2) Begründung und Aufrechterhaltung eines Schadensersatzanspruchs hinsichtlich der dadurch verursachten Schäden beim Auftraggeber; (3) Ermöglichung der Beseitigung des Störungstatbestandes durch Drittunternehmereinsatz auf Kosten des vertragsuntreuen Auftragnehmers (Mehrkostenerstattung); (4) eventuell Ausstieg aus dem Bauvertrag insgesamt wegen Interesseverlustes mit Schadensersatzfolgen wegen Nichterfüllung.

7

## 2. Umfassende Rechtsfolgenregelung – angeknüpfter Kündigungsgrund

Im Vergleich zu den Kündigungstatbeständen nach § 8 Nr. 2 und Nr. 4 VOB/B ist die Rechtsfolgenregelung sehr dezidiert. Deshalb wird in der § 8 Nr. 4 Satz 3 VOB/B hierauf verwiesen. In § 8 Nr. 2 VOB/B unterbleibt dies, was zur entsprechenden Anwendung der in § 8 Nr. 3 und 4 VOB/B enthaltenen Regelungsfolgen führt (vgl. → § 8 Nr. 2 Rdn. 34, 43).

8

Hinsichtlich des **Kündigungsgrundes** knüpft die Vorschrift an anderweitig geregelte Tatbestände an. Diese umschreiben § 4 Nr. 7, 8 Abs. 1 und § 5 Nr. 4 VOB/B. § 8 Nr. 3 VOB/B stellt es in das Ermessen des Auftraggebers, ob er den gestörten Vertrag nach der Fristsetzung mit Kündigungsandrohung kündigt oder fortsetzt. Erst durch die Kündigung ändert sich das Bauvertragsverhältnis; die vorausgegangene Kündigungsandrohung führt in Verbindung mit dem fruchtlosen Fristablauf zu keinerlei Rechtsverlust. Die anderweitig in § 4 Nr. 7, 8 Abs. 1 und § 5 Nr. 4 VOB/B geregelten Kündigungstatbestände begründen als Rechtsfolge das Recht zur Kündigung, dessen Ausübung im Ermessen des Auftraggebers

9

---

[6] BGH U. v. 19. 12. 2002, VII ZR 103/00 NJW 2003, 1450 = NZBau 2003, 265 = BauR 2003, 685; BGH BauR 1988, 82. Vgl. → § 6 Nr. 1 Rdn. 4 ff.
[7] Vgl. *Nicklisch/Weick* VOB/B § 8 Rdn. 20.

§ 8 Nr. 3   Kündigung bei Qualität- und Zeitstörungen

liegt. Erst die Kündigung löst die in § 8 Nr. 3 Abs. 2 bis 4 und Nr. 6 VOB/B festgelegten Rechtsfolgen aus.

### 3. Der Unterschied zur BGB-Regelung

10  **a) Schwebelage nach § 281 Abs. 1, 4 BGB.** Das BGB entschädigt den Auftraggeber in den mit § 8 Nr. 3 Abs. 1 VOB/B vergleichbaren Fällen für den Wegfall der eigentlich geschuldeten Leistung unter den in § 281 und § 282 geregelten Voraussetzungen. Nach § 281 BGB ist abgesehen von den in Absatz 2 geregelten Ausnahmen eine Fristsetzung erforderlich; deren fruchtloser Ablauf bewirkt keine Umgestaltung des Vertragsverhältnisses; mit fruchtlosem Ablauf der Frist hat der Auftraggeber neben dem Erfüllungsanspruch einen Schadensersatzanspruch statt der Leistung, der jedoch erst mit dessen Geltendmachung durchsetzbar ist. Der **Schadensersatzanspruch** ist ein **verhaltener Anspruch**.[8] Der Auftraggeber hat eine Doppelberechtigung, die erst mit dem Verlangen auf Schadensersatz statt der Leistung verloren geht. Das bedeutet, dass der Auftragnehmer als Schuldner bis zu dieser Erklärung die Möglichkeit hat, die dem noch erfüllbaren Erfüllungsanspruch entsprechende Leistung anzudienen. Allerdings hat der Auftraggeber die Befugnis die Leistung abzulehnen, worin zugleich das Verlangen auf Schadensersatz liegt.[9] Jedoch soll der Auftraggeber kein Recht haben, Schadensersatz anstatt der Leistung noch in dem Moment zu verlangen, wenn die Erfüllungsleistung in einer den Annahmeverzug begründenden Weise angeboten wird.[10] Diese Auffassung kollidiert mit der Meinung des BGH,[11] wonach der Auftragnehmer nach Fristablauf gehindert ist, ohne Zustimmung des Auftraggebers Mängelbeseitigung vorzunehmen. Dieses auf § 633 Abs. 3 BGB a. F. und §§ 636, 637 BGB n. F. bezogene Erkenntnis muss der Sache nach wegen völliger Vergleichbarkeit der Problematik auch für die Rechtslage gemäß § 281 BGB zutreffen. *Ernst*[12] vertritt die Auffassung, mit dem einen Gläubigerverzug begründenden Angebot des Schuldners sei die Befugnis des Gläubigers, Schadensersatz statt der Leistung zu verlangen, bereits erloschen; *Derleder/Hoolmanns*[13] lassen auch noch eine nachträgliche Entscheidung des Gläubigers zu.

11  **b) Befugnisse während der Schwebelage nach § 281 Abs. 1, 4 BGB.** Während des Schwebezustandes, der nach fruchtlosem Ablauf der für die Erfüllung gesetzten Frist deshalb entsteht, weil neben dem Erfüllungsanspruch zu Gunsten des Gläubigers auch ein Schadensersatzanspruch statt der Leistung entstanden ist, kann der Auftraggeber einen Drittunternehmer zur Beseitigung der gerügten Mängel oder der sonst noch offenen verzögerten Leistung beauftragen. Der Drittunternehmer darf in dieser Schwebelage auch mit den Leistungen beginnen. Dem eigentlich leistungspflichtigen Schuldner wird damit die Erfüllung unmöglich gemacht. Dessen Leistungsangebote wird der Auftraggeber entweder von vornherein durch sein Schadensersatzverlangen ausschließen (§ 281 Abs. 4 BGB) oder das Angebot im Hinblick auf die Tätigkeit des bereits eingeschalteten Drittunternehmers ablehnen. Jedenfalls führen die Beauftragung eines Drittunternehmers und dessen Beginn zur Unmöglichkeit der Leistungsausführung durch den an sich pflichtigen Schuldner, was den Eintritt des Gläubigerverzugs ausschließt (§ 297 BGB). § 281 Abs. 2, 4 BGB kennt hinsichtlich des Drittunternehmereinsatzes und dessen Tätigwerden vor oder nach dem Schadensersatzbegehren keinerlei besondere Vorschriften, insbesondere solche anspruchsausschließender Art. Das unterscheidet die BGB-Regelung entscheidend von der VOB/B. Denn nach § 8 Nr. 3 Abs. 2 VOB/B ist der Auftraggeber erst nach **Entziehung des Auftrags** berechtigt, den noch nicht vollendeten Teil der Leistung zu Lasten des Auftragnehmers durch einen

---

[8] MünchKomm/*Ernst* § 281 Rdn. 67 ff.
[9] MünchKomm/*Ernst* § 281 Rdn. 78 ff.; vgl. auch *Derleder/Hoolmanns* NJW 2004, 2787.
[10] MünchKomm/*Ernst* § 281 Rdn. 85.
[11] U. v. 27. 2. 2003, VII ZR 338/01, BGHZ 154, 119 = NJW 2003, 1526 = NZBau 2003, 267 = BauR 2003, 693, 694; BGH U. v. 27. 11. 2003, VII 93/01 NJW-RR 2004, 303 = NZBau 2004, 153 = BauR 2004, 501.
[12] MünchKomm § 281 Rdn. 85.
[13] NJW 2004, 2787, 2791.

Dritten ausführen zu lassen. Wird der Drittunternehmer vor der Kündigung tätig, ist der Auftraggeber nicht in der Lage, die dadurch entstehenden Kosten erstattet zu verlangen. Eine solche Einschränkung ist § 281 BGB unbekannt. Nach Ablauf der für die Erfüllung gesetzten Frist kann der Auftraggeber die Schritte unternehmen, die auf andere Weise für Erfüllung auf Kosten des pflichtigen Unternehmers sorgen.

c) **Schadensersatz bei Verletzung von nicht leistungsbezogenen Nebenpflichten.** 12
Bei Verletzung von nicht leistungsbezogenen Nebenpflichten (§ 241 Abs. 2 BGB) gesteht § 282 BGB bei Verschulden – das beinhaltet der Verweis auf § 280 BGB – einen Schadensersatzanspruch statt der Leistung zu, wenn dem Gläubiger die Leistung durch den Schuldner nicht mehr zuzumuten ist. Das entspricht der in § 8 Nr. 3 Abs. 1, § 4 Nr. 8 VOB/B niedergelegten Regelung, wenn der Auftragnehmer, der zur Ausführung der Leistung im eigenen Betrieb in der Lage ist, trotz fehlender Zustimmung des Auftraggebers einen Subunternehmer einschaltet. Das BGB sieht in § 282 nicht ausdrücklich eine Fristsetzung vor; lediglich zur Erfüllung der Voraussetzungen der Unzumutbarkeit der Leistung durch den Schuldner wird eine Abmahnung verlangt.[14] Die VOB-Regelung ist demgegenüber entschieden formalistischer und auf größere Rechtssicherheit bedacht, wenn ausdrücklich eine Fristsetzung samt Kündigungsandrohung (§ 4 Nr. 8 VOB/B) und außerdem die Kündigung selbst verlangt werden, bevor der in Aussicht genommene Drittunternehmer mit den Ersatzarbeiten beginnt.

d) **Der andere Weg nach § 8 Nr. 3 VOB/B.** Auch die VOB/B erhält dem Auftraggeber nach Fristsetzung, Androhung des Auftragsentzugs und fruchtlosem Fristablauf sämtliche Rechte. Der Anspruch auf Erfüllung ist nicht erloschen. Der Auftraggeber kann diesen Anspruch geltend machen oder sich für die Kündigung entscheiden. Mit Fristsetzung und Androhung des Auftragsentzugs ist eine Änderung der Rechtslage nicht eingetreten; damit wurden lediglich die Kündigungsvoraussetzungen geschaffen. Erst die Kündigung eröffnet die Rechte aus § 8 Nr. 3 Abs. 2 bis 4 VOB/B.[15] Gestaltet nach § 281 Abs. 4 BGB das Verlangen auf Schadensersatz, kommt diese Wirkung bei einem VOB-Bauvertrag der Kündigung zu. Im Rahmen des § 5 Nr. 4 VOB/B hat der Auftraggeber die Entscheidungsmöglichkeit zwischen dem Erfüllungsanspruch samt Schadensersatzanspruch nach § 6 Nr. 6 VOB/B und dem Auftragsentzug. 13

e) **Ersetzung des Rücktritts durch die Kündigung.** Entscheidend ist außerdem, dass 14
die VOB/B im Rahmen ihres vertraglichen Anwendungsbereichs das ansonsten das BGB-Werkvertragsrecht prägende Rücktrittsrecht (§§ 323, 634, 636 BGB) durch das Kündigungsrecht ersetzt.

## II. Anwendungsbereich

### 1. Unmittelbare und entsprechende Anwendung des § 8 Nr 3 VOB/B

Der Anwendungsbereich der Regelung ist nach dem Wortlaut der Vorschrift **strikt** 15
beschränkt auf die durch § 4 Nr. 7, 8 und § 5 Nr. 4 VOB/B beschriebenen Fälle. Die Vertragsparteien sind außerdem in der Lage, im Bauvertrag Tatbestände, die zu einer außerordentlichen Kündigung legitimieren, zu vereinbaren oder solche Gründe durch vorformulierte Bedingungen festzulegen. Darüber hinaus findet die Regelung entsprechende Anwendung, wenn der Auftraggeber zur Kündigung sonst nach Treu und Glauben aus wichtigem Grund berechtigt ist. Das ist der Fall, wenn der Auftragnehmer durch sein Verhalten den Vertragszweck so gefährdet, dass dem vertragstreuen Auftraggeber die Fortsetzung des Vertragsverhältnisses nicht mehr zugemutet werden kann.[16] Der Rechtsfolgenregelung in § 8

---
[14] Palandt/Heinrichs § 282 Rdn. 4.
[15] BGH BauR 1986, 573 = NJW-RR 1986, 1148 = ZfBR 1986, 226.
[16] Vgl. BGH U. v. 23. 5. 1996, VII ZR 140/95 NJW-RR 1996, 1108 = BauR 1996, 704 = ZfBR 1996, 267.

§ 8 Nr. 3 Kündigung bei Qualitäts- und Zeitstörungen

Nr. 3 VOB/B kommt über ihren Wortlaut hinaus die Bedeutung einer **Generalklausel** zu. Ein Recht zur Kündigung aus wichtigem Grund kann über den unmittelbaren Anwendungsbereich hinaus angenommen werden, wenn das vertragliche Treueverhältnis durch den Auftragnehmer grob gestört worden ist.[17]

**15 a** Hieran hat sich durch das Schuldrechtsmodernisierungsgesetz nichts geändert. Zwar hat die **Kündigung aus wichtigem Grund** ihre ausdrückliche Regelung in § 314 BGB gefunden, sie ist jedoch auf Dauerschuldverhältnisse beschränkt. Dazu zählen Werkverträge grundsätzlich nicht, da sich der Umfang der Leistung nicht nach der Dauer der Vertragsbeziehung, sondern nach dem zu erstellenden Werk ausrichtet. Wenn dieses auch durch über eine gewisse Zeit – Ausführungsfrist – zu erbringende Leistungen zu erstellen ist, charakterisiert dieses Zeitmoment einen Werkvertrag nicht als Dauerschuldverhältnis.[18] § 314 BGB ist auf die Kündigung eines Bauvertrages aus wichtigem Grund nicht anwendbar, weil für die in § 314 BGB getroffene Regelung die fehlende Überschaubarkeit des letztlich geschuldeten Leistungsumfanges tragend ist.[19] Das trifft auf den Bauvertrag nicht zu, da durch Leistungsbeschreibung oder sonstige vertragliche Bestimmungselemente der vertraglich geschuldete Erfolg beschrieben und das damit verbundene Risiko abschätzbar ist. Leistungsinhalt und Leistungsumfang unterliegen keinem **Prognoserisiko**.[20] Auch VOB-Bauverträge sind keine Dauerschuldverhältnisse; der BGH hat in seiner Entscheidung vom 23. 5. 1996[21] lediglich die Kündigung eines VOB-Bauvertrages aus wichtigem Grund bejaht. Die Argumentation setzt jedoch nicht bei einem Dauerschuldverhältnis an, sondern daran, dass der Auftraggeber eines Werkvertrages berechtigt ist, den Bauvertrag zu kündigen, wenn durch ein schuldhaftes Verhalten des Auftragnehmers der Vertragszweck so gefährdet wird, dass der vertragstreuen Partei die Fortsetzung des Vertragsverhältnisses nicht mehr zugemutet werden kann. Diese Entscheidung berechtigt für den VOB-Bauvertrag und dessen Kündigung aus wichtigem Grund nicht zum Rückgriff auf § 314 BGB.[22] *Voit*[23] überzeugt andererseits auch nicht, wenn die Anwendbarkeit des § 314 BGB auf den Werkvertrag damit verneint wird, der Unternehmer haben noch keine Leistung erbracht, da das Bewirken der Leistung erst in der Präsentation zur Abnahme zu sehen sei. Dabei wird außer Acht gelassen, dass § 8 Nr. 6 VOB/B den Anspruch auf Abnahme auch im Falle einer gekündigten Leistung vorsieht. Im Leistungsverzeichnis enthaltene, einzelne Arbeitsschritte enthaltende Positionen können ohne weiteres abnahmefähige und damit zur Abnahmepräsentation geeignete Teilerfolge darstellen.[24]

**15 b** Da § 314 BGB letztlich nichts anderes ist, als ein besonderer Anwendungsfall des § 313 BGB, der sich mit dem **Fortfall des Geschäftsgrundlage** in Gestalt eines wichtigen Grundes bei einem Dauerschuldverhältnis befasst, besteht kein Grund, die bisherige Rechtsprechung zur Kündbarkeit eines Werkvertrages aus wichtigem Grund[25] nicht fortzuschreiben. § 314 BGB darf seiner Intention nach nicht dahin verstanden werden, eine Kündigung aus wichtigem Grund sei nach dem gesetzgeberischen Willen nur noch bei Dauerschuldverhältnissen möglich.[26] Bei einem VOB-Bauvertrag ist der Auftraggeber berechtigt, den Vertrag wegen vorwerfbarer Verletzung aus § 241 Abs. 2 BGB ableitbarer Pflichten (positive

---

[17] OLG Frankfurt BauR 1988, 599, 600; *Ingenstau/Korbion/Vygen* VOB/B § 8 Nr. 3 Rdn. 5; *Heiermann/Riedl/Rusam* VOB/B § 8 Rdn. 24.
[18] *Bamberger/Roth/Grüneberg* § 241 Rdn. 27; MünchKomm/*Gaier* § 314 Rdn. 5.
[19] MünchKomm/*Gaier* § 314 Rdn. 5; BGH NJW 1999, 1177, 1178.
[20] Dazu MünchKomm/*Gaier* § 314 Rdn. 5.
[21] VII ZR 140/95, NJW-RR 1996, 1108 = BauR 1996, 704 = ZfBR 1996, 267.
[22] Dafür jedoch MünchKomm/*Gaier* § 314 Rdn. 6; *Bamberger/Roth/Grüneberg* § 314 Rdn. 5.
[23] BauR 2002, 1776, 1784.
[24] Vgl. zum Planervertrag BGH U. v. 24. 6. 2004, VII ZR 259/02 und zum Bauvertrag BGH U. v. 11. 5. 2006, VII ZR 146/04, NJW 2006, 2475 = NZBau 2006, 569 = BauR 2006, 1294.
[25] BGH NJW 1974, 1080; NJW 1975, 825; NJW 1993, 1972 = BauR 1993, 469; NJW-RR 1996, 1108 = BauR 1996, 704.
[26] *Ingenstau/Korbion/Vygen* VOB/B § 8 Nr. 3 Rdn. 5; *von Hase* NJW 2002, 2278; *Sienz* BauR 2002, 194; *Boldt* NZBau 2002, 655.

Vertragsverletzung) fristlos zu kündigen, wenn durch ein schuldhaftes Verhalten des Auftragnehmers der Vertragszweck so gefährdet ist, dass dem vertragstreuen Auftraggeber die Fortsetzung des Vertrages nicht zumutbar ist. Eine solche fristlose Kündigung ist jedenfalls dann gerechtfertigt, wenn der Auftragnehmer trotz Abmahnung des Auftraggebers mehrfach und nachhaltig gegen eine Vertragspflicht verstößt und wenn das Verhalten des Auftragnehmers ein hinreichender Anlass für die Annahme ist, dass der Auftragnehmer sich auch in Zukunft nicht vertragstreu verhalten wird.[27] Ob tatsächlich nur schuldhaftes Verhalten des Auftragnehmers als wichtiger Kündigungsgrund in Betracht kommt, wie es die BGH-Rechtsprechung fordert,[28] ist die Frage. Denn die in § 8 Nr. 3 VOB/B beschriebenen Kündigungstatbestände setzen schuldhaftes Verhalten nicht notwendig voraus; bei § 4 Nr. 7 und § 5 Nr. 4 Alt. 1 und 3 VOB/B wird Verschulden nicht verlangt. Weisen die Leistungen des Auftragnehmers schwerwiegende Mängel auf und ist mit einer Veränderung nicht zu rechnen, muss der Auftraggeber die Möglichkeit zur Kündigung ohne Rücksicht auf ein Verschulden habe.[29]

Der Auftraggeber kann einen Bauvertrag aus wichtigem Grund auch dann kündigen, **15 c** wenn der Auftragnehmer die Erfüllung des Vertrages unberechtigt und endgültig verweigert und es deshalb dem vertragstreuen Auftraggeber nicht zumutbar ist, das Vertragsverhältnis fortzusetzen.[30] Entscheidend ist, ob dem Auftraggeber im Hinblick auf die Störungstatbestände die Fortsetzung des Vertrages unzumutbar geworden ist. Entstehen während der Vertragsdurchführung Meinungsverschiedenheiten über die Notwendigkeit einer Anpassung, ist jede Vertragspartei auf Grund der **Kooperationspflicht** gehalten, im Wege der Verhandlung eine Klärung und eine einvernehmliche Lösung zu versuchen. Wer sich dem ohne Grund entzieht und seinerseits kündigt, eröffnet dem anderen Teil die Kündigung aus wichtigem Grund.[31] Ein wichtiger Grund ist bei einem Werkvertrag nach VOB-Regeln erst dann gegeben, wenn sich eine Partei Kooperationsbemühungen entzogen hat. Typisch ist das Verlangen des Auftragnehmers nach einer geänderten oder zusätzlichen Vergütung in den Fällen des § 2 Nr. 5 oder Nr. 6 VOB/B. Lehnt der Auftraggeber die Änderungs- oder Zusatzvorstellungen des Auftragnehmers ab, was der Auftragnehmer zum Anlass für eine Kündigung oder Leistungsverweigerung nimmt, eröffnet dies dem Auftraggeber die Kündigung aus wichtigem Grund, wenn der Auftragnehmer nicht seinerseits seine Vergütungsvorstellungen näher präzisiert und dem Auftraggeber Gelegenheit zur näheren Auseinandersetzung gibt. **Meinungsverschiedenheiten** über die Art und Weise der Vertragsausführung berechtigen erst dann zur Kündigung aus wichtigem Grund, wenn der Gekündigte zusätzlich zum Beitrag für die streitige Auseinandersetzung sich dem Kooperationsgebot entzogen hat. Hierauf kann nur dann verzichtet werden, wenn die andere Partei in der konkreten Konfliktlage ihre Bereitschaft, eine einvernehmliche Lösung herbeizuführen, nachhaltig und endgültig verweigert.[32]

### 2. Beispiele für vereinbarte und sonst entsprechende Anwendung

Ein außerordentliches Kündigungsrecht sieht das Vertragsmuster Zusätzliche Vertrags- **16** bedingungen für die Ausführung von Bauleistungen des Vergabehandbuchs – EVM (B) ZVB/E (Stand 2002) – in Ziff. 11 dann vor, wenn der Auftragnehmer Personen, die auf Seiten des Auftraggebers mit der Vorbereitung, dem Abschluss oder durch Durchführung des Vertrages befasst sind oder ihnen nahe stehenden Personen Vorteile angeboten, versprochen oder gewährt hat.

---

[27] BGH U. v. 23. 5. 1996, VII ZR 140/95, NJW-RR 1996, 1108 = BauR 1996, 704 = ZfBR 1996, 267.
[28] BGH U. v. 23. 5. 1996, VII ZR 140/95, NJW-RR 1996, 1108 = BauR 1996, 704 = ZfBR 1996, 267.
[29] Vgl. BGH NJW 1975, 825 = BauR 1975, 280.
[30] BGH U. v. 28. 10. 1999, VII ZR 393/98, BGHZ 143/89 = NJW 2000, 807 = NZBau 2000, 130 = ZfBR 2000, 170 = BauR 2000, 409.
[31] BGH U. v. 28. 10. 1999, VII ZR 393/98, BGHZ 143, 89 = NJW 2000, 807 = BauR 2000, 409.
[32] *Kapellmann/Messerschmidt/Lederer* VOB/B § 8 Rdn. 83.

**17** Der Auftragnehmer gibt dem Auftraggeber einen wichtigen Grund zur Kündigung des Werkvertrags, wenn er den Vertragszweck grob gefährdet,[33] wenn die bisher erbrachten Teilleistungen schwerwiegende Mängel aufweisen und das Vertrauen in die Leistungsfähigkeit und die Fachkunde des Auftragnehmers damit erschüttert ist,[34] oder er sich sonst eines den Vertragszweck gefährdenden Verhaltens schuldig gemacht hat.[35] Leistet der Auftragnehmer den berechtigten Anweisungen des Auftraggebers gem. § 4 Nr. 1 Abs. 1, 3 VOB/B hartnäckig keine Folge, kann das Vertrauen des Auftraggebers im Rahmen des auf Kooperation angelegten Bauvertrages ebenso erschüttert sein wie bei Beleidigungen, Tätlichkeiten und dergleichen.[36] Bei der Beurteilung ist der subjektive Vertrauensverlust des Auftraggebers ein Moment der im Übrigen aus der Sicht eines objektiven Dritten vorzunehmenden verständigen Würdigung. Bestimmendes Kriterium ist, ob dem Auftraggeber die Fortsetzung des Vertragsverhältnisses zum Zeitpunkt der Kündigung nicht mehr zumutbar ist.[37]

**18** An einem solchen Grund fehlt es, wenn das Verhalten des Auftragnehmers, das der Auftraggeber als ärgerlich und für den Bauablauf störend empfindet, von unternehmerischer Verantwortung um das beauftragte Gewerk geprägt wird. So sind Bedenkenanmeldungen nach § 4 Nr. 3 VOB/B kein wichtiger Grund für eine Kündigung, selbst wenn die Bedenkenanmeldung letztlich zu Unrecht erfolgt ist.[38]

**19** Nimmt der Auftragnehmer ihm ausdrücklich vertraglich oder sonst nach der VOB/B eingeräumte Rechte oder Pflichten unter Berücksichtigung des Kooperationsgebots wahr, kann dies grundsätzlich keinen wichtigen Grund für eine außerordentliche Kündigung durch den Auftraggeber liefern. Die vorwerfbare Verletzung der den Auftragnehmer nach dem Vertrag einschließlich der VOB/B treffenden Nebenpflichten kann ein Recht zur Kündigung aus wichtigem Grund nach Maßgabe der §§ 241 Abs. 2, 324 BGB (früher positiven Vertragsverletzung) begründen.[39] Ersetzt nämlich die VOB/B den Rücktritt vom Vertrag durch die Kündigung, tritt an die Stelle des in § 324 BGB geregelten Rücktritts das Recht zur Kündigung aus wichtigem Grund, wenn dem Auftraggeber ein Festhalten am Vertrag nicht zumutbar ist. Dazu gehört auch die ernsthafte und endgültige Leistungsverweigerung vor Fälligkeit der Leistung.[40] Wird die Leistungsverweigerung mit der **Gefahr des Mangeleintritts** bei Fortsetzung begründet,[41] ist zu berücksichtigen, dass der Auftragnehmer grundsätzlich über die Wahrnehmung der Prüfungs- und Bedenkenhinweispflicht nach § 4 Nr. 3, § 13 Nr. 3 VOB/B geschützt ist, und die Einstellung der Arbeiten nur dann gerechtfertigt ist, wenn mit an Sicherheit grenzender Wahrscheinlichkeit mit einer Realisierung des befürchteten Mangels oder einem hohen Schaden zu rechnen ist.[42] § 4 Nr. 2 Satz 2 VOB/B kann im Einzelfall zur Leistungsverweigerung berechtigen. Eine schuldhafte schwere Verletzung von Nebenpflichten liegt andererseits nicht vor, wenn der Auftragnehmer **Weisungen** nicht befolgt, denen es an der Berechtigung fehlt.[43] In solchen Fällen kann umgekehrt ein Kündigungsrecht des Auftragnehmers entstehen.[44] Stellt der Auftragnehmer die Arbeiten mit Recht und unter Berücksichtigung des Kooperationsgebots[45] ein, begründet dies kein außerordentliches Kündigungsrecht des Auftraggebers.[46] So liegt eine grobe

---

[33] BGHZ 45, 372.
[34] BGH NJW 1975, 825 = BauR 1975, 280.
[35] Vgl. OLG Düsseldorf BauR 1992, 381; BGHZ 31, 224, 229 = MDR 1966, 834.
[36] *Staudinger/Peters* § 649 Rdn. 36.
[37] BGH U. v. 23. 5. 1996, VII ZR 140/95, NJW-RR 1996, 1108 = BauR 1996, 704 = ZfBR 1996, 267; NJW 1993, 1972 = BauR 1993, 469; OLG Düsseldorf BauR 1992, 381.
[38] OLG Düsseldorf BauR 1992, 381, 382.
[39] Vgl. *Bold* NZBau 2002, 655; *Sienz* BauR 2002, 194.
[40] BGHZ 65, 373, 375 = BauR 1976, 126 = NJW 1976, 517; BGH NJW 1974, 1080.
[41] BGH NJW 1974, 1080.
[42] OLG Düsseldorf NJW-RR 1988, 211; *Ingenstau/Korbion/Wirth* VOB/B § 13 Nr. 3 Rdn. 52.
[43] BGHZ 92, 244 = BauR 1985, 77, 78 = NJW 1985, 631 = ZfBR 1985, 37.
[44] OLG Düsseldorf BauR 1988, 478.
[45] BGH U. v. 20. 10. 1999, VII ZR 393/98, BGHZ 143, 89 = NZBau 2000, 130 = NJW 2000, 807 = BauR 2000, 409.
[46] OLG Frankfurt NJW-RR 1987, 979 = BauR 1988, 599.

Vertragsverletzung, die eine Kündigung entsprechend § 8 Nr. 3 Abs. 1 VOB/B rechtfertigen könnte, nicht vor, wenn der Auftragnehmer seine Arbeiten einstellt, weil eine im Bauvertrag binnen einer Woche vorgesehene Vereinbarung über die gesonderte Vergütung erforderlicher Mehrleistungen für notwendige Vorarbeiten nicht fristgerecht zustande kommt.[47] Hat der Auftragnehmer nach § 16 Nr. 5 Abs. 3 Satz 3 VOB/B das Recht zur Arbeitseinstellung, scheidet eine außerordentliche Kündigung gem. § 8 Nr. 3 VOB/B aus.[48] Der Auftraggeber hat keinen Anspruch auf Mehrkostenerstattung durch Drittvergabe im Verhältnis zum gekündigten Auftragnehmer, wenn dieser nach Verschiebung des Baubeginns mit Recht auf einer Preisanpassung bestanden hat, die der Auftraggeber nicht zugestanden hat.[49]

## B. Anwendungsvoraussetzungen des § 8 Nr. 3 VOB/B

Die Vorschrift behandelt in Absatz 1 die wichtigen Kündigungsgründe, das Entstehen des Kündigungsrechts und die Ausübung der Kündigung. Die Absätze 2 bis 4 regeln Kündigungsfolgen. Die Vorschrift knüpft an die in § 4 Nr. 7, 8 und § 5 Nr. 4 VOB/B geregelten Kündigungstatbestände an. Diese zeichnen sich im Vergleich zum Leistungsstörungsrecht des BGB dadurch aus, dass dem Auftraggeber im Stadium der Erfüllung und damit noch **vor Eintritt der Fälligkeit der Leistung** die Möglichkeit zur Fristsetzung vor Fälligkeitseintritt und eine Kündigungsmöglichkeit zugestanden werden. Denn der Auftragnehmer hat nach § 633 Abs. 1 BGB das Werk zum Zeitpunkt der Abnahme frei von Sach- und Rechtsmängeln zu verschaffen, was in Verbindung mit § 323 Abs. 1 BGB nur bedeuten kann, dass bei Entdeckung eines Mangels in der Ausführungsphase eine zu setzende Frist nicht vor Ablauf der Ausführungsfrist enden darf. Der Auftragnehmer muss nach Ablauf der für die Mängelbeseitigung gesetzten Frist in **Verzug** sein,[50] weswegen es ausgeschlossen ist, die Frist so zu setzen, dass sie vor Ablauf der Ausführungsfrist endet.[51] §§ 4 Nr. 7, 8 und § 5 Nr. 3, 4 VOB/B weichen von dieser Vorstellung ab. Bei § 4 Nr. 7 VOB/B orientiert sich die Frist am Zeitaufwand für die Mängelbeseitigung;[52] die aus § 4 Nr. 8 VOB/B ableitbare Reaktionsmöglichkeit berücksichtigt lediglich die für die Umstellung auf die eigene Leistung erforderliche Vorbereitungszeit, die sich nicht an der zeitlichen Vorstellung von 12 Werktagen nach § 5 Nr. 2 VOB/B zu orientieren braucht. Eine Verknüpfung mit der vertraglichen Ausführungsfrist liegt völlig fern, weil die Änderung gerade im Verlauf der Ausführung vorzunehmen ist. Das gilt auch für die unzulängliche Baustellenbesetzung nach § 5 Nr. 3, 4 VOB/B.

### I. Wichtige Kündigungsgründe – Entstehung des Kündigungsrechts

Der wichtige Kündigungsgrund liegt in der Verwirklichung der in § 4 Nr. 7, 8 und § 5 Nr. 4 VOB/B beschriebenen Tatbestände. Erst mit deren Vollendung, wozu das in den Vorschriften beschriebene Abwendungsverfahren – Fristsetzung mit Androhung der Auftragsentziehung – gehört, entsteht das Kündigungsrecht. Auf die Ausführungen zu § 4 Nr. 7, 8 und § 5 Nr. 4 VOB/B wird verwiesen. Hinsichtlich der Anwendung der Vorschrift ist zwischen dem ausdrücklich geregelten Anwendungsfall und den durch Auslegung erweiterten Tatbeständen zu unterscheiden.

---

[47] OLG Düsseldorf BauR 1994, 521.
[48] OLG Düsseldorf NJW-RR 1992, 980.
[49] OLG Düsseldorf NJW 1995, 3323 = BauR 1995, 706; OLG Düsseldorf BauR 1996, 115.
[50] MünchKomm/*Ernst* § 323 Rdn. 46.
[51] *Staudinger/Otto* § 281 Rdn. B 44, 45; *ders.* § 323 Rdn. B 44, 46.
[52] *Ingenstau/Korbion/Oppler* B § 4 Nr. 7 Rdn. 43; → § 4 Nr. 7 Rdn. 209.

## 1. Der geregelte Anwendungsfall

22  Die Vorschrift regelt die Kündigung samt Rechtsfolgen in Anknüpfung an die in § 4 Nr. 7, 8 und § 5 Nr. 4 VOB/B beschriebenen Störungstatbestände. Nach § 8 Nr. 1 Abs. 1 VOB/B entsteht das Kündigungsrecht erst mit **Ablauf** der in den Fällen des § 4 Nr. 7, 8 und des § 5 Nr. 4 VOB/B gesetzten **Frist.** Vorher besteht das Kündigungsrecht nicht und kann deshalb auch nicht ausgeübt werden.[53] Damit ist die Verknüpfung der Kündigung mit der im Rahmen des § 4 Nr. 7, 8 oder des § 5 Nr. 4 VOB/B gebotenen Fristsetzung samt Kündigungsandrohung ausgeschlossen. Die mit der Fristsetzung verbundene Androhung des Auftragsentzugs kann den totalen Entzug oder die Beschränkung auf einen in sich abgeschlossenen Leistungsteil zum Gegenstand haben.[54] Ist Letzteres der Fall, darf der spätere Auftragsentzug darüber nicht hinausgehen. Betrifft die Androhung den totalen Entzug, darf sich die nachfolgende Kündigung auf einen Teil beschränken.[55] Mangels Existenz eines Kündigungsrechts zum Zeitpunkt der Fristsetzung mit Androhung der Auftragsentziehung kann die Kündigung auch nicht unter der Bedingung des fruchtlosen Fristablaufs erklärt werden.[56] Eine vor Fristablauf oder ohne das in den Anknüpfungsvorschriften beschriebene Verfahren erklärte Kündigung ist wirkungslos und löst die in § 8 Nr. 3 Abs. 2 bis 4 VOB/B beschriebenen Rechtsfolgen nicht aus. Etwas anderes gilt nur dann, wenn nach dem Inhalt der Kündigungserklärung auch eine **freie Kündigung** gewollt ist. Im Regelfall ist eine Kündigung eines Bauvertrages dahin zu versetzen, dass auch eine freie Kündigung gewollt ist.[57] Insbesondere können die durch einen Drittunternehmereinsatz vor Kündigung verursachten Mehrkosten nicht auf den vertraguntreuen Auftragnehmer umgelegt werden.[58] Kündigungsgrund und die Verfahrensvoraussetzungen müssen sämtlich zum Zeitpunkt des Zugangs der Kündigungserklärung vorliegen.

## 2. Der erweiterte Anwendungsfall

23  Der erweiterte Anwendungsfall existiert in **zwei Varianten;** in beiden ist jedoch für die Auslösung der Rechtsfolgen nach § 8 Nr. 3 Abs. 2 bis 4 VOB/B notwendig eine Kündigung erforderlich. Nur die Kündigungserklärung sichert unter der Voraussetzung des Störungstatbestandes selbst den Eintritt der in § 8 Nr. 3 VOB/B geregelten Rechtsfolgen.

24  **a) Entbehrlichkeit von Fristsetzung mit Kündigungsandrohung.** Sowohl im Rahmen von § 4 Nr. 7, 8 als auch bei § 5 Nr. 4 VOB/B ist anerkannt, dass es in Ausnahmefällen einer Fristsetzung mit Androhung der Auftragsentziehung nicht bedarf (vgl. → § 5 Nr. 4 Rdn. 54, 55).[59] In solchen Fällen kann die Kündigung nach § 8 Nr. 3 VOB/B unmittelbar erklärt werden, da ansonsten ein das Vertrauensverhältnis besonders gravierend brechender Auftragnehmer bei strenger Ausrichtung am Wortlaut des § 8 Nr. 3 Abs. 1 VOB/B eine Sanktion nicht befürchten müsste. Ein **zweigliedriger Kündigungstatbestand,** der von der Verwirklichung eines in einer VOB-Vorschrift beschriebenen Tatbestandes abhängt, muss sich notwendig an den Auslegungsergebnissen der Ausgangsvorschrift ausrichten. Deshalb kann eine Kündigung gem. § 8 Nr. 3 Abs. 1 Satz 1 VOB/B durch den Auftraggeber auch ohne Fristsetzung erfolgen, wenn die Beseitigung eines gerügten Mangels unmöglich ist, der Auftragnehmer die angemahnte Leistung endgültig und ernsthaft ver-

---

[53] BGH BauR 1973, 319 = NJW 1973, 1463.
[54] Vgl. dazu *Lang* BauR 2006, 1956; *Kapellmann* FS Thode S. 29, 37.
[55] *Franke/Kemper/Janner/Grünhagen* § 8 Rdn. 60; *Kapellmann/Messerschmidt/Lederer* B § 8 Rdn. 87.
[56] BGH BauR 1973, 319 = NJW 1973, 1463.
[57] BGH U. v. 24. 7. 2003, VII ZR 218/02, BGHZ 156, 82 = NJW 2003, 3474 = NZBau 2003, 665 = BauR 2003, 1889 = ZfBR 2004, 41.
[58] BGH U. v. 2. 10. 1997, VII ZR 44/97 NJW-RR 1998, 235 = BauR 1997, 1027; OLG Düsseldorf NJW-RR 1995, 155.
[59] BGH U. v. 23. 5. 1996, VII ZR 140/95, NJW-RR 1996, 1108 = BauR 1996, 704; BGHZ 50, 160, 166; BGH BauR 1986, 573, 575 = NJW-RR 1986, 1148 = ZfBR 1986, 226.

weigert oder wenn der Auftragnehmer durch seine mangelhafte Leistung das Vertrauen des Auftraggebers so erschüttert hat, dass die Fortsetzung unzumutbar ist.[60] Auch dann, wenn die Fristsetzung mit Kündigungsandrohung eine reine Förmelei wäre, kann die Kündigung unmittelbar erklärt werden. So wenn der Auftragnehmer seine Pflicht schlechthin bestreitet oder sich endgültig verweigert. Dabei ist das gesamte Verhalten, auch im Prozess, zu würdigen.[61] Letztlich sind die für den Verzicht auf eine Fristsetzung beim Rücktritt gem. § 323 BGB maßgeblichen Gesichtspunkte auch für § 8 Nr. 1 VOB/B einschlägig. Eine über den Wortlaut der VOB/B hinausgehende und an Sinn und Zweck ausgerichtete Auslegung ist nicht ausgeschlossen.[62]

**b) Fristsetzung zur Erklärungsabgabe mit Kündigungsandrohung.** Bei Anwendung der in § 4 Nr. 7, 8 und § 5 Nr. 4 VOB/B beschriebenen Tatbestände ist anerkannt, dass ausnahmsweise eine Fristsetzung nicht zur Beseitigung der gerügten Störung oder der zeitlichen Abwicklungsstörung, sondern zur Abgabe einer **Erklärung** darüber gesetzt werden kann, ob und wann **Abhilfe** geschaffen wird.[63] Das Schweigen auf eine solche Aufforderung zur Erklärung über die Leistungsbereitschaft kann nämlich i. S. v. § 281 Abs. 2, § 323 Abs. 2 BGB als endgültige und ernsthaft Leistungsverweigerung verstanden werden und nach Fristablauf die Kündigung auslösen.[64] Eine Aufforderung zur Erklärung durch den Schuldner über dessen Leistungsbereitschaft ist ausnahmsweise dann ausreichend, wenn der Schuldner sich zuvor zur fristgerechten Leistung außerstande erklärt hat oder wenn bei einem langfristigen Vertrag Leistungshindernisse in der Sphäre des Schuldners entstanden sind, jedoch eine endgültige und ernsthafte Verweigerung nicht bejaht werden kann. Die Fristsetzung zur Erklärung schafft bei grundloser Versäumung der Frist die Voraussetzungen zu einer Kündigung ohne zusätzliche Fristsetzung zur Behebung des Störungstatbestandes. Gerade bei einem auf **Kooperation** angelegten Schuldverhältnis sollte die zu den Voraussetzungen nach § 281 Abs. 2 BGB kritisch eingenommene Position[65] nicht strikt und in enger Auslegung auf § 8 Nr. 3 VOB/B übertragen werden. Die **Fristsetzung zur Erklärung** erweist sich als eine auf Kooperation angelegte Verfahrensweise, bei deren Scheitern entsprechend § 281 Abs. 2 BGB wegen ernsthafter und endgültiger Leistungsverweigerung die Kündigung möglich ist.[66] Ungeeignet ist, den Auftragnehmer unter Fristsetzung samt Kündigungsandrohung aufzufordern, sein Einverständnis mit einer bestimmten Art der Mängelbeseitigung oder Baustellenbesetzung zu erklären und bei Verweigerung ohne weitere Fristsetzung zu kündigen.[67] Denn über die Beseitigung eines Mangels oder die Baustellenbesetzung bestimmt allein der Auftragnehmer solange der Vertrag in der Erfüllungsphase wirksam besteht.

Für den Bereich des § 8 Nr. 3 VOB/B sollte als ausreichend gesichert angesehen werden, dass der Auftraggeber dem Auftragnehmer ausnahmsweise eine angemessene Frist zu dem Zweck setzen darf, die fristgerechte Erfüllbarkeit des Bauvertrages **nachzuweisen** und gleichzeitig zu erklären, dass er nach dem fruchtlosen Ablauf dieser Frist den Auftrag entziehen werde; vorausgesetzt wird für dieses Vorgehen, dass die rechtzeitige Erfüllung des

---

[60] OLG Hamm BauR 2004, 1958; BGH U. v. 16. 5. 2002, VII ZR 479/00, NJW 2002, 3019 = BauR 2002, 1399 = ZfBR 2002, 676; OLG Köln *Schäfer/Finnern/Hochstein* Nr. 4 zu § 8 VOB/B (1973); OLG Frankfurt BauR 1988, 599; OLG Düsseldorf NJW-RR 1994, 149; *Ingenstau/Korbion/Döring* VOB/B § 5 Nr. 4 Rdn. 19.
[61] Vgl. BGH U. v. 5. 12. 2002, VII ZR 360/01, NJW-RR 2003, 580 = NZBau 2003, 149 = BauR 2003, 386; BGH U. v. 21. 12. 2000, VII ZR 488/99, NZBau 2001, 211 = BauR 2001, 667.
[62] Vgl. BGH U. v. 13. 12. 2001, VII ZR 28/00, NZBau 2002, 215 = NJW 2002, 1492 = ZfBR 2002, 350 BauR 2002, 618 zu § 2 Nr. 6 VOB/B.
[63] Vgl. *Harms* BauR 2004, 745; *Ingenstau/Korbion/Döring* VOB/B § 5 Nr. 4 Rdn. 16; *Staudinger/Peters* § 634 Rdn. 46.
[64] Vgl. MünchKomm/*Ernst* § 281 Rdn. 32.
[65] *Palandt/Heinrichs* § 281 Rdn. 9; BGH U. v. 27. 11. 2003, VII ZR 93/01, NJW-RR 2004, 303 = NZBau 2004, 153 = BauR 2004, 501.
[66] Vgl. BGH U. v. 28. 10. 1999, VII ZR 393/98, BGHZ 143, 89 = NJW 2000, 807 = BauR 2000, 409 = NZBau 2000, 130.
[67] So aber MünchKomm/*Ernst* § 281 Rdn. 32.

## § 8 Nr. 3 Kündigung bei Qualität- und Zeitstörungen

Bauvertrages durch solche Hindernisse ernsthaft in Frage gestellt ist, die im Verantwortungsbereich des Auftragnehmers liegen.[68] Das Kündigungsrecht ergibt sich aus dem Ausgangstatbestand (§ 5 Nr. 4 oder § 4 Nr. 7, 8 VOB/B in entsprechender Anwendung) und § 8 Nr. 3 VOB/B, der gleichfalls analog angewendet wird (vgl. → § 5 Nr. 4 Rdn. 48).

### II. Kündigungserklärung

27  Bei Vorliegen der Kündigungsgründe und Ablauf der Frist samt Androhung des Auftragsentzugs (soweit erforderlich) kann der Auftraggeber den Bauvertrag kündigen. Die Kündigungserklärung kann nicht schon mit der Fristsetzung verbunden werden.[69] Die in § 8 Nr. 3 Abs. 2 bis 4 VOB/B beschriebenen Auftraggeberansprüche entstehen nur **nach ausgeübter Kündigung,** die auch dann notwendig ist, wenn eine Fristsetzung mit Kündigungsandrohung aus besonderen Gründen nicht erforderlich gewesen ist (vgl. oben Rdn. 24).[70] Denn ohne vorheriges Ausscheiden des bisherigen Auftragnehmers aus dem Vertrage darf gegen dessen Willen ein Zweitunternehmer jedenfalls nicht auf dessen Kosten nachbessern. Im Interesse aller Baubeteiligten ist es, dass nichts „ineinandergeht".[71] Die Befreiung von der Einhaltung des in § 4 Nr. 7, 8 und § 5 Nr. 4 VOB/B beschriebenen Weges ändert nichts daran, dass dem Auftragnehmer der Auftrag zunächst – und wenn ausnahmsweise auch ohne Fristsetzung – (ganz oder teilweise) entzogen werden muss, bevor er die Mängelbeseitigung durch einen anderen Unternehmer vornehmen und den bisherigen Auftragnehmer mit den dadurch entstehenden Kosten belasten kann.[72] Das gilt in gleicher Weise dann, wenn ein Drittunternehmer zur Fortsetzung der Arbeiten eingesetzt werden soll, die der bisherige Auftragnehmer nicht vollendet, unzureichend gefördert oder noch gar nicht aufgenommen hat. Bei Fehlen der Kündigung kann der Anspruch auf Ersatz der Fremdnachbesserungsdaten im Fall des § 4 Nr. 7 VOB/B nicht aus analoger Anwendung von § 633 BGB oder § 13 Nr. 5 Abs. 2 VOB/B hergeleitet werden.[73] Auch Ansprüche aus Geschäftsführung ohne Auftrag greifen nicht. Nur in Grenzfällen kann Treu und Glauben Gegenteiliges fordern.

#### 1. Erklärungsvoraussetzungen

28  Wegen der Anforderungen an die Kündigungserklärung wird auf die Ausführungen unter § 8 Nr. 1 Rdn. 14ff. verwiesen. Aus der Kündigungserklärung, die schriftlich gem. § 8 Nr. 5 VOB/B zu erfolgen hat, muss hervorgehen, dass ein **außerordentliches Kündigungsrecht** beansprucht wird (vgl. → § 8 Nr. 1 Rdn. 19); dies wird meist bereits der Zusammenhang mit der erforderlichen vorausgegangenen Fristsetzung samt Kündigungsandrohung deutlich machen. Die Kündigung entfaltet als empfangsbedürftige Willenserklärung Wirkungen erst **ab Zugang** (vgl. dazu → § 8 Nr. 1 Rdn. 15). Maßgebend ist § 130 BGB. Zugegangen ist die Erklärung – abgegeben unter Abwesenden – dann, wenn sie so in den Bereich des Empfängers gelangt ist, dass dieser unter normalen Verhältnissen die Möglichkeit hatte, vom Inhalt der Erklärung Kenntnis zu nehmen.[74] Der Vertreter des Auftragnehmers i. S. d. § 4 Nr. 1 Abs. 3 S. 3 VOB/B ist nicht der Empfangsbote des Auftragnehmers zur Entgegennahme einer Kündigung.

---

[68] BGH BauR 1983, 73, 74 = NJW 1983, 989 = ZfBR 1983, 19; OLG Düsseldorf IBR 1995, 505.
[69] BGH NJW 1973, 1463 = BauR 1973, 319.
[70] BGH BauR 1986, 573, 575 = NJW-RR 1986, 1148 = ZfBR 1986, 226; OLG Celle BauR 1973, 49; *Steinmeyer* Seminar Bauverzögerung, S. 71.
[71] BGH BauR 1986, 573, 575 = NJW-RR 1986, 1148 = ZfBR 1986, 226.
[72] BGH U. v. 2. 10. 1997, VII ZR 44/97 NJW-RR 1998, 235 = BauR 1997, 1027 = ZfBR 1998, 31; BGH BauR 1986, 573, 575 = NJW-RR 1986, 1148 = ZfBR 1986, 226.
[73] BGH U. v. 2. 10. 1997, VII ZR 44/97 NJW-RR 1998, 235 = BauR 1997, 1027.
[74] BGH NJW 1983, 930; *Palandt/Heinrichs* § 130 Rdn. 5.

## 2. Kündigung: Gesamt- oder Teilwirkung

Der Auftraggeber disponiert darüber, ob der Kündigung Gesamt- oder nur Teilwirkung **29** beizumessen ist. Die Regelung in § 8 Nr. 3 Abs. 1 Satz 1 VOB/B geht von einer **Gesamtwirkung** aus, wenn danach der Auftraggeber den Vertrag kündigen kann.[75] Diese Kündigung führt zur Aufhebung des Vertrages insgesamt (Gesamtwirkung). Eine Teilkündigung kommt nach den in Satz 2 angeführten Voraussetzungen objektiv nur in Betracht, wenn der Entzug des Auftrags auf einen in sich abgeschlossene Teil der vertraglichen Leistung beschränkt wird. In sich **abgeschlossenen Teile** sind nach § 12 Nr. 2 VOB/B einer rechtsgeschäftlichen Teilabnahme zugänglich.[76] Hierfür wird vorausgesetzt, dass dieser Teil einer selbstständigen, von anderen Leistungen unabhängigen Beurteilung zugänglich ist (vgl. → § 12 Nr. 2 Rdn. 12 ff.).[77] § 8 Nr. 3 Abs. 1 Satz 2 VOB/B verfolgt das Anliegen, eine klare und getrennte Beurteilung später auftretender Erfüllungs- oder Gewährleistungsfragen zu ermöglichen. Nur bei in sich abgeschlossenen Teilleistungen „geht nichts ineinander".[78] Dies ist jedoch nicht Wirksamkeitsvoraussetzung für die Teilkündigung.

Mit der Frage, was unter „einen in sich abgeschlossenen Teil der vertraglichen Leistung" **29 a** zu verstehen ist, worauf die Kündigung beschränkt werden kann, haben sich *Kapellmann*[79] und *Lang*[80] näher befasst. Der Begriff wird in § 12 Nr. 2 VOB/B gleichfalls verwendet, weswegen ein daran ausgerichtetes Verständnis nahe liegt. Jedoch wird die Auslegung nach Maßgabe der für § 12 Nr. 2 VOB/B einschlägigen Kriterien (Teilabnahme) deshalb für fragwürdig gehalten, weil die Teilabnahme die Ausnahme von der Regel ist und damit schützenswerte Interessen des Auftraggebers bezüglich einer Teilabnahme besonders beachtlich sind. Wie aus § 8 Nr. 1 Abs. 1 VOB/B aufgrund seiner Formulierung – jederzeit – die freie Auftraggeberkündigung unabhängig von jeglichem Leistungsstand ableitbar ist, muss die Regelung in § 8 Nr. 1 Abs. 1 Satz 2 VOB/B Beachtung finden. Die dortige Einschränkung kann nicht einfach interpretatorisch „gestrichen" und damit ignoriert werden.[81] Die Interpretation hat wie die im Zusammenhang des § 12 Nr. 2 VOB/B den Regelungszusammenhang zu beachten. Dabei geht es nicht allein um das Interesse des Auftragnehmers an der ordnungsgemäßen Berechnung der Vergütung, was deshalb nicht so hoch einzustufen, ist, weil ein mehrfach vertragsuntreuer Vertragspartner nicht sonderlich schützenswert ist. Wenn deshalb *Lang*[82] die Vorschrift eigentlich für überflüssig hält, ist dem entgegen zu halten, dass es auch um eventuelle Sachmängelhaftungstatbestände geht. Denn der gekündigte Auftragnehmer bleibt für die bis zur Kündigung erbrachten Leistungen gewährleistungspflichtig und ein Drittunternehmer, der mit den Leistungen fortsetzt, steht allein insoweit für die Sachmangelfreiheit ein.[83] Deshalb geht es sowohl unter Vergütungs- als auch unter Gewährleistungsgesichtspunkten um eine **nachvollziehbare Trennung** zwischen diesen beiden Leistungsteilen. Was der BGH[84] als Argument für die Notwendigkeit einer Kündigung des Auftragnehmers anführt, bevor ein Drittunternehmer tätig wird, trifft auch die von § 8 Nr. 3 Abs. 1 Satz 2 VOB/B verfolgte Intention zu. Die Kündigung entsteht aus einer bereits konfliktbelasteten Abwicklungslage. Daraus können vielfältige **Streitigkeiten** hinsichtlich Mängelbeseitigungs- und Fertigstellungsarbeiten entstehen. Dem will die VOB/B mit ihrer Regelung vorbeugen. Deshalb ist die Beschreibung „einen in sich abgeschlossenen Teil der vertraglichen Leistung" nicht notwendig unter funktionalen Gesichtspunkten und damit so verstehen, dass die Leistung für sich genommen auf ihre Gebrauchs-

---

[75] *Kapellmann/Messerschmidt/Lederer* B § 8 Rdn. 87, 88; *Lang* BauR 2006, 1956, 1958, 1960.
[76] *Ingenstau/Korbion/Vygen* VOB/B § 8 Nr. 3 Rdn. 31.
[77] *Heiermann/Riedl/Rusam* VOB/B § 12 Rdn. 32; *Ingenstau/Korbion/Oppler* VOB/B § 12 Nr. 2 Rdn. 6.
[78] Vgl. BGH BauR 1986, 573, 574 = NJW-RR 1986, 1148 = ZfBR 1986, 226.
[79] FS Thode S. 29, 37.
[80] BauR 2006, 1956.
[81] *Lang* BauR 2006, 1956, 1960.
[82] *Lang* BauR 2006, 1956, 1960.
[83] BGH U. v. 25. 6. 1987, VII ZR 251/86, BauR 1987, 689, 691 = ZfBR 1987, 238.
[84] U. v. 15. 5. 1986, VII ZR 176/85, NJW-RR 1986, 1148 = BauR 1986, 573, 575 = ZfBR 986, 226.

§ 8 Nr. 3 Kündigung bei Qualität- und Zeitstörungen

tauglichkeit und Verwendungseignung beurteilt werden kann. Neben der getrennten Abrechenbarkeit geht es vor allem darum, ob die Leistung einen solchen Stand erreicht hat, dass Schnittstellen mit anderen Leistungen klar definiert sind, also das Ende eines Leistungsabschnitts deutlich erkennbar wird.[85]

29 b **Beispiel:** Deshalb kann bei einer technischen Gebäudeausrüstung die Rohmontage von der Fertigmontage auch innerhalb eines Gewerks deutlich getrennt werden. Verschiedene Gewerke sind in sich abgeschlossene Teile. Bei einem Rohbauunternehmer sind deshalb Mauerarbeiten und Putzarbeiten klar trennbar. Aber auch innerhalb des Rohbaus ist der Keller vom Erdgeschoss und diese von den weiteren Geschossen deutlich abtrennbar.

29 c Es kommt auch nicht darauf an, dass die verschiedenen Leistungsteile „nicht in einem technisch-produktiven" Zusammenhang stehen.[86] Denn letztlich ist gerade bei einem Bauwerk ein solcher Zusammenhang nicht zu leugnen, soll das Ziel, ein funktionierendes Objekt zu erstellen, erreicht werden. Maßgebend ist, ob ein Leistungsstand erreicht ist, bei dem sowohl unter Abrechnungss- als auch unter Mängelhaftungsgesichtspunkten klare Verhältnisse vorliegen und Abrechnungs- wie auch Sachmangelstreitigkeiten vermieden werden. Entscheidend ist demnach der Einzelfall. Hinsichtlich eines möglichen Sachmangelstreits steht vor allem die Frage der Verursachung und der Zurechnung im Vordergrund. So betrifft eine Kündigung eines Auftrags, die bei einem Haus eine noch nicht vollständig fertig gestellte Rohmontage der Sanitärleitungen zum Gegenstand hat, nicht einen in sich abgeschlossen Teil einer Leistung. Demgegenüber bildet bei einem Rohbau das Kellergeschoss eine solche Leistung im Vergleich zu den anderen Geschossen. Im Kellergeschoss ist die Sohlplatte im Verhältnis zu den Umfassungswänden eine in sich abgeschlosenen Teil einer Leistung.

29 d Im Einzelnen ist auch der vom kündigenden Auftraggeber in Anspruch genommene Kündigungsgrund maßgeblich. Besteht der wichtige Kündigungsgrund darin, dass der Auftragnehmer vertragswidrig einen Subunternehmer für Teile seiner Leistung beauftragt hat, die von anderen Leistungsteilen, deren Erledigung der Auftragnehmer selbst übernommen hat, deutlich abgrenzbar sind, kann die Kündigung auf diesen Leistungsteil begrenzt werden. Stellt der Auftragnehmer die gerügte Baustellenbesetzung nicht ab, weswegen die Ausführungsfrist offenbar nicht eingehalten werden kann, wird dem Auftraggeber die Möglichkeit eröffnet, die Kündigung auf abgrenzbare Leistungsteile zu beschränken; das kann z. B. bei mehreren Gebäuden, an denen der Auftragnehmer Leistungen zu erbringen hat, in Betracht kommen.

29 e Letztlich sind praktische Überlegungen entscheidend: Ein Ersatzunternehmer wird nur dann zur Übernahme einer eigenen Sachmängelhaftung bereit sein, wenn der ihm kündigungsbedingt übertragene Leistungsteil von der bis dahin erbrachten Leistung deutlich abgrenzbar ist. Die Kündigung aus wichtigem Grund darf nicht dazu führen, dass dem Auftraggeber bei Beauftragung eines Ersatzunternehmers unter Sachmängelhaftungsgründen Nachteile entstehen. Solche entstehen nicht, wenn die Kündigung den gesamten Vertrag erfasst. Diese Kündigungsmöglichkeit bietet die VOB/B nach § 4 Nr. 7, 8, § 5 Nr. 4 und § 8 Nr. 3 Abs. 1 Satz 1 als Regeltatbestand. Dem Auftraggeber wird nach seinem Ermessen ermöglicht, die Kündigung auf einen abgrenzbaren Teil zu beschränken. Die Wirksamkeit einer so beschränkten Kündigung hängt nicht davon ab, dass der gekündigte Teil tatsächlich in sich abgeschlossen ist. Denn der Kündigung geht regelmäßig die Beauftragung des Ersatzunternehmers voraus, womit dessen Leistungsgegenstand bestimmt ist. Daran richtet sich die Kündigung aus, womit der kündigende Auftraggeber die Kündigung unabhängig von der Abgeschlossenheit des gekündigten Teils auf jeden Fall will.[87] Die Möglichkeit, der Kündigung anstelle einer Gesamtwirkung eine **Teilwirkung** beizumessen, begünstigt den Auftragnehmer. Verstärkt der Auftraggeber diese Position des Auftragnehmers, indem die

---

[85] Vgl. BGH U. v. 25. 6. 1987, VII ZR 251/86, BauR 1987, 689, 691 = ZfBR 1987, 238.
[86] In diese Richtung *Lang* BauR 2006, 1956, 1961.
[87] Vgl. BGH u. v. 24. 7. 2003, VII ZR 218/02 NJW 2003, 3474 = NZBau 2003, 665 = BauR 2003, 1889.

Kündigung auf nicht in sich abgeschlossene Teilleistungen beschränkt wird, besteht im Interesse beider Vertragsparteien kein Grund dazu, einer solchen Kündigung die entsprechende eingeschränkte Wirkung zu versagen. Denn damit wird einerseits dem Willen des Kündigenden entsprochen und andererseits der Gekündigte nicht geschädigt, sondern im Gegenteil besser gestellt. Für den Auftraggeber verschlechtern sich nämlich die Abrechnungsgrundlagen wie auch die Möglichkeit, im Mangelfall zurechnungssicher Sachmängelrechte geltend zu machen. In sich abgeschlossene Teile der Leistung schaffen klare Verhältnisse, was § 8 Nr. 3 Abs. 1 Satz 2 VOB/B bezweckt. Das Begriffsverständnis hat sich an diesem Zweck auszurichten.

Entgegen *Reus*[88] bevorzugt der BGH[89] auch nicht in den Fällen des § 4 Nr. 7 VOB/B eine Gesamtkündigung, sondern lässt eine Teilkündigung nach den VOB-Voraussetzungen zu. Liegen diese vor, entscheidet der Auftraggeber nach freiem Ermessen über eine Gesamt- oder Teilkündigung. Die Rechtswahl wird durch **Verhältnismäßigkeitserwägungen** nicht eingeschränkt. Der Auftragnehmer kann aus § 8 Nr. 3 Abs. 1 Satz 2 VOB/B nicht für sich den Anspruch auf ein Vorgehen nach dem Grundsatz des milderen Mittels ableiten. Im Gegenteil verdeutlicht die Satzreihenfolge in Verbindung mit den Anforderungen an eine in sich geschlossene Teilleistung den Ausnahmecharakter der Teilkündigung. Deren Subsidiarität ist damit allerdings auch nicht verbunden. Im Übrigen verdient ein mehrfach vertragsuntreuer Auftragnehmer in diesem Stadium hinsichtlich der Rechtswahlentscheidung keinen weiteren Schutz.

### 3. Verlust des Kündigungsrechts

Die Ausübung des Kündigungsrechts unterliegt ausdrücklich keiner zeitlichen Begrenzung. Die in § 626 Abs. 2 BGB und § 314 Abs. 3 BGB enthaltene Ausschlussfristregelung darf auf das Werkvertragsrecht nicht übertragen werden. Verwirkung des Rechts kann eintreten, wenn die Kündigung nach Fristsetzung trotz fruchtlosen Fristablaufs nicht ausgesprochen wird.[90] Allerdings tritt der Rechtsverlust nicht taggenau mit dem Fristablauf ein. Dem Auftraggeber ist eine gewisse **Überlegungszeit** zuzugestehen. Der Zeitraum wird durch die Objektumstände und sonstigen Gegebenheiten bestimmt. Nimmt der Auftraggeber nach Fristablauf die Leistung entgegen, geht das Kündigungsrecht verloren. Bei Eintritt eines neuen Störungsfalles ist das Verfahren nach § 5 Nr. 4 oder § 4 Nr. 7, § 8 Nr. 3 VOB/B zu wiederholen; der abgeschlossene Störungsfall wirkt nicht rechtserhaltend nach.[91]

In Allgemeinen Geschäftsbedingungen kann in Ausrichtung an § 350 BGB eine Ausübungsfrist vorgesehen werden (vgl. → § 5 Nr. 4 Rdn. 59). Eine solche vertragliche „Abweichung" von der VOB/B führt nicht dazu, dass diese nicht als Ganzes vereinbart ist.[92] Da die VOB/B zu einer Ausübungsfrist schweigt, handelt es sich nicht um eine Abweichung, sondern um eine Ergänzung. Ergänzungen berühren die VOB/B als Ganzes jedoch nicht.

### 4. Einschränkung des Kündigungsrechts

Die Ausübung des Kündigungsrechts unterliegt dem **Rechtsmissbrauchsverbot**.[93] Die in § 323 Abs. 5 Satz 2 BGB enthaltene und auf alle Fälle der Nichterfüllung erstreckbare Wertung[94] ist auf § 8 Nr. 3 Abs. 1 VOB/B zu übertragen. Nach § 323 Abs. 5 Satz 2 BGB

---

[88] BauR 1996, 636, 640.
[89] U. v. 15. 5. 1986, VII ZR 176/85, BauR 1986, 573, 575 = NJW-RR 1986, 1148 = ZfBR 1986, 226.
[90] OLG Köln *Schäfer/Finnern/Hochstein* Nr. 3 zu § 5 VOB/B = Nr. 4 zu § 8 VOB/B.
[91] Vgl. *Kapellmann/Messerschmidt/Lederer* B § 8 Rdn. 86; *Heiermann/Riedl/Rusam* VOB/B § 8 Rdn. 23; OLG Düsseldorf NJW-RR 1994, 149.
[92] Dazu BGH U. v. 22. 1. 2004, VII ZR 419/02 NJW 2004, 1597 = NZBau 2004, 267 = BauR 2004, 668.
[93] BGH NJW 1974, 360; *Vygen* Bauvertragsrecht Rdn. 675.
[94] *Bamberger/Roth/Grothe* § 323 Rdn. 40; *Palandt/Heinrichs* § 323 Rdn. 32; a. A. offenbar MünchKomm/ *Ernst* § 323 Rdn. 240, 241.

kann der Gläubiger vom Vertrag nicht zurücktreten, wenn der Schuldner die Leistung nicht vertragsgemäß bewirkt, die Pflichtverletzung aber unerheblich ist. Diese Vorschrift nimmt im Zusammenhang mit § 323 Abs. 1 BGB auf den Tatbestand der Schlechterfüllung – nicht vertragsgemäße Leistung – und nicht auf die Nichtleistung, worunter auch eine Verzögerung der fälligen Leistung zu verstehen ist – Bezug.[95] Im Rahmen der in § 323 Abs. 5 BGB getroffenen Regelung beinhaltet jedoch die Tatbestandsvoraussetzung der nicht vertragsgemäßen Bewirkung der Leistung nicht nur die qualitative Schlechterfüllung, sondern auch die zeitgestörte Erfüllung. Die Regelung des § 323 Abs. 5 Satz 2 BGB trifft nach Sinn und Zweck, der darin besteht, eine unerhebliche Pflichtverletzung, nicht mit einem Rücktritt zu sanktionieren, jede der in § 323 Abs. 1 BGB erfassten Konstellationen, also auch die Nichtleistung in Gestalt einer Verzögerung einer fälligen Leistung.[96] Eine unerhebliche Überschreitung der Vertragsfristen berechtigt deshalb nicht zum Rücktritt. Der darin neben § 242 BGB enthaltene allgemeine Rechtsgrundsatz kann auf die Kündigung übertragen werden. Ein unbedeutender zeitlicher Verzug und ein unerheblicher Mangel, um dessen Beseitigung es geht, berechtigen zur Kündigung nicht.[97] Ist der Mangel nicht wesentlich, sieht § 323 Abs. 5 Satz 2 BGB den Ausschluss des Rücktrittsrechts vor; diese Wertung ist auf das Kündigungsrecht gemäß § 4 Nr. 7, § 8 Nr. 3 VOB/B zu übertragen. Das rechtfertigt auch § 12 Nr. 3 VOB/B, wonach die Abnahme nur wegen wesentlicher Mängel verweigert werden kann. Diese Einschränkung des Kündigungsrechts gilt auch für den Fall, dass der Auftragnehmer die Intensivierung der Baustellenbesetzung mit leichter Verspätung vornimmt.

### 5. Umdeutung – Nachschieben von Kündigungsgründen

34      Der Auftraggeber ist für das Vorliegen eines wichtigen Grundes und die Fristsetzung samt Kündigungsandrohung **darlegungs- und beweispflichtig**.[98] Fehlen die Voraussetzungen, bleibt die Kündigung als außerordentliche wirkungslos, es sei denn, die Umdeutung in eine freie Kündigung nach § 8 Nr. 1 VOB/B gelingt. Wegen der völlig unterschiedlichen Rechtswirkungen ist eine solche Umdeutung nach § 140 BGB jedoch nur dann zulässig, wenn der Auftraggeber die Kündigung auch in Kenntnis ihrer ansonsten gegebenen Nichtigkeit will. Mit Recht hat Schmidt[99] gegen eine großzügige Umdeutungspraxis Bedenken angemeldet (vgl. auch → § 8 Nr. 1 Rdn. 23). Nach BGH[100] ist eine Kündigung eines Bauvertrages jedoch im Regelfall dahin zu verstehen, dass auch eine freie Kündigung gewollt ist. Will der Auftraggeber seine Kündigung nicht so verstanden wissen, muss sich das aus der Erklärung oder den Umständen ergeben. Dieser Standpunkt ist deshalb kritisch würdig, weil der Wille des Kündigenden zu wenig beachtet wird und eine Arbeitsaufnahme eines Ersatzunternehmers für sich genommen eigenständige Anknüpfungsmöglichkeiten liefert. Das **Nachschieben** von wichtigen Kündigungsgründen ist grundsätzlich möglich (vgl. → § 8 Nr. 1 Rdn. 20 ff.). Die tatsächlichen Voraussetzungen hierfür werden jedoch meist fehlen, weil nicht nur der wichtige Grund, sondern auch die Fristsetzung mit Kündigungsandrohung vorliegen muss.

### 6. Darlegungs- und Beweislast

35      Grundsätzlich ist der Auftraggeber für sämtliche Kündigungsvoraussetzungen darlegungs- und beweispflichtig.[101] Das betrifft die Mangelhaftigkeit der Werkleistung im Fall des § 4

---

[95] *Bamberger/Roth/Grothe* § 323 Rdn. 9, 39, 40; MünchKomm/*Ernst* § 323 Rdn. 240.
[96] *Bamberger/Roth/Grothe* § 323 Rdn. 40; *Palandt/Heinrichs* § 323 Rdn. 32; a. A., MünchKomm/*Ernst* § 323 Rdn. 240.
[97] *Heiermann/Riedl/Rusam* VOB/B § 8 Rdn. 22.
[98] *Ingenstau/Korbion/Vygen* VOB/B § 8 Nr. 3 Rdn. 33.
[99] NJW 1995, 1313 ff.; vgl. auch *Lenzen* BauR 1997, 210, 214.
[100] U. v. 24. 7. 2003, VII ZR 218/02, BGHZ 156, 82 = NJW 2003, 3474 = NZBau 2003, 665 = BauR 2003, 1889.
[101] *Baumgärtel* Beweislast, § 8 VOB/B Rdn. 7; *Ingenstau/Korbion/Vygen* VOB/B § 8 Nr. 3 Rdn. 34.

Nr. 7 VOB/B, die Voraussetzungen gemäß § 4 Nr. 8 VOB/B wie auch die Verzögerung bzw. den Verzug nach § 5 Nr. 4 VOB/B und schließt den Nachweis für die Fristsetzung samt Kündigungsandrohung einschließlich deren Zugang ein. Beruft sich der Auftragnehmer darauf, innerhalb der gesetzten Frist ordnungsgemäß geleistet zu haben, trifft ihn hierfür die Darlegungs- und Beweislast.[102] Für die Behauptung, rechtzeitig geleistet zu haben und damit nicht im Verzug zu sein, folgt die Beweisbelastung des Auftragnehmers nach Abschaffung des § 636 Abs. 2 BGB a. F. aus § 363 BGB, weil danach der Schuldner die Erfüllung zu beweisen hat.[103] Dieser Grundsatz gilt auch für die Behauptung des Auftragnehmers, nach seinem Bauablaufplan und der damit verbundenen Baustellenbesetzung die gesetzten Ausführungsfristen einhalten zu können. Für das Vorliegen eines Mangels ist der Auftraggeber darlegungs- und beweisbelastet, da aus dem Mangeltatbestand die Rechte aus § 4 Nr. 7, § 8 Nr. 3 VOB/B abgeleitet werden.[104]

### III. Einvernehmliche Aufhebung des Bauvertrages

Heben die Bauvertragsparteien bei Vorliegen sämtlicher Voraussetzungen für eine Auftraggeberkündigung nach § 8 Nr. 3 VOB/B den Vertrag einvernehmlich auf, wofür weder das Schriftformgebot nach § 8 Nr. 5 VOB/B noch eine sonst im Vertrag vereinbarte Schriftformklausel beachtet werden muss, bestimmen sich die Rechtsfolgen gleichfalls nach § 8 Nr. 3 Abs. 2 bis 4 VOB/B.[105] Der Kündigung bedarf es als Anspruchsvoraussetzung für § 8 Nr. 3 Abs. 2 VOB/B nicht, wenn die Parteien den Vertrag mit Wirkung ab sofort aufgelöst haben.[106] Eine einvernehmliche Vertragsaufhebung schließt Ansprüche aus § 8 Nr. 3 VOB/B nicht aus, wenn der Auftraggeber den Vertrag im Zeitpunkt der Aufhebung hätte aus wichtigem Grund kündigen können.[107] Mangels anderweitiger eindeutiger Regelung dieses Sachverhalts ist die analoge Anwendung nicht ausgeschlossen.[108] Diese sind auch in der Lage, nach einvernehmlicher Vertragsaufhebung, wichtige Kündigungsgründe nachzuschieben, wenn sie nur zurzeit der Vertragsaufhebung bestanden haben (vgl. oben Rdn. 34).[109] **36**

## C. Rechtsfolgen der wirksamen Kündigung

Die Rechtsfolgen der wirksamen Kündigung bestimmen sich nach § 8 Nr. 3 Abs. 2 bis 4 VOB/B; außerdem sind die allgemeinen Wirkungen der Kündigung rechtsfolgenbestimmend. Ohne wirksame Auftragsentziehung besteht kein Anspruch nach § 8 Nr. 3 Abs. 2 VOB/B.[110] § 8 Nr. 3 VOB/B regelt die Rechtsfolgen nicht insgesamt, sondern lediglich einen bestimmten Ausschnitt. Allerdings enthalten die §§ 4 Nr. 7, 8; 5 Nr. 4 und 8 Nr. 3 VOB/B für den VOB-Bauvertrag eine abschließende Sonderregelung.[111] Will der Auftraggeber Ersatz der Fremdnachbesserungskosten, muss er den Vertrag vor Beginn der Fremdnachbesserung gemäß § 8 Nr. 3 VOB/B kündigen. Bei fehlender Kündigung kann der **37**

---

[102] *Nicklisch/Weick* VOB/B § 8 Rdn. 24; *Heiermann/Riedl/Rusam* VOB/B § 8 Rdn. 27.
[103] BGH NJW 1993, 1704, 1706; MünchKomm/*Wenzel* § 363 Rdn. 1.
[104] Vgl. MünchKomm/*Wenzel* § 363 Rdn. 1; a. A. *Ingenstau/Korbion/Vygen* B § 8 Nr. 3 Rdn. 33.
[105] BGH NJW 1973, 1463 = BauR 1973, 319; vgl. OLG Düsseldorf BauR 2001, 262; OLG Düsseldorf BauR 202, 1584, 1586; OLG Karlsruhe BauR 1994, 116; BGH NJW-RR 1997, 403; BGH BauR 1999, 632, 633; *Heiermann/Riedl/Rusam* VOB/B § 8 Rdn. 25.
[106] OLG Köln BauR 1994, 112, 113.
[107] KG BauR 2001, 1593; OLG Düsseldorf BauR 2002, 1584, 1586; OLG Köln BauR 2003, 1578; vgl. auch OLG Düsseldorf BauR 2004, 453 und 262.
[108] BGH U. v. 2. 10. 1997, VII ZR 44/97 NJW-RR 1998, 235 = BauR 1997, 1027.
[109] BGHZ 82, 100 = BauR 1982, 79 = ZfBR 1982, 12 = NJW 1982, 438.
[110] OLG Koblenz BauR 2004, 1012.
[111] BGH U. v. 2. 10. 1997, VII ZR 44/97, NJW-RR 1998, 235 = BauR 1997, 1027.

§ 8 Nr. 3                                        Kündigung bei Qualität- und Zeitstörungen

Anspruch auf Ersatz der Fremdnachbesserungskosten nicht aus analoger Anwendung von §§ 633, 636, 281, 637 BGB oder § 13 Nr. 5 Abs. 2 VOB/B hergeleitet werden.[112]

### I. Rechtsfolgen nach § 8 Nr. 3 Abs. 2 bis 4 VOB/B

38   Die Regelung befasst sich nicht mit den Vergütungsansprüchen des Auftragnehmers hinsichtlich erbrachter Teilleistungen, sondern hat allein Ansprüche des Auftraggebers zum Gegenstand. Nach Absatz 2 hat dieser die Möglichkeit, den noch nicht ausgeführten Teil der Leistung zu Lasten des Auftragnehmers durch einen Dritten ausführen zu lassen. Anderweitig begründete Schadensersatzansprüche bleiben erhalten. Alternativ besteht bei Interesseverlust das Recht, Schadensersatz wegen Nichterfüllung zu verlangen. Absatz 3 ergänzt die Position des Auftraggebers im Fall der Fortsetzung der Arbeiten durch einen Dritten dadurch, dass er für die Weiterführung der Arbeiten Gerätschaften und Baustoffe bzw. Bauteile gegen angemessene Vergütung benutzen darf. Der Absatz 4 enthält Abrechnungsregeln. § 8 Nr. 6 VOB/B greift den Vergütungsanspruch des gekündigten Auftragnehmers auf und bestimmt Näheres zu Aufmaßnahme und Abrechnung, sowie Abnahme.

#### 1. Drittunternehmereinsatz zur Vollendung der Leistung

39   **a) Zeitpunkt der Auftragserteilung.** Der Auftraggeber kann den Drittunternehmer bereits vor rechtswirksamer Kündigung des gestörten Vertragsverhältnisses beauftragen; die Umlegung der Mehrkosten dieser Drittbeauftragung gelingt jedoch nur, wenn die Ausführung der Leistungen durch den Dritten nach der Kündigung erfolgt.[113]

40   **b) Vertragstyp.** Auf welche Weise der Drittunternehmer beauftragt wird, beeinflusst maßgeblich die Höhe der Mehrkosten. Deren Rechtfertigung bestimmt sich wie bei § 13 Nr. 5 Abs. 2 VOB/B (vgl. → § 13 Nr. 5 Rdn. 57 ff.) entsprechend der Parallelwertung im Auftrags- und Geschäftsbesorgungsrecht danach, was der Auftraggeber für erforderlich halten durfte (§ 670 BGB).[114] Andererseits ist der Auftraggeber nach § 254 BGB auch gehalten, diejenige Aufmerksamkeit und Sorgfalt walten zu lassen, die jedem ordentlichem und verständigen Auftraggeber in dieser Situation obliegt, um sich selbst vor zu hohen Kosten zu bewahren.[115] Ein **gekündigter Einheitspreisvertrag** muss nicht mit demselben Vertragstyp durch einen Dritten fortgesetzt werden. Werden derartige Restarbeiten oder Mängelbeseitigungsarbeiten üblicherweise in Regie erbracht, darf ein Stundenlohnvertrag abgeschlossen werden.[116] Der Auftraggeber muss auch nicht mit dem billigsten Drittunternehmer fortsetzen, maßgeblich ist, wen er für vertrauenswürdig und leistungsfähig hält.[117] Eine Ausschreibung muss nicht durchgeführt werden.[118] Insgesamt entscheiden die Einzelheiten des Einzelfalls. Der Auftraggeber ist gehalten, bei der Auswahl des Ersatzunternehmers den Mehraufwand in nach Sachlage gebotenen und vertretbaren Grenzen zu halten. Das kann bedeuten, dass die vom gekündigten Auftragnehmer bereits gelieferten Bauteile bei Tauglichkeit zu verwenden sind; allerdings hat der Auftraggeber keine Möglichkeit, den Ersatzunternehmer zur Verwendung dieser bereits gelieferten Bauteile und Baustoffe zu zwin-

---

[112] BGH U. v. 2. 10. 1997, VII ZR 44/97 NJW-RR 1998, 235 = BauR 1997, 1027; OLG Hamm BauR 2000, 1067, 1069; kritisch *Grauvogl* FS Vygen S. 291, 295.
[113] BGH U. v. 2. 10. 1997, VII ZR 44/97 NJW-RR 1998, 235 = BauR 1997, 1027; BGH BauR 1995, 545 = NJW 1995, 1837; BGH BauR 1977, 422 = NJW 1977, 1922 = BB 1977, 1409; *Ingenstau/Korbion/Vygen* VOB/B § 8 Nr. 3 Rdn. 37.
[114] Vgl. *Heiermann/Riedl/Rusam* VOB/B § 13 Rdn. 150.
[115] Vgl. BGH BauR 1991, 329 = ZfBR 1991, 104; *Heiermann/Riedl/Rusam* VOB/B § 8 Rdn. 29.
[116] OLG Nürnberg BauR 2001, 415; *Kapellmann/Messerschmidt/Lederer* B § 8 Rdn. 93, dort jedoch zum Pauschalvertrag.
[117] Vgl. zur entsprechenden Wertung bei § 13 Nr. 5 Abs. 2 VOB/B *Heiermann/Riedl/Rusam* VOB/B § 13 Rdn. 151.
[118] OLG Nürnberg BauR 2001, 415.

gen.[119] Ist der Ersatzunternehmer dazu z. B. aus Sachmängelhaftungsgesichtspunkten nicht bereit, können dem Auftraggeber hieraus keine Nachteile entstehen.

Wird der als **Einheitspreisvertrag** abgeschlossene Ausgangsvertrag mit dem Ersatzunternehmer nicht in dieser Qualität, sondern als **Regieauftrag** fortgesetzt, hat der Auftraggeber dafür zu sorgen, dass die in Regie ausgeführten Leistungen eindeutig mit den Positionen des nach Einheitspreisgrundsätzen aufgebauten Leistungsverzeichnisses verglichen werden können. Das setzt einen entsprechenden Detaillierungsgrad der Taglohnzettel voraus. Denn nur auf diese Weise ist es möglich, bei einem Streit über eventuell vorgenommene Änderungen den Mehraufwand zu ermitteln. Ohne Änderungen besteht der Anspruch des Auftraggebers in der Differenz zwischen der Abrechnungssumme des Regieauftrags und dem Betrag der sich bei unverändert gebliebenen Mengen nach Einheitspreisgrundsätzen für den gekündigten Leistungsteil ergeben hätte. Wird mit dem Ersatzunternehmer ein Einheitspreisvertrag abgeschlossen, sind lediglich die Leistungspositionen, die ausgeführten Mengen und die Einheitspreise mit dem Ausgangsvertrag zu vergleichen.

40 a

Ist der Ausgangsvertrag ein **Pauschalpreisvertrag,** ist der bis zur Kündigung ausgeführte Leistungsstand zu ermitteln und das Verhältnis des Werts dieser ausgeführten Teilleistungen zum Gesamtwert festzustellen. Daraus folgt der Wert der gekündigten Leistungsteile. Außerdem ist das Verhältnis der bewirkten Leistungen zur Gesamtleistung und des Preisansatzes für die erbrachten Leistungen zum Pauschalpreis darzulegen. Das ergibt den Preisansatz für den noch ausstehenden Leistungsteil.[120] Die Differenz des vom Ersatzauftragnehmer geforderten Preises zu diesem Preisansatz ergibt bei unverändertem Leistungsgegenstand und -umfang den Erstattungsbetrag. Dabei ist gleichgültig, auf welcher Grundlage der Ersatzauftragnehmer abrechnet. Entscheidend ist die Feststellung des Leistungsstandes zum Zeitpunkt der Arbeitsaufnahme des Ersatzauftragnehmers. Die Dokumentation dieses Leistungsstandes ist das A und O des Erstattungsanspruchs, weswegen der Auftraggeber und der Auftragnehmer gehalten sind, das in § 8 Nr. 6 VOB/B vorgesehene Aufmaß zu nehmen oder nach § 4 Nr. 10 VOB/B den Leistungsstand so festzustellen, dass daraus das Verhältnis der bewirkten Leistung zur Gesamtleistung und des Preisansatzes für die erbrachte Leistung zum Pauschalpreis ermittelt werden kann.

40 b

Treten im Zuge der Ausführung durch den Ersatzauftragnehmer **Behinderungen** auf, die nach den sich aus § 6 VOB/B ergebenden Regeln auf den Auftraggeber umlegbar sind, scheidet eine Erstattung nach § 8 Nr. 3 Abs. 2 VOB/B aus. Denn zu Lasten des gekündigten Auftragnehmers i. S. d § 8 Nr. 3 Abs. 2 VOB/B können nur solche Kosten gehen, die nicht dem Auftraggeber zurechenbar sind. **Verlängern sich Ausführungsfristen** des Drittauftragnehmers aus Umständen, die nicht aus dem Risikobereich des Auftraggebers stammen (§ 6 Nr. 2 Abs. 1 a) VOB/B), und ist damit ein erhöhter Vergütungsanspruch des Drittunternehmers verbunden – vorstellbar z. B. wegen verlängerter Vorhaltung der Baustelleneinrichtung oder einer Preisgleitklausel – gehen die damit verbundenen Mehrkosten zu Lasten des gekündigten Auftragnehmers. Die Mehrkosten sind im Vergleich der bei dem Drittauftragnehmer tatsächlich entstandenen Kosten mit den bei dem gekündigten Auftragnehmer insoweit hypothetischen Kosten zu ermitteln.

40 c

Insgesamt hängen die Anforderungen an einen schlüssigen Vortrag eines Anspruchs auf Ersatz der Mehrkosten der Fertigstellung nach § 8 Nr. 3 Abs. 2 VOB/B von den Umständen der Vertragsabwicklung und der Ersatzvornahme sowie von den Kontroll- und Informationsinteressen des gekündigten Auftragnehmers ab. Eine den Anforderungen des § 14 Nr. 1 VOB/B entsprechende Abrechnung ist nicht zwingend erforderlich.[121] Regelmäßig gehört zu einem schlüssigen Vortrag die Darlegung der anderweitig als Ersatzvornahme erbrachten Leistungen, der dadurch entstandenen Kosten und der infolge der Kündigung nicht mehr an

40 d

---

[119] OLG Nürnberg BauR 2001, 415, 417.
[120] BGH U. v. 4. 7. 2002 VII ZR 103/01 NJW-RR 2002, 1596 = NZBau 2002, 614 = BauR 2002, 1588 = ZfBR 2002, 787.
[121] BGH U. v. 25. 11. 1999, VII ZR 468/98 NJW 2000, 1116 = NZBau 2000, 131 = BauR 2000, 571 = ZfBR 2000, 174.

§ 8 Nr. 3 Kündigung bei Qualitäts- und Zeitstörungen

den Auftragnehmer zu zahlenden Vergütung sowie die Berechnung der sich daraus ergebenden Differenz. Behauptet der gekündigte Auftragnehmer einen Verstoß gegen die Schadenminderungspflicht, ist er hierfür darlegungs- und beweispflichtig.[122]

**41** **c) Anspruchsinhalt – Anspruchsnatur.** § 8 Nr. 3 Abs. 2 Satz 1 VOB/B verschafft einen verschuldensunabhängigen Kostenerstattungsanspruch und nicht einen speziellen Schadensersatzanspruch des Auftraggebers wegen Nichterfüllung.[123] Der Zahlungsanspruch geht auf Erstattung der Mehrkosten.[124] Diese sind durch einen Vergleich der an den Dritten gezahlten Vergütung mit der Vergütung zu ermitteln, die an den gekündigten Auftragnehmer nach den vertraglich mit diesem vereinbarten Preisen und Abrechnungsgrundsätzen zu bezahlen gewesen wäre. Dabei wird die Identität der Leistungsart und des Leistungsumfanges vorausgesetzt.[125] Kommt es zu Änderungen oder Zusatzleistungen (§ 1 Nr. 3, 4 VOB/B), ist der hypothetisch nach den Vertragsgrundlagen unter Berücksichtigung von § 2 Nr. 5, Nr. 6 VOB/B zu ermittelnde Preis mit den von dem Drittunternehmer berechneten Ansätzen zu vergleichen.[126] Der Auftraggeber kann auch die Mehrkosten für solche Leistungen verlangen, die zwar im Zeitpunkt der Kündigung noch nicht vereinbart waren, der Auftragnehmer jedoch gemäß § 1 Nr. 3 und 4 VOB/B nach einer entsprechenden Anordnung hätte durchführen müssen.[127] Dazu gehören jedoch nur die zur Ausführung der vertraglichen Leistung erforderlichen, einer einseitigen Anordnung zugänglichen Maßnahmen und nicht solche Leistungen, die unter § 1 Nr. 4 Satz 2 VOB/B fallen. Überschreitet der Auftraggeber im Rahmen der Drittunternehmerbeauftragung die durch den gekündigten Vertrag gezogenen Grenzen, führt dies nicht zu einem Rechtsverlust.[128] Erstattungsfähig sind nur die effektiv angefallenen Mehrkosten, die nach der Vertragskündigung entstanden sind. Für vom Drittunternehmer nicht abgerechnete Leistungen entsteht kein Kostenerstattungsanspruch.[129] Ist der Auftraggeber nach § 15 UStG vorsteuerabzugsberechtigt, kann vom gekündigten Auftragnehmer nur der Nettomehraufwand erstattet verlangt werden.

**42** **d) Anspruchsrealisierung.** Die Anspruchsrealisierung über eine **Kostenerstattung** führt dazu, dass der Auftraggeber die Kosten für den Drittunternehmer zunächst auszulegen hat; anschließend erfolgt die Umlegung. Nach h. M. steht dem Auftraggeber entsprechend den Grundsätzen zu § 13 Nr. 5 Abs. 2 VOB/B (vgl. → § 13 Nr. 5 Rdn. 118 ff.) auch ein **Vorschussanspruch** zu.[130] Dieser Vorschussanspruch hat die Mehrkosten zum Gegenstand, die sich im Vergleich der Kostenansätze des gekündigten Vertrages und des Vertrages mit dem Drittunternehmer darstellen lassen. Notfalls ist eine Beweisführung durch einen Sachverständigen erforderlich. Für die Erhebung einer Vorschussklage ist auch ein Kostenangebot des Drittauftragnehmers geeignet, aus dem sich im Vergleich mit den Ansätzen im gekündigten Vertrag der Mehraufwand ermitteln lässt. Der Vorschussanspruch muss nicht notwendig in einem Betrag geltend gemacht werden.[131] Der Auftraggeber ist sogar berechtigt, einer Vorschussklage eine zweite nachfolgen zu lassen, was durch Rechtskrafterwägungen nicht ausgeschlossen wird.[132] Über den Vorschuss ist abzurechnen. Die in § 8 Nr. 3 Abs. 4

---

[122] BGH NJW 1994, 3105; BGHZ 91, 260.
[123] H. M., so *Ingenstau/Korbion/Vygen* VOB/B § 8 Nr. 3 Rdn. 41; *Heiermann/Riedl/Rusam* VOB/B § 8 Rdn. 29; *Kaiser* Mängelhaftung Rdn. 32 a; *Nicklisch/Weick* VOB/B § 8 Nr. 3 Rdn. 26; *Dähne* BauR 1973, 269; dagegen *Anderson* BauR 1972, 65, 67; *Daub/Piel/Soergel/Steffani* ErlZ B 8.66 .
[124] OLG Düsseldorf BauR 1991, 216; OLG Köln *Schäfer/Finnern/Hochstein* Nr. 4 zu § 8 VOB/B (1973).
[125] *Kleine-Möller/Mai/Merl* § 13 Rdn. 184, 188.
[126] BGH U. v. 25. 11. 1999, VII ZR 468/98 NJW 2000, 1116 = NZBau 2000, 131 = BauR 2000, 571.
[127] BGH U. v. 25. 11. 1999, VII ZR 468/98 NJW 2000, 1116 = NZBau 2000, 131 = BauR 2000, 571.
[128] Vgl. OLG Köln *Schäfer/Finnern/Hochstein* Nr. 4 zu § 8 VOB/B.
[129] OLG Düsseldorf BauR 1991, 216; OLG Köln Schäfer/Finnern/Hochstein Nr. 4 zu § 8 VOB/B; *Ingenstau/Korbion/Vygen* VOB/B § 8 Nr. 3 Rdn. 38.
[130] Vgl. die umfassenden Nachweise bei *Ingenstau/Korbion/Vygen* VOB/B § 8 Nr. 3 Rdn. 42, 43; *Heiermann/Riedl/Rusam* VOB/B § 8 Rdn. 31; spezifisch für den Vorschuss bei § 8 Nr. 3 VOB/B: BGH NJW-RR 1989, 849 = BauR 1989, 462 = ZfBR 1989, 213; BGHZ 94, 330, 334 = BauR 1985, 569.
[131] Abweichend *Ingenstau/Korbion/Vygen* VOB/B § 8 Nr. 3 Rdn. 43; *Heiermann/Riedl/Rusam* VOB/B § 8 Rdn. 31.
[132] OLG München BauR 1994, 516 = MDR 1994, 585 = IBR 1994, 374.

VOB/B enthaltenen Abrechnungsregeln gelten unmittelbar nur für den Kostenerstattungsanspruch.

**e) Anspruchsabrechnung.** Der Auftraggeber hat nach § 8 Nr. 3 Abs. 4 VOB/B dem 43
Auftragnehmer eine Aufstellung über die entstandenen Mehrkosten binnen 12 Werktagen nach Abrechnung mit dem Dritten zu übermitteln. Damit werden Prüfbarkeitskriterien benannt, wodurch die Fälligkeit des Anspruchs beeinflusst wird (vgl. unten Rdn. 53 ff.).

**f) Anspruchsbeschränkungen.** Soweit es dem Auftraggeber um die Realisierung des 44
noch offenen Teilwerks der Werkleistungen geht, unterliegt die Drittbeauftragung keinerlei Beschränkungen. Im Rahmen der Rechtsverfolgung nach § 4 Nr. 7 VOB/B gelten für die Rechtsverfolgung die Einschränkungen, die allgemein im Rahmen eines Mängelbeseitigungsbegehrens zu beachten sind.[133] Ist die **Mängelbeseitigung unmöglich**, scheiden Fristsetzung und Kündigungsandrohung ebenso aus wie in dem Fall, dass der Auftragnehmer sich mit Recht auf die **Unverhältnismäßigkeit** des Mängelbeseitigungsaufwandes nach § 13 Nr. 6 VOB/B beruft.[134] Dies ist jedenfalls der Standpunkt der herrschenden Meinung, der auch im Hinblick auf die BGB-Regelung in § 275 Abs. 2 und § 635 Abs. 3 BGB so vertreten wird. Damit wird jedoch in das **Erfüllungsstadium** ein Aspekt hereingetragen, der jedenfalls für § 635 Abs. 3 BGB nur für das Stadium nach der Abnahme so gilt. Auch § 13 Nr. 6 VOB/B erfasst seinem Regelungsgehalt nach die Sachmängelhaftung und nicht die Leistungsstörung in § 4 Nr. 7 VOB/B. Für den Erfüllungsanspruch sind jedoch ausschließlich die in § 275 BGB angeführten Einwendungen einschlägig und nicht § 635 Abs. 3 BGB.

Das **Leistungsverweigerungsrecht** aus § 275 Abs. 2 BGB beurteilt sich nach anderen 44a
Maßstäben als das Leistungsverweigerungsrecht aus § 635 Abs. 3 BGB (unverhältnismäßiger Aufwand). § 323 Abs. 5 BGB schließt das Rücktrittsrecht für den Fall aus, dass die Pflichtverletzung unerheblich ist, was auf den Mangelfall bei einem VOB-Bauvertrag übertragen eine Kündigungssperre bei unwesentlichen Mängeln beinhalten würde. Wenn der BGH im Rahmen des § 4 Nr. 7, § 8 Nr. 3 VOB/B ausführt, in entsprechender Anwendung des § 13 Nr. 6 VOB/B gelte der Grundsatz, dass Kostenerstattung mit der Folge der Minderung bei Unverhältnismäßigkeit der Aufwendungen für die Mängelbeseitigung ausscheide,[135] bleibt der Unterschied zwischen dem Erfüllungsstadium und dem Stadium nach der rechtsgeschäftlichen Abnahme unbeachtet. Die VOB/B trennt deutlich zwischen § 4 Nr. 7 und § 13 VOB/B. Da es sich bei der VOB/B nicht um eine Norm, sondern um eine Allgemeine Geschäftsbedingung handelt, sind einzelne Regelungen wegen § 305 c Abs. 2 BGB nicht analog auf eindeutig geregelte Sachverhalte anzuwenden.[136] § 4 Nr. 7 Satz 1 VOB/B statuiert uneingeschränkt das Gebot, während der Ausführung als mangelhaft oder vertragswidrige erkannte Leistungen durch mangelfreie zu ersetzen. Dass sich dieser Erfüllungspflicht der Auftragnehmer durch die Einrede der hierfür unverhältnismäßig hohen Aufwendungen entziehen kann, ist dieser Regelung nicht zu entnehmen. Gerade aus dem Schweigen im Vergleich zur Aussage in § 13 Nr. 6 VOB/B für den Zeitraum nach der Abnahme muss der Schluss gezogen werden, dass die Kündigungsmöglichkeit entweder absolut strikt gilt oder allenfalls von der für den Rücktritt nach § 323 Abs. 5 Satz 2 BGB geltende Einschränkung erfasst wird. Da § 4 Nr. 7 Satz 3 VOB/B einschränkungsfrei formuliert, spricht alles dafür, dass die Kündigung auch bei unwesentlichen Mängeln in Betracht kommt, wenn nicht Rechtsmissbrauchsschranken greifen.

**2. Schadensersatzanspruch nach § 8 Nr. 3 Abs. 2 Satz 1, 2. Hs. VOB/B**

§ 8 Nr. 3 Abs. 2 Satz 1, 2. Hs. VOB/B stellt keine Anspruchsgrundlage für einen Scha- 45
densersatzanspruch dar. Die Vorschrift bewirkt lediglich, dass bereits vor der Kündigung

---
[133] *Heiermann/Riedl/Rusam* VOB/B § 8 Rdn. 29; *Ingenstau/Korbion/Vygen* VOB/B § 8 Nr. 3 Rdn. 96.
[134] BGH BauR 1989, 462 = NJW-RR 1989, 849 = ZfBR 1989, 213.
[135] BGH NJW-RR 1989, 849 = BauR 1989, 463, 465.
[136] BGH U. v. 2. 10. 1997, VII ZR 44/97, NJW-RR 1998, 235 = BauR 1997, 1027 = ZfBR 1998, 31.

§ 8 Nr. 3                                                     Kündigung bei Qualität- und Zeitstörungen

entstandene Schadensersatzansprüche nicht erlöschen, sondern aufrecht erhalten bleiben.[137] Dazu gehören z. B. die Schadensersatzansprüche nach § 4 Nr. 7 Satz 2 VOB/B oder § 13 Nr. 7 VOB/B; Verzögerungsschäden können sich aus § 6 Nr. 6 VOB/B ergeben.[138] Als Anspruchsgrundlage für Schadensersatzansprüche kommen auch Anspruchslagen aus §§ 280, 281 BGB in Betracht.[139] Diese Schadensersatzansprüche sind verschuldensabhängig, weswegen der gekündigte Auftragnehmer den Mitverschuldenseinwand, z. B. unter dem Gesichtspunkt der Mitursächlichkeit eines Planerversagens, erheben kann.[140]

46   § 8 Nr. 3 Abs. 4 VOB/B statuiert auch für die Schadensersatzansprüche eine Art Abrechnungs- und Nachweispflicht. Denn der Auftraggeber hat danach dem gekündigten Auftragnehmer nicht nur eine Aufstellung über die entstandenen Mehrkosten, sondern auch über seine anderen Ansprüche innerhalb von 12 Werktagen nach Abrechnung mit dem Drittunternehmer zuzusenden. Dazu gehört der Schadensersatzanspruch.

### 3. Schadensersatzansprüche wegen Nichterfüllung nach § 8 Nr. 3 Abs. 2 Satz 2 VOB/B

47   Der Schadensersatzanspruch wegen Nichterfüllung nach § 8 Nr. 3 Abs. 2 Satz 2 VOB/B wird dem Auftraggeber **alternativ** zur Vergabe der noch offenen Leistungen an einen Drittunternehmer eingeräumt. Eigenartig ist, dass die VOB/B Fassung 2002/2006 den Begriff Schadensersatz wegen Nichterfüllung beibehalten hat. Das Schuldrechtsmodernisierungsgesetz kennt den Begriff nicht mehr, sondern hat ihn in § 281 BGB durch Schadensersatz statt der Leistung oder Schadensersatz statt der ganzen Leistung ersetzt. Auch dieser Anspruch besteht nur, wenn der Auftraggeber den Bauvertrag gekündigt hat. Weitere Voraussetzung ist, dass der Interessewegfall an der Leistung adäquat-kausal auf die zum Auftragsentzug führenden Kündigungsgründe zurückzuführen ist. Gründe in der Person des Auftragnehmers reichen ebenso wenig aus wie eine abweichende Disposition des Auftraggebers. Die Mangelhaftigkeit der Leistung muss bei § 4 Nr. 7 und die zögerliche Bauabwicklung muss bei § 5 Nr. 4 VOB/B den Grund für den Interesseverlust bilden. Insoweit weicht die Regelung erheblich von § 281 Abs. 1 Satz 2 BGB ab, die eine derartige Einschränkung in der Ableitung des Interesseverlustes nicht kennt.[141] Hat danach nämlich der Auftragnehmer bereits eine Teilleistung bewirkt, kann Schadensersatz statt der ganzen Leistung nur verlangt werden, wenn der Auftraggeber an der Teilleistung kein Interesse hat. § 8 Nr. 3 Abs. 2 VOB/B stellt auf die zum Auftragsentzug führenden Gründe ab, weswegen der Auftraggeber kein Interesse mehr an der Ausführung hat. Der Auftragnehmer muss den in § 8 Nr. 3 Abs. 1 Satz 1 genannten Kündigungsgrund schuldhaft gesetzt haben. Zwar nennt § 8 Nr. 3 Abs. 2 das Verschulden nicht als Anspruchsvoraussetzung; dies folgt jedoch aus allgemeinen Regeln, so z. B. aus § 280 oder § 281 BGB. Dabei wird das Verschulden des Auftragnehmers vermutet (§ 280 Abs. 1 ZPO). In erster Linie kommen Tatbestände in Betracht, bei denen das Bauwerk einem ganz bestimmten Zweck zu einer ganz bestimmten Zeit dienen sollte, wie z. B. Messebauten, Ausstellungen usw. Die bis dahin erbrachte völlig unbrauchbare Teilleistung kann gleichfalls einen Interesseverlust rechtfertigen.[142] Zur Geltendmachung des Schadensersatzanspruchs wegen Nichterfüllung bedarf es eines Interessewegfalles nicht, wenn der Auftragnehmer noch vor der Fälligkeit seiner Leistung sich ernsthaft und endgültig weigert, den Vertrag zu erfüllen.[143] Kündigt der Auftraggeber aus diesem Grund, hängt der Schadensersatzanspruch nicht von einem Interessewegfall ab.[144]

---

[137] *Ingenstau/Korbion/Vygen* VOB/B § 8 Nr. 3 Rdn. 51; *Kapellmann/Messerschmidt/Lederer* B § 8 Rdn. 100; BGHZ 62, 90 = BauR 1974, 208 = NJW 1974, 646; OLG Frankfurt NJW-RR 1987, 979.
[138] BGHZ 62, 90 = BauR 1974, 208 = NJW 1974, 646.
[139] *Heiermann/Riedl/Rusam* VOB/B § 8 Rdn. 32; BGH BauR 1980, 465 = ZfBR 1980, 229.
[140] OLG Hamm NJW-RR 1994, 406; *Heiermann/Riedl/Rusam* VOB/B § 8 Rdn. 32.
[141] *Heiermann/Riedl/Rusam* VOB/B § 8 Rdn. 34 a.
[142] *Ingenstau/Korbion/Vygen* VOB/B § 8 Nr. 3 Rdn. 55; *Heiermann/Riedl/Rusam* VOB/B § 8 Rdn. 34 b.
[143] BGHZ 65, 372 = NJW 1976, 517 = BauR 1976, 126.
[144] *Heiermann/Riedl/Rusam* VOB/B § 8 Rdn. 34 a, b.

Dem Umfange nach geht der Anspruch auf Ersatz des vollen Schadens gem. § 249 BGB. **48** Dabei ist das **positive Interesse** zu ersetzen, also der Auftraggeber so zu stellen, wie wenn der Auftrag vertragskonform ausgeführt worden wäre.[145] Grundsätzlich kann der Auftraggeber dabei den sog. **großen Schadensersatzanspruch** geltend machen, also die Leistung zurückweisen, die Zahlung noch offener Vergütung verweigern und bereits erbrachte Abschlags- oder sonstige Teilzahlungen zurückfordern. Soweit die Regelung vom Schadensersatz wegen Nichterfüllung spricht, ist die Anpassung an die in § 281 Abs. 1 BGB enthaltene Terminologie – Schadensersatz statt der Leistung – versäumt worden. **Folgeschäden** und entgangener Gewinn sind zu ersetzen, da die Beschränkung nach § 6 Nr. 6 VOB/B nicht gilt.[146] Der Auftragnehmer hat auch für die Kosten der Beseitigung der Teilleistung und die Wiederherstellung des ursprünglichen Zustandes aufzukommen. Behält der Auftraggeber die Teilleistung, was inhaltlich auf den sog. **kleinen Schadensersatzanspruch** hinausläuft, soll deren Wert nicht am Maßstab des Vertrages, sondern nach objektiven Beurteilungskriterien zu bemessen und zu vergüten sein.[147] Dieser Standpunkt ist nicht gerechtfertigt und widerspricht auch den zu § 8 Nr. 3 Abs. 3 VOB/B entwickelten Vergütungsgrundsätzen für die Inanspruchnahme von Einrichtungen, angelieferten Stoffen und Bauteilen.[148]

Für die Anspruchsvoraussetzungen und deren Umfang ist der Auftraggeber darlegungs- **49** und beweispflichtig. Die Abrechnungsregel nach § 8 Nr. 3 Abs. 4 VOB/B ist nicht einschlägig. Diese greift ihrem Wortlaut nach nur bei Drittbeauftragung ein.

### 4. Benutzungsrecht und Verwendungsbefugnis nach § 8 Nr. 3 Abs. 3 VOB/B

§ 8 Nr. 3 Abs. 3 VOB/B statuiert **nachvertragliche** Verpflichtungen des Auftragneh- **50** mers. Diese sind zu erfüllen, wenn sie der Auftraggeber in Anspruch nimmt. Der Auftraggeber kann Geräte, Gerüste, sonst auf der Baustelle vorhandene Einrichtungen und angelieferte Baustoffe und Bauteile gegen angemessene Vergütung in Anspruch nehmen. Das sind regelmäßig die Materialien und Gerätschaften des Auftragnehmers selbst. In der **Leistungskette** zwischen Auftraggeber – Generalunternehmer – Subunternehmer stellt sich die Frage, ob der Auftraggeber direkt die Materialien und Gerätschaften des Subunternehmers in Anspruch nehmen darf. Die Vertragskette, die grundsätzlich - abweichend aber schon § 641 Abs. 2 BGB – je für sich in ihren einzelnen Teilen abzuwickeln ist, spricht dagegen. Als Argument dafür könnte gelten, dass die Vorschrift die Zugehörigkeit der Materialien und Gerätschaften offen lässt. Wenn der BGH von einem eigenen Nutzungsverhältnis spricht,[149] könnte auch dies als Argument dafür verwendet werden, dass der Auftraggeber nach Kündigung des Auftragsverhältnisses mit dem Generalunternehmer die Materialien des Subunternehmers nutzen kann. Dies dürfte auch unabhängig davon sein, ob der Vertrag zwischen dem Generalunternehmer und dem Subunternehmer gleichfalls gekündigt worden ist.[150] Die Vorschrift hat in der Baupraxis kaum Bedeutung, da der eingeschaltete Drittunternehmer regelmäßig schon wegen der ihn treffenden werkvertraglichen Erfolgspflicht eigene Geräte, Baustoffe und dergleichen einsetzt. Macht der Auftraggeber von der Verwendungsbefugnis Gebrauch, was die Disposition des gekündigten Auftragnehmers maßgeblich beeinflusst, erweisen sich die zur Verwendung kommenden Bauteile und Baustoffe im Verhältnis zum Drittunternehmer als gestellte i. S. v. § 13 Nr. 3, § 4 Nr. 3 VOB/B. Die Einstandspflicht des gekündigten Auftragnehmers für die Stoffqualität der verwendeten Baustoffe bestimmt sich nicht nach Kaufrecht, sondern nach den Sachmängelhaftungsregeln

---

[145] *Ingenstau/Korbion/Vygen* VOB/B § 8 Nr. 3 Rdn. 58.
[146] *Ingenstau/Korbion/Vygen* VOB/B § 8 Nr. 3 Rdn. 58.
[147] So *Ingenstau/Korbion/Vygen* B § 8 Nr. 3 Rdn. 59.
[148] Vgl. Rdn 50 ff.
[149] U. v. 28. 9. 2000, VII ZR 372/99, NJW 2001, 367 = NZBau 2001, 86 = BauR 2001, 245 = ZfBR 2001, 95.
[150] Vgl. zur Problematik *Niemöller* BauR 1997, 539, 549.

§ 8 Nr. 3                                                       Kündigung bei Qualität- und Zeitstörungen

des gekündigten Vertrages.¹⁵¹ Insofern wirkt der gekündigte Vertrag fort.¹⁵² Bei der Verwendung von Geräten, Gerüsten und Einrichtungen liegt die Annahme eines Mietverhältnisses nahe.¹⁵³ Die Pflicht zur Aufrechterhaltung eines ordnungsgemäßen Zustandes dieser Einrichtungen geht auf den neuen Nutzer über.

51   Der Anspruch besteht nur, wenn sich der Auftraggeber dazu entscheidet, die Baumaßnahme fortzusetzen.¹⁵⁴ Die Ausübung des Rechts unterliegt dem **Rechtsmissbrauchsverbot**. Es erlischt, wenn der Auftragnehmer von der Baustelle samt Gerät und Baustoffe abgezogen ist. Die Verpflichtung des Unternehmers besteht nur in dem Umfang, als der Auftraggeber die Inanspruchnahme verlangt, weswegen die Entfernung der Gerätschaften vor Zugang der Erklärung des Auftraggebers keine Vertragsverletzung darstellt. Die Entfernung kann mit einer einstweiligen Verfügung verhindert werden. Ansonsten macht sich der Auftragnehmer schadensersatzpflichtig, wenn er die Zurverfügungstellung verweigert. Eine fehlende Vergütungsvereinbarung begründet ein Leistungsverweigerungsrecht nicht; § 8 Nr. 3 Abs. 3 VOB/B sieht eine angemessene Vergütung vor. Damit sind die Vertragspreise nicht direkt einschlägig; sie bilden lediglich den Ausgangspunkt für die Bewertung.¹⁵⁵ Der Begriff „angemessene Vergütung" führt nicht notwendig zur **Vergütungsregelung** nach § 632 Abs. 2 BGB.¹⁵⁶ Angemessen bedeutet die Berücksichtigung des kalkulatorischen Ansatzes der Materialpreise bei einem Einheitspreisvertrag, dessen Einheitspreise neben dem Material auch die Lohnkosten und die Zuschläge enthalten. Denn schließlich handelt es sich um eine nach dem Ausgangsvertrag geschuldete Teilleistung, die der Auftraggeber auf der Grundlage des gekündigten Vertrages in Anspruch nimmt.¹⁵⁷ Das Fehlen konkreter Vergütungsaussagen gerade im Vergleich zu § 2 Nr. 6 VOB/B besagt zu Gunsten der Anwendbarkeit des § 632 Abs. 2 BGB nichts.¹⁵⁸ Eine interessengerechte Auslegung bestimmt die Angemessenheit der Vergütung nach dem **vertraglichen Preisrahmen**. Im Streitfall erfolgt die Bestimmung durch das Gericht. Die Verwendung von Baustoffen und Bauteilen begründet bei deren Mangelhaftigkeit, die ihre Ursache in der Stoffqualität hat, einen werkvertraglichen Gewährleistungsanspruch auch gegen den gekündigten Auftragnehmer.¹⁵⁹ Die Problematik liegt darin, dass es vor der Inanspruchnahme an einer Leistung des gekündigten Auftragnehmers fehlt und die nachfolgende Leistung vom Drittunternehmer stammt. Deshalb könnte auch erwogen werden, diesen Sonderfall ausschließlich nach den Regeln der Pflichtverletzung (§ 280 BGB) und damit in Abhängigkeit von einem Verschulden des gekündigten Auftragnehmers abzuwickeln.

52   Der **Auftraggeber** kann bei von ihm gewählter Fortsetzung der Maßnahme ausnahmsweise nach den Geboten von Treu und Glauben gehalten sein, bereits hergestellte Bauteile zu übernehmen und angemessen zu vergüten.¹⁶⁰ Dies setzt jedoch voraus, dass der gekündigte Auftragnehmer keine eigene Verwendungsmöglichkeit hat und das Angebot vorbehaltlos abgegeben worden war. Die fraglichen Bauteile müssen für die Weiterführung der Baumaßnahme uneingeschränkt tauglich sein; gegen ihren Einbau dürfen sich aus der berechtigten Sicht des Drittunternehmers keine Bedenken ergeben. Ohne entsprechende Abmachung mit dem Drittunternehmer wird eine Verwendungsmöglichkeit überhaupt

---

¹⁵¹ *Heiermann/Riedl/Rusam* VOB/B § 8 Rdn. 39 b.
¹⁵² A. A. *Kapellmann/Messerschmidt/Lederer* VOB/B § 8 Rdn. 102, wo von einem Nutzungsverhältnis ausgegangen ist.
¹⁵³ Bezüglich benutzter Geräte spricht der BGH U. v. 28. 9. 2000, VII ZR 372/99, NJW 2001, 367 = NZBau 2001, 86 = BauR 2001, 245 = ZfBR 2001, 95 vom Nutzungsverhältnis.
¹⁵⁴ *Heiermann/Riedl/Rusam* VOB/B § 8 Rdn. 39.
¹⁵⁵ *Ingenstau/Korbion/Vygen* VOB/B § 8 Nr. 3 Rdn. 67.
¹⁵⁶ Dafür aber *Kapellmann/Messerschmidt/Lederer* VOB/B § 8 Rdn. 103.
¹⁵⁷ *Ingenstau/Korbion/Vygen* B § 8 Nr. 3 Rdn. 67; BGH U. v. 28. 9. 2000, VII ZR 372/99, NJW 2001, 367 = NZBau 2001, 86 = BauR 2001, 245 = ZfBR 2001, 95.
¹⁵⁸ A. A. *Kapellmann/Messerschmidt/Lederer* B § 8 Rdn. 103; *Franke/Kemper/Zanner/Grünhagen* § 8 Rdn. 78; *Heiermann/Riedl/Rusam* B § 8 Rdn. 39.
¹⁵⁹ *Heiermann/Riedl/Rusam* VOB/B § 8 Rdn. 39.
¹⁶⁰ OLG Nürnberg BauR 2001, 415, 417.

ausscheiden. Denn ein Bauvertrag schließt gewöhnlich die Lieferung von Material ein (vgl. DIN 18299 Abschnitt 2.1.1). Ist der Drittunternehmer mit der Verwendung nicht einverstanden, schließt dies einen Verstoß gegen Treu und Glauben durch den Auftraggeber aus. Dasselbe gilt, wenn der Drittunternehmer zur Übernahme der **Gewährleistung** nicht bereit ist. Außerdem müsste die Verwendung durch den Auftraggeber unter Berücksichtigung aller Umstände, insbesondere der Kündigungsgründe, zumutbar sein.[161] Die **Fälligkeit** des Vergütungsanspruchs für die Nutzung von Geräten, Gerüsten, auf der Baustelle vorhandenen anderen Einrichtungen, sowie von angelieferten Stoffen hängt nicht davon ab, dass der Auftragnehmer nach der Kündigung eine Schlussrechnung nach § 8 Nr. 6 VOB/B erteilt. Diese Forderung wird unabhängig von der Erteilung der Schlussrechnung fällig, weil die Inanspruchnahme dieser Teile und Geräte über eine näher gar nicht bekannte Zeit nach Kündigung im Verlauf des Fortgangs der Arbeiten durch einen Drittunternehmer in Betracht kommt. Die Vergütung nach § 8 Nr. 3 Abs. 3 VOB/B kann deshalb nicht unselbstständiger Rechnungsposten der Schlussrechnung sein.[162] Deshalb ist § 16 Nr. 3 Abs. 1 VOB/B für die Abrechnung der Vergütung nach § 8 Nr. 3 Abs. 3 VOB/B nicht einschlägig. Dies folgt auch aus der eigenständigen **Abrechnungsfrist** des § 8 Nr. 3 Abs. 4 VOB/B. Das Interesse des Auftraggebers daran, bei einer Überzahlung durch Vorauszahlungen und Abschlagszahlungen, die sich erst im Rahmen der Schussrechnung erweist, der Forderung aus § 8 Nr. 3 Abs. 3 VOB/B diesen Rückzahlungsanspruch nicht entgegenhalten zu können, führt zu einem Zurückbehaltungsrecht des Auftraggebers nach § 273 BGB. Dieses steht dem Auftraggeber für den Fall zu, dass die Schlussrechnung für die bis zur Kündigung erbrachten Leistungen bei Geltendmachung der Vergütungsansprüche für die Inanspruchnahme von Gerätschaften und Bauteilen noch nicht erteilt ist.[163] Das führt jedoch nicht zu einer Zug-um-Zug-Verurteilung, sondern zur **Abweisung** der Klage **als zurzeit unbegründet.**[164] Die Fälligkeit der Vergütung nach § 8 Nr. 3 Abs. 3 VOB/B hängt nicht davon ab, dass der Auftraggeber in der Lage ist, seine infolge der Kündigung entstandenen Mehraufwendungen abzurechnen. Dem Auftragnehmer steht ein Auskunftsanspruch gegenüber dem Auftraggeber zu, die Abrechnungsgrundlagen für den Nutzungsanspruch in Erfahrung zu bringen.

### 5. Abrechnungsgebot nach § 8 Nr. 3 Abs. 4 VOB/B

Nur für den Fall der Fortsetzung der Baumaßnahmen durch einen Drittunternehmer – oder den Auftraggeber selbst – greift das Abrechnungsgebot nach § 8 Nr. 3 Abs. 4 VOB/B ein. Berechnungsgegenstand sind die Mehrkosten (§ 8 Nr. 3 Abs. 2 Satz 1 VOB/B) sowie die anderen Ansprüche (Schadensersatzansprüche nach § 8 Nr. 3 Abs. 2 Satz 1, 2. Hs. VOB/B und sonstige Ansprüche, wie z. B. aus § 280 Abs. 1 BGB). Für die Mehrkosten trägt der Auftraggeber die Darlegungs- und Beweislast.[165] Der Auftraggeber kann nicht nur die Erstattung der Mehrkosten für die an den gekündigten Auftragnehmer vergebenen Leistungen verlangen, sondern auch solche, die **neu** in Ausübung der **Anordnungskompetenz** nach § 1 Nr. 3, 4 VOB/B an den Drittunternehmer vergeben wurden, jedoch auch vom gekündigten Auftragnehmer verlangt worden und von diesem auszuführen gewesen wären.[166] Mit ausreichender Sicherheit lässt sich eine solche Abrechnung nur erstellen, wenn die bis zur Kündigung erbrachten Leistungen gemeinsam aufgemessen werden. Die Multi-

53

---

[161] BGH BauR 1995, 545, 546 = NJW 1995, 1837 = ZfBR 1995, 198.
[162] BGH U. v. 28. 9. 2000, VII ZR 372/99, NJW 2001, 367 = NZBau 2001, 86 = BauR 2002, 245; a. A. wohl OLG Dresden BauR 2000, 271.
[163] BGH U. v. 28. 9. 2000, VII ZR 372/99, NJW 2001, 367 = NZBau 2001, 86 = BauR 2002, 245; Handschumacher BauR 2001, 872.
[164] BGH U. v. 28. 9. 2000, VII ZR 372/99, NJW 2001, 307 = NZBau 2001, 86 = BauR 2002, 245.
[165] BGH U. v. 25. 11. 1999, VII ZR 468/98, NJW 2000, 1116 = NZBau 2000, 131 = BauR 2000, 571 = ZfBR 2000, 174.
[166] BGH U. v. 25. 11. 1999, VII ZR 468/98, NJW 2000, 1116 = NZBau 2000, 131 = BauR 2000, 571 = ZfBR 2000, 174.

§ 8 Nr. 3                                                          Kündigung bei Qualität- und Zeitstörungen

plikation der **Aufmassergebnisse** mit den jeweiligen Einheitspreisen ergibt die Mehrkosten. Wurden Leistungen unter den Voraussetzungen des § 2 Nr. 5 VOB/B abgeändert ausgeführt, ist der neue Preis für den gekündigten und den neu geschlossenen Vertrag neu zu kalkulieren. Leistungen, die nach § 1 Nr. 4 Satz 2 VOB/B dem gekündigten Auftragnehmer nur mit dessen Zustimmung übertragen werden konnten, bleiben ausgespart, weil der Auftragnehmer diese Leistungen nicht hätte ausführen müssen. Deshalb sind solche Leistungen, die zur vertragsgemäßen Ausführung des beauftragten Werks und damit zur Vermeidung von Sachmängelansprüchen notwendig werden, Teil der Mehrkostenabrechnung. Der gekündigte Auftragnehmer trägt die Mehrkosten auch insoweit, als sich z. B. der Einheitspreis wegen einer notwendigen geänderten Ausführung nach den Regeln gemäß § 2 Nr. 5 VOB/B ändert.

54   a) **Prüfbarkeitsanforderungen und Fälligkeit.** Die Abrechnung hat prüfbar zu erfolgen, wofür grundsätzlich die allgemeinen Regeln nach § 8 Nr. 6 und § 14 VOB/B gelten. Allerdings lehnt der BGH[167] eine strikte Ausrichtung an den in § 14 VOB/B niedergelegten Prüfbarkeitskriterien ab. Demnach hat der Auftraggeber die durch einen Drittunternehmer ausgeführten Leistungen aufzulisten, die dafür von dem Dritten berechneten Preise anzusetzen und die Mehrkosten im Vergleich mit den Kosten aus dem gekündigten Vertrag zu ermitteln. Die Aufstellung sollte aus Prüfungsgesichtspunkten zwischen den Leistungen unterscheiden, die mit dem gekündigten Vertrag identisch sind, und davon solche abgrenzen, die nach § 1 Nr. 3, § 1 Nr. 4 VOB/B zusätzlich zur Ausführung kamen. Für letztere ist eine hypothetische Berechnung nach dem Ausgangsvertrag anzustellen, während für die identischen Leistungen eine exakte Vergleichsrechnung aufgemacht werden kann. Der BGH fordert die Darlegung der im Wege der Ersatzvornahme ausgeführten Leistungen, der dadurch entstandenen Kosten und der infolge der Kündigung nicht mehr an den gekündigten Auftragnehmer zu zahlenden Vergütung sowie die Berechnung der daraus sich ergebenden Differenz. Die Umstände des Einzelfalles befinden über den zu fordernden Genauigkeitsgrad. Maßgeblich ist, welche Angaben dem Auftraggeber möglich und zumutbar sind und was im Informations- und Kontrollinteresse des gekündigten Auftragnehmers geboten ist. Generell ist eine Ausrichtung nicht an den Anforderungen des § 14 VOB/B nicht nötig, maßgeblich sind die Umstände des Einzelfalles[168]. Sind die Restfertigstellungsarbeiten im Stundenlohn ausgeführt worden, erfordert das Prüfbarkeitsgebot eine exakte und ausführliche Beschreibung der Arbeiten. Damit muss eine Zuordnungsmöglichkeit sichergestellt sein wie auch die Prüfung, ob Mehrmengen, geänderte Leistungen oder Zusatzleistungen vorgekommen sind. Fehlt es daran, tritt Fälligkeit nicht ein.[169] Die **Fälligkeit** der durch § 8 Nr. 3 Abs. 2 VOB/B legitimierten Ansprüche setzt die vom Auftraggeber nach § 8 Nr. 3 Abs. 4 VOB/B zu fertigende prüfbare Aufstellung über die entstandenen Mehrkosten und über die anderen Ansprüche voraus. Prüffähigkeit ist zu bejahen, wenn aus der Darstellung des Auftraggebers klar ist, welche konkreten Arbeiten und welchen Aufwand er geltend macht und der Auftragnehmer in der Lage ist, die Berechtigung der Forderung auf der Grundlage des Vertrages zu überprüfen.[170] Zwar erklärt die Vorschrift im Vergleich zu § 16 Nr. 3 Abs. 1 VOB/B diese Aufstellung nicht zur Fälligkeitsvoraussetzung. Eine interessengerechte Auslegung, die sich am Sinn und Zweck der Aufstellung ausrichtet, führt zu dem Ergebnis, dass diese Aufstellung nicht nur ein Beweismittel, sondern Fälligkeitsvoraussetzung ist. Die vereinbarte Geltung der VOB/B begründet die Pflicht zur Aufstellung über die Mehrkosten und damit eine Abrechnungsregel, womit erst die Abrechnung fälligkeitsbegründend ist.[171] Die Fälligkeit des Vergütungsanspruchs aus § 8 Nr. 3 Abs. 3, 4 VOB/B

---

[167] U. v. 25. 11. 1999, VII ZR 468/98, NJW 2000, 1116 = NZBau 2000, 131 = BauR 2000, 571 = ZfBR 2000, 174.
[168] BGH U. v. 25. 11. 1999, VII ZR 468/98, NJW 2000, 1116 = NZBau 2000, 131 = BauR 2000, 571 = ZfBR 2000, 174; OLG Celle BauR 2006, 535.
[169] OLG Celle BauR 2006, 117.
[170] OLG Celle BauR 2006, 535.
[171] Vgl. BGH BauR 1989, 90.

hängt nicht davon ab, dass der Auftragnehmer nach der Kündigung eine Schlussrechnung gemäß § 8 Nr. 6 VOB/B erteilt.[172]

**b) Abzurechnende Ansprüche.** Neben den Mehrkosten, die sich aus der Differenz des Vergütungsanspruchs des Drittunternehmers und dem Betrag ergeben, der nach dem Vertrag an den gekündigten Auftragnehmer zu zahlen gewesen wäre, sind in die Berechnung auch die anderen Ansprüche des Auftraggebers einzustellen, wozu Schadensersatzansprüche aus § 4 Nr. 7 Satz 2, § 13 Nr. 7, § 6 Nr. 6 VOB/B oder anderweitige Ansprüche, wie z. B. aus § 280 BGB oder Überzahlung des gekündigten Auftragnehmers gehören.[173] 55

**c) Abrechnungsfrist.** Die Abrechnungsfrist beträgt 12 Werktage nach Vorliegen der Abrechnung mit dem Drittunternehmer. Hierbei handelt es sich um keine Ausschlussfrist.[174] Die Bezahlung der Rechnung des Dritten beeinflusst weder den Fristenlauf noch den Anspruch auf Erstattung der Mehrkosten. Die Einhaltung dieser Frist ist eine Nebenpflicht (§ 241 Abs. 2 BGB) deren Verletzung schadensersatzpflichtig machen kann (§ 280 Abs. 1 BGB), z. B. wenn der Auftragnehmer bei rechtzeitiger Geltendmachung noch einen günstigeren Kredit wegen zwischenzeitlich gestiegenen Leitzinses erhalten hätte. Die Einhaltung der Frist ist keine Anspruchsvoraussetzung.[175] 56

**d) Aufrechnungslagen bei Insolvenz des gekündigten Auftragnehmers.** Der Auftraggeber kann bei Insolvenz des Auftragnehmers gegen dessen Vergütungsanspruch aus § 8 Nr. 3 Abs. 3 VOB/B für die nach der Insolvenzeröffnung erfolgte Nutzung von Geräten usw. des Auftragnehmers gemäß § 96 Abs. 1 Nr 1. InsO nicht mit einem Anspruch auf Erstattung kündigungsbedingter Mehrkosten aus § 8 Nr. 3 Abs. 2 VOB/B aufrechnen. Denn der der Nutzung der Geräte nach Insolvenzeröffnung entsprechende Vergütungsanteil muss der Masse zufließen. Der Auftraggeber ist dann nämlich erst nach der Insolvenzeröffnung etwas zur Insolvenzmasse schuldig geworden. Die Aufrechnung gegen den Nutzungsvergütungsanspruch des gekündigten Auftragnehmers für die Inanspruchnahme der Gerätschaften vor der Insolvenzeröffnung ist zwar grundsätzlich möglich (§ 94 InsO). Diese Position ist jedoch nach § 101 Abs. 1 Nr. 1 InsO anfechtbar, wenn die dort genannten Voraussetzungen erfüllt sind. Die Aufrechnungsmöglichkeit benachteiligt nämlich die übrigen Gläubiger des Insolvenzschuldners, da dem Insolvenzverwalter die Möglichkeit genommen wird, die Nutzungsvergütung zur Masse einzuziehen.[176] 57

## 6. Verjährungsregeln

Die Dauer der Verjährungsfrist richtet sich nach der Rechtsnatur des geltend gemachten Anspruchs. Erstattungsansprüche infolge Drittunternehmerbeauftragung verjähren in 3 Jahren, wenn damit die Kosten für die Fertigstellung/Fortsetzung der Baumaßnahme umgelegt werden.[177] Stehen die Ansprüche im Zusammenhang mit § 4 Nr. 7 VOB/B und liegen ihnen **Mängelbeseitigungsmaßnahmen** durch den Drittunternehmer zu Grunde, gilt nach der Abnahme der Leistungen des gekündigten Unternehmers die kurze Verjährungsfrist nach § 13 Nr. 4 VOB/B.[178] Die 3-jährige Frist (§ 195 BGB) für die infolge der 58

---

[172] BGH U. v. 28. 9. 2000, VII ZR 372/99, NJW 2001, 367 = NZBau 2001, 88 = BauR 2001, 245 = ZfBR 2001, 95, OLG Celle BauR 2006, 535.
[173] OLG München BauR 2004, 415; *Ingenstau/Korbion/Vygen* VOB/B § 8 Nr. 3 Rdn. 75.
[174] BGH U. v. 25. 11. 1999, VII ZR 468/98, NJW 2000, 1116 = NZBau 2000, 131 = BauR 2000, 571 = ZfBR 2000, 174; *Heiermann/Riedl/Rusam* VOB/B § 8 Rdn. 41; *Ingenstau/Korbion/Vygen* VOB/B § 8 Nr. 3 Rdn. 77.
[175] BGH U. v. 25. 11. 1999, VII ZR 468/98, NJW 2000, 1116 = NZBau 2000, 131 = BauR 2000, 571 = ZfBR 2000, 174.
[176] BGH U. v. 28. 9. 2000, VII ZR 372/99, NJW 2001, 367 = NZBau 2001, 86 = BauR 2001, 245.
[177] BGH NJW 1983, 2439 = BauR 1983, 459 = ZfBR 1983, 230; *Heiermann/Riedl/Rusam* VOB/B § 8 Rdn. 38; *Ingenstau/Korbion/Vygen* VOB/B § 8 Nr. 3 Rdn. 44.
[178] BGHZ 54, 352 = BauR 1971, 51 = NJW 1971, 99; BGH BauR 1974, 412 = NJW 1974, 1707; BGH BauR 1982, 277 = NJW 1982, 1524 = ZfBR 1982, 122; *Ingenstau/Korbion/Vygen* VOB/B § 8 Nr. 3 Rdn. 44.

Fertigstellung der Leistung notwendig gewordenen Mehrkosten beginnt nach § 199 Abs. 1 BGB am Ende des Jahres zu laufen, in welchem der Anspruch entstanden ist.

58 a  Die **Fälligkeit** dieses Anspruchs tritt nicht bereits mit der Rechnungsstellung durch den ersatzweise eingeschalteten Drittunternehmer, sondern erst mit der Überlassung der Aufstellung der Mehrkosten nach § 8 Nr. 3 Abs. 4 VOB/B ein. Soweit der Drittunternehmer Mängel am Werk des gekündigten Auftragnehmers beseitigt und der Auftraggeber Erstattung der diesbezüglich anfallenden Kosten verlangt, ist zu unterscheiden. Erfolgt diese Mängelbeseitigung noch vor der Abnahme des Werks des gekündigten Auftragnehmers müssen die Voraussetzungen nach § 4 Nr. 7 VOB/B vorliegen. Die Verjährungsfrist beträgt wegen der Qualität des Anspruchs als Erfüllungsanspruch 3 Jahre; die Frist beginnt am Ende des Jahres zu laufen, in welchem der Anspruch entstanden ist und der Auftraggeber die entsprechende Kenntnis erlangt hat oder ohne grobe Fahrlässigkeit erlangen musste (§ 199 Abs. 1 BGB). Auf die **Abnahme** der bis zur Kündigung erbrachten Werkleistung hat der Auftragnehmer einen Anspruch, wenn die bis dahin erbrachte Leistung die Voraussetzungen für die Abnahmepflicht des Auftraggebers erfüllt. Diese Abnahme kann auch konkludent erfolgen, wobei jedoch die Kündigung selbst eine solche nicht ist.[179] Eine fiktive Abnahme nach § 12 Nr. 5 VOB/B scheidet aus; ob dieser vom BGH eingenommene Standpunkt[180] auch die Fiktion des § 640 Abs. 1 Satz 3 BGB ausschließt, ist fraglich und deshalb zu verneinen, weil § 640 Abs. 1 Satz 3 BGB die Fiktion gerade mit einem Abnahmeverlangen samt Fristsetzung verbindet und damit an dem Anspruch auf Abnahme anknüpft, der dem Auftragnehmer zugestanden wird. Im Übrigen ist die Auffassung zu bezweifeln, dass nach der Kündigung des Auftrags eine Abnahme gemäß § 12 Nr. 5 VOB/B ausgeschlossen sei.[181] Denn beschränkt die Kündigung des Vertrages den Umfang der vom Auftragnehmer geschuldeten Leistungen auf den bis dahin erbrachten Teil,[182] ist die **Mitteilung der Fertigstellung** der bis dahin erbrachten Leistungen nicht ausgeschlossen. § 12 Nr. 5 Abs. 1 VOB/B ist seinem Wortlaut nach nicht notwendig auf den Tatbestand des ungestörten Bauablaufs und damit der Fertigstellung der Gesamtleistung zugeschnitten; reduziert sich kündigungsbedingt der Leistungsumfang, dessen Abrechnung dann auch nach § 8 Nr. 6 VOB/B alsbald zu erfolgen hat, beinhaltet eine danach erstellte Schlussrechnung die **Fertigstellungsmitteilung** nach § 12 Nr. 5 Abs. 1 VOB/B.

58 b  Wenn die Abnahme dazu dient festzustellen, ob die auf Grund der Kündigung beschränkte Werkleistung des Auftragnehmers vertragsgemäß erbracht wurde,[183] scheidet auch aus diesem Grunde eine Fertigstellungsmitteilung der bis zur Kündigung erbrachten Leistungen mittels einer Schlussrechnung nicht aus. Allerdings kommt eine Abnahme nach § 12 Nr. 5 Abs. 2 VOB/B (Inbenutzungnahme) allein schon wegen des Satzes 2 dieser Regelung nicht in Betracht. Damit kann darauf verzichtet werden, in der Abnahme nach Fertigstellung der Leistungen des Ersatzunternehmers auch die Abnahme der Leistungen des gekündigten Auftragnehmers zu sehen.[184] Gegen diese Lösung spricht der Umstand, dass bei einer solchen Abnahmeverhandlung regelmäßig Gegenstand der Abnahme allein der Leistungsumfang des Ersatzunternehmers sein wird.

59  Dieselben Grundsätze gelten für **Schadensersatzansprüche,** die § 8 Nr. 3 Abs. 2 Satz 2, 2. Hs. VOB/B aufrecht erhält. Über die Verjährungsdauer entscheidet deren Rechtsnatur. Handelt es sich um Ansprüche aus § 280 BGB oder um Schadensersatzansprüche aus Verzug, gilt die 3-jährige Verjährungsfrist. Stützt sich der Anspruch auf § 4 Nr. 7 VOB/B, gilt vor der

---

[179] BGH U. v. 19. 12. 2002, VII ZR 103/00, NJW 2003, 1450 = NZBau 2003, 265 = BauR 2003, 689.
[180] BGH U. v. 19. 12. 2002, VII ZR 103/00, NJW 2003, 1450 = NZBau 2003, 265 = BauR 2003, 689.
[181] Diese Auffassung vertritt *Kniffka* ZfBR 1998, 113, 115; ihm folgend BGH u. v. 19. 12. 2002 VII ZR 103/00, NJW 2003, 1450 = BauR 2003, 205 = BauR 2003, 689 = ZfBR 2003, 352.
[182] BGH U. v. 25. 3. 1993, VII ZR 17/92 – BauR 1993, 469.
[183] BGH U. v. 19. 12. 2002, VII ZR 103/00, NJW 2003, 1450 = NZBau 2003, 265 = BauR 2003, 689, 692.
[184] Diese Lösung schlägt *Dähne* BauR 1973, 268 vor; ihm schließt sich *Ingenstau/Korbion/Vygen* VOB/B § 8 Nr. 3 Rdn. 44 an.

Kündigung bei Qualität- und Zeitstörungen **§ 8 Nr. 3**

Abnahme die 3-jährige Frist, nach der Abnahme die Frist nach § 13 Nr. 4 VOB/B. Allerdings lässt die in einer Auftragsentziehung nach § 5 Nr. 4, § 8 Nr. 3 VOB/B liegende Missbilligung der Leistungen des gekündigten Auftragnehmers grundsätzlich keinen Raum für die Vermutung, der Auftraggeber bringe durch die Benutzung des erst von einem Nachfolgeunternehmer fertig gestellten Werkes die grundsätzliche Billigung der vom ersten – gekündigten – Auftragnehmer erbrachten Leistung zum Ausdruck.[185] Ansprüche auf Schadensersatz wegen Nichterfüllung nach § 8 Nr. 3 Abs. 2 Satz 2 VOB/B verjähren in 3 Jahren.[186]

**7. Abschließende Regelung**

§ 8 Nr. 3 VOB/B enthält eine abschließende Regelung,[187] durch die andere Ansprüche 60 ausgeschlossen werden. Das Recht zur Kündigung schließt den Rücktritt nach § 323 BGB aus; § 5 Nr. 4, § 8 Nr. 3 Abs. 1 VOB/B haben insoweit verdrängenden Charakter.[188] Der Anspruch auf Schadensersatz wegen Nichterfüllung verdrängt im Rahmen seines Anwendungsbereichs Ansprüche aus positiver Vertragsverletzung (§ 280 Abs. 1 BGB).[189] Die Kündigungsnotwendigkeit für Erstattungs- und Schadensersatzansprüche kann nicht durch Ansprüche aus Geschäftsführung ohne Auftrag oder ungerechtfertigter Bereicherung umgangen werden. § 8 Nr. 3 VOB/B ist allerdings auch bei einvernehmlicher Vertragsaufhebung anwendbar, wenn die Parteien davon ausgehen, dass das Vertragsverhältnis durch eine als Kündigung aufzufassende Erklärung beendet worden ist.[190]

## II. Sonstige Ansprüche des Auftraggebers

Der Auftraggeber hat gegen den gekündigten Auftragnehmer hinsichtlich der bis zur 61 Kündigung erbrachten **Teilleistungen,** die zur Grundlage der Fortsetzungsarbeiten genommen werden, wegen des insoweit bestehen bleibenden Bauvertrages alle Gewährleistungsansprüche (vgl. → § 6 Nr. 1 Rdn. 7 ff.). Diese können dem Vergütungsanspruch des Auftragnehmers einredeweise entgegen gehalten werden (vgl. → § 6 Nr. 1 Rdn. 9).[191] Deshalb kann der Auftraggeber vom gekündigten Auftragnehmer Erstattung der beim Drittunternehmer entstandenen Mängelbeseitigungskosten nur unter den in § 4 Nr. 7 oder § 13 Nr. 5, 7 Abs. 3 VOB/B genannten Voraussetzungen verlangen. Wählt der Auftraggeber den großen Schadensersatzanspruch, sind diese Ansprüche bedeutungslos, da der Auftraggeber an der Teilleistung kein Interesse hat und deren Beseitigung verfolgt.

## III. Ansprüche des gekündigten Auftragnehmers

Der gekündigte Auftragnehmer hat für die bis zur Kündigung erbrachte Teilleistung, zu 62 deren Weiterverwendung durch den Auftraggeber es kommt, einen dem Vertrag entsprechenden Vergütungsanspruch.[192] Er kann dabei nur den Anteil seiner Vergütung verlangen, der seinen bisher erbrachten Leistungen entspricht. Bloß angelieferte, aber noch nicht

---

[185] BGH BauR 1981, 373, 374 = NJW 1981, 1839 = ZfBR 1981, 180; BGH BauR 1993, 469, 472 = NJW 1993, 1972 = ZfBR 1993, 189; vgl. auch → § 8 Nr. 6 Rdn. 24 ff.
[186] *Heiermann/Riedl/Rusam* VOB/B § 8 Rdn. 38.
[187] BGH U. v. 2. 10. 1997, VII ZR 44/97, NJW-RR 1998, 235 BauR 1997, 1027 = ZfBR 1998, 31.
[188] OLG Düsseldorf Schäfer/Finnern/Hochstein Nr. 1 zu § 8 VOB/B; OLG Hamm BauR 2000, 1067, 1069.
[189] BGHZ 50, 160 = NJW 1968, 1524.
[190] OLG Düsseldorf BauR 2001, 262; vgl. auch OLG Köln BauR 2003, 1578.
[191] BGH NJW 1993, 1972 = BauR 1993, 469, 471 = ZfBR 1993, 189; BauR 1990, 632 = NJW-RR 1990, 1109 = ZfBR 1990, 227; BauR 1987, 689, 690 = ZfBR 1987, 238.
[192] BGH BauR 1993, 469 = NJW 1993, 1972 = ZfBR 1993, 189; BGH BauR 1995, 545 = NJW 1995, 1837 = ZfBR 1995, 198.

eingebaute Bauteile sind, wenn es nicht zu deren Verwertung nach § 8 Nr. 3 Abs. 3 VOB/B kommt, nicht vergütungspflichtig. Denn aus dieser Vorschrift ergibt sich, dass solche Bauteile nicht als erbrachte Leistungen behandelt werden, für die allein eine Vergütungspflicht besteht. Das gilt erst recht für Bauteile, die sich nicht einmal an der Baustelle, sondern noch in der Werkstatt des Auftragnehmers befinden.[193]

63  Wegen der Abrechnungsregeln im Übrigen wird auf die Ausführung zu § 8 Nr. 6 VOB/B verwiesen.

## D. Allgemeine Geschäftsbedingungen

64  Vom **Auftragnehmer** gestellte Klauseln, die dem Auftraggeber verbieten, bei Vorliegen von Tatbeständen, die ein Recht zur außerordentlichen Kündigung bieten, hiervon Gebrauch zu machen, sind nicht nur ein Eingriff in die VOB/B, sondern stellen auch einen Verstoß gegen die Klauselverbote nach § 309 Nr. 8 a) BGB dar. Im kaufmännischen Verkehr ist dasselbe Ergebnis über § 307 Abs. 2 Nr. 1 BGB zu erzielen, weil ein Mindestmaß an Vertrauen vorhanden sein muss.[194] Dieses Mindestmaß wird durch § 8 Nr. 3 VOB/B – wie auch § 8 Nr. 2 und Nr. 4 VOB/B – bestimmt.

65  Stellt der **Auftraggeber** Klauseln des Inhalts, dass die Kündigung nach § 8 Nr. 3 VOB/B immer ohne vorherige Fristsetzung samt Kündigungsandrohung möglich sei, liegt gleichfalls ein Eingriff in die VOB/B, wie auch ein Verstoß gegen § 309 Nr. 4, § 307 Abs. 2 Nr. 1 BGB vor.[195] Das gilt erst recht, wenn die in § 8 Nr. 3 Abs. 2– 4 VOB/B angeführten Ansprüche nach dem Klauselinhalt unabhängig von jeglicher Kündigung geltend gemacht werden können. Unwirksam sind Klauseln, die dem Auftragnehmer die Vergütung für die Teilleistung auch dann versagen, wenn der Auftraggeber nach Kündigung darauf aufbauend die Baumaßnahme fortsetzt.[196]

---

[193] BGH BauR 1995, 545, 546 = NJW 1995, 1837 = ZfBR 1995, 198.
[194] *Korbion/Locher/Sienz* K Rdn. 60.
[195] *Korbion/Locher/Sienz* K Rdn. 63.
[196] *Korbion/Locher/Sienz* K Rdn. 58.

# § 8 Nr. 4

**§ 8 Nr. 4 [Kündigung bei unzulässiger Wettbewerbsbeschränkung]**

Der Auftraggeber kann den Auftrag entziehen, wenn der Auftragnehmer aus Anlass der Vergabe eine Abrede getroffen hat, die eine unzulässige Wettbewerbsbeschränkung darstellt. Die Kündigung ist innerhalb von 12 Werktagen nach Bekanntwerden des Kündigungsgrundes auszusprechen. Die Nummer 3 gilt entsprechend.

**Literatur:** *Diehl,* Die Strafbarkeit von Baupreisabsprachen im Vergabeverfahren, BauR 1993, 1; *ders.,* Schadensersatzansprüche und deren Nachweis bei Submissionsabsprachen, ZfBR 1994, 105; *Diercks,* Korruption am Bau, BauR 2004, 257; *Hahn,* Ansprüche des Auftraggebers bei der Auftragsentzug wegen wettbewerbswidrigen Verhaltens gemäß § 8 Nr. 4 VOB/B, BauR 1989, 284; *Hedendehl* Fallen Submissionsabsprachen doch unter den Betrugstatbestand?, ZfBR 1993, 164; *Lindacher,* Zulässigkeit und Schranken des Ausbedingens und Forderns von Vertragsstrafen zur Bekämpfung von Submissionsabsprachen, ZIP 1986, 817; *Lüderssen,* Submissionsabsprachen sind nicht eo ipso Betrug. Anmerkungen zu BGHSt 38, 186 = NJW 1992, 921, wistra 1995, 243; *Ranft,* Betrug durch Verheimlichen von Submissionsabsprachen. Eine Stellungnahme zu BGHSt 38, 186, wistra 1994, 51; *Rutkowsky,* Der Nachweis eines Vermögensschadens bei Submissionsabsprachen, ZfBR 1994, 257; *ders.,* Der Schadensnachweis bei unzulässigen Submissionsabsprachen, NJW 1995, 705; *Schaupensteiner,* Submissionsabsprachen und Korruption im öffentlichen Bauwesen, Ein Sondertatbestand des Ausschreibungsverfahrens ist notwendig, ZRP 1993, 250.

## Übersicht

| | Rdn. | | Rdn. |
|---|---|---|---|
| A. Allgemeines | 1–17 | II. Vernichtung – Auflösung des Vertrages | 17 |
| I. Stellung im System | 2 | B. Die Kündigungsvoraussetzungen nach § 8 Nr. 4 VOB/B im Einzelnen | 18–25 |
| 1. Unzulässige Wettbewerbsabreden | 3 | I. Außerordentlicher Kündigungsgrund | 19 |
| a) Wettbewerbsbeschränkende Verhaltensweisen | 4 | II. Zeitschranke – Ausschlussfrist | 22 |
| b) Beispiele unzulässiger wettbewerbsbeschränkender Abreden | 6 | III. Kündigung – Vertragsauswirkungen | 24 |
| 2. Reaktion im Vergabeverfahren | 7 | IV. Vertragsabwicklung | 25 |
| a) Aufhebung der Ausschreibung | 8 | C. Vertragsstrafenklauseln – Schadenspauschalierungen | 26–33 |
| b) Ausschluss aus der Wertung | 9 | I. Formulierungsbeispiele | 26 |
| 3. Auswirkungen auf den Bauvertrag | 10 | II. Qualifizierung | 28 |
| a) Anfechtbarkeit nach § 123 BGB? | 11 | III. Wertung | 29 |
| b) Kündigung nach § 8 Nr. 4 VOB/B | 12 | D. Darlegungs- und Beweislast | 34 |
| 4. Vertragsdurchführung – Schadensersatz | 14 | | |

## A. Allgemeines

§ 8 Nr. 4 VOB/B bildet den letzten vertragskodifizierten **wichtigen Grund** für eine **1** Auftraggeberkündigung. Wenn auch eine Ausübungsfrist fehlt und nach Bekanntwerden lediglich eine 12-Werktagesausschlussfrist niedergelegt ist, gilt als allgemein anerkannt, dass die Kündigung nach **Vollendung** der Leistung ausgeschlossen ist.[1] Den Ansatz für diesen am Bauablauf ausgerichteten Ausschlusstatbestand liefert § 8 Nr. 1 Abs. 1 VOB/B, der die freie Kündigung bis zur Vollendung der Leistung jederzeit zulässt. Es ist die Frage, ob dieser Ansatz notwendig auch für § 8 Nr. 4 VOB/B mit der Folge gilt, dass nach Vollendung und Abnahme eine Kündigung des Vertrages ausgeschlossen ist. Bildet nämlich letztlich der auf

---

[1] *Ingenstau/Korbion/Vygen* VOB/B Vor §§ 8 und 9 Rdn. 5.

einer Wettbewerbsbeschränkung zurückzuführende **totale Vertrauensverlust** den Grund für die Kündigungsbefugnis, könnte erwogen werden, dem Auftragnehmer den Auftrag auch nach der Vollendung und Abnahme mit der Wirkung zu entziehen, dass bei auftretenden Mängeln ohne gebotenen Rückgriff auf den gekündigten Auftragnehmer die Mängelbeseitigungsarbeiten einem Drittunternehmer in Auftrag gegeben werden können. Für diese Auffassung spricht folgendes: § 8 Nr. 1 Abs. 1 VOB/B hat die freie Kündigung zum Gegenstand; diese freie Kündigung scheidet nach Vollendung der Leistung aus. § 8 Nr. 3 Abs. 1 VOB/B hat ganz bestimmte Ereignisse zur Voraussetzung, die deutlich vor der Vollendung der Baumaßnahme liegen; das gilt für § 4 Nr. 7 und Nr. 8 wie auch § 5 Nr. 4 VOB/B. § 8 Nr. 4 VOB/B formuliert derartige Einschränkungen nicht, sondern spricht lediglich vom Auftragsentzug bei Vorliegen einer wettbewerbsbeschränkenden Abrede. Eine solche Kündigung macht auch noch nach der Abnahme bei Auftreten von Mängeln Sinn. Denn der Verweis auf die Nr. 3 VOB/B ermöglicht in einem solchen Fall die Beauftragung eines Dritten mit der Mängelbeseitigung ohne dass dem von Anfang an vertragsuntreuen Auftragnehmer ein Mängelbeseitigungsrecht eingeräumt werden müsste. Einem Auftragnehmer, der sich einen Auftrag durch schwerste vorvertragliche Nebenpflichtverletzungen i. S. d. § 241 Abs. 2, § 311 Abs. 1 BGB „erschlichen" hat, braucht ein Auftraggeber nach Bekanntwerden der unzulässigen Wettbewerbsbeschränkung nicht die Möglichkeit der Mängelbeseitigung einzuräumen. Die gravierende Verletzung vorvertraglicher Pflichten muss die Möglichkeit der Kündigung nach § 8 Nr. 4 VOB/B mit dem Ziel eröffnen, unmittelbar einen Drittunternehmer mit der Mängelbeseitigung beauftragen zu können. Der Kündigungsgrund hat seine Ursache nicht in einem Fehlverhalten im Rahmen der Vertragsausführung. Der wichtige Grund liegt in einem Vorgang **vor Vertragsschluss,** nämlich einer aus Anlass der Vergabe getroffenen Abrede, die eine unzulässige Wettbewerbsbeschränkung darstellt.

## I. Stellung im System

2   Systematisch bestätigt § 8 Nr. 4 VOB/B, dass unzulässige Wettbewerbsabreden nicht zur Nichtigkeit des Bauvertrages nach §§ 134, 138 BGB führen, sondern eine Reaktion des Auftraggebers erforderlich ist. Diese kann im Rahmen der Vergabe zum **Ausschluss vom Vergabeverfahren** und nach abgeschlossenem Vertrag zu dessen Kündigung führen. Ist der Bauvertrag abgewickelt, verbleibt als Alternative ein Schadensersatzanspruch nach § 263 StGB i. V. m. § 823 BGB, was jedoch im Unterschied zu § 8 Nr. 4 VOB/B einen Schaden voraussetzt. Die Möglichkeiten eines Schadensersatzverlangens gemäß den Grundsätzen des Verschuldens bei Vertragsverhandlungen oder nach § 826 BGB kommen hinzu.[2] Darin erschöpfen sich jedoch die Reaktionsmöglichkeiten nicht. Ist der Bauvertrag abgewickelt, also die vertraglich geschuldete Leistung erbracht und abgenommen, bleibt die Möglichkeit der Sachmängelhaftung. Das Recht zur Nacherfüllung[3] nach § 13 Nr. 4, 5 VOB/B muss einem Auftragnehmer, der den Auftrag durch unzulässige Preisabsprachen erhalten hat, nicht eingeräumt werden. Das folgt auch aus einem Erstrechtschluss: Wem über die Kündigung das Recht zur Erfüllung des Vertrages entzogen werden kann, dem muss erst recht nach der Abnahme der Werkleistung das Recht zur Nacherfüllung entzogen werden können. § 8 Nr. 4 VOB/B greift deshalb auch dann ein, wenn dem Auftraggeber der Kündigungsgrund erst nach der Abnahme bekannt wird. Die Folgen einer solchen Kündigung ergeben sich aus dem Verweis des § 8 Nr. 4 Satz 3 VOB/B auf die Nr. 3: Bei Auftreten eines Mangels kann die Mängelbeseitigung unmittelbar zu Lasten des Auftragnehmers einem Drittunternehmer

---

[2] *Hahn* BauR 1989, 284, 288, 289.
[3] Vgl. dazu BGH U. v. 27. 2. 2003, VII ZR 338/01, NJW 2003, 1526 = NZBau 2003, 267 = BauR 2003, 693; BGH U. v. 27. 11. 2003, VII ZR 93/01, NZBau 2004, 153 = BauR 2004, 501; *Jansen* BauR 2005, 1089; OLG Hamm BauR 2005, 1190.

in Auftrag gegeben werden. Hat der dann gekündigte Auftragnehmer eine Sachmängelsicherheit geleistet, bewirkt die hier befürwortete Kündigung nicht etwa das Recht des gekündigten Auftragnehmers auf Herausgabe der Sicherheitsleistung. Denn die Kündigung ändert nichts an der fortbestehenden Sachmängelhaftung bei Auftreten eines dem gekündigten Auftragnehmer zurechenbaren Mangels. Die Kündigung wirkt wie auch sonst lediglich in die Zukunft, beseitigt also den Vertrag nicht, sondern eröffnet dem Auftraggeber das Vorgehen nach § 8 Nr. 3 VOB/B. Insofern beschränkt sich die Kündigung i. S. d. § 8 Nr. 3 Abs. 1 Satz 2 VOB/B in Abweichung von der Regel[4] auf einen in sich abgeschlossenen Teil; sie erfasst nämlich nur noch möglich werdende Sachmängeltatbestände.

### 1. Unzulässige Wettbewerbsabreden

Ausgangspunkt bildet § 2 Nr. 1 Satz 2 VOB/A, wonach der Wettbewerb die Regel sein soll. § 2 Nr. 1 Satz 3 VOB/A statuiert das Gebot, dass ungesunde Begleiterscheinungen, wie z. B. wettbewerbsbeschränkende Verhaltensweisen, zu bekämpfen sind. 3

**a) Wettbewerbsbeschränkende Verhaltensweisen.** Die Vorschrift hat nach ihrem Wortlaut wettbewerbsbeschränkende Verhaltensweisen des Auftragnehmers, nicht solche des Auftraggebers zum Gegenstand. Die Reaktion auf nachgewiesene Abreden von Bietern, die in Bezug auf die Ausschreibung eine unzulässige Wettbewerbsabrede darstellen, ist nach § 25 Abs. 1 Nr. 1 lit. c) VOB/A notwendig der Ausschluss aus der Wertung. Denn danach werden Angebote von Bietern, die eine solche Abrede getroffen haben, zwingend und demnach ohne Beurteilungsspielraum ausgeschlossen. Für § 25 Nr. 1 Abs. 1 c) VOB/A gilt nichts anderes als für den Ausschlusstatbestand in lit. b), der als zwingende Vorschrift im Dienst des Schutzes des konkreten Wettbewerbs und der redlichen Mitbieter verstanden wird.[5] 4

Über Zulässigkeit und Unzulässigkeit von wettbewerbsbeschränkenden Abreden befindet das Gesetz gegen Wettbewerbsbeschränkungen (GWB). Nach § 1 Abs. 1 GWB sind Verträge, die ein Unternehmer oder eine Vereinigung von Unternehmen zu einem gemeinsamen Zweck schließen, und Beschlüsse von Vereinigungen von Unternehmen unwirksam, wenn sie geeignet sind, die Erzeugnisse oder die Marktverhältnisse für den Verkehr mit Waren oder gewerblichen Leistungen durch Beschränkung des Wettbewerbs zu beeinflussen. Ausnahmen und damit zulässige Kartelle regelt das GWB in §§ 2 bis 8 und § 20 Abs. 2. Für Empfehlungen von Vereinigungen und Rationalisierungsverbänden, mit denen die Leistungsfähigkeit der Beteiligten gestärkt und das einheitliche Verständnis von Vorschriften, Normen oder Bedingungswerken gesorgt wird, gelten nach § 38 Abs. 2 GWB Sonderbestimmungen. § 25 Abs. 1 GWB kommt als weiterer Verbotstatbestand hinzu. § 298 StGB stellt wettbewerbsbeschränkende Absprachen bei Ausschreibungen unter Strafe. 5

**b) Beispiele unzulässiger wettbewerbsbeschränkender Abreden.** Als unzulässig kommen folgende Preisabsprachen in Betracht:[6] Abreden über die Abgabe oder Nichtabgabe von Angeboten, die nach dem Leistungsverzeichnis für die Teilleistungen zu fordernden Preise, die Bedingungen sonstiger Entgelte, die Gewinnaufschläge, Verarbeitungsspannen und andere Preisbestandteile, Zahlungs-, Lieferungs- und sonstige Vertragsbedingungen, soweit sie unmittelbar oder mittelbar preisbeeinflussend wirken, die Entrichtung von Ausfallentschädigungen oder Abstandszahlungen oder die Gewinnbeteiligung sowie sonstiger Abgaben. 6

### 2. Reaktion im Vergabeverfahren

Dem in § 2 Nr. 1 Satz 3 VOB/A enthaltenen Gebot zur Bekämpfung wettbewerbsbeschränkender Verhaltensweisen wird im Vergabeverfahren durch **Vermeidung der Ver-** 7

---

[4] Vgl. Rdn. 24.
[5] Vgl. BGH, U. v. 8. 9. 1998 – X ZR 85/97, NJW 1998, 3634 = BauR 1998, 1249.
[6] Vgl. *Dähne/Schelle* Stichwort „unzulässige Abreden"; so auch in *Heiermann/Riedl/Rusam* A § 25 Rdn. 15; *Ingenstau/Korbion/Kratzenberg* A § 25 Rdn. 22.

**§ 8 Nr. 4** Kündigung bei unzulässiger Wettbewerbsbeschränkung

gabe an einen Bieter entsprochen, der sich an einer wettbewerbsbeschränkenden Vereinbarung beteiligt hat. Das Vergabehandbuch (VHB) empfiehlt in den Richtlinien zu § 23 VOB/A unter Ziff. 3, der Fachaufsicht führenden Ebene unverzüglich zu berichten und in Zweifelsfällen deren Entscheidung darüber einzuholen, ob das Angebot ausgeschieden, die Ausschreibung aufgehoben oder ob die Kartellbehörde bzw. die Staatsanwaltschaft unterrichtet werden soll. Voraussetzung für diese Verfahrensweise ist das Vorliegen von Feststellungen oder von Anhaltspunkten für ein wettbewerbsbeschränkendes Verhalten, z. B. eine Preisabrede.

8  **a) Aufhebung der Ausschreibung.** Die Aufhebung der Ausschreibung kommt unter den in § 26 Nr. 1 VOB/A festgelegten Voraussetzungen in Betracht. Die unzulässige Wettbewerbsabrede begründet einen schwerwiegenden Grund nach lit. c) dieser Vorschrift jedenfalls dann, wenn infolge der Abrede die Ausschreibungen unangemessen hohe Preise erbringen (vgl. VHB Richtlinien Ziff. 1.5.2 zu § 25 A und Ziff. 1.1 zu § 26 VOB/A). § 26 Nr. 1 VOB/A stellt die Aufhebung der Ausschreibung in das Ermessen der ausschreibenden Stelle, was die Abwägung veranlasst, es bei der Ausschreibung zu belassen und den betroffenen Bieter aus der Wertung auszuschließen.

9  **b) Ausschluss aus der Wertung.** Der in § 25 Nr. 1 lit. c) VOB/A angeordnete Ausschluss aus der Wertung ist zwingend. Hierfür reichen weder ein Verdacht noch Vermutungen aus. Für den Ausschluss ist der Nachweis der Abrede einer unzulässigen Wettbewerbsabrede notwendig.[7] Vergeblich mit dem Ziel einer Preisabrede geführte Verhandlungen stellen noch kein unzulässiges, kartellwidriges Verhalten dar.[8] Die Bewerbungsbedingungen für die Vergabe von Bauleistungen der öffentlichen Hand nach dem Vergabehandbuch (VHB) nach dem Muster EVM (B) BwB/E (Fassung September 2006) halten in der Ziff. 2 fest: „Angebote von Bietern, die sich im Zusammenhang mit diesem Vergabeverfahren an einer unzulässigen Wettbewerbsbeschränkung beteiligen, werden ausgeschlossen." Das Muster EVM (L) BwB, Bewerbungsbedingungen, formuliert in Ziff. 2 in gleicher Weise.

### 3. Auswirkungen auf den Bauvertrag

10  Wird die Beteiligung an einer den Wettbewerb beschränkenden Preisabrede bei der Vergabe nicht erkannt und der Bauvertrag mit einem „verstrickten" Bieter geschlossen, ist der Vertrag **nicht unwirksam.** Zwar ist die Preisabsprache nach § 15 GWB wie auch wegen Verstoßes gegen ein gesetzliches Verbot nach § 1 GWB, § 134 BGB und § 298 StGB nichtig. Diese Nichtigkeit ergreift jedoch nicht den Bauvertrag.[9] Es bedarf deshalb einer Möglichkeit seiner nachträglichen Vernichtung, sei es durch **Anfechtung** oder durch **Kündigung.**

11  **a) Anfechtbarkeit nach § 123 BGB?** Die Anfechtung nach § 123 BGB setzt eine Irrtumserregung durch arglistige Täuschung voraus. Diese ist bei einer vorsätzlich falschen sog. negativen Bietererklärung oder einer stillschweigend abgegebenen Erklärung, sich an einer Wettbewerbsabrede nicht beteiligt zu haben, zu bejahen (vgl. → Vor § 8 Rdn. 60).[10] Gem. § 124 BGB könnte der Getäuschte innerhalb einer Frist von einem Jahr nach Entdeckung der Täuschung anfechten, wobei das Abwicklungsstadium des Bauvertrages grundsätzlich bedeutungslos wäre und allenfalls unter Rechtsmissbrauchsgesichtspunkten zu einer Ausübungsbeschränkung des Anfechtungsrechts führen könnte.[11]

12  **b) Kündigung nach § 8 Nr. 4 VOB/B.** Die Kündigung nach § 8 Nr. 4 VOB/B verdrängt das Anfechtungsrecht aus zweierlei Gründen. In erster Linie spricht für eine

---

[7] *Heiermann/Riedl/Rusam* A § 25 Rdn. 15; Beck'scher VOB-Komm/*Brinker/Obler* A § 25 Rdn. 18.
[8] *Ingenstau/Korbion/Kratzenberg* A § 25 Rdn. 24; OLG Frankfurt ZIP 1991, 1171.
[9] *Ingenstau/Korbion/Kratzenberg* A § 25 Rdn. 31; *Heiermann/Riedl/Rusam* VOB/B § 8 Rdn. 42; *Hahn* BauR 1989, 284; OLG Celle NJW 1963, 2126, 2127; vgl. auch → Vor § 2 Rdn. 127.
[10] *Hahn* BauR 1989, 284, 287.
[11] Vgl. *Palandt/Heinrichs* § 124 Rdn. 1.

Gesetzeskonkurrenz mit Vorrang der Kündigung die Ausschlussfrist von 12 Werktagen nach Bekanntwerden des Kündigungsgrundes.[12] Diese Ausschlussfrist wäre bedeutungslos, könnte sie über die Anfechtung und die dafür geltende Jahresfrist unterlaufen werden.[13] Außerdem schließt die wohl h. M. das Kündigungsrecht gem. § 8 Nr. 4 VOB/B nach Vollendung der vergebenen Leistung aus,[14] worauf die Anfechtung im Grundsatz nicht abstellt. Die Anfechtung würde den Vertrag vernichten und damit bei einem Teilwerk zum Nachteil des Auftraggebers zum Verlust der Gewährleistungsansprüche und dazu führen, dass – im Einzelnen eventuell nur befürchtete – Mängel lediglich bei der Bemessung des Wertersatzes Berücksichtigung finden könnten. Demgegenüber wirkt die Kündigung für die Zukunft und belässt es hinsichtlich der erbrachten Leistungen bei den Vertragswirkungen (vgl. → § 8 Nr. 1 Rdn. 4 ff.).

Soweit in **Allgemeinen Geschäftsbedingungen** ein Kündigungs- oder Rücktrittsrecht eingeräumt wird, wird diese Rechtsgestaltung im Ergebnis durch die Rechtsfolgen aus § 280 BGB gedeckt (vgl. → Vor § 8 Rdn. 72, 73). Die Ausübung des Rücktritts führt jedoch im Unterschied zur Abwicklung nach § 8 Nr. 4 VOB/B zum Verlust der Rechtsfolgenverweisung auf § 8 Nr. 3 VOB/B und der damit verbundenen Rechte. Ein Eingriff in die VOB/B findet damit nicht statt. Der Rücktritt ist im Vergleich zu den Rechtsfolgen aus einer Kündigung für den Auftragnehmer auch nicht ungünstig. 13

### 4. Vertragsdurchführung – Schadensersatz

Wird der Vertrag nicht gekündigt, kann der Auftraggeber einen erlittenen **Vermögensschaden** nach § 823 Abs. 2 BGB i. V. m. § 263 StGB oder § 298 StGB geltend machen. Verhindern nämlich die Anbieter durch Preisabsprachen und Vorspiegelung von Wettbewerb die Bildung eines Wettbewerbspreises, so erleidet der Auftraggeber einen Schaden, wenn der mit einem Anbieter vereinbarte Preis höher als der erzielbare Wettbewerbspreis ist.[15] Bei Täuschung, Irrtumserregung und Vermögensverfügung durch Abschluss des schädigenden Bauvertrages ist deshalb der Tatbestand des **Betruges** in Form des Eingehungs- oder des Erfüllungsbetruges verwirklicht, der als Schutznorm bei § 823 Abs. 2 BGB zu Anwendung kommt. 14

Außerdem kann der kündigende Auftraggeber auf Schadensersatzansprüche aus Verschulden bei Vertragsverhandlungen (§§ 241 Abs. 2, 311 Abs. 2, 280 Abs. 1 BGB und § 826 BGB) zurückgreifen.[16] 15

Hinsichtlich der Abrechnung des durchgeführten Bauvertrages ist die gewohnheitsrechtliche Fortgeltung der Grundgedanken der aufgehobenen **Baupreisverordnung** (früher wiedergegeben im VHB Teil IV) zu berücksichtigen.[17] Im Rahmen ihres durch § 1 dieser Verordnung beschriebenen Anwendungsbereichs – Vergabe von Bauleistungen auf Grund öffentlicher oder mit öffentlichen Mitteln finanzierter Aufträge – wurde gem. § 7 dieser Verordnung der zulässige Preis dann, wenn bei Wettbewerbs- und Listenpreisen der Wettbewerb auf der Anbieterseite beschränkt und hierdurch die Preisbildung beeinflusst worden war, auf den Selbstkostenfestpreis (§ 9 Baupreisverordnung) reduziert.[18] Hierdurch ermäßigt sich der Preis, der im Wege der Preisprüfung festgestellt werden muss. *Ingenstau/Korbion/Vygen*[19] findet unter Ablehnung der angestellten Erwägungen zur Baupreisverordnung über **schadensersatzrechtliche,** an § 8 Nr. 3 Abs. 2 VOB/B ausgerichtete Erwägungen zu 16

---

[12] *Leinemann/Schirmer* B § 8 Rdn. 119; *Ingenstau/Korbion/Vygen* VOB/B § 8 Nr. 4 Rdn. 1.
[13] *Hahn* BauR 1989, 284, 287 ist für eine alternative Konkurrenz; ebenso *Nicklisch/Weick* VOB/B § 8 Rdn. 56.
[14] *Ingenstau/Korbion/Vygen* VOB/B § 8 Nr. 4 Rdn. 1; *Heiermann/Riedl/Rusam* B § 8 Rdn 45; a. A. vgl. hier Rdn. 1, 2.
[15] BGH NJW 1992, 921 = BauR 1992, 383 = ZfBR 1992, 126.
[16] *Hahn* BauR 1989, 284, 288, 289.
[17] *Hahn* BauR 1989, 284, 286; vgl. zur Baupreisverordnung *Petersen* NZBau 2000, 549.
[18] *Dähne/Schelle* Stichwort: unzulässige Abreden, S. 763.
[19] B § 8 Nr. 4 Rdn. 13.

**§ 8 Nr. 4**      Kündigung bei unzulässiger Wettbewerbsbeschränkung

einem ähnlichen Ergebnis des Inhalts, dass die erbrachten Leistungen zu einem angemessenen Preis zu vergüten sind.[20]

## II. Vernichtung – Auflösung des Vertrages

17    Im Kontext der verschiedenen Handlungsmöglichkeiten des Auftraggebers, deren Wahrnehmung auch vom jeweiligen Kenntnisstand abhängig sind, bietet § 8 Nr. 4 VOB/B die Möglichkeit zur außerordentlichen Kündigung unter Verdrängung der Anfechtung nach § 123 BGB. Ein Rückgriff auf diese Vorschrift ist wegen des **Sondercharakters** des § 8 Nr. 4 VOB/B ausgeschlossen.[21] Ohne Einräumung einer entsprechenden Rechtsposition im Bauvertrag wird hierdurch das Recht zum Rücktritt verdrängt.

## B. Die Kündigungsvoraussetzungen nach § 8 Nr. 4 VOB/B im Einzelnen

18    Die Kündigung des Bauvertrages steht unter den im Einzelnen geregelten Voraussetzungen im Ermessen des Auftraggebers. Die Kündigungsfolgen richten sich gem. § 8 Nr. 4 Satz 2 VOB/B nach § 8 Nr. 3 VOB/B. Den wichtigen Kündigungsgrund beschreibt § 8 Nr. 4 Satz 1 VOB/B, die Rechtsfolgen ergeben sich aus der Nr. 3.

### I. Außerordentlicher Kündigungsgrund

19    Der zur Kündigung berechtigende Grund liegt in einer **unzulässigen Wettbewerbsabrede,** die aus Anlass der Vergabe getroffen worden ist. Der Zeitrahmen für deren Zustandekommen wird grundsätzlich durch die Aufforderung zur Angebotsabgabe bis zur Erteilung des Zuschlags bestimmt.[22] Aus Anlass der Vergabe sind jedoch auch solche Abreden geschlossen, die vor der Aufforderung zur Angebotsabgabe zustande kamen, aber dem Abredeinhalt nach gerade für spätere Vergabeverfahren gelten sollten. Entscheidend für das Verständnis der Tatbestandsvoraussetzung „aus Anlass der Vergabe" ist nicht die zeitliche Komponente, sondern ob die Abrede inhaltlich für ein Vergabeverfahren gelten soll.[23] Der Kündigungsgrund setzt nicht voraus, dass die Abrede unter Ablaufgesichtspunkten wettbewerbsbeschränkende Auswirkungen haben kann.[24] Von einem Schadenseintritt hängt die Ausübung des Kündigungsrechts gleichfalls nicht ab.[25] Die Abrede muss einen Verstoß gegen das Gesetz gegen Wettbewerbsbeschränkungen (GWB) enthalten. Maßgeblich sind die in § 1 und § 25 GWB beschriebenen Verbotstatbestände. Wegen deren Inhalts wird auf die insoweit einschlägige Spezialliteratur verwiesen; Beispiele sind oben in Rdn. 6 angeführt.

20    Strittig ist, ob sonst **unlauteres Verhalten,** das sich als Verstoß gegen die Regeln des lauteren Wettbewerbs erweist, wie z. B. die Bezahlung von **Schmiergeldern,** gleichfalls unter § 8 Nr. 4 VOB/B fällt.[26] Ein Anwendungsbedarf besteht nicht, weil eine Kündigungsmöglichkeit aus wichtigem Grund, z. B. unter dem Gesichtspunkt der positiven Vertrags-

---

[20] A. A. *Nicklisch/Weick* B § 8 Rdn. 54: AN behält den Anspruch auf die überhöhten Preise.
[21] So auch *Leinemann/Schirmer* B § 8 Rdn. 119; *Ingenstau/Korbion/Vygen* VOB/B § 8 Rdn. 1.
[22] *Ingenstau/Korbion/Vygen* VOB/B § 8 Nr. 4 Rdn. 2.
[23] Vgl. *Ingenstau/Korbion/Vygen* VOB/B § 8 Nr. 4 Rdn. 2.
[24] *Ingenstau/Korbion/Vygen* VOB/B § 8 Nr. 4 Rdn. 2; *Nicklisch/Weick* VOB/B § 8 Rdn. 51, 52.
[25] *Heiermann/Riedl/Rusam* VOB/B § 8 Rdn. 44; *Nicklisch/Weick* VOB/B § 8 Rdn. 52; *Kapellmann/Messerschmidt/Lederer* B § 8 Rdn. 107.
[26] Dagegen *Nicklisch/Weick* VOB/B § 8 Rdn. 53; *Leinemann/Schirmer* B § 8 Rdn. 116; *Daub/Piel/Soergel/Steffani* ErlZ B 8.50 Fn. 43; zweifelnd *Ingenstau/Korbion/Vygen* VOB/B § 8 Nr. 4 Rdn. 6, 8; dafür *Heiermann/Riedl/Rusam* VOB/B § 8 Rdn. 43; *Kapellmann/Messerschmidt/Lederer* B § 8 Rdn. 106.

verletzung (§ 311 Abs. 1, § 280 BGB), besteht (vgl. → Vor § 8 Rdn. 69). Die Anwendung des § 8 Nr. 4 VOB/B auf Kündigungsgründe, die außerhalb wettbewerbsbeschränkender Abreden liegen, und „nur" mit den Regeln des lauteren Wettbewerbs zu tun haben, ist nicht gerechtfertigt. Die **12-Werktage-Ausschlussfrist** ist gezielt auf den normierten Tatbestand beschränkt.

Das VHB führt den Tatbestand des sonst unlauteren Verhaltens eines Auftragnehmers im Zusammenhang mit der Vorbereitung, dem Abschluss oder der Durchführung eines Vertrages gesondert in EVM (B) ZVB/E unter Ziff. 11 wie folgt an: „Kündigung aus wichtigem Grund (§ 8) Ein wichtiger Grund liegt auch vor, wenn der Auftragnehmer Personen, die auf Seiten des Auftraggebers mit der Vorbereitung, dem Abschluss oder der Durchführung des Vertrages befasst sind oder ihnen nahe stehenden Personen Vorteile anbietet, verspricht oder gewährt. Solchen Handlungen des Auftragnehmers selbst stehen Handlungen von Personen gleich, die von ihm beauftragt oder für ihn tätig sind. Dabei ist es gleichgültig, ob die Vorteile den vorgenannten Personen oder in ihrem Interesse einem Dritten angeboten, versprochen oder gewährt werden. In diesen Fällen gilt § 8 Nrn. 3, 5, 6 und 7 entsprechend." 21

Eine solche Regelung wäre überflüssig, wenn die öffentliche Hand auf dem Standpunkt stünde, § 8 Nr. 4 VOB/B würde auch den Tatbestand der **Schmiergeldzahlung** abdecken. Die Rechtsfolge der Subsumtion unter § 8 Nr. 4 VOB/B bestünde darin, dass dem Auftraggeber lediglich 12 Werktage zur Ausübung der Kündigung als Ausschlussfrist zur Verfügung stehen. Ziff. 11 der EVM(B) ZVB/E verweisen aber gerade nicht auf § 8 Nr. 4 VOB/B. Wird eine Schmiergeldzahlung allgemein der Kündigung aus wichtigem Grund ohne spezielle Regelung durch § 8 Nr. 4 VOB/B zugeordnet, gelten die allgemeinen Grundsätze, die eine derartig kurze Frist nicht kennzeichnet. Dann ist nämlich auf die Regelung in § 314 Abs. 3 BGB zurückzugreifen, wonach die Kündigung innerhalb einer angemessenen Frist ab Kenntniserlangung vom Kündigungsgrund erklärt werden muss. Zusätzlich ist zu berücksichtigen, dass der Auftraggeber die Darlegungs- und Beweislast für die Kündigungsvoraussetzungen trägt, weswegen die Kündigung sorgfältig abzuwägen ist und Absicherungsbedarf unter Beweisgesichtspunkten besteht. Im Übrigen ist die VOB/B eine Allgemeine Geschäftsbedingung mit der Folge, dass deren einzelne Regelungen wegen § 305 c Abs. 2 BGB nicht analog auf eindeutig geregelte Sachverhalte anwendbar sind.[27]

## II. Zeitschranke – Ausschlussfrist

Ausdrücklich normiert die Vorschrift lediglich eine 12-Werktagesfrist als Ausschlussfrist[28] für die Kündigung; diese Frist beginnt ab Kenntniserlangung. Für den Fristbeginn entscheidet nach der Formulierung (Bekanntwerden) die positive Kenntnis; fahrlässige Unkenntnis reicht nicht aus. Fristbeginn und Fristende berechnen sich nach §§ 186 ff. BGB. Zu den Werktagen zählt auch der Samstag.[29] Die Frist ist nur eingehalten, wenn das Kündigungsschreiben spätestens am 12. Werktag nach Fristbeginn **zugeht**; die bloße Absendung innerhalb der Frist genügt nicht, da die Kündigung eine empfangsbedürftige Willenserklärung (§ 130 BGB) darstellt. 22

Ist das vergebene Werk **vollendet,** scheidet nach der wohl h. M. eine Kündigung nach § 8 Nr. 4 VOB/B aus.[30] Diese Auffassung ist nicht zwingend. Nur § 8 Nr. 1 VOB/B enthält eine solche Schrankenziehung, die sich auch aus dem Regelungsinhalt des § 8 Nr. 3 VOB/B ergibt. Wird dem Auftraggeber bei Kündigung nach § 8 Nr. 4 VOB/B die Möglichkeit eingeräumt, die bis zur Kündigung erbrachten Leistungen nach den Grund- 23

---

[27] BGH U. v. 2. 10. 1997, VII ZR 44/97, NJW-RR 1998, 235 = BauR 1997, 1027.
[28] *Ingenstau/Korbion/Vygen* VOB/B § 8 Nr. 4 Rdn. 10; *Kapellmann/Messerschmidt/Lederer* B § 8 Rdn. 108.
[29] BGH BauR 1978, 485 = NJW 1978, 2594.
[30] *Ingenstau/Korbion/Vygen* VOB/B § 8 Nr. 4 Rdn. 1.

§ 8 Nr. 4    Kündigung bei unzulässiger Wettbewerbsbeschränkung

sätzen einer angemessenen Vergütung und nicht nach den vertraglich vereinbarten Vertragspreisen abrechnen zu können,[31] ist die Bejahung einer Kündigungsmöglichkeit auch nach Vollendung der Werkleistung eine zwingende Notwendigkeit. Dies macht auch bei auftretenden Sachmängeltatbeständen Sinn, weil damit dem Auftraggeber nach der in Verweisung genommenen Nr. 3 die Möglichkeit der unmittelbaren Beauftragung eines Drittunternehmers offen steht.

### III. Kündigung – Vertragsauswirkungen

24    Die Kündigungserklärung muss erkennen lassen, dass der Vertrag wegen einer unzulässigen wettbewerbsbeschränkenden Abrede aufgelöst wird (vgl. → § 8 Nr. 1 Rdn. 19). Der Vertrag wird insgesamt für die Zukunft aufgelöst. Eine **Teilkündigung** scheidet aus.[32] Der in § 8 Nr. 4 Satz 2 VOB/B enthaltene Verweis auf die Nummer 3 ist als Rechtsfolgen-, nicht als Rechtsgrundverweisung zu qualifizieren. Denn die Nummer 4 ist ein selbstständiger außerordentlicher Kündigungs- und damit Rechtsgrund, so dass der Verweis auf § 8 Nr. 3 VOB/B nur hinsichtlich der dort genannten Rechtsfolgen sinnvoll ist. Jedenfalls im hier maßgeblichen Zusammenhang macht der Verweis von einem Rechtsgrund auf einen zweiten Rechtsgrund keinen Sinn. Hierfür spricht auch, dass von den in § 8 Nr. 2 bis 4 VOB/B angeführten außerordentlichen Kündigungstatbeständen allein in der Nr. 3 die Teilkündigung angeführt wird. Die gebotene objektive Auslegung[33] legt demnach deutlich die Beschränkung der Teilkündigung auf den Kündigungstatbestand in der Nummer 3 nahe. Wird die Kündigungsmöglichkeit auch nach Vollendung der Werkleistung bejaht, beschränken sich die Rechtsfolgen allerdings – abgesehen von der damit ermöglichten Abrechnung der Leistungen nach angemessenen Preisen (Selbstkostenpreis)[34] – auf Sachmängelhaftungsfälle. Das hat jedoch mit einer Teilkündigung nichts zu tun.

### IV. Vertragsabwicklung

25    Nach Kündigung richtet sich die weitere Vertragsabwicklung nach den in Verweisung genommenen Rechtsfolgen- und Abrechnungsregeln des § 8 Nr. 3 VOB/B. Das gilt insbesondere für die in § 8 Nr. 3 Abs. 2 bis 4 VOB/B angeordneten Rechtsfolgen, auf die verwiesen wird (vgl. → § 8 Nr. 3 Rdn. 37 ff.).

## C. Vertragsstrafenklauseln – Schadenspauschalierungen

### I. Formulierungsbeispiele

26    In vom Auftraggeber gestellten **Allgemeinen Geschäftsbedingungen** wird zur Abwehr und Absicherung gegen unzulässige Submissionsabsprachen häufig eine als Vertrags- oder Schadenspauschale einzustufende Ersatzverpflichtung des dagegen verstoßenden Bieters formuliert.[35] Eine solche Klausel kann z. B. lauten: „Wenn der Auftragnehmer oder die von ihm beauftragten oder für ihn tätigen Personen aus Anlass der Vergabe nachweislich eine

---

[31] Vgl. oben Rdn. 16; *Ingenstau/Kobion/Vygen* VOB/B § 8 Nr. 4 Rdn. 13; a. A. *Nicklisch/Weick* B, § 8 Rdn. 54.
[32] *Lang* BauR 2006, 1956, 1959; *Ingenstau/Korbion/Vygen* VOB/B § 8 Nr. 4 Rdn. 12; *Heiermann/Riedl/Rusam* VOB/B § 8 Rdn. 46; *Kapellmann/Messerschmidt/Lederer* B § 8 Rdn. 109; a. A. *Nicklisch/Weick* VOB/B § 8 Nr. 54.
[33] *Palandt/Heinrichs* § 305 c Rdn. 15, 16.
[34] Vgl. oben Rdn. 16.
[35] Vgl. dazu umfassend *Lindacher* ZIP 1986, 817 ff.

Abrede getroffen haben, die eine unzulässige Wettbewerbsbeschränkung darstellt, hat er als Schadensersatz drei von Hundert der Auftragssumme an den Auftraggeber zu zahlen, es sei denn, dass ein höherer Schaden nachgewiesen wird."

Im Teil II des **Vergabehandbuchs (VHB)** heißt es in Ziff. 12 der Zusätzlichen Vertragsbedingungen (EVM (B) ZVB/E) wie folgt: „Wenn der Auftragnehmer aus Anlass der Vergabe nachweislich eine Abrede getroffen hat, die eine unzulässige Wettbewerbsrede darstellt, hat er 15 v. H. der Auftragssumme an den Auftraggeber zu zahlen, es sei denn dass ein Schaden in anderer Höhe nachgewiesen wird. Das gilt auch, wenn der Vertrag gekündigt oder bereits erfüllt ist. Sonstige vertragliche oder gesetzliche Ansprüche des Auftraggebers, insbesondere solche aus § 8 Nr. 4, bleiben unberührt." Bis zur Fassung dieser EVM (B) ZVB/E 1999, Ziff. 18, betrug der Prozentsatz 5 v. H. Seit der Fassung 2000 (dort in der Ziff. 12) beträgt der Prozentsatz 15 v. H. Die Anhebung um 300% ist unter AGB-rechtlichen Gesichtspunkten nicht bedenklich. Damit erfolgte lediglich eine Anpassung an den Durchschnittsschaden, der nach der Schätzung informierter Beobachter in der betreffende Branche entsteht, wenn ein Vertragspreis durch wettbewerbsbeschränkende Absprachen beeinflusst worden ist. Im Allgemeinen wird ein Durchschnittsschaden von ca. 10% der Auftragssumme angenommen.[36] Angesichts der Dunkelziffer ist eine Festlegung auf 15% noch als ein durch wettbewerbsbeschränkende Abreden generell ohne Rücksicht auf den Einzelfall verursachter Durchschnittsschaden zu bezeichnen.[37]

## II. Qualifizierung

Der BGH[38] stuft solche Klauseln als Regelung eines **pauschalierten Schadensersatzes** ein und misst deren Angemessenheit am Maßstab des § 307 BGB wie auch an § 309 Nr. 5 BGB. Im unternehmerischen Geschäftsverkehr sind die in § 309 Nr. 5 lit. a) und b) BGB zum Ausdruck kommenden Gedanken grundsätzlich im Rahmen des § 307 BGB zu berücksichtigen.[39] Die Schadenspauschale muss sich deshalb am nach dem gewöhnlichen Lauf der Dinge zu erwartenden Schaden oder an der gewöhnlich eintretenden Wertminderung orientieren; außerdem darf dem anderen Vertragsteil der Nachweis nicht abgeschnitten werden, ein Schaden oder eine Wertminderung sei überhaupt nicht entstanden oder wesentlich niedriger als die Pauschale. Hierdurch soll verhindert werden, dass der Klauselverwender sich einen Betrag ausbedingt, der den Schaden übersteigt, der nach dem gewöhnlichen Lauf der Dinge zu erwarten ist.

## III. Wertung

Der BGH[40] hält solche Klauseln nicht für unangemessen, weil eine wettbewerbswidrige Submissionsabsprache innerhalb eines **geschlossenen Submissionskartells** typischerweise ein hohes Schadensrisiko für den Auftraggeber begründet.[41] Nach *Diehl*[42] führen Baupreisabsprachen zu einem volkswirtschaftlichen Gesamtschaden und zu einem individuellen **Einzelschaden,** da Preisabsprachen zu einer Überhöhung der Preise um 10% führen.[43]

---

[36] *Diehl* BauR 1993, 1, 2 und die dort in den Fn. 12 und 13 angeführten Belegstellen.
[37] Zum Maßstab des objektiven Durchschnittsschaden MünchKomm/*Basedow* BGB § 309 Nr. 5 Rdn. 10, 11.
[38] U. v. 21. 12. 1995, VII ZR 286/94, BauR 1996, 384 = LM § 9 AGB-Gesetz Nr. 26 = ZfBR 1996, 141 = NJW 1996, 1209.
[39] BGH NJW 1994, 1060, 1068; BGH BauR 1996, 384 = NJW 1996, 1209 = ZfBR 1996, 141.
[40] U. v. 21. 12. 1995, VII ZR 286/94, BauR 1996, 384 = LM § 9 AGB-Gesetz Nr. 26 = NJW 1996, 1209 = ZfBR 1996, 141.
[41] BGHSt 38, 186, 194 = NJW 1992, 921 = BauR 1992, 383 = ZfBR 1992, 126.
[42] BauR 1993, 1, 2.
[43] Vgl. bei *Diehl* BauR 1993, 1, 2 die in den Fn. 12 und 13 angeführten Belegstellen.

Nach der Auffassung des BGH[44] begründen die Schwierigkeiten, den Schaden im konkreten Einzelfall nachzuweisen, keinen beachtlichen Einwand gegen die Schadenspauschalierung, weil hierin eine Besonderheit der Schadensermittlung bei wettbewerbwidrigen Preisabsprachen liegt. Die Probleme der Schadensberechnung im Einzelfall und die Schwierigkeit für den Auftraggeber, Submissionsabsprachen aufzudecken und nachzuweisen, rechtfertigen eine Pauschalierung, um dem Auftraggeber die Durchsetzung angemessener Schadensersatzforderungen in den Fällen zu ermöglichen, in denen es ihm ausnahmsweise gelingt, die Submissionsabsprache zu beweisen.

30 Dabei ist gleichgültig, ob es sich um ein sog. **offenes oder ein geschlossenes Submissionskartell** handelt. In beiden Fällen besteht nach BGH[45] eine hinreichende Schadenswahrscheinlichkeit, die eine Pauschalierung des Schadens rechtfertigt. Die Teilnehmer an der Submissionsabsprache werden hinreichend dadurch geschützt, dass sie im konkreten Einzelfall gegebenenfalls darlegen und beweisen können, dass kein oder ein geringerer Schaden eingetreten ist (Möglichkeit zum Gegenbeweis).

31 Wenn die Klausel diese Nachweismöglichkeit nicht ausdrücklich benennt, führt dies jedenfalls im **unternehmerischen Verkehr** nicht zu deren Unwirksamkeit.[46] Ausreichend ist, wenn die Klausel nach ihrem Wortlaut und erkennbaren Sinn diese Möglichkeit belässt. Unentschieden ist, ob der ausdrückliche Hinweis auf den **Gegenbeweis** im nichtunternehmerischen Verkehr geboten ist. Nach h. M.[47] war ein solcher Hinweis unter der Geltung des AGBG nicht erforderlich; es durfte nur nicht nach der Fassung der Klausel beim Kunden der Eindruck entstehen, dass er sich nicht auf einen im Einzelfall wesentlich niedrigeren Schaden berufen könne. Deshalb verfallen Klauseln im **nichtunternehmerischen Verkehr** der Unwirksamkeit, nach denen der andere Teil eine Vertragsstrafe von ...% zu bezahlen *hat*.[48] Dieser Standpunkt ist nach der Fassung des § 309 Nr. 5 b) BGB, wonach in der Klausel der Nachweis eines geringeren Schadens ausdrücklich gestattet sein muss, jedenfalls im nichtunternehmerischen Verkehr nicht mehr haltbar.[49] Im unternehmerischen Verkehr enthält eine solche Formulierung jedenfalls aus der Sicht von Unternehmern keinen konkludenten Ausschluss des Gegenbeweises.[50]

32 Eine **Schadenspauschale von 3%** ist nicht unangemessen, da das Bundeskartellamt den Mehrerlös für Kartellmitglieder auf Grund statistischer Auswertungen bei einer wettbewerbswidrig beeinflussten Vergabe von Bauleistungen auf ca. 13% schätzt.[51] Eine obergerichtliche oder höchstrichterliche Rechtsprechung zur Rechtswirksamkeit der nunmehr von der öffentlichen Hand im VHB (EVM(B) ZVB/E, Ziff. 12) verwendeten Klausel, wonach der Auftragnehmer dann, wenn er aus Anlass der Vergabe nachweislich eine Abrede getroffen hat, die eine unzulässige Wettbewerbsbeschränkung darstellt, 15 v. H. der Auftragssumme an den Auftraggeber zu zahlen hat, ist – soweit ersichtlich – noch nicht ergangen. Der BGH, dem die statistische Auswertung des Bundeskartellamts mit dem Ergebnis einer ca. 13% Preiserhöhung bekannt war, brauchte lediglich zu einer 3% igen Schadenspauschalierung Stellung zu nehmen.[52] Da im Rahmen von § 309 Nr. 5 a) BGB lediglich auf einen objektiven Durchschnittswert abzustellen ist, dem gewöhnlich der **branchentypische Durchschnittsschaden** entspricht,[53] erweisen sich 15 v. H. der Auftragssumme grundsätzlich nicht als überhöht. Problematisch wird es, wenn der Auftraggeber nach § 8 Nr. 4 VOB/B noch

---

[44] U. v. 21. 12. 1995, VII ZR 286/94, BauR 1996, 384, 385 = NJW 1996, 1209 = ZfBR 1996, 141.
[45] BauR 1996, 384, 385 = NJW 1996, 1209 = ZfBR 1996, 141.
[46] BGH NJW 1985, 320, 321; BGH NJW 1985, 633, 634; BGH NJW 1982, 2317, 2317; BGH BauR 1996, 384, 386 = NJW 1996, 1209 = ZfBR 1996, 141.
[47] *Ulmer/Brandner/Hensen* 9. Aufl., § 11 Nr. 5 Rdn. 18.
[48] *Ulmer/Brandner/Hensen* 9. Aufl., § 11 Nr. 5 Rdn. 18.
[49] *Ulmer/Brandner/Hensen* 10. Aufl., § 309 Nr. 5 Rdn. 18, 20; *Stoffels* AGB-Recht, Rdn. 893.
[50] BGH NJW-RR 2003, 1056; BGH BauR 1996, 384, 386 = NJW 1996, 1209 = ZfBR 1996, 141; *Ulmer/Brandner/Hensen* 10. Aufl., § 309 Nr. 5 Rdn. 28; a. A. von Westphalen NJW 2002, 12, 20.
[51] BGH U. v. 21. 12. 1995, VII ZR 286/94, BauR 1996, 384, 386 = NJW 1996, 1209 = ZfBR 1996, 141.
[52] BGH U. v. 21. 12. 1995, VII ZR 286/94, BauR 1996, 384, 386 = NJW 1996, 1209 = ZfBR 1996, 141.
[53] *Stoffels* AGB-Recht, Rdn. 890; MünchKomm/*Basedow* § 309 Nr. 5 Rdn. 10.

im Bauabwicklungsstadium mit der Folge kündigt, dass die restlichen Arbeiten durch Drittunternehmer ausgeführt werden. Die Auftragssumme ist dann nicht mit der Abrechnungssumme identisch. Eine überhöhte Schadenspauschale könnte die Folge sein, wenn der Drittunternehmer zu angemessenen Preisen beauftragt wird und die Abrechnungsgrundlage der Schadenspauschale in keinem angemessenen Verhältnis zur Abrechnungssumme des gekündigten Vertrages steht. Es könnte deshalb allgemein empfehlenswert sein, die Schadenspauschale nicht an der Auftragssumme, sondern an der Abrechnungssumme anzuknüpfen.

Bedenklich ist der klauselmäßige **Vorbehalt höheren Schadens.** In Literatur und Rechtsprechung ist eine solche Wahlmöglichkeit umstritten.[54] Nach *Ulmer/Brandner/Hensen* darf der Verwender sich grundsätzlich nicht die Wahl zwischen der Schadenspauschale und dem Nachweis eines im Einzelfall höheren Schadens ausbedingen.[55] Nach der überwiegenden Meinung tritt eine Bindung des Klauselverwenders auf die Schadenspauschale als Höchstbetrag nicht ein.[56] Für diese Auffassung spricht der Wortlaut des § 309 Nr. 5 BGB, der zwar hinsichtlich der Möglichkeit des Gegenbeweises, dass gar kein oder ein niedrigerer Schaden, Forderungen aufstellt, aber sich zur Möglichkeit eines höheren Schadens ausschweigt.[57]

33

## D. Darlegungs- und Beweislast

Will der Auftraggeber aus einer den Wettbewerb beschränkenden Abrede gegen einen Teilnehmer am Submissionskartell Rechte ableiten, ist eine **konkrete und effektive Nachweisführung** erforderlich. Sowohl die Kündigung als auch der Ausschluss aus der Wertung oder sonst hieraus in Anspruch genommene Recht setzen mehr als einen bloßen Verdacht oder eine Vermutung voraus.[58] Dem Auftragnehmer, dem nach § 8 Nr. 4 VOB/B der Vertrag gekündigt wird, muss eine unzulässige Wettbewerbsbeschränkungsabrede nachgewiesen werden.[59] Die Kündigung setzt kein Verschulden voraus, wenn ein solches auch regelmäßig vorliegen wird.[60]

34

---

[54] Dagegen *Ulmer/Brandner/Hensen* AGB-Recht 10. Aufl., § 309 Nr. 5 Rdn. 24; dafür *Wolf/Horn/Lindacher* § 11 Nr. 5 Rdn. 34; BGH NJW 1982, 2316; OLG Köln NJW-RR 1986, 1435, 1436.
[55] AGB-Recht 10. Aufl., § 309 Nr. 5 Rdn. 24.
[56] OLG Köln NJW-RR 2001, 198; OLG Koblenz NJW-RR 2000, 871; *Bamberger/Roth/Becker* § 309 Nr. 5 Rdn. 33; *Erman/Roloff* § 309 Rdn. 49;. *Wolf/Horn/Lindacher* § 11 Nr. 5 Rdn. 34. m. w. Nachw.
[57] So auch *Ingenstau/Korbion/Vygen* VOB/B § 8 Nr. 4 Rdn. 16.
[58] *Heiermann/Riedl/Rusam* A § 25 Rdn. 16.
[59] *Kapellmann/Messerschmidt/Lederer* B § 8 Rdn. 101.
[60] A. A. *Kapellmann/Messerschmidt/Lederer* B § 8 Rdn. 101.

# § 8 Nr. 5

**§ 8 Nr. 5 [Schriftform der Kündigung]**
Die Kündigung ist schriftlich zu erklären.

**Literatur:** Siehe die Hinweise → Vor § 8.

### Übersicht

| | Rdn. | | Rdn. |
|---|---|---|---|
| A. Bedeutung und Anwendungsbereich | 1–9 | 3. Schriftformgebot bei Teilkündigungen | 8 |
| I. Schriftformgebot | 1 | 4. Einverständliche Vertragsaufhebung | 9 |
| II. Verstoß gegen das Schriftlichkeitserfordernis | 3 | B. Wahrung des Schriftformgebots | 10 |
| III. Anwendungsbereich | 5 | C. Inhaltliche Anforderungen an die Kündigungserklärung – Wirksamwerden | 11–12 |
| 1. Kündigungstatbestände nach VOB/B und BGB | 6 | | |
| 2. Kündigungs- und Schriftformgebot bei Entbehrlichkeit von Fristsetzung und Kündigungsandrohung | 7 | D. Allgemeine Geschäftsbedingungen | 13 |

## A. Bedeutung und Anwendungsbereich

### I. Schriftformgebot

1  § 8 Nr. 5 VOB/B fordert, dass die Kündigung schriftlich zu erklären ist. Die Anforderungen an das Schriftformerfordernis umschreiben §§ 126, 127 BGB. Ist, wie in § 126 BGB ausgedrückt, durch Gesetz die schriftliche Form vorgeschrieben, muss die Urkunde von dem Aussteller eigenhändig durch Namensunterschrift oder mittels notariell beglaubigten Handzeichens unterzeichnet werden. Diese Vorschrift gilt gem. § 127 BGB im Zweifel auch für eine durch Rechtsgeschäft bestimmte schriftliche Form. Die VOB/B sieht die Schriftform für die Kündigung vor.

2  Unabhängig davon, dass die VOB/B bei ihrer Geltung als Ganzes einer Einzelkontrolle am Maßstab des AGB-Gesetzes nicht unterworfen ist (vgl. → Einl. II Rdn. 41 ff.), entspricht das Schriftformerfordernis der VOB/B für die Kündigung der **Wertung nach dem AGB-Recht**. Denn nach § 309 Nr. 13 BGB ist nur eine solche Bestimmung in Allgemeinen Geschäftsbedingungen unwirksam, durch die Anzeigen oder Erklärungen, die dem Verwender oder einem Dritten gegenüber abzugeben sind, an eine strengere Form als die Schriftform oder an besondere Zugangserfordernisse gebunden werden. Demnach bestehen unter AGB-rechtlichen Gesichtspunkten keinerlei Bedenken dagegen, dass die VOB/B für die Kündigung die Schriftform vorsieht.

### II. Verstoß gegen das Schriftlichkeitserfordernis

3  Die Nichtbeachtung der Schriftform führt zur **Nichtigkeit der Kündigung.** Denn gemäß § 125 BGB ist ein Rechtsgeschäft, welches der durch Gesetz vorgeschriebenen Form ermangelt, nichtig. Ist die Schriftform durch Rechtsgeschäft bestimmt, führt die Nichtbeachtung gem. § 125 Satz 2 BGB **im Zweifel** gleichfalls zur Nichtigkeit. Demnach kommt auch einer vereinbarten Schriftform bei Fehlen einer abweichenden Willensrichtung der Parteien konstitutive und nicht bloß deklaratorische Bedeutung zu. Die Wahrung der

Schriftform bloß aus Beweisgründen bildet angesichts der „Zweifelsregelung" in § 125 Satz 2 BGB die Ausnahme.

Mangels gegenteiliger Anhaltspunkte ist deshalb die Einhaltung der Schriftform Wirksamkeitsvoraussetzung für die Kündigung.[1]   4

### III. Anwendungsbereich

§ 8 Nr. 5 VOB/B regelt das Schriftformerfordernis für **alle Kündigungstatbestände**   5
des Auftraggebers, gleichgültig, ob der Vertrag insgesamt oder lediglich teilweise gekündigt wird und ob die Kündigungsgründe in der VOB/B geregelt sind oder sich aus allgemeinem Vertragsrecht (§ 314 BGB) oder BGB-Werkvertragsrecht ableiten. Der Auftraggeber hat die Kündigung schriftlich zu formulieren. Die **Kündigungsbefugnis** ist dem Auftraggeber vorbehalten, wenn dieser nicht z. B. dem objektüberwachenden Architekten/Ingenieur hierzu bevollmächtigt hat. Mit der sog. originären Architektenvollmacht[2] ist eine Vollmacht zur Kündigung von Bauverträgen nicht verbunden. Dies gilt auch für den Fall, dass der Architekt in Vollmacht des Auftraggebers/Bauherrn den Bauvertrag geschlossen hat. Denn die Befugnis zum Vertragsschluss deckt nicht eine solche zur Vertragsauflösung. Im Einzelnen handelt es sich um eine Auslegungsfrage. Eine Genehmigung des vollmachtlosen Handelns durch den Auftraggeber/Bauherrn scheidet aus, da die fehlende Vollmacht bei Abgabe einer Gestaltungserklärung zu deren Wirkungslosigkeit führt (§ 180 BGB).[3] Dies ist anders hinsichtlich der vom vollmachtlosen Architekten erklärten Fristsetzungen mit Kündigungsandrohung, wie sie den in § 8 Nr. 3 Abs. 1 VOB/B genannten Fallgestaltungen regelmäßig voran gehen müssen. Denn diese Fristsetzungen haben keine Gestaltungswirkung, so dass der Auftraggeber sogar über die Frist hinaus genehmigen kann.[4] Eine Genehmigung noch vor Ablauf der Frist ist wegen der fehlenden Gestaltungswirkung der Fristsetzung nicht erforderlich. Hat der vollmachtlose Architekt eine Frist mit Kündigungsandrohung gesetzt und hat der Auftragnehmer diese Fristsetzung nicht im Sinne des § 180 BGB zurückgewiesen, kann in der dann folgenden Auftraggeberkündigung eine Genehmigung der vollmachtlos gesetzten Frist samt Kündigungsandrohung gesehen werden. Die Genehmigung wirkt mangels befristeter Gestaltungswirkung gemäß § 184 BGB zurück.

### 1. Kündigungstatbestände nach VOB/B und BGB

§ 8 Nr. 5 VOB/B gilt für alle Kündigungen des Auftraggebers **ohne Beschränkung** auf   6
die in § 8 Nr. 1 bis Nr. 4 aufgelisteten Kündigungsgründe. Auch ein vertraglich vereinbartes Kündigungsrecht (vgl. → Vor § 8 Rdn. 93), eine auf eine positive Vertragsverletzung des Auftragnehmers gestützte Kündigung (→ Vor § 8 Rdn. 82 ff.) wie auch eine Kündigung, die ihren Ausgangspunkt in einem Anspruch des Auftraggebers auf Vertragsanpassung infolge Wegfalls der Geschäftsgrundlage nimmt (→ Vor § 8 Rdn. 74 ff.) ist dem Schriftformerfordernis des § 8 Nr. 5 VOB/B unterworfen.[5] Daraus, dass die VOB/B für an anderen Stellen geregelte Kündigungstatbestände (§ 6 Nr. 7 VOB/B) das Schriftformerfordernis ausdrücklich betont und auch für die Auftragnehmerkündigung nach § 9 Nr. 2 Satz 1 VOB/B hervorhebt, kann nicht der Schluss gezogen werden, § 8 Nr. 5 VOB/B beschränke das

---

[1] OLG Celle BauR 1973, 49; OLG Köln Schäfer/Finnern/Hochstein Nr. 4 zu § 8 VOB/B; *Ingenstau/Korbion/Vygen* VOB/B § 8 Nr. 5 Rdn. 2; *Heiermann/Riedl/Rusam* VOB/B § 8 Rdn. 47.
[2] Vgl. dazu *Werner/Pastor* Rdn. 1072 ff.
[3] BGH U. v. 28. 11. 2002, VII ZR 270/01, NJW-RR 2003, 308 = NZBau 2003, 153 = BauR 2003, 381; U. v. 15. 4. 1998, VIII ZR 129/97, NJW 1998, 3058.
[4] BGH U. v. 28. 11. 2002, VII ZR 270/01, NJW-RR 2003, 303 = NZBau 2003, 153 = BauR 2003, 381.
[5] *Heiermann/Riedl/Rusam* VOB/B § 8 Rdn. 47.

Schriftformerfordernisse auf die in § 8 Nr. 1 bis Nr. 4 VOB/B geregelten Kündigungstatbestände.

Deshalb gilt es auch für eine Kündigung nach § 650 BGB, die der Auftraggeber nach Mitteilung durch den Auftragnehmer darüber ausspricht, dass der Kostenanschlag nicht eingehalten werden kann (vgl. dazu → Vor § 8 Rdn. 105 ff.).

### 2. Kündigungs- und Schriftformgebot bei Entbehrlichkeit von Fristsetzung und Kündigungsandrohung

7   Das Schriftformgebot gilt auch, wenn in den Fällen der § 4 Nr. 7, § 5 Nr. 4 VOB/B (vgl. → § 5 Nr. 4 Rdn. 54) oder auch sonst ausnahmsweise angesichts der Zwecklosigkeit eine Fristsetzung mit Androhung des Auftragsentzugs entbehrlich ist. Dies macht die Kündigung und die dabei zu beachtende Schriftform nicht entbehrlich.[6]

### 3. Schriftformgebot bei Teilkündigungen

8   Mangels einer gegenteiligen Regelung gilt das Schriftformgebot auch für die Kündigung von Teilleistungen (vgl. → § 8 Nr. 1 Rdn. 30, 30a). § 8 Nr. 5 VOB/B macht zwischen einer vollumfänglichen Vertragskündigung und einer auf Leistungsteile beschränkten keinen Unterschied.

### 4. Einverständliche Vertragsaufhebung

9   Das Schriftformerfordernis gilt für eine einvernehmliche Vertragsaufhebung (→ Vor § 8 Rdn. 95 ff.) schon dem Wortlaut des § 8 Nr. 5 VOB/B nach nicht.[7] Scheitert eine Kündigung an der erforderlichen Schriftform und lässt sich der gekündigte Auftragnehmer auf die Kündigung ein, kann hierin bei Beachtung der Voraussetzungen nach § 140 BGB eine **einvernehmliche** Vertragsaufhebung liegen.[8] Auf einen einvernehmlichen Aufhebungswillen kann geschlossen werden, wenn der gekündigte Auftragnehmer die Baustelle geräumt und die Arbeiten eingestellt hat. Im Rahmen der Erforschung der Willensrichtung nach § 140 BGB ist auch zu berücksichtigen, dass der Auftraggeber bei Unwirksamkeit der Kündigung aber erfolgter einvernehmlicher Vertragsbeendigung die Rechte aus § 8 Nr. 3 Abs. 2 VOB/B gleichfalls geltend machen kann.[9] Ein bloßes **Sich-Beugen** des Auftragnehmers macht aus der unwirksamen Kündigung jedoch nicht eine einvernehmliche Vertragsbeendigung. Die Rechtsfolgen der einvernehmlichen Vertragsbeendigung bestimmen sich nach der getroffenen Regelung. Fehlt eine solche, sind die Rechtsfolgen durch Auslegung zu ermitteln.[10] Wenn der BGH[11] diesbezüglich die Anwendbarkeit des § 2 Nr. 4 VOB/B ablehnt, bedeutet das nicht zugleich die Verneinung des Anspruchs des Auftragnehmers auf Vornahme eines gemeinsamen Aufmaßes und der alsbaldigen Abrechnung nach § 8 Nr. 6 VOB/B. Diese Vorschrift sorgt auch bei einer einvernehmlichen Aufhebung des Vertrages für eine klare Abrechnungsgrundlage der bis zur Aufhebung erbrachten Leistungen. Im Übrigen ist darauf abzustellen, welche Umstände zur einvernehmlichen Aufhebung des Vertrages geführt haben.[12]

---

[6] *Heiermann/Riedl/Rusam* VOB/B § 8 Rdn. 47; *Ingenstau/Korbion/Vygen* VOB/B § 8 Nr. 5 Rdn. 3; OLG Celle BauR 1973, 49.
[7] *Heiermann/Riedl/Rusam* VOB/B § 8 Rdn. 47; *Ingenstau/Korbion/Vygen* VOB/B § 8 Nr. 3 Rdn. 3; *Leinemann/Schirmer* B § 8 Rdn. 123.
[8] BGH NJW 1973, 1463 = BauR 1973, 319.
[9] BGH NJW 1973, 1463 = BauR 1973, 319.
[10] BGH U. v. 29. 4. 1999, VII ZR 248/98, NJW 1999, 2661 = NZBau 2000, 467 = BauR 1999, 1021.
[11] BGH U. v. 29. 4. 1999, VII ZR 248/98, NJW 1999, 2661 = NZBau 2000, 467 = BauR 1999, 1021.
[12] BGH U. v. 29. 4. 1999, VII ZR 248/98, NJW 1999, 2661 = NZBau 2000, 467 = BauR 1999, 1021.

## B. Wahrung des Schriftformgebots

Die in §§ 127, 126 BGB beschriebenen Schriftformerfordernisse sind gewahrt, wenn der 10
Aussteller das Kündigungsschreiben **eigenhändig** unterschreibt. Die Unterschrift muss den Text des Schreibens räumlich abschließen.[13] Es muss sich um die eigenhändige Unterschrift handeln, so dass die Person des Ausstellers erkennbar ist.[14] Nach § 127 Abs. 2 BGB genügen bei Fehlen eines abweichenden Willens eine telegraphische Übermittlung wie auch die Übermittlung des Kündigungsschreibens per **Telefax** an den Empfänger. Zur Wahrung der durch § 8 Nr. 5 VOB/B geforderten Schriftform genügt gemäß § 127 Abs. 2 BGB die telekommunikative Übermittlung. Daher ist unter den Voraussetzungen des § 126 b BGB ein Fax oder eine E-Mail-Nachricht ausreichend. Die auf diese Weise übermittelte Nachricht muss gemäß § 126 b BGB in einer Urkunde oder auf andere zur dauerhaften Wiedergabe in Schriftzeichen geeignete Weise abgegeben werden, die Person des Erklärenden benennen und den Abschluss der Erklärung durch Nachbildung der Namensunterschrift oder auf andere Weise erkennbar machen. Demnach kann die Kündigung auf Papier, Diskette, CD-ROM oder auch per E-Mail sowie in einem Computerfax niedergelegt werden, wenn nur Schriftzeichen verwendet werden und der Abschluss der Erklärung z. B. durch eine Grußformel, eine Datierung oder in sonstiger Weise erkennbar wird.[15] Der Zugang der Kündigung über diese neuen technischen Möglichkeiten muss erfolgen (§ 130 BGB). Der rechtswirksame Zugang über Fax oder E-Mail setzt deshalb voraus, dass der Empfänger durch Bekanntgabe seiner Fax-Nr. oder seiner E-Mail-Adresse zu erkennen gegeben hat, mit einer telekommunikativen Übermittlung rechtsgeschäftlich bedeutsamer Erklärungen einverstanden zu sein.[16] Die Überlassung einer **Diskette** oder einer **CD-ROM** genügt nur, wenn der Mitteilende weiß, dass der Empfänger für das Einlesen geeignete Gerätschaften wie auch entsprechende Software hat und damit auch umgehen kann. Die Unterschrift braucht nicht eigenhändig zu sein, was bei einer E-Mail Nachricht wie auch bei einem Computer-Fax ausscheidet. Der eingegebene Namen reicht, womit auch zugleich die Person des Erklärenden deutlich wird. Haben Parteien rechtsgeschäftlich die Wahrung der Schriftform vereinbart, genügt gemäß § 127 Abs. 1 BGB auch die Einhaltung der **elektronischen Form** (§ 126 a BGB). Soll die Kündigung in elektronischer Form abgegeben werden, muss der Erklärende seinen Namen beifügen und das elektronische Dokument mit einer qualifizierten elektronischen Signatur nach dem Signaturgesetz versehen. Das darf mit einer E-Mail-Nachricht oder mit einem Computer-Fax nicht verwechselt werden. Einschlägig ist das Signaturgesetz[17] das den Rechtsrahmen für die elektronische Signatur bildet. Diese elektronische Signatur, die der Sicherung der Identität dient, wird mit dem elektronischen Text verknüpft (Sicherung der Echtheit) und von einem Zertifizierungsanbieter (z. B. Post, Telekom, Datev) zugeteilt. Eine bloß telefonische Übermittlung genügt mangels Verkörperung in Schriftzeichen nicht.

## C. Inhaltliche Anforderungen an die Kündigungserklärung – Wirksamwerden

§ 8 Nr. 5 VOB/B formuliert keinerlei inhaltliche Anforderungen an die Kündigungs- 11
erklärung. Das deckt sich mit § 349 BGB hinsichtlich der Anforderungen an eine Rücktrittserklärung. Der Begriff „Kündigung" muss **nicht** verwendet werden; erforderlich ist,

---

[13] Palandt/Heinrichs § 126 Rdn. 5.
[14] Palandt/Heinrichs § 126 Rdn. 7.
[15] Palandt/Heinrichs § 126 b Rdn. 3 ff.
[16] Palandt/Heinrichs § 126 b Rdn. 3.
[17] Vom 16. 5. 2001 (BGBl I S. 876).

dass der Wille zur Beendigung des Vertrages seinen Ausdruck findet (vgl. → § 8 Nr. 1 Rdn. 18). Angaben zu den Kündigungsgründen sind nicht erforderlich (vgl. → § 8 Nr. 1 Rdn. 20), wohl aber muss sich – wenigstens im Wege der Auslegung – erkennen lassen, ob der Auftraggeber ein freies oder außerordentliches Kündigungsrecht für sich in Anspruch nimmt (vgl. → § 8 Nr. 1 Rdn. 19). Der Wirksamkeit der Kündigung steht nicht entgegen, dass der Erklärende den Vertrauensverlust nicht ausdrücklich angeführt hat. Das Nachschieben von Gründen für eine fristlose Kündigung genügt und hat zur Folge, dass diese auf den Zeitpunkt zurück wirkt, zu dem der Vertrag gekündigt worden ist.[18] Eine Kündigung, die ausschließlich für den Fall erklärt wird, dass ein außerordentlicher Kündigungsgrund nach § 8 Nr. 2–4 VOB/B vorliegt, ist unwirksam, wenn ein solcher Grund nicht gegeben ist. Die Möglichkeit zur **Umdeutung** in eine **freie Kündigung** richtet sich nach dem Inhalt des Kündigungsschreibens. Im Regelfall ist nach BGH die Kündigung eines Bauvertrages aus wichtigem Grund dennoch dahin zu verstehen, dass auch eine freie Kündigung gewollt ist. Will der Auftraggeber seine Kündigung nicht so verstanden wissen, muss sich das aus der Erklärung oder den Umständen ergeben.[19] Hatte das OLG Düsseldorf[20] eine Umdeutung nur für den Fall bejaht, dass der Beendigungswille auf jeden Fall feststeht, nimmt der BGH demgegenüber einen solchen Beendigungswillen als regelmäßig gewollt an.[21] Das wird vom BGH der Klarheit wegen deshalb bejaht, weil nur so konfliktfrei der Einsatz eines Drittunternehmers oder des vollständigen Abbruchs des Bauvorhabens geschaffen werde. Dieses Ziel mag erstrebenswert sein, ist jedoch nicht geeignet, eine aus einem ganz bestimmten Grund ausgesprochene Kündigung dahin zu interpretieren, dass die Kündigung auf jeden Fall gewollt sei. § 133 BGB gibt dafür nichts her, denn danach ist der wirkliche Wille zu erforschen, der dahin geht, den Vertrag aus einem in Anspruch genommenen wichtigen Grund zu kündigen. Wenn dieser fehlt, geht die Kündigung ins Leere und die weiteren Rechtsfolgen bestimmen sich nach dem weiteren Fortgang: Bietet der Unternehmer seine Leistungen an, die der Auftraggeber nicht annimmt, stehen jenem nach § 326 Abs. 2 BGB die Vergütungsansprüche abzüglich der ersparten Aufwendungen zu. Schaltet der Auftraggeber einen anderen Unternehmer ein, kann er die Mehrkosten mangels rechtswirksamer Kündigung nicht auf den Auftragnehmer verlagern.

12  Nach § 130 BGB wird die Kündigung als **empfangsbedürftige** Willenserklärung mit Zugang rechtswirksam (vgl. → § 8 Nr. 1 Rdn. 15). Eine auf § 8 Nr. 3 VOB/B gestützte Kündigungserklärung kann erst nach Fristsetzung und Androhung der Auftragsentziehung ausgesprochen werden.[22] Sind Fristsetzung und Kündigungsandrohung geboten, entsteht das Kündigungsrecht grundsätzlich vor fruchtlosem Fristablauf nicht.[23] Dem Auftraggeber kann das Recht zur außerordentlichen Kündigung zustehen, wenn von vornherein feststeht, dass der Auftragnehmer eine Vertragsfrist aus von ihm zu vertretenden Gründen nicht einhalten wird und die Vertragsverletzung von so erheblichem Gewicht ist, dass eine Fortsetzung des Vertrags mit dem Auftragnehmer nicht zumutbar ist.[24] Das entspricht der Rücktrittsregelung in § 323 Abs. 4 BGB, wonach der Gläubiger bereits vor dem Eintritt der Fälligkeit der Leistung zurücktreten kann, wenn offensichtlich ist, dass die Voraussetzungen des Rücktritts eintreten werden. Hierfür reicht allerdings eine bloße Gefährdung nicht, notwendig ist eine an Sicherheit grenzende Wahrscheinlichkeit für die bevorstehende Nicht- oder Schlechtleistung.[25] Sind diese Voraussetzungen nicht erfüllt, kann die Kündigung nur als freie Kündigung angesehen werden, wenn sonstige Kündigungsgründe ausscheiden.[26]

---

[18] BGH BauR 1993, 469, 471.
[19] BGH U. v. 24. 7. 2003, VII ZR 218/02, NJW 2003, 3474 = NZBau 2003, 665 = BauR 2003, 1889.
[20] BauR 2001, 1461, 1463.
[21] Vgl. zur Problematik *Lenzen* BauR 1997, 210 und *Schmidt* NJW 1995, 1313.
[22] BGH NJW 1973, 1463 = BauR 1973, 319; vgl. → § 8 Nr. 3 Rdn. 21 ff.
[23] BGH NJW 1973, 1463 = BauR 1973, 319; vgl. → § 8 Nr. 3 Rdn. 25.
[24] BGH U. v. 4. 4. 2000, VII ZR 53/99, BGHZ 144, 242 = NJW 2000, 2988 = NZBau 2000, 375 = BauR 2000, 1182 = ZfBR 2000, 472; vgl. § 8 Nr. 3 Rdn. 22 ff.
[25] *Palandt/Heinrichs* § 323 Rdn. 23; *Münch-Komm/Ernst* § 323 Rdn. 134.
[26] BGH BauR 1987, 689.

## D. Allgemeine Geschäftsbedingungen

Der Auftraggeber als Klauselsteller kann über die Zugangsregeln des § 130 BGB hinaus an seine Kündigung auch schärfere Anforderungen, wie z. B. durch **Einschreiben,** stellen. Das verstößt zwar gegen § 309 Nr. 13 BGB, wirkt sich jedoch mangels des Schutzbedarfs des Klauselstellers nicht aus. Formuliert der Auftragnehmer eine derartige Klausel zu Lasten der Auftraggeberkündigungen ist die Geschäftsbedingung wegen Verstoßes gegen § 309 Nr. 13 BGB unwirksam.[27] Im unternehmerischen Geschäftsverkehr bestehen dagegen jedoch keine Bedenken.[28]

13

---

[27] BGH NJW 1986, 2585, 2587; vgl. auch OLG Hamm NJW-RR 1995, 750, 751; Palandt/*Grüneberg* § 309 Rdn. 106; MünchKomm/*Basedow* § 309 Rdn. 5, 6.
[28] *Ulmer/Brandner/Hensen,* AGB-Recht 10. Aufl., § 309 Nr. 13 Rdn. 12.

# § 8 Nr. 6

## § 8 Nr. 6 [Abrechnungsgebot nach Kündigung]

Der Auftragnehmer kann Aufmaß und Abnahme der von ihm ausgeführten Leistungen alsbald nach der Kündigung verlangen; er hat unverzüglich eine prüfbare Rechnung über die ausgeführten Leistungen vorzulegen.

**Literatur:** *Buscher*, Anmerkung zu BGH U. v. 11. 5. 2006, VII ZR 146/04, BauR 2006, 1295; *E. J. Groß*, Die Abrechnung des Pauschalvertrages bei vorzeitig gekündigtem Vertrag, BauR 1992, 36; *Kniffka*, Abnahme und Gewährleistung nach Kündigung des Werkvertrages, FS von Caushaur, S. 359 ff.; *ders.*, Abnahme und Abnahmewirkung nach der Kündigung des Bauvertrages, ZfBR 1998, 113; *Knychalla*, Abnahme nach Kündigung des Bauvertrages, Jahrbuch Baurecht 2007, 1 ff.; *Peters*, Die Fälligkeit des Werklohns bei einem gekündigten Bauvertrag, NZBau 2006, 559; *Thode*, Werkleistung und Erfüllung im Bau- und Architektenvertrag, ZfBR 1999, 116 – Vgl. im Übrigen die Hinweise → Vor § 14 und → Vor § 16.

### Übersicht

| | Rdn. | | Rdn. |
|---|---|---|---|
| **A. Allgemeines und Grundlegung** | 1–10 | 2. Abnahmeformen | 31 |
| I. Die Abrechnungselemente des § 8 Nr. 6 VOB/B | 2 | a) Fiktive Abnahme | 31 a |
| 1. Prüfbarkeit der Rechnung | 3 | b) Schlussrechnung als Fertigstellungsmitteilung | 31 b |
| 2. Aufmaß | 4 | c) Abnahme nach § 640 Abs. 1 Satz 1 BGB | 31 c |
| 3. Abnahme | 5 | d) Stillschweigende Abnahme | 31 d |
| II. Stellung im System | 6 | 3. Abnahmevoraussetzungen und Abnahmeformen | 32 |
| 1. Vergleich mit § 9 Nr. 3 VOB/B | 6 | a) Abnahme durch Fortsetzung der Arbeiten und Inbenutzungnahme | 33 |
| 2. Einordnung der Abrechnung | 7 | b) Abnahme durch Schlussrechnungsstellung (Fertigstellungsmitteilung) | 34 |
| a) Schlussrechnungsqualität | 8 | c) Abnahme der Fortsetzungsleistungen des Drittunternehmers | 36 |
| b) Teilschlussrechnung und Abschlagsrechnung | 9 | III. Abrechnungskriterien | 38 |
| III. § 8 Nr. 6 VOB/B – keine Anspruchsgrundlage | 10 | 1. Gegenstand der Abrechnung – ausgeführte Leistung | 39 |
| **B. Anwendungsbereich** | 11–16 | a) Abrechnung Einheitspreisvertrag | 39 |
| I. § 8 VOB/B in den Fassungen der VOB/B von 1952 und 1973 | 11 | b) Abrechnung Stundenlohnvertrag | 40 |
| II. Abrechnungsgebot unabhängig vom Kündigungsgrund | 12 | c) Abrechnung Pauschalvertrag | 41 |
| III. Abrechnungsgebot unabhängig vom Bauvertragstyp | 16 | 2. Gegenstand der Abrechnung – vergütungsgleiche Ansprüche | 46 |
| **C. Aufmaß, Abnahme und Abrechnungskriterien** | 17–52 | 3. Rechtzeitige Abrechnung | 49 |
| I. Aufmaßregeln | 18 | 4. Folgen von Mängeln der Teilleistung | 50 |
| 1. Materielle Aufmaßregeln | 19 | **D. Fälligkeit, Verjährungsbeginn, Verjährungsfrist** | 53–58 |
| 2. Aufmaßmodalitäten – Aufmaßverlangen | 20 | I. Fälligkeit | 53 |
| a) Gemeinsames Aufmaß | 26 | a) Abnahme als Fälligkeitsvoraussetzung | 54 |
| b) Einseitiges Aufmaß | 27 | b) Sonstige Fälligkeitsbestimmung | 55 |
| c) Aufmaßverlangen – Recht des Auftragnehmers und des Auftraggebers | 28 | II. Verjährungsbeginn und Verjährungsfrist | 57 |
| II. Abnahme | 29 | III. Klauseln | 58 |
| 1. Abnahme und Verjährungsfrist der Gewährleistungsansprüche | 30 | | |
| a) Beginn der Verjährungsfrist | 30 a | | |
| b) Teilwerk und Sachmangelfreiheitskriterien | 30 d | | |
| c) Stellenwert der unternehmerischen Arbeits- und Ablaufplanung | 30 e | | |

## A. Allgemeines und Grundlegung

§ 8 Nr. 6 VOB/B regelt **Aufmaß, Abnahme** und **Abrechnung** des durch die Auftraggeberkündigung ganz oder teilweise beendeten Vertrages. Die Bedeutung der in der Regelung niedergelegten Handlungsgebote erschließt sich im weiteren Vorschriftenzusammenhang. Die Allgemeinen Vertragsbedingungen für Bauleistungen **(ATV)** und damit die **VOB/C** sind mit zu berücksichtigen. Leben erhält die in § 8 Nr. 6 VOB/B getroffene Regelung hinsichtlich der Aufmaßnahme insbesondere über die Anforderungen der VOB/C, was belegt, dass die einzelnen Teile der VOB in ihrer Gesamtheit gesehen und angewendet werden müssen. Neben diesen Verknüpfungen mit der VOB/C ist der Kontext mit den sonstigen Bestimmungen der VOB/B zu beachten. Denn in den §§ 14, 16 VOB/B thematisiert das Regelwerk Abrechnung und Zahlung, was die Einbindung der Abrechnung gem. § 8 Nr. 6 VOB/B in dieses System notwendig macht.

### I. Die Abrechnungselemente des § 8 Nr. 6 VOB/B

Die Vorschrift benennt drei Abrechnungselemente, nämlich Aufmaß, Abnahme und prüfbare Rechnung über die ausgeführten Leistungen. Die Aufmaßnahme soll der Feststellung der ausgeführten Leistungen dienen. Der Stellenwert der Abnahme war umstritten (vgl. unten Rdn. 24 ff.), ist jedoch durch die BGH-Rechtsprechung[1] für die Praxis geklärt. Das Prüfbarkeitsgebot ist generell bei sämtlichen Abrechnungen nach der VOB/B maßgeblich.

#### 1. Prüfbarkeit der Rechnung

Die Rechnung muss prüfbar sein; da eigene Prüfbarkeitskriterien nicht aufgestellt werden, sind die in **§ 14 VOB/B** niedergelegten Anforderungen einschlägig (vgl. unten Rdn. 17 ff.).[2] Die Prüfbarkeit der Abrechnung als formales Kriterium ist von der Richtigkeit der Abrechnung zu unterscheiden. Das Abrechnungsgebot betrifft die bis zur Kündigung ausgeführten Leistungen, was deren Feststellung durch Aufmaß notwendig macht. Die prüfbare Abrechnung ist **Fälligkeitsvoraussetzung;**[3] fehlt es hieran, beginnt die Verjährungsfrist für den Vergütungsanspruch nicht zu laufen. Die Abrechnung ist damit nicht im Belieben des Auftragnehmers; der Auftraggeber kann nach § 14 Nr. 4 VOB/B vorgehen (vgl. → § 14 Nr. 4 Rdn. 2 ff.).

#### 2. Aufmaß

Die Grundlage der Abrechnung bildet das Aufmaß, ein Fachbegriff, den die VOB/B nur an dieser Stelle und merkwürdigerweise nicht im Rahmen der Zentralnorm des § 14 VOB/B, die sich im Absatz 2 besonders mit den für die Abrechnung notwendigen Feststellungen befasst, verwendet. Lebendig wird dieser Terminus erst in Verknüpfung mit den Vorschriften der VOB/C, die nach § 1 Nr. 1 Satz 2 VOB/B bei einem VOB-Bauvertrag immer als Vertragsbestandteil gelten. Die **DIN 18299** enthält als allgemeine Technische Vertragsbedingung für Bauleistungen allgemeine Regelungen für Bauarbeiten jeder Art; deren Abschnitt 5 legt für die Abrechnung der Bauleistungen generell fest, dass die Leistung aus Zeichnungen zu ermitteln ist, soweit die ausgeführte Leistung diesen Zeichnungen entspricht. Sind solche Zeichnungen nicht vorhanden, ist die Leistung aufzumessen. In welcher Weise das Aufmaß zu nehmen und damit die tatsächlich aufgeführte und folglich

---

[1] U. v. 11. 5. 2006, VII ZR 146/04, NJW 2006, 2475 = NZBau 2006, 569 = BauR 2006, 1294.
[2] Vgl. → § 14 Nr. 1 Rdn. 30 ff.
[3] BGH BauR 1987, 95 = NJW 1987, 382 = NJW-RR 1987, 208 = ZfBR 1987, 38.

auch berechenbare Leistung zu ermitteln ist, beschreibt der **Abschnitt 5** der jeweils einschlägigen gewerkespezifischen Allgemeinen Technischen Vertragsbedingungen für Bauleistungen (ATV). Der Zusammenhang verdeutlicht, dass begrifflich mit dem Aufmaß die Feststellung der **Leistung vor Ort** unmittelbar an der Baustelle gemeint ist und nicht die Ermittlung der Leistung aus Ausführungsplänen (Zeichnungen). Das folgt z. B. aus Abschnitt 5.1.1 der DIN 18 352 (Fliesen- und Plattenarbeiten) oder aus Abschnitt 5.1.1 der DIN 18334 (Zimmer- und Holzbauarbeiten).

### 3. Abnahme

5   Nach § 8 Nr. 6 VOB/B kann der Auftragnehmer alsbald nach der Kündigung die Abnahme der ausgeführten Leistungen verlangen. Diese rechtsgeschäftliche Abnahme der infolge der Kündigung unfertig gebliebenen Werkleistung ist nach der nunmehrigen Rechtsprechung des BGH Fälligkeitsvoraussetzung für den Vergütungsanspruch.[4] Auch der **Beginn der Verjährungsfrist** für die Gewährleistungsansprüche des Auftraggebers hinsichtlich der bis zur Kündigung erbrachten Teilleistungen ist von der Abnahme abhängig.[5]

## II. Stellung im System

### 1. Vergleich mit § 9 Nr. 3 VOB/B

6   Im Regelungsgefüge für den durch Kündigung in seiner Fortsetzung gestörten Bauvertrag fällt auf, dass § 8 Nr. 6 VOB/B die **Sonderregelung** für den Fall der Kündigung durch den Auftraggeber enthält. Die Parallelvorschrift bei Kündigung durch den Auftragnehmer gem. § 9 VOB/B hält sich im Vergleich dazu zurück; deren Nr. 3 führt in Satz 1 lediglich aus, dass die bisherigen Leistungen nach den Vertragspreisen abzurechnen sind. Die h. M.[6] verweist diesbezüglich auf die Abrechnungsprinzipien nach § 6 Nr. 5 VOB/B; demgegenüber bietet sich hinsichtlich der **Abrechnungsformalien** wegen der Gleichheit der Interessenlage der Rückgriff auf die Abrechnungsgrundsätze nach § 8 Nr. 6 VOB/B an.

### 2. Einordnung der Abrechnung

7   Die Abrechnung nach § 8 Nr. 6 VOB/B führt zu einer **Schlussrechnung.** Dies gilt jedoch nur bei vollständiger Beendigung des Vertrages. Die VOB/B in der Fassung von 1952 hatte hinsichtlich der damals noch in § 8 Nr. 3 Abs. 4 VOB/B untergebrachten Regelung bestimmt, der Auftragnehmer solle unverzüglich eine vorläufige Rechnung über die ausgeführten Leistungen vorlegen. Diese Typisierung ist in die Fassung des § 8 Nr. 6 VOB/B (1973) nicht übernommen worden, weswegen die Einordnung in die Typologie nach Maßgabe des § 16 VOB/B vorzunehmen ist. Beschränkt sich die Kündigung auf Teilleistungen unter Fortsetzung des Bauvertrages im Übrigen, ist die Abrechnung der ausgeführten Teile hinsichtlich des im Übrigen gekündigten, aber auch darüber hinaus fortgesetzten Bauvertrages in das Rechnungssystem des § 16 VOB/B einzubinden. Bei **Vertragsfortsetzung** im Übrigen kommt z. B. eine **Teilschlussrechnung** nach § 16 Nr. 4 VOB/B in

---

[4] U. v. 11. 5. 2006, VIII ZR 146/04, NJW 2006, 2475 = NZBau 2006, 569 = BauR 2006, 1294 in Abkehr BGH U. v. 30. 10. 1997, VII ZR 222/96, NJW-RR 1998, 451 = BauR 1998, 185; BGH BauR 1987, 95 = NJW 1987, 382 = NJW-RR 1987, 208 = ZfBR 1987, 38; OLG Düsseldorf BauR 1980, 276; OLG München in Schäfer/Finnern/Hochstein Nr. 6 zu § 8 VOB/B (1973); vgl. *Ingenstau/Korbion/Vygen* VOB/B § 8 Nr. 5 Rdn. 7; *Heiermann/Riedl/Rusam* VOB/B § 8 Rdn. 48; *Kapellmann/Messerschmidt/Lederer* VOB/B § 8 Rdn. 114; *Leinemann/Schirmer* B § 8 Rdn. 13; *Vygen* Bauvertragsrecht Rdn. 677; *Kniffka* FS von Craushaar, S. 359 ff.; *ders.* ZfBR 1998, 113.

[5] *Ingenstau/Korbion/Vygen* VOB/B § 8 Nr. 5 Rdn. 10; BGH U. v. 19. 12. 2002, VII ZR 103/00, NJW 2003, 1450 = NZBau 2003, 265 = BauR 2003, 689 = ZfBR 2003, 252.

[6] *Ingenstau/Korbion/Vygen* VOB/B § 9 Nr. 3 Rdn. 3; *Heiermann/Riedl/Rusam* VOB/B § 9 Rdn. 19.

Betracht, wenn z. B. nach teilweiser Erbringung von Werkleistungen im Bereich Sanitär und auf dieses Gewerk beschränkter Kündigung der Vertrag im außerdem beauftragten Gewerk Heizung und Warmwasseraufbereitung fortgesetzt wird.

**a) Schlussrechnungsqualität.** § 8 Nr. 6 VOB/B unterlässt eine nähere rechtliche Qualifizierung der Rechnung, die deshalb in das durch § 16 VOB/B vorgegebene System einzuordnen ist. Danach ist die Abrechnung nach vollständiger Kündigung des Bauvertrags als Schlussrechnung einzuordnen. Denn nach vollständiger Aufhebung des Bauvertrages für die Zukunft bringt der Auftragnehmer mit der Abrechnung zum Ausdruck, welche Vergütung er insgesamt und endgültig der Höhe nach für die ausgeführte Leistung verlangt.[7] Der BGH[8] hält es für sach- und interessengerecht, in allen Fällen vorzeitiger Beendigung eines VOB-Bauvertrages die Fälligkeit aller sich daraus ergebenden vergütungsgleichen Ansprüche des Auftragnehmers, also auch solcher, die über die Vergütung für erbrachte Leistungen hinausgehen (§§ 6 Nr. 5 bis 7, 8 Nr. 1 Abs. 2, 9 Nr. 3 Satz 2 VOB/B), von der Erteilung einer Schlussrechnung abhängig zu machen. Ausgenommen hiervon sind Ansprüche des Unternehmers aus § 8 Nr. 3 Abs. 3 VOB/B weil diese erst längere Zeit nach der Kündigung fällig werden. Die Vergütungsansprüche aus der Benutzung von Gerätschaften, Stoffen und Bauteilen sind nicht unselbstständige Rechnungsposten einer Schlussrechnung.[9]

8

**b) Teilschlussrechnung und Abschlagsrechnung.** Die Einordnung als Teilschlussrechnung bietet sich an, wenn lediglich eine Teilkündigung ausgesprochen und der Bauvertrag im Übrigen fortgesetzt wird. Dabei werden die durch § 16 Nr. 4 VOB/B für die Teilschlussrechnung gezogenen Grenzen, dass nämlich nur in sich abgeschlossene Teile der Leistung endgültig abgerechnet werden dürfen, gesprengt. Die sonst einschlägige Begriffsidentität mit § 12 Nr. 2 VOB/B (vgl. → § 16 Nr. 4 Rdn. 9)[10] wird durch die Teilkündigung notwendig gelöst, und die Möglichkeit der Teilschlussrechnung im Fall der Teilkündigung erweitert. Das in § 8 Nr. 6, 2. Halbsatz strikt formulierte Gebot, unverzüglich eine prüfbare Rechnung über die ausgeführten Leistungen vorzulegen, gilt bei einer Teilkündigung in der Strenge nicht. Eine Teilkündigung lässt dem Auftragnehmer auch die Möglichkeit, den bis zur Kündigung erbrachten Leistungsteil in eine Abschlagsrechnung hinsichtlich der im Übrigen fortgesetzten Leistungsteile einzubinden. Denn nur bei einem durch Kündigung – vollständig – beendeten Vertrag können **Abschlagszahlungen** infolge der in Wegfall geratenen Vorleistungspflicht nicht mehr verlangt werden.[11] Bleibt nach Teilkündigung der Vertrag im Übrigen aufrecht erhalten, besteht kein Anlass, von den sonst im Rahmen des § 16 VOB/B geltenden Abrechnungsprinzipien abzuweichen.

9

### III. § 8 Nr. 6 VOB/B – keine Anspruchsgrundlage

§ 8 Nr. 6 VOB/B begründet keinen Vergütungsanspruch, sondern setzt einen solchen durch eine anderweitige Anspruchsgrundlage geschaffenen Zahlungsanspruch voraus.[12] Die Vorschrift ist schon ihrem Wortlaut nach nicht anspruchsbegründender Natur. Sie soll nach

10

---

[7] Ingenstau/Korbion/Locher VOB/B § 16 Nr. 3 Rdn. 4; BGH U. v. 9. 10. 1986, VII ZR 249/85, BauR 1987, 95, 96 = NJW 1987, 382 = NJW-RR 1987, 208 = ZfBR 1987, 38.
[8] U. v. 9. 10. 1986, VII ZR 249/85, BauR 1987, 95, 96 = NJW 1987, 382 = NJW-RR 1987, 208 = ZfBR 1987, 38.
[9] BGH U. v. 28. 9. 2000, VII ZR 372/99, NJW 2001, 367 = NZBau 2001, 86 = BauR 2001, 245, 246.
[10] Heiermann/Riedl/Rusam VOB/B § 16 Rdn. 109.
[11] BGH U. v. 25. 10. 1990, VII ZR 201/89, NJW 1991, 565 = BauR 1991, 81 = ZfBR 1991, 67; BGH U. v. 26. 2. 1987, VII ZR 217/85, NJW-RR 1987, 724 = BauR 1987, 453 = ZfBR 1987, 200; BGH NJW 1985, 1840 = BauR 1985, 456 = ZfBR 1985, 174.
[12] BGH U. v. 9. 3. 1995, VII ZR 23/95, NJW 1995, 1837 = BauR 1995, 545, 546 = WM 1995, 1189 = BB 1995, 1107 = ZfBR 1995, 198.

ihrem Sinn und Zweck lediglich die Modalitäten eines Vergütungsanspruchs, nämlich Aufmaß und Abnahme der ausgeführten Leistungen sowie Vorlage einer prüfbaren Rechnung, näher festlegen.[13]

## B. Anwendungsbereich

### I. § 8 in den Fassungen der VOB/B von 1952 und 1973

11   In der Fassung der VOB/B von 1952 war die nunmehr in § 8 Nr. 6 VOB/B niedergelegte Regelung nahezu wörtlich identisch in § 8 Nr. 3 VOB/B integriert. Sie lautete bis zur Änderung in der VOB/B-Fassung 1973, in deren Rahmen es zur Fassung des § 8 Nr. 6 kam, als Nr. 3 Abs. 4 wie folgt: „Der Auftragnehmer kann die Aufmessung und Abnahme des von ihm ausgeführten Teiles der Leistung alsbald nach der Kündigung verlangen; er soll unverzüglich eine vorläufige Rechnung über die ausgeführten Leistungen vorlegen." Damit war der **Geltungsbereich** der Vorschrift auf die Kündigung aus dem in § 8 Nr. 3 VOB/B beschriebenen wichtigen Grund (Fälle nach § 4 Nr. 7 und § 5 Nr. 4 VOB/B) beschränkt. Die Neufassung hat zu einer veränderten Betrachtungsweise geführt, bei der es auch in den nachfolgenden Fassungen der VOB/B verblieben ist.

### II. Abrechnungsgebot unabhängig vom Kündigungsgrund

12   Die Verselbstständigung der Abrechnungsregelung in Verbindung mit ihrer Herauslösung aus § 8 Nr. 3 legitimiert nach allgemeiner Auffassung ihre Maßgeblichkeit bei jeder Art von Auftraggeberkündigung.[14] Hiervon ist jedoch § 8 Nr. 2 VOB/B ausgenommen, weil dessen Abs. 2 hinsichtlich der Abrechnung auf § 6 Nr. 5 VOB/B verweist. Seit der Neufassung der VOB/B von 1973 gilt § 8 Nr. 6 VOB/B für alle in § 8 geregelten Kündigungsfälle, auch den der Nr. 1.[15] Die Erwägungsgründe[16] haben dazu ausgeführt, die Bestimmung der alten Ziffer 3 Abs. 4 sei als neue Nr. 6 eingeordnet worden, weil sie neben **jedem Kündigungstatbestand** anwendbar sein könne. Aus materiell-rechtlicher Sicht wurde damit – eventuell unbemerkt – die Einheit zwischen materiell-rechtlichem Vergütungstatbestand und Abrechnungsgegenstand aufgegeben. Denn bei Beschränkung des Abrechnungsgebots auf Tatbestände der Kündigung aus wichtigem Grund unterlag der Abrechnung mit der Beschränkung auf die ausgeführte Leistung exakt der dem gekündigten Auftragnehmer ausschließlich zustehende **Vergütungsanspruch.** Nach ständiger höchstrichterlicher Rechtsprechung[17] kann nämlich ein Auftragnehmer, dem der Auftrag nach § 8 Nr. 3 VOB/B entzogen worden ist, nur den Anteil der vereinbarten Vergütung verlangen, der seiner bisher erbrachten Leistung entspricht.

13   Im Fall der Kündigung nach § 8 Nr. 1 VOB/B steht dem Auftragnehmer jedoch nach dessen Absatz 2 Satz 1 grundsätzlich der **gesamte Vergütungsanspruch** unter Abzug der Aufwandsersparnis und erzielter oder erzielbarer anderweitiger Erlöse zu. Die Abrechnung nach § 8 Nr. 6 VOB/B führt deshalb bei der freien Kündigung des Bauvertrages nach § 8

---

[13] BGH U. v. 9. 3. 1995, VII ZR 23/95, NJW 1995, 1837 = BauR 1995, 545, 546 = WM 1995, 1189 = BB 1995, 1107 = ZfBR 1995, 198; *Kleine-Möller/Siebert/Kleine-Möller* § 15 Rdn. 126; *Nicklisch/Weick* VOB/B § 8 Rdn. 59.
[14] *Ingenstau/Korbion/Vygen* VOB/B § 8 Nr. 6 Rdn. 1; *Heiermann/Riedl/Rusam* VOB/B § 8 Rdn. 48.
[15] BGH U. v. 9. 10. 1986, VII ZR 249/85, BauR 1987, 95 = NJW 1987, 382 = NJW-RR 1987, 208 = ZfBR 1987, 38; BGH U. v. 8. 10. 1987, VII ZR 45/87, BauR 1988, 82, 85 = NJW-RR 1988, 208; OLG München in *Schäfer/Finnern/Hochstein* Nr. 6 zu § 8 VOB/B (1973) = ZfBR 1981, 67, 68.
[16] Vgl. ZDB Schriften 18, VOB '79, Textteile A+B, Erwägungsgründe, Erläuterungen, S. 113.
[17] BGH U. v. 9. 3. 1995, VII ZR 23/95, NJW 1995, 1837 = BauR 1995, 545, 546 = ZfBR 1996, 198; BGH NJW 1993, 1972; BGH BauR 1990, 632 = NJW-RR 1990, 1109, 1110 = ZfBR 1990, 227.

Nr. 1 VOB/B nicht zur eigentlich dem Auftragnehmer zustehenden Forderung. Sie bildet die Grundlage, um den Umfang der Ersparnisse einzugrenzen und die Umsatzsteuer sachgerecht ausweisen zu können (vgl. → § 8 Nr. 1 Rdn. 40 ff.). Demnach wird bei der freien Kündigung unter strikter Beachtung des Wortlauts des § 8 Nr. 6 VOB/B nicht die Forderung insgesamt, sondern nur ein Teil von ihr abgerechnet.

Die Abrechnung nach § 8 Nr. 6 VOB/B ist deshalb lediglich in den Fällen der Kündigung aus wichtigem Grund zugleich ein Mittel zur Darstellung der Unternehmerforderung. Sie ist es bei der Geltendmachung der Zahlungsansprüche des Auftragnehmers bei einer freien Kündigung nach § 8 Nr. 1 VOB/B nicht. Das Abrechnungsgebot der VOB/B in § 8 Nr. 6 **beschränkt** sich auf die Vergütung der vor der Kündigung erbrachten Leistung. Die Rechtsprechung des BGH[18] ist darüber jedoch hinausgegangen und hat unter dem Aspekt der Fälligkeit die Abrechnung aller sich aus der vorzeitigen Beendigung ergebenden vergütungsgleichen Ansprüche einschließlich Gewinn und Entschädigung verlangt (vgl. unten Rdn. 31). Nach einer grundlosen endgültigen Leistungsverweigerung des Auftragnehmers muss der Auftraggeber entsprechend § 8 Nr. 6 VOB/B eine prüfbare Abschlussrechnung gemäß § 14 VOB/B vorlegen.[19]

14

Vom Abrechnungsgebot wird eine Ausnahme gemacht, wenn sich der Auftraggeber im Rahmen von § 8 Nr. 3 Abs. 2 Satz 2 VOB/B gegen die Fortsetzung der Maßnahme entscheidet und Schadensersatz wegen Nichterfüllung verlangt.[20] Der **Verrechnungsvorgang,** auf den *Heiermann/Riedl/Rusam*[21] abstellen, entbindet von der Abrechnungsnotwendigkeit jedoch nicht; die Abrechnung ist vielmehr nötig, um die Verrechnungsgrößen feststellen zu können. Darüber hinaus ist zu beachten, dass die Verrechnung beim gesetzlich vorgesehenen Rechtsinstitut in den Fällen darstellt, in denen sich nach der Gesetzeslage Werklohn und Ansprüche wegen Nichterfüllung oder Schlechterfüllung aufrechenbar gegenüber stehen.[22] Das Gebot zur Abrechnung erlischt, wenn der Schadensersatzanspruch des Auftraggebers zum Vergütungsverlust des Auftragnehmers wegen der **Unbrauchbarkeit des Werks** führt.[23] Da diese Konstellation jedoch von der Entscheidung des Auftraggebers abhängt, bleibt das Abrechnungsgebot nach § 8 Nr. 6 VOB/B solange bestehen, bis eine Festlegung durch den Auftraggeber erfolgt ist. Wird unter den Voraussetzungen des § 8 Nr. 3 Abs. 2 Satz 2 VOB/B Schadensersatz wegen Nichterfüllung verlangt, entfällt nach der Differenztheorie der Anspruch auf die Gegenleistung,[24] was den Abrechnungsbedarf ebenso entfallen lässt wie die Abnahme.

15

### III. Abrechnungsgebot unabhängig vom Bauvertragstyp

Das Abrechnungsgebot nach § 8 Nr. 6 VOB/B besteht schon dem Wortlaut der Vorschrift nach unabhängig vom abgeschlossen Bauvertagstyp. Beim Einheitspreis- wie beim Pauschal- und Selbstkosten- bzw. Stundenlohnvertrag sind die **tatsächlich ausgeführten** Leistungen festzustellen und zu berechnen.[25]

16

---

[18] U. v. 9. 10. 1986, VII ZR 249/85, BauR 1987, 95, 96 = NJW 1987, 382 = ZfBR 1987, 38.
[19] BGH U. v. 28. 9. 2000, VII ZR 42/98, NJW 2000, 3716 = NZBau 2001, 19 = BauR 2001, 106.
[20] *Ingenstau/Korbion/Vygen* VOB/B § 8 Nr. 6 Rdn. 2; *Heiermann/Riedl/Rusam* VOB/B § 8 Rdn. 48; *Nicklisch/Weick* VOB/B § 8 Rdn. 59.
[21] VOB/B § 8 Rdn. 48.
[22] BGH U. v. 23. 6. 2005, VII ZR 197/03, NJW 2005, 2771 = NZBau 2005, 582 = BauR 2005, 1477.
[23] BGHZ 70, 240; *Heiermann/Riedl/Rusam* VOB/B § 8 Rdn. 48; *Ingenstau/Korbion/Vygen* VOB/B § 8 Nr. 6 Rdn. 2.
[24] *Palandt/Heinrichs* § 281 Rdn. 19.
[25] BGH U. v. 21. 12. 1995, VII ZR 198/94, BauR 1996, 382, 383 = NJW 1996, 1282 = ZfBR 1996, 143; BGH U. v. 29. 6. 1995, VII ZR 184/94, NJW 1995, 2712 = BauR 1995, 691, 692 = ZfBR 1995, 297; *Ingenstau/Korbion/Vygen* VOB/B § 8 Nr. 6 Rdn. 8, 9; *Heiermann/Riedl/Rusam* VOB/B § 8 Rdn. 48; vgl. auch → § 8 Nr. 1 Rdn. 41 ff.

## C. Aufmaß, Abnahme und Abrechnungskriterien

**17** § 8 Nr. 6 VOB/B fordert für die Abrechnung durch den Auftragnehmer die Einhaltung verschiedener Kriterien, denen unterschiedlicher rechtlicher Stellenwert zukommt. Ohne Aufmaßnahme kann der **Leistungsumfang** nicht festgestellt werden. Die Abrechnungskriterien beeinflussen die **Prüfbarkeit** wie auch die **Richtigkeit** der Abrechnung, was Auswirkungen auf die Schlüssigkeit einer Zahlungsklage hat.

### I. Aufmaßregeln

**18** Bezüglich der Aufmaßnahme sind materielle, durch die **VOB/C** geprägte wie auch eventuell im Vertrag vereinbart Messregeln zu beachten. Daneben spielen **formale Aufmaßmodalitäten** eine Rolle.

#### 1. Materielle Aufmaßregeln

**19** Die Abrechnung setzt die Aufmaßnahme voraus, wenn die Leistung nicht aus Zeichnungen ermittelt werden kann (vgl. DIN 18299 Abschnitt 5). Sie dient der Feststellung des ausgeführten tatsächlichen Leistungsumfangs und wird vor Ort unter Beachtung der sich aus den einschlägigen VOB/C-Bestimmungen (DIN 18 299 Abschnitt 5 und die Aufmaßregeln der einschlägigen gewerkespezifischen Allgemeinen Technischen Vertragsbedingungen für Bauleistungen) vorgenommen. Die Maßgeblichkeit dieses Regelwerks folgt neben § 1 Nr. 1 Satz 2 VOB/B aus § 14 Nr. 2 Satz 2 VOB/B. Daneben sind die vertraglichen Vereinbarungen zu berücksichtigen, was § 14 Nr. 2 VOB/B mit Verweis auf die anderen Vertragsunterlagen betont. Die **DIN 18299** macht für die Erstellung des Leistungsverzeichnisses im Abschnitt 0.5 auf die maßgeblichen **Abrechnungsregeln** der Allgemeinen Technischen Vertragsbedingungen für Bauleistungen (dort Abschnitt 5) aufmerksam. Die in Abschnitt 5 der Allgemeinen Technischen Vertragsbedingungen für Bauleistungen enthaltenen Aufmassregeln enthalten vertragsrechtliche Regelungen, da sie Einfluss auf die Art der Abrechnung nehmen (§ 14 Nr. 2 Satz 2 VOB/B). Wegen dieser auch den Preis bestimmenden Wirkung haben sie vertragsrechtlichen Charakter und sind i. S. v. § 305 Abs. 1 BGB Allgemeine Geschäftsbedingungen. Ihre Auslegung erfolg nach objektiven Maßstäben so, wie an den geregelten Geschäften typischerweise beteiligte Verkehrskreise sie verstehen können und müssen. Deshalb kommt der Verkehrssitte, deren Ermittlung einem Sachverständigen übertragen werden kann, maßgebliche Bedeutung zu. Kommentierungen der VOB/C sind, wenn sie nicht inhaltlich die allgemeine Überzeugung der beteiligten gewerkespezifischen Verkehrskreise wiedergibt, grundsätzlich keine geeignete Hilfe zu deren Auslegung. Auf welcher vertraglichen Grundlage ein Aufmaß zu nehmen ist, erweist sich als Rechtsfrage und ist deshalb einer Begutachtung durch einen Bausachverständigen nicht zugänglich.[26]

#### 2. Aufmaßmodalitäten – Aufmaßverlangen

**20** Interessenkonform berücksichtigt § 8 Nr. 6 VOB/B in erster Linie die Situation des gekündigten **Auftragnehmers**. Die Rechtsstellung des kündigenden **Auftraggebers** wird hierdurch jedoch nicht verkürzt. Dies wie auch die sonstigen Aufmaßmodalitäten ergeben sich aus der Grundnorm des § 14 VOB/B, bei deren Maßgeblichkeit es verbleibt. Demnach kann es zu einseitigen und gemeinsamen Aufmaßnahmen auf das Aufmaßverlangen sowohl des gekündigten Auftragnehmers wie auch des Auftraggebers kommen.

---

[26] BGH U. v. 17. 6. 2004, VII ZR 75/03, NJW-RR 2004, 1248 = NZBau 2004, 500 = BauR 2004, 1438 = ZfBR 2004, 778.

Jedenfalls kann der Auftragnehmer nach § 8 Nr. 6 i. V. m. § 12 Nr. 4 und 6 VOB/B bei 21
einem VOB-Bauvertrag ein Aufmaß verlangen. Soweit der BGH[27] ausführt, der Auftragnehmer könne im VOB-Bauvertrag nach § 8 Nr. 6 VOB/B i. V. m. § 12 Nr. 4 und Nr. 6 VOB/B Abnahme und Aufmaß verlangen, es sei denn, der Auftraggeber sei nach § 12 Nr. 3 VOB/B berechtigt, die Abnahme wegen wesentlicher Mängel zu verweigern, bezieht sich der Ausschlusstatbestand ersichtlich nur auf die Abnahme und nicht auf die Aufmaßnahme.

Der BGH[28] verknüpft den Anspruch des Auftragnehmers auf die Vornahme eines 22
gemeinsamen Aufmasses mit dem Anspruch auf die Abnahme. Danach hat der Auftragnehmer dann einen Anspruch auf ein **gemeinsames Aufmaß,** wenn er berechtigt ist, die Abnahme zu verlangen. Diese Verknüpfung überzeugt nicht. Aufmaßnahme und Abnahme dienen völlig unterschiedlichen Zwecken; der Bedarf für eine Aufmaßnahme entsteht auch dann, wenn der Auftraggeber wegen wesentlicher Mängel (§ 12 Nr. 3 VOB/B) berechtigt ist die Abnahme zu verweigern. Der **Anspruch auf ein gemeinsames Aufmaß** im Kündigungsfall folgt aus § 14 Nr. 2 VOB/B, weil bei Weiterführung der Arbeiten die bis zur Kündigung erbrachten Leistungen nur schwer feststellbar sind. Außerdem rechtfertigt sich der Anspruch auf ein gemeinsames Aufmaß aus der beiderseitigen Kooperationspflicht der Bauvertragspartner. Diese **Kooperationspflicht**[29] begründet nicht nur eine Pflicht zur Teilnahme an einer gemeinsamen Aufmaßnahme,[30] sondern auch den Anspruch auf eine gemeinsame Aufmaßnahme. Bleibt der Auftraggeber dem für die gemeinsame Aufmaßnahme vereinbarten Termin fern, und ist ein neues Aufmaß oder eine Überprüfung des durch den Auftragnehmer einseitig genommenen Aufmaßes nicht mehr möglich, hat der Auftraggeber im Werklohnprozess des Auftragnehmers vorzutragen und notfalls zu beweisen, welche Massen zutreffend oder dass die vom Auftragnehmer genannten Massen unzutreffend sind.[31] Hat der Auftraggeber ein gemeinsames Aufmaß vereitelt und ist dem Auftragnehmer nach der Kündigung wegen der vom Auftraggeber veranlassten Fortsetzung der Arbeiten durch einen Drittunternehmer ein einseitiges Aufmaß unmöglich geworden, genügt der Auftragnehmer seiner Verpflichtung zur prüfbaren Abrechnung, wenn er alle ihm zur Verfügung stehenden Umstände mitteilt, die Rückschlüsse auf den Stand der erbrachten Leistung ermöglichen.[32]

Der Auftragnehmer kann die Vornahme eines gemeinsamen Aufmaßes rechtswirksam 23
auch gegenüber dem **objektüberwachenden Architekten** verlangen. Dieser ist der richtige **Adressat,** wenn ihm die Phase 8 des Leistungsbildes Objektüberwachung nach § 15 HOAI übertragen worden ist. Dasselbe gilt nicht für den Ingenieur im Leistungsbild des § 55 HOAI, wenn diesem nicht noch zusätzlich die örtliche Bauüberwachung nach § 57 HOAI übertragen worden ist. § 55 Abs. 2 Nr. 8 HOAI erfasst nämlich nicht die örtliche Bauüberwachung, sondern die Bauoberleitung, wozu zwar die Abnahme, aber nach dem Leistungsbeschrieb in der HOAI nicht das gemeinsame Aufmass gehört. Die gemeinsame Aufmaßnahme wird von der **originären Vollmacht** des Architekten abgedeckt,[33] und sie stellt bei einem Architekten- oder Ingenieurvertrag, der sich bezüglich der Leistungsbeschreibung an dem Leistungsbild des § 15 oder des § 57 HOAI anlehnt, einen auch als

---

[27] U. v. 19. 12. 2002, VII ZR 103/00, NJW 2003, 1450 = NZBau 2003, 265 = BauR 2003, 689 = ZfBR 2003, 352.
[28] U. v. 22. 5. 2003, VII ZR 143/02, NJW 2003, 2678 = NZBau 2003, 497 = BauR 2003, 1207 = ZfBR 2003, 567.
[29] BGH U. v. 28. 10. 1999, VII ZR 393/98, BGHZ 143, 89 = NJW 2000, 807 = NZBau 2000, 130 = BauR 2000, 409.
[30] So BGH U. v. 22. 5. 2003, VII ZR 143/02, NJW 2003, 2678 = NZBau 2003, 497 = BauR 2003, 1207 = ZfBR 2003, 567.
[31] BGH U. v. 22. 5. 2003, VII ZR 143/02, NJW 2003, 2678 = NZBau 2003, 497 = BauR 2003, 1207 = ZfBR 2003, 567.
[32] BGH U. v. 17. 6. 2004, VII ZR 337/02, NJW-RR 2004, 1384 = NZBau 2004, 503 = ZfBR 2004, 688 = BauR 2004, 1443.
[33] Vgl. nur *Werner/Pastor* Rdn. 1078 m. w. Nachweisen.

Teilerfolg geschuldeten Arbeitsschritt dar.[34] Die unterschiedliche Beschreibung in § 55 Abs. 2 Nr. 8 – und § 57 HOAI kann jedoch hinsichtlich des Auftragnehmers nicht zur Folge haben, dass das Verlangen auf Abnahme und Aufmaßnahme gemäß § 8 Nr. 6 VOB/B nicht an die Bauoberleitung, sondern an die örtliche Bauüberwachung gerichtet werden müsse, sollen im Fall der Säumnis die nachteiligen Wirkungen bei dem Auftraggeber eintreten. Die Säumnis eines Planers wirkt sich deshalb im Außenverhältnis zwischen Auftraggeber und Unternehmer erheblich zu Lasten des Auftraggebers deshalb aus, weil ihn bei Bestreiten des dann einseitig vom Auftragnehmer genommenen Aufmaßes die Darlegungs- und Beweislast trifft. Es handelt sich um ein innerorganisatorisches Problem auf der Auftraggeberseite, dass das Verlangen des Auftragnehmers auf Aufmassnahme den kompetenten Berater auf der Auftraggeberseite erreicht. Hat der Auftraggeber einseitig vom Auftragnehmer genommene Massen bestätigt, und bestreitet er später die Massen, die auf Grund nachfolgender Arbeiten nicht mehr überprüft werden können, trifft ihn im Werklohnprozess des Auftragnehmers ebenfalls die Darlegungs- und Beweislast hinsichtlich der nunmehr von ihm bestrittenen Massen.[35] **Bestätigt** ein objektüberwachender Architekt oder der mit der örtlichen Bauüberwachung betraute Ingenieur ein **einseitig** vom Auftragnehmer **genommenes Aufmaß,** treten dieselben Wirkungen ein. Gleiches muss jedoch unabhängig vom Beschrieb in § 55 Abs. 2 Nr. 8 HOAI bei einer Bestätigung durch die Bauoberleitung gelten, selbst wenn der Vertrag in Anlehnung an die HOAI geschlossen worden ist. Nimmt der Auftragnehmer ein einseitiges Aufmaß ohne vorheriges Verlangen auf Vornahme eines gemeinsames Aufmaß, ist es allerdings im Regelfall ausreichend, denn der Auftraggeber die Richtigkeit der vom Auftragnehmer eingesetzten Massen im Werklohnprozess erheblich, also positionenbezogen substantiiert bestreitet.[36]

24  Bei Kündigung eines Bauvertrages durch den Auftraggeber und Fortsetzung der Arbeiten durch einen Dritten, was dazu führt, dass der gekündigte Auftragnehmer das Aufmaß nicht mehr ermitteln kann, genügt der Auftragnehmer seiner Verpflichtung zur prüfbaren Abrechnung, wenn er alle ihm zur Verfügung stehenden Umstände mitteilt, die Rückschlüsse auf den Stand der Leistungen zulassen. Dabei genügt der Auftragnehmer seiner prozessualen Darlegungslast, wenn er solche Tatsachen vorträgt, die dem Gericht die Möglichkeit eröffnen, gegebenenfalls mit Hilfe eines Sachverständigen den Mindestaufwand des Auftragnehmers zu **schätzen,** der für die bis zur Kündigung erbrachten Leistungen erforderlich war.[37]

25  Der **richtige Adressat für das Abnahmeverlangen** ist der **objektüberwachende Architekt** oder Ingenieur **nicht.** Denn die sog. originäre Architektenvollmacht deckt die rechtsgeschäftliche Abnahme, um die es dem Auftragnehmer im Zusammenhang mit § 8 Nr. 6 VOB/B geht, nicht.[38] § 8 Nr. 6 VOB/B verlangt deshalb vom gekündigten Auftragnehmer Sorgfalt hinsichtlich der **Adressatenwahl:** Verlangt der Auftragnehmer in einem Schreiben sowohl die **Abnahme** als auch die **Aufmassnahme,** sollte Adressat direkt der Auftraggeber sein. Verlangt der Auftragnehmer lediglich die Aufmaßnahme, kann das Schreiben an den objektüberwachenden Architekten oder Ingenieur gerichtet werden. Geht es dem Auftragnehmer lediglich um die Abnahme, ist als Adressat der Auftraggeber zu wählen, sollen im Fall der Säumnis über Gläubiger- und Schuldnerverzug Rechtsfolgen gezogen werden.

26  **a) Gemeinsames Aufmaß.** Eine gemeinsame Aufmaßnahme empfiehlt sich wegen der damit verbundenen bindenden Festlegung für beide Vertragspartner.[39] *Ingenstau/Korbion/*

---

[34] BGH U. v. 24. 6. 2004, VII ZR 259/02, BGHZ 159, 376 = NJW 2004, 2588 = NZBau 2004, 509 = BauR 2004, 1640.
[35] BGH U. v. 24. 7. 2003, VII ZR 79/02, NJW-RR 2004, 92 = NZBau 2004, 31 = BauR 2003, 1892 = ZfBR 2004, 37.
[36] BGH U. v. 24. 7. 2003, VII ZR 79/02, NJW-RR 2004, 92 = NZBau 2004, 31 = BauR 2003, 1892 = ZfBR 2004, 37.
[37] BGH U. v. 17. 6. 2004, VII ZR 337/02, NJW-RR 2004, 1384 = NZBau 2004, 503 = BauR 2004, 1443 = ZfBR 2004, 688.
[38] Vgl. nur *Werner/Pastor* Rdn. 1077; *Meissner* BauR 1987, 497.
[39] → § 14 Nr. 2 Rdn. 3 ff.

*Vygen*[40] schließen auf die Bevorzugung der gemeinsamen Aufmaßnahme aus der Formulierung in § 8 Nr. 6 VOB/B, wonach der Auftragnehmer die Aufmaßnahme verlangen könne. Mangels einer ausdrücklichen Sonderregelung gelten die Grundsätze gem. § 14 VOB/B. Einschlägig ist § 14 Nr. 2 Satz 2 VOB/B, wonach für Leistungen, die bei Weiterführung der Arbeiten nur schwer feststellbar sind, der Auftragnehmer rechtzeitig **gemeinsame Feststellungen** zu beantragen hat. Dieser Grundsatz trifft im Kündigungsfall zu, wenn der Auftragnehmer bereits einen fortsetzungsgeeigneten Leistungsteil erbracht hat. Deshalb begründet § 14 Nr. 2 VOB/B i. V. m. § 8 Nr. 6 VOB/B einen **Anspruch** des gekündigten Auftragnehmers auf die Vornahme eines gemeinsamen Aufmaßes. Hierbei handelt es sich um eine Verpflichtung, die auch aus dem Kooperationsgebot abgeleitet werden kann. Deren Verletzung durch den Auftraggeber macht nach §§ 241 Abs. 2, 280 Abs. 1 BGB mit der Folge schadensersatzpflichtig, dass auch ein einseitig vom Auftragnehmer genommenes Aufmaß bei fehlender Wiederholbarkeit die Darlegungs- und Beweislast dem Auftraggeber für dessen abweichende Behauptungen zuschiebt.[41]

**b) Einseitiges Aufmaß.** Das führt nicht zum Ausschluss der einseitigen Aufmaßnahme, zu der es kommt, wenn der Auftraggeber oder der gekündigte Auftragnehmer die Mitwirkung verweigert, oder wenn der Auftragnehmer bzw. Auftraggeber von vornherein von einer gemeinsamen Aufmaßnahme absieht und einseitig vorgeht. § 8 Nr. 6 VOB/B bietet in diesem Fall für den Auftragnehmer die Grundlage für das Recht, die Baustelle für die Vornahme der Feststellungen betreten zu dürfen. Wird dem Auftragnehmer die Möglichkeit genommen, die von ihm bis zur Kündigung erbrachten Leistungen aufzumessen, und kann dies nach Fortsetzung der Arbeiten durch einen Drittunternehmer durch den gekündigten Auftragnehmer auch nicht mehr nachgeholt werden, genügt der Auftragnehmer im Prozess seiner Verpflichtung zur prüfbaren Abrechnung, wenn er alle ihm zur Verfügung stehenden Umstände mitteilt, die Rückschlüsse auf den Stand der Arbeiten und den Aufwand im Wege der Schätzung zulassen.[42] 27

**c) Aufmaßverlangen – Recht des Auftragnehmers und des Auftraggebers.** Die Formulierung, der Auftragnehmer könne alsbald nach der Kündigung Aufmaß verlangen, schließt eine Berechtigung des Auftraggebers zu einem solchen Aufmaßverlangen nicht aus. Denn gerade nach der Kündigung liegt die Feststellung des Leistungsumfangs im Interesse beider Vertragsteile. Da dem Auftraggeber bzw. dessen bauleitendem Architekt (§ 15 Abs. 2 Nr. 8 HOAI, 7. Grundleistung in der Leistungsphase 8) im Rahmen von § 14 Nr. 2 VOB/B die Möglichkeit zur Aufmaßnahme zukommt,[43] muss dasselbe Recht im Rahmen des § 8 Nr. 6 VOB/B gelten. Daraus folgt, dass auch der Auftraggeber das Aufmaßverlangen stellen kann. Die Feststellung des Leistungsumfanges ist gerade bei nachfolgender Einschaltung eines Drittunternehmers bedeutsam. Denn dem Auftraggeber liegt regelmäßig daran, die gekündigte Leistung so schnell wie möglich durch einen Drittunternehmer fortsetzen zu lassen. Das setzt die Feststellung der bis zur Kündigung erbrachten Leistung voraus. Deshalb kommt notwendig auch dem Auftraggeber das Recht zu, gegenüber dem Auftragnehmer die Vornahme eines gemeinsamen Aufmaßes zu verlangen. Kommt dem der gekündigte Auftragnehmer innerhalb einer angemessen gesetzten Frist nicht nach, kann der **Auftraggeber** das **Aufmaß** einseitig nehmen. Dieses einseitige Aufmaß verursacht bei Unwiederholbarkeit nicht dieselben Wirkungen wie das einseitig vom Auftragnehmer genommene Aufmasse in dem Fall, dass der Auftraggeber nicht an dem Termin für die gemeinsame Aufmassnahme teilnimmt. Denn weicht der Auftragnehmer mit seinen Massen von den Ergebnissen des Auftraggebers ab, trifft den Auftragnehmer schon nach allgemeinen Regeln 28

---

[40] B § 8 Nr. 6 Rdn. 8.
[41] BGH U. v. 22. 5. 2003, VII ZR 143/02, NJW 2003, 2678 = NZBau 2003, 497 = BauR 2003, 1207 = ZfBR 2003, 567.
[42] BGH U. v. 17. 6. 2004, VII ZR 337/02, NJW-RR 2004, 1384 = NZBau 2004, 503 = BauR 2004, 1443 = ZfBR 2004, 688.
[43] *Ingenstau/Korbion/U. Locher* VOB/B § 14 Nr. 2 Rdn. 1.

§ 8 Nr. 6  Abrechnungsgebot nach Kündigung

die Darlegungs- und Beweislast. Hat der Auftragnehmer der Aufforderung des Auftraggeber zur Vornahme eines gemeinsamen Aufmasses keine Folge geleistet, hat dies nicht den Verlust des Rechts des Auftragnehmers auf Vornahme eines gemeinsamen Aufmasses zur Folge, wenn dies noch möglich ist. Allerdings ist der Auftraggeber zur Teilnahme nur gegen Erstattung der ihm durch die einseitig genommene Aufmassnahme entstandenen Kosten verpflichtet. Verweigert der Auftragnehmer diese geforderte Kostenübernahme, hat das sich aus § 273 BGB ableitbare Recht zur Verweigerung der Mitwirkung zur Folge, dass die nach BGH ansonsten der einseitig genommenen Aufmaßnahme zukommenden Wirkungen – Beweislastumkehr –[44] nicht eintreten.

## II. Abnahme

29   Der Auftragnehmer kann alsbald nach der Kündigung auch Abnahme der bis dahin verbrachten Leistungen verlangen. Die Bedeutung der Abnahme ist **umstritten,** jedoch höchstrichterlich endgültig i. S. einer rechtsgeschäftlichen Abnahme entschieden.[45] Das OLG Düsseldorf [46] hat den Vorgang noch als Teil einer Prüfung der Leistung auf ihre **technische** Brauchbarkeit und Vertragskonformität eingeordnet. Überwiegend wurde darunter jedoch mit Recht der Anspruch des gekündigten Auftragnehmers auf Vornahme der **rechtsgeschäftlichen** Abnahme verstanden.[47] Der BGH[48] stuft die Abnahme gleichfalls als rechtsgeschäftliche ein, wenn hinsichtlich der in Betracht kommenden Abnahmearten mangels Fertigstellung der vertraglich geschuldeten Werkleistung die Abnahme nach § 12 Nr. 5 Abs. 2 VOB/B ausgeschlossen wird. Dieser Standpunkt bedarf jedoch einer Korrektur; denn zwischen der fiktiven Abnahme durch Fertigstellungsmitteilung und einer solchen durch Inbenutzungnahme ist zu unterscheiden. Gegen eine fiktive Abnahme durch Inbenutzungnahme (§ 12 Nr. 5 Abs. 2 VOB/B) nach Kündigung gibt es keine überzeugungskräftigen Argumente.

### 1. Abnahme und Verjährungsfrist der Gewährleistungsansprüche

30   Die rechtsgeschäftliche Abnahme der durch die Kündigung unterbrochenen Werkleistung muss erfolgen. Wenn nämlich der Auftragnehmer hinsichtlich der erbrachten Teilleistung gewährleistungspflichtig ist, muss das Ende der Verjährungsfrist für die Gewährleistungsansprüche **bestimmbar** sein. Denn die Verjährung der Gewährleistungsansprüche beginnt nicht bereits mit der Kündigung zu laufen,[49] sondern erst mit der rechtsgeschäftlichen Abnahme. Vor der Abnahme besteht das Erfüllungsstadium fort, weswegen dem Besteller die Rechte aus § 4 Nr. 7 Satz 1 VOB/B weiter zustehen. Mit der Abnahme wandeln sich die Ansprüche aus § 4 Nr. 7 Satz 1 VOB/B in solche aus § 13 VOB/B um, soweit sich die Ansprüche decken.[50] Demnach begründet allein eine Kündigung oder Teilkündigung nicht die Anwendbarkeit der Verjährungsfristen nach § 13 Nr. 4 oder Nr. 7 Abs. 4 VOB/B. Die

---

[44] BGH U. v. 22. 5. 2003, VII ZR 143/02, NJW 2003, 2678 = NZBau 2003, 497 = BauR 2003, 1207 = ZfBR 2003, 567.

[45] BGH U. v. 11. 5. 2006, VII ZR 146/04, NJW 2006, 2475 = NZBau 2006, 569 = BauR 2006, 1294; BGH U. v. 19. 12. 2002, VII ZR 103/00, NJW 2003, 1450 = NZBau 2003, 265 = BauR 2003, 689.

[46] BauR 1978, 404.

[47] *Ingenstau/Korbion/Vygen* VOB/B § 8 Nr. 6 Rdn. 10; *Heiermann/Riedl/Rusam* VOB/B § 8 Rdn. 48; *Vygen* Bauvertragsrecht Rdn. 677; differenzierend *Nicklisch/Weick* VOB/B § 8 Rdn. 61, wobei auf die Abnahmefähigkeit abgestellt wird.

[48] U. v. 19. 12. 2002, VII ZR 103/00, NJW 2003, 1450 = NZBau 2003, 205 = BauR 2003, 689; BGH NJW 1981, 1839 = BauR 1981, 373 und U. v. 11. 5. 2006, VII ZR 146/04, NJW 2006, 2475 = NZBau 2006, 569 = BauR 2006, 1294.

[49] So aber noch BGH U. v. 30. 9. 1999, VII ZR 162/97, NJW 2000, 133 = NZBau 2000, 22 = BauR 2000, 128 mit Verweis auf BGH U. v. 2. 5. 1963, VII ZR 233/61, VersR 1963, 881, 884.

[50] BGH U. v. 19. 12. 2002, VII ZR 103/00, BGHZ 153, 244 = NJW 2003, 1450 = NZBau 2003, 265 = BauR 2005, 689 = ZfBR 2003, 352.

**Kündigung** selbst ist **keine konkludente Abnahme.** Mit der Kündigung erklärt der Auftraggeber nicht konkludent, dass er das bis zur Kündigung erbrachte Werk als im Wesentlichen Vertragsgerecht anerkennt. Liegen der Kündigung Vertragsverletzungen des Auftragnehmers zugrunde, liegt ein solcher Erklärungsinhalt schon deshalb fern.[51]

**a) Beginn der Verjährungsfrist.** Dieser Standpunkt, dass für den **Beginn** der **Verjährungsfrist der Gewährleistungsansprüche** auf die rechtsgeschäftliche Abnahme abzustellen ist, ist für den VOB-Bauvertrag zwingend geboten, denn nur über die Abnahme lassen sich die Ansprüche aus § 4 Nr. 7 und § 13 Nr. 1, 5 VOB/B sinnvoll voneinander trennen. Wenn § 8 Nr. 6 VOB/B dem Auftragnehmer einen Anspruch auf Abnahme im Kündigungsfall einräumt, erweist sich dies als Bekräftigung dieses Ansatzes. Zwar enthält § 13 Nr. 4 Abs. 3 VOB/B eine ausdrückliche Regelung über den Beginn der Verjährung der Sachmängelhaftungsansprüche des Inhalts, dass die Verjährungsfrist mit der **Abnahme** der **gesamten Leistung** und für **in sich abgeschlossene Teile** der Leistung mit der **Teilabnahme** beginnt. Aber der Tatbestand des gekündigten Vertrages bleibt dennoch nicht ungeregelt.

**30 a**

Da die Kündigung das geschuldete Werk auf den bis zur Kündigung erbrachten Leistungsteil beschränkt,[52] erweist sich dieser Leistungsteil nach der Kündigung gerade als die „gesamte Leistung" i. S. v. § 13 Nr. 4 Abs. 3 VOB/B, von deren Abnahme der Beginn der Verjährungsfrist abhängt. § 8 Nr. 6 VOB/B stellt im Übrigen lediglich fest, dass der Auftragnehmer auch nach der Kündigung wie bei der Vollendung nach § 12 Nr. 1 VOB/B einen Anspruch auf Abnahme der Werkleistung hat. Diese Anspruchslage macht im Rahmen der Gewährleistung Sinn; denn den Beginn der Verjährungsfrist koppelt die VOB/B nach ihrer in § 13 Nr. 4 Abs. 4 getroffenen Aussage sowohl für in sich abgeschlossene Teilleistungen als auch die gesamte Leistung mit der rechtsgeschäftlichen Abnahme. Der Begriff **„gesamte Leistung"** darf nicht allein nach Maßgabe des Vertragsinhalts interpretiert werden. Führen Störungstatbestände zu einem Ende des Vertrages, wie das bei einer Kündigung oder einer einvernehmlichen Beendigung der Fall ist, reduziert sich die nunmehr vertraglich geschuldete Leistung auf den bis zur Kündigung bzw. sonstigen Beendigung erbrachten Leistungsteil. Nicht geleugnet werden kann allerdings, dass die Abnahmeprüfung, nämlich festzustellen, ob die aufgrund der Kündigung beschränkte Werkleistung vertragsmäßig erbracht worden ist,[53] mit erheblichen Schwierigkeiten verbunden sein kann.

**30 b**

Gleiches gilt für den Beginn der Verjährungsfrist der Gewährleistungsansprüche im **BGB-Bauvertrag.** Denn § 634a Abs. 2 BGB stellt auf die Abnahme ab. Wenn § 640 Abs. 1 BGB bestimmt, dass der Besteller verpflichtet ist, das vertragsmäßig hergestellte Werk abzunehmen, sofern dies nicht nach der Beschaffenheit des Werks ausgeschlossen ist, lässt sich die Vertragsmäßigkeit eines Werks auch im Kündigungsfall beurteilen. Das Werk ist **kündigungsbedingt** das bis dahin erbrachte **Teilwerk,** für welches unter Abnahmegesichtspunkten eventuell eigenständige Maßstäbe zu entwickeln sind. Denn die von den Parteien vereinbarten Sachmangelfreiheitskriterien nach § 13 Nr. 1 VOB/B betreffen regelmäßig das fertige Werk.

**30 c**

**b) Teilwerk und Sachmangelfreiheitskriterien.** Problematisch ist die Handhabung der Sachmangelfreiheitskriterien hinsichtlich des kündigungsbedingt entstandenen Teilwerks. Der BGH sieht das Problem, hat jedoch keine durchgreifenden Bedenken, da es im Rahmen eines Bauvertrages regelmäßig um abgrenzbare Teilleistungen geht, deren Prüfung auf Vertragskonformität möglich ist.[54] Den Ausgangspunkt bildet die Erwägung, dass die

**30 d**

---

[51] BGH U. v. 19. 12. 2002, VII ZR 103/00, BGHZ 153, 244 = NJW 2003, 1450 = NZBau 2003, 265 = BauR 2003, 689 = ZfBR 2003, 352.
[52] BGH U. v. 19. 12. 2002, VII ZR 103/00, BGHZ 153, 244 = NJW 2003, 1450 = NZBau 2003, 265 = BauR 2003, 689 = ZfBR 2003, 352; BGH U. v. 25. 3. 1987, VII ZR 251/86, NJW 1988, 140 = BauR 1987, 689 = ZfBR 1987, 271.
[53] BGH U. v. 19. 12. 2002, VII ZR 103/00, BGHZ 153, 244 = NJW 2003, 1450 = NZBau 2003, 265 = BauR 2003, 689 = ZfBR 2003, 352; *Kniffka* ZfBR 1998, 113; *Thode* ZfBR 1999, 116, 120 ff.
[54] BGH U. v. 19. 12. 2002, VII ZR 103/00, BGHZ 153, 244 = NJW 2003, 1450 = NZBau 2003, 265 = BauR 2003, 689 = ZfBR 2003, 352.

Sachmangelfreiheitskriterien grundsätzlich des Gesamtwerk betreffen, wenn nicht aus den Vertragsbestandteilen, insbesondere aus dem Leistungsverzeichnis, Beschaffenheitsanforderungen für Leistungsteile abgeleitet werden können. Schwierigkeiten sind im Wege der Auslegung oder durch Rückgriff auf die gewöhnliche Verwendungseignung bzw. die Einhaltung der anerkannten Regeln der Technik zu bewältigen, wenn nicht für das kündigungsbedingt entstehende Teilwerk im Vertrag eigenständige Beschaffenheitsmerkmale vorgesehen sind oder sich Einzelanforderungen nach Maßgabe der vertraglich vorausgesetzten Verwendungseignung des Gesamtwerks ableiten lassen. Die Problematik entsteht besonders dann, wenn ein Werk aus mehreren Einzelteilen besteht, die aufeinander abgestimmt sind; als Beispiel kann auf ein aus mehreren Schichten oder Elementen bestehendes Wärmedämmverbundsystem oder auf einen Außenputz verwiesen werden, den mehrere Putzlagen samt Spritzbewurf ausmachen.

**30 e**    **c) Stellenwert der unternehmerischen Arbeits- und Ablaufplanung.** Dieser Ansatz muss im Einzelfall jedoch nicht unbedingt genügen. Das trifft insbesondere dann zu, wenn ein Unternehmer ein aus mehreren Teilwerken zusammengesetztes Gesamtwerk schuldet und Mängel an einem Teilwerk im Zusammenhang mit der Erledigung des nachfolgenden Teilwerks technisch ohne Weiteres bereinigt werden können. Dazu kommt es jedoch nicht mehr, weil dies die Kündigung verhindert. Das bedeutet, dass die **Arbeitsplanung und -abwicklung** einer Gesamtmaßnahme bei der Beurteilung der Vertragsmäßigkeit eines Teilwerks eine Rolle spielt. Wird in einem solchen Fall das Teilwerk für sich genommen als mangelhaft beurteilt, muss beachtet werden, dass der Auftragnehmer bei ungestörter Fortentwicklung des Vertrags den Mangel in einem nachfolgenden Arbeitsgang bereinigen konnte und auch musste, um für Mangelfreiheit insgesamt zu sorgen. Einem gekündigten Auftragnehmer muss in einem solchen Fall die Möglichkeit der Beseitigung des Mangelbestand durch teilweise Fortsetzung der eigentlich bereits gekündigten Arbeiten eingeräumt werden. Wird insoweit ein Mangeltatbestand bejaht, hat der gekündigte Auftragnehmer ein Nacherfüllungsrecht mit dem Inhalt, die Arbeit in dem Umfang fortzusetzen, als sie der Mängelbeseitigung dienen. Der Umstand, dass dieser Leistungsteil, der nach der Arbeitsplanung des gekündigten Auftragnehmers zur Mängelbeseitigung verwendet werden kann, eigentlich kündigungsbedingt entfällt, muss wegen der Verknüpfung mit der Sachmängelhaftung des gekündigten Auftragnehmers[55] für das bis zur Kündigung erbrachte Werk zurückstehen.

## 2. Abnahmeformen

**31**    Die Abnahme kann sich nach § 12 Nr. 1 VOB/B ausdrücklich wie auch in Gestalt einer förmlichen Abnahme nach § 12 Nr. 4 VOB/B vollziehen. **Fiktive Abnahmeformen** sind nicht ausgeschlossen.

**31 a**    **a) Fiktive Abnahme.** Der Ausschluss einer fiktiven Abnahme nach § 12 Nr. 5 VOB/B, den der BGH[56] vertritt und auch von *Kniffka*[57] und *Vygen*[58] so geteilt wird, überzeugt jedoch nicht. Die von *Vygen*[59] dafür gegebene Begründung, dass § 8 Nr. 6 von einem Abnahmeverlangen spreche, das nach § 12 Nr. 5 VOB/B gerade zum Ausschluss der fiktiven Abnahme führe, verfängt nicht.[60] Denn die Formulierung, der Auftragnehmer könne nach § 8 Nr. 6 VOB/B die Abnahme verlangen, bedeutet lediglich, dass die bis zur Kündigung

---

[55] BGH, U. v. 25. 6. 1987, VII ZR 251, 86, NJW 1988, 140 = BauR 1987, 680 = ZfBR 1987, 238; *Kniffka* ZfBR 1998, 115, 117.
[56] BGH U. v. 19. 12. 2002, VII ZR 103/00, BGHZ 153, 244 = NJW 2003, 1450 = NZBau 2003, 265 = BauR 2005, 689 = ZfBR 2003, 352.
[57] ZfBR 1998, 113, 115; ihm folgend bGH U. v. 19. 12. 2002, VII ZR 103/00, NJW 2003, 1450 = NZBau 2003, 205 = BauR 2003, 689 = ZfBR 2003, 352.
[58] *Ingenstau/Korbion* VOB/B § 8 Nr. 6 Rdn. 13 unter Verweis auf *Kniffka* ZfBR 1998, 113, 115.
[59] *Ingenstau/Korbion* VOB/B § 8 Nr. 6 Rdn. 13.
[60] Vgl. *Kleine-Möller/Merl/Siebert/Kleine-Möller* § 15 Rdn. 95.

erbrachte Leistung einer rechtsgeschäftlichen Abnahme zugänglich ist. Das ist deshalb nicht selbstverständlich, weil § 12 Nr. 2 VOB/B neben der Abnahme der vollständig erbrachten Leistung lediglich die Abnahme von in sich abgeschlossenen Teilleistungen vorsieht. § 8 Nr. 6 VOB/B erweitert i. V. m. § 13 Nr. 4 Abs. 3 VOB/B die Möglichkeiten der Abnahme auch auf kündigungsbedingt unfertige Leistungen unabhängig von deren Leistungsstand;[61] deshalb bedingt § 8 Nr. 6 VOB/B nicht, dass bis zur Kündigung eine in sich abgeschlossene Teilleistung erbracht worden ist.[62] Ein **Ausschluss bestimmter Abnahmeformen** unabhängig von deren eigenständigen Voraussetzungen ist damit nicht verbunden. Auf welche Weise diese Abnahme erfolgt, wird damit nicht vertragsrechtlich in der Weise eingeschränkt, dass hierfür nur ein Abnahmeverlangen in Betracht kommt, was zu § 12 Nr. 1 bis Nr. 4 VOB/B führen würde und sogar zur Folge hätte, dass eine stillschweigende Abnahme wegen fehlenden Abnahmeverlangens ausscheiden müsste.[63] Das kann aus der Regelung in § 8 Nr. 6 VOB/B nicht abgeleitet werden. Hebt man strikt auf ein Abnahmeverlangen ab, um im Rahmen des § 8 Nr. 6 VOB/B eine Abnahme bejahen zu können, müsste konsequent auch eine **konkludente Abnahme** ausscheiden, da es bei dieser i. d. R. an einem Abnahmeverlangen fehlt. § 8 Nr. 6 VOB/B lässt jede Form der Abnahme zu, wenn nur die jeweiligen Voraussetzungen hierfür vorliegen. Das eröffnet auch die Möglichkeit einer fiktiven Abnahme nach § 12 Nr. 5 VOB/B.[64]

b) **Schlussrechnung als Fertigstellungsmitteilung.** Mit einer nach Aufmaßnahme erfolgenden Schlussrechnung kann eine Fertigstellungsmeldung dann verbunden sein, wenn ein selbstständiger Leistungsteil – z. B. ein Gewerk bei beauftragten zwei Gewerken – tatsächlich fertig gestellt ist und kündigungsbedingt lediglich bei dem weiteren Gewerk eine Teilleistung vorliegt. Nicht einzusehen ist auch, warum eine fiktive Abnahme nach § 12 Nr. 5 Abs. 2 VOB/B ausgeschlossen sein soll. Ist z. B. ein Fliesenleger von einem Bauträger bei einer Eigentumswohnungsanlage mit Fliesenlegerarbeiten befasst und kündigt der Bauträger wegen schleppenden Verkaufs den Bauvertrag, muss hinsichtlich der vom Bauträger verkauften Wohnungen, womit eine Inbenutzungnahme der Fliesenlegerleistungen bezüglich der verkauften Wohnungen verbunden ist, eine fiktive Abnahme nach § 12 Nr. 5 Abs. 2 VOB/B bejaht werden können.

c) **Abnahme nach § 640 Abs. 1 Satz 3 BGB.** Dass eine fiktive Abnahme nach § 640 Abs. 1 Satz 3 BGB nicht ausgeschlossen ist, liegt auf der Hand. Denn diese seit 1. 5. 2000 BGB geltende Regelung, die nach der in Art. 229 Abs. 2 EGBGB enthaltenen Überleitungsregelung nur für die ab 1. 5. 2000 geschlossenen Verträge gilt, sieht gerade vor, dass der Auftragnehmer dem Auftraggeber eine Frist für die Abnahme setzt. Liegen die Abnahmevoraussetzungen vor, tritt nach Ablauf der Frist die Abnahmewirkung ein.[65]

d) **Stillschweigende Abnahme.** § 8 Nr. 6 VOB/B schließt mit der Formulierung, der Auftragnehmer könne nach Kündigung die Abnahme verlangen, eine **stillschweigend erfolgende rechtsgeschäftliche** Abnahme nicht aus.[66] Die Kündigung selbst stellt keine konkludente Abnahme dar.[67] Ob mit der Fortsetzung der Arbeiten durch einen Drittunternehmer der Auftraggeber konkludent zum Ausdruck, die bis zur Kündigung erbrachte Leistung als im Wesentlichen vertragsgerecht anzuerkennen, ist eine Frage des Einzelfalles und hängt von den Kündigungsgründen wie auch den gesamten Umständen ab. Liegt ein Kündigungsgrund nach § 5 Nr. 4 VOB/B vor, kann die vom Auftraggeber veranlasste Fortsetzung der Arbeiten durch einen Drittunternehmer durchaus auf einen Abnahmewillen

---

[61] → § 8 Nr. 6 Rdn. 30 b.
[62] Vgl. *Ingenstau/Korbion/Oppler* VOB/B § 12 Nr. 2 Rdn. 10.
[63] Für deren Zulässigkeit und Wirksamkeit *Kniffka* ZfBR 1998, 113, 115.
[64] A. A. *Kniffka* ZfBR 1998, 113, 115; *Ingenstau/Korbion/Oppler* VOB/B § 12 Nr. 5 Rdn. 6.
[65] *Ingenstau/Korbion/Vygen* VOB/B § 8 Nr. 6 Rdn. 13.
[66] Davon geht der BGH U. v. 19. 12. 2002, VII ZR 103/00, NJW 2003, 1450 = NZBau 2003, 265 = BauR 2003, 689, 692 als selbstverständlich voraus.
[67] BGH U. v. 19. 12. 2002, VII ZR 103/00, BGHZ 153, 244 = NJW 2003, 1450 = NZBau 2003, 265 = BauR 2003, 689, 692 = ZfBR 2003, 352.

des Auftraggebers schließen lassen.[68] Bei Kündigung nach § 4 Nr. 7 VOB/B wegen eines Mangels, den der Unternehmer trotz Fristsetzung mit Kündigungsandrohung nicht beseitigt hat, könnte der Abnahmegesichtspunkt durch das neue Recht insofern beeinflusst werden, als ohne Abnahme bei Kenntnis die Verjährungsfrist gem. § 199 BGB drei Jahre beträgt, wogegen die VOB-Verjährungsfrist sich auf 4 Jahre beläuft. Die Bejahung einer Abnahme erweist sich deshalb im Ergebnis als für den Auftraggeber vorteilhaft. Nachteilig könnte sein, wenn der Auftraggeber auch bei einer stillschweigenden Abnahme einen **Mängelvorbehalt** hinsichtlich ihm bekannter Mängel erklären müsste. Das ist jedoch zu verneinen. Nach § 12 Nr. 5 Abs. 3 VOB/B muss der Auftraggeber bei einer fiktiven Abnahme den Vorbehalt spätestens zu den in den Absätzen 1 und 2 genannten Zeitpunkten geltend machen. Demnach besteht der Vorbehaltsbedarf zwar bei einer fiktiven Abnahme,[69] damit ist aber der Vorbehaltsbedarf bei einer konkludenten Abnahme nicht entschieden. Da die stillschweigende Abnahme das Ergebnis einer Bewertung von Tathandlungen durch den Rechtsverkehr ist, ist ein Vorbehaltsbedarf nur dann zu bejahen, wenn der Auftraggeber konkret um diese Bewertung bei Vornahme der Tathandlung weiß. Ansonsten ist der dem Vorbehaltsbedarf zu Grunde liegende Rechtsgedanke des Verbots widersprüchlichen Verhaltens[70] nicht einschlägig. Entscheidend ist, ob die Fortsetzung der Arbeiten für den Rechtsverkehr erkennbar die Erklärung beinhaltet, mit der bis dahin erbrachten Leistung im Großen und Ganzen als vertragsgemäß einverstanden zu sein.[71] Eine konkludente Abnahme der Leistungen des gekündigten Auftragnehmers liegt jedenfalls in der Abnahme der Leistungen des mit der Fortsetzung der Arbeiten betrauten Drittunternehmers.

### 3. Abnahmevoraussetzungen und Abnahmeformen

**32** Die Regelung in § 8 Nr. 6 VOB/B setzt notwendig voraus, dass allein der kündigungsbedingte Zustand der Werkleistung nicht geeignet ist, die rechtsgeschäftliche Abnahme zu verweigern. Käme es auf die Fertigstellung oder in sich geschlossene Teile der Leistung an, wäre die Vereinbarung, der Auftragnehmer könne trotzdem die Abnahme verlangen, widersinnig. Deshalb muss die Werkleistung nicht wie bei den Voraussetzungen für eine rechtsgeschäftliche Abnahme eines Teilwerk nach § 12 Nr. 2 VOB/B für sich und unabhängig von weiteren Leistungen auf ihre qualitative Beschaffenheit überprüfbar sein. Das kündigungsbedingt vorliegende Teilwerk muss demnach nicht ein in sich geschlossenes Teilwerk sein.[72] Der Auftraggeber kann die Abnahme der bis zur Kündigung erbrachte Leistung ist nur dann verweigern, wenn die Leistung im Vergleich zu vertraglich versprochenen Qualität einen wesentlichen Sachmangel aufweist. Ist die versprochene Beschaffenheit oder die vertraglich vorausgesetzte Verwendungseignung erst durch die sachgerechte Fortsetzung der Arbeiten zu erreichen, scheitert die Abnahme nur dann, wenn das Teilwerk für sich betrachtet eine ungeeignete Vor- und Teilleistung ist und bei sachgerechter Fortsetzung nicht die versprochene Qualität erreicht wird.

**33** **a) Abnahme durch Fortsetzung der Arbeiten und Inbenutzungnahme.** Bejaht man trotz Kündigung die Möglichkeit einer Abnahme durch Inbenutzungnahme gemäß § 12 Nr. 5 Abs. 2 VOB/B, liegt eine solche nicht schon in der Fortsetzung der Arbeiten durch einen eingeschalteten Drittunternehmer. Dem steht § 12 Nr. 5 Abs. 2 Satz 2 VOB/B entgegen. Vielmehr muss die bis zur Kündigung von dem Auftragnehmer erbrachte Leistung ihrem Sinn und Zweck nach der Benutzung zugeführt werden. Das ist kündigungsbedingt

---

[68] Vgl. BGH U. v. 27. 2. 1996, X ZR 3/94, BGHZ 132, 96 = U. v. 27. 2. 1996, X ZR 3/94, BGHZ 132, 96 = NJW 1996, 1749 = BauR 1996, 386, 388.

[69] *Bamberger/Roth/Voit* § 640 Rdn. 35 lehnt den Vorbehaltsbedarf bei der BGB-Fiktion nach § 640 Abs. 1 Satz 3 BGB ab. Das entspricht dem Wortlaut der Regelung, der insoweit bewusst abweichend von den Anforderungen einer VOB-Fiktion formuliert worden ist.

[70] Dazu *Bamberger/Roth/Voit* § 640 Rdn. 35.

[71] BGH U. v. 27. 2. 1996, X ZR 3/94, BGHZ 132, 96 = NJW 1996, 1749 = BauR 1996, 386, 388.

[72] BGH NJW 1981, 1939 = BauR 1981, 373; *Ingenstau/Korbion/Vygen* VOB/B § 8 Nr. 6 Rdn. 10; *Leinemann/Schirmer* § 8 Rdn. 127.

keineswegs ausgeschlossen, wenn die beauftragte Leistung z. B. mehrere Objekte (Gebäude) zum Gegenstand hat, der Unternehmer bis zur Kündigung die Leistung in verschiedenen Objekten bereits vollendet hat, und der Auftraggeber durch bestimmungsgemäße Verwertung eine Inbenutzungnahme z. B. durch Vermietung oder Verkauf vorgenommen hat. Das kann ohne weiteres nach der Kündigung erfolgen, womit eine weitere gesonderte Abnahme auf das Abnahmeverlangen des Auftragnehmers hin ausscheidet; denn eine Leistung kann nur einmal rechtsgeschäftlich abgenommen werden. Die Auffassung des BGH[73] und der Literatur,[74] nach der Kündigung scheide eine fiktive Abnahme aus, vermag angesichts unterschiedlichster Sachlagen, auf die eine Antwort zu finden ist, nicht zu überzeugen.

b) **Abnahme durch Schlussrechnungsstellung (Fertigstellungsmitteilung).** Das betrifft auch die fiktive Abnahme nach § 12 Nr. 5 Abs. 1 VOB/B, wenn der Auftragnehmer nach der Aufmaßnahme eine Schlussrechnung stellt. Die Schlussrechnung als Fertigstellungsmitteilung scheidet entgegen der Auffassung der Rechtsprechung[75] und der diese vorbereitenden Literatur[76] nicht aus. Führt die Kündigung zur Beendigung des Vertrages hinsichtlich der noch ausstehenden Leistungen, reduziert sich das nach dem „**Vertragstorso**" geschuldete Werk auf die bis zur Kündigung erbrachten Leistungen.[77] Das begründet unabhängig davon, ob es sich insoweit um eine in sich geschlossene Teilleistung i. S. v. § 12 Nr. 2 VOB/B. eine Abnahmemöglichkeit und -notwendigkeit. Denn auf ein kündigungsbedingtes „**Werktorso**" ist § 13 Nr. 4 Abs. 3 VOB/B in der ersten Alternative anwendbar. Danach beginnt die Verjährungsfrist mit der Abnahme der **gesamten Leistung.** Bei einem „Vertragstorso" ist das dementsprechende „Werktorso" die gesamte Leistung. 34

Diese gesamte Leistung ist bei einem gekündigten Vertrag der **Teil des Werks,** der bis zur Kündigung erbracht worden ist. Der Begriff „gesamte Leistung" darf nicht allein in Ausrichtung am Werkzustand nach Durchführung des Vertrages interpretiert werden, sondern erfasst auch den Tatbestand des gekündigten Werks und die bis dahin erbrachte Leistung. Diese ist logisch zwingend die nach dem gekündigten Vertrag zur erbringende Leistung. Wird eine Fiktion mit der Notwendigkeit verknüpft, dass der bis zur Kündigung erbrachte Leistungsteil **abnahmereif** sein müsse,[78] hat diese Prüfung notwendig nach den für das Teilwerk maßgeblichen Kriterien zu erfolgen.[79] Bei einem in der Abwicklung kündigungsbedingt stecken gebliebenen Vertrag entspricht der „Werktorso" der gesamten Leistung. Dieser Tatbestand ist von dem der **Teilleistung,** der im 2. Halbsatz des § 13 Nr. 4 Abs. 3 VOB/B, genannt wird, zu unterscheiden. Deshalb erweist sich auch die Schlussrechnungsstellung als Fertigstellungsmitteilung i. S. d. § 12 Nr. 5 Abs. 1 VOB/B. Selbstverständlich stellt die vollständige Zahlung auf eine solche Schlussrechnung eine stillschweigende Abnahme. Hierauf kommt es jedoch nicht an und darf auch nicht abgestellt werden. Denn ist einmal rechtsgeschäftlich wirksam abgenommen – auch durch eine fiktive Abnahme – scheidet eine weitere Abnahme aus. 35

c) **Abnahme der Fortsetzungsleistungen des Drittunternehmers.** Nimmt der Auftraggeber die Arbeiten des Drittunternehmers nach § 12 Nr. 1 oder Nr. 4 VOB/B ab, liegt darin eine konkludente Abnahme auch der Leistungen des gekündigten Auftragnehmers. Eine Schlussrechnung des Drittunternehmers führt nicht zur fiktiven Abnahme der bis zur Kündigung erbrachten Leistungen nach § 12 Nr. 5 Abs. 1 VOB/B. Nimmt der Auftrag- 36

---

[73] U. v. 19. 12. 2002, VII ZR 103/00, BGHZ 153, 244 = NJW 2003, 1450 = NZBau 2003, 265 = BauR 2003, 689 = ZfBR 2003, 352.
[74] *Kniffka* ZfBR 1998, 113, 115; *Thode,* ZfBR 1999, 116 ff., 121; *Ingenstau/Korbion/Vygen* VOB/B § 8 Nr. 6 Rdn. 13.
[75] BGH U. v. 19. 12. 2002, VII ZR 103/00, BGHZ 153, 244 = NJW 2003, 1450 = NZBau 2003, 265 = BauR 2003, 689 = ZfBR 2003, 352.
[76] *Kniffka* FS von Craushaar, S. 359 ff.; *ders.* ZfBR 1998, 113; *Thode* ZfBR 1999, 116, 120 ff.
[77] BGH U. v. 19. 12. 2002, VII ZR 103/00, BGHZ 153, 244 = NJW 2003, 1450 = NZBau 2003, 265 = BauR 2003, 689 = ZfBR 2003, 352; BGH U. v. 25. 6. 1997, VII ZR 251/86, NJW 1988, 140 = BauR 1987, 689 = ZfBR 1987, 271.
[78] So *Thode* ZfBR 1999, 116, 117.
[79] *Kniffka* FS von Craushaar, S. 359, 365; *Knychalla* Jahrbuch Baurecht 2007, 1, 14 ff.

geber die vom Drittunternehmer fertig gestellten Leistungen bestimmungsgemäß in Benutzung, begründet dies eine Abnahmefiktion auch hinsichtlich der vom gekündigten Auftragnehmer erbrachten Leistungen, die der Drittunternehmer fortgesetzt hat.

36 a  Der BGH[80] hält es für möglich, in Nachbesserungsarbeiten eines Drittunternehmers, die der Auftraggeber ohne dass der beauftragte Unternehmer mit der Nachbesserung in Verzug gewesen ist, eine Abnahme der Leistungen des Ausgangsunternehmers zu sehen. Dies sei anders dann, wenn dem Ausgangsunternehmer zuvor eine Nachbesserungsfrist samt Androhung einer Eigennachbesserung gesetzt worden ist. Es sei geboten, stets das gesamte Verhalten beider Parteien zu würdigen und eine Beschränkung auf Teilaspekte zu unterlassen. Danach sind einzelne Fallgestaltungen zu unterscheiden: Im Fall des § 4 Nr. 7 VOB/B scheidet eine Abnahme durch Fortsetzung der Arbeiten mittels eines Drittunternehmers aus; denn dieser beseitigt dann die Mängel, wozu dem Ausgangsunternehmer zuvor fruchtlos Frist unter Kündigungsandrohung gesetzt worden ist. In den Fällen des § 5 Nr. 4 wie auch des § 8 Nr. 2 VOB/B kann dies anders, was insbesondere dann gilt, wenn die bisher erbrachten Leistungen aufgemessen wurden und dann der Drittunternehmer dort fortsetzt, wo der wegen Fristsäumnis oder Insolvenz gekündigte Auftragnehmer aufgehört hat. Ohne zuvor erfolgtes Aufmaß und insofern „einfacher Fortsetzung" der Arbeiten sollte hierin keine rechtsgeschäftliche Abnahme gesehen werden. Die in § 12 Nr. 5 Abs. 2 Satz 2 VOB/B getroffene Wertung, dass in der bloßen bestimmungsgemäßen Fortsetzung keine fiktive Abnahme liegt, sollte auch als Hinweis für eine Verneinung einer stillschweigenden Abnahme interpretiert werden. Zahlt der Auftraggeber die Schlussrechnung des Drittunternehmers liegt darin wegen des Bezugs allein auf das Drittunternehmerverhältnis keine stillschweigende Abnahme der Leistungen des gekündigten Auftragnehmers.

36 b  Insgesamt kann es jedenfalls keinen Zweifel daran geben, dass der im Rahmen des § 8 Nr. 6 VOB/B vom Auftragnehmer erwirkten Abnahme **rechtsgeschäftliche Qualität** zukommt.[81] Nur im Hinblick auf diese Einstufung ist es gerechtfertigt, vom Auftraggeber in diesem Rahmen den Vorbehalt der Vertragsstrafe zu verlangen.[82]

### 4. Abnahme als Fälligkeitsvoraussetzung

37  Für den BGH[83] ist kein tragfähiger rechtlicher Grund dafür ersichtlich, im Rahmen eines VOB-Bauvertrages im Kündigungsfall an die Fälligkeitsvoraussetzungen des für den erbrachten Leistungsteil geschuldeten Vergütungsanspruchs geringere Anforderungen zu stellen, als sie für den Fall des vollständig durchgeführten Vertrages gelten. Die Kündigung führt nach dieser Auffassung nicht abweichend von den Voraussetzungen gemäß § 641 Abs. 1 BGB zur Fälligkeit, sondern die Abnahme des bis zur Kündigung erbrachten Teilwerks wird grundsätzlich als erforderlich angesehen. Dieser Standpunkt ist für den BGB-Bauvertrag und für den VOB-Bauvertrag in Zweifel zu ziehen. Hinsichtlich des BGB-Bauvertrages ist § 649 Satz 2 BGB zu beachten, wonach bei Kündigung des Werkvertrages durch den Besteller der Unternehmer berechtigt ist, die vereinbarte Vergütung zu verlangen.

37 a  Von einem **Abnahmebedarf** ist in diesem im Vergleich zum ordnungsgemäß abgewickelten Werkvertrag gestörten Vertragsverhältnis nicht die Rede. Hat § 641 Abs. 1 BGB den Regeltatbestand, nämlich die Fertigstellung des Werks gemäß vollständig abgewickeltem Vertragsverhältnis, zum Gegenstand, betrifft § 649 BGB mit seiner Regelung die freie Auftraggeberkündigung als Sondertatbestand. Mit der Kündigung erhält der Auftragnehmer nach dem Wortlaut des § 649 Satz 2 BGB die Möglichkeit, die vereinbarte Vergütung zu verlangen. Im Sinne des § 199 Abs. 1 Nr. 1 BGB ist damit der Anspruch entstanden. § 649 Satz 2 BGB verschafft gerade die Möglichkeit zur **Geltendmachung** des **Vergütungsanspruchs** mit der Kündigung unabhängig von weiteren zusätzlichen Voraussetzungen. Da

---

[80] U. v. 27. 2. 1996, X ZR 3/94, BGHZ 132, 96 = NJW 1996, 1749 = BauR 1996, 386, 388.
[81] BGH U. v. 11. 5. 2006, VII ZR 146/04, NJW 2006, 2475 = NZBau 2006, 569 = BauR 2006, 1294.
[82] BGH BauR 1981, 373 = NJW 1981, 1839 = ZfBR 1981, 180.
[83] U. v. 11. 5. 2006, VII ZR 146/04, NJW 2006, 2475 = NZBau 2006, 569 = BauR 2006, 1294.

die in § 649 Satz 2 BGB beschriebene Position des Auftragnehmers, bei Kündigung die vereinbarte Vergütung verlangen zu können, mit der Geltendmachung des Anspruchs identisch ist, begründet allein die Kündigung unabhängig von weiteren Voraussetzungen die Fälligkeit des Anspruchs. Denn fällig ist ein Anspruch, wenn er entstanden ist, was mit der Möglichkeit seiner Geltendmachung identisch ist.[84] § 649 BGB erweist sich als ein **Sondertatbestand,** der die Fälligkeit seinem Wortlaut nach gerade eigenständig regelt und damit den Rückgriff auf § 641 BGB ausschließt.[85] Ergänzend ist auf weitere Sondertatbestände, so in § 645 BGB zu verweisen, wo nach bisheriger Rechtsprechung gleichfalls Fälligkeit abnahmeunabhängig eintritt.[86]

Dieser Standpunkt, der in erster Linie für einen BGB-Bauvertrag einschlägig ist, gilt auch für einen **VOB-Bauvertrag.** Zwar verzichtet die VOB/B bezüglich ihrer insbesondere in § 16 Nr. 3 VOB/B geregelten Fälligkeitsvoraussetzungen nicht auf das Abnahmeerfordernis.[87] Das beinhaltet aber zugleich, dass dann, wenn nach BGB die Fälligkeit abnahmeunabhängig eintritt, diese Rechtsfolge grundsätzlich auch für einen VOB-Bauvertrag gilt, es sei denn, die VOB/B würde auch bei einer Kündigung eine solche Abnahme fordern. Das ist jedoch nicht der Fall.[88]

37 b

### III. Abrechnungskriterien

§ 8 Nr. 6 VOB/B erfordert eine prüfbare Abrechnung, wofür die sich aus § 14 Nr. 1 VOB/B ergebenden Kriterien zu beachten sind (vgl. → § 14 Nr. 1 Rdn. 42 ff.). Die bei der Abrechnung zu beachtenden Anforderungen an die inhaltliche Richtigkeit orientieren sich am Bauvertragstyp. Gegenstand der Abrechnung ist nach der Regelung die ausgeführte Teilleistung. Wenn Gegenstand der Abrechnung die ausgeführte Leistung sein soll, ist das ungenau. Was Gegenstand der Abrechnung zu sein hat, bestimmt maßgeblich auch der im Rahmen des § 8 VOB/B zur Anwendung kommende Kündigungsgrund. Die Beschränkung der Abrechnung auf die ausgeführte Leistung trifft in den Fällen der Kündigung aus wichtigem Grund – das sind die Fälle der Nrn. 2 und 3 – zu, nicht aber bei der Nr. 1. Die **freie Bauherrnkündigung** führt dazu, dass der Auftragnehmer den **gesamten Werklohn** verlangen kann, er muss sich jedoch dasjenige abziehen lassen, was er kündigungsbedingt an Aufwendungen erspart und was er anderweitig infolge der kündigungsbedingt frei werdenden Kapazitäten erwirbt oder zu erwerben unterlässt (§ 8 Nr. 1 Abs. 2 VOB/B). Die Abrechnung beherrscht der Grundsatz, dass keine Partei durch die Kündigung hinsichtlich der Abrechnung schlechter oder besser gestellt werden darf, als sie bei Durchführung des Vertrages stünde.[89] Das hat erheblichen Einfluss auf die Abrechnungsgrundsätze.[90] Tragend ist dabei, dass die Abrechnung transparent erfolgen muss, um dem Auftraggeber die für seine Verteidigung erforderliche Kontrolle zu ermöglichen. Die Abrechnung muss so erfolgen, dass die Informations- und Kontrollinteressen des Auftraggebers gewahrt sind.[91] Die Abrech-

38

---

[84] Palandt/*Heinrichs* § 199 Rdn. 3; MünchKomm/*Grothe* § 199 Rdn. 4; *Bamberger/Roth/Henrich* § 199 Rdn. 4.
[85] Vgl. *Peters* NZBau 2006, 559, der jedoch in erster Linie auf das seiner Auffassung nach falsche Verständnis des § 641 Abs. 1 BGB abhebt.
[86] BGH U. v. 11. 3. 1982, VII ZR 357/80, BGHZ 83, 197, 206 = NJW 1982, 1458.
[87] BGH U. v. 10. 5. 1990, VII ZR 257/89, NJW-RR 1900, 1170 = BauR 1990, 605, 607 = ZfBR 1990, 226.
[88] → § 8 Nr. 6 Rdn. 54.
[89] BGH U. v. 21. 12. 1995, VII ZR 198/94, NJW 1996, 1282 = BauR 1996, 382; *Kniffka* Jahrbuch Baurecht 2000, 1 ff.
[90] Vgl. § 8 Nr. 1 Rdn. 37 ff.
[91] BGH U. v. 17. 6. 2004, VII ZR 337/02, NJW-RR 2004, 1384 = NZBau 2004, 503 = BauR 2004, 1443 = ZfBR 2004, 688; U. v. 14. 1. 1999, VII ZR 277/97, BGHZ 140, 263 = NJW 1999, 1253 = BauR 1999, 642 = ZfBR 1999, 191.

nung beschränkt sich auf die bis zur Kündigung tatsächlich erbrachten Leistungen, wenn der gekündigte Auftragnehmer lediglich hierfür Werklohn berechnet. Dann orientiert sich die Abrechnung auch nicht an § 8 Nr. 1 Abs. 2 VOB/B, sondern allein an §§ 631, 632 BGB und § 8 Nr. 6 VOB/B.[92] Die fehlende **Prüfbarkeit** beeinflusst die **Fälligkeit,** wenn auch die Rüge der fehlenden Prüfbarkeit nach Ablauf von 2 Monaten nach Rechnungszugang nicht mehr erhoben werden kann; dann geht es nur noch um die Richtigkeit des Rechenwerks.[93]

## 1. Gegenstand der Abrechnung – ausgeführte Leistung

39   a) **Abrechnung Einheitspreisvertrag.** Im Übrigen beeinflusst der Vertragstyp die Abrechnungsgrundsätze. Als Vertragstypen kommen in Betracht: Einheitspreisvertrag (vgl. § 5 Nr. 1 a VOB/A), Pauschalvertrag (§ 5 Nr. 1 b VOB/A), Stundenlohnvertrag (§ 5 Nr. 2 VOB/A) und Selbstkostenerstattungsvertrag (§ 5 Nr. 3 VOB/A). Die ausgeführte Leistung ist bei einem **Einheitspreisvertrag** anders abzurechnen als bei einem Pauschalpreisvertrag. Bei einem Einheitspreisvertrag sind die sich aus dem Aufmaß ergebenden Mengen der Teilleistungen mit den Vertragspreisen zu vervielfachen.[94] Hinsichtlich der gekündigten Leistungen ist im Rahmen der Kündigung nach § 8 Nr. 1 Abs. 2 VOB/B grundsätzlich von dem Leistungsumfang auszugehen, der Gegenstand des Leistungsverzeichnisses ist. Ist es ohne Eingriffe des Auftraggebers bei der Ausführung durch den Drittunternehmer positionsmäßig zu Mehrmengen gekommen, sind diese Mengen der Abrechnung zu Grunde zu legen. Da die Abrechnung nach § 8 Nr. 6 VOB/B jedoch in engem zeitlichen Zusammenhang mit der Aufmaßnahme steht und die Beendigung der Drittunternehmerleistungen zu diesem Zeitpunkt noch offen ist, werden diese Aspekte bei der Abrechnung durch den gekündigten Unternehmer regelmäßig keine Rolle spielen.

40   b) **Abrechnung Stundenlohnvertrag.** Die Abrechnung des **Stundenlohnvertrages** vollzieht sich in Beschränkung auf die bis zur Kündigung erbrachten Leistungen nach den Grundsätzen des § 15 VOB/B. Ausschlaggebend sind die Taglohnzettel, die die bis zur Kündigung erbrachten Leistungen erfassen. Hinsichtlich der kündigungsbedingt entfallenen Leistungen scheidet naturgemäß ein Stundennachweis über Taglohnzettel aus. Entsprechend dem Grundsatz, dass die Abrechnung für den Auftraggeber nachprüfbar so zu erfolgen hat, dass sich der Besteller sachgerecht verteidigen kann,[95] muss der Auftragnehmer hinsichtlich der kündigungsbedingt entfallenen Leistung die Anzahl der hierfür erforderlichen Stunden einschließlich des Material- und Geräteeinsatzes möglichst konkret schätzen und darauf aufbauend den entfallenen Werklohn abzüglich der ersparten Aufwendungen darstellen. Dabei wird es ausreichen, wenn der Auftragnehmer das Verhältnis der erbrachten Leistungen zur beauftragten Gesamtleistung bestimmt und daraus den Stundenaufwand für die kündigungsbedingt entfallenen Leistungen ermittelt. Auf diese Weise hat der Auftraggeber die Möglichkeit, das Ergebnis konkret zu bestreiten. Dieselben Grundsätze gelten bei einem – in der Praxis äußerst seltenen – **Selbstkostenerstattungsvertrag.** Die für die bis zur Kündigung ausgeführten Leistungen werden nach den entstandenen Selbstkosten berechnet. Hinsichtlich des kündigungsbedingt entfallenen Leistungsteils sind die insoweit erwarteten Kosten belastbar zu prognostizieren und die Ersparnisse zum Abzug zu bringen.

41   c) **Abrechnung Pauschalvertrag.** Bei einem **Pauschalvertrag** lässt sich die Höhe der Teilvergütung nach einer Kündigung nur nach dem Verhältnis des Werts der erbrachten

---

[92] Vgl. BGH U. v. 30. 9. 1999, VII ZR 250/98 – NJW-RR 2000, 309 = NZBau 2000, 73 = BauR 2000, 100 = ZfBR 2000, 46.
[93] BGH U. v. 23. 9. 2004, VII ZR 173/03, NJW-RR 2005, 167 = NZBau 2005, 40 = BauR 2004, 1937 = ZfBR 2005, 56.
[94] BGH U. v. 21. 12. 1995, VII ZR 198/94, BGHZ 131, 362 = BauR 1996, 382, 383 = NJW 1996, 1282 = ZfBR 1996, 143.
[95] BGH U. v. 11. 2. 1999, VII ZR 91/98, NJW 1999, 2036 = BauR 1999, 632 = ZfBR 1999, 194; *Kniffka* Jahrbuch Baurecht 2000, 1 ff.

Teilleistung zum Wert der nach dem Pauschalvertrag geschuldeten Gesamtleistung errechnen. Hierfür kann durch **Aufmaß** der Umfang der Teilleistungen und die dafür anzusetzende Vergütung dargestellt und von dem noch nicht ausgeführten Leistungsteil abgegrenzt werden.[96] Ein dem Pauschalvertrag zu Grunde liegendes Leistungsverzeichnis bildet die geeignete Grundlage.[97] Die Abrechnung erfolgt jedoch wegen des zu berücksichtigenden **Pauschalierungsabschlags** nicht beschränkt im Rückgriff auf das Leistungsverzeichnis und die dort enthaltenen Preise. Es ist vielmehr erforderlich, dass das Verhältnis der bewirkten Leistungen zur vereinbarten Gesamtleistung und des Preisansatzes für die Teilleistungen zum Pauschalpreis dargestellt werden.[98]

Sind solche Parameter nicht vorhanden, muss der gekündigte Auftragnehmer im Nachhinein im Einzelnen darlegen, wie die erbrachten Leistungen unter Beibehaltung des Preisniveaus der vereinbarten Pauschale zu bewerten sind.[99] Die Abgrenzung zwischen erbrachten und nicht erbrachten Leistungen eines Pauschalvertrages muss nicht zwingend durch ein Aufmaß erfolgen. Jedoch ist die Abgrenzung der erbrachten von den nicht erbrachten Leistungen grundsätzlich erforderlich.[100] Sie kann sich auch ohne Aufmaßnahme aus den Umständen der Vertragsabwicklung ergeben; lagen dem Vertragsschluss lediglich grobe Bemessungsparameter für die Pauschalpreisbildung zu Grunde, kann im Kündigungsfall für die Bestimmung der erbrachten Leistung im Verhältnis zur Gesamtleistung keine genauere Festlegung gefordert werden. So kann bei einem mehrere Gewerke erfassenden Pauschalvertrag eine gewerkebezogene, also das gesamte Gewerk erfassende Kalkulation dann genügen, wenn eine andere Kalkulation bei Abschluss des Vertrages nicht vorhanden war.[101] Der Auftragnehmer hat bei Bedarf seine **Kalkulation offen** zu legen.[102] Ist eine solche Kalkulation im Rahmen der Vorbereitung des Vertragsschlusses unterblieben, ist sie **aus dem Kopf** nachzuholen.[103] Entscheidend ist, dass sich der Auftraggeber auf dieser Grundlage sachgerecht verteidigen kann. Welche Anforderungen an eine prüfbare Abrechnung im Einzelnen zu stellen sind, hängt letztlich vom Einzelfall ab. Maßgebend sind die Informations- und die Kontrollinteressen des Auftraggebers, die Umfang und Differenzierung der für die Prüfung erforderlichen Angaben bestimmen. Das Gericht hat insoweit im Prozess unmissverständliche Hinweise zu geben.[104] So kann ein Auftragnehmer, der bis zur Kündigung eines Pauschalvertrages nur geringfügige Teilleistungen erbracht hat, die ihm zustehende Mindestvergütung auch so berechnen, dass er die gesamte Leistung als nicht erbracht zu Grunde legt und von dem Pauschalpreis die hinsichtlich der Gesamtleistung ersparten Aufwendungen absetzt.[105] Dann verzichtet der Auftragnehmer allerdings bezüglich der erbrachten Teilleistungen auf die Vergütung einschließlich der ihm insoweit entstandenen Aufwendungen. Letztlich hat der Auftragnehmer darüber zu befinden, auf welche Weise er vorgehen will. Dabei spielen die Kosten für die Aufmassnahme die entscheidende Rolle.

---

[96] BGH U. v. 29. 6. 1995, VII ZR 184/94, BauR 1995, 691, 692 = NJW 1995, 2712 = ZfBR 1995, 297.
[97] BGH U. v. 20. 4. 2000, VII ZR 458/97, NJW-RR 2000, 1331 = NZBau 2000, 424 = ZfBR 2000, 477 = BauR 2000, 1501; BGH U. v. 4. 7. 1996, VII ZR 227/93, NJW 1996, 3270 = BauR 1996, 846 = ZfBR 1996, 310.
[98] BGH U. v. 30. 11. 1997, VII ZR 321/95, NJW-RR 1998, 234 = BauR 1998, 121 = ZfBR 1998, 78; BGH U. v. 29. 6. 1995, VII ZR 184/94, BauR 1995, 691, 692 = NJW 1995, 2712; vgl. auch OLG Köln *Schäfer/Finnern/Hochstein* Nr. 4 zu § Nr. 3 VOB/B (1973); OLG München *Schäfer/Finnern/Hochstein* Nr. 6 zu § 8 VOB/B.
[99] BGH U. v. 4. 7. 1996, VII ZR 227/93, NJW 1996, 3270 = BauR 1996, 846 = ZfBR 1996, 310.
[100] BGH U. v. 17. 6. 2004, VII ZR 337/02, NJW-RR 2004, 1384 = NZBau 2004, 503 = ZfBR 2004, 688 = BauR 2004, 1443, 1444.
[101] BGH U. v. 11. 2. 1999, VII ZR 91/98, NJW 1999, 2036 = BauR 1999, 632, 634 = ZfBR 1999, 194.
[102] BGH U. v. 11. 2. 1999, VII ZR 399/97, BGHZ 140, 365 = NJW 1999, 1867 = BauR 1999, 635 = ZfBR 199, 1996.
[103] BGH U. v. 7. 11. 1999, VII ZR 82/95, NJW 1997, 733 = BauR 1997, 304 = ZfBR 1997, 78.
[104] BGH U. v. 2. 5. 2002, VII ZR 325/00, NJW-RR 2002, 1177 = NZBau 2002, 508 = BauR 2002, 1406 = ZfBR 2002, 672.
[105] BGH U. v. 25. 11. 2004, VII ZR 394/02, NJW-RR 2005, 325 = NZBau 2005, 147 = ZfBR 2005, 252 = BauR 2005, 385.

**43** Die Detaillierung der Abrechnung hängt auch vom Verhalten des Auftraggebers ab. Hat der Auftraggeber ein gemeinsames Aufmaß vereitelt und ist dem Auftragnehmer nach der Kündigung wegen der vom Auftraggeber veranlassten Fortsetzung der Arbeiten durch einen Drittunternehmer ein einseitiges Aufmaß unmöglich geworden, genügt der Auftragnehmer seiner Verpflichtung zur prüfbaren Abrechnung, wenn er alle ihm zur Verfügung stehenden Umstände mitteilt, die Rückschlüsse auf den Stand der erbrachten Leistung ermöglichen.[106]

**44** Sämtliche Abrechnungskriterien nach dem Vertrag bleiben auch bei einer Kündigung maßgeblich. So ist z. B. ein **Abgebot** (Nachlass) zu berücksichtigen;[107] die Kündigung berechtigt den Auftragnehmer bei kündigungsbedingtem **Unterschreiten der Massenansätze** nicht zur Änderung des Einheitspreises nach § 2 Nr. 3 VOB/B.[108] Denn § 2 Nr. 3 VOB/B legitimiert zur Änderung bei vertragsgemäß zu Ende gebrachtem Vertrag, bei dem die Massenabweichungen die Kalkulationsbasis zusammenbrechen ließen. Die Kündigung ist ein davon vollkommen abweichender, nicht vergleichbarer Störungstatbestand. Hat eine mit einem Nachlass verbundene Pauschalierung ihren Grund darin, dass eine Aufmaßnahme und die damit verbundenen Kosten entbehrlich sind, die nunmehr kündigungsbedingt erforderlich wird, stellt sich die Frage nach der Auflösung dieses Nachlasses. *Vygen*[109] scheint diese Lösung mit Unterscheidung zwischen den einzelnen Kündigungstatbeständen zu bevorzugen. Der Ansatz liegt in einer schadensersatzrechtlichen bzw. aufwandsbezogenen Betrachtungsweise. Kündigt der Auftraggeber aus wichtigem Grund, hat sich der Auftragnehmer die Verschlechterung der Abrechnungsbasis selbst zuzuschreiben. Bei einer freien Bauherrnkündigung ist der Aufwand für die Aufmaßnahme ein Kostenfaktor im Zusammenhang mit den ersparten Aufwendungen bezüglich der kündigungsbedingten entfallenen Leistungen. Um die Aufmaßkosten reduziert sich die Ersparnis des Auftragnehmers.

**45** Für eine Änderung der preislichen Grundlagen besteht bei einer freien Bauherrnkündigung nach § 8 Nr. 1 VOB/B auch sachlich keinerlei Anlass. Denn gemäß § 8 Nr. 1 Abs. 2 VOB/B erfolgt Abrechnung gerade der gesamten Leistung unter Abzug der hinsichtlich der gekündigten Leistungen ersparten Aufwendungen. Damit ändert sich hinsichtlich des Mengenansatzes am Rechenwerk nichts. Soweit der Auftraggeber aus wichtigem Grund kündigt und sich die Abrechnung der Leistung damit auf das beschränkt, was der Auftragnehmer bis zur Kündigung ausgeführt hat, hat der Auftragnehmer für die Beschränkung auf diesen Teil den Grund gesetzt. Es würde schadensersatzrechtlichen Grundüberlegungen zuwider laufen, wenn der Schädiger hieraus eine Anpassung der preislichen Grundlagen für die ausgeführte Leistung verlangen könnte. Zur abrechnungsfähigen Leistung gehören bei einer Kündigung nach § 8 Nr. 3 VOB/B die lediglich angelieferten, aber noch nicht eingebauten Bauteile nicht; das folgt aus § 8 Nr. 3 Abs. 3 VOB/B.[110] Eine vereinbarte **Gewährleistungssicherheit** ist im Umfang der Abrechnungssumme für die erbrachte Teilleistung bei der Abrechnung zu berücksichtigen (vgl. → § 8 Nr. 1 Rdn. 11).[111] Deren Freigabe bestimmt sich nach allgemeinen, aus § 17 Nr. 8 VOB/B ableitbaren Regeln. Die Rückgabe ist nicht schon im Rahmen der Schlussrechnungsprüfung veranlasst und die Rückgabe nicht schon dann geboten, wenn zu diesem Zeitpunkt keine Gewährleistungsansprüche vorhanden sind.[112] Denn die Sicherheitsleistung soll die Sachmängelhaftung über die Dauer der Verjährungsfrist für die Sachmängelansprüche sicherstellen. Die Verjährungsfrist für diese Ansprüche beginnt mit der Abnahme der bis zur Kündigung erbrachten Leistungen zu laufen.

---

[106] BGH U. v. 17. 6. 2004, VII ZR 337/02, NJW-RR 2004, 1384 = NZBau 2004, 503 = ZfBR 2004, 688 = BauR 2004, 1443.
[107] OLG Celle OLGR 1994, 242 = IBR 1994, 497.
[108] OLG Celle OLGR 1994, 242 = IBR 1994, 497.
[109] *Ingenstau/Korbion* VOB/B § 8 Nr. 6 Rdn. 18.
[110] BGH U. v. 9. 3. 1995, VII ZR 23/95, BauR 1995, 545 = NJW 1995, 1837 = ZfBR 1995, 198.
[111] *Heiermann/Riedl/Rusam* VOB/B § 8 Rdn. 49; *Ingenstau/Korbion/Vygen* VOB/B § 8 Nr. 6 Rdn. 20.
[112] So auch *Heiermann/Riedl/Rusam* VOB/B § 8 Rdn. 49 g.

## 2. Gegenstand der Abrechnung – vergütungsgleiche Ansprüche

Die Rechtsprechung des BGH[113] geht über die in § 8 Nr. 6 VOB/B gestellten Anforderungen hinaus und fordert, dass der Auftragnehmer in die Schlussrechnung alle von ihm erhobenen Vergütungsansprüche und vergütungsgleichen Ansprüche in einer umfassenden und prüfbaren Schlussrechnung darzustellen. Hierzu zählen im Rahmen von § 8 VOB/B die sich aus dessen Nr. 1 Abs. 2 ergebenden Ansprüche; der BGH rechnet auch die aus § 6 Nr. 5 bis 7 und aus § 9 Nr. 3 Satz 2 VOB/B folgenden Ansprüche dazu.[114]

Hierbei handelt es sich um eine **Überdehnung** des nach § 8 Nr. 6 VOB/B vom Auftragnehmer Geforderten. Das nach § 8 Nr. 6 VOB/B verlangte Rechenwerk betrifft die ausgeführte Teilleistung. Selbstverständlich entlässt dies den Auftragnehmer im Fall der freien Kündigung nach § 8 Nr. 1 Abs. 2 VOB/B nicht der Notwendigkeit, seinen Vergütungsanspruch darzustellen, was letztlich aus allgemeinen Erwägungen ebenfalls nachprüfbar zu geschehen hat. Nicht von § 8 Nr. 6 VOB/B sind die Ansprüche des gekündigten Auftragnehmers aus § 8 Nr. 3 Abs. 3 VOB/B erfasst, weil diese erst lange Zeit nach der Kündigung fällig werden. Diese Ansprüche sind nicht unselbständige Rechnungsposten der Schlussrechnung.[115] Die Fälligkeit des Vergütungsanspruchs für die Nutzung von Geräten, Gerüsten, auf der Baustelle vorhandenen anderen Einrichtungen sowie von angelieferten Stoffen hängt nicht davon ab, dass der Auftragnehmer nach der Kündigung eine Schlussrechnung gemäß § 8 Nr. 6 VOB/B erteilt.

**Inhaltlich** hat der Auftragnehmer in der Abrechnung die erbrachten Leistungen nachprüfbar darzustellen. Das geschieht bei einem Einheitspreisvertrag über das Aufmaß, was auch bei einem Pauschalvertrag dann nahe liegt, wenn dieser auf der Grundlage eines Leistungsverzeichnisses geschlossen worden ist. Der durch ein Vertragsbestandteil gewordenes Leistungsverzeichnis erzielte Detaillierungsgrad muss im Störungsfall fortgeschrieben werden. Hat der Auftraggeber die Fortsetzung der Arbeiten durch einen Drittunternehmer veranlasst und dadurch verhindert, dass der gekündigte Auftragnehmer das Aufmaß noch nachträglich ermitteln kann, genügt der Auftragnehmer seiner Verpflichtung zur prüfbaren Abrechnung, wenn er alle ihm zur Verfügung stehenden Umstände mitteilt, die Rückschlüsse auf den Stand der erbrachten Leistungen zulassen.[116] Sind bei dem Vertragsschluss andere vertraglichen Preisfindungsparameter maßgeblich gewesen, wie z. B. bei einer schlüsselfertigen Vergabe eine gewerkebezogene Preisbildung, hat die Abrechnung hieran anzuknüpfen und das Verhältnis der erbrachten Leistungen zum gesamten Gewerk darzustellen wie auch das Verhältnis der diesbezüglich vorgesehen Vergütung zur erbrachten Leistung. Diese Grundsätze gelten auch für die Abrechnung eines gekündigten Globalpauschalvertrages.[117]

## 3. Rechtzeitige Abrechnung

Der Auftragnehmer hat die Rechnung über die ausgeführten Leistungen **unverzüglich** (vgl. § 121 BGB: ohne schuldhaftes Zögern) zu erstellen. Für die Bemessung des Zeitfaktors spielen neben der Objektgröße und dem Umfang der erbrachten Teilleistungen die Umstände hinsichtlich der Aufmaßnahme eine Rolle. Erwogen werden kann, die in § 14 Nr. 3 VOB/B angeführten Fristen als Orientierung anzusetzen. Der damit vorhandene Beurteilungsspielraum wird es nur in den seltensten Fällen zulassen, dem Auftragnehmer mit Recht

---

[113] BGH U. v. 9. 10. 1986, VII ZR 249/85, BauR 1987, 95, 96 = NJW 1987, 382 = NJW-RR 1987, 208 = ZfBR 1987, 38.
[114] So auch *Heiermann/Riedl/Rusam* VOB/B § 8 Rdn. 49 h.
[115] BGH U. v. 28. 9. 2000, VII ZR 372/99, BGHZ 145, 245 = NJW 2001, 367 = NZBau 2001, 86 = BauR 2001, 245 = ZfBR 2001, 95.
[116] BGH U. v. 17. 6. 2004, VII ZR 337/02, NJW-RR 2004, 1384 = NZBau 2004, 503 = BauR 2004, 1443 = ZfBR 2004, 688.
[117] BGH U. v. 2. 5. 2002, VII ZR 325/00, NJW-RR 2002, 1177 = NZBau 2002, 508 = ZfBR 2002, 272 = BauR 2002, 1406; BGH U. v. 4. 7. 2002, VII ZR 103/01, NJW-RR 2002, 1596 = NZBau 2002, 614 = BauR 2002, 1588 = ZfBR 2002, 787.

eine zum Schadensersatz verpflichtende **Nebenpflichtverletzung** vorzuwerfen. Dies gilt auch deshalb, weil der Auftraggeber nach § 14 Nr. 4 VOB/B berechtigt ist, nach fruchtlosem Ablauf einer angemessenen Frist die Rechnung selbst zu erstellen. Aus Schadensminderungsgesichtspunkten (§ 254 BGB) ist dies eine Obliegenheit des Auftraggebers.

### 4. Folgen von Mängeln der Teilleistung

50  Mängel der Teilleistung selbst, die in mehr als ihrer kündigungsbedingten Teilnatur bestehen, berechtigen den Auftraggeber im Rahmen von § 8 Nr. 6 VOB/B zur **Abnahmeverweigerung** unter Beachtung der sich aus § 12 Nr. 3 VOB/B ergebenden Einschränkung. Vor der Abnahme trägt der Unternehmer die **Beweislast** für die Mängelfreiheit.[118] An dieser Beweislast ändert die Kündigung durch den Auftraggeber nichts. Denn diese hat die Abnahme nicht ersetzt, sondern verwehrt dem Auftraggeber lediglich die Berufung darauf, dass der Anspruch mangels Abnahme nicht fällig sei.[119] Im Übrigen wirken sich Mängel der Teilleistung nicht anders aus als bei ihrem Auftreten im Rahmen eines sonst ungestörten Vertragsverhältnisses (vgl. → § 8 Nr. 1 Rdn. 7 ff.). Beruft sich der Auftraggeber auf die vollkommene **Wertlosigkeit** der Werkleistung, trifft die Beweislast ihn.[120] Insbesondere bringen Mängel der Teilleistung den Vergütungsanspruch nicht zum Erlöschen; Erlöschenstatbestand kann z. B. ein Schadensersatzanspruch im Falle der vollständigen Wertlosigkeit der Bauleistung sein.[121]

51  Macht der Besteller nach der Kündigung des Werkvertrages gegenüber der Werklohnklage des Auftragnehmers ein **Leistungsverweigerungsrecht** geltend, führt dies nicht zur Abweisung der Klage als derzeit unbegründet, sondern zur Verurteilung **Zug um Zug** gegen die Mängelbeseitigung.[122] Selbst wenn die Mängel in ihrer Qualität (§ 12 Nr. 3 VOB/B) das Recht zur Abnahmeverweigerung böten, wirkt sich dies auf die Existenz und die Fälligkeit des Vergütungsanspruchs dann nicht aus, wenn die Abnahme für die Zahlungsansprüche des Auftragnehmers nach Kündigung nicht als Fälligkeitsvoraussetzung qualifiziert wird.[123] Von diesem Standpunkt aus gesehen ist auch die Herstellung der **Abnahmefähigkeit** der Leistung lediglich für die Gegenrechte des Bestellers von Bedeutung.[124]

52  In der Literatur[125] wird teilweise ein gegenteiliger Standpunkt vertreten, dem schließlich auch die höchstrichterliche Rechtsprechung[126] gefolgt ist. *Kniffka* geht dabei so weit, die Rechtsprechung,[127] die bei einer Kündigung die Abnahme nicht als Fälligkeitsvoraussetzung einstuft, als Betriebsunfall zu bezeichnen. Dabei bleibt jedoch unbeachtet, dass nach §§ 640, 641 BGB für die Fälligkeit des Vergütungsanspruchs die Abnahme des vertragsmäßig hergestellten Werkes erforderlich ist. Das vertragsmäßig hergestellte Werk in diesem Sinne ist das nach § 631 Abs. 1 beauftragte Werk; dieses Werk ist nicht zwigend identisch mit dem Werk, das kündigungsbedingt einem „Torso" gleicht. Auch wenn mit den unter Rdn. 34 angestellten Überlegungen die Anwendbarkeit der §§ 640, 641 auf ein **„Werktorso"** deshalb bejaht wird, weil sich bei Kündigung das vertragsmäßig geschuldete Werk auf die bis

---

[118] BGH U. v. 5. 6. 1997, VII ZR 124/96, BGHZ 136, 33 = NJW 1997, 3017 = ZfBR 1997, 293 = BauR 1997, 1060; BGH BauR 1993, 469, 472 = NJW 1993, 1972 = ZfBR 1993, 189.
[119] BGH U. v. 25. 3. 1993, X ZR 17/92, BauR 1993, 469, 472 = NJW 1993, 1972 = ZfBR 1993, 189; *Heiermann/Riedl/Rusam* VOB/B § 8 Rdn. 48 e.
[120] BGH U. v. 5. 6. 1997, VII ZR 124/96, BGHZ 136, 33 = NJW 1997, 3017 = ZfBR 1997, 293 = BauR 1997, 1060; BGH U. v. 25. 3. 1993, X ZR 17/92, BauR 1993, 469, 472 = NJW 1993, 1972 = ZfBR 1993, 189.
[121] Vgl. *Heiermann/Riedl/Rusam* VOB/B § 8 Rdn. 49 p.
[122] OLG Hamm BauR 1995, 397 = NJW-RR 1995, 657.
[123] Für die Abnahme als Fälligkeitsvoraussetzung BGH U. v. 11. 5. 2006, VII ZRHG/04, NJW 2006, 2475 = NZBau 2006, 569 = BauR 2000, 1294.
[124] OLG Hamm BauR 1995, 397, 398.
[125] *Acker/Roskosny* BauR 2003, 1279, 1281; *Kniffka* ZfBR 1998, 113, 116; *Thode* ZfBR 1999, 116, 123.
[126] BGH U. v. 11. 5. 2006, VII ZR 146/04, NJW 2006, 2475 = NZBau 2006, 569 = BauR 2006, 1294.
[127] BGH U. v. 25. 3. 1993 – X ZR 17/92, NJW 1993, 1972 = BauR 1993, 469; BGH U. v. 25. 6. 1987, VII ZR 251/86, NJW 1988, 410 = BauR 1987, 689.

zur Kündigung erbrachte Leistung beschränkt, bleiben gegenüber der nunmehrigen Rechtsprechung des BGH erhebliche Zweifel. Diese leiten sich daraus ab, dass § 649 BGB einen Sondertatbestand regelt, der sich vom Normaltatbestand des vertragskonform abgewickelten Vertrages unterscheidet. Die Fälligkeit ist abweichend von § 641 BGB in § 649 BGB eigenständig geregelt. Ist gekündigt, kann der Auftragnehmer den Werklohn nach Maßgabe des § 649 Satz 2 BGB verlangen. Hat der Auftraggeber gekündigt, ist auch kein Raum mehr für die Anwendbarkeit des § 641 Abs. 2 BGB. § 649 BGB erweist sich als eine Sonderregelung, weswegen auf die Voraussetzungen nach § 641 BGB nicht zurückgegriffen werden darf.[128] Die Fälligkeit der Vergütung im Fall der Kündigung ist in § 649 Abs. 1 BGB ohne Rücksicht auf eine Abnahme normiert.

## D. Fälligkeit, Verjährungsbeginn, Verjährungsfrist

### I. Fälligkeit

Die Fälligkeit des Vergütungsanspruchs hängt von der Erteilung einer **prüfbaren** Zusammenstellung in einer Schlussrechnung ab. Nach der Rechtsprechung schließt dies die Erfassung der vergütungsgleichen Ansprüche des gekündigten Auftragnehmers ein.[129] Nach vorzeitiger Beendigung eines VOB-Bauvertrages bedarf es für die Fälligkeit der Vergütung für die erbrachten Leistungen wie auch vergütungsrechtlicher Forderungen (Gewinn, Entschädigung) der Erteilung einer Schlussrechnung nach § 16 Nr. 3 Abs. 1 Satz 1 VOB/B.[130] Folglich hat bei einer freien Kündigung das Rechenwerk auch den Vergütungsanspruch nach § 8 Nr. 1 Abs. 2 Satz 1 und Satz 2 VOB/B zu umfassen. Erst die Erstellung einer Schlussrechnung ist fälligkeitsbegründend.[131]    53

a) **Abnahme als Fälligkeitsvoraussetzung.** Der BGH[132] bejaht nunmehr nach entsprechend vorbereitender Rechtsprechung[133] die Notwendigkeit einer rechtsgeschäftlichen Abnahme bei Kündigung eines Bauvertrages; dabei ist gleichgültig, ob es sich um einen BGB- oder einen VOB-Bauvertrag handelt. Abgesehen von den unter Rdn. 37 bis 37 b dargestellten Gegenargumenten, ist hinsichtlich eines VOB-Bauvertrages die Sonderregelung in § 8 Nr. 6 VOB/B zu beachten. Denn § 8 Nr. 6 VOB/B stellt die Abnahme als eine Möglichkeit in den Raum. Schon rein sprachlich fällt die unterschiedliche Wahl der Hilfszeitwörter in Satz 1 Halbsatz 1 und Halbsatz 2 auf. Nach dem 2. Halbsatz **hat** der Auftragnehmer unverzüglich eine prüfbare Rechnung über die ausgeführten Leistungen zu erbringen. Damit ist die Rechnungsstellung – wie in § 16 Nr. 3 VOB/B auch – Fälligkeitsvoraussetzung. Allerdings wird auch bei Kündigung der Anspruch auf die Zahlung – wie in § 16 Nr. 3 Abs. 1 VOB/B – erst alsbald nach Prüfung, spätestens innerhalb vom 2 Monaten nach Zugang fällig, wenn die Rechnung Schlussrechnungs- oder Teilschlussrechnungscharakter aufweist. Der 1. Halbsatz stellt die Abnahme durch das Hilfszeitwort „Kann" anheim und macht damit die Abnahme im Kündigungsfall gerade nicht zur Fälligkeitsvoraussetzung. Führt die Kündigung zu einer vollständigen Aufhebung des Vertragsverhältnisses in die Zukunft, ist nach § 8 Nr. 6 i. V. m. § 16 Nr. 3 Abs. 1 VOB/B eine Schlussrechnung zu erstellen. § 8 Nr. 6 VOB/B modifiziert mit seiner Forderung nach unverzüglicher Vorlage    54

---

[128] → § 8 Nr. 6 Rdn. 37–37 b.
[129] BGH U. v. 9. 10. 1986, VII ZR 249/85, BauR 1987, 95, 96 = NJW 1987, 382 = NJW-RR 1987, 208 = ZfBR 1987, 38; *Heiermann/Riedl/Rusam* VOB/B § 8 Rdn. 49.
[130] BGH NJW 1987, 382 = NJW-RR 1987, 208 = ZfBR 1987, 38 = BauR 1987, 95.
[131] BGH U. v. 30. 10. 1997, VII ZR 222/96, NJW-RR 1998, 451 = BauR 1998, 185.
[132] U. v. 11. 5. 2006, VII ZR 146/04, NJW 2006, 2475 = NZBau 2006, 569 = BauR 2006, 1294.
[133] U. v. 19. 12. 2002, VII ZR 103/00, BGHZ 153, 244 = NJW 2003, 1450 = NZBau 2003, 265 = ZfBR 2003, 375; BGH U. v. 22. 9. 2005, VII ZR 117/03, BGHZ 164, 159 = NJW 2005, 3574 = NZBau 2005, 685 = BauR 2005, 1913 = ZfBR 2006, 32.

einer prüfbaren Rechnung lediglich die sonst für eine Schlussrechnung nach § 14 Nr. 3 VOB/B geltenden Fristen.

55   **b) Sonstige Fälligkeitsbestimmung.** Die exakte Fälligkeitsbestimmung erfolgt dann auch in voller Übereinstimmung mit § 16 Nr. 3 Abs. 1 VOB/B. Soweit *Vygen*[134] die Auffassung vertritt, die möglichen und aus § 8 Nr. 3 Abs. 4 VOB/B ableitbaren Gegenansprüche würden die Fälligkeit möglicherweise über den Prüfungszeitraum von 2 Monaten (aus § 16 Nr. 3 Abs. 1 VOB/B) verschieben, ist dem nicht zu folgen. Diese Auffassung lässt sich auch nicht aus der Entscheidung des BGH vom 9. 10. 1989[135] ableiten. Wenn danach der Auftraggeber erst mit einer prüfbaren Schlussrechnung in den Stand gesetzt wird, die Berechtigung der abgerechneten Forderung zu prüfen, etwaig Abzüge vorzunehmen und mit Gegenansprüchen aus Schlechterfüllung oder ungerechtfertigter Kündigung des Vertrages aufzurechnen, entsteht hierdurch nicht der Bedarf dafür, die Fälligkeit der mit Schlussrechnung abgerechneten Forderungen über die in § 16 Nr. 3 Abs. 1 VOB/B vorgesehene zweimonatige Prüfungszeit hinaus zu verschieben. Denn diese Prüfungszeit von zwei Monaten deckt gerade diesen Prüfungsbedarf ab, der sowohl im Rahmen des § 16 Nr. 3 Abs. 1 als auch bei § 8 Nr. 6 VOB/B besteht. Die aus § 8 Nr. 3 Abs. 3 und 4 VOB/B ableitbaren Ansprüche begründen keinen Bedarf für eine Verschiebung der Fälligkeit des Vergütungsanspruchs des gekündigten Auftragnehmers. Der Anspruch des Auftragnehmers aus der Nutzung von Gerätschaften, Baustoffen und Bauteilen durch den Auftraggeber bzw. den von diesem eingeschalteten Drittunternehmer ist eigenständig und unabhängig von der Schlussrechnung nach § 8 Nr. 6 VOB/B durchsetzbar. Denn diese Nutzung, die erst nach der Kündigung erfolgt, führt zu einer Vergütung, die nicht unselbstständiger Rechnungsposten der Schlussrechnung ist.[136] Die Rechtsprechung billigt dem Auftraggeber gegenüber dem Anspruch des gekündigten Auftragnehmers aus der Geräte-, Baustoff- oder Bauteilnutzung (§ 8 Nr. 3 Abs. 3 VOB/B) ein Leistungsverweigerungsrecht zu, solange der Auftragnehmer die Schlussrechnung nach § 8 Nr. 6 VOB/B noch nicht vorgelegt hat.[137] Ansprüche aus § 8 Nr. 3 Abs. 3 VOB/B beeinflussen deshalb die Fälligkeit des Vergütungsanspruchs des gekündigten Auftragnehmers für die erbrachte Werkleistung nicht. Nichts anderes gilt für den Anspruch des Auftraggebers aus § 8 Nr. 3 Abs. 1, 4 VOB/B. Denn die Fortsetzung der gekündigten Arbeiten durch einen Drittunternehmer kann sich unter Umständen über einen langen Zeitraum hinziehen.

56   In welchem Umfang die nach § 8 Nr. 6 VOB/B geforderte Rechnung neben den ausgeführten Leistungen auch andere Abrechnungselemente aufnehmen muss, ist eine Frage des Einzelfalles und hat mit dem Kündigungsgrund zu tun. § 8 Nr. 6 VO/B ist insofern eine unvollkommene und ergänzungsfähige Abrechnungsregel. Die Beschränkung auf die Abrechnung der ausgeführten Leistungen ist nur berechtigt, wenn die Kündigung lediglich zur Vergütung der erbrachten Leistungen berechtigt oder sich der gekündigte Auftragnehmer auf die Abrechnung der Ausführungsleistungen bis zur Kündigung beschränkt. Das sind die Tatbestände der Kündigung aus wichtigem Grund. Bei der freien Bauherrnkündigung nach § 8 Nr. 1 Abs. 1 VOB/B mit der Abrechnungsfolge aus § 8 Nr. 1 Abs. 2 VOB/B erfasst die Abrechnung bei entsprechender Wahl des gekündigten Auftragnehmers den gesamten Vergütungsanspruch abzüglich der ersparten Aufwendungen und des anderweitig erzielten oder böswillig unterlassenen Erwerbs. Die Schlussrechnung hat dann auch diesen Teil des Vergütungsanspruchs prüfbar so darzustellen, dass den Informations- und Kontrollinteressen des Auftraggebers Rechnung getragen wird. Die Bewertung der erbrachten Leistungen hat in Ausrichtung am Vertragstyp zu erfolgen, was bei einem Einheitspreis durch Aufmaßnahme und Multiplikation mit den Einheitspreisen wesentlich leichter fällt, als bei einem Pauschal-

---

[134] *Ingenstau/Korbion* VOB/B § 8 Nr. 6 Rdn. 19.
[135] VII ZR 249/85, NJW 1987, 382 = BauR 1987, 96, 96.
[136] BGH U. v. 28. 9. 2000, VII ZR 372/99, BGHZ 145, 245 = NJW 2001, 367 = NZBau 2001, 86 = BauR 2001, 245 = ZfBR 2001, 95.
[137] BGH U. v. 28. 9. 2000, VII ZR 372/99, BGHZ 145, 245 = NJW 2001, 367 = NZBau 2001, 86 = BauR 2001, 245 = ZfBR 2001, 95.

vertrag. Wenn diesem jedoch ein Leistungsverzeichnis zu Grunde liegt und eine Pauschalierung erst über die Angebotsendsumme erfolgt gelingt die Bewertung der erbrachten Leistungen analog den Regeln für den Einheitspreisvertrag. Bei einem Globalpauschalvertrag ist das Verhältnis des Werts der erbrachten Teilleistungen zum Gesamtleistungsumfang zu ermitteln und der Preisansatz der erbrachten Teilleistung zum Pauschalpreis festzustellen.[138] Dabei beinhaltet das Gebot zur Feststellung des Werts der erbrachten Teilleistungen zum Gesamtleistungserfolg eine Aussage über den bis zur Kündigung erreichten **Realisierungsgrad** des Objekts oder Gewerks. Dieser Realisierungsgrad, der gewöhnlich als Verhältnis- oder Prozentzahl angegeben wird und z. B. anhand des Zeitaufwandes ermittelt werden kann, ist jedoch nur eingeschränkt für die Bestimmung des Werts der erbrachten Leistung ausschlaggebend. Die preisliche Wertigkeit der Leistungen bestimmt sich nach eigenständigen, aufwandsorientierten Ansätzen, die neben dem Zeitaufwand auch die Material- und Gerätekosten berücksichtigen müssen. Diese Umstände sind sowohl bei der Bewertung der erbrachten Leistungen als auch bei der Bemessung der ersparten Aufwendungen zu berücksichtigen.

## II. Verjährungsbeginn und Verjährungsfrist

Die gemäß § 195 BGB 3-jährige Verjährungsfrist für die Vergütungsansprüche des Auftragnehmers beginnt nach § 199 Abs. 1 BGB mit dem Schluss des Jahres zu laufen, in welchem der Auftragnehmer die **prüfbare Schlussrechnung** gem. § 8 Nr. 6, § 16 Nr. 3 Abs. 1 Satz 1 VOB/B gestellt hat und die längstens zweimonatige Prüfungsfrist abgelaufen ist. Dieser Verjährungsbeginn gilt für die in die Schlussrechnung einzustellenden Zahlungsansprüche des Auftragnehmers unabhängig davon, ob deren Auflistung in der Schlussrechnung erfolgt ist. Der **einheitliche Verjährungsbeginn** ist für Vergütungsansprüche und für vergütungsgleiche Ansprüche gerechtfertigt. Denn mit der Einreichung der Schlussrechnung gibt der gekündigte Auftragnehmer zu erkennen, was er aus seiner Sicht für das Teilwerk zu fordern hat. Die einheitliche Verjährung für die in der Schlussrechnung enthaltenen und die in ihr nicht aufgeführten Beträge für die Ausführung der Bauleistung ist konsequent und dient dem Rechtsfrieden.[139] Dies gilt nicht für die Ansprüche des Auftragnehmers aus § 8 Nr. 3 Abs. 3 VOB/B.[140]

57

## III. Klauseln

Vom **Auftraggeber** gestellte Klauseln, die dem Auftragnehmer das Recht auf Aufmaß und/oder Abnahme versagen, sind VOB-widrig. Das gilt hinsichtlich der Aufmaßnahme auch bei Abschluss eines Global-Pauschalvertrages, weil die Aufmaßnahme jedenfalls auch ein Mittel für eine Bewertung der bis zur Kündigung erbrachten Teilleistungen ist. Bei einem Stundenlohnvertrag fällt das Urteil gegenteilig deshalb aus, weil Abrechnungsgrundlage nach § 15 Nr. 3 VOB/B Stundenlohnzettel sind. Das Aufmaß ist bei einem Stundenlohnvertrag nur im Rahmen von § 15 Nr. 5 VOB/B bedeutsam, wenn keine Taglohnzettel ausgestellt worden sind. Die Verschiebung der Abnahme auf den Zeitpunkt der Abnahme der durch einen Drittunternehmer bewirkten Fortsetzungsleistungen ist gemäß § 307 Abs. 2 Nr. 1 BGB sowohl AGB-widrig als auch VOB-widrig, weil damit die Abnahme auf eine unbestimmte und dem Einfluss des gekündigten Auftragnehmers entzogene Zeit verschoben wird. Formuliert der Auftraggeber in einer Klausel eine Frist für die Vorlage der Rechnung

58

---

[138] Vgl. *Kniffka* Jahrbuch Baurecht 2000, 1 ff.
[139] Vgl. BGH U. v. 12. 2. 1970, VII ZR 168/67, BGHZ 53, 222, 225 = NJW 1970, 938 = BauR 1970, 113, 115; BGH U. v. 9. 10. 1986, VII ZR 249/85, BauR 1987, 95, 96 = NJW 1987, 382 = ZfBR 1987, 38.
[140] BGH U. v. 28. 9. 2000, VII ZR 372/99, BGHZ 145, 245 = NJW 2001, 367 = NZBau 2001, 86 = BauR 2001, 245 = ZfBR 2001, 95.

entscheidet sich die VOB-Widrigkeit danach, ob die Frist den Anforderungen an die Unverzüglichkeit entspricht. Die Frist wird jedenfalls die in § 14 Nr. 3 VOB/B genannten Fristen nicht überschreiten dürfen, sondern wird eher kürzer sein müssen.

59  Stellt der **Auftragnehmer** rechtswirksam die VOB/B, ist eine Klausel VOB-widrig, mit welcher die Rechnungsstellungsfrist über die Unverzüglichkeitsgrenze hinaus verlängert wird. Sieht der Auftragnehmer bei einem Stundenlohnvertrag in der von ihm gestellten Klausel als Abrechnungsgrundlage die vom Auftraggeber unterschriebenen Stundenlohnzettel vor, fehlt es an einer VOB-Widrigkeit der Klausel. Denn die in § 8 Nr. 6 vorgesehene Aufmaßnahme bezweckt den Schutz des Auftragnehmers, auf den dieser damit verzichtet. Außerdem ist eine Aufmaßnahme bei einem Stundenlohnvertrag verzichtbar, wenn der Auftragnehmer als Vergütungsgrundlage die vom Auftraggeber oder dessen objektüberwachenden Planer gegengezeichneten Taglohnzettel vorsieht.

## § 8 Nr. 7 [Vertragsstrafenanspruch bis Kündigung]

**Eine wegen Verzugs verwirkte, nach Zeit bemessene Vertragsstrafe kann nur für die Zeit bis zum Tag der Kündigung des Vertrags gefordert werden.**

**Literatur:** *Kapellmann/Langen/Schiffers,* Bemessung von Vertragsstrafen für verzögerte Baufertigstellung in AGB, BB 1987, 560; *Kemper,* Die Vereinbarung von Vertragsstrafe bei Fristüberschreitung in Allgemeinen Geschäftsbedingungen, BauR 2001, 1015; *Kleine-Möller,* Die Vertragsstrafe im Bauvertrag, BB 1976, 442. – Siehe im Übrigen die Hinweise → Vor § 11.

### Übersicht

| | Rdn. | | Rdn. |
|---|---|---|---|
| A. Bedeutung der Vorschrift | 1 | 3. Kündigung – Rechtsfolgen für Vertragsstrafenvereinbarung | 10 |
| B. Anwendungsbereich | 2–16 | a) Nach Zeit bemessene Vertragsstrafe | 11 |
| I. Regelungszusammenhang | 4 | b) Zeitunabhängige Vertragsstrafenregelung | 13 |
| II. Regelungsbedarf oder Regelungsselbstverständlichkeit | 5 | III. Begrenzung der Höhe der Vertragsstrafe | 14 |
| 1. Vertragsstrafenvereinbarung als Fundament | 6 | IV. Vorbehalt der Vertragsstrafe | 16 |
| 2. Konstellation des § 8 Nr. 7 VOB/B | 7 | C. Allgemeine Geschäftsbedingungen | 17 |
| a) Fallgegebenheiten | 8 | | |
| b) Unterscheidungsbedarf – Vertragsstrafenanspruch dem Grunde nach gesichert | 9 | | |

## A. Bedeutung der Vorschrift

§ 8 Nr. 7 VOB/B **limitiert** eine wegen Verzugs verwirkte und nach Zeit bemessene **1** Vertragsstrafe. Die dem Grunde nach gerechtfertigte Vertragsstrafe wird ihrem Umfang nach auf die Zeit beschränkt, die vom Eintritt des Verwirkungstatbestandes bis zur Kündigung des Vertrages verstrichen ist. § 8 Nr. 7 VOB/B knüpft an § 11 Nr. 2 VOB/B an, wonach eine Vertragsstrafe, die der Auftragnehmer für den Fall der nicht fristgerechten Erfüllung verspricht, dann fällig wird, wenn der Auftragnehmer in Verzug gerät. Kündigt der Auftraggeber den Vertrag aus § 8 Nr. 1 bis Nr. 4 VOB/B genannten oder sonst einschlägigen Gründen, wirkt sich die **Beschränkungsanordnung** aus. § 8 Nr. 7 VOB/B ist eine von Amts wegen zu beachtende Einwendung und keine Einrede, auf die sich der Auftragnehmer ausdrücklich berufen müsste. Der Vertragsstrafenanspruch wird durch eine Auftraggeberkündigung der Höhe nach von vornherein beschränkt. Als dem Auftragnehmer günstige Vorschrift liegen die Darlegungs- und Beweislast jedoch bei ihm.

## B. Anwendungsbereich

§ 8 Nr. 7 VOB/B kommt zur Anwendung, wenn die Vertragsstrafe für den Fall des **2** **Verzugs** des Auftragnehmers mit seiner Leistung versprochen ist und damit entweder den rechtzeitigen Beginn, die rechtzeitige Vollendung oder Einhaltung einer als Vertragsfrist vereinbarten Einzelfrist (§ 5 Nr. 1 Satz 2 VOB/B) absichert. Nicht einschlägig ist die Regel, wenn die Vertragsstrafe für den Fall der Nichterfüllung einer Verbindlichkeit (§ 340 BGB) oder dafür versprochen worden ist, eine Handlung zu unterlassen (§ 339 Satz 2 BGB). Soll die Vertragsstrafe die mangelfreie Leistung sichern, ist der Anwendungsbereich der Schutzvorschrift zu Gunsten des Auftragnehmers gleichfalls nicht eröffnet. Notwendig ist außerdem, dass die Höhe der Vertragsstrafe in Abhängigkeit von der Zeit bemessen ist. Auf ein

§ 8 Nr. 7 Vertragsstrafenanspruch bis Kündigung

zeitunabhängig allein nach einem Fixbetrag bemessenes Strafgedinge trifft die Vorschrift nicht zu.

3 § 8 Nr. 7 VOB/B betrifft nur die Limitierung der Vertragsstrafe und nicht sonstiger verzugsbedingter Ansprüche des Auftraggebers. Insbesondere erfasst die Regelung nicht Ansprüche des Auftraggebers, die diesem deshalb gegen den Auftragnehmer zustehen, weil der Verzug des Auftragnehmers Schadensersatzansprüche des Investors gegen den Auftraggeber, auch solche aus einem Vertragsstrafenversprechen des Auftraggebers im Verhältnis zum Investor zur Folge hat. So ist es dem Auftraggeber in seiner Eigenschaft als Generalunternehmer möglich, die von ihm dem Investor zu zahlende Vertragsstrafe, deren Anfall durch den Verzug des Auftragnehmers entstanden ist, als Verzugsschaden auf den Auftragnehmer durchzustellen.[1] Dieser durchgestellte Verzugsschaden ist von der Vertragsstrafe im Verhältnis des Auftraggebers zum Auftragnehmer zu unterscheiden, weswegen § 8 Nr. 7 VOB/B nicht einschlägig ist.

### I. Regelungszusammenhang

4 § 8 Nr. 7 VOB/B setzt demnach ein Vertragsstrafenversprechen voraus, das inhaltlich den Kriterien des § 11 Nr. 2 VOB/B entspricht (vgl. → § 11 Nr. 2 Rdn. 3 ff.). Außerdem kommt die **Begrenzungsfunktion** der Vorschrift nur zum Tragen, wenn die Vertragsstrafe nach Zeit bemessen ist, was die Verbindung mit § 11 Nr. 3 VOB/B herstellt. Ist bei Verzug des Unternehmers mit der Leistung ein einmaliger Betrag zur Zahlung fällig, der vom Zeitablauf und der Zeitdauer des Verzugs vollkommen unabhängig allein auf den Verfall oder die Verwirkung der Vertragsstrafe durch den Verzugseintritt abstellt, ist die Limitierungsregel wirkungslos.

### II. Regelungsbedarf oder Regelungsselbstverständlichkeit?

5 Die Regelung hat lediglich **verdeutlichende Wirkung.** Auch ohne sie würde eine nach Verzugszeit bemessene Zahlungsverpflichtung für eine den Verzugsfall absichernde Vertragsstrafe ab dem Zeitpunkt der Kündigung des Vertrages entfallen.[2] Dasselbe gilt bei **einvernehmlicher Aufhebung** des Bauvertrages. Deshalb bedarf es für diese Fallkonstellation nicht einer ausdehnenden Auslegung des § 8 Nr. 7 VOB/B. Die sich aus einer Vertragsaufhebung ergebenden Rechtsfolgen für einen derartigen Vertragsstrafenanspruch beschränken den Anspruch der Höhe nach auf die bis zur Vertragsaufhebung verstrichene Zeit. Denn der Verzug ist mit der Kündigung des Vertrages mit Wirkung für die Zukunft beendet, so dass eine verzugsbedingte Vertragsstrafe nicht mehr anfallen kann. Die verzugsbedingte Vertragsstrafe setzt voraus, dass jeder Vertragsstrafeneinheit tatsächlich ein Verzug zu Grunde liegt. Verspricht der Auftragnehmer je Arbeitstag der Fristüberschreitung eine Vertragsstrafe von 0,2% der Auftragssumme, liegt ab dem Zugang der Kündigungserklärung bei dem Auftragnehmer keine Fristüberschreitung mehr vor, weil die Kündigung des Vertrages den Umfang der vom Auftragnehmer geschuldeten Werkleistung auf den bis zur Kündigung erbrachten Teil und seinen Vergütungsanspruch auf diesen Leistungsteil der ursprünglich geschuldeten Leistung beschränkt.[3] Mit der Kündigung ist der Verzug ex nunc[4] beendet, so dass sich die Höhe der Vertragsstrafe auf den bis zur Kündigung eingetretenen Verzugs-

---

[1] BGH U. v. 18. 12. 1997, VII ZR 342/96, NJW 1998, 1493 = BauR 1998, 330 = ZfBR 1998, 146; vgl. *Oberhauser* BauR 2006, 210; *Roquette/Knolle* BauR 2000, 47.
[2] Str., so wohl auch *Daub/Piel/Soergel/Steffani* ErlZ B 8110; a. A. *Nicklisch/Weick* VOB/B § 8 Rdn. 63.
[3] BGH U. v. 19. 12. 2002, VII ZR 103/00, BGHZ 153, 244 = NJW 2003, 1450 = NZBauR 2003, 265 = BauR2003, 689 = ZfBR 2003, 352.
[4] Vgl. *Palandt/Heinrichs* § 286 Rdn. 35.

## 1. Vertragsstrafenvereinbarung als Fundament

Das Vertragsstrafenversprechen setzt eine Hauptverbindlichkeit voraus. Diese wird abgesichert. Der Sicherungscharakter der Vertragsstrafe begründet zugleich deren **Akzessorietät**.[6] § 344 BGB formuliert dieses Prinzip dahin, dass die Unwirksamkeit eines Leistungsversprechens die Unwirksamkeit des Vertragsstrafeversprechens zur Folge hat. Wird der die Hauptverbindlichkeit begründende Vertrag vor Eintritt des Verwirkungstatbestandes aufgelöst oder die Erfüllung der gesicherten Forderung unmöglich, wird das Vertragsstrafenversprechen gegenstandslos.[7] Ist der Anspruch auf Zahlung der Vertragsstrafe durch Eintritt des Verwirkungstatbestandes allerdings entstanden, ist das weitere Vertragsschicksal für Inhalt und Umfang des entstandenen Vertragsstrafenanspruch grundsätzlich bedeutungslos.[8] Der Zahlungsanspruch aus dem Vertragsstrafenversprechen hat sich **verselbstständigt**.[9] Nimmt der Anspruchsberechtigte die Pflichtverletzung, die zugleich den Verwirkungstatbestand begründet, zum Anlass für eine Kündigung, geht nach teilweise vertretener Auffassung der Vertragsstrafenanspruch verloren.[10] Das gilt auch bei Rücktritt vom Vertrag.[11] Diese Auffassungen sind jedoch in Zweifel zu ziehen. Hinsichtlich eines Rücktritts vom Vertrag begründet § 325 BGB die Möglichkeit, neben dem Rücktritt auch Schadensersatz verlangen zu können. Die Kündigung wegen eines die Vertragsstrafe auslösenden Verwirkungstatbestandes, hat nicht den Verlust des Vertragsstrafenanspruchs zur Folge. Der Fortbestand eines bereits verwirkten Vertragsstrafenanspruchs ist nicht davon abhängig, dass die Parteien entsprechendes vereinbart haben.[12] Denn der Vertragsstrafenanspruch ist mit Eintritt des Verzugs als Verwirkungstatbestand entstanden. Dieser Anspruch hängt nicht von der Fortexistenz des Vertrages in der Zukunft ab. So wie eine bereits verwirkte Vertragsstrafe von dem nachträglichen Wegfall der Geschäftsgrundlage des Vertrages unberührt bleibt,[13] hat eine Kündigung des Vertrages, deren Wirkung nur ex nunc eintreten, keinerlei Folgen auf einen bis zur Kündigung entstandenen Vertragsstrafenanspruch. Allein entscheidend sind die Abwicklungsumstände und wann für den Auftraggeber der Verzug des Auftragnehmers Anlass für eine Kündigung ist.

## 2. Konstellation des § 8 Nr. 7 VOB/B

Eine Kündigung des Bauvertrages, die § 8 Nr. 7 VOB/B tatbestandlich voraussetzt, kann sich auf den wegen Verzugseintritts entstandenen Vertragsstrafenanspruch unterschiedlich auswirken. Die Kündigung kann **rechtsvernichtende** wie auch die in § 8 Nr. 7 VOB/B die Höhe des Zahlungsanspruchs **begrenzende** Wirkung haben.

**a) Fallgegebenheiten.** Die in § 8 Nr. 7 VOB/B beschriebene Fallkonstellation kennzeichnet, dass der Verwirkungstatbestand – Verzug mit der Bauleistung – eingetreten ist. Der Auftraggeber kann auf den Verzugseintritt unterschiedlich reagieren, womit die rechtsvernichtende oder lediglich limitierende Wirkung der Kündigung verknüpft ist. Nimmt der Auftraggeber nämlich den Verzugseintritt unmittelbar zum Anlass für eine Kündigung, z. B. nach § 8 Nr. 1 VOB/B, geht der Vertragsstrafenanspruch bereits dem Grunde nach ver-

---

[5] MünchKomm/*Gottwald* § 339 Rdn. 18.
[6] MünchKomm/*Gottwald* § 339 Rdn. 13; Palandt/*Grüneberg* Vorb. § 339 Rdn. 2.
[7] MünchKomm/*Gottwald* § 339 Rdn. 13; Palandt/*Grüneberg* Vorb. § 339 Rdn. 2; OLG München BB 1984, 630.
[8] MünchKomm/*Gottwald* § 339 Rdn. 18; Palandt/*Grüneberg* Vorb. § 339 Rdn. 2; KG NJW 1995, 268.
[9] A. A. Soergel/*Siebert* § 339 Rdn. 12.
[10] *Bamberger/Roth/Janoscheck* § 339 Rdn. 3; Palandt/*Grüneberg* Vorb. § 339 Rdn. 2; BGH NJW 1962, 1341; OLG Düsseldorf MDR 1971, 217.
[11] MünchKomm/*Gottwald* § 339 Rdn. 20.
[12] A. A. *Bamberger/Roth/Janoschek* § 339 Rdn. 3; BGH NJW 1962, 1340.
[13] BGH NJW 1995, 264, 268.

loren.¹⁴ Das ist anders bei einer Kündigung unter den Voraussetzungen gemäß § 5 Nr. 4, VOB/B, nämlich Fristsetzung mit Kündigungsandrohung nach Verzugseintritt, weil zwischen dem Verzug sowie dem Ablauf der gesetzten Frist und der Kündigung vertragsstrafenbewehrte Einheiten (Arbeitstage oder Wochen) liegen. In einem solchen Fall ist mit der Kündigung der Verlust der angefallenen Vertragsstrafen gerade nicht verknüpft. § 8 Nr. 7 VOB/B setzt mit der Limitierung der Anspruchshöhe die Fortexistenz des Anspruchs dem Grunde nach voraus.

**9**   **b) Unterscheidungsbedarf – Vertragsstrafenanspruch dem Grunde nach gesichert.** Die in § 8 Nr. 7 VOB/B getroffene Rechtsfolgenanordnung geht davon aus, dass die dort vorausgesetzte Kündigung keine rechtsvernichtenden Wirkungen entfaltet. Der Vertragsstrafenanspruch besteht dem Grunde nach uneingeschränkt. § 8 Nr. 7 VOB/B beschränkt die Höhe des entstandenen Vertragsstrafenanspruchs. Tatbestandlich und vom Zweck der Vorschrift her gesehen wird offenkundig eine mit zeitlichem Versatz nach dem Verzugseintritt erfolgende Kündigung vorausgesetzt. Diese Kündigung beschränkt die Höhe der Vertragsstrafe auf die bis zur Vertragsauflösung angefallenen Verzugstage. Eine solche Kündigung hat demnach rechtshindernde Wirkung, indem sie ab dem Zeitpunkt des Wirksamwerdens der Kündigung weitere Vertragsstrafenansprüche ausschließt.

### 3. Kündigung – Rechtsfolgen für Vertragsstrafenvereinbarung

**10**   Mit der Kündigung durch den Auftraggeber wird der Bauvertrag mit Wirkung ex nunc aufgelöst; die weiteren, bisher noch nicht erfüllten Leistungsverpflichtungen des Auftragnehmers entfallen.¹⁵ Ab diesem Zeitpunkt besteht für das akzessorische Sicherungsrecht der Vertragsstrafe¹⁶ keine Hauptverbindlichkeit. Entfällt die Hauptverbindlichkeit verliert gem. § 344 BGB in entsprechender Anwendung auch das Vertragsstrafeversprechen seine Wirksamkeit. Dieses Schicksal des Hauptvertrages wirkt jedoch grundsätzlich nicht auf den bereits entstandenen Vertragsstrafenanspruch ein. Bei einer nach Zeit für den Verzugsfall bemessenen Vertragsstrafe gilt jedoch eine Ausnahme. Denn nach der Kündigung ist ein weiterer Verzug des Auftragnehmers nicht mehr denkbar.¹⁷

**11**   **a) Nach Zeit bemessene Vertragsstrafe.** Bei einer nach Zeit bemessenen Vertragsstrafe bemisst sich der Umfang nach Tagen oder Wochen, wobei gemäß § 11 Nr. 3 VOB/B nur die Werktage zählen (vgl. → § 11 Nr. 3 Rdn. 2). Der Wegfall des Verzugs bewirkt den Verlust des Vertragsstrafenanspruchs ab diesem Zeitpunkt. Mit der Beendigung des Verzugs fehlt es an weiteren Verzugstagen. Die Kündigung des Bauvertrags beendet den Verzug und limitiert damit schon nach allgemeinem Vertragsrecht den Vertragsstrafenanspruch der Höhe nach. Zur Beendigung des Verzugs führen u. a. die Stundung, der Rücktritt oder die Unmöglichkeit der Leistung oder die Ausübung eines Zurückbehaltungsrechts.¹⁸ Diesen Gründen steht die Kündigung gleich, die zwar im Unterschied zur Anfechtung nicht zurück wirkt und auch kein Rückabwicklungsschuldverhältnis auslöst, aber dazu führt, dass die weitere Ausführung der Leistung und damit die Heilung des Verzugs durch Bewirkung der Baumaßnahme unmöglich wird.¹⁹ Wird die Leistung aber während des Schuldnerverzugs unmöglich, entfallen die Verzugsfolgen mit Wirkung ex nunc.²⁰ Die Kündigung des Bauvertrages durch den Auftraggeber hindert das Entstehen weiterer Verzugstage und damit der danach bemessenen Vertragsstrafe.

---

¹⁴ *Palandt/Grüneberg* Vorb. § 339 Rdn. 2; *Bamberger/Roth/Janoscheck* § 339 Rdn. 3; *Gernhuber* Das Schuldverhältnis, § 34 I 2 b).
¹⁵ BGH U. v. 19. 12. 2002, VII ZR 103/00, BGHZ 153, 244 = NJW 2003, 1450 = NZBau 2003, 265 = BauR 2003, 689 = ZfBR 2003, 352; vgl. → § 8 Nr. 1 Rdn. 3, 4.
¹⁶ *Palandt/Grüneberg* Vorb. § 339 Rdn. 2; *Ingenstau/Korbion/Vygen* VOB/B § 8 Nr. 7 Rdn. 6.
¹⁷ *Ingenstau/Korbion/Vyen* VOB/B § 8 Nr. 7 Rdn. 6.
¹⁸ *Palandt/Heinrichs* § 286 Rdn. 35.
¹⁹ Vgl. BGH U. v. 25. 3. 1993, X ZR 17/92, BauR 1993, 469, 472 = NJW 1993, 1972 = ZfBR 1993, 189.
²⁰ *Palandt/Heinrichs* § 286 Rdn. 33, 35, 37; *MünchKomm/Ernst* § 286 Rdn. 98, 99.

Auch ohne Rücksicht auf den Aspekt der Unmöglichkeit der Leistung ab Kündigung ist **12** diese in ihren Wirkungen jedenfalls dem Rücktritt gleich zu achten. Denn unter Verzugsaspekten besteht die Rechtsfolgengleichheit der Kündigung mit dem Rücktritt darin, dass die Erfüllungsansprüche erlöschen,[21] was deren Untergang und damit das **Ende des Verzuges** bewirkt.[22] Im Rahmen der Vertragsstrafenvereinbarung, bei der die Bemessung der Vertragsstrafenhöhe nach der Dauer der Verzugszeit erfolgt, entfaltet das Verzugsende notwendig ab diesem Zeitpunkt rechtshindernde Wirkung. Die Kündigung erweist sich demnach auch ohne ausdrückliche Regelung in § 8 Nr. 7 VOB/B als rechtshindernde Einwendung. *Nicklisch/Weick*[23] vertreten demgegenüber den Standpunkt, aus dem Vertrags- oder Verzugsende könne nicht geschlossen werden, dass eine vor der Kündigung verwirkte Vertragsstrafe sich in ihrem Umfang nicht nach Umständen richten könne, die zeitlich der Beendigung des Vertrages liegen. Das wird damit begründet, dass die Vertragsstrafe nicht nur als Druckmittel wirke, sondern auch dem Gläubiger den Schadensbeweis ersparen solle. Sie halten deshalb eine von der Nr. 7 abweichende Regelung, wonach die Höhe der Vertragsstrafe durch den Zeitpunkt der endgültigen Fertigstellung bestimmt werde, für zulässig. Diese Auffassung ist nicht VOB/B-konform. Denn nach § 11 Nr. 2 VOB/B wird die Vertragsstrafe fällig, wenn der Auftragnehmer in Verzug gerät. Aus § 11 Nr. 3 VOB/B ist zu entnehmen, dass bei einer Bemessung der Vertragsstrafe nach Tagen oder Wochen der Auftragnehmer auch in Verzug bleiben muss, soll die Sanktion mit der Vertragsstrafe greifen.

**b) Zeitunabhängige Vertragsstrafenregelung.** Ein zeitunabhängiges Vertragsstrafen- **13** gedinge, das den Verzugseintritt als Entstehungsgrund für eine ausschließlich betragsmäßig fixierte Vertragsstrafe vorsieht, bleibt von einer nachfolgenden Kündigung unberührt. Diese Kündigung beendet zwar gleichfalls den Verzug, was jedoch nur mit ex nunc erfolgt und deshalb auf den einmal abschließend in vollem Umfang entstandenen Vertragsstrafenanspruch nicht rechtsvernichtend oder limitierend einwirkt.

### III. Begrenzung der Höhe der Vertragsstrafe

Demnach wie auch gemäß § 8 Nr. 7 VOB/B wird die zeitbemessene Vertragsstrafe **14** begrenzt durch die Kündigung. Zeitpunktbezogen ist der rechtswirksame Zugang (§ 130 BGB) der schriftlichen Kündigung (§ 8 Nr. 5 VOB/B) maßgebend.[24] Gleichgültig ist, aus welchem Grund die Kündigung erfolgt. Die Vorschrift macht zwischen einer freien Kündigung und einer Kündigung aus wichtigem Grund nach § 8 Nr. 2 bis 4 VOB/B keinen Unterschied.[25] Auch Kündigungen aus einem sonstigen Grunde, z. B. wegen Fortfalls der Geschäftsgrundlage oder aus positiver Vertragsverletzung, grenzen den Vertragsstrafeanspruch ein.

Nach überwiegender Meinung[26] gilt § 8 Nr. 7 VOB/B in erweiternder Auslegung auch **15** für den Fall der **einverständlichen Beendigung** des Bauvertrages. Wegen der Beschränkung der Vorschrift auf die Kündigung und der Möglichkeit, dasselbe Ergebnis nach allgemeinen vertragsrechtlichen Erwägungen zu begründen, erscheint es legitimer, bei einvernehmlicher Beendigung auf die Rechtsfolgen des Allgemeinen Schuldrechts abzustellen.[27]

---

[21] Vgl. → § 8 Nr. 1 Rdn. 3, 4 und für den Rücktritt *Palandt/Grüneberg* Einf. § 346 Rdn. 4.
[22] *Palandt/Heinrichs* § 286 Rdn. 33.
[23] § 8 Rdn. 63; so auch *Kapellmann/Messerschmidt/von Rintelen* VOB/B § 8 Rdn. 111.
[24] *Ingenstau/Korbion/Vygen* § 8 Nr. 7 Rdn. 5.
[25] *Heiermann/Riedl/Rusam* § 8 Rdn. 50.
[26] *Heiermann/Riedl/Rusam* § 8 Rdn. 50; *Kleine-Möller* BB 1976, 442, 445; *Ingenstau/Korbion/Vygen* VOB/B § 8 Nr. 7 Rdn. 1.
[27] A. A. *Nicklisch/Weick* § 8 Rdn. 63, die § 8 Nr. 7 VOB/B für notwendig erachten.

### IV. Vorbehalt der Vertragsstrafe

**16** Im Kündigungsfall bedarf die nach § 8 Nr. 7 VOB/B zeitlimitierte Vertragsstrafe zur Sicherung ihrer Geltendmachung gem. § 11 Nr. 4 VOB/B nur im Falle einer **Abnahme** eines Vorbehalts. Hierzu kommt es nach den in § 8 Nr. 6 VOB/B beschriebenen Regeln (vgl. → § 8 Nr. 6 Rdn. 29 ff.). Maßgeblich ist nicht nur eine tatsächlich vorgenommene rechtsgeschäftliche Abnahme; fiktive Abnahmeformen sind gleichfalls zu beachten.[28] Kein Vorbehaltsbedarf besteht, wenn sich der Auftraggeber nach § 8 Nr. 3 Abs. 2 VOB/B zur Geltendmachung des Schadensersatzanspruchs wegen Nichterfüllung (= Schadensersatz statt der Leistung i. S. d. § 281 BGB) entschließt. Dann kommt es nicht zur Abnahme der bis zur Kündigung erbrachten Leistungen, und der Auftraggeber setzt die Vertragsstrafe als Bemessungshilfe bei der Ermittlung des Schadensersatzes wegen Nichterfüllung ein. Die Vertragsstrafe bildet in einem solchen Fall lediglich einen unselbstständigen Rechnungsposten in dem entstehenden Abrechnungsverhältnis. Eines Vorbehalts bedarf es deshalb nicht. Kam es entgegen § 8 Nr. 6 VOB/B unmittelbar nach der Kündigung nicht zu einer Abnahme der Leistungen des gekündigten Auftragnehmers, sondern hat dieser erst nach Fertigstellung der Arbeiten durch einen Drittunternehmer die Leistungen abgenommen, besteht gleichfalls kein Vorbehaltsbedarf. Diese Abnahme beinhaltet nämlich nicht notwendig die Abnahme der Leistungen des gekündigten Auftragnehmers; sie hat vielmehr im Allgemeinen die Fortsetzungsleistungen zum Gegenstand.[29] Denn der die Leistungen fortsetzende Drittunternehmer wird nach § 12 Nr. 1 VOB/B die Abnahme verlangen oder nach § 12 Nr. 5 Abs. 1 die Fertigstellung der Leistungen mitteilen. Die Abnahme bezieht sich wegen dieses Zusammenhangs auf die Leistungen des Drittunternehmers. Konkludent liegt darin jedoch auch eine Abnahme der bis zur Kündigung erbrachten Leistungen des Auftragnehmers, soweit diese vor der Kündigung beanstandungsfrei waren.[30] Sind bis dahin die Vergütungsansprüche des gekündigten Auftragnehmers und die Gegenansprüche des Auftraggebers noch nicht abgerechnet, bedarf es des Vorbehalts der Vertragsstrafe gegenüber dem gekündigten Auftragnehmer.

Um diesen Umständlichkeiten zu entgehen, ist es ratsam vorzusehen, dass die Vertragsstrafe auch noch im Rahmen der Schlussrechnung geltend gemacht werden darf.[31]

### C. Allgemeine Geschäftsbedingungen

**17** Da die Vertragsstrafe neben ihrem Zweck als Druckmittel auch die Funktion hat, dem Gläubiger den Beweis des eingetretenen Schadens zu ersparen,[32] halten *Nicklisch/Weick*[33] eine von § 8 Nr. 7 VOB/B abweichende Vereinbarung für zulässig, nach der die endgültige Höhe der Vertragsstrafe auch im Kündigungsfall durch den Zeitpunkt der endgültigen Fertigstellung bestimmt wird. Nachdem die Vertragsstrafe in einem solchen Fall ab Kündigung lediglich als Schadenspauschale wirkt, führt eine solche Klausel entgegen § 309 Nr. 5 lit. b, § 307 Abs. 2 Nr. 1 BGB zum Ausschluss des Mitverschuldens- und Mitverursachungseinwandes, was allein schon zur Unwirksamkeit einer solchen vom Auftraggeber gestellten Klausel führt. Außerdem begründet sie gemäß obigen Darlegungen einen Zahlungsanspruch, obwohl es kündigungsbedingt an einem Rechtsgrund fehlt. Die Klausel ist auch deshalb unwirksam.

---

[28] → § 8 Nr. 6 Rdn. 29 ff., 31 a, 33–35.
[29] BGH NJW 1981, 1839 = BauR 1981, 373 für den Fall der Abnahme der Leistungen des Drittunternehmers nach § 12 Nr. 5 durch Inbenutzungnahme; a. A. *Knacke* Die Vertragsstrafe im Baurecht, S. 66.
[30] → Nr. 6 Rdn. 30.
[31] BGH B. v. 13. 7. 2000, VII ZR 249/99, NJW-RR 2000, 1468 = NZBau 2000, 509 = ZfBR 200, 551 = BauR 2000, 1758.
[32] BGHZ 105, 27; *Palandt/Grüneberg* Vorb. § 339 Rdn. 1.
[33] B § 8 Rdn. 63.

## § 9 Kündigung durch den Auftragnehmer

1. Der Auftragnehmer kann den Vertrag kündigen:
   a) wenn der Auftraggeber eine ihm obliegende Handlung unterlässt und dadurch den Auftragnehmer außerstande setzt, die Leistung auszuführen (Annahmeverzug nach §§ 293 ff. BGB),
   b) wenn der Auftraggeber eine fällige Zahlung nicht leistet oder sonst in Schuldnerverzug gerät.
2. Die Kündigung ist schriftlich zu erklären. Sie ist erst zulässig, wenn der Auftragnehmer dem Auftraggeber ohne Erfolg eine angemessene Frist zur Vertragserfüllung gesetzt und erklärt hat, dass er nach fruchtlosem Ablauf der Frist den Vertrag kündigen werde.
3. Die bisherigen Leistungen sind nach den Vertragspreisen abzurechnen. Außerdem hat der Auftragnehmer Anspruch auf angemessene Entschädigung nach § 642 BGB; etwaige weitergehende Ansprüche des Auftragnehmers bleiben unberührt.

## Vorbemerkung § 9

**Übersicht**

| | Rdn. | | Rdn. |
|---|---|---|---|
| **A. Allgemeines und Grundlegung** | 1–35 | 2. Sonderregelung im Bereich der Verletzung der Gläubigerobliegenheiten | 25 |
| I. Die Kündigung aus wichtigem Grund nach BGB – Auftraggeber und Auftragnehmer im Vergleich | 2 | a) Abwicklung des Vertrages | 26 |
| 1. Fortgeltung der Kündigungsmöglichkeit aus wichtigem Grund | 3 | b) Folgen für den Vergütungsanspruch | 27 |
| 2. Die außerordentliche Kündigung des Auftraggebers aus wichtigem Grund | 7 | 3. Folgen für Schadensersatz-/Entschädigungsansprüche | 28 |
| 3. Die außerordentliche Kündigung des Auftragnehmers aus wichtigem Grund | 11–14 | 4. Fortbestand sonstiger Vorschriften – Aufrechterhaltung begründeter Ansprüche | 29–32 |
| 4. Die Kündigung wegen der Verletzung von Mitwirkungspflichten nach §§ 642, 643 BGB | 15, 16 | a) Aufrechterhaltung begründeter Ansprüche | 29 |
| | | b) Fortbestand sonstiger Kündigungsmöglichkeiten des Auftragnehmers | 30 |
| 5. Das Kündigungsrecht des Auftragnehmers wegen Nichtvorlage einer Sicherheit nach 648 a BGB | 17 | III. Regelungslücken | 33 |
| | | IV. Sonstige Reaktionsmöglichkeiten des Auftragnehmers bei Zahlungsschwierigkeiten des Auftraggebers | 34, 35 |
| 6. Vertragsuntreue des Auftraggebers – Auftragnehmerkündigung nach VOB/B | 20 | 1. Arbeitseinstellung nach § 16 Nr. 5 Abs. 3 VOB/B | 34 |
| II. Die Stellung im System | 21–32 | 2. Leistungsverweigerungsrecht nach § 321 BGB | 35 |
| 1. Sonderregelung für den Fall des Schuldnerverzugs | 22 | **B. Auflösung des Bauvertrages durch Aufhebungsvertrag** | 36 |
| a) Ausschluss des Schadensersatzanspruches wegen Nichterfüllung nach § 326 BGB | 23 | **C. Konkurrenz zwischen Auftraggeber- und Auftragnehmerkündigung** | 37, 38 |
| b) Ersetzung des Rücktrittsrechts aus § 326 BGB | 24 | | |

**Literatur:** *Baden,* Nochmals: Hat der Bauherr im Verhältnis zum Unternehmer die Verspätung oder Mangelhaftigkeit der Arbeiten des Vorunternehmers zu vertreten?, BauR 1991, 30; *v. Craushaar,* Risikotragung bei mangelhafter Mitwirkung des Bauherrn, BauR 1987, 14; *Grieger,* Verspätete oder mangelhafte Vorunternehmerleistung – Wer hat sie zu vertreten?, BauR 1990, 406; *Kapellmann,* Der Verjährungsbeginn beim (vergütungsgleichen) Ersatzanspruch des Auftragnehmers aus § 6 Nr. 6 VOB Teil B und aus § 642 BGB, BauR 1985, 123; *Kapellmann,* § 645 BGB und die Behinderungshaftung für Vorunternehmer, BauR 1992, 433; *Kleine-Möller,* Die Leistungsverweigerungsrechte des Bauunternehmers vor der Abnahme, FS Heiermann, S. 193; *Kraus,* Ansprüche des Auftragnehmers bei einem durch Vorunternehmer verursachten Baustillstand, BauR 1986, 17; *Lachmann,* Die Rechtsfolgen unterlassener Mitwirkungshandlungen des Werkbestellers, BauR 1990, 409; *Leineweber,* Die Rechte des Bauunternehmers im Konkurs des Auftraggebers, BauR 1980, 510; *Medicus,* Typen bei der Rückabwicklung von Leistungen, JuS 1990, 689; *Motzke,* Abgrenzung der Verantwortlichkeit zwischen Bauherrn, Architekt, Ingenieur und Sonderfachleuten, BauR 1994, 47; *Nicklisch,* Mitwirkungspflichten des Bestellers beim Werkvertrag, insbesondere beim Bau- und Industrieanlagenvertrag, BB 1979, 553; *ders.,* Risikoverteilung im Werkvertragsrecht bei Anweisungen des Bestellers, FS Bosch, S. 731 ff.; *ders.,* Sonderrisiken bei Bau- und Anlagenverträgen, Teile I und II, Beilage 15 zu BB Heft 19/1991 und Beilage 20 zu BB Heft 29/1991; *Peters,* Die Vergütung des Unternehmers in den Fällen der §§ 643, 645, 650 BGB, FS Locher, S. 201; *Rickey,* Behinderungen des Auftragnehmers und seine Schadensersatzansprüche gegen den Auftraggeber, Seminar Bauverzögerung, Rechtliche und baubetriebliche Probleme in Einzelbeiträgen, Deutsche Gesellschaft für Baurecht, S. 115 ff.; *Riedl,* Einige Fragen der Risikozurechnung bei Bauverträgen im Verhältnis Auftraggeber – Auftragnehmer sowie bei verschiedenen Unternehmereinsatzformen, FS Heiermann, S. 269; *Schmidt,* Die Kündigung des Bauvertrages nach §§ 8, 9 VOB (Teil B), MDR 1968, 801; *Stürner,* Der Anspruch auf Erfüllung von Treue- und Sorgfaltspflichten, JZ 1976, 384; *Vygen,* Behinderung des Auftragnehmers durch verspätete oder mangelhafte Vorunternehmerleistungen, BauR 1989, 387; *Wettke,* Zur Funktion des Bauherrn als oberster Projektmanager, BauR 1987, 370; *Schmidt,* Zur unberechtigten Kündigung aus wichtigem Grund beim Werkvertrag, NJW 1995, 1313; *Niemöller,* Vergütungsansprüche nach Kündigung des Bauvertrages, BauR 1997, 539; *Vygen,* Die Kündigung des Bauvertrages und deren Voraussetzungen, Jahrbuch Baurecht 1998, S. 1; *Kniffka,* Abnahme und Abnahmewirkungen nach der Kündigung des Bauvertrages unter besonderer Berücksichtigung der Rechtsprechung des Bundesgerichtshofes, ZfBR 1998, 113; *Kniffka,* Die neuere Rechtsprechung des Bundesgerichtshofes zur Abrechnung nach Kündigung des Bauvertrages, Jahrbuch Baurecht 2000, S. 1; *Voit,* Die außerordentliche Kündigung des Werkvertrages durch den Besteller, BauR 2002, 1776; *Boldt,* Die Kündigung des Bauvertrages aus wichtigem Grund durch den Auftraggeber nach neuem Recht, NZBau 2002, 655; *Böttcher,* Die Kündigung des Werkvertrages aus wichtigem Grund nach dem Schuldrechtsmodernisierungsgesetz; ZfBR 2003, 213

## A. Allgemeines und Grundlegung

1   Weder das Werkvertragsrecht noch die VOB/B billigen dem Auftragnehmer ein **freies Kündigungsrecht** zu.[1] Ein solches hat allein der **Auftraggeber;** gem. § 649 BGB bei einem BGB-Bauvertrag, gem. § 8 Nr. 1 VOB/B bei einem VOB-Bauvertrag. § 9 VOB/B legt – nicht im Rahmen einer abschließenden Aufzählung – fest, unter welchen Voraussetzungen dem Auftragnehmer bei einem VOB-Bauvertrag ein Recht zur Kündigung aus wichtigem Grund zusteht.

### I. Die Kündigung aus wichtigem Grund nach BGB – Auftraggeber und Auftragnehmer im Vergleich

2   Die §§ 631 ff. BGB gehen mit der Kündigung aus wichtigem Grund unterschiedlich um. Die Position des Auftraggebers unterscheidet sich von der des Auftragnehmers. Während zugunsten des Auftraggebers jegliche spezielle Regelung fehlt, räumen die §§ 642, 643 BGB dem Auftragnehmer für den Fall, dass der Auftraggeber für die Erfüllung des Vertrages notwendige Handlungen nicht vornimmt und dadurch in Annahmeverzug gerät, ein schnell wirkendes Lösungsrecht durch die Kündigungsandrohung ein. Die **Vertragsuntreue des Auftraggebers** wird auf diese Weise besonders geregelt. Ausdrückliche Regelungen zugunsten des Auftraggebers gegen den vertragsuntreuen Auftragnehmer fehlen. Außerhalb der gesetzlichen Regelungen im BGB war jedenfalls vor dem Inkrafttreten des Schuldrechtsmodernisierungsgesetzes allgemein anerkannt, dass ein Bauwerksvertrag von beiden Parteien

---

[1] *Heiermann/Riedl/Rusam* B § 9 Rdn. 1.

A. Allgemeines und Grundlegung

aus wichtigem Grund gekündigt werden kann, wenn durch das Verhalten eines Vertragspartners das erforderliche Vertrauensverhältnis empfindlich gestört wird und dadurch die Erreichung des Vertragszwecks derart gefährdet wird, dass dem kündigenden Teil eine Fortsetzung des Vertrages nicht mehr zuzumuten ist.[2] In derartigen Fällen ist grundsätzlich weder eine Abmahnung noch die Setzung einer Nachfrist erforderlich.[3] Ausnahmen können sich aus der gegenseitig bestehenden Kooperationspflicht ergeben.[4] Für die Beurteilung der Vertragsverletzung ist es nicht maßgebend, ob Haupt- oder Nebenpflichten verletzt werden, weil auch Nebenpflichten für den Vertragszweck von erheblicher Bedeutung sein können.[5] Das Recht zur außerordentlichen Kündigung kann weder durch allgemeine Vertragsbedingungen, noch individualvertraglich ausgeschlossen werden.[6]

**1. Fortgeltung der Kündigungsmöglichkeit aus wichtigem Grund**

Das Recht, einen Werkvertrag aus wichtigem Grund zu kündigen, steht beiden Vertragsparteien auch noch nach der Neufassung des BGB durch das **Schuldrechtsmodernisierungsgesetz** zum 1. 1. 2002 zu.[7] Zwar bestehen seither erweiterte Rücktrittsmöglichkeiten nach § 323 Abs. 1 BGB bei Nichtleistung trotz Fälligkeit oder Schlechtleistung und nach § 324 i. V. m. § 241 Abs. 2 BGB bei einer Verletzung von Nebenpflichten sowie nach § 326 Abs. 5 BGB bei einem Ausschluss der Leistung wegen Unmöglichkeit gem. § 275 Abs. 1 bis 3 BGB. Schließlich ist bei einer Störung der Geschäftsgrundlage ein Rücktritt nach § 313 Abs. 1, 3 BGB möglich, wenn eine Anpassung des Vertrages nicht möglich oder einer Partei nicht zumutbar ist. Zum Teil wird daher vertreten, dass die Schuldrechtsreform 2002 einer Kündigung aus wichtigem Grund beim Werkvertrag die dogmatische Grundlage entzogen hat, weil das BGB in sämtlichen bisherigen Fällen der Kündigung aus wichtigem Grund ausdrücklich ein Rücktrittsrecht gewährt, wobei der Kündigung entsprechende Rechtsfolgen über die Möglichkeit eines Teilrücktritts geschaffen werden.[8] Ferner wird gegen eine Fortgeltung der Kündigungsmöglichkeit aus wichtigem Grund angeführt, der Gesetzgeber habe durch § 314 BGB zum Ausdruck gebracht, dass die außerordentliche Kündigung grundsätzlich nur bei Dauerschuldverhältnissen möglich sei.[9]

Diese Argumente rechtfertigen es nicht, die Rechtsgrundsätze der außerordentlichen Kündigung aus wichtigem Grund beim Werkvertrag aufzugeben. Das gewohnheitsrechtlich anerkannte und u. a. aus dem Grundsatz von Treu und Glauben hergeleitete Rechtsinstitut der Kündigung aus wichtigem Grund war für den Werkvertrag vor der Schuldrechtsreform nicht im BGB geregelt und ist es auch danach nicht. Der Standpunkt, eine außerordentliche Kündigung sei auf Grund der nunmehr bestehenden erweiterten Rücktrittsmöglichkeiten obsolet, überzeugt insbesondere deshalb nicht, weil es dann auch des neuen § 314 BGB nicht bedurft hätte, der für **Dauerschuldverhältnisse** neben den auch hier geltenden allgemeinen Rücktrittsregeln ein außerordentliches Kündigungsrecht ausdrücklich vorsieht. Der Gesetzgeber hat bei Dauerschuldverhältnissen also sehr wohl ein Bedürfnis nach einem Kündigungsrecht neben den allgemeinen Rücktrittsregeln gesehen. Es bestehen keine nachvollziehbaren Gründe, warum dies nicht ebenso beim Werkvertrag gelten soll.[10]

---

[2] BGHZ 31, 224, 229; BGHZ 45, 372, 375; BGHZ 136, 33, 39; BGH BauR 2004, 1613, 1615; *Palandt/Sprau* § 649 BGB Rdn. 2, 10; *Schmidt* NJW 1995, 1313 ff.
[3] OLG Düsseldorf BauR 1995, 247; NJW-RR 1997, 625.
[4] BGH NJW 2000, 2988, 2990.
[5] BGH BauR 1996, 704, 705.
[6] BGH NJW 1999, 3261; OLG Düsseldorf NJW-RR 2000. 166, 167; *Werner/Pastor*, Rdn. 1314, 1317.
[7] So auch *Ingenstau/Korbion* B Vor.§§ 8 und 9 Rdn. 11 ff.; *Heiermann/Riedl/Rusam* B Einf. §§ 8 und 9 Rdn. 6 ff.; *Werner/Pastor*, Rdn. 1314; *Preussner*, Festschrift für Kraus, S 179, 195, *Palandt/Sprau*, § 649 BGB Rdn. 1, 10; a. A. *Böttcher*, ZfBR 2003, 213, 219; vgl. auch *Sienz* BauR 2002, 181 und *Boldt*, NZBau 2002, 1776.
[8] *Böttcher*, ZfBR 2003, 213, 219.
[9] Vgl. hierzu *Voit*, BauR 2002, 1776; *Sienz*, BauR 2002, 194.
[10] *Kapellmann/Messerschmidt* B § 9 Rdn. 1.

**5** Das nun in § 314 BGB gesetzlich verankerte Kündigungsrecht aus wichtigem Grund für Dauerschuldverhältnisse ist **nicht abschließend.** Dass eine entsprechende Regelung beim Werkvertrag fehlt, bedeutet nicht gleichzeitig, dass eine Vertragskündigung aus wichtigem Grund ausschließlich bei Dauerschuldverhältnissen möglich ist. Vielmehr wurde dieses seit langem gewohnheitsrechtlich anerkannte Rechtsinstitut für Dauerschudverhältnisse im Rahmen der Überarbeitung und Änderung des Leistungsstörungsrechts gesetzlich kodifiziert, weil dort ein gesteigertes Bedürfnis bestanden hat.[11] Da das Werkvertragsrecht keine grundlegende Überarbeitung erfahren hat, erfolgte hier im Rahmen des Gesetzgebungsverfahrens auch keine Auseinandersetzung mit dem Recht zur außerordentlichen Kündigung.

**6** Unabhängig davon kommt beim Werkvertrag auch eine analoge Anwendung des für Dauerschuldverhältnisse geltenden § 314 BGB in Betracht. Zwar handelt es sich beim Bauwerkvertrag nicht um ein echtes Dauerschuldverhältnis, da es am Merkmal der fortdauernden Leistungserbringung durch den Auftragnehmer fehlt.[12] Dennoch enthält der Bauwerksvertrag als **Langzeitvertrag**[13] Elemente eines Dauerschuldverhältnisses, da die Erstellung des beauftragten Bauwerks in der Regel geraume Zeit beansprucht und währenddessen auch neue Leistungs-, Neben und Schutzpflichten beider Vertragsparteien entstehen können.[14]

## 2. Die außerordentliche Kündigung des Auftraggebers aus wichtigem Grund

**7** Der Auftraggeber ist nach § 649 BGB bzw. § 8 Nr. 1 VOB/B bis zur Abnahme des Bauwerks auch ohne wichtigen Grund berechtigt, den Bauvertrag jederzeit ohne Einhaltung einer Frist und ohne besondere Begründung zu kündigen. Man spricht hier vom sog. **freien Kündigungsrecht** des Auftraggebers. Folge einer solchen Kündigung ist jedoch, dass der gekündigte Auftragnehmer seinen Werklohn in voller Höhe verlangen kann, wobei er sich das anrechnen lassen muss, was er infolge der Aufhebung des Vertrages an Kosten erspart oder durch andeweitige Verwendung seiner Arbeitskraft und seines Betriebes erwirbt oder zu erwerben böswillig unterlässt. Wenn der Auftraggeber den Werkvertrag aus wichtigem Grund kündigen will, geht es ihm also darum, diese für ihn ungüstige Kostenfolge seiner Kündigung zu vermeiden. Liegen die Voraussetzungen einer außerordentlichen Kündigung des Auftraggebers auch wichtigem Grund vor, ist der Auftragnehmer mit seinem Vergütungsanspruch aus § 649 Satz 2 BGB bzw. § 8 Nr. 1 Abs. 2 BGB ausgeschlossen. Der Auftraggeber hat dann nur die bis zur Kündigung erbrachten und verwertbaren Leistungen zu vergüten, Zu diesem Ergebnis gelangt man entweder über **§ 242 BGB,** da der Auftragnehmer nicht aus seiner eigenen Vertragswidrigkeit Nutzen ziehen darf.[15] Zum selben Ergebnis führt eine Abwicklung nach **Schadensrecht.** Wird die durch den Auftraggeber ausgesprochene Kündigung durch eine schuldhafte Pflichtverletzung des Auftragnehmers veranlasst, liegt der dem Auftraggeber durch die Pflichtverletzung entstandene Schaden darin, dass er hinsichtlich der nicht erbrachten Leistungen einem Vergütungsanspruch des Auftragnehmers nach § 649 Satz 2 BGB bzw. § 8 Nr. 1 Abs. 2 VOB/B ausgesetzt ist, dem auf Grund der Vertragsbeendigung keine äquivalente Bauleistung gegenübersteht. Diese Vergütung ist vom Auftragnehmer als **Schadens- oder Aufwendungsersatz** gem. §§ 280, 281, 284 BGB zurückzugewähren. Mit diesem Rückzahlungsanspruch könnte wiederum der Auftraggeber die Aufrechnung gegen den Vergütungsanspruch des Auftragnehmers erklären oder diesem die sog. Dolo-facit Einrede entgegenhalten.[16] Im Ergebnis ist der gekündigte Auftragnehmer also gehindert, seinen Vergütungsanspruch für die wegen der

---

[11] *Kniffka,* ibr-online-Kommentar Bauvertragsrecht, Stand 10. 4. 2006, § 649 Rdn. 8.
[12] *Voit,* BauR 2002, 1776, 1783; *Palandt-Sprau* Einl. § 241 Rdn. 17.
[13] Vgl. BGH BauR 2000, 409; BGH BauR 1996, 704.
[14] *Palandt-Sprau* Einl. § 241 Rdn. 17; *Ingenstau/Korbion* B Vor §§ 8 und 9 Rdn. 12; *Kapellmann/Messerschmidt* B § 9 Rdn. 1; *Kniffka,* ibr-online-Kommentar Bauvertragsrecht, Stand 10. 4. 2006, § 649 Rdn. 8, *Sienz* BauR 2002, 181, 194.
[15] BGH NJW 1960, 431, 432; BGH NJW 1976, 518; BGH NJW 1997, 3017, 3018; BGH NZBau 2001, 621; OLG Hamm BauR 1993, 482; vgl. auch *Schmidt* NJW 1995, 1313; *Werner/Pastor* Rdn 1316.
[16] So auch *Voit,* BauR 2002, 1776, 1785.

A. Allgemeines und Grundlegung  Vor § 9

Kündigung nicht mehr ausgeführte Leistung geltend zu machen, weil er selbst den Kündigungsgrund schuldhaft gesetzt hat. Unabhängig von der dogmatischen Begründung entfällt bei der außerordentlichen Kündigung des Auftraggebers der Vergütungsanspruch des Auftragnehmers für die noch nicht erbrachten Leistungen.[17]

Vorausgesetzt wird im Allgemeinen ein vorwerfbares Verhalten des Auftragnehmers, das zu einer schweren Gefährdung des Vertragszwecks führt.[18] Hierfür muss dem Auftraggeber unter Berücksichtigung aller Umstände und unter Abwägung der beiderseitigen Interessen die Fortsetzung des Vertrages **unzumutbar** sein, was bei fehlendem Verschulden des anderen Teiles nicht notwendig ausgeschlossen ist.[19]   8

Beispiele für derartige Kündigunggründe des Auftraggebers sind: Nachhaltige und unberechtigte Erfüllungsverweigerung durch den Auftragnehmer;[20] der Auftragnehmer verweigert seine Leistung, bis ein von ihm gestelltes Nachtragsangebot beauftragt ist;[21] ebenso wenn der Auftragnehmer eine Fortsetzung seiner Arbeiten ersthaft und endgültig von der Zahlung einer weiteren Vergütung abhängig macht, auf die er eindeutig keinen Anspruch hat;[22] der Auftragnehmer wirft dem Auftraggeber gegenüber Dritten betrügerisches Verhalten vor;[23] der Auftragnehmer verschweigt, dass er nicht in die Handwerksrolle eingetragen ist, obwohl für ihn zumindest nach den Umständen erkennbar war, dass der Auftraggeber hierauf Wert legt oder er zuvor den begründeten Eindruck vermittelt hat, einen Meisterbetrieb zu führen;[24] gleiches gilt, wenn der Auftragnehmer verschweigt, dass er keinen Eignungsnachweis zum Schweißen hat, wenn dies dem Auftraggeber erkennbar von Bedeutung war;[25] der Auftragnehmer verstößt trotz mehrfacher Abmahnungen des Auftraggebers wiederholt und nachhaltig gegen Vertragspflichten und sein Verhalten gibt einen hinreichenden Anlass für die Annahme, dass er sich auch in Zukunft nicht vertragstreu verhalten wird;[26] der Auftragnehmer weicht wiederholt eigenmächtig von wesentlichen Anweisungen des Auftraggebers ab.[27] der Auftragnehmer weicht im Rahmen der technischen Bearbeitung von vertraglichen Vorgaben ab und erklärt, sich nicht an vertragliche Leistungsverpflichtungen halten zu wollen, sondern diese nach eigener Vostellung durch eine andere Leistung zu ersetzen.[28] der Auftragnehmer beauftragt entgegen der vertraglichen Vereinbarung einen Nachunternehmer, der nicht im Nachunternehmerverzeichnis genannt ist;[29] der Auftragnehmer weicht eigenmächtig von Vorgaben eines Gutachtens ab, das der Auftraggeber zur Festlegung der Sanierungsmaßnahmen eingeholt und zum Vertragsinhalt gemacht hat.[30] Die Erklärung einer unberechtigten außerordentlichen Vertragskündigung durch den Auftragnehmer beinhaltet in der Regel eine derart schwerwiegende Störung des Vertrauensverhältnisses, die wiederum eine außerordentliche Kündigung durch den Auftraggeber rechtfertigt, wenn er sich nach Aufforderung durch den Auftraggeber weigert, die Arbeiten wieder aufzunehmen.[31] In all diesen Fällen ist es dem Auftraggeber unbenommen, auch später noch Kündigungsgründe nachzuschieben.[32] Wiederholte und zum Teil unzutreffende Behinderungsanzeigen und Bedenkenanmeldungen, die dem Auftraggeber lästig werden, begründen auch dann kein Recht zur außerordentlichen Vertragskündigung, wenn diese einen erhöhten Prüfungsaufwand verursachen und zum Teil unberechtigt sind.   9

---

[17] BGHZ 31, 224, 229; BGH NJW 1999, 3554, 3556.
[18] BGHZ 31, 224, 229; BGHZ 45, 372, 375; NJW 1969, 419, 421.
[19] BGHZ 41, 108; BGH NJW 1981, 1264; BGH NJW 1989, 1483.
[20] *Ingenstau/Korbion* B Vor. §§ 8, 9 Rdn. 21.
[21] OLG Brandenburg BauR 2003, 1734.
[22] OLG Düsseldorf NJW-RR 1996, 1170; OLG Frankfurt NJW-RR 1987, 979 = BauR 1988, 599.
[23] *Werner/Pastor* Rdn. 1318.
[24] OLG Hamm BauR 1988, 727; *Ingenstau/Korbion* B Vor. §§ 8, 9 Rdn. 21.
[25] OLG Köln NJW-RR 1994, 602; *Ingenstau/Korbion* B Vor. §§ 8, 9 Rdn. 21; *Werner/Pastor* Rdn 1318.
[26] BGH NJW-RR 1996, 1108 = BauR 1996, 704.
[27] OLG Düsseldorf BauR 1995, 247.
[28] OLG Celle IBR 2005, 139.
[29] OLG Celle IBR 2005, 139.
[30] OLG München BauRB 2005, 68.
[31] BGH NJW 1994, 443.
[32] BGH BauR 1982, 79 = ZfBR 1982, 15; BGH BauR 1975, 280.

**Vor § 9** Vorbemerkung § 9. Kündigung durch den Auftragnehmer

10  Der Auftraggeber ist nicht nur bei einem schuldhaften Verhalten des Auftragnehmers zur außerordentlichen Kündigung berechtigt. Ausreichend ist ggf. auch ein dem Auftragnehmer lediglich **zurechenbares** Verhalten; so beispielsweise, wenn die erbrachte Teilleistung schwerwiegende und den Vertragszweck gefährdende Mängel aufweist.[33]

### 3. Die außerordentliche Kündigung des Auftragnehmers aus wichtigem Grund

11  Für den Auftragnehmer eines Bauwerkvertrages fehlt es an einer Regelung der außerordentlichen Kündigung. Insbesondere hat er kein freies Kündigungsrecht. Dennoch steht auch dem Auftragnehmer ein Kündigungsrecht auch wichtigem Grund zu, wenn auf Grund einer schwerwiegenden Vertragsverletzung durch den Auftraggeber das Vertragsverhältnis so gestört ist, dass ihm eine Fortsetzung des Vertrages nicht mehr **zugemutet** werden kann.[34] Rechtsgrundlage dieses gesetzlich nicht geregelten Kündigungsrechts ist entweder § 242 BGB, da es dem Auftragnehmer nicht zugemutet werden kann, trotz schwerwiegender Vertragsverletzungen durch den Auftraggeber ohne Kündigungsmöglichkeit am Vertrag festgehalten zu werden. Alternativ kommt eine analoge Anwendung des für Dauerschuldverhältnisse geltenden § 314 BGB in Betracht.[35]

12  Beispiele für Kündigungmöglichkeiten des Auftragnehmers: Der Auftraggeber lehnt kategorisch einen Mehrvergütungsanspruch des Auftragnehmers wegen erbrachter Zusatzleistungen[36] oder einer erheblichen Verschiebung des geplanten Baubeginns[37] ab;[38] die ernsthafte und nachhaltige Weigerung des Auftraggebers, dem berechtigten Verlangen des Auftragnehmers auf Anpassung der Vergütung nach § 2 Nr. 5, 6 VOB/B nachzukommen, kann eine Kündigung rechtfertigen;[39] der Auftraggeber veranlasst Arbeitnehmer des Auftragnehmers während der regulären Arbeitszeiten zur Schwarzarbeit;[40] der Auftraggeber bezahlt fällige Abschlagszahlungen mit ungedecktem Scheck;[41] der Auftraggeber erklärt eine unberechtigte Kündigung des Bauvertrages und unterlässt einen auf Grund der bestehenden Kooperationspflicht gebotenen Versuch, die vorhandenen Meinungsverschiedenheiten durch Verhandlungen einvernehmlich beizulegen;[42] regelmäßig berechtigt auch schon eine nicht gerechtfertigte fristlose Kündigung einer Partei den gekündigten Vertragspartner seinerseits zur Kündigung aus wichtigem Grund wegen Vertrauensverlusts.[43] Wenn der Auftraggeber auf einer Ausführung der Bauleistung entgegen den anerkannten Regeln der Technik beharrt oder die Vorleistung, auf die der Auftragnehmer seine Leistung aufbaut, mangelhaft ist, besteht per se noch kein außerordentliches Kündigungsrecht, da der Auftragnehmer hier durch einen Bedenkenhinweis nach § 13 Nr. 3 i. V. m § 4 Nr. 3 VOB/B, der ihn von seiner Gewährleistungsverpflichtung befreit, ausreichend geschützt ist.[44] Kündigen kann der Auftragnehmer hier nur dann, wenn mit an Sicherheit grenzender Wahrscheinlichkeit feststeht, dass wegen Vormängeln seine Werkleistung mangelhaft und zu einem erheblichen Schaden führen wird, und der Auftraggeber sich nachhaltig weigert, geeignete Abhilfe zu schaffen.

---

[33] BGH NJW 1975, 825, 826; *Kleine-Möller/Merl*, § 15 Rdn. 83.
[34] BGH NJW 1969, 975, 976; OLG Zweibrücken BauR 1995, 252; OLG Düsseldorf BauR 1996, 151; *Werner/Pastor* Rdn. 1314; *Ingenstau/Korbion* B Vor. §§ 8, 9 Rdn. 27; *Kleine-Möller/Merl* § 15 Rdn. 84 f.
[35] *Kleine-Möller/Merl* § 15 Rdn. 84 f.
[36] BGH NJW 1969, 233.
[37] OLG Düsseldorf BauR 1995, 119; *Ingenstau/Korbion* B Vor. §§ 8, 9 Rdn. 17.
[38] OLG Düsseldorf BauR 1988, 478.
[39] *Ingenstau/Korbion* B Vor §§ 8, 9 Rdn. 21; vgl. OLG Zweibrücken, BauR 1995, 251; BGH BauR 2000, 409.
[40] OLG Köln NJW 19963, 73 = BauR 1993, 80; zutreffend *Ingenstau/Korbion* B § 9 Rdn. 14, wonach es nicht darauf ankommt, ob der Arbeitnehmer während der regulären Arbeitszeit oder nach Feierabend zur Schwarzarbeit verleitet wird.
[41] *Vygen*, Jahrbuch 1998, 1, 14.
[42] BGH BauR 1996, 542 = NJW 1996, 2158; BGH NJW 2000, 807 = BauR 2000, 409 = NZBau 2000, 130.
[43] BGH NJW 1967, 248; BGH NJW 1994, 443; *Ingenstau/Korbion* B Vor §§ 8, 9 Rdn. 21.
[44] A. A. OLG München *Schäfer/Finnern/Hochstein* Nr. 1 zu § 9 VOB/B (1973).

A. Allgemeines und Grundlegung                                                      Vor § 9

Gleiches gilt, wenn der Auftragnehmer bei einer Fortsetzung der Arbeiten gegen Bauvorschriften verstoßen oder Rechtsgüter Dritter gefährden würde, so dass er Gefahr läuft, sich Regressansprüchen auszusetzen. Der Auftragnehmer ist zur Kündigung aus wichtigem Grund auch berechtigt, wenn der Auftraggeber einen Insolvenzantrag gestellt hat.[45] Hiermit bringt der Auftraggeber seine Zahlungsunfähigkeit oder Überschuldung zum Ausdruck. Dies gilt insbesondere dann, wenn durch Eröffnung des Insolventverfahrens die Zahlungsunfähigkeit oder Überschuldung bestätigt wird. Die Bereitschaft eines Dritten, die noch offen Zahlungsverpflichtungen des Auftraggebers zu erfüllen, schließt den wichtigen Grund nicht aus. In all diesen Fällen ist es dem Auftragnehmer unbenommen, auch später noch Kündigungsgründe nachzuschieben.[46]   13

Ein außerordentliches Kündigungsrecht nach den vorgenannten Grundsätzen entfällt, wenn das BGB oder die VOB/B für den zugrunde liegenden Sachverhalt eine Kündigungsmöglichkeiten vorsehen, da die Wertungen dieser Regelungen nicht umgangen werden dürfen. Dies gilt insbesondere für die **verspätete Zahlung** fälliger Abschlagsrechnungen und die längere **Unterbrechung der Bautätigkeit.** In diesen Fällen ist eine Kündigung nur nach den §§ 9 Nr. 1 b VOB/B bzw. § 6 Nr. 7 VOB/B unter deren jeweiligen Voraussetzungen möglich. Im Falle einer Zahlungsverweigerung kommt jedoch dann eine Kündigung wegen empfindlicher Störung des Vertrauensverhältnisses in Betracht, wenn der Auftraggeber keine Gründe für seine Zahlungseinstellung nennt und sich nach erfolgter Kündigung auf ein objektiv bestehendes Leistungsverweigerungsrecht wegen Baumängeln stützt. Hier gebietet es die Kooperationspflicht der Parteien, dass der Auftraggeber für seine Zahlungsverweigerung konkrete Gründe in einer Größenordnung angibt, die die Zahlungsverweigerung unter Berücksichtigung des Druckzuschlages nachvollziehbar erscheinen lassen.[47]   14

### 4. Die Kündigung wegen der Verletzung von Mitwirkungspflichten nach §§ 642, 643 BGB

Die Vertragsuntreue des Auftraggebers, die dazu führt, dass dem Auftragnehmer die Fortsetzung des Vertragsverhältnisses nicht mehr zumutbar ist, wird demgegenüber im Werkvertragsrecht des BGB gesondert aufgegriffen. Die §§ 642, 643 BGB räumen dem Auftragnehmer ein außerordentliches Kündigungsrecht ein, wenn der Auftraggeber seine erforderliche **Mitwirkung** an der Herstellung des Werkes unterlässt und dadurch in Annahmeverzug gerät. Wesentlich sind in diesem Zusammenhang die in den §§ 3 und 4 VOB/B geregelten Mitwirkungspflichten des Auftraggebers, die überwiegend auch beim BGB-Vertrag gelten.[48] Auch die mangelhafte oder verspätete **Vorunternehmerleistung** fällt hierunter.[49] Das BGB wickelt die Mitwirkungsaufgabe des Auftraggebers gem. § 642 BGB als **Gläubigerobliegenheit** ab. Nimmt der Auftraggeber die ihn treffenden Aufgaben nicht oder nicht korrekt wahr, obwohl der Auftragnehmer zur Ausführung der vereinbarten Bauleistung berechtigt, bereit und in der Lage ist und sie dem Auftraggeber gem. §§ 293 ff BGB angeboten hat, kommt dieser durch die Unterlassung in **Annahmeverzug** (§ 642 Abs. 1 BGB). Ein Verschulden des Auftraggebers ist hierzu nicht erforderlich.   15

Die Rechtsfolgen eines solchen Annahmeverzuges sind so gestaltet, dass dem **Bestandsinteresse** des Auftraggebers nur eingeschränkt Rechnung getragen wird. Das **Lösungsinteresse** des Auftragnehmers wird gestärkt. Das BGB verfolgt im Werkvertrag bei Ausbleiben der dem Auftraggeber obliegenden Mitwirkungshandlungen das Ziel einer schnellen Auflösung. Der Auftragnehmer kann dem Besteller (Auftraggeber) eine angemessene Frist für die Nachholung der Handlung setzen und damit die Erklärung verbinden, dass er den   16

---

[45] OLG München BauR 1988, 605 (bei Vergleichsantrag nach § 2 VerglO).
[46] BGH BauR 1982, 79 = ZfBR 1982, 15; BGH BauR 1975, 280.
[47] OLG Celle NJW-RR 2000, 234 = BauR 2000, 234.
[48] *Kleine-Möller/Merl* § 15 Rdn. 75.
[49] BGH BauR 2000, 722 = NZBau 2000, 187.

Vertrag kündige, wenn die Handlung nicht zum Ablauf der gesetzten Frist vorgenommen werde. Das allein zeigt nach § 643 Satz 2 BGB aufschiebend bedingt durch den fruchtlosen Fristablauf Wirkung. Denn der Vertrag gilt auch ohne nachfolgende Kündigung als **aufgehoben**, wenn die Nachholung nicht bis zum Ablauf der Frist erfolgt ist. Damit kommt diesem Vorgehen und nicht erst der Kündigung Gestaltungswirkung zu.

### 5. Das Kündigungsrecht des Auftragnehmers wegen Nichtvorlage einer Sicherheit nach § 648 a BGB

17 § 648 a BGB gewährt dem Unternehmer eines Bauwerks oder einer Außenanlage das Recht, vom Besteller Sicherheit für die von ihm zu erbringenden Vorleistungen einschließlich dazugehöriger Nebenleistungen zu verlangen.[50] Leistet der Besteller innerhalb einer angemessenen Frist diese Sicherheit nicht, ist der Unternehmer (Auftragnehmer) zunächst berechtigt, seine Leistung zu verweigern. Solange das Nacherfüllungsrecht des Auftragnehmers noch nicht erloschen ist, berühren **Mängel** der erbrachten Teilleistung das Sicherungsbedürfnis des Bestellers nicht. § 648 a BGB spricht nur von einer Sicherheit für die zu erbringenden Vorleistung bis zur Höhe des voraussichtlichen Vergütungsanspruches. Daher bleiben Mängel, die lediglich ein Zurückbehaltungsrecht oder die Einrede des nicht erfüllten Vertrages durch den Auftraggeber begründen, unberücksichtigt, da der voraussichtliche Vergütungsanspruch in dieser Höhe nach Durchführung der Nacherfüllung noch entstehen kann. Erst wenn das Nacherfüllungsrecht des Auftragnehmers erloschen ist und dem Auftraggeber Ansprüche auf Kostenvorschuss, Aufwendungsersatz oder Schadensersatz zustehen, mit denen er die Aufrechnung erklären kann, sind diese Ansprüche von der Höhe des Vergütungsanspruchs abzuziehen, so dass sich der Sicherungsanspruch entsprechend reduziert.[51] § 648 a BGB ist auch noch **nach Abnahme** der Werkleistung anwendbar.[52] Der Auftragnehmer kann daher auch dem Anspruch des Auftraggebers auf Mängelbeseitigung seinen Anspruch auf Bauhandwerkersicherung entgegenhalten. Er kommt dann mit der Mängelbeseitigung nicht in Verzug. In einem Werklohnprozess hat dies zur Folge, dass der Besteller auf Zahlung des Werklohnes Zug um Zug gegen Beseitigung der Mängel verurteilt wird.

18 Leistet der Auftraggeber die Sicherheit nicht fristgemäß, so bestimmen sich die Rechte des Auftragnehmers nach den §§ 643 und 645 Abs. 1 BGB (§ 648 a Abs. 5 S. 1 BGB). Er kann also dem Auftraggeber eine Nachfrist zur Vorlage der Sicherheit setzen und diese mit einer Kündigungsandrohung verbinden. Verstreicht diese Nachfrist fruchtlos, so gilt der Vertrag mit dem Fristablauf als **aufgehoben**. Mit der Vertragsaufhebung wird das Vertragsverhältnis dahingehend aufgelöst, dass die Vergütung abgerechnet wird und der Auftragnehmer weiterhin verpflichtet bleibt, etwaige Mängel der bis zur Kündigung erbrachten Teilleistung zu beseitigen.[53] Diesem Nacherfüllungsanspruch des Bestellers kann der Unternehmer aber wiederum sein Leistungsverweigerungsrecht wegen der nicht geleisteten Bauhandwerkersicherung entgegensetzen. Erforderlich ist eine weitere Nachfristsetzung nach § 643 BGB, verbunden mit der Ankündigung, dass er die Mängelbeseitigung nach Fristablauf verweigert. Nach fruchtlosem Fristablauf ist der Auftragnehmer von der Pflicht zur Mängelbeseitigung befreit.[54] Jedoch ist dann die Vergütung um die Kosten der Mängelbeseitigung zu kürzen.

19 Erfolgt das Sicherungsverlangen **nach der Abnahme** und leistet der Auftraggeber die Sicherheit auch nicht innerhalb der gesetzten Nachfrist, wird der Auftragnehmer von der Pflicht zu Mängelbeseitigung frei. Sein Vergütungsanspruch wird jedoch um den mängelbe-

---

[50] Vgl. BGH BauR 2001, 386 = NZBau 2001, 129; OLG Karlsruhe BauR 1996, 556 für bereits erbrachte, aber nicht durch Abschlagszahlungen gedeckte Vorleistungen.
[51] BGH NJW 2001, 822.
[52] BGH NJW 2004, 1522 = BauR 2004, 826.
[53] BGH NJW-RR 2004, 740 = BauR 2004, 834.
[54] BGH NJW-RR 2004, 740 = BauR 2004, 834.

A. Allgemeines und Grundlegung  Vor § 9

dingten Minderwert seiner Leistung **gekürzt**. Regelmäßig sind dies die Kosten der Mängelbeseitigung.[55] Bei einer Unverhältnismäßigkeit der Mängelbeseitigung ist die Vergütung um den Minderwert des Bauwerks zu redizieren. Der Unternehmer hat damit die Möglichkeit, selbst eine Minderung herbeizuführen und seine Restvergütung ohne Zug um Zug-Verurteilung zu erlangen.

**6. Vertragsuntreue des Auftraggebers – Auftragnehmerkündigung nach VOB/B**

Von dieser **„schnellen" Lösung** des BGB weicht die VOB/B in § 9 erheblich ab. Der 20
Vertrag soll möglichst aufrecht erhalten bleiben; nicht bereits Fristsetzung und Kündigungsandrohung, die in § 9 Nr. 2 VOB/B ebenfalls grundsätzlich vorgeschaltet werden, führen nach fruchtlosem Fristablauf zur Vertragsaufhebung. Rechtsgestaltung nimmt der Auftragnehmer erst mit der **Kündigung** vor, die schriftlich zu erfolgen hat (§ 9 Nr. 2 Satz 1 VOB/B). Der fruchtlose Ablauf der gesetzten Nachfrist ändert die Rechtslage nicht; gestaltend ist allein die Kündigung. VOB/B und BGB beruhen jedoch hinsichtlich der Qualifizierung der Auftraggebermitwirkung auf einer **gemeinsamen Grundlage.** Dieser wird die Qualität einer Gläubigerobliegenheit zugewiesen (§ 9 Nr. 1 lit. a VOB/B und § 642 BGB). Allerdings lässt § 9 Nr. 1 lit. b VOB/B im Einzelfall die Zuordnung als Schuldnerverpflichtung zu.

**II. Stellung im System**

§ 9 VOB/B ist eine Sonderregelung. Diese Charakterisierung trifft in dem Umfang zu, 21
als die Vorschrift für die in der Nr. 1 lit a und b erfassten Tatbestände die Kündigung nicht mit den ihr eigenen, lediglich in die Zukunft gerichteten Wirkungen als Sanktionsfolge vorsieht. Hierdurch werden nicht nur Abweichungen im Bereich der §§ 642, 643 BGB, sondern auch im Kernbereich des Leistungsstörungsrechts, nämlich dem Verzug, begründet.

**1. Sonderregelung für den Fall des Schuldnerverzugs**

Systematisch erweist sich § 9 VOB/B als Sonderregelung auch bei Schuldnerverzugstat- 22
beständen. Das betrifft den Regelungsbereich in § 9 Nr. 1 lit. b VOB/B und schließt insoweit den Rückgriff auf die Regelungen des allgemeinen Schuldrechts aus.[56] Der Schuldnerverzug des Auftraggebers löst nicht die in §§ 281, 323 BGB beschriebenen Rechtsfolgen, Schadensersatz anstatt der Leistung und Rücktritt, aus.[57]

**a) Ausschluss des Schadensersatzanspruchs statt der Leistung nach § 281 BGB.** 23
An die Stelle des Schadensersatzanspruchs statt der Leistung tritt das Abrechnungsrecht hinsichtlich der bis zur Kündigung ausgeführten Leistungen. Außerdem steht dem Auftragnehmer infolge des Verweises auf § 642 BGB (§ 9 Nr. 3 Satz 2, 1. Hs. VOB/B) der dort geregelte Entschädigungsanspruch zu. Weitergehende Ansprüche des Auftragnehmers bleiben unberührt. Insoweit hält die Vorschrift anderweitig entstandene Ansprüche aufrecht. § 9 Nr. 3 Satz 2, 2. Hs. VOB/B ist keine eigene Anspruchsgrundlage.[58] Insbesondere Schadensersatzansprüche wegen Pflichtverletzung nach § 280 Abs. 1 BGB sind damit angesprochen; ebenso Ansprüche aus Verzug nach § 280 Abs. 2, 286 BGB und solche „aus § 6 Nr. 6 VOB/B".

**b) Ersetzung der Rücktrittsrechte aus §§ 323, 324 BGB.** Die Rücktrittsrechte der 24
§§ 323 und 324 BGB werden bei wirksamer Vereinbarung der VOB/B durch die Kündi-

---

[55] BGH NJW 2004, 1525 = BauR 2004, 826.
[56] Kapellmann/Messerschmidt B § 9 Rdn. 1.
[57] Heiermann/Riedl/Rusam B § 9 Rdn. 2; Nicklisch/Weick B § 9 Rdn. 2; a. A. OLG Köln Schäfer/Finnern/Hochstein Nr. 7 zu § 8 VOB/B (1973); Ingenstau/Korbion B Vor §§ 8, 9 Rdn. 39 und § 9 Nr. 1 Rdn. 25.
[58] Heiermann/Riedl/Rusam B § 9 Rdn. 25.

gungsrechte des § 9 VOB/B verdrängt.[59] Das hat Bedeutung für die bis zur Kündigung erbrachte Teilleistung und berührt sowohl Vergütungs- als auch Gewährleistungsansprüche. Für die bis zur Kündigung erbrachten Teilleistungen verbleibt es wegen der Beseitigung der Leistungspflichten nur für die Zukunft beim Werkvertrag.[60] Für beide Vertragspartner ist damit insoweit die Geltung des Gewährleistungsregimes gesichert. Dem Auftragnehmer steht für die bis zur Kündigung erbrachten Teilleistungen der Vergütungsanspruch gemäß den vertraglichen Vereinbarungen zu.[61] § 9 Nr. 3 Satz 1 VOB/B enthält das Vergütungsprinzip, das von der verdrängten Regelung in §§ 645 Abs. 1 Satz 1, 643 BGB abweicht. Will der Auftraggeber geltend machen, die Teilleistung sei für ihn ohne jeden Wert, weswegen eine Vergütung nicht anfalle, liegt die Darlegungs- und Beweislast bei ihm.[62] Die kündigungsbedingte Unvollständigkeit des Werkes und dadurch bedingte Tauglichkeitseinschränkungen können den Vergütungsanspruch nicht einschränken;[63] denn diese Nachteile gehen auf die Vertragsuntreue des Auftraggebers zurück.

## 2. Sonderregelung im Bereich der Verletzung der Gläubigerobliegenheiten

25  Sind die tatbestandlichen Voraussetzungen der Vorschrift nach § 9 Nr. 1 lit. a VOB/B erfüllt, ist der Rückgriff auf die allgemeine Regelung in §§ 642, 643 BGB verschlossen. Der Zugriff auf diese BGB-Regelung ist nur in dem durch § 9 Nr. 3 VOB/B zugelassenen Umfang gestattet.

26  **a) Abwicklung des Vertrages.** Das VOB-Konzept führt in Abweichung von §§ 643, 642 BGB konstruktiv zur Vertragsauflösung erst durch die Kündigung und nicht – wie das BGB – bereits durch Fristsetzung mit Kündigungsandrohung und fruchtlosem Fristablauf.

27  **b) Folgen für den Vergütungsanspruch.** Für die Vergütung der bis zur Kündigung erbrachten Teilleistungen ist die Vergütungsregelung nach § 9 Nr. 3 Satz 1 VOB/B einschlägig. Danach sind die bisherigen Leistungen nach den Vertragsregeln abzurechnen. Das weicht von der BGB-Regelung in § 645 Abs. 1 Satz 1 ab, wonach der Auftragnehmer einen der geleisteten Arbeit entsprechenden Teil der Vergütung und Ersatz der in der Vergütung nicht inbegriffenen Auslagen verlangen kann.

## 3. Folgen für Schadensersatz-/Entschädigungsansprüche

28  Der Sinn und Zweck der in § 9 Nr. 3 Satz 2, 1. Hs. VOB/B enthaltenen Regelung ist lediglich bekräftigender und bestätigender Art: Die Vorschrift betont, dass die **Kündigung kein Erlöschenstatbestand** für Entschädigungsansprüche ist, die zugunsten des Auftragnehmers infolge des Gläubigerverzugs nach § 642 BGB bereits entstanden waren. Diese Fortgeltung folgt bereits nach allgemeinen Rechtsgrundsätzen. § 9 Nr. 3 Satz 2, erster Halbsatz VOB/B begründet den Ersatzanspruch nach § 642 BGB nicht erst für den Fall der Kündigung,[64] sondern setzt ihn als bestehend bereits voraus. Denn anspruchsbegründend ist gemäß § 642 Abs. 1 BGB bereits der Gläubigerverzug. Die Kündigung des Bauvertrages durch den Auftragnehmer bringt den Entschädigungsanspruch nicht zum Entstehen, sondern führt zur **Beendigung des Gläubigerverzugs.**[65] Wurden im Rahmen des Gläubigerverzugs nach Maßgabe der §§ 286 BGB oder §§ 280 Abs. 1, 241 Abs. 2 BGB Schadensersatzansprüche begründet, verwirklicht das Ende des Gläubigerverzugs keinen Erlöschenstatbestand hinsichtlich dieser Schadensersatzansprüche.[66] Das gilt so auch für Entschädigungsansprüche nach

---

[59] *Ingenstau/Korbion* B Vor §§ 8, 9 Rdn 39; *Kapellmann/Messerschmidt* B § 9 Rdn. 5.
[60] BGH NJW 1995, 2712 = BauR 1995, 691, 692 = ZfBR 1995, 297.
[61] BGH NJW 1993, 1972 = BauR 1993, 469, 471 = ZfBR 1993, 189; BGH BauR 1990, 632 = NJW-RR 1990, 1109.
[62] BGH NJW 1993, 1972 = BauR 1993, 469, 471 = ZfBR 1993, 189.
[63] Vgl. dazu BGH NJW 1993, 1972 = BauR 1993, 469, 471 = ZfBR 1993, 189.
[64] In diesem Sinne aber *Heiermann/Riedl/Rusam* B § 9 Rdn. 2.
[65] Vgl. *Palandt/Heinrichs* § 293 Rdn. 13.
[66] *Heiermann/Riedl/Rusam* B § 9 Rdn 25 ff; *Ingenstau/Korbion* B § 9 Nr. 3 Rdn 21.

A. Allgemeines und Grundlegung                                      Vor § 9

§ 642 BGB. Nur diesen bereits gesetzlich gesicherten Fortbestand gesetzlicher Ansprüche will § 9 Nr. 3 Satz 2, 1. Hs. VOB/B – eigentlich überflüssig und nur bekräftigenderweise – bestätigen.

**4. Fortbestand sonstiger Vorschriften – Aufrechterhaltung begründeter Ansprüche**

a) **Aufrechterhaltung begründeter Ansprüche.** Sind dem Auftragnehmer infolge des schuldhaften Gläubigerverzugs nach anderen Normen und Vorschriften Entschädigungs-, Schadensersatz- oder Vergütungsansprüche entstanden, bleiben nach § 9 Nr. 3 Satz 2, 2. Hs. VOB/B diese Ansprüche durch die Kündigung unberührt. Hierzu zählen auch Ansprüche „aus § 6 Nr. 6 VOB/B", deren Anwendungsvoraussetzung nicht der Fortbestand des Bauvertrages ist. Nicht haltbar ist die Vorstellung, dass vor der Kündigung nach anderen Vorschriften in eingeschränktem Umfang gem. § 6 Nr. 6 VOB/B entstandene Ansprüche infolge der Kündigung ihre Eigenständigkeit verlieren und nur noch als Entschädigungsansprüche ihre Fortsetzung fänden. § 9 Nr. 3 Satz 2, 2. Hs. VOB/B geht gerade den anderen Weg.   29

b) **Fortbestand sonstiger Kündigungsmöglichkeiten des Auftragnehmers.** Neben § 9 Nr. 1 VOB/B hat der Auftragnehmer die ihm in anderen Bestimmungen der VOB/B eingeräumten Kündigungsmöglichkeiten. Zusätzlich sind die Kündigungsmöglichkeiten aus wichtigem Grund zu berücksichtigen.   30

aa) **Sonstige Kündigungstatbestände zugunsten des Auftragnehmers in der VOB/B.** Dem Auftragnehmer in der VOB/B an anderer Stelle unter anderen Voraussetzungen eingeräumte Kündigungsmöglichkeiten bleiben bestehen. Das gilt insbesondere für die Kündigungsmöglichkeit nach § 6 Nr. 7 VOB/B, die dann greift, wenn infolge der verweigerten Mitwirkungshandlung eine Unterbrechung der Baumaßnahme eingetreten ist, die länger als drei Monate andauert (vgl. Kommentierung zu § 6 Nr. 7 VOB/B). Die Abrechnungsregeln sind nicht in vollem Umfang identisch.   31

bb) **Kündigungsmöglichkeiten aus wichtigem Grund.** Auch der Fortbestand einer Kündigung aus wichtigen Gründen, die sich nicht unter § 9 Nr. 1 VOB/B subsumieren lassen, aber die Unzumutbarkeit der Fortsetzung des Vertragsverhältnisses begründen, ist gesichert.[67]   32

### III. Regelungslücken

Im Vergleich zur ausführlichen Rechtsfolgenregelung bei der Auftraggeberkündigung gem. § 8 VOB/B erweist sich § 9 VOB/B als lückenhaft und ausfüllungsbedürftig. Dieser Bedarf ist durch eine entsprechende Anwendung des § 8 Nr. 6 VOB/B zu schließen. Geregelt sind die Vergütungs- und Ersatz-/Entschädigungsansprüche nach § 9 Nr. 3 VOB/B. **Ungeregelt** sind geblieben: Aufmaßnahme, Abnahme und Rechnungsstellung sowie die rechnerische Darstellung der Ersatz-/Entschädigungsansprüche.   33

### IV. Sonstige Reaktionsmöglichkeiten des Auftragnehmers bei Zahlungsschwierigkeiten des Auftraggebers

#### 1. Arbeitseinstellung nach § 16 Nr. 5 Abs. 3 VOB/B

§ 9 Nr. 1 VOB/B stellt das schärfste Mittel des Auftragnehmers dar. Ein milderes Mittel ist nach § 16 Nr. 5 Abs. 3 Satz 3 VOB/B das Recht auf Arbeitseinstellung, wenn nach Fälligkeit einer Zahlung die angemessen gesetzte Nachfrist fruchtlos abgelaufen ist. Über die Auswahl befindet der Auftragnehmer nach freiem Ermessen.   34

---

[67] OLG München Schäfer/Finnern/Hochstein Nr. 1 zu § 9 VOB/B (1973).

**Vor § 9** Vorbemerkung § 9. Kündigung durch den Auftragnehmer

### 2. Leistungsverweigerungsrecht nach § 321 BGB

35    Der vorleistungspflichtige Auftragnehmer kann gem. § 321 BGB die Leistung verweigern oder Gestellung einer Sicherheit verlangen, wenn nach dem Vertragsschluss in den Vermögensverhältnissen des anderen Teiles eine wesentliche Verschlechterung eintritt, durch die der Anspruch auf die Vergütung gefährdet erscheint.

## B. Auflösung des Bauvertrages durch Aufhebungsvertrag

36    Lösen die Parteien den Bauvertrag ohne vorausgegangene Kündigung einvernehmlich auf, und wird eine nähere Rechtsfolgenregelung unterlassen, beurteilt sich die Anspruchssituation nach § 8 oder § 9 VOB/B. Entscheidend ist, auf welcher Seite die Vertragsuntreue vorliegt. Praktisch ist rechtsfolgenbestimmend, welcher Partei es gelingt, wichtige Kündigungsgründe nachzuschieben.[68] Bei einer einvernehmlichen Vertragsaufhebung kommt es nicht auf die Kündigung, sondern darauf an, wer welche Rechte im Zeitpunkt der einverständlichen Vertragsaufhebung geltend machen konnte.[69] Unklarheiten werden dadurch nicht bewirkt. Denn das gestörte Vertrauensverhältnis wurde entweder durch die Vertragsuntreue des Auftraggebers oder des Auftragnehmers verursacht; die Erstursache ist maßgeblich. Nachfolgende Vertragswidrigkeiten können allenfalls über § 254 BGB dann berücksichtigt werden, wenn diese schadensverstärkend einwirkten.

## C. Konkurrenz zwischen Auftraggeber- und Auftragnehmerkündigung

37    Eine Konkurrenz zwischen Auftraggeber- und Auftragnehmerkündigung scheidet aus. Maßgeblich ist die **zeitliche Priorität**, die durch die Möglichkeit zum Nachschieben von Kündigungsgründen nicht gestört wird. Denn Kündigungsgründe kann nur derjenige nachschieben, der bereits gekündigt hat.[70] Der wirksamen Kündigung des Auftraggebers nach § 8 Nr. 1 VOB/B kann der Auftragnehmer nicht entgegenhalten, er selbst hätte aus wichtigem Grund nach § 9 VOB/B kündigen können. Ein bereits wirksam infolge Auftraggeberkündigung aufgehobener Vertrag kann nicht noch einmal durch Auftragnehmerkündigung aufgehoben werden.[71] Die Grundsätze und Interessen, die es rechtfertigen, einen bereits nichtigen Vertrag durch Anfechtung auch vernichten zu können, lassen sich auf die Kündigung nicht übertragen. Dies gilt gerade auch dann, wenn der Auftragnehmer zum Zeitpunkt der Ausübung des freien Kündigungsrechts durch den Auftraggeber die Möglichkeit zur außerordentlichen Kündigung gehabt hätte. Denn § 8 Nr. 1 VOB/B sichert dem Auftragnehmer den vollen Vergütungsanspruch, während es im Rahmen des § 9 Nr. 3 VOB/B fraglich ist, ob dem Auftragnehmer ein solches Vergütungsrecht zusteht.[72]

38    Die Abwicklung erfolgt deshalb nach den Kündigungsregeln desjenigen Kündigungsgrundes, von dem zeitlich zuerst rechtswirksam Gebrauch gemacht worden ist. Allerdings kann der untätig gebliebene Teil, dem jedoch Kündigungsgründe zur Seite standen, hieraus ableitbare Ansprüche geltend machen, ohne selbst kündigen zu müssen. Der Kündigende solle keine Vorteile daraus ziehen können, dass er zuerst gekündigt hat.[73]

---

[68] Vgl. zum Nachschieben von Kündigungsgründen BGHZ 82, 100 = BauR 1982, 79, 82 = NJW 1982, 438 = ZfBR 1982, 15; vgl. auch → § 8 Nr. 1 Rdn. 20 ff.
[69] BGH NJW 1973, 1463 = BauR 1973, 319, 320.
[70] Zum Nachschieben von Kündigungsgründen allgemein: BGHZ 82, 100 = BauR 1982, 79, 82 = NJW 1982, 438 = ZfBR 1982, 15; vgl. auch → § 8 Nr. 1 Rdn. 21, 22.
[71] *Heiermann/Riedl/Rusam* B § 9 Rdn. 1.
[72] Siehe *Heiermann/Riedl/Rusam* § 9 Rdn. 25.
[73] BGH NJW 1969, 1845; BGH WM 1974, 1117; *Heiermann/Riedl/Rusam* B § 9 Rdn. 17.

## § 9 Nr. 1 [Gründe für Auftragnehmerkündigung]

Der Auftragnehmer kann den Vertrag kündigen:
a) wenn der Auftraggeber eine ihm obliegende Handlung unterlässt und dadurch den Auftragnehmer außerstande setzt, die Leistung auszuführen (Annahmeverzug nach §§ 293 ff. BGB),
b) wenn der Auftraggeber eine fällige Zahlung nicht leistet oder sonst in Schuldnerverzug gerät.

Literatur: *v. Craushaar*, Risikotragung bei mangelhafter Mitwirkung des Bauherrn, BauR 1987, 14; *Grieger*, Verspätete oder mangelhafte Vorunternehmerleistung – Wer hat sie zu vertreten?, BauR 1990, 406; *Kapellmann*, § 645 BGB und die Behinderungshaftung für Vorunternehmer, BauR 1992, 433; *Kraus*, Ansprüche des Auftragnehmers bei einem durch Vorunternehmer verursachten Baustillstand, BauR 1986, 17; *Lachmann*, Rechtsfolgen unterlassener Mitwirkungshandlungen des Werkbestellers, BauR 1990, 409 ff.; *Leineweber*, Die Rechte des Bauunternehmers im Konkurs des Auftraggebers, BauR 1989, 510; *Motzke*, Abgrenzung der Verantwortlichkeit zwischen Bauherrn, Architekt, Ingenieur und Sonderfachleuten, BauR 1994, 47; *Nicklisch*, Mitwirkungspflichten des Bestellers beim Werkvertrag, insbesondere beim Bau- und Industrieanlagenvertrag, BB 1979, 553; *Stürner*, Der Anspruch auf Erfüllung von Treue- und Sorgfaltspflichten, JZ 1976, 384; *Vygen*, Behinderung des Auftragnehmers durch verspätete oder mangelhafte Vorunternehmerleistungen, BauR 1989, 387; *Wettke*, Zur Funktion des Bauherrn als oberster Projektmanager, BauR 1987, 370; *Lenzen*, Ansprüche gegen den Besteller, dem Mitwirkungspflichten unmöglich werden, BauR 1997, 210; *Vygen*, Die Kündigung des Bauvertrages und deren Voraussetzungen, Jahrbuch Baurecht 1998, 1; *Dähne*, Auftragnehmeransprüche bei lückenhafter Leistungsbeschreibung, BauR 1999, 289; *Duffek*, Der Vergütungsanspruch des Unternehmers ohne Werkleistung, BauR 1999, 979; *Adler/Everts*, Kündigungsrechte des Auftragnehmers trotz mangelhafter Werkleistung, BauR 2000, 1111; *Vygen*, Kooperationspflichten der Bauvertragspartner, Festschrift für Kraus 2003, S. 335; *Schuhmann* Kooperationspflichten des Anlagenvertrages: Rechtliche Substanz und praktische Konsequenzen, BauR 2003, 162; *Maxem*, Rechtsfolgen bei Verletzung von Mitwirkungspflichten durch den Besteller beim (Bau-)werkvertrag, BauR 2003, 952; *Ziegler*, Zu den Pflichten des Bauherrn und seinem Mitverschulden bei der Planung des Bauvorhabens und der Überwachung der bauausführenden Unternehmer ZfBR 2003, 523; *Fuchs*, Der Schürmannbau-Beschluss: Der Anfang vom Ende der Kooperationspflichten der Bauvertragsparteien NZBau 2004, 65; *Schwarze*, Auswirkungen der bauvertraglichen Kooperationsverpflichtung, BauR 2004, 895; *Armbrüster/Bickert*, Unzulängliche Mitwirkung des Auftraggebers beim Bau- und Architektenvertrag, NZBau 2006, 153. – Siehe im übrigen die Hinweise → Vor § 9.

**Übersicht**

| | Rdn. | | Rdn. |
|---|---|---|---|
| A. Allgemeines und Grundlegung | 1–13 | 2. Gläubigerobliegenheiten nach der VOB/C | 22 |
| I. Typenbildung durch § 9 VOB/B | 4 | 3. Gläubigerobliegenheiten nach sonstigen vertraglichen Vereinbarungen | 23 |
| 1. Typenbildung nach § 9 Nr. 1 lit. a VOB/B | 7 | II. Annahmeverzug | 24–26 |
| a) Ausgangspunkt: Mitwirkungsaufgabe als Gläubigerobliegenheit | 8 | III. Auftragnehmer zur Leistungserbringung außerstande | 27 |
| b) Offenheit in der Typenbildung | 10 | IV. Sonstige Folgen des Gläubigerverzugs | 28 |
| 2. Typenbildung durch § 9 Nr. 1 lit. b VOB/B | 11 | C. § 9 Nr. 1 lit. b VOB/B – Voraussetzungen | 29–35 |
| II. Sonstige Vertrags-Untreuetatbestände | 12 | I. Schuldnerverzug des Auftraggebers mit einer Zahlung (§ 9 Nr. 1 lit. b, 1. Alt. VOB/B) | 30 |
| B. § 9 Nr. 1 lit. a VOB/B – Anwendungsvoraussetzungen | 14–27 | II. Sonstige Tatbestände des Schuldnerverzugs (§ 9 Nr. 1 lit. b, 2. Alt. VOB/B) | 34 |
| I. Gläubigerobliegenheiten | 15 | | |
| 1. Gläubigerobliegenheiten nach der VOB/B | 16 | | |

## A. Allgemeines und Grundlegung

§ 9 Nr. 1 VOB/B vertypt vertragsuntreues Verhalten des Auftraggebers und sanktioniert dieses mit der Möglichkeit der Auftragnehmerkündigung. Die Bestimmung knüpft dabei in

1

**§ 9 Nr. 1** Gründe für Auftragnehmerkündigung

§ 9 Nr. 1 lit. a VOB/B an **Gläubigerobliegenheiten** und in lit. b an **Schuldnerpflichten** an.

2   Mit der Regelung sind die vertragsschließenden Parteien darüber einig, dass bei Verwirklichung der in § 9 Nr. 1 lit. a und b VOB/B **vertragskodifizierten Kündigungsgründe** ohne weitere Wertungsnotwendigkeit die Voraussetzungen für eine Kündigung durch den Auftragnehmer vorliegen. Dem Auftragnehmer wird die Fortsetzung des Vertrages nicht zugemutet, wenn auch das in § 9 Nr. 2 Satz 2 VOB/B beschriebene Verfahren – Fristsetzung mit Kündigungsandrohung = „Vorverfahren" – fruchtlos geblieben ist. Innerhalb des Bereichs der einen Gläubiger treffenden Mitwirkungsaufgaben, die zum Gelingen des Bauvertrages vorausgesetzt werden, erfolgt damit eine **Differenzierung**. In Fällen vertypter Vertragsuntreue des Auftraggebers nach Nr. 1 lit. a wird dem Schuldner nach Treu und Glauben ein Festhalten am Vertrag nicht mehr zugemutet. Erbringt der Auftraggeber ihm obliegende Aufgaben nicht, die den Auftragnehmer außerstande setzen, die Leistung zu erbringen, ist für weitere Zumutbarkeitserwägungen – die Vertragstreue des Auftragnehmers vorausgesetzt – kein Raum. Bei sonstigen, neben § 9 Nr. 1 lit. a VOB/B zusätzlich existenten Kündigungsgründen, insbesondere einer außerordentlichen Kündigung aus wichtigem Grund – **sonstige Vertragsuntreuetatbestände** – ist gesondert zu prüfen, ob die Fortsetzung angesichts des Vertrauensverlustes unzumutbar geworden ist.

3   Liegt die Vertragsuntreue in einem Verhaltensbereich, den der Auftraggeber als Schuldner des Bauvertragsverhältnisses zu erfüllen hat, erweist sich die in § 9 Nr. 1 lit. b VOB/B aufgefundene Lösung als Sonderweg zu **§§ 280 Abs. 2, 281 BGB**.

### I. Typenbildung durch § 9 VOB/B

4   Die durch § 9 Nr. 1 vorgenommene Typenbildung schließt anderweitiges Verhalten des Auftraggebers, das nicht unter § 9 Nr. 1 VOB/B fällt, aber das Vertrauensverhältnis zwischen den Vertragsparteien gestört und die Fortsetzung für den Auftragnehmer unzumutbar gemacht hat, als Kündigungsgrund nicht aus.[1] Außerhalb des vertypten oder vertragskodifizierten Bereichs liegende Tatbestände aus dem Regelkreis der Vertragsverletzung bzw. Pflichtverletzung machen es jedoch notwendig, eine eigenständige Prüfung darauf vorzunehmen, ob der Vertragszweck derart gefährdet ist, dass dem Auftragnehmer nach Treu und Glauben das Festhalten am Vertrag nicht mehr zugemutet werden kann[2] Es handelt sich um Tatbestände mit **Wertungsmöglichkeit** und Wertungsnotwendigkeit.

5   Die Tatbestände sonstiger oder anderweitiger Vertragsuntreue machen eine eigenständige Wertung und Gewichtung zwischen Vertragsliquidierung und Vertragsbewahrung notwendig, die zur Feststellung der Obliegenheitsverletzung hinzukommt.

6   Für die im **vertypten Bereich** liegenden Tatbestände ist kraft Vertrages die Möglichkeit der Vertragsliquidierung bereits im positiven Sinne entschieden. Es müssen nur noch die Voraussetzungen nach § 9 Nr. 2 VOB/B hinzukommen.

#### 1. Typenbildung nach § 9 Nr. 1 lit. a VOB/B

7   Die Typenbildung nach § 9 Nr. 1 lit. a VOB/B setzt an den Mitwirkungsaufgaben des Auftraggebers an. Die Vorschrift ordnet diese den Gläubigerobliegenheiten zu, da der Gläubiger infolge der Nichtausführbarkeit der Leistungen des Auftragnehmers in Annahmeverzug nach §§ 293 ff. BGB kommt.

8   a) **Ausgangspunkt: Mitwirkungsaufgabe als Gläubigerobliegenheit.** Für die Anwendung der Regelung kommt es demnach nicht darauf an, den einzelnen Mitwirkungsaufgaben des Auftraggebers den Charakter von Nebenpflichten oder Nebenleistungspflichten beizumessen. Die Vorschrift entspricht dem Ansatz in § 642 BGB, die gleichfalls darauf

---

[1] *Ingenstau/Korbion* B § 9 Nr. 1 Rdn. 14; *Heiermann/Riedl/Rusam* B § 9 Rdn. 3 a.
[2] Vgl. *Ingenstau/Korbion* B § 9 Nr. 1 Rdn. 14; BGH NJW 1969, 975; OLG Koblenz NJW-RR 1992, 468.

beruht, dass die den Gläubiger treffende Mitwirkung keine Schuldnerverpflichtung des Bestellers, sondern eine Obliegenheit ist. Demgemäß ordnet die höchstrichterliche Rechtsprechung die den Auftraggeber beim Werkvertrag treffenden Mitwirkungsaufgaben als Obliegenheiten ein.[3] Auch wenn die in der VOB/B geregelten Mitwirkungspflichten des Auftraggebers jedenfalls teilweise als echte Vertragspflichten in Form von Nebenpflichten ausgestaltet sind,[4] ist für die Anwendung der Regelung nach § 9 Nr. 1 lit. a VOB/B eine Festlegung nicht erforderlich.

Das gilt auch für die dem Regelkreis der Vertragsverletzung zu entnehmenden anderweitigen Kündigungsmöglichkeiten, da auch bloße Obliegenheitsverletzungen bei Gefährdung des Vertragszwecks und der Unzumutbarkeit der Vertragsfortsetzung zu einer Kündigung legitimieren.[5]

**b) Offenheit in der Typenbildung.** Der Tatbestand in § 9 Nr. 1 lit. a VOB/B ist offen, nämlich auf Ergänzung hin formuliert. Der vertypte Kündigungsgrund liegt vor, wenn der Auftraggeber eine ihm obliegende Handlung unterlässt. Dies beurteilt sich nach anderen Bestimmungen der VOB/B oder nach der durch § 1 Nr. 1 VOB/B in Verweisung genommenen VOB/C sowie sonstigen Vertragsbestandteilen einschließlich der gewerblichen Verkehrssitte. Außerdem muss der Auftragnehmer dadurch außerstande sein, die vertraglich geschuldete Leistung auszuführen.

**2. Typenbildung nach § 9 Nr. 1 lit. b VOB/B**

Wichtige Kündigungsgründe liegen auch dann vor, wenn der Auftraggeber fällige Zahlungen nicht leistet oder sonst in Schuldnerverzug gerät. Ausgangspunkt dieser vertypten Vertragsuntreue ist eine **Pflichtenstellung** des Auftraggebers, der bezüglich der Zahlungsverpflichtung jedenfalls der Charakter einer Hauptverpflichtung zuzuweisen ist. Der zweite Halbsatz lässt sonstige Tatbestände des Schuldnerverzugs genügen. Der erste Halbsatz darf nicht dahin mißverstanden werden, dass die Nichtzahlung der fälligen Verbindlichkeit ohne Verzugsvoraussetzungen genügen würde (vgl. unten Rdn. 28).

## II. Sonstige Vertrags-Untreuetatbestände

Sonstige Vertrags-Untreuetatbestände kommen aus dem Formenkreis der **Vertragsverletzung** bzw. Pflichtverletzung.[6] Es handelt sich um vorwerfbare Verhaltensweisen des Auftraggebers, die entweder eine Nebenpflichtverletzung oder eine Obliegenheitspflichtverletzung mit solchem Gewicht darstellen, dass dem Auftragnehmer die Fortsetzung des Vertragsverhältnisses nicht mehr zumutbar ist.[7] Diese Tatbestände sind nicht vertypt, fallen deshalb auch nicht unter § 9 Nr. 1 lit. a VOB/B und sind bei Zuordnung als Vertragsverletzung im Unterschied zu § 9 Nr. 1 lit. a VOB/B verschuldensabhängig. Außerdem ist über die Frage der **Zumutbarkeit** der Vertragsfortsetzung wertend unter Berücksichtigung der gegenseitigen Interessen zu entscheiden.[8] Auch die vertypten Mitwirkungshandlungen nach § 9 Nr. 1 lit. a VOB/B gehören als Gläubigerobliegenheiten grundsätzlich im weiteren Sinne zu den Verbindlichkeiten aus einem Vertragsverhältnis, weswegen bei einem schuldhaften Verstoß die Grundsätze der Pflichtverletzung eingreifen. Die Besonderheit der Vertragskodifizierung nach § 9 Nr. 1 lit. a VOB/B besteht im Verzicht auf ein Verschuldenserfordernis und auf eine weitere Wertungsnotwendigkeit.

---

[3] BGHZ 11, 80, 83 = NJW 1965, 229; BGHZ 50, 175, 179 = NJW 1968, 1873, 1874; vgl. *Kniffka* Jahrbuch BauR 2001, 1, 6.
[4] Vgl. *Ingenstau/Korbion* B § 9 Nr. 1 Rdn. 23.
[5] BGHZ 11, 80, 83.
[6] *Ingenstau/Korbion* B § 9 Nr. 1 Rdn. 14; *Heiermann/Riedl/Rusam* B § 9 Rdn. 3 a.
[7] Vgl. *Heiermann/Riedl/Rusam* B § 9 Rdn. 3 a.
[8] BGHZ 11, 80, 84 = NJW 1965, 229.

13  So ist der Auftragnehmer zur Kündigung aus wichtigem Grund berechtigt, wenn der Auftraggeber **Insolvenzantrag** stellt. Denn hierdurch bringt er seine Zahlungsunfähigkeit oder Überschuldung zum Ausdruck. Dies gilt insbesondere, wenn durch die Eröffnung des Insolvenzverfahrens die Zahlungsunfähigkeit oder Überschuldung bestätigt wird. Der Annahme eines wichtigen Grundes steht die Bereitschaft eines Dritten nicht entgegen, die noch offenen Zahlungspflichten des Auftraggebers zu erfüllen.[9] Der Auftragnehmer hat ein Kündigungsrecht, wenn der Auftraggeber die Abwicklung des Bauvertrages schuldhaft mit solchen Unsicherheiten belastet, dass dem vertragstreuen Auftragnehmer ein Festhalten am Vertrag nicht mehr zugemutet werden kann; so z. B. wenn der **Auftraggeber** hartnäckig auf einer den Regeln der Baukunst widersprechenden Ausführung besteht.[10] Eine nachhaltige, die Kündigung durch den Auftragnehmer rechtfertigende Störung des Vertrauensverhältnisses zwischen dem Auftraggeber und Auftragnehmer kann vorliegen, wenn der Auftraggeber die Arbeitnehmer eines Auftragnehmers in nicht unerheblichem Umfang zur Schwarzarbeit während der regulären vom Auftragnehmer bezahlten Arbeitszeit heranzieht.[11]

## B. § 9 Nr. 1 lit. a VOB/B – Anwendungsvoraussetzungen

14  Die Nr. 1 lit. a setzt zweierlei voraus: Der Auftraggeber muss eine ihm obliegende Handlung unterlassen haben. Dadurch muss der Auftragnehmer außerstande gesetzt worden sein, die Leistung zu erbringen, was den Tatbestand des Gläubigerverzugs auslöst.

### I. Gläubigerobliegenheiten

15  Gläubigerobliegenheiten bestimmt die VOB/B nicht nur ausdrücklich, sondern auch stillschweigend. Die VOB/C ergänzt die den Auftraggeber im Einzelfall unter gewerkespezifischen Gesichtspunkten treffenden Obliegenheiten bzw. Pflichten. Der Inhalt der sonstigen Vertragsbestandteile ist zu berücksichtigen.

#### 1. Gläubigerobliegenheiten nach der VOB/B

16  Die wichtigsten Bestimmungen sind diesbezüglich die §§ 3, 4 VOB/B. Der Umfang der den Auftraggeber treffenden Obliegenheiten kann auch der Auslegung des § 6 Nr. 2 Abs. 1 lit. a VOB/B entnommen werden. Alles, was der Risikosphäre des Auftraggebers zuzuweisen ist, bestimmt den Bereich der dem Auftraggeber obliegenden Handlungen. Gegen das daraus ableitbare Handlungsgebot verstößt der Auftraggeber durch Unterlassung. Eine Unterlassung stellt dabei auch ein Tun dar, das jedoch nicht den objektiv erforderlichen Anforderungen entspricht.

17  Im Einzelnen gilt folgendes: Der Auftraggeber hat ein **Baugrundstück** zur Verfügung zu stellen, das Baureife aufweist.[12] Das bedeutet für die einzelnen Gewerke, dass das jeweils erforderliche vorausgehende Gewerk sach- und fachgerecht, wie auch zeitgerecht erbracht sein muss.[13] Das Problem, ob der Vorunternehmer ein Erfüllungsgehilfe des Auftraggebers ist, ist – wie im Rahmen von § 6 Nr. 2 VOB/B auch – bedeutungslos.[14] Es ist anhand der vertraglichen Vereinbarungen zu beurteilen, welche konkreten Voraussetzungen das Baugrundstück erfüllen muss, also ob es z. B. bereits geräumt oder frei von Altlasten bereit-

---

[9] OLG München Schäfer/Finnern/Hochstein Nr. 6 zu § 9 VOB/B (1973).
[10] OLG München Schäfer/Finnern/Hochstein Nr. 1 zu § 9 VOB/B (1973).
[11] OLG Köln BauR 1993, 80 = NJW 1993, 73.
[12] Vgl. → § 6 Nr. 2 Rdn. 47.
[13] *Ingenstau/Korbion* B § 9 Nr. 1 Rdn. 6.
[14] Vgl. → § 6 Nr. 2 Rdn. 54, 55.

zustellen ist. Nach § 4 Nr. 4 VOB/B muss das Grundstück ggf. über Lager- und Arbeitsflächen, Zufahrtswege bzw. Anschlussgleise und Anschlüsse für Wasser und Energie verfügen.

Nach § 3 Nr. 1 VOB/B hat der Auftraggeber dem Auftragnehmer rechtzeitig die zur Ausführung nötigen **Planunterlagen** zu überlassen,[15] und gem. § 3 Nr. 2 VOB/B für das Abstecken der Hauptachsen der baulichen Anlage zu sorgen.[16] § 4 Nr. 1 VOB/B gebietet die fach- und zeitgerechte Koordinierung und Abstimmung der einzelnen Auftragnehmer und auferlegt dem Auftraggeber die Pflicht, die erforderlichen öffentlichrechtlichen Genehmigungen zu besorgen.[17] Hierzu gehört auch die Pflicht des Auftraggebers, seine Verkehrssicherungspflichten zu erfüllen.[18] Auch die in § 5 Nr. 2 VOB/B vorausgesetzte „Abrufpflicht" ist eine den Auftraggeber i. S. v. § 9 Nr. 1 lit. a VOB/B treffende Obliegenheit.[19] Deshalb kann sich aus dem Annahmeverzug des Auftraggebers, der darin liegt, dass die Bauleitung die Leistung nicht zum vereinbarten Zeitpunkt abruft, für den Auftragnehmer ein Kündigungsrecht gem. § 9 Nr. 1 lit. a VOB/B ergeben.[20] Haben die Parteien für den Beginn der Bauausführung keine Frist vereinbart und ist der Auftraggber zur Mitteilung des voraussichtlichen Beginns der Bauarbeiten noch nicht in der Lage, muss er dem Auftragnehmer nach Meinung des OLG Celle einen Zeitraum von bis zu zwei Jahren setzen und innerhalb dieses Rahmens mit angemessener Frist von sich aus einen Baubeginn benennen. Erfüllt er diese Verpflichtung nicht, begründet dies ein Kündigungsrecht des Auftragnehmers nach § 9 Nr. 1 a VOB/B.[21]

In den Kreis der nach § 4 Nr. 1 VOB/B gebotenen **Organisation der Bauabwicklung** gehört auch, dass der Auftraggeber auf die vom Auftragnehmer vorgebrachten Bedenken in irgendeiner Weise reagiert.[22] Vom Auftragnehmer sind die in § 3 Nr. 3, § 4 Nr. 1 Abs. 4, § 4 Nr. 3, § 6 Nr. 1 VOB/B und nach Treu und Glauben sowie nach dem sonstigen Vertragsinhalt auferlegten Prüfungs- und Bedenkenhinweispflichten im Interesse des werkvertraglichen Erfolges zu erfüllen; sie sollen dem Auftraggeber eine **Entscheidungsmöglichkeit** bieten. Trifft der Auftraggeber keine Entscheidung oder zieht er den Entscheidungsprozess über Gebühr in die Länge, kann dies eine Kündigung nach § 9 Nr. 1 lit. a VOB/B rechtfertigen.[23] Daher stellen auch sonstige Anordnungen, die zur Fortführung der Arbeiten erforderlich sind, Mitwirkungspflichten des Auftraggebers dar. Derartige Anordnungsbefugnisse, die wiederum Mitwirkungspflichten begründen, finden sich in §§ 1 Nr. 4, 4 Nr. 1, 4 Nr. 3 und 6 Nr. 3 VOB/B.[24] Gleiches gilt hinsichtlich der vom Auftraggeber zu treffenden Entscheidungen über vertraglich vereinbare Alternativpositionen und durchzuführende Bemusterungen oder sonstige Auswahlverfahren.[25] Ferner besteht eine Mitwirkungspflicht nach § 4 Nr. 10 VOB/B bei der sog. technischen Abnahme von Teilen der Leistung, die infolge der weiteren Ausführung der Prüfung und Feststllung entzogen werden.[26]

Die Mangelhaftigkeit der **Vorleistung** des Auftraggebers liefert dem Auftragnehmer nur dann einen wichtigen Kündigungsgrund nach § 9 Nr. 1 lit. a VOB/B, wenn mit an Sicherheit grenzender Wahrscheinlichkeit feststeht, dass wegen der Mängel an der Vorleis-

---

[15] BGH NJW 1972, 447 = BauR 1972, 112; BGH BauR 1985, 561; *Ingenstau/Korbion* B § 9 Nr. 1 Rdn. 7; Vgl. → § 6 Nr. 2 Rdn. 49.
[16] Vgl. BGH BauR 1986, 203; Vgl. → § 6 Nr. 2 Rdn. 49.
[17] OLG Hamm, BauR 2003, 1042; OLG München BauR 1980, 274; vgl. → § 6 Nr. 2 Rdn. 49 und → Vor § 3 Rdn. 35 mit der Qualifizierung als Schuldnerpflicht.
[18] *Ingenstau/Korbion* B § 9 Nr. 1 Rdn. 10.
[19] OLG Celle IBR 2003, 406; ZfIR 2004, 563.
[20] OLG Düsseldorf NJW 1995, 3323 = BauR 1995, 706; OLG Düsseldorf BauR 1995, 706 mit Anmerkung *Knacke* in BauR 1996, 119.
[21] OLG Celle BauR 2003, 889; OLG Celle IBR 2003, 406 = ZfIR 2004, 563.
[22] OLG Düsseldorf NJW-RR 1988, 210 = BauR 1988, 486.
[23] OLG Düsseldorf BauR 1988, 478, 479 = NJW-RR 1988, 211.
[24] *Ingenstau/Korbion* B § 9 Nr. 1 Rdn. 15.
[25] *Ingenstau/Korbion* B § 9 Nr. 1 Rdn. 16; vgl. auch BGH BauR 2000, 409.
[26] *Vygen*, Festschrift Kraus 2003, S. 335 ff.

**§ 9 Nr. 1**  Gründe für Auftragnehmerkündigung

tung die eigene Werkleistung mangelhaft oder der Eintritt eines erheblichen Schadens die Folge sein wird, und sich der Auftraggeber strikt weigert, geeignete Abhilfe zu schaffen.[27] Andererseits kann ein Kündigungsgrund vorliegen, wenn der Auftraggeber vor Abnahme die zur Fertigstellung erforderlichen Mängelbeseitigungsarbeiten ablehnt und dadurch die abnahmereife Fertigstellung des Werks verhindert.[28]

21  Kann der Auftragnehmer nach § 2 Nr. 5 oder Nr. 6 VOB/B mit Recht eine **Zusatzvergütung** oder die Veränderung einer vertraglich vereinbarten Vergütung verlangen, was der Auftraggeber ernsthaft und endgültig verweigert, weswegen es nicht zum Abschluss einer Vergütungsvereinbarung hierüber kommt, steht dem Auftragnehmer nach OLG Düsseldorf[29] gleichfalls ein **Kündigungsrecht** nach § 9 Nr. 1 VOB/B zu. Dem Auftragnehmer sei dann nämlich nicht zuzumuten, mit den Arbeiten zu beginnen bzw. diese fortzuführen. Diese Entscheidung ist deshalb problematisch, weil die Vereinbarung über die Vergütung nach § 2 Nr. 5 bzw. Nr. 6 VOB/B zur Obliegenheit des Auftraggebers deklariert wird, die den Auftragnehmer außerstande setzen soll, die Ausführung der Leistung vorzunehmen. Diese Verknüpfung fehlt, was auch aus den Vergütungsregeln des § 2 Nr. 5, 6 VOB/B entnommen werden kann. Diese Fallsituation fällt in die Gruppe der sonstigen **Vertrags-Untreuetatbestände** (vgl. oben Rdn. 12, 13).

### 2. Gläubigerobliegenheiten nach der VOB/C

22  Gläubigerobliegenheiten können sich auch aus der VOB/C ergeben. Die Allgemeinen Technischen Vertragsbedingungen für Bauleistungen sehen an verschiedenen Stellen in Verwirklichung des Kooperationsgedankens bei Auftreten besonderer Umstände ein gemeinsames und damit abgestimmtes Verhalten vor. Das ist z. B. nach der DIN 18 305 (Wasserhaltung) nach deren Abschnitt 3.3.2 und 3.4.2 bei Feststellung von Quellen oder dem Ansteigen des Wassers der Fall. Ähnliches gilt nach der DIN 18 300 (Erdarbeiten) z. B. nach den Abschnitten 3.3.1 und 3.5.3. Verschließt sich der Auftraggeber den durch die Objektumstände gebotenen besonderen Maßnahmen, ist der Auftragnehmer – der Situation im Fall des Abrufs vergleichbar – außerstande, seine Leistung zu erbringen.

### 3. Gläubigerobliegenheiten nach sonstigen vertraglichen Vereinbarungen

23  Sonstige Obliegenheiten können sich aus dem Vertrag und dessen Bestandteilen ergeben. Das gilt z. B., wenn es der Auftraggeber übernimmt, dem Auftragnehmer die Kenndaten der zur Aufstellung zu bringenden Maschinen und Gerätschaften zur Kenntnis zu bringen, damit der Auftragnehmer Stromlaufpläne und Leitungsführungen festlegen kann. Eine Abgrenzung, ob echte vertragliche Mitwirkungspflichten vorliegen, kann nach *Ingenstau/Korbion* in der Weise erfolgen, ob die Bauleistung ohne diese Mitwirkung des Auftraggebers nicht in der vertraglich festgelegten Form und Frist durchgeführt werden kann bzw. ob die Durchführung zwar möglich ist, aber zu Lasten des Auftragnehmers in beachtlicher Weise erschwert wird.[30]

### II. Annahmeverzug

24  Die Nichterbringung der dem Auftraggeber obliegenden Handlung muss den Eintritt des Gläubigerverzugs bewirken. Das setzt voraus, dass der Auftragnehmer berechtigt ist, die Leistung zu der fraglichen Zeit zu erbringen, wofür die Mitwirkung des Auftraggebers erforderlich ist. Dies ist nach den Vertragsfristen und hilfsweise aus § 271 BGB zu beur-

---

[27] OLG Düsseldorf BauR 1988, 478 = NJW-RR 1988, 211.
[28] BGH NJW 2002, 1262 = BauR 2002, 794; OLG Düsseldorf NJW-RR 2000, 466.
[29] OLG Düsseldorf BauR 1996, 115; vgl. aber auch OLG Düsseldorf NJW-RR 2003, 1324; *Franke/Kemper/Zanner/Grünhagen* B § 9 Rdn. 9.
[30] *Ingenstau/Korbion* B § 9 Nr. 1 Rdn. 22.

teilen.[31] Ein Gläubigerverzug liegt nicht vor, wenn der Auftragnehmer mit seiner Leistung verfrüht oder sonst nicht in Übereinstimmung mit einem Bauablaufplan beginnt und es in diesem Zeitpunkt an der Mitwirkung des Auftraggebers fehlt.[32] Ist **keine Leistungszeit,** z. B. in einem vertraglich vereinbarten Bauzeitenplan bestimmt, gerät der Auftraggeber nach § 299 BGB nur dann in Annahmeverzug, wenn der Auftragnehmer die Leistung eine angemessene Zeit vorher ankündigt. Ist der Beginn der Bauleistung des Auftragnehmers **nach dem Kalender bestimmt** und ist zu dem vereinbarten Termin mangels Baufreiheit eine Ausführung nicht möglich, tritt ohne weiteres nach § 296 Annahmeverzug ein.[33] Ist der Baubeginn hingegen nicht nach dem Kalender bestimmt, kann der Auftraggeber in Annahmeverzug geraten, wenn er die nach § Nr. 2 S. 1 VOB/B verlangte Auskunft über den Baubeginn nicht erteilt.[34] Der Auftragnehmer muss selbst zur Erbringung der vertraglich geschuldeten Leistung **willens und in der Lage** sein, weswegen Unmöglichkeit den Eintritt des Gläubigerverzugs verhindert (§ 297 BGB). Ein Annahmeverzug des Auftraggebers tritt daher nicht ein, wenn der Auftraggeber seine Leistung nur zum Schein anbietet, um einen eigenen Leistungsverzug zu verschleiern. Der Auftraggeber ist jedoch als Gläubiger beweisbelastet, dass der Auftragnehmer seinerseits außerstande war, seine Leistung zu erbringen.[35] Nach § 295 BGB muss der Auftragnehmer seine Leistung, die von der Mitwirkung des Auftraggebers abhängt, wörtlich anbieten und diesen zugleich zur Mitwirkung auffordern (§ 295 Satz 2 BGB).[36] Da das Fehlen einer erforderlichen Mitwirkungshandlung des Auftraggebers zunächst einen Behinderungstatbestand nach § 6 Nr. 1 VOB/B auslöst, gehört zu einem ordnungsgemäßen Angebot des Auftragnehmers, dass dieser entsprechend den Erfordernissen einer **Behinderungsanzeige** mitteilt, wann er auf Grund der hindernden Umstände zur Leistungserbringung nicht in der Lage ist.[37] Ein wörtliches Angebot kann auch darin liegen, dass der Auftragnehmer seine Mitarbeiter auf der Baustelle bereit hält und damit zu erkennen gibt, dass er bereit und in der Lage ist, seine Leistung zu erbringen.[38] Nicht in Annahmeverzug kommt der Auftraggeber, wenn der in Schuldnerverzug geratene Auftragnehmer seine Leistung nur noch unter Erschwernissen erbringen kann und das Leistungsangebot diese Erschwernisse, die nicht zu Lasten des Auftraggebers, sondern auf Kosten des Auftragnehmers gehen, unberücksichtigt lässt.[39]

Erklärt der Auftraggeber z. B. in Form eines **Baustellenverbots,** ernsthaft, dass er die 25 Leistung nicht annehmen will, gerät er in Annahmeverzug, wenn er dieses nicht wieder aufhebt, um die Fortsetzung der Arbeiten zu ermöglichen. Eine solche Aufhebung kann z. B. darin liegen, dass der Auftragnehmer zur Mängelbeseitigung aufgefordert wird oder die Bezahlung des Werklohns wegen angeblich noch vorhandener Mängel veweigert wird.[40] Ist der Vertrag nach einer unberechtigten Kündigung des Auftraggebers nicht beendet, ist nach Auffassung des BGH trotz der durch die Kündigung zum Ausdruck kommenden Verweigerung, die Leistung entgegen zu nehmen, noch ein wörtliches Angebot erforderlich.[41] Dieses Problem wird sich jedoch zumeist nicht stellen, weil eine unberechtigte außerordentliche Kündigung durch den Auftraggeber regelmäßig als ordentliche Kündigung nach § 649 BGB bzw. § 8 Nr. 1 VOB/B umgedeutet wird. Verweigert der Auftraggber seine Mitwirkung ernsthaft und entgültig, wird dem Auftragnehmer die Leistung unmöglich.[42] Dies hat zur

---

[31] Heiermann/Riedl/Rusam B § 9 Rdn. 6.
[32] Kapellmann/Messerschmidt B § 9 Rdn. 17.
[33] OLG Düsseldorf BauR 1995, 706, 707; BauR 2002, 1551.
[34] OLG Celle IBR 2003, 406; ZfIR 2003, 563.
[35] KG NJW-RR 1997, 1059; Franke/Kemper/Zanner/Grünhagen B § 9 Rdn. 3.
[36] Ingenstau/Korbion B § 9 Nr. 1 Rdn. 31; Heiermann/Riedl/Rusam B § 9 Rdn. 6.
[37] BGH NZBau 2000, 187 = BauR 2000, 722; Boldt, BauR 2006, 185, 190; vgl zu den Anforderungen einer Behinderungsanzeige § 6 Nr. 1 Rdn. 32 ff.
[38] BGH NJW 2003, 1601 = NZBau 2003, 325 = BauR 2003, 325.
[39] BGH BauR 1986, 206 = ZfBR 1986, 64.
[40] BGH NJW-RR 2004, 1461 = NZBau 2004, 611 = BauR 2004, 1616.
[41] BGH NJW 2002, 3541.
[42] BGH NJW 2002, 3541; BGH NJW 1984, 2406.

Folge, dass er nach § 275 Abs. 1 BGB von seiner Leistungspflicht frei wird, jedoch seinen Vergütungsanspruch unter Abzug der ersparten Aufwendungen behält, wenn der Auftraggeber die Unmöglichkeit zu vertreten hat.[43]

26 Ein **Verschulden** ist für den Gläubigerverzug nicht Voraussetzung. Aus welchen Gründen der Auftraggeber nicht in der Lage ist, die ihm obliegende Mitwirkungsaufgabe zu erfüllen, ist demnach bedeutungslos.[44] § 278 BGB wird jedoch dahingehend entsprechend angewendet, dass der Auftraggeber für die fehlende Mitwirkung Dritter einzustehen hat, auf die er seine Mitwirkung übertragen hat. Da das Kündigungsrecht allein an die fehlende Mitwirkung anknüpft, ist für diese Zurechnung auch ein Verschulden des Erfüllungsgehilfen nicht erforderlich ist.

### III. Auftragnehmer zur Leistungserbringung außerstande

27 Der Auftragnehmer muss durch das Unterlassen der Mitwirkung des Auftraggebers außerstande sein, die Vertragsleistung zu erbringen, was Ursächlichkeit voraussetzt. Diese Voraussetzung ist erfüllt, wenn hierdurch die Leistung objektiv **dauerhaft unmöglich** wird. Außerstande ist der Auftragnehmer auch dann, wenn zwar eine objektive Möglichkeit besteht, diese aber ohne die vertragliche Mitwirkung des Auftraggebers einen erheblichen Mehraufwand, eine **beachtliche Verzögerung** oder eine sonstige Erschwerung mit sich bringt, sodass dem Auftragnehmer die Leistung nach Treu und Glauben unzumutbar ist.[45] Die Ursächlichkeit ist z. B. gegeben, wenn die Baugenehmigung nach den ursprünglich eingereichten Plänen versagt wird und sich der Auftraggeber trotz Leistungsbereitschaft des Auftragnehmers weigert, nach genehmigungsfähigen abgeänderten Plänen zu bauen.[46] Der Auftragnehmer ist zur Leistungserbringung nicht schon dann außerstande, wenn die Bauabwicklung abgeändert und dadurch ein Weiterarbeiten an anderer Stelle solange möglich ist, bis der Auftraggeber seiner Mitwirkungsaufgabe nachgekommen ist. Hier greift § 6 Nr. 3 VOB/B, wonach der Auftragnehmer alles ihm zumutbare tun muss, um die Weiterführung der Arbeiten zu ermöglichen. Andererseits muss die unterlassene Mitwirkung nicht zur objektiven Unmöglichkeit der Leistungserbringung führen. So ist der Auftragnehmer auch dann zur Leistungserbringung außerstande, wenn er wegen vertraglich vorausgesetzter Bauumstände oder Mitwirkungshandlungen für den Leistungserfolg nur einen bestimmten Leistungsumfang schuldet, den er auf Grund der unterlassenen Mitwirkungshandlung nicht mehr mit den geschuldeten Mitteln erbringen kann.[47] Der Auftragnehmer ist weder berechtigt, noch verpflichtet, selbst die vom Auftraggeber unterlassene Mitwirkungshandlung auszuführen oder das dadurch verursachte Leistungshindernis zu beseitigen.[48] Unerheblich ist, ob die Leistungserschwerung des Auftragnehmers durch eine nur teilweise unterlassene oder eine fehlerhafte und nur deshalb nicht rechtzeitige Mitwirkungshandlung des Auftraggebers eingetreten ist.[49]

### IV. Sonstige Folgen des Gläubigerverzugs

28 Die sonstigen Folgen des Gläubigerverzugs bestimmen sich nach §§ 300 ff. BGB. Der Auftragnehmer hat demnach während des Annahmeverzugs nur Vorsatz und grobe Fahrlässigkeit zu vertreten. Nach § 304 BGB steht dem Auftragnehmer ein Aufwanderstattungsanspruch für die Aufbewahrung und Erhaltung des geschuldeten Gegenstandes zu. Außer-

---

[43] BGH NJW 2002, 3541.
[44] BGHZ 24, 96; *Palandt/Heinrichs* § 293 Rdn. 10.
[45] *Ingenstau/Korbion* B § 9 Nr. 1 Rdn. 30.
[46] OLG München BauR 1980, 274.
[47] *Kapellmann/Messerschmidt* B § 9 Rdn. 22.
[48] *Kapellmann/Messerschmidt* B § 9 Rdn. 22.
[49] *Kapellmann/Messerschmidt* B § 9 Rdn. 22; *Ingenstau/Korbion* B § 9 Nr. 1 Rdn. 29.

dem geht die Gefahr mit Eintritt des Gläubigerverzugs auf den Auftraggeber über.[50] Dies ist jedenfalls dann problematisch, wenn der Auftragnehmer den Vorgang letztlich lediglich zum Anlass für eine Teilkündigung nimmt. Im Übrigen wäre es sachgerechter, darauf abzustellen, ob der Auftragnehmer den Vorgang zum Anlass für eine Kündigung nimmt.

## C. § 9 Nr. 1 lit. b VOB/B – Voraussetzungen

Die Vorschrift setzt den Eintritt des Schuldnerverzugs voraus. Der Auftraggeber muss eine fällige Zahlung nicht geleistet haben oder sonst in Schuldnerverzug geraten sein. Den Anwendungsbereich prägen diese beiden Alternativen. 29

### I. Schuldnerverzug des Auftraggebers mit einer Zahlung (§ 9 Nr. 1 lit b, 1. Alt. VOB/B)

Die Säumnis des Auftraggebers kann das vereinbarte Entgelt oder eine sonstige Zahlungsverpflichtung, z. B. auf Schadensersatz wegen Pflichtverletzung nach § 280 BGB oder aus einer Behinderung nach § 6 Nr. 6 VOB/B, betreffen.[51] Die Zahlungspflicht kann sich aus einer Voraus-, Abschlags- oder Teilschlusszahlung, nicht aus einer Schlusszahlung ergeben.[52] Da die Schlusszahlung auf eine Schlussrechnung erfolgt, die ihrerseits Fertigstellung voraussetzt, scheidet eine Kündigung in diesem Stadium aus.[53] Die Zahlung muss **fällig** sein, was die Erstellung einer entsprechenden Rechnung und deren Prüfbarkeit voraussetzt (vgl. → § 14 Nr. 1 Rdn. 30 ff.; → Vor § 16 Rdn. 16 ff.). Abschlagsrechnungen sind nach § 16 Nr. 1 Abs. 3 VOB/B innerhalb von 18 Werktagen zu bezahlen. Anschließend kann der Auftragnehmer nach § 16 Nr. 5 Abs. 3 VOB/B eine Nachfrist setzen und den Auftraggeber insoweit ihn Verzug bringen. Dies gibt ihm dann eine Kündigungsmöglichkeit nach § 9 Nr. 1 b VOB/B. Bei der Teilschlusszahlung ist die Abnahme der Teilleistung Fälligkeitsvoraussetzung (vgl. → § 16 Nr. 4 Rdn. 9, 10). Weist die berechnete Leistung Mängel auf, schließt dies die Fälligkeit der Vergütung nicht aus.[54] 30

Eventuell hindert dies den **Verzugseintritt** nach §§ 273, 320 BGB.[55] Denn neben der Fälligkeit des Anspruchs muss der Auftragnehmer auch in Zahlungsverzug sein.[56] Verzug setzt neben der **Fälligkeit** nach § 286 Abs. 1 BGB die **Mahnung** des Auftraggebers durch den Auftragnehmer voraus. Die Mahnung ist nach § 286 Abs. 2 Nr. 1 BGB insbesondere dann entbehrlich, wenn die Leistungszeit nach dem Kalender bestimmt ist, wobei auch eine Bestimmbarkeit nach dem Kalender genügt, wenn der Leistung ein Ereignis, z. B. die Rechnungsstellung, vorauszugehen hat (§ 286 Abs. 2 Nr. 2 BGB). Die bloße Berechenbarkeit nach dem Kalender genügt jedoch nicht. Ferner bedarf es nach § 286 Abs. 2 Nr. 3 BGB keiner Mahnung, wenn der Schuldner die Zahlung ernsthaft und entgültig verweigert. Schließlich ist eine Mahnung nach § 286 Abs. 2 Nr. 4 BGB dann entbehrlich, wenn aus besonderen Gründen unter Abwägung der beiderseitigen Interessen der sofortige Eintritt des Verzuges gerechtfertigt ist. Die Mahnung muss nach Eintritt der Fälligkeit erfolgen; eine vorher ausgesprochene Mahnung ist wirkungslos und nicht verzugsbegründend.[57] Die Mahnung muss bestimmt und eindeutig sein; eine Fristsetzung ist im Unterschied zum Vorgehen nach § 16 Nr. 5 Abs. 3 VOB/B nicht erforderlich. Notwendig ist, dass das unzweideutige 31

---

[50] *Heiermann/Riedl/Rusam* B § 9 Rdn. 8.
[51] *Heiermann/Riedl/Rusam* B § 9 Rdn. 10a.
[52] *Ingenstau/Korbion* B § 9 Nr. 1 Rdn. 43.
[53] *Heiermann/Riedl/Rusam* B § 9 Rdn. 10.
[54] *Heiermann/Riedl/Rusam* B § 9 Rdn. 10b; *Palandt/Heinrichs* BGB § 273 Rdn. 20.
[55] BGH NJW-RR 2003, 1318; BauR 2003, 1561.
[56] *Ingenstau/Korbion* B § 9 Nr. 1 Rdn. 48, *Heiermann/Riedl/Rusam* B § 9 Rdn. 10c.
[57] BGH NJW 1992, 1956.

Zahlungsverlangen seinen Ausdruck findet, was **Höflichkeitsformeln** nicht ausschließt; diese dürfen jedoch nicht so weit gehen, dass lediglich erklärt wird, der Zahlung werde gerne entgegen gesehen oder der Auftraggeber möge sich zur Zahlung und zu seiner Leistungsbereitschaft erklären.[58] Nach § 286 Abs. 3 BGB gerät der Schuldner einer Entgeltforderung unabhängig von einer Mahnung in Verzug, wenn er nicht innerhalb von 30 Tagen nach Zugang einer Rechnung oder gleichwertigen Zahlungsaufstellung leistet. Bei einem Verbraucher gilt dies nach § 286 Abs. 3 Satz 1 2. HS BGB jedoch nur, wenn in der Rechnung oder Zahlungsaufstellung auf diese Folge besonders hingewiesen worden ist. Ist der Zeitpunkt des Zugangs der Rechnung bzw. Zahlungsaufstellung unsicher, z. B. weil der Schuldner diesen bestreitet, kommt der Schuldner, der nicht Verbraucher ist, spätestens 30 Tage nach Fälligkeit und Empfang der Gegenleistung in Verzug.

32    Mängelbedingte **Leistungsverweigerungsrechte** schließen den Verzugseintritt nach § 320 BGB aus. Denn das nach § 4 Nr. 7 VOB/B bestehende Mängelbeseitigungsrecht rechtfertigt die Leistungsverweigerung gem. § 320 BGB. Für die Abschlagsrechnung geht § 16 Nr. 1 Abs. 2 VOB/B ausdrücklich von dieser Rechtslage aus. Den Verzugseintritt hindert schon die bloße **Existenz** dieses Rechts; der Ausübung des Zurückbehaltungsrechts nach § 320 BGB bedarf es nicht.[59] Anders ist dies beim Zurückbehaltungsrecht nach § 273 BGB, dessen verzugshindernde Wirkung nur eintritt, wenn die Einrede vor Beginn des Verzuges erhoben oder die eigene Leistung nur Zug um Zug gegen Erfüllung der Gegenleistung angeboten wird.[60] Da das Zurückbehaltungsrecht regelmäßig bis zum Dreifachen des Mängelbeseitigungsaufwands ausgeübt werden kann, hindert dies den Verzugseintritt grundsätzlich nur in diesem Umfang. Zahlt der Auftraggeber zunächst ohne Angabe von Gründen nicht auf gestellte Abschlagsrechnungen, kann im Einzelfall eine Kündigung des Auftragnehmers berechtigt sein, auch wenn der Auftraggeber sich nach erfolgter Kündigung darauf beruft, ihm hätte wegen vorhandener Mängel ein den Zahlungsanspruch übersteigendes Zurückbehaltungsrecht zugestanden. Da der Auftragnehmer seine Entscheidung über die Vertragskündigung in der vorliegenden zeitlichen Situation treffen muss, hat der Auftraggeber nachvollziehbare Gründe für seine Zahlungsverweigerung anzugeben.[61] Es gebietet die zwischen den Parteien bestehende Kooperationspflicht, den Auftragnehmer trotz vorheriger Mahnung mit Kündigungsandrohung nicht völlig im Unklaren über den Grund der Nichtzahlung zu lassen. Hierbei handelt es sich jedoch um einen Ausnahmefall. Grundsätzlich mangelt es bei einem bestehenden Leistungsverweigerungsrecht bzw. Zurückbehaltungsrecht am Zahlungsverzug des Auftraggebers unabhängig davon, wann dieses Recht geltend gemacht wird.[62]

33    Verzug des Auftraggebers mit der Zahlung setzt nach § 287 BGB **Verschulden** voraus, wobei der Schuldner nach § 286 Abs. 4 beweispflichtig ist, dass ihn am Verzug kein Verschulden trifft. Außerdem hat der Auftraggeber nach § 276 Abs. 1 Satz 1 BGB für das Vorhandensein von Zahlungsmitteln einzustehen. Die irrige Annahme eines Leistungsverweigerungsrechts ist regelmäßig unbeachtlich, da hohe Anforderungen an die Erkundigungspflicht gestellt werden.[63]

## II. Sonstige Tatbestände des Schuldnerverzugs (§ 9 Nr. 1 lit. b, 2. Alt. VOB/B)

34    Sonstige Tatbestände des Schuldnerverzugs kann der Auftraggeber verwirklichen, wenn ihn im Rahmen des Bauvertrags **echte Leistungspflichten** und nicht nur Obliegenheiten

---

[58] Vgl. umfassend *Palandt/Heinrichs* § 286 Rdn. 17.
[59] *Palandt/Heinrichs* § 320 Rdn. 12.
[60] *Palandt/Heinrichs* § 320 Rdn 19.
[61] OLG Celle BauR 2000, 416 = NJW-RR 2000, 234.
[62] BGH NJW 1963, 1149; BGH NJW 1966, 200; *Palandt/Heinrichs* § 286 BGB Rdn. 12; vgl. auch *Werner/Pastor*, Rdn. 1332.
[63] Vgl. *Palandt/Heinrichs* § 286 Rdn. 41.

treffen. Eine solche Schuldnerpflicht ist die **Teilabnahme** nach § 12 Nr. 2 VOB/B wenn ein in sich abgeschlossener Teil der Leistung gegeben ist.[64] § 4 Nr, 10 VOB/B begründet die Pflicht des Auftraggebers zur technischen Teilabnahme. Die verweigerte Schlussabnahme begründet per se kein Kündigungsrecht des Auftragnehmers nach § 9 Nr. 1 VOB/B, weil die Leistung bei einem berechtigten Abnahmeverlangen abnahmereif und damit vollendet ist und daher das außerordentliche Kündigungsrecht des Auftragnehmers nicht mehr besteht.[65] Der Auftragnehmer kann in diesem Fall jedoch nach Legung der Schlussrechnung und Ablauf der Prüfungsfrist nach § 16 Nr. 3 Abs. 1 VOB/B den Vertrag nach § 9 Nr. 1 b VOB/B kündigen.[66]

Zu den echten Leistungspflichten gehört auch die **Selbstübernahme** von Leistungen nach § 2 Nr. 4 VOB/B.[67] Aber auch dann, wenn der Auftraggeber von vornherein die Beistellung von Stoffen oder Bauteilen bzw. die Zurverfügungstellung von Transportmitteln oder eines Gerüsts vertraglich übernimmt, handelt es sich um eine echte Schuldnerverpflichtung.[68] Nicht überzeugend ist, aus der Existenz von **Beistellungsfristen** für Planungsleistungen und sonstigen Leistungen (Mitwirkungshandlungen) des Auftraggebers auf die Qualität einer Pflichtenstellung zu schließen, die bei Nichteinhaltung zum sonstigen Schuldnerverzug führen kann.[69] Diese Befristung dient nämlich lediglich der exakten zeitlichen Einbindung der Gläubiger-Mitwirkung und begründet den **Gläubigerverzug** bei Nichteinhaltung der Frist. Eine Änderung der Rechtsnatur ist damit auch nach dem Willen der Vertragspartner nicht verbunden. Eine andere Beurteilung wäre nur dann gerechtfertigt, wenn die Mitwirkungshandlungen des Auftraggebers auf Grund der besonderen vertraglichen Vereinbarungen das im Normalfall übliche und gebotene Maß übersteigen und für ein Erreichen des Leistungserfolges zwingend notwendig sind. Dies kann beispielsweise bei einem besonderen Spezialwissen des Auftraggebers der Fall sein.[70]

35

---

[64] BGH NJW 1972, 99, 100; *Heiermann/Riedl/Rusam* B § 9 Rdn. 12; *Ingenstau/Korbion* B § 9 Nr. 1 Rdn. 52.
[65] *Ingenstau/Korbion* B § 9 Nr. 1 Rdn. 43.
[66] *Franke/Kemper/Zanner/Grünhagen* B § 9 Rdn. 12.
[67] *Ingenstau/Korbion* B § 9 Nr. 1 Rdn. 52; *Heiermann/Riedl/Rusam* B § 9 Rdn. 12.
[68] *Ingestau/Korbion* B § 9 Nr. 1 Rdn. 38.
[69] So aber *Ingenstau/Korbion* B § 9 Nr. 1 Rdn. 52; *Heiermann/Riedl/Rusam* B § 9 Rdn. 5.
[70] *Heiermann/Riedl/Rusam* B § 9 Rdn. 12; *Ingenstau/Korbion* B § 9 Nr. 1 Rdn. 38.

## § 9 Nr. 2

**§ 9 Nr. 2 [Form- und Verfahrensvoraussetzungen der Kündigung]**
Die Kündigung ist schriftlich zu erklären. Sie ist erst zulässig, wenn der Auftragnehmer dem Auftraggeber ohne Erfolg eine angemessene Frist zur Vertragserfüllung gesetzt und erklärt hat, dass er nach fruchtlosem Ablauf der Frist den Vertrag kündigen werde.

**Literatur:** *Fischer*, Probleme der Entbehrlichkeit der Nachfristsetzung mit Ablehnungsandrohung bei Verweigerung der Nachbesserung (§ 634 Abs. 2 BGB), BauR 1995, 452; *Kreikenbohm*, Verzug des Unternehmers im Werkvertragsrecht, BauR 1993, 647; *Heide Mantscheff*, Probleme der Entbehrlichkeit der Fristsetzung mit Ablehnungsandrohung bei Verweigerung der Nachbesserung, BauR 1996, 338. – Siehe im übrigen die Hinweise → Vor § 9.

### Übersicht

| | Rdn. | | Rdn. |
|---|---|---|---|
| **A. Bedeutung und Anwendungsbereich** | 1–10 | a) Kündigungsberechtigter | 21 |
| I. Anwendungsbereich | 2 | b) Kündigungsempfänger | 23 |
| 1. Unmittelbarer Anwendungsbereich | 3 | II. Zeitschranke – sonstige Ausübungsgrenzen | 24 |
| 2. Mittelbarer Anwendungsbereich – anderweitige Kündigungstatbestände | 4 | 1. Generelle Ausübungsschranken | 25 |
| a) Schriftformerfordernis für anderweitige Kündigungstatbestände | 5 | 2. Ausübungsgrenzen nach Rechtsmissbrauchsgesichtspunkten | 26 |
| b) Fristsetzung und Kündigungsandrohung als Vorverfahren für anderweitige Kündigungstatbestände | 7 | 3. Verhältnis zu § 6 Nr. 7 VOB/B | 27 |
| II. Bedeutung des § 9 Nr. 2 VOB/B | 8 | III. Kündigungswirkung – Umfang der Kündigung | 28 |
| 1. Schriftformgebot | 8 | IV. Verstoß gegen das Formerfordernis – Rechtsfolgen | 29 |
| 2. Vorverfahren – Fristsetzung und Kündigungsandrohung | 9 | V. Allgemeine Geschäftsbedingungen – Klauseln | 30 |
| **B. Voraussetzungen und Gebote nach § 9 Nr. 2 Satz 1 VOB/B** | 11–30 | **C. Voraussetzungen nach § 9 Nr. 2 Satz 2 VOB/B („Vorverfahren")** | 31–43 |
| I. Anforderungen an die Kündigung – Schriftformangebot | 12 | I. Ausnahmen von diesem Erfordernis | 32 |
| 1. Wahrung der Schriftform | 13 | II. Fristsetzung mit Kündigungsandrohung („Vorverfahren") | 36 |
| 2. Inhaltliche Anforderungen an die Kündigung | 14 | 1. Erklärender und Erklärungsempfänger | 37 |
| a) Kündigung als einseitiges Rechtsgeschäft | 14 | 2. Inhalt der Erklärung | 39 |
| b) Antrag auf beiderseitige Vertragsaufhebung | 16 | 3. Fristsetzung mit Kündigungsandrohung | 41 |
| 3. Zugang – Wirksamwerden der Kündigung | 19 | 4. Zeitpunkt der Erklärung | 42 |
| 4. Kündigungsberechtigter – Kündigungsempfänger | 20 | 5. Zugang als Rechtswirksamkeitsvoraussetzung – kein Formerfordernis | 43 |
| | | **D. Allgemeine Geschäftsbedingungen** | 44–45 |

## A. Bedeutung und Anwendungsbereich

1   Die Regelung beschreibt nach dem Zusammenhang, in welchem die Nr. 2 steht, die Voraussetzungen für die Ausübung des sich nach der § 9 Nr. 1 VOB/B ergebenden Kündigungsrechts. Fristsetzung und Kündigungsandrohung müssen der schriftlichen Kündigungserklärung vorausgehen. Fehlt es an der **Schriftform**, ist regelmäßig **Nichtigkeit** des Rechtsgeschäfts nach § 125 Satz 2 BGB die Folge. Ist das „Vorverfahren", nämlich Frist-

setzung und Kündigungsandrohung, nicht eingehalten worden, obwohl die Voraussetzungen für deren ausnahmsweise Entbehrlichkeit (vgl. unten Rdn. 32) nicht vorliegen, fehlt eine Tatbestandsvoraussetzung für die Entstehung des Kündigungsrechts. Dieses ist nämlich davon abhängig, dass ein Kündigungsgrund vorliegt und die Fristsetzung samt Kündigungsandrohung erfolgte.

### I. Anwendungsbereich

Unmittelbar ist § 9 Nr. 2 VOB/B auf die in der Nr. 1 ausdrücklich angeführten Kündigungstatbestände (vertypte Kündigungsgründe) anwendbar. Der Anwendungsbereich der Regelung ist jedoch auf die Tatbestände sonstiger Vertragsuntreue des Auftraggebers zu erweitern.

**1. Unmittelbarer Anwendungsbereich**

Den vertraglich eigentlich vorgesehenen Anwendungsbereich beschreibt § 9 Nr. 1 VOB/B: Die Form- und Verfahrensvoraussetzungen betreffen in erster Linie die in der Nr. 1 beschriebenen Kündigungstatbestände. Denn ausdrücklich billigt die VOB/B dem Auftragnehmer nur in den in § 9 Nr. 1 VOB/B aufgelisteten Fällen ein Kündigungsrecht zu. Für diese „vertragskodifizierten Tatbestände" oder **„vertypten Kündigungsgründe"** (vgl. näher → § 9 Nr. 1 Rdn. 4ff.) gelten das Schriftformgebot und das Erfordernis eines „Vorverfahrens" (Fristsetzung und Kündigungsandrohung) auf jeden Fall.

**2. Mittelbarer Anwendungsbereich – anderweitige Kündigungstatbestände**

Der Auftraggeber kann sich jedoch nicht nur auf diese Weise vertragsuntreu verhalten. § 9 Nr. 1 lit. a VOB/B erfasst ohne abschließenden Charakter lediglich einen bestimmten Bereich von Gläubigerobliegenheiten. Anderweitige Tatbestände der Vertrags- bzw. Pflichtverletzung durch **vorwerfbares Gläubigerverhalten** bleiben erhalten. § 9 Nr. 1 VOB/B belegt bestimmte Tatbestände möglicher Vertragsuntreue des Auftraggebers mit der Kündigungsfolge, ohne jedoch andere Verhaltensweisen dadurch sanktionsfrei zu halten. Anderweitige Vertragsuntreue-Tatbestände (unvertypte Kündigungsgründe oder sonstige **Vertragsuntreue-Tatbestände**) werden dadurch nicht für bedeutungslos erklärt. Die Rechtsfolgen hieraus ergeben sich vielmehr nach allgemeinen Regeln, die neben § 9 VOB/B zur Anwendung kommen. Sind daraus wegen der Unzumutbarkeit der Fortsetzung des Vertragsverhältnisses Kündigungsmöglichkeiten für den Auftragnehmer ableitbar, erfasst das Schriftformerfordernis auch die darauf gestützte Kündigung.

**a) Schriftformerfordernis für anderweitige Kündigungstatbestände.** Die reine Wortauslegung des § 9 Nr. 2 VOB/B führt zwanglos dazu, das Schriftformgebot auf die anderweitigen Kündigungsmöglichkeiten zu erstrecken.[1] Denn Satz 1 formuliert das Schriftformerfordernis für die Kündigung ganz allgemein und nimmt eine Beschränkung auf vertragskodifizierte Gründe nicht vor.

Die systematische Auslegung führt zu keinem anderen Ergebnis. Zwar legt der Zusammenhang mit § 9 Nr. 1 VOB/B nahe, dass die Nr. 2 lediglich für die dort niedergelegten, vertypten Kündigungstatbestände gilt. Diese Betrachtungsweise greift jedoch zu kurz. Denn systematisch steht auch § 9 Nr. 1 VOB/B in einem bestimmten rechtlichen Zusammenhang, der dadurch gekennzeichnet ist, dass die Vorschrift lediglich bestimmtes vertragsuntreues Gläubigerverhalten vertypt. Ermöglichen unvertypte Verhaltensmuster die Kündigung gleichfalls, besteht angesichts der Bedeutung der Kündigung das Schriftformerfordernis gleichfalls.

---

[1] So auch *Kapellmann/Messerschmidt* B § 9 Rdn. 61.

**b) Fristsetzung und Kündigungsandrohung als Vorverfahren für anderweitige Kündigungstatbestände.** Das Erfordernis der Fristsetzung samt Kündigungsandrohung gilt grundsätzlich auch für die anderweitigen, unvertypten Kündigungstatbestände. § 9 Nr. 2 Satz 2 VOB/B greift insoweit lediglich allgemeine Lehren zur positiven Vertragsverletzung auf, die mittlerweile auch in §§ 314 Abs. 2 BGB und 323 BGB gesetzlich kodifiziert sind. Danach ist für einen Rücktritt oder eine Kündigung die Nachfristsetzung oder Abmahnung in der Regel erforderlich; hierauf kann nur bei schwerwiegenden Verstößen verzichtet werden, die unter Abwägung der beiderseitigen Interssen eine sofortige Kündigung rechtfertigen.

## II. Bedeutung des § 9 Nr. 2 VOB/B

### 1. Schriftformgebot

Anders als bei der gesetzlichen Regelung der §§ 642, 643 BGB sieht § 9 Nr. 2 VOB/B die Schriftform der Kündigungserklärung vor. Insoweit handelt es sich um eine **vereinbarte Schriftform** i. S. d. § 127 BGB. Wird die Schriftform nicht gewahrt, ist die Kündigung wirkungslos.[2] Das Schriftformgebot hebt als Wirksamkeitsvoraussetzung die Bedeutung der Kündigung hervor. **Warn- und Klarstellungs-, sowie Beweisfunktion,** die allgemein nach § 125 BGB der Schriftformwahrung zugeschrieben werden,[3] entfalten ihre volle Bedeutung. Dem kündigenden Auftragnehmer soll durch die Notwendigkeit des Skripturaktes bewusst werden, in welcher Weise in den bis dahin noch existenten Bauvertrag eingegriffen wird. Gerade angesichts der Rechtsprechung zu den Abrechnungsprinzipien des gekündigten Bauvertrages,[4] deren Ergebnisse insbesondere bezüglich des Pauschalvertrages zu erheblichen Abrechnungsschwierigkeiten führen, muss die Auftragnehmerkündigung sorgsam bedacht werden. Ein weiteres Überlegungsmoment bildet, dass nach der Kündigung **Abschlagsrechnungen** nicht mehr gestellt und solche auch nicht mehr verfolgt werden können.[5] Der Auftragnehmer muss schlussrechnen, was – je nach Stadium des Baufortschritts – mit erheblichem Aufwand verbunden sein kann. Diese Erwägungen können im Einzelfall Veranlassung sein, den Bauvertrag fortzusetzen. Das Schriftformerfordernis erlangt in seiner Warnfunktion volle Bedeutung. Beweis- und Klarstellungsfunktion kommen ergänzend zum Tragen.

### 2. Vorverfahren – Fristsetzung und Kündigungsandrohung

Nach § 9 Nr. 2 Satz 2 VOB/B entsteht das Kündigungsrecht des Auftragnehmers grundsätzlich erst nach Fristsetzung und Kündigungsandrohung. Nicht die **Vertragsuntreue** des Auftraggebers allein, sei es in Gestalt des Gläubiger- oder des Schuldnerverzugs, begründet das Kündigungsrecht. Dem Auftraggeber muss zuvor eine klare Aufforderung zugegangen sein, die unterlassene Handlung oder Zahlung innerhalb einer angemessenen Nachfrist nachzuholen. Die Nachfrist muss so bemessen sein, dass die Nachholung auch möglich ist.[6] Die den Schuldnerverzug begründende Mahnung nach § 286 Abs. 1 BGB oder die eine Mahnung ersetzenden Tatbestände nach § 286 Abs. 2 BGB genügen nicht; die Fristsetzung mit Kündigungsandrohung muss hinzukommen. Entsprechend der zum früheren § 326 BGB a. F. entwickelten Rechtsüberzeugung, dass Fristsetzung und Ablehnungsandrohung mit der den Verzug begründenden Mahnung verknüpft werden können, ist auch bei § 9

---

[2] *Kapellmann/Messerschmidt* B § 9 Rdn. 71.
[3] *Palandt/Heinrichs* § 125 Rdn. 2 ff.
[4] BGH BauR 1996, 382, 383 = NJW 1996, 1282 = ZfBR 1996, 143 zum Einheitspreisvertrag und BGH BauR 1995, 691 = NJW 1995, 2712 = ZfBR 1995, 297 zur Abrechnung bei einem gekündigten Pauschalvertrag; vgl. auch → § 8 Nr. 6 Rdn. 27 ff.
[5] Vgl. → § 8 Nr. 6 Rdn. 9 m. w. Nachw.; vgl. auch → § 16 Nr. 1 Rdn. 10 ff.
[6] *Ingenstau/Korbion* B § 9 Nr. 2 Rdn. 3.

Nr. 2 VOB/B statthaft, die Fristsetzung nebst Kündigungsandrohung im Fall des § 9 Nr. 1 lit. b VOB/B mit der **Mahnung** zu verbinden.⁷

Für die **Kündigung selbst** ist eine eigenständige Erklärung erforderlich, da das Kündigungsrecht erst mit fruchtlosem Ablauf der Nachfrist entsteht.⁸ Anders als bei § 643 BGB gilt der Vertrag bei ergebnislosem Fristbablauf daher nicht als aufgehoben.

10

## B. Voraussetzungen und Gebote nach § 9 Nr. 2 Satz 1 VOB/B

Die Vorschrift befasst sich § 8 Nr. 5 VOB/B vergleichbar mit weiteren Wirksamkeitsvoraussetzungen der Auftraggeberkündigung. § 9 Nr. 2 Satz 1 VOB/B entspricht in vollem Wortlaut § 8 Nr. 5 VOB/B. Der Satz 2 des § 9 Nr. 2 VOB/B erklärt die Kündigung erst dann für zulässig, wenn der Auftragnehmer dem Auftraggeber ohne Erfolg eine angemessene **Frist zur Vertragserfüllung** gesetzt und erklärt hat, dass er nach fruchtlosem Ablauf der Frist den Vertrag kündigen werde. Insoweit ähnelt die Vorschrift in ihren Voraussetzungen § 8 Nr. 3 Abs. 1 VOB/B. Das die Vertragsuntreue manifestierende Fehlverhalten des Auftraggebers allein reicht für die Kündigung nicht aus. Der Auftraggeber muss zur Vertragserfüllung **unter Fristsetzung aufgefordert** worden sein. Erst danach ist die Kündigung zulässig; zuvor ist das Kündigungsrecht nicht vorhanden.⁹ Eine Ausübungsfrist wird nicht gesetzt, weswegen sich der etwaige Verlust des Kündigungsrechts aus allgemeinen Erwägungen, insbesondere aus dem Verwirkungs- und Rechtsmissbrauchsgedanken, ergeben kann.

11

### I. Die Anforderungen an die Kündigung – Schriftformgebot

Das Schriftformgebot gilt allein für die Kündigung. An die vorausgehende Aufforderung zur Vertragserfüllung nebst Kündigungsandrohung stellt die Vorschrift keine Formanforderungen. Beides sind **empfangsbedürftige** Willenserklärungen, die erst mit Zugang rechtswirksam werden (§ 130 BGB).

12

#### 1. Wahrung der Schriftform

Dem Schriftformerfordernis wird entsprochen, wenn der Aussteller das Kündigungsschreiben **eigenhändig** unterschreibt (§§ 127, 126 BGB). Die Unterschrift muss die Person des Ausstellers erkennen lassen.¹⁰ Ausreichend ist jedoch die Unterzeichnung mit dem Familiennamen ohne Hinzufügung des Vornamens.¹¹ Keine Namensunterschrift ist jedoch die Unterzeichnung mit einem Titel, einer Rechtsstellung, einer Paraphe oder einem anderen Kürzel.¹² Auf die Lesbarkeit kommt es grundsätzlich nicht an. Der Schriftzug muss jedoch Andeutungen von Buchstaben enthalten.¹³ Die Übermittlung der Kündigung per Telefax genügt.¹⁴ Denn § 127 Abs. 2 BGB lässt bei Fehlen eines abweichenden Willens auch eine telekommunikative Übermittlung zu.

13

#### 2. Inhaltliche Anforderungen an die Kündigung

**a) Die Kündigung als einseitiges Rechtsgeschäft.** Das Schriftformerfordernis wird nicht mit inhaltlichen Anforderungen an das Kündigungsschreiben verknüpft. Wenn auch

14

---

⁷ *Heiermann/Riedl/Rusam* B § 9 Rdn. 14 a.
⁸ BGH NJW 1973, 1463 = BauR 1973, 139.
⁹ BGH NJW 1973, 1463 = BauR 1973, 139; *Heiermann/Riedl/Rusam* B § 9 Rdn. 14.
¹⁰ *Palandt/Heinrichs* § 126 Rdn. 9.
¹¹ BGH NJW 2003, 1120.
¹² BGH NJW 1967, 2310; OLG Brandenburg WM 2003, 2037; *Palandt/Heinrichs* § 126 Rdn. 9.
¹³ BGH NJW 1987, 1334; NJW 1997, 3380; OLG Düsseldorf NJW-RR 1992, 946.
¹⁴ BGH NJW-R 1996, 866, 867; OLG Düsseldorf NJW 1992, 1050.

§ 9 Nr. 2    Form- und Verfahrensvoraussetzungen der Kündigung

der Begriff „Kündigung" nicht verwendet werden muss, ist doch erforderlich dass der rechtsgeschäftliche Wille des Auftragnehmers zur einseitigen Vertragsbeendigung seinen Ausdruck findet (vgl. → § 8 Nr. 1 Rdn. 18 und → § 8 Nr. 5 Rdn. 11). Da dem Auftragnehmer ein Recht zur freien Kündigung nicht zusteht, kann dessen Kündigung nur aus einem wichtigen Grund abgeleitet werden. Wenn auch gewöhnlich Angaben zu den Kündigungsgründen nicht erforderlich sind (vgl. → § 8 Nr. 1 Rdn. 20), wird das vorausgegangene Verfahren – Aufforderung zur Vertragserfüllung nebst Fristsetzung mit Kündigungsandrohung – regelmäßig den Sachzusammenhang verdeutlichen. Enthält das Kündigungsschreiben keine Kündigungsgründe, beeinträchtigt dies die Rechtswirksamkeit der Kündigung nicht; das stimmt mit § 349 BGB überein, wonach die Angabe des Rücktrittsgrundes gleichfalls nicht Wirksamkeitsvoraussetzung ist.[15] Für eine Verschärfung der Anforderungen an die Kündigungserklärung im Vergleich zur Rücktrittserklärung nach § 349 BGB besteht jedoch kein Anlass. Die Formulierung des § 9 Nr. 2 Satz 1 VOB/B, die ausdrücklich einen Begründungsbedarf nicht vorsieht, beschränkt sich auf das Schriftformerfordernis.

15   Für die Wirksamkeit der Kündigung ist also entscheident, dass die Kündigungsgründe im Zeitpunkt der Kündigung objektiv vorgelegen haben. Daher können auch später weitere Kündigungsgründe nachgeschoben werden bzw. Kündigungsgründe ausgetauscht werden.[16] Zu beachten ist jedoch, dass hinsichtlich der nachgeschobenen bzw. ausgetauschten Kündigungsgründe auch das Vorverfahren (Fristsetzung mit Kündigungsandrohung) durchgeführt worden ist.

16   **b) Antrag auf beidseitige Vertragsaufhebung.** Die Kündigung als einseitig wirkendes und vom Einverständnis des Vertragsgegners unabhängiges Gestaltungsrecht ist vom bloßen Antrag auf Vertragsaufhebung abzugrenzen. Die Kündigung zielt auf eine einseitige Rechtsgestaltung, wogegen die einvernehmliche Vertragsaufhebung nach § 311 Abs. 1 BGB auf einem zweiseitigen Rechtsgeschäft beruht. Scheitert eine Kündigung an der Schriftform oder am Fehlen eines wichtigen Grundes, und lässt sich der gekündigte Auftraggeber dennoch auf die Kündigung ein, kann hierin bei Beachtung der Voraussetzungen nach § 140 BGB eine einvernehmliche Vertragsaufhebung liegen.[17] Ob im Einzelfall aus einem rein tatsächlichen Verhalten auf einen rechtsgeschäftlichen Willen zur Vertragsaufhebung geschlossen werden kann, bedarf sorgfältiger Ermittlung sämtlicher Umstände und der Berücksichtigung der beiderseitigen Interessen. Unternimmt der Auftraggeber nichts gegen eine Baustellenräumung durch den Unternehmer, der wegen angeblicher, jedoch bestrittener unterlassener Auftraggebermitwirkung gekündigt hat, kann hierin nach §§ 133, 157 BGB nicht auf eine einvernehmliche Vertragsaufhebung geschlossen werden. Gleiches gilt, wenn beide Parteien davon ausgehen, die andere hätte die Vertragsdurchführung abgebrochen. Ein bloßes „Auseinanderlaufen" reicht insbesondere dann nicht aus, wenn sich jede Partei zur Begründung auf ein aus ihrer Sicht pflichtwidriges Verhalten der Gegenseite beruft.[18] Anderseits kann eine wegen Formmangels unwirksame Kündigung eine einverständliche Vertragsaufhebung zur Folge haben, wenn der Auftraggeber die unwirksame Kündigung bestätigt und Schadensersatzansprüche ankündigt.[19]

17   Das Schriftformgebot gilt nur für die Kündigung und nicht für die einvernehmliche Vertragsaufhebung.

18   **Umdeutungsprobleme** sonstiger Art, die für die Auftraggeberkündigung bei fehlendem wichtigen Grund auftreten können,[20] entstehen nicht. Denn im Bereich der Auftraggeberkündigung kann die Umdeutung einer unwirksamen Kündigung aus wichtigem Grund in eine **freie Kündigung** nach § 8 Nr. 1 VOB/B erwogen werden. Da dem Auftragnehmer

---

[15] *Palandt/Heinrichs* § 349 Rdn. 1; BGH NJW 1987, 831.
[16] BGH BauR 1976, 139; BGH BauR 1993, 469 = NJW 1993, 1972.
[17] BGH NJW 1973, 1463 = BauR 1973, 139.
[18] OLG Rostock BauR 2005, 440.
[19] OLG Köln BauR 2004, 63.
[20] Vgl. dazu umfassend und mit Recht kritisch *Schmidt* NJW 1995, 1313 ff.; vgl. → § 8 Nr. 3 Rdn. 32; → § 8 Nr. 1 Rdn. 23.

ein freies Kündigungsrecht nicht zukommt, besteht diesbezüglich weder eine Umdeutungsmöglichkeit noch ein Umdeutungsbedarf.

### 3. Zugang – Wirksamwerden der Kündigung

Die Kündigung ist eine empfangsbedürftige Willenserklärung.[21] Rechtswirkungen entfaltet sie bei Einhaltung der Schriftform, dem Vorliegen von wichtigen Kündigungsgründen und der grundsätzlichen Beachtung des „Vorverfahrens" nach § 9 Nr. 2 Satz 2 VOB/B (vgl. unten Rdn. 36 ff.) erst mit Zugang gem. § 130 BGB. **Zugegangen** ist eine Willenserklärung, wenn sie so in den Machtbereich des Empfängers gelangt ist, dass dieser unter normalen Verhältnissen die Möglichkeit hat, vom Inhalt der Erklärung Kenntnis zu nehmen.[22]

**19**

### 4. Kündigungsberechtigter – Kündigungsempfänger

Zur Kündigung ist nach § 9 Nr. 1 VOB/B der Auftragnehmer legitimiert. Die Vorschrift trifft keine Regelung darüber, wer Adressat des Kündigungsschreibens ist.

**20**

**a) Kündigungsberechtigter.** Kündigungsberechtigt ist nur der Auftragnehmer. Dessen Bauleiter ist ohne besondere Bevollmächtigung und damit allein auf der Grundlage des § 4 Nr. 1 Abs. 3 VOB/B zur Kündigung des Bauvertrages **nicht** befugt. Denn danach ist der Bauleiter lediglich der richtige Adressat für Anweisungen der Bauherrschaft (vgl. → § 4 Nr. 1 Rdn. 215)

**21**

Hat der Auftragnehmer seinen Vergütungsanspruch, hinsichtlich dessen Schuldnerverzug nach § 9 Nr. 1 lit. b VOB/B eingetreten ist, an einen Dritten **abgetreten,** ist ein Übergang der vertraglichen Gestaltungsrechte nicht verbunden. Das Kündigungsrecht nach § 9 Nr. 1 lit. b, Nr. 2 VOB/B verbleibt beim Auftragnehmer als dem Zedenten und geht auf den Dritten (Zessionar) nur dann über, wenn eine Übertragung ausdrücklich oder stillschweigend erfolgt ist.[23] Bei einer Sicherungsabtretung bleibt dem Auftragnehmer bis zum Eintritt des Sicherungsfalles das Kündigungsrecht erhalten.[24]

**22**

**b) Kündigungsempfänger.** Adressat des Kündigungsschreibens ist allein der Auftraggeber. Insoweit gilt § 349 BGB entsprechend, wonach der Rücktritt gegenüber dem anderen Teil erklärt werden muss. Der andere Teil ist nicht der **bauleitende Architekt** des Auftraggebers. Der **bauleitende Architekt** wird über die sog. originäre Architektenvollmacht,[25] die mit der Beauftragung der Objektüberwachung nach der Leistungsphase 8 des § 15 Abs. 2 HOAI verbunden ist, weder zum Empfangsvertreter nach § 164 Abs. 3 BGB noch zum Empfangsboten des Auftraggebers. Vielmehr macht der Auftragnehmer, der die Kündigung an den Auftraggeber adressiert und das Kündigungsschreiben dem bauleitenden Architekten aushändigt diesen zu seinem Erklärungsboten. Damit ist Zugang der Kündigung erst dann gegeben, wenn der bauleitende Architekt das Kündigungsschreiben dem Auftraggeber aushändigt.[26] Die sog. **originäre Architektenvollmacht** macht den objektüberwachenden Architekten oder Ingenieur nur hinsichtlich solcher Erklärungen zum Empfangsvertreter (§ 164 Abs. 3 BGB) oder Empfangsboten,[27] als das Rechtsgeschäft die weitere Abwicklung des Bauobjekts betrifft. Bestehen dessen Wirkungen in der Objektbeendigung, wie das bei der Kündigung der Fall ist, kommt allein der Auftraggeber als der zuständige Adressat und Empfänger in Frage.

**23**

---

[21] *Palandt/Heinrichs* Überbl § 104 Rdn. 17.
[22] BGH NJW 1993, 1093; BGH NJW 1984, 1651; *Palandt/Heinrichs* § 130 Rdn. 5.
[23] BGH NJW 1985, 2641; *Palandt/Heinrichs* § 398 Rdn. 18 b; *Ingenstau/Korbion* B § 9 Nr. 2 Rdn. 2.
[24] BGH NJW 2002, 1586.
[25] Zu diesem Begriff vgl. *Quack* BauR 1995, 441; *Meissner* BauR 1987, 902 ff.; *v. Craushaar* BauR 1982, 421 ff.; OLG Stuttgart BauR 1994, 789.
[26] Vgl. *Palandt/Heinrichs* § 130 Rdn. 9.
[27] Vgl. hinsichtlich des Zugangszeitpunkts beim Empfangsboten BGH NJW-RR 1989, 758.

## II. Zeitschranke – sonstige Ausübungsgrenzen

**24** § 9 Nr. 2 VOB/B auferlegt der Kündigung keine allgemeine Ausübungsschranke. Die Kündigung ist nicht innerhalb einer bestimmten Ausschlussfrist zu erklären. Dennoch ist die Ausübung nur innerhalb bestimmter Grenzen zulässig.

### 1. Generelle Ausübungsschranken

**25** Grundsätzlich muss der Kündigungsgrund zum Zeitpunkt des Zugangs der Kündigungserklärung noch vorgelegen haben.[28] Für die Ausübung der Kündigung gilt auch § 320 Abs. 2 BGB. Die Kündigung des Vertrages ist unzulässig, wenn der Auftraggeber die nachzuholende Leistung überwiegend erbracht hat und zum Zeitpunkt des Fristablaufs nur noch ein **geringfügiger Rest** aussteht.[29] Die Kündigung setzt weiter voraus, dass der Auftragnehmer seine Leistung noch nicht vollständig erbracht hat. Ist dessen Leistung bereits abnahmereif, scheidet eine Auftragnehmerkündigung aus. Das ergibt hinsichtlich des Kündigungstatbestandes aus § 9 Nr. 1 lit. a VOB/B bereits der Wortlaut der Vorschrift und ist bei der Kündigung nach § 9 Nr. 1 lit. b VOB/B nicht anders. Denn eine Kündigung ist auch dann bereits begrifflich nicht mehr möglich. Für den in § 9 Nr. 1 lit. b VOB/B geregelten Verzugstatbestand mit einer fälligen Zahlung bedeutet dies, dass als Kündigungstatbestand allein der Verzug mit Teilzahlungen, Vorauszahlungen oder Abschlagszahlungen in Betracht kommt. Weist das Werk des Auftragnehmers noch Mängel auf, die den Auftraggeber nach § 12 Nr. 3 VOB/B zur Abnahmeverweigerung berechtigen, ist Raum für eine Kündigung nach § 9 Nr. 1 VOB/B noch gegeben.

### 2. Ausübungsgrenzen nach Rechtsmissbrauchsgesichtspunkten

**26** Die in § 626 Abs. 2 BGB enthaltene Ausschlussfristregelung darf auf das Werkvertragsrecht nicht übertragen werden.[30] Das bedeutet nicht, dass nach fruchtlosem Ablauf der gesetzten Nachfrist die Ausübung zeitlich grenzenlos gestreckt werden kann. Ergänzend gilt hier § 314 Abs. 3 BGB, wonach der Berechtigte nur innerhalb einer angemessenen Frist nach Kenntnis des Kündigungsgrundes kündigen kann.[31] Allerdings ist dem Auftragnehmer angesichts der Bedeutung der Kündigung und ihrer Folgen eine angemessene Überlegungsfrist zuzubilligen. Der Zeitraum, innerhalb dessen eine Kündigung zu erklären ist, wird in der Regel einen Monat nicht übersteigen.[32] Läßt der Auftragnehmer einen Zeitraum, innerhalb dessen eine Kündigung bei verständiger Würdigung erwartet werden kann, verstreichen oder erbringt er trotz Zahlungsverzugs des Auftraggebers weiterhin Leistungen, kann dies zum Rechtsverlust mit der Notwendigkeit führen, das Verfahren nach § 9 Nr. 2 VOB/B erneut zu betreiben.[33] Gleiches gilt, wenn dem Auftraggeber zwischenzeitlich ein Leistungsverweigerungsrecht. z. B. wegen Mängeln der erbrachten Leistungen entstanden ist.[34] In diesem Fall bedarf es jedoch einer nachvollziehbaren Mängelrüge des Auftragebers. Bloße pauschal gehaltene Mängelbehauptungen schließen das Kündigungsrecht nicht aus.[35]

---

[28] *Heiermann/Riedl/Rusam* B § 9 Rdn. 14 b.
[29] *Ingenstau/Korbion* B § 9 Nr. 2 Rdn. 6.
[30] *Kapellmann/Messerschmidt* B § 9 Rdn. 75.
[31] *Ingenstau/Korbion* B § 9 Nr. 2 Rdn. 6.
[32] Vgl. BGH NJW-RR 2001, 1492; *Kapellmann/Messerschmidt* B § 9 Rdn. 75.
[33] Vgl. → § 8 Nr. 3 Rdn. 29.
[34] OLG Düsseldorf BauR 1996, 115; OLG Zweibrücken BauR 1995, 251.
[35] OLG Celle BauR 2000, 416; *Franke/Kemper/Zanner/Grünhagen* B § 9 Rdn. 19; a. A. *Schmitz* BauR 2000, 1126, 1127.

## 3. Verhältnis zu § 6 Nr. 7 VOB/B

Hinsichtlich des Verhältnisses zu § 6 Nr. 7 VOB/B vertreten *Heiermann/Riedl/Rusam*[36] den Standpunkt, § 9 Nr. 1, Nr. 2 VOB/B würde als **subsidiär** bei Vorliegen der Voraussetzungen nach § 6 Nr. 7 VOB/B verdrängt. Das Konkurrenzproblem – angebliche Vorrangigkeit des § 6 Nr. 7 VOB/B – hat Bedeutung vor allem dann, wenn im Rahmen von § 6 Nr. 7 und Nr. 5, 6 VOB/B die Anwendung des § 642 BGB für ausgeschlossen erachtet wird. Die Vorrangigkeit erweist sich im Vergleich zu § 9 Nr. 3 VOB/B als echter Nachteil im Abrechnungsverfahren, wenn den Auftraggeber kein Verschulden trifft. Da den Regelungen bezüglich eines Rangverhältnisses nichts zu entnehmen ist, spricht mehr für ein **Konkurrenzverhältnis** und damit die Rechtswahl, die der Auftragnehmer bestimmt. Das bedeutet, dass auch bei einer Unterbrechung von mehr als drei Monaten eine Fristsetzung mit Kündigungsandrohung möglich ist.[37]

## III. Kündigungswirkungen – Umfang der Kündigung

Die Vorschrift besagt im Gegensatz zu § 8 Nr. 3 Abs. 1 Satz 2 VOB/B nichts zur Zulässigkeit einer **Teilkündigung** durch den Auftragnehmer. Der Schluss a maiore ad minus könnte eine Teilkündigung rechtfertigen. Denn wenn schon – wie die Vorschrift vermittelt – eine Kündigung des ganzen Vertrages möglich ist, müsste in Beschränkung dieses Rechts auch eine Teilkündigung denkbar sein. Eine Teilkündigung ist jedoch nur dann möglich, wenn der Kündigungstatbestand eine Differenzierung zulässt, die Vertragsuntreue also bestimmten Teilleistungen zugewiesen werden kann und im übrigen Vertragstreue fortbesteht. Eine solche Einschränkung ist im Rahmen von § 9 Nr. 1 lit. b VOB/B nicht denkbar, kommt jedoch im Rahmen von § 9 Nr. 1 lit. a VOB/B durchaus in Betracht. Betrifft die **Mitwirkungsaufgabe** des Auftraggebers lediglich einen bestimmten Teilleistungsbereich und ist die Erfüllung des Vertrages im Übrigen problemlos möglich, ist die Teilkündbarkeit zu bejahen. Bei einzelnen Objekten ist dies z. B. durchaus denkbar.[38]

## IV. Verstoß gegen das Formerfordernis – Rechtsfolgen

Die Nichtbeachtung der Schriftform führt zur Nichtigkeit der Kündigung. Denn gemäß § 125 BGB ist ein Rechtsgeschäft, welches der durch Gesetz vorgeschriebenen Form ermangelt, nichtig. Ist die Schriftform durch Rechtsgeschäft bestimmt, führt die Nichtbeachtung gem. § 125 Satz 2 BGB im Zweifel gleichfalls zur Nichtigkeit. Einer vereinbarten Schriftform kommt bei Fehlen einer abweichenden Willensrichtung der Parteien konstitutive und nicht bloß **deklaratorische** Bedeutung zu, was mit der Nichtigkeitsfolge bei Nichteinhaltung der Form verbunden ist.[39]

## V. Allgemeine Geschäftsbedingungen – Klauseln

Formuliert der Auftraggeber in einer von ihm gestellten Klausel, dass die Auftragnehmerkündigung nur dann rechtswirksam und beachtlich sei, wenn sie als **Einschreiben** zugehe, verfällt diese Klausel im nichtkaufmännischen Verkehr nach § 309 Nr. 13 BGB der Unwirksamkeit.[40] Im kaufmännischen Verkehr bestehen dagegen jedoch keine Bedenken.

---

[36] B § 9 Rdn. 15.
[37] OLG Düsseldorf BauR 1995, 706; so auch *Franke/Kemper/Zanner/Grünhagen* B § 9 Rdn. 17.
[38] Vgl. auch *Kapellmann/Messerschmidt* B § 9 Rdn. 73.
[39] *Ingenstau/Korbion* B § 8 Nr. 5 Rdn. 3; *Heiermann/Riedl/Rusam* B § 8 Rdn. 47.
[40] BGH NJW 1985, 2585, 2587; vgl. auch OLG Hamm NJW-RR 1995, 750, 751.

## C. Voraussetzungen nach § 9 Nr. 2 Satz 2 VOB/B („Vorverfahren")

**31** Nach Satz 2 ist die Auftragnehmerkündigung erst zulässig, wenn der Auftragnehmer dem Auftraggeber ohne Erfolg eine angemessene Frist zur Vertragserfüllung gesetzt und erklärt hat, dass er nach fruchtlosem Ablauf der Frist den Vertrag kündigen werde. Damit entsteht das Kündigungsrecht erst nach Durchführung dieses „Vorverfahrens".[41]

### I. Ausnahmen von diesem Erfordernis

**32** Eine Nachfristsetzung mit Kündigungsandrohung ist ausnahmsweise dann entbehrlich, wenn der Auftraggeber ernsthaft und entgültig die Zahlung oder die Erfüllung der ihm obliegenden Mitwirkungshandlung verweigert[42] oder für einen Zeitpunkt ankündigt, der nach Ablauf der eigentlich vom Auftragnehmer zu setzenden Frist liegt. An eine ernsthafte und entgültige Erfüllungsverweigerung sind strenge Anforderungen zu stellen. Insbesondere reichen bloße Meinungsverschiedenheiten oder die Äußerung von Zweifeln nicht aus, um einen Ausnahmetatbestand zu begründen.[43]

**33** Das Verhaltensmuster, das im Rahmen von § 5 Nr. 4 VOB/B[44] oder § 634 Abs. 2 BGB den Schluss rechtfertigt, der Auftragnehmer lehne weitere Leistungen endgültig und ernsthaft ab und habe sein „letztes Wort" gesprochen,[45] führt auch im Rahmen von § 9 Nr. 2 Satz 2 VOB/B zur Überflüssigkeit der Fristsetzung mit Kündigungsandrohung. Denn auch bei einem zur Leistungsverweigerung strikt und endgültig entschlossenen Gläubiger/Auftraggeber gerät die Notwendigkeit einer Fristsetzung mit Kündigungsandrohung zu einer **nutzlosen Förmlichkeit**.[46] Für diese Ausnahmefälle ist der Auftragnehmer, der sich auf sie beruft, darlegungs- und beweispflichtig.[47]

**34** Ist dem Auftraggeber die Erfüllung objektiv **unmöglich** geworden, bedarf es der Fristsetzung mit Kündigungsandrohung gleichfalls nicht.[48] Die **Insolvenzeröffnung** hat die Unmöglichkeit der Leistung nicht notwendig zur Folge, da der Konkursverwalter nach § 103 InsO die Entscheidung darüber trifft, ob er die Erfüllung wählt.[49]

**35** Beachtlich ist, dass die Entbehrlichkeit der Fristsetzung mit Kündigungsandrohung nicht von der Notwendigkeit der schriftlichen Kündigung freizeichnet, um die Rechtsfolgen nach § 9 Nr. 3 VOB/B abrufen zu können.

### II. Fristsetzung mit Kündigungsandrohung („Vorverfahren")

**36** Grundsätzlich muss der Auftragnehmer dem Auftraggeber eine Nachfrist zur Vertragserfüllung mit Kündigungsandrohung setzen. Vor fruchtlosem Ablauf dieser Frist besteht das Kündigungsrecht nicht.[50] An diese **Willenserklärung** sind strenge Voraussetzungen zu stellen.

---

[41] Vgl. BGH NJW 1973, 1463 = BauR 1973, 319 zu § 8 Nr. 3 Abs. 1 VOB/B, wo die Probleme identisch ist.
[42] BGH NJW 1974, 1467 = BauR 1975, 136.
[43] BGH NJW 1971, 798; 1971, 1560; 1988, 1478; BGH NJW-RR 1993, 882.
[44] Vgl. → § 5 Nr. 4 Rdn. 54.
[45] BGH NJW 1977, 36; vgl. auch *Kreikenbohm* BauR 1993, 647, 652 ff.
[46] Vgl. BGH BauR 1988, 592, 593 zur Fristsetzung durch den Auftraggeber hinsichtlich der Pflicht des Auftragnehmers zur Mängelbeseitigung.
[47] *Ingenstau/Korbion* B § 9 Rdn. 43.
[48] *Ingenstau/Korbion* B § 9 Nr. 2 Rdn. 4.
[49] A. A. OLG München BauR 1988, 605.
[50] BGH NJW 1973, 1463.

## 1. Erklärender und Erklärungsempfänger

Das in § 9 Nr. 2 Satz 2 beschriebene und aus Fristsetzung mit Kündigungsandrohung 37 bestehende **„Vorverfahren"** initiiert nach der Vorschrift der **Auftragnehmer**. Dem Bauleiter, der nach § 4 Nr. 1 Abs. 3 VOB/B bestellt worden ist, steht ein derartiges Recht nicht zu. Erklärungsempfänger ist der Auftraggeber; dem bauleitenden Architekten kommt aus den zu Rdn. 23 dargestellten Gründen weder eine Kompetenz als Empfangsvertreter noch als Empfangsbote zu. Zwar betrifft gerade im Kündigungsbereich nach § 9 Nr. 1 lit. a VOB/B die Rüge des Auftragnehmers ausstehende Mitwirkungsaufgaben, deren Wahrnehmung oft dem Architekt obliegt. Dies macht den Architekten jedoch nicht zum berechtigten Adressaten. Im Gegenteil ist gerade dann, wenn die Störungsursache im Verhalten des Planers zu suchen ist, der Auftraggeber erst recht der allein richtige Erklärungsempfänger (vgl. bezüglich § 4 Nr. 3 die dortige Kommentierung unter Rdn. 47, 48).

Selbstverständlich schließt dies nicht unmittelbar an den Architekten oder Ingenieur 38 gerichtete Schreiben, in denen die notwendige Auftraggebermitwirkung bezeichnet wird, aus. Im Gegenteil wird dies das regelgerechte und bauübliche Vorgehen sein. Der **Übergang zur Kündigung** setzt jedoch das entsprechende Schreiben unter Fristsetzung mit Kündigungsandrohung an den Auftraggeber voraus.

## 2. Inhalt der Erklärung

Das Schreiben muss die für die Vertragserfüllung notwendige Handlung des Auftraggebers 39 ausreichend **konkret** bezeichnen. Der Auftraggeber muss wissen, was von ihm gefordert wird. Allgemeine Beanstandungen, wie z. B. an der Baustelle fehle die geordnete Koordination und Abstimmung (§ 4 Nr. 1 Abs. 1 VOB/B), reichen nicht aus.[51] Aus dem Schreiben muss, soweit die ausbleibende Mitwirkung des Auftraggebers nach § 9 Nr. 1 lit. a VOB/B beanstandet wird, erkennbar sein, warum der Auftragnehmer außerstande ist, die Leistung auszuführen. Dies kann sich auch aus einer vorausgegangenen Aufforderung ergeben, auf die – auch konkludent – verwiesen wird.[52] Wird eine ausgebliebene Zahlung gerügt, muss diese nach Rechnungsdatum oder auf andere Weise so bezeichnet werden, dass für den Auftraggeber eine eindeutige Identifizierung möglich ist.

Ausnahmsweise ist auch eine **Fristsetzung** zur Abgabe einer Erklärung zulässig, wann 40 mit der Beseitigung eines auf der Auftraggeberseite aufgetretenen Leistungshindernisses und der Erbringung der Auftraggeber-Mitwirkungshandlung zu rechnen ist. Die bei § 5 Nr. 4 und § 8 Nr. 3 VOB/B einschlägigen Erwägungen gelten auch hier (vgl. → § 5 Nr. 4 Rdn. 48; → § 8 Nr. 3 Rdn. 23).

## 3. Fristsetzung mit Kündigungsandrohung

Das Schreiben muss eine **angemessene Nachfrist** setzen und zugleich den Auftrags- 41 entzug (Kündigung) für den Fall des fruchtlosen Fristablaufs androhen. Der Einzelfall entscheidet darüber, was situationsbezogen eine angemessene Nachfrist ist (vgl. zu → § 5 Nr. 4 Rdn. 49). Es muss dem Auftraggeber bei Anspannung aller möglichen Mittel und Kräfte möglich sein, seine Leistung innerhalb dieser Frist zu erbringen, wobei vorausgesetzt wird, dass die Leistung bereits begonnen oder anderweitig vorbereitet ist.[53] Bei Zahlungsfristen sind Zeiträume für eine Kreditbeschaffung nicht in die Fristberechnung einzukalkulieren, da der Auftraggeber für seine finanzielle Leistungsfähigkeit einzustehen hat.[54] Eine zu kurz gesetzte Frist verlängert sich auf die angemessene Zeitdauer.[55] Das Kündigungsrecht entsteht

---

[51] *Kapellmann/Messerschmidt* B § 9 Rdn. 63.
[52] *Kapellmann/Messerschmidt* B § 9 Rdn. 63.
[53] BGH NJW 1982, 1279.
[54] *Kapellmann/Messerschmidt* B § 9 Rdn. 64.
[55] *Heiermann/Riedl/Rusam* B § 9 Rdn. 14 a.

## § 9 Nr. 2 — Form- und Verfahrensvoraussetzungen der Kündigung

erst mit Ablauf dieser Frist. Die Kündigung kann nicht schon mit der Nachfrist für den Fall des ergebnislosen Fristablauf ausgesprochen werden.[56]

### 4. Zeitpunkt der Erklärung

42  Für die Initiierung dieses Verfahrens bestimmt § 9 Nr. 2 Satz 2 VOB/B keinen bestimmten Zeitpunkt. Im Anwendungszusammenhang des § 9 Nr. 1 lit. b VOB/B, der wegen des Verzugserfordernisses nach § 286 BGB grundsätzlich eine Mahnung voraussetzt, kann die Nachfristsetzung samt Kündigungsandrohung mit der Mahnung verbunden werden.

### 5. Zugang als Rechtswirksamkeitsvoraussetzung – kein Formerfordernis

43  Die Fristsetzung mit Kündigungsandrohung muss als empfangsbedürftige Willenserklärung gem. § 130 BGB beim richtigen Adressaten zugehen (vgl. oben Rdn. 19). Da die Erklärung nicht der Schriftform bedarf, kann sie auch mündlich unter Anwesenden abgegeben werden.[57] Aus **Beweisgründen** empfiehlt sich die Schriftform. Der Auftragnehmer ist im Streitfall auch für den Zugang darlegungs- und beweispflichtig.

## D. Allgemeine Geschäftsbedingungen

44  Versuche des **Auftragnehmers,** in von ihm gestellten Klauseln die Kündigungsmöglichkeit von der Nachfristsetzung samt Kündigungsandrohung abzukoppeln, scheitern am Verstoß gegen § 309 Nr. 4 BGB.[58] Dasselbe Schicksal trifft eine Klausel des Auftragnehmers, mit welcher der Versuch unternommen wird, die Kündigungsmöglichkeiten zu erweitern, wenn der die Leistung hindernde Grund in der eigenen Sphäre liegt; so z. B. bei Schwierigkeiten in der Materialbeschaffung.[59]

45  Umgekehrt scheitern **Klauseln des Auftraggebers** mit dem Versuch, das in § 9 Nr. 1 VOB/B beschriebene Kündigungsrecht auszuschließen oder zeitlich zu limitieren. Das gilt z. B. für eine Klausel, dass dem Auftragnehmer ein Recht zur Kündigung erst 4 Wochen nach Verzugseintritt mit Zahlungen zusteht.[60] Dasselbe Schicksal teilt eine Klausel, wonach der Auftragnehmer bei Vorliegen eines wichtigen Grundes nur mit einer Frist von 4 Wochen kündigen dürfe. Die Unwirksamkeit derartiger Klauseln ergibt sich aus § 307 Abs. 2 Nr. 1 BGB und § 309 Nr. 8 lit. a BGB.[61]

---

[56] BGH NJW 1973, 1463; *Heiermann/Riedl/Rusam* B § 9 Rdn. 14 a.
[57] *Kapellmann/Messerschmidt* B § 9 Rdn. 67.
[58] OLG Düsseldorf DB 1982, 220; *Ingenstau/Korbion* B § 9 Nr. 2 Rdn. 5.
[59] OLG Stuttgart ZIP 1981, 875.
[60] *Ingenstau/Korbion* B § 9 Rdn. 38; OLG München BB 1984, 1386.
[61] BGH BauR 1990, 81 = NJW-RR 1990, 156 = ZfBR 1990, 18; *Ingenstau/Korbion* B § 9 Rdn. 38.

## § 9 Nr. 3 [Folgen der Auftragnehmerkündigung]

**Die bisherigen Leistungen sind nach den Vertragspreisen abzurechnen. Außerdem hat der Auftragnehmer Anspruch auf angemessene Entschädigung nach § 642 BGB; etwaige weitergehende Ansprüche des Auftragnehmers bleiben unberührt.**

**Literatur:** *Kapellmann*, Der Verjährungsbeginn beim (vergütungsgleichen) Ersatzanspruch des Auftragnehmers aus § 6 Nr. 6 VOB Teil B und aus § 642 BGB, BauR 1985, 123; *Lachmann*, Die Rechtsfolgen unterlassener Mitwirkungshandlungen des Werkbestellers, BauR 1990, 409; *Leineweber*, Die Rechte des Bauunternehmers im Konkurs des Auftraggebers, BauR 1980, 510; *Peters*, Die Vergütung des Unternehmers in den Fällen der §§ 643, 645, 650 BGB, FS Locher S. 201 ff.; *Stürner*, Der Anspruch auf Erfüllung von Treu- und Sorgfaltspflichten, JZ 1976, 384; *Armbrüster/Bickert*, Unzulängliche Mitwirkung des Auftraggebers beim Bau- und Architektenvertrag, NZBau 2006, 153. – Siehe im übrigen die Hinweise → Vor § 9.

### Übersicht

| | Rdn. | | Rdn. |
|---|---|---|---|
| A. Allgemeines | 1–8 | I. Bemessung | 16 |
| I. Stellung im System | 4 | II. Fälligkeit und Verjährung | 17 |
| 1. Vergütungsregelung nach § 9 Nr. 3 Satz 1 VOB/B und das BGB | 5 | D. Weitergehende Ansprüche nach § 9 Nr. 3 Satz 2, 2. Hs. VOB/B | 18–22 |
| 2. Anspruch auf Entschädigung | 6 | I. Aufwendungsersatz aus Gläubigerverzug | 19 |
| 3. Aufrechterhaltung weitergehender Ansprüche | 7 | II. Schadensersatzansprüche aus Verzug | 20 |
| II. Eintritt der Rechtsfolgen | 8 | III. Schadensersatzansprüche aus positiver Vertragsverletzung | 21 |
| B. Abrechnung der erbrachten Leistungen | 9–14 | IV. Anspruch auf die volle Vergütung abzüglich Ersparnisse | 22 |
| I. Abrechnungsprinzipien | 9 | E. Allgemeine Geschäftsbedingungen | 23 |
| II. Fälligkeit | 11 | | |
| III. Verjährungsfrist für den Vergütungsanspruch | 14 | | |
| C. Entschädigungsanspruch nach § 9 Nr. 3 Satz 2, 1. Hs. VOB/B | 15–17 | | |

## A. Allgemeines

Die Vorschrift befasst sich mit den Kündigungsfolgen und nimmt eine **Dreiteilung** vor. **Satz 1** betrifft die Abrechnung der bis zur Auftragnehmerkündigung erbrachten Werkleistungen. Danach sind die bisherigen Leistungen nach den Vertragspreisen abzurechnen. Eine § 8 Nr. 6 VOB/B entsprechende Regelung hinsichtlich Aufmaß und Abnahme sowie der Rechnungserstellung fehlt. Diese **Lücke** ist durch eine entsprechende Anwendung dieser Parallelregelung zu schließen. 1

Der **Satz 2, 1. Hs.** knüpft an § 642 BGB an und legt fest, dass der Auftragnehmer gemäß dieser Regelung einen Anspruch auf angemessene **Entschädigung** hat. Hierdurch soll ein Ausgleich für den kündigungsbedingten Wegfall der nicht zur Ausführung gekommenen Leistungen geschaffen werden. Dabei bindet die Regelung an den von § 9 Nr. 1 VOB/B erfassten Kündigungstatbeständen an. Die verschuldensunabhängige Obliegenheitsverletzung nach § 9 Nr. 1 lit. a VOB/B wird demnach mit einer Entschädigungsregelung sanktioniert. 2

Der **Satz 2, 2. Hs.** hält anderweitige Ansprüche des Auftragnehmers aufrecht. Die Vorschrift ist deshalb **keine** eigenständige Anspruchsgrundlage für Zahlungsansprüche, sondern setzt solche voraus. 3

## § 9 Nr. 3

### I. Stellung im System

4  Systematisch entspricht § 9 Nr. 3 VOB/B in vollem Umfang **§§ 642, 645 Abs. 1 Satz 2 BGB** und enthält eine Regelung der **Folgen** der Auftragnehmerkündigung. Dies geschieht bezüglich der Abrechnung der erbrachten Leistungen lückenhaft und ergänzungsbedürftig. Wenn die Vorschrift auch ihren Ausgangspunkt in § 642 BGB hat, modifiziert sie die dort genannten Rechtsfolgen doch nicht unerheblich.

#### 1. Die Vergütungsregelung nach § 9 Nr. 3 Satz 1 VOB/B und das BGB

5  Das BGB sieht im Auflösungsfall die Vergütung der bis dahin erbrachten Leistungen nach §§ 642, 643, 645 Abs. 1 Satz 2 vor. Danach kann der Auftragnehmer einen der geleisteten Arbeit entsprechenden Teil der Vergütung und Ersatz der in der Vergütung nicht inbegriffenen Auslagen verlangen. § 9 Nr. 3 Satz 1 VOB/B verfügt die Abrechnung der bisherigen Leistungen nach den Vertragspreisen. Eine Auslagenregelung wie sie auch § 6 Nr. 5 VOB/B vorsieht, fehlt.

#### 2. Anspruch auf Entschädigung

6  Hinsichtlich der Entschädigungsregelung entspricht die Vorschrift wegen der Verweisung auf § 642 BGB in vollem Umfang der BGB-Regelung.

#### 3. Aufrechterhaltung weitergehender Ansprüche

7  Soweit § 9 Nr. 3 Satz 2, 2. Hs. VOB/B weitergehende Ansprüche des Auftragnehmers vorbehält, erfolgt eine über das BGB hinausgehende Regelung. § 642 BGB billigt anderweitige Zahlungsansprüche nicht zu und hält solche auch nicht aufrecht. Andererseits ist anerkannt, dass durch § 642 BGB Schadensersatzansprüche nach den §§ 280 ff BGB nicht ausgeschlossen werden.[1] Über die VOB-Regelung werden solche Schadensersatzansprüche des Auftragnehmers ausdrücklich aufrecht erhalten.

### II. Eintritt der Rechtsfolgen

8  Die in § 9 Nr. 3 VOB/B beschriebenen Rechtsfolgen treten ein, wenn ein Kündigungsgrund zur Zeit des Zugangs der schriftlich zu erklärenden Kündigung vorliegt und das in § 9 Nr. 2 Satz 2 VOB/B beschriebene **„Vorverfahren"** durchgeführt worden ist. Das Recht zur Kündigung entsteht zuvor nicht. Eine Kündigungserklärung, die sich nicht auf einen Kündigungsgrund stützen kann und der das „Vorverfahren" (vgl. → § 9 Nr. 2 Rdn. 31 ff.) nicht vorausgegangen ist, geht ins Leere und bleibt folgenlos. Anderes gilt ausnahmsweise hinsichtlich des „Vorverfahrens" nur dann, wenn aus Treu und Glauben hierauf ausnahmsweise verzichtet werden kann (vgl. → § 9 Nr. 2 Rdn. 32).

## B. Abrechnung der erbrachten Leistungen

### I. Abrechnungsprinzipien

9  Die bis zur Wirksamkeit der Kündigung erbrachten Leistungen sind nach den Vertragspreisen abzurechnen. Das setzt deren umfangmäßige Feststellung voraus. Hierfür kann der Auftragnehmer gem. analoger Anwendung des § 8 Nr. 6 VOB/B die Vornahme eines

---

[1] *Palandt/Thomas* § 642 Rdn. 1; BGHZ 11, 80, 83.

Aufmaßes verlangen[2] (vgl. → § 8 Nr. 6 Rdn. 6; 17 ff.). Beim Einheitspreisvertrag führt das Aufmaßergebnis in der Multiplikation mit dem Einheitspreis (§ 2 Nr. 2 VOB/B) zum abrechnungsfähigen Positionspreis.[3] Beim **Pauschalvertrag** hat der Auftragnehmer den Anteil der bereits erbrachten Leistungen im Verhältnis zu den auf Grund der Kündigung nicht mehr auszuführenden Leistungen auf der Grundlage seiner Urkalkulation darzulegen, wobei ggf. ein Pauschalierungsabschlag zu berücksichtigen ist.[4] Im Übrigen gelten trotz der Kündigung sämtliche vertraglichen Abrechnungsregeln fort.[5] Zur ausgeführten Leistung gehören – wie bei § 8 Nr. 3 VOB/B auch – lediglich die eingebauten Teile. Zu vergüten sind auch die Arbeiten, die der Auftragnehmer nach Wirksamwerden der Kündigung deshalb fortführt, weil sie bis zu einem gewissen Fertigungsstand erbracht werden müssen.[6] Die im Rahmen des § 8 Nr. 3 VOB/B angestellten Erwägungen des BGH[7] sind auch bei § 9 Nr. 3 VOB/B einschlägig.

Der Auftragnehmer ist berechtigt, die **Kosten vergütet** zu verlangen, die ihm bereits **10** entstanden sind und in den Vertragspreisen der nicht ausgeführten Leistungsteile enthalten sind.[8] Beispielhaft zu nennen sind hier die Kosten für Lagerung und Transport von Baumaterial, das wegen der Kündigung nicht mehr benötigt wird,[9] bereits anfallende Baustellengemeinkosten, die kalkulatorisch auf den nicht mehr ausgeführten Leistungsteil entfallen,[10] angefallene Lohnkosten für bevostehende Arbeiten, sowie Kündigungsfolgekosten für bereits beauftragte Nachunternehmer.[11] Ebenfalls sind in entsprechender Anwendung des § 6 Nr. 7 VOB/B die Kosten der Baustellenräumung zu vergüten, soweit diese nicht bereits in der Vergütung für die bereits ausgeführten Leistungen enthalten sind. Für die entsprechende Anwendung der §§ 6 Nr. 5 und Nr. 7 VOB/B besteht wegen der Gleichheit der Interessenlage Bedarf.[12] Eine solche Kostenerstattung sieht auch § 645 Abs. 1 Satz 2 BGB vor; ein Grund für eine Verschlechterung der Vergütungslage nach der VOB/B ist nicht erkennbar und auch nicht gewollt.

Bereits an die Baustelle geliefertes aber noch nicht verbautes Baumaterial zählt nach **10a** § 8 Nr. 3 Abs. 3 VOB/B und § 16 Nr. 1 Abs. 1 VOB/B grundsätzlich nicht als erbrachte Leistung und ist daher auch nicht abzurechnen. Allenfalls kommt nach dem Vorgesagten eine Abrechnung der Transport- und Lagerkosten in Betracht. Bei speziell für das konkrete Bauvorhaben hergestellten Sonderanfertigungen, für die der Auftagnehmer ansonsten keine Verwendung hat und die bei einer Fortsetzung der Bauarbeiten ohne Einschränkung weiterverwendet werden können, kann der Auftraggeber nach § 242 BGB zur Übernahme verpflichtet sein.[13] In diesem Fall erfolgt die Abrechnung als erbrachte Leistung.[14]

## II. Fälligkeit

Die Fälligkeit des Zahlungsanspruchs für die erbrachte Leistung hängt nach allgemeinen **11** Regeln (§§ 14, 16 VOB/B) von einer prüfbaren Abrechnung ab. Systematisch handelt es

---

[2] BGH NZBau 2003, 265 = BauR 2003, 689.
[3] BGH BauR 1996, 382, 383 = NJW 1996, 1282 = ZfBR 1996, 143; vgl. → § 8 Nr. 6 Rdn. 28.
[4] BGH BauR 1996, 846, 848; KG BauR 1998, 348, 349.
[5] Vgl. → § 8 Nr. 6 Rdn. 30.
[6] *Ingenstau/Korbion* B § 9 Nr. 3 Rdn. 3; *Heiermann/Riedl/Rusam* B § 9 Rdn. 19.
[7] BGH BauR 1995, 545 = NJW 1995, 1837 = ZfBR 1995, 198.
[8] Vgl. auch *Kapellmann/Messerschmidt* B § 9 Rdn. 79.
[9] Vgl. OLG München NJW-RR 1992, 348 = BauR 1992, 79.
[10] Vgl. OLG München NJW-RR 1992, 328 = BauR 1992, 74.
[11] *Ingenstau/Korbion* B § 9 Nr. 3 Rdn. 3.
[12] OLG Düsseldorf BauR 1990, 386; *Ingenstau/Korbion* B § 9 Nr. 3 Rdn. 3; *Heiermann/Riedl/Rusam* B § 9 Rdn. 19; *Kapellmann/Messerschmidt* B § 9 Rdn. 79.
[13] BGH NJW 1995, 1837 = BauR 1995, 545.
[14] *Kapellmann/Messerschmidt* B § 9 Rdn. 80; weitergehend *Ingenstau/Korbion* B § 9 Nr. 3 Rdn. 4, der noch nicht eingebautes Baumaterial als bisherige Leistung unter § 9 Nr. 3 VOB/B fasst.

## § 9 Nr. 3

sich bei vollständiger Aufhebung des Bauvertrages um eine **Schlussrechnung**.[15] Da die Vorleistungspflicht entfällt, hat der Auftragnehmer keine Möglichkeit zur Stellung einer **Abschlagsrechnung**; solche können auch nicht mehr geltend gemacht werden.[16] Die Fälligkeit des Rechnungsbetrages hängt weiter davon ab, dass die Schlussrechnung gem. den sich aus §§ 14, 16 VOB/B ergebenden Prüfbarkeitskriterien entspricht (vgl. → § 14 Nr. 1 Rdn. 30 ff. und → § 16 Nr. 3 Rdn. 36) und die zweimonatige Prüfungsfrist nach § 16 Nr. 3 VOB/B abgelaufen ist (vgl. → § 16 Nr. 3 Rdn. 42).[17]

**12** Von der rechtsgeschäftlichen Abnahme der bis zur Kündigung erbrachten Teilleistung ist die Fälligkeit **unabhängig**. Dem Auftraggeber ist die Berufung auf die fehlende Abnahme versagt.[18]

**13** Da die Kündigung den Bestand des Vertrags hinsichtlich der erbrachten Leistungen unberührt lässt (vgl. → § 8 Nr. 1 Rdn. 4 ff.), kann der Auftraggeber dem Zahlungsanspruch die insoweit bestehenden **Gewährleistungsrechte** entgegen halten.[19] Deren Folgen beurteilen sich nach den zu → § 8 Nr. 6 Rdn. 34 dargestellten Grundsätzen. Auch nach der Kündigung kann der Auftraggeber vom Auftragnehmer demnach **Nachbesserung** bezüglich des Teilwerks verlangen.[20] Daher ist auch ein ggf. vereinbarter Sicherheitseinbehalt trotz der Kündigung nicht vorzeitig fällig.[21] Ferner ist der Auftraggeber berechtigt, nach § 641 Abs. 3 BGB einen Einbehalt in Höhe der dreifachen Mängelbeseitigungskosten vorzunehmen. Der **Druckzuschlag** entfällt jedoch, wenn sich der Auftraggeber hinsichtlich der Mängelbeseitigung in Annahmeverzug befindet.[22] Hier ist ein deutlich geringerer Betrag, regelmäßig nur die einfachen Mängelbeseitigungskosten, angemessen.[23] Ein solcher Ausnahmefall, kann gegeben sein, wenn er zur Mängelbeseitigung erforderliche Mitwirkungshandlungen nicht erbringt oder nicht bereit ist, eine fällige Gegenleistung zu erfüllen.[24] Die Gewährleistungsansprüche des Auftraggebers für die bis zur Kündigung ausgeführten Leistungen verjähren in den Fristen der §§ 13 Nr. 4 oder 13 Nr. 7 Abs. 3 VOB/B, die nach einer Kündigung des Bauvertrages auf die Ansprüche aus § 4 Nr. 7 VOB/B anwendbar sind. Diese Gewährleistungsfristen beginnen jedoch entgegen einer früheren Auffassung nicht bereits mit dem Zugang der Kündigung zu laufen, sondern erst wenn die bis zur Kündigung erbrachten Leistungen vom Auftraggeber **abgenommen** worden sind.[25] Hieraus folgt gleichzeitig, dass der Auftragnehmer auch nach erfolgter Kündigung hinsichtlich des ausgeführten Leistungsteils einen Anspruch auf Abnahme gegen den Auftraggeber hat, wenn insoweit die Abnahmevoraussetzungen erfüllt sind, also der Auftraggeber nicht nach § 12 Nr. 3 VOB/B berechtigt ist, die Abnahme zu verweigern.[26] Daher stehen dem Auftragnehmer auch die Möglichkeiten zu, nach § 640 Abs. 1 Satz 3 BGB durch Fristsetzung die Abnahmewirkung herbeizuführen. Die fiktiven Abnahmen nach § 12 Nr. 5 VOB/B sind jedoch beim gekündigten Bauvertrag nicht anwendbar.[27]

---

[15] Vgl. → § 8 Nr. 6 Rdn. 8, 9.
[16] BGH BauR 1987, 453 = NJW-RR 1987, 724 = ZfBR 1987, 200; BGH NJW 1985, 1840 = BauR 1985, 456 = ZfBR 1985, 174.
[17] BGH NJW 1987, 352 = BauR 1987, 95.
[18] BGH BauR 1993, 469, 472 = NJW 1993, 1972 = ZfBR 1993, 189; OLG Hamm BauR 1995, 397, 398; vgl. → auch § 8 Nr. 6 Rdn. 38.
[19] *Ingenstau/Korbion* B § 9 Nr. 3 Rdn. 5 ff.
[20] BGH BauR 1987, 689.
[21] *Werner/Pastor* Rdn. 1333.
[22] BGH NJW-RR 2002, 1025; OLG Celle NJW-RR 2004, 1669; OLG Celle NZBau 2004, 328; vgl. auch *Kniffka* ZfBR 2000, 227, 232; BGH NJW-RR 2002, 1025.
[23] BGH NJW-RR 2002, 1025; OLG Hamm OLGR 1994, 194; OLG Köln OLGR 1997, 303.
[24] *Kapellmann/Messerschmidt* B § 9 Rdn. 82.
[25] BGH BauR 2003, 689 = NZBau 2003, 265.
[26] BGH BauR 2003, 689 = NZBau 2003, 265; vgl. auch *Ingenstau/Korbion* B § 9 Nr. 3 Rdn. 7.
[27] BGH BauR 2003, 689 = NZBau 2003, 265; *Ingenstau/Korbion* B § 9 Nr. 3 Rdn. 7.

### III. Verjährungsfrist für den Vergütungsanspruch

Die Verjährungsfrist für den Vergütungsanspruch, der wegen des vorhandenen Umsatzgeschäfts und Leistungsaustausches auch der Umsatzsteuer unterliegt, beträgt gem. § 195 BGB drei Jahre. Die Verjährungsfrist beginnt mit dem Schluss des Jahres, in dem die Kündigung das Vertragsverhältnis beendet hat. Aufgrund der Abrechnungspflicht des Auftragnehmers ist zur Begründung der Fälligkeit eine prüfbare Schlussrechnung zu stellen.[28]

## C. Entschädigungsanspruch nach § 9 Nr. 3 Satz 1, 1. Hs. VOB/B

Daneben steht dem gekündigten Auftragnehmer ein Entschädigungsanspruch entsprechend § 642 BGB zu. Dieser Anspruch ist verschuldens- und leistungsunabhängig.[29] Es handelt sich dabei um einen **Abfindungs- bzw. Entschädigungsanspruch,**[30] nicht um einen Schadensersatzanspruch, der deshalb auch nicht den Schranken des § 6 Nr. 6 VOB/B unterliegt.[31] Gegen die Qualifizierung als Schadensersatzanspruch spricht die verschuldensunabhängige Ausbildung des Zahlungsanspruchs, der einen einigermaßen gesicherten Ausgleich dafür schaffen will, dass dem Auftragnehmer aus in der Sphäre des Auftraggebers liegenden Gründen die Fortsetzung des Vertragsverhältnisses nicht mehr zumutbar war. Der Anspruch soll den Auftragnehmer dafür entschädigen, dass er Arbeitskraft und Kapital bereit hält und seine zeitliche Disposition durchkreuzt wird, indem er auf Grund eines vertragswidrigen Verhaltens des Auftraggebers zum vorzeitigen Abbruch der Bauleistung genötigt und dadurch in seinen Erwartungen insbesondere hinsichtlich des kalkulierten Deckungsbeitrages bzw. Gewinns enttäuscht wird.[32] Inhaltlich umfasst der Entschädigungsanspruch diejenigen Nachteile, die dem Auftragnehmer durch den Verzug des Auftraggebers während der ursprünglichen Vertragsdauer entstanden sind.[33]

### I. Bemessung

Der Entschädigungsanspruch hat vergütungsgleichen Charakter. Daher bemisst sich die Höhe der Entschädigung nicht wie Schadensersatz nach der Differenzhypothese, sondern auf Basis der fortgeschriebenen **Auftragskalkulation** ohne Rücksicht darauf, ob tatsächlich ein Schaden entstanden ist.[34] Die Bemessungskriterien für die Höhe des Anspruchs ergeben sich aus § 642 Abs. 2 BGB. Die **Höhe** bestimmt sich danach einerseits nach der Dauer des Verzugs und der Höhe der vereinbarten Vergütung, andererseits nach demjenigen, was der Unternehmer infolge des Verzugs an Aufwendungen erspart hat oder durch anderweitige Verwendung seiner Arbeitskraft erwerben konnte. Zu den **Aufwendungen** gehören nicht nur die Kosten für die Vorhaltung der Geräte und Materialien,[35] sondern auch der **Verdienstausfall** des Auftragnehmers.[36] Die Entschädigung geht jedenfalls über

---

[28] BGH BauR 2000, 1191.
[29] BGH BauR 2000, 722, 725.
[30] BGH NJW 2000, 1336 = ZfBR 2000, 248; Heiermann/Riedl/Rusam B § 9 Rdn. 21; Ingenstau/Korbion B § 9 Nr. 3 Rdn. 8; a. A. Kapellmann/Messerschmidt B § 9 Rdn. 85; danach soll lediglich ein Ausgleich der Nachteile während des Annahmeverzuges gewährt werden.
[31] Ingenstau/Korbion B § 9 Nr. 3 Rdn. 8; Heiermann/Riedl/Rusam B § 9 Rdn. 21.
[32] Palandt/Sprau § 642 Rdn. 5; Heiermann/Riedl/Rusam B § 9 Rdn. 21; Ingenstau/Korbion B § 9 Nr. 3 Rdn. 8.
[33] Ingenstau/Korbion B § 9 Nr. 3 Rdn. 8.
[34] Kapellmannm/Schiffers, Bd. 1, Rdn. 1648 ff; Ingenstau/Korbion B § 9 Nr. 3 Rdn. 11.
[35] OLG Braunschweig BauR 2004, 1621.
[36] Ingenstau/Korbion B § 9 Rdn. 54; BGH Schäfer/Finnern Z. 511 Bl. 8 ff.; OLG München BauR 1980, 274.

den Aufwendungsersatz nach § 304 BGB hinaus. Im Rahmen einer notfalls nach § 287 ZPO gebotenen Schätzung ist eine angemessene Abgeltung dafür zu finden, dass der Auftragnehmer seine Zeit, Arbeitskraft, seine Betriebsstoffe und -geräte auf ungewisse Zeit vorgehalten hat.[37] Im Ergebnis ist darauf abzustellen, dass dem Auftragnehmer durch die vom Auftraggeber verursachte Kündigung keine finanziellen Nachteile entstehen.[38] Daher sind in die Berechnung alle Bestandteile der Vergütung einzurechnen, soweit sie nicht durch den Annahmeverzug und die dadurch bedingte Kündigung erspart werden. Dies gilt neben den Baustellengemeinkosten und den allgemeinen Geschäftskosten auch für **Wagnis** und den **entgangenen Gewinn**.[39] Gerade insoweit erleidet der Auftragnehmer wegen der vorzeitigen Vertragsbeendigung einen finanziellen Nachteil, weil er den auf den gekündigten Leistungsteil entfallenden Anteil an Wagnis und insbesondere Gewinn nun nicht mehr verdienen kann.[40] Unzutreffend oder zumindet missverständlich ist insoweit die sog. „Vorunternehmer II" Entscheidung des BGH.[41] Danach soll der Auftragnehmer im Rahmen des Entschädigungsanspruch aus § 642 BGB den kalkulatorischen Anteil an Wagnis und Gewinn nicht beanspruchen können. Soweit hiermit der entgangene Gewinn aus dem gekündigten Auftrag gemeint ist, ist die Entscheidung auf Grund obiger Erwägungen unzutreffend und widerspricht der herrschenden Auffassung im Schrifttum. Richtig ist die Entscheidung jedoch, wenn nur der auf Grund des Annahmeverzuges entgangene Gewinn aus anderen Bauvorhaben gemeint ist.[42] Ferner umfasst der Anspruch einen Ausgleich für Wartezeiten sowie die Kosten für die vorzeitige Räumung der Baustelle. § 254 BGB findet entsprechende Anwendung und kann bei einem **Mitverschulden** den Anspruch des Auftragnehmers schmälern.[43] Allein der Umstand, dass der Auftragnehmer im Vertrauen auf die Durchführung des Bauvertrages Aufwendungen tätigt, begründet jedoch selbst dann keine anspruchskürzende Mitverantwortlichkeit, wenn er möglicherweise im Vorfeld hätte erkennen können, dass es z. B. auf Grund einer ungesicherten Finanzierung, zu Problemen bei der Umsetzung der Baumaßnahme kommt. Es liegt vielmehr im alleinigen Verantwortungsbereich des Auftraggebers, die Voraussetzungen für die ordnungsgemäßr Durchführung des Bauvorhabens zu schaffen.[44] Der Auftragnehmer ist für den Anspruchsumfang darlegungs- und beweisbelastet. Dies gilt einerseits für die Anspruchsvoraussetzungen, die vereinbarte Vergütung und die Dauer des Verzuges,[45] und andererseits für die dadurch entstandenen Behinderungen und Auswirkungen auf den Bauablauf.[46] Ferner hat er zu den Ersparnissen und zum anderweitigen Erwerb vorzutragen. Der Auftraggeber ist jedoch beweispflichtig, wenn er den diesbezüglichen Sachvortrag des Auftragnehmers bestreitet. Hier gilt dieselbe gestaffelte Darlegungs- und Beweislast wie bei § 649 Abs. 1 Satz 2 BGB bzw. § 8 Nr. 1 Abs. 2 VOB/B. Hinsichtlich der Einzelheiten wird auf die Darstellung zu → § 8 Nr. 1 Rdn. 60 ff. verwiesen. Da es hinsichtlich der nicht erbrachten Leistungen an einem Leistungsaustausch fehlt, unterfällt der Entschädigungsanspruch des Auftragnehmers nicht der Umsatzsteuer.[47]

---

[37] *Heiermann/Riedl/Rusam* B § 9 Rdn. 22.
[38] *Ingestau/Korbion* B § 9 Nr. 3 Rdn. 8.
[39] OLG München BauR 1980, 274, 275; OLG Celle BauR 2000, 416, 419; a. A. OLG Nürnberg, OLGR 2003, 419, 420; OLG Braunschweig BauR 2004, 1621 und wohl auch BGH NJW 2000, 1336 = NZBau 2000, 187 = BauR 2000, 722.
[40] So auch *Ingestau/Korbion* B § 9 Nr. 3 Rdn. 13; *Heiermann/Riedl/Rusam* B § 9 Rdn. 21; *Franke/Kemper/Zanner/Grünhagen* B § 9 Rdn. 24; *Kapellmann/Schiffers*, Bd. 1 Rdn. 1650; *Vygen/Schubert/Lang*, Rdn. 324; *Werner/Pastor* Rdn. 1333.
[41] BGH NJW 2000, 1336 = NZBau 2000, 187 = BauR 2000, 722.
[42] Vgl. hierzu *Maxem*, BauR 2003, 952, 954.
[43] *Ingestau/Korbion* B § 9 Nr. 3 Rdn. 55; *Heiermann/Riedl/Rusam* B § 9 Rdn. 23.
[44] *Ingestau/Korbion* B § 9 Nr. 3 Rdn. 16.
[45] OLG Düsseldorf NJW-RR 1996, 1507.
[46] OLG Hamm BauR 2004, 1304.
[47] OLG Koblenz BauR 2002, 811; so auch *Franke/Kemper/Zanner/Grünhagen* B § 9 Rdn. 26; a. A. *Ingestau/Korbion* B § 9 Nr. 3 Rdn. 15; *Kapellmann/Messerschmidt* B § 9 Rdn. 93.

## II. Fälligkeit und Verjährung

Der Auftragnehmer hat auch den Entschädigungsanspruch zusammen mit der Abrechnung der erbrachten Leistungen in die **Abrechnung** einzustellen.[48] Denn in allen Fällen vorzeitiger Vertragsbeendigung ist es sach- und interessengerecht, die Fälligkeit aller sich daraus ergebenden vergütungsgleichen Ansprüche, wozu § 9 Nr. 3 Satz 2 VOB/B gehört, von der Erteilung einer **Schlussrechnung** abhängig zu machen. Das rechtfertigt die einheitliche Behandlung auch beim Beginn der Verjährung.[49] Das hat zur Folge, dass die in der Schlussrechnung enthaltenen und die in ihr nicht aufgeführten Forderungen, die der Auftragnehmer in die Schlussrechnung hätte aufnehmen können, einheitlich nach § 16 Nr. 3 Abs. 1 Satz 1 VOB/B verjähren.[50] Die Verjährungsfrist bestimmt sich nach § 195 BGB und beträgt daher drei Jahre. Fristbeginn ist der Schluss des Jahres, in dem die Kündigung wirksam geworden und der Prüfungszeitraum für die vom Auftraggeber vorgelegte prüfbare Schlussrechnung nach § 16 Nr. 3 Abs. 1 VOB/B abgelaufen ist.[51]

17

## D. Weitergehende Ansprüche nach § 9 Nr. 3 Satz 2, 2. Hs. VOB/B

Die Bestimmung hält weitergehende Ansprüche aufrecht und stellt deshalb keine eigenständige Anspruchsgrundlage dar.[52] Diese Ansprüche können sich aus folgenden anderweitigen Anspruchsgrundlagen ableiten.

18

### I. Aufwendungsersatz aus Gläubigerverzug

Aufwendungsersatzansprüche können sich aus **§ 304 BGB** verschuldensunabhängig ergeben. Dazu zählen insbesondere Schutzmaßnahmen zugunsten der bis zur Kündigung erbrachten Leistung. Wegen der Reichweite des Anspruchs aus § 642 BGB ist der Anwendungsbereich dieser Vorschrift sehr untergeordnet.[53]

19

### II. Schadensersatzansprüche aus Verzug

Ansprüche aus §§ 280 Abs. 3, 286 BGB kommen in Betracht, wenn der Auftraggeber seinen **Schuldnerverpflichtungen** nach § 9 Nr. 1 lit. b VOB/B nicht nachkommt und deshalb gekündigt wird.[54]

20

### III. Schadensersatzansprüche wegen Pflichtverletzung

Die Verletzung von Mitwirkungspflichten, die zu einer Kündigung nach § 9 Nr. 1 lit. a VOB/B geführt hat, kann zusätzlich zu Schadensersatzansprüchen nach § 280 BGB führen. Diese betreffen jedoch nur noch den kündigungsbedingt nicht ausgeführten Leistungsteil, da der Auftragnehmer für seine erbrachten Leistungen seinen Vergütungs-

21

---

[48] BGH NJW 1987, 382 = BauR 1987, 95.
[49] BGH NJW 1987, 382 = BauR 1987, 95, 96 = NJW-RR 1987, 208 = ZfBR 1987, 38.
[50] BGH NJW 1987, 382 = BauR 1987, 95, 96 = NJW-RR 1987, 208 = ZfBR 1987, 38; *Heiermann/Riedl/Rusam* B § 9 Rdn. 28.
[51] *Heiermann/Riedl/Rusam* B § 9 Rdn. 28; *Ingenstau/Korbion* B § 9 Nr. 3 Rdn. 18.
[52] *Ingenstau/Korbion* B § 9 Nr. 3 Rdn. 20.
[53] *Kapellmann/Messerschmidt* B § 9 Rdn 102.
[54] *Heiermann/Riedl/Rusam* B § 9 Rdn. 25 b.

anspruch nach § 9 Abs. 3 Satz 1 VOB/B behält.[55] Voraussetzung eines Schadensersatzanspruchs ist, dass es sich bei der betroffenen Mitwirkungspflicht nicht nur um eine reine Obliegenheit, sondern um eine **echte Vertragspflicht** handelt, den Auftraggeber im Kündigungsfall gem. § 9 Nr. 1 lit. a VOB/B ein Verschulden trifft und dem Auftragnehmer hierdurch ein über den Entschädigungsanspruch hinausgehender Schaden entstanden ist.[56] Die Qualifizierung von Mitwirkungshandlungen als Vertragspflichten hängt einerseits von der vertraglichen Vereinbarung und – falls eine solche fehlt – von der Bedeutung der Mitwirkung für den Bauvertrag ab.[57] So ist insbesondere dann von einer Vertragspflicht auszugehen, wenn deren Erfüllung für den Auftragnehmer eine über das Interesse an der Gegenleistung hinausgehende weitere Bedeutung für das Erreichen des Vertragszweckes hat.[58] Die überwiegenden Mitwirkungsaufgaben des Auftraggebers, die bei der Umsetzung einer Baumaßnahme erforderlich sind, stellen daher keine bloßen Obliegenheiten dar, sondern sind auf Grund der konkreten Vertragsgestaltung echte Vertragspflichten.[59] Jedenfalls gilt dies für die in der VOB/B festgelegten Mitwirkungshandlungen, da der werkvertraglich geschuldete Erfolg in der Regel ohne entsprechende Mitwirkung des Auftraggebers auch durch einen leistungsfähigen, fachkundigen und zuverlässigen Auftragnehmer nicht erreicht werden kann.[60] Aufgrund der zusätzlichen Voraussetzung einer Kündigung nach § 9 Nr. 1 lit. a VOB/B, dass der Auftragnehmer durch die unterlassene Mitwirkung außerstande gesetzt wird, die Leistung auszuführen, ist grundsätzlich von einer solchen Vertragsgefährung auszugehen, die zu einer Qualifizierung als echte Nebenpflicht führt. Daher ist in aller Regel der Haftungsgrund für Schadensersatzansprüche nach § 280 BGB gegeben. Für den auf Grund der Kündigung nicht mehr ausgeführten Teil der Leistung kann daher ein Schadensersatzanspruch statt der Leistung nach §§ 280 Abs. 3, 281 BGB bestehen, der auf die volle Vergütung abzüglich ersparter Aufwendungen und anderweitiger Verwendungsmöglichkeiten gerichtet ist.[61] Dieser Anspruch umfasst somit auch den auf den nicht ausgeführten Leistungsteil entfallenden **entgangenen Gewinn**.[62] Da jedoch hier die Haftungsbeschränkung des § 6 Nr. 6 VOB/B Anwendung findet, ist dieser nur bei Vorsatz oder grober Fahrlässigkeit des Auftraggebers zu ersetzen, wofür der Auftragnehmer beweisbelastet ist.[63]

### IV. Ansprüche auf die volle Vergütung abzüglich Ersparnisse

**22** Dem Auftragnehmer bleibt der volle Vergütungsanspruch abzüglich Ersparnisse erhalten, wenn infolge der schuldhaften Unterlassung der Mitwirkungshandlung seine Leistung **objektiv unmöglich** wird und der Anspruch des Auftraggebers auf Leistung deshalb nach § 275 Abs. 1 BGB ausgeschlossen ist. In diesem Fall behält der Auftragnehmer nach § 326 Abs. 2 BGB seinen Anspruch auf die vereinbarte Vergütung. Dies muss auch gelten, wenn der Auftragnehmer wegen der schuldhaft ausbleibenden Gläubigermitwirkung kündigt, und deshalb die Leistung aus Rechtsgründen unmöglich wird. Im Übrigen geht es nicht an, dass der Auftraggeber durch die Wahl zwischen freier Kündigung mit den Vergütungsfolgen nach § 8 Nr. 1 Abs. 2 VOB/B und Vertragsdemontage durch Mitwirkungsverweigerung die Anspruchssituation des Auftragnehmers zu seinen Gunsten beeinflussen könnte.[64] Zusätzlich

---

[55] *Heiermann/Riedl/Rusam* B § 9 Rdn. 25 c.
[56] *Nicklisch/Weick* B § 9 Rdn. 37; *Heiermann/Riedl/Rusam* B § 9 Rdn. 25 c; BGHZ 11, 80, 83.
[57] *Schwarze*, BauR 2004, 895, 898.
[58] *Schwarze*, BauR 2004, 895, 897.
[59] BGH NJW 2000, 1336, 1337; vgl. *Kapellmann/Messerschmidt* § 9 Rdn. 11 ff; *Ingenstau/Korbion* B § 9 Nr. 1 Rdn. 23; vgl. auch *Schwarze*, BauR 895, 897.
[60] *Ingenstau/Korbion* B § 9 Nr. 1 Rdn. 23.
[61] *Armbrüster/Bickert*, NZBau 2006, 153, 156 f.
[62] Vgl. *Heiermann/Riedl/Rusam* B § 9 Rdn. 25 f; *Kapellmann/Messerschmidt* B § 9 Rdn. 99.
[63] *Kapellmann/Messerschmidt* B § 9 Rdn. 99.
[64] *Armbrüster/Bickert*, NZBau 2006, 153.

zu beachten ist, dass der BGH[65] einem Auftragnehmer einen vollen Vergütungsanspruch eingeräumt hat, nachdem der Besteller ihn treffende Mitwirkungsaufgaben endgültig und grundlos verweigert hat. Im Ergebnis entspricht der Anspruch des Auftragnehmers dem des § 649 Satz 2 BGB bzw. § 8 Nr. 1 Abs. 2 VOB/B.[66]

## E. Allgemeine Geschäftsbedingungen

Eine Bestimmung in vom Auftraggeber gestellten Besonderen Vertragsbedingungen, die nach den getroffenen Abreden der VOB/B vorgehen sollen, wonach der Auftragnehmer auch bei berechtigter Kündigung aus wichtigem Grund, die für ihn lediglich mit einer Frist von 4 Wochen möglich ist, nur die Vergütung der bis dahin erbrachten Leistungen erhält, nicht aber Schadensersatz oder Entschädigung gem. § 642 BGB verlangen kann, benachteiligt den Auftragnehmer unangemessen und verstößt gegen § 307 BGB.[67] Zulässig ist es jedoch, die Ansprüche des Auftraggebers zu pauschalieren, wobei auch eine solche Pauschalierung zu keiner Übervorteilung des Verwenders der Vertragsklausel führen darf. Prüfungsmaßstab soll das sein, was ohne eine Pauschalierung geschuldet wäre.[68]

**23**

---

[65] BGHZ 50, 175 = NJW 1968, 1873.
[66] *Ingenstau/Korbion* B § 9 Nr. 3 Rdn. 22; *Heiermann/Riedl/Rusam* B § 9 Rdn. 25 e.
[67] BGH NJW 1990, 156, 157 = BauR 1990, 81, 83; OLG München BB 1984, 1386, 1388.
[68] *Kapellmann/Messerschmidt* B § 9 Rdn. 105; *von Rintelen,* BauR 1998, 603.

## § 10 Haftung der Vertragsparteien

1. Die Vertragsparteien haften einander für eigenes Verschulden sowie für das Verschulden ihrer gesetzlichen Vertreter und der Personen, deren sie sich zur Erfüllung ihrer Verbindlichkeiten bedienen (§§ 276, 278 BGB).
2. (1) Entsteht einem Dritten im Zusammenhang mit der Leistung ein Schaden, für den auf Grund gesetzlicher Haftpflichtbestimmungen beide Vertragsparteien haften, so gelten für den Ausgleich zwischen den Vertragsparteien die allgemeinen gesetzlichen Bestimmungen, soweit im Einzelfall nicht anderes vereinbart ist. Soweit der Schaden des Dritten nur die Folge einer Maßnahme ist, die der Auftraggeber in dieser Form angeordnet hat, trägt er den Schaden allein, wenn ihn der Auftragnehmer auf die mit der angeordneten Ausführung verbundene Gefahr nach § 4 Nr. 3 hingewiesen hat.

   (2) Der Auftragnehmer trägt den Schaden allein, soweit er ihn durch Versicherung seiner gesetzlichen Haftpflicht gedeckt hat oder durch eine solche zu tarifmäßigen, nicht auf außergewöhnliche Verhältnisse abgestellten Prämien und Prämienzuschlägen bei einem im Inland zum Geschäftsbetrieb zugelassenen Versicherer hätte decken können.
3. Ist der Auftragnehmer einem Dritten nach §§ 823 ff. BGB zu Schadensersatz verpflichtet wegen unbefugten Betretens oder Beschädigung angrenzender Grundstücke, wegen Entnahme oder Auflagerung von Boden oder anderen Gegenständen außerhalb der vom Auftraggeber dazu angewiesenen Flächen oder wegen der Folgen eigenmächtiger Versperrung von Wegen oder Wasserläufen, so trägt er im Verhältnis zum Auftraggeber den Schaden allein.
4. Für die Verletzung gewerblicher Schutzrechte haftet im Verhältnis der Vertragsparteien zueinander der Auftragnehmer allein, wenn er selbst das geschützte Verfahren oder die Verwendung geschützter Gegenstände angeboten oder wenn der Auftraggeber die Verwendung vorgeschrieben und auf das Schutzrecht hingewiesen hat.
5. Ist eine Vertragspartei gegenüber der anderen nach den Nummern 2, 3 oder 4 von der Ausgleichspflicht befreit, so gilt diese Befreiung auch zugunsten ihrer gesetzlichen Vertreter und Erfüllungsgehilfen, wenn sie nicht vorsätzlich oder grob fahrlässig gehandelt haben.
6. Soweit eine Vertragspartei von dem Dritten für einen Schaden in Anspruch genommen wird, den nach Nummern 2, 3 oder 4 die andere Vertragspartei zu tragen hat, kann sie verlangen, dass ihre Vertragspartei sie von der Verbindlichkeit gegenüber dem Dritten befreit. Sie darf den Anspruch des Dritten nicht anerkennen oder befriedigen, ohne der anderen Vertragspartei vorher Gelegenheit zur Äußerung gegeben zu haben.

# Vorbemerkung § 10

### Übersicht

| | Rdn. | | Rdn. |
|---|---|---|---|
| A. „Haftung" im System der VOB/B | 1–2 | D. Änderungen des § 10 VOB/B durch die VOB/B 2002 | 9 |
| B. Regelungsbereich des § 10 VOB/B | 3–6 | | |
| C. AGB-Problematik | 7–8 | | |

**Literatur:** Siehe die Hinweise → § 10 Nr. 1, → § 10 Nr. 2 sowie → § 10 Nr. 3.

## A. „Haftung" im System der VOB/B

**1** § 10 befasst sich insgesamt mit der „Haftung" der Vertragsparteien. Die Vorschrift setzt sich vor allem gegen die Mängelhaftung („Gewährleistung") des Auftragnehmers ab und regelt – partiell – die vertraglichen Folgen von Leistungsstörungen. Gegenstand der **„Mängelhaftung"** ist die besondere Gestaltung der Erfüllungspflichten des Auftragnehmers für Fälle, in denen Leistungsdefizite („Mängel") ein rechtliches Instrumentarium zur Nacherfüllung erfordern.[1] Die VOB/B enthält Vorschriften darüber insb. in den §§ 4 Nr. 3, 7; 13. Die **„Haftung"** (§ 10) der Vertragsparteien sichert nicht nur (wie die Gewährleistung) die Gleichwertigkeit von Leistung und Gegenleistung, sondern auch das weiterreichende Erfüllungs- und Integritätsinteresse der Partner.[2] Ausgangspunkt der Vertragshaftung ist eine Verletzung von Vertragspflichten, die sowohl in einem Mangel der geschuldeten Leistungsqualität als auch in anderen Umständen liegen kann, etwa in Unmöglichkeit oder Verzug oder in der Verletzung von Sorgfaltspflichten, die neben primären Erfüllungspflichten bestehen.

**2** Wie in ihren Voraussetzungen unterscheiden sich Mängelansprüche und Haftung in den **Rechtsfolgen.** Die „Mängelhaftung" beschränkt sich im Kern auf die Wahrung des Erfüllungsinteresses (des Auftraggebers) am Leistungsgegenstand selbst, d. h. auf den eigentlichen Mängelausgleich. Die „Haftung" geht darüber hinaus. Sie schützt, wenn etwas anderes nicht geregelt ist, das gestörte Vertragsinteresse insgesamt. Die Leistungspflicht (Haftungsumfang) des Schuldners kann – je nach Verletzungshandlung – auf das („positive") Erfüllungsinteresse (vgl. §§ 281 Abs. 1, 282, 283 BGB; §§ 4 Nr. 7, 5 Nr. 4, 6 Nr. 6 VOB/B), aber auch auf das („negative") Schutzinteresse gegenüber Verletzungen der Vertrags- oder sonstigen Integritätsinteressen gerichtet sein. Beide unterscheiden sich nicht generell durch den ersatzfähigen Schadensumfang, sondern nur durch die Art des verfolgten Ausgleichsanspruches.[3] Dem Umfang nach ist stets, aber auch nur das rechtlich (gesetzlich, vertraglich) geschützte Interesse zu ersetzen[4] Hierzu gehört inzwischen auch u. U. immaterieller Schaden in Form des Schmerzensgeldes (§ 253 Abs. 2 BGB), der entgangene Gewinn (§ 252 BGB), die Umsatzsteuer bei Sachschäden jedoch nur soweit sie tatsächlich angefallen ist (§ 249 Abs. 2 Satz 2 BGB).

## B. Regelungsbereich des § 10 VOB/B

**3** Trotz der Überschrift („Haftung der Vertragsparteien") regelt § 10 die „Haftung" im Rahmen der VOB keineswegs umfassend. Formal befasst sich **Nr. 1** zunächst mit der unmittelbaren Schadensverantwortlichkeit der Parteien zueinander,[5] während **Nrn. 2 bis 6** den internen Ausgleich zwischen den Vertragsparteien für den Fall regeln, dass ein Vertragspartner im Innenverhältnis durch Inanspruchnahme von dritter Seite zu Unrecht belastet wird.

**4** Die **Grundnorm** für dieses Ausgleichsverhältnis enthält Nr. 2 Abs. 1, der hinsichtlich des Ausgleichsumfanges auf die „allgemeinen gesetzlichen Bestimmungen" verweist, freilich mit dem (auch bereits aus den allgemeinen Vorschriften folgenden) Vorbehalt, dass „im Einzelfall nichts anderes vereinbart" ist. Für die Voraussetzungen einer Außenhaftung jeder Vertragspartei ist wiederum nur allgemein auf die „gesetzlichen Haftpflichtbestimmungen" Bezug

---

[1] Vgl. → Vor § 13.
[2] *Esser/Schmidt* SchuldR I § 7 (7 I).
[3] BGH NJW 1998, 2900 = MDR 1998, 1087 = VersR 1999, 198 m. w. Nachw.; Anm. zu *Ganten* BGH v. 19. 5. 2006 – V ZR 264/05 BauR 2006, Heft 10.
[4] MünchKomm/*Emmerich* Vor § 257 Rdn. 311, 312.
[5] Vgl. auch *Ingenstau/Korbion/Wirth* VOB/B § 10 Rdn. 8, 9.

genommen. Nicht eindeutig ist dabei, welchen Einfluss das Vertragsrecht auf den internen Haftungsausgleich hat[6] und inwieweit Bedingung für die „gesetzliche Schadensverteilung" auch ist, dass sich die Haftungsvoraussetzungen bei beiden Vertragspartnern inhaltlich entsprechen.[7] (Im Einzelnen vgl. dazu → § 10 Nr. 2 Rdn. 1–9). Die Nrn. 5 und 6 runden den Ausgleichsrahmen inhaltlich (mit Wirkung für Dritte Nr. 5) und formal (Befreiungsanspruch, Nr. 6) ab.

Die Nrn. 2 Absätze 2, 3 und 4 enthalten unter **speziellen** Voraussetzungen (Versicherungsschutz, Nr. 2 Abs. 2; Verletzung fremder Grundstücksrechte, Nr. 3; Verletzung gewerblicher Schutzrechte, Nr. 4) einseitige Schadenszuweisungen an den Auftragnehmer. (Dazu vgl. → § 10 Nr. 4 Rdn. 12). 5

Diese formale Gliederung erlaubt noch wenig Rückschlüsse auf das **inhaltliche Ausgleichssystem** des § 10 VOB/B. Sieht man von den Sonderregelungen der Nrn. 3 und 4 einmal ab und lässt man zunächst auch die sehr problematische Regelung der Nr. 2 Abs. 2 sowie die eigentlich systemfremde Bestimmung der Nr. 5 außer Betracht, so beschränkt sich die materielle Sachordnung des § 10 VOB/B im Wesentlichen auf die Nrn. 1 und 2 Abs. 1. Bei ihnen stellt sich die Frage, ob § 10 VOB/B ein eigenes, vom BGB abweichendes Haftungssystem begründen will oder ob es sich bei diesen Vorschriften letztlich nur um tatbestandliche Verweisungen auf das allgemeine Vertragsrecht handelt. Der **bloße Verweisungscharakter** ist jedoch hinsichtlich der Leerformel der Nr. 2 Abs. 1 Satz 1, kaum fraglich; die Bestimmung hat keinerlei eigenständigen Regelungsgehalt.[8] Anders könnte es hinsichtlich der Anordnung in Nr. 1 sein, wonach die Vertragsparteien einander („nur"?) für eigenes **Verschulden** haften, außerdem hinsichtlich des Verweises in Nr. 2 Abs. 1 Satz 2, der die Haftungsfreistellung des Auftragnehmers von der Beachtung des § 4 Nr. 3 abhängig macht. (Dazu vgl. → § 10 Nr. 2 Rdn. 10–16). 6

## C. AGB-Problematik

§ 10 VOB/B führt im Rahmen der **bauvertraglichen AGB-Diskussion** ein verborgenes Dasein. Grundsätzliche Entscheidungen zur Konformität der Bestimmung mit den Verbotskriterien des AGB-Rechtes sind erst seit kurzem bekannt;[9] sie treten nach der Rechtsprechung[10] allerdings auch erst auf, wenn sich die Übereinstimmungsfrage der VOB-Regelungen nach den §§ 305–310 BGB überhaupt stellt. Als problematisch, aber im kaufmännischen Verkehr im Rahmen einer geltungserhaltenden Reduktion als noch zulässig, betrachtete diese Rechtsprechung § 10 Nr. 2 Abs. 2[11] und § 10 Nr. 3.[12] Kernpunkt dieser Problematik ist die Geltung dieser Bestimmungen – dem Wortlaut nach – auch im Falle des Vorsatzes oder der groben Fahrlässigkeit des Vertragspartners. Die Rechtsprechung[13] geht in entsprechender Anwendung des § 10 Nr. 5 VOB/B nunmehr davon aus, dass bei diesen Bestimmungen Vorsatz und grobe Fahrlässigkeit ausgeschlossen sei. (Siehe hierzu im Einzelnen → § 10 Nr. 2 Rdn. 22) Im Schrifttum werden **inhaltliche Probleme** zur Ausgewogenheit des § 10 VOB/B nur im Zusammenhang der Nr. 2 Abs. 2 (Haftungs- 7

---

[6] Vgl. → § 10 Nr. 2 Rdn. 10 f.
[7] Problematisch insb. bei § 10 Nr. 2 Abs. 2.
[8] Vgl. → § 10 Nr. 2 Rdn. 1.
[9] BGHZ 140, 241 (246) = BauR 1999, 414 = NJW 1999, 942; OLG Brandenburg BauR 2001, 1129 (1133).
[10] Vgl. BGHZ 86, 142 = NJW 1983, 816 = BauR 1983, 161; näher: → Einl. II Rdn. 51 f.
[11] BGHZ 140, 241 (246) = BauR 1999, 414 = NJW 1999, 942; OLG Brandenburg BauR 2001, 1129 (1133); a. A. OLG Koblenz VersR 2000, 94 (§ 10 Nr. 2 unwirksam auch zwischen Kaufleuten). Vgl. zur Problematik der geltungserhaltenden Reduktion bei AGB bei Langzeit- und Bauverträgen: *Schulze-Hagen* BauR 2003, 785.
[12] OLG Brandenburg BauR 2001, 1129 (1133).
[13] BGHZ 140, 241 (246) = BauR 1999, 414 = NJW 1999, 942; OLG Brandenburg BauR 2001, 1129 (1133).

privileg des Auftraggebers gegenüber versicherten Schäden)[14] und zu Nr. 5 (Erstreckung der Haftungsentlastung auf Dritte[15] diskutiert. Das hat seinen Grund in dem oben schon erwähnten Einklang der vertraglichen Kernbestimmungen des § 10 VOB/B mit der gesetzlichen Regelung. Fragwürdig wäre allerdings auch die sachliche Angemessenheit des § 10 Nr. 1 VOB/B („Verschuldenshaftung") und § 10 Nr. 2 Abs. 1 Satz 2 VOB/B (Anordnungsbefugnis des Auftraggebers), wenn darin eine Regelung getroffen wäre, die von den Haftungs- und Ausgleichsnormen des Gesetzes abweichen soll. Das ist aber bei zutreffender Interpretation[16] nicht der Fall. § 10 Nr. 6 Satz 1 VOB/B entspricht dem Gedanken des § 257 BGB und ist deshalb unbedenklich.

8   Problematischer ist die Regelung der Haftungsfreistellung im **deliktischen** Bereich des § 10 Nr. 3, 4 VOB/B. Der Entlastungsanspruch des Auftraggebers gem. Nr. 3 knüpft an die sehr allgemeine Voraussetzung an, dass sich der Auftragnehmer ohne entsprechende Weisung des Auftraggebers („unbefugt", „eigenmächtig") gesetzwidrig verhält und dadurch einen Dritten schädigt. Solche Fälle lassen im Einzelfall – gesetzlich – durchaus eine Mitverantwortung des Auftraggebers zu, §§ 830, 840, 254 BGB. Die Haftungszuweisungen an den „Handelnden" bzw. „unmittelbar" Verantwortlichen in § 840 Abs. 2, 3 BGB reichen weniger weit als § 10 Nr. 3, 4 VOB/B. Es wird deshalb vom Tatbeitrag des Auftraggebers im Einzelfall abhängen, inwieweit er auch im Hinblick auf § 254 BGB vom Auftragnehmer billigerweise eine vollständige Haftungsentlastung erwarten kann. Mit diesem Interpretationsvorbehalt wird man allerdings auch § 10 Nr. 3, 4 VOB/B noch als generell AGB-konform ansehen können.

## D. Änderungen des § 10 VOB/B durch die VOB/B 2002

9   Im Rahmen der Änderungen der VOB/B 2002 wurde lediglich in Nr. 2 Abs. 2 eine Anpassung an eine Änderung der Rechtslage vorgenommen. Die alte Fassung nahm Bezug „auf von den Versicherungsaufsichtsbehörden genehmigte Allgemeine Versicherungsbedingungen". Grund hierfür war die Vorlage- und Genehmigungspflicht für Allgemeine Versicherungsbedingungen (AVB) nach § 5 Abs. 3 Nr. 2 Versicherungsaufsichtsgesetz (VAG) a. F. Die Vorlage- und Genehmigungspflicht wurde durch das „3. Gesetz zur Durchführung der versicherungsrechtlichen Richtlinien des Rates der EG" v. 21. 7. 1994 (BGBl. I S. 1630) durch Änderung des § 5 Abs. 3 Nr. 2 VAG abgeschafft. Eine Bezugnahme auf genehmigte AVB wäre damit nicht nur überflüssig,[17] sondern auch irreführend gewesen, da so nur veraltete, noch dem Genehmigungszwang unterliegende, AVB einbezogen worden wären.

---

[14] Siehe *Vens-Capell/Hofmann* BauR 1993, 275 f., 279; → § 10 Nr. 2 Rdn. 21; *Tempel*, Ist die VOB noch zeitgemäß? Teil 2, NZBau 2002, 532 (537).
[15] Vgl. → § 10 Nr. 5 Rdn. 1.
[16] Vgl. → § 10 Nr. 2 Rdn. 18.
[17] So *Heiermann/Riedl/Rusam* VOB/B § 10 Rdn. 20; *Leinemann/Hafkesbrink* § 10 VOB/B Rdn. 52; *Kratzenberg* NZBau 2002, 177 (180).

§ 10 Nr. 1

## § 10 Nr. 1 [Vertragshaftung und Gehilfenzurechnung]

Die Vertragsparteien haften einander für eigenes Verschulden sowie für das Verschulden ihrer gesetzlichen Vertreter und der Personen, deren sie sich zur Erfüllung ihrer Verbindlichkeiten bedienen (§§ 276, 278 BGB).

Literatur: *Acker/Bechtold*, Organisationsverschulden nach der Schuldrechtsreform, NZBau 2002, 529; *Anker/ Sinz*, Die rechtliche Bedeutung der Normenreihe DIN EN 9000–9004 unter besonderer Berücksichtigung der 30-jährigen Gewährleistung wegen arglistig verschwiegener Mängel, BauR 1995, 629; *Baden*, Nochmals: Hat der Bauherr im Verhältnis zum Unternehmer die Verspätung oder Mangelhaftigkeit der Arbeiten des Vorunternehmers zu vertreten? BauR 1991, 30; *v. Craushaar*, Risikotragung bei mangelhafter Mitwirkung des Bauherrn, BauR 1987, 14; *ders.*, Der Vorunternehmer als Erfüllungsgehilfe des Auftraggebers, FS Vygen, 1999, S. 154; *ders.*, Die Bedeutung des § 645 BGB für die Rechtsstellung des Nachfolgeunternehmers, FS Kraus, 2003, S. 3; *Derleder*, Anmerkung zu BGH v. 12. 3. 1992 (JZ 1992, 1019), JZ 1992, 1021; *Döring*, Die Vorunternehmerhaftung und § 642 BGB, Gedanken zu des Rätsels Lösung, FS Jagenburg, 2002, S. 111; *Eckebrecht*, Vertrag mit Schutzwirkung für Dritte – Die Auswirkungen der schuldrechtsreform, MDR 2002, 425; *Funke*, Kurzdarstellung der Änderungen des Werkvertragsrechts im Rahmen der Schuldrechtsmodernisierung in der vom Bundestag am 11. Oktober beschlossenen Fassung, Jahrbuch Baurecht 2002, 217; *Ganten*, Anmerkung zu OLG Stuttgart v. 27. 2. 1970, VersR 1970, 823; *ders.* Grundsätzliche Fragen zur Schadensquotierung (§ 426 Abs. 1, S. 1 BGB), BauR 1978, 187; *Gassner*, Die Verjährung baurechtlicher Gewährleistungsansprüche bei arglistigem Verschweigen, BauR 1990, 312; *Grieger*, Verspätete oder mangelhafte Vorunternehmerleistung – Wer hat sie zu vertreten ? BauR 1990, 406; *Gross*, Die Einbeziehung des Herstellers in die Haftung des Ausführenden, BauR 1986, 127; *Hochstein*, Anmerkung zu BGH v. 27. 6. 1985, *Schäfer/Finnern/Hochstein* Nr. 3 zu § 6 Nr. 6; *Holzberger/Puhle* Das Organisationsverschulden des Bauunternehmers in der Rechtsprechung der Instanzgerichte, BauR 1999, 106; *I. Jagenburg*, Vorunternehmer – kein Erfüllungsgehilfe des Auftraggebers? (Auch zu den Entscheidungen des BGH vom 21. 10. 1999 und 13. 1. 2000), FS Mantscheff, 2000, S. 99; *W. Jagenburg*, Organisationsverschulden oder normale Gewährleistung? Versuch einer Abgrenzung, FS Mantscheff, 2000, S. 107; *Joussen*, Die Anerkennung der ARGE als offene Handelsgesellschaft, FS Kraus, 2003, S. 73; *Kainz*, Verjährung von arglistigem Verschweigen und Organisationsverschulden nach neuem Recht, FS Kraus, 2003, S. 85; *Kamphausen*, Die Quotierung der Mangel- und Schadensverantwortlichkeit Baubeteiligter durch technische Sachverständige, BauR 1996, 174; *Kleine-Möller*, Die Haftung des Auftraggebers gegenüber einem behinderten Nachfolge-Unternehmer, NZBau 2000, 401; *Kniffka*, Aufklärungspflicht des Bauunternehmers nach der Abnahme – Zur Sekundärhaftung des Unternehmers, FS Heiermann, 1995, S. 201; *ders.*, Dreißigjährige Gewährleistung des Bauunternehmers bei pflichtwidriger Organisation der Überwachung und Prüfung eines Werkes nach dem Urteil des BGH v. 13. 2. 1992, ZfBR 1993, 255; *ders.*, Die Durchstellung von schadensersatzansprüchen des auftragnehmers gegen den auf Werklohn klagenden Subunternehmer – Überlegungen zum Schaden des Generalunternehmers und zum Zurückbehaltungsrecht aus einem Freistellungsanspruch-, BauR 1998, 55; *Koeble*, Anmerkung zu BGH v. 12. 3. 1992 LM Nr. 77 zu § 638 BGB, Bl 3; *Kraus*, Ansprüche des Auftragnehmers bei einem durch Vorunternehmer verursachten Baustillstand (Kritische Gedanken zu BGH v. 27. 6. 1985, BauR 85, 561), BauR 1986, 17; *Kupisch*, Die Haftung für Hilfspersonen, JuS 1983, 818; *Lorenz*, Die Haftung für Erfüllungsgehilfen, FS 50 Jahre BGH (Festgabe der Wissenschaft) Bd. I, 2000, S. 329; *Lüderitz*, Sind Amtsträger Erfüllungsgehilfen ? NJW 1975, 1; *Meyer*, Die tatsächlichen und rechtlichen Folgerungen aus der Entscheidung des Bundesgerichtshofes zum Organisationsverschulden vom 12. 3. 1992, BauR 1996, 461; *Neuhaus*, Dreißig Jahre Gewährleistungshaftung im Baurecht – Vor und nach der Schuldrechtsmodernisierung, MDR 2002, 131; *Niemöller*, Verjährungsrecht nach der Schuldrechtsreform, FS Kraus, 2003, S. 137; *Putzier*, Wann muß der Bauherr für die Mängelbeseitigungsklage die Mangelursachen ermitteln?, FS Vygen, 1999, S. 353; *Rathjen*, Zweifelsfragen bei der Haftung für den Erfüllungsgehilfen. Zur Einschaltung von Vorlieferanten bei der Erfüllung, MDR 1979, 446; *Rutkowsky*, Organisationsverschulden des Bauunternehmers als Arglist i. S. v. § 638 BGB ? NJW 1993, 1748; *Schlechtriem* Organisationsverschulden als zentrale Zurechnungskategorie, FS Heiermann, 1995, S. 281; *Schmalzl*, Die Auswirkungen des § 278 BGB im Verhältnis des Bauherrn zu anderen Baubeteiligten, FS Locher, 1990, S. 225; *Karsten Schmidt*, Haftung und Zurechnung im Unternehmensbereich – Grundlagen im Zivil- und Versicherungsrecht –, Karlsruher Forum 1993, VersR Sonderheft S. 4 ff.; *Siegburg*, Dreißigjährige Haftung des Bauunternehmers aufgrund Organisationsverschuldens, 1995 (Baurechtliche Schriften, Bd. 32); *ders.* Vorunternehmer als Erfüllungsgehilfe des Auftragnehmers?, BauR 2000, 182; *ders.*, Verantwortlichkeit des Auftraggebers für Baumängel bei fehlerhafter Vorunternehmerleistung, ZfBR 2001, 291; *Stamm* Die Frage nach der Eigenschaft des Vorunternehmers als Erfüllungsgehilfe des Bauherrn im Verhältnis zum Nachunternehmer; Ein Problem der Abgrenzung von Schuldner- und Annahmeverzug, BauR 2002, 1; *ders.* Die Gesamtschuld auf dem Vormarsch, NJW 2003, 2940; *Stötter* Haftung des Bauherrn nach § 278 BGB für Planungsverschulden eines Architekten (im Verhältnis zum Bauunternehmer), BauR 1978, 18; *Vogel*, Arglistiges Verschweigen des Bauunternehmers aufgrund Organisationsverschuldens, (Diss. 1997); *Waas*, Zum Anwendungsbereich des § 278 BGB im Verhältnis von Werkunternehmer und Besteller, VersR 1999, 1202; *Werth*, Risikohaftung des Hauptunternehmers für Schäden des Nachunternehmers, BauR 1976, 80; *Wirth*, Dreißigjährige Gewährleistung des Unternehmers – Wird der

## § 10 Nr. 1 Vertragshaftung und Gehilfenzurechnung

Bundesgerichtshof unzutreffend interpretiert ?, DAB 1994, 960; *Waltermann*, Arglistiges Verschweigen eines Fehlers bei der Einschaltung von Hilfskräften, NJW 1993, 889; *Walzel*, Zur Frage der Haftung des Auftraggebers aus § 278 BGB bei Bauzeitverzögerung eines Auftragnehmers, BauR 1984, 569; *Zimmermann/Leenen/ Mansel/Ernst*, Finis Litium? Zum Verjährungsrecht nach dem Regierungsentwurf eines Schuldrechtsmodernisierungsgesetzes, JZ 2001, 684.

### Übersicht

| | Rdn. | | Rdn. |
|---|---|---|---|
| A. Gegenstand der Regelung; Verweisungsnorm | 1–3 | 5. „Einschaltung" des Erfüllungsgehilfen | 29 |
| B. Problemstellung: Der Risikogedanke des § 278 BGB im Bauvertrag | 4–11 | D. Bauspezifische Probleme des § 278 BGB | 31–69 |
| I. Vertragstypische Risikoverteilung | 4 | I. Arglistzurechnung – Organisationsverschulden | 31 |
| II. Vertragsuntypische Risikoeinwirkungen | 5 | II. Lieferanten als Erfüllungsgehilfen des Auftragnehmers | 43 |
| III. Der Einwand des Mitverschuldens (§ 254 BGB) | 8 | III. Der Subunternehmer als Erfüllungsgehilfe | 52 |
| C. Die Voraussetzungen der Gehilfenzurechnung | 12–30 | IV. „Mithersteller" als Erfüllungsgehilfen des Auftragnehmers („faktische Risikogemeinschaft") | 56 |
| I. „Gesetzliche Vertreter" | 12 | V. Vorunternehmer als Erfüllungsgehilfe des Auftraggebers gegenüber dem Nachunternehmer | 59 |
| II. Der äußere Rahmen des Handelns als Erfüllungsgehilfe | 14 | VI. Architekt und Sonderingenieur als Erfüllungsgehilfe des Auftraggebers | 65 |
| 1. Erfordernis eines Schuldverhältnisses | 14 | 1. Diskussionsstand in Rechtsprechung und Schrifttum | 65 |
| 2. Abgrenzung: Obliegenheiten | 16 | 2. Rechtsprechungsübersicht | 69 |
| 3. Abgrenzung: Deliktische Schutzpflichten | 20 | | |
| 4. Gehilfenhandlungen „bei Gelegenheit von Leistungspflichten" | 23 | | |

## A. Gegenstand der Regelung; Verweisungsnorm

**1** § 10 Nr. 1 VOB/B regelt die **Vertragshaftung** der (Vertrags-)Parteien. Das folgt nicht nur aus dem Wortlaut („haften einander") der Bestimmung und ihrer systematischen Darstellung als korrespondierender Norm zur Gewährleistung, sondern auch aus der Bezugnahme der Vertragshaftung auf §§ 276, 278 BGB. § 278 BGB ist die zentrale vertragsrechtliche Zurechnungsnorm für Gehilfenverschulden; deliktsrechtlich steht ihr § 831 BGB gegenüber, der in Nr. 1 nicht genannt wird.

**2** § 276 BGB regelt, im Zusammenhang mit der vertragsrechtlichen Schadenszurechnung, die „Verschuldenskriterien". In der Rechtslehre ist strittig, inwieweit diese Bestimmung gleichzeitig Anspruchsnorm für Schäden aus Vertragsverletzung ist.[1] Das wurde mit der Geltung des BGB ursprünglich so gesehen;[2] später gingen die Rechtsprechung und der ganz überwiegende Teil des Schrifttums[3] aber dazu über, die Haftungstatbestände selbst außerhalb des § 276 BGB zu suchen. Die Auseinandersetzung um den systematischen Wert des § 276 BGB hat seit langem nur noch akademische Bedeutung. Mindestens steht heute gewohnheitsrechtlich fest, dass § 276 BGB die **persönlichen Zurechnungsmerkmale** der Vertragshaftung regelt und die Tatbestände vertraglicher Verantwortung selbst anderen Normen

---

[1] Vgl. MünchKomm/*Grundmann* § 276 Rdn. 1, 2; Erman/*Battes* § 276 Rdn. 85; vgl. auch *Ganten* Pflichtverletzung S. 180 f.
[2] MünchKomm/*Grundmann* § 276 Rdn. 1; zum früheren Schrifttum insb. *Stoll* AcP 136 (1936), 257.
[3] RGZ 66, 289 (291); Erman/*Battes* § 276 Rdn. 85; MünchKomm/*Emmerich* Vor § 275 Rdn. 220 ff.

zu entnehmen sind.⁴ Eine andere Frage ist, ob § 10 Nr. 1 VOB/B hinsichtlich der Voraussetzungen des „Vertretenmüssens" eine engere Regelung treffen will als § 276 für das BGB. Immerhin lautet § 276 Abs. 1 S. 1 BGB abweichend von § 10 Nr. 1 VOB/B: „Der Schuldner hat Vorsatz und Fahrlässigkeit zu vertreten, wenn eine strengere oder mildere Haftung weder bestimmt noch aus dem sonstigen Inhalt des Schuldverhältnisses, insbesondere aus der Übernahme einer Garantie oder einer Beschaffenheitsrisikos zu entnehmen ist.". Die VOB/B stellt, ohne den Vorbehalt einer anderen (gesetzlichen/vertraglichen) Regelung, ausschließlich auf das Verschulden als Haftungsvoraussetzung ab.

Mit der allgemeinen Auffassung⁵ ist aber davon auszugehen, dass insb. die uneingeschränkte Bezugnahme auf § 276 BGB in Nr. 1 den Schluss rechtfertigt, dass die VOB/B **keine vom BGB abweichende** Vertragshaftung regeln will. Es wäre auch systemfremd und würde die innere Ausgewogenheit der VOB/B als Ganzes in Frage stellen, wenn die „Haftungs"-Voraussetzungen der Parteien nicht – wenn „etwas anderes bestimmt ist" – auch abweichend vom Verschuldenserfordernis geregelt werden könnten.⁶ Deshalb ist davon auszugehen, dass § 10 Nr. 1 VOB/B in der Sache nichts mehr als eine **Verweisungsnorm** auf das allgemeine vertragliche Haftungsrecht des BGB ist, die deshalb alle anderen Haftungsformen unberührt lässt.

## B. Problemstellung: Der Risikogedanke des § 278 BGB im Bauvertrag

### I. Vertragstypische Risikoverteilung

§ 10 Nr. 1 VOB/B trifft im Verhältnis zum BGB keine eigenständige Regelung, sondern verweist auf Voraussetzungen und Folgen der §§ 278, 276 BGB (vgl. oben Rdn. 2, 3). Das bedeutet, dass auch im VOB-Vertrag der Schuldner schlechthin und – wie bei persönlichem Verschulden – ohne Entlastungsmöglichkeit für das Verschulden derjenigen Personen einzustehen hat, die er seine Verbindlichkeit erfüllen lässt. Diese Rechtsfolge ist ohne weiteres einleuchtend, wenn der Auftragnehmer etwa **Arbeitnehmer** oder (in erlaubtem Umfange)⁷ Subunternehmer einschaltet, die die geschuldete Werkleistung für ihn oder mit ihm erbringen. § 278 BGB beruht auf dem Gedanken, dass es das Risiko des Gläubigers nicht erhöhen darf, wenn der Schuldner seine Leistung nicht in eigener Person (im eigenen Unternehmen) erbringt, sondern sie ganz oder teilweise delegiert. Dem Auftragnehmer kann im Normalfall zugemutet werden, sein eigenes Leistungsrisiko abzuschätzen, vor möglichen Störungen zu sichern und insoweit Fehlverhaltenskosten zu kalkulieren. Entsprechend garantiert der Auftragnehmer, seine Leistung auch bei Arbeitsteilung in der Weise zu erbringen, wie sie von ihm selbst vertraglich geschuldet wird. Die Einschaltung von Erfüllungsgehilfen ändert an dem zu wahrenden Sorgfaltsmaßstab nichts.⁸

### II. Vertragsuntypische Risikoeinwirkungen

Die Beurteilung der Verschuldenszurechnung ist dann schwieriger, wenn zwar **Dritte** in den Erfüllungsrahmen eingeschaltet werden, der Schuldner aber die **Risiken der Drittleistung** für seine eigene Vertragspflicht nur schwer abschätzen und deshalb vertraglich

---

⁴ BGHZ 11, 80 (83 f.) = NJW 1954, 229; MünchKomm/*Grundmann* § 276 Rdn. 1 weist darauf hin, dass mit der Schuldrechtsreform und der Schaffung eines einheitlichen Pflichtverletzungstatbestandes auch der Gesetzgeber den § 276 BGB nun eindeutig als Verweisungsnorm betrachtet.
⁵ *Nicklisch/Weick* VOB/B § 10 Rdn. 3; *Ingenstau/Korbion/Wirth* VOB/B § 10 Rdn. 9.
⁶ Vgl. dazu → Einl. II. Rdn. 51 f.
⁷ Vgl. dazu § 4 Nr. 8 VOB/B und unten Rdn. 55.
⁸ BGHZ 31, 358 = NJW 1960, 669; vgl. aber BGHZ 114, 263: Wirbt der Schuldner mit der Kompetenz seines Gehilfen, hat dies Auswirkungen auf das vertraglich geschuldete Sorgfaltsmaß.

§ 10 Nr. 1

sichern kann. Bei Bauverhältnissen sind diese Fälle zahlreich. Sie treten insb. auf, wenn der Auftraggeber auf Grund selbstständiger Verträge Leistungen bestellt, die für komplementäre Aufgaben des Auftragnehmers unabdingbar sind: Vorunternehmerleistungen für Nacharbeiten; die Statik für den planenden Architekten bzw. umgekehrt, die Architektenplanung für den Statiker.[9] Auch die Einschaltung des bauleitenden Architekten zur Überwachung von Unternehmerleistungen gehört in diesen Problemkreis.[10]

6   Über die Grenze der Anwendbarkeit des § 278 BGB in diesem Rahmen besteht Streit.[11] Dazu wird für die Hauptfallgruppen auf unten Rdn. 65 verwiesen. Einvernehmen besteht jedoch auch in diesen Konstellationen darüber, dass die Verschuldenszurechnung gem. § 278 BGB auf den Zweck der Einschaltung von Erfüllungsgehilfen abzustellen hat und deshalb nicht unkritisch erfolgen darf.[12] Maßgebend ist die **Vertragsauslegung,** und zwar in einer Art „Gesamtschau" beider korrespondierender Verträge, – sowohl des Vertrages mit dem möglichen Erfüllungsgehilfen (also etwa des Auftraggebers mit dem Vorunternehmer) als auch des korrespondierenden Vertrages (also etwa des Auftraggebers mit dem Nachunternehmer), um auf diese Weise zu ermitteln, mit welchem Stellenwert im Gesamtgefüge der Verträge das eine Schuldverhältnis auf das andere einwirkt.[13]

7   Die Auslegung der Vertragserklärungen als Mittel, die vertragliche Risikolage sichtbar zu machen, stößt allerdings auf praktische Schwierigkeiten, weil im Hinblick auf die Wirkung des § 278 BGB fast stets konkrete Anhaltspunkte für einen bestimmten Parteiwillen fehlen. Das führt methodisch immer wieder dazu, **vom Ergebnis her** zu argumentieren: Welche Risikoverteilung wird den Interessen der Beteiligten im Zweifel am ehesten gerecht? Diese Interessenbewertung führt wiederum zu Typisierungen, auf die sich die Bauwirtschaft einstellt; sie nimmt sie als „gewollt" (weil „üblich") in den Vertragswillen auf. Die Verkehrstypik führt so auch methodisch wiederum zur Auslegung zurück.

### III. Der Einwand des „Mitverschuldens" (§ 254 BGB)

8   Die Gehilfenzurechnung (§ 278 BGB) entfaltet einen wesentlichen Teil ihrer Wirkung im Baurecht nicht im „Normalfall", der – über § 278 BGB erweiterten – Verantwortlichkeit des Schuldners gegenüber dem Gläubiger, sondern umgekehrt in der Verteidigungsposition des Schuldners (Auftragnehmers): Dieser wendet gegenüber dem Auftraggeber, der von ihm Schadensersatz verlangt, **„Mitverschulden"** ein, unter Hinweis darauf, dass zwar nicht der Auftraggeber selbst, aber sein Erfüllungsgehilfe (etwa: der planende Architekt) schuldhaft eine wesentliche Mitursache für Mangel und Schaden gesetzt habe. Dieser Einwand führt, wenn er begründet ist, zur unmittelbaren Beschränkung des Auftraggeberanspruches gegen den Auftragnehmer, und zwar zu einer Herabsetzung um den Anteil, mit dem der Auftraggeber (bzw. sein Erfüllungsgehilfe) an der Entstehung des Schadens mitverantwortlich ist.[14] Dies kann u. U. – etwa in Fällen, in denen auf Seiten des Geschädigten grobe Fahrlässigkeit oder Vorsatz eines gesetzlichen Vertreters oder Erfüllungsgehilfen vorliegt, auf Seiten des Schädigers aber nur einfacher Fahrlässigkeit[15] – dazu führen, dass Schadensersatzansprüche gänzlich entfallen.

9   Diese Folge gilt im Rahmen des § 10 VOB/B für „Haftungs-", d. h. Schadensersatzfälle unmittelbar (§§ 254, 278 BGB). Eine „Mitverursachung" des Auftraggebers und die Zurechnung fremder Schadensbeiträge gem. § 278 BGB kommt aber auch in Betracht, wenn der Auftraggeber nicht Schadensersatz, sondern **Gewährleistung** wegen mangelhafter Herstellung fordert, d. h. es auf ein Verschulden des Auftraggebers gar nicht ankommt. – Diese

---

[9] Hierzu eingehend *Schmalzl* FS *Locher* S. 231 f.; siehe auch unten Rdn. 65 ff.
[10] Vgl. unten Rdn. 65 f.
[11] Vgl. unten Rdn. 65 f.
[12] Vgl. etwa *Esser/Schmidt* SchuldR I 2 § 27 I 1.
[13] Vgl. *Schmalzl* FS *Locher* S. 225 f. (230, 233); *Kraus* BauR 1986, 17 (26); *Kupisch* JuS 1983, 817 (819).
[14] BGH NJW 1984, 1676 = BauR 1984, 395 = ZfBR 1984, 173; *Kaiser* Mängelhaftung Rdn. 146 a.
[15] Vgl. etwa BAG NJW 1998, 2923 (2924).

Vertragshaftung und Gehilfenzurechnung　　　　　　　　　　**§ 10 Nr. 1**

Problematik erfassen sachlich die §§ 4 Nr. 3, 13 Nr. 3 VOB/B; auf die Erläuterungen dazu wird hier verwiesen (siehe → § 13 Nr. 3 Rdn. 1–3).

Im Ergebnis kommt es also nicht darauf an, inwieweit Ansprüche des Auftraggebers gegen den Auftragnehmer auf Verschulden oder auf bloßer Gewährleistung beruhen: Eine Mitverantwortung des Auftraggebers ist in den hier maßgebenden Fällen sachlich nach den gleichen Grundsätzen (§ 254 BGB) zu berücksichtigen.[16] Eine andere Lösung wäre auch praktisch gar nicht möglich, weil insb. bei Ansprüchen auf Mängelbeseitigung oder Kostenerstattung (§§ 633 Abs. 2, 3 BGB; 13 Nr. 5 VOB/B) i. d. R. gar nicht zu prüfen ist, ob den Unternehmer (auch) ein Verschulden trifft. 10

Schließlich ist darauf hinzuweisen, dass auch eine **gesamtschuldnerische Haftung** des Auftragnehmers (etwa neben dem planenden Architekten) an der Möglichkeit eines Mitverschuldenseinwandes gegenüber dem Auftraggeber nichts ändert. Der Anspruch des Auftraggebers verkürzt sich auch hier um seinen Haftungsanteil (bzw. den des planenden Architekten); der Auftraggeber selbst ist dann darauf verwiesen, diese gegenüber dem Auftragnehmer eingebüßte Quote unmittelbar in seinem Rechtsverhältnis zum Architekten geltend zu machen.[17] 11

## C. Die Voraussetzungen der Gehilfenzurechnung

### I. „Gesetzliche Vertreter"

„Gesetzliche Vertreter" der Bauvertragsparteien sind nach allgemeiner Auffassung zu § 278 BGB[18] diejenigen Personen, die auf Grund gesetzlicher Anordnung berufen sind, für andere Personen verbindlich im Rechtsverkehr aufzutreten. Das sind sämtliche **„Amtsvertreter"**[19] (z. B. Testamentsvollstrecker; Insolvenzverwalter; Zwangsverwalter; Nachlassverwalter; Nachlasspfleger), soweit sie bestimmte Vermögensmassen zu betreuen und zu verwalten haben. Dasselbe gilt für **familienrechtliche** Vertretungspersonen, die nicht nur unterstützend tätig sind, sowie im Rahmen der Schlüsselgewalt nach § 1357 Abs. 1 BGB auch für den Ehepartner und gem. § 8 Abs. 2 LPartG i. V. m. § 1357 Abs. 1 BGB für den eingetragenen Lebenspartner.[20] Strittig ist die Stellung der **satzungsgemäßen** Vertreter, für die nach ganz überwiegender Auffassung nicht § 278 BGB, sondern § 31 BGB gilt.[21] Da jedoch auch nach § 31 BGB eine unbedingte Haftungszurechnung erfolgt, beschränkt sich die praktische Auswirkung der unterschiedlichen Standpunkte auf die nur nach § 278 (Satz 2) BGB bestehende Möglichkeit, die Haftung für vorsätzliches Handeln gesetzlicher Vertreter auszuschließen.[22] 12

Weder gesetzlicher Vertreter noch „Organ" (jedoch im Zweifel Erfüllungsgehilfen) sind die vertretungsberechtigten Personen einer **BGB-Gesellschaft,** wenn man der in der früheren Rechtsprechung vorherrschenden Ansicht[23] über die fehlende Partei- und Rechtsfähigkeit der GbR folgt. Nach anfänglichem Zögern wendet der BGH nunmehr aber auch bei der GbR § 31 BGB entsprechend an.[24] Die Vertreter einer **OHG** sowie **KG** werden 13

---

[16] Vgl. auch *Kaiser* Mängelhaftung Rdn. 146 a.
[17] BGH NJW 1973, 518 = BauR 1973, 190; BGHZ 95, 128 = NJW 1985, 2475 = BauR 1985, 561 = ZfBR 1985, 282.
[18] Palandt/*Heinrichs* § 278 Rdn. 5 f.; MünchKomm/*Hanau* § 278 Rdn. 10 f.; *Erman/Battes* § 278 Rdn. 8 f.
[19] RGZ 144, 402 (3); BGH WM 1956, 573; BGH NJW 1958, 670 f.; zum Problem: *Lüderitz* NJW.
[20] Vgl. *Böhringer* Rpfleger 2003, 1445.
[21] Vgl. die oben Fn. 19 Genannten.
[22] Palandt/*Heinrichs* § 278 Rdn. 6; 39.
[23] Früher ständige Rspr. des BGH, nun aufgegeben mit Urteil v. 29. 1. 2001 (Az.: II ZR 331/00) BGHZ 146, 341 = BauR 2001, 775 = NJW 2001, 1056 m. ausf. Auseinandersetzung zum vorherigen Meinungsstand in Rspr. und Lit.; vgl. auch die Darstellung der neueren und der älteren Auffassung bei *Medicus* Bürgerliches Recht Rdn. 794.
[24] BGH NJW 2003, 1445 (1446) = VersR 2003, 650; BGH VersR 2003, 1260 (1261); zuvor ging der BGH in NJW 2002, 1194 noch davon aus, dass satzungsmäßig berufene Vertreter trotz der mit der in Fn. 23

ebenfalls gewohnheitsrechtlich als Organ gem. § 31 BGB angesehen.[25] Zu beachten ist, dass eine sich zum Zwecke der Errichtung eines Großvorhabens zusammengeschlossene Dach-ARGE als OHG einzustufen sein kann.[26] (Für die Zurechnung des Handelns von Amtspersonen zur **Behörde** vgl. BGH VersR 1960, 824 („Stadtbaumeister"); *Lüderitz* NJW 1975, 1 ff.; *Waltermann* NJW 1993, 889 f.).

## II. Der äußere Rahmen des Handelns als Erfüllungsgehilfe

### 1. Erfordernis eines Schuldverhältnisses

14 § 278 BGB begründet die Zurechnung eines Gehilfenverhaltens im Vertragsrahmen. Daraus ergeben sich die äußeren Grenzen, innerhalb deren Erfüllungsgehilfen nur tätig sein können: Die vertragliche Verschuldenszurechnung greift in erster Linie Platz, wo vertragliche **Hauptpflichten** (insb. die Herstellung der Bauleistung selbst) durch Dritte wahrgenommen werden, sei es im Rahmen von Arbeitsverhältnissen, sei es im Rahmen selbstständiger Werkleistungen, etwa als Subunternehmer. Darüber hinaus findet § 278 BGB nach allgemeiner Ansicht[27] auf **Nebenpflichten** i. S. d. § 241 Abs. 2 BGB Anwendung, d. h. auf alle Rücksichts- und Bewahrungspflichten der Parteien, die dem Ziel dienen, das vertragliche Leistungsverhältnis abzusichern und den Interessen der Vertragspartner im Erfüllungsablauf Rechnung zu tragen.

15 Die Zurechnung von Gehilfenverschulden bei Nebenpflichten beschränkt sich jedoch nicht auf die eigentliche Erfüllungsphase, sondern gilt ebenso bereits für vorvertragliche Sorgfaltspflichten (§§ 241 Abs. 2, 311 Abs. 2 BGB) wie für nachvertragliche Treuepflichten. Diese Nebenpflichten können, wie auch Hauptpflichten, nicht nur im Verhältnis der Parteien zueinander begründet sein, sondern ebenfalls **unmittelbar gegenüber Dritten,** – als Leistungspflichten gem. § 328 BGB[28] oder als Schutzpflichten aus einem zwischen anderen Parteien bestehenden Schuldverhältnis (§§ 311 Abs. 3 BGB).[29] Auch der begünstigte Dritte kann einwenden, dass der Versprechende (Schuldner) sich ein Fehlverhalten seiner Erfüllungsgehilfen zurechnen lassen muss.[30] Für die Anwendung des § 278 BGB ist aber stets erforderlich, dass die Parteien ein **Schuldverhältnis** verbindet. Problematisch ist in diesem Zusammenhang die Behandlung von vertraglichen **„Obliegenheiten"** sowie der gegenüber jedermann bestehenden **„Verkehrspflichten".**[31]

### 2. Abgrenzung: Obliegenheiten

16 „Obliegenheiten" sind nach herkömmlichem Verständnis[32] vertragliche Aufgaben eines Vertragspartners, die zwar wahrgenommen werden müssen, wenn das Vertragsziel nach den Vorstellungen der Parteien erreicht werden soll, die aber nicht, wie vertragliche Haupt- und

---

genannten Entscheidung eingeleiteten Änderung der höchstrichterlichen Rechtsprechung keine Organe einer GbR seien.
[25] BGHZ 45, 311 = NJW 1966, 1807; vgl. auch OLG Düsseldorf NStZ-RR 2002, 178; OLG Karlsruhe NZG 2001, 371; OLG München NJW 1994, 3112.
[26] OLG Dresden NJW-RR 2003, 257; weitergehend *Joussen* FS Kraus S. 73 ff. – stets OHG.
[27] Palandt/*Heinrichs* § 278 Rdn. 18; so bereits zum früheren Recht: BGHZ 95, 179.
[28] Vgl. BGH VersR 1966, 1154; MünchKomm/*Gottwald* § 328 Rdn. 93.
[29] Vgl. noch zum alten Recht: BGHZ 33, 247 (Schutzpflicht des Bestellers) BGHZ 49, 350 = NJW 1968, 885 (Mietrecht); MünchKomm/*Gottwald* § 328 Rdn. 124; MünchKomm/*Martens* § 823 Rdn. 177, 178; *Esser/Schmidt* SchuldR I § 29 I.; vgl. zum neuen Schuldrecht: *Eckebrecht* MDR 2002, 425.
[30] Vgl. die oben Fn. 29 Genannten, außerdem eingehend: *Canaris* Schutzgesetze – Verkehrspflichten – Schutzpflichten, FS Larenz, 1983, S. 27 (87); *Picker* Positive Forderungsverletzung und culpa in contrahendo, AcP 183 (1983), 369 (485).
[31] Vgl. BGH VersR 1965, 240 (Abgrenzung zu Verkehrspflichtverletzung); *Canaris, Picker* a. a. O. (Fn. 25); *Hohloch* „Vertrauenshaftung", NJW 1979, 2369; *v. Bar* Entwicklungen und Entwicklungstendenzen im Recht der Verkehrs(sicherungs)pflichten, JuS 1988, 169 f.
[32] MünchKomm/*Emmerich* Vor § 275 Rdn. 301, MünchKomm/*Hanau* § 278 Rdn. 29.

Nebenpflichten, eingefordert werden können.³³ Abgesehen von Schutzobliegenheiten „gegen sich selbst", die nur im eigenen Interesse des Vertragspartners bestehen,³⁴ werden als werkvertragliche Obliegenheiten vor allem Mitwirkungspflichten angenommen, von deren rechtzeitiger und ordnungsgemäßer Wahrnehmung die Fertigstellung der vertragsgemäßen Leistung abhängt, deren Erfüllung aber gleichwohl im Belieben des „Obliegenheitsschuldners" stehen soll.³⁵ Demzufolge sind die Verpflichtungen aus dem Kooperationsverhältnis, welches den Bauvertrag als komplexen Langzeitvertrag auszeichnen soll,³⁶ weitgehend als Obliegenheiten eingestuft worden.³⁷

Solche Obliegenheiten gibt es vor allem auf der Auftraggeberseite: die Wahrung von **17** Voraussetzungen für den termingerechten Ablauf der Bauleistungen; die Beschaffung und Vorlage behördlicher Genehmigungen als Baubeginnvoraussetzungen; die Einschaltung von Partnern der Bauherstellung (Vorunternehmer; notwendige Sonderfachleute) sowie etwa die Beschaffung von Stoffen und anderen Grundlagen der Bauherstellung, die vertraglich nicht Sache des Ausführenden sind. Unterbleibt diese Mitwirkung des Auftraggebers, treten die Folgen der §§ 642, 643 BGB ein; im Rahmen der VOB hat der Auftragnehmer etwa die Rechte aus §§ 6 und 9 VOB/B.

Ob eine klare Grenzlinie zwischen Vertragspflichten auf der einen und „Mitwirkungs- **18** obliegenheiten" auf der anderen Seite gezogen werden kann, ist seit langem unsicher und streitig. Vor allem die neuere Baurechtsliteratur³⁸ weist zunehmend darauf hin, dass bei zeitlich und inhaltlich komplexen Verträgen den einklagbaren Unternehmerpflichten nicht nur „freibleibende" Obliegenheiten des Auftraggebers gegenüberstehen. Wenn das Vertragsziel überhaupt erst durch ein Mitwirken des Auftraggebers erreicht werden kann, ist dieser zur Förderung der (gemeinsamen!) Aufgabe regelmäßig auch verpflichtet. Die Vertragspartner gehen insoweit von einer echten Schuldnerpflicht aus, die entsprechend auch den Anwendungsbereich des § 278 BGB öffnet.

Die Rechtsprechung³⁹ schiebt demgemäß den Vertragsrahmen immer weiter in den nicht **19** vertraglichen Bereich vor. Echte „Obliegenheiten" nimmt der Auftraggeber danach nur doch noch wahr, wo er in der Sache nicht mehr dem gemeinsamen Vertragsziel, sondern ausschließlich dem eigenen Interesse dienen will.⁴⁰ Die Meinungen im Schrifttum folgen dem im Wesentlichen.⁴¹

### 3. Abgrenzung: Deliktische Schutzpflichten

Außerhalb vertragsrechtlicher (vertragsähnlicher) Beziehungen bestehen zwischen den **20** Teilnehmern am Rechtsverkehr allgemeine (gesetzliche) Verkehrspflichten, deren Verletzung nach **Deliktsrecht** geahndet wird. An die Stelle des § 278 BGB tritt dann § 831 BGB, der dem Schuldner (etwa verletzter Verkehrspflichten) u. a. die Möglichkeit der Entlastung gibt: Hat ein Schädiger seinen „Verrichtungsgehilfen" ordnungsgemäß ausgewählt und über-

---

³³ MünchKomm/*Emmerich* Vor § 275 Rdn. 249 f.
³⁴ MünchKomm/*Grunsky* § 254 Rdn. 19.
³⁵ Vgl. *Nicklisch* BB 1979, 533; *Lachmann* BauR 1990, 409; s. auch *Kaiser/Rieble* NJW 1990, 218 zum „Ausbleiben" des Gehilfen.
³⁶ Vgl. BGHZ 133, 44 = BGH BauR 1996, 542 = NJW 1996, 2158; BGHZ 143, 89 = BauR 2000, 409 = NZBau 2000, 130; OLG Düsseldorf NZBau 2000, 427; OLG Köln NJW-RR 2002, 15 (vgl. zu OLG Köln a. a. O. aber: BGH BauR 2003, 1382 = NZBau 2003, 433); *Nicklisch/Weick* Einl. Rdn. 2 ff.; *Leinemann/Sterner* § 4 Rd. 2; *Grieger* BauR 2000, 969; *Meurer* MDR 2001, 848; *Kniffka* Jahrbuch Baurecht 2001, 1; *Kniffka/Quack* FS 50 Jahre BGH, S. 17 (29 f.); *Vygen* FS Kraus S. 249; grundlegend: *Nicklisch* BB 1979, 533 (537); vgl. auch BayObLG NZBau 2002, 689 (691) – vorvertragliche Kooperationspflichten –.
³⁷ *Meurer* MDR 2001, 848 (852); vgl. auch: *Kniffka* Jahrbuch Baurecht 2001, 1 (3 ff.); a. A. wohl *Vygen* FS Kraus S. 249 (257).
³⁸ Vgl. die oben Fn. 37 Genannten.
³⁹ BGH VersR 1965, 240 (Einkaufsunfall) BGH NJW 1992, 2149 (Prospekthaftung); BGHZ 92, 176 (Vertrauenshaftung).
⁴⁰ Etwa bei Sorgfaltspflichten des Auftraggebers im Rahmen des § 13 Nr. 3 VOB/B.
⁴¹ Vgl. die oben Fn. 30 und 31 Genannten.

§ 10 Nr. 1                                                      Vertragshaftung und Gehilfenzurechnung

wacht, ist er nach § 823 f. BGB für dessen Schadenshandlung nicht mehr verantwortlich. Die Möglichkeit einer Entlastung gem. § 831 BGB steht und fällt aber mit dem Nichtbestehen einer schuldrechtlichen Sonderverbindung.

20 a  Nach der Rechtsprechung[42] sind Subunternehmer in aller Regel keine Verrichtungsgehilfen, da diese nicht der Weisung des Hauptunternehmers in dem Maße unterliegen, wie es z. B. Arbeitnehmer tun. Dies hat nach dieser Rechtsprechung zur Folge, dass bei Fehlverhalten der Subunternehmer – es sei denn, diese sind ausnahmsweise in hinreichendem Maße der Weisung des Hauptunternehmers unterworfen[43] – der Hauptunternehmer zunächst nicht nach Deliktsrecht haftet (wohl aber der Subunternehmer). In Frage käme allenfalls ein gegen den Hauptunternehmer gerichteter deliktischer Anspruch auf Verletzung seiner ihm beim Betreiben seines Gewerbes obliegenden Verkehrspflichten.[44]

21  Für die **Abgrenzung** des konkreten Vertrags von der allgemeinen Verkehrspflichtebene fehlt es allerdings an einer klaren Trennlinie.[45] Das liegt daran, dass sich die Pflichtenbereiche aus bloßer Verkehrsteilnahme (Deliktsebene) einerseits und aus sozialer Sonderbeziehung (Vertragsebene) andererseits in der Schuldrechtsdogmatik einander immer mehr angenähert haben.[46] Die Rechtsprechung stellt für die Abgrenzung letztlich auf die Angemessenheit einer Schuldzurechnung (§ 278 BGB) nach Billigkeitsgesichtspunkten ab und dehnt den Vertragsrahmen sehr weit aus.[47] Das Schrifttum ist geteilt.[48] Auch dort gibt es Stimmen,[49] die überhaupt für eine Aufgabe dieser Zurechnungsgrenze plädieren.

22  Das Bauvertragsrecht muss sich darauf einstellen, dass vertragliche Schutzpflichten einen zunehmend weiteren Raum beanspruchen und damit auch den Anwendungsbereich des § 278 BGB zu Lasten des § 831 BGB ausdehnen: Das Schadensrisiko wird dem „beschützten" Auftraggeber zunehmend abgenommen, das Verkehrsrisiko als „Bauherrenrisiko" wird zunehmend zurückgedrängt.[50] Hinzu tritt, dass seit dem Erlass des 2. Schadensrechtsänderungsgesetzes vom 19. 7. 2002 (BGBl. I S. 2674) nach § 253 Abs. 2 BGB auch bei vertraglichen Schadensersatzansprüchen ein Schmerzensgeld verlangt werden kann. Dies und das mit der Schuldrechtsmodernisierung geänderte Verjährungsrecht werden die Anwendung des Deliktsrechtes noch unattraktiver machen.[51]

### 4. Gehilfenhandlungen „bei Gelegenheit von Leistungspflichten"

23  Der Schuldner hat für ein Gehilfenverhalten nur einzustehen, wenn der Fehler auch **bei der Erfüllung** von Verbindlichkeiten unterläuft. Vertragsfremdes Verhalten braucht sich der Schuldner nicht zurechnen zu lassen. Die Abgrenzung beider Bereiche bereitet in der Praxis jedoch Schwierigkeiten.[52]

24  Problemfrei ist die Anwendung des § 278 BGB, wenn der Gehilfe die ihm gerade aufgetragene **Vertragsleistung fehlerhaft** ausführt, z. B. für eine Abdichtung falsches Material verwendet, eine Bestellung falsch übermittelt usw. Zweifelhaft sind dagegen schon Fälle, in denen sich der Gehilfe zwar noch im allgemeinen Auftragsrahmen hält („der Art nach" tut, was er soll), jedoch die ihm gegebenen konkreten Weisungen verlässt und

---

[42] BGH NJW 1994, 2756 = MDR 1994, 1119; OLG Stuttgart NVersZ 2000, 394; OLG Düsseldorf BauR 2001, 269; OLG Brandenburg VersR 2003, 215 (216); OLG Celle BauR 2004, 105; *Geigel/Haag* Haftpflichtprozess Kap. 17 Rdn. 2; MünchKomm/*Wagner* § 831 Rdn. 12.
[43] *Deutsch/Ahrens,* Deliktsrecht, Rdn. 318.
[44] Vgl. BGHZ 103, 298 = BGH NJW 1988, 1380.
[45] Vgl. *Canaris* a. a. O. (Fn. 30); *v. Bar, Hohloch* a. a. O. (Fn. 31).
[46] Vgl. die oben Fn. 39 Genannten.
[47] Nachweise oben Fn. 37.
[48] Die h. L. schließt sich der Rechtsprechung an und verlangt eine verdichtete Sozialbeziehung mit der Wirkung echter Schutzpflichten, *Erman/Battes* § 278 Rdn. 21; Palandt/*Heinrichs* § 278 Rdn. 16, 17.
[49] Insb. MünchKomm/*Mertens* § 823 Rdn. 179.
[50] Vgl. insb. MünchKomm/*Mertens* § 823 Rdn. 179; *K. Schmidt* (Karlsruher Forum 1993), S. 9 f.
[51] Näher hierzu → Vor § 13 Rdn. 196 f.
[52] Palandt/*Heinrichs* § 278 Rdn. 18; krit. insoweit, aber im Ergebnis ähnlich: *Lorenz* FS 50 Jahre BGH Bd. I, S. 329 (358 f.).

**eigenmächtig vertragswidrig** handelt: Vorsätzlicher Diebstahl von anvertrautem Baumaterial;[53] Beschädigung von Gegenständen im Besitz des Auftraggebers, die der Gehilfe bei der Auftragserledigung zu schonen hat;[54] arglistiges Verschweigen von Fehlerursachen bei der Übergabe oder Abnahme der Leistung durch den Auftraggeber;[55] Veruntreuung von aufzubewahrenden Urkunden oder Vermögenswerten.[56] Auch in dieser Sachverhaltsgruppe „erfüllt" der Gehilfe eigentlich nicht den Vertrag des Schuldners; gleichwohl besteht in Rechtsprechung[57] und Schrifttum[58] Einvernehmen darüber, dass § 278 BGB anzuwenden ist.

Der Schutzzweck dieser Bestimmung für den Vertragsgläubiger besteht gerade darin, bei einer Gehilfeneinschaltung auch dann geschützt zu sein, wenn sich dieser Dritte als unzuverlässig erweist und „eigene Wege geht". Notwendig ist nur, dass das fehlerhafte Handeln seinem Rahmen nach Vertragsverhalten (**„vertragsspezifisch"**) bleibt, d. h. mit der aufgetragenen Arbeit noch im inneren Zusammenhang steht.[59] 25

Dagegen scheiden sich die Ansichten an Fallgruppen, in denen das schadensstiftende Verhalten des Gehilfen durch den Vertrag zwar **veranlasst** ist (ohne die gestellte Vertragsaufgabe hätte sich die Gelegenheit zu diesem Verhalten nicht geboten !), aber sich auch „der Art nach" nicht mehr als (fehlerhafte) **Erfüllungshandlung** darstellen lässt: Diebstahl auf einem Nachbargrundstück zum Auftraggebergelände;[60] vorsätzliche Körperverletzung von Mitarbeitern des Auftraggebers; Schadensverursachung durch leichtfertigen Umfang mit Feuer, Rauchwaren oder Lötlampe.[61] 26

Ein Teil der Lehre vertritt den Standpunkt, dass auch diese Fälle von § 278 BGB gedeckt seien;[62] die Bestimmung gelte immer dann, wenn der Gehilfe nur überhaupt in den Vertragsbereich des Schuldners eingeschaltet sei und dadurch Gelegenheit erhalte, Rechtsgüter des Gläubigers zu verletzen. Die **h. L.**[63] verneint jedoch die Anwendung des § 278 BGB mit Rücksicht auf die oben[64] erwähnten engere Definition des „Erfüllungsverhaltens". 27

Der h. L. ist zu folgen: Der Zurechnungszusammenhang des § 278 BGB ist unterbrochen, wenn der objektive Rahmen des Vertragsverhaltens verlassen wird; das zuzurechnende Handeln knüpft dann nur noch zufällig an Vertragspflichten an. Dieser objektive Rahmen ist allerdings bei (auch) fahrlässig deliktischem Verhalten gegenüber Rechtsgütern des Auftraggebers (z. B. Sachbeschädigung bei der Auftragsdurchführung) noch gewahrt, soweit diese Güter dem Auftragnehmer mit anvertraut waren. Er ist aber verlassen, wenn der Auftrag nur Gelegenheit zum vorsätzlichen Zugriff bot und eine konkrete Schutzbeziehung zu dem verletzten Interesse aus dem Vertrag nicht abgeleitet werden kann.[65] 28

### 5. „Einschaltung" des Erfüllungsgehilfen

„Erfüllungsgehilfe" gem. § 278 BGB ist nur, wessen sich der Schuldner zur Erfüllung seiner Verbindlichkeit „bedient". Zur Erfüllung dieses nicht baurechtsspezifischen Kriteriums im Einzelnen kann auf die Kommentierungen zu § 278 in den BGB-Kommentaren[66] 29

---

[53] BGHZ 11, 151 = NJW 1954, 505 (Diebstahl „bei Gelegenheit").
[54] VersR 1966, 1154 = *Schäfer/Finnern* Z 4.01/42 f.
[55] Vgl. BGHZ 66, 43 f. = NJW 1976, 516 (Drahtanker); vgl. eingehend unten Rdn. 31 f.
[56] Vgl. BGH VersR 1981, 732 (Golddiebstahl).
[57] Vgl. die Nachweise oben Fn. 53, 54.
[58] Palandt/*Heinrichs* § 278 Rdn. 18; MünchKomm/*Hanau* § 278 Rdn. 33.
[59] BGH NJW-RR 1989, 728 (Flugzeugunglück) OLG Hamburg MDR 1977, 752.
[60] OLG Hamburg MDR 1977, 752.
[61] Vgl. BGH VersR 1966, 1154 („Brennprobe") und den ähnlichen Fall (Lötlampe) BGHZ 31, 358.
[62] Vgl. insb. *Erman/Battes* § 278 Rdn. 41 im Anschluss an *E. Schmidt* AcP 170, 513).
[63] Palandt/*Heinrichs* § 278 Rdn. 18; differenzierend *Lorenz* (Fn. 52).
[64] Rdn. 25.
[65] *Battes* (oben Fn. 62) verkennt, dass es kein Maßstab sein kann, ob der Schuldner selbst hafte, weil sich für ihn die Frage: Vertrag/Delikt i. d. R. nicht stellt; der Standpunkt verlässt den Vertragsrahmen.
[66] MünchKomm/*Hanau* § 278 Rdn. 15; *Erman/Battes* § 278 Rdn. 25, 26.

verwiesen werden. Hervorzuheben ist hier folgendes: „Erfüllungsgehilfe" ist nach dem Sinn des § 278 BGB jeder, der sich tatsächlich am Erfüllungsverhalten (ggf. auch einem Unterlassen) des Schuldners beteiligt, jedoch mit Wissen und Willen des Schuldners, d. h. auf seine Veranlassung hin tätig wird.[67] Das bedeutet, dass ein Rechtsverhältnis zwischen dem Schuldner und dem Erfüllungsgehilfen nicht zu bestehen braucht, schon gar kein Arbeits- oder sonstiges Abhängigkeitsverhätlnis.[68] Der Erfüllungsgehilfe kann – mit Willen des Schuldners – etwa auch vom Gläubiger bestellt sein, wenn z. B. der Auftraggeber mit Kenntnis und Zustimmung des Auftragnehmers selbst zusätzliche Leute für den Auftragnehmer zur Verstärkung seiner Baumannschaft einstellt.[69] Allerdings kann in derartigen Fällen der Stellung von Erfüllungsgehilfen des Auftragnehmers durch den Auftraggeber ein Mitverschulden des Auftraggebers nach § 254 BGB in Betracht kommen.[70]

30   Zum „Wissen" des Schuldners um die Funktion Dritter als „Erfüllungsgehilfen" gehört allerdings auch, dass er **Kenntnis** von seinem konkreten Pflichtenumfang hat. Wer nicht davon auszugehen braucht, dass bestimmte Leistungen von ihm erwartet werden, „bedient" sich auch nicht anderer zu ihrer Erfüllung. Allerdings genügt es, wenn der Schuldner damit rechnen muss, dass Dritte an der Erfüllung seiner Aufgaben beteiligt, z. B. weitere Subunternehmer eingeschaltet sind. Der Schuldner kann einen Dritten auch nachträglich als Erfüllungsgehilfen anerkennen, indem er z. B. der schon organisierten Einschaltung weiterer Arbeitskräfte zustimmt oder nachträglich einen strittigen Pflichtenbereich gegen sich gelten lässt.[71] Dagegen muss der Dritte nicht selbst Kenntnis von seiner Funktion als Erfüllungsgehilfe haben.[72]

## D. Bauspezifische Probleme des § 278 BGB

### I. Arglistzurechnung – Organisationsverschulden

31   Besondere Probleme werfen Sachverhalte auf, in denen Mängel vom Auftraggeber bei der Abnahme oder zu einem anderen relevanten Zeitpunkt nicht erkannt werden, sie dem Auftragnehmer oder – der wohl häufigere Fall – einem Gehilfen von ihm aber durchaus bekannt waren. Wird der Mangel in diesem Fall vom Auftraggeber erst nach Verjährungsablauf (§ 13 Nr. 4 VOB/B; § 638 BGB) entdeckt, kann er auch beim VOB-Vertrag[73] gleichwohl noch geltend gemacht werden, wenn der Auftragnehmer den Mangel „arglistig verschwiegen" hat. **Schwierigkeiten** bereitet in diesem Zusammenhang die „Arglist"-Definition und die Zurechnung des Gehilfenverschuldens zum Auftragnehmer.

32   „Arglistig" handelt ein Auftragnehmer nach herkömmlichem und immer noch herrschenden Verständnis,[74] wenn er bewusst, d. h. vorsätzlich, einen Mangel verschweigt, um damit in vertragswesentlichen Punkten die Entschließung des Auftraggebers in bestimmter Richtung zu beeinflussen, etwa eine Abnahmeerklärung zu erreichen. In diesem Rahmen ist von Bedeutung, dass die „vorsätzliche Täuschung" als Tatbestandsmerkmal in der neueren Rspr. zunehmend relativiert wird, um den Anwendungsrahmen der „Arglist" auszuweiten: Für „Arglist" genügt nicht nur auch Eventualvorsatz,[75] sie soll darüber hinaus „ohne moralischen Vorwurf" möglich sein, nämlich dann, wenn „gutgläubig" Kenntnisse verschwiegen

---

[67] Nachweise wie Fn. 66.
[68] BGHZ 13, 113; BGHZ 50, 35; Palandt/*Heinrichs* § 278 Rdn. 7; vgl. auch OLG Düsseldorf BauR 1998, 351 (352) – Im Rahmen eines Dienstverschaffungsvertrages eingesetzter Baggerführer als Erfüllungsgehilfe –.
[69] Vgl. OLG Hamm NJW 1974, 1090 (Pilot); OLG Frankfurt BauR 2001, 971 (Brandwache).
[70] OLG Frankfurt BauR 2001, 971.
[71] BGH NJW 1955, 297; Palandt/*Heinrichs* § 278 Rdn. 7; MünchKomm/*Hanau* § 278 Rdn. 15.
[72] BGHZ 13, 114.
[73] BGH BauR 1975, 419; BGHZ 66, 43 = NJW 1976, 516; *Nicklisch/Weick* VOB/B § 13 Rdn. 80.
[74] BGH NJW 1992, 1754; BGH NJW-RR 1992, 333; *Nicklisch/Weick* VOB/B § 13 Rdn. 81; *Siegburg* Organisationsverschulden S. 9.
[75] BGH BauR 1970, 244 BGH NJW 1986, 980 = BauR 1986, 215 = ZfBR 1986, 69.

werden, über deren Wesentlichkeit für den Vertrag (und damit für deren Offenbarungspflicht) sich der Auftragnehmer fahrlässig im Irrtum befand.[76]

Mögen diese Fälle der Arglist „ohne Moralvorwurf" noch auf Ausnahmesachverhalte beschränkt und vielleicht nicht verallgemeinerungsfähig sein,[77] so ist doch anerkannt, dass arglistig auch handelt, wer **„ins Blaue hinein"** (d. h. in Kenntnis seiner Unkenntnis) Eigenschaften oder tatsächliche Sachbewertungen behauptet, jedoch weiß oder ohne Weiteres wissen muss, dass seine Darstellung wegen ihrer Bedeutung für den Vertragspartner einer genaueren Überprüfung bedurft hätte.[78] Dieser Fall ist dem Vorsatz immerhin sehr nahe und deshalb systemkonform: die Erklärung wird absichtsvoll abgegeben, obwohl der Erklärende damit rechnen muss, dass sie auch falsch sein kann. 33

Noch versteckter kann „Arglist" in Fällen der **Gehilfenzurechnung** auftreten. Handelt der Auftragnehmer nicht in Person oder durch einen zur Vertretung berechtigten Geschäftsführer, so fehlt es zwar an einer im natürlichen Sinne absichtsvollen Falschdarstellung. Der Arglisttatbestand kann aber insb. durch Verschweigen wesentlicher Tatsachen erfüllt sein, wenn und soweit eine Offenbarungspflicht bestanden hat. Zu offenbaren sind Umstände, die für die vertragliche Entschließung des Partners von wesentlicher Bedeutung sind.[79] Kenntnis von solchen Umständen haben in arbeitsteilig organisierten Unternehmen viel eher die mit der Sache befassten Mitarbeiter als die Geschäftsleitung selbst. 34

Unterdrücken diese Mitarbeiter ihre Kenntnis, so kommt es für die Frage, ob ihr Verschweigen dem Unternehmer zuzurechnen ist, nach bisher herrschender Auffassung[80] auf die **Funktion** dieser Mitarbeiter im Betrieb (genauer: im Vertragsgefüge zum Auftraggeber) an: Schweigen von Gehilfen gilt als Schweigen des Unternehmers, wenn die Gehilfen vom Unternehmer stellvertretend gerade damit betraut waren, die „Kenntnis des Unternehmers" zu vermitteln, d. h. aufzunehmen und erforderlichenfalls weiterzugeben.[81] Nicht ausreichend ist demgegenüber laut der Rechtsprechung alleine das Wissen und Schweigen von Mitarbeitern des Auftragnehmers, welche lediglich mit der Ausführung beauftragt waren.[82] 35

Das Kriterium der Betrauung mit der Wissensvermittlung trifft bei der Abwicklung von Bauvorhaben regelmäßig für **„Bauleiter"** zu, die die Kenntnisse der Baustelle bei sich zu vereinigen und damit verantwortlich umzugehen haben.[83] Untergeordnete Mitarbeiter (z. B. Kolonnenführer, „Poliere") haben diese Qualifikation regelmäßig nicht; sie sind zwar Erfüllungsgehilfen bei der Herstellung des Werkes, nicht aber ohne weiteres für Mängelhinweise gegenüber dem Auftraggeber. Doch können auch solche Gehilfen in die Offenbarungspflicht des Unternehmers einbezogen sein, wenn ihnen im Einzelfall die Vertragsfunktion zukommt, das Werk im Ganzen oder in Teilen in ihrer Entstehung zu kennen und darüber aufzuklären. 36

In der Entscheidung des BGH in BGHZ 62, 63 f.[84] leitete der VII. Zivilsenat die Offenbarungspflicht eines Kolonnenführers („Polier") daraus ab, dass praktisch nur er Kenntnis 37

---

[76] Nachw. Fn. 75; *Siegburg* Organisationsverschulden S. 9.

[77] Die „moralischen Zugeständnisse" in den Fn. 74 erwähnten Urteilen überzeugen nicht; tatsächlich ist eine evtl. Schädigungsabsicht unterstellt worden; vgl. auch *Ingenstau/Korbion/Wirth* VOB/B § 13 Nr. 4 Rdn. 118; noch deutlicher *Waltermann* NJW 1993, 889 f. (893).

[78] BGH NJW 1980, 60 f.; BGH NJW 1981, 1441 f.; BGH BauR 1998, 1431 (1432) = NZBau 2001, 494 = NJW 2001, 2326; *Siegburg* Organisationsverschulden S. 10.

[79] Vgl. die oben Fn. 75 Genannten.

[80] BGHZ 62, 63 f. = NJW 1974, 553 = BauR 1974, 130 (mangelnde Betonüberdeckung) BGHZ 66, 43 = NJW 1976, 516 = BauR 1976, 131 (Natursteinplatten); ausführlich *Siegburg* Organisationsverschulden S. 8 ff.

[81] Nachweise wie Fn. 75; zur Wissenszurechnung (§ 166 BGB) in einer GmbH und CoKG vgl. BGH NJW 1996, 1205 m. w. N. zur Rechtspr.; vgl. auch KG Berlin NJW 1998, 1082 (1083); OLG München BauR 1998, 129 = NJW-RR 1998, 529.

[82] BGH NJW 1974, 553 = BauR 1974, 130 (Polier); OLG München BauR 1998, 129 (130 a. E.) = NJW 1998, 529.

[83] BGHZ 62, 63 f. (Fn. 75).

[84] Vgl. Fn. 75.

§ 10 Nr. 1

von bestimmten Mängelursachen haben konnte, die er ihrer Bedeutung wegen auch offenbaren musste. Maßgebend ist deshalb nicht die Berufsbezeichnung des Gehilfen oder seine allgemeine Stellung im Betrieb, sondern sind seine **konkreten Aufgaben** im Hinblick auf die Kontrolle der Herstellung und die Verantwortlichkeit gegenüber dem Unternehmer (der Geschäftsführung).[85] Auf mögliche Einblicke des Vertragspartners in die Organisation des Unternehmens kommt es nicht an.[86]

38  Eine erhebliche Ausweitung hat diese Rechtsprechung durch das Urteil des VII. Zivilsenats am 12. 3. 1992[87] erfahren. Der BGH knüpft darin zunächst an den früher herausgestellten Satz an, dass arglistig auch handeln könne, wer sich durch **mangelnde Organisation** unwissend hält, also betrieblich nicht gewährleistet, dass ihm (oder unmittelbar dem Vertragspartner) vertragswesentliche Dinge auch offenbart werden.[88] Arbeitsteilige Organisation des Unternehmens dürfe den Auftraggeber nicht benachteiligen. Darin liegt nichts Neues: Wer sich bewusst ist, dass er die Arbeits- und Kontrollabläufe in seinem Betrieb nicht kennt (oder sogar weiß, dass wichtige Kontrollbereiche nicht zuverlässig abgedeckt sind), darf redlich nicht behaupten, er wisse, dass die abgelieferte Leistung fehlerfrei sei. Anders verhält es sich laut Rechtsprechung dann, wenn andere zur Aufdeckung des Mangels geeignete Maßnahmen zur Kontrolle der Arbeit durch den Auftragnehmer getroffen wurden.[89]

39  Der BGH geht in dem erwähnten Urteil jedoch noch weiter:[90] „Der Unternehmer hat jedoch dann einzustehen, wenn er die Überwachung und Prüfung des Werkes nicht oder nicht richtig organisiert hat und der Mangel bei richtiger Organisation entdeckt worden wäre. Der Besteller ist dann so zu stellen, als wäre der Mangel dem Unternehmer bei Ablieferung des Werkes bekannt gewesen." In diesem Falle verjährten laut BGH seine Gewährleistungsansprüche nach altem Recht erst nach 30 Jahren, so dass die auf § 638 BGB gestützte Verjährungseinrede nicht begründet war. Auch nach neuem Schuldrecht sind die Verjährungsregelungen bezüglich der Arglist ebenfalls auf das Organisationsverschulden anzuwenden.[91]

40  Im gedanklichen Anschluss an seine Arglistrechtsprechung, an die aber direkt gar nicht angeknüpft wird, schafft der BGH damit einen neuen Haftungs- und Zurechnungsgrund für die Mängelverantwortung des Unternehmers: mängelursächliches **Organisationsverschulden!**[92] Da diese Haftung nach der Rechtsprechung außerhalb der eigentlichen Gewährleistung liegt, griffen auch die kurzen Verjährungsvorschriften der §§ 638 BGB, 13 Nr. 4 VOB/B nicht; es galt die dreißigjährige Verjährungsfrist nach § 195 BGB a. F. Zur Stütze seiner Argumentation bezog sich der BGH – allerdings wenig überzeugend[93] – auf eine schon ältere Rechtsprechung zur sog. **„Sekundärhaftung"** bei Architekten, Rechtsanwälten und Steuerberatern.[94] Vereinzelt wird zwar die Ansicht vertreten, dass durch die Schuldrechtsmodernisierung diese Figur des Organisationsverschulden entfallen sei,[95] jedoch fehlt

---

[85] Im Ergebnis ebenso *Ingenstau/Korbion/Wirth* VOB/B § 13 Nr. 4 Rdn. 126.
[86] Vgl. MünchKomm/*Hanau* § 278 Rdn. 14, 15.
[87] BGHZ 117, 318 = NJW 1992, 1754 = BauR 1992, 500 = ZfBR 1992, 168. – Vgl. inzwischen weiter: OLG Oldenburg BauR 1995, 105; OLG Köln BauR 1995, 107; OLG Celle NJW-RR 1995, 1486; OLG Stuttgart BauR 1997, 317; OLG Hamm BauR 2002, 1706; vgl. auch die Übersicht über die Rechtsprechung der Instanzgerichte zu diesen Fällen bei *Holzberger/Puhle* BauR 1999, 106 (107 f.); sowie bei *Vogel*, Arglistiges Verschweigen, S. 14 f.
[88] BGHZ 62, 63 (Fn. 76); hierzu eingehend *Gassner* BauR 1990, 312 f.; OLG München BauR 1998, 529 = NJW-RR 1998, 529.
[89] OLG München BauR 1998, 129 (131) = NJW-RR 1998, 529 (Einschaltung eines neutralen Prüfinstitutes); *Jagenburg* FS Mantscheff S. 107 (118).
[90] NJW 1992, 1755; vgl. auch OLG Stuttgart BauR 1997, 317; OLG Hamm NJW-RR 1999, 171.
[91] *Acker/Bechtold* NZBau 2002, 529 (531).
[92] Ebenso *Siegburg* Organisationsverschulden S. 16 ff.; *Jagenburg* FS Mantscheff S. 107 (107 f., 120).
[93] Ebenso *Siegburg* Organisationsverschulden S. 23; *Werth* BauR 1991, 33 f.
[94] BGHZ 71, 144 (149) = NJW 1978, 311; BGHZ 83, 17 (27) = NJW 1982, 1285; BGH BauR 1986, 112 = ZfBR 1986, 17; BGH NJW 1992, 836.
[95] Schudnagies NJW 2002, 396 (400), allerdings ohne Begründung.

jede diesbezügliche ausdrückliche Regelung. Es ist auch zu bezweifeln, dass die Rechtsprechung diese rechtliche Konstruktion aufgeben wird.

Im Falle der Arglist hat der Gesetzgeber mit der Schuldrechtsreform ausdrücklich angeordnet,[96] dass die regelmäßige **Verjährungsfrist** des § 195 BGB von drei Jahren gelten soll (§ 634 Abs. 3 BGB).[97] Diese kürzere Frist beginnt jedoch erst mit dem Ende des Jahres, in dem der Besteller Kenntnis von den anspruchsbegründenden Tatsachen – d. h. den Mängeln und dem Arglistverhalten – erhält, es sei denn er hat diese aus grober Fahrlässigkeit nicht früher erlangt (§ 199 Abs. 1 Nr. 2 BGB). Keinesfalls tritt aber die Verjährung vor Ablauf der gewöhnlichen fünfjährigen Gewährleistungsfrist ein (§ 634 a Abs. 3 S. 2, Abs. 1 Nr. 2 BGB). Die Verjährung endet weiterhin spätestens zehn Jahre ab der Entstehung des Anspruchs (§ 199 Abs. 3 Nr. 1, Abs. 4 BGB). Zwar wird abweichend von dem gesetzlichen Wortlaut eine Erweiterung der Verjährung bei Arglist von Bauwerken auf fünfzehn bzw. zwanzig Jahre auszudehnen befürwortet,[98] dies dürfte aber nicht begründbar sein. Das Organisationsverschulden soll nach der Schuldrechtsreform nach der h. M.[99] auch weiterhin denselben Verjährungsfristen unterliegen, wie bei Arglist, d. h. nunmehr nur entsprechend der gesetzlichen Frist von drei Jahren. Ob die Rechtsprechung wegen dieser relativ kurzen Frist die Figur des Organisationsverschuldens verändern wird,[100] bleibt abzuwarten. **40 a**

Die gesetzliche Regelung wird **auf die VOB/B zu übertragen** sein. Das ist deshalb nicht ganz unproblematisch, weil § 13 Nr. 4 VOB/B auch in der Neufassung 2002 für den Arglistfall die Regel des § 634 a Abs. 3 BGB nicht übernimmt, was nahegelegen hätte. Die VOB/B wollte diesbezüglich sicher keinen Umkehrschluss zulassen, sondern diesbezüglich keine Regelung treffen. Ansonsten wäre die problematische Folge, dass die Arglistfälle privilegiert wären. Für einen hierauf gerichteten Willen gibt es aber keine Anhaltspunkte.[101] **40 b**

Die o. g. (Rdn. 38) BGH-Entscheidung vom 12. 3. 1992 ist erheblich kritisiert,[102] ihr ist aber vom Ergebnis her auch zugestimmt worden.[103] Die Bedenken gegen ihre Begründung liegen praktisch nahe.[104] Das Urteil liegt auf der Linie eines sich ausweitenden Verbraucherschutzes. Im Baurecht droht daraus ein Konflikt mit dem **werkvertraglichen Ordnungsschema:** Wenn es für die Vertragserfüllung des Auftragnehmers einerseits gerade (und nur) auf das Ergebnis seiner Leistung ankommen soll,[105] können nicht andererseits schon wegen einer (nur fahrlässig!) fehlerhaften Betriebsorganisation die Gewährleistungsregeln durch neue Haftungsgründe mit erheblich ausgeweiteten Verantwortungsfolgen ersetzt werden. Organisatorische Kontrollfehler sind i. d. R. nur ein Glied in der Kette, das am Ende zu Baumängeln führen kann. **41**

---

[96] Vgl. allgemein zur Verjährung nach der Schuldrechtsreform *Niemöller* FS Kraus S. 137 f.
[97] Krit. Hierzu: Schudnagies NJW 2002, 396 (399) unter Hinweis auf die zunächst ungewollt im Regierungsentwurf noch vorgesehene verjährungsrechtliche Privilegierung der Haftung für Arglist (vgl. hierzu noch *Zimmermann/Leenen/Mansel/Ernst* JZ 2001, 684 (695)).
[98] *Kainz* FS Kraus S. 85 (92).
[99] Vgl. *Kapellmann/Messerschmidt/Weyer* VOB/B § 13 Rdn. 132; *Neuhaus* MDR 2002, 131 (134); *Funke* Jahrbuch Baurecht 2002, 217 (226); a. A.: *Kainz* FS Kraus S. 85 (92 f.).
[100] So prognostiziert dies *Cuypers* in: *Dauner-Lieb/Konzen/Schmidt*, Das neue Schuldrecht i. d. Praxis S. 542 f.
[101] Vgl. auch *Ingenstau/Korbion/Wirth* § 13 Nr. 4 Rdn. 115; so im Erg. auch *Kapellmann/Messerschmidt/Weyer* VOB/B § 13 Rdn. 127; *Neuhaus* MDR 2002, 131 (133), welcher jedoch nur auf die fünfjährige Mindestfrist eingeht.
[102] Vgl. *Derleder* JZ 1992, 1021; *Rutkowsky* NJW 1993, 1748; in der Begründung ebenfalls *Siegburg* Organisationsverschulden S. 23 f., nicht jedoch im Ergebnis (S. 30); siehe auch die Übersicht über die Reaktionen der Literatur bei *Vogel*, Arglistiges Verschweigen, S. 11 f.
[103] Insb. *Kniffka* ZfBR 1993, 255; *Werth* BauR 1994, 33 f.; *Holzberger/Puhle* BauR 1999, 108 f.; *Ingenstau/Korbion/Wirth* VOB/B § 13 Nr. 4 Rdn. 132 f.
[104] Im Wesentlichen zustimmend nur *Kniffka* (Fn. 89); nur rechtssystematische Bedenken (pVV statt Arglist) haben *Holzberger/Puhle* BauR 1999, 106 (110); weitergehend als der BGH – da die Differenzierung zwischen Erfüllungsgehilfen der Arbeit und der Aufklärung nicht zu halten sei: *Meyer* BauR 1996, 461 (463 f.).
[105] Vgl. → Vor § 13 Rdn. 27.

42  Ob es der Haftungsausweitung bedurft hätte, war bereits im alten Recht fragwürdig.[106] Dem Schutz des Auftraggebers ist auch nach der Schuldrechtsmodernisierung durch eine Anwendung der überkommenen Grundsätze zur Arglistzurechnung ausreichend Genüge getan. Unterschiede ergeben sich nach dem neuen Recht aber im Zusammenhang mit Mangelfolgeschäden. Galt nach altem Schuldrecht die lange dreißigjährige Verjährung auch für Mangelfolgeschäden,[107] gilt nunmehr für alle Schadensersatzansprüche die kurze Verjährungsfrist nach § 634a Abs. 1 BGB.[108] Um nicht zu Wertungswidersprüchen zu gelangen, ist davon auszugehen, dass im Falle der Arglist die Verjährungsregelung des § 634 Abs. 3 BGB auch auf die Mangelfolgeschäden ausgedehnt wird. Ob rechtspolitisch darüber hinaus ein besonderes System der **„Organisationshaftung"** sinnvoll ist, erscheint mindestens zurzeit fraglich.[109]

## II. Lieferanten als Erfüllungsgehilfen des Auftragnehmers

43  Von großer praktischer Bedeutung ist die Frage, unter welchen Umständen sich der Auftragnehmer ein Verschulden von Personen zurechnen lassen muss, die zwar nicht unmittelbar in seine konkrete Erfüllungsaufgabe eintreten (etwa: Subunternehmer, vgl. Rdn. 52), deren Tätigkeit aber ebenfalls vom Auftragnehmer veranlasst und für die Fertigstellung des Werkes erforderlich ist: Lieferanten von Material; Produzenten von Teilleistungen. Auf der Gewährleistungsebene („Mängelfrage") löst sich das Problem im Wesentlichen durch den Erfolgscharakter des Werkversprechens; es kommt nicht darauf an, durch welchen Beteiligten in der vom Auftragnehmer (!) veranlassten Herstellungskette der Fehler verursacht wurde. Der Auftragnehmer ist für den Versprechens**erfolg** verantwortlich.[110]

44  Wirkt allerdings der Auftraggeber beim Zusammenfügen der Einzelteile der Gesamtleistung mit, ergibt sich die Problematik der §§ 4 Nr. 3, 13 Nr. 3 VOB/B.[111] Die Frage der Zurechnung nach § 278 BGB stellt sich dort, wo Verantwortungsfolgen davon abhängen, dass der Auftragnehmer ein Schadensverhalten zu **vertreten** hat (§ 276 BGB), also im Bereich der Verzugs- und Nichterfüllungshaftung sowie der allgemeinen Verantwortung für Schlechterfüllung im Vertrags- und Schutzpflichtenbereich.

45  Die **baurechtliche Praxis** ist zurückhaltend bei der Annahme, Produktlieferanten zugleich als Erfüllungsgehilfen des Auftragnehmers einzustufen. Der BGH knüpft an eine schon ältere Rechtsprechung[112] an, wonach in der „Lieferkette" der Zulieferer i. d. R. nicht Erfüllungsgehilfe des Verkäufers sei; dasselbe gelte für den Unternehmer, der mit Werkteilen beliefert werde. Die Beschaffung durch den Auftragnehmer habe kaufrechtlichen Ursprung und gehöre deshalb gerade nicht in den Pflichtenkreis des Unternehmers gegenüber dem Besteller. Soweit behauptet wird, diese Auffassung der Rechtsprechung hebe sich spannungsreich von der im Übrigen zum Erfüllungsgehilfen des Werkunternehmers ergangenen Rechtsprechung – etwa bezüglich des Subunternehmers[113] –

---

[106] Vgl. im Einzelnen die Vorauflage § 10 Nr. 1 Rdn. 42.
[107] BGHZ 58, 305 = BauR 1972, 309, BGH NJW 1982, 2244 = BauR 1982, 489.
[108] Vgl. BT-Drs. 14/6040, 263.
[109] Dazu eingehend *Siegburg* Organisationsverschulden; darauf ist hier nicht einzugehen.
[110] Hierzu eindringlich: *Waas* VersR 1999, 1202; dies verkennt letztlich *Wolf* (ZIP 1998, 1657), wenn er aus der gewährleistungsrechtlichen Erfolgshaftung – bei der es keine Zurechnung der Handlung eines Erfüllungsgehilfen bedarf – auf die Notwendigkeit zur weitgehenden Anwendung auf den Werkvertrag schließt.
[111] Vgl. dazu → § 13 Nr. 3 Rdn. 1–7; vgl. auch (zum BGB-Vertrag) *Lorenz* FS 50 Jahre BGH Bd. I S. 329 (349).
[112] Grundlegend BGH NJW 1978, 1157 = BauR 1978, 304; BGHZ 48, 118 = NJW 1967, 1903; vgl. schon RGZ 79, 42; 101, 153, 108, 221; vgl. aber OLG Celle BauR 1996, 263; ausdrücklich a. A.: *Wolf* ZIP 1998, 1657 passim, welcher davon ausgeht, dass auch die Beschaffung des Materials zu dem werkvertraglichen Pflichtenkreis des Werkunternehmers gehöre.
[113] Vgl. hierzu unten, → Rdn. 52 f.

ab,[114] trifft dies nicht zu, denn nicht jeder ist Erfüllungsgehilfe i. S. d. § 278 BGB, für dessen Handlungen und Leistungen der Werkunternehmer auch einzustehen bereit ist. Hierbei ist auch zu berücksichtigen, dass das Verhältnis zwischen Subunternehmer und Werkunternehmer ein wirtschaftlich und von den Interessen her anderes ist, als das zwischen Lieferanten und Werkunternehmer. Insbesondere kann der Werkunternehmer regelmäßig bei weitem nicht auf den Produktionsprozess seines Lieferanten einwirken, wie er es in aller Regel bei seinem Subunternehmer kann.[115]

Allerdings gilt dies schon **kaufrechtlich** nach der Rechtsprechung nicht uneingeschränkt: Wo der Zulieferer vom Verkäufer angewiesen wird, unmittelbar mit dem Letzterwerber in Verbindung zu treten[116] oder (weitergehend) der Lieferant die Ware dem Verkäufer auf dessen Veranlassung nach Bestellung durch den Enderwerber verschafft,[117] tritt der Zulieferer auch in das Erfüllungsverhältnis Verkäufer/Käufer ein. Zu prüfen bleibt hier indessen stets, welche Vertragspflichten des Verkäufers genau der Lieferant/(Teil-) Hersteller der Ware miterfüllt; die Hilfe etwa bei der Wahrnehmung eines sorgfältigen Transportes schließt nicht ohne weiteres die Erfüllungshilfe bei den übrigen Merkmalen der Vertragserfüllung ein.[118] Nach der Entscheidung des BGH in NJW 1978, 1157 (Ersatzteillieferung bei Mängelbeseitigung) ist davon auszugehen, dass die Rsprechung diese kaufrechtlich entwickelten Grundsätze auch für die Bauherstellung gelten lässt,[119] obwohl Unterschiede bestehen.

46

Im Schrifttum[120] ist an der Judikatur **Kritik** geübt worden. Die formalen Kriterien des BGH („kaufrechtliche Beziehung" des Zulieferers) genügten für eine sachgerechte Einordnung des § 278 BGB nicht. Es komme auf den Schutzzweck der Zurechnungsnorm an. Dem folgt zumindest ein Teil der neueren obergerichtlichen Rechtsprechung.[121] Nach dieser Rechtsprechung ist danach zu fragen, ob der Lieferant im Rahmen der vertraglich vom Werkunternehmer übernommenen Herstellungspflicht tätig geworden sei. Hierbei sei nach Treu und Glauben gem. der §§ 133, 157 BGB zu ermitteln, ob die Herstellung der von dem Lieferanten gelieferten Sache dem Pflichtenkreis des Bauunternehmers zuzurechnen sei. Dies sei bei typischerweise selbst zu erbringenden Arbeitsleistungen der Fall.[122]

47

Dieser Ansatz ist berechtigt: § 278 BGB will den Vertragsgläubiger davor schützen, dass der Schuldner im Ergebnis „sein" Verschulden (§ 276 BGB) durch Arbeitsteilung wegorganisiert. Die Kernfrage für die Verschuldenszurechnung ist deshalb, auf welche Ausgangssituation hinsichtlich des Verantwortungsumfanges des Auftragnehmers die Arbeitsdelegierung trifft. Konkret: Hat der Auftragnehmer nur das vertragsgemäße Ergebnis im engeren Sinne seiner Leistung zu gewährleisten oder verspricht er außerdem, ganz allgemein für Folgen einer schuldhaft fehlerhaften Produktion einzutreten?

48

Diese Frage ist nicht nur mit dem Hinweis zu beantworten, dass § 278 BGB im Verbraucherinteresse vor jeglicher Folge der Arbeitsteilung schützen wolle,[123] oder das die

49

---

[114] So *Wolf* ZIP 1998, 1657.
[115] A. A. insoweit *Lorenz* FS 50 Jahre BGH Bd. I S. 329 (347).
[116] RGZ 108, 221.
[117] BGHZ DB 1994, 933.
[118] Palandt/*Heinrichs* § 278 Rdn. 13; MünchKomm/*Hanau* § 278 Rdn. 18; *Kupisch* JuS 1983, 817.
[119] Ingenstau/Korbion/Oppler VOB/B § 4 Nr. 3 Rdn. 46 f.; OLG Celle BauR 1996, 263.
[120] *Rathjen* MDR 1979, 446; *Esser/Schmidt* SchuldR I § 17 i I 2; *Wolf* ZIP 1998, 1657; vgl. aber: *Waas* VersR 1999, 1202 (1204 f., 1207 f.), welcher eine Anwendung des § 278 BGB bezüglich des Lieferanten ablehnt, da den Werkunternehmer keine Beschaffungspflicht obliege, was nach dem neuen Schuldrecht (vgl. § 633 Abs. 1 BGB) in dieser Schärfe zweifelhaft erscheint, allerdings weist *Waas* darauf hin, dass nach seiner Auffassung der Werkunternehmer stets für den Erfolg hafte, unabhängig davon, ob dieser durch fehlerhafte, von Dritten gelieferte Produkte zurückzuführen ist oder nicht.
[121] OLG Karlsruhe BauR 1997, 847 = NJW-RR 1997, 1240 = IBR 1998, 107 m. Anm. *Kniffka*; (Fertigbeton); zust. *Lorenz* FS 50 Jahre BGH Bd. I. S. 329 (350 f.); vgl. aber OLG Celle BauR 1996, 263 (264) – vertragliche Übernahme von Pflichten; OLG Hamm BauR 1998, 1019 (1020) = IBR 1998, 478 (Kerndämmmaterial); LG Berlin NJW-RR 1997, 1176 = IBR 1998, 342 (Anhydritestrich/Silo).
[122] OLG Karlsruhe BauR 1997, 847 (848 f.) – Fertigbeton.
[123] Vgl *Wolf* ZIP 1998, 1657 (1659 f.); mißverständlich *Schmidt* (Fn. 120) § 27 I 3.

Beschaffung des Materials allein zum Pflichtenkreis des Werkunternehmers gehöre.[124] Auch wenn dem Auftragnehmer ggf. ein interner Schadensregress gegen seinen Lieferanten zusteht, bleibt maßgebend der Schutz des vertraglich begründeten Gläubigervertrauens. Zu fragen ist also, ob der Auftraggeber davon ausgehen kann, dass der Auftragnehmer für „seine Leistung" insgesamt einstehen, also auch für ein Drittverschulden die Garantie (§ 278 BGB) übernehmen will. Wie weit reicht diese Garantie inhaltlich? – Da diese Fragen nur durch Vertragsauslegung zu lösen sind, kann es keine allgemein gültige Antwort geben. Tendenziell ist etwa *Rathjen*[125] zu folgen: Die Verkehrsanschauung (§ 157 BGB) billigt dem Auftraggeber dann eine umfassende Garantie zu, wenn der Auftragnehmer eine spezielle unternehmerische Leistung als „seine" Leistung verspricht; der Auftragnehmer kann sich dann nicht darauf berufen, für die Vertragsrichtigkeit bestimmter Werkteile nicht verantwortlich zu sein.[126] Der Verkehr mutet dem Auftragnehmer in solchen Fällen zu, dass Problem selbst zu bereinigen, ohne den Auftraggeber auf seinen Kunden zu verweisen.

50   Anders verhält es sich, wenn der (meist kleinere) Unternehmer erkennbar nur „Teile beschafft", etwa der Klempner eine technische Heizungsanlage montiert oder der Bauunternehmer Installationen durchführt, deren Funktionstauglichkeit ihm zwar im Rahmen der Gewährleistung für „seine Arbeit", nicht aber mit „absoluter" Garantie für das Gesamtergebnis zugerechnet werden kann.

51   Da es sich um eine Vertragsfrage handelt, ist sie prinzipiell auch vom Vertragsverständnis her zu lösen. Allerdings dürfen insoweit an die Auslegungsfähigkeit von Erklärungen keine zu hohen Anforderungen gestellt werden. Die Bauwirtschaft kommt um eine gewisse **Typisierung** der Vorgänge nicht herum; weitgehend muss deshalb das Verkehrsverständnis entscheiden, wo die Grenze zumutbarer Einstandspflichten des Auftragnehmers für nicht erkennbar fehlerhafte Anlieferungen liegen.

51 a  Da der Besteller nicht selbst Vertragspartner des Lieferanten ist, ändert sich auch durch die Regelung des § 434 Abs. 2 BGB bezüglich etwaiger Fehler der Montage bzw. Montageanleitung hieran nichts. Denkbar wäre in diesem Zusammenhang nur ein Regress des Auftragnehmers gegen den Lieferanten, wenn es im Zusammenhang mit einer eventuellen fehlerhaften Montageanleitung oder einer Montage durch den Lieferanten zu einem mangelhaften Werk kommt.

### III. Der Subunternehmer als Erfüllungsgehilfe

52   Im Ausgangspunkt besteht in der Rechtsprechung[127] und im Schrifttum[128] **Einvernehmen** darüber, dass der befugt eingeschaltete Subunternehmer Erfüllungsgehilfe des Auftragnehmers gegenüber dem Auftraggeber ist. Dem ist zuzustimmen: Der Pflichtenumfang des Subunternehmers deckt sich, soweit er sachlich reicht, mit der Herstellungsschuld des Auftragnehmers. Dieser überträgt nicht lediglich eine Teilaufgabe an einen Dritten in dem Sinne, dass der Auftragnehmer seine Pflicht gegenüber dem Auftraggeber mit der sorgfältigen Auswahl und Beauftragung des Weiteren (Sub-)Auftragnehmers erfüllt hätte, vielmehr bleibt der Auftragnehmer voll und ganz selbst Unternehmer auch der delegierten Aufgaben. Das belastet ihn gem. § 278 BGB mit dem Risiko, evtl. auch für fremdes Verschulden einstehen zu müssen.

52 a  Der Auftragnehmer kann hierdurch in eine missliche Lage geraten, wenn er einerseits durch seinen Auftraggeber wegen der durch einen Subunternehmer verursachten Mängel und andererseits wiederum durch seinen Subunternehmer in Anspruch genommen werden sollte. Der Werkunternehmer kann in derartigen Fällen, die Ansprüche des Bestellers nicht einfach an den Subunternehmer weiterleiten. Ihm steht zwar grundsätzlich ein Schadenser-

---

[124] So *Wolf* ZIP 1998, 1657 (1658 f.).; OLG Nürnberg NJW-RR 2003, 666 (667).
[125] MDR 1979, 446 (450), im Anschluss an *Soergel/Ballerstedt* (10. Aufl.) § 635 Rdn. 6; vgl. auch OLG Karlsruhe BauR 1997, 847.
[126] Anders wohl BGH NJW 1978, 1175.
[127] BGHZ 66, 43 f. = NJW 1976, 516.
[128] *Ingenstau/Korbion/Wirth* VOB/B § 10 Nr. 1 Rdn. 64; *Heiermann/Riedl/Rusam* VOB/B § 10 Rdn. 14; *Werth* BauR 1976, 80.

satzanspruch gegen seinen Subunternehmer zu, der auch eine eventuelle eigene Belastung durch Vertragsstrafen umfasst,[129] im Prozessfalle sind seine Rechte u. U. weniger scharf als die seiner Gläubiger.[130] Der Grund liegt darin, dass die Ansprüche des Auftragnehmers ggf. weniger entwickelt sind als die seines Bestellers.[131]

Vom **Lieferanten**[132] unterscheidet sich der Subunternehmer einmal durch die nicht 53 kauf-, sondern werkvertragliche Form seiner Einschaltung. Das allein würde aber die Anwendbarkeit des § 278 BGB (auch auf den Lieferanten) nicht hindern. Maßgebend ist vielmehr die inhaltliche Risikoübernahme des Auftragnehmers für den Dritten. Nur für den Erfüllungsgehilfen tritt der Auftragnehmer voll und ohne Entlastungsmöglichkeit ein; gerade das muss auch gewollt sein. Voraussetzung dafür ist aber i. d. R., dass der Auftragnehmer (wie beim Subunternehmer) den Produktionsablauf des Dritten einschätzen und beherrschen, also das Risiko prinzipiell auch übernehmen kann. Inwieweit diese Voraussetzungen beim Lieferanten vorliegen, ist für den Einzelfall zu entscheiden.[133]

Unsicherheit im Hinblick auf die Gehilfenzurechnung kann auch bei der **Unterbeauf-** 54 **tragung** von Unternehmen entstehen, die als (ggf. große) Spezialunternehmen sich jeder Kontrolle durch den Auftragnehmer entziehen. Auch in solchen Fällen ist aber nach dem Verständnis der Praxis eine Entlastung des Auftragnehmers entsprechend § 664 BGB (Haftung lediglich für Auswahlverschulden) regelmäßig nicht gewollt. Die bauwirtschaftlich gerade beabsichtigte Verantwortungseinheit beim Auftragnehmer (Generalunternehmer) soll nicht in eine Verantwortungsgliederung (auch) im Außenverhältnis aufgelöst werden.[134]

Im Schrifttum[135] wird die Auffassung vertreten, dass der **unbefugte Subunternehmer** 55 nicht Erfüllungsgehilfe des Auftragnehmers sei, weil der Auftraggeber die Weitergabe der Leistung nicht gewollt habe; der Auftragnehmer hafte dann für Fehler der Drittleistung unmittelbar aus positiver Vertragsverletzung (§§ 280, 241 Abs. 2 BGB).[136] Das erscheint dogmatisch unrichtig, weil § 278 BGB auf die Zustimmung des Gläubigers nicht abstellt.[137] Der Auftraggeber wäre mit dieser Konstruktion im Übrigen unberechtigt benachteiligt: Gegenüber der positiven Vertragsverletzung bei unbefugter Unterbeauftragung wäre eine Verschuldensentlastung des Auftragnehmers – anders als bei Anwendung des § 278 BGB – durchaus denkbar. Wirtschaftlich ist es in der Baupraxis außerdem nicht selten, dass die Einschaltung von Fremdfirmen trotz generellen (meist vorsorglichen!) Verbotes interessegerecht ist, vgl. auch § 4 Nr. 8 VOB/B. Der erwähnte Standpunkt des Schrifttums wäre deshalb schwer durchzuhalten. Interessegerecht ist es darum, auch einen unbefugt eingeschalteten Subunternehmer grundsätzlich als Erfüllungsgehilfen des Auftragnehmers zu behandeln.[138]

### IV. „Mithersteller" als Erfüllungsgehilfe des Auftragnehmers („faktische Risikogemeinschaft")

Eine ältere[139] und inzwischen von einigen Oberlandesgerichten teilweise wieder auf- 56 genommene[140] Rechtsprechung geht davon aus, dass bei komplexen Leistungsergebnissen,

---
[129] BGH BauR 1998, 330 = ZfBR 1998, 146 = NJW 1998, 1493.
[130] Hierzu im Einzelnen *Kniffka* BauR 1998, 55.
[131] Vgl. OLG Koblenz BauR 1997, 1054 (1055) = NJW-RR 1998, 453.
[132] Vgl. oben Rdn. 43.
[133] Vgl. oben Rdn. 43.
[134] Vgl. hierzu *Werth* BauR 1976, 80; BGH VersR 1994, 569 (Anm. *Fuchs-Wissemann* VersR 1996, 686 zur Beweislastfrage).
[135] *Leinemann/Hafkesbrink* § 10 Rdn. 19; *Heiermann/Riedl/Rusam* VOB/B § 10 Rdn. 14.
[136] *Heiermann/Riedl/Rusam* VOB/B § 4 Rdn. 107.
[137] Vgl. oben Rdn. 29 und *Kupisch* JuS 1983, 817 (820).
[138] Entsprechendes muss für die Substitution gelten; abweichend *Kupisch* JuS 1983, 821.
[139] BGH NJW 1952, 217; ähnlich schon OLG Braunschweig OLGE 9, 4 ff.; zustimmend etwa *Menard* NJW 1966, 1699; vgl. zuletzt: OLG Hamm NJW-RR 1996, 273 (274).
[140] OLG Hamm NJW-RR 1996, 273 (274); OLG Nürnberg NJW-RR 1991, 28 = BauR 1990, 741; vgl. auch *Putzier* FS *Vygen* S. 353 (356 f.).

§ 10 Nr. 1                                                    Vertragshaftung und Gehilfenzurechnung

die nur durch ein enges gegenseitiges Zusammenarbeiten mehrerer Unternehmer bewirkt werden können, diese Auftragnehmer auch **"füreinander verantwortlich"** seien, d. h. gegenüber dem Auftraggeber für Fehler des jeweils anderen auch gegenseitig unbedingt einzustehen haben. Eine faktische primäre Risikogemeinschaft bei der Werkherstellung führe zu einer Art rechtlichen Garantieerklärung der Unternehmer füreinander, und zwar auch im Verschuldensbereich (§ 278 BGB).

57  Die höchstrichterliche Rechtsprechung hat diese Denkfigur dogmatisch nicht weiterentwickelt und wohl zumindest zunächst erkennen lassen,[141] dass allein aus einer angenommenen „Zweckgemeinschaft" der Baubeteiligten zur Errichtung des Bauwerkes noch keine gegenseitige Einstandsgarantie folgen müsste.

57 a  Bei Fällen überschneidender Mängel mehrerer Gewerke wurden zur Lösung des Problemes des Innenregresses des nachbessernden Auftragnehmers gegen den „Mitunternehmer" außer der Figur der „Zweckgemeinschaft" die gesamtschuldnerische Haftung der beteiligten Unternehmer,[142] ein Zessionsregress analog § 255 BGB,[143] die GoA,[144] die Drittschadensliquidation[145] oder die Ablehnung jedweder Form des Regresses der Werkunternehmer untereinander[146] herangezogen. Das OLG Nürnberg[147] hat sich der rechtlichen Konstruktion der Zweckgemeinschaft erneut in einem Falle bedient, in dem ein Unternehmer mit dem Betreiber eines Autokrans einen Turmdrehkran aufzustellen hatte und dabei mit ihm – ohne interne vertragliche Verbindung – eng zusammenarbeiten musste. Auch das OLG Hamm[148] hat diesen Gedanken in einem Fall aufgegriffen, in dem bei der Verlegung von Fliesen auf einem Balkon die Gewerke zweier Handwerker bezüglich der Mängelursache nicht zu trennen waren.

57 b  Der BGH hat in seiner jüngsten Rechtsprechung[149] zu der Ansicht bestätigt, dass eine gesamtschuldnerische Haftung vorliegt, wenn die Ursachen eines Mangels sich aus den Gewerken mehrerer Unternehmen ergeben und die Mangelbeseitigung wirtschaftlich sinnvoll nur auf eine Weise durchgeführt werden kann. Wie *Stamm*[150] zutreffend darlegt, ist dieses Gesamtschuldverhältnis jedoch nicht bereits zum Vertragsschluss gegeben, die Identität der geschuldeten Leistung entsteht mit dem Zeitpunkt der Leistungsstörung. Nur hierfür geht der BGH von einem einheitlichen geschuldeten gleichstufigen Erfolg aus, nämlich der Nacherfüllung bezüglich des mitverschuldeten Mangels.[151] Die Werkunternehmer sind daher primär auch keinesfalls Erfüllungsgehilfen bei der Erbringung der jeweiligen Gewerke.

58  Soweit die Rechtsprechung eine primäre Mitverantwortung aus bloßer „Zweckgemeinschaft" ableiten will, kann dem nicht gefolgt werden. Aus einer nur faktischen Leistungsverbundenheit auf eine so weitreichende gegenseitige rechtsgeschäftliche Einstandspflicht zu schließen, verlässt die Ebene der einzeln gegebenen Leistungsversprechen und erhöht das Vertragsrisiko der beteiligten Unternehmer gegen deren Willen.[152] Denkbar sind rechtsgeschäftliche Konstellationen (etwa auf Arbeitsgemeinschafts-Ebene); sie haben jedoch eine

---

[141] Vgl. BGH NJW 1970, 38; außerdem Urteile, in denen entsprechende Folgerungen aus einer „Zweckgemeinschaft" nicht gezogen sind, BGHZ 43, 227 = NJW 1965, 1175; BGH NJW 1985, 2425 = BauR 1985, 561; vgl. auch OLG München NJW-RR 1988, 20; *Kaiser* BauR 1981, 311 (317).
[142] *Ingenstau/Korbion/Wirth* § 10 Nr. 1 Rdn. 68; vgl. schon *Ganten* BauR. 1978, 187 (188).
[143] *Diehl* FS Heiermann S. 37 (47).
[144] OLG Hamm NJW-RR 1991, 730 (731); OLG Hamm NJW-RR 1992, 849; *Bamberger/Roth/Voit* § 634 Rdn. 32.
[145] *Stamm* BauR 2002, 1 (14).; vgl. auch LG Regensburg BauR 2002, 642 (643).
[146] OLG Hamm NJW-RR 1991, 730 (731); OLG Hamm NJW-RR 1992, 849 (850); OLG München NJW-RR 1988, 20; *Kaiser* BauR 1981, 311 (317).
[147] NJW-RR 1991, 28 = BauR 1990, 741.
[148] OLG Hamm NJW-RR 1996, 273 (274).
[149] BGH NJW 2003, 2980 = BauR 2003, 1379 = NZBau 2003, 557; zutimmend hierzu: *Stamm* NJW 2003, 2940; im Ergebnis zustimmend: *v. Gehlen* ZfBR 2000, 291; vgl. auch OLG Stuttgart IBR 2004, 11.
[150] *Stamm* NJW 2003, 2940 (2941); vgl. auch *Ganten* BauR 1978, 187 (188).
[151] BGH a. a. O. (Fn. 149) S. 2980.
[152] So schon *Ganten* Pflichtverletzung S. 156.

## V. Vorunternehmer als Erfüllungsgehilfe des Auftraggebers gegenüber dem Nachunternehmer

Von erheblich praktischer Bedeutung ist die Frage, in wieweit der Auftraggeber gegenüber eingesetzten Unternehmern dafür verantwortlich ist, dass **Vorleistungen** zu den beauftragten Arbeiten fachlich und terminlich einwandfrei ausgeführt werden. Im Gewährleistungsbereich regeln dies die §§ 4 Nr. 3, 13 Nr. 3 VOB/B: Der Auftraggeber trägt das Mängelrisiko, wenn von ihm veranlasste Anweisungen, Stofflieferungen oder (Vor-)Leistungen anderer Unternehmer zu Schäden am Werk (auch) des Nachunternehmers führen, – es sei denn, dieser hätte das Risiko erkennen und seine Bedenken geltend machen können. Dem Auftraggeber ist ggf. der Vorunternehmer verantwortlich. Das Problem des § 278 BGB stellt sich außerhalb der engeren Gewährleistung, insb. bei der verschuldensabhängigen Haftung für Mängel (§§ 634 Nr. 4, 280, 281 BGB; § 13 Nr. 7 VOB/B) und bei Verzögerungsschäden (§§ 286, 637 BGB; § 6 Nr. 6 VOB/B). Hier ist zu entscheiden, ob bzw. in welchen Fällen der Auftraggeber ohne Entlastungsmöglichkeit (§ 278 BGB) das Risiko von Fehlleistungen Dritter tragen soll. 59

Die Frage ist in der Rechtsprechung und Schrifttum heftig umstritten. Nachdem sich in der älteren Rechtsprechung[154] Befürworter und Gegner einer Anwendung des § 278 BGB etwa ausgeglichen gegenüberstanden, hat der BGH die Frage im Jahre 1985[155] grundsätzlich aufgegriffen und entschieden, dass der Vorunternehmer – „wenn keine besonderen Umstände vorliegen" – **nicht** Erfüllungsgehilfe des Auftraggebers gegenüber dem Nachunternehmer sei. Im Schrifttum[156] hat diese Entscheidung wenig Beifall gefunden; die Praxis hat sich jedoch weitgehend auf sie eingestellt.[157] 60

Der **BGH** begründete seinen Standpunkt damit, dass der Nachunternehmer die Verantwortung für seine (eigenständige) Werkleistung grundsätzlich selbst übernehme und im Normalfall nicht unterstellen dürfe, dass auch der Auftraggeber verpflichtet sei, das Gelingen des Gesamtwerkes sicherzustellen. Der Auftraggeber verpflichte sich deshalb gegenüber dem Nachunternehmer nicht, die notwendigen Vorleistungen ordnungsgemäß und zeitgerecht zur Verfügung zu stellen. Damit entfalle rechtlich die Grundlage sowohl für die Anwendung des § 278 BGB als auch für § 642 BGB. Hinsichtlich des Vertragszieles einer mängelfreien Bauleistung bestehe im Grundsatz keine Mitwirkungspflicht des Auftraggebers. Eine Bestätigung für seine Auffassung sah der BGH in der Regelung der §§ 4 Nr. 3, 13 Nr. 3 VOB/B. Wenn nämlich der Nachunternehmer gegenüber dem Auftraggeber einen Anspruch auf Bereitstellung einer mängelfreien Vorleistung habe, sei die in den gen. Vorschriften erwähnte Hinweispflicht des Nachunternehmers system- 61

---

[153] Vgl. *Weyer* BlGBW 1970, 206 f.; *Koch* BlGBW 1960, 253 f.; vgl. auch *Ganten* Pflichtverletzung S. 154 f.
[154] Für eine Anwendung des § 278 BGB zu Lasten des Auftraggebers: OLG Celle BB 1964, 738 (zust. Anm. *Lüpke*); OLG Frankfurt v. 1. 12. 1983 (1 U 67, 68/82) bei *Walzel* BauR 1984, 571; – gegen eine Anwendung § 278 BGB: OLG Braunschweig SFZ. 2414/215; BGH BauR 1971, 260; OLG Frankfurt MDR 1980, 754 = BauR 1980, 570; – Offen (Sonderfall) OLG Köln BauR 1986, 582.
[155] Urteil v. 27. 6. 1985 – VII ZR 23/84, NJW 1985, 2425 = BauR 1985, 561 = ZfBR 1985, 282; mittlerweile korrigiert mit Urteil vom 21. 10. 1999 – VII ZR 185/98, BGHZ 143, 32 (39 ff.) = BauR 2000, 722 (724 f.) = NZBau 2000, 187. Bezüglich der Frage, ob der Vorunternehmer Erfüllungsgehilfe des Auftraggebers sei wurde das Urteil vom 27. 6. 1985 jedoch in der Entscheidung vom 21. 10. 1999 ausdrücklich bestätigt.
[156] Vgl. etwa *Hochstein* Anm. zu *Schäfer/Finnern/Hochstein* § 6 Nr. 6 VOB/B (1973), 12; *Kraus* BauR 1986, 17 (allerdings wohl zustimmend zu § 278 BGB, S. 26), *Vygen* BauR 1989, 387; *Grieger* BauR 1990, 406; *Baden* BauR 1991, 30.
[157] Vgl. die zustimmenden Äußerungen bei *Schmalzl* FS *Locher* S. 225 (233); *Werner/Pastor* Rdn. 1327; und *v. Craushaar* BauR 1987, 14 (20).

fremd; die dort liegende Entlastungsmöglichkeit begrenze sein Risiko ausreichend. Die Auffassung, dass der Vorunternehmer nicht Erfüllungsgehilfe des Auftraggebers sei, hat der BGH mit seinem Urteil vom 21. 10. 1999[158] – trotz teilweiser Korrektur seiner Auffassung in anderer Hinsicht – ausdrücklich bestätigt.

**61a** Diesen Standpunkt hat der BGH auch nicht mit seiner Entscheidung vom 26. 6. 2003[159] aufgegeben. Soweit der BGH in jener Entscheidung von einer gesamtschuldnerischen Haftung bei Sachmängelfällen ausgeht, bezieht sich diese auf durch den Vor- und Nachunternehmer jeweils mitverursachte Mängel, wenn diese Mängel nur sinnvoll gemeinsam beseitigt werden können. Nur für den Mängelausgleich haften beide als Gesamtschuldner bei nur sinnvoll einheitlich zu beseitigenden Mängeln.[160] Sie sind nicht Erfüllungsgehilfen für die Primärleistungspflicht, weder gegenüber dem Auftraggeber, noch ist der Vorunternehmer Erfüllungsgehilfe des Nachunternehmers.

**62** Die **Kritik des Schrifttums** gegen das Urteil des BGH v. 27. 6. 1985 und dem Standpunkt, dass der Vorunternehmer nicht Erfüllungsgehilfe des Auftraggebers sei, richtet sich letztlich weniger gegen den rechtsdogmatischen Ansatz des BGH,[161] sondern gegen das bauwirtschaftliche Ergebnis: Insbesondere in Verzögerungsfällen verbleibt der Schaden ausschließlich beim **Nachunternehmer,** den jedoch unbestritten an der Schadensverursachung die geringste Verantwortung trifft. Allein belastet war er, weil ihm von der Rechtsprechung in dieser älteren Entscheidung aus dem Jahre 1985 auch andere Regresswege unmittelbar gegen den Vorunternehmer versagt wurden.[162]

**62a** Dies hat der **BGH** bezüglich des Verzögerungsschadens des Nachunternehmers durch ein **Urteil vom 21. 10. 1999**[163] **korrigiert,** indem er dem Nachunternehmer Ansprüche nach § 642 BGB zubilligte. Das Urteil wurde im Schrifttum als Entschärfung der Problematik begrüßt.[164] Der BGH begründet seine Entscheidung damit, dass der Auftraggeber zur Bereitstellung des Baugrundstückes im Rahmen einer Obliegenheit verpflichtet sei. Stelle er den Baugrund nicht fristgerecht zur Verfügung, und sei dies auf den Vorunternehmer zurückzuführen, dann sei der Besteller gegenüber dem Nachunternehmer schadensersatzpflichtig.

**62b** Die Entscheidung des BGH kann als angemessene Grundlage für eine Entschädigung des Nachunternehmers aus Leistungsverzögerung des Vorunternehmers gesehen werden. Sie nimmt einerseits die Unabdingbarkeit des § 278 BGB aus dem Regressverhältnis, erhöht das Risiko des Auftraggebers aber andererseits dadurch, dass in § 642 BGB das Verschuldenselement fehlt. Die Billigkeitsregel des § 642 Abs. 1 BGB gibt der Rechtsprechung einen sinnvollen Gestaltungsspielraum. Es ist deshalb sinnvoll, dass der DVA die Bestimmung jetzt ausdrücklich in den § 6 Nr. 6 aufgenommen hat. Zu bedenken bleibt im Übrigen, dass die Lösung über § 642 BGB eine Einstandspflicht nach § 278 BGB nicht etwa generell ausschließt. Insbesondere dann, wenn sich der Auftraggeber bindend zur Bereitstellung der Vorleistung in bestimmter Zeit verpflichtet,[165] kann er sich dazu auch des Vorunternehmers als Erfüllungsgehilfen bedienen. Das lässt auch die BGH-Rechtsprechung zu.[166]

---

[158] VII ZR 185/98, BGHZ 143, 32 (39 ff.) = BauR 2000, 722 (724 f.) = NZBau 2000, 187.
[159] BGH BauR 2003, 1379 = NJW 2003, 2980 = ZfBR 2003, 684; zutimmend hierzu: *Stamm* NJW 2003, 2940.
[160] A. A. bezüglich der Nachunternehmer: *Ingenstau/Korbion/Wirth* VOB/B § 10 Nr. 1 Rdn. 68.
[161] Vgl. die oben Fn. 156 Genannten vgl. aber. *I. Jagenburg* FS Mantscheff S. 99.
[162] Zutreffend *Kraus* BauR 86, 17; insoweit abw. OLG Frankfurt IBR 1996, 510, als dass dort als zusätzliche Voraussetzung aufgeführt wurde, dass der Besteller die Verzögerung auch sonst nicht zu vertreten haben durfte – etwa durch Koordinierungsverschulden.
[163] VII ZR 185/98, BGHZ 143, 32 (39 ff.)= BauR 2000, 722 (724 f.) = NZBau 2000, 187.
[164] *Stamm* BauR 2002, 1 (15); *Kleine-Möller* NZBau 2000, 401; vgl. auch. *I. Jagenburg* FS Mantscheff S. 99, welche aus dogmatischen Gründen jedoch weiterhin den Weg zur Lösung derartiger Fälle über § 278 BGB bevorzugt; ebenfalls auch weiterhin für § 278 BGB: *Döring* FS Jagenburg S. 110 (118).
[165] Vgl. OLG Celle BauR 1994, 629.
[166] S. o.→ Rdn. 61.

Soweit es sich um Mängel am Vorgewerk handelt, welche sich auf die Werkleistung des  **62 c**
Nachfolgeunternehmers als Mangel in dessen Gewerk auswirken, hat sich der BGH mit seiner
Entscheidung vom 26. 6. 2003[167] für eine andere Lösung zur Entlastung des Nachunternehmers entschieden: Soweit Mängel auf die Leistung mehrerer Werkunternehmer zurückzuführen sind, haften diese – namentlich wenn es sich um Vor- und Nachunternehmer handelt –
gesamtschuldnerisch für die Mängelbeseitigung. Die Gesamtschuld eröffnet dem Nachunternehmer den Regress gem. **§ 426 BGB.** – In der Literatur war noch argumentiert worden, dass
der Auftraggeber zur termingerechten Verfügungsstellung des mangelfreien Vorgewerkes nach
der Ratio der §§ 13 Nr. 3 VOB, 645 BGB verpflichtet sei,[168] was im Ergebnis zu einer
Gleichbehandlung der Verzögerungs- und Mängelfälle geführt hätte.

Im Übrigen erscheint aber der Ansatz des BGH (Vorunternehmer ist im Zweifel nicht  **63**
Erfüllungsgehilfe des Auftraggebers) jedenfalls im Ergebnis zutreffend. Die – auf der einen
Seite – auch nach eigenem Verständnis selbstverantwortliche Stellung der am Bau beteiligten
(Neben-)Unternehmer zueinander und der – andererseits – gesetzlich unbedingte Anspruch
des Auftraggebers auf Herstellung eines mängelfreien Werkes sprechen gegen eine Garantie
des Auftraggebers (im Werkvertrag zum Nachunternehmer) für eine verschuldensfreie Leistung von Vorunternehmern und damit auch gegen einen umfassenden Freistellungsanspruch
der Nachunternehmer für Schadensrisiken aus Vorleistungen. Die Wertung des BGH ist im
Kern zutreffend, dass sich der Auftraggeber eben nicht im Zweifel mit allen rechtlichen
Folgen verpflichtet, dem Nachunternehmer in terminlicher und sachlicher Hinsicht ein
fehlerfreies Arbeitsumfeld zu verschaffen. Allerdings – dies räumt auch das Urteil des BGH
ein – hat auch der Auftraggeber die bei ihm (!) liegenden Entscheidungen ordnungsgemäß
zu treffen. Für schuldhaft fehlerhafte Anordnungen, insb. für eine unzureichende, von ihm
(!) geschuldete Leistungskoordinierung[169] ist der Auftraggeber dem Nachunternehmer ebenso verantwortlich wie für eine fahrlässig fehlerhafte (Vor-)Unternehmerauswahl.

Die Kritik am Standpunkt des BGH geht teilweise über das Ziel hinaus und verkennt  **64**
insb., dass sich die Unterschiede in den Standpunkten im Wesentlichen auf den Fall der
Insolvenz des schadensersatzpflichtigen Vorunternehmers reduzieren, sofern nur die Vergütungsansprüche des Nachunternehmers sowie die Regeln für die Drittschadensliquidation[170] zutreffend behandelt werden. Dieses Ergebnis macht aber nicht nur den Standpunkt
des BGH verständlich, sondern zeigt insb., dass es vor allem Sache der Vertragsparteien ist,
den Konflikt rechtsgeschäftlich im Vorfeld zu lösen.

## VI. Architekt und Sonderingenieur als Erfüllungsgehilfen des Auftraggebers

### 1. Diskussionstand in Rechtsprechung und Schrifttum

Das praktisch wichtigste Zurechnungsproblem nach § 278 BGB stellt sich bei der Verant-  **65**
wortung des Auftraggebers (gegenüber weiteren Vertragspartnern) für den eingeschalteten
Architekten oder Sonderingenieur. Es entspricht insoweit der ganz herrschenden Meinung
in Rechtsprechung[171] und Schrifttum,[172] dass diejenigen Architekten/Sonderingenieure

---

[167] BGH BauR 2003, 1379 = NJW 2003, 2980; zutimmend hierzu: *Stamm* NJW 2003, 2940; vgl. auch *Siegburg* BauR 2000, 182 (184); ähnlich wie der BGH schon *v. Craushaar* FS Kraus S. 3 (6 f.).
[168] *V. Craushaar* FS *Vygen* S. 154 (156 ff.); *Siegburg* ZfBR 2001, 291 (293); hiergegen noch: *Siegburg* BauR 2000, 182 (183).; noch offen gelassen durch BGH BauR 2000, 1481 = NZBau 2000, 247; für eine Gleichbehandlung von Verzugs- und Gewährleistungsfällen auch: *Kniffka* Jahrbuch Baurecht 2001, 1 (14).
[169] Sie muss erforderlich sein; vgl. dazu *Ganten* VersR 1970, 823 und eingehender: Pflichtverletzung S. 208 f.
[170] Vgl. hierzu OLG Frankfurt BauR 1980, 570; LG Freiburg BauR 1980, 467; eingehend zu den Bewertungsansätzen der Drittschadensliquidation: *Büdenbender*, Wechselwirkungen zwischen Vorteilsausgleichung und Drittschadensliquidation, JZ 1995, 920 f., 926.
[171] Vgl. die Übersicht unten Rdn. 69; vgl. auch BGH BauR 1997, 488 (490) = NJW 1997, 2173 – Architekt als Auftraggeber eines Sonderfachmannes.
[172] Vgl. die Übersichten bei *Kaiser* Mängelhaftung Rdn. 142 f.; *Werner/Pastor* Rdn. 2455, 2467; außerdem *Stötter* BauR 1978, 18; *Schmalzl* FS *Locher* S. 225 f.

**Erfüllungsgehilfen** des Auftraggebers – auch des Generalunternehmers gegenüber seinem Subunternehmer[173] – sind, die dessen Pflicht gegenüber den ausführenden Unternehmen wahrnehmen, „einwandfreie Pläne und Unterlagen zur Verfügung zu stellen, sowie die Entscheidungen zu treffen, die für die reibungslose Ausführung des Baues unentbehrlich sind"; dazu gehört auch „die Abstimmung der Leistungen der einzelnen Unternehmen während der Bauausführung (Koordinierungspflicht)".[174] Dagegen habe der Auftragnehmer gegen den Auftraggeber „keinen Anspruch auf Beaufsichtigung seiner Leistung". Hinsichtlich einer **Verletzung der Aufsichtspflicht** aus seinem Vertrag mit dem Auftraggeber ist der Architekt danach nicht Erfüllungsgehilfe des Auftraggebers.

66  Auch diesem Abgrenzungssystem liegt eine **Wertentscheidung** in der Risikoverteilung bei Baumaßnahmen zu Grunde. Formal knüpfen Rechtsprechung und Schrifttum für die Anwendbarkeit des § 278 BGB an die Sachfrage an, zu welchen Mitwirkungshandlungen gegenüber seinen Bauvertragspartnern der Auftraggeber verpflichtet ist. Im Anschluss an §§ 4 Nr. 1, 3 Nr. 1 VOB/B wird die Trennlinie hinter der „Koordination" der Bauleistungen (noch Auftraggeberpflicht) und vor der „Bauaufsicht" (kein Auftragnehmeranspruch) gezogen. Das ist begrifflich vertretbar; in der Sache ist aber die Abgrenzung zwischen Koordination und Bauaufsicht unbefriedigend; sie führt auch immer wieder zu tatsächlichen Schwierigkeiten. Es ist z. B. schwer nachzuvollziehen, warum – so die Rechtsprechung[175] – der Auftraggeber gegenüber Auftragnehmern zu fachlicher Leistungskontrolle bei aufeinander folgenden Putzgewerken, nicht aber zu Leistungskontrollen bei einer Bauwerksabdichtung „verpflichtet" sein soll.

67  In der Sache leugnet auch der BGH einen engen – verpflichtenden – Bezug des Auftraggebers zur Leistung des Auftragnehmers nicht. So kennzeichnet gerade die vom BGH im Urteil zur (Nicht-)Erfüllungsgehilfenstellung des Vorunternehmers[176] herausgestellte „Zweckgemeinschaft" der Baubeteiligten nach eigener Auffassung der Rechtsprechung das – auch obligatorische – Miteinander auf den gemeinsamen Erfolg hin. Auffällig ist entsprechend, dass z. B. *Schmalzl*[177] den Rahmen der „Koordination" der Bauleistungen so weit zieht, dass eine begriffsscharfe Unterscheidung zur „Bauaufsicht" (sofern diese einen Anwendungsbereich behalten soll) kaum noch möglich ist.

68  Ein **sachgerechtes Kriterium** für die Einstufung Dritter als Erfüllungsgehilfen auf der einen oder nur als „Kooperationspartner" auf der anderen Seite ist aus dem Regelungszweck des § 278 BGB zu gewinnen: Die Garantiefunktion des Auftraggebers – im Hinblick auf Fehler seiner Vertragspartner – gegenüber dem Auftragnehmer endet dort, wo der Auftraggeber an der Werkherstellung erkennbar nur noch dadurch mitwirkt und vertraglich mitwirken soll, dass er kompetente Unternehmer einschaltet und lediglich noch für deren sorgfältige Auswahl eintreten will. Das gilt insb. für Vor- und Nebengewerke zum Auftragnehmer, aber wohl auch für Sonderfachleute, die die vorgegebene Planung des Auftraggebers abzusichern bzw. (so beim Statiker) „zu rechnen" haben. Hier setzt sich der Gedanke des **§ 664 Abs. 1 Satz 2 BGB** durch, der die Haftung des Auftraggebers auf ein Übertragungsverschulden begrenzt. Für die (eigene) Aufgabe des Bauherrn, verantwortlich an den Bauwerkherstellung mitzuwirken, gilt das aber nicht: Es gibt bei komplexen baulichen Aufgaben Situationen, in denen die „regelnde" Hand des Bauleiters unabdingbar und mehr als nur „Kontrolle" ist.[178] In diesen Fällen kann – ausnahmsweise – auch die „Bauleitung" eine verpflichtende Mitwirkungsleistung des Bauherrn sein. Die Rechtsprechung sollte deshalb stärker auf den Einzelfall abheben und die verletzte konkrete Handlung nach diesen Kriterien zurechnen.

---

[173] BGH NJW 1987, 644; vgl. OLG Düsseldorf BauR 1998, 1118 (L.) = IBR 1998, 492 m. Anm. *Metzger*.
[174] Leitentscheidung BGH NJW 1972, 447 = BauR 1972, 112 f.
[175] Vgl. BGH WM 1970, 354; BGH NJW 1972, 447.
[176] Vgl. oben Fn. 155.
[177] FS *Locher* S. 225 (228).
[178] Zur Koordinationspflicht nach § 15 Abs. 2 Nr. 8 HOAI vgl. *Locher/Koeble/Frik* Rdn. 181 und *Ganten* VersR 1970, 823.

## 2. Rechtsprechungsübersicht

Zur Frage der Erfüllungsgehilfen-Stellung von Architekten und Ingenieuren liegt folgende Rechtsprechung vor: („ja" – Stellung als Erfüllungsgehilfe bejaht; „nein": abgelehnt). 69

(1) **Architekt (Planung): ja**: BGH BauR 1971, 265 = VersR 1971, 667. – **ja**: BGH NJW 1987, 644 = LM § 633 BGB Nr. 60 = BauR 1987, 86 f. = ZfBR 1987, 32 f. (Architekt als Planer auch Erfüllungsgehilfe des GU gegenüber Subunternehmer). – **ja**: OLG Bremen BauR 1988, 744 (Beachtung von Versorgungsleistungen im Tiefbau).– **ja**: OLG Hamm BauR 2001, 1761. – **ja**: OLG Düsseldorf NJW-RR 1997, 975 (Fehlender Hinweis auf Hitzebelastung im Leistungsverzeichnis). – **ja**: OLG Stuttgart BauR 1997, 850 (Architekt als Planer auch Erfüllungsgehilfe des Hauptunternehmer gegenüber Nachunternehmer) – **nein**: OLG Düsseldorf BauR 1998, 582 (584) = NJW-RR 1998, 741 (planender Architekt kein Erfüllungsgehilfe relativ zu bauleitendem Architekten) – **nein**: OLG Karlsruhe BauR 2003, 1921 (wie OLG Düsseldorf BauR 1998, 582).

(2) **Architekt (Koordination): ja**: BGH WM 1970, 354/6 (Koordination von Putzgewerken); BGH NJW 1972, 447 f. vgl. oben Rdn. 66 (Grenzziehung). – **ja**: OLG Frankfurt/M. NJW 1968, 1333 (Anweisungen des Bauleiters) – **ja**: OLG Düsseldorf IBR 1998, 492 (Zurverfügungstellung von Plänen). – **ja**: OLG Düsseldorf BauR 1999, 1309 (m. abl. Anm. *Kniffka*).– **ja**: OLG Hamm BauR 2001, 1761.

(3) **Architekt (Bauaufsicht): nein**: BGH VersR 1962, 1062. – **nein**: OLG Stuttgart VersR 1970, 531 (Anm. *Ganten* VersR 1970, 823). – **nein**: BGH NJW 1971, 615. – **nein**: BGH NJW 1972, 447 f. – **nein**: BGH BauR 1974, 205 f. m. w. N. – **nein**: BGH NZBau 2002, 514.– **nein**: OLG Hamm BauR 2001, 1761. – **ja**: OLG Frankfurt/M. NJW 1968, 1333. – **nein**: BGH BauR 1982, 514 = ZfBR 1982, 170. – **nein**: BGH NJW-RR 1989, 86 f. = BauR 1989, 97 = ZfBR 1989, 24 (fehlender Hinweis des Architekten auf Planfehler des Bauherrn).

(4) **Statiker: ja**: BGH BauR 1971, 265 = VersR 1971, 667. – **ja**: OLG Düsseldorf NJW 1974, 704 (Statiker Erfüllungsgehilfe des Bauherrn gegenüber planendem Architekten). – **ja**: BGH NJW 1988, 1236 (Statiker Erfüllungsgehilfe für Betonfertigteilevertrieb). – **ja**: OLG Frankfurt/M. NJW-RR 1990, 1496 (ähnlich OLG Düsseldorf NJW 1974, 704). – **ja**: BGH NJW 1990, 1496 (Pflicht des Bauherrn, dem Architekten statische Plangrundlagen zu liefern) **ja**: OLG Celle BauR 2002, 812 (Geschossdeckenstatiker Erfüllungsgehilfe relativ zu Zimmermann) – **nein**: BGH NZBau 2002, 616 (Statiker im Verhältnis zu Architekten);. **Sonstige Fälle: nein**: BGH NJW 1976, 234 (Bauherr stellt Auftragnehmer zur Unterstützung Hilfskraft zur Verfügung). **nein**: OLG München NJW 2001, 2055 (Arbeiter der mit der Bauaufsicht betrauten Firma, welche nicht mit Sicherungsaufgaben betraut sind) – **ja**: OLG Köln BauR 1986, 582 (Sonderfachmann „Zeitplanung" als Erfüllungsgehilfe des Bauherrn) – **ja**: OLG Düsseldorf BauR 1998, 340 = NJW-RR 1998, 739 (Für abstecken der Hauptachsen zuständiger Vermesser); – **nein**: OLG Düsseldorf NZM 1998, 721 (mit Schadensermittlung beauftragter Architekt); – **nein**: BGH BauR – **nein**: 2003, 1918 (Sonderfachmann – hier Bodengutachter – relativ zum Architekten).

## E. AGB-Problematik

Eine Klausel in den allgemeinen Geschäftsbedingungen des Auftragnehmers, nach der der 70 Auftraggeber sich bestimmter Erfüllungsgehilfen bedienen muss, kann unwirksam sein. Nach einer Entscheidung des LG Berlin v. 18. 7. 2001[179] ist eine Klausel „Der Auftragnehmer hat für die Ausführung der Bauleistung erforderlichen Logistikleistungen und Gütertransporte (Schiene und/oder Straße) die Transportmittel der Unternehmungen des X-Konzerns zu nutzen, es sei denn, dass diese trotz Aufforderung kein wettbewerbsfähiges Angebot

---

[179] NZBau 2001, 560 (561).

§ 10 Nr. 1                                           Vertragshaftung und Gehilfenzurechnung

unterbreitet haben. Einzelheiten sind Gegenstand einer besonderen Transportvereinbarung" wegen Verstoßes gegen § 307 Abs. 1 S. 1 BGB unwirksam. Der Auftraggeber werde in unangemessener Weise in seiner Entscheidungsfreiheit beeinträchtigt, da er wegen des Verschuldens seiner Erfüllungsgehilfen für diese auch gegenüber seinem Vertragspartner einzustehen haben. Er dürfe daher nicht in der Auswahl seiner Erfüllungsgehilfen durch AGB eingeschränkt werden.

## § 10 Nr. 2 [Schadensausgleich bei Schädigung Dritter]

(1) Entsteht einem Dritten im Zusammenhang mit der Leistung ein Schaden, für den auf Grund gesetzlicher Haftpflichtbestimmungen beide Vertragsparteien haften, so gelten für den Ausgleich zwischen den Vertragsparteien die allgemeinen gesetzlichen Bestimmungen, soweit im Einzelfall nicht anderes vereinbart ist. Soweit der Schaden des Dritten nur die Folge einer Maßnahme ist, die der Auftraggeber in dieser Form angeordnet hat, trägt er den Schaden allein, wenn ihn der Auftragnehmer auf die mit der angeordneten Ausführung verbundene Gefahr nach § 4 Nr. 3 hingewiesen hat.

(2) Der Auftragnehmer trägt den Schaden allein, soweit er ihn durch Versicherung seiner gesetzlichen Haftpflicht gedeckt hat oder durch eine solche zu tarifmäßigen, nicht auf außergewöhnliche Verhältnisse abgestellten Prämien und Prämienzuschlägen bei einem im Inland zum Geschäftsbetrieb zugelassenen Versicherer hätte decken können.

**Literatur:** *Grauvogel,* Bauvertrag – Risikoverlagerung vom Auftraggeber zum Auftragnehmer, Jahrbuch – Baurecht 2003, 29; *Littbarski,* Haftungs- und Versicherungsrecht im Bauwesen, 1986; *Locher,* AGB-rechtliche Aspekte der Versicherbarkeit bei Bauverträgen, FS Soergel, 1993, S. 181; *Müller,* Verkehrssicherungspflichten des Bauherrn und Haftung für Drittschäden aus § 823 Abs. 1 BGB, BauR 2002, 1789; *Vens-Capell/Wolf,* Zur Haftungs- und versicherungsrechtlichen Problematik des § 10 Nr. 2 Abs. 2 VOB/B, BauR 1993, 275; *Wächter,* Die Bauversicherung als Instrument der Risikobegrenzung für den Bauunternehmer aus der Sicht des Bauspezialversicherers, FS Schlenke, 1998, S. 607.

### Übersicht

| | Rdn. | | Rdn. |
|---|---|---|---|
| A. Anwendungsbereich der Vorschrift | 1–8 | III. Gesetzliche Bestimmungen zum Schadensausgleich | 16 |
| B. Prinzipien der Schadensverteilung | 9–21 | IV. Versicherbare Schäden gem. Absatz 2 | 19 |
| I. Die Entlastung durch Hinweis gem. § 4 Nr. 3 VOB/B | 9 | C. AGB-Problematik | 22 |
| II. Die Schadenszuteilung auf Grund besonderer Vereinbarung (Absatz 1) | 15 | | |

## A. Anwendungsbereich der Vorschrift

§ 10 Nr. 3 VOB/B erweitert den Anwendungsbereich des Teiles B über die unmittelbaren vertraglichen Beziehungen der Parteien hinaus und legt Rechtsfolgen für den Fall fest, dass Dritte durch Bauleistungen geschädigt werden. Allerdings beschränkt § 10 Nr. 2 VOB/B seine Reichweite darauf, dass „beide Vertragsparteien auf Grund gesetzlicher **Haftpflichtbestimmungen**" verantwortlich sind. 1

Es ist streitig, ob diese Bestimmung („gesetzliche Haftpflicht") – wie (wohl) *Ingenstau/ Korbion* annehmen[1] – wörtlich zu verstehen ist und sich auf Fälle beschränkt, in denen Auftragnehmer und Auftraggeber tatsächlich ausschließlich gesetzlich haften. Das würde vom Anwendungsbereich Sachverhalte ausschließen, in denen jedenfalls ein Partner (auch) auf Grund Vertrages einzustehen hat. Insbesondere *Nicklisch/Weick*[2] vertreten den Standpunkt, dass auch diese Fallgruppe in Nr. 2 einzubeziehen sei. Die Streitfrage ist von den Rechtsfolgen her zu lösen. Bezüglich des **Absatz 1 Satz 1** kann es auf die unterschiedlichen Standpunkte nicht ankommen, weil insoweit ohnehin nur auf die „gesetzlichen Bestimmungen" und den selbstverständlichen Vorbehalt einer möglichen abweichenden internen Ver- 2

---

[1] VOB/B § 10 Nr. 2 Rdn. 4 f. *(Wirth)* ebenso wohl *Heiermann/Riedl/Rusam* VOB/B § 10 Rdn. 17.
[2] § 10 Rdn. 34; im Ergebnis ebenso *Daub/Piel/Soergel/Steffani* ErlZ B 10 184; wohl auch, wenn auch nicht eigens problematisiert: BGHZ 140, 241 = BauR 1999, 414 = NJW 1999, 942.

**§ 10 Nr. 2** einbarung verwiesen wird. Problematisch erscheint dagegen, ob auch **Absatz 1 Satz 2** und **Absatz 2** auf die gem. „Mischsachverhalte" Anwendung finden können. Dazu gilt folgendes:

3   Die Väter der VOB/B gingen bei der Formulierung des § 10 Nr. 2 VOB/B zunächst erkennbar von dem Idealbild aus, dass Auftraggeber und Auftragnehmer gegenüber einem Dritten haften, der in keinerlei vertraglicher Beziehung zu einer der Parteien steht. Denkbar sind daneben aber Konstellationen, in denen eine vertragliche Beziehung zwischen einer der Parteien besteht und damit **neben der gesetzlichen** Haftung auch eine **vertragliche Haftung** bestehen kann. Auf Auftragnehmerseite kann dies beispielsweise ein vom Bauunternehmer beauftragter Subunternehmer sein, der auf einer vom Bauherrn nur unzureichend beaufsichtigten Baustelle[3] auf einem vom Auftragnehmer unfachgemäß errichteten Gerüst verunglückt. Auf der Auftraggeberseite kann es in derselben Situation ein anderer Auftragnehmer des Bestellers sein, der auf demselben Gerüst verunglückt. In beiden Fällen wurden durch eine der beiden Seiten auch vertragliche Sorgfaltspflichten gegenüber dem Dritten verletzt. Weiter ist als **dritte Fallgruppe** denkbar, dass bei nur einem der Vertragspartner die gesetzliche Haftung ausgeschlossen ist – der Auftraggeber kann sich z. B. wirksam nach § 831 Abs. 1 S. 2 BGB entlasten,[4] dem Auftragnehmer kommen die Befreiungen der §§ 104 ff. SGB IV[5] zugute. In dieser dritten Gruppe besteht eine gesetzliche Haftung gegenüber dem Dritten nur für einen der Vertragspartner – mag dieser Vertragspartner auch zugleich aus vertraglichen Ansprüchen haftbar sein.

4   In diesen Fällen mit **„vertraglicher Überlagerung"** der gesetzlichen Schuldverhältnisse ist zu entscheiden, ob der wörtlich nur auf die konkurrierende Gesetzeshaftung abstellende § 10 Nr. 2 Abs. 1 VOB/B entsprechend anwendbar ist. Gilt insbes. die Entlastungsmöglichkeit entsprechend § 4 Nr. 3 VOB/B als allgemeiner Rechtsgrundsatz auch über das gesetzliche Schuldverhältnis hinaus? Diese Frage kann nicht generell bejaht oder verneint werden, weil der jeweilige Vertragsrahmen nur gesondert nach seinem eigenen Normzweck ausgewertet werden kann.

5   **§ 4 Nr. 3 VOB/B** ist im Vertragsrecht Ausdruck einer Rücksichts- und Mitwirkungspflicht des Auftragnehmers auf den vertraglichen Erfolg hin. **§ 10 Nr. 2 Abs. 1, Satz 2 VOB/B erweitert den Normbereich** dieser Regel in Richtung einer generellen Obliegenheit des Auftrgnehmers zur Warnung des Auftraggebers vor Schadensfolgen seiner Anordnungen. Bezugspunkt dieser Warnung ist in § 10 Nr. 2 VOB/B aber nicht mehr die vertragliche Wertschöpfung, sondern die Integrität eines dritten Rechtskreises. Der systematische Ausgangspunkt des § 4 Nr. 3 VOB/B ist damit deutlich verlassen. Es fragt sich deshalb, ob seine Ausweitung auf den Bereich der Freistellung von einer Dritthaftung auch dann gilt, wenn ebenfalls zum Dritten ein eigenes Vertragsverhältnis (insbes. des Auftragnehmers) besteht. Darauf kann es aber nicht ankommen: Das Innenverhältnis zwischen den Vertragsparteien ist unabhängig davon, ob diese dem Dritten nur aus Gesetz, aus Gesetz und Vertrag oder (im Verhältnis der Parteien) nach unterschiedlichen Rechtsgrundlagen haften. § 10 Nr. 2, Abs. 1, Satz 2 VOB/B regelt unmittelbar nur das Innenverhältnis der Parteien und knüpft nur als Anlass an ihre Inanspruchnahme von dritter Seite an. Dann kann es aber keinen Unterschied machen, ob das fehlerhafte Vertragsverhalten einer Partei (mit Schadensfolge beim Dritten) die Drittansprüche aus Gesetz, aus Vertrag oder aus beiden Rechtsgründen auslöst. Wenn sie ausgelöst werden, stellt sich unterschiedslos nach § 10 Nr. 2 Abs. 1 VOB/B im Innenverhältnis lediglich die Frage, ob die Warnung des Auftragnehmers entsprechend § 4 Nr. 3 VOB/B geeignet war, ihn intern gegenüber dem Auftraggeber freizustellen. (Dazu u. Rdn. 9 f.).

6   Die Ausdehnung des Anwendungsbereichs des § 10 Nr. 2 Abs. 1 Satz 2 VOB/B auf (auch) Vertragsfälle hätte im Übrigen einen entscheidenden Vorzug: Die deliktische Verant-

---

[3] Zusammenfassend zu der deliktischen Haftung des Bauherrn *Müller* BauR 2002, 1789.
[4] Vgl. zu den Möglichkeiten und Grenzen dieser Entlastung *Müller* BauR 2002, 14 789 (1792 f.).
[5] Vgl. hierzu oben → § 4 Nr. 2 Rdn. 136, 144.

wortung steht seit langem nicht mehr beziehungslos neben der Vertragshaftung. Es gibt zahlreiche Übergänge, die die Beachtung deliktischer Verkehrspflichten z. T. kaum noch unterscheidbar an die Berücksichtigung vorvertraglicher oder nebenvertraglicher Sorgfaltspflichten heranführen.[6] Diese **Zwischenformen** schuldrechtlicher Sonderverbindungen geben bei der Ausweitung des § 10 Nr. 2 Abs. 1 Satz 2 VOB/B auf (auch) vertragliche Beziehungen der Parteien keine Probleme auf; bei einer starren Abgrenzung Delikt/Vertrag verbliebe jedoch insoweit ein nur schwer zuzuordnender Raum.

Eine **Einschränkung** gilt für § 10 Nr. 2 Abs. 2 VOB/B. Diese Bestimmung ordnet an, dass der Auftragnehmer alleinverantwortlich sei, wenn der **Schaden** für ihn (in üblicher Form) **zu versichern** war. Die Bestimmung ist bereits für den Fall problematisch, dass beide Partner (nur) gesetzlich haften (vgl. unten Rdn. 21). Haftet jedoch im Beispielsfall (oben Rdn. 3) der Auftraggeber dem Dritten (auch) aus Vertrag, der Auftragnehmer jedoch (nur) aus Delikt, so ist zusätzlich fraglich, ob für das Vertragsverhältnis der Parteien ganz allgemein gelten kann, dass der versicherte oder nur versicherbare Auftragnehmer den Schaden stets allein zu tragen hat.[7] Zutreffend muss dies mindestens am Inhalt des Vertrages der Parteien kontrolliert werden. 7

§ 10 Nr. 2 VOB/B ist unabhängig davon, ob sich die Praxis darauf eingestellt hat,[8] eine rechtsdogmatisch unausgereifte Regel. Das gilt für Nr. 2 Abs. 1, Satz 2, der schwierige Mitverantwortungsfragen auf die einfache Formel zu bringen sucht, dass ein Freistellungsanspruch bestehe, wenn der seinem Ursprung nach völlig anders geartete Hinweis gem. § 4 Nr. 3 VOB/B gegeben wird. Damit ist allenfalls eine „Lösungsrichtung", aber kein methodisch verwertbares Lösungssystem aufgezeigt. Entsprechendes gilt – verstärkt – für die Freistellung des Auftraggebers bei bestehendem Versicherungsschutz des Auftragnehmers. Hier bleibt die künftige Haltung der Versicherungswirtschaft abzuwarten. 8

## B. Prinzipien der Schadensverteilung

### I. Die Entlastung durch Hinweis gem. § 4 Nr. 3 VOB/B

§ 4 Nr. 3 VOB/B entstammt, wie oben (→ Rdn. 5) dargestellt, einem anderen systematischen Zusammenhang: Als vertragliche Nebenpflicht hat der Auftragnehmer die Aufgabe, „mitzudenken" und den Auftraggeber bei der Vertragsdurchführung vor Schäden zu bewahren. Im Zusammenhang des § 10 VOB/B geht es nicht um eine **Schadensverhütung** im Vertragsrahmen, sondern um den (parteiinternen) Schutz bei einem **Außenregress**. Trotz aller dogmatischen Bedenken (→ oben Rdn. 8) ist er gleichwohl angemessen, den im Bauvertrag „griffigen" § 4 Nr. 3 VOB/B auch auf diese Situation zu übertragen: Veranlasst der Auftraggeber riskante Maßnahmen, gegen die sich der Auftragnehmer zunächst nicht wehren kann (§ 4 Nr. 1, Abs. 3 VOB/B), muss dieser, ebenso wie bei Anordnungen oder Drittleistungen im Rahmen des § 4 Nr. 3 VOB/B, doch eigene Nachteile daraus abwehren können. Diese Schutzmöglichkeit eröffnet § 10 Nr. 2 VOB/B über die entsprechende Anwendung des § 4 Nr. 3 VOB/B. Sie ist auch Ausprägung des Grundsatzes von Treu und 9

---

[6] Vgl. MünchKomm/*Ernst* § 280 Rdn. 78; *Esser/Schmidt* SchuldR I § 29; aus der reichhaltigen Aufsatzliteratur vgl. nur: *v. Bar* „Nachwirkende" Vertragspflichten AcP 179 (1979), 452; *ders*. Vertragliche Schadensersatzpflichten ohne Vertrag?, JuS 1982, 637 f.; *ders*. Entwicklungen und Entwicklungstendenzen im Recht der Verkehrs(sicherungs)pflichten, JuS 1988, 169; *Hohloch* „Vertrauenshaftung" – Beginn einer Konkretisierung, NJW 1979, 2369 f.; *Hopt* Nichtvertragliche Haftung außerhalb von Schadens- und Bereicherungsausgleich, AcP 1983 (1983), 608; *Canaris* Schutzgesetze – Verkehrspflichten – Schutzpflichten, FS Larenz, 1983, S. 27; *ders.,* Die Vertrauenshaftung im Lichte der Rechtsprechung des Bundesgerichtshofs, FS 50 Jahre BGH Bd. I, S. 129 (192 f.); *Picker* Positive Forderungsverletzung und culpa in contrahendo, AcP 183 (1983), 369; *Hesse/Kaufmann* Die Schutzpflicht in der Privatrechtsprechung, JZ 1995, 219 f.

[7] Vgl. hierzu *Stoffels/Lohmann* VersR 2003, 1343 – unter Berücksichtigung der „ökonomischen Analyse des Rechts".

[8] *Leinemann/Hafebrink* § 10 Rdn. 44.

Glauben.⁹ Hinzuweisen ist darauf, dass das Außenverhältnis gegenüber dem gefährdeten Dritten durch § 10 Nr. 2 VOB/B nicht geregelt ist. § 10 Nr. 2 VOB/B schließt deshalb insbes. nicht aus, dass der Auftragnehmer auch verpflichtet sein kann, zu Gunsten des Dritten (!) stärker als durch eine Warnung gem. § 4 Nr. 3 VOB/B einzugreifen, wenn er den Dritten vor Schäden bewahren muss. Diese Schutzpflicht des Auftragnehmers folgt aus seiner allgemeinen Verkehrspflicht und ist zunächst unabhängig davon, wem die Gefahr ausgelöst wurde.

10 Die in § 10 Nr. 2 Abs. 1 Satz 2 VOB/B erwähnten **„Anordnungen"** des Auftraggebers sind nicht mit Anordnungen zu verwechseln, die in § 13 Nr. 3 VOB/B Voraussetzung für eine evtl. Haftungsentlastung bei Mängeln sein können.¹⁰ Die Anordnungen in § 13 Nr. 3 VOB/B sind zwingende Weisungen des Auftraggebers, mit denen er bewusst ein bestimmtes Vertragsrisiko eingeht. Der Auftragnehmer ist für die Folgen solcher Weisungen nicht gewährleistungspflichtig, wenn er den Auftraggeber in entsprechender Form (§ 4 Nr. 3 VOB/B) auf das Risiko hingewiesen hat.

11 Die Anordnungen im Rahmen des § 10 Nr. 2 VOB/B sind entweder Maßnahmen des Auftraggebers, die **keinen** unmittelbaren Bezug zum Vertragsgegenstand haben. Gegen sie kann und muss sich der Auftragnehmer verwahren, wenn sie Schadensgefahren schaffen und ihm aus der Situation der Baustelle ebenfalls zugerechnet werden können. Der Auftragnehmer muss sich von diesen Anordnungen so erkennbar distanzieren, dass die Schadensfolgen aus der Sicht des Auftraggebers nicht mehr als Auswirkungen eines Handelns (auch) des Auftragnehmers gewertet werden können. Ob gleichwohl eine Verantwortung gegenüber dem Dritten verbleibt, unterliegt nicht der vertraglichen (§ 10 Nr. 2 VOB/B), sondern der deliktischen Beurteilung. Diese deliktische Haftung des Werkunternehmers kann nach außen auch noch nach Vollendung des Werkes und der Abnahme andauern.¹¹

12 Im Regelfall wird allerdings die „Anordnung" des Auftraggebers **unmittelbaren Vertragsbezug** haben. Wird die Weisung dann dem Auftragnehmer erteilt, ist sie im Zusammenhang des § 4 Nr. 1 Abs. 3, 4 VOB/B zu sehen, wo der Auftragnehmer (Absatz 4) ebenfalls gehalten ist, Bedenken zu erheben. „Ungesetzliche" Anordnungen braucht der Auftragnehmer allerdings nicht auszuführen; dazu können auch Weisungen des Auftraggebers gehören, aus denen ein unmittelbarer Schaden für Dritte entsteht. Der Auftragnehmer wird sich in solchen Fällen deshalb auch mit Bedenken gem. § 4 Nr. 1 Abs. 4 VOB/B (und § 4 Nr. 3 VOB/B) nicht begnügen dürfen; er muss die Ausführung dann unterlassen. Das gilt aber nicht in jedem Falle bei drohenden Vermögensschäden Dritter.

13 Im Einzelfall ist aus der Sicht des Dritten abzuwägen, ob sich der Auftragnehmer darauf verlassen darf, dass ihm der Auftraggeber den Schaden abnimmt oder ob er die Handlung zum Schutz des Dritten ganz unterlassen muss.¹² Auch bei vertraglichen Anordnungen gem. § 10 Nr. 2 VOB/B ist es im Übrigen erforderlich, den Hinweis an den Auftraggeber nicht nur „aufklärend", sondern in der Weise zu geben, dass sich der Auftragnehmer von der Handlungsfolge eindeutig **distanziert** und **„freizeichnet"**.

14 Eine Haftungsbefreiung des Auftragnehmers tritt schließlich nur ein, **„soweit"** der Schaden „nur" auf die Anordnung des Auftraggebers **zurückgeht.** Das kann nicht logisch kausal gemeint sein, weil ja Voraussetzung für § 10 Nr. 2 VOB/B insgesamt bleibt, dass auch der Auftragnehmer gegenüber dem Dritten aus Delikt verantwortlich ist. Gemeint ist vielmehr eine **wertende Zuordnung:** Im Innenverhältnis der Vertragspartner darf die Schadensfolge nur dem Auftraggeber zuzurechnen sein. Ist der Schaden auf weitere Fehler des Auftragnehmers zurückzuführen, ist gem. § 10 Nr. 2 Abs. 1 Satz 1 VOB/B auf die allgemeinen gesetzlichen Vorschriften zurückzugreifen.¹³

---

⁹ So *Kapellmann/Messerschmidt/v. Rintelen* VOB/B § 10 Rdn. 28.
¹⁰ So aber: *Kapellmann/Messerschmidt/v. Rintelen* § 10 VOB/B Rdn. 29.
¹¹ Vgl. BGH BauR 1997, 148 (151) = ZfBR 1997, 85 = NJW 1997, 582.
¹² Vgl. zu Hinweispflichten in § 4 Nr. 1 und § 4 Nr. 3 insb. *Hochstein* FS Korbion S. 165 f.
¹³ *Messerschmidt/Kapellmann/v. Rintelen* § 10 VOB/B Rdn. 31.

## II. Die Schadenszuteilung auf Grund besonderer Vereinbarung (Absatz 1)

Die Vertragsparteien können sich einig sein, wie ein gemeinsam bei einem Dritten verursachter Schaden unter ihnen aufzuteilen ist. Für individuelle Abreden gelten insoweit nur die allgemeinen Grenzen (§§ 134, 138 BGB). In **AGB** ist entweder dem Ordnungssystem des § 10 VOB/B Rechnung zu tragen (soweit dies als ausgewogen gelten kann) oder sonst eine Regelung zu finden, die den allgemeinen zivilrechtlichen Zuteilungsmaßstäben gerecht wird, § 307 BGB.

15

## III. Gesetzliche Bestimmungen zum Schadensausgleich

In Betracht kommt als Ausgleichsnorm § 840 BGB. Dessen Absatz 2 hat wegen der besonderen Sachverhaltskonstellation im Rahmen des § 10 Nr. 2 VOB/B allerdings keine Bedeutung.[14] Dagegen ist § 840 Abs. 3 BGB zu beachten.

16

§ 840 Abs. 3 BGB betrifft wörtlich zunächst nur den Fall des Zusammentreffens einer Gefährdungshaftung gem. §§ 833 – 838 BGB auf der einen Seite sowie einer schuldhaften Schadensverursachung (§§ 823 f., 831 BGB) auf der anderen Seite. Soweit diese Tatbestände im Rahmen des § 10 Nr. 2 VOB/B verwirklicht werden, sind sie beim Innenausgleich zu beachten. – Darüber hinaus entspricht es überwiegender Auffassung im baurechtlichen Schrifttum,[15] dass die interne Verantwortungskonstellation: Gefährdungshaftung auf der einen/schuldhafte Deliktshaftung auf der anderen Seite im Innenverhältnis zu Lasten des schuldhaft Handelnden auszugleichen ist. In der allgemeinen Literatur zum BGB wird dieser Standpunkt jedoch weitgehend nicht geteilt.[16] Tatsächlich müsste eine Ausdehnung des gesetzlich nur für den Tieraufseher (§ 834 BGB) und für den (ggf.) nicht schuldhaften Gebäudeeinsturz (§§ 836–838 BGB) vorgesehenen Haftungssystems zur Verallgemeinerung konkreter angeordnet sein.

17

Außerhalb der Fälle des § 840 Abs. 3 BGB verbleibt es deshalb bei der allgemeinen Regel des **§ 426 BGB,** auf den die §§ 830, 840 Abs. 1 BGB verweisen. Das gilt insb. auch, wenn im Rahmen der §§ 836 – 838 BGB den insoweit Verantwortlichen ein Verschulden trifft.[17]

18

## IV. Versicherbare Schäden gem. Absatz 2

**Literatur:** *Schmalzl/Krause-Allenstein,* Berufshaftpflichtversicherung des Architekten und Bauunternehmers (2. Auflage)

Es entsprach in der Vergangenheit offenbar allgemeiner Rechtsüberzeugung, dass es angemessen sei, einen an sich (unter üblichen Bedingungen) versicherbaren Schaden ebenfalls vom Versicherer tragen zu lassen, unabhängig davon, ob nach der Gesetzeslage auch ein nicht versicherter (versicherbarer) Regresspartner am Schaden beteiligt war. Dieser Standpunkt hat sich in der Neufassung der VOB/B 1952 in § 10 Nr. 2 Abs. 2 VOB/B niedergeschlagen:[18] Haftet (auch) der Auftragnehmer einem Dritten im Außenverhältnis und hätte er jedenfalls die Möglichkeit, seinen Schaden üblich gegen Haftpflicht zu versichern, ist er im Innenverhältnis allein verantwortlich. Auch die Versicherungswirtschaft hat diese Rege-

19

---

[14] Vgl. *Ingenstau/Korbion/Wirth* VOB/B § 10 Nr. 2 Rdn. 182, *Heiermann/Riedl/Rusam* VOB/B § 10 Rdn. 20.
[15] *Intenstau/Korbion* VOB/B § 10 Nr. 2 Rdn. 184; *Heiermann/Riedl/Rusam* VOB/B § 10 Rdn. 20; *Nicklisch/Weick* VOB/B § 10 Rdn. 39.
[16] Palandt/*Thomas* § 840 Rdn. 10; *Erman/Schiemann* § 840 Rdn. 13; MünchKomm/*Mertens* § 840 Rdn. 31; vgl. auch BGHZ 6, 3 (28).
[17] MünchKomm/*Mertens* § 840 Rdn. 30, 31.
[18] Dazu eingehend *Vens-Capell/Wolf* BauR 1993, 275.

lung gebilligt, in dem sie in § 10 Nr. 2 VOB/B ausdrücklich keinen Verstoß gegen § 67 Abs. 1 Satz 3 VVG gesehen hat.[19] Seither lebt die Praxis mit dieser Bestimmung. Allerdings ist sie nach der Rechtsprechung[20] und der vorherrschenden Literatur[21] einschränkend dahingehend zu verstehen, dass keine Alleinhaftung des Auftragnehmers bei grober Fahrlässigkeit oder Vorsatz des Auftragnehmers stattzufinden hat (vgl. hierzu unten→ Rdn. 22).

20 Die **Haftungszuordnung** an den Auftragnehmer hat folgende **Voraussetzungen:** (1) Der Haftpflicht des Auftragnehmers muss ein deckungsfähiger Schaden zu Grunde liegen, d. h. der Dritte muss einen gesetzlich begründeten Schadensersatzanspruch haben und darf mit der versicherten Person nicht wirtschaftlich identisch sein.[22]

– (2) Vorrangige Ausschlusstatbestände dürfen nicht vorliegen, d. h. insb. keine abweichende Vereinbarung gem. Nr. 2 Absatz 1 und keine „Anordnungshaftung" des Auftraggebers.

– (3) Liegen diese Bedingungen vor, kommt es auf ein Mitverschulden des Auftraggebers nicht mehr an,[23] es sei denn es handelt sich um einen Fall der zumindest groben Fahrlässigkeit des Auftraggebers (s. u.→ Rdn. 22). Der Auftraggeber hat im Übrigen einen Befreiungsanspruch nach der Rechtsprechung auch, wenn er selbst als Auftragnehmer einen (mithaftenden) Subunternehmer eingesetzt hat.[24]

20 a Die Allgemeinen Versicherungsbedingungen der einzelnen Berufshaftpflichtversicherungen weichen z. T. erheblich voneinander ab. Es ist daher bei der Frage nach einer „zu tarifmäßigen, nicht auf außergewöhnliche Verhältnisse abgestellten Prämien und Prämienzuschlägen" abzuschließenden Versicherung nicht danach zu fragen, ob irgendeine tarifmäßige Versicherung eine solche Deckung anbietet, sondern ob dies bei einer durchschnittlichen Berufshaftpflichtversicherung zu durchschnittlichen Prämien möglich wäre.[25] Jede andere Interpretation würde den Auftragnehmer zum Abschluss einer auf alle versicherbaren Fälle abstellenden Versicherung verpflichten. Eine so umfassende Versicherung kann nur zu entsprechend überdurchschnittlichen Bedingungen erfolgen. Dies widerspräche dem Wortlaut und dem Zweck des § 10 Nr. 2 Abs. 2 VOB/B. Nicht zu übersehen ist allerdings, dass die Ermittlung einer solchen gedachten durchschnittlichen Versicherung problematisch ist. Die Rechtsprechung behandelt demgegenüber den Bereich der mit der Berufshaftpflichtversicherung versicherten gewerblichen Tägigkeit eher weit.[26]

20 b Soweit eine Deckung durch übliche Bedingungen ausgeschlossen ist, findet § 10 Nr. 2 Abs. 2 VOB/B keine Anwendung. Relevant können in diesem Zusammenhang u. a. die Ausschlüsse in § 4 der Allgemeinen Haftpflichtbedingungen (AHB), § 3 Abs. 3 Nr. 2 S. 3 AHB (Serienschadensklausel) und die üblicherweise vereinbarte Versicherungssumme (vgl. § 50 VVG, § 3 III. Nr. 2 S. 1 AHB) sein. Hierzu im Einzelnen:

20 c • a.) § 4 I. Nr. 5 AHB (**Allmählichkeitsschäden**) schließt u. a. die Deckung für Sachschäden, welche durch die allmähliche Einwirkung von Temperaturen, Gasen, Dämpfen, Rauch, Ruß, Staub und Abwässer, sowie die Absenkung von Grundstücken durch Erdrutsche und Rammarbeiten oder Überschwemmungen entstehen, aus. Dieser Ausschlusstatbestand erfasst sämtliche durch die in dieser Klausel genannten Umstände verursachten Sachschäden, unabhängig davon, ob diese schuldhaft oder nicht schuldhaft, durch Tun oder Unterlassen, verursacht wurden.[27] Zumindest von Teilen der Rechtsprechung wird der Haftungsausschluss nach § 4 I. Nr. 5 AHB als AGB-rechtlich unzu-

---

[19] Vgl. *Vens-Capell/Wolf* BauR 1993, 279.
[20] BGHZ 140, 241 (246) = BauR 1999, 414 = NJW 1999, 942; OLG Brandenburg BauR 2001, 1129 (1133); a. A. OLG Koblenz VersR 2000, 94 (unwirksam auch zwischen Kaufleuten).
[21] Palandt/*Heinrichs* § 307 Rdn. 160.
[22] *Daub/Piel/Soergel/Steffani* ErlZ B 10.
[23] BGH VersR 1969, 1039.
[24] BGHZ 140, 241 ((243) = BauR 1999, 414 = NJW 1999, 942; OLG Stuttgart VersR 1981, 741; *Vens-Capell/Wolf* BauR 1993, 276.
[25] *Ingenstau/Korbion/Wirth* VOB/B § 10 Nr. 2 Rdn. 202.
[26] Vgl. *Kesselring*, Verkehrssicherungspflichten am Bau, S. 137 f. m. w. Nachw.
[27] *Littbarski* AHB § 4 Rdn. 79 f.

lässig angesehen, da mit dieser Klausel gegen das Transparenzverbot verstoßen würde.[28] Diese Klausel wird in Bezug auf Senkungsschäden regelmäßig bei der Betriebshaftpflichtversicherung von Bauunternehmern und Bauhandwerkern abbedungen,[29] weshalb zumindest von einer Versicherbarkeit auszugehen sein wird, selbst wenn der Ausschluss der Allmählichkeitsschäden wirksam sein sollte.

- **b.) § 4 I. Nr. 6 lit. a AHB (Schäden aus Besitz einer Sache):** Die in dieser Klausel aufgeführten Rechtsverhältnisse sind als abschließend zu verstehen; die Klausel ist eng auszulegen. Dementsprechend wird eine eventuelle Verwahrung im Rahmen der Nebenpflichten eines Werkvertrages nicht erfasst (BGH NJW 1966, 1074), da es sich nicht um einen besonderen Verwahrungsvertrag handelt. 20 d

- **c.) § 4 I. Nr. 6 lit. b Abs. 3 AHB (Tätigkeitsklausel):** Gemäß dieser Klausel sind alle Haftpflichtansprüche gegen den Auftragnehmer aus seiner gewerblichen Tätigkeit an und mit fremden Sachen ausgeschlossen. Dies umfasst auch Ansprüche aus der mangelhaften Herstellung des Werkes (vgl. auch § 2 Nr. 2 lit. a) der Allgemeinen Bedingungen für die Bauwesenversicherung von Unternehmerleistungen – ABU –), die Haftpflichtversicherung soll insofern nicht das Unternehmerrisiko versichern.[30] Bei Arbeiten an unbeweglichen Sachen gilt dies nur, soweit diese unmittelbar Teil der Tätigkeit waren (§ 4 Abs. 1 Nr. 6 lit. b 2. HS AHB).[31] Schäden Dritter, die nach § 10 Nr. 2 Abs. 2 VOB/B nicht erfasst werden, sind daher nur denkbar, wenn ein errichtetes Gebäude nicht im Eigentum des Auftraggebers steht. Insofern wird dieser Ausschluss i. d. R nur relevant werden, wenn der Auftragnehmer Subunternehmer des Auftraggebers ist. Die sog. Tätigkeitsklausel kann abbedungen werden,[32] inwiefern eine entsprechende Abbedingung branchenüblich ist, ist ggf. Tatfrage. 20 e

- **d.) § 4 II. Nr. 1 AHB, § 152 VVG (Ausschluss wegen Vorsatz und bei Kenntnis)** Soweit die Haftung für Vorsatz ausgeschlossen ist, wird dies in aller Regel zu keiner Veränderung der Haftungsfrage führen, da nach §§ 426, 254 BGB der Vorsatz dazu führt, dass die Haftung allein bei dem vorsätzlich Handelnden verbleibt, also nicht beide Vertragspartner haften.[33] Laut § 4 Abs. 2 Nr. 1 S. 2 AHB steht dem Vorsatz allerdings gleich, dass bei der Lieferung oder Herstellung von Waren oder Erzeugnissen die Kenntnis von der Mangelhaftigkeit oder Schädlichkeit besteht. Grob fahrlässige Unkenntnis genügt nicht.[34] Allerdings wird auch in diesen Fällen der Kenntnis in aller Regel ein weit überwiegendes Verschulden des Auftragnehmers vorliegen. Es ist zu beachten, dass der Haftungsausschluss nach h. M. nur die Haftung für Vorsatz und Kenntnis des Versicherten oder seines Repräsentanten selbst betrifft, keinesfalls jedoch den Vorsatz bzw. die Kenntnis eines bloßen Erfüllungsgehilfen.[35] 20 f

Soweit in der Folge **grober Fahrlässigkeit** oder **einfacher Fahrlässigkeit** eine Anzeigeobliegenheit verletzt wird, betrifft dies nicht die Frage, ob ein Schaden versichert oder versicherbar ist. Eine **Obliegenheitsverletzung** stellt keinen Risikoausschluss dar, sondern die Verletzung einer Verhaltensnorm, die der Versicherte einhalten muss, um seinen bestehenden Versicherungsschutz zu behalten.[36] Auch bei der schuldhaften Verletzung dieser Obliegenheit ist daher von einem gedeckten bzw. versicherbaren Schaden i. S. d. § 10 Nr. 2 Abs. 2 VOB/B auszugehen. Andernfalls würde der Vertragspartner eines grob pflichtwidrigen Auftragnehmers wegen dieser Pflichtwidrigkeit schlechter gestellt, als der Auftraggeber eines weniger pflichtwidrig handelnden Werkunternehmers. 20 g

---

[28] OLG Nürnberg VersR 2002, 967 = NVersZ 2002, 283.
[29] *Littbarski* a. a. O. (Fn. 25) Rdn. 84; vgl. auch OLG Brandenburg BauR 2001, 1129 (1132).
[30] OLG Koblenz VersR 2000, 94.
[31] Vgl. BGH VersR 2000, 963.
[32] *Wächter* FS Schlenke S. 607 (611).
[33] *Kapellmann/Messerschmidt/v. Rintelen* § 10 VOB/B Rdn. 26.
[34] *Littbarski* AHB § 4 Rdn. 387 m. w. N.
[35] *Späte*, Haftpflichtversicherung, § 4 AHB Rdn. 208; OLG Koblenz VersR 1997, 715.
[36] *Römer/Langheid/Römer*, VVG, § 6 Rdn. 2; vgl. auch *Prölss/Martin* VVG § 6 Rdn. 5.

§ 10 Nr. 2                                                          Schadensausgleich bei Schädigung Dritter

20 h • g.) Ferner begrenzt wird die Eintrittspflicht der Haftpflichtversicherung durch die **Höhe der Versicherungssumme** (§ 3 III. Nr. 2 S. 1 AHB; § 50 VVG) und einem eventuell vereinbarten **Selbstbehalt**. Hier wird man im Falle einer Unterversicherung davon ausgehen müssen, dass bis zur Höhe der ansonsten bei Bauunternehmen üblichen Versicherungssumme, von einer Versicherbarkeit und damit der Anwendung des § 10 Nr. 2 Abs. 2 VOB/B auszugehen ist.[37] Zu beachten ist jedoch § 5 der Allg. Bed. für die Bauwesenversicherung (ABU).

20 i Die Allgemeinen Bedingungen für die Bauwesenversicherung von Unternehmerleistungen (ABU) sehen in § 14 Nr. 1 einen **Selbstbehalt** von 20%, mindestens jedoch € 255,70, vor. Bezüglich dieser Selbstbeteiligung wird man nicht von einem nach üblichen Bedingungen versicherbaren Schaden i. S. d. § 10 Nr. 2 VOB/B ausgehen können.

20 j • h.) Zu beachten ist auch die Begrenzung durch die **Serienschadensklausel** (§ 3 III. Nr. 2 S. 3 AHB). Hier wird als ein Schadensereignis – für welches jeweils die Höchstgrenze des § 3 Abs. 3 Nr. 2 S. 1 AHB gilt – definiert und zwar so, dass mehrere zeitlich zusammenhängende „Schäden" aus derselben Ursache oder mehrere Schäden aus Lieferungen der gleichen mangelhaften Ware ein Schadensereignis seien. Diese Klausel – der ähnliche Klauseln in spezielleren Vertragswerken angelehnt sind – gilt als eine der kompliziertesten und am wenigsten eingängigsten Klauseln der AHB.[38] Eine Klausel in den Versicherungsbedingungen zur Berufshaftpflichtversicherung, welche bei auf der gleichen Ursache beruhenden Schadensereignisse an verschiedenen Bauwerken nur einen Schaden annimmt, verstößt gegen § 307 Abs. 1 S. 1 BGB und ist daher nichtig.[39] Der BGH geht demgegenüber in seiner Rechtsprechung davon aus, dass die Serienschadensklausel dahin zu verstehen sei, dass die Serienschadensklausel nur innerhalb eines jeweiligen Auftragsverhältnisses gelte und deshalb nicht Schäden aus mehreren Vertragsverhältnissen verklammere.[40] Durch die Serienschadensklausel nicht ausgeschlossen werden lediglich auf „gleiche" oder „gleichartige" Ursachen zurückzuführende Schäden, etwa Schäden aus dem wiederholtem Versickern von Chemikalien (BGH VersR 2003, 187, 188 = NJW 2003, 330). Die Wirksamkeit des § 3 Abs. 3 Nr. 2 S. 3 AHB wird vom BGH in einer Entscheidung vom 27. 11. 2002[41] nicht problematisiert. Hieraus wird teilweise in der Literatur geschlossen, dass der BGH diese Klausel als wirksam ansehe.[42] Da der BGH in jener Entscheidung den Tatbestand der Serienschadensklausel verneinte, brauchte er die Nichtigkeit der Klausel nicht zu problematisieren, diese Frage muss deshalb auch nach dieser Entscheidung als letztlich offen betrachtet werden, auch wenn gewichtigee Gründe für eine Unwirksamkeit sprechen. Der BGH hat in einer Entscheidung vom 17. 9. 2003[43] es in einem Nachsatz abermals offen gelassen, ob die Serienschadensklausel einer AGB-Kontrolle standhalten würde, aber diesbezüglich nunmehr eindeutig Zweifel geäußert.

## C. AGB-Problematik

21 *Vens-Capell/Wolf* haben die Regelung des § 10 Nr. 2 Abs. 2 VOB/B zu Recht kritisiert und als materiell bedenklich dargestellt. Sie lädt Schäden auf einen Versicherer ab, obwohl

---

[37] *Kapellmann/Messerschmidt/v. Rintelen* § 10 VOB/B Rdn. 35.
[38] *Littbarski* AHB § 4 Rdn. 158 f. – *v. Westphalen*, Wirtschaftsprüfung – Serienschaden – Haftungsbegrenzung, DB 2000, 861 (865) geht deshalb von einem möglichen Verstoß gegen das Transparenzgebot aus.
[39] BGH VersR 1991, 175 = NJW-RR 1991, 412.
[40] BGH NJW 2003, 3705 = BauR 2004, 357; BGH NJW-RR 1991, 1306 = VersR 1991, 873.
[41] NJW 2003, 511 = VersR 2003, 187.
[42] *Büsken*, Voraussetzung und Wirksamkeit der Serienschadenklausel der AHB, NJW 2003, 1715 (1716).; vgl. aber auch *Gräfe*, Die Serienschadensklausel in der Vermögensschaden-Haftpflichtversicherung, NJW 2003, 3673 (3675).
[43] BGH NJW 2003, 3705 (3706); vgl. hierzu *Gräfe* a. a. O. (Fn. 41).

die Haftungssituation dem nicht entsprechen muss.⁴⁴ Die Ausgewogenheit der VOB/B (→ Einl. I Rdn. 43) ist nur zu vertreten, wenn § 10 Nr. 2 Abs. 2 VOB/B **restriktiv** interpretiert wird: Die ausschließliche Belastung der versicherbaren Vertragsseite darf jedenfalls nicht auf einer Schadenszuordnung beruhen, die vertraglich den Klauselverboten des § 309 Nr. 7 lit. b) BGB widerspräche.⁴⁵

Bei Verträgen zwischen Kaufleuten hat der BGH,⁴⁶ mittlerweile entschieden, dass § 10 Nr. 2 Abs. 2 VOB/B restriktiv dahin gehend zu verstehen sei, dass § 10 Nr. 2 Abs. 2 VOB/B den Auftraggeber dann nicht entlaste, wenn der Besteller mit **Vorsatz oder grober Fahrlässigkeit** gehandelt hat. Die Einschränkung des § 10 Nr. 5 VOB/B sei insofern in § 10 Nr. 2 VOB/B hineinzulesen. Nur unter dieser Grundannahme könne diese Regelung vor § 307 Abs. 1 Satz 1 BGB Bestand haben, da die Versicherung gegebenenfalls den Auftragnehmer entlaste und diese im geschäftlichen Verkehr auch allgemein üblich sei. Ob diese Auffassung angesichts des ansonsten geltenden Verbotes der geltungserhaltenden Reduktion⁴⁷ bei AGB zutrifft, wurde zu Recht bezweifelt.⁴⁸ Im Falle einer **Einzelkontrolle** verstößt § 10 Nr. 2 Abs. 2 VOB/B⁴⁹ gegen die §§ 309 Nr. 7 lit. b); 307 BGB und wohl auch gegen das Transparenzgebot.

22

---

⁴⁴ Die Regelung des § 10 Nr. 2 VOB/B ließe sich trotzdem bis zu einem gewissen Grad mit Erwägungen der „ökonomischen Analyse des Rechtes" rechtfertigen. Zunächst soll nach dieser Theorie danach gefragt werden, welche Vertragspartei ein Risiko mit geringerem Aufwand beherrschen könne, solange der Risikovermeidungsaufwand geringer ist als der Erwartungswert des Risikos („cheapest cost avoider"); falls ein Risiko nicht oder nur unter unverhältnismäßigem Aufwand abgewandt werden kann, dann solle die Frage danach gestellt werden, welche Partei es zu den günstigeren Kosten versichern könne („cheapest insurer") (Vgl *Stoffels/Lohmann,* Risikobeherrschung und Versicherbarkeit als Beurteilungsfaktoren im Vertragsrecht, VersR 2003, 1343, 1344 m. w. Nachw.). Es ist allerdings zweifelhaft, ob eine Haftungsverteilung nur nach ökonomischen Gesichtspunkten begründet werden kann.
⁴⁵ Vgl. auch BGH BGHZ 140, 241 (246) = BauR 1999, 414 = NJW 1999, 942.
⁴⁶ BGHZ 140, 241 (246) = BauR 1999, 414 = NJW 1999, 942; OLG Brandenburg BauR 2001, 1129 (1133); a. A. OLG Koblenz VersR 2000, 94.(unwirksam auch zwischen Kaufleuten).
⁴⁷ Vgl. zu dem Verbot der geltungserhaltenden Reduktion: BGHZ 84, 109 (117 f.) = NJW 1982, 2309;: Palandt/*Heinrichs* Vor § 307 Rdn. 8 m. Nachw. zur st. Rspr. des BGH; *Ulmer/Brandner/Hensen* § 9 Rdn. 50. Vgl. aber auch *Schulze-Hagen* BauR 2003, 785 (791), der nachweist, dass die Rspr. von dem von ihr selbst aufgestelltem Verbot der geltungserhaltenden Reduktion bei Langzeitverträgen zuweilen abweicht.
⁴⁸ *Heinrichs,* Die Entwicklung des Rechts der allgemeinen Geschäftsbedingungen im Jahre 1998, NJW 1999, 1596 (1604); *Tempel,* Ist die VOB noch zeitgemäß? Teil 2, NZBau 2002, 532 (537).
⁴⁹ Ebenso: *Tempel* a. a. O. (Fn. 47); OLG Koblenz OLGR OLG Koblenz 1998, 307.

## § 10 Nr. 3

**§ 10 Nr. 3 [Deliktische Haftung des Auftragnehmers gegenüber Dritten]**

Ist der Auftragnehmer einem Dritten nach §§ 823 ff. BGB zu Schadensersatz verpflichtet wegen unbefugten Betretens oder Beschädigung angrenzender Grundstücke, wegen Entnahme oder Auflagerung von Boden oder anderen Gegenständen außerhalb der vom Auftraggeber dazu angewiesenen Flächen oder wegen der Folgen eigenmächtiger Versperrung von Wegen oder Wasserläufen, so trägt er im Verhältnis zum Auftraggeber den Schaden allein.

**Literatur:** *Brych,* VOB-Gewährleistung im Bauträgervertrag, NJW 1986, 302; *Czychowski/Reinhardt,* WHG, 2003; *Dehner,* Nachbarrecht, 7. Aufl. Stand: Juni 2003; *Edenfeld,* Grenzen der Verkehrssicherungspflicht, VersR 2002, 272; *Kaiser,* Die Prüfungs- und Hinweispflichten des Auftragnehmers nach § 4 VOB/B, BauR 1981, 319; *Kesselring,* Verkehrssicherungspflichten am Bau, 2002; *Kodal,* Straßenrecht, 6. Aufl. 1999; *Littbarski,* Haftungs- und Versicherungsrecht im Bauwesen, 1986; *Locher,* VOB/B und Bauträgerverordnung, BauR 1994, 227; *J. Petersen,* Beweislast bei Gesundheitsbeeinträchtigungen durch Emissionen und nachbarliche Duldungspflicht, NJW 1998, 2099; *Schulze,* Die Beschädigung von Erdkabeln und sonstiger Erdleitungen der Energieversorgungsunternehmen durch unerlaubte Handlungen Dritter, insbesondere durch Tiefbauunternehmen, VersR 1998, 12; *Sauthoff,* Anlieger und Straße, 2003; *Schäfer,* Nachbarrechtsgesetz für das Land Nordrhein-Westfalen, 8. Aufl. 1988; *Schulze-Hagen,* Übermäßige AGB-Klauseln: Kassation oder Reduktion?, BauR 2003, 785; *Seidel,* Öffentlich-rechtlicher und privatrechtlicher Nachbarschutz, 2000; *Sieder/Zeitler/Dahme,* Wasserhaushaltsgesetz, Stand: Sept. 2003; *Weimar,* Muß der Nachbar die Aufstellung von Gerüsten auf seinem Grundstück dulden?, BauR 1975, 26.

### Übersicht

| | Rdn. | | Rdn. |
|---|---|---|---|
| A. Allgemeines | 1–15 | II. Entnahme oder Auflagerung von Boden oder anderen Gegenständen | 54 |
| B. Verpflichtung des Auftragnehmers zu Schadensersatz | 16–36 | III. Eigenmächtige Versperrung von Wegen oder Wasserläufen | 60 |
| I. Haftung nach § 823 Abs. 1 BGB | 16 | IV. Entsprechende Anwendung des § 10 Nr. 3 VOB/B auf sonstige Fälle deliktischer Haftung (Verkehrssicherungspflichten) | 76 |
| II. Haftung nach § 823 Abs. 2 BGB i. V. m. einem Schutzgesetz | 18 | | |
| III. Sonstige Deliktstatbestände | 32 | | |
| C. Haftung des Auftraggebers auf Grund gesetzlicher Haftpflichtbestimmungen | 37–85 | D. Dritter | 86 |
| | | E. Gehilfen des Auftragnehmers | 87–90 |
| I. Unbefugtes Betreten oder Beschädigung angrenzender Grundstücke | 39 | F. Allgemeine Geschäftsbedingungen | 91, 92 |

## A. Allgemeines

**1** Wie aus der systematischen Stellung hinter der Generalnorm des § 10 Nr. 2 VOB/B und der Formulierung des § 10 Nr. 5 VOB/B zu entnehmen ist, regelt § 10 Nr. 3 VOB/B die interne Ausgleichspflicht zwischen Auftragnehmer und Auftraggeber bei Schäden Dritter **in besonderen in § 10 Nr. 3 ausdrücklich aufgezählten Fällen.** Die Bestimmung versagt es dem vom Ersatzberechtigten in Anspruch genommenen Auftragnehmer strikt, sich am Auftraggeber schadlos zu halten; dem in Anspruch genommenen Auftraggeber ermöglicht sie hingegen den **vollständigen Rückgriff** gegen den Auftragnehmer. Es handelt sich, schon wegen des Verbotes von Verträgen zu Lasten Dritter, nur um eine Regelung des Innenverhältnisses; das Verhältnis zum geschädigten Dritten bleibt unberührt. Der Auftraggeber kann daher sich nach außen nicht auf die Regelung des § 10 Nr. 3 VOB/B berufen. Diese Regelugn ist insofern eine von § 426 BGB abweichende vertragliche Regelung des gesamtschuldnerischen Innenregresses.[1] Entgegen einer von *Tempel*

---

[1] Vgl. OLG Brandenburg BauR 2001, 1129 (1132).

vertretenen Auffassung² ist die Regelung des § 10 Nr. 3 VOB/B daher auch nicht wegen der gesetzlichen Regelung in § 426 BGB überflüssig, da die durch die VOB/B getroffene Regelung lediglich die Ermächtigung des § 426 Abs. 1 Satz 1 BGB („... soweit nicht ein anderes bestimmt ist...") ausfüllt.

Von der **Struktur** her ähnelt § 10 Nr. 3 VOB/B den Bestimmungen des § 10 Nr. 2 Abs. 1 Satz 1, 2. Hs., Satz 2 und Abs. 2 VOB/B. Von den **Folgen** her ist sie aber weniger flexibel, weil sie nicht mit einem „soweit" eingeleitet ist, sondern an den Eintritt tatsächlicher Voraussetzungen anknüpft, die sich im Wesentlichen in die **drei Fallkonstellationen:** Unbefugtes Betreten und Beschädigen von angrenzenden Grundstücken (unten Rdn. 39 f.), Entnahme und Auflagerung von Boden oder anderen Gegenständen (unten Rdn. 54 f.) und der eigenmächtigen Versperrung von Wegen oder Wasserläufen (unten Rdn. 60 f.) aufteilen lassen. 2

Von § 10 Nr. 2 VOB/B unterscheidet sich Nr. 3 dadurch, dass sich der Auftragnehmer in § 10 Nr. 3 VOB/B **unabhängig von entsprechenden Weisungen** des Auftraggebers gesetzeswidrig verhält und dadurch einen Dritten schädigt.³ Das könnte allerdings zu dem Schluss verleiten, § 10 Nr. 2 Abs. 1 Satz 2 VOB/B sei auf den Fall beschränkt, dass der Auftraggeber die rechtswidrige Zufügung eines Schadens angeordnet habe; dort geht es aber nur um die **Folgen angeordneter Maßnahmen.** Die tatbestandlichen Voraussetzungen des § 10 Nr. 3 VOB/B sind neutral formuliert; es kommt nicht darauf an, ob der Auftragnehmer etwas tut, was ihn der Auftraggeber geheißen hat. Entscheidend ist, dass sich unabhängig vom Anlass auch der Auftragnehmer schadensersatzpflichtig gemacht haben muss, ohne dass er die Folgen seiner Tätigkeit im Innenverhältnis zu tragen hat. 3

Die scheinbar willkürliche Zusammenstellung der in § 10 Nr. 3 VOB/B geregelten Tatbestände ist u. a. historisch bedingt. Mit der Abfassung der ursprünglichen VOB/B von 1926 waren kaum Juristen, sondern primär Baufachleute befasst.⁴ Dies erklärt auch die weitgehenden Überschneidungen der einzelnen Tatbestände einerseits und ihre unzusammenhängende Aufzählung andererseits. Frühe Regelungen des Vergabewesens finden sich ab den 30-er Jahren des 19. Jahrhunderts. Spätestens ab 1848 waren diese frühen Formen des überregionalen Verdigungswesens dadurch geprägt, dass vor allem die Interessen des (staatlichen) Auftraggebers berücksichtigt waren: Dem Unternehmer oblagen sämtliche Verpflichtungen, während dem Auftraggeber sämtliche Rechte zustanden.⁵ Selbst nach der Reichsgründung finden sich derartige Regelungen in Verdingungsordnungen. So enthielt z. B. § 11 Abs. 4 Satz 2 der „Allgemeinen Vertragsbedingungen für die Ausführung von Hochbauten" der königlichen Regierung der Stadt Köln⁶ folgende Regelung: „Er (der Auftragnehmer) hat insbesondere jeden Schaden zu vertreten, welcher durch ihn oder seine Organe Dritten oder der Staatskasse zugefügt wird." Diese Tendenz der Abwälzung von Schadensersatzansprüchen Dritter auf den Auftragnehmer steht letztlich noch immer hinter den Regelungen des § 10 VOB/B, sei es, weil diese durch den Auftragnehmer versicherbar sind (§ 10 Nr. 2 Abs. 2 VOB/B), es sich um Urheberrechtsverletzungen handelt (§ 10 Nr. 4 VOB/B) oder es sich um die in § 10 Nr. 3 VOB/B geregelten Tatbestände handelt. Die VOB/B ist insofern nicht vollständig ausgewogen. Diese ursprünglichen Gedanken entsprechen jedoch nicht mehr dem modernen Rechtsverständnis, verfassungskonform (§ 307 Abs. 1 BGB)⁷ muss § 10 Nr. 3 VOB/B heute im Lichte prinzipiell gleichberechtigter Part- 4

---

² *Tempel* Ist die VOB noch zeitgemäß? Teil 2, NZBau 2002, 532 (537).
³ Siehe → Vor § 10 Rdn. 8.
⁴ *Schubert* Zur Entstehung der VOB (Teile A und B) von 1926, FS Korbion (1986) S. 389 (407 f.).
⁵ *Schubert* a. a. O. S. 392 f.
⁶ Amtsblatt der Königlichen Regierung der Stadt Cöln, Jahrgang 1889 Nr. 196 S. 67 ff.; abgedruckt in: BauR 1989, 25 ff. – vgl. hierzu auch *Jagenburg,* 100 Jahre „Kölner VOB", BauR 1989, 17.
⁷ Vgl. zur Einwirkung der verfassungsrechtlichen Werteordnung über die Auslegung zivilrechtlicher Generalklauseln (z. B. „Treu und Glauben") auf das Privatrecht: BVerfGE 7, 198 (204 f.) – Lüth –; BVerfG NJW 2003, 2815 = EuGRZ 2003, 515; Palandt/*Heinrichs* § 242 Rdn. 7 f.; MünchKomm/*Roth* § 242 Rdn. 53 f.

## § 10 Nr. 3      Deliktische Haftung des Auftragnehmers gegenüber Dritten

nerschaft zwischen dem öffentlichen Auftraggeber und Bauwirtschaft gelesen werden (dazu weiter u. → Rdn. 7 f.).

5    Es wird weiter vertreten,[8] dass der § 10 Nr. 3 VOB/B neben § 10 Nr. 2 Abs. 2 VOB/B kaum über einen eigenen Anwendungsbereich verfüge, da Tatbestände der „§§ 823 ff. BGB" stets auch gesetzliche Haftpflichtbestimmungen i. S. d. § 10 Nr. 2 Abs. 2 VOB/B seien. Das Nebeneinander dieser beiden Klauseln sei historisch damit zu erklären, dass die als unzureichend angesehene Bestimmung des jetzigen § 10 Nr. 3 VOB/B mit der VOB 1992 durch den weiteren § 10 Nr. 2 VOB/B ergänzt worden sei, ohne dass man sich entschließen konnte, auf die Bestimmung des § 10 Nr. 3 VOB/B zu verzichten. Soweit bei Ausschlüssen in den Versicherungsbedingungen oder auf Grund Überschreitens der Versicherungshöchstsumme ausnahmsweise § 10 Nr. 2 Abs. 2 VOB/B nicht anwendbar sei, sei dies unbillig. Auch diese Auffassung gibt Anlass, den Regelungsgehalt des § 10 Nr. 3 VOB/B deutlicher herauszuarbeiten (→ Rdn. 3 e ff.).

6    Es ist nicht zu übersehen, dass § 10 Nr. 3 VOB/B in seinem Anwendungsbereich bereits weitgehend von der Regelung des § 10 Nr. 2 Abs. 2 VOB/B abgedeckt wird. Allerdings trifft er für eine bestimmte Gruppe von Haftpflichtfällen eine Regelung, die – im Gegensatz zu § 10 Nr. 2 Abs. 2 VOB/B – unabhängig von der Versicherbarkeit gelten soll. Dies ist auch nicht stets unbillig, beispielsweise in Bezug auf die üblichen Klauseln zum Selbstbehalt,[9] dem Ausschluss der Einstandspflicht bei vorsätzlichem Handeln des Versicherungsnehmers (§ 4 Abs. 2 Nr. 1 AHB, § 152 VVG)[10] oder dem Ausschluss von sog. Allmählichkeitsschäden (§ 4 Abs. 1 Nr. 5 AHB).[11] Fraglich ist allenfalls, ob diese Fälle eine eigene Regelung rechtfertigen.

7    Der **Grund** für die besondere Behandlung der in § 10 Nr. 3 VOB/B besonders geregelten Tatbestände soll nach der h. M.[12] darin bestehen, dass es primär Aufgabe des Auftragnehmers sei, diese Haftungstatbestände abzuwenden und in der Regel der Auftraggeber in den in dieser Bestimmung geregelten Fällen nur mittelbar, etwa wegen der Verletzung von Aufsichtspflichten oder im Rahmen der Haftung für Verrichtungsgehilfen (§ 831 BGB), verantwortlich sei und diese Regelung deshalb der Billigkeit entspreche. Dies alleine genügt jedoch nicht, um dem Auftragnehmer intern in allen Fällen die alleinige Haftung zuzuschreiben.

8    Insoweit zutreffend weist in diesem Zusammenhang *v. Rintelen*[13] darauf hin, dass bei einer reinen Verletzung der Aufsichtspflicht oder bei einer Haftung lediglich im Rahmen des § 831 BGB durch den Auftraggeber zwischen den gesamtschuldnerisch Haftenden das Verschulden des Auftraggebers ohnehin hinter dem des Auftragnehmers zurücktrete. Die interne Einstandspflicht sei insofern auch nach den allgemeinen Grundsätzen mit der hier getroffenen Regelung identisch. Soweit allerdings den Auftraggeber ein höherer Anteil am Verschulden trifft, weil er den Auftragnehmer etwa ausdrücklich angewiesen hat die Grundstücksgrenzen zu ignorieren, ist zu bedenken, dass die Rechtsprechung die alleinige Haftung bei mitbeherrschten Risiken – auch unter Kaufleuten – nach § 307 Abs. 1 S. 1 BGB nur in den Fällen zulässt, in denen diese mitbeherrschten Risiken auch branchenüblich versichert bzw. versicherbar sind, ansonsten sei der Vertragspartner unbillig benachteiligt.[14] Diesen Gedanken fängt § 10 Nr. 2 Abs. 2 VOB/B auf. Zur sachlichen Rechtfertigung des § 10 Nr. 3 über § 10 Nr. 2 VOB/B hinaus muss Nr. 3 deshalb einschränkend ausgelegt werden. Der Auftragnehmer kann nicht allein für die **Mit**beherrschung von Risiken allein verantwortlich gemacht werden.

---

[8] *Kapellmann/Messerschmidt/v. Rintelen* VOB/B § 10 Rdn. 38.
[9] S. o. § 10 Nr. 2 Rdn. 20 i.
[10] S. o. § 10 Nr. 2 Rdn. 20 f.
[11] S. o. § 10 Nr. 2 Rdn. 20 c.
[12] *Nicklisch/Weick* § 10 Rdn. 44; *Franke/Kemper/Zanner/Grünhagen/Zanner* VOB/B § 10 Rdn. 38; *Heiermann/Riedl/Rusam* VOB/B § 10 Rdn. 21.
[13] *Kapellmann/Messerschmidt/v. Rintelen* VOB/B § 10 Rdn. 46.
[14] Vgl. BGH NJW 1988, 1785. (1786) = BGHZ. 103, 316 einerseits und BGH NJW-RR 1989, 953 (955) andererseits– jeweils Freizeichnungsklauseln in Werftverträgen.

Deliktische Haftung des Auftragnehmers gegenüber Dritten  § 10 Nr. 3

Konform mit der gesetzlichen Schadenszurechnung ist deshalb weitere Voraussetzung des 9
§ 10 Nr. 3 VOB/B, dass der Auftragnehmer eigenmächtig oder unbefugt auch relativ zum Auftragnehmer handelt und so selbst die wesentliche Schadensursache setzt. Eine derartige Lesart ergibt sich sowohl aus dem Wortlaut der Vorschrift, als auch aus der in der VOB/B angelegten grundsätzliche Trennung zwischen Planungs- und Koordinierungsverantwortung auf der einen, sowie von Ausführungsverantwortung auf der anderen Seite.[15] Eine derartig verstandene Auslegung würde dazu führen, dass die Haftungsverteilung prinzipiell derjenigen nach § 426 BGB, § 254 BGB entsprechen würde.

Wie § 10 Nr. 2 Abs. 2 VOB/B ordnet § 10 Nr. 3 VOB/B eine alleinige interne Verant- 10
wortung des Auftragnehmers an, dem Wortlaut nach ohne Rücksicht darauf, ob der Auftraggeber die Haftung mitverursacht oder mitverschuldet hat. Zur Korrektur aus den vorgenannten Gründen sind drei Lösungen vorgeschlagen worden:
- *Cuypers* will danach unterscheiden, ob der Auftraggeber das schadensträchtige Verhalten des Auftragnehmers gebilligt oder veranlasst habe[16] die Begriffe „eigenmächtig" und „unbefugt" sollen nicht nur auf das Verhältnis zwischen Auftraggeber und Drittem, sondern auch auf das Verhältnis Auftragnehmer/Auftraggeber angewendet werden;[17]
- Andere Autoren[18] wollen die Einschränkung des §§ 10 Nr. 2 Abs. 1 VOB/B i. V. m. § 4 Nr. 3 VOB/B hineinlesen und es dem Auftragnehmer im Einzelfall zubilligen, dass er sich nach Treu und Glauben (§ 242 BGB) auf ein Mitverschulden entsprechend § 254 BGB berufen kann;
- Nach einer dritten Auffassung[19] soll der Ausschluss von Vorsatz und grober Fahrlässigkeit in § 10 Nr. 5 VOB/B in § 10 Nr. 3 VOB/B hineinzulesen sein.

Der erstgenannten Ansicht ist zunächst zu folgen. Die Regelung des § 10 Nr. 3 VOB/B 11
kann nur dahin zu verstehen sein, dass der Auftragnehmer dann alleine haftet, wenn er sowohl intern gegenüber dem Auftraggeber, als auch extern gegenüber dem Geschädigten unbefugt bzw. eigenmächtig handelt. Die Begriffe „unbefugt" und „eigenmächtig" in dieser Regelung ansonsten weitgehend sinnlos, da es sich um Ansprüche aus (extern) unerlaubter Handlungen handelt, die bereits tatbestandlich das eigenmächtige Handeln bzw. die mangelnde Befugnis nach außen voraussetzten. Ferner spricht für diese Ansicht der Regelungszweck. Die gemeinsame Rechtfertigung für die in § 10 Nr. 3 VOB/B genannten Fallgruppen soll sein, dass es der Auftragnehmer weitgehend in der Hand habe, Eingriffe in die Rechte Dritter während der Ausführung des Bauvorhabens zu verhindern.[20] Damit jedoch dem Auftragnehmer nicht auch Risiken der Baukoordinierung und – planung, welche nicht zu seinen Verpflichtungen im VOB-Vertrag gehören, angelastet werden können[21] darf er nicht gleichzeitig mit einer Koordinierungsverantwortung belastet werden.

Der Wortlaut des § 10 Nr. 3 VOB/B legt bereits nahe, dass es sich auch im Verhältnis 12
zwischen den Vertragsparteien um solche deliktische Handlungen handeln muss, die der Auftragnehmer unter Nichtbeachtung der Vorgaben des Auftraggebers begangen hat. Besonders deutlich wird dies bei der zweiten Fallgruppe, bei der es um die Entnahme und Ablagerung außerhalb der durch den Auftraggeber zugewiesenen Flächen geht. Aber auch das „eigenmächtig" der dritten Alternative ist auf das Verhältnis zwischen den Parteien anzuwenden. Soweit die erste Alternative von „unbefugt" spricht bezieht sich dies auch auf die interne Befugnis. „Unbefugt" muss sowohl auf das Betreten des nachbarlichen Grundstückes als auch auf das Beschädigen desselben sein, beide Tatbestände werden insofern durch

---

[15] Ausführlicher hierzu unten Rdn. 11.
[16] Siehe Vorauflage § 10 Rdn. 4.
[17] Siehe Vorauflage § 10 Rdn. 38, 58.
[18] *Heiermann/Riedl/Rusam* VOB/B § 10 Rdn. 21; *Leinemann/Hafkesbrink* § 10 Rdn. 47; einschr. (nur Berufung auf Mitverschulden): *Franke/Kemper/Zanner/Grünhagen/Zanner* VOB/B § 10 Rdn. 38.
[19] OLG Brandenburg BauR 2001, 1129 (1133).; *Messerschmidt/Kapellmann/v. Rintelen* VOB/B § 10 Rdn. 46.
[20] *Heiermann/Riedl/Rusam* VOB/B § 10 Rdn. 21; *Nicklisch/Weick* § 10 Rdn. 44; *Franke/Kemper/Zanner/Grünhagen/Zanner* VOB/B § .10 Rdn. 38.
[21] Vgl. etwa *Oberhauser* FS Kraus S. 151 (155 f.).

das „und" verklammert. Unzutreffend ist insofern die an der hier vertretenen Ansicht geübte Kritik, der Wortlaut des § 10 Nr. 3 VOB/B enthalte für die praktisch wichtigste Gruppe des Beschädigens von Grundstücken und Gebäuden keinerlei derartige Einschränkung.[22] Derartige Fälle würden auch bei Anwendung des § 426 BGB tendenziell zu einer Alleinhaftung des Auftragnehmers führen. § 10 Nr. 3 VOB/B hat insofern vor allem eine klarstellende Funktion.

13   Mit diesem Standpunkt steht die „Ausführungsverantwortung" des Auftragnehmers im Einklang. Sobald der Auftragnehmer den Auftraggeber auf die Möglichkeit der deliktischen Haftung hingewiesen hat und dieser trotzdem auf der fraglichen Ausführung besteht, handelt der Auftragnehmer zumindest intern nicht mehr unbefugt, weshalb es dem Auftraggeber nicht mehr möglich ist sich auf die alleinige interne Haftung des Auftragnehmers nach § 10 Nr. 3 VOB/B zu berufen. Es soll nicht ausgeschlossen sein dem Auftraggeber darüber hinaus im Einzelfall unter dem Gesichtspunkt von Treu und Glauben das Recht einzuräumen sich auf Mitverschulden des Auftraggebers zu berufen. Problematisch ist dann allerdings die Abgrenzung zu den hier herausgestellten Gesichtspunkt der „Eigenmacht" bzw. der zugewiesenen „Befugnis" des Auftragnehmers.[23]

14   Soweit nach der dritten oben in Rdn. 10 genannten Auffassung die Einschränkung des § 10 Nr. 5 VOB/B (Ausschluss von Vorsatz und grober Fahrlässigkeit des Auftraggebers) in § 10 Nr. 3 VOB/B hineinzulesen ist, scheint dies weniger sachgerecht als die hier vertretene Abgrenzung. Die hier vertretene Ansicht führt etwa in Fällen eines nur fahrlässigen Planungsverschulden (z. B. unsorgfältige Ermittlung der Grundstücksgrenzen) eher zu sachgerechten Ergebnissen. Die Eigenmacht des Auftragnehmers wiegt stärker. Soweit sich allerdings der Auftraggeber vorsätzlich oder grob fahrlässig verhält und der Schaden gleichzeitig durch die eigenmächtige Überschreitung der internen Kompetenzen verursacht wurde, wird man in aller Regel an der Kausalität des Beitrages des Auftraggebers zweifeln können.

15   § 10 Nr. 3 VOB/B regelt nur den Fall, dass einem Dritten ein **„Schaden"** entstanden ist. Was Schaden ist, ist im Bürgerlichen Gesetzbuch nicht definiert. Vielmehr hat das Gesetz die Ausbildung dieses Begriffs Wissenschaft und Rechtsprechung überlassen.[24] Sie gehen zunächst davon aus, dass Schaden im natürlichem Sinne jede Einbuße an den materiellen oder immateriellen Lebensgütern einer Person in der Folge eines bestimmten Ereignisses sei.[25] Normativ wird die Schadenshöhe durch die „Differenzhypothese" des § 249 BGB konkretisiert,[26] die aber selbst auf weiter auf Zurechnungsschranken aus anderen Normzusammenhängen angewiesen ist. Einzelheiten hierzu sind in den BGB-Kommentaren zu § 249 BGB dargelegt.[27] Dies schließt die Anwendbarkeit der Bestimmung des § 10 Nr. 3 VOB/B in den Fällen aus, in denen Dritte lediglich einen Anspruch auf **Unterlassung** der in ihr beschriebenen Tätigkeiten oder auf Verhinderung der in ihr angedeuteten Zustände haben. Die Praxis gewährt zwar in rechtsähnlicher Anwendung des § 1004 BGB auch bei deliktischen Tatbeständen einen Unterlassungsanspruch bei fortgesetzten Störungen und drohenden Beeinträchtigungen eines geschützten Rechtsgutes.[28] Dies kann man jedoch letztlich nicht als einen Schadensersatzanspruch betrachten, da Schadensersatzansprüche repressiv sind, die Unterlassungsansprüche aber präventiv.[29] § 10 Nr. 3 VOB/B kann weiterhin auch nicht die letztlich nur externe Verpflichtung beider Vertragspartner fremde Rechtsgüter nicht zu schädigen durch eine allein auf interne Zuweisung beruhenden vertraglichen Regelung erfassen und will dies auch nicht.

---

[22] So: *Kapellmann/Messerschmidt/v. Rintelen* VOB/B § 10 Rdn. 46.
[23] Vgl. auch die Kritik bei *Kapellmann/Messerschmidt/v. Rintelen* VOB/B § 10 Rdn. 46.
[24] BGH BauR 1987, 314.
[25] Palandt/*Heinrichs* Vor § 249 Rdn. 7.
[26] MünchKomm/*Oetker* § 249 Rdn. 19.
[27] Palandt/*Heinrichs* Vor § 249 Rdn. 10–14; MünchKomm/*Oetker* § 249 Rdn. 21 f.
[28] Palandt/*Sprau* Vor § 823 Rdn. 18 f.
[29] Vgl zu dieser Unterscheidung *Medicus* Bürgerliches Recht Rdn. 628.

## B. Verpflichtung des Auftragnehmers zu Schadensersatz

### I. Haftung nach § 823 Abs. 1 BGB

Nach § 249 BGB i. V. m. § 823 Abs. 1 BGB ist der Auftragnehmer verpflichtet, den Zustand herzustellen, der bestehen würde, wenn er nicht Leben, Körper, Gesundheit, Eigentum oder ein sonstiges absolutes Recht eines anderen widerrechtlich und schuldhaft verletzt hätte. Die genannten Rechte kann man auch durch ein **Unterlassen** verletzen, das zu einem Schaden führt. Widerrechtlich ist jedoch nur ein solches Unterlassen, das einer Pflicht zum Tätigwerden widerspricht. Ein Bündel solcher Pflichten wird unter dem Stichwort der „**Verkehrssicherungspflichten**" zusammengefasst; sie sind Konkretisierung des allgemeinen Gebots, vermeidbare Verletzungen Dritter oder Beschädigungen der ihnen gehörenden Gegenstände zu unterlassen.[30]  16

In erster Linie sind in § 10 Nr. 3 VOB/B Tätigkeiten angesprochen, die der **Vorbereitung** der Errichtung von Bauwerken oder Bauwerksteilen dienen. Die Bestimmung zieht die Konsequenz aus § 4 Nr. 2 Abs. 1 Satz 1 VOB/B, in dem es heißt, der Auftragnehmer habe die Leistung unter eigener Verantwortung auszuführen. Kritisch ist die Bestimmung, wenn die vom Auftragnehmer **geschuldete Bauleistung** gerade darin besteht, – wie beim Aushub der Baugrube – Boden zu entnehmen oder aufzulagern oder – wie bei der Wasserhaltung – Wasserläufe zu versperren und dergleichen. Gemäß § 4 Nr. 2 Abs. 1 Satz 1 VOB/B hat der Auftragnehmer die Leistung nicht nur in eigener Verantwortung, sondern auch **nach dem Vertrag** auszuführen. Soweit sich der Auftragnehmer gegenüber dem Auftraggeber vertragsgemäß verhält, kann er – ihm gegenüber – selbstverständlich auch nicht mit Schäden belastet werden.  17

### II. Haftung nach § 823 Abs. 2 BGB i. V. m. einem Schutzgesetz

Haftungstatbestand kann auch die schuldhafte Verletzung eines Schutzgesetzes durch den Auftragnehmer sein, **§ 823 Abs. 2 BGB**. In der folgenden Darstellung kann der Kreis der Schutzgesetze auf solche Vorschriften beschränkt werden, die eine der in § 10 Nr. 3 VOB/B beschriebenen Tätigkeiten ansprechen.  18

**a) Privates Nachbarrecht: § 905 BGB**[31] bestimmt nur den **Inhalt des Eigentums** an Grund und Boden, wenn Satz 2 der Vorschrift sagt, dass der Eigentümer Einwirkungen nicht verbieten kann, die in solcher Höhe oder Tiefe vorgenommen werden, dass er an der Verhinderung der Maßnahme kein schützenswertes Interesse hat. Einwirkungen dieser Art sind nicht rechtswidrig und deshalb auch durch § 10 Nr. 3 VOB/B nicht geschützt. Auch für die übrigen Einwirkungen räumt § 905 BGB kein eigenes subjektives Recht ein, Ansprüche ergeben sich vielmehr aus anderen Vorschriften (etwa § 1004 BGB,§ 906 BGB).[32] Hierbei gilt, dass grundsätzlich nach der Verkehrsauffassung darauf abzustellen ist, ob der Eigentümer den Erdkörper nutzt oder nutzen will und die Einwirkungen bei der Nutzung seines Grundstückes hinderlich sind; zu beachten ist auch ein eventuelles zukünftiges Nutzungsinteresse und die örtlichen Verhältnisse.[33] So kann die Verlegung der Bau eines Tunnels in 23 m Tiefe unter einem Wohnhaus nicht unter den Ausschluss nach § 905 Satz 2 BGB fallen, wenn es zu Senkungsschäden an dem Haus kommt,[34] wohl aber die  19

---

[30] Zu den besonderen Verkehrssicherungspflichten des Bauunternehmers vgl. *Werner/Pastor* Rdn. 1846 ff.; vgl. ferner unten Rdn. 65 a ff.
[31] Dazu *Ingenstau/Korbion/Wirth* VOB/B § 10 Nr. 3 Rdn. 16.
[32] MünchKomm/*Säcker* § 905 Rdn. 7.
[33] *Englert/Grauvogel/Maurer/Grauvogel* Rdn. 228, 229; MünchKomm/*Säcker* § 905 Rdn. 8.
[34] Vgl. RG JW 1912, 869; *Englert/Grauvogel/Maurer/Grauvogel* Rdn. 228.

Verlegung von Rohren einer Fernheizungsanlage in 1,79 m Tiefe unter Straßenbahngleisen.[35] Beweispflichtig für die Frage, ob ein schützenswertes und somit § 905 Satz 2 BGB ausschließendes Interesse vorliegt, ist der Einwirkende, da § 905 Satz 2 BGB ein Ausnahmetatbestand ist.[36]

20  Schutzgesetze im Sinne des § 823 Abs. 2 BGB sind **§ 906[37] BGB und § 907[38] BGB.** Das gilt dann zwar auch für § 10 Nr. 3 VOB/B, wird für diese Bestimmung aber nicht praktisch. Das beruht darauf, dass Adressat der genannten Vorschriften nur der Eigentümer des Baugrundstücks ist, nicht der Auftragnehmer als dessen Vertragspartner. Das bedeutet zwar nicht, dass der Dritte vom Auftragnehmer nicht Unterlassung unzulässiger Einwirkungen auf sein Grundstück verlangen kann,[39] also z. B. die Einstellung von Bauarbeiten, die mit Emissionen der in § 906 Abs. 1 BGB beschriebenen Art verbunden sind, oder die zu einer baulichen Anlage führen, die unter § 907 Abs. 1 Satz 1 BGB fällt.[40] Ausgleichspflichtig gegenüber dem Dritten ist zwar nur der – mit dem Rechtsinhaber des Baugrundstücks identische – **Auftraggeber,** so dass insoweit die doppelte Inanspruchnahme fehlt, die § 10 Nr. 3 VOB/B voraussetzt.[41] Allerdings betrifft dies nur den Ausgleichsanspruch des § 906 Abs. 2 S. 2 BGB; bei schuldhaftem Verhalten des Auftragnehmers kann dieser auch aus Delikt haften.[42]

21  Zu beachten ist, dass unwesentliche (§ 906 Abs. 1 Satz 1 BGB) und zwar wesentliche aber ortübliche (§ 906 Abs. 2 Satz 1 BGB) Beeinträchtigungen zu dulden sind. Soweit die nachbarrechtlichen Vorschriften aber **Duldungspflichten** aussprechen sind entsprechende **Beeinträchtigungen rechtmäßig** und schließen eine deliktische Haftung somit aus.[43] Auf die in derartigen Fällen u. U. anfallenden Ausgleichsansprüche (§ 906 Abs. 2 Satz 2 BGB) ist § 10 Nr. 3 VOB/B jedoch nicht anwendbar, da dieser den internen Ausgleich bei deliktischen Ansprüchen nach den §§ 823–853 BGB regelt, aber nicht für sonstige Anspruchsgrundlagen.

22  Rein akademischer Natur ist die Frage nach dem Schutzgesetzcharakter des **§ 908 BGB,** der dem Dritten gegen den Unternehmer – anstelle eines Unterlassungsanspruchs – einen Anspruch auf Tätigwerden gibt. Würde ein nach den deliktischen Spezialregelungen der §§ 836 Abs. 1, 837, 838 BGB ersatzfähiger Schaden eintreten, wenn sich die Gefahr, die mit dem Abriss eines baufälligen Gebäudes oder eines mit einem Grundstück verbundenen Werkes verbunden ist, realisiert, dann kann der Gefährdete verlangen, dass der Unternehmer die hiergegen erforderlichen Vorkehrungen trifft. Der Schaden, gegen den diese Vorschrift durch das Recht auf vorbeugende Maßnahmen verhüten will ist unabhängig von § 823 Abs. 2 BGB bereits nach den §§ 836 Abs. 1, 837, 838 BGB ersatzfähig.

23  Anders ist allerdings **§ 909 BGB** zu sehen.[44] Diese Vorschrift schützt den Eigentümer des angrenzenden Grundstückes,[45] aber auch den Eigentumsanwartschaftsberechtigten.[46] Adressat dieser Vorschrift ist nicht nur der Eigentümer des zu vertiefenden Grundstücks, sondern jeder, der daran mitwirkt, dass ein Grundstück so vertieft wird, dass dem Nachbargrundstück

---

[35] Vgl. OLG Bremen OLGZ 1971, 147 (150).
[36] MünchKomm/*Säcker* § 905 Rdn. 12; Palandt/*Bassenge* § 905 Rdn. 5 m. w. Nachw.
[37] BGHZ 97, 97 (1023 = BGH NJW 1986, 2309. Umfassend zur Problematik *Littbarski* Rdn. 234 ff.
[38] RGZ 145, 107; BGHZ 113, 384 (385).
[39] Vgl. BGH NJW 1966, 42.
[40] Regelmäßig sind Bauarbeiten allerdings ortsübliche Benutzung des Grundstücks im Sinne des § 906 Abs. 2 Satz 1 BGB. Darauf kann sich auch der Bauunternehmer – obschon nicht Benutzer, sondern allenfalls Ausnutzer der in der Umgestaltung des Baugrundstücks liegenden Verdienstquelle – berufen und einem Baustopp unter Hinweis darauf begegnen, dass die von den Bauarbeiten ausgehenden Belästigungen nur in wirtschaftlich unzumutbarer Weise gesenkt werden können.
[41] Vgl. BGH NJW 1966, 42 = LM § 906 Nr. 20.
[42] Vgl. BGH NJW 1966, 42 = LM § 906 Nr. 20.
[43] BGHZ 90, 255 (258) = NJW 1984, 2207; BGH NJW-RR 2000, 537; Palandt/*Sprau* § 823 Rdn. 32; *Petersen* NJW 1998, 2099 (2100).
[44] Vgl. *Ingenstau/Korbion/Wirth* VOB/B § 10 Nr. 3 Rdn. 18.
[45] OLG Düsseldorf NJW-RR 1997, 146; OLG München VersR 2004, 1270.
[46] BGH NJW 1991, 2019; *Englert/Grauvogel/Maurer/Maurer* § 673.

die erforderliche Stütze genommen wird – also auch der Bauunternehmer und sogar derjenige, der nur Stützwände aufzustellen hat.[47] Als derjenige, der das bewirkt, ist der Auftragnehmer sogar in erster Linie angesprochen; eben deshalb ist die Konstellation in § 10 Nr. 3 VOB/B geregelt.

§ 909 BGB schützt das Nachbargrundstück und verbietet jede Vertiefung, wenn die erforderliche Stützung des Bodens des Nachbargrundstückes nicht mehr gegeben ist. Unzulässig ist es hierbei in der Regel auch, eine Vertiefung vorzunehmen, wenn die Beeinträchtigung des Nachbargebäudes dadurch begünstigt wird, dass das Fundament in der Folge schlechter Bodenverhältnisse weniger tragfähig ist.[48] Eine Vertiefung hat hiernach regelmäßig zu unterbleiben, wenn es technisch nicht möglich ist das nachbarliche Grundstück in geeigneter Form abzustützen.[49] Allerdings kann sich im Einzelfall aus dem nachbarrechtlichem Gemeinschaftsverhältnis eine Pflicht des Nachbarn zur Duldung der Vertiefung ergeben. In solchen Fällen der Duldungspflicht würde eine deliktische Haftung mangels Rechtswidrigkeit azusgeschlossen sein (vgl. oben Rdn. 21). 24

Umstritten ist, ob **§ 1004 BGB** ein Schutzgesetz i. S. d. § 823 Abs. 2 BGB darstellt.[50] Dies wird im Zweifel wohl zu bejahen sein. Der Anwendungsbereich für eine Haftung nach §§ 823 Abs. 2, 1004 BGB neben § 823 Abs. 1 BGB dürfte allerdings gering sein, da Schutzgut des § 1004 BGB das Eigentum ist. 25

**b) Öffentlich-rechtliche Schutzgesetze:** Auch im öffentlichem Recht, insb. im Bauordnungsrecht finden sich Schutzgesetze. 26

Bestimmungen in den **Landesbauordnungen** über **Grenzabstände (Bauwich)** sind zwar Schutzgesetze im Sinne des § 823 Abs. 2 BGB[51] richten sich aber an den Bauherrn. Eine entsprechende deliktsrechtliche Haftung des Auftragnehmers ist daher ausgeschlossen. Ebenso richten sich **§ 15 BauNVO** oder **§§ 34, 35 BauGB** sowie das **Gebot der gegenseitigen Rücksichtnahme** nicht an den Auftragnehmer, sondern den Bauherrn. Bei den Bestimmungen in den Landesbauordnungen, dass **Versorgungs-, Abwasser- und Fernmeldeleitungen** zu schützen sind, handelt es sich nach der Rechtsprechung nicht um ein Schutzgesetz, da diese Bestimmungen nicht den einzelnen am Ver- und Entsorgungsnetz Angeschlossenen schützen sollen.[52] 27

Kein Schutzgesetz zu Gunsten des Straßenbaulastträgers sind die **§§ 9, 9 a Bundesfernstraßengesetz (FstrG)**.[53] 28

Im **Straßenverkehrsrecht** insbes. der StVO, sind ebenfalls eine Reihe, mit Blick auf das Versperren von Straßen auch im Rahmen des § 10 Nr. 3 VOB/B relevante Schutzgesetze enthalten. Zu denken ist etwa an die Park- und Haltevorschriften in **§ 12 StVO**, die weitgehend Schutzgesetze zu Gunsten anderer Verkehrsteilnehmer oder anderer Anlieger sind.[54] **§ 32 StVO** (Verbot von Verkehrshindernissen) stellt außerdem ein Schutzgesetz zu Gunsten der Verkehrsteilnehmer dar und richtet sich gegen denjenigen, der den das Hinder- 29

---

[47] BGH NJW 1996, 3205 (3206) = VersR 1997, 119 m. w. Nachw.; BGHZ 101, 290 (291) = BGH NJW 1987, 2808 (2809).
[48] BGH NJW 1987, 2808 (2809). = BGHZ 101, 290 = *Englert/Grauvogel/Maurer/Maurer* Rdn. 672.
[49] BGH NJW 1987, 2808 (2810). = BGHZ 101, 290.
[50] Bejahend: BGHZ 104, 6 (16); BGH DB 1964, 65; RGZ 121, 185 (189); OLG Koblenz BauR 1996, 410 (411); OLG Düsseldorf NJW-RR 1995, 1231; Palandt/*Sprau* § 823 Rdn. 61 unter „BGB"; Palandt/ *Bassenge* § 1004 Rdn. 1; MünchKomm/*Wagner* § 823 Rdn. 358; *Erman/Schieman* § 823 Rdn. 161; *Kuß* VOB/B § 10 Rdn. 80; zweifelnd bis ablehnend: BGH JZ 1977, 178; OLG Köln NJW 1996, 1290 (1291); OLG Köln NJW-RR 1996, 1104; abl. *Seidel* Nachbarschutz Rdn. 949.
[51] BGH NJW 1985, 2825 (2826 f.); BayObLG NZM 2001, 815 (816); OLG Koblenz NZM 1999, 679 (680).
[52] BGHZ 66, 388 (389 ff.) m. w. Nachw. zur obergerichtlichen Rechtsprechung; Palandt/*Sprau* § 823 Rdn. 72; anders noch BGH NJW 1968, 1279 (1280); BGH VersR 1969, 542; abw. auch *Geigel/Freymann* Haftpflichtprozess Kap. 15 Rdn. 586.
[53] BGH NJW 1975, 47; *Erman/Schiemann* § 823 Rdn. 164; *Geigel/Freymann* Haftpflichtprozess Kap. 15 Rdn. 5.
[54] Vgl. hierzu die Übersichten zur Rechtsprechung bei Palandt/*Sprau* § 823 Rdn. 66; MünchKomm/ *Wagner* § 823 Rdn. 369 (Stichwort: „Straßenverkehrsordnung").

§ 10 Nr. 3 Deliktische Haftung des Auftragnehmers gegenüber Dritten

nis darstellenden Gegenstand auf die Straße gebracht hat und gegen denjenigen, der die tatsächliche Verfügungsgewalt über die Sache hat.[55]

30  Im **Wasserrecht** des Bundes und der Länder finden sich eine Vielzahl von drittschützenden Vorschriften, welche auch zum Teil Schutzgesetze im Sinne des § 823 Abs. 2 BGB sind.[56] Die Bestimmung des **§ 4 Abs. 1 Wasserhaushaltsgesetz (WHG)** hat zwar drittschützende Wirkung,[57] richtet sich aber an die Genehmigungsbehörde, die entsprechende Auflagen bei der Genehmigungserteilung zu erlassen hat.[58] Keine Schutzgesetze sind die **§§ 2, 6, 41 Abs. 1 Nr. 1 WHG**.[59] Demgegenüber ein Schutzgesetz i. S. d. § 823 Abs. 2 BGB ist **§ 8 WHG i. V. m. den ergänzenden landesrechtlichen Vorschriften,** insbesondere die Abs. 3 und 4,[60] unabhängig davon, ob eine Erlaubnis, eine Bewilligung oder eine wasserrechtliche Gestattung beantragt wurde.[61] Zu beachten ist aber, dass alle schadensersatzrechtlichen Ansprüche ausgeschlossen sind, wenn eine Bewilligung zur Gewässerbenutzung vorliegt und sich der Berechtigte innerhalb der erteilten Auflagen bewegt. Nur soweit der Berechtigte die Auflagen verletzt ist er schadensersatzpflichtig (§ 11 Abs. 1 WHG).

31  **c) Strafrechtliche Schutzgesetze:** Ein Schutzgesetz ist **§ 313 StGB** für die dort genannten Individualrechtsgüter, die Vorschrift dient u. a. dem Schutz dieser Rechtsgüter vor vorsätzlich oder fahrlässig herbeigeführten Überschwemmungen,[62] **§ 315 b StGB** dient nicht nur der allgemeinen Sicherheit des Straßenverkehrs, sondern auch den Individualrechtsgütern Leib, Leben und Eigentum an wertvolleren Sachen,[63] **§ 318 StGB** dient neben dem Schutz von Gebäuden der öffentlichen Daseinsvorsorge, lediglich dem Schutz der individuellen Rechtsgüter Leib und Leben,[64] welche bereits durch den vorangigen § 823 Abs. 1 BGB vollständig erfasst werden.

### III. Sonstige Deliktstatbestände

32  Haftung des Auftragnehmers aus **§ 826 BGB** wegen sittenwidriger Schädigung eines Dritten ist nicht ausgeschlossen. In der Regel – wenn der Auftraggeber nicht ebenfalls sittenwidrig handelt – wird das Verschulden des Auftragnehmers bei einer sittenwidrigen Schädigung des Dritten derartig weit überwiegen, dass selbst nach allgemeinen Regeln (§ 426 BGB, § 254 BGB analog) der Auftragnehmer im Innenverhältnis alleine haftet.

33  Die Haftung des Auftragnehmers für vermutetes Auswahl-, Beschaffungs- oder Leitungsverschulden, **§ 831 BGB,** ist im Rahmen des § 10 Nr. 3 VOB/B stets von Bedeutung, wenn der Auftragnehmer nicht alleinausführender Einzelunternehmer ist, sondern einen Baubetrieb unterhält,[65] denn dessen Arbeitnehmer sind in aller Regel Erfüllungsgehilfen des Unternehmers. Mangels Weisungsgebundenheit sind Subunternehmer im Verhältnis zum Hauptunternehmer (vgl. oben → § 10 Nr. 1 Rdn. 20 a) und selbstständige Handwerker bzw. Bauunternehmer im Verhältnis zum Auftraggeber (vgl. → § 4 Nr. 2 Rdn. 176) demgegenüber in der Regel keine Verrichtungsgehilfen im Sinne des § 831 BGB.

34  Der Auftragnehmer kann Besitzer eines mit einem Grundstück verbundenen Werkes im Sinne des **§ 836 Abs. 1 Satz 1 BGB** sein. Notwendig ist gem. Abs. 3 Eigenbesitz am

---

[55] BGH VRS 20, 337 (auf Bürgersteig und Teilen der Fahrbahn abgeladener Bausand) – damals noch zu § 41 StVO a. F.
[56] Vgl. etwa die Zusammenfassung bei MünchKomm/*Wagner* § 823 Rdn. 633.
[57] BVerwG NJW 1988, 434.
[58] A. A. wohl Palandt/*Bassenge* § 903 Rdn. 22, ohne weitere Begründung.
[59] BGH NJW 1977, 1770 (1773).
[60] BGHZ 88, 34 = NJW 1984, 975; BGH NJW 1977, 1770 (1774); BGH NJW 1977, 763.
[61] BGHZ 88, 34 (38) = NJW 1984, 975 (976); MünchKomm/*Wagner* § 823 Rdn. 633.
[62] *Schönke/Schröder/Cramer/Heine* StGB § 313 Rdn. 1.
[63] *Schönke/Schröder/Cramer/Sternberg-Lieben* StGB § 315 b Rdn. 1.
[64] *Lackner/Kühl* StGB § 318 Rdn. 1; *Schönke/Schröder/Cramer* StGB § 318 Rdn. 1.
[65] Vgl. *Heiermann/Riedl/Rusam* VOB/B § 10 Rdn. 21.

Grundstück. Eigenbesitz besteht für den durch Vormerkung gesicherten Käufer eines Grundstückes ab dem Zeitpunkt, zu dem vertraglich die Übergabe der Kaufsache und die Übernahme von Lasten, Nutzungen und Gefahren vereinbart wurde,[66] generell bei Käufern von Grundstücken, den Besitz erlangt haben auch vor der Eintragung im Grundbuch,[67] bereits bei der Übertragung wirtschaftlichen Eigentums[68] oder bei Erwerb eines Grundstückes durch nichtigem Vertrag und nichtiger Auflassung.[69] Für den sachlichen Anwendungsbereich des § 836 BGB ist zu beachten, dass die notwendige Verbindung von Grundstück und „Werk" nicht dauerhaft i. S. d. § 94 BGB sein muss, da § 94 BGB ein anderes Ziel (Verhinderung der Zerschlagung von volkswirtschaftlichen Vermögenswerten) dient, als § 836 BGB.[70] Es genügt eine Verbindung durch die Schwerkraft, solange das Werk nicht ohne weiteres fortbewegt werden kann.[71] Als Beispiele seien genannt:[72] Baugerüste,[73] Turmdrehkräne,[74] Bauzäune,[75] Rutschbahnen[76] im Neubau zur Beförderung von Dachdielen, Baubuden. Besitzt der Auftragnehmer zusätzlich das Werk auf einem Grundstück – Baugrundstück oder Nachbargrundstück – in Ausübung eines – **persönlichen**[77] **Rechts,** so trifft ihn anstelle des Besitzers des Grundstücks die Verantwortung (**§ 837 BGB**). Dies ist etwa beim Aufsteller eines Baugerüstes der Fall.[78] Die Möglichkeit einer gesamtschuldnerischen Haftung von Auftragnehmer und Auftraggeber, von der § 10 Nr. 3 VOB/B ausgeht, scheidet deshalb scheinbar von vornherein – also auch, wenn letzterer an sich Eigentümer des Grundstücks ist, von dem die Schadensursache ausgegangen ist – aus. Aktuell werden kann die Bestimmung jedoch in dem Fall, dass der Auftraggeber nicht Eigentümer, aber Eigenbesitzer des Baugrundstücks ist. Wenn der Auftragnehmer seinen Verkehrssicherungspflichten bei der Aufstellung des Werkes i. S. d. § 836 Abs. 1 BGB nicht nachgekommen ist und daher nach § 823 Abs. 1 BGB haftet, konzentriert sich die deliktische Haftung gem. § 840 Abs. 3 BGB auf den Auftragnehmer. Auch in diesem Falle ist deshalb eine gesamtschuldnerische Haftung ausgeschlossen.

Von den §§ 823 ff. BGB kommt schließlich noch **§ 838 BGB** in Betracht. Hier wird man unter **Unterhaltungsverpflichtet** für das Gebäude denjenigen zu verstehen haben, der ohne Eigenbesitzer zu sein, dafür verantwortlich ist, dass andere durch das Gebäude nicht zu Schaden kommen, sofern ihm außerdem die Befugnis eingeräumt wurde entsprechliche bauliche Maßnahmen zur Abwendung zu veranlassen.[79] Dies können sein: Der Mieter, wenn er vertraglich die Instandhaltung übernommen hat,[80] der Verwalter einer Wohnungseigentümergemeinschaft,[81] überhaupt jeder Verwalter, der die Pflicht zur Festellung baulicher Mängel und die Instandhaltung eines Gebäudes übernommen hat,[82] ein Treuhänder, Insolvenz- oder Zwangsverwalter.[83] Sofern Nutzungsberechtigte herangezogen werden, müssen diese nicht nur gegenüber dem Eigentümer, sondern auch Dritten gegenüber zur Unterhaltung eines Grundstückes verpflichtet sein.[84] Hierzu gehören: Der Nießbraucher und der

35

---

[66] LG Tübingen VersR 1990, 1245 = NJW-RR 1990, 610.
[67] MünchKomm/*Joost* § 872 Rdn. 10 m. w. Nachw.
[68] Vgl. BFH DB 2003, 1824.
[69] Vgl. BVerwG NJ 2002, 611 (L.).
[70] MünchKomm/*Wagner* § 836 Rdn. 9.
[71] MünchKomm/*Wagner* a. a. O.
[72] Weitere Bsp. bei MünchKomm/*Wagner* § 836 Rdn. 10; Palandt/*Sprau* § 836 Rdn. 3; *Geigel/Haag* Haftpflichtprozess Kap. 19 Rdn. 5.
[73] BGH NJW 1999, 2593 (2594); BGH NJW 1997, 3 1853 m. w. Nachw. zur Rechtsprechung; RG JW 1910, 288.
[74] OLG München VersR 2002, 69; OLG Hamm VersR 1997, 194; OLG Düsseldorf BB 1975, 942.
[75] *Geigel/Haag* Haftpflichtprozess Kap. 19 Rdn. 5.
[76] RG HRR 35, 730.
[77] Was für § 837 BGB ausreicht, vgl. Palandt/*Thomas* § 837 Rdn. 2.
[78] Siehe die Nachw. in Fn. 73.
[79] BGH NJW-RR 1990, 1423 (1424).
[80] BGH NJW-RR 1990, 1423.
[81] OLG Düsseldorf NJW-RR 1992, 1244 = MDR 1993, 27.
[82] BGHZ 6, 315.
[83] Vgl. zu diesen drei Unterhaltspflichtigen: BGHZ 21, 285 ()291).
[84] Palandt/*Sprau* § 838 n Rdn. 1.

**§ 10 Nr. 3**          Deliktische Haftung des Auftragnehmers gegenüber Dritten

Inhaber anderer Dienstbarkeiten[85] oder Eltern, wenn sie ein Nutzungsrecht nach § 1649 Abs. 2 BGB haben, hinsichtlich des Kindesvermögens.[86]

36    Der Anspruch gegen den Auftragnehmer muss sich aus einem deliktrechtlichen Anspruch der §§ 823 ff. BGB ergeben. Wie im Rahmen des § 10 Nr. 2 Abs. 2 VOB/B[87] ist davon auszugehen, dass insoweit eine **Konkurrenz zu anderen Anspruchsgrundlagen** unschädlich ist. Denkbar ist beispielsweise neben dem Deliktsanspruch ein vertraglicher Anspruch des Dritten gegen den Auftragnehmer, wenn bei einem Bauvertrag über Bauarbeiten an der Grundstücksgrenze ein Vertrag mit Schutzwirkung zu Gunsten Dritter vorliegt[88] oder eine Haftung aus § 22 WHG, da das Absperren von Gewässern eine Einwirkung darauf darstellen kann.[89]

## C. Haftung des Auftraggebers auf Grund gesetzlicher Haftpflichtbestimmungen

37    Stillschweigende Voraussetzung des § 10 Nr. 3 VOB/B ist, dass neben dem Auftragnehmer der Auftraggeber dem Dritten haftet. Das ergibt sich schon aus der Überlegung, dass eine Regelung der internen Haftung überflüssig ist, wenn extern nur der Auftraggeber haftet. In einem derartigen Fall besteht auch kein Gesamtschuldverhältnis. Im Übrigen ergibt sich diese Bedingung aus dem Kontext der Nummern 2 und 3. § 10 Nr. 3 VOB/B ist sachlich wie § 10 Nr. 2 Abs. 3 VOB/B zu lesen, also als weiterer Unterfall des § 10 Nr. 2 Abs. 1 Satz 1 VOB/B.[90] Diese Haftung des Auftraggebers im Außenverhältnis kann beispielsweise darauf beruhen, dass er es als Grundstückseigentümer unterlassen hat, eine der in § 10 Nr. 3 VOB/B genannten unerlaubten Handlungen zu unterbinden oder dass er es bei einer dort genannten unerlaubten Handlung an der gebotenen Sorgfalt fehlen ließ.[91] Voraussetzung für eine solche Haftung ist jedoch, dass dem Auftraggeber gegenüber dem Dritten eine solche Pflicht zur Unterbindung einer unerlaubten Handlung oder eine entsprechende Sorgfaltspflicht oblag.

38    Der Auftraggeber kann auch aus anderen rechtlichen Gründen als aus Delikt nach den §§ 823 ff. BGB mithaftbar sein – etwa aus Vertrag, Gefährdungshaftung nach § 22 Abs. 1 WHG[92] etc. – da zur Grundlage der Haftung des Auftraggebers § 10 Nr. 3 VOB/B keine Aussage trifft. Praktisch relevant kann etwa das nachbarrechtliche Gemeinschaftsverhältnis (§ 906 Abs. 2 Satz 2 BGB direkt oder analog) sein. Dies ist meistens von Bedeutung, wenn eine deliktischen Haftung nach § 831 BGB ausfällt. Der verschuldensunabhängige nachbarrechtliche Anspruch kann auch in solchen Fällen noch angewendet werden.[93]

### I. Unbefugtes Betreten oder Beschädigung angrenzender Grundstücke

39    Nach dem Wortlaut ist unklar, ob sich das „unbefugt" nur auf das Betreten fremder Grundstücke bezieht oder auch auf das Beschädigen. Allerdings setzt eine Haftung nach § 823 ff. BGB für Beschädigungen an Sachen stets voraus, dass diese rechtswidrig und daher ohne Befugnis des Berechtigten geschehen. Da ansonsten jeder andere genannte Sachverhalt entweder „eigenmächtig" oder „außerhalb der vom Auftraggeber dazu angewiesenen Flächen" geschehen soll, besteht kein Anlass anzunehmen, dass sich „unbefugt" nur auf das Betreten, nicht aber auf das Beschädigen beziehen soll.[94] Schadensträchtiger ist das Befahren mit

---

[85] BGH NJW-RR 1990, 1423 (1424).
[86] Palandt/*Sprau* § 838 n Rdn. 1.
[87] Vgl. hierzu → § 10 Nr. 2 Rdn. 2 ff.
[88] Vgl. OLG Koblenz NZBau 2000, 292.
[89] Vgl. zur Haftung nach § 22 Abs. 1 WHG im Einzelnen unten Rdn. 65 a.
[90] Vgl. *Nicklisch/Weick* § 10 Rdn. 19.
[91] *Heiermann/Riedl/Rusam* VOB/B § 10 Rdn. 21.
[92] Vgl. hierzu unten Rdn. 74.
[93] Vgl. etwa OLG Koblenz NJW-RR 2003, 1457 (1458).
[94] A. A. wohl *Kapellmann/Messerschmidt/v. Rintelen* VOB/B § 10 Rdn. 46.

Maschinen. „Angrenzender Grundstücke" betrifft hingegen unzweifelhaft beides, sowohl das Betreten, als auch das Beschädigen. Gemeint sind nicht nur Grundstücke, die mit dem Baugrundstück nach dem Liegenschaftskataster eine gemeinsame Grenze haben, sondern alle Grundstücke, auf denen der Haftungstatbestand verwirklicht wird.[95] Es ist denkbar, dass beim Betreten des benachbarten Grundstückes Schäden an anderen Rechtsgütern, als dem Grundstück selbst entstehen – z. B. an nicht im Sinne von § 94 BGB mit dem Grundstück verbundenen oder an nur zu vorübergehenden Zwecken mit dem Grundstück verbundenen Sachen (§ 95 BGB). Weiterhin liegt nicht nur in der Beschädigung einer Sache eine schadensersatzfähige Eigentumsverletzung, sondern auch in der durch tatsächliche Einwirkungen verursachten Entziehung einer Sache, wenn diese eine Beeinträchtigung des bestimmungsgemäßen Gebrauchs darstellt.[96] Dies wird man beim bloßen Betreten allerdings nur dann annehmen können, wenn dem am Nachbargrundstück Berechtigten durch dauerhaftes Betreten die Nutzung des Grundstückes zu eigenen Zwecken nicht mehr möglich sein sollte.

Ein nach außen unbefugtes Betreten angrenzender Grundstücke ist gegeben, wenn es **40** **ohne Einwilligung** des Berechtigten (des Eigentümers, des Besitzers, des Nutzungsberechtigten)[97] geschieht und der Eigentümer oder Besitzer nicht zur Duldung aus einem anderen Grunde rechtlich verpflichtet ist (z. B. §§ 1004 Abs. 2, 858 Abs. 1 BGB). Eine Duldungspflicht kann sich zunächst nach § 242 BGB aus dem **nachbarlichen Gemeinschaftsverhältnis** ergeben. Dieses soll dem gerechten Ausgleich der Nutzungs- und Ausschlussrechte der Nachbarn dienen. Auf diess Rechtsinstitut kann allerdings nur zurückgegriffen werden, wenn über die ins Einzelne gehenden gesetzlichen Regelungen der landesgesetzlichen Nachbargesetze und der §§ 905 ff. BGB als Ausformungen dieses Gemeinschaftsverhältnisses hinaus ein Ausgleich der widerstreitenden Interesse der Eigentümer zweier Grundstücke dringend geboten erscheint.[98] Dabei ist es für einen Duldungsanspruch unerheblich, ob der Grundstücksnachbar sein Grundstück nutzt.[99] Wegen der häufig sehr detaillierten Regelungen in den Landesgesetzen und in den Regelungen des BGB wird sich aus dem allgemeinen nachbarlichen Gemeinschaftsverhältnis nur selten eine Duldungspflicht ergeben. Zu beachten ist allerdings, dass Vorhaben im Rahmen des allgemeinen nachbarlichen Gemeinschaftsverhältnisses in einer Weise durchzuführen sind, die die Belange des betroffenen Nachbarn möglichst wenig beeinträchtigen.[100]

Im Regelungszusammenhang des § 10 Nr. 3 VOB/B von besonderer Bedeutung sind die **41** gem. Art. 124 EGBGB bestehenden landesrechtlichen Vorschriften zum Nachbarrecht, insb. zum sogenannten **Hammerschlags- und Leiterrecht.** Das Hammerschlags- und Leiterrecht ist in den Nachbarrechtsgesetzen der Bundesländer Baden-Württemberg, Berlin, Brandenburg, Hessen, Niedersachsen, Nordrhein-Westfalen, Rheinland-Pfalz, Saarland, Sachsen, Sachsen-Anhalt und Schleswig-Holstein ausdrücklich geregelt. In Altvorpommern sind noch die Vorschriften des peußischen Allgemeinen Landrechts (ALR) anzuwenden, im ehemaligen Land Mecklenburg, in Neuvorpommern und im Bundesland Bremen ist auf das gemeine Recht zurückzugreifen, in Bayern fehlen Vorschriften zum Hammerschlags- und Leiterrecht.[101]

Im Bereich des **gemeinen Rechtes** gab es nach überwiegender Ansicht kein Hammer- **42** schlags- und Leiterrecht. In den Gebieten, in denen auf das gemeine Recht zurückgegriffen

---

[95] *Kapellmann/Messerschmidt/v. Rintelen* VOB/B § 10 Rdn. 41; nach *Ingenstau/Korbion/Wirth* VOB/B § 10 Nr. 3 Rdn. 6 sollen nicht nur die sich dem Baugrundstück anschließenden Grundstücke, sondern auch die sonst im unmittelbaren Bereich des Baugrundstücks liegenden Grundstücke mit erfasst werden. Das hilft als Abgrenzungskriterium nicht weiter.
[96] Palandt/*Sprau* § 823 Rdn. 8.
[97] *Ingenstau/Korbion/Wirth* VOB/B § 10 Nr. 3 Rdn. 4; *Heiermann/Riedl/Rusam* VOB/B § 10 Rdn. 22; *Kuß* VOB/B § 10 Rdn. 31 „mit Einverständnis des Berechtigten".
[98] BGH NJW-RR 2003, 1313 (1314) = ZfIR 2003, 947; BGH NJW 2003, 1392 = NZM 2003, 358; BGH NJW 2000, 1719 = MDR 2000, 516 = VersR 2001, 1248.
[99] BGH NJW 2000, 1719 = MDR 2000, 516 = VersR 2001, 1248.
[100] BGH NJW-RR 2003, 1313 (1314) = ZfIR 2003.
[101] Vgl. näher hierzu: *Dehner,* Nachbarrecht § 28 I.

werden muss, kann das nachbarliche Gemeinschaftsverhältnis zur Begründung der Hammerschlags- und Leiterrechte zurückgegriffen werden, da dieses ein gesetzlich geregelter Ausfluss des nachbarrechtlichen Gemeinschaftsverhältnisses ist.[102] Nach dem **Preußischen Allgemeinenen Landrecht (ALR)** gab es nach der vorherrschenden Ansicht ebenfalls kein Hammer- und Leiterrecht, es sollte aber ein notwendiges Servitut gem. § 3 Abs. 1 ALR zu gewähren sein. Hiernach war der am Grundstück Berechtigte verpflichtet, seinen Nachbarn das Betreten des Grundstückes als Dienstbarkeit zu gestatten, wenn ansonsten das nachbarliche Grundstück „ganz oder zum Teil völlig unbrauchbar sein würde."[103]

43  Die Einzelnen **Nachbarrechtsgesetze der Bundesländer** sehen unterschiedliche Regelungen darüber vor, welche Tätigkeiten zu dulden sind. Baden-Württemberg, Hamburg, Hessen, Rheinland-Pfalz und Thüringen sehen Hammerschlags- und Leiterrechte bei der Errichtung, Veränderung und Unterhaltung baulicher Anlagen vor. In Baden-Württemberg, Hessen, Rheinland-Pfalz und Thüringen kommt dieses Recht auch bei der Beseitigung und in Rheinland-Pfalz und Thüringen darüber hinaus bei der Reinigung baulicher Anlagen in Betracht.[104] Die Gesetze Berlins, Brandenburgs, Niedersachsens, Nordrhein-Westfalens, des Saarlandes, Sachsens, Sachsen-Anhalts und Schleswig-Holsteins sehen entsprechende Duldungspflichten bei Bau- und Instansetzungsarbeiten vor, in Niedersachsen betrifft dies nicht nur die Durchführung, sondern auch die Vorbereitung derartiger Tätigkeiten. In Berlin, Brandenburg, dem Saarland, Sachsen, Sachsen-Anhalt und Schleswig-Holstein werden auch Unterhaltungsarbeiten genannt.[105]

44  Soweit das Hammerschlag- und Leiterrecht gesetzlich geregelt ist, hat der Nachbar die Benutzung des Grundstückes zu dulden, wenn ansonsten die Arbeiten an dem Nachbargrundstücken einen **unverhältnismäßigen Aufwand** erfordern würden. Nach vielen Nachbarrechtsgesetzen genügt es, dass die Arbeiten vom eigenen Grundstück aus nicht zweckmäßig wären. In Baden-Württemberg, Berlin, Brandenburg und Sachsen wird darauf abgestellt, ob dem Anspruchsteller unverhältnismäßig hohe Kosten entstehen würden. In Sachsen-Anhalt ist darauf abzustellen, ob es ansonsten zu unverhältnismäßigen Kosten oder unverhältnismäßigen Erschwerungen kommen würde.[106] In der Rechtsprechung ist umstritten, ob die Benutzung im Rahmen des Hammerschlag- und Leiterrechtes auch gewisse **Eingriffe in die Substanz** des Nachbargrundstückes umfassen kann[107] oder ob ein Eingriff in die Sachsubstanz ausgeschlossen sein soll.[108] Richtig ist wohl mindestens im Regelfall keine Substanzverletzung zuzulassen. Es würde die nachbarliche Duldungspflicht überspannen, wenn es auch zulässig wäre, die Substanz des Nachbargrundstückes zu beeinträchtigen, insb., wenn es, wie in einigen Nachbarrechtsgesetzen vorgesehen, als Voraussetzung für den Eingriff schon genügt, dass es nur zweckmäßig ist Arbeiten von dem nachbarlichen Grundstück auszuüben. Bereits aus allgemeinen Grundsätzen folgt, dass die mit der Ausübung des Hammerschlags- und Leiterrechtes verbundenen Nachteile und Blästigungen **nicht unverhältnismäßig** zu dem vom Berechtigten erstrebten Vorteil sein dürfen. Auch soweit einige Länder, wie Baden-Württemberg oder Hamburg keine ausdrückliche gesetzliche Regelung hierzu getroffen haben, ist diese Grenze dieses Rechtes daher zu beachten.[109]

45  Ein nachbarlicher Duldungsanspruch besteht im Übrigen nur, wenn das begünstigte **Bauvorhaben** auch (zivil- und öffentlichrechtlich) **rechtmäßig** ist.[110] Insbesondere muss eine Baugenehmigung bestehen. Ist diese erteilt, darf wegen der fehlenden aufschiebenden

---

[102] *Nicklisch/Weick* § 10 Rdn. 45; ausf. *Weimar* BauR 1975, 26; vgl. OLG Düsseldorf NVwZ-RR 1992, 528 = MDR 1992, 53.
[103] Näher zu den landrechtlichen und gemeinrechtlichen Bestimmungen *Dehner* a. a. O. (Fn. 101).
[104] Sie hierzu im Einzelnen: *Dehner* a. a. O. (Fn. 101) § 28 I.1.a).
[105] Sie hierzu im Einzelnen: *Dehner* a. a. O. (Fn. 101) § 28 I.1.b) und c).
[106] Übersicht bei *Dehner* a. a. O. (Fn. 101) § 28 I.2.a).
[107] Vgl. BGH VersR 1980, 650 (651); OLG Braunschweig NdsRpfl 1977, 231 (232) – jeweils Ausheben von Erdreich auf Nachbargrundstück.
[108] OLG Düsseldorf NVwZ-RR 1992, 528 = MDR 1992, 53.
[109] *Dehner* a. a. O. (Fn. 101) § 28 I.2.b).
[110] OLG Braunschweig NdsPpfl 1977, 231 (232); *Dehner* a. a. O. (Fn. 101) § 28 I.2.c).

Wirkung des Widerspruchs und der Anfechtungsklage gegen die Baugennehmigung (§ 212a Abs. 1 BauGB) gebaut werden, sofern nicht die Baubehörde nach § 80 Abs. 4 VwGO oder die Widerspruchsbehörde nach den §§ 80a Abs. 1 Nr. 2, 80 Abs. 4 VwGO die Vollziehung aussetzt oder ein Verwaltungsgericht nicht nach § 80 Abs. 5 VwGO die aufschiebende Wirkung anordnet. Bei anzeigebedürftigen Vorhaben sind diese nach Ablauf der Untersagungsfrist als bauordnungsrechtlich zulässig anzusehen.

Die Nachbarrechtsgesetze sehen – unterschiedliche[111] – **Anzeigefristen** vor. Umstritten ist, ob der Verpflichtete bei erklärtem Nichteinverständnis zur Nutzung seines Eigentumes im Rahmen eines Hammerschlags- und Leiterrechtes unmittelbar zur Duldung verpflichtet sein soll[112] oder ob erst eine entsprechende **gerichtliche Entscheidung** herbeigeführt werden muss.[113] In Niedersachsen wurde diese Frage zu Gunsten der letzteren Ansicht ausdrücklich gesetzlich geregelt (§ 42 Abs. 2 nieds. NRG). Der letztgenannten, vor allem auch von der Rechtsprechung vertretenen Ansicht ist auch in den Fällen zu folgen, in denen eine entsprechende Regelung fehlt. **46**

Der Auftragnehmer seinerseits haftet nur, wenn er den Schaden **verschuldet** hat, §§ 823 Abs. 1, 831 BGB. Dieses Verschulden kann darin liegen, dass er **nicht ausreichende Vorkehrungen** zur Schadensvermeidung getroffen hat. Das macht das Betreten des Grundstücks als solches durch den Auftragnehmer und seine Leute als diejenigen, die die Bauarbeiten durchführen wollen, aber nicht selbst unbefugt. War das Betreten einmal dadurch grundsätzlich gestattet weil der Eigentümer des Baugrundstücks seiner Anzeigepflicht nachgekommen ist und der Berechtigte nicht rechtzeitig widersprochen hat, dann bleibt es bei der Rechtmäßigkeit der Benutzung des nachbarlichen Grundstückes. **47**

Die Beschädigung angrenzender Grundstücke soll jeden Schaden, der durch unerlaubte Handlung begangen wurde, erfassen;[114] überwiegend wird darauf abgestellt, ob eine Wertminderung des Grundstücks selbst eingetreten ist.[115] Danach wären bei einer streng formalsachenrechtlichen Betrachtung nur wesentliche Bestandteile des Nachbargrundstücks, also Gebäude und zu seiner Herstellung eingefügte Sachen und Pflanzen (§ 94 BGB) betroffen, Zubehör gemäß § 97 BGB hingegen nicht. Die VOB/B bezweckt allerdings vor allem wirtschaftlich sinnvolle Lösungen. Bei wirtschaftlicher Betrachtung bestehen zwischen Zubehör, eingefügten Sachen und Scheinbestandteilen jedoch kaum Unterschiede. § 97 BGB bezweckt, dass auch rechtlich berücksichtigt wird, dass es sich bei Zubehör und Grundstück wirtschaftlich um eine Einheit handelt.[116] § 10 Nr. 3 VOB/B ist daher so zu lesen, dass die „Beschädigung angrenzender Grundstücke" auch Schäden am Zubehör erfassen soll. **48**

Nicht gerechtfertigt ist der Rücktritt des Aufsichtsverschuldens des Auftraggebers etwa dann, wenn er dem Auftragnehmer eine **unklare dingliche Rechtslage** nicht verdeutlicht hatte, erst recht nicht, wenn er bei dem Auftragnehmer durch fehlende Angaben bei Abschluss des Bauvertrages oder durch Anordnungen zum Ort der Bauleistungen das Vertrauen erweckt hatte, die vereinbarten Leistungen seien auf eigenem Grund und Boden zu erbringen. In solchen Fällen dürfte auf Seiten des Auftraggebers bewusste Fahrlässigkeit vorliegen, gegebenenfalls auch Eventaulvorsatz. **49**

**Rechtsprechungsbeispiele:**

(1) Der Auftraggeber haftete seinem **Nachbarn** bei Errichtung eines Neubaus wegen Planungs- und Überwachungsverschuldens auf Schadensersatz aus § 823 Abs. 2 BGB, weil der Auftragnehmer, was dem Auftraggeber nicht verborgen geblieben war, dessen Parzelle **50**

---

[111] Baden-Württemberg, Hamburg, Hessen, Rheinland-Pfalz, Saarland: 2 Wochen vor Beginn der Benutzung; Sachsen-Anhalt: 4 Wochen vor Beginn der Benutzung; Niedersachsen, Nordrhein-Westfalen, Sachsen: 1 Monat vor Beginn der Benutzung; Berlin, Brandenburg, Schleswig-Holstein: 2 Monate vor der Benutzung.
[112] *Dehner* a. a. O. (Fn. 101) § 28 I.3.; § 6 II.7.
[113] OLG Braunschweig NdsRpfl 1977, 231 (232); KG OLGZ 1977, 448 (449 f.); OLG Karlsruhe NJW-RR 1993, 91; LG Kiel BauR 1991, 380 (382); Palandt/*Bassenge* § 858 Rdn. 6; *Seidel* Nachbarschutz Rdn. 932 – h. M.
[114] *Heiermann/Riedl/Rusam* VOB/B § 10 Rdn. 22.
[115] *Ingenstau/Korbion/Wirth* VOB/B § 10 Nr. 3 Rdn. 7; *Kuß* VOB/B § 10 Rdn. 32.
[116] Palandt/*Heinrichs* § 97 Rdn. 1; MünchKomm/*Holch* § 97 Rdn. 1.

als **Zufahrt für Baufahrzeuge** und als **Lagerplatz** in Mitleidenschaft gezogen hatte, so dass gärtnerische Kulturen zerstört worden waren.[117] Hier haftet der Auftragnehmer im Innenverhältnis allein, weil die objektiven Umstände für ihn keinen Zweifel daran ließen, dass er etwas zum Zwecke der Bauausführung in Anspruch nahm, was nicht zur Disposition des Auftraggebers stand.[118]

51 (2) Der **Subsubunternehmer von Sanierungsarbeiten** (asbesthaltiges Eternitdach) hatte schuldhaft **kontaminiertes Reinigungswasser** in den Garten geleitet; es waren Pflanzen und eine Mauer beschädigt worden. Der Subunternehmer haftete dem Nachbarn aus § 823 Abs. 1 BGB, weil er die arbeiten übernommen hatte, obwohl es sich bei ihm (Subsubunternehmer) um ein „anonymes Billigunternehmen ohne fachliches Renommé handelte". Gleiches gilt von dem Generalunternehmer, der nicht dafür gesorgt hatte, dass der Auftrag an ein hinreichend qualifiziertes Fachunternehmen weitergereicht wurde.[119] Im Innenverhältnis haftete nur der Subsubunternehmer.

52 (3) Der Auftragnehmer hatte den Arbeiter eines Unternehmens, der einen **Baukran** montiert hatte, angewiesen, eine auf dem Nachbargrundstück stehende repräsentative **Pyramideneiche,** die die Drehbewegung des Kranauslegers behinderte, um 2 m zu kappen.[120] Die Montagefirma haftete nicht für ihren Monteur, weil ihr Monteur insoweit nicht als Verrichtungsgehilfe tätig geworden war.[121] § 10 Nr. 3 kam nicht zum Tragen.

53 (4) Der Auftragnehmer hatte eine Wand zum Nachbargrundstück als **Grenzwand** zu betonieren. Hierzu musste das Nachbargrundstück auf 15 m Länge 1 m tief und 50 cm breit für die **Schalung** ausgeschachtet werden, womit der Nachbar einverstanden war. Nach Ausschachten blieb allerdings ein Hindernis in Form der Wurzeln von 5 großen serbischen Fichten. Leute des Auftragnehmers sägten sie ab. Wenige Tage später legte ein Sturm die Fichten um.[122] Das **Betreten** des Nachbargrundstücks war **befugt;** auch der Aushub von Boden für die Schalung erfolgte mit Einverständnis des Nachbarn. Ob es allerdings auch das Freilegen der Wurzeln deckte, war fraglich. **Unbefugt** war jedenfalls das **Absägen** der Wurzeln, das allerdings nicht schadensursächlich wurde, weil den Fichten schon in Folge des Aushubs die Standfestigkeit genommen war. Eine Haftung der Auftraggeberin aus §§ 823 ff. BGB scheiterte daran, dass sie selbst kein Verschulden traf. Sie haftet allerdings nach § 17 Satz 1 NachbarG NW auf Schadensersatz, weil der Schaden nicht nur gelegentlich des grundsätzlich einvernehmlichen Aushubs auf dem Nachbargrundstück erfolgte, sondern in Ausübung des Rechts, es für die Herstellung der Schalung in Anspruch zu nehmen.[123]

### II. Entnahme oder Auflagerung von Boden oder anderen Gegenständen

54 Auch die zweite Fallkonstellation des § 15 Nr. 3 VOB/B ist nicht glücklich gefasst. „Ent"nehmen kann man eigentlich nur **Boden.** Andererseits kann man den Begriff des „Bodens" weit verstehen und unter die Bestimmung die Wegnahme von Gegenständen aus dem Boden einordnen. So wird Entnahme wohl im Schrifttum auch auf beides – Boden und andere Gegenstände – bezogen.[124]

---

[117] OLG Düsseldorf *Schäfer/Finnern* Z. 5.0 – Bl. 34.
[118] Der Streit zwischen Geschädigtem und Auftraggeber entzündete sich daran, dass die Haftpflichtversicherung des Auftragnehmers nur einen Teil des Schadens reguliert hatte.
[119] LG Hamm MDR 1992, 558.
[120] LG Detmold VersR 1982, 253.
[121] Vgl. auch OLG Düsseldorf BauR 1996, 136, wonach der Kranführer nicht Verrichtungsgehilfe des den Kran vermietenden und ihn stellenden Unternehmens ist.
[122] OLG Düsseldorf v. 4. 6. 1996 – 21 U 223/95.
[123] Vgl. *Schäfer* § 17 Rdn. 1.
[124] Vgl. *Heiermann/Riedl/Rusam* VOB/B § 10 Rdn. 23; *Ingenstau/Korbion/Wirth* VOB/B § 10 Nr. 3 Rdn. 29, der als Beispiele, was Gegenstände anbelangt, aber nur deren Auflagerung nennt. Einschlägiger der Sachverhalt BGH BauR 1989, 470 hinsichtlich der bei der Rodung nicht zutageliegenden Bäume- und Pflanzenbestandteile.

Unklar ist ferner, ob es sich nur um solche deliktischen Schadensersatzansprüche handelt, 55
die sich nur auf durch die Entnahme oder Ablagerung selbst verursachte Schäden beziehen,
oder auch auf bei Gelegenheit der Entnahme entstandene Schäden an fremden Rechtsgütern. Dies ist von Bedeutung, wenn etwa unterirdisch verlegte Versorgungs- oder Fernmeldeleitungen während des Aushebens beschädigt werden, oder wenn es durch einen Sturz
in eine so entstandene Grube zu einer Gesundheitsbeschädigung kommen sollte. Ferner in
Fällen, wie dem vom OLG Hamm mit Urteil vom 1. 9. 1999[125] entschiedenen Fall: Unbekannte Dritte hatte nicht ausreichend gesicherte und widerrechtlich durch den Bauunternehmer auf dem Nachbargrundstück gelagerte Dämmmatten angesteckt, wodurch es zu
erheblichen Schäden am Wohnhaus des Nachbarn kam. Der Begriff „wegen" ließe beide
Auslegungen zu. Es ist jedoch fraglich, ob die starre interne Haftungsverteilung des § 10
Nr. 3 VOB/B auch auf sonstige bei Gelegenheit oder in der Folge des Aushubes oder der
Aufschüttung geschädigte Rechtsgüter ausgedehnt werden sollte.

Nach den **Gründen** der Entnahme und im Hinblick auf die erste Fallkonstellation kann 56
zwischen zwei Möglichkeiten[126] unterschieden werden: Der Boden kann auf dem **Nachbargrundstück** im Wege sein[127] oder er kann auf dem **Baugrundstück** stören. Der erste
Fall könnte greifen, wenn man mit einem Teil der Rechtsprechung davon ausgeht, dass das
Hammerschlags- und Leiterrecht auch zu begrenzten Eingriffen in die Substanz des Nachbargrundstückes berechtigen soll.[128] Im zweiten Fall fehlt es an einem Drittgläubiger, wenn
der Auftraggeber Eigentümer des Baugrundstücks ist. In beiden Fällen kann wiederum
danach differenziert werden, ob die Entnahme endgültig sein sollte oder ob ein Aushub, da
nur zur Schaffung von Arbeitsraum erfolgt, wieder – u. U. nach zwischenzeitlicher „Auflagerung" – verfüllt werden sollte; im Ergebnis ist das ohne Bedeutung. Wesentlicher ist, dass
in den Angaben der **Leistungsbeschreibung** des Bauvertrages oder in einer entsprechenden Ausführungszeichnung in der Regel eine Anweisung im Sinne des § 10 Nr. 2 Abs. 1
Satz 2 VOB/B, liegt. In derartigen Fällen haftet der Auftraggeber im Innenverhältnis allein,
wenn der Schaden nur auf seiner Anweisung beruht, wo Boden zu entnehmen war, auch
wenn § 10 Nr. 2 Abs. 1 Satz 2 VOB/B nicht ohne weiteres anwendbar ist, weil es weniger
um die „Form" einer Maßnahme geht als um den **Ort** der Bauleistung.

Handelt der Auftragnehmer einer Weisung des Auftraggebers zuwider, so ist die Haftungs- 57
verteilung des § 10 Nr. 3 VOB/B zu Lasten des Auftragnehmers nur gerechtfertigt, wenn
der Auftragnehmer schuldhaft handelt.[129]

Was die **Auflagerung** von Boden anbelangt, so ist hier die Zulagerung von Erde 58
angesprochen.[130] Dem Auftragnehmer die alleinige Haftung zuzuschieben, ist jedenfalls dann
sachgerecht, wenn er **Planungsvorgaben** des Auftraggebers nicht beachtet hat. Das gilt
ebenso für die Auflagerung von anderen Gegenständen, wie Baustoffen und Bauhilfsstoffen,
aber auch Baumaschinen, da der Auftragnehmer gegen deren Auswirkungen wesentlich
besser Vorkehrungen zur Schadensvermeidung treffen kann als der Auftraggeber. Dieser
wiederum vermag in der Regel zuverlässiger zu beurteilen, an welcher Stelle das Schadensrisiko am geringsten ist.

§ 10 Nr. 3 VOB/B rechtfertigt **nicht** den **Umkehrschluss,** der Auftragnehmer sei stets 59
von einer Haftung im Innenverhältnis frei, wenn er Boden und sonstige Gegenstände dort
gelagert hat, wo es der Auftraggeber angegeben hatte. Die Regelung des § 10 Nr. 3
VOB/B beruht letztlich auf dem Gedanken, dass der Auftragnehmer bei eigenmächtigen

---

[125] OLG Hamm ZfBR 2001, 115 – die Entscheidung bezieht sich jedoch nur auf die deliktische Haftung des Unternehmers wegen Verletzung seiner Verkehrssicherungspflichten.
[126] Bodenentnahme zur Gewinnung von Baustoffen, z. B. Kies – vgl. § 1057 Abs. 2 BGB – ist in § 10 Nr. 3 VOB/B offensichtlich nicht angesprochen.
[127] Etwa, weil eine Schalung für eine Nachbarwand erstellt werden muss.
[128] Vgl. hierzu oben Rdn. 45.
[129] *Ingenstau/Korbion/Wirth* VOB/B § 10 Nr. 3 Rdn. 30; vgl. oben Rdn. 10 f.
[130] *Ingenstau/Korbion/Wirth* VOB/B § 10 Nr. 3 Rdn. 29; *Heiermann/Riedl/Rusam* VOB/B § 10 Rdn. 23; *Kuß* VOB/B § 10 Rdn. 34.

§ 10 Nr. 3   Deliktische Haftung des Auftragnehmers gegenüber Dritten

Handlungen, bei denen im Wesentlichen nur er den Ablauf beherrscht, billigerweise allein haftet.

### III. Eigenmächtige Versperrung von Wegen oder Wasserläufen

60 Die dritte Fallkonstellation des § 10 Nr. 3 VOB/B betrifft Sachverhalte, bei denen nicht ein privates Recht Dritter, sondern der **Gemeingebrauch** an öffentlichen Einrichtungen beeinträchtigt worden ist, allerdings mit den Folgen des Schadens eines Dritten. Soweit private Wege beeinträchtigt werden, liegt in der Regel ein „Betreten oder Beschädigen angrenzender Grundstücke" vor. Denkbar ist bei Privatwegen allein eine „Versperrung", die zwar eine Nutzungsentziehung, aber noch keine Beschädigung darstellt. Entgangene Gebrauchsvorteile sind, soweit es um den Gemeingebrauch geht, nicht ohne weiteres ein Schaden. Zu Schäden im Rahmen einer Eigentumsbeeinträchtigung oder eines Eingriffes in den eingerichteten und ausgeübten Gewerbebetriebes kann es kommen, etwa weil in versperrten Straßen Fahrzeuge „eingesperrt" sind.[131] (vgl. ausführlicher zu der ähnlichen Sachlage bei versperrten Wasserläufen unten Rdn. 65 a). Zumindest bei der zeitweiligen Versperrung öffentlicher Straßen gewährt aber die Rechtsprechung nicht ohne weiteres Schadensersatzansprüche aus Eigentumsverletzung oder Eingriffes in den eingerichteten und ausgeübten Gewerbebetrieb.[132]

61 Problematisch sind die sog. **„Stromkabelfälle"**,[133] bei denen es durch Stromausfall zu Eigentumsschäden vor allem in Betrieben kommen kann.[134] In der Sache sind die Unterschiede zwischen unterbrochenen Lieferwegen auf Straßen und Wasserwegen und den Stromleitungen nicht so bedeutsam, dass für die Land- und Wasserwege eine gesonderte Regelung erforderlich wäre, für Elektrizitätsleitungen jedoch nicht. Auf derartige Fälle kann die Regelung des § 10 Nr. 3 VOB/B analog angewandt werden (vgl. unten Rdn. 81).

62 Die Voraussetzung **„eigenmächtiger Versperrung"** erinnert an § 858 Abs. 1 BGB und beschreibt hier letztlich nichts anderes als bei der verbotenen Eigenmacht: ein Eingriff in den Besitz ohne rechtliche Legitimation; eigenmächtig bedeutet somit im Ergebnis dasselbe wie „unbefugt". „Eigenmächtig" bezieht sich somit darauf, dass der Auftragnehmer relativ zum Auftraggeber handelt und dass es weiter im Außenverhältnis zur unberechtigten Versperrung von Wegen und Wasserläufen kommt. Handelt der Auftragnehmer auch intern eigenmächtig so wird im Allgemeinen das Mitverschulden des Auftragnehmers derart überwiegen, dass er auch nach den gesetzlichen Regeln des Gesamtschuldnerausgleichs allein zu haften hätte.[135]

63 Bezüglich der öffentlichen Wege richtet sich die „Befugnis" zur Nutzung zunächst nach den einschlägigen Straßen- und Wegegesetzen. Dies sind für Straßen und Wege der Länder und Gemeinden die Straßen- und Wegegesetze der Länder, bei den Bundesstraßen und Bundesautobahnen das Bundesfernstraßengesetz (FStrG). Ferner zu beachten sind die Normen des Straßenverkehrsgesetzes (StVG) und der Staßenverkehrsordnung (StVO).

64 Das Straßen- und Wegerecht unterscheidet zwischen dem jederman als subjektives Recht im Rahmen der Widmung und des Verkehrsrechtes gestatten Benutzung von Straßen (Gemeingebrauch), dem „gesteigerten Gemeingebrauch" der Anlieger und der über diese Nutzungsformen hinaus gehenden erlaubnispflichtigen Sondernutzung. Im Rahmen des Gemeingebrauches und auch des gesteigerten Gemeingebrauches dürfen Straßen und Wege ohne entsprechende Genehmigung genutzt werden.

---

[131] Vgl. BGHZ 55, 153 = NJW 1971, 886 = MDR 1971, 647 („Fleet-Fall") zur Einsperrung eines Schiffes auf einer Wasserstraße.
[132] Vgl. etwa BGH NJW 1977, 2264.
[133] *Kapellmann/Messerschmidt/v. Rintelen* VOB/B § 10 Rdn. 45.
[134] Vgl. etwa BGHZ 41, 123 „Brüterei"; OLG Hamburg NJW 1991, 849; einschr. BGH NJW 1968, 1279 (1280) vgl. zur Rechtsprechung auch *Medicus*, Bürgerliches Recht Rdn. 612.
[135] So auch zutreffend: *Kapellmann/Messerschmidt/v. Rintelen* VOB/B § 10 Rdn. 46.

**Gemeingebrauch** kann definiert werden, als derjenige Gebrauch, der unter Berück- 65
sichtigung der Gemeinverträglichkeit verkehrsüblich ist.[136] Der Gemeingebrauch richtet sich
hierbei nach dem Inhalt der Widmung der Straße, Erweiterungen für bestimmte Nutzer
(z. B. für die Träger der Daseinsvosorge), straßenverkehrsrechtlichen Einschränkungen, dem
tatsächlichen Zustand der Straße und sonstigen Rechtsvorschriften.[137] Soweit eine Nutzung
innerhalb der bundesrechtlichen StVO erfolgt, handelt es sich in der Regel um Gemeingebrauch, bei Verstößen etwa gegen die Bestimmungen der §§ 32, 33 StVO kann eine
Sondernutzung vorliegen.[138] Nach **§ 32 StVO** ist es verboten, Gegenstände auf Straßen zu
bringen und dort liegen zu lassen, wenn dadurch der Verkehr[139] gefährdet oder erschwert
werden kann. Das betrifft nicht nur Baumaterial, sondern auch stationäre Baumaschinen,
insbesondere Kräne. § 32 StVO ist auch ein Schutzgesetz i. SS. d. § 823 Abs. 2 BGB (vgl.
oben Rdn. 24).

Der **gesteigerte Gemeingebrauch der Anlieger** erlaubt den Anliegern bestimmte, 66
über den einfachen Gemeingebrauch hinausgehende Nutzungen der Straße. Straßenanlieger
sind Eigentümer und Besitzer von Grundstücken, die an öffentlichen Straßen belegen sind
und zu dieser Straße in einer über die bloße Straßennachbarschaft hinausgehenden Beziehung stehen. Diese Beziehung oder Zuordnung kann u. a. in der Gewährung der verkehr-
lichen Kommunikation über die Gewährung der Zufahrt oder des Zuganges bestehen.[140]
Nicht notwendig ist das unmittelbare Angenzen der Grundstücke an die öffentliche Straße,
es genügt eine entsprechende Anbindung – etwa über Brücken, Stege oder bei Hinterliegern
von Wohnsiedlungen die Anbindung über Wohnwege.[141] Anlieger haben in vielfacher
Hinsicht ein Interesse an der Nutzung der Straße über den allgemeinen Gemeingebrauch
hinaus; baurechtlich von Bedeutung ist etwa der Zuweg und die Benutzung der Straße
selbst, etwa zur Ablagerung von Baumaterialien.[142]

Während der Gemeingebrauch seine verfassungsrechtliche Begründung vor allem in 67
Art. 2 Abs. 1 GG findet, tritt beim gesteigerten Gemeingebrauch auch der Schutz durch
Art. 14 Abs. 1 GG hinzu, da der Anlieger zur Nutzung seines Eigentumes am Grundstück
besonders auf die Nutzung der Straße angewiesen ist.[143] Aus dem Grundrecht auf Eigentum
ergibt sich jedoch keine unmittelbar ableitbare Rechtsposition, vielmehr richtet sich der
Umfang des Anliegergebrauchs nach dem jeweils einschlägigen Straßenrecht.[144] Hierbei hat
der Gesetzgeber unter verschiedenen Bedürfnissen, vor allem dem allgemeinen Verkehrs-
bedürfnis, einen Ausgleich zu schaffen. Auf die spezifischen Bedürfnisse der Anlieger ist
hierbei besondere Rücksicht zu nehmen.[145]

Die Straßen- und Wegegesetze der Bundesländer Brandenburg, Berlin, Hamburg, Nord- 68
rhein-Westfalen, Sachsen-Anhalt und Thüringen[146] enthalten eine **Generalklausel für den
Anliegergebrauch,** nach der die Anlieger das Recht haben, die öffentlichen Straßen über
den Gemeingebrauch hinaus zu benutzen, soweit dies zur Nutzung des Grundstückes
erforderlich ist, es den Gemeingebrauch nicht dauernd ausschließt oder erheblich beeinträchtigt und soweit nicht in den Straßenkörper eingegriffen wird. In allen Straßengesetzen
finden sich Bestimmungen zu Zufahrten und Zugängen.[147]

---

[136] *Sauthoff* Straße und Anlieger Rdn. 550.
[137] *Sauthoff* Straße und Anlieger Rdn. 552.
[138] BGH NJW 2002, 1280 (1282).
[139] Und zwar entgegen *Heiermann/Riedl/Rusam* VOB/B § 10 Rdn. 23 nicht nur der „ordnungsgemäße" Verkehr.
[140] *Kodal/Grote* Straßenrecht Kap. 25 Rdn. 1.
[141] *Kodal/Grote* Straßenrecht Kap. 25 Rdn. 2.
[142] Vgl. hierzu *Sauthoff* Anlieger und Straße Rdn. 610.
[143] *Kodal/Grote* Straßenrecht Kap. 25 Rdn. 21 f.; *Sauthoff* Straße und Anlieger Rdn. 612 f.
[144] BVerwG NVwZ 1999, 1341; *Sauthoff* Straße und Anlieger Rdn. 614.
[145] BVerwG NVwZ 1999, 1341 (1342).
[146] § 14 Abs. 4 Brabg StrG; §§ 10 Abs. 4 und 11 Abs. 1 Berl StrG; § 17 Hamb WG; §§ 14 Abs. 3 S. 2 und 14 a StrWG NRW; § 14 Abs. 4 StrG LSA; § 14 Thür StrG.
[147] Übersicht bei *Sauthoff* Straße und Anlieger Rdn. 619 Fn. 230.

§ 10 Nr. 3    Deliktische Haftung des Auftragnehmers gegenüber Dritten

69  In den Ländern mit der in dem vorherigen Absatz genannten Generalklausel kann straßenrechtlich auch die Straße selbst in Anspruch genommen werden, solange sich diese in angemessenen Grenzen hält und den unbedingt erforderlichen Umfang nicht überschreitet. Insofern ist dann von einer Gemeinverträglichkeit auszugehen.[148] Sobald die Lagerung des Baumaterials auch in zumutbarer Weise auf dem Grundstück des Bauherren erfolgen kann, ist dies nicht mehr gemeinverträglich.[149] In Ländern ohne eine vergleichbare Regelung würde es sich in derartigen Fällen um eine genehmigungspflichtige Sondernutzung handeln, bei der ggf. ein Anspruch auf Erteilung der Sondernutzungserlaubnis besteht.[150]

70  Verbotswidrig handelt nach den Landesstraßengesetzen nicht, wem für Derartiges vom Träger der Straßenbaulast eine **Sondernutzungserlaubnis** erteilt worden ist. Erlaubnisnehmer können Auftraggeber und/oder Auftragnehmer sein. Weil der Auftragnehmer regelmäßig um die Notwendigkeit einer solchen Erlaubnis weiß oder wissen sollte, haftet er im Innenverhältnis für die Folgen einer unerlaubten Versperrung eines Weges allein, es sei denn, der Auftraggeber hat Veranlassung zu der Annahme des Auftragnehmers gegeben, er werde für die Erlaubnis sorgen. § 10 Nr. 3 VOB/B gilt auch für den in den §§ 32 StVO, 17 LStrG NRW angesprochenen Tatbestand der **Verunreinigung.** Der Auftragnehmer haftet im Innenverhältnis auch dann allein, wenn er zwar auftragsgemäß Lehm transportiert, diesen aber fahrlässig verliert und dadurch den Straßenverkehr erheblich gefährdet.

71  Selbst wenn eine Sondernutzungserlaubnis rechtswidrig erteilt wurde ist die Benutzung, solange nicht rechtzeitig Widerspruch oder Anfechtungsklage erhoben wurde (§ 80 Abs. 1 VwGO) oder durch die Verwaltung die Genehmigung wirksam zurückgenommen wurde, formal im Sinne des Straßenverkehrsrechtes rechtmäßig und somit nicht nach außen „eigenmächtig" i. S. d. § 10 Nr. 3 VOB/B. Soweit es nach einer wirksamen Erteilung der Sondernutzungserlaubnis zu deliktischen Ansprüchen kommt, findet § 10 Nr. 3 VOB/B keine Anwendung, soweit es sich um das eigenmächtige Versperren von Straßen handelt. Insoweit handelt der Auftragnehmer nach außen berechtigt. Deliktische Ansprüche sind daher intern nach den allgemeinen Grundsätzen auszugleichen.

72  „**Wasserlauf**" ist nicht jedes fließende Wasser, sondern, wie der Zusammenhang der Bestimmung zeigt, alle Gewässer, die unter Umständen in ihrem Lauf aufgehalten werden können. Ansonsten kann es sich um geregelt abfließendes Wasser, aber auch um wild abfließendes Wasser oder Grundwasser handeln, aber nicht um Wasser, dessen Lauf und Verwertung allein der Disposition des Grundstückseigentümers unterliegt. Die Nähe der Regelung zu der Bestimmung über das Versperren von Straßen, sowie die gemeinsame Behandlung unter dem Gesichtspunkt des Versperrens legt es nahe, dass Wasserwege gemeint sein sollen. Das Versperren betrifft daher sowohl bezüglich der Straßen, als auch bezüglich der Wasserläufe das Versperren als Verkehrsweg. Soweit es durch das Aufstauen eines Wasserlaufes an benachbarten Grundstücken zu Schäden kommt – etwa durch Aus- oder Unterspülung, durch Überschwemmung, durch Austrocknung, oder Einspülen von Schadstoffen, ist dies ein Fall der ersten Fallgruppe des § 10 Nr. 3 VOB/B (Beschädigen eines Grundstückes). Ebenfalls zu der ersten Gruppe gehören Sperrmaßnahmen oder andere Eingriffe in entweder nach Art. 89 Abs. 1 GG oder den Landesggesetzen in dem Eigentum des Bundes oder der Länder oder sonst in fremdem Eigentum liegenden Wasserstraßen und -läufen.

73  § 10 Nr. 3 VOB/B belässt die Schadensersatzpflicht in allen Fällen ausschließlich dem Auftragnehmer, wenn er ohne wasserbehördliche Erlaubnis versperrt oder sich nicht beim Auftraggeber vergewissert hatte, ob dieser eine **wasserbehördliche Erlaubnis** hatte.[151] Liegt eine wirksame (wenn auch möglicherweise rechtswidrige) Gestattung zur Gewässerbe-

---

[148] *Sauthoff* Straße und Anlieger Rdn. 628; vgl. auch VGH Mannheim ZfS 2003, 150.
[149] *Sauthoff* Straße und Anlieger Rdn. 628; vgl. auch OVG Magdeburg LKV 1999, 512.
[150] *Sauthoff* Straße und Anlieger Rdn. 628.
[151] Zutreffend der Hinweis OLG Düsseldorf NJW-RR 1992, 912, das in § 115 WasserG enthaltene Verbot, den Ablauf wild fließenden Wassers zum Nachteil der Nachbarn zu verändern, richte sich nur gegen den Grundstückseigentümer, nicht gegen den Unternehmer.

nutzung vor und bewegt sich die Benutzung im Rahmen dieser genehmigten Nutzung, dann ist jedweder nichtvertragliche Schadensersatzanspruch ausgeschlossen (§ 11 WHG).

Neben der Haftung aus den §§ 823 ff. BGB kann es zu einer **Gefährdungshaftung** nach **74** § 22 Abs. 1 Satz 1 WHG kommen. Hier wird vor allem die Alternative der „sonstigen Beeinflussung" erfasst werden. Vorraussetzung ist, dass die Beeinflussung des Gewässers auf chemischen, biologischem oder physikalischem Wege zur Verschlechterung der Wasserqualität führt.[152] Ein Einwirken i. S. d. § 22 Abs. 1 WHG kann auch in der Wasserentnahme oder der Stauung eines Gewässers bestehen. Zu beachten ist aber, dass eine Vermehrung oder Verminderung der Wassermenge keine Beeinträchtigung der Wasserqualität bedeutet. Allerdings liegt eine Beeinträchtigung der Wasserqualität vor, wenn später in das Gewässer gelangende Schadstoffe nicht im gleichen Umfang wie bisher verdünnt werden und so die Schadstoffkonzentration ansteigt.[153] Haftbar ist nicht nur derjenige, der selbst auf das Gewässer eingewirkt hat, es genügt diesbezüglich auch eine „geistige, durch Befehle, Anweisungen und dergl. ausgeübte Herrschaft".[154] Die Lit.[155] geht davon aus, dass im Falle einer internen Kompetenzüberschreitung die Haftung in der Folge dieser Beherrschung nur entfällt, wenn hinsichtlich der Kompetenzüberschreitung kein Überwachungsverschulden vorliegt. Auftragnehmer und Auftraggeber können daher gesamtschuldnerisch aus Gefährdungshaftung nach § 22 Abs. 1 Satz 1 WHG haften. Auch soweit der Auftragnehmer nach der hier vertretenen Ansicht (Rdn. 4 a f.) intern seine Befugnisse überschritten haben muss besteht grundsätzlich eine gewisse rechtliche Befugnis dem Auftragnehmer Anweisungen zu geben, welche nach Ansicht des BGH wohl ausreicht.[156] Zur Anwendung des § 10 Nr. 3 VOB/B kommt es indessen im Falle der gesamtschuldnerischen Haftung nur, wenn der Auftragnehmer auch deliktisch dem Dritten haftet. Dies kann z. B. nach § 823 Abs. 2 BGB i. V. m. § 8 WHG und den ergänzenden landesrechtlichen Vorschriften der Fall sein (vgl. hierzu oben Rdn. 23 f.).

In Frage kommen bei versperrten öffentlichen Wasserläufen vor allem deliktische Ansprü- **75** che aus einem Eingriff in den eingerichteten und ausgeübten Gewerbebetrieb und in das Eigentum. Zu Schäden im Rahmen einer Eigentumsbeeinträchtigung oder eines Eingriffes in den eingerichteten und ausgeübten Gewerbebetriebes kann es kommen, etwa weil in versperrten Wasserläufen Schiffe „eingesperrt" sind.[157] Bezüglich „ausgesperrter" Schiffe[158] oder nicht erreichbarer Hafenanlagen[159] zeigte die Rechtsprechung allerdings deutliche Zurückhaltung.[160] Die Rechtsprechung geht in aller Regel nicht von einer – und sei es nur mittelbaren – Beeinträchtigung absoluter Rechtsgüter i. S. d. § 823 Abs. 1 BGB durch die Versperrung öffentlicher (Wasser-)Wege aus. Bei einer nur kurzfristigen Versperrung von Verkehrswegen spricht die Rechtsprechung keinen Schadensersatz zu.[161]

## IV. Entsprechende Anwendung des § 10 Nr. 3 VOB/B auf sonstige Fälle deliktischer Haftung (Verkehrssicherungspflichten)

Wie oben bereits dargestellt (Rdn. 4 f.), befasst sich § 10 Nr. 3 VOB/B mit Fällen, in **76** denen der Auftragnehmer das Geschehen einerseits beherrscht, andererseits aber außerhalb

---

[152] *Geigel/Schlegelmilch* Haftpflichtprozess Kap. 24 Rdn. 8 f. m. w. Nachw.
[153] BGH VersR 1984, 541; *Geigel/Schlegelmilch* Haftpflichtprozess Kap. 24 Rdn. 18.
[154] BGH LM § 22 WasserhaushaltsG Nr. 15 Bl. 2 = VersR 1976, 930.
[155] *Czychowski/Reinhardt* WHG § 22 Rdn. 6 a; *Sieder/Zeitler/Dahne/Schwendner* WHG § 22 Rdn. 40 a. Die Rechtsprechung hat sich zu der Frage, ob auch für Gehilfen gehaftet wird, die interne Befugnisse überschreiten, nicht geäußert.
[156] BGH LM § 22 WasserhaushaltsG Nr. 15 Bl. 2 = VersR 1976, 930.
[157] Vgl. BGHZ 55, 153 (159) = NJW 1971, 886 = MDR 1971, 647 „Fleet-Fall".
[158] Vgl. BGHZ 55, 153 (160) = NJW 1971, 886 = MDR 1971, 647 „Fleet-Fall".Der BGH begründete dies damit, dass die „ausgesperrten" Schiffe nicht ihrer Eigenschaft als Transportmittel betroffen gewesen seien, wohl aber ein „eingesperrtes" Schiff.
[159] BGHZ 86, 152 = NJW 1983, 2313 = JZ 1983, 860 „Elbe-Seitenkanal".
[160] Krit. hierzu *Medicus* Bürgerliches Recht Rdn. 613.
[161] Vgl. etwa BGH NJW 1977, 2264.

§ 10 Nr. 3                    Deliktische Haftung des Auftragnehmers gegenüber Dritten

der Berechtigung durch den Auftraggeber handelt. In derartigen Fällen überwiegt die Verantwortung des Auftragnehmers dermaßen, dass es gerechtfertigt ist, ihm intern die alleinige Haftung aufzuerlegen. Solche Konstellationen sind aber nicht nur in Bezug auf die in § 10 Nr. 3 VOB/B ausdrücklich geregelten Varianten möglich, sondern auch in Bezug auf andere Fälle. Es ist daran zu erinnern, dass § 10 Nr. 3 VOB/B bereits seit 1929 in dieser Form in der VOB/B enthalten ist. Schon die seither eingetretene technische Entwicklung erfordert Anpassungen.

## 1. Allgemein zu Verkehrssicherungspflichten

77      Verkehrssicherungspflichten können sich aus der Eröffnung eines Verkehrs oder der Übernahme einer Aufgabe ergeben.[162] Bei Baustellen ist in erster Linie der **Bauherr oder sonstiger Auftraggeber** verkehrssicherungspflichtig.[163] Diese Verkehrssicherungspflicht wird jedoch eingeschränkt, wenn der Auftraggeber einen als zuverlässig und sachkundig bekannten Bauunternehmer einen Auftrag zur Bauausführung erteilt hat.[164] Der Auftraggeber hat dann jedoch noch immer Koordinierungs-, Anweisungs- und Überwachungspflichten, aus deren Verletzung er deliktisch haften kann;[165] daneben haftet der Auftraggeber bei der Beauftragung zuverlässiger Unternehmen, wenn er eine Gefahr sieht oder sehen müsste, aber nicht eingreift.[166]

78      Neben dem Auftraggeber haftet auch der **Bauunternehmer** für die Verletzung seiner Verkehrspflichten, solange und soweit er tatsächlich die Herrschaft über die Baustelle und das Baugeschehen hat.[167] Die Haftung des Bauunternehmers dauert daher in der Regel bis zur Räumung der Baustelle fort,[168] kann im Einzelfall auch länger andauern. Dies ist beispielsweise der Fall, wenn der Auftragnehmer die Baustelle in einem verkehrswidrigem Zustand zurücklässt, in diesem Fall endet die Verkehrssicherungspflicht erst, wenn die Sicherung der Gefahrenquelle durch einen anderen übernommen wird.[169] Sobald der Unternehmer zusagt bestimmte Sicherungsmaßnahmen auf der Baustelle zu belassen, übernimmt er eine Garantstellung und kann diese Sicherungen nicht entfernen, ohne dass anderweitig für Sicherheit gesorgt wurde,[170] auch hierdurch kann eine zeitlich über die Räumung der Baustelle hinausgehende Haftung des Unternehmers entstehen.

79      Der Verkehr auf einer Baustelle ist grundsätzlich nur zu Gunsten eines begrenzten Kreises eröffnet (z. B. dort beschäftigte Handwerker, Architekten, des Bauherrn, Beamte der Bauaufsichtsbehörde). Diesem nur beschränkt eröffnetem Verkehr entsprechend sind die Verkehrssicherungspflichten auch nur begrenzt und hat sich an den Sicherungserwartungen von mit den Gegebenheiten und den üblichen Gefahren einer Baustelle vertrauten Personen auszurichten.[171] Die Verkehrssicherungspflichten des Bauunternehmers erhöhen sich auch nicht dadurch, dass der Bauherr es Bekannten oder Verwandten am Wochenende erlaubt die

---

[162] *Edenfeld* VersR 2002, 272 (273).
[163] Palandt/*Sprau* § 823 Rdn. 191; *Möller* BauR 2002, 1789.
[164] BGH VersR 1985, 666 (667); OLG Koblenz BauR 2000, 907; OLG Schleswig BauR 2001, 974; MünchKomm/*Wagner* § 823 Rdn. 448.
[165] BGH NJW 1982, 2187; OLG Hamm NJW-RR 1996, 1362 = VersR 1997, 124; OLG Hamm NJW-RR 1999, 319; OLG Schleswig BauR 2001, 974; OLG Karlsruhe BauR 2002, 1555 (1556) = VersR 2003, 80; *Möller* BauR 2002, 1789 (1792).
[166] Palandt/*Sprau* § 823 Rdn. 191.
[167] BGH NJW 1996, 2035 (2037); BGH VersR 1997, 249 (250) = BauR 1997, 148 = ZfBR 1997, 85.
[168] Vgl. *Kesselring* Verkehrssicherungspflichten S. 32.
[169] OLG Hamm VersR 1993, 491; OLG Köln BauR 1996, 730 = VersR 1996, 1518 = MDR 1996, 469; OLG Bremen VersR 1978, 873.
[170] BGH BauR 1985, 237 (238) = NJW 1985, 1078 = VersR 1985, 360 – In jenem Fall hatte der Rohbauunternehmer auf einem noch nicht tragfähigem Fußboden zwischen Erdgeschoss und Obergeschoss- Schaltafeln und Gerüstläden in Absprache mit dem Bauherrn liegen gelassen, damit nachfolgende Handwerker tätig werden konnten. Später transportierte er diese ab, um sie auf anderen Baustellen einzusetzen. Die Klägerin stürzte wegen der fehlenden Sicherung durch den Fußboden in das Erdgeschoss.
[171] *Geigel*/*Wellner* Haftpflichtprozess Kap. 14 Rdn. 176; Palandt/*Sprau* § 823 Rdn. 191 jeweils m. w. Nachw.

Baustelle zu besuchen oder es in der Folge eines benachbarten Richtfestes zu solchen Besuchen kommt. In diesen Fällen hat vor allem der Bauherr für die Sicherheit seiner Gäste zu sorgen.[172]

Gegenüber **Minderjährigen und Kindern** gilt, dass bei ihnen nicht mit demselben sorgfältigen Verhalten wie bei Erwachsenen zu rechnen ist, dies ist durch erhöhte (aber nicht grenzenlosen) Verkehrssicherungspflichten gegenüber Kindern auszugleichen.[173] Die Verkehrssicherungspflichtigen müssen deshalb damit rechnen, dass Kinder oder Jugendliche aus Unerfahrenheit, Unbesonnenheit oder im Spieleifer Gefahren nicht erkennen oder nicht einschätzen können und zu leichtsinnigem Verhalten neigen können.[174] Sie dürfen sich daher nicht alleine auf Warnhinweise und Verbote verlassen.[175] Je größer im konkreten Fall die Anziehungskraft und je mehr Kinder sich in der Nähe aufhalten, umso höher ist die Verkehrssicherungspflicht gegenüber Kindern und Jugendlichen.[176] Liegen dagegen keine konkreten Anhaltspunkte vor, dass Kinder ein Baugrundstück zum spielen benutzen, bestehen aber umgekehrt keine erhöhten Verkehrssicherungspflichten.[177] In gewissen Grenzen können sich die Verkehrssicherungspflichtigen aber selbst bei Kindern auf deren natürlichen Gefahreninstinkt verlassen, wen sich die Gefahren auch ihnen mit hinreichender Deutlichkeit aufdrängen.[178] 80

## 2. Versorgungs- und Fernmeldeverbindungen (Stromkabelfälle)

Als Beispiel für die zu berücksichtigenden technischen Entwicklungen seien die Fälle der bei Bauarbeiten durchtrennten **Versorgungs- und Fernmeldeverbindungen** genannt. 1929 hatten Fernmelde- und Stromverbindungen für gewerbliche und private Nutzungen noch nicht die heutige Bedeutung. Heutzutage können durch Ausfall der Elektrizität oder der Fernmeldeverbindungen vergleichbare Nutzungsausfälle eintreten, wie bei der Versperrung von Zufahrtswegen. Wie bei Straßen handelt es sich auch bei Telekommunikationsverbindungen um im allgemeinen Interesse notwendige Infrastruktur (vgl. etwa Art. 87 f Abs. 1 GG). Die Anwendung des § 10 Nr. 3 VOB/B auch auf die Durchtrennung von Fernmelde- und Versorgungsleitungen zu erstrecken ist aus diesem Grunde geboten. 81

Das Energiewirtschaftsgesetz (EnWG) und das Telekommunikationsgesetz (TKG) sehen vor, dass die Eigentümer der entsprechenden Netze fremde Grundstücke nutzen dürfen, um die Leitungen dort entlang zu führen. § 13 Abs. 1 EnWG und § 50 Abs. 1 TKG sehen ein entsprechendes Recht bei öffentlichen Wegen – auch wenn diese nicht im Eigentum des Netzbetreibers stehen- und § 57 Abs. 1 TKG unter bestimmten Umständen auch für private Grundstücke vor. Nach h. M. handelt es sich bei derartigen Leitungen um im Eigentum der Netzbetreiber stehende Scheinbestandteile von Grundstücken.[179] Die erste Fallvariante (Be- 82

---

[172] MünchKomm/*Wagner* § 823 Rdn. 450 m. w. Nachw. aus der Rechtsprechung.
[173] MünchKomm/*Wagner* § 823 Rdn. 258.
[174] MünchKomm/*Wagner* § 823 Rdn. 262; vgl. auch BGH VersR 1999, 1033 (1034).
[175] MünchKomm/*Wagner* a. a. O. (Fn. 174); *Möllers* VersR 1996, 153 (157).
[176] BGH BauR 1997, 148 (150) = NJW 1997, 582 = ZfBR 1997, 85; vgl. auch OLG Jena MDR 1997, 839 = VersR 1998, 337 (L.); OLG München VersR 2000, 1030 (1032); OLG Schleswig VersR 2003, 82; abw. hiervon *Möllers* VersR 1996, 153 (155), der den Umfang der Verkehrssicherungspflicht alleine von der Gefährlichkeit der Gefahrenquelle abhängig machen möchte.
[177] Vgl. BGH NJW 1994, 3348 (3349) = MDR 1995, 157 = DB 1994, 2618; OLG Bamberg BauR 2001, 661 (662).
[178] BGH VersR 1999, 1033 (1034) – Dies ist im Einzelfall nicht unproblematisch, so ging das OLG Hamm in zwei Entscheidungen (VersR 1990, 913, 915 und NZV 1990, 267) davon aus, dass ein 12–14-jähriges Kind über ein technisches Grundwissen verfüge, um zu erkennen, dass ein Stromschlag ausgelöst werden könne, auch wenn die Oberleitung einer Bahn nicht direkt berührt werden würde; ein solches Kind könne auch das auf Güterwagons angebrachte Blitzzeichen mit der Hochspannungsleitung in Verbindung bringen; der BGH verneinte diese beiden Annahmen für einen Dreizehnjährigen (BGH NJW 1995, 2631 (2632) = VersR 1995, 672) – vgl. hierzu *Möllers* VersR 1996, 153 (155).
[179] BGHZ 37, 353 (§ 356 ff.) = NJW 1962, 1817; BGHZ 125, 56 (59) = BGH NJW 1994, 999; Palandt/*Heinrichs* § 95 Rdn. 6; *Baur/Stürner* SachenR § 3 I. 2. c) cc); *Schulze* VersR 1998, 12 (13); a. A. OLG Hamm VersR 1998, 70.

schädigung des Nachbargrundstückes) ist daher nicht erfüllt. Die Problematik gleicht aber der benachbarter Grundstücke – auch hier droht typischerweise die Beeinträchtigung unmittelbar an das Eigentum des Bauherrn angrenzenden fremden Eigentums. Tatbestandlich ebenfalls nicht gegeben ist die zweite Fallvariante – die Beschädigung von Leitungen geschieht in aller Regel zwar während des Aushubs, jedoch nur bei Gelegenheit dieser Arbeit. Eine gewisse Verwandtschaft weisen diese Fälle zwar in Bezug auf Straßen auf, direkt erfasst werden derartige Schäden aber nicht durch diese Alternative. Wie diese sind Strom- und Fernmeldenetze Infrastrukturen, auf deren Benutzbarkeit die Allgemeinheit angewiesen ist.

83  Die Rechtsprechung geht in Bezug auf Versorgungsleitungen und Fernmeldeleitungen von umfangreichen **Verkehrssicherungspflichten der mit Erdarbeiten beauftragten Unternehmen** aus.[180] Bauunternehmer haben bei Arbeiten an öffentlichen Wegen stets mit dem Vorhandensein von Versorgungsleitungen zu rechnen, sie haben daher diesbezüglich Informationen einzuholen.[181] Hierbei genügt es nicht sich auf Informationen der Gemeinden zu verlassen, vielmehr besteht die Erkundigungspflicht gegenüber den Netzbetreibern.[182] Sobald dem Unternehmer bekannt ist, dass in dem Gebiet Versorgungskabel verlaufen, hat er sich über die genaue Lage und Verlegungstiefe der Leitungen Gewissheit zu verschaffen, insbesondere ist auch mit einer Unterschreitung der Regeltiefe der Kabel zu rechnen.[183] Hierbei kann der Auftragnehmer sich nicht auf von dem Auftraggeber überlassenen Pläne verlassen, wenn dieser nicht selbst Betreiber des Netzes ist, dessen Versorgungs- oder Fernmeldeleitungen im Baugebiet vermutet werden. Vielmehr sind dem Netzbetreiber gegebenenfalls die Bauarbeiten anzuzeigen oder bei ihm entsprechende Erkundigungen einzuholen.[184] Anzeichen für unterirdisch verlaufende Leitungen können sein: Fehlende Dachantennen bei der umliegenden Wohnbebauung für Antennenkabel,[185] das Vorhandensein von Umspannwerken und Trafostationen, ggf. auch aus der Bebauung des Baugebietes (insb. bezüglich Hausanschlüssen).[186] Soweit Anhaltspunkte für private Versorgungsleitungen auf öffentlichem Grund bestehen, hat der Bauunternehmer sich auch hiernach zu erkundigen.[187] Er darf sich nicht darauf verlassen, dass die Leitungen ordnungsgemäß verlegt wurden.[188] Bei Erdarbeiten auf Privatgrundstücken kann es genügen Informationen bei dem Eigentümer und den Nachbarn einzuholen, der Auftragnehmer muss in diesem Fall nicht damit rechnen, dass Kabel unsachgemäß angeschlossen sind.[189] Sind die vom Bauunternehmer ordnungsgemäß eingeholten Informationen unzutreffend, dann liegt kein Verstoß gegen seine Verkehrssicherungspflichten vor.[190] Bei Unklarheiten des überlassenen Kartenwerks muss der Bauunternehmer aber auch eigene Nachforschungen über den Verlauf der Versorgungsleitungen anstellen (OLG Naumburg NZBau 2005, 108). Wird eine Versorgungsleitung bei Erdarbeiten versehentlich freigelegt ist der Netzinhaber zu informieren und ihm Gelegenheit zu geben für eine gefahrlose Trassenführung zu sorgen.[191] In unmittelbarer Nähe von Leitungen ist mit höchster Vorsicht, bis hin zum Gebotensein von Handausschachtungen, vorzugehen.[192] Selbst wenn ein anderes Unternehmen mit dem Auf-

---

[180] Rechtsprechung-Übersicht bei Palandt/*Sprau* § 823 Rdn. 192; MünchKomm/*Wagner* § 823 Rdn. 453; vgl. ferner *Schulze* VersR 1998, 12 ff.
[181] BGH BauR 1996, 131 = NJW 1996, 387 = VersR 1996, 117; OLG Brandenburg MDR 2003, 747; OLG Düsseldorf NJW-RR 1998, 674 (675); OLG Naumburg NZBau 2005, 108.
[182] BGH NJW 1971, 1313 (1314); *Schulze* VersR 1998, 12 (13 f., 15).
[183] OLG Köln VersR 1995, 1456; OLG Naumburg NZBau 2005, 108.
[184] Vgl. OLG Naumburg NJW-RR 1994, 784; OLG. Brandenburg MDR 2003, 747.
[185] BGH BauR 1996, 131 = NJW 1996, 387 = VersR 1996, 117.
[186] *Schulze* VersR 1998, 12 (14).
[187] BGH BauR 1996, 131 = NJW 1996, 387 – fehlende Dachantennen als Hinweis auf privat verlegte Antennenkabel.
[188] OLG Köln VersR 1995, 1456.
[189] OLG Düsseldorf NJW-RR 1998, 674.
[190] OLG Brandenburg BauR 1999, 1041 = IBR 1999, 535.
[191] OLG Hamm NJW-RR 2002, 1391.
[192] *Schulze* VersR 1998, 12 (16).

suchen, Freilegen und Sichern von Versorgungsleitungen beauftragt wurde entlastet dies einen Tiefbauunternehmer nicht von sämtlichen Sorgfaltspflichten.[193]

### 3. Verkehrssicherungspflichten für eingesetzte Geräte, Werkzeuge und Material, insbesondere Baugerüste

Weiterhin hat der Auftraggeber es weit überwiegend in der Hand, Gefahren durch das von ihm eingesetzte Gerät, Werkzeug und Material (im weitesten Sinne) abzuwenden. Beispielhaft sei auf die relativ umfangreiche Rechtsprechung zu Baugerüsten verwiesen:[194]  **84**

**Baugerüste** sind durch den Unternehmer so zu errichten, dass die Benutzer des Gerüstes  **85** nicht gefährdet werden.[195] Der Umfang und die Ausgestaltung der Verkehrssicherungspflichten richtet sich auch bei Baugerüsten nach den Erwartungen des Verkehrs.[196] Maßstab für die Verkehrssicherungspflichten des Erbauers eines Baugerüstes sind insofern vor allem die Unfallverhütungsvorschriften der Berufsgenossenschaften (UVV).[197] Ein errichtetes Gerüst muss ferner standsicher errichtet werden, d. h. es muss sichergestellt sein, dass es nicht von selbst oder durch vorhersehbare Witterungseinflüsse einstürzt.[198] Auch hierbei ist zur Bestimmung der gebotenen Sorgfalt auf DIN-Normen und die UVV zurückzugreifen.[199] Der Unternehmer, der ein Gerüst errichtet, kann sich nicht nach § 831 Abs. 1 S. 2 BGB durch Beauftragung zuverlässiger Arbeitnehmer entlasten, da die UVV alleine und exklusiv den Unternehmer verpflichten sollen.[200] Ein Unternehmer haftet jedoch nicht, wenn er das Gerüst ordnungsgemäß erstellt hat und ein anderer in eigener Verantwortung Arbeiten durchführt, welche die Sicherheit des Gerüstes beeinträchtigen[201] oder wenn das Gerüst zweckwidrig gebraucht wird, solange es sich nicht um ein nahe liegendes Fehlverhalten Dritter – vor allem von Kindern – handelt.[202] Soweit ein Unternehmer ein nicht standfestes Baugerüst benutzt hat und dieses ungesichert verlässt, ist dieser Unternehmer ggf. neben dem aufstellendem Unternehmen verkehrssicherungspflichtig.[203] Da sich Umfang und Ausgestaltung der Verkehrssicherungspflichten nach den Verkehrserwartungen ausrichten, kann auch bei einem fehlerhaft errichtetem Gerüst eine Verletzung von Verkehrssicherungspflichten ausgeschlossen werden, etwa wenn bei einem kleinen und beweglichen Gerüst nicht erkennbar ist, ob dieses am jeweiligen Standort nur abgestellt oder zur Benutzung aufgestellt

---

[193] BGH BauR 1983, 95 (96).
[194] Ohne Anspruch auf Vollständigkeit: BGH NJW 1984, 360; BGH NJW-RR 1989, 921; BGH BauR 1997, 673 = NJW 1997, 1853 = ZfBR 1997, 241; BGH BauR 1999, 1035 = NJW 1999, 2593 = VersR 1999, 1424; OLG Karlsruhe BauR1988, 116 = VersR 1988, 1071; OLG Stuttgart BauR 1990, 112; OLG Nürnberg BauR 1991, 781 = NZV 1992, 31= VersR 1991, 1191 (L.); OLG Hamm VRS 85, 85; OLG Hamm VersR 1992, 1488; OLG Frankfurt BauR 1993, 614; OLG Düsseldorf NJW-RR 1994, 1310 = VersR 1995, 1206 (L.); OLG Köln BauR 1996, 730 = VersR 1996, 1518 = MDR 1996, 469; OLG Koblenz BauR 1997, 328; OLG Stuttgart NJW-RR 2000, 752 = BauR 2000, 748; OLG Düsseldorf BauR 2001, 658; OLG Karlsruhe BauR 2002, 1555 = VersR 2003, 80; OLG Hamm VersR 2003, 506 = MDR 2002, 1314; OLG Rostock NJ 2003, 657 (L); LG Hanau ZfS 1993, 255; vgl. auch *Kesselring* Verkehrssicherungspflichten S. 83 f.
[195] OLG Karlsruhe BauR 1988, 116 (117); dies betrifft auch betriebsfremde berechtigte Personen – vgl. OLG Stuttgart NJW-RR 2000, 752 (753) = BauR 2000, 748.
[196] OLG Düsseldorf BauR 2001 658 (660).
[197] BGH NJW 1984, 360 (361); BGH NJW-RR 1989, 921 (922); BGH BauR 1999, 1035 = NJW 1999 = VersR 1999, 1424; OLG Karlsruhe BauR1988, 116 (117) = VersR 1988, 1071; OLG Stuttgart BauR 1990, 112; OLG Frankfurt BauR 1993, 614; OLG Düsseldorf NJW-RR 1994, 1310 = VersR 1995, 1206 (L.); OLG Stuttgart NJW-RR 2000, 752 (753) = BauR 2000, 748. Zu den UVV allgemein siehe oben → § 4 Nr. 2 Rdn. 135 ff.
[198] *Kesselring* Verkehrssicherungspflichten S. 84; vgl. auch BGH BauR 1999, 1035 = NJW 1999 = VersR 1999, 1424 (schwerer Sturm); OLG Köln BauR 1996, 730.
[199] BGH BauR 1999, 1035 (1036) = NJW 1999 = VersR 1999, 1424 – wobei die einschlägige DIN 4420 identisch mit den fraglichen UVV für den Gerüstbau ist.
[200] OLG Stuttgart NJW-RR 2000, 752 (753) = BauR 2000, 748; OLG Stuttgart BauR 1990, 112 (113).
[201] OLG Hamm VersR 1992, 1488.
[202] LG Hanau ZfS 1993, 255 – Benutzung der Schmalseite einer als Rückenlehne bestimmten Planke als Trittleiterstufe.
[203] OLG Köln BauR 1996, 730 = VersR 1996, 1518 = MDR 1996, 469.

ist, namentlich wenn der letzte Nutzer bewusst die Leiter zu dem Gerüst zur Seite gestellt hat, damit das Gerüst nicht achtlos genutzt wird.²⁰⁴ Soweit ein Baugerüst an Straßen errichtet wird sind Sicherheitsmaßnahmen hinsichtlich des Straßenverkehrs vorzunehmen. Hierbei genügen relativ zum stattfindenden Fußgängerverkehr alleine rotweiße Plastik-Flatterbänder in der Regel nicht, an besonders exponierten Stellen (z. B. neben dem Eingang zu einer Gaststätte) ist eine Absperrung aus festem Material anzubringen.²⁰⁵ Auch gegenüber dem Kraftfahrzeugverkehr sind hinreichende Sicherungsmaßnahmen durchzuführen. Spätestens sobald die Gefahr der Kollision von Gerüstteilen mit Kraftfahrzeugen besteht, sind geeignete Maßnahmen zu ergreifen, um dies zu verhindern. Eine schlecht sichtbare Warnflagge genügt hierbei nicht.²⁰⁶

## D. Dritter

86 Alles was in § 10 Nr. 3 VOB/B an schädigenden oder schadensauslösenden Tätigkeiten beschrieben ist, kann auch zur Verletzung der Person oder zur Beschädigung von Sachen des Auftraggebers führen. Es ist deshalb überlegungswert, die der Bestimmung zu Grundeliegenden Gedanken auf **Ansprüche des Auftraggebers gegen den Auftragnehmer** zu übertragen. Nach dem Wortlaut der Bestimmung ist das freilich nicht möglich, da sie daran anknüpft, dass der Auftragnehmer einem Dritten nach den §§ 823 ff. BGB zu Schadensersatz verpflichtet ist.²⁰⁷ Dabei wird es bleiben müssen. Allerdings konkretiert die Bestimmung in gewisser Weise das **Maß der Schadenszurechnung,** die letztlich für die Höhe der Haftung beider Vertragspartner den Ausschlag gibt. Sie ist deshalb, was unmittelbare Ansprüche des Auftraggebers gegen den Auftragnehmer anbelangt, hilfreich bei einer Schadensteilung nach § 254 BGB, mehr kann sie insoweit nicht leisten.

## E. Gehilfen des Auftragnehmers

87 Unklar ist, was gilt, wenn der Auftragnehmer sich hinsichtlich seiner Leute nach § 831 Abs. 1 Satz 2 BGB **entlasten** kann.²⁰⁸

88 Es ist **nicht** möglich, § 10 Nr. 3 VOB/B auch auf den Fall auszudehnen, in dem nur ein **Verrichtungsgehilfe** des Auftragnehmers, nicht aber dieser selbst nach den §§ 823 ff. BGB haftet. Zwischen dem Verrichtungsgehilfen und dem Auftraggeber besteht kein vertragliches Ausgleichsverhältnis. Ein gesetzlicher Gesamtschuldnerausgleich, der sich etwa aus §§ 830, 840 BGB ergeben kann, ist nach den Regeln der §§ 426, 254 BGB, nicht aber nach § 8 Nr. 3 VOB/B zu lösen.

89 Anders verhält es sich, wenn der Auftragnehmer (auch) gegenüber dem Dritten durch einen **Erfüllungsgehilfen** zugleich eine Vertragspflicht verletzt. Dann haftet er dem Dritten einerseits gemäß der §§ 280, 278 BGB und andererseits gemäß § 823 Abs. 1 BGB – Die Gesamtschuld besteht dann auch nach §§ 840 BGB, 10 Nr. 3 VOB/B; der Ausgleich findet nach § 10 Nr. 3 VOB/B statt, und zwar zwischen den Parteien, nicht etwa zwischen dem Auftraggeber und dem Erfüllungsgehilfen. Dieser kann gegebenenfalls vom Auftragnehmer aus seinem Vertrag mit ihm in Anspruch genommen werden, vorbehaltlich einer arbeitsrechtlichen Freistellung.

90 Liegt in einem Tätigwerden, das in § 10 Nr. 3 VOB/B beschrieben ist, allerdings die schuldhafte Verletzung einer **Hauptpflicht,** dann haftet der Auftragnehmer für seine Leute

---

²⁰⁴ OLG Düsseldorf BauR 2001, 658 (660).
²⁰⁵ OLG Nürnberg BauR 1991, 781 (782) = NZV 1992, 31 = VersR 1991, 1191 (L.).
²⁰⁶ OLG Hamm VRS Bd. 85, 85 (87).
²⁰⁷ So letztlich deshalb für Nichtanwendbarkeit *Ingenstau/Korbion/Wirth* VOB/B § 10 Nr. 3 Rdn. 1.
²⁰⁸ Offen gelassen bei *Ingenstau/Korbion/Wirth* VOB/B § 10 Nr. 3 Rdn. 32.

als Erfüllungsgehilfen **ohne Rücksicht auf Verschulden,** § 278 Satz 1 BGB. Die Quotierung zwischen ihm und dem Auftraggeber hat dann nach Maßgabe von **§ 254 BGB** zu erfolgen, für den § 278 BGB in allen seinen Varianten[209] gilt, § 254 Abs. 2 Satz 2 BGB. Die Bestimmung des § 254 BGB braucht sich etwa die Bundesbahn als Auftraggeberin nur entgegenhalten zu lassen, wenn sie oder ihre Bediensteten beim Eintritt des Mitarbeiters des Unternehmers ein Verschulden trifft.[210]

## F. Allgemeine Geschäftsbedingungen

Klauseln, in denen die – potentiellen – Gesamtschuldner ein anderes bestimmen, als in § 426 Abs. 1 Satz 1 BGB festgehalten, werden in §§ 308, 309 BGB speziell nicht angesprochen. Maßstab der **Inhaltskontrolle** kann deshalb nur § 307 BGB sein.  **91**

Wie § 10 Nr. 2 Abs. 2 VOB/B sieht § 10 Nr. 3 VOB/B seinem Wortlaut bei Vorsatz und grober Fahrlässigkeit des Auftraggebers eine alleinige Haftung des Auftragnehmers vor. Dies erscheint schon mit Blick auf § 307 Abs. 1 Satz 1 BGB zumindest problematisch.[211] Die Zweifel an einer Konformität mit dem AGB-Recht verstärken sich aus dem Blickwinkel des § 309 Nr. 7 Abs. 2 BGB. Der dort geregelte Fall entspricht zwar nicht unmittelbar der Rückgriffsproblematik der §§ 426 BGB, 10 Nr. 3 VOB/B, ist ihr aber vergleichbar: Aus grob schuldhaftem Verhalten des Auftraggebers darf im Vertragsverhältnis der Auftragnehmer nicht (allein) belastet werden. Im Hinblick auf die angenommene Ausgewogenheit der VOB/B im Ganzen (→ Einl II Rdn.) verzichtet die Rechtsprechung aber auf eine Unwirksamkeitssanktion (außerhalb isolierter Inhaltskontrolle). Um gleichwohl die Ausgwogenheit zu retten, greift sie deshalb zur geltungserhaltenden Reduktion durch Auslegung:[212] Der Ausschluss von Vorsatz und Fahrlässigkeit wird – analog § 10 Nr. 5 VOB/B – in die §§ 10 Nr. 2 und Nr. 3 VOB/B hineingelesen.[213] § 10 Nr. 3, letzter Halbsatz lautet dann etwa wie folgt: „..., so trägt er im Verhältnis zum Auftraggeber den Schaden allein, sofern dieser nicht vorsätzlich oder grob fahrlässig für den Schaden mitverantwortlich ist."  **92**

---

[209] Vgl. Palandt/*Heinrichs* § 254 Rdn. 66.
[210] BGH *Schäfer/Finnern* Z. 2212 Bl. 24.
[211] Vgl. zur vergleichbaren AGB-rechtlichen Problematik des § 10 Nr. 2 Abs. 2 VOB/B oben → § 10 Nr. 2 Rdn. 21 a.
[212] OLG Brandenburg BauR 2001, 1129 (1134); vgl. auch zur Anwendung der geltungserhaltenden Reduktion auf Bauverträge generell: Schulze-Hagen BauR 2003, 785 (791 f.).
[213] BGHZ 140, 241 (246) = BauR 1999, 414 = NJW 1999, 942; OLG Brandenburg BauR 2001, 1129 (1133); *Heiermann/Riedl/Rusam* VOB/B § 10 Rdn. 20; *Ingenstau/Korbion/Wirth* VOB/B § 10 Nr. 2 Rdn. 200 (zu § 10 Nr. 2 VOB/B); OLG Brandenburg BauR 2001, 1129 (1134); *Kapellmann/Messerschmidt/v. Rintelen* VOB/B § 10 Rdn. 46 (zu § 10 Nr. 3 VOB/B).

## § 10 Nr. 4

**§ 10 Nr. 4 [Verletzung gewerblicher Schutzrechte]**

Für die Verletzung gewerblicher Schutzrechte haftet im Verhältnis der Vertragsparteien zueinander der Auftragnehmer allein, wenn er selbst das geschützte Verfahren oder die Verwendung geschützter Gegenstände angeboten oder wenn der Auftraggeber die Verwendung vorgeschrieben und auf das Schutzrecht hingewiesen hat.

1    Nr. 4 enthält eine Sonderregel für die Verletzung gewerblicher Schutzrechte. In Betracht kommen Verstöße gegen das **Urheberrechtsgesetz** v. 9. 9. 1965 (BGBl I S. 1273), das **Patentgesetz** i. d. F. v. 16. 12. 1980 (BGBl 1981 I S. 1), das **Gebrauchsmustergesetz** i. d. F. v. 28. 8. 1986 (BGBl I S. 1455), das **Geschmacksmustergesetz** v. 11. 1. 1876 (RGBl S. 11) und das **Markengesetz** v. 25. 10. 1994 (BGBl I, S. 3082).[1]

1a    Zum Teil wird allerdings von einer hiervon abw. Ansicht vertreten, dass das Urheberrecht nicht von § 10 Nr. 4 VOB/B erfasst werde, da es sich nicht um ein gewerbliches Schutzrecht handele.[2] Zumal das Urheberrecht, vor allem das des Architekten, in der baurechtlichen Praxis als Grundlage für Unterlassungs- und Schadensersatzprozesse eine nicht unerhebliche Bedeutung hat, das Geschmacksmuster-, Gebrauchsmuster-, Marken- und Patentrecht in der Bauwirtschaft aber eine geringere, überzeugt diese Auffassung insofern nicht. Auch das Urheberrecht an Bauten ist ein Schutzrecht, das die Vertragsparteien zu beachten haben, mag es sich auch vor allem an den Auftraggeber richten. In der letzten Alternative hat das Urheberrecht an Plänen auch der Auftragnehmer zu beachten.

2    Es ist sachgerecht, die Lasten eines Verstoßes gegen diese Schutzrechte dem Auftragnehmer aufzuerlegen, wenn die Voraussetzungen der Nr. 4 vorliegen, nämlich (1) der **Auftragnehmer** selbst die Verwendung der Schutzrechte eingebracht hat oder (2) ihm die gesetzmäßige (§ 4 Nr. 2 Abs. 1 VOB/B) Verwendung der Rechte vom **Auftraggeber** vorgeschrieben worden ist. Im erstgenannten Fall trägt der Auftragnehmer die Verantwortung für seine Leistung ohnehin; im zweigten. Fall hat er die Möglichkeit, sich entspr. § 4 Nr. 1 Abs. 4 VOB/B gegen die vorgeschriebene Verwendung zu verwahren, wenn er nicht in der Lage ist, einen rechtmäßigen Gebrauch sicherzustellen.

3    Allerdings hängt die Verantwortung des Auftragnehmers im Innenverhältnis auch davon ab, dass die sachlichen Gründe einer **Verantwortungszuweisung** wirklich vorliegen. Hat etwa der Auftraggeber ihn zwar aufgefordert, bestimmte Schutzrechte zu verwenden, ihn aber nicht darauf hingewiesen, dass Drittansprüche bestehen, gilt wiederum die Regel des § 10 Nr. 2 VOB/B: Der Schadensausgleich findet nach allgemeinem Recht statt.

4    Grundsätzlich können auch **abweichende Regelungen** zu Nr. 4 getroffen werden. Das ergibt sich aus allgemeinem Recht und ist in Nr. 2 Absatz 1 lediglich wiederholt. AGB-Regelungen unterliegen der Inhaltskontrolle.

---

[1] H.M. – vgl. *Leinemann/Hafkesbrink* § 10 Rdn. 49; *Ingenstau/Korbion/Wirth* VOB/B § 10 Nr. 4 Rdn. 2; *Heiermann/Riedl/Rusam* VOB/B § 10 Rdn. 25; *Nicklisch/Weick* § 10 Rdn. 46.

[2] *Messerschmidt/Kapellmann/v. Rintelen* § 10 VOB/B Rdn. 48.

## § 10 Nr. 5 [Entlastung von gesetzlichen Vertretern und Erfüllungsgehilfen]

Ist eine Vertragspartei gegenüber der anderen nach den Nummern 2, 3 oder 4 von der Ausgleichspflicht befreit, so gilt diese Befreiung auch zugunsten ihrer gesetzlichen Vertreter und Erfüllungsgehilfen, wenn sie nicht vorsätzlich oder grob fahrlässig gehandelt haben.

Die Vorschrift dient der **internen Entlastung** von Personen, die ggf. für den vom Aufwand Freigestellten handeln (gesetzliche Vertreter; Erfüllungsgehilfen). Rechtstechnisches Mittel ist der Vertrag zu Gunsten Dritter (§ 328 BGB). Es soll so verhindert werden, dass die Freistellung über die Inanspruchnahme dieser Personen unterlaufen wird. Fraglich ist allerdings, warum die Freistellung auf diese Personen beschränkt ist: Der Normzweck trifft in gleicher Weise etwa bevollmächtigte Vertreter oder (im deliktischen Rahmen) Verrichtungsgehilfen (§ 831 BGB); die Einstandspflicht nach Nr. 2 bis 4 ist nicht auf die Einschaltung von Erfüllungsgehilfen (§ 278 BGB) und gesetzliche Vertreter beschränkt. Es wird zulässig sein, Nr. 5 in diesen Fällen entsprechend anzuwenden. 1

Der Erfüllungsgehilfe kann sich auch im allgemeinen Recht auf eine Haftungsfreistellung einer Vertragspartei berufen, selbst wenn es sich um eine Haftungsfreistellung seines Auftraggebers in dessen AGB handelt und nur dieser ausdrücklich von der Haftung freigestellt ist, der Erfüllungsgehilfe jedoch nicht.[1] § 10 Nr. 5 VOB/B hat danach vor allem eine klarstellende Funktion.[2] 2

Die Begrenzung auf Vorsatz und grobe Fahrlässigkeit in § 10 Nr. 5 VOB/B wird von der jüngeren Rechtsprechung auch entsprechend auf § 10 Nr. 2 und Nr. 3 angewendet (siehe → § 10 Nr. 2 Rdn. 21 a). 3

Aus den unter Rdn. 2 dargelegten Umständen ergibt sich, dass § 10 Nr. 5 VOB/B der **AGB-Kontrolle** auch bei isolierter Vereinbarung standhält. 4

---

[1] BGH NJW 1995, 2991; *Ulmer/Brandner/Hensen* § 11 Nr. 7 Rdn. 13.
[2] So auch *Messerschmidt/Kapellmann/v. Rintelen* § 10 VOB/B Rdn. 52.

## § 10 Nr. 6

**§ 10 Nr. 6 [Im Innenverhältnis verantwortliche Vertragspartei]**

Soweit eine Vertragspartei von dem Dritten für einen Schaden in Anspruch genommen wird, den nach Nummern 2, 3 oder 4 die andere Vertragspartei zu tragen hat, kann sie verlangen, dass ihre Vertragspartei sie von der Verbindlichkeit gegenüber dem Dritten befreit. Sie darf den Anspruch des Dritten nicht anerkennen oder befriedigen, ohne der anderen Vertragspartei vorher Gelegenheit zur Äußerung gegeben zu haben.

1   Der § 10 Nr. 6 VOB/B enthält zwei Regelungsbereiche, zum einen den Freistellungsanspruch wenn der Tatbestand der Nr. 2, 3 oder 4 des § 10 VOB/B vorliegen sollte (§ 10 Nr. 6 S. 1 VOB/B) und zum zweiten ein Verbot für den durch diese Bestimmungen intern Begünstigten, den Gläubiger zu befriedigen oder die Forderung des Gläubigers anzuerkennen, ohne dem Vertragspartner des VOB-Vertrages Gelegenheit zur Äußerung zu geben (§ 10 Nr. 6 S. 2 VOB/B).

### I. Freistellungsanspruch (Satz 1)

2   Die nach Nr. 2, 3 oder 4 im Innenverhältnis verantwortliche Vertragspartei hat alles zu tun, um den intern freigestellten Partner vor einer Inanspruchnahme zu bewahren: Die belastete Partei hat unverzüglich zu zahlen oder in anderer Weise sicherzustellen, dass der Gläubiger zu seinen Lasten befriedigt wird, vgl. **§ 257 BGB**. Sofern die Ansprüche unberechtigt sind, ist im Innenverhältnis der Parteien der Belastete verpflichtet, die Forderung auf seine Kosten abzuwehren.

3   Im Übrigen gelten die allgemeinen Grundsätze. Wer Befreiung von der Schuld verlangen kann, muss auch seinerseits alles tun, damit dem Verpflichteten die Freistellung möglich wird. – Weigert sich der intern Verpflichtete, die Schuld anzuerkennen oder zu zahlen, so dass der zunächst Verantwortliche belangt wird, ergibt sich im Innenverhältnis ein Schadensausgleich gem. § 280, 241 Abs. 2 BGB.[1] Im Übrigen ist der Freizustellende bei einer Untätigkeit des intern Verantwortlichen ggf. berechtigt, die Forderung zu dessen Lasten verbindlich zu befriedigen; das setzt allerdings voraus, dass der Verantwortliche genügend Gelegenheit gehabt hat, die Prüfung der Ansprüche selbst vorzunehmen.

### II. Einräumung der Gelegenheit zur Äußerung

4   Für den umgekehrten Fall der Befriedigung des Dritten ohne der intern verpflichteten Partei Gelegenheit zur Äußerung oder zur Befriedigung des Dritten zu geben, kann bei Freistellungsvereinbarungen – wie § 10 Nr. 6 VOB/B – gegenüber dem intern Verpflichteten aus gegebenenfalls aus Geschäftsführung ohne Auftrag ein Aufwendungsersatz- oder Bereicherungsanspruch geltend gemacht werden. Für den Umstand, dass die ausgeglichene Forderung tatsächlich bestand (berechtigt war), obliegt aber derjenigen Partei die Beweislast, die den Dritten befriedigt hat.[2] Die in der Literatur[3] angesprochene Möglichkeit eines Schadensersatzes nach §§ 280, 241 Abs. 2 BGB erscheint eher theoretischer Natur, da es bei dem intern zur Zahlung Verpflichteten in aller Regel an einem Schaden fehlen wird.

5   Ein eventuelles **Anerkenntnis** wirkt materiell-rechtlich nur zwischen dem Anerkennenden und dem Gläubiger (§ 425 BGB).[4] Bei einem derartigen Anerkenntnis trifft den

---

[1] Vgl. noch zum alten Recht BGH NJW 1970, 1594 m. Anm. *Reinhardt* NJW 1970, 2288; vgl. auch BGH NJW 2002, 2382. Vgl. zum neuen Recht: *Ingenstau/Korbion/Wirth* VOB/B § 10 Nr. 6 Rdn. 4.
[2] Vgl. BGH NJW 2002, 2382 = MDR 2002, 1107 = WM 2002, 1358.
[3] *Kapellmann/Messerschmidt/v. Rintelen* § 10 Rdn. 61.
[4] *Kapellmann/Messerschmidt/v. Rintelen* § 10 Rdn. 59.

Anerkennenden dann die in Rdn. 4 genannte Beweislast, will er im Innenregress vorgehen. Dies ist prozessrechtlich für den im Innenverhältnis Inanspruchgenommenen vorteilhaft. Im Falles eines Innenregresses muss der intern Entlastete nachweisen, dass ihm ein Schaden entstanden ist.

# Vor § 11

### § 11 Vertragsstrafe

1. Wenn Vertragsstrafen vereinbart sind, gelten die §§ 339 bis 345 BGB.
2. Ist die Vertragsstrafe für den Fall vereinbart, dass der Auftragnehmer nicht in der vorgesehenen Frist erfüllt, so wird sie fällig, wenn der Auftragnehmer in Verzug gerät.
3. Ist die Vertragsstrafe nach Tagen bemessen, so zählen nur Werktage; ist sie nach Wochen bemessen, so wird jeder Werktag angefangener Wochen als 1/6 Woche gerechnet.
4. Hat der Auftraggeber die Leistung abgenommen, so kann er die Strafe nur verlangen, wenn er dies bei der Abnahme vorbehalten hat.

## Vorbemerkung § 11

### Übersicht

| | Rdn. | | Rdn. |
|---|---|---|---|
| A. Regelungsinhalt | 1–5 | I. Selbstständiges Strafversprechen | 14 |
| B. Wesen der Vertragsstrafe | 6–12 | II. Verfallklausel | 16 |
| I. Begriff | 6 | III. Reugeld | 18 |
| II. Rechtsnatur | 7 | IV. Garantieversprechen | 20 |
| III. Zweck | 9 | V. Pauschalierter Schadensersatz | 22 |
| C. Vertragsstrafeähnliche Rechtsinstitute | 13–24 | VI. Tabellarische Übersicht | 24 |

**Literatur:** *Belke,* Die Schadenspauschalierung in Allgemeinen Geschäftsbedingungen, DB 1969, 559 und 603; *Beuthien,* Pauschalierter Schadensersatz und Vertragsstrafe, FS Karl Larenz, S. 493 ff.; *Börgers,* Zur so genannten „Hinfälligkeit" von Vertragsstrafevereinbarungen, BauR 1997, 917; *Brandt,* Die Vollmacht des Architekten zur Abnahme von Unternehmerleistungen, BauR 1972, 69; *Brüggemann,* Ist der Sonnabend ein Werktag?, BauR 1978, 22; *Cuypers,* Die Vertragsstrafe beim Bauen, ZfBR 1998, 272; *Horschitz,* Atypische Vertragsstrafen, NJW 1973, 1958; *Jagenburg,* Die Vollmacht des Architekten, BauR 1978, 180; *Kapellmann/Langen/Schiffer,* Bemessung von Vertragsstrafen für verzögerliche Baufertigstellung in AGB, BB 1987, 560; *Kemper,* Die Vereinbarung von Vertragsstrafen bei Fristüberschreitung in Allgemeinen Geschäftsbedingungen, BauR 2001, 1015; *Keßler,* Der Vertragsstrafenanspruch nach § 11 VOB/B, WiB 1996, 886; *Kleine-Möller,* Die Vertragsstrafe im Bauvertrag, BB 1976, 442; *Knacke,* Die Vertragsstrafe im Baurecht, Baurechtliche Schriften Bd. 14, 1988; *Köhler,* Zur Vereinbarung und Verwirkung der Vertragsstrafe, FS Gernhuber, S. 207; *Kreikenbohm,* Nachträge und Vertragsstrafen, BauR 2003, 315; *Leinemann,* Vertragsstrafe – Der einzig sichere Weg zum Gewinn am Bau?, BauR 2001, 1472; *Lenkheit,* Das moderne Verjährungsrecht, BauR 2002, 196; *Reinicke/Tiedtke,* Der Vorbehalt des Rechts auf die bereits erlangte Vertragsstrafe, DB 1983, 1639; *Rieble,* Das Ende des Fortsetzungszusammenhangs im Recht der Vertragsstrafe, WM 1995, 828; *Schlünder,* Vertragsstrafenklauseln in Bauverträgen, ZfBR 1995, 281; *Sieg,* Korrektur von Rechtsgeschäften durch den Prozeßrichter, NJW 1951, 506; *Vygen,* Rechtliche Beratungs- und Hinweispflichten des Architekten und Bauingenieurs beim Abschluß von Bauverträgen und bei der Vertragsabwicklung unter besonderer Berücksichtigung einer Vertragsstrafenvereinbarung im Bauvertrag, BauR 1984, 245; *Weyer,* Verteidigungsmöglichkeiten des Unternehmers gegenüber einer unangemessen hohen Vertragsstrafe, BauR 1988, 28; *Wolfensberger/Langhein,* Die Anwendung des § 11 Nr. 1 VOB/B auf Vollkaufleute, BauR 1982, 20.

## A. Regelungsinhalt

Obwohl Vertragsstrafen im Bauwesen weit verbreitet sind,[1] enthält die VOB nur wenige 1 eigenständige Bestimmungen. Sie beschränkt sich im Wesentlichen darauf, an die gesetzlichen Regelungen anzuknüpfen, indem sie in Nr. 1 für den Fall einer Vertragsstrafenver-

---

[1] Kritisch hierzu *Leinemann* BauR 2001, 1472 ff.

einbarung der Bauvertragsparteien auf die §§ 339 bis 345 BGB verweist. Diese haben folgenden Wortlaut:

**§ 339 BGB [Verwirkung der Vertragsstrafe].** Verspricht der Schuldner dem Gläubiger für den Fall, dass er seine Verbindlichkeit nicht oder nicht in gehöriger Weise erfüllt, die Zahlung einer Geldsumme als Strafe, so ist die Strafe verwirkt, wenn er in Verzug kommt. Besteht die geschuldete Leistung in einem Unterlassen, so tritt die Verwirkung mit der Zuwiderhandlung ein.

**§ 340 BGB [Strafversprechen für Nichterfüllung].** (1) Hat der Schuldner die Strafe für den Fall versprochen, dass er seine Verbindlichkeit nicht erfüllt, so kann der Gläubiger die verwirkte Strafe statt der Erfüllung verlangen. Erklärt der Gläubiger dem Schuldner, dass er die Strafe verlange, so ist der Anspruch auf Erfüllung ausgeschlossen.

(2) Steht dem Gläubiger ein Anspruch auf Schadensersatz wegen Nichterfüllung zu, so kann er die verwirkte Strafe als Mindestbetrag des Schadens verlangen. Die Geltendmachung eines Weiteren Schadens ist nicht ausgeschlossen.

**§ 341 BGB [Strafversprechen für nicht gehörige Erfüllung].** (1) Hat der Schuldner die Strafe für den Fall versprochen, dass er seine Verbindlichkeit nicht in gehöriger Weise, insbesondere nicht zu der bestimmten Zeit, erfüllt, so kann der Gläubiger die verwirkte Strafe neben der Erfüllung verlangen.

(2) Steht dem Gläubiger ein Anspruch auf Schadensersatz wegen nicht gehöriger Erfüllung zu, so finden die Vorschriften des § 340 Abs. 2 Anwendung.

(3) Nimmt der Gläubiger die Erfüllung an, so kann er die Strafe nur verlangen, wenn er sich das Recht dazu bei der Annahme vorbehält.

**§ 342 BGB [Andere als Geldstrafe].** Wird als Strafe eine andere Leistung als die Zahlung einer Geldsumme versprochen, so finden die Vorschriften der §§ 339 bis 341 Anwendung; der Anspruch auf Schadensersatz ist ausgeschlossen, wenn der Gläubiger die Strafe verlangt.

**§ 343 BGB [Herabsetzung der Strafe].** (1) Ist eine verwirkte Strafe unverhältnismäßig hoch, so kann sie auf Antrag des Schuldners durch Urteil auf den angemessenen Betrag herabgesetzt werden. Bei der Beurteilung der Angemessenheit ist jedes berechtigte Interesse des Gläubigers, nicht bloß das Vermögensinteresse, in Betracht zu ziehen. Nach der Entrichtung der Strafe ist die Herabsetzung ausgeschlossen.

(2) Das gleiche gilt auch außer in den Fällen der §§ 339, 340, wenn jemand eine Strafe für den Fall verspricht, dass er eine Handlung vornimmt oder unterlässt.

**§ 344 BGB [Unwirksamkeit].** Erklärt das Gesetz das Versprechen einer Leistung für unwirksam, so ist auch die für den Fall der Nichterfüllung des Versprechens getroffene Vereinbarung einer Strafe unwirksam, selbst wenn die Parteien die Unwirksamkeit des Versprechens gekannt haben.

**§ 345 BGB [Beweislast].** Bestreitet der Schuldner die Verwirkung der Strafe, weil er seine Verbindlichkeit erfüllt habe, so hat er die Erfüllung zu beweisen, sofern nicht die geschuldete Leistung in einem Unterlassen besteht.

2   **Nr. 2** beschäftigt sich mit der Vertragsstrafe bei nicht rechtzeitiger Erfüllung und hebt damit im Vergleich zu der allgemeinen Bestimmung des § 339 BGB den Fall der Vertragsstrafenvereinbarung wegen Fristüberschreitung als Unterfall der Vertragsstrafe wegen nicht gehöriger Erfüllung besonders hervor.

3   **Nr. 3** hat eine spezielle, von den §§ 186 ff. BGB teilweise abweichende Regelung der Fristberechnung für den Fall zum Inhalt, dass die Strafe nach Tagen bemessen ist.

4   Schließlich entspricht **Nr. 4**, wonach bei Abnahme der Leistung durch den Auftraggeber dieser die Vertragsstrafe nur verlangen kann, wenn er sich dies bei der Abnahme ausdrücklich vorbehält, der gesetzlichen Regelung des § 341 Abs. 3 BGB.

5   Außer in § 11 VOB/B ist die Vertragsstrafe noch **an verschiedenen Stellen** der VOB erwähnt: Nach § 10 Nr. 4 Abs. 1 lit. f VOB/B sollen Vertragsstrafenvereinbarungen, soweit erforderlich, in den Zusätzlichen oder den Besonderen Vertragsbedingungen geregelt werden. § 12 Nr. 1 VOB/A enthält die Empfehlung, Vertragsstrafen für die Überschreitung von Vertragsfristen nur bei Gefahr des Entstehens erheblicher Nachteile und nur unter Beachtung angemessener Grenzen zu vereinbaren. In § 8 Nr. 7 VOB/B findet sich eine spezielle Regelung der Berechnung der Vertragsstrafe nach Vertragskündigung. Schließlich befasst sich § 12 Nr. 4 Abs. 1 Satz 4 VOB/B mit der Aufnahme von Vorbehalten wegen Vertragsstrafen in die Niederschrift bei förmlicher Abnahme.

## B. Wesen der Vertragsstrafe

### I. Begriff

Unter Vertragsstrafe versteht man die auf Grund einer **Parteivereinbarung** (Vertragsstrafeversprechen) für den Fall der Nichterfüllung oder nicht gehöriger Erfüllung einer Verbindlichkeit erbrachte Leistung – meistens Zahlung einer Geldsumme – des Schuldners. Kennzeichnend für die Vertragsstrafe ist daher ihre Abhängigkeit vom Bestehen der Hauptverbindlichkeit (sog. **Akzessorietät**, vgl. § 344 BGB).

### II. Rechtsnatur

Die Vertragsstrafe ist mit der Strafe für kriminelles Unrecht oder mit einer strafähnlichen Sanktion (z. B. Bußgeld) nicht vergleichbar. Denn im Gegensatz zur öffentlichen Strafe, die auf den Rechtsgüterschutz abzielt und damit einen Beitrag zur Aufrechterhaltung der Ordnung leistet, die sich die Gemeinschaft gegeben hat, dient die Vertragsstrafe allein den **privaten Interessen** des Gläubigers. Demgemäß soll die Vertragsstrafe auch nur einen konkreten Schuldner zur ordnungsgemäßen Erfüllung einer bestimmten Leistungspflicht anhalten, während die öffentliche Strafe auf eine unbestimmte Vielzahl von Personen einwirken will.

Da schließlich die Vertragsstrafe – anders als die Kriminalstrafe – auch **keine sittliche Mißbilligung** ausdrückt, gilt für sie auch nicht der Grundsatz, dass jede strafrechtliche oder strafrechtsähnliche Ahndung ohne Schuld des Täters rechtsstaatswidrig ist und einen Verstoß gegen Art. 2 Abs. 1 GG darstellt.[2] Zwar verwirkt der Schuldner nach der Vorstellung des Gesetzes die Vertragsstrafe grundsätzlich erst dann, wenn er die Vertragsverletzung zu vertreten hat (vgl. § 339 BGB), also entweder er selbst oder seine Hilfspersonen (§ 278 ZPO) schuldhaft gehandelt haben. Denn nach § 339 Satz 1 BGB ist die Strafe verwirkt, wenn der Schuldner in Verzug gerät; dies aber geschieht nach § 285 BGB nur, wenn die Leistung in Folge eines Umstandes unterbleibt, den der Schuldner zu vertreten hat. Dadurch wird jedoch nicht ausgeschlossen, dass die Vertragsparteien eine Vereinbarung treffen, wonach die Vertragsstrafe auch dann verwirkt sein soll, wenn die Leistung des Schuldners aus Gründen unterbleibt, die von seinem Willen unabhängig sind und ihm nicht als Verschulden zugerechnet werden können (→ § 11 Nr. 1 Rdn. 35 ff.).

### III. Zweck

Die Vertragsstrafe hat nach h. M.[3] eine Doppelfunktion:
– Zum Einen soll mit ihr Druck auf den Auftragnehmer ausgeübt werden, sich vertragstreu zu verhalten, und damit die Erfüllung der Hauptverbindlichkeit gesichert werden **(Sicherungsfunktion)**.
– Zum Anderen soll der Auftraggeber der Mühe enthoben werden, den ihm durch die Vertragsverletzung entstandenen Schaden nachzuweisen, und ihm damit eine Möglichkeit der erleichterten Schadloshaltung gegeben werden **(Ausgleichsfunktion)**.

---

[2] BGH BauR 1975, 209.
[3] Vgl. RGZ 103, 99; BGHZ 63, 256, 259 = NJW 1975, 163, 164; BGHZ 82, 398, 401 = NJW 1982, 759, 760; BGHZ 85, 305, 312 f.; BGHZ 105, 24, 27; *Erman/Westermann* Vor § 339 Rdn. 1; MünchKomm/*Gottwald* Vor § 339 Rdn. 6; Palandt/*Grüneberg* Vor § 339 Rdn. 1, RGRK-*Ballhaus* Vor § 339 Rdn. 1; Staudinger/*Rieble* Vor § 339 Rdn. 12; zur Entwicklung des Verständnisses der Funktion der Vertragsstrafe zusammenfassend *Fischer* S. 38 ff.

**10** Demgegenüber sieht die **Mindermeinung**[4] in der Vertragsstrafe ein monofunktionales, nämlich ein lediglich der Erfüllungssicherung dienendes Rechtsinstitut. Zwar berühre die Vertragsstrafenabrede im Einzelfall bei einer Leistungsstörung auch das Schadensersatzinteresse des Gläubigers. Hierbei handele es sich jedoch um eine rein wirtschaftliche Auswirkung der Vertragsstrafe, die nichts an dem rechtlichen Charakter der Vertragsstrafe als Druck- und Sicherungsmittel ändere.

**11** Die h. M. hat für sich, dass sie den **Vorstellungen des Gesetzgebers** des BGB entspricht, der davon ausgegangen ist, dass die Vertragsstrafe zwar einerseits Zwangsmittel gegen den Schuldner ist, andererseits aber auch den Sinn hat, dem Gläubiger bei Leistungsstörungen einen erleichterten Schadensausgleich zu sichern.[5] Demgegenüber ist der Mindermeinung zuzugestehen, dass der Sicherungszweck gegenüber der Ausgleichsfunktion ein ungleich größeres Gewicht besitzt. Dies folgt bereits daraus, dass die Ausgleichsfunktion erst dann zum Tragen kommt, wenn der Sicherungszweck verfehlt wird. Ihr kommt daher lediglich die Rolle einer Hilfsfunktion zu.

**12** Der Theorienstreit sollte nicht überbewertet werden. Dennoch ist der Streit für die Praxis nicht völlig bedeutungslos, da das Verständnis von der Funktion der Vertragsstrafe im Einzelfall bei ihrer **Abgrenzung** von ähnlichen Rechtsinstituten (vgl. unten Rdn. 13 ff.) eine Rolle spielen kann.

## C. Vertragsstrafeähnliche Rechtsinstitute

**13** Die Abgrenzung zwischen Vertragsstrafe und ähnlichen Rechtsinstituten kann im Einzelfall Schwierigkeiten bereiten. Dabei kommt es nicht auf die von den Vertragsparteien gewählte Bezeichnung an; abzustellen ist vielmehr darauf, welches Ziel die Parteien mit der Abrede verfolgen. Bei der folgenden Darstellung vertragsstrafeähnlicher Rechtsinstitute sind lediglich diejenigen aufgeführt, die im Bauvertragsrecht Bedeutung gewinnen können; auf die Beschreibung der Vereinsstrafen[6] und Betriebsbußen[7] ist daher verzichtet worden.

### I. Selbstständiges Strafversprechen

**14** Wie bereits die Bezeichnung deutlich macht, handelt es sich bei dem in § 343 Abs. 2 BGB erwähnten selbstständigen Strafversprechen um ein **isoliertes Versprechen;** es fehlt bei dem – in der Baupraxis äußerst seltenen – selbstständigen Strafversprechen (auch Strafgedinge oder uneigentliches Strafversprechen genannt) im Unterschied zur Vertragsstrafe an einer erzwingbaren Hauptverbindlichkeit. An deren Stelle wird vielmehr eine bloße Obliegenheit des Schuldners gesichert. Das Versprechen selbst ist mithin der alleinige Gegenstand des Schuldverhältnisses: Der Gläubiger kann lediglich die Strafe, nicht jedoch die Vornahme oder das Unterlassen einer Handlung verlangen.[8]

**15** Die §§ 339 ff. BGB sind grundsätzlich **nicht** anwendbar.[9] Nach § 343 Abs. 2 BGB kann jedoch – wie bei der Vertragsstrafe – auch bei dem selbstständigen Strafversprechen eine überhöhte Strafe durch Urteil herabgesetzt werden. Darüber hinaus gilt auch § 344 BGB für

---

[4] Im Anschluss an *Lindacher* S. 57 ff.; vgl. auch *Soergel/Lindacher* Vor § 339 Rdn. 5; *Fikentscher* SchuldR § 25 II 2; *Esser/Schmidt* SchuldR I § 16 III 2.
[5] Motive II S. 275; zur Konzeption des Gesetzgebers vgl. im Einzelnen *Fischer* S. 31 ff.
[6] Vgl. hierzu etwa MünchKomm/*Gottwald* Vor § 339 Rdn. 44.
[7] Vgl. hierzu etwa MünchKomm/*Gottwald* Vor § 339 Rdn. 45.
[8] BGHZ 82, 398, 401 = NJW 1982, 759; AK-BGB/*Dubischar* § 339 Rdn. 3; *Erman/Westermann* Vor § 339 Rdn. 6; MünchKomm/*Gottwald* § 343 Rdn. 23; Palandt/*Grüneberg* Vor § 339 Rdn. 4; RGRK-*Ballhaus* § 339 Rdn. 18; *Heiermann/Riedl/Rusam* VOB/B § 11 Rdn. 2 d; *Nicklisch/Weick* VOB/B § 11 Rdn. 8.
[9] BGHZ 82, 398, 401 = NJW 1982, 759; vgl. auch Palandt/*Heinrichs* Vor § 339 Rdn. 4; a. A. MünchKomm/*Gottwald* § 343 Rdn. 27 ff., der sich für eine entsprechende Anwendung der §§ 339 ff. BGB ausspricht.

C. Vertragsstrafeähnliche Rechtsinstitute                                    Vor § 11

das selbstständige Versprechen jedenfalls dann, wenn das Versprechen dem Zweck des § 344 BGB zuwiderliefe, keinen Erfüllungszwang für vom Gesetz für unwirksam erklärte Verbindlichkeiten zuzulassen.[10]

## II. Verfallklausel

Die Verfallklausel (auch Verwirkungsklausel genannt) setzt im Gegensatz zu dem selbstständigen Strafversprechen zwar – ebenso wie die Vertragsstrafe – das Bestehen einer Hauptverbindlichkeit voraus. Sie hat jedoch – anders als die Vertragsstrafe, die in einer zusätzlich zu erbringenden Leistung (meist Geld) besteht – zum Inhalt, dass der Schuldner bei Nichterfüllung oder nicht gehöriger Erfüllung einer von ihm eingegangenen Hauptverbindlichkeit ein ihm an sich zustehendes Recht verliert.[11] Im Bauvertragsrecht sind z. B. Verfallklauseln verbreitet, nach denen sich die vereinbarte Vergütung um bestimmte Beträge für jeweils genau bezeichnete Zeiträume bei nicht termingerechter Erbringung der versprochenen Leistung vermindert.[12]  16

Auf Verfallklauseln sind die §§ 339 ff. BGB **entsprechend anwendbar;** denn der Unterschied zur Vertragsstrafe ist nur formal, weil sich die Verfallklausel für den Schuldner bei einem Verstoß gegen seine vertraglichen Pflichten ebenso als Vermögensnachteil auswirkt, als hätte er eine zusätzliche Leistung versprochen.[13]  17

## III. Reugeld

Während die Vertragsstrafe darauf abzielt, den Schuldner zur Erfüllung des Vertrages anzuhalten, gibt ihm ein vereinbartes Reugeld die Möglichkeit, sich durch Zahlung des Betrages **vom Vertrag zu lösen.**[14] Der Anspruch des Gläubigers auf das Reugeld entsteht daher erst, wenn der Schuldner vom Vertrag zurückgetreten ist; der Anspruch auf Entrichtung der Vertragsstrafe ist dagegen nur gegeben, wenn das Vertragsverhältnis im Zeitpunkt des Entstehens der Strafe noch Bestand hatte. Das Reugeld dient zum Ausgleich der mit dem Rücktritt verbundenen Nachteile des Gläubigers.[15]  18

Geregelt ist das Reugeld in § 359 BGB. Die §§ 339 ff. BGB sind **nicht anwendbar;** eine Herabsetzung nach § 343 BGB kommt daher nicht in Betracht.[16]  19

## IV. Garantieversprechen

Der Garantievertrag ist eine Vereinbarung, durch die jemand einem anderen verspricht, für einen Erfolg einstehen zu wollen. Der Unterschied zur Vertragsstrafe besteht  20

---

[10] BGH NJW 1970, 1915, 1916; BGH NJW 1971, 93, 94; BGH NJW 1971, 557; BGH NJW 1980, 1622, 1623; Erman/Westermann § 344 Rdn. 2; Palandt/Grüneberg Vor § 339 Rdn. 4; RGRK-Ballhaus § 344 Anm. 2; Soergel/Lindacher § 344 Rdn. 1; differenzierend MünchKomm/Gottwald § 344 Rdn. 10.
[11] BGHZ 95, 362, 371 = NJW 1986, 46, 48; AK-MGB/Dubischar § 339 Rdn. 9; Palandt/Grüneberg Vor § 339 Rdn. 5; MünchKomm/Gottwald Vor § 339 Rdn. 32; RGRK-Ballhaus Vor § 339 Rdn. 4; Soergel/Lindacher Vor § 339 Rdn. 18; Heiermann/Riedl/Rusam B § 11 Rdn. 2a; Ingenstau/Korbion A § 12 Rdn. 5; Nicklisch/Weick VOB/B § 11 Rdn. 10.
[12] Vgl. etwa BGH NJW 1983, 384 = BauR 1983, 77 = ZfBR 1983, 75.
[13] BGH NJW 1960, 1568; BGH NJW 1968, 1625; BGH NJW 1972, 1893, 1894; bestätigt in BGHZ 95, 362, 371 f. = NJW 1986, 46, 48; MünchKomm/Gottwald Vor § 339 Rdn. 32; Palandt/Grüneberg Vor § 339 Rdn. 5; RGRK-Ballhaus Vor § 339 Rdn. 4; Heiermann/Riedl/Rusam B § 11 Rdn. 2a; Ingenstau/Korbion A § 12 Rdn. 5; Nicklisch/Weick B § 11 Rdn. 10.
[14] MünchKomm/Gottwald Vor § 339 Rdn. 38; Palandt/Grüneberg Vor § 339 Rdn. 6; RGRK-Ballhaus Vor § 339 Rdn. 3; Soergel/Lindacher Vor § 339 Rdn. 43.
[15] BGHZ 21, 370, 372; RGRK-Ballhaus Vor § 339 Rdn. 5.
[16] OLG Köln MDR 1968, 48; MünchKomm/Gottwald Vor § 339 Rdn. 38; Palandt/Grüneberg Vor § 339 Rdn. 6; Soergel/Lindacher Vor § 339 Rdn. 44.

weniger darin, dass der Garant **verschuldensunabhängig** haftet; denn auch im Rahmen einer Vertragsstrafenabrede ist eine Vereinbarung des Inhalts möglich, dass die Strafe verwirkt sein soll, wenn die Leistung aus Gründen unterbleibt, die nicht vom Willen des Schuldners beeinflussbar sind (→ § 11 Nr. 1 Rdn. 35 ff.). Vielmehr unterscheiden sich Garantieversprechen und Vertragsstrafe in ihrer Zielsetzung: Während das Garantieversprechen durch den Umstand gekennzeichnet ist, dass der Garant im Falle der Gewährleistung verpflichtet ist, den Gläubiger so zu stellen, als ob der ins Auge gefasste Erfolg eingetreten oder der Schaden nicht entstanden wäre, soll die Vertragsstrafe die Ansprüche des Gläubigers durch Druck auf den Schuldner sichern und den Gläubiger von dem Nachweis eines Schadens befreien.[17] Wegen Fehlens der Sicherungsfunktion kann daher eine Erklärung, die lediglich ein bestimmtes Verhalten in der Vergangenheit – etwa die Nichtbeteiligung eines Bieters an einer wettbewerbsbeschränkenden Absprache im Rahmen einer Ausschreibung für ein Bauvorhaben – gewährleistet, nicht als Vertragsstrafe, sondern nur als Garantieversprechen oder eine ihm ähnliche Erklärung angesehen werden.[18]

21 Auf das Garantieversprechen sind die §§ 339 ff. BGB **nicht anwendbar;**[19] insbesondere kommt eine Herabsetzung der versprochenen Leistung nicht in Betracht.[20]

## V. Pauschalierter Schadensersatz

22 Zweck der Vereinbarung eines pauschalierten Schadensersatzes ist allein die vereinfachte Durchsetzung eines als bestehend vorausgesetzten Schadensersatzanspruches.[21] Die Vertragsstrafe dient demgegenüber in erster Linie dazu, als Druckmittel die Erfüllung der Hauptverbindlichkeit zu sichern; soweit sie darüber hinaus auch darauf abzielt, dem Auftraggeber die Möglichkeit der erleichterten Schadloshaltung zu geben, setzt sie im Gegensatz zu der Vereinbarung eines pauschalierten Schadensersatzes das Bestehen eines Schadens gerade nicht voraus.

23 Auf die Abrede über pauschalierten Schadensersatz finden die §§ 339 ff. BGB **keine Anwendung,**[22] insbesondere ist daher eine Herabsetzung der geschuldeten Summe durch Richterspruch gemäß § 343 BGB nicht möglich.[23]

---

[17] BGHZ 82, 398, 401 = NJW 1982, 759, 760; RGRK-*Ballhaus* Vor § 339 Rdn. 5.
[18] BGHZ 105, 24, 28 f. = NJW 1988, 2326, 2327 = BauR 1988, 588, 590; MünchKomm/*Gottwald* Vor § 339 Rdn. 40; RGRK-*Ballhaus* Vor § 339 Rdn. 5.
[19] *Erman/Westermann* Vor § 339 Rdn. 9; MünchKomm/*Gottwald* Vor § 339 Rdn. 40.
[20] BGHZ 82, 398, 401 = NJW 1982, 759, 760.
[21] BGH NJW 1970, 29, 32 = NJW 1956, 1793; *Erman/Westermann* Vor § 339 Rdn. 2; MünchKomm/*Gottwald* Vor § 339 Rdn. 30; RGRK-*Ballhaus* Vor § 339 Rdn. 6; *Heiermann/Riedl/Rusam* B § 11 Rdn. 2 b; *Nicklisch/Weick* B § 11 Rdn. 9; *Locher* PrivBauR Rdn. 663.
[22] *Erman/Westermann* Vor § 339 Rdn. 2; MünchKomm/*Gottwald* Vor § 339 Rdn. 30.
[23] *Beuthin* FS Larenz S. 501 f., a. A. Palandt/*Grüneberg* § 343 Rdn. 2; *Nicklisch/Weick* B § 11 Rdn. 9.

C. Vertragsstrafeähnliche Rechtsinstitute    Vor § 11

### VI. Tabellarische Übersicht

Die nachfolgende Aufstellung gibt in Tabellenform einen Überblick über die **einzelnen** **Merkmale** der Vertragsstrafe und der vorstehend erwähnten ähnlichen Rechtsinstitute: 24

| | Hauptverbindlichkeit | Zweck | Objekive Verwirkungsvoraussetzungen | Verschuldenserfordernis | Verwirkungsfolge | Anwendbarkeit der §§ 339 ff. BGB |
|---|---|---|---|---|---|---|
| Vertragsstrafe | ja | Sicherung d. Hauptverbindlichkeit Erleichterter Schadensausgleich | Nichterfüllung oder nicht gehörige Erfüllung der Hauptverbindlichkeit | in der Regel ja (abweichende Vereinbarung möglich) | Verfall der Strafe | ja |
| Selbstständiges Strafversprechen | nein | Sicherung einer Obliegenheit | Verletzung der Obliegenheit | in der Regel ja (abweichende Vereinbarung möglich) | Verfall der Strafe | nein (Ausnahmen: § 343 Abs. 2, 344 BGB) |
| Verfallklausel | ja | Sicherung d. Hauptverbindlichkeit Erleichterter Schadensausgleich | Nichterfüllung oder nicht gehörige Erfüllung der Hauptverbindlichkeit | in der Regel ja (abweichende Vereinbarung möglich) | Verlust eines Rechtes | ja |
| Reugeld | ja | Erleichterter Schadensausgleich | Rücktritt von der Hauptverbindlichkeit | entfällt | Verfall des Reugeldes | nein |
| Garantieversprechen | ja | Gläubiger so zu stellen, als ob der angestrebte Erfolg eingetreten wäre | Nichterfüllung oder nicht gehörige Erfüllung der Hauptverbindlichkeit | nein | Gläubiger so zu stellen, als ob der angestrebte Erfolg eingetreten wäre | nein |
| Pauschalierter Schadensersatz | ja | vereinfachte Durchsetzung eines Schadensersatzanspruches | Bestehen eines Schadens | in der Regel ja (abweichende Vereinbarung möglich) | Verfall der vereinbarten Pauschale | nein |

# § 11 Nr. 1

### § 11 Nr. 1 [Anwendbarkeit der §§ 339–345 BGB]
**Wenn Vertragsstrafen vereinbart sind, gelten die §§ 339 bis 345 BGB.**

Literatur: Siehe die Hinweise → Vor § 11.

## Übersicht

| | Rdn. | | Rdn. |
|---|---|---|---|
| A. Allgemeines | 1 | C. Gegenstand und Höhe der Vertragsstrafe | 46–78 |
| B. Voraussetzungen des Anspruchs auf Vertragsstrafe | 2–43 | I. Gegenstand im Allgemeinen | 46 |
| I. Wirksame Vereinbarung | 4 | II. Zahlung einer Geldsumme im Besonderen | 48 |
| 1. Individualvereinbarung | 4 | 1. Höhe | 48 |
| a) Ausdrückliche Vereinbarung | 4 | a) Individualvereinbarung | 48 |
| b) Zeitpunkt | 5 | b) Vereinbarung durch AGB | 51 |
| c) Form | 6 | c) Bestimmung durch einen Dritten | 56 |
| 2. Vereinbarung durch AGB | 7 | 2. Herabsetzung (§ 343 BGB) | 57 |
| 3. Notwendiger Inhalt | 9 | a) Regelungsinhalt und -zweck des § 343 BGB | 57 |
| 4. Unwirksamkeit der Vereinbarung | 13 | b) Geltendmachung | 58 |
| a) § 138 BGB als Beurteilungsmaßstab | 14 | c) Voraussetzungen im Einzelnen | 61 |
| b) Ausdrückliche gesetzliche Regelung | 15 | 3. Stundung, Ermäßigung und Erlass von Vertragsstrafen durch Behörden | 74 |
| c) Inhaltskontrolle nach dem AGB-Gesetz | 16 | 4. Darlegungs- und Beweislast | 77 |
| 5. Darlegungs- und Beweislast | 18 | D. Verhältnis des Strafanspruches zu anderen Ansprüchen (§§ 340 bis 342 BGB) | 79–88 |
| II. Wirksame Hauptverpflichtung (Akzessorietät – § 344 BGB) | 20 | I. Allgemeines | 79 |
| 1. Grundsatz | 20 | 1. Regelungsinhalt und -zweck der §§ 340 bis 342 BGB | 79 |
| 2. Anwendungsfälle | 23 | 2. Abdingbarkeit des §§ 340 bis 342 BGB | 81 |
| a) Anfängliche Nichtigkeit der Hauptverpflichtung | 23 | II. Verhältnis zum Erfüllungsanspruch | 83 |
| b) Nachträgliches Erlöschen der Hauptverpflichtung | 24 | 1. Vertragsstrafe wegen Nichterfüllung | 83 |
| c) Undurchsetzbarkeit der Hauptverpflichtung | 28 | 2. Vertragsstrafe wegen nicht gehöriger Erfüllung | 85 |
| III. Objektive Verwirkungsvoraussetzungen (§ 339 BGB) | 29 | III. Verhältnis zu Schadensersatzansprüchen | 86 |
| IV. Verschulden | 31 | 1. Vertragsstrafe wegen Nichterfüllung | 86 |
| 1. Verstoß gegen Handlungspflichten | 32 | 2. Vertragsstrafe wegen nicht gehöriger Erfüllung | 87 |
| 2. Verstoß gegen Unterlassungspflichten | 33 | IV. Darlegungs- und Beweislast | 88 |
| 3. Vertraglicher Ausschluss des Verschuldenserfordernisses | 35 | E. Verjährung des Anspruchs auf Vertragsstrafe | 89–91 |
| 4. Darlegungs- und Beweislast | 39 | | |
| V. Einfluss des Gläubigerverhaltens | 40 | | |
| VI. Vorbehalt der Vertragsstrafe bei der Abnahme (§ 341 Abs. 3 BGB) | 45 | | |

## A. Allgemeines

**1** Die VOB verzichtet weitgehend auf eine eigenständige Ausgestaltung der Vertragsstrafe, sondern knüpft im Grundsatz an die gesetzliche Regelung dieses Rechtsinstituts an. § 11 Nr. 1 VOB/B verweist daher generell auf die §§ 339 bis 345 BGB und erklärt diese

Normen unter der Voraussetzung für anwendbar, dass die Bauvertragsparteien überhaupt Vertragsstrafen vereinbart haben.

## B. Voraussetzungen des Anspruchs auf Vertragsstrafe

Ein Anspruch auf Leistung einer Vertragsstrafe ist nur gegeben, wenn mindestens vier, in der Regel aber **fünf Voraussetzungen** erfüllt sind, nämlich das Vorhandensein einer wirksamen Strafvereinbarung (vgl. unten Rdn. 4 ff.), das Bestehen einer wirksamen Hauptverpflichtung (vgl. unten Rdn. 20 ff.), das Vorliegen der objektiven Verwirkungsvoraussetzungen (vgl. unten Rdn. 29 f.), im Allgemeinen ein Verschulden des Versprechenden (vgl. unten Rdn. 31 ff.) und schließlich der Vorbehalt der Vertragsstrafe bei der Abnahme (vgl. unten Rdn. 45). Besondere Schwierigkeiten treten darüber hinaus auf, wenn die Nichteinhaltung der Hauptverpflichtung durch den Schuldner vom Gläubiger mitverursacht worden ist (vgl. unten Rdn. 40 ff.). 2

Im Falle der gerichtlichen Geltendmachung des Anspruchs auf Leistung der vereinbarten Vertragsstrafe gilt hierfür derselbe Gerichtsstand wie für die **Hauptverbindlichkeit;**[1] dies folgt schon daraus, dass beide Ansprüche wegen der bestehenden Akzessorietät (vgl. § 344 BGB) denselben Erfüllungsort haben. Etwas anderes gilt nur, wenn die Parteien für die Vertragsstrafe wirksam einen gesonderten Gerichtsstand vereinbaren. 3

### I. Wirksame Strafvereinbarung

#### 1. Individualvereinbarung

a) **Ausdrückliche Vereinbarung.** Die Vertragsstrafe kann nur verlangt werden, wenn sie ausdrücklich vereinbart worden ist. Das Erfordernis der ausdrücklichen Vereinbarung bedeutet jedoch nicht, dass eine Vertragsstrafenabrede nicht durch schlüssiges Verhalten einer oder beider Parteien oder durch bloßes Schweigen einer Partei zustandekommen kann, soweit hierin nach allgemeinen Grundsätzen Willenserklärungen gesehen werden können. 4

b) **Zeitpunkt.** Vertragsstrafen werden in der Regel mit dem Abschluss des Bauvertrages vereinbart werden; sie sollen nach § 10 Nr. 4 Abs. 1 lit. f VOB/A in den Zusätzlichen oder in den Besonderen Vertragsbedingungen festgelegt werden. Bis zur Abwicklung des Bauvertrages ist aber auch eine nachträgliche Einigung der Parteien über eine Vertragsstrafenregelung möglich. 5

c) **Form.** Die Vertragsstrafenabrede ist formfrei möglich. Nach h. M.[2] soll jedoch dann, wenn Formzwang für die Vereinbarung der Hauptverbindlichkeit besteht, auch für das Strafversprechen die entsprechende Formvorschrift gelten. Gefolgert wird dies aus § 344 BGB. Diese Auffassung überzeugt nicht. Aus § 344 BGB ergibt sich lediglich, dass die formnichtige Hauptleistung nicht durch eine etwa getroffene Vertragsstrafenabrede – mag diese auch unter Beachtung der für die Hauptleistung geltenden Form abgegeben worden sein – erzwungen werden kann. Mit der Mindermeinung[3] ist daher davon auszugehen, dass ein formwirksam abgegebenes Leistungsversprechen durchaus durch eine formlose Vertragsstrafenvereinbarung gesichert werden kann. 6

---

[1] RGZ 15, 435, 436; RGZ 69, 9, 12; MünchKomm/*Gottwald* § 339 Rdn. 24; RGRK-*Ballhaus* § 339 Rdn. 32; *Soergel/Lindacher* § 339 Rdn. 31; *Stein/Jonas/Roth* § 29 Rdn. 15; *Zöller/Vollkommer* § 29 Rdn. 25 (Stichwort ‚Vertragsstrafe').

[2] *Erman/Westermann* § 339 Rdn. 1; MünchKomm/*Gottwald* § 339 Rdn. 21; Staudinger/*Rieble* § 339 Rdn. 31; *Heiermann/Riedl/Rusam* VOB/B § 11 Rdn. 6; *Ingenstau/Korbion* A § 12 Rdn. 7; *Nicklisch/Weick* VOB/B § 11 Rdn. 11.

[3] Vgl. *Soergel/Lindacher* § 339 Rdn. 7.

## 2. Vereinbarung durch AGB

7  Eine Vertragsstrafenvereinbarung kann auch in AGB getroffen werden. Sie stellt als solche **keine überraschende Klausel** im Sinne des § 305 c Abs. 1 BGB dar; vielmehr sind derartige Klauseln im Baugewerbe durchaus üblich. Der Auftragnehmer muss daher grundsätzlich mit Vertragsstrafenregelungen in AGB des Auftraggebers rechnen.[4] Dies gilt insbesondere dann, wenn feste Fertigstellungstermine vereinbart sind.[5]

8  Ob die Vertragsparteien eine Vertragsstrafenregelung **durch AGB oder individuell (vgl. § 305 Abs. 1 BGB)** getroffen haben, entscheidet sich danach, ob der gesetzesfremde Kern der Vereinbarung sowie die Höhe der Vertragsstrafe vom Verwender gestellt sind oder nicht. Das zur Annahme einer Individualvereinbarung erforderliche Aushandeln definiert der BGH weiterhin dahin, dass der Inhalt der Klausel ernsthaft zur Disposition der verhandelnden Parteien gestellt und den Verhandlungspartner Gestaltungsfreiheit zur Wahrung eigener Interessen eingeräumt wird mit zumindest der realen Möglichkeit, die inhaltliche Ausgestaltung der Vertragsbedingungen beeinflussen zu können.[6]

## 3. Notwendiger Inhalt

9  Welche Handlungen und Unterlassungen des Auftragnehmers strafbewehrt sein sollen, steht grundsätzlich **im Belieben der vertragschließenden Parteien.** Zwar nennt die VOB in § 12 Nr. 1 des Teils A und in § 11 Nr. 2 des Teils B die Vertragsstrafe lediglich im Zusammenhang mit der Überschreitung von Fristen. Damit ist jedoch nur der in der Praxis am häufigsten vorkommende Fall der Vertragsstrafenabrede beispielhaft angeführt. Andere denkbare Fallgestaltungen, bei denen die Vereinbarung einer Vertragsstrafe möglich und sinnvoll ist, sind etwa die Nichterfüllung (auch teilweise Nichterfüllung) oder die nicht gehörige Erfüllung (→ § 11 Nr. 2 Rdn. 3 f.).

10  Wenngleich im Grundsatz die Vertragsstrafe für jeden Verstoß gegen vertragliche Pflichten vereinbart werden kann, geht die VOB doch davon aus, dass eine solche Abrede in der Regel nur dann getroffen wird, wenn dem Auftraggeber **Nachteile von einigem Gewicht** drohen. Dies folgt aus § 12 Nr. 1 VOB/A, wonach Vertragsstrafen nur ausbedungen werden sollen, wenn die Überschreitung von Vertragsfristen erhebliche Nachteile verursachen kann. Hierin kommt ein allgemeiner Grundsatz zum Ausdruck, der auch für Vertragsstrafenabreden gilt, durch die nicht die Einhaltung einer Frist gesichert werden soll. Sinn dieser Regelung ist es zum einen, die Vertragsstrafe nicht durch übermäßigen Gebrauch zu entwerten, und zum anderen zu vermeiden, dass die Baukosten unnötig in die Höhe getrieben werden; denn der Auftragnehmer wird im Allgemeinen die mit der Vereinbarung einer Vertragsstrafe verbundene Wagniserhöhung in seine Preise einkalkulieren.[7]

11  Die Vertragsstrafe muss in einer **Vermögensleistung** bestehen. In aller Regel wird als Strafe die Zahlung einer bestimmten Geldsumme vereinbart werden (vgl. unten Rdn. 46 f.).

12  Darüber hinaus ist eine genaue **Festlegung** der Verwirkungsvoraussetzungen erforderlich; insbesondere ist auch der Zeitpunkt zu bestimmen, zu dem die Strafe fällig wird.

## 4. Unwirksamkeit der Vereinbarung

13  Wie jedes andere Rechtsgeschäft, ist die Vertragsstrafenabrede unwirksam, wenn sie nicht den allgemeinen Anforderungen genügt, nach denen sich die Wirksamkeit von Rechtsgeschäften beurteilt.

---

[4] BGHZ 85, 305, 308 = NJW 1983, 385, 386 = BauR 1983, 80, 81 = ZfBR 1983, 78, 79; *Ingenstau/Korbion* VOB/B § 11 Rdn. 2; *Knacke* S. 20; *Weyer* BauR 1988, 30.
[5] BGHZ 85, 305, 308 = NJW 1983, 385, 386 = BauR 1983, 80; 81; *Knacke* S. 20.
[6] BGH NJW 1998, 3488, 3489 = BauR 1998, 1094, 1095 = ZfBR 1998, 308 unter Hinweis auf BGH NJW 1992, 2759, 2760 = BauR 1992, 794, 795 = ZfBR 1992, 275.
[7] *Ingenstau/Korbion* A § 12 Rdn. 15.

**a) § 138 BGB als Beurteilungsmaßstab.** Ist – bei Individualvereinbarungen – allerdings § 138 BGB Beurteilungsmaßstab, so ist zu beachten, dass im Hinblick auf § 343 BGB, wonach der Schuldner die Strafe auf Antrag durch Urteil auf den angemessenen Betrag herabsetzen kann, die unverhältnismäßige Höhe der Vertragsstrafe allein nicht zur Sittenwidrigkeit der Vereinbarung führt.[8] Treten jedoch zur Unverhältnismäßigkeit der Höhe noch weitere Umstände hinzu – etwa Gefährdung der wirtschaftlichen Existenz des Schuldners[9] –, so kommt § 138 BGB zur Anwendung. Diese Vorschrift ist auch dann anwendbar, wenn eine Herabsetzung der Strafe gemäß § 343 BGB aus Rechtsgründen – nach den §§ 348, 351 HGB kann ein Vollkaufmann, der innerhalb seines Handelsgewerbes eine Vertragsstrafe versprochen hat, eine Herabsetzung der Strafe nicht verlangen – ausscheidet.  14

**b) Ausdrückliche gesetzliche Regelung.** Im Einzelfall kann sich die Unwirksamkeit einer Vertragsstrafenvereinbarung auch aus einer ausdrücklichen gesetzlichen Regelung ergeben. Mit solchen Vertragsstrafeverboten hat der Gesetzgeber in bestimmte Lebensbereiche, in denen sich die Vertragsparteien typischerweise nicht gleichgewichtig gegenüberstehen, zum Schutz des schwächeren Vertragspartners eingegriffen.[10] Da sich jedoch eine solch generelle Aussage für den Bereich des Bauwesens nicht treffen lässt, existieren hier auch keine ausdrücklichen Vertragsstrafeverbote.  15

**c) Inhaltskontrolle nach den §§ 307 ff. BGB.** Wirksam einbezogene formularmäßige Vertragsstrafenabreden unterliegen der Inhaltskontrolle nach den §§ 307 ff. BGB, wobei sich die hierbei anzuwendenden Maßstäbe aus § 309 Nr. 6 BGB und vor allem aus § 307 BGB ergeben. Während die auf den nichtkaufmännischen Verkehr zugeschnittene Vorschrift des § 309 Nr. 6 BGB Vertragsstrafeklauseln in AGB nur in beschränktem Umfang verbietet – die Bestimmung erfasst sachlich nur Fälle der Nichtabnahme oder verspäteten Abnahme der Leistung, des Zahlungsverzuges oder der Lösung vom Vertrag (kann also im Bauvertragsrecht im Wesentlichen nur dann Anwendung finden, wenn ausnahmsweise der nichtkaufmännische Auftragnehmer Verwender ist) –, sind formularmäßige Vertragsstrafeversprechen nach der uneingeschränkt anwendbaren Generalklausel des § 307 BGB dann unwirksam, wenn sie den Vertragspartner des Verwenders entgegen den Geboten von Treu und Glauben unangemessen benachteiligen, sie also insbesondere mit wesentlichen Grundgedanken der gesetzlichen Regelung unvereinbar sind oder durch sie wesentliche Rechte oder Pflichten ausgehöhlt werden.  16

Einzelheiten der Ergebnisse der Wirksamkeitsüberprüfung von formularmäßigen Vertragsstrafevereinbarungen finden sich in den Kommentierungen zum Ausschluss des Verschuldenserfordernisses (vgl. unten Rdn. 35 ff.), zur Abdingbarkeit des Strafvorbehalts (→ § 11 Nr. 4 Rdn. 34 ff.), zur Höhe der Strafe (vgl. unten Rdn. 46 ff.) sowie zur Abdingbarkeit der §§ 340 bis 342 BGB (vgl. unten Rdn. 80 f.).  17

## 5. Darlegungs- und Beweislast

Wer eine Vertragsstrafe geltend macht, trägt die Darlegungs- und Beweislast dafür, dass zwischen ihm und dem Beklagten eine Vertragsstrafenvereinbarung mit dem von ihm behaupteten Inhalt **zustandegekommen** ist.[11] Dasselbe gilt, wenn zwischen den Parteien streitig ist, ob eine Vertragsstrafe oder eine Schadensersatzpauschale, die im Gegensatz zur  18

---

[8] H.M.: RGZ 114, 304, 307; BGH LM § 343 BGB Nr. 1; *Erman/Westermann* § 343 Rdn. 1; MünchKomm/*Gottwald* § 343 Rdn. 8; Palandt/*Grüneberg* § 343 Rdn. 3; *Weyer* BauR 1988, 29; a. A. Soergel/*Lindacher* § 343 Rdn. 5 und *Lindacher* S. 105 u. 140.
[9] RGZ 85, 100, 102; MünchKomm/*Gottwald* § 343 Rdn. 7; Palandt/*Grüneberg* § 343 Rdn. 3; *Weyer* BauR 1988, 29.
[10] Vgl. z. B. für die Wohnungsmiete § 555 BGB, für das Berufsbildungswesen § 5 Abs. 2 Nr. 2 des Berufsbildungsgesetzes vom 14. 8. 1969 (BGBl. I, S. 1112), für das Fernunterrichtswesen § 2 Abs. 5 Nr. 1 des Gesetzes zum Schutz der Teilnehmer am Fernunterricht vom 24. 8. 1976 (BGBl. I, S. 2525).
[11] MünchKomm/*Gottwald* § 345 Rdn. 3; RGRK-*Ballhaus* § 345 Rdn. 1; Staudinger/*Rieble* § 345 Rdn. 3; *Heiermann/Riedl/Rusam* B § 11 Rdn. 42; *Nicklisch/Weick* B § 11 Rdn. 44; *Baumgärtel/Strieder* § 339 Rdn. 1 u. § 345 Rdn. 5; *Lindacher* S. 125; *Werner/Pastor* Rdn. 2085; *Kleine-Möller* BB 1976, 444.

§ 11 Nr. 1                                                            Anwendbarkeit der §§ 339–345 BGB

19    Strafe das Entstehen eines Schadens voraussetzt (→ Vor § 11 Rdn. 22), getroffen worden ist.[12]
      Beruft sich der Auftragnehmer mit der Begründung, die Hauptverpflichtung sei unwirksam, auf die Unwirksamkeit des Strafversprechens (§ 344 BGB), so hat er nach allgemeinen Regeln die Voraussetzungen hierfür darzulegen und gegebenenfalls zu beweisen.[13]

## II. Wirksame Hauptverpflichtung (Akzessorietät – § 344 BGB)

### 1. Grundsatz

20    Durch die Vereinbarung einer Vertragsstrafe soll kein mittelbarer Zwang zur Erfüllung einer unwirksamen Verbindlichkeit ausgeübt werden.[14] Deshalb bestimmt § 344 BGB für den Fall der Unwirksamkeit der Hauptverbindlichkeit, dass auch die Vertragsstrafenabrede unwirksam ist, und zwar selbst dann, wenn die Parteien die Unwirksamkeit der Hauptverbindlichkeit gekannt haben. Voraussetzung für den wirksamen Abschluss einer Vertragsstrafenvereinbarung ist somit die Gültigkeit der zu sichernden Hauptverbindlichkeit. Die Vertragsstrafe ist daher ein **akzessorisches Sicherungsmittel**.

21    Eine trotz Unwirksamkeit der Vereinbarung geleistete Vertragsstrafe kann nach den Grundsätzen der **ungerechtfertigten Bereicherung** (§§ 812 ff. BGB) zurückgefordert werden, sofern die Rückforderung nicht ausnahmsweise gemäß § 814 BGB ausgeschlossen ist.

22    Haben die Parteien bereits einen Rechtsstreit über die Hauptverbindlichkeit geführt und ist die Klage des Auftraggebers rechtskräftig abgewiesen worden, so kann das Bestehen oder Nichtbestehen der Hauptverbindlichkeit unter den Parteien nicht mehr zum Gegenstand einer erneuten Prüfung und Entscheidung in einem weiteren Rechtsstreit gemacht werden, in dem eine Vertragsstrafe für die Nichterfüllung oder nicht gehörige Erfüllung der Hauptpflichtung des Auftragnehmers geltend gemacht wird. Einem solchen Vorgehen steht **§ 322 ZPO** entgegen, da die wegen der Akzessorietät der Vertragsstrafe für diese präjudizielle Frage des Bestehens oder Nichtbestehens der Hauptverbindlichkeit bereits in dem früheren Prozess rechtskräftig beantwortet worden ist.[15]

### 2. Anwendungsfälle

23    **a) Anfängliche Nichtigkeit der Hauptverpflichtung.** Das Versprechen einer Vertragsstrafe kann von vornherein nichtig sein, weil etwa das Hauptversprechen formnichtig ist (§ 125 BGB), der Verpflichtung zur Hauptleistung ein zwingendes gesetzliches Verbot entgegensteht (§ 134 BGB), die Eingehung der Hauptverbindlichkeit gegen die guten Sitten verstößt (§ 138 BGB) oder die Hauptleistung von Anfang an unmöglich war (§ 306 BGB).

24    **b) Nachträgliches Erlöschen der Hauptverpflichtung.** Ein Anspruch auf die Vertragsstrafe besteht auch dann nicht, wenn die zu sichernde Hauptverpflichtung nachträglich wegfällt:

25    Ist die Vereinbarung über die Hauptleistung wegen eines Willensmangels anfechtbar (§§ 119, 123 BGB), so wird die Vertragsstrafenabrede mit der Anfechtung unwirksam und ist als von Anfang an nichtig anzusehen (§ 142 BGB).

26    Der Anspruch auf die versprochene Strafe erlischt auch dann, wenn die Hauptleistungspflicht durch Auflösung des Hauptvertrages – etwa durch Rücktritt oder Kündigung – entfällt.

27    Dasselbe gilt, wenn der Schuldner des Hauptvertrages in Folge nicht zu vertretender nachträglicher Unmöglichkeit von der zu sichernden Leistung frei wird (§ 323 BGB).

---

[12] *Baumgärtel/Strieder* § 339 Rdn. 1.
[13] Vgl. *Rosenberg* S. 259 ff.
[14] Motive II S. 279.
[15] Vgl. BGH LM § 322 ZPO Nr. 23.

c) **Undurchsetzbarkeit der Hauptverpflichtung.** Schließlich folgt aus der Akzessorietät, dass ein Strafversprechen nicht mehr durchsetzbar ist, wenn der zu sichernden Forderung eine dauernde Einrede entgegensteht. Als solche kommt insbesondere die Einrede der Verjährung in Betracht. 28

### III. Objektive Verwirkungsvoraussetzungen (§ 339 BGB)

§ 339 BGB legt fest, unter welchen Voraussetzungen die vereinbarte Vertragsstrafe verwirkt ist. Dabei ist unter ‚Verwirkung' nicht der aus dem Grundsatz von Treu und Glauben abgeleitete Verlust eines Rechts wegen der in seiner verspäteten Geltendmachung liegenden Illoyalität gegenüber dem Vertragspartner[16] zu verstehen. Vielmehr bedeutet ‚Verwirkung' oder ‚Verfall' der Vertragsstrafe in diesem Zusammenhang den Eintritt der Umstände, die den Gläubiger berechtigen, die Vertragsstrafe zu fordern.[17] 29

Den im Bauvertragsrecht bei weitem wichtigsten Verwirkungstatbestand stellt die nicht rechtzeitige Erfüllung der geschuldeten Leistung dar. Der Fall der Fristüberschreitung wird daher in **§ 11 Nr. 2 VOB/B** gesondert behandelt und damit aus den Verwirkungstatbeständen herausgehoben. Zur Vermeidung von Wiederholungen werden alle Regelungen bezüglich des Verfalls der Vertragsstrafe bei § 11 Nr. 2 kommentiert, so dass auf die dortigen Ausführungen verwiesen wird. 30

### IV. Verschulden

Der Schuldner verwirkt die Vertragsstrafe grundsätzlich nur dann, wenn er die Vertragsverletzung zu vertreten hat, es sei denn, dass die Parteien ausdrücklich eine abweichende Vereinbarung getroffen haben (vgl. unten Rdn. 35 ff.). Für das Verschulden von Hilfspersonen hat der Schuldner gemäß § 278 BGB einzustehen.[18] 31

#### 1. Verstoß gegen Handlungspflichten

Dass in der Regel nur ein schuldhaftes Verhalten des Schuldners oder seiner Erfüllungsgehilfen zum Verfall der Strafe führt, ergibt sich für den Fall, dass mit der Strafvereinbarung ein positives Tun gesichert werden soll, bereits aus dem Gesetzeswortlaut, der ausdrücklich auf den Verzug des Schuldners abstellt (vgl. §§ 339 Satz 1, 286 Abs. 4, 276 BGB).[19] 32

#### 2. Verstoß gegen Unterlassungspflichten

Ob auch bei einem Unterlassen als Hauptverpflichtung nur ein schuldhaftes Handeln des Schuldners oder seiner Erfüllungsgehilfen den Verfall der Strafe bewirkt, lässt sich dem Gesetz nicht eindeutig entnehmen. Der Wortlaut des § 339 Satz 2 BGB spricht eher dafür, dass einzige Verwirkungsvoraussetzung die objektive Zuwiderhandlung ist; dies entspräche auch dem Willen des Gesetzgebers.[20] Demgemäß verneinte die **frühere Rechtsprechung** die Geltung des Verschuldensprinzips in diesem Bereich und stellte auf die bloße Zuwiderhandlung ab.[21] 33

---

[16] Vgl. Palandt/*Heinrichs* § 242 Rdn. 87.
[17] MünchKomm/*Gottwald* § 339 Rdn. 1.
[18] RGZ 63, 116, 117 f.; BGH NJW 1986, 127; BGH NJW 1987, 3253.
[19] Ganz h. M.; vgl. BGHZ 72, 174, 178 = NJW 1979, 105, 106; BGH NJW 1985, 57; AK-BGB/*Dubischar* § 339 Rdn. 16; *Erman/Westermann* § 339 Rdn. 6; MünchKomm/*Gottwald* § 339 Rdn. 31; Palandt/*Grüneberg* § 339 Rdn. 2; RGRK-*Ballhaus* § 339 Rdn. 26; Soergel/*Lindacher* § 339 Rdn. 17; Staudinger/*Rieble* § 339 Rdn. 119; a. A. *Horschitz* NJW 1973, 1959.
[20] Motive II S. 278.
[21] RGZ 147, 228, 232 f.; BGH LM § 407 Nr. 3.

34  Sachliche Gründe für einer unterschiedliche Regelung des Vertretenmüssens bei Verstößen gegen Unterlassungspflichten und solchen gegen Handlungspflichten sind jedoch nicht ersichtlich; der gegenüber § 339 Satz 1 BGB engere Wortlaut des § 339 Satz 2 BGB lässt sich vielmehr ohne weiteres damit erklären, dass bei einer Zuwiderhandlung gegen eine Unterlassungspflicht von einem Verzug im technischen Sinne nicht gesprochen werden kann, so dass für den Zeitpunkt der Verwirkung der Strafe ein anderer Anknüpfungspunkt bestimmt werden musste. Diese Überlegungen sowie der Gedanke, dass der Schuldner, für den eine Vertragsstrafe leicht unverhältnismäßig hohe Nachteile bringen kann, gegen solche Folgen Schutz verdient, haben den BGH zu Recht veranlasst, seine frühere Rechtsprechung aufzugeben und auszusprechen, dass die Vertragsstrafe auch bei einem Verstoß gegen Unterlassungspflichten nur verfällt, wenn der Schuldner die Zuwiderhandlung zu vertreten hat.[22]

### 3. Vertraglicher Ausschluss des Verschuldenserfordernisses

35  Die Verschuldensvoraussetzung ist **nicht zwingend.** Die Vertragsschließenden können dieses Erfordernis auch abbedingen; die Strafe verfällt in einem solchen Fall bereits dann, wenn aus einem Grund, den der Schuldner nicht zu vertreten hat, die Leistung nicht oder nicht gehörig erfüllt wird oder die Zuwiderhandlung unabhängig vom Willen des Schuldners erfolgt.[23]

36  In einem derartigen Fall erhält die Vertragsstrafe eine **garantieähnliche Funktion.**[24] Im Zweifel wird eine solche Vereinbarung nur dann anzunehmen sein, wenn die besondere Interessenlage der Parteien eine entsprechende Vertragsgestaltung nahelegt.[25]

37  In der Regel ist die Vereinbarung einer verschuldensunabhängigen Vertragsstrafe nur durch Individualabrede möglich; entsprechende **formularmäßige Klauseln** halten einer Inhaltskontrolle nach § 307 BGB nur stand, wenn für eine verschuldensunabhängige Vertragsstrafe gewichtige Gründe vorliegen.[26]

38  Lässt eine formularmäßige Regelung, wonach die Vertragsstrafe bei Fristüberschreitung verwirkt ist, nicht deutlich erkennen, ob dadurch das Erfordernis des Verzuges abgedungen werden soll, so geht dies nach der **Unklarheitenregel** des § 305 c Abs. 2 BGB zu Lasten des Verwenders mit der Folge, dass die Klausel ohne Vorliegen eines rechtfertigenden Grundes für eine verschuldensunabhängige Haftung unwirksam ist.[27] **Keine Unklarheit** liegt allerdings vor, wenn § 11 Nr. 2 die im Vertrag an anderer Stelle getroffene Vertragsstrafenvereinbarung ergänzt; da in diesem Falle die Vertragsstrafe nur fällig wird, wenn der Auftragnehmer in Verzug gerät, mithin eine verschuldensabhängig vereinbarte Strafe vorliegt.[27a]

### 4. Darlegungs- und Beweislast

39  Sofern die Parteien das Verschuldenserfordernis nicht abbedungen haben, obliegen dem Auftragnehmer die Darlegung und der Beweis dafür, dass ihn an der Nichterfüllung oder der nicht gehörigen Erfüllung **kein Verschulden** trifft; dies ergibt sich aus § 286 Abs. 4 BGB.[28]

---

[22] BGH NJW 1972, 1893, 1894 f. m. zust. Anm. *Lindacher* NJW 1972, 2264; BGH WM 1973, 388.
[23] Ganz h. M.; vgl. BGH NJW 1971, 883 = BauR 1971, 122; BGH LM § 339 BGB Nr. 19; BGHZ 72, 174, 178 = NJW 1979, 105, 106; BGHZ 82, 398, 401 f. = NJW 1983, 759, 760; *Erman/Westermann* § 339 Rdn. 6; MünchKomm/*Gottwald* § 339 Rdn. 34; Palandt/*Grüneberg* § 339 Rdn. 3; RGRK-*Ballhaus* § 339 Rdn. 28; a. A. *Lindacher* S. 90ff.
[24] BGH NJW 1971, 883 = BauR 1971, 122; BGHZ 82, 398, 401 f. = NJW 1982, 759, 760; OLG Frankfurt BauR 1999, 51, 53.
[25] BGH NJW 1971, 883 f. = BauR 1971, 122.
[26] Vgl. BGHZ 72, 174, 179 = NJW 1979, 105, 106; BGH NJW 1985, 56, 58; OLG Celle NJW-RR 1988, 946, 947; OLG Hamm OLGZ 1989, 461, 462; OLG Düsseldorf BauR 1992, 677; OLG Frankfurt BauR 1999, 51; Palandt/*Grüneberg* § 339 Rdn. 3.
[27] OLG Hamm BauR 1997, 663, 664.
[27a] BGHZ 149, 283, 287; 167, 76, 77.
[28] BGH BauR 1999, 645, 647; RGRK-*Ballhaus* § 339 Rdn. 28; *Soergel/Lindacher* § 339 Rdn. 23; Staudinger/*Rieble* § 339 Rdn. 117; *Heiermann/Riedl/Rusam* B § 11 Rdn. 18; *Ingenstau/Korbion* B § 11 Rdn. 9; *Nicklisch/Weick* B § 11 Rdn. 19.

## V. Einfluss des Gläubigerverhaltens

Die in der VOB und dem BGB enthaltenen Vertragstraferegelungen orientieren sich an dem Regelfall, dass die Ursache für die Verletzung der zu sichernden Hauptverpflichtung allein in der Sphäre des Schuldners liegt. In der Praxis kommen aber auch Fallgestaltungen vor, in denen der Grund für die Vertragsverletzung entweder allein vom **Gläubiger** gesetzt wird oder von diesem mitverursacht worden ist. Denkbar ist z. B., dass die Bauarbeiten auf Grund vom Auftraggeber zu vertretender Umstände verspätet beginnen und dadurch der ursprüngliche Zeitplan des Auftragnehmer einer völligen Neuordnung bedarf,[29] dass der Auftraggeber in Folge von Planungsänderungen die Verwirklichung des Organisationsplans des Auftragnehmers erheblich erschwert oder gar unmöglich macht[30] oder dass der Auftragnehmer berechtigterweise – etwa wegen der Verzögerung von Zahlungen des Auftraggebers für Teilleistungen – die Bauarbeiten einstellt.[31]

Es besteht Einigkeit darüber, dass in derartigen Fällen der Auftraggeber die Vertragsstrafe nicht verlangen kann. Die h. M. geht im Anschluss an den BGH[32] davon aus, dass die einmal wirksam begründete Vertragsstrafe im weiteren Verlauf der Vertragsabwicklung hinfällig geworden,[33] d. h. nachträglich wieder fortgefallen sei. Soweit eine dogmatische Begründung hierfür gegeben wird, wird überwiegend auf den Grundsatz von **Treu und Glauben** (§ 242 BGB) abgestellt und in diesem Zusammenhang – soweit nicht ohnehin auf eine nähere Begründung verzichtet wird[34] – entweder auf das Verbot der unzulässigen Rechtsausübung[35] oder auf den Gedanken des Wegfalls der Geschäftsgrundlage hingewiesen.[36]

Richtig dürfte sein, auf § 242 BGB erst dann zurückzugreifen, wenn das Vertragsstrafenrecht als solches zu einem nicht zu vertretenden Ergebnis führte. Denn Veranlassung zur Prüfung der allen Rechten und Rechtspositionen immanenten Schranken und gegebenenfalls zur Anwendung des Verbots der unzulässigen Rechtsausübung[37] oder zur Korrektur des Inhalts der Vertragsstrafenvereinbarung über die Rechtsfigur des Wegfalls der Geschäftsgrundlage[38] besteht erst dann, wenn im konkreten Fall die Zahlung einer Vertragsstrafe für die Rechtsordnung nicht hinnehmbar wäre. Scheitert mithin der Anspruch auf Zahlung der Vertragsstrafe bereits daran, dass es an einer der Verwirkungsvoraussetzungen fehlt, ist für die Anwendung des § 242 BGB kein Raum mehr.

Folgt man diesen Überlegungen, so ergibt sich daraus: Beruht die Verletzung der vom Schuldner eingegangenen Verpflichtungen auf Umständen, die allein der **Sphäre des Gläubigers** zuzuordnen sind, so mangelt es an dem in aller Regel erforderlichen Verschulden des Versprechenden;[39] es fehlt mithin an einer Verwirkungsvoraussetzung. Ist dagegen das Vertragsstrafeversprechen garantieähnlich ausgestaltet und das Erfordernis des Verschuldens abbedungen, so wäre in einem solchen Falle die Vertragsstrafe bei gleichzeitigem Vorliegen der objektiven Verwirkungsvoraussetzungen an sich verfallen; eine Korrektur ist dann nur über § 242 BGB möglich.

Dabei ist zu unterscheiden, ob die aus der Sphäre des Gläubigers stammende Ursache für die Verletzung der Hauptverpflichtung auf ein **vorwerfbares Verhalten des Gläubigers**

---

[29] BGH NJW 1966, 971.
[30] OLG Düsseldorf BauR 1975, 57, 58; OLG Düsseldorf BauR 1982, 582, 584.
[31] BGH BauR 1974, 206, 207.
[32] BGH NJW 1966, 971; BGH BauR 1974, 206, 207; OLG Naumburg BauR 2001, 1446, 1447; a. A. *Kreikenbohm* BauR 2003, 317 f.; kritisch auch *Börgers* BauR 1979, 917 ff.
[33] OLG Düsseldorf BauR 1975, 57, 58; OLG Düsseldorf BauR 1982, 582, 584; *Heiermann/Riedl/Rusam* B § 11 Rdn. 19 und 25; *Ingenstau/Korbion* B § 11 Nr. 3 Rdn. 9; *Nicklisch/Weick* B § 11 Rdn. 15.
[34] *Ingenstau/Korbion* B § 11 Nr. 3 Rdn. 9.
[35] BGH NJW 1971, 1126 f.
[36] *Nicklisch/Weick* B § 11 Rdn. 15.
[37] Zur sog. Schrankenfunktion des § 242 BGB vgl. *Palandt/Heinrichs* § 242 Rdn. 13.
[38] Zur Korrekturfunktion des § 242 BGB vgl. *Palandt/Heinrichs* § 242 Rdn. 13.
[39] *Lindacher* S. 97.

zurückzuführen ist oder nicht. Handelte der Gläubiger vorwerfbar, so beruhte der Erwerb seiner Rechtsposition auf eigenem unredlichen Verhalten mit der Folge, dass die Geltendmachung des Anspruchs auf Zahlung der Vertragsstrafe sich als unzulässige Rechtsausübung darstellt. Lag dagegen kein vorwerfbares Gläubigerverhalten vor, so kommt die Anwendung des Grundsatzes des Wegfalls der Geschäftsgrundlage in Betracht; denn dann kann im Einzelfall nicht ausgeschlossen werden, dass der Eintritt der objektiven Verwirkungsvoraussetzungen auf das Fehlen oder den Wegfall von Umständen zurückzuführen ist, die bei der Vereinbarung der Vertragsstrafe von beiden Parteien als gegeben oder künftig eintretend vorausgesetzt worden sind.

### VI. Vorbehalt der Vertragsstrafe bei der Abnahme (§ 341 Abs. 3 BGB)

45  Die Regelung des § 339 Abs. 3 BGB, wonach der Gläubiger die Vertragsstrafe nur verlangen kann, wenn er sich das Recht dazu bei der Annahme der Erfüllung vorbehalten hat, deckt sich mit der des § 11 Nr. 4 VOB/B. Zur Vermeidung von Wiederholungen wird daher auf die Kommentierung zu dieser Bestimmung verwiesen.

## C. Gegenstand und Höhe der Vertragsstrafe

### I. Gegenstand im Allgemeinen

46  Die Vertragsstrafe muss in einer **Vermögensleistung** bestehen. In aller Regel wird dies die Zahlung einer Geldsumme sein; notwendig ist dies – wie § 342 BGB zeigt – jedoch nicht. Vielmehr kann auch jede andere Vermögensleistung Gegenstand eines Vertragsstrafeversprechens sein. Als derartige Leistungen kommen z. B. Handlungen, Unterlassungen, die Lieferung einer Sache oder die Gewährung eines Rechts in Betracht.

47  Besteht die Vertragsstrafe in einer **anderen Leistung** als in der Zahlung einer Geldsumme, so finden gemäß § 342 BGB die Vorschriften der §§ 339 bis 341 BGB Anwendung; allerdings ist abweichend von den §§ 340 Abs. 2, 341 Abs. 2 BGB der Anspruch auf Schadensersatz ausgeschlossen, sofern der Auftraggeber die Strafe verlangt. Der Verlust des Schadensersatzanspruches tritt mit der Geltendmachung der Vertragsstrafe ein.[40] Die §§ 343 bis 345 BGB gelten nicht nur für Geldstrafen.[41]

### II. Zahlung einer Geldsumme im Besonderen

#### 1. Höhe

48  a) **Individualvereinbarung.** Ist Gegenstand der Vertragsstrafe eine Zahlungsverpflichtung, so kann deren Höhe – auch wenn diese sich nach § 12 Nr. 1 Satz 2 VOB/A in angemessenen Grenzen halten soll – von den Parteien grundsätzlich frei festgesetzt werden.

49  Alleiniger Prüfungsmaßstab für die Wirksamkeit einer Individualvereinbarung über die Höhe der Vertragsstrafe ist § 138 BGB. Wie bereits dargelegt (vgl. oben Rdn. 14), führt die Höhe der Strafe allein, d. h. ohne dass weitere Umstände hinzutreten, jedoch noch nicht zur Unwirksamkeit der Vereinbarung.

50  Auch bezüglich der Art der Festlegung der Höhe steht den Parteien ein **weiter Spielraum** zur Verfügung, der in der Praxis zu unterschiedlichsten Gestaltungen genutzt wird. Die Strafe muss nicht in einem pauschalen Geldbetrag bestehen. Sehr häufig ist z. B. die

---

[40] So ausdrücklich MünchKomm/*Gottwald* § 342 Rdn. 2.
[41] MünchKomm/*Gottwald* § 342 BGB Rdn. 1; Palandt/*Grüneberg* § 342 Rdn. 1; *Soergel*/*Lindacher* § 342 Rdn. 3.

Vereinbarung eines für bestimmte Zeitabschnitte – etwa Arbeitstage, Werktage, Wochen – summenmäßig festgelegten Geldbetrages für den Fall der Fristüberschreitung.[42] Die Parteien können aber auch – mit oder ohne Obergrenze – einen Prozentsatz der Auftragssumme je Zeitabschnitt vereinbaren;[43] dabei ist unter Auftragssumme nicht der auf den fehlenden Leistungsteil entfallende Vergütungsanteil zu verstehen, sondern die Gesamtvergütung.[44]

**b) Vereinbarung durch AGB.** Die weitaus meisten Vertragsstrafevereinbarungen werden in der Baupraxis nicht individuell ausgehandelt, sondern kommen durch AGB zustande. Dies folgt schon daraus, dass Angebote in aller Regel von vielen Bietern eingeholt werden und die Bedingungen für alle gleich sein müssen, ist darüber hinaus aber auch eine Konsequenz aus der Tatsache, dass Bauen heute auch ein Massengeschäft ist.[45] 51

Prüfungsmaßstab bezüglich der Zulässigkeit der Höhe der Strafe ist die Generalklausel des § 307 BGB. Genügt die Strafklausel nicht den Anforderungen dieser Norm, so ist sie unwirksam. Dem steht weder § 343 BGB entgegen,[46] wonach eine unverhältnismäßig hohe Vertragsstrafe durch Urteil herabgesetzt werden kann, noch die Sonderbestimmung des § 348 HGB, die eine derartige Herabsetzungsmöglichkeit für Kaufleute ausschließt.[47] § 343 BGB ist auf Individualvereinbarungen zugeschnitten;[48] er stellt die Gültigkeit der getroffenen Vertragsstrafevereinbarung nicht in Frage, sondern räumt lediglich dem Gericht die Befugnis ein, eine bereits verwirkte Strafe auf Antrag des Schuldners herabzusetzen. Darauf abgestimmt ist die Vorschrift des § 348 HGB, die ebenfalls nur individuell ausgehandelte Strafversprechen betrifft.[49] Demgegenüber sind Vertragsstrafeklauseln in AGB typischerweise einseitig gestaltet; sie unterliegen der von Amts wegen vorzunehmenden richterlichen Inhaltskontrolle, die nicht erst an die Verwirkung, sondern bereits an die Vereinbarung der Strafe anknüpft und in deren Rahmen nicht auf die Besonderheiten der jeweiligen Vertragsbeziehung, sondern in erster Linie auf die allgemeinen Verhältnisse der üblicherweise an dem jeweiligen Vertrag Beteiligten abzustellen ist. Damit ändern sich aber zugleich die Rechtsfolgen. Hielte man formularmäßig vereinbarte Klauseln unabhängig von der Höhe der Strafe für wirksam und verwiese den Schuldner auf das Herabsetzungsverlangen nach § 343 BGB, so liefe der mit den §§ 307 ff. BGB beabsichtigte erhöhte Schuldnerschutz in diesem Bereich weitgehend leer. Es wäre dann unmöglich, die weitere Verwendung der Vertragsstrafeklausel nach dem UKlaG zu unterbinden, so dass der Verwender hoffen könnte, der Schuldner erkenne die ungerechtfertigte Höhe der Strafe nicht oder scheue die Anrufung des Gerichts. Zudem verdienen auch Kaufleute Schutz gegenüber unangemessenen Vertragsstrafeklauseln; dieser Schutz wäre aber bei einer Herabsetzungsmöglichkeit nicht gegeben, da § 343 BGB wegen § 348 HGB bei Kaufleuten keine Anwendung findet.[50] 52

Ob die anhand des § 307 BGB jeweils zu prüfende Klausel wegen der Höhe der darin bestimmten Strafe den Auftragnehmer entgegen den Geboten von Treu und Glauben unangemessen benachteiligt, hängt von den **Umständen des Einzelfalls** ab; eine allgemeingültige Bestimmung der zulässigen Strafhöhe ist nicht möglich.[51] Die hierzu ergange- 53

---

[42] Vgl. z. B. BGH BauR 1977, 280.
[43] Vgl. z. B. *Knacke* S. 39.
[44] *Nicklisch/Weick* B § 11 Rdn. 27; *Knacke* S. 40; *Werner/Pastor* Rdn. 2069.
[45] *Kapellmann/Langen/Schiffer* BB 1987, 562.
[46] BGHZ 85, 305, 314 = NJW 1983, 385, 387 = BauR 1983, 80, 83 f. = ZfBR 1983, 78, 80.
[47] BGH NJW 1981, 1509, 1510; BGHZ 85, 305, 314 = NJW 1983, 385, 387 = BauR 1983, 80, 83 = ZfBR 1983, 78, 80.
[48] BGHZ 85, 305, 314 = NJW 1983, 385, 387 = BauR 1983, 80, 84 = ZfBR 1983, 78, 80; *Ingenstau/Korbion* B § 11 Rdn. 6; *Lindacher* S. 208 f.; *Belke* DB 1969, 605.
[49] BGHZ 85, 305, 315 = NJW 1983, 385, 388 = BauR 1983, 80, 80 = ZfBR 1983, 78, 80; *Schlegelberger/Hefermehl* § 348 Rdn. 30.
[50] BGHZ 85, 305, 315 = NJW 1983, 385, 388 = BauR 1983, 80, 84 = ZfBR 1983, 78, 80.
[51] BGHZ 85, 305, 313 = NJW 1983, 385, 387 = BauR 1983, 80, 83 = ZfBR 1983, 78, 80; BGH NJW 2000, 2106 = BauR 2000, 1049 = ZfBR 2000, 331.

§ 11 Nr. 1                                              Anwendbarkeit der §§ 339–345 BGB

ne umfangreiche Rechtsprechung des BGH und der Instanzgerichte ist vielfältig in ihrer Tendenz jedoch eindeutig, nämlich auf eine Begrenzung der Höhe abzielend.[52]

54    So hat der **BGH** zuletzt unter Aufgabe seiner bisherigen Rechtsprechung, wonach eine in AGB enthaltene Obergrenze der Vertragsstrafe von 10% der Auftragssumme nicht zu beanstanden sei,[53] entschieden, dass nur eine Strafe, deren Obergrenze 5% der Auftragssumme nicht überschreite, den Auftragnehmer nicht unangemessen benachteilige.[54] Des Weiteren hat er seine frühere Rechtsprechung, nach der bei einer pro Arbeits- oder Werktag (vgl. zu den Begriffen § 11 Nr. 3 Rdn. 2) berechneten Vertragsstrafe nur ein moderater Tagessatz der Inhaltskontrolle standhält, bekräftigt und entschieden, dass eine in AGB enthaltene Vereinbarung, wonach der Auftragnehmer, wenn er in Verzug gerät, für jeden Werktag der Verspätung eine Vertragsstrafe von 0,5% der Auftragssumme verwirkt hat, unwirksam sei, und zwar unabhängig, ob eine Obergrenze der Vertragsstrafe vereinbart ist oder nicht.[55]

55    Die Rechtsprechung, die in ihrer **einschränkenden Tendenz** zu begrüßen ist, hat in ihrer Entwicklung inzwischen einen gewissen Abschluss gefunden; danach wird man Vertragsstrafeklauseln in AGB generell nur dann als wirksam ansehen können,[56] wenn die Strafe
    – unter Berücksichtigung der Umstände des Einzelfalles eine vertretbare Höhe aufweist oder
    – der Höhe nach begrenzt ist, wobei die Begrenzung entweder betragsmäßig oder zeitlich erfolgen kann oder
    – sich an dem Wert der tatsächlich rückständigen Werkleistung orientiert.

56    **c) Bestimmung durch einen Dritten.** Wenngleich die Parteien in aller Regel selbst die Höhe der Vertragsstrafe bestimmen werden, so ist eine solche Festsetzung doch nicht zwingend notwendig. Denkbar ist auch, dass die Bestimmung der Höhe gemäß § 317 BGB einem unbeteiligten Dritten überlassen wird, wobei Dritter auch ein Schiedsgericht sein kann.[57] In einem solchen Falle geht die gerichtliche Kontrolle nach § 319 Abs. 1 BGB der Herabsetzung nach § 343 BGB vor; denn die Überprüfung der Höhe der Vertragsstrafe gemäß den § 319 Abs. 1 BGB führt bereits zu dem von § 343 BGB angestrebten Ergebnis.[58]

### 2. Herabsetzung (§ 343 BGB)

57    **a) Regelungsinhalt und -zweck des § 343 BGB.** Ist eine verwirkte Vertragsstrafe unverhältnismäßig hoch, so kann sie vor ihrer Entrichtung gemäß § 343 Abs. 1 BGB auf Antrag des Auftragnehmers durch Urteil auf den angemessenen Betrag herabgesetzt werden. Dasselbe gilt nach § 343 Abs. 2 BGB auch für das selbstständige Strafversprechen. § 343 BGB bezweckt den Schutz des Schuldners; die Vorschrift kann daher nicht abbedungen werden.[59] Sie gilt als zwingendes Recht auch im Rahmen der VOB.[60]

58    **b) Geltendmachung.** Das Recht auf Herabsetzung der Vertragsstrafe steht dem Auftragnehmer höchstpersönlich zu; es ist daher weder abtretbar noch pfändbar.[61]

59    Der Auftragnehmer kann dieses Recht entweder angriffsweise durch **Klagerhebung** oder aber in dem gegen ihn angestrengten Zahlungsrechtsstreit verteidigungsweise im Wege der

---

[52] Vgl. die Darstellung der umfangreichen Rechtsprechung bei *Locher* Rdn. 2073 ff.
[53] So noch BauR 2001, 781.
[54] BGHZ 153, 311.
[55] BauR 2002, 790; BauR 2002, 1086.
[56] Vgl. *Werner/Pastor* Rdn. 2074; vgl. auch *Kemper* BauR 2001, 1016 ff.
[57] RGZ 153, 193, 195 f.; MünchKomm/*Gottwald* § 339 Rdn. 29; Palandt/*Grüneberg* § 339 Rdn. 5; RGRK-*Ballhaus* § 339 Rdn. 6; *Soergel/Lindacher* § 339 Rdn. 5; *Ingenstau/Korbion* A § 12 Rdn. 21.
[58] MünchKomm/*Gottwald* § 339 Rdn. 28; Palandt/*Grüneberg* § 339 Rdn. 5.
[59] BGHZ 5, 133, 136 = NJW 1952, 623; BGH NJW 1968, 1625; *Erman/Westermann* § 343 Rdn. 3; MünchKomm/*Gottwald* § 343 Rdn. 2; Palandt/*Grüneberg* § 343 Rdn. 2; RGRK-*Ballhaus* § 343 Rdn. 2; *Soergel/Lindacher* § 343 Rdn. 2; Staudinger/*Rieble* § 343 Rdn. 19.
[60] *Heiermann/Riedl/Rusam* B § 11 Rdn. 39; *Ingenstau/Korbion* A § 12 Rdn. 15; *Nicklisch/Weick* VOB/B § 11 Rdn. 38.
[61] LG Hannover NJW 1959, 1279; MünchKomm/*Gottwald* § 343 Rdn. 2; Palandt/*Grüneberg* § 343 Rdn. 6; RGRK-*Ballhaus* § 343 Rdn. 14.

Anwendbarkeit der §§ 339–345 BGB                                                             § 11 Nr. 1

**Einrede** geltend machen.[62] Im letzteren Falle ist eine formelle Erklärung des Auftragnehmers nicht erforderlich; es genügt jede Anregung, die erkennen lässt, dass der Auftragnehmer ganz oder teilweise von der Vertragsstrafe loskommen will, weil er sie als unangemessen hoch und drückend empfindet.[63] Erhebt der Auftragnehmer Klage auf Herabsetzung der Strafe, so zielt sein Begehren auf die Änderung eines Rechtsverhältnisses ab; die gerichtliche Entscheidung erfolgt daher durch Gestaltungsurteil,[64] d.h. das Urteil wirkt konstitutiv und führt unmittelbar die Reduzierung der Strafe herbei. Nicht erforderlich ist, dass der Herabsetzungsantrag eine Bezifferung enthält; es genügt, wenn die Herabsetzung auf den angemessenen Betrag beantragt wird.[65]

Die Entscheidung über die Herabsetzung der Vertragsstrafe kann unter Beachtung der § 1025 ff. BGB auch einem **Schiedsgericht** übertragen werden.[66] Im Übrigen steht es den Vertragsparteien selbstverständlich frei, eine Vertragsstrafe jederzeit durch Vereinbarung herabzusetzen, völlig zu erlassen oder auch zurückzuerstatten.                                                             60

**c) Voraussetzungen im Einzelnen.** Für die – nur durch Individualvereinbarungen mögliche (vgl. oben Rdn. 50) – Herabsetzung einer Vertragsstrafe auf Antrag des Auftragnehmers müssen folgende Voraussetzungen gegeben sein:                                                             61

**aa) Rechtswirksame Strafvereinbarung.** Die Vertragsstrafe muss rechtswirksam vereinbart worden sein. Daher ist für eine Ermäßigung der Strafe dann kein Raum mehr, wenn eine Vereinbarung im Hinblick auf die außerordentliche Höhe der Vertragsstrafe und das Vorliegen zusätzlicher Umstände gemäß § 138 BGB nichtig ist (vgl. oben Rdn. 14) oder wenn eine in AGB vereinbarte Strafe so unverhältnismäßig hoch ist, dass die entsprechende Klausel der Inhaltskontrolle nach § 307 BGB nicht standhält (vgl. oben Rdn. 52 ff.).                                                             62

**bb) Eintritt der Verwirkung.** Die Vertragsstrafe muss nach dem Wortlaut des § 343 Abs. 1 Satz 1 BGB bereits verwirkt sein. Solange dies nicht der Fall ist, kommt eine gerichtliche Herabsetzung der Vertragsstrafe durch Gestaltungsurteil nicht in Betracht. Auch eine Feststellungsklage ist vor Eintritt der Verwirkung nicht zulässig.[67] Dagegen kann die Unwirksamkeit des Vertragsstrafeversprechens selbst im Wege der Feststellungsklage geltend gemacht werden, sofern die Voraussetzungen des § 256 ZPO vorliegen.[68]                                                             63

**cc) Fehlende Entrichtung der Strafe.** Des Weiteren darf die verwirkte Vertragsstrafe noch nicht entrichtet worden sein (§ 343 Abs. 1 Satz 3 BGB). Der Ausschluss des Rechts auf Rückforderung dient der Rechtssicherheit und beruht auf der Annahme, dass ein allzu großes Übermaß nicht bestanden haben könne, wenn der Auftragnehmer die volle Strafe gutwillig gezahlt habe.[69]                                                             64

Die Entrichtung setzt eine Handlung des Auftragnehmers voraus, die in Anerkennung der Verpflichtung zur Zahlung der Vertragsstrafe vorgenommen worden ist.[70] Das ist immer dann der Fall, wenn der Auftragnehmer den Vertragsstrafenanspruch freiwillig und voll-                                                             65

---

[62] *Erman/Westermann* § 343 Rdn. 6; *MünchKomm/Gottwald* § 343 Rdn. 12; *Soergel/Lindacher* § 343 Rdn. 8; *Staudinger/Rieble* § 343 Rdn. 61.
[63] BGH NJW 1968, 1625; *MünchKomm/Gottwald* § 343 Rdn. 12; *Palandt/Grüneberg* § 343 Rdn. 6; *RGRK-Ballhaus* § 343 Rdn. 14; *Soergel/Lindacher* § 343 Rdn. 8; *Heiermann/Riedl/Rusam* B § 11 Rdn. 41; *Nicklisch/Weick* B § 11 Rdn. 36.
[64] *Erman/Westermann* § 343 Rdn. 6; *MünchKomm/Gottwald* § 343 Rdn. 1; *Palandt/Grüneberg* § 343 Rdn. 1; *RGRK-Ballhaus* § 343 Rdn. 6; *Soergel/Lindacher* § 343 Rdn. 8; *Staudinger/Rieble* § 343 Rdn. 37; *Heiermann/Riedl/Rusam* B § 11 Rdn. 41; *Nicklisch/Weick* B § 11 Rdn. 37.
[65] BGH NJW 1968, 1625; *Erman/Westermann* § 343 Rdn. 6; *Palandt/Grüneberg* § 343 Rdn. 6; *RGRK-Ballhaus* § 343 Rdn. 14; *Soergel/Lindacher* § 343 Rdn. 8; *Staudinger/Rieble* § 343 Rdn. 56; *Heiermann/Riedl/Rusam* B § 11 Rdn. 41; *Nicklisch/Weick* B § 11 Rdn. 36.
[66] *Soergel/Lindacher* § 343 Rdn. 11.
[67] RG JW 1913, 604 Nr. 16; *Erman/Westermann* § 343 Rdn. 6; *MünchKomm/Gottwald* § 343 Rdn. 15; *Palandt/Grüneberg* § 343 Rdn. 6; *RGRK-Ballhaus* § 343 Rdn. 9; *Soergel/Lindacher* § 343 Rdn. 9.
[68] S. aber Staudinger/*Rieble* § 339, Rdn. 200.
[69] Protokolle I S. 786.
[70] RG JW 1913, 487 Nr. 7, *RGRK-Ballhaus* § 343 Rdn. 10; *Heiermann/Riedl/Rusam* B § 11 Rdn. 40; *Nicklisch/Weick* B § 11 Rdn. 33.

§ 11 Nr. 1                                                                 Anwendbarkeit der §§ 339–345 BGB

ständig erfüllt (§ 362 BGB). Dasselbe gilt für die Erfüllungssurrogate, nämlich Leistung an Erfüllungs Statt (§ 364 BGB), Hinterlegung (§§ 372 ff. BGB) und Aufrechnung mit einer gegen den Auftraggeber bestehenden Gegenforderung (§§ 387 ff. BGB). Rechnet dagegen der Auftraggeber dadurch auf, dass er eine Rechnung des Auftragnehmers um eine verwirkte Strafe kürzt, so ist die Vertragsstrafe nur dann entrichtet, wenn sich der Auftragnehmer mit dieser Kürzung ausdrücklich oder durch schlüssiges Verhalten einverstanden erklärt.[71]

66   Ein **Anerkenntnis** oder ein **Schuldversprechen** schließen die gerichtliche Reduzierung der Strafe nicht aus, da sie lediglich das Strafversprechen bestätigen oder begründen, nicht jedoch mit der Entrichtung der Strafe gleichzusetzen sind; wird daher ein Teilbetrag der Vertragsstrafe in Anerkennung des vollen Strafanspruches geleistet, so bleibt eine Herabsetzung für den Rest möglich.[72]

67   Auch im Fall der **zwangsweisen Beitreibung** der Strafe auf Grund eines vorläufig vollstreckbaren Titels kann die Vertragsstrafe noch herabgesetzt werden.[73] Das gilt allerdings nicht, wenn die Zwangsvollstreckung auf Grund eines rechtskräftigen Titels erfolgt;[74] denn in diesem Fall stünde der Herabsetzungsklage die Einrede der Rechtskraft entgegen.

68   Eine Entrichtung im Sinne des § 343 Abs. 1 Satz 3 BGB liegt dann nicht vor, wenn der Auftragnehmer sich bei der Leistung der Vertragsstrafe deren Ermäßigung **ausdrücklich vorbehält**.[75]

69   **dd) Unverhältnismäßige Höhe.** Weitere Voraussetzung für eine Ermäßigung der Vertragsstrafe ist, dass sie unverhältnismäßig hoch ist. Ob dies der Fall ist, hat der Richter nach freiem Ermessen zu prüfen. Dabei hat er nach § 343 Abs. 1 Satz 2 BGB jedes berechtigte Interesse des Auftraggebers, nicht nur dessen Vermögensinteresse, in Betracht zu ziehen. Umstände, die im Einzelfall Berücksichtigung finden können, sind etwa: die Höhe des möglichen Schadens,[76] die Art des Verstoßes,[77] die wirtschaftliche Lage der Parteien (insbesondere des Auftragnehmers),[78] der Grad des Verschuldens des Auftragnehmers,[79] die Größe des Interesses des Auftraggebers an der durch die Strafe gesicherten Verpflichtung des Auftragnehmers[80] sowie Fragen des hypothetischen Schadensverlaufs (etwa ob der Schaden auch bei vertragstreuem Verhalten des Auftragnehmers eingetreten wäre).[81] Das Fehlen eines Schadens allein rechtfertigt dagegen noch nicht eine Herabsetzung der Vertragsstrafe; dies ergibt sich bereits aus der Funktion der Strafe als Druckmittel.[82]

70   Über den für die Beurteilung, ob eine Vertragsstrafe unverhältnismäßig hoch ist, entscheidenden **Zeitpunkt** herrscht Streit. In Betracht kommen in zeitlicher Abfolge die Vereinbarung der Strafe, ihre Verwirkung,[83] die Geltendmachung durch den Auftrag-

---

[71] OLG Schleswig MDR 1997, 914; *Hereth/Ludwig/Naschold* B § 11 ErlZ 24; *Heiermann/Riedl/Rüsam* B § 11 Rdn. 40; *Nicklisch/Weick* B § 11 Rdn. 33.
[72] MünchKomm/*Gottwald* § 343 Rdn. 16; Staudinger/*Rieble* § 343 Rdn. 49.
[73] MünchKomm/*Gottwald* § 343 Rdn. 16; Staudinger/*Rieble* § 343 Rdn. 47.
[74] MünchKomm/*Gottwald* § 343 Rdn. 16.
[75] *Erman/Westermann* § 343 Rdn. 6; Palandt/*Grüneberg* § 343 Rdn. 6; *Soergel/Lindacher* § 343 Rdn. 10; Staudinger/*Rieble* § 343 Rdn. 48; *Nicklisch/Weick* B § 11 Rdn. 34; *Knacke* S. 41.
[76] BGH LM § 339 Nr. 2; MünchKomm/*Gottwald* § 343 Rdn. 17; Palandt/*Grüneberg* § 343 Rdn. 7; Staudinger/*Rieble* § 343 Rdn. 75; *Heiermann/Riedl/Rusam* B § 11 Rdn. 40; *Nicklisch/Weick* B § 11 Rdn. 35.
[77] Palandt/*Grüneberg* § 343 Rdn. 7; Staudinger/*Rieble* § 343 Rdn. 72.
[78] RGZ 86, 28, 29; *Erman/Westermann* § 343 Rdn. 3; MünchKomm/*Gottwald* § 343 Rdn. 17; Palandt/*Grüneberg* § 343 Rdn. 7; RGRK-*Ballhaus* § 343 Rdn. 12; *Soergel/Lindacher* § 343 Rdn. 14; *Heiermann/Riedl/Rusam* B § 11 Rdn. 40; *Nicklisch/Weick* B § 11 Rdn. 35.
[79] *Erman/Westermann* § 343 Rdn. 3; MünchKomm/*Gottwald* § 343 Rdn. 14; Palandt/*Grüneberg* § 343 Rdn. 7; Staudinger/*Rieble* § 343 Rdn. 73; *Heiermann/Riedl/Rusam* B § 11 Rdn. 40; *Nicklisch/Weick* B § 11 Rdn. 35.
[80] BGH NJW 1984, 919, 921; *Erman/Westermann* § 343 Rdn. 3; Palandt/*Grüneberg* § 343 Rdn. 7; RGRK-*Ballhaus* § 343 Rdn. 11.
[81] BGH NJW 1969, 461, 462 f.; BGH NJW 1974, 2091; MünchKomm/*Gottwald* § 343 Rdn. 17; Palandt/*Grüneberg* § 343 Rdn. 7.
[82] RGZ 103, 99.
[83] RG Recht 1912 Nr. 1761; *Erman/Westermann* § 343 Rdn. 4 („in der Regel'); RGRK-*Ballhaus* § 343 Rdn. 13 („grundsätzlich').

geber⁸⁴ sowie der Termin der Letzten mündlichen Verhandlung in einem eventuellen Rechtsstreit.[85] Der Gesetzgeber hat auf eine Bestimmung des Zeitpunktes ausdrücklich verzichtet und dem Richter auch in dieser Beziehung die Möglichkeit der Ausübung freien Ermessens eingeräumt.[86] Die Überlegungen, die seinerzeit zu einem Verzicht auf die Festlegung eines bestimmten Zeitpunktes geführt haben, gelten auch heute noch fort. Ebenso wie bei der Frage, welche konkreten Umstände bei der Prüfung der Höhe der Vertragsstrafe heranzuziehen sind, darf der Richter auch bei der Bestimmung des Zeitpunktes der Bemessung der Strafe nicht starr festgelegt werden, soll er den Besonderheiten des jeweiligen Einzelfalles (etwa erhebliche Änderung der Vermögensverhältnisse des Auftragnehmers zwischen der Verwirkung der Strafe und ihrer Geltendmachung, insbesondere wenn diese Zeitpunkte weit auseinander liegen) wirklich Rechnung tragen. Es ist daher nicht ausschließlich auf einen der oben genannten Zeitpunkte abzustellen.[87] Im Ergebnis ist daher die Wahl des Zeitpunktes durch den Richter einer der für die Beurteilung der Angemessenheit der Strafe maßgeblichen Umstände.

**ee) Fehlende Kaufmannseigenschaft des Auftragnehmers.** Schließlich ist weitere Voraussetzung für einen erfolgreichen Antrag auf Herabsetzung der Vertragsstrafe, dass der Auftragnehmer kein Kaufmann im Sinne des Gesetzes (§§ 1 ff. HGB) ist. Nach § 348 HGB findet nämlich § 343 BGB auf Vertragsstrafen, die von Kaufleuten im Betriebe ihres Handelsgewerbes versprochen worden sind, keine Anwendung. Dem liegt der Gedanke zu Grunde, dass ein Kaufmann, der eine Vertragsstrafe verspricht, die Tragweite dieses Versprechens richtig würdigt.[88]

Ob § 348 HGB auch gilt, wenn die Anwendung der VOB vereinbart ist, der Auftragnehmer also das Vertragsstrafenversprechen als **Partei des VOB-Bauvertrages** abgegeben hat, ist streitig. Während die h. M. die Geltung des § 348 HGB auch bei Zu Grundelegung der VOB bejaht und damit das Versprechen einer unangemessen hohen Strafe durch einen Kaufmann als verbindlich ansieht[89] verneint die Mindermeinung die Anwendbarkeit des § 348 HGB in einem solchen Fall. Sie verweist dabei auf den Wortlaut des § 11 VOB/B, der lediglich auf die §§ 339 bis 345 BGB und nicht auch auf den § 348 HGB Bezug nehme;[90] darüber hinaus gebe es gerade im Baugewerbe vielfach ein starkes wirtschaftliches Gefälle zwischen übermächtigen Auftraggebern wie der öffentlichen Hand oder großen Baugesellschaften einerseits und zum Teil kleinen und kleinsten Bauunternehmern oder Bauhandwerkern andererseits, die nur auf Grund der Eintragung im Handelsregister oder wegen der von ihnen gewählten Gesellschaftsform Kaufleute seien, tatsächlich aber des Schutzes des § 343 BGB bedürften.[91]

Die gegen die h. M. angeführten Argumente vermögen nicht zu überzeugen. Zwar trifft es zu, dass § 11 VOB/B nur auf die im BGB enthaltenen Vertragsstrafenbestimmungen Bezug nimmt. Daraus folgt aber noch nicht, dass diese Verweisung Ausschließlichkeitscharakter besitzt. Hierfür fehlen jegliche Anhaltspunkte. Insbesondere weist die Vertragsstrafe im Bauvertragsrecht keine Besonderheiten gegenüber der Vertragsstrafe im Allgemeinen auf (etwa faktischer Zwang zur Abgabe eines Strafversprechens oder besondere Höhe der Strafe), die in diesem Bereich nicht nur den gewöhnlichen Gewerbetreibenden, sondern auch den Vollkaufmann als besonders schutzwürdig erscheinen lassen.[92] Dass es viele Bauhandwerker und Kleinstunternehmer gibt, die zwar formal Kaufleute sind, sich im Übrigen aber nicht von ihren den Schutz des § 343 BGB genießenden Konkurrenten unterscheiden, ist keine

---

[84] Palandt/*Grüneberg* § 343 Rdn. 8; *Sieg* NJW 1951, 508.
[85] Staudinger/*Rieble* § 343 Rdn. 81.
[86] Protokolle I S. 784 f.
[87] RGZ 64, 291, 292 ff.; vgl. auch MünchKomm/*Gottwald* § 343 Rdn. 18.
[88] Schlegelberger/*Hefermehl* § 348 Rdn. 23.
[89] OLG München *Schäfer/Finnern* Z. 2411 Bl. 44 mit insoweit zustimmender Anmerkung; *Hereth/Ludwig/Naschold* B § 11 ErlZ. 26; *Ingenstau/Korbion* A § 12 Rdn. 15 ff.; *Nicklisch/Weick* B § 11 Rdn. 32; *Keßler*, WiB 1996, 886, 889; *Knacke* S. 19 und 42; *Locher* Priv.BauR Rdn. 425; *Werner/Pastor* Rdn. 2068.
[90] *Daub/Piel/Soergel/Steffani* ErlZ. B 11.7 ff. und 11.25; *Wolfensberger/Langhein* BauR 1982, 20 ff.
[91] *Wolfensberger/Langhein* BauR 1982, 22 f.
[92] Vgl. *Heiermann/Riedl/Rusam* B § 11 Rdn. 39; *Nicklisch/Weick* B § 11 Rdn. 32.

Besonderheit des Baugewerbes; darüber hinaus leuchtet nicht ein, weshalb derjenige, der – etwa durch Gründung einer GmbH – aus der persönlichen Haftung flieht und sich damit einen Vorteil verschafft, nicht auch die damit verbundenen Nachteile tragen soll. Im Übrigen verliert der Gedanke der besonderen Schutzwürdigkeit eines Teils der Kaufleute angesichts der Tatsache, dass Vertragsstrafen in der Praxis in den meisten Fällen in AGB vereinbart werden, an Gewicht, weil in diesem Fall die auch für Kaufleute geltende Generalklausel des § 307 BGB als Prüfungsmaßstab heranzuziehen ist (vgl. oben Rdn. 52). Die Bezugnahme in § 11 VOB/B auf die Vorschriften des BGB ist daher nur als ein erläuternder Hinweis auf die normalen vertragsrechtlichen Bestimmungen zu verstehen, stellt also lediglich einen Verzicht auf eine eigene Regelung durch die VOB dar; allgemein gültige Sondervorschriften die an persönliche Umstände im Bereich des Verpflichteten anknüpfen, sind damit nicht abbedungen worden.[93]

### 3. Stundung, Ermäßigung und Erlass von Vertragsstrafen durch Behörden

74  Ist Auftraggeber die öffentliche Hand und hat der Auftragnehmer zu ihren Gunsten eine Vertragsstrafe verwirkt, so besteht die Möglichkeit, dass der zuständige Fachminister im Einvernehmen mit dem Finanzminister die Strafe aus Billigkeitsgründen stundet, ermäßigt oder erlässt. Der Auftragnehmer kann daher bei der Behörde, die den Auftrag erteilt hat, einen entsprechenden Antrag stellen, in dem er nachprüfbar und substantiiert die Voraussetzungen für eine solche Billigkeitsentscheidung darzulegen hat.

75  Welche Voraussetzungen dies im Einzelnen sind, ergibt sich für Bundesbehörden aus § 59 der **Bundeshaushaltsordnung** vom 19. 8. 1969.[94] Die Bestimmung lautet:

(1) Das zuständige Bundesministerium darf Ansprüche nur
1. stunden, wenn die sofortige Einziehung mit erheblichen Härten für den Anspruchsgegner verbunden wäre und der Anspruch durch die Stundung nicht gefährdet wird. Die Stundung soll gegen angemessene Verzinsung und in der Regel nur gegen Sicherheitsleistung gewährt werden,
2. niederschlagen, wenn feststeht, daß die Einziehung keinen Erfolg haben wird, oder wenn die Kosten der Einziehung außer Verhältnis zur Höhe des Anspruchs stehen,
3. erlassen, wenn die Einziehung nach Lage des einzelnen Falles für den Anspruchsgegner eine besondere Härte bedeuten würde. Das gleiche gilt für die Erstattung oder Anrechnung von geleisteten Beträgen und für die Freigabe von Sicherheiten. Das zuständige Bundesministerium kann seine Befugnisse übertragen.

(2) Maßnahmen nach Absatz 1 bedürfen der Einwilligung des Bundesministeriums der Finanzen, soweit es nicht darauf verzichtet.(3) Andere Regelungen in Rechtsvorschriften bleiben unberührt.

(3) Andere Regelungen in Rechtsvorschriften bleiben unberührt.

76  Die **Haushaltsordnungen aller Bundesländer** enthalten inhaltsgleiche Bestimmungen, und zwar jeweils in § 59 der jeweiligen Landeshaushaltsordnung.

### 4. Darlegungs- und Beweislast

77  Die Darlegungs- und Beweislast für die **Höhe** der Vertragsstrafe trifft den Auftraggeber.[95] Knüpft die Berechnung der Höhe der Strafe also an bestimmte Tatsachen an (etwa an die Dauer der Überschreitung des Termins für die Erbringung der Leistung), so hat der Auftraggeber auch diese darzulegen und zu beweisen.

78  Beantragt der Auftragnehmer gemäß § 343 BGB die **Herabsetzung** der Strafe, so ist er bezüglich der Umstände, aus denen er die Unverhältnismäßigkeit der Höhe der Strafe herleitet, darlegungs- und beweispflichtig.[96]

---

[93] Vgl. *Ingenstau/Korbion* A § 12 Rdn. 15.
[94] BGBl I S. 1284.
[95] *Heiermann/Riedl/Rusam* B § 11 Rdn. 42; *Nicklisch/Weick* B § 11 Rdn. 44; *Baumgärtel/Strieder* § 339 Rdn. 5; *Kleine-Möller* BB 1976, 444.
[96] RG JW 1936, 179 Nr. 2; BGH GRUR 1953, 262, 264; *Erman/Westermann* § 343 Rdn. 5; Palandt/ *Grüneberg* § 343 Rdn. 8; RGRK-*Ballhaus* § 343 Rdn. 17; *Heiermann/Riedl/Rusam* B § 11 Rdn. 42; *Hereth/ Ludwig/Naschold* B § 11 ErlZ. 33; *Nicklisch/Weick* B § 11 Rdn. 44; *Baumgärtel/Strieder* § 343 Rdn. 1; differenzierend *Soergel/Lindacher* § 343 Rdn. 17 und Staudinger/*Riedle* § 343 Rdn. 82 ff.

## D. Verhältnis des Strafanspruches zu anderen Ansprüchen (§§ 340 bis 342 BGB)

### I. Allgemeines

#### 1. Regelungsinhalt und -zweck der §§ 340 bis 342 BGB

Das Verhältnis des Anspruchs auf Leistung der verwirkten Vertragsstrafe – soweit diese in der Zahlung einer Geldsumme besteht – zum Erfüllungsanspruch und zu eventuellen Schadensersatzansprüchen ist in den als **Schuldnerschutzvorschriften** ausgestalteten §§ 340 und 341 BGB geregelt. Dabei befasst sich § 340 BGB mit Konkurrenzfragen bezüglich der Vertragsstrafen, die für den Fall der (gänzlichen oder teilweisen)[97] Nichterfüllung versprochen worden sind, und § 341 BGB mit solchen bei Strafen, die für den Fall nicht gehöriger, insbesondere nicht rechtzeitiger (aber auch nicht mangelfreier oder das Interesse des Auftraggebers an der Erhaltung seiner Rechtsgüter und seines Vermögens verletzenden)[98] Erfüllung vereinbart worden sind. Da die Rechtsfolgen je nach dem Charakter der Vertragsstrafe teilweise unterschiedlich geregelt sind, ist es im Einzelfall von Bedeutung und gegebenenfalls durch Auslegung der Parteivereinbarung zu ermitteln, ob mit der Strafe die Vertragserfüllung insgesamt abgesichert werden soll oder lediglich Zuwiderhandlungen gegen einzelne Vertragspflichten verhindert werden sollen;[99] dabei ist die Höhe der vereinbarten Strafe ein wichtiges Auslegungskriterium.[100]

79

Die vorgenannten Vorschriften finden aus Gründen des auch insoweit geltenden Schuldnerschutzes nach § 342 BGB auch dann Anwendung, wenn als Strafe eine andere Leistung als die Zahlung einer Geldsumme versprochen worden ist. Eine **Sonderregelung** besteht nur insoweit, als abweichend von den §§ 340 Abs. 2 und 341 Abs. 2 BGB ein Schadensersatzanspruch dann ausgeschlossen ist, wenn der Gläubiger die Strafe verlangt.

80

#### 2. Abdingbarkeit der §§ 340 bis 342 BGB

Obwohl die §§ 340 bis 342 BGB Schuldnerschutzfunktion haben, sind sie kein zwingendes Recht und können durch **Individualvereinbarung** abgeändert werden.[101] Insbesondere können die Parteien eine von den §§ 340 Abs. 2, 341 Abs. 2 BGB abweichende Regelung treffen[102] und auf das Erfordernis des ausdrücklichen Vorbehalts (§ 341 Abs. 3 BGB) verzichten (vgl. unten § 11 Nr. 44 Rdn. 35).

81

Eine Änderung der §§ 340 bis 342 BGB ist grundsätzlich auch durch **AGB** möglich. Prüfungsmaßstab für die Wirksamkeit entsprechender Klauseln ist – da § 309 Nr. 6 BGB im Bauvertragsrecht nur eingeschränkt Anwendung findet (vgl. oben Rdn. 16) – vor allem § 307 BGB. Dieser Inhaltskontrolle halten Klauseln nicht stand, durch die die Anrechnungs-

82

---

[97] *Erman/Westermann* § 340 Rdn. 2; Palandt/*Grüneberg* § 340 Rdn. 2; *Soergel/Lindacher* § 340 Rdn. 5; *Heiermann/Riedl/Rusam* B § 11 Rdn. 21; a. A. *Kleine-Möller* BB 1976, 443, der nur die gänzliche Nichterfüllung als Nichterfüllung im Sinne der gesetzlichen Regelung ansieht.
[98] Palandt/*Grüneberg* § 341 Rdn. 1, *Soergel/Lindacher* § 341 Rdn. 2; a. A. *Kleine-Möller* BB 1976, 443, der zur nicht gehörigen Erfüllung auch die teilweise Nichterfüllung rechnet.
[99] RGZ 70, 439, 441; RGZ 112, 362, 366 f.; BGH WM 1960, 942, 943; MünchKomm/*Gottwald* § 340 Rdn. 5; Palandt/*Grüneberg* § 340 Rdn. 5; RGRK-*Ballhaus* § 340 Rdn. 3; *Soergel/Lindacher* § 340 Rdn. 13.
[100] RGZ 112, 362, 366 f.; Palandt/*Grüneberg* § 340 Rdn. 2; RGRK-*Ballhaus* § 340 Rdn. 3; *Soergel/Lindacher* § 340 Rdn. 13.
[101] *Erman/Westermann* § 340 Rdn. 1; MünchKomm/*Gottwald* § 340 Rdn. 3; Palandt/*Grüneberg* § 340 Rdn. 3; RGRK-*Ballhaus* § 340 Rdn. 1; Staudinger/*Rieble* § 340 Rdn. 6 sowie § 341 Rdn. 10 und § 342 Rdn. 15; s. auch BGHZ 63, 256, 258 f. = NJW 1975, 163, 164; a. A. *Soergel/Lindacher* § 340 Rdn. 2 und *Lindacher* S. 188 ff.
[102] So ausdrücklich *Ingenstau/Korbion* B § 11 Nr. 1 Rdn. 10; *Horschitz* NJW 1973, 1958; offengelassen in BGHZ 63, 256, 258 = NJW 1975, 163, 164; zweifelnd *Nicklisch/Weick* B § 11 Rdn. 43.

§ 11 Nr. 1    Anwendbarkeit der §§ 339–345 BGB

regelungen der §§ 340 Abs. 2, 341 Abs. 2 BGB abbedungen werden.[103] Ein Abbedingen des ausdrücklichen Vorbehalts (§ 343 Abs. 3 BGB) ist formularmäßig nur eingeschränkt möglich (→ § 11 Nr. 4 Rdn. 36 ff).

## II. Verhältnis zum Erfüllungsanspruch

### 1. Vertragsstrafe wegen Nichterfüllung

83  Für den Fall, dass mit der Vertragsstrafe die vollständige Erfüllung der Hauptverbindlichkeit gesichert werden sollte, bestimmt § 340 Abs. 1 BGB, dass bei deren Nichterfüllung der Gläubiger die verwirkte Strafe anstelle der Erfüllung verlangen kann. Ist also die Vertragsstrafe verwirkt, so hat der Auftraggeber die Wahl zwischen der Strafe und der Erfüllung. Es handelt sich jedoch nicht um eine Wahlschuld im Sinne des § 262 BGB,[104] sondern um einen **Fall sog. elektiver Konkurrenz**.[105] Denn anders als bei der Wahlschuld, bei der nur eine einzige Forderung mit alternativem Inhalt besteht, hat der Gläubiger bei der selektiven Konkurrenz mehrere inhaltlich verschiedene Rechte.[106]

84  Aus der Tatsache, dass ein Wahlschuldverhältnis nicht vorliegt, ergibt sich zugleich die **Unanwendbarkeit des § 264 Abs. 2 BGB;** der Auftragnehmer hat daher keine Möglichkeit, die Entscheidung des Auftraggebers zu beschleunigen und diesem insbesondere eine Erklärungsfrist zu setzen. Gleichwohl ist der Auftragnehmer nach Treu und Glauben gehalten, sich innerhalb angemessener Zeit zu erklären.[107]

### 2. Vertragsstrafe wegen nicht gehöriger Erfüllung

85  Hat der Auftragnehmer die von ihm übernommene Hauptverpflichtung nicht in gehöriger Weise erfüllt und ist aus diesem Grunde die Vertragsstrafe verfallen, so ist – abweichend von der Regelung des § 340 Abs. 1 BGB – der Auftraggeber berechtigt, die verwirkte Strafe **neben der Erfüllung** zu verlangen. Anders als bei § 340 Abs. 1 BGB, dem der Gedanke zu Grunde liegt, dass der Auftraggeber nicht neben der ordnungsgemäßen Hauptleistung auch noch die Strafe erhalten soll, hat der Auftraggeber bei der nicht gehörigen Erfüllung die Hauptleistung gerade nicht so bekommen, wie sie ihm versprochen worden ist; in diesem Falle hat daher Strafe den Sinn, das gegebenenfalls bestehende Schadensinteresse des Auftraggebers abzudecken. Nimmt allerdings der Auftraggeber die Leistung des Auftragnehmers als Erfüllung, d. h. als im wesentlich vertragsgerecht, entgegen, so kann er die Strafe nur dann verlangen, wenn er sich das Recht dazu bei der Annahme vorbehalten hat (§§ 11 VOB/B, 341 Abs. 3 BGB) (→ § 11 Nr. 4 Rdn. 1 ff.).

## III. Verhältnis zu Schadensersatzansprüchen

### 1. Vertragsstrafe wegen Nichterfüllung

86  Für den Fall, dass dem Auftraggeber ein Anspruch auf Schadensersatz wegen Nichterfüllung gegen den Auftragnehmer zusteht, enthält § 340 Abs. 2 BGB eine **Anrechnungsregelung:** Zwar kann der Auftraggeber die verwirkte Vertragsstrafe im Prinzip neben dem Schadensersatzanspruch geltend machen; er muss sich jedoch die Strafe auf die Schadens-

---

[103] OLG Karlsruhe BB 1983, 725, 729; *Ingenstau/Korbion* B § 11 Nr. 1 Rdn. 11; *Nicklisch/Weick* B § 11 Rdn. 43; Palandt/*Grüneberg* § 309 Rdn. 39.
[104] *Erman/Westermann* § 340 Rdn. 3; MünchKomm/*Gottwald* § 340 Rdn. 9; Palandt/*Grüneberg* § 340 Rdn. 4; RGRK-*Ballhaus* § 340 Rdn. 6.
[105] Palandt/*Grüneberg* § 340 Rdn. 4; *Soergel/Lindacher* § 340 Rdn. 6; Staudinger/*Rieble* § 340 Rdn. 53; vgl. auch MünchKomm/*Gottwald* § 340 Rdn. 9 (Elektivschuld eigener Art).
[106] Vgl. z. B. Palandt/*Heinrichs* § 262 Rdn. 6.
[107] MünchKomm/*Gottwald* § 340 Rdn. 9; RGRK-*Ballhaus* § 340 Rdn. 7.

ersatzforderung anrechnen lassen. Eine kumulative Geltendmachung von Strafe und Schadensersatz ist also ausgeschlossen.

### 2. Vertragsstrafe wegen nicht gehöriger Erfüllung

Hat der Auftraggeber wegen nicht gehöriger Erfüllung der Hauptverbindlichkeit durch den Auftragnehmer gegen diesen einen Anspruch auf Schadensersatz, so gilt dieselbe Regelung wie im Falle der Nichterfüllung. § 341 Abs. 2 BGB verweist insoweit auf § 340 Abs. 2 BGB. 87

### IV. Darlegungs- und Beweislast

Soweit der Auftraggeber einen die Vertragsstrafe übersteigenden Schadensersatzanspruch wegen Nichterfüllung oder nicht gehöriger Erfüllung geltend macht (§§ 340 Abs. 2, 341 Abs. 2 BGB), ist er für den **weitergehenden Schaden** darlegungs- und beweisbelastet.[108] 88

## E. Verjährung des Anspruchs auf Vertragsstrafe

Eine besondere Vorschrift über die Verjährung des Anspruchs auf Leistung der Vertragsstrafe existiert nicht. Daraus folgt, dass § 195 BGB anzuwenden ist,[109] so dass die **regelmäßige Verjährungsfrist** gilt.[110] Diese beträgt seit der Neuregelung des Verjährungsrechts durch das am 1. 1. 2002 in Kraft getretene Gesetz zur Modernisierung des Schuldrechts vom 26. 11. 2001[111] nicht mehr dreißig, sondern nur noch drei Jahre. Die Verjährung beginnt nach § 199 Abs. 1 BGB mit dem Ende des Jahres, in dem der Anspruch auf die Vertragsstrafe entsteht. 89

Da nach neuem Verjährungsrecht die zu sichernden Ansprüche aus dem Bauvertrag in aller Regel ebenfalls der regelmäßigen Verjährungsfrist des § 195 BGB unterliegen, hat die **Streitfrage,** ob Vertragsstrafen auf Grund ihres Sinns – Sicherung der Erfüllung des Hauptanspruches – und auf Grund der sich darauf gründenden Akzessorietät der Vertragsstrafe (§ 344 BGB) der Verjährungsfrist des Hauptanspruches unterliegen, an Gewicht verloren. Sie hatte vor der Neuregelung des Verjährungsrechts wegen der Diskrepanz zwischen der Regelfrist von dreißig Jahren des § 195 BGB a. F. und den durchweg deutlich kürzeren Verjährungsfristen der im Baurecht bedeutsamen Ansprüche erhebliche Bedeutung.[112] 90

Hinzuweisen ist auf die durch die Reform des Verjährungsrechts nunmehr gegebene Möglichkeit der **Vereinbarungen über die Verjährung.** Während § 225 BGB a. F. nur Vereinbarungen zur Erleichterung der Verjährung zuließ, gilt nunmehr der Grundsatz der Vertragsfreiheit ohne diese Einschränkung (vgl. § 202 BGB); die Verjährung kann lediglich bei der Haftung wegen Vorsatzes und nicht über eine Frist von dreißig Jahren hinaus erschwert werden. Dies gilt bei ohne weiteres bei Individualverträgen; bei Verjährungsregelungen in AGB ist zusätzlich § 307 BGB zu beachten. 91

---

[108] MünchKomm/*Gottwald* § 340 Rdn. 17; RGRK-*Ballhaus* § 340 Rdn. 12; *Soergel/Lindacher* § 340 Rdn. 11; Staudinger/*Rieble* § 345 Rdn. 13; *Daub/Piel/Soergel/Steffani* ErlZ. B 11.21 u. 11.24; *Ingenstau/Korbion* B § 11 Nr. 1 Rdn. 9; *Baumgärtel/Strieder* § 340 Rdn. 2 u. § 341 Rdn. 1.
[109] Vgl. RGZ 85, 242, 243 f.; RG Recht 1911 Nr. 1870.
[110] *Lenkheit* BauR 2002, 196, 201.
[111] BGBl. I, S. 3138.
[112] Vgl. zum damaligen Meinungsstand etwa *Heiermann/Riedl/Rusam* B § 11 Rdn. 23.

## § 11 Nr. 2

**§ 11 Nr. 2 [Vertragsstrafe wegen nicht fristgerechter Erfüllung]**
Ist die Vertragsstrafe für den Fall vereinbart, dass der Auftragnehmer nicht in der vorgesehenen Frist erfüllt, so wird sie fällig, wenn der Auftragnehmer in Verzug gerät.

**Literatur:** Siehe die Hinweise → Vor § 11.

### Übersicht

| | Rdn. | | Rdn. |
|---|---|---|---|
| A. Allgemeines | 1–2 | II. Verstoß gegen Unterlassungspflichten | 8 |
| B. Regelungen im Einzelnen | 3–13 | III. Darlegungs- und Beweislast (§ 345 BGB) | 11 |
| I. Verstoß gegen Handlungspflichten | 3 | | |
| 1. Art des Verstoßes | 3 | | |
| 2. Verzug | 5 | | |

## A. Allgemeines

1 § 11 Nr. 2 VOB/B greift aus den möglichen objektiven Verwirkungstatbeständen der Vertragsstrafe nur den **Fall nicht rechtzeitiger Erfüllung** heraus, da dieser im Bauvertragsrecht die bei weitem größte Bedeutung hat.

2 Die alle Verwirkungstatbestände umfassende Regelung findet sich in **§ 339 BGB**. In dieser Norm wird unterschieden, ob die strafbewehrte Hauptleistung in einem positiven Tun (vgl. unten Rdn. 3 ff.) oder in einem Unterlassen (vgl. unten Rdn. 8 ff.) besteht.

## B. Regelungen im Einzelnen

### I. Verstoß gegen Handlungspflichten

#### 1. Art des Verstoßes

3 § 339 Satz 1 BGB unterscheidet für den Fall des positiven Tuns als Hauptleistung zwei Tatbestände, an die das Vertragsstrafeversprechen anknüpfen kann: zum einen die – teilweise oder vollständige – **Nichterfüllung** der Hauptleistung und zum anderen deren **nicht gehörige Erfüllung**, wobei diese entweder in einer Schlechterfüllung (d. h. einer nicht mangelfreien oder das Interesse des Auftraggebers an der Erhaltung seiner Rechtsgüter und seines Vermögens verletzenden) oder einer verspäteten Erfüllung – s. § 11 Nr. 2 VOB/B – bestehen kann.[1]

4 Die Nichterfüllung ist in der Regel durch das gänzliche oder teilweise Ausbleiben der geschuldeten Hauptleistung gekennzeichnet; eine nicht gehörige Erfüllung ist dagegen immer dann gegeben, wenn zwar in der Hauptsache erfüllt, die Leistung jedoch nicht so bewirkt worden ist, wie sie der Gläubiger nach dem Vertrag hätte verlangen können. Die Übergänge zwischen den einzelnen Fallgruppen sind fließend. So ist etwa die Hauptverbindlichkeit auch dann nicht (und nicht etwa nur schlecht) erfüllt, wenn die Leistung so mangelhaft ist, dass sie nicht abnahmefähig ist.[2] Dies ist dann der Fall, wenn der Auftraggeber die Abnahme gemäß § 12 Nr. 3 VOB/B wegen des Vorhandenseins wesentlicher Mängel

---

[1] MünchKomm/*Gottwald* § 339 Rdn. 2; Palandt/*Grüneberg* § 340 Rdn. 2 u. § 341 Rdn. 1; Soergel/*Lindacher* § 340 Rdn.; Heiermann/Riedl/Rusam VOB/B § 11 Rdn. 21; Ingenstau/Korbion B § 11 Nr. 1 Rdn. 4; abweichend Kleine-Möller BB 1976, 443, der die teilweise Nichterfüllung als Unterfall der nicht gehörigen Erfüllung behandelt.
[2] *Kleine-Möller* BB 1976, 446.

ablehnen darf. Nimmt der Auftraggeber gleichwohl eine derart fehlerhafte Leistung an, so liegt nur ein Fall nicht gehöriger Erfüllung vor.[3]

**2. Verzug**

Nach den §§ 339 Satz 1 BGB, 11 Nr. 2 VOB/B ist die Vertragsstrafe, mit der ein positives Tun gesichert werden soll, verwirkt, wenn der Schuldner mit der Hauptleistung in Verzug gerät. Es müssen also grundsätzlich die **objektiven Voraussetzungen** des Verzuges – Fälligkeit der Hauptverbindlichkeit und Mahnung – vorliegen.

Die **Fälligkeit der Hauptverbindlichkeit** tritt zu dem Zeitpunkt ein, zu dem der Gläubiger sie verlangen kann. Für den Fall, dass die Leistungszeit weder bestimmt noch aus den Umständen zu entnehmen ist, legt § 271 Abs. 1 BGB fest, dass der Gläubiger die Leistung sofort verlangen und der Schuldner sie sofort bewirken kann. In der Regel wird die Leistungszeit im Bauvertrag geregelt sein. Da aber bei Bauarbeiten häufig unvorhergesehene Behinderungen auftreten, die zu einer Überschreitung der vereinbarten Fristen durch den Auftragnehmer führen können, ist in solchen Fällen zu beachten, dass sich die Ausführungsfristen bei Vorliegen der Voraussetzungen des § 6 Nr. 2 Abs. 1 VOB/B verlängern mit der Folge, dass dann auch die Fälligkeit der Leistung hinausgeschoben wird.[4]

Die an sich erforderliche **Mahnung** als einseitige, empfangsbedürftige Aufforderung des Gläubigers an den Schuldner, die Leistung zu erbringen, ist in den in § 286 Abs. 2 BGB genannten Fällen entbehrlich.

## II. Verstoß gegen Unterlassungspflichten

Besteht die geschuldete Leistung in einem Unterlassen – ein solches kann bei Bauverträgen etwa in dem Verbot liegen, stehengelassene Gebäudeteile zu beschädigen, den Bewuchs bestimmter Grundstücksflächen zu beseitigen, Gelände abzutragen oder Gräben zuzuschütten[5] –, so tritt nach § 339 Satz 2 BGB die Verwirkung mit der **Zuwiderhandlung** ein. Das Handeln gegen das Unterlassungsgebot ist also alleinige objektive Verwirkungsvoraussetzung.

Im Einzelfall kann zweifelhaft sein, ob die Strafe nur einmal verwirkt werden kann oder ob jeder Verstoß die Strafe erneut verfallen lässt. Ist eine Vertragsstrafe „für jeden Fall der Zuwiderhandlung" vereinbart und spiegelt sich ein vertragswidriges Verhalten in einer Vielzahl von **Teilakten** wider, konnte nach früher ganz h. M.[6] in entsprechender Anwendung der im Strafrecht entwickelten Grundsätze mittels des Begriffs der fortgesetzten Handlung ein einheitlicher Verstoß angenommen werden, der nur zu einer einmaligen Verwirkung der vereinbarten Vertragsstrafe führte. Seit der Aufgabe des Fortsetzungszusammenhangs im Strafrecht[7] kommt eine Anwendung dieser Rechtsfigur im Recht der Vertragsstrafe nicht mehr als Mittel zur Begrenzung der Strafhöhe in Betracht.[8] Die Frage, in welchem Umfang bei mehrfachen Verstößen gegen eine strafbewehrte Unterlassungsverpflichtung Vertragsstrafen verwirkt sind kann daher nur nach einer Vertragsauslegung im Einzelfall, die auch Elemente einer ergänzenden Vertragsauslegung beinhalten kann, entschieden werden.[9]

Da Vertragsstrafevereinbarungen in besonderem Maße unter dem Gebot von Treu und Glauben (§ 242 BGB) stehen,[10] ist bei **Umgehungsversuchen** – wenn etwa die Zuwider-

---

[3] RGRK-*Ballhaus* § 339 Rdn. 22.
[4] *Kleine-Möller* BB 1976, 445.
[5] Vgl. Beispiele bei *Daub/Piel/Soergel/Steffani* ErlZ B 11.15 und *Nicklisch/Weick* B § 11 Rdn. 19.
[6] Vgl. BGHZ 121, 13, 15.
[7] BGHSt 40, 138 ff. = NJW 1994, 1663 ff.
[8] *Rieble* WM 1995, 829; vgl. jedoch OLG Frankfurt/Main NJW 1995, 2567, wonach die Grundsätze des Fortsetzungszusammenhangs im Zivilrecht weitergelten.
[9] BGHZ 146, 318 ff. = NJW 2001, 2622 ff.
[10] Vgl. MünchKomm/*Gottwald* § 339 Rdn. 41 ff.; a. A. Staudinger/*Rieble* § 339 Rdn. 161.

handlung durch einen dem Schuldner nahe stehenden Dritten, z. B. einen Familienangehörigen oder Strohmann, begangen wird – die Vertragsstrafe ebenfalls verwirkt.

### III. Darlegungs- und Beweislast (§ 345 BGB)

11   Die Darlegungs- und Beweislast für die **Verwirkung der Strafe** trifft grundsätzlich den Auftraggeber. Er hat daher den Eintritt des Verzuges, d. h. in der Regel die Fälligkeit der Hauptleistung und die Mahnung, zu beweisen.[11] Behauptet der Auftraggeber die Entbehrlichkeit der Mahnung, so hat er Tatsachen, aus denen er seine Behauptung herleitet (§ 286 Abs. 2 BGB), zu beweisen.[12]

12   Dagegen ist es nicht Sache des Auftraggebers, die Nichterfüllung oder die nicht gehörige Erfüllung der in einem positiven Handeln bestehende Hauptverpflichtung zu beweisen; die Behauptungs- und Beweislast für die **Erfüllung** richtet sich vielmehr nach allgemeinen Regeln und trifft daher – wie § 345 BGB noch einmal ausdrücklich ausspricht – den Auftragnehmer. Dies gilt auch für den Fall der nicht gehörigen Erfüllung; der Auftragnehmer ist daher für seine Behauptung, er habe ordnungsgemäß erfüllt, beweisbelastet.[13] Zu beachten ist allerdings, dass sich die Beweislast bezüglich der Erfüllung oder nicht gehöriger Erfüllung gemäß § 363 BGB umkehrt, wenn der Auftraggeber die Leistung des Auftragnehmers als Erfüllung angenommen hat. Zu einer Umkehr der Beweislast kann es allerdings nur dann kommen, wenn die Annahme der Leistung unter dem Vorbehalt der Geltendmachung der Strafe erfolgt ist, da andernfalls der Strafanspruch bereits an dem fehlenden Vorbehalt scheitert (§ 11 Nr. 4 VOB/B).

13   Besteht die geschuldete Leistung in einem **Unterlassen,** so hat der Auftraggeber den Verstoß des Auftragnehmers gegen die Unterlassungsverpflichtung darzulegen und zu beweisen.

---

[11] MünchKomm/*Gottwald* § 345 Rdn. 3; RGRK-*Ballhaus* § 345 Rdn. 1; *Baumgärtel/Strieder* § 339 Rdn. 2.
[12] Staudinger/*Löwisch* § 284 Rdn. 116.
[13] RG JW 1910, 937 Nr. 10; AK-BGB/*Dubischar* § 345 Rdn. 1; *Erman/Westermann* § 345 Rdn. 1; MünchKomm/*Gottwald* § 345 Rdn. 3; Palandt/*Grüneberg* § 345 Rdn. 1; RGRK-*Ballhaus* § 345 Rdn. 2; *Soergel/Lindacher* § 339 Rdn. 23 u. § 345 Rdn. 1; *Baumgärtel/Strieder* § 345 Rdn. 2.

§ 11 Nr. 3

**§ 11 Nr. 3 [Fristberechnung bei Vertragsstrafen]**

Ist die Vertragsstrafe nach Tagen bemessen, so zählen nur Werktage; ist sie nach Wochen bemessen, so wird jeder Werktag angefangener Wochen als 1/6 Woche gerechnet.

**Literatur:** Siehe die Hinweise → Vor § 11.

Übersicht

|  | Rdn. |  | Rdn. |
|---|---|---|---|
| A. Allgemeines | 1 | B. Regelung im Einzelnen | 2–4 |

## A. Allgemeines

Für die in Verträgen enthaltenen Frist- und Terminsbestimmungen gelten gemäß § 186 BGB grundsätzlich die Auslegungsvorschriften der §§ 187 bis 193 BGB. Für die Fristberechnung enthält § 11 Nr. 3 VOB/B eine hiervon teilweise abweichende Regelung.  **1**

## B. Regelung im Einzelnen

Ist die Vertragsstrafe nach Tagen bemessen, so zählen im Falle der Vereinbarung der VOB nur die Werktage; ist sie nach Wochen bemessen, so wird jeder Werktag einer angefangenen Woche als 1/6 Woche gerechnet. Sonn- und Feiertage werden also nicht mitgerechnet. Für die Sonnabende gilt dies dagegen nicht, auch wenn im Baugewerbe inzwischen die 5-Tage-Woche von Montag bis Freitag die Regel ist. Werktag ist daher nicht mit Arbeitstag gleichzusetzen. Dass der Begriff des Werktages die Sonnabende mit einschließt, folgt schon daraus, dass jeder Werktag einer angefangenen Woche nicht als 1/5, sondern als 1/6 Woche gerechnet wird. **Arbeitsfreie Sonnabende** sind daher bei der Fristberechnung zu berücksichtigen,[1] sofern nicht der letzte Tag der Frist auf diesen Wochentag fällt (vgl. § 193 BGB).[2]  **2**

Vom Auftragnehmer nicht zu vertretende **Terminsverschiebungen** kommen im Baugewerbe immer wieder vor, mögen sie nun auf objektiven Umständen beruhen (z.B. ungünstige Witterung oder Streik) oder aber ganz oder teilweise in der Sphäre des Auftraggebers liegen (z.B. umfangreiche Sonderwünsche oder erhebliche Planänderungen). Sind diese Störungen im zeitlichen Ablauf nicht so schwerwiegend, dass gleich der gesamte Zeitplan des Auftragnehmers umgeworfen wird (mit der Folge, dass dann die Vertragsstrafe nicht verlangt werden kann; → § 11 Nr. 1 Rdn. 40), so stellt sich die Frage, welche Auswirkungen derartige Verzögerungen in der Bauausführung auf die Berechnung der Vertragsstrafe habe. Hier gilt folgendes:  **3**

– Sofern die Voraussetzungen einer Verlängerung der Ausführungsfrist nach § 6 Nr. 2 Abs. 1 VOB/B gegeben sind, ist zu Gunsten des Auftragnehmers bei der Berechnung der Vertragsstrafe der Zeitraum der Fristverlängerung außer Betracht zu lassen.
– Dasselbe gilt, wenn der Auftraggeber die Fristüberschreitung (etwa durch Vergrößerung des Leistungsumfangs) mitverursacht hat; in diesem Falle wird entsprechend § 254 BGB die von ihm zu verantwortende anteilige Verspätung der Ausführung bei der Berechnung der Vertragsstrafe nicht berücksichtigt.[3]

---

[1] BGH NJW 1978, 2594 = BauR 1978, 485; *Daub/Piel/Soergel/Steffani* ErlZ. 0110; *Heiermann/Riedl/Rusam* B § 11 Rdn. 28; *Ingenstau/Korbion* B § 11 Nr. 3 Rdn. 3; *Nicklisch/Weick* B § 11 Rdn. 31; *Winkler* B § 11 Anm. 2; *Knacke* S. 32; *Werner/Pastor* Rdn. 2076; a. A. *Brüggemann* BauR 1978, 22 ff.

[2] BGH WM 1979, 1045, 1046; *Ingenstau/Korbion* B § 11 Nr. 3 Rdn. 3.

[3] *Heiermann/Riedl/Rusam* B § 11 Rdn. 25; *Ingenstau/Korbion* B § 11 Nr. 3 Rdn. 6; *Nicklisch/Weick* B § 11 Rdn. 29; *Werner/Pastor* Rdn. 2081.

**4**  Wird der Vertrag von dem Auftraggeber **gekündigt,** so bestimmt § 8 Nr. 7 VOB/B zu Gunsten des Auftragnehmers, dass die nach Zeit bemessene Vertragsstrafe nur für die Zeit bis zum Tage der Kündigung des Vertrages gefordert werden kann. Nach dem Zeitpunkt der Beendigung des Vertrages kann eine Vertragsstrafe nicht mehr verwirkt werden.

# § 11 Nr. 4

## § 11 Nr. 4 [Vorbehalt der Vertragsstrafe bei Abnahme]

Hat der Auftraggeber die Leistung abgenommen, so kann er die Strafe nur verlangen, wenn er dies bei der Abnahme vorbehalten hat.

**Literatur:** Siehe die Hinweise → Vor § 11.

### Übersicht

| | Rdn. | | Rdn. |
|---|---|---|---|
| A. Regelungsinhalt und -zweck | 1–4 | III. Erklärender | 23 |
| B. Erklärung des Vorbehalts | 5–30 | IV. Erklärungsempfänger | 28 |
|   I. Inhalt und Form | 5 | C. Wirkung der vorbehaltlosen Annahme | 31–33 |
|   II. Zeitpunkt/Entbehrlichkeit ausdrücklicher Erklärung | 7 | D. Abdingbarkeit des Vorbehalts | 34–41 |
|     1. Allgemeines | 7 |   I. Grundsätzliche Abdingbarkeit | 34 |
|     2. Einzelfälle | 15 |   II. Individualvereinbarung | 35 |
|       a) Ankündigung | 15 |   III. Vereinbarung durch AGB | 36 |
|       b) Zahlung | 16 | E. Darlegungs- und Beweislast | 42 |
|       c) Vereinbarung | 17 | | |
|       d) Rechtshängigkeit | 18 | | |
|       e) Vollstreckbarer Titel | 19 | | |
|       f) Zwangsvollstreckung | 20 | | |
|       g) Aufrechnung | 21 | | |
|     3. Zusammenfassung | 22 | | |

## A. Regelungsinhalt und -zweck

§ 11 Nr. 4 bestimmt, dass der Auftraggeber die Vertragsstrafe nach der Abnahme der Leistung nur verlangen kann, wenn er sich dies bei der Abnahme vorbehalten hat. Das gilt auch dann, wenn die Parteien der Vertragsstrafe eine garantieähnliche Funktion gegeben und abweichend von § 339 Satz 1 BGB vereinbart haben, dass die Strafe auch dann verwirkt sein soll, wenn die Leistung des Auftragnehmers aus Gründen unterbleibt, die er nicht zu vertreten hat.[1] **1**

Die Regelung des § 11 Nr. 4 entspricht der des **§ 341 Abs. 3 BGB**. Es begründet keinen Unterschied, dass in § 11 Nr. 4 von der „Abnahme der Leistung" und in § 341 Abs. 3 BGB von der „Annahme der Erfüllung" die Rede ist; beide Begriffe sind gleichbedeutend und im Übrigen auch identisch mit den Begriffen der „Annahme als Erfüllung" in § 363 BGB und der „Abnahme" in § 640 BGB.[2] **2**

Die Notwendigkeit der Geltendmachung des Vorbehalts bezweckt vor allem die **Vermeidung von Unklarheiten** darüber, ob die vorbehaltlose Erfüllungsannahme als Verzicht des Auftraggebers auf eine verwirkte Vertragsstrafe zu sehen ist; sie will damit zugleich den Auftragnehmer davor schützen, dass er trotz vorbehaltloser Annahme durch den Gläubiger bis zum Ablauf der Verjährungsfrist mit der Geltendmachung der Strafe rechnen muss.[3] Darüber hinaus soll der Auftragnehmer die Chance erhalten, dass der Auftraggeber unter dem Eindruck einer – wenn auch verspäteten, so doch nachgeholten – Erfüllung von seinem Recht, die Vertragsstrafe zu verlangen, keinen Gebrauch machen wird.[4] Dies folgt aus dem **3**

---

[1] BGH BauR 1973, 193, 193 f.
[2] BGHZ 33, 236, 237 = NJW 1961, 115, 116.
[3] Motive II, S. 277; Protokolle I, S. 778; vgl. auch BGH NJW 1979, 212, 213 = BauR 1979, 56, 58 = ZfBR 1979, 15, 16.
[4] BGHZ 33, 236, 238 = NJW 1961, 115, 116; BGH NJW 1971, 883, 884; BGH NJW 1979, 212, 213 = BauR 1979, 56, 58 = ZfBR 1979, 15, 17; BGHZ 73, 243, 245 f. = NJW 1979, 1163; BGHZ 85, 240, 243 = NJW 1983, 384, 385 = BauR 1983, 77, 79 = ZfBR 1983, 75, 76.

§ 11 Nr. 4                                               Vorbehalt der Vertragsstrafe bei Abnahme

Zweck der Vertragsstrafe, den Schuldner zur gehörigen Erfüllung anzuhalten; diese Sicherungsfunktion, die auch dann noch besteht, wenn die Strafe bereits verfallen ist,[5] ginge aber verloren, wenn der Schuldner keine Aussicht mehr hätte, von der verwirkten Strafe wieder loszukommen.[6]

4   Da im Zeitpunkt der Entstehung des Vertragsstrafenanspruchs noch ungewiss ist, ob der Auftraggeber bei der Abnahme den Vorbehalt geltend machen wird oder nicht, hängt der Anspruch auf die Vertragsstrafe von einem in der Zukunft liegenden ungewissen Ereignis ab. Der Anspruch ist daher auflösend bedingt.[7] Die Bedingung fällt weg, wenn der Auftraggeber den Vorbehalt erklärt. Tut er dies nicht, tritt die auflösende Bedingung ein und der Anspruch auf die Vertragsstrafe erlischt.

## B. Erklärung des Vorbehalts

### I. Inhalt und Form

5   Der Vorbehaltswille ist bei der Abnahme **unmissverständlich zum Ausdruck** zu bringen. Zwar ist es nicht erforderlich, dass der Auftraggeber den Begriff „Vorbehalt" verwendet; der Auftragnehmer muss jedoch der Äußerung des Auftragnehmer zweifelsfrei entnehmen zu können, dass dieser sich die Vertragsstrafe vorbehalten will.[8] Nicht ausreichend ist es, wenn der Auftraggeber im Abnahmeprotokoll lediglich den Vermerk „Konventionalstrafe regelt der Vertrag" aufnehmen lässt.[9]

6   Grundsätzlich kann die Erklärung des Vorbehalts **mündlich** geschehen, wenngleich schon aus Gründen der Beweiserleichterung immer die **Schriftform** gewählt werden sollte. Notwendig ist die Schriftform, wenn eine förmliche Abnahme (vgl. § 12 Nr. 4 VOB/B) stattfindet; in diesem Falle ist zur Wirksamkeit des Vorbehalts die Aufnahme in das Abnahmeprotokoll erforderlich (vgl. § 12 Nr. 4 Satz 4 VOB/B).[10] Nicht in die Niederschrift aufgenommene Vorbehalte sind rechtlich ohne Wirkung.

### II. Zeitpunkt/Entbehrlichkeit ausdrücklicher Erklärung

#### 1. Allgemeines

7   Der Vorbehalt ist **bei (d. h. im Zeitpunkt) der Abnahme** (vgl. § 12 VOB/B) zu erklären. Im Falle der fiktiven Abnahme bedeutet dies, dass der Vorbehalt zu den in § 12 Nr. 5 Abs. 1 und Abs. 2 VOB/B bezeichneten Zeitpunkten geltend gemacht werden muss (§ 12 Nr. 5 Abs. 3 VOB/B).

8   Bei **Teilabnahmen** (§ 12 Nr. 2 VOB/B) ist der Vorbehalt der Vertragsstrafe bei der Abnahme einer jeden Teilleistung zu erklären, sofern die Vertragsparteien für den von der Teilabnahme erfassten Teil der Gesamtleistung eine Vertragsstrafe vereinbart haben. Ist allerdings die Strafe für die nicht rechtzeitige Erbringung der Gesamtleistung vereinbart, so ist der Vorbehalt bei der Abnahme der letzten Teilleistung geltend zu machen.[11]

---

[5] BGH NJW 1971, 883, 884.
[6] Vgl. *Reinicke/Tiedtke* DB 1983, 1640.
[7] OLG Celle OLGZ 1972, 274, 275.
[8] Vgl. RGZ 61, 65, 67.
[9] OLG Frankfurt/Main *Schäfer/Finnern/Hochstein* § 11 VOB/B Nr. 9.
[10] BGH BauR 1973, 192; LG Tübingen NJW 1973, 1975; LG Mannheim BauR 1992, 233, 234; *Heiermann/Riedl/Rusam* B § 11 Rdn. 31; *Ingenstau/Korbion* § 11 Nr. 4 Rdn. 10; *Nicklisch/Weick* § 11 Rdn. 22 und B § 12 Rdn. 71.
[11] MünchKomm/*Gottwald* § 341 Rdn. 11; RGRK-*Ballhaus* § 341 Rdn. 12; *Soergel/Lindacher* § 341 Rdn. 14; Staudinger/*Rieble* § 341 Rdn. 35.

Dass der Vorbehalt bei der Abnahme zu erklären ist, schließt nach allgemeiner Meinung eine nach der Abnahme liegende Geltendmachung des Vorbehalts aus. Ob und gegebenenfalls unter welchen Voraussetzungen ein **vor der Abnahme** – gegebenenfalls schlüssig – erklärter Vorbehalt als noch bei der Abnahme fortdauernd und damit ausreichend anzusehen ist, ist dagegen streitig. 9

An der Auffassung, dass ein wirksamer Vorbehalt der Vertragsstrafe nur im Zeitpunkt der Abnahme erklärt werden könne und eine frühere Geltendmachung des Vorbehalts wirkungslos sei, hat – unter Hinweis auf die Entstehungsgeschichte des Vorschrift[12] – das **Reichsgericht** in ständiger Rechtsprechung festgehalten.[13] Eine Ausnahme sollte nur für den Fall gelten, dass sich die Parteien bereits vor der Abnahme über die Verwirkung der Vertragsstrafe geeinigt hatten.[14] Die Erklärung eines Vorbehalts wurde selbst dann für notwendig erachtet, wenn bei der Abnahme der Anspruch auf Zahlung der Vertragsstrafe bereits rechtshängig war.[15] 10

Der **BGH** hat sich der Rechtsprechung des Reichsgerichts im Grundsatz angeschlossen und spricht sich ebenfalls für eine enge Auslegung des Begriffs „bei der Annahme" aus.[16] Allerdings hat er in Abweichung von der Auffassung des Reichsgerichts entschieden, dass es eines Vorbehalts dann nicht bedürfe, wenn zum Zeitpunkt der Annahme der Auftraggeber den Anspruch auf Zahlung der Vertragsstrafe bereits im Prozesswege verfolge,[17] und zur Begründung ausgeführt, es sei nicht zu sehen, wie der Auftraggeber sich den Strafanspruch noch deutlicher vorbehalten sollte, als indem er um diesen Anspruch prozessiere. Anders als in diesem Falle stehe für den Auftragnehmer aber nicht zweifelsfrei fest, dass der Auftraggeber auf der Leistung der Vertragsstrafe bestehe, wenn sich der Schuldner vor der Abnahme in einer notariellen Urkunde wegen einer Vertragsstrafe der sofortigen Zwangsvollstreckung unterwerfe,[18] wenn der Gläubiger den Strafanspruch zuvor im Wege der Aufrechnung geltend gemacht[19] oder die Geltendmachung der Vertragsstrafe vor der Abnahme angekündigt habe.[20] 11

Gegen diese enge Auffassung werden in der **Literatur** – teilweise unter Hinweis auf die §§ 464 und 640 BGB, bei deren Auslegung die Rechtsprechung den dort ebenfalls verwendeten Begriff „bei der Abnahme" weit interpretiert[21] – Bedenken geäußert. Der Standpunkt der Rechtsprechung bezüglich der Geltendmachung des Vorbehalts bei der Vertragsstrafe sei zu formalistisch;[22] ein vor der Abnahme erklärter Vorbehalt müsse genügen, wenn für die Beteiligten im Zeitpunkt der Abnahme keine vernünftigen Zweifel daran bestehen könnten, dass der Auftraggeber die verfallene Vertragsstrafe auch weiterhin geltend macht.[23] 12

Um in der Praxis zu sachgerechten Lösungen kommen zu können, ist bei der Interpretation des Begriffs „bei der Abnahme" vom Zweck des Erfordernisses des Vertragsstrafenvorbehalts auszugehen. Dieser besteht vor allem darin, Unklarheiten darüber zu vermeiden, ob die vorbehaltlose Annahme der zwar verspäteten, aber eben doch nachgeholten Erfüllung 13

---

[12] Motive II S. 277 und Protokolle I, S. 778, wo es heißt, „es stelle sich nicht als eine zu hohe Anforderung dar, wenn man verlange, dass der Gläubiger sich beim Empfange der Hauptleistung zu äußern habe, ob er die Vertragsstrafe noch ferner in Anspruch nehmen wolle. Der Gläubiger, der die Hauptleistung vorbehaltlos angenommen habe, dürfe nicht bis zum Ablauf der Verjährung berechtigt bleiben, die Strafe einzutreiben".

[13] RGZ 57, 337, 341; RGZ 73, 146, 147.

[14] RGZ 72, 168, 170.

[15] RG JW 1911, 400 Nr. 8.

[16] BGHZ 33, 236, 237 = NJW 1961, 115, 116; BGH NJW 1971, 883, 884; BGHZ 85, 240, 243 = NJW 1983, 384, 385 = BauR 1983, 77, 79 = ZfBR 1983, 75, 76; BGHZ 85, 305, 308 = NJW 1983, 385, 386 = BauR 1983, 80, 81 = ZfBR 1983, 78, 79.

[17] BGHZ 62, 328, 330 = NJW 1974, 1324, 1325 = BauR 1975, 55, 56.

[18] BGHZ 73, 243, 246 f. = NJW 1979, 1163.

[19] BGHZ 85, 240, 243 = NJW 1983, 384, 385 = BauR 1983, 77, 79 = ZfBR 1983, 75, 76; ebenso OLG Celle OLGZ 1972, 274, 275 f.

[20] BGHZ 85, 305, 309 = NJW 1983, 385, 386 = BauR 1983, 80, 81 = ZfBR 1983, 78, 79.

[21] Vgl. RGZ 58, 261, 262; RGZ 73, 146, 147 f.; RG WarnRspr 1910 Nr. 274.

[22] *Enneccerus/Lehmann* § 37 III 1 b.

[23] *Erman/Westermann* § 341 Rdn. 3; *Nicklisch/Weick* B § 11 Rdn. 24; *Enneccerus/Lehmann* § 37 III 1 b.

als Verzicht des Auftraggebers auf die Vertragsstrafe anzusehen ist; zugleich soll der Auftragnehmer davor geschützt werden, bis zum Ablauf der Verjährungsfrist im ungewissen darüber zu bleiben, ob der Auftraggeber die Strafe noch geltend machen wird oder nicht (vgl. oben Rdn. 3). Zielt also die Regelung darauf ab, klare Verhältnisse zu schaffen, so ist eine enge Auslegung geboten. Dies steht entgegen einer teilweise in der Literatur vertretenen Auffassung nicht im Widerspruch zu der weiten Auslegung des Begriffs „bei der Abnahme" in den §§ 464 und 640 BGB. Die rechtliche Situation bei der Anwendung dieser Vorschriften unterscheidet sich nämlich grundlegend von der Vorbehaltsregelung bei der Vertragsstrafe: Denn der Gläubiger verzichtet hier – anders als bei der Abnahme eines mangelhaften Kaufgegenstandes oder Werkes – nicht auf einen Teil der ihm zustehenden Hauptforderung, sondern auf eine zusätzliche Einnahmequelle; er wird also leichter bereit sein, auf seine Rechte zu verzichten, als derjenige, dem eine mangelhafte Sache geliefert worden ist.[24] Dann aber besteht ein besonderes Bedürfnis, dass ein entgegenstehender Wille klar und deutlich zum Ausdruck kommt.

14  Aus der **gebotenen engen Auslegung** der Vorbehaltsregelung bei der Vertragsstrafe folgt, dass dem Regelungszweck – Schaffung von Rechtsklarheit – nur dann Genüge getan wird, wenn im Zeitpunkt der Abnahme keine vernünftigen Zweifel bestehen, ob der Gläubiger die Vertragsstrafe verlangt. Solange hieran bei objektiver Betrachtungsweise Zweifel bestehen können, ist ein vor der Abnahme erklärter Wille, die Vertragsstrafe geltend zu machen, wirkungslos. Ob Anlass zu derartigen Zweifeln besteht oder nicht, ist für jede in Betracht kommende Fallkonstellation gesondert zu prüfen.

## 2. Einzelfälle

15  a) **Ankündigung.** Die bloße Ankündigung der Geltendmachung der Vertragsstrafe reicht nicht aus. Auch wenn der Auftraggeber schriftlich und unmissverständlich angekündigt hat, dass er die Vertragsstrafe geltend mache, ergibt sich daraus nicht zwingend, dass dieser Wille auch noch im Zeitpunkt der Abnahme besteht.[25]

16  b) **Zahlung.** Hat der Auftragnehmer jedoch auf die Ankündigung der Geltendmachung die Vertragsstrafe geleistet, so braucht der Auftraggeber seinen Willen, die Vertragsstrafe behalten zu wollen, bei der Abnahme nicht mehr zu äußern. Da der Auftraggeber die Vertragsstrafe bereits erhalten hat, kann der Auftragnehmer hier nicht damit rechnen, dass der Auftraggeber sich durch die vorbehaltlose Annahme der Hauptleistung bereit erkläre, ihm die Vertragsstrafe zurückzuerstatten.

17  c) **Vereinbarung.** Haben sich die Parteien bereits über die Verwirkung der Vertragsstrafe geeinigt, so bedarf es bei der Annahme keines Vorbehalts mehr. Denn in diesem Falle ist die bereits verfallene Strafe zum Gegenstand einer neuen und selbstständigen Vereinbarung gemacht worden, für die die Vorbehaltsregelung nicht gilt.[26]

18  d) **Rechtshängigkeit.** Hat der Gläubiger Klage auf Zahlung der Vertragsstrafe erhoben, so hat er damit deutlich gemacht, dass er auf die Vertragsstrafe nicht verzichten will. Ist der Rechtsstreit bei der Abnahme noch rechtshängig, so macht der den Rechtsstreit betreibende Gläubiger damit in der Regel deutlich, dass er weiterhin die Vertragsstrafe fordert.[27] Betreibt der Gläubiger dagegen das Verfahren im Zeitpunkt der Abnahme nicht mehr, ist also der Prozess durch sein Verhalten zum Stillstand gekommen, so ist sein Wille, die Vertragsstrafe geltend zu machen, nicht hinreichend deutlich dokumentiert,[28] so dass in einem solchen Falle zur Vermeidung des Verlustes des Anspruchs auf Zahlung der Vertragsstrafe der Vorbehalt bei der Abnahme zu erklären ist.

---

[24] So überzeugend *Reinicke/Tiedtke* DB 1983, 1643.
[25] So zutreffend BGHZ 85, 305, 309 = NJW 1983, 385, 386 = BauR 1983, 80, 81 = ZfBR 1983, 78, 79.
[26] RGZ 72, 168, 170.
[27] BGHZ 62, 328, 330 = NJW 1974, 1324, 1325 = BauR 1975, 55, 56; a. A. *Knacke* S. 63.
[28] So zutreffend *Heiermann/Riedl/Rusam* B § 11 Rdn. 37; *Ingenstau/Korbion* B § 11 Nr. 4 Rdn. 5.

**e) Vollstreckbarer Titel.** Liegt im Zeitpunkt der Abnahme der Hauptleistung bereits ein 19
vollstreckbarer Titel auf Zahlung der Vertragsstrafe vor, so verliert der Gläubiger gleichwohl
den titulierten Anspruch, wenn er es versäumt, sich die Vertragsstrafe bei der Annahme
vorbehalten. Hiergegen lässt sich nicht einwenden, es sei wenig überzeugend, das Erfordernis
der Geltendmachung des Vorbehalts bei noch laufendem Rechtsstreit zu verneinen, den
Vorbehalt aber zu verlangen, wenn der Rechtsstreit erfolgreich abgeschlossen worden sei.[29]
Denn aus dem Vorliegen des Titels allein folgt noch nicht zweifelsfrei, dass der einmal
vorhanden gewesene Wille des Gläubigers, die Vertragsstrafe geltend zu machen, auch noch
im Zeitpunkt der Abnahme besteht. Es ist durchaus denkbar, dass der Gläubiger – durch die
zwar verspätete, aber eben doch nachgeholte Hauptleistung milde gestimmt – auf die Vertragsstrafe verzichten will. Die psychologische Lage des Gläubigers unterscheidet sich daher nicht
von der, in der sich ein Auftraggeber bei der Abnahme der Hauptleistung nach vorangegangener Ankündigung der Geltendmachung der Vertragsstrafe befindet. Zu Recht hat daher der
BGH die vorherige Errichtung einer vollstreckbaren notariellen Urkunde nicht als ausreichend für das Bestehen eines Vorbehaltswillens im Zeitpunkt der Abnahme angesehen.[30]

**f) Zwangsvollstreckung.** Anders stellt sich jedoch die Rechtslage dar, wenn der Gläubi- 20
ger aus dem Titel die Zwangsvollstreckung betreibt. Denn durch die bei der Abnahme noch
andauernde Vollstreckung gibt der Gläubiger zweifelsfrei zu erkennen, dass er auf die Vertragsstrafe trotz Erbringung der Hauptleistung nicht verzichten will. Eines Vorbehalts bedarf es
auch dann nicht, wenn die Vollstreckung bei der Annahme bereits erfolgreich abgeschlossen
war; ebenso wie bei der vorangegangenen Zahlung (vgl. oben Rdn. 16) kann auch hier der
Schuldner nicht damit rechnen, dass der Gläubiger sich durch die vorbehaltlose Annahme der
Hauptleistung bereit erklärt, ihm die Vertragsstrafe zurückzuerstatten. Lediglich im Falle des
im Abnahmezeitpunkt bereits abgeschlossenen erfolglosen Vollstreckungsversuchs stellt sich
die Rechtslage anders dar: Hier gilt sinngemäß das zu den Stichworten „Ankündigung" (vgl.
oben Rdn. 15) und „Vollstreckbarer Titel" (vgl. oben Rdn. 19) Gesagte.

**g) Aufrechnung.** Es ist dem Auftraggeber nicht verwehrt, bereits vor der Abnahme mit 21
seinem Anspruch auf die Vertragsstrafe aufzurechnen. Insbesondere hindert der Umstand,
dass dieser Anspruch auflösend bedingt ist (vgl. oben Rdn. 4), die Aufrechnung nicht; denn
auch mit einer auflösend bedingten Forderung kann aufgerechnet werden.[31] Durch die
Aufrechnung führt der Auftraggeber die Befriedigung hinsichtlich seines Vertragsstrafenanspruchs herbei. Die Rechtslage unterscheidet sich daher nicht von derjenigen, die eintritt,
wenn der Auftragnehmer die Forderung des Auftraggebers durch freiwillige Zahlung erfüllt
oder sich der Auftraggeber im Wege der Zwangsvollstreckung befriedigt hat. In all diesen
Fällen besteht keine Veranlassung zu der Annahme, der bereits befriedigte Auftraggeber
wolle die Vertragsstrafe zurückerstatten, wenn er den Vorbehalt bei der Abnahme nicht mehr
geltend macht. Entgegen der von der Rechtsprechung[32] und von einem Teil der Literatur[33]
vertretenen Auffassung braucht sich daher der Auftraggeber auch bei vorheriger Aufrechnung der späteren Abnahme der Hauptleistung nicht mehr das Recht auf die Vertragsstrafe
vorzubehalten.[34] Auch in diesem Falle sind durch die Tilgung der sich gegenüberstehenden
Forderungen klare Verhältnisse geschaffen worden.

---

[29] So aber *Reinicke/Tiedtke* DB 1983, 1643 f.
[30] BGHZ 73, 246 f. = NJW 1979, 1163.
[31] RG JW 1901, 423 Nr. 5; OLG Celle OLGZ 1972, 274, 275; OLG Nürnberg NJW-RR 2002, 1239; MünchKomm/*Schlüter* § 387 Rdn. 38; Palandt/*Grüneberg* § 387 Rdn. 11; RGRK-*Weber* § 387 Rdn. 41; Soergel/*Zeiss* § 387 Rdn. 8.
[32] BGHZ 85, 240, 243 = NJW 1983, 384, 385 = BauR 1983, 77, 79 = ZfBR 1983, 75, 76; OLG Celle OLGZ 1972, 274, 275; OLG Celle BauR 2000, 278.
[33] MünchKomm/*Gottwald* § 341 Rdn. 7; Palandt/*Grüneberg* § 341 Rdn. 3; Ingenstau/Korbion B § 11 Nr. 4 Rdn. 3; Werner/*Pastor* Rdn. 2060.
[34] Wie hier *Erman/Westermann* § 341 Rdn. 3; RGRK-*Ballhaus* § 341 Rdn. 14; Soergel/*Lindacher* Rdn. 13; *Reinicke/Tiedtke* DB 1983, 1644; vermittelnd *Nicklisch/Weick* B § 11 Rdn. 24 (auf einen ausdrücklichen Vorbehalt könne jedenfalls dann verzichtet werden, wenn die Aufrechnung auch „vollzogen" werde, indem der Auftraggeber fällig werdende Teilzahlungen einbehalte).

### 3. Zusammenfassung

**22** Zusammenfassend lässt sich feststellen, dass der mit dem Erfordernis der Geltendmachung des Vorbehalts der Vertragsstrafe bei der Abnahme der der Hauptleistung verfolgte Zweck – Schaffung von Rechtsklarheit – erreicht und eine – erneute – Geltendmachung des Vorbehalts im Zeitpunkt der Abnahme daher entbehrlich ist, wenn zuvor
- entweder die Parteien über die Verwirkung der Strafe bereits eine gesonderte Vereinbarung getroffen haben,
- der Auftraggeber durch zwangsweise und noch andauernde Durchsetzung seines Strafanspruchs (Rechtsstreit, Zwangsvollstreckung) seinen Willen zur Geltendmachung der Vertragsstrafe zweifelsfrei dokumentiert hat
- oder aber der Anspruch auf die Vertragsstrafe schon erloschen ist (freiwillige oder zwangsweise Erfüllung, Aufrechnung).

### III. Erklärender

**23** Der Vorbehalt ist von dem **Auftraggeber** oder einem von ihm **bevollmächtigten Dritten** zu erklären. Die Vollmacht kann dem Dritten generell erteilt werden – etwa durch eine Generalvollmacht – oder speziell für die Geltendmachung des Vorbehalts. Liegt eine besondere Vollmacht zur rechtsgeschäftlichen Abnahme vor, so ist im Zweifel anzunehmen, dass sich diese Vollmacht auch auf die Geltendmachung des Vorbehalts einer Vertragsstrafe erstrecken soll.[35] Zwar liegt der Schwerpunkt der Abnahme im tatsächlich-technischen Bereich; hieraus folgt aber noch nicht, dass die Vertretungsmacht des vom Auftraggeber zur Abnahme Bevollmächtigten nicht zugleich auch auf die Vollmacht zum Vorbehalt der Vertragsstrafe umfasst,[36] zumal die Erstreckung der Vollmacht auch auf die Geltendmachung des Vorbehalts wegen der Gefahr des Verlustes des Strafanspruchs bei vorbehaltloser Abnahme durchaus dem Interesse des Auftraggebers entspricht und dieser im Übrigen nicht gehindert ist, seinen vorbehaltenen Anspruch auf die Vertragsstrafe später doch nicht geltend zu machen.[37]

**24** Der für den Auftraggeber tätige **bauleitende Architekt** kann nicht ohne weiteres als zur Geltendmachung des Vertragsstrafenvorbehalts bevollmächtigt angesehen werden. Die Vertragsstrafe betrifft nämlich in erster Linie Vermögensinteressen des Auftraggebers; sie hat daher mit der Bauleistung und damit auch mit der Tätigkeit des Architekten unmittelbar nichts zu tun.[38] Soll der Architekt dennoch den Vorbehalt der Vertragsstrafe erklären, so bedarf es dazu einer besonderen Bevollmächtigung durch den Auftraggeber, wobei – wie bereits ausgeführt (vgl. oben Rdn. 24) – eine spezielle Vollmacht für die rechtsgeschäftliche Abnahme ausreicht. Der übliche Architektenvertrag, der auf das in § 15 HOAI beschriebene Leistungsbild abstellt, ersetzt die Vollmacht zur Geltendmachung des Vertragsstrafenvorbehalts jedenfalls nicht.[39]

**25** Ist dem Architekten bekannt, dass die Parteien des Bauvertrages eine Vertragsstrafenabrede getroffen haben, oder hätte ihm dies bekannt sein müssen, so soll es nach h. M.[40] zu seinen

---

[35] OLG Düsseldorf *Schäfer/Finnern/Hochstein* § 11 VOB/B Nr. 6.
[36] BGH NJW 1987, 380, 381 = BauR 1987, 92, 94 = ZfBR 1987, 35, 36 f.; *Heiermann/Riedl/Rusam* B § 11 Rdn. 34; *Ingenstau/Korbion* B § 11 Nr. 4 Rdn. 13; *Nicklisch/Weick* B § 11 Rdn. 23; a. A. *Kleine-Möller* BB 1976, 445.
[37] So zutreffend *Ingenstau/Korbion* B § 11 Nr. 4 Rdn. 13; *Nicklisch/Weick* B § 11 Rdn. 23.
[38] OLG Stuttgart BauR 1975, 432, 433; *Kleine-Möller/Merl/Oelmaier* § 13 Rdn. 345; *Brandt* BauR 1972, 73.
[39] OLG Stuttgart BauR 1975, 432, 433; *Heiermann/Riedl/Rusam* B § 11 Rdn. 34; *Ingenstau/Korbion* B § 11 Nr. 4 Rdn. 12; *Nicklisch/Weick* B § 11 Rdn. 23; *Knacke* S. 58 f.; *Jagenburg* BauR 1978, 185; *Kleine-Möller* BB 1976, 445; ausdrücklich offengelassen BGHZ 74, 235, 237 = NJW 1979, 1499 = BauR 1979, 345, 346 = ZfBR 1979, 154.
[40] BGHZ 74, 235, 238 = NJW 1979, 1499 = BauR 1979, 345, 346 = ZfBR 1979, 154, 159; ebenso *Heiermann/Riedl/Rusam* B § 11 Rdn. 36; *Ingenstau/Korbion* B § 11 Nr. 4 Rdn. 14; *Nicklisch/Weick* B § 11 Rdn. 23.

**Beratungs- und Betreuungspflichten** gehören, durch nachdrückliche Hinweise an den Bauherrn sicherzustellen, dass bei einer förmlichen Abnahme oder bis zum Ablauf der Fristen aus § 12 Nr. 5 Abs. 1 und 2 VOB/B oder sonstiger für die Abnahme vereinbarter Fristen der erforderliche Vertragsstrafenvorbehalt nicht etwa versehentlich unterbleibt. Bejaht man eine derartige Belehrungspflicht des Architekten, so haftet dieser dem Auftraggeber aus dem Gesichtspunkt der positiven Vertragsverletzung auf Schadensersatz, wenn er diesen nicht auf das Erfordernis der rechtzeitigen Geltendmachung des Vertragsstrafenvorbehalts hinweist. Allerdings soll eine derartige Verpflichtung dann nicht bestehen, wenn der Auftraggeber selbst genügende Sachkenntnis besitzt oder aber sachkundig beraten ist.[41]

An der Richtigkeit der Annahme einer so weitgehenden Verpflichtung bestehen begründete Zweifel. Da – wie der BGH selbst ausführt[42] – Vertragsstrafen in Bauverträgen häufig vereinbart werden, führt das vom BGH für das Bestehen einer Belehrungspflicht des Architekten als ausreichend angesehene Merkmal des Kennenmüssens praktisch dazu, dass den Architekten stets eine Hinweispflicht trifft.[43] Zieht man des Weiteren in Betracht, dass dem Architekten heute zugestanden wird, für bestimmte Bereiche (z. B. Statik, Klimatechnik, Akustik) Sonderfachleute hinzuzuziehen, weil Spezialkenntnisse von ihm insoweit nicht mehr gefordert werden können, so ist der Schluss gerechtfertigt, dass der BGH und mit ihm die h. M. einen zu strengen Maßstab anlegen, wenn sie von dem Architekten Spezialkenntnisse in einer ihm fremden Disziplin verlangen.[44] Das Bestehen einer Hinweis- und Belehrungspflicht hinsichtlich des Erfordernisses des Vertragsstrafenvorbehalts ist daher grundsätzlich zu verneinen. Dies schließt nicht aus, dass im Einzelfall Umstände vorliegen können,[45] die ausnahmsweise eine besondere Aufklärungspflicht begründen.[46] 26

Wird der Vorbehalt durch einen **Nichtberechtigten** erklärt, so ist die Erklärung grundsätzlich unwirksam. Hat jedoch der Auftragnehmer die fehlende Vertretungsmacht nicht beanstandet oder ist er damit einverstanden gewesen, dass der Nichtberechtigte ohne Vertretungsmacht gehandelt hat, so ist die Geltendmachung des Vorbehalts schwebend unwirksam und kann von dem Auftraggeber nachträglich genehmigt werden (§§ 180 Satz 2, 177 Abs. 1 BGB). 27

### IV. Erklärungsempfänger

Der Vorbehalt als einseitige empfangsbedürftige Willenserklärung muss dem Auftragnehmer oder einem von ihm zum Empfang bevollmächtigten Dritten zugehen. Die **Vertretungsmacht** zur Aktivvertretung umfasst regelmäßig auch die zur passiven Vertretung, d. h. zum Empfang von Willenserklärungen, in demselben Bereich.[47] Daraus folgt, dass leitende Angestellte des Betriebes des Auftragnehmers, die mit entsprechender Aktivvollmacht ausgestattet sind – wie etwa Prokuristen und gegebenenfalls Handlungsbevollmächtigte –, die Erklärung des Vorbehalts der Geltendmachung der Vertragsstrafe entgegennehmen können, während dies bei dem Polier oder dem örtlichen Bauleiter in der Regel nicht der Fall ist; von Bedeutung ist dies insbesondere bei der fiktiven Abnahme (§ 12 Nr. 5 VOB/B).[48] 28

Die **Empfangsvertretungsmacht** kann aber auch ohne aktive Vertretungsmacht bestehen und insbesondere durch eine speziell zur Entgegennahme des Vertragsstrafenvorbehalts erteilte Vollmacht – etwa wenn der Auftraggeber dessen Geltendmachung bereits vor der 29

---

[41] OLG Stuttgart BauR 1975, 432, 433; *Ingenstau/Korbion* B § 11 Nr. 4 Rdn. 14; *Nicklisch/Weick* B § 11 Rdn. 23.
[42] BGHZ 74, 235, 238 = NJW 1979, 1499 = BauR 1979, 345, 346 = ZfBR 1979, 154, 159.
[43] Vgl. *Schäfer/Finnern/Hochstein* § 341 BGB Nr. 3 Anmerkung; *Bindhardt/Jagenburg* § 3 Rdn. 56.
[44] Vgl. *Ganten* NJW 1979, 2513; *Vygen* BauR 1984, 255 f.
[45] Beispiel bei *Locher* PrivBauR Rdn. 426.
[46] Vgl. *Schäfer/Finnern/Hochstein* § 341 BGB Nr. 3 Anmerkung, *Brandt* BauR 1972, 73.
[47] Vgl. MünchKomm/*Schramm* § 164 Rdn. 133.
[48] Vgl. *Heiermann/Riedl/Rusam* B § 11 Rdn. 35; *Ingenstau/Korbion* B § 11 Nr. 4 Rdn. 11; *Nicklisch/Weick* B § 11 Rdn. 23.

Annahme angekündigt hat – begründet werden. Ebenso wie in der Erteilung einer besonderen Vollmacht für die rechtsgeschäftliche Abnahme durch den Auftraggeber im Zweifel anzunehmen ist, dass diese Vollmacht auch die Geltendmachung des Vorbehalts einer Vertragsstrafe umfasst, ist dann, wenn der Auftragnehmer seinerseits einen Dritten mit der Durchführung der Abnahme beauftragt hat, davon auszugehen, dass sich diese Vollmacht auch auf die Entgegennahme der Erklärung des Vertragsstrafenvorbehalts erstreckt;[49] andernfalls könnte nämlich der Auftragnehmer durch die Beauftragung eines Dritten mit der Abnahme die Erklärung eines wirksamen Vorbehalts verhindern.[50]

30  Wird der Vorbehalt gegenüber einem zum Empfang der Vorbehaltserklärung **nicht bevollmächtigten Dritten** erklärt, so ist die Erklärung grundsätzlich nichtig. Sie ist jedoch nur schwebend unwirksam mit der Folge, dass sie nachträglich von dem Auftragnehmer genehmigt werden kann, wenn der Empfangsvertreter die Geltendmachung des Vorbehalts ihm gegenüber nicht beanstandet hat oder mit der Abgabe der Erklärung einverstanden war (§ 180 Satz 3 BGB i. V. m. den §§ 180 Satz 2 und 170 Abs. 1 BGB).

## C. Wirkung der vorbehaltlosen Annahme

31  Hat der Auftraggeber es versäumt, den Vorbehalt der Vertragsstrafe rechtzeitig geltend zu machen, so **erlischt der Vertragsstrafenanspruch kraft Gesetzes** nach der Annahme, ohne dass es des Hinzutretens weiterer Umstände bedarf; der Rechtsverlust tritt für den Auftraggeber also ohne Rücksicht auf das Vorhandensein eines rechtsgeschäftlichen Verzichtswillens und unabhängig davon ein, ob ein entsprechendes Erklärungsbewusstsein vorhanden ist oder nicht.[51] Hieraus folgt zugleich, dass den Auftraggeber weder fehlende Kenntnis seines Rechts[52] noch Unkenntnis der im konkreten Fall vorhandenen tatsächlichen Verwirkungsvoraussetzungen[53] zu schützen vermögen. Auch eine Anfechtung der vorbehaltlosen Annahme gemäß § 119 BGB wegen Irrtums scheidet aus;[54] in Betracht kommt lediglich eine Anfechtung gemäß § 123 BGB wegen Täuschung oder Drohung.[55]

32  Der Rechtsverlust durch die vorbehaltlose Annahme beschränkt sich auf die vereinbarte Vertragsstrafe. Die **Rechte des Auftraggebers im Übrigen** werden hierdurch nicht berührt. Eventuelle Gewährleistungs- und Schadensersatzansprüche – etwa wegen verspäteter Fertigstellung – werden daher nicht dadurch ausgeschlossen, dass eine ausbedungene Vertragsstrafe mangels Vorbehalts bei der Abnahme nicht mehr gefordert werden kann.[56]

33  Bei **Teilleistungen,** sofern diese besonders abzunehmen sind (§ 12 Nr. 2 VOB/B), erstreckt sich der Rechtsverlust bei der vorbehaltlosen Annahme nur auf die konkrete Teilleistung.[57]

---

[49] *Heiermann/Riedl/Rusam* B § 11 Rdn. 34; *Ingenstau/Korbion* B § 11 Nr. 4 Rdn. 11; *Nicklisch/Weick* B § 11 Rdn. 23.
[50] So zutreffend *Nicklisch/Weick* B § 11 Rdn. 23.
[51] RGZ 53, 356, 358; RGZ 119, 146, 150; BGHZ 97, 224, 227 = NJW 1986, 1758 = BauR 1986, 444, 445; *Erman/Westermann* § 341 Rdn. 4; *MünchKomm/Gottwald* § 341 Rdn. 6; *Palandt/Grüneberg* § 341 Rdn. 3 b; *RGRK-Ballhaus* § 341 Rdn. 6; *Soergel/Lindacher* § 341 Rdn. 9; *Staudinger/Rieble* § 341 Rdn. 53.
[52] *MünchKomm/Gottwald* § 341 Rdn. 6; *Palandt/Grüneberg* § 341 Rdn. 3 b; *RGRK-Ballhaus* § 341 Rdn. 6.
[53] *Erman/Westermann* § 341 Rdn. 4; *MünchKomm/Gottwald* § 341 Rdn. 6; *Palandt/Grüneberg* § 341 Rdn. 3 b.
[54] *MünchKomm/Gottwald* § 341 Rdn. 6; differenzierend *Erman/Westermann* § 341 Rdn. 5 u. *Staudinger/Rieble* § 341 Rdn. 53.
[55] *Erman/Westermann* § 341 Rdn. 5; *Staudinger/Rieble* § 341 Rdn. 55.
[56] BGH NJW 1975, 1701, 1702 f. = BauR 1975, 344, 346; *RGRK-Ballhaus* § 341 Rdn. 7; *Staudinger/Rieble* § 341 Rdn. 56; *Ingenstau/Korbion* B § 11 Nr. 4 Rdn. 16; *Nicklisch/Weick* B § 11 Rdn. 26.
[57] BGHZ 82, 398, 402 = NJW 1982, 759, 760; *Erman/Westrmann* § 341 Rdn. 4; *Soergel/Lindacher* § 341 Rdn. 14.

## D. Abdingbarkeit des Vorbehalts

### I. Grundsätzliche Abdingbarkeit

Die Vorbehaltsregelung des § 341 Abs. 3 BGB ist **dispositiv**.[58] Die Bauvertragsparteien 34 sind daher grundsätzlich befugt, Vereinbarungen zu treffen, die hiervon sowie von der inhaltlich damit übereinstimmenden Regelung des § 11 Nr. 4 VOB/B abweichen. Ob die konkrete vertragliche Absprache jedoch Bestand hat, hängt im Einzelfall davon ab, auf welche Weise die Vereinbarung zustande gekommen ist und welchen genauen Inhalt diese hat.

### II. Individualvereinbarung

Die Parteien können auf das Erfordernis des ausdrücklichen Vorbehalts durch Individual- 35 vereinbarung gänzlich verzichten.[59] Bei der Annahme einer solch weitgehenden Vereinbarung ist jedoch **Zurückhaltung geboten**. Ein Verzicht auf das Vorbehaltserfordernis ist nicht schon dann anzunehmen, wenn die Parteien des Vertragsstrafenversprechens bestimmt haben, die Vertragsstrafe solle „sofort fällig" werden, wenn der Auftragnehmer die von ihm zu erbringende Leistung nicht rechtzeitig bewirkt[60] oder wenn er sich in einer notariellen Urkunde wegen einer Vertragsstrafe der sofortigen Zwangsvollstreckung unterwirft.[61]

### III. Vereinbarung durch AGB

Nach einhelliger Meinung in Rechtsprechung[62] und Literatur[63] sind in AGB enthaltene 36 Klauseln, die den Vertragsstrafenvorbehalt **vollständig abbedingen**, unwirksam. Derartige formularmäßige Regelungen weichen so sehr vom Leitbild der gesetzlichen Regelung ab, dass sie der Inhaltskontrolle des § 307 BGB nicht standhalten. Denn durch das vollständige Abbedingen der Vorbehaltserklärung wird der Auftragnehmer entgegen dem Sinn der Vorbehaltsregelung (vgl. oben Rdn. 3) bis zum Ablauf der Verjährung der Vertragsstrafe im unklaren darüber gelassen, ob und gegebenenfalls wann der Auftraggeber noch den Strafanspruch geltend machen will.

Klauseln, die den Strafvorbehalt zwar nicht ausdrücklich abbedingen, jedoch praktisch die 37 nach dem Gesetz erforderliche **Vorbehaltserklärung entfallen lassen**, sind aus den dargelegten Gründen (vgl. oben Rdn. 36) ebenfalls nichtig. Hierzu zählen formularmäßige

---

[58] BGH NJW 1971, 883, 884 = BauR 1971, 122, 123; BGHZ 72, 222, 226 = NJW 1979, 212 = BauR 1979, 56, 57 f. = ZfBR 1979, 15, 16; BGHZ 73, 243, 245 = NJW 1979, 1163; BGHZ 85, 305, 310 = NJW 1983, 385, 386 = BauR 1983, 80, 82 = ZfBR 1983, 78, 79; Erman/*Westermann* § 341 Rdn. 3; Münch-Komm/*Gottwald* § 341 Rdn. 16; Palandt/*Grüneberg* § 341 Rdn. 4; RGRK-*Ballhaus* § 341 Rdn. 6; Soergel/*Lindacher* § 341 Rdn. 16; Staudinger/*Rieble* § 341 Rdn. 10; Ingenstau/*Korbion* B § 11 Nr. 1 Rdn. 15; Nicklisch/*Weick* B § 11 Rdn. 25.
[59] BGH NJW 1971, 883, 884 = BauR 1971, 122, 123; BGHZ 73, 243, 245 = NJW 1979, 1163; BGHZ 85, 305, 310; Soergel/*Lindacher* § 341 Rdn. 16; Nicklisch/*Weick* B § 11 Rdn. 25; Werner/*Pastor* Rdn. 2284.
[60] BGH NJW 1971, 883, 884 = BauR 1971, 122, 123.
[61] BGHZ 73, 243, 246 = NJW 1979, 1163.
[62] BGHZ 85, 305, 310 = NJW 1983, 385, 386 = BauR 1983, 80, 82 = ZfBR 1983, 78, 79; OLG München BB 1984, 1386, 1387; OLG Hamm BauR 1987, 560, 561; KG BauR 1988, 230, 231; OLG Düsseldorf BauR 1994, 414; OLG Düsseldorf NJW-RR 2001, 1387, 1389.
[63] AK-BGB/*Dubischar* § 341 Rdn. 2; MünchKomm/*Gottwald* § 341 Rdn. 16; Palandt/*Grüneberg* § 341 Rdn. 38; Soergel/*Lindacher* § 341 Rdn. 16; Heiermann/*Riedl*/*Rusam* B § 11 Rdn. 38; Nicklisch/*Weick* B § 11 Rdn. 25; Werner/*Pastor* Rdn. 2284.

§ 11 Nr. 4

Vereinbarungen, wonach eine verwirkte – und nicht vorbehaltene – Vertragsstrafe „der Einfachheit halber von der Schlussabrechnung abgezogen" werden kann,[64] oder Klauseln, nach denen eine Vertragsstrafe verwirkt sein soll, wenn eine durch den Auftragnehmer schuldhaft verweigerte Fertigstellung ohne Vorbehalte angenommen wird.[65]

38 Wird die Vorbehaltserklärung nicht vollständig abbedungen, sondern durch entsprechende AGB-Klauseln nur **zum Nachteil des Auftragnehmers modifiziert,** so ist eine differenzierende Betrachtungsweise geboten. Dabei ist grundsätzlich davon auszugehen, dass derartige Formularklauseln im Bauvertragsrecht immer wieder vorkommen[66] und daher nicht überraschend im Sinne des § 305 c BGB sind.

39 Es handelt sich im Allgemeinen um Klauseln, die den Zeitpunkt der Geltendmachung des Strafvorbehalts über den der Abnahme des Werkes hinausschieben. Ihnen kann die rechtliche Wirksamkeit dann nicht versagt werden, wenn die **zeitliche Verschiebung** maßvoll ist und für den Auftragnehmer berechenbar bleibt, so dass der in der gesetzlichen Vorbehaltsregelung enthaltene Gerechtigkeitsgehalt im Kern nicht verletzt wird.[67] Im Einzelnen gilt:

40 Als zulässig wird ganz überwiegend eine Klausel angesehen, in der dem Auftraggeber gestattet wird, die Vertragsstrafe bis zur **Schlusszahlung** geltend zu machen.[68] Gegen diese Auffassung bestehen allerdings Bedenken. Diese ergeben sich daraus, dass es bei einer derartigen Vereinbarung im Belieben des Auftraggebers steht, den Zeitpunkt der Schlusszahlung und damit auch die Erklärung des Vorbehalts entsprechend den eigenen Interessen hinauszuschieben.[69] Entgegen der h. M. ist daher eine derartige Klausel nur dann wirksam, wenn sich aus den Umständen ergibt, dass mit dem Begriff der Schlusszahlung deren Fälligkeit im Sinne des § 16 Nr. 3 Abs. 1 VOB/B gemeint ist.[70]

41 Unwirksam ist jedenfalls eine Klausel, die die Geltendmachung der Vertragsstrafe bis zum **Ablauf der Gewährleistungsfrist** gestattet,[71] da deren Ende durch mögliche Unterbrechungs- und Hemmungstatbestände nicht feststeht und damit über das hinzunehmende Maß hinausgeschoben werden kann.

## E. Darlegungs- und Beweislast

42 Beruft sich der Auftragnehmer gegenüber dem Vertragsstrafenanspruch auf die **vorbehaltlose Annahme** der Hauptleistung durch den Auftraggeber, so hat er lediglich die Tatsache der Annahme zu beweisen.[72] Der Auftraggeber ist dagegen dafür darlegungs- und beweispflichtig, dass er sich die Strafe **bei der Annahme vorbehalten** hat.[73]

---

[64] BGH BauR 1984, 643, 644 = ZfBR 1984, 272.
[65] KG BauR 1988, 230 f.
[66] Vgl. BGHZ 72, 222, 226 = NJW 1979, 212 = BauR 1979, 56, 58 f. = ZfBR 1979, 15, 16.
[67] Vgl. hierzu im einzelnen BGHZ 72, 222, 227 = NJW 1979, 212, 213 = BauR 1979, 56, 58 = ZfBR 1979, 15, 16 f.
[68] BGHZ 72, 222, 226 = NJW 1979, 212 = BauR 1979, 56, 58 = ZfBR 1979, 15, 16; BGHZ 85, 305, 311 = NJW 1983, 385, 387 = BauR 1983, 80, 82 = ZfBR 1983, 78, 80; BGH BauR 1984, 643, 644 = ZfBR 1984, 272; Palandt/*Grüneberg* § 341 Rdn. 4; MünchKomm/*Gottwald* § 341 Rdn. 16; *Soergel/Lindacher* § 341 Rdn. 16; *Heiermann/Riedl/Rusam* B § 11 Rdn. 38; a.A. OLG Hamm BauR 1976, 63; OLG Köln BauR 1977, 425 f.; *Knacke* S. 69 f.
[69] Vgl. *Ingenstau/Korbion* B § 11 Nr. 1 Rdn. 15.
[70] *Ingenstau/Korbion* B § 11 Nr. 1 Rdn. 15; *Knacke* S. 70; vgl. auch *Cuypers* ZfBR 1998, 274.
[71] OLG Nürnberg MDR 1980, 398, 399; *Ingenstau/Korbion* B § 11 Nr. 1 Rdn. 15.
[72] RGRK-*Ballhaus* § 341 Rdn. 15; *Soergel/Lindacher* § 341 Rdn. 15; *Baumgärtel/Strieder* § 341 Rdn. 3.
[73] RGZ 53, 356, 358 f.; BGH NJW 1977, 897, 898 = BauR 1977, 280; OLG Düsseldorf BauR 1977, 281, 282; RGRK-*Ballhaus* § 341 Rdn. 15; *Soergel/Lindacher* § 341 Rdn. 15; Staudinger/*Rieble* § 341 Rdn. 59; *Heiermann/Riedl/Rusam* B § 11 Rdn. 42; *Nicklisch/Weick* B § 11 Rdn. 44; *Baumgärtel/Strieder* § 341 Rdn. 3; *Werner/Pastor* Rdn. 2282.

## § 12 Abnahme

1. Verlangt der Auftragnehmer nach der Fertigstellung – gegebenenfalls auch vor Ablauf der vereinbarten Ausführungsfrist – die Abnahme der Leistung, so hat sie der Auftraggeber binnen 12 Werktagen durchzuführen; eine andere Frist kann vereinbart werden.
2. Auf Verlangen sind in sich abgeschlossene Teile der Leistung besonders abzunehmen.
3. Wegen wesentlicher Mängel kann die Abnahme bis zur Beseitigung verweigert werden.
4. (1) Eine förmliche Abnahme hat stattzufinden, wenn eine Vertragspartei es verlangt. Jede Partei kann auf ihre Kosten einen Sachverständigen zuziehen. Der Befund ist in gemeinsamer Verhandlung schriftlich niederzulegen. In die Niederschrift sind etwaige Vorbehalte wegen bekannter Mängel und wegen Vertragsstrafen aufzunehmen, ebenso etwaige Einwendungen des Auftragnehmers. Jede Partei erhält eine Ausfertigung.

    (2) Die förmliche Abnahme kann in Abwesenheit des Auftragnehmers stattfinden, wenn der Termin vereinbart war oder der Auftraggeber mit genügender Frist dazu eingeladen hatte. Das Ergebnis der Abnahme ist dem Auftragnehmer alsbald mitzuteilen.
5. (1) Wird keine Abnahme verlangt, so gilt die Leistung als abgenommen mit Ablauf von 12 Werktagen nach schriftlicher Mitteilung über die Fertigstellung der Leistung.

    (2) Wird keine Abnahme verlangt und hat der Auftraggeber die Leistung oder einen Teil der Leistung in Benutzung genommen, so gilt die Abnahme nach Ablauf von 6 Werktagen nach Beginn der Benutzung als erfolgt, wenn nichts anderes vereinbart ist. Die Benutzung von Teilen einer baulichen Anlage zur Weiterführung der Arbeiten gilt nicht als Abnahme.

    (3) Vorbehalte wegen bekannter Mängel oder wegen Vertragsstrafen hat der Auftraggeber spätestens zu den in den Absätzen 1 und 2 bezeichneten Zeitpunkten geltend zu machen.
6. Mit der Abnahme geht die Gefahr auf den Auftraggeber über, soweit er sie nicht schon nach § 7 trägt.

## Vorbemerkung § 12

**Literatur:** *Acker/Roskosny,* Die Abnahme beim gekündigten Bauvertrag und deren Auswirkung auf die Verjährung, BauR 2003, 1279; *Bartmann,* Inwiefern macht die Abnahme den Werklohn fällig?, BauR 1977, 16 ff.; *Böggering,* Die Abnahme beim Werkvertrag, JUS 1978, 512 ff.; *Brandner,* Empfiehlt sich eine Neukonzeption des Werkvertragsrechts, Verhandlungen des 55. Deutschen Juristentages, 1984, Band II (Sitzungsberichte), Teil I, 1 ff., 22 ff.; *Brandt,* Die Vollmacht des Architekten zur Abnahme von Unternehmerleistungen, BauR 1972, 69 ff.; *Brügmann,* Die ursprünglich vereinbarte und später nicht durchgeführte förmliche Abnahme nach § 12 Nr. 4 VOB/B, BauR 1979, 277 ff.; *Bühl,* Die Abnahme der Bauleistungen bei der Errichtung einer Eigentumswohnungsanlage, BauR 1984, 237 ff.; *Conrad,* Die vollständige Fertigstellung im Bauträgervertrag, BauR 1990, 546 ff.; *von Craushaar,* Die Verjährung der Gewährleistungsansprüche bei Arbeiten zur Herstellung eines Gebäudes, BauR 1979, 449 ff.; *ders.* Fertigstellung statt Abnahme des Werkes – Kritische Anmerkungen zu dem von der Schuldrechtskommission vorgelegten Entwurf der Schuldrechtsreform, Festschrift für Heiermann, 1995, S. 17 ff.; *ders.,* Die Regelung des Gesetzes zur Beschleunigung fälliger Zahlungen im Überblick, BauR 2001, 471; *Cuypers,* Die Abnahme beim Bauvertrag in Theorie und Praxis, BauR 1990, 535 ff.; *ders.* Die Abnahme beim Bauvertrag – Versuch einer Typisierung, BauR 1991, 141 ff.; *Dähne,* Die „vergessene" förmliche Abnahme nach § 12 Nr. 4 VOB/B, BauR 1980, 223 ff.; *ders.* Die „vergessene" förmliche VOB-Abnahme – eine überflüssige Rechtskonstruktion?, Festschrift für Heiermann, 1995, S. 23 ff.; *Erkelenz,* Wieder einmal: Gesetz zur Beschleunigung fälliger Zahlungen – Rechtspolitisches und Rechtliches, ZfBR 2000, 435; *Erman,* Der Sphärengedanke als Gesichtspunkt für die Verteilung der Preisgefahr beim Werkvertrag, JZ 1965, 657 ff.; *Grauvogl,* Besonderheiten bei der Abnahme von Tiefbauleistungen, BauR 1997, 54; *Erich J. Gross,* Beweislast bei in der Abnahme vorbehaltenen Mängeln, BauR 1995, 456 ff.; *H. Gross,* Die verweigerte Abnahme, Festschrift für Locher, 1990, S. 53 ff.; *Grün,* Die Abnahme von Wohn- und Gewerbeimmobilien unter Mitwirkung von Sachverständigen, Festschrift für Vygen 1999, 303; *Henkel,* Der

*I. Jagenburg*

schriftliche Vertrag i. S. v. § 641 a Abs. 3 Satz 2 BGB und sein Verhältnis zu § 126 BGB, BauR 2003, 322; *ders.*; Die ungeschriebenen Tatbestandsvoraussetzungen und die Rechtsnatur der Abnahmefiktion in § 12 Nr. 5 Abs. 1 und Abs. 2 VOB/B, Jahrbuch für Baurecht 2003, 87; *Hochstein,* Die „vergessene" förmliche Abnahmevereinbarung und ihre Rechtsfolgen im Bauprozess, BauR 1975, 221 ff.; *ders.* Die Abnahme als Fälligkeitsvoraussetzung des Vergütungsanspruchs beim VOB-Bauvertrag, BauR 1976, 168 ff.; *Hök,* Das Gesetz zur Beschleunigung fälliger Zahlungen – Kurzkritik im Lichte der europäischen Richtlinie 2003/EG vom 29. Juni 2000 zur Bekämpfung des Zahlungsverzuges, ZfBR 2000, 513; *Jaeger/Palm,* Die Fertigstellungsbescheinigung gemäß § 641 a BGB – kurzer Prozess im Baurecht, BB 2000, 1102; *W. Jagenburg,* Geldersatz für Mängel trotz vorbehaltloser Abnahme, BauR 1974, 361 ff.; *ders.* Die Vollmacht des Architekten, BauR 1978, 180 ff.; *ders.,* Fertigstellungsbescheinigung durch den TÜV ?, BauR 2001, 1816; *ders.,* Die Entwicklung des privaten Bauvertragsrechts seit 1994: VOB-Vertrag, NJW 1996, 1998; *ders.,* Die Entwicklung des privaten Bauvertragsrechts seit 1996: VOB/B Teil 1, NJW 1998, 2494; *ders.,* Die Entwicklung des privaten Bauvertragsrechts seit 2000: VOB/B, NJW 2003, 102; *W. Jagenburg/Reichelt,* Die Entwicklung des privaten Bauvertragsrechts seit 1998: VOB/B, NJW 2000, 2629; *W. Jagenburg/Weber,* Die Entwicklung des privaten Bauvertragsrechts seit 1998: BGB- und Werkvertragsfragen – Teil 2, NJW 2001, 190; *Jakobs,* Die Abnahme beim Werkvertrag, AcP 183 (1983), 145 ff.; *Kahlke,* Die Abnahme ist Fälligkeitsvoraussetzung auch beim VOB-Werkvertrag, BauR 1982, 27 ff.; *G. Kaiser,* Abnahmeverweigerung des Auftraggebers nur bei wesentlichen Mängeln (§ 12 Nr. 3 VOB/B)?, ZfBR 1983, 1 ff.; *V. Kaiser,* Der Umfang der Architektenvollmacht, ZfBR 1980, 263 ff.; *Keilholz,* Um eine Neubewertung der Abnahme im Werkvertrags- und Baurecht, BauR 1982, 121 ff.; *ders.* Empfiehlt sich eine besondere Regelung der zivilrechtlichen Beziehungen zwischen den Beteiligten eines Bauvorhabens, soweit sie die Planung und Herstellung eines Bauwerks oder die Veräußerung eines für den Erwerber errichteten Bauwerks zum Gegenstand haben? Sollten baurechtliche Sonderentwicklungen des Zivilrechts außerhalb des BGB in die Kodifikation eingearbeitet werden?, Gutachten und Vorschläge zur Überarbeitung des Schuldrechts, herausgegeben vom Bundesminister der Justiz, Band III, 1983 S. 241 ff.; *Kiesel,* Das Gesetz zur Beschleunigung fälliger Zahlungen, NJW 2000, 1673; *ders.,* Die VOB/B 2002 – Änderungen, Würdigung, AGB-Problematik, NJW 2002, 2064; *Kirberger,* Die Beschleunigungsregelungen unter rechtsdogmatischen und praxisbezogenem Blickwinkel, BauR 2001, 492; *Knacke,* Die Vertragsstrafe im Baurecht, Baurechtliche Schriften, Band 14, 1988; *Kniffka,* Änderungen des Bauvertragsrechts im Abschlußbericht der Kommission zur Überarbeitung des Schuldrechts, ZfBR 1993, 97 ff.; *ders.,* Abnahme und Gewährleistung nach Kündigung des Werkvertrages, Festschrift für v. Craushaar 1997, 359; *ders.,* Abnahme und Abnahmewirkungen nach der Kündigung des Bauvertrags – Zur Abwicklung des Bauvertrags nach der Kündigung unter besonderer Berücksichtigung der Rechtsprechung des Bundesgerichtshofs, ZfBR 1998, 113; *ders.,* Das Gesetz zur Beschleunigung fälliger Zahlungen – Neuregelung des Bauvertragsrechts und seine Folgen, ZfBR 2000, 227; *Köhler,* Reform des Werkvertragsrechts – notwendig oder entbehrlich?, NJW 1984, 1841 ff.; *ders.* Zur Funktion und Reichweite der gesetzlichen Gewährleistungsausschlüsse (insoweit zu § 640 Abs. 2 BGB), JZ 1989, 761 ff., 772 ff.; *ders.* Zur Vereinbarung und Verwirkung der Vertragsstrafe, Festschrift für Gernhuber 1993, S. 207 ff.; *Korbion,* Voraussetzungen und Folgen der Bauabnahme, RWS-Skript 136, 2. Auflage 1988; *Kraus,* Auszug aus dem Referat VOB/B 2000, BauR 2001, 513; *Kratzenberg,* Der Beschluss des DAV-Hauptausschusses zur Neuherausgabe der VOB 2002 (Teile A und B), NZBau 2002, 177; *Marbach,* Besonders abzunehmende Leistungsteile – Anforderungen an die Praxis, insbesondere bei mehrstufigen Vertragsverhältnissen, Jahrbuch Baurecht 1999, 92; *Marbach/Walter,* Die Auswirkung bei der förmlichen Abnahme erklärter Mängelvorbehalte auf die Beweislast, BauR 1998, 36; *Meissner,* Vertretung und Vollmacht in den Rechtsbeziehungen der am Bau Beteiligten, BauR 1987, 497 ff.; *Merkens,* Das Gesetz zur Beschleunigung fälliger Zahlungen, BauR 2001, 515; *Motzke,* Abschlagszahlung, Abnahme und Gutachterverfahren nach dem Beschleunigungsgesetz, NZBau 2000, 489; *Motzko/Schreiber,* Verweigerung der Bauabnahme bei einer Vielzahl kleiner Mängel – Möglichkeiten einer baubetrieblichen Bewertung; BauR 1999, 24; *Nicklisch,* Empfiehlt sich eine Neukonzeption des Werkvertragsrechts? – unter besonderer Berücksichtigung komplexer Langzeitverträge, JZ 1984, 757 ff.; *Niemöller,* Abnahme und Abnahmefiktionen nach dem Gesetz zur Beschleunigung fälliger Zahlungen (1), BauR 2001, 481; *ders.,* Das Gesetz zur Beschleunigung fälliger Zahlungen und die VOB/B 2000 – Zwei nicht abnahmefähige Werke, Jahrbuch für Baurecht 2001, 225; *Ott,* Die Auswirkungen der Schuldrechtsreform auf Bauträgerverträge und andere aktuelle Fragen des Bauträgerrechts, NZBau 2003, 233; *Parmentier,* Fertigstellungsbescheinigung nach § 641 a BGB nur für schriftliche Bauverträge?, BauR 2001, 1813; *Peters,* Schadensersatz wegen Nichterfüllung bei vorbehaltloser Abnahme einer als mangelhaft erkannten Werkleistung, NJW 1980, 750 ff.; *ders.,* Das Gesetz zur Beschleunigung fälliger Zahlungen, NZBau 2000, 169; *Pietsch,* Die Abnahme im Werkvertragsrecht – Geschichtliche Entwicklung und geltendes Recht, Diss. Hamburg 1976; *Quack,* Gesetz zur Beschleunigung fälliger Zahlungen – Gesamtwürdigung, BauR 2001, 507; *Rester,* Kann der Unternehmer die Inbesitznahme der Werkleistung durch den die Abnahme verweigernden Besteller verhindern? BauR 2001, 1819; *Schlünder,* Vertragsstrafenklauseln in Bauverträgen, ZfBR 1995, 281 ff.; *Schmalzl,* Zur Vollmacht des Architekten, MDR 1977, 622 ff.; *ders.* Ist im VOB-Vertrag die Abnahme der Bauleistung zusätzliche Voraussetzung für die Fälligkeit der Schlusszahlung?, MDR 1978, 619 ff.; *Schmidt,* Abnahme im Bauvertrag und MaBV, BauR 1997, 216; *Schneider,* Die Abnahme in der Praxis internationaler Bau- und Anlagenverträge, ZfBR 1984, 101 ff.; *Schmidt-Räntsch,* Gesetz zur Beschleunigung fälliger Zahlungen, ZfIR 2000, 337; *Schulze-Hagen,* Aktuelle Probleme des Bauträgervertrages, BauR 1992, 320 ff.; *Schwarz,* Die Abnahme des Werkes – Geltendes Recht, Handhabungsmöglichkeiten in der zivilrichterlichen Praxis, Diss. Giessen 1987, Europäische Hochschulschriften, Reihe II Rechtswissenschaft, Band 715, 1988; *Seewald,* § 641 a BGB – Die Fertigstellungsbescheinigung im Werkvertragsrecht, ZfBR 2000, 219; *Siegburg,* Zur Abnahme als Fälligkeitsvoraussetzung beim Werklohnanspruch (Teil 1), ZfIR 2000, 841; *ders.,*

Zur Abnahme als Fälligkeitsvoraussetzung beim Werklohnanspruch (Teil 2), ZfIR 2000, 941; *ders.*, Zur Klage auf Abnahme einer Bauleistung, ZfBR 2000, 507; *Soergel*, Empfiehlt sich eine Neukonzeption des Werkvertragsrechts?, Verhandlungen des 55. Deutschen Juristentages, 1984, Band II (Sitzungsberichte), Teil I S. 27 ff., 40 ff.; *Stapenhorst*, Das Gesetz zur Beschleunigung fälliger Zahlungen, DB 2000, 909; *Teichmann*, Empfiehlt sich eine Neukonzeption des Werkvertragsrechts?, Verhandlungen des 55. Deutschen Juristentages, 1984, Band I (Gutachten) Teil A; *Tempel*, Ist die VOB/B noch zeitgemäß? – Eine kritische Skizze zur Neufassung 2002, Teil 1, NZBau 2002, 465; *Thode*, Werkleistung und Erfüllung im Bau- und Architektenvertrag, ZfBR 1999, 116; *Thomas*, Das Werkvertragsrecht in der Reformdiskussion, ZIP 1984, 1046 ff.; *Weidemann*, Fälligkeit des Werklohns trotz fehlender Abnahme bei einem VOB-Vertrag, BauR 1980, 124 ff.; *Wilhelm*, Mängelhaftung und Kenntnis des Gläubigers vom Mangel, JZ 1982, 488 ff.; *Willebrand/Detzer*, Abnahmeverweigerung – Strategie und Abwehrmaßnahmen, BB 1992, 1801 ff.

**Übersicht**

| | Rdn. | | Rdn. |
|---|---|---|---|
| **A. Sinn und Zweck der Vorschrift** | 1 | (2) „Vergessene" förmliche Abnahme | 59 |
| I. Verhältnis zu § 640 BGB | 3 | (3) Vorangegangene technische Abnahme durch Architekt oder Sachverständigen | 61 |
| II. Ergänzende Anwendung der §§ 631 ff. BGB | 5 | bb) Inbenutzungnahme der Leistung | 62 |
| **B. Die Abnahme als Erfüllungsannahme** | 7 | cc) Zahlung der vereinbarten Vergütung | 67 |
| I. Begriff und Inhalt/Wesen der Abnahme | 10 | c) Fiktive Abnahme gemäß §§ 640 Abs. 1 Satz 3 und 641 a BGB | 69 |
| 1. Übernahme als körperliche Entgegennahme | 12 | aa) Abnahmefiktion nach Fristsetzung, § 640 Abs. 1 Satz 3 BGB | 70 |
| 2. Billigung als vertragsgemäße Erfüllung | 14 | bb) Fertigstellungsbescheinigung gemäß § 641 a BGB | 74 |
| a) Keine Prüfung auf Mängel erforderlich | 16 | 2. Fiktive Abnahme, die nur beim VOB-Vertrag gilt | 84 |
| b) Prüfungsfrist bei stillschweigender Abnahme | 20 | a) Schriftliche Mitteilung über die Fertigstellung der Leistung (§ 12 Nr. 5 Abs. 1 VOB/B) | 85 |
| c) Abnahme trotz Mängelrügen möglich | 22 | b) Inbenutzungnahme der Leistung (§ 12 Nr. 5 Abs. 2 VOB/B) | 87 |
| II. Rechtsnatur der Abnahme | 25 | IV. Voraussetzungen der Abnahme | 89 |
| 1. Die Abnahme als Hauptpflicht | 26 | 1. Fertigstellung der Leistung „im Wesentlichen" = der Hauptsache nach vertragsgemäß | 91 |
| 2. Abnahme = Willenserklärung des Bestellers/Auftraggebers | 28 | 2. „Funktionelle" Fertigstellung | 95 |
| a) Einseitige Erklärung des Auftraggebers | 30 | **C. Folgen und Wirkungen der Abnahme** | 97 |
| b) Abnahme durch Architekt nur bei entsprechender Sondervollmacht | 32 | I. Vergütungsbereich | 98 |
| c) Abnahme durch öffentlichen Auftraggeber | 41 | 1. Ende der Vorleistungspflicht des Auftragnehmers | 99 |
| d) Abnahme von Wohnungseigentum | 42 | 2. Übergang der Vergütungsgefahr | 102 |
| 3. Keine Anfechtung der Abnahme | 45 | 3. Beginn des Abrechnungsstadiums | 104 |
| III. Formen/Arten der Abnahme | 48 | 4. Fälligkeit der (restlichen) Vergütung | 105 |
| 1. Abnahmeformen, die beim BGB- und VOB-Vertrag gelten | 49 | II. Leistungs-/Gewährleistungsbereich | 107 |
| a) Ausdrückliche/förmliche Abnahme | 50 | | |
| b) Stillschweigende Abnahme durch schlüssiges/konkludentes Verhalten | 55 | | |
| aa) Schweigen des Auftraggebers | 57 | | |
| (1) Abnahmeantrag des Auftragnehmers | 58 | | |

# Vor § 12

| | Rdn. | | Rdn. |
|---|---|---|---|
| 1. Übergang der Leistungsgefahr | 109 | a) Ausschluss stillschweigender Abnahme | 140 |
| 2. Beginn der Gewährleistungsfrist | 111 | b) Ausschluss fiktiver Abnahme nach § 12 Nr. 5 VOB/B | 142 |
| 3. Umkehr der Beweislast | 115 | 2. Änderung des Abnahmezeitpunkts | 143 |
| 4. Verlust von Gewährleistungs- und Vertragsstrafenansprüchen bei fehlendem Vorbehalt | 117 | a) Vorverlegung durch den Auftragnehmer | 144 |
| a) Verlust von Gewährleistungsansprüchen | 118 | b) Hinausschieben durch den Auftraggeber | 147 |
| aa) Beschränkung auf Nachbesserungs- und Minderungsansprüche | 119 | 3. Abhängigkeit der Abnahme von der Entscheidung Dritter | 150 |
| (1) Positive Mangelkenntnis erforderlich | 120 | a) Baubehördliche (Gebrauchs-)Abnahme | 151 |
| (2) Mängelvorbehalt bei Abnahme | 122 | b) (Gesamt-)Abnahme durch den Endkunden | 152 |
| bb) Schadensersatzansprüche bleiben unberührt | 129 | c) Mängelfreiheitsbescheinigungen Dritter | 153 |
| b) Verlust von Vertragsstrafenansprüchen | 132 | 4. Ausschluss oder Erweiterung der Wirkungen vorbehaltloser Abnahme (§ 640 Abs. 2 BGB) | 154 |
| D. Ausschluss oder Änderung einzelner Abnahmeregelungen | 137 | 5. Hinausschieben des Vorbehalts der Vertragsstrafe bis zur Schlusszahlung | 156 |
| I. Ausschluss oder Änderung durch Allgemeine Geschäftsbedingungen (AGB) | 138 | II. Ausschluss oder Änderung einzelner Abnahmeregelungen durch Individualvereinbarung | 158 |
| 1. Ausschluss bestimmter Abnahmeformen | 139 | | |

## A. Sinn und Zweck der Vorschrift

**1** § 12 VOB/B regelt, was mit der **fertiggestellten Leistung**[1] zu geschehen hat, d. h. welche Rechte und Pflichten sich an die Fertigstellung knüpfen. Das ist insofern eine zentrale Frage, als die Fertigstellung der Leistung die **Schnittstelle zwischen Erfüllung und Gewährleistung** ist. Denn nach der Fertigstellung muss der Auftraggeber erklären, ob er die fertiggestellte Leistung **als Erfüllung annimmt,** d. h. den Bauvertrag als vom Auftragnehmer erfüllt ansieht. Dies ist die in § 640 BGB geregelte **Abnahme** der Leistung, die als „Dreh- und Angelpunkt" des Bauvertrages[2] bezeichnet wird, weil sich durch sie der **Übergang vom Erfüllungsstadium auf das Gewährleistungsstadium** vollzieht und an sie zahlreiche, für die weitere Abwicklung des Bauwerkvertrages außerordentlich wichtige **Abnahmewirkungen** knüpfen (dazu im Einzelnen nachst. Rdn. 89 ff.).

**2** Die Fertigstellung allein im Sinne der **Vollendung** genügt nach § 646 BGB nur, wenn „nach der Beschaffenheit des Werkes die Abnahme ausgeschlossen" ist, stellt also lediglich einen **Auffangtatbestand für nicht abnahmefähige Werke** dar[3] (wie z. B. künstlerische Darbietungen aller Art, Oper, Konzert, Schauspiel usw.).

---

[1] Zum Begriff der Leistung beim VOB-Vertrag vor § 1 Rdn. 29 ff.
[2] *Locher* Das private Baurecht, 7. Auflage 2005, Rdn. 85 unter Hinweis auf *W. Jagenburg* 1974, 2264, 2265; *ders.* BauR 1980, 406/07; dem folgend *Keilholz* BauR 1982, 121; *Vygen* Bauvertragsrecht nach VOB und BGB, 3. Auflage 1997, Rdn. 365; *Dähne* FS Heiermann S. 23.
[3] *Von Craushaar*, FS Heiermann S. 17.

A. Sinn und Zweck der Vorschrift                                                          Vor § 12

### I. Verhältnis zu § 640 BGB

§ 12 VOB/B **ergänzt** § **640 BGB** und baut auf diesem auf, setzt § 640 BGB als solchen 3
also voraus.[4] Das gilt insbesondere für die dortige Regelung in Abs. 1, dass der Besteller
**verpflichtet** ist, „**das vertragsmäßig hergestellte Werk abzunehmen**". Wie und in
welcher Weise dies im Einzelnen geschieht, sagt § 640 BGB aber nicht. Das erschwert die
Abnahme in der Baupraxis, weshalb § 12 VOB/B deren **Modalitäten** näher regelt[5] und
damit „den besonderen Gegebenheiten des Bauvertrages Rechnung" trägt.[6] Insofern handelt
es sich um **Sondervorschriften,** die für den Bereich des VOB-Vertrages den §§ 631 ff.
BGB **vorgehen**.[7]

§ 12 Nr. 1 VOB/B bestimmt zunächst, dass der Auftraggeber nach Fertigstellung der 4
Leistung zwar **verpflichtet** ist, die Abnahme zu erklären, wenn die Voraussetzungen dafür
erfüllt sind, aber nicht von sich aus tätig werden muss, sondern nur auf Grund eines
entsprechenden **Abnahmeantrags** des Auftragnehmers, der die Abnahme seiner fertiggestellten Leistung deshalb verlangen muss. § 12 Nr. 2 regelt die Teilabnahme in sich abgeschlossener Teile der Leistung. § 12 Nr. 3 besagt, wann der Auftraggeber zur **Abnahmeverweigerung** berechtigt ist. § 12 Nr. 4 bestimmt, wann und wie eine **förmliche Abnahme** stattzufinden hat, und regelt damit die **wichtigste,** wenn auch leider nicht häufigste
**Form der Abnahme** beim Bauvertrag. Demgegenüber ist der in der Praxis häufigere Fall,
dass keine förmliche Abnahme erfolgt und sich deshalb die Frage stellt, ob und wann eine
**stillschweigende Abnahme** vorliegt, weder in § 12 VOB/B noch im Werkvertragsrecht
der §§ 631 ff. BGB geregelt. Diese Frage beantwortet sich deshalb nach dem allgemeinen
Recht der **Willenserklärung**.[8] Ergänzend dazu regelt § 12 Nr. 5 VOB/B die **fiktive
Abnahme,** die keine – ausdrückliche oder stillschweigende – Willenserklärung voraussetzt,
sondern **unabhängig vom Willen des Auftraggebers** fingiert wird (Abnahmefiktion).
Vor der Änderung des BGB durch das Gesetz zur Beschleunigung fälliger Zahlungen war die
fiktive Abnahme eine Spezialität der VOB/B und kam ausschließlich für den VOB-Bauver-
trag in Betracht.[9] Nunmehr befinden sich auch im BGB zwei weitere Arten der fiktiven
Abnahme, nämlich die Abnahmefiktion nach Fristsetzung gemäß § 640 Abs. 1 Satz 3 BGB
sowie die Abnahmefiktion durch Fertigstellungsbescheinigung gemäß § 641 a BGB.[10] Diese
Abnahmefiktionen des BGB gelten auch für den VOB-Vertrag.[11] § 12 Nr. 6 VOB/B
schließlich spricht eine von mehreren Folgen/Wirkungen der Abnahme an, nämlich den
**Gefahrübergang,** und ergänzt die diesbezügliche Regelung des § 644 BGB, dass mit der
Abnahme die Gefahr auf den Auftraggeber übergeht, um den Sonderfall, dass beim VOB-
Vertrag bereits ein **vorzeitiger Gefahrübergang** nach § 7 VOB/B erfolgt sein kann
(„soweit er sie nicht schon nach § 7 trägt").

### II. Ergänzende Anwendung der §§ 631 ff. BGB

Da § 12 VOB/B die Basisvorschrift des § 640 BGB lediglich ergänzt und auf dieser 5
aufbaut,[12] bleiben die Vorschriften des Werkvertragsrechts der §§ 631 ff. BGB daneben **in
vollem Umfang anwendbar**. Das gilt insbesondere hinsichtlich der in § 640 Abs. 1 BGB

---

[4] *Heiermann/Riedl/Rusam* VOB/B § 12 Rdn. 2.
[5] *Heiermann/Riedl/Rusam* a. a. O.
[6] *Ingenstau/Korbion/Oppler* VOB/B § 12 Rdn. 2; *Heiermann/Riedl/Rusam* a. a. O.
[7] *Ingenstau/Korbion* a. a. O.
[8] Vgl. dazu etwa Palandt/*Heinrichs*, Einführung vor § 116 BGB, Rdn. 6 ff.
[9] *Ingenstau/Korbion/Oppler* VOB/B § 12 Rdn. 23.
[10] *Ingenstau/Korbion/Oppler* a. a. O.
[11] *Ingenstau/Korbion/Oppler* a. a. O., str., vgl. die Nachweise dort.
[12] *Heiermann/Riedl/Rusam* VOB/B § 12 Rdn. 2.

geregelten **Abnahmepflicht** des Bestellers, so dass auch der VOB-Auftraggeber verpflichtet ist, das vertragsgemäß hergestellte Werk abzunehmen.

6   Nach den §§ 631 ff. richten sich außerdem die dort geregelten **Folgen/Wirkungen der Abnahme,** denn auch diese Regelungen gelten in gleicher Weise beim VOB-Vertrag. Insoweit sind hier vor allem zu nennen:
- **§ 634 a Abs. 2 BGB:** Beginn der Verjährung der Mängelansprüche:
  „Die Verjährung beginnt in den Fällen des Absatzes 1 Nr. 1 und 2 mit der Abnahme".
- **§ 640 Abs. 2 BGB:** Vorbehaltlose Abnahme:
  „Nimmt der Besteller ein mangelhaftes Werk gemäß Absatz 1 Satz 1 ab, obschon er den Mangel kennt, so stehen ihm die in § 634 Nr. 1 bis 3 bezeichneten Rechte nur zu, wenn er sich seine Rechte wegen des Mangels bei der Abnahme vorbehält".
- **§ 641 Abs. 1 Satz 1 BGB:** Fälligkeit der Vergütung:
  „Die Vergütung ist bei der Abnahme des Werkes zu entrichten".
- **§ 641 Abs. 4 BGB:** Fälligkeitszinsen:
  „Eine in Geld festgestellte Vergütung hat der Besteller von der Abnahme des Werkes an zu verzinsen, sofern nicht die Vergütung gestundet ist".
- **§ 644 Abs. 1 BGB:** Gefahrübergang:
  „Der Unternehmer trägt die Gefahr bis zur Abnahme des Werkes".
  Dazu und zu den übrigen Abnahmewirkungen ausführlich nachst. Rdn. 97 ff.

## B. Die Abnahme als Erfüllungsannahme

7   Die Abnahme der Leistung nach § 640 BGB bzw. § 12 VOB/B entspricht der Erfüllungsannahme im Sinne der §§ 341 Abs. 3, 363 BGB.[13] Sie ist nicht zu verwechseln mit der **baubehördlichen Abnahme** (Rohbau- und Gebrauchsabnahme) nach öffentlichem Recht.[14] Diese dient dem **Schutz der Allgemeinheit** vor Gefahren, die von dem Bauwerk ausgehen. Sie unterliegt deshalb anderen, zum Teil eingeschränkten Voraussetzungen, weshalb die **öffentlich-rechtliche Gebrauchsabnahme** bereits erfolgen kann, wenn das Bauvorhaben so weit fertiggestellt ist, dass von ihm keine Gefahren für die Allgemeinheit mehr ausgehen. Das ist z. B. der Fall, wenn die Treppengeländer montiert sind und keine sonstigen Gefahren für die Sicherheit von Bewohnern, Besuchern und Dritten mehr bestehen, auch wenn die Innenputz- oder Maler-/Anstreicherarbeiten noch nicht fertiggestellt sind und/oder die Außenanlagen noch fehlen.

8   Die Abnahme nach § 640 BGB und § 12 VOB/B ist dagegen ein **zivilrechtliches Instrument des Bauwerkvertrages** und setzt die Fertigstellung der Leistung im Sinne der Vertragserfüllung voraus. Deshalb können einzelne Gewerke wie Erdarbeiten, Maurerarbeiten oder Dachdeckerarbeiten bereits entsprechend dem jeweiligen Bauwerkvertrag abnahmefähig fertiggestellt und die Voraussetzungen der **zivilrechtlichen Abnahme** für sie gegeben sein, auch wenn die der öffentlich-rechtlichen Bauabnahme aus anderen Gründen noch fehlen.

9   Ergeben sich die Hindernisse für die baubehördliche Abnahme allerdings aus der Sphäre bzw. dem **Leistungsbereich** eines bestimmten Auftragnehmers, z. B. des Rohbauunternehmers, weil dessen Leistungen mangelhaft und/oder unvollständig sind, fehlen insoweit auch die Voraussetzungen für die zivilrechtliche Abnahme. In diesem Fall ist die Möglichkeit baubehördlicher Abnahme zugleich auch Voraussetzung für die zivilrechtliche Abnahme. Ebenso kann beim **Schlüsselfertigbau** der Generalunternehmer oder Bauträger die zivilrechtliche Abnahme der von ihm geschuldeten Gesamtleistung nicht verlangen, solange die Voraussetzungen der **baubehördlichen Abnahme** nicht gegeben sind, mag er deren Herbeiführung selbst auch nicht schulden, weil er es nicht in der Hand hat, ob und wann

---

[13] *Ingenstau/Korbion/Oppler* VOB/B § 12 Rdn. 1 (bis 15. Auflage 2004); RGZ 57, 337.
[14] *Ingenstau/Korbion/Oppler* VOB/B § 12 Rdn. 5.

B. Die Abnahme als Erfüllungsannahme

die Baubehörde ihrerseits tätig wird. Nur in diesem eingeschränkten Sinne ist die baubehördliche Abnahme im Einzelfall gleichzeitig **Voraussetzung für die zivilrechtliche Abnahme.** Diese setzt insgesamt aber wesentlich mehr voraus und beim Schlüsselfertigbau auch die Fertigstellung der **restlichen Ausbaugewerke** wie Maler-/Anstreicherarbeiten, Fliesenarbeiten usw. Ebenso können die betreffenden Auftragnehmer bei Einzelvergabe die zivilrechtliche Abnahme erst verlangen, wenn sie **ihre eigenen Leistungen** abnahmefähig fertiggestellt haben, mag die öffentlich-rechtliche Bauabnahme auch bereits erfolgt sein.

## I. Begriff und Inhalt der Abnahme

Eine Definition des Begriffs der Abnahme enthalten weder § 12 VOB/B noch die Vorschriften des BGB.[15] Beim Kaufvertrag nach §§ 433 ff. BGB übergibt der Verkäufer dem Käufer eine **nach Art und Inhalt bekannte Sache,** die zumeist schon bei Vertragsschluss vorhanden, jedenfalls aber katalogmäßig typisiert und mehr oder minder serienmäßig hergestellt worden ist. Die Abnahme nach § 433 Abs. 2 BGB beschränkt sich hier deshalb regelmäßig auf die bloße **Übernahme im Sinne der körperlichen Entgegennahme.**[16] 10

Beim Bauwerkvertrag dagegen wird die den Gegenstand des Vertrages bildende Leistung erst **nach Vertragsschluss** entsprechend den mit dem Besteller/Auftraggeber getroffenen Vereinbarungen **speziell hergestellt.** Hier muss der Auftraggeber deshalb zusätzlich zu der körperlichen Übernahme zumindest das **Recht und die Möglichkeit der Prüfung** haben, ob die fertiggestellte Leistung den vertraglichen Vereinbarungen entsprechend hergestellt ist und seine **Billigung** findet.[17] Von daher ist die Abnahme beim Bauwerkvertrag begrifflich **zweigeteilt**[18] und vollzieht sich in zwei Stufen, der körperlichen Entgegennahme der fertiggestellten Leistung und ihrer Billigung als vertragsgemäße Erfüllung.[19] Der Begriff der Abnahme in § 12 VOB/B unterscheidet sich insofern nicht von dem des § 640 BGB, sondern ist mit diesem **inhaltlich identisch.**[20] 11

### 1. Übernahme als körperliche Entgegennahme

Der erste Teil der Abnahme, die körperliche Übernahme durch den Auftraggeber, erfolgt in aller Regel dadurch, dass der Auftragnehmer die fertiggestellte Leistung an den Auftraggeber **übergibt,** d. h. ihm den Besitz daran verschafft. Diese **Besitzverschaffung und Inbesitznahme** ist grundsätzlich auch bei Bauwerken und Bauleistungen erforderlich.[21] Diese gehen zwar, wenn der Auftraggeber Grundstückseigentümer ist, durch ihre Verbindung mit dem Grund und Boden automatisch in das **Eigentum** des Auftraggebers über. Damit hat dieser sie jedoch noch nicht übernommen und in **Besitz** genommen, solange der Auftragnehmer ihm diesen nicht durch Übergabe verschafft.[22] Das zeigt z. B. das Erfordernis der Hausübergabe beim **Bauträgervertrag und Schlüsselfertigbau,** gilt aber auch für die jeweiligen Leistungen der einzelnen Gewerke, jedenfalls bei **Neubauten.** Demgegenüber 12

---

[15] *Heiermann/Riedl/Rusam* VOB/B § 12 Rdn. 4.
[16] *Palandt/Putzo* § 433 Rdn. 43.
[17] *Ingenstau/Korbion/Oppler* VOB/B § 12 Rdn. 1 und 9 ff.
[18] *Von Craushaar* FS Heiermann S. 17, 20, 22: „zweigliedrig".
[19] RGZ 110, 404, 406/07; BGHZ 48, 257, 262 = NJW 1967, 2259; BGHZ 50, 160, 162 = NJW 1968, 1524; BGH NJW 1970, 421 = BauR 1970, 48; BGH BauR 1973, 192; BGH NJW 1974, 95 = BauR 1974, 67; BGH NJW 1979, 215; *Leinemann/Sterner* VOB/B § 12 Rdn. 3.
[20] *Ingenstau/Korbion/Oppler* VOB/B § 12 Rdn. 7.
[21] BGH BauR 1983, 573 = ZfBR 1983, 260; *Ingenstau/Korbion/Oppler* VOB/B § 12 Rdn. 8.
[22] *Von Craushaar* FS Heiermann S. 17 ff., 21:
„Für die Übergabe des Werkes reicht somit aus, wenn an diesem der Besteller unmittelbar (Allein-)Besitz erlangt, selbst wenn er vor Überlassung des Werkes bereits Fremdbesitz – unter Umständen sogar unmittelbaren Mitbesitz – hatte. Voraussetzung ist allein, dass der Unternehmer seinen unmittelbaren Besitz zugunsten des Bestellers völlig aufgibt. Dies geschieht in dem Zeitpunkt in dem der Unternehmer dem Besteller den Besitz an dem ... fertigen Werk ... überlässt".

muss die förmliche Abnahme nicht zwingend mit der Besitzübertragung im Sinne der Erlangung der tatsächlichen Gewalt verbunden sein.[23] Der Besitzübergang kann im Bauvertrag auch von der förmlichen Abnahme und der Begleichung der zu diesem Zeitpunkt fälligen Zahlungen abhängig gemacht werden.[24]

13   Dagegen können bei **Umbauten** und der Sanierung/Modernisierung von **Altbauten** Übergabe = Besitzverschaffung durch den Auftragnehmer und Übernahme = Inbesitznahme durch den Auftraggeber entfallen, wenn dieser, was hier häufig der Fall ist, bei Fertigstellung **bereits in Besitz** der fertiggestellten Leistung ist. In diesen Fällen beschränkt sich die Abnahme auf das zweite Element, die **Billigung** der fertiggestellten Leistung.[25]

## 2. Billigung als vertragsgemäße Erfüllung

14   Die Billigung der fertiggestellten Leistung ist die **Erklärung des Auftraggebers,** dass er die Leistung als vertragsgemäße Erfüllung annimmt.[26] Diese Erklärung braucht **nicht ausdrücklich** zu erfolgen, sondern kann sich auch aus den Umständen, insbesondere dem **tatsächlichen Verhalten** des Auftraggebers schlüssig/konkludent ergeben, wenn daraus eindeutig zu erkennen ist, dass der Auftraggeber die Leistung als Erfüllung des Vertrages entgegennimmt.[27] Dies ist nach OLG Düsseldorf[28] z. B. der Fall, wenn die Ehefrau des Auftraggebers nach Fertigstellung der Arbeiten eine „Auftrags- und Ausführungsbestätigung" des Auftragnehmers unterzeichnet, ohne die Abnahme zu verweigern. Dies ist selbst dann der Fall, wenn sie zugleich mündlich kleinere Mängel rügt, da darin aus der Sicht des Auftragnehmers als Erklärungsempfänger nur der erforderliche Vorbehalt bekannter Mängel zu sehen ist.[29] Entscheidend ist, dass sich aus dem Verhalten des Auftraggebers **objektiv** „ohne vernünftige Zweifel" die Billigung der Leistung ergibt.[30] Eine solche **stillschweigende Abnahme** kann in der anstandslosen Entgegennahme und **Inbenutzungnahme** der Leistung liegen,[31] denn die Inbenutzungnahme eines Bauobjektes stellt eine stillschweigende Abnahmeerklärung dar, wenn der Auftraggeber nicht innerhalb eines gewissen Prüfungszeitraumes etwas Gegenteiliges erklärt, z. B. die Abnahme verweigert[32] (vgl. dazu weiter Rdn. 62 ff.). Gleiches gilt bei vorbehaltloser **Werklohnzahlung.**[33] Jedenfalls kann eine solche ihrer objektiven Bedeutung nach nur dann nicht als – stillschweigende – Abnahme angesehen werden, wenn besondere Umstände diese Wertung ausschließen, z. B. ein Abzug und ausdrücklicher Vorbehalt wegen Mängeln (vgl. auch nachst. Rdn. 67 ff.).[34] Dagegen stellen bloße **Abschlagszahlungen** des Auftrag-

---

[23] OLG Braunschweig BauR 2000, 105.
[24] OLG Braunschweig a. a. O.
[25] BGH NJW 1985, 855 = BauR 1985, 192; *Ingenstau/Korbion/Oppler* VOB/B § 12 Rdn. 8, *Heiermann/Riedl/Rusam* VOB/B § 12 Rdn. 4a.
[26] Nach OLG Köln NJW-RR 1997, 756 muss der Auftragnehmer die Abnahme des Werkes durch den Auftraggeber auch im Verhältnis zu seinen Subunternehmern gegen sich gelten lassen. In diesem Sinne auch OLG Naumburg MDR 2001, 1289 wonach die Hauptabnahme zwischen Auftraggeber und Hauptunternehmer zugleich Wirkung auf das Subunternehmerverhältnis entfaltet, wenn der Leistungsinhalt des Hauptunternehmervertrages mit dem Leistungsinhalt des Subunternehmervertrages identisch ist. Insoweit kann sich der Hauptunternehmer sogar der vereinbarten förmlichen Abnahme im Verhältnis zum Subunternehmer begeben, wenn er vor der Hauptabnahme nicht zur Abnahme der Leistung des Subunternehmers bereit ist.
[27] BGH NJW 1970, 421 = BauR 1970, 48; OLG Hamm BauR 1993, 604; *Ingenstau/Korbion/Oppler* VOB/B § 12 Rdn. 9/10 und 12.
[28] OLG Düsseldorf BauR 1998, 126 = NJW-RR 1997, 1450 für den BGB-Werkvertrag.
[29] OLG Düsseldorf a. a. O.
[30] BGH NJW 1974, 95 = BauR 1974, 67; *Ingenstau/Korbion/Oppler* VOB/B § 12 Rdn. 9 ff., VOB/B § 12 Nr. 1 Rdn. 11.
[31] BGH NJW 1985, 731 = BauR 1985, 200 = ZfBR 1985, 71; OLG Hamm BauR 2001, 1914; a. A. KG IBR 2007, 476 wonach die schlichte Ingebrauchnahme nicht ausreicht.
[32] OLG Hamm BauR 1992, 414 L und NJW-RR 1993, 340 = BauR 1993, 374 L; OLG Düsseldorf, BauR 1993, 124 L.
[33] BGH NJW 1970, 421 = BauR 1970, 48; BGHZ 72, 257 = NJW 1979, 214 = BauR 1979, 76 = ZfBR 1979, 29; BGH NJW-RR 1991, 1367 = BauR 1991, 741 = ZfBR 1991, 259.
[34] OLG Köln BauR 1992, 514.

B. Die Abnahme als Erfüllungsannahme                                    **Vor § 12**

gebers keine Abnahme dar,[35] ebenso nicht das mit dem Architekten des Auftraggebers durchgeführte **gemeinsame Aufmaß** und/oder die **Schlussrechnungsprüfung**.[36] Der Bestätigungsvermerk des Auftraggebers auf einer Abrechnung der geleisteten Stunden ist ebenfalls nicht als Billigung anzusehen, vielmehr sind hier weitere Anhaltspunkte erforderlich.[37] Beide bedeuten noch keine Abnahme. Auch der Antrag des Auftraggebers auf Erteilung der baubehördlichen **Gebrauchsabnahme** stellt noch keine zivilrechtliche Abnahme dar (vgl. vorst. Rdn. 7 ff.).[38] Eine Abnahme liegt auch dann nicht vor, wenn der künftige Mieter des Auftraggebers die Übernahme der errichteten Wohnungen bestätigt, auch wenn dieser Mieter eine Stadt ist, deren Bauaufsichtsbehörde für die baubehördliche Abnahme zuständig wäre.[39] Die Abgabe eines deklaratorischen Schuldanerkenntnisses des Auftraggebers zur Zahlung einer Restvergütung für Werklohn nach gestellter Schlussrechnung kann jedoch eine fehlende Abnahme der Bauleistung i. S. d. § 12 VOB/B ersetzen.[40] Bei Tragwerksplanleistungen kann eine konkludente Abnahme in der vorbehaltlosen Zahlung der Schlussrechnung des Tragwerkplaners und in der bestimmungsgemäßen Ingebrauchnahme des fertig gestellten Bauwerks durch den Bauherrn liegen; die Fortführung der Bauarbeiten allein enthält noch keine konkludente Abnahme.[41]

Bei der **fiktiven Abnahme** gemäß § 12 Nr. 5 VOB/B und §§ 640 Abs. 1 Satz 3, 641 a BGB wird die Billigungserklärung **unabhängig vom Willen/Verhalten des Auftraggebers** und den tatsächlichen Umständen des Falles fingiert, d. h. durch Fiktion ersetzt und unwiderruflich unterstellt.[42]                                                                15

**a) Keine Prüfung auf Mängel erforderlich.** Durch die zweistufige Ausgestaltung der Abnahme als körperliche Entgegennahme der Leistung und deren Billigung soll dem Auftraggeber **das Recht und die Möglichkeit** gegeben werden, die fertiggestellte Leistung zu **prüfen,** ob sie seinen Vorstellungen und den vertraglichen Vereinbarungen entspricht. Auch wenn der Auftraggeber davon keinen Gebrauch macht, ist jedoch eine Abnahme möglich. Denn die Abnahme setzt tatsächlich **keine Prüfung** in Bezug auf Mängel und auch **keine Prüfungsmöglichkeit** durch den Auftraggeber voraus.[43] Dieser kann, was in der Praxis gar nicht selten ist, die fertiggestellte Leistung durchaus ungeprüft und sozusagen „blind" abnehmen, wenn er dies will. Der Auftraggeber kann, wenn er dies tut, später auch nicht einwenden, er habe tatsächlich gar keine Prüfungsmöglichkeit gehabt, z. B. weil die betreffende Leistung für ihn nicht zugänglich war oder er sie fachlich-qualitativ nicht ausreichend beurteilen konnte. Insofern sind eine Prüfung und Prüfungsmöglichkeit in Bezug auf Mängel in der Tat **nicht Voraussetzung** der Abnahme.                                            16

Eine andere Frage ist, ob der Auftraggeber, wenn er darauf nicht verzichten will, ein **Recht auf Prüfung und eine entsprechende Prüfungsmöglichkeit** hat. Das wird man, wenn die Billigung als Element der Abnahme einen Sinn haben soll, grundsätzlich bejahen müssen, wobei es in den Fällen, in denen für den Auftraggeber ein **Architekt** tätig ist, genügen muss, wenn dieser die Möglichkeit zur Prüfung hat.                                      17

Außerdem muss der Auftraggeber sein Recht auf Prüfung auch tatsächlich **geltend machen** und eine entsprechende Prüfungsmöglichkeit verlangen. Denn so wie der Auftrag-                                                                18

---

[35] *Ingenstau/Korbion/Oppler* VOB/B § 12 Nr. 1 Rdn. 12; *Werner/Pastor* Rdn. 1356.
[36] *Werner/Pastor* Rdn. 1339, 1356; a. A. OLG Düsseldorf IBR 2004, 5 m. Anm. *Miernik*.
[37] BGH NZBau 2004, 548.
[38] *Werner/Pastor* Rdn. 1356.
[39] OLG München NJW-RR 1999, 455.
[40] Kammergericht BauR 2002, 1567.
[41] OLG München IBR 2002, 265 m. Anm. *Groß*.
[42] BGH NJW 1975, 1701 = BauR 1975, 344; vgl. *Ingenstau/Korbion/Oppler* VOB/B § 12 Rdn. 22 ff.; VOB/B § 12 Nr. 5 Rdn. 2.
[43] BGH NJW 1970, 421 = BauR 1970, 48; ebenso im Ergebnis *Ingenstau/Korbion/Oppler* VOB/B § 12 Rdn. 12, jedoch zum Teil unklar („Es kann auch notwendig sein, eine Prüfung ... vorzunehmen"; vgl. weiter Rdn. 1: „Vielmehr ist es nötig, dass der Besteller ... im Einzelnen überprüft"); für eine generelle Prüfungsmöglichkeit innerhalb einer bestimmten Frist *Cuypers* BauR 1991, 141, 147 ff.

*I. Jagenburg*                                                                    1723

geber nicht von sich aus, sondern nur auf Antrag des Auftragnehmers zur Abnahme verpflichtet ist, steht dem Auftraggeber ein Recht auf Prüfung mit entsprechender Prüfungsmöglichkeit nur zu, wenn er dies tatsächlich verlangt. Dann kann er **nicht ohne Prüfung und Prüfungsmöglichkeit zur Abnahme gezwungen** werden und ist deshalb nicht verpflichtet, eine Heizungsanlage im Sommer oder eine Klimaanlage im Winter abzunehmen, ohne dass er prüfen kann, ob diese ordnungsgemäß funktionieren.[44] Der bloße **Probelauf** einer neu hergestellten oder umgebauten Heizungsanlage für sich allein ist deshalb im Allgemeinen noch keine (stillschweigende) Abnahme.[45]

19 Dagegen wird man dem Auftraggeber ein Recht auf eine derartige **Funktionsprüfung** bei technischen Anlagen nicht generell zubilligen können, etwa in dem Sinne, dass er zur Abnahme einer schlüsselfertig erstellten Klärwerksanlage nur nach **Probelauf bzw. längerem Betrieb** verpflichtet ist. Derartige zusätzliche Prüfungen, die über die **normale Inbenutzungnahme,** z. B. bei einer Heizungs- oder Klimaanlage, hinausgehen, müssen gesondert vereinbart werden, wenn die ansonsten bestehende Abnahmepflicht des Auftraggebers entsprechend eingeschränkt sein soll. Das Gegenteil ergibt sich angesichts der Tatsache, dass die Abnahme grundsätzlich weder eine Prüfung noch eine Prüfungsmöglichkeit in Bezug auf Mängel voraussetzt,[46] auch nicht aus der **Art des Bauwerks** oder der Natur der Sache.

20 **b) Prüfungsfrist bei stillschweigender Abnahme.** Bei der stillschweigenden Abnahme ist, weil es an einer ausdrücklichen Erklärung des Auftraggebers fehlt, zunächst unklar, ob der Auftraggeber die fertiggestellte Leistung ungeprüft („blind") abnehmen oder zuvor prüfen will. Deshalb ist ihm hier eine der Leistung entsprechende **Prüfungsfrist** zuzubilligen und die stillschweigende Abnahme erst dann als erfolgt anzusehen, wenn der Auftraggeber innerhalb dieser Frist keine Prüfung verlangt oder vornimmt und die – stillschweigende – Abnahme auch nicht aus anderen Gründen ablehnt/verweigert.

21 Wie lange diese Prüfungsfrist zu bemessen ist, lässt sich nicht für alle Fälle einheitlich festlegen, auch wenn es – entgegen *von Craushaar*[47] – nicht „völlig offen" ist, „wie lange diese Überlegungsfrist zu bemessen ist". Das OLG Hamm[48] verlangt einen **„gewissen Prüfungszeitraum",** der BGH[49] eine **„angemessene Prüfungsfrist",** weshalb aus der kommentarlosen Entgegennahme der in Auftrag gegebenen Leistung, z. B. eines hydrogeologischen Gutachtens, mangels angemessener Prüfungsfrist noch nicht auf die Abnahme dieser Werkleistung geschlossen werden kann. *Ingenstau/Korbion/Oppler*[50] meint, hierfür könne „im Zweifel die auf Erfahrung beruhende **Frist von 12 Werktagen** ab Fertigstellung (Teil B § 12 Nr. 1) auch für den BGB-Bauvertrag herangezogen werden". Das wird man aber in dieser Allgemeinheit nicht sagen können.[51] Erst recht kann die Prüfungsfrist bei stillschweigender Abnahme **nicht mit der Frist von 6 Werktagen** bei fiktiver Abnahme nach § 12 Nr. 5 Abs. 2 VOB/B gleichgesetzt werden.[52] Demgemäß hat das OLG Hamm[53] bei Einzug in ein Haus und dessen anschließender Nutzung eine stillschweigende Abnahme erst „nach einer gewissen Nutzungszeit im Sinne einer **Prüfungsphase von ca. 6 Wochen"** als erfolgt angesehen. Bei Einbau einer Wärmepumpe im Sommer kann nach OLG Köln[54] eine still-

---

[44] Vgl. OLG Köln *Schäfer/Finnern/Hochstein* § 640 BGB Nr. 13: Einbau einer Wärmepumpe im Sommer.
[45] *Ingenstau/Korbion/Oppler* VOB/B § 12 Nr. 1 Rdn. 15.
[46] BGH NJW 1970, 421 = BauR 1970, 48:
„Die Abnahme braucht nicht mit einer Prüfung verbunden zu sein, denn sie erfordert keine Prüfung des Werkes auf Mängel und auch keine sofortige Prüfungsmöglichkeit".
[47] FS Heiermann S. 17/18.
[48] BauR 1992, 414 L und BauR 1993, 604 und BauR 2001, 1914.
[49] BGH NJW 1985, 731 = BauR 1985, 200 = ZfBR 1985, 71; NJW-RR 1992, 1078 = ZfBR 1992, 264.
[50] B § 12 Rdn. 12 unter Hinweis auf *Cuypers* BauR 1991, 141, 147 ff.; dagegen *von Craushaar* FS Heiermann, S. 17/18, der diese Frist, da sie der des § 12 Nr. 5 Abs. 1 VOB/B entspricht (fiktive Abnahme), zutreffend nur für VOB-Bauverträge gelten lassen will.
[51] Ebenso *Kapellmann/Messerschmidt/Havers* VOB/B § 12 Rdn. 18, Fn. 52.
[52] BGH NJW 1985, 731 = BauR 1985, 200 = ZfBR 1985, 71; *Ingenstau/Korbion/Oppler* VOB/B § 12 Nr. 1 Rdn. 13.
[53] NJW-RR 1995, 1233.
[54] *Schäfer/Finnern/Hochstein* § 640 BGB Nr. 13.

## B. Die Abnahme als Erfüllungsannahme

schweigende Abnahme nicht vor Ablauf von **2 Monaten** angenommen werden, während der BGH[55] in einem anderen Fall **mehrmonatiges Schweigen** auf die Schlussrechnung des Auftragnehmers und den darin liegenden Abnahmeantrag hat ausreichen lassen.

**c) Abnahme trotz Mängelrügen möglich.** Da die Abnahme als Bestätigung der Erfüllungsannahme vom Auftraggeber grundsätzlich ohne Prüfung und Prüfungsmöglichkeit erklärt werden kann, ist sie nicht nur möglich, wenn/obwohl tatsächlich Mängel vorliegen. Selbst die Rüge dieser Mängel, d. h. die **Geltendmachung von Mängelrügen** und der Vorbehalt entsprechender Mängel- und Schadensersatzansprüche hindern die Abnahme nicht, weil sie die **Billigung der Leistung trotz Mängel** nicht ausschließt.[56] Denn durch die Mängelrüge und den Vorbehalt entsprechender Ansprüche gehen dem Auftraggeber, wenn er die Leistung gleichwohl als Erfüllung billigt und abnimmt, die Ansprüche wegen der Mängel nicht verloren, sondern wandeln sich lediglich von Erfüllungsansprüchen in **Gewährleistungs-/Mängelansprüche** um.[57] So liegt z. B. nach OLG Düsseldorf[58] eine Abnahme vor, wenn der Auftraggeber in einem Abnahmeprotokoll nach § 12 Nr. 4 VOB/B, das als „Ergebnis der Abnahme" überschrieben ist, erklärt, er behalte sich noch eine weitere Untersuchung von Teilbereichen der Werkleistung vor (im entschiedenen Fall eine Kamerabefahrung des verlegten Kanals).

22

Allerdings kommt es insoweit auf das Gewicht der Mängel an, denn **schwerwiegende Mängel** stehen, insbesondere bei stillschweigender Abnahme, eher der Annahme entgegen, dass der Auftraggeber die Leistung trotz dieser Mängel als Erfüllung des Vertrages billigt und abnimmt. So steht nach OLG Hamm[59] der Annahme, der Auftraggeber habe stillschweigend durch schlüssiges/konkludentes Verhalten abgenommen, entgegen, wenn es sich um **grobe Mängel** handelt. Ebenso ist die schlüssige Abnahme einer objektiv unvollständigen Leistung nur anzunehmen, wenn gewichtige Gründe die Annahme rechtfertigen, der Auftraggeber habe das Werk als vertragsgemäße Leistung anerkannt.[60] Dagegen ist nach OLG Düsseldorf[61] die stillschweigende Abnahme durch Inbenutzungnahme nicht dadurch ausgeschlossen, dass der Auftraggeber vor Einzug Mängel rügt, wenn er gegenüber dem Werklohnanspruch des Auftragnehmers lediglich **Zurückbehaltungsrechte und Minderungsansprüche** geltend macht.[62] Der Einzug in ein Haus und dessen anschließende Nutzung bedeuten auch nach OLG Hamm[63] trotz vorheriger und nachfolgender Mängelrügen eine körperliche Hinnahme des Werkes, verbunden mit der stillschweigenden Erklärung, dieses als in der Hauptsache vertragsgemäß anzuerkennen (Abnahmereife), so dass nach einer gewissen Nutzungszeit im Sinne einer Prüfungsphase von ca. 6 Wochen die – stillschweigende – Abnahme als erfolgt anzusehen ist, wenn nicht der Einzug wegen Kündigung der bisherigen Wohnung lediglich „unter dem Zwang der Verhältnisse" erfolgt ist oder Mängel vorliegen, die nach **Art und Schwere wesentliche Defizite** für die Funktion des Hauses darstellen. Andererseits hat aber dasselbe OLG Hamm[64] bei Rüge von Anstrichmängeln, deren Beseitigung allein 5000,– DM erforderte, das Vorliegen einer stillschweigenden Abnahme verneint. Zwar können eine Benutzung des Werkes und Ausbesserungsarbeiten durch Dritte in erheblichem Umfang selbst dann für eine für die Abnahme erforderliche Billigung des Werkes sprechen, wenn das Werk Mängel aufweist und der Besteller den Unternehmer aufgefordert hat, diese

23

---

[55] BauR 1977, 344.
[56] *Ingenstau/Korbion/Oppler* VOB/B § 12 Rdn. 11 m. N.; OLG Düsseldorf BauR 1997, 647.
[57] BGHZ 54, 352, 354 = NJW 1971, 99 = BauR 1971, 55; *Ingenstau/Korbion/Oppler* VOB/B § 12 Rdn. 11; 51.
[58] BauR 2002, 963.
[59] BauR 1992, 414 L.
[60] BGH IBR 2003, 596 m. Anm. *Garcia/Scholz*.
[61] BauR 1993, 124 L.
[62] Ebenso OLG Koblenz, NJW-RR 1994, 786 bei einer Gesamtwerklohnforderung von über 1 Mio. DM und Einbehalt von ca. 61 000,– DM wegen Schall- und Kältebrücken.
[63] NJW-RR 1995, 1233.
[64] BauR 1993, 604 unter Hinweis auf BGH NJW 1973, 1792 = BauR 1973, 313 und OLG Hamm, NJW-RR 1988, 147.

zu beheben.⁶⁵ Eine derartige Billigung – und damit Abnahme – liegt jedoch dann nicht vor, wenn der Besteller dem Unternehmer eine Frist gesetzt hatte, diese fruchtlos verstrichen war, der Besteller im Anschluss daran eine Nachbesserung durch den Unternehmer untersagt und das Werk selbst durch Dritte nachgebessert hat.⁶⁶

**24** Liegt eine **ausdrückliche Abnahmeerklärung** des Auftraggebers vor, stehen vorhandene Mängel deren Wirksamkeit selbst dann nicht entgegen, wenn es sich um **schwerwiegende Mängel** handelt.⁶⁷ Denn es ist die Entscheidung des Auftraggebers, die dieser allein selbst in der Hand hat, ob er trotz solcher Mängel die Abnahme erklärt und sich mit entsprechenden **Gewährleistungs-/Mängelansprüchen** begnügt. An der einmal erklärten Abnahme ändert sich nichts dadurch, dass die Leistung sich trotz der Abnahme als mangelhaft erweist oder sich **später Mängel** herausstellen,⁶⁸ auch wenn diese so schwerwiegend sind, dass eine Nachbesserung nur durch völlige Neuherstellung möglich ist.⁶⁹ Die erfolgte Abnahme selbst wird dadurch **nicht hinfällig**. Bietet der Auftraggeber die Abnahme an, schließt dies eine spätere Berufung auf die fehlende Abnahmefähigkeit aus, auch wenn der Auftragnehmer die Unterschrift unter ein vom Auftraggeber vorbereitetes Protokoll verweigert.⁷⁰

## II. Rechtsnatur der Abnahme

**25** Nach § 640 Abs. 1 BGB ist der Besteller „verpflichtet, das vertragsmäßig hergestellte Werk abzunehmen".

### 1. Die Abnahme als Hauptpflicht

**26** Wegen der Bedeutung der Abnahme für den Bauwerkvertrag und ihrer zahlreichen Folgen/Wirkungen ist die Abnahme in § 640 Abs. 1 BGB nicht lediglich als Obliegenheit des Bestellers ausgestaltet, sondern als echte **Rechtspflicht**. Bei dieser handelt es sich auch nicht – wie beim Kaufvertrag – um eine bloße Nebenpflicht, deren Verletzung lediglich eine Pflichtverletzung i. S. d. §§ 280, 241 Abs. 2 BGB wäre und einen Schadensersatzanspruch des Unternehmers zur Folge hätte. Der Auftragnehmer hat vielmehr einen **Rechtsanspruch** auf Abnahme, denn diese ist – ebenso wie die Zahlung, für die sie Fälligkeitsvoraussetzung ist – **vertragliche Hauptpflicht** des Bestellers.⁷¹ Auch nach einer Kündigung des Bauvertrages hat der Auftragnehmer einen Anspruch gegen den Auftraggeber auf Abnahme, wenn die von ihm bis zur Kündigung erbrachte Leistung die Voraussetzungen für die Abnahmepflicht des Auftraggebers erfüllt.⁷² Der Auftragnehmer kann nach § 8 Nr. 6 VOB/B in Verbindung mit § 12 Nr. 4 VOB/B Abnahme und Aufmaß verlangen, sofern der Auftraggeber nicht nach § 12 Nr. 3 VOB/B berechtigt ist, die Abnahme wegen wesentlicher Mängel zu verweigern.⁷³ Dies gilt auch für die Teilkündigung eines Werk-

---

⁶⁵ BGH BauR 1996, 386.
⁶⁶ BGH a. a. O.
⁶⁷ *Ingenstau/Korbion/Oppler* VOB/B § 12 Rdn. 11 unter Hinweis auf BGH BauR 1973, 192; OLG Düsseldorf BauR 2002, 963.
⁶⁸ BGH NJW 1984, 1676 = BauR 1984, 395 = ZfBR 1984, 173.
⁶⁹ *Ingenstau/Korbion/Oppler* VOB/B § 12 Rdn. 51; zur Nachbesserung durch Neuherstellung grundlegend BGHZ 96, 111 = NJW 1986, 711 = BauR 1986, 93; vgl. weiter OLG München, NJW-RR 1987, 1234 = BauR 1987, 720 L; einschränkend aber BGH BauR 1988, 123 = ZfBR 1988, 37 = *Schäfer/Finnern/Hochstein* § 633 BGB Nr. 70 m. N.
⁷⁰ OLG Hamburg IBR 2003, 528 m. Anm. *Buscher*.
⁷¹ *Ingenstau/Korbion/Oppler* VOB/B § 12 Rdn. 18; *Nicklisch/Weick* VOB/B § 12 Rdn. 9; *Werner/Pastor* Rdn. 1339; *Leinemann/Sterner* VOB/B § 12 Rdn. 1.
⁷² BGH NZBau 2003, 265 = NJW 2003, 1450 = BauR 2003, 689 = ZfBR 2003, 352; zu den sich aus dieser Entscheidung ergebenden Folgeproblemen, insbesondere wenn das Werk nicht abnahmefähig ist, vgl. *Acker/Roskosny* BauR 2003, 1279.
⁷³ BGH NZBau 2003, 265 = NJW 2003, 1450 = BauR 2003, 689 = ZfBR 2003, 352; BGH ZfBR 2003, 567.

B. Die Abnahme als Erfüllungsannahme                                    **Vor § 12**

vertrages.[74] Die Kündigung selbst ist keine konkludente Abnahme.[75] Der BGH hat in Abkehr von seiner bisherigen Rechtsprechung[76] ausdrücklich klargestellt, dass die Anbnahme auch bei gekündigten Werkvertrag Fälligkeitsvoraussetzung ist.[77] Dies gilt auch für den teilgekündigten Werkvertrag.[78]

Aus diesem Grunde kann der Auftragnehmer die Abnahme – ebenso wie die Zahlung **27** seiner Vergütung – auch **selbstständig** einklagen, d. h. zur Vorbereitung und Fälligstellung seines Zahlungsanspruchs **Klage auf Abnahme** erheben.[79] In der Praxis ist eine solche isolierte Abnahmeklage freilich selten, denn regelmäßig erhebt der Auftragnehmer schon aus Zeitgründen sofort **Zahlungsklage,** in der dann **zugleich das Abnahmeverlangen** liegt.[80] Nach OLG Hamm[81] bedarf es insoweit auch keines besonderen Vortrags zur **Abnahmefähigkeit** (Abnahmereife), wenn der Auftragnehmer mit der Behauptung, er habe seine Werkleistung vertragsgemäß erbracht, Zahlungsklage erhebt, solange seitens des Auftraggebers kein gegenteiliger Sachvortrag erfolgt.

### 2. Abnahme = Willenserklärung des Bestellers

Aus der Tatsache, dass die Abnahme zweistufig/zweigliedrig ist und außer der körper- **28** lichen Entgegennahme der Leistung durch den Auftraggeber auch noch dessen Billigung erfordert, ergibt sich, dass die Abnahme **nicht nur eine „geschäftsähnliche" Handlung** des Auftraggebers ist.[82] Die Abnahme ist vielmehr nach der herrschenden Meinung eine Willenserklärung, durch die der Auftraggeber seine Billigung der Leistung zum Ausdruck bringt. Diese Billigung braucht andererseits **kein rechtsgeschäftliches Anerkenntnis** zu sein, sondern kann, wenn sie nicht ausdrücklich/förmlich erfolgt, sich auch schlüssig/konkludent aus dem tatsächlichen Verhalten des Auftraggebers ergeben (stillschweigende Abnahme, vgl. vorst. Rdn. 14, 20 ff.) oder im Falle des § 12 Nr. 5 VOB/B bzw. der §§ 640 Abs. 1 Satz 3, 641a BGB sogar fingiert werden (fiktive Abnahme, vgl. vorst. Rdn. 15). Trotzdem handelt es sich auch in diesem Fall immer noch um eine **Willenserklärung.**

Allerdings soll nach *Ingenstau/Korbion/Oppler,*[83] *Kapellmann/Messerschmidt/Havers*[84] und **29** *Heiermann/Riedl/Rusam*[85] die Abnahme **keine empfangsbedürftige** Willenserklärung im Sinne von § 130 BGB sein. Vielmehr handele es sich um die einseitige Erklärung des

---

[74] BGH NZBau 2003, 265 = NJW 2003, 1450 = BauR 2003, 689 = ZfBR 2003, 352.
[75] BGH NZBau 2003, 265 = NJW 2003, 1450 = BauR 2003, 689 = ZfBR 2003, 352; NZBau 2006, 569, 570.
[76] BGH NJW 1987, 382 = BauR 1987, 95 = ZfBR 1987, 38.
[77] BGH NZBau 2006, 569, 570 = IBR 2006, 432 m. Anm. *C. Schmitz.*
[78] OLG Hamm IBR 2007, 1038.
[79] BGH NJW 1981, 1448 = BauR 1981, 284, 287 = ZfBR 1981, 139; BGH BauR 1996, 386; *Ingenstau/Korbion/Oppler,* VOB/B § 12 Rdn. 18; *Werner/Pastor* Rdn. 1339; *Leinemann/Sterner* VOB/B § 12 Rdn. 31; *Kapellmann/Messerschmidt/Havers* VOB/B § 12 Rdn. 23. Zweifelnd hingegen *Palandt/Sprau* § 640 Rdn. 8, der wegen der Möglichkeit des § 640 Abs. 1 Satz 3 BGB davon ausgeht, dass eine Klage auf Abnahme mit anschließender Zwangsvollstreckung gemäß § 888 ZPO nicht mehr möglich sei. Jedenfalls könne der Unternehmer aber auf Feststellung der wirksamen Abnahme klagen. Einschränkend dagegen *Kapellmann/Messerschmidt/Havers* VOB/B § 12 Rdn. 23 und 45, der darauf hinweist, dass der Unternehmer zwar einen effektiveren Rechtsschutz erhalte, wenn er die Tatbestandsvoraussetzungen des § 640 Abs. 1 Satz 3 BGB realisiere und anschließend auf Feststellung klage. Es seien jedoch auch Fälle denkbar, bei denen die Tatbestandsvoraussetzungen des § 640 Abs. 1 Satz 3 BGB nur vermeintlich als gegeben erachtet würden, tatsächlich die Wirkungen der Abnahme aber noch nicht eingetreten sein. In diesen Fällen sei es sinnvoll und sachgerecht, wenn der Auftragnehmer zumindest hilfsweise einen Antrag auf Abnahme stellen und im Falle des Obsiegens auch vollstrecken könne.
[80] *Werner/Pastor* a. a. O.; *Nicklisch/Weick* VOB/B § 12 Rdn. 44; *Leinemann/Sterner* VOB/B § 12 Rdn. 31; *Kapellmann/Messerschmidt/Havers* VOB/B § 12 Rdn. 23.
[81] BauR 1993, 741 = ZfBR 1993, 289.
[82] So zu Unrecht *Kaiser* Mängelhaftungsrecht, Rdn. 37; gegen ihn zutreffend *Ingenstau/Korbion/Oppler* VOB/B § 12 Rdn. 1.
[83] B § 12 Rdn. 1 und 9.
[84] B § 12 Rdn. 12 und 24.
[85] B § 12 Rdn. 5 a.

Auftraggebers, dass er die Leistung als Erfüllung annimmt und billigt. Diese habe die Abnahme der Leistung des Auftragnehmers auch/schon dann zur Folge, wenn sie diesem nicht/noch **nicht zugegangen** ist und der Auftragnehmer von der erfolgten Abnahme noch keine Kenntnis hat.[86] Dagegen spricht jedoch, dass die Abnahme vielfach nicht uneingeschränkt und vorbehaltlos erfolgt. Etwaige die Abnahmeerklärung des Auftraggebers **einschränkende Vorbehalte,** die erforderlich sind, um die bei Abnahme gegebenen Mängel- und Vertragsstrafenansprüche des Auftraggebers aufrecht zu erhalten, können jedoch nur wirksam werden, wenn sie dem Auftragnehmer auch **tatsächlich zugehen.**[87]

30    **a) Einseitige Erklärung des Auftraggebers.** Da die Abnahme als Willenserklärung des Bestellers **kein Vertrag** ist, setzt sie – abgesehen von dem Sonderfall der förmlichen Abnahme, an der der Auftragnehmer nach § 12 Nr. 4 VOB/B grundsätzlich teilnehmen soll (Abs. 1 S. 3: „in gemeinsamer Verhandlung"),[88] **keine Mitwirkung des Auftragnehmers** voraus. Dieser braucht bei der Abnahme in Bezug auf den Abnahmebefund des Auftraggebers keine Erklärung abzugeben. Soweit der Abnahmebefund bei förmlicher Abnahme nach § 12 Nr. 4 Abs. 1 S. 3 VOB/B „in gemeinsamer Verhandlung schriftlich niederzulegen" ist, setzt auch das **keine Einigung der Parteien über den Abnahmebefund** voraus. Vielmehr soll lediglich festgehalten werden, ob und ggf. in welchen Punkten die Parteien übereinstimmen. Soweit dies nicht der Fall ist, kann der Auftragnehmer verlangen, dass seine **Einwendungen gegen den Abnahmebefund** des Auftraggebers ebenfalls aufgenommen werden. Aber selbst wenn er das nicht tut, d. h. den Abnahmebefund des Auftraggebers so stehen lässt, wie dieser ihn erklärt hat, und das darüber erstellte Abnahmeprotokoll uneingeschränkt unterschreibt, bedeutet dies **kein Anerkenntnis des Abnahmebefundes** des Auftraggebers. Denn die Abnahme ist und bleibt auch dann die einseitige Erklärung des Auftraggebers, ob und ggf. mit welchen Einschränkungen er die Leistung abnimmt und billigt.

31    Daraus, dass die Abnahme die alleinige einseitige Erklärung **des Auftraggebers** ist, ob und ggf. mit welchen Einschränkungen er die Leistung des Auftragnehmers als Erfüllung annimmt, folgt des Weiteren, dass die Abnahme grundsätzlich vom **Auftraggeber selbst** zu erklären ist.[89] Er kann sich dabei zwar, wie bei anderen Willenserklärungen auch, vertreten lassen, doch bedarf es wegen der an die Abnahme geknüpften nachhaltigen Folgen und Wirkungen zur Wirksamkeit solcher Vertretung einer **Sondervollmacht,** die speziell zur Abnahme und Abgabe der darauf gerichteten Willenserklärung für den Auftraggeber berechtigt.

32    **b) Abnahme durch Architekt nur bei entsprechender Sondervollmacht.** Der Architekt als technischer Sachwalter des Bauherrn ist grundsätzlich nicht dessen rechtsgeschäftlicher Vertreter und deshalb auch **nicht berechtigt,** für den Auftraggeber rechts-

---

[86] *Ingenstau/Korbion/Oppler* VOB/B § 12 Rdn. 9 unter Hinweis auf *Cuypers,* BauR 1991, 141 ff. Das soll allerdings nur für die sog. Normalabnahme gelten, während die förmliche Abnahme auch von *Ingenstau/Korbion/Oppler* als empfangsbedürftige Willenserklärung angesehen wird (B § 12 Nr. 4 Rdn. 1 und 23).
[87] Anderer Ansicht *Kapellmann/Messerschmidt/Havers* VOB/B § 12 Rdn. 24: Richtig sei zwar, dass mit der Abnahme sonstige Willenserklärungen des Auftraggebers verbunden sein könnten wie z. B. einschränkende Vorbehalte. Dies rechtfertige jedoch nicht, die hiermit lediglich im Zusammenhang stehende Abnahmeerklärung ebenfalls dem Zugangserfordernis des § 130 BGB zu unterwerfen, da es der Auftraggeber durch die Gestaltung seiner Erklärungen in der Hand habe, für den notwendigen Zugang im Sinne des § 130 BGB auch in Bezug auf etwaige Vorbehalte zu sorgen. Die Kritik von *Kapellmann/Messerschmidt/Havers* überzeugt nicht. Der Vorbehalt muss bei der Abnahme erfolgen, d. h. Abnahmeerklärung und Vorbehaltserklärung müssen grundsätzlich gleichzeitig erfolgen. Wenn aber die Erklärung des Vorbehalts dem Zugangserfordernis des § 130 BGB unterliegt, wovon auch *Kapellmann/Messerschmidt/Havers* VOB/B § 12 Rdn. 50 ausgeht (und damit auch die damit verbundene gleichzeitige Abnahmeerklärung), ist nicht einsichtig, warum dann die reine Abnahmeerklärung nicht empfangsbedürftig sein sollte. Anderenfalls hinge die Frage, ob die Abnahme empfangsbedürftig ist oder nicht, zufällig von der Tatsache ab, ob das Werk mangelfrei ist oder mangelbehaftet und deshalb ein Vorbehalt erforderlich ist.
[88] Nach Absatz 2 kann die förmliche Abnahme jedoch „in Abwesenheit des Auftragnehmers stattfinden", wenn dieser trotz rechtzeitiger Einladung daran nicht teilnimmt.
[89] RGZ 110, 404, 406/07; BGH NJW 1974, 95 = BauR 1974, 67.

B. Die Abnahme als Erfüllungsannahme                                            Vor § 12

gestaltende Willenserklärungen abzugeben, z. B. die **Abnahme im Rechtssinne** zu erklären. Dazu bedarf er einer besonderen Vollmacht.[90] Dies gilt auch, wenn der Architekt als Bauleiter bei dem Auftraggeber angestellt ist.[91]

Während der Geltung der früheren **GOA** – Gebührenordnung für Architekten, nach der 33 dem Architekten außer der technischen auch die **geschäftliche Oberleitung** übertragen war, ist zwar verschiedentlich angenommen worden, dass der Architekt auch zur **rechtsgeschäftlichen Abnahme** berechtigt sei.[92] Diese Annahme ist seit Inkrafttreten der **HOAI** – Honorarordnung für Architekten und Ingenieure – am 1. 1. 1977 jedoch nicht mehr gerechtfertigt.

Soweit nach dem Leistungsbild des § 15 Abs. 2 Nr. 8 HOAI zu den Grundleistungen 34 dieser Leistungsphase auch die „Abnahme der Bauleistungen unter Mitwirkung anderer an der Planung und Objektüberwachung fachlich Beteiligter und der Feststellung von Mängeln" gehört, ist damit **keine rechtsgeschäftliche Abnahme** im Sinne von § 640 BGB bzw. § 12 VOB/B gemeint.[93] Denn zu so weitreichenden Erklärungen ist der Architekt auf Grund seiner bloßen Stellung als technischer Sachwalter des Bauherrn nicht bevollmächtigt.[94] Die zur rechtsgeschäftlichen Abnahme führende (Willens-)Erklärung der Billigung und Erfüllungsannahme ist grundsätzlich **Aufgabe des Auftraggebers selbst.** Der Architekt als technischer Sachwalter des Bauherrn ist lediglich berechtigt und verpflichtet, die rechtsgeschäftliche Abnahme **vorzubereiten,** indem er die in seinen Aufgabenbereich fallenden technischen Feststellungen trifft, d. h. die zur Vorbereitung der rechtsgeschäftlichen Abnahme des Auftraggebers erforderliche **technische Abnahme** durchführt. Dazu gehört die Prüfung der Leistung auf Übereinstimmung mit dem Vertrag, der Baugenehmigung, den Plänen und Leistungsbeschreibungen, den anerkannten Regeln der Technik und den sonstigen einschlägigen Vorschriften. Abweichungen und Mängel muss der Architekt feststellen und seinem Auftraggeber mitteilen.

In diesem Sinne hat auch der BGH[95] die Tätigkeit und Bevollmächtigung des Architekten 35 auf die **technische Abnahme** beschränkt. Die sich daran anschließende rechtsgestaltende Willenserklärung **rechtsgeschäftlicher Abnahme** obliegt dagegen nicht ihm, sondern grundsätzlich dem Auftraggeber selbst. Das gilt auch für den dabei erforderlichen **Vorbehalt von Mängeln und Vertragsstrafenansprüchen.**[96] Denn der Architekt hat zwar die technischen Mängelfeststellungen zu treffen. Ob und welche Ansprüche er daraus herleiten und sich vorbehalten will, ist aber allein vom Bauherrn selbst zu entscheiden. Allerdings muss der Architekt auf Grund seiner **Beratungspflicht sicherstellen,** dass der Auftraggeber einen etwa erforderlichen Vorbehalt von Mängeln und Vertragsstrafenansprüchen nicht versehentlich oder aus Unkenntnis unterlässt.[97]

Da die rechtsgeschäftliche Abnahme nicht zu den Regelbefugnissen des ausschließlich auf 36 den technischen Bereich beschränkten Architekten gehört, kann durch eine (nur) an ihn adressierte „Mitteilung über die Fertigstellung der Leistung" aus Vollmachtsgründen auch

---

[90] Ebenso *Ingenstau/Korbion/Oppler* VOB/B § 12 Rdn. 13; OLG Düsseldorf BauR 1999, 404 = NJW-RR 1999, 526; vgl. auch OLG Düsseldorf BauR 1997, 647.
[91] OLG Düsseldorf BauR 1999, 404 = NJW-RR 1999, 529.
[92] BGH NJW 1960, 859; BGH NJW 1964, 647; OLG Karlsruhe, BauR 1971, 55; OLG Hamm, BauR 1971, 138.
[93] Allgemeine Ansicht: *Schmalzl* MDR 1977, 622/23; *W. Jagenburg* BauR 1978, 180 ff., 185; *Meissner* BauR 1987, 497 ff., 506; *Locher* Das private Baurecht, Rdn. 412 und 493; *Locher/Koeble/Frik* HOAI § 15 Rdn. 187; *Korbion/Mantscheff/Vygen* HOAI § 15 Rdn. 178; *Ingenstau/Korbion/Oppler* VOB/B § 12 Rdn. 4, 13; *Heiermann/Riedl/Rusam* VOB/B § 12 Rdn. 5 b; *Nicklisch/Weick* VOB/B § 12 Rdn. 14; *Werner/Pastor* Rdn. 1077; OLG Düsseldorf BauR 1997, 647.
[94] Anderer Ansicht LG Essen NJW 1978, 108; ihm folgend *Kaiser* ZfBR 1980, 263 ff.; ebenso *Cuypers* BauR 1991, 141/42.
[95] BGHZ 62, 204 = NJW 1974, 898 = BauR 1974, 211; BGHZ 68, 169 = NJW 1977, 898 = BauR 1977, 428.
[96] *Bindhardt/Jagenburg* Die Haftung des Architekten, § 6 Rdn. 140 ff., 141/42.
[97] So für den Vorbehalt der Vertragsstrafe BGHZ 74, 235 = NJW 1979, 1499 mit kritischer Anmerkung von *Ganten* S. 2513 = BauR 1979, 345 = *Schäfer/Finnern/Hochstein* § 341 BGB Nr. 3 mit kritischer Anmerkung von *Hochstein*.

keine Abnahmefiktion im Sinne von § 12 Nr. 5 Abs. 1 VOB/B ausgelöst werden. Eine fiktive Abnahme ist deshalb nicht schon dadurch möglich, dass die Fertigstellungsanzeige oder die ihr insoweit gleichstehende Schlussrechnung dem **Architekten** übersandt wird. Die Folgen/Wirkungen des § 12 Nr. 5 Abs. 1 VOB/B treten vielmehr erst dann ein, wenn der Auftragnehmer seine Fertigstellungsmeldung oder Schlussrechnung **auch dem Auftraggeber** übersendet oder der Architekt sie an diesen weiterleitet. Bis zum Eingang der geprüften Schlussrechnung beim Bauherrn kann für den Auftragnehmer allerdings wertvolle Zeit verstreichen. Ebenso wird die vertragliche Vereinbarung, dass das Werk förmlich abzunehmen sei, nicht abbedungen, wenn der zur Abgabe rechtsgeschäftlicher Erklärungen nicht bevollmächtigte Architekt bei einer Besichtigung des Werkes äußert, die Arbeiten seien bis auf einige kleinere Mängel ordnungsgemäß.[98]

**37** Ebenso kommt in Bezug auf die rechtsgeschäftliche Abnahme entgegen *Ingenstau/Korbion/Oppler*[99] und *Heiermann/Riedl/Rusam*[100] grundsätzlich **keine Anscheinsvollmacht** in Betracht.[101] Das gilt selbst dann, wenn der Architekt die gesamten Verhandlungen, die dem Vertragsschluss vorangegangen sind, für den Auftraggeber geführt, die gesamte Vertragsabwicklung in Händen gehabt hat und sein Vertrag auch sonst keine Einschränkung hinsichtlich seiner Befugnisse – hier: bezüglich der Abnahme – enthält. Entgegen *Ingenstau/Korbion/Oppler*[102] und *Heiermann/Riedl/Rusam*[103] reicht das für die Annahme einer Anscheinsvollmacht nicht aus, wenn alle diese Tätigkeiten des Architekten noch den **technischen Bereich** betreffen und der Architekt zuvor nicht auch schon rechtsgeschäftlich für den Auftraggeber gehandelt hatte, z. B. durch die Erteilung von Aufträgen, die der Auftraggeber dann gebilligt oder geduldet hat.[104] Ansonsten kann der Auftragnehmer nicht davon ausgehen, dass der Architekt zu rechtsgeschäftlichem Handeln befugt ist. Denn der im Baubereich bewanderte Unternehmer muss wissen, dass den Vertragsbeziehungen zwischen Bauherrn und Architekt vielfach **Einheitsarchitektenverträge** zu Grunde liegen, die gerade keine Bevollmächtigung zu rechtsgeschäftlichem Handeln vorsehen.[105] Deshalb setzt der Bauherr, der seinen Architekten auf dessen ureigenem Gebiet tätig sein und z. B. Angebote einholen lässt, damit gegenüber dem Auftragnehmer noch **keinen Anschein,** der Architekt sei zu rechtsgeschäftlichem Handeln, der Vergabe von Aufträgen oder zur rechtsgeschäftlichen Abnahme bevollmächtigt.[106]

**38** Zur rechtsgeschäftlichen Abnahme ist der Architekt regelmäßig nur auf Grund einer entsprechenden **Sondervollmacht** des Auftraggebers befugt, z. B. wenn in den besonderen Vertragsbedingungen zum Bauvertrag die förmliche Abnahme durch den Architekten vorgesehen ist.[107] Allerdings braucht die Sondervollmacht vom Auftraggeber nicht ausdrücklich erteilt zu werden. Sie kann sich auch als **stillschweigende Bevollmächtigung** schlüssig/konkludent aus den Umständen ergeben. Hat bereits eine Mängelbegehung im Sinne technischer Abnahme mit dem Architekten stattgefunden und soll nach übereinstimmender Meinung der Vertragsparteien bei der nächsten Begehung die rechtsgeschäftliche Abnahme erfolgen, so ist, wenn der Auftraggeber auch dazu wiederum den Architekten entsendet, dieser **auch zur rechtsgeschäftlichen Abnahme** stillschweigend bevollmächtigt. Denn wer einen anderen, z. B. den Architekten, an seiner Stelle zu einer Baubesprechung schickt, bei

---

[98] OLG Düsseldorf BauR 1999, 404 = NJW-RR 1999, 529.
[99] B § 12 Rdn. 14.
[100] B § 12 Rdn. 5 b.
[101] Zur Anscheinsvollmacht im Einzelnen vor § 2 Rdn. 49 ff.
[102] B § 12 Rdn. 14.
[103] B § 12 Rdn. 5 b.
[104] In diesem Sinne auch *Kapellmann/Messerschmidt/Havers* VOB/B § 12 Rdn. 25. Widersprüchlich insoweit OLG Düsseldorf BauR 1997, 647, das eine: Duldungs- oder Anscheinsvollmacht zur Abnahme zumindest dann annimmt, wenn der Architekt den Bauvertrag stellvertretend für den Bauherrn abgeschlossen, Wochenberichte abgezeichnet und Rechnungen geprüft hat, andererseits aber schon eine Bevollmächtigung aus den besonderen Vertragsbedingungen entnimmt.
[105] OLG Köln BauR 1992, 812 L: keine Vollmacht zu Auftragsvergaben.
[106] OLG Köln NJW-RR 1992, 915 = BauR 1993, 243: keine Auftragsvergabe durch Architekten.
[107] OLG Düsseldorf BauR 1997, 647.

B. Die Abnahme als Erfüllungsannahme

der ersichtlich auch rechtsgeschäftliche Dinge geregelt werden sollen, gibt durch die **Entsendung zu erkennen,** dass die von ihm entsandte Person an seiner Stelle handeln soll und Vollmacht zu rechtsgeschäftlichem Handeln hat.[108] In einem solchen Fall liegt in der Entsendung des Architekten zu der Besprechung eine **stillschweigende Bevollmächtigung** des Architekten zu umfassendem rechtsgeschäftlichem Handeln.[109] Umgekehrt ermächtigt die Vollmacht zur Abnahme jedoch noch nicht zur Beauftragung von Zusatzleistungen.[110]

Kein Fall stillschweigender Bevollmächtigung zur Abnahme liegt dagegen vor, wenn die Parteien – unabhängig vom Verfahren nach § 641 a BGB – übereinstimmend einen **Sachverständigen** bestellen, der das Bauvorhaben „zwecks Abnahme" besichtigen und dessen Abnahmereife feststellen soll. Teilt der Sachverständige dann mit, dass die Leistungen vorbehaltlich geringfügiger Mängel „mängelfrei sind und als abgenommen gelten", so ist dies zwar noch **keine Abnahme im Rechtssinne,** sondern lediglich die sachverständige Bestätigung der Abnahmefähigkeit im Sinne einer technischen Abnahme. Wenn der Auftraggeber dem jedoch nicht **unverzüglich widerspricht,** muss er nicht nur die diesbezüglichen technischen Feststellungen gegen sich gelten lassen. Vielmehr tritt durch sein Schweigen dann auch die **Rechtswirkung stillschweigender Abnahme** im rechtsgeschäftlichen Sinne ein, weshalb ein erst mehr als 1 Monat später erklärter Vorbehalt der Vertragsstrafe nicht mehr rechtzeitig ist.[111] 39

Die bei stillschweigender Abnahme übliche, zum Teil längere **Prüfungsfrist** (vgl. vorst. Rdn. 20/21) ist hier nicht erforderlich, weil das Ergebnis sachverständiger Prüfung bereits vorliegt und dem Auftraggeber deshalb nur noch eine kurze **Reaktionszeit** zuzubilligen ist. Gleiches kann angenommen werden, wenn der Architekt als technischer Sachwalter des Bauherrn die Mängelfreiheit und Abnahmefähigkeit feststellt und der Auftraggeber dem **Ergebnis der technischen Abnahme des Architekten** nicht unverzüglich widerspricht. Denn wenn aus technischer Sicht die Voraussetzungen rechtsgeschäftlicher Abnahme vorliegen, kann der Auftragnehmer diese auch verlangen, d. h. der Auftraggeber ist zu ihr verpflichtet und muss nunmehr seinerseits reagieren. Tut er das nicht, rechtfertigt sein Schweigen die Annahme, dass er das Ergebnis der technischen Abnahme billigt. Sein tatsächliches Verhalten führt dann schlüssig/konkludent zur **stillschweigenden Abnahme** im Rechtssinne (vgl. vorst. Rdn. 14). 40

**c) Abnahme durch öffentlichen Auftraggeber.** Für den öffentlichen Auftraggeber, z. B. eine Gemeinde, ist die Abnahme regelmäßig zwar kein Geschäft der laufenden Verwaltung. Sie stellt jedoch auch **kein neues Verpflichtungsgeschäft** dar,[112] denn die Abnahme lässt keine Verpflichtungen entstehen, die sich nicht schon ohnehin aus dem Bauvertrag ergeben, noch erhöht sie diese. Ebenso tritt, wenn Mängel oder Vertragsstrafenansprüche bei der Abnahme nicht vorbehalten werden, der Rechtsverlust unabhängig davon ein, ob der Auftraggeber auf diese Ansprüche verzichten will und einen entsprechenden Verzichtswillen hat. Deshalb braucht die Abnahme beim öffentlichen Auftraggeber, z. B. einer Gemeinde, **nicht vom Bürgermeister** oder seinem allgemeinen Stellvertreter erklärt zu werden, also von einem nach öffentlichem Recht befugten Organ.[113] Sie kann auch von dem **zuständigen Beamten des Bauamtes** erklärt werden, weil dieser – anders als der Architekt – beim Auftraggeber selbst beschäftigt ist.[114] 41

**d) Abnahme von Wohnungseigentum.** Beim Wohnungseigentum ist die Abnahme grundsätzlich von dem **einzelnen Erwerber** zu erklären, und zwar nicht nur für das jeweilige Sondereigentum, bei dem sich das von selbst versteht, sondern auch in Bezug auf 42

---

[108] OLG Köln NJW-RR 1994, 1501 = BauR 1994, 668 L.
[109] OLG Düsseldorf NJW-RR 1995, 592 = BauR 1995, 257 für einen vom Architekten erklärten Schuldbeitritt des Bauherrn gegenüber dem Subunternehmer.
[110] *Leinemann/Sterner* VOB/B § 12 Rdn. 28; OLG Düsseldorf BauR 2000, 1878.
[111] BGH BauR 1992, 232 = ZfBR 1992, 65.
[112] BGHZ 97, 224 = NJW 1986, 1758 = BauR 1986, 444 = ZfBR 1986, 167.
[113] *Ingenstau/Korbion/Oppler* VOB/B § 12 Rdn. 15.
[114] BGH a. a. O.; *Heiermann/Riedl/Rusam* VOB/B § 12 Rdn. 5 c.

seinen Anteil am **Gemeinschaftseigentum**.[115] Die Abnahme des Sondereigentums bedeutet deshalb nicht automatisch schon, dass das Gemeinschaftseigentum ebenfalls abgenommen ist.[116] Auch die bloße **Inbenutzungnahme** stellt noch keine Abnahme des Gemeinschaftseigentums dar, wenn die Wohnanlage insgesamt noch nicht fertiggestellt ist.[117]

43 Die Abnahme des Gemeinschaftseigentums hat also **gesondert** zu erfolgen. Wenn die Bauherrengemeinschaft geschlossen ist, alle Wohnungen also veräußert sind und sämtliche Erwerber gemeinsam den **Verwalter** mit der Abnahme bevollmächtigen, kann auch dieser das Gemeinschaftseigentum gegenüber dem Bauträger abnehmen.[118] Hat der Bauträger dagegen noch nicht alle Wohnungen veräußert, wirkt eine solche Abnahme des Gemeinschaftseigentums nur im Verhältnis der vorhandenen Erwerber zum Bauträger, nicht auch im Verhältnis zu diesem, soweit die **nicht verkauften Wohnungen** noch dem Bauträger selbst gehören. Veräußert der Bauträger solche Wohnungen anschließend, ist ein **späterer Erwerber** an die durch den Verwalter/die übrigen Erwerber erfolgte Abnahme des Gemeinschaftseigentums deshalb **nicht gebunden,** weil er zu dieser Zeit noch nicht Mitglied der Wohnungseigentümergemeinschaft war. Für ihn treten die Wirkungen der Abnahme in Bezug auf seine Wohnung und seinen Anteil am Gemeinschaftseigentum erst dann ein, wenn er selbst die dafür erforderlichen Erklärung abgibt, so dass insbesondere die **Verjährung seiner Gewährleistungs-/Mängelansprüche** erst entsprechend später beginnt. Demgemäß braucht nach der Rechtsprechung des BGH[119] ein späterer Erwerber die frühere Abnahme des Gemeinschaftseigentums durch die Wohnungseigentümergemeinschaft nicht gegen sich gelten zu lassen, sondern erwirbt einen **eigenen Anspruch** auf mängelfreie Herstellung des gesamten Gemeinschaftseigentums, der für ihn erst mit seinem Erwerb zu verjähren beginnt und auch **nicht auf eine Quote** in Höhe seines Anteils am Gemeinschaftseigentum beschränkt ist.[120]

44 Da dem Bauträger durch derartige „Nachzügler"-Erwerber Gewährleistungs-/Mängelansprüche in Bezug auf das **gesamte Gemeinschaftseigentum** drohen und diese Ansprüche bei späteren Erwerbern auch noch bestehen, wenn die eigenen Gewährleistungsansprüche des Bauträgers gegen seinen Subunternehmer längst verjährt sind, stellt sich allerdings die Frage, ob insoweit nicht im Erwerbsvertrag **vereinbart** werden kann, dass der spätere Erwerber die durch den Verwalter/die übrigen Wohnungseigentümer erklärte Abnahme des Gemeinschaftseigentums gegen sich gelten lässt und die danach bereits verstrichene Gewährleistungsdauer zu seinen Lasten berücksichtigt/angerechnet wird. Eine derartige **Abnahme- und Anrechnungsvereinbarung** im notariellen Vertrag müsste individualvertraglich jedenfalls möglich sein.[121]

### 3. Keine Anfechtung der Abnahme

45 Auch wenn die Abnahme eine **Willenserklärung** des Auftraggebers ist, kann sie, soweit es um Mängel und deren Folgen/Wirkungen geht, nach allgemeiner Ansicht[122] nicht wegen **Irrtums oder arglistiger Täuschung** gem. §§ 119, 123 BGB angefochten werden. Der Auftraggeber kann also nicht geltend machen, er habe sich bezüglich des Vorliegens von Mängeln geirrt oder sei von dem Auftragnehmer darüber arglistig getäuscht worden. Denn der Auftraggeber verliert dadurch nicht seine Rechte wegen der Mängel, diese wandeln sich durch die Abnahme lediglich in **Gewährleistungs-/Mängelansprüche** um.

---

[115] BGH BauR 1985, 314 = ZfBR 1985, 132; *Ingenstau/Korbion/Oppler* VOB/B § 12 Rdn. 17; *Heiermann/Riedl/Rusam* VOB/B § 12 Rdn. 5 d; BayObLG NJW-RR 2000, 13.
[116] OLG Stuttgart MDR 1980, 495; *Heiermann/Riedl/Rusam* VOB/B § 12 Rdn. 5d.
[117] BGH BauR 1981, 467, 469; *Heiermann/Riedl/Rusam* a. a. O.
[118] Ebenso BayObLG NJW-RR 2000, 13.
[119] NJW 1985, 1551 = BauR 1985, 314 = ZfBR 1985, 132.
[120] Zur Kritik dieser Rechtsprechung *W. Jagenburg* NJW 1983, 2687 und NJW 1992, 290.
[121] *W. Jagenburg* NJW 1992, 290/91 m. N.; *Schulze-Hagen* BauR 1992, 320 ff.
[122] *Ingenstau/Korbion/Oppler* VOB/B § 12 Rdn. 19 ff.; *Heiermann/Riedl/Rusam* VOB/B § 12 Rdn. 5 e; *Nicklisch/Weick* VOB/B § 12 Rdn. 34; *Werner/Pastor* Rdn. 1339; *Leinemann/Sterner* VOB/B § 12 Rdn. 6.

## B. Die Abnahme als Erfüllungsannahme

Insoweit gehen die **Sondervorschriften des Gewährleistungsrechts** als Spezial- 46
regelungen den allgemeinen Anfechtungsvorschriften vor.[123] Das ergibt sich schon daraus, dass nach dem vorstehend Gesagten eine Abnahme auch dann möglich ist, wenn der Auftraggeber von Mängeln weiß und diese kennt. Denn selbst das **Vorliegen und die Rüge von Mängeln** schließen die Abnahme grundsätzlich ja nicht aus (vgl. Rdn. 22 ff.). Das gilt umgekehrt aber auch, wenn die Rüge von Mängeln aus Unkenntnis des Auftraggebers unterbleibt, weil dieser sich geirrt hat oder vom Auftragnehmer über das Vorliegen von Mängeln getäuscht worden ist, zumal dem Auftraggeber Rechtsnachteile wegen unterlassenen **Mängelvorbehalts** in einem solchen Fall auf Grund seiner fehlenden Mangelkenntnis nicht drohen. Soweit der Auftragnehmer den Auftraggeber über das Vorliegen von Mängel arglistig getäuscht und sich dadurch die **Abnahme „erschlichen"** hat, kann er sich darauf nach §§ 634a Abs. 3, 639 BGB nicht berufen, sondern haftet dem Auftraggeber für die Dauer der regelmäßigen Verjährungsfrist, d. h. ggf. für die Dauer von zehn Jahren. In diesen Fällen erfolgt der erforderliche Ausgleich also durch entsprechende **Verjährungsverlängerung** bzw. dadurch, dass der Auftragnehmer sich nach Treu und Glauben auf den Ausschluss seiner Haftung bzw. den Ablauf der kurzen Regelverjährung nicht berufen kann.

Anders liegen die Dinge, wenn und soweit der Auftragnehmer die Abnahme des Auftrag- 47
gebers durch **widerrechtliche Drohung** nach § 123 BGB herbeiführt, etwa der Bauunternehmer/Bauträger, der dem Auftraggeber/Erwerber das verspätet und/oder mangelhaft fertiggestellte Haus nur übergibt, nachdem dieser die letzte Rate gezahlt, alle sonstigen Forderungen anerkannt/beglichen und im Abnahmeprotokoll auf jedweden **Vorbehalt** von Mängel-, Vertragsstrafen- und Schadensersatzansprüchen verzichtet hat. In einem solchen Fall ist der Auftraggeber zur **Anfechtung der Abnahme- und Verzichtserklärung** nach § 123 BGB berechtigt, weil diese nur unter Druck bzw. durch widerrechtliche Drohung zustande gekommen ist.[124] Dagegen ist das bloße Verlangen, vor Übergabe des Hauses/der Wohnung ein **Abnahmeprotokoll** zu erstellen, als solches nicht widerrechtlich, wenn der Auftraggeber dadurch ansonsten nicht in seinen Rechten beschnitten und nicht gehindert wird, Vorbehalte wegen Mängeln und Vertragsstrafenansprüchen sowie entsprechende **Aufrechnungs- und Zurückbehaltungsrechte** geltend zu machen.[125]

### III. Formen/Arten der Abnahme

Die Abnahme als solche bedarf grundsätzlich **keiner Form,** wenn nicht etwas anderes 48
vertraglich vereinbart ist (gewillkürte Schriftform nach § 127 BGB). Es gibt jedoch verschiedene Formen bzw. Arten der Abnahme, wobei zu unterscheiden ist zwischen solchen, die – als **gemeinsame** Abnahmeformen – beim BGB-Werkvertrag und beim VOB-Vertrag gelten, sowie anderen, die nur beim VOB-Vertrag in Betracht kommen.

Es gibt insgesamt drei Formen/Arten der Abnahme:
- ausdrückliche/förmliche Abnahme
- stillschweigende Abnahme
- fiktive Abnahme nach § 12 Nr. 5 VOB/B, §§ 640 Abs. 1 Satz 3, 641a BGB.

#### 1. Abnahmeformen, die beim BGB- und VOB-Vertrag gelten

Auch wenn § 640 BGB die Art und Weise, wie die Abnahme zu erfolgen hat, nicht näher 49
regelt, gelten die **Grundformen der Abnahme** sowohl für den BGB-Werkvertrag als auch beim VOB-Vertrag.

---

[123] H. M.; vgl. vorst. Fußnote.
[124] BGH NJW 1982, 2301 = BauR 1982, 503; *Heiermann/Riedl/Rusam* VOB/B § 12 Rdn. 5 e.
[125] BGH NJW 1983, 384 = BauR 1983, 77 = ZfBR 1983, 75; *Ingenstau/Korbion/Oppler* VOB/B § 12 Rdn. 21.

50 **a) Ausdrückliche/förmliche Abnahme.** Die Abnahme, wenn sie ausdrücklich erklärt wird, kann **mündlich oder schriftlich** erfolgen, z. B. dadurch, dass der Auftraggeber sein Einverständnis und seine Zufriedenheit mit der Bauleistung zum Ausdruck bringt und diese als „in Ordnung" bezeichnet.[126] Gleiches gilt, wenn der Auftraggeber dem Auftragnehmer nach Fertigstellung der Leistung erklärt, er sei „mit ihm zufrieden", er habe es „gut gemacht", er – der Auftraggeber – könne jetzt einziehen und die Leistung in Gebrauch oder Benutzung nehmen.[127] Die ausdrückliche Abnahme kann aber auch dadurch erfolgen, dass der Abnahmebefund in Bezug auf Mängel und Restarbeiten festgehalten und darüber ein **Abnahmeprotokoll** erstellt wird. Eine derartige schriftliche Fixierung/Protokollierung der Abnahme ist selbstverständlich auch beim BGB-Werkvertrag möglich.

51 Die VOB regelt dieses Verfahren wegen seiner Wichtigkeit besonders und nennt es **förmliche Abnahme.** Wegen weiterer Einzelheiten siehe dazu bei § 12 Nr. 4 VOB/B. Auch wenn das BGB ein derartiges Abnahmeverfahren nicht kennt, ist es dennoch **nicht auf die VOB beschränkt,** sondern grundsätzlich beim BGB-Vertrag in gleicher Weise entsprechend anwendbar, wenn dies vereinbart ist.

52 Das ist der Praxis sogar unbedingt zu empfehlen, denn nur dann lässt sich die Frage, ob, wann und welche **Mängel- und Vertragsstrafenvorbehalte** seitens des Auftraggebers bei der Abnahme erfolgt sind, in späteren Streitfällen mit ausreichender Klarheit beweisen. Insbesondere lässt sich nur so der **Zeitpunkt der Abnahme** eindeutig feststellen, was wiederum für Beginn und Ende der Gewährleistungsfristen von entscheidender Bedeutung ist.

53 Das Verlangen ausdrücklicher Protokollierung bzw. förmlicher Abnahme ist insbesondere für den **Architekten unerlässlich,** denn nur so kann er das Ergebnis seiner technischen Abnahme nachweisbar festhalten, seine Mängelfeststellungen dokumentieren und die erforderlichen Mängel- und Vertragsstrafenvorbehalte vorsehen/fixieren, um seiner Beratungspflicht entsprechend **sicherzustellen,** dass der Auftraggeber bei der von ihm sodann zu erklärenden rechtsgeschäftlichen Abnahme diese Vorbehalte nicht vergisst oder versehentlich unterlässt.

54 Außerdem muss der Architekt auf eine Protokollierung bzw. förmliche Abnahme auch deshalb hinwirken, weil er nach § 15 Nr. 8 HOAI verpflichtet ist, die **Gewährleistungsfristen der Unternehmer aufzulisten,** was ihm in der Regel zutreffend nur dann möglich ist, wenn er ein **genaues Abnahmedatum** hat, nach dem er unter Zugrundelegung der mit den Auftragnehmern vereinbarten oder sich aus § 634 a BGB bzw. § 13 Nr. 4 VOB/B ergebenden Regelfristen **Beginn und Ende** ihrer Gewährleistung bestimmen und festhalten kann.

55 **b) Stillschweigende Abnahme durch schlüssiges/konkludentes Verhalten.** Trotz ihrer unbestreitbaren, nicht zu leugnenden Vorteile ist eine schriftliche Abnahme und/oder Protokollierung bzw. förmliche Abnahme in der Baupraxis nicht die Regel und im Streitfall zumeist sogar die Ausnahme. Dann muss – in Ermanglung einer ausdrücklichen Abnahmeerklärung des Auftraggebers – an **Hilfstatsachen** angeknüpft und untersucht werden, ob nicht andere Umstände den Schluss auf eine Abnahme durch stillschweigende Billigung des Auftraggebers zulassen. Denn wie schon Rdn. 14 erwähnt, kann sich eine Abnahme schlüssig/konkludent auch aus dem **tatsächlichen Verhalten** des Auftraggebers ergeben. Die Abnahme als Willenserklärung des Auftraggebers (vgl. Rdn. 28) kann von diesem auch stillschweigend erklärt werden,[128] sofern die Umstände den Schluss zulassen, dass der Auftraggeber die Leistung billigen und als Vertragserfüllung annehmen will,[129] d. h. einen entsprechenden **Abnahmewillen** hat. Dies ist nach Ansicht des OLG Dresden[130] z. B. der Fall, wenn der sich Bauherr nach mehreren Besichtigungen der Bauleistung mit dem Unternehmer nur noch über die Höhe der noch zu erstellenden Schlussrechnung mit Zu- und Abschlägen einigt, auch wenn die in mehrseitigen Listen aufgeführten Mängel zu diesem Zeitpunkt noch nicht nachgebessert sind.

---

[126] Werner/Pastor Rdn. 1349.
[127] Ingenstau/Korbion/Oppler VOB/B § 12 Nr. 1 Rdn. 10.
[128] BGH NJW 1970, 421 = BauR 1970, 48; Heiermann/Riedl/Rusam VOB/B § 12 Rdn. 6 a.
[129] BGH NJW 1974, 95/96 = BauR 1974, 67; BGH NJW 1993, 1063.
[130] IBR 2003, 670 m. Anm. Moufang.

B. Die Abnahme als Erfüllungsannahme     **Vor § 12**

In Rechtsprechung und Schrifttum werden zahlreiche Fälle stillschweigender Abnahme **56** durch schlüssiges/konkludentes Verhalten des Auftraggebers genannt.[131] Im Wesentlichen lassen sich diese Fälle jedoch zusammenfassen und wie folgt ergänzen:

**aa) Schweigen des Auftraggebers.** Schon bloßes Schweigen des Auftraggebers kann **57** genügen, wenn ihm auf Grund der Umstände des Falles, insbesondere vorangegangener Geschehnisse ein entsprechender **Erklärungswert** beizumessen ist, der es rechtfertigt, eine stillschweigende Abnahme anzunehmen.

**(1) Abnahmeantrag des Auftragnehmers.** Wenn der Auftragnehmer die Abnahme **58** seiner Leistung beantragt, was nicht nur nach § 12 Nr. 1 VOB/B, sondern auch beim BGB-Werkvertrag erforderlich ist, damit der Auftraggeber tätig wird und seiner Abnahmepflicht genügt, kommt eine stillschweigende Abnahme in Betracht, sofern der Auftraggeber darauf **nicht in angemessener Frist reagiert.** Dazu, welche Prüfungsfrist dem Auftraggeber in diesen Fällen zuzubilligen ist, vgl. vorst. Rdn. 20/21. Die in § 12 Nr. 1 VOB/B genannte **Frist von 12 Werktagen** kann insoweit nicht verallgemeinert werden, sondern kommt nur in Betracht, wenn die VOB/B vereinbart ist.

**(2) „Vergessene" förmliche Abnahme.** Stillschweigende Abnahme durch bloße Un- **59** tätigkeit des Auftraggebers ist selbst dann möglich, wenn für die Abnahme im Vertrag eine bestimmte Form im Sinne von **Protokollierung oder förmlicher Abnahme** vorgesehen ist. Denn wenn der Auftraggeber dann auf einen entsprechenden Abnahmeantrag des Auftragnehmers nicht reagiert und die Abnahme nicht in der dafür vereinbarten Form durchführt, muss er sich nach Treu und Glauben ebenfalls an seinem **Schweigen** festhalten lassen. Der Auftraggeber verstößt deshalb gegen Treu und Glauben, wenn er sich auf fehlende förmliche Abnahme beruft, obwohl sich die Vertragsparteien zuvor **darüber einig** waren, dass das vom Auftragnehmer errichtete, vom Auftraggeber bezogene Haus im Wesentlichen vertragsgemäß errichtet worden war, und der Auftraggeber den vereinbarten Werklohn daraufhin **vorbehaltlos gezahlt** hat.[132] Der Bauherr, der die vom Unternehmer beantragte förmliche Abnahme **unbillig verzögert,** kann sich nach Treu und Glauben ebenfalls nicht auf die fehlende förmliche Abnahme berufen.[133]

In diesen Fällen „vergessener" förmlicher Abnahme liegt ein **stillschweigender Verzicht** **60** **auf die vereinbarte Förmlichkeit** vor,[134] der ebenfalls eine stillschweigende Abnahme durch schlüssiges/konkludentes Verhalten zur Folge hat.[135] Allerdings tritt die stillschweigende Abnahme in diesen Fällen nicht schon nach Ablauf der in § 12 Nr. 1 VOB/B genannten Frist von 12 Werktagen ein, weil dem Auftraggeber für die Einhaltung der vereinbarten Förmlichkeiten eine **längere Frist** zuzubilligen ist. Deshalb ist z. B. in § 12 Nr. 4 VOB/B für die Durchführung der förmlichen Abnahme auch keine entsprechende Frist enthalten. Ob die Frist in diesen Fällen mehrere Monate betragen muss[136] oder auch mehrere Wochen genügen können,[137] lässt sich nur von Fall zu Fall beantworten, wobei hinsichtlich der Annahme eines stillschweigenden Verzichts auf eine vereinbarte Protokollierung oder förmliche Abnahme naturgemäß **Zurückhaltung** geboten ist.[138] Im Übrigen ist hierzu auf das zu § 12 Nr. 4 VOB/B Gesagte zu verweisen.[139] Liegt ein einheitlicher Auftrag eines öffentlichen

---

[131] Vgl. die Auflistungen bei *Heiermann/Riedl/Rusam* VOB/B § 12 Rdn. 6a, 6b und *Werner/Pastor* Rdn. 1354.

[132] OLG Düsseldorf, BauR 1992, 678.

[133] BGH NJW 1990, 43 = BauR 1989, 727 = ZfBR 1989, 251; OLG Hamm, BauR 1993, 640 L; OLG Düsseldorf BauR 1997, 647.

[134] *Werner/Pastor* Rdn. 1351 m. N.; OLG Düsseldorf BauR 1997, 647.

[135] BGH BauR 1977, 344; BGHZ 72, 222 = NJW 1979, 212 = BauR 1979, 56 = ZfBR 1979, 15; BGH NJW 1990, 43 = BauR 1989, 727 = ZfBR 1989, 251; OLG Düsseldorf BauR 1997, 647.

[136] Wie im Falle BGH BauR 1977, 344: mehrmonatiges Schweigen auf die Schlussrechnung des Auftragnehmers und den darin liegenden Abnahmeantrag.

[137] So OLG Hamm NJW 1995, 1233 bei Einzug in ein Haus und dessen anschließender Nutzung.

[138] *Ingenstau/Korbion/Oppler* VOB/B § 12 Nr. 4 Rdn. 5; *Nicklisch/Weick* VOB/B § 12 Rdn. 67.

[139] Vgl. im Übrigen hierzu auch *Hochstein* BauR 1975, 221 ff.; *Brügmann* BauR 1979, 277 ff.; *Dähne* BauR 1980, 223 ff. sowie FS Heiermann S. 23 ff.

Auftraggebers vor, folgt ein stillschweigender Verzicht auf die vereinbarte förmliche Abnahme nicht schon aus der Tatsache, dass der öffentliche Auftraggeber eine Teilrechnung aus haushaltsrechtlichen Gründen bei der Bezahlung als Schlussrechnung bezeichnet.[140] In diesem Fall kommt es nicht zu einer Aufspaltung des Gesamtauftrages in zwei Aufträge mit der Folge einer konkludenten Abnahme der in der Teilrechnung berechneten Leistungen.[141] In der Anforderung der Schlussrechnung oder darin, dass die vereinbarte förmliche Abnahme über längere Zeit nicht verlangt wird, kann ein Verzicht auf die förmliche Abnahme durch schlüssige Handlung nur gesehen werden, wenn aus dem Verhalten auf einen Verzichtswillen geschlossen werden kann, wobei an die Feststellung dieses Verzichtswillens erhebliche Anforderungen zu stellen sind.[142] Das Anfordern der Schlussrechnung kann für sich ohne weitere Umstände noch nicht als ein solcher Verzicht ausgelegt werden, da die Schlussrechnung nach § 14 Nr. 3 VOB/B grundsätzlich nur die Fertigstellung der Arbeiten, nicht aber die Abnahme voraussetzt.[143] Nach OLG Düsseldorf[144] liegt ein stillschweigender Verzicht auf die vereinbarte förmliche Abnahme dann vor, wenn der Werkunternehmer die Schlussrechnung übersendet, ohne die förmliche Abnahme zu verlangen, der Auftraggeber die Hälfte der Vergütung zahlt, ohne auf die förmliche Abnahme einzugehen und dann beide Parteien mehrere Jahre nicht auf die förmliche Abnahme zurückkommen. Nach OLG Karlsruhe[145] liegt ein stillschweigender Verzicht auf die förmliche Abnahme vor, wenn der Unternehmer seine Schlussrechnung übersendet und der Auftraggeber erst nach neun Monaten in die Rechnungsprüfung eintritt, ohne auf die vereinbarte förmliche Abnahme einzugehen.

**61** **(3) Vorangegangene technische Abnahme durch Architekt oder Sachverständigen.** Eine stillschweigende Abnahme durch bloßes Schweigen des Auftraggebers kommt schließlich auch in Betracht, wenn zuvor auf entsprechenden Abnahmeantrag des Auftragnehmers der Architekt des Auftraggebers die ihm obliegende technische Abnahme durchgeführt oder ein „zwecks Abnahme" bestellter Sachverständiger die **Abnahmefähigkeit** der Leistung festgestellt hat und der Auftraggeber dieses Ergebnis unwidersprochen hinnimmt.[146] In einem solchen Fall muss der Auftraggeber, wenn er nicht an seinem Schweigen festgehalten werden will, sogar **unverzüglich widersprechen,** weil es hier auf Grund der bereits vorliegenden technischen Feststellungen des Architekten oder Sachverständigen keiner längeren Prüfungsfrist des Auftraggebers mehr bedarf. Ein erst mehr als 1 Monat später erklärter Vorbehalt von Mängel oder Vertragsstrafenansprüchen ist deshalb verspätet (vgl. vorst. Rdn. 39).[147]

**62** **bb) Inbenutzungnahme der Leistung.** Die Inbenutzungnahme der Leistung,[148] insbesondere durch Bezug des Hauses/der Wohnung,[149] stellt wohl den häufigsten Fall stillschweigender Abnahme dar (vgl. dazu auch schon Rdn. 14). Ob dafür bereits die Entgegennahme des **Hausschlüssels** durch den Erwerber genügt,[150] ist allerdings fraglich,[151] weil damit allein noch keine Nutzung verbunden ist, auf Grund derer von der Billigung der Leistung durch den Erwerber ausgegangen werden kann. Gleiches gilt bei bloßer **Benut-**

---

[140] OLG Celle NJW-RR 1999, 897.
[141] OLG Celle a. a. O.
[142] OLG Düsseldorf BauR 1999, 404 = NJW-RR 1999, 529.
[143] OLG Düsseldorf a. a. O.
[144] IBR 2003, 66 m. Anm. *Kimmich*.
[145] IBR 2003, 65 m. Anm. *Zanner*.
[146] BGH BauR 1992, 232 = ZfBR 1992, 65.
[147] BGH a. a. O.
[148] BGH NJW 1985, 731 = BauR 1985, 200 = ZfBR 1985, 71.
[149] BGH NJW 1975, 1701 = BauR 1975, 344; OLG Düsseldorf BauR 1993, 124 L; OLG Koblenz NJW-RR 1994, 786; OLG Hamm NJW-RR 1995, 1233; OLG Celle MDR 1998, 1476.
[150] So OLG Hamm NJW-RR 1993, 340 = BauR 1993, 374 L; in diesem Sinne wohl auch *Kapellmann/Messerschmidt/Havers* VOB/B § 12 Rdn. 16, Fn. 39, mit dem Argument, dass auf den Einzelfall abzustellen sei, da bei bestimmten Bauwerken auch schon der alleinige Besitz die Nutzung darstellen könne, wie z. B. bei einem Schutzraum oder einer Sicherungsanlage.
[151] Eher ablehnend wohl auch *Ingenstau/Korbion/Oppler* VOB/B § 12 Nr. 1 Rdn. 13.

## B. Die Abnahme als Erfüllungsannahme  Vor § 12

zung der Leistung zum Zwecke der Weiterarbeit,[152] aus der sich nicht schon ein Abnahmewille des Bestellers im Sinne einer Erfüllungsannahme ergeben muss. So liegt nach Ansicht des OLG Koblenz[153] keine stillschweigende Abnahme in Form der normalen Benutzung durch den Bauherrn vor, wenn ein Heizungsinstallateur im Winter eine Fußbodenheizung errichtet, diese in Betrieb nimmt und mit maximal 10° Celsius beheizt, um Estricharbeiten und den weiteren Innenausbau zu ermöglichen. Aus diesem Grunde bestimmt § 12 Nr. 5 Abs. 2 VOB/B gerade, dass bei „Benutzung von Teilen einer baulichen Anlage zur Weiterführung der Arbeiten" ein Abnahmewille des Auftraggebers **nicht fingiert** werden kann, weshalb dies nicht als fiktive Abnahme im Sinne der vorgenannten Vorschrift gilt. Demgegenüber kann nach Ansicht des OLG Düsseldorf[154] aber eine stillschweigende Abnahme trotz Mängelrügen im Abnahmetermin durch Fortführen anderer Gewerke und Nachbesserung der Leistung des Auftragnehmers sowie Inbenutzungnahme erfolgen, da die Mängelrügen auch als Mängelvorbehalt gemäß § 640 Abs. 2 BGB angesehen werden könnten und nicht als Abnahmeverweigerung.

Von einer stillschweigenden Abnahme ist bei Ingebrauchnahme der Leistung, wie dem Bezug eines Hauses oder einer Wohnung, auch **nicht sofort** ab Beginn der Nutzung bzw. „der Ersten überhaupt feststellbaren Nutzungshandlung" auszugehen,[155] sondern erst nach **angemessener Nutzungs- und Prüfungszeit** (vgl. vorst. Rdn. 20 ff.).[156] Außerdem ist es erforderlich, dass die Leistung im Wesentlichen vertragsgemäß fertiggestellt ist und **keine groben Mängel** aufweist, die nach Art und Schwere wesentliche Defizite für die Funktion des Hauses darstellen.[157] 63

Ist die Leistung dagegen noch nicht im Wesentlichen fertiggestellt oder liegen **schwerwiegende Mängel** vor, ist trotz Inbenutzungnahme nicht von einer stillschweigenden Abnahme auszugehen,[158] wenn keine besonderen Umstände dafür sprechen, dass der Auftraggeber gleichwohl abnehmen und sich auch insoweit lediglich mit Gewährleistungsansprüchen begnügen will. Das ist bei Durchführung einer **Ersatzvornahme** z. B. nicht der Fall.[159] Zusammenfassend lässt sich deshalb sagen, dass nach Ablauf einer dem Fall entsprechenden Prüfungsfrist bei einfachen/leichten Mängeln von stillschweigender Abnahme auszugehen ist, wenn keine Anhaltspunkte **dagegen** sprechen, während bei groben/schwerwiegenden Mängeln eine solche Annahme nur gerechtfertigt ist, wenn besondere Umstände **dafür** sprechen. 64

Das gilt auch bei einem **Einzug „unter dem Zwang der Verhältnisse"**, wenn die Inbenutzungnahme eines noch nicht mängelfrei fertiggestellten Hauses nur deshalb erfolgt, weil der Erwerber seine bisherige Wohnung räumen muss.[160] Wenn der Bezug aus diesen oder anderen Gründen **nur „unter Druck"** erfolgt,[161] ist ebenfalls nicht von einem Abnahmewillen des Auftraggebers auszugehen, wenn sich nicht aus dessen anschließendem Verhalten etwas anderes ergibt. 65

Auch in diesen Fällen ist aber zu berücksichtigen, dass bloße **Mängelrügen allein** und der Vorbehalt entsprechender Mängel- und/oder Schadensersatzansprüche eine – stillschweigende – Abnahme nicht hindern (vorst. Rdn. 22 ff.). Es kommt vielmehr auf das **Gewicht der Mängel** und darauf an, was der Auftraggeber daraus herleiten will. Deuten die Umstände und sein tatsächliches Verhalten darauf hin, dass er die Leistung wegen der Mängel **insgesamt nicht billigt,** kann eine stillschweigende Abnahme nicht angenommen 66

---

[152] Für stillschweigende Abnahme in diesem Fall aber *Werner/Pastor* Rdn. 1354 m. N.
[153] BauR 1997, 482.
[154] BauR 2001, 423.
[155] BGH NJW 1985, 731 = BauR 1985, 200 = ZfBR 1985, 71.
[156] BGH NJW-RR 1992, 1078 = ZfBR 1992, 264; OLG Hamm BauR 1992, 414 L sowie BauR 1993, 604 und NJW-RR 1995, 1233.
[157] OLG Hamm a. a. O.; ebenso *Ingenstau/Korbion/Oppler* VOB/B § 12 Nr. 1 Rdn. 15.
[158] BGH BauR 1995, 91 = ZfBR 1995, 33.
[159] BGH NJW 1994, 942 = BauR 1994, 242 = ZfBR 1994, 81.
[160] BGH NJW 1975, 1701 = BauR 1975, 344; *Ingenstau/Korbion/Oppler* VOB/B § 12 Nr. 1 Rdn. 15; *Werner/Pastor* Rdn. 1356.
[161] *Werner/Pastor* a. a. O.

werden. Macht der Auftraggeber dagegen lediglich **Zurückbehaltungsrechte und Minderungsansprüche** geltend, die erkennen lassen, dass er sich mit entsprechenden **Gewährleistungsansprüchen** begnügen will, kann trotz der Mängel eine stillschweigende Abnahme vorliegen.[162] Gleiches gilt, wenn der Auftraggeber bei der Schlussabrechnung mit dem Auftragnehmer von dessen Restforderung einen bestimmten **Betrag für Mängel einbehält,** weil er dadurch zu erkennen gibt, dass er daraus sonst nichts herleiten, sondern die Angelegenheit insgesamt mit einem entsprechenden **Mängelabzug** endgültig als erledigt ansehen will.[163] Eine konkludente Abnahme durch den Einzug in ein Bauwerk oder dessen Nutzung liegt auch dann nicht vor, wenn der Auftraggeber vor dem Einzug oder vor der Nutzung die Abnahme zu Recht auf Grund von Mängeln verweigert hat, die zum Zeitpunkt des Einzugs oder der Nutzung nicht beseitigt worden sind. Der Auftraggeber muss dann beim Einzug oder mit Beginn der Nutzung die Abnahmeverweigerung nicht wiederholen.[164] Ebenso liegt keine stillschweigende Abnahme durch Bezug eines Hauses vor, wenn ein vom Bauherrn beauftragter Sachverständiger im Abnahmetermin einen „Besichtigungs- und Mängelbericht" erstellt und sich der Bauherr weigert, das vom Bauträger vorgelegte Formular „Abnahmeprotokoll" zu unterschreiben.[165]

67    cc) **Zahlung der vereinbarten Vergütung.** Die Zahlung des restlichen Werklohns stellt, wie schon in Rdn. 14 erwähnt, ebenfalls eine stillschweigende Abnahme dar.[166] Gleiches gilt für die Freigabe einer bis zur Fertigstellung vereinbarten **Sicherheit,**[167] z. B. einer Vertragserfüllungsbürgschaft. Denn darin kann ihrer objektiven Bedeutung nach nur dann keine Billigung und Erfüllungsannahme im Sinne einer stillschweigenden Abnahme gesehen werden, wenn besondere Umstände dies ausschließen.[168] Ebenso kann die freiwillige Eintragung einer Sicherungshypothek für eine stillschweigende Abnahme sprechen.[169]

68    Ob das nur dann der Fall ist, wenn die Zahlung oder Freigabe einer Sicherheit **vorbehaltlos** erfolgt,[170] lässt sich nicht allgemein sagen, sondern hängt davon ab, ob etwaige Abzüge und/oder Mängelvorbehalte nach ihrem objektiven Erklärungswert darauf schließen lassen, dass der Auftraggeber die Leistung insgesamt nicht billigen und abnehmen, sondern die **Abnahme verweigern** will. Denn grundsätzlich gilt auch hier, dass das Vorliegen und die **Rüge von Mängeln** eine stillschweigende Abnahme durch schlüssiges/konkludentes Verhalten des Auftraggebers, wie die Auszahlung des restlichen Werklohns, **nicht ausschließen** (vgl. vorst. Rdn. 22/23). Das gilt allerdings nur, wenn nicht das Gewicht der Mängel dagegen spricht, es sich also nicht um so **schwerwiegende** Mängel handelt, dass sich die Annahme verbietet, der Auftraggeber wolle gleichwohl abnehmen und sich wegen der Mängel mit **Gewährleistungs-/Mängelansprüchen** begnügen.[171]

69    c) **Fiktive Abnahme gemäß §§ 640 Abs. 1 Satz 3, 641a BGB.** Vor der Änderung des BGB durch das **Gesetz zur Beschleunigung fälliger Zahlungen** zum 1. Mai 2000 war die fiktive Abnahme eine Besonderheit der VOB/B und kam nur für den VOB-Bauvertrag in Betracht.[172] Inzwischen wurden in das BGB zwei weitere Arten der fiktiven Abnah-

---

[162] OLG Düsseldorf, BauR 1993, 124 L.
[163] Vgl. in diesem Sinne den Fall OLG Koblenz, NJW-RR 1994, 786.
[164] BGH BauR 1999, 1186 = NJW-RR 1999, 1246 = ZfBR 1999, 327.
[165] OLG Celle IBR *Metzger* 2001, 170.
[166] BGH NJW 1970, 421 = BauR 1970, 48; BGHZ 72, 257 = NJW 1979, 214 = BauR 1979, 76 = ZfBR 1979, 29; BGH NJW-RR 1991, 1367 = BauR 1991, 741 = ZfBR 1991, 259.
[167] *Kapellmann/Messerschmidt/Havers* VOB/B § 12 Rdn. 19 Fn. 63, 64; *Ingenstau/Korbion/Oppler* VOB/B § 12 Nr. 1 Rdn. 12, der sich dafür zu Unrecht allerdings auf BGH NJW 1963, 806 beruft, denn dort ging es nicht darum, wann eine stillschweigende Abnahme vorliegt, sondern um die Frage, ob neben dem Minderungsanspruch wegen Mängeln auch ein Bereicherungsanspruch in Betracht kommt.
[168] OLG Köln BauR 1992, 514.
[169] *Kapellmann/Messerschmidt/Havers* VOB/B § 12 Rdn. 19 Fn. 64; *Heiermann/Riedl/Rusam* VOB/B § 12 Rdn. 6 b.
[170] *Ingenstau/Korbion/Oppler* VOB/B § 12 Nr. 1 Rdn. 12; *Heiermann/Riedl/Rusam* VOB/B § 12 Rdn. 6 b; *Werner/Pastor* Rdn. 1354.
[171] BGHZ 54, 352 = NJW 1971, 99 = BauR 1971, 55.
[172] *Ingenstau/Korbion/Oppler* VOB/B § 12 Rdn. 23.

B. Die Abnahme als Erfüllungsannahme

me aufgenommen, nämlich die Abnahmefiktion nach Fristsetzung gemäß § 640 Abs. 1 Satz 3 BGB und die Abnahmefiktion durch Fertigstellungsbescheinigung nach § 641a BGB.[173] Diese Abnahmefiktionen gelten auch beim VOB-Vertrag.[174] § 640 Abs. 1 Satz 3 BGB ist auch auf § 12 VOB/B anwendbar, d. h. sowohl im BGB- als auch im VOB-Bauvertrag kann die Wirkung der Abnahme herbeigeführt werden, wenn dem Auftraggeber eine Frist gesetzt wird, das abnahmefähige Werk abzunehmen.[175]

**aa) Abnahmefiktion nach Fristsetzung, § 640 Abs. 1 Satz 3 BGB.** Nach § 640 Abs. 1 Satz 3 BGB steht es der Abnahme gleich, wenn der Besteller das Werk nicht innerhalb einer ihm vom Unternehmer bestimmten **angemessenen Frist** abnimmt, obwohl er dazu verpflichtet ist. Die Pflicht des Auftraggebers zur Abnahme i. S. d. § 640 Abs. 1 Satz 3 BGB besteht nur, wenn das Werk **vertragsgemäß hergestellt** wurde und keine wesentlichen Mängel aufweist.[176] Das Vorliegen unwesentlicher Mängel hindert die Abnahmefiktion nicht, da die Abnahmeverpflichtung des Auftraggebers bei nur unwesentlichen Mängeln bestehen bleibt. Die Neuregelung dient auch der Rechtsklarheit, insbesondere im Hinblick auf die Darlegungslast im Prozess.[177] Der Unternehmer muss nur noch vortragen, das Werk sei abgenommen oder die gesetzte Abnahmefrist für das mangelfrei fertig gestellte Werk sei abgelaufen.[178]

Sofern der Unternehmer nach § 640 Abs. 1 Satz 3 BGB vorgeht, bedeutet dies jedoch nicht, dass er darauf verzichten sollte, die tatsächliche Abnahme seiner Werkleistung weiter zu verfolgen oder den Auftragnehmer zumindest zu mahnen, da die Abnahmegleichstellung nur eintritt, wenn der Auftragnehmer zur **Abnahme verpflichtet** war.[179] Das ist jedoch nur dann der Fall, wenn das Werk zum Zeitpunkt der Abnahme bzw. zum Zeitpunkt der Abnahmefiktion nicht mit einem **wesentlichen Mangel** behaftet war, unabhängig davon, ob der Mangel erkennbar war oder nicht.[180] Denn objektiv ist bei Vorliegen eines wesentlichen Mangels die Beschaffenheit des Werkes so, dass die **Abnahme ausgeschlossen** ist. Zeigt sich erst Jahre später ein wesentlicher Mangel des Werkes, der schon zum Zeitpunkt des Fristablaufs gemäß § 640 Abs. 1 Satz 3 BGB vorhanden war, konnte die Abnahmefiktion nicht eintreten, so dass auch die Verjährungsfrist des § 634a Abs. 1 Nr. 2 BGB nicht in Gang gesetzt wurde.

Der Auftragnehmer muss den Auftraggeber **zur Abnahme auffordern** und eine angemessene Frist zur Abnahme setzen, wobei die Frist **auch beim VOB-Vertrag** ausdrücklich gesetzt werden muss, da die Fristsetzung dem Auftraggeber als Warnung dienen soll und deshalb nicht durch die in § 12 Nr. 1 VOB/B genannte Regelfrist von 12 Werktagen automatisch ersetzt werden kann.[181] Denkbar ist es deshalb, dass der Auftragnehmer sein **Abnahmeverlangen nach § 12 Abs. 1 bzw. 4 VOB/B mit der Setzung einer angemessenen Frist** verbindet, nach deren fruchtlosem Ablauf die Abnahmefiktion des § 640 Abs. 1 Satz 3 BGB eintritt, sofern der Auftraggeber wegen der Beschaffenheit des Werkes zur Abnahme verpflichtet war. Die Angemessenheit der Frist hängt von den Umständen des Einzelfalles ab und ist nicht mit der Frist des § 12 Nr. 1 VOB/B von **zwölf Werktagen** gleichzusetzen, wenngleich diese in der Regel aber einen **brauchbaren Anhaltspunkt** für die Angemessenheit der Fristsetzung bieten wird.[182] Fordert der Auftragnehmer den Auftraggeber zur Abnahme unter Fristsetzung auf, ist die Anwendung der **fiktiven Abnahme**

---

[173] *Ingenstau/Korbion/Oppler* a. a. O.
[174] Herrschende Meinung, vgl. z. B. *Heiermann/Riedl/Rusam* VOB/B § 12 Rdn. 46/47; *Leinemann/Sterner* VOB/B § 12 Rdn. 61; *Kapellmann/Messerschmidt/Havers* VOB/B § 12 Rdn. 6 und 22; a. A. *Kiesel* NJW 2000, 1673.
[175] *Leinemann/Sterner* VOB/B § 12 Rdn. 61.
[176] *Ingenstau/Korbion/Oppler* VOB/B § 12 Rdn. 28.
[177] *Ingenstau/Korbion/Oppler* VOB/B § 12 Rdn. 26; vgl. auch *Heiermann/Riedl/Rusam* VOB/B § 12 Rdn. 46.
[178] *Ingenstau/Korbion/Oppler* VOB/B § 12 Rdn. 26.
[179] *Ingenstau/Korbion/Oppler* a. a. O.
[180] *Ingenstau/Korbion/Oppler* Rdn. 28.
[181] *Ingenstau/Korbion/Oppler* VOB/B § 12 Rdn. 27.
[182] *Ingenstau/Korbion/Oppler* VOB/B § 12 Rdn. 27; *Heiermann/Riedl/Rusam* VOB/B § 12 Rdn. 46.

nach § 12 Nr. 5 VOB/B nicht mehr möglich, weil beide dortigen Alternativen zur Voraussetzung haben, dass die Abnahme nicht verlangt wurde.[183]

73   Mit **fruchtlosem Fristablauf** treten grundsätzlich **sämtliche Abnahmewirkungen** ein. Eine Ausnahme ergibt sich lediglich aus § 640 Abs. 2 BGB, wonach der Auftraggeber Gewährleistungsansprüche wegen **bekannter** Mängeln nur dann verliert, wenn er sie sich bei der **willentlich erklärten Abnahme** nach § 640 Abs. 1 Satz 1 BGB nicht vorbehält. Bei der fiktiven Abnahme nach § 640 Abs. 1 Satz 3 BGB bleiben die Gewährleistungsansprüche – im Gegensatz zu der Regelung in § 12 Nr. 5 Abs. 3 VOB/B – daher erhalten, auch wenn sie nicht vorbehalten werden.[184] Vertragsstrafenansprüche dagegen müssen auch bei der fiktiven Abnahme nach § 640 Abs. 1 Satz 3 BGB vorbehalten werden.[185]

74   **bb) Fertigstellungsbescheinigung gemäß § 641 a BGB.** Mit der gutachterlichen Fertigstellungsbescheinigung nach § 641 a BGB soll eine **Urkunde im prozessualen Sinn** geschaffen werden, bei deren Vorliegen die Vergütung des Unternehmers fällig wird.[186] Zusammen mit dem schriftlichen Werkvertrag soll die Fertigstellungsbescheinigung den Weg in den Urkundenprozess und damit zu einem **ohne Sicherheitsleistung vorläufig vollstreckbaren Titel** eröffnen.[187]

75   Nach § 641 a BGB **steht es der Abnahme gleich,** wenn dem Unternehmer von einem Gutachter eine Bescheinigung darüber erteilt wird, dass das Werk bzw. bei Teilabnahme der entsprechende Teil des Werkes **hergestellt** und **frei von Mängeln** ist, die der Besteller gegenüber dem Gutachter **behauptet** hat oder die für den Gutachter **bei der Besichtigung feststellbar** sind. Das gilt nicht, wenn das Verfahren des § 641 a Abs. 2–4 BGB nicht eingehalten wird oder wenn die Voraussetzungen des § 640 Abs. 1 Satz 1, 2 BGB nicht vorliegen, d. h. wenn der Auftraggeber wegen der Beschaffenheit des Werkes zur Abnahme nicht verpflichtet ist. Das Vorliegen dieser Voraussetzungen hat der Auftraggeber zu beweisen.

76   Ob das Werk frei von den Mängeln ist, die der Auftraggeber behauptet, hat der Gutachter nach dem **schriftlichen Vertrag,** den ihm der Unternehmer vorzulegen hat, zu beurteilen. **Änderungen** des Vertrages hat der Gutachter dabei nur zu berücksichtigen, wenn sie schriftlich vereinbart oder von den Parteien **übereinstimmend** gegenüber dem Gutachter vorgebracht werden. Wenn der Vertrag entsprechende Angaben nicht enthält, sind die allgemein **anerkannten Regeln der Technik** zu Grunde zu legen. § 641 a BGB findet deshalb keine Anwendung, wenn der Vertrag nur mündlich abgeschlossen worden ist. In der Praxis häufig erfolgende mündliche Vertragsänderungen – wie z. B. **mündliche Anordnungen** des Auftraggebers auf der Baustelle oder **mündlich beauftragte Nachträge** – können bei der Begutachtung nur dann berücksichtigt werden, wenn Auftraggeber und Auftragnehmer sich über deren Inhalt einig sind, was häufig nicht der Fall sein wird. Der Gutachter muss dann die Leistung des Unternehmers **allein nach dem ursprünglichen Vertrag** beurteilen. Die auf Grund dessen ausgestellte Fertigstellungsbescheinigung ist dann ggf. völlig wertlos, weil sich die Sach- und Rechtslage in einem späteren Prozess ganz anders darstellt.

77   Nach der Intention des Gesetzgebers soll der Gutachter auch darüber entscheiden, ob das Werk vertragsgerecht hergestellt ist, d. h. auch darüber, ob das Werk unvollständig ist oder sonstige relevante Abweichungen von der vertraglich vereinbarten Schuld bestehen. *Ingenstau/Korbion/Oppler*[188] weist zu Recht darauf hin, dass die Ermittlung der vertraglichen Leistungspflicht eine Frage **juristischer Vertragsauslegung** ist, die den Gutachter in der Praxis überfordert. Zudem kann das vertraglich vereinbarte Bausoll auch durch nachträgliche Anordnungen nach § 1 Nr. 3 VOB/B oder andere einvernehmliche Leistungsänderungsver-

---

[183] *Ingenstau/Korbion/Oppler* a. a. O.
[184] *Ingenstau/Korbion/Oppler* VOB/B § 12 Rdn. 29 *Heiermann/Riedl/Rusam* VOB/B § 12 Rdn. 46.
[185] *Ingenstau/Korbion/Oppler* VOB/B § 12 Rdn. 29.
[186] *Ingenstau/Korbion/Oppler* VOB/B § 12 Rdn. 30.
[187] *Ingenstau/Korbion/Oppler* a. a. O.; *Heiermann/Riedl/Rusam* VOB/B § 12 Rdn. 47.
[188] A. a. O. mit weiteren Nachweisen.

B. Die Abnahme als Erfüllungsannahme

Vor § 12

einbarungen abgeändert worden sein, ohne dass dies aus der Vertragsurkunde ersichtlich sein muss.[189]

Unter der **Herstellung** des Werks i. S. d. § 641a Abs. 1 Satz 1 Nr. 1 BGB ist die **Fertigstellung der vertraglichen Leistung** zu verstehen, wobei allenfalls unbedeutende Restarbeiten fehlen dürfen.[190] Da es jedoch nicht Aufgabe des Gutachters sein kann, zu beurteilen, welche Restarbeiten bedeutend sind oder nicht, ist in der Regel die vollständig vertragsgerechte Fertigstellung erforderlich.[191] **78**

Die Freiheit des Werkes von – auch unwesentlichen – Mängeln hat der Gutachter anhand einer Sichtprüfung festzustellen. Er hat dazu mindestens einen Besichtigungstermin durchzuführen. Die Untersuchung des Gutachters hat sich dabei auf die **vom Auftraggeber behaupteten** Mängel und auf **Mangelerscheinungen** zu beschränken, die er bei der Besichtigung durch Augenschein erkennen kann oder erkennen muss. Ergibt sich **daraus** die Notwendigkeit weitergehender Untersuchungen, hat der Gutachter diese durchzuführen, jedoch darf er durch derartige **weitergehenden Untersuchungen** das Werk nicht auf das mögliche Vorliegen weiterer Mängel prüfen. Damit würde er das Verfahren nach § 641a BGB verletzen mit der Folge, dass keine Abnahmewirkung eintreten kann.[192] Zeigen sich bei der Sichtprüfung Anzeichen für vom Besteller behauptete Mängel, hat der Gutachter diesen nachzugehen. Sind allerdings **mehrere Unternehmer** am Bauvorhaben tätig gewesen, so hat der Gutachter nur hinsichtlich der Mängel eine Überprüfung vorzunehmen, die aus dem **Leistungsbereich** des Unternehmers stammen, für den er die Fertigstellungsbescheinigung ausstellen soll.[193] Der Untersuchung durch den Gutachter unterliegen nur Mängel der Unternehmerleistung, die bis zum Abschluss des letzten Besichtigungstermins vom Auftraggeber geltend gemacht werden, spätere Mängelrügen bleiben unberücksichtigt. **79**

Der Auftraggeber ist verpflichtet, die **Untersuchung** der Unternehmerleistung **zu gestatten**. Verweigert er diese, wird nach § 641a Abs. 4 BGB vermutet, dass das Werk vertragsgemäß hergestellt ist und die Bescheinigung ist zu erteilen. Diese Regelung lässt völlig außer Acht, dass der Auftraggeber nur dann Einfluss auf die Gestattung der Untersuchung hat, wenn er auch der **Bauwerkseigentümer** ist. Der Subunternehmer erhält möglicherweise eine Fertigstellungsbescheinigung, weil der Auftraggeber des Generalunternehmers die Untersuchung untersagt hat und dieser sie deshalb nicht gestatten kann. Da die Fertigstellungsbescheinigung in einem späteren Prozess durch ein gerichtliches Gutachten widerlegt werden kann, ist dem Subunternehmer damit nicht gedient. **80**

Die Bestätigung des **Aufmaßes** oder von **Stundenlohnabrechnungen** ist keine Voraussetzung für die Erteilung der Fertigstellungsbescheinigung.[194] Bestätigt der Gutachter jedoch die vom Auftragnehmer seiner Rechnung zugrunde gelegten Stundenlohnabrechnungen oder das Aufmaß, besteht nach § 641a Abs. 1 Satz 4 BGB eine Vermutung, dass diese zutreffen. **81**

Die Erteilung der Fertigstellungsbescheinigung steht der Abnahme gleich und hat den Eintritt aller **Abnahmewirkungen** zur Folge, mit Ausnahme des Verlustes nicht vorbehaltener Mängelansprüche gem. § 640 Abs. 2 BGB (vgl. § 641a Abs. 1 Satz 1, 3 BGB). Der Auftraggeber verliert also nicht seine **Gewährleistungsansprüche** hinsichtlich bekannter Mängel, die er sich bis zur Erteilung der Fertigstellungsbescheinigung nicht vorbehalten hat.[195] **Vertragsstrafenansprüche** hingegen muss sich der Auftraggeber **bis zur Erteilung der Fertigstellungsbescheinigung** vorbehalten, wenn er sie nicht verlieren will, da § 641a Abs. 1 Satz 3 BGB den unterlassenen Vorbehalt auf bekannte Mängel nach § 640 **82**

---

[189] So auch *Ingenstau/Korbion/Oppler* VOB/B § 12 Rdn. 34.
[190] So auch *Heiermann/Riedl/Rusam* VOB/B § 12 Rdn. 47 und *Ingenstau/Korbion/Oppler* VOB/B § 12 Rdn. 35.
[191] So auch *Ingenstau/Korbion/Oppler* VOB/B § 12 Rdn. 35; abweichend *Leinemann/Sterner* VOB/B § 12 Rdn. 117, wonach schon der Wortlaut der Vorschrift die völlige Mangelfreiheit erfordere, was im Widerspruch zu § 640 Abs. 1 BGB stehe.
[192] Ebenso *Motzke* NZBau 2000, 489, 496.
[193] *Motzke* a. a. O.
[194] *Ingenstau/Korbion/Oppler* VOB/B § 12 Rdn. 37.
[195] *Ingenstau/Korbion/Oppler* VOB/B § 12 Rdn. 38; *Heiermann/Riedl/Rusam* VOB/B § 12 Rdn. 47.

**Vor § 12**                            Vorbemerkung § 12 Abnahme

Abs. 2 BGB beschränkt und nicht auf § 341 Abs. 3 BGB verweist.[196] In Bezug auf Fristen, Zinsen und den Gefahrübergang tritt die Abnahmewirkung erst mit **Zugang** der Bescheinigung beim Auftraggeber ein.

83    Gutachter kann sein ein **öffentlich bestellter und vereidigter Sachverständiger,** der auf Antrag des Unternehmers durch eine Industrie- und Handelskammer, eine Handwerkskammer, eine Architektenkammer oder eine Ingenieurkammer bestimmt wird oder ein Sachverständiger, auf den sich Unternehmer und Besteller **gemeinsam geeinigt** haben. Dieser braucht nicht öffentlich bestellt und vereidigt zu sein. Die Beauftragung des Gutachters erfolgt durch den Unternehmer, der auch die **Kosten** der Begutachtung zu tragen hat. Hat der Auftragnehmer zuvor die Abnahme zu Unrecht verweigert und befindet er sich insoweit in Schuldnerverzug, kommt ein **Kostenerstattungsanspruch** des Unternehmers nach §§ 280, 286 BGB in Betracht.[197]

### 2. Fiktive Abnahme, die nur beim VOB-Vertrag gilt

84    Die VOB/B sieht für zwei typische Fälle, in denen bei Vorliegen eines entsprechenden Abnahmewillens seitens des Auftraggebers auch eine stillschweigende Abnahme möglich ist, die Abnahme nach Ablauf einer bestimmten Frist **unabhängig vom Willen des Auftraggebers** als erfolgt vor und fingiert diese.[198] Im Einzelnen kann insoweit auf das zu § 12 Nr. 5 Gesagte verwiesen und hier nur Folgendes gesagt werden:

85    **a) Schriftliche Mitteilung über die Fertigstellung der Leistung (§ 12 Nr. 5 Abs. 1 VOB/B).** Die Fertigstellungsmeldung, die auch durch Übersendung der Schlussrechnung des Auftragnehmers erfolgen kann, steht nach § 12 Nr. 5 Abs. 1 VOB/B einem Abnahmeantrag des Auftragnehmers gleich. Verlangt dieser nach Fertigstellung die Abnahme, hat sie der Auftraggeber nach § 12 Nr. 1 VOB/B binnen **12 Werktagen** durchzuführen. Fehlt es an einem solchen Abnahmeverlangen des Auftragnehmers und wird auch von keiner Partei eine förmliche Abnahme nach § 12 Nr. 4 VOB/B verlangt, behandelt § 12 Nr. 5 Abs. 1 VOB/B die Fertigstellungsanzeige des Auftragnehmers wie einen Abnahmeantrag und bestimmt im Sinne einer **Fiktion,** dass mit Ablauf derselben Frist von 12 Werktagen nach Fertigstellungsmeldung die Leistung unabhängig vom Willen des Auftraggebers als **abgenommen gilt.**

86    Allerdings ist dabei zu beachten, dass eine fiktive Abnahme nicht schon dadurch ausgelöst wird, dass die Fertigstellungsanzeige oder Schlussrechnung dem **Architekten** zugeht, weil dieser keine Vollmacht zur rechtsgeschäftlichen Abnahme hat. Ihr Eintritt kann in diesem Fall deshalb auch nicht auf dem Umweg über die Fiktionswirkung des § 12 Nr. 5 Abs. 1 VOB/B herbeigeführt werden, sondern nur dadurch, dass die Fertigstellungsmeldung/Schlussrechnung vom Auftragnehmer unmittelbar oder über den Architekten dem **Auftraggeber selbst** zugesandt wird (vgl. vorst. Rdn. 36).

87    **b) Inbenutzungnahme der Leistung (§ 12 Nr. 5 Abs. 2 VOB/B).** Dies ist derselbe Vorgang, der bei entsprechendem Abnahmewillen des Auftraggebers nach dem in Rdn. 55 ff. Gesagten zur stillschweigenden Abnahme führt. § 12 Nr. 5 Abs. 2 VOB/B bestimmt insoweit ergänzend, dass beim VOB-Vertrag die Abnahme im Falle der Inbenutzungnahme der Leistung **6 Werktage nach Beginn der Benutzung** als erfolgt gilt, also fingiert wird, falls vom Auftragnehmer kein Abnahmeverlangen vorliegt.

88    Diese Frist, innerhalb deren nach § 12 Nr. 5 Abs. 3 VOB/B auch Vorbehalte wegen bekannter Mängel oder Vertragsstrafen erfolgen müssen, ist damit wesentlich **kürzer als die übliche Prüfungsfrist,** die dem Auftraggeber bei stillschweigender Abnahme zuzubilligen ist. Außerdem tritt die fiktive Abnahme durch Inbenutzungnahme nach § 12 Nr. 5 Abs. 2

---

[196] *Kniffka* ZfBR 2000, 227 233.
[197] Vgl. *Ingenstau/Korbion/Oppler* VOB/B § 12 Rdn. 41.
[198] BGH NJW 1975, 1701 = BauR 1975, 344; *Ingenstau/Korbion/Oppler* VOB/B § 12 Rdn. 22; VOB/B § 12 Nr. 5 Rdn. 1, 2.

B. Die Abnahme als Erfüllungsannahme  **Vor § 12**

VOB/B ebenfalls **unabhängig vom Willen des Auftraggebers** ein, d. h. selbst dann, wenn dieser nachweislich keinen Abnahmewillen hatte, sondern nur „**unter dem Druck der Verhältnisse**" eingezogen ist, weil er seine bisherige Wohnung räumen musste. Denn ein fehlender oder gegenteiliger Wille des Auftraggebers schließt zwar eine stillschweigende Abnahme durch Inbenutzungnahme aus, nicht aber die fiktive Abnahme nach § 12 Nr. 5 Abs. 2 VOB/B. Diese kann in solchen Fällen nur dadurch verhindert werden, dass der Auftraggeber seinen gegenteiligen Willen ausdrücklich und nachweisbar kundtut, z. B. indem er die **Abnahme verweigert.**

### IV. Voraussetzungen der Abnahme

Erste Voraussetzung dafür, dass eine Werkleistung überhaupt abgenommen werden kann, 89 ist naturgemäß, dass sie noch **zur Zeit der Abnahme vorhanden** und nicht schon vorher untergegangen ist.[199] Denn da die Abnahme die Annahme/Entgegennahme der Leistung als Erfüllung bedeutet, ist bei vorzeitigem Untergang keine Abnahme möglich.[200] In diesem Fall richten sich die Folgen nach §§ 644, 645 BGB bzw. § 7 VOB/B.[201] Geht also die Leistung vor der Abnahme unter und hat ein Verhalten des Auftraggebers die Gefährdung der Leistung, die zum Untergang geführt hat, objektiv zurechenbar herbeigeführt, kann der Auftragnehmer einen der geleisteten Arbeit entsprechenden Teil der Vergütung verlangen.[202]

Umgekehrt ergibt sich daraus, dass die Abnahme die Annahme/Entgegennahme der 90 Leistung als Erfüllung ist, dass die Leistung als solche grundsätzlich **fertiggestellt und vollendet** sein muss.[203]

### 1. Fertigstellung der Leistung „im Wesentlichen" = der Hauptsache nach vertragsgemäß

Auch wenn die Leistung, um **abnahmefähig** zu sein, grundsätzlich fertiggestellt sein 91 muss, steht der Abnahme nicht entgegen, dass noch **unwesentliche Restleistungen** fehlen, die für die Entscheidung des Auftraggebers, ob er die Leistung als Erfüllung annehmen und billigen will, unbedeutend und nicht wichtig sind.[204] Es ist also nicht erforderlich, dass die Leistung völlig und bis ins letzte hundertprozentig fertiggestellt ist.[205] Es genügt, dass die Leistung **bis auf geringfügige Kleinigkeiten** insgesamt fertiggestellt ist.

Das ergibt sich zum einen schon aus dem Begriff der Abnahme selbst, denn diese bedeutet 92 als Erfüllungsannahme lediglich, dass der Auftraggeber die Leistung als „**im Wesentlichen**", d. h. der Hauptsache nach vertragsgemäß entgegennimmt. Unwesentliche, nicht ins Gewicht fallende Restleistungen ändern deshalb nichts daran, dass die Voraussetzungen für die Abnahme gegeben sind und der Auftraggeber zu dieser verpflichtet ist. Dem entspricht es, dass der Auftraggeber sowohl beim BGB- als auch beim VOB/B-Vertrag die Abnahme auch nur **bei wesentlichen Mängeln verweigern** darf.

Wenn die vorgenannten Voraussetzungen vorliegen, ist der Auftraggeber zur Abnahme 93 verpflichtet. Ob er dem entgegenhalten kann, dass er die Leistung erst **prüfen und beurteilen** „könne, wenn weitere Arbeiten ausgeführt sind, die darauf aufbauen", ist fraglich und eher zu verneinen. Ingenstau/Korbion/Oppler[206] bringt dafür das Beispiel eines auf die bloße **Stahlarmierung** beschränkten Auftrags, auf den anschließend die Betonierungsarbeiten

---

[199] Ingenstau/Korbion/Oplpler VOB/B § 12 Rdn. 47.
[200] Ingenstau/Korbion/Oppler a. a. O.
[201] Vgl. aber auch BGH NJW 1963, 1824.
[202] BGH BauR 1997, 1019 = NJW 1997, 3018; BGH BauR 1997, 1021 = NJW 1998, 456 = ZfBR 1998, 33; Ingenstau/Korbion/Oppler VOB/B § 12 Rdn. 47; Kapellmann/Messerschmidt/Havers VOB/B § 12 Rdn. 34.
[203] BGH NJW 1964, 647; BGH NJW 1968, 1524.
[204] Ingenstau/Korbion/Oppler VOB/B § 12 Rdn. 48; Leinemann/Sterner VOB/B § 12 Rdn. 8; Heiermann/Riedl/Rusam VOB/B § 12 Rdn. 7 a.
[205] Das gilt entgegen Nicklisch/Weick VOB/B § 12 Rdn. 10 auch beim BGB-Werkvertrag.
[206] VOB/B § 12 Rdn. 48.

folgen. Jedoch wird man, wenn es sich um getrennte Auftragnehmer handelt, gerade dann nicht sagen können, dass die Stahlarmierung erst mit Beendigung der Betonierungsarbeiten **fertiggestellt** ist. Denn grundsätzlich hat jeder Auftragnehmer Anspruch auf Abnahme, wenn er seine eigene Leistung im Wesentlichen vertragsgemäß fertiggestellt hat, und zwar **unabhängig von nachfolgenden Arbeiten.** Zum anderen ist anerkannt, dass die Abnahme keine Prüfung und auch keine Prüfungsmöglichkeit in Bezug auf Mängel voraussetzt (vgl. vorst. Rdn. 16 ff.). Denn die Abnahme braucht nicht mit einer Prüfung verbunden zu sein, sie erfordert keine Prüfung des Werkes auf Mängel und auch **keine sofortige Prüfungsmöglichkeit.**[207] Im Übrigen ist es gerade bei Armierungs- oder Bewehrungsarbeiten eher so, dass sie überhaupt nur überprüft werden können, solange die anschließenden Betonierungsarbeiten noch nicht erfolgt sind, und nicht erst danach, weshalb speziell hier eine vorherige **Bewehrungsabnahme** angezeigt und üblich ist.[208]

94   Dass der Auftraggeber zur Abnahme verpflichtet ist, wenn deren Voraussetzungen vorliegen und die Leistung des Auftragnehmers im Wesentlichen vertragsgemäß fertiggestellt ist, hindert den Auftraggeber umgekehrt aber nicht daran, auch eine noch nicht fertiggestellte, **unvollendete Leistung** abzunehmen.[209] Denn letztendlich ist es die Entscheidung des Auftraggebers, wann er die Leistung abnehmen und ob er dies schon vorzeitig tun will, ehe er dazu verpflichtet ist. So, wie der Auftraggeber abnehmen kann, obwohl **Mängel** vorliegen und von ihm gerügt werden, die ihn an sich zur Abnahmeverweigerung berechtigten (vorst. Rdn. 22 ff.), kann er auch eine unfertige Leistung abnehmen, selbst wenn er dazu **nicht verpflichtet** ist.

### 2. „Funktionelle" Fertigstellung

95   Wann eine Leistung so weit „im Wesentlichen" = der Hauptsache nach vertragsgemäß fertiggestellt ist, dass der Auftraggeber zur Abnahme verpflichtet ist, lässt sich nicht generell sagen, sondern hängt vom Einzelfall ab. Maßgebend ist, ob eine im Wesentlichen **ungehinderte Inbenutzungnahme im Sinne des bestimmungsgemäßen Gebrauchs** möglich ist. Die Leistung muss also funktionieren und ihren Zweck/ihre Funktion erfüllen, d. h. „funktionell" fertiggestellt sein.[210] Wenn die Bauleistungen für ein Haus nach Gewerken vergeben sind, ist insoweit auf das **einzelne Gewerk** abzustellen. Die Dachdeckerarbeiten sind „funktionell" fertiggestellt, sobald das Dach dicht und die Dachentwässerung (Dachrinne, Regenfallrohr) angeschlossen ist. Der Fensterbauer hat sein Gewerk „funktionell" fertiggestellt, wenn er die Fenster eingebaut und eingedichtet hat, so dass sie ihren Schutzzweck erfüllen.

96   Beim Generalunternehmer oder Bauträger, die eine **schlüsselfertige Leistung** schulden, gilt im Prinzip dasselbe, nur ist hier auf die im Wesentlichen ungehinderte Inbenutzungnahme im Sinne der **Bezugsfertigkeit des gesamten Hauses** abzustellen,[211] denn hier ist dies der bestimmungsgemäße Gebrauch. Solange die Strom- und Wasserversorgung noch nicht angeschlossen ist oder eine zur Entsorgung erforderliche Kläranlage fehlt,[212] ist ein Haus noch nicht in diesem Sinne „funktionell" fertiggestellt. Gleiches gilt, wenn die aus Sicherheitsgründen notwendigen Geländer noch nicht angebracht sind, während ausstehende Restarbeiten des Malers oder die fehlende Fertigstellung der Außenanlagen die Inbenutzungnahme des Hauses nicht unbedingt hindern. Demgegenüber ist ein Wohnhaus dann noch nicht funktionell fertiggestellt, wenn der Sockelputz nicht hergestellt ist und das vorgesehen Eingangspodest mit Trittstufen noch fehlt.[213]

---

[207] BGH NJW 1970, 421 = BauR 1970, 48.
[208] Zustimmend *Kapellmann/Messerschmidt/Havers* VOB/B § 12 Rdn. 34.
[209] So zutreffend *Kaiser* Mängelhaftungsrecht Rdn. 38; so nun auch *Ingenstau/Korbion/Oppler* VOB/B § 12 Rdn. 49; ebenso *Kapellmann/Messerschmidt/Havers* VOB/B § 12 Rdn. 35, zweifelnd *Heiermann/Riedl/Rusam* VOB/B § 12 Rdn. 21 b; ablehnend *Leinemann/Sterner* VOB/B § 12 Rdn. 11.
[210] *Ingenstau/Korbion/Oppler* VOB/B § 12 Rdn. 48.
[211] *Ingenstau/Korbion/Oppler* VOB/B § 12 Rdn. 48; *Heiermann/Riedl/Rusam* VOB/B § 12 Rdn. 7c.
[212] *Ingenstau/Korbion/Oppler* VOB/B § 12 Rdn. 48.
[213] OLG Dresden IBR 2001, 359.

## C. Folgen und Wirkungen der Abnahme

Da die Abnahme ihrem Begriff und Wesen nach die Annahme/Entgegennahme der Leistung als „im Wesentlichen" = der Hauptsache nach vertragsgemäße Erfüllung ist, hat sie zunächst einmal generell das **Ende des Erfüllungsstadiums** zur Folge.[214] Das hat Auswirkungen in mehrfacher Hinsicht, wobei in Bezug auf die Abnahmefolgen und -wirkungen zwischen dem Vergütungsbereich und dem Leistungs- bzw. Gewährleistungsbereich zu unterscheiden ist. 97

### I. Vergütungsbereich

Hinsichtlich des Vergütungsbereichs sind im Wesentlichen folgende vier Abnahmefolgen bzw. -wirkungen zu nennen: 98

#### 1. Ende der Vorleistungspflicht des Auftragnehmers

Mit dem durch die Abnahme bewirkten Ende des Erfüllungsstadiums endet die Pflicht des Auftragnehmers, **ohne dem Baufortschritt entsprechende Vergütung** seine Leistungen bis zur gesamten Fertigstellung erbringen und in diesem Sinne vorleisten zu müssen.[215] 99

§ 16 Nr. 1 VOB/B modifiziert diese Vorleistungspflicht, indem er dem Auftragnehmer „in Höhe des Wertes der jeweils nachgewiesenen vertragsgemäßen Leistungen" auf entsprechenden Antrag Anspruch auf **Abschlagszahlungen** gibt. Beim BGB-Werkvertrag ist ein solcher Anspruch nur in den Fällen des § 632a BGB gegeben, wenn in sich abgeschlossene Teile des Werkes vorliegen und der Unternehmer für die Zahlungen Sicherheit leistet oder dem Besteller Eigentum an den Teilen überträgt, was i. d. R. aber nicht möglich ist, wenn Besteller und Grundstückseigentümer nicht identisch sind, wie dies im Generalunternehmer-/Subunternehmerverhältnis der Fall ist. 100

Aus der mit der Abnahme endenden Vorleistungspflicht des Unternehmers folgt in prozessualer Hinsicht, dass **bis zur Abnahme** eine Vergütungsklage des Unternehmers, solange der Besteller wegen Mängeln ein Leistungsverweigerungsrecht hat und die Abnahme verweigern darf, zur **Klageabweisung** führt.[216] Ist die Abnahme erfolgt und die Vorleistungspflicht des Unternehmers beendet, geben berechtigte Mängelansprüche dem Besteller dagegen nur noch ein Zurückbehaltungsrecht, auf Grund dessen einer **nach Abnahme** erhobenen Vergütungsklage grundsätzlich stattzugeben und eine **Zug-um-Zug-Verurteilung** dahin auszusprechen ist, dass der Besteller Zug-um-Zug gegen Mängelbeseitigung/Nacherfüllung zur Zahlung verpflichtet ist.[217] Gleiches gilt bei **Zurückweisung** der restlichen, in der Nachbesserung der mangelhaften Werkleistung bestehenden Gegenleistung. Auch dadurch **entfällt die Vorleistungspflicht** des Unternehmers und seinem Werklohnanspruch kann nicht mehr die Einrede mangelnder Fälligkeit wegen fehlender Abnahme entgegengesetzt werden.[218] Der Besteller hat jedoch gegenüber dem Restwerklohnanspruch des Unternehmers grundsätzlich auch dann ein **Leistungsverweigerungsrecht** nach § 320 BGB, wenn er sich mit der Entgegennahme der angebotenen Mängelbeseitigung in **Annahmeverzug** befindet.[219] 101

---

[214] *Ingenstau/Korbion/Oppler* VOB/B § 12 Rdn. 51; *Heiermann/Riedl/Rusam* VOB/B § 12 Rdn. 8, 8a.
[215] BGHZ 61, 42 = NJW 1973, 1792 = BauR 1973, 313; *Ingenstau/Korbion/Oppler* VOB/B § 12 Rdn. 51; *Nicklisch/Weick* VOB/B § 12 Rdn. 19.
[216] BGHZ 61, 42, 44 = NJW 1973, 1792 = BauR 1973, 313; *Nicklisch/Weick* VOB/B § 12 Rdn. 19.
[217] BGHZ 73, 140, 145 = NJW 1979, 650 = BauR 1979, 159; BGH BauR 1980, 357; *Ingenstau/Korbion/Oppler* VOB/B § 12 Rdn. 54.
[218] OLG Hamm BauR 1996, 123.
[219] OLG Hamm a. a. O.

## 2. Übergang der Vergütungsgefahr

102 Mit der Abnahme und dem dadurch bewirkten Ende des Erfüllungsstadiums geht des Weiteren die Gefahr auf den Auftraggeber über, dass er dem Auftragnehmer auch bei **Untergang oder Verschlechterung des Werkes** Vergütung zahlen muss. Denn sowohl nach § 644 BGB als auch nach § 12 Nr. 6 VOB/B trägt der Auftragnehmer die Gefahr[220] nur bis zur Abnahme.

103 Bei Untergang oder Verschlechterung des Werkes **vor Abnahme** ist der Auftraggeber nur ausnahmsweise unter den Voraussetzungen des § 645 BGB zur Vergütung eines „der geleisteten Arbeit entsprechenden Teils" verpflichtet. Für den VOB-Vertrag regelt § 7 VOB/B noch weitergehend einen **vorzeitigen Übergang der Vergütungsgefahr,** weshalb § 12 Nr. 6 VOB/B darauf besonders hinweist.

## 3. Beginn des Abrechnungsstadiums

104 Spätestens mit der Abnahme sind die erbrachten Leistungen auch **endgültig abzurechnen,**[221] denn gem. § 14 Nr. 3 VOB/B muss „die Schlussrechnung ... nach Fertigstellung eingereicht werden", die ihrerseits wiederum Voraussetzung der Abnahme ist.

## 4. Fälligkeit der (restlichen) Vergütung

105 Die hauptsächliche Bedeutung und wichtigste Wirkung der Abnahme für den Vergütungsbereich liegt unzweifelhaft darin, dass die Abnahme die Fälligkeit der (restlichen) Vergütung zur Folge hat, soweit auf diese nicht vorher bereits Abschlagszahlungen geleistet worden sind. Denn nach § 641 Abs. 1 BGB ist „die Vergütung ... bei der Abnahme des Werkes zu entrichten". Die Abnahme ist also **Fälligkeitsvoraussetzung** für den Werklohn-/Vergütungsanspruch des Unternehmers. Ausnahmen hiervon bilden der Durchgriffsfälligkeit gemäß § 641 Abs. 2 BGB und die Fälle, in denen der Auftraggeber Minderung bzw. Schadensersatz statt Erfüllung verlangt. Hierbei ist die Abnahme nicht Fälligkeitsvoraussetzung für die Schlusszahlung.[222]

106 Nach inzwischen wohl herrschender Meinung ist die Abnahme **auch beim VOB-Vertrag** Fälligkeitsvoraussetzung bezüglich des nicht durch Abschlagszahlungen gedeckten Schlusszahlungsanspruchs des Auftragnehmers.[223] Jedenfalls ist die Abnahme hier eine, nämlich die **erste Fälligkeitsvoraussetzung,** zu der – anders als beim BGB-Werkvertrag – nach § 16 Nr. 3 VOB/B zusätzlich eine den Anforderungen des § 14 VOB/B entsprechende **prüffähige Schlussrechnung** und der Ablauf der Prüfungsfrist von 2 Monaten hinzutreten muss, um die Fälligkeit des (restlichen) Vergütungsanspruchs beim VOB-Vertrag zu begründen.[224]

## II. Leistungs-/Gewährleistungsbereich

107 Die Wirkungen der Abnahme als Erfüllungsannahme und die daraus folgende Beendigung des Erfüllungsstadiums zeigen sich im Leistungsbereich zunächst einmal in der **Konkretisierung** der Ansprüche des Bestellers **auf die erbrachte Leistung.**[225] Diese wird durch die Abnahme grundsätzlich so entgegengenommen, wie sie ist. In Bezug auf vorbehaltene oder sich später ergebende Mängel beschränken sich die Ansprüche des Bestellers

---

[220] Womit hier die Vergütungsgefahr gemeint ist; zur Leistungsgefahr nachst. Rdn. 109.
[221] *Ingenstau/Korbion/Oppler* VOB/B § 12 Rdn. 70.
[222] BGH BauR 2003, 88 = NJW 2003, 288 = ZfBR 2003, 140; OLG Koblenz ZfBR 2003, 687 LS; vgl. dazu auch *Ingenstau/Korbion/Oppler* VOB/B § 12 Rdn. 70.
[223] BGH NJW 1981, 822 = BauR 1981, 201; BGH NJW 1981, 1448 = BauR 1981, 284 = ZfBR 1981, 139; *Nicklisch/Weick* VOB/B § 12 Rdn. 22 m. N.
[224] *Ingenstau/Korbion/Oppler* VOB/B § 12 Rdn. 70; *Nicklisch/Weick* VOB/B § 12 Rdn. 23.
[225] *Ingenstau/Korbion/Oppler* VOB/B § 12 Rdn. 54; *Nicklisch/Weick* VOB/B § 12 Rdn. 16.

C. Folgen und Wirkungen der Abnahme                                    Vor § 12

auf die Mängelbeseitigung im Sinne der **Nachbesserung/Nacherfüllung**,[226] auch wenn diese in Fällen, in denen die Mängel anders nicht zu beseitigen sind, bis zur **Neuherstellung** gehen kann,[227] die nunmehr in § 635 Abs. 1 BGB ausdrücklich erwähnt ist.

Mit der Abnahme wandelt sich die Leistungspflicht des Unternehmers in die Pflicht, für 108 den bei Abnahme bestehenden Zustand der Erfüllung bis zum Ablauf der Verjährungsfrist für Mängel (Gewährleistungsfrist) einzustehen = Gewähr zu leisten. Die Abnahme ist deshalb zugleich auch der **Beginn des Gewährleistungsstadiums**.[228]

### 1. Übergang der Leistungsgefahr

Mit der durch die Abnahme bewirkten Konkretisierung der Ansprüche des Bestellers auf 109 die erbrachte Leistung und dem daraus folgenden **Ende der Leistungspflicht** des Unternehmers geht gleichzeitig die Leistungsgefahr auf den Besteller über.[229] Bis dahin bleibt der Unternehmer auf Grund seiner verschuldensunabhängigen **Erfüllungspflicht** zur Leistung in Form der Neuherstellung oder Mängelbeseitigung verpflichtet, selbst wenn das Werk durch Zufall oder höhere Gewalt **untergeht oder verschlechtert** wird, ohne dass der Besteller dies zu vertreten hat. Von der Leistung frei wird der Unternehmer nur in den Fällen der **Unmöglichkeit** nach § 275 Abs. 1 BGB, wenn eine Neuherstellung des Werkes objektiv unmöglich ist,[230] oder wenn der Unternehmer die Neuherstellung gemäß § 635 Abs. 3 BGB wegen unverhältnismäßig hohem Aufwand berechtigt verweigern kann.[231]

Die **Neu- oder Nachleistungsgefahr** geht auch dann erst mit der Abnahme auf den 110 Besteller über, wenn in den Fällen des § 645 BGB bzw. § 7 VOB/B ausnahmsweise bereits **ein vorzeitiger Übergang der Vergütungsgefahr** erfolgt ist (vgl. vorst. Rdn. 102 f.). Dies führt nicht dazu, dass damit auch schon die Leistungsgefahr auf den Besteller übergeht, denn der Unternehmer bleibt in diesen Fällen weiterhin zur Neuherstellung oder Mängelbeseitigung verpflichtet. Insofern fallen hier unter Umständen also **Vergütungs- und Leistungsgefahr auseinander**.[232]

### 2. Beginn der Gewährleistungsfrist

Da die Abnahme das Ende des Erfüllungsstadiums und der Beginn des Gewährleistungs- 111 stadiums ist, beginnt mit ihr nach § 634a Abs. 2 BGB bzw. § 13 Nr. 4 VOB/B auch die Gewährleistungsfrist, d. h. die **Verjährungsfrist für die Mängelansprüche** des Bestellers.[233] Das gilt auch, wenn zu dieser Zeit Mängel vorliegen, weil diese die Abnahme nicht hindern und an der einmal erfolgten Abnahme nichts ändern (vorst. Rdn. 22 ff.). Die bis zur Abnahme begründeten **Erfüllungsansprüche** des Bestellers wegen dieser Mängel, insbesondere aus § 4 Nr. 7 VOB/B, wandeln sich durch die Abnahme lediglich in **Gewährleistungsansprüche** um.[234]

Soweit die VOB/B in §§ 12 Nr. 2, 4 Nr. 10 eine **Teilabnahme** zulässt, hat diese nicht 112 generell den Beginn der Gewährleistungsfrist zur Folge, sondern nur in den Fällen **echter**

---

[226] Ingenstau/Korbion/Oppler a. a. O.
[227] Dazu grundlegend BGH NJW 1986, 711 = BauR 1986, 93 und OLG München, NJW-RR 1987, 1234 = BauR 1987, 720 L; vgl. einschränkend aber BGH BauR 1988, 123 = ZfBR 1988, 37 = Schäfer/Finnern/ Hochstein § 633 BGB Nr. 70 m. N.
[228] Ingenstau/Korbion/Oppler VOB/B § 12 Rdn. 51; Heiermann/Riedl/Rusam VOB/B § 12 Rdn. 8 a.
[229] Ingenstau/Korbion/Oppler VOB/B § 12 Rdn. 55.
[230] Vgl. auch für den Fall der nachträglichen objektiven Unmöglichkeit nach § 275 Abs. 1 BGB a. F. Nicklisch/Weick VOB/B § 12 Rdn. 24 mit dem Beispiel, dass die Leistung z. B. wegen eines Erdrutsches unmöglich geworden ist.
[231] Palandt/Sprau vor § 633 Rdn. 7.
[232] Nicklisch/Weick VOB/B § 12 Rdn. 25.
[233] Ingenstau/Korbion/Oppler VOB/B § 12 Rdn. 56.
[234] BGHZ 54, 352, 356 = NJW 1971, 99; BGH NJW 1982, 1524 = BauR 1982, 277; Ingenstau/Korbion/ Oppler VOB/B § 12 Rdn. 51 ff.; Nicklisch/Weick VOB/B § 12 Rdn. 32.

Teilabnahme nach § 12 Nr. 2 VOB/B. Denn nach § 13 Nr. 4 VOB/B beginnt die Verjährungsfrist für die Gewährleistungsansprüche „nur für in sich abgeschlossene Teile der Leistung mit der Teilabnahme". Die lediglich technischer Prüfung und Feststellung dienende **unechte Teilabnahme** gem. § 4 Nr. 10 VOB/B führt dagegen nicht schon zum Beginn der Gewährleistungsfrist.[235]

113 Findet keine Abnahme statt, soll die Gewährleistungsfrist und Verjährung der Mängelansprüche „mit der endgültigen Ablehnung der Abnahme durch den Auftraggeber" beginnen.[236] Dabei muss aber wohl unterschieden werden, ob der Auftraggeber die Abnahme **zu Recht oder zu Unrecht** endgültig verweigert. Denn wenn wesentliche Mängel vorliegen, die den Auftraggeber zur Abnahmeverweigerung berechtigen (vgl. § 12 Nr. 3 VOB/B), will er sich durch diese seine Erfüllungsansprüche gerade vorbehalten und kann nicht so behandelt werden, als wenn er trotz ausdrücklich erklärter Abnahmeverweigerung letztendlich doch abgenommen hätte.[237]

114 Die **unberechtigte Abnahmeverweigerung** des Auftraggebers dagegen setzt die Gewährleistungsfrist in Lauf, weil der Auftragnehmer dadurch sonst ungerechtfertigt benachteiligen würde.[238] Gleiches kann bei sog. freier Kündigung des Bauvertrages in den Fällen des § 649 BGB bzw. § 8 Nr. 1 VOB/B anzunehmen sein, wenn ohne Rücksicht auf bestehende Erfüllungsansprüche das Vertragsverhältnis endgültig beendet werden soll. In diesen Fällen kann der Auftragnehmer nach § 8 Nr. 6 VOB/B „Aufmaß und Abnahme der von ihm ausgeführten Leistungen alsbald nach der Kündigung verlangen".[239] Bei Kündigung aus wichtigem Grund nach §§ 4 Nr. 7, 5 Nr. 4 i. V. m. § 8 Nr. 3 und 5 VOB/B dagegen, die **zum Zwecke der Ersatzvornahme** erfolgt, um eine andere Firma zu Lasten des Unternehmers mit der Mängelbeseitigung und Restfertigstellung zu beauftragen, will der Auftragnehmer sich seine diesbezüglichen Erfüllungs- und Schadensersatzansprüche gerade vorbehalten und sich nicht lediglich mit Gewährleistungsansprüchen begnügen.[240] Allein in der Ankündigung und Durchführung einer Ersatzvornahme ist deshalb noch **keine Abnahme** zu sehen.[241]

### 3. Umkehr der Beweislast

115 **Bis zur Abnahme** muss der Auftragnehmer beweisen, dass seine Leistung mängelfrei ist und eine dem Vertrag entsprechende Erfüllung darstellt. **Mit der Abnahme** kehrt sich diese Beweislast um, weil der Auftraggeber durch die Abnahme die Erfüllungsannahme erklärt und bestätigt, dass er die Leistung als im Wesentlichen = der Hauptsache nach vertragsgemäße Erfüllung entgegennimmt. **Nach Abnahme** muss deshalb der Auftraggeber beweisen, dass die Leistung mangelhaft ist oder ansonsten nicht dem Vertrag entspricht; von diesem Zeitpunkt an obliegt insoweit dem Auftraggeber die Beweislast.[242]

116 Der durch die Abnahme eintretende Übergang der Beweislast auf den Auftraggeber ergibt sich sowohl für den BGB-Werkvertrag als auch für den VOB-Vertrag aus **§ 363 BGB:** „Hat der Gläubiger eine ihm als Erfüllung angebotene Leistung als Erfüllung angenommen, so trifft ihn die Beweislast, wenn er die Leistung deshalb nicht als Erfüllung gelten lassen will, weil sie eine andere als die geschuldete Leistung oder weil sie unvollständig gewesen sei".

---

[235] BGH NJW 1968, 1524 für § 12 VOB/B a. F.; *Ingenstau/Korbion/Oppler* VOB/B § 12 Rdn. 57.
[236] *Ingenstau/Korbion/Oppler* VOB/B § 12 Rdn. 58 unter Hinweis auf BGH NJW 1970, 421 = BauR 1970, 48; ebenso BGHZ 79, 180 = NJW 1981, 822 = BauR 1981, 201.
[237] Zustimmend *Kapellmann/Messerschmidt/Havers* VOB/B § 12 Rdn. 44.
[238] Zustimmend *Kapellmann/Messerschmidt/Havers* VOB/B § 12 Rdn. 44; wie hier im Ergebnis wohl auch *Nicklisch/Weick* VOB/B § 12 Rdn. 45 und *Werner/Pastor* Rdn. 1367 unter Hinweis auf *Kleine-Möller/Merl/Oelmaier*, § 11 Rdn. 216: „Dies ergibt sich aus dem der Vorschrift des § 162 BGB zu Grunde liegenden Gedanken (treuwidrige Verhinderung des Eintritts der Abnahmewirkungen)".
[239] Vgl. *Ingenstau/Korbion/Oppler* VOB/B § 12 Rdn. 58.
[240] BGH NJW 1974, 1707 = BauR 1974, 412; OLG Düsseldorf, BauR 1980, 276.
[241] BGH NJW 1994, 942 = BauR 1994, 242 = ZfBR 1994, 81.
[242] *Ingenstau/Korbion/Oppler* VOB/B § 12 Rdn. 52; *Nicklisch/Weick* VOB/B § 12 Rdn. 31; BGH BauR 2002, 85.

C. Folgen und Wirkungen der Abnahme                                    **Vor § 12**

Die Beweislastumkehr gilt allerdings nicht auch hinsichtlich solcher Mängel, wegen deren der Auftraggeber **bei der Abnahme einen Vorbehalt** erklärt hat. Denn dadurch hat der Auftraggeber, auch wenn diese Mängel die Abnahme als solche nicht hindern, die Erfüllungsannahme eingeschränkt und deutlich gemacht, dass seine in der Abnahme liegende Billigung der Leistung als im Wesentlichen vertragsgemäße Erfüllung sich hierauf nicht bezieht. In Bezug auf bei der Abnahme vorbehaltene Mängel muss deshalb nach wie vor der **Auftragnehmer** beweisen, dass eine vertragsgemäße Erfüllung vorliegt.[243]

**4. Verlust von Gewährleistungs- und Vertragsstrafenansprüchen bei fehlendem Vorbehalt**

Da der Besteller durch die Abnahme die Leistung des Auftragnehmers als im Wesentlichen vertragsgemäße Erfüllung annimmt, muss er, wenn er gleichwohl Mängel- und/oder Vertragsstrafenansprüche geltend machen will, grundsätzlich einen entsprechenden Vorbehalt erklären und dadurch die **Erfüllungswirkung der Abnahme** einschränken. Denn wenn er ohne eine solche Einschränkung vorbehaltlos abnimmt, bestätigt er, dass der Auftragnehmer den Vertrag uneingeschränkt erfüllt hat, und gefährdet dadurch die ihm zu dieser Zeit zustehenden Gewährleistungs- und Vertragsstrafenansprüche. 117

**a) Verlust von Gewährleistungsansprüchen.** Für diese ergibt sich aus **§ 640 Abs. 2 BGB,** dass dem Besteller, der ein mangelhaftes Werk abnimmt, obschon er den Mangel kennt, die in den § 634 Nr. 1 bis 3 BGB bezeichneten Rechte nur zustehen, wenn er sich seine **Rechte wegen des Mangels bei der Abnahme vorbehält.** Diese Regelung gilt, wie sich aus § 12 Nr. 4 und 5 VOB/B ergibt, **auch für den VOB-Vertrag.**[244] 118

**aa) Beschränkung auf Nachbesserungs- und Minderungsansprüche.** Wie der in § 640 Abs. 2 enthaltene Hinweis auf **§ 634 Nr. 1–3 BGB** zeigt, erfasst die in der Erfüllungsannahme liegende **Ausschlusswirkung vorbehaltloser Abnahme** nach dem Wortlaut der gesetzlichen Regelung nur die Ansprüche des Bestellers auf Mängelbeseitigung/Nacherfüllung und Minderung, die für den VOB-Vertrag in **§ 13 Nr. 5 und 6 VOB/B** geregelt sind. Das in § 634 Nr. 3 BGB vorgesehene Rücktrittsrecht ist beim VOB-Bauvertrag nicht anwendbar.[245] 119

**(1) Positive Mangelkenntnis erforderlich.** Als weitere Einschränkung ergibt sich aus § 640 Abs. 2 BGB, dass der Besteller seine vorerwähnten Mängelrechte nur verliert, wenn er das mangelhafte Werk vorbehaltlos abnimmt, obschon er den Mangel kennt. Der Auftraggeber muss also **positive Kenntnis** von dem Mangel haben,[246] und zwar nicht nur nach seinem äußeren Erscheinungsbild, sondern auch hinsichtlich seiner **Bedeutung und Tragweite** für die Vertragsmäßigkeit der Leistung.[247] Dazu kann unter Umständen auch die Kenntnis „der eigentlichen Mangelursache" erforderlich sein, „die oft weitreichender und tiefgehender ist",[248] weil der Auftraggeber sonst die Bedeutung und Tragweite des Mangels nicht ausreichend kennt und zu beurteilen vermag. Denn bloßes Kennenmüssen im Sinne fahrlässiger Unkenntnis genügt im Falle des § 640 Abs. 2 anerkanntermaßen nicht und führt nicht zur Ausschlusswirkung vorbehaltloser Abnahme.[249] Auch ein Mitverschulden des 120

---

[243] BGH BauR 1997, 129 = NJW-RR 1997, 339 = ZfBR 1997, 75; ebenso *Nicklisch/Weick* VOB/B § 12 Rdn. 31 und *Erich J. Gross* BauR 1995, 456 ff. In diesem Sinne nun auch *Ingenstau/Korbion/Oppler* VOB/B § 12 Rdn. 52; vgl. auch OLG Celle BauR 1995, 394 für den Fall der Kündigung nach § 8 Nr. 3 VOB/B.
[244] *Ingenstau/Korbion/Oppler* VOB/B § 12 Rdn. 61; *Heiermann/Riedl/Rusam* VOB/B § 12 Rdn. 14; *Nicklisch/Weick* VOB/B § 12 Rdn. 26.
[245] Palandt/*Sprau* § 634 Rdn. 28, str., vgl. die Nachweise dort.
[246] *Ingenstau/Korbion/Oppler* VOB/B § 12 Rdn. 66; *Heiermann/Riedl/Rusam* VOB/B § 12 Rdn. 14 b; *Nicklisch/Weick* VOB/B § 12 Rdn. 29.
[247] BGH NJW 1970, 383, 385.
[248] *Ingenstau/Korbion/Oppler* VOB/B § 12 Rdn. 66.
[249] *Ingenstau/Korbion/Oppler* a.a.O.; *Heiermann/Riedl/Rusam* VOB/B § 12 Rdn. 14 b; *Nicklisch/Weick* VOB/B § 12 Rdn. 29.

## Vor § 12

Auftraggebers im Sinne von § 254 BGB spielt insoweit keine Rolle und kommt neben § 640 Abs. 2 BGB nicht in Betracht.[250]

121 **Beweispflichtig** dafür, dass der Auftraggeber positive Mangelkenntnis im vorstehenden Sinne hatte und durch vorbehaltlose Abnahme seine Ansprüche auf Mängelbeseitigung/Nachbesserung und Minderung verloren hat, ist der **Auftragnehmer.**[251] Bei offensichtlichen oder sonst auf der Hand liegenden Mängeln kann dem Auftragnehmer dabei der **Beweis des ersten Anscheins** zugute kommt. Dann kann es unter Umständen „genügen, wenn der Mangel so klar und gravierend in Erscheinung getreten ist, dass der Auftraggeber ihn bei der Abnahme einfach nicht übersehen haben kann". Das gilt insbesondere „bei einem **sachkundigen Auftraggeber**".[252] Ansonsten ist dabei jedoch wieder zu berücksichtigen, dass der Auftraggeber nicht nur den Mangel nach seinem äußeren Erscheinungsbild erkannt haben muss, sondern auch hinsichtlich seiner Bedeutung und Tragweite (vorst. Rdn. 120). Deshalb ist insoweit grundsätzlich **„Vorsicht und Zurückhaltung"** geboten.[253]

122 **(2) Mängelvorbehalt bei Abnahme.** Der Vorbehalt ist eine **empfangsbedürftige Willenserklärung,** für deren Zugang der **Auftraggeber beweispflichtig** ist. Von daher ist eine stillschweigende Vorbehaltserklärung theoretisch zwar denkbar, praktisch aber nur schwer vorstellbar. Denn der Vorbehalt muss unmissverständlich erfolgen und **ausreichend konkretisiert** sein, also bestimmte Mängel zum Gegenstand haben. Dazu muss der Auftraggeber jedoch nicht die Mängelursachen im Einzelnen bezeichnen; ausreichend ist die deutliche Beschreibung der Mängelsymptome.[254] Das macht in der Regel eine **ausdrückliche Vorbehaltserklärung** erforderlich.[255] Ob ein ausreichender und rechtzeitiger Vorbehalt vorliegt, ist im Prozess **von Amts wegen** zu prüfen.[256]

123 Was die **Rechtzeitigkeit** des Vorbehalts angeht, so muss dieser, wie der Wortlaut des § 640 Abs. 2 BGB zeigt, „bei der Abnahme" erfolgen, d. h. er muss bei ausdrücklicher, insbesondere förmlicher Abnahme nach § 12 Nr. 4 VOB/B im **Abnahmeprotokoll** aufgeführt sein.[257]

124 Bei **stillschweigender Abnahme** muss der Vorbehalt innerhalb der dafür geltenden **Prüfungsfrist** erfolgen, die je nach Lage des Einzelfalles unterschiedlich lang sein kann (vgl. vorst. Rdn. 20 ff.). Liegt bereits eine **vorangegegangene technische Abnahme** durch den Architekten des Auftraggebers oder einen Sachverständigen vor, muss der Vorbehalt **unverzüglich** danach erfolgen (vgl. vorst. Rdn. 61),[258] und zwar durch den Auftraggeber persönlich. Der **Architekt** ist dazu ohne entsprechende Sondervollmacht ebenso wenig berechtigt wie zur rechtsgeschäftlichen Abnahme selbst, muss als Sachwalter des Bauherrn aber dafür sorgen und **sicherstellen,** dass der Auftraggeber den Vorbehalt nicht vergisst (vgl. vorst. Rdn. 32).

125 In den Fällen **fiktiver Abnahme** nach § 12 Nr. 5 VOB/B muss der Vorbehalt innerhalb der dafür vorgesehenen Frist von 12 bzw. 6 Werktagen erfolgen. Denn nach § 12 Nr. 5 Abs. 3 VOB/B hat der Auftraggeber Vorbehalte wegen bekannter Mängel oder wegen Vertragsstrafen spätestens zu den in den Absätzen 1 und 2 bezeichneten Zeitpunkten geltend

---

[250] BGH NJW 1978, 2240 (zu der entsprechenden kaufrechtlichen Regelung des § 460 BGB a. F.); *Ingenstau/Korbion/Oppler* VOB/B § 12 Rdn. 66.
[251] *Ingenstau/Korbion/Oppler* VOB/B § 12 Rdn. 67; *Heiermann/Riedl/Rusam* VOB/B § 12 Rdn. 14m; *Werner/Pastor* Rdn. 2277.
[252] *Ingenstau/Korbion/Oppler* VOB/B § 12 Rdn. 67.
[253] *Ingenstau/Korbion/Oppler* a. a. O.
[254] BGH NZBau 2002, 335, BauR 2000, 261 = ZfBR 2000, 116 und BauR 1999, 899; *Heiermann/Riedl/Rusam* VOB/B § 12 Rdn. 14 c.
[255] Vgl. *Heiermann/Riedl/Rusam* VOB/B § 12 Rdn. 14 c.
[256] *Werner/Pastor* Rdn. 2277; a. A. wohl *Heiermann/Riedl/Rusam* VOB/B § 12 Rdn. 14 m: „Während in einem Rechtsstreit der AG für den von Amts wegen zu prüfenden Vorbehalt der Vertragsstrafe die Darlegungs- und Beweislast hat, ist das Fehlen eines Mangelvorbehalts nur auf einen Einwand des AN hin zu berücksichtigen …".
[257] *Nicklisch/Weick* VOB/B § 12 Rdn. 27.
[258] BGH BauR 1992, 232 = ZfBR 1992, 65: 1 Monat ist zu lang.

C. Folgen und Wirkungen der Abnahme                                    **Vor § 12**

zu machen. In den Fällen fiktiver Abnahme nach §§ 640 Abs. 1 Satz 3 und 641a BGB ist ein Mängelvorbehalt zur Anspruchssicherung jedoch nicht erforderlich.

Frühere oder spätere Vorbehalte sind grundsätzlich **unbeachtlich**.[259] Ein vor Abnahme **126** erklärter Vorbehalt genügt jedoch ausnahmsweise, wenn er bis zur Abnahme fortwirkt und der Auftraggeber bei der Abnahme unmissverständlich deutlich macht, dass er seinen vorangegangenen Vorbehalt aufrechterhält.[260] Ebenso kann bei einem vor Vertragsschluss erfolgenden Einzug in ein Haus oder eine Wohnung der Vorbehalt unter Umständen noch bei Abschluss des Vertrages nachgeholt werden.[261]

**Nicht erforderlich** ist ein Vorbehalt, wenn wegen der bei Abnahme vorliegenden **127** Mängel bereits ein **selbstständiges Beweisverfahren** gem. §§ 485 ff. ZPO anhängig ist.[262] Denn dadurch ist ausreichend deutlich gemacht, dass diesbezügliche Ansprüche aufrechterhalten bleiben sollen. Deshalb muss es in gleicher Weise genügen, wenn die betreffenden Mängel bereits Gegenstand eines einvernehmlich betriebenen außergerichtlichen Sachverständigenverfahrens oder eines vertraglich vereinbarten Schiedsgutachterverfahrens sind.

Erst recht ist ein Mängelvorbehalt entbehrlich, wenn wegen der bei Abnahme vorliegen- **128** den Mängel bereits ein **Prozessverfahren** anhängig ist.[263] Das gilt einmal dann, wenn die diesbezüglichen Ansprüche aktiv geltend gemacht und **im Klagewege** verfolgt werden.[264] Denn ein deutlicherer Vorbehalt als durch Klage ist kaum denkbar. Entsprechendes muss aber auch gelten, wenn die betreffenden Mängel lediglich einredeweise und zum Zwecke der Rechtsverteidigung im Wege des Zurückbehaltungsrechts oder der Aufrechnung geltend gemacht werden.

**bb) Schadensersatzansprüche bleiben unberührt.** Wie der in § 640 Abs. 2 BGB **129** enthaltene Hinweis auf § 634 Nr. 1–3 BGB zeigt, gilt die Ausschlusswirkung vorbehaltloser Abnahme nach dem Wortlaut des Gesetzes nicht auch für Schadensersatzansprüche aus **§ 634 Nr. 4 BGB (i. V. m. §§ 636, 280, 281, 283, 311 a bzw. § 284 BGB) bzw. § 13 Nr. 7 VOB/B**. Der Auftraggeber, der trotz positiver Kenntnis von Mängeln vorbehaltlos abnimmt, verliert also nur seine Ansprüche auf Mängelbeseitigung/Nacherfüllung und Minderung, kann aber – auch wegen der Kosten der Mängelbeseitigung selbst – immer noch Schadensersatz in Geld verlangen. Ebenso können Schadensersatzansprüche aus **§ 4 Nr. 7 VOB/B und positiver Vertragsverletzung** trotz unterlassenen Mängelvorbehalts weiter geltend gemacht werden. Das war schon vor der Reform der §§ 640 Abs. 2, 635 BGB a. F. durch das Schuldrechtsmodernisierungsgesetz überwiegende Meinung in Rechtsprechung[265] und Schrifttum.[266] Der Streit, ob Schadensersatzansprüche aus § 635 BGB a. F. oder aus positiver Forderungsverletzung, d. h. Ansprüche, denen ein Verschulden des Auftragnehmers zu Grunde lag, vom Rechtsverlust des § 640 Abs. 2 BGB a. F. umfasst sein sollten oder nicht, ist durch die Novellierung der §§ 640 Abs. 2, 634 BGB zu Gunsten derjenigen entschieden worden, die vom Fortbestand verschuldensabhängiger Ansprüche ausgehen, da sich der Gesetzgeber bewusst dazu entschieden hat, lediglich die Nr. 1–3 des § 634 BGB

---

[259] BGHZ 33, 236, 237 = NJW 1961, 115; BGH BauR 1973, 192; *Heiermann/Riedl/Rusam* VOB/B § 12 Rdn. 14 d; *Nicklisch/Weick* VOB/B § 12 Rdn. 27.
[260] BGHZ 62, 328 = NJW 1974, 1324 = BauR 1975, 55; BGH NJW 1975, 1701 = BauR 1975, 344; *Heiermann/Riedl/Rusam* VOB/B § 12 Rdn. 14 d; *Nicklisch/Weick* VOB/B § 12 Rdn. 27; vgl. auch *Ingenstau/Korbion/Oppler* VOB/B § 12 Rdn. 63.
[261] BGHZ 61, 369 = NJW 1974, 143 = BauR 1974, 59.
[262] OLG Köln, BauR 1983, 463; *Ingenstau/Korbion/Oppler* VOB/B § 12 Rdn. 63; *Heiermann/Riedl/Rusam* VOB/B § 12 Rdn. 14 i.
[263] *Ingenstau/Korbion/Oppler* VOB/B § 12 Rdn. 63; *Heiermann/Riedl/Rusam* VOB/B § 12 Rdn. 14 i; *Werner/Pastor* Rdn. 2277.
[264] BGHZ 62, 328 = NJW 1974, 1324 = BauR 1974, 55: Entbehrlichkeit des Vertragsstrafenvorbehalts.
[265] Vgl. zur alten Rechtslage: BGHZ 61, 369 = NJW 1974, 143/44 = BauR 1974, 59; BGH NJW 1975, 1701, 1703 = BauR 1975, 344; BGH BauR 1978, 306 = ZfBR 1978, 75/76; BGHZ 77, 134 = NJW 1980, 1952 = BauR 1980, 460 = ZfBR 1980, 191; OLG Köln NJW-RR 1993, 211 und OLG Düsseldorf BauR 1994, 147 L.
[266] Vgl. *Ingenstau/Korbion/Oppler* VOB/B § 12 Rdn. 64; *Heiermann/Riedl/Rusam* VOB/B § 12 Rdn. 14 a; *Nicklisch/Weick* VOB/B § 12 Nr. 28; *Festge* BauR 1980, 432 ff.

n. F. in § 640 Abs. 2 BGB n. F. aufzunehmen und nicht § 634 Nr. 4 BGB n. F., der verschuldensabhängige Schadensersatzansprüche nennt.[267]

**130** Die Neufassung des § 640 Abs. 2 BGB ist rechtspolitisch verfehlt. Insoweit gelten die gegen § 640 Abs. 2 BGB a. F. vorgebrachten Bedenken[268] fort, weil bei **Fortbestand des Schadensersatzanspruches** trotz fehlendem Vorbehalt die Nachteile, die der Auftraggeber im Falle vorbehaltloser Abnahme durch den Verlust der Ansprüche aus § 634 Nr. 1–3 BGB erleiden soll, in ihr Gegenteil verkehrt werden. Denn als Schadensersatz schuldet der Auftragnehmer in diesem Fall nicht nur Ersatz der Kosten der Mängelbeseitigung in der Höhe, wie er sie bei eigener Mängelbeseitigung selbst hätte, sondern muss auch die Mehrkosten eines Drittunternehmers ersetzen, einschließlich des von diesem berechneten Gewinns. Der Auftragnehmer wird dafür, dass der Auftraggeber trotz positiver Kenntnis der Mängel vorbehaltlos abgenommen hat, im Endeffekt also nicht belohnt, sondern im Gegenteil benachteiligt und bestraft. Auch wenn man davon ausgeht, dass „der Gläubiger schutzwürdiger ist als der Schuldner, wenn mangelhaft geleistet wurde",[269] ist auf der anderen Seite bei Mangelkenntnis der **Erklärungswert vorbehaltloser Abnahme** zu berücksichtigen und kein Grund ersichtlich, den Auftraggeber daran nicht festzuhalten. Dagegen kann auch nicht eingewandt werden, dass der Fortbestand von Schadensersatzansprüchen deshalb gerechtfertigt sei, weil hier – im Gegensatz zu den verschuldensunabhängigen Ansprüchen auf Mängelbeseitigung/Nacherfüllung und Minderung – den Auftragnehmer **zusätzlich ein Verschulden** treffe.[270] Denn auch in den Fällen des § 634 Nr. 1–3 BGB ist „der Mangel **in aller Regel verschuldet**",[271] womit die „Regelung des § 640 Abs. 2 BGB im Werkvertragsrecht regelmäßig leer" läuft. Umso weniger ist es gerechtfertigt, hinsichtlich der Ansprüche aus § 634 Nr. 1–3 BGB einerseits und § 634 Nr. 4 BGB andererseits bei vorbehaltloser Abnahme in Kenntnis von Mängeln einen Unterschied zu machen.

**131** Fraglich ist, ob es richtig ist, dass der Auftraggeber, der seine Ansprüche aus § 634 Nr. 1–3 BGB wegen ihm bekannter Mängel durch vorbehaltlose Abnahme verloren hat, **verpflichtet** ist, eine ihm „dennoch vom Auftragnehmer angebotene Nachbesserung anstelle des Schadensersatzes in Geld hinzunehmen".[272] Dies folgt jedenfalls nicht aus dem Vorrang des Nachbesserungs-/Nacherfüllungsanspruchs gegenüber dem Schadensersatzanspruch, denn wenn der Auftraggeber den Anspruch auf Mängelbeseitigung/Nachbesserung durch vorbehaltlose Annahme verloren hat und – so die herrschende Meinung – damit auf einen **Schadensersatzanspruch in Geld** beschränkt ist, kann er kaum als verpflichtet angesehen werden, eine ihm trotzdem angebotene Mängelbeseitigung anzunehmen. Denn das würde letztendlich dazu führen, dass die ausgeschlossenen Ansprüche auf Mängelbeseitigung und Minderung im Endeffekt doch **wieder aufleben**.[273] Eine ganz andere Frage ist demgegenüber, ob der Auftraggeber, der durch vorbehaltlose Abnahme in Kenntnis von Mängeln seine diesbezüglichen Gewährleistungsansprüche (nach der hier vertretenen Ansicht unter Einschluss von Schadensersatzansprüchen) verloren hat, eine ihm vom Auftragnehmer gleichwohl angebotene Mängelbeseitigung/Nachbesserung als **freiwillige Leistung annehmen kann**. Darauf können die Parteien sich natürlich immer verständigen. Jedoch ist der Auftraggeber, der keine entsprechenden Ansprüche mehr hat, dazu kaum rechtlich verpflichtet, weil es zwar Rechte ohne Pflichten, aber keine Pflichten ohne entsprechende

---

[267] *Kapellmann/Messerschmidt/Havers* VOB/B § 12 Rdn. 52.
[268] Vgl. zur alten Rechtslage *W. Jagenburg* BauR 1974, 361 ff. und NJW 1976, 2321, 2324; ihm folgend *Peters* NJW 1980, 750 und *Kaiser* Mängelhaftungsrecht, Rdn. 136 ff.; vgl. auch *Keilholz* BauR 1982, 121 ff.
[269] So *Kniffka* ZfBR 1993, 97 ff., 101 zur alten Rechtslage.
[270] So insb. *Ingenstau/Korbion/Oppler* VOB/B § 12 Rdn. 33, 35 und 37; ebenso im Ergebnis *Heiermann/Riedl/Rusam* 7. Auflage 1994, B § 12 Rdn. 14 und *Nicklisch/Weick* VOB/B § 12 Rdn. 28 zur Rechtslage vor dem Schuldrechtsmodernisierungsgesetz.
[271] *Kniffka* ZfBR 1993, 97 ff., 101 zur Rechtslage vor dem Schuldrechtsmodernisierungsgesetz.
[272] So *Ingenstau/Korbion/Oppler* VOB/B § 12 Rdn. 65; in diesem Sinne wohl auch *Kapellmann/Messerschmidt/Havers* VOB/B § 12 Rdn. 52; a. A. *Heiermann/Riedl/Rusam* VOB/B § 12 Rdn. 14a; *Werner/Pastor* Rdn. 2273 in Fn. 3.
[273] So denn auch – insoweit konsequent – OLG Düsseldorf BauR 1970, 112 und BauR 1974, 346.

C. Folgen und Wirkungen der Abnahme                                    **Vor § 12**

Rechte gibt. Außerdem bedarf es dessen nicht, um den Auftragnehmer vor den Mehrkosten eines Schadensersatzanspruchs des Auftraggebers zu schützen, weil dieser bei vorbehaltloser Abnahme richtigerweise ebenfalls nicht fortbesteht.

**b) Verlust von Vertragsstrafenansprüchen.** Nach § 341 Abs. 3 BGB muss der Auftraggeber sich auch etwaige Vertragsstrafenansprüche bei der Abnahme vorbehalten, denn: „Nimmt der Gläubiger die Erfüllung an, so kann er die Strafe nur verlangen, wenn er sich das Recht dazu bei der Annahme vorbehält". Gleiches ergibt sich für den VOB-Vertrag aus **§ 11 Nr. 4 VOB/B**, wo es heißt: „Hat der Auftraggeber die Leistung abgenommen, so kann er die Strafe nur verlangen, wenn er dies bei der Abnahme vorbehalten hat."  **132**

Hinsichtlich **Art und Zeitpunkt** des Vorbehalts der Vertragsstrafe gilt das zum Mängelvorbehalt Gesagte entsprechend (vorst. Rdn. 118 ff.). Insbesondere gilt hier in noch stärkerem Maße, dass der Vorbehalt der Vertragsstrafe **bei Abnahme** erfolgen muss.[274] Frühere Vorbehalte sind in diesem Fall regelmäßig unbeachtlich.[275] Ein Vorbehalt der Vertragsstrafe bei Abnahme ist deshalb selbst dann erforderlich, wenn der Auftraggeber mit einer vom Auftragnehmer verwirkten Vertragsstrafe bereits **vor Abnahme aufgerechnet** hatte.[276] Trotzdem muss der Erklärungswert der Abnahme als Erfüllungsannahme entsprechend eingeschränkt und die Vertragsstrafe bei der Abnahme **nochmals vorbehalten** werden, weil der Anspruch auf die Vertragsstrafe sonst durch vorbehaltlose Abnahme verloren geht.[277]  **133**

Bei **förmlicher Abnahme** ist die Vertragsstrafe nicht wirksam vorbehalten, wenn der Vertragsstrafenvorbehalt nicht in das Abnahmeprotokoll aufgenommen worden ist.[278] Bei **stillschweigender Abnahme** muss der Vorbehalt der Vertragsstrafe innerhalb der insoweit in Betracht kommenden **Prüfungsfrist** erfolgen, die dem jeweiligen Einzelfall entsprechend länger oder kürzer sein kann (vgl. vorst. Rdn. 20 ff.). Liegt bereits eine vorangegangene technische Abnahme durch den Architekten des Auftraggebers oder einen Sachverständigen vor, muss der Auftraggeber den Vorbehalt der Vertragsstrafe unverzüglich erklären (vgl. vorst. Rdn. 61).[279] Auch hier gilt wieder, dass der **Architekt,** da er grundsätzlich keine Vollmacht zu rechtsgeschäftlichem Handeln hat, weder die Abnahme noch den Vorbehalt der Vertragsstrafe selbst erklären kann. Er muss aber auf Grund seiner Sachwalterstellung **sicherstellen** dass der Auftraggeber den Vorbehalt der Vertragsstrafe nicht versehentlich unterlässt (vorst. Rdn. 32 ff.).[280]  **134**

Bei **fiktiver Abnahme** nach § 12 Nr. 5 VOB/B ergibt sich bereits aus § 12 Nr. 5 Abs. 3, dass der Vorbehalt der Vertragsstrafe spätestens innerhalb der **Frist von 12 bzw. 6 Werktagen** nach § 12 Nr. 5 Abs. 1 und 2 VOB/B erfolgen muss.[281]  **135**

**Entbehrlich** ist der Vorbehalt der Vertragsstrafe dagegen, wenn diese bereits im Rahmen eines **Prozessverfahrens** geltend gemacht ist, sei es aktiv (durch Klage) oder einredeweise (durch Aufrechnung) zum Zwecke der Rechtsverteidigung.[282] Gleiches gilt, wenn bei Abnahme **noch nicht feststeht,** ob die vereinbarte Vertragsstrafe überhaupt verwirkt ist. Denn der Gläubiger eines Vertragsstrafenversprechens muss sich den Anspruch auf die Vertragsstrafe nur dann bei der Annahme der Erfüllung vorbehalten (§ 341 Abs. 3 BGB),  **136**

---

[274] Die Notwendigkeit des Vorbehalts der Vertragsstrafe bei Abnahme kann durch Vereinbarung – auch in AGB – allerdings bis zur Schlusszahlung hinausgeschoben werden (BGHZ 72, 222, 224 = NJW 1979, 212 = BauR 1979, 56 = ZfBR 1979, 15; vgl. nachst. Rdn. 157) und durch Individualvereinbarung gänzlich abbedungen werden (BGHZ 85, 305, 309 = NJW 1983, 385 = BauR 1983, 80 = ZfBR 1983, 78; vgl. nachst. Rdn. 158).
[275] BGH NJW 1977, 897 = BauR 1977, 280; BGHZ 85, 305, 309 = NJW 1983, 385 = BauR 1983, 80 = ZfBR 1983, 78; OLG Düsseldorf, NJW-RR 1994, 408 = BauR 1994, 148 L.
[276] BGHZ 85, 240 = NJW 1983, 384 = BauR 1983, 77 = ZfBR 1983, 75.
[277] Dagegen mit beachtlichen Gründen *Nicklisch/Weick* VOB/B § 11 Rdn. 24 m. N.
[278] BGH BauR 1973, 192; LG Mannheim BauR 1992, 233.
[279] BGH BauR 1992, 232 = ZfBR 1992, 65: 1 Monat ist zu lang.
[280] BGHZ 74, 235 = NJW 1979, 1499 m. krit. Anm. v. *Ganten* S. 2513 = BauR 1979, 345 = *Schäfer/Finnern/Hochstein* § 341 BGB Nr. 3 m. krit. Anm. v. *Hochstein*.
[281] OLG Düsseldorf, NJW-RR 1994, 408 = BauR 1994, 148 L.
[282] BGHZ 62, 328 = NJW 1974, 1324 = BauR 1974, 55.

wenn die nicht gehörige Erfüllung als Voraussetzung der Vertragsstrafe bei der Abnahme schon festgestellt werden kann.[283]

## D. Ausschluss oder Änderung einzelner Abnahmeregelungen

137   Vielfach werden im Bauvertrag oder in den dazu gehörenden Bauvertragsbedingungen (AVB, BVB, ZVB) bestimmte Abnahmeformen ausgeschlossen oder die Regelungen **hinsichtlich Zeitpunkt und Wirkungen** der Abnahme geändert, um dadurch – je nachdem, ob dies durch den Auftragnehmer oder den Auftraggeber geschieht – die Abnahme zu erleichtern oder zu erschweren.

### I. Ausschluss oder Änderung durch Allgemeine Geschäftsbedingungen (AGB)

138   Soweit einzelne Abnahmeregelungen formularmäßig durch AGB ausgeschlossen oder geändert werden, ist im Wege der **Inhaltskontrolle** nach §§ 307 ff. BGB zu prüfen, ob dies den anderen Vertragspartner = Gegner des Verwenders nicht entgegen den Geboten von Treu und Glauben unangemessen benachteiligt und deshalb unwirksam ist.

#### 1. Ausschluss bestimmter Abnahmeformen

139   Von Auftraggeberseite wird häufig bestimmt, dass nur eine ausdrückliche bzw. **förmliche Abnahme** im Sinne von § 12 Nr. 4 VOB/B in Betracht kommen und jede andere Abnahmeform ausgeschlossen sein soll.

140   **a) Ausschluss stillschweigender Abnahme.** Bei Vereinbarung förmlicher Abnahme kommen andere Abnahmeformen zwar zunächst nicht in Betracht, weil mit der förmlichen Abnahme eine bestimmte Abnahmeform vereinbart ist. Das gilt jedoch **nicht auf Dauer,** wenn der Auftraggeber von der Vereinbarung förmlicher Abnahme keinen Gebrauch macht, insbesondere in den Fällen „**vergessener**" **förmlicher Abnahme** (vorst. Rdn. 59/60). Dann muss die Leistung des Auftragnehmers nach einiger Zeit, jedenfalls nach Ablauf von mehreren Wochen[284] oder Monaten,[285] **als stillschweigend abgenommen** angesehen werden.

141   Deshalb hält eine Klausel, dass die „Abnahme **allein in schriftlicher Form**" zu erfolgen hat, der Inhaltskontrolle nicht stand, wenn dadurch eine stillschweigende Abnahme ausgeschlossen sein soll.[286] Erst recht gilt das für eine Regelung in AGB des Auftraggebers, dass die Leistung **nur förmlich** abgenommen werden kann und eine stillschweigende Abnahme ausgeschlossen ist.[287]

142   **b) Ausschluss fiktiver Abnahme nach § 12 Nr. 5 VOB/B.** Die fiktive Abnahme nach § 12 Nr. 5 VOB/B kann dagegen **auch in AGB ausgeschlossen** werden.[288] Das ergibt sich schon daraus, dass § 12 Nr. 5 VOB/B ohnehin nur Platz greift, wenn keine ausdrückliche/ förmliche Abnahme verlangt wird (vgl. § 12 Nr. 5 Abs. 1 und 2 VOB/B: „Wird keine Abnahme verlangt, ..."") oder nichts anderes vereinbart ist (vgl. § 12 Nr. 5 Abs. 2 VOB/B: „wenn nichts anderes vereinbart ist"). Die fiktive Abnahme des § 12 Nr. 5 VOB/B entspricht weder einem gesetzlichen Leitbild noch benachteiligt ihr Ausschluss den Werk-

---

[283] OLG Köln BauR 1995, 708.
[284] OLG Hamm NJW 1995, 1233: bei Einzug in ein Haus und dessen anschließender Nutzung.
[285] BGH BauR 1977, 344: mehrmonatiges Schweigen auf die Schlussrechnung des Auftragnehmers und den darin liegenden Abnahmeantrag.
[286] *Werner/Pastor* Rdn. 1342 unter Hinweis auf *Korbion/Locher* Rdn. K 168.
[287] *Ingenstau/Korbion/Oppler* VOB/B § 12 Rdn. 50.
[288] BGH BauR 1997, 302 = NJW 1997, 394 = ZfBR 1997, 73; OLG Düsseldorf BauR 1999, 404 = NJW-RR 1999, 529.

D. Ausschluss oder Änderung einzelner Abnahmeregelungen  **Vor § 12**

unternehmer unangemessen.[289] Der Ausschluss der fiktiven Abnahme gemäß § 640 Abs. 1 Satz 3 BGB, § 641 a BGB durch AGB ist demgegenüber jedoch unzulässig.[290]

**2. Änderung des Abnahmezeitpunkts**

Noch häufiger als der Ausschluss bestimmter Abnahmeformen, insbesondere der stillschweigenden Abnahme, ist die Änderung des **Zeitpunkts der Abnahme,** der – je nach Interessenlage – vom Auftragnehmer vorverlegt oder vom Auftraggeber hinausgeschoben wird. **143**

**a) Vorverlegung durch den Auftragnehmer.** In **Bauträgerverträgen** finden sich nicht selten Regelungen, dass die Abnahme mit bzw. innerhalb kürzester Frist nach **Fertigstellungsmeldung oder Abnahmeantrag** des Bauträgers als erfolgt gelten/anzusehen sein soll, auch wenn der Erwerber/Auftraggeber das Haus oder die Wohnung tatsächlich noch nicht übernommen hat. Nach anderen Regelungen soll Gleiches gelten, wenn der Bauunternehmer/Bauträger einmal oder zweimal **vergeblich zu einer Abnahmebegehung** aufgefordert/eingeladen hat, ohne dass der Erwerber/Auftraggeber erschienen ist. **144**

Derartige Bestimmungen in AGB verstoßen sowohl gegen § 307 als auch gegen **§ 308 Nr. 5 BGB,** denn dadurch wird die Abnahme als vom Erwerber/Auftraggeber erklärt fingiert, obwohl dieser tatsächlich weder einen entsprechenden Abnahmewillen zu erkennen noch ausdrücklich oder stillschweigend eine dahingehende Abnahmeerklärung abgegeben hat. Darin liegt deshalb eine **unzulässige Abnahmefiktion,** denn § 308 Nr. 5 BGB verbietet formularmäßige Bestimmungen, nach denen eine Erklärung des Vertragspartners des Verwenders bei Vornahme oder Unterlassung einer bestimmten Handlung als von ihm abgegeben oder nicht abgegeben gilt. Auf die Abnahmefiktion des **§ 12 Nr. 5 VOB/B** kann sich ein Bauträger selbst dann nicht berufen, wenn er im Vertrag mit dem Erwerber/Auftraggeber die VOB/B vereinbart hat. Denn nur wenn die **VOB/B „als Ganzes"** vereinbart ist, hält § 12 Nr. 5 VOB/B der Inhaltskontrolle nach §§ 305 ff. BGB stand und findet § 308 Nr. 5 BGB keine Anwendung (§ 308 Nr. 5 BGB a. E.). Beim Bauträger liegen diese Voraussetzungen jedoch regelmäßig nicht vor. **145**

Im Übrigen verstößt eine formularmäßige Vorverlegung des Abnahmetermins auch gegen **§ 309 Nr. 8 lit. b) ff) BGB,** weil darin eine unzulässige **Verkürzung der Verjährungsfrist** für die Gewährleistungsansprüche des Auftraggebers liegt.[291] **146**

**b) Hinausschieben des Abnahmezeitpunkts durch den Auftraggeber.** Umgekehrt darf die Dauer der Gewährleistung des Auftragnehmers nicht unangemessen verlängert werden.[292] Zwar ist es zulässig, die Frist von 12 Werktagen nach § 12 Nr. 1 VOB/B auf **24 Werktage zu verlängern.**[293] Ansonsten hat jedoch jeder Auftragnehmer grundsätzlich dann **Anspruch auf Abnahme,** wenn er sein Gewerk fertiggestellt hat. Er braucht nicht zu warten, bis nachfolgende Auftragnehmer ihre Arbeiten ebenfalls fertiggestellt haben (vgl. vorst. Rdn. 93). Das gilt jedenfalls bei **gewerkeweiser Vergabe,** wenn den einzelnen Auftragnehmern nur Teilleistungen wie Rohbau oder die jeweiligen Ausbaugewerke in Auftrag gegeben sind. Deshalb verstoßen in diesen Fällen formularmäßige Regelungen gegen §§ 307 und 308 Nr. 1 BGB, die bestimmen, dass **147**

– die Abnahme erst nach Fertigstellung des **gesamten Innenausbaues** erfolgt,[294]

---

[289] BGH BauR 1997, 302 = NJW 1997, 394 = ZfBR 1997, 73; OLG Düsseldorf BauR 1999, 404 = NJW-RR 1999, 529.
[290] *Kapellmann/Messerschmidt/Havers* VOB/B § 12 Rdn. 63 unter Hinweis auf *Glatzel/Hofmann/Frikell* Unwirksame Bauvertragsklauseln, § 12 Ziffer 2.12.1.1.c .
[291] *Heiermann/Riedl/Rusam* VOB/B § 12 Rdn. 16 b; *Leinemann/Sterner* VOB/B § 12 Rdn. 53.
[292] Vgl. *Ingenstau/Korbion/Oppler* VOB/B § 12 Rdn. 50; *Heiermann/Riedl/Rusam* VOB/B § 12 Rdn. 16 b.
[293] BGHZ 86, 135 = NJW 1983, 816, 818 = BauR 1983, 161 = ZfBR 1983, 85; BGHZ 107, 75 = NJW 1989, 1602 = BauR 1989, 322 = ZfBR 1989, 158.
[294] *Ingenstau/Korbion/Oppler* VOB/B § 12 Rdn. 50.

- die Abnahme frühestens nach **Bezugsfertigkeit der letzten Wohnung** stattfinden soll,[295]
- die Abnahme nach **Abschluss aller Arbeiten** und Bezugsfertigkeit des Gebäudes durchgeführt wird,[296]
- die Abnahme erst verlangt werden kann, wenn das **Bauwerk in seiner Gesamtheit** gebrauchsfertig erstellt ist, obwohl der Auftragnehmer seine Leistungen bereits erhebliche Zeit **vorher fertiggestellt** hatte,[297]
- die Abnahme der Leistungen des Auftragnehmers bei **Übergabe des Hauses an den Endkunden** vorgenommen wird, sofern diese nicht später als 6 Monate nach Fertigstellung der Leistung des Auftragnehmers erfolgt,[298]
- die Abnahme erst bei oder durch die Abnahme des Gesamtobjektes durch die Erwerber erfolgt,[299]
- die förmliche Abnahme erst im Zeitpunkt der Übergabe des Hauses – bei Eigentumswohnungen bei Übergabe des Gemeinschaftseigentums – an den bzw. die Kunden des Auftraggebers erfolgt,[300]
- die Verjährung der Gewährleistungsansprüche des Auftragnehmers erst mit der **Inbenutzungnahme des fertigen Gesamtgebäudes** beginnen soll, weil hierdurch die Abnahme der fertiggestellten Leistungen des Auftragnehmers auf für diesen ungewisse Zeit hinausgeschoben wird,[301]
- die Wirkungen der Abnahme vor einer ausdrücklichen **Bestätigung durch den Auftraggeber** nicht eintreten sollen, und zwar unabhängig davon, wie lange der Auftraggeber das fertiggestellte Werk bereits in Gebrauch genommen hat,[302]
- die Abnahme durch Ingebrauchnahme ausgeschlossen ist, wenn der Auftraggeber sich zugleich vorbehält, einen Abnahmetermin durch seinen Bauleiter festzusetzen, ohne dafür eine Frist vorzusehen.[303]

Demgegenüber ist jedoch nach Ansicht des OLG Bamberg[304] die in AGB eines Bauvertrages enthaltene Klausel, wonach die förmliche Abnahme binnen 6 Monaten nach Fertigstellung der Leistung des Auftragnehmers zu erfolgen habe, es sei denn der Auftragnehmer fordere schriftlich die frühere Abnahme seines Gewerkes, aufgrund der vereinbarten 6-Monats-Frist und des Rechts des Auftragnehmers, förmliche Abnahme schon früher zu verlangen, wirksam. Jedoch soll sich auch nach dieser Entscheidung der Auftraggeber gemäß § 242 BGB nicht auf die fehlende förmliche Abnahme berufen können, wenn kein Vertragspartner innerhalb der 6-Monats-Frist auf das förmliche Abnahmeverlangen zurückkommt.

**148** Etwas differenzierter sind die Dinge im Verhältnis zwischen **Generalunternehmer und Subunternehmern** zu sehen. Hier erkennt der BGH[305] an, dass der Generalunternehmer daran interessiert sein kann, die Dauer der Gewährleistungsverpflichtung seiner Subunternehmer „**deckungsgleich** mit der seiner eigenen Gewährleistungspflicht gegenüber seinem Kunden auszugestalten. Dann kann es unter eng begrenzten Voraussetzungen, insbesondere innerhalb eines bestimmten Zeitraums, zulässig sein, eine Abnahme der Subunternehmerleistung erst bei Abnahme des Gesamtwerkes vorzusehen, um auf diese Weise eine „**Parallelschaltung**" der Gewährleistungsfristen zu erreichen."

---

[295] LG München, *Schäfer/Finnern/Hochstein* § 9 AGBG Nr. 1; OLG Nürnberg Betr. 1980, 1393.
[296] BGH NJW-RR 1991, 1238 = BauR 1991, 740 = ZfBR 1991, 253.
[297] BGHZ 107, 75, 78 = NJW 1989, 1602 = BauR 1989, 322 = ZfBR 1989, 158.
[298] BGH a. a. O.
[299] OLG Düsseldorf BauR 1999, 497.
[300] BGH BauR 1997, 302 = NJW 1997, 394 = ZfBR 1997, 73.
[301] OLG Zweibrücken, BauR 1992, 770.
[302] OLG Düsseldorf, NJW-RR 1996, 146 = BauR 1995, 890 L.
[303] BGH BauR 1996, 378 = NJW 1996, 1346.
[304] BauR 1997, 1079 LS.
[305] BGH NJW 1989, 1602 = BauR 1989, 322 = ZfBR 1989, 158.

D. Ausschluss oder Änderung einzelner Abnahmeregelungen **Vor § 12**

Angemessen ist hiernach aber allenfalls ein **Zeitraum von 4 bis 6 Wochen,** um den die Abnahme einer fertiggestellten Subunternehmerleistung hinausgeschoben werden kann.[306]

Dagegen kann auch im Verhältnis des Generalunternehmers zu seinen Subunternehmern die Abnahme der Subunternehmerleistungen **nicht auf unbestimmte Zeit,** etwa bis zur Gesamtfertigstellung bzw. Gesamtabnahme des Bauwerks hinausgeschoben werden. Eine derartige Regelung hält, wie der BGH in der vorerwähnten Entscheidung[307] ebenfalls klargestellt hat, „der Inhaltskontrolle nach dem AGBG nicht mehr stand, wenn sie den Subunternehmer entgegen den Geboten von Treu und Glauben unangemessen benachteiligt, insbesondere mit wesentlichen Grundgedanken der gesetzlichen Regelung, von der sie abweicht, nicht zu vereinbaren ist. Eine in einem Formularvertrag oder in Allgemeinen Geschäftsbedingungen enthaltene Abnahmeregelung ist deshalb gem. §§ 9, 10 Nr. 1 AGBG unwirksam, wenn sie den Zeitpunkt der Abnahme für den Subunternehmer **nicht eindeutig erkennen lässt,** dieser Zeitpunkt also ungewiss bleibt, oder wenn sie die Abnahme auf einen nicht mehr angemessenen Zeitpunkt **nach Fertigstellung der Subunternehmerleistung** hinausschiebt." 149

### 3. Abhängigkeit der Abnahme von der Entscheidung Dritter

In gleicher Weise, wie die Abnahme nicht auf für den Auftragnehmer ungewisse Zeit hinausgeschoben werden kann, ist es unzulässig, sie von Umständen abhängig zu machen, die der Auftragnehmer selbst nicht in der Hand hat und auf die er **keinen Einfluss nehmen** kann. 150

**a) Baubehördliche (Gebrauchs-)Abnahme.** Auch wenn der Auftragnehmer, soweit es seine eigene Leistung angeht, die **Voraussetzungen** dafür schaffen muss, dass die baubehördlichen Abnahmen in Form der Rohbau- und Gebrauchsabnahme erfolgen können (vgl. vorst. Rdn. 9 ff.), hat er auf das **Tätigwerden der Behörde selbst** keinen Einfluss. Deshalb kann, soweit nicht Hindernisse im Bereich der eigenen Leistung des Auftragnehmers vorliegen, die Abnahme seiner Leistung nicht davon abhängig gemacht werden, dass zuvor die baubehördliche Abnahme erfolgt.[308] 151

**b) (Gesamt-)Abnahme durch den Endkunden.** Insbesondere in **Generalunternehmerverträgen** finden sich häufig Regelungen, dass die Abnahme der Subunternehmerleistungen nicht nur bis zur Gesamtfertigstellung des Bauwerks hinausgeschoben wird, sondern zusätzlich von der (Gesamt-)Abnahme durch den **Endkunden abhängen** soll. Auf diese hat der einzelne Auftragnehmer jedoch keinen Einfluss; sie kann zudem von Umständen abhängen oder an Dingen scheitern, die mit der Werkleistung des betreffenden Subunternehmers nichts zu tun haben. Derartige **Abhängigkeitsklauseln** in Generalunternehmerverträgen sind deshalb regelmäßig mit § 307 BGB nicht vereinbar und deshalb unwirksam.[309] Demgemäß liegt sowohl ein Verstoß gegen § 307 BGB als auch ein Eingriff in den Kernbereich der VOB „als Ganzes" vor, wenn die vertragsmäßig fertiggestellte Leistung des Nachunternehmers nach dem Klauselwerk des Hauptunternehmers erst als abgenommen gelten soll, wenn sie im Rahmen der Abnahme des Gesamtbauvorhabens vom **Auftraggeber des Hauptunternehmers** abgenommen wird.[310] 152

**c) Mängelfreiheitsbescheinigungen Dritter.** Nicht zulässig ist es weiterhin, die Abnahme der Leistungen eines Auftragnehmers von der Mängelfreiheitsbescheinigung eines Dritten, z. B. des Erwerbers einer Eigentumswohnung, abhängig zu machen, wie dies häufig 153

---

[306] BGH a. a. O.; vgl. auch *Werner/Pastor* Rdn. 1341.
[307] BGH NJW 1989, 1602 = BauR 1989, 322 = ZfBR 1989, 158.
[308] BGHZ 107, 75 ff. = NJW 1989, 1602 = BauR 1989, 322 = ZfBR 1989, 158; *Ingenstau/Korbion/Oppler* VOB/B § 12 Rdn. 50; *Werner/Pastor* Rdn. 1340; OLG Düsseldorf BauR 2002, 482.
[309] OLG Karlsruhe, BB 1983, 725; OLG Düsseldorf BauR 1984, 95 und nunmehr auch BGH NJW 1995, 526 = BauR 1995, 234 = ZfBR 1995, 77 zu § 9 AGBG.
[310] BGH a. a. O.; vgl. auch BGH BauR 2001, 621 = NJW-RR 2001, 519 = ZfBR 2001, 267.

in **Bauträgerverträgen mit Subunternehmern** geschieht. Denn zu den Erwerbern des Bauträgers hat der Subunternehmer **keine vertragliche Beziehung** und diesen gegenüber auch keinen Anspruch auf eine solche Bescheinigung, den er notfalls gerichtlich durchsetzen könnte. Dies ist deshalb ebenfalls ein **unzulässiger Anknüpfungspunkt** für die Abnahme der Leistungen eines Auftragnehmers.[311]

### 4. Ausschluss oder Erweiterung der Wirkungen vorbehaltloser Abnahme (§ 640 Abs. 2 BGB)

154  Die Abnahme als „Dreh- und Angelpunkt" des Werkvertrages (vgl. vorst. Rdn. 1) und damit auch § 640 BGB gehören zum sog. **Kerngehalt** des Gesetzes. Deshalb können die Wirkungen vorbehaltloser Abnahme, dass der Auftraggeber, der trotz ihm bekannter Mängel vorbehaltlos abnimmt, seine diesbezüglichen Ansprüche auf Mängelbeseitigung/Nacherfüllung und Minderung[312] verliert, **nicht ausgeschlossen** werden. Jedenfalls kann nicht AGB-mäßig bestimmt werden, dass dem Auftraggeber trotz vorbehaltloser Abnahme diese **Ansprüche erhalten** bleiben sollen und die vorbehaltlose Abnahme damit ohne Folgen bleibt. Dies würde außerdem auch die **Ausgewogenheit der VOB/B „als Ganzes"** beeinträchtigen.[313]

155  Eine **Erweiterung** der Wirkungen vorbehaltloser Abnahme, d. h. über den Rahmen des § 640 Abs. 2 BGB hinausgehende Einschränkungen von Gewährleistungsansprüchen auf Nachbesserung und/oder Minderung, verstößt im Geltungsbereich AGB-rechtlicher Bestimmungen gegen §§ 307, 309 Nr. 8 b) aa) BGB.[314] Daher ist eine formelhafte **Freizeichnung von allen bei der Abnahme „erkennbaren Mängeln"** in einem Bau- oder Bauträgervertrag[315] mit privaten Bauherren bedenklich.[316]

### 5. Hinausschieben des Vorbehalts der Vertragsstrafe bis zur Schlusszahlung

156  Ebenso wie die Notwendigkeit des Mängelvorbehalts kann auch die eines Vorbehalts der Vertragsstrafe bei Abnahme in AGB **nicht abbedungen** werden.[317] Für unwirksam hat der BGH[318] deshalb eine AGB-Klausel gehalten, in der es hieß: „Die verwirkte Vertragsstrafe wird der Einfachheit halber von der Schlussrechnung abgezogen".

157  **Zulässig** dagegen ist es, in AGB den Vorbehalt der Vertragsstrafe **hinauszuschieben** und zu bestimmen, dass die Vertragsstrafe nicht schon bei der Abnahme vorbehalten werden muss, sondern noch **bis zur Schlusszahlung** geltend gemacht werden kann.[319] Warum dann eine Regelung unwirksam sein soll, nach der die Vertragsstrafe „der Einfachheit halber von der Schlussrechnung abgezogen" wird,[320] ist allerdings nicht ganz einsichtig, weil zumindest in dem Abzug von der Schlussrechnung auch der **Vorbehalt der Vertragsstrafe** liegt, der bis zur Schlusszahlung hinausgeschoben werden kann.

---

[311] OLG Köln *Schäfer/Finnern/Hochstein* § 641 BGB Nr. 2; OLG Nürnberg Betr. 1980, 1393; vgl. weiter *W. Jagenburg* NJW 1977, 2146/47; Bühl BauR 1984, 237, 239; *Ingenstau/Korbion/Oppler* VOB/B § 12 Rdn. 50; *Werner/Pastor* Rdn. 1340.
[312] Sowie nach der hier vertretenen Meinung darüber hinaus auch Schadensersatzansprüche aus § 635 BGB bzw. § 13 Nr. 7 VOB/B und positiver Vertragsverletzung (vgl. vorst. Rdn. 121 ff.).
[313] BGH NJW-RR 1991, 1238 = BauR 1991, 740 = ZfBR 1991, 253; *Ingenstau/Korbion/Oppler* VOB/B § 12 Rdn. 61.
[314] *Ingenstau/Korbion/Oppler* VOB/B § 12 Rdn. 68.
[315] BGH NJW-RR 1986, 1026 = BauR 1986, 345 = ZfBR 1986, 120 für den Fall der Veräußerung neu errichteter oder noch zu errichtender Eigentumswohnungen.
[316] *Ingenstau/Korbion/Oppler* VOB/B § 12 Rdn. 68.
[317] BGHZ 85, 305, 309 = NJW 1983, 385 = BauR 1983, 80 = ZfBR 1983, 78; KG BauR 1988, 230; OLG Düsseldorf BauR 1994, 414 L.
[318] BauR 1984, 643 = ZfBR 1984, 272.
[319] BGHZ 72, 222, 224 = NJW 1979, 212 = BauR 1979, 56 = ZfBR 1979, 15; OLG Hamm NJW-RR 1987, 468; BGH BauR 2000, 1758 = NJW-RR 2000, 1468 = ZfBR 2000, 551 = NZBau 2000, 509.
[320] BGH BauR 1984, 643 = ZfBR 1984, 272.

## II. Ausschluss oder Änderung einzelner Abnahmeregelungen durch Individualvereinbarung

Auch wenn nach bisherigem Recht Individualvereinbarungen **nicht der AGB-rechtlichen Inhaltskontrolle** unterliegen, wird man wegen der zentralen Bedeutung der Abnahme und ihrer Folgen/Wirkungen für die beiderseitigen Rechte und Pflichten der Vertragsparteien Ausschluss oder Änderung wesentlicher Abnahmeregelungen **nur in den Grenzen von Treu und Glauben** (§ 242 BGB) zulassen können. Auch individualvertraglich bedenklich ist hiernach 158

- der Ausschluss **stillschweigender** Abnahme (vgl. vorst. Rdn. 140),
- die Vorverlegung oder Hinausschiebung des **Abnahmezeitpunkts** jedenfalls dann, wenn dadurch der Vertragspartner unangemessen benachteiligt wird (vgl. vorst. Rdn. 143 ff.),
- das Abhängigmachen der Abnahme von der **Entscheidung Dritter**, z. B. Baubehörde, Endkunde oder Erwerber (vgl. vorst. Rdn. 150 ff.).

Dagegen wird man es zulassen können, die **Ausschlusswirkung vorbehaltloser Abnahme** sowohl bei Mängeln als auch in Bezug auf eine etwa verwirkte Vertragsstrafe individualvertraglich **zu beseitigen,** weil dadurch nicht die Entstehung von Rechten zum Nachteil einer Vertragspartei verhindert, sondern lediglich deren Untergang durch Verschweigen ausgeschlossen wird. Demgemäß ist es anerkannt, dass die **Notwendigkeit des Vorbehalts der Vertragsstrafe** bei Abnahme durch Individualvereinbarung nicht nur – wie in AGB – bis zur Schlusszahlung hinausgeschoben, sondern **gänzlich abbedungen** werden kann.[321]

---

[321] BGH NJW 1971, 883 = BauR 1971, 122; BGHZ 85, 305, 309 = NJW 1983, 385 = BauR 1983, 80 = ZfBR 1983, 78.

## § 12 Nr. 1

### § 12 Nr. 1 [Abnahme auf Verlangen]

Verlangt der Auftragnehmer nach der Fertigstellung – ggf. auch vor Ablauf der vereinbarten Ausführungsfrist – die Abnahme der Leistung, so hat sie der Auftraggeber binnen 12 Werktagen durchzuführen; eine andere Frist kann vereinbart werden.

**Literatur:** Siehe Hinweise → Vor § 12

### Übersicht

| | Rdn. | | Rdn. |
|---|---|---|---|
| A. Allgemeines | 1 | I. Formen/Arten der Abnahme | 14 |
| B. Abnahmeverlangen | 3 | 1. Ausdrückliche/förmliche Abnahme | 15 |
| I. Form des Abnahmeverlangens | 5 | 2. Stillschweigende Abnahme | 16 |
| II. Adressat des Abnahmeverlangens | 8 | 3. Fiktive Abnahme (§ 12 Nr. 5 VOB/B) | 18 |
| III. Voraussetzungen des Abnahmeverlangens | 9 | II. Abnahmefrist | 19 |
| 1. Fertigstellung der Gesamtleistung | 10 | 1. Regelfrist von 12 Werktagen | 20 |
| 2. Möglichkeit des Abnahmeverlangens schon vor Ablauf der vereinbarten Ausführungsfrist | 12 | 2. Folgen der Nichteinhaltung der Abnahmefrist | 22 |
| | | a) Gläubigerverzug | 27 |
| | | b) Schuldnerverzug | 28 |
| C. Durchführung der Abnahme | 13 | III. Kosten der Abnahme | 30 |

## A. Allgemeines

1 § 12 Nr. 1 VOB/B stellt zunächst klar, dass der Auftraggeber, auch wenn er nach Fertigstellung zur Abnahme verpflichtet ist (Hauptpflicht, → Vor § 12 Rdn. 26 ff.), **nicht von sich aus** tätig werden muss, sondern nur, wenn der Auftragnehmer dies verlangt, d. h. aufgrund eines entsprechenden **Abnahmeantrags**. Das gilt in gleicher Weise auch für den BGB-Werkvertrag.

2 Damit wird festgelegt, **wann und unter welchen Voraussetzungen** der Auftraggeber zur Abnahme verpflichtet ist, obwohl er diese natürlich auch **von sich aus,** d. h. ohne einen entsprechenden Abnahmeantrag des Auftragnehmers durchführen **kann.**

## B. Abnahmeverlangen

3 Das Abnahmeverlangen des Auftragnehmers, der von diesem gestellte **Antrag auf Abnahme,** braucht nicht ausdrücklich das Wort „Abnahme" zu enthalten, muss aber unmissverständlich deutlich machen, dass der Auftragnehmer die **Entgegennahme** der nach seiner Behauptung vertragsgemäß fertiggestellten Leistung durch den Auftraggeber und ihre **Billigung als Erfüllung verlangt.**[1]

4 Das Abnahmeverlangen ist eine **empfangsbedürftige Willenserklärung** des Auftragnehmers,[2] die erst mit Zugang beim Auftraggeber wirksam wird und die **Abnahmefrist** von 12 Werktagen nach § 12 Nr. 1 VOB/B beginnen lässt.[3]

---

[1] *Ingenstau/Korbion/Oppler* VOB/B § 12 Nr. 1 Rdn. 4; *Heiermann/Riedl/Rusam* VOB/B § 12 Rdn. 21; *Nicklisch/Weick* VOB/B § 12 Rdn. 36.

[2] *Ingenstau/Korbion/Oppler* a. a. O.; *Heiermann/Riedl/Rusam* a. a. O.

[3] *Ingenstau/Korbion/Oppler* VOB/B § 12 Nr. 1 Rdn. 8.

## I. Form des Abnahmeverlangens

Das Abnahmeverlangen bedarf grundsätzlich **keiner besonderen Form,** ist also formfrei und kann auch mündlich gestellt werden. Aus Beweisgründen empfiehlt sich aber in jedem Fall ein **schriftlicher Abnahmeantrag.**[4]

Darüber hinaus kann – auch in AGB – **vereinbart** werden, dass Abnahmeanträge der Schriftform bedürfen und ggf. sogar durch **Einschreiben** erfolgen müssen. Das ist im kaufmännischen Geschäftsverkehr üblich und deshalb trotz § 309 Nr. 13 BGB zulässig,[5] zumal durch **Telefaxübermittlung** inzwischen wesentlich einfachere und trotzdem gleichwertige Zugangsnachweise möglich sind.

Dagegen kann nicht formularmäßig vereinbart werden, dass die Abnahme nur bei der **Hauptverwaltung** beantragt werden kann, wenn Auftragsvergabe und -abwicklung durch die Niederlassung erfolgt sind, weil § 309 Nr. 13 BGB solche besonderen Zugangserfordernisse verbietet.[6]

## II. Adressat des Abnahmeverlangens

Das Abnahmeverlangen ist, auch wenn § 12 Nr. 1 VOB/B darüber nichts besagt, **gegenüber dem Auftraggeber** selbst zu stellen, denn hierdurch wird von diesem eine rechtsgeschäftliche Erklärung verlangt, die allein ihm persönlich obliegt. Aus diesem Grunde ist der **Architekt nicht der richtige Adressat** für einen Abnahmeantrag des Auftragnehmers. Ein solcher wird deshalb erst wirksam und die Abnahmefrist in Gang gesetzt, wenn er vom Architekten an den Auftraggeber weitergeleitet worden und diesem zugegangen ist.

## III. Voraussetzungen des Abnahmeverlangens

Voraussetzung für den Abnahmeantrag des Auftragnehmers nach § 12 Nr. 1 VOB/B ist, dass die diesem in Auftrag gebebene **Gesamtleistung** abnahmereif ist. Ob und unter welchen Voraussetzungen die Abnahme von **Teilleistungen** verlangt werden kann, ergibt sich aus der Regelung des § 12 Nr. 2 VOB/B über die **Teilabnahme** (siehe dort).

### 1. Fertigstellung der Gesamtleistung

§ 12 Nr. 1 VOB/B bestimmt, dass der Auftragnehmer die Abnahme seiner Leistung erst „**nach der Fertigstellung**" verlangen kann. Dadurch ist klargestellt, dass die Leistung des Auftragnehmers **insgesamt abnahmereif,** d. h. zumindest „im Wesentlichen" = der Hauptsache nach vertragsgemäß fertiggestellt und ihre Gebrauchstauglichkeit im Sinne „**funktioneller" Fertigstellung** gegeben sein muss (→ Vor § 12 Rdn. 95 ff.).

**Unwesentliche** Restarbeiten und Mängel, die eine Abnahme nicht hindern, schließen einen Abnahmeantrag des Auftragnehmers dagegen nicht aus.[7]

Das OLG Köln[8] ist der Ansicht, die Abnahme der Leistung des Hauptunternehmers wirke auch zu Gunsten des Nachunternehmers, so dass das Werk des Nachunternehmers im Verhältnis zum Generalunternehmer als abgenommen gilt, wenn der Auftraggeber des

---

[4] *Ingenstau/Korbion/Oppler* VOB/B § 12 Nr. 1 Rdn. 4; *Heiermann/Riedl/Rusam* VOB/B § 12 Rdn. 21 a; *Nicklisch/Weick* VOB/B § 12 Rdn. 36.
[5] *Ingenstau/Korbion/Oppler* § 12 Nr. 1 Rdn. 5.
[6] Vgl. *Ingenstau/Korbion/Oppler* a. a. O.; *Heiermann/Riedl/Rusam* VOB/B § 12 Rdn. 21 a; a. A. *Kapellmann/Messerschmidt/Havers* VOB/B § 12 Rdn. 70, Fn. 304 für den kaufmännischen Geschäftsverkehr.
[7] *Ingenstau/Korbion/Oppler* VOB/B § 12 Nr. 1 Rdn. 6; *Heiermann/Riedl/Rusam* VOB/B § 12 Nr. 21 b; *Nicklisch/Weick* VOB/B § 12 Rdn. 37.
[8] IBR 1997, 189; a. A. OLG Hamm IBR 2004, 299.

Generalunternehmers das Gesamtwerk, welches die Leistung des Nachunternehmers umfasst, abnimmt. Aus dieser Einzelfallentscheidung lässt sich jedoch kein verallgemeinerungsfähiger Grundsatz ableiten.[9] Zum einen handelt es sich um verschiedene, strikt voneinander zu trennende Vertragsverhältnisse.[10] Zum anderen können erhebliche Mängel an einer Nachunternehmerleistung, die den Hauptunternehmer zur Abnahmeverweigerung berechtigen, im Verhältnis zur Gesamtleistung von nur untergeordneter Bedeutung sein.[11]

Hierher gehört auch die Frage, ob der Hauptunternehmer, der gegenüber seinem Auftraggeber (konkludent) die Abnahmereife seines eigenen Werkes behauptet, damit gleichzeitig die Werkleistung seines Nachunternehmers abnimmt.[12] Während das OLG Düsseldorf dies bejahte, hat das OLG Oldenburg diese Frage verneint.[13]

### 2. Möglichkeit des Abnahmeverlangens schon vor Ablauf der vereinbarten Ausführungsfrist

12   Das Abnahmeverlangen kann nach § 12 Nr. 1 VOB/B gestellt werden, wenn die Leistung im vorstehenden Sinne **abnahmereif fertiggestellt** ist. Ob die vereinbarte Ausführungsfrist bereits abgelaufen ist, spielt dafür keine Rolle. Wenn der Auftragnehmer schon **vorher fertig** ist, kann er die Abnahme auch vor Ablauf der Ausführungsfrist verlangen. Wird die Leistung dagegen erst **nach Ende** der vereinbarten Ausführungsfrist fertiggestellt, ist das für sich allein ebenfalls kein Grund, die Abnahme nicht durchzuführen. Vielmehr ist es dem Auftraggeber dann überlassen, sich seine Ansprüche aus der verspäteten Fertigstellung vorzubehalten (→ Vor § 12 Rdn. 122 ff.).

## C. Durchführung der Abnahme

13   Auf Grund des Abnahmeverlangens des Auftragnehmers **hat** nach § 12 Nr. 1 VOB/B der Auftraggeber die Abnahme innerhalb der dort vorgeschriebenen Frist **durchzuführen**. Damit ist zunächst klargestellt, dass der Auftraggeber dazu **verpflichtet** ist. Wie bereits → Vor § 12 Rdn. 26, 27 erwähnt, handelt es sich dabei um eine **Hauptpflicht** des Auftraggebers, auf deren Erfüllung der Auftragnehmer einen selbstständig einklagbaren **Rechtsanspruch** hat. Dieser wird in der Praxis allerdings zumeist mit dem entsprechenden Zahlungsanspruch des Auftragnehmers verbunden, weshalb eine isolierte **Klage auf Abnahme** selten ist.[14]

### I. Formen/Arten der Abnahme

14   Wie und in welcher Form der Auftraggeber auf Grund des Abnahmeverlangens des Auftragnehmers die Abnahme durchzuführen hat, ist in § 12 Nr. 1 VOB/B nicht gesagt.

#### 1. Ausdrückliche/förmliche Abnahme

15   In Betracht kommt hier zunächst die § 640 BGB entsprechende Abnahme in Form einer **ausdrücklichen Willenserklärung** (→ § 12 Rdn. 50) und die in § 12 Nr. 4 VOB/B gesondert geregelte **förmliche Abnahme** mit entsprechender Protokollierung (→ § 12 Nr. 4 VOB/B).

---

[9] *Bolz* IBR 2007, 477.
[10] OLG Hamm IBR 2007, 477 m. Anm. *Bolz*.
[11] So treffend *Bolz* IBR 2007, 477.
[12] So OLG Düsseldorf OLGR 1996, 1 = IBR 1996, 141 m. Anm. *Kniffka*.
[13] OLG Oldenburg OLGR 1996, 51 = IBR 1996, 370.
[14] Zu einem solchen Fall aber BGH NJW 1981, 1448 = BauR 1981, 284 = ZfBR 1981, 139.

## 2. Stillschweigende Abnahme

Die nach § 12 Nr. 1 VOB/B durchzuführende Abnahme braucht allerdings nicht ausdrücklich/förmlich zu erfolgen, obwohl dies aus einer Vielzahl von Gründen zu empfehlen ist (→ Vor § 12 Rdn. 50 ff.). Die Abnahme kann, wenn der Auftraggeber trotz des Abnahmeverlangens des Auftragnehmers die Abnahme nicht fristgemäß ausdrücklich/förmlich durchführt, auch als **stillschweigende Abnahme** stattfinden, indem der Auftraggeber die Leistung des Auftragnehmers in anderer Weise schlüssig/konkludent billigt (dazu im Einzelnen → Vor § 12 Rdn. 55 ff.).

16

Eine stillschweigende Abnahme in diesem Sinne kann aber **nicht allein** deshalb angenommen werden, weil der Auftraggeber innerhalb der **Frist von 12 Werktagen** nach § 12 Nr. 1 VOB/B die Abnahme nicht ausdrücklich erklärt oder keine förmliche Abnahme durchgeführt hat. Zur Bedeutung dieser **Abnahmefrist** s. unten Rdn. 19 ff. Die Annahme stillschweigender Abnahme setzt demgegenüber den Ablauf einer den jeweiligen Besonderheiten des Falles entsprechenden angemessenen **Prüfungsfrist** voraus (→ Vor § 12 Rdn. 20, 21).

17

## 3. Fiktive Abnahme (§ 12 Nr. 5 VOB/B)

Die Sonderform fingierter/fiktiver Abnahme nach § 12 Nr. 5 VOB/B kommt dagegen nach § 12 Nr. 1 VOB/B nicht in Betracht, weil dieser die Fälle **verlangter Abnahme,** also der Abnahme auf Verlangen regelt, während § 12 Nr. 5 VOB/B gerade für die gegenteiligen Fälle gilt, dass **keine Abnahme** verlangt wird und insoweit auch nichts anderes vereinbart ist.[15] Von daher schließen § 12 Nr. 1 und § 12 Nr. 5 VOB/B sich gegenseitig aus.[16]

18

Die Anwendung **des § 640 Abs. 1 Satz 3 BGB** ist jedoch möglich,[17] so dass, der Auftragnehmer dem Auftraggeber mit dem Verlangen auf förmliche Abnahme eine angemessene Frist setzen kann, nach deren fruchtlosem Ablauf die Abnahme als eingetreten gilt, sofern der Auftraggeber wegen der Beschaffenheit der Leistung zur Abnahme verpflichtet war.

## II. Abnahmefrist

§ 12 Nr. 1 VOB/B bestimmt, dass der Auftraggeber nach Zugang des Abnahmeverlangens des Auftragnehmers die Abnahme „**binnen 12 Werktagen**" durchzuführen hat.

19

### 1. Regelfrist von 12 Werktagen

Die Abnahmefrist von 12 Werktagen ist lediglich eine Regelfrist. Das ergibt sich schon daraus, dass § 12 Nr. 1 VOB/B am Ende selbst bestimmt, „eine andere Frist" könne „vereinbart werden". Eine solche **Fristverlängerung** kann auch in AGB (AVB, BVB, ZVB) erfolgen. Jedenfalls hat der BGH[18] eine Verlängerung der Frist von 12 auf **24 Werktage** für hinnehmbar erklärt.

20

Die Frist beginnt mit dem **Zugang des Abnahmeverlangens** beim Auftraggeber. Für die Fristberechnung gelten die §§ 186 ff. BGB. Da die Frist nach **Werktagen** bemessen ist, zählen auch die in die Frist fallenden Samstage mit. Ist der letzte Tag der Frist allerdings ein Samstag, endet die Frist nach § 193 BGB erst am darauf folgenden Montag.

21

---

[15] Vgl. *Ingenstau/Korbion/Oppler* VOB/B § 12 Nr. 5 Rdn. 3.
[16] Ebenso *Kapellmann/Messerschmidt/Havers* VOB/B § 12 Rdn. 72.
[17] *Kapellmann/Messerschmidt/Havers* a. a. O.
[18] BGHZ 86, 135 = NJW 1983, 816, 818 = BauR 1983, 161 = ZfBR 1983, 85; BGH NJW 1989, 1602 = BauR 1989, 322 = ZfBR 1989, 158.

## 2. Folgen der Nichteinhaltung der Abnahmefrist

22 Wenn der Auftraggeber nach Zugang des Abnahmeverlangens des Auftragnehmers dessen Leistung nicht binnen 12 Werktagen oder der entsprechend vereinbarten längeren Frist abgenommen hat, folgt daraus, entgegen dem, was man auf den ersten Blick annehmen möchte, noch **nicht, dass die Leistung des Auftragnehmers dann abgenommen ist.**

23 Denn die Abnahme selbst, wenn sie nicht ausdrücklich erklärt wird, kann sich dann höchstens in der Form **stillschweigender Abnahme** vollziehen. Dazu bedarf es aber des Ablaufs einer dem konkreten Fall entsprechenden angemessenen **Prüfungsfrist** (→ Vor § 12 Rdn. 20, 21).

24 Die **fiktive Abnahme** in der Sonderform des § 12 Nr. 5 VOB/B, der unabhängig vom Abnahmewillen des Auftraggebers allein Fristablauf für das Zustandekommen der Abnahme genügen lässt, setzt dagegen voraus, dass gerade **keine Abnahme verlangt** oder vereinbart worden ist und scheidet deshalb hier aus. Denn § 12 Nr. 1 und § 12 Nr. 5 VOB/B schließen sich gegenseitig aus (s. oben Rdn. 18).

25 Die **bloße Nichtabnahme** für sich allein führt also nicht schon dazu, dass die Abnahme gleichwohl als erfolgt angesehen werden kann.[19] Insbesondere genügt dafür nicht **allein der Fristablauf,** wenn der Auftraggeber die vom Auftragnehmer beantragte Abnahme nicht fristgemäß durchgeführt hat. Der Abnahme gleich steht vielmehr nur/erst die **grundlose Nichtabnahme**[20] im Sinne ungerechtfertigter Abnahmeverweigerung, wenn der Auftraggeber die Abnahme **zu Unrecht verweigert,**[21] etwa wenn die dafür erforderlichen Voraussetzungen des § 12 Nr. 3 VOB/B nicht gegeben sind (dazu siehe dort).

26 Der bloße Umstand, dass der Auftraggeber trotz entsprechenden Abnahmeverlangens des Auftragnehmers die Abnahme nicht fristgemäß durchgeführt hat, führt für sich allein lediglich dazu, dass der Auftraggeber **in Verzug** gerät.

27 a) **Gläubigerverzug.** Durch die Nichteinhaltung der Abnahmefrist des § 12 Nr. 1 VOB/B gerät der Auftraggeber zunächst einmal mit der Entgegennahme und Abnahme der Leistung des Auftragnehmers in **Annahmeverzug,** und zwar unabhängig davon, ob er die Nichteinhaltung der Abnahmefrist zu vertreten hat oder nicht. Denn der Annahmeverzug/Gläubigerverzug setzt **kein Verschulden** voraus, sondern hat auch ohne Verschulden des Auftraggebers zur Folge, dass
 – nach § 644 Abs. 1 Satz 2 BGB die **Gefahr des zufälligen Untergangs** des Bauwerks auf den Auftraggeber übergeht,
 – nach § 300 BGB vom Auftragnehmer dann **nur noch Vorsatz und grobe Fahrlässigkeit** zu vertreten sind und
 – nach § 304 BGB der Auftragnehmer vom Auftraggeber **Ersatz der Mehraufwendungen** verlangen kann, die ihm für die Erhaltung der fertiggestellten Leistung entstehen.[22]

28 b) **Schuldnerverzug.** Außerdem kommt der Auftraggeber bei **schuldhafter Nichtabnahme** mit Ablauf der nach § 12 Nr. 1 VOB/B geltenden oder sonst vereinbarten Frist in Schuldnerverzug, weil es sich bei der Abnahme um eine ihm obliegende **Hauptpflicht** handelt (→ Vor § 12 Rdn. 26). Eine gesonderte Mahnung ist nicht erforderlich, da es sich bei dem Abnahmeverlangen des Auftragnehmers um ein Ereignis i. S. d. § 286 Abs. 2 Nr. 2 BGB handelt, das die nach § 12 Nr. 1 VOB/B vereinbarte Abnahmefrist in Gang setzt, die sich von dem Abnahmeverlangen an nach dem Kalender berechnen lässt.[23]

29 Die Folgen des Schuldnerverzuges des Auftraggebers ergeben sich zunächst aus **§§ 280, 286 BGB.** Danach kann der Auftragnehmer in erster Linie Ersatz des **Verzugsschadens**

---

[19] So zutreffend *Nicklisch/Weick* VOB/B § 12 Rdn. 45.
[20] Vgl. *Ingenstau/Korbion/Oppler* VOB/B § 12 Nr. 3 Rdn. 7 ff.; ebenso im Ergebnis wohl *Nicklisch/Weick* VOB/B § 12 Rdn. 45, a. A. *Heiermann/Riedl/Rusam* VOB/B § 12 Rdn. 33.
[21] *Ingenstau/Korbion/Oppler* VOB/B § 12 Nr. 3 Rdn. 8; *Nicklisch/Weick* VOB/B § 12 Rdn. 45.
[22] Vgl. zum Ganzen zusammenfassend *Ingenstau/Korbion/Oppler* VOB/B § 12 Nr. 1 Rdn. 18 sowie *Heiermann/Riedl/Rusam* VOB/B § 12 Rdn. 24 ff.
[23] *Ingenstau/Korbion/Oppler* VOB/B § 12 Nr. 1 Rdn. 19.

verlangen, der sich für ihn aus der nicht rechtzeitigen Abnahme und einer etwa verspäteten Zahlung der (restlichen) Vergütung ergibt. Außerdem kann der Auftragnehmer nach **§§ 280, 281 BGB** vorgehen,[24] d. h. dem Auftraggeber zur Durchführung der Abnahme eine **Nachfrist** setzen. Nach Ablauf dieser (zweiten) Frist kann der Auftragnehmer **Schadensersatz wegen Nichterfüllung** verlangen. Darüber hinaus besteht für den Auftragnehmer auch die Möglichkeit, eine Abnahmefiktion durch ein Vorgehen gemäß § 640 Abs. 1 Satz 3 BGB oder § 641 a BGB herbeizuführen.

Der Auftragnehmer kann auch gesondert auf Abnahme **klagen.** Von dieser Möglichkeit wird in der Praxis allerdings wenig Gebrauch gemacht, weil zumeist gleich auf **Zahlung der ausstehenden Vergütung** geklagt und die Abnahme oder ihre grundlose Verweigerung dann als Voraussetzung für die Fälligkeit des Vergütungsanspruchs des Auftragnehmers geprüft und ggf. inzident festgestellt wird.

### III. Kosten der Abnahme

Da die Abnahme **Hauptpflicht** des Auftraggebers ist, gehen ihre Kosten grundsätzlich zu seinen eigenen Lasten. Jedoch sind die Kosten der Abnahme nur dann vom **Auftraggeber** zu tragen, wenn zur Zeit des Abnahmeverlangens des Auftragnehmers auch die Voraussetzungen für eine Abnahme seiner Leistungen gegeben waren. Ist die Leistung des Auftragnehmers noch nicht abnahmereif fertiggestellt, hat der Auftragnehmer noch keinen Anspruch auf Abnahme und ist deshalb auch nicht berechtigt, diese bereits zu verlangen. Tut er dies dennoch, haftet er nach altem Recht aus **positiver Vertragsverletzung** bzw. **aus Pflichtverletzung** gemäß §§ 280 Abs. 1, 241 Abs. 2 BGB n. F. für die dem Auftraggeber dadurch entstehenden unnötigen Kosten. Daraus folgt, dass die Kosten einer verfrüht beantragten Abnahme zu Lasten des **Auftragnehmers** gehen.[25]

30

---

[24] *Ingenstau/Korbion/Oppler* VOB/B § 12 Nr. 1 Rdn. 20.
[25] *Ingenstau/Korbion/Oppler* VOB/B § 12 Nr. 1 Rdn. 17; *Heiermann/Riedl/Rusam* VOB/B § 12 Rdn. 23; *Nicklisch/Weick* VOB/B § 12 Rdn. 46; *Leinemann/Sterner* VOB/B § 12 Rdn. 62; *Kapellmann/Messerschmidt/Havers* VOB/B § 12 Rdn. 75.

## § 12 Nr. 2

**§ 12 Nr. 2 [Teilabnahme]**
**Auf Verlangen sind in sich abgeschlossene Teile der Leistung besonders abzunehmen.**

**Literatur:** Siehe Hinweise → Vor § 12

### Übersicht

| | Rdn. | | Rdn. |
|---|---|---|---|
| A. Allgemeines | 1 | 1. In sich abgeschlossene Teile der Leistung | 12 |
| B. Voraussetzungen der Teilabnahme | 3 | 2. Generalunternehmer-/Subunternehmerverhältnis | 16 |
| I. Abnahmeverlangen | 4 | 3. Schlüsselfertigbau | 18 |
| II. Einheitlicher Auftrag | 7 | II. Unechte = technische Teilabnahme | 19 |
| C. Formen/Arten der Teilabnahme | 8 | | |
| I. Echte = rechtsgeschäftliche Teilabnahme (§ 12 Nr. 2 VOB/B) | 9 | | |

## A. Allgemeines

1   Während § 12 Nr. 1 VOB/B vom Grundsatz der **Gesamtabnahme** ausgeht und demgemäß die abnahmereife Fertigstellung der Gesamtleistung voraussetzt, regelt § 12 Nr. 2 VOB/B als **Ausnahme** hiervon[1] die Möglichkeiten und Voraussetzungen einer **Teilabnahme** von fertiggestellten Teilleistungen/Leistungsteilen. Insofern ist § 12 Nr. 2 VOB/B eine Ergänzung und Ausgestaltung/Konkretisierung von **§ 641 Abs. 1 Satz 2 BGB,**[2] wonach die Vergütung, wenn „das Werk in Teilen abzunehmen" und die Vergütung für die einzelnen Teile bestimmt ist, „für jeden Teil bei dessen Abnahme" zu entrichten ist. Wann und unter welchen Voraussetzungen eine solche Teilabnahme möglich ist, ergibt sich aus § 641 Abs. 1 Satz 2 BGB aber nicht. Die Teilabnahme bedarf beim BGB-Werkvertrag deshalb besonderer Vereinbarung.[3]

2   Mit der Teilabnahme von Teilleistungen/Leistungsteilen nicht zu verwechseln ist die Abnahme einer **teilweise fertiggestellten Leistung bei vorzeitiger Vertragsbeendigung**, etwa im Falle der Kündigung nach § 8 Nr. 3 VOB/B. Wenn § 8 Nr. 6 VOB/B für diesen Fall bestimmt, dass der Auftragnehmer „Aufmaß und **Abnahme der von ihm ausgeführten Leistungen** alsbald nach der Kündigung verlangen" kann, handelt es sich hier dennoch nicht um eine Teilabnahme, sondern um eine **Gesamtabnahme** der bis zur Vertragsbeendigung tatsächlich ausgeführten Leistungen.[4]

## B. Voraussetzungen der Teilabnahme

3   Die Teilabnahme nach § 12 Nr. 2 VOB/B setzt zunächst **allgemein** zweierlei voraus:

### I. Abnahmeverlangen

4   Wie im Falle der Gesamtabnahme nach § 12 Nr. 1 VOB/B ist der Auftragnehmer auch zur Teilabnahme nach § 12 Nr. 2 VOB/B nicht von sich aus, sondern nur aufgrund eines

---

[1] *Ingenstau/Korbion/Oppler* VOB/B § 12 Nr. 2 Rdn. 1.
[2] *Ingenstau/Korbion/Oppler* a. a. O.
[3] *Heiermann/Riedl/Rusam* VOB/B § 12 Rdn. 26 unter Hinweis auf RGRK-*Glanzmann* § 640 BGB Rdn. 21; *Nicklisch/Weick* VOB/B § 12 Rdn. 50; MünchKomm-*Soergel* § 640 BGB Rdn. 23.
[4] *Ingenstau/Korbion/Oppler* VOB/B § 12 Nr. 2 Rdn. 10; *Heiermann/Riedl/Rusam* VOB/B § 12 Rdn. 29; *Nicklisch/Weick* VOB/B § 12 Rdn. 49.

entsprechenden **Abnahmeantrags des Auftragnehmers verpflichtet.**[5] Denn wenn der Auftragnehmer keine Teilabnahme verlangt, braucht der Auftraggeber eine solche auch nicht vorzunehmen.

Ebenso wie der Auftraggeber aber die Gesamtleistung abnehmen **kann,** auch wenn der Auftragnehmer dies nicht verlangt hat, ist er zur Teilabnahme ohne entsprechenden Abnahmeantrag des Auftragnehmers **berechtigt** und kann eine solche von sich aus vornehmen, wenn er dies für angezeigt hält. Das kann insbesondere in den Fällen des **§ 4 Nr. 10 VOB/B** geboten sein, wenn die teilfertiggestellte Leistung des Auftragnehmers „durch die weitere Ausführung der Prüfung und Feststellung entzogen" wird.

Ob die Befugnis des Auftraggebers, unabhängig vom Willen und Verlangen des Auftragnehmers eine Teilabnahme nach § 12 Nr. 2 VOB/B durchzuführen, aus dem **Anordnungsrecht** des Auftraggebers gem. § 4 Nr. 1 Abs. 3 VOB/B folgt,[6] ist eine andere Frage, die eher zu verneinen sein dürfte. Denn der Auftraggeber hat insoweit nichts anzuordnen und der Auftragnehmer nichts zu befolgen, weil er zur **Mitwirkung** an der vom Auftraggeber gewünschten Teilabnahme grundsätzlich nicht verpflichtet ist. Auch die Teilabnahme ist vielmehr in gleicher Weise wie die Gesamtabnahme die **alleinige einseitige Willenserklärung des Auftraggebers,** die dieser jederzeit von sich aus abgeben kann (→ Vor § 12 Rdn. 30, 31).

### II. Einheitlicher Auftrag

Weitere Voraussetzung einer Teilabnahme nach § 12 Nr. 2 VOB/B ist es, dass die betreffenden Teilleistungen Gegenstand **desselben Auftrags** sind, etwa die Leistungen für mehrere, nach und nach fertiggestellte Häuser einer einheitlich vergebenen Gesamtbaumaßnahme. Handelt es sich dagegen um selbstständige **Einzelverträge,**[7] stellt die Abnahme der Leistungen des einen Vertrages **keine Teilabnahme** im Verhältnis zu den Leistungen aus den anderen Verträgen dar. Vielmehr ist die Abnahme der Leistungen eines jeden einzelnen Vertrags für sich gesehen die abschließende **Gesamtabnahme** der Leistungen aus dem jeweiligen Vertrag.[8]

## C. Formen/Arten der Teilabnahme

§ 12 Nr. 2 VOB/B verpflichtet den Auftraggeber zur Teilabnahme in sich abgeschlossener Teile der Leistung, wenn der Auftragnehmer dies verlangt.

### I. Echte = rechtsgeschäftliche Teilabnahme (§ 12 Nr. 2 VOB/B)

Nur wenn in sich abgeschlossene Teile der Leistung gegeben sind, stellt die in Bezug auf sie verlangte/durchgeführte Abnahme eine **echte Teilabnahme** dar, für die alles das gilt, was vorstehend zur Abnahme im Rechtssinne gesagt worden ist.

Daraus folgt zunächst, dass für die echte Teilabnahme sämtliche **Formen/Arten der Abnahme** in Betracht kommen, wie sie vor § 12 Rdn. 48 ff. behandelt sind. Die echte Teilabnahme kann also nicht nur **ausdrücklich/förmlich und stillschweigend** erfolgen.

---

[5] *Ingenstau/Korbion/Oppler* VOB/B § 12 Nr. 2 Rdn. 5; *Heiermann/Riedl/Rusam* VOB/B § 12 Rdn. 27; *Nicklisch/Weick* VOB/B § 12 Rdn. 51.

[6] *Ingenstau/Korbion/Oppler* a. a. O.; *Heiermann/Riedl/Rusam* VOB/B § 12 Rdn. 27.

[7] *Ingenstau/Korbion/Oppler* VOB/B § 12 Nr. 2 Rdn. 3: Rohbau- und Innenputzarbeiten aus zwei getrennten Aufträgen; *Nicklisch/Weick* VOB/B § 12 Rdn. 49.

[8] BGH BauR 1974, 63: „Vollabnahme"; vgl. auch *Ingenstau/Korbion/Oppler* a. a. O.; *Heiermann/Riedl/Rusam* VOB/B § 12 Rdn. 26, 27 a.

Vielmehr ist in diesem Fall auch die Sonderform **fiktiver Abnahme** nach § 12 Nr. 5 VOB/B möglich.[9] Entgegen *Ingenstau/Korbion/Oppler, Kapellmann/Messerschmidt/Havers* und *Heiermann/Riedl/Rusam*[10] gilt das aber nicht nur „für den in Nr. 5 Abs. 2 geregelten Fall", dass eine in sich abgeschlossene Teilleistung **in Benutzung genommen** wird, denn wenn z. B. in Bezug auf mehrere, nach und nach fertiggestellte Häuser einer einheitlich vergebenen Gesamtanlage eine **schriftliche Mitteilung über die Fertigstellung** eines Hauses als in sich abgeschlossene Teilleistung erfolgt, kommt insoweit durchaus auch eine fingierte/fiktive **Teilabnahme nach § 12 Nr. 5 Abs. 1 VOB/B** in Betracht. Ebenso kommen die fiktiven Abnahmemöglichkeiten nach BGB, insbesondere § 640 Abs. 1 Satz 3 BGB, in Betracht.[11]

11   Weiterhin löst die echte = rechtsgeschäftliche Teilabnahme – und nur diese – sämtliche **Folgen und Wirkungen der Abnahme** aus (→ Vor § 12 Rdn. 97 ff.). Insbesondere begründet sie die **Fälligkeit der Vergütung** für die betreffende Teilleistung (vgl. § 641 Abs. 1 Satz 2 BGB und vor § 12 Rdn. 105) sowie den **Beginn der Gewährleistung** für diese (→ Vor § 12 Rdn. 108). Schließlich und endlich sind bei der echten Teilabnahme auch **Vorbehalte wegen Mängeln und Vertragsstrafen** in gleicher Weise erforderlich wie bei der Gesamtabnahme.[12]

### 1. In sich abgeschlossene Teile der Leistung

12   Wann in sich abgeschlossene Teile einer Leistung vorliegen, richtet sich danach, ob die betreffenden Teile von der Gesamtleistung **funktionell trennbar** und unabhängig von den übrigen Leistungen **selbstständig gebrauchsfähig** sind.[13] *Ingenstau/Korbion/Oppler*[14] bringt dafür das Beispiel, dass der Auftragnehmer nach dem Vertrag die Heizungs- und Sanitärinstallation auszuführen hat und die **Heizungsanlage** oder die Sanitärinstallation bereits fertiggestellt sind und funktionieren.[15]

13   Gleiches gilt, wenn eines von mehreren Häusern eines Gesamtauftrags gebrauchsfähig fertiggestellt ist[16] oder **einzelne Wohnungen, Läden oder Büroetagen** eines Wohn- und Geschäftshauses, für die schon Mieter gefunden werden konnten, bereits ausgebaut sind, sofern die zu ihrer Bezugsfertigkeit erforderlichen Gemeinschaftsanlagen ebenfalls fertiggestellt sind. Demgemäß hat der Bauunternehmer, wenn derartige Wohnungen, Läden oder Büroetagen **bereits an die Mieter übergeben** werden, seinerseits Anspruch auf Teilabnahme gegenüber seinem Auftraggeber, z. B. einem Bauträger oder Investor, auch wenn andere Wohnungen oder Etagen des Hauses – oftmals bewusst – noch nicht ausgebaut sind, weil für sie noch keine Mieter vorhanden sind.

14   Dagegen genügt es nicht, um eine in sich abgeschlossene Teilleistung anzunehmen, wenn von den in Auftrag gegebenen Rohbauarbeiten erst einzelne, **unselbständige Teile wie Decken, Wände oder Stockwerke** fertiggestellt sind, die als solche nicht für sich allein funktions- und gebrauchsfähig sind.[17] Entsprechendes gilt für Abdichtungsarbeiten oder eine Treppenanlage, wenn z. B. das ebenfalls in Auftrag gegebene Geländer noch fehlt.[18] Auch

---

[9] *Ingenstau/Korbion/Oppler* VOB/B § 12 Nr. 2 Rdn. 4.
[10] *Ingenstau/Korbion/Oppler* VOB/B § 12 Nr. 2 Rdn. 4; *Heiermann/Riedl/Rusam* VOB/B § 12 Rdn. 28 b; *Kapellmann/Messerschmidt/Havers* VOB/B § 12 Rdn. 79.
[11] *Ingenstau/Korbion/Oppler* a. a. O.
[12] *Ingenstau/Korbion/Oppler* VOB/B § 12 Nr. 2 Rdn. 9; *Heiermann/Riedl/Rusam* VOB/B § 12 Rdn. 28 b; *Nicklisch/Weick* VOB/B § 12 Rdn. 52.
[13] *Ingenstau/Korbion/Oppler* VOB/B § 12 Nr. 2 Rdn. 6; *Heiermann/Riedl/Rusam* VOB/B § 12 Rdn. 28; *Nicklisch/Weick* VOB/B § 12 Rdn. 51.
[14] B § 12 Nr. 2 Rdn. 6; ebenso *Heiermann/Riedl/Rusam* a. a. O. und *Nicklisch/Weick* a. a. O.
[15] BGH BauR 1975, 423; BGHZ 73, 140 = NJW 1979, 650 = BauR 1979, 159 = ZfBR 1979, 66.
[16] *Ingenstau/Korbion/Oppler* VOB/B § 12 Nr. 2 Rdn. 6; *Heiermann/Riedl/Rusam* VOB/B § 12 Rdn. 28; *Nicklisch/Weick* VOB/B § 12 Rdn. 51.
[17] BGHZ 50, 160 = NJW 1968, 1524; *Ingenstau/Korbion/Oppler* VOB/B § 12 Nr. 2 Rdn. 7; *Heiermann/Riedl/Rusam* VOB/B § 12 Rdn. 28; *Nicklisch/Weick* VOB/B § 12 Rdn. 51.
[18] BGH NJW 1985, 2696 = BauR 1985, 565 = ZfBR 1985, 271; *Ingenstau/Korbion/Oppler* VOB/B § 12 Nr. 2 Rdn. 7; *Nicklisch/Weick* VOB/B § 12 Rdn. 51.

die Abnahme der **Elektro-Rohinstallation** vor Ausführung des Wand- und Deckenputzes ist lediglich eine unechte Teilabnahme i. S. von § 4 Nr. 10 VOB/B, die nur der Vorbereitung der späteren endgültigen Abnahme dient.[19]

Bei der Vergabe **mehrerer Fachlose** an einen Auftragnehmer in einem Vertrag[20] kommt es darauf an, ob bereits eines dieser Fachlose, die Heizungs- oder Sanitärinstallation, die Dachdecker-, Maler- oder Glaserarbeiten für eines von mehreren Häusern unabhängig von den anderen Arbeiten abschließend fertiggestellt, d. h. für sich allein funktions- und gebrauchsfähig sind. Gerade bei Maler- oder Glaserarbeiten macht dann eine **gebäudeweise Teilabnahme** Sinn, weil bei ihnen in besonderem Maße die Gefahr von Beschädigungen durch Dritte besteht. 15

### 2. Generalunternehmer-/Subunternehmerverhältnis

Wenn ein Subunternehmer seine Leistung, z. B. die Rohbauarbeiten oder einzelne Ausbaugewerke fertiggestellt hat, handelt es sich im Verhältnis zum Generalunternehmer um eine Gesamtfertigstellung, die dem **Subunternehmer Anspruch auf Gesamtabnahme** gibt. Im Verhältnis des Generalunternehmers zu seinem Auftraggeber, dem Bauträger oder Investor, handelt es sich trotzdem aber **nicht um eine in sich abgeschlossene Teilleistung des Generalunternehmers**,[21] wenn diese für den Auftraggeber nicht selbstständig funktions- und gebrauchsfähig ist. 16

Das ist regelmäßig nicht anzunehmen und selbst in Bezug auf eine bereits fertiggestellte Heizungsanlage nicht der Fall, weil der Auftraggeber, gemessen am **Gesamtumfang der Generalunternehmerleistung,** damit allein nichts anfangen kann. Insofern liegen die Dinge hier anders als in dem Rdn. 12 behandelten Fall gewerkeweiser Vergabe, wo der Auftragnehmer von der ihm in Auftrag gegebenen Heizungs- und Sanitärinstallation bereits die Heizungsanlage oder die Sanitärinstallation funktionsfähig fertiggestellt hat, weil sein **Leistungsziel** ein anderes ist als das des Generalunternehmers im Verhältnis zu seinem Auftraggeber. 17

### 3. Schlüsselfertigbau

Ähnlich verhält es sich, wenn der Auftragnehmer eine schlüsselfertige Leistung schuldet. Nur wenn diese aus einem Gesamtkomplex mehrerer Gebäude besteht, ist eine **Teilabnahme einzelner bereits fertiggestellter Häuser** denkbar. Voraussetzung dafür ist jedoch, dass die schon fertiggestellten Häuser so weit in sich abgeschlossen sind, dass sie bereits **ihre Funktion und ihren Nutzungszweck** erfüllen, d. h. die allgemeinen Versorgungseinrichtungen für Strom, Wasser und Abwasser ebenfalls fertiggestellt sind.[22] Unter diesen Voraussetzungen ist auch eine **Teilabnahme einzelner Wohnungen, Geschäftslokale oder Büroetagen** eines Gebäudekomplexes möglich, wenn diese für die insoweit vorhandenen Mieter bereits fertiggestellt sind, auch wenn die übrigen Einheiten des Gebäudes noch nicht ausgebaut sind und leerstehen. 18

## II. Unechte = technische Teilabnahme

Die früher in § 12 Nr. 2 b VOB/B geregelte unechte bzw. technische Abnahme befindet sich nun in § 4 Nr. 10 VOB/B. Nähere Einzelheiten siehe dort. 19

---

[19] OLG Düsseldorf, NJW-RR 1992, 1373 = BauR 1992, 813 L zu § 12 Nr. 2 b VOB/B a. F.
[20] *Ingenstau/Korbion/Oppler* a. a. O.
[21] Ebenso *Ingenstau/Korbion/Oppler* VOB/B § 12 Nr. 2 Rdn. 7 unter Hinweis auf OLG Düsseldorf, *Schäfer/Finnern/Hochstein* § 12 VOB/B Nr. 14.
[22] *Ingenstau/Korbion/Oppler* VOB/B § 12 Nr. 2 Rdn. 8 mit dem Beispiel eines Kasernenkomplexes, der aus einzelnen Mannschaftsgebäuden und einem Küchengebäude besteht, wenn letzteres noch nicht fertiggestellt ist.

## § 12 Nr. 3

**§ 12 Nr. 3 [Abnahmeverweigerung § 12 Nr. 3]**

Wegen wesentlicher Mängel kann die Abnahme bis zur Beseitigung verweigert werden.

Literatur: *H. Gross,* Die verweigerte Abnahme, Festschrift für Locher, 1990, S. 53 ff.; *G. Kaiser,* Abnahmeverweigerung des Auftraggebers nur bei wesentlichen Mängeln (§ 12 Nr. 3 VOB/B)?, ZfBR 1983, 1 ff.; *Motzke/Schreiber,* Verweigerung der Bauabnahme bei einer Vielzahl kleiner Mängel – Möglichkeiten einer baubetrieblichen Bewertung, BauR 1999, 24; *Willebrand/Detzer,* Abnahmeverweigerung – Strategie und Abwehrmaßnahmen, BB 1992, 1801.

### Übersicht

| | Rdn. | | Rdn. |
|---|---|---|---|
| A. Allgemeines | 1 | IV. Beispielfälle | 16 |
| B. Begriff des wesentlichen Mangels | 5 | 1. Wesentliche Mängel | 17 |
| I. Kein Rückgriff auf den Mangelbegriff des § 13 Nr. 1 VOB/B bzw. § 633 BGB | 6 | 2. Unwesentliche Mängel | 19 |
| | | C. Form, Frist und Zeitpunkt der Abnahmeverweigerung | 21 |
| II. Beeinträchtigung der Verwendungseignung | 9 | D. Folgen der Abnahmeverweigerung | 24 |
| III. Zumutbarkeit der Annahme als Erfüllung | 12 | | |

### A. Allgemeines

**1** § 12 Nr. 3 VOB/B ergibt sich unmittelbar aus dem **Begriff der Abnahme,** der Entgegennahme und Billigung der Leistung als im Wesentlichen vertragsgemäß. Daraus folgt, dass der Auftraggeber die Leistung bei Vorliegen **wesentlicher Mängel** nicht abzunehmen braucht, sondern die Abnahme ablehnen darf/verweigern kann, weil die Leistung dann nicht abnahmereif ist.

**2** Jedoch ist dies **keine Pflicht,** d. h. der Auftraggeber kann trotz wesentlicher Mängel abnehmen, wenn ihn diese nicht stören. Er **muss** die Abnahme also nicht verweigern, sondern hat lediglich das **Recht** dazu, von dem er Gebrauch machen kann oder nicht.[1]

**3** Umgekehrt ergibt sich aus § 12 Nr. 3 VOB/B aber auch, dass der Auftraggeber bei **unwesentlichen Mängeln nicht** zur Abnahmeverweigerung berechtigt ist, sondern abnehmen muss, weil die Leistung des Auftragnehmers dann im Wesentlichen vertragsgemäß ist.

**4** Nach der Änderung des § 640 Abs. 1 BGB durch das Gesetz zur Beschleunigung fälliger Zahlungen kann der Auftraggeber eines BGB-Bauvertrages **wegen unwesentlicher Mängel die Abnahme nicht mehr verweigern.** Trotz der unterschiedlichen Formulierung ist von einer inhaltlichen Deckungsgleichheit von § 12 Nr. 3 VOB/B und § 640 Abs. 1 Satz 2 BGB auszugehen.[2] Die Negativformulierung des § 640 Abs. 1 Satz 2 BGB wurde nur deswegen gewählt, um klarzustellen, dass keine Beweislastumkehr zu Lasten des Bestellers vorliegt.[3] Auch vor Inkrafttreten des Gesetzes zur Beschleunigung fälliger Zahlungen verneinte die herrschende Meinung beim BGB-Werkvertrag des Recht des Auftraggebers zur Abnahmeverweigerung, wenn die Mängel ganz **unbedeutend und geringfügig** waren, so dass dem Auftraggeber die Abnahme zuzumuten und ihre Verweigerung unbillig, also ein Verstoß gegen Treu und Glauben (§ 242 BGB) war. Demgemäß konnte sich nach BGH[4] der

---
[1] Ingenstau/Korbion/Oppler VOB/B § 12 Nr. 3 Rdn. 1.
[2] Herrschende Meinung, vgl. Ingenstau/Korbion/Oppler VOB/B § 12 Nr. 3 Rdn. 1; Heiermann/Riedl/Rusam VOB/B § 12 Rdn. 30; a. A. Kiesel NJW 2000, 1673 und Peters NZBau 2000, 169.
[3] Kapellmann/Messerschmidt/Havers VOB/B § 12 Rdn. 83; Heiermann/Riedl/Rusam VOB/B § 12 Rdn. 30; Ingenstau/Korbion/Oppler VOB/B § 12 Nr. 3 Rdn. 1 m. w. N.
[4] ZfBR 1996 156 = BauR 1996, 390 = NJW 1996, 1280; ebenso OLG Hamm ZfBR 2002, 154.

Besteller eines Bauwerks nicht auf eine fehlende Abnahme berufen, wenn ein Mangel nach seiner Art, seinem Umfang und vor allem nach seinen Auswirkungen derart **unbedeutend** war, dass das Interesse des Bestellers an einer Beseitigung vor Abnahme nicht schützenswert war und sich eine Verweigerung deshalb als Verstoß gegen Treu und Glauben darstellte.

## B. Begriff des wesentlichen Mangels

Wann ein Mangel wesentlich ist und wann nicht, ist in § 12 Nr. 3 VOB/B nicht gesagt. Dafür lassen sich auch **keine allgemeingültigen Regeln** aufstellen, weil dies letztlich eine Frage des Einzelfalles ist. 5

### I. Kein Rückgriff auf den Mangelbegriff des § 13 Nr. 1 VOB/B bzw. § 633 BGB

Die Frage, ob ein wesentlicher oder unwesentlicher Mangel vorliegt, lässt sich nicht durch Rückgriff auf den Mängelbegriff des § 13 Nr. 1 VOB/B oder § 633 BGB beantworten. Denn auch wenn das Werk z. B. **nicht die vereinbarte Beschaffenheit** hat, kann die Werkleistung für den Besteller uneingeschränkt brauchbar sein und das Fehlen der vereinbarten Beschaffenheit im Einzelfall nicht als wesentlicher Mangel anzusehen sein. 6

Ebenso besagt ein **Verstoß gegen die anerkannten Regeln der Technik** nicht automatisch, dass ein wesentlicher Mangel vorliegt. Denn im Zweifel beruht fast jeder Mangel auf einem Verstoß gegen die anerkannten Regeln der Technik, ohne dass er deshalb schon wesentlich sein muss. 7

Auch die weiteren Alternativen des Mangelbegriffs des § 13 Nr. 1 VOB/B und § 633 Abs. 2 BGB sind für die Abgrenzung zwischen wesentlichem und unwesentlichem Mangel nicht ergiebig. Das Werk ist mangelhaft, wenn es sich nicht für die nach dem Vertrag vorausgesetzte Verwendung, hilfsweise für die gewöhnliche Verwendung, eignet. Sofern das Werk zu dem vereinbarten oder gewöhnlichen Verwendungszweck **unter keinen Umständen genutzt werden kann,** liegt offensichtlich ein **wesentlicher Mangel** vor. Problematisch ist jedoch, wo die Grenze zwischen wesentlichem und unwesentlichem Mangel zu ziehen ist, wenn sich das Werk zwar prinzipiell für den vereinbarten oder gewöhnlichen Verwendungszweck eignet, auf Grund seiner Fehlerhaftigkeit aber nur mit Einschränkungen zu nutzen ist. Die Frage, ob ein Mangel wesentlich ist und deshalb zur Verweigerung der Abnahme berechtigt, hängt daher von der Art des Mangels, seinem Umfang und vor allem von seiner Auswirkung ab; dies lässt sich nur unter **Berücksichtigung der Umstände des jeweiligen Einzelfalles** beurteilen.[5] 8

### II. Beeinträchtigung der Verwendungseignung

Trotzdem ist die Eignung zur vereinbarten/gewöhnlichen Verwendung ein entscheidendes Kriterium für die Beantwortung der Frage, ob ein wesentlicher Mangel vorliegt oder nicht. Denn wenn die Tauglichkeit der Leistung zum vereinbarten Gebrauch beeinträchtigt ist, liegt **in aller Regel ein wesentlicher Mangel** vor. 9

Dabei ergibt sich daraus, dass § 13 Nr. 1 VOB/B ebenso wie § 633 BGB zwischen der Eignung „für die nach dem Vertrag vorausgesetzte" bzw. „gewöhnlichen Verwendung" unterscheiden, dass für die Beurteilung, ob ein Mangel wesentlich ist, **nicht allein objektive Gesichtspunkte** maßgebend sind.[6] Denn eine Leistung kann zu der gewöhnlichen Verwendung geeignet sein, der nach dem Vertrag vorausgesetzten Verwendung trotzdem 10

---

[5] BGH BauR 2000, 1482; Hanseatisches OLG BauR 2003, 1590.
[6] *Ingenstau/Korbion/Oppler* VOB/B § 12 Nr. 3 Rdn. 2; *Nicklisch/Weick* VOB/B § 12 Rdn. 57.

aber nicht entsprechen. Eine Türschwelle oder ein geringfügiges Mindermaß der Türöffnungen mag normalerweise nicht so wesentlich sein, dass eine Abnahmeverweigerung gerechtfertigt ist. In einem Krankenhaus, in dem die Betten dann nicht mehr von Zimmer zu Zimmer geschoben werden können, oder für Rollstuhlfahrer in einem Behindertenwohnheim ist dies in jedem Fall aber ein wesentlicher Mangel. Gleiches gilt insoweit unter Umständen für zu hoch angebrachte Sanitär- oder sonstige Gebrauchsgegenstände, mag deren Montagehöhe ansonsten auch normal sein. Von daher spielen für die Frage, ob ein Mangel wesentlich ist oder nicht, **subjektive Gesichtspunkte** ebenfalls eine Rolle.[7]

11  Soweit deshalb Art, Umfang und Auswirkungen des Mangels auf die Gebrauchstauglichkeit maßgebend sind, kommt es „auf die **Zweckbestimmung** der jeweils in Auftrag gegebenen Leistung" an.[8]

### III. Zumutbarkeit der Annahme als Erfüllung

12  Letztlich hängt die Antwort auf die Frage, ob ein Mangel wesentlich ist oder nicht, davon ab, ob es für den Auftraggeber zumutbar ist, die Leistung als im Wesentlichen **vertragsgemäße Erfüllung** des Vertrages anzunehmen und sich bezüglich des Mangels mit **Gewährleistungsansprüchen** zu begnügen.[9]

13  Dabei sind die **widerstreitenden Interessen der Parteien** zu berücksichtigen, einerseits das Interesse des Auftraggebers an möglichst vollständiger Erfüllung des Vertrages, bevor er die Abnahme erklärt, und andererseits das Interesse des Auftragnehmers, die Abnahme seiner Leistung zu erhalten, weil damit insbesondere seine (restliche) Vergütung fällig wird und seine Gewährleistung beginnt.[10]

14  Für die in diesem Sinne gebotene **Abwägung** der beiderseitigen Interessen sind insbesondere folgende Beurteilungskriterien maßgebend:[11]

#### 1. Auf Seiten des Auftraggebers

– Art und Umfang des Mangels
– Auswirkungen auf die Gebrauchstauglichkeit der Leistung
– Grad ihrer Funktionsbeeinträchtigung
– Umfang und Gewicht evtl. optischer Beeinträchtigung

#### 2. Auf Seiten des Auftragnehmers

– Höhe der Mängelbeseitigungskosten
– Schwierigkeit und Umfang der Mängelbeseitigungsarbeiten

---

[7] BGH NJW 1981, 1448 = BauR 1981, 284 = ZfBR 1981, 139; BGH NJW 1992, 2481 = BauR 1992, 627 = ZfBR 1992, 216.

[8] BGH a. a. O.; vgl. auch *Ingenstau/Korbion/Oppler* VOB/B § 12 Nr. 3 Rdn. 2.

[9] BGH a. a. O.; OLG Hamm, NJW-RR 1990, 917 und BauR 1992, 240; *Ingenstau/Korbion/Oppler* VOB/B § 12 Nr. 3 Rdn. 2 f. In diesem Sinn auch OLG Düsseldorf BauR 1997, 842 = NJW-RR 1997, 1178: Für die Beurteilung der Wesentlichkeit des Mangels ist darauf abzustellen, ob der Mangel so bedeutsam ist, dass der Auftraggeber die zügige Abwicklung des gesamten Vertragsverhältnisses aufhalten darf, oder ob es ihm zuzumuten ist, sich trotz des Mangels mit dessen Beseitigung Zug um Zug gegen Zahlung des restlichen Werklohnes zu begnügen. Ebenso OLG Dresden BauR 2001, 949: Abnahmereife ist gegeben, wenn eine Betrachtung aller Umstände des Einzelfalles und eine daran anknüpfende Abwägung der beiderseitigen Interessen der Vertragspartner ergibt, dass der Mangel an Bedeutung soweit zurücktritt, dass es unter Berücksichtigung der beiderseitigen Interessen für den Auftraggeber zumutbar ist, eine zügige Abwicklung des gesamten Vertragsverhältnisses nicht länger aufzuhalten und deshalb nicht mehr auf den Vorteilen zu bestehen, die sich ihm vor vollzogener Abnahme bieten.

[10] BGH NJW 1981, 1448 = BauR 1981, 284 = ZfBR 1981, 139; BGH NJW 1992, 2481 = BauR 1992, 627 = ZfBR 1992, 216; *Ingenstau/Korbion/Oppler* VOB/B § 12 Nr. 3 Rdn. 3.

[11] *Ingenstau/Korbion/Oppler* VOB/B § 12 Nr. 3 Rdn. 2; vgl. auch *Heinrich Gross*, Festschrift für Locher, S. 53 ff.

- Unverhältnismäßigkeit des Mängelbeseitigungsaufwandes
- Verschulden des Auftragnehmers.

Insgesamt kommt es darauf an, ob bei Abwägung der beiderseitigen Interessen die **Bedeutung des Mangels** so schwer wiegt, dass dem Auftraggeber eine Abnahme nicht zuzumuten ist, oder ob es „für den Auftraggeber zumutbar ist, eine zügige Abwicklung des gesamten Vertragsverhältnisses nicht länger aufzuhalten".[12] Dann ist der Auftraggeber zur Abnahmeverweigerung nicht berechtigt, sondern muss abnehmen mit der Maßgabe, dass er sich seine **Gewährleistungsansprüche** wegen des Mangels vorbehalten kann. Denn auch diese geben ihm ein **Zurückbehaltungsrecht,** das in der Regel bis zum 3-fachen Betrag der Mängelbeseitigungskosten geht und nach Abnahme dazu führt, dass er den diesbezüglichen Teil der Vergütung des Auftragnehmers nur **Zug um Zug gegen Beseitigung des Mangels** zahlen muss.[13]

## IV. Beispielfälle

Als Beispiele für wesentliche bzw. unwesentliche Mängel sind in Rechtsprechung und Literatur bislang unter anderem genannt:

### 1. Wesentliche Mängel

Als wesentliche Mängel anerkannt worden sind insbesondere:
- Verwendung einer anderen als der vertraglich vereinbarten **Holzart**[14]
- unzulässige **Farbabweichungen** bei 16% des verlegten Fliesenmaterials[15]
- 2 bis 5 cm **Gefälle** eines Küchenbodens vom Bodeneinlauf weg in Richtung auf eine mit Schränken versehene Wand[16]
- nicht ausreichend tief angebrachte **Bewehrungsstähle und Risse** in einer Attikaplatte[17]
- mangelhafte Nachbearbeitung eines in einem Ladenlokal verlegten **Betonwerksteinbodens,** der offenporig, schwer zu reinigen und fleckig verschmutzt ist[18]
- die Herstellung einer Hartstoffverschleißschicht mit einer mittleren Dicke von 6–7 mm statt der vereinbarten Dicke von 10 mm, was zu einer um ca. 35% reduzierten Lebensdauer führt.[19]

Im Übrigen sind **wesentlich** alle Mängel, die die Gebrauchstauglichkeit der Leistung maßgeblich beeinträchtigen, wie z. B. **Dachundichtigkeiten und Isolierungsmängel,** die zu Feuchtigkeitsschäden führen.[20] Ebenso kann es wesentlich sein, wenn zur ordnungsgemäßen Ingebrauchnahme erforderliche **Leistungen noch nicht fertiggestellt sind,**[21] z. B. das Treppen- oder Balkongeländer als Absturzsicherung noch fehlt.

---

[12] BGH NJW 1981, 1448 = BauR 1981, 284 = ZfBR 1981, 139; *Ingenstau/Korbion/Oppler* VOB/B § 12 Nr. 3 Rdn. 3; vgl. auch OLG Düsseldorf BauR 1997, 842 = NJW-RR 1997, 1178.
[13] BGH a. a. O.; *Ingenstau/Korbion/Oppler* VOB/B § 12 Nr. 3 Rdn. 4; vgl. auch OLG Düsseldorf a. a. O.
[14] BGH NJW 1962, 1569; vgl. auch *Nicklisch/Weick* VOB/B § 12 Rdn. 57.
[15] LG Amberg, NJW 1982, 1540; *Ingenstau/Korbion/Oppler* VOB/B § 12 Nr. 3 Rdn. 2; *Nicklisch/Weick* a. a. O.
[16] OLG Hamm, NJW-RR 1989, 1180; *Ingenstau/Korbion/Oppler* VOB/B § 12 Nr. 3 Rdn. 4.
[17] BGH NJW 1992, 2481 = BauR 1992, 627 = ZfBR 1992, 216; *Ingenstau/Korbion/Oppler* VOB/B § 12 Nr. 3 Rdn. 2.
[18] BGH a. a. O.; *Ingenstau/Korbion/Oppler* VOB/B § 12 Nr. 3 Rdn. 4.
[19] OLG Hamm IBR *Schulze-Hagen* 2003, 8.
[20] Vgl. dazu auch OLG Düsseldorf NJW-RR 1997, 976 (zu § 13 Nr. 7 VOB/B a. F.) hinsichtlich des Fehlens einer ausreichenden Dampfsperre des Warmdachs einer Lagerhalle für Textilien, welches zu Wasserabtropfungen in die Halle führte.
[21] *Ingenstau/Korbion/Oppler* VOB/B § 12 Nr. 3 Rdn. 2.

## 2. Unwesentliche Mängel

**19** Als unwesentlich angesehen haben Rechtsprechung und Schrifttum dagegen:
- fehlende Hinterlegung der 5 mm breiten **offenen Horizontalfugen einer Fassade,** die trotzdem ausreichend dicht und hinterlüftet war, wenn die Hinterlegung nicht mit vertretbarem Aufwand nachgeholt werden konnte, weil dazu die gesamte Fassadenverkleidung abgenommen werden musste, aber eine nachträgliche Abdichtung durch ein speziell angefertigtes Kunststoffprofil möglich war[22]
- geringfügige **Unebenheiten eines Treppenpodestes,** die mit wenig Zeit- und Kostenaufwand zu beseitigen waren[23]
- Abrutschen einzelner, **mangelhaft befestigter Dachziegel** einer Dacheindeckung, ohne dass es dadurch zu Undichtigkeiten am Dach gekommen ist.[24]

**20** Allerdings kann es sein, dass **mehrere Mängel,** auch wenn jeder für sich allein unwesentlich ist, insgesamt dem Auftraggeber doch nicht zuzumuten und deshalb in ihrer **Gesamtheit wesentlich** sind.[25]

## C. Form, Frist und Zeitpunkt der Abnahmeverweigerung

**21** Ebenso wie die Abnahme ist auch die Abnahmeverweigerung als ihr Gegenstück eine **empfangsbedürftige Willenserklärung,** die ausdrücklich oder stillschweigend erfolgen kann. Sie muss jedoch **unmissverständlich klar** zum Ausdruck bringen, dass der Auftraggeber die Leistung nicht billigt und deshalb nicht abnehmen will.[26]

**22** Ansonsten ist für die Abnahmeverweigerung **keine Form und Frist** vorgeschrieben. Wenn der Auftraggeber trotz eines entsprechenden Abnahmeverlangens des Auftragnehmers innerhalb der Frist von 12 Werktagen nach § 12 Nr. 1 VOB/B weder die Abnahme noch eine Abnahmeverweigerung erklärt, liegt „im Zweifel **keine Abnahmeverweigerung** vor".[27] Denn eine solche ist, wenn nicht besondere Umstände für eine stillschweigende Abnahmeverweigerung sprechen, nicht zu vermuten, kann andererseits aber auch noch **nach Ablauf der Frist von 12 Werktagen** des § 12 Nr. 1 VOB/B ausgesprochen werden.

**23** Für die Beurteilung, ob ein wesentlicher Mangel vorliegt, der den Auftraggeber zur Verweigerung der Abnahme berechtigt, ist der **Zeitpunkt des Abnahmetermins** maßgebend.[28] Die Beweislast dafür, dass die Leistung zu dieser Zeit ohne wesentliche Mängel und damit abnahmefähig war/ist, trägt der **Auftragnehmer.**[29] Wird eine wesentlicher Mangel erst danach beseitigt, ist der Auftraggeber jedoch nicht länger zur Abnahmeverweigerung berechtigt, sondern muss abnehmen. Denn nach § 12 Nr. 3 VOB/B ist er zur Verweigerung der Abnahme nur **bis zur Beseitigung** des Mangels berechtigt.

## D. Folgen der Abnahmeverweigerung

**24** Wird die Abnahme vom Auftraggeber **zu Recht** verweigert, treten die Abnahmewirkungen, wie sie vor § 12 Rdn. 97 ff. im Einzelnen behandelt sind, nicht ein.[30] Damit kommt

---

[22] BGH NJW 1981, 1448 = BauR 1981, 284 = ZfBR 1981, 139.
[23] KG BauR 1984, 529; *Ingenstau/Korbion/Oppler* VOB/B § 12 Nr. 3 Rdn. 4.
[24] OLG Hamm, NJW-RR 1990, 957; *Ingenstau/Korbion/Oppler* a. a. O.
[25] KG BauR 1984, 527; *Ingenstau/Korbion/Oppler* VOB/B § 12 Nr. 3 Rdn. 4.
[26] *Ingenstau/Korbion/Oppler* VOB/B § 12 Nr. 3 Rdn. 5; *Kapellmann/Messerschmidt/Havers* VOB/B § 12 Rdn. 88.
[27] *Heiermann/Riedl/Rusam* VOB/B § 12 Rdn. 32.
[28] BGH NJW 1992, 2481 = BauR 1992, 627 = ZfBR 1992, 216; *Ingenstau/Korbion/Oppler* VOB/B § 12 Nr. 3 Rdn. 5.
[29] BGH a. a. O.; *Ingenstau/Korbion/Oppler* a. a. O.
[30] *Ingenstau/Korbion/Oppler* VOB/B § 12 Nr. 3 Rdn. 6.

auch **keine fiktive Abnahme** nach § 12 Nr. 5 VOB/B mehr in Betracht.[31] Ebenso ist eine fiktive Abnahme nach § 640 Abs. 1 Satz 3 BGB oder nach § 641a BGB ausgeschlossen.[32] Der Auftraggeber verhält sich auch nicht treuwidrig, wenn er die Abnahme wegen wesentlicher Mängel verweigert und sich den Nachbesserungsvorschlägen einzelner Subunternehmer des Auftragnehmers verschließt, sofern der Auftragnehmer nicht zuvor ein Gesamtkonzept für die Nachbesserung der betreffenden Gewerke und Terminsvorschläge hinsichtlich jedes einzelnen Gewerkes vorher übersendet.[33] Einer gleichwohl erhobenen Vergütungsklage des Auftragnehmers steht das Leistungsverweigerungsrecht des Auftraggebers nach § 320 BGB entgegen, das zur **Klageabweisung** führt.[34]

Wird die Abnahme dagegen **zu Unrecht** verweigert, weil keine wesentlichen Mängel vorliegen, ist der Auftraggeber wegen grundloser Verweigerung der Abnahme in Anwendung des Rechtsgedankens des § 162 BGB so zu behandeln, **wie wenn er abgenommen hätte** (→ Vor § 12 Rdn. 113f.). Der Vergütungsklage des Auftragnehmers kann er wegen der – unwesentlichen – Mängel zwar immer noch ein Zurückbehaltungsrecht entgegensetzen; dieses führt aber nicht – wie bei wesentlichen Mängeln – zur Klageabweisung, sondern lediglich zu einer **Verurteilung Zug um Zug** gegen Mängelbeseitigung. 25

Im Falle einer unberechtigten Abnahmeverweigerung kommt eine fiktive Abnahme nach § 12 Nr. 5 VOB/B nicht in Betracht, wenn der Auftraggeber die Abnahmeverweigerung innerhalb der dort genannten Frist erklärt,[35] da im Falle des § 12 Nr. 5 VOB/B die Abnahme auf Grund bestimmter Lebenssachverhalte fingiert wird. Diese Erklärungsfiktion ist nicht möglich, wenn der Auftraggeber das Gegenteil von dem erklärt, was durch Rückgriff auf die Lebensumstände fingiert werden soll.[36] Demgegenüber ist eine Abnahmefiktion nach § 640 Abs. 1 Satz 3 BGB möglich, wenn der Auftraggeber unter Fristsetzung zur Abnahme aufgefordert wurde und die Abnahme trotz Abnahmereife pflichtwidrig verweigert hat.[37] 26

---

[31] *Ingenstau/Korbion/Oppler* a. a. O.
[32] *Ingenstau/Korbion/Oppler* a. a. O.
[33] OLG Celle BauR 1997, 1049; *Heiermann/Riedl/Rusam* VOB/B § 12 Rdn. 32b.
[34] *Heiermann/Riedl/Rusam* VOB/B § 12 Rdn. 32b.
[35] *Ingenstau/Korbion/Oppler* VOB/B § 12 Nr. 3 Rdn. 10.
[36] *Ingenstau/Korbion/Oppler* VOB/B § 12 Nr. 3 Rdn. 10.
[37] *Ingenstau/Korbion/Oppler* a. a. O.

## § 12 Nr. 4

### § 12 Nr. 4 [Förmliche Abnahme]

(1) **Eine förmliche Abnahme hat stattzufinden, wenn eine Vertragspartei es verlangt. Jede Partei kann auf ihre Kosten einen Sachverständigen zuziehen. Der Befund ist in gemeinsamer Verhandlung schriftlich niederzulegen. In die Niederschrift sind etwaige Vorbehalte wegen bekannter Mängel und wegen Vertragsstrafen aufzunehmen, ebenso etwaige Einwendungen des Auftragnehmers. Jede Partei erhält eine Ausfertigung.**

(2) **Die förmliche Abnahme kann in Abwesenheit des Auftragnehmers stattfinden, wenn der Termin vereinbart war oder der Auftraggeber mit genügender Frist dazu eingeladen hatte. Das Ergebnis der Abnahme ist dem Auftragnehmer alsbald mitzuteilen.**

**Literatur:** *Brügmann,* Die ursprünglich vereinbarte und später nicht durchgeführte förmliche Abnahme nach VOB, BauR 1979, 277 ff.; *Dähne,* Die „vergessene" förmliche Abnahme nach § 12 Nr. 4 VOB/B, BauR 1980, 223 ff.; *ders.* Die „vergessene" förmliche VOB-Abnahme – eine überflüssige Rechtskonstruktion?, Festschrift für Heiermann, 1995, S. 23 ff.; *Hochstein,* Die „vergessene" förmliche Abnahmevereinbarung und ihre Rechtsfolgen im Bauprozeß, BauR 1975, 221 ff.

**Übersicht**

| | Rdn. | | Rdn. |
|---|---|---|---|
| A. Allgemeines | 1 | 3. Schriftliche Niederlegung des Befundes (§ 12 Nr. 4 Abs. 1 Satz 3 VOB/B) | 31 |
| B. Förmliche Abnahme in Anwesenheit des Auftragnehmers (§ 12 Nr. 4 Abs. 1 VOB/B) | 7 | 4. Inhalt der Abnahmeniederschrift (§ 12 Nr. 4 Abs. 1 Satz 4 VOB/B) | 33 |
| I. Verlangen einer Vertragspartei (§ 12 Nr. 4 Abs. 1 Satz 1 VOB/B) | 8 | a) Vorbehalte wegen bekannter Mängel und Vertragsstrafen | 34 |
| 1. Im Vertrag vereinbarte förmliche Abnahme | 10 | b) Einwendungen des Auftragnehmers | 37 |
| a) „Vergessene" förmliche Abnahme | 11 | c) Unterzeichnung der Abnahmeniederschrift? | 38 |
| b) Treuwidriges Verlangen förmlicher Abnahme | 14 | 5. Ausfertigung für jede Partei (§ 12 Nr. 4 Abs. 1 Satz 5 VOB/B) | 41 |
| 2. Nachträglich verlangte förmliche Abnahme | 15 | C. Förmliche Abnahme in Abwesenheit des Auftragnehmers (§ 12 Nr. 4 Abs. 2 VOB/B) | 43 |
| II. Abnahmetermin (§ 12 Nr. 4 Abs. 2 Satz 1 VOB/B) | 17 | I. Einseitige förmliche Abnahme durch den Auftraggeber (§ 12 Nr. 4 Abs. 2 Satz 1 VOB/B) | 44 |
| 1. Bestimmung des Abnahmetermins | 19 | II. Mitteilung des Ergebnisses (§ 12 Nr. 4 Abs. 2 Satz 2 VOB/B) | 46 |
| a) Vereinbarung zwischen Auftraggeber und Auftragnehmer | 20 | | |
| b) Einladung des Auftragnehmers durch den Auftraggeber | 21 | | |
| 2. Hinzuziehung von Sachverständigen (§ 12 Nr. 4 Abs. 1 Satz 2 VOB/B) | 26 | | |

## A. Allgemeines

1   Die **förmliche Abnahme** ist eine auf die speziellen Bedürfnisse der Bauvertragspraxis zugeschnittene **Sonderform ausdrücklich erklärter Abnahme,** die in § 12 Nr. 4 VOB/B im Einzelnen geregelt ist. Während eine ausdrücklich erklärte Abnahme auch beim **BGB-Werkvertrag** in Betracht kommt, gilt das für die in § 12 Nr. 4 VOB/B behandelte **förmliche Abnahme nicht,** zumal § 640 BGB die Arten/Formen der Abnahme selbst nicht regelt.[1]

---

[1] *Ingenstau/Korbion/Oppler* VOB/B § 12 Nr. 4 Rdn. 2; *Nicklisch/Weick* VOB/B § 12 Rdn. 61.

Allerdings kann eine § 12 Nr. 4 VOB/B entsprechende förmliche Abnahme auch beim 2
**BGB-Werkvertrag vereinbart** werden.² Das ist aber nicht schon dann der Fall, wenn eine
„**schriftliche Abnahme**" vereinbart ist, denn dadurch wird Schriftform lediglich für die
**Abnahmeerklärung selbst** vorgeschrieben, nicht auch für das Verfahren zur Prüfung der
Leistung und Feststellung etwaiger Mängel.³

Sinn und Zweck der förmlichen Abnahme ist es, die Überprüfungen, die der Auftrag- 3
geber wünscht, um die Vertragsmäßigkeit/Mängelfreiheit der Leistung des Auftragnehmers
und deren Abnahmefähigkeit festzustellen, möglichst vor Ort **gemeinsam vorzunehmen**,
damit von vornherein festgestellt und festgehalten wird, in welchen Punkten, insbesondere
in Bezug auf Restarbeiten und Mängel, die Parteien übereinstimmen oder unterschiedlicher
Meinung sind.

In diesem Sinne dient die förmliche Abnahme der „**gemeinsamen Feststellung des** 4
**Befundes**",⁴ hinsichtlich dessen Auftraggeber und Auftragnehmer zwar nicht unbedingt
einer Meinung sein müssen. Trotzdem vermeiden Sie durch ihre gemeinsam getroffenen
Feststellungen Streit und Unklarheiten sowie spätere Beweisschwierigkeiten.⁵ Das gilt für die
Fälligkeit der restlichen **Vergütung** des Auftragnehmers und den Beginn der Verjährung
seiner **Mängelrechte** ebenso wie für etwa erforderliche **Vorbehalte** des Auftraggebers in
Bezug auf bekannte Mängel oder Vertragsstrafen (→ § 12 Rdn. 107 ff.).⁶

Gerade darüber herrscht sonst, insbesondere bei **stillschweigender oder fiktiver Ab-** 5
**nahme** nach § 12 Nr. 5 VOB/B, oftmals Unklarheit und Streit, weshalb die förmliche
Abnahme beim Bauvertrag in der Praxis von „grundlegender Bedeutung" ist.⁷ Den Bauvertragsparteien ist deshalb unbedingt zu empfehlen, von förmlicher Abnahme in jedem Fall
Gebrauch zu machen, um den **Abnahmebefund beweiskräftig zu dokumentieren**.

Hinsichtlich der **Rechtsnatur** förmlicher Abnahme gilt das → Vor § 12 Rdn. 28 ff. 6
Gesagte. Es handelt sich also auch bei der förmlichen Abnahme um eine **empfangsbedürftige Willenserklärung**.⁸

## B. Förmliche Abnahme in Anwesenheit des Auftragnehmers (§ 12 Nr. 4 Abs. 1 VOB/B)

Nach § 12 Nr. 4 Abs. 1 Satz 1 VOB/B **hat** eine förmliche Abnahme stattzufinden, 7
wenn eine Vertragspartei dies verlangt. Daraus ergibt sich zunächst, dass im Falle eines
solchen Verlangens einer Partei **beide Vertragspartner verpflichtet** sind, die förmliche
Abnahme durchzuführen bzw. an ihr teilzunehmen. Das ist insofern eine Besonderheit,
als normalerweise **nur der Auftraggeber zur Abnahme verpflichtet** ist, wenn der
Auftragnehmer dies verlangt und die Voraussetzungen dafür vorliegen. Den Auftragnehmer selbst trifft insoweit ansonsten keine Mitwirkungspflicht, weil die Abnahme die
alleinige Willenserklärung des Auftraggebers ist. Das ist zwar bei der förmlichen Abnahme
ebenso. Trotzdem ist, wenn der Auftraggeber förmliche Abnahme verlangt, nach dem
Wortlaut des § 12 Nr. 4 Abs. 1 Satz 1 VOB/B **auch der Auftragnehmer zur Mitwirkung verpflichtet**.

---

² *Heiermann/Riedl/Rusam* VOB/B § 12 Rdn. 35 a; *Nicklisch/Weick* a. a. O.; *Ingenstau/Korbion/Oppler* VOB/B § 12 Nr. 4 Rdn. 2.
³ BGH BauR 1974, 63; *Ingenstau/Korbion/Oppler* VOB/B § 12 Nr. 4 Rdn. 2.
⁴ *Ingenstau/Korbion/Oppler* VOB/B § 12 Nr. 4 Rdn. 1.
⁵ *Ingenstau/Korbion/Oppler* a. a. O.; *Heiermann/Riedl/Rusam* VOB/B § 12 Rdn. 34; *Nicklisch/Weick* VOB/B § 12 Rdn. 62.
⁶ *Ingenstau/Korbion/Oppler* VOB/B § 12 Nr. 4 Rdn. 1.
⁷ *Ingenstau/Korbion/Oppler* a. a. O.; *Heiermann/Riedl/Rusam* VOB/B § 12 Rdn. 34; *Nicklisch/Weick* VOB/B § 12 Rdn. 62.
⁸ *Ingenstau/Korbion/Oppler* VOB/B § 12 Nr. 4 Rdn. 1 und 23, die dies bezüglich der sog. Normalabnahme dagegen leugnen (vgl. vor § 12 Rdn. 29).

# § 12 Nr. 4

## I. Verlangen einer Vertragspartei (§ 12 Nr. 4 Abs. 1 Satz 1 VOB/B)

8   Daraus, dass die förmliche Abnahme durchgeführt werden muss, wenn eine Vertragspartei dies verlangt, ergibt sich, dass **jede Partei** – Auftraggeber oder Auftragnehmer – förmliche Abnahme verlangen kann und das **einseitige Verlangen** einer Vertragspartei genügt.[9]

9   Für das Abnahmeverlangen selbst gilt das zu § 12 Nr. 1 Rdn. 3 ff. Gesagte. Es handelt sich hierbei ebenfalls um eine **empfangsbedürftige Willenserklärung,**[10] die aus Beweisgründen möglichst schriftlich erfolgen sollte. Das Verlangen nach förmlicher Abnahme kann aber auch mündlich gestellt werden, weil dafür **keine besondere Form** vorgesehen ist.[11]

### 1. Im Vertrag vereinbarte förmliche Abnahme

10   Häufig sieht bereits der Bauvertrag vor, dass die Abnahme förmlich erfolgen soll. Dann ist **jede andere Art/Form der Abnahme zunächst ausgeschlossen.** Denn vorrangig ist die im Bauvertrag vereinbarte förmliche Abnahme und von dieser ist Gebrauch zu machen.

11   a) „Vergessene" förmliche Abnahme. Nicht selten ist es allerdings so, dass die ursprünglich vereinbarte förmliche Abnahme später „vergessen" und von ihr **kein Gebrauch** gemacht wird (→ dazu auch vor § 12 Rdn. 59, 60). In diesem Fall kann, wenn die Parteien auf die an sich vereinbarte förmliche Abnahme längere Zeit nicht zurückgekommen sind, ein **stillschweigender Verzicht** auf die vereinbarte Förmlichkeit vorliegen[12] und eine **stillschweigende Abnahme** durch schlüssiges/konkludentes Handeln anzunehmen sein.[13] Eine konkludente Abnahme ist nicht dadurch ausgeschlossen, dass die Parteien eine förmliche Abnahme nach § 12 Nr. 4 VOB/B vereinbart haben.[14] Vielmehr können die Parteien auf die vereinbarte förmliche Abnahme verzichten, wobei ein solcher Verzicht formlos und insbesondere durch schlüssiges Verhalten erklärt werden kann.[15] Ein solcher Verzicht muss sich aber unzweifelhaft aus dem Verhalten der Parteien ergeben.[16] Die Aufhebung der Vereinbarung über die förmliche Abnahme und damit auch die schlüssige Abnahme kann sich nach Ansicht des OLG Düsseldorf aus der mehrmonatigen Nutzung der Bauleistung ohne Beanstandungen ergeben.[17] Die Ingebrauchnahme der Leistung stellt bei Vereinbarung einer förmlichen Abnahme nach § 12 Nr. 4 VOB/B allerdings keine schlüssige Abnahme dar, wenn der Auftraggeber die förmliche Abnahme ausdrücklich verlangt.[18] Eine schlüssige Abnahme durch Ingebrauchnahme scheidet (bei Vereinbarung einer förmlichen Abnahme) auch dann aus, wenn die Unterzeichnung des Abnahmeprotokolls verweigert wird.[19]

12   Soweit *Ingenstau/Korbion/Oppler*[20] in diesem Fall die Abnahmewirkung des § 12 Nr. 5 VOB/B eintreten lässt und eine **fiktive Abnahme** annehmen will, ist dies dagegen nicht gerechtfertigt.[21] Denn § 12 Nr. 5 VOB/B setzt voraus, dass **„keine Abnahme verlangt"**

---

[9] *Ingenstau/Korbion/Oppler* VOB/B § 12 Nr. 4 Rdn. 3.
[10] *Ingenstau/Korbion/Oppler* a. a. O.; *Heiermann/Riedl/Rusam* VOB/B § 12 Rdn. 35 a.
[11] *Ingenstau/Korbion/Oppler* VOB/B § 12 Nr. 4 Rdn. 7; *Heiermann/Riedl/Rusam* VOB/B § 12 Rdn. 35 a; *Nicklisch/Weick* VOB/B § 12 Rdn. 64.
[12] *Ingenstau/Korbion/Oppler* VOB/B § 12 Nr. 4 Rdn. 4 f.; *Heiermann/Riedl/Rusam* VOB/B § 12 Rdn. 35 b; *Werner/Pastor* Rdn. 1351 m. N.; OLG Düsseldorf BauR 1997, 647.
[13] BGH BauR 1977, 344; BGHZ 72, 222 = NJW 1979, 212 = BauR 1979, 56 = ZfBR 1979, 15; BGH NJW 1990, 43 = BauR 1989, 727 = ZfBR 1989, 251; OLG Düsseldorf BauR 1997, 647.
[14] OLG Düsseldorf IBR 2007, 1111 m. Anm. *Bolz;* OLG Bamberg IBR 2006, 1421; OLG Jena BauR 2005, 1522 (Ls.) = IBR 2005, 527; OLG Karlsruhe IBR 2004, 65.
[15] OLG Düsseldorf a. a. O.; OLG Bamberg a. a. O.
[16] OLG Bamberg a. a. O.
[17] OLG Düsseldorf a. a. O.
[18] OLG Düsseldorf a. a. O.
[19] OLG Hamm IBR 2007, 477 m. Anm. *Bolz.*
[20] B § 12 Nr. 4 Rdn. 5; so auch KG IBR 2006, 324.
[21] Ebenso unterscheiden *Heiermann/Riedl/Rusam* VOB/B § 12 Rdn. 35 b hier nicht genügend zwischen stillschweigender und fiktiver Abnahme, obwohl sie – insoweit zutreffend – darauf hinweisen, dass der Ablauf der Frist von 12 bzw. 6 Werktagen nach § 12 Nr. 5 in diesem Fall nicht schon den Eintritt der Abnahme-

wird (Abs. 1) und insoweit auch „nichts anderes vereinbart ist" (Abs. 2). Hier ist jedoch eine förmliche Abnahme schon im Vertrag vereinbart, nur dass diese „vergessen" und/oder von ihr kein Gebrauch gemacht worden ist. § 12 Nr. 4 und § 12 Nr. 5 VOB/B schließen sich somit gegenseitig aus.[22] Aus diesem Grunde kommt hier nur ein zur **stillschweigenden Abnahme** führender „Verzicht auf eine förmliche Abnahme" in Betracht,[23] wovon letztendlich auch *Ingenstau/Korbion/Oppler*[24] ausgehen, wenngleich er sich ebenfalls auf § 12 Nr. 5 VOB/B beruft.

Außerdem genügt es in diesen Fällen nicht, dass lediglich die relativ kurzen Fristen von 12 bzw. 6 Werktagen nach § 12 Nr. 5 VOB/B verstrichen sind, um bei „vergessener" förmlicher Abnahme bereits den Eintritt der Abnahmewirkungen annehmen zu können.[25] Vielmehr muss schon eine **längere Frist** verstrichen sein, wie sie zur Annahme einer stillschweigenden Abnahme erforderlich ist. So hat der BGH[26] trotz vereinbarter förmlicher Abnahme nach **mehrmonatigem Schweigen** des Auftraggebers auf die Schlussrechnung des Auftragnehmers die Abnahme als **stillschweigend erfolgt** angesehen und in einem anderen Fall ebenfalls stillschweigende Abnahme angenommen, nachdem der Auftraggeber, ohne die vereinbarte förmliche Abnahme durchzuführen, den Auftragnehmer unter Fristsetzung **zur Vorlage der Schlussrechnung** aufgefordert hatte.[27] Ebenso kann nach OLG Hamm[28] trotz vereinbarter förmlicher Abnahme **mehrere Wochen nach Einzug** in das im Wesentlichen fertiggestellte Haus eine stillschweigende Abnahme angenommen werden. 13

**b) Treuwidriges Verlangen förmlicher Abnahme.** Die Berufung auf die ursprünglich vereinbarte förmliche Abnahme kann außerdem gegen Treu und Glauben (§ 242 BGB) verstoßen, wenn der Auftraggeber trotz entsprechenden Abnahmeantrags des Auftragnehmers die förmliche Abnahme **unbillig verzögert** hat.[29] Gleiches gilt, wenn die Parteien sich zuvor **darüber einig** waren, dass der Auftragnehmer das vom Auftraggeber bereits bezogene Haus im Wesentlichen vertragsgemäß errichtet und der Auftraggeber daraufhin den vereinbarten **Werklohn vorbehaltlos gezahlt** hat.[30] Sofern die Voraussetzungen für die Abnahme vorliegen, ist nach jahrelanger Nutzung des Bauwerks die Berufung auf fehlende förmliche Abnahme treuwidrig.[31] 14

### 2. Nachträglich verlangte förmliche Abnahme

Förmliche Abnahme kann aber auch verlangt werden, wenn darüber **im Vertrag keine Regelung** enthalten ist. Das ergibt sich daraus, dass § 12 Nr. 4 Abs. 1 Satz 1 VOB/B nur ein entsprechendes **Abnahmeverlangen** voraussetzt, nicht aber besagt, wann dieses gestellt werden muss, von Anfang an durch Vereinbarung im Vertrag oder später. Deshalb kann eine förmliche Abnahme auch noch **ohne Vereinbarung im Vertrag nachträglich** verlangt werden. 15

---

wirkung auslösen kann. Unklar insoweit OLG Bamberg BauR 1998, 892 L: „Die Abnahme kann auch dann durch schlüssige Handlung mittels Ingebrauchnahme durch den Bauherrn gemäß § 12 Ziff. 5 VOB/B erfolgen, wenn die Parteien eine förmliche Abnahme ausdrücklich vereinbart haben, hierauf aber nach Fertigstellung längere Zeit nicht zurückgekommen sind".

[22] So zutreffend *Nicklisch/Weick* VOB/B § 12 Rdn. 66.
[23] Ebenso *Leinemann/Sterner* VOB/B § 12 Rdn. 76.
[24] B § 12 Nr. 4 Rdn. 5; ebenso im Ergebnis *Heiermann/Riedl/Rusam* VOB/B § 12 Rdn. 35 b und *Nicklisch/Weick* VOB/B § 12 Rdn. 67.
[25] So zutreffend *Heiermann/Riedl/Rusam* VOB/B § 12 Rdn. 35 b.
[26] BauR 1977, 344.
[27] BGHZ 72, 222 = NJW 1979, 212 = BauR 1979, 56 = ZfBR 1979, 12.
[28] NJW 1995, 1233.
[29] BGH NJW 1990, 43 = BauR 1989, 727 = ZfBR 1989, 251; OLG Hamm, BauR 1993, 640 L; OLG Düsseldorf BauR 1997, 647.
[30] OLG Düsseldorf, BauR 1992, 678.
[31] OLG Jena BauR 2005, 1522 (Ls.) = IBR 2005, 527.

**§ 12 Nr. 4**                                                                              Förmliche Abnahme

16    Voraussetzung dafür ist allerdings, dass zur Zeit des nachträglichen Abnahmeverlangens eine **Abnahme noch nicht erfolgt** ist, etwa nach § 12 Nr. 1 VOB/B als ausdrücklich erklärte oder stillschweigende Abnahme.[32] Dies war z. B. in dem vom OLG Düsseldorf[33] entschiedenen Fall so, wo die Parteien sich über die **Abnahme längst einig** waren und der Auftraggeber dadurch, dass er das Haus bezogen und den Werklohn des Auftragnehmers vorbehaltlos gezahlt hatte, dessen Leistung bereits **stillschweigend** als im Wesentlichen vertragsgemäß gebilligt hatte. Von daher kann auch ein nachträgliches Verlangen förmlicher Abnahme auf Grund vorangegangenen Verhaltens des Auftraggebers **treuwidrig** sein (s. oben Rdn. 14). Das Verlangen nach förmlicher Abnahme ist auch ausgeschlossen, wenn die Bauleistung bereits nach § 640 Abs. 1 Satz 3 BGB oder nach § 641 a BGB als abgenommen gilt.[34]

### II. Abnahmetermin (§ 12 Nr. 4 Abs. 2 Satz 1 VOB/B)

17    Dass ein Abnahmetermin bestimmt werden muss, wenn eine Partei förmliche Abnahme verlangt, ergibt sich im Unkehrschluss aus § 12 Nr. 4 Abs. 2 Satz 1 VOB/B, wonach bei ordnungsgemäßer Bestimmung eines solchen Termins die förmliche Abnahme auch „in Abwesenheit des Auftragnehmers" stattfinden kann. Erst recht ist die Bestimmung eines Abnahmetermins dann aber erforderlich, bei förmlicher Abnahme nach § 12 Nr. 4 Abs. 1 VOB/B, weil diese grundsätzlich **gemeinsam in Anwesenheit des Auftragnehmers** erfolgen soll.

18    Damit soll, wie oben in Rdn. 3 ff. erwähnt, eine **möglichst weitgehend übereinstimmende Feststellung des Abnahmebefundes** sichergestellt und späterer Streit über Einzelheiten und Ergebnis des Abnahmetermins vermieden werden.[35]

### 1. Bestimmung des Abnahmetermins

19    Der Abnahmetermin selbst kann, wie sich aus § 12 Nr. 4 Abs. 2 Satz 1 VOB/B ergibt, auf zweierlei Weise bestimmt werden:

20    **a) Vereinbarung zwischen Auftraggeber und Auftragnehmer.** Die sicherste Art der Terminbestimmung ist naturgemäß die **gemeinsame Festlegung** durch Vereinbarung mit dem Auftragnehmer.

21    **b) Einladung des Auftragnehmers durch den Auftraggeber.** Es genügt aber auch, wenn der Auftraggeber den Auftragnehmer zum Abnahmetermin einlädt. Die Einladung ist eine **empfangsbedürftige Willenserklärung,** deren Zugang der Auftraggeber beweisen muss.[36] Sie muss ausreichende Angaben über die abzunehmende Leistung sowie Ort und Zeit der Abnahme enthalten.

22    Außerdem muss der Auftraggeber nach § 12 Nr. 4 Abs. 1 Satz 1 VOB/B „mit genügender Frist" einladen, d. h. eine angemessene **Ladungsfrist** einhalten und den Abnahmetermin so festlegen, dass zwischen Zugang der Einladung und dem Termin selbst genügend Zeit ist, damit der Auftragnehmer sich auf den Termin einstellen und vorbereiten kann. Wie sich aus § 12 Nr. 1 VOB/B ergibt, ist eine **Frist von 12 Werktagen** dafür im Allgemeinen ausreichend.[37] Im Einzelfall kann nach Art und Umfang der abzunehmenden

---

[32] *Ingenstau/Korbion/Oppler* VOB/B § 12 Nr. 4 Rdn. 5; *Heiermann/Riedl/Rusam* VOB/B § 12 Rdn. 35 b; *Nicklisch/Weick* VOB/B § 12 Rdn. 65.
[33] BauR 1992, 678.
[34] So auch *Heiermann/Riedl/Rusam* VOB/B § 12 Rdn. 35 b.
[35] *Ingenstau/Korbion/Oppler* VOB/B § 12 Nr. 4 Rdn. 9.
[36] *Ingenstau/Korbion/Oppler* VOB/B § 12 Nr. 4 Rdn. 10.
[37] *Ingenstau/Korbion/Oppler* a. a. O. unter Hinweis auf *Vygen,* Bauvertragsrecht nach BGB und VOB, Rdn. 375.

Leistung sowie der Terminslage des Auftragnehmers jedoch auch eine längere Frist in Betracht kommen.

Außerdem müssen zum Abnahmetermin **Baustelle und Bauleistung zugänglich** sein. 23 Soweit sein eigenes Gewerk betroffen ist, hat dafür im Allgemeinen der Auftragnehmer zu sorgen,[38] ebenso für etwa erforderliche Sicherheitsvorkehrungen wie Geländer, Gerüste und ähnliches.

Streitig war, ob **auch der Auftragnehmer einen Abnahmetermin** bestimmen kann, 24 wenn der Auftraggeber dies trotz entsprechenden Verlangens nicht tut.[39]

§ 12 Nr. 4 VOB/B sieht das nicht vor, sondern spricht in Absatz 2 Satz 1 nur davon, dass „der Auftraggeber" einzuladen hat. Jedoch braucht diese Frage nicht vertieft zu werden. Denn wenn der Auftraggeber aufgrund der Einladung des Auftragnehmers die förmliche Abnahme durchführt, erledigt sich die Frage von selbst. Wenn der Auftraggeber dagegen auf die Einladung des Auftragnehmers hin nicht erscheint, hat dies keine andere Folge wie schon seine zuvor unterlassene Einladung.[40] Beruft sich der Auftraggeber später darauf, dass eine förmliche Abnahme vereinbart war und/oder verlangt er eine solche trotz seiner vorangegangenen Untätigkeit, ist dies ggf. **treuwidrig,** wenn die Leistung zwischenzeitlich bereits als stillschweigend abgenommen anzusehen ist (s. oben Rdn. 14).

Außerdem gerät der Auftraggeber, wenn der Auftragnehmer ihm zur Bestimmung des 25 Abnahmetermins eine Nachfrist setzt, in **Annahmeverzug** und, wenn der Auftraggeber die unterlassene Einladung und Nichtdurchführung des Abnahmetermins zu vertreten hat, auch in **Schuldnerverzug** (→ § 12 Nr. 1 Rdn. 28 ff.).

## 2. Hinzuziehung von Sachverständigen (§ 12 Nr. 4 Abs. 1 Satz 2 VOB/B)

Nach § 12 Nr. 4 Abs. 1 Satz 2 VOB/B kann **jede Partei auf ihre Kosten** einen Sach- 26 verständigen hinzuziehen. Mit den Kosten, die die jeweilige Partei insoweit selbst zu tragen hat, sind jedoch nur die Kosten des Sachverständigen gemeint, die durch den **Abnahmetermin selbst und die Feststellung des Abnahmebefundes** entstehen.[41]

Außerdem können auch diese Kosten vom Auftragnehmer zu ersetzen sein, wenn er 27 **verfrüht die Abnahme beantragt** hat oder seine Leistung noch wesentliche Mängel aufweist, die den Auftraggeber zur **Abnahmeverweigerung** nach § 12 Nr. 3 VOB/B berechtigen. Denn dann liegt ggf. eine Pflichtverletzung i. S. d. §§ 280, 241 Abs. 2 BGB des Auftragnehmers vor, die diesen zum Kostenersatz verpflichtet (→ § 12 Nr. 1 Rdn. 30).[42]

Hat der Auftraggeber unabhängig vom Abnahmetermin einen Sachverständigen einge- 28 schaltet zwecks **Feststellung bereits vorliegender Mängel,** so kann er diese Kosten ggf. gem. § 4 Nr. 7 Satz 2 VOB/B oder nach Abnahme gem. § 13 Nr. 5 oder Nr. 7 VOB/B als **Mangelfolgeschaden** vom Auftragnehmer ersetzt verlangen.[43]

Nach allem hat der Auftraggeber nur die Kosten für die Hinzuziehung eines Sachver- 29 ständigen zum eigentlichen **Abnahmetermin selbst** zu tragen, und auch dies nur, wenn die Leistung des Auftragnehmers tatsächlich abnahmereif fertiggestellt ist. Gerade um das sicher und zuverlässig festzustellen, empfiehlt sich jedoch für den Auftraggeber die Einschaltung eines Sachverständigen, wenn er nicht durch einen **Architekten sachkundig** beraten ist.[44]

---

[38] *Ingenstau/Korbion/Oppler* a. a. O.
[39] Dagegen *Ingenstau/Korbion/Oppler* VOB/B § 12 Nr. 4 Rdn. 10; in diesem Sinn jetzt auch unter Aufgabe der entgegenstehenden Ansicht *Heiermann/Riedl/Rusam* VOB/B § 12 Rdn. 37 b.
[40] Zustimmend *Kapellmann/Messerschmidt/Havers* VOB/B § 12 Rdn. 93.
[41] *Ingenstau/Korbion/Oppler* VOB/B § 12 Nr. 4 Rdn. 12.
[42] Vgl. auch *Ingenstau/Korbion/Oppler* a. a. O.
[43] BGHZ 54, 352, 358 = NJW 1971, 99; *Ingenstau/Korbion/Oppler* VOB/B § 12 Nr. 4 Rdn. 12; *Heiermann/Riedl/Rusam* VOB/B § 12 Rdn. 38; *Nicklisch/Weick* VOB/B § 12 Rdn. 70.
[44] *Ingenstau/Korbion/Oppler* VOB/B § 12 Nr. 4 Rdn. 11.

30  Nimmt allerdings ein vom Auftraggeber (oder von beiden Parteien einvernehmlich) bestellter Sachverständiger das Bauvorhaben **„zwecks Abnahme"** in Augenschein und teilt er sodann mit, dass die Leistungen vorbehaltlich geringfügiger Mängel „mängelfrei sind und als abgenommen gelten", muss der Auftraggeber sofort reagieren. Zwar ist die Mitteilung des Sachverständigen selbst mangels Vollmacht des Auftraggebers noch keine Abnahme im Rechtssinne, sondern bereitet diese nur im Sinne technischer Abnahme vor (→ Vor § 12 Rdn. 32 ff., 40, 61). Trotzdem muss der Auftraggeber der **„Abnahmeerklärung"** des Sachverständigen unverzüglich widersprechen, wenn er diese nicht als – stillschweigende – Abnahme im Rechtssinne gegen sich gelten lassen will. Ein erst mehr als 1 Monat später erklärter **Vorbehalt von Mängeln oder Vertragsstrafenansprüchen** ist deshalb verspätet.[45]

### 3. Schriftliche Niederlegung des Befundes (§ 12 Nr. 4 Abs. 1 Satz 3 VOB/B)

31  Wie sich aus § 12 Nr. 4 Abs. 1 Satz 3 VOB/B ergibt, ist der bei der förmlichen Abnahme festgestellte Befund nicht nur schriftlich niederzulegen. Dies hat vielmehr außerdem **„in gemeinsamer Verhandlung"** zu geschehen, also in Anwesenheit des Auftragnehmers. Der Auftraggeber muss den Auftragnehmer hiernach **gleichberechtigt zu Wort** kommen lassen und dessen Meinung gebührend berücksichtigen.[46]

32  Entsprechend muss die Abnahmeniederschrift erkennen lassen, in welchen Punkten die Parteien übereinstimmen und in welchen nicht. Soweit der Auftraggeber die Leistung des Auftragnehmers für vertragsgemäß und mängelfrei hält, genügt ein entsprechender allgemeiner Hinweis. Soweit dagegen nach Meinung des Auftraggebers **Mängel** vorliegen, ist festzuhalten, welche dieser Mängel **unstreitig** sind, d. h. vom Auftragnehmer anerkannt werden, und welche Mängel von diesem **bestritten** werden.[47]

### 4. Inhalt der Abnahmeniederschrift (§ 12 Nr. 4 Abs. 1 Satz 4 VOB/B)

33  Damit, dass in der Niederschrift über die Abnahme die **unstreitigen und streitigen Mängel** festgehalten werden, also auch die, die der Auftraggeber behauptet, der Auftragnehmer aber bestreitet, ist noch nicht geklärt, ob und was der Auftraggeber daraus ggf. herleitet.

34  a) **Vorbehalte wegen bekannter Mängel und Vertragsstrafen.** § 12 Nr. 4 Abs. 1 Satz 4 VOB/B bestimmt zunächst, dass in die Niederschrift „etwaige **Vorbehalte wegen bekannter Mängel und wegen Vertragsstrafen** aufzunehmen" sind. Zu den Folgen fehlender Vorbehalte wird auf das vor § 12 Rdn. 117 ff. Gesagte verwiesen. Insbesondere eine etwa verwirkte Vertragsstrafe muss hiernach **in das Abnahmeprotokoll** aufgenommen werden, weil der Anspruch auf die Vertragsstrafe sonst nicht wirksam vorbehalten ist (→ Vor § 12 Rdn. 132 ff.).[48]

35  Allerdings kann die Notwendigkeit des Vorbehalts der Vertragsstrafe bei Abnahme (§ 341 Abs. 3 BGB, § 11 Nr. 4 VOB/B) durch **Individualvereinbarung abbedungen**[49] und in **AGB bis zur Schlusszahlung hinausgeschoben** werden.[50]

36  Im Übrigen ist kein Vorbehalt der Vertragsstrafe bei Abnahme erforderlich, wenn diese **bereits Gegenstand eines Rechtsstreits** ist.[51] Gleiches gilt hinsichtlich des Vorbehalts von Mängeln, der außerdem entbehrlich ist, wenn der Auftraggeber wegen der Mängel bereits ein **selbstständiges Beweisverfahren** eingeleitet hat (→ Vor § 12 Rdn. 127).[52]

---

[45] BGH BauR 1992, 232 = ZfBR 1992, 65; *Ingenstau/Korbion/Oppler* VOB/B § 12 Nr. 4 Rdn. 11.
[46] *Ingenstau/Korbion/Oppler* VOB/B § 12 Nr. 4 Rdn. 13.
[47] *Ingenstau/Korbion/Oppler* VOB/B § 12 Nr. 4 Rdn. 14.
[48] BGH BauR 1973, 192; LG Mannheim, BauR 1992, 233.
[49] BGHZ 85, 305, 309 = NJW 1983, 385 = BauR 1983, 80 = ZfBR 1983, 78.
[50] BGHZ 72, 222, 224 = NJW 1979, 212 = BauR 1979, 56 = ZfBR 1979, 15.
[51] BGHZ 62, 328 = NJW 1974, 1324 = BauR 1974, 55; *Ingenstau/Korbion/Oppler* VOB/B § 12 Nr. 4 Rdn. 17.
[52] OLG Köln, BauR 1983, 463; *Ingenstau/Korbion/Oppler* VOB/B § 12 Nr. 4 Rdn. 17; *Heiermann/Riedl/Rusam* VOB/B § 12 Rdn. 38 a i. V. m. 14 i.

**b) Einwendungen des Auftragnehmers.** Weiterhin sind in die Abnahmeniederschrift 37 auch die Einwendungen des Auftragnehmers aufzunehmen, d. h. seine **Stellungnahme** zu den vom Auftraggeber behaupteten Mängeln sowie dessen Mängel- und Vertragsstrafenvorbehalten. Insbesondere ist hier ein etwaiges **Bestreiten** des Auftragnehmers aufzunehmen, damit klargestellt ist, welche der Beanstandungen des Auftraggebers der Auftragnehmer anerkennt und welche nicht.

**c) Unterzeichnung der Abnahmeniederschrift?** Streitig ist, ob es zur Wirksamkeit 38 der förmlichen Abnahme zusätzlich erforderlich ist, dass die Abnahmeniederschrift von **Auftraggeber und Auftragnehmer unterschrieben** wird.[53] Dagegen spricht der Wortlaut des § 12 Nr. 4 Abs. 1 Satz 3 und 4 VOB/B, dass lediglich der Befund in gemeinsamer Verhandlung **schriftlich niederzulegen** ist und in die Niederschrift Vorbehalte wegen bekannter Mängel und Vertragsstrafen sowie etwaige Einwendungen des Auftragnehmers aufzunehmen sind.[54] Davon, dass beide Parteien das Abnahmeprotokoll auch unterschreiben müssen, ist dort nicht die Rede. Deshalb ist *Ingenstau/Korbion/Oppler*[55] zuzustimmen, dass die **Unterzeichnung der Niederschrift keine Wirksamkeitsvoraussetzung** für die förmliche Abnahme ist. Jedoch ist dringend zu empfehlen, dass zumindest der Auftraggeber das Protokoll unterschreibt und durch seine Unterschrift klarstellt, ob er die Leistung des Auftragnehmers billigt oder nicht.

Daher wird vielfach vertraglich oder in AGB (AVB, BVB, ZVB) **vereinbart,** dass zur 39 Wirksamkeit der Abnahme die Niederschrift **von beiden Parteien unterzeichnet** werden muss. In diesem Fall kann ein **Vorbehalt** von Mängeln oder Vertragsstrafenansprüchen, der bei der Abnahmebegehung nicht in die Niederschrift aufgenommen worden ist, noch **bis zur Unterzeichnung** durch den Auftraggeber nachgeholt werden, wenn diese in engem zeitlichen Zusammenhang mit der Abnahmebegehung erfolgt.[56]

Allerdings kann die Nichtunterzeichnung des Protokolls als Verweigerung der Abnahme anzusehen sein.[57]

Dagegen bedeutet die Gegenzeichnung bzw. **Mitunterzeichnung der Abnahmenie-** 40 **derschrift durch den Auftragnehmer kein Anerkenntnis** der vom Auftraggeber geltend gemachten/vorbehaltenen Ansprüche wegen Mängeln und/oder Vertragsstrafen. Der Auftragnehmer bestätigt mit seiner Gegenzeichnung vielmehr nur die Richtigkeit des in gemeinsamer Verhandlung niedergelegten Befundes. Sonstige Rechtswirkungen zu Lasten des Auftragnehmers ergeben sich daraus jedoch nicht.[58]

## 5. Ausfertigung für jede Partei (§ 12 Nr. 4 Abs. 1 Satz 5 VOB/B)

Da durch die Abnahmeniederschrift eine **Beweisurkunde** geschaffen wird,[59] bestimmt 41 § 12 Nr. 4 Abs. 1 Satz 5 VOB/B, dass jede Partei eine Ausfertigung der Niederschrift erhält. Der Auftragnehmer kann damit insbesondere die Fälligkeit seines restlichen Vergütungsanspruchs und den Beginn der Verjährung seiner Gewährleistung beweisen, der Auftraggeber die Mängel- und Vertragsstrafenansprüche, die er sich bei der Abnahme vorbehalten hat.

Außerdem ist dadurch jeder Partei Gelegenheit gegeben, etwaige **Unrichtigkeiten** des 42 Abnahmeprotokolls zu korrigieren, was insbesondere dann wichtig ist, wenn dieses nicht oder nicht beiderseits unterschrieben ist.

---

[53] Dafür *Heiermann/Riedl/Rusam* VOB/B § 12 Rdn. 38 b und *Kleine-Möller/Merl/Oelmaier* § 11 Rdn. 55; dagegen *Ingenstau/Korbion/Oppler* VOB/B § 12 Nr. 4 Rdn. 18 und *Cuypers,* BauR 1991, 141.
[54] Zustimmend *Kapellmann/Messerschmidt/Havers* VOB/B § 12 Rdn. 96.
[55] B § 12 Nr. 4 Rdn. 18.
[56] BGH BauR 1974, 206 und BauR 1987, 92/93.
[57] OLG Hamm IBR 2007, 477 m. Anm. *Bolz.*
[58] BGH NJW 1987, 380 = BauR 1987, 92 = ZfBR 1987, 35; *Ingenstau/Korbion/Oppler* VOB/B § 12 Nr. 4 Rdn. 16.
[59] *Ingenstau/Korbion/Oppler* VOB/B § 12 Nr. 4 Rdn. 19.

## C. Förmliche Abnahme in Abwesenheit des Auftragnehmers (§ 12 Nr. 4 Abs. 2 VOB/B)

43  Wenn der Auftragnehmer zum Abnahmetermin **nicht erscheint,** obwohl der Termin mit ihm abgestimmt/vereinbart war oder ihm rechtzeitig mitgeteilt worden ist (s. oben Rdn. 21 ff.), kann der Auftraggeber nach § 12 Nr. 4 Abs. 2 Satz 1 VOB/B die **förmliche Abnahme allein durchführen.**[60]

### I. Einseitige förmliche Abnahme durch den Auftraggeber (§ 12 Nr. 4 Abs. 2 Satz 1 VOB/B)

44  Das Recht zur alleinigen förmlichen Abnahme steht dem Auftraggeber nur dann nicht zu, wenn der **Auftragnehmer aus wichtigem Grund verhindert** ist, dies rechtzeitig vor dem Abnahmetermin dem Auftraggeber mitteilt und um eine Verschiebung des Termins bittet.[61] Dann muss der Auftraggeber einen **neuen Abnahmetermin** bestimmen.

45  Wenn der Auftraggeber dies nicht tut und die förmliche Abnahme **allein durchführt,** obwohl die Voraussetzungen dafür nicht vorliegen, macht er sich aus **Pflichtverletzung gemäß §§ 280, 241 Abs. 2 BGB schadensersatzpflichtig.** In aller Regel entsteht dem Auftragnehmer dadurch aber kein Schaden, weil die Abnahme ihm mehr Vorteile als Nachteile bringt. Aus diesem Grund ist die vom Auftraggeber zu Unrecht allein durchgeführte **Abnahme trotzdem wirksam.**[62] Das ist allerdings nicht unbestritten.[63]

### II. Mitteilung des Ergebnisses (§ 12 Nr. 4 Abs. 2 Satz 2 VOB/B)

46  Bei einseitiger förmlicher Abnahme durch den Auftraggeber allein braucht dieser **keine Abnahmeniederschrift** zu erstellen, sondern dem Auftragnehmer nach der ausdrücklichen Regelung des § 12 Nr. 4 Abs. 2 Satz 2 VOB/B lediglich „das Ergebnis der Abnahme ... mitzuteilen". Etwaige **Vorbehalte wegen Mängeln und/oder Vertragsstrafenansprüchen** muss der Auftraggeber aber auch dann machen, wenn er nicht seine diesbezüglichen Rechte verlieren will.[64]

47  Auch die Mitteilung des Ergebnisses der vom Auftraggeber allein durchgeführten förmlichen Abnahme ist eine **empfangsbedürftige Willenserklärung,** so dass vor deren Zugang die förmliche Abnahme noch nicht erfolgt ist.[65]

48  Soweit § 12 Nr. 4 Abs. 2 Satz 2 VOB/B bestimmt, dass dem Auftragnehmer das Ergebnis der vom Auftraggeber allein durchgeführten förmlichen Abnahme „**alsbald** mitzuteilen" ist, gilt dafür die Frist des § 12 Nr. 1 VOB/B von 12 Werktagen. Danach kann der Auftraggeber ebenso, wie wenn er selbst nicht erscheint oder die vereinbarte/beantragte Abnahme nicht durchführt, in **Gläubiger- und Schuldnerverzug** geraten (→ § 12 Nr. 1 Rdn. 27 ff.). Außerdem kann der Auftraggeber sich dem Auftragnehmer gegenüber aus Pflichtverletzung gemäß §§ 280, 241 Abs. 2 BGB **schadensersatzpflichtig** machen.[66]

---

[60] *Ingenstau/Korbion/Oppler* VOB/B § 12 Nr. 4 Rdn. 20; *Heiermann/Riedl/Rusam* VOB/B § 12 Rdn. 39.
[61] *Ingenstau/Korbion/Oppler* VOB/B § 12 Nr. 4 Rdn. 21; *Heiermann/Riedl/Rusam* VOB/B § 12 Rdn. 39.
[62] *Ingenstau/Korbion/Oppler* VOB/B § 12 Nr. 4 Rdn. 21; *Kapellmann/Messerschmidt/Havers* VOB/B § 12 Rdn. 98.
[63] Dagegen *Heiermann/Riedl/Rusam* VOB/B § 12 Rdn. 39; *Kleine-Möller/Merl/Oelmaier,* § 11 Rdn. 60.
[64] *Ingenstau/Korbion/Oppler* VOB/B § 12 Nr. 4 Rdn. 22; *Heiermann/Riedl/Rusam* VOB/B § 12 Rdn. 39 a.
[65] *Ingenstau/Korbion/Oppler* VOB/B § 12 Nr. 4 Rdn. 23; *Kapellmann/Messerschmidt/Havers* VOB/B § 12 Rdn. 99.
[66] *Ingenstau/Korbion/Oppler* VOB/B § 12 Nr. 4 Rdn. 24, 25.

### § 12 Nr. 5 [Fiktive Abnahme]

(1) Wird keine Abnahme verlangt, so gilt die Leistung als abgenommen mit Ablauf von 12 Werktagen nach schriftlicher Mitteilung über die Fertigstellung der Leistung.

(2) Wird keine Abnahme verlangt und hat der Auftraggeber die Leistung oder einen Teil der Leistung in Benutzung genommen, so gilt die Abnahme nach Ablauf von 6 Werktagen nach Beginn der Benutzung als erfolgt, wenn nichts anderes vereinbart ist. Die Benutzung von Teilen einer baulichen Anlage zur Weiterführung von Arbeiten gilt nicht als Abnahme.

(3) Vorbehalte wegen bekannter Mängel oder wegen Vertragsstrafen hat der Auftraggeber spätestens zu den in den Abs. 1 und 2 bezeichneten Zeitpunkten geltend zu machen.

Literatur: Siehe Hinweise → Vor § 12

**Übersicht**

| | Rdn. | | Rdn. |
|---|---|---|---|
| A. Allgemeines | 1 | 2. Schlussrechnung als Fertigstellungsanzeige | 22 |
| B. Voraussetzungen der Abnahmefiktion | 3 | 3. Empfangsbedürftige Willenserklärung | 24 |
| I. AGB-rechtliche Wirksamkeit fiktiver Abnahme nach § 12 Nr. 5 VOB/B | 4 | 4. Zugang beim Architekten genügt nicht | 25 |
| II. Abgrenzung zur stillschweigenden Abnahme | 6 | II. Inbenutzungnahme der Leistung (§ 12 Nr. 5 Abs. 2 VOB/B) | 27 |
| III. Sonstige Voraussetzungen | 11 | 1. Einzug als Inbenutzungnahme | 30 |
| 1. Fehlendes Abnahmeverlangen | 12 | 2. Inbenutzungnahme von Teilen der Leistung | 34 |
| 2. Abnahme noch nicht anderweitig erfolgt | 15 | 3. Unterbrechung der Benutzung | 37 |
| 3. Keine Abnahmeverweigerung nach § 12 Nr. 3 VOB/B | 16 | III. Vorbehalte wegen Mängeln oder Vertragsstrafen (§ 12 Nr. 5 Abs. 3 VOB/B) | 40 |
| C. Die beiden Fälle fiktiver/fingierter Abnahme nach § 12 Nr. 5 VOB/B | 18 | D. Vertraglicher Ausschluss der Abnahmefiktion des § 12 Nr. 5 VOB/B | 44 |
| I. Schriftliche Mitteilung über die Fertigstellung der Leistung (§ 12 Nr. 5 Abs. 1 VOB/B) | 19 | | |
| 1. Zwingende Schriftform | 20 | | |

## A. Allgemeines

Die fiktive oder fingierte Abnahme als Sonderform der Abnahme war ursprünglich eine Besonderheit des VOB-Vertrages, die beim BGB-Werkvertrag nicht vorgesehen war. Durch das Gesetz zur Beschleunigung fälliger Zahlungen vom 30. März 2000 hat die fiktive Abnahme des VOB-Vertrages ihre Sonderstellung verloren. Nunmehr sind auch im BGB-Werkvertragsrecht mit § 640 Abs. 1 Satz 3 und § 641a BGB zwei Formen der fiktiven Abnahme geregelt (→ Vor § 12 Rdn. 69 ff.). **1**

Die Voraussetzungen einer fiktiven Abnahme nach § 12 Nr. 5 VOB/B sind nachfolgend dargestellt. **2**

## B. Voraussetzungen der Abnahmefiktion

Voraussetzung für eine fiktive/fingierte Abnahme nach § 12 Nr. 5 VOB/B ist zum einen, dass die Vorschrift als solche **überhaupt wirksam** ist, und zum anderen, dass die sonstigen Voraussetzungen des § 12 Nr. 5 VOB/B erfüllt sind. **3**

*I. Jagenburg*

## § 12 Nr. 5

### I. AGB-rechtliche Wirksamkeit fiktiver Abnahme nach § 12 Nr. 5 VOB/B

4 Obwohl § 308 Nr. 5 BGB grundsätzlich ein Verbot fingierter Erklärungen[1] in Allgemeinen Geschäftsbedingungen enthält, verstößt § 12 Nr. 5 VOB/B nicht gegen diese Vorschrift, da § 308 Nr. 5 BGB a. E. anordnet, dass das Verbot fingierter Erklärungen nicht für Verträge gilt, in die Teil B der Verdingungsordnung für Bauleistungen insgesamt einbezogen ist. Dadurch ist für Fälle, in denen die **VOB Vertragsgrundlage** ist, also eine Ausnahme gemacht. Das gilt allerdings nur, wenn die **VOB „als Ganzes"** vereinbart ist,[2] weil § 12 Nr. 5 VOB/B nur wegen der **„Ausgewogenheit** des Gesamtvertragswerks der VOB" privilegiert und von dem AGB-rechtlichen Verbot fingierter Erklärungen ausgenommen ist.[3]

5 Daraus folgt im Umkehrschluss, dass **§ 12 Nr. 5 VOB/B unwirksam** ist und gegen § 308 Nr. 5 BGB verstößt, wenn die VOB/B nicht „als Ganzes" vereinbart ist, etwa weil einzelne ihrer Regelungen, insb. durch AGB (AVB, BVB, ZVB) in nicht unerheblichem Maße abgeändert oder die Bestimmungen des § 12 bzw. der §§ 12, 13 VOB/B lediglich „isoliert", d. h. für sich allein vereinbart sind.

### II. Abgrenzung zur stillschweigenden Abnahme

6 Die fiktive/fingierte Abnahme nach § 12 Nr. 5 VOB/B ist **keine stillschweigende Abnahme** durch schlüssiges/konkludentes Verhalten und darf mit dieser deshalb auch nicht verwechselt werden[4] (dazu im Einzelnen ausführlich → Vor § 12 Rdn. 55 ff.). Während die stillschweigende Abnahme als Willenserklärung des Auftraggebers einen entsprechenden **Abnahmewillen** voraussetzt, tritt die Fiktion der Abnahme nach § 12 Nr. 5 VOB/B in den dafür vorgesehenen Fällen **allein durch Fristablauf und unabhängig vom Willen des Auftraggebers** ein, also auch wenn dieser tatsächlich keinen Abnahmewillen hatte.[5]

7 Der Unterschied zwischen stillschweigender und fiktiver/fingierter Abnahme wird deutlich bei **Inbenutzungnahme der Leistung,** die sowohl eine still-schweigende Abnahme als auch eine solche nach § 12 Nr. 5 Abs. 2 VOB/B sein kann.[6] Erfolgt der Einzug in ein noch nicht fertiggestelltes Haus lediglich **unter dem Zwang der Verhältnisse,**[7] weil die bisherige Wohnung gekündigt ist und geräumt werden muss, fehlt es regelmäßig an den Voraussetzungen für eine **stillschweigende Abnahme,** weil der Auftraggeber/Erwerber unter diesen Umständen **keinen Abnahmewillen** hat. Gleiches gilt, wenn der Auftraggeber zur Vermeidung von Mietausfällen die Mieter in das noch nicht fertiggestellte Haus einziehen lässt, also lediglich aus Gründen der **Schadensminderung.**[8] Ist die Leistung in diesem Sinne unvollständig oder weist sie **wesentliche Mängel** auf, die den Auftraggeber

---

[1] Zweifelnd *Nicklisch/Weick* VOB/B § 12 Rdn. 93, die in § 12 Nr. 5 Abs. 2 VOB/B keine Fiktion, sondern nur eine Abnahmevermutung sehen, die deshalb auch bei ersichtlich fehlendem Abnahmewillen entfallen soll.
[2] Seit BGHZ 86, 135 = NJW 1983, 816 = BauR 1983, 161 m. Anm. von *Locher* S. 362 = ZfBR 1983, 85 ständ. Rspr. zum AGBG.
[3] *Ingenstau/Korbion/Oppler* VOB/B § 12 Nr. 5 Rdn. 7, der allerdings kritisch hinsichtlich der Privilegierung bei Verbraucherverträgen i. S. d. § 310 Abs. 3 BGB ist; *Heiermann/Riedl/Rusam* VOB/B § 12 Rdn. 40 d; vgl. auch *Nicklisch/Weick* VOB/B § 12 Rdn. 92 zu §§ 10 Nr. 5, 23 Abs. 2 Nr. 5 AGBG.
[4] Ebenso *Ingenstau/Korbion/Oppler* VOB/B § 12 Nr. 5 Rdn. 1; *Nicklisch/Weick* VOB/B § 12 Rdn. 73.
[5] *Ingenstau/Korbion/Oppler* VOB/B § 12 Nr. 1 Rdn. 16 und Nr. 5 Rdn. 2; *Heiermann/Riedl/Rusam* VOB/B § 12 Rdn. 40.
[6] BGHZ 55, 354 = NJW 1971, 838 = BauR 1971, 126; BGH NJW 1975, 1701 = BauR 1975, 344; OLG Düsseldorf, NJW 1991, 3040 = BauR 1992, 72 und BauR 1993, 124 L; OLG Koblenz, NJW-RR 1994, 786; OLG Hamm, NJW-RR 1995, 1233.
[7] Vgl. OLG Hamm BauR 2001, 1914.
[8] BGH NJW 1979, 549 = BauR 1979, 152 = ZfBR 1979, 65; *Ingenstau/Korbion/Oppler* VOB/B § 12 Nr. 5 Rdn. 25; *Heiermann/Riedl/Rusam* VOB/B § 12 Rdn. 44 b.

zur Abnahmeverweigerung nach § 12 Nr. 3 VOB/B berechtigen (dazu im Einzelnen dort), ist in aller Regel **keine stillschweigende Abnahme** anzunehmen, weil es an dem dafür erforderlichen Abnahmewillen des Auftraggebers fehlt.[9] (→ Vor § 12 Rdn. 55 ff.).

Trotzdem kann in allen diesen Fällen aber eine **fingierte Abnahme** nach § 12 Nr. 5 VOB/B in Betracht kommen, weil für die fiktive/fingierte Abnahme **kein Abnahmewillen** erforderlich ist[10] und die Abnahmefiktion nach dieser Vorschrift gerade unabhängig von einem solchen Willen eintritt.[11]

Der Eintritt der Abnahmefiktion des § 12 Nr. 5 VOB/B kann grundsätzlich nur durch **ausdrückliche Abnahmeverweigerung** nach § 12 Nr. 3 VOB/B verhindert werden.[12] Während es für die Verneinung stillschweigender Abnahme bereits genügt, dass lediglich die **Voraussetzungen** für eine Verweigerung der Abnahme vorliegen, diese aber nicht erklärt zu werden braucht, weil es hier nur auf den fehlenden Abnahmewillen ankommt, der sich daraus ergibt (s. oben Rdn. 8), muss im Falle des § 12 Nr. 5 VOB/B die **Abnahmeverweigerung ausdrücklich erklärt** werden, damit keine Abnahmefiktion eintritt.[13]

Dagegen ist von vornherein eine fiktive/fingierte **Abnahme nach § 12 Nr. 5 VOB/B ausgeschlossen,** wenn eine ausdrückliche oder förmliche Abnahme **vereinbart oder verlangt** war und der Auftraggeber darauf – aus welchen Gründen auch immer – **nicht mehr zurückgekommen** ist, insb. in den Fällen „vergessener" förmlicher Abnahme[14] (→ Vor § 12 Rdn. 59 und § 12 Nr. 4 Rdn. 11 ff.). Denn dann fehlt es schon an der ersten und grundlegenden Voraussetzung des § 12 Nr. 5 VOB/B, dass **„keine Abnahme verlangt"** worden ist. Dass der Auftraggeber darauf nicht zurückgekommen ist, rechtfertigt allenfalls die Annahme eines **stillschweigenden Verzichts** auf die vereinbarte/verlangte ausdrückliche oder förmliche Abnahme und die Annahme einer **stillschweigenden Abnahme** durch schlüssiges, konkludentes Verhalten. Das gilt umso mehr, als anerkanntermaßen[15] die Abnahmewirkung hier gerade nicht durch bloßen Ablauf der Fristen des § 12 Nr. 5 VOB/B eintritt, sondern erst nach einer **weiteren angemessenen Frist,** wenn nach den Umständen des Falles, insbesondere dem zwischenzeitlichen Verhalten des Auftraggebers, die Abnahme als **stillschweigend** erfolgt anzusehen oder die Berufung auf ihr Fehlen **treuwidrig** ist[16] (→ Vor § 12 Rdn. 59 ff. und § 12 Nr. 4 Rdn. 11 ff.).

---

[9] Ebenso im Ergebnis *Ingenstau/Korbion/Oppler* VOB/B § 12 Nr. 5 Rdn. 25, die allerdings erst zum Schluss klarstellen, dass in diesen Fällen nur eine stillschweigende Abnahme ausscheidet, nicht dagegen auch eine solche § 12 Nr. 5 VOB/B.

[10] Ebenso *Kapellmann/Messerschmidt/Havers* VOB/B § 12; and. Ans. *Nicklisch/Weick* VOB/B § 12 Rdn. 86, die bei ersichtlich fehlendem Abnahmewillen auch § 12 Nr. 5 VOB/B für unanwendbar halten; ebenso offenbar OLG Düsseldorf, NJW-RR 1994, 408 = BauR 1994, 148 L, wonach der Eintritt der Abnahmewirkung nach § 12 Nr. 5 Abs. 2 VOB/B ausgeschlossen sein soll, wenn die Bauleistung ersichtlich grobe Mängel aufweist oder wenn der Einzug auf Grund einer dem Auftragnehmer bekannten Zwangslage erfolgt ist.

[11] BGH NJW 1975, 1701 = BauR 1975, 344; *Ingenstau/Korbion/Oppler* VOB/B § 12 Nr. 5 Rdn. 25 am Ende; *Heiermann/Riedl/Rusam* VOB/B § 12 Nr. 5 Rdn. 40.

[12] *Kapellmann/Messerschmidt/Havers* VOB/B § 12; *Ingenstau/Korbion/Oppler* VOB/B § 12 Nr. 5 Rdn. 25 am Ende; vgl. auch OLG Celle BauR 1997, 1049.

[13] Weitergehend wollen *Nicklisch/Weick,* VOB/B § 12 Rdn. 86, es auch genügen lassen, wenn dem Auftraggeber der Abnahmewille ersichtlich fehlt.

[14] Entgegen *Ingenstau/Korbion/Oppler,* VOB/B § 12 Nr. 5 Rdn. 4, die auch hier nicht genügend zwischen fiktiver/fingierter und stillschweigender Abnahme unterscheiden.

[15] So auch *Ingenstau/Korbion/Oppler* a. a. O. unter Hinweis auf KG BauR 1979, 256 und 1988, 230/31 sowie OLG Düsseldorf, BauR 1981, 294.

[16] Ebenso *Ingenstau/Korbion/Oppler* VOB/B § 12 Nr. 5 Rdn. 4; einschränkend *Nicklisch/Weick* VOB/B § 12 Rdn. 69: „Bei Annahme eines Abbedinges des Erfordernisses förmlicher Abnahme bestimmen sich Voraussetzung und Zeitpunkt der Abnahme nach den Regeln zur nicht förmlichen Abnahme, wobei auch eine stillschweigende Abnahme oder eine fiktive Abnahme gem. Nr. 5 in Betracht kommen kann. Im letzteren Fall treten die Abnahmewirkungen entsprechend der in Nr. 5 genannten Fristen ein. Einer weitergehenden, nach Treu und Glauben zu bemessenden Frist bedarf es angesichts der hier geltenden Regelungen zur fiktiven Abnahme nicht. Die nach Treu und Glauben zu bestimmende Frist gilt lediglich im Falle einer rechtsmissbräuchlichen Berufung auf eine fehlende Abnahme."

## III. Sonstige Voraussetzungen

11  Wie vorstehend zum Teil schon erwähnt, setzt die Anwendung des § 12 Nr. 5 VOB/B selbst dreierlei voraus: dass **bis zum Ablauf der dort genannten Fristen** von 12 bzw. 6 Werktagen eine Abnahme nicht verlangt, nicht bereits erfolgt/durchgeführt und nicht verweigert worden ist.

### 1. Fehlendes Abnahmeverlangen

12  Nach § 12 Nr. 5 Abs. 1 VOB/B kommt eine fiktive/fingierte Abnahme nur in Betracht, wenn „**keine Abnahme verlangt**" wird. Dies gilt jetzt sowohl für § 12 Nr. 5 Abs. 1 VOB/B als auch für § 12 Nr. 5 Abs. 2 VOB/B, der dies in der Fassung der VOB/B 2002 nun ausdrücklich klarstellt[17] und nur gilt, „wenn nichts anderes vereinbart ist".

13  Es darf also weder eine Abnahme **im Vertrag vereinbart noch nachträglich verlangt** worden sein. Dabei spielt es keine Rolle, um welche Art/Form der Abnahme es sich dabei handelt, ob also eine ausdrückliche Abnahme nach **§ 12 Nr. 1 VOB/B**, eine Teilabnahme nach § 12 Nr. 2 VOB/B oder eine förmliche Abnahme nach **§ 12 Nr. 4 VOB/B** vereinbart/verlangt worden ist. In allen Fällen ist § 12 Nr. 5 VOB/B ausgeschlossen.[18]

14  Das Verlangen einer lediglich **technischen Teilabnahme nach § 4 Nr. 10 VOB/B** schließt eine spätere fiktive/fingierte Abnahme nach § 12 Nr. 5 VOB/B dagegen nicht aus.[19]

### 2. Abnahme noch nicht anderweitig erfolgt

15  Naturgemäß kommt eine fiktive/fingierte Abnahme auch dann nicht mehr in Betracht, wenn die Abnahme bereits erfolgt ist, sei es als **ausdrückliche** Abnahme nach § 12 Nr. 1 VOB/B, als **stillschweigende** Abnahme durch schlüssiges/konkludentes Verhalten, als Teilabnahme im rechtsgeschäftlichen Sinne nach § 12 Nr. 2 VOB/B oder als **förmliche** Abnahme nach § 12 Nr. 4 VOB/B.[20]

### 3. Keine Abnahmeverweigerung nach § 12 Nr. 3 VOB/B

16  Schließlich darf die Abnahme vor Ablauf der Fristen des § 12 Nr. 5 VOB/B nicht bereits nach § 12 Nr. 3 VOB/B wegen wesentlicher Mängel **verweigert** worden sein. Wenn das der Fall ist, kommt eine fiktive/fingierte Abnahme nach § 12 Nr. 5 VOB/B nicht mehr in Betracht.[21] Insbesondere die Inbenutzungnahme der Leistung nach § 12 Nr. 5 Abs. 2 VOB/B gilt dann **nicht als Abnahme**.[22]

17  Dem steht es gleich, wenn der Vertrag **vorzeitig gekündigt** worden ist. Auch dann scheidet eine fiktive/fingierte Abnahme aus.[23]

---

[17] *Ingenstau/Korbion/Oppler* VOB/B § 12 Nr. 5 Rdn. 20; *Heiermann/Riedl/Rusam* VOB/B § 12 Rdn. 44; vgl. auch *Nicklisch/Weick* VOB/B § 12 Rdn. 75 zu § 12 Nr. 5 VOB/B a. F.
[18] *Ingenstau/Korbion/Oppler* VOB/B § 12 Nr. 5 Rdn. 3, 20; *Heiermann/Riedl/Rusam* VOB/B § 12 Rdn. 42; *Nicklisch/Weick* VOB/B § 12 Rdn. 75 zu § 12 Nr. 5 VOB/B a. F.
[19] OLG Düsseldorf, BauR 1985, 327 ff.; *Ingenstau/Korbion/Oppler* VOB/B § 12 Nr. 5 Rdn. 3 am Ende; *Nicklisch/Weick* VOB/B § 12 Rdn. 75.
[20] *Heiermann/Riedl/Rusam* VOB/B § 12 Rdn. 42 a.
[21] *Ingenstau/Korbion/Oppler* VOB/B § 12 Nr. 5 Rdn. 1, 3 und 20; Hanseatisches OLG BauR 2003, 1590.
[22] BGH NJW 1979, 549 = BauR 1979, 152 = ZfBR 1979, 65; *Ingenstau/Korbion/Oppler* VOB/B § 12 Nr. 5 Rdn. 25; *Heiermann/Riedl/Rusam* VOB/B § 12 Rdn. 42 b; *Nicklisch/Weick* VOB/B § 12 Rdn. 78.
[23] *Ingenstau/Korbion/Oppler* VOB/B § 12 Nr. 5 Rdn. 6; *Heiermann/Riedl/Rusam* VOB/B § 12 Rdn. 41 a; *Nicklisch/Weick* VOB/B § 12 Rdn. 77; BGH NZBau 2003, 265 = NJW 2003, 1450 = BauR 2003, 689.

## C. Die beiden Fälle fiktiver/fingierter Abnahme nach § 12 Nr. 5 VOB/B

§ 12 Nr. 5 VOB/B enthält zwei Fälle fiktiver/fingierter Abnahme, die hinsichtlich der vorerwähnten Voraussetzungen (s. oben Rdn. 3 ff., 11 ff.) und ihrer Folgen gleich sind, sich ansonsten aber dadurch unterscheiden, dass einmal ein **Handeln des Auftragnehmers** die Fiktion der Abnahme auslöst, im anderen Fall dagegen die Abnahmefiktion an ein **Handeln des Auftraggebers** anknüpft.  18

### I. Schriftliche Mitteilung über die Fertigstellung der Leistung (§ 12 Nr. 5 Abs. 1 VOB/B)

§ 12 Nr. 5 Abs. 1 VOB/B knüpft an ein **Handeln des Auftragnehmers** an. Denn danach **gilt**, wenn keine Abnahme verlangt wird (s. oben Rdn. 12 ff.), die Leistung **als abgenommen mit Ablauf von 12 Werktagen** nach schriftlicher Mitteilung über die Fertigstellung der Leistung.  19

#### 1. Zwingende Schriftform

Die Mitteilung über die Fertigstellung der Leistung muss **schriftlich** erfolgen, wenn sie die Folgen/Wirkungen fiktiver/fingierter Abnahme nach § 12 Nr. 5 Abs. 1 VOB/B auslösen soll. Eine lediglich **mündliche** Fertigstellungsanzeige genügt dafür **nicht**.[24]  20

Andererseits darf die Mitteilung über die Fertigstellung der Leistung nicht gleichzeitig schon die Qualität eines **Abnahmeverlangens** des Auftragnehmers im Sinne von § 12 Nr. 1, Nr. 2a oder Nr. 4 VOB/B haben, weil sonst für § 12 Nr. 5 VOB/B von vornherein kein Raum mehr ist (s. oben Rdn. 12 ff.).  21

#### 2. Schlussrechnung als Fertigstellungsanzeige

Die schriftliche Mitteilung über die Fertigstellung der Leistung muss **nicht ausdrücklich** die Erklärung enthalten, dass die Leistung abnahmereif fertiggestellt ist. Es genügt auch, wenn lediglich **sinngemäß** mitgeteilt wird, dass die Leistung in diesem Sinne fertiggestellt ist, z. B. durch schriftliche Mitteilung über die **Räumung der Baustelle** nach Ausführung der Arbeiten.[25]  22

Demgemäß ist in ständiger Rechtsprechung anerkannt,[26] dass die **Übersendung der Schlussrechnung** durch den Auftragnehmer ebenfalls als Mitteilung über die Fertigstellung der Leistung anzusehen ist, ebenso eine Rechnung mit dem Hinweis auf „ausgeführte Arbeiten" oder „ordnungsgemäß fertiggestellte Arbeiten".[27] Ebenso liegt eine schriftliche Mitteilung über die Fertigstellung der Leistung vor, wenn der Auftragnehmer eine Rechnung übersendet, die zwar nicht ausdrücklich als Schlussrechnung bezeichnet ist, aus der sich aber ergibt, dass der Auftragnehmer seine gesamte Leistung abschließend berechnen will.[28] Dies gilt sogar dann, wenn die Rechnung über die gesamte Leistung nur als Abschlags-  23

---

[24] *Ingenstau/Korbion/Oppler* VOB/B § 12 Nr. 5 Rdn. 10; *Heiermann/Riedl/Rusam* VOB/B § 12 Rdn. 43a; *Nicklisch/Weick* VOB/B § 12 Rdn. 80.
[25] *Ingenstau/Korbion/Oppler* VOB/B § 12 Nr. 5 Rdn. 11; *Heiermann/Riedl/Rusam* VOB/B § 12 Rdn. 43a; *Nicklisch/Weick* VOB/B § 12 Rdn. 80.
[26] BGHZ 55, 354 = NJW 1971, 838 = BauR 1971, 126; BGH NJW 1977, 897/98 = BauR 1977, 280; BGH BauR 1980, 357 = ZfBR 1980, 192; BGH NJW-RR 1989, 979 = BauR 1989, 603 = ZfBR 1989, 202.
[27] OLG Frankfurt, BauR 1979, 326; *Ingenstau/Korbion/Oppler* VOB/B § 12 Nr. 5 Rdn. 11.
[28] OLG Düsseldorf BauR 1997, 842 = NJW-RR 1997, 842.

## § 12 Nr. 5

rechnung bezeichnet wird.[29] Demgegenüber ist die Übersendung einer einfachen Abschlagsrechnung nicht ausreichend.[30]

### 3. Empfangsbedürftige Willenserklärung

24 Die schriftliche Mitteilung über die Fertigstellung der Leistung ist eine empfangsbedürftige Willenserklärung, so dass erst ihr **Zugang beim Auftraggeber** die Frist von 12 Werktagen beginnen lässt, nach deren Ablauf die Abnahme kraft Fiktion als erfolgt gilt.[31]

### 4. Zugang beim Architekten genügt nicht

25 Da der Architekt grundsätzlich **nicht zur Abnahme im rechtsgeschäftlichen Sinne** bevollmächtigt ist, kann dadurch, dass die schriftliche Mitteilung über die Fertigstellung der Leistung ihm zugeht, nicht schon die Frist von 12 Werktagen mit der Folge der **Abnahmefiktion** nach § 12 Nr. 5 Abs. 1 VOB/B ausgelöst werden (→ dazu ausführlich Vor § 12 Rdn. 36 ff.). Der Architekt ist dafür **nicht der richtige Adressat.** Die Frist von 12 Werktagen, nach deren Ablauf die fiktive/fingierte Abnahme als erfolgt gilt, beginnt vielmehr erst mit dem Zugang der schriftlichen Mitteilung über die Fertigstellung der Leistung **beim Auftraggeber.**

26 Gleiches gilt im Falle der **Schlussrechnung,** auch wenn diese üblicherweise zum Zwecke der Rechnungsprüfung dem Architekten übersandt wird, d. h. an den Auftraggeber gerichtet zu werden pflegt „über Architekt …". Als **Fertigstellungsanzeige** gegenüber dem Auftraggeber wirkt die Schlussrechnung trotzdem erst, wenn sie – geprüft oder ungeprüft – dem **Auftraggeber selbst** zugegangen ist.[32]

## II. Inbenutzungnahme der Leistung (§ 12 Nr. 5 Abs. 2 VOB/B)

27 Nach § 12 Nr. 5 Abs. 2 VOB/B **gilt,** wenn der Auftraggeber die Leistung oder einen Teil derselben in Benutzung genommen hat, die **Abnahme nach Ablauf von 6 Werktagen** nach Beginn der Benutzung **als erfolgt.**

28 Warum die Abnahmefiktion hier schon nach **6 Werktagen** eintritt, während nach § 12 Nr. 5 Abs. 1 VOB/B – ebenso wie im Falle des § 12 Nr. 1 VOB/B – **12 Werktage** vorgesehen sind, ist nicht ganz nachvollziehbar. Sicherlich spräche von der Sache her nichts dagegen, diese unterschiedlichen Fristen zu vereinheitlichen und generell auf 12 Werktage abzustellen.[33]

29 Ansonsten gilt auch hier, dass – ebenso wie im Falle des § 12 Nr. 5 Abs. 1 VOB/B – vor Ablauf der Frist von 6 Werktagen eine **Abnahme nicht verlangt**/vereinbart noch durchgeführt oder verweigert worden sein darf, weil sonst für § 12 Nr. 5 Abs. 2 VOB/B kein Raum ist.

### 1. Einzug als Inbenutzungnahme

30 Die Inbenutzungnahme der fertiggestellten Leistung im Sinne von § 12 Nr. 5 Abs. 2 VOB/B kann auf verschiedene Weise geschehen. *Ingenstau/Korbion/Oppler*[34] nennen dafür als Beispiel die Freigabe einer Brücke oder Straße für den Verkehr, die **Inbetriebnahme**

---

[29] *Heiermann/Riedl/Rusam* VOB/B § 12 Rdn. 43 a; OLG Celle BauR 1997, 844.
[30] *Leinemann/Sterner* VOB/B § 12 Rdn. 85.
[31] *Ingenstau/Korbion/Oppler* VOB/B § 12 Nr. 5 Rdn. 9, 10.
[32] Ebenso *Heiermann/Riedl/Rusam* VOB/B § 12 Rdn. 43 b.
[33] Nach *Leinemann/Sterner* VOB/B § 12 Rdn. 89 ist die kürzere Frist durch die größerer Sachnähe, die bei einer Inbenutzungnahme der Leistung die Feststellung von Mängeln erleichtert, gerechtfertigt. Zudem werde das Werk durch die Benutzung gefährdet, da es bereits vollständig dem Einflussbereich des Auftraggebers unterliege, ohne dass es der Auftragnehmer noch schützen könne.
[34] VOB/B § 12 Nr. 5 Rdn. 21.

eines Werkes, einer Anlage oder Leitung,[35] die Aufnahme der Produktion/Fabrikation, die Eröffnung eines Ladenlokals oder dessen Wiedereröffnung nach Umbau- oder Erweiterungsarbeiten.[36]

Im Falle eines **Generalunternehmers** liegt die Inbenutzungnahme der Leistungen der **Subunternehmer** darin, dass der Generalunternehmer diese seinem Auftraggeber – dem Bauherrn – zur **Benutzung überlässt**.[37]

31

Der Hauptanwendungsfall der Inbenutzungnahme der Leistung nach § 12 Nr. 5 Abs. 2 VOB/B ist jedoch der **Einzug** in das fertiggestellte Haus,[38] der bei entsprechendem **Abnahmewillen gleichzeitig eine stillschweigende Abnahme** darstellen kann (→ Vor § 12 Rdn. 55 ff. und oben Rdn. 6 ff.).

32

Daraus ergibt sich zugleich, dass die Inbenutzungnahme **nicht lediglich zum Zwecke der Erprobung** erfolgt sein darf, wie z.B. beim Probelauf einer Heizung oder dem Ausprobieren der fertiggestellten Elektroanlage bzw. Sanitärinstallation.[39] Die Inbenutzungnahme muss die Leistung vielmehr ihrem **Endzweck im Sinne des bestimmungsgemäßen Gebrauchs** zuführen,[40] z.B. durch Freigabe für den Verkehr bei einer Straße oder Brücke, Aufnahme der Produktion/Fabrikation oder des Geschäftsbetriebes bei einem Werk bzw. Geschäftslokal, Beginn der Wohnnutzung bei einem Haus.

33

## 2. Inbenutzungnahme von Teilen der Leistung

Soweit nach § 12 Nr. 5 Abs. 2 VOB/B auch bei Inbenutzungnahme eines **Teils der Leistung** die Abnahme 6 Werktage später als erfolgt gilt, muss es sich um selbstständige, „in sich abgeschlossene Teile der Leistung" handeln, die nach § 12 Nr. 2 VOB/B einer **eigenen rechtsgeschäftlichen Teilabnahme** zugänglich sind (vgl. dazu dort).[41]

34

Eine lediglich **unechte technische Teilabnahme** nach § 4 Nr. 10 VOB/B ist keine Inbenutzungnahme im Sinne von § 12 Nr. 5 Abs. 2 VOB/B und deshalb nicht geeignet, die Abnahmefiktion in Bezug auf derartige unselbstständige Teilleistungen auszulösen.[42]

35

Ebenso gilt es nach § 12 Nr. 5 Abs. 2 Satz 2 VOB/B nicht als Inbenutzungnahme im Sinne dieser Vorschrift, wenn Teile einer baulichen Anlage lediglich „**zur Weiterführung der Arbeiten**" benutzt werden, z.B. der Dachstuhl für die Dacheindeckung oder der Rohbau für die Ausbauarbeiten.[43] Hier mag zwar, soweit eine „in sich abgeschlossene" Teilleistung vorliegt, auf Antrag eine echte, rechtsgeschäftliche Teilabnahme im Sinne von § 12 Nr. 2 VOB/B **verlangt** werden können. Die bloße Inbenutzungnahme zwecks Weiterführung der Arbeiten löst jedoch auch in diesen Fällen **nicht die Automatik der Abnahmefiktion** des § 12 Nr. 5 Abs. 2 VOB/B aus, denn (vgl. Satz 2):

36

„Die Benutzung von Teilen einer baulichen Anlage zur Weiterführung der Arbeiten gilt nicht als Abnahme".

---

[35] BGH BauR 1971, 128.
[36] *Ingenstau/Korbion/Oppler* VOB/B § 12 Nr. 5 Rdn. 21.
[37] KG BauR 1973, 244; *Ingenstau/Korbion/Oppler* VOB/B § 12 Nr. 5 Rdn. 21; *Heiermann/Riedl/Rusam* VOB/B § 12 Rdn. 44; *Nicklisch/Weick* VOB/B § 12 Nr. 5 Rdn. 77.
[38] BGHZ 55, 354 = NJW 1971, 838 = BauR 1971, 126; BGH NJW 1975, 1701 = BauR 1975, 344; OLG Düsseldorf, NJW 1991, 3040 = BauR 1992, 72 und BauR 1993, 124 L; OLG Koblenz, NJW-RR 1994, 786; OLG Hamm, NJW-RR 1995, 1233.
[39] *Ingenstau/Korbion/Oppler* VOB/B § 12 Nr. 5 Rdn. 24; *Heiermann/Riedl/Rusam* VOB/B § 12 Rdn. 44; *Nicklisch/Weick* VOB/B § 12 Nr. 5 Rdn. 84.
[40] *Ingenstau/Korbion/Oppler* VOB/B § 12 Nr. 5 Rdn. 24; *Heiermann/Riedl/Rusam* VOB/B § 12 Rdn. 44; *Nicklisch/Weick* VOB/B § 12 Nr. 5 Rdn. 83.
[41] *Ingenstau/Korbion/Oppler* VOB/B § 12 Nr. 5 Rdn. 22; *Heiermann/Riedl/Rusam* VOB/B § 12 Rdn. 44 a; *Nicklisch/Weick* VOB/B § 12 Nr. 5 Rdn. 84.
[42] *Ingenstau/Korbion/Oppler* VOB/B § 12 Nr. 5 Rdn. 22.
[43] *Ingenstau/Korbion/Oppler* VOB/B § 12 Nr. 5 Rdn. 23.

## § 12 Nr. 5

### 3. Unterbrechung der Benutzung

**37** § 12 Nr. 5 Abs. 2 VOB/B bestimmt, dass die Abnahme „nach Ablauf von 6 Werktagen **nach Beginn** der Benutzung als erfolgt" gilt. Dafür genügt es aber nicht, dass der Auftraggeber die Benutzung **lediglich beginnt** und dann, etwa nach 2 oder 3 Tagen wieder abbricht bzw. unterbricht. Erforderlich ist vielmehr, dass die Benutzung nach ihrem Beginn 6 Werktage **ununterbrochen fortgesetzt** wird.[44] Denn § 12 Nr. 5 Abs. 2 VOB/B geht ersichtlich von einer ununterbrochenen Benutzung während der Dauer von 6 Werktagen aus.

**38** Unterbricht der Auftraggeber deshalb die Benutzung vor Ablauf von 6 Werktagen **wegen Mängeln,** löst der bloße Beginn der nicht fortgesetzten Benutzung die Abnahmefiktion nach § 12 Nr. 5 Abs. 2 VOB/B noch nicht aus. Ob etwas anderes gilt, wenn der Auftraggeber „die Benutzung innerhalb der Frist **ohne erkennbaren Zusammenhang** mit der Leistung des Auftragnehmers" aufgibt oder unterbricht,[45] ist fraglich. Denn wenn § 12 Nr. 5 Abs. 2 VOB/B für den Eintritt der Abnahmefiktion nach dieser Vorschrift eine ununterbrochene Benutzung während der Dauer von 6 Werktagen verlangt, kann es im Falle der Unterbrechung der Benutzung nicht auf die **Gründe für die Unterbrechung** ankommen.[46] Dazu ist die Frist von 6 Werktagen zu kurz, zumal sie auf ein typisiertes Verhalten abstellt und daran die Fiktion der Abnahme knüpft.

**39** Eine andere Frage ist, ob bei Unterbrechung der Benutzung aus Gründen, die nichts mit der Leistung des Auftragnehmers zu tun haben und insbesondere **nicht auf Mängeln** beruhen, die den Auftraggeber zur Abnahmeverweigerung nach § 12 Nr. 3 VOB/B berechtigen würden, eine **stillschweigende Abnahme** in Betracht kommt oder die Berufung des Auftraggebers auf Fehlen der Abnahme treuwidrig sein kann (→ im Einzelnen Vor § 12 Rdn. 55 ff.).

### III. Vorbehalte wegen Mängeln oder Vertragsstrafen (§ 12 Nr. 5 Abs. 3 VOB/B)

**40** Liegen die Voraussetzungen für eine fiktive/fingierte Abnahme nach § 12 Nr. 5 VOB/B vor und sind die dafür vorgesehenen Fristen abgelaufen, im Falle von § 12 Nr. 5 Abs. 1 VOB/B von 12 Werktagen und im Falle von § 12 Nr. 5 Abs. 2 VOB/B von 6 Werktagen, so treten **allein durch Fristablauf sämtliche Abnahmewirkungen** ein, wie sie vor § 12 Rdn. 97 ff. im Einzelnen behandelt sind. Das gilt insbesondere auch für den **Verlust** von Gewährleistungs- und Vertragsstrafenansprüchen **bei fehlendem Vorbehalt** (→ Vor § 12 Rdn. 110 ff.).

**41** Deshalb bestimmt § 12 Nr. 5 Abs. 3 VOB/B, dass der Auftraggeber im Falle fiktiver/ fingierter Abnahme „Vorbehalte wegen bekannter Mängel oder wegen Vertragsstrafen ... **spätestens zu den in den Absätzen 1 und 2 bezeichneten Zeitpunkten** geltend zu machen" hat. Damit trägt § 12 Nr. 5 Abs. 3 VOB/B dem Umstand Rechnung, dass die Abnahme hier nicht zu einem festen Zeitpunkt erfolgt, sondern durch Ablauf einer bestimmten Frist.[47] Deshalb müssen die Vorbehalte, die sonst **bei Abnahme** zu erfolgen haben, im Falle des § 12 Nr. 5 VOB/B **innerhalb der dortigen Fristen** geltend gemacht werden, im Falle des § 12 Nr. 5 Abs. 1 VOB/B „spätestens" bis zum Ablauf von 12 Werktagen nach Zugang der schriftlichen Fertigstellungsanzeige, im Falle des § 12 Nr. 5 Abs. 2 VOB/B „spätestens" bis zum Ablauf von 6 Werktagen nach Inbenutzungnahme.[48]

---

[44] *Ingenstau/Korbion/Oppler* VOB/B § 12 Nr. 5 Rdn. 26; *Heiermann/Riedl/Rusam* VOB/B § 12 Rdn. 44 d; *Nicklisch/Weick* VOB/B § 12 Rdn. 85.

[45] So *Ingenstau/Korbion* a. a. O., von *Heiermann/Riedl/Rusam* a. a. O. aber im gegenteiligen Sinne verstanden.

[46] Ebenso *Kapellmann/Messerschmidt/Havers* VOB/B § 12 Rdn. 110.

[47] BGHZ 55, 354 = NJW 1971, 838 = BauR 1971, 126.

[48] *Ingenstau/Korbion/Oppler* VOB/B § 12 Nr. 5 Rdn 13, 14, 29; *Nicklisch/Weick* VOB/B § 12 Rdn. 89.

Fiktive Abnahme § 12 Nr. 5

Frühere oder spätere Vorbehalte sind grundsätzlich **unwirksam.**[49] Das gilt insbesondere 42 für den Vorbehalt der Vertragsstrafe.[50] Allenfalls eine frühere Mängelrüge kann **ausnahmsweise fortwirken,** wenn sie bei/bis zur Abnahme erkennbar aufrechterhalten wird[51] (→ Vor § 12 Rdn. 126).

Im Übrigen wird hinsichtlich weiterer Einzelheiten, insb. dazu, ob der Auftraggeber bei 43 fehlendem Vorbehalt nur seine Ansprüche auf **Mängelbeseitigung/Nachbesserung und Minderung** verliert (§§ 634 Nr. 1–3 BGB i. V. m. §§ 635, 636, 637 BGB bzw. § 13 Nr. 5, 6 VOB/B) oder auch **Schadensersatzansprüche** (§ 634 Nr. 4 BGB i. V. m. §§ 280 ff., § 311a BGB bzw. §§ 13 Nr. 7, 4 Nr. 7 VOB/B), auf die Ausführungen vor § 12 Rdn. 117 ff. verwiesen.

## D. Vertraglicher Ausschluss der Abnahmefiktion nach § 12 Nr. 5 VOB/B

Vielfach wird eine fiktive/fingierte Abnahme nach § 12 Nr. 5 VOB/B vertraglich ausgeschlossen.[52] Dies ist grundsätzlich **zulässig** (→ Vor § 12 Rdn. 137, 142) und kann ausdrücklich oder sinngemäß dadurch geschehen, dass etwa bestimmt wird, die Abnahme erfolge durch die **Bauleitung oder den Architekten.**[53] Damit sind diese zwar noch nicht zur Abnahme im Rechtssinne bevollmächtigt (→ Vor § 12 Rdn. 32 ff.). Jedoch wird dadurch klargestellt, dass sie die rechtsgeschäftliche Abnahme durch den Auftraggeber **vorbereiten** sollen und diese nicht ohne Prüfung der fertiggestellten Leistung allein durch Zeitablauf auf Grund der Fiktion des § 12 Nr. 5 VOB/B erfolgen soll. Ebenso wird durch die Bestimmung, dass die Abnahme in einem **gemeinsamen Ortstermin** erfolgt,[54] eine fiktive/fingierte Abnahme nach § 12 Nr. 5 VOB/B in beiden Alternativen ausgeschlossen.[55]

Der Ausschluss der Abnahmefiktion nach § 12 Nr. 5 VOB/B kann sowohl individualvertraglich als **auch durch Allgemeine Geschäftsbedingungen**[56] (AVB, BVB, ZVB[57]) erfolgen.[58] Das ergibt sich schon daraus, dass § 12 Nr. 5 VOB/B ohnehin nur gilt, wenn „keine Abnahme verlangt" wird (Abs. 1, 2) bzw. „nichts anderes vereinbart ist" (Abs. 2).

Außerdem wird hierdurch **nicht generell** und schlechthin die Abnahme der Leistung 46 durch den Auftraggeber **ausgeschlossen,** denn die anderen Arten/Formen der Abnahme bleiben von dem vertraglichen Ausschluss des § 12 Nr. 5 VOB/B unberührt. Insbesondere bedeutet der Ausschluss fiktiver/fingierter Abnahme nicht dass damit zugleich auch eine **stillschweigende Abnahme** durch schlüssiges/konkludentes Verhalten ausgeschlossen ist[59] (→ Vor § 12 Rdn. 132).

---

[49] *Ingenstau/Korbion/Oppler* VOB/B § 12 Nr. 5 Rdn. 14; *Heiermann/Riedl/Rusam* VOB/B § 12 Rdn. 45; *Nicklisch/Weick* VOB/B § 12 Rdn. 89.
[50] *Ingenstau/Korbion/Oppler* VOB/B § 12 Nr. 5 Rdn. 17; zweifelnd dagegen *Nicklisch/Weick* VOB/B § 12 Rdn. 89 unter Hinweis auf OLG Düsseldorf, BauR 1985, 329.
[51] *Ingenstau/Korbion/Oppler* VOB/B § 12 Nr. 5 Rdn. 15; *Nicklisch/Weick* VOB/B § 12 Rdn. 89.
[52] Vgl. etwa OLG Düsseldorf, NJW-RR 1993, 1110 = BauR 1993, 507 L.
[53] BGH BauR 1974, 73; *Ingenstau/Korbion/Oppler* VOB/B § 12 Nr. 5 Rdn. 30.
[54] *Ingenstau/Korbion/Oppler* a. a. O.
[55] Vgl. dazu KG BauR 1979, 256 und OLG Düsseldorf, *Schäfer/Finnern/Hochstein* § 14 VOB/B Nr. 3.
[56] BGH BauR 1997, 302 = NJW 1997, 394 = ZfBR 1997, 73; OLG Düsseldorf BauR 1999, 404 = NJW-RR 1999, 529.
[57] Vgl. z. B. Ziff. 24.1 der Zusätzlichen Vertragsbedingungen für die Ausführung von Bauleistungen der Bauverwaltungen des Bundes und der Länder (ZV-Bund).
[58] *Ingenstau/Korbion/Oppler* VOB/B § 12 Nr. 5 Rdn. 30; *Heiermann/Riedl/Rusam* VOB/B § 12 Rdn. 40 e.
[59] *Ingenstau/Korbion/Oppler* VOB/B § 12 Nr. 5 Rdn. 1; *Heiermann/Riedl/Rusam* VOB/B § 12 Rdn. 40 a, beide unter Hinweis auf OLG Düsseldorf, *Schäfer/Finnern/Hochstein* § 12 VOB/B Nr. 3 und OLG München, *Schäfer/Finnern/Hochstein* § 16 Nr. 3 VOB/B Nr. 4.

## § 12 Nr. 6

**§ 12 Nr. 6 [Gefahrübergang]**

Mit der Abnahme geht die Gefahr auf den Auftraggeber über, soweit er sie nicht schon nach § 7 trägt.

Literatur: Siehe die Hinweise → Vor § 12

1  Nach § 644 BGB trägt der Auftragnehmer die **Vergütungsgefahr**[1] **bis zur Abnahme**; mit der Abnahme geht diese auf den Auftraggeber über (→ Vor § 12 Rdn. 102). Allerdings kommt nach § 7 VOB/B unter Umständen ein **vorzeitiger Übergang der Vergütungsgefahr** in Betracht (→ Vor § 12 Rdn. 103).

2  Aus diesem Grunde stellt § 12 Nr. 6 VOB/B **einschränkend** klar, dass auch beim VOB-Vertrag – ebenso wie nach § 644 BGB – die Gefahr mit der Abnahme auf den Auftraggeber übergeht, allerdings nur, soweit er sie nicht ohnehin schon auf Grund **vorzeitigen Gefahrübergangs nach § 7 VOB/B** bereits trägt.[2]

3  Außerdem berührt der Gefahrübergang nicht etwaige Schadensersatzansprüche des Auftraggebers gegen den Auftragnehmer aus Pflichtverletzung (§§ 280, 241 Abs. 2 BGB)[3] und erst recht nicht dessen Gewährleistung.

---

[1] Zur Leistungsgefahr siehe vor § 12 Rdn. 97/98.
[2] *Ingenstau/Korbion/Oppler* VOB/B § 12 Nr. 6 Rdn. 1.
[3] *Ingenstau/Korbion/Oppler* VOB/B § 12 Nr. 6 Rdn. 3.

## § 13 Mängelansprüche

1. Der Auftragnehmer hat dem Auftraggeber seine Leistung zum Zeitpunkt der Abnahme frei von Sachmängeln zu verschaffen. Die Leistung ist zur Zeit der Abnahme frei von Sachmängeln, wenn sie die vereinbarte Beschaffenheit hat und den anerkannten Regeln der Technik entspricht. Ist die Beschaffenheit nicht vereinbart, so ist die Leistung zur Zeit der Abnahme frei von Sachmängeln,
   a) wenn sie sich für die nach dem Vertrag vorausgesetzte, sonst
   b) für die gewöhnliche Verwendung eignet und eine Beschaffenheit aufweist, die bei Werken der gleichen Art üblich ist und die der Auftraggeber nach der Art der Leistung erwarten kann.

2. Bei Leistungen nach Probe gelten die Eigenschaften der Probe als vereinbarte Beschaffenheit, soweit nicht Abweichungen nach der Verkehrssitte als bedeutungslos anzusehen sind. Dies gilt auch für Proben, die erst nach Vertragsabschluß als solche anerkannt sind.

3. Ist ein Mangel zurückzuführen auf die Leistungsbeschreibung oder auf Anordnungen des Auftraggebers, auf die von diesem gelieferten oder vorgeschriebenen Stoffe oder Bauteile oder die Beschaffenheit der Vorleistung eines anderen Unternehmers, haftet der Auftragnehmer, es sei denn, er hat die ihm nach § 4 Nr. 3 obliegende Mitteilung gemacht.

4. (1) Ist für Mängelansprüche keine Verjährungsfrist im Vertrag vereinbart, so beträgt sie für Bauwerke 4 Jahre, für andere Werke, deren Erfolg in der Herstellung, Wartung oder Veränderung einer Sache besteht und für die vom Feuer berührten Teile von Feuerungsanlagen 2 Jahre. Abweichend von Satz 1 beträgt die Verjährungsfrist für feuerberührte und abgasdämmende Teile von industriellen Feuerungsanlagen 1 Jahr.
   (2) Ist für Teile von maschinellen und elektrotechnischen/elektronischen Anlagen, bei denen die Wartung Einfluss auf Sicherheit und Funktionsfähigkeit hat, nichts anderes vereinbart, beträgt für diese Anlagenteile die Verjährungsfrist für Mängelansprüche abweichend von Abs. 1 zwei Jahre, wenn der Auftraggeber sich dafür entschieden hat, dem Auftragnehmer die Wartung für die Dauer der Verjährungsfrist nicht zu übertragen; dies gilt auch, wenn für weitere Leistungen eine andere Verjährungsfrist vereinbart ist.
   (3) Die Frist beginnt mit der Abnahme der gesamten Leistung; nur für in sich abgeschlossene Teile der Leistung beginnt sie mit der Teilabnahme (§ 12 Nr. 2).

5. (1) Der Auftragnehmer ist verpflichtet, alle während der Verjährungsfrist hervortretenden Mängel, die auf vertragswidrige Leistung zurückzuführen sind, auf seine Kosten zu beseitigen, wenn es der Auftraggeber vor Ablauf der Frist schriftlich verlangt. Der Anspruch auf Beseitigung der gerügten Mängel verjährt in 2 Jahren, gerechnet vom Zugang des schriftlichen Verlangens an, jedoch nicht vor Ablauf der Regelfristen nach Nummer 4 oder der an ihrer Stelle vereinbarten Frist. Nach Abnahme der Mängelbeseitigungsleistung beginnt für diese Leistung eine Verjährungsfrist von 2 Jahren neu, die jedoch nicht vor Ablauf der Regelfristen nach Nummer 4 oder der an ihrer Stelle vereinbarten Frist endet.
   (2) Kommt der Auftragnehmer der Aufforderung zur Mängelbeseitigung in einer vom Auftraggeber gesetzten angemessenen Frist nicht nach, so kann der Auftraggeber die Mängel auf Kosten des Auftragnehmers beseitigen lassen.

6. Ist die Beseitigung des Mangels für den Auftraggeber unzumutbar oder ist sie unmöglich oder würde sie einen unverhältnismäßig hohen Aufwand erfordern und wird sie deshalb vom Auftragnehmer verweigert, so kann der Auftraggeber durch Erklärung gegenüber dem Auftragnehmer die Vergütung mindern (§ 638 BGB).

7. (1) Der Auftragnehmer haftet bei schuldhaft verursachten Mängeln für Schäden aus der Verletzung des Lebens, des Körpers oder der Gesundheit.
   (2) Bei vorsätzlich oder grob fahrlässig verursachten Mängeln haftet er für alle Schäden.

(3) Im Übrigen ist dem Auftraggeber der Schaden an der baulichen Anlage zu ersetzen, zu deren Herstellung, Instandhaltung oder Änderung die Leistung dient, wenn ein wesentlicher Mangel vorliegt, der die Gebrauchsfähigkeit erheblich beeinträchtigt und auf ein Verschulden des Auftragnehmers zurückzuführen ist. Einen darüber hinausgehenden Schaden hat der Auftragnehmer nur dann zu ersetzen,
 a) wenn der Mangel auf einem Verstoß gegen die anerkannten Regeln der Technik beruht,
 b) wenn der Mangel in dem Fehlen einer vertraglich vereinbarten Beschaffenheit besteht oder
 c) soweit der Auftragnehmer den Schaden durch Versicherung seiner gesetzlichen Haftpflicht gedeckt hat oder durch eine solche zu tarifmäßigen, nicht auf außergewöhnliche Verhältnisse abgestellten Prämien und Prämienzuschlägen bei einem im Inland zum Geschäftsbetrieb zugelassenen Versicherer hätte decken können.

(4) Abweichend von Nummer 4 gelten die gesetzlichen Verjährungsfristen, soweit sich der Auftragnehmer nach Absatz 3 durch Versicherung geschützt hat oder hätte schützen können oder soweit ein besonderer Versicherungsschutz vereinbart ist.

(5) Eine Einschränkung oder Erweiterung der Haftung kann in begründeten Sonderfällen vereinbart werden.

# Vorbemerkung § 13

**Übersicht**

| | Rdn. | | Rdn. |
|---|---|---|---|
| **A. Grundlagen zu § 13 VOB/B** | | 1. Vertragliche Klausel | 17 |
| I. Die Systematik des § 13 VOB/B | 1 | a) Neuerrichtung | 17 |
| 1. Verhältnis zur BGB-Regelung | 1 | b) Altbausanierung | 20 |
| 2. Verhältnis von Erfüllungs- zu Mängelansprüchen und -rechten | 4 | (1) Formularvertragliche Ausschlussklauseln | 20 |
| | | (2) Individualvertragliche Ausschlussklauseln | 27 |
| 3. Das Verhältnis der Mängelansprüche und -rechte des § 13 VOB/B zueinander | 5 | 2. Ausschluss durch nachträgliche Vereinbarung | 29 |
| | | IV. Der Einwand des Mitverschuldens gegenüber Mängelrechten und -ansprüchen | 30 |
| 4. § 13 Nr. 3 VOB/B als Entlastungstatbestand | 6 | 1. Grundsatz | 31 |
| II. Das Verhältnis des § 13 VOB/B zu anderen Anspruchs- und Rechtsgrundlagen | 7 | 2. Planender Architekt als Erfüllungsgehilfe des Auftraggebers | 32 |
| 1. § 13 VOB/B und § 634 ff. BGB | 7 | a) Grundsatz | 32 |
| 2. § 13 VOB/B und § 4 Nr. 7 VOB/B | 8 | b) Rechtsprechung | 35 |
| | | (1) Entfallen des Planungsmitverschuldens | 35 |
| 3. § 13 VOB/B und die Grundsätze des Vertrags mit Schutzwirkung zugunsten Dritter | 9 | (2) Mitverschuldensquote | 36 |
| 4. § 13 VOB/B und deliktische Haftung | 10 | 3. Planender Sonderfachmann als Erfüllungsgehilfe des Auftraggebers | 37 |
| a) Problemstellung | 10 | 4. Bauüberwachender Architekt/Sonderfachmann als Erfüllungsgehilfe des Auftraggebers? | 38 |
| b) Keine Eigentumsverletzung | 12 | | |
| c) Eigentumsverletzung möglich | 13 | 5. Vorunternehmer als Erfüllungsgehilfe des Auftraggebers? | 39 |
| 5. Das Verhältnis zu Ansprüchen aus dem Produkthaftungsgesetz | 14 | 6. Berücksichtigung des Mitverschuldenseinwandes | 40 |
| III. Vertraglicher Ausschluss/Beschränkung von Mängelrechten und -ansprüchen | 17 | V. Erfüllungsgehilfen des Auftragnehmers | 41 |

|  | Rdn. |  | Rdn. |
|---|---|---|---|
| VI. Vorteilsanrechnung | 46 | C. Die Gesamtschuld | 95 |
| 1. Vorteilsausgleich durch Abzug „neu für alt" | 47 | I. Grundlagen der Gesamtschuld | 96 |
| a) „Längere Lebensdauer" | 49 | II. Fallgruppen zur Gesamtschuld | 98 |
| b) „Ersparte Instandhaltungsaufwendungen" | 51 | 1. Bauüberwachender Architekt und ausführendes Unternehmen | 98 |
| c) Mitbeseitigung anderer Schäden/Austausch abgenutzter Teile | 52 | 2. Planender Architekt und ausführendes Unternehmen | 100 |
| 2. Sowieso-Kosten | 54 | 3. Verschiedene ausführende Unternehmen | 101 |
| 3. Ausschluss der Inanspruchnahme des Auftraggebers in der Leistungskette | 58 | 4. Sonstige Gesamtschuldverhältnisse | 103 |
| VII. Zuschussanspruch des Unternehmers | 59 | 5. Gemeinsamkeiten aller Fallgruppen | 106 |
|  |  | III. Beschränkung der Inanspruchnahme eines Gesamtschuldners | 108 |
| B. Gläubigermehrheit bei Wohnungs- und Teileigentum | 61 | IV. Gesamtschuldnerinnenausgleich | 112 |
| I. Problemstellung | 61 | 1. Gesamtschuldverhältnis | 112 |
| II. Rechtsinhaberschaft | 67 | 2. Die Innenausgleichsquote | 113 |
| III. Zuständigkeit für die Geltendmachung der Mängelansprüche und -rechte | 68 | a) Identität von Innenausgleichs- und Mitverschuldensquote? | 113 |
| 1. Die teilrechtsfähige Wohnungseigentümergemeinschaft | 69 | b) Innenausgleichsquote | 114 |
| 2. Grundsätzliche Zuständigkeit des Vertragspartners | 70 | V. Das „gestörte" Gesamtschuldverhältnis | 119 |
| 3. Einschränkung der grundsätzlichen Zuständigkeit des Vertragspartners in Abhängigkeit vom Ursprung der Mängelansprüche und -rechte | 72 | 1. Grundlagen | 119 |
|  |  | 2. Stellungnahme | 125 |
|  |  | VI. Verjährung des Ausgleichsanspruchs | 129 |
| 4. Einschränkung der grundsätzlichen Zuständigkeit des Vertragspartners bei einzelnen Mängelansprüchen und -rechten | 77 | D. Darlegungs- und Beweislast bei der Geltendmachung von Mängelansprüchen und -rechten | 135 |
| a) Grundsätzlich gemeinschaftsbezogene Rechte | 79 | I. Begriffe und Symptomrechtsprechung | 136 |
| b) Nicht grundsätzlich gemeinschaftsbezogene Rechte | 82 | II. Mangel | 139 |
|  |  | 1. Mangelbegriff | 139 |
| c) Gemeinschaftsbezogenheit durch „an sich ziehen" | 86 | 2. Mangelhaftigkeit im Zeitpunkt der Abnahme | 143 |
| d) Gläubigerstellung | 89 | III. Beweislast | 144 |
| 5. Verfahrensfragen und Sonstiges | 90 | 1. Grundsatz | 144 |
|  |  | 2. Überzeugung gem. § 286 ZPO durch Ausschluss aller denkbaren anderen Einflussfaktoren | 145 |
|  |  | 3. Beweiserleichterungen | 146 |

**Literatur:** *Baden*, Nochmals: Hat der Bauherr im Verhältnis zum Unternehmer die Verspätung oder Mangelhaftigkeit der Arbeiten des Vorunternehmers zu vertreten? BauR 1991, 30–33; *Braun*, Gesamtschuldnerausgleich im Baurecht bei Überwachungsverschulden, Festschrift Motzke. 23–36; *von Craushaar*, Konkurrierende Gewährleistung von Vor- und Nachunternehmer, Jahrbuch Baurecht 1999, 115–135; *derselbe*, Festschrift Vygen 1999, 154–160; *Deckert*, Die Klagebefugnis bei Gewährleistungsansprüchen wegen anfänglicher Baumängel am Gemeinschaftseigentum der neuerstellten Eigentumswohnanlage, ZfBR 1984, 161–166; *Diehl*, Festschrift Heiermann 1995, 37–47; *Doerry*, Die Rechtsprechung des Bundesgerichtshofes zur Gewährleistung beim Haus- und Wohnungsbau unter besonderer Berücksichtigung von Bauträgerschaft und Baubetreuung, ZfBR 1982, 189–194; *Ganten*, Grundsätzliche Fragen zur Schadensquotierung, BauR 1978, 187–196; *Glöckner*, Zurück zur Subsidiärhaftung des Architekten bei konkurrierenden Gewährleistungsverpflichtung eines Bauunternehmers, BauR 1997, 529–534; *derselbe*, Ausgewählte Probleme der gesamtschuldnerischen Haftung Baubeteiligter wegen Leistungsstörungen bei der Erstellung eines Bauwerks, BauR 2005, 251–273; *Greiner*, Mängel am Gemeinschaftseigentum und Aufrechnung einzelner Erwerber gegen Restforderungen des Bauträgers, ZfBR 2001, 439–442; *Grieger*, Verspätete oder mangelhafte Vorunternehmerleistung – Wer hat sie zu vertreten?, BauR 1990, 406–409; *Jansen,* Die Begrenzung des „kleinen Schadensersatzanspruchs" im Baurecht, BauR 2007, 800–807; *Kaiser,* Die konkurrierende Haftung von Vor- und Nachunternehmer, BauR 2000, 177–182; *Kellmann,* Urteilsanmerkung zu BGH Urt. v. 10. 5. 1979 – VII ZR 30/78, NJW 1980, 400–402; *Klein/Moufang,* Die Haftung des Architekten in der Gesamtschuld, Jahrbuch Baurecht 2006, 165–207; *Kniffka,* Gesamtschuldnerausgleich im Baurecht, BauR 2005, 274–291; *derselbe,* Die Durchstellung von Schadensersatzansprüchen des Auftraggebers gegen den auf Werklohn klagenden Subunternehmer. Überlegungen zum Schaden des Generalunternehmers und zum Zurückbehaltungsrecht aus einem Freistellungsanspruch, BauR 1998, 55–61; *derselbe,* Die deliktische Haftung für durch Baumängel verursachte Schäden, ZfBR 1991, 1–7; *Kraus,* Ansprüche des Auftragnehmers bei einem durch Vorunternehmer verursachten Baustillstand, BauR 1986, 17–28; *Koeble,* Gewährleistungsansprüche der Wohnungseigentümer beim Gemeinschaftseigentum, Festschrift Soergel 1993, 125–130; *Kuffer,* Erleichterung der Beweisführung im Bauprozess durch den Beweis des ersten Anscheins, ZfBR 1998, 277–279; *Leitzke,* Keine Gewährleistung bei ungeklärter Mangelursache?, BauR 2002, 394–398; *Lenkeit,* Das modernisierte Verjährungsrecht, BauR 2002, 196–230; *Locher H.,* Zur Beweislast des Architekten, BauR 1974, 293–300; *Pause,* Die Geltendmachung von Gewährleistungsansprüchen der Wohnungseigentümer gegen den Bauträger, NJW 1993, 553–561; *Pause/Vogel,* Auswirkungen der Teilrechtsfähigkeit der Wohnungseigentümergemeinschaft auf die Verfolgung von Mängeln am Gemeinschaftseigentum gegenüber dem Bauträger, NJW 2006, 3670; *Pause/Vogel,* Auswirkungen der WEG-Reform auf die Geltendmachung von Mängeln am Gemeinschaftseigentum, BauR 2007, 1298–1308; *Putzier,* Symptomrechtsprechung und die Frage nach der Ursache eines Mangels – die Dreistufigkeit der Anspruchsvoraussetzungen für den Mängelbeseitigungsanspruch, BauR 2004, 1060–1065; *Rathjen,* Probleme der Haftung für den Erfüllungsgehilfen, BauR 2000, 170–177; *Schulze-Hagen,* Die Ansprüche des Erwerbers gegen den Bauträger wegen Mängeln am Gemeinschaftseigentum, ZWE 2007, 113–116; *Soergel,* Die möglichen Gesamtschuldverhältnisse von Baubeteiligten, BauR 2005, 239–250; *Stamm,* Neue Lösungsansätze zur Bewältigung der gestörten Gesamtschuld im Verhältnis Bauunternehmer und Architekt, BauR 2004, 240–251; *derselbe,* Die Gesamtschuld auf dem Vormarsch, NJW 2003, 2940–2944; *derselbe,* Regressfiguren im privaten Baurecht, ZfBR 2007, 107–118; *Vogel,* Neue Tendenzen in der Rechtsprechung zur Haftung des Architekten – Nachweis der Verletzung der Bauaufsichtspflicht des Architekten durch Anscheinsbeweis?, ZfBR 2004, 424–429; *Vygen,* Behinderung des Auftragnehmers durch verspätete oder mangelhafte Vorunternehmerleistungen, BauR 1989, 387–397; *Weise,* Die Bedeutung der Mangelerscheinung im Gewährleistungsrecht, BauR 1991, 19–30; *Weise,* Regreß zwischen Bauunternehmern und Regressbehinderung durch den Auftraggeber, BauR 1992, 685–693; *Weitnauer,* Urteilsanmerkung zu BGH Urt. v. 4. 11. 1982 – VII ZR 53/82, NJW 1983, 454–455; *derselbe,* Urteilsanmerkung zu BGH Urt. v. 10. 5. 1979 – VII ZR 30/78, NJW 1980, 400–402; *derselbe,* Mängelrechte im Wohnungseigentum, ZfBR 1979, 84–90; *Wenzel,* Die Zuständigkeit der Wohnungseigentümergemeinschaft bei der Durchsetzung von Mängelrechten der Ersterwerber, NJW 2007, 1905–1909; *derselbe,* Rechte der Erwerber bei Mängeln am Gemeinschaftseigentum – eine systematische Betrachtung, ZWE 2006, 109–119; *derselbe,* Die neuere Rechtsprechung des Bundesgerichtshofs zum Recht des Wohnungseigentums, ZWE 2006, 62–69; *Zahn,* Freistellungsklage und Klage auf Feststellung der Freistellungsverpflichtung, ZfBR 2007, 627–633; *derselbe,* Darlegungs- und Beweislast bei der Geltendmachung von Mängelrechten, BauR 2006, 1823–1833; *Ziegler,* Zu der Frage, ob ein Vergleich eines Gesamtschuldners mit dem Gläubiger die Wirkung des Erlasses oder der Erfüllung hat, BauR 2004, 1983–1985.

## A. Grundlagen zu § 13 VOB/B

### I. Die Systematik des § 13 VOB/B

#### 1. Verhältnis zur BGB-Regelung

1   Viele Regelungen der §§ 631 ff. BGB sind dispositiv, die Parteien können sie ausschließen oder durch Vereinbarung abändern. Dies kann auch durch AGB und damit durch Vereinbarung der Geltung der VOB/B geschehen.

2   Die Mängelrechte und -ansprüche, die § 13 VOB/B dem Auftraggeber zur Verfügung stellt, weichen von den Rechten und Ansprüchen der §§ 631 ff. BGB ab. Beispielsweise ist **kein Rücktrittsrecht** vorgesehen und die **Minderung** ist – im Unterschied zur BGB-Regelung – nicht uneingeschränkt nach Ablauf einer Frist zur Nacherfüllung, sondern nur unter drei abschließend aufgezählten Voraussetzungen möglich. Der **Schadensersatzanspruch** ist in § 13 Nr. 7 VOB/B besonders ausgestaltet.

3   Diese Besonderheiten des § 13 VOB/B können nicht durch Rückgriff auf die entsprechenden BGB-Regelungen ausgehebelt werden. Die **Arten** der zur Verfügung gestellten Mängelrechte und -ansprüche und deren **Voraussetzungen** sind in der VOB/B besonders geregelt. Insoweit werden die werkvertraglichen Vorschriften im BGB verdrängt. Nach

h. M.[1] stellt § 13 VOB/B in seinem Anwendungsbereich eine abschließende Regelung der Mängelrechte und -ansprüche des Auftraggebers dar. Eine Abänderung oder ein Ausschluss der §§ 631 ff. BGB kommt allerdings nur insoweit in Betracht, als sich dies entweder ausdrücklich oder durch Auslegung des § 13 VOB/B entnehmen lässt. In § 13 VOB/B ist beispielsweise nur der Fall des **Sachmangels** geregelt. Bei **Rechtsmängeln** ist deshalb auf das BGB zurückzugreifen.[2]

### 2. Verhältnis von Erfüllungs- zu Mängelansprüchen und -rechten

Nach § 631 Abs. 1 BGB ist der Unternehmer zur Herstellung des versprochenen Werkes, nach § 13 Nr. 1 Satz 1 VOB/B zur Verschaffung einer mangelfreien Leistung verpflichtet. Die auf Herstellung dieser vertraglichen Leistung gerichteten Ansprüche sind die **Erfüllungsansprüche** des Auftraggebers. Daraus, dass ein „versprochenes Werk hergestellt" werden muss, resultiert die Pflicht des Auftragnehmers, einen bestimmten Erfolg herbeizuführen, die **Erfolgshaftung**. Der Auftragnehmer erfüllt seine Vertragspflicht nicht durch bloßes Tätigwerden, sondern nur durch Herstellung des vertraglich versprochenen Werkes,[3] durch Herbeiführen eines bestimmten Erfolges. Die beim BGB-Werkvertrag umstrittene Frage, ob und inwieweit die Rechte und Ansprüche nach § 634 BGB auf den Zeitraum vor der Abnahme, d. h. auf den Erfüllungszeitraum, anwendbar sind, muss beim VOB/B-Werkvertrag nicht beantwortet werden. Die Mängelansprüche und -rechte des § 13 VOB/B kommen nur im Zeitraum **nach der Abnahme** zur Anwendung.[4] Vor der Abnahme stehen dem Auftraggeber beim Auftreten von Mängeln die Rechte aus § 4 Nr. 7 VOB/B, ggf. i. V. m. § 8 Nr. 3 VOB/B zur Verfügung. Dass § 13 ausschließlich die Mängel im Zeitraum **nach der Abnahme** betrifft, ergibt sich aus seiner systematischen Stellung innerhalb der VOB – nach der Abnahmeregelung in § 12 –. Darüber hinaus stellt § 13 Nr. 5 Abs. 1 VOB/B auf die Mängel ab, die „während der Verjährungsfrist" hervortreten, was den Beginn des Ablaufs der Verjährungsfrist voraussetzt. Die Verjährungsfrist beginnt jedoch erst mit der Abnahme zu laufen. Im Ergebnis gibt es deshalb keine Kollisionen zwischen Erfüllungs- und Mängelansprüchen bzw. -rechten.

Sowohl die Erfüllungsansprüche als auch die Mängelansprüche – insbesondere der Anspruch auf Mangelbeseitigung – können unter bestimmten Voraussetzungen auf **Neuherstellung** gerichtet sein.[5]

### 3. Das Verhältnis der Mängelansprüche und -rechte des § 13 VOB/B zueinander

Nach der VOB/B-Regelung steht die Vertragsdurchführung durch die ursprünglichen Vertragsparteien im Vordergrund. Deshalb ist das Recht zum Rücktritt überhaupt nicht vorgesehen. Der Mangelbeseitigung durch den Auftragnehmer kommt besondere Bedeutung zu. Der Anspruch auf Mangelbeseitigung steht innerhalb des § 13 VOB/B an erster Stelle der Rechte und Ansprüche (§ 13 Nr. 5 Abs. 1 VOB/B). Nach fruchtlosem Ablauf der angemessenen Frist zur Mangelbeseitigung steht dem Auftraggeber der Kostenerstattungsanspruch gem. § 13 Nr. 5 Abs. 2 VOB/B bzw. ein korrespondierender Vorschussanspruch zur Verfügung. Mit diesen Ansprüchen wird lediglich die Mangelhaftigkeit der Werkleistung als solche ausgeglichen. Beseitigt der Auftragnehmer die Mängel, sind damit weitergehende Schäden (z. B. Gutachterkosten oder entgangene Mieten) nicht ausgeglichen. Nach der ursprünglichen Systematik des § 13 VOB/B trat der Schadensersatzanspruch nach

---

[1] Z. B. *Kapellmann/Messerschmidt/Weyer* VOB/B, 2. Aufl., § 13 Rdn. 9, *Ingenstau/Korbion/Wirth* 16. Aufl., vor § 13 Rdn. 111.
[2] *Kapellmann/Messerschmidt/Weyer* VOB/B, 2. Aufl., § 13 Rdn. 2.
[3] Statt aller: MünchKommBGB/*Busche*, 4. Aufl., § 631 Rdn. 14.
[4] Statt aller: *Werner/Pastor/Pastor* 11. Aufl., Rdn. 1701.
[5] BGH, BGHZ 96, 111 = BauR 1986, 93 = NJW 1986, 711 = ZfBR 1986, 23; Darstellung der unterschiedlichen Auffassungen zu dieser früher umstrittenen Frage m. w. Nachw. bei *Nicklisch* in *Nicklisch/Weick* VOB/B, 3. Aufl., vor § 13 Rdn. 4 ff.

Nr. 7 **neben** den Anspruch auf Mängelbeseitigung nach Nr. 5. Die ältere Fassung[6] des § 13 Nr. 7 Abs. 1 VOB/B sah die Verpflichtung des Auftragnehmers vor, dem Auftraggeber „außerdem" den Schaden an der baulichen Anlage zu ersetzen. Dieser Anspruch sollte also neben den zuvor in den Nr. 5 und 6 festgelegten Ansprüchen und Rechten bestehen. Nach der ursprünglichen Systematik sollte die Mangelhaftigkeit der Werkleistung als solche durch Nachbesserung, Selbstbeseitigung und Kostenerstattung, Vorschuss und, wenn dies nicht möglich oder unverhältnismäßig sein sollte, durch Minderung ausgeglichen werden. Nur die hiervon nicht erfassten, weiteren Schäden sollten durch den Anspruch gem. § 13 Nr. 7 VOB/B ersetzt werden. Streng genommen wäre deshalb kein Raum für den „kleinen" Schadensersatzanspruch, berechnet anhand der Mangelbeseitigungskosten. Die herrschende Meinung folgt dieser strengen Systematik nicht und lässt auch die Geltendmachung des „kleinen" Schadensersatzanspruchs über § 13 Nr. 7 VOB/B zu,[7] wenn die Voraussetzungen des § 13 Nr. 5 VOB/B gegeben sind, d. h., eine Frist zur Mangelbeseitigung gesetzt worden und diese abgelaufen ist. Die Rechtsprechung folgt der h. M. und lässt den „kleinen" Schadensersatzanspruch, berechnet anhand der Mangelbeseitigungskosten über § 13 Nr. 7 VOB/B zu, wenn die Voraussetzungen der Nr. 5 gegeben sind. Für die Praxis ist deshalb davon auszugehen, dass der Schadensersatzanspruch des § 13 Nr. 7 VOB/B zwar grundsätzlich **neben** die Ansprüche und Rechte der Nr. 5 und 6 tritt, also zusätzlich geltend gemacht werden kann und Schäden betrifft, die nicht bereits durch die Mangelbeseitigung oder Minderung ausgeglichen werden. Darüber hinaus kann jedoch der Schaden auch anhand der Mangelbeseitigungskosten berechnet werden.

### 4. § 13 Nr. 3 VOB/B als Entlastungstatbestand

**6** § 13 Nr. 3 VOB/B setzt einen Mangel der Werkleistung voraus. Aufgrund der Erfolgsbezogenheit der Werkleistung (vgl. oben) ist der Auftragnehmer auch dann einstandspflichtig, wenn seine Werkleistung mangelhaft ist, die Mangelursache jedoch (auch) im Verantwortungsbereich des Auftraggebers oder anderer am Bau Beteiligter liegt.[8] Die Einstandspflicht des Unternehmers beruht nicht auf der Verletzung einer vertraglichen Nebenpflicht, sondern auf der Mangelhaftigkeit einer Werkleistung. Unter den Voraussetzungen des § 13 Nr. 3 kann er sich entlasten. § 13 Nr. 3 VOB/B ist deshalb keine anspruchsbegründende Vorschrift, sondern ein **Entlastungstatbestand**.

## II. Das Verhältnis des § 13 VOB/B zu anderen Anspruchs- und Rechtsgrundlagen

### 1. § 13 VOB/B und § 634 ff. BGB

**7** § 13 VOB enthält eine abschließende Regelung der Mängelrechte und -ansprüche. Es kann daher nicht ergänzend auf die in § 634 BGB vorgesehenen Rechte und Ansprüche zurückgegriffen werden, soweit die VOB/B-Regelung einen bestimmten Sachverhalt abschließend regelt (vgl. oben). Die Anwendung des § 641 Abs. 3 BGB ist durch § 13 VOB/B beispielsweise nicht ausgeschlossen. Auch wenn ein Zurückbehaltungsrecht des Auftraggebers auf Grund der regelmäßig erfolgenden Abschlagszahlungen im Zeitraum nach der Abnahme in der Praxis nur eine beschränkte Rolle spielt, da ein größerer Teil des Werklohns dann bereits bezahlt ist, steht dem Auftraggeber das **Leistungsverweigerungsrecht** jedoch grundsätzlich zu.

---

[6] Vgl. z. B. den Wortlaut des § 13 Nr. 7 VOB 2000.
[7] *Kapellmann/Messerschmidt/Weyer* VOB/B, 2. Aufl., § 13 Rdn. 353 m. w. Nachw.; *Heiermann/Riedl/Rusam* VOB/B, § 13 Rdn. 179; *Merl* in *Kleine-Möller/Merl* Handbuch des Privaten Baurechts, 3., Aufl., § 12 Rdn. 931; *Kaiser* Mängelhaftung, Rdn. 96a, 118; *Pastor* in *Werner/Pastor* 11. Aufl., Rdn. 17, 21 ff.; a. A. *Nicklisch* in *Nicklisch/Weick* VOB/B, 3. Aufl., § 13 Nr. 225 ff.
[8] *Kniffka* in *Kniffka/Koeble* Kompendium des Baurechts, 2. Aufl., 6. Teil Rdn. 56.

A. Grundlagen zu § 13 VOB/B  Vor § 13

### 2. § 13 VOB/B und § 4 Nr. 7 VOB/B

**Vor** der Abnahme kommt § 4 Nr. 7 VOB/B zur Anwendung. Erst **nach** der Abnahme 8
richten sich die Ansprüche und Rechte des Auftraggebers nach § 13 VOB/B. Nicht
erledigte Mängelbeseitigungsansprüche gem. § 4 Nr. 7 VOB/B wandeln sich mit der
Abnahme in Ansprüche und Rechte nach § 13 VOB/B um.[9]

### 3. § 13 VOB/B und die Grundsätze des Vertrags mit Schutzwirkung zugunsten Dritter

Ansprüche des Auftraggebers nach den Grundsätzen des **Vertrages mit Schutzwirkung** 9
**zugunsten Dritter** gegen den Nachunternehmer seines Auftragnehmers (Generalunternehmers) aus dem Vertragsverhältnis zwischen Auftragnehmer (Generalunternehmer) und Nachunternehmer gibt es regelmäßig nicht. Vertragliche Beziehungen bestehen einerseits zwischen dem Auftraggeber und dem Auftragnehmer und andererseits zwischen dem Auftragnehmer und dem Nachunternehmer, nicht jedoch zwischen Auftraggeber und Nachunternehmer. Durch die Anwendung der Grundsätze des Vertrages mit Schutzwirkung zugunsten Dritter würde die grundsätzliche Trennung der Schuldverhältnisse aufgehoben. Problematisch ist dies einerseits deshalb, da sich die vertraglichen Leistungspflichten im Verhältnis Auftraggeber/Auftragnehmer (Generalunternehmer) und Auftragnehmer (Generalunternehmer)/Nachunternehmer nicht decken müssen und die Grundsätze des Vertrags mit Schutzwirkung zugunsten Dritter dazu führen könnte, dass der Auftraggeber nunmehr Ansprüche gegenüber dem Nachunternehmer hat, die ihm nach seinem Vertrag mit dem Auftragnehmer (Generalunternehmer) nicht zustünden. Andererseits hätte der Nachunternehmer – wenn Direktansprüche zulässig wären – keine Möglichkeit der Aufrechnung bzw. Geltendmachung von Zurückbehaltungsrechten. Die Voraussetzungen für die Anwendung der Grundsätze eines Vertrages mit Schutzwirkung für Dritte sind zwar z. T. erfüllt. Der Auftraggeber wird bestimmungsgemäß mit der Hauptleistung des Nachunternehmers in Berührung kommen, was für den Nachunternehmer ohne weiteres erkennbar ist. Allerdings ist nach der Rechtsprechung des BGH und der wohl herrschenden Meinung in der Literatur darüber hinaus erforderlich, dass ein Schutzbedürfnis des Dritten bestehen muss. Ein Schutzbedürfnis ist dann nicht gegeben, wenn dem Dritten (hier: Auftraggeber) eigene vertragliche Ansprüche – unabhängig davon, gegen wen – zustehen, die in die gleiche Richtung gehen, wie diejenigen Ansprüche, die dem Dritten durch die Anwendung der Grundsätze des Vertrags mit Schutzwirkung zu Gunsten Dritter zustünden.[10] Dies wird regelmäßig im Verhältnis Auftraggeber/Auftragnehmer (Generalunternehmer) der Fall sein. Dem Auftraggeber stehen eigene vertragliche Ansprüche gegen den Auftragnehmer (Generalunternehmer) zu und er ist deshalb nicht auf die Anwendung der Grundsätze des Vertrages mit Schutzwirkung zu Gunsten Dritter angewiesen. Diese Grundsätze sollen nicht dazu dienen, dem Dritten einen weiteren Haftenden zur Verfügung zu stellen oder das Insolvenzrisiko abzumildern. Im Regelfall scheiden die Grundsätze des Vertrages mit Schutzwirkung zu Gunsten Dritter aus, soweit es um Sachverhalte geht, die Mängelansprüche und -rechte begründen.

### 4. § 13 VOB/B und deliktische Haftung

**a) Problemstellung.** Deliktische Ansprüche können sich einerseits aus der Verletzung 10
von Verkehrssicherungspflichten[11] und andererseits auf Grund der deliktischen Produkthaftung ergeben. Die Anwendbarkeit der §§ 823 ff. BGB neben den Regelungen des § 13 VOB/B ist in mehrfacher Hinsicht nicht unproblematisch. Für deliktsrechtliche Ansprüche

---

[9] BGH NJW 1982, 1524 f.
[10] BGH NJW 2004, 3630, 3632; BGHZ 129, 136, 169 = NJW 1995, 1739, 1747; OLG Hamm BauR 2007, 561, 563; *Palandt/Grüneberg* 66. Aufl., § 328 Rdn. 18; MünchKommBGB-*Gottwald* 5. Aufl., § 328 Rdn. 127.
[11] Dazu *Kniffka* ZfBR 1991, 1 ff.

**Vor § 13** Vorbemerkung § 13. Mängelansprüche

gilt die Regelverjährungsfrist des § 195 BGB. Deliktsrechtliche Ansprüche können auch gegen andere Beteiligte, die nicht Vertragspartner sind, bestehen, was im Fall der Insolvenz des Vertragspartners besondere Bedeutung erlangt. Ansprüche und Rechte nach § 13 VOB/B und deliktsrechtliche Ansprüche haben darüber hinaus auch unterschiedliche Voraussetzungen. Beispielsweise setzen Ansprüche nach § 13 VOB/B voraus, dass eine Frist zur Mangelbeseitigung gesetzt und fruchtlos abgelaufen ist. Deliktische Ansprüche sehen im Unterschied zu Mängelansprüchen kein Nachbesserungsrecht vor. Aufgrund dieser Unterschiede stellt sich die Frage, inwieweit die §§ 823 ff. BGB neben den Regelungen des § 13 VOB/B Anwendung finden.

11 Im Grundsatz stehen deliktische Ansprüche und vertragliche Mängelansprüche und -rechte gleichberechtigt nebeneinander, wenn die Voraussetzungen der jeweiligen Anspruchsgrundlage erfüllt sind.[12] Dies gilt auch im Rahmen bauvertraglicher Beziehungen.[13] Nach der Rechtsprechung des BGH kommt ein deliktischer Schadensersatzanspruch allerdings nur dann in Betracht, wenn der geltend gemachte Schaden nicht lediglich dem auf der Mangelhaftigkeit beruhenden Unwert der Sache für das **Nutzungs- und Äquivalenzinteresse** des Erwerbers entspricht, der geltend gemachte Schaden damit **nicht stoffgleich** mit dem der Sache von Anfang an anhaftenden Mangelunwert ist. Ein deliktischer Anspruch besteht nur, soweit das **Integritätsinteresse** des Bestellers verletzt ist.[14] In der Rechtsprechung haben sich verschiedene Fallgruppen herausgebildet:

12 **b) Keine Eigentumsverletzung.** Bei den folgenden Konstellationen liegt grundsätzlich keine Eigentumsverletzung vor:
– Eine Eigentumsverletzung scheidet dann aus, wenn der Gegenstand des Eigentumrechtes von vornherein in beschädigtem Zustand ins Vermögen des Gläubigers gelangt ist[15] und deshalb zu keinem Zeitpunkt unbeschädigt im Vermögen vorhanden war. Diese Fallgruppe liegt vor, wenn dem Gläubiger mangelhafte bewegliche Gegenstände (Baumaterialien) übereignet wurden und es um den diesbezüglichen Schaden (noch kein Einbau) geht. Darüber hinaus liegt ein Fall dieser Fallgruppe auch dann vor, wenn mangelhafte bewegliche Gegenstände (Baumaterialien) durch Einbau wesentliche Bestandteile des Gebäudes und damit des Grundstücks werden. Das Eigentum am Grundstück (am Grund und Boden) selbst erfährt durch diesen Vorgang keine Minderung gegenüber dem vorherigen Zustand. Das Gebäude als solches wiederum hat sich nie in mangelfreiem Zustand im Eigentum des Gläubigers befunden,[16] sondern ist mangelhaft im Vermögen entstanden. Sowohl in den Fällen, in denen der Gläubiger Grundstückseigentum erst nach der Neuerrichtung erwirbt (Bauträgervertrag) als auch in dem Fall der **Neuerrichtung** auf dem im Eigentum des Gläubigers befindlichen Grundstück, scheidet ein Anspruch nach § 823 Abs. 1 BGB hinsichtlich der mangelhaften Gebäudeteile aus,[17] da sich zu keinem Zeitpunkt mangelfreies Eigentum im Vermögen befand.
– In der soeben geschilderten Fallgruppe ging es darum, dass mangelhafte Bauteile oder Baustoffe in ein – an sich mangelfreies – Grundstück eingebracht werden. Auch im umgekehrten Fall, nämlich dass an sich mangelfreie Bauteile bei der Errichtung eines Gebäudes auf einem mangelbehafteten Grundstück verwendet werden, gilt Gleiches. Werden die Gebäude als solche zwar zunächst ordnungsgemäß und mangelfrei errichtet, nachträglich auf Grund des im Grundstück vorhandenen Mangels (Untergrund) beschä-

---

[12] BGH NJW 2005, 1423, 1425 f. = BauR 2005, 705 = BGHZ 162, 86 = NZBau 2005, 287; MünchKommBGB-*Busche* 4. Aufl., § 634 Rdn. 9.
[13] Für eine Eigentumsverletzung durch eine fehlerhafte Planung oder Bauüberwachung des Architekten/Ingenieurs hat der BGH dies für möglich gehalten: BGH NJW-RR 2004, 1163 ff. = NZBau 2004, 434 ff. = BauR 2004, 1798, 1799.
[14] Statt aller: BGH NJW 2005, 1423, 1425 = BauR 2005, 705 = BGHZ 162, 86 = NZBau 2005, 287.
[15] BGH BGHZ 39, 366, 367 = NJW 1963, 1827; BGH NJW 1981, 2248 = BauR 1982, 175; BGH NJW 1983, 812; BGH NJW 2005, 1423, 1426 = BauR 2005, 705 = BGHZ 162, 86 = NZBau 2005, 287.
[16] BGH BGHZ 39, 366, 367 = NJW 1963, 1827.
[17] Zu dem Fall der Beschädigung anderer Bauteile siehe unten.

A. Grundlagen zu § 13 VOB/B  **Vor § 13**

digt, scheidet regelmäßig eine Eigentumsverletzung dann aus, wenn der Mangel im Zeitpunkt der Übereignung des Grundstücks bereits vorhanden gewesen ist.[18] Eine Eigentumsverletzung setzt voraus, dass sich zumindest ein Teil der Gesamtsache unversehrt im Eigentum des Geschädigten befunden haben muss. Nur in diesem Fall kann von der Verletzung des Integritätsinteresses gesprochen werden.[19] Daran fehlt es in diesen Fallkonstellationen. Das Grundstück selbst ist zu keinem Zeitpunkt – in mangelfreiem Zustand – im Eigentum des Gläubigers. Es geht bereits mangelbehaftet ins Eigentum über. Durch die Bebauung wird eine Sachgesamtheit hergestellt, die von Anfang an – im Augenblick der Verbindung der Bauteile mit dem Grundstück – mit dem später zutage getretenen Mangel behaftet gewesen ist. Es gibt kein isoliertes Eigentum am Gebäude, sondern nur Eigentum am Grundstück. Mit Einbau der Bauteile in das Grundstück erstreckt sich das Eigentum auch auf diese Bestandteile, die dann nur mangelhaft ins Eigentum übergehen. Die Gebäude werden deshalb im Rahmen der Errichtung von Anfang an von der Mangelhaftigkeit des Grundstücks erfasst.[20]

– Handelt es sich demgegenüber um eine **Sanierungs-** oder **Umbau**maßnahme an einem **bestehenden Gebäude,** kommt eine Eigentumsverletzung grundsätzlich in Betracht. In diesem Fall ist vor Durchführung der Baumaßnahme unbeschädigtes Eigentum des Gläubigers vorhanden, welches Gegenstand einer Eigentumsverletzung sein kann. Voraussetzung ist insoweit jedoch, dass das **Integritätsinteresse** des Bestellers verletzt ist. Das ist dann nicht der Fall, wenn sich der Mangelunwert der mangelhaften Sanierungsleistung mit dem erlittenen Schaden am Eigentum deckt und damit **Stoffgleichheit**[21] vorliegt.[22] Voraussetzung für einen Schadensersatzanspruch ist – vereinfacht gesagt –, dass der Schaden weiter reicht als die bloße Mangelhaftigkeit der jeweiligen Werkleistung. Stoffgleichheit – mit der Folge, dass eine Eigentumsverletzung ausscheidet – liegt grundsätzlich dann vor, wenn der Mangel der Werkleistung selbst der Schaden ist und nicht darüber hinausgeht. Werden deshalb ausschließlich die Kosten für die Mangelbeseitigung geltend gemacht, kommt ein Anspruch aus § 823 Abs. 1 BGB nicht in Betracht.[23] Der Gläubiger muss sich in diesen Fällen an seinen jeweiligen Vertragspartner halten und die ihm zustehenden vertraglichen Ansprüche geltend machen. Im Ergebnis scheiden deshalb deliktische Ansprüche bei Sanierungsmaßnahmen aus, soweit es um die Mangelhaftigkeit als solche geht.

– Stoffgleichheit liegt auch dann vor, wenn ein mangelhafter Baustoff (z. B. mangelhafter Sand) mit anderen Baustoffen zu einem übergeordneten Baustoff verarbeitet (z. B. Außenputz) und anschließend mit einem Bauwerk so verbunden wird, dass ein wesentlicher Bestandteil vorliegt. Stoffgleichheit liegt dann insoweit vor, als es um die Erneuerung des Putzes geht, da nur der Unwert des Mangels betroffen ist. Auch die Kosten für die anderen Putzbestandteile (die an sich mangelfrei waren) können nicht über § 823 Abs. 1 BGB verlangt werden, da diese durch die Verbindung mit dem mangelhaften Baustoff (Sand) von dessen Mangelhaftigkeit erfasst wurden und nie mangelfrei ins Eigentum des Gläubigers durch Einbau übergegangen sind.[24]

**c) Eigentumsverletzung möglich.** Eine Eigentumsverletzung kommt immer dann in Betracht, wenn das **Integritätsinteresse** betroffen ist, d. h., wenn ein Schaden nicht am Gegenstand der Werkleistung, sondern an anderen Rechtsgütern eintritt. Eine Eigentums-

---

[18] BGH NJW 2001, 1346, 1348 f. = BGHZ 146, 144 ff. = BauR 2001, 800 ff. und 1082 ff. = NZBau 2001, 266 ff.
[19] BGH BGHZ 117, 183, 189 = NJW 1992, 1225; BGH BGHZ 138, 230, 235 = NJW 1998, 1942 ff.
[20] BGH NJW 2001, 1346, 1348 f. = BGHZ 146, 144 ff. = BauR 2001, 800 ff. und 1082 ff. = NZBau 2001, 266 ff.
[21] Weitere Entscheidungen zur Stoffgleichheit: BGH NJW 1977, 379 f.; BGH NJW 1978, 2241 ff.; BGH NJW 1983, 810 ff.; BGH NJW 1983, 812 ff.; BGH NJW 1985, 2420 ff.; BGH NJW 1992, 1225 ff.; BGH NJW 1992, 1678; BGH NJW 1998, 1942 ff.
[22] BGH NJW 2005, 1423, 1426 = BauR 2005, 705 = BGHZ 162, 86 = NZBau 2005, 287.
[23] BGH NJW 2005, 1423, 1426 = BauR 2005, 705 = BGHZ 162, 86 = NZBau 2005, 287.
[24] BGH NJW 1978, 1051 f.

verletzung kann jedoch auch dann vorliegen, wenn der Schaden am Gegenstand der Werkleistung selbst eintritt, jedoch nicht **stoffgleich** mit dem eigentlichen Mangel (Mangelunwert) ist:
– Eine Eigentumsverletzung kann beispielsweise dann vorliegen, wenn im Rahmen mangelhafter Bauleistungen andere (bewegliche) Sachen beschädigt werden, die sich im Gebäude, an dem Baumaßnahmen durchgeführt werden, befinden.[25]
– Eine Eigentumsverletzung kann auch dann vorliegen, wenn auf Grund eines schadensträchtigen Baustoffs (z. B. Dachabdeckungsfolie) die darunter befindlichen Bauteile, die bereits fertig gestellt waren (Dachaufbau) durch eine Einwirkung von außen (eindringendes Wasser), die durch den schadensträchtigen Baustoff gerade verhindert werden sollte, beschädigt werden, sofern die Bauteile zuvor bereits ins Eigentum des Gläubigers übergegangen waren. In diesen Fällen liegt nur hinsichtlich des eigentlich mangelhaften Bauteils Stoffgleichheit vor und nicht hinsichtlich der vorher unbeschädigten Bauteile.[26] Insoweit ist das Integritätsinteresse betroffen.
– Dies gilt allerdings dann nicht, wenn durch fehlerhaftes Baumaterial ein mangelhafter Bauteil hergestellt wird, der **erst anschließend** – in diesem mangelhaften Zustand – in das Eigentum übergegangen ist.[27] In diesen Fällen liegt keine Eigentumsverletzung hinsichtlich der Baumaterialien vor, die zunächst mangelfrei gewesen sind und dann in dem mangelhaften Bauteil aufgingen. Sie waren nie in mangelfreiem Zustand im Vermögen des Gläubigers (vgl. oben).
Sind demgegenüber die Bauteile, in die der fehlerhafte Baustoff – vor Einbau des Bauteils in das Gebäude – eingebracht wird, bereits übereignet, lag zunächst unbeschädigtes Eigentum des Gläubigers an den Bauteilen vor Einbau vor. In diesen Fällen ist die Annahme einer Eigentumsverletzung möglich.[28]
– Eine Eigentumsverletzung liegt jedenfalls dann vor, wenn in das im Eigentum des Gläubigers stehende Grundstück bzw. in die damit verbundenen Gebäude fehlerhafte Bauteile eingebaut und hierdurch andere Bauteile deshalb unbrauchbar werden, da das mangelhafte Bauteil auf Grund der Verbindung nur unter Beschädigung der bisher unbeschädigten Teile entfernt werden kann.[29] Darauf ist die Annahme einer Eigentumsverletzung jedoch nicht beschränkt. Vielmehr liegt dieselbe auch vor, wenn ein zuvor unversehrt im Eigentum des Gläubigers der Gesamtsache stehendes Einzelteil durch unauflösliches Zusammenfügen mit fehlerhaften Teilen entweder in der Verwendbarkeit oder erheblich im Wert beeinträchtigt wird.[30] Nach der Rechtsprechung wurden Eigentumsverletzungen in Fällen bejaht, in denen Schäden an Kraftfahrzeugen, Maschinen oder sonstigen Geräten dadurch eintraten, dass ein **später eingebautes** Ersatzteil mit Fehlern behaftet war und infolgedessen Schäden an **bereits vorhandenen Teilen** des Geräts entstanden sind.[31] Gleiches soll nach einer Entscheidung des BGH in dem Fall gelten, dass Schäden an Teilen des Bauwerks entstehen, die von einer **Sanierung** eigentlich nicht betroffen sind.[32] Im Unterschied zur mangelhaften Neuerrichtung eines Grundstücks, bei der nie mangelfreies Eigentum vorhanden war (vgl. oben) und eine Eigentumsverletzung daher ausscheidet, war hier zuvor mangelfreies Eigentum vorhanden.
Wird in diesen Fällen eine Eigentumsverletzung bejaht, erstreckt sich der Schadensersatzanspruch nur auf das Integritätsinteresse, also auf den Ausgleich des Schadens hinsichtlich

---

[25] BGH NJW 2005, 1423, 1426 = BauR 2005, 705 = BGHZ 162, 86 ff. = NZBau 2005, 287 ff.; BGH NJW 1975, 1315, 1316; BGH NJW-RR 1990, 726 f.
[26] BGH NJW 1985, 194 = VersR 1984, 1151, 1152.
[27] BGH NJW 1981, 2248, 2249; BGH NJW 1978, 1051 ff.; BGHZ 39, 366, 367 = NJW 1963, 1827 ff.
[28] Ähnlich auch: BGH NJW 1996, 2224, 2226.
[29] BGH NJW 1992, 1225, 1227.
[30] BGH NJW 1998, 1942, 1943.
[31] BGH BGHZ 117, 183, 188 = NJW 1992, 1225 ff.; BGH NJW 1998, 2282 ff.; BGHZ 138, 230, 234 ff. = NJW 1998, 1942 ff.; BGH NJW 1985, 2420 = VersR 1985, 837; BGHZ 86, 256, 258 ff. = NJW 1983, 810.
[32] BGH NJW 2005, 1423, 1426 = BauR 2005, 705 = BGHZ 162, 86 = NZBau 205, 287 ff.

A. Grundlagen zu § 13 VOB/B                                              **Vor § 13**

vorher unbeschädigt im Eigentum vorhandener Gegenstände und nicht auf die Beseitigung des mangelhaften Bauteils als solchen. Insoweit ist das Nutzungs- und Äquivalenzinteresse betroffen, welches ausschließlich über vertragliche Ansprüche abgedeckt wird.
– Eine **Substanzverletzung** ist **nicht erforderlich**. Es reicht im Rahmen der Eigentumsverletzung aus, dass Bauteile nicht mehr für den eigentlich vorgesehenen Zweck geeignet sind (z. B. als Eignung für Leitungen zur Trinkwasserversorgung). Eine Eigentumsverletzung kann deshalb auch vorliegen, bei nicht unerheblicher Beeinträchtigung der bestimmungsgemäßen Verwendung der Sache.[33]
– Eine Eigentumsverletzung kommt auch dann in Betracht, wenn durch eine fehlgeschlagene Baumaßnahme das Grundstück beschädigt wird, beispielsweise dann, wenn auf Grund mangelhafter Organisation/Überwachung der Abbruchleistungen durch einen Architekten das zuvor nicht kontaminierte Grundstück mit Altlasten verunreinigt wird.[34]

### 5. Das Verhältnis zu Ansprüchen aus dem Produkthaftungsgesetz

Theoretisch denkbar sind auch Ansprüche nach dem Produkthaftungsgesetz. Genauso wie auch bei deliktischen Ansprüchen können diese Ansprüche außerhalb der vertraglichen Beziehungen bestehen und hierdurch eine möglicherweise eingetretene Insolvenz des Vertragspartners umgangen werden. Allerdings ist der Anwendungsbereich des Produkthaftungsgesetzes von vornherein beschränkt. Für den Fall der **Sachbeschädigung** greift die Produkthaftung nur ein, wenn eine andere Sache als das fehlerhafte Produkt beschädigt wird und diese andere Sache ihrer Art nach gewöhnlich für den **privaten Ge- oder Verbrauch** bestimmt und hierzu auch verwendet worden ist, § 1 Abs. 1 Satz 2 ProdHaftG. Es scheiden daher einerseits Ansprüche betreffend das fehlerhafte Produkt an sich und Ansprüche im gewerblichen Bereich aus. Im Unterschied zur deliktischen Produkthaftung ist im Anwendungsbereich des ProdHaftG **Verschulden nicht** Voraussetzung der Haftung.[35]    **14**

Haftender ist grundsätzlich der Hersteller. Zur Erleichterung sieht § 4 Abs. 1 Satz 2 ProdHaftG vor, dass auch derjenige haftet, der sich als Hersteller ausgibt, auch wenn er tatsächlich nicht Hersteller ist. Als Hersteller und damit Haftender gilt nach § 4 Abs. 2 ProdHaftG unter bestimmten Umständen auch der Importeur und gem. § 4 Abs. 3 Satz 1 ProdHaftG der Lieferant, sofern der Hersteller des Produktes nicht festgestellt werden kann.    **15**

In der Rechtsprechung spielen Ansprüche nach dem ProdHaftG nur eine untergeordnete Rolle.[36]    **16**

## III. Vertraglicher Ausschluss/Beschränkung von Mängelrechten und -ansprüchen

### 1. Vertragliche Klausel[37]

**a) Neuerrichtung.** Um ein **neu errichtetes Objekt** handelt es sich nicht nur dann, wenn das Objekt in unmittelbarem zeitlichen Zusammenhang mit der Fertigstellung veräußert wird. Als „neu errichtet" werden in der Rechtsprechung auch Objekte angesehen, die innerhalb eines längeren Zeitraums vor der Übereignung leer standen oder genutzt worden sind. In diesem Sinne wurde beispielsweise eine Eigentumswohnung, die erst    **17**

---

[33] BGHZ 55, 153, 159 = NJW 1971, 886 ff.; BGHZ 105, 346, 350 = NJW 1989, 707 ff.; BGH NJW 1990, 908 ff. = VersR 1990, 204, 205; NJW-RR 1993, 793 ff. = VersR 1993, 1368; BGH NJW 1994, 517 = NJW 1995, 342.
[34] BGH NJW-RR 2004, 1163 = NZBau 2004, 434 = BauR 2004, 1798, 1799.
[35] Vgl. z. B. *Palandt/Sprau* ProdHaftG, 66. Aufl., 2007, Einf. Rdn. 5, allerdings gibt es im Gegenzug bestimmte Ausschlusstatbestände für die Haftung, die in § 1 Abs. 2 ProdHaftG im Einzelnen ausdrücklich aufgeführt sind.
[36] Zwei Beispiele: OLG Celle BauR 2003, 396; OLG Stuttgart VersR 2001, 465.
[37] Hierzu *Pause* Bauträgerkauf und Baumodelle 4. Aufl., Rdn. 832 ff.; *Grziwotz/Koeble/Riemenschneider* Handbuch Bauträgerrecht, Rdn. 347 f. und 795 f.

zwei Jahre nach der Fertigstellung veräußert wurde und so lange leer stand, als „neu errichtet" angesehen.[38] Nicht nur Leerstand, sondern auch eine Weitervermietung während eines kürzeren Zeitraums nach der Fertigstellung schadet nach der Rechtsprechung nicht. Beispielsweise wurde eine Eigentumswohnung, die 8 Monate nach der Fertigstellung veräußert und bis dahin vermietet worden war, ebenfalls noch als „neu errichtet" angesehen.[39]

18 Ein **formelhafter** Ausschluss der Mängelansprüche und -rechte für Sachmängel beim Erwerb neu errichteter oder zu errichtender Gebäude (Bauträgervertrag) ist nach ständiger Rechtsprechung des BGH auch im Rahmen eines notariellen **Individualvertrages** nach § 242 BGB unwirksam, wenn die Ausschlussklausel nicht unter ausführlicher Belehrung über die Rechtsfolgen eingehend erörtert worden ist.[40] Diese Entscheidungen betreffen ausschließlich individualvertragliche Ausschlüsse in Verträgen über Veräußerung und Erwerb **neu errichteter** Gebäude und Eigentumswohnungen. Noch nicht entschieden ist, ob diese Rechtsprechung auch auf **reine Werkverträge** Anwendung findet. Auch, wenn es in diesen Fällen an der „neutralen" Person des Notars, der die Belehrung vornehmen kann, fehlt, ist die Interessenlage – bei der vertraglichen Übernahme **vollumfänglicher Neuerrichtungsverpflichtungen** (Generalunternehmer- oder Generalübernehmerverträgen) vergleichbar mit derjenigen beim Bauträgervertrag. Auch bei Letzterem geht es in der Regel um Ausschlussklauseln, die die Errichtungsverpflichtung betreffen, also den werkvertraglichen Teil.

19 **Formularvertragliche** Ausschluss- oder Beschränkungsklauseln bei Neuerrichtung sind an §§ 307, 309 Nr. 8 b BGB zu messen unabhängig davon, ob diese Klausel in einem Bauträgervertrag oder in einem Werkvertrag enthalten ist.

20 b) **Altbausanierung.** (1) **Formularvertragliche Ausschlussklauseln. Ausschlussklauseln betreffend die Herstellungsverpflichtung.** Formularvertragliche Ausschlüsse der Mängelrechte und -ansprüche in **Verbraucherverträgen** sind nach § 309 Nr. 8 b BGB zu beurteilen. Nach dem klaren Wortlaut dieser Vorschrift sind Ausschlussklauseln bei Verträgen „über Werkleistungen" betroffen. Soweit es in einem Vertrag um die Werkleistung geht, ist deshalb **stets** § 309 Nr. 8 b BGB einschlägig. Bei einem Bauträgervertrag, der die Veräußerung eines sanierten Altbauobjektes zum Gegenstand hat, ist eine Ausschlussklausel hinsichtlich der **Herstellungsverpflichtung** (Werkvertragsteil) an § 309 Nr. 8 b BGB zu messen und wird daher in vielen Fällen unwirksam sein. Gleiches gilt für Werkverträge, die Sanierungsleistungen an bereits im Eigentum des Gläubigers befindlichen Altbauobjekten zum Gegenstand haben. Hat sich beispielsweise der Handwerker verpflichtet, einen neuen Parkettboden einzubringen, ist **insoweit** § 309 Nr. 8 b BGB einschlägig.

21 **Ausschlussklausel betreffend die Altbausubstanz.** Eine andere Frage ist, ob eine **Ausschlussklausel** in einem Bauträgervertrag, die auf Mängel an der **unveränderten Altbausubstanz** abzielt, ebenfalls nach § 309 Nr. 8 b BGB unwirksam ist. Entscheidend für die Beantwortung dieser Frage ist, ob das **Gesamtobjekt** (unveränderte Altbausubstanz nebst neu hergestellter Teile) entweder als **Lieferung einer neu hergestellten Sache** oder als **Werkleistung** anzusehen ist. Entscheidend ist deshalb der **Umfang der Herstellungsverpflichtung.**

Handelt es sich praktisch um den Verkauf einer Gebrauchtimmobilie und beschränkt **sich** die Herstellungsverpflichtung auf kleinere **Schönheitsreparaturen,** liegt nicht ein Vertrag über die Lieferung eines neu hergestellten Gesamtobjekts und auch nicht ein Werkvertrag betreffend das Gesamtobjekt vor. In diesem Fall wird der Ausschluss nur hinsichtlich der punktuellen werkvertraglichen Herstellungsverpflichtungen an § 309 Nr. 8 b BGB gemes-

---

[38] BGH BauR 1985, 314 = NJW 1985, 1551.
[39] BGH BauR 1986, 345 = NJW-RR 1986, 1026.
[40] Ständige Rechtsprechung: BGH Urt. v. 8. 3. 2007 – VII ZR 130/05 = IBR 2007, 319; BGH BauR 2005, 542 = NZBau 2005, 216 = ZfBR 2005, 263; BGH BauR 1989, 597 = NJW 1989, 2748 = NJW-RR 1989, 1364; BGH NJW 1988, 135; BGH BGHZ 74, 204, 209 = NJW 1979, 1406; BGH NJW 1982, 2243; BGH NJW-RR 1986, 1026 = BauR 1986, 345 = ZfBR 1986, 120.

sen, was insoweit zur Unwirksamkeit führen kann. Im Übrigen, also hinsichtlich der Altbausubstanz, wäre eine Ausschlussklausel wirksam.

Diesem Fall, in dem nur geringe Herstellungspflichten Vertragsbestandteil sind, steht der Fall gegenüber, dass nach dem Vertrag praktisch ein Neubau herzustellen ist unter teilweiser Verwendung der Altbausubstanz. In diesem Fall geht es um die Verpflichtung zur Erbringung von Werkleistungen betreffend das Gesamtobjekt bzw. um die Lieferung eines neu hergestellten Gesamtobjekts. Eine Ausschlussklausel ist hinsichtlich des **Gesamtobjekts** (also auch hinsichtlich der Altbausubstanz) nach § 309 Nr. 8 b BGB unwirksam. **22**

Zwischen diesen beiden Extremen liegen die Fälle, bei denen erhebliche Herstellungsverpflichtungen übernommen werden, jedoch noch nicht von einem Neubau unter Verwendung von Altbausubstanz gesprochen werden kann. Nach der Rechtsprechung[41] haftet der Veräußerer für Sachmängel der **gesamten** Bausubstanz nach den Gewährleistungsregeln des Werkvertragsrechts, wenn er vertraglich Bauleistungen übernommen hat, die insgesamt nach Umfang und Bedeutung **Neubauarbeiten vergleichbar** sind. Ist Werkvertragsrecht insgesamt anwendbar, kann dies zur Unwirksamkeit einer Haftungsausschlussklausel nach § 309 Nr. 8 b BGB auch betreffend die Altbausubstanz führen.[42] Es liegt dann **insgesamt** entweder die Lieferung einer neu hergestellten Sache oder eine Werkleistung i. S. d. § 309 Nr. 8 b BGB vor. **23**

Wann vertraglich Bauleistungen übernommen werden, die insgesamt nach Umfang und Bedeutung Neubauarbeiten vergleichbar sind, ist eine Frage des Einzelfalls. Erforderlich sind auf jeden Fall deutliche Eingriffe in die vorhandene Substanz. In folgenden Beispielsfällen wurden Bauleistungen, die mit Neubauarbeiten vergleichbar sind, angenommen: **24**
– Schaffung einer neuen, vorher noch nicht vorhandenen Wohnung in einem grundlegend zu sanierenden Gebäude unter Ausbau des Dachgeschosses und des Spitzbodens, wobei der Abriss vorhandener und die Errichtung neuer Wände, die Schaffung eines (bisher noch nicht vorhandenen) Bades nebst Installationen, einer Innentreppe zur Galerie mit Deckendurchbruch und die Elektroinstallationen erforderlich gewesen sind.[43]
– Erneuerung der Wasser- und Elektroleitungen, Ausbesserung des Daches und des Treppenhauses, komplettes Streichen des Letzteren, Neuerrichtung von Balkonen, Versetzen von nicht tragenden Wänden, Ausbesserung der Fassade sowie Holzbauteile, incl. eines neuen Anstrichs, Abschleifen und Versiegeln der Holzstufen im Treppenhaus.[44]
– Aufstockung des Gebäudes mit zwei zusätzlichen Geschossen, Einbau einer neuen Wärmedämmung, Einbau neuer Fenster und Rollläden, teilweise neuer Eingangstür, Neuerrichtung von Balkonen, zusätzlich einzubauende WC, Einbau neuer Wassersteigleitungen, Modernisierung der Bäder, Innenanstrich, Überarbeitung der Böden.[45]
– Erneuerung der Boden- und Wandbeläge, des Außenputzes sowie des Anstrichs, Austausch der Wasser- und Elektroleitungen, Einbau einer neuen Heizung, Neuanfertigung der Innentreppen und -türen, teilweise Erneuerung der Fenster und der Dacheindeckung.[46]
– Vollständiges Neudecken des Dachs, Neuerrichtung der Be- und Entwässerungsanlage sowie der gesamten Elektrik, Neuerrichtung der Heizungsanlage, Ausbau des Kellers als

---

[41] BGH BauR 2006, 99 = NJW 2006, 214; BGH BauR 2005, 542, 54 = NZBau 2005, 216 = ZfBR 2005, 263; BGH Urt. v. 26. 4. 2007 – VII ZR 210/05 = IBR 2007, 429; BGHZ 100, 391, 396 = NJW-RR 1988, 1046 = NJW 1988, 490 = BauR 1987, 439 = ZfBR 1987, 197; BGH BauR 1988, 464, 465 = ZfBR 1988, 218; BGHZ 108, 164, 167 f. = NJW 1989, 2748 ff.; OLG Karlsruhe, Urt. v. 15. 5. 2007 – 8 U 107/06 = IBR 2007, 489.
[42] BGHZ 100, 391, 397 f = NJW-RR 1987, 1046 = NJW 1988, 490; BGH Urt. v. 26. 4. 2007 – VII ZR 210/05 = IBR 2007, 429; BGH IBR 2005, 154 = BauR 2005, 542 = NZBau 2005, 216 = ZfBR 2005, 263; BGH BauR 2002, 310 = ZfBR 2002, 244 = NZBau 2002, 89; BGH NJW-RR 2007, 59 = NZBau 2006, 781 = BauR 2007, 111: zum Ausschluss von Rückabwicklungsrechten.
[43] OLG Karlsruhe Urt. v. 15. 5. 2007 – 8 U 107/06 = ZfBR 2007, 489.
[44] LG Karlsruhe Urt. v. 28. 10. 2005 – 2 O 321/05 = IBR 2007, 1010.
[45] BGH Urt. v. 26. 4. 2007 – VII ZR 210/05 = IBR 2007, 429.
[46] BGH IBR 2005, 154 = BauR 2005, 542 = NZBau 2005, 216 = ZfBR 2005, 263.

Hobbyraum für jede Wohnung, Neuerrichtung von Lichtschächten, teilweise Durchführung von Abdichtungsmaßnahmen.[47]

25 Nach der Rechtsprechung ist für die Einordnung nicht entscheidend, ob die Arbeiten im Zeitpunkt des Vertragsschlusses bereits erbracht waren. Auch wenn dies der Fall gewesen ist, ist nach ständiger Rechtsprechung des BGH Werkvertragsrecht insgesamt anzuwenden, was auch für die Veräußerung eines sanierten Altbaus gilt.[48]

26 Abgesehen von der Unwirksamkeit nach § 309 Nr. 8 b BGB ist in diesen Fällen auch stets an eine Unwirksamkeit nach § 307 Abs. 1 Satz 2 BGB („Intransparenz") zu denken. Haftungsausschlussklauseln, die zwischen der Herstellungsverpflichtung und der – angeblich – unverändert gebliebenen Altbausubstanz unterscheiden, sind in der Regel umfangreich. Sie sind auch nicht ohne weiteres aus sich heraus verständlich, da immer der Herstellungsverpflichtungskatalog (Baubeschreibung) mitberücksichtigt werden muss. Darüber hinaus kann die Schnittstelle zwischen neu errichteten Bauteilen und unverändert gebliebener Altbausubstanz problematisch und für den Gegner des Verwenders nicht ohne weiteres zu durchschauen sein. Falls nicht bereits die Auslegung ergibt, dass bestimmte Mängel nicht von der Ausschlussklausel erfasst sind oder falls insoweit nicht bereits Zweifel bei der Auslegung gem. § 305 c Abs. 2 BGB bestehen, ist auch immer an die Unwirksamkeit der Haftungsausschlussklausel auf Grund mangelnder Transparenz zu denken.

27 **(2) Individualvertragliche Ausschlussklauseln.** Auch bei Ausschlussklauseln in **Individualverträgen** oder durch **individuelle Vereinbarung** einzelner Klauseln in Formularverträgen muss zunächst geklärt werden, ob der Vertrag insgesamt als Vertrag über die Errichtung eines neuen Objektes anzusehen ist. Entscheidend ist auch insoweit, ob eine vertragliche Verpflichtung zur Erbringung von Bauleistungen übernommen wurde, die nach Umfang und Bedeutung **Neubauarbeiten vergleichbar** ist. Ist dies nicht der Fall, werden also lediglich punktuell Herstellungsverpflichtungen übernommen, ist Werkvertragsrecht nur insoweit anwendbar, als die Herstellungsverpflichtung reicht. Im Übrigen ist Kaufrecht anwendbar,[49] was auf die Beurteilung der Wirksamkeit einer Ausschlussklausel „durchschlägt". Eine Haftungsausschlussklausel, die **nicht die Herstellungsverpflichtung** betrifft, kann individualvertraglich ohne weiteres vereinbart werden. Sie ist auch dann wirksam, wenn eine notarielle Belehrung über Umfang und Bedeutung des Gewährleistungsausschlusses in einer formelhaften Klausel nicht erfolgt ist.[50] Insoweit gilt nichts anderes als bei der Veräußerung gebrauchter Immobilien, bei der die Parteien einen entsprechenden Haftungsausschluss vereinbaren können. Die Rechtsprechung des BGH zum formelhaften Ausschluss in Individualverträgen beim Erwerb neu errichteter oder noch zu errichtender Objekte, der nach § 242 BGB unwirksam sein kann, wenn die Folgen der Haftungsausschlussklausel nicht mit dem Erwerber unter ausführlicher Belehrung über die einschneidenden Rechtsfolgen eingehend erörtert werden (vgl. oben), findet keine Anwendung auf die **Veräußerungsverpflichtung.** Hintergrund ist, dass diese Rechtsprechung dem Schutz des Erwerbers vor einem überraschenden Verlust seiner Ansprüche hinsichtlich der **Herstellungsverpflichtung** dient. Eine Haftungsausschlussklausel, die lediglich die von der Herstellungsverpflichtung nicht berührten Bauteile betrifft, unterläuft diesen Schutz des Erwerbers nicht.

28 Hat der Veräußerer jedoch vertraglich Bauleistungen übernommen, die insgesamt nach Umfang und Bedeutung **Neubauarbeiten vergleichbar** sind, ist ein Haftungsausschluss durch **individuelle Vereinbarung** nur dann wirksam, wenn die Freizeichnung mit dem Erwerber unter ausführlicher Belehrung über die einschneidenden Rechtsfolgen eingehend

---

[47] BGHZ 100, 391, 396 = NJW-RR 1987, 1046 = NJW 1988, 490.
[48] BGH Urt. v. 26. 4. 2007 – VII ZR 210/05 = IBR 2007, 429; BGH IBR 2005, 154 = BauR 2005, 542 = NZBau 2005, 216 = ZfBR 2005, 263; BGH BauR 1981, 571, 572; BGH BauR 1982, 493, 494 = ZfBR 1982, 152; BGH BauR 1985, 314, 315 = ZfBR 1985, 132.
[49] BGH BauR 2006, 99 = NJW 2006, 214.
[50] BGH BauR 2006, 99 = NJW 2006, 214.

erörtert worden ist.⁵¹ Insoweit gilt für Altbausanierungsfälle nichts anderes als bei Verträgen über eine Neuerrichtung.

**2. Ausschluss durch nachträgliche Vereinbarung**

Der Auftraggeber/Erwerber kann auf entstandene Mängelansprüche und -rechte verzichten. Es handelt sich dann um einen Erlassvertrag nach § 397 Abs. 1 BGB. Hierzu ist allerdings eine eindeutige vertragliche Vereinbarung notwendig. Diese liegt nicht bereits dann vor, wenn der Auftraggeber sein Einverständnis mit einer bestimmten Art der Nachbesserung erklärt. Im Regelfall wird mit dem Einverständnis kein Verzicht auf bestehende Gewährleistungsansprüche verbunden sein.⁵² 29

### IV. Der Einwand des Mitverschuldens gegenüber Mängelrechten und -ansprüchen

Nimmt der Auftraggeber den Auftragnehmer wegen Mängeln in Anspruch, wird vom Auftragnehmer häufig der Mitverschuldenseinwand erhoben. Als Begründung wird angeführt, dass der Mangel von anderen am Bau Beteiligten (mit-)verursacht und zu verantworten sei. Aufgrund seiner vertraglichen Beziehungen zu den am Bau Beteiligten seien dem Auftraggeber deren Versäumnisse zuzurechnen und Ansprüche des Auftraggebers gegenüber dem Auftragnehmer deshalb zu kürzen. Der **Mitverschuldenseinwand** kann grundsätzlich erhoben werden, wenn bestimmte Voraussetzungen erfüllt sind. 30

**1. Grundsatz**

§ 254 BGB gilt zwar unmittelbar nur für die Leistung von Schadensersatz. Als Ausprägung eines allgemeinen Rechtsgedankens ist er aber nach ganz h. M. auf die werkvertraglichen Primär- und Sekundäransprüche anzuwenden.⁵³ Die Berücksichtigung eigenen Mitverschuldens bzw. eigener Mitverursachung seitens des Auftraggebers ergibt sich aus einer unmittelbaren Anwendung des § 254 BGB. Eine Zurechnung des Verschuldens anderer am Bau Beteiligter erfolgt nach § 254 Abs. 2 Satz 2 BGB dann, wenn diese **Erfüllungsgehilfen** des Auftraggebers gem. § 278 BGB sind. Voraussetzung hierfür ist, dass sich der Auftraggeber der am Bau Beteiligten zur Erfüllung einer ihm obliegenden Verbindlichkeit bedient. Der Auftraggeber schließt die Verträge mit den am Bau Beteiligten im Regelfall jedoch nicht deshalb ab, um damit Verpflichtungen zu erfüllen, die ihm gegenüber anderen am Bau Beteiligten obliegen. Vielmehr schließt er die Verträge mit den am Bau Beteiligten ab, um selbst deren Leistung zu erhalten. Allerdings kann der Auftraggeber durch den Vertrag auch Pflichten übernommen haben, deren Erfüllung ihm gerade gegenüber anderen am Bau Beteiligten obliegt. Wird die Geltung der VOB/B vereinbart, hat der Auftraggeber beispielsweise nach § 3 Nr. 1 die für die Ausführung notwendigen Unterlagen dem Auftragnehmer unentgeltlich und rechtzeitig zu übergeben. Nach § 4 Nr. 1 Abs. 1 Satz 1 hat der Auftraggeber das Zusammenwirken der verschiedenen Unternehmer zu regeln. Darüber hinaus können auch weitere Mitwirkungspflichten vertraglich vom Auftraggeber übernommen werden. Ist dies der Fall und bedient sich der Auftraggeber zur Erfüllung dieser Pflichten anderer Unternehmen oder Personen, handelt es sich insoweit um Erfüllungsgehilfen i. S. des § 278 BGB. 31

In der Praxis haben sich bestimmte Fallkonstellationen herausgebildet:

---

⁵¹ BGH NJW 1988, 1972 = BauR 1988, 464 = ZfBR 1988, 218; BGH IBR 2005, 154 = BauR 2005, 542 = NZBau 2005, 216 = ZfBR 2005, 263.
⁵² BGH BauR 1997, 131 = NJW-RR 1997, 148 = ZfBR 1997, 32; BGH BauR 2002, 472 = NJW 2002, 748 = NZBau 2002, 149 = ZfBR 2002, 251.
⁵³ Z. B. BGH NJW 1984, 1676 ff.

## 2. Planender Architekt als Erfüllungsgehilfe des Auftraggebers

32 **a) Grundsatz.** Bedient sich der Auftraggeber bei der Erbringung der **Planungsleistungen** eines Architekten, ist derselbe Erfüllungsgehilfe des Auftraggebers im Verhältnis zum Auftragnehmer (ausführendes Unternehmen), sodass der Bauherr für das Verschulden des Architekten einstehen muss.[54] Dies kann – in Ausnahmefällen – sogar dazu führen, dass den Architekten das überwiegende Verschulden mit der Folge trifft, dass der Bauherr nicht erfolgreich gegen das ausführende Unternehmen vorgehen kann, obwohl dieses ebenfalls mangelhaft geleistet hat[55] (im Regelfall wird jedoch eine Mitverschuldensquote anzusetzen sein, dazu unten). Diese Grundsätze hinsichtlich der **Planung** gelten nicht nur beim VOB/B-Vertrag auf Grund der ausdrücklichen Verpflichtung zur Planübergabe in § 3 Nr. 1 VOB/B, sondern nach ganz h. M. auch beim BGB-Werkvertrag. Die Erfüllung von **Planungspflichten** erfolgt nicht nur durch die Anfertigung von Entwurfs-, Genehmigungs- und Ausführungsplänen, sondern auch durch die Erteilung von Anweisungen auf der Baustelle selbst. Diese Anweisungen können schriftliche Ausführungen oder zeichnerischen Darstellungen in Plänen ersetzen.

33 Neben den Planungspflichten obliegt dem Auftraggeber auch die Pflicht zur **Koordinierung** des Bauablaufs, d. h. die Pflicht, die Entscheidungen zu treffen, die für den reibungslosen Bauablauf erforderlich sind, wozu auch die Abstimmung der Leistungen der einzelnen Unternehmer während der Bauausführung gehört.[56] Sorgt der Auftraggeber nicht selbst für diese Koordinierung, sondern schaltet hierzu einen Architekten ein, ist der Architekt Erfüllungsgehilfe des Bauherrn.[57]

34 Probleme bereitet in der Praxis die Festlegung der Verursachungs- und damit Mitverschuldensquote. Die Festlegung der Quote muss im jeweiligen Einzelfall erfolgen. Es sind viele verschiedene Einflussfaktoren denkbar, die die Quote in die eine oder andere Richtung verschieben. In der Rechtsprechung finden sich daher höchst unterschiedliche Fallkonstellationen und Quoten. Dennoch haben sich gewisse Grundsätze herausgebildet:

35 **b) Rechtsprechung. (1) Entfallen des Planungsmitverschuldens.** Das Planungsmitverschulden entfällt, wenn das ausführende Unternehmen den Planungsfehler erkannt hat und die als mangelhaft erkannte Planung dennoch ausführt[58].

36 **(2) Mitverschuldensquote.** Häufiger als das vollständige Entfallen des Planungsmitverschuldens auf Grund des bewussten Ausführens eines als fehlerhaft erkannten Architektenplanes sind die Fälle, dass ein Planungsfehler vom ausführenden Unternehmen nur fahrlässig nicht erkannt wird und das ausführende Unternehmen seine **Prüfungs- und Bedenkenhinweispflicht** damit fahrlässig verletzt. In der Rechtsprechung herrschte hier zunächst die Auffassung vor, dass dem planenden Architekten – und damit dem Auftraggeber – die alleinige Verantwortung für Ausführungsfehler, die auf diese Planungsfehler zurückzuführen sind, zufällt.[59] In einer späteren Entscheidung hat der BGH jedoch darauf hingewiesen, dass

---

[54] BGH BauR 2005, 1016, 1018 ff. = ZfBR 2005, 458 ff. = NJW-RR 2005, 891 ff.; BGH BauR 2002, 86 = NZBau 2002, 31 = ZfBR 2002, 57, OLG Karlsruhe BauR 2005, 879 = NJW-RR 2005, 248, BGH BauR 1991, 79 = ZfBR 1991, 61 = NJW-RR 1991, 276; OLG Dresden, NZBau 2000, 333, 335 = BauR 2000, 1341; OLG Karlsruhe BauR 2003, 917 = NZBau 2003, 102; OLG Hamm NJW-RR 1996, 273 = BauR 1995, 852; OLG Hamm BauR 2001, 828; BGH NJW 1984, 1676; BGH NJW 1972, 447; BGH BauR 1970, 57, 59.

[55] Angedeutet in BGH BauR 2005, 1016 = NJW-RR 2005, 891 = NZBau 2005, 458; BGH BGHZ 51, 275, 280 = NJW 1969, 653.

[56] BGH NJW 1972, 447, 448.

[57] Kniffka in *Kniffka/Koeble* Kompendium des Baurechts, 2. Aufl., 6. Teil Rdn. 70, *Werner/Pastor* 11. Aufl., Rdn. 2458.

[58] BGH NJW-RR 1991, 276 = BauR 1991, 79 = ZfBR 1991, 61; BGH NJW 1984, 1676, 1677; BGH BauR 1973, 190, 191; BGH BauR 1973, 190 = NJW 1973, 518; OLG Karlsruhe BauR 2005, 879 = NJW-RR 2005, 248; OLG Dresden NZBau 2000, 333, 335 = BauR 2000, 1341 = NZBau 2000, 333; OLG Hamm NJW-RR 1996, 273 = BauR 1995, 852.

[59] BGHZ 51, 275, 280 = NJW 1969, 653; BGH BauR 2005, 1016 = NJW-RR 2005, 891 = NZBau 2005, 458.

A. Grundlagen zu § 13 VOB/B

der Unternehmer eine gewichtige Ursache für Schäden infolge fehlerhafter Planung setzt, wenn er dieselben bei der gebotenen Prüfung und Mitteilung der Bedenken hätte verhindern können.[60] Die Quote wird deshalb nicht alleine mit dem Argument zu Lasten des Architekten und damit zu Lasten des Auftraggebers verschoben werden können, dass der Architekt die „erste" Ursache für den später aufgetretenen Baumangel durch seinen Planungsfehler gesetzt hat. In der Rechtsprechung wurden die folgenden Quoten ausgeurteilt:

— Nach dem OLG Karlsruhe[61] soll auf den Planer/Auftraggeber ein Drittel und auf das ausführende Unternehmen zwei Drittel dann entfallen, wenn der planende Architekt Planungsdetails (Wanddurchdringungen) nicht vorgegeben hat und das ausführende Unternehmen dies hätte erkennen können. Das ausführende Unternehmen habe die eigentliche Ursache gesetzt und hafte deshalb überwiegend.
— Nach dem OLG Dresden[62] soll ein Drittel auf den Planer und zwei Drittel auf das ausführende Unternehmen dann entfallen, wenn das ausführende Unternehmen auf das erkennbar mangelhafte Leistungsverzeichnis nicht hinweist. Das ausführende Unternehmen setze durch sein Verhalten die eigentliche Ursache.
— Nach einer weiteren Entscheidung des OLG Karlsruhe[63] entfällt auf den Planer/Auftraggeber ein Viertel und auf das ausführende Unternehmen drei Viertel dann, wenn das ausführende Unternehmen die Mangelerscheinung, die auf den Planungsfehler zurückzuführen ist, während der Bauausführung bemerkt und ohne weiteres durch Information des Auftraggebers oder des Planers hätte Abhilfe schaffen können und dies nicht tut.
— Das OLG Celle[64] lässt den Planer/Auftraggeber zu zwei Dritteln und das ausführende Unternehmen zu einem Drittel haften, wenn das ausführende Unternehmen lediglich fahrlässig den Planungsfehler nicht erkennt. Nach der Ansicht des OLG Celle stehe der Planungsfehler im Vordergrund und der Planer hafte deshalb überwiegend.
— Nach Ansicht des OLG Hamm[65] haften Planer/Auftraggeber und das ausführende Unternehmen jeweils hälftig.

### 3. Planender Sonderfachmann als Erfüllungsgehilfe des Auftraggebers

Nicht jeder Sonderfachmann, also beispielsweise Tragwerksplaner, Baugrundgutachter oder Ingenieur für die Technische Ausrüstung ist per se Erfüllungsgehilfe des Bauherrn. Er ist dies nur dann, wenn dem Auftraggeber Pflichten im fachlichen Bereich des jeweiligen Sonderfachmanns gegenüber den anderen am Bau Beteiligten (in der Regel dem ausführenden Unternehmen gegenüber) obliegen und er sich zur Erfüllung derselben (nicht nur eines Architekten, sondern auch) eines Sonderfachmanns bedient. Der Sonderfachmann, z. B. der **Vermessungsingenieu**r,[66] der **Baugrundgutachter**,[67] oder der **Tragwerksplaner**,[68] sind dann ebenfalls Erfüllungsgehilfe des Auftraggebers.[69]

37

---

[60] BGH BauR 1991, 79, 80 = ZfBR 1991, 61 = NJW-RR 1991, 276; BGH BauR 2005, 1016 = NJW-RR 2005, 891 = NZBau 2005, 458.
[61] BauR 2005, 879 = NJW-RR 2005, 248.
[62] NZBau 2000, 333, 335 = BauR 2000, 1341 = NZBau 2000, 333.
[63] BauR 2003, 917 = NZBau 2003, 102.
[64] BauR 2003, 730.
[65] BauR 2001, 828.
[66] OLG Frankfurt/M. BauR 2005, 1784, 1785, im entschiedenen Fall wurde auf Grund einer besonderen Konstellation die Erfüllungsgehilfeneigenschaft abgelehnt.
[67] OLG Stuttgart BauR 1996, 748.
[68] OLG Stuttgart BauR 1996, 748.
[69] *Kniffka* in *Kniffka/Koeble* Kompendium des Baurechts, 2. Aufl., 6. Teil Rdn. 69; OLG Celle BauR 2003, 730.

### 4. Bauüberwachender Architekt/Sonderfachmann als Erfüllungsgehilfe des Auftraggebers?

38   Vom BGH wurde bereits frühzeitig[70] entschieden, dass der bauüberwachende Architekt kein Erfüllungsgehilfe des Auftraggebers ist. Der Auftraggeber bedient sich des bauüberwachenden Architekten nicht zur Erfüllung einer Pflicht, die er vertraglich gegenüber dem ausführenden Unternehmer übernommen hat. Der bauüberwachende Architekt wird vielmehr ausschließlich im Eigeninteresse des Auftraggebers an der plangerechten Ausführung tätig. Anders liegt die Sache dann, wenn es um Versäumnisse bei der Koordinierung des Bauablaufs geht (vgl. oben).

### 5. Vorunternehmer als Erfüllungsgehilfe des Auftraggebers?

39   Die Frage der Erfüllungsgehilfeneigenschaft des Vorunternehmers ist in Rechtsprechung und Literatur umstritten und wird bei zwei verschiedenen Problemkreisen diskutiert. Einerseits muss dann, wenn sich der Bauablauf auf Grund des Verschuldens eines Vorunternehmers verzögert und hierdurch ein Schaden beim Nachfolgeunternehmer entsteht, geklärt werden, ob der Vorunternehmer Erfüllungsgehilfe des Auftraggebers und Letzterem deshalb das Verschulden betreffend die Verzögerung zuzurechnen ist. Andererseits muss die Erfüllungsgehilfeneigenschaft des Vorunternehmers auch dann geklärt werden, wenn ein Verschulden desselben dazu führt, dass die Leistung des Nachfolgeunternehmers mangelhaft wird. Liegt kein Mangel des Werkes des Nachfolgeunternehmers vor, stellt sich die Problematik nicht. Er haftet dann nicht, kann von Auftraggeber deshalb nicht in Anspruch genommen werden und die Frage des Mitverschuldenseinwands ist unerheblich. Hat der Nachfolgeunternehmer allerdings seine Prüfungs- und Bedenkenhinweispflicht verletzt und wird sein Werk mangelhaft auf Grund der mangelhaften Vorunternehmerleistung, ist entscheidend für das Durchgreifen des Mitverschuldenseinwandes gegenüber Ansprüchen des Auftraggebers, ob der Vorunternehmer Erfüllungsgehilfe des Auftraggebers ist oder nicht. Nach h. M.[71] ist der Vorunternehmer nicht, nach a. A.[72] ist er Erfüllungsgehilfe des Auftraggebers. M. E. ist der Rechtsprechung des BGH zu folgen und deshalb der Vorunternehmer nicht **ohne weiteres** als Erfüllungsgehilfe des Auftraggebers im Verhältnis zum Nachfolgeunternehmer anzusehen. Ohne konkrete Anhaltspunkte im Vertrag zwischen Auftraggeber und Nachfolgeunternehmer – und dies wird der Regelfall sein – kann nicht von der Übernahme zusätzlicher Pflichten ausgegangen werden. Nur in seltenen Ausnahmefällen ist eine Durchbrechung dieses Grundsatzes denkbar, nämlich dann, wenn der Auftraggeber im Vertrag mit dem Nachfolgeunternehmer ausdrücklich Pflichten gerade in Bezug auf dessen Werkleistung (und nicht aus Eigeninteressen des Auftraggebers) übernommen hat und sich zur Erfüllung derselben eines Dritten bedient.[73]

---

[70] BauR 1985, 561 = NJW 1985, 2475.

[71] BGH BauR 1985, 561 = NJW 1985, 2475; bestätigt für einen Verzögerungsfall: BGH NJW 2000, 1336 = NZBau 2000, 187 = BauR 2000, 722 = ZfBR 2000, 248 unter ausdrücklicher Billigung der Anwendung des § 642 BGB neben § 6 Nr. 6 VOB/B, wie nunmehr auch in § 6 Nr. 6 S. 2 VOB/B vorgesehen; *Pastor* in *Werner/Pastor* 11. Aufl., Rdn. 1527, 1827 und 2466; ebenfalls der Rechtsprechung des BGH zustimmend: *Kniffka* BauR 1999, 1312 ff., Anm. zu OLG Düsseldorf BauR 1999, 1309 ff.; ebenfalls zustimmend zur BGH-Rechtsprechung: *Kaiser* BauR 2000, 177, 178; *Weise* BauR 1992, 685, 687; hinsichtlich der Anwendung des § 278 BGB zustimmend, jedoch kritisch zum Ergebnis: *Baden* BauR 1991, 30; kritisch zur Begründung des BGH, nicht zum Ergebnis: *Kraus* BauR 1986, 17, 26.

[72] OLG Düsseldorf BauR 1999, 1309 = NJW-RR 1999, 1543; *von Craushaar* FS Vygen 1999, 154 ff.; ders. Jahrbuch BauR 1999, 115, 129 f.; *Vygen* BauR 1989, 387, 395; *Grieger* BauR 1990, 406; *Rathjen* BauR 2000, 170, 176; *Nicklisch* in *Nicklisch/Weik* 3. Aufl., § 10 Rdn. 14; *Ingenstau/Korbion-Döring* 16. Aufl., § 6 Nr. 6 Rdn. 16 für den Fall verzögerter Ausführung zumindest dann, wenn der Auftraggeber in dem mit dem Nachfolgeunternehmer abgeschlossenen Vertrag hinreichend deutlich auch das Risiko der zeitgerechten Erfüllung durch den Vorunternehmer übernommen habe.

[73] Eine andere Frage ist, ob dem Nachfolgeunternehmer entweder im Falle von Verzögerungen oder im Falle mangelhafter Vorunternehmerleistungen Ansprüche entweder gegenüber dem Auftraggeber oder gegenüber dem Vorunternehmer zustehen können. Im Fall von Mängeln wird häufig ein Gesamtschuldverhältnis

A. Grundlagen zu § 13 VOB/B                                      Vor § 13

**6. Berücksichtigung des Mitverschuldenseinwandes**

Macht der Auftraggeber Zahlungsansprüche gegenüber dem Auftragnehmer geltend, werden diese Ansprüche um den auf den Auftraggeber bzw. dessen Erfüllungsgehilfen entfallenden Anteil reduziert. Im Fall des unteilbaren Nacherfüllungsanspruchs (Mangelbeseitigungsanspruch) hat der Auftragnehmer einen Zuschussanspruch und unter bestimmten Voraussetzungen einen Anspruch auf Sicherheitsleistung zur Absicherung desselben (vgl. unten). 40

## V. Erfüllungsgehilfen des Auftragnehmers

Der Auftragnehmer setzt bei Erbringung seiner bauvertraglichen Pflichten regelmäßig dritte Personen und Unternehmen ein. Auch in diesem Fall stellt sich die Frage, ob diese Personen und Unternehmen als **Erfüllungsgehilfen** des Auftragnehmers anzusehen sind. Die Beantwortung dieser Frage spielt zwar keine Rolle für die **verschuldensunabhängigen** Mängelrechte und -ansprüche. Der Auftragnehmer hat auf Grund der **Erfolgsbezogenheit** (vgl. oben) das vertraglich versprochene Werk herzustellen. Es ist unerheblich, wie er dies bewerkstelligt und welche Personen und Unternehmen er hierzu einsetzt. Die Frage, ob eine dieser Personen oder eines dieser Unternehmen Erfüllungsgehilfe i. S. des § 278 BGB ist, spielt deshalb nur eine Rolle, soweit es um den **verschuldensabhängigen** Schadensersatzanspruch geht. 41

In diesem Fall ist zunächst zu klären, ob den Auftragnehmer nicht eigenes Verschulden trifft. Eigenes Verschulden kann beispielsweise bei Verletzung der Prüfungspflicht hinsichtlich der Baustoffe, die von Dritten geliefert werden, in Betracht kommen. Erst, wenn eigenes Verschulden des Auftragnehmers ausscheidet, muss die Frage, ob Verschulden des Dritten vorliegt und dem Auftragnehmer über § 278 BGB zugerechnet werden kann, beantwortet werden. 42

Die Frage der Erfüllungsgehilfeneigenschaft von Dritten spielt einerseits beim Einsatz von **Nachunternehmern** und andererseits beim Fremdbezug von Baumaterialien vom **Baustofflieferanten** eine Rolle. Hinsichtlich des Nachunternehmereinsatzes ist in diesem Zusammenhang bedeutungslos, ob die nach § 4 Nr. 8 Abs. 1 Satz 2 VOB/B erforderliche Zustimmung des Auftraggebers vorliegt. Entscheidend ist allein, ob die Voraussetzungen des § 278 BGB vorliegen und insoweit insbesondere, ob sich der Auftragnehmer des Dritten zur Erfüllung **seiner** Verbindlichkeit bedient. 43

Der **Nachunternehmer** wird nach einhelliger Auffassung stets als Erfüllungsgehilfe des Auftragnehmers im Verhältnis zum Auftraggeber angesehen.[74]

---

vorliegen, aus dem sich Ausgleichsansprüche gegen den Vorunternehmer ergeben können (vgl. unten). Denkbar ist auch, dass dem Nachfolgeunternehmer – analog § 255 BGB oder auf Grund einer vertraglichen Nebenpflicht – Ansprüche gegen den Auftraggeber auf Abtretung der diesem gegen den Vorunternehmer zustehenden Mängelansprüche zustehen, so beispielsweise *Vygen* BauR 1989, 387, 396. Probleme bereitet diese Lösung jedoch bei Schadensersatzansprüchen des Auftraggebers, wenn bei diesem kein Schaden eingetreten ist. Die Anwendung der für diese Konstellation (Anspruch beim Auftraggeber, jedoch kein Schaden, da der Nachfolgeunternehmer auf Grund der Erfolgshaftung vor Abnahme nochmals leisten muss, bei Letzterem zwar Schaden, jedoch kein Anspruch) nahe liegende Anwendung der Grundsätze der Drittschadensliquidation wurde vom BGH BauR 1985, 561 = NJW 1985, 2475 ausdrücklich abgelehnt. Denkbar ist auch die Anwendung der Grundsätze des Vertrages mit Schutzwirkung für Dritte (*Kniffka* BauR 1999, 1313 ff.; *Kaiser* BauR 2000, 177, 180). Nach der Mängelbeseitigung durch den Nachfolgeunternehmer können diesem auch GoA - oder Bereicherungsansprüche gegen den Vorunternehmer zustehen, wenn dessen Mängel mitbeseitigt werden und kein Gesamtschuldverhältnis vorliegt. Bei Bauzeitverzögerungen kommt insbesondere § 642 BGB zur Anwendung, was der BGH in NJW 2000, 1336 = NZBau 2000, 187 = BauR 2000, 722 = ZfBR 2000, 248 ausdrücklich gebilligt hat und was nunmehr in § 6 Nr. 6 S. 2 VOB/B klargestellt wurde.

[74] BGH BauR 1979, 324, 325; *Kapellmann/Messerschmidt/von Rintelen* 2. Aufl., § 10 Rdn. 9; *Palandt/Heinrichs* 66. Aufl., § 278 Rdn. 14; MünchKommBGB-*Grundmann* 5. Aufl., § 278 Rdn. 34; *Werner* in *Werner/Pastor* 11. Aufl., Rdn. 1052; OLG Düsseldorf Urt. v. 31. 10. 2006 – 23 U 39/06 = IBR 2007, 1111 und 1257.

**44** Hinsichtlich des **Baustofflieferanten** gehen die Auffassungen auseinander. In der Literatur wird teilweise die Auffassung[75] vertreten, dass auch der Lieferant Erfüllungsgehilfe des Auftragnehmers sei. Begründet wird diese Auffassung damit, dass den Auftragnehmer eine umfassende Herstellungsverpflichtung treffe und es unerheblich sei, ob die Herstellung des versprochenen Werkes durch Eigenproduktion oder Zukauf von Bauteilen erfolge. Es komme letztlich nur darauf an, dass sich der Auftragnehmer bei der Pflicht zur Herstellung des versprochenen Werkes eines Dritten bediene. Ist dies der Fall sei die Erfüllungsgehilfeneigenschaft zu bejahen. Nach einer älteren Entscheidung des VII. Zivilsenats des BGH[76] und einer jüngeren Entscheidung des X. Zivilsenats des BGH[77] ist der Baustofflieferant **in der Regel** nicht Erfüllungsgehilfe des Unternehmers. In beiden Entscheidungen wird angedeutet, dass anderes gelten kann, wenn der „Lieferant" in den **werkvertraglichen Pflichtenkreis** des Auftragnehmers gegenüber dem Auftraggeber einbezogen ist. Verschiedene OLG[78] haben diesen Gedanken aufgegriffen und die Erfüllungsgehilfeneigenschaft dann bejaht, wenn der „Lieferant" über die kaufvertragliche Lieferpflicht hinaus in den werkvertraglichen Pflichtenkreis des Auftragnehmers gegenüber dem Auftraggeber einbezogen worden ist.

**45** M. E. ist der zuletzt genannten Auffassung zuzustimmen. Hat der Auftragnehmer nach dem Vertrag keine Herstellungs-, sondern lediglich eine Beschaffungspflicht übernommen, entspricht die Situation hinsichtlich des beschafften Gegenstandes derjenigen bei Abschluss eines Kaufvertrages. Auch in diesem Fall wird der Hersteller, von dem der Verkäufer den Kaufgegenstand bezieht, nicht als Erfüllungsgehilfe des Verkäufers angesehen[79] Soll der Auftragnehmer nach dem Vertrag diese Bauteile fremdbeschaffen und obliegt ihm insoweit lediglich eine Montageverpflichtung, kann die Erfüllungsgehilfeneigenschaft nur hinsichtlich der Pflicht zur Montage, nicht jedoch hinsichtlich der Beschaffungspflicht angenommen werden. Ist demgegenüber vertraglich nicht ausdrücklich eine Beschaffungs- (verbunden mit einer Montage)pflicht vorgesehen, sondern eine Herstellungspflicht, dann sind die zur Erfüllung dieser Pflicht eingesetzten dritten Personen/Unternehmen Erfüllungsgehilfen.[80] Entscheidend ist die vertragliche Vereinbarung. Nur wenn sich aus derselben ausdrücklich oder durch Auslegung ergibt, dass bestimmte Bauteile fremdbezogen, d. h., vom Auftragnehmer gekauft und lediglich montiert werden sollen, liegt eine bloße Beschaffungspflicht vor und der Lieferant ist nicht Erfüllungsgehilfe i. S. d. § 278 BGB des Auftragnehmers.[81] Ist im Vertrag keine ausdrückliche Regelung enthalten, wonach der Auftragnehmer Teilleistungen/Bauteile fremdbeziehen soll, ist der Auftragnehmer zur Herstellung verpflichtet, falls nicht die Vertragsauslegung ergibt, dass lediglich eine Beschaffungspflicht vereinbart worden ist. Letzteres wird häufig dann der Fall sein, wenn Baustoffe und Bauteile im Leistungsverzeichnis aufgeführt sind, auf deren Herstellung der Betrieb des Auftragnehmers nicht eingerichtet i. S. des § 4 Nr. 8 Abs. 1 Satz 3 VOB/B ist, beispielsweise bei Baustoffen, die üblicherweise fremdbezogen oder bei Rohstoffen (z. B. Sand), die üblicherweise nicht selbst hergestellt werden.[82] Gleiches gilt auch für Bauteile, die mit der Herstellerbezeichnung ins Leistungsverzeichnis aufgenommen worden sind.[83] Enthält der Vertrag nicht ausdrücklich

---

[75] MünchKommBGB-*Grundmann* 5. Aufl., § 278 Rdn. 34; *Rathjen* BauR 2000, 170, 172 ff.
[76] NJW 1978, 1157 = BauR 1978, 304.
[77] NJW 2002, 1565 f. = BauR 2002, 945.
[78] OLG Celle BauR 1996, 263: Einbeziehung des Lieferanten in Verhandlungen und Besprechungen mit dem Auftraggeber sowie Beratung hinsichtlich der Verarbeitung des Materials; OLG Karlsruhe BauR 1997, 847 ff.: Lieferung von Fertigbeton (Ortbeton, nicht Betonfertigteile); OLG Karlsruhe BauR 1997, 847 = NJW-RR 1997, 1240; OLG Hamm BauR 1998, 1019, 1020; weitergehend in einem obiter dictum OLG Nürnberg NJW-RR 2003, 666, 667 = BauR 2003, 1779 (Ls) = IBR 2003, 469: umfassende Einstandspflicht des Auftragnehmers für alle von ihm bei der Werkerbringung eingeschalteten Personen, auch der Lieferanten.
[79] BGH NJW 1968, 2238; NJW-RR 1989, 1190.
[80] OLG Celle BauR 1996, 263; OLG Karlsruhe BauR 1997, 847; OLG Karlsruhe BauR 1997, 847 = NJW-RR 1997, 1240; *Kapellmann/Messerschmidt/von Rintelen* VOB/B, 2. Aufl., § 1 Rdn. 10.
[81] Ganten im vorliegenden Kommentar § 10 Nr. 1 Rdn. 52; *Kapellmann/Messerschmidt/von Rintelen* VOB/B, 2. Aufl., § 10 Rdn. 11.
[82] *Kapellmann/Messerschmidt/von Rintelen* VOB/B, 2. Aufl., § 10 Rdn. 11.
[83] *Kapellmann/Messerschmidt/von Rintelen* VOB/B, 2. Aufl., § 10 Rdn. 11.

A. Grundlagen zu § 13 VOB/B

die Möglichkeit der Fremdbeschaffung und lässt sich dieselbe auch nicht durch Auslegung dem Vertrag entnehmen, obliegt dem Auftragnehmer eine umfassende **Herstellungspflicht**. Bedient er sich zur Erfüllung derselben eines Dritten, so ist dieser (auch wenn er auf den ersten Blick lediglich Lieferant zu sein scheint) Erfüllungsgehilfe des Auftragnehmers.

### VI. Vorteilsanrechnung

Hat der Auftragnehmer mangelhaft geleistet und stehen dem Auftraggeber deshalb Mängelrechte und -ansprüche zu, gibt es keine Probleme, wenn durch die Erfüllung der Mängelrechte bzw. -ansprüche die Nachteile im Vermögen lediglich ausgeglichen werden. Problematisch ist jedoch der Fall, dass durch die Erfüllung eines Mangelanspruchs eine Überkompensation eintreten würde. Es besteht Einigkeit darüber, dass die Nachteile auf Grund der Mangelhaftigkeit auszugleichen sind, jedoch der Auftraggeber nicht darüber hinausgehend von der Mangelhaftigkeit profitieren soll. Tritt mit der Erfüllung eines Mangelanspruchs ein Vorteil im Vermögen des Auftraggebers ein, ist dieser auszugleichen. Hierzu haben sich verschiedene Fallgruppen herausgebildet: 46

#### 1. Vorteilsausgleich durch Abzug „neu für alt"

Die Grundsätze des Vorteilsausgleichs durch Abzug „neu für alt" stammen aus dem Schadensrecht. Sie sind nach ständiger Rechtsprechung des BGH[84] und einhelliger Auffassung in der Literatur[85] nicht nur auf den werkvertraglichen Schadensersatzanspruch, sondern auch auf die übrigen Mängelrechte und -ansprüche anzuwenden. Nach einer Literaturansicht ist nach der Neuregelung des § 635 Abs. 4 BGB die Anwendung dieser Grundsätze zu überdenken und eher auf die Herausgabe von Gebrauchsvorteilen gem. § 346 Abs. 1 BGB, auf den § 635 Abs. 4 BGB verweist, abzustellen.[86] Beide Auffassungen unterscheiden sich nur hinsichtlich der Begründung und nicht im Ergebnis. Die Grundsätze der **Vorteilsausgleichung im engeren Sinn** betreffen die Anrechnung positiver Auswirkungen auf das Vermögen des Geschädigten, welche durch das zur Haftung führende Ereignis und die nachfolgende Schadensentwicklung adäquat kausal verursacht werden.[87] Da die Vorteile im Falle der Mangelhaftigkeit der Bauleistung nicht unmittelbar mit dem zur Einstandspflicht führenden Ereignis verknüpft sind, spielen diese Grundsätze eine untergeordnete Rolle. Praktische Bedeutung haben vielmehr die Grundsätze zur Vorteilsausgleichung **im weiteren Sinn**.[88] Sie kommen zur Anwendung, wenn es sich um Vermögensvorteile handelt, die erst durch die Ersatzleistung des Schädigers entstehen, also auf der Ebene der Schadens- bzw. Mangelbeseitigung liegen.[89] 47

Der Abzug „neu für alt" wird regelmäßig dann diskutiert, wenn Ansprüche vom Auftraggeber erst nach Ablauf eines längeren Zeitraums seit der Abnahme geltend gemacht werden. Der Auftragnehmer verteidigt sich in diesen Fällen regelmäßig mit den Argumenten, dass der Auftraggeber durch eine Mangelbeseitigung ein „neues" Werk mit einer verlängerten Lebensdauer erhalte oder ein Renovierungs- bzw. Instandhaltungsintervall durch die Mangelbeseitigung ersetzt oder hinausgeschoben werde. Diese Argumentation ist zwar nicht grundsätzlich ausgeschlossen, greift jedoch in vielen Fällen nicht durch: 48

a) **„Längere Lebensdauer"**. Dieses Argument führt nur dann zur Berücksichtigung eines Vorteils auf Seiten des Auftraggebers, wenn durch die Mangelbeseitigung ein Werk geschaffen wird, das eine längere Lebensdauer aufweist als das im Vertrag vereinbarte. Die 49

---
[84] Z. B. BGH BauR 2002, 680 = NJW 2002, 141 = NZBau 2002, 31 = ZfBR 2002, 57.
[85] Statt aller: Pastor in *Werner/Pastor* 11. Aufl., Rdn. 2471.
[86] Kniffka in *Kniffka/Koeble* Kompendium des Baurechts, 2. Aufl., 6. Teil Rdn. 66.
[87] BGHZ 10, 107, 108 = NJW 1953, 1346; BGHZ 91, 206, 209 f = NJW 1981, 628.
[88] BGHZ 30, 29, 32 = NJW 1959, 1078; BGH NJW 1997, 2879, 2880.
[89] BGH NJW 2004, 2526 = BauR 2004, 1772.

Ursache hierfür kann in einer verbesserten technischen Ausführung bestehen. War im Vertrag beispielsweise ein Holzbalkendachstuhl vorgesehen (durchschnittliches Erneuerungsintervall: 40 Jahre) und werden im Rahmen der Beseitigung teilweise Stahlträger eingebaut (durchschnittliches Erneuerungsintervall des Dachaufbaus: 60 Jahre), liegt hinsichtlich der 20 Jahre Differenz ein anrechenbarer Vorteil vor. Im Einzelfall kann die Abgrenzung zu Sowieso-Kosten schwierig sein. Entscheidend ist insoweit jedoch nur, dass kein Doppelansatz erfolgt.

50    In allen anderen Fällen, in denen die ursprüngliche Lebensdauer des Werkes nicht verlängert wird, sondern nur auf Grund der Durchführung von Mangelbeseitigungsmaßnahmen (theoretisch) neu beginnt, kommt ein Vorteilsausgleich nur für den Zeitraum in Betracht, in dem das Werk dem Auftraggeber mangelfrei zur Verfügung stand. Zeigen sich die Mangelerscheinungen erst relativ spät und war das Werk bis dahin einschränkungslos vom Auftraggeber nutzbar, muss dieser Zeitraum im Wege des Vorteilsausgleichs[90] berücksichtigt werden.[91]

Ein Vorteilsausgleich durch Abzug „neu für alt" kommt jedenfalls dann nicht in Betracht, wenn die Vorteile ausschließlich auf einer Verzögerung der Mängelbeseitigung beruhen. Der Auftragnehmer kann sich keine Vorteile dadurch „erarbeiten", dass er die begründeten Mängelrechte und -ansprüche nicht erfüllt.[92] Ein Vorteilsausgleich durch Abzug „neu für alt" kommt daher nicht in Betracht, wenn das Werk von Anfang an mangelhaft gewesen ist, eine Mangelbeseitigungsaufforderung an den Auftragnehmer gerichtet wurde und die Nutzungszeit in mangelhaftem Zustand nur auf der Weigerung des Auftragnehmers beruht, den Mangel zu beseitigen. Gleiches gilt dann, wenn der Auftragnehmer zwar nicht die Mangelbeseitigung verweigert, jedoch während des Nutzungszeitraums eine Mangelbeseitigung nicht herbeizuführen vermochte. Voraussetzung dafür, dass ein bestimmter Zeitraum im Rahmen des Vorteilsausgleichs durch Abzug „neu für alt" in Betracht kommt, ist, dass dem Auftraggeber während dieses Zeitraums das Werk einschränkungslos und mangelfrei zur Verfügung stand.

51    **b) „Ersparte Instandhaltungsaufwendungen".** Im Rahmen des Vorteilsausgleichs durch Abzug „neu für alt" wird auch der Fall der – angeblich – ersparten Instandhaltungsaufwendungen diskutiert. Seitens des Auftragnehmers wird häufig das Argument vorgebracht, dass sich der Auftraggeber nunmehr erforderliche Instandhaltungsmaßnahmen erspare oder zumindest der Zeitpunkt der nächsten Instandhaltungsmaßnahme nach hinten verschoben würde. Ein Vorteilsausgleich im Rahmen des Grundsatzes „neu für alt" kommt auch in diesem Fall insoweit nicht in Betracht, als der Auftraggeber zuvor nicht über ein mangelfreies Werk verfügte. Hinzu kommt, dass nicht zwangsläufig – an sich notwendige – Instandhaltungsmaßnahmen vom Auftraggeber auch tatsächlich durchgeführt würden und deshalb eine Ersparung vorliegt. Dem Auftraggeber steht es frei, Instandhaltungsmaßnahmen durchzuführen oder zu unterlassen. Ein Vorteilsausgleich scheidet daher grundsätzlich aus.[93] Er kann allenfalls dann und insoweit in Betracht kommen, als im Rahmen der Mangelbeseitigung Teile ersetzt werden, die instandhaltungsbedingt sowie hätten ersetzt werden müssen (mangelunabhängig). Dazu sogleich.

52    **c) Mitbeseitigung anderer Schäden/Austausch abgenutzter Teile.** Werden durch die Mangelbeseitigung zwangsläufig andere Schäden, die nichts mit dem Mangel des betref-

---

[90] Nach a. A. im Wege der Anrechnung von Gebrauchsvorteilen: *Kniffka* in *Kniffka/Koeble* Kompendium des Baurechts, 2. Aufl., 6. Teil Rdn. 66.
[91] BGH BauR 2002, 86 = NJW 2002, 141 = NZBau 2002, 31 = ZfBR 2002, 57; BGH BGHZ 91, 206, 217 = BauR 1984, 51 = NJW 1984, 2457 = ZfBR 1984, 222; OLG Düsseldorf BauR 2002, 802.
[92] BGH NJW 1984, 2457, 2458 = BauR 1984, 51 = ZfBR 1984, 222 = BGHZ 91, 206; BGH NJW 1989, 2753 = BauR 1989, 606 = ZfBR 1989, 215; KG BauR 1978, 410; OLG Düsseldorf IBR 2003, 672; OLG Karlsruhe IBR 2001, 479; OLG Köln NJW-RR 1993, 533; OLG Karlsruhe BauR 2005, 1485; OLG Karlsruhe BauR 2002, 93.
[93] BGH NJW 1984, 2457 = BauR 1984, 51 = ZfBR 1984, 222 = BGHZ 91, 206; KG BauR 1978, 410, 411.

fenden Auftragnehmers zu tun haben, mitbeseitigt, beispielsweise Schäden, die der Auftraggeber selbst verursacht hat, kann für die insoweit gegebene Erneuerung ein Vorteilsausgleich in Betracht kommen.[94] Geht es demgegenüber um eine Mitverursachung des Mangels des Auftragnehmers durch den Auftraggeber bzw. durch dessen Erfüllungsgehilfen (planender Architekt), handelt es sich nicht um eine Frage des Vorteilsausgleichs, sondern um eine Frage des Mitverschuldens (vgl. oben).

Die Grundsätze zum Vorteilsausgleich durch Abzug „neu für alt" können auch dann vorliegen, wenn anlässlich der Mangelbeseitigung Teile erneuert werden, die **unabhängig vom Mangel** abgenutzt waren und im Rahmen der Instandhaltung sowie hätten erneuert werden müssen.[95]

53

## 2. Sowieso-Kosten

Der Auftraggeber muss sich nicht nur Vorteile unter bestimmten Umständen anrechnen lassen, die in einer verlängerten Lebensdauer bestehen, sondern auch Vorteile, die darin liegen, dass im Rahmen der Mangelbeseitigung – technisch – notwendige Leistungen „nachgeholt" werden. Der anrechenbare Vorteil besteht in den Kosten, um die das Werk – bei ordnungsgemäßer Ausführung – von Anfang an teurer gewesen wäre,[96] die der Auftraggeber also sowieso hätte aufwenden müssen.

54

Zur Bezifferung dieser „Sowieso-Kosten" sind diejenigen Mehraufwendungen zu ermitteln, die entstanden wären, wenn die zusätzlich erforderlichen Maßnahmen bereits bei der ursprünglichen Leistungserstellung mit durchgeführt worden wären.[97] Die Sowieso-Kosten werden nach dem Preisstand im Zeitpunkt der Durchführung der ursprünglichen Werkleistung ermittelt, d. h., zu dem Zeitpunkt, zu dem die zusätzlichen Maßnahmen eigentlich hätten durchgeführt werden müssen.[98] Demgegenüber werden die Mangelbeseitigungskosten – wenn der Schaden anhand derselben ermittelt wird (kleiner Schadensersatz) im Zeitpunkt der mündlichen Verhandlung und damit auf Basis des aktuellen Preisniveaus ermittelt.[99] Technisch notwendige zusätzliche Maßnahmen führen nicht automatisch zu Sowieso-Kosten, sondern können auch Mangelbeseitigungsmaßnahmen darstellen. Entscheidend ist, welche Leistungen nach dem Vertrag vom Auftragnehmer zu erbringen waren und insbesondere welche Leistungen von der vertraglich vereinbarten Vergütung abgedeckt sind. Der Unternehmer darf nicht mit Kosten für solche Maßnahmen belastet werden, die nach der vertraglichen Vereinbarung mit der Vergütung nicht abgegolten sein sollten.[100] Der Auftragnehmer darf sich jedoch auch nicht seiner Erfolgshaftung entziehen. Hat er die Herbeiführung des bestimmten Erfolges zu einem bestimmten Preis versprochen, so bleibt er an seine Zusage auch dann gebunden, wenn sich die beabsichtigte Ausführungsart nachträglich als unzureichend erweist und aufwändigere Maßnahmen erforderlich werden.[101] Haben die Parteien wirksam vereinbart, dass die Vergütung alle erforderlichen Maßnahmen umfassen soll, ist für die Annahme von Sowieso-Kosten kein Raum. Aus diesem Grund werden bei einer Pauschalpreisvereinbarung, verbunden mit einer **funktionalen Leistungsbeschreibung** Sowieso-Kosten nur ausnahmsweise in Betracht kommt.

55

---

[94] BGH NJW 1984, 2458 = BGHZ 91, 206 = ZfBR 1984, 222 = BauR 1984, 51; BGH BauR 1971, 60, 62.
[95] BGH BauR 1990, 468.
[96] BGH BauR 1994, 776 = NJW 1994, 2825 = ZfBR 1994, 273 = BGHZ 126, 326; BGH BauR 1990, 84 = NJW-RR 1990, 89; BHG NJW 1984, 1676, 1677; BGH NJW 1984, 2457; 2458; BGH BauR 1976, 430, 432; BGH BauR 1971, 60, 62.
[97] BGH BauR 2002, 86, 87 = NJW 2002, 141 ff. = NZBau 2002, 31 = ZfBR 2002, 57; BGH BauR 1990, 84 = NJW-RR 1990, 89; BGH NJW 1984, 2457, 2458, BGH BauR 1976, 430, 432.
[98] BGH BauR 1993, 722 = NJW-RR 1994, 148 = ZfBR 1994, 12.
[99] BGH BauR 1992, 722 = NJW-RR 1994, 148 = ZfBR 1994, 12.
[100] BGH NJW 1984, 2457, 2458.
[101] BGH BauR 1994, 776 = NJW 1994, 2825 = ZfBR 1994, 273 = BGHZ 126, 326; BGH NJW 1984, 2457, 2458 = BGHZ 91, 206, 211; BGH NJW-RR 1990, 89 = ZfBR 1990, 16, 17 = BauR 1990, 84, 85.

**56** Haben die Vertragsparteien demgegenüber eine bestimmte Ausführungsart zum Gegenstand des Vertrages gemacht und diese im Einzelnen beschrieben (**Leistungsbeschreibung mit Leistungsverzeichnis**), dann umfasst der vereinbarte Werklohn nur die im Einzelnen vereinbarte Herstellungsart.[102] Führt der Auftragnehmer lediglich die vereinbarte Ausführungsart aus, sind jedoch Zusatzleistungen für die Herbeiführung des geschuldeten Erfolges erforderlich, dann ist die Leistung zwar mangelhaft. Die Kosten für die Zusatzleistungen, die für die Herbeiführung der Mangelfreiheit notwendig sind, sind dann jedoch Sowieso-Kosten.[103] Entscheidend ist also, welche Leistungen von der vertraglichen Vergütung abgedrückt sind.

**57** Sowieso-Kosten können bei Planungsfehlern dann ausscheiden, wenn sich der Auftraggeber bei von Anfang an ordnungsgemäßer Planung für ein kostengünstigeres Konzept hätte entscheiden können und dies auch getan hätte.[104] Es liegen in diesem Fall keine Sowieso-Kosten vor, da die Kosten eben nicht ohne Weiteres entstanden wären. Sowieso-Kosten liegen auch dann nicht vor, wenn bei einem Planungsfehler eines Architekten, der von einem Generalunternehmer beauftragt worden ist, feststeht, dass der Generalunternehmer die Mehrkosten, die durch zusätzliche Maßnahmen auf Grund des Sanierungskonzeptes nunmehr entstehen, bei der Verkaufspreisbildung hätte berücksichtigen und realisieren können, wenn von Anfang an ordnungsgemäß geplant worden wäre.[105]

### 3. Ausschluss der Inanspruchnahme des Auftraggebers in der Leistungskette

**58** Die Grundsätze zur Vorteilsausgleichung sollen nach der Rechtsprechung des BGH[106] und einer Auffassungen in der Literatur[107] auch in den Fällen der Leistungskette (Auftraggeber-Auftragnehmer-Nachunternehmer) in Betracht kommen. Ist ausgeschlossen, dass der Generalunternehmer seitens des Bauherrn wegen eines Mangels in Anspruch genommen wird, kann sich der Nachunternehmer gegen die Inanspruchnahme durch den Generalunternehmer unter Berufung auf die Grundsätze der Vorteilsausgleichung berufen.

Der BGH wendet die Grundsätze der Vorteilsausgleichung deshalb an, da nach ständiger Rechtsprechung[108] der Schaden des Generalunternehmers anhand der Kosten berechnet werden kann, die zur Mangelbeseitigung notwendig sind. Der Umstand, dass der Generalunternehmer seinerseits durch den Bauherrn nicht mehr in Anspruch genommen werden kann, sei ohne Einfluss auf die Höhe des bei dem Generalunternehmer entstandenen Schadens, sodass zwangsläufig auf die Grundsätze zur Vorteilsausgleichung zurückgegriffen werden muss.[109] Eine andere Begründung hinsichtlich eines Schadensersatzanspruchs, die zum gleichen Ergebnis führen würde, wäre die, dass der Schaden des Generalunternehmers in der Belastung mit einer Verbindlichkeit gegenüber dem Bauherrn besteht. Diese Verbindlichkeit besteht – sofern kein Ausnahmefall vorliegt – in Höhe der Kosten, die für eine Mangelbeseitigung notwendig sind, da der Bauherr seinen Schaden auf diese Weise berechnen kann. Besteht der Schaden im Fall des Generalunternehmers in der Belastung mit einer Verbindlichkeit, ist der jeweilige Stand dieser Verbindlichkeit maßgeblich für die Höhe des Schadens. Wird diese Verbindlichkeit – beispielsweise durch Abschluss eines Erledigungsvergleichs – beseitigt, entfällt dadurch der Schaden des Generalunternehmers. Ein Rückgriff auf die Grundsätze der Vorteilsausgleichung ist damit nicht notwendig. Die damit verbundene Einschränkung der Möglichkeit, den Schaden (des Generalunternehmers) anhand der zur Mangelbeseitigung notwendigen Kosten zu berechnen, lässt sich damit begründen, dass er zu keinem Zeitpunkt Eigentümer der Sache gewesen ist, die Gegenstand der Werkleistung war

---

[102] BGHZ 91, 206 = NJW 1984, 2457.
[103] BGHZ 91, 206 = NJW 1984, 2457; BGH BauR 1999, 37 = BGHZ 139, 244, 247 = NJW 1998, 3707, 3708.
[104] OLG Frankfurt/Main IBR 2001, 681.
[105] BGH BauR 1990, 84 = NJW-RR 1990, 89.
[106] BGH BauR 2007, 1546, 1565; BGH BauR 2007, 1567, 1568.
[107] *Kniffka* BauR 1998, 55 ff.; *Locher* Das private Baurecht 7. Aufl, Rdn. 605; *Jansen* BauR 2007, 800 ff.
[108] Zuletzt BGH BauR 2005, 1014 ff.
[109] BGH BauR 2007, 1567, 1568.

A. Grundlagen zu § 13 VOB/B

(insofern liegt der Fall des Generalunternehmers anders als die Fälle des Bauträgers oder des Grundstückseigentümers, der Werkleistungen in Auftrag gibt). Leistet der Nachunternehmer mangelhaft an den Generalunternehmer, wirkt sich dies nicht unmittelbar im Vermögen des Generalunternehmers dadurch aus, dass das Eigentumsrecht an der bearbeiteten Sache auf Grund des Mangels einen geringeren Wert aufweist und nicht mehr der vertraglichen Vergütung entspricht. Im Vermögen des Generalunternehmers befindet sich kein Eigentumsrecht an dem Gegenstand der Werkleistung, sondern nur seine Forderung gegenüber dem Bauherrn. Nur insoweit, als diese Forderung beeinträchtigt wird, ist das Vermögen betroffen. Da der Vergütungsanspruch des Generalunternehmers und ein Schadensersatzanspruch des Bauherrn nicht miteinander zu verrechnen sind, sondern eine Aufrechnung vorzunehmen ist,[110] handelt es sich um zwei gegenläufige Ansprüche. Das Vermögen des Generalunternehmers ist deshalb mit einer eigenständigen Verbindlichkeit belastet. Am Ergebnis ändert sich bei dieser Begründung nichts. Der Generalunternehmer kann regelmäßig seinen Schaden anhand der zur Mangelbeseitigung erforderlichen Kosten berechnen, da die Verbindlichkeit, die sein Vermögen belastet, in genau dieser Höhe besteht. Verringert sich die Verbindlichkeit der Höhe nach, wird sie beseitigt oder ist sie auf Grund einer Einrede auf Dauer nicht mehr durchsetzbar,[111] entfällt der Schaden des Generalunternehmers. Es wurde oben bereits darauf hingewiesen, dass diese Begründung nicht in Einklang mit der Begründung des BGH[112] steht, wonach der Schaden des Generalunternehmers in dem Mangel selbst bestehe,[113] unabhängig vom Bestand der Verbindlichkeit gegenüber dem Bauherrn und unabhängig von der Eigentumslage anhand der Mangelbeseitigungskosten berechnet werden könne.

### VII. Zuschussanspruch des Unternehmrs

Macht der Auftraggeber Mängelansprüche und -rechte gegenüber dem Auftragnehmer geltend, kommt aus den unterschiedlichsten Gründen eine Beteiligung des Auftraggebers an den Kosten, die durch die Mangelbeseitigung entstehen, in Betracht. Der Auftraggeber muss sich beispielsweise eigenes Mitverschulden oder dasjenige seines Erfüllungsgehilfen (z. B. des planenden Architekten) zurechnen lassen. Eine Beteiligung des Auftraggebers kommt auch in Betracht, wenn Sowieso-Kosten vorliegen oder dem Auftraggeber im Rahmen der Mangelbeseitigung andere Vorteile entstehen, die auszugleichen sind (vgl. oben). 59

Macht der Auftraggeber Zahlungsansprüche geltend, werden diese Ansprüche um die auf den Auftraggeber entfallenden Anteile reduziert. Problematisch ist deshalb nur der Fall, dass der Auftraggeber den (unteilbaren) Nacherfüllungsanspruch (Mangelbeseitigungsanspruch) geltend macht. Muss der Auftragnehmer die Mangelbeseitigung vornehmen und kann erst anschließend den – dann feststehenden – Anteil gegenüber dem Auftraggeber als Zahlungsanspruch verfolgen, trägt er das Insolvenzrisiko des Auftraggebers. Muss der Auftraggeber demgegenüber vorher den auf ihn entfallenden Anteil an den Mangelbeseitigungskosten leisten, ergeben sich Schwierigkeiten in der Ermittlung der Höhe, da die Mangelbeseitigungskosten noch nicht endgültig feststehen. Darüber hinaus trägt der Auftraggeber in diesem Fall dann das Insolvenzrisiko des Auftragnehmers. Nach dem BGH[114] ist den gegenläufigen Interessen dadurch Rechnung zu tragen, dass der Auftragnehmer die Mangelbeseitigung nur Zug um Zug gegen Leistung einer Sicherheit für den auf den Auftraggeber entfallenden Anteil an den Mangelbeseitigungskosten vornehmen muss.[115] Verlangt der Auftraggeber 60

---

[110] BGHZ 163, 274 = BauR 2005, 1477.
[111] Der Generalunternehmer kann auch dazu verpflichtet sein, die Einrede der Verjährung zu erheben: BGH BauR 2007, 1564, 1566; BGH VersR 1984, 580, 581.
[112] BGH BauR 2007, 1564 ff.; BGH BauR 2007, 1567 ff.
[113] Vgl. auch *Kniffka*, BauR 1998, 55, 56.
[114] BGH NJW 1984, 1676 ff. = BauR 1984, 310 = ZfBR 1984, 173.
[115] Vgl. dazu auch *Kniffka* in *Kniffka/Koeble* Kompendium des Baurechts, 2. Aufl., 6. Teil Rdn. 75; *Locher*, Das Private Baurecht, 7. Aufl., § 4 Rdn. 70; *Pastor* in *Werner/Pastor* 11. Aufl., Rdn. 2472; OLG Nürnberg BauR 2000, 273 = NJW-RR 2000, 99.

außergerichtlich die Durchführung von Mangelbeseitigungsmaßnahmen, muss der Auftragnehmer nur dann tätig werden, wenn der Auftraggeber seinerseits eine Sicherheit stellt. Diese Sicherheit muss der Höhe nach vom Auftragnehmer substantiiert dargelegt werden und dem Anteil des Auftraggebers entsprechen.[116] Im Prozess, in dem der Auftraggeber vom Auftragnehmer Mangelbeseitigung verlangt, ist der Auftragnehmer lediglich Zug um Zug gegen Stellung einer Sicherheit durch den Auftraggeber zu verurteilen.[117] Hat demgegenüber der Auftragnehmer seinen Werklohnanspruch eingeklagt und beruft sich der Auftraggeber auf ein Zurückbehaltungsrecht, so hat eine **doppelte Zug-um-Zug-Verurteilung** zu erfolgen.[118] Der Auftraggeber wird zur Zahlung des Werklohnes Zug um Zug gegen Mangelbeseitigung durch den Auftragnehmer verurteilt, wobei die Mangelbeseitigung ihrerseits Zug um Zug gegen Stellung einer Sicherheit durch den Auftraggeber zu erfolgen hat.

## B. Gläubigermehrheit bei Wohnungs- und Teileigentum

### I. Problemstellung

**61** Eine echte Gläubigermehrheit liegt nur in den Fällen vor, in denen die einzelnen (späteren) Wohnungs- oder Teileigentümer jeweils Einzelverträge unter Einbeziehung der VOB/B mit dem Vertragspartner abgeschlossen haben. Das ist dann nicht der Fall, wenn der Vertrag nicht von den einzelnen Wohnungs- oder Teileigentümern (betreffend die **Aufbauphase**), sondern von **der Wohnungseigentümergemeinschaft** im Rahmen ordnungsgemäßer Verwaltung, nämlich Instandsetzung gem. § 21 Abs. 1 und Abs. 5 Nr. 2 WEG während der **Nutzungsphase** abgeschlossen wird. Nach der Rechtsprechung des V.[119] und des VII.[120] Zivilsenats des BGH ist die Gemeinschaft der Wohnungseigentümer ein teilrechtsfähiger Verband. Die Rechtsfähigkeit ist nicht umfassend, sondern auf die Teilbereiche des Rechtslebens beschränkt, bei denen die Wohnungseigentümer im Rahmen der Verwaltung des gemeinschaftlichen Eigentums als Gemeinschaft im Rechtsverkehr teilnehmen. Schließt daher die Gemeinschaft als solche einen Vertrag, beispielsweise über **Sanierungs- oder Ausbauleistungen,** ab, ist die Gemeinschaft als solche Vertragspartner und Gläubigerin. Eine Gläubigermehrheit gibt es dann nicht.

**62** Liegt eine echte Gläubigermehrheit vor, stellt sich die Frage, wer die Rechte ausüben kann. Ist der einzelne Wohnungs- bzw. Teileigentümer zuständig oder die Gemeinschaft? Denkbar ist auch, dass es parallele Zuständigkeiten geben kann. Nach § 21 Abs. 1 WEG steht die Verwaltung des gemeinschaftlichen Eigentums den Wohnungseigentümern **gemeinschaftlich** zu. Zur Verwaltung gehört nach § 21 Abs. 5 Nr. 2 WEG die ordnungsmäßige Instandsetzung des gemeinschaftlichen Eigentums, wozu nach heute herrschender Meinung[121] auch die **erstmalige Herstellung** des Gemeinschaftseigentums gehört, obwohl insoweit eigentlich die Aufbauphase betroffen ist. Es liegt auf der Hand, dass diese Verwaltungsbefugnis mit Mängelansprüchen und -rechten der einzelnen Wohnungs- bzw. Teileigentümer, die inhaltlich auch auf „Instandsetzung" gerichtet sein können, kollidieren kann. Weiter sieht § 10 Abs. 6 Satz 3 WEG n. F. vor, dass die **Wohnungseigentümergemeinschaft** die gemeinschaftsbezogenen Rechte der **Wohnungseigentümer** ausübt.

**63** Wohnungs- bzw. gewerbliches Teileigentum kann durch den Vollzug von **Bauträgerverträgen** entstehen. Allerdings passen die Vorschriften der VOB/B beim Bauträgervertrag des-

---

[116] *Kniffka* in *Kniffka/Koeble* Kompendium des Baurechts, 2. Aufl., 6. Teil, Rdn. 75.
[117] BGH BauR 1984, 310 = NJW 1984, 1676 = ZfBR 1984, 173.
[118] Dazu BGH BauR 1984, 310 = NJW 1984, 1676 = ZfBR 1984, 173; *Kniffka* in *Kniffka/Koeble,* Kompendium des Baurechts, 2. Aufl., 6. Teil Rdn. 75.
[119] BGHZ 163, 154 ff.= NJW 2005, 2061 ff.= BauR 2005, 1462 ff.; NJW 2005, 3146 ff.
[120] BGH NJW 2007, 1952 = NZBau 2007, 445 = IBR 2007, 318.
[121] BGH NJW 2007, 1952 = NZBau 2007, 445 = IBR 2007, 318; ebenso bereits auch *Deckert* ZfBR 1984, 161, 162; *Weitnauer* ZfBR 1979, 84, 87.

halb nicht, da die VOB/B weder die Eigentumsverschaffung, noch die Erbringung von Planungsleistungen durch den Unternehmer vorsieht. Vielmehr liegt der VOB/B der Leitgedanke zugrunde, dass ein Werkvertrag über die Ausführungsleistung abgeschlossen wird. Wird bei einem Bauträgervertrag – was heute selten geschieht – die VOB/B dennoch zum Vertragsgegenstand gemacht, greifen die vorrangigen Bestimmungen der MaBV und häufig auch sonstige Regelungen im Bauträgervertrag in die VOB/B ein. Da jede vertragliche Abweichung von der VOB/B dazu führt, dass diese nicht als Ganzes vereinbart[122] und deshalb jede einzelne Bestimmung der VOB/B anhand der §§ 307 ff. BGB auf ihre Wirksamkeit hin kontrolliert wird **(isolierte Inhaltskontrolle)**, werden lediglich Fragmente der VOB/B übrig bleiben, die den Vertragspartnern des verwendenden Auftragnehmers nicht unangemessen benachteiligen. Die mögliche Unwirksamkeit einzelner Regelungen des § 13 VOB/B muss berücksichtigt werden, ändert jedoch nichts an den grundsätzlichen Problemen der Gläubigermehrheit.

Darüber hinaus ist auch denkbar, dass die Wohnungs- bzw. Teileigentümergemeinschaft nicht durch den Abschluss „klassischer" Bauträgerverträge, sondern auf Basis eines **Bauherrenmodells** entsteht. Bei diesem – etwas aus der Mode gekommenen – Modell verschafft der Auftragnehmer nicht selbst Eigentum. Es können daher Werkverträge unter Einbeziehung der VOB/B abgeschlossen werden. Gleiches gilt auch beim Erwerb von Wohnungseigentum im Wege des Generalübernehmermodells. Auch hier ergeben sich Probleme auf Grund der Gläubigermehrheit. 64

Zuständigkeitsfragen stellen sich immer dann, wenn Befugnisse, die nach dem Wohnungseigentumsgesetz der Eigentümergemeinschaft zugewiesen werden, mit den individuellen Befugnissen und Rechten aus den einzelnen Verträgen der Wohnungs- bzw. Teileigentümer mit dem Auftragnehmer kollidieren. 65

Nachfolgend werden die wesentlichen Probleme bei der Durchsetzung von Mängelansprüchen und der Wahrnehmung von Mängelrechten dargestellt, wobei sich die Darstellung nicht auf die Ansprüche und Rechte des § 13 VOB/B beschränkt. Die Darstellung gilt gleichermaßen auch für die werkvertragliche Regelung in den §§ 633 ff. BGB. Deshalb wird auch das Rücktrittsrecht mitbehandelt. 66

## II. Rechtsinhaberschaft

Inhaber der Mängelrechte und -ansprüche aus der Aufbauphase ist nicht die Wohnungseigentümergemeinschaft. Sie hat weder einen Vertrag mit dem Auftragnehmer, noch werden Ansprüche auf sie übergeleitet. Rechtsinhaber ist der jeweilige Vertragspartner des Erwerbers, im Falle des Bauträgervertrages der Erwerber.[123] Jeder Vertragspartner hat deshalb einen eigenen Anspruch auf mangelfreie Herstellung des Gemeinschaftseigentums. 67

## III. Zuständigkeit für die Geltendmachung der Mängelansprüche und -rechte

Von der **Rechtsinhaberschaft** ist die **Befugnis zur Geltendmachung** zu unterscheiden. Beides kann auseinander fallen, was sich nunmehr auch aus § 10 Abs. 6 Satz 3 WEG n. F. ergibt (vgl. oben). 68

### 1. Die teilrechtsfähige Wohnungseigentümergemeinschaft

Die Grundsätze zur Teilrechtsfähigkeit der Wohnungseigentümergemeinschaft sind nicht nur dann anwendbar, wenn es um Rechte und Ansprüche aus Rechtsverhältnissen geht, die 69

---

[122] BGH BauR 2004, 668 = BGHZ 157, 346 = NJW 2004, 1597.
[123] BGH NJW 2007, 1952 = NZBau 2007, 445 = IBR 2007, 318; BGH BauR 2005, 1623 = NZBau 2005, 585 = ZfBR 2005, 789; BGH BauR 2004, 1148 = NZBau 2004, 435 = ZfBR 2004, 557; BGH BauR 1991, 606 = NJW 1991, 2480 = ZfBR 1991, 212 = BGHZ 114, 383; BGH BauR 1979, 420 = BauR 1980, 267 = NJW 1980, 400 = BGHZ 74, 258.

die Wohnungseigentümergemeinschaft als solche im Rahmen der Verwaltung des gemeinschaftlichen Eigentums selbst begründet hat, sondern auch dann, wenn sie auf Grund der gesetzlichen Befugnis die Rechte Dritter geltend macht,[124] was sich nunmehr unmittelbar aus dem Gesetz, nämlich § 10 Abs. 6 Satz 3 WEG n. F. ergibt. Soweit es um die Geltendmachung von Mängelansprüchen und -rechten geht, muss eine Zuständigkeitsabgrenzung zwischen dem einzelnen **Vertragspartner** (Wohnungseigentümers) und der **Wohnungseigentümergemeinschaft** erfolgen.

## 2. Grundsätzliche Zuständigkeit des Vertragspartners

70  Grundsätzlich ist der einzelne Vertragspartner – und nicht die Wohnungseigentümergemeinschaft – berechtigt, seine individuellen Rechte aus dem Vertrag mit dem Veräußerer **selbstständig** zu verfolgen, solange durch sein Vorgehen gemeinschaftsbezogene Interessen der Wohnungseigentümer oder schützenswerte Interessen des Veräußerers nicht beeinträchtigt werden.[125] Nur, wenn eine Beeinträchtigung der gemeinschaftsbezogenen Interessen der Wohnungseigentümer oder schützenswerte Interessen des Veräußerers gegeben ist, ist die grundsätzliche Befugnis zur Geltendmachung eingeschränkt. Nach § 10 Abs. 6 Satz 3 WEG n. F. übt die Wohnungseigentümergemeinschaft (nur) die **gemeinschaftsbezogenen** Rechte der **Wohnungseigentümer** aus.

71  Beschränkungen der individuellen Zuständigkeit zur Geltendmachung von Mängelansprüchen und -rechten ergeben sich auf zwei verschiedenen Ebenen. Die Zuständigkeit unterscheidet sich nach:
– dem Ursprung der Mängelansprüche und -rechte (Mängel an der Substanz des **Sonder**- oder des **Gemeinschaftseigentums**) und
– der Art der Mängelansprüche und -rechte, die geltend gemacht werden sollen.

## 3. Einschränkung der grundsätzlichen Zuständigkeit des Vertragspartners in Abhängigkeit vom Ursprung der Mängelansprüche und -rechte

72  Die Zuständigkeit für die Geltendmachung von Mängelansprüchen und -rechten ist davon abhängig, auf welchen Ursprung sich diese Ansprüche und Rechte beziehen. Ist ausschließlich das **Sondereigentum** betroffen und Ursprung für die Ansprüche und Rechte, gibt es keine Probleme. Der jeweilige Vertragspartner ist ausschließlich zuständig für die Geltendmachung aller Mängelansprüche und -rechte.

73  Problematisch ist der Fall, dass es um **Mängel am Gemeinschaftseigentum** geht, diese Mängel sich jedoch auf das Sondereigentum Einzelner besonders auswirken und hierdurch der Verkehrswert gerade der mit dieser Sondereigentumseinheit verbundene Miteigentumsanteil überdurchschnittlich vermindert wird. Die Fragen der Zuständigkeit für die Geltendmachung von Mängelansprüchen und -rechten in diesem Fall sind noch nicht abschließend beantwortet. Für den Fall, dass sich Mängel am Gemeinschaftseigentum **ausschließlich** auf die Substanz des Sondereigentums eines bestimmten Vertragspartners auswirken, wird die Auffassung vertreten, dass neben der Wohnungseigentümergemeinschaft auch der betroffene Wohnungs- bzw. Teileigentümer berechtigt sei, **sämtliche** Rechte ohne vorherigen Beschluss der Eigentümergemeinschaft geltend zu machen.[126]

74  Nach der Rechtsprechung des BGH ist zu unterscheiden, ob der **Mangel** noch **behebbar** ist oder nicht. Ist der Mangel noch behebbar, liegt es im Interesse der Wohnungseigentümergemeinschaft, darüber zu entscheiden, ob und inwieweit der Mangel beseitigt werden soll, da dann in die Substanz eingegriffen werden muss. In diesem Fall ist die Wohnungseigentümergemeinschaft zuständig, unabhängig davon, ob und inwieweit der

---

[124] BGH NJW 2007, 1952 = NZBau 2007, 445 = IBR 2007, 318; a. A. *Pause/Vogel* NJW 2006, 3670.
[125] BGH NJW 2007, 1952 = NZBau 2007, 445 = IBR 2007, 318; BGH BauR 2004, 1148 = NZBau 2004, 435 = ZfBR 2004, 557; BGH BauR 1999, 657 = NJW 1999, 1705 = ZfBR 1999, 207 = BGHZ 141, 63; BGH BauR 1980, 267 = BauR 1979, 420 = NJW 1980, 400 = BGHZ 74, 258.
[126] *Koeble* in *Kniffka/Koeble* Kompendium des Baurechts 2. Aufl., 11. Teil Rdn. 240.

B. Gläubigermehrheit bei Wohnungs- und Teileigentum    **Vor § 13**

Mangel auf das Sondereigentum ausstrahlt.[127] Allerdings kann der Sondereigentümer von der Gemeinschaft ermächtigt werden, den Schadensersatzanspruch, der anhand der erforderlichen Mangelbeseitigungskosten berechnet wird („kleiner Schadensersatzanspruch") geltend zu machen. In diesem Fall kann der einzelne Eigentümer den gesamten Schaden – und nicht bloß in Höhe einer seinem Miteigentumsanteil entsprechenden Quote – geltend machen, wobei jedoch Zahlung an die Gemeinschaft verlangt werden muss.[128]

Ein schützenswertes Interesse der Gemeinschaft, über die Verwendung des Minderungsbetrages oder des Schadensersatzbetrages, berechnet anhand der Mangelbeseitigungskosten, zu entscheiden, liegt dann nicht vor, wenn der Mangel **nicht behebbar** ist. Eine Verwendung der Mittel für die Beseitigung des Mangels scheidet dann aus und der einzelne Wohnungseigentümer, dessen Sondereigentum durch die Mängel am Gemeinschaftseigentum beeinträchtigt ist, soll nach der Rechtsprechung des BGH die Mängelansprüche (im entschiedenen Fall: Minderungsansprüche) selbstständig geltend machen können.[129]    75

Ist **ausschließlich** die Substanz des **Gemeinschaftseigentums** betroffen, ist der einzelne Vertragspartner zwar grundsätzlich berechtigt, seine individuellen Rechte aus dem Vertrag mit dem Veräußerer selbstständig zu verfolgen. Allerdings kann er dies nur, solange und soweit durch sein Vorgehen gemeinschaftsbezogene Interessen der Wohnungseigentümer oder schützenswerte Interessen des Veräußerers nicht beeinträchtigt werden (vgl. oben). Daraus ergeben sich Einschränkungen hinsichtlich der Geltendmachung der verschiedenen Mängelansprüche und -rechte.    76

**4. Einschränkung der grundsätzlichen Zuständigkeit des Vertragspartners bei einzelnen Mängelansprüchen und -rechten**

Die Mängelrechte haben unterschiedliche Inhalte. Ein Teil der Rechte sind auf ordnungsgemäße **Herstellung** des Gemeinschaftseigentums gerichtet (Nacherfüllung, Aufwendungsersatz nach Selbstbeseitigung, Vorschuss). Mit anderen Rechten sollen die Nachteile, die durch den Mangel im Vermögen hervorgerufen werden, ausgeglichen werden (Minderung, „kleiner" Schadensersatz). Wieder andere Rechte sind auf **Rückabwicklung** (Rücktritt, „großer" Schadensersatzanspruch) gerichtet. Die Kollision der Interessen des einzelnen Vertragspartners mit den Interessen der Gemeinschaft sind unterschiedlich ausgeprägt, je nach dem, welche Rechte geltend gemacht werden sollen. Beispielsweise sind die Rechte der Gemeinschaft stärker bei den auf Herstellung gerichteten Ansprüchen betroffen, da hierbei in die Substanz des gemeinschaftlichen Eigentums eingegriffen wird. Demgegenüber ist das Interesse der Gemeinschaft hinsichtlich der Rückabwicklungsrechte im Normalfall geringer. Auf der anderen Seite müssen auch schützenswerte Interessen des Bauträgers/Auftragnehmers berücksichtigt werden. Aus Sicht des Bauträgers/Auftragnehmers bestünde – wenn jeder Erwerber alle Rechte uneingeschränkt selbstständig geltend machen könnte – die Gefahr, dass er durch das Nebeneinander verschiedener Ansprüche einzelner Erwerber/Vertragspartner unangemessen benachteiligt wird. Könnten beispielsweise die Erwerber uneingeschränkt mindern und andere Erwerber uneingeschränkt Nachbesserung verlangen, wäre der Bauträger/Auftragnehmer u.U. verpflichtet, die Mängel am Gemeinschaftseigentum trotz Minderung anderer Eigentümer zu beseitigen.    77

Um diese Probleme zu vermeiden, schränkt die h.M. die Rechte des einzelnen Erwerbers auf Geltendmachung seiner Ansprüche ein, soweit dies notwendig ist, um den Interessen der anderen Eigentümer oder auch den schutzwürdigen Interessen des Bauträgers/Auftragnehmers Rechnung zu tragen. Diese Einschränkung des Erwerbers in der Ausübung einzelner Mängelrechte wird aus dem Erwerbsvertrag abgeleitet.[130] Es handelt sich eben    78

---

[127] BGH BauR 1990, 353 = NJW 1990, 1663 = ZfBR 1990, 180 = BGHZ 110, 258; BGH BauR 1991, 606 = NJW 1991, 2480 = ZfBR 1991, 212 = BGHZ 114, 383.
[128] BGH BauR 1991, 606 = NJW 1991, 2480 = ZfBR 1991, 212 = BGHZ 114, 383.
[129] BGH BauR 1990, 353 = NJW 1990, 1663 = ZfBR 1990, 180 = BGHZ 110, 258.
[130] Wenzel, ZWE 2006, 109, 112.

nicht um den Erwerb von Alleineigentum, sondern um den Erwerb von Gemeinschaftseigentum, was Einschränkungen mit sich bringt.[131] Die aus dem Gesetz abgeleitete Befugnis der Wohnungseigentümergemeinschaft überlagert von vornherein die individuelle Rechtsverfolgungskompetenz des Einzelnen.[132] Eine Einschränkung der individuellen Erwerberrechte setzt eine Beeinträchtigung der Interessen entweder der anderen Wohnungseigentümer oder des Bauträgers/Auftragnehmers voraus. Es gibt bestimmte Rechte, deren Ausübung **immer** die Interessen der übrigen Wohnungseigentümer beeinträchtigt. Diese können daher grundsätzlich nur gemeinschaftlich ausgeübt werden. Es handelt sich insoweit um die Rechte, die ihrer Natur nach **von vornherein gemeinschaftsbezogen** sind (Minderung und Anspruch auf „kleinen" Schadensersatz). Demgegenüber gibt es Rechte, deren Ausübung die Interessen der übrigen Eigentümer und des Bauträgers/Auftragnehmers **grundsätzlich nicht** unangemessen beeinträchtigt (Rücktritt, „großer" Schadensersatz). Zwischen den beiden vorgenannten Kategorien liegen die Rechte, deren Ausübung die Rechte anderer Eigentümer und Rechte des Bauträgers/Auftragnehmers **nicht grundsätzlich** beeinträchtigt, eine Beeinträchtigung jedoch dann **entstehen** kann, wenn die Eigentümergemeinschaft diesbezügliche Beschlüsse gefasst und hierdurch die Geltendmachung der Rechte **„an sich gezogen"** hat.

79 **a) Grundsätzlich gemeinschaftsbezogene Rechte.** Die Eigentümergemeinschaft ist von vornherein **alleine** zuständig für die Geltendmachung von Rechten, die ihrer Natur nach **gemeinschaftsbezogen** sind.[133]

80 Rechte, die **grundsätzlich gemeinschaftsbezogen** sind, sind das **Recht zur Minderung** und der **Anspruch auf kleinen Schadensersatz**. Die Eigentümergemeinschaft ist für die Geltendmachung dieser Rechte von vornherein **alleine** zuständig. Sie ist auch alleine dafür zuständig, die Voraussetzungen für diese Rechte zu schaffen.[134] Der Eigentümergemeinschaft steht deshalb die **Wahl** zwischen Minderung und kleinem Schadensersatzanspruch zu.[135] Die Minderung sowie der nach den Mängelbeseitigungskosten berechnete „kleine" Schadensersatzanspruch wegen eines behebbaren Mangels am Gemeinschaftseigentum können deshalb auch nur gemeinschaftlich mit dem Antrag auf Zahlung an die Gemeinschaft durchgesetzt werden.[136] Neben der Wahl, ob und welches Recht geltend gemacht werden soll, steht der Eigentümergemeinschaft auch – nach Ausübung des Wahlrechts – die Geltendmachung des jeweiligen Rechtes und daraus resultierender Ansprüche zu.

81 Eine Einschränkung dieser ausschließlichen Zuständigkeit der Gemeinschaft kommt dann in Betracht, wenn die Gemeinschaft selbst zu erkennen gegeben hat, dass sie auf den Schutz ihrer Interessen verzichtet. Dieser Fall liegt dann vor, wenn durch Beschluss einzelne Erwerber **ermächtigt** werden, die Rechte auf Minderung oder „kleinen" Schadensersatz geltend zu machen.[137] Grundsätzlich ist der Anspruch dann auf Zahlung des **gesamten** Schadensersatz-/Minderungsbetrages – und nicht nur auf die dem ermächtigten Eigentümer entfallende Quote – gerichtet.[138] Der ermächtigte Eigentümer ist grundsätzlich nur befugt,

---

[131] *Schulze-Hagen* ZWE 2007, 113, 114; *Wenzel* ZWE 2006, 109, 112.
[132] BGH NJW 2007, 1952 = NZBau 2007, 445 = IBR 2007, 318; *Wenzel* ZWE 2006, 109, 112.
[133] BGH NJW 2007, 1952 = NZBau 2007, 445 = IBR 2007, 318; kritisch zum Begriff der „gemeinschaftsbezogenen" Rechte in § 10 Abs. 6 S. 3 WEG n. F.: *Pause/Vogel* BauR 2007, 1298, 1301.
[134] BGH NJW 2007, 1952 = NZBau 2007, 445 = IBR 2007, 318; BGH BauR 2006, 978 = NJW 2006, 2254 = NZBau 2006, 371 = ZfBR 2006, 457; BGH BauR 1998, 783 = NJW 1998, 2967 = ZfBR 1998, 245.
[135] BGH BauR 2004, 1148 = NZBau 2004, 435 = ZfBR 2004, 557; BGH BauR 1998, 783 = NJW 1998, 2967 = ZfBR 1998, 245; BGH BauR 1980, 267 = BauR 1979, 420 = NJW 1980, 400 = BGHZ 74, 258.
[136] BGH BauR 2005, 542 = NZBau 2005, 216 = ZfBR 2005, 263 = IBR 2005, 542; BGH BauR 1991, 606 = NJW 1991, 2480 = ZfBR 1991, 212 = BGHZ 114, 383.
[137] BGH NJW 2002, 140 = NZBau 2002, 26 = BGHZ 141, 63; BGH BauR 1980, 267 = BauR 1979, 420 = NJW 1980, 400 = BGHZ 74, 258.
[138] BGH BauR 2004, 1148 = NZBau 2004, 435 = ZfBR 2004, 557; BGH BauR 1999, 657 = NJW 1999, 1705 = ZfBR 1999, 207 = BGHZ 141, 63.

**Zahlung an die Gemeinschaft** zu verlangen.[139] Allerdings kann die Eigentümergemeinschaft auch einen Beschluss fassen, der dahin geht, dass der ermächtigte Eigentümer (oder auch der Verwalter) **Zahlung an sich** verlangen kann.[140] Ob sich hinsichtlich der Zuständigkeit der Gemeinschaft bei Geltendmachung des Schadensersatzanspruchs und der Minderung etwas ändert, wenn nicht mehr die Mangelbeseitigungskosten zur Berechnung herangezogen werden können, beispielsweise, weil die Nacherfüllung unverhältnismäßig oder unmöglich ist, ist noch nicht geklärt. Dieser Fall könnte deshalb anders zu behandeln sein, da eine (gemeinschaftliche) Verwendung des Geldbetrages zur Mangelbeseitigung ausscheidet und es deshalb keinen zwingenden Grund dafür gibt, dass der gesamte Geldbetrag ungeschmälert bei der Gemeinschaft „ankommen" muss. Denkbar wäre, in diesem Sonderfall Teilgläubigerschaft[141] anzunehmen, da es sich nicht mehr um eine rechtlich unteilbare Leistung handelt.[142] In der Literatur wird zwar eingewandt, dass dann der doppelt vertragsuntreue Bauträger der Nutznießer sei, da die Eigentümer ihre Ansprüche nur noch kleinteilig, also quotal geltend machen könnten,[143] allerdings bedeutet die Annahme von Teilgläubigerschaft in diesem besonderen Ausnahmefall nicht, dass der einzelne Erwerber seinen quotalen Anspruch tatsächlich selbst geltend machen **muss**. Vielmehr kommt weiterhin eine Geltendmachung durch die Gemeinschaft auf Grund der **gewillkürten Prozessstandschaft** in Betracht. Die Rechte des einzelnen Erwerbers werden daher nur erweitert.

**b) Nicht grundsätzlich gemeinschaftsbezogene Rechte.** Der BGH hat bereits in der Ausgangsentscheidung zur Zuständigkeitsverteilung zwischen Gemeinschaft und Erwerber/Eigentümer[144] offen gelassen, ob die Ausübung der Rechte auf (damals) Wandelung und „großen" Schadensersatz nicht ausschließlich dem einzelnen Wohnungseigentümer zusteht. In weiteren Entscheidungen wurden erhebliche Bedenken bezüglich des Bestehens einer Befugnis der Eigentümergemeinschaft geäußert, die Verfolgung der Mängelansprüche in einer Weise an sich zu ziehen, die es den Erwerbern/Eigentümern unmöglich macht, die Voraussetzungen für die Rückabwicklung ihrer Verträge zu schaffen.[145] Dieser Linie folgend hat der BGH in der aktuellen Entscheidung die Rechte auf „großen" Schadensersatz oder Wandelung bzw. Rücktritt ausdrücklich als „nicht gemeinschaftsbezogen" angesehen.[146] Sie können daher grundsätzlich vom jeweiligen Erwerber/Eigentümer selbstständig geltend gemacht werden.[147]

Daran ändert auch ein **Vergleich** auf Grund eines Beschlusses der Wohnungseigentümergemeinschaft, mit dem Mängel des Gemeinschaftseigentums abgegolten werden, zumindest dann nichts, wenn die Rückabwicklungsrechte des Eigentümers/Erwerbers **bereits begründet** sind. Die Eigentümergemeinschaft ist nicht dazu befugt, auf bereits begründete Ansprüche einzelner Erwerber/Eigentümer auf „großen" Schadensersatz oder Wandelung zu verzichten.[148]

Beschließt die Eigentümergemeinschaft, vom Veräußerer Vorschuss auf die Mängelbeseitigungskosten zu fordern, kann der Eigentümer/Erwerber jedenfalls bis zur Zahlung des

---

[139] BGH BauR 2000, 285 = ZfBR 2000, 117; BGH BauR 1991, 606 = NJW 1991, 2480 = ZfBR 1991, 212 = BGHZ 114, 383.
[140] BGH BauR 2000, 285 = ZfBR 2000, 117; BGH BauR 1991, 606 = NJW 1991, 2480 = ZfBR 1991, 212 = BGHZ 114, 383; BGH BauR 1980, 267 = BauR 1979, 420 = NJW 1980, 400 = BGHZ 74, 258.
[141] A. A. für die Minderung *Pastor* in *Werner/Pastor* 11. Aufl., Rdn. 489 wegen „Unteilbarkeit" des Minderungsrechts. Allerdings gibt es kein Minderungsrecht hinsichtlich des Gesamtobjekts, sondern eine Vielzahl einzelner Minderungsrechte aus den jeweiligen Verträgen. So bereits *Weitnauer* Urteilsanmerkung, NJW 1983, 454, 455.
[142] Ähnlich auch bereits *Pause* NJW 1993, 553, 558 kritisch zur Gemeinschaftsbezogenheit von Minderung und „kleinem" Schadensersatz: *Pause/Vogel* BauR 2007, 1298, 1303.
[143] *Schulze-Hagen* ZWE 2007, 113, 117.
[144] BauR 1980, 267 = BauR 1979, 420 = NJW 1980, 400 = BGHZ 74, 258.
[145] BGH BauR 2006, 1747 = NJW 2006, 3275 = NZBau 2006, 786 = BGHZ 169, 1.
[146] BGH NJW 2007, 1952 = NZBau 2007, 445 = IBR 2007, 318.
[147] *Wenzel* ZWE 2006, 109, 111; *Schulze-Hagen* ZWE 2007, 113, 118; *Pastor* in *Werner/Pastor* 11. Aufl., Rdn. 475, 486, 491.
[148] BGH BauR 2006, 1747 = NJW 2006, 3275 = NZBau 2006, 786 = BGHZ 169, 1.

Vorschusses grundsätzlich vom Veräußerer/Auftragnehmer die Beseitigung von Mängeln des Gemeinschaftseigentums mit Fristsetzung zu dem Zweck verlangen, die Voraussetzungen für den „großen" Schadensersatzanspruch oder den Rücktritt zu schaffen.[149] Solange die Eigentümergemeinschaft Vorschuss fordert, widerspricht eine Fristsetzung des Erwerbers/Eigentümers nicht den Interessen der Gemeinschaft. Bessert der Veräußerer/Auftragnehmer auf die Fristsetzung des einzelnen Erwerbers/Eigentümers hin nach, erübrigt sich eine Mängelbeseitigung und Vorschussanforderung und -abrechnung seitens der Gemeinschaft. Anders kann die Interessenlage sein, wenn die Gemeinschaft eine Nachbesserung durch den Veräußerer/Auftragnehmer nicht mehr zulassen will. Eine erneute Fristsetzung durch einen einzelnen Erwerber/Eigentümer verbunden mit der Aufforderung, die Mängel zu beseitigen, läuft diesen Interessen zuwider wenn der Veräußerer/Auftragnehmer dann (wieder) nachbessern dürfte. M. E. ist dieses Problem dadurch zu lösen, dass der einzelne Erwerber nicht nochmals eine Frist zur Nacherfüllung setzen muss, wenn dies die Gemeinschaft bereits getan hat und diese Frist fruchtlos abgelaufen ist. Die Gemeinschaft ist nicht Inhaberin der Rechte, sie macht die Rechte der Erwerber geltend. Setzt sie eine Frist zur Nacherfüllung, handelt es sich um eine Fristsetzung der Erwerber. Der Veräußerer ist ausreichend gewarnt. Eine (nochmalige) Fristsetzung eines einzelnen Erwerbers, wenn er Rückabwicklungsrechte geltend machen möchte, ist nicht notwendig. Allerdings ist der einzelne Erwerber jedoch nicht gehindert, eine Frist zur Nacherfüllung zu setzen mit dem Ziel, die Voraussetzungen für die Geltendmachung eines der Rückabwicklungsrechte zu schaffen, soweit Interessen der Gmeinschaft nicht entgegenstehen. Eine Fristsetzung ist auf jeden Fall dann notwendig, wenn durch die Gemeinschaft (noch) keine Frist gesetzt worden ist.

84  Die **Rückabwicklungsrechte** (Rücktritt und „großer" Schadensersatz) sind **nicht gemeinschaftsbezogen.** Der jeweilige Erwerber/Eigentümer kann diese Rechte selbstständig geltend machen und die Voraussetzungen hierfür schaffen. Ein **Vergleichsabschluss** der Gemeinschaft über die Abgeltung der Mängel wirkt sich nicht auf bereits begründete Rechte einzelner Erwerber zur Rückabwicklung des Vertrages aus (vgl. oben). Nach altem Recht hat sich das Schuldverhältnis durch den Ablauf einer mit einer Ablehnungsandrohung verbundenen Frist in ein Rückabwicklungsverhältnis umgewandelt. Nach In-Kraft-Treten des Schuldrechtsmodernisierungsgesetzes gibt es diesen Automatismus nicht mehr. Wie auch bei allen anderen Mängelrechten ist eine einfache Fristsetzung und Aufforderung zur Nacherfüllung Voraussetzung für die Geltendmachung der Rückabwicklungsrechte. Anschließend ist dann eine Gestaltungserklärung notwendig (§§ 281 Abs. 4, 323, 349 BGB). Erst mit Zugang der Gestaltungserklärung wandelt sich das Schuldverhältnis in ein Rückabwicklungsverhältnis um.[150] Noch nicht abschließend geklärt ist, ob der **Abschluss eines Vergleichs** der Eigentümergemeinschaft mit dem Veräußerer/Bauträger über die Abgeltung der Mängel am Gemeinschaftseigentum den einzelnen Erwerber/Eigentümer hindert, das Schuldverhältnis durch Abgabe einer Gestaltungserklärung in ein Rückabwicklungsverhältnis umzuwandeln. Weiter ist auch noch nicht abschließend geklärt, ob diese Möglichkeit selbst dann noch besteht, wenn der Veräußerer/Bauträger auf Grund des Abgeltungsvergleichs eine Zahlung an die Eigentümergemeinschaft geleistet hat. Von der **Interessenlage** her erfordern weder schutzwürdige Interessen der Gemeinschaft, noch des Bauträgers/Auftragnehmers eine Einschränkung der Rechte des Erwerbers auf Rückabwicklung. An die Stelle des Erwerbers in der Gemeinschaft tritt im Falle der Rückabwicklung der Bauträger/Auftragnehmer. Dieser kommt anteilig in den Genuss der eigenen Zahlung auf Grund des Vergleiches, sie kommt auch „seinem" Anteil zugute. Aus Sicht der übrigen Erwerber ist der Wiedereintritt des Bauträgers/Auftragnehmers im Vertragsverhältnis selbst angelegt, die Miterwerber sind insoweit nicht schutzwürdig.[151] In

---

[149] BGH BauR 2006, 1747 = NJW 2006, 3275 = NZBau 2006, 786 = BGHZ 169, 1 (zur Rechtslage vor In-Kraft-Treten des Schuldrechtsmodernisierungsgesetzes).
[150] Wenzel ZWE 2006, 109, 113.
[151] *Koeble* in *Kniffka/Koeble* Kompendium des Baurechts 2. Aufl., 11. Teil Rdn. 238 und 276.

rechtlicher Hinsicht ist die Wirkung einerseits des Vergleichsabschlusses und andererseits der Zahlung auf Rechte der Erwerber zu betrachten. Wie ist ein Vergleichsabschluss und eine darauf beruhende Zahlung des Bauträgers zur Erledigung der Mängel am Gemeinschaftseigentum einzuordnen? Durch den Abschluss eines Erledigungsvergleiches wird die vom Bauträger ursprünglich zu erbringende Leistung (ordnungsgemäße Herstellung des Gemeinschaftseigentums) ersetzt durch einen Zahlbetrag. Das Schuldverhältnis wird umgestaltet. Der Bauträger muss nicht mehr nacherfüllen, sondern eine bestimmte Zahlung vornehmen. Diese Zahlung ist die nunmehr geschuldete Leistung i. S. des § 362 Abs. 1 BGB. Aufgrund der Mitgläubigerstellung muss der einzelne Erwerber diese Umgestaltung des Schuldverhältnisses gegen sich gelten lassen. Will er dies vermeiden und sein Rückabwicklungsrecht geltend machen, hat er hierzu zwischen Fristablauf und Beschlussfassung über die Vergleichsannahme ausreichend Gelegenheit bzw. ist ihm ausreichend Gelegenheit hierzu einzuräumen. Durch die Umwandlung des Schuldverhältnisses auf Grund des Vergleichsabschlusses sind die Voraussetzungen für die Rückabwicklungsansprüche des einzelnen Erwerbers entfallen. Gestaltet der einzelne Erwerber das Schuldverhältnis nicht um, solange die Voraussetzungen hierfür gegeben sind, kann er dies nicht mehr tun, wenn die Voraussetzungen hierfür (nachträglich) entfallen sind. Anders ist die Rechtslage nur dann, wenn die Umgestaltung bereits erfolgte und die Rückabwicklungsrechte im Zeitpunkt der Beschlussfassung bereits entstanden waren (vgl. oben).

Die **Vorschussanforderung und -zahlung** lässt das Recht des einzelnen Erwerbers 85 unberührt, sein Vertragsverhältnis durch Abgabe einer Gestaltungserklärung in ein Rückabwicklungsverhältnis umzuwandeln.[152] Durch die Vorschusszahlung tritt noch keine endgültige Erfüllung ein, die zu einem Untergang der Mängelrechte führt. Allerdings kann der einzelne Erwerber dann keine eigene Fristsetzung vornehmen, wenn die Gemeinschaft die Ausübung der Rechte auf Herstellung des Gemeinschaftseigentums „an sich gezogen" hat und die Fristsetzung des Einzelnen dem gemeinschaftlichen Vorgehen zuwider läuft. Der einzelne Erwerber muss dann den Ablauf der von der Gemeinschaft gesetzten Frist abwarten. Wurde noch keine Frist gesetzt, könnte er auf WEG-rechtlichem Wege die Fristsetzung erzwingen.[153]

Grundsätzlich nicht gemeinschaftsbezogen ist der **Schadensersatz neben der Leistung** (§§ 634 Nr. 4, 280 Abs. 1 BGB) dann, wenn Erwerbern ein individueller Schaden entsteht.[154]

**c) Gemeinschaftsbezogenheit durch „an sich ziehen".** Neben den Rechten, die 86 entweder von vornherein gemeinschaftsbezogen sind (Minderung und „kleiner" Schadensersatzanspruch) oder nicht (Rücktritt, „großer Schadensersatzanspruch), gibt es Rechte, die zunächst jeder Erwerber/Vertragspartner geltend machen kann. Allerdings kann die Eigentümergemeinschaft die Ausübung dieser Rechte „an sich ziehen".[155] Hierbei handelt es sich um die Rechte der Erwerber, die auf ordnungsgemäße Herstellung des Gemeinschaftseigentums gerichtet sind (Mangelbeseitigung, Vorschuss, Aufwendungsersatz, Kostenerstattung nach Selbstvornahme). Im Rahmen der ordnungsgemäßen Verwaltung kann die Wohnungseigentümergemeinschaft die Ausübung dieser Rechte durch Mehrheitsbeschluss an sich ziehen. Ohne einen derartigen Mehrheitsbeschluss ist der jeweilige Erwerber zur Geltendmachung dieser Rechte befugt.[156] Der BGH hat zunächst offen gelassen, ob der **einzelne Erwerber** durch einen entsprechenden Beschluss (über das „an sich ziehen") von der eigenständigen Verfolgung **ausgeschlossen** werden kann.[157] In einer neueren Entscheidung hat er dies für den Fall bejaht, dass die ordnungsgemäße

---

[152] *Wenzel* NJW 2007, 1095, 1096.
[153] *Wenzel* NJW 2007, 1905, 1908.
[154] *Koeble* in *Kniffka/Koeble* Kompendium des Baurechts, 2 Aufl., 11. Teil Rdn. 265.
[155] So bereits auch *Pause* NJW 1993, 553, 557; BGH BauR 2007, 1952 = NZBau 2007, 445 = IBR 2007, 318.
[156] A. A. *Deckert* ZfBR 1984, 161, 165: allenfalls Nachbesserungsanspruch (zum alten Recht).
[157] BGH BauR 2006, 1747 = NJW 2006, 3275 = NZBau 2006, 786 = BGHZ 169, 1.

Verwaltung ein gemeinschaftliches Vorgehen erfordert,[158] was bei der Verfolgung von Mängeln am Gemeinschaftseigentum regelmäßig der Fall sein wird. Zieht die Wohnungseigentümergemeinschaft die Durchsetzung der auf die ordnungsgemäße Herstellung des Gemeinschaftseigentums gerichteten Ansprüche an sich, ist sie damit **alleine** zuständig. Ein selbstständiges Vorgehen der Erwerber ist hierdurch ausgeschlossen, § 21 Abs. 1 WEG.[159]

87  Daraus folgt, dass die Eigentümergemeinschaft die auf **Herstellung des Gemeinschaftseigentums** gerichteten Rechte, nämlich den Anspruch auf Mängelbeseitigung, den Anspruch auf Aufwendungserstattung nach Selbstvornahme und den Vorschussanspruch durch Mehrheitsbeschluss an sich ziehen kann.[160]

88  Ohne einen Mehrheitsbeschluss, mit dem die Eigentümergemeinschaft die Geltendmachung der Rechte an sich zieht, bleibt der einzelne Erwerber für die Geltendmachung zuständig. Er kann Nacherfüllung, Vorschuss oder Erstattung von Mangelbeseitigungskosten verlangen.[161] Bei Zahlungsansprüchen kann er allerdings nur Zahlung an die Eigentümergemeinschaft verlangen.[162] Solange kein abweichender Beschluss der Wohnungseigentümer vorliegt, handelt der Erwerber, der selbstständig die Ansprüche auf Herstellung des Gemeinschaftseigentums geltend macht, grundsätzlich im Interesse aller übrigen Eigentümer. Wird ein Beschluss von der Gemeinschaft gefasst, ist im jeweiligen Einzelfall durch **Auslegung** des Beschlusses der Umfang des „Ansichziehens" der Geltendmachung von Mängelrechten/ und -ansprüchen zu ermitteln. Nicht in jedem Fall zieht die Gemeinschaft automatisch alle Rechte an sich, vielmehr ist dies eine Frage des Einzelfalles und der Umfang durch Auslegung des Beschlusses zu ermitteln.[163] Zieht die Gemeinschaft die Rechte an sich, ist auch nur noch sie dafür zuständig, Fristen zu setzen, die für die Geltendmachung **dieser** Rechte erforderlich sind.

89  **d) Gläubigerstellung.** In den vorgenannten Fällen, in denen der einzelne Erwerber berechtigt ist, die Ansprüche wegen Mängeln am Gemeinschaftseigentum geltend zu machen, kann er im Regelfall nur Leistung **an die Gemeinschaft** verlangen und nicht Leistung an sich selbst (Ausnahme: Kostenerstattung nach von ihm selbst durchgeführter Ersatzvornahme, vgl. oben). Die Erwerber sind deshalb als **Mitgläubiger** miteinander verbunden.[164] Dies gilt für die Ansprüche, die auf ordnungsgemäße Herstellung gerichtet sind (Nacherfüllung, Vorschuss, Kostenerstattung) und auch für das Recht auf Minderung und den Anspruch auf kleinen Schadensersatz, berechnet anhand der Mangelbeseitigungskosten. Diese beiden Rechte treten an die Stelle des Erfüllungsanspruchs.[165]

---

[158] BGH BauR 2007, 1952 = NZBau 2007, 445 = IBR 2007, 318.
[159] BGH BauR 2007, 1952 = NZBau 2007, 445 = IBR 2007, 318.
[160] BGH BauR 1981, 467 = NJW 1981, 1841 = BGHZ 81, 35.
[161] BGH NJW 2007, 1957; BGH BauR 1990, 353 = NJW 1990, 1663 = ZfBR 1990, 180 = BGHZ 110, 258; BGH BauR 2004, 1148 = NZBau 2003, 435 = ZfBR 2004, 557; BGH BauR 2006, 1747 = NJW 2006, 3275 = NZBau 2006, 786 = BGHZ 169, 1; BGH BauR 1985, 314 = NJW 1985, 1551 = ZfBR 1985, 132; BGH BauR 1980, 267 = BauR 1979, 420 = NJW 1980, 400 = BGHZ 74, 258.
[162] BGH NJW 2007, 1957.
[163] Zu einem derartigen Fall: BGH BauR 2006, 1747 = NJW 2006, 3275 = NZBau 2006, 786 = BGHZ 169, 1.
[164] *Koeble* FS Soergel 1993, S. 125, *ders.* in *Kniffka/Koeble* Kompendium des Baurechts, 2. Aufl., 11. Teil Rdn. 249; *Bärmann/Pick/Merl* WEG, 9. Aufl., § 21 Rdn. 7; *Pause* Bauträgerkauf und Baumodelle, 4. Aufl., Rdn. 897; *Wenzel* ZWE 2006, 109, 110; *Schulze-Hagen* ZWE 2007, 113, 115; *Pastor* in *Werner/Pastor* 12. Aufl., Rdn. 492; *Deckert* ZfBR 1984, 161, 162; *Weitnauer* ZfBR 1979, 84, 88 (für Vorschussanspruch; anders *ders.* für Nacherfüllungsanspruch: Gesamtgläubiger in NJW 1980, 400); *Pause* NJW 1993, 553, 555 (Nacherfüllungsanspruch, anders für Minderung/kleiner Schadensersatzanspruch: Teilgläubigerschaft); a. A. *Doerry* ZfBR 1982, 189, 191; auch nach dem BGH kann – entgegen einer älteren Entscheidung (BGHZ 68, 372, 374) – der Vorschuss nur mit der Maßgabe geltend gemacht werden, dass er an die Wohnungseigentümergemeinschaft zu zahlen ist, BGH BauR 2007, 1952 = NZBau 2007, 445 = IBR 2007, 318.
[165] *Koeble* in *Kniffka/Koeble* Kompendium des Baurechts, 2. Aufl., 11. Teil Rdn. 267; *Wenzel* ZWE 2006, 109, 111.

B. Gläubigermehrheit bei Wohnungs- und Teileigentum	Vor § 13

**5. Verfahrensfragen und Sonstiges**

Zu einer Verjährungshemmung kann **jeder** Erwerber ein **selbstständiges Beweisverfah-** 90
**ren** einleiten. Dies gilt nicht nur dann, wenn der Erwerber Mängelrechte/bzw. -ansprüche selbstständig geltend machen kann, sondern auch für die Fälle, dass Mängelansprüche/bzw. -rechte von vornherein nur gemeinschaftlich durchgesetzt werden können. Entscheidend ist, dass der jeweilige Erwerber Rechtsinhaber ist und deshalb auch die Verjährungshemmung herbeiführen kann, ungeachtet möglicher Beschränkungen bei der Durchsetzung gemeinschaftsbezogener Ansprüche.[166] Dieser Grundsatz gilt m. E. auch nach Inkrafttreten des § 10 Abs. 6 Satz 3 WEG n. F. Durch die Einleitung eines selbstständigen Beweisverfahrens werden gemeinschaftliche Interessen nicht berührt und es handelt sich nicht um ein „Ausüben" eines gemeinschaftsbezogenen Rechtes im Sinne des § 10 Abs. 6 Satz 3 WEG n. F. Wenn lediglich eine Zustands-, Ursachen- und Mangelbeseitigungsaufwandsfeststellung erfolgt.

Soweit die Eigentümergemeinschaft Rechte der Erwerber geltend macht, macht sie 91
fremde Rechte – nämlich die der Erwerber – in eigenem Namen geltend. Materiell-rechtlich liegt eine **Ermächtigung** und prozessual **Prozessstandschaft** vor. Da sich die Befugnis der Eigentümergemeinschaft aus dem Gesetz (§ 21 Abs. 1, Abs. 5 Nr. 2 WEG und § 10 Abs. 6 Satz 3 WEG n. F. ergibt, handelt es sich um eine **gesetzliche** Prozessstandschaft.[167] Auch nach Ansichziehen der Geltendmachung der Ansprüche auf ordnungsgemäße Herstellung des Gemeinschaftseigentums besteht die Möglichkeit, dass ein einzelner, mehrere oder alle Wohnungseigentümer durch Beschluss der Gemeinschaft zur Durchsetzung bestimmter Rechte ermächtigt werden. Es handelt sich dann um einen Fall der **gewillkürten** Prozessstandschaft.[168] Gleiches gilt auch für eine Ermächtigung einzelner Erwerber zur Geltendmachung der Ansprüche auf Rückzahlung nach Minderung und Anspruch auf Schadensersatz, berechnet anhand der Mangelbeseitigungskosten. Auch insoweit kann ein einzelner Erwerber oder mehrere Erwerber zur Geltendmachung ermächtigt werden. Dies kann in der Weise geschehen, dass der einzelne Erwerber Zahlung an die Gemeinschaft verlangen kann. Der Ermächtigungsbeschluss kann jedoch auch die Befugnis vorsehen, dass der Erwerber Zahlung an sich selbst verlangen kann.[169] Ferner kann auch der **Eigentümergemeinschaft** eine weitergehende Ermächtigung zur Geltendmachung von Mängelansprüchen und -rechten betreffend das Sondereigentum einzelner Erwerber erteilt werden. Da es insoweit keine gesetzliche Grundlage gibt, kann dies nur durch eine ausdrückliche Ermächtigung des jeweiligen Erwerbers geschehen. Es handelt sich auch dabei um einen Fall der **gewillkürten** Prozessstandschaft.[170] Gegen die Geltendmachung der Ansprüche einzelner Erwerber in gewillkürter Prozessstandschaft werden im Regelfall auf Grund des Sachzusammenhangs keine Bedenken bestehen.

Nacherfüllungsansprüche der einzelnen Erwerber bestehen, da es sich um ein Bündel von 92
Einzelrechten handelt, unabhängig davon, ob Ansprüche einzelner Erwerber bereits verjährt sind.[171] Hintergrund ist, dass der Nacherfüllungsanspruch aller Erwerber auf das gleiche Ziel gerichtet ist. Gleiches gilt daher auch dann, wenn durch die Gemeinschaft – nach Ausübung des Minderungsrechtes – oder Verlangen des kleinen Schadensersatzanspruchs, die Mangelbeseitigungskosten geltend gemacht werden. Auch insoweit hindert die Verjährung der Ansprüche einzelner Erwerber nicht die Geltendmachung durch die Gemeinschaft. Anders ist es bei den Rückabwicklungsrechten. Hier kommt es auf die Durchsetzbarkeit des jeweiligen Erwerberrechts an (§ 218 BGB).

---

[166] BGH BauR 1991, 606 = NJW 1991, 2480 = ZfBR 1991, 212 = BGHZ 114, 383.
[167] BGH NJW 2007, 1952 = NZBau 2007, 445 = IBR 2007, 318; *Wenzel* ZWE 2006, 109, 113.
[168] BGH NJW 2007, 1952 = NZBau 2007, 445 = IBR 2007, 318.
[169] BGH BauR 2005, 542 = NZBau 2005, 216 = ZfBR 2005, 263 = IBR 2005, 542; BGH BauR 2000, 285 = ZfBR 2000, 117.
[170] BGH NJW 2007, 1952 = NZBau 2007, 445 = IBR 2007, 318.
[171] BGH NJW 1985, 1551, 1552.

**93** Noch nicht geklärt ist, was geschieht, wenn ein einzelner Erwerber eine Klage erhebt, die auf ordnungsgemäße Herstellung des Gemeinschaftseigentums gerichtet ist und **anschließend** die Gemeinschaft durch Beschluss die Geltendmachung der zugrunde liegenden Ansprüche an sich zieht. Eine Klage auf **Aufwendungsersatz** nach durchgeführter Mängelbeseitigung eines einzelnen Erwerbers berührt der Gemeinschaftsbeschluss nicht. Der Einzelne bleibt prozessführungsbefugt und kann weiterhin Zahlung an sich selbst verlangen (vgl. oben). Hinsichtlich des **Mangelbeseitigungs- und Vorschussanspruchs** war die Klage zunächst zulässig und begründet. Der Beschluss ändert auch an der Aktivlegitimation nichts, der einzelne Erwerber bleibt Inhaber des Anspruchs. Allerdings entfällt nachträglich die Prozessführungsbefugnis des einzelnen Erwerbers. Der einzelne Erwerber wird nachträglich unzuständig für die Geltendmachung und die Klage damit unzulässig.[172] Der Erwerber müsste deshalb eine **Erledigungserklärung** abgeben,[173] da auch dann ein erledigendes Ereignis vorliegt, wenn eine zunächst zulässige und begründete Klage durch ein nach Rechtshängigkeit eingetretenes Ereignis unzulässig wird.[174] In der Literatur wird zurecht darauf hingewiesen, dass dies zu problematischen Ergebnissen führen kann, wenn beispielsweise der Prozess des einzelnen Erwerbers kurz vor dem Abschluss steht[175] oder auch dann, wenn bereits Sachverständigengutachten vorliegen. Allerdings muss berücksichtigt werden, dass in diesen Fällen auch ein **gewillkürter Parteiwechsel** durchgeführt werden kann, wodurch die Gemeinschaft an die Stelle des einzelnen Erwerbers im laufenden Verfahren tritt. Nach der Rechtsprechung handelt es sich beim gewillkürten Parteiwechsel um eine Klageänderung.[176] Wird die Zustimmung vom Beklagten versagt, kommt es auf die Sachdienlichkeit an,[177] die regelmäßig zu bejahen sein wird. Auch in ähnlich gelagerten Fällen wurde der Parteiwechsel von der Rechtsprechung zugelassen, beispielsweise der Wechsel von einem klagenden Gesellschafter auf die Gesellschaft als Klägerin.[178]

**94** Zur **Aufrechnung** seitens eines einzelnen Erwerbers mit einem Vorschussanspruch gegen eine Restkaufpreisforderung wird in der Literatur die Auffassungen vertreten, sie sei quotal[179] möglich. Nach einer anderen Ansicht ist eine Aufrechnung nur auf Grund eines Beschlusses, mit dem der Einzelne ermächtigt wird, Kostenvorschuss geltend zu machen und Zahlung an sich zu verlangen, quotal oder in voller Höhe – je nach Inhalt des Ermächtigungsbeschlusses – möglich.[180] Eine weitere Auffassung lässt die Aufrechnung des Erwerbers (und auch die Aufrechnung des Bauträgers/Auftragnehmers) nicht zu.[181] Begründet wird diese Auffassung damit, dass der Vorschussanspruch zwar jedem einzelnen Erwerber zustehe, jedoch nur in seiner Verbundenheit mit den anderen Mitgläubigern, gerichtet auf Leistung an die Gemeinschaft,[182] es fehle deshalb an der Gegenseitigkeit[183] bzw. widerspräche der Zweckbindung des Vorschussanspruchs, da dieser nur gekürzt bei der Gemeinschaft ankäme und die Befreiung von der Restforderung nur dem einzelnen Erwerber zugute käme.[184] Der VII.

---

[172] A. A. *Kleine-Möller/Merl/Merl* Handbuch des privaten Baurechts, 3. Aufl., § 12 Rdn. 1045: unbegründet.
[173] *Wenzel* NJW 2007, 1905, 1908; a. A. *Pause* NJW 1993, 553, 559; *Kleine-Möller/Merl/Merl* Handbuch des privaten Baurechts, 3. Aufl., § 12 Rdn. 1045: Fortführung des Prozesses, jedoch Erledigung bei erhobener Mangelbeseitigungsklage: Rdn. 1046.
[174] *Baumbach/Lauterbach/Albers/Hartmann* ZPO 65. Aufl., § 91 a Rdn. 24.
[175] *Kleine-Möller/Merl/Merl* Handbuch des privaten Baurechts, 3. Aufl., § 12 Rdn. 1045.
[176] BGHZ 65, 264, 268 = NJW 1976, 239; BGHZ 123, 132, 136 = NJW 1993, 3072.
[177] BGH NJW 1989, 3225, 3226; A. A. *Zöller/Greger* 25. Aufl., § 263 Rdn. 30; *Rosenberg/Schwab/Gottwald* 16. Aufl., § 42 Rdn. 23 beide: Zustimmung des Beklagten nicht durch Sachdienlichkeit zu ersetzen.
[178] BGH NJW 1955, 667.
[179] *Koeble* in *Kniffka/Koeble* Kompendium des Baurechts, 2. Aufl., 11. Teil Rdn. 262.
[180] *Greiner* ZfBR 2001, 439, 441; *Kleine-Möller/Merl/Merl* Handbuch des privaten Baurechts, 3. Aufl., § 12 Rdn. 1043.
[181] *Wenzel* ZWE 2006, 109, 114; *Bärmann/Pick/Merle* WEG § 21 Rdn. 11; *Pause* Bauträgerkauf und Baumodelle, 4. Aufl., Rdn 955 f.; *Schulze-Hagen* ZWE 2007, 113, 116; *Kleine-Möller/Merl/Merl* Handbuch des privaten Baurechts, 3. Aufl., § 12 Rdn. 1042 f.
[182] *Wenzel* ZWE 2006, 109, 114.
[183] *Kleine-Möller/Merl/Merl* Handbuch des privaten Baurechts, 3. Aufl., § 12 Rdn. 1042 f.
[184] *Schulze-Hagen* ZWE 2007, 113, 116.

C. Die Gesamtschuld                                              **Vor § 13**

Zivilsenat des BGH hat sich hierzu noch nicht geäußert. In einer mietrechtlichen Entscheidung wurde vom VIII. Zivilsenat die Auffassung geäußert, dass die Aufrechnung gegen eine Forderung von Mitgläubigern dann nicht möglich sei, wenn sich die Aufrechnungsforderungen nur gegen die einzelnen Mitgläubiger richte.[185] M. E. ist eine quotale Aufrechnung eines einzelnen Erwerbers – abgesehen von dem Sonderfall der ausdrücklichen Ermächtigung, s. o. – und auch eine gegenläufige Aufrechnung des Bauträgers/Auftragnehmers nicht möglich. Die geforderte Zahlung ist zwar faktisch, nicht jedoch rechtlich teilbar, da sie auf Grund der Abrechnungsverpflichtung zwingend zur Instandsetzung verwendet werden muss. Wäre die Aufteilung und quotale Aufrechnung möglich, fehlt es an einer Voraussetzung der Mitgläubigerschaft gemäß § 432 BGB, nämlich der Unteilbarkeit. Des Weiteren führt die Aufrechnung wie eine Zahlung zur Erfüllung der Forderung eines einzelnen Erwerbers. Es wäre nicht zu erklären, warum der Einzelne – ohne Beschluss – nicht quotale Zahlung an sich verlangen, das gleiche Ergebnis jedoch durch eine Aufrechnung erreichen kann.

## C. Die Gesamtschuld

Bei der Durchführung eines Bauvorhabens wird regelmäßig eine Vielzahl von Verträgen **95** abgeschlossen. Der Bauherr schließt Verträge mit planenden und bauüberwachenden Architekten und Sonderfachleuten (Ingenieuren) ab und schaltet eine Reihe von ausführenden Unternehmen der verschiedenen Gewerke ein. Diese Gewerke bauen regelmäßig aufeinander auf. Tritt ein Bauschaden auf, ist der Fall, dass der Mangel genau und ausschließlich einem einzigen der Beteiligten zuzuordnen ist, selten. Vielmehr ist es häufig so, dass es Ursachen aus den Bereichen unterschiedlicher Beteiligter gibt, die letztlich im Zusammenwirken zu einem Bauschaden führen. Denkbar ist auch, dass die Leistungen zweier am Bau Beteiligter voneinander unabhängig Mängel aufweisen, eine Mangelbeseitigung jedoch nur durch eine Gesamtmaßnahme, also einheitlich, erfolgen kann. In all diesen Fällen, in denen mehrere der am Bau Beteiligten als Anspruchsgegner in Betracht kommen, stellt sich die Frage der **gesamtschuldnerischen** Haftung.

### I. Grundlagen zur Gesamtschuld

Nach § 421 BGB ist für die Gesamtschuld charakteristisch, dass mehrere **eine** Leistung **96** schulden, wobei jeder der Schuldner zur Bewirkung der ganzen Leistung verpflichtet ist, der Gläubiger die Leistung jedoch nur einmal fordern kann. Liegt eine Gesamtschuld vor, ist dies für den Gläubiger vorteilhaft. Er kann die Leistung von jedem der Schuldner ganz oder teilweise fordern. Er muss keine Rücksicht auf die interne Verteilungsquote nehmen, sondern kann dies dem Innenausgleich zwischen den Gesamtschuldnern überlassen. Bereits aus dem Wortlaut des § 421 BGB ergibt sich, dass es sich bei der geschuldeten Leistung um **dieselbe** Leistung handeln muss. Alle Schuldner müssen verpflichtet sein, **dasselbe Leistungsinteresse** des Gläubigers zu befriedigen.[186] Das ist beispielsweise dann der Fall, wenn mehrere der am Bau Beteiligten zum Ersatz desselben Schadens verpflichtet sind. Dasselbe Leistungsinteresse des Gläubigers kann auch durch verschiedenartige Leistung befriedigt werden. Liegt das Leistungsinteresse des Bauherrn bei einem Baumangel beispielsweise darin, dass dieser Mangel beseitigt wird, kann dieses Leistungsinteresse einerseits durch Mangelbeseitigung seitens des verantwortlichen ausführenden Unternehmens oder durch eine Schadensersatzzahlung (die dann vom Bauherrn zur Mangelbeseitigung eingesetzt werden kann) des ebenfalls verantwortlichen planenden/überwachenden Architekten befriedigt werden. Eine weitere Voraussetzung der gesamtschuldnerischen Haftung ist – neben **demselben Leistungsinteresse** des

---

[185] BGH NJW 1969, 839.
[186] *Larenz* Lehrbuch des Schuldrechts Bd. 1, 14. Aufl., 1987.

Gläubigers – dass **Gleichstufigkeit** der Verpflichtungen der Beteiligten gegeben ist.[187] Alle Beteiligten müssen gleichstufig haften. Ist nach der Struktur der Schuldverhältnisse einer der Beteiligten primär und die übrigen nur sekundär verpflichtet, liegt kein Gesamtschuldverhältnis vor. Der Innenausgleich richtet sich dann nicht nach § 426 BGB, sondern es sind entweder anderweitig Legalzessionen vorgesehen oder der Ausgleich richtet sich nach § 255 BGB, nach den Regelungen der GOA oder nach Bereicherungsrecht.[188]

97   In der baurechtlichen Praxis haben sich Fallgruppen[189] herausgebildet, bei denen regelmäßig **dasselbe Leistungsinteresse** des Gläubigers und **Gleichstufigkeit der Verpflichtungen** vorliegen.

## II. Fallgruppen zur Gesamtschuld

### 1. Bauüberwachender Architekt und ausführendes Unternehmen

98   Soweit es sich um die Errichtung des Bauwerkes handelt, also um die vertraglichen Primärleistungspflichten, sind Architekt und Bauunternehmer keine Gesamtschuldner.[190] Beide schulden unterschiedliche Leistungen. Soweit es um die **primären Leistungspflichten** geht, handelt es sich daher nicht um **dasselbe Leistungsinteresse** des Gläubigers.

99   Demgegenüber sind Architekt und ausführendes Unternehmen dann Gesamtschuldner, wenn sie beide erfolgreich einerseits wegen mangelhafter Ausführung und andererseits wegen mangelhafter Bauüberwachung in Anspruch genommen werden. Dies gilt nicht nur dann, wenn die beiden Ansprüche auf Geld gerichtet sind, sondern auch dann, wenn der Architekt auf Geldzahlung in Anspruch genommen wird, der Bauunternehmer jedoch (zunächst) nur zur Nacherfüllung/Mangelbeseitigung verpflichtet ist.[191] Nach der Ausgangsentscheidung des BGH soll es sich insoweit bei der Nachbesserungspflicht (in Natur) und der Zahlungspflicht um **dieselbe Leistung** handeln, da die „inhaltliche Verschiedenheit hart an der Grenze zur inhaltlichen Gleichheit (Identität)" liege. Eindrücklicher ist es, wenn die Situation nicht aus Sicht der Schuldner, sondern aus Sicht des Gläubigers betrachtet wird. Aus seiner Sicht führen beide Leistungen zum gleichen Ziel, nämlich dazu, dass ein Ausgleich für die mangelhafte Leistung erfolgt. Aus seiner Sicht handelt es sich um das **gleiche Leistungsinteresse**.

### 2. Planender Architekt und ausführendes Unternehmen

100   Auch der **planende** Architekt und das ausführende Unternehmen haften als Gesamtschuldner, wenn beide Werkleistungen mangelhaft sind.[192] In der Regel wird der Mangel der Planung in diesem Fall zusammentreffen mit einer Verletzung der Prüfungs- und Bedenkenhinweispflicht.

### 3. Verschiedene ausführende Unternehmen

101   Eine Gesamtschuld kann auch zwischen verschiedenen ausführenden Unternehmen bestehen.[193] Allerdings ist es auch hier so, dass hinsichtlich der **primären Leistungsverpflich-**

---

[187] Noch h.M. BGHZ 106, 313, 319; BGHZ 108, 179, 182; BGHZ 120, 50, 56; BGHZ 137, 76, 82; Darstellung der Gegenauffassung bei *MünchKommBGB/Bydlinski*, 5. Aufl., § 421 Rdn. 13 ff.; für einen Verzicht auf das Merkmal der Gleichstufigkeit ebenfalls: *Stamm* ZfBR 2007, 107, 118.
[188] Dazu *Glöckner* BauR 2005, 251, 256; *Stamm* ZfBR 2007, 107 ff.; *ders.* NJW 2003, 2940 ff.
[189] Z. B. *Glöckner* BauR 2005, 251 ff.; *Kniffka* BauR 2005, 274 ff.; *Werner* in *Werner/Pastor* 11. Aufl., Rdn. 1968 ff.; *Soergel* BauR 2005, 239 ff.
[190] BGH BGHZ 37, 341, 344 = NJW 1962, 1764; BGHZ 39, 261, 264 = NJW 1963, 1401; BGH NJW 1962, 1499.
[191] BGH (Großer Senat für Zivilsachen) NJW 1965, 1175, 1176.
[192] BGH NJW 1969, 653; BGH BauR 1978, 405 = NJW 1978, 2393; BGH BauR 2003, 1536 = NZBau 2002, 571 = ZfBR 2002, 767.
[193] *Ganten* BauR 1978, 187, 188; *Weise* BauR 1992, 685 ff.; *Stamm* ZfBR 2007, 107 ff.; a. A. *Diehl* FS *Heiermann* 37, 47: Anwendung des § 255 BGB; ebenso (Anwendung des § 255 BGB) *Locher* Das Private Baurecht, 7 Aufl., Rdn. 194.

tung nicht **dieselbe Leistung** geschuldet ist. Jedes ausführende Unternehmen schuldet „seine" vertragliche Leistung, welche nicht deckungsgleich ist mit der Leistung eines anderen Unternehmens. Treten Mängel auf, kann sich demgegenüber der Leistungsbereich verschiedener ausführender Unternehmen überschneiden. Grundvoraussetzung für eine gesamtschuldnerische Haftung ist in diesen Fällen, dass **jede** der betreffenden Werkleistung mangelhaft sein muss. Nur dann, wenn beide ausführenden Unternehmen auf Grund der Mangelhaftigkeit in Anspruch genommen werden können, stellt sich anschließend die Frage, ob beide gesamtschuldnerisch haften.

Das Erfordernis **desselben Leistungsinteresses** des Gläubigers ist beispielsweise dann gegeben, wenn eine Vorleistung (z. B. Rohbau) mangelhaft ist, genauso wie auch die darauf aufbauende nachfolgende Ausführungsleistung (Außenputz). Weisen beide Ausführungsleistungen Mängel auf und besteht die einzige sinnvolle Mangelbeseitigungsmaßnahme darin, dass ein weiterer Außenputz aufgebracht wird, so ist nicht nur **dasselbe Leistungsinteresse** des Gläubigers (Mangelbeseitigung) gegeben, sondern dieses Leistungsinteresse kann auch nur durch eine **einheitliche Mangelbeseitigungsmaßnahme** befriedigt werden. Es ist ein **einheitlicher Erfolg** geschuldet, was zur Annahme einer Gesamtschuld führt.[194]

**102**

Abgesehen von diesem Fall der einheitlichen Mangelbeseitigungsmaßnahme kommt eine gesamtschuldnerische Verpflichtung verschiedener ausführender Unternehmen auch dann in Betracht, wenn und soweit sich die jeweils geschuldeten Mangelbeseitigungsmaßnahmen überlappen. Zwar schuldet jedes der ausführenden Unternehmen grundsätzlich nur die Erbringung „seiner" vertraglichen Leistungen. Werden im Zuge der Mangelbeseitigung jedoch begleitende Maßnahmen an anderen Gewerken erforderlich, sind auch die hierdurch entstehenden Kosten Gegenstand der Mängelansprüche und -rechte. Hat beispielsweise der Fliesenleger unter Verletzung seiner Prüfungs- und Bedenkenhinweispflicht auf einen mangelhaften Estrich (ohne ausreichendes Gefälle) den Fliesenbelag aufgebracht, so kann dieser Fliesenbelag mangelhaft sein (auch wenn er – isoliert betrachtet – in Ordnung ist). Der vom Fliesenleger zu ersetzende Schaden besteht auf jeden Fall in den Kosten für das Aufnehmen des alten Fliesenbelages und das Einbringen der neuen Fliesen. Wird durch das Abschlagen der Fliesen der Estrich zwangsläufig derart beschädigt, dass ein Gefälle nicht mehr hergestellt werden kann, hat der Fliesenleger auch die Kosten der Neuherstellung des Estrichs – als Bestandteil der Mangelbeseitigung – zu tragen.[195] Der Estrichleger hat für die Herstellung eines ordnungsgemäßen Estrichs und für die insoweit erforderlichen Vorarbeiten (z. B. Aufnehmen des Fliesenbelags) einzustehen. Soweit vom Estrichleger und vom Fliesenleger aus Sicht des Gläubigers teilweise die gleiche Leistung verlangt wird, nämlich beispielsweise das Aufnehmen des Fliesenbelags, ist das Leistungsinteresse des Gläubigers identisch und die beiden ausführenden Unternehmen haften als Gesamtschuldner.[196] Im vorangegangenen Beispiel haften Fliesen- und Estrichleger auch hinsichtlich des Fliesenbelages als Gesamtschuldner, da der Gläubiger auch vom Estrichleger im Rahmen der Mangelbeseitigung die Aufnahme des alten und Anbringung des neuen Fliesenbelages verlangen kann.

### 4. Sonstige Gesamtschuldverhältnisse

Ein Gesamtschuldverhältnis kann auch zwischen dem **Lieferanten** und dem **ausführenden Unternehmen** in dem seltenen Fall bestehen, dass der Bauherr selbst einen Vertrag mit dem Baustofflieferanten abgeschlossen hat. Weist das Werk des ausführenden Unternehmens einen Mangel auf, der auf die Mangelhaftigkeit des Baustoffes zurückzuführen ist, kann ein Gesamtschuldverhältnis zwischen Baustofflieferanten und ausführendem Unternehmen vor-

**103**

---

[194] BGH BauR 2003, 1379 = NJW 2003, 298 = NZBau 2003, 557 = ZfBR 2003, 684 = IBR 2003, 468 = BGHZ 155, 265; OLG Oldenburg BauR 2007, 717.
[195] BGH BauR 2001, 1414 = NJW-RR 2001, 1102 = NZBau 2001, 495 = ZfBR 2001, 457.
[196] *Kniffka*, BauR 2005, 274, 275 f.; *Glöckner* BauR 2005, 251, 264 f.; kritisch: von *Craushaar* Jahrbuch BauR 1999, 115, 128, nach dem die Ausdehnung der Mangelbeseitigungspflicht auf erforderliche Nebenleistungen wieder eingeschränkt werden sollte.

**Vor § 13**                      Vorbemerkung § 13. Mängelansprüche

liegen, sofern für Letzteres eine Entlastung nach § 13 Nr. 3 VOB/B nicht in Betracht kommt.

104    Soweit **Produkthaftungsansprüche** bestehen, kann auch ein Gesamtschuldverhältnis zwischen dem **Hersteller** und einem anderen der am Bau Beteiligten gegeben sein.[197]

105    Auch zwischen dem **planenden** und dem **bauüberwachenden Architekten** kann ein Gesamtschuldverhältnis bestehen,[198] genauso wie auch zwischen dem **Gerüstbauunternehmen** und dem **bauüberwachenden Architekten** im Fall eines Unfalls.[199]

Gesamtschuldverhältnisse können darüber hinaus auch zwischen **Sonderfachleuten** (z. B. Tragwerksplaner, Bauphysiker, Bodengutachter etc.) und Architekten[200] einerseits und andererseits zwischen Sonderfachleuten und dem ausführenden Unternehmen bestehen.

### 5. Gemeinsamkeiten aller Fallgruppen

106    Ein Gesamtschuldverhältnis besteht in diesen Fällen nur **insoweit**, als sich die Leistungspflichten gegenüber dem Bauherrn **überschneiden**. Nur insoweit geht es um **dasselbe** Leistungsinteresse des Gläubigers.

107    Aufgrund der Tatsache, dass eine Gesamtschuld nur im Rahmen der sich deckenden Verpflichtungen bestehen kann, muss beim Umfang der sich deckenden Verpflichtungen auch eine Haftungsverkürzung des ausführenden Unternehmens auf Grund des Planungsmitverschuldens berücksichtigt werden. Der Bauherr muss sich Mitverschulden auf Grund von Planungsfehlern gegenüber dem ausführenden Unternehmen grundsätzlich zurechnen lassen, da er die ihm gegenüber dem ausführenden Unternehmen obliegende Pflicht, ordnungsgemäße Pläne zur Verfügung zu stellen, verletzt hat (§ 278, 254 BGB). In diesem Fall verringert sich die Haftung des Unternehmens gegenüber dem Bauherrn um dessen auf das Planungsverschulden des Architekten zurückzuführenden Mitverschuldensanteil (vgl. oben). Architekt und ausführendes Unternehmen sind also nicht zu 100% Gesamtschuldner, sondern nur insoweit, als der Haftungsanteil des ausführenden Unternehmens reicht.[201]

### III. Beschränkung der Inanspruchnahme eines Gesamtschuldners

108    Nach § 421 Satz 1 BGB kann der Gläubiger die Leistung „nach seinem Belieben von jedem der Schuldner ganz oder zu einem Teil" fordern. Liegen die Voraussetzungen für eine gesamtschuldnerische Haftung vor, steht es dem Gläubiger frei, auszuwählen, welchen Gesamtschuldner er in Anspruch nimmt. Der Auftraggeber kann deshalb grundsätzlich frei entscheiden, ob er wegen eines Mangels am Bauwerk den ausführenden Unternehmer oder den Architekten in Anspruch nimmt. Nach der Rechtsprechung des BGH kann sich die Inanspruchnahme eines Gesamtschuldners nur in Einzelfällen als rechtsmissbräuchlich darstellen. Der Auftraggeber kann **ausnahmsweise** gehindert sein, einen Architekten wegen eines Überwachungsfehlers in Anspruch zu nehmen wenn und soweit er auf einfachere, insbesondere billigere Weise von dem Unternehmer die Beseitigung des Mangels verlangen kann.[202] Soweit es **allein** um den **finanziellen Ausgleich** des Schadens geht, ist einem Gesamtschuldner nach der Rechtsprechung des BGH jedoch **in der Regel** der Einwand versagt, der Gläubiger hätte sich durch rechtzeitigen Zugriff bei dem anderen Gesamtschuldner befriedigen können und müssen, wenn nicht der Gläubiger in diesem Fall arglistig gehandelt hat. Arglist liegt beispielsweise vor, wenn er einem Gesamtschuldner gezielt das

---

[197] *Soergel* BauR 2005, 239, 249.
[198] BGH BauR 1989, 97.
[199] OLG Stuttgart NJW-RR 2007, 739 ff. = BauR 2006, 1493 ff.
[200] Z. B. OLG Naumburg IBR 2001, 320.
[201] *Kniffka* in *Kniffka/Koeble* Kompendium des Baurechts, 2. Aufl., 6. Teil Rdn. 83; OLG Karlsruhe IBR 2007, 418.
[202] BGH Urt. v. 26. 7. 2007 – VII ZR 5/06; BGH NJW 1963, 1401 = BGHZ 39, 251, 264.

C. Die Gesamtschuld                                                          Vor § 13

Regressrisiko aufbürden will mit dem Ziel, diesen Schuldner zu belasten.[203] Im Regelfall kann der Auftraggeber nach h. M. jeden beliebigen Gesamtschuldner in Anspruch nehmen, unabhängig davon, ob sich gegen alle Gesamtschuldner (bereits) Zahlungsansprüche richten. Nur in **besonderen Ausnahmefällen** (bei Rechtsmissbrauch) wird dieses Wahlrecht zu Lasten des Gläubigers eingeschränkt.[204]

In der Literatur gibt es verschiedene Ansätze, das grundsätzliche Wahlrecht des Auftraggebers, wen er in Anspruch nimmt, zu beschränken, meist vor dem Hintergrund, dass andernfalls das Nacherfüllungsrecht des Auftragnehmers durch Inanspruchnahme des Architekten „ausgehebelt" werden könne. Nach einer Auffassung soll beispielsweise der Architekt nach § 254 BGB den Auftraggeber darauf verweisen können, zunächst die angebotene Mangelbeseitigung des ausführenden Unternehmens anzunehmen. Nimmt der Auftraggeber die angebotene Mängelbeseitigung nicht an oder setzt er dem ausführenden Unternehmen nicht zuerst eine Frist zur Mängelbeseitigung, soll sich die Haftung des Architekten oder des Ingenieurs auf ihre Haftungsquote beschränken.[205]    109

Nach anderer Ansicht kommt eine grundsätzliche Verpflichtung des Auftraggebers zur primären Inanspruchnahme des ausführenden Unternehmers, um diesem die Möglichkeit der Nacherfüllung zu geben, nicht in Betracht.[206] Nach dieser Auffassung kann es dem Auftraggeber allerdings unter besonderen Umständen versagt sein, den Planer in Anspruch zu nehmen, wenn er von dem ausführenden Unternehmen auf einfachere und billigere Art und Weise die Beseitigung des Mangels verlangen könnte.    110

M. E. ist der zuletzt genannten Auffassung, die mit der Rechtsprechung des BGH übereinstimmt, zuzustimmen. Wäre der Auftraggeber grundsätzlich verpflichtet, zunächst das ausführende Unternehmen in Anspruch zu nehmen, würde dies zu einer subsidiären Haftung des Planenden führen.[207] Es könnte dann schwerlich von Gleichstufigkeit der Verpflichtungen gesprochen werden, welche jedoch Voraussetzung für die Annahme eines Gesamtschuldverhältnisses ist. Entweder wird das Vorliegen einer gesamtschuldnerischen Haftung verneint und – als Konsequenz hieraus – dann ein anderweitiger Ausgleich zwischen den beiden verantwortlichen Beteiligten herbeigeführt. Wird jedoch Gleichstufigkeit und damit das Vorliegen eines Gesamtschuldverhältnisses bejaht, dann müssen auch die Regelungen, die das Gesetz hierfür bereithält, uneingeschränkt zur Anwendung kommen. § 421 BGB gibt dem Gläubiger das Recht, jeden der Gesamtschuldner nach freiem Belieben in Anspruch zu nehmen. Eine Einschränkung kommt deshalb nur in Ausnahmefällen in Betracht.    111

### IV. Gesamtschuldnerinnenausgleich

#### 1. Gesamtschuldverhältnis

Befriedigt ein Gesamtschuldner den Gläubiger, so richtet sich der Ausgleichsanspruch nach § 426 BGB. Gemäß Abs. 1 Satz 1 dieser Vorschrift sind die Gesamtschuldner im Verhältnis zueinander **zu gleichen Anteilen** verpflichtet, **soweit nicht ein anderes bestimmt ist.** Nach h. M. ist § 254 BGB eine anderweitige Bestimmung in diesem Sinne.[208] Entscheidend ist deshalb der Grad der Verursachung des Mangels[209] und des eventuellen Schadens. Nach dem Grad der Verursachung richtet sich die interne Schadensausgleichsquote.[210] Sollten sich (ausnahmsweise) keine Kriterien auffinden lassen, die die Verursachung    112

---

[203] BGH NJW 1991, 1289; *Glöckner* BauR 1997, 529, 533.
[204] BGH Urteil vom 26. 7. 2007 – VII ZR 5/06 = IBR 2007, 571.
[205] *Weise* BauR 1992, 685, 692; *Glöckner* BauR 1997, 529, 534 f.
[206] *Kniffka* BauR 2005, 274, 281 f.
[207] Worauf *Kniffka* BauR 2005, 274, 281 f. zu Recht hinweist.
[208] MünchKommBGB/*Bydlinski* 5. Aufl., § 426 Rdn. 21.
[209] *Kniffka* in *Kniffka/Koeble* Kompendium des Baurechts, 2 Aufl., 6. Teil Rdn. 85.
[210] BGH (Großer Senat für Zivilsachen) NJW 1965, 1175; BGH NJW 1969, 653.

in Richtung eines Gesamtschuldners verschieben, bleibt es bei der Grundregel des § 426 Abs. 1 Satz 1 BGB, nämlich der Verpflichtung zu **gleichen Anteilen.**

### 2. Die Innenausgleichsquote

113 **a) Identität von Innenausgleichs- und Mitverschuldensquote?** Hat der Auftraggeber gegenüber dem ausführenden Unternehmen eine Verbindlichkeit zu erfüllen und bedient er sich hierbei anderer Beteiligter, so sind diese seine **Erfüllungsgehilfen** (vgl. oben). Der Auftraggeber hat dem ausführenden Unternehmen im Regelfall die erforderlichen Pläne zur Verfügung zu stellen. Sind die Pläne mangelhaft, kann das ausführende Unternehmen bei Inanspruchnahme durch den Auftraggeber den Mitverschuldenseinwand gem. §§ 278, 254 BGB erheben (vgl. oben). Ist der Einwand erfolgreich, kann der Bauherr das ausführende Unternehmen nur quotal, um den eigenen Mitverschuldensanteil gekürzt, in Anspruch nehmen.[211] Da dieser Mitverschuldensanteil letztlich auf die mangelhafte Leistung des Planers zurückzuführen ist, stellt sich die Frage, ob diese Quote – im Verhältnis Auftraggeber/Auftragnehmer – stets identisch ist mit der Gesamtschuldnerinnenausgleichsquote im Verhältnis Auftragnehmer/Planer. Identität in jedem Fall kann nicht angenommen werden. Seitens des Auftraggebers können weitere Gründe vorliegen, die im Rahmen des Mitverschuldens zu berücksichtigen sind und neben den Planungsmangel treten. Ist dies jedoch nicht der Fall und kommt ausschließlich die mangelhafte Planung im Rahmen des Mitverschuldenseinwands zum Tragen, wird von Identität der Mitverschuldens- und der Gesamtschuldnerinnenausgleichsquote ausgegangen werden können.

114 **b) Innenausgleichsquote.** In Rechtsprechung und Literatur haben sich verschiedene Kriterien zur Festlegung der Verursachungsquote herausgebildet.[212] Nach der Rechtsprechung und Literatur können die folgenden Fallgruppen unterschieden werden:

– **Planender Architekt/Sonderfachmann – ausführendes Unternehmen**
  Trifft ein **Planungsmangel** mit einer **mangelhaften Ausführungsleistung** zusammen, haftet das **ausführende Unternehmen** dann im Innenverhältnis **allein,** wenn die Mangelhaftigkeit der Planung vom ausführenden Unternehmen vor der Ausführung als mangelhaft **erkannt wurde.**[213] Führt der Unternehmer den fehlerhaften Plan des Architekten/Sonderfachmanns aus, obwohl er genau erkennt, dass der Planungsfehler zu einem Mangel des Bauwerks führen muss, haftet er im Innenverhältnis allein. Einschränkungen können sich insoweit jedoch dann ergeben, wenn es sich nicht nur um einen „normalen" Planungsfehler seitens des Architekten/Sonderfachmanns handelt, sondern die Verursachungsbeiträge ebenfalls über das Normalmaß hinaus erhöht sind, beispielsweise dann, wenn Planer und Bauleiter bewusst das Risiko einer fehlerhaften Ausführung hingenommen haben.[214] M. E. ist eine Quote auch dann zu bilden, wenn zwar dem ausführenden Unternehmen die Mangelhaftigkeit vor Ausführung bekannt gewesen ist, ein Bedenkenhinweis gegenüber dem Architekten/Sonderfachmann erteilt, von diesem jedoch nicht ernst genommen worden ist.[215] Gegenüber dem Bauherrn, der eigentlich der richtige Adressat für den Bedenkenhinweis gewesen wäre, zumindest dann, wenn sich der Architekt/Sonderfachmann diesen Hinweis verschließt, hilft der (falsch adressierte) Bedenkenhinweis nicht weiter, der Unternehmer haftet dem Bauherrn gegenüber uneingeschränkt.

---

[211] BGH BGHZ 95, 128 = BauR 1985, 561 = NJW 1985, 2475 = ZfBR 1985, 282; BGH NJW 1984, 1676, 1677.

[212] Vgl. z. B.: die systematische Zusammenstellung bei *Ganten* in der Vorauflage; *ders.* in BauR 1978, 187 ff.; *Kniffka,* BauR 2005, 274, 276; *ders.* in *Kniffka/Koeble* Kompendium des Baurechts, 2. Aufl., 6. Teil Rdn. 85; *Werner* in *Werner/Pastor* 11. Aufl., Rdn. 1991 ff.; *Braun* FS Motzke, 23 ff.; *Klein/Moufang* Jahrbuch BauR 2006, 165 ff.

[213] BGH BauR 1991, 79 = NJW-RR 1991, 276; BGH NJW 1984, 1676, 1677; BGH BauR 1973, 190, 191; OLG Dresden NZBau 2000, 333, 335; OLG Hamm NJW-RR 1996, 273, 274; OLG Karlsruhe BauR 2005, 879 = NJW-RR 2005, 248.

[214] *Kniffka* BauR 2005, 274, 277.

[215] So bereits auch *Klein/Moufang* Jahrbuch BauR 2006, 165, 186.

## C. Die Gesamtschuld  **Vor § 13**

Eine andere Frage ist jedoch, ob sich der Bedenkenhinweis auf die interne Haftungsverteilung auswirkt. M. E. ist dies der Fall. Durch den Hinweis wird der planende Architekt/Sonderfachmann in die Lage versetzt, seine Planung zu überprüfen. Tut er dies nicht, tritt neben den ursprünglichen Planungsfehler ein weiteres Fehlverhalten als Ursache für die Mangelhaftigkeit. In einem derartigen Fall ist – trotz Kenntnis der Mangelhaftigkeit der Planung vor Ausführung – nicht von einer Alleinhaftung des ausführenden Unternehmens im Innenverhältnis auszugehen.

Liegt positive Kenntnis von der Mangelhaftigkeit der Planung auf Seiten des ausführenden Unternehmens nicht vor, treffen also Planungsmängel mit einer **fahrlässigen** Verletzung der Prüfungs- und Bedenkenhinweispflicht zusammen, haften planender Architekt/Sonderfachmann und das ausführende Unternehmen grundsätzlich **quotal**. Die Höhe der Quote ist eine Frage des Einzelfalls und davon abhängig, welche Verursachungsbeiträge auf der jeweiligen Seite gegeben sind. In besonderen Fällen kann dies auch dazu führen, dass einer der Gesamtschuldner im Innenverhältnis alleine haftet. Nach einer älteren Entscheidung des BGH[216] sollte derjenige, der den Fehler verursacht hatte (z. B. planender Architekt) in größerem Umfang haften als derjenige, der seiner Prüfungs- und Bedenkenhinweispflicht – nicht in ausreichendem Maße nachgekommen ist.[217] Diese Rechtsprechung hat der BGH zwischenzeitlich relativiert.[218] Der Auftragnehmer setze – bei Verletzung der Prüfungs- und Bedenkenhinweispflicht – die eigentliche Ursache für die weiteren Schäden, da er mit der gebotenen Prüfung die Mängel hätte verhindern können. Es sei deshalb in der Regel auch veranlasst, diesem Aspekt bei einer Verschuldensabwägung entscheidendes Gewicht zukommen zu lassen. Auch in der oberlandesgerichtlichen Rechtsprechung wird dem Umstand, dass die späteren Mängel durch die Erfüllung der Prüfungs- und Bedenkenshinweispflicht hätten verhindert werden können, mit einer Verschiebung der Quote zu Lasten des ausführenden Unternehmens Rechnung getragen.[219] Die Quote kann sich jedoch zu Lasten des planenden Architekten/Ingenieurs dann verschieben, wenn ihm neben dem Planungs- **zusätzlich** auch ein **Überwachungsfehler** vorgeworfen werden kann.[220]

– **Überwachender Architekt und ausführendes Unternehmen**

Treffen ein **Ausführungsfehler** des Unternehmens und ein **Überwachungsfehler** des bauüberwachenden Architekten/Ingenieurs zusammen, wird dem Ausführungsfehler höheres Gewicht beigemessen. Dies kann auch dazu führen, dass das ausführende Unternehmen im Innenverhältnis alleine haftet.[221] Im Regelfall wird sich die Quote zu Lasten des ausführenden Unternehmens verschieben.[222] Die überwiegende Verantwortlichkeit des ausführenden Unternehmens ist nicht unumstößlich. Auch hier kommt eine Verschiebung zu Lasten des Architekten in Betracht,[223] beispielsweise dann, wenn eine besonders gravierende Verletzung der Überwachungspflicht vorliegt, z. B. hinsichtlich besonders

---

[216] NJW 1969, 653, 654; dazu auch *Kniffka* BauR 2005, 274, 277.
[217] Ähnlich auch *Soergel* BauR 2005, 239, 244; OLG Naumburg NJW-RR 2003, 595 f. = NZBau 2003, 391; *Merl* in Kleine-Möller/Merl 3. Aufl., § 12 Rdn. 1014.
[218] BauR 1991, 79, 80 = NJW-RR 1991, 276 = ZfBR 1991, 61 ff.; dazu auch *Kniffka* BauR 2005, 274, 277; kritisch und für eine flexiblere Lösung: *Braun* FS Motzke, 23. 36.
[219] OLG Karlsruhe BauR 2005, 879 = NJW-RR 2005, 248: 1/3 Planer und 2/3 Unternehmen; OLG Dresden NZBau 2000, 333, 335: 1/3 Planer und 2/3 ausführendes Unternehmen; OLG Karlsruhe BauR 2003, 917, 918: 1/4 Planer und 3/4 ausführendes Unternehmen; a. A. OLG Naumburg NZBau 2003, 391 = IBR 2003, 206: überwiegende Verantwortung des Planers; ebenfalls a. A. OLG Celle BauR 2003, 730: 2/3 Fachplaner und 1/3 ausführendes Unternehmen.
[220] BGH NJW 1969, 653, 655; OLG Naumburg NJW-RR 2003, 595 = NZBau 2003, 391 = IBR 2003, 206.
[221] BGH NJW 1965, 1175, 1176.
[222] BGH BauR 1973, 313, 315 = NJW 1973, 1762, 1763; BGH NJW 1980, 2348, 2349 (allgemein für die Verletzung einer Aufsichts- oder Garantenpflicht); OLG Braunschweig BauR 1991, 355: 1/5 Planer und 4/5 ausführendes Unternehmen.
[223] *Kniffka* BauR 2005, 274, 277; für eine Abstufung der Quote je nach Überwachungsbedürftigkeit der Ausführungsleistung: *Braun* FS Motzke 23, 33.

schadenstrachtiger Ausführungsleistungen.[224] Dies kann in Ausnahmefällen auch dazu führen, dass der überwachende Architekt im Innenverhältnis alleine haftet.[225]

– **Ausführendes Unternehmen und Vorunternehmer**
Haften verschiedene ausführende Unternehmen als Gesamtschuldner (vgl. dazu oben), kann dies auf einem Zusammentreffen zweier Ausführungsfehler beruhen. Können diese Ausführungsfehler nur durch eine einzige, gemeinsame Mangelbeseitigungsmaßnahme ausgeräumt werden und können keine Kriterien für eine Aufteilung der anfallenden Mangelbeseitigungskosten aufgefunden werden, greift die Grundregel des § 426 Abs. 1 Satz 1 BGB ein, wonach die Gesamtschuldner zueinander zu gleichen Anteilen zum Ausgleich verpflichtet sind.

Häufiger als das Zusammentreffen zweier – voneinander unabhängiger – Ausführungsfehler ist der Fall, dass der Vorunternehmer seine Leistung mangelhaft erbracht hat, die Werkleistung des Nachfolgeunternehmers deshalb ebenfalls mangelhaft wird und eine Enthaftung nach § 13 Nr. 3 VOB/B durch Erteilung eines Bedenkenhinweises nicht in Betracht kommt. Rechtsprechung und Äußerungen in der Literatur zum Innenausgleich gibt es zu diesem Fall kaum.[226] M. E. können insoweit auch nicht die – oben dargelegten – Grundsätze zum Zusammentreffen eines Planungsfehlers mit der Verletzung der Prüfungs- und Bedenkenhinweispflicht des ausführenden Unternehmens uneingeschränkt herangezogen werden. Zwar wird sich die Quote zu Lasten des nachfolgenden Unternehmens verschieben, wenn es positive Kenntnis von der Mangelhaftigkeit der Vorleistung hat. Allerdings wird eine alleinige Haftung des Nachfolgeunternehmers im Regelfall ausscheiden, da sein Unterlassen nicht das Entstehen des gesamten Schadens hätte verhindern können. Die mangelhafte Werkleistung des Vorunternehmers ist im Regelfall bereits erbracht. Insoweit liegt der Fall anders, als bei der Verletzung der Prüfungs- und Bedenkenhinweispflicht betreffend eine mangelhafte Planung. Hier kann durch Erteilung eines rechtzeitigen Bedenkenhinweises die Entstehung des gesamten Schadens komplett verhindert werden. Dieser Umstand muss bei der Quotierung berücksichtigt werden.

**116** An gemeinsamen Kriterien, die zur Abgrenzung herangezogen werden können, lassen sich im Wesentlichen feststellen:
– Verursachung im engeren Sinn:
Wer hat die „eigentliche" Ursache für die entstandenen Schäden gesetzt?[227]
– Grad des Verschuldens:
Lag auf Seiten eines der Gesamtschuldner positive Kenntnis von der Mangelhaftigkeit vor? In diesem Zusammenhang ist auch der Grad des „Vertrauendürfens" zu berücksichtigen. Nur soweit der Auftragnehmer auf Planungen und Ausführungsunterlagen tatsächlich vertraut hat und auch vertrauen durfte, kann er entlastet und die Quote zu seinen Gunsten verschoben werden.[228] Dieser Grundsatz gilt auch im Verhältnis Vor- zu Nachfolgeunternehmer und kann entsprechend auch im Verhältnis des ausführenden Unternehmens/bauüberwachenden Architekten/Ingenieurs herangezogen werden. Je banaler die Ausführungsleistung ist, desto eher kann der Architekt/Ingenieur, der die Ausführungsleistung überwacht, darauf vertrauen, dass das ausführende Unternehmen die Leistungen auch ordnungsgemäß erbringt. Dieses Vertrauendürfen verringert sich jedoch bei Ausführungsleistungen, die schwierig und risikoträchtig sind. Beide Gesichtspunkte müssen ebenso bei der Innenausgleichsquote berücksichtigt werden.

**117** Beide Kriterien lassen sich § 254 Abs. 1 BGB zuordnen, der Ausgangspunkt für die Ermittlung der Innenausgleichsquote ist. Nach h. M. ist das Maß des beiderseitigen Ver-

---

[224] *Ganten* in der Vorauflage, vor § 13 Rdn. 142; OLG München NJW-RR 1988, 336.
[225] BGH NJW 1965, 1175, 1176.
[226] So auch bereits *Ganten* in der Vorauflage vor § 13 Rdn. 132; OLG Stuttgart IBR 2004, 11; OLG Hamm BauR 1988, 481.
[227] BGH BauR 1991, 79, 80.
[228] BGH BauR 1991, 79, 80 = NJW-RR 1991, 276 = ZFBR 1991, 61.

schuldens in die Abwägung – eigenständig –, neben der Verursachung, einzubeziehen.[229] Im vorliegenden Zusammenhang kann das Maß des Verschuldens (Vorsatz oder Fahrlässigkeit) jedoch auch ohne weiteres dem im Gesetz vorgesehenen Merkmal der „überwiegenden Verursachung" zugeordnet werden. Da eine Abstufung in wichtige oder weniger wichtige Ursachen nicht möglich ist – entweder ist ein Umstand ursächlich oder nicht – zielt die „überwiegende Verursachung" auf die Wahrscheinlichkeit ab, mit der das jeweilige Verhalten zum Schadenseintritt führt.[230] Bei der Quotenbildung nach § 254 BGB ist deshalb entscheidend darauf abzustellen, das Verhalten welches Schädigers den Schadenseintritt in wesentlich höherem Maße wahrscheinlich gemacht hat.[231] In diese Wahrscheinlichkeitsbeurteilungen fließen alle oben dargestellten Kriterien – und damit auch die Tatsache der positiven Kenntnis oder der grob/einfach fahrlässigen Kenntnis – ein. Beispielsweise ist es wahrscheinlicher, dass ein Planungsfehler des Architekten/Ingenieurs zu einem Schaden führt, wenn es sich um einen Planungsfehler handelt, der dem ausführenden Unternehmen nicht ohne weiteres auffallen muss. Demgegenüber erhöht sich die Wahrscheinlichkeit, dass ein Planungsfehler vom ausführenden Unternehmen entdeckt und ein Schaden vermieden wird, wenn der Planungsfehler leicht zu erkennen ist oder es Anhaltspunkte für das ausführende Unternehmen gibt, nicht (mehr) uneingeschränkt auf die Planung vertrauen zu dürfen. Gänzlich unwahrscheinlich ist, dass ein Planungsfehler, der vom ausführenden Unternehmen erkannt wird, zu einem Schaden führt, ordnungsgemäßes Verhalten des ausführenden Unternehmens (Erteilung eines Hinweises) unterstellt. Entsprechendes gilt für das Verhältnis zweier ausführender Unternehmen zueinander und auch im Verhältnis planender Architekt zu planendem Sonderfachmann. Auch im Verhältnis des bauüberwachenden Architekten/Sonderfachmanns zum ausführenden Unternehmen ist es so, dass sich die Kenntnis bzw. der Grad der Fahrlässigkeit hinsichtlich der Unkenntnis auf die Wahrscheinlichkeit des Schadenseintritts auswirkt.

Es ist – angesichts der Vielfalt der Faktoren, die auch noch unterschiedliche Abstufungen aufweisen können – eine Festlegung der Quote im jeweiligen Einzelfall notwendig. Die Wahrscheinlichkeiten der Verursachung des Schadens durch das jeweilige Fehlverhalten und damit die Festlegung der Quote erfolgt in Anwendung des § 287 ZPO.[232]

**118**

### V. Das „gestörte" Gesamtschuldverhältnis

#### 1. Grundlagen

Unter der Bezeichnung „gestörtes Gesamtschuldverhältnis" oder „gestörter Gesamtschuldnerausgleich" wird in Rechtsprechung und Literatur eine ganze Reihe von Fallkonstellationen diskutiert. Die Gemeinsamkeit liegt darin, dass einem der Gesamtschuldner **von vornherein** oder **nachträglich** eine Privilegierung entweder durch eine **gesetzliche Bestimmung** oder auf Grund einer **vertraglichen Vereinbarung** zukommt. In allen Fällen stellt sich die Frage, wie das Problem zu lösen ist, dass dieser Gesamtschuldner einerseits privilegiert werden soll, andererseits auf Grund des Gesamtschuldnerausgleichsanspruchs über den Innenausgleich Gefahr läuft, diese Privilegierung wieder zu verlieren. Im Rahmen der Geltendmachung von Mängelrechten durch den Auftraggeber spielt insbesondere die „Störung" des Gesamtschuldverhältnisses durch **Abschluss eines Vergleichs** mit einem der Gesamtschuldner eine Rolle.[233] Liegen beispielsweise sowohl Planungs- als auch Ausführungsmängel vor, besteht ein Gesamtschuldverhältnis zwischen dem planen-

**119**

---

[229] MünchKommBGB/*Oetker* 5. Aufl., § 254 Rdn. 110.
[230] BGH NJW 1994, 379; BGH NJW 1998, 1137, 1138; MünchKommBGB/*Oetker* 5. Aufl., § 254 Rdn. 109; BGH NJW-RR 1988, 1373.
[231] BGH NJW-RR 1988, 1173.
[232] BGH NJW-RR 1988, 1373; BGH BGHZ 94, 356, 361 = NJW 1985, 2595; BGH NJW 1968, 985.
[233] Zu sonstigen Konstellationen der Störung des Gesamtschuldverhältnisses: *Werner* in *Werner/Pastor* 11. Aufl., Rdn. 2004 ff.; *Glöckner* BauR 2005, 251, 272; MünchKommBGB/*Bydlinski* 5. Aufl., § 426 Rdn. 7 ff. und 54 ff.

den Architekten/Ingenieur und dem ausführenden Unternehmen. Nimmt der Auftraggeber den Architekten/Ingenieur auf Schadensersatz, berechnet anhand der Mangelbeseitigungskosten, in Anspruch und schließt mit diesem einen Vergleich ab, wonach gegen Zahlung eines bestimmten Betrages die geltend gemachten Mängel erledigt sein sollen, stellt sich die Frage, ob der Bauherr anschließend wegen derselben Mängel erfolgreich gegen das ausführende Unternehmen vorgehen kann. Wird diese Frage bejaht, stellt sich anschließend die weitere Frage, ob dem ausführenden Unternehmen ein uneingeschränkter Innenregress möglich ist. Wird auch diese Frage bejaht, kann der Architekt/Ingenieur im Wege des Innenregresses zu weiterer Zahlung verpflichtet sein, obwohl er zuvor mit dem Bauherrn einen Vergleich abgeschlossen hat und mit der Zahlung der Vergleichssumme die Mängel abgelten wollte.

Es sind hier die folgenden Lösungsmöglichkeiten denkbar:
– Der Vergleich mit einem Gesamtschuldner hat die Wirkung, dass der Gläubiger die übrigen Gesamtschuldner überhaupt nicht mehr in Anspruch nehmen kann. Dem Vergleich zwischen Gläubiger und einem der Gesamtschuldner kommt dann **unbeschränkte Gesamtwirkung** zu.
– Der Vergleich könnte auch dazu führen, dass der Gläubiger die übrigen Gesamtschuldner nur in Höhe der letztlich auf diese entfallenden Anteile der gesamtschuldnerischen Forderung in Anspruch nehmen kann. Dem Vergleich kommt dann **beschränkte Gesamtwirkung** zu.
– Es kann auch die Auffassung vertreten werden, dass der Vergleich überhaupt keine Beschränkung für den Gläubiger mit sich bringt und dieser die übrigen Gesamtschuldner einschränkungslos in Anspruch nehmen kann. Dem Vergleich käme dann überhaupt keine Gesamtwirkung zu, er hätte nur **Einzelwirkung.**

120 Ausgangspunkt für die Beantwortung der Frage, welche Wirkung ein Vergleich zwischen dem Gläubiger (Auftraggeber) und einem Gesamtschuldner (z. B. planendem Architekten) hat, ist § 423 BGB. Danach wirkt ein zwischen dem Gläubiger und einem Gesamtschuldner vereinbarter Erlass auch für die übrigen Schuldner, wenn die Vertragschließenden das ganze Schuldverhältnis aufheben wollten.[234] Ein Vergleich, wonach gegen Zahlung eines bestimmten Betrages die übrigen Ansprüche aufgrund derselben Mängel erledigt sein sollen, stellt sich rechtstechnisch hinsichtlich des Erledigungsteiles als Erlass gem. § 397 Abs. 1 BGB dar. Damit diese Vereinbarung **unbeschränkte Gesamtwirkung** entfaltet, müssen die Vertragschließenden den Willen dazu haben, „das ganze Schuldverhältnis" aufzuheben (§ 423 BGB).

121 Haben die Parteien eine ausdrückliche Regelung in den Vertrag aufgenommen, ist die Sache eindeutig. Dieser Fall ist selten.

122 Haben die Parteien keine diesbezügliche Regelung in den Vergleich mit aufgenommen, muss die Vereinbarung ausgelegt werden. Die Auslegung kann ergeben, dass das ganze Schuldverhältnis aufgehoben werden sollte. Bestehen Zweifel, kann keine Gesamtwirkung, sondern lediglich Einzelwirkung angenommen werden.[235]

123 Nach einigen oberlandesgerichtlichen Urteilen soll dem Vergleich in dem Fall durch Auslegung unbeschränkte Gesamtwirkung entnommen werden können, dass der Vergleich zwischen dem Gläubiger und demjenigen Gesamtschuldner geschlossen wird, der im Innenverhältnis alleine haftet.[236] Der IX. Zivilsenat des BGH hat in einem obiter dictum seine Zustimmung zu dieser Auffassung erklärt.[237] Hinter dieser Auffassung steht die Überlegung,

---

[234] Nicht um einen Erlass, sondern um die Vereinbarung einer Erfüllungswirkung mit der Wirkung des § 422 Abs. 1 BGB kann es sich dann handeln, wenn gegenseitige Ansprüche – z.B. Restwerklohn und Architektenhonorar – miteinander saldiert werden, worauf *Ziegler* BauR 2004, 1983 ff. zu Recht hinweist.
[235] BGH NJW 2000, 1942; BGH NJW 1986, 1097; BGH *Schäfer/Finnern* Z.3.01 Bl. 325, zitiert bei *Koeble* in *Kniffka/Koeble* Kompendium des Baurechts, 2. Aufl., 2. Teil Rdn. 18.
[236] OLG Köln NJW-RR 1992, 1398; OLG Köln BauR 1993, 744; OLG Hamm NJW-RR 1998, 486, 487; OLG Dresden BauR 2005, 1954 = IBR 2005, 472.
[237] BGH NJW 2000, 1942, 1943.

C. Die Gesamtschuld

dass ein Vergleich des Gläubigers mit dem Gesamtschuldner, der eine Teilerledigung gegen Zahlung eines bestimmten Betrages vornehmen will, keinen Sinn macht, wenn im Wege des Innenregresses der am Vergleich beteiligte Gesamtschuldner letztlich doch den gesamten Schadensbetrag zu tragen hat. Allerdings ist für eine derartige Auslegung erforderlich, dass die beiden am Vergleich beteiligten Parteien in dem Bewusstsein gehandelt haben, dass der Gesamtschuldner im Innenverhältnis auch letztlich derjenige ist, der den gesamten Schadensbetrag zu tragen hat.

In einer neueren Entscheidung hat der BGH bestätigt, dass für die Annahme einer (beschränkten) Gesamtwirkung ein entsprechender Wille der Beteiligten positiv festgestellt werden müsse. Ist dies nicht möglich, komme eine (beschränkte) Gesamtwirkung nicht in Betracht.[238]

**2. Stellungnahme**

Nach dem Wortlaut des Gesetzes, § 423 BGB, ist – in Übereinstimmung mit der Rechtsprechung – davon auszugehen, dass eine Gesamtwirkung, auch eine beschränkte, nur dann anzunehmen ist, wenn die Parteien, die den Vergleich schließen, dem Vergleich diese Wirkung zukommen lassen wollten. Es ist also die positive Feststellung eines entsprechenden Willens erforderlich. Ein derartiger Wille muss zwar nicht ausdrücklich geäußert werden, sondern kann sich auch durch Auslegung des Vergleichs ergeben. Allerdings ist insoweit Zurückhaltung geboten. Allein die objektive Tatsache, dass der Vergleich mit demjenigen abgeschlossen wird, der im Innenverhältnis (letztlich) allein haftet, ist insoweit nicht aussagekräftig. Gerade in Bauprozessen steht häufig erst nach Durchführung von selbstständigen Beweisverfahren und mehrjähriger Prozessdauer fest, wer letztlich mit welcher Quote im Innenverhältnis haftet. Schließen die Parteien zu Beginn oder während der Auseinandersetzungen einen Vergleich, werden sie häufig nicht berücksichtigen (können), in welchem Umfang der vertragsschließende Gesamtschuldner im Innenverhältnis haften wird.[239] Entscheidend ist daher nicht die objektive Tatsache, dass mit demjenigen Gesamtschuldner ein Vergleich abgeschlossen wird, der (letztlich) im Innenverhältnis alleine haftet, sondern ausschließlich der **Wille** der Vergleichsschließenden, das ganze Schuldverhältnis aufheben zu wollen. Allein die Tatsache, dass (zufällig) mit dem letztlich allein Haftenden ein Vergleich abgeschlossen wird, sagt nichts aus über den Willen, das Schuldverhältnis insgesamt aufheben zu wollen. Hierzu wäre zumindest Kenntnis von der Alleinhaftung des vertragsschließenden Gesamtschuldners erforderlich.

Es muss daher untersucht werden, ob sich aus dem Vergleichstext und dem sonstigen Verhalten der Parteien Auslegungshinweise finden lassen, die auf eine Gesamtwirkung (beschränkt oder unbeschränkt) hinweisen. In der Regel werden der Gläubiger und der am Vergleich beteiligte Gesamtschuldner zwar beide davon ausgehen, dass der Gesamtschuldner letztlich nicht über die im Vergleich vorgesehene Summe hinaus belastet werden soll. Allerdings wird nicht in jedem Fall dem Vergleich ohne weiteres zu entnehmen sein, dass der Gläubiger – damit dieses Ziel erreicht wird – in jedem Fall auf die Inanspruchnahme weiterer Gesamtschuldner verzichtet (unbeschränkte Gesamtwirkung) oder dieselbe beschränkt (beschränkte Gesamtwirkung). Denkbar ist auch, dass die Parteien (in erster Linie der Gläubiger) den Willen haben, nicht grundsätzlich auf eine weitere Inanspruchnahme der übrigen Gesamtschuldner zu verzichten bzw. den Zugriff zu beschränken. Vielmehr kann eine Auslegung auch ergeben, dass der Gläubiger zunächst die weiteren Gesamtschuldner in Anspruch nehmen kann und er erst dann dem am Vergleich beteiligten Gesamtschuldner gegenüber zur Freistellung verpflichtet ist, wenn dieser von einem der übrigen Gesamtschuldner im Wege des Innenregresses in Anspruch genommen wird. Der Gläubiger könnte bei einer derartigen Auslegung deshalb die übrigen Gesamtschuldner in Anspruch nehmen.

---

[238] BGH BauR 2003, 1379.
[239] *Kniffka* BauR 2005, 274, 283.

Erst dann – und dies muss nicht immer der Fall sein – wenn einer der Gesamtschuldner einen Ausgleichsanspruch geltend macht (und diesen Anspruch auch noch erfolgreich durchsetzen könnte), wäre er dem am Vergleich beteiligten Gesamtschuldner zur Freistellung verpflichtet. Bei einer derartigen Auslegung würde der am Vergleich beteiligte Gesamtschuldner nicht über die Summe hinaus belastet, zu deren Zahlung er sich verpflichtet hat und der Gläubiger würde nicht auf mehr Rechte als notwendig verzichten. In den Fällen, in denen ein Innenregress der übrigen Gesamtschuldner nicht mehr möglich ist (beispielsweise wegen Verjährung) wäre der Gläubiger besser gestellt im Vergleich zur Annahme von Gesamtwirkung (beschränkt oder unbeschränkt). Allerdings verlagert sich bei einer derartigen Lösung das Insolvenzrisiko. Im Falle der Annahme von Gesamtwirkung kann der Gläubiger die übrigen Gesamtschuldner nicht bzw. nur beschränkt in Anspruch nehmen. Es kommt daher nicht auf die Solvenz des Gläubigers an. Demgegenüber trifft bei der Annahme eines Freistellungsanspruchs das Risiko einer Insolvenz des Gläubigers den am Vergleich beteiligten Gesamtschuldner, der u. U. den Freistellungsanspruch nicht mehr realisieren kann. Für einen Freistellungsanspruch des am Vergleich beteiligten Gesamtschuldners gibt es keine **gesetzliche** Grundlage. Ein derartiger Anspruch kann sich deshalb nur durch eine **Auslegung des Vergleichs** ergeben.

127  Im Ergebnis ist deshalb der Vergleich und das sonstige Verhalten der Parteien im Vorfeld des Vergleichsabschlusses daraufhin zu untersuchen, ob die Parteien eine abschließende Belastung des am Vergleich beteiligten Gesamtschuldners mit einer bestimmten Summe erreichen wollten. Ist dies nicht der Fall – sollte mit dem Vergleich lediglich das konkrete Verfahren abgeschlossen werden – hat der Vergleich lediglich Einzelwirkung und der am Vergleich beteiligte Gesamtschuldner kann im Wege des Innenregresses weiter in Anspruch genommen werden. Ist dem Vergleich demgegenüber zu entnehmen, dass es bei der Belastung des am Vergleich beteiligten Gesamtschuldners bleiben soll, ist, unter Berücksichtigung der Verteilung des Insolvenzrisikos, weiter zu ermitteln, ob dem Vergleich entnommen werden kann, dass der Gläubiger umfänglich auf seine Rechte verzichten wollte und sollte, d. h., eine vollständige oder beschränkte Inanspruchnahme der weiteren Gesamtschuldner ausgeschlossen werden sollte. Die Festlegung einer bestimmten Haftungsquote zwischen dem Gläubiger und dem Gesamtschuldner kann beispielsweise darauf hindeuten, dass eine beschränkte Gesamtwirkung gewollt war.[240] Erst, wenn keine Anhaltspunkte für eine derartige Auslegung aufzufinden sind, muss untersucht werden, ob die Parteien nicht (zumindest) den Willen hatten, eine Freistellungsverpflichtung des Gläubigers zu Gunsten des am Vergleich beteiligten Gesamtschuldners zum Bestandteil des Vergleichs zu machen.

128  Es werden sich selten Anhaltspunkte für die Annahme unbeschränkter, häufiger Anhaltspunkte für die Annahme von beschränkter Gesamtwirkung auffinden lassen. Im Regelfall wird im Vergleich zumindest die Vereinbarung einer Freistellungsverpflichtung entnommen werden können.

## VI. Verjährung des Ausgleichsanspruchs

129  Der Anspruch aus § 426 Abs. 2 BGB ist ein Anspruch, der ursprünglich dem Gläubiger zustand und nach Befriedigung auf den Gesamtschuldner übergegangen ist. Die Verjährung richtet sich daher nach den Regelungen, die für dieses Rechtsverhältnis einschlägig sind, beispielsweise nach § 634a BGB oder § 13 Nr. 4 VOB/B.

130  Demgegenüber verjährt der Ausgleichsanspruch nach § 426 Abs. 1 BGB eigenständig und unabhängig von der Verjährung des übergegangenen Anspruchs gem. Abs. 2. Für ihn gilt die regelmäßige Verjährungsfrist des § 195 BGB, welche mit dem Schluss des Jahres beginnt, in dem der Anspruch entstanden ist und die **subjektiven Voraussetzungen** gem.

---

[240] OLG Düsseldorf Urt. v. 28. 12. 2006 – 1–21 U 41/06.

§ 199 Abs. 1 Nr. 2 BGB vorliegen. Problematisch ist, dass nach h. M. der Gesamtschuldnerausgleichsanspruch nach § 426 Abs. 1 bereits mit der Begründung des Gesamtschuldverhältnisses und nicht erst mit der Befriedigung des Gläubigers durch den Gesamtschuldner entsteht.[241] Sofern die subjektiven Voraussetzungen vorliegen, besteht deshalb die Gefahr, dass der Ausgleichsanspruch des Gesamtschuldners nach Abs. 1 verjährt, bevor er vom Gläubiger in Anspruch genommen wird.[242] In subjektiver Hinsicht muss entweder positive Kenntnis oder grob fahrlässige Unkenntnis von den den Anspruch begründenden Umständen vorliegen. Die rechtliche Würdigung spielt demgegenüber keine Rolle.[243] Die anspruchsbegründenden Umstände sind nach § 426 Abs. 1 BGB die das Gesamtschuldverhältnis begründenden Umstände. Die subjektiven Voraussetzungen müssen deshalb hinsichtlich der eigenen Einstandspflicht und hinsichtlich der (gleichstufigen) Einstandspflicht des anderen Gesamtschuldners gegeben sein. **Positive Kenntnis** von der eigenen Einstandspflicht und der (gleichstufigen) Einstandspflicht des anderen Gesamtschuldners wird zwar selten vorliegen. Allerdings hat der Gesetzgeber die **grob fahrlässige Unkenntnis** der positiven Kenntnis gleichgestellt und hinsichtlich des Begriffs der groben Fahrlässigkeit auf die Rechtsprechung verwiesen.[244] Danach liegt grobe Fahrlässigkeit vor, wenn die im Verkehr erforderliche Sorgfalt in ungewöhnlich großem Maße verletzt worden ist, ganz nahe liegende Überlegungen nicht angestellt oder beiseitegeschoben wurden und dasjenige unbeachtet geblieben ist, was im jeweiligen Fall jedem hätte einleuchten müssen.[245]

Diese Voraussetzungen werden vorliegen, wenn der Gläubiger gerichtlich gegen beide Gesamtschuldner vorgeht, d. h. ein gegen beide gerichtetes Klageverfahren/Selbständiges Beweisverfahren einleitet oder auch dann, wenn der Gläubiger zwar gerichtlich nur gegen einen der Gesamtschuldner vorgeht, dieser dem anderen jedoch den Streit verkündet. Im Regelfall werden sich der Streitverkündungsschrift Anhaltspunkte auch für einen gegenläufigen Ausgleichsanspruch des Streitverkündeten entnehmen lassen. Zumindest grob fahrlässige Unkenntnis von der eigenen Einstandspflicht und der Einstandspflicht des anderen Gesamtschuldners wird häufig auch dann angenommen werden können, wenn ein Gutachten vorliegt, das sich unmissverständlich zur Mangelhaftigkeit, insbesondere zur Mangelursache äußert und der Inhalt dieses Gutachten den Gesamtschuldnern bekannt gegeben wurde. Dem Gutachten wird beispielsweise häufig zu entnehmen sein, ob der Mangel Ausführungsleistungen zuzuordnen ist, bei denen die Überwachung in den Aufgabenbereich des Architekten und nicht in denjenigen eines Sonderfachmanns fiel und auch, ob der Mangel dem Auftragnehmer im Rahmen einfacher Arbeiten, bei denen der Architekt auf die ordnungsgemäße Ausführung durch das Unternehmen vertrauen durfte, unterlaufen ist oder im Rahmen von Leistungen, bei denen eine erhöhte Überwachung[246] durch den Architekten/Sonderfachmann erforderlich und geschuldet war.

Auf der anderen Seite wird die bloße Inanspruchnahme eines Gesamtschuldners (z. B. des Auftragnehmers) durch den Gläubiger nicht **ohne weiteres** den Vorwurf der grob fahrlässigen Unkenntnis des anderen Gesamtschuldners (z. B. des planenden/überwachenden Architekten) von den anspruchsbegründenden Tatsachen rechtfertigen, sofern letzterer von

---

[241] BGH NJW 1961, 1966, 1967; BGH NJW 1981, 1666, 1667; BGH NJW 1991, 1733, 1734; *Palandt/Grüneberg* 66. Aufl., § 426 Rdn. 3; *Lenkeit* BauR 2002, 196, 228.

[242] In diesem Fall bleibt dann lediglich der Ausgleichsanspruch nach Abs. 2 übrig, dem jedoch Einwendungen des anderen Gesamtschuldners aus dem Verhältnis zum Gläubiger gem. §§ 412, 404 BGB entgegenstehen können.

[243] *MünchKommBGB/Grothe,* 5. Aufl., § 199 Rdn. 25 f.

[244] BT-Drucksache 14/6040, 108 unter Hinweis auf BGHZ 10, 14, 16; 89, 153, 161; NJW-RR 1994, 1469, 1471; NJW 1992, 3235, 3236.

[245] Z. B. *Palandt/Heinrichs* 66. Aufl., § 277 Rdn. 4; auch die Nachweise in Fußnote 242; OLG Düsseldorf NZBau 2007, 648, 652.

[246] Der Umfang und die Intensität der Überwachungstätigkeit hängen von den Anforderungen der Baumaßnahme und den jeweiligen Umständen ab: *Locher/Koeble/Frik,* HOAI 9. Aufl., § 15 Rdn. 203; wichtigen und kritischen Bauabschnitten muss der überwachende Architekt besondere Aufmerksamkeit zuwenden: BGH BauR 1994, 392 = NJW 1994, 1276 = ZfBR 1994, 131.

der Inanspruchnahme des anderen Gesamtschuldners überhaupt Kenntnis erlangt. Ohne Kenntnis weiterer Umstände wird der andere Gesamtschuldner regelmäßig nicht den Schluss auf seine eigene Einstandspflicht ziehen müssen. Da beispielsweise nicht bei jedem Ausführungsfehler zwangsläufig die Planung oder Überwachung mangelhaft sein muss, muss auch nicht zwingend bei jeder Mangelerscheinung, die auf Ausführungsfehler hindeutet, ohne zusätzliche Informationen der Schluss auf die Mangelhaftigkeit der Planung oder Überwachung, d. h. auf die eigene Einstandspflicht, als Voraussetzung für eine gesamtschuldnerische Verpflichtung, gezogen werden.

133 Im Übrigen ist eine Aussage zu bestimmten Fallkonstellationen auf Grund der Vielzahl von relevanten Faktoren, die unterschiedlich stark ausgeprägt und unterschiedlich kombiniert vorliegen können, nicht möglich. In baurechtlichen Fällen wird es regelmäßig um die Kenntnis von Umständen gehen, die die **Mangelhaftigkeit** der eigenen Leistung und die Mangelhaftigkeit der Leistung des anderen Gesamtschuldners betreffen. Ein Umstand, der Bedeutung für die Beantwortung der Frage, ob grob fahrlässige Unkenntnis vorliegt, haben kann, ist beispielsweise der **Umfang der Beauftragung.** Hinsichtlich des Architekten ist relevant, ob er lediglich mit der Planung oder auch mit der Objektüberwachung beauftragt war. In letzterem Fall kann die Möglichkeit, relevante Informationen zu erlangen, auf Grund der Tätigkeit **während der Ausführung und Überwachung** verbessert sein. Der auch bauüberwachende Architekt/Sonderfachmann hat beispielsweise Kenntnis von den ausführenden Unternehmen und deren Leistungsbereichen sowie Kenntnis vom Ablauf der Ausführungsleistung. Hinsichtlich des ausführenden Unternehmens unterscheidet sich der Informationsstand danach, ob lediglich Ausführungsleistungen erbracht wurden oder auch die Ausführungsplanung zu erstellen war. Entscheidend ist ferner die **Art und der Umfang der vorhandenen Informationen,** aus denen die Mangelhaftigkeit erkannt werden kann (z. B. Planunterlagen). Von Bedeutung ist auch die **Art des Mangels.** Die Informationen, die einen Schluss auf die Mangelhaftigkeit nahe legen, unterscheiden sich bei einem funktionalen Mangel, bei einem Verstoß gegen die allgemein anerkannten Regeln der Technik, bei einer Abweichung von der vereinbarten Beschaffenheit oder bei Nichteignung für die vertraglich vorausgesetzte bzw. gewöhnliche Verwendung. Je nachdem welche Art von Mangel vorliegt, kann der Schluss auf die eigene Einstandspflicht und die Einstandspflicht des anderen Gesamtschuldners näher- oder fernliegender sein. Entscheidend ist des Weiteren, ob eine Mangelerscheinung auf eine **bestimmte Ursache** hindeutet und damit die Einstandspflicht bestimmter Beteiligter nahe legt oder ob die Mangelursache (zunächst) unklar ist. Ferner spielen sonstige, die Mangelhaftigkeit betreffenden Umstände **während der Ausführung und Überwachung** eine Rolle, beispielsweise ob Mangelbeseitigungsaufforderungen ausgesprochen wurden. Eine besondere Bedeutung kommt der **Art und dem Umfang von Informationen** zur Mangelhaftigkeit **nach der Abnahme** zu. Insoweit kann bedeutsam sein, ob, durch wen und wie zur Mangelbeseitigung aufgefordert oder ein anderer Anspruch geltend gemacht worden ist.

134 Sind die Voraussetzungen für den Verjährungsbeginn des Ausgleichsanspruchs gem. Abs. 1 gegeben, muss der Ablauf der Verjährung gehemmt werden. Im Rahmen eines gerichtlichen Verfahrens ist eine Streitverkündung vorzunehmen. Scheidet die Streitverkündung mangels eines bereits rechtshängigen Verfahrens aus, muss eine Feststellungs- oder Freistellungsklage erhoben werden.[247] Ein Gesamtschuldner kann vor Befriedigung des Gläubigers die übrigen Gesamtschuldner auf anteilige Mitwirkung an der Befriedigung und damit auf Freistellung in Anspruch nehmen.[248] Ist die Höhe des Anspruchs des Gläubigers noch nicht bekannt, muss eine Feststellungsklage, bei bekannter Höhe eine Freistellungsklage erhoben werden.[249]

---

[247] Einzelheiten zur Freistellungsklage bei *Kniffka* in *Kniffka/Koeble* Kompendium des Baurechts 2. Aufl., 16. Teil Rdn. 13 ff.; *Zahn* ZfBR 2007, 627 ff.
[248] BGH NJW 1958, 497; OLG Stuttgart NJW-RR 2004, 1087 ff.; *Werner/Pastor* 11. Aufl. Rd. 1967.
[249] Zahn, ZfBR 2007, 627 ff.

## D. Darlegungs- und Beweislast bei der Geltendmachung von Mängelansprüchen und -rechten[250]

Sollen Mängelansprüche geltend gemacht werden, stellt sich für den Auftraggeber häufig die Frage, was er für die Inanspruchnahme eines bestimmten Auftragnehmers beweisen muss. **Vor der Abnahme** ergeben sich keine Probleme für den Auftraggeber. Der Unternehmer hat nach h. M. das Nichtvorhandensein eines Mangels zu beweisen.[251] Es reicht in diesem Fall aus, wenn der Auftraggeber die Mangelerscheinung (das Symptom, s. u.) darlegt. Steht fest, dass **bei der Abnahme** ein Mangel vorhanden gewesen ist, hat sich der Auftraggeber seine Rechte im Abnahmeprotokoll vorbehalten, der Auftragnehmer Nachbesserungsversuche unternommen und tritt dann ein Bauschaden auf, der mit dem „alten" Mangel übereinstimmt, liegt die Beweislast für die Mangelfreiheit – trotz der Abnahme – weiterhin beim Auftragnehmer.[252] Das Problem stellt sich daher nur dann, wenn es um Mängel geht, die **nach der Abnahme** auftreten. Da es häufig mehrere Ursachen aus den Leistungsbereichen verschiedener Auftragnehmer gibt, stellt sich die Frage, was genau der Auftraggeber beweisen muss. Treten beispielsweise Risse im Fliesenbelag auf, kann dies u. a. auf Mängel der Gründung, des Tragwerks, des Rohbaus, des Estrichs und des Fliesenbelags hindeuten. Was muss der Bauherr nun beweisen, wenn er Mängelrechte geltend macht? Reicht es aus, wenn er das Vorhandensein von Rissen nachweist und ist damit der Mangel erwiesen? Oder muss der Auftraggeber „mehr" beweisen, nämlich dass der Riss gerade aus einem bestimmten Gewerk stammt oder – alternativ –, dass es keine Drittursachen für den Bauschaden gibt.

135

### I. Begriffe und Symptomrechtsprechung

Die **Mangelursache** führt zu einem **Mangel**.[253] Der Mangel tritt nach außen in Erscheinung („**Mangelerscheinung**" oder „**Mangelsymptom**"). Wird von einem **Mangel** gesprochen, wird damit begrifflich eine der Voraussetzungen für die Geltendmachung von Mängelrechten, nämlich die Soll-Ist-Abweichung bejaht. Ist diese Voraussetzung nicht nachgewiesen, sollte der neutrale Begriff „Bauschaden" verwendet werden.

136

Eine Mangelerscheinung kann das zutage getretene Bild eines Mangels darstellen. Die Mangelerscheinung kann jedoch gleichzeitig selbst ein eigenständiger optischer und/oder technischer Mangel sein, was von dem jeweils vertraglich vereinbarten Leistungsumfang abhängt.

137

Die **Symptomrechtsprechung** des BGH erleichtert dem Auftraggeber lediglich die **Darlegung** von Mängeln und nicht den **Beweis** derselben. Alle hierzu ergangenen Urteile befassen sich mit der Darlegungs- und nicht mit der Beweislast.[254] Die Darlegungserleichterung liegt darin, dass der Auftraggeber lediglich die **Mangelerscheinung** beschreiben und nicht Stellung zum Mangel oder zur Mangelursache nehmen muss.[255] Die Symptomrechtsprechung kommt auch außerhalb eines gerichtlichen Verfahrens, z. B. bei der schriftlichen

138

---

[250] Dazu *Leitzke* BauR 2002, 394 ff.; *Putzier* BauR 2004, 1060 ff.; *Ingenstau/Korbion-Wirth* VOB/B, § 13 Nr. 1 Rdn. 122 und Nr. 7 Rdn. 75; *Zahn* BauR 2006, 1823 ff.
[251] Z. B. BGH NJW-RR 2000, 1762.
[252] BGH NJW-RR 1998, 1268; BGH BauR 1997, 129 = NJW-RR 1997, 339.
[253] Zur Abgrenzung von Mangelursache und Mangel vgl. auch *Leitzke* BauR 2002, 394 ff.; vgl. ebenfalls zu den Begriffen: *Weise* BauR 1991, 19 ff.
[254] BGH BauR 2003, 1247 = NJW-RR 2003, 1239; BGH BauR 2002, 784, 785; BGH BauR 2001, 630, 631; BGH BauR 2000, 261 = NZBau 2000, 73; BGH BauR 1999, 899; BGH BauR 1992, 503; BGH BauR 1997, 1029; BGH BauR 1989, 79; BGH BauR 1988, 474, 476; BGH BauR 1985, 355, 357.
[255] Z. B. BGH BauR 1999, 899.

Mangelbeseitigungsaufforderung gem. § 13 Nr. 5 Abs. 1 VOB/B zur Anwendung. Sie gilt darüber hinaus auch im selbstständigen Beweisverfahren und erleichtert auch die Darlegung in einem Klageverfahren.

## II. Mangel

### 1. Mangelbegriff

139  Derjenige, der einen Anspruch geltend macht, trägt die Beweislast für die anspruchsbegründenden Tatsachen, da ein Anspruch vom Gericht nur zugesprochen wird, wenn die Voraussetzungen, die das Gesetz für diesen Anspruch im Tatbestand aufstellt, erfüllt sind. Deshalb trägt der Auftraggeber die Beweislast für die anspruchsbegründenden Tatsachen und deshalb – nach der Abnahme – für das Vorhandensein eines Mangels.

140  Es reicht nicht aus, wenn der Auftraggeber lediglich die **Mangelerscheinung** nachweist. Andererseits muss er auch **nicht** die **Mangelursache** oder eine **Pflichtverletzung,** ein bestimmtes Fehlverhalten, beweisen. Da der Werkvertrag erfolgsbezogen ist, liegt ein Mangel vor, wenn der vertraglich geschuldete Erfolg nicht erreicht wird. Die Gründe, warum dieser Erfolg nicht erreicht wird, sind für die verschuldensunabhängigen Mängelansprüche unerheblich. Der Auftraggeber muss deshalb das Vorhandensein eines Mangels, der zwischen Mangelerscheinung und Mangelursache liegt, beweisen. Entscheidend dafür, ob ein Mangel vorliegt, ist die vertragliche Vereinbarung. Aus ihr ist zu ermitteln, ob eine Soll-Ist-Abweichung vorliegt. Tritt eine bestimmte Mangelerscheinung auf, reicht dies im Regelfall für den Auftraggeber nicht aus, um die Mangelhaftigkeit der Leistung eines bestimmten Auftragnehmers nachzuweisen. Die Parteien werden im Regelfall weder eine Beschaffenheit vereinbaren, die dahin geht, dass das Werk des Auftragnehmers in jedem Fall bauschadensfrei bleibt (also keine Mangelerscheinungen aufweist), unabhängig davon, wie auf das Werk eingewirkt wird. Die Beschaffenheitsvereinbarung wird vielmehr im Regelfall dahingehen, dass das Werk des Unternehmers als solches so erstellt werden muss, dass keine Bauschäden auftreten und dass es unter den konkreten Umständen, bei diesem Bauvorhaben funktioniert (ist dies nicht der Fall, liegt ein funktionaler Mangel vor.[256] Darüber hinaus wird die Beschaffenheitsvereinbarung in der Regel dahin gehen, dass der Unternehmer neben der ordnungsgemäßen Erstellung „seiner" Leistung die Vorleistungen von anderen Unternehmern oder Vorgaben des Bestellers zu überprüfen und bei erkennbarer Fehlerhaftigkeit derselben durch Bedenkenhinweis dafür zu sorgen hat, dass die Voraussetzungen dafür geschaffen werden, dass ein Werk funktioniert (Prüfungs- und Bedenkenhinweispflicht).

141  Sollte keine Beschaffenheit ausdrücklich oder konkludent vereinbart worden sein, liegt auch bei den sonstigen Alternativen des § 13 Nr. 1 VOB/B nicht ohne weiteres ein **Mangel** vor, wenn eine Mangelerscheinung festzustellen ist. Tritt eine Mangelerscheinung auf, ist damit noch nicht geklärt, dass sich das Werk (im Zeitpunkt der Abnahme) nicht für die nach dem Vertrag vorausgesetzte oder für die gewöhnliche Verwendung eignet. Vielmehr ist dies eine Frage der Verursachung. Es kann beispielsweise – bei Auftreten von Rissen im Fliesenbelag – nicht von einem Mangel des Fliesenbelags gesprochen werden, wenn die Risse auf – nicht erkennbare – Mängel des Rohbaus, des Estrichs, auf ein Erdbeben oder auf zu starke Belastung seitens des Auftraggebers zurückzuführen sind. In diesem Fall liegt dann auch kein **funktionaler Mangel** vor. Das Werk „funktioniert" zwar nicht. Allerdings schuldet der Auftragnehmer – zumindest im Regelfall – nicht ein Werk, das unabhängig von den Einflussfaktoren „funktioniert".

142  Als Zwischenergebnis lässt sich festhalten, dass es – nach der Abnahme – nicht ausreicht, wenn der Auftraggeber lediglich die Mangelerscheinung darlegt und beweist. Vielmehr muss eine weitere Voraussetzung erfüllt sein:

---

[256] BGH Urt. v. 8. 11. 2007 – VII ZR 183/05.

D. Darlegungs- und Beweislast bei der Geltendmachung von Mängelrechten  **Vor § 13**

## 2. Mangelhaftigkeit im Zeitpunkt der Abnahme

Die Beurteilung, ob ein Mangel vorliegt oder nicht, hat bezogen auf den Zeitpunkt der Abnahme, zu erfolgen, was sich unmittelbar aus § 13 Nr. 1 Satz 1 VOB/B ergibt und für den BGB-Werkvertrag ebenso gilt.[257] Es ist begrifflich nicht möglich, dass die Werkleistung im Zeitpunkt der Abnahme „mangelfrei" war und ein „Mangel" nachträglich auftritt. Möglich ist allerdings, dass der Mangel im Zeitpunkt der Abnahme nach außen noch nicht in Erscheinung getreten ist, dies jedoch nachträglich tut. In diesem Fall ist das Werk jedoch im Zeitpunkt der Abnahme mangelhaft, da der Mangel im Keim bereits angelegt gewesen ist.[258] Auch in den Fällen, in denen die Werkleistung nachträglich funktionsuntauglich wird, die z. Zt. der Abnahme geltenden allgemein anerkannten Regeln der Technik eingehalten waren, sich jedoch nachträglich herausstellt, dass diese nicht zureichend waren, liegt der Mangel im Keim bereits im Zeitpunkt der Abnahme vor und tritt erst später zutage. 143

## III. Beweislast

### 1. Grundsatz

Nach der Abnahme muss der Besteller bei der Geltendmachung von Mängelansprüchen das Vorhandensein des **Mangels** beweisen.[259] Dazu muss er folgendes beweisen: 144
– zunächst, dass eine Mangelerscheinung (in diesem Zeitpunkt noch „Bauschaden") vorhanden ist;
– darüber hinaus muss vom Auftraggeber sowohl beim VOB/B-Vertrag als auch beim BGB-Werkvertrag nachgewiesen werden, dass der Bauschaden auf die Leistung gerade des in Anspruch genommenen Unternehmers zurückzuführen ist[260] und deshalb nicht nur ein Bauschaden, sondern ein Mangel vorliegt. Dieses Erfordernis ergibt sich insbesondere daraus, dass der Auftraggeber nachweisen muss, dass das Werk gerade des in Anspruch genommenen Auftragnehmers bereits **im Zeitpunkt der Abnahme** mangelhaft bzw. der nachträglich aufgetretene Bauschaden im Keim angelegt gewesen ist und es sich deshalb um einen Mangel handelt. Hierdurch muss der Auftraggeber den Bauschaden dem Werk eines bestimmten Unternehmers zuordnen. Durch den zuletzt genannten Umstand werden die Fälle der nachträglichen Drittverursachung ausgeschieden. Kann der Auftraggeber bei einem nachträglich aufgetretenen Bauschaden nicht nachweisen, dass er bereits bei der Abnahme im Werk des in Anspruch genommenen Unternehmers im Keim bereits angelegt war, scheiden Mängelansprüche und -rechte aus. Hat der Auftraggeber nachgewiesen, dass der Bauschaden auf die vertragswidrige Leistung eines Unternehmers zurückzuführen ist, liegt ein Mangel vor, ohne er die genaue Ursache nachweisen muss.[261]

### 2. Überzeugung gem. § 286 ZPO durch Ausschluss aller denkbaren anderen Einflussfaktoren

Kann der Auftraggeber nachweisen, dass andere Einflüsse – z. B. nachträgliche Drittverursachung oder die Leistung anderer am Bau Beteiligter –, die den Bauschaden verursacht 145

---

[257] Z. B. *Palandt/Sprau* 65. Aufl., § 633 Rdn. 3; *Kapellmann/Messerschmidt* VOB/B 2. Aufl., § 13 Rdn. 43.
[258] Z. B. OLG Köln BauR 2002, 801.
[259] BGH BauR 1997, 129 = NJW-RR 1997, 339; OLG Saarbrücken NZBau 2001, 329; OLG Hamburg IBR 1998, 292.
[260] *Ingenstau/Korbion/Wirth* VOB/B, § 13 Nr. 7 Rdn. 75 und § 13 Nr. 1, Rdn. 122; nach a. A., die zu vergleichbaren Ergebnissen führen, muss nachgewiesen werden, dass der Mangel aus dem „Verantwortungsbereich" des Unternehmers stamme (OLG Frankfurt BauR 1983, 156, 157 „Blasbachtalbrücke") oder der am Gesamtbauwerk festgestellte Mangel einem Bauwerksteil zugeordnet werden (*Putzier* BauR 2004, 1060, 1063).
[261] Vgl. auch *Leitzke* BauR 2002, 394, 395; *Putzier* BauR 2004, 1060, 1062; OLG Frankfurt BauR 1983, 156, 157 (Blasbachtalbrücke).

haben könnten, ausscheiden, kann dies dazu führen, dass ein Grad an richterlicher Überzeugung erreicht wird, der für den positiven Beweis[262] der Mangelhaftigkeit der Werkleistung gerade des inanspruchgenommenen Unternehmers ausreicht.

### 3. Beweiserleichterungen

**146** Kann der Auftraggeber den Nachweis, dass ein Bauschaden einem bestimmten Unternehmer zuzuordnen ist, nicht direkt führen, wird also der Grad der erforderlichen Gewissheit gem. § 286 ZPO nicht erreicht, stellt sich die Frage, ob dem Auftraggeber nicht Beweiserleichterungen zugute kommen. Dies insbesondere in Fällen, in denen es mehrere mögliche Verursacher gibt.

**147** In der Literatur[263] werden die Grundsätze zum Beweis negativer Tatsachen herangezogen und damit begründet, dass der Besteller nicht jegliche mögliche Drittverursachung auszuschließen habe. Vielmehr habe der Unternehmer eine solche substantiiert vorzutragen.[264] Dann obliege es dem Besteller den Beweis zu führen, dass die behaupteten Sachverhalte nicht gegeben sind.[265] Allerdings wird hierbei unterstellt, dass der Besteller negativen Beweis durch Ausschluss von Drittursachen führen kann und nicht positiven Beweis des Vorliegens eines Mangels erbringen muss. M. E. stellt diese Art der Beweisführung einen Unterfall des Anscheinsbeweises dar. Werden mögliche Drittursachen ausgeschlossen, spricht der erste Anschein dafür, dass der Bauschaden dem „übrig gebliebenen" Unternehmer zuzuordnen ist.

**148** Eine analoge Anwendung des § 830 Abs. 1 Satz 2 BGB scheidet aus. Der BGH hat bereits entschieden, dass diese Vorschrift bei Mängelrechten nicht anzuwenden ist.[266]

**149** Denkbar ist daher die Anwendung des **Anscheinsbeweises.** Bei der Anwendung des Anscheinsbeweises werden mit Hilfe der allgemeinen Lebenserfahrung fehlende konkrete Indizien bzw. Informationslücken bei der Beweiswürdigung überbrückt. Zulässig ist dies, wenn der angewandte Erfahrungssatz einem typischen Geschehensablauf entspricht.[267] Da bei Auftreten eines Bauschadens eine Vielzahl von Ursachen denkbar sind und teilweise verschiedene Ursachen auch zusammenwirken können, kann bei Auftreten eines Bauschadens in einem Werk (z. B. Risse im Fliesenbelag) – **nicht ohne weiteres**[268] auf Grund der allgemeinen Lebenserfahrung darauf geschlossen werden, dass der in objektiver Hinsicht feststellbare Bauschaden gerade dem Leistungsbereich eines bestimmten Unternehmers zuzuordnen ist[269] und deshalb ein Mangel vorliegt. Gleiches gilt für den Nachweis, dass das Werk bereits im Zeitpunkt der Abnahme mangelhaft gewesen ist. Allerdings kann die Anwendung der Grundsätze zum Anscheinsbeweis dann in Betracht kommen, wenn weitere Umstände hinzutreten. Kommt der Anscheinsbeweis zur Anwendung, führt dies faktisch zu einer Verlagerung der Darlegungslast und der Unternehmer muss dann Umstände vortragen, mit denen der gezogene Schluss erschüttert werden kann.[270] Die Anwendung des Anscheinsbeweises könnte in folgenden Fällen in Betracht kommen:[271]

– Nur ein Unternehmer und spezieller Bauschaden
  Waren keine weiteren Unternehmer tätig und ist auf Grund der Art des aufgetretenen Bauschadens ausgeschlossen, dass ein Dritter den Bauschaden nachträglich verursacht hat, spricht der Beweis des ersten Anscheins dafür, dass der aufgetretene Bauschaden dem

---

[262] Beispielsweise BGH BauR 1975, 346; in dieser Richtung auch BGH BauR 1998, 172.
[263] *Leitzke* BauR 2002, 394 ff.; *Putzier* BauR 2004, 1060 ff.
[264] Im Ergebnis ebenso OLG Frankfurt BauR 1983, 156 ff.
[265] *Leitzke* a. a. O.; *Putzier* a. a. O.
[266] BGH BauR 1975, 130 ff.
[267] *Rosenberg/Schwab/Gottwald* 16. Aufl., § 112 Rdn. 17.
[268] Zurückhaltend: *Kuffer* ZfBR 1998, 277, 279; ebenso zurückhaltend für den Architektenvertrag: *Locher* BauR 1974, 293, 299; *Werner/Pastor*, 11. Aufl., Rdn. 2604.
[269] OLG Hamburg BauR 2001, 1749: Anscheinsbeweis kommt nicht in Betracht, wenn andere Ursachen denkbar sind.
[270] So im Ergebnis auch OLG Düsseldorf IBR 1997, 195.
[271] Zum Anscheinsbeweis *Werner/Pastor* 11. Aufl., Rdn. 1623 und 2595 ff.; *Ingenstau/Korbion-Wirth* VOB/B, 13. Aufl., § 13 Nr. 1 Rdn. 121.

Leistungsbereich des (einzigen) Unternehmers zuzuordnen ist,[272] falls diese Umstände nicht bereits für eine Überzeugungsbildung gemäß § 286 ZPO beim Richter ausreichen sollten.
– Verletzung der Bauaufsichtspflicht durch den Architekten bei bestimmten Mängeln des Bauwerks[273]
Weist ein Bauwerk erhebliche Mängel auf, die auf Arbeiten zurückzuführen sind, welche für das Bauwerk von erheblicher Bedeutung sind und bei denen das Maß der geschuldeten Bauaufsicht gesteigert ist, kann der Anscheinsbeweis zum Nachweis der mangelhaften Überwachung herangezogen werden.[274]
– Verschiedene Unternehmer, anderweitige Verantwortung ausgeschlossen
Waren verschiedene Unternehmer tätig, ist eine Zurechnung zu den Leistungsbereichen der Vorunternehmer vom Sachverständigen jedoch ausgeschlossen[275] und kommt auch eine nachträgliche Drittverursachung nicht in Betracht, kann über den Anscheinsbeweis eine Zuordnung des Bauschadens zu dem Leistungsbereich eines bestimmten Unternehmers erfolgen.
– Verwendung risikoträchtigen Materials
Wird ein bestimmtes Material verwendet, von dem eine Risikoträchtigkeit in einer bestimmten Hinsicht bekannt ist, tritt ein Bauschaden auf, der in diesen Risikobereich fällt und sind keine weiteren möglichen Einflüsse substantiiert dargetan, ist die Anwendung des Anscheinsbeweises ebenfalls gerechtfertigt.[276]
– Verstoß gegen DIN-Vorschriften/ähnliche Regelwerke
Bei einem Verstoß gegen DIN-Vorschriften und ähnliche Regelwerke liegt nicht zwangsläufig ein Verstoß gegen die allgemein anerkannten Regeln der Technik und damit nicht zwangsläufig ein Mangel vor. Vielmehr können die allgemein anerkannten Regeln der Technik die Regelwerke „überholen". Sind die allgemein anerkannten Regeln der Technik eingehalten, obwohl gegen (in dieser Hinsicht dann veraltete) DIN-Vorschriften verstoßen wurde, ist das Werk nicht mangelhaft. Dieser Fall ist jedoch nicht die Regel. Vielmehr wird bei einem Verstoß gegen DIN-Vorschriften und ähnliche Regelwerke zunächst davon ausgegangen werden können, dass damit auch ein Verstoß gegen die allgemein anerkannten Regeln der Technik vorliegt, d. h. ein Gleichlauf von DIN-Vorschriften und allgemein anerkannten Regeln der Technik besteht. Insoweit spricht der erste Anschein für einen Verstoß gegen die allgemein anerkannten Regeln der Technik und damit für das Vorliegen eines Mangels, wenn ein Verstoß gegen DIN-Vorschriften und ähnliche Regelwerke nachgewiesen ist.[277]
– Nachbesserungsversuche des Unternehmers
Steht fest, dass das Werk bei der Abnahme einen Mangel aufwies, hat sich der Auftraggeber seine Rechte vorbehalten, der Werkunternehmer Nachbesserungsversuche unternommen und tritt ein Bauschaden auf, der mit dem „alten" Mangel übereinstimmt, spricht zumindest der Beweis des ersten Anscheins für das Vorliegen eines Mangels. Der BGH nimmt in diesem Fall sogar eine Beweislastumkehr an.[278]

---

[272] In diesem Sinne auch OLG Bremen, IBR 2005, 1258 = BauR 2005, 1679 (LS.); Hanseatisches OLG Hamburg, BauR 2001, 1749; *Ingenstau/Korbion-Wirth* VOB/B, § 13 Nr. 1 Rdn. 121; ähnlich auch OLG Düsseldorf, IBR 1997, 195.
[273] Hierzu *Vogel* ZfBR 2004, 424 ff.
[274] BGH BauR 2002, 1423; BGH BB 1973, 1846 = *Schäfer/Finnern/Hochstein* Z 3.00 Bl. 249; BGH *Schäfer/Finnern/Hochstein* Z 3.00 Bl. 165.
[275] Im Ergebnis – ohne ausdrücklich auf den Anscheinsbeweis zurückzugreifen –: OLG Dresden Urt. v. 30. 9. 2005 – 5 U 776/05.
[276] So im Ergebnis, jedoch nicht auf den Anscheinsbeweis, sondern auf § 286 ZPO abstellend: BGH BauR 1975, 346; BGH BauR 1973, 50 (Vorentscheidung zu BGH BauR 1975, 346).
[277] BGH BauR 1984, 401.
[278] Weitergehend (Beweislast beim Unternehmer für erfolgreiche und fristgerechte Mangelbeseitigung): BGH NJW-RR 1998, 1268; BGH BauR 1997, 129; a. A. OLG Hamburg Urteil vom 5. 12. 1997 – 14 U 21/96.

**Vor § 13**       Vorbemerkung § 13. Mängelansprüche

- Besondere Mangelerscheinung
  In besonders gelagerten Einzelfällen wird auch das Auftreten einer bestimmten Mangelerscheinung die Zuordnung eines Bauschadens zu dem Leistungsbereich eines bestimmten Unternehmers erlauben.[279] Es gibt verschiedene Arten von Mangelerscheinungen. Diese können einerseits Mängel verschiedener Gewerke anzeigen, ohne dass eine Tendenz in Richtung eines bestimmten Gewerks erkennbar ist. Andererseits gibt es auch Mangelerscheinungen, die auf die Verursachung durch ein bestimmtes Gewerk hindeuten. Denkbar ist auch, dass auf Grund einer bestimmten Mangelerscheinung der Schluss möglich ist, dass der Mangel bereits im Zeitpunkt der Abnahme vorhanden gewesen ist.
- Genereller Ausschluss von Einflüssen außerhalb des Verantwortungsbereiches des Unternehmers
  Hat der Besteller nachgewiesen, dass der Bauschaden generell nicht durch Einflussnahme aus seinem Verantwortungsbereich oder durch Dritteinflüsse entstanden ist und bleibt deshalb ausschließlich eine Verantwortung des Unternehmers „übrig", ist die Anwendung des Anscheinsbeweises gerechtfertigt.[280]
- Beweis negativer Tatsache
  Muss der Besteller, um die Anwendung des Anscheinbeweises zu ermöglichen, andere Einflüsse, insbesondere eine nachträgliche Drittverursachung des Bauschadens, ausschließen, kommen die in der Rechtsprechung entwickelten Grundsätze zur Darlegungs- und Beweislast bei negativen Tatsachen zur Anwendung,[281] wonach der Beweisführer nicht die Nichtexistenz aller denkbaren Tatsachen, die die zu beweisende negative Tatsache ausschließen, beweisen, sondern nur substantiierten Vortrag der Gegenseite widerlegen muss.[282]

---

[279] Weitgehend: OLG Düsseldorf IBR 1997, 195; Architektenhaftungsfall: Saarländisches OLG IBR 2004, 329; BGH BauR 1985, 355, 358: „allein das Vorhandensein eines solchen objektiven Mangels (Anm. Verf.: Teil der Heizanlage wird nicht warm) lässt im Regelfall auf die Verantwortlichkeit des Unternehmers schließen".

[280] Im Ergebnis, ohne ausdrücklich auf den Anscheinsbeweis abstellend: Hanseatische OLG Hamburg BauR 2005, 1339; nach OLG Frankfurt BauR 1983, 156, 157 („Blasbachtalbrücke") „indiziert" die objektive Feststellung eines Mangels die Gewährleistungspflicht des Unternehmers (Anm. Verf.: wenn zuvor Drittursachen durch den Besteller ausgeschlossen wurden); BGH *Schäfer/Finnern/Hochstein* Z 2413 Bl. 40 (für Pflichtverletzung bei PVV); Hanseatisches OLG Hamburg BauR 2001, 1749, 1751.

[281] Vgl. auch *Leitzke* BauR 2002, 394, 396; *Putzier* BauR 2004, 1062, 1064 (beide allgemein für den Beweis negativer Tatsachen, nicht im Rahmen des Anscheinsbeweises).

[282] *Zöller* ZPO, 25. Aufl., vor § 284 Rdn. 24.

## § 13 Nr. 1 [Sachmängel]

1. Der Auftragnehmer hat dem Auftraggeber seine Leistung zum Zeitpunkt der Abnahme frei von Sachmängeln zu verschaffen. Die Leistung ist zur Zeit der Abnahme frei von Sachmängeln, wenn sie die vereinbarte Beschaffenheit hat und den anerkannten Regeln der Technik entspricht. Ist die Beschaffenheit nicht vereinbart, so ist die Leistung zur Zeit der Abnahme frei von Sachmängeln,
    a) wenn sie sich für die nach dem Vertrag vorausgesetzte,
    sonst
    b) für die gewöhnliche Verwendung eignet und eine Beschaffenheit aufweist, die bei Werken der gleichen Art üblich ist und die der Auftraggeber nach der Art der Leistung erwarten kann.

Literatur: Allgemeines: *Baumann*, Grundlinien eines „beweglichen Systems" der Sachmängelhaftung beim Kauf, AcP 187 (1987), 511; *Brandt*, Der Ersatz des Drittschadens im Baurecht, BauR 1973, 13; *Brand*, Zum Leistungsumfang beim schlüsselfertigen Bauen, BauR 1982, 524; *Brösskamp*, Der Schutz der erbrachten Leistung durch Nachunternehmer bei der Abwicklung eines Generalunternehmervertrages, FS Vygen, 1999, 285; *Brügmann*, Die Einrede des nicht erfüllten Vertrages bei Baumängeln, BauR 1981, 128; *ders.*, Die gesamtschuldnerische Haftung der Baubeteiligten gegenüber dem Bauherren – und die Regelung im Innenverhältnis, BauR 1976, 383 ff.; *Cuypers*, Leistungsbeschreibung, Ausschreibung und Bauvertrag, BauR 1997, 27; *ders.*, Werkvertragsrecht und Bauvertrag, FS Mantscheff, 2000, S. 53; *Dausner*, Die Leistungsbeschreibung und VOB – Pflichten des Auftragnehmers zur Vermeidung von Schäden an Leitungen, BauR 2001, 713; *Diehl*, Gesamtschuld und Gesamtschuldausgleich im Baurecht, FS Heiermann, 1995, S 37; *Dilcher*, Zum Gesamtschuldausgleich in Schadensfällen, JZ 1973, 199; *Döring*, Die funktionale Leistungsbeschreibung – Ein Vertrag ohne Risiko?, FS Vygen, 1999, S. 175; *Dresenkamp*, Die allgemein anerkannten Regeln der Technik am Beispiel des Schallschutzes, BauR 1999, 1079; *Ebert*, Der Haftungszyklus – Bilanz für die an „Bausünden" Beteiligten, BauR 1988, 394; *Eberz*, Die gesamtschuldnerische Haftung des Architekten und des Bauunternehmers aufgrund eines von ihnen gemeinsam zu vertretenden Bauwerksmangels, BauR 1995, 442; *Englert/Bauer*, Rechtsfragen zum Baugrund, 1986; *Ensthaler*, Haftungsrechtliche Bedeutung von Qualitätssicherungsvereinbarungen, NJW 1994, 818; *Festge*, Kann die abschließende Regelung der Gewährleistung in § 13 VOB Teil B (VOB/B) durch Einschaltung Dritter unterlaufen werden? BauR 1973, 274; *Feudner*, Generalunternehmer/Drittschadensliquidation, BauR 1984, 257; *Fikentscher*, Die Geschäftsgrundlage als Frage des Vertragsrisikos, 1971; *Franke*, Qualitätsmanagement und Bauvertrag, FS Heiermann, 1995, S. 63; *Früh*, Die Kostenbeteiligungspflicht des Bauherrn bei der Mängelbeseitigung unter Besonderer Berücksichtigung der sog. „echten Vorteilsausgleichung" (Abzug „neu für alt"), BauR 1992, 160; *ders.*, Die „Sowieso-Kosten", Eine Fallgruppe des allgemeinen Werkvertragsrechts? Düsseldorf 1991; *Ganten*, Der Baumangelbegriff – Standortbestimmung und Ausblick auf europarechtliche Entwicklungen, FS Soergel, 1993, S. 35; *ders.*, Grundsätzliche Fragen zur Schadensquotierung (§ 426 Abs. 1, Satz 1 BGB), BauR 1978, 178; *ders.*, Pflichtverletzung und Schadensrisiko im privaten Baurecht, 1974; *ders.*, Zum „Ermessen" bei der Schadenszuteilung im Bauvertragsrecht, FS Locher, 1990, S. 23; *Glöckner*, Zurück zur Subsidiärhaftung des Architekten bei konkurrierender Gewährleistungsverpflichtung des Bauunternehmers? BGH, Urteil vom 9. 5. 1996 – VII ZR 181/93; BauR 1997, 529; *Goette*, Konkurrenz der Regresswege über § 255 BGB und § 426 BGB, VersR 1974, 526; *Gross/Wittmann*, Technische Zuverlässigkeit als Gegenstand kaufvertraglicher Regelung, BB 1988, 1126; *Grün*, Die Abnahme von Wohn- und Gewerbeimmobilien unter Mitwirkung von Sachverständigen, FS Vygen, 1999, S. 303; *Grunewald*, Die Haftung des Experten für seine Expertise gegenüber Dritten, AcP 187 (1987), 285; *Hahn*, Abtretung von Gewährleistungsansprüchen, BauR 1978, 80; *ders.*, Verschleiß und Abnutzung im Bauvertragsrecht, BauR 1985, 521; *Heinrich*, Die Einwirkung der VOB auf den BGB-Bauvertrag im Bereich des Mängelrechts, BauR 1982, 224; *Hochstein*, Werkvertragliche Gewährleistung bei der Veräußerung „gebrauchter" oder für den privaten Eigenbedarf errichteter Immobilien?, FS Locher, 1990, S. 77; *Hofmann*, Anfängliche Unausführbarkeit im Werkvertrag, MDR 1963, 717; *Holzberger/Puhle*, Das Organisationsverschulden des Bauunternehmers in der Rechtsprechung der Instanzgerichte; BauR 1999, 106; *Hübner*, Die Berufshaftung – ein zumutbares Risiko?, NJW 1989, 5; *I. Jagenburg*, Vorunternehmer – kein Erfüllungsgehilfe des Auftraggebers?, FS Mantscheff, 2000, S. 99; *W. Jagenburg*, Anerkannte Regeln der Technik auf dem Prüfstand des Gewährleistungsrechts, Jahrbuch Baurecht, 2000, 200; *ders.*, Fertigstellungsbescheinigung durch den TÜV, BauR 2001, 1816; *Jagenburg/Pohl*, DIN 18195 und anerkannte Regeln der Technik am Beispiel der Bauwerksabdichtung mit Bitumendickbeschichtungen, BauR 1998, 1075; *ders.*, Organisationsverschulden oder normale Gewährleistung? Versuch einer Abgrenzung, FS Mantscheff, 2000, S. 107; *Jakobs*, Nichterfüllung und Gewährleistung beim Werkvertrag, FS Beitzke, 1979, 67; *Kaiser*, Die gesamtschuldnerische Haftung des Architekten neben anderen Baubeteiligten, ZfBR 1985, 101; *ders.*, Struktureigenschaften der Gesamtschuld, BauR 1984, 32; *ders.*, Die konkurrierende Haftung von Vor- und Nachunternehmern – Besprechung des Urteils des Oberlandesgerichtes Düsseldorf v. 29. 6. 1999 (– 21 U 127/98 –), BauR 2000, 177; *Kilian*, Offenbarung eklatanter Lücken in den Regeln der Bautechnik durch den Schadensfall Schürmannbau, BauR 1998, 969; *Knacke*, Die Ausgleichspflicht unter Gesamtschuldnern, BauR 1995, 270; *Kniffka*, Die Durch-

## § 13 Nr. 1 Sachmängel

stellung von Schadensersatzansprüchen des Auftraggebers gegen den auf Werklohn klagenden Subunternehmer – Überlegungen zum Schaden des Generalunternehmers und zum Zurückbehaltungsrecht aus einem Freistellungsanspruch, BauR 1998, 55; *Köhler,* Zur Rechtsnatur der Mängelhaftung bei der Veräußerung neuerrichteter Bauwerke, NJW 1984, 1321; *Köndgen,* Selbstbindung ohne Vertrag zur Haftung aus geschäftsbezogenem Handeln, 1981; *Kohler,* Werkmangel und Bestellerverantwortung, NJW 1993, 417; *ders.,* Werkmangelrechte, Werkleistungsanspruch und allgemeines Leistungsstörungsrecht, BauR 1988, 278; *ders.,* Kostenvorschuss und Aufrechnung oder Zurückbehaltungsrecht als Verteidigung gegen Werkvergütungsansprüche, BauR 1992, 22; *Kraus,* Bauverzögerung durch Vorunternehmer, BauR 2000, 1105; *Kreifels,* Qualitätssicherungsvereinbarungen – Einfluss und Auswirkungen auf die Gewährleistung und Produkthaftung von Hersteller und Zulieferer, ZIP 1990, 489; *Littbarski,* Das Verhältnis der Ansprüche aus culpa in contrahendo zu den Ansprüchen aus den § 633 f. BGB, JZ 1978, 3; *Lewer,* Die Haftung des Werkbestellers nach Dienstleistungsrecht gem. §§ 618, 619 BGB, JZ 1983, 336; *Locher,* Drittschadensliquidation bei Verletzung bauvertraglicher Pflichten? NJW 1982, 970; *Malotki,* Die unberechtigte Mangelbeseitigungsaufforderung; Ansprüche des Unternehmers auf Vergütung, Schadens- oder Aufwendungsersatz, BauR 1998, 682; *Mandelkow,* Qualifizierte Leistungsbeschreibung als wesentliches Element des Bauvertrages, BauR 1996, 31; *ders.,* Die Unverhältnismäßigkeit der Nachbesserung, BauR 1996, 656; *Masing,* Einführung in die Qualitätslehre, 7. Aufl. 1989; *A. Meyer,* Die tatsächlichen und rechtlichen Folgerungen aus der Entscheidung des Bundesgerichtshofes zum Organisationsverschulden vom 12. 3. 1992, BauR 1996, 461; *Nicklisch,* Die Schadensersatzhaftung für Eigenschaftszusicherung im Werkvertragsrecht und deren Einschränkbarkeit durch Allgemeine Geschäftsbedingungen, FS Beitzke, 1979, S. 89; *ders.,* Empfiehlt sich eine Neukonzeption des Werkvertragsrechtes? Unter besonderer Berücksichtigung komplexer Langzeitverträge, JZ 1984, 757; *ders.,* Leistungsstörungen bei Bau- und Anlagenverträgen, 1985; *ders.,* Der komplexe Langzeitvertrag, 1987; *Odersky,* Die Berufshaftung – ein zumutbares Risiko? NJW 1989, 1; *Parmentier,* Die anerkannten Regeln der Technik im privaten Baurecht, BauR 1998, 207; *ders.,* Fertigstellungsbescheinigung nach § 641 a BGB nur für schriftliche Bauverträge?, BauR 2001, 1813; *Piel,* Mitteilung von Bedenken (§ 4 Nr. 3 VOB/B) und Beratung, FS Soergel, 1993, S. 237; *Quack,* Über die Verpflichtung des Auftraggebers zur Formulierung der Leistungsbeschreibung nach Vorgaben von § 9 VOB/A, BauR 1998, 381; *Quittnat,* Qualitätssicherungsvereinbarungen und Produkthaftung, BB 1989, 571; *Rathjen,* Probleme der Haftung für den Erfüllungsgehilfen, BauR 2000, 170; *Rester,* Kann der Unternehmer die Inbesitznahme der Werkleistung durch den die Abnahme verweigernden Besteller verhindern?, BauR 2001, 1819; *Riedl,* Einige Fragen der Risikozurechnung bei Bauverträgen im Verhältnis Auftraggeber – Auftragnehmer sowie bei verschiedenen Unternehmereinsatzformen, FS Heiermann, 1995, S. 269; *Ries,* Grundprobleme der Drittschadensliquidation und des Vertrags mit Schutzwirkung für Dritte, Jura 1982, S. 453; *Roos,* Gesetzentwürfe zur Änderung des Baurechts, BauR 2000, 459; *v. Samson,* Werkvertragliche Gewährleistung beim Kauf einer sanierten oder renovierten Altbauwohnung vom Bauträger, BauR 1996, 58; *Scherzberg,* Risiko als Rechtsproblem, VerwArch 84, 1993, 484; *Schmidt,* Qualitätssicherungsvereinbarungen und ihr rechtlicher Rahmen, NJW 1991, 144; *ders.,* Dreißigjährige Haftung des Bauunternehmers aufgrund Organisationsverschuldens, Baur. Schriften 32, 1995; *Schuhmann,* Das Vergütungsrisiko des Subunternehmers im Anlagenbau bei konkretisierungsbedürftiger Leistungsbeschreibung, BauR 1998, 228; *Siegburg,* Zug-um-Zug-Verurteilung und Hilfswiderklage wegen Baumängel bei der Werklohnklage, BauR 1992, 419; *ders.,* Handbuch der Gewährleistung beim Bauvertrag, 4. Aufl., 2000; *ders.,* Vorunternehmer als Erfüllungsgehilfe des Auftragnehmers?, BauR 2000, 182; *ders.,* Verantwortlichkeit des Auftragnehmers für Baumängel bei fehlerhafter Vorunternehmerleistung – de lege lata et de lege ferenda, ZfBR 2002, 291; *Soergel,* Die quotenmäßige Mangelverantwortung der Bauvertragsparteien, FS Heiermann, 1995, S. 309; *ders.,* Die Mangelverantwortung im Spannungsfeld zu den allgemein anerkannten Regeln der Technik, FS Mantscheff, 2000, S. 193; *Stammbach,* Verstoß gegen die anerkannten Regeln der Technik, 1997; *ders.,* Einhaltung der anerkannten Regeln der Technik als Ersatz-Leistungsmaßstab, BauR 1998, 482; *ders.,* Qualitätssicherung und Mängelgewährleistung, BauR 1999, 523; *Stuttmann,* Die Pflicht zum Schutz eigener Leistungen und die Gefahrverteilung im Bauvertrag, BauR 2001, 1487; *Teichmann,* Empfiehlt sich eine Neukonzeption des Werkvertragsrechts? Gutachten z. 55. Dt. Juristentag (1984); *Trapp,* Das Leistungsverweigerungsrecht des Bestellers nach § 320 f. BGB als Druckmittel zur Leistungserbringung und Mängelbeseitigung, BauR 1983, 318; *Volkmann,* Die Abgrenzung von § 635 BGB und positiver Vertragsverletzung in der Rechtsprechung des BGH, BauR 1998, 963; *Walther,* Zur Arglist des Inhabers eines Großbetriebes im Werkvertragsrecht, BauR 1996, 455; *Wettke,* Die Haftung des Auftraggebers bei lückenhafter Leistungsbeschreibung, BauR 1989, 292; *Weyers,* Typendifferenzierungen im Werkvertragsrecht, AcP 1982, 60; *Wussow,* Der Ausgleich zwischen Architekt und Bauunternehmer gem. § 426 BGB, NJW 1994, 9; *Zielemann,* Detaillierte Leistungsbeschreibung, Risikoübernahme und deren Grenzen beim Pauschalvertrag, FS Soergel, 1993, S. 301; *Zimmermann,* Fehlerfreies Bauen durch Informationsmanagement, FS Soergel, 1993, S. 367. –

**Zusicherungen, besondere Erklärungen:** *Baumann,* Die Zusicherung, FS Sieg, 1976, 15; *Brych,* Steuervorteile nur eine zusicherungsfähige Eigenschaft? ZfBR 1981, 153; *Eimer,* Verschuldensunabhängige Schadensersatzhaftung des Werkunternehmers bei Fehlen zugesicherter Eigenschaften, NJW 1973, 590; *Henseler,* Zusicherung von Eigenschaften beim Kauf durch Angabe von DIN-Normen? BB 1969, 24; *Janiszewski,* Das Umweltzeichen, 1992; *Kaiser,* Der Begriff des „Fehlers" und der „zugesicherten Eigenschaften" im gesetzlichen Werkvertragsrecht, BauR 1983, 19; *Knöpfle,* Zum Inhalt des Fehlers und der Zusicherung i. S. d. § 459 I, II BGB, NJW 1987, 801; *Lorenz,* Die haftungsrechtliche Bedeutung von Gütezeichen, GRUR Int. 1973, 486; *Müller,* Die haftungsrechtliche Bedeutung des Gütezeichens im Kaufvertrag mit dem Endabnehmer als Käufer, Betr 1987, 1521; *Nicklisch,* Das Gütezeichen, 1969; *RAL,* Umweltzeichen – Produktanforderungen, Zeichen-

Sachmängel  § 13 Nr. 1

anwender und Produkte, Mai 1993; *Schack,* Die Zusicherung beim Kauf, AcP 185 (1985), 333; *Teichmann,* Zur Zusicherung nach § 463 BGB, NJW 1973, 20; *K.-R. Wagner,* Die Prospekthaftungsrechtsprechung des VII. Senats des BGH im Spannungsfeld des Gewährleistungs- und Bauhaftungsrechts, ZfBR 1991, 133; *Wagner,* Zur Zulässigkeit von Klauseln, nach denen Angaben bei Vertragsschluss keine zugesicherten Eigenschaften sein sollen, Betr 1991, 2325; *Wimmer,* Ein blauer Engel mit rechtlichen Macken, BB 1989, 565. – **Bauwirtschaftliche Vertragsformen:** *Baden,* Der „selbständige" Sonderwunschvertrag, BauR 1983, 313; *ders.,* Nochmals: Sonderwunschverträge – Eine Erwiderung auf Vogelheim, Die Behandlung von Sonderwünschen beim Bauträgervertrag (BauR 1999, 117 ff.), BauR 1999, 712; *Becher,* Zur Rechtsnatur der Verträge über den Bau von Bausatzhäusern zum Selbstbauen, BauR 1980, 493; *Böggering,* Rechtsfragen des Baucontrolling, BauR 1983, 402; *Brambring,* Sachmängelhaftung beim Bauträgervertrag und bei ähnlichen Verträgen, NJW 1987, 97; *Brych,* Kaufrechtliche Gewährleistung für Grundstücksmängel beim Bauträgerkauf? BauR 1992, 167; *Brych,* Die Bauträger-Gewährleistung für Verschleißteile und Einbauten – zugleich Anmerkung zum Urteil des LG Stuttgart (Mitt Bay Not 1989, 82), ZfBR 1989, 237; *Brych/Pause,* Bauträgerkauf und Baumodelle, 1989; *v. Craushaar,* Der Liefer- und Montagevertrag, FS Korbion, 1986, S. 27; *Dartsch,* Bauen in alter Substanz, 1990; *Donus,* Der Fertighausvertrag, Baurechtliche Schriften, Bd. 13, 1988; *Droste,* Der Liefervertrag mit Montageverpflichtung, Abhandlungen zum Arbeits- und Wirtschaftsrecht, Bd. 63, 1990; *Duffek,* Selbstbau – Bausatzvertrag, BauR 1996, 465; *Fikentscher,* Der Werkverschaffungsvertrag, AcP 190 (1990), 34; *Heinrich,* Der Baucontrollingvertrag: Bauplanung und Baumanagement nach HOAI und BGB, Baurechtliche Schriften, 1987; *Hess,* Die Haftung des Architekten für Mängel des errichteten Bauwerkes, 1966; *Jagenburg,* Aktuelle Fragen der Architektenhaftung, RWS-Skript, 2. Aufl. 1985; *Jebe/Vygen,* Der Bauingenieur in seiner rechtlichen Verantwortung, 1981; *Kniffka,* Rechtliche Probleme des Generalunternehmervertrages, ZfBR 1992, 1; *Koch,* Zur Gewährleistung im Bauträgervertrag nach der VOB, ZfBR 1983, 167; *Koeble,* Probleme der Sanierungsmodelle, BauR 1992, 569; *Lenzen,* Die Haftung des Architekten für die Kosten des Vorprozesses gegen den Unternehmer, BauR 1998, 62; *Locher,* Aktuelle Fragen zum Baubetreuungs- und Bauträgerrecht, RWS-Skript, 1989; *Locher,* Der Gerüstvertrag, FS Gelzer, Düsseldorf 1991, S. 347; *Lotz,* Der Begriff „schlüsselfertig" im Anlagenbau, BB 1996, 544; *Mauer,* Besonderheiten der Gewährleistungshaftung des Bauträgers, FS Korbion, 1986, S. 301; *Micklitz,* Der Reparaturvertrag, 1984; *Nicklisch,* Bau- und Anlagenverträge, 1984; *Pause,* Erwerb modernisierter, sanierter und ausgebauter Altbauten vom Bauträger, NZBau 2000, 234; *Quack,* Projektsteuerung, ein Berufsbild ohne Rechtsgrundlage, BauR 1995, 27; *Reithmann,* Der „richtige" Bauträgervertrag, FS Bärmann und Weitnauer, 1990, S. 513; *Reithmann/Meichsner/v. Heymann,* Kauf vom Bauträger, 7. Aufl. 1995; *Riedl,* Rechtliche Probleme bei der Veräußerung eines, vor allem renovierten oder sanierten, Altbaus, FS Soergel, 1993, S. 247; *Samson,* Werkvertragliche Gewährleistung beim Kauf einer sanierten oder renovierten Altbauwohnung vom Bauträger, BauR 1996, 58; *Schlömilch,* Generalplanervertrag DAB 1992, 1545; *Schmidt,* Abnahme im Bauträgervertrag und MaBV, BauR 1997, 216; *Schmitz,* Planen und Bauen im Bestand, 1989; *Stapelfeld,* Der Projektsteuerungsvertrag – juristische terra incognita? BauR 1994, 693; *Tausky,* Die Rechtsnatur der Verträge über die Planung von Bauwerken, 1991; *Vogelheim,* Die Behandlung von Sonderwünschen im Bauträgervertrag, BauR 1999, 117; *K.-R. Wagner,* Projektmanagement – Treuhandschaft – Immobiliendevelopement, BauR 1991, 665; *Will,* Bauherrenaufgaben: Projektsteuerung nach § 31 HOAI contra „Baucontrolling", BauR 1984, 333; *Zirkel,* Das Verhältnis zwischen Zulieferer und Assembler – eine Vertragsart sui generis? NJW 1990, 345. – **Europarechtliche Fragen:** *Endrullat,* Europa und seine Auswirkungen auf die Gebäudetechnik, BBauBl 1994, 180; *Ganten,* Der Baumangelbegriff – Standortbestimmung und Ausblick auf europarechtliche Entwicklungen, FS Soergel, 1993, S. 35; *Kaiser,* Gilt § 13 Nr. 4 Abs. 1 VOB/B auch für Verbraucher-Bauverträge?, BauR 1998, 203; *Thode,* EG-Richtlinie zu bestimmten Aspekten des Verbrauchsgüterkaufs und der Garantien für Verbrauchsgüter – ihre Auswirkungen auf das deutsche Werkvertragsrecht –, ZfBR 2000, 363. – **Prozessrechtliche Fragen:** *Baumgärtel,* Die Darlegungslast in Bau- und Werkvertragsprozessen, FS Heiermann, 1995, S. 1; *Heyers,* Wirksame Beweisführung im Bauprozess, FS Korbion, 1986, S. 147; *Hök,* Zum Anspruch auf Beweissicherung auf fremden Grund und Boden insbesondere in Baustreitigkeiten Ein Beitrag zum Informationsgefälle in Baustreitigkeiten, BauR 1999, 221; *Kamphausen,* Quotierung der Mangel- und Schadensverantwortlichkeit Baubeteiligter durch technische Sachverständige, BauR 1996, 174; *ders.,* Prozessrechtliche Praxisprobleme bei der Untersuchung von Bau-Wohnungsmängeln durch gerichtliche Sachverständige, BauR 1998, 500; *Kappertz,* Die Schwierigkeiten des Sachverständigen bei der Anwendung des Begriffs der allgemein anerkannten Regeln der Technik, FS Mantscheff, S. 241; *Koppmann,* Verjährungsunterbrechung durch selbstständiges Beweisverfahren trotz mangelfreier Leistung – Überlegungen zu den Urteilen des Bundesgerichtshofs vom 30. 4. 1998 – VII ZR 74/97 und vom 22. 1. 1998 – VII ZR 204/96, BauR 2001, 1342; *Leineweber,* Zur Feststellung einer „technischen Verursachungsquote" durch den Bausachverständigen, FS Mantscheff, 2000, S. 249; *Marbach/Wolter,* Die Auswirkung bei der förmlichen Abnahme erklärter Mängelvorbehalte auf die Beweislast, BauR 1998, 36; *Niewertberg,* Die Beweislast für Sollbeschaffenheit und Qualitätsabrede im Sachmängelprozess, NJW 1993, 1745; *Putzier,* Wann muss der Bauherr für die Mangelbeseitigungsklage die Mangelursachen ermitteln?, FS Vygen, 1999, S. 353; *Siegburg,* Zur Klage auf Abnahme der Bauleistung, ZfBR 2000, 507; *ders.,* Zum Beweisthema der Beweisbeschlusses beim Sachverständigenbeweis über Baumängel, BauR 2001, 875. – **Sachbezogene Mängelprobleme:** *Brand,* Zum Leistungsumfang beim schlüsselfertigen Bauen, BauR 1982, 524; *Brych,* Die Bauträger-Gewährleistung für Verschleißteile und Einbauten, ZfBR 1989, 237; *Bundesministerium für Bauordnung, Bauwesen und Städtebau*(Hrsg.), Dritter Bericht über Schäden an Gebäuden, 1996 (BT-Drucks. 13/3593); *Cuypers,* Instandhaltung und Änderung baulicher Anlagen, Baurechtliche Schriften (Bd. 23), 1993; *ders.,* Rechtshandbuch der Sanierung und Modernisierung von Gebäuden, 1995; *Danker/John,*

Dauer der Gewährleistung bei Fahrbahnmarkierungen, BauR 2001, 718; *Dartsch,* Bauen in alter Substanz, 1990; *Eisenschmid,* Elektrosmog und Gewährleistung im Mietrecht, WuM 1997, 21; *Englert,* „Systemrisiko" – terra incognita des Baurechts? Zur Abgrenzung von Erfolgs-, Baugrund-, und Systemrisiko, BauR 1996, 763; *ders.,* „Land unter!" bei der Herstellung großer Baugruben, NZBau 2000, 113; *Emde,* Stellplatzherstellungspflicht und -Ablösebetrag sowie ihre Einordnung in das Gewährleistungsrecht, BauR 1996, 788; *Englert/ Grauvogl/Maurer,* Handbuch des Baugrund- und Tiefbaurechts, 2. Aufl., 1999; *Gablenz,* Forschungsstand zu elektromagnetischen Feldern, NZM 1998, 364; *Ganten,* Das Systemrisiko im Baurecht, BauR 2000, 643; *Grauvogel,* Besonderheiten bei der Abnahme von Tiefbauleistungen, BauR 1997, 54; *Jagenburg/Pohl,* DIN 18195 und anerkannte Regeln der Technik am Beispiel der Bauwerksabdichtung mit Bitumendickbeschichtungen, BauR 1998, 1075; *Kamphausen,* Der optische Bau- und Wohnungsmangel, BauR 1995, 343; *ders.,* Zur Unverzichtbarkeit „anerkannter Regeln der Technik" – Testfall: Bitumendickbeschichtung, Jahrbuch Baurecht, 2000, 218; *ders.,* Die neue Abdichtungsnorm DIN 18195 – eine „Bauprozess-Norm"?, BauR 2001, 545; *Kessler,* Elektromagnetische Verträglichkeit und allgemeine Zivilrechtsordnung, UPR 2000, 328; *Kilian,* Haftung für Bauwerksmängel und -schäden bedingt durch verwässerten Transportbeton, BauR 1995, 646; *Klaft/Maxem,* Die Gewährleistung des Unternehmers für die Tauglichkeit von ihm verwendeter Baustoffe oder Produkte bei Anordnung des Bestellers nach § 13 Nr. 3 VOB/B, BauR 1999, 1074; *Koeble,* Probleme der Sanierungsmodelle, BauR 1992, 569; *Krings,* Die Kosten für Instandsetzung, Sanierung, Modernisierung, Umnutzung von Altbauten, DAB 1995, 431; *Lotz,* Der Begriff „schlüsselfertig" im Anlagenbau, BB 1996, 544; *Martens/Appelbaum,* Rechtliche Vorgaben für Errichtung, Änderung und Betrieb von Mobilfunkmasten, NZM 2002, 642; *Maurer,* Beschädigung von Versorgungsleitungen bei Tiefbauarbeiten – Rechtsprechung und Haftungsquoten, BauR 1992, 437; *Metzger,* Rechtsfragen der Beseitigung von Erdaushub und Bauschutt, DAB 1995, 658; *Mortensen,* Das Ermitteln von Wertminderungen für eine spezielle Gruppe von Baumängeln, BauR 1998, 73; *Motzke,* Haftungsfragen in Sachen Schimmelpilz, ZMR 1989, 281; *Müller,* Die Bedeutung der Funktionsgarantie im klimatechnischen Anlagenbau, BauR 1985, 517; *Postelt,* Die Warmwasser-Fußbodenheizung – ein technisches und rechtliches Risiko, BauR 1985, 265; *Riedl,* Rechtliche Probleme bei der Veräußerung eines, vor allem renovierten oder sanierten, Altbaues, FS Soergel, 1993, S. 247; *Roth,* Elektrosmog und Mietminderung im Wohnraummietrecht, NZM 2000, 521; *Samson,* Werkvertragliche Gewährleistung beim Kauf einer sanierten oder renovierten Altbauwohnung vom Bauträger, BauR 1996, 58; *Schreiter,* Planung und Ausführung von Abdichtungen im Innen- und Außenbereich – Alternative Dichtung und Wahrheit, BauR 1998, 1082; *Schwarz,* Trockenbau, DAB 1995, 667; *Schwedler,* Schimmelpilzbildung Falsches Wohnverhalten oder geschädigte Bausubstanz?, BauR 1996, 345; *Singhof/Schneider,* Zweigeteilter Sicherheitsstandard in den Technischen Regeln der Technik für Überkopfverglasungen?, BauR 1999, 465; *Weiß,* Rechtliche Probleme des Schallschutzes, Rechtsfragen mit technischer Einführung, Baurechtliche Schriften, 1986; *Zimmermann,* Wahl geeigneter Baustoffe, Dt. ArchitektenBl. 1983, 1051. – **Mängel aus ökologischem Bezug, toxische Baustoffe:** *Au,* Die Neuordnung des Gefahrstoffrechtes, ZUR 1994, 237; *Battis,* Rechtliche Rahmenbedingungen des ökologischen Bauens, NUR 1993, 1; *Bott,* Ökologisches Planen und Bauen; Versuch einer Begriffsdefinition, BBauBl 1995, 601; *Bottke,* Krankmachende Bauprodukte, ZfBR 1991, 183 F, 233; *di Fabio,* Umweltschutz und Bauproduktnormung, DVBl 1994, 1269; *Führ,* Technische Normen in demokratischer Gesellschaft ZUR 1993, 99; *Garbe-Emden,* Rechtsprobleme mit belasteten Böden im Spannungsfeld zwischen privatem und öffentlichem Abfallrecht, BauR 1997, 772; *Gerlach,* Die Grundstrukturen des privaten Umweltrechts im Spannungsverhältnis zum öffentlichen Recht, JZ 1988, 61; *Gusy,* Probleme der Verrechtlichung technischer Standards, NJW 1995, 105; *Hahn/Schweinsberg,* Krank durch „Wohngifte"? DAB 1996, 251; *Koch,* Die gerichtliche Kontrolle technischer Regelwerke im Umweltrecht, ZUR 1993, 103; *Köck/Meier,* Vertragsrechtliche Sicherheitsgewährleistung und „Neue Risiken", JZ 1992, 548; *Kohler,* Ökobilanzierung im Bauwesen, BBauBl 1995, 605; *Lamb,* Die Bedeutung technischer Normen im Umweltrecht, ZUR 1993, 97; *Lehmann/Großmann,* Überprüfung von produktbezogenen DIN-Normen auf Umweltrelevanz; Forschungsbericht des UBA 1990; *K. Meier,* Ökologische Aspekte des Schuldvertrags, Berlin 1995; *ders.,* Umweltproblematiken im Werkvertragsrecht, VuR 1992, 30; *Nagel,* Die Produkt- und Umwelthaftung im Verhältnis von Herstellern und Zulieferern, Betr 1993, 2469; *Ossenbühl,* Umweltpflege durch hoheitliche Produktkennzeichnung, 1995; *Rose,* Wohngifte, Handbuch zur kritischen Auswahl der Materialien zum gesunden Bauen und Einrichten (Edition Wandlungen, Oldenburg), 1984; *Schwed/Löfflad,* Orientierungshilfe für Architekten: Deklarationsberater für die ökologische Bewertung von Baustoffen, DAB 1995, 1915; *Spannowsky,* Die Grenzwertkonzeption im Wandel, NVwZ 1995, 845; *Steiger,* Stichwort Ökobilanz; Bau und Betrieb von Gebäuden unter ökologischen Gesichtspunkten, BBauBl 1995, 611; *Winter,* Regelungsmaßstäbe im Gefahrstoffrecht, DVBl 1994, 913; *Zeschmar-Lahl/Lahl,* Ökologische Baustoffe, AKP 1994, 37 f. – **AGB-Fragen:** *Heintzen,* Geltungserhaltende Reduktion unzulässiger Haftungsbeschränkungen, NVwZ 1992, 857; *Klumpp,* AGB-Gewährleistungsausschluss für „alte" Neubauten, NJW 1993, 372; *J. Wagner,* Zur Zulässigkeit von Klauseln, nach denen Angaben bei Vertragsschluss keine zugesicherten Eigenschaften sein sollen, DB 1991, 2325.

**Literatur nach der Schuldrechtsreform: Allgemeines:** *Crombach,* Verstoß gegen die allgemein anerkannten Regeln der Technik durch Abweichung von Herstellerrichtlinien, MDR 2006, 728; *Dickersbach,* Mindermengen als Mangel, Leistungsstörung oder Abrechnungsproblem?, BauR 2007, 592; *Eschenbruch,* Bei Großprojekten ist alles anders? – Ein Beitrag zur Entmystifizierung und Eingrenzung der Risiken bei der Großprojektrealisierung aus juristischer Sicht-, BauR 2004, 1; *Ganten,* Dienstleistungen als Werkleistung – Anmerkungen zum „Erfolgs"Begriff in der Rechtsprechung des BGH, FS Thode, 2005, S. 21; *ders.,* Anspruchsgrundlage „Fahrlässige Täuschung" – Schadensersatzansprüche des Käufers/Bestellers aus der Verletzung vorvertraglicher Aufklärungspflichten im Mängelbereich, FS Motzke, 2006, S. 105; *Herchen,* Die

Sachmängel                                                                                          § 13 Nr. 1

Änderung der anerkannten Regeln der Technik nach Vertragsschluss und ihre Folgen, NZBau 2007, 139; *Grauvogel,* Bauvertrag – Risikoverlagerung vom Auftraggeber zum Auftragnehmer, Jahrbuch Baurecht, 2003, 29; *Kapellmann,* Der BGH und die „Konsoltraggerüste" – Bausollbestimmung durch die VOB/C oder die „konkreten Verhältnisse"?, NJW 2005, 182; *Kemper,* Die Neuregelung der Mängelansprüche in § 13 VOB/B – 2002 – Kurze Darstellung der erfolgten und versäumten Änderungen und ihrer praktischen Konsequenzen, BauR 2002, 1613; *Kern,* Die Neuregelung der Mängelansprüche und Sicherheitsleistung in den §§ 13 u. 17 VOB/B 2002 – Anmerkungen zu Kemper, BauR 2002, 1613, 1616 f., BauR 2003, 793; *Kluth,* Beraterhaftung – Bewertungskriterien für rechtsverbindliche aussagen beim Sachkauf, MDR 2003, 241; *Kohler,* Das Werk im Kauf, FS Jagenburg, 2002, S. 379; *Kraus, Steffen* Der Diskussionsentwurf eines Schuldrechtsmodernisierungsgesetzes – Eine Übersicht, eine erste kritische Bewertung aus der Sicht der Baurechtspraxis, BauR 2001, 1; *Kraus, Philipp,* Planungsverantwortung bei partnerschaftlichen Bauvertragsmodellen, 2007; *Krause-Allenstein/Hankammer,* Der Einfluss der Wartungsbedürftigkeit von Bauteilen auf die Gewährleistung des Unternehmers, BauR 2007, 955; *Lailach,* Kann der Auftraggeber vom Auftragnehmer die regelwidrige Ausführung verlangen?, BauR 2003, 1474; *Laws,* Strukturen des Werkvertrags- und Werklieferungsvertragsrechts nach der Schuldrechtsreform, MDR 2002, 320; *Leitzke,* Keine Gewährleistung bei ungeklärter Mangelursache? – Zugleich Anmerkung zu OLG Hamburg BauR 2001, 1749, BauR 2002, 394; *Littbarski,* Das Schuldrechtsmodernisierungsgesetz – Fluch oder Segen für die Praxis?, FS Jagenburg, 2002, S. 509; *Litzner/Meyer,* Schnittstelle Bautechnik und Recht – Gegensatz oder Symbiose, FS Motzke, 2006, S. 211; *Markus,* Ansprüche des Auftragnehmers nach wirksamer Zuschlagserteilung bei „unklarer Leistungsbeschreibung" des Auftraggebers, BauR 2004, 180; *Maurer,* Extra ecclesia nulla salus: VOB/C als metajuristischer Prügelknabe des privaten Baurechts?, FS Motzke, 2006, S. 247; *Merl,* Mangelbegriff und Hinweispflicht des Auftragnehmers, FS Motzke, 2006, S. 261; *ders.,* Schuldrechtsmodernisierungsgesetz und werkvertragliche Gewährleistung, FS Jagenburg, 2002, S. 597; *Miernik,* Vertragswidrige Leistung: Herabsetzung des Werklohns nach § 2 VOB/B und/oder Minderung nach § 13 VOB/B?, BauR 2005, 1698; *Motzke,* Parameter für Zusatzvergütung bei zusätzlichen Leistungen, NZBau 2002, 641; *Mundt,* Baumängel und der Mängelbegriff des BGB-Werkvertragsrechts nach dem Schuldrechtsmodernisierungsgesetz, NZBau 2003, 73; *Neuhaus,* Dreißig Jahre Gewährleistungshaftung im Baurecht – Vor und nach der Schuldrechtsreform, BauR 2002, 131; *Oberhauser,* Pflichten- und Risikoverteilung zwischen den Bauvertragsparteien, FS Kraus, 2003, S. 151; *dies.,* Die Bedeutung des § 9 VOB/A für das Bauvertragsrecht – dargestellt am Bauen im Bestand, BauR 2003, 1110; *Preussner,* Das neue Werkvertragsrecht im BGB 2002, BauR 2002, 231; *Quack,* Vertragsauslegung und Auslegungsvorgaben in technischen Regelwerken; *ders.,* Das ungewöhnliche Wagnis im Bauvertrag, BauR 2003, 26; *ders.,* Warum ein privater oder kommerzieller Auftraggeber die VOB/A gar nicht und die VOB/C nur mit Einschränkungen vereinbaren sollte, BauR 2003, 1290; *ders.,* Was ist eigentlich vereinbart, wenn die VOB/C nicht wirksam in den Vertrag einbezogen wurde?, ZfBR 2005, 731; *ders.* Über die Untauglichkeit aller Versuche, die VOB/C vor der Auslegung des Einzelvertrages zu retten, ZfBR 2005, 427; *ders.* Bausoll, Risikosphären, originäre Bauherrenpflichten und allerlei „Verträge" – Über einige problematische Begriffsbildungen im privaten Baurecht, ZfBR 2006, 731; *Raiser,* Das Werkvertragsrecht nach dem Regierungsentwurf eines Schuldrechtsmodernisierungsgesetzes, NZBau 2001, 598; *Schellhammer,* Die Haftung des Verkäufers für Sach- und Rechtsmängel – Neue Struktur und neuer Mangelbegriff, MDR 2002, 241; *Seibel,* Technische Normen als Bestandteil eines Bauvertrages?, ZfBR 2007, 310; *ders.,* Mangelhafte Bauleistung und „allgemein anerkannte Regeln der Technik", ZfBR 2006; 523; *ders.,* „Stand der Technik", „allgemein anerkannte Regeln der Technik" und Stand von Wissenschaft und Technik", BauR 2004, 266; *Siegburg,* Der Baumangel nach der geplanten VOB/B 2002, FS Jagenburg, 2002, S. 839; *Sienz,* Die Neuregelungen im Werkvertragsrecht nach dem Schuldrechtsmodernisierungsgesetz, BauR 2002, 181; *ders.,* Das Gewährleistungsrecht des Werkvertrages nach der Schuldrechtsreform, FS Kraus, 2003, S. 237; *Teichmann,* Kauf- und Werkvertrag im Schuldrechtsreform, ZfBR 2002, 13; *Thode,* Die wichtigsten Änderungen im BGB-Werkvertragsrecht: Schuldrechtsmodernisierung und erste Probleme – Teil 1, NZBau 2002, 297; Teil 2, NZBau 2002, 360; *Voit,* Erfolg, Leistungsbeschreibung und Vergütung im Bauvertrag, ZfIR 2007, 157; *ders.,* Die Änderungen des allgemeinen Teils des Schuldrechts durch das Schuldrechtmodernisierungsgesetz und ihre Auswirkungen auf das Werkvertragsrecht, BauR 2002, 145; *Völkel,* Die Bedeutung der VOB/C bei der Bestimmung bauvertraglicher Leistungspflichten, 2005; *Voppel,* Das Gesetz zur Modernisierung des Schuldrechts und das Leistungsstörungsrecht beim Werkvertrag, BauR 2002, 843; *Vorwerk,* Mängelhaftung des Werkunternehmers und Rechte des Bestellers nach neuem Recht, BauR 2003, 1; *Vygen,* Rechtliche Probleme der baubegleitenden Qualitätsüberwachung mit und ohne Fertigstellungsbescheinigung, FS Jagenburg, 2002, S. 933; *Wappenhans,* TÜV oder nicht TÜV, das ist hier die Frage bei der Qualitätsüberwachung?, BauR 2002, 714; *Weyer,* Vermeintliche und wirkliche Kleinigkeiten bei der werkvertraglichen Gewährleistung, dargestellt am Beispiel zu geringer Wohnfläche, FS Jagenburg, 2002, S. 1043; *ders.,* Werkvertragliche Mängelhaftung und Verjährung nach neuem Recht: Auswege aus der kurzen Verjährungsfrist des § 634a Abs. 1 Nr. 2 BGB?, Jahrbuch Baurecht, 2003, 207; *Wilhelm,* Die Pflichtverletzung nach dem neuen Schuldrecht, JZ 2004, 1055. –

**Bauwirtschaftliche Vertragsformen:** *Blank,* Die rechtliche Einordnung des Veräußerungsvertrages über ein bereits hergestelltes Gebäude, FS Thode, 2005, S. 233; *Fuchs,* Die Mängelhaftung des Bauträgers bei der Altbausanierung, BauR 2007, 264; *Jochem,* Der geschuldete werkvertragliche Erfolg nach der Beschaffenheitsvereinbarung im Architektenvertrag, FS Werner, 2005, S. 69; *Kapellmann,* Schlüsselfertiges Bauen, 2. Aufl. 2003; *Lenzen,* „Bauvertrag verkehrt" – Besonderheiten des Abbruchvertrages, FS Jagenburg, 2002, S. 491; *Leupertz,* Baustofflieferung und Baustoffhandel: Im juristischen Niemandsland, BauR 2006, 1648; *Ott,* Die

## § 13 Nr. 1    Sachmängel

Auswirkungen der Schuldrechtsreform auf Bauträgerverträge und andere aktuelle Fragen des Bauträgerrechts, NZBau 2003, 233; *Pause,* Intransparente Baubeschreibungen im Bauträgervertrag, FS Thode, 2005, S. 275; *der.,* Bauträgervertrag: Gesetzliche Defizite bei der Abnahme und der Mängelhaftung?, ZfIR 2006, 356; *Saas,* Bausoll, Vertragssoll und der „offene" Inhalt von Bauverträgen, Jahrbuch Baurecht, 2007, 35; *M. Schröder,* Der Wartungsvertrag, 2005; *Stickler,* Das Aufbürden ungewöhnlicher Wagnisse i. S. Des § 9 Nr. 2 VOB/A bei der Baukonzession, BauR 2003, 1105; *Thierau,* Das Bausoll beim GMP-Vertrag, FS Jagenburg, 2002, S. 895; *Virneburg,* Der Sonderwunsch des Erwerbers im Bauträgervertrag, BauR 2004, 1681; *Wagner,* Der Bauträgervertrag und die Verbraucherschutzrichtlinie, ZfBR 2004; 317. – **Europarechtliche Fragen:** *Micklitz,* Bauverträge mit Verbrauchern und die VOB Teil B – Zur Bedeutung der Richtlinie 93/13/EWG über missbräuchliche Klauseln in Verbraucherverträgen, 2005, Unvereinbarkeit von VOB/B und Klauselrichtlinie, ZfIR 2004, 613; *Sienz,* Anmerkungen zu einer richtlinienkonformen Auslegung der §§ 633 Abs. 2, 651 Satz 1 BGB n. F., FS Thode, 2005, S. 627; *Vogel,* Auswirkungen und Einfluss des Gemeinschaftsrechts auf das private Baurecht, BauR 2006, 744; *Wagner,* Der Bauträgervertrag und die Verbraucherschutzrichtlinie, ZfBR 2004, 317. – **Prozessrechtliche Fragen:** *Dageförde/Fastabend/Kindereit,* Sachverständige und Eingriffe in die Bausubstanz, BauR 2006, 1202; *Englert,* Beweisführung im Tiefbau – keine Glaubensfrage mehr mit der „5-M-Methode". – Ein Beitrag zum Verständnis der Baugrundprobleme, FS Jagenburg, 2002, S. 161; *Moll* Formulierung bauakustischer Sachverhalte in Beweisbeschlüssen, BauR 2005, 470; *Moufang/Kupjetz,* Der Ausforschungsbeweis im selbstständigen Beweisverfahren bei vermuteten Mängeln, NZBau 2003; 646; *Putzier,* Symptomrechtsprechung und die Frage nach der Ursache eines Mangels – die Dreistufigkeit des Anspruchsvoraussetzung für den Mängelbeseitigungsanspruch, BauR 2004, 1060; *Schulze-Hagen,* Die Bindungswirkung technischer Normen und der Anscheinsbeweis im Baurechtsprozess, FS Werner, 2005, S. 355; *Zahn,* Darlegungs- und Beweislast bei der Geltendmachung von Mängeln, BauR 2006, 1823. – **Sachbezogene Mängelprobleme:** *Blank,* Die Wohnflächenberechnung nach neuem Recht, ZfIR 2004, 320; *Busse,* Klimaanlage par ordre du mufti?, NJW 2004, 1982; *Englert/Fuchs,* Die Fundamentalnorm für die Errichtung von Bauwerken: DIN 4020, BauR 2006, 1047; *Grimm,* Heiße Tage am Arbeitsplatz, DB 2004, 1666; *Grothmann/Hausladen/Schramek,* Die 26 °C-Rechtsprechung und ihre Auswirkungen auf die Immobilienpraxis, ZfIR 2004; 721; *Harms,* Mechanische Kühlung als „Hitzeschutz" für gewerbliche Mieter?, NZM 2005, 441; *Hertel,* Energieausweis für Bestandsgebäude, DNotZ 2007, 486; *Hök,* Zum Baugrundrisiko in Deutschland mit einem Blick ins Ausland und auf internationale Vertragsmuster, ZfBR 2007, 3; *Kapellmann/Ziegler,* Störfallkataloge bei Bauverträgen im Tunnelbau mit Schildvortrieb, NZBau 2005, 65; *Klafft,* Die „Kernsanierung" – unverbindliche Werbeanpreisung oder Bausollbestimmung?, BauR 2006, 563; *Küllmer,* Sinn und Unsinn der Wärmeschutz- und der Energieeinsparverordnung bei Wohnungsbauten mit Fensterlüftung, FS Thode, 2005, S. 43; *Locher-Weiss,* Schallschutz im Hochbau – Geplante Änderungen der DIN 4109 durch den Entwurf DIN 4109-10 (Juni 2000) und die Auswirkungen auf das Werkvertragsrecht, BauR 2005, 17; *Maidl,* Die Bestimmung der Vortriebsklassen beim Spritzbetonverfahren im Tunnelbau, NZBau 2007, 72; *Mantscheff,* Sind die DIN 18201/202 anerkannte Regeln der Technik?, FS Jagenburg, 2002, S. 529; *Motzke,* Abbaubedingte Setzungsrisiken einer Deponie – technische Risiken und ihre rechtliche Bewertung – ein Anwendungsfall des Baugrund- oder Systemrisikos?, Jahrbuch Baurecht, 2005, 71; *Pauly,* Zur Frage der Berechnung des Minderungsbetrages und des Minderwertes beim Bauvertrag am Beispiel von Schallschutzmängeln, BauR 2002, 1321; *Oppler,* Zur Pflicht des Auftragnehmers, seine Leistungen vor Beschädigungen und Winterschäden zu schützen, FS Jagenburg, 2002, S. 713; *Pauly,* Aktuelle Entwicklungen zur Wohnflächenabweichung im Miet- und Bauträgerrecht, MDR 2005, 1204; *Schießer,* Flächenberechnungen bei Bauwerken, MDR 2003, 1401; *Schliemann,* Die 26 °C-Rechtsprechung im Lichte der Energieeinsparverordnung, ZfIR 2005, 488; *Schwedler,* Schimmelpilzbildung – Falsches Wohnverhalten oder beschädigte Bausubstanz?, BauR 2006, 1514; *Steffen,* Schallschutz nach DIN 4109 oder erhöhter Schallschutz: Was ist geschuldet?, BauR 2006, 873; *Sternel,* Energiepass und Gewährleistung, NZM 2006, 495. – **Mängel aus ökologischem Bezug, toxische Baustoffe:** *Koepfer,* Asbest: Rechtliche Risiken und Verantwortlichkeiten, BauR 2005, 28. – **AGB-Fragen:** *Schulze-Hagen,* Übermäßige AGB-Klauseln: Kassation oder Reduktion?, BauR 2003, 785; *Thode,* Transparenzgebot und Bauträgervertrag, ZNotP 2004, 131; *Voppel,* Die AGB-rechtliche Bewertung der VOB/B nach dem neuen Schuldrecht, NZBau 2003, 6; *Weyer,* Hält § 13 VOB/B 2002 der isolierten Inhaltskontrolle stand?, NZBau 2003, 521.

### Übersicht

| | Rdn. | | Rdn. |
|---|---|---|---|
| **A. Die Soll-/Ist-Abweichung als Voraussetzung eine Mängelhaftung**... | 1 | geordnete Maßstäbe – europarechtlicher Einfluss.......... | 10 |
| I. Voraussetzung einer mangelhaften Leistung nach neuem und alten Recht .................. | 1 | a) Umbau der Mängelhaftung nach dem Vorbild des Kaufrechts............ | 10 |
| 1. Subjektive und objektive Fehlerkriterien nach altem Schuldrecht................. | | b) Auseinanderfallen von Leistungsvorgaben („Soll") und geschuldeten Ergebnis („Erfolg"); „funktionaler Mangelbegriff" der Rechtsprechung.................. | 14 |
| 2. Systemwandel nach neuem Schuldrecht: „Beschaffenheitsvereinbarung" und nach- | 1 | | |

|   |   | Rdn. |   |   | Rdn. |
|---|---|---|---|---|---|
| | c) Eigener Lösungsweg: Differenzierte Zurechnung („normativer Mangelbegriff") | 22 | 2. | Die Beschaffenheitsvereinbarung | 66 |
| | | | | a) Systematische Bedeutung | 66 |
| | | | | b) Funktionaler Mangelbegriff | 68 |
| | d) Einfluss des Europarechts | 29 | | c) Auslegung der Beschaffenheitsvereinbarung – Einbezug der VOB/A und der VOB/C | 71 |
| II. | Mängelhaftung und Nebenpflichtverletzung | 34 | | | |
| | 1. Beratungsfehler | 34 | 3. | Einhaltung der anerkannten Regeln der Technik (Maßgeblichkeit) | 76 |
| | 2. Beratungsfehler und Werkleistung | 38 | | | |
| | 3. Die Leistungstreuepflicht | 47 | 4. | Vertraglich vorausgesetzte Verwendungstauglichkeit | 82 |
| | 4. Kooperationspflicht | 51 | | | |
| | | | 5. | „Gewöhnliche Verwendung" | 83 |
| B. Tatbestandsfragen zu § 13 Nr. 1 VOB/B | | 52 | 6. | Erwatungsgerechtigkeit und Gleichheit mit Artüblichkeit und Erwartungsgerechtigkeit | 84 |
| I. | Unterschiede zu § 633 BGB | 52 | | | |
| | 1. Textvergleich | 52 | III. | Praktische Sonderfragen zu Baumängeln | 85 |
| | 2. Mängelfreiheit im Abnahmezeitpunkt | 54 | | | |
| | 3. Einhaltung der „anerkannten Regeln der Technik" (Verhältnis zum BGB) | 59 | | 1. Neue Bauverfahren/Neue Baustoffe | 85 |
| | | | | 2. Toxische Baustoffe/Ökologische Mängelkriterien | 99 |
| | 4. „Aliud"-Lieferung; Verschaffung „zu geringer Mengen" | 60 | | 3. Sanierungsaufgaben („Bauen im Bestand") | 107 |
| | 5. Verschaffenspflicht | 61 | | 4. Das Baugrund- und Systemrisiko | 115 |
| II. | Prüfungsfolge im Tatbestand des § 13 Nr. 1 VOB/B | 62 | | | |
| | | | | 5. „Hinzunehmende" Mängel/ „Schönheitsfehler" | 121 |
| | 1. Nachrangigkeit der Kriterien und/oder kumulative Prüfung – Prüfschema | 62 | | 6. Beweisfragen | 128 |
| | | | C. | Kasuistik zum Mangelbegriff | 134 |

# A. Die Soll-/Ist-Abweichung als Voraussetzung einer Mängelhaftung

## I. Voraussetzung einer mangelhaften Leistung nach neuem und alten Recht

### 1. Subjektive und objektive Fehlerkriterien nach altem Schuldrecht

**a) Das „alte Schuldrecht"** des BGB ist durch das **„Gesetz zur Modernisierung des** 1
**Schuldrechts"** vom 26. 11. 2001 (BGBl. I, S. 3138 ff.) zum 1. 1. 2002 abgelöst worden.
Mit einiger Verzögerung (Bekanntmachung vom 12. 9. 2002[1]) ist auch die VOB/B dem
neuen Gesetzesstand angepasst worden. Diese Fassung gilt für Verträge, die seit ihrem
Inkrafttreten abgeschlossen wurden. – Die Fortgeltung des alten Schuldrechtes für sämtliche
vor dem 1. 1. 2002 (bei der VOB/B: vor deren Anpassung) abgeschlossenen Verträge hat in
der Praxis dazu geführt, dass noch weit über das Jahr 2002 hinaus Baurechtsfragen nach alten
Recht zu lösen waren und sind. Darum wird auch die Rechtslage nach *altem Recht* hier noch
einmal zusammengefasst.

**b) Mangelbegriff des § 13 Nr. 1.** Der Begriff des „Werkmangels" war in § 13 Nr. 1 2
VOB/B nicht definiert. Aus § 633 Abs. 2 BGB ergab sich jedoch,[2] dass das Gesetz den
„Mangel" gegenüber dem „Fehler" als den umfassenderen Begriff verwendete: „Mangelhaft" war eine Leistung, wenn sie einen der verschiedenen Tatbestände des § 633 Abs. 1

---

[1] Bundesanzeiger Nr. 202 a.
[2] Ebenso *Daub/Piel/Soergel/Steffani* ErlZ VOB/B 13 120; *Ingenstau/Korbion* (12. Aufl.) VOB/B § 13 Rdn. 102, 103.

§ 13 Nr. 1                                                                    Sachmängel

BGB bzw. des § 13 Nr. 1 VOB/B verwirklichte, z. B. mit den dort bezeichneten „Fehlern" behaftet war. In der Praxis werden – unschädlich – die Begriffe meist synonym verwendet.

3   Es entsprach der ganz h. L.[3] und der Auffassung der Rechtsprechung,[4] dass § 13 Nr. 1 von **drei verschiedenen Mängeltatbeständen** ausging, nämlich (1) dem Fehlen „zugesicherter Eigenschaften", (2) der Verletzung „anerkannter Regeln der Technik" und (3) dem Auftreten von Fehlern, die den Wert oder die Tauglichkeit zu dem gewöhnlichen oder dem vertraglich vorausgesetzten Gebrauch aufheben oder mindern.

4   Zweifel bestanden allerdings, ob die Einhaltung der **anerkannten Regeln der Technik** eine eigene Mängelkategorie war[5] oder ob dieser Begriff den Gruppen (1) und/oder (3) zuzuordnen war.[6] In der Sache änderte aber auch eine nur zweiteilige Gruppierung lediglich dann etwas, wenn damit gleichzeitig festgelegt war, dass der bloße (isolierte) Verstoß gegen anerkannte Regeln der Technik noch nicht zwingend zu einem Mangel führte. Da dies aber wiederum keine Systemfrage des § 13 Nr. 1 VOB/B, sondern eine Frage des materiellen Vertragsrisikos war, die sich auch bei der Einteilung in drei Gruppen stellte, konnte hier der h. L. gefolgt werden.

5   c) **Unverändert** hat die VOB/B 2002 – insoweit abweichend vom Text des § 633 Abs. 2 BGB n. F. – in § 13 Nr. 1 die Merkmale beibehalten, dass die Mängelfreiheit **zurzeit der Abnahme** bestehen muss und die **anerkannten Regeln der Technik** eingehalten werden müssen. Darauf gehen wir hier im Kontext der Kommentierung zur Neufassung ein.[7]

6   d) **Das alte Schuldrecht** kannte noch den Begriff der **„Zusicherung"** von Eigenschaften. Systematisch beruhte dieses Kriterium darauf, dass der Mangelbegriff des alten § 633 Abs. 1 BGB im Kern und für die Vielzahl der Fälle auf die Gebrauchstauglichkeit abstellte und damit einen im Wesentlichen objektiven Maßstab hatte. Mit der „Zusicherung" wurden diejenigen Fälle erfasst, in denen sich die Parteien einig waren, dass – unabhängig von der Gebrauchseignung der geschuldeten Sache im Übrigen – ganz bestimmte Sacheigenschaften unbedingt verwirklicht werden sollten. War eine Eigenschaft zugesichert, hatte der Unternehmer auch dann nicht ordnungsgemäß erfüllt, wenn das Werk ansonsten problemlos verwendbar war. Die „Zusicherung" öffnete den Parteien den Raum, über die Gebrauchseignung der Sache hinaus weitere und andere Merkmale verbindlich zum Schuldinhalt zu machen.

7   Nach ganz h. L.,[8] der auch die Rechtsprechung[9] folgte, unterschied sich die Erklärung einer werkvertraglichen Zusicherung (§ 13 Nr. 1 VOB/B) nicht grundsätzlich von der konkreten Eigenschaftsvereinbarung. Die Besonderheit der Zusicherung gegenüber der „bloßen" Abrede, nach welchen Bedingungen eine Leistung erbracht werden soll, bestand in der Bestimmtheit und **Ausdrücklichkeit** der Zusage ganz **konkreter Qualitätsmerkmale.** Dem Sinne nach wurde mit der Zusicherung erklärt: „Diese bestimmten Eigenschaften soll die Leistung unbedingt haben; Abweichungen sind in jedem Falle vertragswidrig!" Die Zusicherung war deshalb nach h. L. eine rechtsgeschäftlich betonte Heraushebung und Verdeutlichung bestimmter Merkmale des Werkes, die der Auftragnehmer vertraglich[10] unbedingt verspricht. Daraus erhielt die Erwähnung der Zusicherung neben den allgemeinen Fehlervoraussetzungen ihren Sinn: Nicht bei jedem Werk, schon gar nicht bei umfangreichen Bauleistungen, wird im Herstellungsvertrag deutlich, auf welche Eigenschaften es

---

[3] Siehe *Ingenstau/Korbion* VOB/B § 13 Rdn. 104; *Kaiser* Mängelhaftung Rdn. 66, 69; *Daub/Piel/Soergel/Steffani* ErlZ VOB/B 13 119; *Festge* BauR 1990, 322.
[4] BGH BauR 1984, 401 = ZfBR 1984, 176; BGH BauR 1985, 567 = ZfBR 276; BGH NJW-RR 1987, 336 = BauR 1987, 207 = ZfBR 1987, 71; OLG Frankfurt NJW 1983, 456 = BauR 1983, 156.
[5] So („i. d. Regel") BGH BauR 1984, 401; ebenso wohl *Ingenstau/Korbion* VOB/B § 13 Rdn. 104 und 136.
[6] So *Jagenburg* FS *Korbion* S. 179 (187); MünchKomm/*Soergel* § 633 Rdn. 35; vgl. auch *Siegburg* Gewährleistung Rdn. 136–139.
[7] Vgl. unten, Rdn. 54 f. (Abnahmezeitpunkt); 60 („anerkannte Regeln").
[8] *Ingenstau/Korbion* (12. Aufl.) VOB/B § 13 Rdn. 120; *Palandt/Thomas* (60. Aufl.) § 633 Rdn. 3.
[9] Vgl. insb. BGHZ 96, 111 (114) = NJW 1986, 711 = BauR 1986, 93 = ZfBR 1986, 23.
[10] *Staudinger/Peters* (12. Aufl.) § 633 Rdn. 17. Eine nur einseitige (oder vertragsunwirksame, etwa gem. § 311 b BGB) „Zusicherung" begründet keine entsprechenden Rechte.

dem Auftraggeber vertraglich(!) „unbedingt ankommt". Die Hilfe des Gesetzes und der VOB/B war die Zusicherung. Sie gab den Parteien die Möglichkeit, sich auf konkrete Werkqualitäten besonders festzulegen.

Eine **abweichende Auffassung**[11] vertrat zum früheren Recht den Standpunkt, dass eine **8** „Zusicherung" im Rahmen der §§ 633 Abs. 1 BGB, 13 Nr. 1 VOB/B nur vorliege, wenn der Unternehmer für die Eigenschaften auch **„unbedingt einstehen"** wolle, d. h. eine Erklärung abgebe, die qualitativ über die Beschaffenheitsvereinbarung hinausgeht. Zur Begründung wurde angeführt, dass auch das Kaufrecht diesen Begriff verwende[12] und die Überschneidungen zwischen Kauf- und Werkvertragsrecht dazu zwängen, den ohnehin sehr weiten kaufrechtlichen Zusicherungsbegriff einheitlich auch im Werkvertragsrecht zu benutzen. Dieser Standpunkt war aber **unzutreffend;** er wurde weder der Entstehungsgeschichte des § 633 Abs. 1 BGB noch der Besonderheit des Werkvertragsrechtes gegenüber dem Kauf und darin insb. der ganz unterschiedlichen Rechtsfolgenanordnung (vgl. §§ 463, 635 BGB a. F.) gerecht.[13] Die missliche Konsequenz von bei Kauf und Werkvertrag unterschiedlichen Begriffsinhalten bei sich wirtschaftlich stark überlagernden Vertragsverhältnissen konnte auf andere Weise gelöst werden.[14]

e) **Gebrauchstauglichkeit/Erheblichkeit von Fehlern.** Die dritte Fehlerkategorie des **9** § 13 Nr. 1 VOB/B war die Minderung oder Aufhebung der Gebrauchstauglichkeit des Werkes, – der gewöhnlichen oder der nach dem Vertrag vorausgesetzten. Der „vorausgesetzte Gebrauch" konnte vertraglich beschrieben und konkretisiert sein, dann war Maßstab diese Gebrauchserwartung;[15] der Zweck konnte aber auch vertraglich unbenannt bleiben, dann war auf die übliche (gewöhnliche) Verkehrserwartung hinsichtlich der notwendigen Gebrauchstüchtigkeit der Leistung abzustellen. Grundlage der Bewertung war aber stets der (auszulegende) Vertrag. Für die „vertragliche Voraussetzung" des Werkgebrauchs genügten deshalb nicht nur „geäußerte Vorstellungen" des Bestellers oder einseitige Erwartungen.

Als Mangelvoraussetzung musste der Wert der Werkleistung oder ihre Gebrauchstauglich- **10** keit rechtserheblich beeinträchtigt sein. Entscheidend war der **Maßstab,** mit dem die Rechtserheblichkeit bewertet wird. Insoweit bestand wohl Einvernehmen,[16] dass die Wertbeeinträchtigung – im Vertragsrahmen – **objektiv zu messen** war. Voraussetzung eines Mangels war, dass ein unvoreingenommener objektiver Beurteiler, jedoch aus der Vertragswarte und mit den Kenntnissen des Auftraggebers, zu dem Ergebnis kam, dass die Werkleistung ihren **Nutzzweck nicht erfüllte.**[17] Auszuscheiden waren also einerseits subjektive Bewertungen und Empfindlichkeiten, die von der Verkehrsmeinung nicht nachvollzogen werden. Andererseits kam es nicht auf die Beurteilung gleichgültiger Dritter an. Mit diesen Kriterien war einmal sichergestellt, dass – außerhalb von Zusicherungen – nicht überspannte Schönheits- und Genauigkeitsforderungen zum Gegenstand von Mängelansprüchen gemacht werden konnten; andererseits hatten Auftragnehmer aber zu dem zu stehen, was auf Grund ihrer Zusagen und Vertrauenswerbung von ihnen erwartet werden konnte.

## 2. Systemwandel nach neuem Schuldrecht: „Beschaffenheitsvereinbarung" und nachgeordnete Maßstäbe – europarechtlicher Einfluss

### a) Umbau der Mängelhaftung nach dem Vorbild des Kaufrechts. Die Schuld- **11** rechtsreform hat das Kauf- und Werkvertragsrecht im Anschluss an (insbes.) die Verbrauchsgüterkaufrichtlinie (VgKRL)[18] erheblich umgebildet, dabei aber auch Gedanken

---

[11] *Eimer* NJW 1973, 590; *Erman/Seiler* § 633 Rdn. 7.
[12] *Staudinger/Honsell* (12. Aufl.) § 459 Rdn. 136; *Nicklisch* FS Beitzke S. 89 (95).
[13] *Nicklisch* (Fn. 12) S. 97, 101.
[14] Vgl. eingehend *Nicklisch* (Fn. 12, 13) S. 98; die Erklärungsanforderungen müssen bzgl. des Bezugsgegenstandes differenziert werden. – Zur *Kasuistik* der Zusicherung vgl. Vorauflage § 13 Nr. 1 Rdn. 89 f.
[15] BGH NJW-RR 1989, 775; *Ingenstau/Korbion* (12. Aufl.) VOB/B § 13 Rdn. 146.
[16] Vgl. *Staudinger/Peters* (12. Aufl.) § 633 Rdn. 31; exakte Definitionen fehlen.
[17] Ähnlich *Heiermann/Riedl/Rusam* (7. Aufl.) VOB/B § 13 Rdn. 41.
[18] RL 1999/44/EG v. 25. 5. 1999, Amtsblatt NrL 171 v. 7. 7. 1999, S. 12 f.

## § 13 Nr. 1

früherer Reformansätze aufgegriffen.[19] Im Vordergrund für die Neufassung des Mängelhaftungsrechtes steht nach den Gesetzesmaterialien[20] die **Anpassung des („ähnlichen") Werkvertragsrechts an das Kaufrecht,** dies aber weniger als Selbstzweck, sondern vor allem mit dem Ziel, für beide Vertragstypen einen **einheitlichen Mangelbegriff** zu schaffen.[21] Dieser Mangelbegriff allerdings hatte Vorgaben in der VgKRL, die nicht mehr zwischen Mängeln aus unzulänglicher Gebrauchstüchtigkeit und Fehlern zugesicherter Eigenschaften unterscheidet, sondern in erster Linie darauf abstellt, *dass/ob die gelieferte (hergestellte) Sache der vertraglichen Vereinbarung entspricht.*[22] Wird sie dieser nicht gerecht, so soll im Anschluss an Art. 3 Abs. 2 der Richtlinie (diese wiederum im Anschluss an bestehende internationale Kaufrechtsordnungen)[23] nicht mehr das frühere „Gewährleistungsrecht", sondern sollen *Erfüllungsansprüche* gelten: Kauf- und Werkverträge sind mängelfrei zu erfüllen und *nach*zuerfüllen, d. h. auch: Mängel der Kaufsache wie des Werkes sind zu beseitigen – soweit es geht. Dies sind die Prinzipien des neuen Kauf- und Werkvertragsrechtes. Daneben hat sich der Gesetzgeber ein weiteres Ziel gesetzt:[24] „... es ist zweckmäßig, dass sich der Inhalt der Pflicht möglichst klar aus dem Gesetz ablesen lässt. Für den Sachmangel gilt das in besonderer Weise ...". – Kurz gefasst als *„Wille des Gesetzgebers":* Das Werkvertragsrecht entspricht in den Grundstrukturen fortan dem Kaufrecht; für beide gilt „Erfüllungsrecht", d. h. auch die Pflicht des Verkäufers/Unternehmers zur realen Nacherfüllung (Mängelbeseitigung). Der Mängelbegriff gilt unterschiedslos übergreifend.

**12** Insbesondere *Thode*[25] hat nachdrücklich darauf hingewiesen, dass diese **Gleichschaltung von Kauf- und Werkvertrag** die **Regelungsstrukturen** beider Rechtsgebiete **verkenne** und es die gesetzgeberisch behauptete „Ähnlichkeit" zwischen diesen Schuldvertragstypen so nicht gebe. Dem ist zuzustimmen. Vor allem das Ziel einer „klaren Ablesbarkeit" von Rechtsfolgen fehlerhafter Produktion im Kauf- und Werkvertragsrecht ist auf diesem Wege nicht zu erreichen. *Das werkvertragliche Leitbild unterscheidet sich grundlegend vom kaufrechtlichen.* – Die Typizität des „Kaufes" oder der auftragsgemäßen Herstellung vertretbarer Sachen (§ 651 BGB) liegt darin, dass sich der Schuldgegenstand im Regelfall eindeutig (meist als fertige Sache!) beschreiben und „ohne Wenn und Aber" verschaffen lässt. Bei der Herstellung unbeweglicher (Bauwerke!), teilweise aber auch bei der Herstellung nicht vertretbarer beweglicher Sachen (auf die nach § 651 BGB einzelne Regelungen des Werkvertragsrechtes anzuwenden sind), kommt bestimmend ein dem Kaufrecht fremdes Element hinzu, das auch Ursprung zahlreicher bauvertraglicher Probleme ist: **der Kooperations- und Entwicklungscharakter** des Bauvertrages, dessen Erfüllungsphase typischerweise auch Einwirkungen aus der notwendigen **Erfüllungszeit** unterliegt. Es ist also ein Irrtum gewesen, wenn der Gesetzgeber glaubte, dass die Synchronisation von Kauf- und Werkvertragsrecht eine besondere Transparenz und Anwendungsfreundlichkeit schaffe. Besser wäre es gewesen, jedenfalls dem Bauvertrag spezielle Rechtsvorschriften zuzuordnen, wie es nachdrücklich vorgeschlagen worden ist.[26] Alle spezifischen bauvertraglichen Fragen, insbes. die Entwicklung der Beschaffenheitsvereinbarung aus dem Dialog der Parteien, die Prüf- und Hinweispflichten des Auftragnehmers bei erkennbaren falschen Vorstellungen des Auftraggebers vom Herstellungsweg und etwa die Zurechnung von unverschuldeten Mängelursachen zum Verantwortungsbereich einer der Parteien, werden mit der kaufrechtlichen Formel des § 434 Abs. 1 BGB nicht gelöst.

**13** Sieht man von diesen Unzulänglichkeiten im systematischen Ansatz ab, ist das neue Werkvertragsrecht so „praktikabel" wie das vor 2002 geltende, weil auch dieses darauf

---

[19] Vgl. dazu allg. etwa: *Teichmann* ZfBR 2002 13 f.; *Voit* BauR 2002, 145 ff.
[20] BT-DS 14/6040, S. 260.
[21] BT-DS 14/6040, S. 208–210.
[22] Erwägungsgründe Ziff. 8; RL Art. 2 Abs. 1.
[23] EKG Art. 19 I, III; UN Kaufrecht Art. 35 Abs. 1; BT-DS 14/6040, S. 209.
[24] BT-DS 14/6040, S. 210.
[25] NZBau 2002, 297 ff., 360 ff.
[26] „Freiburger Entwurf", vgl. NZBau 2001, 183 f.; NZBau 2002, 207; vgl. auch *Thode* (Fn. 25) S. 298, Fn. 2; „zornig" zum neuen Recht auch *Peters* NZBau 2002, 117.

verzichtet hatte, den Besonderheiten des Bauvertrages im Mängelrecht Rechnung zu tragen. Bei den **Mängelkriterien** schafft das neue Recht aber einen **Paradigmenwechsel,** der **europarechtlich** abgeleitet ist.[27] – § 633 Abs. 2 BGB a. F. orientierte die Erfüllungspflicht des Unternehmers in erster Linie an der Erwartung des Bestellers, ein *verwendungstaugliches, zweckgerechtes Werk* zu erhalten,[28] also an objektiven Kriterien, die den Vertragszweck lediglich mit einbezogen. Daneben stand die Abweichung von einer gegebenen „Zusicherung", deren Funktion oben[29] erläutert worden ist: Als Mängelkriterium greift sie ein, wo unabhängig von einer generellen Gebrauchseignung verbindlich ganz bestimmte Eigenschaften hergestellt werden sollen. Das *neue Schuldrecht* geht den **umgekehrten Weg: Zunächst** ist zu prüfen, ob/inwieweit eine **„Beschaffenheitsvereinbarung"** getroffen wurde, die – ähnlich der Zusicherung – den Unternehmer zur Herstellung des Werkes nach ganz bestimmten Kriterien verpflichtet. Ist eine Beschaffenheit nicht vereinbart, greifen die weiteren Kriterien des § 633 Abs. 2, Satz 2 BGB ein, die zwar ebenfalls den Vertrag im Blick haben, sich an ihn aber nur anlehnen**: „objektivere"** oder sogar vollständig (objektiv) am „Üblichen" ausgerichtete **Maßstäbe.** – Das neue und alte Recht unterscheiden sich aber nicht nur in der Reihenfolge des Prüfkataloges: Die „Zusicherung" entspricht weder systematisch noch inhaltlich genau der „Beschaffenheitsvereinbarung", auch wenn beide vertraglich die ordnungsgemäße Herstellung beschreiben. Der Unterschied liegt in der *Regel/Ausnahme-Situation.* Auch nach früherem Recht galt zwar der „subjektive Fehlerbegriff". Dieser erfüllte sich aber nur ausnahmsweise in der Zusicherung; im Übrigen färbte der Fehlerbegriff vor allem den (vertraglichen) Gebrauchszweck ein, der als Mängelkriterium neben dem „gewöhnlichen Gebrauchszweck" stand. Die heutige **„Beschaffenheitsvereinbarung"** ist dagegen der **primäre** und alle übrigen Kriterien zurückdrängende **Maßstab** für vertragsgerechte Erfüllung. Nur wenn eine Beschaffenheitsvereinbarung nicht festgestellt werden kann, gelten die nachrangigen („objektiveren") Maßstäbe. Die Beschaffenheitsvereinbarung hat für die Mängelbestimmung eine klare **Leitbildfunktion** und gibt der vertraglichen „Erfolgs"-Bestimmung als Erfüllungskriterium ein stärkeres Gewicht als die Zusicherung oder die subjektive Komponente im bisherigen Fehlerbegriff. Inwieweit sich diese Abweichung des neuen vom alten Schuldrecht praktisch auswirken wird, ob sie insbes. zu einer *Verschärfung*[30] der Verantwortung des Unternehmers führen wird, kann nur die weitere Arbeit mit Gesetz und VOB/B zeigen. Der Gesetzgeber hatte eine strengere Haftung (wohl) nicht im Sinn.

**b) Auseinanderfallen von Leistungsvorgaben („Soll") und geschuldeten Ergebnis** 14 **(„Erfolg"); „funktionaler Mangelbegriff" der Rechtsprechung.** Die Anknüpfung der §§ 633 Abs. 2 BGB und 13 Nr. 1 VOB/B an die „Beschaffenheitsvereinbarung" als Hauptkriterium für das Vorliegen eines Mangels **löst das praktische Problem** der Mängelbewertung beim Bauvertrag **noch nicht.** Die Komplikation ergibt sich einmal aus dem bauvertragstypischen **Wechselspiel** von Vorgaben und Anweisungen des Auftraggebers mit der Verpflichtung des Auftragnehmers zur Prüfung der Voraussetzungen einer ordentlichen Werkherstellung und zum anderen aus dem oftmals **fehlenden Gleichklang** von wirtschaftlich **gewolltem Ergebnis** und vereinbartem **Aufwand** („Herstellungsweg") zu diesem Ergebnis. Der bauvertragliche „Mangel" ist – anders als der Gesetzgeber es wollte (o. Rdn. 11) – nur in einfachen Grundfällen schlicht aus der Abweichung vom „Vertragssoll" abzulesen. Die Erfüllungserwartung des Auftraggebers geht oftmals berechtigterweise darüber hinaus; gleichwohl hat der Auftragnehmer seine „Pflicht" ggf. schon vor Erreichen dieses Ziels erfüllt und damit auch seinen Vergütungsanspruch gesichert. Ähnlich verhält es sich bei Mitverantwortungen für Leistungsstörungen: Für einen Fehlschlag des „Erfolges"

---
[27] Vgl. *Thode* NZBau 2002, 300 und u. Rdn. 29 f.
[28] BGH NJW 1984, 2457 = BauR 1984, 510 = ZfBR 1984, 222.
[29] Vgl. Rdn. 6 f.
[30] So etwa *Thode* NZBau 2002, 303; *Sienz* FS *Kraus*, S. 242; abweichend: *Schudnagies* NJW 2002, 396 f., 397; *Raiser* NZBau 2001, 598; *Peters* NZBau 2002, 118.

kann der Auftragnehmer aus ganz unterschiedlichen Gründen keine (oder nur teilweise) Verantwortung tragen: Welches Ergebnis „schuldet" er dann, für welche Leistung hat er die vertragliche Vergütung verdient? Das Vergütungs- und Gefahrenproblem ist hier im Detail nicht zu beantworten. Unter dem *Mängelaspekt* stellt sich die Frage, ob/wann der Auftragnehmer „sein Werk" (§ 631 Abs. 1 BGB) vertragsgemäß geschaffen, „den versprochenen Erfolg"[31] „mängelfrei" erreicht (§ 631 Abs. 2 BGB) oder „pflichtgemäß erfüllt" (§ 280 Abs. 1 Satz 1 BGB) hat.[32] – Es gibt in Rechtsprechung und Schrifttum verschiedene Ansätze, die Reichweite des unternehmerischen Leistungsrisikos mit der rechtsgeschäftlichen Ausgangsbasis („Werkversprechen") in Einklang zu bringen.

15 Entschieden hat zuerst *Nicklisch*[33] darauf abgestellt, dass in Anordnungen, Weisungen oder sonstigen technischen Vorgaben eines Auftraggebers zugleich rechtsgeschäftliche Bestimmungen des Werkgegenstandes oder einer rechtsgeschäftlichen Risikozuweisung lägen. Wenn also ein Auftraggeber bestimme, dass eine Leistung unter bestimmten Bedingungen herzustellen sei, liege darin gleichzeitig das Angebot für eine Haftungsbegrenzung, die wirksam werde, wenn sich entsprechende Risiken verwirklichten. Man mag dies die **„vertragsautonome Lösung"** nennen oder auch die Theorie der „rechtsgeschäftlichen Risikoübernahme".[34]

16 Einen vergleichbaren Ansatz hat *Kapellmann*,[35] der die **„Sollbeschaffenheit"** der **„Istbeschaffenheit"** von Werken gegenübergestellt. Dabei beschreibt die Sollbeschaffenheit die komplexe Summe aller rechtsgeschäftlichen Erklärungen, die das konkret herzustellende Werk bestimmen – einschl. derjenigen, die ggf. Einschränkungen der Brauchbarkeit der Leistung programmieren. Das entspricht § 2 Nr. 1 VOB/B. Diese ebenfalls streng rechtsgeschäftliche Bestimmung des geschuldeten Werkes (§ 631 Abs. 1 BGB) verwendet *Kapellmann* allerdings lediglich für die Abgrenzung von Vertragsleistungen zu Zusatzleistungen im *Vergütungsbereich*. Die Grenze zwischen Soll- und Istbeschaffenheit entscheidet nach diesen Begriffsinhalten über die Berechtigung von Nachträgen. Obwohl es auch bei Mängeln darauf ankommt, ob das „versprochene Werk" hergestellt wurde oder die „vereinbarte Beschaffenheit" eingehalten ist, stellt *Kapellmann* hier gleichzeitig und ergänzend auf das objektivere Kriterium der Gebrauchstauglichkeit bzw. der Einhaltung der anerkannten Regeln der Technik (§ 13 Nr. 1 VOB/B) ab. Das ist methodisch fragwürdig; denn die nach § 2 Nr. 1 VOB/B geschuldete Leistung ist im Ausgangspunkt keine andere als das nach §§ 631 Abs. 1 BGB herzustellende oder nach §§ 633 Abs. 2 BGB, 13 Nr. 1 VOB/B vertragsgemäß mängelfrei herbeizuführende Werk. Gebrauchstauglichkeit und anerkannte Regeln sind im Rahmen des § 13 Nr. 1 zur Beschaffenheitsvereinbarung nachrangige Kriterien:[36] Ein Werk kann mangelhaft sein, obwohl es den anerkannten Regeln entspricht[37] und vertragsgemäß, obwohl es gegen die anerkannten Regeln verstößt.[38] Dann aber liegt in der Differenzierung im Begriff der Vertragsgemäßheit bei *Kapellmann* ein methodischer Bruch, der mit der von ihm gegebenen Begründung nicht aufzuheben ist. Das Ziel der Argumentation *Kapellmanns* ist indessen klar: Er will vermeiden, dass ein zur Verwendung nicht geeignetes, dem wirtschaftlichen Zweck des Vertrages nicht entsprechendes, Arbeitsergebnis („rein theoretisch") als „mängelfrei" bezeichnet werden muss. Das würde nicht nur auf Verständnisschwierigkeiten stoßen, sondern hätte auch Folgeprobleme, weil kaum noch

---

[31] Vgl. dazu *Ganten* in FS *Thode* (2005), S. 21 ff.
[32] Zur „Pflichten"kategorie vgl. *Erman-Westermann* (11. Aufl.) § 280 Rdn. 8–11.
[33] FS *Bosch*, S. 731; vgl. auch *Jagenburg* in FS *Korbion*, S. 179 f. (186); dazu *Kapellmann* in Kapellmann/Messerschmidt VOB (2. Aufl.) VOB/B § 2 Rdn. 30. – Einen ähnlichen Ansatz hat *Vorwerk*, BauR 2003, 1 ff., der u. E. aber von einem unzutreffenden Zusammenspiel von Werkvertragsrecht und allg. Leistungsstörungsrecht ausgeht.
[34] vgl. dazu im Einzelnen und zur näheren Klassifizierung: *Kraus, Philipp,* Planungsverantwortung ... (2007), 107 f., 133 ff., der die Einzelansätze noch weiter auffächert.
[35] NJW 2005, 182 f., 186; vgl. auch *Kapellmann/Messerschmidt* VOB (2. Aufl.) VOB/B § 2 Rdn. 29, 30.
[36] Vgl. u. Rdn. 62 f., 83 f.
[37] Vgl. u. Rdn. 76 f., 80; § 4 Nr. 2 Rdn. 29.
[38] Vgl. u. Rdn. 76 f., 80; § 4 Nr. 2 Rdn. 29.

begründet werden könnte, dass ggf. der Auftraggeber trotz „mangelfreier" Unternehmerleistung berechtigt sein soll (sollte), die vollständige Herstellung eines auch brauchbaren (!) Werkes zu verlangen. *Kapellmann* setzt deshalb für ein **„mängelfreies Werk" generell auch dessen Brauchbarkeit** voraus. Wenn diese aber eigentlich (nach der „Sollbeschaffenheit") nicht geschuldet war, ist der Unternehmer zur Nacherfüllung nur gegen eine zusätzliche Vergütung verpflichtet.[39] Diese Kompensation[40] hebt den methodischen Widerspruch materiell weitgehend auf.

Eine ähnliche Differenzierung wie *Kapellmann* trifft *Motzke*.[41] Mit entsprechenden Inhalten wie *Kapellmann* unterscheidet *Motzke* zwischen dem **„Vertragsparameter"** (entspricht dem „Bausoll") und dem **„Erfolgsparameter"** (auch: „Erfolgssoll"; entspricht dem mängelfreien „Erfolg").[42] Mit dem Satz:[43] „Der geschuldete Erfolg lässt sich meist unabhängig von den jeweiligen einzelnen Leistungspositionen deshalb erfassen, weil es um die Herstellung und Gebrauchstauglichkeit oder Verwendungseignung des Werkes geht ...", vernachlässigt auch *Motzke* – jedenfalls nach neuem Schuldrecht – u. E. zu sehr die gesetzliche Verknüpfung von vertraglich geschuldetem Ergebnis und der dafür (!) zu zahlenden Vergütung. **17**

Dieselben Einwände gelten dem Ansatz von *Voit*.[44] Auch er bestimmt den Leistungsumfang des Auftragnehmers gem. §§ 633 Abs. 2 BGB, 13 Nr. 1 VOB/B autonom gegenüber dem Soll für den vereinbarten Vergütungsanspruch, trennt aber mit anderer Begründung: § 2 Nr. 1 VOB/B beziehe sich gar nicht auf den versprochenen **Leistungserfolg** (§ 631 BGB), sondern auf die **Leistungsschritte**, d. h. auf den *Weg*, der (möglichst) zum Erfolg führen soll. Diese Leistungsschritte seien durch die Aufgabenbeschreibung im weitesten Sinne entsprechend § 2 Nr. 1 VOB/B definiert. Der „Erfolg" sei etwas anderes, nämlich das vom Auftraggeber erwartete Ergebnis, das gewöhnlich auch gebrauchstauglich sein müsse. – Aus dieser Argumentation bei *Voit*, in der Sache ganz ähnlich bei *Kapellmann* und *Motzke*, ergibt sich eine Gefahr, die folgenschwer sein kann: Wird die Vergütungspflicht des Auftraggebers nicht mehr am Eintritt des „Erfolges" gemessen, sondern nur daran, dass der Auftragnehmer „entsprechend der Beschreibung" auf den Erfolg hingearbeitet hat, verlässt die Argumentation die werkvertragliche Basis und werden nicht nur die §§ 631 Abs. 1, 641 Abs. 1, 644 Abs. 1 (auch: 649 Abs. 1, Satz 1) schwer anwendbar, die sämtlich in der Sache die Vergütungspflicht des Auftraggebers mit dem Erfolgseintritt koppeln; es wird auch methodisch fraglich, inwieweit etwa bei Pauschalverträgen das übernommene Erfolgsrisiko Vergütungsparameter bleiben kann.[45] Der Sinn einer werkvertraglichen Risikoübernahme liegt gerade auch darin, die Vergütung nur und erst für den Erfolgseintritt zu erhalten.[46] Bauvertragliche Sonderfälle dürfen nicht dazu verleiten, dieses Grundprinzip aufzugeben. **18**

Die **Rechtsprechung** hat bisher kaum Gelegenheit gehabt, sich ausdrücklich mit dem Mangelbegriff im **neuen Schuldrecht** auseinanderzusetzen.[47] Der **BGH** geht traditionell vom **„funktionalen Mangelbegriff"** aus, der allgemeingültig etwa in der Entscheidung vom 16. 7. 1998[48] umrissen ist: **19**

---

[39] *Kapellmann*, wie Fn. 35.
[40] Vgl. *Kraus* (Fn. 34), S. 141 f.; (dazu noch u. Rdn. 25).
[41] NZBau 2002, 641 f. (642).
[42] Wörtlich formuliert *Motzke*: „Der Unternehmer bestimmt den Preis aber nur nach den Vertragsparametern ... Werkvertraglich schuldet der Unternehmer den ... Erfolg, weswegen dieser Erfolg über den Vertragsparameter hinausgehende Leistungen notwendig machen kann. Für diese erhält der Unternehmer dann jedoch eine Zusatzvergütung ...".
[43] *Motzke* a. a. O., S. 644.
[44] ZfIR 2007, 157 f.
[45] So ganz eindeutig der BGH im „Konsoltraggerüst", NJW 2002, 1954 = ZfBR 2002, 482, aber auch das herkömmliche Schrifttum, etwa *Heiermann/Riedl/Rusam-Riedl* VOB (10. Aufl.) § 2 Rdn. 143.
[46] Eingehend bei *Ganten* FS *Thode* (2005), S. 21 f.
[47] Vgl. *Kniffka* ibr-online-Kommentar (12. 6. 07), Tz. 6.2.1.2.2.
[48] VII ZR 350/96 BGHZ 139, 244 f. = BauR 1999, 37 f. = NJW 1998, 3707.

§ 13 Nr. 1                                                                                    Sachmängel

*„Die Leistung des Auftragnehmers ist nur vertragsgerecht, wenn sie die Beschaffenheit aufweist, die für den vertraglich vorausgesetzten oder gewöhnlichen Gebrauch erforderlich ist. Im Rahmen der getroffenen Vereinbarung schuldet der Auftragnehmer ein funktionstaugliches und zweckentsprechendes Werk. An dieser Erfolgshaftung ändert sich grundsätzlich nichts, wenn die Parteien eine bestimmte Ausführungsart vereinbart haben, mit der die geschuldete Funktionstauglichkeit des Werkes nicht erreicht werden kann. (Nachweise) ... – Unabhängig davon schuldet der Auftragnehmer vorbehaltlich abweichender Vereinbarung die Einhaltung der anerkannten Regeln der Technik."*

Diese Auffassung entspricht jedenfalls unter altem Schuldrecht **ständiger Rechtsprechung**[49] und weitgehend auch der Kommentarliteratur[50] bei der nur teilweise[51] anklingt, dass dieser Standpunkt seine Bewährungsprobe nach neuem Schuldrecht noch nicht bestanden habe. Auf die Geltung der VOB/B für den Vertrag wird dabei entscheidend offenbar nicht abgestellt.

20  Auch der „funktionale Fehlerbegriff" der Rechtsprechung ist – wie das „Erfolgssoll" *(Kapellmann/Motzke)* – methodisch nicht aus dem „Leistungssoll" (§ 2 Nr. 1 VOB/B) abgeleitet, sondern aus einer **objektiveren Erwartungshaltung** des Bestellers. Auch diese Objektivierung ist zwar letztlich rechtsgeschäftlich begründet, aber doch mit Abstand zu dem, was „eigentlich" als Vertragsleistung („Soll") vereinbart worden ist (§ 2 Nr. 1 VOB/B).[52] Diese Differenz ist es gerade, die das (Nach) Leistungsrisiko des Auftragnehmers über das Vertragssoll hinausführt. – Ob dieser Ansatz der Rechtsprechung bereits dem alten Recht wirklich entsprach[53] ist schon fraglich; problematisch ist aber insbes., ob der Ansatz des „funktionalen Mangelbegriffs" nach **neuem Schuldrecht** so aufrechterhalten werden kann.[54] Da die **„Beschaffenheitsvereinbarung"** jedenfalls in § 633 Abs. 2 BGB das vorrangige und zunächst einzige Kriterium der Mängelfreiheit einer Leistung geworden ist, kann der abweichende funktionale Fehlerbegriff damit nur deckungsgleich werden, wenn die „Soll"-Abrede auf die objektiven Kriterien dieses Begriffs ausgedehnt oder der funktionale Fehlerbegriff im Wege einer methodischen Reduktion auf das „Soll" zurückgeführt – der Abstand also geschlossen wird. Auch das ist aber problematisch, weil dann entweder generell auf die Nachleistungspflicht des Unternehmers bei („mängelfreien", aber) unbrauchbaren Werken verzichtet werden müsste oder bei angenommener Nachleistungspflicht kein zusätzlicher Vergütungsanspruch bestehen kann, obwohl die beiderseits akzeptierte Kalkulationsgrundlage (Vertragssoll = Verwendungseignung!) für ein verwendungsuntaugliches Resultat unterschritten ist. – *Im Ergebnis* werden wir dem („funktionalen") Begriffsinhalt der Rechtsprechung folgen (u. Rdn. 22 f.); Methodik und Begründung bedürfen jedoch einer Ergänzung.

21  Die **Kommentarliteratur**[55] geht teilweise einen anderen Weg: Auf den funktionalen Mangelbegriff i. S. d. BGH-Rechtsprechung (o. Rdn. 19) wird offenbar nicht (mehr) abgestellt, sondern die **„Beschaffenheitsvereinbarung"** zum **generellen Maßstab** für die vertragsgerechte Erfüllung gemacht: Es gibt insoweit keine Inkongruenz mehr zwischen „Erfolg" (§§ 631 Abs. 1, 633 Abs. 2 BGB) und „Vertragssoll" (§ 2 Nr. 1 VOB/B) bzw. zwischen Leistungs- und Vergütungsparametern. Was, zum Besseren oder Schlechteren, von der Beschaffenheitsvereinbarung abweicht, ist mangelhaft; was ihr entspricht – dort liegt der kritische Punkt! – ist „mangelfrei" und lässt insoweit auch keinerlei Nacherfüllungsanspruch zu. Die Lösung der von *Kapellmann, Motzke, Voit* und auch im „funktionalen Mangelbegriff" des BGH angesprochenen Fälle der Lücke zwischen Leistungsumfang auf der einen

---

[49] Vgl. BGH NJW-RR 1997, 688; BGH BauR 2003, 533 f.; BGH NZBau 2007, 243 u. a.
[50] *Erman-Schwenker* (11. Aufl.) § 633 Rdn. 6; *Werner-Pastor*, Der Bauprozess (11. Aufl.) Rdn. 1513; *Ingenstau/Korbion-Wirth* (16. Aufl.) § 13 Nr. 1 Rdn. 65 (abweichend wohl: Rdn. 63) u. a.
[51] Vgl. etwa *Ingenstau/Korbion-Wirth* a. a. O. (FN. 49); *Kleine-Möller/Merl-Merl* (3. Aufl.) § 12 Rdn. 157.
[52] So unmissverständlich in BGHZ 139, 244 = BauR 1999, 37 f. und BGH v. 27. 7. 2006, ZfBR 2007, 36.
[53] Vgl. dazu Vorauflage § 13 Nr. 1 Rdn. 7–12.
[54] Wohl verneinend: *Palandt-Sprau* § 633 Rdn. 5; *Ingenstau/Korbion-Wirth* (16. Aufl.) § 13 Nr. 1 Rdn. 63.
[55] *Palandt-Sprau* § 633 Rdn. 3; *Ingenstau/Korbion-Wirth* (16. Aufl.) § 13 Nr. 1 Rdn. 63; *Kapellmann/Messerschmidt-Weyer* (2. Aufl.) § 13 Rdn. 20; *Prütting/Wegen/Weinreich-Leupertz* § 633 Rdn. 15.

und „Vertragssoll" auf der anderen Seite ist methodisch ungeklärt. Diese Fragen werden bisher wohl einem Billigkeitsausgleich durch die Rechtsprechung überlassen.[56]

**c) Eigener Lösungsweg: Differenzierte Zurechnung („normativer Mangel-** 22
**begriff").** Methodisch transparente Lösungen für das neue Mängelhaftungsrecht fehlen bisher; für sie besteht aber ein dringliches Bedürfnis. – Der „funktionale Mangelbegriff" war aus dem alten Gewährleistungsrecht deshalb relativ zwanglos abzuleiten, weil im Vordergrund der objektivere Maßstab der Leistungseignung „nach dem gewöhnlichen oder dem nach dem Vertrage vorausgesetzten Gebrauch" bzw. nach den anerkannten Regeln der Technik stand. Hieran ließ sich für die in jedem Falle zu fordernde funktionale Tauglichkeit des Werkes anknüpfen. Seit dem 1. 1. 2002 zwingen nun aber auch *europarechtliche Vorgaben* zum Umdenken, weil die VgKRl unbestreitbar das *Vertragssoll* in den Vordergrund rückt, zum Maßstab macht und objektive Verwendungskriterien die Beschaffenheitsvereinbarung nicht ohne weiteres überlagern dürfen. Wir haben allerdings bereits oben[57] gesehen, dass das methodische Problem auch schon nach altem Recht bestand; der funktionale Fehlerbegriff („Erfolgssoll") war ihm nur leichter anzupassen. Der *Verfasser* hatte deshalb zum alten Recht in der Vorauflage[58] den Standpunkt vertreten, dass der bauvertragliche „Erfolgs"-Begriff nach dem Bedürfnis der Praxis gar nicht rechtsdogmatisch, sondern wirtschaftlich verstanden werden könne und die eigentliche Verantwortungszurechnung in einer materiellen Risikoabstimmung erfolge. Zur *Begründung* war dort ausgeführt:

„Komplexe Werkleistungen können wegen der Vielschichtigkeit ihrer inhaltlichen Bezü- 23
ge nur schwer umfassend auf einen eindeutigen „Erfolgs"-Begriff hin definiert werden. Das gilt für „objektive" Bestandteile im Fehlerbegriff ohnehin, weil sie auf Feinabstufungen in der Leistungsabrede gar nicht angelegt sind. Das gilt aber auch für die (subjektive) Beschaffenheitsvereinbarung. Sie kann zwar grundsätzlich das „Werk" vollständig beschreiben, nimmt aber in ihre „Erfolgs"-Definition auch nicht sämtliche Risiken (oder Risikoentlastungen) auf, die für eine umfängliche exakte Pflichtenbeschreibung notwendig wären. Mit anderen Worten: Der „Werk"-, ebenso wie der „Mangel"-Begriff sind lediglich **Grobraster** des Leistungsinhaltes des Auftragnehmers, die durch ausdrückliche oder schlüssige **Risikoabsprachen** weiter konkretisiert werden. . . ."

Modifiziert ist diesem Lösungsweg auch weiterhin zu folgen. – Der **Ansatz des *Verfassers*** 24
besteht darin, dass – soweit diese Prüfstufe (vgl. u. Rdn. 64) gilt – die vertragsgemäße Beachtung der **Beschaffenheitsvereinbarung das *ungeteilte Kriterium*** für die Vertragserfüllung („Herstellung des Werkes") ist. Es führte zu einem unsystematischen Umgang mit dem Werkvertragsrecht, wenn im Mängel- und Vergütungsrecht zwei verschiedene „Erfolgs"-Begriffe zugrunde gelegt werden. Das mag nach früherem Recht noch vertretbar gewesen sein, ist es seit dem 1. 1. 2002 aber u. E. nicht mehr. Dann aber können die im Schrifttum diskutierten[59] „inkongruenten" Fälle (das Leistungsrisiko des Unternehmers geht über das Vertragssoll hinaus) methodisch nur über die etwa von *Nicklisch*[60] früher vertretene „vertragsautonome Lösung" wieder kongruent werden: „Geschuldet ist (etwa) ein Wärmedämmputz mit denjenigen Eigenschaften, die das vorgesehene Dämmsystem tatsächlich leisten kann, sofern (!) der Auftragnehmer den Mangel des Materials nicht kennen und darauf rechtzeitig hinweisen konnte".[61] Ein unzulänglicher Wärmedämmputz wäre gleichwohl „mängelfrei", ggf. aber noch abhängig davon, welche Materialkenntnis dem Auftragnehmer zuzurechnen war. Ein solcher „beweglicher" („weicher") Erfolgsbegriff mag methodisch einwandfrei sein; er wäre jedoch **praktisch schwer verwendbar**.[62]

---

[56] Vgl. die Zitat o. Fn. 53.
[57] Vgl. Rdn. 6 f.
[58] § 13 Nr. 1 Rdn. 10 f.
[59] Vgl. o. Rdn. 15–18.
[60] Vgl. o. Rdn. 15 [Fn. 33].
[61] Beispiel im Anschluss an BGH BauR 1984, 510 = NJW 1984, 2457.
[62] So auch *Ph. Kraus* (Fn. 34), S. 112 f.; 136 f.

25   Wenn als Alternative zur vertragsautonomen Lösung auch der gespaltene Erfolgsbegriff *(Kapellmann, Motzke, Voit)* ausscheidet, bietet sich nur der o. Rdn. 23 bezeichnete Weg einer **differenzierten Zurechnungsprüfung** an. Sie knüpft aus Gründen der *Praktikabilität* nicht an den abgelehnten „beweglichen" Erfolgsbegriff an, sondern – trotz des subjektiven Ausgangspunktes – an einen dem Verkehrsverständnis nahen objektiveren Mängelbegriff als **Arbeitsbegriff:** *„Mangelhaft" ist, was auf der Vertragsgrundlage der Leistungserwartung des Auftraggebers widerspricht.* Dieser Begriff entspricht im Grundsätzlichen dem *„funktionalen Mangelbegriff"* und kann ihm aus Arbeitsgründen in der Praxis im Wesentlichen *gleichgesetzt* werden (vgl. zu Einzelfragen aber u. Rdn. 68). Dieser **Mangelbegriff** ist jedoch nicht unmittelbar aus der Beschaffenheitsvereinbarung (§ 633 Abs. 2 BGB) abgeleitet, sondern ein **normativer Begriff,** der die **Zurechnungsfragen** für Mängelfolgen **nicht abschließend beantworten kann.** Erst nach Feststellung der „Mangelhaftigkeit" einer Leistung ist in den kritischen Fällen (u. Rdn. 27) **in einem zweiten Schritt zu prüfen,** ob die *Rechtsfolgen eines „Mangels" den Auftragnehmer gem. §§ 633 Abs. 2, 634 BGB in vollem Umfange, lediglich teilweise oder gar nicht treffen.* – Diese Korrektur gegenüber dem „Mangel"-Begriff erfolgt auf ebenfalls rechtsgeschäftlicher Basis auf verschiedenem Wege:

- Durch (ggf. ergänzende) **Auslegung** des Vertrages,[63] die zu einer Risikoausweitung oder -beschränkung führen kann;
- durch Konkretisierung von **Nebenpflichten,**[64] die Rücksichtnahme fordern und daraus ggf. auch positive Leistungspflichten bzw. Beschränkungen von Leistungspflichten schaffen können;
- durch die vertragliche Umsetzung von **Mitverantwortungen** des (der) Vertragspartner;
- durch **Gefahrregeln,** die das Schuldverhältnis ebenfalls umgestalten können (§§ 645 BGB, 7 VOB/B).

In jedem Falle bedarf es eines **besonderen Rechtsgrundes,** der die **Risikolast** der Parteien **konkretisiert** und Leistungs- bzw. Vergütungspflichten abweichend vom Idealbild der §§ 631 f. BGB festlegt. Dieser Mangelbegriff wird den Bedürfnissen der Praxis gerecht, weil er „begriffliche Feinanalysen" entbehrlich macht; er ist vor allem aber methodisch transparent.[65]

Danach ergibt sich unter dem erörterten „Kongruenzaspekt" folgende **Bestimmung des Mangelbegriffs:**

26   (1) In allen **Regelfällen,** in denen sich nach sorgfältiger Auslegung von Vertrag, Leistungsbeschreibung und sämtlichen den Leistungsumfang bestimmenden Kriterien ergibt, dass *„Erfolg"* und *„Leistungsinhalt" (Erfolgsaufwand)* übereinstimmen, ist bei Erfolgseintritt die Leistung mangelfrei; es ist die volle Vergütung zu zahlen und besteht keinerlei Nachleistungspflicht des Auftragnehmers.

---

[63] Vgl. u. Rdn. 71. Zur Inhaltsentfaltung der „Leistungsbeschreibung": *Leitzke* BauR 07, 1643 f.
[64] Vgl. u. Rdn. 34 f.
[65] *Kraus* (Fn. 34) hat sich in einer 2007 erschienenen beachtenswerten Schrift sehr eingehend mit dem vorgeschilderten Theorienstreit auseinandergesetzt und sich dem funktionalen Mangelbegriff der Rechtsprechung angeschlossen. Der Unternehmer müsse „ungeachtet der Vorgaben des Bestellers" (S. 12, 13) ein funktionstaugliches und zweckentsprechendes Werk herstellen. – Die Kritik von *Kraus* auch gegenüber dem hier verfolgten Ansatz greift u. E. nicht durch: Ob zwingende Weisungen (vgl. § 13 Nr. 3, Rdn. 23) rechtsgeschäftlich übergangen werden können, ist gerade fraglich. *Kraus* weist weiter zutreffend darauf hin (S. 113), dass der Werkvertrag ein „Risikoelement" beinhalte, für das der Unternehmer allerdings nach seiner Auffassung auch dann einzustehen habe, wenn die Gründe aus der Sphäre des Bestellers stammten. Das kann aber so generell nicht gelten, zumal auch die Rechtsprechung das Risiko in diesen Fällen durchaus auf mehrere Schultern verteilt; *Kraus* verschiebt genau dieses Problem in die „Kompensation" (S. 141 f.). – Ob schließlich aus der Formulierung des § 13 Nr. 3 VOB/B Entscheidendes für den Umfang der Leistungspflicht (i. S. d. Mangelbegriffs) entnommen werden kann (S. 118), ist außerdem problematisch. – Gegenüber einer *rechtsgeschäftlichen Risikozuweisung* wendet *Kraus* (S. 137) ein, dass sie im Wertungswiderspruch zu § 645 BGB stehe und im Übrigen durch eine Vertragsauslegung kaum zu konkretisieren sei. § 645 BGB löst jedoch nur eine Teilproblematik des Vergütungsrisikos und ist (nur) in diesem Rahmen zu beachten. Insbes. das hier problematische *Leistungsrisiko* erfasst die Bestimmung (so auch *Kraus* selbst, S. 118) nicht. – Zur Ausdeutung der *vertraglichen Risikolage* vgl. Rdn. 28.

Sachmängel **§ 13 Nr. 1**

(2) In denjenigen Fällen, in denen der Auftraggeber ein *zur Verwendung nicht oder schlecht* 27 *geeignetes* Werk erhält, obwohl Vertrag und umfassende Leistungsbeschreibung ordnungsgemäß „abgearbeitet" sind **(„inkongruente Fälle"),** gilt das Arbeitsergebnis als „mangelhaft", soweit es hinter der vertraglich begründeten Erwartung des Bestellers zurückbleibt. – Das entspricht vom *Ergebnis* her dem *funktionalen Mangelbegriff.*

(3) Unabhängig von der „Mangel"feststellung ist in den „inkongruenten Fällen" anhand einer konkreten Risikoprüfung weiter („zweiter Schritt") zu ermitteln, wie durch evtl. Ausgleichspflichten das Synallagma geteilt werden kann; der Rechtsgrund dafür liegt im Vertrag, s. o. Rdn. 25.

Die methodische **Diskussion um den Mangelbegriff** ist deshalb für das Verständnis des 28 Mängelhaftungsrechtes von großer **Bedeutung,** weil sie den Ansatz zu einer *offenen Risikodiskussion* bietet. Ein Mangelbegriff, der auch in Grenzfällen alle Folgefragen der Mängelhaftung selbst lösen will, verführt zum *Zirkelschluss,* weil der Begriff nur leisten kann, was vorher in ihn hineingelesen wird.[66] Der *Risikoausdeutung* des Vertrages hinsichtlich des (Nach-)Leistungsumfanges des Auftragnehmers sowie evtl. zusätzlicher Vergütungsansprüche muss sich die Rechtsprechung *genauso* wie die hier vertretene Auffassung stellen.[67]

**d) Einfluss des Europarechts.** Das **Europarecht** wirkt insbes. in 2 Richtlinien auf das 29 nationale deutsche Werkvertragsrecht ein: Die **Verbrauchsgüterkaufrichtlinie** (VgKRl)[68] regelt zunächst den kaufrechtlichen Verbraucherschutz, sodann aber wegen der Angleichung beider Materien im BGB auch die werkvertragliche Systematik.[69] Daneben ist die sogen. **„Klauselrichtlinie"**[70] für sämtliche AGB-Bezüge (auch) des Werkvertragsrechts von Bedeutung. Dies betrifft insbes. den Geltungsumfang der VOB/B, zu dem im Urteil des KG vom 15. 2. 2007[71] eine erste Entscheidung vorliegt.[72] – Die VgKRl ist zwar primär auf das Kaufrecht gemünzt. Ihre Auslegung beeinflusst aber deshalb auch das Werkvertragsrecht, weil nach Ansicht des EuGH eine „überschießende Umsetzung" (auf das Werkvertragsrecht) der Richtlinie zur Folge hat, dass auch ein nur nach dem Willen des nationalen Gesetzgeber der Richtlinie angepasstes Regelwerk den Auslegungsgrundsätzen der Richtlinienkonformität folgen muss.[73] Insbes. der werkvertragliche **Mangelbegriff,** dem Kaufrecht entlehnt, muss deshalb ebenfalls dem Zweck der europarechtlich vorgegebenen Beschaffenheitsvereinbarung folgen.[74] Das hat auch prozessuale Konsequenzen: In Zweifelsfällen über die Auslegung der Richtlinie (und damit auch der Umsetzung des deutschen Mangelbegriffs) hat der EuGH nach Art. 234 EGV im Rahmen einer *Vorabentscheidung* die Auslegungskompetenz.[75]

*Glöckner*[76] hat darauf hingewiesen, dass der *Verbraucherschutz* materiell durch die VgKRl 30 *wenig gefördert* worden sei. – Es lässt sich aber der Standpunkt vertreten,[77] dass die europäische

---

[66] Ähnlich: *Ph. Kraus* a. a. O., S. 110 f., 133 f.
[67] So im Ergebnis ausdrücklich auch *Kraus* a. a. O., S. 141 ff. In der Rspr. bestätigt dies die Diskussion um den „Konsoltraggerüstfall", BGH v. 28. 2. 2002, VII ZR 376/00, NZBau 2002, 324 = BauR 2002, 935; dazu kritisch *Kapellmann* NJW 2005, 182 f., sowie die Folgeentscheidung des BGH v. 27. 7. 2006 – VII ZR 202/04 = ZfBR 2007, 36 („Handelsspeicher").
[68] Vgl. o. Fn. 18.
[69] Vgl. *Thode* NZB 2002, 297 f., 300.
[70] RL 93/13/EWG v. 5. 4. 1993 ABl EG 993 Nr. L 95/29.
[71] 23 U 12/06.
[72] Zum Urteil des LG Berlin (Vorinstanz) *Quack* ZfBR 2006, 307.
[73] EuGH Slg. I. 1979, 4161 = EuZW 1997, 658 = DB 1997, 1851 *(Leur-Bloem),* Rdn. 27; EuGH Slg. I. 1990, 3763 Rdn. 33–37 *(Dzodzi); Habersack/Maier* Die überschießende Umsetzung von Richtlinien, JZ 1999, 913.
[74] Vgl. dazu *Vogel* BauR 2006, 744 f. (753).
[75] *Streinz-Ehrike* Kommentar zum EGV Art. 234, Rdn. 17. *Thode* (DNotZ 2007, 404 f. (406 f.) weist auf die evtl. Verpflichtung (!) der nationalen Gerichte zur Vorlage an den EuGH hin. – Zur Vorlagepflicht im Einzelnen: *Kokott/Henze/Sobotta* JZ 2006, 633 ff.
[76] JZ 2007, 652 f. (664).
[77] Vgl. Vortrag des Verfassers in: Dokumentation Verbraucherzentrale Bundesverband e. V. 2005 (Expertengespräch vom 27. 5. 2005), S. 33 f.

§ 13 Nr. 1　　　　　　　　　　　　　　　　　　　　　　　　　　　　Sachmängel

Rechtsentwicklung insgesamt dem Verbraucher zuarbeitet und ihm – in Grenzen – einen **Vertrauensschutz** auf redlichen Geschäftsverkehr gewährt. Dabei geht es für den bauvertraglichen Kunden insbes. darum, die **Intransparenz** seiner Rechte gegenüber dem überlegenen Unternehmer zu überwinden. Eine maßgebliche Hürde sind dabei *unklare Leistungsbeschreibungen,* die die Wahrnehmung berechtigter Ansprüche hindern. Es gibt Ansätze, die europarechtlich den Anspruch auf größere Transparenz stärken:

31　　Die VgKRl durchzieht der Grundsatz, dass für eine vertragsgemäße Lieferung die *Beschaffenheit vereinbart* sein muss; sonst fehlt es am Maßstab für die Prüfung der Vertragsgemäßheit.[78] An die vom Verkäufer/Unternehmer „gegebene Beschreibung" knüpft Art. 2 Abs. 2 die *Vermutung* der Vertragsmäßigkeit. *Thode* und *Staudenmeyer*[79] gehen davon aus, dass diese Vermutungswirkung eine Entlastungsfunktion zugunsten des Verkäufers/Unternehmers habe. Das könnte dazu führen, dass diese Vermutungswirkung tatsächlich *materiellen Verbraucherschutz* schafft und etwa dem *Auftraggeber die Beweislast* einer vertragsgemäßen Lieferung/Leistung zuweist, wenn die geforderte „Beschreibung" nicht vorliegt. Das ist deshalb denkbar, weil die Vermutung des Art. 2 Abs. 2 VgKRl gerade mit der Last des Verkäufers/Unternehmers korrespondiert, eine „Beschreibung" zu geben.[80]

32　　Der Schlüssel für eine verbesserte Transparenz der Verbraucherrechte liegt mehr noch in der Veranlassung des Unternehmers, den geschuldeten *Gegenstand* des Vertrages *stärker und besser* zu definieren.[81] Das berührt den **Informations- und Aufklärungsanspruch** des Verbrauchers. Die Informationsrechte des Verbrauchers sind einer der Kernpunkte des europäischen Verbraucherschutzes.[82] Dieses Konzept steht im Zusammenhang mit dem europäischen Leitbild des mündigen Verbrauchers.[83] Eine Vielzahl europarechtlich bedingter verbraucherschützender Vorschriften sieht daher Informationspflichten des Unternehmers gegenüber Verbrauchern vor.[84] Daraus lässt sich ableiten, dass der Verbraucher europarechtlich hinreichend über wesentliche Risiken zu informieren ist. Im Deutschen Recht wirkt das insbes. auf die *Generalklauseln* ein (§§ 157; 242 BGB), die Auslegungsprinzipien definieren und ggf. Ansprüche schaffen können. Die *konkrete* Form des Schutzanspruches des Verbrauchers ist damit noch nicht formuliert, aber im Rahmen vorgegeben. Die *„Transparenzklausel"* des § 307 Abs. 3, Satz 2 BGB unterstreicht dies, auch wenn sie von der Sanktion her nur eine Unwirksamkeitsfolge hat und einen positiven Transparenzdruck lediglich mittelbar schaffen kann.

33　　Das **Europarecht** ist auch im Hinblick auf einen konkreten Verbraucherschutz noch **inperfekt**. Es gibt aber europarechtlich ein materielles System von mehr oder weniger ausgeprägten Pflichten und Obliegenheiten des Verbraucher-Partners, die ihn auf unterschiedliche Weise und in unterschiedlicher Stärke zwingen (können), dem Klarheitsinteresse des Verbrauchers tatsächlich gerecht zu werden. Eine eindeutige systematische Regelung dieser Forderung fehlt bisher. Gleichwohl scheint die Forderung vertretbar, dass sich der Anspruch auf Transparenz und Aufklärung des Verbrauchers – auch im Rahmen des Bauvertrages – zu einem *Leitbild* des Verbraucherschutzes verdichtet hat, der eine vorsichtige richtlinienkonforme Rechtsfortbildung ermöglicht.[85]

---

[78] Vgl. *Thode* ZfBR 2000, 363 (368); *Staudenmeyer* NJW 1999, 2393 (2394); *Ehmann/Rust* JZ 1999, 853 f. (855).
[79] Vgl. Fn. 75.
[80] Dieser Ansatz begegnet allerdings auch Zweifel. Nach einem Vergleich verschiedener sprachlicher Fassungen der RL ist wohl davon auszugehen, dass sich die „Vermutung" lediglich darauf bezieht, dass die vom Verkäufer „gegebene Beschreibung" demjenigen entspricht, was die Parteien vereinbart haben.
[81] Vgl. auch *Quack* ZfBR 2005, 863 f.
[82] Vgl. *Reich/Micklitz* Europäisches Verbraucherrecht (4. Aufl.) Rdn. 1.12; *Rosenow/Schaffelhuber* ZIP 2001, 2211.
[83] Vgl. *Damm* Privatautonomie und Verbraucherschutz, VersR 1999, 129 (136 f.).
[84] Vgl. *Reich/Micklitz* a. a. O. Rdn. 12.
[85] Vgl. *Schnorbus,* Die richtlinienkonforme Rechtsfortbildung ..., AcP 201 (2001), S. 860 ff.

## II. Mängelhaftung und Nebenpflichtverletzung

### 1. Beratungsfehler

Es ist seit langem anerkannt,[86] dass sich die Pflichten aus Schuldverhältnissen nicht auf die unmittelbaren Erfüllungshandlungen beschränken, sondern dass um die engere Leistungsbeziehung herum ein Geflecht von mehr oder minder strengen Verbindlichkeiten besteht, die den Vertragszweck absichern. Das neue Schuldrecht trägt dem in § 241 Abs. 2 BGB ausdrücklich Rechnung. – Der Rechtsgrund für diese Nebenpflichten folgt materiell aus den Vertragsabsprachen selbst. Die Intensität der Pflichtenbindung hängt von den Vereinbarungen, aber auch von der Erwartungshaltung der Parteien auf Grund der besonderen Vertragsstruktur ab: Der unmittelbar auf eine „Betreuungsleistung" abzielende Vertrag (etwa der Architektenvertrag) ist stärker auf Sicherungs- und Schutzpflichten ausgerichtet als der primär auf Leistungsaustausch bezogene Bauvertrag. Auch bei diesem sind aber Obhuts- und Treuepflichten zu beachten, die z. B. § 4 Nr. 1 Abs. 4 und Nr. 3 VOB/B im Hinblick auf das Leistungsinteresse des Auftraggebers ausdrücklich benennt. 34

Eine spezielle Form der Wahrung von Schutzinteressen des Auftragnehmers sind **Beratungspflichten** des Bestellers. Die Praxis[87] unterscheidet insoweit zwischen Beratungsaufgaben als Nebenpflichten[88] und dem Abschluss eines selbständigen Auskunfts- oder Beratungsvertrages.[89] Von diesem ist nur auszugehen, wenn – unabhängig vom sonstigen Vertragsgegenstand – ein konkretes Interesse der Parteien an einer eigenständigen Beratung mit eigenständigen Rechtsfolgen[90] erkennbar ist. Die Nebenpflichtberatung begleitet dagegen inhaltlich die Hauptpflichten. Aus dem Verhältnis dieser Aufgaben zueinander ergibt sich beim Bauvertrag das Problem, wie sich **gestörte Beratungsleistungen** in den Gewährleistungsrahmen einfügen, wenn die Bauleistung „an sich" nicht beanstandet wird, die Gesamtarbeit aber gleichwohl ihren (Vertrags-)Zweck verfehlt, weil der Auftragnehmer Aufklärungs- oder Beratungspflichten verletzt hat.[91] 35

Das Problem der **Zuordnung** von Folgen einer fehlerhaften Beratung des Auftragnehmers zum **„Baumangel"** (als Voraussetzung der Mängelhaftung) berührt sich eng mit dem in der Praxis erörterten Problem der Haftung des Auftragnehmers aus culpa in contrahendo einerseits und Gewährleistung (§ 635 BGB) andererseits, – vor dem Hintergrund unterschiedlicher Verjährungsfolgen.[92] Die „Mängelfrage" ist vor allem ein Problem der systematischen Einordnung des **Pflichtenverstoßes** des Auftragnehmers; die Verjährungsfrage beantwortet sich nach der Rechtsprechung insbes. als Folge der **Schadenszuordnung**; auch hier sind die Grenzen aber unscharf.[93] Im Übrigen ist mit der Einordnung der Nebenpflichtverletzung (Beratung) als Frage der Mängelhaftung auch das generelle Verhältnis der speziellen Werkvertragsvorschriften auf der einen zum allgemeinen Recht der Leistungs- 36

---

[86] Vgl. MünchKomm/*Roth* § 241 Rdn. 31 ff.; *Medicus* SchuldR I Rdn. 415 f.
[87] *Littbarski* JZ 1978, 3 (9); *Motzke* ZfBR 1988, 244; *Kaiser* Mängelhaftung Rdn. 54 g.
[88] Allgem. MünchKomm/*Roth* § 241 Rdn. 114 ff.; *Bamberger/Roth/Voit* § 631 Rdn. 49 f.; zum Kaufrecht informativ: *Kluth/Böckmann/Grün* „Beratungshaftung...", MDR 2003, 241 ff.
[89] BGHZ 70, 356; BGH NJW-RR 1990, 1301; BGH NJW 1992, 2080; BGH NJW 1997, 3227 (3228); BGH NJW 1999, 1540 (1541); OLG Hamm NJW-RR 1995, 400; *Palandt/Sprau* § 675 Rdn. 29 f.
[90] Etwa der unverkürzten regelmäßigen Verjährung (§ 195 BGB), vgl. die Judikatur Fn. 104.
[91] S. dazu: *Dähne* BauR 1976, 225; *Littbarski* JZ 1978, 3; *Clemm* BauR 1987, 609; *Kaiser* BauR 1981, 311 f.; *Piel* FS Soergel, 237; *Bamberger/Roth/Voit* a.a.O. (Fn. 103) Rdn. 54 f.; vgl. auch OLG Düsseldorf NZBau 2002, 457 (Vertragsstrafenvorbehalt).
[92] Vgl. dazu eingehend *Ganten* FS Motzke (2006), S. 105 ff.; zum alten Recht vgl. BGH NJW 1979, 1651 = BauR 1979, 321 = BauR 1979, 153; BGH NJW 1983, 2439 = BauR 1983, 459 = ZfBR 1983, 230; BGH NJW-RR 1990, 786 = BauR 1990, 466 = ZfBR 1990, 276; *Staudinger/Peters* § 635 Rdn. 47 ff. Auch nach der Schuldrechtsreform bestehen Unterschiede in der Verjährung: Gem. § 634a BGB/§ 13 Nr. 4, Nr. 7 VOB/B folgt die Verjährung von Mängelansprüchen anderen Regeln als sonstige Schadensersatzansprüche (§§ 195, 199 BGB).
[93] Vgl. BGH NJW 1981, 112 = BauR 1981, 69 = ZfBR 1980, 289.

störungen auf der anderen Seite angesprochen.[94] Hier gilt, was an anderer Stelle (→ Vor § 13 Rdn. 7 ff.) prinzipiell zum Verhältnis des Mängelhaftungsrechtes zum allgemeinen Leistungsstörungsrecht[95] ausgeführt ist.

37 Die Bedeutung verletzter (Aufklärungs- bzw.) Beratungspflichten unter dem Mängelhaftungsaspekt gliedert die Rechtsprechung zutreffend am **Maßstab der Verletzungsfolgen:** (1) Wird durch die Störung lediglich ein Mangeltatbestand verdeutlicht? (2) Liegt zwar kein Mangel im eigentlichen Sinne vor, ist aber das Begleitinteresse des Auftraggebers an einer ungestörten Werkherstellung geschädigt? (3) Sind sonstige Rechtsgüter außerhalb der Werkaufgabe verletzt worden?

### 2. Beratungsfehler und Werkleistung

38 Beratungsfehler, die in der Sache nur das fehlerhafte Leistungsergebnis verdeutlichen, haben ihren Rechtsgrund darin, dass sich die Leistungspflicht des Unternehmers beim Bauvertrag nicht auf rein handwerkliche Arbeiten beschränkt, sondern der Auftragnehmer auch „mitdenken", allerdings grundsätzlich nicht „mitplanen" muss. Diese Mitwirkung ist umso stärker notwendig, je mehr der Zweck einer Werkleistung zu anderen Leistungen oder zu einem zwecksichernden Umfeld in Beziehung steht. Wenn es darauf ankommt, dass eine Leistung nicht nur richtig „ausgeführt", sondern auch in einer zum Umfeld geeigneten Weise hergestellt wird, muss der Auftragnehmer seine Fachkompetenz auch insoweit einbringen: Er trägt das Risiko dafür in dem Umfange, in dem der Auftraggeber auf seine gewerbliche Erfahrung vertrauen kann.[96] Eine besondere Ausprägung findet dieser Grundsatz in den „Kooperationspflichten" (dazu u. Rdn. 51).

39 Die **Rechtsprechung** hat dies in einer Reihe von Fällen, z. T. zum benachbarten Kaufrecht, bestätigt: Die Errichtung von Gebäuden durch einen Baubetreuer, der die Schallschutzansprüche der Bewohner gegen Außenlärm nicht genügend berücksichtigt;[97] der fehlende Hinweis eines Dachdeckers, dass vorgesehene Dichtungsbahnen den Zweck der Dachlagen nicht ausreichend erfüllen;[98] der mangelnde Hinweis auf technische Toleranzen, die den Vertragszweck unmittelbar gefährden.[99] In der Sache liegt hier eine **mangelhafte Herstellung** vor, mit der Besonderheit allerdings, dass der Leistungsfehler nicht handwerklich, sondern durch pflichtwidrig unterlassene Aufklärung/Beratung entstanden ist. Die Rechtsfolgen dieser Fehlleistung richten sich nach dem Mängelrecht.[100]

40 Schwieriger sind diejenigen Fälle einzustufen, die sich im *Mittelbereich* zwischen mangelhafter Herstellung einerseits und der Schädigung fremder Rechtsgüter andererseits bewegen: Die Verletzung von Sorgfaltspflichten, die zwar den Vertragszweck (ebenfalls) unmittelbar berühren, aber **„das Werk" selbst nicht** in Frage stellen: Die Ausstattung eines Gebäudes mit Heizanlagen, die den Vertragszweck verfehlen;[101] der fehlende Hinweis auf die nur bedingte Verwendbarkeit von Materialien;[102] die fehlerhafte Beratung zum Einsatz von Pflegemitteln für den an sich richtig hergestellten Bodenbelag;[103] der fehlende Hinweis auf die eingeschränkte Nutzungsmöglichkeit eines zu niedrigen Garagentores.[104]

---

[94] S. dazu BGH BauR 1975, 341; BGH BauR 1975, 420; BGH BauR 1976, 59 f.; BGH wie Fn. 108; zum neuen Recht: *Bamberger/Roth/Voit* § 631 Rdn. 54, 55 m. w. Nachw. zur Rspr.
[95] Vgl. Vor § 13 Rdn. 7 f.
[96] S. insbes. BGH BauR 1991, 79 f. (zu § 426 BGB) und in der Sache BGH NJW 1987, 643 = BauR 1987, 79 = ZfBR 1987, 32.
[97] BGH BauR 1976, 59.
[98] OLG Hamm BauR 1991, 756.
[99] OLG Düsseldorf BauR 1992, 104; vgl. auch OLG Köln NJW-RR 1993, 1432.
[100] *Bamberger/Roth/Voit* § 631 Rdn. 54, 55.
[101] BGH NJW 1965, 148 (Nachtspeicherofen-Kauf); BGH NJW 1987, 1305 = BauR 1987, 681 = ZfBR 1987, 269.
[102] BGH NJW 1989, 2532.
[103] OLG Hamm NJW-RR 1992, 155.
[104] OLG Köln NJW-RR 1993, 1432.

Sachmängel § 13 Nr. 1

Im Hinblick auf die **Rechtsfolgen** sind die Mängelhaftungsregeln nicht ohne weiteres 41 anzuwenden.[105] Zu prüfen ist allerdings, in welchem Umfange der Normzweck der §§ 633, 634 f. BGB, 13 VOB/B auch diesen Fall trifft. Das hat Bedeutung insbes. für den Selbstbeseitigungsanspruch des Auftragnehmers (§ 637 BGB) und die Verjährung der Mängelhaftungs- bzw. Schadensersatzforderungen.

Die **Rechtsprechung** ist hier[106] unsicher. Es spricht vieles dafür, dem Auftragnehmer 42 den Schutz des Mängelhaftungsrechts dort zu gewähren, so sich seine Fehlleistung (Beratung) am geschuldeten Objekt selbst niederschlägt und prinzipiell auch eine Nachholung (Mängelbeseitigung) der Leistung möglich wäre. Das stimmte mit dem werkvertraglichen Risikobild überein. Die Regeln der schuldhaften Pflichtverletzung bzw. culpa in contrahendo würden dann auch für solche Fälle gelten, in denen die Pflichtverletzung auch im weiteren Sinn nicht mehr das „Herstellungsprogramm", sondern den Schutz der weiteren Vermögenssphäre des Auftraggebers betrifft.[107] Die Verletzung von Beratungspflichten, die das Werk unmittelbar nicht betreffen, sondern einen **allgemeinen Integritätsschutz** darstellen, haben nach allgemeiner Auffassung mit dem Mängelhaftungsrecht nichts zu tun; sie werden nach den Regeln des allgemeinen Leistungsstörungsrechts (§§ 280 f. BGB) bzw. nach Deliktsrecht (§§ 823 f. BGB) behandelt.[108]

„**Werkvertragliche" Beratungsaufgaben als Hauptpflicht.** Die bauwirtschaftliche 43 Entwicklung führt zunehmend zu Verträgen, die die Bautätigkeit „beratend begleiten", – sowohl im Vorfeld des Projektbeginnes, darüber hinaus während der Ausführung und schließlich – kontrollierend – nach Fertigstellung der eigentlichen Bauarbeiten. Die Begriffe für Verträge dieser Art sind vielfältig: „Projektsteuerung"; „Projekt-(Bau-)Management" und „Werkverschaffungsverträge"; Bauträger- und Generalübernehmerverträge; „Baubetreuung" einschließlich der Architektenverträge; „Baucontrolling" u. a.[109] Selbst bei Vertragstypen, die eine gesetzliche Ausformung erhalten haben (vgl. § 31 HOAI „Projektsteuerung") fehlt es aber an klaren Leistungs- und Risikoumrissen.[110] Das gilt auch für den Architektenvertrag.[111] Die Bauwirtschaft lebt aber mit diesen Verträgen und ist deshalb auch gezwungen, jedenfalls in einem Grobraster eine Einordnung der Leistungsbilder in das gesetzliche Schuldvertragssystem vorzunehmen.

Mit offenbar zunehmender Bereitschaft[112] gehen Rechtsprechung und Schrifttum davon 44 aus, die „Beratungs"-, „Betreuungs"- und „Kontroll"Versprechen als **werkvertragliche Leistungen** einzustufen.[113] Dem ist jedoch mit großer Vorsicht zu begegnen. Bereits die Einordnung des Architektenvertrags in das Werkvertragssystem des BGB[114] hat sich als wenig glücklich erwiesen. Auch wenn sich diese Zuordnung in der Praxis seit langem durchgesetzt hat,[115] sind methodisch viele Fragen bis heute ungelöst geblieben: Die „Gewährleistungsvoraussetzung" bei Fehlern des „Architekten-Werkes";[116] die Anwendbarkeit des § 633 Abs. 2, 3 BGB auf den Vertrag sowie die Einstufung der Architektenleistungen etwa in die

---

[105] Vgl. *Bamberger/Roth-Voit* § 631 Rdn. 54/55.
[106] Vgl. Fn. 97–100.
[107] Vgl. dazu insgesamt *Ganten* in FS *Motzke* (2006), S. 105 ff.
[108] Vgl. BGH NJW 1982, 2244 = BauR 1982, 489 = ZfBR 1982, 206; OLG Düsseldorf NJW-RR 1992, 1236 = BauR 1992, 377.
[109] Vgl. die Titel im Schrifttumsverzeichnis („3. Bauwirtschaftliche Vertragsformen"), insbes. die Darstellungen von *Böggering, Brambring, Fikentscher, Heinrich, Locher, Reithmann, Schlömilch, Wagner, Will*.
[110] Zur „Projektsteuerung" vgl. *Stapelfeld* BauR 1994, 693; *Quack* BauR 1995, 27.
[111] Vgl. dazu *Ganten* Pflichtverletzung S. 94 ff.
[112] Vgl. die Entwicklungen zum Architektenvertrag: BGHZ 82, 100 = NJW 1982, 438 = BauR 1982, 79 = ZfBR 1982, 15 („Bauführung"); zum Baubetreuungsvertrag: BGH NJW 1976, 1635 = BauR 1976, 367 (370); OLG Hamm NJW-RR 1990, 915 (Statiker) – Vorsichtiger: Zur Projektsteuerung BGH ZfBR 1995, 255; zur „Bauberatung" (Architekt) OLG Hamm NJW-RR 1995, 400.
[113] Vgl. *Ganten* FS *Thode* (2005), S. 21 f.
[114] BGHZ 31, 244 = NJW 1960, 431; dazu insbes. *Hess* S. 42 f.; *Bindhardt/Jagenburg* § 2 Rdn. 72 f.; *Kaiser* Mängelhaftung Rdn. 245 f.
[115] *Werner/Pastor* Rdn. 1638 f.; *Kaiser* Mängelhaftung Rdn. 242, 244; *Ingenstau/Korbion* VOB/B § 13 Rdn. 9.
[116] Vgl. dazu *Ganten* NJW 1970, 687.

§ 13 Nr. 1                                                                 Sachmängel

§§ 638, 640, 648 BGB u. a.[117] Im Ergebnis hat sich gezeigt, dass die Qualifizierung des Architektenvertrages als Werkvertrag auf halbem Wege stehen bleiben musste.[118]

45  Nicht anders kann und wird es allen Versuchen gehen, die weiteren „Consult"-Verträge in das Bett der §§ 631 ff. BGB zu zwingen, jedenfalls immer dann, wenn die Auftragnehmer ihr Risiko in der Sache auf Beratungsaufgaben beschränken und nicht Gesamtleistungen übernehmen wollen.[119] – Soweit nicht echte Bauleistungsversprechen vorliegen, geht die Rechtsprechung[120] wohl davon aus, dass der Werkmangel bei diesen „Betreuungsgewerken" durch eine **konkrete Risikoübernahme** auf den gewünschten „Erfolg" hin gekennzeichnet wird.[121]

46  Eine erst in neuerer Zeit von der Rechtsprechung herausgestellte Kategorie sind die **„Kooperationspflichten"** der Bauvertragsparteien. Vgl. dazu u. Rdn. 51.

### 3. Die „Leistungstreuepflicht"

47  Mit „Leistungstreuepflicht" wird in der Rechtsprechung[122] und im Schrifttum[123] die Verpflichtung (hier:) des Auftragnehmers bezeichnet, auch über die eigentliche Hauptleistung hinaus den **Vertragszweck** des Auftraggebers zu schützen und nicht (vermeidbar) zu stören oder zu vereiteln. Die Verpflichtung folgt, wie sonstige Nebenpflichten[124] aus dem Vertrag, gesetzlich aus §§ 157, 242 BGB. Die „Werkherstellung" selbst wird durch eine Verletzung der Leistungstreuepflicht regelmäßig unmittelbar nicht berührt; insoweit handelt es sich im Rahmen der oben erörterten Nebenpflichten um die „mittlere" Gruppe der mangelähnlichen Leistungsstörungen oder auch um Fälle einer „reinen" Pflichtverletzung (§ 280 BGB), die nicht nach Mängelkriterien zu beurteilen ist. Ob die §§ 633, 634 f. BGB nach ihrem Zweck anwendbar sind, hängt mithin vom Einzelfall ab.

48  Die **Rechtsprechung** hat sich u. a. mit Fällen befasst, in denen der Auftragnehmer eine außerhalb seines Werkes erkannte Mangelentwicklung verschwiegen,[125] die Baugrube mit Müllasche verfüllt[126] oder falschen Rat zur Pflege eines fertiggestellten Fußbodens erteilt hat.[127]

49  Wie schon aus den vorhergehenden Hinweisen deutlich, überschneidet sich die Leistungstreuepflicht nicht nur mit dem Problem der **„Beratungsfehler",** sondern auch mit den Fällen des **§ 4 Nr. 3 VOB/B.** Das legt es nahe, bei der Beurteilung von Verletzungen der Leistungstreuepflicht auch den Schutzzweck der §§ 4 Nr. 3, 13 Nr. 3 VOB/B einzubeziehen. Hier zeigt sich eine Funktion des **funktionalen Mangelbegriffs:**[128] Soll die Leistungspflicht des Auftragnehmers über das „Soll" (§ 2 Nr. 1 VOB/B) hinausgehen, bedarf es dazu einer *Rechtfertigung*. Diese kann in der Leistungstreuepflicht liegen, mit dem Inhalt, dass der Auftragnehmer gegen angemessene Vergütung (§ 632, ggf. § 645 BGB) im Zweifel dem Interesse des Auftraggebers folgen muss, das Werk auch vollständig funktionsgerecht herzustellen. Diese Leistungspflicht ist nicht selbstverständlich, sondern ergibt sich erst aus den Gesamtumständen des Vertrages (Risikobild) und § 241 Abs. 2 BGB.

50  **Einzelfragen:** Bezüglich der Ausführung künftiger **(Nachfolge-)Leistungen** hat der Auftragnehmer prinzipiell keine Aufklärungspflicht gegenüber dem Auftraggeber.[129] Die

---

[117] Vgl. *Ganten* Pflichtverletzung S. 94, 99.
[118] Vgl. *Ganten,* wie Fn. 117.
[119] Vgl. *Ganten,* FS *Thode* S. 21 ff.
[120] Vgl. BGH BauR 1999, 1317 (Projektsteuerer).
[121] Vgl. *Ganten* FS *Thode* (2005), S. 21 ff.
[122] OLG Hamm *Schäfer/Finnern/Hochstein* Nr. 6 zu § 4 Nr. 3; OLG Hamm BauR 1990, 731.
[123] MünchKomm/*Emmerich* Vor § 275 Rdn. 264; *Palandt/Heinrichs* § 276 Rdn. 114; *Kaiser* Mängelhaftung Rdn. 54 g.
[124] Vgl. *Erman-H. P. Westermann* (11. Aufl.) § 241 Rdn. 1 f.
[125] Vgl. BGH BauR 1974, 202 (Hinweispflicht verneint); OLG Hamm *Schäfer/Finnern/Hochstein* Nr. 6 zu § 4 Nr. 3.
[126] OLG Hamm NJW-RR 1992, 347.
[127] OLG Hamm NJW-RR 1992, 155.
[128] S. o. Rdn. 14.
[129] BGH BauR 1975, 341; vgl. zu → § 4 Nr. 3 Rdn. 36.

Leistungstreuepflicht gebietet ihm Hinweise jedoch, wenn konkrete Anhaltspunkte für Schadensentwicklungen beim Auftraggeber (aus dem Risikobereich des Auftragnehmers) bestehen.[130] Die fernere Werkverwendung durch den Auftraggeber (z. B. Absatzmöglichkeiten für Waren) gehört ebenfalls nicht mehr zum Risiko des Auftragnehmers. – Das OLG Hamm hat in der „Profilbrettentscheidung"[131] die Hinweispflichten gegenüber den Anforderungen des § 4 Nr. 3 VOB/B herabgesetzt.

### 4. Kooperationspflicht[132]

Die „Kooperationspflichten" sind ein Ausdruck besonderer Rücksichtspflichten bei Bauleistungen, die auf Zeit angelegt sind und eine ständige gegenseitige Abstimmung der Parteien fordern. Sie sind zunächst von *Nicklisch*[133] für Langzeitverträge (z. B. Anlagenverträge) entwickelt und im Jahre 1996 erstmalig vom BGH[134] im Nachtragsbereich (§ 2 Nr. 5, 6, 7 VOB/B) aufgenommen worden. Hier ging es nicht um Mängelhaftung, sondern um die Vermeidung von Behinderungen und Kostenrisiken. Die Rechtsprechung wurde fortgeführt[135] und verdichtete sich dahin, dass der Bauvertrag (jedenfalls als VOB/B-Vertrag) von der Rechtsprechung insgesamt als „*Kooperationsvertrag*" bewertet wurde, dessen Ablauf nicht durch ein Gegeneinander, sondern ein Miteinander bestimmt sein sollte. Insbes. das OLG Köln[136] hat diese Prinzipien im „*Schürmann-Fall*" ausgedehnt und aus dem Kooperationsverhältnis ein *bauvertragliches Schuldverhältnis eigener Art* entwickelt. Darüber würde auch eine **Gehilfenzurechnung** nach § 278 BGB möglich. Der komplexe Bauvertrag wird über die Kooperationspflichten zum *Vertrag sui generis*. Der BGH[137] hat die Schürmann-Entscheidung des OLG Köln zwar aufgehoben, deren grundsätzliche Ausführungen zum Kooperationsmodell aber nicht kritisiert.[138] Darum kann davon ausgegangen werden, dass die Grundaussagen des OLG Köln zur Kooperationspflicht auch höchstrichterlich anerkannt sind:[139]

## B. Tatbestandsfragen zu § 13 Nr. 1 VOB/B

### I. Unterschiede zu § 633 BGB

#### 1. Textvergleich

§ 633 BGB i. d. F. des ab 1. 1. 2002 geltenden Gesetzes lautet:

*(1) Der Unternehmer hat dem Besteller das Werk frei von Sach- und Rechtsmängeln zu verschaffen.*

*(2) Das Werk ist frei von Sachmängeln, wenn es die vereinbarte Beschaffenheit hat. Soweit die Beschaffenheit nicht vereinbart ist, ist das Werk frei von Sachmängeln,*
*1. wenn es sich für die nach dem Vertrag vorausgesetzte, sonst*

---

[130] BGH NJW 1983, 875 = BauR 1983, 70 = ZfBR 1983, 16.
[131] *Schäfer/Finnern/Hochstein* Nr. 6 zu § 4 Nr. 3.
[132] Aus dem Schrifttum vgl. *Fuchs*, Kooperationspflichten der Bauvertragsparteien, München 2003; *Kniffka*, Jahrbuch Baurecht 2001, S. 1 ff.; *Nicklisch* FS Bosch (1976), S. 731 f.; *Schwarze*, Das Kooperationsprinzip des Bauvertragsrechtes, Berlin 2003; *Vygen*, FS Kraus (2003), S. 249 f.
[133] *Nicklisch* BB 1979, 533 f.
[134] Urteil vom 23. 5. 1996 BGHZ 133, 44 = NJW 1996, 2158 = BauR 1996, 542.
[135] Vgl. BGHZ 153, 89 = NJW 2000, 807 = BauR 2000, 409; BGH NJW-RR 2000, 1547 = BauR 2000, 1762; BGH NZBau 2003, 497 = NJW 2003, 2678.
[136] Urt. v. 27. 4. 2001 – 11 U 63/00, NJW-RR 2002, 15 f.
[137] Beschl. v. 5. 6. 2003 NZBau 2003, 433.
[138] *Fuchs* NZBau 2004, 65 f.
[139] OLG Köln (o. Fn. 136), S. 18: „... Aufgrund des Langzeitcharakters und der Komplexität der Projekte gewinnt der Bauvertrag die Struktur eines Rahmenvertrages, der im Verlauf der Projektausführung auszufüllen und den tatsächlichen Verhältnissen anzupassen ist." Das unterstreicht den *Entwicklungscharakter* des Bauvertrages.

§ 13 Nr. 1                                                                                                Sachmängel

2. *für die gewöhnliche Verwendung eignet und eine Beschaffenheit aufweist, die bei Werken der gleichen Art üblich ist und die der Besteller nach der Art des Werkes erwarten kann.*
*Einem Sachmangel steht es gleich, wenn der Unternehmer ein anderes als das bestellte Werk oder das Werk in zu geringer Menge herstellt.*

*(3) Das Werk ist frei von Rechtsmängeln, wenn Dritte in Bezug auf das Werk keine oder nur die im Vertrag übernommenen Rechte gegen den Besteller geltend machen können.*

53  § 13 Nr. 1 VOB/B ist in der VOB/B-Fassung 2002 dem **§ 633 Abs. 1 nachgebildet**, um mögliche Wertungswidersprüche zu vermeiden und den europarechtlichen Vorgaben, auf die das BGB aufbaut,[140] gerecht zu werden. Allerdings **weicht** die VOB/B-Regelung dennoch in einigen Punkten **vom BGB-Vorbild ab**:
– Der *Zeitpunkt,* in dem die Leistung des Auftragnehmers mängelfrei sein muss, ist in der VOB/B ausdrücklich auf die *Abnahme* festgelegt;
– für die Mängelfreiheit ist in der VOB/B ein weiteres Kriterium, nämlich die *Einhaltung der anerkannten Regeln der Technik,* hinzugefügt;
– Abs. 2, Satz 3 („Aliud"-Lieferung) und Abs. 3 (Rechtsmängel) sind in die VOB/B nicht übernommen worden.

### 2. Mängelfreiheit im Abnahmezeitpunkt

54  Ob die zusätzliche – gleich mehrfache – Aufnahme des **Abnahmezeitpunktes** als kritischer Stichtag für die Feststellung der Mängelfreiheit eine substantielle Abweichung der VOB/B-Regelung vom BGB darstellt, ist fraglich. Auch im BGB-Bauvertrag muss es einen Zeitpunkt geben, der als Zäsur für die Erfüllungsprüfung gilt. Dieser Zeitpunkt ist gem. § 644 Abs. 1 BGB *die Abnahme.*[141] Mit der Abnahme nimmt der Auftraggeber die Leistung als „in der Hauptsache vertragsgerecht" (§ 363 BGB) entgegen; zugleich übernimmt er die Herrschaft über das Objekt. Mit der Abnahme geht deshalb auch die *Vergütungsgefahr* über (§ 644 Abs. 1 BGB) und kehrt sich die *Beweislast* für das Vorhandensein von Mängeln um.[142]
– Allerdings lässt das BGB abweichenden Regelungen Raum, etwa, dass sich der Auftragnehmer verpflichtet, für die Wahrung anerkannter Regeln auch über den Abnahmezeitpunkt hinaus einzustehen. Für den Regelfall ist davon nicht auszugehen. Angesichts der ständig fortschreitenden Technik kann dem Auftragnehmer nicht zugemutet werden, für den Stand der Technik weit über den Herstellungszeitraum hinaus zu haften.

55  Liegt bei der **Abnahme ein Mangel** vor, ist der Vertrag nicht erfüllt; es kommt grundsätzlich nicht darauf an, wann sich der Mangel in den Herstellungsprozess eingeschlichen hat. Nicht ordnungsgemäß erfüllt ist deshalb auch dann, wenn das Werk etwa fehlerfrei hergestellt war, jedoch zwischen Herstellung und nachfolgender Abnahme beschädigt wird.[143]

56  In den Fällen **„nachträglicher" Mängelkenntnisse** liegt das sachliche Problem in der Frage, ob ein Mangel im Abnahmezeitpunkt überhaupt vorlag.[144] Das kann insbes. problematisch sein, wenn das unbefriedigende Ergebnis auf einer *Bewertung* beruht, die sich erst nach Vertragsschluss in dieser Weise ergeben hat: Rechtsvorschriften über die Nutzung des Objektes ändern sich kurz vor der Abnahme;[145] die persönliche, ggf. auch gesundheitliche Einschätzung von Sacheigenschaften wandelt sich während des Herstellungsprozesses und führt erst nachträglich zu einer Mängelbewertung.[146] In diesen Fällen ist die Frage nicht, auf

---

[140] Vgl. o. Rdn. 11.
[141] Vgl. *Palandt-Sprau* §§ 644, 645 Rdn. 4; *Erman-Schwenker* (11. Aufl.) § 633 Rdn. 7, § 644 Rdn. 2.
[142] Ungeklärt ist, ob beim Verbraucherwerkvertrag auch § 476 BGB (Beweisvermutung innerhalb von 6 Monaten) gilt, vgl. dazu *Glöckner,* JZ 2007, 652 f. (659).
[143] BGHZ 78, 352 = NJW 1981, 391 = BauR 1981, 71 = ZfBR 1981, 18; BGH *Schäfer/Finnern* Z 2413, Bl. 53.
[144] Ebenso *Jagenburg* FS *Korbion* S. 179 (187); eingehend *Fischer,* Regeln der Technik, S. 127.
[145] OLG Stuttgart BauR 1980, 82.
[146] OLG Köln NJW-RR 1991, 1077 = BauR 1991, 759.

Sachmängel § 13 Nr. 1

welchen Zeitpunkt die Mängelbewertung vorzunehmen ist, sondern, was tatsächlich geschuldet war.[147]

Die **Rechtsprechung** ist zu diesem Problemkreis nicht einheitlich. Der BGH hat in den "Flachdachurteilen"[148] zum Architektenvertrag, später aber auch generell,[149] den Standpunkt vertreten, dass gewährleistungspflichtige Mängel auch dann vorlägen, wenn sich Probleme der Werkleistung erstmals **nach Abnahme zeigen** und die Parteien bis dahin (also auch: bei Abnahme) noch davon ausgingen, dass der Auftragnehmer seine Leistung vertragsgerecht erbracht habe. Es komme, so der BGH, ausschließlich darauf an, ob sich innerhalb der Gewährleistungsfristen Mängel zeigten, deren tatsächliche Ursachen ebenfalls bei der Abnahme schon vorhanden waren. Zur Frage der **Einhaltung anerkannter Regeln** der Technik vgl. u. Rdn. 59.[150] 57

Grundsätzlich ist dem **BGH zuzustimmen,** dass es für die Durchsetzbarkeit (unverjährter) Gewährleistungsansprüche lediglich darauf ankommt, dass der Mangeltatbestand **bei der Abnahme schon angelegt** (wenn auch nicht sichtbar) war. Zeigen sich Mängel erst nach der Abnahme, stellt sich allerdings die Frage, ob tatsächlich bei Abnahme bereits von einem "Mangel" auszugehen war. Das ist jedenfalls erst bei erst nachvertraglicher Änderung von Ordnungsvorschriften[151] oder sonstiger Rechtsregeln für die Werkbeurteilung[152] nicht der Fall, aber wohl auch dann nicht, wenn gesellschaftliche Auffassungen Sachverhalte erst nachvertraglich als "schädlich" einstufen.[153] **Andererseits** waren erst nach Abnahme erkannte (!) bauliche Risiken einer Autobahnbrücke[154] oder von Möbeln, deren giftige Verbundstoffe erst später bemerkt werden,[155] auch im Abnahmezeitpunkt schon – wenn auch unerkannt – mangelhaft. Hinsichtlich dieser Fallgruppen ist jedoch daran zu erinnern, dass nicht allein die "Mangel"-Feststellung über die Verantwortungszurechnung entscheidet.[156] Trotz vorhandener "Mängel" kann sich aus der Risikozuweisung des Vertrages ergeben, dass die nachträglich aufgetretenen Probleme im Verantwortungsbereich des Auftraggebers liegen. Eine eigene und weitere Frage ist es schließlich, ob einem etwa nachleistungspflichtigen Unternehmer ggf. ein **zusätzlicher Vergütungsanspruch** zusteht (§ 2 Nr. 5 bis 8 VOB/B).[157] 58

### 3. Einhaltung der „anerkannten Regeln der Technik" (Verhältnis zum BGB)

Der Beibehalt des Erfordernisses in § 13 Nr. 1 VOB/B, dass eine mängelfreie Bauleistung auch den „anerkannten Regeln der Technik" entsprechen müsse, beruht auf der Tradition der VOB/B (vgl. auch § 4 Nr. 2 Abs. 1); dieses Kriterium ist nicht neu. Bemerkenswert ist an den Fassungen 2002 des BGB und der VOB/B lediglich, dass für das *BGB erörtert wurde,*[158] ob nicht auch in § 633 Abs. 2 BGB eine Regelung aufgenommen werden sollte, wonach die anerkannten Regeln der Technik einzuhalten sind. Das ist jedoch verworfen worden, weil man das Missverständnis befürchtete, mit Einhaltung der anerkannten Regeln sei die geschuldete Werkleistung dann auch unbedingt mängelfrei erbracht. Abgesehen davon aber, 59

---

[147] Zu „Hilfskonstruktionen" gelangen deshalb etwa *Kaiser* Mängelhaftung Rdn. 68 d, f (Verschuldensaspekt); *ders.* BauR 1983, 203 (Vertragsauslegung); *Nicklisch/Weick* VOB/B Einl. §§ 4–13 Rdn. 11 ff. (Risikoverteilung); unter Vergütungsaspekten vgl. auch *Festge* BauR 1990, 322.
[148] BGHZ 48, 310 f. = NJW 1968, 42; BGH NJW 1971, 92 = BauR 1971, 58; kritisch dazu *Korbion* BauR 1971, 59; *Ganten* NJW 1971, 374; *Jagenburg* (Fn. 163) S. 181.
[149] BGH NJW 1984, 2457 = BauR 1984, 510 = ZfBR 1984, 510. Abweichend wohl OLG Stuttgart BauR 1989, 474; OLG Hamm BauR 1990; vgl. auch OLG Nürnberg, Der BauSV 2005 (Heft 6), S. 55.
[150] Vgl. hierzu auch *Seibel* ZfBR 2006, 623 f.
[151] OLG Stuttgart BauR 1989, 474.
[152] Z. B. Veränderung der Vorschriften über Wärmeschutz oder verbindlicher toxischer Grenzwerte.
[153] Etwa: Herkunft von Materialien; ökologische Bewertungen zu Stoffen und zum Wärmehaushalt; Schallübertragung bei gestiegenen Ansprüchen.
[154] OLG Frankfurt NJW 1983, 456 = BauR 1983, 156 (Blasbachthalurteil).
[155] OLG Köln a. a. O. (Fn. 170).
[156] Vgl. nur *Kapellmann/Messerschmidt-Weyer* § 13 Rdn. 75 f., 80 ff.
[157] Vgl. dazu o. Rdn. 25, 26.
[158] BT-DS 14/6040, S. 260 f.

## § 13 Nr. 1

dass zu dieser Befürchtung schon im Hinblick auf die Rechtsprechung zur VOB/B[159] wenig Anlass bestand, ist es ohne Einschränkungen *zu begrüßen,* dass die „anerkannten Regeln" *nicht in den BGB-Text übernommen* wurden. Die anerkannten Regeln der Technik stellen nach allgemeiner Auffassung lediglich den *Mindeststandard* einer Qualitätserwartung dar.[160] Der Hinweis darauf ist in einer Vertragsordnung (VOB/B), die diesen Standard jedenfalls sichern will, angebracht. Das gilt aber für das insoweit *offene BGB* nicht. Es ist den Parteien überlassen, die anerkannten Regeln vertraglich einzubeziehen bzw. gem. § 157 BGB über „übliche Regeln" gelten zu lassen[161] – oder eben nicht. – Vgl. im Übrigen zu den „anerkannten Regeln" noch u. Rdn. 76 und § 4 Nr. 2 Rdn. 17 f.

### 4. „Aliud"-Lieferung; Verschaffung „zu geringer Mengen"

**60**  Für die Aufnahme der **„Aliud"-Lieferung** bzw. die Verschaffung „zu geringer Mengen" in die VOB/B ist im Hinblick auf die vermutete geringe Relevanz dieser Sachverhalte vom DVA abgesehen worden.[162] Der Regelung bedarf es auch nicht; *Anderslieferungen* sind nicht abnahmefähig und stellen eine Nichterfüllung dar wie mangelhafte Leistungen im Übrigen. Das auch für die VOB/B geltende allgemeine Leistungsstörungsrecht des BGB (insbes. §§ 280 f.; 320 f. BGB) enthält alle Regelungen, diesen Besonderheiten Rechnung zu tragen.[163] – Bei einer **Leistung in „zu geringer Menge"** ist darauf hinzuweisen, dass ihr Tatbestand nur erfüllt ist, wenn die Lieferung gleichzeitig mangelhaft ist. Kann mit „geringeren als vorgesehenen Mengen" vollständig erfüllt werden, stellt sich jedenfalls ein Mängelproblem nicht.[164]

### 5. Verschaffenspflicht

**61**  Die ebenfalls aus § 633 Abs. 1 BGB übernommene Verpflichtung des Auftragnehmers, dem Auftraggeber ein mängelfreies Werk *„zu verschaffen",* gibt für § 13 Nr. 1 VOB/B wenig Sinn und ist eher missverständlich.[165] Die Regelung ist aus dem Kaufrecht entnommen, wo sie wegen der abweichenden Leistungsstruktur ihren Platz hat. *Thode*[166] erörtert insbes. für den Bauträgervertrag, ob zur „Herstellungspflicht" des Unternehmers mit der Neuregelung auch die Eigentumsverschaffung am (bebauten) Grundstück gehöre. Diese Frage stellt sich für den VOB-Vertrag nicht, weil die VOB/B auf Verträge dieser Art nicht anwendbar ist. – Die *Rechtslage* hat sich durch die Aufnahme des Begriffes der Werkverschaffung für den Bauvertrag *nicht verändert.* Es lässt sich auch der Standpunkt vertreten, dass es auch Inhalt der *„Beschaffenheitsvereinbarung"* ist, inwieweit die geschuldete Werkleistung über das Zurverfügungstellen des Werkes hinaus auf Grund der „Verschaffenspflicht" weitere Leistungsinhalte einschließt.

## II. Prüfungsfolge im Tatbestand des § 13 Nr. 1 VOB/B

### 1. Nachrangigkeit der Kriterien und/oder kumulative Prüfung – *Prüfschema*

**62**  Die **Verbrauchsgüterkaufrichtlinie** (VgKRl)[167] enthält in Art. 2 Abs. 2 den Satz, dass „vermutet" werde, dass (hier: auch) Werkleistungen vertragsgemäß sind, wenn sie die Katalogeigenschaften des Abs. 2 lit. a)–d) erfüllen. Dieser Katalog ist der Sache nach in

---

[159] Vgl. dazu u. Rdn. 76 f.
[160] Vgl. § 4 Nr. 2 Rdn. 17 f.
[161] *Erman-Schwenker* § 633 Rdn. 13.
[162] Vgl. *Kapellmann/Messerschmidt/Weyers* (2. Aufl.) § 13 Rdn. 37.
[163] S. aber die kritische Betrachtung von *Grigoleit/Riehm* in ZGS 2002, 115 ff.
[164] Ob auf der Vergütungsebene Abzüge gerechtfertigt sind, ist dann eine Frage der Preisgestaltung. Eine „Minderung" gem. §§ 638 BGB, 13 Nr. 6 VOB/B ist jedenfalls nicht möglich.
[165] Ebenso auch *Erman-Schwenker* (11. Aufl.) § 633 Rdn. 8; *Bamberger/Roth/Voit* § 633 Rdn. 46.
[166] NZBau 2002, 301.
[167] Vgl. o. Fn. 18.

§ 633 Abs. 2 BGB bzw. 13 Nr. 1 VOB/B eingegangen. In den *Erwägungsgründen* zur VgKRl heißt es dazu unter Ziff. 8., dass die „in der Vermutung gen. Elemente *kumulativ* gelten".[168] Was dies für das nationale deutsche Recht bedeutet, ist unklar.[169] Allerdings heißt es in den Erwägungsgründen auch weiter, dass „die übrigen Elemente der Vermutung dennoch ihre Gültigkeit behalten", wenn bestimmte Elemente nach Lage des Falles „unanwendbar" sind. Das erlaubt einen flexiblen, allerdings sachgerechten Umgang. – Im Schrifttum[170] wird das „Kumulierungsgebot" der Richtlinie aufgegriffen, ohne dass aber überall klar wird, in welcher Rangfolge welche Kriterien abzuhandeln sind. Wir schließen uns *Thode*[171] an, der überzeugend aus dem Verständnis der Richtlinie ein Prüfschema für § 633 Abs. 2 BGB entwickelt hat, das entsprechend auf § 13 Nr. 1 VOB/B zu übertragen ist:

*Prüfschema*

(1) Ist eine **Werkbeschaffenheit** vereinbart? Auf welche Eigenschaften bezieht sich diese Vereinbarung? – Die Beschaffenheit kann sich auf die Verwendung der Sache oder auf sonstige (für die Verwendung unerhebliche) Eigenschaften erstrecken. **63**

Soweit Werkeigenschaften vereinbart sind, gelten sie unbedingt als Maßstab; eine weitere Prüfung findet auf dieser Ebene nicht mehr statt.

(2) Soweit Eigenschaften zur Verwendung (!) der Sache nicht vereinbart sind: Gibt es einen vertraglich **vorausgesetzten Gebrauch**? Und: eignet sich das Werk dafür?

(3) Soweit es eine vertraglich vorausgesetzte Verwendung ebenfalls nicht gibt: Eignet sich die Sache für den **gewöhnlichen Gebrauch**?

Damit ist die Verwendungsprüfung abgeschlossen. Eine „gewöhnliche Verwendung" wird es immer geben; ansonsten gilt der Prüfpunkt Ziff. 4.)

(4) Soweit es **nicht** um die **Verwendung** der Sache geht: Weist das Werk Eigenschaften auf, die bei **Werken der gleichen Art üblich** sind und die der Auftraggeber **nach Art der Leistung** erwarten darf?

(5) Gibt es für diese Werkleistung **anerkannte Regeln der Technik?** Gibt es eine Absprache, wonach sie nicht eingehalten werden sollen? Wenn nein: Sind diese Regeln eingehalten?

Nicht alles ist also „kumulativ" zu prüfen. *Subsidiär* untereinander sind die Spezifikationen der *Verwendung* in der Folge: Vereinbart; vertraglich vorausgesetzt; gewöhnlich. *Kumulativ* zu den Verwendungseigenschaften sind die o. unter Ziff. 4. erwähnten zwei weiteren Eigenschaften zu prüfen: Werkgleichartigkeit im Üblichen; objektive Erwartungsgerechtigkeit der Leistung. – Die „anerkannten Regeln" sind grundsätzlich *neben* der Beschaffenheitsvereinbarung einzuhalten; vgl. dazu aber u. Rdn. 65. **64**

In § 13 Nr. 1 VOB/B sind *zusätzlich* die **„anerkannten Regeln der Technik"** zu prüfen. Auch hier spricht die VOB/B von *kumulativer* Prüfung. Mängelfrei ist ein Werk danach nur, wenn es der Beschaffenheitsvereinbarung *und* den anerkannten Regeln entspricht. Das überrascht, weil Vertragsfreiheit besteht und die Parteien selbstverständlich in der Lage sind, auch eine Beschaffenheit zu vereinbaren, die nicht den anerkannten Regeln entspricht.[172] Die Werkleistung kann mit höheren oder auch mit geringeren Anforderungen an den Standard vereinbart werden. In den Kriterienkatalog ist deshalb hineinzulesen, dass die Wahrung der anerkannten Regeln der Technik *nur dann zusätzlich* zu prüfen ist, wenn die Beschaffenheitsvereinbarung dazu keine abweichende Regelung trifft. Das wird allerdings nur der Fall sein, wenn der Auftragnehmer den Auftraggeber auf diese Umstände hingewiesen hat und sich der Auftraggeber auch über die Risiken der Abweichung Klarheit verschaffen konnte.[173] Im Übrigen ist hier nochmals auf § 4 Nr. 2 Abs. 1 VOB/B hinzuweisen, der dem Auftragnehmer ohnehin aufgibt, die anerkannten Regeln „zu beachten". **65**

---

[168] Hervorhebung vom *Verfasser*.
[169] Vgl. *Thode* NZBau 2002, S. 304 m. w. N.
[170] Vgl. *Sienz* FS *Kraus* 237 f. (242).
[171] Vgl. o. Fn. 166.
[172] Vgl. dazu näher u., Rdn. 76 f.
[173] Allgem. Meinung, vgl. *Seibel* ZfBR 2006, 523 f.

## § 13 Nr. 1

### 2. Die Beschaffenheitsvereinbarung

**66** **a) Systematische Bedeutung.** Zur systematischen Bedeutung der „Beschaffenheitsvereinbarung" im Rahmen der §§ 631 Abs. 1, 633 Abs. 2 BGB, 2 Nr. 1, 13 Nr. 1 VOB/B kann auf o. Rdn. 13 ff. verwiesen werden. Dogmatisch handelt es sich – jedenfalls im Ausgangspunkt – um die *rechtsgeschäftliche Grundlage* des übereinstimmenden Leistungsversprechens des Auftraggebers, an dem zu messen ist, ob der Auftragnehmer seinen Auftrag erfüllt und, mit Abnahme der Leistung, gleichzeitig die Voraussetzungen für seinen Vergütungsanspruch geschaffen hat (§ 641 BGB). Allerdings ist auch schon darauf hingewiesen worden,[174] dass dieses Schema auf eine Vielzahl kritischer Fälle nicht passt: Die Beschaffenheitsvereinbarung (das „Leistungssoll", vgl. § 2 Nr. 1 VOB/B) umschreibt die berechtigte und auch anzuerkennende *Leistungserwartung* des Auftraggebers nicht immer vollständig. Geht die Leistungserwartung über das vereinbarte „Soll" hinaus, weil nur so die erwartete *Funktion* des Werkes erreicht werden kann, spricht man von einem *„funktionalen"* Leistungsanspruch, der mit dem aus der Beschaffenheitsvereinbarung abgeleiteten Begriff nicht mehr identisch ist. In der Sache handelt es sich um einen *Zweckbegriff*, d. h. (beim Mangel) um einen **normativen Mangelbegriff,** der umgangssprachlich sowie im Verkehrsverständnis als „Mangel" Verwendung findet, aber rechtlich nur unter Beachtung weiterer Risikoelemente im Vertrag als „Mangel" (§ 633 Abs. 2 BGB) behandelt werden darf. Wegen der Einzelheiten hierzu kann auf die Ausführungen oben zu Rdn. 14 ff. verwiesen werden. – Die **Kommentierung** folgt hier praktisch dem **Mangelbegriff der Rechtsprechung,** weil sich der „normative Mangelbegriff" zwar in der methodischen Ableitung und Begründung, nicht aber im Ergebnis vom „funktionalen Begriff" der Rechtsprechung abhebt.[175]

**67** Soweit der Mangelbegriff daraus abgeleitet ist, dass die Bedingungen der Beschaffenheitsvereinbarung bei der Werkherstellung erfüllt sind, liegt ihm der **subjektive Fehlerbegriff**[176] zugrunde. Dieses Fehlerverständnis war – mit Randkorrekturen und den objektiven Einschlüssen des § 633 Abs. 2 a. F. – bereits Grundlage des alten Rechts. Gleichwohl ist die vertragsrechtliche Grundlage der Leistungsbestimmung (und damit des „Mangels") strenger geworden: Primär *bestimmen die Parteien selbst*, welche Leistungen erbracht werden sollen und damit auch, unter welchen Voraussetzungen ein Werk mängelfrei ist. Daraus folgt zunächst, dass *jede Abweichung* von der Beschaffenheitsvereinbarung zu einem Mangel führt – eine Abweichung zum Schlechten (Regelfall), aber auch eine *Abweichung zum Besseren*.[177] Abweichungen zum Besseren, werden üblicherweise nicht beanstandet. Gleichwohl hat diese Frage zu Stellungnahmen im Schrifttum geführt werden.[178] Um unfruchtbare Diskussionen zu erübrigen („Rückbau zum Schlechteren!"), ist vorab jeweils zu prüfen, ob nicht die Beschaffenheitsvereinbarung den gewollten Standard (z. B. aus preislichen Gründen) lediglich als *Mindeststandard* bezeichnet hat (dann wären noch besser haltbare Dübel gegenüber auch ausreichenden keine mangelhaften Dübel). Nur ausnahmsweise wird ein Besteller deshalb schon aus Rechtsgründen („Beschaffenheitsvereinbarung") die bessere Sache zurückweisen können; allerdings braucht sich kein Besteller ungewollt „Luxus" aufdrängen zu lassen. *Sienz*[179] weist im Übrigen für den Restbestand kritischer Fälle auf Lösungswege über §§ 634 Abs. 3, 275 BGB, § 242 BGB hin.

**68** **b) Der „funktionale Mangelbegriff".** (Vgl. dazu schon o. Rdn. 19–28) – Nicht immer gelingt es, die Beschaffenheit der bestellten Sache so vollständig und richtig zu beschreiben, dass die Mängelfreiheit daran zweifelsfrei abgelesen werden kann. Die **Rechtsprechung** hat deshalb den sogen. *funktionalen Mangelbegriff* entwickelt, der, o. Rdn. 19, bereits

---

[174] Vgl. o. Rdn. 14 ff.
[175] In einem anderen Sinne kann „funktional" beim Mangelbegriff auch als „normativ" verstanden werden. Das sollte aber die wichtigen methodischen Unterschiede nicht verwischen.
[176] Vgl. RegE BT-DS 14/6040, S. 210 (Kauf), 260 (Werkvertrag).
[177] Vgl. dazu BGH NJW 2002, 3543 = BauR 2002, 1536.
[178] Vgl. etwa *Prütting/Wegen/Weinreich-Leupertz* (2. Aufl.) § 633 Rdn. 15.
[179] Vgl. FS *Kraus* 237 f. (242 f.).

dargestellt ist.¹⁸⁰ Kern des funktionalen Mangelbegriffs ist die „unbedingte" Erwartung des Bestellers, wie immer der Herstellungsaufwand des Auftragnehmers beschaffen ist, ein verwendungsfähiges und brauchbares *(funktionsgerechtes!)* Werk zu erhalten. Von dieser Erwartungshaltung wird im Regelfall auszugehen sein.¹⁸¹ Wenn nun aber ein anderes Ergebnis beschrieben ist bzw. mit dem Leistungsbeschrieb und den dazugehörenden Planunterlagen ein funktionsgerechtes Ergebnis nicht erzielt werden kann, knüpft die Rechtsprechung für den geschuldeten „Erfolg" nicht an diesen Leistungsbeschrieb, die Beschaffenheitsvereinbarung, sondern an die tatsächliche Erwartungshaltung des Auftraggebers an.¹⁸² Das unter Vergütungsgesichtspunkten in § 2 Nr. 1 beschriebene „Leistungssoll" wird um einen an sich (zunächst) nicht geschuldeten Teil erweitert; die reale Leistungspflicht des Auftragnehmers bezieht sich dann auch auf diesen erweiterten Teil, allerdings korrespondierend mit einem dem Auftragnehmer für diese Leistungserweiterung zustehenden weiteren Vergütung („Kompensationsmodell").¹⁸³

Der **„funktionale Mängelbegriff"** ist indessen kein Freibrief für den Auftraggeber, die Leistungspflichten des Auftragnehmers beliebig auszudehnen. Zum funktionalen Mangelbegriff korrespondiert das **Anordnungsrecht des Auftraggebers gem. § 1 Nr. 4 VOB/B,** das sich nur auf die „erforderlichen Leistungen" bezieht. Auch die Leistungserwartung des Auftraggebers kann über das „Soll" in der Beschaffenheitsvereinbarung nur insoweit hinausgehen, als *dieses* vereinbarte Werk in seiner festgelegten und gewollten Funktion ergänzt und „gängig", funktionsfähig gemacht wird. Ansonsten handelt es sich um Anordnungen nach § 1 Nr. 3 VOB/B oder zustimmungspflichtige Änderungen nach § 1 Nr. 4 Satz 2 VOB/B. – Die *Rechtsprechung* geht mit dem funktionalen Mangelbegriff teilweise eigene Wege, die zu weilen sehr ergebnisorientiert erscheinen. Das gilt für die „Konsolträgerüstentscheidung"¹⁸⁴ in der die „Erforderlichkeit" einer Leistung (hier: Gerüstaufbau) zum Kriterium gemacht wurde, ohne es konkret zum übernommenen Vertragsrisiko ins Verhältnis zu setzen.¹⁸⁵ Ohnehin ist die kritische Fragestellung für den funktionalen Mangelbegriff, wie *materiell* das Verhältnis des (funktionalen) „Erfolges" zur „Beschaffenheitsvereinbarung" sowie zur Wahrung der anerkannten Regeln der Technik bestimmt wird. – Die **Beschaffenheitsvereinbarung** hat für die Bestimmung des Leistungssolls **Vorrang;**¹⁸⁶ ein Werk kann deshalb funktionstauglich aber trotzdem mangelhaft sein. Gleichzeitig ist allerdings die Bestimmung der Funktionstauglichkeit zu den Voraussetzungen der Beschaffenheitsvereinbarung ins Verhältnis zu setzen. Für erstere (Funktionstauglichkeit) hat der BGH im Urteil vom 17. 12. 1996¹⁸⁷ genügen lassen, dass der *Erfolg angestrebt* werden. Auch wenn dies (wie wohl) „vertragsähnlich" gemeint ist, wären die Voraussetzungen deutlich geringer als für eine Beschaffenheitsvereinbarung, die unbestritten einen *Vertrag* voraussetzt.¹⁸⁸ – Im Übrigen geht die Rechtsprechung davon aus, dass die *Einhaltung der anerkannten Regeln der Technik* kein endgültiges Kriterium für den „Erfolgs"eintritt ist: Ist die „Funktion" gestört, liegt ein Mangel vor.¹⁸⁹ Die Wahrung der „anerkannten Regeln" *indiziert* allerdings die Einhaltung der vertraglich gewollten Gebrauchstauglichkeit („Funk-

**69**

---

¹⁸⁰ Der funktionale Mangelbegriff *korrespondiert nicht* mit der sog. **„funktionalen Ausschreibung"** gem. § 9 Nr. 15, 16 VOB/A. Die funktionale Leistungsbeschreibung verzichtet auf eine Detailbeschreibung der gewünschten Werkherstellung, bezeichnet aber das Ergebnis („Erfolg") möglichst genau. Dem Auftragnehmer wird hier nicht das Ergebnis, sondern der *Weg* zu diesem Ergebnis (weitgehend) freigestellt. Beim funktionalen Mangelbegriff ist es genau umgekehrt: Der Weg ist genau beschrieben, der Weg führt aber nicht zu dem erwarteten (nicht beschriebenen) Erfolg. Der „Erfolg" wird gegenüber dem Leistungssoll verändert.
¹⁸¹ Vgl. *Leupertz* (Fn. 176); *Mundt* NZBau 2003, 73 (76 f.).
¹⁸² Vgl. *Voit* (ZfIR 2007, 157 ff. (159 f.).
¹⁸³ Vgl. oben Rdn. 19.
¹⁸⁴ BGH NZBau 2002, 324 = BauR 2002, 935.
¹⁸⁵ Kritisch insbes. *Kapellmann* NJW 2005, 182 f.; und ausführlich *Völkel*, Die Bedeutung der VOB/C ..., S. 268 ff. – Die „Erforderlichkeit" kann nur die *geschuldete* Leistung selbst betreffen.
¹⁸⁶ BGH vom 21. 9. 2004 – X ZR 244/01; Der BauSV 2005 (1), 53.
¹⁸⁷ NJW RR 1997, 688 = BauR 1997, 700; vgl. auch BGH NJW 2003, 200.
¹⁸⁸ Allg. Meinung, vgl. nur *Erman-Schwenker* § 633 Rdn. 10; *Palandt-Sprau* § 633 Rdn. 6.
¹⁸⁹ BGH NJW 1995, 472; NJW 2002, 200 m. w. N.

tion"). – Die Problematik des „funktionalen Mangelbegriffs" wird nicht gelöst werden, solange nicht der inhaltliche Zurechnungsgrund geklärt und offengelegt ist, aus dem der Auftragnehmer über das „Soll" hinaus leistungspflichtig ist. Vgl. dazu o. Rdn. 24 f.

**70** Die Beschaffenheitsvereinbarung entspricht insoweit der früheren **Zusicherung,** als der Auftraggeber Anspruch darauf hat, dass das Vereinbarte *genau einzuhalten* ist und Abweichungen dazu zu einem Mangel führen. Die Anforderungen an die „Beschaffenheitsvereinbarung" sind aber geringer als an eine „Zusicherung".[190] Von der Zusicherung wurde verlangt, dass explizit erklärt („zugesichert") wird, dass der Auftraggeber auf einer ganz bestimmten Herstellungsweise bzw. einem ganz bestimmten Erfolg bestehe. Die Beschaffenheitsvereinbarung erfordert eine solche Ausdrücklichkeit nicht, sondern folgt den allgemeinen Regeln über rechtsgeschäftliche Vereinbarungen, die auch konkludent getroffen werden können. Bei Abgabe einer „Zusicherung" wird deshalb heute zu prüfen sein, ob über die Vereinbarung von Werkeigenschaften hinaus eine **„Garantie"** erklärt werden sollte, die im Anschluss an § 443 BGB werkvertraglich in **§ 639 BGB** geregelt ist. Mit der „Beschaffenheitsgarantie" des § 639 BGB ist vor allem die sog. *„unselbständige Garantie"* gemeint, deren Inhalt über die Herstellungsverpflichtung hinaus etwa besagt, dass der Unternehmer *unbedingt* für bestimmte Sacheigenschaften des versprochenen Werkes einstehen wolle bzw. andere Risiken „unbedingt" übernehme, deren Fehlschlag ihm sonst ggf. als „Pflichtverletzung" (§ 280 Abs. 1 Satz 1 BGB) nicht zugerechnet würden (z. B. Risiken eines unbekannten Materials oder unbekannter Bodeneigenschaften). Wegen der Tragweite einer solchen Erklärung kann aber nicht jede „Zusicherung" als „Garantie" verstanden werden, zumal die Zusicherung nach altem Recht regelmäßig nicht als „Garantie" verstanden wurde.[191] Bei der Verwendung des Begriffes „Zusicherung" ist gleichwohl nach neuem Recht Vorsicht geboten.

**71** **c) Auslegungsprinzipien.** Die Beschaffenheitsvereinbarung erfordert einen Vertrag, der allerdings – mangels besonderer Vorschriften (etwa § 311 b BGB) – auch konkludent geschlossen werden kann.[192] Einen „Zusicherung"- oder (darüber hinaus) „Garantie"-Charakter muss die Vereinbarung nicht haben, sie *kann* es aber. *Vogel*[193] folgert das zu Recht bereits aus der Umsetzung der Verbrauchsgüterkaufrichtlinie, deren kaufrechtlicher Herkunft eine rechtsgeschäftliche „Verstärkung" der Beschaffenheitsvereinbarung fremd ist. Dieser europarechtlichen Begründung bedürfte es aber auch nicht: Schon nach altem Recht war die „Werkvereinbarung" eine Absprache, die sich auf die herzustellenden Eigenschaften der Sache beschränkte; auch die werkvertragliche „Zusicherung" (alten Rechts) unterschied sich davon nur im Hinblick auf die unbedingte Forderung bestimmter Werkeigenschaften, nicht im Hinblick auf einen „Garantiewert" der Erklärung. Daran hat sich außer dem Fortfall der „Zusicherung" im neuen Recht nichts geändert. Die Voraussetzung einer *vertraglichen Absprache* über die Werkeigenschaften schließt aber nicht aus, dass der Unternehmer *in stärkerem Maße* (als „einfach") *verspricht, für ein bestimmtes Ergebnis „einzustehen".* Das ist gem. § 276 Abs. 1, Satz 1 BGB gewissermaßen „gleitend" möglich – von der Übernahme bestimmter Herstellungs- oder Beschaffungsrisiken bis zur unselbständigen (vgl. § 639 BGB) oder selbständigen Garantie.[194]

**72** Aus der Auslegung des Vertrages im Hinblick auf den **konkreten Verpflichtungswillen** ergibt sich das *Maß der Risikoübernahme* des Auftragnehmers. Im Übrigen sind die Absprachen der Parteien für die **Vertragsauslegung** *umfassend zu bewerten.*[195] Es gibt *keinen prinzipiellen Vorrang*[196] von Leistungsbeschreibung, Plänen, Vorbemerkungen oder anderen begleitenden Absprachen; es kommt auf die konkreten Umstände des Vertragsschlusses an. So ist insbes. bei den Anforderungen an die *Schalldämmung* aus den Vertragsabreden zu

---

[190] Vgl. schon o. Rdn. 6.
[191] BGH ZfBR 1997, 295.
[192] BGH NJW-RR 2002, 1533.
[193] BauR 2006, 744.
[194] Vgl. *Palandt-Sprau* § 639 Rdn. 3.
[195] BGH ZfBR 94, 115; NJW 1999, 2432; BGH vom 14. 6. 2007 – VII ZR 45/06.
[196] BGH NJW 1997, 1772; NJW 1999, 2432.

entnehmen, welches Schalldämmmaß konkret geschuldet ist; im Regelfall ist dies das durch die Leistungsvorgaben Erreichbare.[197] – Bei **funktionaler Ausschreibung** (§ 9 Nr. 15, 16 VOB/A) kann der Auftragnehmer ggf. ein *sehr hohes Risiko* übernehmen;[198] riskant ist für ihn auch, wenn er sich auf die Maßgeblichkeit *erst noch zu erstellender Vertragsunterlagen* einlässt.[199] Bei *unklaren Leistungsbeschreibungen* kann der Auftragnehmer den evtl. Spielraum nicht ohne weiteres für sich nutzen.[200]

**Einbeziehung der VOB/A.** Die Geltung der **Ausschreibungsregeln der VOB/A** im Bauvertrag ist für die Frage bedeutsam, ob sich der Auftragnehmer für die Vertragsauslegung darauf berufen kann, dass der Auftraggeber bei der Vergabe die „A"-Regeln beachtet hat oder hätte beachten müssen. Ist dies zu bejahen, kann der Auftragnehmer verlangen, so gestellt zu werden, als *habe* der Auftraggeber die „A"-Regeln beachtet – auch wenn dies tatsächlich nicht der Fall war.[201] Konkret geht es insbes. um die Fragen, (1) ob die Leistung „**erschöpfend**" beschrieben ist (also keine unvermuteten Lücken aufweist!) und (2) ob dem Auftragnehmer ein „**ungewöhnliches Wagnis**" aufgebürdet wird, § 9 Nr. 1, 2 VOB/A. – Die Rechtsprechung[202] geht davon aus, dass sich der Auftragnehmer dann tatsächlich auf die „A"-Regeln berufen kann, wenn *konkrete Anhaltspunkte* dafür bestehen, dass der Auftraggeber seine Ausschreibung nach den Regeln der VOB/A vorgenommen hat, **der Auftragnehmer darauf** also **vertrauen durfte**.[203] Liegen diese Voraussetzungen vor, ist die (vermutete) Beachtung der „A"-Regeln sodann *ein Auslegungsmittel* neben anderen Erkenntnisquellen für den Vertragswillen. 73

Bei der Umsetzung dieses Grundsatzes ist allerdings *Vorsicht* geboten: Der Einbezug (insbes.) des § 9 VOB/A lässt keinen „linearen" Schluss darauf zu, was Vertragsinhalt geworden ist. Einmal geht die *konkrete Werkvereinbarung*, zumal wenn sie individuell ausgehandelt wurde,[204] *allen anderen Auslegungsbezügen vor*. Zum anderen muss insbes. dort, wo dem Auftragnehmer *bewusst Risiken* auferlegt werden sollen (typisch bei der funktionalen Ausschreibung) das Maß der realen Belastung durch Auslegung gefunden werden.[205] – Soweit **öffentliche Vergaben** stattfinden, kann der Auftragnehmer ohne weiteres davon ausgehen, dass die VOB/A – weil im Vergabeverfahren zwingend vorgeschrieben – angewandt wird. Bei **privater Vergabe** besteht ein solches Vertrauen auf eine „A"-Gerechtigkeit nur, wenn der Auftragnehmer auf Grund konkreter Erklärungen von der Beachtung des Teiles A bei der Ausschreibung ausgehen durfte.[206] 74

**Einbezug der VOB/C.** Die Regeln der VOB/C (ATV) werden beim VOB/B-Vertrag auf Grund des § 1, Satz 2 und § 1 Nr. 2, lit. e) VOB/B Vertragsbestandteil; das gilt allerdings nicht für die DIN 18299, Abschnitt 0.[207] – Bezüglich der **Auslegung** des Vertrages bedeutet aber die „C-Geltung" auch nur, dass die ATV *ein* **Kriterium** (neben anderen) sind und der Auftragnehmer nicht davon freigestellt ist, „das gesamte Vertragswerk als sinnvolles und widerspruchsloses Ganzes"[208] zugrunde zu legen. Das bedeutet insbes., dass die in den Einzelgewerken der „18er-Normen" unter 4.1 und 4.2 enthaltenen „Neben- 75

---

[197] BGH NJW 1998, 2814; BGH v. 14. 6. 2007 – VII ZR 45/06.
[198] Vgl. insbes. BGH NJW 1997, 61 f. („Doppelschleuse").
[199] Vgl. OLG Düsseldorf BauR 2003, 1572.
[200] BGH BauR 1993, 595 („Sonderfarben").
[201] Dazu eingehend u. a. *Gessner/Jäger* FS Kraus (2002), S. 41 ff.; *Oberhauser* BauR 2003, 1110 ff.; *Völkel* „Die Bedeutung der VOB/C bei der Bestimmung bauvertraglicher Leistungspflichten" (2005), S. 254 ff.
[202] BGH NJW 1977, 61 = BauR 1997, 126 („Kammerschleuse"); BGHZ 124, 64 f. („Wasserhaltung II"); BGHZ 134, 245 („Deponie").
[203] Das Schrifttum (*Oberhauser*, a. a. O., S. 1121; *Völkel* a. a. O., S. 304) wirbt dafür, dass die Voraussetzungen zum Nachweis eines Vergabevertrauens herabgesetzt werden.
[204] So insbes. (wohl) BGH NZBau 2002, 324 = BauR 2002, 935 („Konsolträgergerüst"); vgl. auch *Schwenker* ZfBR 2007, 15.
[205] Vgl. insbes. BGH „Kammerschleuse", o. Fn. 202.
[206] *Oberhauser* a. a. O., S. 115; *Völkel* a. a. O., S. 302.
[207] Abschnitt 0: „Hinweise für das Aufstellen der Leistungsbeschreibung", vgl. dort ausdrücklich vor Ziff. 0.1; *Völkel* a. a. O., S. 48 f. (nur „Checkliste").
[208] BGH BauR 1999, 897; *Vogel* ZflR 2004, 673.

§ 13 Nr. 1                                                                              Sachmängel

*leistungen"* bzw. „Besondere Leistungen" nicht „1:1" in den konkreten Vertrag übertragen werden können. Vielmehr ist aus dem *gesamten Vertragswillen* zu ermitteln, was im kalkulierten Leistungsumfang enthalten und was gesondert zu vergüten ist.[209] – Zu beachten ist weiter, dass die ATV **allgemeine Geschäftsbedingungen** sind, die wirksam in den Vertrag einbezogen sein müssen und auch der Gültigkeitskontrolle unterliegen.[210]

### 3. Einhaltung der anerkannten Regeln der Technik (Maßgeblichkeit)

76   Zum Inhalt der „anerkannten Regeln der Technik" sowie sonstiger *Handwerksregeln* kann auf die Erläuterungen zu § 4 Nr. 2 VOB/B, Rdn. 17 ff., verwiesen werden;[211] zur Stellung der anerkannten Regeln im Rahmen des § 633 Abs. 2 BGB vgl. o. Rdn. 60. Nachfolgend ist das **Verhältnis** der anerkannten Regeln der Technik **zu den übrigen Mängelvoraussetzungen** des § 13 Nr. 1 VOB/B zu behandeln.

77   Nach den Wortlaut des § 13 Nr. 1 VOB/B steht das Erfordernis der Einhaltung der anerkannten Regeln *unabhängig neben* dem Kriterium der Beschaffenheitsvereinbarung sowie den objektiven Erwartungen gem. § 13 Nr. 1, Satz 3, lit. b (a. E.). Damit ist festgelegt, dass – jedenfalls beim VOB-Vertrag, vgl. o. Rdn. 60, die Einhaltung der anerkannten Regeln **zum Abnahmezeitpunkt**[212] als **Mindeststandard**[213] der herzustellenden Qualität erwartet wird. Allerdings steht diese Aussage unter dem *Vorbehalt,* dass die Beschaffenheitsvereinbarung nichts *anderes regelt:* Die vertragliche Vereinbarung der Parteien über die Werkqualität hat Vorrang vor dem Mängelkriterium der anerkannten Regeln. Das bedeutet:

78   – Beschaffenheitsvereinbarung ist gewahrt; anerkannte Regeln sind verletzt: *Kein Mangel.*[214] Voraussetzung ist klare Absprache, dass Verstoß gegen anerkannte Regeln die vertragsgemäße Erfüllung nicht hindern soll.
     – Beschaffenheitsvereinbarung ist verletzt; anerkannte Regeln sind gewährt: *Mangel;*[215] Voraussetzung: Klare Absprache, dass Sacheigenschaften über anerkannte Regeln hinaus geschuldet sind.

79   Das Ergebnis der Beschaffenheitsvereinbarung konkurriert mit dem „Erfolg" des funktionalen Mangelbegriffs. Dieser Erfolg geht in kritischen Fällen über die in der Vereinbarung geregelten (als Soll geschuldeten) Sacheigenschaften hinaus (o. Rdn. 14 f.). Der *Funktionserfolg* setzt jedoch voraus, dass die *anerkannten Regeln eingehalten sind;*[216] daraus ergibt sich folgende **Skala:**

80   – „Erfolg" ist nicht erreicht; anerkannte Regeln sind verletzt: Das Ergebnis ist *mangelhaft.*[217]
     – „Erfolg" ist nicht erreicht; anerkannte Regeln sind eingehalten: *Mangel;*[218] der Eintritt des „Erfolges" ist vorrangig und unabhängig von den anerkannten Regeln zu prüfen.
     – „Erfolg" ist *scheinbar* erreicht; anerkannte Regeln sind verletzt: *Mangel;*[219] Verletzung der anerkannten Regeln gefährden den (Schein-)„Erfolg".

---

[209] „Konsoltraggerüst", o. Fn. 202; *Quack* ZfBR 2005, 427.
[210] *Vogel/Vogel* BauR 2000, S. 345; *Vogel* ZfIR 2004, 670 f.
[211] Vgl. auch die Übersicht bei *Seibel* ZfBR 2006, 523 f.
[212] Zur Frage der *Veränderung* anerkannter Regeln *nach Abnahme* vgl. eingehend und überzeugend *Herchen* NZBau 2007, 139: Grundsätzlich ist für die Beurteilung der Voraussetzungen des § 13 Nr. 1 der Abnahmezeitpunkt maßgebend. Das schließt allerdings eine *Hinweispflicht* gem. § 4 Nr. 3 VOB/B bei sich ankündigendem (erkennbaren) Wandel nicht aus und hält insbes. offen, dass im Rahmen des funktionalen Mangelbegriffs eine Nachleistungspflicht des Auftragnehmers entstehen kann, ggf. gegen Ausgleich von Sowiesokosten. So wohl auch: BGH BauR 1985, 567; BauR 1989, 462 und (wohl) auch BGH NJW 1998, 2814. Die Fragen sind strittig, vgl. im Einzelnen *Herchen* a. a. O.
[213] Vgl. *Seibel* ZfBR 2006, 523 f.; BGH BauR 1998, 872.
[214] BGH NJW 1999, 2432; NJW-RR 2000, 465.
[215] BGH NJW-RR 1995, 472 (keine Norm einschlägig); BGH v. 10. 11. 2005 – VII ZR 147/04, Der BauSV 2006 (1) 57.
[216] Vgl. schon o. Rdn. 68 f.
[217] Vgl. o. Rdn. 77.
[218] BGH NJW-RR 1997, 688 = BauR 1997, 700; NJW-RR 2002, 1533.
[219] Vgl. OLG Düsseldorf NJW-RR 1996, 1946; OLG Brandenburg ZfBR 2001, 111; OLG Schleswig BauR 2004, 1246; OLG Köln v. 20. 7. 2005 – 11 U 96/94.

– „Erfolg" ist *vollständig* erreicht; anerkannte Regeln sind verletzt: *kein Mangel*;[220] Verletzung der anerkannten Regeln gefährden den Erfolg nicht.

Insgesamt ist bei der Prüfung **folgende Prüfungsfolge** einzuhalten. 81

(1) Liegt eine *Beschaffenheitsvereinbarung* vor, die andere Kriterien verdrängt? Dann gilt diese Absprache vorrangig. (2) Liegt sie nicht vor, kommt es nach der Rechtsprechung im Rahmen des funktionalen Mangelbegriffs auf die *konkrete Gebrauchserwartung* an: Sie ist im Zweifel nicht gewahrt, wenn gegen anerkannte Regeln verstoßen wird, kann aber eingehalten sein, wenn der Verstoß keinerlei Gebrauchsrisiken beinhaltet. Soweit abweichende konkrete Vertragsregelungen nicht bestehen, sind die anerkannten Regeln stets einzuhalten, soweit sie nicht für die vertragliche Verwendung völlig gleichgültig sind.

### 4. Vertraglich vorausgesetzte Verwendungstauglichkeit 82

Wenn eine Beschaffenheitsvereinbarung zu bestimmten Eigenschaften nicht nachzuweisen ist, kommt es darauf an, ob eine Verwendung „vertraglich vorausgesetzt" ist. Vgl. dazu schon o. Rdn. 9. – Der „vorausgesetzte Gebrauch" kann vertraglich beschrieben und konkretisiert (nicht notwendig vereinbart) sein, dann ist Maßstab diese Gebrauchserwartung,[221] der Zweck kann aber auch vertraglich unbenannt bleiben, dann kann die *Auslegung* ebenfalls einen „vertraglichen Gebrauchszweck" ergeben. Grundlage der Bewertung ist stets der (auszulegende) Vertrag. Für die „vertragliche Voraussetzung" des Werkgebrauchs genügen deshalb nicht nur „geäußerte Vorstellungen" des Bestellers oder einseitige Erwartungen.[222] – Abweichungen vom vertraglich vorausgesetzten Gebrauch müssen erheblich sein; vgl. dazu u. Rdn. 121 f.

### 5. „Gewöhnliche Verwendung"

Die „gewöhnliche Verwendung" ist als **Auffangtatbestand**[223] für alle Fälle zu verstehen, 83 in denen eine vertraglich vorausgesetzte Verwendung nicht festzustellen ist. Der Auftraggeber hat dann Anspruch darauf, dass er die Leistung so nutzen kann „wie sie eben üblich genutzt wird".

**Aus der Rechtsprechung:** Eine Deckschicht einer Flugverkehrsfläche muss so beschaffen sein, dass das Material tausalzbeständig ist.[224]

### 6. Artüblichkeit und Erwartungsgerechtigkeit

Das Gesetz spricht von der Artüblichkeit *des Werkes* und der Erwartungsgerechtigkeit *der* 84 *Leistung*.[225] Der Unterschied ist für das deutsche Recht unbedeutend. – Die Kriterien sind kumulativ *nebeneinander* zu prüfen. Im Bauvertragsrecht haben sie wenig Bedeutung, weil regelmäßig vertraglich vorausgesetzte Eigenschaften bestehen; mind. ist eine gewöhnliche Verwendung bestimmbar.

## III. Praktische Sonderfragen zu Baumängeln

### 1. Neue Bauverfahren/Neue Baustoffe

Die Verwendung von bisher unerprobten Baustoffen birgt ebenso wie der Gebrauch von 85 nicht genügend abgesicherten Verfahren das Risiko von unkalkulierten Schäden. Grund-

---

[220] OLG Nürnberg NJW-RR 2002, 1538.
[221] BGH NJW-RR 1989, 775; *Ingenstau/Korbion* VOB/B § 13 Rdn. 146.
[222] Die Formel des BGH im Urt. v. 9. 1. 2003 (NJW 2003, 1188) ist ausdrücklich nach altem Recht ergangen und nach der Schuldrechtsmodernisierung so nicht mehr verwendbar.
[223] Vgl. *Ingenstau/Korbion-Wirth* (16. Aufl.) § 13 Rdn. 100.
[224] OLG München BauR 1999, 362.
[225] Vgl. dazu *Thode* NZBau 2002, 297 f., 304.

sätzlich liegt dieses Risiko beim Unternehmer, der nicht nur für „sorgfältige Arbeit", sondern für das versprochene Ergebnis verantwortlich ist.[226]

86  Im Rahmen des § 4 Nr. 3 VOB/B ist erörtert, dass der Auftragnehmer Bedenken auch gegen die „Güte der vom Auftraggeber gelieferten Stoffe und Bauteile" anzumelden hat, wenn eine entsprechende Prüfung ihn auf diese Bedenken hinweist; darauf wird hier verwiesen (§ 4 Rdn. 38). Unerprobte Baumaterialien oder Verfahren müssen aber nicht stets vom Auftraggeber vorgeschrieben sein.[227] Innovationen bei der Herstellung von Bauleistungen kommen auch aus der Bauwirtschaft; diese sucht danach auch im eigenen Interesse. Risiken, die mit der Verwendung neuer Herstellungsarten verbunden sind, müssen ihren Einsatz nicht hindern.

87  Erforderlich ist nur **Vertragsklarheit:** Der Auftragnehmer hat grundsätzlich den Erfahrungsstand bzgl. verwendeter Baustoffe und Methoden zu kennen und den Auftraggeber darüber ins Bild zu setzen. Ist er sich unsicher (auch nur über seinen eigenen Kenntnisstand!), hat er den Auftraggeber darauf hinzuweisen und die Risiken zum Gegenstand des Vertrages zu machen. Nur wenn der Auftraggeber vertraglich bereit ist, das Risiko – etwa aus wirtschaftlichen oder ästhetischen Gründen – zu übernehmen, ist der Auftragnehmer entlastet.[228] Erforderlich ist aber eine nachweisliche Risikobereitschaft des Auftraggebers.

88  Der hiermit im Wesentlichen übereinstimmende Standpunkt der Praxis[229] findet deutlich Ausdruck im Urteil des BGH v. 24. 9. 1992:[230] „Nach der Rechtsprechung des Senats hat ein Unternehmer, der neue und weitgehend unerprobte Technik liefert, die Verpflichtung, den Besteller für die Brauchbarkeit des Werks gerade für dessen konkrete Zwecke zu beraten und ihn auf Bedenken gegen die Brauchbarkeit hinzuweisen (Nachweise). Es gelten hier ähnliche Grundsätze wie für die Beratungs- und Aufklärungspflichten des Architekten bei der Verwendung neuer Baustoffe und dergleichen." Allerdings muss er nach einem Urteil des BGH v. 12. 12. 2001[231] nicht über Risiken aufklären, wenn es für ihn kein Anlass zu Bedenken gibt – etwa weil entsprechende Kenntnisse nicht einmal dem Hersteller neuer Baumaterialien bekannt waren.

89  Zusätzliche Fragen geben allerdings Fälle auf, in denen etwa Material- oder Verfahrensprobleme für beide Seiten überhaupt **nicht erkennbar** (erwartbar) waren. Solche Fragen tauchen in jüngerer Zeit häufig bei toxischen Stoffen auf (unten Rdn. 40 f.). Hier gelten die oben zu Rdn. 26 f. dargestellten Grundsätze. Die Schwierigkeit besteht bei dieser Fallgruppe vor allem darin, tatsächlich festzustellen, ob die Parteien die Tauglichkeit einer Bauweise wirklich zum „gemeinsamen Risiko", d. h. zum Gegenstand der Beschaffenheitsvereinbarung gemacht haben.

### 2. Toxische Baustoffe/Ökologische Mängelkriterien

99  **a) Zurechnungskriterien allgemein.** Bauleistungen haben, wenn eine Beschaffenheit nicht vereinbart ist, dem vertraglich vorausgesetzten oder dem gewöhnlichen Gebrauch (der Verwendung) zu entsprechen. Dem ist zweifelsfrei auch dann nicht genügt, wenn die Leistungen nachweislich gesundheitsgefährlich sind oder gar Schäden bei den Benutzern des Gebäudes hervorrufen.[232] Diese Voraussetzungen müssen aber festgestellt werden. Die recht-

---

[226] BGH BauR 1987 = ZfBR 1987, 269.
[227] Dazu etwa BGH BauR 2002, 1401; OLG München *Schäfer/Finnern/Hochstein* Nr. 52 zu § 635 BGB (Trocal); vgl. auch OLG Düsseldorf BauR 1997, 475; *Messerschmidt/Kapelmann/Weyer* § 13 Rdn. 65.
[228] Vgl. BGH Betr 1976, 146 (Hinweispflicht Architekt); BGH BauR 1987, 681 = ZfBR 1987, 269 (Blockheizkraftwerk); OLG München BauR 1984, 637; BGH BauR 1993, 79 (beide: neue Technik: Wärmepumpe); OLG Hamm NJW-RR 1990, 523 (Sichtbeton); BGH BauR 2000, 262, 264 = ZfBR 2000, 42 = NNJW 2000, 280 (Nitrierwalze); BGH BauR 2002, 1401, 1403 (Styroporplatten); OLG Düsseldorf BauR 2002, 323 = NZBau 2002, 275 (Vereinbarung einer kostengünstigeren Technik).
[229] *Ingenstau/Korbion/Oppler* VOB/B § 4 Nr. 2 Rdn. 58; *Ingenstau/Korbion/Wirth* § 13 Nr. 1 Rdn. 103.
[230] BauR 1993, 79; ähnlich BGH NJW-RR 1996, 789; BGH BauR 2002, 1401 (1402).
[231] BauR 2002, 945, 946.
[232] Vgl. dazu umfassend *Meier* Ökologische Aspekte des Schuldvertragsrechts, 1995, S. 11 ff.; *Köck/Meier* JZ 1992, 548 (550); *Battis* NUR 1993, 1 (vom Standpunkt des öffentl. Rechts). Aus der Rechtsprechung insb:

liche Problematik gesundheitsgefährlicher („giftiger") Baustoffe besteht deshalb darin, das objektive Gefahrenpotential („Schädlichkeit") bestimmter kritischer Materialien zuverlässig festzustellen, die ursächliche Wirkung der Gefahrenmomente für die Nutzung des Werkes zu bestimmen und schließlich einen Zurechnungsgrund zu haben, das Gefahrenpotential als rechtserheblich (§ 633 Abs. 1 und Abs. 2 BGB; § 13 Nr. 1 VOB/B) einzuordnen. Die *baurechtliche Einordnung* liegt bei der Beschaffenheitsvereinbarung und dem i. d. R. üblichem Gebrauch, aber auch bei den **Prüf- und Hinweispflichten** des Auftragnehmers,[233] sowie bei dessen evtl. Verschulden (§ 276 BGB).[234] Hinter jeder dieser Voraussetzungen stehen Rechtsfragen, von denen keine als wirklich gelöst angesehen werden kann.[235]

Die Diskussion „ökologischer Bauweisen"[236] beschränkt sich allerdings nicht auf unmittelbare gesundheitliche Gefahren für die Bauwerksbenutzer.[237] Sie bezieht auch die allgemeine Schädlichkeit von Baustoffen, Bauverfahren und Bauplanungen für die Entwicklung der Umwelt ein. Diese Bewertung bleibt aus der „Mangel"-Beurteilung ausgeklammert, weil ihr regelmäßig der unmittelbare Vertragsbezug fehlt. 100

**b) „Schädlichkeit" von Baustoffen.** Die vertragsrechtliche „Schädlichkeit" von gesundheitsgefährdenden oder -beeinträchtigenden Stoffen wird in der Rechtsprechung i. d. R. an – soweit vorhanden – „Grenzwerten" gemessen, die in unterschiedlicher Rechtsqualität auftreten: Als echte gesetzliche Grenzwerte oder als Orientierungs-, Empfehlungs- oder Richtwerte, deren Genauigkeits- und Verbindlichkeitswert unterhalb der „Grenzwerte" liegt.[238] Soweit durch Gesetz oder Rechtsverordnung festgelegte Grenzwerte überschritten werden, geht die Rechtsprechung[239] überwiegend auch von einer („schädlichen") toxischen Konzentration aus, die auch vertraglich nicht hinzunehmen ist. Im Übrigen ist problematisch, ob/inwieweit Grenzwertunterschreitungen ohne weiteres Mängel ausschließen. Das kann zwingend nur dort begründet werden, wo die Mangelfeststellung gerade auf der Grenzwertverletzung beruht.[240] Auch die *CE-Kennzeichnung* enthält ökologische Maßstäbe[241] 101

Rechtfertigt sich die Mängelannahme dagegen unabhängig von Grenzwerten, z. B. auf Grund einer Beschaffenheitsvereinbarung oder Garantie (§ 639 BGB, o. Rdn. 71), sind die Tabellenwerte nur bedeutsam, soweit eben die Zusicherung darauf Bezug nimmt. Einen Umkehrschluss („kein Mangel") lässt die Grenzwertunterschreitung nur zu, wo sich die 102

---

OLG Köln BauR 1991, 759 f. (Formaldehyd); OLG Nürnberg NJW-RR 1993, 1300 (Formaldehyd. Lindan); OLG Oldenburg BauR 1999, 502 = NJW-RR 1999, 241 (Ethylacetat u. n-Butanol).

[233] OLG Frankfurt v. 1. 3. 2000 – 23 U 221/96 BIS 2001 (1), S. 36; OLG Hamm BauR 2003, 406.
[234] OLG Düsseldorf NJW-RR 1999, 32.
[235] Die Fragen überlagern sich komplex. In Grenzfällen besteht das kritische Problem in der schuldrechtlichen Bewertung und Zuteilung bislang unbekannter Risiken, vgl. *Winter* DVBl. 1994, 913 (918).
[236] Vgl. *Hahn/Schweinsberg* DAB 1996, 251; *Bott* BBauBl 1995, 601; *Zeschmar-Lahl/Lahl* AKP 1994, 37.
[237] Zur evtl. Berechtigung von Schmerzensgeldforderungen (§ 253 Abs. 2 BGB) vgl. *Haß* NZBau 2001, 122 f.
[238] Vgl. *Jarass* NJW 1987, 1225 (Technische Standards); *Koch* ZUR 1993, 103 (Regelwerk-Kontrolle); *Winter* DVBl. 1994, 913 (Regelungsmaßstäbe); *Spannowsky* NVwZ 1995, 845 (Grenzwertkonzeption); *Theuer* NUR 1996, 120 (Bewertungsmodelle); BVerwG ZUR 95, 267 (Grenzwerte: Vollzug); vgl. auch BayObLG WuM 1999, 568, 569.
[239] OLG Köln NJW-RR 1991, 1077 = BauR 1991, 759 f.; OLG Stuttgart NJW-RR 1992, 187; OLG Nürnberg NJW-RR 1993, 1300; OLG Bamberg NJW-RR 2000, 97 (Anm. *Haß* NZBau 2001, 122) (vorsichtiger: OLG Düsseldorf NJW-RR 1991, 1495): sämtliche Formaldehyd; LG Hamburg NJW 1991, 1898; LG Frankfurt ZMR 1990, 17 f.; Blei/Trinkwasser (unkritisch CU-Trinkwasserleitung OLG Hamm NJW-RR 1991, 221 = BauR 1991, 343).
[240] Solche Grenzwerte sind insb. enthalten in den Verordnungen zum ChemikalienG v. 20. 6. 2003 (BGBl. I, 2090): insb. der GefahrstoffVO v. 15.. 11. 1999 (BGBl. I, 2233). Schutzzweck ist insb. die menschliche Gesundheit (§ 1 ChemG). Für die bauvertragliche Erörterung ist die ChemVerbVO v. 13. 6. 2003 (BGBl. I S. 867) von größerer Bedeutung, weil sie das Inverkehrbringen toxischer Substanzen untersagt. Erfasst u. a.: Asbest; Bleibindungen; Formaldehyd; PCDD/PCDF; Quecksilberverbindungen; PCB, PCT, VC u. a. Daneben ist die gem. § 17 ChemG erlassene FCKW-Halon-Verbots VO v. 6. 5. 1991 (BGBl. I, 1090) zu erwähnen. – Vgl. *Au* ZUR 1994, 237; *Winter* DVBl. 1994, 913.
[241] Vgl. *Kindt*, Die CE-Kennzeichnung …, ZUR 2001, 321 ff. und allgemein („Krankmachende Bauprodukte") *Bottke* ZfBR 1991, 183 f.

„Mangel"-Frage nach dem Sinn der festgelegten **toxischen Grenzen** gerade hieran entscheiden soll.[242] Haben die Tabellenwerte andere Funktionen (etwa: behördliche Zulassungen), können sie für Vertragsaussagen („Mangel") nur Anhaltspunkte liefern.[243] Wichtig ist, dass in diesen Fällen die *vertragliche* Bewertung den Maßstab abgibt; sie kann Grenzwerte aber über die Verkehrsanschauung in den Vertragsrahmen einbeziehen.[244]

**103** Liegen keine eigentlichen „Grenzwerte", sondern nur **Richt-, Empfehlungs- oder Orientierungswerte** vor, ist die vertragliche Bewertung der Schädlichkeit ebenfalls unklar.[245] Gewiss ist, dass es in diesen Fällen keinen bindenden Maßstab gibt. Überwiegend wird aber wohl angenommen, dass die Orientierungen im Zweifel auch zum Gegenstand des Vertragswillens werden (§§ 157, 633 Abs. 2 Nr. 2 BGB), so dass sie letztlich ähnlich wie echte Grenzwerte behandelt werden.[246] Es muss jedoch möglich bleiben, einen anderen Vertragswillen darzulegen.

**104** In zahlreichen Fällen[247] fehlt es gänzlich an objektiven Maßstäben. Liegt dann eine ausdrückliche Beschaffenheitsvereinbarung im Hinblick auf toxische Wertkonzentrationen nicht vor, kommt es darauf an, welcher „Besorgnis"- oder Schädigungsgrad überschritten sein muss, um die Schwelle des Werkmangels zu erreichen. Auch hier besteht Unsicherheit.[248] Die **Rechtsprechung**[249] geht davon aus, dass es weder darauf ankomme, dass eine Schädigung bereits nachgewiesen sei, noch auch nur, dass die Gefahr einer Schädigung feststehe. Ihr genügt der **„begründete Gefahrverdacht"**, der jedoch auf *nachweislich tatsächliche Risikomomente* gestützt sein muss,[250] um von „haltloser Befürchtung" abgegrenzt werden zu können. Diese Rechtsprechung geht weit und enthält ein erhebliches Schutzpotential für den Auftraggeber. Dem ist jedoch beizupflichten, wenn die konkrete Vertragssituation und die tatsächliche („vernünftige") Risikobereitschaft des Bestellers dabei nicht aus dem Blick gerät.[251]

**105** **c) Ursächlichkeit und Zurechnungsgrund.** Die Schadstoffwirkung ist mängelursächlich, wenn sie den vertraglich kritischen Gefahrengrad überschritten hat. Auch dafür muss (!) der Unternehmer jedoch nicht verantwortlich sein,[252] wenn etwa die Emissionen ihre Wirkung erst gemeinsam mit Umständen entfalten, die außerhalb des Risikobereichs des Unternehmers lagen.[253] Eine Verantwortlichkeit ist auch hier gegeben, wenn das dem Unternehmer zuzurechnende Gefahrenpotential das toxische Risiko wesentlich mitbestimmt; der Hersteller ist im Zweifel entlastet, wenn zwar eine (rechnerische) Risikosummierung stattfindet, die Bedrohungslage aber durch den Beitrag des Unternehmers nicht (vertrags-)relevant erhöht wird. Außerdem muss sich der Schadstoff notwendig auswirken:

---

[242] Zum Schutzzweck der GefStoffVO (1991) OLG Nürnberg NJW-RR 1993, 1300 (1301) sowie OLG Bamberg NJW-RR 2000, 97 – Formaldehyd > 0,1 ppm – (Anm. *Haß* NZBau 2001, 122); etwa abweichend OLG Köln NJW-RR 1991, 1077 = BauR 1991, 760 (761 f.).
[243] Vgl. OLG Nürnberg (Fn. 78). Das betrifft auch die Frage, welche Stufe der Verbotswerte einen Mangel begründet (Vorsorgewert/Eingreifwert): vgl. *Micklik* NJW 1989, 1076 (1077) unter Hinweis auf BGH NJW 1987, 372; *Köck/Meier* JZ 1992, 548 (550).
[244] Beachte auch § 906 Abs. 1 Satz 2.
[245] *Meier* (Ökologische Aspekte) S. 22 f.
[246] Nachweise bei *Meier* (Fn. 81).
[247] Bauchemische Verfahren nehmen ständig zu, vgl. *Schiele-Trauth* Bauwirtschaft 1995, 32.
[248] *Köck/Meier* JZ 1992, 548 (550); *Meier* (Fn. 81).
[249] BGH NJW 1989, 218 f.; OLG Brandenburg BauR 2004, 1313 (Asbest); OLG Oldenburg BauR 1999, 502 = NJW-RR 1999, 241 (n-Butanol und Ethylacetat); LG Lübeck NJW-RR 1987, 243 (Glykol); vgl. auch OLG Hamm BauR 2003, 406 (407) ((keine konkreten Hinweise auf Asbestbelastung). Unterhalb eines Gefahrenverdachtes kann sich aber auch aus anderen Gründen ein Mangel ergeben, vgl. OLG Köln MDR 2003, 618 (monatelanger Lösungsmittelgeruch).
[250] Messung in der Raumluft (!) bei PCB/Lindau: OLG Düsseldorf NJW-RR 2000, 610.
[251] Zur Relativität privatrechtlich nicht bindender Werte: *Gerlach* JZ 1988, 161; BGHZ 70, 202 (109); BGHZ 97, 112 (114).
[252] Zur Zurechnung vgl. Vor § 13 Rdn. 27.
[253] Vgl. o. Rdn. 14, dazu kann auch eine „vermischte Kausalität" gehören, in der der Anteil der zuzurechnenden Schadstoffe nicht festzustellen ist, vgl. BGH NJW 1995, 2930 (Strafs; Holzschutzmittel); OLG Dresden NJW-RR 1997, 1354.

Sachmängel                                                                 § 13 Nr. 1

Kann der Leistungsempfänger den Wirkungen zumutbar ausweichen,[254] muss der Unternehmer nicht dafür einstehen, dass der Nutzer dies ohne Grund ablehnt.

Problematisch für die Legitimität der Zurechnung ist schließlich die Frage, **wann** die toxische Belastung bekannt geworden ist (**"Zeitpunktfrage"**). Das OLG Köln[255] stellt lediglich darauf ab, dass der Mangel innerhalb der Gewährleistungsfristen geltend gemacht wird. Auf die Erkennbarkeit der gefährdenden Stoffe bereits im Zeitpunkt der Abnahme soll es nicht ankommen. Dem kann so allgemein nicht zugestimmt werden.[256] Es muss auch hier dabei bleiben, dass das unternehmerische Risiko aus dem Vertrag ersichtlich sein muss. Es ist also zu prüfen, ob nicht ggf. beide Parteien die Verwendung dieses Materials stillschweigend zum gemeinsamen Risiko gemacht haben.[257] – Vgl. im Übrigen u. Rdn. 134 (**Stichwort: Toxische Materialien**).  **106**

### 3. Sanierungsaufgaben ("Bauen im Bestand")

Das „Bauen im Bestand", d. h. die Veränderung bestehender Baulichkeiten, gewinnt bauwirtschaftlich immer größere Bedeutung. Das gilt auch für das rechtliche Schrifttum dazu.[258] Der Gegenstand solcher Verträge kann sehr unterschiedlich sein;[259] es kann sich um Umbauten zur Nutzungsänderung oder um bloße Maßnahmen der Verschönerung handeln, jedoch auch um eigentliche Sanierungsaufgaben, die die vorgen. Zwecke einschließen, aber dem Ziel dienen, den Wohnwert von Baulichkeiten wiederherzustellen oder wesentlich zu verbessern. Die besondere „Mangel-Problematik" von Sanierungsausgaben liegt in der Schwierigkeit, das bauvertragliche Leistungsergebnis („Erfolg") exakt zu beschreiben.[260]  **107**

Bei Sanierungsverträgen kommt der vertraglichen Leistungsbeschreibung eine besondere Bedeutung zu,[261] weil der übliche „Standard" oftmals nicht eingehalten werden kann oder gar nicht gewollt ist.[262] Das Maß der „vertragsgemäßen Herstellung" richtet sich nach den **konkreten Vorstellungen** der Parteien.[263] Die Erfahrung zeigt jedoch, dass diese oftmals ganz unzureichend festgelegt werden. Überlassen die Parteien die Einzelausgestaltung entsprechend dem „nach der Bausubstanz Möglichen" oder „zu treffenden Einzelabsprachen" (an denen es dann fehlt), kann vom Auftragnehmer i. d. R. nicht mehr als eine „an sich ordentliche Ausführung" verlangt werden; diese schließt aber mindestens ein, dass die vertragswesentlichen Funktionen des (sanierten) Gebäudes im üblichen Erwartungsrahmen tauglich hergestellt sind. Nach der Rechtsprechung umfasst dies, solange die Parteien nicht ausdrücklich eine abweichende Regelungen getroffen haben, im VOB-Vertrag zumindest die Einhaltung der anerkannten Regeln der Technik.[264] – Ein höheres Ausführungsniveau  **108**

---

[254] Auch hier gelten vertragliche Maßstäbe.
[255] NJW-RR 1991, 1077 = BauR 1991, 759 f.; dazu *Meier* (Fn. 81) S. 24.
[256] Kritisch wohl auch LG Bochum BB 1989, 651. Zur Grundsätzlichkeit der Frage (im Mietrecht) BVerfG WUM 1998, 657.
[257] Vgl. o. Rdn. 22.
[258] *Schmied* NJW 1994, 1824 (Reparaturvertrag); *Cuypers* (Instandhaltung und Änderung baulicher Anlagen, 1993, S. 10/11) führt 23 Formen des Bauens im Bestand auf und verweist darauf, dass die Baunormen „Altbaumodernisierung" 44 Normen des NA Bauwesen enthalte, u. a. die DIN 31051 „Instandhaltung"; *Oberhauser* (Bauen im Bestand u. § 9 VOB/A) BauR 2003, 1110 ff.; *Glöckner* Vertragsqualifikation als Schlüssel zur Gewährleistung des Bauträgers beim Sanierungsmodell FS *Craushaar* (1997), S. 349 ff.; *Bischoff/Mauch*, Haftung und Haftungsbegrenzung beim Bauträgervertrag über sanierte und modernisierte Altbauten, DNotZ 2004, 342 ff.
[259] Vgl. OLG München BauR 2003, 396 (vollständige Altbausanierung); OLG Düsseldorf BauR 2003, 1911 (Sanierung ohne wesentliche Eingriffe i. Bausubstanz).
[260] Ebenso *Cuypers* (Fn. 258) S. 119 f.; *Riedl* FS Soergel S. 248 f.
[261] Dazu insbes. *Oberhauser*, a. a. O. S. 1110 f.
[262] Vgl. OLG Hamm NJW-RR 1996, 213 = ZfBR 1996, 96 („Anerkannte Regel"); *Riedl* (Fn. 95) S. 249; OLG Düsseldorf BauR 2003, 1911 (Treppenabmessungen/Schallschutz); OLG Hamburg BauR 1997, 835 (nicht vereinbarte Kelleraußenisolierung); zur Auslegung von Leistungsbeschreibungen vgl. *Oberhauser* BauR 2003, 1110 f.
[263] Vgl. OLG Düsseldorf BauR 2004, 1014, 1015.
[264] BGH BauR 1999, 37, 39; BGH NJW 2004, 3174 (Mierecht); OLG Hamm NJW 1996, 96; NJW-RR 1996, 213.

## § 13 Nr. 1 — Sachmängel

Vertragsbestandteil werden, wenn der Auftragnehmer für bestimmte Sanierungsqualitäten prospektmäßig wirbt.[265]

**109** Die **„Herstellungspflicht"** des Auftragnehmers geht aber nach inzwischen **gefestigter Rechtsprechung** weiter. Prinzipiell kann der Auftragnehmer darauf vertrauen, eine funktionsgerechte Leistung zu erhalten („funktionaler Mangelbegriff", s. o. Rdn. 19). Die Beschreibung von Details eines Sanierungsprojekts beschränkt die Erfolgsverantwortung des Auftragnehmers nicht auf die Summe dieser Details, sofern der Auftraggeber erwarten kann, dass er – im Projektrahmen – eine vollständig gebrauchsfähige Lösung erhält. Grundlegend dazu ist die Entscheidung des BGH vom 16. 12. 2004.[266] Deren hier wesentlicher Leitsatz lautet:

> „*Verspricht der Veräußerer eines Altbaus eine Sanierung bis auf die Grundmauern, darf der Erwerber dies grundsätzlich dahin verstehen, dass der Veräußerer zu diesem Zweck im Rahmen des technisch Möglichen die Maßnahmen angewandt hat, die erforderlich sind, um den Stand der anerkannten Regeln der Technik zu gewährleisten. Etwas anderes kann sich ergeben, wenn die berechtigte Erwartung des Erwerbers unter Berücksichtigung der gesamten Vertragsumstände, insbes. des konkreten Vertragsgegenstands und der jeweiligen Gegebenheiten des Bauwerks, darauf nicht gerichtet ist.*"

**110** Vergleichbar hat der BGH im Urteil vom 26. 4. 2007[267] entschieden, dass die Übernahme einer „umfassenden Sanierung sowie Aufstockung des Gebäudes um zwei Geschosse" einer Neubauverpflichtung gleichkomme und zur Mängelhaftung für die gesamte Bausubstanz (!) führe. – In all diesen Fällen ist aber stets auch zu prüfen, welche *Aufwandspflicht* der Auftragnehmer übernommen hat und ob die Verwendung des funktionalen Mangelbegriffs nicht dazu führen muss, dass der Auftraggeber mit **Sowiesokosten** belastet wird (o. Rdn. 25).

**111** Neben das Problem der vereinbarten Sanierungsqualität tritt die Frage nach der **Reichweite der werkvertraglichen Mängelhaftung:** Für Mängel an welchen Teilen des Gesamtbauwerkes haftet der Auftragnehmer? Auch diese Haftung hängt von den konkreten Vereinbarungen der Parteien ab, da der Unternehmer sich vertraglich nur zur Errichtung seines Werkes verpflichtet und deshalb auch nur für Mängel an seinem Werk haftet. Diese Reichweite der Verpflichtung ist gegebenenfalls durch Auslegung zu ermitteln (§§ 157, 133 BGB).[268] Im Falle der Sanierung haftet der Werkunternehmer i. d. R. nicht für Mängel an der alten Bausubstanz, wenn er diese vereinbarungsgemäß nicht verändert hat und der Auftraggeber dies auch nicht erwarten durfte.[269] Anders kann es sein, wenn sich die Beratung des Auftragnehmer auf die Reaktion von Nachbargewerken erstrecken musste. – Hat sich der Auftragnehmer aber zu einer umfassenden Altbau-Sanierung verpflichtet, kann dies auch dazu führen, dass der Werkunternehmer für einen bestandsbedingt feuchten Keller haftet, auch wenn er sich zur Sanierung der Kelleraußenwände nicht verpflichtet hat.[270]

**112** Soweit Mängel an der **vorhandenen Bausubstanz** sich **auf das herzustellende Gewerk des Bauunternehmers auswirken können,** treffen ihn, da die Bausubstanz als vom Auftraggeber gestellte Stoffe bzw. Bauteile zu verstehen sind[271] gem. § 4 Nr. 3 VOB/B Prüfungs- und Hinweispflichten.[272] Diese sind je nach Umfang der konkret übernommenen

---

[265] Vgl. BGHZ 100, 391 f. = NJW 1988, 490 = BauR 1987, 439 (442); BGH BauR 1990, 612 f.; OLG München BauR 2003, 396; *Koeble* BauR 1992, 569 (570).

[266] VII ZR 257/03, NZBau 2005, 216 = BauR 2005, 542; vgl. auch BGH v. 6. 10. 2005 – VII ZR 117/04.

[267] VII ZR 210/05 (noch nicht veröffentlicht).

[268] OLG Düsseldorf BauR 2004, 1014, 1015; OLG München BauR 2003, 396; vgl. auch *Glöckner* FS Craushaar S. 349 (358).

[269] OLG Düsseldorf BauR 2003, 1911 (1913); OLG Hamburg BauR 1997, 835; a. A. wohl OLG Düsseldorf MDR 1999, 33.

[270] BGH NJW 1988, 490 (492) = BGHZ 100, 391; vgl. auch OLG München BauR 2003, 396; OLG Düsseldorf BauR 2004, 1014.

[271] *Oberhauser* BauR 2003, 1110 (1111).

[272] *Cuypers* (Fn. 94) S. 101; vgl. auch OLG Hamm BauR 2003, 406 (407 f.) = NJW-RR 2003, 82.

Verpflichtungen geringer oder weitergehender.²⁷³ Der Unternehmer, der nur eine Renovierung von Altbauwohnungen schuldet, hat etwa geringere Prüf- und Hinweispflichten bezüglicher eventueller zukünftiger Feuchtigkeitsschäden im tragenden Mauerwerk, als etwa der mit der Sanierung der tragenden Wände beauftragte Unternehmer.

Erhebliche Bedeutung kommt bei Sanierungsaufgaben der **Hinweispflicht nach § 4 Nr. 3 VOB/B** zu. Es ist kennzeichnend für den Bestandsbau, dass technische und qualitative Probleme erst während der Ausführungszeit erkannt werden können; das gilt auch für *bauordnungsrechtliche* Fragen.²⁷⁴ Daraus ergibt sich auch die typische Bereitschaft beider Vertragspartner, den Leistungsgegenstand „baubegleitend" zu konkretisieren. Dies setzt aber eine gesteigerte Aufmerksamkeit des Auftragnehmers sowie eine laufende Hinweisbereitschaft voraus, die einer „Mitplanung" des Auftragnehmers²⁷⁵ nahekommt.²⁷⁶ „Mangelhaft" kann danach eine Leistung auch sein, wenn sie zwar den Ausgangsüberlegungen der Parteien entspricht, aber nach (erforderlichen) Hinweisen mit Sicherheit anders ausgefallen wäre. Das Leistungsrisiko des Auftragnehmers konkretisiert sich mit dem Vertragsgegenstand. **113**

Unerwartete Mängel können sich weiter ergeben, wenn das Gebäude nach der Herstellung bauordnungsrechtliche Nutzungsbeschränkungen erfährt. Hier sind auch vertraglich die Bestimmungen der Landesbauordnungen zu beachten,²⁷⁷ die bei Sicherheitsgefahren ggf. Nutzungsauflagen vorsehen. Sofern nicht von vornherein erkennbar ist, gilt auch hier eine besondere Prüfungs- und Hinweispflicht des Auftragnehmers. (Zur Abgrenzung zu Planungsaufgaben des Architekten vgl. § 4 Nr. 3 Rdn. 23–25.). – Vgl. im Übrigen u. Rdn. 134 (**Stichwort:** „*Altbausanierung*"). **114**

### 4. Baugrund- und Systemrisiko

Das Baugrund- und Systemrisiko (des Auftraggebers oder Auftragnehmers) sind keine Sonderkategorien eines baurechtlichen Haftungs- oder Freistellungstatbestands, sondern ein *Unterfall* des auch sonst auf Bauverträge einwirkenden Risikos unerwarteter Leistungsstörungen. Dort wie hier stellt sich die Frage, wie weit das *„Herstellungsrisiko"* des Auftragnehmers geht und ggf., von welcher Risikoschwelle an ihm das *Vergütungsrisiko* genommen wird.²⁷⁸ Deshalb hat *Kuffer* grundsätzlich Recht, wenn er sagt,²⁷⁹ dass Anlass für die Bezeichnung eines spezifischen „Baugrund- oder Systemrisikos" nicht bestehe. Gleichwohl kann an diese in der Praxis inzwischen geläufigen Begriffe angeknüpft werden, deren Gegenstand meist sehr kostspielige Ablaufstörungen bei der Baugrundbearbeitung sind. Das Thema ist inzwischen vielfältig literarisch bearbeitet worden.²⁸⁰ **115**

Nach den Kriterien des **funktionalen Mangelbegriffs der Rechtssprechung** liegt für Baugrundrisiken die Lösung nahe, dass zunächst hinsichtlich des *(Nach-)Leistungsrisikos* von **116**

---

²⁷³ *Brych/Pause* Bauträgerkauf Rdn. 469; *Grziwotz/Koeble/Riemenschneider* Hdb. Bauträgerrecht Rdn. 794.
²⁷⁴ Vgl. OLG Düsseldorf BauR 2003, 1911.
²⁷⁵ So richtig *Cuypers* (Fn. 94) S. 98 ff.
²⁷⁶ Wird der Auftragnehmer hierbei in einem Umfang planend planend tätig, der von eine Architekten zu leisten ist, kann er sich nicht auf die Entlastung gem. §§ 4 Nr. 3, 13 Nr. 3 VOB/B berufen (OLG Düsseldorf BauR 1997, 475).
²⁷⁷ Vgl. § 83 Muster BO: *Cuypers* (Fn. 94) S. 167 (Nutzungsänderung) Vgl. auch BGH BauR 1981, 69 = NJW 1981, 112 (Eignungsnachweis); OLG Karlsruhe VersR 1998, 1127, 1128 (Gefahr behördlichen Vorgehens wegen Ordnungswidrigkeits- und Straftatbeständen); a. A. LG Leipzig BauR 2004, 1457.
²⁷⁸ Vgl. dazu schon zu § 4 Nr. 3 Rdn. 33 f.
²⁷⁹ NZBau 2006, 1 ff.
²⁸⁰ Vgl. nur: *Lange*, Baugrundhaftung und Baugrundrisiko (1997); *ders.*, Das „Baugrundrisiko" als Kernbegriff des Tiefbaurechts, Freiburger Baurechtstage (1999), Tagungsband 21 ff.; *ders.*, Anspruch aus c. i. c. bei unzulänglicher Baugrundbeschreibung, FS Craushaar (1997), S. 272; *Ganten*, Das Systemrisiko im Baurecht; Freiburger Baurechtstage (1999), Tagungsband S. 47 ff. (61 f.) und BauR 2000, 643 f., *ders*, Garantiehaftung beim Baugrund- und Systemrisiko? FS *Kapellmann* (2007); *Kapellmann*, Baugrundrisiko und „Systemrisiko", Jahrbuch Baurecht 1999, 1 ff.; *Grauvogl*, „Systemrisiko" und Pauschalvertrag bei Tiefbauleistungen, NZBau 2002, 591 ff.; *Bosse*, Das Baugrundrisiko im Bauvertrag, Diss. Münster 2005; *Hök*, „Das Baugrundproblem…" ZfBR 2007, 3 ff.; *Bastian Fuchs*, Baugrundprobleme in den Vereinigten Staaten… FS *Motzke* (2006) S. 81 f.; *Kuffer*, Baugrundrisiko und Systemrisiko, NZBau 2006, 1 ff.

§ 13 Nr. 1                                                                                    Sachmängel

einer (funktionalen) „Erfolgs"-Verantwortung des Auftragnehmers ausgegangen wird. Ungeachtet der Gründe der eingetretenen Behinderung endet seine Herstellungspflicht (vorbehaltlich der §§ 635 Abs. 3, 675 Abs. 2, 3 BGB) erst mit dem vollständigen, abnahmefähigen Erreichen des Vertragsziels. Das Problem besteht dann eher in der Frage, in welchem Umfange[281] der Auftragnehmer für die *erschwerten oder zusätzlich zu erbringenden Leistungen vergütet* werden muss. Diesen generellen Lösungsansatz bestätigt *Kuffer*[282] unter Hinweis auf die BGH-Rechtsprechung zu den „Schürmann"-Entscheidungen des VII. Zivilsenats.[283] Vom Risikobild her neigt der BGH nach *Kuffer* zu einer entsprechenden Anwendung des § 645 BGB, der den Baugrundrisiken am ehesten gerecht werde. – Diesem Standpunkt der Rechtsprechung kann prinzipiell gefolgt werden; er ist aber zu erläutern und zu ergänzen.

**117**   Zunächst ist darauf hinzuweisen, dass eine Risikoentlastung des Auftragnehmers (Vergütungsanspruch für Mehrleistungen) dann regelmäßig nicht in Betracht kommt, wenn der Auftragnehmer seiner **Prüf- und Hinweispflicht** (§ 4 Nr. 3 VOB/B) nicht ordnungsgemäß nachgekommen ist.[284] *Englert* weist besonders darauf hin, dass die Prüfpflichten hinsichtlich der Baugrundrisiken *streng* seien („sorgfältigste Baugrundprüfung und fachgerechte Vorausschau auf mögliche Ungewissheiten im Boden").[285] Rechtsprechung[286] und Schrifttum gehen wohl davon aus, das der Auftragnehmer nicht stärker als mit dieser gen. Sorgfaltspflicht belastet werden darf; hat er sie eingehalten, bleibt er nachleistungspflichtig (vorbehaltlich §§ 635 Abs. 3, 275 Abs. 2, 3 BGB), aber nur gegen Vergütung der Zusatzleistungen.

**118**   Im *Schrifttum* wird der Auftragnehmer z. T. stärker belastet, etwa bis zu der Grenze, an der er mit Störungen im Bauablauf (aus Baugrundproblemen) *in keiner denkbaren Weise* mehr hat rechnen müssen.[287] Letztlich ist dies aber, wie auch der BGH andeutet (o. Rdn. 116) eine Frage der *Vertragsauslegung*. Das „Verschulden" (§ 276 BGB) als Belastungsgrenze des Auftragnehmers (so wohl die h. L.) ist zunächst einmal die Schwelle zu Schadensersatzansprüchen des Auftraggebers aus Pflichtverletzung (§ 280 Abs. 1 BGB). Diese Grenze muss nicht auch die (Nach-)Leistungsgrenze des Auftragnehmers *und* sein Vergütungsrisiko bei unvermuteten Hindernissen bezeichnen. Das Werkvertragsrecht enthält auch ein „Garantieelement", das allerdings in § 13 Nr. 3 VOB/B relativiert ist. Je stärker sich das konkrete vertragliche „Erfolgs"-Versprechen einer *„Garantie"* nach §§ 276 Abs. 1, Satz 1; 639 BGB nähert, umso mehr verschiebt sich das Störungsrisiko zu Lasten des Auftragnehmers – auch mit der Folge, dass er nicht nur nachleistungspflichtig bleibt, sondern ebenfalls – für diese Mehrkosten – das Vergütungsrisiko trägt.[288]

**119**   Hinsichtlich der *Vergütungspflicht* neigt der BGH (o. Rdn. 116) zur entsprechenden Anwendung des § 645 Abs. 1, Satz 1 BGB, wonach nur der tatsächliche Aufwand erstattet wird. Im Rahmen des § 13 Nr. 3 VOB/B gibt es diese Grenze nicht: Haftet der Auftragnehmer hier nicht, steht ihm trotz des Leistungsmangels der volle Vergütungsanspruch zu.[289] Dieses Spannungsverhältnis ist von der Rechtsprechung bisher nicht gelöst.[290]

**120**   Das **„Systemrisiko"**[291] betrifft nicht die Risiken des Baugrundes selbst, sondern des Material- und Geräteeinsatzes bzw. der „technischen Systeme" insgesamt, mit denen der

---

[281] In Betracht kommt eine Teilvergütung gem. §§ 645 BGB bzw. 7 Nr. 1 VOB/B oder eine volle Vergütung gem. §§ 632 BGB, 2 Nr. 1 VOB/B.
[282] NZBau 2006, 1 ff. (5).
[283] BGHZ 136, 303 = NJW 1997, 3018; BGHZ 137, 35 = NJW 1998, 456; vgl. auch BGH BauR 2005, 735.
[284] Allg. Meinung; vgl. nur *Englert/Grauvogl/Maurer* (3. Aufl.) Rdn. 910 ff.; OLG Bremen BauR 2001, 1599.
[285] Nicht ganz klar ist, ob dieser Maßstab über das „Vertretenmüssen" des § 276 BGB hinausgehen soll.
[286] Vgl. OLG Bremen BauR 2001, 1599.
[287] Vgl. *Ganten*, wie o. Fn. 237.
[288] Mit dieser Tendenz vgl. OLG Celle IBR 2002, 656; OLG Zweibrücken BauR 2004, 1669; OLG Stuttgart BauR 1994, 631.
[289] Das wird, soweit ersichtlich, nirgends in Frage gestellt.
[290] Das Problem ist bisher kaum ausdrücklich erörtert; *Kuffer* (o. Fn. 280) geht wohl davon aus, dass § 13 Nr. 3 VOB/B den Auftragnehmer in den Fällen des Baugrundrisikos zu schnell entlaste; zu diesen Fälle passe eher § 645. – Vgl. auch *Ganten* im FS Kapellmann (2007).
[291] Vgl. dazu insbes. OLG München BauR 2004, 680; dazu *Motzke,* Jahrbuch für Baurecht 2005, 71 ff.

Baugrund für die Bauzwecke bearbeitet wird. Für die rechtliche Anordnung dieses Risikos kommt es nicht auf den Begriff, sondern darauf an, ob für Störungsgefahren dieser Art andere Grundsätze der Risikoverteilung gelten. Das ist deshalb nicht ausgeschlossen, weil es einen Unterschied macht, ob der Auftragnehmer eigenes Gerät oder ein eigenes „Arbeitssystem" einsetzt, von dessen Funktionsfähigkeit er sich überzeugen kann oder ob er auch für ihn überraschende Hindernisse im Baugrund trifft. Man wird deshalb *unterscheiden müssen*: Soweit *Baugrundhindernisse* auf das Gerätesystem einwirken, wird man die Fälle vergleichbar mit den Baugrundrisiken behandeln können. Soweit die Probleme aber im „Systemeinsatz" selbst liegen, handelt es sich nicht um Baugrundfragen, sondern grundsätzlich um das Einstehen müssen des Auftragnehmers für die eigenen Arbeitsmittel. Hier trägt er prinzipiell das volle Risiko – Problematisch sind die Fälle, in denen eine klare Zuordnung dieser Varianten nicht möglich ist.[292] Vgl. im Übrigen u. Rdn. 134 (**Stichwort:** *Baugrundrisiko*).

### 5. „Hinzunehmende Mängel"; Schönheitsfehler

121  Es gehört zur bauwirtschaftlichen Wirklichkeit „Mängel zu bestreiten", weil sie **(1)** bereits *„kein Mangel"*, weil sie **(2)** *„unwesentlich"* seien oder weil ihre Beseitigung einen **(3)** *„unverhältnismäßigen Aufwand"* erfordere,[293] – insgesamt mindestens **(4)** *„Schönheitsfehler"* und deshalb unbeachtlich seien. In der Praxis fällt es oft schwer, mit diesen Argumenten rational umzugehen, weil es keine klaren Kriterien zur Abwehr – wie zur Stütze! – dieser Behauptungen gibt. Hier sollen nur einige Begriffe geklärt werden.

122  „Ein Mangel" *liegt vor,* wenn die Voraussetzungen der §§ 633 Abs. 2 BGB, 13 Nr. 1 VOB/B in einer relevanten Alternative erfüllt sind; *keiner* besteht entsprechend, wenn die Bedingungen keiner Alternative vorliegen. Die Entscheidung darüber kann im Einzelfall schwierig sein: Ob von einer *„Beschaffenheitsvereinbarung"* abgewichen ist, ist in all diesen Fällen strittig, weil die Beschaffenheitsvereinbarung meist nicht bis ins Detail ausformuliert ist; der Rest ist „Auslegung". – Ob das Produkt für die *„vertraglich vorausgesetzte"* oder die *„übliche Verwendung"* tauglich ist, ist bei Kleinmängeln in noch höherem Maße unklar, weil solche Mängel die Verwendungsmöglichkeit niemals entscheidend aufheben; sie beeinträchtigen i. d. R. nur (ganz) geringfügig. Dasselbe gilt für die weiteren objektiven Merkmale des § 13 Nr. 1 VOB/B. – Auf diesem Wege lässt sich deshalb Klarheit meist nicht gewinnen. Entscheidend sind **Bewertungen,** die i. d. R. subjektiv sind und nicht geteilt werden müssen. Um eine gewisse **Objektivierung** zu erreichen, ist im Jahre 1995 vom *Bundesministerium für Raumordnung, Bauwesen und Städtebau* ein durchaus nützlicher **Leitfaden** über „hinzunehmende Unregelmäßigkeiten bei Neubauten"[294] herausgegeben worden, der sich um nachvollziehbare Kriterien für die Bewertung „hinzunehmender Mängel" bemüht. – Im Übrigen gibt es vereinzelte *Rechtsprechung* zu diesen Themen.

123  „Gar kein Mangel" liegt nach Auffassung des **BGH** vor, wenn „ein Mangel nach seiner Art, seinem Umfang und vor allem nach seinen Auswirkungen derart unbedeutend ist, dass das Interesse des Bestellers an seiner Beseitigung vor Abnahme nicht schützenswert ist und sich seine Verweigerung deshalb als Verstoß gegen Treu und Glauben darstellt".[295] Nach der im Entscheidungszeitpunkt noch geltenden Regelung des § 640 Abs. 1 konnte die Abnahme an sich bei *jedwedem* Mangel verweigert werden. Wenn der BGH dem Besteller deshalb die Abnahmeverweigerung versagte, kommt diese Bewertung der Feststellung eines „Nichtmangels" gleich. – Festzuhalten ist aber: Nicht die „Kleinheit" eines Mangels an sich hindert den „Mangel", sondern erst seine völlige Bedeutungslosigkeit für den Vertragszweck.[296]

---

[292] Die Auffassung des *Verfassers* (o. Fn. 237) zur strengeren Haftung des Auftragnehmers bei Systemrisiken erklärt sich (auch) aus dem Verantwortungsanteil des Auftragnehmers für den von ihm grundsätzlich beherrschten „Technikanteil".
[293] Zum Thema insgesamt: *Ganten* FS *Schlenke* (1998) S. 307 ff.; *Motzke* FS *Ganten* (2007), S. 175 ff.
[294] IRB-Verlag, Stuttgart (Verf.: *Oswald/Abel*).
[295] BGH NJW 1996, 1280 = ZfBR 1996, 156; vgl. auch OLG Celle IBR 2006, 1494 *(Krause-Allenstein)*.
[296] BGH NJW RR 1999, 381.

## § 13 Nr. 1 Sachmängel

**124** Ein „**unwesentlicher Mangel**" ist zunächst jedenfalls ein „Mangel" und muss deshalb z. B. auch beseitigt werden; er löst prinzipiell die Mängelfolgen der §§ 634 f. BGB aus. Anknüpfungspunkt für den „unwesentlichen" Mangel sind die § 12 Nr. 3 VOB/B und nunmehr[297] auch § 640 Abs. 1, Satz 2 BGB, wonach eine *Abnahme nicht verweigert* werden darf, wenn der Mangel „unwesentlich" ist. Die Schwelle des „unwesentlichen" Mangels liegt höher als die des „Nichtmangels". Unwesentlich ist ein Mangel (erst) dann, wenn er den *Vertragszweck,* der mit der Herstellung der Werkleistung erreicht werden soll, nicht („wesentlich") gefährdet; das Werk muss „funktionsfähig" sein.[298] „Unwesentlich" kann ein Mangel auch dann sein, wenn er für die Gefährdung des Verwendungszwecks in keiner Weise ursächlich ist.[299] – Auch hier ist eine *Bewertung* notwendig; sie ist jedoch mit dem Vertragszweck kontrollfähiger vorzunehmen als lediglich am Begriff des „Mangels". – Im Einzelnen kann hier auf die Kommentierung zu § 12 Nr. 3 VOB/B Bezug genommen werden.

**125** Eine neue und weitere Kategorie unerheblicher Mängel hat die Schuldrechtsmodernisierung eingeführt, nämlich in § 323 Abs. 5, Satz 2 BGB die „**unerhebliche Pflichtverletzung**"; sie schließt trotz Vorliegens eines Mangels (§ 323 Abs. 1 BGB) den *Rücktritt* vom Vertrag („Wandlung") *aus*. Die rechtliche Einordnung der „unerheblichen Pflichtverletzung" zwischen „Nichtmangel" und „unerheblichem Mangel" oder auch (vgl. Rdn. 126) einem Mangel, der lediglich einen unverhältnismäßigen Beseitigungsaufwand erfordert, ist nicht geklärt. Die *Gesetzesbegründung*[300] formuliert ebenfalls offen, dass bei dieser Voraussetzung das „Gewährleistungsinteresse des Gläubigers im Grunde nicht gestört" sei. – Weil es hier nicht darum geht, den Auftraggeber rechtlos zu stellen sondern lediglich, ihm aus Gründen der Verhältnismäßigkeit das Rücktrittsrecht zugunsten anderer Mängelhaftungsansprüche zu nehmen, ist die Ausschlussgrenze *nicht zu niedrig* anzusetzen.[301] Das berechtigte Aufhebungsverlangen des Auftraggebers gem. § 323 Abs. 5 Satz 2 BGB muss jedenfalls rational und wegen der Bedeutung der Pflichtverletzung objektiv nachvollziehbar sein. Anderenfalls hätte es genügt, den Auftragnehmer auf den Missbrauchs- oder Schikaneeinwand (§§ 242, 226 BGB) zu verweisen.[302]

**126** Entsprechendes gilt für den „**unverhältnismäßigen Aufwand**" zu Mängelbeseitigung, § 635 Abs. 3 BGB, § 275 Abs. 2, 3 BGB. Dieser Aufwand ist am *Verhältnis der Beseitigungskosten zur Bedeutung des Mangels für die Nutzbarkeit des Werkes* zu messen, d. h. insbes.: nicht ausschließlich an den Beseitigungskosten. – Die Fragen sind hier zu §§ 13 Nr. 5 und 13 Nr. 6 erörtert. *Leitentscheidung* ist das Urteil des BGH vom 4. 7. 1996 (Hotelaufzug),[303] wonach „Unverhältnismäßigkeit" vorliegt, wenn „einem objektiv geringen Interesse des Bestellers an einer völlig ordnungsgemäßen Vertragsleistung ein ganz erheblicher und deshalb unangemessener Aufwand gegenübersteht. Ist die Funktionsfähigkeit des Werkes spürbar beeinträchtigt, kann die Nachbesserung regelmäßig nicht wegen hoher Kosten verweigert werden."

**127** „**Schönheitsfehler**" sind keine eigene rechtliche Kategorie, sondern lediglich eine Bezeichnung dafür, *in welcher Hinsicht die Verwendungsfähigkeit des Werkes beeinträchtigt* ist. „Schönheitsfehler" können bei repräsentativen Bauten (Rathaus; zentrales Hotelgebäude; städtebaulich herausgehobene Anlage o. ä.) durchaus von Gewicht und keineswegs „nichtig" sein. Bei weniger anspruchsvollen Gebäuden fallen dagegen solche optischen Beeinträchtigungen weniger als funktionelle Einbußen ins Gewicht. „Schönheitsfehler" werden im Allgemeinen unter dem Aspekt „unverhältnismäßige Beseitigungskosten" erörtert. – **Bei-**

---

[297] Durch das „Zahlungsbeschleunigungsgesetz" vom 30. 3. 2000.
[298] So auch zutreffend *Kapellmann/Messerschmidt-Havers* VOB/B (2. Aufl.) § 12 Rdn. 34; weitergehend wohl OLG Düsseldorf NJW-RR 1997, 1178; vgl. auch OLG Köln NJW-RR 1994, 431.
[299] Vgl. OLG Koblenz IBR 1997, 418; anders wohl OLG Düsseldorf NJW-RR 1997, 275 (Kompensation).
[300] BT-DS 14/6040, S. 180 f. (185).
[301] So i. d. Sache auch KG IBR 2007, 363.
[302] Die bisherige Rechtsprechung bezieht sich im Wesentlichen auf den Autokauf, vgl. *Gröschler* NJW 2005, 1601; auch BGH IBR 2007, 417 – *Schwenker.*
[303] NJW 1996, 3269 = BauR 1996, 858; vgl. außerdem *Mandelkow* BauR 1996, 656.

Sachmängel § 13 Nr. 1

spiele aus der Rechtsprechung: OLG Celle, BauR 1998, 401 (Marmorbelag); LG Konstanz IBR 1999, 58 (Putzfassade); OLG Bamberg IBR 2005, 1282 (Naturschiefer); OLG Hamm NJW-RR 2003, 905 (Haustürschwelle aus Naturstein). – Vgl. im Übrigen u. Rdn. 134 (**Stichwort:** *„Schönheitsfehler"*).

### 6. Beweisfragen

Das Risiko des Auftraggebers, ein mängelfreies Werk zu erhalten, endet nicht mit der Abnahme der „in der Hauptsache vertragsgerecht" (§ 363 BGB) geschaffenen Werkleistung, sondern ggf. nach der Abnahme in einem Rechtsstreit, in dem der Auftraggeber die Zuordnung bestimmter Mängel zu bestimmten Gewerken darzulegen und zu beweisen hat. Nicht nur in der praktischen Realität, sondern auch methodisch lässt sich die Darlegungs- und Beweislast als *Fortsetzung des materiellen Vertragsrisikos* der Parteien sehen.[304] Das bedeutet: **128**

Solange eine **Abnahme nicht erfolgt** oder bei der Abnahme **Mängel vorbehalten** sind, ist es Sache des *Auftragnehmers*, im Streitfall die Ordnungsmäßigkeit seiner Leistung darzulegen. Das ist unstreitig.[305] Anders kann es jedoch sein, wenn die Abnahme der fertiggestellten Leistung aus Gründen *verzögert* wird, die dem Auftraggeber zuzurechnen sind.[306] Das (auch: Beweis-) Risiko zwischenzeitlicher Beschädigungen des Werkes trägt dann der Auftraggeber. **129**

**Nach Abnahme** trägt der **Auftraggeber die Darlegungs- und Beweislast** für das Vorliegen eines Mangels. Das rechtfertigt sich materiell nicht nur aus der mit der Abnahme übergegangenen Sachherrschaft, sondern auch generell aus der mit der „Übergabe" der Leistung gewollten Entlastung des Auftragnehmers. Beide Aspekte rechtfertigen es aber nicht, den Auftraggeber ebenfalls zu verpflichten, den Beweis in originären Herstellungs- und Risikobereichen des Auftragnehmers zu führen. Daraus haben Rechtsprechung und Lehre zutreffend die sog. **„Symptomtheorie"** entwickelt,[307] auf Grund deren der Auftraggeber nur die Mängelerscheinung substanziiert darlegen, aber zur Ursache dieses Mangels im Detail nicht vortragen muss. Es ist dann Sache des Auftragnehmers, sich zu entlasten. – Auf einer materiellen Bewertung der Sorgfaltsnormen des Auftragnehmers beruht es, dass sich dieser hinsichtlich der Wahrung der anerkannten Regeln der Technik entlasten muss, wenn ein **Verstoß gegen DIN-Normen**[308] dargelegt ist.[309] **130**

Problematisch sind Fälle, in denen bei Einzelgewerkvergabe für den Mangel **verschiedene Ursachen nebeneinander** in Betracht kommen. Die Rechtsprechung[310] neigt in diesen Fällen dazu, den Auftraggeber mit der Darlegung zu belasten, positiv substanziiert die Mängelzuordnung zum Gewerk des in Anspruch genommenen Unternehmers darzulegen und ggf. zu beweisen. Dem ist prinzipiell zu folgen, weil der Auftraggeber mit der Teilvergabe ein entsprechendes Grundrisiko übernommen hat. Die Grenze liegt aber dort, wo die beteiligten Unternehmen zur Kooperation gehalten sind und damit auch eine *Aufklärungslast* zugunsten des Auftragnehmers übernommen haben. **131**

Eine Beweiserleichterung schafft der **Anscheinsbeweis,** dessen Anwendungsbereich auf Rückschlüsse aus einer *gesicherten Lebenserfahrung* in bestimmten Abläufen beschränkt ist.[311] Der Anscheinsbeweis führt zu keiner Beweisumkehr; der Beweisgegner hat die Möglichkeit, **132**

---

[304] *Ganten,* Kriterien der Beweislast im Bauprozess, BauR 1977, 162 ff. m. w. N.
[305] BGH NJW-RR 1999, 747; *Erman-Schwenker* § 633 Rdn. 20; *Palandt-Grüneberg* § 363 Rdn. 3.
[306] Vgl. OLG Bremen BauR 1997, 1045.
[307] BGH BauR 1987, 84; BauR 2003, 693; BauR 2003, 1247 = NZBau 2003, 561; *Werner-Pastor* „Der Bauprozess" (11. Aufl.) Rdn. 1472 m. w. N.
[308] Vgl. dazu § 4 Nr. 2 Rdn. 84 f.
[309] *Werner-Pastor* (a. a. O. Fn. 307), Rdn. 1461.
[310] Vgl. BGH BauR 1998, 172; OLG Hamburg BauR 2001, 1749; BauR 2005, 1339; aber auch BGH BauR 1999, 899.
[311] *Kuffer* ZfBR 1998, 277 weist darauf hin, dass an die Typizität von Geschehensabläufen nach der Lebenserfahrung „nicht zu geringe Anforderungen" gestellt werden dürfen. Im Übrigen vgl. zu den materiellen Aspekten des Anscheinsbeweises *Ganten* BauR 1977, 162 ff.

den Erfahrungsschluss zu erschüttern, indem er Tatsachen vorträgt, auf Grund deren dieser Schluss nicht mehr der gesicherten Lebenserfahrung entspricht.[312]

133 Bei **allgemeinen Geschäftsbedingungen** ist § 309 Nr. 12 BGB zu beachten.

## C. Kasuistik zum Mangelbegriff

134 Die nachfolgende Kasuistik ordnet Beispiele aus der veröffentlichten Rechtsprechung **nach Schadensgebieten.** Vollständigkeit ist nicht beabsichtigt.

**Algenbefall**
OLG Koblenz BauR 2003, 96 f. (Algen auf Sandstein); OLG Hamm IBR 2005, 196 (Bio-Schwimmteich) – *Weyer*; vgl. auch *Motzke* BIS 2003, 17 f.

**Altbausanierung**
Vgl. oben Rdn. 48; BGH BauR 1999, 37 (nach dem Vertrag vorausgesetzter Gebrauch); BGH BauR 2006, 99 (Sanierung entsprechend Neubau; Gewährleistungsausschluss); OLG Düsseldorf BauR 1997, 475 (neuer Estrich auf altem Rohboden); OLG Hamburg BauR 1997, 835 (Kellerisolierung u. Fassadenanstrich); OLG München BauR 2003, 396 (feuchter Keller, umfassende Sanierung); OLG Hamm BauR 2003, 406 = NJW-RR 2003, 82 (Asbestuntersuchung); OLG Düsseldorf BauR 2003, 1911 (Altbausubstanz, Treppenabmessung, Schallschutz); OLG Düsseldorf BauR 2004, 1014 (anerkannte Regeln der Technik); OLG Düsseldorf BauR 2005, 542 (Sanierung bis auf Grundmauern); OLG Nürnberg BauR 2007, 413 (Trocknung v. Kellerwänden) LG Hamburg NJW-RR 2001, 1670 (ungeeignetes Verfahren); LG Karlsruhe BauR 2006, 1003 (Trittschallschutz).

**Altlasten**
OLG München NJW-RR 1999, 455 (konkreter Verdacht auf Altlasten)

**Anerkannte Regeln der Technik**
BGH NZBau 2002, 611 = NJW-RR 2002, 1533 (Mangel trotz Einhaltung – Toleranzen bei Glasfassaden); OLG Schleswig BauR 2000, 1201 (Verstoß gegen a. R. d. T. als Mangel); OLG Nürnberg NZBau 2002, 673 = NJW-RR 2002, 1538 (kein Mangel trotz Nichteinhaltung, Balkongefälle); OLG Düsseldorf BauR 2004, 1014 (a. R. d. T. bei Altbausanierung); OLG Celle BauR 2006, 137 (grober Verstoß gg. Regeln der Baukunst); OLG Nürnberg BauR 2006, 2077 (Mangel trotz Einhaltung a. R. d. T.); OLG Karlsruhe BauR 2007, 557 (DIN 4109–10 (2000) a. R. d. T 2000); LG Karlsruhe BauR 2006, 1003 (bei Altbausanierung)

**Anstreicharbeiten**
OLG Düsseldorf BauR 1992, 270 (L) (Wetterbeständigkeit); OLG Dresden BauR 2001, 424 (Schichtzahl/Schichtdicke); OLG Düsseldorf BauR 2002, 802 (Fensteranstrich)

**Arbeitsräume (Verfüllung)**
OLG Düsseldorf NJW-RR 1998, 527 (Kleierde); OLG Hamm NJW-RR 1998, 163 (m. scharfkantigen Steinen in Angrenzung z. Dickbeschichtung)

**Architektenwerk**
Vgl. oben Rdn. 61 ff.

**Aufzug**
BGH BauR 1996, 858 (Traglast eines Hotelaufzuges)

**Außenanlagen**
BGH BauR 2001, 258 = NZBau 2001, 264 = NJW-RR 2001, 309 (Elektroverteilerkasten i. Garten); OLG Düsseldorf BauR 2000, 286 (Gartenpavillon und Spielplatz); OLG Düsseldorf BauR 2000, 648 = NZBau 2000, 573 = NJW-RR 2000, 1336 (Auflockerung v. Bodenverdichtungen); OLG Düsseldorf NJW-RR 2001, 523 (Müllcontainerplatz); LG München I BauR 2001, 1755 (Asphaltierung Zufahrt)

---

[312] *Werner-Pastor* a. a. O. (Fn. 307), Rdn. 2595 m. w. N.

Sachmängel                                                              § 13 Nr. 1

**Balkon**
OLG Düsseldorf BauR 2000, 421 (Gefälle); OLG Nürnberg NZBau 2002, 673 = NJW-RR 2002, 1538 (Balkongefälle); OLG Celle BauR 2000, 128 (Spritzwasserschutz); OLG Düsseldorf BauR 2004, 1014 (Balkonsanierung)
**Baugrubenabdichtung**
OLG Zweibrücken BauR 2007, 1249 (Beweislast; Zementinjektionen)
**Baugrubenverfüllung**
OLG Hamm NJW-RR 1992, 347 (Müllverbrennungsasche); OLG Düsseldorf NZBau 2005, 105 (Müllverbrennungsasche)
**Baugrundrisiko**
Vgl. Nachweise zu § 4 Nr. 3 Rdn. 29 f., 32; im Schrifttum insb.: die umfangreichen Nachweise bei *Englert/Bauer*, Rechtsfragen zum Baugrund, Baurechtliche Schriften, Bd. 5, 1980, S. 121 ff.; *Englert/Grauvogl/Maurer*, Handbuch des Baugrund- und Tiefbaurechts, 1995 und *Ganten* BauR 2000, 643; OLG Düsseldorf BauR 2001, 264 (Spundwand); OLG Köln BauR 2007, 887 (Fehlstellung e. Betonpfahls)
**Baurechtsverstoß**
BGH BauR 1998, 338 (Stilllegungsverfügung, Unmöglichkeit); BGH NJW 2004, 364 (Wohnnutzungsverbot als Rechtsmangel); OLG Düsseldorf Schäfer/Finnern/Hochstein Nr. 4 zu § 13 Nr. 1 VOB/B (Genehmigungsabweichung); OLG Köln BauR, 1986, 581 (Denkmalschutz); OLG Hamburg NJW-RR 1989, 529 (Auflagen Bauerlaubnis); OLG München NJW-RR 1992, 788 (Planung fehlerhaft); OLG Köln BauR 1997, 307 (fehlende Genehmigungsfähigkeit = Unmöglichkeit); OLG Düsseldorf NJW-RR 2000, 310 (Nachbarwiderspruch k. Mangel); OLG Dresden BauR 2003, 1242 = NJW-RR 2002, 1314 (Abweichen von Beschaffenheitsvereinbarung bei bauordnungswidriger vereinbarte Ausführung – Wintergartenfenster); OLG München BauR 2004, 94 = IBR 2004, 10 (Feuerschutzbestimmungen); OLG Stuttgart BauR 2006, 532 (Baugenehmigung zu Gewerbe-, nicht zu Wohnzwecken); OLG Düsseldorf BauR 2006, 996 (Änderung WärmeschutzVO)
**Beratungsfehler als „Mangel"**
Vgl. oben Rdn. 56
**Betongüte**
BGH MDR 1960, 838 f.; BGH BauR 2003, 533 = NZBau 2003, 215 (Güteklasse B 25 statt B 35); OLG Stuttgart BauR 1997, 317 (B 25 statt B 45); OLG Karlsruhe BauR 1997, 847 (Fertigbeton)
**Dach**
Vgl. auch „Flachdach" und „Ziegel"; BGH NJW-RR 1998, 1475 (Schieferplatten); BGH BauR 2000, 411 = NZBau 2000, 74 = NJW-RR 2000, 465 (Regendichtigkeit, preisgünstiges Angebot); BGH NJW-RR 2003, 1021 = BauR 2003, 1209 (Holz der Dachunterschalung); OLG Hamm BauR 1997, 309 (Unterspannbahn, Herstellerangaben); OLG Schleswig BauR 2000, 1486 (Pappdocken); OLG Dresden NZBau 2000, 333 (Schneefanggitter, Unterspannbahn)
**Dampfsperre**
OLG Düsseldorf NJW-RR 1996, 305 = BauR 1996, 848; OLG Koblenz NJW-RR 1997, 595 = BauR 1997, 502; OLG Düsseldorf NJW-RR 1997, 976; OLG Hamm BauR 2000, 757 = BauR 2000, 1379
**Dehnungsfugen**
BGH BauR 2001, 1414; OLG Celle BauR 1998, 802 (Marmorboden, Rissbildung, Fußbodenheizung); LG Stuttgart BauR 1997, 137
**DIN-Normen**
BGH BauR 1998, 872 (Mindeststandard, DIN 4109); OLG Schleswig BauR 2000, 1201 (Vermutungswirkung); OLG Köln NJW-RR 2001, 1458 (DIN 18355 – Tischlerarbeiten –, DIN 18195–9 – Bauwerksabdichtung –); OLG Celle BauR 2003, 912 (DIN 18356); OLG Hamm BauR 2005, 743 (DIN 4109 bei Doppelhaushälften); OLG Stuttgart BauR 2005, 878 (Verstoß gegen DIN als Mangel); OLG Frankfurt a. M. BauR 2005, 1937 =

## § 13 Nr. 1

IBR 2005, 421 (Abweichung v. DIN b. Ausführung nach Muster); OLG Jena BauR 2006, 1902 (Anscheinsbeweis); OLG Karlsruhe BauR 2007, 557 (DIN 4109–10 (2000) a. R. d. T 2000); LG Hamburg BauR 2003, 394 (DIN 4109 bei Holzbalkendecke i. Altbau)

**Drainage**
OLG Düsseldorf BauR 1982, 168; OLG Rostock BauR 1998, 552; OLG Frankfurt a. M. NJW-RR 1999, 461 = IBR 1999, 261 (fehlende Drainage); OLG Braunschweig BauR 2000, 109 (Arglist); OLG Karlsruhe BauR 2003, 917 (fehlende Drainage u. weiße Wanne); LG Aurich BauR 2003, 743 (Verbindung versch. Rohre)

**Einbauküche**
OLG Düsseldorf NJW-RR 2002, 200 (Aufhängung der Oberschränke/der Dunstabzugshaube); OLG Düsseldorf NJW-RR 2001, 1346 (handgefertigte Elemente)

**Einmessung des Gebäudes**
BGH NJW 1972, 901; OLG Düsseldorf BauR 1975, 68

**Elektromagnetische Felder („Elektrosmog")**
Zu werkvertraglichen Problemen ist zum sogenannten „Elektrosmog" keine Rechtsprechung bekannt. Mangelhaftungsrechtlich liegt jedoch zum Mietrecht Rechtsprechung vor. Überwiegend wird dort ein Recht zur Mietminderung verneint, soweit die Grenzwerte der 26. BImSchV v. 16. 12. 1996 (BGBl. I S. 1966)[313] eingehalten werden (LG Frankfurt/Main NZM 1998, 371; LG Berlin NJW-RR 2003, 300 = NZM 2003, 60; AG Frankfurt/Main NZM 2001, 1031; AG Gießen ZMR 2001, 806 = WuM 2001, 546; AG Berlin-Tiergarten NZM 2002, 949; a. A. AG München MDR 1998, 645 = WuM 1999, 111[314] vgl. zu den elektromagnetischen Feldern im Mietrecht *Eisenschmid* WuM 1997, 21; *Martens/Appelbaum* NZM 2002, 642, 650; *Roth* NZM 2000, 521). Wegen der noch ungeklärten wissenschaftlichen Frage, ob elektromagnetische Felder zu Gesundheitsbeeinträchtigungen führen können, soll ein nicht hinzunehmender Nachteil i. S. d. § 14 Abs. 1 WEG in der Errichtung einer Mobilfunkantenne auf dem Sondereigentum zu erblicken sein (OLG Hamm NJW 2002, 1730 = NZM 2002, 456 = MDR 2002, 754; vgl. hierzu *Martens/Appelbaum* NZM 2002, 642, 650 f.). Nachbarrechtlich soll es sich, da gesundheitliche Nachteile durch unterhalb der Grenzwerte der 26. BImSchV liegende Belastungen nicht nachzuweisen sind, um zu duldende Immissionen handeln, deren Unschädlichkeit durch die Einhaltung der gesetzlichen Richtlinien bewiesen sei (BGH NVwZ 2004, 1019; OLG Frankfurt MMR 2001, 316; OLG Karlsruhe NJW 2003, 759 = NZM 2003, 216; LG München II NJW.-RR 1997, 465 vgl. auch BVerfG NJW 2002, 1638 = NZM 2002, 496) – Vgl. auch zum „Elektrosmog" im Zivilrecht *Keßler*, UPR 2000, 328, zum wissenschaftlichen Forschungsstand zu elektromagnetischen Feldern *Gablenz* NZM 1998, 364.

**Energieeffizienz**
*Begriffe:* „Niedrigenergiehaus": *Feist* Das Niedrigenergiehaus (4. Aufl.) Heidelberg 1997; *Rasch* Wohnen mit Weitblick – Niedrigenergiehaus und Passivhäuser, Darmstadt 1995; – *Passivhaus: Feist* Das Passivhaus, BBauBl. 1998, 28 f. m. w. N.; – zum *Energieausweis* für Bestandsgebäude: *Hertel* DNotZ 2007, 486 ff. und *Sternel* NZM 2006, 495 ff.

**Erdtank**
OLG Brandenburg NZBau 2004, 550 Verlegungstiefe e. Regenwassertanks)

**Fassadengestaltung**
BGH NZBau 2002, 611 = NJW-RR 2002, 1533 (Glasfassadenelemente); BGH BauR 2006, 524 (Toleranzabweichungen bei Glasfassaden; Zuvielforderung); OLG Hamm NJW-RR 1991, 277 (Klinkerfarben); OLG Braunschweig BauR 1981, 70 (Innenräume); OLG Düsseldorf NJW-RR 1998, 1315 = BauR 1998, 1021 (Verfärbung v. Trapezblechen);

---

[313] Insofern überholt: AG Köln ZMR 1994, 369 – Kein Mietmangel, da keine Richtlinien oder wissenschaftliche Erkenntnisse zu Gesundheitsbeeinträchtigungen bekannt.
[314] Furcht infolge von Meldungen in den Medien bezüglich „Elektrosmog" begründete nach Ansicht des AG München bereits einen Mietmangel auf Grund „nachvollziehbarer Furcht", auf objektiv wissenschaftliche Erkenntnisse sollte es nicht ankommen. Krit. hierzu *Roth* NZM 2000, 521.

Sachmängel § 13 Nr. 1

OLG Köln BauR 2002, 801 (Ausbleichen v. Fassadensteinen); OLG Düsseldorf BauR 2004, 1014 (Balkon)
**Fenster**
BGH BauR 2007, 700 = NZBau 2007, 243 = NJW-RR 2007, 597 (Im Winter blockierende Rollläden); OLG Oldenburg BauR 2001, 647 (Fensterbeschichtungssystem, Produkthaftung); OLG Hamm, BauR 2006, 1151 (Jalousien; Symptomrechtsprechung); OLG Brandenburg BauR 2006, 1472 (Maße); LG Aurich BauR 2003, 743 (Fenstersturz ohne erforderliche Wölbung/gravierender Mangel)
**Fertighaus**
OLG Düsseldorf NJW 1989, 2100 (Fertigbau kein Mangel); OLG Saarbrücken NJW 1987, 470 (fehlerhafte Imprägnierung); OLG München BauR 2006, 689 (Abstimmung m. Folgeunternehmer)
**Flachdach**
BGHZ 48 310 = NJW 1968, 43 („Flachdach I"); BGHZ 54, 352 = NJW 1971, 92 (Anm. *Ganten* S. 374; „Flachdach II"; = BauR 1971, 58 (Anm. *Korbion*); BGH NZBau 2002, 31 (Abdichtung)
**Fliesen**
OLG Düsseldorf BauR 1982, 587 (Fugen); OLG Jena BauR 2001, 1124 (Hohllagen und Abplatzungen bei Bodenfliesen); OLG Nürnberg NJW-RR 2003, 666 (Fliesenreinigung); OLG Hamm NJW-RR 2004, 1386 (Einbringen vor Belegreife des Estrich); OLG Karlsruhe BauR 2005, 109 (Hohlstellen); OLG Celle BauR 2006, 137 (Aufbringung auf nicht trockenem Estrich)
**„Fogging"**
Hierbei handelt es sich um schwarze oder graue Ablagerungen auf den Innenflächen von Wohnungen, welche sich in sehr kurzer Zeit bilden. Ursächlich sollen zumindest auch schwerflüchtige organische Verbindungen (z. B. Weichmacher, langkettige Alkane, Alkohole und Carbonsäuren) sein. Im Einzelnen sind die Ursachen noch weitgehend ungeklärt. „Fogging" tritt meistens in Neubauten, in modernisierten Wohnungen oder nach Renovierungen während der ersten Heizperiode auf. Werkvertragliche Rechtsprechung im Zusammenhang mit dem Phänomen der schwarzen Wohnungen („Fogging") ist kaum bekannt (vgl. aber OLG Celle NZBau 2004, 442), jedoch liegt mietrechtliche Rechtsprechung vor. Demnach soll es sich um einen Mangel von Mietwohnungen handeln (LG Berlin ZMR 2003, 489 = NZM 2003, 434 L.; LG Ellwangen ZMR 2001, 545; AG Hamburg-Wandsbek NZM 2000, 906; AG Schwäbisch-Gmünd ZMR 2001, 544; AG Pinneberg Berlin-Schöneberg GE 2003, 127); nach BGH NJW 2006 = NZM 2006, 258 obliegt jedoch dem Mieter die Beweislast für das Verschulden des Vermieters. Vgl. auch zum Phänomen des „Fogging" *Moriske* NZM 2000, 894; *Isenmann* WuM 2001, 428; *Hitpaß/Haugg* ZMR 2002, 337.
**Fugen**
BGH BauR 1981, 285 (Fassade); OLG Düsseldorf BauR 1982, 587 (Fliesen); LG Bonn BauR 1992, 80 (Flugmörtel); OLG Celle BauR 2003, 916 (Giebelwand)
**Fußboden**
BGH NJW-RR 1999, 381 (Ebenheit Industrieestrich nur zu 99%); BGH BauR 2001, 1414 (Dehnungsfuge/Gefälle); BGH BauR 2005, 1626 (Asphaltdicke v. Gussasphalt); BGH NZBau 2007, 96 (Randfugenausfüllung m. Mörtel; Arglist); OLG Düsseldorf BauR 1997, 475 (neuer Estrich auf altem Rohboden); OLG Zweibrücken BauR 1998, 345 (Anhydritestrich i. Badezimmer); OLG Düsseldorf BauR 1998, 127 = NJW-RR 1997, 1450 (Restfeuchte im Estrich bei Parkett); OLG Celle BauR 1998, 802 (Marmorboden, Rissbildung, Dehnungsfuge, Fußbodenheizung); OLG Düsseldorf NJW-RR 1998, 1030 = BauR 1998, 1011 (Pitchpine-Dielen, unzureichende Versiegelung); OLG Düsseldorf NJW-RR 1999, 1543 (unzureichende Austrocknung v. Estrich bei Parkettverlegung); OLG Oldenburg NJW-RR 1999, 2412 (Ethylacetat u. Butanolausdünstung aus Parkett); OLG Hamm BauR 2001, 1120 = NZBau 502; Anm. Kieserling NZBau 2001, 485 (Aufheizprotokolle,

## § 13 Nr. 1 Sachmängel

Parkettverlegung); OLG Karlsruhe BauR 2003, 98 (Toleranzüberschreitungen/Ebenheit); OLG Hamm BauR 2003, 101 (Hausmüllverbrennungsache in Tragschicht); OLG Celle BauR 2003, 912 (DIN 18356/Austrocknung d. Estrich); OLG Hamm BauR 2005, 897 (Spezialfußboden mit erhebl. Punktbelastung); Hanseat. OLG BauR 2005, 1339 (Blockabriss e. Parkettbodens auf Fußbodenheizung); OLG Oldenburg BauR 2006, 377 (Abdichtung gg. Feuchtigkeit; Rampenbildung); OLG Bamberg BauR 2007, 893 (Verantwortungsbereiche Estrichverlegung, Parkettverlegung, Bauleitung); OLG Dresden BauR 2007, 726 (ungeeigneter Klebstoff f. Bodenbelag); OLG Naumburg NZBau 2007, 454 (Fugen v. Natursteinplatten; Bodenabdichtung i. Bad); LG Stuttgart BauR 1997, 137 (Dehnungsfugen); OLG Oldenburg NZBau 2007, 104 (Gesamtschuldnerische Haftung; Ablösung von Granitsteinplatten v. Anhydritestrich)

**Fußbodenheizung**
BGH BauR 1989, 462 = ZfBR 1989, 213; BGH BauR 1998, 632 (Inbetriebnahme); OLG Koblenz BauR 1997, 482 (Einfrieren); OLG Celle BauR 1998, 802 (Inbetriebnahme)

**Garten**
BGH BauR 2001, 258 = NZBau 2001, 264 = NJW-RR 2001, 309 (Elektroverteilerkasten i. Garten); OLG Düsseldorf BauR 2000, 648 = NZBau 2000, 573 = NJW-RR 2000, 1336 (Auflockerung v. Bodenverdichtungen)

**Garagen**
OLG Düsseldorf NJW-RR 1997, 1039 = BauR 1997, 653 (Drahtabtrennung i. Reihenfertiggarage k. Mangel); LG Hamburg NJW-RR 1997, 917 = BauR 1997, 839 (Schallentkopplung v. Garagentoren)

**Geländer**
OLG Hamm BauR 2005, 731 (fehlendes Geländer an einer Rampe)

**Gerüstbau**
LG Osnabrück BauR 1985, 709 (Deliktshaftung); OLG Hamm BauR 1987, 577 (i. d. R. Mietvertrag)

**Glas**
OLG Stuttgart IBR 2007, 361 (ESG-Glas)

**Gründungsmängel**
Vgl. auch „Baugrundrisiko"; BGH VersR 1972, 457 (bekanntes Risiko); OLG Düsseldorf BauR 1994, 146 (L) (Einbindetiefe); OLG Bremen BauR 2001, 1599 = NZBau 2001, 684 (Verdichtung v. Gründungsmaterial); OLG Düsseldorf NZBau 2005, 105 (Verfüllung mit Müllverbrennungsasche); OLG Hamm BauR 2005, 577 (Absenkung der Bodenplatte, L.); OLG Düsseldorf BauR 2005, 1314 (Vereinbarung von Müllverbrennungsasche); OLG Köln BauR 2007, 887 (Betonpfähle, Baugrundrisiko)

**Heizungsanlage**
BGH BauR 1997, 1029 = NJW-RR 1997, 1376 (Beheizbarkeit v. Wohnraum); BGH NJW-RR 1997, 338 = BauR 1997, 306 (Heizungsdruckprobe, Anschluss an Fernheizung); OLG München BauR 1984, 637 = BB 1984, 239 (monovalente Anlage); OLG Düsseldorf NJW-RR 1997, 816 (Ölheizung); OLG Frankfurt BauR 2000, 598 (Heizkörpergröße); OLG Köln BauR 2003, 1730 (Frostgefährdung); OLG Düsseldorf NJW-RR 2002, 1535 (fehlende Stetigkeitsregelung; Abweichung von Leistungsverzeichnis); OLG Köln BauR 2005, 1192 (Anschluss Ölheizung an versotteten Kamin) s. a. „Fußbodenheizung"

**Installationsfehler**
BGH BauR 2005, 552 = NZBau 2005, 145 (Kupfer-/Zinkinstallation, Lochfraß); OLG Köln BauR 1990, 729 (Leitungskorrosion; Koordinationsfehler); OLG Düsseldorf ZfBR 1986, 103 („Lochfraß"); OLG Köln BauR 1997, 831 (Hartlötverfahren); OLG Frankfurt NJW-RR 1998, 669 (Mischinstallation); BGH vom 3. 11. 2004 – VIII ZR 344/03 (Mischinstallation); OLG Karlsruhe BauR 2005, 1485 (Korrosionsbeschichtung); OLG Jena BauR 2006, 1902 („Abdrücken" nicht nach DIN)

Sachmängel § 13 Nr. 1

**Isolierglas**
OLG Düsseldorf BauR 1997, 312 (Wintergarten); LG Düsseldorf BauR 1990, 732 (Eintrübung)
**Kältebrücken**
S. „Wärmeschutz"
**Kamin (/Kachelofen)**
OLG Koblenz NJW-RR 1995, 655 (Kachelofen); OLG Düsseldorf NJW-RR 1999, 814 (Kachelofen); LG Nürnberg-Fürth BauR 2000, 277 (misslungenes Werk); OLG Düsseldorf NJW-RR 2005, 130 (Marmorverkleidung)
**Kellerabdichtung**
BGH BauR 2000, 1330 (Dickbeschichtung); BGH BauR 2003, 1898 (Betonstreifenfundament); KG BauR 1981, 380; OLG Köln BauR 1983, 380; OLG Celle BauR 1984, 552 (Anm. *Reim*) = NJW 1984, 2457; OLG Düsseldorf NJW 1992, 156 (Grundwasserstand); BGH NJW-RR 1992, 1104 = BauR 1992, 627 = ZfBR 1992, 207; OLG Düsseldorf BauR 1994, 147 (L); OLG Stuttgart BauR 1994, 146 (L); OLG Koblenz BauR 1997, 129 (weiße Wanne); OLG Hamm NJW-RR 1997, 405 (Abflüsse i. Lichtschächten); OLG Rostock BauR 1998, 552 (Druckwasserabdichtung u. Drainage); OLG Celle BauR 1998, 801 (Schlüsselfertigbau); OLG Bamberg BauR 1999, 650 = NJW-RR 1999, 962; OLG Bamberg IBR 2003, 407 (beide Bitumendickbeschichtung); OLG Schleswig BauR 2000, 1060 (Bitumendickbeschichtung); OLG Hamm BauR 1998, 1119 (L.) (Bitumendickbeschichtung); OLG München BauR 2003, 396 (Altbausanierung); OLG Karlsruhe BauR 2003, 917 (fehlende Drainage u. weiße Wanne); OLG Köln BauR 2005, 389 (Bitumendickbeschichtung, Verstoß gegen Herstellerangaben); OLG Düsseldorf BauR 2005, 128 (Bitumendickbeschichtung); OLG Karlsruhe BauR 2006; 2066 (Zwitterlösung);,LG Aurich BauR 2003, 743 (abfließendes Wasser drückte gegen Schwachpunkte)
**Kerndämmung**
Vgl. dazu *Glitza* BauR 1987, 388; *Luhr* BauR 1987, 390; *Groß/Riensberg* BauR 1987, 633; OLG Hamm BauR 1991, 247; OLG Hamm BauR 1998, 1019 (wasserabweisende Eigenschaften)
**Klärbecken**
OLG Dresden BauR 2003, 262
**Kleinstmängel**
Vgl. auch „Schönheitsfehler" und oben Rdn. 101, 102
**Konterlattung**
Vgl. *Cuypers* BauR 1991, 676 f.
**Konservierung**
OLG Karlsruhe VersR 1998, 1127 (Auswaschung, toxikologische Relevanz)
**Luftreinigungsanlage**
BGH NJW-RR 1997, 688
**Maßabweichungen**
BGH BauR 1997, 1032 (Binderschalung); OLG Düsseldorf BauR 1991, 749 (Fenstermaße); OLG Hamm BauR 1994, 802 (L) (Flurbreite); OLG Düsseldorf BauR 1998, 340 (Abstecken d. Hauptachsen); OLG Karlsruhe BauR 2003, 98 (Toleranzen); OLG Düsseldorf BauR 2003, 1911 (Treppenmaße i. Altbau); OLG Brandenburg BauR 2006, 1472 (Fenster u. Türen)
**Materialeigenschaften**
Vgl. auch „Betongüte", „Isolierglas", „Toxische Baustoffe"; BGH NJW-RR 1998, 233 (Abriebfestigkeit e. Hallenbodens); BGH NJW-RR 1998, 1475 (Schieferplatten); BGH BauR 2001, 800 = NZBau 2001, 267 (Elektroofenschlacke); BGH BauR 2002, 1402 (nicht erprobter Baustoff/Faserhartspachtel); BGH BauR 2003, 533 = NZBau 2003, 215 (Betongüte B 25 statt B 35); BGH NJW-RR 2003, 1021 = BauR 2003, 1209 (feuchtes Holz i. Dachunterschalung); OLG Hamm NJW-RR 1992, 347 (Müllverbrennungsasche); OLG Düsseldorf BauR 1997, 840 (feuchtes Eichenholz bei Fachwerk); OLG Düsseldorf

§ 13 Nr. 1                                                      Sachmängel

BauR 1997, 312 (Dachverglasung i. Wintergarten); OLG Karlsruhe BauR 1997, 847 (Fertigbeton); OLG Nürnberg BauR 1998, 1013 (Mörtelgruppe 2); OLG Düsseldorf NJW-RR 1998, 527 (Kleierde bei Verfüllung v. Arbeitsräumen); OLG Düsseldorf NJW-RR 1998, 1315 = BauR 1998, 1021 (Ausbesserungsfarbe f. Metallbeschichtungen); OLG Karlsruhe VersR 1998, 1127 (Konservierungsmittel/ungeklärte toxikologische Relevanz); OLG Zweibrücken IBR 1999, 523 (neuartiger Werkstoff); OLG Düsseldorf BauR 2000, 131 (unterschiedliche Mauerwerksmaterialien); OLG Brandenburg BauR 2001, 102 = NZBau 2001, 322 = NJW-RR 2000, 1620 (Sandkörnung und -Verdichtung im Straßenbau); OLG Düsseldorf BauR 2001, 633 (Kontamination v. Verfüllmaterial/Delikt); OLG Koblenz BauR 2003, 96 (Gefahr d. Veralgung/Vermoosung); OLG Hamm BauR 2003, 101 (Hausmüllverbrennungsasche i. Tragschicht); OLG Hamm BauR 2003, 1570 (unerprobtes/generell ungeeignetes Material); OLG München BauR 2004, 94 = IBR 2004, 10 (Brandschutzklasse); OLG Düsseldorf NJW-RR 2005, 130 (Marmor/Kalkstein); OLG Düsseldorf NZBau 2005, 105 (Müllverbrennungsasche); OLG Düsseldorf BauR 2007, 1254 (nicht vereinbartes Material); OLG Stuttgart BauR 2007, 713 (Vereinbarung bestimmter Materialfabrikate ohne „oder gleichwertig"); OLG Dresden BauR 2007, 726 (Dispersionsklebstoff f. Bodenbelag)
**Minderflächen**
BGH BauR 1991, 230 (Wohnflächengröße); BGH BauR 1997, 1030 (Abweichung > 10%); BGH BauR 1997, 1030 = NJW 1997, 2874 = ZfBR 1998, 23 (Wohnfläche); BGH NJW-RR 1998, 1169 (Wohnflächenminderung durch Schallschutz); BGHZ 146, 250 (254 f.) = BauR 2001, 391 = NJW 2001, 818 (Wohnfläche, Berechnung; 2. BerechnungsV);[315] BGH ZfBR 2004, 359; BGH BauR 2006, 991 (Einbeziehung v. Terrassen/Mietvertrag); KG BauR 1989, 488 (Eigentumswohnung); OLG Düsseldorf NJW-RR 1997, 853 = BauR OLG Düsseldorf BauR 1997, 475 (neuer Estrich auf altem Rohboden); 1997, 477 (Wohnflächenminderung durch Dachneigung); OLG Celle BauR 1998, 805 (Wohnfläche); BGH v. 14. 5. 1998 – III ZR 229/97 (strenger Maßstab); OLG Celle NJW-RR 1999, 816 (Wohn- und Nutzflächen); OLG Zweibrücken BauR 2000, 285 (Grundstücksgröße); OLG Celle BauR 2000, 1082 (Wohnflächen); OLG Schleswig BauR 2000, 1220 (Wohnflächen); OLG Nürnberg BauR 2000, 1883 („ca.-Zusatz"); OLG Hamm NJW-RR 2002, 415 (Wohnfläche Eigentumswohnung); BGH NJW 2004, 2156 = BauR 2004, 847; *Übersicht: Blank* ZfIR 2004, 320; *Vogel/Basty* a. a. O., S. 327; GA in DNotI-Report 2006, 133 f.
**Montagefehler**
OLG Celle BauR 1987, 231 (Gastherme)
**Nutzungsbeeinträchtigung**
BGH NJW-RR 1989, 775 („Bürokeller"); BGH NJW-RR 1997, 1039 (Beheizbarkeit v. Wohnraum); BGH BauR 2001, 1731 = NZBau 2001, 551 (Ladenlokal); BGH BauR 2003, 533 = NZBau 2003, 215 (Nutzlast Betondecke); OLG Frankfurt BauR 2003, 1591 (Tiefgarageneinfahrt);
**Pflasterung**
OLG Düsseldorf NJW-RR 1998, 527 (Gefälle); OLG Düsseldorf BauR 1996, 712 (Granitplatten)
**Planung**
OLG Frankfurt a. M. BauR 2005, 1784 (Abweichung v. Planvorgaben)
**Produkthaftung**
OLG Oldenburg BauR 2001, 647 (Fensterbeschichtungssysteme); OLG Düsseldorf NJW-RR 1999, 32 (Holzschutzmittel); OLG Celle BauR 2003, 396 (Unterspanbahnen)
**Putzmängel**
Vgl. dazu auch ® § 4 Nr. 3 Rdn. 57; OLG Stuttgart BauR 1973, 253 (Außenputz); OLG Hamm NJW 1988, 147 = ZfBR 1987, 248; OLG Düsseldorf BauR 1997, 475 (neuer

---

[315] Verordnung über wohnungswirtschaftliche Berechnung (Zweite Berechnungsverordnung – II. BV) v. 12. 10. 1990 (BGBl. I S. 2178).

Sachmängel **§ 13 Nr. 1**

Estrich auf altem Rohboden); OLG Frankfurt BauR 1997, 481 (Putz auf Fachwerk); OLG Bamberg BauR 2007, 1251 (Abdichtung m. Spritzmörtel; mangelhaftes Vorgewerk); OLG Köln NJW-RR 2007, 821 (Lehmputz auf salzhaltigem Untergrund)
**Prüf- und Hinweispflichten (§§ 4 Nr. 3, 13 Nr. 3 VOB/B)**
OLG Karlsruhe BauR 2003, 1593 (Verletzung d. Prüf- und Hinweispflichten führt zu Gewährleistungsrecht -jetzt: Mängelhaftung); OLG Oldenburg BauR 2007, 717 (Prüf- und Hinweispflichten bzgl. Nachunternehmer)
**Raumtemperatur**
BGH NJW-RR 1997, 1039 (Beheizbarkeit v. Wohnraum); LG Köln BauR 1987, 452 (Kellerraum); bei Gewerberäumen soll nach einigen Gerichtsentscheidungen – vgl. KG GE 2003, 48; OLG Rostock NJW-RR 2001, 802; OLG Hamm NJW-RR 1995, 143; OLG Köln NJW-RR 1993, 466; LG Bielefeld ZfIR 2004, 749 (LS.); einschränkend OLG Düsseldorf NJW-RR 1996, 17 – ein Miet- und eventuell ein Baumangel vorliegen, wenn im Sommer die Raumtemperatur 26 °C und bei Außentemperaturen von über 32 °C der Temperaturunterschied zwischen Außen- und Innentemperatur mehr als 6 °K beträgt. (vgl. zu dieser Rechtsprechung *Schliemann,* Die 26 °C-Rechtsprechung im Lichte der Energieeinsparverordnung, ZfIR 2005, 488; *Harms,* Mechanische Kühlung als „Hitzeschutz" für gewerbliche Mieter?, NZM 2005, 441; *Busse,* Klimaanlage par ordre du mufti?, NJW 2004, 1982; *Grimm,* Heiße Tage am Arbeitsplatz, DB 2004, 1666)
**Rechtsverstoß**
Vgl. oben Baurechtsverstoß; BGH VersR 1998, 1127 (Verdacht auf Umweltstraftat)
**Regenrinne:**
LG Lübeck NJW-RR 2003, 305 (Gefälle)
**Sanitärinstallationen**
BGH BauR 1998, 3632 (Toilettenbecken u. Bidet); OLG Düsseldorf NJW-RR 1994, 1046 (Schallübertragung); LG Rostock BauR 2000, 105 (Obhutspflichten)
**Schadensrisiko als Mangel**
BGH Schäfer/Finnern Z 2410/26; BGH BauR 1975, 346 (Parkettverfärbung); BGH NJW 1981, 2801 = ZfBR 1981, 265 (Fensterdichtigkeit), BGH BauR 1981, 577; BGH BauR 2002, 1401 (nicht erprobter Baustoff); BGH BauR 2006, 382 (Straßenbelag; Verwirklichung voraussichtlich nach Ende d. Nutzungsdauer); OLG Karlsruhe VersR 1998, 1127 (ungeklärte toxikologische Relevanz/Verdacht auf Umweltstraftat); OLG Oldenburg NJW-RR 1999, 241 (begründeter Gefahrenverdacht); OLG München NJW-RR 1999, 455 (konkreter Verdacht auf Belastungen); OLG Köln BauR 2005, 389 (Dickbeschichtung)
**Schallschutz**
BGH BauR 1986, 447 (Wohnungseigentum); BGH ZfBR 1995, 132 (Wohnhaus); BGH NJW-RR 1997, 1106 (Luftschallschutz); BGH BauR 1998, 872 (DIN 4109, vertragliche Vereinbarung); BGH BauR 1998, 783 (Schallschutz i. Wohnungseigentum); BGH NJW-RR 2000, 309 („Werte bei weitem nicht eingehalten"); BGH Urt. v. 14. 6. 2007, -VII ZR 45/06 – BayObLG NJW-RR 1999, 520 (Schallbrücken/Trittschall); OLG Stuttgart BauR 1977, 279 (Schallschutz bei „erstklassiger Ausführung"); OLG Frankfurt BauR 1980, 361 (Mindesttrittschallschutz); OLG Köln BauR 1981, 475 (Geltung der DIN 4109/1962); OLG Hamm DB 1981, 2489 = BB 1981; 1975 = MDR 1982, 141 (Einfamilienhaus); OLG Düsseldorf BauR 1984, 178 (Doppelhaus); OLG München BauR 1985, 453 (Anm. *Locher*) (Anforderungen Luftschallschutz 1977); OLG Hamm BauR 1987, 569 (Reihenhaus); OLG Hamm BauR 1989, 735 (Dämmstreifen); OLG Nürnberg BauR 1989, 740 (Hinweispflicht); OLG München BauR 1992, 517 („erhöhter Schallschutz"); OLG Köln NJW-RR 1994, 470; OLG Düsseldorf NJW-RR 1994, 341 (Fußbodenaufbau); OLG Hamm NJW-RR 1994, 282 = BauR 1994, 513 (Holzdecken); OLG Düsseldorf BauR 1997, 1046 = NJW-RR 1998, 19 (Schallschutz zwischen Wohnungseigentum); LG Hamburg NJW-RR 1997, 917 = BauR 1997, 839 (Schallentkopplung v. Garagentoren); BGH NJW 1998, 2814 = BauR 1998, 872 (geschuldet, was *erreichbar* ist, dann st. Rspr.); OLG Düsseldorf NJW-RR 1998, 19 (Mindestschallschutz zw. Wohneigentum);

## § 13 Nr. 1 Sachmängel

OLG Naumburg BauR 2000, 274 (Trittschallschutz/ArbeitsstättenVO); OLG Stuttgart NJW-RR 2000, 1617 = BauR 2001, 643 (halber Schallschutz); OLG Hamm BauR 2001, 1757 = NJW-RR 2002, 1461 (Trittschallschutz Reihenmittelhaus; Auslegung, ob erhöhter Schallschutz); OLG Düsseldorf BauR 2003, 1911 (Altbausanierung); OLG Hamm BauR 2005, 743 (DIN 4109 bei Doppelhaushälften); OLG Frankfurt a. M. BauR 2005, 1327 (bei Reihenhäusern); OLG Koblenz BauR 2006, 843 (bei Doppelhaushälften); OLG Karlsruhe BauR 2007, 557 (DIN 4109–10 (2000) a. R. d. T 2000); LG Hamburg BauR 2003, 394 (Mindestanforderungen i. Altbau); BGH v. 14. 6. 2007 – VII ZR 45/06 (Doppelhaushälften)

### Schienenarbeiten
OLG Karlsruhe BauR 2007, 394 (Vertikalfederung v. Straßenbahnschienen)

### Schimmelpilz
BGH NZM 2007, 439 (Mietmangel); BGH BauR 2006, 1468; vgl. zu Schimmelpilzbefall auch *Schwedler* BauR 1990, 664; *ders.* BauR 1990, 415; *ders.* BauR 1996, 345; *ders.* BauR 2006, 1514

### Schlüsselfertigbau
BGH BauR 2001, 1254 (Entwässerung); LG Nürnberg-Fürth NJW-RR 1989, 668 (Ver-/Entsorgungsleitungen); OLG Hamburg NJW-RR 1989, 529 (Auflagen Bauerlaubnis); OLG Hamm BauR 1993, 375 (L) (LeistungsV); OLG Karlsruhe NJW-RR 1993, 1435 = BauR 1994, 154 (L) (AGB-Fragen); OLG Düsseldorf NJW-RR 1996, 532 (Lagerhallenboden); OLG Celle BauR 1998, 801 (Kellerabdichtung); OLG Koblenz BauR 2003, 721 (Anschluss an Wasserversorgung)

### Schönheitsfehler
(BGH NJW 1963, 806 = BB 1963, 110 = MDR 1963, 298 (Schmutzränder Deckenverkleidung); BGH Schäfer/Finnern Z 2414/140 (Maßabweichungen Innenräume); BGH NJW 1966, 971 = MDR 1966, 495 (Maßabweichung Fußböden); BGH NJW-RR 2002, 661 (Mörtelreste an Ziegelmauerwerk); OLG Düsseldorf BauR 1992, 749 (Fassadengestaltung); OLG Düsseldorf NJW-RR 1994, 342 (Schieferfassade); OLG Celle BauR 1998, 401 (Marmortreppe); OLG Düsseldorf NJW-RR 1998, 1315 = BauR 1998, 1021 (Verfärbung von Blechen f. Fassaden); OLG Frankfurt BauR 2000, 598 (Heizkörpergröße); OLG Hamm BauR 2003, 1403 (Größe von Natursteinschwellen); OLG Dresden BauR 2003, 1242 = NJW-RR 2002, 1314 (Wintergartenfenster); OLG Koblenz NJW-RR 2003, 1671 = BauR 2003, 1728 (reiner Zweckbau/Scheune); OLG Zweibrücken BauR 2006, 690 (Aufhellungen bei Granitfußboden)

### Schwammbefall
BGH JR 1962, 58 (Anm. *Ostler*); BGH LM Nr. 4 zu § 472 BGB = MDR 1971, 118 = BB 1971, 64

### Schwarze Wohnungen
S. o. „Fogging"

### Schweißarbeiten
OLG Stuttgart BauR 1977, 129; OLG Köln BauR 1997, 831 (Hartlötverfahren)

### „Shading" bei Teppichböden
(ja = Mangel; nein = kein Mangel) AG Lörrach Schäfer/Finnern/Hochstein Nr. 6 (ja), zust. *Hochstein* aaO; LG Münster Schäfer/Finnern/Hochstein § 633 Nr. 4 (ja); AG Oldenburg Schäfer/Finnern/Hochstein § 633 Nr. 5 (nein); OLG Düsseldorf NJW-RR 1991, 223 = MDR 1991, 250 (ja)

### Steuervorteile als Sacheigenschaft
OLG Hamm NJW-RR 1989, 668; BGH Betr 1991, 1617 (§ 7b EStG); vgl. auch BGHZ 1979, 183

### Straßenbelag
BGH BauR 2006, 382 (Schadensrisiko)

### Tausalzbeständigkeit
OLG München BauR 1990, 362

Sachmängel § 13 Nr. 1

**Teppichboden**
OLG Frankfurt NJW-RR 2000, 1188 (übel riechende Ausdünstungen)
**Toxische Baustoffe**
Vgl. auch oben Rdn. 40 ff.; BGH NJW-RR 1992, 283 (Möbellack); OLG Saarbrücken NJW-RR 1987, 470 (Holzschutzmittel Fertighaus); LG Nürnberg-Fürth NJW-RR 1986, 1466; OLG Frankfurt NJW-RR 1988, 1455 = BauR 1987, 214; OLG Düsseldorf NJW-RR 1991, 1495 (Formaldehyd); OLG Köln NJW-RR 1991, 1077 (Möbel/Formaldehyd); OLG Nürnberg NJW 1992, 1300 (Fertighaus Formaldehyd); OLG Stuttgart NJW-RR 1992, 187; OVG Hamburg NJW 1992, 524 (Asbestfaserstaub); OLG Koblenz NJW-RR 1996, 919 („Ökokleber"); OLG Dresden NJW-RR 1997, 1354 (monomeres Styrol); OLG Karlsruhe VersR 1998, 1127 (ungeklärte toxikologische Relevanz); OLG Oldenburg NJW-RR 1999, 241 = BauR 1999, 502 = MDR 1999, 541 (Ethylacetat u. n-Butanol; begründeter Gefahrenverdacht); OLG Düsseldorf NJW-RR 1999, 32 (Holzschutzmittel, Produkthaftung); OLG Düsseldorf NJW-RR 2000, 610 (PCP, Lindan, Holzschutzmittel, Deliktshaftung); OLG Bamberg NJW-RR 2000, 97 – Anm. Hass = NZBau 2001, 122 (Formaldehydkonzentration über 0.1 ppm); OLG Naumburg NZBau 2000, 339 (L.) (Formaldehydbelastung); OLG Frankfurt NJW-RR 2000, 1188 (übler Geruch); OLG Hamm BauR 2003, 406 = NJW-RR 2003, 82 (Asbestuntersuchung bei Altbausanierung); OLG Köln MDR 2003, 618 (Lösungsmittelgeruch); OLG Brandenburg BauR 2007, 1063 (Formaldehyd in Spanplatten unter 0,1 ppm); LG Frankfurt NJW-RR 1991, 225 (Formaldehyd); LG Hanau UvR 1991, 127 (Formaldehyd); LG Frankfurt/M. ZUR 1994, 33 (Holzschutzmittel); vgl. auch *Bottke* ZfBR 1991, 183, 233
**Treppenstufen**
OLG Hamm NJW-RR 1995, 17 = BauR 1994, 767
**Überbau**
OLG Oldenburg BauR 2000, 731 = NZBau 2000, 337 = NJW-RR 2000, 545 (Löschwasserteich)
**UVV-Verstoß**
Vgl. auch zu § 4 Nr. 2, Rdn. 135 f.; OLG Karlsruhe BauR 1988, 116 (Arbeitsgerüste); BGH BauR 1989, 109 (Montagearbeiten)
**VDE-Regeln**
OLG Hamm BauR 1990, 104
**Vertraglich vereinbarte Beschaffenheit**
BGH BauR 2006, 375 (Verschulden, anerkannte Regeln der Technik); BGH BauR 2006, 1736 (Lagerkapazität: Lagerhallenhöhe); OLG Nürnberg BauR 1998, 1013 (Mörtelgruppe 2); OLG Bamberg NJW-RR 2000, 97 – Anm. Hass = NZBau 2001, 122 („nur umweltfreundliche Materialien"); OLG Brandenburg BauR 2000, 108 (Naturölgrundierung); OLG Düsseldorf NJW-RR 2002, 1535 (Einbau eines anderen Heizungssystems als vereinbart); OLG Dresden BauR 2003, 1242 = NJW-RR 2002, 1314 (Abweichen bei bauordnungswidriger vereinbarter Ausführung – Wintergartenfenster); OLG Celle BauR 2003, 1408 (Abweichen bei ansonsten mangefreiem Schornstein); OLG Frankfurt BauR 2005, 1327 (Vereinbarung von Schallschutzstandards); OLG Celle BauR 2005, 1333 (Spezielle Angaben im LV gehen Eigenschaften e. Referenzobjektes vor); OLG München BauR 2006, 689 (LV als funktionale Leistungsbeschreibung); OLG Brandenburg BauR 2006, 1472 (Maße f. Türen u. Fenster); LG Berlin, BauR 2006, 126 (Mieteinnahmen); OLG Brandenburg BauR 2007, 1063 (formaldehydfreie Spanplatten); OLG Düsseldorf BauR 2007, 1254 (Abweichung v. Materialvereinbarung); OLG Stuttgart BauR 2007, 713 (Materialfabrikate ohne Zusatz „oder gleichwertig"); OLG Karlsruhe BauR 2007, 557 (DIN 4109–10 (2000) a. R. d. T 2000); OLG Karlsruhe 2007, 394 (vereinbarte Vertikalfederung v. Schienen)
**Wärmeschutz**
BGH BauR 1981, 395; OLG Hamm BauR 1983, 173 (Anm. *Kamphausen;* Kältebrücken); BGH BauR 1984, 510 = ZfBR 1984, 222 (Wärmeschutzfassade); BGH BauR 2002, 1402 (nicht erprobter Baustoff); OLG Köln BauR 1987, 460 (Planungsverantwortung); OLG

§ 13 Nr. 1                                                                                     Sachmängel

Stuttgart BauR 1989, 474; OLG Köln Schäfer/Finnern/Hochstein Nr. 62 zu § 635 BGB; OLG Frankfurt BauR 1991, 785 (Statikfehler); OLG Düsseldorf NJW-RR 1997, 275 (Dicke); OLG Düsseldorf NJW-RR 1998, 810 (Wintergarten); OLG Schleswig BauR 2000, 1486 (Dacheindeckung); vgl. auch Raumtemperatur
**Wasserleitungen**
BGH NZBau 2003, 329 (L.) (Isolierung); BGH BauR 2005, 552 = NZBau 2005, 145 (Kupfer-/Zinkinstallation, Lochfraß); OLG Hamm NJW-RR 1991, 221 (Kupferleitung); OLG Düsseldorf v. 25. 2. 1986–23 U 129/85 (Lochfraßkorrosion); OLG Köln BauR 1997, 831 (Hartlötverfahren).
**Werke Dritter**
OLG Bamberg BauR 2006, 2061 (Einwirkung auf Gewerke Dritter als Mangel); OLG München NZBau 2007, 107 (fehlende Abstimmung mit Gewerken Dritter)
**Wintergarten**
LG Heidelberg NJW-RR 1992, 668 (Glassicherheitsnachweis); OLG Düsseldorf NJW-RR 1997, 274 (massives Bauholz statt Leimholz); OLG Rostock BauR 1997, 654 (Tragekonstruktion, Fensterfront); OLG Düsseldorf BauR 1997, 312 (Isolierglas, Dachverglasung); OLG Düsseldorf NJW-RR 1998, 810 (Wärmedämmung der Dachelemente, Schwitzwasserbildung); OLG Dresden BauR 2003, 1242 = NJW-RR 2002, 1314 (Abweichung bei Fenstergröße); OLG Köln NJW-RR 2002, 1535 (Anschluss zw. Wintergarten und Fensterwand, Holzverarbeitung, Abdichtung)
**Wohnflächengröße**
Siehe „Minderflächen"
**Ziegelstein/Dachziegel**
BGH VersR 1961, 405 = DB 1961, 569 (Dachziegel/Prüfpflicht); BGH BauR 1979, 154 (Frostbeständigkeit); BGH NJW-RR 1998, 1475 (Schieferplatten); BGH NJW-RR 2002, 661 (Mörtelreste an Ziegelmauerwerk); OLG Naumburg NZBau 2003, 391 = NJW-RR 2003, 595 (Regensicherheit); OLG Nürnberg BauR 2006, 2077 (Verkehrssicherheit; Ziegelbefestigung).

## § 13 Nr. 2 [Mängelansprüche bei Leistung nach Probe]

Bei Leistungen nach Probe gelten die Eigenschaften der Probe als vereinbarte Beschaffenheit, soweit nicht Abweichungen nach der Verkehrssitte als bedeutungslos anzusehen sind. Dies gilt auch für Proben, die erst nach Vertragsabschluß als solche anerkannt sind.

Literatur: Siehe die Hinweise Vor § 13.

### Übersicht

| | Rdn. | | Rdn. |
|---|---|---|---|
| A. Die „Probe" vereinbarte Beschaffenheit | 1–3 | B. Bedeutungslose Abweichungen „nach der Verkehrssitte" | 4–5 |
| | | C. Leistungsstörungen | 6–7 |

## A. Die „Probe" als vereinbarte Beschaffenheit

Die Vorschrift hat in der baurechtlichen Praxis nur geringe Bedeutung; Rechtsprechung zur „Herstellung nach Probe" ist kaum bekannt.[1] § 13 Nr. 2 VOB/B greift die Regelung des **„Kauf nach Probe" (§ 494 BGB a. F.)** auf, erweitert sie aber einmal um den Hinweis, dass übliche Abweichungen (Maßstab: Verkehrssitte) bedeutungslos seien und weiter um die vertragsrechtlich selbstverständliche Feststellung, dass Proben auch nach Vertragsschluss noch als verbindlich anerkannt werden können. Sprachlich wurde die Bestimmung des § 13 Nr. 2 VOB/B der Terminologie des Werkvertragsrechtes angepasst, welches nun in § 633 Abs. 2 Satz 1 BGB von der „vereinbarten Beschaffenheit" spricht. Eine weitergehende Modifikation, obwohl in der Literatur wegen des ersatzlosen Wegfalles des § 494 BGB a. F. erwartet,[2] unterblieb. 1

Die Regelung des § 494 BGB a. F. lautete: „Bei einem Kauf nach Probe oder nach Muster sind die Eigenschaften der Probe oder des Musters als zugesichert anzusehen." Diese Regelung im Kaufrecht wurde als überflüssig betrachtet und ist daher im Rahmen der Schuldrechtsreform entfallen.[3] Die Beschaffenheit der Probe soll im Kaufrecht über § 434 Abs. 1 oder Abs. 2 BGB, § 437 BGB zu denselben Rechtsfolgen führen, wie nach altem Recht, da die Eigenschaften der Probe der vereinbarten, vorausgesetzten, üblichen oder erwarteten Beschaffenheit entsprechen.[4] Da seit der Schuldrechtsreform die Mängelhaftung für die vereinbarte Beschaffenheit im Werkvertragsrecht parallel zu der kaufvertraglichen geregelt ist (§§ 633 Abs. 2, 634 BGB), wurde die Regelung des § 13 Nr. 2 VOB/B auch als überflüssig betrachtet, da dieselben Rechtsfolgen nach dem Gesetz eintreten.[5] Der DVA-Hauptausschuss sah gleichwohl Regelungsbedarf, da eine ausdrücklich, dem § 494 BGB a. F. entsprechende Regelung im Werkvertragsrecht fehle. Die Eigenschaften der Probe sollten nach Auffassung des DVA-Hauptausschusses weiterhin als Unterfall der vertraglich „zugesicherten" Eigenschaft zu betrachten sein.[6] Diesbezüglich wird auf die Ausführungen unter § 13 Nr. 1 Rdn. 6, 13 zum Verhältnis von zugesicherter Eigenschaft und vereinbarter Beschaffenheit hingewiesen. 2

Fragen können sich bei der **Verbindlichkeit** der („Proben"-)Vereinbarung ergeben. Zunächst muss klar sein, auf welche Eigenschaften der Probe sich die Vereinbarung bezieht. 3

---

[1] BGH DB 1966, 415 (Oberflächenstruktur); KG NJW 1974, 1954 (Voraussetzungen „Zusicherung"); OLG Hamm NJW-RR 1996, 1530.
[2] *Leinemann/Schliemann* § 13 Rdn. 36; ähnlich *Siegburg* FS Jagenburg S. 839 (851).
[3] *Palandt/Putzo* Vor § 454 Rdn. 1.
[4] *Palandt/Putzo* Vor § 454 Rdn. 1.
[5] *Siegburg* FS Jagenburg S. 839 (851); *Tempel* NZBau 2002, 532 (534).
[6] *Kratzenberg* NZBau 2002, 177 (181).

## § 13 Nr. 2 — Mängelansprüche bei Leistung nach Probe

Bei Werkstücken mit verschiedenen (in Betracht kommenden) Merkmalen ist dies der Vereinbarung, ggf. durch **Auslegung** zu entnehmen. Zum anderen stellt nicht jede Vorlage eines Musters schon eine „Probe" nach § 13 Nr. 2 VOB/B dar. Ein solche „Probe" liegt beispielsweise nicht vor, wenn ein Muster lediglich zu Informations- oder Akquisitionszwecken übergeben wurde,[7] weiter dann nicht, wenn die Vertragsparteien darüber einig sind, dass die Vorlage noch verändert oder ergänzt werden soll.[8] Notwendig ist, dass sich die Parteien – wie bei der „Zusicherung"[9] – darüber **einig** sind, dass bestimmte Materialeigenschaften „in genau dieser Weise" in die Werkleistung übernommen werden sollen.[10] Das ist nicht der Fall, wenn die Probe *unter dem Vorbehalt* steht, dass sie technisch einwandfrei ist.[11] Bei der Auslegung der Erklärungen der Parteien kann sich dabei auch ergeben, dass nur bestimmte Eigenschaften der Probe vereinbart wurden.[12]

### B. Bedeutungslose Abweichungen „nach der Verkehrssitte"

4   Proben enthalten – auch in der zugesicherten Spezifikation – meist ein „Bündel" von Detailmerkmalen, die nicht sämtliche ohne jede Abweichung auf das Werk übertragen werden können; das unterscheidet die „Probe" von der eindeutiger zu formulierenden verbalen Leistungszusage. § 13 Nr. 2 VOB/B nimmt darauf Rücksicht und betont, dass es hinsichtlich der Probe nur auf diejenigen Eigenschaften ankommen soll, die nach der **Verkehrserwartung** als bedeutsam angesehen werden; die übrigen Eigenschaften scheiden für die Zusicherung aus. Mit der gen. Einschränkung ist nicht gemeint, dass auch die konkret vereinbarten Eigenschaften selbst etwa nur „im Wesentlichen" eingehalten zu werden brauchten; das wäre mit dem Inhalt der vereinbarten Beschaffenheit nicht vereinbar.[13] An der rechtsgeschäftlichen Qualität der vereinbarten Beschaffenheit ändert § 13 Nr. 2 VOB/B nichts. Allgemein[14] wird daher die Möglichkeit der Abweichung von der Probe als eng auszulegen aufgefasst, so dass auch geringfügige Abweichungen im Zweifel nicht möglich sein sollen.

5   Nur bei dieser Auslegung kann ein dem Wortlaut der Vorschrift ansonsten zu entnehmender scheinbarer Widerspruch umgangen werden: § 633 Abs. 2 BGB trennt sprachlich streng zwischen der vereinbarten Beschaffenheit (§ 633 Abs. 2 Satz 1 BGB) einerseits und nach der Verkehrsauffassung bestimmbaren Kriterien (§ 633 Abs. 2 Satz 2 Nr. 3 BGB) andererseits. § 13 Nr. 2 VOB/B schränkt demgegenüber die vereinbarte Beschaffenheit durch anhand der Verkehrsauffassung zu bestimmenden Kriterien ein. Diese Vermischung unterschiedlicher Mängeltatbestände ist dadurch aufzulösen, dass zunächst im strengen Sinne nach der Vereinbarung von Beschaffenheitsmerkmalen zu fragen und bei Abweichungen zu prüfen ist, ob diese den unbedingt gewollten Beschaffenheitskern betreffen. Nach der Verkehrssitte zulässige Abweichungen kommen nur dort in Betracht, wo das im Kern vereinbarte nicht berührt wird.

---

[7] *Leinemann/Schliemann* § 13 Rdn. 39; vgl. auch OLG Hamm NJW-RR 1996, 1530 (1531); AG Reutlingen NJW-RR 1995, 941.
[8] OLG Hamm NJW-RR 1996, 1530 (1531); *Kuß* VOB/B § 13 Rdn. 70.
[9] Vgl. § 13 Nr. 1 Rdn. 83 ff.
[10] Abweichungen begründen dann stets einen „Mangel" nach § 13 Nr. 1; a. A. wohl die h. L.; vgl. unten Fn. 12; vermittelnd *Nicklisch/Weick* VOB/B § 13 Rdn. 39.
[11] Vgl. dazu OLG Frankfurt IBR 2005, 421 *(Moufang)*.
[12] Vgl. BGH NJW 1988, 1018.
[13] Andere, vgl. *Ingenstau/Korbion/Wirth* VOB/B § 13 Nr. 2 Rdn. 7 stellen darauf ab, dass die Verkehrssitte auch eine Abweichung von der Zusicherung für unerheblich hält.
[14] *Kapellmann/Messerschmidt/Weyer* VOB/B § 13 Rdn. 54 m. w. Nachw.; *Ingenstau/Korbion/Wirth* VOB/B § 13 Nr. 2 Rdn. 7.

## C. Leistungsstörungen

Leistungsstörungen können sich daraus ergeben, dass das hergestellte Werk der „Probe" nicht entspricht. Dann gelten die Folgen einer Verfehlung der vereinbarten Beschaffenheit (§ 13 Nr. 1 VOB/B). Risiken drohen den Parteien aber auch daraus, dass die Probe – was niemand wusste – selbst tatsächlich **nicht** die Eigenschaften aufweist, die sich die Parteien für die Werkleistung vorstellten. Die wohl einhellige Meinung im Schrifttum[15] **differenziert** dann: Stammt die Probe vom **Auftragnehmer,** hat dieser für den Leistungsmangel grundsätzlich einzustehen; stammt sie vom **Auftraggeber,** liegt ein Fall der §§ 4 Nr. 3, 13 Nr. 3 VOB/B vor; entsprechend hat sich der Auftragnehmer zu verhalten. 6

Zutreffend ist aber in den kritischen Fällen das **Vertragsrisiko** genauer zu erörtern.[16] Insb. bei beiderseits unbekannten Risiken der „Probe" (z. B. der Eigenschaften eines neuen Baustoffes) ist zu prüfen, ob nicht die Eignung der Probe Geschäftsgrundlage war, so dass der Vertrag bei Störungen **anzupassen** ist (§ 313 Abs. 2 BGB). 7

---

[15] *Ingenstau/Korbion/Wirth* VOB/B § 13 Nr. 2 Rdn. 8; *Kapellmann/Messerschmidt/Weyer* § 13 Rdn. 54; *Leinemann/Schliemann* § 13 Rdn. 41.
[16] Vgl. § 13 Nr. 1 Rdn. 12–13.

## § 13 Nr. 3

**§ 13 Nr. 3 [Mangelansprüche bei vom Auftraggeber verursachten Mängeln]**
Ist ein Mangel zurückzuführen auf die Leistungsbeschreibung oder auf Anordnungen des Auftraggebers, auf die von diesem gelieferten oder vorgeschriebenen Stoffe oder Bauteile oder die Beschaffenheit der Vorleistung eines anderen Unternehmers, haftet der Auftragnehmer, es sei denn, er hat die ihm nach § 4 Nr. 3 obliegende Mitteilung gemacht.

**Literatur:** *Clemm,* Die rechtliche Einordnung der Prüfungs- und Hinweispflicht des Auftragnehmers im Bauvertrag (§ 4 Nr. 3 VOB/B) und die Rechtsfolgen ihrer Verletzung, BauR 1987, 609; *v. Craushaar,* Risikotragung bei mangelhafter Mitwirkung des Bauherrn, BauR 1987, 14; *Dähne,* Einige Einzelprobleme zu § 4 Nr. 3 VOB/B, BauR 1976, 225; *Englert,* Das „Baugrundrisiko" – ein normierungsbedürftiger Rechtsbegriff? BauR 1991, 537; *ders.,* Rechtsfragen zum Baugrund mit Einführung in die Baugrundtechnologien, Baurechtliche Schriften, Düsseldorf 1986; *Englert* „Systemrisiko" – terra incognita des Baurechts? Zur Abgrenzung von Erfolgs-, Baugrund- und Systemrisiko, BauR 1996, 763; *ders.,* Beweisführung im Tiefbau – Keine Glaubensfrage mehr mit der „5-M-Methode"! Ein Beitrag zum Verständnis der Baugrundprobleme, FS Jagenburg, 2002, S. 160; *Englert/Grauvogel/Maurer,* Handbuch des Baugrund- und Tiefbaurechts, 1993; *Festge,* Die Blasbachthalbrücke und die VOB, ZfBR 1984, 6; *Fikentscher,* Die Geschäftsgrundlage als Frage des Vertragsrisikos, 1971; *Fischer,* Die Regeln der Technik im Bauvertragsrecht, 1984; *Ganten,* Pflichtverletzung und Schadensrisiko im privaten Baurecht, 1974 (zit.: Pflichtverletzung); *ders.,* Das Systemrisiko im Baurecht, BauR 2000, 643; *Groß,* Zur Einbeziehung des Herstellers in die Haftung des Ausführenden, BauR 1986, 127; *Grauvogel* „Systemrisiko" und Pauschalvertrag bei Tiefbauleistungen, NZBau 2002, 591; *Grunewald,* Aufklärungspflichten ohne Grenzen? AcP 190 (1990), 609; *Hanhart,* Prüfungs- und Hinweispflichten des Bieters bei lückenhafter und unklarer Leistungsbeschreibung, FS Heiermann, 1995, S. 111; *Heiermann,* Anordnungen des Auftraggebers und vorgeschriebene Stoffe oder Bauteile i. S. v. 13 Nr. 3 VOB/B, FS Locher, 1990, S. 65; *Heinrich,* Die Einwirkung der VOB auf den BGB-Werkvertrag im Bereich des Mängelrechts, BauR 1982, 224; *Heuchemer,* Das Baugrundrisiko in der internationalen Vertragspraxis, BB-Beilage 20/91, S. 12; *Hochstein,* Zur Systematik der Prüfungs- und Hinweispflichten des Auftragnehmers im VOB-Bauvertrag, FS Korbion 1986, S. 165; *Kaiser,* Die Gefahrtragung im Bauvertrag, FS Korbion 1986, S. 197; *ders.,* Adressat für Anzeigen des Auftragnehmers nach §§ 4, 6 VOB/B, NJW 1974, 445; *ders.,* Die Prüfungs- und Anzeigepflichten des Auftragnehmers nach § 4 Nr. 3 VOB/B, BauR 1981, 311; *Kapellmann,* § 645 BGB und die Behinderungshaftung für Vorunternehmer, BauR 1992, 433; *ders.* „Baugrundrisiko" und „Systemrisiko" – Baugrundsystematik, Bausoll, Beschaffenheitssoll, Bauverfahrenssoll, Jahrbuch Baurecht 1999, 5; *Klaft/Maxem* Die Gewährleistung des Unternehmers für die Tauglichkeit von ihm verwendeter Baustoffe oder Produkte bei Anordnung des Bestellers nach § 13 Nr. 3 VOB/B, BauR 1999, 1074; *Köck/Meier,* Vertragsrechtliche Sicherheitsgewährleistung und „Neue Risiken", JZ 1992, 548; *Kohler,* Werkmangel und Bestellerverantwortung, NJW 1993, 417; *Koller,* Die Risikozurechnung bei Vertragsstörungen in Austauschverträgen, 1979; *Lenzen,* Der bauleitende Architekt als Haftpflichtversicherer des planenden Architekten?, BauR 2000, 816; *Marbach,* Auswirkungen des Urteils – OLG Frankfurt v. 27. 5. 1983 (sog. Blasbachthalbrückenfall), ZfBR 1984, 9; *Medicus,* Mängelhaftung trotz Beachtung der anerkannten Regeln der Technik beim Bauvertrag nach der VOB/B? ZfBR 1984, 155; *Moos,* Sachmängelhaftung beim Zusammenwirken mehrerer Unternehmer, NJW 1961, 157; *Motzke,* Abgrenzung der Verantwortlichkeit zwischen Bauherrn, Architekt, Ingenieur und Sonderfachleuten, BauR 1994, 47; *ders.,* Prüfungs-, Aufklärungs- und Überwachungspflichten des Unternehmers (Der Unternehmer auf dem Weg zum Sonderfachmann?), ZfBR 1988, 244; *Nassauer,* „Sphärentheorien" zu Regelungen der Gefahrtragungshaftung in vertraglichen Schuldverhältnissen, 1978; *Neumann,* Leistungsbezogene Verhaltenspflichten, 1989; *Nicklisch,* Mitwirkungspflichten des Bestellers beim Werkvertrag, insbesondere beim Bau- und Industrieanlagenvertrag, BB 1979, 533; *ders.,* Risikoverteilung im Werkvertragsrecht bei Anweisungen des Bestellers, FS Bosch, 1976, S. 731; *Piel,* Mitteilung von Bedenken (§ 4 Nr. 3 VOB/B) und Beratung, FS Soergel, 1993, S. 237; *Rutkowski,* Mängelgewährleistung nach § 13 VOB/B im Lichte der Rechtsprechung nach dem Blasbachthalbrückenurteil des OLG Frankfurt, NJW 1991, 86; *Schlechtriem,* Haftung des Nachunternehmers gegenüber dem Bauherrn, ZfBR 1983, 101; *Schmidt,* Leistungsmängel aus dem Bereich des Auftraggebers, NJW 1966, 1494; *Schottke,* Das Baugrundrisiko beim VOB-Vertrag, BauR 1993, 407, 565; *Schünemann,* Aufklärungspflicht und Haftung, BB 1987, 2243; *Siegburg,* Baumängel aufgrund fehlerhafter Vorgaben des Bauherrn, FS Korbion, 1986, S. 411; *Siegmar,* Der fachkundige Bauherr, BauR 1974, 305; *Soergel,* Die quotenmäßige Mangelverantwortung der Bauvertragsparteien, ZfBR 1995, 165; *Vorwerk,* Mängelhaftung des Werkunternehmers und Rechte des Bestellersd nach neuem Recht, BauR 2003, 1; *Wiegand,* Bauvertragliche Bodenrisikoverteilung im Rechtsvergleich, ZfBR 1990, 2; *Zimmermann,* Fehlerfreies Bauen durch Informationsmanagement, FS Soergel, S. 367.

## Übersicht

| | Rdn. | | Rdn. |
|---|---|---|---|
| **A. Problemzusammenhang der §§ 13 Nr. 3, 4 Nr. 3 VOB/B** | 1–17 | III. Kausalitätsfrage („zurückzuführen") – „Ausreißerfälle" | 39 |
| I. Risikoentlastung des Auftragnehmers/Methodische Wege in Schrifttum und Rechtsprechung. | 1 a | IV. Mitverantwortlichkeit des Auftraggebers (§ 254 BGB)/Interner Ausgleich | 42 |
| 1. Vorbemerkung: Verhältnis § 13 Nr. 3 zu § 4 Nr. 3 VOB/B/Geltungsumfang | 1 | 1. Methodischer Weg der herrschenden Lehre/Fallgruppen der Rechtsprechung und des Schrifttums | 42 |
| 2. Auffassungen im Schrifttum | 5 | 2. Kritik und eigener Lösungsansatz des Verfassers | 54 |
| 3. Der Standpunkt der Rechtsprechung | 10 | 3. Interne Regressfragen | 61 |
| II. Kritik und eigener Standpunkt | 15 | V. Das Verhältnis von § 645 BGB zu § 13 Nr. 3 VOB/B | 64 |
| **B. Tatbestandsmerkmale des § 13 Nr. 3** | 18–70 | 1. Unterschiedliche Regelwirkungen der §§ 645 BGB, 13 Nr. 3 VOB/B | 65 |
| I. Die Leistungsvorgaben des Auftraggebers nach § 13 Nr. 3 VOB/B | 18 | 2. Übereinstimmung der Normzwecke | 68 |
| II. „Mitteilung" des Auftragnehmers nach § 4 Nr. 3 VOB/B | 38 | **C. AGB-Problematik** | 71–72 |

§ 10 Nr. 3 VOB/B wurde nach der Schuldrechtsreform nur in redaktioneller Hinsicht **1** geändert. Grund hierfür war, dass der in der alten Fassung im letzten Halbsatz gewählte Begriff der „Gewährleistung" seit der Schuldrechtsreform nicht mehr im BGB benutzt wird. Die VOB/B wurde dem neuen Gesetzeswortlaut lediglich sprachlich angepasst. Beachte aber zur Beweislage u. Rdn. 4.

# A. Problemzusammenhang der §§ 13 Nr. 3, 4 Nr. 3 VOB/B

## I. Risikoentlastung des Auftragnehmers/Methodische Wege im Schrifttum und in der Rechtsprechung

### 1. Vorbemerkung: Verhältnis § 13 Nr. 3 zu § 4 Nr. 3 VOB/B/Geltungsumfang

§ 13 Nr. 3 VOB/B steht systematisch in engem Zusammenhang mit § 4 Nr. 3 **1a** VOB/B. Zur Bedeutung des § 4 Nr. 3 VOB/B für die Risikoordnung des VOB-Vertrages vgl. eingehend schon zu → § 4 Nr. 3 Rdn. 3. Im Wesentlichen gilt: § 13 Nr. 3 VOB/B regelt die gegenüber § 4 Nr. 3 VOB/B engere Frage, unter welchen Voraussetzungen der Auftragnehmer von einer Haftung für Mängel **freigestellt** ist, die auf Vorgaben des Auftraggebers (Leistungsbeschreibung; Anordnungen, gelieferte bzw. vorgeschriebene Stoffe oder Bauteile) oder Dritter (Leistung eines Vorunternehmers) zurückgehen.

Der Normzweck des § 4 Nr. 3 VOB/B weicht davon ab: § 4 Nr. 3 VOB/B betrifft **2** das **Herstellungsstadium** und regelt ganz generell die (Treue-)Pflicht des Auftragnehmers auf dem Wege der Werkschöpfung. § 4 Nr. 3 VOB/B kann insofern auch als Ausprägung des Kooperationsprinzips bei der Durchführung des Bauvertrages verstanden werden (s. o. → § 4 Nr. 3 Rdn. 6 a). Das Problem des § 4 Nr. 3 VOB/B ist der Umfang der Prüf- und Hinweispflichten im Hinblick auf das vom Auftragnehmer geschuldete Werk. Das Problem des § 13 Nr. 3 VOB/B besteht darin, die Voraussetzungen zu bestimmen und inhaltlich zu begründen, unter denen ein Mängelhinweis des Auftragnehmers (gem. § 4 Nr. 3 VOB/B) zu seiner Entlastung von Mängelansprüchen führt. Wie § 4 Nr. 3 VOB/B (vgl. dort Rdn. 1 f.) wird im Übrigen auch § 13 Nr. 3 VOB/B ganz allgemein[1] als Ausdruck eines üblichen Pflichtverständnisses im Bauvertrag gesehen, das deshalb auch über den VOB-Vertrag hinaus gilt.

3   § 13 Nr. 3 VOB/B ist sinngemäß **auch vor Abnahme** anzuwenden, soweit eine – dieser Bestimmung entsprechende – Verantwortungssituation besteht, in der eine Haftungsfreistellung auch bereits vor Abnahme in Betracht kommt. Das ist im Rahmen des § 4 Nr. 7 VOB/B der Fall, auf den § 13 Nr. 3 VOB/B entsprechend anzuwenden ist.[2]

4   Die **materielle Einordnung** der Entlastung des Auftragnehmers gem. § 13 Nr. 3 VOB/B und damit auch die Bestimmung der Voraussetzungen einer Freistellung von Mängelansprüchen in Grenzfällen bereitete bereits im alten Recht Schwierigkeiten. In der rechtlichen Diskussion haben sich dazu unterschiedliche Auffassungen entwickelt. Im Kern handelt es sich um die unten (Rdn. 5 ff.) behandelten Standpunkte. Seit der Schuldrechtsreform und der Neuformulierung der VOB/B in der Fassung von 2002 sind weitere Fragen der Reichweite der Freizeichnung nach § 13 Nr. 3 VOB/B aufgetreten. Es wird jedoch allgemein davon ausgegangen, dass die redaktionelle Neufassung des § 13 Nr. 3 VOB/B zu keiner inhaltlichen Änderung geführt habe.[3] Das ist nur mit einer Einschränkung zutreffend: § 13 Nr. 3 a. F. vermutete eine Gewährleistungsfreiheit, wenn die genannten Direktiven des Auftraggebers vorlagen. Dieser musste nachweisen, dass der Auftragnehmer seiner Pflicht nach § 4 Nr. 3 nicht nachgekommen war. Dieses Verhältnis ist nun umgedreht: Der Auftragnehmer muss sich über § 4 Nr. 3 VOB/B entlasten. Die neue Formulierung ist sachgerecht. Das Vorliegen einer Ausweisung reicht nicht für eine Entlastungsvermutung. Liegt objektiv ein Mangel vor, ist es prinzipiell Sache des Auftragnehmers, die Voraussetzungen für eine Risikobelastung des Auftraggebers darzulegen.

4a   Hinsichtlich der Reichweite der Haftungsentlastung gemäß § 13 Nr. 3 VOB/B wird nach neuem Schuldrecht der Standpunkt vertreten, dass der Ausschluss der Mangelansprüche nach § 13 Nr. 3 VOB/B sich nicht auf das nunmehr in §§ 634 Nr. 3, 636, 323 BGB geregelte Rücktrittsrecht beziehe.[4] Dem steht die Einschätzung des DVA-Hauptausschusses gegenüber, der bei der Neuformulierung der VOB/B davon ausging, dass § 13 Nr. 3 VOB/B auch die im neuen Schuldrecht bestehenden Rücktrittsrechte erfassen sollte.[5] Tatsächlich ist nicht ersichtlich, weshalb der in dem Bauvertrag zu Tage tretende Wille ausgerechnet das Recht auf Rücktritt im Mangelfall ausklammern sollte.[6]

## 2. Auffassungen im Schrifttum

5   Es liegt nahe, die Entlastung des Auftragnehmers von einer Mängelhaftung aus Anlass baulicher Vorgaben des Auftraggebers auf der **rechtsgeschäftlichen** Ebene zu lösen. Diesen Ansatz führte zunächst *Moos*[7] in die Diskussion ein. Ausdifferenzierter nahm ihn später insb. *Nicklisch*[8] auf. Die gedankliche Anknüpfung dieser Autoren liegt darin, dass der Auftraggeber mit Anordnungen, Weisungen oder auch der Schaffung tatsächlicher Verhältnisse, an welche der Auftragnehmer mit seiner Leistung anzuschließen hat, nicht nur „Fakten" setze, sondern auch rechtliche Bedingungen für die Ausführung der beauftragten Werkleistung schaffe.

---

[1] BGH NJW 1987, 643 = BauR 1987, 79 = ZfBR 1987, 32; *Heiermann/Riedl/Rusam* VOB/B § 13 Rdn. 49; *Kaiser* Mängelhaftung Rdn. 128.

[2] Ebenso die h. L., vgl. *Ingenstau/Korbion/Oppler* VOB/B § 4 Nrt. 7 Rdn. 15 Rdn. 341; *Nicklisch/Weik* VOB/B § 4 Rdn. 95; *Leinemann/Schliemann* § 13 Rdn. 46; *Kaiser* Mängelhaftung Rdn. 128; unklar, aber wohl auch BGH NJW 1982, 1524 = BauR 1982, 277 = ZfBR 1982, 122; OLG Düsseldorf BauR 1994, 404 = NJW-RR 1999, 529; abweichend *Siegburg* FS Korbion S. 424; abw. wohl auch BGH NZBau 2003, 265 (266) = ZfBR 2003, 352 = NJW 2003, 1450.

[3] Vgl. *Kapellmann/Messerschmidt/Weyer*, § 13 VOB/B Rdn. 59; *Kniffka* IBR-Kommentar § 633 Rdn. 65; *Ingenstau/Korbion/Wirth* § 13 Nr. 3 Rdn. 3.

[4] So: *Kemper* BauR 2002, 1613 (1618).

[5] Vgl. *Katzenberg* NZBau 2002, 177 (179).

[6] Die Neuformulierung („haftet der Auftragnehmer") unterstützt die umfassende Reichweite der Risikoentlastung vom Wortlaut her.

[7] NJW 1961, 157.

[8] FS Bosch; *Nicklisch/Weick* VOB/B § 13 Rdn. 43 ff. krit.: *Siegburg* Gewährleistung Rdn. 1336 ff.

Diese Bedingungen wiederum könnten nicht von der Definition der (exakt) geschuldeten Werkleistung abgelöst werden. Wenn also ein Auftraggeber vorschreibe, dass ein Bauteil unter Verwendung bestimmter Materialien, mit Hilfe bestimmter Methoden oder im Anschluss an bestimmte Vorleistungen erstellt werden solle, dann besage dies gleichzeitig, dass die Werkleistung (nur) so herzustellen sei, wie dies mit Rücksicht auf die Vorgaben des Auftraggebers möglich sei. Ein Auftrag mit dieser inhaltlich eingeschränkten („bedingten") Werkbeschreibung werde auch dann mängelfrei erfüllt, wenn das Ergebnis den wirtschaftlichen Erwartungen des Auftraggebers überhaupt nicht entspreche, der Auftragnehmer aber mit Rücksicht auf die Vorgaben alles getan habe, um „an sich" zu einer einwandfreien Werkleistung zu kommen.

Dieser auf einem konsequent **subjektiven „Fehler"-Begriff** beruhende Ansatz ist vor allem von *Nicklisch*[9] ausgearbeitet worden. Er stellt nicht ausschließlich auf die Bestimmung der geforderten „Werkeigenschaften" ab, sondern erhebt das dem Auftragnehmer vertraglich zugewiesenen Risiko zum Maßstab. *Nicklisch* knüpft an die Überlegung an,[10] dass es bei der Abwicklung von Bauvorhaben eine Vielzahl unterschiedlich starker und verpflichtender „Wünsche", „Weisungen" und „Bedingungen" des Auftraggebers gebe, die jedoch nur jenseits einer bestimmten inhaltlichen Grenze die Wirkung haben könnten, die (alleinige) werkvertragliche Verantwortung des Auftragnehmers für den Leistungserfolg aufzuheben. Während es gegenüber Bauherren-„Wünschen" grundsätzlich Sache des Auftragnehmers bleibe, selbst zu kontrollieren, auf welche Vorgaben er sich einlassen könne, ohne das Ergebnis zu gefährden, schlage dies dann – allerdings rechtsgeschäftlich – in eine Verantwortlichkeit des Auftraggebers um, wenn dieser seine Vorgaben so verbindlich mache, dass er das Risiko aus ihrer Ausführung erkennbar selbst tragen wolle. **6**

Rechtsgrund der Haftungsfreistellung des Auftragnehmers ist bei *Nicklisch* im Vordergrund nicht (allerdings auch) eine (subjektive) Fehlerbestimmung, sondern – in der Sache – ein **Risikovertrag** mit dem Auftraggeber, auf Grund dessen dieser für tatsächliche Wirkungen seiner Anordnungen selbst einstehen will. Auch für ein „mangelhaft" hergestelltes Werk kann deshalb danach eine Mängelhaftung ausgeschlossen sein. Im Rahmen des § 13 Nr. 3 VOB/B verlangt *Nicklisch* allerdings keinen nachweisbaren eigenen „Entlastungsvertrag", wie er im Urteil des OLG Frankfurt v. 27. 5. 1981 (Blasbachthalbrücke)[11] als notwendige Voraussetzung anklingt. Die Risikoentlastung in § 13 Nr. 3 VOB/B tritt nach *Nicklisch*[12] über eben diese Vertragsbestimmung ein, wenn deren Voraussetzungen vorliegen. **7**

Andere Autoren sehen die Erklärung für eine Mangelhaftungsfreiheit nach § 13 Nr. 3 VOB/B in **allgemeinen gesetzlichen Wertungen.** So weist *Kaiser*[13] darauf hin, dass es dem Gebot von Treu und Glauben widerspreche (§ 242 BGB), wenn der Auftraggeber einerseits verbindlich Anordnungen erteile, andererseits aber seinen Vertragspartner für die Fehler der eigenen Weisungen verantwortlich machen wolle. Andere Autoren ziehen den inhaltlich verwandten § 645 BGB heran[14] bzw. greifen generell den darin auch ausgedrückten Gedanken einer Risikoverteilung nach Verantwortungssphären auf, – mit im Einzelnen allerdings unterschiedlichen Ableitungen.[15] Es soll sich nach einer weiteren Auffassung bei § 13 Nr. 3 VOB/B um eine Ausprägung des Verbotes unzulässiger Rechtsausübung handeln.[16] *Fischer*[17] und andere[18] schließlich knüpfen daran an, dass der Auftragnehmer im **8**

---

[9] *Nicklisch/Weick* VOB/B § 13 Rdn. 46.
[10] FS Bosch S. 732.
[11] NJW 1983, 456 = BauR 1983, 156 = *Schäfer/Finnern/Hochstein* Nr. 2 zu § 13 Nr. 1 VOB/B (1973).
[12] *Nicklisch/Weick* VOB/B § 13 Rdn. 47.
[13] *Kaiser* Mängelhaftung Rdn. 128.
[14] Vgl. dazu unten Rdn. 64 und insb. *v. Craushaar* BauR 1987, 14; *Kohler* NJW 1993, 417; vgl. auch *Siegburg* FS Korbion S. 411.
[15] Vgl. auch *Nicklisch/Weick* VOB/B § 13 Rdn. 45.
[16] *Leinemann/Schliemann* § 13 Rdn. 46.
[17] Die Regeln der Technik im Bauvertragsrecht, S. 129; vgl. auch *Siegburg* Gewährleistung Rdn. 1336.
[18] Eingehend hierzu *Philipp Kraus* Planungsverantwortung vgl. § 13 Nr. 1 Rdn. 16, 25 (Fn. 65).

§ 13 Nr. 3    Mangelansprüche bei vom Auftraggeber verursachten Mängeln

Rahmen der §§ 633 ff. BGB, 13 Nr. 1 VOB/B das Risiko nur bis zu einer bestimmten Einflussstufe des Auftraggebers tragen könne. Trete durch seine Weisungen eine **„Gefahrerhöhung"** ein, schlage das Risiko zu Lasten des Auftraggebers um; der Auftragnehmer könne nicht beliebig über die gesetzlichen Wertungen hinaus belastet werden. *Klaft/Maxem*[19] gehen mit einem ähnlichem Ansatz davon aus, dass der Haftungsausschluss des § 13 Nr. 3 VOB/B sich daraus erkläre, dass der Auftraggeber die Ursache für den Mangel gesetzt habe und es daher billig wäre, diesem bei unterlassenem Hinweis das Risiko für Mängel aufzubürden.

9   Dem Gedanken der Gefahrerhöhung trägt auch *Medicus* Rechnung:[20] Der Rechtsgrund für die umfassende Werkverantwortung des Auftragnehmers liege in der Freiheit des Unternehmers, die Mittel der Werkherstellung selbst zu bestimmen, d. h. auch fragwürdige und untaugliche Mittel abzulehnen. Die Rechtfertigung, den Auftragnehmer deshalb auch mit dem Risiko eines Fehlschlages zu belasten, ende darum dort, wo die Freiheit der Mittelwahl aufgehoben sei. Das sei insb. der Fall, wenn sich der Auftragnehmer den Weisungen des Auftraggebers aus rechtlichen oder tatsächlichen Gründen nicht entziehen könne. Für die Folgen solcher Vorgaben habe deshalb der Auftraggeber einzustehen.

9 a   Zumindest für den BGB-Werkvertrerag geht *Vorwerk*[21] davon aus, dass mit der Schuldrechtsreform die eigenständige Regelung des Gewährleistungsrechtes im alten Schuldrecht beseitigt werden und dieses in das allgemeine Leistungsrecht integriert werden sollte. Die Mängelhaftung soll sich danach aus dem durch die §§ 633 ff. BGB nur modifizierten allgemeinen Leistungsstörungsrecht ergeben. Die Verletzung der Hinweispflichten soll danach zu einer Pflichtverletzung des Auftragnehmers nach § 241 Abs. 2 BGB führen. Diese Auffassung würde die in § 13 Nr. 3 VOB/B geregelte Haftungsfreistellung nur hinsichtlich von Schadensersatzansprüchen (§ 13 Nr. 7 VOB/B) erklären. Eine Freistellung etwa von der Nachbesserungspflicht (§ 13 Nr. 5 Abs. 1 Satz 1 VOB/B), dem Anspruch auf Kostenerstattung (§ 13 Nr. 5 Abs. 2 VOB/B) oder einem Minderungsverlangen (§ 13 Nr. 6 VOB/B) vermag diese Ansicht nicht zu erklären. Dies gilt letztlich auch für die im BGB neben dem Schadensersatz eingeräumten Rechte auf Nachbesserung (§§ 634 Nr. 1, 635 BGB), Aufwendungsersatz (§§ 634 Nr. 2 BGB), Rücktritt (§§ 634 Nr. 3 1. Alt., 636 BGB) oder der Minderung (§§ 643 Nr. 3 2. Alt., 638 BGB).

### 3. Standpunkt der Rechtsprechung

10   In der Rechtsprechung differieren die materiellen Erklärungen für eine Mängelhaftungsfreistellung des Auftragnehmers ähnlich wie im Schrifttum. Den **rechtsgeschäftlichen** Erklärungsansatz hat zunächst das OLG Bremen[22] **(„Binnenschiffs-Fall")** aufgegriffen und darauf hingewiesen, dass Wünsche des Bestellers nur dann zur Mängelhaftungsfreiheit des Unternehmers führen könnten, wenn die Ausführungsanordnungen zugleich rechtsgeschäftlich eine Gefahrübernahme für den Fall eines mangelhaften Werkergebnisses einschlössen. Diesem Ansatz, wie der Erklärung von *Nicklisch* (oben Rdn. 7), ist insb. das OLG Düsseldorf[23] entgegengetreten und hat einen „Gewährleistungsverzicht" als Vereinbarungsvoraussetzung für eine Haftungsfreistellung abgelehnt. Es weist darauf hin, dass § 13 Nr. 3 VOB/B zur Entlastung von Mängelhaftungsansprüchen nicht mehr fordere als die konkrete Erfüllung der Tatbestandsvoraussetzungen der §§ 13 Nr. 3; 4 Nr. 3 VOB/B.

11   Da in der Rechtsprechung methodisch überzeugende Erklärungen für die Umkehr der Verantwortungslage nach § 13 Nr. 3 VOB/B fehlen, ist die Angabe der sachlichen Gründe

---

[19] *Klaft/Maxem* BauR 1999, 1074 (1075).
[20] ZfBR 1984, 155, Im Übrigen ist die „Gefahrerhöhung" als Grundlage des § 13 Nr. 3 VOB/B inzwischen weitestgehend aufgegeben, vgl. *Ingenstau/Korbion/Oppler* VOB/B § 13 Nr. 3 Rdn. 4 Rdn. 176; *Heiermann* FS Locher S. 65.
[21] BauR 2003, 1 (5 f.).
[22] NJW 1963, 495.
[23] NJW-RR 1988, 211 = BauR 478 = *Schäfer/Finnern/Hochstein* Nr. 5 zu § 9 VOB/B (1973); vgl. Auch OLG Köln BauR 1988, 125 (L.) = *Schäfer/Finnern/Hochstein* § 13 Nr. 3 Nr. 7.

in den Entscheidungen eine stete Gratwanderung zwischen einem Rückzug auf den Vertragtatbestand einerseits[24] und einer Anlehnung an das rechtsgeschäftliche Entlastungsmoment andererseits (vgl. dazu insb. die Entscheidungen des OLG Frankfurt[25] und OLG Hamm).[26]

Der **BGH** hat sich zum Rechtsgrund der Haftungsentlastung ausführlich zuerst in der Entscheidung des **VII. Zivilsenats v. 17. 5. 1984**[27] geäußert, in der er sich ausdrücklich zu der Ansicht von *Nicklisch*[28] bekannte und u. a. ausführte: „Eine Risikoverlagerung auf den Besteller kann nicht schon daraus abgeleitet werden, dass dieser bei Vertragsschluss bestimmte Vorstellungen von dem versprochenen Werk hat (...). Anderenfalls hätte es jeder Unternehmer in der Hand, seiner Einstandspflicht für die Tauglichkeit des angewendeten Systems zu entgehen, in dem er es zum Gegenstand seines Angebotes macht. Erforderlich ist vielmehr eine rechtsgeschäftliche Risikoübernahme durch den Auftraggeber." Im Rahmen des § 13 Nr. 3 VOB/B sei diese Risikoübernahme aber an **Voraussetzungen in der Art der erteilten Anordnungen** gebunden. In der gleichen Entscheidung heißt es **weiter:** „Ebensowenig erfüllt der ... Sachverhalt die Voraussetzungen des § 13 Nr. 3 VOB/B, ... Bei dieser Sachlage hat die Beklagte das betreffende System aber nicht „vorgeschrieben", sondern allenfalls vorgeschlagen. Es fehlt an der in § 13 Nr. 3 VOB/B vorausgesetzten **bindenden Anweisung, die der Klägerin keine Wahl gelassen** und absolute Befolgung erheischt hätte."

Es ist nicht deutlich, ob nach Auffassung des BGH die tatbestandlichen Bedingungen des § 13 Nr. 3 VOB/B nur eine vertragliche Umschreibung der Voraussetzungen sind, unter denen es bei Anordnungen des Auftraggebers zu einer rechtsgeschäftlichen Risikoentlastung kommt oder ob die sachlich maßgebende Risikovereinbarung insoweit neben dem Tatbestand des § 13 Nr. 3 VOB/B zu prüfen ist. Die schon bei den Untergerichten festgestellte Gratwanderung ist auch beim BGH Ausdruck **methodischer Unklarheit.**

In einer weiteren Entscheidung vom 14. 3. 1996 hat der **BGH**[29] ausgeführt, dass nach § 13 Nr. 3 VOB/B die Haftung des Auftragnehmers nur soweit eingeschränkt werde, wie es nach **wertender Betrachtung** gerechtfertigt sei. Hieraus folge, dass sie nur soweit erfolge, wie die Anordnung des Auftraggebers reiche. Dies sei eine Frage der Billigkeit. Hieraus leitete der BGH in der Entscheidung vom 14. 3. 1996 ab, dass es eine Abstufung der Freistellung dahin gebe, dass die Befreiung von Mangelansprüchen umso weiter reiche, je speziellere Anweisungen der Auftraggeber gebe. In dieser zweiten Entscheidung stellte der BGH damit – ähnlich den oben dargelegten Literaturstimmen[30] – vor allem auf Billigkeitserwägungen und nicht speziell auf eine rechtsgeschäftliche Risikoübernahme ab. Inhaltlich ist der Entscheidung jedoch zuzustimmen. Es ist nicht gerechtfertigt, den Auftragnehmer auch über die vom Auftraggeber verantworteten Mängelrisiken hinaus zu entlasten.

## II. Kritik und eigener Standpunkt

Im Ausgangspunkt ist dem Standpunkt von *Nicklisch*[31] zu folgen: Wie bei der Mängelhaftung allgemein[32] gilt auch im Rahmen der §§ 13 Nr. 3, 4 Nr. 3 VOB/B: **Risikozuweisungen** im rechtsgeschäftlichen Bereich können letztendlich auch nur auf rechtsgeschäftliche Erklärungen zurückgehen, müssen also **vereinbart** sein. Dagegen ist die weitergehende

---

[24] Vgl. OLG Zweibrücken BauR 1992, 770 („vorgeschriebene Baustoffe").
[25] NJW 1983, 456.
[26] BauR 1988, 481.
[27] BGHZ 91, 206 f. = NJW 1984, 2457 = BauR 1984, 510 = ZfBR 1984, 222.
[28] A. a. O. (Fn. 8).
[29] BGHZ 132, 189 = BauR 1996, 702 = NJW 1996, 2372; ähnlich: BGH ZfIR 2006, 13 (Anm. *Schwenker*) und OLG Stuttgart v. 16. 5. 2007 (4 U 23/07) – ESG-Glas.
[30] S. o. Rdn. 8.
[31] A. a. O. (Fn. 8).
[32] Vgl. → Vor § 13 Rdn. 1–3, 27 f. Eingehend dazu *Ganten* Pflichtverletzung S. 120 f.; 171 f.; 210 f.

Auffassung etwa von *Moos*[33] und des OLG Bremen[34] abzulehnen, wonach – als Entlastungsgrund – das Leistungsrisiko des Unternehmers mit der Beschreibung des Gegenstandes der Leistung zusammenfällt. Die Beschreibung des geschuldeten „Werkes" kennzeichnet das Vertragsrisiko nur vorläufig und zeigt lediglich bei einer „ersten Prüfstufe" seine wesentlichen Konturen auf. Die Feinabstimmung des Leistungs- und Vergütungsrisikos des Auftragnehmers in den Randbereichen („zweite Stufe" der Zurechnungsprüfung, vgl. → § 13 Nr. 1 Rdn. 22) kann von der „Werk"-Definition sinnvoll nicht mehr geleistet werden.[35] In Grenzfällen ist deshalb über die „Mangel"-Definition hinaus auf die rechtsgeschäftliche Risikoabstimmung zurückzugehen. Im Einzelnen vgl. die Ausführungen zum „normativen" Mangelbegriff bei → § 13 Rdn. 14, 22 f., 68 f.

**16**  Allerdings darf – praxisnah – der Auslegung der **„Risikovereinbarung"** der Parteien nicht zu viel zugemutet werden. So richtig es einerseits ist, dass der „Gefahrenplan"[36] des Vertrages rechtsgeschäftlich bestimmt ist, so sehr hängt die Überzeugungskraft des vertragsrechtlichen Ansatzes davon ab, dass das Verhalten der Parteien entsprechende „Vertragserklärungen" wirklich auch rechtfertigt. Es ist durchaus problematisch, ob und wann ein Auftraggeber, der seinem Vertragspartner „bindende" bauliche Vorgaben macht, damit auch die Erklärung verknüpfen will, er selbst übernehme hierfür – wenn der Auftragnehmer Bedenken anmeldet, § 4 Nr. 3 VOB/B – das Folgerisiko. Meist wird es an dem entsprechenden Erklärungsbewusstsein fehlen. Gleichwohl ist sorgsam zwischen den Interessen abzuwägen. **Vertragsrisiken** können – rechtsgeschäftlich – auch durch Zurechnungstatbestände verändert werden, die nicht in wörtlichen Erklärungen zu Vertragsabreden, sondern in „verstandenem Verhalten" und einem „Sich darauf Einlassen" bestehen. Bezogen auf § 13 Nr. 3 VOB/B: Der Protest des Auftragnehmers gegen Anordnungen oder sonstige Vorgaben des Auftraggebers ist kein „Angebot auf Abschluss eines Risikovertrages", aber durchaus eine Erklärung, deren Entlastungsziel verstanden werden soll. Reagiert der Auftraggeber durch Beharren oder Schweigen, so kann darin, entsprechende „Anordnungen" vorausgesetzt, ein Einverständnis liegen, das den Auftragnehmer vertraglich berechtigt, sich in diesem Punkt von einer Mängelhaftung frei zu sehen.[37]

**17**  Der **tragende Rechtsgrund** für eine Risikozurechnung unterhalb der „erklärten" Vertragsebene besteht in der Folge eines **verbindlich gesetzten und in Anspruch genommenen Vertrauens,** auf das sich der Vertragspartner verlassen kann. Diese Vertrauensebene erlaubt es, die Risikostruktur des Vertrages auch dort zu verdeutlichen, wo ausdrückliche Erklärungen fehlen.[38] Auch eine Mängelhaftungsentlastung des Auftragnehmers kann auf diesem Wege legitimiert werden. § 13 Nr. 3 VOB/B knüpft an diesen Tatbestand an.

Soweit in der Literatur behauptet wird, dass nach der hier vertretenen Ansicht zu der allgemeinen vertraglichen Vereinbarung zusätzlich eine rechtsgeschäftliche Risikoübertragung erforderlich sei,[39] ist dies unzutreffend. Der VOB-Vertrag enthält diese rechtsgeschäftliche Verlagerung bereits in der Regelung des § 13 Nr. 3 VOB/B selbst.

---

[33] NJW 1961, 157.
[34] NJW 1963, 495.
[35] Abweichend wohl noch *Nicklisch* FS Bosch S. 739, 744; vgl. dazu *Ganten* Pflichtverletzung S. 215 f.
[36] Vgl. *Ganten* Pflichtverletzung S 190, 213; *ders.* BauR 1972, 193 f.
[37] Die modernere Schuldrechtslehre geht allgemein davon aus, dass Verkehrsrisiken auch ohne nach herkömmlichem Verständnis „erklärte" Willenserklärungen verlagert werden können, vgl. umfassend *Köndgen,* Selbstbindung ohne Vertrag, S. 334, 355; *v. Bar* NJW 1982, 637; *Hopt* AcP 1983, (1983) 634, 698; *Hesse/Kaufmann* JZ 1995, 219.
[38] Die „Vertrauenserklärung" aus berufsspezifischer Verantwortung hat sich als Zurechnungselement seit langem Geltung verschafft; vgl. die in Fn. 38 Genannten und etwa BGH NJW 1978, 1374 (dazu *Hohloch* NJW 1979, 2369); die vielfach diskutierte Berufs- und Sachwalterhaftung beruht auf eben diesem Rechtsprinzip, vgl. etwa *Grunewald* JZ 1982, 627; *Herrmann* JZ 1983, 422; *Littbarski* NJW 1984, 1667; *Oderski* NJW 1989, 1; *Hübner* NJW 1989, 5.
[39] Vgl. *Kapellmann/Messetrschmidt/Weyer* § 13 VOB/B Rdn. 72; *Vygen* Bauvertrag Rdn. 452.

## B. Tatbestandsmerkmale des § 13 Nr. 3

### I. Die Leistungsvorgaben des Auftraggebers nach § 13 Nr. 3 VOB/B

Schon im Rahmen des § 4 Nr. 3 VOB/B ist erläutert,[40] dass die Voraussetzungen für Mängelhinweise in § 4 Nr. 3 VOB/B anders („weicher") formuliert sind als im § 13 Nr. 3 VOB/B.[41] Von „Anordnungen" und „vorgeschriebenen" Stoffen ist in § 4 Nr. 3 VOB/B keine Rede; das ist kein Zufall. Im Anschluss an die Erläuterungen oben Rdn. 1 kommt es im Rahmen des § 13 Nr. 3 VOB/B (anders als bei § 4 Nr. 3 VOB/B, vgl. oben Rdn. 2) darauf an, die **Haftungsentlastung des Auftragnehmers** auf Grund von Hinweisen nach § 4 Nr. 3 VOB/B sachlich zu legitimieren. 18

Dazu müssen verschiedene **Voraussetzungen** erfüllt sein: Zur Verantwortungsbefreiung nach § 13 Nr. 3 VOB/B muss dem Tatbestand der „Mängelmitteilung" nach § 4 Nr. 3 VOB/B (Tatbestandsverweisung) genügt sein (vgl. dazu unten Rdn. 38). Weiter müssen die Vorgaben des Auftraggebers so beschaffen sein, dass der darauf erfolgende Mängelhinweis tatsächlich auch zur Risikoentlastung führt. Hierzu ist schon oben auf die Rechtsprechung des BGH[42] hingewiesen worden, die eine „bindende" Anordnung des Auftraggebers verlangt. 19

Nicht genügend ist eine Leistungsangabe, die der **Auftragnehmer** von vornherein **mitzuverantworten** hat: Die Anordnungen des Auftraggebers müssen Ausdruck seines Entschlusses sein, die Baumaßnahme exakt in dieser Weise auszuführen. Dann darf die Art der Ausführung nicht gleichzeitig auf Vorstellungen (Anregungen) des Auftragnehmers beruhen. 20

Soweit der Auftragnehmer selbst an der Festlegung Leistungsinhaltes beteiligt ist, kann er seine Verantwortung dafür nicht abwälzen; § 13 Nr. 3 VOB/B betrifft nur die verpflichtenden einseitigen Weisungen des Auftraggebers. Zu **„vorgeschriebenen Baustoffen"** hat das **OLG Hamm** dies in seiner Entscheidung vom **9. 2. 1987**[43] zutreffend herausgehoben: „Es reicht sicher nicht aus, dass der Auftraggeber sich mit der Verwendung bestimmter Baustoffe einverstanden erklärt hat oder dass er ihre Verwendung angeregt hat. Es ist auch zweifelhaft, ob es ausreicht, wenn in dem vom Auftraggeber zur Verfügung gestellten Leistungsverzeichnis, das Grundlage des Angebots des Auftragnehmers oder später des Vertrages wird, bestimmte Baustoffe benannt worden sind (Nachweise). Erforderlich ist eine bindende Anweisung, die dem Auftragnehmer keine Wahl lässt und absolute Befolgung erheischt (Nachweise). Nach der Auffassung des Senats ist eine derartige bindende Anweisung mit der Folge einer Risikoverlagerung auf den Auftraggeber jedenfalls dann gegeben, wenn die in der Leistungsbeschreibung benannten Baustoffe erkennbar wesentlicher Bestandteil des Planungskonzepts des Auftraggebers bzw. des von ihm eingeschalteten Planers sind und wenn der Auftragnehmer nicht nur nicht einseitig davon abweichen darf, sondern auch darauf vertrauen darf, dass das Planungskonzept bereits vom Planer auf seine Brauchbarkeit überprüft worden ist." 21

---

[40] Vgl. dazu → § 4 Nr. 3 Rdn. 2 ff.
[41] Vgl. auch *Siegburg* Gewährleistung (1. Aufl.) Rdn. 451 f.; abweichend wohl *Ingenstau/Korbion/Wirth* VOB/B § 13 Nr. 3 Rdn. 3.
[42] BGH BauR 1975, 130 (problematisch!); BGHZ 91, 206 = NJW 1984, 2457 = BauR 1984, 510 = ZfBR 1984, 222; vgl. auch BGH NJW 1973, 754 = BauR 1973, 188; BGH BauR 1975, 421 = *Schäfer/Finnern* Z 2400, Bl. 58; BGH NJW 1977, 1966 = BauR 1977, 420; BGHZ 132, 189 = BGH NJW 1996, 2372 = BauR 1996, 702; OLG Köln BauR 1988, 124 (L.) = *Schäfer/Finnern/Hochstein* § 13 Nr. 3 VOB/B (1973) Nr. 7; OLG Frankfurt NJW 1983, 456 = BauR 1983, 156; OLG Hamm BauR 1988, 481.
[43] BauR 1988, 481; ähnlich BGH BauR 1975, 421; BGHZ 132, 189 = BauR 1996, 702 = NJW 1996, 2372; ähnlich: OLG München IBR 2000, 16.

**§ 13 Nr. 3**  Mangelansprüche bei vom Auftraggeber verursachten Mängeln

22  Dieser Standpunkt ist heute in Rechtsprechung und Schrifttum unbestritten.[44] Er beruht inhaltlich nicht darauf, dass § 13 Nr. 3 VOB/B „eng auszulegen" sei, wie vielfach vertreten wird,[45] sondern auf dem oben zu Rdn. 10 f. dargestellten rechtsgeschäftlichen **Risikokonzept** hinter § 13 Nr. 3 VOB/B.

23  Nach diesem Konzept müssen **„Anordnungen"** des Auftraggebers so **eindringlich gewollt** sein, dass der Auftragnehmer nicht mehr davon ausgehen kann, der Auftraggeber wolle nur etwas „anregen" oder sei „für jeden besseren Vorschlag offen". Der Umstand, dass ein einseitiger Widerspruch des Auftragnehmers (§ 4 Nr. 3 VOB/B) dazu führen kann, ihn von einer Mängelhaftungsverantwortung freizustellen (§ 13 Nr. 3 VOB/B), macht es notwendig, dass die Anordnung „diskussionslos gewollt" sein muss. – Entsprechendes gilt für die **„Leistungsbeschreibung";** die Anforderungen daran hat das OLG Hamm (oben Rdn. 19) zutreffend beschrieben. Zur systematischen Prüfung bei „Planfehlern" vgl. zusammenfassend unten Rdn. 34 f., 47 ff.

24  Sind Anordnungen oder Leistungsbeschreibungen vom Auftraggeber **nicht zwingend vorgegeben,** sondern lediglich „Anregungen", „Wünsche", „einfache Erklärungen" o. ä., liegen die Tatbestandsvoraussetzungen des § 13 Nr. 3 VOB/B nicht vor. Es können allerdings die Bedingungen des § 4 Nr. 3 VOB/B gegeben sein, so dass der Auftragnehmer auch dann verpflichtet sein kann, die Vorgaben zu prüfen und ggf. auf Bedenken hinzuweisen (vgl. → § 4 Nr. 3 Rdn. 17, 20). Ein solcher Hinweis führt aber nicht bereits zum Mängelhaftungsausschluss, sondern klärt den Auftraggeber zunächst nur auf und fordert ihn heraus, sich zu den Bedenken zu äußern. Die Möglichkeit einer **Haftungsentlastung** des Auftragnehmers hängt dann vom weiteren **Verhalten beider Parteien** ab:

25  1. **Fall:** Der Auftraggeber äußert sich überhaupt nicht, sondern wartet die Entscheidung des Auftragnehmers zu seiner Anregung ab. – Der Auftragnehmer steht dann im vollen Risiko und darf (trotz seines Hinweises) eine fehlerhafte Vorgabe nicht ausführen, wenn er der Mängelhaftung entgehen will.[46]

26  2. **Fall:** Der Auftraggeber folgt den Bedenken (gegenüber seiner „Anregung") nicht und „regt erneut an" („bittet", „wünscht sich" usw.). Hier wiederholt sich die Situation des Falles 1. Der Auftragnehmer darf trotz erneuter „Bitte" nicht risikolos ausführen.[47]

27  3. **Fall:** Der Auftraggeber überprüft seine Anordnung und ändert sie ab. Mit dieser Reaktion steht der Auftragnehmer wieder „am Anfang" und muss prüfen, ob die neue „Anregung" erneut Mängel befürchten lässt oder nicht; die §§ 4 Nr. 3, 13 Nr. 3 VOB/B gelten erneut.[48]

28  4. **Fall:** Der Auftraggeber folgt den Bedenken nicht (wie Fall 2), „befiehlt" nun jedoch, seinem zunächst nur „angeregten" Wunsch unbedingt nachzukommen. – In diesem Fall ändert sich die Qualität der Anordnung; nunmehr liegen die Voraussetzungen des § 13 Nr. 3 VOB/B vor. Der Auftragnehmer kann sich durch Widerspruch gem. § 4 Nr. 3 VOB/B vom Risiko entlasten.[49]

29  5. **Fall:** Auftraggeber und Auftragnehmer haben einen Baustoff gemeinsam festgelegt (gleichbedeutende Variante: der Vorschlag stammt nur vom Auftragnehmer).[50] Der Auftragnehmer bekommt Bedenken und möchte das Material nicht mehr verwenden. Er teilt das dem Auftraggeber mit, der nunmehr „anregt", evtl. „anordnet", gleichwohl bei

---

[44] BGH a. a. O. (Fn. 34); zur Leistungsbeschreibung OLG Stuttgart BauR 1989, 475; *Ingenstau/Korbion/Wirth* VOB/B § 13 Nr. 3 Rdn. 36, 38; *Siegburg* Gewährleistung Rdn. 1342; *Kaiser* Mängelhaftung Rdn. 132; *Heiermann* FS Locher S. 65.
[45] BGH NJW 1977, 1966 = BauR 1977, 420 (422); *Heiermann/Riedl/Rusam* VOB/B § 13 Rdn. 49; *Ingenstau/Korbion/Wirth* VOB/B § 13 Nr. 3 Rdn. 4.
[46] Vgl. OLG Zweibrücken BauR 1992, 770 (Baustoff).
[47] Vgl. OLG Dresden NZBau 2000, 333 (335) = BauR 2000, 1341.
[48] BGH BauR 1974, 128; ebenso *Ingenstau/Korbion/Wirth* VOB/B § 13 Nr. 3 Rdn. 33; vgl. auch den Fall BGH ZfBR 2003, 672 = NZBau 2003, 265 = NJW 2003, 1450.
[49] Vgl. oben Rdn. 17, 23 ff.
[50] BGH BauR 1973, 188; BGH BauR 1975, 421; vgl. *Ingenstau/Korbion/Wirth* VOB/B § 13 Nr. 3 Rdn. 38; *Heiermann/Riedl/Rusam* VOB/B § 13 Rdn. 54.

diesem Stoff zu bleiben, oder aber: sich den Bedenken des Auftragnehmers anschließt. – Die Fälle 1–4 wiederholen sich vom Zeitpunkt der Reaktion des Auftraggebers an.

Wie erwähnt (o. Rdn. 14), hat die Rechtsprechung die Frage nach dem **Umfang der Freistellung** auch in einer weiteren Hinsicht konkretisiert: Die Haftungsfreistellung könne aus Billigkeitsgesichtspunkten nicht weiter reichen, als die Anordnungen des Auftraggebers gingen. Je genauer oder spezieller diese Anordnungen seien, umso weiter reiche die Freistellung nach § 13 Nr. 3 VOB/B.[51] Die Entlastung richtet sich insofern nach der „**Anordnungstiefe**".[52] Dem ist methodisch zuzustimmen. Wenn der Rechtsgrund für die Risikoentlastung in der Sache im Rechtsgeschäft oder in rechtsgeschäftlich geschütztem Vertrauen liegt (auch bei nur erklärungsähnlichem Verhalten des Auftraggebers, o. Rdn. 16, 17), kann auch die Erklärungswirkung nur an den Erklärungsinhalt anschließen. Eine ganz spezielle, auf einen bestimmten Ausführungspunkt bezogene strikte Anordnung erlaubt nur eine gleichartige Entlastungswirkung, eben nur konkret auf dieses Risiko bezogen. Eine generelle „Anweisung" (etwa: „moderne Dämmstoffe" zu verwenden) hat wegen ihrer Unschärfe kaum einen Erklärungsgehalt und kann deshalb bei Mängeln (etwa eines neuzeitlichen Produktes) auch zu keiner produktbezogenen Entlastung führen. Ein Problem der „Ursächlichkeit"[53] der Anordnung für den aufgetretenen Mangel liegt hier wohl nicht vor. **29 a**

Auf die vom Auftraggeber **gelieferten Baustoffe** sowie die **Vorleistungen** sind die Grundsätze der oben Rdn. 19 entsprechend anzuwenden. Auf besonders „zwingende" Weisungen wird hier nicht abgestellt, weil sich die Unausweichlichkeit aus der Sache ergibt: Vorleistungen, die vorhanden oder Baustoffe, die geliefert sind, sollen (müssen) verarbeitet werden. Diese Fälle sind, wenn nicht besondere Umstände vorliegen, den „zwingenden Anordnungen" gleichgestellt.[54] **30**

Auf diese Weise wird dem **werkvertraglichen Verantwortungssystem sinnvoll entsprochen:** Im Regelfall übernimmt der Auftragnehmer die Verantwortung für ein bestimmtes Leistungsergebnis, er „verspricht" rechtsgeschäftlich den „Erfolg" einer Werkleistung, vgl. oben Rdn. 1 ff. Die Mängelhaftung dafür, dass die Leistung dem Interesse des Auftraggebers tatsächlich gerecht wird, übernimmt der Auftragnehmer im Regelfall auch gegenüber hindernden Einflüssen, etwa fehlerhaften objektiven Leistungsbedingungen (z. B. Ergebnissen von Vorgewerken) oder Wünschen und „Forderungen" des Auftraggebers. Zum rechtsgeschäftlich erwarteten Verantwortungsrahmen des Auftragnehmers gehört es auch, „mitzudenken",[55] sich mit den Rahmenbedingungen seiner Leistung auseinanderzusetzen und die Ausgangssituation für seine Arbeit tatsächlich oder rechtlich so zu klären, dass mit Hilfe seiner eigenen Leistung sodann ein auch wirtschaftlich gewolltes Ergebnis entsteht. **31**

Diese werkvertragstypische Verantwortungsbereitschaft des Unternehmers hat aber **Grenzen.** Sie liegen jedenfalls dort, wo der Auftraggeber auf Leistungsmodalitäten besteht, für die der Auftragnehmer wegen ihres Risikos nicht mehr einstehen kann. Allerdings genügt es i. d. R. nicht, dass der Auftragnehmer die Verantwortung für bestimmte Herstellungsformen lediglich abwehrt. Zu einer Risikoverlagerung kommt es nur, wenn auch der Auftraggeber die Weigerung des Auftragnehmers als solche erkennt und akzeptiert; es muss also korrespondierend objektiv deutlich werden, dass einerseits der Auftragnehmer bestimmte (fehlerhafte) Leistungsergebnisse aus seinem Risiko ausgrenzt, andererseits sich der Auftraggeber damit abfindet und die evtl. schädlichen Wirkungen seiner Vorgaben gegen sich gelten lässt. **32**

---

[51] BGHZ 132, 189 = BauR 1996, 702 = NJW 1996, 2372; OLG München IBR 2000, 16; *Heiermann/Riedl/Rusam* VOB/B § 13 Rdn. 54.
[52] Begriff nach OLG München a. a. O. (Fn. 52). Vgl. im übrigen OLG Stuttgart v. 16. 5. 2007 – 4 U 23/07.
[53] Vgl. bezüglich der Frage der Kausalität oben Rdn. 19 ff.
[54] Anders insb., wenn die Auswahl von Baustoffen vom Auftragnehmer getroffen ist. Auch auf die Leistungsbestimmung des Vorunternehmers darf der Auftragnehmer bei § 13 Nr. 3 keinen Einfluss haben. Vgl. zum Einfluss des Auftragnehmers auf das Vorgewerk: BGH BauR 2003, 1214 (1215) – Subunternehmer des Auftragnehmers errichtete mangelhaftes Vorgewerk.
[55] Vgl. → § 4 Nr. 3 Rdn. 1, 2; ausdrücklich ebenso: Staudinger/*Peters* § 633 Rdn. 105.

**33** Der **maßgebende Grund** für die **Folgenzurechnung** an den Auftraggeber (gleichzeitig der Risikoentlastung des Auftragnehmers) ist das Vertrauen des Auftragnehmers aus dem Verhalten des Auftraggebers darauf, dass dieser auch dazu stehen will, ggf. die Verantwortung für eine im Ergebnis mangelhafte Leistung zu tragen. Nicht erforderlich ist eine nachgewiesene „Vereinbarung" der Parteien. Liegt sie vor, ist daran anzuknüpfen; ist sie nicht nachzuweisen, bleibt die gleichgewichtige Frage, ob/insoweit die grundsätzliche Erfolgsverantwortung des Auftragnehmers durch Vertrauenserklärungen des Auftraggebers modifiziert worden ist.

**34** **Zusammenfassend** ist noch einmal die systematische Prüfung bei **Planfehlern** darzustellen. Ungeachtet einer verbreiteten Auffassung folgt aus dem Planursprung eines Fehlers nicht ohne weiteres, dass der Auftragnehmer dafür nicht – ggf. neben dem Planer – einzustehen habe. „Planfehler" können zu einer Haftungsentlastung führen, müssen es aber nicht. Folgende **Fallgruppen** sind zu unterscheiden:

**35** (1) Keine Verantwortung trägt der Auftragnehmer, wenn eine Leistung **bautechnisch einwandfrei,** jedoch planerisch unbefriedigend ist. Der Auftragnehmer ist für das Bauprogramm („die **Wünsche**") **des Bauherrn** nicht verantwortlich. Er leistet deshalb auch vertragsgemäß, wenn er unzweckmäßige oder unschöne Pläne ausführt. Insoweit besteht auch keine Hinweispflicht gem. § 4 Nr. 3 VOB/B. Die Hinweispflicht nach § 4 Nr. 1 Abs. 4 VOB/B berührt nicht unmittelbar die Mängelhaftung des Auftragnehmers, sondern ist Ausdruck einer allgemeinen Treuepflicht, den Auftraggeber an der besseren Sachkenntnis des Auftragnehmers teilhaben zu lassen; eine Pflicht zur „Mitplanung" begründet diese Bestimmung aber nicht.

**36** (2) Planerische Vorgaben können i. S. des § 13 Nr. 3 VOB/B **nicht zwingende Anordnungen** sein. Das ist regelmäßig bei allen Planunterlagen der Fall, die nicht erkennbar „unbedingt und nur so" gewollt sind. Enthalten Pläne in solchen Fällen Fehler, die sich im ausgeführten Bau objektiv als Mängel darstellen, ist zu beachten, was im Rahmen des § 13 Nr. 3 bei nicht bindend angeordneten Vorgaben gilt: Der Auftragnehmer ist im Rahmen seiner bautechnischen Verantwortung zur Prüfung und ggf. zum Hinweis an den Auftraggeber verpflichtet. Zu einer vollständigen Haftungsfreistellung genügt in diesen Fällen jedoch nicht die bloße Mitteilung gem. § 4 Nr. 3. Der Auftragnehmer muss vielmehr die Stellungnahme des Auftraggebers abwarten und sich ggf. bindend anweisen (§ 13 Nr. 3 VOB/B) lassen, die von ihm für fehlerhaft gehaltene Planung auszuführen.

**37** (3) Planerische Vorgaben können aber auch eindeutig und in dieser Form **unbedingt gewollt** sein. Für zwingende Anordnungen dieser Art gilt § 13 Nr. 3 VOB/B i. V. mit § 4 Nr. 3 VOB/B. Der Auftragnehmer ist auch hier zur Prüfung verpflichtet; stellt er Fehler der Planung fest, hat er den Auftraggeber darauf hinzuweisen (§ 4 Nr. 3 VOB/B). Ebenfalls in diesen Fällen wartet der Auftragnehmer zweckmäßigerweise die Reaktion des Auftraggebers ab und bewertet sie für sein weiteres Verhalten. Nach § 13 Nr. 3 VOB/B genügt es aber zur Freistellung des Auftragnehmers, wenn er seiner Hinweispflicht gem. § 4 Nr. 3 VOB/B nachkommt. Die Verantwortung für seine (diese) Planung hat der Auftraggeber bereits mit der bindenden Anordnung übernommen. – Vgl. zu dieser Fallgruppe unten Rdn. 44, 45.

## II. „Mitteilung" des Auftragnehmers nach § 4 Nr. 3 VOB/B

**38** Hier wird auf die Erläuterungen zu → § 4 Nr. 3 Rdn. 52 f. verwiesen. Eines Hinweises nach § 13 Nr. 3 i. V. m. § 4 Nr. 3 VOB/B bedarf es für § 13 Nr. 3 VOB/B grundsätzlich auch dann, wenn die Anordnung „**völlig bindend**" und „unmissverständlich" erteilt ist. § 13 Nr. 3 VOB/B geht – anders als § 4 Nr. 3 VOB/B – gerade davon aus, dass es sich um solche Anordnungen handelt. Eine **Ausnahme** kann evtl. dann gelten, wenn die Anordnung in einer Weise erteilt wird, die „die Antwort bereits vorwegnimmt", d. h. schon die Erklärung in sich trägt, dass Bedenken absolut unerwünscht seien und ohnehin zurückgewiesen würden. Im Zweifel sollte aber im Rahmen des § 13 Nr. 3 VOB/B von einem solchen Tatbestand nicht ausgegangen werden; er wird auch sehr selten sein.[56]

### III. Kausalitätsfrage ("zurückzuführen") – "Ausreißerfälle"

In der Regel führen fehlerhafte Anordnungen oder entsprechende Vorleistungen zu Mängeln des Auftragnehmer-Werkes, so dass die Kausalitätsfrage unproblematisch ist. Entschieden sind aber Fälle,[57] in denen der Auftragnehmer dem Material (z. B. Ziegel) widersprach, der Auftraggeber die Bedenken aber zurückwies. Tatsächlich waren die Ziegel „an sich" einwandfrei, wiesen aber **„Ausreißer"** auf, die dann doch zu Mängeln führten; die fehlerhaften Einzelstücke sind für niemanden vorher erkennbar gewesen. 39

Die Lösung ist **strittig.** Die Rechtsprechung[58] wandte zunächst § 13 Nr. 3 an und wollte eine „Ursachenentlastung" des Auftraggebers nicht zulassen. Diesen Standpunkt hat der BGH in seiner Entscheidung v. 14. 3. 1996 (Fn. 57) aufgegeben und eine Freistellung des Auftragnehmers auf Grund eines Hinweises in diesen Fällen verneint. Das Schrifttum folgte zunächst noch der früheren Rechtsprechung.[59] Andere Autoren lehnten eine generelle Freistellung des Auftragnehmers ab, weil die Anordnung nicht „an sich" fehlerhaft, der Hinweis nicht „an sich" berechtigt oder der Fehler nicht „durch" die Leistungsbeschreibung usw. verursacht war. 40

Der neueren Rechtsprechung ist im Ergebnis zuzustimmen.[60] Bei der Verantwortung für „Zufallsfehler" handelt es sich um eine **Zurechnungsfrage,** die nach allgemeinen Grundsätzen zu entscheiden ist. Es kommt darauf an, ob der Auftragnehmer aus der Fallsituation heraus darlegen kann, dass er das Risiko für diese Leistungsstörung vertraglich nicht tragen sollte. Im Sinne der o. zu Rdn. 14, 29a dargestellten Rechtsprechung muss sich die Anordnung konkret auf das Mangelmoment bezogen haben. Das ist aber beim „Ausreißer" nicht der Fall; die Anweisung bezog sich dort nicht auf das Fehlerrisiko, sondern auf die Materialqualität im Übrigen. – Ähnlich verhält es sich dann, wenn Mängel aus einer beiderseits nicht zu vertretenden **zeitlichen Ablaufstörung** entstehen. Mit Recht hat der BGH[61] § 13 Nr. 3 auch hier für unanwendbar erklärt und darauf hingewiesen, dass es an der für den eingetretenen Mangel ursächlich bestimmten Vorgabe des Auftraggebers fehle.[62] Vergleichbar zum „Zufallsfehler", auf dessen Risiko nicht hingewiesen wurde, liegt der Fall,[63] in dem der Auftragnehmer zwar auf einen Planungsfehler hingewiesen, davon unabhängig aber einen Ausführungsfehler durch Abweichung von der Planung verursacht hat. Bedenkenanmeldung und Mangelursache stehen auch hier in keinem inneren Zusammenhang. 41

---

[56] Weitergehend offenbar der BGH in NJW 1977, 1966 = BauR 1977, 420, wonach der Auftraggeber von einer Prüfungspflicht schon frei sein soll, „wenn er der größeren Fachkenntnis des ihn Anweisenden vertrauen darf"; vgl. auch *Wussow* NJW 1974, 12 m. w. N. Diese Formulierung erscheint auch im Hinblick auf den sonstigen Standpunkt des BGH zu weit und nicht verallgemeinerungsfähig; vgl. auch BGH NJW-RR 1989, 721 = BauR 1989, 467.
[57] Vgl. BGH NJW 1973, 754 = BauR 1973, 188 = LM VOB/B Nr. 60; BGH BauR 1975, 421 (422).
[58] Wie Fn. 57; BGH BauR 1973, 190; OLG Stuttgart BauR 1989, 475; OLG Hamm BauR 1992, 123(l.); Rspr. geändert mit: BGH, Urteil v. 14. 3. 1996 (BGHZ 132, 189 = BauR 1996, 702 = NJW 1996, 2372); so auch OLG München IBR 2000, 16; vgl. zu der neueren Rspr.: *Klafft/Maxem* BauR 1999, 1074 (1076).
[59] *Ingenstau/Korbion/Wirth* VOB/B § 13 Nr. 3 Rdn. 15; *Kaiser* Mängelhaftung Rdn. 132.
[60] Inzwischen wohl auch allg. Meinung, vgl. *Messerschmidt/Kapellmann/Weyer* § 13 VOB/B Rdn. 72.
[61] BGH NJW 1977, 1966 = BauR 1977, 420.
[62] Vgl. oben Rdn. 29a.
[63] BGH ZfBR 2003, 672 = NZBau 2003, 265 = NJW 2003, 1450 = ZfIR 2003, 375 mit insoweit zust. Anm. *Siegburg*.

## IV. Mitverantwortlichkeit des Auftraggebers (§ 254 BGB)/Interner Ausgleich

### 1. Methodischer Weg der herrschenden Lehre/Fallgruppen der Rechtsprechung und des Schrifttums

42 § 13 Nr. 3 VOB/B geht seinem Wortlaut nach vom „Alles-oder-Nichts"-Prinzip aus. Auf eine mögliche abgestufte Verantwortung zwischen Auftragnehmer und Auftraggeber verweist die Bestimmung – im Gegensatz zu § 4 Nr. 3, letzter Hs. VOB/B – nicht. Es ist jedoch allgemeine Auffassung[64] und ergibt sich aus § 254 BGB, dass eine **Mitverantwortung des Auftraggebers** auch im Rahmen des § 13 Nr. 3 VOB/B in Betracht kommt, wenn der Auftraggeber bei der Festlegung von Leistungsinhalten Sorgfaltspflichten gegenüber dem Auftragnehmer verletzt. Zur allgemeinen Zulässigkeit des Mitverschuldenseinwandes auch gegenüber Mängelhaftungsansprüchen des Auftraggebers vgl. → Vor § 13 Rdn. 30 ff.

43 Die Schwierigkeit bei der **Zumessung** von Mitverschuldensanteilen an den Auftraggeber bestehen vor allem in dem rechtlichen Maßstab, nach dem die Zurechnung stattfinden kann. Die Praxis weist allgemein, mit unterschiedlichen Schwerpunkten im Einzelnen,[65] auf „Maß und Auswirkung von Verursachungs- bzw. Verschuldensbeiträgen" hin, ohne damit aber zu sicheren und kontrollfähigen Kriterien zu kommen.

44 Der **BGH** hat diese Grundsätze in seiner Entscheidung **vom 11. 10. 1990**[66] weiter konkretisiert, indem er für die beiderseitigen Verantwortungsanteile darauf abgestellt hat, inwieweit Auftragnehmer oder Auftraggeber berechtigt von der Zuverlässigkeit des Leistungsbeitrages des jeweils anderen ausgehen durften und dieses Vertrauen enttäuscht worden ist. Wörtlich heißt es in der Entscheidung:[67] „Danach ist Maßstab für die Abwägungen der jeweiligen Beiträge von Auftragnehmer und Auftraggeber zu den entstandenen Schäden der Gedanke des Vertrauensschutzes. Nur soweit der Auftragnehmer auf Planungen und Ausführungsunterlagen tatsächlich vertraut hat und auch vertrauen durfte, kann er entlastet werden (Nachweise). Soweit die konkrete Situation zu gesteigertem Misstrauen nötigt, ist er zu besonderer Sorgfalt verpflichtet (Nachweise)."

45 Damit wird – zutreffend – ein Gesichtspunkt herausgestellt, der materiell auch der Verantwortungsentlastung in § 13 Nr. 3 VOB/B zu Grunde liegt. Im Einzelnen **folgert der BGH** aus diesem Prinzip: Der Umfang der Prüfpflicht des Auftragnehmers resultiere aus seiner Fachkenntnis, auf die der Auftraggeber vertrauen dürfe. Erkenne der Auftragnehmer einen Mangel der Planung und weise er nicht darauf hin, sei er für den Schaden allein verantwortlich.[68] Erkannte Mängel müssten den Auftragnehmer darüber hinaus veranlassen, auch die weiteren Leistungsvorgaben des Auftraggebers genau zu untersuchen, weil das Vertrauen in die Zuverlässigkeit einer vorhergehenden Prüfung durch den Auftragnehmer nicht mehr ohne weiteres gegeben sei.[69] Bemerke der Auftragnehmer fahrlässig Mängel der

---

[64] BGH NJW 1960, 1813 = LM Nr. 4 zu § 13 VOB/B; BGH BauR 1970, 57; BGH NJW-RR 1989, 721 = BauR 1989, 467; *Ingenstau/Korbion/Wirth* VOB/B § 13 Nr. 3 Rdn. 8; *Nicklisch/Weick* VOB/B § 13 Rdn. 59; *Daub/Piel/Soergel/Steffani* ErlZ 13 236.

[65] OLG Hamm BauR 1988, 481 („Verursachung"); BGH ZfBR 1988, 260 (Wahrscheinlickeitsmaßstab, jedoch bei deliktischer Verantwortung); *Ingenstau/Korbion/Oppler* VOB/B § 4 Nr. 3 Rdn. 84 (Treu und Glauben); *Kaiser* Mängelhaftung Rdn. 145 (Wahrscheinlichkeitsmaßstab); *Werner/Pastor* Rdn. 2144 (Verschuldensmaßstab); *Kleine-Möller/Merl* § 12 Rdn. 342 (Umstände des Einzelfalles); *Heiermann/Riedl/Rusam* VOB/B § 13 Rdn. 64 (Ursächlichkeit); *Kapellmann/Messerschmidt/Weyer* VOB/B § 13 Rdn. 75 (Verschulden).

[66] NJW 1991, 276 = BauR 1991, 79 = ZfBR 1991, 61.

[67] BauR 1991, 90.

[68] Das gilt für den Fall eines völlig fehlenden Hinweises (vgl. etwa OLG Düsseldorf NZBau 2000, 331 = BauR 2000, 421). Wird der Hinweis (nur) unzureichend gegeben, kommt eine Schadensquotierung in Betracht; ebenso *Soergel* FS Heiermann S. 313/314; *Eichler* BauR 1997, 903 (907 f.); *Kaiser* ZfBR 1985, 101 (106), der auf das Verschuldensmaß abstellt; unklar BGH BauR 1978, 139 (142).

[69] BGH BauR 1978, 222; BGH NJW 1987, 643 = BauR 1987, 79 = ZfBR 1987, 32.

Planung nicht, komme neben der Haftung des Auftragnehmers eine Mitverantwortung des Auftraggebers in Betracht.

Im Überblick hat sich zu den auch vom BGH erwähnten **Fallgruppen** folgende Judikatur ergeben: 46

(1) **Planungsfehler des Auftraggebers/Pflichtgemäßes Verhalten des Auftragnehmers:** OLG Düsseldorf BauR 1988, 478 = NJW-RR 1988, 211 (Alleinverantwortung des Auftraggebers) OLG Köln BauR 1990, 729 (Alleinverantwortung Auftraggeber auf Grund von Koordinierungsfehler; keine Mitverantwortung Auftragnehmer) 47

(2) **Planungsfehler des Auftraggebers/Fahrlässig unterlassener Hinweis des Auftragnehmers:** BGH BauR 1970, 57 (Mitverantwortung Auftraggeber wegen Koordinierungsfehlers); BGH BauR 1974, 125 (Nichtplanung des Auftraggebers; absolute Inkompetenz des Auftragnehmers: „Erhebliches Mitverschulden" des Auftraggebers); OLG Celle BauR 1984, 522 (Verursachungsgewicht beim Auftraggeber: 2/3 Auftraggeber – 1/3 Auftragnehmer); OLG Frankfurt BauR 1987, 322 („Gewicht der einzelnen Ursachenbeiträge"); OLG Hamm NJW-RR 89, 982 (Verantwortungsverteilung: 70 : 30); OLG Hamm BauR 2003, 101 (erhebliches Mitverschulden des Bauherrn). 48

(3) **Planungsfehler des Auftraggebers/Trotz Kenntnis (!) des Auftragnehmers kein (genügender) Hinweis:** Der BGH geht (tendenziell) von einer Alleinverantwortung des Auftragnehmers aus, wenn dieser die Fehlerhaftigkeit der Leistungsvorgabe (Planung) des Auftraggebers erkannt, den drohenden Mangel aber nicht durch entsprechende Hinweise verhindert hat. An die Mitverantwortung des Auftraggebers bzgl. einer abgesicherten und transparenten Planung werden erhebliche Anforderungen gestellt. BGH NJW 1973, 518 f. = BauR 1973, 190; BGH NJW 1987, 643 = BauR 1987, 79 = ZfBR 1987, 32; BGH BauR 1973, 190; BGHZ 61, 42 = NJW 1973, 1792 = BauR 1973, 313; BGH NJW 1991, 276 = BauR 1991, 79 = ZfBR 1991, 61.[70] 49

(4) **Eingriffe in das Werk des Auftragnehmers:** „Erst recht" soll die Entlastung des § 13 Nr. 3; 4 Nr. 3 VOB/B gem. § 242 BGB nach Ansicht des OLG Celle[71] gelten, wenn der Auftraggeber in das ansonsten ordnungsgemäß errichtete Werk durch andere Unternehmer eingreifen lässt und den vom Auftragnehmer hergestellten ordnungsgemäßen Zustand nicht wieder herstellt. Tatsächlich ist dies wohl kein Fall des § 13 Nr. 3 VOB/B, weil es an der mangelhaften Leistung des Auftragnehmers fehlt. 49a

Das **Schrifttum**[72] folgt im Wesentlichen dieser fallgruppenorientierten Rechtsprechung; es leistet wenig Beiträge zu einer dogmatischen Klärung der Mitverantwortungszurechnung. *Wussow*,[73] *Kaiser*,[74] *Soergel*,[75] *Diehl*[76] und *Lenzen*[77] haben in eingehenden Beiträgen versucht, das Zurechnungsbild transparenter zu machen und dabei eigene Akzente gesetzt. 50

*Soergel* knüpft im Ansatz zutreffend an die Risikoverteilung in § 13 Nr. 3; 4 Nr. 3 VOB/B an und gliedert die Schadenszuteilung nach dem **Sorgfaltsverhalten des Auftragnehmers:** Eine Mitverantwortungsquote treffe den Auftragnehmer sowohl, wenn er fahrlässig Bedenken gegen die vorgesehene Ausführung nicht habe als auch, wenn diese „Bedenken" gegen Vorgaben nach Prüfung zwar bestehen, aber nicht oder nicht ausreichend mitgeteilt werden. Habe der Auftragnehmer allerdings „Gewissheit" über den Mangel, müsse er die Ausführung ablehnen oder sein Risiko vertraglich ausschließen; andernfalls treffe ihn die zumindest überwiegende (bei völlig fehlendem Hinweis: i. d. R. die alleinige) 51

---

[70] Differenzierend danach, ob „nur" Bedenken bezüglich der Ausführung bestehen oder aber eine „Gewissheit" bezüglich der Nichterreichung des Erfolges: *Soergel* ZfBR 1995, 165 (166).
[71] BauR 2002, 633.
[72] Vgl. oben Fn. 66; außerdem *Brügmann* BauR 1976, 383; *Knacke* BauR 1985, 270 und die Fn. 67–70 Genannten.
[73] NJW 1974, 9.
[74] ZfBR 1985, 101.
[75] MünchKomm (3. Aufl.) § 633 Rdn. 112; FS Heiermann S. 309; ZfBR 1995, 165 f.
[76] FS Heiermann S. 37 (44); zu den Beiträgen von *Ganten* in BauR 1978, 178 und FS Locher S. 23 vgl. unten Rdn. 54 ff.
[77] BauR 2000, 8126 (818).

Verantwortung am Mängelhaftungsaufwand. Dagegen überwiege die Planungsverantwortung, wenn der Auftragnehmer den Fehler planerischer Vorgaben zwar erkannt und mitgeteilt, aber sein Risiko nicht vollständig ausgeschlossen habe; im Ausgangspunkt sei hier eine Quotierung von 70 (Planfehler) zu 30 (Ausführungsfehler) zu Lasten des Auftraggebers angemessen. Entgegen (wohl) der Ansicht des BGH (BauR 1991, 79, 80) müsse eine Quotierung auch dann stattfinden, wenn der Auftragnehmer einzelne Planfehler erkannt und dagegen Bedenken angemeldet habe, andere Vorgabefehler aber trotz erhöhter Sorgfaltspflicht nicht bemerkt habe.

52 *Kaiser, Wussow, Diehl und Lenzen*[78] entwerfen am Maßstab des § 13 Nr. 3 VOB/B kein vollständiges System der Zurechnung, stimmen aber mit den Ergebnissen von *Soergel* im Wesentlichen überein. *Wussow*[79] misst dem Verschuldenselement stärkeres Gewicht zu und belastet entsprechend den Auftraggeber mit der vollen Verantwortung, wenn einem groben Versehen auf seiner Seite nur leichte Fahrlässigkeit auf Seiten des Auftragnehmers gegenübersteht. Auch umgekehrt soll der Auftragnehmer den vollen Schaden tragen, wenn grobe Nachlässigkeit auf seiner Seite auf nur ein leichtes Planversehen auf Auftraggeberseite trifft. *Kaiser*[80] misst der Planverantwortung stärkere Bedeutung zu und belastet tendenziell entsprechend den Auftraggeber mit einer höheren Quote, wenn sich die Verschuldensgrade von Planung und Ausführung entsprechen. Bei üblichem Planversehen und grober Fahrlässigkeit des Auftragnehmers komme eine Schadensteilung in Betracht. Bei leichtem Planversehen und Kenntnis des Auftragnehmers ohne entsprechende Reaktion nach § 4 Nr. 3 VOB/B nimmt auch *Kaiser* allerdings eine volle Ausgleichspflicht des Auftragnehmers an. *Diehl*[81] weicht von diesen Ergebnissen ebenfalls nicht grundsätzlich ab, hebt aber von der Bewertung der Tatbeiträge vor allem auf das „Gepräge" ab, das der Mangel durch sie erfahren hat. *Lenzen*[82] hebt – ohne ansonsten abzuweichen – stärker hervor, dass der (planende oder bauleitende) Architekt bautechnisch eher ein Generalist, der Auftragnehmer (vor allem bei einer Fachfirma) eher der praktisch orientierte Spezialist sei. Diese unterschiedliche Wissensstände müssten bei der Zurechnung berücksichtigt werden.

53 Untauglich für die rechtliche Bewertung der Verantwortungsteile sind **„technische Lösungen"**, die den Versuch unternehmen, Ursachenbeiträge mathematisch oder nach einem Raster (technisch-)gutachtlich ausdifferenzierter Tatbeiträge[83] festzulegen. Diese Lösungen vernachlässigen zu stark den rechtlichen Wertungsgehalt der Mängelhaftungsrisiken.[84]

## 2. Kritik und eigener Lösungsansatz des Verfassers

54 Sieht man davon ab, dass die Fallgruppenbildung in Rechtspr. und Schrifttum immerhin eine gewisse Transparenz des „Quotierungsrasters" erreicht, bleibt doch die Kritik, dass die Praxis auf der Mitverschuldensebene über keine wirklich kontrollfähigen Zurechnungskriterien verfügt. Die Ergebnisse sind – mindestens in der „Feinabstimmung" – zufällig; die trotz ähnlicher Ausgangspunkte im Detail unterschiedlichen Auffassungen des Schrifttums bestätigen dies. Ein zutreffend materielles Kriterium hat zwar der BGH im Urteil vom 11. 10. 1990[85] mit dem Hinweis auf die Abhängigkeit der Mängelverantwortung der Parteien vom gegenseitigen Fachkunde-Vertrauen aufgezeigt. Auch dort fehlt es aber noch an konkreten „Anwendungsprinzipien" und insb. an einem genaueren Einbezug des Risikoplans in § 13 Nr. 3 VOB/B, auf den im Ansatz *Soergel*[86] zu Recht abstellt.

---

[78] A. a. O. (Fn. 74, 75, 77).
[79] NJW 1974, 9 (15).
[80] ZfBR 1985, 101 (106); vgl. oben Fn. 67.
[81] FS *Heiermann* S. 37 (44).
[82] BauR 2000, 816 (818).
[83] Vgl. insb. *Aurnhammer* VersR 1974, 1060 f.; *Schultz* BauR 1984, 40 f. (43) und eingehend *Kamphausen* BauR 1996, 174 f. m. w. Nachw.
[84] Vgl. dazu insb. *Ganten* (Fn. 77).
[85] Vgl. Fn. 67.
[86] Wie Fn. 76.

Die Ausarbeitung eines rechtlich prüfbaren Gliederungsschemas für die Verantwortungszurechnung in „Mitverschuldens"-Fällen des § 13 Nr. 3 VOB/B[87] stößt auf erhebliche Schwierigkeiten. Einmal sind die zu berücksichtigenden Zurechnungsmerkmale in den Fallmöglichkeiten vielfältig abgestuft und für eine Systematik kaum endgültig zu beschreiben. Problematisch ist es aber vor allem, die Bewertung typisch einzelvertraglicher Risikolagen in einem generellen „Raster" zu erfassen. Die Rechtsprechung wird deshalb auch weiterhin mit fallbezogenen Abwägungen arbeiten müssen. Die Entscheidungsbreite (der „Spielraum") kann aber wesentlich eingeengt werden, wenn **folgende Kriterien** berücksichtigt werden: 55

(1) Die **Zurechnung** von Mitverantwortungsanteilen an den Auftraggeber beruht materiell auf denselben Gründen wie die Mängelhaftung und werkvertragliche Haftung des Auftragnehmers. Die Mitverantwortung des Auftraggebers ist eine rechtsgeschäftliche oder rechtsgeschäftsähnliche Risikoübernahme, die mit einer entsprechenden Entlastung des Auftragnehmers korrespondiert.[88] Mitverschuldenszuweisungen bedürfen entsprechend der Begründung aus diesen materiellen Zurechnungselementen. 56

(2) Bei der Risikoverteilung ist auf die **Vertragsregelungen** Rücksicht zu nehmen. Sofern nicht in zulässiger Weise andere Vereinbarungen getroffen sind, gelten die Grundsätze des § 13 Nr. 3 VOB/B auch über die VOB/B hinaus.[89] Das bedeutet insb., dass das Zusammenspiel von verbindlichen Ausführungsvorgaben und Bedenken in dieser Bestimmung sowie in § 4 Nr. 3 VOB/B auch in die Mitverantwortungsabwägung einzustellen ist.[90] 57

(3) Ungeeignet erscheint die Anknüpfung an „**Verschuldensmaßstäbe**", wenn diese neben das objektive Richtigkeitsrisiko des Unternehmers gestellt werden. Gegenüber der objektiven Pflichtverletzung des Auftragnehmers enthält das „Verschulden" keinen weitergehenden Verantwortungsbeitrag. Zwar besteht die Mängelhaftungspflicht des Auftragnehmers verschuldensunabhängig. Der objektive Maßstab des § 276 BGB[91] führt aber dazu, dass die „objektive" Verletzung von Pflichten aus § 4 Nr. 3 VOB/B vom Auftragnehmer auch „zu vertreten" ist.[92] 58

(4) Eine gesetzliche Regel zur **Haftungsquotierung** enthält § 426 Abs. 1 Satz 1 BGB. Es spricht vieles dafür, an die dort vorgesehene je hälftige Verantwortungsteilung anzuknüpfen, „soweit nicht ein anderes bestimmt ist". Die Regel des § 426 Abs. 1 Satz 1 BGB ist auch im Rahmen des § 13 Nr. 3 VOB/B einschlägig, weil die Gesamtschuld bei der Mitverantwortung mehrerer Beteiligter an einem Mangel die grundsätzlich zutreffende Haftungs- und damit auch Ausgleichsform ist.[93] Das würde bedeuten, dass auf Grund gesetzlicher Vermutung bei Mitverantwortungen zunächst von je hälftigen Quotierungen auszugehen ist. Etwas anderes kann bestimmt sein, wenn atypische Verantwortungslagen bestehen, die der einen oder anderen Partei zusätzliche Risiken auferlegen. Die Quotelung folgt dann der berechtigten **Stärke des Vertrauensschutzes** (o. Rdn. 16, 17) auf die Richtigkeit der vorgegebenen Entscheidung. Je mehr ein Partner des bauvertraglichen Netzwerkes Bestandsfähigkeit für seine Entscheidung in Anspruch nehmen darf, umso mehr entlastet er – bei fehlerhafter Entscheidung – den davon Betroffenen. Sind mehrere betroffen und tragen sie – jeder für sich – auch eine an § 4 Nr. 3 VOB/B orientierte Sicherungsverantwortung für das vereinbarte Werk, so sind die Momente der allseitigen Ergebnisverantwortung gegeneinander abzuwägen und ins Verhältnis zueinander zu setzen (Rdn. 60). 59

---

[87] Weitere Abwägungsfragen wirft der Gesamtschuldnerausgleich gem. § 426 Abs. 1 BGB auf, wenn Dritte in den Ausgleich einbezogen werden, insb. Im Regressverhältnis des Auftragnehmers zum planenden und/oder ausführenden Architekten, zu Sonderfachleuten und/oder zu Neben- bzw. Vor- und Nachunternehmern. Vgl. dazu → Vor § 13 Rdn. 118 f. Und unten Rdn. 61.
[88] Vgl. dazu eingehender *Ganten* Pflichtverletzung, S. 222; *ders.* BauR 1978, 187; *ders.,* FS Locher S. 23.
[89] Vgl. *Ingenstau/Korbion/Wirth* VOB/B § 13 Nr. 3 Rdn. 2.
[90] Dem wird die „Mitverschuldens"-Diskussion nicht genügend gerecht, wenn sie pauschal auf „Planfehler" abstellt, vgl. oben Rdn. 34.
[91] Vgl. *Palandt/Heinrichs* § 276 Rdn. 15; *Erman/Battes* § 276 Rdn. 20.
[92] Begriffliche Ansätze im Schrifttum, objektive von subjektiven Pflichtverletzungen zu trennen, werden auch praktisch nicht durchgehalten, vgl. z. B. *Kaiser* Mängelhaftung Rdn. 128; *Soergel* FS Heiermann S. 309.
[93] Vgl. → Vor § 13 Rdn. 95 ff.

**§ 13 Nr. 3**  Mangelansprüche bei vom Auftraggeber verursachten Mängeln

60  Auf dieser Grundlage kann **für die interne Quotenbildung** ein **Punktesystem** gebildet werden, das – ohne die Bewertungsansätze zu vernachlässigen – auch einen rechnerischen Nachvollzug der Entscheidung ermöglicht. Eine zu „feinstimmige" Quotelung ist zu vermeiden, weil sie im Regelfall nach den vorgenannten Kriterien nicht nachvollzogen werden kann. Es bietet sich an, für jede Mitverantwortung eine „Fünfer-Skala" zugrundezulegen: 0 (keine Verantwortung) – $1/3$ (geringe Verantwortung) – $1/2$ (hälftige Verantwortung, s. o.: im Zweifel) – $2/3$ (überwiegende Verantwortung) – $1/1$ (volle Verantwortung). Im „Zweierspiel" sind diese Prinzipien einfach anzuwenden. Bei drei oder mehr Beteiligten sind zunächst die Einzelquoten in Relation zum Gesamtergebnis zu suchen (z. B.: AG: $1/2$; AN1: $1/3$; AN2: $1/3$). Danach ist zu überprüfen, wie der „Überschuss" von $1/6$ zu verteilen ist. Auch das kann nur wertend und nicht „logisch" geschehen: z. B. $2/6$ zu $2/6$ zu $2/6$ oder: $3/6$ zu $1/6$ zu $2/6$. – Das Ergebnis hängt davon ab, wie die Vertrauensstellung einerseits und die Sicherungsverantwortung andererseits nicht nur (vorläufig) bipolar, sondern (im Ergebnis) multipolar auf das Gesamtergebnis hin bewertet werden müssen. Ganz entsprechend ist bei einer Mehrzahl von Beteiligten vorzugehen. Hier verkleinern sich zwar die absoluten Anteile; es bleibt aber gleichwohl bei dem die Verantwortungen bewertenden Grundmuster.

### 3. Interne Regressfragen

61  Die Quotenbildung bei Mitverantwortungen (oben Rdn. 42 ff.) legt die endgültige materielle Beteiligung der Partner am Mängelhaftungsaufwand fest. Wird ein Partner – i. d. R. als Gesamtschuldner des Auftraggebers – zunächst über seinen materiellen Anteil hinaus belastet, steht ihm ein **Ausgleichsanspruch** in Höhe des zu viel Geleisteten zu. Dieser Ausgleichsanspruch kann sich in verschiedener Form darstellen:

62  Soweit den Auftraggeber unmittelbar eine Mitverantwortung trifft, ist sein Anspruch von vornherein um diejenige Quote vermindert, die auf ihn selbst fällt. Die externe Haftung des Auftragnehmers wird gem. § 254 BGB auf das Maß seiner internen Verantwortung begrenzt.[94] Dies gilt insb. für diejenigen Fälle, in denen der Auftraggeber nicht in Person mitverantwortlich ist, sondern dadurch mithaftet, dass er gem. § 278 BGB Mitverantwortung für einen **Erfüllungsgehilfen** trägt (vgl. dazu im Einzelnen → § 10 Nr. 1 Rdn. 65 ff.). Hauptbeispiel dafür ist die Mitverantwortung des Auftraggebers für Fehler des planenden Architekten.[95]

63  Soweit eine Mitverantwortung für Baumängel dem Auftraggeber nicht selbst, sondern **Dritten** zuzurechnen ist (z. B. Vorunternehmer; aufsichtsführender Architekt; vgl. dazu → § 10 Nr. 1 Rdn. 52 ff.), muss der Auftragnehmer dort Regress nehmen, vgl. dazu eingehend → Vor § 13 Rdn. 30 ff. Er trägt insoweit das Risiko der Leistungsbereitschaft und Leistungsfähigkeit des Dritten. Auch der Anspruchsgrund für den Rückgriff gegen Dritte ist fallbezogen zu lösen.

### V. Das Verhältnis von § 645 BGB zu § 13 Nr. 3 VOB/B

64  § 645 BGB enthält eine ähnliche – gesetzliche – Bestimmung für die Mitverantwortlichkeit des Auftraggebers bei Mängeln des Werkes wie § 13 Nr. 3 VOB/B. Die Regelungen weisen Übereinstimmungen und Unterschiede auf:

---

[94] BGH NJW 1984, 1676 = BauR 1984, 401 = ZfBR 1984, 176; BGH BauR 1987, 86; *Kaiser* Mängelhaftung Rdn. 146 a, b; *Kleine-Möller/Merl* § 12 Rdn. 341.
[95] Vgl. → Vor § 13 Rdn. 185.

## 1. Unterschiedliche Regelwirkungen der §§ 645 BGB, 13 Nr. 3 VOB/B

§ 645 BGB stellt – zumindest primär[96] – eine **Ausnahmeregelung zur Vergütungs-** 65
**gefahr** des Werkunternehmers dar: Während dieser grundsätzlich seinen Anspruch auf Bezahlung der Leistung (vollständig) verliert, wenn der herzustellende Gegenstand vor Abnahme untergeht (§ 644 Abs. 1 BGB), gesteht § 645 BGB dem Unternehmer jedenfalls einen Teil der Vergütung zu, wenn das Werk – vor Abnahme – aus Gründen Schaden nimmt, die aus der „Sphäre" des Bestellers kommen und (auch) vom Unternehmer nicht zu vertreten sind.[97] Die Anlässe, die nach § 645 Abs. 1 BGB aus „Besteller-Gründen" zur Schädigung oder zum Untergang der Leistung führen können, ähneln allerdings sehr den „Anweisungen" und „Vorschriften" des § 13 Nr. 3 VOB/B. § 645 BGB ist allerdings auch auf Umstände entsprechend anwendbar, die nicht eigens in § 645 BGB genannt sind, aber trotzdem auf einer objektiv zurechenbaren Risikoerhöhung durch den Auftraggebers beruhen.[98] Als Beispiel sei die Entfernung einer Hochwassersicherung durch den Generalunternehmer genannt, der zur Zerstörung des Werkes des Auftragnehmers durch ein Hochwasser führt (Fall Schürmannbau I).[99]

§ 13 Nr. 3 VOB/B ist dagegen keine **„Gefahr"-Regelung** (die in der VOB/B § 7 66 regelt), sondern Bestandteil des Mängelhaftungsrechtes, also derjenigen Vorschriften, die den Pflichtenkatalog des Auftragnehmers zum Einstehen für das gegebene Herstellungsversprechen enthalten: Liegen die Entlastungsvoraussetzungen des § 13 Nr. 3 VOB/B vor, hat der Auftragnehmer „mangelfrei" geleistet; er ist zur Nachleistung nicht verpflichtet und erhält den vollen Werklohn. Ist dagegen der Auftragnehmer von einer Mängelhaftung nach § 13 Nr. 3 VOB/B nicht freigestellt (etwa keine „Anordnungen", keine genügende Prüfung oder Hinweis gem. § 4 Nr. 3 VOB/B), so bleibt er nachleistungspflichtig (§ 13 Nr. 5 VOB/B) und erhält seine Vergütung grundsätzlich erst mit mangelfreier Ablieferung des Werkes (§ 641 BGB; 12 VOB/B). Dabei kommt es – wie in § 645 BGB – jedenfalls grundsätzlich nicht darauf an, ob der Auftragnehmer den schädigenden Umstand im Übrigen zu vertreten hat. § 645 enthält dogmatisch eine Schadenszuweisung; § 13 Nr. 3 VOB/B regelt den Erfüllungsanspruch.

§ 645 BGB stellt – seinem Wortlaut nach – auf die Entlastungsmerkmale des **§ 13 Nr. 3** 67 **VOB/B** nicht ab: Sofern nur kein Bestellerverschulden vorliegt (dann gilt § 326 Abs. 2 BGB), steht dem Auftragnehmer stets ein Teilanspruch auf Vergütung zu. § 13 Nr. 3 VOB/B entscheidet dagegen entsprechend seinem Wortlaut nach dem „Alles-oder-Nichts-Prinzip": Bei eigener Sorgfalt des Auftragnehmers (§ 4 Nr. 3 VOB/B) besteht ein voller, bei fehlender Sorgfalt überhaupt kein Vergütungsanspruch. Das „Alles-oder-Nichts-Prinzip" gilt auch zum **Leistungsrisiko** des Auftragnehmers: Im Falle eines „Mangels" besteht die volle, ohne „Mangel" besteht, mindestens auf Kosten des Auftragnehmers, keine Nachleistungspflicht. Allerdings hat die **Praxis** dieses **„Alles-oder-Nichts-Prinzip" überwunden.** Bei Mitverantwortungen gelangt sie trotz des Wortlautes des § 13 Nr. 3 VOB/B (abweichend von § 4 Nr. 3 VOB/B a. E.) zu einer Schadensteilung.[100]

## 2. Übereinstimmung der Normzwecke

Die unterschiedlichen Normwirkungen sind auffällig und wären ohne weiteres nicht 68 hinnehmbar, wenn nicht die Regelungszwecke letztlich doch übereinstimmten: Hinsichtlich des **Vergütungsrisikos** besteht volle Übereinstimmung,[101] dass die Regelung des § 13 Nr. 3 VOB/B auch auf den BGB-Vertrag zu übertragen ist. Auch für § 645 BGB gilt

---

[96] Vgl. v. Craushaar BauR 1987, 14; Kohler NJW 1993, 417; Staudinger/Peters § 645 Rdn. 6.
[97] Vgl. BGH BauR 1997, 1021 (1023) = NJW 1998, 456 = BGHZ 137, 35 – Schürmannbau I –.
[98] Vgl. BGH BauR 1997, 1021 (1023) = NJW 1998, 456 = BGHZ 137, 35 – Schürmannbau I –.
[99] BGHZ 137, 35 = BGH BauR 1997, 1021 (1023) = NJW 1998, 456.
[100] Allg. Meinung, vgl. BGH NJW 1960, 1813 = LM Nr. 4 § 13 VOB/B; Ingenstau/Korbion/Wirth VOB/B § 13 Nr. 3 Rdn. 8.
[101] Staudinger/Peters 645 Rdn. 9; Kohler NJW 1993, 417 (423).

mithin, dass der Zahlungsanspruch des Auftragnehmers bei mangelnder Sorge (§§ 13 Nr. 3, 4 Nr. 3 VOB/B) entfällt, bei genügender Prüfung und entsprechendem Hinweis dagegen in vollem Umfange bestehen bleibt. Dem ist zuzustimmen: „Die Gefahr"-Fälle des § 645 BGB entsprechen in der Sache den atypischen **Mängelhaftungsursachen,** die in § 13 Nr. 3 VOB/B eine sachgerechte („Mängelanspruchs"-)Regelung gefunden haben.

**69** Der **formale Unterschied** zwischen § 645 BGB und § 13 Nr. 3 VOB/B besteht darin, dass § 645 BGB von der Unmöglichkeit einer weiteren Werkbearbeitung („Untergang", „unausführbar") bzw. einer für den Auftragnehmer zufälligen Erschwernis („Verschlechterung") ausgeht, während § 13 Nr. 3 VOB/B nur auf den „Mangel" als Folge der Besteller-Anweisung abstellt. Gemeint sind in § 645 Abs. 1 BGB zunächst Sachverhalte, in denen das unternehmerische Herstellungs- („Arbeits-")risiko zurücktritt: das Werk nimmt Schaden, ohne dass dies dem unternehmerischen Einfluss zugerechnet werden kann. Sieht man die Mängelhaftungsverantwortung auch als Leistungsrisiko, liegt insoweit in § 645 Abs. 1 BGB kein Mängelhaftungsfall vor. Die Nähe zu § 13 Nr. 3 VOB/B ergibt sich aber, je mehr man die bloße „Erfolgs"-Verantwortung im Vordergrund der §§ 631 Abs. 1 (633 Abs. 1); 13 Nr. 1 VOB/B sieht. Eine Verpflichtung zur Resterfüllung kann auch bestehen, wenn keinerlei „Herstellungs"fehler vorliegt, aber der Gegenstand der Leistung vor Abnahme verschuldensfrei beschädigt wird. Die Entscheidung zwischen den Rechtsfolgen der §§ 13 Nr. 3 VOB/B einerseits und § 645 BGB andererseits ist dann problematisch.[102] Eine **Lösung** liegt darin, die konkreten Sachverhalte mit dem **Normzweck** zu vergleichen: § 13 Nr. 3 VOB/B gilt (als „vertraglich gewollt") auch im Rahmen des § 645 BGB, wenn vertraglich das Risiko der Werkschöpfung angesprochen ist; §§ 645 BGB, 7 VOB/B gelten auch vor § 13 Nr. 3 (und Nr. 5–7; § 633 f. BGB), wenn ein „Gefahr"fall vorliegt: Nicht das Herstellungsrisiko wird bewertet, sondern die verschuldensfreie Verantwortung für den Erhalt des Leistungsgegenstandes.[103]

**70** Hinsichtlich des **(Nach-)Leistungsrisikos** des Auftragnehmers bestehen zur „Gefahr"-Situation des § 645 BGB unterschiedliche Standpunkte;[104] sie sind hier zu § 7 erläutert. Soweit auch hinsichtlich des Nachleistungsrisikos auf den Normzweck des § 13 Nr. 3 VOB/B abgestellt wird, ist grundsätzlich *Kohler*[105] zuzustimmen, der bis zur Abnahme des Werkes eine Nachleistungspflicht auch bei ordentlicher (§ 4 Nr. 3 VOB/B) erbrachter Leistung nicht ausschließt, dem Auftragnehmer dafür eine zusätzliche Vergütung zubilligt. Der Standpunkt ist strittig.[106]

## C. AGB-Problematik

**70 a** Ein vollständiger Ausschluss des § 13 Nr. 3 VOB/B oder zumindest wesentlicher Teile dieser Regelung stellt einen Eingriff in den Kernbereich und in das Gefüge der VOB/B dar. In solchen Fällen ist die VOB/B keinesfalls als Ganzes vereinbart und es kann zur AGB-Kontrolle kommen.[107]

**71** Zur allgemeinen Problematik der AGB-rechtlichen Kontrolle von Mängelhaftungsregeln ist auf Literatur und Rechtsprechung zu § 309 Nr. 8 lit. b BGB zu verweisen. Ihre Grundsätze gelten für den Rahmen der §§ 4 Nr. 3, 13 Nr. 3 VOB/B ebenso. Zur AGB-Problematik des § 4 Nr. 3 VOB/B vgl. dort → Rdn. 70 f.

---

[102] *v. Craushaar* BauR 1987, 14 (22), sieht in § 645 BGB eine Risikoverteilung, die § 13 Nr. 3 VOB/B entspricht; ähnlich *Siegburg* FS Korbion S. 411 (419); eingehend und zustimmend ebenfalls *Heinrich* BauR 1982, 224 (232) mit Hinweis auf die Gesetzesmaterialien zum BGB (bei Mugdan II, 1899, S. 270 f.).
[103] Einen anderen Ansatz zur gleichen Fragestellung hat Staudinger/*Peters* § 645 Rdn. 11: Mangelansprüche, solange „gegenständlich" von einem Werkmangel gesprochen werden kann.
[104] Eingehend *Kohler* NJW 1973, 417.
[105] NJW 1973, 417 (419).
[106] Vgl. *Kohler* (Fn. 105).
[107] *Kapellmann/Messerschmidt/Weyer* VOB/B § 13 Rdn. 89.

**71a** Im Schrifttum wird vereinzelt die Ansicht vertreten, dass § 13 Nr. 3 VOB/B – zumindest bezüglich der Freistellung bei vom Auftraggeber bestimmten oder beschafften Baustoffen – gegen § 309 Nr. 8 lit. b) BGB[108] bzw. insgesamt gegen das Transparenzgebot sowie Treu und Glaube gem. § 242 BGB verstoße.[109] Der angebliche Verstoß gegen das Transparenzgebot soll darauf beruhen, dass keine Regelung für den Fall getroffen sei, dass beide Seiten adäquat kausal den Mangel herbeigeführt haben.[110] Die h. M. geht demgegenüber davon aus, dass Mängelhaftungsregeln entsprechend des § 13 VOB/B (vom Auftraggeber gestellt) unbedenklich seien.[111] Im umgekehrten Falle – der Auftragnehmer hat eine entsprechende Klausel gestellt – ist nach der h. M. allenfalls die Regelung bezüglich der Verjährung in § 13 Nr. 4 VOB/B bedenklich.[112]

**72** Eine **Unwirksamkeit** von Mängelhaftungsregeln in AGB auf Grund des § 307 Abs. 1 BGB, d. h. auch über die Sondervorschriften des § 309 (insb. § 309 Nr. 8 lit. b) BGB hinaus – kommt dort in Betracht, wo das Leistungsversprechen des Auftragnehmers durch „Klauseln" entgegen der Erwartung auf Grund vereinbarter **Hauptpflichten** zurückgenommen oder erweitert wird.[113] **Beispiele** aus der Rechtsprechung:

(1) „Der Auftragnehmer haftet auch bei ordnungsgemäßer Anmeldung von Bedenken (§ 4 Nr. 3) allein": Verstoß gegen § 307 Abs. 1 BGB (vgl. OLG Frankfurt BauR 1986, 225).[114]

(2) „Bedenken sind vor Vertragsschluss mitzuteilen; nachträgliche Bedenken gegen übergebene Unterlagen berechtigen nicht mehr zur Freistellung von einer Gewährleistung": Verstoß gegen § 307 Abs. 1 BGB, 309 Nr. 7 lit. b BGB (vgl. OLG München BauR 1986, 579; vgl. auch OLG München v. 3. 11. 1983 – 6-U-1390/83 (unveröffentlicht).

(3) „Baustoffe ohne Zulassung und ohne DIN-Normen dürfen auch ohne besondere Bestätigung des Auftraggebers verwendet werden": Verstoß gegen § 307 Abs. 1 BGB (vgl. OLG Koblenz BauR 1995, 554).

(4) Die Klausel „Der Auftragnehmer hat die Beweislast für die vertragsgemäße Ausführung seiner Leistung und das Fehlen eines Verschuldens" ist – jedenfalls soweit es das Mängelhaftungsrecht betrifft – unwirksam (vgl. BGH NJW-RR 1997, 1513 – dort Nr. II. 2, der in jener Entscheidung behandelten 32 unwirksamen Klauseln).

---

[108] *Eichler* BauR 1997, 903 (913).
[109] *Siegburg* Gewährleistung Rdn. 1370, 1380 f.
[110] *Siegburg* a. a. O. (Fn. 110) Rdn. 1381.
[111] BGH NJW 1987, 837 (838) = BGHZ 99, 160.
[112] Vgl. *Ulmer/Brandner/Hensen* Anh §§ 9–11 Rdn. 912.
[113] MünchKomm/*Kötz* § 9 AGB-Gesetz Rdn. 15.
[114] Entgegen *Kapellmann/Messerschmidt/Weyer* § 13/3 VOB/B Rdn. 88 Fn. 298 hatte sich das OLG Frankfurt zu dieser Klausel geäußert, wenn es in BauR 1986, 225 (226) ausführt, dass u. a. diese Klausel den Auftragnehmer benachteilige und der Interessenausgleich hierdurch wesentlich beeinträchtigt wurde.

## § 13 Nr. 4

**§ 13 Nr. 4 [Verjährungsfrist]**

(1) Ist für Mängelansprüche keine Verjährungsfrist im Vertrag vereinbart, so beträgt sie für Bauwerke 4 Jahre, für andere Werke, deren Erfolg in der Herstellung, Wartung oder Veränderung einer Sache besteht und für die vom Feuer berührten Teile von Feuerungsanlagen 2 Jahre. Abweichend von Satz 1 beträgt die Verjährungsfrist für feuerberührte und abgasdämmende Teile von industriellen Feuerungsanlagen 1 Jahr.

(2) Ist für Teile von maschinellen und elektrotechnischen/elektronischen Anlagen, bei denen die Wartung Einfluss auf Sicherheit und Funktionsfähigkeit hat, nichts anderes vereinbart, beträgt für diese Anlagenteile die Verjährungsfrist für Mängelansprüche abweichend von Abs. 1 zwei Jahre, wenn der Auftraggeber sich dafür entschieden hat, dem Auftragnehmer die Wartung für die Dauer der Verjährungsfrist nicht zu übertragen; dies gilt auch, wenn für weitere Leistungen eine andere Verjährungsfrist vereinbart ist.

(3) **Die Frist beginnt mit der Abnahme der gesamten Leistung; nur für in sich abgeschlossene Teile der Leistung beginnt sie mit der Teilabnahme (§ 12 Nr. 2).**

**Literatur:** *Ackmann*, Die Abgrenzung nächster von weiteren Mangelschäden bei der Verjährung nach § 638 BGB – eine Malaise ohne Ende?, JZ 1992, 670; *Anker/Sinz*, Die rechtliche Bedeutung der Normenreihe DIN EN ISO 9000–9004 unter besonderer Berücksichtigung der 30 jährigen Gewährleistungshaftung wegen arglistig verschwiegener Mängel, BauR 1995, 629; *Booz*, Verjährungsrechtliche Probleme der Gewährleistungsansprüche des Bauherrn gegen den Bauunternehmer, BauR 1981, 107; *v. Craushaar*, Bauwerksleistungen im Sinne von § 638 BGB, NJW 1975, 993; *ders.*, Verjährung von Gewährleistungsansprüchen bei Arbeiten zur Herstellung eines Gebäudes, BauR 1979, 449; *ders.*, Der Liefer- und Montagevertrag, FS Korbion, S. 27; *Festge*, Gewährleistungsfristen und Verjährungsfristen für Baumängel, BauR 1989, 140; *Franke*, Qualitätsmanagement und Bauvertrag, FS Heiermann, S. 63; *Gassner*, Die Verjährung baurechtlicher Gewährleistungsansprüche bei arglistigem Verschweigen, BauR 1990, 312; *Groß*, Die Einbeziehung des Herstellers in die Haftung des Ausführenden, BauR 1986, 127; *Hehemann*, Zur Abgrenzung von nächsten und entfernteren Mangelfolgeschäden im Werkvertragsrecht, NJW 1988, 801; *Hoffmann*, Arglist des Unternehmers aus der Sicht der für ihn tätigen Personen, JR 1969, 372; *Jagenburg, Walter*, Die Entwicklung des privaten Bauvertragsrechts seit 1994 – „VOB-Vertrag", NJW 1996, 1998 – 2012; *Jakobs*, Die Verjährung des Schadensersatzanspruchs wegen mangelhafter Werkleistung, JuS 1975, 76; *Kaiser, Gisbert*: „Gilt § 13 Nr. 4 Abs. 1 VOB/B auch für Verbraucher-Bauverträge?", BauR 1998, 203–206; *Kaiser, Gisbert*, „Isolierte" Vereinbarung des § 13 VOB/B im Vertrag der Wohnungseigentümer mit einem Bauträger", DWW 1988, 6–12; *Kaiser*, Ist § 13 Nr. 4 VOB/B oder § 638 BGB für den Bauträgervertrag maßgebend?, ZfBR 1984, 15; *ders.*, Rechtsfragen des § 13 Nr. 4 VOB/B, BauR 1987, 617; *ders.*, Verjährungsfristen und deren Hemmung sowie Unterbrechung bei Ansprüchen aus Planungs- und Ausführungsfehlern bei Bauwerken, BauR 1990, 123; *ders.*, Die Mängelhaftung nach VOB/B; Abgrenzung von den Ansprüchen aus positiver Vertragsverletzung, ZfBR 1990, 213; *Keldungs, Karl-Heinz*, „Die Rechtsprechung der Oberlandesgerichte zum privaten Baurecht 2003", ZfBR 2004, 523–528; *Kern, Harald*, „Die Neuregelung der Mängelansprüche und Sicherheitsleistung in den § 13 u. 17 VOB/B 2002", BauR 2003, 793–794; *Kiesel, Helmut*, „Die VOB 2002 – Änderungen, Würdigung, AGB Problematik", NJW 2002, 2064–2071; *Kniffka*, Dreißigjährige Gewährleistung des Bauunternehmers bei pflichtwidriger Organisation der Überwachung und Prüfung eines Werks nach dem Urteil des Bundesgerichtshofs VII ZR 5/91 vom 12. 3. 1992, ZfBR 1993, 255; *Köhler*, Werkmangelrechte, Werkleistungsanspruch und allgemeines Leistungsstörungsrecht, BauR 1988, 278; *Lang*, Bauvertragsrecht im Wandel, NJW 1995, 2063; *Locher, Horst*, „Zur Gewährleistungsfrist des Bauträgers", FWW, 1986, 155–158; *Löwe, Walter*, „Kein Verstoß der Verjährungsklausel nach den „Zusätzlichen Technischen Vorschriften für Straßenbauarbeiten (ZTVStra)" Nr. 10 gegen AGBG § 3", Anmerkung aus EWiR 1987, 715–716; *Mehrings, Josef*, „Papier ist geduldig – Zur Verjährungsfrist des § 13 Nr. 4 VOB/B" MDR 1998, 78–82; *Müller-Foell, Christoph*, „Zum Problem der kurzen Verjährung nach § 13 Nr. 4 VOB/B", BauR 1982, 538–542; *Meyer*, Die tatsächlichen und rechtlichen Folgerungen aus der Entscheidung des Bundesgerichtshofes zum Organisationsverschulden vom 12. 3. 1992, BauR 1996, 461; *Michalski*, Die Systemwidrigkeit der Differenzierung nach Mangel- und Folgeschäden im werkvertraglichen Sachmängelgewährleistungsrecht, NJW 1988, 793; *Motzke*, Installierung eines Heizöltanks als „Arbeit bei einem Bauwerk", NJW 1987, 363; *Portz*, Die Einflüsse des Europäischen Binnenmarktes auf das private Baurecht, NJW 1993, 2145; *dies.*, Qualitätssicherung für Freie Berufe am Beispiel der Architekten – Überlegungen zur Möglichkeit und Grenzen, FS Heiermann, S. 251; *Rutkowsky*, Organisationsverschulden des Bauunternehmers als Arglist i. S. von § 638 BGB, NJW 1993, 1748; *ders.*, Zum Organisationsverschulden des Bauunternehmers als Arglist im Sinne von § 638 BGB, ZfBR 1994, 201; *Schlechtriem*, Organisationsverschulden als zentrale Zurechnungskategorie, FS Heiermann, S. 281; *Schlenger*, Mangel- und Mangelfolgeschäden in der Rechtsprechung des Bundesgerichtshofs, ZfBR 1978, 6; *Schmidt*, Sinn der Regelfrist in § 13 Nr. 4 VOB/B, ZfBR 1986, 207; *Schubert*, Zur Verjährung von Mangelfolgeansprüchen wegen fehlerhafter planerischer Werkleistungen, BB 1975, 585; *Thamm*, Hemmung und Unterbrechung der Gewährleistungs-/Verjährungsfrist nach BGB durch Nachbesserung, BB 1988, 1477; *Thesen*, Zur Abänderbarkeit der Regelfristen des § 13 Nr. 4 VOB/B in AGB, ZfBR 1986, 153; *Tomic, Alexander*, „§ 13 Nr. 4 Abs. 2 VOB/B – eine tickende Zeitbombe?", BauR 2001, 14–29; *Usinger, Wolfgang*, „Ausgewählte Probleme der Gestaltung von Bauträgerverträgen, FWW 1986, 155–158; *Usinger*, Die Hemmung der Verjährung durch Prüfung oder Beseitigung des Mangels, NJW 1982, 1021; *Voppel, Reinhard*, „Die AGB-rechtliche Bewertung der VOB/B nach dem neuen Schuldrecht", NZ Bau 2003, 6–9; *Walther*, Zur Arglist des Inhabers eines Großbetriebs im Werkvertragsrecht, BauR 1996, 455; *Weise*, Die Bedeutung der Mangelerscheinung im Gewährleistungsrecht, BauR 1991, 19; *Waltermann*, Arglistiges Verschweigen eines Fehlers bei der Einschaltung von Hilfskräften, NJW 1993, 889; *Weyer, Friedhelm*, „Die Privilegierung der VOB/B: Eine – nur vorerst? – entschärfte Zeitbombe", BauR 2002, 857–862; *Wirth, Axel*, „Wann gilt am Bau die fünfjährige Gewährleistungsfrist?", Grundeigentum 1998, 394–396; *Wirth*, Dreißigjährige Gewährleistung des Unternehmers – Wird der Bundesgerichtshof unzutreffend interpretiert?, BauR 1994, 33; *Wittmann*, Gewährleistungsfrist und Verjährungsfrist für Gewährleistungsansprüche, BB 1991, 854.

## Übersicht

| | Rdn. | | Rdn. |
|---|---|---|---|
| **A. Allgemeines** | 1–5 | 3. Gebot zur widerspruchsfreien Vereinbarung der Verjährungsfrist | 103 |
| I. Altfassung des § 13 Nr. 4 VOB/B (Ausgabe September 2002) | 2 | 4. AGB-Recht und § 13 Nr. 4 VOB/B | 108 |
| II. Neufassung des § 13 Nr. 4 VOB/B (Ausgabe 2006) | 3 | a) Die isolierte Vereinbarung des § 13 Nr. 4 VOB/B | 109 |
| **B. Inhalt der Vorschrift** | 6–356 | b) Isolierte Vereinbarung durch Auftraggeber | 111 |
| I. Anwendungsbereich | 9 | c) § 13 Nr. 4 VOB/B und Fristverlängerung auf 5 Jahre | 112 |
| 1. Gewährleistungsansprüche | 10 | 5. VOB-Widrigkeit einer Fristverlängerung | 113 |
| a) Mängel während der Ausführung | 11 | III. Verjährungsfrist für die Gewährleistung | 115 |
| b) Bei der Abnahme entdeckte Mängel | 15 | 1. Gewährleistung für Bauleistungen/Bauwerke | 115 |
| c) Nach der Abnahme aufgetretene Mängel | 17 | a) Bauwerke | 116 |
| 2. Sonstige Ansprüche | 18 | b) VOB/B und Planungsleistungen | 121 |
| a) Ansprüche wegen Nebenpflichtverletzungen | 19 | c) Unternehmer als Ausführender und Planer | 122 |
| b) Ansprüche aus Verschulden bei Vertragsverhandlungen | 31 | d) Kombinationsverträge | 131 |
| c) Ansprüche aus unerlaubter Handlung | 35 | e) Anderweitige Vertragsgestaltungen | 135 |
| II. Vorrangigkeit einer abweichenden Vertragsregelung | 43 | 2. Verjährungsfrist für Bauwerke | 145 |
| 1. Individualvertragliche Verjährungsregelung | 44 | a) Bauleistung | 149 |
| a) Der Zusammenhang mit der VOB/A | 45 | b) Bauwerk und Bauwerksteile | 151 |
| b) Gewerkebezogene Beurteilung | 51 | c) Formulierungsunterschiede zwischen VOB/B und BGB | 156 |
| c) Verkürzung der VOB-Regelfrist | 68 | d) Neubaumaßnahme als Bauwerk | 158 |
| d) Verlängerung der Verjährungsfrist | 71 | e) Umbau- und Wiederaufbaumaßnahmen | 164 |
| e) Längere Garantie- oder Gewährfrist | 73 | f) Modernisierungsmaßnahmen | 165 |
| 2. Verjährungsfrist durch Allgemeine Geschäftsbedingungen | 80 | g) Instandhaltungs- und Instandsetzungsmaßnahmen | 168 |
| a) „Direkte" Verlängerungen der Verjährungsfrist | 81 | 3. Verjährungsfrist für Werke, deren Erfolg in der Herstellung, Wartung oder Veränderung einer Sache besteht | 171 b |
| b) Mittelbare Fristverlängerungen | 91 | 4. Verjährungsfrist für Arbeiten an einem Grundstück – VOB/B 2002 | 172 |
| c) Verkürzung der Regelfrist von 4 Jahren | 101 | | |

## § 13 Nr. 4 — Verjährungsfrist

| | Rdn. |
|---|---|
| a) Einordnung von Straßenbaumaßnahmen | 173 |
| b) Einordnung von Landschaftsbauarbeiten | 175 |
| c) Sonstige Grundstücksarbeiten | 177 |
| 5. Holzerkrankungen (vgl. VOB/B Fassung 2001) | 178 |
| a) Abgrenzung zur Verjährung für Bauwerksleistungen und Arbeiten an einem Grundstück | 178 |
| 6. Vom Feuer berührte Teile einer Feuerungsanlage | 183 |
| a) Berücksichtigung von Verschleiß/Abnutzung | 184 |
| b) Von der Fristverkürzung betroffene Teile | 185 |
| 7. Feuerberührte und abgasdämmende Teile von industriellen Feuerungsanlagen | 185 a |
| 8. Maschinelle und elektrotechnische/elektronische Anlagen | 186 |
| a) Sachstand nach VOB/A | 188 |
| b) Wartungsvertrag und Folgen für die Verjährungsfrist | 192 |
| c) 2-jährige Verjährungsfrist – Vergabe ohne Wartungsvertrag | 196 |
| d) 4-jährige Verjährungsfrist – Vergabe mit Wartungsvertrag | 202 |
| e) Geltungs- und Anwendungsbereich des § 13 Nr. 4 Abs. 2 VOB/B | 204 |
| f) Störungs- oder Mangelfall | 206 |
| g) AGB-Recht | 208 a |
| IV. Fristenlauf | 209 |
| 1. Fristbeginn | 210 |
| a) Rechtsgeschäftliche und technische Abnahme | 211 |
| b) Abnahmeklauseln und Verjährungsbeginn | 215 |
| c) Verjährungsbeginn bei gestörter Vertragsabwicklung | 218 |
| d) Kündigung durch Besteller oder Unternehmer | 220 |
| e) Einvernehmliche Vertragsaufhebung | 228 |
| f) Abnahmeverweigerung | 229 |
| 2. Fristenlauf | 235 |
| a) Hemmung des Fristenlaufs seit dem 1. 1. 02 | 236 |
| b) Hemmung des Fristenlaufs nach altem Recht bis 31. 12. 2001 | 236 a |
| aa) Hemmung durch Stillhalteabkommen | 237 |
| bb) Verzicht auf die Einrede der Verjährung | 241 |
| cc) Sonstige Hemmungstatbestände | 242 |

| | Rdn. |
|---|---|
| dd) Hemmung nach § 203 BGB (§ 639 BGB a. F.) | 245 |
| ee) Hemmung durch Verhandlung | 246 b |
| ff) Hemmung durch Prüfung des Mangels | 247 |
| gg) Hemmung durch Mängelbeseitigungsmaßnahmen | 260 |
| hh) Hemmung durch Mängel | 263 |
| ii) Ende der Hemmungswirkung | 264 |
| jj) Umfang der Hemmungswirkung | 273 |
| c) Neubeginn des Fristenlaufs | 275 |
| aa) Neubeginn durch Anerkenntnis | 277 |
| bb) Kostenerstattungs- und Schadenersatzklage | 298 |
| cc) Aktiv- und Passivlegitimation | 300 |
| dd) Teilklage | 300 a |
| ee) Verjährungshemmung durch Zustellung des Mahnbescheides | 301 a |
| ff) Hemmung durch Aufrechnung im Prozess | 302 |
| gg) Hemmung durch Streitverkündung | 304 |
| hh) Verjährungshemmung durch das selbständige Beweisverfahren | 306 |
| ii) Verjährungshemmung durch vereinbartes Begutachtungsverfahren/Verfahren nach § 641 a BGB | 321 |
| jj) Verjährungshemmung durch Anmeldung von Mängelrechten im Insolvenzverfahren des Auftragnehmers | 321 a |
| kk) Verjährungshemmung mit Beginn des schiedsrichterlichen Verfahrens | 321 b |
| ll) Verjährungshemmung bei Leistungsverweigerungsrecht | 321 c |
| mm) Weitere Hemmungstatbestände | 322 |
| d) Auswirkungen der Hemmung oder Unterbrechung bzw. Quasi-Unterbrechung (§ 13 Nr. 5 Abs. 1 S. 2 VOB/B) | 323 |

| | Rdn. | | Rdn. |
|---|---|---|---|
| e) Vollendung der Verjährung......... | 324 a | b) Einzelfälle ............... | 347 |
| V. Arglistige Täuschung ............. | 325 | c) Darlegungs- und Beweislast ....................... | 353 |
| 1. Tatbestände ................... | 326 | C. Ansprüche aus Garantie und Vergleich ................................ | 357–363 |
| a) Subjektive Voraussetzungen der Arglist............ | 327 | I. Selbständige Garantie ........... | 358 |
| aa) Elemente des Wissens................... | 328 | II. Verjährungsfristverlängerung und unselbständige Garantie..... | 359 |
| bb) Bedeutungserkenntnis..................... | 330 | III. Garantie des Herstellers oder Lieferanten...................... | 361 |
| cc) Einzelfälle............. | 331 | IV. Ansprüche aus Vergleich ......... | 363 |
| dd) Täuschungswille...... | 335 | D. Verjährungsfrist – Fristberechnung und Konkurs .................. | 364–368 |
| b) Arglistige Täuschung durch Tun ................ | 337 | I. Konkurs – Auswirkungen........ | 364 |
| c) Arglistige Täuschung durch Verschweigen....... | 339 | II. Fristberechnung ................. | 368 |
| d) Wissen und Wollen des Unternehmers............ | 340 | E. Einrede der Verjährung und verjährte Gewährleistungsansprüche | 369–384 |
| e) Darlegungs- und Beweislast......................... | 341 | I. Verjährungseinrede.............. | 370 |
| 2. Arglistiges Verhalten Dritter (Erfüllungsgehilfen) .......... | 342 | II. Leistungsverweigerungsrecht bei verjährten Gewährleistungsansprüchen......................... | 372 |
| 3. Der Arglist gleichgestellte Organisationsmängel ......... | 345 | | |
| a) Rechtsfortbildung durch den Bundesgerichtshof.... | 345 | | |

## A. Allgemeines

§ 13 Nr. 4 VOB/B regelt die Verjährungsfrist für Mängelansprüche. Die VOB/B 2006 **1** bringt dabei gegenüber der Fassung der VOB/B 2002 und 1996 vor allem Anpassungen auf Grund des Schuldrechtsmodernisierungsgesetzes. Auf die Altfassung des § 13 Nr. 4 VOB/B nach den Ausgaben 1992 und 1996 wird im Folgenden nicht mehr eingegangen (vgl. hierzu Vorauflage, § 13 Nr. 4 Rdn. 2). Zu Änderungen der VOB/B 2006 vgl. Rdn. 3.

### I. Altfassung des § 13 Nr. 4 VOB/B (Ausgabe September 2002)

Die wichtigste Änderung des § 13 Nr. 4 VOB/B 2002 betraf die Verlängerung der Verjährungsfristen; die deutlichen Unterschiede zwischen der Regelung im BGB (fünf Jahre) **2** und der zwei- bzw. einjährigen Gewährleistungsfristen des alten § 13 Nr. 4 VOB/B 1996 entfielen. Ob die auch nach der Neufassung 2002 verbleibende Kürzung der gesetzlichen Frist um 1/5 zur Unwirksamkeit der Klausel nach AGB-Vorschriften (§ 305 ff. BGB) bei der Verwendung durch den Auftragnehmer führt, bleibt offen.[1] Für Verbraucherverträge ist darauf hinzuweisen, dass die gesetzliche Privilegierung der VOB/B durch § 308 Nr. 5 BGB (fingierte Erklärung) und in § 309 Nr. 8 lit. b) ff.) BGB (Erleichterung der Verjährung) möglicherweise nicht mit der Richtlinie über missbräuchliche Klauseln in Verbraucherverträgen (EG-RL 93/13) vereinbar ist.[2] Die „Privilegierungsproblematik" dürfte sich allerdings dadurch entschärft haben, dass nach der Grundsatzentscheidung des BGH vom 22. 1. 2004 zu Eingriffen in den Kernbereichen der VOB/B ohnehin davon auszugehen ist, dass Verträge, bei denen die VOB/B „insgesamt" einbezogen wurde, Seltenheitswert haben dürften.

In Anpassung an § 633 BGB sowie § 13 Nr. 1 VOB/B 2002 wurde statt von „Gewährleistung" nunmehr von „Mängelansprüchen" geredet. Die Sonderregelung von Holzkran-

---

[1] Kritisch insoweit *Kemper*, BauR 2002, 163; *Kiesel*, NJW 2002, 2064/2067 f.
[2] Vgl. hierzu *Ingenstau/Korbion*, VOB/B § 13 Nr. 4 Rdn. 20 und 68–70; *Quack*, BauR 1997, 24.

§ 13 Nr. 4                                                                                                                     Verjährungsfrist

kungen wurde ersatzlos gestrichen. Nach der VOB/B 2002 gilt **für Bauwerke eine regelmäßige Verjährungsfrist von vier Jahren.** Für Arbeiten an einem Grundstück und für die von Feuer berührten Teile von Feuerungsanlagen beträgt die Verjährungsfrist zwei Jahre. Bei vom Feuer berührten und Abgas dämmenden Teilen von industriellen Feuerungsanlagen beträgt die Verjährungsfrist ein Jahr. Bei maschinellen und elektrotechnischen/elektronischen Anlagen nach Maßgabe von § 13 Nr. 4 Abs. 2 VOB/B gilt nunmehr eine Verjährungsfrist von zwei Jahren.

Die Privilegierung des § 13 Nr. 4 VOB/B erfolgte in § 309 Nr. 8 lit. b) ff) BGB. Dazu muss jedoch die VOB/B „insgesamt einbezogen" sein.[3]

## II. Neufassung des § 13 Nr. 4 VOB/B (Ausgabe 2006)

3   Die Änderungen des § 13 Nr. 4 VOB/B 2006 betreffen zum einen die Streichung der Regelung der Verjährung für „Arbeiten an einem Grundstück" und die Ersetzung dieser Regelung durch die Verjährung für „andere Werke, deren Erfolg in der Herstellung, Wartung oder Veränderung einer Sache besteht" (§ 13 Nr. 4 Abs. 1 Satz 1 VOB/B), zum anderen die Klarstellung in § 13 Nr. 4 Abs. 2 VOB/B, dass die Regelung auch bei Vereinbarung längerer Fristen als der Regelverjährungsfrist zur Anwendung kommt, sofern Abs. 2 nicht ausdrücklich abbedungen wird. Im Übrigen kann auf die einführenden Anmerkungen zur VOB/B 2002 in vorstehender Rdn. verwiesen werden.

4–5   *(Freibleibend)*

## B. Inhalt der Vorschrift

6   § 13 Nr. 4 VOB/B bestimmt die Verjährungsfrist für Mängelansprüche. Dies sind grundsätzlich **alle nach der Abnahme bestehenden Mängelansprüche bzw. Gewährleistungsansprüche, die in Nr. 5 Abs. 1 Satz 1 und Abs. 2, Nr. 6 und Nr. 7 aufgeführt sind oder daraus abgeleitet werden.** Also der Anspruch auf Nacherfüllung (Nr. 5 Abs. 1), die Mangelbeseitigung auf Veranlassung des Auftraggebers (Nr. 5 Abs. 2), einschließlich Kostenerstattungs- und Kostenvorschussanspruch des Auftraggebers, der Anspruch auf Minderung (§ 13 Nr. 6) und der Schadensersatzanspruch gemäß Nr. 7 Abs. 1 und Abs. 2. Abweichende Sonderregelungen finden sich jedoch für besondere Mängelhaftungsfälle in § 13 Nr. 5 Abs. 1 Satz 2 und Satz 3 sowie für die Fälle der versicherten oder versicherbaren Leistung im Sinne von § 13 Nr. 7 Abs. 3 sowie in Nr. 7 Abs. 4. Ferner gelten die Fristen der Nr. 4, wenn es sich um einen auf § 4 Nr. 7 VOB/B fußenden Anspruch handelte (Nachbesserung, Schadensersatz), der sich mit der Abnahme in einen Anspruch nach § 13 VOB/B verwandelt.[4] Bei Ansprüchen aus § 4 Nr. 7 S 1 und S 2 VOB/B, die nach der Kündigung oder Teilkündigung eines Bauvertrags erhalten bleiben, sind die Verjährungsfristen nach § 13 Nr. 4 (bzw. Nr. 7 Abs. 4) VOB/B erst dann anwendbar, wenn es zur Abnahme der bis zur Kündigung erbrachten Leistung kam.[5] Ebenfalls von Nr. 4 umfasst werden Ansprüche aus § 4 Nr. 8 Abs. 1 VOB/B, wenn die entstandenen Mängel darauf beruhen, dass der Auftragnehmer gegen das Verbot der eigenmächtigen Vergabe an Nachunternehmer verstoßen hat und der Nachunternehmer mangelhaft geleistet hat.[6] Schließlich gelten die Fristen der Nr. 4 auch in den Fällen, in denen die Parteien durch individuelle Vereinbarungen, die **Voraussetzungen** und/oder den **Umfang** der Mängelhaftung ganz oder teilweise anders und abweichend von § 13 Nr. 1 bis 3 und 5 bis 7 VOB/B

---

[3] Vgl. zum Privilegierungsproblem vorstehend.
[4] BGH NJW 1971, 99 = BauR 1971, 51; BGH ZFBR 1982, 122 = BauR 1982, 277.
[5] BGH BauR 2003, 689 = NJW 2003, 1450 = ZFBR 2003, 480.
[6] BGHZ 59, 323 = NJW 1973, 38 = BauR 1973, 46.

geregelt haben, jedoch Nr. 4 unverändert ließen.[7] Die Verjährungsfrist der Nr. 4 kommt nicht in Betracht, wenn es sich um Ansprüche handelt, die erst nach der Abnahme entstehen (etwa bei der Untersuchung und Beseitigung später zutage getretener Baumängel oder bei der Sachverwaltung von Mängelrechten des Auftraggebers oder bei Beratung). Es muss sich immer um solche Ansprüche handeln, die ihre Ursache in Mängeln oder Vertragswidrigkeit haben, die **vor der Abnahme** gesetzt wurden und dem Auftragnehmer zuzurechnen sind. Soweit die VOB/B nicht „als Ganzes" vereinbart worden ist (vgl. dazu oben Rdn 3) kommen die gesetzlichen Verjährungsfristen des § 634a BGB zur Anwendung, soweit die Regelungen der §§ 305 ff. BGB eingreifen. Die VOB/B ist insbesondere auch dann nicht mehr „als Ganzes" vereinbart, wenn Änderungen und Abweichungen beispielsweise in zusätzlichen Vertragsbedingungen getroffen werden. In diesen Fällen liegt ein Verstoß gegen § 309 Nr. 8b ff. BGB bzw. im unternehmerischen Handelsverkehr gegen § 307 BGB vor. Dies gilt allerdings dann nicht, wenn der **Auftraggeber Verwender ist,**[8] dann gilt § 13 **Nr. 4 VOB/B gegebenenfalls zu seinen Lasten.** Für Ansprüche aus unerlaubter Handlung oder Pflichtverletzung gem. §§ 280, 282 BGB i. V. m. § 241 Abs. 2 BGB (vormals positive Forderungsverletzung) gilt § 13 Nr. 4 VOB/B nicht.

Die wesentlichen **Unterschiede zur BGB-Regelung** nach § 634a BGB bestehen in folgendem: **7**

– Verjährungsfrist bei Bauwerken im Unterschied zur 5-Jahresfrist des BGB nur 4 Jahre.
– Das BGB enthält im Gegensatz zur VOB/B keine Besonderheiten für die vom Feuer berührten Teile von Feuerungsanlagen sowie feuerberührte und abgasdämmende Teile von industriellen Feuerungsanlagen.
– Das BGB kennt im Gegensatz zur VOB/B (§ 13 Nr. 4 Abs. 2) keine Sonderregelung für Teile von maschinellen und elektrotechnischen/elektronischen Anlagen. Mit der Verknüpfung der Dauer der Verjährungsfrist für Anlagen oder Anlagenteile besonderer Art mit einem Wartungsvertrag hinsichtlich dieser Teile geht § 13 Nr. 4 Abs. 2 VOB/B den seit der Ausgabe Juni 1996 beschrittenen Weg weiter.
– In der VOB/B fehlt eine Sonderregelung für den Tatbestand der arglistigen Täuschung. Insoweit greift ergänzend § 634a Abs. 3 BGB ein. In diesen Fällen finden weder die Fristen des § 634a Abs. 1 Nr. 1 und 2 BGB noch der Verjährungsbeginn zum Zeitpunkt der Abnahme Anwendung (§ 634a Abs. 2 BGB). Jedoch tritt im Falle des arglistigen Verschweigens von Mängeln an einem Bauwerk und der Erbringung von Planungs-/Überwachungsleistungen hierfür die Verjährung nicht vor Ablauf der Frist des § 634a Abs. 3 S 2 BGB (5 Jahre) ein. Regelmäßig beginnt in solchen Fällen die Verjährungsfrist am Schluss des Jahres der Entstehung des Anspruchs und dem Vorliegen der Kenntnis bzw. grob fahrlässigen Unkenntnis des Gläubigers von den anspruchsbegründenden Umständen und der Person des Schuldners (§ 199 BGB). Es gilt die regelmäßige Verjährungsfrist mit vorerwähnter Ausnahme (§ 634 Abs. 3 S 1 BGB = 3 Jahre, de facto eher 5 Jahre).

*(Freibleibend)* **8**

### I. Anwendungsbereich

Die Ersatzregel ist einschlägig nur für die Gewährleistungsansprüche und setzt damit die Einstandsverpflichtung nach der Nr. 1 voraus. Anwendungsvoraussetzung ist das Vorliegen eines Mangels an der Bauleistung. **9**

---

[7] Vgl. *Ingenstau/Korbion* VOB/B § 13 Nr. 4 Rdn. 28 sowie *Heiermann/Riedl/Rusam* VOB/B § 13 Rdn 70.
[8] Vgl. hierzu BGH ZFBR 89, 158 = BauR 89, 322 sowie BGH ZFBR 84, 186 = BauR 84, 390. Hierzu auch *Heiermann/Riedl/Rusam* VOB/B § 13 Rdn. 69 bis 69b.

§ 13 Nr. 4                                                                                      Verjährungsfrist

**1. Gewährleistungsansprüche**

10   Erfasst werden primär die in den Nrn. 5 bis 7 näher bestimmten Gewährleistungsansprüche. Für diese ist konstitutiv, dass die Mängel zeitlich nach der Abnahme während der Verjährungsfrist auftreten (Nr. 5); vgl. jedoch auch vorstehend Rdn. 6.

11   **a) Mängel während der Ausführung.** Auf bereits vor der Abnahme geltend gemachte Mängelbeseitigungsansprüche (§ 4 Nr. 7 VOB/B) trifft die Vorschrift zunächst nicht zu. Mängelbeseitigungsansprüche nach § 4 Nr. 7 Satz 1 VOB/B verjähren wegen ihres Erfüllungscharakters in 3 Jahren (§ 195 BGB). Siehe in diesem Zusammenhang auch die Überleitungsvorschrift zum Verjährungsrecht nach Artikel 229 § 6 EGBGB. Im Zeitpunkt der rechtsgeschäftlichen Abnahme bereits geltend gemachte, aber noch unerledigte Mängelbeseitigungsansprüche setzen sich ab Abnahme als Gewährleistungsansprüche (§ 13 VOB/B) fort.[9] Damit findet die Verjährungsregel der Nr. 4 VOB/B Anwendung. Dieselben Rechtsfolgen treten bezüglich des Schadensersatzanspruches aus § 4 Nr. 7 Satz 2 VOB/B ein, der nach Abnahme seine Fortsetzung in § 13 Nr. 7 VOB/B findet.

12   Dieses Ergebnis kann der Besteller nur vermeiden, wenn die Abnahme mit Recht (§ 12 Nr. 3 VOB/B) verweigert wird.

13   Geht der Besteller nach § 4 Nr. 7 Satz 3 VOB/B vor und wird der Bauvertrag mit den sich aus § 8 Nr. 3 Abs. 2 VOB/B ergebenden Anspruchsfolgen gekündigt, greift § 13 Nr. 4 VOB/B ein, soweit die geltend gemachten Ansprüche mit denen nach § 13 Nr. 5–7 VOB/B deckungsgleich sind und es zur Abnahme der Teilleistung kommt. Der Erstattungsanspruch durch Drittbeauftragung wie auch der Schadensersatzanspruch (§ 8 Nr. 3 Abs. 2 VOB/B) verjähren an sich in 3 Jahren.[10] Zur Verjährungsfrist der Nr. 4 kommt es aber bei Abnahme der **Teilleistung**.[11] Fehlt es an einer Abnahme der Teilleistung, ist nach wohl überwiegender Meinung auf die Abnahme der Leistung nach Fertigstellung durch den Ersatzunternehmer – bei mehreren Unternehmern auf die Abnahme der Leistung des letzten – abzustellen.[12] Nach anderer Ansicht soll darauf abzustellen sein, ob im Behalten und Zur-Verfügung-stellen des Werkes für das Weiterarbeiten eine Abnahme liegt; aus der Tatsache, dass die Abnahme des Teilwerks des gekündigten Unternehmers keine Fälligkeitsvoraussetzung für den Vergütungsanspruch sei, könne unter Verjährungsgesichtspunkten auf deren Entbehrlichkeit nicht geschlossen werden.[13] Nach dieser Ansicht ist auf das Abnahmeerfordernis überhaupt zu verzichten. Nach dieser Ansicht soll die Verjährungsfrist mit der Kündigung zu laufen beginnen.[14] Nach BGH sind die Verjährungsfristen nach § 13 Nr. 4 VOB/B oder nach § 13 Nr. 7 Abs. 3 VOB/B nach Kündigung oder Teilkündigung eines Bauvertrags auf Ansprüche aus § 4 Nr. 7 S 1 und S 2 VOB/B, die nach der Kündigung erhalten bleiben, grundsätzlich erst anwendbar, wenn die bis zur Kündigung erbrachte Leistung abgenommen worden ist.[15] Der Auftragnehmer kann nach § 8 Nr. 6 VOB/B i. V. m. § 12 Nr. 4 und 6 VOB/B Abnahme und Aufmaß verlangen, es sei denn, der Auftraggeber ist nach § 12 Nr. 3 VOB/B berechtigt, die Abnahme zu verweigern. Die vorherrschende Ansicht wird damit bestätigt. Dies gilt sowohl für den Erstattungsanspruch aus § 8 Nr. 3 Abs. 2 S 1 1. Halbsatz als auch für die Verjährung der Ansprüche auf Ersatz des weiteren Schadens nach § 8 Nr. 3 Abs. 2 S 1 2. Halbsatz VOB/B.

---

[9] BGH BauR 1982, 277, 279 = ZfBR 1982, 122 = NJW 1982, 1524.
[10] So zum früheren Rechtszustand mit 30-jähriger Verjährung BGH WM 1961, 1109; BauR 1971, 51, 52. Vgl. etwa *Heiermann/Riedl/Rusam* VOB/B § 8 Rdn 38.
[11] *Ingenstau/Korbion* VOB/B § 8 Rdn. 91; *Dähne* BauR 1973, 268, 272; BGH BauR 1971, 51 = NJW 1971, 99; BGH BauR 1982, 277 = NJW 1982, 1524.
[12] So etwa Vygen in: *Ingenstau/Korbion* § 8 Nr. 3 VOB/B, Rdn 44; *Heiermann/Riedl/Rusam* § 8 VOB/B Rdn 38; *Dähne*, BauR 1973, 268; *Niklisch* in *Niklisch/Weick*, § 8 Rdn 29.
[13] So *Motzke* in Vorauflage § 13 Nr. 4 Rdn. 13 unter Verweis auf BGH BauR 1983, 459/461 = NJW 1983, 2439 = ZfBR 1983, 230 und BGH BauR 1987, 95 = NJW 1987, 382 = ZfBR 1987, 38 und BauR 1993, 469, 472 = NJW 1993, 1972 = ZfBR 1993, 189.
[14] Vgl. hierzu im Detail *Motzke*, Vorauflage a. a. O.
[15] Vgl. BGH NZBau 2003, 265 = NJW 2003, 1450 = LMK 2003, 82 mit Anmerkung *Franke*.

Verzichtet der Besteller wegen Interesseverlustes auf die Ausführung, verjährte der Schadensersatzanspruch wegen Nichterfüllung nach § 8 Nr. 3 Abs. 2 Satz 2 VOB/B früher in 30 Jahren.[16] Nach neuem Recht gilt die dreijährige Verjährungsfrist gem. § 195 BGB. 14

**b) Bei der Abnahme entdeckte Mängel.** Kommt es trotz Vorliegens von Mängeln zur Abnahme, bildet § 13 VOB/B die Rechtsgrundlage für Gewährleistungsansprüche. Deren Verjährung bestimmt sich nach § 13 Nr. 4 VOB/B. 15

Wird die Abnahme verweigert, ist zu unterscheiden: Grundsätzlich hat der Auftragnehmer auch nach der Kündigung einen Anspruch auf Abnahme, wenn die von ihm bis zur Kündigung erbrachte Leistung die Voraussetzung für die Abnahmepflicht des Auftraggebers erfüllt. Der Auftragnehmer kann diese nach § 8 Nr. 6 VOB/B i. V. m. § 12 Nr. 4 u. Nr. 6 VOB/B auch verlangen. Eine fiktive Abnahme nach § 12 Nr. 5 VOB/B kommt dagegen bei einem gekündigten Vertrag nicht in Betracht.[17] Ist eine Abnahmeverweigerung berechtigt, gelten die Ausführungen zu Rdn. 12 ff. Im Übrigen treten die Abnahmewirkungen ein, wenn der Auftragnehmer den Auftraggeber in Verzug setzt, denn damit treten die Abnahmewirkungen ein, wie dies auch in § 640 Abs. 1 S 3 BGB nunmehr klargestellt ist.[18] 16

**c) Nach der Abnahme aufgetretene Mängel.** Die Verjährungsregel des § 13 Nr. 4 VOB/B trifft auf die während der Verjährungsfrist hervorgetretenen Mängel (Nr. 5) voll zu. 17

## 2. Sonstige Ansprüche

Sonstige Ansprüche des Bestellers werden von der Verjährungsregel nur erfasst, wenn ein qualifizierter Zusammenhang mit einem Mangel am Werk des in Anspruch genommenen Unternehmers besteht. Hat der Unternehmer als Besondere Leistung die Beaufsichtigung der Leistungen anderer Unternehmer übernommen, bestimmt sich die Verjährung im Fall der Schlechterfüllung nur dann nach § 13 Nr. 4 VOB/B, wenn hierdurch die Tauglichkeit der Leistung des aufsichtspflichtigen Unternehmers beeinträchtigt worden ist. Wirkt sich die Schlechterfüllung ohne Mangelbegründung im Werk des nachleistenden Unternehmers lediglich dahin aus, dass der vorleistende Unternehmer nachbessern musste und die Bauabwicklung in Verzug geriet, verjährt der Anspruch wegen Pflichtverletzung (§§ 280 ff. BGB) in drei Jahren. 18

**a) Ansprüche wegen Nebenpflichtverletzungen.** In nunmehr drei Jahren verjähren Ansprüche wegen Pflichtverletzung (§ 280 Abs. 1 BGB), die früher unter das Rechtsinstitut der „positiven Vertragsverletzung" fielen und die mit einem Mangel der eigenen Werkleistung nichts zu tun haben. Grundsätzlich gilt für solche Nebenpflichtverletzungen § 195 BGB i. V. m. § 199 BGB (Verjährung drei Jahre, beginnend mit dem Schluss des Jahres, in dem der Anspruch entstanden ist und der Gläubiger von den den Anspruch begründenden Umständen in der Person des Schuldners Kenntnis erlangt oder ohne grobe Fahrlässigkeit erlangen müsste). Im Rahmen der Pflichtverletzung ist die frühere Unterscheidung von Mangel- und Mangelfolgeschäden unnötig geworden. Zu den Pflichtverletzungen im Sinne des § 280 BGB zählt insbesondere die Fallgruppe der **Verletzung der allgemeinen Leistungstreuepflicht**.[19] Diese darf nicht mit der Verletzung von Prüfungs- und Mitteilungspflichten nach § 4 Nr. 3 VOB/B verwechselt werden. Ist die Verletzung der Prüfungs- und Mitteilungspflicht die Ursache für Mängel an der eigenen Leistung, handelt es sich um einen Gewährleistungstatbestand, auf den § 13 VOB/B in vollem Umfang – einschließlich der Verjährungsregelung – zutrifft.[20] Geht der Unternehmer über seine Verpflichtung zur Prüfungs- und Bedenkenmitteilungspflicht hinaus und unterbreitet er einen Lösungsvorschlag, der den Fehlereintritt am eigenen Werk dennoch nicht verhindert, ist dem Bera- 19

---

[16] *Dähne* BGH BauR 1973, 268, 274; *Ingenstau/Korbion* VOB/B § 8 Rdn. 118.
[17] Vgl. BGH NJW 2003, 1450 = NZBau 2003, 265 = LMK 2003, 82 sowie *Kniffka*, ZfBR 1998, 113/115.
[18] Vgl. *Ingenstau/Korbion* § 8 Nr. 3 VOB/B Rdn. 44 m. w. N.
[19] BGH BauR 1983, 70, 72 = NJW 1983, 875 = ZfBR 1983, 16; 1975, 341, 342; 1970, 57, 58; vgl. auch OLG Köln *Schäfer/Finnern/Hochstein* Nr. 6 zu § 4 Nr. 3 VOB/B.
[20] OLG München NJW-RR 1988, 20; BGH BauR 1975, 341, 342.

tungsvorgang verjährungsrechtlich keine eigenständige Bedeutung beizumessen.[21] Ausschlaggebend ist allein der Fehler, für den die Verjährungsfrist des § 13 Nr. 4 VOB/B einschlägig ist. Die nach der VOB/B nicht geschuldete Beratung begründet die gewährleistungsmäßige Einstandspflicht, von welcher sich der Unternehmer bei Beschränkung auf die Prüfungs- und die Bedenkenmitteilungspflicht freigezeichnet hätte. Die falsche, im Zuge der Werkausführung erfolgte Beratung steht ausschließlich im Dienst der Sicherstellung einer mangelfreien Leistung, weswegen bei Verfehlung dieses Ziels nicht die Pflichtverletzung, sondern die Gewährleistung mit der Verjährung nach § 13 Nr. 4 VOB/B angesprochen ist.[22] Anknüpfungspunkt für die Einstandspflicht ist der Fehler an der Werkleistung des Unternehmers. Bleibt ein Fehler aus, wirkt sich die fehlerhafte Beratung nicht aus und ist damit folgenlos.

20    Die Koppelung einer Nebenpflichtverletzung mit einem Gewährleistungstatbestand liegt bei einem Verstoß gegen **§ 4 Nr. 8 VOB/B** auf der Hand: Ist die Leistung des vertragswidrig eingeschalteten Nachunternehmers mit einem Mangel behaftet, ist der Hauptunternehmer den Ansprüchen aus § 13 VOB/B ausgesetzt. Der Verstoß gegen § 4 Nr. 8 VOB/B begründet zwar zusätzlich einen Schadensersatzanspruch wegen Pflichtverletzung; dieser Anspruch verjährt bei Verknüpfung mit einem Mangel aber gleichfalls nach § 13 Nr. 4 VOB/B.[23]

21    Die Verletzung der Erhaltungs- und Bewahrungsverpflichtung nach **§ 4 Nr. 5 VOB/B** erweist sich gleichfalls als Pflichtverletzung (→ § 4 Nr. 5 Rdn. 23, 32). Verjährungsrechtlich kommt dem eigenständiges Gewicht jedoch nicht zu. Ist die Beschädigung – wie regelmäßig – zugleich ein Mangel, wird die Mangelbeseitigungspflicht nach § 4 Nr. 7 VOB/B ausgelöst. Die verjährungsrechtlichen Konsequenzen beurteilen sich allein nach Rdn. 6. Geht der nach der Abnahme gerügte Mangel auf unterlassene oder unzureichende Erhaltung/Bewahrung im Verlauf der Bauerrichtung zurück, verdrängt das Gewährleistungsregime die (positive) Vertragsverletzung.

22    Die unzulängliche **Informierung** des Auftraggebers/Bestellers über die **Pflege** und **Wartung** der Werkleistung ist ein hiervon zu unterscheidender Fall. Gibt ein Unternehmer eine falsche Pflegeanleitung und kommt es deshalb zur Fehlerhaftigkeit einer Bauleistung – z. B. Verfärbung von Bodenplatten – ist die Werkleistung als mangelhaft anzusehen; dem Auftraggeber stehen nicht Ansprüche aus Pflichtverletzung, sondern aus Gewährleistung zu.[24] Nach einzelnen, der **VOB/C** zugehörigen Normen, den Allgemeinen Technischen Vertragsbedingungen für Bauleistungen (ATVen), ist die Aushändigung derartiger Pflegehinweise Unternehmerpflicht.[25] Stellenweise sind derartige Pflegeanweisungen auch Inhalt von reinen Stoff- oder Verarbeitungsnormen. Der infolge der unterlassenen oder falschen Pflege- oder Wartungsanleitung entstandene Mangel an der Werkleistung des Unternehmers geht im Sinne von § 13 Nr. 5 Abs. 1 Satz 1 VOB/B auf die Vertragswidrigkeit der Leistung des Unternehmers zurück; diese liegt in der unzulänglichen Unterrichtung über Pflege und Wartung. Die Unterrichtung ist zwar innerhalb der den Unternehmer treffenden Vertragspflicht zur Erstellung eines mangelfreien Werks lediglich eine Nebenpflicht; deren Verletzung führt jedoch ursächlich zu einem Mangel an der Werkleistung, was zur Verdrängung des Anspruchs wegen Pflichtverletzung führt.[26] Dies gilt jedenfalls dann, wenn die Erfüllung

---

[21] *Motzke* ZfBR 1988, 244 ff.; a. A. *Piel* FS Soergel S. 237, 243, 245, der bei Beratung ohne oder auf Grund vertraglicher Verpflichtung immer einen Tatbestand der positiven Vertragsverletzung annimmt.
[22] A. A. *Piel* FS Soergel S. 237, 243, 245, der sogar bei umfangreicher Beratung den Abschluss eines Beratungsvertrages in den Raum stellt.
[23] BGH BauR 1973, 46, 48; vgl. → § 4 Nr. 8 Rdn. 62.
[24] OLG Hamm NJW-RR 1992, 155; BGH BauR 1990, 270.
[25] Vgl. nur DIN 18 356 Parkettarbeiten im Abschnitt 3.4.4; die DIN 18 332 warnt im Abschnitt 3.7.1 vor dem Einsatz gefährlicher Mittel ohne eine Pflicht des Unternehmers zur Information des Auftraggebers anzuführen; im Bereich der technischen Gebäudeausrüstung wird der Information des Auftraggebers mehr Raum gewidmet: vgl. nur DIN 18 379, Raumlufttechnische Anlagen, Abschnitt 3.6 oder DIN 18 380, Heizanlagen und zentrale Wassererwärmungsanlagen, Abschnitt 3.7.
[26] *Ingenstau/Korbion* VOB/B § 13 Rdn. 275, 433; BGH *Schäfer/Finnern* Z 2414 Bl. 200; BGH BauR 1971, 51, 52 = NJW 1971, 99, 100.

der Nebenpflicht den Zweck verfolgt, das Werk während der Verjährungsfrist für Gewährleistungsansprüche und darüber hinaus mangelfrei zu erhalten.

23 Hat der Unternehmer bei Leistungen in der Technischen Gebäudeausrüstung nach einschlägigen VOB/B-Vorschriften[27] auch das **Bedienungs- und Wartungspersonal** in die Anlage einzuweisen, was falsch oder unvollständig geschieht und zu Mängeln an der Anlage führt, liegt grundsätzlich eine Pflichtverletzung vor. Führen darauf zurückführbare Bedienungsfehler zu Mängeln am Werk, geht das Gewährleistungsrecht vor. Hat der Bedienungsfehler lediglich z. B. einen erhöhten Energiebedarf zur Folge, erfolgt die Qualifizierung mangels eines Fehlers am Werk allein nach den Regeln der Pflichtverletzung gem. §§ 280 ff. BGB.

24 Die vorgenommene Unterscheidung scheitert nicht daran, dass nach *Ingenstau/Korbion*[28] die kurze Verjährungsfrist des § 13 Nr. 4 VOB/B nur für solche Gewährleistungsansprüche in Betracht kommt, die ihre Ursache in der Ausführung der Leistung selbst bis zur Abnahme haben. Erst nach der Abnahme durch Verletzung von Nebenpflichten begründete Schadensersatzansprüche werden danach der Pflichtverletzung zugewiesen. Wartungs- und Pflegeanweisungen wie auch die Einweisung des Wartungs- und Bedienungspersonals erfolgen nämlich typisch vor oder im Rahmen der Abnahme der Leistung.[29] Selbst bei der Abnahme nachfolgenden Pflege-/Wartungshinweisen und Einweisungen des Personals ändert die zufällige zeitliche Verschiebung die Qualifizierung nicht.

25 Nichts anderes gilt für den Schadensersatzanspruch nach § 2 Nr. 8 Abs. 1 Satz 3 VOB/B. Dieser ist ein Unterfall der Pflichtverletzung.[30]

26 Der Schadensersatzanspruch aus **§ 13 Nr. 7 Abs. 2 VOB/B** ist typologisch im Wesentlichen dem Bereich der Pflichtverletzung zuzuweisen,[31] unterliegt aber der kurzen Verjährung nach der Nr. 4.

27 Einer dreijährigen Verjährungsfrist nach § 195 BGB unterliegen Schadensersatzansprüche, die ihren Grund darin haben, dass der Unternehmer im Zusammenhang mit Mängelbeseitigungsmaßnahmen das sonstige Vermögen des Auftraggebers durch fehlende Sorgfalt beschädigt hat. § 13 Nr. 4 VOB/B erfasst diese Fallgestaltung nicht. Denn der Mangel an der Werkleistung ist nur das auslösende Moment.[32]

28 Beschädigt der Unternehmer im Zuge der Bauausführung das sonstige Vermögen des Auftraggebers, wozu auch bisher mangel-/schadensfreie Bauleistungen anderer Unternehmer zählen, wird der Tatbestand der Pflichtverletzung mit der Folge der dreijährigen Verjährungsfrist gleichfalls verwirklicht. Hiervon abzugrenzen ist, dass Mängel der Unternehmerleistung zu Mängeln/Schäden an sonstigen Bauwerksteilen führen. Hierdurch wird § 13 Nr. 7 Abs. 1 VOB/B verwirklicht,[33] wobei die Besonderheit besteht, dass der Schadensersatzforderung keine Mängelbeseitigungsaufforderung hinsichtlich der Mängel/Schäden an den anderen Bauteilen vorausgehen muss.

29 Umstritten ist die Gewährleistungsfrist bei Fehlern in der Wahrung von Mängelrechten des Auftraggebers oder bei seiner späteren Beratung. Vertreten wird einerseits, dass hier nur die Frist nach § 13 Nr. 4 VOB/B einschlägig sei, wenn beispielsweise der auf Gewährleistung in Anspruch genommene Unternehmer den Besteller in Besprechungen oder Beratungen davon überzeugen kann, dass es an der Vertragswidrigkeit der Leistung fehlt. Stellt sich diese Unterrichtung später – bereits nach Ablauf der 4-Jahresfrist – als falsch heraus, begründet nicht etwa die Fehleinschätzung durch den Unternehmer eine Pflichtverletzung. Solche Fälle sollten früher durch § 639 Abs. 2 BGB a. F. erschöpfend erfasst

---

[27] Vgl. DIN 18 380, Heizanlagen und zentrale Wassererwärmungsanlagen, Abschnitt 3.5.3; DIN 18 379, Raumlufttechnische Anlagen, Abschnitt 3.4.2.
[28] *Ingenstau/Korbion* VOB/B § 13 Nr. 4 Rdn. 29.
[29] Vgl. nur DIN 18 379 Abschnitt 3.6 und DIN 18 380 Abschnitte 3.5.3 und 3.7.
[30] *Nicklisch/Weick* VOB/B § 2 Rdn. 100.
[31] BGH BauR 1973, 381 = NJW 1973, 1752; vgl. → § 13 Nr. 7 Rdn. 36.
[32] *Ingenstau/Korbion* VOB/B § 13 Rdn. 213 mit Verweis auf BGH BauR 1978, 235 = NJW 1978, 1311.
[33] BGHZ 96, 221 = BauR 1986, 211, 212 = NJW 1986, 922 = ZfBR 1986, 67.

sein. Im Einzelfall kann allerdings eine unerlaubte Handlung vorliegen.[34] Die den Architekten/Ingenieur auf Grund der übernommenen Betreuungsaufgabe nach der Rechtsprechung,[35] treffende Verpflichtung zur unverzüglichen und umfassenden Aufklärung könne auf den Unternehmer nicht übertragen werden.[36] Nach anderer Auffassung sollen diese Fälle, da es sich typischerweise um Ansprüche handele, die überhaupt erst nach Abnahme entstehen, Fälle der Pflichtverletzung sein und unter die Verjährungsfrist des § 195 BGB fallen.[37] Der letztgenannten Ansicht ist zu folgen. Zum einen ist § 639 Abs. 2 BGB a. F. weggefallen. Der neue § 203 BGB ist zwar teilweise an dessen Stelle getreten, jedoch handelt es sich um typische Fälle einer Nebenpflichtverletzung. Allerdings dürfte der Streit auf Grund der weitgehenden Anpassung der Verjährungsvorschriften seine Schärfe verloren haben.

30    Nichts mit einer Pflichtverletzung und damit der dreijährigen Verjährungsfrist hat auch die unzulängliche Beseitigung eines Mangels nach Ablauf der vierjährigen oder sonst im Vertrag vereinbarten Verjährungsfrist zu tun. Denn auch für Mängelbeseitigungsleistungen, die nach Ablauf der Verjährungsfrist erbracht werden, trifft § 13 Nr. 5 Abs. 1 Satz 3 VOB/B zu.[38] Die mangelhafte Beseitigung löst demnach ihrerseits Gewährleistungsansprüche aus, was sich unmittelbar aus § 13 Nr. 5 Abs. 1 Satz 3 VOB/B ergibt. Der Rückgriff auf § 195 BGB wird hierdurch ausgeschlossen.[39] Der den gerügten Mangel beseitigende Unternehmer leistet Gewährleistung dafür, dass die Mängelbeseitigungsmaßnahme zurzeit ihrer Abnahme den in § 13 Nr. 1 VOB/B genannten Anforderungskriterien entspricht.

31    **b) Ansprüche aus Verschulden bei Vertragsverhandlungen.** Ansprüche aus Verschulden bei Vertragsverhandlungen (auch Verschulden bei Vertragsschluss)[40] verjähren gemäß § 195 BGB in drei Jahren. Die Ansprüche wegen Verschulden bei Vertragsverhandlungen sind nun in § 311 Abs. 2 und 3 BGB kodifiziert. § 311 Abs. 2 BGB beschreibt dabei unter Verweis auf § 241 Abs. 2 BGB die typischen Konstellationen der Aufnahme und Anbahnung eines Vertrages, während § 311 Abs. 3 BGB die Konstellationen der Einbeziehung Dritter in vertragliche Schutzwirkungen vor Augen hat. Anspruchsgrundlage sind die §§ 280, 311 Abs. 2, Abs. 3, 241 Abs. 2, 249 BGB. Nach gefestigter Rechtsprechung und überwiegender Literaturansicht scheidet eine Haftung des Unternehmers aus Verschulden bei Vertragsverhandlungen aus, wenn solche Verstöße zu Mängeln des Werkes geführt haben.[41] Dem ist zu folgen, denn für eine Lückenfüllung ist kein Raum. Diese wäre im Übrigen unter Verjährungsgesichtspunkten bedeutungslos, weil ein Anspruch aus Verschulden bei Vertragsverhandlungen bei Verknüpfung mit einem Mangel der Verjährungsfrist nach § 13 Nr. 4 VOB/B zur Vermeidung von Wertungswidersprüchen zu unterwerfen ist.[42] Fehlt es an der Aufklärung über mit der Leistung verbundene Nachteile, die sich nicht unter den Mangelbegriff einordnen lassen, ist für Ansprüche aus Verschulden bei Vertragsschluss Raum; so z. B. hinsichtlich der Wirtschaftlichkeit einer Heizungsanlage.[43]

---

[34] Vgl. zu einer ähnlichen Konstellation OLG Köln NJW-RR 1994, 1431, 1432.
[35] BGH BauR 1978, 235 = NJW 1978, 1311; zuletzt BGH BauR 1991, 606, 612 = NJW 1991, 2480 = ZfBR 1991, 212; BGH NJW 1996, 1278 = BauR 1996, 418 = ZfBR 1996, 155.
[36] Vgl. hierzu im Detail *Motzke*, Vorauflage § 13 Nr. 4 Rdn. 29; A. A. *Ingenstau/Korbion* VOB/B § 13 Rdn. 282; *Kniffka* ZfBR 1993, 255; wie hier *Walther* BauR 1996, 455, 459; *Rutkowsky* ZfBR 1994, 201.
[37] Vgl. *Ingenstau/Korbion* VOB/B § 13 Ne. 4 Rdn. 29 unter Verweis auf BGHZ 71, 144 = BauR 1978, 235 = NJW 1978, 1311 = SFH § 633 BGB Nr. 1.
[38] BGH BauR 1989, 606 = ZfBR 1989, 215.
[39] A. A. *Ingenstau/Korbion* VOB/B § 13 Rdn. 29.
[40] Dazu BGH ZfBR 1988, 67; BGH BauR 1987, 681 = NJW-RR 1987, 1305 = ZfBR 1987, 269.
[41] BGH BauR 1991, 91, 92 = ZfBR 1991, 24 = NJW-RR 1991, 217; BGH BauR 1972, 379; BGH BauR 1976, 59; NJW 1986, 1927; *Nicklisch/Weick* VOB/B Vor § 13 Rdn. 31; *Ingenstau/Korbion* bis 14. Aufl., VOB/B § 13 Rdn. 97 ff.; 303.
[42] *Staudinger/Peters* bis 13. Aufl., § 635 Rdn. 63; vgl. BGH BauR 1991, 91, 92 = NJW-RR 1991, 217 = ZfBR 1991, 24 zur Anwendbarkeit von § 638 BGB auf Ansprüche aus Verschulden bei Vertragsschluss und weiter BGH MDR 1985, 316; BGH NJW 1974, 1187; NJW 1973, 1234 und NJW 1969, 1710.
[43] BGH BauR 1987, 681, 683 = NJW-RR 1987, 1306 = ZfBR 1987, 269.

Dabei sind die einen Unternehmer im Stadium der Vertragsverhandlungen treffenden **Prüfungs-, Aufklärungs- und Beratungspflichten**[44] situationsbezogen unterschiedlich zu beurteilen. Bietet er die Leistung einem nicht von einem Planer beratenen Nachfrager an, treffen ihn bei Vertragsschluss umfassende die Gestaltung und die Verwendbarkeit des Werkes betreffende Aufklärungs- und Beratungspflichten.[45] Deren Ziel ist es, das Werk entsprechend den Vorstellungen und Bedürfnissen des Auftraggebers zu bestimmen. Misslingt dieser Beratungsteil mit der Folge, dass das körperliche Werk nicht den gewöhnlichen oder vertraglich vorausgesetzten Gebrauchstauglichkeitsanforderungen genügt, liegt regelmäßig ein § 13 Nr. 4 VOB/B unterfallender Gewährleistungstatbestand vor. Erhält jedoch diese Aufklärungs- und Beratungsleistung die Bedeutung einer eigenständigen planerischen Leistung, stellt sich die Frage, ob für Fälle der Schlechtleistung die Anknüpfung an § 13 Nr. 4 VOB/B noch sachgerecht ist.[46] (Vgl. dazu Rdn. 121 ff.) 32

Bietet der Unternehmer seine Leistung auf der Grundlage einer vom Bauherrn (dessen Planer) stammenden Leistungsbeschreibung mit Leistungsverzeichnis an, werden die Aufklärungs- und Beratungspflichten durch **Prüfungs- und Mitteilungspflichten** ersetzt.[47] Deren Umfang und Grenzen sind keineswegs gesichert.[48] In der Angebotsphase erweist sich die Prüfungspflicht des Bieters nur als „kalkulationsbezogen".[49] Ihre Aufgabe und Zielrichtung ist nicht die Mangelvermeidung, wozu eine nicht den Regeln der Technik entsprechende Leistungsbeschreibung vielleicht Anlass bieten kann. Die VOB/B erwartet ausweislich der in § 3 Nr. 3, § 4 Nr. 3 VOB/B enthaltenen Anforderungen eine der Mangelvermeidung dienende Prüfung der Ausschreibungsunterlagen erst im Rahmen der Vertragsausführung und bringt damit zum Ausdruck, dass im **Stadium der Vertragsverhandlungen** derartige auf Mangelvermeidung ausgerichtete Hinweise nach den Gepflogenheiten des redlichen Geschäftsverkehrs im Baubereich nicht erwartet werden.[50] Das bedeutet: Ist die Verjährungsfrist für einen Mangel abgelaufen, der auf fehlerhafte Bauherrnvorgaben zurückgeht, auf welche der Unternehmer zu seinen Lasten haftungsbegründend hinzuweisen versäumt hat, kann der Auftraggeber die Verjährung nicht mit Hinweis auf eine zugleich vorliegende Haftung wegen Verschuldens bei Vertragsverhandlungen umgehen. Auch bei Verneinung dieses Bedeutungsgehalts der § 3 Nr. 3 und § 4 Nr. 3 VOB/B und damit der Aufrechterhaltung einer Aufklärungs- und Beratungspflicht im Rahmen der Vertragsverhandlungen, verliert diese Verletzung ihren selbständigen Charakter durch die VOB/B-Regelung und die Verjährungsfrist nach § 13 Nr. 4 VOB/B. 33

Dies ist nach den **Bewerbungsbedingungen** der öffentlichen Hand für die Vergabe von Bauleistungen (EVM (B) BwB/E im Teil II des VHB) nicht anders. Wenn deren Ziffer 1 für den Fall, dass die Verdingungsunterlagen nach Auffassung des Bieters **Unklarheiten** enthalten, eine Hinweispflicht statuieren, sind hiermit lediglich solche Unvollständigkeiten gemeint, die Auswirkungen auf die Kalkulation und damit die Preisbildung haben. Nur der Tatbestand der unklaren oder lückenhaften Leistungsbeschreibung mit Leistungsverzeichnis ist angesprochen, nicht der der technischen Fehlerhaftigkeit.[51] 34

---

[44] Dazu z. B. *Staudinger/Peters*, 13. Aufl., § 635 Rdn. 61, Neubearb. 2003, § 634 Rdn. 140; Münch-Komm/*Soergel* 4. Aufl., § 631 Rdn. 74 ff.; *Nicklisch/Weick* VOB/B Vor § 13 Rdn. 30.
[45] BGH BauR 1987, 681, 682 = ZfBR 1987, 269, 270 = NJW-RR 1987, 1306.
[46] *Piel* FS Soergel S. 237, 243, 245: Einordnung als positive Vertragsverletzung oder Beratungsfehler im Rahmen eines Beratungsvertrages.
[47] Vgl. *Motzke* ZfBR 1988, 244 ff.
[48] Vgl. *Frank* ZfBR 1988, 204 ff.; *Wettke* BGH BauR 1989, 292 ff.; *Bühl* BGH BauR 1992, 26 ff.
[49] So *Bühl* BGH BauR 1992, 26, 30/31.
[50] Zu diesem Aspekt, ob eine Mitteilung nach der Verkehrsauffassung erwartet werden kann, vgl. BGH ZfBR 1988, 67, 69 mit Verweis auf BGH NJW 1979, 2243 und WM 1982, 860, 861. Wegen der sogenannten Durchringungstiefe und Durchringungsgrenzen der Angebotsbearbeitung im Unterschied zur Bearbeitung im Rahmen der Arbeitsvorbereitung vgl. *Kapellmann/Schiffers* Bd. 1 Rdn. 134, 195.
[51] Zum lückenhaften Leistungsverzeichnis und den vergütungsmäßigen Folgen vgl. *Vygen* Bauvertragsrecht Rdn. 842 ff. und BGH BauR 1994, 236 = NJW 1994, 850 = ZfBR 1994, 115; BGH BauR 1992, 759 = NJW-RR 1992, 1046 = ZfBR 1992, 211 = NJW 1992, 2823; BGH BauR 1987, 683; BGH BauR 1978, 222, 224.

## § 13 Nr. 4

**35** **c) Ansprüche aus unerlaubter Handlung.** Ansprüche aus unerlaubter Handlung können mit Gewährleistungsansprüchen konkurrieren.[52] Die Konkurrenz betrifft Schadensersatzansprüche aus §§ 634 Nr. 4, 636, 280, 281, 283 und 311a BGB bzw. § 13 Nr. 7 VOB/B. Grundsätzlich gilt, dass miteinander konkurrierende werkvertragliche Schadensersatzansprüche, Schadensersatzansprüche wegen Pflichtverletzung und solche aus unerlaubter Handlung nach ihren eigenen Voraussetzungen und Rechtsfolgen selbständig zu beurteilen sind.[53] Das schließt **Wechselwirkungen** nicht aus,[54] geht jedoch nicht soweit, dass die sich aus § 195 BGB ergebenden Verjährungsregeln durch die VOB-Verjährung nach § 13 Nr. 4 VOB/B abgeändert werden.[55] Die Wechselwirkung betrifft nicht Beginn und Dauer der Verjährungsfrist, sondern die Frage, ob durch vorrangige vertragliche Regelungen, z. B. das mit Rücksicht auf das Nachbesserungsrecht des Unternehmers in § 13 Nr. 5 Abs. 2 VOB/B enthaltene Fristsetzungsgebot, ausgehöhlt wird. So soll derjenige, der es versäumt hat, für die der Nachbesserung unterfallenden Maßnahmen die notwendigen vertraglichen Voraussetzungen für einen Aufwendungsersatz zu schaffen, deren Ersatz nicht auf dem Umweg über einen eventuellen Schadensersatzanspruch aus Eigentumsverletzung verlangen können.

**36** Ob diese Grundsätze nur eingreifen, solange die Verjährungsfristen für die Gewährleistungsansprüche noch offen sind, ist ungewiss. Jedenfalls führt die Rechtsprechung,[56] die in ihrer Systematik jedoch keineswegs feststehende Wechselwirkungen annimmt, zu Einschränkungen der Ansprüche aus unerlaubter Handlung, solange die Verjährungsfrist noch offen ist. Die Frage ist allerdings durch die Angleichung der Verjährungsfristen entschärft worden.
**Beispiel:** Die mangelhaften Beschichtungsarbeiten führen zu Beschädigungen des bisher einwandfreien Untergrundes. Der Anspruch auf Schadensersatz deckt umfänglich sowohl Maßnahmen an der Beschichtung wie auch am Untergrund ab; der Mangel an der Beschichtung unterliegt jedoch der Nachbesserung, was für die Beeinträchtigungen am Untergrund nicht gilt. Der Nachbesserungsaufwand kann nur bei Erfüllung der Voraussetzungen nach § 13 Nr. 5, Nr. 7 Abs. 1 VOB/B erstattet verlangt werden.

**37** Durch die weitgehende Angleichung der Verjährungsfristen ebenfalls an Brisanz verloren hat die nachfolgende Konstellation. Nach Ablauf der vertraglichen Verjährungsfrist und in noch **offener Verjährungsfrist** für die Ansprüche aus unerlaubter Handlung ändert sich an den dargestellten Grundsätzen nichts. Hierfür spricht, dass es nicht einleuchtet, den Geschädigten nur nach Ablauf der Verjährungsfrist für die Gewährleistungsansprüche im Rahmen der Abwicklung nach dem Recht der unerlaubten Handlung besser zu stellen. Hinzu kommt, dass der Unternehmer die Parallelität von vertraglichen und außervertraglichen Ansprüchen auf die Weise steuern könnte, dass die Erhebung der Verjährungseinrede unterlassen wird. Der auf die Wahrnehmung seiner Rechte bedachte Unternehmer wäre schlecht beraten, sich auf den Ablauf der Verjährungsfrist zu berufen, wenn damit das Nachbesserungsrecht verloren ginge. Die Verjährung schafft nach § 214 Abs. 1 BGB lediglich ein Leistungsverweigerungsrecht, führt aber nicht zum Rechtsverlust, so dass es bei der Parallelität von werkvertraglichen und schadensersatzrechtlichen Ansprüchen verbleibt.

**38** Tatbestandsmäßig muss streng unterschieden werden: Werden im Zuge der Bauarbeiten andere, bisher unversehrte Bauwerksteile beschädigt, ohne dass die Bauleistung des ausführenden Unternehmers fehler-/mangelhaft ist, ist die Konkurrenz zur Verjährungsregel des § 13 Nr. 4 VOB/B nicht betroffen. Diese Leistungsstörung wickelt sich allein nach den

---

[52] BGH BauR 1990, 501 = NJW-RR 1990, 726; BGHZ 96, 221 = NJW 1986, 922 = ZfBR 1986, 67 = BauR 1986, 211; BGHZ 55, 392; 61, 203 = BGH BauR 1973, 381.
[53] BGH BauR 1986, 211, 214 mit Verweis auf BGHZ 55, 392, 394 = NJW 1971, 1131 und BGHZ 61, 203 = BGH BauR 1973, 381.
[54] BGHZ 96, 221 = NJW 1986, 922 = ZfBR 1986, 67 = BauR 1986, 211, 214 mit Verweis auf BGHZ 46, 313, 316; BGHZ 55, 392, 394; BGHZ 61, 203.
[55] Der früher für die Verjährung unerlaubter Handlungen geltende § 852 BGB a. F. wurde im Zuge der Schuldrechtsmodernisierung in das Allgemeine Verjährungsrecht transportiert. Vgl. hierzu *Palandt/Sprau*, BGB 64. Aufl., § 852 Rdn 1 m. w. N.
[56] BGHZ 96, 221 = NJW 1986, 922 = ZfBR 1986, 67 = BauR 1986, 211, 214.

Grundsätzen der **Pflichtverletzung** bzw. der unerlaubten Handlung ab. Dieser Tatbestand lässt sich am besten mit der Kontrollfrage überprüfen, ob Raum für eine Nachbesserung ist.

Hiervon zu unterscheiden ist die mangelhafte Ausführung des Werkes, wenn sich der 39 Mangel auf die schon vorhandenen, bis dahin unversehrt gewesenen Teile des zu erstellenden Werkes schädigend auswirkt.[57] Diese Gruppe kann in zwei Untergruppen aufgeteilt werden, denen die Überlagerung der Einstandspflicht aus unerlaubter Handlung mit der Verjährungsregelung des Gewährleistungsrechts gemeinsam ist. Die erste Untergruppe ist dadurch gekennzeichnet, dass die Ausführung zu Schäden am behandelten Gegenstand führt; dies lässt wegen der Bearbeitungsaufgabe das Werk als mangelhaft erscheinen. Bei Instandhaltungs- oder Instandsetzungsmaßnahmen, die an vorhandener Bausubstanz anknüpfen, kann diese Fallgruppe besonders häufig auftreten. Im Neubaubereich ist dieser Falltyp besonders dann gegeben, wenn der nachleistende Unternehmer auf einer Vorleistung aufbaut, die ausführungsbedingt erst einer Bearbeitung zu unterziehen ist. Solche Maßnahmen können zu Schäden an der bisher unversehrten Substanz führen.

Bei der zweiten Untergruppe kann der Mangel/Fehler des Werks unabhängig von den 40 sonstigen Bauwerksbestandteilen beurteilt werden. Das Werk entspricht in seinem Zustand nicht den vereinbarten, nach dem Vertrag vorausgesetzten oder gewöhnlichen Verwendungsanforderungen im Rahmen des Üblichen. Der so festzustellende Fehler wirkt sich erst in der Folge negativ auf die sonstigen bisher unbeschädigten Teile aus, indem diese wie z. B. bei einer Abdichtung nicht ausreichend geschützt werden. Dieses Erscheinungsbild zählt zum Typ der **Weiterfressermängel**.[58] Soweit für solche „Weiterfresserschäden" im Allgemeinen verjährungsrechtlich auf § 852 BGB a. F. abgestellt wurde (also auf § 195 BGB n. F.),[59] muss im Rahmen der VOB/B die Überlagerung durch § 13 Nr. 7 VOB/B beachtet werden: Ein wesentlicher Teil der Weiterfresserschäden wird, soweit deren Realisierung an anderen Bauwerksteilen erfolgt, von § 13 Nr. 7 Abs. 1 VOB/B erfasst. Den darüber hinausgehenden Schäden gilt die Regelung in § 13 Nr. 7 Abs. 2 VOB/B. Die Schadensersatzansprüche gem. § 13 Nr. 7 VOB/B unterliegen aber grundsätzlich der kurzen Verjährung nach § 13 Nr. 4 (von § 13 Nr. 7 Abs. 3 VOB/B abgesehen).

Auf die Ansprüche aus unerlaubter Handlung erstreckt sich die VOB-Verjährungsfrist 41 jedoch nicht. Dies hat allerdings nichts mit Konkurrenzerwägungen zu tun, denn die Ansprüche aus § 823 BGB sind neben § 13 Nr. 7 VOB/B nicht schon tatbestandsmäßig ausgeschlossen.[60]

Im Allgemeinen stellt die mangelhafte Errichtung eines Bauwerks oder Bauwerksteils für 42 sich genommen **keine Eigentumsverletzung** dar. Hierdurch wird allein die Vertragserwartung enttäuscht, deren Ausgleich Aufgabe des Gewährleistungsrechts ist.[61] Für deliktische Schadensersatzansprüche ist erst Raum, wenn auf Grund der mangelhaften Werkleistung Schäden an anderen, bereits vorhandenen fehlerfreien Bauwerksteilen entstehen.[62] Der in der Unbrauchbarkeit der mangelhaften Werkleistung und damit allein im Mangelunwert liegende Nachteil stellt keine Eigentumsverletzung dar.[63] Hat der Bauherr/Besteller mangelbedingt nie „unversehrtes Eigentum" erhalten, scheidet die mangelbehaftete Bauwerksleistung als Eigentumsverletzung aus.[64]

---

[57] BGHZ 96, 221 = NJW 1986, 922 = ZfBR 1986, 67 = BauR 1986, 211, 213; BGH BauR 1972, 114, 116; BGH NJW 1971, 1131 = BGHZ 55, 392, 394/395.
[58] BGH NJW 1992, 1225 = BauR 1992, 388 (Kondensatorenfall); BGH BB 1985, 1280 = BGH BauR 1985, 595 (Kompressorfall); BGH NJW 1983, 812 (Hebebühnenfall).
[59] Vgl. die Entscheidungen in Fn. 59.
[60] Vgl. zu vormals abweichenden Meinungen Vorauflage § 13 Nr. 4 Rdn. 41 Anmerkung 61.
[61] BGH BauR 1992, 388, 391 = NJW 1992, 1225 (Kondensatorenfall).
[62] BGH BauR 1981, 495 = NJW 1981, 2250 und BauR 1985, 102 = NJW 1985, 194; BGH NJW 1971, 1131 = BGHZ 55, 392, 395.
[63] BGH BauR 1981, 495 = NJW 1981, 2250; vgl. weiter für die Beschädigung von in ein Bauobjekt eingebrachte Mietersachen BGH BauR 1990, 501 = NJW-RR 1990, 726 und NJW 1991, 562 = BauR 1991, 111 sowie *Kniffka* ZfBR 1991, 1 ff., *Schlechtriem* ZfBR 1992, 95 ff. und *Jagenburg* FS Locher S. 93 ff.
[64] BGHZ 39, 366.

## II. Vorrangigkeit einer abweichenden Vertragsregelung

43 § 13 Nr. 4 Abs. 1 VOB/B räumt einer im Vertrag getroffenen Fristenregelung Vorrang ein und erklärt die festgelegten Fristen (**Regelfristen,** vgl. zu diesem Begriff Nr. 5 Satz 2) zur bloßen **Hilfsregel.** Vom Vertragsvorbehalt kann durch individuelles Aushandeln wie auch über Allgemeine Geschäftsbedingungen Gebrauch gemacht werden.[65] Der Zusammenhang der Nr. 4 mit der Nr. 5 (dort Satz 1 und 2) verdeutlicht, dass die der schriftlichen Mängelrüge eigene verjährungsunterbrechende Wirkung nicht von der Maßgeblichkeit der Regelfrist abhängig ist. Haben die Parteien im Vertrag eine Verjährungsfrist von 5 Jahren vorgesehen, begründet die schriftliche Mängelrüge ebenfalls einen neuen Verjährungsverlauf. Die schriftliche Mängelrüge setzt nach der ausdrücklichen Regelung in Nr. 5 Satz 2 jedoch nur die Regelfrist erneut in Lauf. Das wirkt sich im Ergebnis im Beispiel fristverlängernd nur dann aus, wenn die Mängelrüge im 4. oder 5. Jahr des Verjährungslaufs schriftlich erhoben wird. Wird eine längere Verjährungsfrist als die Regelfrist der Nr. 4 vereinbart, hat der BGH entschieden, dass mit dem Zugang des schriftlichen Nacherfüllungsaufforderns eine neue Verjährungsfrist zu laufen beginnt.[66] Strittig war jedoch, welche Verjährungsfrist durch den Zugang des schriftlichen Nacherfüllungsverfahrens in Lauf gesetzt wird, ob nur die Verlängerung um die Regelfrist der Nr. 4 (damals zwei Jahre) oder um die volle vertraglich vereinbarte längere Frist.[67] Die VOB/B regelt nun eindeutig, dass sich die neue Verjährungsfrist immer nur um zwei Jahre verlängert, gleich, wie lang die vereinbarte Frist ist. Die vereinbarte Frist erhält jedoch insoweit Bedeutung, als die neue Frist nicht vor der Regelfrist der Nr. 4 oder der vereinbarten Frist ablaufen kann (vgl. § 13 Nr. 5 Abs. 1 VOB/B).

### 1. Individualvertragliche Verjährungsregelung

44 Den Vertragsparteien bleibt es unbenommen, im Vertrag die Verjährungsfrist für die Gewährleistung abweichend von der Regelfrist der VOB/B einzelfallorientiert auszuhandeln und zu vereinbaren. Eine Regelungsschranke für eine solche individualvertragliche Bestimmung sieht die VOB/B weder hinsichtlich einer Verkürzung noch bezüglich einer Verlängerung vor. Damit greift das BGB ein, nach dessen § 202 Abs. 1 eine Abkürzung der Verjährungsfristen zulässig ist, solange dies nicht die Haftung wegen Vorsatzes betrifft. Eine Verlängerung der Verjährung über 30 Jahre ab dem gesetzlichen Verjährungsbeginn ist jedoch gem. § 202 Abs. 2 BGB ausgeschlossen.

45 **a) Der Zusammenhang mit der VOB/A.** Allerdings geht der Deutsche Verdingungsausschuss für Bauleistungen (DVA) unter Berücksichtigung der in § 13 VOB/A enthaltenen Aussage davon aus, dass von den Regelfristen nur dann abgewichen werden soll, wenn dies wegen der Eigenart der Leistung erforderlich ist. § 13 VOB/A fordert zur Einzelfallabwägung auf und benennt Entscheidungskriterien. § 10 Nr. 4 Abs. 2 VOB/A verweist im Einzelfall erforderlich werdende besondere Vereinbarungen über die Gewährleistungsfrist (§ 13 VOB/A; § 13 Nr. 1, 4, 7 VOB/B) in Besondere Vertragsbedingungen oder – bei gleichgelagerten Voraussetzungen für bestimmte Bauleistungen – in Zusätzliche Technische Vertragsbedingungen.

46 Die leistungs- und mangelbezogenen Aspekte, die hinsichtlich einer Fristverkürzung oder -verlängerung zu beachten sind, listet **§ 13 VOB/A** beispielhaft auf: Erkennbarwerden etwaiger Mängel, Nachweis der Mangelursache, Auswirkungen auf den Preis, Notwendigkeit zur billigen Bemessung der Verjährungsfrist für die Gewährleistungsansprüche.

---

[65] BGH BauR 1987, 84, 85 = NJW 1987, 381 = NJW-RR 1987, 208 = ZfBR 1987, 37; 1986, 202, 203 = ZfBR 1986, 78.
[66] BGHZ 58, 7 = BauR 1972, 172 = NJW 1972, 530.
[67] Für die längere Frist etwa *Motzke,* Vorauflage § 13 Nr. 4 Rdn. 43.

Wenn sich auch die Vergaberegeln des Teils A der VOB primär an den öffentlichen 47
Auftraggeber richten und nach bindender Einführung als Anweisung (Verwaltungsvorschrift)
Gültigkeit nur für die öffentliche Hand und Auftraggeber, die mit öffentlichen Mitteln
geförderte Bauvorhaben durchführen, entfalten,[68] beruht § 13 VOB/A doch auf sachbezogenen, für sämtliche Auftraggeber einschlägigen Erwägungen. Denn eine Gewährleistungsregelung, die wegen überlanger Verjährungsfristen deshalb nicht mehr praktikabel ist, weil der Auftraggeber nicht in der Lage ist, den **Baumangel** vom **Nutzungsfehler** oder **Verschleißtatbestand** zu unterscheiden, verfehlt ihren Zweck. Die Handlungsempfehlungen im VHB Ziff. 2 zu § 13 VOB/A sollten deshalb auch vom privaten Bauherrn beachtet werden. Auch privatrechtlich strukturierte Gesellschaften, an denen die öffentliche Hand beteiligt ist, wenden die Basisparagraphen der VOB/A vielfach freiwillig im privaten Baubereich an. § 13 VOB/A kann für Privatauftraggeber schließlich auch dann gelten, wenn diese die VOB/A auf Grund einer Selbstbindung zu beachten haben (vgl. hierzu zuletzt instruktiv BGH NZBau 2006, 390).

So hat es keinen Sinn, für einen **Lasuranstrich** auf wetterbeanspruchten Holzoberflä- 48
chen eine Verlängerung der Verjährungsfrist auf 5 Jahre vorzusehen, wenn nach fachtechnischer Beurteilung in Abständen von 1,5 bis 3 Jahren, je nach Wetterbeanspruchung und Zusammensetzung des Anstrichmittels Überholungsanstriche notwendig sind. Anders ist die Sachlage bei **Lackfarben,** bei denen nach demselben Merkblatt unter der Voraussetzung sachgemäßer Verarbeitung eine Überholung des Anstrichs nach frühestens 5 Jahren geboten ist.

Die Problematik der Abgrenzung des Mangel- = Gewährleistungsbestandes von Abnut- 49
zung-/Verschleißerscheinungen ist auch der VOB/B bekannt, wenn § 13 Nr. 4 Abs. 1 für vom Feuer berührte Teile einer Feuerungsanlage eine Verjährungsfrist von zwei Jahren und für vom Feuer berührte und Abgas dämmende Teile von industriellen Feuerungsanlagen von einem Jahr vorsieht. Die Schwierigkeit, Mangelerscheinungen von Verschleiß- und Abnutzungstatbeständen zu unterscheiden, wird häufig in Zusätzlichen Technischen Vertragsbedingungen dahin berücksichtigt, dass bei der Beurteilung der Leistung während der Verjährungsfrist eine der Bauweise und der Beanspruchung entsprechende Abnutzung berücksichtigt wird.[69]

§ 13 Nr. 4 Abs. 2 VOB/B gestaltet die Rechtsfolgen insofern neu, als bei wartungs- und 50
pflegebedürftigen Anlagen im Bereich von **maschinellen und elektrotechnischen/elektronischen Anlagen** Teilen von die Dauer der Regelverjährungsfrist für den Fall auf 2 Jahre abgesenkt wird, dass die Bauvertragspartner keinen Wartungsvertrag schließen.

**b) Gewerkebezogene Beurteilung.** Eine gewisse gewerke- oder bauteil- und bauwei- 51
sebezogene Beurteilung verfolgt das VHB (2002), das in den Richtlinien zu § 13 VOB/A, Nr. 3.1 u. a. Anhalt für die Fristbemessung anführt: „... der Zeitpunkt, bis zu dem einwandfrei festgestellt werden kann, ob aufgetretene Mängel auf vertragswidrige Leistung oder auf andere Ursachen, z. B. übliche Abnutzung, zurückzuführen sind." Bei Verwendung neuartiger Baustoffe und Baukonstruktionen macht die Nr. 4 darauf aufmerksam, dass die Frage nach der Verlängerung der Verjährungsfrist stets zu prüfen sei, wenn über das Auftreten von Mängeln noch keine Erfahrungen vorliegen. Nach der nicht mehr gültigen Richtlinie des Bundesbauministers vom 17. 10. 1986 zu § 13 VOB/A[70] war eine etwa gebotene Verlängerung der Verjährungsfrist über die Regelfrist der VOB/B hinaus insbesondere zu prüfen bei der Verwendung neuartiger Baustoffe und Konstruktion, Abwasseranlagen, Bauwerkisolierungen, der Witterung ausgesetzter Betonbauteile, von Ziegelmauerwerk als Sichtmauerwerk, Kunststoffrohren, vorgehängten Fassaden, Dachabdichtungen ein-

---

[68] BGHZ 116, 149 = BauR 1992, 221 = NJW 1992, 827 = ZfBR 1992, 67; → Einl. I Rdn. 4 ff.
[69] Zum Beispiel Zusätzliche Technische Vorschriften und Richtlinien für den Bau bituminöser Fahrbahndecken – ZTVbit – StB 84 – Abschnitt 1.8.1: „Bei der Beurteilung der Leistung während der Verjährungsfrist wird eine der Bauweise und der Beanspruchung entsprechende Abnutzung berücksichtigt."
[70] Vgl. DAB 1987, Heft 1, S. 43.

§ 13 Nr. 4                                                                                                          Verjährungsfrist

schließlich Verwahrungen, Isolierverglasung, Tankbeschichtungen, Erdbauwerken, Böschungsbauwerken, Betonfahrbahndecken, bituminösen Fahrbahndecken. Diese Richtlinie wurde auf Beanstandungen der Unternehmerseite mit Schreiben des Bundesministers für Raumordnung, Bauwesen und Städtebau vom 5. 12. 1986 außer Kraft gesetzt, womit es bei der Richtlinie in der Fassung vom 28. 8. 1980 verblieb.[71]

**52** Die Proteste[72] waren davon getragen, dass die Regelfrist der VOB/B nicht zur Ausnahmefrist werden dürfe und die Erwägungsgründe zur Fassung der VOB/B 1979 weiterhin Gültigkeit besäßen. Danach[73] wurden im Rahmen der Diskussion über die Beibehaltung der Verjährungsfrist von 2 Jahren folgende Gesichtspunkte geltend gemacht:

„(a) Mängel an Bauwerken seien in der Regel bereits innerhalb von 2 Jahren erkennbar.

(b) Bei einer längeren Frist könne oft nur noch unter Schwierigkeiten festgestellt werden, ob die Ursache auftretender Fehler auf einen Mangel der Bauleistung, auf Alterung oder auf andere Umstände zurückzuführen ist.

(c) Soweit Baustoffe für Gewährleistungsansprüche ursächlich sein könnten, müsse die kurze sechsmonatige Verjährungsfrist für Ansprüche gegen den Lieferer bedacht werden.

(d) Für die zweijährige Frist spreche auch, dass der Auftraggeber die Verjährungsfrist nach VOB/B § 13 Nr. 5 anders als nach BGB durch einfache Mängelrüge unterbrechen kann (BGH NJW 1963, 810).

(e) Unter wirtschaftlichen Gesichtspunkten müsse eine Verlängerung der Verjährungsfrist zu Baupreissteigerungen führen."

**53** Die öffentliche Hand verfolgt in VOB-Bauverträgen eine Verlängerung der Verjährungsfrist meist mittels **Zusätzlicher Technischer Vertragsbedingungen** (§ 10 Nr. 4 Abs. 2 VOB/A). Dabei werden bauteilbezogen durchaus verschiedene Fristen festgelegt. Im Geschäftsbereich des Bundesministers für Verkehr, Abteilung Straßenbau, z. B. mittels folgender Zusätzlicher Technischer Vorschriften bzw. Zusätzlicher Technischer Vertragsbedingungen: Zusätzliche Technische Vorschriften und Richtlinien für den Bau bituminöser Fahrbahndecken, ZTV bit – StB 84 (Abschnitt 1.8.2: von einem Jahr bis zu 4 Jahren je nach Deckenaufbau); Zusätzliche Technische Vorschriften und Richtlinien für Erdarbeiten im Straßenbau, ZTVE – StB 76 (Abschnitt 6: 2 Jahre für Erd- und Felsarbeiten, 5 Jahre für die in Abschnitt 6.1 genannten Arbeiten); Zusätzliche Technische Vorschriften und Richtlinien für Schutz und Instandsetzung von Betonbauteilen, ZTV-SIB 90 (Abschnitt 1.8.2: 5 Jahre), Zusätzliche Technische Vertragsbedingungen und Richtlinien für den Bau von Fahrbahndecken aus Beton, ZTV Beton – StB 91 (Abschnitt 2.8.2: 4 Jahre für die nach den einschlägigen Technischen Regelwerken bemessenen Betondecken, sonst 2 Jahre); Zusätzliche Technische Vorschriften für Kunstbauten, ZTV – K 88 (Abschnitt 15: 5 Jahre). Die ZTVLa – StB 80 (Zusätzliche Technische Vorschriften und Richtlinien für Landschaftsbauarbeiten im Straßenbau) unterscheiden im Abschnitt 7 in der Festlegung der Dauer der Verjährungsfrist zwischen Oberbodenarbeiten, Sicherungsbauweisen, Ansaaten und Pflanzungen. Diese meist verjährungsverlängernden Bestimmungen, denen wegen ihres Geltungsanspruchs für eine Vielzahl von Verträgen nach § 1 AGB-Gesetz AGB-Charakter zukommt, sind für einen Fachunternehmer nicht überraschend[74] und geeignet, die Regelfrist des § 13 Nr. 4 VOB/B abzuändern.[75] Die **Verlängerung der Regelverjährungsfrist** des § 13 Nr. 4 Abs. 1 VOB/B kann höchstrichterlich abgesichert über eine Individualvereinbarung wie auch allgemeine Geschäftsbedingungen erfolgen.[76]

---

[71] Vgl. zur weiteren Diskussion um die oben genannte Richtlinie vom 17. 10 1986 das VOB-Kolloquium in DAB 1987, Heft 1, 43 ff.
[72] Vgl. *Barke* in DAB 1987, Heft 1, 46 ff.
[73] VOB 79, Verdingungsordnung für Bauleistungen, Texte Teile A + B, Erwägungsgründe, Erläuterungen, ZDB Schriften 18, S. 122.
[74] BGH BauR 1987, 445, 446 = NJW-RR 1987, 851 = ZfBR 1987, 191 = NJW 1987, 2080.
[75] BGH BauR 1987, 84 = NJW 1987, 381 = ZfBR 1987, 37.
[76] BGHZ 107, 75, 82 = BauR 1989, 322, 326 = NJW 1989, 1602 = ZfBR 1989, 158; BauR 1990, 723, 724 = NJW-RR 1990, 1240 = ZfBR 1990, 274; BGH BauR 1996, 707 = ZfBR 1996, 265.

Der BGH,[77] der die Wirksamkeit **verjährungsverlängernder Klauseln** für die Nr. 10 54 der von der öffentlichen Hand verwendeten „Zusätzlichen Technischen Vorschriften für Straßenbauarbeiten (ZTVStra) bejaht hat, betont den subsidiären Charakter der Verjährungsregelung nach § 13 Nr. 4 VOB/B und weist der Verjährungsfristfestlegung auf 2 Jahre bloße „Auffangfunktion" zu. Ein fachkundiger Bauunternehmer, der sich auf ein umfangreiches Vertragswerk einlässt, müsse stets damit rechnen, dass der Vertrag zur Verjährung der Gewährleistungsansprüche besondere Bestimmungen enthalte. Der Anpassungsbedarf der Verjährungsregelung an die Bedürfnisse des Einzelfalles anhand der sich § 13 VOB/A ergebenden Maßstäbe wird betont und die in § 13 Nr. 4 VOB/B (Altfassung) getroffene Regelung für zu starr und häufig unzureichend gehalten.

Damit ist Raum für eine gewerke-, bauteil-, baustoff- und baukonstruktive Betrachtungs- 55 weise, der von den Vertragspartnern einzelfallbezogen Rechnung getragen werden kann. Die Vertragspartner sind dementsprechend aufgerufen, die Regelung der Verjährungsfrist den eventuell auftretenden **spezifischen Bauleistungsrisiken** Rechnung zu tragen. Das gilt insbesondere für die Fälle, dass z. B. noch nicht ausreichend bewährte Baustoffe oder Baukonstruktion eingesetzt werden und sich damit die Bauleistung nicht am Maßstab der allgemein anerkannten Regeln der Technik, sondern z. B. am Stand der Technik ausrichtet. Kommen Baustoffe zum Einsatz, für die es nach dem Bauordnungsrecht mangels Bewährung eines Zulassungsbescheides bedarf, ist die Verlängerung der Verjährungsfrist ebenfalls zu erwägen. Die Verlängerung der VOB-Regelfrist setzt jedoch immer eine Vereinbarung der Vertragspartner – individuell ausgehandelt oder als Klausel – voraus; allein das Vorliegen der sachlichen Gesichtspunkte hierfür reicht nicht aus. Ob allerdings für alle Gewerke eine pauschale Verlängerung AGB-mäßig vereinbart werden kann, ist weiterhin zweifelhaft.[78] Eine Verlängerung und Anpassung an das Gesetzesrecht ist jedenfalls unproblematisch.[79]

Ein weiterer wesentlicher Aspekt ist, dass eine Bauleistung dem **Verschleiß** und der 56 **Alterung** unterliegt. Der Besteller hat ab einem gewissen Zeitpunkt, dessen Festlegung vom Langzeitverhalten des Baustoffs abhängt, Schwierigkeiten, den Baumangel eindeutig von Verschleiß- und Alterungserscheinungen abzugrenzen. Die Notwendigkeit zur Pflege und Unterhaltung (Instandhaltung = Bestandspflege) einer Bauleistung ist angesichts der Umweltbelastungen verstärkt in das Bewusstsein getreten. So hebt der **2. Bauschadensbericht** der Bundesregierung aus dem Jahre 1988 hervor, dass mangelhafter oder unterlassener Instandhaltung, Wartung, Pflege oder Instandsetzung ein hoher Stellenwert bei der Mangel-/Schadensvermeidung zukommt (Ziff. III.1, S. 16 f.). § 13 Nr. 4 Abs. 2 VOB/B ordnet für maschinelle und elektrotechnische/elektronische Anlagen und Teilen davon die Verkürzung der Regelverjährungsfrist von zwei Jahren auf ein Jahr dann an, wenn der Wartungsbedarf die Sicherheit und Funktionsfähigkeit der Anlage beeinflusst und die Vertragspartner den Abschluss eines Wartungsvertrages für die Dauer der Verjährungsfrist unterlassen.

Das Versagen in der **Instandhaltungsaufgabe** mit nachteiligen Folgen auf den Wert oder 57 die Gebrauchstauglichkeit einer Bauleistung ist von der vertragswidrigen Leistung als der Ursache für Nachteile in der Bausubstanz abzugrenzen. Nicht umsonst verweisen stellenweise z. B. DIN-Vorschriften im Bereich der VOB/C auf die Notwendigkeit der Pflege, Unterhaltung und Einhaltung der gebotenen Nutzerbedingungen;

**Nach der Abnahme** hat der Besteller das Vorliegen eines Werkmangels zu beweisen.[80] 58 Das schließt als Beweisthema mit ein, dass der Mangel auf die vertragswidrige Leistung des Unternehmers zurückzuführen ist.[81] Damit geht es zu Lasten des Bestellers, wenn Unklar-

---

[77] BGH BauR 1987, 445, 447 = NJW 1987, 2080 = ZfBR 1987, 191; BauR 1991, 458, 459 = NJW-RR 1991, 980 = ZfBR 1991, 200.
[78] Dagegen etwa *Ingenstau/Korbion* VOB/B § 13 Nr. 4 Rdn 57; dafür jedenfalls für eine Angleichung an die gesetzlichen Verjährungsfristen *Heiermann/Riedl/Rusam* VOB/B § 13 Rdn. 69.
[79] BGH ZfBR 1989, 158 = BauR 1989, 322.
[80] BGH NJW 1981, 2403 = ZfBR 1981, 218 = BauR 1981, 575; BGHZ 61, 42, 47 = BauR 1973, 313, 316.
[81] *Ingenstau/Korbion* VOB/B § 4 Rdn 40; *Baumgärtel* Beweislast Bd. 1 § 13 VOB/B Rdn. 10.

heiten darüber verbleiben, ob inadäquate Nutzerbedingungen oder unsachgemäßes Nutzerverhalten die Ursache für die Mangelerscheinung sind. Auf den eventuellen Zusammenhang zwischen Mangel und Nutzung macht auch die DIN 18 355 (Fassung 1992), Allgemeine Technische Vertragsbedingungen für Bauleistungen (ATV), Tischlerarbeiten, aufmerksam, wenn es im Abschnitt 3.1.5 heißt: „Alle Bauteile sind so herzustellen, dass sie sich bei sachgemäßer Behandlung und Nutzung nicht verziehen und den Anforderungen nach DIN 68 360 Teil 1 und 2 entsprechen."

59  Die Feststellung des BGH,[82] der Unternehmer schulde ohne Rücksicht auf anerkannte Regeln der Technik ein **dauerhaft mangelfreies Werk** (im Fall bezogen auf einen rissefreien Außenputz), was der BGH für den Bereich der Mangelbeseitigung dahin versteht, dass Mängel „nachhaltig" zu beseitigen sind,[83] darf nicht verallgemeinert und daraus nicht etwa der Schluss gezogen werden, die befürwortete gewerkebezogene Beurteilung der Dauer der Verjährungsfrist widerspreche im Ansatz der BGH-Rechtsprechung. Denn eine Werkleistung ist nach unterschiedlichen Gegebenheiten – z. B. Bewitterung, Einflüsse von Grund und Boden (chemische Angriffe), Einflüsse aus Nutzung – natürlicherweise der Alterung und dem Verschleiß ausgesetzt, so dass die Anforderung, eine Leistung müsse auf Dauer mangelfrei bleiben, nicht einschränkungslos aufrecht erhalten werden kann.

60  Für *Cuypers*[84] löst das Gesetz das Problem der **Haltbarkeit** durch die Verjährung der Gewährleistungsansprüche. Der Zweite Bauschadensbericht der Bundesregierung (1988) hält die Zuordnung von Bauschäden, die ihren Grund in der normalen Abnutzung oder Alterung bzw. unterlassenen Instandhaltungs- oder Instandsetzungsarbeiten und damit in der **Bestandspflege** haben, für problematisch und fordert gerade im Bereich der Feuchtigkeitsschäden auf, veränderten Nutzungsgewohnheiten, unsachgemäßer Nutzung und erhöhter Nutzungsintensität verstärktes Augenmerk zuzuwenden (Ziff. III. 4, S. 13/14). Der im Teil II.4 enthaltenen Tabelle 2 ist zu entnehmen, dass der Häufigkeitsfaktor für Maßnahmen zur Bauunterhaltung in 80 Jahren für Anstriche mit 7 bis 15, Heizung und Lüftung 3 bis 14 und Aufzüge mit 3 bis 19 besonders hoch liegt. Der Alterungsprozess setzt danach bei manchen Bauteilen bereits frühzeitig ein (z. B. bei Anstrichen, Tapeten). Allgemein sei jedoch festzustellen, dass bei einem Bauwerk in den ersten 10 bis 20 Jahren nur geringere Abnutzungen aufträten und erst mit fortschreitender Lebensdauer Altersschäden und Abnutzung zunähmen.

61  Die Festlegung der Verjährungsfrist unter gewerke-, material- oder konstruktionsspezifischen Gesichtspunkten einschließlich dem Verschleißaspekt ist § 13 Nr. 4 VOB/B auch nicht fremd, wenn für Feuer berührte Teile von Feuerungsanlagen die Verjährungsfrist auf zwei Jahre festgelegt wird.[85]

62  Die Vertragsparteien sind demnach gehalten, bei einer Werkleistung die Faktoren **Bewitterung, Verschleiß, Alterung, Bestandspflege** sachgerecht zu gewichten und bei der Vereinbarung der Dauer der Verjährungsfrist zu beachten. Die Vereinbarung einer über vier Jahre hinausgehenden Verjährungsfrist macht keinen Sinn, wenn aus fachtechnischer Sicht schon in dieser vier Jahre übersteigenden Zeit zur Aufrechterhaltung der Tauglichkeit **Instandhaltungsmaßnahmen** ergriffen werden müssen. Unter diesem Gesichtspunkt bedarf z. B. der Vertragsschluss über Anstriche für wetterbeanspruchte Holzoberflächen besonderer Beachtung, weil Lasuranstriche Überholungsanstriche schon in Abständen von 1,5 bis 3 Jahren, je nach Wetterbeanspruchung und Zusammensetzung des Anstrichmittels bedingen. Im Informationsdienst Holz, Außenbekleidung aus Holz (überarbeitete Fassung August 1986) wird eine Nachbehandlung in Zeitabständen von zwei bis 4 Jahren für geboten erachtet. Nicht zu Unrecht hatte deshalb auch die DIN 18 363 (Fassung 1979) im Abschnitt 3.1.10.3 einen Zwischen- oder Schlussanstrich auf mineralischen Untergründen als

---

[82] BauR 1987, 207 = NJW 1987, 336 = ZfBR 1987, 71.
[83] BGH BauR 1981, 577, 579 = *Schäfer/Finnern/Hochstein* Nr. 5 Zu § 17 VOB/B = NJW 1981, 2801 = ZfBR 1981, 265.
[84] BauR 1991, 676, 682.
[85] Vgl. zu Verschleiß und Abnutzung im Bauvertragsrecht, *Hahn* BauR 1985, 521.

wetterbeständig dann bezeichnet, wenn er unter Witterungseinflüssen, mit denen normalerweise gerechnet werden muss, noch nach 2 Jahren in zweckentsprechendem Zustand ist. Die Fassung in der Ausgabe 1988 und 1992 sowie 1996 enthält dazu nichts mehr; sie macht im Abschnitt 0.2.9 lediglich den ausschreibenden Planer für die Formulierung der Leistungsbeschreibung darauf aufmerksam, dass hinsichtlich des Beanspruchungsgrades von Dispersionsfarben, z. B. an die Wetterbeständigkeit, Waschbeständigkeit oder Scheuerbeständigkeit nach DIN 53 778 Teil 2 Anforderungen gestellt werden könnten.

Diese Betrachtungsweise führt zu folgender Gefahr: Die Gewährleistung des Unternehmers wird vom **Wartungsbedarf** überlagert, für dessen Abdeckung dem Auftraggeber sogar punktuell der Abschluss eines Wartungsvertrages nahe gelegt wird. 63

So betont das Merkblatt (Stand 1996) des Bundesausschusses Farbe und Sachwertschutz „Beschichtung auf nicht maßhaltigen Außenbauteilen aus Holz" im Abschnitt 6.1 die Wartungsnotwendigkeit und empfiehlt den Abschluss eines Wartungsvertrages. Der Auftragnehmer hat den Besteller auf die Wartungsbedürftigkeit seines Werks aufmerksam zu machen.[86]

Hierdurch entsteht der Abgrenzungsbedarf zwischen Mängeln, die auf die Vertragswidrigkeit der Unternehmerleistung zurückgehen, von solchen, die ihren Grund in unzulänglicher Wartung haben. 64

So sinnvoll ein solcher Wartungsvertrag im Einzelfall auch sein mag, darf seine Existenz nicht davon ablenken, dass der Tatbestand der Wartungsbedürftigkeit vom Gewährleistungsfall zu unterscheiden ist. Den teilweise zu beobachtenden Bemühungen, Negativerscheinungen am Bau den Charakter der **Wartungsbedürftigkeit** mit dem Ziel zuzuweisen, damit der Gewährleistungsverpflichtung auch im Rahmen einer noch offenen Verjährungsfrist überhaupt zu entgehen, ist nicht zu folgen. Allerdings liegt ein auf der Vertragswidrigkeit der Unternehmerleistung beruhender Mangel nicht vor, wenn es sich lediglich um die Abnutzung oder den Verschleiß einer sonst vertragsgerecht erbrachten Leistung handelt.[87] So wird z. B. mit der Einstufung eines Abrisses einer elastischen Fuge als „**Wartungsfuge**" der untaugliche Versuch unternommen, vom Gewährleistungsfall abzulenken. Wenn solche Vorgänge als für den Fliesenleger nicht vermeidbar dargestellt und weiter bei Beeinträchtigung des elastischen Fugenmaterials durch Witterung und sonstigen Verschleiß die Gewährleistungspflicht ausgeschlossen wird,[88] geht dies über das zulässige Ziel hinaus. Bewitterung und Verschleiß können allenfalls dazu führen, die Dauer der Verjährungsfrist für Gewährleistungsansprüche auf ein erträgliches Maß zu begrenzen. Der BGH[89] hat jedoch für dem Verschleiß unterworfene Kaufgegenstände ausgeführt, Abnutzung und Verschleiß böten keine Grundlage für eine benutzungsabhängige zusätzliche Verkürzung der Verjährungsfristen mittels Allgemeiner Geschäftsbedingungen. 65

Im Übrigen verbietet sich jede Verallgemeinerung, denn die einschlägigen Technischen Regeln und die Allgemeinen Technischen Vertragsbedingungen für Bauleistungen kennen durchaus auch die Forderung, dass ein Werkstoff der Bewitterung in gewissem Umfang standzuhalten hat. So müssen im Glaserbereich nach der DIN 18 361 Abschnitt 2.2 lichtdurchlässige Platten aus Kunststoff dauerhaft lichtdurchlässig und schlagfest sein; Verglasungsdichtstoffe müssen gem. Abschnitt 2.3 den Produktanforderungen nach DIN 18 545–2 entsprechen. Verglasungshilfstoffe müssen nach Abschnitt 2.5 den Anforderungen nach DIN 18 545–3 genügen. Eine Konkretisierung erfolgt in den Technischen Richtlinien des Glaserhandwerks, Nr. 1, Dichtstoffe für Verglasungen und Anschlussfugen. Für Straßenbauarbeiten verlangt die DIN 18 318 im Abschnitt 2.3 unter Verweis auf Technische Lieferbedingungen für Mineralstoffe im Straßenbau die dort geforderten Druckfestigkeit und Widerstand gegen Verwitterung. Im Einzelfall können also Verschleiß oder **Verwitterungs**- 66

---

[86] BGH WM 1987, 263, 265.
[87] *Ingenstau/Korbion* VOB/B § 13 Rdn. 454.
[88] Vgl. Vertragsbedingungen für Fliesen- und Plattenarbeiten, VOB-Fli, Ernst Vögel-Verlag.
[89] BGHZ 122, 241 = NJW 1993, 2054, 2056.

§ 13 Nr. 4 Verjährungsfrist

**erscheinungen** innerhalb der Verjährungsfrist ein Anzeichen dafür sein, dass die Werkleistung zurzeit der Abnahme nicht die erforderliche Qualität aufgewiesen hat.

67  Ohne eine vom Willen der Parteien getragene Vereinbarung sind bloß baustoff- oder konstruktionsbedingte Gegebenheiten bzw. Einflüsse aus Abnutzung oder Verschleiß nicht geeignet, zu einer Änderung der Regelfrist des § 13 Nr. 4 VOB/B zu führen.

68  **c) Verkürzung der VOB-Regelfrist.** Individualvertraglich ausgehandelt besteht gegen eine Verkürzung der Regelfristen kein Bedenken. Hieran ändert nichts, dass die Regelfrist von vier Jahren für Mängel am Bauwerk auch nach baupraktischer Erfahrung bereits sehr kurz ist,[90] weswegen die Rechtsprechung auf der Grundlage des § 309 Nr. 8 b ff. BGB die Vier-Jahresfrist bei einem Bauvertrag nur dann als hinnehmbar bezeichnet, wenn die VOB/B insgesamt einbezogen worden ist.[91] Die individualvertraglich vereinbarte Unterschreitung der Verjährungsfrist von vier Jahren befindet sich jedenfalls im Einklang mit § 202 Abs. 1 BGB. Die von der Rechtsprechung bei individualvertraglich ausgehandelten Freizeichnungsvereinbarungen vorgenommene und am Maßstab von § 242 BGB ausgerichtete Kontrolle der Rechtswirksamkeit von Individualvereinbarungen[92] im Bereich der Bauträgerverträge kann nicht einschränkungslos auf verjährungsverkürzende Vereinbarungen übertragen werden. Im Streitfalle eine Individualvereinbarung darzulegen und zu beweisen, ist erfahrungsgemäß schwierig.

69  Zwischen den verschiedenen Auftraggebern ist zu unterscheiden: Der Auftraggeber ist im Verhältnis zum Unternehmer anders zu behandeln als der Generalunternehmer in Beziehung zum Subunternehmer. Die inhaltliche Unausgewogenheit der Vereinbarung kann nicht schon dann vermutet werden, wenn eine Abweichung von der gesetzlichen Regelung[93] oder von der Regelfrist der VOB/B vorliegt. Die Besonderheiten der Leistung und ihre Beeinflussbarkeit durch nachfolgende Arbeiten sind zu berücksichtigen. So sind in der Praxis bei **Bewehrungsarbeiten** Vertragsgestaltungen anzutreffen, bei denen im Verhältnis des Subunternehmers zum Generalunternehmer nach der Abnahme der Bewehrungsarbeiten durch den Generalunternehmer entweder jegliche Gewährleistung ausgeschlossen ist oder diese auf den Zeitpunkt bis zum Beginn der Betonierungsarbeiten beschränkt wird.

**Beispiel:** „Die Gewährleistung endet nach Abnahme für das Verlegen. Für die Qualität des Stahls nach Beendigung von 5 Jahren."

70  Mit dieser Formulierung ist der Ausschluss der Gewährleistung hinsichtlich der bei Abnahme nicht gerügten Mängel an den Bewehrungsarbeiten (z. B. hinsichtlich Lage, Einhaltung der Überdeckungsmaße) verbunden. Dies macht daraus Sinn, weil zu einem späteren Zeitpunkt das Geflecht der verschiedenen ineinandergreifenden Verantwortlichkeiten von Schalungs- und Betonierunternehmen einerseits und Eisenbieger andererseits nicht mehr zu trennen ist. Für **Beschichtungsarbeiten** kann je nach Bewitterung oder sonstiger Beeinflussung längst vor Ablauf der Regelfrist eine Überholung veranlasst sein, was die Frage nach der Verkürzung der Zwei-Jahresfrist mit Recht aufwerfen lässt. Bei **Wasserhaltungsarbeiten** nach der DIN 18 305, zu denen z. B. nach den ZTV – K 88 (Fassung 1989), Abschnitt 3.1, alle erforderlichen Maßnahmen gehören, um die Baugrube trocken zu halten, macht eine Gewährleistung nach Beendigung dieser Arbeiten keinen Sinn. Bei einem VOB-Bauvertrag können in diesem Bereich nur Erfüllungsansprüche aus § 4 Nr. 7 VOB/B, nicht aber Gewährleistungsansprüche nach § 13 Nr. 1 VOB/B geltend gemacht werden. Die Verjährungsproblematik nach § 13 Nr. 4 VOB/B stellt sich damit überhaupt nicht. Dem ähnlich ist die Rechtslage nach den Zusätzlichen Technischen Vertragsbedingungen

---

[90] Vgl. dazu den Bauschadensbericht der Bundesregierung, 1988, S. 7, II.1, wonach etwa 80% aller Anfangsschäden an Neubauten, d. h. Planungs-, Ausführungs- und Materialfehler innerhalb der Ersten fünf Jahre der Gebäudelebensdauer auftreten.
[91] BGH BauR 1982, 61; 1986, 89; BauR 1987, 438 = NJW 1987, 2373 = ZfBR 1987, 199 und 445, 447 = NJW 1987, 2080 = ZfBR 1987, 191; BauR 1989, 77 = ZfBR 1989, 28.
[92] BGH NJW 1982, 2243; 1984, 2094; BauR 1986, 345 = ZfBR 1986, 120 und 1987, 552 = NJW-RR 1987, 1166 = ZfBR 1987, 233.
[93] So aber *Staudinger/Peters* § 637 Rdn. 66.

und Richtlinien für **Landschaftsbauarbeiten im Straßenbau** (ZTVLa – StB 80), Abschnitt 7. Gewährleistung), z. B. für Ansaaten. Danach wird für Ansaaten von Rasen, Voranbau, Deck- und Untersaaten sowie für Fertigrasen über die Abnahme hinaus eine Gewährleistung nicht übernommen. Dasselbe gilt für Pflegearbeiten einschließlich Pflanzenschutzmaßnahmen (Abschnitt 7.5). Wenn es sich bei diesen ZTVen wegen ihrer Vorformulierung auch um Allgemeine Geschäftsbedingungen handelt, ist unter AGBG-Gesichtspunkten (§ 9 Abs. 2 Nr. 1 AGB-Gesetz) hiergegen nichts einzuwenden, weil die Bedingungen vom Auftraggeber gestellt werden und eine Begünstigung des Unternehmers erfolgt.

**d) Verlängerung der Verjährungsfrist.** Im Einklang mit § 202 Abs. 1 BGB ist individualvertraglich eine Verlängerung der Verjährungsfrist ohne weiteres bis zu 30 Jahren ab dem gesetzlichen Verjährungsbeginn möglich. Ein völliger Ausschluss der Verjährung ist jedoch nicht möglich. Die Übernahme der Gewährleistung auf die Lebensdauer einer Bauleistung kann deshalb rechtswirksam nicht verabredet werden. Der Sache nach würde es sich dabei um eine Art kostenlosen Wartungsvertrag handeln. Bei der Verlängerung der Verjährungsfrist hat insbesondere der Auftraggeber zu beachten, dass die Darlegungs- und Beweislast für die Vertragswidrigkeit der Leistung als Ursache des Mangels beim Anspruchsteller verbleibt. Je länger die Verjährungsfrist ist, umso schwieriger kann die Abgrenzung zum Tatbestand des Verschleißes und der Abnutzung werden. **71**

Zwischen der Verlängerung der Verjährungsfrist und der Vereinbarung einer über die Regelfrist hinaus gehenden **Gewährleistungs- und Garantiefrist** ist zu unterscheiden. Die vom BGH[94] für das Kaufrecht aufgestellten Grundsätze sind auf den Bauvertrag übertragbar.[95] Einschränkungslos kann dies jedoch deshalb nicht geschehen, weil der BGH mit der unselbständigen Garantieübernahme im Kaufrecht (vgl. § 434 BGB) zu Lasten des Verkäufers und damit zugunsten des Erwerbers eine erleichterte Durchsetzbarkeit der Gewährleistungsansprüche verbindet. Denn der Erwerber soll des oft schwierigen Nachweises, dass die gerügten Mängel bereits bei Gefahrübergang (§ 459 BGB a. F./§ 446 BGB n. F.) vorhanden waren, enthoben werden. Diese Situation und im Wege der Auslegung gewonnene Einschätzung kann auf das Werkvertragsrecht nicht unbesehen übertragen werden. **72**

**e) Längere Garantie- oder Gewährfrist.** Vereinbaren Parteien eine die Regelfrist überschreitende Garantiefrist,[96] muss zwischen der unselbständigen und der selbständigen Garantie unterschieden werden. Im hier bedeutsamen Zusammenhang spielt allein die unselbständige Garantie eine Rolle, da mit der selbständigen Garantie ein von der Gewährleistung unabhängiger Verpflichtungsgrund geschaffen wird, der nicht nach Gewährleistungsregeln zu behandeln ist.[97] Während die unselbständige Garantie des Unternehmers lediglich werkvertragliche Ansprüche verstärken soll,[98] hat das selbständige Garantieversprechen ein über den werk- = bauvertraglichen Erfolg hinausgehendes Ziel zum Gegenstand (vgl. dazu Rdn. 357 ff.). Nur das unselbständige Garantieversprechen steht mit § 13 Nr. 4 VOB/B in Verbindung, weil dessen Grundlage die Einstandspflicht nach Gewährleistungsregeln bildet. **73**

Bei einer die Regelfrist übersteigenden Garantie **(Haltbarkeits-, Funktionsgarantie)**[99] beginnt die Garantiefrist mit der Abnahme des Werks zu laufen. Die Regelfrist für die Verjährung der Gewährleistungsansprüche setzt mit der **Entdeckung** des Mangels ein. Damit sind die Garantiefrist und die Verjährungsfrist für die Gewährleistungsansprüche zu trennen. Die Vereinbarung einer über die Regelfrist hinausgehenden **Garantie- oder Gewährfrist** begründet nach der Rechtsprechung[100] einen zweifachen Fristenlauf: Mit der **74**

---

[94] NJW 1979, 645 = BauR 1979, 427; NJW 1981, 2248 = BauR 1982, 175.
[95] *Kaiser* Mängelhaftung Rdn. 182.
[96] Auch als Gewährfrist bezeichnet.
[97] BGH BauR 1986, 437 = NJW 1986, 1927.
[98] BGH BauR 1982, 175 und 1979, 511.
[99] Vgl. dazu *Loebell* BB 1973, 1237; *Müller* BauR 1985, 517; *Brandt* BauR 1982, 524, 526; *Müller* ZIP 1981, 708.
[100] BGH NJW 1979, 645 = BauR 1979, 427 allerdings zum Kaufrecht; BGH NJW 1986, 1927, 1928 = BauR 1986, 437.

Abnahme der Werkleistung beginnt gewöhnlich der Lauf der Verjährungsfrist für die Gewährleistungsansprüche. Das ändert sich bei Vereinbarung einer Garantiefrist. § 13 Nr. 4 Abs. 3 VOB/B wirkt sich auf den Lauf der Garantiefrist insofern aus, als dann nach dem 1. Halbsatz die Garantiefrist bei Fehlen einer abweichenden Regelung ab der Abnahme läuft. Dies gilt jedenfalls dann, wenn in der Garantievereinbarung hierzu eine Vereinbarung fehlt. Die Verjährungsfrist für die Gewährleistungsansprüche setzt mit der Entdeckung des Mangels ein.[101]

75   Fehlen abweichende und anders lautende Vereinbarungen hinsichtlich der Garantievoraussetzungen, setzt die Einstandspflicht für einen Mangel aus dem unselbständigen Garantieversprechen wie nach § 13 Nr. 5 VOB/B auch voraus, dass der Mangel auf der Vertragswidrigkeit der Leistung des Unternehmers beruht. Die für das Kaufrecht einschlägige Auffassung,[102] der Käufer sei bei einer unselbständigen Garantie des oft schwierigen Nachweises, dass die Mängel bereits bei Gefahrübergang (§ 459 BGB a. F./§ 446 BGB n. F.) vorhanden waren, enthoben, greift beim Bauvertrag nicht ein. Im Kaufrecht würde dem Erwerber eine über der Dauer der Verjährungsfrist liegende Garantiefrist wenig hilfreich sein, wenn dennoch die Voraussetzung des Gewährleistungstatbestandes erfüllt sein müsste, dass der im Verlauf der Garantiefrist gerügte Mangel zumindest seinem Keime nach bereits zurzeit des Gefahrübergangs vorhanden war. Auf die Einhaltung dieser Anforderung wird verzichtet[103] und im Wege der Auslegung von dieser Voraussetzung eines Gewährleistungsanspruches bei Vorliegen einer unselbständigen Garantieerklärung Abstand genommen.[104]

76   Die hierfür maßgebliche Auslegung lässt sich auf den Bauvertrag nicht übertragen, weswegen in der Vereinbarung einer über der Regelfrist liegenden Garantie-/Gewährfrist nicht mehr als eine bloße **Verlängerung der Verjährungsfrist** zu sehen ist.[105] Denn der Garantiefall ist bei Fehlen anderweitiger Anhaltspunkte wie der Gewährleistungsfall davon abhängig, dass der Mangel dem in Betracht kommenden Unternehmer zurechenbar ist, was die Vertragswidrigkeit der Leistung als Mangelursache voraussetzt (§ 13 Nr. 5 VOB/B). Diese liegt bereits bei Abnahme der Leistung vor und muss nach der Abnahme der Werkleistung vom rügenden Besteller bewiesen werden. Die Übernahme einer die Regelfrist der VOB/B übersteigenden Garantie- oder Gewährfrist durch den Unternehmer ändert nichts an der Grundvoraussetzung der Gewährleistung des Unternehmers, dass der innerhalb der Frist auftretende Fehler auf der Vertragswidrigkeit der Unternehmerleistung beruhen muss. Die Auslegung einer die Verjährungsfrist von vier oder fünf Jahren übersteigenden Gewähr- oder Garantiefristvereinbarung besagt im Bereich des Werkvertragsrechts gerade nicht, dass alle während der Garantiefrist auftretenden Mängel Gewährleistungsansprüche auslösen können und die Verjährungsfrist für die Gewährleistungsansprüche erst mit der Entdeckung des Mangels beginnt. Denn dies würde hinsichtlich der Voraussetzungen des Gewährleistungsanspruchs nach § 13 Nr. 5 Abs. 1 Satz 1 VOB/B eine grundlegende Abweichung von dort geregelten Anspruchsvoraussetzungen – Mangel muss auf der Vertragswidrigkeit der Unternehmerleistung beruhen – bedeuten. Nach OLG Frankfurt[106] bedarf es der Heranziehung der Auslegungsgrundsätze, wie sie in der Rechtsprechung für den Kauf ausgebildet worden sind.

77   Wenn die Rechtsprechung für das Kaufrecht annimmt,[107] bei einer unselbständigen Garantie sei der Käufer des oft schwierigen Nachweises enthoben, dass der Mangel bereits bei Gefahrübergang vorhanden war, fehlt es wegen der im Baubereich durchaus verschiedenen Verursachungskomponenten und Verantwortungsbereiche, die unterschiedlichen Bau-

---

[101] BGH NJW 1979, 645; BGH NJW 1986, 1927, 1928 = BauR 1986, 437.
[102] BGH NJW 1979, 645 = BauR 1979, 427, 428.
[103] BGH NJW 1979, 645 = BauR 1979, 427, 428.
[104] v. *Westphalen* Produkthaftungshdb. Bd. 1 § 7 Rdn. 8, 9.
[105] In diese Richtung auch OLG Frankfurt NJW-RR 1992, 280, 282.
[106] NJW-RR 1992, 280, 282.
[107] BGH NJW 1979, 645 = BauR 1979, 427; BGH NJW 1986, 1927, 1928 = BauR 1986, 437.

beteiligten (Architekt, Fachplaner, Auftraggeber, Vorunternehmer) zugewiesen werden können, an der Übertragbarkeit dieses Ausgangspunktes auf das Werkvertragsrecht. Der gegenteilige Standpunkt[108] lässt außer acht, dass nach dem der VOB/B zugrunde liegenden **Trennungsprinzip** (§ 3 Nr. 1–3 VOB/B) die Tauglichkeit einer Werkleistung von den planerischen Vorgaben ebenso abhängt wie von die Güte des Werks beeinflussenden Vorleistungen (§ 4 Nr. 3 VOB/B). Es erscheint aus der Sicht des Unternehmers nicht als sinnvoll, im Rahmen einer Garantie- oder Gewährerklärung von der Voraussetzung Abstand zu nehmen, dass der gerügte Mangel auf die Vertragswidrigkeit der Leistung zurückführbar sein muss. Gibt es beim Kaufvertrag in der Person des Verkäufers nur ein Zurechnungssubjekt, muss beim Bau zwischen Ausführenden, Architekten und Ingenieuren als Allgemeinplanern nach § 15, § 55 HOAI sowie Ingenieuren als Sonderfachleuten (§§ 69 ff. HOAI) unterschieden werden. Dieser Personenkreis kann – auch vorwerfbar – einen Ursachenbeitrag zu einem Mangeltatbestand geleistet haben, weswegen einer Gewähr-/Garantieerklärung eines Unternehmers auch nach dem Verständnis des Erklärungsempfängers nicht der Sinn entnommen werden kann, der Unternehmer wolle unabhängig von der Einstandspflicht der beteiligten Planer ohne jegliche Möglichkeit der Entlastung und unter Verzicht auf den Nachweis, dass der Mangel auf der Vertragswidrigkeit der Unternehmerleistung beruht, haften. Diese im Werk- = Bauvertrag herrschenden und sich vom Bild des Kaufvertrags grundsätzlich unterscheidenden Fakten lassen daran zweifeln, die kaufrechtliche Rechtsprechung zur vertraglich vereinbarten Garantiefrist auf das Werkvertragsrecht einschließlich der VOB/B zu übertragen.

Daraus folgt: Wird eine Garantiefrist von mehr als zwei Jahren vereinbart, liegt nichts anderes vor als eine verlängerte Verjährungsfrist.[109] Dasselbe gilt bei einer verlängerten Gewährfrist. Inhaltlich kann mit einer **Garantieerklärung** weiter eine **Zusicherung** und/oder eine verschuldensunabhängige Einstandspflicht für mangelbedingte Schäden verbunden sein,[110] was jedoch auf die Qualifizierung der Folgen aus der Fristverlängerung ohne Einfluss ist. **78**

Bei einer Gewähr-/Garantiefrist von z. B. 3 Jahren hat es auch keinen praktischen Sinn, bei der Entdeckung des Mangels im 3. Jahr dessen Rügfähigkeit beginnend ab dem Zeitpunkt der Entdeckung um die Regelfrist von 2 Jahren zu verlängern. Die Merkwürdigkeit des Ergebnisses wird erkennbar, wenn ein Auftraggeber nach Ablauf der Garantiefrist die Rechtzeitigkeit der Rüge mit der Behauptung sichern könnte, den Mangel noch vor Ablauf der Garantiefrist mit der Folge entdeckt zu haben, dass ab diesem Zeitpunkt die Regelverjährungsfrist zu laufen beginnt. Der Auftraggeber, der in Kenntnis des Mangels die Garantiefrist verstreichen ließe, würde prämiert und derjenige, der den Mangel erst in 4 Jahren entdeckt, benachteiligt. Ist im Werkvertragsrecht aus der Natur der Sache heraus der Auftraggeber auch bei einer Garantiefrist nicht der Notwendigkeit enthoben, die Zurechenbarkeit des Mangels zu Lasten des garantierenden Unternehmers darzutun und zu beweisen, erscheint es angemessener, bei einer die Regelfrist übersteigenden Garantiefrist nichts anderes als eine Verlängerung der Verjährungsfrist anzunehmen. **79**

## 2. Verjährungsfrist durch Allgemeine Geschäftsbedingungen

Bei der Festlegung der Verjährungsfrist durch Allgemeine Geschäftsbedingungen und Formularverträge ist zwischen Tatbeständen zu unterscheiden, die zur Verkürzung oder Verlängerung führen. Die Änderung der Verjährungsfrist kann direkt (unmittelbar) oder indirekt (mittelbar) erreicht werden. Eine Unterschreitung der Regelfrist der VOB/B über AGB oder Formularverträge ist unwirksam und scheitert an §§ 307, 309 Nr. 8 b) ff) BGB. Anders ist dies nur, wenn der Auftraggeber deren Verwender ist, was mit dem Ausschluss der AGB-Kontrolle verbunden ist. **80**

---

[108] *v. Westphalen* Produkthaftungshdb. Bd. 1 § 7 Rdn. 8, 9.
[109] So auch OLG Frankfurt NJW-RR 1992, 280, 282.
[110] BGH NJW 1965, 152.

**81** **a) „Direkte" Verlängerungen der Verjährungsfrist.** „Direkte" Verlängerungen der Verjährungsfrist, wodurch die Frist unmittelbar auf eine längere Zeit als vier Jahre ausgedehnt wird, sind grundsätzlich bedenkenfrei. Eine Verlängerungsgrenze kennt die VOB/B nicht; gegen die Verlängerung auf 5 Jahre ist gemessen an § 307 BGB nichts einzuwenden.[111] Unter Berücksichtigung der Interessenlage werden derartige Klauseln nur in vom Auftraggeber gestellten Klauseln/Formularverträgen enthalten sein. Stellt der Unternehmer dem Auftraggeber verjährungsfristverlängernde Klauseln, kann er unter AGB-Gesichtspunkten keinen Schutz gegen die eigene Klausel erwarten; § 307 BGB schützt nur die andere Vertragspartei und nicht den Verwender,[112] was auch für die Kontrolle nach §§ 308, 309 BGB gilt.

**82** Stellt der Auftraggeber dem Unternehmer die VOB/B und zugleich Allgemeine oder Besondere Vertragsbedingungen, in denen die Verjährungsfrist für die Gewährleistungsansprüche auf 5 Jahre verlängert wird, liegt ein Verstoß gegen Grundgedanken gesetzlicher Regelungen gerade nicht vor. Ob **5 Jahre die Obergrenze** bilden oder durch AGB auch ohne AGB-Verstoß überschritten werden dürfen, ist zweifelhaft.[113] § 634 a BGB enthält als wesentliche Grundgedanken der gesetzlichen Regelung zugunsten des Unternehmers und damit zu dessen Schutz die Beschränkung der Frist auf 5 Jahre. Da die bloße Verlängerung der Verjährungsfrist an der Qualifizierung des Mangels ebenso wenig ändert wie an der Beweisbelastung des Auftraggebers, der nach § 13 Nr. 5 Abs. 1 Satz 1 VOB/B nachweisen muss, dass der Mangel auf der Vertragswidrigkeit der Leistung des Unternehmers beruht,[114] führt eine angemessene Verlängerung der Verjährungsfrist nicht zu einer den Geboten von Treu und Glauben widersprechenden Benachteiligung des Unternehmers.

**83** Eine Verlängerung der Verjährungsfrist auf 10 Jahre und 1 Monat soll keine unangemessene Benachteiligung des Auftragsnehmers darstellen, wenn der Auftraggeber ein erhöhtes Bedürfnis nach einer ausreichenden Bemessung der Verjährungsfrist hat.[115]

**84** Von Klauseln mit lediglich fristverlängernder Wirkung abzugrenzen sind dem Unternehmer **einseitig** vom Auftraggeber in AGB gestellte und über die Verjährungsfrist von 4 Jahren hinausgehende **„Garantie- oder Gewährfristen"**. Der Begriff „Garantie" bedarf selbst der Auslegung (§§ 133, 157, 242 BGB). Wird darunter nur die Zusicherung einer Eigenschaft verstanden gilt § 13 Nr. 1 VOB/B entsprechend.[116] Gemeint sein kann auch eine **unselbständige Garantie** in dem Sinne, dass der Auftragnehmer damit erklärt, er werde für das Vorhandensein der zugesicherten Eigenschaft einstehen und dies auch verschuldensunabhängig. Schließlich kann auch eine **selbständige Garantie** in dem Sinne vorliegen, dass der Auftragnehmer auch noch die Gewähr für einen über die Vertragsmäßigkeit hinausgehenden wirtschaftlichen Erfolg übernimmt.[117] Die Angabe einer Frist bei Übernahme einer Garantie oder sonstigen Gewährleistungsvereinbarungen kann also bedeuten, dass die gesetzliche Verjährungsfrist verlängert werden soll[118] oder dass die Verjährungsfrist erst mit dem Ablauf der Garantiefrist oder dann beginnen soll, wenn der Besteller den Mangel innerhalb der Garantiefrist entdeckt hat.[119] Regelmäßig ist eine unselbständige Garantieerklärung so auszulegen, dass die Verjährungsfrist für derartige Ansprüche erst mit der Entdeckung des Mangels beginnt.[120] Eine solche Garantiefrist hat mit einer Verjährungsfrist zunächst nichts zu tun.

---

[111] Vgl. hierzu zu der alten Rechtslage nach § 9 AGB-Gesetz auch BGH BauR 1991, 458, 459 = NJW-RR 1991, 980 = ZfBR 1991, 200; BauR 1989, 322, 326 = NJW 1980, 1602 = ZfBR 1989, 158; 1987, 445, 447 = NJW 1987, 2080 = ZfBR 1987, 191.
[112] BGH NJW 1991, 353, 354; *Wolf/Horn/Lindacher* § 9 Rdn. 56. Vgl. hierzu auch *Eichberger/Kleine-Möller* in: Kleine-Möller/Merl; Handbuch des privaten Baurechts, 3. Aufl. § 4 Rdn. 42.
[113] *Siegburg* Verjährung Rdn. 236.
[114] *Ingenstau/Korbion* VOB/B § 13 Rdn. 453.
[115] BGH BB 1996, 1797.
[116] Vgl. BGH NJW 1976, 43.
[117] Vgl. BGH BauR 1973, 191.
[118] Vgl. BGH NJW 1961, 730; BGH BB 1962, 234.
[119] Vgl. hierzu *Heiermann/Riedl/Rusam*, Einf. zu VOB/B § 13 Rdn. 24 d m. w. N.
[120] Vgl. BGH NJW 1986, 1227 = BauR 1986, 437.

Eine Verlängerung der Verjährungsfrist bei einem VOB-Bauvertrag über die Vierjahresfrist hinaus ist grundsätzlich **nicht überraschend** im Sinne von § 305 c BGB. Dies gilt gerade bei fristverlängernden Klauseln in vorformulierten Verträgen, die der Auftraggeber dem Unternehmer stellt.[121] Denn § 13 Nr. 4 Abs. 1 VOB/B enthält den Abweichungs- oder Veränderungsvorbehalt, von dem auch mittels Allgemeiner Geschäftsbedingungen Gebrauch gemacht werden darf.[122] Im Hinblick auf die nach § 13 Nr. 4 Abs. 1 VOB/B nur subsidiär geltende Verjährungsregel, die letztlich nur eine „Auffangfunktion" hat, muss ein fachkundiger Unternehmer, der sich auf ein umfangreiches Vertragswerk einlässt, stets damit rechnen, dass der Vertrag zur Verjährung der Gewährleistungsansprüche besondere Bestimmungen enthält.[123] Im Einzelfall kann das zur Anwendung von § 305 c BGB führende Überraschungsmoment nur darin liegen, dass die Fristverlängerung durch AGB zu einer überlangen, unangemessenen Verjährungsfrist führt, worin der Überraschungs- oder Übertölpelungseffekt liegen kann. Eine Verlängerungsklausel benachteiligt den Auftragnehmer nicht in einer den Geboten von Treu und Glauben widersprechenden Weise, wenn sie sich in **angemessenen Grenzen** hält. Die anders lautende frühere Rechtsprechung des OLG München,[124] die bei der Maßgeblichkeit der VOB/B in einer die Verjährungsfrist auf 5 Jahre verlängernden Klausel, bereits eine unangemessene Benachteiligung des Unternehmers gesehen hat, konnte sich nicht durchsetzen.[125] Der BGH hat ausgeführt,[126] in § 13 Nr. 4 Satz 1 VOB/B (Altfassung) sei ausdrücklich vorgesehen, dass eine von der Regelfrist abweichende Verjährungsfrist vereinbart werden könne. Die Regelfrist könne auch in einem unter das Recht der Allgemeinen Geschäftsbedingungen fallenden Formularvertrag verlängert werden.[127] Nach dortiger Auffassung des BGH[128] war die alte 2-Jahres-Frist des § 13 Nr. 4 VOB/B (alt) ohnehin zu starr und häufig unzureichend. 85

Die vorformulierte Verlängerung der Gewährleistungsfristen bei einem der VOB/B unterworfenen Vertrag über die 4-jährige Regelfrist hinaus entspricht **gängiger Praxis,** auch der öffentlichen Hand, die als Auftraggeber regelmäßig auf der Grundlage der VOB/B Bauaufträge erteilt. 86

Fristverlängerungen werden auch bei **verdeckten Mängeln** vorgesehen (auf 30 Jahre)[129] oder bei Dachdeckungsarbeiten im Bereich von Flachdächern (auf 7 Jahre).[130] Gegen die Übertragbarkeit auf den VOB-Bauvertrag bestehen jedoch Bedenken.[131] Denn über § 4 VOB/B hat der Besteller Einwirkungsmöglichkeiten, die im Einzelfall das Auftreten schwerer Baumängel nach dem Ablauf von 2 Jahren vermeiden helfen.[132] Die genannten Urteile werfen die Frage auf, in welchem Umfang in AGB Anpassung betrieben werden kann, ohne dass der Interessenausgleich der Vertragsparteien gestört wird. Nach BGH[133] werden die Interessen eines Unternehmers, der ohnedies von der Geltung der gesetzlichen Regelung ausgehen müsse, bei Verlängerung der Verjährungsfrist auf 5 Jahre nicht unangemessen beeinträchtigt. 87

---

[121] BGH NJW-RR 1987, 851, 852 = BauR 1987, 445 = ZfBR 1987, 191.
[122] BGH BauR 1987, 84, 85 = NJW 1987, 381 = ZfBR 1987, 37.
[123] BGH BauR 1987, 445, 447 = NJW-RR 1987, 851, 852 = ZfBR 1987, 191.
[124] BauR 1986, 579 = NJW-RR 1986, 382.
[125] BGH BauR 1987, 84 = NJW 1987, 381 = ZfBR 1987, 37; BGH BauR 1989, 322, 326 = NJW 1989, 1602 = ZfBR 1989, 158; BGH BauR 1991, 458, 459 = NJW-RR 1991, 980 = ZfBR 1991, 200.
[126] BauR 1987, 84, 85 = NJW 1987, 381 = ZfBR 1987, 37.
[127] So auch schon BGH BauR 1986, 202, 203 = ZfBR 1986, 78.
[128] BGHZ 90, 273, 277 = BauR 1984, 390 = NJW 1984, 1750 = ZfBR 1984, 186; BauR 1989, 322 = NJW 1989, 1602 = ZfBR 1989, 158; bestätigt in BGH BauR 1996, 707 = ZfBR 1996, 265 = NJW 1996, 2155.
[129] Z. B. Verlängerung auf 30 Jahre LG Hanau NJW-RR 1987, 1104.
[130] Vgl. OLG Köln BauR 1989, 376, jedoch zu einem BGB-Bauvertrag; der BGH hält in BauR 1996, 707 = ZfBR 1996, 265 = NJW 1996, 2155 die formularmäßige Verlängerung der Verjährungsfrist für Gewährleistungsansprüche auch bei einem VOB-Bauvertrag bezüglich Flachdacharbeiten nicht für AGB-widrig, wenn die Frist 10 Jahre und einen Monat beträgt.
[131] Dazu vgl. *Jagenburg* BauR, Sonderheft 1, 1977, 23.
[132] BGH BauR 1986, 89, 90 = NJW 1986, 315 = ZfBR 1986, 33.
[133] BauR 1989, 322, 326 = NJW 1989, 1602 = ZfBR 1989, 158.

§ 13 Nr. 4                                                                                           Verjährungsfrist

88   Hinzuweisen ist darauf, dass jede Verlängerung der Verjährungsfristen nach § 13 Nr. 4 VOB/B dazu führt, dass diese nicht mehr „als Ganzes" bzw. „insgesamt" vereinbart ist. Dies kann also zu der Unwirksamkeit einzelner VOB-Klauseln führen, ohne dass die Parteien dies bei einer Abrede der Verjährungsverlängerung hinreichend bedacht haben. Es ist daher bei der Vertragsgestaltung zu überlegen, ob man sich nicht durch einen scheinbaren „Vorteil" bei Verjährungsfristverlängerung „Nachteile" an Stellen einhandelt, die man nicht unmittelbar vor Augen hat.

89   Die Verlängerung der Frist erweist sich in der Praxis stellenweise als **„stumpfes Schwert"**; da der Auftraggeber die Zurechnung des Mangels zu Lasten des Unternehmers beweisen muss und bei Auftreten eines Mangels nach Ablauf von 5 Jahren der Beweis des ersten Anscheins für die Tauglichkeit der Werkleistung spricht,[134] liegt in einer Verlängerung über 5 Jahre allein keine unangemessene Benachteiligung des Unternehmers. Das OLG Köln hat z. B. in der vorformulierten Verlängerung der Verjährungsfrist für Dachabdichtungsarbeiten auf **Flachdächern** auf 7 Jahre keinen Verstoß gegen § 9 AGB-Gesetz (§ 307 BGB) gesehen.[135] Das Urteil über die Angemessenheit einer Verjährungsfrist sollte andererseits auch nicht davon abhängig gemacht werden, wann nach technischen Erkenntnissen im allgemeinen Bauerrichtungsmängel spätestens auftreten.[136] Dieses Kriterium ist lediglich genereller Art und zu vage. Andererseits ist nicht zu erkennen, warum ein Auftraggeber, der auf über 5 Jahre verlängerte Verjährungsfristen für Gewährleistungsansprüche in einem VOB-Bauvertrag stellt, hieran nur dann ein berechtigtes Interesse haben soll, wenn dies z. B. durch die Verwendung neuerer Stoffe oder neuerer Bauweisen gerechtfertigt sein soll.

90   Der BGH[137] hat den Verjährungsvorschriften einen erheblichen **Gerechtigkeitsgehalt** zugewiesen und die Verlängerung der gesetzlichen Verjährungsfrist in AGB nur dann für gerechtfertigt gehalten, wenn hierfür ein erhebliches Interesse des Klauselverwenders spricht, das das Interesse der Gegenseite an der Einhaltung der durch das Gesetz gezogenen Grenze übersteigt.

91   **b) Mittelbare Fristverlängerungen.** Zu mittelbaren Fristverlängerungen kommt es durch die von der VOB/B abweichenden Festlegungen über Anfang und Ende der Verjährungsfrist. Abweichende Regelungen über das Verjährungsende liegen auch vor, wenn die Vertragspartner von BGB und VOB/B abweichende Festlegungen über Hemmungs- und (früher) Unterbrechungstatbestände treffen, z. B., wenn der Auftraggeber vorformuliert bestimmt, dass auch der zweiten Mängelrüge verjährungsunterbrechende bzw. -hemmende Wirkung zukommt.

92   Die Frist beginnt nach § 13 Nr. 4 Abs. 3 VOB/B mit der Abnahme der gesamten Leistung, mit der Teilabnahme nur bei in sich abgeschlossenen Teilen der Leistung (§ 12 Nr. 2 VOB/B). Mittelbare Fristverlängerungen in AGB und Formularverträgen, die Festlegungen zum Verjährungsbeginn enthalten, ereilt meist das Verdikt der **AGB-Widrigkeit** wegen eines Verstoßes gegen §§ 307, 308, 309 BGB. Ist die offene Verlängerung der Verjährungsfrist in AGB und Formularverträgen nach den in Rdn. 80 ff. dargestellten Grundsätzen regelmäßig zulässig und unter AGB-Gesichtspunkten nur in Extremfällen zu beanstanden, beurteilt die Rechtsprechung Klauseln, die mittelbar durch anderweitige Verfügung über Anfang und Ende der Frist deren Gang bestimmen, wesentlich kritischer. Das

---

[134] *Ingenstau/Korbion* VOB/B § 13 Rdn. 454.
[135] BauR 1989, 376.
[136] Zu solchen technischen Erkenntnissen vgl. den 2. Bauschadensbericht der Bundesregierung von 1987/88, S. 7, wonach 20% der Schäden nach Ablauf von 5 Jahren eintreten; der Bericht stützt sich insoweit auf einen Bericht des Aachener Instituts für Bauschadensforschung und angewandte Bauphysik, Globaldaten über Bauschäden, Unveröffentlichter Bericht, Aachen, Juli 1987. Diesen Untersuchungen weist der BGH BauR 1996, 707 = ZfBR 1996, 265 = NJW 1996, 2155 jedoch erheblichen Stellenwert zu; vgl. zu den Fakten auch *Oswald/Wilmes*, Daten über Schäden an Gebäuden, Teil II, 1989; sind Planungs- und Ausführungsfehler oft erst nach Ablauf von 5 Jahren erkennbar, liegt bei formularmäßiger Verjährungsfristverlängerung keine unangemessene Benachteiligung i. S. d. § 307 BGB vor. Vgl. *Lang* NJW 1995, 2063, 2069.
[137] Urteil Betr 1990, 578 = WM 1990, 720 (jedoch zum Kaufrecht und zur Verlängerung der Verjährungsfrist nach § 477 BGB).

ist zutreffend, denn bei einer Verlegung der Abnahme auf die **Gesamt-Fertigstellung** des Objekts oder die **Bezugsfertigkeit** der Wohnanlage ist nicht nur die Verjährungsfrist betroffen. Dem Unternehmer wird auf diese Weise auch die mit einer früheren Abnahme verbundene Entlastung von der Gefahrtragung, die Möglichkeit der Fälligstellung der Vergütungsforderung genommen und zudem bleibt der Auftragnehmer in der Beweisbelastung der Mangelfreiheit der Leistung. Damit berühren mittelbare Fristverlängerungen durch veränderte Bestimmung des Fristbeginnes (Verschiebung) den angemessenen Interessenausgleich insgesamt und sind abweichend von direkten Verjährungsverlängerungsklauseln zu beurteilen. So ist etwa eine Klausel in vom Auftraggeber gestellten Allgemeinen Geschäftsbedingungen, wonach eine Gewährleistungsdauer „5 Jahre nach Bezugsfertigkeit" festgelegt wird wegen Verstoßes gegen § 9 Abs. 2 Nr. 1 AGB-Gesetz (§ 307 Abs. 2 Nr. 1 BGB) unwirksam.[138] Als Individualvereinbarung muss die Klausel nach BGH bei einem Architektenvertrag jedenfalls dahingehend ausgelegt werden, dass die Bezugsfertigkeit noch nicht vorliegt, wenn die als Zugang zur Souterrain-Wohnung vorgesehene Außentreppe noch nicht fertig gestellt ist.[139]

**Mittelbare Fristverlängerungen** durch abweichende Bestimmungen über den Beginn 93 des Fristenlaufs: Hierunter fallen vor allem Klauseln, die sich über die **Abnahme** verhalten, von welcher der Fristenlauf abhängt. Der Generalunternehmer/Bauträger versucht im Verhältnis zum Subunternehmer die Abnahme der Einzelnen gewerkebezogenen Leistung mit der Abnahme des Gesamtobjekts zu koppeln (Beispiel: Die Gewährleistungsfrist für Ansprüche gegen den Subunternehmer beginnt mit der Abnahme des Bauobjekts durch den Auftraggeber zu laufen). Die VOB/B verfolgt in § 13 Nr. 4 Abs. 3 keine globale, sondern eine gewerkespezifische Betrachtung: Unter Abnahme der gesamten Leistung ist die des jeweiligen Unternehmers zu verstehen und nicht das Gesamtobjekt. Dem Generalunternehmer oder Bauträger wird im Verhältnis zum Subunternehmer lediglich zugestanden, eine gewisse Verschiebung der Abnahme der Subunternehmerleistung vorzusehen. Allenfalls eine solche von 4 bis 6 Wochen nach Fertigstellung wird für angemessen erachtet.[140] Die sich aus § 12 Nr. 1 VOB/B ergebende Folge, dass der Unternehmer nach vertragsgemäßer Fertigstellung einen Anspruch auf Abnahme hat, deckt sich mit § 640 BGB.

Die Abnahme ist **Hauptpflicht** des Bestellers,[141] und nach Herstellung des jeweils dem 94 Unternehmer beauftragten Werks, das auch ein Teilwerk sein kann, zu erfüllen. § 640 BGB enthält für die Anwendung des § 307 BGB wesentliche Grundgedanken der gesetzlichen Regelung. Sehen Allgemeine Geschäftsbedingungen eines Generalunternehmers vor, dass die fertiggestellte Subunternehmerleistung erst nach zwei Monaten oder später abgenommen wird, liegt eine erhebliche Abweichung von dem in § 640 BGB geregelten Leitbild vor. Die Unwirksamkeit der Klausel nach §§ 307, 308 Nr. 1 BGB ist die Folge.[142]

Derselben Beurteilung unterfällt eine Klausel, wonach die Abnahme der Leistung erst 95 nach vertragsgemäßer Fertigstellung der gesamten Baumaßnahme erfolgen soll[143] oder wenn es heißt, dass die Gewährleistung am Tag der mängelfreien Abnahme des gesamten Bauwerks beginnt.[144]

Mittelbare Fristverlängerung können auch Klauseln zu **Hemmungs- und Unterbre-** 96 **chungstatbeständen** bewirken. Der Auftraggeber kann versuchen, regelmäßig durch Bezugnahme auf die früher in § 639 BGB a. F. geregelten Fälle der Untersuchung und Beseitigung des Mangels eine Unterbrechungswirkung herbeizuführen oder den mit einer schriftlichen Mängelrüge nach § 13 Nr. 5 Abs. 1 VOB/B verbundenen neuen Fristenlauf

---

[138] So zuletzt für den Architektenvertrag BGH BauR 2004, 1171 = NJW-RR 2004, 954 = NZBau 2004, 396 = ZfBR 2004, 559.
[139] Vgl. Blatt a. a. O.
[140] BGH BauR 1989, 322, 324 = NJW 1989, 1602 = ZfBR 1989, 158.
[141] MünchKomm/*Soergel* § 640 Rdn. 23.
[142] BGH BauR 1989, 322, 324 = NJW 1989, 1602 = ZfBR 1989, 158.
[143] OLG Düsseldorf BauR 1984, 95.
[144] OLG Karlsruhe Betr 1983, 725.

## § 13 Nr. 4

aufstocken und damit nicht an der Regelfrist anbinden, was die VOB/B vorsieht. Gleichfalls kann vorgesehen werden, dass jeder Mängelrüge eine verjährungshemmende Wirkung zukommt. Das VHB wies den öffentlichen Auftraggeber in den Richtlinien zu § 13 VOB/A, (2001, Nr. 3.2) auf folgendes hin: „Wenn abweichende Verjährungsfristen für die Gewährleistung vereinbart werden sollen, ist gleichzeitig zu prüfen, ob deswegen auch für die Mängelbeseitigungsleistungen entsprechende abweichende Verjährungsfristen vereinbart werden müssen." Die Verlängerung der Verjährungsfrist nach § 13 Nr. 4 Abs. 1 VOB/B gilt nicht von selbst auch für die Mängelbeseitigungsleistung. Die Nr. 2.3 der Richtlinien zu § 13 VOB/B vermerkte, es sei die Vereinbarung einer längeren Verjährungsfrist anzustreben, wenn im Einzelfall wegen der Art der Mängelbeseitigungsleistung eine längere als die vereinbarte Frist erforderlich ist, um beurteilen zu können, ob die Mängelbeseitigung erfolgreich ist. Beides bei Stand 2002 nicht fortgeführt.

**97** Die Wirksamkeit solcher und ähnlicher Klauseln, die im Ergebnis zu einer Verlängerung der Verjährungsfrist führen, ist eigenständig zu beurteilen. Dabei ist zwischen einer **AGB-Widrigkeit** und einer **VOB-Widrigkeit**[145] zu unterscheiden.

**98** An § 307 Abs. 2 Nr. 1 BGB scheitern Klauseln, die über § 203 BGB hinausgehend den dort genannten und eine Verjährungshemmung bewirkenden Umständen eine unterbrechende Wirkung beimessen. Formuliert der Auftraggeber in einer Klausel, dass der Unternehmer mit der Prüfung des Vorhandenseins des gerügten Mangels und der Beseitigung des Mangels den Gewährleistungsanspruch auch anerkennt, ergibt sich die Unwirksamkeit der Klausel bereits aus § 308 Nr. 5 BGB. Aber auch sonst enthalten die §§ 203 ff. BGB wesentliche Grundgedanken der gesetzlichen Regelung. Vorformuliert kann nicht ein Hemmungstatbestand mit den Wirkungen eines – nicht vorliegenden – Unterbrechungstatbestandes verknüpft werden. Verjährungsvorschriften enthalten einen Gerechtigkeitsgehalt,[146] was auch Hemmungs- (und Unterbrechungs)tatbeständen eigen ist.

**99** Unter AGB-Gesichtspunkten sind dagegen bedenkenfrei Klauseln, die für die Mängelbeseitigungsleistung nach deren Abnahme nicht die Regelfrist, sondern die verlängerte Verjährungsfrist vorsehen. Insoweit enthält die VOB/B in § 13 Nr. 5 Abs. 1 Satz 3 einen entsprechenden Vereinbarungsvorbehalt, von dem – wie in § 13 Nr. 4 Abs. 1 VOB/B auch – durch Allgemeine Geschäftsbedingungen Gebrauch gemacht werden kann. Ein Verstoß gegen wesentliche Grundgedanken der gesetzlichen Regelung liegt nicht vor, denn beseitigt der Unternehmer den gerügten Mangel wird dies regelmäßig im Bewusstsein der Einstandsverpflichtung geschehen, womit ein Anerkenntnis nach § 212 Nr. 1 BGB verbunden ist.[147]

**100** Weist der Auftraggeber vorformuliert **jeder schriftlichen Mängelrüge** – auch bezüglich desselben Mangels – eine hemmende oder unterbrechende Wirkung zu, liegt nicht nur eine VOB-Widrigkeit, sondern auch ein AGB-Widrigkeit nach § 307 Abs. 2 Nr. 1 BGB vor. Denn der bloßen Mängelrüge kommt nach §§ 204, 205 BGB keine hemmende Wirkung zu. § 13 Nr. 5 Abs. 1 Satz 2 VOB/B ist einer Einzelkontrolle nach AGB-Gesetz bei Vereinbarung der VOB/B als Ganzes entzogen.[148] Diese in § 13 Nr. 5 Abs. 1 Satz 2 VOB/B angeordnete Unterbrechungswirkung der schriftlichen Mängelrüge ermöglicht hinsichtlich desselben Mangels die Unterbrechung nur einmal; die Wiederholung der Mängelrüge ist folgenlos.

**101** c) **Verkürzung der Regelfrist von 4 Jahren.** Eine Verkürzung der Regelfrist von 4 Jahren durch Allgemeine Geschäftsbedingungen, die aus der Interessensituation regelmäßig der Unternehmer stellen wird, scheitert an § 307 BGB. Der Unwirksamkeit verfallen auch solche Klauseln, die mittelbar durch Vorverlegung des Verjährungsbeginns oder mittels anderer Regelungsgehalte zu einer Verkürzung der Regelfrist führen können. In Betracht

---

[145] Vgl. dazu Rdn. 113, 114; vgl. → Einl. II Rdn. 44 ff.
[146] *Wolf/Horn/Lindacher* § 9 Rdn. 74 mit Verweis auf BGH NJW 1988, 55, 56 = BauR 1987, 694.
[147] Vgl. dazu BGH BauR 1987, 443; BGH BauR 1987, 692; BGH BauR 1988, 465 = NJW 1988, 254; BGH BauR 1994, 103 = ZfBR 1994, 17.
[148] BGHZ 86, 135, 142 = BauR 1983, 161, 164 = NJW 1983, 816 = ZfBR 1983, 92.

kommen Regelungen, die den Verjährungsbeginn nicht mit der rechtsgeschäftlichen Abnahme verknüpfen. Als Beispiele können dienen: Die Verjährung beginnt mit dem Erhalt der Leistung, mit der behördlichen Abnahme, mit der Benutzung der Leistung zur Weiterführung der Arbeiten. Das gilt auch für den unternehmerischen Verkehr; als Kontrollmaßstab kommt insoweit §§ 307 Abs. 2 Nr. 1 BGB in Betracht.[149]

Die **Unwirksamkeitsfolge** gilt allerdings nur für die vom Auftragnehmer dem Auftraggeber gestellte Vertragsbedingungen. Verkürzt der Auftraggeber in AGB oder Formularverträgen die Verjährungsfrist für die Gewährleistungsansprüche, wird die Kontrolle durch das AGB-Recht nicht eröffnet.[150] Dann liegt die Interessenkollision, die für die AGB-Kontrolle nach §§ 305 ff. BGB maßgeblich und prägend ist, nicht vor. Das AGB-Recht will nicht vor einer Selbstbenachteiligung schützen.[151] 102

### 3. Gebot zur widerspruchsfreien Vereinbarung der Verjährungsfrist

Im Vertrag enthaltene Aussagen über die Dauer der Verjährungsfrist müssen widerspruchsfrei sein. Dabei sind Widersprüche zwischen Individualvereinbarungen und AGB (Formularverträgen) einerseits und solchen innerhalb der jeweiligen Vertragsebene zu unterscheiden. 103

Enthält ein vom Auftraggeber gestellter Formularvertrag den Verweis auf die Geltung der VOB/B und wird hinsichtlich der Gewährleistung formuliert: „Garantieleistung entsprechend VOB/B bzw. BGB", ist die Aussage unklar. Da nach § 305 c Abs. 2 BGB bei Unklarheiten verbleibende Zweifel bei der Auslegung zu Lasten des Verwender gehen, wird die Klausel mit dem für den anderen Teil (Unternehmer) günstigen Inhalt und damit der Maßgeblichkeit der **VOB**-Regelverjährungsfrist aufrechterhalten.[152] Wird in Zusätzlichen Technischen Vertragsbedingungen **(ZTV)** eine Verjährungsfrist für die Gewährleistungsansprüche von 5 Jahren vorgesehen und gilt zugleich die VOB/B als Vertragsbestandteil, kann von einem Widerspruch der VOB/B und der ZTV nicht gesprochen werden.[153] Aus der Sicht der VOB/B (§ 1 Nr. 2) liegt ein Widerspruch vor, der sich jedoch zugunsten der Regelung der ZTV auflöst, da diese ZTV in der Rangfolgenregelung nach § 1 Nr. 2 lit. d VOB/B den Allgemeinen Vertragsbedingungen für die Ausführung von Bauleistungen (§ 1 Nr. 2 lit. f.) vorgehen. Eine vom Auftraggeber vorformulierte Bestimmung, wonach Gewährleistung und Haftung des Unternehmers sich nach der VOB/B bzw. BGB richten und bei unterschiedlicher Auffassung jeweils die günstigere für den Bauherrn gilt, ist unwirksam.[154] Die Klausel ist wegen der unklaren Festlegung bezüglich des Verhältnisses von VOB/B und BGB wie auch deshalb unwirksam, weil offen ist, wie die Begünstigungsvoraussetzung „bei unterschiedlicher Auffassung" zu verstehen ist. Da der andere Teil (Unternehmer) auch durch die Möglichkeit des Klauselverwenders unangemessen benachteiligt wird (§ 307 BGB), sich auf die günstigeren Bestimmungen der VOB/B zu berufen, ist die Klausel unwirksam. Die Folge ist nicht die Geltung der Verjährungsfrist nach § 13 Nr. 4 Abs. 1 VOB/B, sondern es gilt nach § 306 Abs. 2 BGB die Verjährungsfrist nach BGB. 104

Widersprechen sich Aussagen zur Verjährungsfrist in Zusätzlichen Vertragsbedingungen und der VOB/B mit der Folge, dass das Regelwerk insgesamt unschlüssig ist, bietet die Unklarheitenregelung nach § 305 c Abs. 2 BGB Schutz.[155] Gegen die in Allgemeinen Geschäftsbedingungen vorgenommene Einbeziehung der VOB/B insgesamt oder Teilen der 105

---

[149] BGH BauR 1981, 378, 379; *Kaiser* hält in BauR 1990, 123, 126 r. Sp. § 9 Abs. 2 Nr. 2 AGB-Gesetz für einschlägig.
[150] BGHZ 99, 160 = BauR 1987, 205 und 1989, 322 = NJW 1989, 1602 = ZfBR 1989, 158. Vgl. hierzu auch *Eichberger/Kleine-Möller* § 4 Rdn. 42.
[151] *Wolf/Horn/Lindacher* § 9 Rdn. 56.
[152] OLG Hamm NJW-RR 1988, 467 = BauR 1988, 476.
[153] BGH BauR 1987, 445, 447 = NJW 1987, 2080 = ZfBR 1987, 191.
[154] BGH BauR 1986, 200, 201 = NJW 1986, 924.
[155] BGH BauR 1990, 718, 720 = NJW 1990, 3197 = ZfBR 1990, 289.

§ 13 Nr. 4 VOB/B im Rahmen weiterer Klauselwerke (**Verweisungsklausel oder Staffelklausel**) bestehen jedenfalls im Allgemeinen unter Transparenzgesichtspunkten keine Bedenken.[156] Verweist ein vorformulierter Generalunternehmervertrag (GUV) für die Gewährleistungsfrist auf die VOB/B, sehen gleichfalls vorformulierte Allgemeine Vertragsbedingungen (AVB) für die Verjährung der Gewährleistungsansprüche 5 Jahre nach BGB vor und regeln die AVB das Rangverhältnis so, dass der GUV vor den AVB und nachrangig die VOB/B gelten solle, hält der BGH[157] die spezielle Regelung der AVB nach dem Willen der Vertragsschließenden gegenüber der nur hilfsweise geltenden Auffangregelung der VOB/B für vorrangig.

106 **Widersprüche** zwischen bauvertraglichen Individualabreden und Allgemeinen Geschäftsbedingungen entscheidet § 305 b BGB zugunsten des Vorrangs der Individualabrede. Diese Regelung geht der Rangfolgenregelung in § 1 Nr. 2 VOB/B vor.[158] Widersprüche innerhalb der Individualabreden selbst sind im Wege der Auslegung zu klären (§§ 133, 157 BGB). Zu solchen kann es kommen, wenn in der Leistungsbeschreibung – deren Individualcharakter unterstellt – die Gewährleistung nach der VOB/B vorgesehen ist und in Besonderen Vertragsbedingungen (BVB) – deren Individualcharakter unterstellt – die Verjährungsdauer mit 5 Jahren angegeben wird. Nachdem beiden die Qualität einer Individualvereinbarung zukommt, hilft nur die Auslegung weiter, die über § 1 Nr. 2 VOB/B mit der dort enthaltenen Rangregelung in bestimmte Bahnen gelenkt wird. Danach käme der **Leistungsbeschreibung** der Vorrang vor den Besonderen Vertragsbedingungen mit der Folge zu, dass die 4-Jahresfrist des § 13 Nr. 4 VOB/B gelten würde. Der BGH[159] hält eine interessenorientierte, am Einzelfall ausgerichtete Auslegung, die den Widerspruch der Vertragsbestandteile vermeidet, im Verhältnis zu § 1 Nr. 2 VOB/B jedoch für vorrangig. Selbst wenn der nach dem Vertrag vorrangige Vertragsinhalt hinsichtlich der Verjährung auf die VOB/B verweist und eine Bestimmung in den Allgemeinen Vertragsbedingungen eine Verjährung nach BGB vorsieht, behält die VOB-Regelung ihre Nachrangigkeit.

107 Die **Auslegung** von Vertragsbestandteilen, die sich widersprüchlich zur Dauer der Verjährungsfrist verhalten, geht der Anwendung der Kollisionsregel nach § 1 Nr. 2 VOB/B ebenso vor wie die Anwendung des AGB-Rechts.[160] Nur wenn die allgemeinen Auslegungsregeln nicht zu einem sinnvollen Ganzen führen und der Widerspruch bestehen bleibt, kommt § 1 Nr. 2 VOB/B zum Tragen.[161] Das folgt aus den vorrangigen Geltungsregeln des BGB wie auch des AGB-Rechts und daraus, dass sich die VOB/B in § 1 Nr. 2 lit. f Nachrangigkeit beimisst. Deren Anwendung kann in der Praxis deshalb Schwierigkeiten bereiten, weil die von den Parteien für ihre Vertragsbestandteile verwendeten Bezeichnungen mit denen des § 1 Nr. 2 VOB/B oft nicht übereinstimmen.

### 4. AGB-Recht (§§ 305 ff. BGB) und § 13 Nr. 4 VOB/B

108 § 13 Nr. 4 VOB/B kann nicht isoliert und einseitig vom Unternehmer gestellt vereinbart werden.[162] Die Verkürzung der Gewährleistungsfrist auf 4 Jahre verstößt gegen § 309 Nr. 8 b) ff) BGB. Die in § 309 Nr. 8 b) ff) BGB enthaltene Privilegierung gilt nur, wenn die VOB/B als Ganzes und damit ohne Kerneingriffe Vertragsbestandteil ist.

109 **a) Die isolierte Vereinbarung des § 13 Nr. 4 VOB/B.** Eine isolierte Vereinbarung der vierjährigen Verjährungsfrist liegt nicht nur vor, wenn eine vom Auftragnehmer gestellte

---

[156] BGH BauR 1990, 718 = NJW 1990, 3197 = ZfBR 1990, 289.
[157] BauR 1991, 458, 459 = NJW-RR 1991, 980 = ZfBR 1991, 200.
[158] *Heiermann/Riedl/Rusam* VOB/B § 1 Rdn. 26; *Quack* BauR 1992, 18, 20.
[159] BauR 1991, 458 = NJW-RR 1991, 980 = ZfBR 1991, 200.
[160] *Quack* BauR 1992, 18, 20.
[161] *Heiermann/Riedl/Rusam* VOB/B § 1 Rdn. 28.
[162] BGH BauR 1986, 89, 90; BGHZ 99, 160 = BauR 1987, 205 = NJW 1987, 837 = ZfBR 1987, 73; BauR 1989, 322 = NJW 1989, 1602 = ZfBR 1989, 158.

Klausel formuliert: „Gewährleistung gemäß Verdingungsordnung für Bauleistung (VOB)",[163] sondern auch dann, wenn nach einem im Einzelnen vom Unternehmer/Bauträger (bzw. für ihn) abgefassten Vertrag sich die Gewährleistung nach den Bestimmungen der VOB/B richtet. Denn die Bestimmungen des § 13 VOB/B stellen schon für sich Allgemeine Geschäftsbedingungen dar, die durch bloße Inbezugnahme oder Wiedergabe und damit ohne Aushandlung Vertragsinhalt werden können.[164]

Das gilt so auch im **unternehmerischen Verkehr**; denn fällt eine Klausel bei Verwendung gegenüber Nichtkaufleuten unter eine Verbotsnorm des § 309 BGB, ist dies ein Indiz dafür, dass sie auch bei Verwendung unter Unternehmern zu einer unangemessenen Benachteiligung des Vertragspartners führt.[165] Besondere Interessen und Bedürfnisse des unternehmerischen Verkehrs sind nicht erkennbar, die die Verkürzung der Gewährleistungsfrist auf 2 Jahre ausnahmsweise als angemessen erscheinen lassen. Das typische Auftraggeberrisiko bleibt von der Unternehmereigenschaft unbeeinflusst. 110

**b) Isolierte Vereinbarung durch Auftraggeber.** Geht die isolierte Vereinbarung des § 13 Nr. 4 VOB/B auf eine vom Besteller/Auftraggeber gestellte Vertragsbedingung zurück, erfolgt keine Kontrolle am Maßstab des AGB-Rechts. Denn der Verwender selbst wird nicht geschützt.[166] Die sich zugunsten des Unternehmers auswirkende Verkürzung der Verjährungsfrist bleibt damit erhalten. Stellt der Auftraggeber die VOB/B und zugleich Allgemeine Geschäftsbedingungen, nach denen die Verjährungsfrist für die Gewährleistungsansprüche 5 Jahre nach § 634a BGB beträgt, ist die Frist problematisch. Bleibt die primär maßgebliche Auslegung ergebnislos, ist der Rückgriff auf § 1 Nr. 2 VOB/B geboten. 111

**c) § 13 Nr. 4 VOB/B und Fristverlängerung auf 5 Jahre.** Ein Verstoß gegen wesentliche Grundgedanken der gesetzlichen Regelung und damit gegen § 307 BGB liegt nicht vor, wenn die Verjährungsfrist in vom Auftraggeber gestellten Klauseln auf 5 Jahre verlängert wird.[167] Hinzuweisen ist jedoch darauf, dass bei von der VOB/B abweichenden Vereinbarungen (die regelmäßig auch an ganz anderen Stellen als im Verjährungsrecht vorliegen können) Wirksamkeitsbedenken gegen § 13 Nr. 4 VOB/B verbleiben. 112

## 5. VOB-Widrigkeit einer Fristverlängerung

Ob ein Kerneingriff in die VOB/B vorliegt (VOB-Widrigkeit einer Klausel) und damit die VOB/B nicht mehr als Ganzes vereinbart worden ist,[168] wenn die 4-Jahresfrist durch eine vom Auftraggeber gestellte Klausel verlängert wird, war strittig.[169] Nach der Grundsatzentscheidung des BGH vom 22. 1. 2004[170] ist dieser Streit obsolet. Der BGH hat klargestellt, dass jede Änderung der VOB/B dazu führt, dass diese nicht mehr „insgesamt" vereinbart ist. Dies betrifft auch § 13 Nr. 4 VOB/B. 113

*(Freibleibend)* 114

---

[163] BGH BauR 1986, 89; BGH BauR 1987, 438, 439 = NJW 1987, 2373 = ZfBR 1987, 199.
[164] BGH BauR 1987, 438, 439 = NJW 1987, 2373. Vgl. aber für den Sonderfall der Einbeziehung in Verbraucherverträge *Eichberger/Kleine-Möller* § 4 Rdn. 74–79.
[165] BGH BauR 1984, 390, 392 = NJW 1984, 1750.
[166] BGHZ 99, 160 = ZfBR 1987, 73 = NJW 1987, 837 = BauR 1987, 205; BauR 1987, 438, 439; BGH NJW 1991, 353, 354.
[167] BGH BauR 1990, 723, 724; BGH BauR 1989, 322, 325; BGH BauR 1987, 84 und 445, 447. Vgl. im Übrigen die Ausführungen unter Rdn. 114.
[168] Zum Kerneingriff vgl. BGH BauR 1993, 723, 726 = NJW 1993, 2738 = ZfBR 1993, 277; 1991, 740, 741; BGH BauR 1991, 123, 210, 331, 473, 740; BGH BauR 1990, 207, 208.
[169] Vgl. dazu Vorauflage *Motzke*, § 13 Nr. 4 Rdn. 113.
[170] BGH NZ Bau 2004, Heft 5 = BauR 2004, 668 = NJW Spezial 2004, 22 mit Anmerkungen *Weise*.

## III. Verjährungsfrist für die Gewährleistung

### 1. Gewährleistung für Bauleistungen/Bauwerke

115 Die Regelfrist der VOB/B betrifft die Ansprüche des Bestellers aus Gewährleistung. Objektbezogen werden die vertraglich (§ 1 VOB/B) geschuldeten und dem Regelungsbereich der VOB/B unterworfenen Leistungen erfasst. Dazu gehört selbstverständlich die körperliche Bauleistung, auf die allein die VOB/B unmittelbar anwendbar ist (§ 1 Nr. 1 VOB/A). Die Frist von vier Jahren gilt für Bauwerke; für Arbeiten an einem Grundstück und für die vom Feuer berührten Teile von Feuerungsanlagen beträgt die Frist 2 Jahre. Abweichend hiervon beträgt die Verjährungsfrist für feuerberührte und abgasdämmende Teile von industriellen Feuerungsanlagen 1 Jahr.

116 **a) Bauwerke.** Der Begriff des Bauwerks entspricht demjenigen in § 634a Abs. 1 Nr. 2 BGB. Vom Bauwerksbegriff sind alle vertraglichen Pflichten erfasst, die sich auf Errichtung, Erweiterung, Veränderung oder den Erhalt des Bauwerkes beziehen. Abzustellen ist nach der Rechtsprechung darauf, ob die Bauleistungen für die Funktion, die Konstruktion, den Bestand, die Haltbarkeit und die Benutzbarkeit des Bauwerkes notwendig ist. Entscheidend sei – so BGH – ob sich in dem betreffenden Gewerke „Gebäuderisiko" konkretisiert.[171] Die Übernahme von **Bauleistungen** im Sinne des § 1 VOB/A kann in Randbereichen auch nur den Arbeiten an einem Grundstück mit der zweijährigen Verjährungsfrist zuzuordnen sein. Dies können etwa bloße Ausbesserungs- und Instandsetzungsarbeiten (z. B. Anstrich) in oder an Gebäude bzw. Gebäudeteilen sein, ohne dass sie das Bauwerk in seiner Substanz und Funktionsfähigkeit betreffen.[172]

117 *(Freibleibend)*

118 Der verjährungsrechtlichen Beurteilung nach § 13 Nr. 4 Abs. 1 VOB/B unterliegen jedoch nur Gewährleistungsansprüche aus **Verträgen über Bauleistungen** für Bauwerke. Davon sind die planerischen Leistungen für Bauwerke zu unterscheiden. Für sie ist die VOB/B nicht einschlägig.[173]

119 Bei Beschränkung auf die körperliche Ausführung der Bauleistungen unterfallen sämtliche in § 13 enthaltenen Ansprüche, nämlich auf Mängelbeseitigung nach Nr. 5 Abs. 1, Kostenvorschuss- bzw. Kostenerstattungsanspruch nach Nr. 5 Abs. 2, Minderung gemäß Nr. 6 und Schadensersatz nach Nr. 7 der Verjährungsregelung des § 13 Nr. 4. Bezüglich des Schadensersatzanspruches darf hinsichtlich der Verjährung zwischen dem kleinen Schadensersatz nach Absatz 1 und dem großen Schadensersatz nach Absatz 2 kein Unterschied gemacht werden; beide verjähren innerhalb der 4-Jahresfrist.[174]

120 Ansprüche aus der Verletzung von **Prüfungs- und Mitteilungspflichten** werden nicht anders behandelt. Denn ihr Ausgangspunkt sind Mängel am Werk, die lediglich ihre Ursache in anderen, nicht dem Unternehmer zurechenbaren Leistungsbereichen haben. Der Verletzungstatbestand erweist sich nicht als Pflichtverletzung,[175] sondern ist schon wegen des in § 13 Nr. 3 VOB/B deutlich gegebenen Zusammenhanges mit der Mängelhaftung dem Gewährleistungsbereich zuzuweisen.

121 **b) VOB/B und Planungsleistungen.** Die in der HOAI geregelten Architekten- und Ingenieurleistungen sind keine Bauleistungen.[176] Das wirft die Frage nach der Gewährleis-

---

[171] Vgl. hier BGH BauR 392, 396 sowie *Ingenstau/Korbion* VOB/B § 13 Nr. 4 Rdn. 82 ff.; *Heiermann/Riedl/Rusam* VOB/B § 13 Rdn. 75; *Franke/Kemper/Zanner/Grünhagen*, VOB, 2. Aufl. § 13 VOB/B Rdn. 84.
[172] Vgl. hierzu *Wirth* in *Ingenstau/Korbion* VOB/B § 13 Nr. 4 Rdn. 89 m. w. N.
[173] BGH NJW 1983, 453 = ZfBR 1983, 17 = BauR 1983, 84; BGHZ 101, 369 = BauR 1987, 702, 705 = NJW 1988, 142 = ZfBR 1988, 33.
[174] BGHZ 58, 332, 339.
[175] BGH BauR 1975, 420, 421.
[176] BGHZ 101, 369 = NJW 1988, 142 = BauR 1987, 702, 705; BGH BauR 1983, 84 = ZfBR 1983, 17 = NJW 1983, 453; *Korbion* FS Locher S. 127 ff.

tung auf, wenn ein Unternehmer als Planer und Ausführender tätig wird. Allerdings sind geistige Leistungen, die der Errichtung eines Bauerks dienen, wie sie Architekten und Fachplaner erbringen, der Errichtung des Bauwerks zuzuordnen.[177] Diese Betrachtungsweise führt jedoch grundsätzlich zur verjährungsrechtlichen Beurteilung nach § 634a Abs. 1 Nr. 1 BGB mit der Folge der 5-jährigen Verjährungsfrist[178] und nicht zur Anwendung der VOB/B, da diese nur für die eigentliche Bauleistung gilt.[179]

**c) Unternehmer als Ausführender und Planer.** Tritt der Unternehmer kraft Auftrags oder faktisch in einer Doppelrolle als Ausführender und Planer auf, ist hinsichtlich der Planungsmängel und deren Beurteilung nach § 634a Abs. 1 Nr. 1 BGB oder § 13 Nr. 4 VOB/B zu unterscheiden. 122

Bei Übernahme ganzer Leistungsbilder, die ihre Regelung in der HOAI erfahren haben, scheidet die Anwendbarkeit der VOB/B auf Planungsmängel auch dann aus, wenn die Vertragspartner die Geltung der VOB insgesamt vereinbart haben.[180] Denn die VOB/B gilt nur für Bauleistungen und nicht für Planungsleistungen. 123

Die Anwendbarkeit der VOB/B auf Planungsleistungen des Unternehmers bleibt erhalten, wenn die Vergleichbarkeit mit Leistungsbildern nach der HOAI fehlt oder die Planung des Unternehmers rein dienende Funktion aufweist, was sie als unbedeutende Teilleistung erscheinen lässt.[181] 124

Dieser Tatbestand liegt immer vor, wenn die Planungsleistungen nach den gewerkespezifischen Allgemeinen Vertragsbedingungen für Bauleistungen (ATVen = DIN-Normen der VOB/C) Nebenleistungen nach Abschnitt 4.1 dieser ATVen darstellen. Ob mit derselben Allgemeingültigkeit Planungsleistungen, die nach den ATVen wegen der Zuordnung in den Abschnitt 4.2 Besondere Leistungen darstellen, als vernachlässigbare unbedeutende Teilleistungen[182] mit der Folge bezeichnet werden können, deren Abwicklung nach VOB-Regeln erfolgt, muss bezweifelt werden.[183] 125

(Freibleibend) 126–130

**d) Kombinationsverträge.** Sog. Kombinationsverträge versetzen den ausführenden Unternehmer in eine Doppelrolle als Planer und Ausführender. Bei Einschaltung eines Generalunternehmers ist dieser Vorgang häufig anzutreffen und unter dem Schlagwort „Planen und Bauen aus einer Hand" bekannt.[184] Selbst bei uneingeschränkter Vereinbarung der VOB/B wird diese in ihrer Anwendbarkeit auf die eigentliche Bauleistung i. S. v. § 1 VOB/A beschränkt. Mängel im Planungsbereich (einschließlich der Fachplanung) werden demgegenüber dem Werkvertragsrecht und damit der Verjährung nach den sich aus § 634a Abs. 1 Nr. 1 BGB ergebenden Regeln unterworfen.[185] 131

Aus dem Umstand, dass es dem Auftraggeber regelmäßig weniger auf die planerische Teilleistung als vielmehr auf den Enderfolg ankommt, lässt sich für die Geltung der VOB/B auch für die Planungsleistungen nichts ableiten.[186] Denn übernimmt ein **Unternehmer** nicht nur die Bauausführung, sondern auch Planung und Statik, ist zwar Endziel des Vertrages die Erstellung eines mangelfreien Werkes; den Planungsleistungen kommt dennoch 132

---

[177] BGH BauR 1993, 219, 220 = ZfBR 1993, 118.
[178] BGH BauR 1993, 219, 220 = ZfBR 1993, 118.
[179] *Ingenstau/Korbion* A § 1 Rdn. 31; *Werner/Pastor* Rdn. 1017; *Löffelmann/Fleischmann* Architektenrecht Rdn. 1449; OLG Düsseldorf NJW-RR 1991, 220.
[180] Vgl. *Korbion* FS Locher S. 127, 131 und BGHZ 101, 369 = NJW 1988, 142 = BauR 1987, 702 = ZfBR 1988, 33. Ebenso auch BGH BauR 1996, 544; OLG Düsseldorf NJW-RR 1991, 219 und OLG Celle NJW-RR 1994, 475 AA wohl nur OLG Hamm NJW 1987, 2092. Vgl. hierzu insgesamt mit Plädoyer für teilweise Anwendbarkeit der VOB/B auf Planungsleistungen: *Miernik* NZBau 2004, 409 ff.
[181] BGHZ 101, 369 = NJW 1988, 142 = ZfBR 1988, 33 = BauR 1987, 702, 705.
[182] BGH BauR 1987, 702, 705.
[183] Dafür *Korbion* FS Locher S. 138/139. Hierzu und für die Notwendigkeit einer Überprüfung in jedem Einzelfall vgl. *Motzke*, Vorauf. § 13 Nr. 4 Rdn. 125–130.
[184] Vgl. BGH BauR 1987, 702, 705.
[185] BGH BauR 1987, 702, 705.
[186] Vgl. hierzu BGH BauR 1987, 702 = ZfBR 1988, 33 = NJW 1988, 142.

nicht der Charakter bloß vernachlässigbarer, unbedeutender Teilleistungen zu. Sie sind vielmehr selbständig zu wertende und eigener Gewährleistung und Verjährung zugängliche Vertragsgegenstände.

133 Derartige Kombinationsverträge kennzeichnet, dass der Unternehmer mangels Einschaltung von Planern und Fachplanern die objektspezifisch nach der **HOAI** einschlägigen Planungsleistungen voll übernimmt. Das bedeutet, dass der Generalunternehmer die Objektplanung nach § 15 HOAI erbringt und zusätzlich auch die Statik (= Tragwerksplanung nach §§ 62 ff. HOAI) oder Fachplanungen (§§ 68 ff. HOAI) im Auftrag hat. Ein Kombinationsvertrag liegt auch dann noch vor, wenn sich der vom Unternehmer mit übernommene Planungsteil z. B. in einem Leistungsbild (z. B. Objektplanung nach § 15 HOAI oder Tragwerksplanung nach § 64 HOAI bzw. Fachplanung nach § 73 HOAI), erschöpft.

134 Das gilt jedenfalls dann, wenn die Planung des Unternehmers die Planungsaufgabe eines Architekten/Ingenieurs oder Fachingenieurs nach dem Leistungsbild der HOAI ganz ersetzt. Diese Ersetzungsfunktion des Unternehmers macht ihn im Umfang des ersetzten Bereichs zum Planer mit der Folge, dass diesbezüglich die Anwendbarkeit von § 13 Nr. 4 VOB/B ausscheidet. Denn es macht bezüglich der rechtlichen Einordnung keinen Unterschied, ob Planungsleistungen vom Architekten oder Unternehmer erbracht werden, der das Bauvorhaben zugleich auch ausführt.[187]

135 **e) Anderweitige Vertragsgestaltungen.** Eine anderweitige und vom „eigentlichen" Kombinationsvertrag abweichende Vertragsgestaltung liegt vor, wenn die vom Unternehmer zusätzlich zur Ausführung übernommene Planungsleistung nicht ein gesamtes Leistungsbild abdeckt, wohl aber einzelne Leistungsphasen oder wenigstens eine davon erfasst.

136 Die genannte Ersetzungsfunktion greift nicht nur dann ein, wenn der Unternehmer die Objektplanung oder Fachplanung nach der HOAI ganz,[188] sondern auch teilweise übernimmt. Für die Beurteilung der Gewährleistung und der Verjährungsfrist ist weiter entscheidend, ob die Planungsleistung eine vernachlässigbare und unbedeutende Teilleistung neben der Bauausführung darstellt.[189] Handelt es sich um die Leistungsphase Ausführungsplanung nach § 15 Abs. 2 Nr. 5 oder § 55 Abs. 2 Nr. 5 HOAI ist es sachgerecht, bei einem in diesem Bereich liegenden Mangeltatbestand auf § 638 BGB und nicht § 13 Nr. 4 VOB/B zurückzugreifen. Denn die Ausführungsplanung ist in allen Leistungsbildern (§§ 15, 55, 64, 73 HOAI) Teil der Planungsleistung. Auch insoweit gilt, dass Architekten-/Ingenieurleistungen auch dann solche Leistungen bleiben und damit die Qualifizierung als Planungsleistung gerechtfertigt ist, wenn sie von einem Bauunternehmer übernommen werden. Eine Zuweisung von Teilen der Ausführungsplanung in die Ausführungsverantwortung des Unternehmers mit der Folge der gewährleistungsmäßigen Beurteilung nach der VOB/B als Teil der Bauleistung kommt nur dann in Betracht, wenn die einschlägige ATV und damit die gewerbliche Verkehrssitte (vgl. Erläuterungen zur DIN 18 299, Abschnitt 2) diese Planung zur Ausführung zählt. Dies müsste nach dem Aufbau der ATVen bei strenger Betrachtungsweise im Abschnitt 3 der jeweiligen gewerkespezifischen ATV erfolgen, der sich mit der Ausführung befasst.

137 Besteht zwischen ATV und einem Leistungsbild wenn auch nur teilweise Identität, und wird eine planerische Leistung dem Unternehmer durch die ATV im Rahmen der Ausführung (Abschnitt 3 der ATV) als Teil der Ausführung zugewiesen, wird nicht der Planer ersetzt. Die Planungsleistung zählt dann zum **Ausführungsbereich,** Mängel werden allein nach § 13 Nr. 4 VOB/B abgewickelt.

138–143 *(Freibleibend)*

144 Übernimmt ein Unternehmer nicht nur die Bauausführung, sondern auch **Planung und Statik** so ist zwar – ebenso wie bei einem Bauträgervertrag – Endziel des Vertrages die

---

[187] BGHZ 101, 369 = NJW 1988, 142 = ZfBR 1988, 33 = BauR 1987, 702, 705.
[188] Die BGH-Entscheidung in BauR 1987, 702, 705 betrifft eine vollständige Übernahme einer Planerleistung durch einen Generalunternehmer.
[189] BGH BauR 1987, 702, 705.

Erstellung eines mangelfreien Werkes. Die Architektenleistungen stellen jedoch nicht nur vernachlässigbare unbedeutende Teilleistungen dar. Sie sind vielmehr selbständig zu wertende und eigener Gewährleistung und Verjährung zugängliche Vertragsgegenstände. Das OLG Düsseldorf[190] begründet die Unmaßgeblichkeit des § 13 Nr. 4 Abs. 1 VOB/B bei einem Generalunternehmervertrag, der auch Planungsleistungen beinhaltet und die VOB/B einbezogen hat, damit, dass bei Ausdehnung der VOB/B auf Planungsleistungen nur ein Teil ihrer Regelungen zur Anwendung käme, womit die Privilegierungswirkung der §§ 308 Nr. 5, 309 Nr. 8b) ff) BGB verloren ginge. Die dann der Einzelkontrolle unterworfene Fristenregelung in § 13 Nr. 4 Abs. 1 VOB/B scheitert in einem solchen Fall an § 309 Nr. 8b) ff) BGB, was nach § 306 Abs. 2 BGB zur gesetzlichen Gewährleistungsregelung nach § 634a BGB führt.

## 2. Verjährungsfrist für Bauwerke

Die VOB/B übernimmt bezüglich der Fristenregelung die aus § 634a Abs. 1 BGB bekannte Unterscheidung zwischen Arbeiten bei Bauwerken und Werken, deren Erfolg in der Herstellung, Wartung oder Veränderung einer Sache bestehen und differenziert darüber hinaus noch bezüglich Feuerungsanlagen. 145

Die Verjährungsfrist beträgt nach § 13 Nr. 4 Abs. 1 VOB/B für Bauwerke vier Jahre und für Werke, deren Erfolg in der Herstellung, Wartung oder Veränderung einer Sache besteht und für vom Feuer berührte Teile von Feuerungsanlagen zwei Jahre. 146

*(Freibleibend)* 147–148

a) **Bauleistung.** Der Begriff der Bauleistung nach VOB (§ 1 VOB/A) ist von dem Bauwerksbegriff zu unterscheiden. Bauleistungen sind im Sinne der VOB Arbeiten jeder Art, durch die eine bauliche Anlage hergestellt, instandgehalten, geändert oder beseitigt wird. 149

Eine Bauleistung kann **Arbeit bei einem Bauwerk** sein. Im Sinne der Begriffsbestimmung ist dies der Fall bei Herstellung einer baulichen Anlage und – meist – bei deren Änderung. Der Instandhaltungsbereich ist oft den Arbeiten an einem Grundstück zuzurechnen und zählt zur Kategorie der Arbeiten an einem Bauwerk nur dann, wenn die Leistung für die Substanzerhaltung bedeutsam ist und Vergleichbarkeit mit Arbeiten bei einem Neubau besteht.[191] Für die Unterscheidung zwischen Arbeiten bei einem Bauwerk und an einem Grundstück ist damit der Bauleistungsbegriff nicht weiterführend. Auch die in der HOAI (§ 3) enthaltenen Begriffsbestimmungen (vor allem hinsichtlich Instandsetzung, Instandhaltung, Modernisierung, Umbau) helfen für sich genommen nicht weiter. 150

b) **Bauwerk und Bauwerksteile.** Die Regelverjährung von 4 Jahren greift ein, wenn die Leistung ein Bauwerk oder Bauwerksteil betrifft. Die Erstellung eines einzelnen Bauwerksteiles genügt, denn der VOB liegt die gewerkebezogene Vergabe zugrunde, die davon ausgeht, dass das gesamte Bauwerk nur durch Zusammenwirken vieler Unternehmer entsteht. Im Unterschied zu Arbeiten an einem Grundstück ist für das Bauwerk konstitutiv, dass die diesbezüglichen Arbeiten zugunsten einer unbeweglichen, durch Verwendung von Arbeit und Material in Verbindung mit dem Erdboden hergestellten Sache erbracht werden. Die Bauwerksarbeit erschöpft sich nicht in einer bloßen Bearbeitung der Erdoberfläche, sondern hat eine vom Erdboden unterscheidbare Sache zum Gegenstand. Allerdings sind Ausschachtungsarbeiten für ein Bauwerk auch schon für sich Arbeiten an einem Bauwerk.[192] Das Anlegen von Wegen, Straßen und Plätzen erweist sich als eine der Nahtstelle zwischen Arbeiten an einem Bauwerk und Arbeiten an einem Grundstück.[193] Dasselbe gilt für 151

---
[190] NJW-RR 1991, 219, 220.
[191] BGH BauR 1979, 45, 46; BGH BauR 1984, 64 = NJW 1984, 168 = ZfBR 1984, 38.
[192] BGH BauR 1977, 203 = NJW 1977, 1146.
[193] Vgl. wegen der unterschiedlichen Beurteilung OLG Schleswig BauR 1991, 463 und OLG Stuttgart BauR 1991, 462.

Reparatur- und Instandhaltungsarbeiten, die an einem fertigen Gebäude als Grundstücksbestandteil erbracht werden.

**152** Die Leistung, um deren gewährleistungsmäßige Beurteilung es geht, muss **Bauwerksqualität** aufweisen. Hat das geschuldete Werk Leistungen an einem bereits bestehenden Bauwerk zum Gegenstand, muss die Leistung Zusatzqualitäten aufweisen, um in Abgrenzung zu Arbeiten an einem Grundstück Bauwerksqualitäten mit vierjähriger Verjährungsfrist aufzuweisen. Dies ist insbesondere im Bereich der bloßen **Reparaturleistungen** geboten.[194] Andererseits setzt die Einstufung einer Leistung als Bauwerk nicht deren Erstellung an der Baustelle voraus. Wo die Leistung erbracht wird, ist gleichgültig, wenn nur das Produkt zumindest ein Bauwerksteil darstellt, das für eine bestimmte Baustelle bestimmt ist.[195] Vgl. hierzu auch die Ausführungen oben Rdn. 116.

**153** Zu den Bauwerken zählen Maßnahmen im Bereich **Hochbau und Tiefbau** wie auch dem **Anlagenbau.** Bei Heranziehung der Einteilungskategorien der HOAI ist auf die Leistungen für Gebäude i. S. v. § 15 HOAI und Ingenieurbauwerke wie auch Verkehrsanlagen i. S. v. § 51 HOAI abzustellen. Neubaumaßnahmen, Wiederaufbaumaßnahmen, Erweiterungsbauten und Umbauten (vgl. die Definition in § 3 HOAI) werden regelmäßig der Kategorie Arbeiten bei einem Bauwerk zugehören. Bei **Instandhaltungsmaßnahmen,** Instandsetzungen und Modernisierungsmaßnahmen (vgl. die Definitionen in § 3 Nr. 6, 10 und 11 HOAI) ist eine Einzelprüfung geboten. Prüfungskategorien sind: Dient die Leistung der Substanzerhaltung oder bloß der Verschönerung, ist die Leistung mit einer solchen bei einem Neubau vergleichbar und von einigem Gewicht, verwirklicht sich in dem betreffenden Gewerk das „Gebäuderisiko"?[196] Instandhaltungs- und Instandsetzungsmaßnahmen wie auch Modernisierungen werden zwar regelmäßig an einem Bauwerk erbracht, müssen deshalb jedoch noch nicht unter Gewährleistungsgesichtspunkten selbst Arbeiten bei Bauwerken sein. Denn die Leistung selbst muss Bauwerksqualität aufweisen, wofür die Qualität des Objekts als Bauwerk allein nicht ausreicht.

**154** Zu den Bauwerken zählen auch **Bauwerksteile.**[197] Die Erstellung eines Dachstuhls oder die Eindeckung des Daches ist bei einem Neubau deshalb ebenso eine Arbeit bei einem Bauwerk wie die Verlegung der Installationsleitungen im Bereich Gas, Wasser oder Elektrik. Nicht nur die Ausführung eines Baues als Ganzes, sondern auch die Herstellung einzelner Bauteile oder Bauglieder ist als Bauwerk zu verstehen, ohne dass es darauf ankommt, ob sie einen äußerlich hervortretenden, körperlich abgesetzten Teil des Baues darstellen.[198] Es macht auch keinen Unterschied, ob ein Bau einheitlich in Auftrag gegeben worden ist oder ob die zur Gesamtherstellung erforderlichen einzelnen Werkleistungen verschiedenen Unternehmen oder Handwerkern aufgetragen worden sind.[199]

**155** Beschränkt sich die Leistung eines Unternehmers auf ein Bauwerksteil, das **vor** dessen Einbau als selbständige Sache angesehen werden kann (z. B. Türen, Zargen, Fenster), liegt eine Bauwerksleistung unabhängig davon vor, ob der Unternehmer auch den Einbau dieser werkstattgefertigten Teile besorgt. Entscheidend ist nur, dass diese Teile der Errichtung eines bestimmten Bauwerks dienen und **nicht seriell** hergestellt werden. Eine darüber hinausgehende Abstimmung in Gestalt, Maßen und Stoffauswahl auf das Bauobjekt ist nicht erforderlich.[200] Die Herstellung von Bauteilen in Serie (Serientüren, Serienfenster) und deren Anlieferung stellt keine Bauleistung dar; erst ihr Einbau rechtfertigt diese Wertung und führt dazu, dass die aus Stoff und Arbeit bestehende Leistung insgesamt als Arbeit bei einem Bauwerk erscheint.

---

[194] BGH NJW 1978, 1522.
[195] BGH BauR 1990, 603, 604 = ZfBR 1990, 222.
[196] BGH BauR 1990, 351 = NJW-RR 1990, 787 = ZfBR 1990, 182. Vgl. hierzu Wirth in *Ingenstau/Korbion* VOB/B § 13 Nr. 4 Rdn. 83.
[197] BGH BauR 1990, 603, 604 = ZfBR 1990, 222.
[198] BGHZ 19, 319, 321.
[199] BGH BauR 1970, 45.
[200] BGH BauR 1990, 603, 604 = ZfBR 1990, 222; BauR 1980, 355; BauR 1979, 54.

c) **Formulierungsunterschiede zwischen VOB/B und BGB.** Unterschiede in der 156 Formulierung der Verjährungsregelung in § 634a Abs. 1 Nr. 2 BGB und § 13 Nr. 4 VOB/B wirken sich nicht aus. Der Bauwerksbegriff ist in beiden Bestimmungen identisch.[201] Allerdings wird die Fassung der VOB/B den Intentionen besser gerecht als die Formulierung des BGB, die es bei einer Wortlautinterpretation durchaus zuließe, lediglich der Verschönerung dienende Arbeiten, die „bei Bauwerken" geleistet werden, der 5-jährigen Verjährungsfrist zu unterwerfen. In dieser Richtung ist die Verjährungsregel im Wege der Auslegung nicht verstanden worden.[202] Die Formel „bei Bauwerken" in § 634a Abs. 1 Nr. 2 BGB bringt nicht einen bloß örtlichen oder sachlichen Bezug zum Ausdruck, sondern ist dahin zu verstehen, dass der durch die Arbeit herbeizuführende Erfolg (vgl. § 631 Abs. 2 BGB) Bauwerkscharakter aufweisen muss. Bei Modernisierungen und Instandsetzungen (= **Sanierung**) ist demnach für die Bauwerksqualität der Arbeit nicht entscheidend, dass diese zugunsten eines bereits vorhandenen Objekts erbracht wird. Allein maßgeblich ist, ob das Arbeitsprodukt Bauwerksqualität aufweist. Diesen Gesichtspunkt bringt § 13 Nr. 4 VOB/B im Vergleich zum BGB deutlicher mit der Formulierung auf den Punkt, dass die Verjährungsfrist für die Gewährleistung „für Bauwerke" bei fehlender gegenteiliger vertraglicher Regelung 4 Jahre beträgt. Das vom Unternehmer geschuldete Werk muss damit Bauwerksqualität haben. Hierfür reicht es allein nicht aus, wenn die Leistung an einem oder für ein Bauwerk erbracht wird, das bereits vorhanden ist.

Erforderlich ist ein konkreter Bauwerksbezug. Eine **serielle Tätigkeit,** der dieser Bezug 157 abgeht, scheidet als Bauwerksleistung i. S. v. § 13 Nr. 4 VOB/B aus. Wird die Tätigkeit unmittelbar vor Ort und damit an der Baustelle in Abstimmung auf diese erbracht, ist die Leistung als Unikat erkennbar.

d) **Neubaumaßnahmen als Bauwerk.** Neubaumaßnahmen des Hochbaues sind in 158 ihren einzelnen Gewerksbereichen nach der VOB/C regelmäßig als Bauwerk oder Bauwerksteil anzusehen. Dabei spielt keine Rolle, dass manche Leistungen nach dem Beschrieb der ATVen und damit auch nach der gewerblichen Verkehrssitte nicht einmal als körperlich abgesetzter Teil des Baues erscheinen (zu denken z. B. an Lackierungs- und Beschichtungsarbeiten oder Verbau- und Wasserhaltungsarbeiten). Das gilt auch für Erdarbeiten nach DIN 18 300, wie das Ausschachten einer Baugrube[203] oder den Arbeiten für einen Kanalgraben und ist in diesem Bereich anders nur dann zu beurteilen, wenn der Bezug zu einem Bauwerk fehlt und es folglich nur um die Gestaltung der Erdoberfläche geht.

Ohne rechtliche Bedeutung ist, ob der Unternehmer als **Haupt- oder Subunterneh-** 159 **mer** tätig geworden ist. Auch der Subunternehmer, der vom Hauptunternehmer betraut worden ist, erbringt Bauwerksteil-Leistungen, obwohl hierdurch die Substanz des Bauwerks selbst nicht berührt wird und es sich um reine Vorbereitungsarbeiten handelt, ohne deren sach- und fachgerechte Ausführung das Bauwerk jedoch nicht gelingt.[204] Die Qualifizierung als Bauwerksleistung ist auch noch dann möglich, wenn die Leistung eines Subunternehmers ein bewegliches Bauwerksteil betrifft (z. B. Eloxieren von Fenstern und Türrahmen oder Beschichten von Behältern für ganz bestimmte Bauwerke), mit dessen Einbau der Unternehmer nicht befasst ist, wenn nur die objektiv notwendige Beziehung der Tätigkeit zu einem konkreten Bauwerk deutlich hervortritt.[205] Der BGH hat es dahin gestellt sein lassen, ob daneben eine subjektive Komponente des ein solches Bauteil bearbeitenden Unternehmers – Wissen um die Verwendung für ein bestimmtes Bauwerk – notwendig ist.[206]

---

[201] Vgl. die Erwägungsgründe und Erläuterungen zur VOB 1979, ZDB-Schriften 18, S. 121.
[202] MünchKomm/Soergel § 638 Rdn. 22.
[203] BGH BauR 1977, 203.
[204] Wegen der Gewährleistungsproblematik unter Fristgesichtspunkten vgl. Rdn. 70 nämlich das Problem, ob es z. B. bei der Wasserhaltung nach Beendigung der Maßnahme überhaupt zu einem Gewährleistungsfall kommen kann, wenn Sinn der Wasserhaltung ist, durch alle erforderlichen Maßnahmen die Baugrube trocken zu halten, vgl. die ZTV-K 88 Abschnitt 3.1.
[205] BGHZ 72, 206 = BauR 1979, 54; BGH NJW 1980, 2081 = BauR 1980, 355; BGH BauR 1990, 603, 604 = ZfBR 1990, 222.
[206] BGH BauR 1990, 603, 605 = ZfBR 1990, 222.

§ 13 Nr. 4                                                                                          Verjährungsfrist

**160**   Ob die **Baureinigung** zu den Arbeiten bei Bauwerken zählt, ist umstritten.[207] Nach der Beschreibung des BGH,[208] wonach auch die Herstellung einzelner Bauteile oder Bauglieder zu den Arbeiten bei Bauwerken zählt, scheidet ihre Bewertung als Bauwerksleistung aus. Denn sichtbare und greifbare Bauteile oder Bauglieder werden nicht geschaffen. Die gegenteilige Wertung könnte derselben Entscheidung entnommen werden, da Bauteile oder Bauglieder nicht äußerlich hervortreten und körperlich abgesetzt sein müssen. Die VOB/C weist die Baureinigungsarbeiten regelmäßig als kostenlos zu erbringende Nebenleistungen aus, was für deren einheitliche Bewertung mit der Hauptleistung spricht. Wird die Baureinigung gesondert in Auftrag gegeben, fällt die rechtliche Qualifizierung nicht anders aus.

**161**   *(Freibleibend)*

**162**   *(Freibleibend)*

**163**   **Aufgrabungs-, Isolierungs- (= Abdichtungs-), Drainageverlegungs- und Wiederverfüllungsarbeiten** sind bei der Neuerrichtung eines Gebäudes stets als „Arbeiten bei Bauwerken" angesehen worden.[209] Nach Begründung des DVA zur VOB/B 2006 sind vom Begriff der „anderen Werke" i. S. d. § 13 Nr. 4 Abs. 1 Satz 1 VOB/B auch unbewegliche Sachen wie Erdarbeiten umfasst. Dies dürfte jedoch nur für reine Erdarbeiten ohne Zusammenhang mit Arbeiten an einem Bauwerk gelten. **Gleisanlagen** der Bundesbahn sind ein Bauwerk.[210] Das Eloxieren von Aluminiumfenstern[211] gehört ebenso dazu wie der Einbau einer Klimaanlage[212] und das Aufstellen einer als Ladengeschäft genutzten Containerkombination.[213] Auf das Herstellen einer **Toranlage**[214] und das Verlegen eines Hofbelages aus Doppel-T-Steinen auf einer Kiesträgerschicht trifft wegen Vorliegens eines Bauwerks die Regelfrist des § 13 Nr. 4 VOB/B zu.[215] Dasselbe gilt für die Erstellung eines **Hofpflasters** aus Betonformsteinen auf einem Schotterbett als Zufahrt für Kraftfahrzeuge.[216] Der Entwurf, die Herstellung und die Lieferung von Leuchten für eine Ladenpassage durch einen Subunternehmer ist eine Leistung bei einem Bauwerk.[217] Das gilt auch für **Elektroinstallationen**[218] und das Verlegen von Teppichböden.[219]

**164**   **e) Umbau- und Wiederaufbaumaßnahmen.** Umbau- und Wiederaufbaumaßnahmen (vgl. die Begriffsbestimmungen in § 3 Nr. 3 und 5 HOAI) sind wie Neubauten zu beurteilen.

**165**   **f) Modernisierungsmaßnahmen.** Unter Modernisierungsmaßnahmen sind bauliche Maßnahmen zur nachhaltigen Erhöhung des Gebrauchswerts eines Objekts zu verstehen (§ 3 Nr. 6 HOAI). Für die Zuordnung unter der Kategorie der Arbeiten bei Bauwerken ist damit nichts gewonnen. Welche Instandsetzungs- oder Änderungsarbeiten an einem bestehenden Gebäude als Bauwerkleistung anzusehen sind, kann nicht allgemein, sondern nur fallbezogen entschieden werden.[220] Folgende Kriterien sind maßgeblich: Erweist sich die Maßnahme als für die Erneuerung von wesentlicher Bedeutung? Dient die Maßnahme dem Ziel, ein Objekt gemäß modernen Wohnansprüchen herzustellen, werden hierfür erhebliche Mittel aufgewendet? Werden die im Zuge der Modernisierung eingebauten Teile mit dem

---

[207] Dafür OLG Celle BauR 1976, 365, dagegen MünchKomm/*Soergel* § 638 BGB a. F. Rdn. 23 (nicht mehr dieser Ansicht MünchKomm/*Busche* § 634 a Rdn. 20–25. Vgl. hierzu im Einzelnen auch *Motzke*, Voraufl. § 13 Nr. 4 Rdn. 160–162.
[208] BauR 1990, 603, 604 = ZfBR 1990, 222.
[209] BGH BauR 1984, 64, 65 = NJW 1984, 168 = ZfBR 1984, 38.
[210] BGH BauR 1972, 172.
[211] BGH BauR 1979, 54.
[212] BGH BauR 1994, 103 = ZfBR 1994, 17.
[213] BGH BauR 1992, 369 = NJW 1992, 1445 = ZfBR 1992, 159.
[214] OLG Koblenz NJW-RR 1989, 336.
[215] BGH NJW-RR 1993, 592.
[216] BGH BauR 1992, 502 = NJW-RR 1992, 849 = ZfBR 1992, 161.
[217] LG Arnsberg NJW-RR 1993, 341.
[218] BGH NJW 1978, 1147 = BauR 1977, 683.
[219] BGH NJW 1991, 2486 = BauR 1991, 603.
[220] BGH BauR 1990, 351, 352 = NJW-RR 1990, 787 = ZfBR 1990, 182.

Objekt eng und auf Dauer verbunden? Darauf, ob diese Teile auch wesentlicher Bestandteil nach §§ 93, 94 BGB werden, kommt es nicht an.[221]

Nach diesen Kriterien hat der BGH die nachträgliche Ausrüstung einer Wohnung mit einer Einbauküche als Arbeiten bei Bauwerken angesehen.[222] Außerdem spielt eine Rolle, ob die Arbeiten nach Umfang und Bedeutung Neubauarbeiten vergleichbar sind und bei Neuerrichtung gleichfalls „Arbeiten bei Bauwerken" wären.[223] Zu den Arbeiten bei einem Bauwerk gehören – neben den Neubaumaßnahmen – auch solche, die für den Bestand oder die Erneuerung von wesentlicher Bedeutung sind, sofern eine **feste Verbindung** mit dem Gebäude vorliegt.[224] Diese Grundsätze führen dazu, dass folgende Maßnahmen gleichfalls als Arbeiten bei einem Bauwerk anzusehen sind: 166

Der nachträgliche Einbau einer **Alarmanlage**,[225] nach BGH[226] begründet der nachträgliche Einbau einer Alarmanlage in einem Wohnhaus durch den Mieter das Vorliegen von Arbeiten an einem Grundstück; ob es sich um Arbeiten bei einem Bauwerk handelt, bleibt offen; Einbau einer **Beschallungsanlage** in einem Hotelballsaal;[227] der nachträgliche Einbau eines **Kachelofens**.[228] Der spätere Einbau einer **Klimaanlage** in ein Firmengebäude.[229] Das nachträgliche Verlegen eines **Teppichbodens** mittels Klebers in einer Wohnung.[230] Der Austausch sämtlicher Fensterscheiben eines Hauses durch Isolierglasscheiben stellt eine Arbeit an einem Bauwerk dar.[231] Wird die technische Ausrüstung eines Gebäudes erneuert (z. B. Heizung, Lüftung, Elektro, Gas, Wasser usw.) liegen wegen der Vergleichbarkeit mit Neubaumaßnahmen und des damit verbundenen Aufwandes gleichfalls Bauwerksarbeiten vor. 167

**g) Instandhaltungs- und Instandsetzungsmaßnahmen.** Unter Berücksichtigung des nach der DIN 31 051 und § 3 Nr. 10, 11 HOAI einschlägigen Begriffsverständnisses sind Instandhaltungsmaßnahmen eher den Arbeiten an einem Grundstück und Instandsetzungsmaßnahmen mehr den Arbeiten bei einem Bauwerk zuzuweisen. Für die Zuordnung kommt es darauf an, ob die Arbeiten für die Erneuerung und den Bestand von wesentlicher Bedeutung sind,[232] was für das Vorliegen von Arbeiten bei einem Bauwerk spricht.[233] Nicht schon jede Reparatur an einem Gebäude oder die Ausbesserung einzelner Schäden kann als „Arbeit bei Bauwerken" angesehen werden. Instandhaltungsmaßnahmen sind wie Reparaturen den Arbeiten bei Grundstücken zuzuweisen. Denn nach § 3 Nr. 11 HOAI sind Instandhaltungen Maßnahmen zur Erhaltung des Soll-zustandes eines Objekts. Die DIN 31 051 (Ausgabe Januar 1985) versteht unter Instandhaltung Maßnahmen zur Bewahrung des Sollzustandes sowie zur Feststellung und Beurteilung des Istzustandes von technischen Mitteln eines Systems und zählt dazu die Wartung, die Inspektion und die Instandsetzung. Da die HOAI nach § 3 Nr. 10 die Instandsetzung als Maßnahme zur Wiederherstellung des Sollzustandes eigenständig wertet, sind aus der Sicht der HOAI in Verbindung mit der DIN 31 051 für die Instandhaltung nur noch die Wartung und die Inspektion als Elemente maßgeblich. Diesen geht der Bauwerkscharakter ab. 168

**Instandsetzungsmaßnahmen** sind unter Berücksichtigung der Differenzierung zwischen der zwei- und einjährigen Verjährungsfrist dann Arbeiten bei Bauwerken und nicht 169

---

[221] BGH NJW-RR 1990, 787 = BauR 1990, 351 = ZfBR 1990, 182.
[222] BGH NJW-RR 1990, 787 = BauR 1990, 351 = ZfBR 1990, 182.
[223] BGH BauR 1987, 439, 442 = NJW 1987, 2374 = ZfBR 1987, 197 = NJW-RR 1987, 1046.
[224] BGH BauR 1994, 101 = NJW 1993, 3195 = ZfBR 1994, 14.
[225] OLG Hamm NJW 1976, 1269 = BauR 1977, 62; OLG Frankfurt NJW 1988, 2546.
[226] BauR 1991, 741.
[227] OLG Hamburg NJW-RR 1988, 1106.
[228] OLG Hamm BauR 1991, 260.
[229] BGH BauR 1974, 57.
[230] BGH BauR 1991, 603 = NJW 1991, 2486 = ZfBR 1991, 210 = NJW-RR 1991, 1369; anders noch BGH BauR 1970, 106: Das Verlegen von Teppichböden mittels Dispersionsklebers zwecks Herstellung eines neuen Fußbodenbelags ist jedenfalls als „Arbeit an einem Grundstück" anzusehen.
[231] LG Düsseldorf NJW-RR 1990, 916.
[232] BGH BauR 1979, 45, 46; BGH BauR 1994, 101 = NJW 1993, 3195 = ZfBR 1994, 14.
[233] BGH BauR 1984, 64.

§ 13 Nr. 4 Verjährungsfrist

Arbeiten an einem Grundstück, wenn sich die auftretenden Mängel typischerweise erst später als nach einem Jahr herausstellen.[234] Im Übrigen ist maßgeblich, ob die Maßnahme von wesentlicher Bedeutung ist, was sich an der Zweckbestimmung und dem Mitteleinsatz entscheidet. Eine die Substanz erhaltende und schützende Renovierung, die nach Umfang und Bedeutung mit Neubauarbeiten vergleichbar ist, erweist sich als Bauwerksarbeit.[235]

170 **Beispiele:** Abdichtungsarbeiten an einer Kelleraußenwand zur Beseitigung von Feuchtigkeitsschäden und die Verlegung einer Drainage in Kies erweisen sich als Arbeiten bei Bauwerken.[236] Wird bei einem Außenputz eines Hauses eine Beschichtung aufgetragen, die Risse im Putz schließen und das Eindringen von Feuchtigkeit verhindern soll, handelt es sich um Arbeiten bei Bauwerken.[237] Denn die Maßnahme hat für den Bestand des Gebäudes wesentliche Bedeutung. Die Erneuerung eines Dachbelags ist Arbeit bei einem Bauwerk.[238] Die Erneuerung einer elektrischen Anlage einer Werkstatt rechtfertigt dieselbe Beurteilung.[239] Andererseits liegen Arbeiten bei einem Grundstück vor, wenn es nur um den Umbau einer vorhandenen Lichtleitung geht.[240] Ein Fassadenanstrich, der nur der **Verschönerung** dient, ist Arbeit an einem Grundstück; wird damit eine **Substanzbewahrung** verfolgt, handelt es sich um eine mit einer Neubaumaßnahme vergleichbare Leistung, was zur Bejahung der Arbeit bei einem Bauwerk führt.[241] Umfangreiche Malerarbeiten, die im Rahmen eines grundlegenden Umbauvorhabens der vollständigen Renovierung eines Hauses dienen, können Arbeiten „bei einem Bauwerk" sein.[242] Das ist zu bejahen, wenn die Maßnahme für den Bestand oder die Erneuerung von wesentlicher Bedeutung ist und eine feste Verbindung mit dem Gebäude vorliegt. Der Austausch sämtlicher Fensterscheiben eines Hauses durch Isolierglasscheiben stellt eine Arbeit an einem Bauwerk dar.[243] Die Aufbringung einer Versiegelung auf einem bereits verlegten Boden ist Arbeit bei einem Bauwerk.[244]

171 Die Problematik wird bei **Maler- und Lackierungsarbeiten** auf der Grundlage der DIN 18 363 deutlich. Die Norm behandelt im Abschnitt 3.2 die Erstbeschichtung und im Abschnitt 3.3 Überholungsbeschichtungen. Die Erstbeschichtung fällt beim Neubau an und ist deshalb Arbeit bei Bauwerken. Die **Überholungsbeschichtung** zählt zu den Instandsetzungs- oder Instandhaltungsmaßnahmen. Dies allein rechtfertigt die Annahme von Arbeiten an einem Grundstück nicht. Im Einzelfall sind Bedeutung, Umfang und Aufwand der Überholungsbeschichtung zu prüfen. Der BGH hat die bloße Erneuerung des Anstrichs von Holzfenstern eines bereits errichteten Gebäudes lediglich als Arbeit an einem Grundstück beurteilt,[245] bezüglich umfangreicher substanzerhaltender Malerarbeiten im Rahmen einer Gesamtrenovierung jedoch die Einstufung als Bauwerksarbeiten für möglich gehalten.[246] Ob man den Instandhaltungsbereich generell Reparaturen gleich Arbeiten an Grundstücken einzuordnen hat,[247] erscheint fraglich. Letztlich kann nicht die begriffliche Einordnung maßgeblich sein; allein entscheidend sind **Zweck, Mitteleinsatz** und die **Vergleichbarkeit** mit einer Maßnahme bei einem Neubau. Instandhaltungsanstriche können bei größeren Anlagen schnell hinsichtlich Umfang und Bedeutung mit Neubauarbeiten vergleichbar sein.[248]

---

[234] BGH BauR 1994, 101, 102; *v. Craushaar* NJW 1975, 993, 998.
[235] BGH BauR 1994, 101, 102 = NJW 1993, 3195 = ZfBR 1994, 14.
[236] BGH BauR 1984, 64 = NJW 1984, 168 = ZfBR 1984, 38.
[237] BGH BauR 1970, 47.
[238] BGH NJW 1956, 1195.
[239] BGH BauR 1978, 303.
[240] BGH BauR 1971, 128.
[241] OLG Köln NJW-RR 1989, 1181.
[242] BGH BauR 1994, 101 = NJW 1993, 3195 = ZfBR 1994, 14.
[243] LG Düsseldorf NJW-RR 1990, 916.
[244] BGH BauR 1970, 45, 46.
[245] *Schäfer/Finnern* Z 2414 Bl. 106 und Bl. 150.
[246] BGH BauR 1994, 101, 102 = NJW 1993, 3195 = ZfBR 1994, 14.
[247] So *Heiermann/Riedl/Rusam* A § 1 Rdn. 19.
[248] Vgl. BGH BauR 1984, 64 = NJW 1984, 168 = ZfBR 1984, 38.

Verjährungsfrist § 13 Nr. 4

Eine gute Übersicht der Rechtsprechung zu Bauwerk, Arbeiten an Bauwerken, Einbauten in bestehende Gebäude und Arbeiten an einem Grundstück findet sich bei *Merl* in *Kleine-Möller/Merl*; Handbuch des privaten Baurechts 3. Aufl. § 12 Rdn. 113–116.

171a

### 3. Verjährungsfrist für Werke, deren Erfolg in der Herstellung, Wartung oder Veränderung einer Sache besteht

Die VOB/B (2006) subsumiert die im alten Schuldrecht unter § 638 Abs. 1 BGB a. F. geregelten „Arbeiten an einem Grundstück" unter der Neuregelung in § 634a Abs. 1 Nr. 1 BGB und macht klar, dass sie aufgehen in der Formulierung zur Verjährung für „andere Werke, deren Erfolg in der Herstellung, Wartung oder Veränderung einer Sache besteht". Es sei kein unterschiedlicher Sinngehalt erkennbar. Insoweit gelten die nachfolgenden Ausführungen zur Verjährungsfrist für Arbeiten an einem Grundstück unter der Geltung der VOB/B (2002) entsprechend für die Verjährung bei „anderen Werken, deren Erfolg in der Herstellung, Wartung oder Veräußerung einer Sache besteht".

171b

### 4. Verjährungsfrist für Arbeiten an einem Grundstück – VOB/B 2002

Unter Arbeiten an einem Grundstück sind nicht nur Arbeiten an Grund und Boden, also **Erdarbeiten** zu verstehen, sondern es fallen auch Arbeiten an einem auf dem Grundstück errichteten Gebäude darunter, sofern sie für Bestand oder Nutzung des Bauwerks nicht von wesentlicher Bedeutung sind (z. B. Verschönerungen und geringfügige Reparaturarbeiten) oder wenn technische Anlagen eingebaut werden, ohne dass diese für die Nutzung des Bauwerks von wesentlicher Bedeutung sind oder dass sie mit dem Bauwerk dauerhaft verbunden werden.[249] Ein Eingriff in das Grundstück oder in das darauf befindliche Gebäude ist nicht erforderlich. Die Abgrenzung zu „Arbeiten bei einem Bauwerk" ist im Bereich der Straßen- und Pflasterarbeiten schwierig; dieselbe Abgrenzungsproblematik taucht bei der Anlegung von Tennisplätzen, Spielfeldern und ähnlichen Platzgestaltungsmaßnahmen auf. Insbesondere zählt der gesamte Bereich der **Reparaturleistungen,** die für den Bestandteil und die Erhaltung des Bauwerks nicht von wesentlicher Bedeutung, dazu. Welche Abgrenzungsschwierigkeiten bestehen, zeigt sich schon bei Fassadenanstricharbeiten, die bei bloßen Verschönerungszwecken den Arbeiten an einem Grundstück und bei Substanzbewahrungsabsichten den Arbeiten bei Bauwerken zugewiesen werden.[250] In der Baupraxis werden wohl regelmäßig beide Zwecke verfolgt werden.

172

**a) Einordnung von Straßenbaumaßnahmen.** Der Umstand, dass die VOB/C Allgemeine Technische Vertragsbedingungen für Bauleistungen im Bereich Erd- und Straßenbau enthält, besagt für die Einordnung der entfalteten Tätigkeiten als Arbeiten bei Bauwerken oder an einem Grundstück wenig. Maßgeblich ist allein, ob durch Verwendung von Arbeit und Material in Verbindung mit dem Erdboden eine Sache hergestellt wird, die vom Erdboden zu unterscheiden ist. Das ist bei Straßenbaumaßnahmen, die sich an den in **DIN 18315 bis 18318** enthaltenen Allgemeinen Technischen Vertragsbedingungen für Bauleistungen, Straßenbauarbeiten, ausrichten, regelmäßig im Hinblick auf den aus Unterlage, Trag- und Deckschicht bestehendem Aufbau der Fall. Wegen der Verjährungsdauer sind jedoch die Zusätzlichen Technischen Vorschriften und Richtlinien, die vom Bundesminister für Verkehr, Abteilung Straßenbau, herausgegeben und in der Regel zum Vertragsbestandteil erklärt werden, zu beachten.

173

Der BGH[251] hat die Verlegung einer **Asphaltdecke** auf einem Tankstellen- oder Fabrikgelände als Bauwerksarbeit angesehen. Bezüglich einer Hofpflasterung kommt es darauf an, ob die Leistung über die bloße Umgestaltung des Bodens hinausgeht, was das OLG

174

---

[249] Vgl. hierzu *Merl* in *Kleine-Möller/Merl* § 12 Rdn. 1119 m. w. N. BGH BauR 1970, 106, 107.
[250] OLG Köln NJW-RR 1989, 1181; vgl. aber auch BGH BauR 1994, 101 = NJW 1993, 3195 = ZfBR 1994, 14.
[251] LM Nr. 7 zu § 638 BGB.

§ 13 Nr. 4

Schleswig[252] bejaht und das OLG Stuttgart[253] verneint hat. Der BGH[254] hat eine u. a. als Zufahrt für Kraftfahrzeuge dienende **Hofpflasterung** eines Autohauses, bestehend aus Betonformsteinen auf einem Schotterbett, als Bauwerk i. S. v. § 634a BGB angesehen. Sind die Pflasterarbeiten nach Maßgabe der DIN 18 318 auszuführen, muss angesichts des Aufbaues von Bauwerksleistungen ausgegangen werden.

175 **b) Einordnung von Landschaftsbauarbeiten.** Die Landschaftsbauarbeiten, wie sie in der DIN 18 320 aufgeführt sind, weisen ein völlig uneinheitiches Bild auf. Bei Sportplätzen, die nach DIN 18 035 erstellt werden, liegt mit Sicherheit Bauwerksqualität vor. Bei Pflanz- und Rasenarbeiten handelt es sich um Arbeiten an einem Grundstück. Im Einzelfall sind zusätzlich die Vertragsbestandteile auf Aussagen zur Gewährleistungsregelung zu überprüfen.

176 Einen weiteren Zugriff für die rechtliche Einordnung liefert die **HOAI** mit der Begriffsbestimmung für Freianlagen in § 3 Nr. 12; was im Einzelfall zu den Freianlagen zählt, kann – allerdings im Rahmen der Kostenanrechnungsbestimmungen – § 10 Abs. 4a HOAI entnommen werden. Diese Zusammenstellung wie auch die Auflistung der Maßnahmen in der „Kostengruppe 500 Außenanlagen" der DIN 276 (Fassung Juni 1993) verdeutlicht, dass im Rahmen der Zuordnung zu Arbeiten an Grundstücken und Arbeiten bei Bauwerken zwischen den Maßnahmen im Bereich der Geländeflächen (Kostengruppen 510 bis 519 der DIN 276 Fassung Juni 1993), den befestigten Flächen (Kostengruppen 520 bis 529 der DIN 276 Fassung 1993) und den Baukonstruktionen in den Außenanlagen (Kostengruppen 530 bis 539 der DIN 276 Fassung 1993) unterschieden werden muss. Ob die DIN 276 Fassung 1993 auch für die Honorarberechnung maßgeblich werden wird bleibt im Zuge der geplanten HOAI-Novellierung abzuwarten.

177 **c) Sonstige Grundstücksarbeiten.** Zu den sonstigen Grundstücksarbeiten zählen die Arbeiten, deren Einstufung als Bauwerksleistung trotz Erbringung an einem fertigen Bauwerk ausscheidet. Dazu gehört z. B. die spätere Herstellung eines Dachgartens mit der Begründung, dass ein Substanzeingriff fehlt, die Benutzbarkeit des Gebäudes hierdurch nicht wesentlich beeinflusst wird und die Maßnahme keine Schutzfunktion für das Bauwerk entfaltet.[255] Dazu zählen das Anbringen einer Neonreklame an einem Geschäftshaus[256] wie der gesamte **Ausbesserungs- und Reparaturbereich.**[257] Auch der nachträgliche Einbau einer Alarmanlage durch einen Mieter ist eine Arbeit an einem Grundstück.[258] **Unterhaltungsmaßnahmen** an einem Bauwerk, durch die das Bauwerk nicht grundlegend erneuert werden soll, sind den Arbeiten am Grundstück zuzuordnen.[259]

### 5. Holzerkrankungen (vgl. VOB/B Fassung 2001)

178 **a) Abgrenzung zur Verjährung für Bauwerksleistungen und Arbeiten an einem Grundstück.** Soweit § 13 Nr. 4 VOB/B i. d. F. 2001 eine eigene Regelung für Holzerkrankungen enthielt (mit einer Verjährungsfrist von 2 Jahren), wurde dies in die neue Fassung der VOB/B nicht übernommen. Vgl. jedoch für die Verjährungsfrist bei Holzerkrankungen *Motzke,* in Voraufl. § 13 Nr. 4 Rdn. 178–182.

179 b–182 **b)** *(Freibleibend)*

---

[252] BauR 1991, 463.
[253] BauR 1991, 462.
[254] BauR 1992, 502 = NJW-RR 1992, 849 = ZfBR 1992, 161 (Revisionsentscheidung zu OLG Stuttgart BauR 1991, 462); so auch BGH NJW-RR 1993, 592.
[255] OLG München NJW-RR 1990, 917.
[256] OLG Hamm NJW-RR 1990, 789.
[257] LG München NJW 1970, 942; BGHZ 19, 319, 322; *Werner/Pastor* Rdn. 2380.
[258] BGH NJW-RR 1991, 1367 = BauR 1991, 741.
[259] BGHZ 121, 94 = ZfBR 1993, 118 = NJW 1993, 723 = BauR 1993, 219, 220; BGH BauR 1970, 106 = NJW 1970, 942.

## 6. Vom Feuer berührte Teile einer Feuerungsanlage

Für vom Feuer berührte Teile einer Feuerungsanlage beträgt die Verjährungsfrist 2 Jahre. **183**
Hierbei handelt es sich um eine Konzession der VOB/B an die Schwierigkeit, bei bestimmten dem **Verschleiß** ausgesetzten Teilen die Verjährungsfrist sinnvoll so festzulegen, dass der wirkliche Mangeltatbestand von dem durch Abnutzung/Gebrauch und damit verbundenem Verschleiß gekennzeichneten Mangelbild noch einigermaßen sicher getrennt werden kann.

**a) Berücksichtigung von Verschleiß/Abnutzung.** Obwohl eine Feuerungsanlage **184** gewöhnlich ein Bauwerksteil ist und damit an sich die 4-jährige Frist eingreifen würde, reduziert die Nr. 4 wegen der durch Verschleiß und Abnutzung eintretenden Abgrenzungsschwierigkeiten die Verjährungsfrist auf zwei Jahre. Die Unterscheidung zwischen Mangeltatbestand und Abnutzungs-/Verschleißerscheinungen ist damit jedoch nicht generell vermieden, aber zumindest in gewissem Umfang eingeschränkt. Denn auch innerhalb der einjährigen Verjährungsfrist kann der Gebrauch zu Erscheinungen führen, die auf die Feuerbeeinträchtigung zurückzuführen sind. In anderen Gewerken (z. B. im Straßenbau) ist das Problem ebenfalls nicht unbekannt, da Straßen und Plätze gleichfalls in Nutzung gehen und damit Abnutzungserscheinungen aufweisen. Zusätzliche Technische Vorschriften weisen insoweit darauf hin, dass bei der Beurteilung der Leistung während der Verjährungsfrist eine der Bauweise und der Beanspruchung entsprechende Abnutzung zu berücksichtigen ist.[260] Eine Verkürzung der Verjährungsfrist für Gewährleistungsansprüche wird deshalb dort jedoch nicht vorgesehen.

**b) Von der Fristverkürzung betroffene Teile.** Der kurzen Frist unterliegen jedoch **185** nur die vom Feuer berührten Teile der Feuerungsanlage. Übertragen z. B. auf die DIN 18 380 (Heizungs- und Brauchwassererwärmungsanlagen) bedeutet dies, dass für die in den Abschnitten 2.1 und 2.2 genannten Wärmeerzeuger und Brauchwassererwärmer samt den im Abschnitt 2.3 angeführten Einrichtungen zu deren Beheizung die auf 2 Jahre verkürzte Verjährungsfrist insoweit greift, als es um vom Feuer berührte Teile der Anlage geht. Die Folge ist, dass bezüglich eines einheitlichen Gewerks anlagenverschieden unterschiedliche Verjährungsfristen laufen. Da die Vorschrift auf die **Feuerberührung** abstellt, reicht es für die Verkürzung der Frist auf 2 Jahre nicht aus, wenn das fragliche Teil lediglich einer Hitzeeinwirkung ausgesetzt ist. Die Feuerberührung setzt voraus, dass die Anlagenteile von Glut und/oder Flammen betroffen sind.

## 7. Feuerberührte und abgasdämmende Teile von industriellen Feuerungsanlagen

Für feuerberührte und abgasdämmende Teile von industriellen Feuerungsanlagen bestimmt § 13 Nr. 4 Abs. 1 S. 2 VOB/B abweichend von der zweijährigen Verjährungsfrist für die übrigen vom Feuer berührten Teile von Feuerungsanlagen eine nochmals verkürzte einjährige Verjährungsfrist. **185 a**

Diese Regelung betrifft etwa Hochöfen und soll der dort auf Grund der ständig herrschenden extrem hohen Temperatur und der damit zusammenhängenden hohen Beanspruchung Rechnung tragen.[261]

## 8. Teile von maschinellen und elektrotechnischen/elektronischen Anlagen

Die VOB/B verknüpft die Dauer der Verjährungsfrist für Gewährleistungsansprüche **186** bezüglich bestimmter Bauteile mit dem Abschluss eines Wartungsvertrages. Ohne **Wartungsvertrag** beträgt die Verjährungsfrist für Teile von maschinellen und elektrotechnischen/elektronischen Anlagen 2 Jahre, wenn die Wartung Einfluss auf die Sicherheit und

---

[260] Z. B. Zusätzliche Technische Vorschriften und Richtlinien für den Bau bituminöser Fahrbahndecken, ZTVbit – StB 84 im Abschnitt 1.8.1.
[261] Vgl. *Wirth* in *Ingenstau/Korbion* VOB/B § 13 Nr. 4 Rdn. 104 sowie *Kratzenberg* NZBau 2002, 177/181; *Franke/Kemper/Zander/Grünhagen*, § 13 VOB/B Rdn. 87.

Funktionsfähigkeit dieser Teile hat. Nur mit einem Wartungsvertrag beläuft sich die Frist auf 4 Jahre, wenn der Einbau dieser Anlagen als Arbeiten an einem Bauwerk einzustufen ist.

187 Das Konzept ist bestechend und nimmt den **Bauherrn** als den für die Nutzungsphase Verantwortlichen in die Pflicht. Die Regelung berücksichtigt die Tatsache, dass bei maschinellen und elektrotechnischen Anlagen, bei denen eine ordnungsgemäße Pflege und Wartung erheblichen Einfluss auf die Funktionstauglichkeit und Zuverlässigkeit der Anlage haben, im Mangel-/Schadensfall oft nur schwer feststellbar ist, ob die Ursache auf einem Mangel bei der Herstellung beruht oder auf Unzulänglichkeiten in der Wartung der Anlage zurückzuführen ist. Die Bereinigung der Problematik besteht in der Verkürzung der Verjährungsfrist auf 2 Jahre, wenn der Abschluss eines Wartungsvertrages unterlassen worden ist.

188 **a) Sachstand nach VOB/A.** Nach § 10 Nr. 4 Abs. 2 VOB/A können im Einzelfall erforderliche besondere Vereinbarungen über die Mängelansprüche sowie deren Verjährung in besonderen Vertragsbedingungen oder in zusätzlichen technischen Vertragsbedingungen geregelt werden. Solche zusätzlichen Vertragsbedingungen finden sich im *„Vergabehandbuch für die Durchführung von Bauaufgaben des Bundes im Zuständigkeitsbereich der Finanzverwaltung"*. Mit Wirkung vom 1. 3. 2003 wurde das Vergabehandbuch – Ausgabe 2002 eingeführt (unter www.bmvbw.de zugänglich). Dieses enthält zum Zweck der einheitlichen Anwendung der VOB (A und B) Richtlinie für die Vergabe von Bauaufträgen und deren Abwicklung. Für den öffentlichen Auftraggeber sieht das Vergabehandbuch Formblätter für weitere besondere Vertragsbedingungen vor. Dies sind vorformulierte Textbausteine, die bei Bedarf im Einzelfall vereinbart werden können. Um diese Klausel wirksam zum Vertragsbestandteil zu machen, müssen sie wie Allgemeine Geschäftsbedingungen auch vereinbart werden.

189 Wenn eine Anlage oder ein Anlagenteil der technischen Gebäudeausrüstung, bei denen eine ordnungsgemäße Wartung/Instandhaltung einen erheblichen Einfluss auf die Sicherheit und Funktionsfähigkeit hat, Gegenstand der Leistung ist (z. B. Aufzüge, Mess-, Steuer- und Regelungseinrichtungen, Gebäudeleittechnik, Gefahrmeldeanlagen) ist dem Auftragnehmer während der Dauer der Verjährungsfrist für die Gewährleistungsansprüche die Pflege und Wartung der Anlage zu übertragen (0.2.20 ATV DIN 18 299). Nur zur Erreichung einer vierjährigen Verjährungsfrist für Mängelansprüche darf jedoch ein Wartungs- oder Instandhaltungsvertrag nicht abgeschlossen werden (vgl. Nr. 12.2 VHB 2002 zu § 10 A VOB).

190 Es empfiehlt sich, das Vertragsmuster „Wartung 2002" für Wartung, Inspektion und damit verbundene kleine Instandsetzungsarbeiten von technischen Anlagen und Einrichtungen in öffentlichen Gebäuden, aufgestellt und herausgegeben vom Arbeitskreis Maschinen- und Elektrotechnik staatlicher und kommunaler Verwaltungen (AMEV) zugrunde zu legen. Im VHB ist dies in den Richtlinien zu § 10 VBA unter Ziff. 12–12.4 – unter Verweis auf das EVM Erg Wart – 242.1 oder EVM R Inst – 242.2 ausdrücklich geregelt (vgl. VHB Teil I und Teil VI).

191 *(Freibleibend)*

192 **b) Wartungsvertrag und Folgen für die Verjährungsfrist.** § 13 Nr. 4 Abs. 2 VOB/B zieht für bestimmte Bauteile die Konsequenz daraus, dass deren sachgemäße Nutzung und Wartung einen erheblichen Einfluss auf die Funktionsfähigkeit und Zuverlässigkeit haben.

193 Die Lösung besteht darin, dass für Teile von maschinellen und elektrotechnischen/elektronischen Anlagen die Verkürzung der Verjährungsfrist für die Gewährleistungsansprüche auf 2 Jahre erfolgt, wenn ein Wartungsvertrag nicht abgeschlossen worden ist. Die „Regelverjährungsfrist" von 4 Jahren ist nur mit Abschluss eines solchen Wartungsvertrages gesichert.

194 Systematisch gilt für Teile von maschinellen und elektrotechnischen/elektronischen Anlagen in erster Linie § 13 Nr. 4 Abs. 1 VOB/B. Das folgt auch aus der Formulierung des Absatzes 2 dieser Vorschrift, die sich als Ausnahmeregelung zu Absatz 1 versteht („beträgt die Verjährungsfrist für die Gewährleistungsansprüche abweichend von Absatz 1 2 Jahre"). Deshalb ist in erster Linie zu prüfen, ob die Lieferung und Montage der maschinellen und elektrotechnischen/elektronischen Anlagen bzw. Anlagenteile eine Leistung bei Bauwerken

oder Arbeit an einem Grundstück darstellt. Die Zuordnung unter die Bauleistung im Sinne von § 1 VOB/A eröffnet zwar die Anwendbarkeit hinsichtlich der VOB/A wie auch VOB/B, enthebt aber nicht der Notwendigkeit, die Zuordnung unter Arbeiten bei Bauwerken bzw. an einem Grundstück vorzunehmen. Bei der Lieferung und Montage von Markisen, Alarmanlagen wie auch Funkalarmanlagen kommt § 13 Nr. 4 Abs. 2 VOB/B nicht zur Anwendung.

Bei Einordnung des nachträglichen Einbaus einer Alarmanlage in ein Wohnhaus als Arbeit an einem Grundstück[262] führt nicht erst § 13 Nr. 4 Abs. 2 VOB/B zu einer Verkürzung der Verjährungsfrist für Gewährleistungsansprüche auf 2 Jahre. Der Abschluss eines Wartungsvertrages hat dann, wenn die Lieferung und Montage von maschinellen und elektrotechnischen/elektronischen Anlagen oder Teilen hiervon keine Bauwerksarbeiten darstellen, keinerlei Einfluss auf die Dauer der Verjährungsfrist. Es tritt weder eine Verkürzung noch eine Verlängerung der Verjährungsfrist ein. **195**

**c) 2-jährige Verjährungsfrist – Vergabe ohne Wartungsvertrag.** Bei Teilen von maschinellen und elektrotechnischen/elektronischen Anlagen, die nach § 13 Nr. 4 Abs. 1 VOB/B als Bauwerksleistungen zu qualifizieren sind, verkürzt sich die Verjährungsfrist für die Gewährleistungsansprüche auf 2 Jahre unter folgenden Voraussetzungen: **196**

**aa) Anlagenbegriff.** Unter Teilen von maschinellen und elektrotechnischen/elektronischen Anlagen sind z. B. Aufzugsanlagen, Rolltreppen, Rollbänder, ähnliche fördertechnische Anlagen, Mess- und Steuer- und Regelungseinrichtungen, Anlagen der Gebäudeleittechnik, Gefahrenmeldeanlagen[263] zu verstehen. Die Zuordnung der Anlagen der Gebäudeleittechnik sichert einen entwicklungsfähigen Anwendungsbereich, da die Ausrüstung von Gebäuden mit betriebstechnischen Anlagen, deren Leitung die Aufgabe einer Gebäudeleittechnik-Anlage ist, ständig zunimmt.[264] Wenn sich zum Anschluss an Anlagen der Gebäudeleittechnik alle betriebstechnischen Anlagen, wie z. B. heiztechnische Anlagen, kältetechnische Anlagen, raumlufttechnische Anlagen, sanitärtechnische Anlagen, elektrotechnische Anlagen, nachrichtentechnische Anlagen, fördertechnische Anlagen und Sonderanlagen, eignen, entsteht ein beachtlicher Anwendungsbereich für § 13 Nr. 4 Abs. 2 VOB/B. **197**

Konsequent führt § 13 Nr. 4 Abs. 2 VOB/B im Bereich klassischer Bauleistungen wie z. B. der DIN 18 380 (Heizanlagen und zentrale Wassererwärmungsanlage) und DIN 18 381 (Gas-, Wasser- und Abwasser-Installationsanlagen innerhalb von Gebäuden) dazu, dass im Bereich der Mess-, Steuer- und Regeleinrichtungen sowie Gebäudeleittechnik (Abschnitt 2.7 der DIN 18 380 und Abschnitt 3.3 der DIN 18 381) ohne entsprechenden Wartungsvertrag im Vergleich zu den sonstigen Leistungen **zweierlei Verjährungsfristen** gelten. Für das Leitungssystem, die Anschlüsse, die Querschnitte, die abgestimmte Auswahl der dazu gehörigen Pumpen usw. gilt die gewöhnliche Frist von 4 Jahren. Hinsichtlich der Mess-, Steuer- und Regeleinrichtungen sichert diese Verjährungsfrist nur ein Wartungsvertrag. **198**

**bb) Wartungsvertrag nicht geschlossen.** Der mit der Bauwerksleistung beauftragte Auftragnehmer wurde hinsichtlich der Anlagenteile nicht mit der Wartung beauftragt. Die Vergabe der Wartung an einen Dritten hindert die Verkürzung der Frist nicht. Denn die Verkürzung auf 2 Jahre tritt ein, wenn sich der Auftraggeber dafür entschlossen hat, dem Auftragnehmer die Wartung für die Dauer der Verjährungsfrist nicht zu übertragen. Neben der **Unternehmeridentität** ist weiter erforderlich, dass der Wartungsvertrag zeitlich die Dauer der Verjährungsfrist abdeckt. Diese **Zeitidentität** ist nur gewährleistet, wenn der Wartungsvertrag spätestens mit dem Beginn der Verjährungsfrist zustande kommt. Demnach sollte/muss der Wartungsvertrag bereits zusammen mit dem Bauvertrag geschlossen werden. **199**

---

[262] So BGH BauR 1991, 741 = NJW-RR 1991, 1367 = ZfBR 1991, 259 (ob Arbeit bei einem Bauwerk bleibt offen).
[263] Vgl. die Umschreibung in den Hinweisen zu den Allgemeinen Bestimmungen für die Vergabe von Bauleistung Ausgabe Juni 1996 zu § 10 Nr. 4 Abs. 1, S. 0.3.
[264] Vgl. VDI-Richtlinie VDI 3814, Blatt 1, Gebäudeleittechnik (GLT), Strukturen, Begriffe, Funktionen.

**200** Besondere Anforderungen an den Wartungsvertrag werden im Übrigen nicht gestellt. Vgl. hierzu auch vorstehend Rdn. 190/191.

**201** **cc) Wartung hat Einfluss auf Sicherheit und Funktionsfähigkeit.** Der Wartungsvertrag ist für die Erhaltung der 4-jährigen Verjährungsfrist notwendig, wenn die Wartung die Sicherheit und die Funktionsfähigkeit der Anlage beeinflusst. Hierüber ist nach fachtechnischen Gesichtspunkten zu befinden. Maßgeblich ist, ob die Wartung für die Aufrechterhaltung der Sicherheit und Funktionstauglichkeit nach abstrakten Maßstäben geboten ist. Die DIN 31 051 (Ausgabe Januar 1985), Instandhaltung, Begriffe und Maßnahmen, versteht unter Wartung Maßnahmen zur Bewahrung des Sollzustandes von technischen Mitteln eines Systems, worunter das Erstellen eines Wartungsplans, die Vorbereitung der Durchführung, die Durchführung selbst und die Rückmeldung fallen.

**202** **d) 4-jährige Verjährungsfrist – Vergabe mit Wartungsvertrag.** Für Teile von maschinellen und elektrotechnischen/elektronischen Anlagen, bei denen die Wartung Einfluss auf die Sicherheit und Funktionstauglichkeit hat, gilt die 4-jährige Verjährungsfrist nach § 13 Nr. 4 Abs. 1 VOB/B nur, wenn mit dem Auftragnehmer der entsprechenden Bauleistungen auch ein Wartungsvertrag über die Dauer der Verjährungsfrist geschlossen worden ist. Der Vertragspartner des Bau- und des Wartungsvertrages muss damit identisch sein. Dabei kommt es auf die **rechtliche Identität** an; eine bloß wirtschaftliche Identität genügt nicht. Betreibt der Auftragnehmer zugleich unter einer anderen Firma ein Service- und Wartungsunternehmen, genügt dessen Beauftragung mit dem Wartungsvertrag für die Beibehaltung der 4-jährigen Verjährungsfrist grundsätzlich nicht. Die Einschaltung eines solchen Serviceunternehmens als Subunternehmer schadet nicht.

**203** Neben der **Unternehmeridentität** ist **Zeitidentität** oder **Ablaufidentität** erforderlich. Der Wartungsvertrag muss notwendig den Zeitraum der Gewährleistungsfrist abdecken. Konsequent muss deshalb dieser Vertrag spätestens zum Zeitpunkt der rechtsgeschäftlichen Abnahme der Bauleistung zustande kommen und den Verjährungszeitraum abdecken.

**204** **e) Geltungs- und Anwendungsbereich des § 13 Nr. 4 Abs. 2 VOB/B.** Haben die Vertragspartner im Bauvertrag als Verjährungsfrist für die Gewährleistungsansprüche bezüglich solcher Anlagen und Anlagenteile, die § 13 Nr. 4 Abs. 2 BGB unterfallen, eine die 4-Jahresfrist übersteigende Verjährungsfrist vereinbart, gilt Absatz 2 ebenso.

**205** Bereits zur VOB/B 2002 vertrat der überwiegende Teil der einschlägigen Kommentarliteratur die Auffassung, dass diese Regelung auch bei Vereinbarung längerer Fristen als der Regelverjährungsfrist zur Anwendung kommt. Die von der Vorauflage *(Motzke)* vertretene Ansicht ist durch die Änderung der VOB/B 2006 obsolet geworden.[265]

**206** **f) Störungs- oder Mangelfall.** Tritt innerhalb der Verjährungsfrist für die Gewährleistungsansprüche ein Mangelfall auf, beurteilt sich dieser ausschließlich nach den Regeln des geschlossenen Bauvertrages. Dem Wartungsvertrag kommt keine Bedeutung oder lediglich eine sekundäre Bedeutung zu.

**207** **aa) Beurteilungsgrundlage Bauvertrag.** Der Gewährleistungsfall ist allein nach den Regeln des Bauvertrages zu beurteilen. Der Wartungsvertrag hat primär Bedeutung nur für die Dauer der Verjährungsfrist. Voraussetzung für die Inanspruchnahme des Auftragnehmers ist, dass der Mangel auf der Vertragswidrigkeit der Unternehmerleistung beruht (§ 13 Nr. 5 Abs. 1 VOB/B). Der Wartungsvertrag führt zu Lasten des Auftragnehmers zu einem Einwendungsausschluss: Der sonst beachtliche Einwand, dass das Werk nicht ordnungsgemäß gepflegt und gewartet worden sei und dies die Ursache für den Mangel bilde, zieht nicht.

**208** **bb) Sekundäre Bedeutung des Wartungsvertrags.** Im Einzelfall kann sich eine Abwicklung einer Störung nach Dienst- oder Werkvertragsregeln des Wartungsvertrages ergeben, wenn der Beweis misslingt, dass der Keim für den Mangel bereits zurzeit der Abnahme

---

[265] Vgl. etwa *Kleine-Mörl/Merl*, § 12 Rdn. 49; *Kapellmann/Messerschmitt*, VOB/A und VOB/B, § 13 Rdn. 123. Zur hiervon abweichenden Auffassung in der Vorauflage vgl. dort § 13 Nr. 4 Rdn. 205.

vorhanden war, aber die Ursache in Wartungsunzulänglichkeiten gesehen werden kann. Die Regeln der Schlechterfüllung des Wartungsvertrages werden nur ausnahmsweise zum Tragen kommen.

**g) AGB-Recht.** Die verkürzten Fristen des § 13 Nr. 4 Abs. 2 VOB/B sind wohl in den Fällen, in denen die VOB/B nicht „insgesamt" vereinbart wurde AGB-widrig.[266] 208a

### IV. Fristenlauf

Die Verjährungsfrist beginnt nach § 13 Nr. 4 Abs. 3 VOB/B mit der Abnahme der gesamten Leistung. Die Teilabnahme (§ 12 Nr. 2 lit. a VOB/B) ist einschlägig nur für in sich abgeschlossene Teile einer Leistung. 209

**1. Fristbeginn**

In Übereinstimmung mit dem BGB (§ 634a Abs. 2) beginnt die Verjährungsfrist für die Gewährleistungsansprüche mit der Abnahme und für in sich abgeschlossene Teile der Leistung mit der Teilabnahme (§ 13 Nr. 4 Abs. 3 i. V. m. § 12 Nr. 2 VOB/B) zu laufen. 210

**a) Rechtsgeschäftliche und technische Abnahme.** Hierunter ist – wie aus § 13 Nr. 4 Abs. 3 VOB/B deutlich wird – die rechtsgeschäftliche Abnahme zu verstehen. Der für die Abnahme von Teilleistungen enthaltene Verweis auf § 12 Nr. 2 VOB/B macht klar, dass die bloße technische Abnahme der Leistung als den Beginn der Verjährung auslösendes Ereignis ausscheidet. Damit darf auf die in den Leistungsbildern der HOAI (§ 15 Abs. 2 Nr. 8; § 55 Abs. 2 Nr. 8; § 73 Abs. 3 Nr. 8) enthaltenen Abnahmemaßnahmen der Planer nicht abgestellt werden, die sämtlich dem Bereich der bloß technischen Abnahme zuzuweisen sind.[267] Die dem Architekten mit der Auftragserteilung ggf. zukommende Vollmacht (normale Architektenvollmacht) schließt die rechtsgeschäftliche Abnahme, die dem Bauherrn/Auftraggeber vorbehalten ist, nicht ein.[268] 211

Sehen vom Auftragnehmer gestellte Allgemeine Geschäftsbedingungen oder Formularverträge eine Vorverlegung des Fristenbeginns vor (z. B.: Die Verjährungsfrist beginnt mit der Technischen Abnahme) und ist damit eine Verkürzung der Regelfrist verbunden, verfällt die Klausel der Unwirksamkeit nach § 307 BGB.[269] 212

Welche Voraussetzungen für die rechtsgeschäftliche Abnahme vorliegen müssen, ist § 12 VOB/B zu entnehmen. Bei förmlicher Abnahme (§ 12 Nr. 4 Abs. 1 VOB/B) bestimmt den Abnahmezeitpunkt die schriftliche Niederlegung des Abnahmebefundes; findet die förmliche Abnahme in Abwesenheit des Auftragnehmers statt, entscheidet der Zugang des Abnahmeergebnisses beim Auftraggeber über die Vollendung der Abnahme (→ § 12 Nr. 4 Rdn. 47). Ist auf die Abnahmefiktion nach § 12 Nr. 5 VOB abzustellen, beginnt die Fristberechnung, für die bezüglich der vorgenannten Fälle auf § 187 Abs. 1 BGB abzuheben ist, mit dem 13. oder 7. Werktag (§ 187 Abs. 2 BGB). 213

Durch das Gesetz zur Beschleunigung fälliger Zahlungen ist mit Wirkung zum 1. 5. 2000 in § 640 Abs. 1 S. 3 BGB eine weitere Abnahmefiktion geschaffen worden, die neben diejenige des § 641a BGB tritt,[270] und bei Vereinbarung der VOB/B auch neben die beiden Abnahmefiktionen des § 12 Nr. 5 VOB/B. Um diese Abnahmefiktion des § 640 Abs. 1 S. 3 BGB herbeizuführen ist eine Fristsetzung (angemessen) erforderlich. Dies gilt wohl auch 213a

---

[266] Vgl. hierzu auch *Wirth* in *Ingenstau/Korbion* VOB/B § 13 Nr. 4 Rdn. 110.
[267] Vgl. nur *Locher/Koeble/Frik* § 15 Rdn. 187 ff.
[268] *Locher/Koeble/Frik* § 15 Rdn. 187, S. 514, 515; *Korbion/Mantscheff/Vygen* § 15 Rdn. 175; kritisch zum Begriff „originäre Architektenvollmacht" *Quack* BauR 1995, 441. Vgl. hierzu auch *Eichberger/Oehl*; Architekten- und Ingenieurrecht Kompakt, S. 47–50.
[269] Vgl. dazu oben Rdn. 91 ff.
[270] Der im Zuge des derzeit diskutierten Gesetzentwurfes eines Forderungssicherungsgesetz soll wieder gestrichen werden, da er sich in der Praxis nicht als relevant erwiesen hat.

§ 13 Nr. 4   Verjährungsfrist

bei einer Verweigerung des Auftraggebers bereits vor Fristsetzung. Im Bereich des § 640 Abs. 1 S. 3 BGB wird man wohl auf die grundsätzlich vorzuliegende „Abnahmereife" abzustellen haben. Hierfür spricht die Formulierung „obwohl er dazu verpflichtet ist" in § 640 Abs. 1 S. 3 BGB. *Wirth* folgert daraus, dass im Rahmen des § 12 Nr. 5 VOB/B ein Weniger an Abnahmefähigkeit gefordert ist als im Rahmen des § 640 Abs. 1 S. 3 BGB.[271] In der Literatur wird überwiegend davon ausgegangen, dass mit dem Fristablauf i. S. d. § 640 Abs. 1 S. 3 BGB auch die üblichen Folgen der Abnahme eintreten, unter anderem auch der Beginn der Verjährungsfrist.[272]

214    Bedeutungslos ist, ob der Mangel **offen, verdeckt** oder **versteckt** gewesen und leicht oder nur schwer erkennbar gewesen ist. Gewährleistungsansprüche hinsichtlich offener und verborgener Mängel beginnen einschränkungslos mit der Abnahme des Werks zu laufen.[273] § 13 Nr. 4 VOB/B stellt nämlich auf diese „Mangelqualität" nicht ab, wie gerade der Vergleich mit § 12 Nr. 5 Abs. 3 VOB/B offen legt, wonach Vorbehalte wegen bekannter Mängel innerhalb der in der Nr. 5 genannten Fristen geltend zu machen sind. Damit und über die „verlängerte" Verjährungsfrist bei arglistig verschwiegenen Mängeln berücksichtigt die VOB die subjektive Beziehung der Vertragspartner zum Mangel, dessen Verborgenheit oder Offenkundigkeit (für wen?) den Verjährungsbeginn nicht zu beeinflussen vermag.

215    **b) Abnahmeklauseln und Verjährungsbeginn.** Höchstrichterlich unentschieden ist, ob mittels einer vorformulierten Klausel der Beginn des Fristenlaufs bei verdeckten/versteckten Mängeln auf den Zeitpunkt der Entdeckung und/oder der Mangelanzeige verschoben werden kann.[274] Eine solche Klausel ist nicht wegen der an sich möglichen Verlängerung der Verjährungsfrist problematisch; entscheidend ist, dass darin ein unzulässiger Ausschluss der Verjährung liegen kann. Ein vollständiger Ausschluss der Verjährung der Gewährleistungsansprüche ist unwirksam.[275] Eine solche Klausel wird deshalb bei Fehlen einer angemessenen Zeitgrenze der Unwirksamkeit nach § 307 Abs. 2 Nr. 1 BGB (vgl. § 202 Abs. 2 BGB) mit der Folge verfallen, dass der Verjährungsbeginn nach § 306 Abs. 2, § 634a Abs. 2 BGB durch die Abnahme der Leistung bestimmt wird.

216    **Sonstige Abnahmeklauseln:** Die Verjährungsfrist für die Gewährleistungsansprüche beginnt erst mit Vorlage der Mangelfreiheitsbescheinigungen der Mieter oder der baubehördlichen Abnahme. Derartige Klauseln scheitern an § 307 Abs. 2 Nr. 1 BGB; das gilt auch für die Klausel, dass die Verjährung unabhängig von einer Abnahme erst mit der beanstandungsfreien Ingebrauchnahme beginnt.[276]

217    Hat der Auftragnehmer Mangelfreiheit im Rahmen einer die Regelverjährungsfrist übersteigenden **Garantiefrist** versprochen, beginnt die Verjährungsfrist für die Gewährleistungsansprüche nicht schon mit der Abnahme, sondern erst mit Entdeckung der Mängel zu laufen.[277] Mit der Abnahme setzt der Lauf der Garantiefrist ein; die Ansprüche aus der Garantie beginnen ab Entdeckung des Garantietatbestandes zu verjähren. Die Verjährungsfrist hierfür ist regelmäßig mit der Regelfrist identisch.

218    **c) Verjährungsbeginn bei gestörter Vertragsabwicklung.** Ungeregelt sind die Fallgestaltungen, bei denen es zu einer Abnahme aus Gründen der gescheiterten Vertragsabwicklung oder deshalb nicht kommt, weil der Besteller die Abnahme verweigert. Die Ersetzung der Abnahme durch die Vollendung, wie es § 646 BGB für die Werke vorsieht, deren Abnahme nach ihrer Beschaffenheit ausscheidet, scheidet für VOB-Bauverträge aus.

---

[271] *Ingenstau/Korbion* VOB/B § 13 Nr. 4 Rdn. 181.
[272] Vgl. hierzu *Wirth* in *Ingenstau/Korbion* VOB/B § 13 Nr. 4 Rdn. 188.
[273] *Kaiser* BauR 1987, 617, 619 m. w. Nachw.
[274] BGH BauR 1987, 84 = NJW 1987, 381 = ZfBR 1987, 37; dort vom Auftraggeber gestellte Klausel: „Bei verdeckten Mängeln beginnt die Gewährleistungszeit erst mit der Entdeckung und der Anzeige durch den Auftraggeber zu laufen."
[275] BGH WM 1988, 168 = BauR 1988, 465 = NJW 1988, 1259 = ZfBR 1988, 212.
[276] *Ingenstau/Korbion* VOB/B § 13 Rdn. 306; → Vor § 12 Rdn. 141 ff.
[277] BGH NJW 1979, 645 und 2036 = BauR 1979, 427 und 511, zum Kaufrecht.

Störungsfälle sind die Kündigung nach §§ 8, 9 VOB/B, die einvernehmliche Vertragsaufhebung und die ernsthafte und endgültige Abnahmeverweigerung durch den Auftraggeber. 219

**d) Kündigung durch Besteller oder Unternehmer (§§ 8, 9 VOB/B).** Die Kündigung – gleichgültig ob nach § 8 oder § 9 VOB/B – steht der Abnahme der bis dahin erbrachten Leistungen grundsätzlich nicht entgegen. Der Abbruch der Vertragsbeziehung durch Kündigung begründet hinsichtlich der Abnahme lediglich den Verzicht auf die gewöhnlich erhobene Forderung nach Fertigstellung der Leistung. Die bis zur Kündigung erbrachte Leistung kann, von berechtigter Abnahmeverweigerung wegen wesentlichen Mängeln abgesehen (§ 12 Nr. 3 VOB/B gilt auch hier), als dem gekündigten Vertrag entsprechende und in der Hauptsache vertragsgemäße Erfüllung entgegen genommen werden (→ § 8 Nr. 6 Rdn. 24, 25). 220

*(Freibleibend)* 221–222

Gemäß § 8 Nr. 6 VOB/B i. V. m. § 12 Nr. 4 und 6 VOB/B kann der Auftragnehmer **Aufmaß und Abnahme** der von ihm ausgeführten Leistungen verlangen, es sei denn, der Auftraggeber ist nach § 12 Nr. 3 VOB/B berechtigt, die Abnahme zu verweigern.[278] 223

Beim Kündigungsgrund aus § 8 Nr. 3 i. V. m. § 4 Nr. 7 VOB/B wird es bei Vorliegen eines **wesentlichen Mangels** zu einer Abnahmeverweigerung kommen, ein unwesentlicher Mangel eröffnet über § 4 Nr. 7 VOB/B zwar die Kündigungsmöglichkeit, nicht aber die zur Abnahmeverweigerung. Für diese ist auch bei den in § 5 Nr. 4 VOB/B angeführten Verzögerungstatbeständen mit Kündigungsfolge kein Raum, was in derselben Weise für die in § 9 VOB/B angeführten Kündigungsgründe des Auftragnehmers gilt (vgl. → § 8 Nr. 6 Rdn. 25). 224

*(Freibleibend)* 225–226

Verweigert der Auftraggeber nach Kündigung die Abnahme, gleichen die Rechtsfolgen der bei der Abnahmeverweigerung im Allgemeinen (unten Rdn. 229 ff.). 227

**e) Einvernehmliche Vertragsaufhebung.** Bei einvernehmlicher Vertragsaufhebung sind die Abnahmevoraussetzungen ebenfalls wie bei einer Kündigung zu beurteilen. 228

**f) Abnahmeverweigerung.** Mit der Verweigerung der Abnahme ist der Beginn der Verjährungsfrist nur dann verbunden, wenn die Ablehnung ernsthaft und endgültig, wie auch unter Verstoß gegen die Pflicht zur Abnahme erfolgte.[279] Eine auf Mängel und ein Mängelbeseitigungsverlangen gestützte Abnahmeablehnung genügt nicht. Selbst wenn sich nämlich herausstellen sollte, dass die gerügten Mängel i. S. v. § 13 Nr. 3 VOB/B nicht wesentlich sind, und damit die Verpflichtung zur Abnahme verletzt wurde, fehlt es an der endgültigen Ablehnung der Abnahme, vielmehr handelt es sich um eine nur vorläufige Verweigerung der Abnahme bis zur Vertragserfüllung.[280] Wenn auch nach h. M. für diesen Tatbestand der Abnahmeverweigerung allein die Endgültigkeit der Ablehnung und nicht der Grund hierfür maßgeblich ist,[281] besteht Abgrenzungsbedarf zu einem Verhalten, das seinen Grund in Beanstandungen an der Leistung hat. 229

Eine endgültige Abnahmeverweigerung mit Auslösung des Verjährungsfristbeginns liegt vor, wenn der Auftraggeber der ihn treffenden Hauptpflicht grundlos nicht nachkommt. Der BGH[282] hat in einer bloßen Abnahmeverweigerung des Bestellers eine Abnahme nur 230

---

[278] BGH NJW 2003, 1450 = NZBau 2003, 265.
[279] BGH BauR 1970, 48, 49; BauR 1974, 205; BGHZ 79, 180 = BauR 1981, 201, 202 = NJW 1981, 822 = ZfBR 1981, 82; BGH BauR 1993, 469, 472 = NJW 1993, 1972 = ZfBR 1993, 189; BGH NJW 1996, 1280 = BauR 1996, 390 = ZfBR 1996, 156.
[280] Wie hier *Riedl* in *Heiermann/Riedl/Rusam* VOB/B § 13 Rdn. 86.
[281] Vgl. *Ingenstau/Korbion* VOB/B § 13 Rdn. 175.
[282] BauR 1993, 469, 472 = NJW 1993, 1972 = ZfBR 1993, 189. Nach BGH NJW 1996, 1280 = BauR 1996, 390 = ZfBR 1996, 156 kann sich der Besteller nicht auf die fehlende Abnahme berufen, wenn ein Mangel nach seiner Art, seinem Umfang und vor allem nach seinen Auswirkungen derart unbedeutend ist, dass das Interesse des Bestellers an einer Beseitigung vor der Abnahme nicht schützenswert ist und sich seine Weigerung deshalb als Verstoß gegen Treu und Glauben darstellt.

dann gesehen, wenn sich diese Haltung als eine Verletzung der Pflicht des Bestellers zur Abnahme (§ 640 BGB) darstellt; allerdings wird dort nunmehr über § 640 Abs. 1 S. 3 BGB eine Abnahmefiktion herbeigeführt.

231 Die Klage auf Abnahme, um auf diese Weise durch Urteil zur Abnahme und damit zum Verjährungsbeginn zu kommen, wäre zwar ebenfalls als Ausweg möglich,[283] ist jedoch als **umständlicher Umweg** einzustufen. Der Verzug mit der Abnahme, der sich zunächst als Gläubigerverzug und nach fruchtloser Mahnung als Schuldnerverzug (Verzug mit der Hauptleistungsverpflichtung: Abnahme) darstellt,[284] ist gleichfalls geeignet, die Abnahmewirkungen herbeizuführen. Denn auf Grund der den Auftraggeber treffenden Schadensersatzverpflichtungen aus Verzug besteht die Verpflichtung, den Auftragnehmer so zu stellen, als ob abgenommen worden wäre.[285] Der BGH[286] knüpft die Abnahme samt Wirkungen jedoch bereits an die schlichte Verletzung der Hauptpflicht zur Abnahme und begründet die Abnahme nicht über eine Schadensersatzleistung aus Schuldnerverzug.

232 Beruht die Abnahmeverweigerung auf **wesentlichen Mängeln** weswegen das Verhalten des Bestellers berechtigt ist (§ 12 Nr. 3 VOB/B), kann grundsätzlich von einem den Verjährungsbeginn auslösenden Tatbestand nicht gesprochen werden, wenn die Abnahmeverweigerung Ausdruck des Bestellerwillens auf mangelfreie Herstellung des Bauwerks/Bauwerksteils ist. Eine solche Willensrichtung wird regelmäßig vorliegen und nur dann fehlen, wenn die Weigerungshaltung des Auftraggebers das fehlende Interesse an der Vertragserfüllung durch den Auftragnehmer verdeutlicht.[287]

233 Beruft sich der **Generalunternehmer** gegenüber dem **Subunternehmer** zur Verweigerung der Abnahme auf eine Klausel im Subunternehmervertrag des Inhalts, dass die Abnahme der Subunternehmerleistung erst im Zusammenhang mit der Abnahme des Gesamtbauwerks durch den Bauherrn/Besteller erfolge, ist eine solche Klausel zwar wegen Verstoßes gegen § 307 Abs. 2 Nr. 1 BGB unwirksam;[288] eine endgültige und ernsthafte Ablehnung der Bauleistung und deren Abnahme[289] liegen darin jedoch nicht. Der Generalunternehmer will lediglich ein Hinausschieben der Abnahme erreichen. Die Abnahme lässt sich allein über die Schadensersatzverpflichtung aus Schuldnerverzug[290] begründen oder damit, dass schon die Verletzung der Abnahme als Hauptpflicht genügt.[291]

234 Von der Abnahmeverweigerung ist ein Verhalten zu unterscheiden, das seiner Zielsetzung nach eine bloße **Verlegung der Abnahme** verfolgt. Gibt ein Generalunternehmer dem Subunternehmer auf dessen schriftliches Abnahmeverlangen bekannt, der Bauherr wünsche eine Gesamtabnahme und keine Abnahme von Einzelgewerken, womit um Verständnis gebeten werde, liegt hierin keine Abnahmeverweigerung, sondern die Bitte um Einverständnis, mit der Abnahme noch etwas zu warten, bis das Gesamtwerk abgenommen werden könne.[292] Bei widerspruchsloser Hinnahme dieser Antwort durch den Subunternehmer kann der Generalunternehmer hierin eine schlüssige Einverständniserklärung sehen.

## 2. Fristenlauf

235 Den Lauf der Verjährungsfrist beeinflussen nach VOB-Regeln gemäß § 13 Nr. 5 Abs. 1 VOB/B nur die **schriftliche Mängelrüge** und die Abnahme der Mängelbeseitigungsleis-

---

[283] BGH BauR 1981, 284, 287 = NJW 1981, 1448 = ZfBR 1981, 139; BGH NJW 1996, 1749 = BauR 1996, 386; *Werner/Pastor* Rdn. 1346.
[284] *Ingenstau/Korbion* VOB/B § 12 Rdn. 178.
[285] Vgl. *Groß* FS Locher S. 53 ff.
[286] BauR 1993, 469, 472 = NJW 1993, 1972 = ZfBR 1993, 189.
[287] Vgl. *Heiermann/Riedl/Rusam* VOB/B § 13 Nr. 86.
[288] BGH BauR 1989, 322 = NJW 1989, 1602 = ZfBR 1989, 158.
[289] Vgl. dazu BGH BauR 1970, 48, 49 = NJW 1970, 421, 422; BGHZ 79, 180 = BauR 1981, 201, 202 = NJW 1981, 822 = ZfBR 1981, 82.
[290] So *Groß* FS Locher S. 53 ff.
[291] So BGH BauR 1993, 469, 472 = NJW 1993, 1972 = ZfBR 1993, 189.
[292] BGH BauR 1991, 461, 462 = NJW-RR 1991, 914 = ZfBR 1991, 159.

tung. Das sind Tatbestände, die das BGB-Werkvertragsrecht nicht kennt. Im Übrigen gelten zusätzlich hierzu § 203 BGB und die Hemmungsregeln des BGB. Dabei kann die Verjährung eines Anspruchs anders als durch schriftliche Mängelrüge gem. § 13 Nr. 5 Abs. 1 VOB/B sowohl nacheinander mehrmals gehemmt werden. Nach der Schuldrechtsmodernisierung ist in den §§ 203–213 BGB prinzipiell nur noch die Hemmung und Ablaufhemmung vorgesehen. Der Terminus „Unterbrechung" wurde durch „Neubeginn" ersetzt. Gründe, die zu einem Neubeginn der Verjährung führen sind nach § 212 BGB nur noch das Anerkenntnis und die Vornahme oder Beantragung einer Vollstreckungshandlung.[293] Die früheren Tatbestände des § 639 BGB a. F. sind nunmehr in § 203 BGB aufgegangen. Demgegenüber hat der Auftraggeber nach § 13 Nr. 5 Abs. 1 Satz 2 VOB/B bezüglich desselben Mangels **nur einmal** die Möglichkeit, durch eine schriftliche Aufforderung zur Mängelbeseitigung die Verjährung (quasi) zu unterbrechen, dies auch unabhängig davon, ob die Verjährung nach der ersten Mängelrüge durch ein Anerkenntnis unterbrochen worden ist.[294] Auch bei einer verlängerten Verjährungsfrist (vgl. oben Rdn. 71 ff.) beginnt mit Zugang der schriftlichen Mängelrüge nicht die verlängerte Frist, sondern gemäß der ausdrücklichen Anordnung in § 13 Nr. 5 Abs. 1 Satz 2 VOB/B die **Regelfrist** (4 Jahre) zu laufen (vgl. oben Rdn. 43).

**a) Hemmung des Fristlaufs nach altem Recht bis 31. 12. 2001.** Das alte Recht vor dem Schuldrechtsmodernisierungsgesetz kannte die Verjährungshemmung in folgenden Fällen:
– Stundung der Leistungen oder Leistungsverweigerungsrecht des Verpflichteten (§ 202 Abs. 2 BGB a. F.) Die Stundung kann bei wesentlicher Änderung der Verhältnisse widerrufen werden, z. B. wenn der Auftragnehmer seine Gewährleistungspflicht bestreitet.
– Bei Vorliegen höhere Gewalt oder der Voraussetzung der §§ 203 Abs. 2, 204, 206, 207 BGB a. F.
– Bei Vorliegen des besonderen Hemmungstatbestandes des § 639 Abs. 2 BGB a. F. also der Prüfung des Mangels durch den Auftragnehmer im Einverständnis des Auftraggebers oder der Beseitigung des Mangels. Die Verjährung war so lange gehemmt, bis der Unternehmer das Ergebnis der Prüfung den Bestellern mitteilt oder ihm gegenüber den Mangel für beseitigt erklärt oder die Fortsetzung der Beseitigung verweigert.[295]

**b) Hemmung des Fristenlaufs seit dem 1. 1. 2002.** Die Rechtsfolgen der Hemmung ergeben sich aus § 209 BGB. Der Zeitraum, während dessen die Verjährung gehemmt ist, wird in die Verjährung nicht eingerechnet. Praktisch verlängert sich die Verjährungsfrist um den Hemmungszeitraum. Hemmungsgründe benennt das BGB in §§ 203 bis 208.

Im Folgenden wird grundsätzlich nur noch die neue Rechtslage seit 1. 1. 2002 kommentiert. Für die Altfälle sei auf die Vorauf., dort Rdn. 237 ff. und auf die einschlägigen Kommentierungen zum alten Recht verwiesen.

**aa) Hemmung durch Stillhalteabkommen (§ 205 BGB).** § 205 BGB knüpft an die Vorschrift des § 202 BGB a. F. an, reduziert deren Inhalt jedoch erheblich. Der Gesetzgeber ist der Ansicht, dass bei der anfänglichen Stundung § 202 BGB a. F. neben § 199 Abs. 1 Nr. 1 BGB keine eigenständige Bedeutung mehr habe. Die nachträgliche Stundung enthalte dagegen ein Anerkenntnis, auf das § 212 Abs. 1 Nr. 1 BGB anzuwenden sei. Für die **Stundung** ist daher **kein eigenständiger Hemmungstatbestand** mehr vorgesehen. § 205 BGB regelt jedoch die Hemmung der Verjährung bei **Stillhalteabkommen** (pactum de non petendo), d. h. die Absprache zwischen Gläubiger und Schuldner, dass der Anspruch einstweilen nicht geltend gemacht werden soll.

---

[293] Vgl. hierzu *Parlandt/Heinrichs* BGB, 64. Aufl. Einf. V § 203 Rdn. 2.
[294] BGHZ 109, 220 = NJW 1990, 1365 = ZfBR 1990, 70 = BauR 1990, 212; BGH BauR 1990, 723, 725 = NJW-RR 1990, 1240 = ZfBR 1990, 724.
[295] Vgl. hierzu im Einzelnen *Heiermann/Riedl/Rusam* VOB/B § 13 Rdn. 91 sowie *Ingenstau/Korbion* VOB/B § 13 Nr. 4 Rdn. 201 ff.

## § 13 Nr. 4 Verjährungsfrist

238  Ein Stillhalteabkommen kann auch stillschweigend zustande kommen. Der Parteiwille muss darauf gerichtet sein, ein Leistungsverweigerungsrecht für den Schuldner zu begründen oder die Klagbarkeit der Forderung vorübergehend auszuschließen.[296] Die bloße Abrede, einen Prozess vorläufig nicht weiter zu betreiben, genügt nicht.[297] Ein Stillhalteabkommen kann auch vorliegen, wenn der Gläubiger seine Befriedigung zunächst aus einer erfüllungshalber abgetretenen Forderung suchen soll oder wenn ein Dritter auf Ersatz in Anspruch genommen werden soll.

239  Zu den Problemen bei einer Stundung vgl. Voraufl. *Motzke* § 13 Nr. 4 Rdn. 237–240.

240  *(Freibleibend)*

241  **bb) Verzicht auf die Einrede der Verjährung.** Dies ist die vor Ablauf der Verjährungsfrist abgegebene Erklärung des Unternehmers, sich auf den Ablauf der Verjährungsfrist über eine gewisse Zeit nicht berufen zu wollen. Eine solche Erklärung ist zulässig.[298] Abweichend vom früheren Recht ist nunmehr auch der vor Eintritt der Verjährung erklärte Verzicht wirksam. Bei einer ausdrücklichen Verzichtserklärung ist es wegen der Maßgeblichkeit der objektiven Erklärungsbedeutung gleichgültig, ob der Schuldner vom Verjährungseintritt Kenntnis hatte.[299] Durch den Verzicht wird die Forderung nicht unverjährbar. Grundsätzlich wird auch die Hemmung der Verjährung wegen schwebender Verhandlungen zwischen den Parteien durch die Erklärung, bis zu einem bestimmten Zeitpunkt auf die Erhebung der Einrede der Verjährung zu verzichten, grundsätzlich nicht berührt.[300]

242  **cc) Sonstige Hemmungstatbestände.** Kann der Unternehmer dem Mängelbeseitigungsverlangen die Einrede des Zurückbehaltungsrechts, des nicht erfüllten Vertrags oder der mangelnden Sicherheitsleistung entgegen halten, begründet dies keine Hemmung des Verjährungslaufs.

243  Die Hemmung wegen höherer Gewalt (§ 206 BGB) darf nicht mit den Tatbeständen verwechselt werden, die nach § 6 Nr. 2 lit. c oder § 7 VOB/B zur Verlängerung von Ausführungsfristen oder zum Übergang der Preis- und damit auch der Leistungsgefahr führen. Hindert höhere Gewalt den Unternehmer an der Mängelbeseitigung, führt dies nicht zur Hemmung der Verjährungsfrist nach § 206 BGB. Danach ist die Verjährung gehemmt, wenn der Auftraggeber innerhalb der Letzten 6 Monate der Verjährungsfrist infolge höherer Gewalt an der Rechtsverfolgung der Gewährleistungsansprüche verhindert ist. Schließen gewöhnliche oder außergewöhnliche Witterungsverhältnisse (z. B. wegen Unterschreitung bestimmter Temperaturen) die Durchführung von Nachbesserungsmaßnahmen an Beschichtungen oder Abdichtungen aus, wird nur der Unternehmer an der Vornahme sachgerechter Mängelbeseitigungsmaßnahmen gehindert, nicht aber der Besteller daran, die Verfolgung seiner Rechte wahrzunehmen, um eine Verjährungsunterbrechung zu erreichen.

244  Höhere Gewalt beeinträchtigt die Rechtsverfolgung, wenn die Verhinderung auf Ereignissen beruht, die auch durch äußerste, billigerweise zu erwartende Sorgfalt nicht vorausgesehen und verhütet werden konnte, weswegen schon das geringste Verschulden des Auftraggebers oder seiner Erfüllungsgehilfen höhere Gewalt ausschließt.[301] Die sonstigen Hemmungstatbestände aus dem Allgemeinen Teil des BGB, mit Ausnahme der Hemmung der Verjährung durch Rechtsverfolgung (§ 204), also gemäß §§ 207, 208 BGB spielen am Bau regelmäßig keine Rolle.

245  **dd) Hemmung nach § 203 BGB (§ 639 BGB a. F.).** § 639 Abs. 2 BGB a. F. begründete einen für die Praxis überaus wichtigen Hemmungstatbestand, der auch bei einem

---

[296] Vgl. *Palandt/Heinrichs* a. a. O. § 205 Rdn. 2 m. w. N.
[297] BGH NJW 1983, 2497.
[298] Vgl. BGH NJW 1973, 1690.
[299] Vgl. hierzu *Palandt/Heinrichs* § 202 Rdn. 3 a m. w. N.; vgl. auch BGHZ 83, 380, der die Wirksamkeit des Verzichts an einem objektiv nicht erkennbaren Motivirrtum des Erklärenden scheitern lassen wollte.
[300] Vgl. BGH NJW 2004, 1654.
[301] BGH NJW 1973, 698.

Verjährungsfrist § 13 Nr. 4

VOB-Bauvertrag galt.³⁰² Die Vorschrift des § 639 Abs. 2 BGB wurde mit Wirkung zum 1. 1. 2002 durch das Schuldrechtsmodernisierungsgesetz gestrichen. Gleiches gilt für den deliktsrechtlichen Hemmungstatbestand des § 852 Abs. 2 BGB a. F. Anstelle beider Vorschriften ist der allgemein gefasste § 203 BGB getreten. Streitig ist dabei, ob der bisher von § 639 Abs. 2 BGB erfasste Hemmungstatbestand in der Neuregelung des § 203 BGB vollständig aufgegangen ist oder der Auftraggeber möglicherweise schlechter gestellt wurde.³⁰³

Nach § 639 Abs. 2 BGB a. F. war die Verjährung gehemmt: 246

– Wenn der Auftragnehmer im Einverständnis mit dem Auftraggeber die Prüfung des Mangels vornahm,
– wenn der Auftragnehmer am Einverständnis mit dem Auftraggeber die Beseitigung des Mangels vornahm.

Demgegenüber verlangt § 203 S. 1 BGB für die Hemmung, dass *„zwischen dem Schuldner und dem Gläubiger Verhandlungen über den Anspruch oder die dem Anspruch begründenden Umstände schweben".*³⁰⁴ Daraus wird von einer verbreiteten Meinung gefolgert, dass die bisher im Rahmen des § 639 Abs. 2 BGB a. F. entschiedenen Fälle nicht unter § 203 BGB zu subsumieren sind.³⁰⁵

Das enge Verständnis des § 203 BGB ist abzulehnen. Das bloße „Schweben" von Verhandlungen ist gegenüber der einvernehmlichen Prüfung oder Beseitigung des Mangels im Rahmen des § 639 Abs. 2 BGB a. F. ein „Weniger".³⁰⁶ Demgemäß ist davon auszugehen, dass § 639 Abs. 2 BGB a. F. voll in § 203 BGB aufgegangen ist, so dass auf die Rechtsprechung zu § 639 Abs. 2 BGB a. F. zurückgegriffen werden kann. Dies hat nunmehr auch so der BGH klargestellt (vgl. Anm. 307). 246 a

**ee) Hemmung durch Verhandlung.** Der Begriff der Verhandlung ist weit auszulegen. Ausreichend ist jeder Meinungsaustausch über den Anspruch oder seine tatsächliche Grundlage zwischen Auftraggeber und Auftragnehmer, wenn nicht sofort erkennbar die Verhandlung abgelehnt wird.³⁰⁷ Es ist nicht erforderlich, dass der Auftragnehmer seine Bereitschaft zum Vergleich in Aussicht stellt oder erklärt. Ausreichend sind vielmehr Erklärungen, die zu der Annahme berechtigen, der Auftragnehmer lasse sich auf Verhandlungen über die Berechtigung des geltend gemachten Anspruches ein. Gehemmt ist dabei nur der Anspruch, über den verhandelt wird. Gegebenenfalls ist dies durch Auslegung zu ermitteln. Von wem die Initiative zum Meinungsaustausch ausgeht, ist jedoch ohne Bedeutung. Die Verhandlungen können schriftlich, telefonisch, in Gesprächsrunden oder auf sonstige Weise geführt werden. Auch längere Zwischenräume schaden nicht, solange nicht feststeht, dass der Meinungsaustausch von einer Partei für beendet angesehen wird oder nach Treu und Glauben keine Fortsetzung des Gesprächs erwartet werden kann. Ausreichend kann auch die Ankündigung sein, auf die Sache nochmals zurückkommen zu wollen, ebenso die Bitte des Auftragnehmers, die Mangelerscheinungen noch näher zu schildern. Im Übrigen gilt § 203 BGB nur, wenn die Verhandlungen zwischen den Parteien geführt werden. Architekt und/oder Bauleiter sind nur dann Verhandlungsbevollmächtigte des Auftraggebers, wenn er sie mit einer über die übliche Vollmacht hinausreichenden Vollmacht zur Verhandlungsführung bevollmächtigt hat. Die Hemmung erstreckt sich regelmäßig auf alle Mängelrechte, die dem Auftraggeber aus dem verhandelten Mängelkomplex zustehen.³⁰⁸ 246 b

---

³⁰² BGH BauR 1977, 348, 349.
³⁰³ Vgl. hierzu auch *Weyer* NZBau 2002, 366/368.
³⁰⁴ Vgl. *Weyer* in *Kapellmann/Messerschmidt* VOB/B § 13 Rdn. 144.
³⁰⁵ Vgl. *Werner/Pastor*, 11. Aufl. Rdn. 2417 mit weiterer Differenzierung, dass dies dann in Betracht kommen kann, wenn die Prüfung des Vorhandensein des Mangels oder die Beseitigung des Mangels im Einzelnen mit Verhandlungen gemäß § 203 BGB zusammenfallen; vgl. ferner auch *Sienz* BauR 2002, 181 ff.; *Lenkeit* BauR 2002, 196 ff. A. A. etwa *Weyer* NZBau 2002, 366; *Menkowski/Höpker* MDR 2004, 721/723; *Wirth* in *Ingenstau/Korbion* VOB/B § 13 Nr. 4 Rdn. 214; *Donner* in *Franke/Kemper/Zanner/Grünhagen* VOB/B § 13 Rdn. 100 wohl auch *Merl* in *Kleine-Möller/Mehrl* § 12 Rdn. 1203–1206.
³⁰⁶ So *Wirth* in *Ingenstau/Korbion* VOB/B § 13 Nr. 4 Rdn. 214. Vgl. auch BGH VII ZR 194/05.
³⁰⁷ BGH NJW-RR 2001, 1168, BGH VII ZR 194/05.
³⁰⁸ Vgl. im Einzelnen *Merl* in *Kleine-Möller/Merl* § 12 Rdn. 1204 m. w. N.

**247** **ff) Hemmung durch Prüfung des Mangels.** Da nach dem oben Gesagten (Rdn. 246 a) die früher in § 639 Abs. 2 BGB a. F. gefassten Fälle für die Praxis am Bau weiterhin von Bedeutung sind, sei hierzu nochmals eingehend auf folgendes verwiesen. Verjährungshemmend ist allein die Prüfung durch den Unternehmer; eine Prüfung durch den Bauherrn/Besteller ist ohne Hemmungswirkung. Wird ein Dritter zur Prüfung des Mangels eingeschaltet, ist es deshalb geboten, dessen Tätigkeit zuzurechnen. Nur die Zurechnung zu Lasten des Unternehmers vermag den Hemmungstatbestand auszulösen. Geht die prüfende Tätigkeit sowohl auf den Unternehmer als auch den Besteller zurück, reicht dies jedoch für die Hemmung aus. Hemmungswirkung entfaltet sowohl die baufachliche als auch die rechtliche Prüfung hinsichtlich der Einstandspflicht des Unternehmers. Prüfungsgegenstand muss grundsätzlich das eigene Werk des Unternehmers sein.

**248** Die **Fremdprüfung** z. B. durch ein Labor oder einen Sachverständigen, reicht aus, wenn diese vom Unternehmer mitgetragen wird. § 639 Abs. 2 BGB a. F. sprach zwar von der Prüfung durch den Unternehmer, verlangt dabei jedoch nicht die Vornahme in Person.[309] So hat eine Vereinbarung zwischen Unternehmer und Besteller, ein Jahr lang Beobachtungen und Messungen der Senkungen eines Hallenfußbodens durch einen Vermesser vornehmen zu lassen, verjährungshemmende Wirkung.[310] Wer dann im Einzelnen den Vertrag mit dem Sachverständigen schließt, ist von sekundärer Bedeutung. Bei vereinbarter Fremdprüfung entfaltet bereits das Einvernehmen der Vertragspartner hierüber Hemmungswirkung. Die Beweggründe, von denen sich der Unternehmer bei der Prüfung leiten lässt, sind für die Rechtsfolgen bedeutungslos, wenn nur die Prüfung das eigene Werk betrifft.

**249** Die Verjährung wird auch durch eine Prüfung der rechtlichen Einstandsvoraussetzungen durch den Unternehmer gehemmt. Die Frage, ob der Unternehmer für den behaupteten Mangel rechtlich einzustehen hat, gehört grundsätzlich zur Prüfung. Es genügt, wenn der Unternehmer die Mängelanzeige des Bestellers seiner **Haftpflichtversicherung** zur weiteren Veranlassung zuleitet, wenn damit das Ansinnen an die Versicherung verbunden ist, auf Grund der Anzeige des Schadensfalles zu klären, ob die Mängel vorliegen und der Unternehmer dafür einzustehen hat.[311]

**250** Auch die **baufachliche Prüfung** ob das Werk des Unternehmers einen Mangel aufweist, kann im Einvernehmen mit dem Besteller einem **Sachverständigen** in Auftrag gegeben werden.[312] Die Verjährungshemmung tritt dann bereits mit dem Einvernehmen der Vertragspartner über diese Verfahrensweise und nicht erst mit der später nachfolgenden Auftragserteilung an den Sachverständigen ein.[313] Die Drittprüfung wirkt als Hemmungstatbestand jedoch nur zu Lasten des Unternehmers, der zumindest die Initiative für die Einschaltung des Dritten mitgetragen hat. Sind dies mehrere Unternehmer, tritt die Hemmungswirkung gegen jeden von ihnen ein.[314] Eine bloße Beteiligung an einer Ortsbesichtigung eines Sachverständigen, den allein der Besteller zugezogen hat, reicht zur Hemmung nicht aus.[315]

**251** Grundsätzlich muss der Unternehmer sein Werk prüfen oder durch einen Dritten prüfen lassen.[316] Die Prüfung des Werks eines anderen reicht nur aus, wenn der Prüfungsgang das Werk des Unternehmers einschließt und der Unternehmer auch damit rechnen muss, dass der Besteller von ihm auch die Prüfung des eigenen Werks erwartet.[317]

---

[309] BGH NJW 1978, 2393 = BauR 1978, 405.
[310] BGH NJW 1974, 214, 215.
[311] BGH NJW 1983, 163 = BauR 1983, 87 = *Schäfer/Finnern/Hochstein* Nr. 5 zu § 639 BGB. Vgl. hierzu differenzierend Merl in *Kleine-Möller/Merl* § 12 Rdn. 1204 sowie *Weyer* in *Kapellmann/Messerschmidt* VOB/B § 13 Rdn. 145 (Verjährungshemmung bereits bei der Mitteilung, dass der Schaden an die Versicherung gemeldet wurde).
[312] BGHZ 72, 257 = BauR 1979, 76, 78 = NJW 1979, 214 = ZfBR 1979, 29.
[313] BGHZ 72, 257 = BauR 1979, 76, 78 = NJW 1979, 214 = ZfBR 1979, 29.
[314] BGH Schäfer/Finnern/Hochstein Z 3.01 Bl. 253.
[315] BGH NJW 1967, 340, 341.
[316] BGH NJW 1978, 2393 = *Schäfer/Finnern/Hochstein* Nr. 2 zu § 639 BGB = BauR 1978, 405.
[317] BGH NJW 1978, 2393 = BauR 1978, 405: Architekt prüft Werk und sucht die Ursachen allein beim Unternehmer, prüft aber objektiv, wie von ihm erwartet, auch sein eigenes Werk.

Die **Hemmungswirkung** knüpft bei gleichgültiger Motivation des Unternehmers allein 252
am Prüfungsvorgang an; ob der Unternehmer die Prüfung aus Entgegenkommen vornimmt/veranlasst oder gar als Kulanz bezeichnet, beeinflusst die Rechtswirkungen nicht. Was der BGH insoweit zur Hemmungswirkung bei der Nachbesserung ausgeführt hat,[318] gilt auch für die Prüfung auf das Vorhandensein eines Mangels als Hemmungstatbestand. Ohne Auswirkungen ist das Ergebnis der Prüfung, was auch dann gilt, wenn sich der Mangel als nicht nachbesserungsfähig herausstellt.[319] In diesem Fall beschränkt sich die Hemmungswirkung auf den Minderungsanspruch, der nach § 13 Nr. 6 VOB/B gerade die Unmöglichkeit der Mängelbeseitigung voraussetzt.

Die Prüfung des Vorhandenseins des Mangels als Hemmungstatbestand muss im Zusammenhang mit der Rechtsprechung des BGH[320] gesehen werden, wonach der Unternehmer 253
auf Rüge bestimmter Mangelerscheinungen in folgender Weise tätig zu werden hat: „Der Auftragnehmer hat dann zu prüfen, worauf der Schaden zurückzuführen ist und inwieweit sein Werk mangelhaft sei. Erst die Prüfung durch den Auftragnehmer oder einen Sachverständigen ergibt den Umfang der Mängelbeseitigungspflicht." Damit wird vom Unternehmer regelmäßig erwartet, dass er den Hemmungstatbestand durch Ursachenprüfung setzt,[321] was jedoch kein einseitiges, sondern ein mit dem Besteller abgestimmtes Vorgehen voraussetzt.

Die **Hemmungswirkung** tritt bei einer Mehrheit von Berechtigten (Bestellern) und 254
Verpflichteten (Unternehmern) grundsätzlich nur im Verhältnis der Beteiligten ein, in welchem die Hemmungsvoraussetzungen vorliegen.[322] Das beinhaltet die Beschränkung auf das jeweilige **Bauvertragsverhältnis**.[323] Haben es mehrere Unternehmer jedoch nicht nebeneinander, sondern gemeinsam übernommen, ein einheitliches Werk zu erstellen, sind sie auch gemeinsam verpflichtet, beim Auftreten von Mängeln diesen auf den Grund zu gehen. In einem solchen Fall hat die Hemmung durch Prüfung des Vorhandenseins durch bloß einen Unternehmer entgegen § 425 BGB keine Einzelwirkung, sondern **Gesamtwirkung**.[324]

Nach dem neuen § 203 BGB ist entgegen dem früheren § 639 Abs. 2 BGB a. F. ein 255
ernsthafter Prüfungs- oder Beseitigungswille des Auftragnehmers nicht mehr notwendig. Ausreichend sind auch die bloß vorgetäuschte Gesprächsbereitschaft.[325] Soweit im Rahmen des § 203 BGB eine Hemmung wegen Prüfung des Mangels als ein „Mehr" zu bloßen Verhandlungen entsteht, ist regelmäßig auch das Kriterium des Einverständnisses mit dem Auftraggeber (§ 639 Abs. 2 BGB a. F.) obsolet.

**gg) Hemmung durch Mängelbeseitigungsmaßnahmen.** Auch die Beseitigung von 256–260
Mängeln kann im Rahmen des § 203 BGB zur Hemmung führen.[326] Auch deshalb hierzu nochmals die Grundzüge der früheren Rechtsprechung zu § 639 BGB a. F. Unterzieht sich der Unternehmer im Einverständnis mit dem Besteller der Beseitigung des Mangels, begründet dies gleichfalls die Hemmung der Verjährung. Beide Alternativen können nacheinander eintreten und ineinander übergehen. Schließt sich die Mängelbeseitigungsmaßnahme der Prüfung an, bleibt die Hemmung erhalten. Die Hemmung ist vom Erfolg der Maßnahme unabhängig, sodass auch **untaugliche Beseitigungsversuche,** die sich ohne Kenntnis der eigentlichen Mangelursache lediglich am äußeren Erscheinungsbild orientieren, verjährungshemmende Wirkung haben.[327] Ausschlaggebend für die Hemmungswir-

---

[318] BGH BauR 1977, 348, 349; BGHZ 99, 160 = BauR 1987, 205 = ZfBR 1987, 73, 74 = NJW 1987, 837.
[319] BGH BauR 1983, 87, 89 = NJW 1983, 162.
[320] BauR 1987, 84, 85 = NJW 1987, 381 = ZfBR 1987, 37.
[321] Vgl. auch BGH BauR 1987, 443, 444 = NJW 1987, 798 = ZfBR 1987, 188.
[322] *Usinger* NJW 1982, 1021, 1022.
[323] BGH BauR 1994, 103, 104 = NJW-RR 1994, 373 = ZfBR 1994, 17.
[324] BGH BauR 1994, 103, 104 = NJW-RR 1994, 373 = ZfBR 1994, 17.
[325] Vgl. *Wirth* in *Ingenstau/Korbion* VOB/B § 13 Rdn. 221/222 und *Merl* in *Kleine-Möller/Merl* § 12 Rdn. 1204.
[326] Vgl. *Merl* in *Kleine-Möller/Merl* § 12 Rdn. 1204.
[327] BGHZ 99, 160 = NJW 1987, 837 = ZfBR 1987, 73 = BauR 1987, 205, 206; BGH NJW 1967, 2005 = MDR 1967, 831.

**261** Die Deklarierung einer auf die Mängelbeseitigung abzielenden Maßnahme als bloße Kulanzleistung schließt die Hemmung nicht aus.[328] Will der Auftragnehmer mit der Mängelbeseitigung lediglich die Voraussetzungen für die Zwangsvollstreckung aus einer Zug-um-Zug-Verurteilung schaffen (Zahlung der noch offenen Vergütung nur nach Mängelbeseitigung), erfüllt auch dieses Verhalten den Hemmungstatbestand.[329] Darüber, ob in der Vornahme von Mängelbeseitigungsmaßnahmen auch ein Anerkenntnis nach § 212 Abs. 1 Nr. 1 BGB mit Verjährung unterbrechender Wirkung gesehen werden kann, besteht Streit (vgl. dazu Rdn. 277 ff.). Grundsätzlich beschränkt sich die hemmende Wirkung der Mängelbeseitigungsmaßnahme auf den die Leistung erbringenden Unternehmer. Wenn allerdings mehrere Unternehmer es gemeinsam übernehmen, ein Werk einheitlich zu konzipieren und zu errichten, muss der eine Unternehmer die den Fristenlauf hemmenden Nachbesserungsversuche des anderen auch gegen sich wirken lassen.[330]

**262** Anders ist die Lage, wenn sich **verschiedene Unternehmer** nebeneinander zu verschiedenen Werkleistungen verpflichten, deren Gesamtheit erst das letzten Endes angestrebte Werk darstellt. Bei einer solchen, mehrere Verträge umfassenden Gestaltung wirkt der die Verjährung hemmende Umstand regelmäßig nur gegenüber demjenigen Auftragnehmer, in dessen Person er vorliegt.[331] Bei gemeinsamer übernommener Verpflichtung zur Erstellung eines einheitlichen Werkes besteht demgegenüber auch eine gemeinsame Verpflichtung zur Auffindung der Fehler und zu deren Behebung. Das rechtfertigt, die in § 425 BGB zugrunde gelegte Einzelbetrachtung jedes Schuldverhältnisses zu verneinen und eine Gesamtwirkung der verjährungshemmenden Mängelbeseitigungsmaßnahmen zu bejahen.

**263** hh) Hemmung durch Mängelbeseitigungsversprechen. Über den Wortlaut der Vorschrift des § 639 Abs. 2 BGB a. F. hinausgehend, sah der BGH[332] auch im vergleichsweise übernommenen Mängelbeseitigungsversprechen einen Hemmungstatbestand. Der BGH hat ausgeführt, infolge des Einverständnisses, mit welchem sich der Unternehmer zur Mängelbeseitigung verpflichtete, sei die Verjährung gemäß § 639 Abs. 2 BGB a. F. so lange gehemmt gewesen, bis der Unternehmer eine Nachbesserung endgültig verweigere. Die **Zusage von Mängelbeseitigungsarbeiten** kann jedoch ein Anerkenntnis nach § 212 Abs. 1 Nr. 1 BGB beinhalten und damit sogar zum Neubeginn der Verjährung führen (vgl. dazu Rdn. 277 ff.). Die einverständlich übernommene Verpflichtung zur Mängelbeseitigung begründet bei einer Wortauslegung des § 639 Abs. 2 BGB a. F. keinen Hemmungstatbestand, sondern ein Anerkenntnis nach § 212 Abs. 1 Nr. 1 BGB. Denn das in § 639 Abs. 2 BGB a. F. geregelte Einverständnis betrifft allein die Prüfung des Vorhandenseins des Mangels oder die Mängelbeseitigung selbst und hat das bloße Mängelbeseitigungsversprechen nicht zum Gegenstand; unterzieht sich der Unternehmer der Mängelbeseitigung durch eine bestimmte Methode, ist die Hemmungswirkung vom Einverständnis des Bestellers mit diesem konkreten Vorgehen unabhängig.

**264** ii) Ende der Hemmungswirkung. Die Hemmung endet grundsätzlich durch Verweigerung **der Fortsetzung von Verhandlungen.** Dies setzt ein klares und eindeutiges Verhalten voraus. Etwa, dass der Auftragnehmer dem Auftraggeber das Ergebnis der Prüfung mitteilt und dies mit der Weigerung der Nacherfüllung verbindet.[333] Schließt sich jedoch die Beseitigung des Mangels oder ein Versuch der Beseitigung an eine Prüfung an, wird dadurch

---

[328] BGHZ 99, 160 = NJW 1987, 837 = ZfBR 1987, 73 = BauR 1987, 205.
[329] BGH BauR 1990, 356 = NJW 1990, 1472 = ZfBR 1990, 172 = BGHZ 110, 99.
[330] BGH BauR 1994, 103, 104/105 = NJW-RR 1994, 373 = ZfBR 1994, 17.
[331] BGH BauR 1994, 103, 104 = NJW-RR 1994, 373 = ZfBR 1994, 17.
[332] BauR 1987, 692, 693 = NJW-RR 1987, 1426 = ZfBR 1987, 273.
[333] OLG Schleswig BauR 1995, 101 = NJW-RR 1995, 1171.

Verjährungsfrist **§ 13 Nr. 4**

die Hemmung fortgesetzt. Die Verjährungshemmung ist auch beendet, wenn der Auftragnehmer gegenüber dem Auftraggeber den Mangel für beseitigt erklärt. Hierfür soll eine Freistellungserklärung notwendig sein.[334] Unerheblich ist, ob der Mangel tatsächlich beseitigt ist, der Auftraggeber muss also nach Erhalt der Erklärung feststellen, ob die Nacherfüllung auch tatsächlich erfolgt ist um der Gefahr der Verjährung seiner Mängelansprüche entgegenzuwirken. Allerdings ist die Nacherfüllungsleistung nach § 13 Nr. 5 Abs. 1 S. 3 VOB/B abzunehmen. Wenn zeitlich nacheinander mehrfach nach Erfüllung Versuche abgestellt werden, kann die Hemmung auch durchlaufend vom ersten bis zum letzten Nacherfüllungsversuch gegeben sein.[335]

Kein Ende der Hemmung liegt vor, wenn der Erfolg der Nacherfüllung nach Übereinkunft der Vertragspartnern noch abgewartet werden soll.[336] 265

Werden die Verhandlungen von den Parteien nicht mehr fortgeführt und „schlafen ein", 266
so sind sie in dem Zeitpunkt beendet, in dem der nächste Schritt nach Treu und Glauben zu erwarten gewesen wäre.[337]

*(Freibleibend)* 267–271

Nach allgemeinen Darlegungs- und Beweislastregeln ist der Unternehmer für das Ende 272
der Hemmungswirkung darlegungs- und beweisbelastet.[338] Für die Hemmung selbst ist derjenige darlegungs- und beweisbelastet, der sich darauf beruft, also der Besteller.

**jj) Umfang der Hemmungswirkung.** Der Umfang der Hemmungswirkung bestimmt 273
sich nach subjektiven und objektiven Grenzen. Regelmäßig wirkt der die Verjährung hemmende Umstand nur gegenüber demjenigen Auftragnehmer, in dessen Person der Hemmungstatbestand vorliegt.[339] Haben sich mehrere Unternehmer nicht nebeneinander, sondern gemeinsam zu Erstellung eines einheitlichen Werkes verpflichtet, wird die Einzelwirkung eines Hemmungstatbestandes in der Person eines dieser Unternehmer durch die Gesamtwirkung ersetzt. Die in § 425 BGB zum Ausdruck kommende Einzelwirkung verliert ihre Berechtigung, da bei einer Gesamtverpflichtung zur Erstellung auch eine Gesamtverpflichtung zur Fehlerüberprüfung besteht.

Objektiv beschränkt sich die Hemmungswirkung nicht auf das geprüfte Mangelbild. 274
Maßgeblich ist der der Werkleistung anhaftende Mangel selbst.[340] Bedeutungslos sind auch die Art und Weise der Untersuchung und das Untersuchungsergebnis. Entscheidend ist gemäß der sogenannten **Symptom-Rechtsprechung** des Bundesgerichtshofs[341] die wahre Ursache des Mangels. Die Tragweite der Hemmung der Verjährung, wenn der Unternehmer das Vorhandensein des Mangels prüft oder den Mangel zu beseitigen versucht, richtet sich nicht nach den jeweils zutage getretenen Mangelerscheinungen, sondern nach der Werkleistung anhaftenden **Mängeln selbst**, soweit sie Ursache der aufgetretenen Mangelerscheinungen sind. Denn die in § 203 BGB enthaltenen Hemmungstatbestände betreffen nicht bloß die Mangelerscheinung, die die Beteiligten vielleicht allein im Auge haben, sondern den Mangel selbst, der in den betreffenden Erscheinungen zutage tritt. Prüfung und Beseitigung dürfen sich als vertragliche Pflichten nicht auf die gerade bekannten Mangelbilder beschränken, sondern haben sich auf den **Fehler selbst** zu beziehen.[342] Die punktuelle Untersuchung je verschiedener Mängel an verschiedenen Objekten kann zu einer

---

[334] Vgl. Wirth in *Ingenstau/Korbion* VOB/B § 13 Nr. 4 Rdn. 226 unter Verweis auf OLG Düsseldorf BauR 1993, 747.
[335] Vgl. dazu BGH SFH Z 2414 Bl. 243 ff.
[336] BGH BauR 1971, 54; OLG Düsseldorf NJW-RR 1995, 532/534.
[337] BGH NJW 1986, 1337.
[338] BGH BauR 1977, 348; BGH BauR 1994, 103, 104 = NJW-RR 1994, 373 = ZfBR 1994, 17.
[339] BGH BauR 1994, 103, 104 = NJW-RR 1994, 373 = ZfBR 1994, 17.
[340] BGH BauR 1989, 603, 604 = NJW-RR 1989, 979 = ZfBR 1980, 202; BGHZ 110, 99 = NJW 1990, 1472 = ZfBR 1990, 172 = BauR 1990, 356, 357.
[341] BGH BauR 1989, 606 = NJW 1989, 2754 = ZfBR 1989, 215; BauR 1989, 603; BauR 1989, 81; BauR 1989, 79; BauR 1987, 207, 208 = NJW-RR 1987, 336 = ZfBR 1987, 71; BauR 1987, 84 = NJW 1987, 381 = ZfBR 1987, 37.
[342] BGH BauR 1989, 603, 604 = NJW-RR 1989, 979 = ZfBR 1989, 202.

einheitlichen Hemmung bezüglich sämtlicher Mängel an allen Objekten führen, wenn es sich dabei um ein einheitliches Werk handelt.[343]

275    c) **Neubeginn des Fristenlaufs.** Anstelle der früheren „Unterbrechung" spricht das Gesetz nunmehr von „Neubeginn der Verjährung". Damit regelt der Neubeginn der Verjährung die Verjährung ebenso wie die früheren Unterbrechenstatbestände, die gemäß § 217 BGB a. F. bestimmen, dass die bis zur Unterbrechung verstrichene Zeit nicht in Betracht kommt.

276    Abgesehen von der einem Neubeginn vergleichbaren schriftlichen Mängelrüge (§ 13 Nr. 5 Abs. 1 Satz 2 VOB/B) und der die gleiche Wirkung auslösenden Abnahme der Mängelbeseitigungsarbeiten (§ 13 Nr. 5 Abs. 1 Satz 3) ergeben sich die Tatbestände des Neubeginns der Verjährung aus § 212 BGB. Der Neubeginnstatbestand muss innerhalb der noch offenen Verjährungsfrist liegen.[344] Dies ist anders nur bei § 13 Nr. 5 Satz 3 VOB/B. Denn zu dem mit der Abnahme der Mängelbeseitigungsleistungen verbundenen neuen Fristenlauf kommt es auch dann, wenn der Unternehmer sich nach Ablauf der Gewährleistungsfrist zur Mängelbeseitigung entschließt, also entgegenkommenderweise die Berufung auf den bereits eingetretenen Ablauf der Gewährleistungsfrist unterbleibt.[345] Die Mängelbeseitigungsleistung wird als Erfüllungshandlung verselbständigt und nach ihrer Abnahme einer eigenen Gewährleistungsregelung mit neuer Verjährungsfrist unterworfen.

277    aa) **Neubeginn durch Anerkenntnis.** § 212 Abs. 1 Nr. 1 BGB fordert kein rechtsgeschäftliches Anerkenntnis i. S. v. § 781 BGB. Hierfür ist ein tatsächliches Verhalten des Auftragnehmers gegenüber dem Besteller ausreichend, wenn sich klar und unzweideutig ergibt, dass dem Schuldner das Bestehen seiner Schuld bewusst ist und der Berechtigte angesichts dessen darauf vertrauen darf, dass sich der Schuldner nicht nach Ablauf der Verjährungsfrist alsbald auf den Eintritt der Verjährung berufen wird.[346] Soll in einem Leistungsversprechen oder Leistungsanerbieten ein Anerkenntnis liege, darf dem nicht nur Kulanz oder die Absicht zugrunde liegen, einen Streit beizulegen, vielmehr muss das Wissen des Schuldners klar zum Ausdruck kommen, zu etwas verpflichtet zu sein.[347] Schlüssiges Verhalten genügt, sofern die festzustellenden Umstände des Einzelfalles über dessen Bedeutung keinen Zweifel lassen.[348]

278    In einem Anerbieten einer Minderung „für schlechte Bodenfliesen sowie deren unebene und zum Teil unsachgemäße Verlegung" hat der BGH das uneingeschränkte Anerkenntnis eines bestehenden Gewährleistungsanspruchs gesehen.[349] Verspricht ein Bauträger den Erwerbern, den beteiligten Handwerkern einschlägige Teile eines eingeholten Gutachtens und das Ergebnis von eigenen Mängelaufnahmen zuzusenden und die Mängelbeseitigung in einem bestimmten Zeitraum vorzunehmen, liegt hierin gleichfalls ein Anerkenntnis.[350] Kommt lediglich zum Ausdruck, sich um die Mängelbeseitigung bemühen zu wollen, reicht dies für einen Unterbrechungstatbestand nach § 212 Abs. 1 Nr. 1 BGB nicht aus. Die Erklärung muss als Ausdruck der dem Auftragnehmer obliegenden Gewährleistungspflicht zu verstehen sein. Verpflichtet sich der Auftragnehmer als Reaktion auf Mängelrügen hin zur Mängelbeseitigung, worin nichts anderes als ein Anerbieten zur Mängelbeseitigung zu sehen ist, liegt hierin gleichfalls ein Anerkenntnis.[351]

---

[343] BGH BauR 1987, 443, 444 = NJW 1987, 798 = ZfBR 1987, 188.
[344] BGH NJW-RR 1987, 289.
[345] BGH BauR 1989, 606 = NJW 1989, 2754 = ZfBR 1989, 215.
[346] BGH BauR 1988, 465 = NJW 1988, 1259 = ZfBR 1988, 212; BGH BauR 1994, 103 = ZfBR 1994, 17.
[347] BGH BauR 1988, 465 = NJW 1988, 1259 = ZfBR 1988, 212; BGH BauR 1994, 103 = ZfBR 1994, 17.
[348] BGH BauR 1988, 465; NJW 1985, 2945, 2946.
[349] BGHZ 110, 99 = NJW 1990, 1472 = ZfBR 1990, 172 = BauR 1990, 356, 357.
[350] BGH BauR 1988, 465, 467 = NJW 1988, 1259 = ZfBR 1988, 212.
[351] BGH BauR 1987, 692 = NJW-RR 1987, 1426 = ZfBR 1987, 273.

Verjährungsfrist § 13 Nr. 4

Problematisch ist, ob in der **Vornahme der Mängelbeseitigung** selbst ein Anerkenntnis 279 liegt. Nach OLG Hamm[352] kann in Nachbesserungsversuchen nach den Einzelfallumständen ein die Verjährung unterbrechendes Anerkenntnis zu sehen sein. *Soergel*[353] bejahte daher den früheren Unterbrechungstatbestand durch Vornahme der Mängelbeseitigung auf der Grundlage eines Erst-Recht-Schlusses: Wenn schon anerkennende Erklärungen einen Unterbrechungstatbestand begründen, um wieviel mehr müsse dies dann bei tatsächlich bewirkter Mängelbeseitigung der Fall sein. Deshalb beginne für die Mängelbeseitigungsleistung die Verjährungsfrist neu zu laufen.[354]

Der **Erst-Recht-Schluss** ist problematisch, weil im Leistungsversprechen ein Anerken- 280 nen liegt, nicht aber in der Mängelbeseitigung selbst, die zur Erfüllung des Nachbesserungsanspruchs und damit dessen Erlöschen führt. Der BGH (7. Zivilsenat)[355] hat in **Nachbesserungsarbeiten** über die Hemmungswirkung hinaus, die sich aus § 639 Abs. 2 BGB a. F. ergäbe, ein verjährungsunterbrechendes Anerkenntnis daher nur dann gesehen, wenn sich aus dem tatsächlichen Verhalten des Schuldners gegenüber dem Auftraggeber klar und unzweideutig ergibt, dass dem Schuldner das Bestehen seiner Schuld bewusst ist und angesichts dessen der Berechtigte darauf vertrauen darf, dass sich der Unternehmer nicht nach Ablauf der Verjährungsfrist alsbald auf die Verjährung berufen wird. Zugunsten einer an den Umständen des Einzelfalles ausgerichteten Beurteilung hat sich der 8. Zivilsenat entschieden[356] und ein Nebeneinander von Hemmungs- und Unterbrechungstatbestand durch Mängelbeseitigung angenommen, wenn die Leistung nicht bloß aus **Kulanz** erfolgt.

Bei dem Anerkenntnis im Sinne von § 212 Abs. 1 Nr. 1 BGB handelt es sich **nicht** um 281 eine empfangsbedürftige Willenserklärung. Insoweit genügt vielmehr jedes zur Kenntnisnahme des Berechtigten bestimmte und geeignete Verhalten.[357] Ein die Verjährung unterbrechendes Anerkenntnis liegt schon dann vor, wenn es auch nur dem Grunde nach erfolgt.[358]

*(Freibleibend)* 291–293

Im Einzelfall ist bei Vornahme von Mängelbeseitigungsarbeiten deren Stadium zu prüfen; 294 sind die Maßnahmen noch nicht über die Prüfung des Vorhandenseins des Mangels und seiner Ursachen hinausgegangen, kommt allein die Hemmungswirkung nach § 203 BGB in Betracht. Hat die Prüfung zu dem Ergebnis geführt, dass der Unternehmer für den Mangel verantwortlich ist, und erfolgt der Eintritt in die Mängelbeseitigungsmaßnahme, kann darin regelmäßig ein Anerkenntnis nach § 212 Abs. 1 Nr. 1 BGB liegen. Solange der Unternehmer nachbessert, ohne seine Verantwortlichkeit und damit die **Zurechenbarkeit** der Mangelerscheinung zu seinen Lasten zu kennen, scheidet ein Anerkenntnis aus. Denn das Bewusstsein des Unternehmers an dem Mangel „Schuld zu sein", was die Voraussetzung für das Anerkenntnis ist,[359] setzt die **Kenntnis über die Zurechnungszusammenhänge** voraus oder wenigstens das Vorliegen solcher Fakten, denen sich der Unternehmer eigentlich nicht verschließen kann.

Gegenständlich beschränkt sich der Neubeginn der Verjährung bei einem Anerkenntnis 295 nach § 212 Abs. 1 Nr. 1 BGB nicht auf die Mangelerscheinung, sondern bezieht sich auf den **Mangel selbst** und damit die Fehler, die Ursachen der anerkannten Erscheinung sind.[360] Mangels Kenntnis der Ursachen und Zusammenhänge können sich die Beteiligten in ihren Erklärungen und Maßnahmen nur über die ihnen bekannten Mangelerscheinungen

---

[352] MDR 1990, 243; vgl. auch OLG Düsseldorf BauR 1996, 114 = NJW-RR 1995, 1232; OLG Schleswig NJW-RR 1995, 1171.
[353] MünchKomm/*Soergel* § 639 Rdn. 3.
[354] Vgl. dazu auch *Nettesheim* BB 1982, 1022; *Usinger* NJW 1982, 1021 und *Thamm* BB 1988, 1477.
[355] BauR 1994, 103 = ZfBR 1994, 17 = NJW-RR 1994, 373; BauR 1988, 465 = NJW 1988, 1259 = ZfBR 1988, 212.
[356] BGH NJW 1988, 254.
[357] BGH NJW 1988, 254.
[358] BGH WM 1975, 559.
[359] BGH BauR 1994, 103 = NJW-RR 1994, 373 = ZfBR 1994, 17.
[360] BGHZ 110, 99 = NJW 1990, 1472 = ZfBR 1990, 172 = BauR 1990, 356, 357.

verständigen, was jedoch keine Beschränkung der Unterbrechungswirkung auf das Mangelbild bewirkt. Erkennt der Unternehmer seine Verantwortung für bestimmte Mangelerscheinungen an, ist das grundsätzlich geeignet, die Verjährung hinsichtlich der Schadensursachen zu unterbrechen, auf denen diese Mangelerscheinungen beruhen.[361] Das Anerkenntnis, für einen Mangel verantwortlich zu sein unterbricht den Fristenlauf für sämtliche in § 13 enthaltene Gewährleistungsansprüche.[362]

295 a  **bb) Neubeginn durch Beantragung oder Vornahme einer gerichtlichen oder behördlichen Vollstreckungshandlung.** Gem. § 212 Abs. 1 Nr. 2 BGB beginnt die Verjährung erneut, wenn eine gerichtliche oder behördliche Vollstreckungshandlung vorgenommen oder beantragt wird. Dies gilt jedoch bei der Vollstreckungshandlung gem. § 212 Abs. 2 BGB dann nicht, wenn sie auf Antrag des Gläubigers oder wegen Mangels der gesetzlichen Voraussetzung aufgehoben wird. Gem. § 212 Abs. 3 BGB gilt der Neubeginn der Verjährung als nicht eingetreten, wenn dem Antrag auf Vornahme der Vollstreckungshandlung nicht stattgegeben oder er vor Beginn der Vollstreckungshandlung zurückgenommen wird. Vollstreckungshandlungen sind alle das Vollstreckungsverfahren fördernde Maßnahmen wie etwa die Anordnung der Zwangsversteigerung, die Bestimmung eines Versteigerungstermins, die Festsetzung des geringsten Gebots, der Beitritt zum Versteigerungsverfahren, die Durchführung des Termins und die Entscheidung über den Zuschlag.[363] Keine Vollstreckungshandlungen sind dagegen einstweilige Verfügung, Arrestbefehle oder die Anträge auf deren Erlass.[364]

296  **d) Hemmung durch Rechtsverfolgung.** § 204 BGB regelt die Fälle der Hemmung durch Rechtsverfolgung.

**aa) Hemmung durch gerichtliche Geltendmachung nach § 204 Nr. 1 BGB.** Die Klage auf Nachbesserung oder auf Kostenvorschuss unter den in § 13 Nr. 5 Abs. 2 VOB/B genannten Voraussetzungen hemmt nach § 204 Abs. 1 Nr. 1 BGB den Lauf der Verjährung. Bezüglich des Umfangs der Hemmungswirkung erfasst die Vorschussklage nicht nur die in der Klage bezeichneten Mangelerscheinungen, sondern den gegenständlich hinsichtlich sämtlicher Ursachen (Mängel selbst) ein, soweit sie kausal für die in der Vorschussklage angegebenen Mangelerscheinungen sind. Die verjährungshemmende Wirkung beschränkt sich auch betragsmäßig nicht auf den eingeklagten Vorschussbetrag, was aus dem Abrechnungsgebot folgt.[365] Damit gleicht die Vorschussklage einer unbezifferten Leistungsklage, weswegen sich die Erhebung einer Feststellungsklage hinsichtlich einer eventuell weitergehenden Zahlungsverpflichtung des Auftragnehmers unter Verjährungsgesichtspunkten erübrigt. Die Erhebung einer derartigen Feststellungsklage scheitert dennoch nicht etwa am fehlenden Rechtsschutzbedürfnis.[366]

297  Der gegenständliche Umfang der Hemmungswirkung ist für die Nachbesserungsklage nicht anders zu beurteilen. Denn der Kläger ist lediglich gehalten, die Mängelerscheinungen zu bezeichnen und deren Beseitigung zu fordern. Insoweit kann nichts anderes gelten als für die Durchführung des Beweissicherungsverfahrens (selbständiges Beweisverfahren) oder das Mängelbeseitigungsverlangen.[367] In welchem Umfang konkret die Nachbesserungspflicht besteht, ist Feststellungsaufgabe des gerichtlichen Verfahrens.[368]

298  **bb) Kostenerstattungs- und Schadensersatzklage.** Bei der klageweisen Geltendmachung des Kostenerstattungsanspruchs beschränkt sich demgegenüber die Hemmungswirkung umfänglich auf den eingeklagten Betrag und gegenständlich auf die von einem Dritt-

---

[361] BGHZ 110, 99 = NJW 1990, 1472 = ZfBR 1990, 172 = BauR 1990, 356.
[362] BGH NJW 1963, 1451.
[363] Vgl. *Palandt/Heinrichs*, § 212 Rdn. 10.
[364] BGH NJW 1979, 217.
[365] BGH BauR 1989, 81, 83 = NJW-RR 1989, 207 = ZfBR 1989, 54.
[366] BGH BauR 1976, 205; BauR 1986, 345, 346.
[367] Vgl. BGH BauR 1989, 79 = NJW-RR 1989, 148 = ZfBR 1989, 27 = NJW-RR 1989, 207 = ZfBR 1989, 54.
[368] BGH BauR 1989, 81, 82.

unternehmer konkret durchgeführten Mängelbeseitigungsarbeiten. Mit der Klage auf Kostenerstattung wird nicht mittels bloßer Angabe der Mangelerscheinungen der Mangel selbst in vollem Umfang und ohne Beschränkung auf die im verfahrensinitiierenden Antrag bezeichnete Stellen zum Gegenstand des Verfahrens gemacht. Für die Klage auf Kostenerstattung ist im Gegenteil die gegenständliche und umfängliche Beschränkung auf die von einem Dritten durchgeführte Leistung kennzeichnend. Das damit eingeleitete Verfahren hat auch nicht die Aufgabe festzulegen, in welchem Umfang ein Auftragnehmer zur Nachbesserung verpflichtet ist, sondern klärt allenfalls auf, ob die ergriffenen Maßnahmen im Hinblick auf die gerügten Mängel erforderlich waren und tatsächlich der Mängelbeseitigung dienten. Bei Erhebung einer Kostenerstattungsklage wird auch nicht mehr über Mangelerscheinungen verhandelt oder um ihre Beseitigung gerungen, was Anlass ist, den Lauf der Verjährungsfrist beeinflussende Vorkommnisse in ihrer Wirkung nicht auf die den Anlass bildenden Mangelerscheinungen zu beschränken.[369]

Dasselbe gilt für eine Schadensersatzklage, mit welcher bereits angefallene Mängelbeseitigungskosten unter schadensersatzrechtlichen Gesichtspunkten nach § 13 Nr. 7 Abs. 1 VOB/B geltend gemacht werden. Demgegenüber entfaltet eine Schadensersatzklage, die lediglich eine Mangelerscheinung zum Ausgangspunkt einer Schadensersatzklage wählt, umfassende verjährungshemmende Wirkung. **299**

**cc) Aktiv- und Passivlegitimation.** Die verjährungshemmende Wirkung nach § 204 Abs. 1 Nr. 1 BGB tritt ein, wenn der Berechtigte die gerichtliche Geltendmachung betreibt.[370] Hat ein Ehepaar einen Bauvertrag abgeschlossen, genügt die klagweise Geltendmachung der Gewährleistungsansprüche durch einen, um die Verjährung zu unterbrechen, wenn der Kläger zugleich entweder gesetzlicher oder gewillkürter Prozessstandschafter für den anderen Ehegatten ist.[371] Entgegen § 425 Abs. 2 BGB entfaltet eine gegen eine Handelsgesellschaft gerichtete Klage verjährungsunterbrechende Wirkung auch gegenüber einem Gesellschafter.[372] Der Rechtsgrund hierfür liegt in § 128 HGB, weswegen es bei einer BGB-Gesellschaft beim Einzelwirkungsgrundsatz des § 425 Abs. 2 BGB bleibt. Das ist für die ARGE bedeutsam, bei der es sich um eine Gesellschaft bürgerlichen Rechts nach §§ 705 ff. BGB auch dann handelt, wenn ihre Mitglieder Kaufleute sein sollten.[373] Ein prozessual gelungener Parteiwechsel mit dem Ziel, dem Berechtigten die Klägerstellung zu verschaffen, ist der Klageerhebung mit ex nunc-Wirkung gleichzustellen.[374] Die Klage unterbricht nur, wenn die richtige, nämlich tatsächlich gewährleistungspflichtige Partei verklagt worden ist.[375] **300**

**dd) Teilklage.** Eine Teilklage hemmt die Verjährung nur im Umfang des Streitgegenstandes; die Verjährung für den Anspruch insgesamt wird jedoch gehemmt, wenn mit der Klage der Anspruch als Ganzes geltend gemacht wird, der eingeklagte Betrag sich jedoch später als unzureichend erweist.[376] Klagt der Auftraggeber auf Kostenvorschuss nach §§ 637 BGB, 13 Nr. 5 Abs. 2 VOB/B, so wird der Anspruch auf Kostenerstattung gemäß § 637 BGB im Umfang der tatsächlich entstehenden Mangelbeseitigungskosten gehemmt.[377] **300 a**

Die Hemmung der Verjährung tritt grundsätzlich mit **Zustellung der Klage** an den Auftragnehmer ein. §§ 270 Abs. 3, 207 ZPO (Zustellung demnächst) gelten. **300 b**

Die Hemmung der Verjährung wird auch durch eine **unzulässige Klage** herbeigeführt, wenn sie wirksam und rechtzeitig vor Eintritt der Verjährung erhoben ist, die Klageschrift **300 c**

---

[369] Vgl. BGHZ 110, 99 = NJW 1990, 1472 = ZfBR 1990, 172 = BauR 1990, 356, 357.
[370] BGH BauR 1989, 473 = ZfBR 1989, 152 = NJW-RR 1989, 1269.
[371] BGHZ 94, 117 = BauR 1985, 445 = NJW 1985, 1826 = ZfBR 1985, 169.
[372] BGH BauR 1979, 328, 331.
[373] BGH NJW 1957, 750; vgl. *Ingenstau/Korbion* Anh. Rdn. 15, 16.
[374] BGH BauR 1989, 473 = NJW-RR 1989, 1269 = ZfBR 1989, 152.
[375] BGHZ 80, 226; *Palandt* § 209 Rdn. 9 ff.
[376] BGH NJW 1982, 1809 für den Fall der nachträglichen Baukostensteigerung.
[377] BGH NJW-RR 1989, 208; NJW-RR 1989, 148; NJW 1976, 960; NJW 1976, 956; OLG München *SCH/F/H* § 209 BGB Nr. 4.

## § 13 Nr. 4

den nach § 253 ZPO notwendigen Inhalt hat und von einem *postulationsfähigen* (soweit nötig) Anwalt unterzeichnet ist.[378]

**300 d** Die **Hemmung der Verjährung endet** 6 Monate nach der rechtskräftigen Entscheidung oder anderweitigen Beendigung des Verfahrens (§ 204 Abs. 2 S. 1 BGB). Gleiches gilt für Klagerücknahme. Wird der Rechtsstreit von den Parteien nicht weiter betrieben, endet die Unterbrechung nach § 204 Abs. 2 S. 2 BGB 6 Monate nach der letzten Prozesshandlung der Parteien bzw. des Gerichts. Nimmt eine der Parteien den Prozess wieder auf, tritt erneut die Hemmung der Verjährung ein. Kommt das Verfahren zum ruhen, dürfte die Rechtsprechung zu § 211 BGB a. F. weiterhin Anwendung finden – die Verjährungshemmung dauert fort, wenn ein triftiger, für den anderen Teil erkennbarer Grund für das Untätigbleiben des Gläubigers besteht.[379]

**301** Der Klageerhebung stehen die in § 204 Abs. 1 Nr. 3, Nr. 5, Nr. 6, Nr. 7, Nr. 8 und Nr. 11 BGB genannten Tatbestände gleich.

**301 a** ee) **Verjährungshemmung durch Zustellung des Mahnbescheides.** Voraussetzung einer Verjährungshemmung durch Zustellung des vom Auftraggeber beantragten Mahnbescheids nach § 204 Abs. 1 Nr. 3 BGB ist die ordnungsgemäße Zustellung des Mahnbescheids an den Schuldner oder dessen Vertretern.[380] Die Hemmung tritt nur ein, wenn der Auftragnehmer erkennen kann, welcher Anspruch aus welchem Mangel gegen ihn geltend gemacht wird. Ferner können durch Mahnbescheid nur Geldforderungen geltend gemacht werden, also der Vorschuss- oder Erstattungsanspruch bei Selbstvornahme nach § 637 BGB bzw. § 13 Nr. 5 Abs. 2 VOB/B und die sich bei Minderung unter Rücktritt ergebenden Ansprüche auf Rückgewähr (zu viel) erbrachter Zahlungen sowie Schadensersatzforderungen. Die materiellrechtlich erforderlichen Anspruchsvoraussetzungen können noch im Laufe des Verfahrens herbeigeführt werden.[381] Im Übrigen gelten die Ausführungen zur Verjährungshemmung bei Klageeinreichung für die Fragen der Hemmung bei unzulässigem, aber dennoch erlassenen Mahnbescheid, bei unbegründetem Mahnbescheid und bei geltend gemachten Teilansprüchen entsprechend.

**302** ff) **Hemmung durch Aufrechnung im Prozess.** Die Aufrechnung (§ 204 Abs. 1 Nr. 5 BGB), z. B. mit dem Kostenvorschuss-, Kostenerstattungs- oder Schadensersatzanspruch, gegen die erhobene Restwerklohnklage führt jedoch nur dann zu einer Hemmung der Verjährung, wenn die Aufrechnung nicht durchgreift. Anderenfalls erlischt die Forderung nach §§ 387, 389 BGB.[382] Die Primäraufrechnung, mit deren Geltendmachung der Beklagte die Begründetheit der Klage praktisch einräumt, ist deshalb bei Vorliegen der Voraussetzungen nach §§ 387, 388 BGB zur Verjährungshemmung nicht geeignet. Anders ist dies bei einer Eventualaufrechnung, über die wegen Abweisung der Klage als unzulässig oder unbegründet nicht zu entscheiden ist. Der Umfang der dann zu bejahenden Verjährungshemmung ist jedoch auf die Klagesumme beschränkt.[383] Übersteigt die zur Aufrechnung gestellte Forderung die Gegenforderung des Auftragnehmers, tritt Hemmung nur in Höhe der Gegenforderung ein.[384] Rechnet der Auftraggeber mit einem Kostenvorschussanspruch gegen Vergütungsforderungen des Auftragnehmers auf, wird die Verjährung des Mängelanspruchs nur in Höhe der Vergütungsforderung, nicht aber hinsichtlich des die Vergütungsforderung übersteigenden Teils gehemmt.[385] Werden mehrere Forderungen hilfs-

---

[378] Vgl. hierzu *Merl* in *Kleine-Möller/Merl* § 12 Rdn. 1179.
[379] Etwa wenn die vorgreifliche Entscheidung des Berufungsgerichts über ein Teilurteil von dem Weiterbetreiben des erstgerichtlichen Verfahrens abgewartet wird. Vgl. hierzu insgesamt *Merl* in *Kleine-Möller/Merl* § 12 Rdn. 1183.
[380] BGH NZBau 2004, 388.
[381] Vgl. BGH BauR 2003, 1035; BGH NJW-RR 1996, 1409.
[382] BGHZ 80, 222 = BauR 1981, 385, 386 = NJW 1981, 1953 = ZfBR 1981, 167.
[383] BGH BauR 1986, 576.
[384] BGH NJW-RR 1986, 1079.
[385] BGH NJW 1986, 1078.

weise zur Aufrechnung gestellt, erfasst die Hemmung sämtliche Forderungen jeweils in Höhe der Gegenforderung.

Nach § 215 BGB schließt die Verjährung die Aufrechnung und die Geltendmachung 303 eines Zurückbehaltungsrechts nicht aus, wenn der Anspruch in dem Zeitpunkt noch nicht verjährt war, in dem erstmals aufgerechnet oder die Leistung verweigert werden konnte. Mit einer Verjährungshemmung hat dies jedoch nichts zu tun.

**gg) Hemmung durch Streitverkündung.** Die Verjährungshemmung durch Streitver- 304 kündung (§ 204 Abs. 1 Nr. 6 BGB) setzt die Einhaltung der Zulässigkeitsvoraussetzungen nach § 72 ZPO voraus. Deren Prüfung erfolgt jedoch nicht im Rechtstreit, in dessen Rahmen die Streitverkündung gegen einen Dritten vorgenommen wird (Vorprozess), sondern erst im Folgeprozess.[386] Die Streitverkündung wird mit Zustellung eines Schriftsatzes an den Dritten (Streitverkündungsempfänger) wirksam (§ 73 ZPO) und setzt weiter auf Seiten des Streitverkünders einen Streitverkündungsgrund voraus. Dieser besteht nach § 72 ZPO darin, dass der Streitverkünder für den Fall des Unterliegens im Vorprozess gegen den Streitverkündungsempfänger (Dritten) einen Anspruch auf Gewährleistung oder Schadloshaltung zu haben glaubt oder einen solchen des Dritten besorgt. Die Fälle der alternativen Einstandspflicht zählen dazu, die der gesamtschuldnerischen Haftung des Prozessgegners und des Streitverkündungsempfängers sind davon ausgenommen.[387] Denn bei einer von vornherein bestehenden Gesamtschuld besteht kein Anlass zu einer Streitverkündung des Klägers gegenüber dem anderweitigen gesamtschuldnerisch Haftenden, weil dieser sowieso haftet und es damit an der Voraussetzung des § 72 ZPO fehlt, dass der Streitverkünder im Fall des ungünstigen Ausgangs des Rechtstreits einen Anspruch zu haben glaubt.

Dem Beklagten, der gegen einen Dritten als Gesamtschuldner einen internen Ausgleichs- 305 anspruch zu haben glaubt, wenn der Vorprozess zu seinen Ungunsten ausgeht, steht nach § 72 ZPO die Streitverkündung offen. Die Fälle der Gesamtschuld sind bezüglich der Zulässigkeit der Streitverkündung aus der Sicht des Klägers und des Beklagten unterschiedlich zu beurteilen. So ist für den Auftraggeber als Prozessgegner des Architekten die Streitverkündung an den Unternehmer unzulässig und damit auch zur Verjährungshemmung ungeeignet, soweit für Architekt und Unternehmer nur eine gesamtschuldnerische Haftung in Betracht kommt.[388]

Streitverkündigung ist auch im selbständigen Beweisverfahren zulässig. Antragsteller und 305 a Antragsgegner können Dritten gemäß §§ 72 ff. ZPO den Streit verkünden.[389] Die Streitverkündeten können ihrerseits wiederum auch Dritten den Streit verkünden, ohne dass sie dem Rechtstreit bzw. dem selbständigen Beweisverfahren beitreten müssen.[390]

**hh) Verjährungshemmung durch das selbständige Beweisverfahren.** Das selbstän- 306 dige Beweisverfahren, wie es mit Wirkung ab 1. 4. 1991 in §§ 485 ff. ZPO neu geregelt worden ist, entfaltet nach § 204 Abs. 1 Nr. 7 BGB gleichfalls verjährungshemmende Wirkung. Das gilt mangels entgegenstehender Aussagen in der VOB/B auch für den VOB-Bauvertrag.[391]

Subjektiv beschränkt sich die Hemmungswirkung auf die Parteien dieses Verfahrens. Eine 307 Erweiterung der Wirkung erfolgt nur im Rahmen des analog anwendbaren § 265 ZPO bei Abtretung der Gewährleistungsansprüche im Verlauf des selbständigen Beweisverfahrens und bei Antragstellung durch einen Verwalter auf Grund dessen Treuhandstellung. Die Hemmungswirkung tritt jedoch nur ein, wenn der Antragsteller der Besteller/Auftraggeber ist. Stellt der Unternehmer den Antrag auf Verfahrensdurchführung mit dem Ziel und Inhalt,

---

[386] OLG Saarbrücken NJW-RR 1989, 1216.
[387] BGH BauR 1987, 473; BGHZ 65, 127, 133.
[388] BGH BauR 1982, 514 = ZfBR 1982, 170.
[389] BGHZ 134, 190.
[390] Vgl. insgesamt zur Verjährungshemmung durch Streitverkündigung auch *Merl* in *Kleine-Möller/Merl* § 12 Rdn. 1186–1189.
[391] BGH BauR 1991, 460, 461 = ZfBR 1991, 152.

dass der Mangel nicht besteht, entfaltet das Verfahren keine hemmende Wirkung.[392] Hieran vermag auch die bloße Teilnahme des Bestellers am Beweissicherungsverfahren nichts zu ändern.

308 Der Besteller der Werkleistung als Antragsteller des Verfahrens muss zudem anspruchsberechtigt sein.[393] Denn alle zur Hemmung der Verjährung kraft Gesetzes geeigneten Handlungen setzen voraus, dass der Berechtigte gegen einen bestimmten Verpflichteten einen bestimmten Anspruch erhebt. Die verjährungshemmende Wirkung setzt deshalb auch voraus, dass der Antragsgegner bezüglich der potentiellen Gewährleistungsansprüche Verpflichteter ist. Demnach ist ein Antrag gegen einen unbekannten Gegner (§ 494 ZPO) nicht geeignet, den Lauf der Verjährungsfrist zu hemmen.[394]

309 Ist der Antragsteller im Zeitpunkt der Antragstellung durch Einreichung der Antragsschrift bei Gericht nicht Anspruchsinhaber, wird er aber im Laufe des Beweissicherungsverfahrens z. B. durch Abtretung Berechtigter, wird die Verjährung von diesem Zeitpunkt an gehemmt.[395] Eine Offenlegung dieses Erwerbstatbestandes ist hierfür nicht erforderlich, da ein Vortrag über die Verfügungsbefugnis hinsichtlich eines möglichen Gewährleistungsanspruchs nicht einmal Zulässigkeitsvoraussetzung für die Antragstellung ist.

310 Das von einem **Wohnungseigentümer** allein durchgeführte und Mängel am Gemeinschaftseigentum betreffende selbständige Beweisverfahren hemmt die Verjährung seiner Gewährleistungsansprüche ohne Rücksicht darauf, ob sie gemeinschaftlich verfolgt werden müssen. Die Mitwirkung der Gemeinschaft oder die Durchführung auch für die Gemeinschaft ist nicht Voraussetzung.[396] Das gilt nicht nur für den Fall, dass der Wohnungseigentümer Gewährleistungsansprüche selbständig geltend machen kann,[397] sondern auch dann, wenn der Gewährleistungsanspruch von vorneherein nur gemeinschaftlich durchgesetzt werden kann. Denn der einzelne Wohnungseigentümer und nicht die Gemeinschaft ist Rechtsinhaber der aus dem jeweiligen Schuldverhältnis abgeleiteten Gewährleistungsansprüche. Hieran vermag die den Wohnungseigentümern bei der Durchsetzung gemeinschaftsbezogener Ansprüche auferlegte Beschränkung nichts zu ändern. Bilden Mängel am Sondereigentum oder Teileigentum Gegenstand des selbständigen Beweisverfahrens, ist allein der jeweilige Wohnungseigentümer zur Antragstellung befugt.

311 Der **Verwalter** einer Wohnungseigentumsanlage leitet die Befugnis zur selbständigen Antragstellung ohne Rücksicht auf eine besondere Ermächtigung des Wohnungseigentümers aus § 27 Abs. 2 Nr. 4 WEG ab, soweit das Gemeinschaftseigentum betroffen ist.[398]

312 Die **subjektiven Grenzen** der Hemmungswirkung sind bei der Antragstellung durch den Verwalter und einen einzelnen Wohnungseigentümer jedoch unterschiedlich. Da der Verwalter für die Eigentümergemeinschaft handelt, erfolgt die Hemmungswirkung für jeden Wohnungseigentümer. Eine solche **Gesamtwirkung** fehlt bei der Antragstellung durch einen einzelnen Wohnungseigentümer; hier bleibt es bei der Einzelwirkung, sodass das Rechtsverhältnis jedes einzelnen Wohnungseigentümers selbständig zu beurteilen ist.[399] Soweit *Koeble*[400] unter Bezugnahme auf den Bundesgerichtshof[401] eine Gesamtwirkung des

---

[392] OLG Düsseldorf BauR 1992, 767, 768. Vgl. dazu auch OLG Düsseldorf BauR 1994, 769 = NJW-RR 1994, 1046 sowie OLG Schleswig BauR 1995, 101 m. Anm. *Haß* = NJW-RR 1995, 1171.
[393] BGH BauR 1993, 473, 474 = ZfBR 1993, 182, 183 = NJW 1993, 1916. Vgl. auch *Wirth* in *Ingenstau/Korbion* VOB/B § 13 Nr. 4 Rdn. 253.
[394] *Weise* Praxis des selbständigen Beweisverfahrens, Rdn. 602.
[395] BGH BauR 1993, 473 = ZfBR 1993, 182 = NJW 1993, 1916.
[396] BGH BauR 1991, 606, 610 = ZfBR 1991, 212 = NJW 1991, 2480; BauR 1980, 69, 70 = ZfBR 1980, 36.
[397] BGH BauR 1980, 69 = ZfBR 1980, 36, 37.
[398] *Werner/Pastor* Rdn. 40.
[399] *Weise* Praxis des selbständigen Beweisverfahrens, Rdn. 603.
[400] Gewährleistung und selbständiges Beweisverfahren in Bausachen, 2. Aufl., S. 123.
[401] BGH NJW 1991, 2480, 2482 = ZfBR 1991, 212 = BauR 1991, 606, 610. Der BGH spricht ausdrücklich nur davon, dass das von einem Wohnungseigentümer selbständig durchgeführte Beweissicherungsverfahren die Verjährung „seiner Gewährleistungsansprüche" hemmt (In der Entscheidung ist noch von der Unterbrechung nach alter Rechtslage die Rede).

von einem einzelnen Wohnungseigentümer durchgeführten Beweissicherungsverfahrens ableitet, stützt die zitierte Entscheidung diese Auffassung gerade nicht.

Die durch die **Parteienstellung** geprägten subjektiven Grenzen der Hemmungswirkung sprengt das OLG Düsseldorf[402] dann, wenn ein Bauträger als ehemaliger Verwalter einer Wohnungseigentümergemeinschaft ein Beweissicherungsverfahren gegen einen Bauhandwerker betrieben hat und es um dessen Verwertung im Rechtstreit der Wohnungseigentümer gegen den Bauträger aus dessen subsidiärer Haftung geht. 313

Bei einer **Bruchteilsgemeinschaft** wirkt das Verfahren eines Mitglieds der Gemeinschaft nach § 744 Abs. 2 BGB auch für die anderen. 314

Tritt der Anspruchsberechtigte nach Durchführung des selbständigen Beweisverfahrens die Gewährleistungsansprüche ab, bleibt die durch das Verfahren bewirkte Hemmungswirkung erhalten.[403] Erfolgt die Abtretung der Gewährleistungsansprüche im Verlauf des selbständigen Beweisverfahrens, was z. B. dann interessengerecht sein kann, wenn der Auftraggeber das Objekt an einen Dritten veräußert, bleibt es nach der Wertung des § 265 ZPO, die auch für das selbständige Beweisverfahren einschlägig ist, bei der Parteienstellung. Die Hemmungswirkung tritt notwendig auch für den Erwerber (Dritten) ein. 315

Die **objektiven Grenzen** der Hemmungswirkung werden durch die im Beweissicherungsantrag bezeichneten Mangelerscheinungen lokalisiert aber nicht beschränkt. Denn die Bezeichnung der Schaden- oder Mangelstellen und die eventuell aufgestellten Behauptungen hinsichtlich der Ursache bewirken **keine gegenständliche Begrenzung** der Hemmungswirkung. Die Hemmungswirkung tritt vielmehr auch hinsichtlich solcher, später auftretender Mangelbilder ein, deren Mangelursache mit dem in Beweissicherungsantrag genannten Mangelbild identisch ist.[404] Allerdings wird die Benennung des Mangelbildes im Antrag vorausgesetzt. Die Verjährung der Gewährleistungsansprüche bezüglich eines Mangels, der im Zuge des Beweissicherungsverfahrens festgestellt wird, wird durch das Verfahren nicht gehemmt, wenn der Antrag auf Durchführung des selbständigen Beweisverfahrens den Mangel weder in groben Zügen noch sonst ganz allgemein betrifft.[405] Dem Besteller obliegt es bei der Einleitung des Beweissicherungsverfahrens, die Schadstellen und die aufgetretenen Schäden zu bezeichnen, um den **Mangel selbst** zum Gegenstand des Verfahrens zu machen[406] und somit auch den Umfang der Verjährungshemmung zu bestimmen. Welche Ursache der Antragsteller benennt oder vermutet ist bedeutungslos. 316

Bezogen auf § 485 Abs. 2 ZPO kommt die umfassende, nicht auf die Mangelerscheinung beschränkte, sondern den wahren Mangel **umfassende Wirkung** des selbständigen Beweisverfahrens sämtlichen Anträgen nach den dort genannten Nummern 1 bis 3 zu. Das ist selbstverständlich, wenn der Zustand der Werkleistung (Mangelbild) und/oder die Ursachen des Sachschadens oder Sachmangels die Beweistatsachen nach § 487 Nr. 2 ZPO sind. Nach *Weise*[407] gilt dies aber nicht für den Antrag, der seiner Formulierung nach lediglich den Mangelbeseitigungsaufwand zum Gegenstand hat. Dies ist zweifelhaft, nach anderer Auffassung genügt auch ein solcher Antrag. Denn auch dieser Antrag müsste bestimmte **Mangelbilder** benennen, und Verfahrensgegenstand seien nicht nur die Kosten, sondern auch der **Mangel selbst**. Dies ergäbe sich daraus, dass eine Stellungnahme zu den Mangelbeseitigungskosten eine Untersuchung des Mangelbildes und seiner Ursachen notwendig voraussetzt, um basierend auf einer sachgerechten Analyse zu einer zutreffenden Mängelbeseitigungsmethode und damit zu Kostenansätzen zu kommen. 317

Die **Hemmenswirkung** erfasst sämtliche Gewährleistungsansprüche aus § 13 VOB/B. 318

---

[402] BauR 1991, 362, 364.
[403] *Hickl* BauR 1986, 282, 284; *Koeble* S. 123.
[404] BGH BauR 1987, 84, 86 = NJW 1987, 381 = ZfBR 1987, 37; BauR 1989, 79, 80 = NJW-RR 1989, 148 = ZfBR 1989, 27; OLG Köln NJW-RR 1993, 533, 534.
[405] OLG Köln *Schäfer/Finnern/Hochstein* § 640 BGB Nr. 13.
[406] BGH NJW-RR 1992, 913.
[407] Praxis des selbständigen Beweisverfahrens, Rdn. 679.

## § 13 Nr. 4

**319** Die Hemmungswirkung tritt mit **Eingang des selbständigen Beweisantrags** bei Gericht ein (§ 270 Abs. 3 ZPO) und nicht erst mit der Zustellung des Antrags an den Antragsgegner.[408] Wird dem Antrag stattgegeben, kommt es zur Verjährungshemmung auch dann, wenn der Antrag bei richtiger Behandlung wegen Unzulässigkeit hätte zurückgewiesen werden müssen.[409] Die Zurücknahme des Antrags führt zu einem Ende der Hemmung der Verjährung nach 6 Monaten (§ 204 Abs. 2 S. 1 BGB).[410]

**320** Die Hemmungswirkung dauert bis zum **Abschluss des selbständigen Beweisverfahrens** an. Kommt es zu einer Gutachtenerstattung, endet das Verfahren mit dessen Zustellung an die Parteien, wobei das Ende der Unterbrechung für jeden einzelnen Mangel eigenständig beurteilt werden muss. Sind mehrere, voneinander unabhängige Mängel desselben Bauvorhabens Gegenstand verschiedener Sachverständigengutachten, endet die Beweissicherung hinsichtlich eines jeden dieser Mängel mit der Übermittlung des auf ihn bezogenen Gutachtens.[411] Gegebenenfalls sind weitere Anträge zu beachten. Setzt das Gericht den Parteien eine Frist, endet das Verfahren nicht vor Ablauf dieser Frist. Werden Anträge gestellt (z. B. Anhörung des Sachverständigen oder mündliche Erörterung gemäß § 492 Abs. 3 ZPO) tritt die Beendigung erst nach Erledigung der Anträge ein. Wird ein gestellter Antrag nicht erledigt und drängt der jeweilige Antragsteller nicht innerhalb angemessener Zeit auf Erledigung, endet das Verfahren nach Ablauf der angemessenen Frist (in der Regel 2–4 Wochen).[412] Wird das Verfahren von den Parteien nach Vereinbarung oder durch Untätigkeit nicht weiter betrieben, endet die Hemmung gemäß § 204 Abs. 2 BGB 6 Monate nach Stillstand des Verfahrens. Betreiben die Parteien das Verfahren erneut, wird die Verjährung erneut gehemmt.

**321** **ii) Verjährungshemmung durch vereinbartes Begutachtungsverfahren/Verfahren nach § 641 a BGB.** Nach § 204 Abs. 1 Nr. 8 BGB wird die Verjährung auch gehemmt durch den Beginn eines vereinbarten Begutachtungsverfahrens und die Beauftragung des Gutachters im Verfahren zur Erteilung der Fertigstellungsbescheinigung nach § 641 a BGB.[413] Nach dem seinerzeit im Gesetzgebungsverfahren vorbereiteten Gesetz zur Sicherung von Werkunternehmeransprüchen und zur verbesserten Durchsetzung von Forderungen (Forderungssicherungsgesetz – FoSiG) soll jedenfalls nach dem Entwurf des Bundesrates vom 11. 6. 2004 (Bundesrats-Drucks. 458/04) das Verfahren nach § 641 a BGB wegen mangelnder Praxisrelevanz wieder wegfallen. Zur Hemmung nach § 204 Abs. 1 Nr. 8 BGB können einvernehmlich erholte Gutachten, auch Schiedsgutachten führen. Das Begutachtungsverfahren kann sich auf technische- und auf Rechtsfragen beziehen. Die Hemmung beginnt mit dem Beginn des Begutachtungsverfahrens, also regelmäßig mit dem Auftrag an den Gutachter. Die Hemmung ergreift alle Ansprüche, die Gegenstand der Begutachtung sind. Für das Verfahren nach § 641 a BGB kann der Gutachtensauftrag nur vom Auftragnehmer erteilt werden (§ 641 a Abs. 2 S. 2). Einem Gutachtensauftrag des Schuldners kommt aber keine Hemmungswirkung zu (§ 204 Abs. 1 Nr. 8 2. Alt. BGB). Im Ergebnis bedeutet dies, dass durch das Verfahren zur Erteilung der Fertigstellungsbescheinigung nach § 641 a BGB keine Verjährungshemmung hinsichtlich der Mängelansprüche des Auftraggebers eintritt.[414]

**321a** **jj) Verjährungshemmung durch Anmeldung von Mängelrechten im Insolvenzverfahren des Auftragnehmers.** Meldet der Auftraggeber im Insolvenzverfahren des

---

[408] Werner/Pastor Rdn. 110, 111; vgl. auch OLG Schleswig BauR 1991, 463, 464. Anderer Auffassung (Verjährungshemmung mit Zustellung) Merl in Kleine-Möller/Merl § 12 Rdn. 1192.
[409] BGH BauR 1983, 255 = NJW 1983, 1901 = ZfBR 1983, 121; OLG Köln BauR 1988, 241.
[410] Nach früherem Rechtszustand entfiel die Unterbrechenswirkung, trat jedoch rückwirkend wieder ein, wenn der Antrag innerhalb von 6 Monaten erneut gestellt wurde (§ 212 BGB analog).
[411] BGHZ 120, 329 = BauR 1993, 221 = NJW 1993, 851 = NJW-RR 1993, 666 = ZfBR 1993, 114.
[412] Vgl. hierzu Praun/Merl in Kleine-Möller/Merl § 16 Rdn. 309. Anders aber etwa bei Mitteilung durch das Gericht, dass die Entscheidung über den Antrag aus bestimmten Gründen erst später erfolgt.
[413] Vgl. hierzu Merl in Kleine-Möller/Merl § 12 Rdn. 1193.
[414] Vgl. hierzu im Einzelnen Merl in Kleine-Möller/Merl § 12 Rdn. 1194.

Verjährungsfrist § 13 Nr. 4

Auftragnehmers Mängelansprüche an, ist die Verjährung gehemmt; die Hemmung endet 6 Monate nach Beendigung des Insolvenzverfahrens (§ 204 Abs. 2 BGB). Wird die Eröffnung des Insolvenzverfahrens auf Beschwerde aufgehoben, fällt die Hemmung rückwirkend nicht weg.[415]

**kk) Verjährungshemmung mit Beginn des schiedsrichterlichen Verfahrens.** Die Hemmung der Verjährung nach § 204 Abs. 1 Nr. 11 BGB beginnt mit dem Tag, an dem der Schuldner (Auftragnehmer) den Antrag des Auftraggebers auf Einleitung des Schiedsverfahrens gemäß § 1044 ZPO erhalten hat. Der Antrag des Auftraggebers lautet darauf, die Streitigkeit dem Schiedsgericht vorzulegen. Voraussetzung der Hemmung ist eine wirksame Schiedsgerichtsvereinbarung sowie der Antrag gemäß § 1044 S. 2 ZPO des Auftraggebers. Dieser Antrag bedarf der Schriftform und muss die Bezeichnung der Parteien des Streitgegenstands sowie einen Hinweis auf die Schiedsvereinbarung enthalten (§ 1044 S. 2 ZPO).[416]   321 b

**ll) Verjährungshemmung bei Leistungsverweigerungsrecht.** Gemäß § 205 BGB ist die Verjährung gehemmt, solange der Auftragnehmer auf Grund einer Vereinbarung mit dem Auftraggeber (vorübergehend) zur Verweigerung der Leistung berechtigt ist.[417] Dies betrifft also **Stundungsvereinbarungen** (vgl. hierzu Rdn. 236 af) und **Stillhalteabkommen** (z. B. eine Vereinbarung der Parteien, die Entscheidung der Baubehörde, die weitere Schadensentwicklung oder besseres Wetter abwarten zu wollen). Ein Leistungsverweigerungsrecht gemäß § 205 BGB, welches die Verjährung hemmt, kann insbesondere bei vereinbarter **Subsidiärhaftung** dem Auftragnehmer zustehen. Regelmäßig liegt dem eine vertragliche Abrede zugrunde, dass der Auftraggeber zunächst einen Dritten auf Gewährleistungsanspruch nehmen muss und sich erst nach fehlgeschlagener Inanspruchnahme des Dritten an den Auftragnehmer halten kann. Solche Klauseln finden sich in der Praxis insbesondere in Bauträgerverträgen (als AGB's jedoch unwirksam).[418] Eine wirksam vereinbarte Subsidiärhaftung hat zur Folge, dass die Verjährung von Mängelrechten so lange gehemmt ist, bis die Voraussetzungen für eine unmittelbare Inanspruchnahme vorliegen. Vereinbaren die Parteien die Erholung eines **Schiedsgutachtens,** ist die Verjährung bis zum Eingang des Gutachtens bei den Parteien gehemmt.[419]   321 c

**mm) Weitere Hemmungstatbestände.** Zur Hemmung durch Güterantrag (§ 204 Abs. 1 Nr. 4 BGB), der Hemmung im einstweiligen Rechtsschutzverfahren (§ 204 Abs. 1 Nr. 9 BGB) und zur Hemmung durch Antrag auf Prozesskostenhilfe (§ 204 Abs. 1 Nr. 14 BGB) vgl. *Merl* in *Kleine-Möller/Merl*; Handbuch des Privaten Baurechts, 3. Aufl. § 12 Rdn. 1206 a–1206 c.   322

**e) Auswirkungen der Hemmung oder Unterbrechung bzw. Quasi-Unterbrechung (13 Nr. 5 Abs. 1 S. 2 VOB/B).** Nach § 213 BGB wirkt die Hemmung, die Ablaufhemmung und der erneute Beginn der Verjährung auch für Ansprüche, die aus demselben Grund wahlweise neben dem Anspruch auf oder an seiner Stelle gegeben sind.[420] Daraus folgt für das Mängelrechtssystem der VOB/B: Grundsätzlich hat der Auftraggeber nach § 13 Nr. 5 zunächst nur den Anspruch auf Nacherfüllung, einschließlich der sich aus Abs. 2 ergebenden Erstattungs- bzw. Vorschussansprüche. Unter den Voraussetzungen von § 13 Nr. 6 kommt ferner der Minderungsanspruch in Betracht. Außerdem steht dem Auftraggeber der Schadensersatzanspruch nach § 13 Nr. 7 grundsätzlich nicht anstelle, sondern neben den Rechten aus § 13 Nr. 5 oder Nr. 6 zu. Demgemäß gilt § 213 BGB auch   323

---

[415] Vgl. *Merl* in *Kleine-Möller/Merl* § 12 Rdn. 1195 – mit Hinweis darauf, dass nach seiner Meinung die Verjährungshemmung rückwirkend entfallen müsste, wenn der Auftraggeber den von ihm gestellten Antrag zurücknimmt (strittig).
[416] Vgl. hierzu *Merl* in *Kleine-Möller/Merl* § 12 Rdn. 1196.
[417] Vgl. zum früheren Rechtszustand § 202 Abs. 1 BGB a. F.
[418] BGH NZBau 2002, 495; a. A. BGH NJW 1998, 904 = BauR 1998, 335.
[419] Vgl. *Heiermann/Riedl/Rusam* (9. Aufl.) VOB/B § 13 Rdn. 133 sowie *Merl* in *Kleine-Möller/Merl* § 12 Rdn. 1199.
[420] Die Ansprüche müssen sich also auf dasselbe Interesse richten. Vgl. *Palandt/Heinrich* § 213 Rdn. 1.

## § 13 Nr. 4 Verjährungsfrist

für die Fälle, dass ein Mangel der Bauleistung erst kurz vor dem Ablauf der ursprünglichen Verjährungsfrist entdeckt wird und erst danach die Voraussetzungen gegeben sind, unter denen nach § 13 Nr. 6 Minderungsansprüche geltend gemacht werden können.[421] Auch der Anspruch auf Erstattung von Nacherfüllungskosten und Vorschuss hierauf stellt neben dem eigentlichen Nacherfüllungsanspruch (§ 13 Nr. 5 Abs. 1 VOB/B) kein „selbständiger" **Mängelanspruch** dar. Demnach sind die §§ 203, 213 BGB hinsichtlich sämtlicher Mängelansprüche des VOB/B-Bauvertrags (§ 13 Nr. 5, Nr. 6 und Nr. 7 VOB/B) anzuwenden.

324    Nach § 13 Nr. 5 Abs. 1 VOB/B setzt eine schriftliche Mängelrüge eine Verjährungsfrist von 2 Jahren in Gang, die aber nicht vor Ablauf der Regelfrist endet. Diese **Quasi-Unterbrechung** unterbricht nicht nur die Verjährung des Nacherfüllungsanspruchs, sondern sämtliche in Betracht kommende Mängelansprüche (auch solche aus § 13 Nr. 6 und 7).[422] Voraussetzung für den Eintritt der aufgezeigten Unterbrechungswirkung ist aber immer, dass das schriftliche Mangelbeseitigungsverlangen nach der Abnahme innerhalb der Verjährungsfrist gestellt wird. Die schriftliche Nacherfüllungsaufforderung muss an den Auftragnehmer bzw. denjenigen, der in dessen Rechtstellung eingerückt ist (z. B. Insolvenzverwalter) erfolgen.[423] Eine Mangelbeseitigungsaufforderung/Mangelanzeige gegenüber dem Bürgen reicht nicht.[424] Auf die neue 2-jährige Frist können wiederum Hemmungen (z. B. nach § 203 BGB) oder Unterbrechungen (gemäß § 212 BGB) einwirken. Auch umgekehrt kann eine nach mündlicher Mängelrüge durch Anerkenntnis unterbrochene Verjährung durch schriftliche Aufforderung nach § 13 Nr. 5 Abs. 1 S. 2 VOB/B erneut in Lauf gesetzt werden.[425]

324a    **f) Vollendung der Verjährung.** Durch die Verjährung gehen die Gewährleistungsansprüche nicht unter, sie werden aber einredebehaftet (§ 214 BGB). Die Einrede wird nur beachtet, wenn sie gerichtlich[426] oder außergerichtlich geltend gemacht wird. Leistet der Auftragnehmer in Unkenntnis des Eintritts der Verjährung, kann er die erbrachte Leistung nicht zurückfordern. Die Einrede der Verjährung ist nicht zu berücksichtigen, wenn sie gegen § 242 BGB (unzulässige Rechtsausübung) verstößt. Dies kann dann der Fall sein, wenn der Schuldner dem Berechtigten Anlass gegen hat, von einer Hemmung der Verjährung abzusehen.[427] Zum Fall des Verzichts auf die Einrede der Verjährung vgl. oben Rdn. 241. Zum Leistungsverweigerungsrecht bei Mangelanzeige vor Vollendung der Verjährung vgl. oben Rdn. 321 c. Die früher geltende Regelung des § 639 Abs. 1 BGB a. F. i. v. m. §§ 478, 479 BGB a. F. (Anzeigeerfordernis des Mangels vor Eintritt der Verjährung) wurde durch das Schuldrechtsmodernisierungsgesetz mit Wirkung zum 1. 1. 2002 ersatzlos gestrichen. Nunmehr ist gemäß § 215 BGB weder die Aufrechnung noch die Geltendmachung von Zurückbehaltungsrechten ausgeschlossen, wenn der Anspruch in dem Zeitpunkt, in dem erstmals aufgerechnet wurde oder die Leistung verweigert werden konnte, noch nicht verjährt war.

### V. Arglistige Täuschung

325    Nach der bis zum 31. 12. 2001 geltenden Rechtslage galt die 30-jährige Verjährungsfrist (§ 195 BGB a. F.)[428] für Fälle der arglistigen Täuschung in Form des Verschweigens oder dem arglistigen Vorspiegeln des Vorhandenseins geschuldeter Leistungstaten bei der Abnah-

---

[421] Vgl. hierzu *Wirth* in *Ingenstau/Korbion* VOB/B § 13 Nr. 4 Rdn. 286.
[422] BGH NJW 1972, 1753 = BauR 1972, 308; OLG Düsseldorf SFH Z 2415.0 Bl. 1.
[423] OLG Hamm BauR 1984, 537/538.
[424] Vgl. *Wirth* in *Ingenstau/Korbion* VOB/B § 13 Nr. 4 Rdn. 295.
[425] Zum Fall, dass nach einer schriftlichen Rüge ein Anerkenntnis erfolgt und nun erneut eine schriftliche Rüge abgegeben wird vgl. BGH BauR 1978, 143 = NJW 1978, 537 sowie *Wirth* in *Ingenstau/Korbion* VOB/B § 13 Nr. 4 Rdn. 298.
[426] Nicht mehr in der Revision – BGH NJW 1951, 577.
[427] *Heiermann/Riedl/Rusam* VOB/B § 13 Rdn. 99 a.
[428] BGH NJW 1981, 2471 = ZfBR 1981, 286 = BauR 1981, 591.

me. Dies folgte aus den zwingenden gesetzlichen Regelungen der §§ 637, 638 Abs. 1 S. 1 BGB a. F. Die Fristen des § 13 Nr. 4 VOB/B (der ja eine vertragliche Regelung ist) konnten hier nicht zur Anwendung kommen.[429] Nach **neuem Recht** bestimmt § 634a Abs. 3 BGB ausdrücklich, dass für die Fälle arglistig verschwiegener Mängel die regelmäßige Verjährungsfrist von 3 Jahren gemäß § 195 BGB gilt. Diese beginnt gemäß § 199 Abs. 1 Nr. 2 BGB am Schluss des Jahres, in dem der Gläubiger (Auftraggeber) von den anspruchsbegründenden Umständen und Personen Kenntnis erlangt hat oder ohne grobe Fahrlässigkeit hätte erlangen müssen. Sie endet jedoch in den Fällen, in denen der Auftraggeber diese Kenntnis schon vor Ablauf von drei Jahren erlangt hat nicht vor dem Ablauf der für Bauwerke maßgeblichen Frist in § 634a Abs. 1 Nr. 2 BGB = 5 Jahre. Die Verjährung tritt gemäß § 199 Abs. 4 BGB spätestens 10 Jahre nach der Entstehung des Anspruchs (regelmäßig nach Abnahme) ein.

## 1. Tatbestände

Tatbestandlich ist zwischen der arglistigen Täuschung durch **Vorspiegeln** (aktives Tun) und durch **Verschweigen** (Unterlassen) im Zusammenhang mit der Abnahme zu unterscheiden. Dem sind nach der BGH-Rechtsprechung[430] Fallgestaltungen gleichzustellen, die durch ein Organisationsversagen gekennzeichnet sind und deren Folge ist, dass der Unternehmer oder der neben dem Unternehmer zur Aufklärung Verantwortliche über Baumängel im Ungewissen bleibt. 326

**a) Subjektive Voraussetzungen der Arglist.** Arglist setzt Wissen und Willen voraus. Der Unternehmer handelt arglistig, wenn er die Mangelhaftigkeit der Werkleistung kennt, er den Besteller/Auftraggeber hierüber täuschen will und weiter weiß, dass der Besteller/Auftraggeber infolge der Irrtumserregung im Rahmen der Abnahme des Werks Willenserklärungen abgibt, die bei richtiger Unterrichtung so nicht abgegeben worden wären. 327

**aa) Elemente des Wissens.** Wissen verlangt direkten oder bedingten Vorsatz.[431] Fahrlässige oder grob fahrlässige Unkenntnis genügt nicht. Guter Glaube schließt die Wissenskomponente aus, selbst wenn der gute Glaube auf Fahrlässigkeit oder gar Leichtfertigkeit beruht.[432] Besteht für den Guten Glauben jedoch keinerlei Anlass und verschließt sich der Erklärende bewusst besserer Erkenntnis,[433] sind die Wissensvoraussetzungen dennoch erfüllt. Das arglistige Verhalten liegt hier gerade darin, dass dem Erklärenden, was diesem auch bewusst war, jegliche zur sachgemäßen Beantwortung erforderliche Kenntnis fehlte und dennoch „blindlings" Erklärungen über den Zustand des Werks abgegeben oder unterlassen werden.[434] 328

Weiter ist das Bewusstsein erforderlich, dass ein bestimmter Umstand – Mangelfreiheit – für die Entschließung des Auftraggebers von Bedeutung ist.[435] Andererseits reicht es für die Arglist aus, wenn der Unternehmer den Mangel mindestens für möglich hält,[436] und er davon ausgeht, dass der Besteller, den er über die Mangelfreiheit täuschen will, den Mangel nicht kennt. Die Aufstellung von Behauptungen „ins Blaue hinein", obwohl der Unternehmer mit deren Unrichtigkeit rechnet, genügt für die Bejahung des Wissenselements. Wer die Mangelfreiheit eines in der Praxis noch nicht erprobten Baustoffes „ins Blaue hinein" versichert, ohne die hierfür erforderliche Sachkenntnis zu besitzen, handelt arglistig.[437] Arglist setzt keine Schädigungsabsicht und nicht voraus, dass der Unternehmer eigene 329

---

[429] BGH NJW 1967, 340; BGH BauR 1970, 244; BGH ZfBR 1981, 268 = BauR 1981, 591.
[430] BauR 1992, 500 = NJW 1992, 1754 = ZfBR 1992, 168; dazu auch *Kniffka* ZfBR 1993, 255 und *Rutkowsky* NJW 1993, 1748.
[431] BGH NJW 1980, 2460, 2461; BGH NJW 1992, 1953; BGH NJW-RR 1992, 1076.
[432] BGH NJW 1980, 2460, 2461.
[433] RGRK-*Glanzmann* § 638 Rdn. 22.
[434] BGH NJW 1980, 2460, 2461.
[435] BGH BauR 1970, 244.
[436] BGH DB 1989, 2426.
[437] OLG München NJW 1988, 3271.

## § 13 Nr. 4

Vorteile verfolgt.[438] Ausreichend ist das Bewusstsein, dass der Auftraggeber ohne die Täuschung die Willenserklärung möglicherweise nicht oder nicht mit diesem Inhalt abgegeben hätte.[439]

**330** **bb) Bedeutungserkenntnis.** Bezüglich des Wissenselements genügt allerdings die Kenntnis des Mangelbildes allein nicht. Wie bei § 640 Abs. 2 BGB ist zusätzlich eine Bedeutungserkenntnis notwendig. Der Unternehmer muss um die Bedeutung des Mangels für den Bestand und/oder die Benutzung der Bauleistung wissen.[440]

**331** **cc) Einzelfälle.** Besteht der Mangel in einer bestimmten Schadensanfälligkeit, ist das Verschweigen arglistig, auch wenn der Auftragnehmer denkt, dass ein weiterer Schaden nicht eintreten werde.[441] Hat der Auftragnehmer Kenntnis eines wesentlichen Mangels, ist regelmäßig davon auszugehen, dass er sich auch der Verpflichtung ist, diesen bei Abnahme zu offenbaren.[442] Dem Vorwurf der Arglist steht nicht entgegen, dass der Mangel für den Auftraggeber bei der Abnahme erkennbar war bzw. bei üblicher Prüfung hätte erkannt werden können. Verwendet der Auftragnehmer einen in der Praxis noch nicht erprobten Baustoff, kann ein arglistiges Verschweigen auch vorliegen, wenn der Auftragnehmer die Mangelfreiheit ins Blaue hinein versichert.[443] Das bloße Fehlen wesentlicher Bauteile als solcher genügt nicht immer für die Annahme eines arglistigen Verschweigens – vielmehr muss hinzukommen, dass der Auftragnehmer oder der für ihn auf der Baustelle Verantwortliche den Mangel bemerkt hat.[444] Offenbarungspflichten wurden etwa bejaht:

- Unternehmer verwendet für eine schwammanfällige Holzbalkendecke mit Rinde behaftete Einschubbretter und mit Holzteilchen durchsetzter Bauschutt als Verfüllmaterial.[445]
- Verwendung Fäulnis befallener Bauhölzer.[446]
- Verwendung branchenunüblicher Baustoffe oder baulicher Verfahrenstechniken mit erheblichen Baurisiken.[447]
- Unzureichende Putzuntersuchung und Verschweigen allgemeiner bei dieser Putzart üblicher Mängel.[448]
- Unterlassene Überprüfung der Anbringung einer abgehängten Decke in einer Turnhalle mit unzureichender Sicherung der Kreuzungspunkte zwischen Oberlattung und Binderuntergurt.[449]

Anwendung neuer Bautechniken ohne den Bauherrn hierüber zu unterrichten bei Abweichung von anerkannten Regeln der Technik.[450] Verschweigen der Risiken der Ausführung einer Haustrennwand zweier Doppelhaushälften aus Kalksandstein statt aus wasserundurchlässigem Beton.[451]

Arglistiges Verschweigen wurde etwa verneint bei:
- Fehlen von Querbügeln in einer Reihe von Pfeilern ohne dass die nach Einbringen der Stahlkonstruktion in die Schalung noch erkannt werden kann.[452]

---

[438] BGH BauR 1970, 244, 245; vgl. auch BGH NJW 1995, 1549; BGH NJW 1992, 1953; BGH NJW 1990, 42.
[439] BGH BB 1990, 1223, 1224; BGH NJW 1974, 1505, 1506.
[440] BGHZ 62, 63 = NJW 1974, 553 = BauR 1974, 130; BGH BauR 1970, 244; OLG Stuttgart BauR 1972, 315; *Ingenstau/Korbion* VOB/B § 13 Rdn. 117 ff.; *MünchKomm/Soergel* § 638 Rdn. 31.
[441] *Heiermann/Riedl/Rusam* VOB/B § 13 Rdn. 82.
[442] BGH NJW 1990, 975/976.
[443] OLG München NJW 1988, 3271 für den Bereich des Kaufvertrages.
[444] BGH SFH Z 8.41 Bl. 17.
[445] Vgl. hierzu RG JW 1938, 1646; BGH BauR 1970, 244.
[446] BGH BauR 1979, 85.
[447] BGH – VII ZR 105/74.
[448] BGH BauR 1975, 341.
[449] OLG Celle NJW-RR 1995, 1486.
[450] OLG Koblenz IBR 2001, 480.
[451] LG Ulm IBR 2001, 548.
[452] BGH BauR 1975, 419.

– Mangelhaftigkeit des betreffenden Bauteils ist auch dem fachkundigen nicht ohne weiteres erkennbar.[453]
– Offene Verwendung eines billigeren/in der Qualität schlechteren Baustoffes als im Bauvertrag vereinbart[454] (arglistiges Verschweigen kann jedoch dann vorliegen, wenn trotz eindeutig festgelegter Bestellung ein anderes, billigeres Material bewusst und ohne Hinweis verwendet wird – OLG Köln BauR 1991, 468).

**Maßgeblicher Zeitpunkt** für die Beurteilung der Fragen der Arglist ist die **Abnahme der Bauleistung.**[455]    332

Der Zusammenhang der Arglist mit der Abnahme führt bei der fiktiven Abnahme nach § 12 Nr. 5 VOB/B wie auch bei der stillschweigenden Abnahme dazu, dass strukturell insoweit regelmäßig Arglist nur durch Verschweigen in Betracht kommt, wenn der Unternehmer bei der Fertigstellungsmeldung oder später – wenn eine Abnahme nach § 12 Nr. 1, 4 VOB/B unterbleibt – die Bekanntgabe von wesentlichen Mängeln unterlässt.    333

*(Freibleibend)*    334

dd) **Täuschungswille.** Der Wille zur Irrtumserregung (Täuschungswille) muss zum Wissenselement hinzu kommen. Hieran kann es fehlen, wenn der Mangel offenkundig und damit sofort erkennbar ist.[456] Eine Aufklärung über Mängel, die einer Besichtigung zugänglich bzw. ohne weiteres erkennbar sind, ist im Rahmen einer Abnahme nicht zu erwarten, wenn der fachtechnisch beratene Besteller die fraglichen Mängel bei der im eigenen Interesse gebotenen Sorgfalt selbst wahrnehmen kann.[457] Gerade in den Fällen, in welchen der Besteller nach § 15 Abs. 2 Nr. 8, § 57 Abs. 1 Nr. 5, § 73 Abs. 3 Nr. 8 HOAI von Architekten, Ingenieuren oder Fachplanern beraten wird und der allein maßgeblichen rechtsgeschäftlichen Abnahme durch den Besteller eine fachtechnische Abnahme durch fachkundige Berater vorausgeht, kann es an einem Täuschungswillen des Unternehmers hinsichtlich solcher Mängel fehlen, die einer aufmerksamen Prüfung und Tauglichkeitsuntersuchung zugänglich sind. Offene, erkennbare und versteckte Mängel werden bezüglich des Täuschungswillens unterschiedlich zu beurteilen sein. Allerdings hat der BGH[458] Arglist auch dann bejaht, wenn der Unternehmer geglaubt haben sollte, der Architekt werde den Fehler bemerken, und dies damit gerechtfertigt, dass bei schweren Fehlern mit einem Einverständnis durch den Bauherrn selbst nicht gerechnet werden könne. Mit der Verneinung des Täuschungswillens bei erkennbaren Mängeln ist daher Zurückhaltung geboten.    335

Eine Rolle muss auch spielen, ob der Unternehmer dem fachtechnisch beratenen Besteller vor der technischen Abnahme oder in deren Zusammenhang Eigenüberwachungsprotokolle oder sonstige Qualitätssicherungsmaßnahmen dokumentierende Unterlagen zur Verfügung gestellt und damit in den Stand gesetzt hat, die Abnahme sachkundig vorzubereiten.    336

b) **Arglistige Täuschung durch Tun.** Dem arglistigen Verschweigen steht das arglistige Vorspiegeln des Vorhandenseins von geforderten Eigenschaften oder der Fehlerfreiheit gleich.[459] Der Schwerpunkt der Tätigkeit liegt nicht im Verschweigen, das Rechtsfolgen nur bei Vorliegen einer Aufklärungspflicht hat, sondern im aktiven Tun. Gefragt, ob z. B. eine Abdichtung gegen drückendes Wasser und nicht nur gegen Erdfeuchte eingebaut worden sei, bejaht der Unternehmer die Frage in Kenntnis der Unrichtigkeit der Antwort. Ein aufmerksamer und fachkundig wach beratener Auftraggeber kann durch gezielt gewerkebezogene und auf Schwachstellen ausgerichtete Fragen den Unternehmer schnell in die Nähe der Arglist bringen, wenn ohne gesicherte Ausführungskontrollunterlagen einfach „ins    337

---

[453] OLG Oldenburg BauR 1995, 105.
[454] BGH NJW 1962, 803.
[455] Vgl. *Heiermann/Riedl/Rusam* VOB/B § 13 Rdn. 82.
[456] BGH NJW-RR 1992, 1076, 1077; BGH NJW-RR 1994, 907.
[457] Für das Kaufrecht BGH NJW-RR 1994, 907.
[458] BauR 1976, 131, 132 = NJW 1976, 516.
[459] BGH VersR 1965, 245 = *Schäfer/Finnern* Z 2400 Bl. 38 ff.; für § 463 Satz 2 anerkannt nach BGH NJW 1993, 1643; BGH NJW-RR 1992, 950 und 1076; vgl. auch *Palandt/Putzo* § 463 Rdn. 12, 13.

## § 13 Nr. 4 — Verjährungsfrist

Blaue hinein" Antworten gegeben werden, ohne auf das Fehlen einer zuverlässigen Beurteilungsgrundlage aufmerksam zu machen.[460]

**338** Das gilt so auch für das **Vorspiegeln** von vertraglich zugesicherten Eigenschaften, wie z. B. eines Wärmedämmputzes oder das Vorliegen bestimmter bauphysikalischer Kenndaten, auf deren Vorhandensein es dem Besteller wesentlich ankam. Ein Vorspiegeln setzt voraus, dass der Besteller hierdurch in einen Irrtum versetzt wird. Das Vorspiegeln von Sichtbetoneigenschaften scheidet demnach aus, da diese Qualität jederzeit mit den Sinnen nachprüfbar und verifizierbar ist. Ein arglistiges Vorspiegeln liegt nur dann vor, wenn der Besteller angesichts der anscheinenden Vertrauenswürdigkeit der Unterrichtung durch den Unternehmer Kontrollen unterlässt oder Kontrollen nur durch aufwändige Untersuchungen möglich wären.

**339** **c) Arglistige Täuschung durch Verschweigen.** Arglistig verschweigt, wer sich bewusst ist, dass ein bestimmter Umstand für die Entschließung des Auftraggebers erheblich ist, nach Treu und Glauben diesen Umstand mitzuteilen verpflichtet ist und trotzdem nicht offenbart.[461] Die Rechtsgrundlage für die Aufklärungspflicht ist § 242 BGB, wobei maßgeblich ist, ob der Besteller nach Treu und Glauben unter Berücksichtigung der Verkehrsanschauung redlicherweise Aufklärung erwarten durfte.[462] Dabei müssen Umstände, die für die Willensbildung offensichtlich von ausschlaggebender Bedeutung sind, ungefragt offenbart werden.[463] Für den VOB-Bauvertrag muss aus **§ 12 Nr. 3 VOB/B** geschlossen werden, dass jedenfalls wesentliche Mängel, die zur Abnahmeverweigerung berechtigen, nicht verschwiegen werden dürfen.[464] Ob im Zusammenhang mit einem VOB-Bauvertrag die Arglist nur auf wesentliche Mängel im Sinne von § 12 Nr. 3 VOB/B zu beschränken ist wird unterschiedlich beurteilt. Für eine Beschränkung auf Fälle des wesentlichen Mangels tritt etwa *Motzke* ein.[465] Das Argument hierfür sieht *Motzke* darin, dass das arglistige Verhalten im Zusammenhang mit der Abnahme stehe. Im Gegensatz zum BGB-Vertrag könne im Rahmen des VOB-Vertrages der Auftraggeber die Abnahme nur wegen wesentlichen Mängeln verweigern. Dieser Ansicht ist nach der Neufassung des § 640 Abs. 1 S. 2 BGB wohl der Boden entzogen worden. Richtigerweise ist nach der herrschenden Ansicht eine Unterscheidung in wesentliche und unwesentliche Mängel im Rahmen der arglistigen Täuschung nicht geboten.[466] Das Vorliegen wesentlicher Mängel ist jedenfalls gegebenenfalls ein starkes Indiz für ein mögliches arglistiges Verschweigen.

**340** **d) Wissen und Wollen des Unternehmers.** Es kommt auf die beiden subjektiven Tatbestandselemente in der Person des Unternehmers an. Bei einem Einzelunternehmer muss der Inhaber die Wissens- und Wollenskriterien erfüllen. Bei einem Zusammenschluss mehrerer Personen oder bei juristischen Personen ist maßgeblich, dass der gesetzliche Vertreter diese Voraussetzungen erfüllt (§ 166 Abs. 1 BGB). Nachdem eine Baumaßnahme regelmäßig arbeitsteilig durchgeführt wird, und dabei Personen eingesetzt werden, auf die § 166 BGB als Wissenszurechnungsnorm nicht zutrifft, stellt sich die Frage nach der erweiterten Zurechnung bei Einschaltung von Erfüllungsgehilfen (vgl. Rdn. 342–344 unten).

**341** **e) Darlegungs- und Beweislast.** Anerkannt ist, dass der Besteller die Beweislast für den gegen den Unternehmer erhobenen Vorwurf der arglistigen Täuschung hat.[467] Der Besteller genügt seiner Darlegungslast, wenn er Tatsachen vorträgt, nach denen entweder der Unter-

---

[460] BGH NJW 1980, 2461; BGH NJW 1981, 1441; OLG Celle NJW-RR 1987, 744.
[461] BGH BauR 1986, 215, 216 = ZfBR 1986, 69; BGH BauR 1992, 500 = ZfBR 1992, 168 = NJW 1992, 1754.
[462] BGH NJW-RR 1991, 440.
[463] Palandt/Heinrichs § 123 Rdn. 5 a mit Verweis auf BGH NJW 1971, 1799.
[464] Für das Kaufrecht BGH NJW 1990, 975.
[465] Vgl. hierzu *Motzke*, Vorauf. § 13 Rdn. 331 und 339.
[466] Vgl. hierzu etwas etwa *Wirth* in *Ingenstau/Korbion* VOB/B § 13 Nr. 4 Rdn. 115 ff. und *Heiermann/Riedl/Rusam* VOB/B § 13 Rdn. 82 ff.
[467] BGH BauR 1975, 419; BGH BauR 1992, 500, 501 = NJW 1992, 1754 = ZfBR 1992, 168.

nehmer selbst oder die von diesem zur Erfüllung seiner Offenbarungspflicht eingesetzten Gehilfen den Mangel erkannt, aber nicht offenbart haben. Beruft sich der Besteller auf eine der arglistigen Täuschung gleichgestellte Unzulänglichkeit in der **unternehmerischen Organisation,** die der Grund dafür ist, dass der Unternehmer bei Ablieferung des Werks dessen Tauglichkeit nicht sachgerecht beurteilen kann, genügen bereits Darlegungen zu den Unzulänglichkeiten dieser Organisation.[468]

## 2. Arglistiges Verhalten Dritter (Erfüllungsgehilfen)

342 Über § 166 BGB hinaus kann dem Unternehmer nicht schon die Kenntnis und das Verheimlichen von Mängeln des Bauwerks durch solche Beschäftigte angerechnet werden, die bei Herstellung des Werks beteiligt waren. Maßgeblich ist nicht die Erfüllungsgehilfenstellung bei der Herstellung, sondern die bei der Erfüllung der **Aufklärungspflicht** gegenüber dem Besteller.[469] Erfüllungsgehilfe in diesem Sinne ist in der Regel derjenige, der mit der Ablieferung des Werks an den Besteller betraut ist oder dabei mitwirkt. Die Kenntnis derjenigen Mitarbeiter, deren sich der Unternehmer lediglich bei der Herstellung bedient, muss sich er dagegen nicht zurechnen lassen.[470]

343 Demnach hat sich der Unternehmer nach § 278 BGB das Wissen und Wollen des von ihm eingesetzten **„örtlichen Bauleiters"**, der regelmäßig auch bei der Ablieferung und der Abnahme mitwirken wird, zurechnen zu lassen. Dies gilt im Allgemeinen für Erfüllungsgehilfen, deren sich der Auftragnehmer bei der Abnahme der Leistung bedient.[471] In der Ebene darunter tätige Mitarbeiter werden regelmäßig nur mit der Herstellung, nicht aber mit der Erfüllung der Aufklärungspflicht befasst sein. Dies ist jedoch für Poliere und Kolonnenführer anders, wenn es sich um Mängel handelt, die nur schwer und lediglich über eine kurze Zeit zu entdecken sind. Je schwieriger und je kürzer ein Mangel zu entdecken ist, desto eher ist es zu rechtfertigen, die Kenntnis einer an diesem Arbeitsabschnitt als „Prüfer" beteiligten Hilfsperson des Unternehmers diesem als arglistiges Verschweigen zuzurechnen.[472] Bewehrungs- und Schalungsarbeiten, wie auch sonstigen Arbeiten, deren Tauglichkeitsprüfung durch nachfolgende Arbeiten erschwert wird, fallen darunter und haben zur Folge, dass sich der Unternehmer das Wissen der Poliere und Kolonnenführer nach § 278 BGB zurechnen lassen muss. Ein arglistiges Verhalten einer **Lieferantin** für Platten muss sich der Werkunternehmer, der Deckenplatten montiert nicht zurechnen lassen.[473]

344 Bei Einschaltung eines **Subunternehmers** hat der Hauptunternehmer gegenüber dem Besteller das arglistige Verschweigen eines Mangels durch den Subunternehmer gemäß § 278 BGB wie eigenes arglistiges Verschweigen zu vertreten, wenn dieser auch mit der Ablieferung des Werkes an den Auftraggeber des GU betraut war und/oder dabei mitgewirkt hat.[474] Denn überträgt der Unternehmer die Werkleistung einem Subunternehmer, ohne daran mitzuwirken oder sie verantwortlich zu beaufsichtigen, ist der Hauptunternehmer nur bei Kenntnis und Mitteilung durch den Subunternehmer in der Lage, seiner Aufklärungspflicht gegenüber dem Besteller zu genügen. Der Subunternehmer schuldet in solchen Fällen nicht nur die mangelfreie Herstellung des Werks, sondern auch die Offenbarung der unterlaufenen Fehler. Wird dies arglistig unterlassen, muss nach Treu und Glauben Zurechnung zu Lasten des Hauptunternehmers erfolgen.[475] Der Subunternehmer muss sich seinerseits die Arglist derjenigen Mitarbeiter zurechnen lassen, derer er sich bei Erfüllung seiner Offenbarungs-

---

[468] BGH BauR 1992, 500, 501 = NJW 1992, 1754 = ZfBR 1992, 168.
[469] BGHZ 62, 63, 66 = BauR 1974, 130, 131.
[470] BGHZ 62, 63, 66 = BauR 1974, 130, 131; BGH BauR 1992, 500 = NJW 1992, 1759 = ZfBR 1992, 168.
[471] Vgl. OLG Köln BauR 1984, 525/526.
[472] BGHZ 62, 63, 69 = BauR 1974, 130, 131.
[473] OLG Stuttgart BauR 1997, 313.
[474] BGHZ 66, 43, 47 = BauR 1976, 131, 132. Vgl. hierzu *Wirth* in *Ingenstau/Korbion* VOB/B § 13 Nr. 4 Rdn. 127.
[475] BGH BauR 1992, 500; BGHZ 66, 43, 46 = BauR 1976, 131, 132.

§ 13 Nr. 4

pflicht gegenüber dem Hauptunternehmer bedient.[476] Hat der GU einen Bauleiter oder einen bauüberwachenden Architekten mit der Überwachung des Subunternehmers betraut, scheidet eine Zurechnung unter dem Gesichtspunkt des Organisationsverschuldens dagegen aus – eine Haftung des GU kommt allerdings noch dann in Betracht, wenn die eigenen Bauleitung des GU mangelhaft organisiert war.[477]

### 3. Der Arglist gleichgestellte Organisationsmängel

345   **a) Rechtsfortbildung durch den BGH.** Lässt der Unternehmer das Werk arbeitsteilig erstellen, hat er die organisatorischen Voraussetzungen zu schaffen, um sachgerecht beurteilen zu können, ob das Bauwerk bei Ablieferung mangelfrei ist. Unterlässt er dies, so verjähren Gewährleistungsansprüche des Bestellers in der für arglistiges Verschweigen maßgeblichen Verjährungsfrist (vgl. dazu Rdn. 325), wenn der Mangel bei richtiger Organisation entdeckt worden wäre.[478] Maßgeblich ist der Gedanke, der Besteller dürfe haftungsrechtlich nicht dadurch benachteiligt werden, dass er anstelle eines Alleinunternehmers ein Unternehmen beauftragt, das arbeitsteilig organisiert ist,[479] und am Einsatz verschiedener Hilfspersonen – einer bei der Herstellung und ein anderer bei der Erfüllung der Aufklärungspflicht – die gebotene Offenbarung des Bestellers im Rahmen der Ablieferung des Werks scheitert.[480]

346   Der Ansatz des BGH ist nicht zu beanstanden. Denn unter Zugrundelegung der Verpflichtung des Unternehmers, wesentliche Mängel bei der Abnahme zu offenbaren, bestehen beim Alleinunternehmer im Gegensatz zur arbeitsteiligen Durchführung einer Maßnahme keine Wissenszurechnungsprobleme: Der Alleinunternehmer, der den Mangel im Rahmen der Werkerstellung kennt, wird auch bei der Ablieferung tätig und hat sein Wissen bei der Ablieferung einzubringen. Bei einem arbeitsteiligen Herstellungsprozess muss dafür Sorge getragen werden, dass durch eine **Organisationsstruktur** das Wissen der an der Herstellung beteiligten Mitarbeiter an die bei der Ablieferung tätigen „weitertransportiert" wird. Wird ein solcher **Wissenstransfer** durch fehlende oder unzulängliche Organisationsstrukturen ausgeschlossen, ist es gerechtfertigt, hierin einen „vorverlagerten Arglisttatbestand" zu sehen, der dem arglistigen Verschweigen gleichgestellt wird, obwohl der bei der Ablieferung Tätige um die Mängel nicht weiß. Beim Alleinunternehmer entfällt die Unterscheidung zwischen einem **„Produktionsgehilfen"** und einem **„Informationsgehilfen"**;[481] bei einer arbeitsteiligen Organisation muss lediglich dieser Nachteil, aber nicht mehr durch die entsprechende „Informationsorganisation" ausgeglichen werden. Eine weitergehende Forderung nach Organisationsstrukturen zur Überwachung und Prüfung der Leistungstauglichkeit ist nicht gerechtfertigt.

347   **b) Einzelfälle.** Zum Organisationsverschulden ist etwa auf folgende Entscheidung hinzuweisen:
- Auftreten von Klebefehlern bei Fliesen lässt nicht auf systematische Organisationsmängel schließen. Dagegen kann das Überdecken von mit Mörtel verschlossenen Scheinfugen mittels einer Versiegelung mit dauerelastischem Material auf arglistiges Verschweigen hindeuten.[482]
- Die Verwendung eines vom Hersteller empfohlenen, jedoch nicht DIN-gerechten Material durch einen Bauträger bei der Abdichtung von Terrassenbalkonen und der darüber

---

[476] Vgl. dazu BGHZ 62, 63, 69 = BauR 1974, 130, 131.
[477] OLG Köln OLGR 2001, 357 = IBR 2002, 129.
[478] BGH BauR 1992, 500 = ZfBR 1992, 168 = NJW 1992, 1754; dazu kritisch *Rutkowsky* NJW 1993, 1748 und *Derleder* JZ 1992, 1021, sowie *Walther* BauR 1996, 455; befürwortend *Kniffka* ZfBR 1993, 255 und *Wirth* BauR 1993, 33, in diese Richtung auch *Meyer* BauR 1996, 461. Zum Ganzen umfassend *Siegburg* Dreißigjährige Haftung des Bauunternehmers auf Grund Organisationsverschuldens.
[479] Vgl. dazu auch *Gassner* BauR 1990, 312, 316.
[480] BGHZ 62, 63, 68 = BauR 1974, 130, 131.
[481] Zu den Begriffen vgl. *Derleder* JZ 1992, 1021, 1023.
[482] OLG Düsseldorf, Nichtannahmebeschluss des BGH, IBR 2001, 305.

hinaus vorliegende zu dünne Auftrag stellt keinen augenfälligen Mangel dar, der den Schluss auf eine unzureichende Organisation der Bauwerkserrichtung zulässt.[483]
- Nicht jeder schwerwiegende Mangel lässt den Schluss auf mangelhafte Organisation zu; dies gilt insbesondere für Planungsfehler, die sich nicht im Werk verkörpern.[484]
- Haben Bauunternehmer und Architekt eine Konstruktionsart in Absprache mit dem Statiker gewählt und ausgeführt und erweist sich dies als mangelhaft, ist dies nicht auf eine unzureichende Organisation und Überwachung bzw. Überprüfung der Arbeiten zurückzuführen.[485]
- Zur Haftung des Bausatzlieferanten bei fehlerhafter Ermittlung des Grundwasserstandes und Organisationsverschulden in diesem Zusammenhang.[486]
- Keine Haftung des Bauträgers bei unerkannt gebliebenen Mängeln gegenüber dem Käufer einer gebrauchten Eigentumswohnung aus dem Gesichtspunkt des Organisationsverschuldens.[487]
- Zur Frage des Organisationsverschuldens nach Vergleich zwischen Bauherr und Bauunternehmer über Mängel.[488]

Gegebenenfalls muss der Auftragnehmer zu seiner Entlastung neben einer generellen Beschreibung der betrieblichen Organisation angeben, wie oft die bauaufsichtsführenden Mitarbeiter die Baustelle besucht haben und welche Bauabschnitte sie überwacht haben.[489]

*(Freibleibend)* 348–352

**c) Darlegungs- und Beweislast.** Grundsätzlich hat der Auftraggeber die Voraussetzung 353 des Organisationsverschuldens darzulegen.[490] Für die Darlegungslast des Auftraggebers hat der BGH[491] bezüglich des Organisationsversagens ausgeführt, es könne gegebenenfalls schon der Vortrag ausreichen, der Unternehmer habe die Überwachung des Herstellungsprozesses nicht oder nicht richtig organisiert, sodass der Mangel nicht erkannt worden sei. Dabei könne die Art des Mangels ein so überzeugendes Indiz für eine fehlende oder nicht richtige Organisation sein, dass es weiterer Darlegungen dazu nicht bedürfe. Ein gravierender Mangel an besonders wichtigen Gewerken könne ebenso den Schluss auf eine mangelhafte Organisation von Überwachung und Überprüfung zulassen wie ein besonders augenfälliger Mangel an weniger wichtigen Bauteilen. Dann liege es am Unternehmer vorzutragen, wie er seinen Betrieb im Einzelnen organisiert hat, um den Herstellungsprozess zu überwachen und das Werk vor der Ablieferung zu überprüfen. Entsprechend obliegt dem Auftraggeber auch die Beweislast für die Mangelkenntnis des Auftragnehmers bzw. für diejenigen Umstände, nachdem dem Auftragnehmer eine Mangelkenntnis seiner Mitarbeiter zuzurechnen ist oder er sich so behandeln lassen muss, als habe er den Mangel gekannt. Dem Auftraggeber kann dabei ein Anscheinsbeweis zur Seite stehen (vgl. vorstehende Ausführungen). Als Gegenbeweismittel des Auftragnehmers für eine hinreichende Überwachung kommen u. a. Bautagebücher, fortlaufende fotografische Dokumentation von bei der Überwachung gemachten Feststellung u. ä. in Betracht.[492]

*(Freibleibend)* 354–356

---

[483] OLG München, Nichtannahmebeschluss des BGH, IBR 2002, 10.
[484] OLG Düsseldorf IBR 2002, 603.
[485] OLG Hamm IBR 2003, 11.
[486] OLG Düsseldorf IBR 2003, 129.
[487] OLG Hamm IBR 2001, 201.
[488] OLG Köln IBR 2001, 184.
[489] Vgl. hierzu *Merl* in *Kleine-Möller/Merl* § 12 Rdn. 1165. Vgl. zur Kritik der Rechtsprechung auch *Motzke*, Vorauflage § 13 Nr. 4 Rdn. 347–351.
[490] BGH NJW 1992, 1754 = DNotZ 1993, 675/676; BGH BauR 1975, 419 = WM 1975, 525.
[491] BauR 1992, 500, 501 = ZfBR 1992, 168 = NJW 1992, 1754.
[492] Vgl. OLG Köln BauR 1995, 107 f.

## C. Ansprüche aus Garantie und Vergleich

**357** Ansprüche aus Garantie unterfallen dann nicht der kurzen Verjährung nach § 13 Nr. 4 VOB/B, wenn es sich um eine selbständige Garantie handelt. Echte Garantieverträge begründen bei Verfehlung des über die bloße Vertragsmäßigkeit der Leistung hinausgehenden Erfolges Erfüllungsansprüche. Für diese gilt die regelmäßige Verjährungsfrist §§ 195 BGB.

### I. Selbständige Garantie

**358** Ein selbständiger Garantievertrag liegt bei Übernahme einer Einstandspflicht für einen speziellen Erfolg oder bei der Übernahme einer Schadensgefahr vor.[493] Für den selbständigen Garantievertrag ist konstitutiv, dass die übernommene Einstandsverpflichtung über die Gewähr für die Vertragsmäßigkeit der Leistung hinausgeht.[494] Eine **Haltbarkeitsgarantie** oder **Funktionstauglichkeitsgarantie** kann einen selbständigen Garantievertrag begründen, wenn damit die entsprechende Einstandspflicht des Unternehmers unabhängig von der Vertragswidrigkeit der eigenen Leistung begründet werden soll.[495]

### II. Verjährungsfristverlängerung und unselbständige Garantie

**359** Wenn allein eine über die gesetzliche Verjährungsfrist hinausgehende Gewähr-, Garantie- oder Gewährleistungsfrist übernommen wird, begründet dies keinen selbständigen Garantievertrag. Es handelt sich vielmehr entweder um eine bloß verlängerte Verjährungsfrist für die Gewährleistungsansprüche,[496] oder um einen sogenannten unselbständigen Garantievertrag. Durch eine unselbständige Garantiezusage werden von der gesetzlichen Gewährleistung unabhängige Ansprüche des Bestellers nicht begründet, sondern diese lediglich inhaltlich modifiziert.[497] Vgl. hierzu Rdn. 72 ff.

**360** (Freibleibend)

### III. Garantie des Herstellers oder Lieferanten

**361** Steht der Produkthersteller oder Lieferant dem Bauherrn für die Tauglichkeit des verwendeten Produkts über eine bestimmte Zeit ein **(Garantieerklärung)**, ist die Qualifizierung dieses Vertrags als einen selbständigen oder unselbständigen Garantievertrag mangels einer fehlenden Grundbeziehung nicht veranlasst.[498] Auf ein derartiges unabhängiges Garantieversprechen können jedoch hinsichtlich der Verjährung die Grundsätze für ein unselbständiges Garantieversprechen entsprechend herangezogen werden.[499] Unterstützt dieser unabhängige Garantievertrag die werkvertraglichen Ansprüche des Bauherrn gegen den Unternehmer, orientieren sich deshalb die Verjährungsregeln am werkvertraglichen Gewährleistungsrecht.

---

[493] BGH NJW 1965, 148, 149.
[494] BGH NJW 1986, 1927 = BauR 1986, 437, 439.
[495] Vgl. dazu AGB-Klauselwerke, *v. Westphalen* Vertragsrecht, unter Garantieklauseln, Rdn. 10 ff.; *Ingenstau/Korbion* VOB/B § 13 Rdn. 848; vgl. oben Rdn. 74.
[496] Vgl. dazu OLG Frankfurt NJW-RR 1992, 280, 282.
[497] BGH BauR 1986, 437, 439 = NJW 1986, 1927.
[498] BGH NJW 1979, 2036 = BauR 1979, 511 = ZfBR 1979, 204.
[499] BGH NJW 1981, 2248 = BauR 1982, 175.

Gibt der Produkthersteller die Garantieerklärung dem Unternehmer, der das Produkt auf 362
dem Markt erworben hat, handelt es sich um ein unselbständiges Garantieversprechen, auf
welches die für das Kaufrecht einschlägigen Regeln Anwendung finden.[500]

### IV. Ansprüche aus Vergleich

Schließen die Parteien einen außergerichtlichen Vergleich, ändert dies an der Beurteilung 363
der Verjährungsfrist nichts. Maßgeblich ist, über welchen Anspruch die vergleichsweise
Einigung erfolgte, da dem Vergleich grundsätzlich keine schuldumschaffende Wirkung
zukommt.[501] Erfolgt die Einigung über einen der Verjährung nach § 13 Nr. 4 VOB/B
unterliegenden Gewährleistungsanspruch, verbleibt es bei dem sich aus dieser Vorschrift
ergebenden Fristenlauf.

## D. Verjährungsfrist-Fristberechnung

*(Freibleibend)* 364–367

**Fristberechnung** Die Fristberechnung erfolgt nach §§ 186 ff. BGB. Kommt es zu einer 368
Abnahme nach § 12 Nr. 1 oder Nr. 4 VOB/B beginnt der Fristenlauf nach § 187 Abs. 1
BGB am darauf folgenden Tag und endet gemäß § 188 Abs. 2 BGB vier Jahre später an dem
Tag, der seiner Zahl nach dem Tag entspricht, an welchem es zur Abnahme kam. Entsprechendes gilt selbstverständlich für die anderen Verjährungsfristen gemäß § 13 Nr. 4
Abs. 1 und Abs. 2. Bei einer schriftlichen Abnahme in Abwesenheit des Auftragnehmers ist
nach § 12 Nr. 4 Abs. 2 VOB/B der Zugang der Niederschrift beim Auftragnehmer maßgeblich. In den Fällen der fiktiven Abnahme (§ 12 Nr. 5 VOB/B) beurteilt sich der Ablauf
der Fristen von 12 bzw. 6 Werktagen nach Zugang der Fertigstellungsmitteilung bzw.
Inbenutzungnahme nach § 187 Abs. 1 BGB. Der Tag des Zugangs der Mitteilung bzw. der
Tag der Inbenutzungnahme wird gemäß § 187 Abs. 1 BGB nicht mitgerechnet. Das Ende
der Frist (12 bzw. 6 Werktage) bestimmt sich nach § 188 Abs. 1 BGB. Mit dem der
Mitteilung oder der Inbenutzungnahme folgenden Tag beginnt die Verjährungsfrist zu
laufen, wobei dieser Tag nach § 187 Abs. 2 BGB in den Fristenlauf einzurechnen ist. Das
Fristende beurteilt sich nach § 188 Abs. 2, 1. Alt. BGB und liegt vier Jahre später an dem
Tag, der dem Ende der 12- bzw. 6-Werktagesfrist entspricht.

## E. Einrede der Verjährung und verjährte Gewährleistungsansprüche

Die Einrede der Verjährung führt nach § 222 Abs. 1 BGB nicht zum Rechtsverlust, 369
sondern nur dazu, dass die Durchsetzbarkeit der Gewährleistungsansprüche an der erhobenen Verjährungseinrede scheitert. Umgekehrt bilden derartige verjährte Ansprüche durchaus
noch ein Verteidigungsmittel gegen Werklohnansprüche des Unternehmers.

### I. Verjährungseinrede

Nach Ablauf der Verjährungsfrist kann sich der Unternehmer auf die Einrede der Ver- 370
jährung stützen. Von Amts wegen darf das Gericht den Fristenlauf nicht berücksichtigen,

---

[500] BGH NJW 1979, 645 = BauR 1979, 427; BGH NJW 1981, 2248 = BauR 1982, 175.
[501] BGH BauR 1987, 692 = ZfBR 1987, 273 = NJW-RR 1987, 1426. Vgl. auch *Wirth* in *Ingenstau/Korbion* VOB/B § 13 Nr. 4 Rdn. 45.

## § 13 Nr. 4

371 was sich schon aus § 222 Abs. 1 BGB ergibt, wonach das Leistungsverweigerungsrecht ausgeübt werden muss.

Die Berücksichtigung der Verjährungseinrede verbietet sich, wenn sie sich als Rechtsmissbrauch oder unzulässige Rechtsausübung erweist. Das ist der Fall, wenn der Auftragnehmer den Besteller durch sein Verhalten von einer rechtzeitigen verjährungsunterbrechenden Maßnahme abgehalten hat oder der Besteller nach objektiven Maßstäben darauf vertrauen durfte, sein Anspruch werde auch ohne Rechtsstreit befriedigt oder vom Schuldner nur mit Einwendungen in der Sache selbst bekämpft.[502] Das ist auch der Fall, wenn der Unternehmer ausdrücklich auf die Einrede der Verjährung verzichtet hat. Der auf § 242 BGB beruhende Vertrauensschutz reicht jedoch nur so weit und gilt nur so lange, wie die den Einwand der unzulässigen Rechtsausübung begründenden tatsächlichen Umstände fortdauern.[503] Mit dem Fortfall dieser Umstände beginnt die Verjährungsfrist nicht neu zu laufen, es findet auch keine Hemmung statt. Vielmehr muss der Besteller innerhalb einer angemessenen, nach Treu und Glauben zu bestimmenden Frist seinen Anspruch gerichtlich geltend machen.[504]

### II. Leistungsverweigerungsrecht bei verjährten Gewährleistungsansprüchen

372 Die verjährten Gewährleistungsansprüche kann der Besteller noch zur Verteidigung gegen Vergütungsansprüche einsetzen. Auch der verjährte Mängelbeseitigungsanspruch nach § 13 Nr. 5 Abs. 1 VOB/B gibt dem Auftraggeber bei rechtzeitiger Mängelanzeige ein Zurückbehaltungsrecht gegen eine noch offene Werklohnforderung des Unternehmers.[505] Vgl. hierzu oben Rdn. 321 c. Dieses Leistungsverweigerungsrecht eröffnet sogar noch die Möglichkeit zur Verwertung einer Gewährleistungsbürgschaft.[506] Denn wenn die Gewährleistungsbürgschaft des Unternehmers an die Stelle eines Einbehalts getreten ist, erscheint es sachgerecht hierdurch keine Verschlechterung des Bestellers eintreten zu lassen, dem ein Einbehalt bei Vorliegen eines Mangels trotz Verjährung endgültig verbleibt.

373 Erforderlich ist allerdings eine **Mängelanzeige** vor Ablauf der Verjährungsfrist. Schriftform ist nicht Wirksamkeitsvoraussetzung. Die einmal schriftlich erhobene Rüge nach § 13 Nr. 5 VOB/B führt dazu, dass die Verjährungsfrist selbst durch die Rüge nur einmal unterbrochen werden kann.[507] Vgl. hierzu oben Rdn. 324.

374 Zu der Möglichkeit der Aufrechnung und der Leistungsverweigerung nach Verjährung (§ 215 BGB) vgl. oben Rdn. 321 c.

---

[502] BGH NJW 1988, 265, 266 und 2247.
[503] BGH BauR 1991, 215, 216 = NJW 1991, 974 = ZfBR 1991, 69.
[504] BGH BauR 1991, 215, 216 = NJW 1991, 974 = ZfBR 1991, 69.
[505] BGHZ 53, 122 = NJW 1970, 561 = BauR 1970, 54.
[506] BGHZ 121, 168 = NJW 1993, 1131 = BauR 1993, 335 = ZfBR 1993, 125; BGHZ 121, 173 = NJW 1993, 1132 = BauR 1993, 337 = ZfBR, 120; OLG Köln NJW-RR 1994, 16.
[507] BGH BauR 1990, 723, 725 = NJW-RR 1990, 1240 = ZfBR 1990, 274.

## § 13 Nr. 5 [Mangelbeseitigungsanspruch]

(1) Der Auftragnehmer ist verpflichtet, alle während der Verjährungsfrist hervortretenden Mängel, die auf vertragswidrige Leistung zurückzuführen sind, auf seine Kosten zu beseitigen, wenn es der Auftraggeber vor Ablauf der Frist schriftlich verlangt. Der Anspruch auf Beseitigung der gerügten Mängel verjährt in 2 Jahren, gerechnet vom Zugang des schriftlichen Verlangens an, jedoch nicht vor Ablauf der Regelfristen nach Nummer 4 oder der an ihrer Stelle vereinbarten Frist. Nach Abnahme der Mängelbeseitigungsleistung beginnt für diese Leistung eine Verjährungsfrist von 2 Jahren neu, die jedoch nicht vor Ablauf der Regelfristen nach Nummer 4 oder der an ihrer Stelle vereinbarten Frist endet.

(2) Kommt der Auftragnehmer der Aufforderung zur Mängelbeseitigung in einer vom Auftraggeber gesetzten angemessenen Frist nicht nach, so kann der Auftraggeber die Mängel auf Kosten des Auftragnehmers beseitigen lassen.

Literatur: *Achilles-Baumgärtel,* Der Anspruch auf Kostenvorschuß im Gewährleistungsrecht, 1998; *dies.,* Zum Nachbesserungs-/Schadensbeseitigungsrecht der Architekten nach Bauwerksverwirklichung, BauR 2003, 1125; *Averhaus/Wormit,* Ist noch Verlass auf § 13 Nr. 5 Abs. 1 Satz 2 VOB/B?, ZfIR 2007, 81; *Baden,* Die Befugnis des Unternehmers zur Mängelbeseitigung beim BGB- und VOB-Vertrag, BauR 1986, 28; *Blomeyer,* Die Kosten erfolgloser Nachbesserungsversuche des Auftraggebers, ZfBR 1985, 155; *Brügmann,* Die Einrede des nichterfüllten Vertrages bei Baumängeln, BauR 1981, 128; *Brych,* Abtretung von Gewährleistungsansprüchen an Bauwerken und Einrede nach § 320 BGB, NJW 1972, 896; *Clemm,* Mängelbeseitigung auf Kosten des Auftragnehmers vor der Abnahme des Bauwerkes nach der VOB/B, BauR 1986, 136; *ders.,* Abgrenzung zwischen (kostenloser) Nachbesserung und (entgeltlichem) Werkvertrag, BB 1986, 616; *v. Craushaar,* Risikotragung bei mangelhafter Mitwirkung des Bauherrn, BauR 1987, 14; *Dähne,* Der Übergang vom Erfüllungs- zum Gewährleistungsanspruch in der VOB, BauR 1972, 136; *Diedrich,* Das Leistungsverweigerungsrecht des Erwerbers von Wohnraum nach § 320 BGB gegenüber dem sich von der Sachmängelhaftung freizeichnenden Bauträger, BauR 1978, 344; *Ehrhardt-Renken,* Kostenvorschuß zur Mängelbeseitigung, 1985; *Festge,* Kann die abschließende Regelung der Gewährleistung in § 13 VOB Teil B (VOB/B) durch Einschaltung Dritter unterlaufen werden?, BauR 1973, 274; *Groß,* Die Wirkungen des Kostenvorschussurteils im Abrechnungsrechtsstreit, FS Jagenburg, 2002, 253; *Grunsky,* Prozessuale Probleme bei Geltendmachung des Vorschußanspruchs zur Mängelbeseitigung, NJW 1984, 2545; *Haase,* Kann ein Auftraggeber mit seinem Anspruch auf Zahlung eines Kostenvorschusses zur Mangelbeseitigung gegen den Werklohnanspruch seines Auftragnehmers aufrechnen?, ZfBR 1998, 173; *Hesse,* Ersatz unnötiger Nachbesserungskosten (§ 633 Abs. 3 BGB, § 13 Ziff. 5 Abs. 2 VOB/B), BauR 1972, 197; *Jakobs,* Nichterfüllung und Gewährleistung beim Werkvertrag, FS Beitzke, 1979, 67; *Jagenburg,* Haftungsbeschränkungen durch Abtretung von Gewährleistungsansprüchen, NJW 1972, 1222; *ders.,* Die Entwicklung des privaten Bauvertragsrechts in den Jahren 1983/1984, NJW 1985, 17; *Kahlke,* Zum Verzug des zur Mängelbeseitigung Verpflichteten gemäß §§ 538, 633, 634 BGB und § 13 Nr. 5 Abs. 2 VOB/B, BauR 1981, 516; *Kaiser,* Rechtsfragen bei der Anwendung der §§ 320, 322 BGB im gesetzlichen Werkvertragsrecht und in der VOB/B, BauR 1982, 205; *ders.,* Zur Verzinsung des Kostenvorschusses zur Mangelbeseitigung, BauR 1984, 177; *Kiesel,* Die VOB 2002 – Änderungen, Würdigung, AGB-Problematik, NJW 2002, 2064; *ders.,* Das Gesetz zur Beschleunigung fälliger Zahlungen, NJW 2000, 1673; *Kniestedt,* Zinsen auf Kostenvorschüsse gemäß § 633 III BGB und § 13 Nr. 5 II VOB/B, DRiZ 1982, 229; *ders.,* Nochmals: Zinsen auf Kostenvorschüsse gemäß § 633 III BGB und § 13 Nr. 5 II VOB/B, DRiZ 1986, 342; *Knütel,* Zur „Selbstvornahme" nach § 637 Abs. 1 BGB n. F., BauR 2002, 689; *Koeble,* Rückforderungen des Vorschusses? Ein Märchen!, FS Jagenburg, 2002, 371; *Köhler,* Juristentag und Reform des Werkvertragsrechts – eine kurze Bilanz, NJW 1985, 945; *Kohler,* Werkmangelrechte, Werkleistungsanspruch und allgemeines Leistungsstörungsrecht, BauR 1988, 278; *ders.,* Kostenvorschuß und Aufrechnung oder Zurückbehaltungsrecht als Verteidigung gegen Werkvergütungsansprüche, BauR 1990, 22; *ders.,* Zurückbehaltungsrecht bei mangelhafter Werkleistung, BauR 2003, 1804; *Korintenberg,* Erfüllung und Gewährleistung beim Werkvertrag, 1935; *Leitzke,* Keine Gewährleistung bei ungeklärter Mangelursache? – Zugleich Anmerkung zu OLG Hamburg, BauR 2001, 1749 –, BauR 2002, 394; *Löwe,* Formularmäßige Freizeichnungsklauseln in notariellen Verträgen über Erwerb von Eigentumswohnungen und Eigenheimen, NJW 1974, 1108; *Ludewig,* Abtretung von Gewährleistungsansprüchen an Bauwerken und Einrede nach § 320 BGB, NJW 1972, 516; *Mantscheff,* Zur Abrechnung des Vorschusses auf die Mangelbeseitigungskosten, zugleich zu BGH, BauR 1984, 406, BauR 1985, 389; *Mauer,* Zur Abrechnung des Vorschußanspruchs nach Werkvertragsrecht, FS Mantscheff, 2000, 123; *Motzke,* Kostenvorschuß nach Laune des säumigen Unternehmers, FS Mantscheff, 2000, 137; *Müller-Foell,* Ersatzvornahme beim VOB-Bauvertrag vor Abnahme und ohne Kündigung?, NJW 1987, 1608; *Muffler,* Das Mängelbeseitigungsrecht des Werkunternehmers und die Doppelsinnigkeit der Nacherfüllung, BauR 2004, 1356; *Oppler,* Fristsetzung zur Mangelbeseitigung, Selbstbeseitigungsrecht und Nachbesserungsbefugnis, FS Vygen, 1999, 344; *Putzier,* Symptomrechtsprechung und die Frage nach der Ursache eines Mangels – die Dreistufigkeit der Anspruchsvoraussetzungen für den Mängelbeseitigungsanspruch, BauR 2004, 1060; *Renkl,* Die Abrechnung des Vorschusses in Bausachen, BauR 1984, 472; *Rieble,*

# § 13 Nr. 5 — Mangelbeseitigungsanspruch

Ausgleichsansprüche bei unzulässiger Ersatzvornahme nach § 633 Abs. 3 BGB, DB 1989, 1759; *Schellen,* Ermittlung des kleinen Schadensersatzanspruchs gemäß § 635 BGB, BauR 1988, 42; *Schmidt,* Gewährleistung nach § 13 VOB Teil B, MDR 1963, 263; *Schneider,* Prüfung der Gegenleistung durch den Gerichtsvollzieher, DGVZ 1978, 65; *Schütz,* Mangelhafte Werkherstellung und der Neuherstellungsanspruch, 1970; *Siegburg,* Baumängel aufgrund fehlerhafter Vorgaben des Bauherrn, FS Korbion, 1986, 411; *Stojek,* Beweisaufnahme durch Gerichtsvollzieher, MDR 1977, 456; *Tempel,* Ist die VOB/B noch zeitgemäß?, NZBau 2002, 465 und 532; *Trapp,* Die Beendigung der vertraglichen Leistungspflicht des planenden und bauleitenden Architekten, BauR 1977, 322; *ders.,* Das Leistungsverweigerungsrecht des Bestellers nach §§ 320 ff. BGB als Druckmittel zur Leistungserbringung und Mängelbeseitigung, BauR 1983, 318; *v. Rintelen,* Die Nachbesserungsbefugnis des Unternehmers nach Fristablauf gem. § 13 Nr. 5 Abs. 2 VOB/B, FS Vygen, 1999, 374; *Weidemann,* Fälligkeit des Werklohns trotz fehlender Abnahme beim VOB-Vertrag?, BauR 1980, 124; *Weyer,* Umfang der Einrede des nichterfüllten Vertrags und Kostenentscheidung, BauR 1981, 426; *ders.,* Die Beratungspflichten des Architekten – insbesondere rechtliche und wirtschaftliche Beratung vor Vertragsschluß und während der Leistungsphasen 1–4, BauR 1987, 131; *ders.,* § 13 VOB/B 2002: Viele Änderungen und was wirklich Neues?, BauR 2003, 613; *ders.,* Hält § 13 VOB/B 2002 der isolierten Inhaltskontrolle stand?, NZBau 2003, 521; *Wirth,* Ungeklärte Mängelursache – Beweislast nach Abnahme?, BauR 2001, 1751; *Wussow,* Die Baumängelhaftung nach der VOB, NJW 1967, 953.

## Übersicht

| | Rdn. |
|---|---|
| **A. Grundlagen** | 1–14 |
| I. Stellung in der VOB/B | 1 |
| 1. Verhältnis zu § 4 Nr. 7 Satz 1 VOB/B | 1 |
| 2. Verhältnis zu § 13 Nr. 6, 7 VOB/B | 2 |
| II. Verhältnis zu den allgemeinen Rechten | 5 |
| 1. Vergleich mit §§ 634 Nr. 1 und 2 BGB | 5 |
| 2. Verdrängung des allgemeinen Leistungsstörungsrechts | 9 |
| 3. Verdrängung des § 634 Nr. 1 und 2 BGB | 10 |
| 4. Wirksamkeit als AGB | 11 |
| III. Wesen des Beseitigungsanspruchs | 12 |
| **B. Gemeinsame Voraussetzungen für die Rechte des Auftraggebers (§ 13 Nr. 5 Abs. 1 Satz 1 VOB/B)** | 15–47 |
| I. Zeitgrenze | 15 |
| II. Mangel | 17 |
| III. Mangelverantwortung des Auftragnehmers | 18 |
| 1. Zurechenbarkeit der Leistung | 19 |
| a) Ursächlichkeit | 21 |
| b) Prüfungs- und Hinweispflicht | 24 |
| 2. Vertragswidrigkeit der Leistung | 32 |
| IV. Hervortreten während der Verjährungsfrist | 33 |
| V. Mangelbeseitigungsverlangen | 35 |
| 1. Konkrete Mangelbezeichnung | 36 |
| 2. Konkretes Mangelbeseitigungsverlangen | 39 |
| 3. Beseitigungsverlangen als Geltendmachung eines Gewährleistungsrechts | 40 |
| VI. Schriftlichkeit des Beseitigungsverlangens | 41 |
| VII. Rechtsausschlussgründe | 43 |
| **C. Inhalt des Mangelbeseitigungsanspruchs (§ 13 Nr. 5 Abs. 1 Satz 1 VOB/B)** | 48–70 |
| I. Grundsätze; Allgemeine Geschäftsbedingungen | 48 |
| 1. Grenzen des Mangelbeseitigungsanspruchs: Erforderlichkeit, Verantwortlichkeit | 51 |
| 2. Mangelbeseitigungsmethode | 52 |
| a) Nachbesserung | 52 |
| b) Neuherstellung | 53 |
| c) Wahlrecht des Auftragnehmers | 57 |
| 3. Klageantrag und Urteilstenor | 58 |
| II. Mangelbeseitigungskosten | 59 |
| 1. Grundsätzliche Grenzen der Kostentragungspflicht | 63 |
| 2. Abgrenzung zur Schadensersatzhaftung | 64 |
| 3. Sowiesokosten | 68 |
| 4. Vorteilsausgleichung | 69 |
| 5. Mitverantwortlichkeit des Auftraggebers | 70 |
| **D. Mangelbeseitigung durch den Auftraggeber (§ 13 Nr. 5 Abs. 2 VOB/B)** | 71–122 |
| I. Grundlagen | 71 |
| 1. Regelungszweck; Bezug zu § 4 Nr. 7 Satz 3 VOB/B | 71 |
| 2. Vergleich mit BGB-Vertrag | 72 |
| 3. Verhältnis zu anderen Rechten des Auftraggebers nach § 13 VOB/B | 73 |
| a) § 13 Nr. 5 Abs. 1 VOB/B | 73 |
| b) § 13 Nr. 6 und 7 VOB/B | 76 |
| 4. Allgemeine zivilrechtliche Ansprüche | 81 |
| 5. Allgemeine Geschäftsbedingungen | 83 |
| II. Voraussetzungen | 84 |
| 1. Mangelbeseitigungsanspruch | 84 |
| 2. Aufforderung zur Mangelbeseitigung | 85 |
| 3. Setzung angemessener Frist | 86 |

|  | Rdn. |
|---|---|
| 4. Entbehrlichkeit der Fristsetzung | 89 |
| 5. Fristsäumnis | 96 |
| 6. Abweichende Regelungen; Allgemeine Geschäftsbedingungen | 98 |
| III. Rechtsfolgen | 101 |
| 1. Grundlagen | 101 |
| 2. Ersatzfähige Mangelbeseitigungskosten | 102 |
| a) Aufwendungen | 102 |
| b) Erforderlichkeit | 105 |
| c) Fehlgeschlagene Mangelbeseitigung | 113 |
| d) Anspruchsbegrenzungen | 118 |
| 3. Durchsetzung des Erstattungsanspruchs | 119 |
| a) Regel | 119 |
| b) Zinsen; Verzugsschaden | 121 |
| c) Aufrechnung | 122 |
| **E. Kostenvorschussanspruch** | **123–168** |
| I. Grundlagen | 123 |
| II. Voraussetzungen, Inhalt und Grenzen | 126 |
| 1. Allgemeine Voraussetzungen | 127 |
| 2. Allgemeiner Inhalt | 130 |
| 3. Besondere Ausschlussgründe | 132 |
| a) Absehen von der Ersatzvornahme | 132 |
| b) Anderweitige Vorfinanzierungsmöglichkeit | 134 |
| c) Schadensersatzforderung | 135 |
| d) Entstandener Kostenerstattungsanspruch | 136 |
| e) Verjährung | 138 |
| 4. Anspruchsberechtigter und -verpflichteter | 139 |
| 5. Einzelheiten zum Anspruchsinhalt | 141 |
| a) Umfang | 141 |
| b) Zinsen | 145 |
| III. Geltendmachung | 150 |
| 1. Prozessuale Durchsetzung | 150 |
| a) Klageverfahren | 150 |
| b) Klageart; Antrag | 151 |
| c) Wiederholte Vorschussklage | 152 |
| d) Änderung zum Vorteil des Auftragnehmers | 153 |
| e) Verhältnis zu Schadensersatzklage und Minderung | 154 |
| 2. Aufrechnung | 159 |
| IV. Abrechnung | 162 |
| 1. Grundlagen | 162 |
| 2. Voraussetzungen | 163 |
| a) Durchgeführte Mangelbeseitigung | 163 |
| b) Unterlassene Mangelbeseitigung | 167 |
| 3. Rückforderungsausschluss | 168 |
| **F. Zahlungsverweigerung durch den Auftraggeber** | **169–215** |

|  | Rdn. |
|---|---|
| I. Grundlagen | 169 |
| 1. Leistungsverweigerungsrecht | 171 |
| a) § 320 BGB oder § 273 BGB? | 171 |
| b) Grundlegung beim BGB-Vertrag: §§ 641 Abs. 3, 634a Abs. 4 Satz 2, Abs. 5 BGB | 172 |
| c) Geltung beim VOB/B-Vertrag | 177 |
| 2. Aufrechnung | 178 |
| a) Grundlagen | 178 |
| b) Aufrechnungslagen | 179 |
| c) Ausgeschlossene Aufrechnung | 180 |
| d) Aufrechnungsverbote; Allgemeine Geschäftsbedingungen | 182 |
| e) Verjährung | 183 |
| 3. Verhältnis von Aufrechnung und Leistungsverweigerungsrecht | 184 |
| II. Voraussetzungen des Leistungsverweigerungsrechts | 185 |
| 1. Zahlungsverlangen des Auftragnehmers | 185 |
| a) Fälligkeit des Zahlungsanspruchs | 185 |
| b) Fortbestand des Zahlungsanspruchs | 187 |
| 2. Vorrang der Aufrechnung | 188 |
| a) Beschränkung auf Mangelbeseitigungsanspruch | 188 |
| b) Kein Leistungsverweigerungsrecht wegen Kostenvorschussanspruch | 190 |
| 3. Bestand des Mangelbeseitigungsanspruchs | 191 |
| 4. Ausschlussklauseln; Allgemeine Geschäftsbedingungen | 194 |
| 5. Abtretung | 198 |
| III. Folgen des Leistungsverweigerungsrechts | 199 |
| 1. Umfang | 199 |
| a) Grundsätze | 199 |
| b) Druckzuschlag | 201 |
| c) Verhältnismäßigkeit | 202 |
| d) Teilvergütungsbegehren | 203 |
| e) Sicherheitseinbehalt | 204 |
| 2. Allgemeine Geschäftsbedingungen | 206 |
| IV. Prozessuales | 207 |
| 1. Erkenntnisverfahren | 207 |
| a) Alleinverantwortlichkeit des Auftragnehmers für den Mangel | 207 |
| b) Mit- oder Alleinverantwortlichkeit des Auftraggebers für den Mangel | 209 |
| 2. Vollstreckung | 210 |
| a) Einfache Zug-um-Zug-Verurteilung | 210 |
| b) Doppelte Zug-um-Zug-Verurteilung | 215 |

# § 13 Nr. 5

## A. Grundlagen

### I. Stellung in der VOB/B

#### 1. Verhältnis zu § 4 Nr. 7 Satz 1 VOB/B

1 Der in § 13 Nr. 5 Abs. 1 Satz 1 VOB/B gegebene Mangelbeseitigungsanspruch ist das **primäre Gewährleistungsrecht** des Auftraggebers **nach Abnahme**[1] einer vertragswidrigen Leistung. Dieser Anspruch **löst** den bis zur Abnahme geltend zu machenden Herstellungsanspruch gemäß **§ 4 Nr. 7 Satz 1 VOB/B ab,** der mit der Abnahme unanwendbar wird; eine bei Abnahme noch ausstehende Beseitigung einer schon vor Abnahme gerügten vertragswidrigen bzw. mangelhaften Leistung ist alsdann, sofern Mangelrechte nicht wegen vorbehaltloser Abnahme trotz Kenntnis der Mangelhaftigkeit ausgeschlossen sind, nach § 13 Nr. 5 Abs. 1 Satz 1 VOB/B zu beurteilen.[2] Die vor Abnahme aufgeworfene Problematik, ob der Auftraggeber unabhängig von der Auftragsentziehung zur Ersatzvornahme auf Kosten des Auftragnehmers berechtigt ist,[3] ist nach Abnahme dadurch entschärft, dass § 13 Nr. 5 Abs. 2 VOB/B dem Auftraggeber ein solches Recht ausdrücklich einräumt. Das dort eigens vorgesehene Ersatzvornahmerecht ergänzt den Mangelbeseitigungsanspruch aus § 13 Nr. 5 Abs. 1 Satz 1 VOB/B; es verwirklicht dessen Zielsetzung gewissermaßen mit anderen Mitteln.

#### 2. Verhältnis zu § 13 Nr. 6, 7 VOB/B

2 Gemäß § 13 Nr. 6 VOB/B tritt bei **Unmöglichkeit** der Mangelbeseitigung an die Stelle des Rechts aus § 13 Nr. 5 Abs. 1 Satz 1 VOB/B das Recht zur **Minderung.** Dasselbe gilt nach dieser Vorschrift, wenn die Mangelbeseitigung einen **unverhältnismäßig hohen Aufwand** erfordert und der Auftragnehmer die Mangelbeseitigung aus diesem Grund verweigert. Das gilt ferner ausnahmsweise dann, wenn die Mangelbeseitigung für den Auftraggeber **unzumutbar** ist.

3 **Beseitigung** gemäß § 13 Nr. 5 Abs. 1 Satz 1 VOB/B und **Schadensersatz** gemäß § 13 Nr. 7 VOB/B können, sofern die dort genannten Voraussetzungen vorliegen, **kumulativ** verlangt werden; beide Rechte schließen einander wechselseitig nicht aus.[4] Die durchgeführte Mangelbeseitigung wirkt sich allerdings in der Regel schadensmindernd aus. Sie verhindert aber nicht grundsätzlich das Vorhandensein und den Fortbestand weiterer Schäden, die nach Maßgabe des § 13 Nr. 7 VOB/B ersatzfähig bleiben. Die Erfüllung eines Schadensersatzanspruchs, der an die Stelle des Anspruchs gemäß § 13 Nr. 5 VOB/B tritt, ist eine an dessen Stelle tretende Ersatzleistung.[5]

4 Minderung oder Schadensersatz, Letzteres auch zusätzlich zur Mangelbeseitigung, kann **hilfsweise** neben der Mangelbeseitigung verlangt werden, wenn nach der Sachlage Zweifel am Erfolg einer Nachbesserung bestehen, oder wenn davon auszugehen ist, dass trotz eines Nachbesserungsbemühens noch Mängel bleiben.[6]

---

[1] OLG Düsseldorf NJW-RR 2001, 1399 = BauR 2001, 1463.
[2] Vgl. dazu → § 4 Nr. 7 Rdn. 4.
[3] Dazu → § 4 Nr. 7 Rdn. 227 ff.
[4] BGH NJW 1963, 811 f.; *Ingenstau/Korbion (Wirth)* VOB/B § 13 Nr. 5 Rdn. 98.
[5] BGH NJW 1963, 811 f.
[6] *Ingenstau/Korbion (Wirth)* VOB/B § 13 Nr. 5 Rdn. 99 unter Bezug auf BGH BB 1963, 995.

## II. Verhältnis zu den allgemeinen Rechten

### 1. Vergleich mit § 634 Nr. 1 und 2 BGB

Das Gesetz sieht in den §§ 634 Nr. 1, 635 BGB einen **Mangelbeseitigungsanspruch** 5
bei mangelhaftem Werk vor. Diese unstreitig nach[7] Abnahme anzuwendenden Normen stehen inhaltlich in Parallele zu § 13 Nr. 5 Abs. 1 Satz 1 VOB/B. Die **Abweichungen** sind **geringfügig:**[8]

Die Hervorhebung des **zeitlichen Anwendungsbereichs** in § 13 Nr. 5 Abs. 1 Satz 1 6
VOB/B, der sich aus dessen Rückbezug auf § 13 Nr. 4 Abs. 3 VOB/B ergibt, soll zeigen, dass diese Vorschrift erst nach Abnahme anwendbar ist; sie ist also im Hinblick auf die nötige Abgrenzung zu der vor Abnahme geltenden Regelung des § 4 Nr. 7 Satz 1 VOB/B erklärlich. Im Vergleich zu § 634 Nr. 1 BGB hat diese Abweichung nur dann sachliche Bedeutung, wenn der Ansicht gefolgt wird, dass diese Regelung, wie dies für ihre Vorläuferregelung in § 633 Abs. 2 Satz 1 BGB vertreten wurde,[9] allgemein auch vor Abnahme anwendbar sei. Das Fehlen einer dem § 635 Abs. 3 BGB entsprechenden Regel in § 13 Nr. 5 VOB/B bildet letztlich keinen Unterschied, da sich ein entsprechendes Recht des Auftragnehmers zur **Mangelbeseitigungsverweigerung wegen unverhältnismäßigen Aufwands** aus § 13 Nr. 6 VOB/B ergibt.

Stärker fällt wohl als **Abweichung** ins Gewicht, dass § 13 Nr. 5 Abs. 1 Satz 1 VOB/B 7
ein **schriftliches Nachbesserungsverlangen** fordert, während die §§ 634 Nr. 1, 635 BGB insoweit keine **Formerfordernisse** aufstellen. Dieser Unterschied wird aber durch die geringen Folgen eines Formverstoßes im Fall des § 13 Nr. 5 Abs. 1 Satz 1 VOB/B gemildert.[10] Auch die **Begriffe** der Mangelhaftigkeit in § 633 Abs. 2 Satz 2 BGB und des auf eine Vertragswidrigkeit zurückzuführenden Mangels in § 13 Nr. 5 Abs. 1 Satz 1 VOB/B sind nicht deckungsgleich. Eine Vertragswidrigkeit liegt nämlich trotz Mangelhaftigkeit nicht vor, wenn der Auftragnehmer seiner Prüfungs- und Hinweispflicht gemäß § 13 Nr. 3 VOB/B in Bezug auf den gerügten Mangel genügt hat.[11]

In Übereinstimmung mit dem **Kostenerstattungsanspruch** gemäß den §§ 634 Nr. 2, 8
637 BGB, der anders als das frühere Werkvertragsrecht einen Verzug des Unternehmers mit der Erfüllung des Mangelbeseitigungsanspruchs nicht voraussetzt, verlangt der Kostenerstattungsanspruch gemäß § 13 Nr. 5 Abs. 2 VOB/B nur, dass der Auftraggeber die **Mangelbeseitigung** trotz Aufforderung **in einer** vom Auftraggeber gesetzten **angemessenen Frist nicht** ausgeführt hat. Beide Ansprüche entstehen insofern unter erleichterten Voraussetzungen, als es auf ein vom Recht des Schuldnerverzugs vorausgesetztes Verschulden – § 286 Abs. 4 BGB – nicht ankommt. Andererseits wird dem Auftragnehmer aber eine sachgerecht bemessene Frist zur Erledigung der Mangelbeseitigung belassen; die praktischen Unterschiede zum Verzug werden daher gering sein. Im Unterschied zum Kostenerstattungsanspruch gemäß den §§ 634 Nr. 2, 637 Abs. 2 BGB sieht allerdings § 13 Nr. 5 Abs. 2 VOB/B nicht explizit vor, dass die **Fristsetzung** gemäß § 323 Abs. 2 BGB **entbehrlich** sein kann; dennoch ist anerkannt, dass dies unter bestimmten Umständen, die den in den §§ 637 Abs. 2 Satz 1, 323 Abs. 2 BGB und in § 637 Abs. 2 Satz 2 BGB genannten Fällen im Wesentlichen entsprechen, auch im Anwendungsbereich des § 13 Nr. 5 Abs. 2 VOB/B gilt.[12]

---

[7] Zur Rechtslage vor Abnahme → § 4 Nr. 7 Rdn. 16.
[8] So im Ergebnis auch *Ingenstau/Korbion (Wirth)* VOB/B § 13 Nr. 5 Rdn. 8 ff.; *Kaiser* Mängelhaftung Rdn. 71 a; *Siegburg* Gewährleistung Rdn. 940; *Ehrhardt-Renken* S. 86.
[9] *Staudinger/Peters* (2000) § 633 Abs. 2; § 634 BGB n. F. hingegen ist erst nach Abnahme anwendbar, so *Staudinger/Peters* § 634 Rdn. 9.
[10] Dazu unten Rdn. 41.
[11] Zu Letzterem *Siegburg* Gewährleistung Rdn. 941.
[12] Vgl. unten Rdn. 86.

## § 13 Nr. 5

### 2. Verdrängung des allgemeinen Leistungsstörungsrechts

9   Soweit nach Abnahme Rechte wegen Mangelhaftigkeit der Bauleistung geltend gemacht werden, enthält § 13 Nr. 5–7 VOB/B **abschließende Spezialregelungen,** die die Anwendbarkeit des allgemeinen Leistungsstörungsrechts, namentlich der §§ 280 ff. BGB oder des § 311 a BGB, ebenso wie beim BGB-Werkvertrag ausschließen,[13] wie sich für Letzteren gerade daran zeigt, dass dort das allgemeine Leistungsstörungsrecht erst durch die Verweisungstechnik des § 634 BGB in Geltung gesetzt wird und daher nicht unmittelbar als solches gilt.

### 3. Verdrängung des § 634 Nr. 1 und 2 BGB

10  Die – wenn auch praktisch geringfügigen – Abweichungen des § 13 Nr. 5 VOB/B von der gesetzlichen Regelung schließen die direkte oder analoge Anwendung von § 634 Nr. 1 und 2 BGB im Geltungsbereich des § 13 Nr. 5 VOB/B aus.[14] Insoweit ist § 13 Nr. 5 VOB/B eine **vertragliche Spezialregelung,** deren Eigentümlichkeiten nicht durch Anwendung des allgemeinen Gesetzesrechts überspielt werden dürfen.

### 4. Wirksamkeit als AGB

11  Wie sich gezeigt hat, entfernt sich § 13 Nr. 5 VOB/B, jedenfalls soweit dies hier mit Ausnahme der verjährungsrechtlichen Regelungen zu beurteilen ist, nicht wesentlich vom gesetzlichen Leitbild. Im Hinblick auf die §§ 307 ff. BGB, vormals §§ 9 ff. AGBG, bestehen daher grundsätzlich keine Bedenken gegen die Wirksamkeit der Regelungen des § 13 Nr. 5 VOB/B. Das gilt auch insoweit, als die Vorschrift abweichend von den §§ 634 Nr. 1, 635 BGB statt von Nacherfüllung von Mangelbeseitigung spricht; ein Verstoß gegen § 307 BGB liegt darin nicht,[15] weil schon die Rechtsprechung unter der Herrschaft des früheren werkvertraglichen Gewährleistungsrechts des BGB zu dem Ergebnis gelangt war, dass der seinerzeit auch in § 633 Abs. 2 BGB a. F. verwendete Begriff der Mangelbeseitigung im Wege der Auslegung unschwer durchaus auch als Pflicht zur Neuherstellung verstanden werden könne. Gegen AGB-Recht verstößt es auch nicht, dass nicht schon § 13 Nr. 5 VOB/B, sondern erst § 13 Nr. 6 VOB/B zu entnehmen ist, dass der Mangelbeseitigungsanspruch bei Unverhältnismäßigkeit des Beseitigungsaufwandes nicht besteht.[16] Auch die Nichterwähnung des Kostenvorschussanspruchs in § 13 Nr. 5 VOB/B begründet keinen AGB-rechtlichen Unwirksamkeitseinwand gemäß § 307 Abs. 1 Satz 2 BGB, da dieser Anspruch nicht nur seit Jahrzehnten gewohnheitsrechtlich anerkannt ist, sondern auch § 637 Abs. 3 BGB keine Transparenz hinsichtlich der näheren Voraussetzungen und Grenzen, des Umfangs und der Vorschussabrechnung sowie Vorschusserstattung schafft und daher eine solche Transparenz offenbar für nicht erforderlich hält.[17] Die Vereinbarung des § 13 Nr. 5 Abs. 2 VOB/B in einem Bauträgervertrag ist ebenfalls zulässig.[18]

---

[13] Vgl. zum früheren Recht BGHZ 62, 86 = NJW 1974, 552 = BauR 1974, 200; *Ingenstau/Korbion (Wirth)* (14. Aufl. 2001) VOB/B § 13 Rdn. 582 (zum BGB-Vertrag), zu § 320 unten Rdn. 171 ff.; *Kohler* BauR 1988, 278, 297 f.
[14] BGH NJW-RR 1998, 235, 236 = BauR 1997, 1027, 1029 = ZfBR 1998, 31, 32 (zu § 633 BGB a. F.); *Ingenstau/Korbion (Wirth)* VOB/B § 13 Nr. 5 Rdn. 11; *Nicklisch/Weick (Nicklisch)* VOB/B § 13 Rdn. 112.
[15] *Weyer* NZBau 2003, 522; a. A. *Kiesel* NJW 2002, 2068 und *Tempel* NZBau 2002, 534.
[16] So auch *Weyer* NZBau 2003, 522; *Nicklisch/Weick (Nicklisch)* VOB/B § 13 Rdn. 115; a. A. *Tempel* NZBau 2002, 534.
[17] *Weyer* NZBau 2003, 524; a. A. *Tempel* NZBau 2002, 535.
[18] OLG Celle BauR 1998, 802, 803.

### III. Wesen des Beseitigungsanspruchs

Der durch § 13 Nr. 5 Abs. 1 Satz 1 VOB/B begründete Anspruch, aus dem – allerdings nur faktisch und reflexweise[19] – ein Mangelbeseitigungsrecht des Auftragnehmers erwächst, wird als **modifizierter Erfüllungsanspruch**[20] oder als **Gewährleistungsanspruch,**[21] auch als beides zugleich,[22] qualifiziert. Die **Einordnung als Gewährleistungsanspruch** ist vorzugswürdig. Sie hat schon für sich, dass auf diese Weise die wünschenswerte Parallelität zur allgemeinen zivilrechtlichen Rechtslage gewahrt wird, weil dort die Abnahme nach richtiger Ansicht den Erfüllungsanspruch als solchen auch bei einer mangelhaften Leistung zum Erlöschen bringt.[23] Auf die Qualifizierung als Gewährleistungsanspruch lässt ferner die systematische Stellung des § 13 Nr. 5 Abs. 1 Satz 1 VOB/B schließen; denn im Unterschied zu § 4 Nr. 7 VOB/B steht diese Vorschrift im Zusammenhang mit der durch die Abnahme eingeleiteten Phase der der Erfüllung nachfolgenden Gewährleistung, wie auch aus der Überschrift ersichtlich ist. Im Übrigen entspricht es der Einordnung als Gewährleistungsanspruch, dass die auf den Erfüllungsanspruch zugeschnittenen Rechte gemäß den §§ 280 ff., 323 ff. BGB dem Auftraggeber nicht zustehen, sondern er auf die Rechte gemäß § 13 Nr. 5–7 VOB/B beschränkt ist. Darauf deutet nicht nur die Spezialität der VOB-Regelung, sondern auch der Umstand, dass auch der BGB-Bauvertrag, wie dies schon für das frühere Recht galt,[24] nach Abnahme mit Rücksicht auf die Spezialität der §§ 634 ff. BGB keinen Raum für die unmittelbare Anwendung der allgemeinen Leistungsstörungsregeln des bürgerlichen Rechts lässt und daher jede Anknüpfung dafür fehlt, diese auf den Erfüllungsanspruch bezogenen Vorschriften beim VOB/B-Vertrag anzuwenden.

Der Einordnungsstreit hat im Übrigen keine große praktische Bedeutung.[25] Dies galt namentlich schon für das frühere Werkvertragsrecht, zumindest seit höchstrichterlich zutreffend das Recht anerkannt wurde, auch nach Abnahme erforderlichenfalls **Neuherstellung** des Werks, bei Einbeziehung der VOB/B also auch auf der Basis des § 13 Nr. 5 Abs. 1 Satz 1 VOB/B, zu verlangen.[26] Insoweit hat die in den §§ 634 Nr. 1, 635 Abs. 1 BGB vorgesehene Regelung die bereits unter der Ägide des früheren Werkvertragsrechts entwickelte Rechtslage lediglich klargestellt, indem dort nun explizit dem Unternehmer zur Wahl gestellt ist, ob er den Mangel als solchen beseitigt oder er ein neues Werk herstellt.

Die Anerkennung der nach Abnahme bestehenden Neuherstellungspflicht als einen möglichen Anspruchsinhalt zwingt **nicht** dazu, die Regelung des § 13 Nr. 5 Abs. 1 Satz 1 VOB/B als **Erfüllungsanspruch** zu deuten. Vielmehr kann der Beseitigungsanspruch gemäß § 13 Nr. 5 Abs. 1 Satz 1 VOB/B durchaus als Gewährleistungsanspruch verstanden werden, der im Einzelfall lediglich einen mit dem Erfüllungsanspruch übereinstimmenden Inhalt hat.[27] Dieses Verständnis ist nicht nur möglich, sondern auch vorzugswürdig. Es entspricht nämlich nicht bloß der Auffassung der Verfasser des früheren Werkvertragsrechts, die Mangelrechte nach Werkabnahme einschließlich des im Einzelfall auf Neuherstellung hinauslaufenden Beseitigungsanspruchs gemäß § 633 Abs. 2 Satz 1 BGB a. F. als eine Spezialregelung anzusehen, die die Anwendung der für den Erfüllungsanspruch geltenden all-

---

[19] *Motzke* FS Mantscheff S. 146 ff. und in diesem Sinne zutreffend OLG Koblenz NJW-RR 1997, 1176 = BauR 1997, 845, 846; a. A. *Oppler* FS Vygen S. 344.
[20] So BGH NJW 1963, 811 f.; *Nicklisch/Weick (Nicklisch)* VOB/B § 13 Rdn. 13; *Kaiser* Mängelhaftung Rdn. 71, 71 a, 75.
[21] Dazu neigend BGHZ 42, 233 = BGH NJW 1965, 152 f.; so *Heiermann/Riedl/Rusam (Riedl)* VOB/B § 13 Rdn. 104; *Kleine-Möller/Merl/Oelmaier (Merl)* § 12 Rdn. 756 Fn. 1571; *Werner/Pastor* Rdn. 1622.
[22] So *Ingenstau/Korbion (Wirth)* VOB/B § 13 Nr. 5 Rdn. 6; offen lassend BGHZ 55, 354, 357 = NJW 1971, 838 = BauR 1971, 126.
[23] So schon *Korintenberg* S. 128 ff.
[24] Zum früheren Recht eingehend *Kohler* BauR 1988, 278, 297 f. m. w. N.
[25] *Siegburg* Gewährleistung Rdn. 939.
[26] Dazu unten Rdn. 53 ff.
[27] Vgl. *Kohler* BauR 1988, 278, 281 ff.

## § 13 Nr. 5            Mangelbeseitigungsanspruch

gemeinen Leistungsstörungsregeln ausschloss. Vielmehr machen auch die §§ 634 Nr. 1, 635 Abs. 1 BGB diese Auffassung nun sichtbar, indem dort eine Neuherstellung als möglicher erfüllungstauglicher Inhalt eines Nacherfüllungsanspruchs, also auf spezifisch gewährschaftsrechtlicher Basis, vorgesehen ist. Überdies erreicht diese Deutung auch zwanglos, dass auf den nach Abnahme erhobenen Beseitigungsanspruch, gleich ob gemäß §§ 634 Nr. 1, 635 Abs. 1 BGB oder § 13 Nr. 5 Abs. 1 Satz 1 VOB/B, unabhängig vom konkreten Anspruchsinhalt die für Gewährleistungsrechte geltenden Anspruchsbeschränkungen, dabei insbesondere die spezifisch gewährschaftsrechtlichen Verjährungsregeln, anzuwenden sind.[28]

## B. Gemeinsame Voraussetzungen für die Rechte des Auftraggebers (§ 13 Nr. 5 Abs. 1 Satz 1 VOB/B)

### I. Zeitgrenze

15    § 13 Nr. 5 Abs. 1 Satz 1 VOB/B betrifft seinem Tatbestand zufolge die **während der Verjährungsfrist** hervortretenden Mängel, die auf vertragswidrige Leistung zurückzuführen sind. Diese zeitliche Begrenzung gilt außer für die Beseitigungspflicht auch für die in Abs. 2 normierte Ersatzvornahme auf Kosten des Auftragnehmers und ist auch für § 13 Nr. 6 und 7 VOB/B maßgeblich.[29]

16    Aus der Tatsache, dass die für den Anspruch gemäß § 13 Nr. 5 Abs. 1 VOB/B vorgesehene Verjährungsfrist **mit der Abnahme** – ihr steht die Fertigstellungsbescheinigung gemäß § 641a BGB gleich – oder unberechtigten Abnahmeverweigerung beginnt, ergibt sich die Beschränkung der Anwendbarkeit der Regelung auf den mit diesem Ereignis beginnenden Zeitraum. Im Übrigen ergibt sich aus der tatbestandlich vorausgesetzten Bezugnahme des § 13 Nr. 5 VOB/B auf § 13 Nr. 1 VOB/B, dessen Tatbestand von der Zeit nach der Abnahme handelt, aber auch aus der Systematik der VOB/B, dass § 13 Nr. 5 VOB/B im Gegensatz zu § 4 Nr. 7 VOB/B die Rechte für die nach Abnahme, Fertigstellungsbescheinigung oder unberechtigter Abnahmeverweigerung vorhandenen Mängel regelt. Damit wird eine recht klare Funktionsteilung zwischen diesen beiden Vorschriften erreicht; nur ausnahmsweise ist § 4 Nr. 7 VOB/B nach Abnahme noch anwendbar.[30]

### II. Mangel

17    Ein von § 13 Nr. 5 Abs. 1 Satz 1 VOB/B vorausgesetzter Mangel liegt vor, wenn die **Werkleistung nicht den in § 13 Nr. 1 VOB/B aufgestellten Anforderungen genügt**. Es kommt also darauf an, ob die Leistung zurzeit der Abnahme die vereinbarte Beschaffenheit hat und den anerkannten Regeln der Technik entspricht; ist die Beschaffenheit nicht vereinbart, muss sich die Leistung für die nach dem Vertrag vorausgesetzte Verwendung, sonst für die gewöhnliche Verwendung eignen und eine Beschaffenheit aufweisen, die bei Werken der gleichen Art üblich ist und die der Auftraggeber nach der Art der Leistung erwarten kann. Dabei hat § 13 Nr. 2 VOB/B eine tatbestandsergänzende Funktion insofern, als dort bei einer Leistung nach Probe ein Fall der Beschaffenheitsvereinbarung unterstellt wird. Auf die **Wesentlichkeit** des Mangels kommt es im Rahmen von § 13 Nr. 5 Abs. 1, 2 VOB/B **nicht** an.[31]

---

[28] Vgl. *Kohler* BauR 1988, 278, 295.
[29] Vgl. OLG Brandenburg IBR 2005, 194 (LS).
[30] Dazu → § 4 Nr. 7 Rdn. 41 ff.
[31] *Ingenstau/Korbion (Wirth)* VOB/B § 13 Nr. 5 Rdn. 21 unter Bezug auf OLG Düsseldorf BauR 1980, 75, 76.

### III. Mangelverantwortung des Auftragnehmers

Der Mangel muss der Werkleistung des Auftragnehmers **zuzuordnen** sein **und** diese 18
Leistung muss **vertragswidrig** sein. Nach Abnahme hat der Auftraggeber insoweit die
Darlegungs- und Beweislast.[32]

#### 1. Zurechenbarkeit der Leistung

Das Tatbestandselement des Werkmangels erfordert primär die Feststellung, dass der 19
gerügte Mangelzustand dem in Anspruch genommenen Auftragnehmer als Konsequenz
seiner Werkleistung zurechenbar ist.[33] Zur Zurechenbarkeit gehört zunächst die **Mangelveranlassung im technischen Sinn.** Darüber hinaus verlangt die Zurechnung aber auch
eine **wertende Betrachtung,** bei der es auf die Frage der Erfüllung einer dem Auftragnehmer etwa obliegenden Pflicht zur Verhinderung drohender Mängel ankommt, **soweit** solche
Mängel **auf Beiträge des Auftraggebers oder Dritter zurückzuführen sind.**

Die folgenden, für die Zurechenbarkeit auf Grund der VOB/B geltenden Regeln können 20
nicht in **Allgemeinen Geschäftsbedingungen** geändert werden, ohne dass ein Verstoß
gegen § 307 BGB vorliegt.[34] So ist beispielsweise eine Klausel unwirksam, durch die sich der
Auftraggeber eine Kompetenz zur abschließenden Entscheidung über die Zurechnung ausbedingt; desgleichen, wenn er eine Zurechnungsvermutung aufstellt oder das Zurechnungserfordernis schlicht abbedingt, indem der Auftragnehmer einer Gewährschaft für Mängel an
bestimmten Bauteilen ohne Rücksicht auf die Feststellbarkeit seiner Verantwortung ausgesetzt wird.

**a) Ursächlichkeit.** In erster Linie ist die **technische Ursächlichkeit der** vom Auftrag- 21
nehmer vorgenommenen oder entgegen seiner Vertragspflicht unterlassenen **Maßnahme**
für das Entstehen des Mangels entscheidend;[35] Ziel und Zweck ist es, damit den zutagegetretenen Mangel einer bestimmten Bauwerksleistung und den dafür vertraglich Verantwortlichen zuzuordnen.[36] Dabei **genügt Mitursächlichkeit** für die Haftung dem Grunde
nach.[37] Bei zwei Ursachen für denselben Mangel ist jede als ursächlich anzusehen, auch
wenn eine Ursache allein schon den Mangel herbeigeführt hätte.[38] Bilden **mehrere Auftragnehmer** eine auf Erbringung einer einheitlichen Bauleistung gerichtete Zweckgemeinschaft, so kann der Auftraggeber diese ausnahmsweise gesamtschuldnerisch auf Beseitigung
des Mangels der einheitlichen Bauleistung in Anspruch nehmen.[39] An einer haftungsbegründenden Mitursächlichkeit fehlt es allerdings, wenn bei einer Beteiligung mehrerer Auftragnehmer voneinander abgrenzbare Teilleistungen zu erbringen sind und der Mangel nicht der
Teilleistung des in Anspruch Genommenen entstammt.[40]

Die Ursächlichkeit der Leistung des in Anspruch genommenen Auftragnehmers für den 22
beanstandeten Mangel hat der **Auftraggeber darzulegen** und im Bestreitensfall zu **beweisen.**[41] Eine **Beweislastumkehr** findet nur statt, wenn der Auftragnehmer die Mangelhaftigkeit anerkannt hat, beispielsweise durch früher erklärte, aber jetzt nicht mehr aufrechterhal-

---

[32] OLG Hamburg BauR 2001, 1749, 1750 m. Anm. *Wirth* BauR 2001, 1751 ff.; *Putzier* BauR 2004, 1060, 1062 f.; beschränkt auf den Nachweis der Mangelhaftigkeit des Werks *Ingenstau/Korbion (Wirth)* VOB/B § 13 Nr. 1 Rdn. 121; *Leitzke* BauR 2002, 394 ff.
[33] Hierzu *Kleine-Möller/Merl/Oelmaier (Merl)* § 12 Rdn. 757 ff.
[34] So (zum vormaligen § 9 AGBG) *Ingenstau/Korbion (Wirth)* (14. Aufl. 2001) VOB/B § 13 Rdn. 453.
[35] *Ingenstau/Korbion (Wirth)* VOB/B § 13 Nr. 5 Rdn. 15 f.
[36] *Putzier* BauR 2004, 1060, 1062 f.
[37] BGH BauR 1988, 474; *Kapellmann/Messerschmidt (Weyer)* VOB/B § 13 Rdn. 198; *Nicklisch/Weick (Nicklisch)* VOB/B § 13 Rdn. 116.
[38] *Ingenstau/Korbion (Wirth)* VOB/B § 13 Nr. 5 Rdn. 19 unter Bezug auf BGH WM 1971, 1056, 1058; OLG Stuttgart NJW-RR 1995, 892, 893.
[39] OLG Hamm NJW-RR 1996, 273, 274.
[40] *Nicklisch/Weick (Nicklisch)* VOB/B § 13 Rdn. 116.
[41] *Putzier* BauR 2004, 1060, 1062 f.

tene Bereitschaft zur Mangelbeseitigung.[42] Der mithin grundsätzlich dem Auftraggeber obliegenden Beweisführung bedarf es allerdings nicht, wenn feststeht, dass jedenfalls einer von mehreren Umständen für den Mangel ursächlich war und der in Anspruch genommene Auftragnehmer für alle in Betracht gezogenen Umstände verantwortlich ist;[43] das gilt auch dann, wenn sich seine Verantwortlichkeit nur aus seiner Einstandspflicht für die von ihm herangezogenen Subunternehmer ergibt.[44] Im Übrigen können im Einzelfall zugunsten des Auftraggebers **Beweiserleichterungen** nach den Grundsätzen des Beweises des ersten Anscheins Platz greifen und die Ausräumung letzter Zweifel ersparen, wenn die Verantwortlichkeit eines Dritten ausgeschlossen ist[45] oder wenn der gerügte Mangel typischerweise auf der Verwendung bestimmter Materialien oder Bauverfahren beruht und diese auch im gegebenen Fall verwendet wurden.[46] Bei Zusammenwirken mehrerer, verschiedenen Auftragnehmern zuzurechnender Mangelursachen kann eine **Verantwortungszuweisung gemäß § 287 ZPO** stattfinden.[47]

23    Der Auftragnehmer ist grundsätzlich **nicht** verpflichtet, **bei** der Aufklärung der **Mangelursache mitzuwirken;** aus einer entsprechenden Untätigkeit des Auftragnehmers sind daher auch keine ihn benachteiligenden Folgerungen zu ziehen. Eine Aufklärungspflicht kann allerdings im Einzelfall individualvertraglich vereinbart werden.[48] Schweigt solchenfalls die vertragliche Abrede zur Kostentragung und stellt sich die Mangelrüge auf Grund der Nachforschung des Auftragnehmers als unbegründet heraus, so hat der Auftraggeber in der Regel die Kosten des Auftragnehmers zu ersetzen.

24    **b) Prüfungs- und Hinweispflicht. aa) VOB/B-Vertrag.** Die Zurechenbarkeit beim VOB/B-Vertrag hängt ferner von **§ 13 Nr. 3 i. V. m. § 4 Nr. 3 VOB/B** ab, also von der Frage einer Alleinverantwortlichkeit des Auftraggebers für den Mangel. Die Verantwortlichkeit des Auftragnehmers bei Mängeln, die auf die Leistungsbeschreibung oder auf Anforderungen des Auftraggebers, auf die von diesem gelieferten oder vorgeschriebenen Stoffe oder Bauteile oder die Beschaffenheit der Vorleistung eines anderen Unternehmers zurückzuführen sind, ist ausgeschlossen, wenn der Auftragnehmer seiner Obliegenheit zur Mitteilung über zu befürchtende Mängel genügt hat;[49] der Auftragnehmer hat solchenfalls den Anspruch auf die vertragliche Vergütung. Hat der Auftragnehmer seine **Prüfungs- und Hinweispflicht nicht erfüllt,** haftet er hingegen dem Grunde nach, allerdings unbeschadet der Mitverantwortung des Auftraggebers oder des Dritten.[50] Dabei dürfen die Anforderungen an die gebotene Prüfung nicht überspannt werden; in der Regel kann sich der Auftragnehmer auf die Ordnungsmäßigkeit der Vorleistung anderer Gewerke verlassen und sind ihm daher, sofern nicht besondere Umstände Anlass zu besonderer Prüfung geben, über Sichtproben, Nachmessen oder normale Belastungsprobe hinaus in der Regel keine weitergehenden, mit erheblichem Aufwand verbundenen Untersuchungen zuzumuten.[51] Die **Hinweispflicht** besteht **gegenüber dem Auftraggeber.**[52] Ein bloßer Hinweis gegenüber dem Bauleiter genügt in der Regel der Hinweispflicht nicht;[53] das gilt jedenfalls, wenn sich der Bauleiter den vorgebrachten Bedenken verschließt.[54] Die Haftung des Auftragnehmers

---

[42] *Ingenstau/Korbion (Wirth)* VOB/B § 13 Nr. 5 Rdn. 42.
[43] OLG Hamburg BauR 2005, 1339 ff.
[44] *Ingenstau/Korbion (Wirth)* VOB/B § 13 Nr. 5 Rdn. 19; vorausgesetzt in BGH NJW 1975, 1217 = BauR 1975, 278 f.; OLG Frankfurt NJW-RR 1995, 1488.
[45] *Leitzke* BauR 2002, 396.
[46] BGH BauR 1973, 52 und BauR 1975, 347; *Ingenstau/Korbion (Wirth)* VOB/B § 13 Nr. 5 Rdn. 18.
[47] *Ingenstau/Korbion (Wirth)* VOB/B § 13 Nr. 5 Rdn. 16.
[48] Dazu OLG Hamburg BauR 1979, 249.
[49] OLG Brandenburg NJW-RR 2000, 1620 ff. = BauR 2001, 102, 105; *Kaiser* Mängelhaftung Rdn. 73; *Kleine-Möller/Merl/Oelmaier (Merl)* § 12 Rdn. 117, 131 ff.; *Siegburg* Gewährleistung Rdn. 948, 1475.
[50] BGH BauR 1991, 79 = ZfBR 1991, 61 ff.; OLG Dresden BauR 2000, 1341, 1344; ferner dazu unten Rdn. 70.
[51] OLG Düsseldorf NJW-RR 1998, 20; OLG Brandenburg BauR 2001, 102, 105.
[52] OLG Hamm NJW-RR 1996, 273, 274.
[53] OLG Frankfurt a. M. NJW-RR 1999, 461, 462.
[54] OLG Hamm NJW-RR 1996, 273, 274.

infolge Verletzung der Prüfungs- und Hinweispflicht beschränkt sich jedoch darauf, die erforderliche Nachbesserung seines Gewerkes vorzunehmen bzw. die Kosten dafür zu tragen; eine Haftung für fehlerhafte Vorleistungen anderer Unternehmen entsteht nicht.[55] Den **Auftragnehmer** trifft die **Darlegungs- und Beweislast** für die Erfüllung seiner Prüfungs- und Hinweispflicht.

**bb) BGB-Vertrag.** Ob der Unternehmer seiner **Prüfungs- und Hinweispflicht** genügt hat, ist **nach Abnahme** auch beim BGB-Vertrag für die Frage **erheblich,** ob der Unternehmer bei einem vom Besteller gemäß § 645 Abs. 1 Satz 1 BGB allein oder mit zu verantwortenden Mangel beseitigungspflichtig ist. In Anbetracht des Umstandes, dass die Erfüllung der Prüfungs- und Hinweispflicht des Unternehmers für den vor Abnahme geltend gemachten Herstellungsanspruch des Bestellers dem Grunde nach ohne Bedeutung ist,[56] ist dies bemerkenswert. Das gilt erst recht, weil die Anerkennung einer die Abnahme überdauernden eventuellen Neuherstellungspflicht eine Angleichung der vor und nach Abnahme geltenden Rechtslage bewirkt hat.[57]

Der Ausschluss des Mangelbeseitigungsanspruchs nach Abnahme, falls der Unternehmer seiner Prüfungs- und Hinweispflicht genügt hat, hat zunächst die praktische Konsequenz für sich, dass eine **wünschenswerte Angleichung** der Rechtslage beim BGB-Vertrag **an** diejenige beim **VOB/B-Vertrag** stattfindet. Eine solche Parallelität entspricht auch der Neigung der Rechtsprechung, den nach der Abnahme geltenden § 13 Nr. 3 VOB/B tatbestandlich mit § 645 Abs. 1 Satz 1 BGB abzustimmen[58] und in Fällen beiderseitiger Verantwortlichkeit für den Mangel, also namentlich bei Nichterfüllung der dem Unternehmer obliegenden Prüfungs- und Hinweispflicht, bei VOB/B- und BGB-Vertrag dieselben Grundsätze hinsichtlich der Beteiligung an den Mangelbeseitigungskosten anzuwenden.[59]

**Rechtsdogmatisch** ist es beim BGB-Vertrag gerechtfertigt, eine Rechtslage zugrunde zu legen, wie sie beim VOB/B-Vertrag durch § 13 Nr. 3 VOB/B bestimmt ist. § 13 Nr. 3 VOB/B ist nämlich ohnehin nur als Ausdruck eines allgemeingültigen bürgerlichrechtlichen Prinzips anzusehen.[60] Nicht dessen Anwendung, sondern Abweichungen davon bedürfen daher der Begründung anhand von Spezialnormen. Der als eine solche allein in Betracht kommende **§ 645 Abs. 1 Satz 1 BGB,** der **nur bis zur Abnahme** gilt, gibt eine solche Entscheidungsgrundlage für die Zeit nach Abnahme eben nicht, sondern legt gerade einen mit § 13 Nr. 3 VOB/B übereinstimmenden **Rückschluss** aus § 645 Abs. 1 Satz 1 BGB nahe.

Dass ein derartiger Rückschluss geboten ist, ergibt sich **aus** Folgendem: Bei Berücksichtigung der Gesetzesmaterialien zeigt zwar **§ 645 Abs. 1 Satz 1 BGB,** dass der Unternehmer nicht schon durch die Zurechenbarkeit des Mangels zur Person des Bestellers von der Pflicht zur erneuten Mangelbeseitigung befreit ist.[61] Diese Tatsache, die den allgemeinen und in § 13 Nr. 3 VOB/B zum Ausdruck gebrachten Grundsatz verdrängt, gilt nur im Anwendungsbereich des § 645 Abs. 1 Satz 1 BGB. Dessen Anwendbarkeit ist jedoch auf die Zeit vor Abnahme beschränkt. Dies folgt schon aus der Funktion der Norm, die Vergütungsgefahr zum Nachteil des Bestellers zu regeln; für eine solche, durch eine besondere Norm zu erledigende Aufgabe besteht nämlich nach der ohnehin mit der Abnahme verbundenen allgemeinen Überleitung der Vergütungsgefahr auf den Besteller kein Anlass mehr. Im Übrigen ergibt sich die Beschränkung des Anwendungsbereichs von § 645 Abs. 1 Satz 1 BGB auch aus den Erwägungen der Normurheber.[62] Außerhalb des Anwendungs-

---

[55] OLG München BauR 1996, 547.
[56] Dazu → § 4 Nr. 7 Rdn. 60 ff.
[57] Dazu unten Rdn. 54 ff.
[58] Vgl. *Siegburg* FS Korbion S. 411, 424 f.
[59] *Siegburg* Gewährleistung Rdn. 1496 und unten Rdn. 70.
[60] *Ingenstau/Korbion (Wirth)* VOB/B § 13 Nr. 3 Rdn. 2; MünchKomm/*Soergel* (3. Aufl. 1997) § 633 Rdn. 57, 61; *v. Craushaar* BauR 1987, 14, 17 m. w. N.; beiläufig *Siegburg* FS Korbion S. 411, 425.
[61] Dazu → § 4 Nr. 7 Rdn. 63.
[62] Bei den Gesetzesberatungen zum nachmaligen § 644 Abs. 1 Satz 1 BGB war die Aufrechterhaltung des Anspruchs auf die Werkleistung im Rahmen des Möglichen vom Einzelfall abhängig gemacht, also prinzipiell bejaht worden (vgl. *Jakobs/Schubert,* Beratung des BGB, 1980, zu § 644, S. 895), aber nach dem Erörterungs-

bereichs von § 645 Abs. 1 Satz 1 BGB steht also keine spezialgesetzliche Erwägung dagegen, den in § 13 Nr. 3 VOB/B zum Ausdruck kommenden allgemeinen Grundsatz auch für den BGB-Vertrag zur Geltung zu bringen.

29   Der Ausschluss der Mangelbeseitigungspflicht nach Abnahme, Erfüllung der Prüfungs- und Hinweispflicht seitens des Unternehmers vorausgesetzt, ist trotz der auffällig abweichenden Entscheidung zur Rechtslage vor Abnahme auch **sachlich angemessen**. Die Abnahme hat typischerweise **unternehmerbegünstigende Folgen**, weil damit gemäß § 634a Abs. 2 BGB die Gewährleistungsfrist zu laufen beginnt, das Unterlassen einer Rüge erkannter Mängel gemäß § 640 Abs. 2 BGB die Mangelansprüche ausschließt und die Beweislast hinsichtlich des Vorhandenseins von Mängeln zum Nachteil des Bestellers umgekehrt wird. Soll also der Unternehmer nach der Abnahme bessergestellt werden,[63] findet dieser Gedanke nur seine konsequente Fortsetzung, wenn der Unternehmer nun keine Gewährleistung mehr schuldet, falls er seiner Prüfungs- und Hinweispflicht genügt hat. Sein Schutz durch eine solche Freistellung ist auch eine sachgerechte Folge der Abnahme, weil diese bei einem von ihm nicht zu vertretenden Mangel in der Regel ein schutzwürdiges Vertrauen des Unternehmers begründet, sein Leistungspotential nun ungestört anderweit einsetzen zu können.[64]

30   Diese spezifisch gewährschaftsrechtliche Lösung darf auch **nicht** dadurch unterlaufen werden, dass nach der Abnahme ein neben der Gewährschaftshaftung **fortbestehender Erfüllungsanspruch**[65] angenommen wird, der einen von der Gewährschaftshaftung verschiedenen Inhalt hat. Die praktische Respektierung der vom Gewährschaftsrecht spezifisch gezogenen Grenzen erfordert nämlich, auch die etwa grundsätzlich über die Abnahme hinaus für möglich gehaltenen Erfüllungsansprüche oder als fortgesetzte Erfüllungsansprüche zu qualifizierenden Gewährleistungsansprüche den Grenzen zu unterwerfen, die die Rechtsordnung für die Gewährleistung eigens gezogen hat. Diese Grenze ist in verallgemeinerungsfähiger Weise durch § 13 Nr. 3 VOB/B markiert.

31   Auch ohne Mangelbeseitigung **behält** der **Unternehmer** den mit der Abnahme fällig gewordenen vertraglichen **Vergütungsanspruch**.[66] Dieser Zahlungsanspruch hängt nicht von der Anwendung des § 645 Abs. 1 Satz 1 BGB ab. Diese Vorschrift zeigt aber, dass die Gewährung des vertraglichen Vergütungsanspruchs sachgerecht ist, weil der Unternehmer dem Umfang nach auf der Grundlage des § 645 Abs. 1 Satz 1 BGB dasselbe hätte verlangen können, wenn der Mangel nach vollständiger Erbringung der Werkleistung, aber noch vor Abnahme entdeckt worden wäre und deshalb die Abnahme unterbleiben würde.

## 2. Vertragswidrigkeit der Leistung

32   Neben der Zurechenbarkeit des Mangels zur Leistung des Auftragnehmers setzt dessen Inanspruchnahme nach der Fassung des § 13 Nr. 5 Abs. 1 Satz 1 VOB/B voraus, dass die Leistung **vertragswidrig** ist. Auffälligerweise wird damit ein Element als **zusätzliche Voraussetzung** für die Mangelrechte eingeführt, das in § 4 Nr. 7 Satz 1 VOB/B lediglich alternativ als Voraussetzung für die Mangelrechte des Auftraggebers vor Abnahme vorgesehen ist.[67] Eine **Rechtseinschränkung** im Rahmen der Gewährschaftsrechte nach Abnahme ist mit dem zusätzlichen Merkmal der Vertragswidrigkeit jedoch **nicht** verbunden; eine zurechenbare mangelhafte Leistung ist auch eine vertragswidrige.[68] Infolge der neuen Defi-

---

zusammenhang nur bis zu dem von § 644 Abs. 1 Satz 1 BGB bezeichneten einschneidenden Ereignis, nämlich der Abnahme.

[63] So BGHZ 90, 348.
[64] Vgl. dazu *Schütz* S. 112.
[65] So wohl (für den VOB/B-Vertrag) *Ingenstau/Korbion* (Wirth) VOB/B § 13 Nr. 5 Rdn. 6 und im Ergebnis v. *Craushaar* BauR 1987, 14, 18.
[66] Das war bei der Gesetzesberatung selbstverständlich, vgl. Motive Schuldrecht S. 501 (*Mugdan* Schuldrecht, S. 280).
[67] Vgl. *Siegburg* Gewährleistung Rdn. 941.
[68] *Clemm* BauR 1986, 136.

nition des Mangels in § 13 Abs. 1 VOB/B ist nun davon auszugehen, dass eine Abweichung von § 4 Nr. 7 Satz 1 VOB/B nicht vorliegt.[69]

## IV. Hervortreten während der Verjährungsfrist

Der dem Auftragnehmer zurechenbare Mangel muss während der Verjährungsfrist hervortreten. Der Mangel, nicht hingegen auch jede nachteilige Auswirkung des Mangels,[70] muss in dieser Frist **wahrnehmbar** geworden sein. Selbstverständlich sollte damit nicht der Fall ausgeschlossen werden, dass der Mangel schon bei Beginn der Verjährungsfrist, also in der Regel bei der Abnahme, vorgelegen hat;[71] dies schadet nicht. Andererseits wird jedoch ein **Hervortreten des Mangels bei Abnahme** auch **nicht** gefordert, **sofern** sich – was allerdings wohl selten der Fall sein wird – trotz eines späteren Auftretens des Mangels feststellen lässt, dass der **Mangel** auf die **vertragswidrige Leistung** des in Anspruch genommenen Auftragnehmers **zurückzuführen** ist; in der Regel wird sich hier die Sachlage allerdings bei genauer Betrachtung so darstellen, dass der Mangel schon bei Beginn der Verjährungsfrist wenigstens im Keim angelegt war. **33**

Trat der Mangel bereits **vor Abnahme** zutage, können die Gewährschaftsrechte des Auftraggebers allerdings gemäß der im Zusammenhang mit § 640 Abs. 2 BGB zu sehenden Regelung in § 12 Nr. 4 Abs. 1 Satz 4 und Nr. 5 Abs. 3 VOB/B ausgeschlossen sein, wenn der Auftragnehmer die Mangelhaftigkeit bei der Abnahme kannte und er sich die Mangelrechte nicht vorbehielt. **34**

## V. Mangelbeseitigungsverlangen

Der Auftraggeber bzw. der bauleitende oder bauaufsichtführende Architekt, dem dies im Verhältnis zum Bauherrn obliegt,[72] muss vom Auftragnehmer **innerhalb der Verjährungsfrist** die **Beseitigung des Mangels verlangen**. Bei einer Bruchteilsgemeinschaft kann mit Rücksicht auf § 744 Abs. 2 BGB jeder Teilhaber im eigenen Namen das Mangelbeseitigungsverlangen geltend machen, da es sich um eine zur Erhaltung des gemeinsamen Gegenstands notwendige Maßnahme handelt.[73] Erforderlich ist eine Willenserklärung des Auftraggebers, die inhaltlich so bestimmt ist, dass der Auftragnehmer ihr eindeutig die Art des Mangels und mithin Art und Umfang der von ihm geforderten Nachbesserung in ihren wesentlichen Zügen sowie die Aufforderung zur Mangelbeseitigung entnehmen kann.[74] Ein Mangelbeseitigungsverlangen ist allerdings **entbehrlich**, wenn der Gewährleistungspflichtige in einem vorangegangenen Rechtsstreit gegen einen Dritten Streitverkündeter des Auftraggebers war und er seinerzeit seine Verantwortung für den Mangel ablehnte.[75] Das Nachbesserungsverlangen muss gegenüber dem Auftragnehmer erhoben werden; eine Mangelrüge etwa gegenüber einem Bürgen genügt auch nach Eröffnung des Insolvenzverfahrens über das Vermögen des Auftragnehmers nicht.[76] **35**

---

[69] Vgl. → § 4 Nr. 7 Rdn. 33; zur Frage des Verschuldens vgl. → § 4 Nr. 7 Rdn. 67.
[70] *Ingenstau/Korbion (Wirth)* VOB/B § 13 Nr. 5 Rdn. 29.
[71] So auch *Ingenstau/Korbion (Wirth)* VOB/B § 13 Nr. 5 Rdn. 27.
[72] BGH NJW 1973, 1458 = BauR 1973, 323; dazu *Weyer* BauR 1987, 131 ff.
[73] OLG Düsseldorf BauR 2000, 778 (Leitsatz) = NZBau 2000, 381.
[74] BGHZ 62, 295 = NJW 1974, 1188 = BauR 1974, 281; BGH BauR 1975, 343; BGH BauR 1980, 576 = ZfBR 1980, 232; BGH BauR 1982, 66 f. = ZfBR 1982, 19 f.; BGH BauR 1985, 357 = ZfBR 1985, 172; BGH NJW 1987, 382 = BauR 1987, 85 = ZfBR 1987, 37 f.; OLG Hamm NJW-RR 1988, 467 = BauR 1988, 477; OLG Brandenburg NJW-RR 2000, 1620 ff. = BauR 2001, 102, 104; *Ingenstau/Korbion (Wirth)* VOB/B § 13 Nr. 5 Rdn. 31 i. V. m. 34 (insoweit allerdings missverständlich nur eine Empfehlung aussprechend); *Kapellmann/Messerschmidt (Weyer)* VOB/B § 13 Rdn. 200; *Siegburg* Gewährleistung Rdn. 945.
[75] OLG Hamm NJW-RR 2004, 1386, 1388.
[76] BGHZ 95, 375 = NJW 1986, 310 = ZfBR 1986, 28.

## 1. Konkrete Mangelbezeichnung

**36** Das für das Mangelbeseitigungsverlangen und den Vorschussanspruch identische[77] **Maß an Konkretisierung** des gerügten Mangels wird durch den Zweck bestimmt, dem Auftragnehmer den Gegenstand und den Umfang der von ihm erwarteten Nachbesserungsleistung vor Augen zu führen und ihn davor zu schützen, dass der Auftraggeber ursprünglich nicht gemeinte Mangelrügen später, nämlich nach Verjährung, unter Berufung auf die frühere Rüge nachträgt.[78]

**37** Zur Erreichung dieser Ziele **genügt** zwar nicht das allgemeine unspezifische Erheben einer Mangelrüge,[79] wohl aber die **Angabe des** gerügten **Leistungsteils** und die **Beschreibung des Mangels** hinsichtlich seiner **wesentlichen, äußerlich hervortretenden Merkmale**.[80] Dabei sind keine übertrieben strengen Ansprüche an die technische Exaktheit der Mangelbezeichnung und – bei einer Vielzahl gleichartiger kleiner Mängel, wie etwa bei Rissbildungen – an die vollständige Angabe jedes aufgetretenen einzelnen Mangels zu stellen.[81] Neben der Mangelangabe im erforderlichen Umfang muss die ordnungsgemäße Rüge deutlich machen, dass der behauptete **Mangel in den Leistungs- und Verantwortungsbereich des Auftragnehmers** fällt. Dazu ist allerdings die Angabe der technischen Voraussetzungen des Mangels und sonstiger Gründe für das Auftreten des Mangels nicht notwendig.[82]

**38** Die Bezeichnung einzelner Stellen, an denen ein Mangel zutage trat, bedeutet nicht eine örtliche Begrenzung der Mangelrüge mit der Folge, dass später auftretende oder sich bei der weiteren Prüfung, beispielsweise bei der Mangelbeseitigung, zeigende Mängel nicht **mitgerügt** sind. Vielmehr wird mit der ersten Rüge jeder weitere, später entdeckte Mangel mitgerügt, wenn dieser **Mangel auf derselben Ursache** beruht wie der früher ordnungsgemäß gerügte Mangel;[83] entscheidend ist die Einheitlichkeit der Mangelverantwortung. Scheitert ein Nachbesserungsversuch, so sind daher auch die nun fortgesetzt auf Grund derselben Ursache auftretenden Mängel bereits mitgerügt.[84] Auch ist deshalb beispielsweise die Anzeige einzelner Feuchtigkeitsstellen nicht als Beschränkung der Mangelrüge auf diese zu verstehen, sondern es werden alle Ursachen für die Feuchtigkeit einschließlich der noch nicht zutage getretenen Nässequellen erfasst.[85] Das gilt nach Anzeige einzelner Mangelerscheinungen auch für einen einheitlichen Mangel bei einem einheitlich angelegten Bauteil, der sich auf mehrere Gebäude erstreckt – beispielsweise bei einem Dach über mehrere Reihenhäuser –, und zwar unabhängig davon, ob die betroffenen Gebäude noch derselben Person gehören.[86] Der spätere Mangel kann auch an einem anderen, selbstständigen Bauteil feststellbar sein – sich also etwa ein Mangel an der Decke auf Wände übertragen –, ohne dass es insoweit einer weiteren spezifizierten Rüge bedürfte.

---

[77] BGH BauR 1989, 79 = ZfBR 1989, 27.
[78] KG BauR 1974, 345; *Ingenstau/Korbion (Wirth)* VOB/B § 13 Nr. 5 Rdn. 35.
[79] BGHZ 62, 293, 295 = NJW 1974, 1188 = BauR 1974, 280; BGH ZfBR 1978, 77.
[80] Statt vieler BGH NJW-RR 1989, 667 = BauR 1989, 472 = ZfBR 1989, 162; BGH BauR 1997, 1029 = ZfBR 1997, 297; BGH NJW 1999, 1330 f. = BauR 1999, 391, 392 = ZfBR 1999, 135; BGH NJW 2003, 1526.
[81] *Ingenstau/Korbion (Wirth)* VOB/B § 13 Nr. 5 Rdn. 38 unter Bezug auf OLG Frankfurt NJW 1983, 456 = BauR 1983, 156 und OLG Köln BauR 1988, 242.
[82] BGH BauR 1985, 357 = ZfBR 1985, 172; *Ingenstau/Korbion (Wirth)* VOB/B § 13 Nr. 5 Rdn. 36 f.
[83] BGH NJW 1987, 382 = BauR 1987, 85 = ZfBR 1987, 38; BGH NJW-RR 1987, 336 = BauR 1987, 208 = ZfBR 1987, 72; BGH BauR 1987, 444 = ZfBR 1987, 188 f.; BGH NJW-RR 1989, 148 = BauR 1989, 79 = ZfBR 1989, 27; BGH NJW-RR 1989, 208 = BauR 1989, 269 = ZfBR 1989, 54; *Ingenstau/Korbion (Wirth)* VOB/B § 13 Nr. 5 Rdn. 38.
[84] *Ingenstau/Korbion (Wirth)* VOB/B § 13 Nr. 5 Rdn. 38 unter Bezug auf BGH NJW-RR 1987, 336 = BauR 1987, 208 = ZfBR 1987, 72.
[85] *Ingenstau/Korbion (Wirth)* VOB/B § 13 Nr. 5 Rdn. 37 f.
[86] BGH NJW-RR 1987, 798 = BauR 1987, 444 = ZfBR 1987, 188 f.

## 2. Konkretes Mangelbeseitigungsverlangen

Zur hinreichenden Mangelbezeichnung muss die **bestimmte Aufforderung zur Mangelbehebung** hinzutreten.[87] Zur nötigen Bestimmtheit des Mangelseseitigungsverlangens gehört grundsätzlich, dass der Auftraggeber deutlich macht, die Nichterledigung der Mangelbeseitigung werde Konsequenzen haben.[88] Für ausreichend wird in der Praxis allerdings schon das Verlangen gehalten, der Auftragnehmer möge seine Bereitschaft zur Mangelbeseitigung erklären, aber auch die Aufforderung zur Besprechung der Mangelbeseitigung mit dem Architekten des Auftraggebers.[89] Ferner wird in der Regel auch die schlichte Mangelrüge als genügend anzusehen sein, weil – und soweit – sich eben schon aus deren Erhebung im Allgemeinen ergibt, dass es der Auftraggeber nicht bei dem mangelbehafteten status quo bewenden lassen will.[90] Zu vage, also nicht ausreichend ist es allerdings, wenn nur ganz allgemeine Überlegungen zur Methode einer Nachbesserung angestellt werden,[91] wenn mangelbezogen Vergleichsverhandlungen geführt werden,[92] oder wenn nur die Rede davon ist, dass man auf den angegebenen Mangel zurückkommen werde.[93]

39

## 3. Beseitigungsverlangen als Geltendmachung eines Gewährleistungsrechts

Bei der Aufforderung zur Mangelbeseitigung muss zumindest aus dem Gesamtzusammenhang deutlich werden, dass diese Leistung **auf Kosten des Auftragnehmers** erfolgen solle.[94] Eine schlichte Aufforderung zur Reparatur genügt jedenfalls dann nicht, wenn der Auftragnehmer darauf mit der Übersendung eines Angebots reagiert und der Auftraggeber in Bezug auf dieses einen Auftrag erteilt, auch wenn er dabei anmerkt, man werde sich noch über die Schadensregelung verständigen müssen; in diesem Verhalten kann vielmehr die Erteilung eines neuen Auftrags gesehen werden.[95]

40

## VI. Schriftlichkeit des Beseitigungsverlangens

Bei dem in § 13 Nr. 5 Abs. 1 Satz 1 VOB/B vorgesehenen Merkmal der **Schriftlichkeit** des Nachbesserungsverlangens handelt es sich in Übereinstimmung mit der heute wohl ganz herrschenden Meinung[96] **nicht** um ein Erfordernis, von dessen Beachtung die **materielle Wirksamkeit** der Mangelrüge abhängt. § 125 Satz 2 BGB lässt bei rechtsgeschäftlich bestimmter Form, um die es sich bei der als Allgemeine Geschäftsbedingung geltenden VOB/B handelt, die Unwirksamkeit als Folge des Formverstoßes nur im Zweifel eintreten. Hier aber ist hinsichtlich der Mangelrüge davon auszugehen, dass sich die Funktion der Formvorschrift in der **bloßen Beweissicherung** erschöpft und materiell insoweit irrelevant ist; dem Auftraggeber sollte also unbenommen bleiben, bei Missachtung der Schriftform in anderer Weise den Nachweis der – materiell wirksamen – hinreichenden Mangelrüge zu führen. Es wäre nämlich in Anbetracht der Übereinstimmung der Anspruchsziele der §§ 4 Nr. 7 Satz 1 und 13 Nr. 5 Abs. 1 Satz 1 VOB/B eine von keinem sachlichen Interesse des Auftragnehmers gedeckte Ungereimtheit, der Form im Rahmen des § 13 Nr. 5 Abs. 1

41

---

[87] BGHZ 62, 295 = NJW 1974, 1188 = BauR 1974, 281; BGH BauR 1975, 343; *Ingenstau/Korbion (Wirth)* VOB/B § 13 Nr. 5 Rdn. 41.
[88] *Ingenstau/Korbion (Wirth)* VOB/B § 13 Nr. 5 Rdn. 41; strenger (zum BGB-Vertrag) KG BauR 1988, 725.
[89] BGH NJW 1974, 1189 = BauR 1974, 281 = BGHZ 62, 293 (unvollständig).
[90] *Ingenstau/Korbion (Wirth)* VOB/B § 13 Nr. 5 Rdn. 41.
[91] *Ingenstau/Korbion (Wirth)* VOB/B § 13 Nr. 5 Rdn. 41.
[92] *Ingenstau/Korbion (Wirth)* VOB/B § 13 Nr. 5 Rdn. 41.
[93] Zum – insoweit vergleichbaren – Kaufvertrag BGH BauR 1978, 484 = ZfBR 1978, 28; *Ingenstau/Korbion (Wirth)* VOB/B § 13 Nr. 5 Rdn. 41.
[94] *Ingenstau/Korbion (Wirth)* VOB/B § 13 Nr. 5 Rdn. 64.
[95] Vgl. *Clemm* BB 1986, 616.
[96] BGHZ 58, 334 = NJW 1972, 1281 = BauR 1972, 311; *Ingenstau/Korbion (Wirth)* VOB/B § 13 Nr. 5 Rdn. 95 ff.; *Schmidt* MDR 1963, 265 f.; *Siegburg* Gewährleistung Rdn. 943.

Satz 1 VOB/B eine materielle Bedeutung beizulegen, während § 4 Nr. 7 Satz 1 VOB/B überhaupt keine Form vorschreibt und dies auch bei Erhebung eines Anspruchs gemäß § 634 Nr. 1 BGB nicht der Fall ist.[97]

42  Die Einhaltung der **Schriftform,** d. h. der Zugang einer hinreichend substantiierten[98] schriftlichen Mangelrüge mit Beseitigungsaufforderung vor Eintritt der Verjährung,[99] ist jedoch **Bedingung für die** verjährungsrechtlich bedeutsame **Anwendbarkeit des § 13 Nr. 5 Abs. 1 Satz 2 VOB/B.**[100] Dieses Formerfordernis ist durch die Eigenart der Regelung begründet; sie soll dem Auftraggeber einen besonderen Weg zur Verhinderung der bevorstehenden Verjährung eröffnen, der es ihm erspart, die förmlichen Hemmungsmittel des allgemeinen bürgerlichen Rechts – praktisch vor allem das der gerichtlichen Geltendmachung, § 204 BGB – einzusetzen.[101] Wegen der mit diesen Mitteln vergleichbaren Funktion der Mangelanzeige ist es dann konsequent und angemessen, vom Auftraggeber auch für den Fall, dass er sich für den Weg über § 13 Nr. 5 Abs. 1 Satz 2 VOB/B entscheidet, ein Mindestmaß an Förmlichkeit zu erwarten, wie sie ihm bei Anwendung der gesetzlichen Unterbrechungs- oder Hemmungsmöglichkeiten auch zugemutet wird.[102]

## VII. Rechtsausschlussgründe

43  Der Mangelbeseitigungsanspruch, damit auch der Kostenerstattungsanspruch, ist außer in den Fällen, in denen die Zurechnung des Mangels an § 13 Nr. 3 VOB/B scheitert,[103] ausgeschlossen, soweit eine **privatautonome Disposition** über die Mangelbeseitigungspflicht oder über Art und Umfang der Mangelbeseitigung vorliegt; von einer solchen Vereinbarung kann der Auftraggeber gegebenenfalls allerdings gemäß § 323 BGB mit der Folge zurücktreten, dass der Gewährleistungsanspruch wiederauflebt.[104] Insbesondere kann ein **Verzicht** auf die Mangelbeseitigung in Betracht kommen. Ein solcher liegt aber in der Regel nicht schon dann vor, wenn sich der Auftraggeber mit einer bestimmten Art der Nachbesserung einverstanden erklärt, die sich später aber als ungeeignet erweist.[105]

44  Der Mangelbeseitigungsanspruch und damit der Kostenerstattungsanspruch ist ferner bei **Unmöglichkeit der Mangelbeseitigung**[106] ausgeschlossen. Dieses – selbstverständliche – Ergebnis lässt sich auch aus § 13 Nr. 6 Satz 1 VOB/B entnehmen; in diesen Fällen kann eine Minderung oder ein Schadensersatzanspruch Platz greifen. Ist die Nachbesserungsfähigkeit objektiv zweifelhaft, kann der Auftraggeber sogleich neben der Nachbesserung für den Eventualfall eines Scheiterns der Mangelbeseitigung Minderung und bzw. oder Schadensersatz verlangen.[107]

45  Das Mangelbeseitigungsverlangen ist ferner mit Rücksicht auf § 13 Nr. 6 VOB/B auch dann ausgeschlossen, wenn – aber erst sobald – der Auftragnehmer die Mangelbeseitigung wegen **unverhältnismäßigen Aufwands** mit Recht verweigert.[108] Ein solcher ist anzunehmen, wenn der mit der Mangelbeseitigung voraussichtlich zu erzielende Erfolg bei Abwägung aller Umstände des Einzelfalls in keinem vernünftigen Verhältnis zur Höhe des dafür erforder-

---

[97] So auch *Ingenstau/Korbion (Wirth)* VOB/B § 13 Nr. 5 Rdn. 96 f.
[98] Dazu näher oben Rdn. 36 ff.
[99] *Ingenstau/Korbion (Wirth)* VOB/B § 13 Nr. 5 Rdn. 94; AnwKomm-BGB *(Raab)* Anhang zu §§ 631–651: Der VOB/B-Bauvertrag Rdn. 97; zur faktisch verjährungsfristverlängernden Wirkung und deren Vereinbarkeit mit den §§ 305 ff. BGB vertieft *Averhaus/Wormit* ZfIR 2007, 81 ff. m. w. N.
[100] *Ingenstau/Korbion (Wirth)* VOB/B § 13 Nr. 5 Rdn. 98 ff.; *Kapellmann/Messerschmidt (Weyer)* VOB/B § 13 Rdn. 201; *Siegburg* Gewährleistung Rdn. 1957.
[101] BGHZ 95, 383.
[102] Zu den Einzelheiten vgl. → § 13 Nr. 4 Rdn. 236 ff.
[103] Dazu oben Rdn. 24.
[104] OLG Düsseldorf BauR 1994, 374.
[105] BGH NJW-RR 1997, 148 = BauR 1997, 131 = ZfBR 1997, 32.
[106] Hierzu OLG Rostock BauR 1997, 656; *Kleine-Möller/Merl/Oelmaier (Merl)* § 12 Rdn. 857 ff.
[107] BGH BB 1963, 995; *Ingenstau/Korbion (Wirth)* VOB/B § 13 Nr. 5 Rdn. 108.
[108] OLG Köln NJW-RR 1994, 1432; *Siegburg* Gewährleistung Rdn. 947.

lichen Kostenaufwands steht; dabei ist im Rahmen der vorzunehmenden Abwägung auch die Schwere des Vertragsverstoßes und des Verschuldens des Auftragnehmers zu berücksichtigen.[109] Die Unerheblichkeit des Mangels als solche, die übrigens bei einer merklichen Beeinträchtigung der Funktionsfähigkeit des Bauwerks nicht vorliegt,[110] schließt den Nachbesserungsanspruch nicht stets aus, wenngleich die erforderliche Abwägung zwischen dem objektiven Interesse des Auftraggebers an einer völlig ordnungsgemäßen Vertragsleistung einerseits und dem Ausmaß des für die Mangelbeseitigung erforderlichen Aufwands andererseits bei Unerheblichkeit des Mangels eher zu dem Ergebnis führen wird, dass die Mangelbeseitigung unverhältnismäßig aufwändig ist.[111] Andererseits zeigt § 13 Nr. 6 Satz 2 VOB/B auch, dass der Auftraggeber von der Mangelbeseitigung zugunsten der Minderung Abstand nehmen kann, wenn ihm die Mangelbeseitigung nicht zuzumuten ist. Die vorbehaltlose Abnahme trotz Kenntnis des Mangels schließt gemäß § 640 Abs. 2 BGB den Mangelbeseitigungsanspruch auch beim VOB/B-Vertrag aus.[112] Nach **Treu und Glauben** scheitert das Mangelbeseitigungsverlangen ferner, wenn der Auftraggeber daran kein wirtschaftliches Interesse haben kann, weil das nachzubessernde Bauwerk ohnehin bald abgerissen werden soll.[113]

**46** Der Anspruch auf Mangelbeseitigung ist ferner wegen Verstoßes gegen das Verbot selbstwidersprüchlichen Verhaltens ausgeschlossen, wenn der **Auftraggeber** dem Auftragnehmer **nicht hinreichend Gelegenheit zur Nachbesserung** gibt oder sie ihm sogar **verweigert**, ohne dass es dafür einen berechtigten Grund gibt.[114] Ein derartiger hinreichender Grund für die Verweigerung der Nachbesserungsgelegenheit ist mit Rücksicht darauf, dass grundsätzlich der Auftragnehmer die Methode zur Beseitigung des Mangels bestimmen kann, insbesondere nicht schon dann gegeben, wenn der Auftraggeber ohne besonderen Anlass meint, dass der Auftragnehmer auch die Nachbesserung nicht ordnungsgemäß und erfolgreich durchführen werde.[115] Eine Nachbesserungsverweigerung durch den Auftraggeber liegt allerdings nur vor, wenn seine Ablehnung der Mangelbeseitigung durch den Auftragnehmer als endgültig zu verstehen ist; daran fehlt es, wenn der Auftraggeber die Mangelbeseitigung nur einstweilen bis zur Klärung der Mangelursache ablehnt, und zwar auch dann, wenn – wie der Auftraggeber verkannt hat – die Mangelbeseitigung die Ursachenklärung nicht behindern würde.[116]

**47** Das Bestehen eines **Schadensersatzanspruchs** gemäß § 13 Nr. 7 VOB/B schließt den Mangelbeseitigungsanspruch **nicht** aus. Der Schadensersatzanspruch kann, wenn seine Voraussetzungen gegeben sind, **neben** der auf Grund von § 13 Nr. 5 Abs. 1 Satz 1 VOB/B geschuldeten Mangelbeseitigung geltend gemacht werden, um die Schäden zu decken, die trotz Mangelbeseitigung verbleiben.[117]

## C. Inhalt des Mangelbeseitigungsanspruchs (§ 13 Nr. 5 Abs. 1 Satz 1 VOB/B)

### I. Grundsätze; Allgemeine Geschäftsbedingungen

**48** Der Mangelbeseitigungsanspruch ist, dem Wesen des Werkvertrags entsprechend, auch als Gewährleistungsanspruch grundsätzlich **erfolgsbezogen.** Der Auftragnehmer ist daher zur Herstellung des von § 13 Nr. 1–3 VOB/B beschriebenen, vertragsgemäß qualitätsgerechten

---

[109] BGHZ 114, 383 = NJW 1991, 2480 = BauR 1991, 606, 608 = ZfBR 1991, 212; BGH BauR 1995, 540, 541 = ZfBR 1995, 197; OLG Hamm NJW 1995, 1836 = BauR 2003, 1403, 1404.
[110] BGH BauR 1996, 858 f. = ZfBR 1996, 314.
[111] BGH BauR 1996, 858 f. = ZfBR 1996, 314; mehr dazu → § 13 Nr. 6 Rdn. 40 ff.
[112] BGHZ 77, 134 = NJW 1980, 1952; OLG Köln NJW-RR 1993, 211 f.
[113] OLG Dresden BauR 2003, 262, 263.
[114] OLG Düsseldorf BauR 2002, 482, 483; *Ingenstau/Korbion (Wirth)* VOB/B § 13 Nr. 5 Rdn. 43 i. V. m. 55 und 65.
[115] OLG Düsseldorf BauR 2002, 482, 483.
[116] OLG Düsseldorf BauR 2002, 482, 483.
[117] *Ingenstau/Korbion (Wirth)* VOB/B § 13 Nr. 5 Rdn. 107.

Werks unter Vornahme all derjenigen Handlungen gehalten, die zur Erreichung dieses Ziels nötig sind.[118] Dabei hat der Auftragnehmer **auch** solche **Leistungen** zu erbringen, die in der vertraglichen Bauausschreibung nicht vorgesehen waren, aber nun **wegen der Mangelhaftigkeit der Bauleistung nötig** wurden;[119] waren allerdings die Mehraufwendungen von Anbeginn nötig, handelt es sich um Sowiesokosten, die dem Auftraggeber zur Last fallen.

49 Die **Wahl der Mittel,** die zur Erreichung des geschuldeten Erfolgs einzusetzen sind, steht prinzipiell dem **Auftragnehmer** zu;[120] dies entspricht auch der Regelung des § 635 Abs. 1 BGB. Das folgt aus der Verantwortlichkeit des Auftragnehmers für den Erfolgseintritt und aus der Tatsache, dass dem Beseitigungsanspruch des Auftraggebers ein Beseitigungsrecht des Auftragnehmers korrespondiert.[121]

50 Der **Umfang** der auf Grund von § 13 Nr. 5 Abs. 1 Satz 1 VOB/B geschuldeten Mangelbeseitigung, desgleichen die damit zusammenhängende Kostentragungspflicht, ist zwar durch **Individualvertrag** einschränkbar. Mit Hilfe von **Allgemeinen Geschäftsbedingungen** ist dies jedoch mit Rücksicht auf § 309 Nr. 8 lit. b) lit. cc) BGB nicht möglich. Wegen § 307 BGB ist eine Einschränkung auch im kaufmännischen Bereich nicht zulässig, es sei denn, dem Auftraggeber wird nur die Übernahme eines verhältnismäßig geringen Teils der Mangelbeseitigungskosten zugemutet.[122]

### 1. Grenzen des Mangelbeseitigungsanspruchs: Erforderlichkeit, Verantwortlichkeit

51 Der Anspruch auf Mangelbeseitigung beschränkt sich auf das zur Herbeiführung des Erfolgs **Erforderliche,** wozu allerdings auch gehören kann, im Vergleich zum ursprünglichen Leistungsprogramm zusätzliche Maßnahmen zu ergreifen, wenn nur dadurch der Werkerfolg sichergestellt werden kann.[123] Im Übrigen ist der Anspruch begrenzt auf die qualitätsgerechte Erbringung nur desjenigen Leistungsteils, den der in Anspruch Genommene dem Auftraggeber gegenüber vertraglich schuldet. Stellt sich also bei der Erforschung der Ursache eines Mangels heraus, dass dieser in keiner Weise[124] zum Verantwortungsbereich des ermittelnden Auftragnehmers gehört, braucht dieser die Mangelbeseitigung nicht zu unternehmen;[125] anders verhält es sich nur, wenn die Behebung des vom Mangelbeseitigungspflichtigen herrührenden Mangels nicht ohne vorherige Beseitigung der anderen Mängel möglich ist.[126] Übernimmt der Auftragnehmer dennoch die Mangelbeseitigung, hat dies mangelfrei zu erfolgen, da es sich um mehr als eine bloße Gefälligkeit handelt; widrigenfalls ist er gewährleistungspflichtig.[127]

### 52 2. Mangelbeseitigungsmethode

**a) Nachbesserung.** Die Mangelbeseitigung ist in erster Linie durch Nachbesserung zu bewerkstelligen, also durch **Maßnahmen an dem bereits vorliegenden Leistungssub-**

---

[118] *Ingenstau/Korbion (Wirth)* VOB/B § 13 Nr. 5 Rdn. 60; *Wussow* NJW 1967, 953, 954.
[119] BGH BauR 1987, 208 = ZfBR 1987, 72.
[120] BGH BauR 1973, 317 (insoweit nicht abgedruckt in NJW 1973, 1002); BGH BauR 1976, 430; BGH BauR 1984, 395 = ZfBR 1984, 173 ff.; BGH NJW-RR 1988, 208 = BauR 1988, 82 = ZfBR 1988, 38; OLG Hamm BauR 1995, 109; OLG Düsseldorf BauR 2002, 482, 483; OLG Hamm BauR 2004, 102, 104; *Ingenstau/Korbion (Wirth)* VOB/B § 13 Nr. 5 Rdn. 61; *Kleine-Möller/Merl/Oelmaier (Merl)* § 12 Rdn. 766.
[121] Es gelten dieselben Gesichtspunkte wie beim Beseitigungsanspruch gem. § 4 Nr. 7 Satz 1 VOB/B; dazu → § 4 Nr. 7 Rdn. 78.
[122] BGH NJW 1981, 1510 f. = BauR 1981, 379 = ZfBR 1981, 172 f.; *Ingenstau/Korbion (Wirth)* VOB/B § 13 Nr. 5 Rdn. 92.
[123] BGH BauR 1988, 123 = ZfBR 1988, 37; OLG Hamm BauR 2004, 102, 104; *Ingenstau/Korbion (Wirth)* VOB/B § 13 Nr. 5 Rdn. 87.
[124] Mitverursachung begründet daher eine Haftung. BGH BauR 1975, 130, 133.
[125] Dazu *Ingenstau/Korbion (Wirth)* VOB/B § 13 Nr. 5 Rdn. 88; *Clemm* BB 1986, 616.
[126] OLG Karlsruhe IBR 2005, 252.
[127] BGH NJW 1987, 838 = BauR 1987, 206 = ZfBR 1987, 74 (insoweit nicht abgedruckt in BGHZ 99, 160); *Ingenstau/Korbion (Wirth)* VOB/B § 13 Nr. 5 Rdn. 88.

strat.¹²⁸ Dabei wird der Bereich der bloßen Nachbesserung noch nicht verlassen, wenn im Zuge der Mangelbeseitigung ein bestimmter Leistungsteil erneuert wird, sofern nur die vertraglich geschuldete Gesamtleistung mehr umfasst als nur den betroffenen Leistungsteil.¹²⁹

**b) Neuherstellung.** Der Mangelbeseitigungsanspruch kann, Erforderlichkeit vorausgesetzt, **auch nach Abnahme** auf eine Neuherstellungspflicht hinauslaufen, d. h. **über eine bloße Umgestaltung des bereits vorliegenden Leistungssubstrats hinausgehen.**¹³⁰ Die entgegenstehende frühere Rechtsprechung,¹³¹ die auch für VOB-Verträge gelten sollte,¹³² war für BGB- und VOB/B-Verträge schon vor der Neufassung des werkvertragsrechtlichen Gewährleistungsrechts überholt,¹³³ und zwar unabhängig davon, ob § 13 Nr. 5 Abs. 1 Satz 1 VOB/B als Gewährleistungsanspruch oder als modifizierter Erfüllungsanspruch qualifiziert wird; die §§ 634 Nr. 1, 635 Abs. 1 BGB stellen dies nun für den BGB-Vertrag außer Zweifel. § 13 Nr. 5 Abs. 1 VOB/B enthält zwar keine dem § 635 Abs. 1 BGB textlich angepasste Formulierung; eine abweichende Entscheidung rechtfertigt dies allerdings nicht.

Für die Zulassung der Neuherstellungspflicht sprechen zunächst **praktische Erwägungen.** Oft ist es nämlich zufällig, ob die geforderte Mangelbeseitigung auf eine Nachbesserung oder eine Neuherstellung hinausläuft, weil diese Unterscheidung vom Gesamtumfang des jeweils vom Auftragnehmer übernommenen vertraglichen Leistungsprogramms abhängt. Ferner ist es nicht selten auch zufällig, ob die Mangelbeseitigung noch vor Abnahme verlangt wird, also zu einer Zeit, in der diese noch – das war stets unstreitig – auf eine Neuherstellung hinauslaufen konnte;¹³⁴ diese Möglichkeit grundsätzlich auch nach Abnahme einzuräumen, führt also zu einer praktisch wünschenswerten Angleichung der vor und nach Abnahme geltenden Rechte.

Das eventuelle Fortbestehen der Neuherstellungspflicht wird auch **rechtsdogmatisch** unabhängig davon **unterstützt,** dass § 635 Abs. 1 BGB die Übernahme der dortigen Regelung in den Anwendungsbereich des § 13 Nr. 5 Abs. 1 Satz 1 VOB/B zur Vermeidung von AGB-rechtlich bedenklichen Regelungsdivergenzen indiziert. So spricht für eine fortwährende eventuelle Neuherstellungspflicht zunächst schon formal, dass in § 13 Nr. 5 Abs. 1 Satz 1 VOB/B nicht von Nachbesserung, sondern nur von Mangelbeseitigung die Rede ist; dies lässt die Methode zur Erreichung der Mangelfreiheit gerade offen. Im Übrigen entspricht es auch der durch die Abnahme nicht ausgeschlossenen Erfolgsbezogenheit des Werkvertrags, dem Auftraggeber ebenso wie vor der Abnahme, wo die Erfolgsbezogenheit des Werkvertrags anerkanntermaßen erforderlichenfalls eine Neuherstellungspflicht einschließt, das Recht auf ein mangelfreies Werk zu gewähren, gleichgültig wie der Auftragnehmer dieses Ziel erreicht. Eine **Konkretisierungswirkung,** die die Mangelbeseitigung auf die abgenommene Leistung beschränkt, ist der **Abnahme** jedenfalls **nicht** beizulegen.¹³⁵

Wenn die Interessen des Auftraggebers mithin grundsätzlich stärker als die des Auftragnehmers zu gewichten sind, so führt dies auch **nicht zu unbilligen Härten** für den Auftragnehmer.¹³⁶ Die Neuherstellung schuldet er nämlich nur, wenn allein sie den geschuldeten mangelfreien Zustand herbeiführen kann. Ist auch dies nicht zu erwarten, liegt ein unbehebbarer Mangel vor, der den Mangelbeseitigungsanspruch überhaupt ausschließt. Im Übrigen wird der Auftragnehmer dann, wenn nur die Neuherstellung zu einem mangel-

---

¹²⁸ *Ingenstau/Korbion (Wirth)* VOB/B § 13 Nr. 5 Rdn. 67.
¹²⁹ So schon RGZ 95, 330; *Ingenstau/Korbion (Wirth)* VOB/B § 13 Nr. 5 Rdn. 66.
¹³⁰ *Kapellmann/Messerschmidt (Weyer)* VOB/B § 13 Rdn. 219; *Kleine-Möller/Merl/Oelmaier (Merl)* § 12 Rdn. 761.
¹³¹ Maßgeblich RGZ 107, 342.
¹³² Vgl. BGH NJW 1962, 1569; später offen lassend BGHZ 42, 233 = NJW 1965, 153; BGHZ 58, 9 = BauR 1972, 173; BGHZ 61, 45 = NJW 1973, 1793 = BauR 1973, 316.
¹³³ BGHZ 96, 117 f. = NJW 1986, 712 = BauR 1986, 95 = ZfBR 1986, 24 = JZ 1986, 292 m. Anm. *Köhler*; BGH BauR 1988, 123 = ZfBR 1988, 37; OLG München NJW-RR 1987, 1234; *Kohler* BauR 1988, 278, 280 ff.; *Ingenstau/Korbion (Wirth)* VOB/B § 13 Nr. 5 Rdn. 70 ff.
¹³⁴ Dazu → § 4 Nr. 7 Rdn. 77.
¹³⁵ Näher dazu *Kohler* BauR 1988, 278, 283 ff.
¹³⁶ So auch *Ingenstau/Korbion (Wirth)* VOB/B § 13 Nr. 5 Rdn. 73.

freien Zustand führen kann, eher als bei der bloßen Nachbesserung die Leistung wegen unverhältnismäßigen Aufwands verweigern können.[137]

**57** **c) Wahlrecht des Auftragnehmers.** Ist die **Neuherstellung** zur Mangelbeseitigung nicht nötig, möchte aber der Auftragnehmer die Mangelbeseitigung aus Gründen der technischen Praktikabilität und bzw. oder Kostenersparnis, der unbedingten Sicherstellung des Mangelbeseitigungserfolgs, der Reputation wegen oder aus anderen verständlichen Gründen in dieser Weise erledigen, so ist dem **Auftragnehmer grundsätzlich das Recht dazu** nicht abzusprechen. Die Befugnis des Auftragnehmers zu einer Wahl der Mangelbeseitigungsmethode unter Einschluss der Neuherstellung entspricht der Regelung des § 635 Abs. 1 BGB. **Ausnahmen** können gelten, wenn dem gewichtige Interessen des Auftraggebers entgegenstehen;[138] so etwa, wenn diese Form der Mangelbeseitigung zu einer nennenswerten Verzögerung der Bauausführung führt oder sie besondere technische Risiken birgt.

### 3. Klageantrag und Urteilstenor

**58** Die Wahlfreiheit des Auftragnehmers hinsichtlich der Art und Weise, wie er den Mangel beseitigt, muss auch bei der Stellung des Klageantrags und der Urteilstenorierung beachtet werden. Dem Auftragnehmer ist grundsätzlich **nur das Ziel seiner Leistung vorzugeben,** während auf Vorschriften zu dessen Erreichung jedenfalls dann verzichtet werden muss, wenn mehrere Methoden in Betracht kommen und die Methodenwahl unter den Vertragsparteien streitig ist. **Ausnahmen** kommen in Betracht, wenn die Parteien gerade um das richtige Verfahren zur Mangelbehebung streiten und das vom Auftragnehmer vorgeschlagene Verfahren im Gegensatz zu der vom Auftraggeber gewünschten Methode untauglich ist. Diese Sachlage kann insbesondere dann gegeben sein, wenn Streit darüber besteht, ob zur Mangelbehebung die Nachbesserung genügt oder eine Neuherstellung bzw. die Beseitigung eines Bauteils nötig ist. Der Auftraggeber hat allerdings das Vorliegen solcher Ausnahmen zu beweisen.[139]

## II. Mangelbeseitigungskosten

**59** Die geschuldete Mangelbeseitigung ist **auf Kosten des Auftragnehmers** durchzuführen. Zu diesen Kosten zählen zunächst die **unmittelbaren Aufwendungen** für die eigentliche Mangelbeseitigung, namentlich entsprechend § 635 Abs. 2 BGB die Transport-, Wege-, Arbeits- und Materialkosten. Hinzu kommen die Kosten der **Mangelursachenermittlung** sowie der vorgängigen **Freilegung der Mangelquelle** – so beispielsweise der Kosten für die Beseitigung gewisser mangelfreier Bauteile, wie etwa die Entfernung von Belägen oder Verkleidungen zum Zweck der Auswechslung von Leitungen – einschließlich der späteren **Wiederherstellung der** vor der eigentlichen Mangelbeseitigung **entfernten Bauteile,**[140] und zwar erforderlichenfalls unter Zuhilfenahme anderer Fachgewerke.[141] Der Umstand, dass gewisse Leistungen im Zuge der Mangelbeseitigung vorzunehmen sind, die in der vertraglichen Bauausschreibung nicht vorgesehen waren, befreit den Auftragnehmer nicht von der Kostentragung, sofern es sich nicht um Sowiesokosten handelt.[142] Sind mehrere

---

[137] Vgl. BGH BauR 1988, 124 = ZfBR 1988, 37 f.
[138] *Ingenstau/Korbion (Wirth)* VOB/B § 13 Nr. 5 Rdn. 69; *Kapellmann/Messerschmidt (Weyer)* VOB/B § 13 Rdn. 218 mit Beispielen.
[139] Auch dazu schon → § 4 Nr. 7 Rdn. 80, 129 m. w. N.
[140] BGH NJW 1963, 811 f.; BGHZ 58, 332, 338 = NJW 1972, 1280 = BauR 1972, 311; BGHZ 96, 225 = NJW 1986, 923 = BauR 1986, 212 = ZfBR 1986, 68; KG BauR 1981, 382; OLG Celle BauR 1984, 409; OLG Düsseldorf BauR 1986, 218; OLG Bamberg BauR 1987, 212; *Ingenstau/Korbion (Wirth)* VOB/B § 13 Nr. 5 Rdn. 74 ff.; *Nicklisch/Weick (Nicklisch)* VOB/B § 13 Rdn. 120.
[141] *Nicklisch/Weick (Nicklisch)* VOB/B § 13 Rdn. 120; *Kleine-Möller/Merl/Oelmaier (Merl)* § 12 Rdn. 767.
[142] BGH BauR 1987, 208 = ZfBR 1987, 72.

Auftragnehmer, namentlich in Fällen mangelhafter Leistung eines Folgeunternehmers im Anschluss an eine mangelhafte Vorleistung eines anderen Unternehmers, mangelbeseitigungspflichtig, so kann der Auftraggeber von jedem auf dessen Kosten die jeweilige Mangelbeseitigung zuzüglich der damit notwendigerweise zusammenhängenden mangelfreien Herstellung derjenigen Bauteile verlangen, die der jeweils andere Unternehmer ebenfalls als Gewährleistung schuldet; die überschießenden Kosten sind alsdann im Verhältnis der Unternehmer intern auszugleichen.[143]

Die **Grenzen zur Schadensersatzhaftung** werden bei der Tragung solcher im Zuge der Mangelbeseitigung zwangsläufig anfallenden Kosten durch den Auftragnehmer noch **nicht überschritten.** Anderenfalls würde nämlich der Auftraggeber infolge zumindest partieller Kostentragungslast schon von der Geltendmachung des Mangelbeseitigungsanspruchs abgeschreckt und damit die Grenze des Gewährschaftsrisikos, das nach Erfüllung des Tatbestands des § 13 Nr. 5 Abs. 1 Satz 1 VOB/B dem Auftragnehmer zugewiesen ist, zu seinen Lasten verschoben. Da es sich bei diesen Aufwendungen nicht um bloß schadensersatzrechtlich zu erstattende Kosten handelt, kommt dafür auch die Haftpflichtversicherung des Auftragnehmers nicht auf, § 1 Nr. 1 und § 4 I Nr. 6 Abs. 3 AHB.[144] **60**

Zu den im Rahmen der Mangelbeseitigung notwendigerweise mit zu erledigenden **Vor- und Nachbereitungsarbeiten** auf Kosten des Auftragnehmers können mithin **beispielsweise** gehören: Zur Behebung eines Rohrdefekts etwa nötige Maßnahmen zur Ermittlung der Schadensquelle, also beispielsweise Öffnen der Wand, der Decke, des Bodens einschließlich des Bodenaufbaus – Fliesen, Teppichboden oder Parkett, Estrich, auch Teile einer Fußbodenheizung –, bei Außenrohren Aushub des Erdreichs unter Entfernung einer etwa vorhandenen Straßendecke oder Anpflanzung, Entfernung eventueller Rohrummantelungen; nach Mangelbehebung Wiederanbringen einer solchen Ummantelung, Wiederherstellung von Wand, Decke oder Boden mit seinem Aufbau, eventuelle ordnungsgemäße Bodenverfüllung und Aufbringen des Belags oder der Bepflanzung.[145] Die im Zuge solcher Maßnahmen entstehenden Kosten hat der Auftragnehmer auch dann zu tragen, wenn die Arbeiten an Grundstücken oder Bauten Dritter vorzunehmen sind, sofern diese Arbeiten zum vertraglich übernommenen Leistungsprogramm im Zuge einer ordnungsgemäße Werkherstellung gehören; das kann etwa bei Ausbesserungsarbeiten an Wänden eines Grundstücksnachbarn zutreffen, falls deren Herstellung – wie etwa bei Gartenhofhäusern – zur ordnungsgemäßen Ausführung der dem Auftraggeber geschuldeten Bauleistung gehört.[146] **61**

Auch **Nebenkosten** des Auftraggebers anlässlich der Vorbereitung und Durchführung der Mangelbeseitigung sind zu ersetzen. Zu Ersteren können Telefonkosten zählen, nicht aber Aufwendungen zur Rechtsverfolgung, die etwa bei der zu Beweissicherungszwecken stattfindenden Anfertigung von Fotos im Vordergrund steht.[147] Zu den ersatzfähigen Kosten der Durchführung der Mangelbeseitigung können auch **Architektenhonorare** oder **Honorare anderer Sonderfachleute,** wie z. B. von Ingenieuren oder Statikern, zählen. Vorauszusetzen ist jedoch, dass solche Honorare wegen der Überwachung der Nachbesserungsarbeiten nach den maßgeblichen Regelungen, namentlich nach der HOAI überhaupt anfallen; und selbst wenn dies der Fall ist, kann ein ersatzfähiger Anspruch ausgeschlossen sein, wenn der Architekt oder sonstige Sonderfachmann seinerseits wegen des in Rede stehenden Mangels neben dem Auftragnehmer selbst gewährleistungspflichtig und daher zur **62**

---

[143] OLG Karlsruhe BauR 2005, 1485 ff.
[144] BGH NJW 1963, 812; zum BGB-Vertrag BGH NJW 1963, 806; BGH NJW 1979, 2096 = BauR 1979, 334 = ZfBR 1979, 150 f. m. Anm. *Schubert*; *Ingenstau/Korbion (Wirth)* VOB/B § 13 Nr. 5 Rdn. 80.
[145] BGHZ 58, 339 = NJW 1972, 1282 (Rohrfehler); BGH WM 1972, 802 (Arbeiten am Keller); BGH BauR 1975, 130, 133 (Asphaltschichten); vgl. zu allem auch die Beispiele bei *Ingenstau/Korbion (Wirth)* VOB/B § 13 Nr. 5 Rdn. 74 bis 79, 81, 82
[146] BGH BauR 1988, 463; *Ingenstau/Korbion (Wirth)* VOB/B § 13 Nr. 5 Rdn. 87.
[147] BGH NJW 1979, 2096 = BauR 1979, 335 = ZfBR 1979, 151; *Ingenstau/Korbion (Wirth)* VOB/B § 13 Nr. 5 Rdn. 82.

kostenlosen Leistung verpflichtet ist.[148] Letzteres gilt auch dann, wenn dem Auftraggeber eine weitere Zusammenarbeit mit dem gewährleistungspflichtigen Architekten oder Sonderfachmann nicht zuzumuten ist; die Kosten der Beauftragung eines anderen Architekten oder Sonderfachmanns mit der Abwicklung der Mangelbeseitigung sind solchenfalls nur dem gewährleistungspflichtigen Architekten oder Sonderfachmann anzulasten.[149]

### 1. Grundsätzliche Grenzen der Kostentragungspflicht

63  Die Kostentragungspflicht des Auftragnehmers findet zunächst eine Grenze darin, dass er nur mit den für die Mangelbeseitigung **erforderlichen** Kosten belastet ist. Ferner trägt er nur die Kosten für die Behebung solcher Mängel, die **seinem Verantwortungsbereich zuzuordnen** sind; denn nur insoweit ist der Auftragnehmer auf Grund von § 13 Nr. 5 Abs. 1 Satz 1 VOB/B mangelbeseitigungspflichtig.

### 2. Abgrenzung zur Schadensersatzhaftung

64  Vor allem wird die Kostentragungspflicht durch die **Grenze** bestimmt und beschränkt, die gegenüber der **Schadensersatzhaftung** gemäß § 13 Nr. 7 VOB/B oder, beim BGB-Vertrag, gemäß § 634 Nr. 4 BGB in Verbindung mit den §§ 280 Abs. 1 und 3, 281 und 636, 283 oder 311 a BGB oder, unter dem Gesichtspunkt der pVV, § 280 Abs. 1 BGB zu ziehen ist. **Vermögensnachteile** des Auftraggebers, die **nicht technisch zwangsläufig im Zuge der Mangelbeseitigung** eintreten, sind auch dann nicht auf der Grundlage des § 13 Nr. 5 Abs. 1 Satz 1 VOB/B zu ersetzen, wenn sie durch den Mangel verursacht sind.

65  Zu diesen Schadenspositionen zählen zum einen die schon durch die Mangelhaftigkeit als solche entstandenen **Schäden an anderen Sachen** des Auftraggebers oder Dritter, auch wenn der Auftragnehmer diesen gegenüber haften sollte, sowie an solchen Bauteilen, für die der **Auftragnehmer nicht die Herstellungsverantwortung** trägt; denn diese Sachschäden sind nicht mit Notwendigkeit gerade durch die Mangelbeseitigungsarbeiten entstanden.[150] Mangels Zwangsläufigkeit der infolge der Mangelbeseitigung eingetretenen Schädigung sind auch solche Schäden nicht auf der Basis von § 13 Nr. 5 Abs. 1 Satz 1 VOB/B auszugleichen, die **lediglich anlässlich der Mangelbeseitigung aus Unachtsamkeit** eintraten; hier kann allerdings eine Schadensersatzhaftung auf Grund positiver Vertragsverletzung gemäß § 280 Abs. 1 BGB, zurechenbares Verschulden vorausgesetzt, Platz greifen.

66  Ebenfalls nicht gemäß § 13 Nr. 5 Abs. 1 Satz 1 VOB/B zu ersetzen sind **Vermögenseinbußen infolge zeitweiliger Gebrauchsuntauglichkeit** des Objekts, die zu einem **Nutzungsentgang** geführt hat; so etwa beim Ausfall einer Bowlingbahn während der Mangelbeseitigung.[151] Diese Nachteile sind zwar nicht selten durch die Mangelbeseitigung bedingt, doch handelt es sich nicht um einen zwangsläufigen Eingriff in Güter des Auftraggebers in dem Sinne, dass dieser Eingriff technisch-final unabweisbar als Mittel zur Durchführung der Mangelbeseitigung stattfindet.

67  Schließlich sind zwar mangelbedingt, aber offenkundig nicht mangelbeseitigungsbedingt und daher allenfalls auf schadensersatzrechtlicher Grundlage ersatzfähig die **Rechtsverteidigungskosten,** die einem Beteiligten, beispielsweise dem in einem Mangelprozess gegenüber dem Auftraggeber unterlegenen Hauptauftragnehmer oder dem Bauträger gegenüber den Käufern, entstanden sind.[152]

---

[148] *Ingenstau/Korbion (Wirth)* VOB/B § 13 Nr. 5 Rdn. 84; *Neuenfeld* Bauwelt 1973, 631, 638; *Trapp* BauR 1977, 322.
[149] *Ingenstau/Korbion (Wirth)* VOB/B § 13 Nr. 5 Rdn. 85.
[150] BGHZ 96, 225 f. = NJW 1986, 923 = BauR 1986, 213 = ZfBR 1986, 68; *Ingenstau/Korbion (Wirth)* VOB/B § 13 Nr. 5 Rdn. 87 ff.
[151] BGHZ 72, 33 = BauR 1978, 403; BGH BauR 1979, 159 = ZfBR 1979, 24; *Ingenstau/Korbion (Wirth)* VOB/B § 13 Nr. 5 Rdn. 89.
[152] *Ingenstau/Korbion (Wirth)* VOB/B § 13 Nr. 5 Rdn. 89; *Kapellmann/Messerschmidt (Weyer)* VOB/B § 13 Rdn. 223.

### 3. Sowiesokosten

Die so genannten Sowiesokosten hat der Auftraggeber zu tragen, weil sie **nicht durch** 68
**den Mangel oder eine Vertragswidrigkeit verursacht** sind und eine Belastung des
Auftragnehmers mit diesen Kosten eine **verdeckte Ausweitung seiner Leistungspflicht**
über den vertraglich übernommenen Bereich hinaus bewirken würde.[153]

### 4. Vorteilsausgleichung

Etwaige dem Auftraggeber **anlässlich der Mangelbeseitigung,** aber über die Mangel- 69
freiheit hinaus **zuwachsende Vorteile,** die nicht als Folge von Sowiesokosten entstehen,
muss der **Auftraggeber grundsätzlich** auch dann **nicht vergüten,** wenn diese Vorteile im
Rahmen einer schadensersatzrechtlichen Inanspruchnahme schadensmindernd zu berücksichtigen sind.[154] Im Gegensatz zum Schadensersatzanspruch konzentriert sich nämlich der
Mangelbeseitigungsanspruch allein auf die Herstellungspflicht, belastet also den Auftragnehmer nicht mit den etwaigen weiteren Nachteilen, die der Auftraggeber durch die anfängliche
Nichterbringung einer qualitätsgerechten Leistung erlitten hat. Dann ist es unangemessen,
weil mit diesem beschränkten Haftungsziel nicht vereinbar, den Auftragnehmer umgekehrt
an den wirtschaftlichen Vorteilen teilhaben zu lassen, die sich beim Auftraggeber infolge der
verspätet erbrachten ordnungsgemäßen Bauleistung einstellen mögen. Ausnahmen sind nur
in den bereits bei § 4 Nr. 7 Satz 1 VOB/B beschriebenen engen Grenzen zuzulassen.[155]

### 5. Mitverantwortlichkeit des Auftraggebers

Beruht der Mangel – zumindest auch – auf einem dem Auftraggeber gemäß § 13 Nr. 3 70
i. V. m. § 4 Nr. 3 VOB/B oder, beim BGB-Vertrag, gemäß § 645 Abs. 1 Satz 1 BGB
zuzurechnenden Umstand, so kann sich dies nicht nur auf das Bestehen der Mangelbeseitigungspflicht auswirken,[156] sondern für den Fall, dass der Auftragnehmer mangelbeseitigungspflichtig ist, auch auf die nach § 13 Nr. 5 Abs. 1 Satz 1 VOB/B bzw. § 634 Nr. 1 BGB
grundsätzlich den Auftragnehmer belastende Tragung der Mangelbeseitigungskosten. Hinsichtlich der Voraussetzungen und der Fälle einer Mitverantwortung des Auftraggebers gilt
nichts Abweichendes gegenüber der bei § 4 Nr. 7 VOB/B dargestellten Rechtslage.[157] Auf
die dortige Kommentierung ist auch bezüglich der prozessualen Behandlung der Mangelbeseitigungs- und Kostenzuschusspflicht zu verweisen, wenn vom Auftragnehmer vor Mangelbeseitigung die Zahlungsklage oder vom Auftraggeber die Klage auf mangelfreie Herstellung erhoben wird.[158]

## D. Mangelbeseitigung durch den Auftraggeber (§ 13 Nr. 5 Abs. 2 VOB/B)

### I. Grundlagen

#### 1. Regelungszweck; Bezug zu § 4 Nr. 7 Satz 3 VOB/B

Mit Hilfe der in § 13 Nr. 5 Abs. 2 VOB/B vorgesehenen Regelung kann der Auftrag- 71
geber im Wege der **Ersatzvornahme** die kostenfreie Herstellung eines qualitätsgerechten
Werks erreichen, wenn der Auftragnehmer ein solches pflichtwidrig nicht in angemessener

---

[153] Ausführlich zu den Sowiesokosten § 4 Nr. 7 Rdn. 83 ff.
[154] A. A. MünchKomm/*Buschel* § 634 Rdn. 49; *Kleine-Möller/Merl/Oelmaier (Merl)* § 12 Rdn. 780 unter Bezug auf die insoweit unergiebigen Entscheidungen BGHZ 74, 113 f.; BGHZ 77, 153.
[155] Dazu → § 4 Nr. 7 Rdn. 86.
[156] Dazu oben Rdn. 25.
[157] Dazu → § 4 Nr. 7 Rdn. 99 ff.
[158] Dazu → § 4 Nr. 7 Rdn. 124 ff.

Frist herstellt. Die Vorschrift teilt sowohl den Zweck, den Werkerfolg durch Einsatz Dritter zu erreichen, als auch die sachliche Ausgangslage im Spannungsfeld zwischen Auftraggeberinteresse und Mangelverantwortung des Auftragnehmers mit dem **vor der Abnahme** geltenden **§ 4 Nr. 7 Satz 3 VOB/B**. Diese Gemeinsamkeiten zeigen sich an der weitgehenden Übereinstimmung der Rechtsvoraussetzungen, die daher auch bei der Kommentierung Bezugnahmen gestattet. Beide Regelungen weichen allerdings insofern voneinander ab, als **§ 13 Nr. 5 Abs. 2 VOB/B** den Auftraggeber **nicht** dazu zwingt, sich zwecks risikoloser Beauftragung eines Dritten mit der Mangelbeseitigung **zunächst** aus der **Vertragsbeziehung** mit dem Auftragnehmer zu **lösen**.[159]

### 2. Vergleich mit BGB-Vertrag

**72** Der gesetzliche Orientierungspunkt des § 13 Nr. 5 Abs. 2 VOB/B ist § 634 Nr. 2 BGB bzw. dessen Vorgängernorm § 633 Abs. 3 BGB a. F. Die **Rechtsfolgen** beider Regelungen **stimmen überein**. Unterschiede in den **Voraussetzungen** bestehen nun **praktisch ebenfalls** nicht mehr, nachdem die Selbstvornahme gemäß den §§ 634 Nr. 2, 637 Abs. 1 BGB im Unterschied zu § 633 Abs. 3 BGB a. F. nicht mehr erfordert, dass sich der Unternehmer mit der Mangelbeseitigung im Verzug befindet, der nach allgemeinen Regeln abgesehen von der grundsätzlich erforderlichen Mahnung – Ausnahmen sind gemäß § 286 Abs. 2 BGB möglich – wegen § 286 Abs. 4 BGB auch ein Verschulden des Unternehmers voraussetzt. Für § 13 Nr. 5 Abs. 2 VOB/B und für die Selbstvornahme gemäß den §§ 634 Nr. 2, 637 BGB genügt die erfolglose Aufforderung zur Erledigung der geschuldeten Mangelbeseitigung innerhalb einer gesetzten angemessenen Frist; Verzug ist nicht erforderlich.[160] Andererseits, insoweit im Unterschied zu § 633 Abs. 3 BGB a. F. und nun in Übereinstimmung mit den §§ 634 Nr. 2, 637 BGB, ist Verzug als solcher aber auch nicht ausreichend; denn § 13 Nr. 5 Abs. 2 VOB/B wie auch die §§ 634 Nr. 2, 637 Abs. 1 BGB verlangen, dass der Auftraggeber den Auftragnehmer zur Beseitigung des Mangels in angemessener Frist auffordert.[161] Dieses Tatbestandserfordernis hindert die analoge Anwendung des § 286 Abs. 2 BGB in der Weise, dass unter den dort genannten Umständen § 13 Nr. 5 Abs. 2 VOB/B auch ohne Aufforderung zur Mangelbeseitigung unter Fristsetzung anzuwenden sei.[162] Auch der für den Fall, dass sich der Auftragnehmer nach Entstehen des Selbsthilferechts des Auftraggebers zur Mangelbeseitigung bereit erklärt, unter der Geltung von § 633 Abs. 3 BGB a. F. bestehende Unterschied zwischen VOB- und BGB-Vertrag dahingehend, dass eine solche Bereitschaftserklärung beim VOB/B-Vertrag gemäß § 13 Nr. 5 Abs. 2 VOB/B das Selbsthilferecht des Auftraggebers grundsätzlich unberührt ließ, abweichend davon § 634 Abs. 1 Satz 1 BGB a. F. einer entsprechenden Entscheidung beim BGB-Vertrag entgegenstehen konnte, ist mit der Ersetzung des § 633 BGB a. F. durch die §§ 634 Nr. 2, 637 Abs. 1 BGB beseitigt; das Selbsthilferecht kann bei einer solchen Bereitschaftserklärung allerdings im Einzelfall mit Rücksicht auf Treu und Glauben entfallen.[163]

### 3. Verhältnis zu anderen Rechten des Auftraggebers nach § 13 VOB/B

**73** **a) § 13 Nr. 5 Abs. 1 VOB/B.** Die Erfüllung des Tatbestands von § 13 Nr. 5 Abs. 2 VOB/B gibt dem **Auftraggeber** ein **zusätzliches Gewährleistungsrecht**, das er **neben** dem Recht aus § 13 Nr. 5 Abs. 1 VOB/B **frei wählen** kann.[164] Die Anwendbarkeit der Norm schließt also nicht das Recht des Auftraggebers aus, unter den Voraussetzungen des § 13 Nr. 5 Abs. 1 VOB/B weiterhin Mangelbeseitigung vom Auftragnehmer zu verlangen

---

[159] Vgl. dagegen → § 4 Nr. 7 Rdn. 224.
[160] Zu § 13 Nr. 5 Abs. 2 VOB/B BGHZ 107, 83 = NJW 1989, 1602 = BauR 1989, 322 = ZfBR 1989, 158; *Ingenstau/Korbion* (*Wirth*) VOB/B § 13 Nr. 5 Rdn. 10.
[161] BGH BauR 1982, 496 = ZfBR 1982, 212; *Ingenstau/Korbion* (*Wirth*) VOB/B § 13 Nr. 5 Rdn. 133.
[162] *Ingenstau/Korbion* (*Wirth*) (14. Aufl. 2001) VOB/B § 13 Rdn. 536 (zum vormaligen § 284 Abs. 2 BGB).
[163] OLG Koblenz NJW-RR 1997, 1176.
[164] *Ingenstau/Korbion* (*Wirth*) VOB/B § 13 Nr. 5 Rdn. 154; *Motzke* FS Mantscheff S. 145.

und vorerst von der Ersatzvornahme abzusehen.[165] Der Auftraggeber kann die Rechte allerdings nicht kumulieren; entscheidet er sich für die Ersatzvornahme gegen Kostenerstattung oder Kostenvorschuss, kann er nicht auch Mangelbeseitigung verlangen.[166]

Der **Auftragnehmer** hingegen **verliert** die **Befugnis zur** Andienung der **Mangelbeseitigung**,[167] sobald die Voraussetzungen des § 13 Nr. 5 Abs. 2 VOB/B gegeben sind; alsdann ist er auf die Zustimmung des Auftraggebers angewiesen, wenn er nun noch den Mangel beseitigen möchte.[168] Dass der Anspruch des Auftraggebers sowie damit auch die reflexweise Befugnis des Auftragnehmers auf Mangelbeseitigung und das Recht des Auftraggebers zur Ersatzvornahme dem Grunde nach konkurrieren, solange sich der Auftraggeber nicht auf die Geltendmachung des Anspruchs auf Ersatzvornahme festgelegt hat,[169] steht dem nicht entgegen. Dem Auftraggeber darf nämlich nun nicht mehr durch einseitige Handlung des Auftragnehmers das Recht zur Wahl zwischen den inzwischen zu seinen Gunsten entstandenen mehreren Gewährleistungsrechten genommen werden; dass der Auftraggeber sich nicht schon auf die Ersatzvornahme festgelegt hat, ist dagegen nicht erheblich.[170] Im Übrigen muss gewährleistet sein, dass dem Auftraggeber die nötige Rechtssicherheit gegeben wird, um nun durch Beauftragung eines Dritten ohne Kostenrisiko neu disponieren zu können. Ferner kann dem Auftragnehmer nicht gestattet werden, dem Auftraggeber nun noch durch Vornahme der Mangelbeseitigung das inzwischen gemäß § 13 Nr. 5 Abs. 2 VOB/B entstandene Recht zu nehmen; insoweit verhält sich die Rechtslage gem. § 13 Nr. 5 Abs. 2 VOB/B nun nicht anders als im Fall des § 634 Nr. 2 BGB.[171] **74**

Ein Recht des Auftragnehmers zur Andienung der Mangelbeseitigung besteht auch dann nicht, wenn der Auftraggeber **nicht angekündigt** hatte, dass er die **Mangelbeseitigung** nach fruchtlosem Ablauf der dazu gesetzten Fristen **ablehnen** werde; insoweit besteht ein Unterschied zur Rechtslage unter der Geltung des § 634 Abs. 1 BGB a. F.[172] § 13 Nr. 5 Abs. 2 VOB/B sieht nämlich die Ablehnungsandrohung im Unterschied zu § 634 Abs. 1 BGB a. F. und zu § 4 Nr. 7 Satz 3 VOB/B gerade nicht vor.[173] Nach der Aufhebung des § 634 Abs. 1 Satz 1 BGB a. F. und der Angleichung von § 13 Nr. 5 Abs. 2 VOB/B und §§ 634 Nr. 2, 637 BGB besteht erst recht kein Anlass dazu, eine Ablehnungsandrohung für erforderlich zu halten. Auch insoweit und damit hinausgehend über die Angleichung der §§ 634 Nr. 2, 637 BGB an § 13 Nr. 5 Abs. 2 VOB/B dadurch, dass auch die §§ 634 Nr. 2, 637 BGB im Unterschied zu § 633 Abs. 3 BGB a. F. keinen Verzug bei Erfüllung des Mangelbeseitigungsanspruchs voraussetzen, ist damit nun eine identische Ordnung der Rechtslage beim BGB- und beim VOB/B-Vertrag gewährleistet. **75**

**b) § 13 Nr. 6 und 7 VOB/B.** Die Befugnis des Auftraggebers zur Ersatzvornahme nach § 13 Nr. 5 Abs. 2 VOB/B hat unabhängig davon, ob das Recht zur Ersatzvornahme noch fortbesteht und ob von dieser Befugnis Gebrauch gemacht wird, **keinen Einfluss auf** die Möglichkeit des Auftraggebers, **Rechte** auf Grund von **§ 13 Nr. 6 oder 7 VOB/B** geltend zu machen, wenn die dort aufgestellten weiteren Voraussetzungen erfüllt sind.[174] **76**

---

[165] Vgl. OLG Hamburg BauR 1979, 332; KG NJW-RR 1990, 217 f. = BauR 1990, 473; *Ingenstau/Korbion (Wirth)* VOB/B § 13 Nr. 5 Rdn. 155.
[166] *Motzke* FS Mantscheff S. 159.
[167] Damit zeigt die Regelung zugleich, dass dem Vorrang des Mangelbeseitigungsanspruchs ein Recht des Auftragnehmers zur Mangelbeseitigung zumindest im Ergebnis entspricht; so *Muffler* BauR 2004, 1350, 1357.
[168] BGH NJW 1988, 140 = BauR 1987, 689 = ZfBR 1987, 271; OLG Düsseldorf BauR 1980, 75; *Heiermann/Riedl/Rusam (Riedl)* VOB/B § 13 Rdn. 145; *Ingenstau/Korbion (Wirth)* VOB/B § 13 Nr. 5 Rdn. 110; *Kaiser* Mängelhaftung Rdn. 81 b; *Siegburg* Gewährleistung Rdn. 901 ff., 994; *Werner/Pastor* Rdn. 1628; a. A., allerdings unter Bezug auf § 633 Abs. 3 BGB a. F., *Oppler* FS Vygen S. 348 f. und *v. Rintelen* FS Vygen S. 374 ff.
[169] *Motzke* FS Mantscheff S. 141, 157, 166.
[170] A. A. *Heiermann/Riedl/Rusam (Riedl)* VOB/B § 13 Rdn. 145; *Motzke* FS Mantscheff S. 141 ff., 157 ff., 166 ff.
[171] Zur dortigen Präklusion der Mangelbeseitigungsbefugnis des Werkunternehmers *Palandt/Sprau* § 637 Rdn. 5 i. V. m. § 634 Rdn. 2, 4.
[172] OLG Hamburg BauR 1979, 332; *Baden* BauR 1986, 28.
[173] Darauf verweist *Ingenstau/Korbion (Wirth)* (14. Aufl. 2001) VOB/B § 13 Rdn. 506.
[174] OLG Hamburg BauR 1979, 332 (zum Schadensersatzanspruch); *Ingenstau/Korbion (Wirth)* VOB/B § 13 Nr. 5 Rdn. 154.

77 Insbesondere können **Mangelbeseitigungskosten auch schadensersatzrechtlich** auf Grund von § 13 Nr. 7 VOB/B erstattungsfähig sein, wenn die Voraussetzungen des § 13 Nr. 5 Abs. 2 VOB/B erfüllt sind.[175] Mit dem **Wahlrecht** des Auftraggebers beim VOB/B-Vertrag sollte es sich nämlich mangels eines spezifischen Unterschieds ebenso verhalten wie im Fall der §§ 634 Nr. 2, 637 Abs. 1 BGB; dort aber kann unter den Voraussetzungen der §§ 634 Nr. 4, 280 Abs. 1 und 3, 281 oder 283 BGB auch Schadensersatz in Gestalt der Erstattung von Drittnachbesserungskosten verlangt werden, obwohl der Auftraggeber solchenfalls dasselbe Ziel auch auf Grund der §§ 634 Nr. 2, 637 Abs. 1 BGB erreichen kann.

78 Dass der Auftraggeber das auf der Basis von **Drittnachbesserungskosten als Schadensersatz** Erlangte, das ihm schon vor der Mangelbehebung zusteht,[176] anders als im Fall des § 13 Nr. 5 Abs. 2 VOB/B **nicht** wirklich **zur Durchführung der Mangelbeseitigung einsetzen muss,**[177] ist auch in Anbetracht der Grundentscheidung der VOB/B für den Vorrang der ordnungsgemäßen Bauausführung kein ausreichendes Argument gegen die schadensersatzrechtliche Zuerkennung der Mangelbeseitigungskosten.[178] Unter den besonderen Voraussetzungen des § 13 Nr. 7 VOB/B ist nämlich dem Auftraggeber das Recht zuzubilligen, möglichst frei über die Verwendung des zu leistenden Schadensersatzes zu verfügen. Das gilt zumal, weil der Auftragnehmer trotz Setzung einer Frist gemäß § 13 Nr. 5 Abs. 2 VOB/B die ihm obliegende Beseitigung des Mangels nicht erledigt hat und ihm im Übrigen aus der etwa unterlassenen Mangelbeseitigung wegen Freiwerdens von seiner Mangelbeseitigungspflicht kein Nachteil erwächst.

79 In der Regel ist allerdings bei Geltendmachung der Kosten einer Ersatzvornahme ein Vorgehen gemäß § 13 Nr. 5 Abs. 2 VOB/B anzuraten, weil dessen Voraussetzungen leichter zu erfüllen sind als diejenigen des § 13 Nr. 7 VOB/B; insbesondere kommt es beim Tatbestand des § 13 Nr. 5 Abs. 2 VOB/B **nicht** auf ein **Verschulden** des Auftragnehmers an.[179] Liegen die Voraussetzungen des § 13 Nr. 5 Abs. 2 VOB/B hingegen nicht vor, bleibt allenfalls, sich die Kosten einer Mangelbeseitigung aus dem Gesichtspunkt des Schadensersatzes, § 13 Nr. 7 VOB/B, erstatten zu lassen. Das kann namentlich der Fall sein, wenn **§ 13 Nr. 5 Abs. 2 VOB/B** an einem **Verweigerungsrecht des Auftragnehmers wegen unverhältnismäßigen Aufwands scheitert.**[180]

80 Werden Mängel im Wege der Ersatzvornahme beseitigt, können **verbleibende Schäden**, beispielsweise solche infolge entgangener Nutzung, auf Grund von § 13 Nr. 7 VOB/B ersatzfähig sein. Das gilt im Übrigen unabhängig von der Mangelbeseitigung für solche **Schäden**, die **durch** eine **Mangelbeseitigung überhaupt nicht** mehr **behoben** werden können; diese sind unmittelbar auf Grund von § 13 Nr. 7 VOB/B oder den §§ 634 Nr. 4, 280 Abs. 1 und 3, 281 bzw. 283 oder 311 a BGB zu ersetzen, wenn die dort aufgestellten Voraussetzungen erfüllt sind.[181]

81 **4. Allgemeine zivilrechtliche Ansprüche**

Hat der Auftraggeber den Mangel im Wege der **Selbsthilfe** beseitigt, **ohne** dass die **Voraussetzungen des § 13 Nr. 5 Abs. 2 VOB/B** erfüllt sind, kann er vom Auftragnehmer **nicht aus allgemeinen Rechtsgrundsätzen Kostenersatz** verlangen. Das gilt gegenüber Ansprüchen aus **ungerechtfertigter Bereicherung,**[182] aber auch für Ansprüche

---

[175] BGHZ 92, 310 = NJW 1985, 382 = BauR 1985, 84 = ZfBR 1985, 33; OLG Hamm BauR 1995, 109; *Ingenstau/Korbion (Wirth)* VOB/B § 13 Nr. 5 Rdn. 156, 220; *Kaiser* Mängelhaftung Rdn. 118; *Vygen* Bauvertragsrecht Rdn. 568; *Werner/Pastor* Rdn. 1721; a. A. *Nicklisch/Weick (Nicklisch)* VOB/B § 13 Rdn. 225.
[176] BGHZ 61, 30 = NJW 1973, 1457; *Ingenstau/Korbion (Wirth)* (14. Aufl. 2001) VOB/B § 13 Rdn. 561.
[177] Vgl. BGHZ 61, 30 f. und BGHZ 99, 81 ff.
[178] Dagegen *Nicklisch/Weick (Nicklisch)* VOB/B § 13 Rdn. 225.
[179] *Ingenstau/Korbion (Wirth)* VOB/B § 13 Nr. 5 Rdn. 233.
[180] *Kaiser* Mängelhaftung Rdn. 80 a Fn. 10.
[181] Zum insoweit vergleichbaren § 635 BGB a. F. BGHZ 92, 310 = NJW 1985, 382 = BauR 1985, 84 = ZfBR 1985, 33; *Ingenstau/Korbion (Wirth)* VOB/B § 13 Nr. 5 Rdn. 156.
[182] BGH NJW 1966, 40; BGHZ 90, 347 = NJW 1984, 1678 = BauR 1984, 398 = ZfBR 1984, 174 f.; BGHZ 70, 398 = NJW 1978, 1375; BGHZ 92, 125 = NJW 1984, 2573 = BauR 1984, 634 = ZfBR 1984,

aus **Geschäftsführung ohne Auftrag**.[183] Auch ein Schadensersatzanspruch wegen **unerlaubter Handlung** scheitert, wenn dieser nur den Ersatz von Mangelbeseitigungsaufwendungen zum Gegenstand hat, deren Erstattung gemäß § 13 Nr. 5 Abs. 2 VOB/B an der fehlenden Fristsetzung scheitert.[184]

Die VOB/B enthält nämlich für die Mangelbeseitigung auf Veranlassung des Auftraggebers eine eigene Kostenerstattungsregel, die als abschließend anzusehen ist, damit kein Anreiz dazu geschaffen wird, den Auftragnehmer ohne Vorliegen der ihn warnenden Voraussetzung des § 13 Nr. 5 Abs. 2 VOB/B um sein Recht zur eigenen, daher zumeist auch kostengünstigeren Mangelbeseitigung zu bringen. Mit dieser Zielsetzung verträgt sich auch die Anwendung des **§ 326 Abs. 2 Satz 2 BGB** nicht,[185] so dass es insoweit auf die Frage der grundsätzlichen Anwendbarkeit dieser Norm nach der Abnahme[186] nicht ankommt.

Auch **beim BGB-Vertrag** muss der **Ausschluss allgemein-bürgerlichrechtlicher Kostenerstattungsansprüche** bei einer Selbsthilfe außerhalb des Anwendungsbereichs der §§ 634 Nr. 2, 637 Abs. 1 BGB gelten.[187] Auf diesen Ausschluss kann sich der Auftragnehmer auch dann berufen, wenn der Auftraggeber – etwa als Bauträger zugunsten eines Erwerbers – seine Gewährleistungsansprüche abgetreten hat.[188] Dies trifft ebenfalls bei einer Inanspruchnahme durch einen anderen Unternehmer zu, den der Auftraggeber voreilig mit der Mangelbeseitigung betraut hatte.[189]  82

### 5. Allgemeine Geschäftsbedingungen

Eine in Allgemeinen Geschäftsbedingungen vorgesehene Ausdehnung des Rechts zur Ersatzvornahme auf Kosten des Auftragnehmers auf die Fälle, in denen die Voraussetzungen des § 13 Nr. 5 Abs. 2 VOB/B – oder bei einem BGB-Vertrag, der §§ 634 Nr. 2, 637 Abs. 3 BGB – nicht oder nur teilweise erfüllt sind, ist auch im kaufmännischen Bereich nicht wirksam, da eine solche Regelung gegen § 307 BGB, vormals § 9 AGBG, verstößt.[190]  83

## II. Voraussetzungen

### 1. Mangelbeseitigungsanspruch

Das Recht zur Ersatzvornahme auf Kosten des Auftragnehmers setzt zunächst das Bestehen eines **durchsetzbaren Mangelbeseitigungsanspruchs** voraus, der sich auch auf die Leistungsteile und Maßnahmen beziehen muss, in Bezug auf die der Auftraggeber vom Auftragnehmer Kostenerstattung verlangt.[191] Insbesondere darf der Mangelbeseitigungs-  84

---

220; BGHZ 96, 230 = NJW 1986, 922 = BauR 1986, 211 = ZfBR 1986, 67; OLG Düsseldorf NJW-RR 2001, 1389 = BauR 2001, 1464; *Ingenstau/Korbion (Wirth)* VOB/B § 13 Nr. 5 Rdn. 43 ff., 126; *Siegburg* Gewährleistung Rdn. 993.

[183] BGHZ 46, 246; BGHZ 90, 347 = NJW 1984, 1678 = BauR 1984, 398 = ZfBR 1984, 175; BGHZ 92, 125 = NJW 1984, 2573 = BauR 1984, 634 = ZfBR 1984, 220; BGHZ 96, 230 = NJW 1986, 922 = BauR 1986, 211 = ZfBR 1986, 67; *Ingenstau/Korbion (Wirth)* VOB/B § 13 Nr. 5 Rdn. 45 f., 127; *Siegburg* Gewährleistung Rdn. 993.

[184] BGHZ 96, 230 = NJW 1986, 922 = BauR 1986, 211 = ZfBR 1986, 67.

[185] So aber *Rieble* DB 1989, 1759 ff. (zur Vorläufernorm § 324 Abs. 1 BGB a. F.).

[186] Vgl. dagegen *Kohler* BauR 1988, 278, 297.

[187] *Ingenstau/Korbion (Wirth)* VOB/B § 13 Nr. 5 Rdn. 45 f. unter Bezug auf BGH NJW 1968, 43 und OLG Hamm BauR 1984, 538; a. A. *Rieble* DB 1989, 1759 ff.

[188] BGHZ 70, 398 = NJW 1978, 1377 = BauR 1978, 312.

[189] *Ingenstau/Korbion (Wirth)* VOB/B § 13 Nr. 5 Rdn. 46; *Festge* BauR 1973, 274.

[190] Zum BGB-Vertrag OLG Koblenz ZIP 1981, 995; *Ingenstau/Korbion (Wirth)* VOB/B § 13 Nr. 5 Rdn. 47, 138.

[191] BGHZ 90, 344 = NJW 1984, 1676 = BauR 1984, 395 = ZfBR 1984, 173; OLG Zweibrücken BauR 1992, 771; *Ingenstau/Korbion (Wirth)* VOB/B § 13 Nr. 5 Rdn. 113 f.; *Kleine-Möller/Merl/Oelmaier (Merl)* § 12 Rdn. 786.

anspruch nicht an § 640 Abs. 2 BGB[192] oder an einer **Einrede,** insbesondere an der Verjährungseinrede, scheitern oder daran, dass die Beseitigung sich als objektiv **unmöglich** herausstellt oder ein Verweigerungsrecht wegen **unverhältnismäßigen Aufwands**[193] besteht; letzterenfalls können die Mangelbeseitigungskosten eventuell unter den Voraussetzungen des § 13 Nr. 7 VOB/B als Schadensersatz geltend gemacht werden.[194] Zum Ausschluss des Anspruchs führt auch das Bestehen eines den Mangelbeseitigungsanspruch hemmenden Leistungsverweigerungsrechts aus § 648 a Abs. 1 Satz 1 BGB.[195] Die **Veräußerung** des mangelbehafteten Bauwerks vor der Mangelbeseitigung entzieht demgemäß mit der Gelegenheit zu einer im Interesse des Auftraggebers liegenden Mangelbeseitigung auch den Anspruch auf Übernahme der Ersatzvornahmekosten.[196] Auch die **Einrede der nicht geleisteten Sicherheit** in den Fällen, in denen der Auftraggeber wegen Mitverantwortung für den entstandenen Mangel einen Zuschuss zu den Mangelbeseitigungskosten leisten muss, hindert das Vorhandensein eines durchsetzbaren Mangelbeseitigungsanspruchs.[197] Der **Verzicht** auf den Mangelbeseitigungsanspruch gemäß § 13 Nr. 5 Abs. 1 Satz 1 VOB/B hat den Verlust der Rechte aus § 13 Nr. 5 Abs. 2 VOB/B zur Folge.[198]

### 2. Aufforderung zur Mangelbeseitigung

**85**  Wie im Falle des § 4 Nr. 7 Satz 3 VOB/B, so ist auch bei § 13 Nr. 5 Abs. 2 VOB/B über eine schlichte **Mangelanzeige**[199] hinaus, aber diese in der Regel einschließend, eine **Aufforderung zur Beseitigung des konkret bezeichneten Mangels** nötig.[200] Dabei genügt es zur Bezeichnung des Mangels, wenn der Auftraggeber die Mangelerscheinungen hinreichend genau beschreibt; die Mangelursachen selbst braucht er nicht anzugeben.[201] Gefordert ist auch hier eine dem Auftragnehmer zugehende Erklärung, aus der sich mit hinreichender **Klarheit und Bestimmtheit** der Wunsch des Auftraggebers ersehen lässt, dass der Auftragnehmer für eine Behebung des Mangels sorge. Eine Angabe zu den Methoden der Mangelbeseitigung ist überflüssig. Im Einzelnen kann hinsichtlich der – formfreien – Aufforderung zur Mangelbeseitigung, dabei insbesondere auch zur Entbehrlichkeit dieser Aufforderung, auf die Kommentierung zu § 13 Nr. 5 Abs. 1 Satz 1 VOB/B verwiesen werden.[202] Eine **Mangelanzeige** vor der Ersatzvornahme ist allerdings **entbehrlich,** wenn der Werkunternehmer sein **Nachbesserungsrecht** bereits **verloren** hat.[203]

### 3. Setzung angemessener Frist

**86**  In Übereinstimmung mit den §§ 634 Nr. 2, 637 Abs. 1 BGB muss der Auftraggeber dem Auftragnehmer eine **Frist vorgeben,** innerhalb deren die Mangelbeseitigung gelungen sein muss; eine Form ist bei der Fristsetzung nicht einzuhalten. Damit soll dem Auftragnehmer nicht nur Gelegenheit zur Mangelbeseitigung gegeben werden, sondern er soll auch vor den Folgen einer Fristsäumnis gewarnt werden, wenngleich eine den **Warneffekt** noch steigernde **Androhung der Ersatzvornahme** auf Kosten des Auftragnehmers **nicht** gefordert ist.

---

[192] OLG Köln NJW-RR 1993, 211 f.
[193] BGH NJW-RR 1989, 849 = BauR 1989, 462 = ZfBR 1989, 213.
[194] Dazu oben Rdn. 79.
[195] OLG Düsseldorf BauR 2005, 572, 573 = IBR 2005, 255.
[196] OLG Köln NJW-RR 1993, 1367 = ZfBR 1993, 231 f.
[197] *Kaiser* Mängelhaftung Rdn. 80.
[198] Vgl. BGH BauR 1982, 279 = ZfBR 1982, 123; *Kaiser* Mängelhaftung Rdn. 80 a.
[199] Zu den Anforderungen an diese oben Rdn. 37 ff.; zur ausnahmsweisen Verzichtbarkeit unten Rdn. 95.
[200] OLG Koblenz BauR 2004, 1012, 1013 (zu § 4 Nr. 7 VOB/B); *Kleine-Möller/Merl/Oelmaier (Merl)* § 12 Rdn. 787 ff.
[201] BGH NJW 1999, 1330, 1331 = BauR 1999, 391, 392 = ZfBR 1999, 135; OLG Düsseldorf BauR 1999, 1030.
[202] Dazu oben Rdn. 40.
[203] OLG Stuttgart NJW-RR 1997, 149.

Wegen Vergleichbarkeit mit der Rechtslage bei § 4 Nr. 7 Satz 3 VOB/B gilt das dort 87
Ausgeführte.²⁰⁴ Namentlich ist dem Auftragnehmer eine bestimmte, von ihm **klar errechenbare Frist** zu setzen, innerhalb deren die gerügten Mängel behoben sein müssen.²⁰⁵ Die Frist ist in der Regel durch Angabe des Datums der mangelfreien Fertigstellung vorzugeben, ersatzweise durch die nach den §§ 186 ff. BGB nachvollziehbare Benennung eines Zeitraums, innerhalb dessen die mangelfreie Leistung vorliegen soll. Die Angabe des Anfangstermins kann genügen, wenn dessen Einhaltung erforderlich ist, um den Mangel bis zu dem an sich anzugebenden Endtermin zu beheben. Ferner genügt die Angabe des Anfangstermins, wenn der Auftragnehmer die erforderliche Dauer der Mangelbeseitigung wegen der Ungewissheit und bzw. oder der Komplexität der nötigen Arbeiten nicht überblicken kann. Die bloße Aufforderung, der Auftragnehmer möge sich zur Mangelbeseitigung innerhalb einer bestimmten Frist bereit erklären, genügt nicht. Dies gilt auch für die Setzung einer Frist für die bloße Unterbreitung von Lösungsvorschlägen.²⁰⁶ Eine in Allgemeinen Geschäftsbedingungen des Auftraggebers festgeschriebene Fristsetzung ist wegen Verstoßes gegen § 307 BGB, vormals § 9 AGBG, unwirksam, da die Frist nur konkret unter Würdigung der Eigenart des Mangels sowie der konkret erforderlichen und zumutbaren Dauer einer ordnungsgemäßen Mangelbehebung bestimmt werden kann.²⁰⁷

Die gesetzte Frist muss **angemessen** sein; jede Schematisierung verbietet sich. Auch 88 insoweit gilt nichts Abweichendes von der bei § 4 Nr. 7 Satz 3 VOB/B geltenden Rechtslage.²⁰⁸ Maßgeblich ist demgemäß die Zeitspanne, die je im Einzelfall bei unverzüglicher Arbeitsaufnahme und -durchführung objektiv unter Berücksichtigung der Eigenart der erforderlichen Maßnahmen und der äußeren Umstände, wie etwa der Witterungseinflüsse, zur Erledigung der Mangelbeseitigung erforderlich ist. Eine Frist zur Mangelbeseitigung kann auch dann korrekt bemessen sein, wenn die gesetzte Mangelbeseitigungsfrist kürzer ist als die vereinbarte Fertigstellungsfrist für das gesamte Bauwerk, falls der Unternehmer eine mangelhafte Leistung als Vorleistung für andere Gewerke erbracht hat und eine beschleunigte Mangelbeseitigung in deren Interesse erforderlich ist;²⁰⁹ in der Regel ist jedoch entsprechend § 634 Abs. 1 Satz 2 BGB a.F die Frist so zu bemessen, dass sie nicht vor dem vertraglich vereinbarten Fertigstellungstermin abläuft.²¹⁰ Ebenso wie im Fall des § 4 Nr. 7 Satz 3 VOB/B²¹¹ **setzt** eine **unangemessen kurze** Frist eine **angemessen lange Frist in Gang**.²¹²

### 4. Entbehrlichkeit der Fristsetzung

Von der **Fristsetzung,** aber auch schon von der Aufforderung zur Mangelbeseitigung,²¹³ 89 kann **nach Treu und Glauben** und insoweit in Übereinstimmung mit den §§ 634 Nr. 2, 637 Abs. 2, 323 Abs. 2 Nr. 1 BGB **abgesehen** werden, wenn der Auftragnehmer die Mangelbeseitigung trotz Verpflichtung zur Mangelbeseitigung gemäß § 13 Nr. 5 Abs. 1 Satz 1 VOB/B eindeutig und bestimmt auf Dauer **verweigert;** es gelten dieselben Grundsätze wie im Fall des § 4 Nr. 7 Satz 3 VOB/B.²¹⁴ Diese vom Auftraggeber zu beweisende Ausnahme ist streng zu handhaben, weil vermieden werden muss, dass der Auftragnehmer

---

²⁰⁴ Zu den Einzelheiten → § 4 Nr. 7 Rdn. 207 ff.
²⁰⁵ OLG Düsseldorf BauR 2001, 645.
²⁰⁶ OLG Düsseldorf BauR 2001, 645.
²⁰⁷ OLG Düsseldorf BauR 2001, 645.
²⁰⁸ Vgl. daher zu den Einzelheiten → § 4 Nr. 7 Rdn. 208 f.
²⁰⁹ OLG Düsseldorf NJW-RR 1996, 1422, 1423.
²¹⁰ *Knütel* BauR 2002, 689, 690 f.
²¹¹ Vgl. dazu → § 4 Nr. 7 Rdn. 212.
²¹² *Kapellmann/Messerschmidt* (*Weyer*) VOB/B § 13 Rdn. 260; *Kaiser* Mängelhaftung Rdn. 81; *Kleine-Möller/Merl/Oelmaier* (*Merl*) § 12 Rdn. 792.
²¹³ *Ingenstau/Korbion* (*Wirth*) VOB/B § 13 Nr. 5 Rdn. 152 f. mit dem zutreffenden Hinweis, dass sich in der Regel erst auf Grund des nach der Mangelbeseitigungsaufforderung gezeigten Verhaltens ergibt, ob der Auftragnehmer die Mangelbeseitigung ernsthaft und endgültig verweigern will.
²¹⁴ Vgl. daher zu den Einzelheiten → § 4 Nr. 7 Rdn. 215 ff.

voreilig, nämlich ohne ausreichende Warnung, um sein Recht zur eigenen Mangelbeseitigung gebracht wird. Es muss sich so verhalten, dass auszuschließen ist, dass der Auftragnehmer den Mangel auf Grund einer auf die Mangelbeseitigung bezogenen Fristsetzung mit Ablehnungsandrohung nicht doch noch behoben hätte.[215] Aus dem fruchtlosen Verstreichen einer Frist, innerhalb deren der Auftragnehmer die Mangelbeseitigung beginnen soll, ergibt sich dies allerdings nicht zwingend.[216]

**90** Eine Fristsetzung mit Ablehnungsandrohung ist namentlich nicht erforderlich, wenn der Auftragnehmer den Mangel oder die **Verantwortung** für den Mangel **endgültig bestreitet**,[217] insbesondere durch Bestreiten des Mangels in einem Prozess und namentlich bei Leugnung von Mängeln entgegen einem Sachverständigengutachten;[218] es genügt hier allerdings nicht, dass der Auftragnehmer den Mangel schlicht bestreitet, und zwar erst recht nicht, wenn er bereit ist, an einer gutachterlichen Aufklärung des Sachverhalts mitzuwirken.[219] Allerdings ist es hinreichend, wenn der Auftragnehmer die Mangelbehebung zwar zunächst wegen überzogener Forderungen des Auftraggebers zu Recht verweigerte, er aber auf das spätere angemessene Mangelbeseitigungsverlangen definitiv ablehnend reagierte.[220] Ferner ist die Fristsetzung auch dann entbehrlich, wenn der Auftragnehmer auf die mehrfache Aufforderung, mit der Mangelbeseitigung in angemessener Frist zu beginnen, **in keiner Weise reagiert;** dies gilt zumindest, wenn nach der Art der Mängel, etwa weil Mangelfolgeschäden drohen, ein zügiger Beginn der Mangelbeseitigung erwartet werden kann und sich die Dauer der erforderlichen Arbeiten nur schwer abschätzen lässt.[221]

**91** Eine Ausnahme von dem Gebot, den in § 13 Nr. 5 Abs. 2 VOB/B vorgegebenen formalen Weg einzuhalten, ist in Übereinstimmung mit den §§ 634 Nr. 2, 637 Abs. 2, 323 Abs. 2 Nr. 3 BGB auch anzuerkennen, wenn der Auftraggeber beweisen kann, dass die sofortige Ersatzvornahme durch sein **besonderes Interesse** gerechtfertigt ist. Bei der Annahme eines solchen Falles ist allerdings Zurückhaltung zu üben. Hierher gehört es auch, wenn die Voraussetzungen einer berechtigten Geschäftsführung ohne Auftrag vorliegen; sei es, weil die sofortige Mangelbeseitigung etwa aus Sicherheitsgründen im öffentlichen Interesse liegt, oder sei es, weil sonst **Gefahr im Verzug** ist oder andere ganz besondere Umstände eine sofortige Ersatzvornahme so sehr angezeigt sein lassen, dass eine vorherige Aufforderung des Auftragnehmers zur Beseitigung des Mangels und ein Zuwarten bis zur Mangelbehebung durch diesen nicht zumutbar erscheint.[222]

**92** Eine Fristsetzung zur Mangelbeseitigung ist, wie dies auch die Regelung in den §§ 634 Nr. 2, 637 Abs. 2 Satz 2 BGB vorsieht, insbesondere dann entbehrlich, wenn dem Auftraggeber eine **Weiterbeschäftigung** des Auftragnehmers **nicht zuzumuten** ist, weil der Auftraggeber mit gutem Grund das **Vertrauen** in den Auftragnehmer **verloren** hat.[223] Dies kann namentlich der Fall sein, wenn sich Letzterer nach dem Gesamtbild der aufgetretenen Mängel als völlig unzuverlässig und zur Erstellung des Bauwerks ungeeignet erwiesen hat[224] oder er trotz Vorhalts des Auftraggebers unnachgiebig nur **ungeeignete Nachbesserungs-**

---

[215] OLG Düsseldorf NJW-RR 2001, 1399 = BauR 2001, 1462 f.
[216] *Oppler* FS Vygen S. 351; vgl. dagegen *Ingenstau/Korbion (Wirth)* VOB/B § 13 Nr. 5 Rdn. 131 und *Kahlke* BauR 1981, 516.
[217] BGH BauR 1978, 306 = ZfBR 1978, 75; BGH BauR 1982, 496 = ZfBR 1982, 211; BGH BauR 1985, 198 = ZfBR 1985, 79; BGH NJW 1988, 2728 = BauR 1988, 592 = ZfBR 1988, 264; OLG Brandenburg, Urt. v. 18. 1. 2007 – 12 U 120/06.
[218] BGH NJW 1983, 1731 = BauR 1983, 258 = ZfBR 1983, 123; BGH NJW 2003, 580 = BauR 2003, 386, 387 = ZfBR 2003, 253.
[219] OLG Düsseldorf BauR 2002, 963, 965; OLG München BauR 2004, 97, 98.
[220] OLG Frankfurt NJW-RR 1989, 409.
[221] BGH BauR 1982, 496 = ZfBR 1982, 211.
[222] So OLG Düsseldorf NJW-RR 1993, 477, 478; *Ingenstau/Korbion (Wirth)* VOB/B § 13 Nr. 5 Rdn. 149; *Kapellmann/Messerschmidt (Weyer)* VOB/B § 13 Rdn. 258; *Siegburg* Gewährleistung Rdn. 992; vgl. zu den Einzelheiten → § 4 Nr. 7 Rdn. 215.
[223] BGH BauR 1975, 137.
[224] OLG Düsseldorf NJW-RR 1996, 401 m. w. N.; OLG Düsseldorf BauR 1996, 906 f. = NJW-RR 1997, 20.

leistungen anbietet.²²⁵ Hat jedoch der Auftragnehmer die Bereitschaft, sich an der Mangelbeseitigung zu beteiligen, insbesondere durch Angebote zur Mangelbeseitigung und die Kooperation im Rahmen der Einholung eines Schiedsgutachtens gezeigt, müssen besondere Umstände vorliegen, um eine Erschütterung der Vertrauensbasis anzunehmen.²²⁶ Unzumutbar ist es in der Regel, eine Nachbesserung hinzunehmen, wenn der Auftragnehmer die Vornahme einer untauglichen Nachbesserungsmaßnahme ankündigt.²²⁷

Der bei § 4 Nr. 7 Satz 3 VOB/B in Betracht zu ziehende Fall der Unmöglichkeit der Mangelbeseitigung spielt hier schon deshalb keine Rolle, weil es solchenfalls schon an der Voraussetzung fehlt, dass der Mangelbeseitigungsanspruch gemäß § 13 Nr. 5 Abs. 1 Satz 1 VOB/B fortbestehen muss. Zu den Wirksamkeitsgrenzen abweichender Regelungen in Allgemeinen Geschäftsbedingungen gilt das zu § 4 Nr. 7 Satz 3 VOB/B Gesagte entsprechend.²²⁸ **93**

Auf eine **Fristsetzung** kommt es schließlich im Ergebnis für die Erstattung von Kosten einer Ersatzvornahme **nicht** an, wenn diese Kosten zugleich gemäß § 13 Nr. 7 VOB/B **ersatzfähige Schäden** sind, sofern dieser Schadensersatzanspruch unabhängig von der Setzung einer Nachbesserungsfrist von Anbeginn selbständig neben dem Nachbesserungsanspruch besteht.²²⁹ Dazu gehören als ersatzfähige Mangelfolgeschäden etwa die Kosten für ein Gutachten über Ursache und Ausmaß der eingetretenen und vielleicht noch zu erwartenden Mängel.²³⁰ **94**

Ist eine **Fristsetzung** zur Mangelbeseitigung ausnahmsweise **entbehrlich**, so ist **auch** eine **Mangelanzeige** vor Durchführung der Nachbesserungsarbeiten durch einen Dritten **nicht notwendig**.²³¹ Ist nämlich eine Fristsetzung zur Mangelbeseitigung nicht erforderlich, setzt dies voraus, dass der Unternehmer kein Nachbesserungsrecht hat, so dass eine Mangelanzeige funktionslos ist. Der Mangelanzeige kann auch nicht etwa unabhängig vom Nachbesserungsrecht des Unternehmers der Zweck zuerkannt werden, dem Auftragnehmer vor Mangelbeseitigung Gelegenheit zur Prüfung von Art, Ursache und Umfang behaupteter Mängel zu geben; die diesbezügliche Sachverhaltsfeststellung und Beweisführung obliegt nämlich im Streitfalle nach der Abnahme dem Auftraggeber, so dass dieser eine Beweissicherung ohnedies im wohlverstandenen Eigeninteresse veranlassen wird. Richtig ist allerdings, dass eine Mangelanzeige nebst Aufforderung zur Mangelbeseitigung in der Regel ratsam ist, weil meist erst das Verhalten des Auftragnehmers nach einer solchen Aufforderung zeigt, ob er die Mangelbeseitigung ernsthaft und endgültig verweigern will;²³² denn erst dies hat zur Folge, dass aus diesem Grunde die Fristsetzung und mit dieser die Mangelanzeige mit Mangelbeseitigungsaufforderung nach Treu und Glauben entbehrlich wird. **95**

### 5. Fristsäumnis

Die gesetzte angemessene **Frist** ist **fruchtlos** verstrichen, **wenn** der Auftragnehmer den Erfolg, die Mangelbehebung, **nicht herbeiführen** konnte;²³³ auch insoweit zeigt die Problematik Parallelen zu § 4 Nr. 7 Satz 3 VOB/B.²³⁴ Der Eintritt von **Verzug** gemäß § 286 BGB ist, insoweit übereinstimmend mit den §§ 634 Nr. 2, 637 Abs. 1 BGB und nun abweichend von § 633 Abs. 3 BGB a. F., **nicht erforderlich;** insbesondere kommt es daher **96**

---

²²⁵ OLG Celle NJW-RR 1994, 1174 = BauR 1994, 250; OLG Düsseldorf BauR 2001, 645, 646.
²²⁶ Vgl. OLG Brandenburg BauR 1998, 793.
²²⁷ OLG Celle NJW-RR 1994, 1175 = BauR 1994, 251; OLG Düsseldorf NJW-RR 1996, 401.
²²⁸ Dazu → § 4 Nr. 7 Rdn. 217 f.
²²⁹ BGHZ 92, 308, 310 = NJW 1985, 381, 382 = BauR 1985, 83 = ZfBR 1985, 33, 34; BGH NJW 2002, 141 = BauR 2002, 86, 87 = ZfBR 2002, 57.
²³⁰ BGHZ 54, 352, 358 = NJW 1971, 99 ff. = BauR 1971, 51 = ZfBR 2000, 541; BGH NJW 2002, 141 = BauR 2002, 86, 87 = ZfBR 2002, 57.
²³¹ OLG Stuttgart BauR 1996, 717 f.; a. A. *Ingenstau/Korbion (Wirth)* VOB/B § 13 Nr. 5 Rdn. 144 f.
²³² *Ingenstau/Korbion (Wirth)* VOB/B § 13 Nr. 5 Rdn. 152.
²³³ OLG Bremen, Urteil vom 24. 2. 2005 – 5 U 35/04 –.
²³⁴ Wegen der Einzelheiten ist daher zu verweisen auf → § 4 Nr. 7 Rdn. 209.

nicht darauf an, ob der Unternehmer die Verzögerung der Mangelbeseitigung zu vertreten hat. Das bloße Bemühen um die Mangelbeseitigung genügt grundsätzlich nicht;[235] es ist Erledigung der Mangelbeseitigung in der gesetzten angemessenen Frist erforderlich, sofern nicht auf deren Setzung aus den oben genannten besonderen Gründen verzichtet werden kann.[236] Anderes kann nach Treu und Glauben im Einzelfall, bei dem aber auch die Interessen des Auftraggebers nicht vernachlässigt werden dürfen, gelten, wenn nur noch geringe Restleistungen ausstehen und sich der Auftragnehmer bisher eine zügige Erledigung zumindest hat erkennbar angelegen sein lassen. Als Fristsäumnis gilt es auch, wenn die gesetzte angemessene Frist zwar noch nicht verstrichen ist, aber auch bei Anspannung aller dem Auftragnehmer zur Verfügung stehenden Kräfte nicht zu erwarten ist, dass er die geschuldete Mangelbeseitigung in der gesetzten Frist wird erledigen können.[237]

97 Die Frist ist allerdings **nicht** als verstrichen anzusehen, wenn der **Auftraggeber** die Entgegennahme oder sonstige notwendige Mitwirkung bei der Erbringung der **Mangelbeseitigungsleistung grundlos verweigert;**[238] gelegentlich wird in solchen Fällen schon Unmöglichkeit der Mangelbeseitigung anzunehmen sein. Eine solche Verweigerung, die zum Fortfall des Rechts zur Ersatzvornahme auf Kosten des Auftragnehmers führt, ist etwa in der Erklärung des Auftraggebers zu sehen, dass er die Mangelbeseitigung durch den Auftragnehmer ablehne und seine Leistung nicht entgegennehmen werde; dies gilt selbst dann, wenn diese Erklärung einer – allerdings schließlich doch nicht aufrechterhalten – Äußerung des Auftragnehmers nachfolgt, nicht nachbessern zu wollen.[239]

### 6. Abweichende Regelungen; Allgemeine Geschäftsbedingungen

98 In Allgemeinen Geschäftsbedingungen kann der Auftragnehmer seine **Verpflichtung zur** Tragung der **Mangelbeseitigungsaufwendungen** gemäß § 309 Nr. 10 lit. c BGB **nicht** beschränken, und zwar mit Rücksicht auf § 307 BGB jedenfalls hinsichtlich der wesentlichen Kosten auch nicht gegenüber einem Unternehmer.[240] Das gilt für die gesetzliche Pflicht aus § 634 Nr. 2 BGB, muss aber auch für eine Modifizierung der Regelung des § 13 Nr. 5 Abs. 2 VOB/B gelten, wenn stattdessen nicht die Rechte gemäß § 634 Nr. 2 BGB oder vergleichbare Vertragsrechte eingeräumt werden.

99 Der **Auftraggeber** kann in seinen Allgemeinen Geschäftsbedingungen die **Befugnis zur Ersatzvornahme** auf Kosten des Auftragnehmers **nicht erweitern,** ohne gegen § 309 Nr. 4 BGB zu verstoßen. Das gilt beispielsweise für Klauseln zur Baustellenreinigung des Inhalts, dass der Auftraggeber diese Aufgabe nötigenfalls ohne weitere Aufforderung sogleich selbst auf Kosten des Auftragnehmers erledigen lassen könne.[241] Im unternehmerischen Verkehr wird man großzügiger sein können, wenn es sich um geringe Mangelbeseitigungen mit erwartungsgemäß geringer Kostenlast handelt.

100 **Individualvertraglich** sind abweichende Regelungen im Rahmen der allgemeinen bürgerlichrechtlichen Vorschriften in der Regel unbedenklich zulässig. Die Abrede, dass ein anderer Unternehmer die Mangelbeseitigung übernehme und der Auftragnehmer für diese Kosten aufkomme, ist nicht zu beanstanden. Darin kann für den Fall, dass die Vereinbarung die Pflicht zur abnahmefähigen Gesamtherstellung durch den Dritten umfassen soll, die Freistellung des ursprünglichen Auftragnehmers von der Behebung etwa erst später zutage tretender Mängel liegen, wobei er allerdings die dazu aufzuwendenden Kosten ebenfalls zu tragen hat.

---

[235] Insoweit missverständlich *Ingenstau/Korbion (Wirth)* VOB/B § 13 Nr. 5 Rdn. 129.
[236] *Knütel* BauR 2002, 689 ff. (zu § 637 BGB, auf VOB/B übertragbar).
[237] *Ingenstau/Korbion (Wirth)* VOB/B § 13 Nr. 5 Rdn. 131.
[238] Vgl. OLG Frankfurt BauR 1979, 327; *Nicklisch/Weick (Nicklisch)* VOB/B § 13 Rdn. 139; *Kaiser* Mängelhaftung Rdn. 80 a, 81; *Vygen* Bauvertragsrecht Rdn. 523.
[239] OLG Hamburg BauR 1979, 332; *Kaiser* Mängelhaftung Rdn. 80 a; *Vygen* Bauvertragsrecht Rdn. 523.
[240] BGH NJW 1981, 1510 f. (zum BGB-Vertrag, betreffend das gleichlautende AGBG); *Kaiser* Mängelhaftung Rdn. 83 I.
[241] OLG Nürnberg Schäfer/Finnern/Hochstein § 10 Nr. 3 AGBG Nr. 2.

## III. Rechtsfolgen

### 1. Grundlagen

§ 13 Nr. 5 Abs. 2 VOB/B enthält in Übereinstimmung mit den §§ 634 Nr. 2, 637 Abs. 1 **101**
BGB[242] einen vom Schadensersatz zu unterscheidenden klagbaren Anspruch, der sich als gewährleistungsrechtlicher Ersatzbehelf zur Erfüllung des primären Gewährleistungsanspruchs auf ordnungsgemäße Herstellung des geschuldeten Werks darstellt.[243] Daraus ergibt sich bei § 13 Nr. 5 Abs. 2 VOB/B, aber auch bei § 634 Nr. 2 BGB, dass nur solche dem Auftraggeber entstandenen **Kosten ersatzfähig** sind, die einen **Zusammenhang mit Aufwendungen zur Herstellung der vertragsgerechten Bauleistung** haben. Sonstige Kosten, namentlich auch andere Vermögensverluste wie etwa eine anlässlich der Ersatzvornahme durch Nutzungsausfall entstehende Gewinneinbuße, sind daher allein auf schadensersatzrechtlicher Grundlage zu ersetzen.[244] Ferner folgt aus dem Zusammenhang des § 13 Nr. 5 Abs. 2 VOB/B mit dem Nachbesserungsanspruch des Auftraggebers und dem damit **korrespondierenden,** aber mit dem Eintritt der Voraussetzungen des § 13 Nr. 5 Abs. 2 VOB/B **endenden,**[245] Nachbesserungsrecht des Auftragnehmers, dass der Anspruch gemäß § 13 Nr. 5 Abs. 2 VOB/B nur insoweit gegeben ist, wie der Nachbesserungsanspruch des Auftraggebers **durch die Ersatzvornahme erloschen** ist; dies ist in Bezug auf weitere Mängel, für welche die Voraussetzungen des § 13 Nr. 5 Abs. 2 VOB/B nicht vorliegen, nicht der Fall.[246]

### 2. Ersatzfähige Mangelbeseitigungskosten

**a) Aufwendungen.** Ersatzfähig sind solche Aufwendungen – diese werden allgemein als **102**
freiwillige **Aufopferung von Vermögenswerten** definiert –,[247] die **der Beseitigung des Mangels** in der Art und Weise **dienen,** die dem Auftragnehmer oblegen hätte.[248] Dazu gehören das zur Erledigung der eigentlich vom Auftragnehmer geschuldeten Mangelbeseitigung verwendete Material und die dazu eingesetzte Arbeitskraft, einschließlich der mit der Mangelbeseitigung notwendigerweise zusammenhängenden Nebenkosten[249] wie etwa Transportaufwendungen, Kosten der Mangelermittlung einschließlich eines Beweisverfahrens bzw. der Einholung eines Privatgutachtens,[250] Freilegung der Stelle, an der die Mangelbeseitigung anzusetzen hat, Beseitigung von Spuren der Mangelbeseitigung, auch die wegen Inanspruchnahme eines Architekten zur Beaufsichtigung der Mangelbehebung entstehenden Kosten.[251]

Ersatzfähig sind auch eigene **Leistungen des Auftraggebers** oder ihm nahe stehender **103**
Personen, insbesondere auch die Kosten einer im eigenen Betrieb ausgeführten Mangelbeseitigung.[252] Zu erstatten, erforderlichenfalls gemäß § 287 ZPO zu schätzen, ist hier das Entgelt, das bei vertraglicher Inanspruchnahme des jeweils Tätigen unter Ausschluss des Unternehmerzuschlags zu zahlen wäre; das ist je nach der Art der übernommenen Tätigkeit

---

[242] So *Ingenstau/Korbion (Wirth)* VOB/B § 13 Nr. 5 Rdn. 109.
[243] BGH NJW 1970, 423 = BauR 1970, 50; *Ingenstau/Korbion (Wirth)* VOB/B § 13 Nr. 5 Rdn. 163.
[244] BGHZ 72, 33 = NJW 1978, 1626 = BauR 1978, 403 = ZfBR 1978, 18; BGH BauR 1979, 159 = ZfBR 1979, 24; *Ingenstau/Korbion (Wirth)* VOB/B § 13 Nr. 5 Rdn. 164.
[245] BGH NJW 2003, 1526 = BauR 2003, 693, 694 = ZfBR 2003, 363.
[246] Vgl. OLG Düsseldorf NJW-RR 1996, 1422, 1423, zu § 4 Nr. 7 Satz 3 VOB/B; OLG Stuttgart NJW-RR 1997, 149, 150.
[247] BGHZ 59, 329 = NJW 1973, 46 = BauR 1973, 52 f.
[248] Zum Umfang der daher auch hier erheblichen Mangelbeseitigungspflicht des Auftragnehmers oben Rdn. 24 ff.
[249] BGH NJW 1963, 805; BGHZ 58, 338 = NJW 1972, 1280 = BauR 1972, 311.
[250] OLG Düsseldorf BauR 1989, 331.
[251] BGHZ 58, 339 = NJW 1972, 1282; OLG Düsseldorf NJW-RR 1993, 478 f.; *Kaiser* Mängelhaftung Rdn. 83 d; OLG Celle BauR 1996, 263.
[252] So – auch zum Folgenden – BGHZ 59, 330 = NJW 1973, 47 = BauR 1973, 53; *Ingenstau/Korbion (Wirth)* VOB/B § 13 Nr. 5 Rdn. 182.

und der persönlichen Qualifikation des Ausführenden der Lohn eines un- oder angelernten Bauarbeiters, eines Facharbeiters oder eines Meisters. Bei Mangelbeseitigung im eigenen Betrieb des Auftraggebers ist der angemessene Aufwand an Personal und Material einschließlich eines Gemeinkostenzuschlags zu berechnen.[253] Derartigen Leistungen des Auftraggebers, die dieser von seinem Auftragnehmer, namentlich in Subunternehmerverhältnissen, erstattet verlangen kann, stehen dem Umfang nach vertretbare **Preisnachlässe** gleich, die der Auftraggeber in seiner Eigenschaft als Auftragnehmer gewährt hat, um sich von seiner ihm gegenüber dem Bauherrn obliegenden Nachbesserungs- oder Kostenerstattungspflicht zu befreien.[254]

**104** Ein auf die Sanierungskosten beschränkter Erstattungsanspruch besteht auch, wenn ein **Dritter** die Mangelbeseitigung vornahm. So kann beispielsweise ein Haupt- oder Generalunternehmer, den sein Auftraggeber, der Bauherr, mit den Kosten einer von diesem berechtigterweise durchgeführten Mangelbeseitigung belastet hat, diese Kosten seinem Auftragnehmer, also in der Regel dem Subunternehmer, unter den Voraussetzungen des § 13 Nr. 5 Abs. 2 VOB/B anlasten.[255]

**105** **b) Erforderlichkeit.** Erstattungsfähig sind grundsätzlich nur die Kosten, die zur Erledigung der im vorbezeichneten Umfang geschuldeten Mangelbeseitigung **notwendig** sind.[256] Dies ergibt sich bei § 634 Nr. 2 BGB schon aus dem Wortlaut, ist aber auch beim VOB/B-Vertrag selbstverständlich, weil die entsprechende schadensersatzrechtliche Regelung in § 254 Abs. 2 BGB nur Ausdruck eines allgemeinen, von Treu und Glauben vorgegebenen Grundsatzes ist.[257]

**106** **aa) Beurteilungsgrundlagen.** Die Erforderlichkeit der Mangelbeseitigung bzw. des damit verbundenen Kostenaufwands ist **aus der Sicht eines technisch und wirtschaftlich verständigen Auftraggebers ex ante**, d. h. zurzeit der anstehenden Mangelbeseitigung zu beurteilen.[258] Der Auftraggeber erfüllt diese Qualifikation, wenn er sich – nötigenfalls unter Zuziehung sachverständigen Rats – nach ausreichender Sachverhaltsklärung und Feststellung der Mangelbeseitigungsmöglichkeiten einschließlich ihrer Kosten um eine verantwortungsbewusste Wahl des anzuwendenden Mangelbeseitigungsverfahrens und des mit dessen Realisierung zu betrauenden Drittunternehmers bemüht hat. Ist dies geschehen, fehlt es an der Erforderlichkeit der entstandenen Aufwendungen grundsätzlich nur dann, wenn die gewählte Mangelbeseitigungsmaßnahme objektiv eindeutig unvertretbar ist.[259]

**107** Werden diese Grenzen beachtet, gehören die sich im Zuge der Mangelbeseitigung herausstellenden **Prognosefehler** der Art, dass objektiv auch ein geringerer Mangelbeseitigungsaufwand genügt hätte, in den **Risikobereich des Auftragnehmers.**[260] Auch teure Sachverhaltsaufklärung und Beweissicherungen, die sich später als nicht erforderlich herausstellen, gehen auf Kosten des säumigen Auftragnehmers.[261] Einen weitergehenden Schutz kann der Auftragnehmer nämlich billigerweise nicht erwarten, hat er doch durch sein zweifaches Versagen – zunächst durch nicht qualitätsgerechte Leistung, dann durch nicht fristgemäße Mangelbeseitigung – die Verantwortung dafür, dass der Auftraggeber sich nun selbst um die Mangelbeseitigung im Wege der Ersatzvornahme bemühen muss.[262]

---

[253] *Ingenstau/Korbion (Wirth)* VOB/B § 13 Nr. 5 Rdn. 182.
[254] OLG Brandenburg BauR 2003, 1738, 1740 = ZfBR 2003, 769.
[255] OLG Köln ZfBR 1989, 141 f.
[256] BGH BauR 1991, 330 = NJW-RR 1991, 789 = ZfBR 1991, 105; *Kleine-Möller/Merl/Oelmaier (Merl)* § 12 Rdn. 810.
[257] Im Ergebnis allg. Meinung; OLG Düsseldorf BauR 1989, 331; *Ingenstau/Korbion (Wirth)* VOB/B § 13 Nr. 5 Rdn. 165; *Nicklisch/Weick (Nicklisch)* VOB/B § 13 Rdn. 150.
[258] BGH NJW-RR 1991, 789 = BauR 1991, 330 = ZfBR 1991, 105.
[259] OLG Frankfurt NJW-RR 1988, 918 f.; OLG Düsseldorf BauR 1989, 331; zu allem zutreffend *Ingenstau/Korbion (Wirth)* VOB/B § 13 Nr. 5 Rdn. 179 f.
[260] Vgl. OLG Frankfurt NJW-RR 1992, 602, 603; so wohl im Ergebnis auch *Ingenstau/Korbion (Wirth)* VOB/B § 13 Nr. 5 Rdn. 179 f. gegen *Renkl* BauR 1984, 472, 474.
[261] OLG Düsseldorf BauR 1989, 331.
[262] *Ingenstau/Korbion (Wirth)* VOB/B § 13 Nr. 5 Rdn. 168, 179.

Aufgrund dieser Prinzipien ergibt sich: Die Ersatzvornahme hat in der Regel auf die **108** **kostengünstigste Weise** stattzufinden.[263] Falls notwendig, kann dies auch durch Neuherstellung geschehen, wenn der Auftragnehmer eine solche auf Grund von § 13 Nr. 5 Abs. 1 Satz 1 VOB/B schuldet.[264]

Zur Ermittlung des günstigsten Anbieters ist allerdings grundsätzlich, wenn nicht die **109** besondere Art und der Umfang der Mangelbeseitigungsarbeiten ausnahmsweise anderes angezeigt erscheinen lassen, eine **Ausschreibung nicht nötig;** dies wäre meist unverhältnismäßig aufwändig und vertrüge sich nicht mit dem im Verhältnis zum säumigen Auftragnehmer anzuerkennenden Interesse des Auftraggebers an schleuniger Erledigung der Mangelbeseitigung. **Kostenanschläge** in der Regel mehrerer Unternehmer sind jedenfalls bei nicht geringfügigen Leistungen anzufordern; bei kleineren Aufträgen kann ein Kostenanschlag genügen.[265] Ergibt sich auf Grund von Kostenanschlägen und schließlich auch bei der Endabrechnung, dass die Kostenschätzung eines Sachverständigen in einem früheren Beweissicherungsverfahren zu gering war, so ist diese Kostenschätzung für den Erstattungsanspruch unerheblich.

Nach den eingangs genannten Grundsätzen richtet sich auch die **Verteilung der Be-** **110** **weislast.**[266] Da zu den Anspruchsvoraussetzungen gehörend, hat der **Auftraggeber** die **Erforderlichkeit der Mangelbeseitigungskosten** darzulegen und im Bestreitensfall zu beweisen, doch genügt dazu, dass er sich für eine vertretbare Mangelbeseitigungsmaßnahme auf Grund vernünftigen sachorientierten Bemühens um die richtige Wahl entschieden hat. Es ist dann Sache des Auftragnehmers, die Überschreitung dieser Grenzen darzulegen und zu beweisen. Gelingt dies dem Auftragnehmer, ist der **Kostenerstattungsanspruch** auf die Kosten zu **reduzieren,** die bei der richtigen Vorgehensweise des Auftraggebers erstattungsfähig wären. Bei einem solchen Nachweis kann der Auftragnehmer die Kosten einer Sachverhaltsaufklärung, die wegen schuldhafter Fehlangaben des Auftraggebers erforderlich geworden war, aus dem Gesichtspunkt der positiven Vertragsverletzung gemäß § 280 Abs. 1 BGB vom Auftraggeber zurückfordern.[267]

**bb) Sonderfragen.** Die Kostenrückbelastung darf im Ergebnis **nicht** zu einer **mittel-** **111** **baren Erweiterung der Leistungspflicht des** in Anspruch genommenen **Auftragnehmers** über die von ihm vertraglich übernommene Leistung hinaus führen. Allerdings hindert weder die grundsätzliche Beschränkung des Auftragnehmers auf das Maß der vertraglichen Leistungspflicht noch das Gebot, die kostengünstigste Mangelbeseitigungsmethode zu wählen, die Erstattungsfähigkeit der Kosten solcher Mangelbeseitigungsmaßnahmen, die zwar im ursprünglichen Leistungsprogramm nicht enthalten waren, die aber nun infolge der bisher mangelhaften Leistung im Zuge der Mangelbeseitigung unausweichlich geworden sind, um nachhaltig für eine qualitätsgerechte Leistung zu sorgen.[268] Dazu zählen auch die Kosten für die Feststellung der Ursache und des Umfangs des Mangels durch den beauftragten Drittunternehmer oder durch einen Sachverständigen im Rahmen des von diesen subjektiv für erforderlich gehaltenen Prüfungsaufwands, und zwar einschließlich der Ermittlung der Mangelbeseitigungsmöglichkeiten und der dazu aufzuwendenden Kosten, sofern es sich nicht um geringfügige, offenkundige und ohne besondere Ermittlung festzustellende und zu behebende Mängel handelt.[269]

Der Auftraggeber kann auch die Übernahme der Kosten verlangen, die durch die **Wahl** **112** **der sichersten** statt der bloß wahrscheinlich ausreichenden **Mangelbeseitigungsmethode** entstehen;[270] anders nur, wenn der Auftraggeber bei der Wahl des Mangelbeseitigungsver-

---

[263] Vgl. OLG Frankfurt BauR 1983, 160 (insoweit nicht abgedruckt in NJW 1983, 456).
[264] *Kaiser* Mängelhaftung Rdn. 80 a.
[265] LG Hanau MDR 1985, 1025; *Ingenstau/Korbion (Wirth)* VOB/B § 13 Nr. 5 Rdn. 169 f.
[266] *Ingenstau/Korbion (Wirth)* VOB/B § 13 Nr. 5 Rdn. 180.
[267] *Ingenstau/Korbion (Wirth)* VOB/B § 13 Nr. 5 Rdn. 180.
[268] Vgl. OLG Frankfurt NJW-RR 1988, 918; *Ingenstau/Korbion (Wirth)* VOB/B § 13 Nr. 5 Rdn. 165.
[269] *Ingenstau/Korbion (Wirth)* VOB/B § 13 Nr. 5 Rdn. 174; teilweise OLG Frankfurt BauR 1983, 161 (insoweit nicht abgedruckt in NJW 1983, 456).
[270] Vgl. OLG Düsseldorf BauR 1974, 61; *Ingenstau/Korbion (Wirth)* VOB/B § 13 Nr. 5 Rdn. 175.

fahrens vom Vorschlag eines Sachverständigen abweicht und den ihm deshalb obliegenden Beweis nicht führen kann, dass diese Entscheidung sachlich notwendig war.[271] Im Einzelfall ist jedoch vom Auftraggeber zu erwarten, dass er von der Beseitigung der unmittelbaren Mangelursache absieht, wenn zur Erreichung eines der eigentlichen Mangelbeseitigung gleichkommenden praktischen Effekts ein einfacheres und billigeres Verfahren zur Verfügung steht.[272] Zum Recht der Wahl des sichersten Mangelbehebungsverfahrens gehört auch, dass der Auftraggeber den **Drittunternehmer seines Vertrauens** aussuchen kann, auch wenn dieser beispielsweise wegen größerer Entfernung seines Geschäftssitzes nicht der billigste Anbieter ist.[273]

113    c) **Fehlgeschlagene Mangelbeseitigung.** Ist die **Mangelbeseitigungsleistung des Drittunternehmers ihrerseits mangelhaft,** muss sich der Auftraggeber zunächst an diesen halten und kann, da die bisherigen Drittunternehmerleistungen nicht als zur Mangelbeseitigung erforderlich anzusehen sind,[274] Kostenerstattung vom Auftragnehmer grundsätzlich erst nach Erledigung der weiteren, nunmehr erfolgreichen Mangelbeseitigung durch den Drittunternehmer verlangen.

114    Eine **Mangelbeseitigungsklage gegen den Drittunternehmer** als Voraussetzung für die Rückbelastung des ursprünglichen Auftragnehmers mit der bereits an den Drittunternehmer gezahlten Vergütung wird von dem Auftraggeber allerdings **nicht** erwartet. Dies ist nicht zu verlangen, weil die ursprüngliche Verantwortung des Auftragnehmers auch für das Entstehen des weiteren Mangels eine solche Belastung des Auftraggebers jedenfalls dann unzumutbar erscheinen lässt, wenn die Auswahl des Drittunternehmers mit der nötigen Sorgfalt geschah. Hier soll der Auftraggeber Kostenerstattung gegen Abtretung seiner Gewährleistungsansprüche an den Auftragnehmer beanspruchen können.[275] Dem Auftraggeber wird diese Befugnis allerdings oft nicht viel nutzen, da er allein auf Grund des Abtretungsrechts noch keine hinreichende Aussicht darauf hat, dass der Auftragnehmer nun seinerseits im Wege der Klageerhebung für die Herstellung eines mangelfreien Werks durch den Drittunternehmer sorgen werde. Außerdem ist derzeit ein Kostenerstattungsanspruch des Auftraggebers gegen den Auftragnehmer noch nicht entstanden, da der Werklohnanspruch des Drittunternehmers gegen den Auftraggeber mangelbedingt undurchsetzbar ist und dem Auftraggeber daher – abgesehen von etwa bereits erbrachten und daher schon jetzt erstattungsfähigen Abschlags-, Teilschluss- oder Vorauszahlungen – überhaupt noch keine Kosten entstanden sind. Dem Auftraggeber wird daher praktisch doch nichts anderes übrigbleiben, als selbst gegen den Drittunternehmer auf Mangelbeseitigung zu klagen bzw. im Verhältnis zu diesem nach § 13 Nr. 5 Abs. 2 VOB/B oder § 634 Nr. 2 BGB vorzugehen.

115    Erweist sich die Mangelbeseitigung schließlich als objektiv **von Anfang an unmöglich,** ist ein Kostenerstattungsanspruch an sich nicht gegeben, weil schon der Mangelbeseitigungsanspruch gemäß § 13 Nr. 5 Abs. 1 Satz 1 VOB/B nicht besteht.[276] Die Erstattung solcher vergeblichen Mangelbeseitigungskosten aus den Regeln der Geschäftsführung ohne Auftrag oder aus Verzugsgesichtspunkten herzuleiten[277] überzeugt daher nicht.[278]

116    Andererseits ist es unangemessen, das **Prognoserisiko** dem Auftraggeber aufzubürden, wenn sich die Maßnahme zur Mangelbeseitigung bei einer sachgemäßen ex-ante-Beurteilung der technischen Verhältnisse und des zur Mangelbeseitigung ausgewählten Unternehmers als zur Mangelbeseitigung geeignet darstellte, sich bei Durchführung dieser Maßnahme

---

[271] *Ingenstau/Korbion (Wirth)* VOB/B § 13 Nr. 5 Rdn. 175.
[272] Vgl. *Ingenstau/Korbion (Wirth)* VOB/B § 13 Nr. 5 Rdn. 176: statt Betonrissbeseitigung Verpressen mit Kunstharz.
[273] OLG Köln Schäfer/Finnern/Hochstein § 633 BGB Nr. 27; *Ingenstau/Korbion (Wirth)* VOB/B § 13 Nr. 5 Rdn. 158.
[274] Vgl. *Kaiser* Mängelhaftung Rdn. 83 b.
[275] So *Heiermann/Riedl/Rusam (Riedl)* VOB/B § 13 Rdn. 153; *Blomeyer* ZfBR 1985, 155, 158; *Kaiser* Mängelhaftung Rdn. 83 b.
[276] Dazu oben Rdn. 44.
[277] So *Blomeyer* ZfBR 1985, 155, 158.
[278] *Kaiser* Mängelhaftung Rdn. 83 b.

dann aber das Gegenteil herausstellt.[279] Der Auftragnehmer muss hier das Risiko tragen, weil das Vorgehen gemäß § 13 Nr. 5 Abs. 2 VOB/B eine Hilfsfunktion im Verhältnis zum Anspruch auf Mangelbeseitigung durch eigene Leistung des ursprünglichen Auftragnehmers gemäß § 13 Nr. 5 Abs. 1 Satz 1 VOB/B hat: Unter der Voraussetzung einer Erfolg versprechenden sachgemäßen ex-ante-Beurteilung hätte auch eine Mangelbeseitigungsklage gegen den Auftragnehmer Erfolg gehabt, dieser also bei der daraufhin unternommenen Mangelbeseitigung das Kostenrisiko tragen müssen. Dann verwirklicht sich nur die ihm aufgebürdete Prognosegefahr auf einem anderen, aber wegen seiner bloßen Hilfsfunktion keine andere Risikozuweisung rechtfertigenden Weg, wenn die Mangelbeseitigung sich schließlich im Zuge der an sich sachgerecht eingeleiteten und durchgeführten Drittunternehmerleistung als undurchführbar erweist.

Gilt dies schon für die gänzliche Unmöglichkeit der Mangelbeseitigung, ist nicht anders für den Fall zu entscheiden, dass die an sich mögliche Mangelbeseitigung nur mit der **vom Drittunternehmer gewählten Methode nicht zum Erfolg** führen kann. Vorauszusetzen ist dabei allerdings, dass die gewählte Methode bei geboten sachgerechter ex-ante-Betrachtung derart als fachgerecht gelten durfte, dass auch deren Verwendung durch den Auftragnehmer im Zuge einer von ihm pflichtgemäß unternommenen Mangelbeseitigung zumindest möglicherweise zu erwarten gewesen wäre. 117

d) **Anspruchsbegrenzungen.** In dem Maße, in dem der Auftraggeber im Falle einer vom Auftragnehmer selbst durchgeführten Mangelbeseitigung unter dem Gesichtspunkt der **Sowiesokosten**[280] oder wegen **Mitverantwortung für das Entstehen des Mangels** einen Zuschuss zu den Mangelbeseitigungsaufwendungen an den Auftragnehmer hätte zahlen müssen, ist der Kostenerstattungsanspruch unmittelbar von Rechts wegen zu kürzen; das gilt auch bei einem auf Grund der Zahlungsklage des Auftragnehmers aufrechnungsweise oder widerklagend geltend gemachten Kostenerstattungsanspruch.[281] Die Kürzung aus diesen Gesichtspunkten folgt wiederum aus der Ersatz- und Hilfsfunktion der Ersatzvornahme bezüglich des Mangelbeseitigungsanspruchs gemäß § 13 Nr. 5 Abs. 1 Satz 1 VOB/B. Aus diesem Grund findet eine Vorteilsausgleichung allerdings grundsätzlich nicht statt.[282] 118

### 3. Durchsetzung des Erstattungsanspruchs

a) **Regel.** Nach Zahlung des vom Drittunternehmer angeforderten **Werklohns** hat der Auftraggeber gegen den Auftragnehmer einen fälligen **Erstattungsanspruch,** wenn und soweit die vorgenannten Voraussetzungen erfüllt sind. Das gilt nicht nur für Schlusszahlungen, sondern auch für Abschlags-, Teilschluss- und Vorauszahlungen, letzterenfalls dann, wenn diese unverzüglich zur Bezahlung der Mangelbeseitigungsleistung des Drittunternehmers dienen.[283] Grund und Höhe der Kosten muss der Auftraggeber nicht in einer nach § 14 Nr. 1 VOB/B prüfbaren Weise nachweisen.[284] 119

**Vor einer Zahlung** an den Dritten kann der Auftraggeber gemäß § 257 Satz 1 BGB vom Auftragnehmer **Befreiung von seiner Verbindlichkeit gegenüber dem Dritten** verlangen. Aus § 257 Satz 2 BGB ergibt sich auch ein Anspruch des Auftraggebers gegen den Auftragnehmer auf **Sicherheitsleistung.**[285] Der Auftraggeber hat in diesen Fällen auch das Recht, den Erstattungsanspruch an den Drittunternehmer zur Verkürzung der Zahlungs- 120

---

[279] Im Ergebnis ganz h. M.; *Hesse* BauR 1972, 197, 198; *Kaiser* Mängelhaftung Rdn. 83 b.
[280] BGHZ 91, 211 = NJW 1984, 2457 = BauR 1984, 510 = ZfBR 1984, 222; BGH NJW-RR 1989, 849 = BauR 1989, 462 = ZfBR 1989, 312; BGH NJW 1989, 2753 = BauR 1989, 606 = ZfBR 1989, 215; BGH NJW-RR 1990, 728 = BauR 1990, 360 = ZfBR 1990, 171.
[281] *Kaiser* Mängelhaftung Rdn. 79 unter Hinweis auf BGH BauR 1984, 399 = ZfBR 1984, 175 und BauR 1984, 512 = ZfBR 1984, 223; ferner BGH BauR 1971, 269; OLG Düsseldorf NJW-RR 1995, 214.
[282] Vgl. dazu oben Rdn. 67; insoweit a. A. *Kaiser* Mängelhaftung Rdn. 79.
[283] *Ingenstau/Korbion (Wirth)* VOB/B § 13 Nr. 5 Rdn. 184.
[284] BGH NJW-RR 2002, 19; a. A. *Kaiser* Mängelhaftung Rdn. 83 b.
[285] Zu allem *Ingenstau/Korbion (Wirth)* VOB/B § 13 Nr. 5 Rdn. 185.

wege abzutreten. Der Auftragnehmer ist solchenfalls hinreichend durch die Regelung der §§ 404, 406 f. BGB geschützt.

121 **b) Zinsen; Verzugsschaden.** Der Kostenerstattungsanspruch ist **verzinslich, sobald** der Auftragnehmer mit der Erstattung in **Verzug** geraten ist;[286] gemäß § 286 Abs. 1 BGB erfordert dies insbesondere in der Regel eine Mahnung, soweit nicht – wie wohl praktisch eher selten der Fall sein dürfte – die Voraussetzungen des § 286 Abs. 2 BGB erfüllt sind. Solchenfalls ist auch ein **Verzugsschaden** zu ersetzen. Dies können nun anfallende **Darlehenszinsen zur Vorfinanzierung** der Mangelbeseitigung durch einen Dritten sein. Hier kommt jedoch im Einzelfall eine Kürzung gemäß § 254 Abs. 1 BGB in Betracht, wenn der Auftraggeber die Darlehensaufnahme durch Verfolgung seines Kostenvorschussanspruchs bzw. seines Befreiungsanspruchs gemäß § 257 Satz 1 BGB in zumutbarer Weise, insbesondere durch entsprechende außerprozessuale Zahlungsaufforderung, hätte vermeiden können. Auf Verzugszinsen wird keine Mehrwertsteuer mehr erhoben,[287] so dass insoweit auch kein Verzugsschaden liquidiert werden kann.

122 **c) Aufrechnung.** Kostenerstattungsanspruch und Vergütungsanspruch können gegeneinander **aufgerechnet** werden,[288] und zwar nicht nur vom Auftraggeber, sondern auch vom Auftragnehmer. Dabei beschränkt sich die durch die Aufrechnung erzielte Tilgungswirkung auf den Umfang des objektiv bestehenden Kostenerstattungsanspruchs, so dass Zuschussbeträge, die der Auftraggeber wegen Mitverantwortlichkeit für das Entstehen des zu beseitigenden Mangels zu leisten hat, ohne weiteres von Rechts wegen berücksichtigt werden.

## E. Kostenvorschussanspruch

### I. Grundlagen

123 **Rechtsfortbildend** hat die Rechtsprechung[289] unter Zustimmung des Schrifttums[290] sowohl für den BGB-Vertrag[291] auf Grund von § 633 Abs. 3 BGB a. F., dem Vorläufer der §§ 634 Nr. 2, 637 Abs. 1 BGB, als auch für den VOB/B-Vertrag[292] im Anschluss an § 13 Nr. 5 Abs. 2 VOB/B einen Kostenvorschussanspruch des Auftraggebers mit dem Inhalt anerkannt, dass dieser vom Auftragnehmer unter den Voraussetzungen der genannten Vorschriften schon vor Beginn der Mangelbeseitigung eine Geldleistung als Vorschuss in Höhe der zu erwartenden Kosten der bevorstehenden Mangelbeseitigung verlangen kann. Damit wird das Erwirken eines Kostenvorschusses vom zwangsvollstreckungsrechtlichen Behelf gemäß § 887 Abs. 2 ZPO zum Inhalt eines unmittelbar materiellrechtlichen Anspruchs. Der Anspruch war kraft langjähriger gerichtlicher Praxis und wegen seiner Akzeptanz im bau- bzw. werkvertraglichen Schrifttum **gewohnheitsrechtlich gesichert,** ehe der Gesetzgeber ihn **mit der Schaffung der §§ 634 Nr. 2, 637 Abs. 3 BGB explizit** anerkannte.[293]

124 Der Kostenvorschussanspruch wurde **zu Recht** anerkannt, und seine explizite Übernahme auch in die VOB/B ist ein rechtspolitisches Desiderat.[294] Der Vorschussanspruch ist

---

[286] *Kaiser* Mängelhaftung Rdn. 83 h.
[287] Im Anschluss an EuGH NJW 1983, 506; BGH BauR 1985, 102 = ZfBR 1985, 40.
[288] *Ingenstau/Korbion (Wirth)* VOB/B § 13 Nr. 5 Rdn. 225.
[289] Grundlegend BGHZ 47, 274 = NJW 1967, 1367; BGHZ 54, 247 = NJW 1970, 2019 = BauR 1970, 237.
[290] *Ehrhardt-Renken* und *Achilles-Baumgärtel*, beide passim mit zahlreichen w. N.; *Ingenstau/Korbion (Wirth)* VOB/B § 13 Nr. 5 Rdn. 190 ff.; *Siegburg* Gewährleistung Rdn. 1002; *Mauer* FS Mantscheff S. 123 ff.; kritisch *Wussow* NJW 1967, 953; *Köhler* NJW 1985, 945 ff.; z. T. *Staudinger/Peters* (2000) § 633 Rdn. 196 ff., 211 ff.
[291] *Ingenstau/Korbion (Wirth)* VOB/B § 13 Nr. 5 Rdn. 190 ff.; *Staudinger/Peters* (2000) § 633 Rdn. 196 ff., 211 ff.
[292] Unter Bestätigung von BGHZ 47, 274 = NJW 1967, 1367 beispielsweise BGHZ 54, 244 = NJW 1970, 2019 = BauR 1970, 237; BGH NJW 1983, 2191 = BauR 1983, 365 = ZfBR 1983, 185; BGH NJW 1984, 2456 = BauR 1984, 406 = ZfBR 1984, 185.
[293] So auch *Kapellmann/Messerschmidt (Weyer)* VOB/B § 13 Rdn. 275.
[294] Zu Letzterem in diesem Sinne *Tempel* NZBau 2002, 535.

eine billigkeitsrechtlich gebotene Folgerung aus der Tatsache, dass das Primärrecht des Auftraggebers, Herstellung des mangelfreien Werks durch den Auftragnehmer zu verlangen, den Auftraggeber nicht mit der Finanzierung der Mangelbeseitigung belastet.[295] Dann ist es nämlich nur konsequent, ihm die Finanzierungslast ebenso im Zuge der ja fortwährend, wenn auch mit dem anderen Mittel der Ersatzvornahme betriebenen Mangelbeseitigung abzunehmen. Ferner lässt sich die Ersatzvornahme mit der Einschränkung, dass sie primär im Eigeninteresse des Auftraggebers geschieht, auch als eine Form der Führung eines einem anderen obliegenden Geschäfts verstehen; denn der Auftraggeber erbringt anstelle des Auftragnehmers die Leistung, die auf Grund des Gewährleistungsrechts in erster Linie vom Auftragnehmer durch Mangelbeseitigung zu erledigen ist. Diese Sichtweise legt es nahe, den im Recht der Geschäftsführung ohne Auftrag in § 683 BGB i. V. m. § 669 BGB vorgesehenen Kostenvorschussanspruch entsprechend auch im vorliegenden Zusammenhang anzuerkennen.[296]

Seinem Wesen gemäß ist der Kostenvorschuss eine **Vorwegnahme des Kostenerstattungsanspruchs**.[297] Seine Deutung als zweckgebundene Vorstufe des weiterbestehenden Nachbesserungsanspruchs[298] ist nur insoweit richtig, als Nachbesserungs- und Kostenerstattungsanspruch und daher auch Kostenvorschussanspruch gemeinsam haben, dem Interesse des Auftraggebers an der Herstellung eines mangelfreien Werks zu dienen.

125

## II. Voraussetzungen, Inhalt und Grenzen

Seinem Wesen entsprechend ist der Vorschussanspruch **an die Möglichkeit künftigen Entstehens, die Voraussetzungen,** den Inhalt und die Grenzen des **Kostenerstattungsanspruchs** gemäß § 13 Nr. 5 Abs. 2 VOB/B oder, beim BGB-Bauvertrag, § 634 Nr. 2, 637 Abs. 1 BGB im Falle einer Selbstvornahme der Mangelbehebung und damit auch an das Recht des Bauherrn auf Nacherfüllung bzw. Mangelbeseitigung[299] **gebunden,**[300] wobei lediglich die abrechnungsfähige Erledigung der Mangelbeseitigung durch den Dritten fehlen kann. Mit der Geltendmachung des Kostenvorschussanspruchs entfällt das Recht des Auftraggebers, vom Auftragnehmer Mangelbeseitigung zu verlangen.[301]

126

### 1. Allgemeine Voraussetzungen

Der Anspruch entsteht folglich grundsätzlich erst **nach Abnahme** oder abnahmereifer Herstellung[302] und alsdann frühestens **nach fruchtlosem Ablauf der** dem Auftragnehmer gesetzten **Mangelbeseitigungsfrist,**[303] sofern darauf nicht im Einzelfall auch bei der eventualen Geltendmachung des Rechts zur Ersatzvornahme auf Kosten des Auftragnehmers verzichtet werden kann.[304] Beruht der Mangel auf einem Umstand, für den allein der Auftraggeber verantwortlich ist, und hat der Auftragnehmer seiner Prüfungs- und Hinweispflicht genügt, entfällt mit seiner Gewährleistungspflicht auch der Kostenvorschussanspruch. Nach allgemeinem bürgerlichen Recht ergibt sich die Konditionierung des Kostenvorschussanspruchs durch den fruchtlosen Ablauf der gesetzten angemessenen Mangelbeseiti-

127

---

[295] OLG Düsseldorf BauR 2004, 1630 = NJW-RR 2004, 1540, 1542.
[296] BGHZ 110, 205 = NJW 1990, 1475 = BauR 1990, 358; OLG Düsseldorf NJW-RR 2004, 1540, 1542.
[297] So insb. BGH NJW 1983, 2191 = BauR 1983, 365 = ZfBR 1983, 185 = JZ 1983, 705 m. Anm. *Köhler*; *Ingenstau/Korbion (Wirth)* VOB/B § 13 Nr. 5 Rdn. 198.
[298] *Kniestedt* DRiZ 1982, 229.
[299] *Werner/Pastor* Rdn. 1588.
[300] *Siegburg* Gewährleistung Rdn. 1013 ff.; *Achilles-Baumgärtel* S. 53; *Haase* ZfBR 1998, 173, 176; *Motzke* FS Mantscheff S. 144.
[301] *Motzke* FS Mantscheff S. 161 f.
[302] *Kaiser* Mängelhaftung Rdn. 24 a, 84 e; *Siegburg* Gewährleistung Rdn. 1008.
[303] *Ingenstau/Korbion (Wirth)* VOB/B § 13 Nr. 5 Rdn. 190; *Kaiser* Mängelhaftung Rdn. 84.
[304] Dazu oben Rdn. 89 ff.

gungsfrist daraus, dass das mit dem Mangelbeseitigungsanspruch korrespondierende Mangelbeseitigungsrecht des Unternehmers erst mit ergebnislosem Ablauf dieser Frist ausgeschlossen ist, wenn sich der Besteller alsdann in zulässiger Weise unter Ausschluss der Rechte gemäß § 634 Nr. 1 BGB auf seine Rechte gemäß den §§ 634 Nr. 2, 637 BGB beruft. Da der Übergang auf die Rechte gemäß den §§ 634 Nr. 2, 637 Abs. 1 und Abs. 3 BGB nun abweichend von § 633 Abs. 3 BGB a. F. gemäß den §§ 634 Nr. 2, 637 Abs. 1 BGB auch beim BGB-Bauvertrag nicht mehr vom Verzug des Unternehmers mit der Erfüllung des Mangelbeseitigungsanspruchs abhängt, ist jetzt auch beim BGB-Bauvertrag ausgeschlossen, dass eine angebotene nachträgliche, an sich den Verzug beendende Mangelbeseitigung durch den säumigen Unternehmer noch den Kostenvorschussanspruch nachträglich entfallen lässt.[305] Für den VOB/B-Vertrag galt Letzteres stets, da dort der Verzug mit der Erfüllung des Mangelbeseitigungsanspruchs auch vor der Schuldrechtsreform nicht erforderlich war, um zur Ersatzvornahme auf Kosten des Auftragnehmers übergehen zu können. Erforderlich ist allerdings, dass der Auftraggeber die elektive Konkurrenz zwischen Mangelbeseitigungsanspruch und Ersatzvornahme dahingehend entschieden hat, dass er die Ersatzvornahme gewählt hat.[306]

128  Unter den Voraussetzungen des § 4 Nr. 7 Satz 3 VOB/B kann auch schon **vor Abnahme** im Falle der Auftragsentziehung[307] ein Kostenvorschussanspruch entstehen.[308] Der Auftraggeber hat dann ebenfalls nach Auftragsentziehung auf der Grundlage des § 8 Nr. 3 Abs. 2 Satz 1 VOB/B die Befugnis zur Ersatzvornahme, weil ihm hier ebenso wenig wie im Fall des § 13 Nr. 5 Abs. 2 VOB/B oder der §§ 634 Nr. 2, 637 Abs. 3 BGB zugemutet werden kann, die dazu erforderlichen Kosten vorzulegen. Das folgt auch hier aus § 242 BGB, nicht aber aus einer entsprechenden Anwendung von § 13 Nr. 5 Abs. 2 VOB/B oder §§ 634 Nr. 2, 637 Abs. 3 BGB.[309]

129  Fehlen die Voraussetzungen des Kostenerstattungsanspruchs und damit des Mangelbeseitigungsanspruchs – etwa gemäß § 640 Abs. 2 BGB, weil der Auftraggeber die Leistung in Kenntnis des Mangels rügelos abgenommen hat –, muss der Auftragnehmer dies **bereits im Rechtsstreit um den Kostenvorschuss** einwenden, um dem Ausschluss dieser Einwendung im schließlichen Rechtsstreit um die Erstattung der Mangelbeseitigungskosten bzw. um die Abrechnung des gezahlten Kostenvorschusses zu entgehen.[310]

## 2. Allgemeiner Inhalt

130  Aus dem Rückbezug auf den Kostenerstattungsanspruch ergibt sich zum **Anspruchsumfang** insbesondere, dass als Vorschuss grundsätzlich, allerdings nur im Rahmen des Erforderlichen,[311] eingefordert werden kann, was nach Vorlage durch den Auftraggeber von diesem gemäß § 13 Nr. 5 Abs. 2 VOB/B bzw. §§ 634 Nr. 2, 637 Abs. 1 BGB zurückgefordert werden könnte.[312] Der Anspruch auf Kostenvorschuss umfasst dem gemäß

---

[305] Dazu eingehend zur Problematik unter der Geltung des § 633 Abs. 3 BGB a. F. *Motzke* FS Mantscheff S. 137 ff. m. w. N. unter Bezug auf OLG Hamm NJW-RR 1992, 667; OLG Koblenz NJW-RR 1996, 1299 = BauR 1996, 719 ff.; OLG Düsseldorf NJW-RR 1999, 1396 f. = BauR 1999, 1030 f.; OLG Oldenburg BauR 1999, 1057.
[306] *Motzke* FS Mantscheff S. 166.
[307] BGH BauR 1997, 1027 = NJW-RR 1998, 235 = ZfBR 1998, 31 unter Bestätigung von BGH NJW-RR 1986, 1148 f. = BauR 1986, 573 f. = ZfBR 1986, 226 ff.; OLG Düsseldorf BauR 1994, 369 f.; *Achilles-Baumgärtel* S. 64; *Clemm* BauR 1986, 139; a. A., h. unabhängig von einer Auftragsentziehung, OLG Celle BauR 1984, 409 f.; *Nicklisch/Weick (Nicklisch)* VOB/B § 4 Rdn. 113 c; *Müller-Foell* NJW 1987, 1608 f.; zumindest für den Fall der endgültigen Verweigerung vertragsgemäßer Fertigstellung auch *Ingenstau/Korbion (Oppler)* VOB/B § 4 Nr. 7 Rdn. 62 m. w. N.
[308] BGH NJW-RR 1989, 849 = BauR 1989, 464 = ZfBR 1989, 213; KG BauR 1984, 527 f. = ZfBR 1984, 132 f.; *Werner/Pastor* Rdn. 1587; *Achilles-Baumgärtel* S. 61 ff.; *Clemm* BauR 1986, 139 ff.
[309] Für Anwendung des § 633 Abs. 3 BGB a. F., jetzt § 637 Abs. 3 BGB, *Siegburg* Gewährleistung Rdn. 1010.
[310] *Werner/Pastor* Rdn. 1603.
[311] Dazu näher unten Rdn. 141 ff.
[312] Zu den einzelnen Positionen oben Rdn. 102 ff.

die **mutmaßlichen Nachbesserungskosten,** nicht hingegen den merkantilen Minderwert.[313] Der Auftraggeber hat dazu vorzutragen, welche Nachbesserungsmaßnahmen geplant sind, und dass diese der Bauleistung entsprechen, die der Auftragnehmer schuldet.[314] Dabei müssen die Mangelbeseitigungskosten vorprozessual nicht durch ein Sachverständigengutachten ermittelt werden, sondern es genügt, dass der Auftraggeber die Kosten sachgerecht schätzt und er ein Sachverständigengutachten für den Fall des Bestreitens anbietet.[315]

Das mit der Anerkennung des Kostenvorschussanspruchs verfolgte wirtschaftliche Anliegen, dem Auftraggeber die Vorfinanzierung der Ersatzvornahme zu ersparen, ist vollständig in jeder Phase der Ersatzvornahme bis zu dem Zeitpunkt zu verwirklichen, in dem der eigentliche Kostenerstattungsanspruch erhoben werden kann. Daher ist das Recht des Auftraggebers anzuerkennen, **ergänzend weitere,** denselben Zulässigkeitsvoraussetzungen unterliegende **Kostenvorschüsse** einzufordern, wenn sich später herausstellt, dass der zunächst eingeforderte oder zuerkannte Betrag die nun insgesamt zu erwartenden Mangelbeseitigungskosten nicht decken wird.[316] Nach früherem Recht unterbrach dabei die frühere Vorschussklage ähnlich einem unbezifferten Leistungsantrag die Verjährung der späteren Vorschussnachforderungen ohne Rücksicht auf deren Grund, sofern die Nachforderungen denselben Mangel betreffen;[317] nach neuem Recht tritt unter diesen Umständen eine bloße Hemmung der Verjährung ein.[318] Bei Nachforderungen von Vorschüssen muss jedoch im Einzelnen nachprüfbar dargelegt werden, warum der zunächst eingeforderte Vorschuss nicht genügt.[319]

### 3. Besondere Ausschlussgründe

**a) Absehen von der Ersatzvornahme.** Mehr noch als der Gesichtspunkt des eigenen treuwidrigen Verhaltens des Auftraggebers[320] erfordert es der auf die Durchführung der Ersatzvornahme beschränkte Zweck des Kostenvorschussanspruchs, diesen **auszuschließen, wenn** der Auftraggeber die **Mangelbeseitigung** im Wege der Ersatzvornahme von vornherein[321] oder später, nämlich nach Empfang des Kostenvorschusses, **nicht** oder nicht ernsthaft in angemessener – d. h. in der Regel sechsmonatiger[322] bis höchstens einjähriger,[323] je nach den Umständen auch längerer[324] – Frist **betreibt.**[325] Unter diesen Umständen ist ein bereits geleisteter Vorschuss zurückzuzahlen.[326] Dabei ist es grundsätzlich gleichgültig, ob die Mangelbeseitigung aus objektiven Gründen unterlassen wird, wie beispielsweise bei einer sich später herausstellenden Unmöglichkeit der Mangelbeseitigung – hier fehlt mit dem Mangelbeseitigungsanspruch auch schon der eventuelle Kostenerstattungsanspruch –, oder ob das Unterlassen auf der freien Entscheidung des Auftraggebers beruht, etwa weil er das

---

[313] BGH NJW-RR 1997, 339 = BauR 1997, 129 f. = ZfBR 1997, 75.
[314] OLG Düsseldorf NZBau 2000, 381.
[315] BGH NJW 1999, 813 = BauR 1999, 631 = ZfBR 1999, 193.
[316] OLG München BauR 1994, 516 f. = NJW-RR 1994, 785 f.; *Ingenstau/Korbion (Wirth)* VOB/B § 13 Nr. 5 Rdn. 214; *Kleine-Möller/Merl/Oelmaier (Merl)* § 12 Rdn. 818; *Werner/Pastor* Rdn. 1599; *Achilles-Baumgärtel* S. 111 f.
[317] BGH NJW-RR 1989, 208 = BauR 1989, 81 = ZfBR 1989, 54.
[318] *Werner/Pastor* Rdn. 1599.
[319] OLG Düsseldorf BauR 2000, 935 (Leitsatz) = NZBau 2000, 381.
[320] So *Ingenstau/Korbion (Wirth)* VOB/B § 13 Nr. 5 Rdn. 203 i. V. m. 205.
[321] BGH NJW 1984, 2456 = BauR 1984, 406, 408; OLG Hamburg BauR 1979, 331 f.; OLG Celle BauR 2001, 1753 (zum BGB-Bauvertrag); *Siegburg* Gewährleistung Rdn. 253; *Achilles-Baumgärtel* S. 59 f.
[322] *Ingenstau/Korbion (Wirth)* VOB/B § 13 Nr. 5 Rdn. 205.
[323] OLG Köln BauR 1988, 483 f.
[324] BGH NJW 1984, 2457 = BauR 1984, 408.
[325] BGH NJW 1984, 2457 = BauR 1984, 408 = ZfBR 1984, 186; OLG Düsseldorf BauR 1988, 608; OLG Celle BauR 2001, 1753 (zum BGB-Bauvertrag); OLG Düsseldorf NJW-RR 2004, 1540, 1542 = BauR 2004, 1630, 1631; *Ingenstau/Korbion (Wirth)* VOB/B § 13 Nr. 5 Rdn. 205; *Kleine-Möller/Merl/Oelmaier (Merl)* § 12 Rdn. 816.
[326] BGH NJW 1984, 2456 = BauR 1984, 406 = ZfBR 1984, 185; dazu unten Rdn. 162.

Gebäude im mangelhaften Zustand veräußern will.³²⁷ Der Kostenvorschuss darf nämlich nicht als Modalität zur Durchführung einer Minderung oder zur Durchsetzung von Schadensersatz missbraucht werden, zumal solchenfalls die Gefahr besteht, dass die vom Auftraggeber darzulegenden Voraussetzungen von Minderung und Schadensersatz ungeprüft bleiben. Allerdings ist der Einforderung des Kostenvorschusses zumindest mittelbar zu entnehmen, dass der Auftraggeber die Beseitigung des gerügten Mangels beabsichtigt; dabei rechtfertigt allein der Umstand, dass der Auftraggeber prozessual vorrangig Minderung verlangt und er nur hilfsweise mit einem Kostenvorschussanspruch aufrechnet, noch nicht die Annahme, der Auftraggeber wolle die Mängel nicht beseitigen lassen.³²⁸

**133** Anders verhält es sich allerdings, wenn der Auftraggeber, etwa ein Hauptunternehmer, den vom Subunternehmer geleisteten Vorschuss zur Erfüllung eines seine Mangelhaftung erledigenden kostengünstigen Vergleichs verwendet, den er mit dem Bauherrn geschlossen hat.³²⁹ Das Fehlen der Mangelbeseitigungsabsicht hat der Auftragnehmer zu beweisen.³³⁰ Ein unangemessen langes Zuwarten mit der Einleitung der Mangelbeseitigung lässt jedoch das Fehlen des Mangelbeseitigungswillens prima facie vermuten.³³¹

**134** b) **Anderweitige Vorfinanzierungsmöglichkeit.** Seinem Zweck gemäß ist der Vorschussanspruch ferner zu versagen, wenn – aber auch nur soweit – es dem Auftraggeber rechtlich und tatsächlich möglich ist, die Ersatzvornahme ohnehin aus besonderen Gründen vorab auf Kosten des Auftragnehmers durchzuführen.³³² In diesem Sinne ist der Kostenvorschussanspruch **subsidiär**. Diese Sachlage ist gegeben, wenn der Auftraggeber fällige **Werkvergütung** im Umfang des benötigten Vorschusses **einbehalten** und er nach durchgeführter Ersatzvornahme gegen diesen Vergütungsanspruch aufrechnen kann.³³³ Der Anspruch ist ferner ausgeschlossen, wenn dem Auftraggeber ein **Sicherheitseinbehalt** gemäß § 17 VOB/B zur Verfügung steht³³⁴ oder er Beträge auf Grund allgemein bürgerlichrechtlicher **Zurückbehaltungsrechte,** so etwa gemäß § 634 a Abs. 4 Satz 2 BGB, einbehalten darf.³³⁵ Auf eine Gewährleistungsbürgschaft muss sich der Auftraggeber hingegen nicht verweisen lassen, da diese nicht nur für die gesamte Gewährleistungsfrist zur Sicherung zur Verfügung stehen soll,³³⁶ sondern ihm auch nicht unmittelbar Liquidität zur Finanzierung der Mangelbeseitigung gibt; die Gewährleistungsbürgschaft kann aber je nach ihrem vereinbarten Inhalt den Vorschussanspruch mitsichern.³³⁷

**135** c) **Schadensersatzforderung.** Liegen die Voraussetzungen eines Schadensersatzanspruchs gemäß § 13 Nr. 7 VOB/B oder beim BGB-Vertrag gemäß den §§ 634 Nr. 4, 636, 280 Abs. 1 und 3, 281 oder 283, 311 a BGB vor und verlangt der Auftraggeber auf dieser Grundlage Zahlung der voraussichtlichen Mangelbeseitigungskosten, so besteht kein Bedürfnis für die Zuerkennung eines Vorschusses auf der hier behandelten eigenständigen Grundlage.³³⁸ In diesem Sinne ist der Kostenvorschussanspruch **gegenüber dem Schadensersatzanspruch subsidiär.**³³⁹ Dies schließt aber nicht aus, dass der Auftraggeber wegen

---

[327] OLG Köln BauR 1980, 77 f. und BauR 1988, 483 f.; *Ingenstau/Korbion (Wirth)* VOB/B § 13 Nr. 5 Rdn. 203; *Kaiser* Mängelhaftung Rdn. 84 a.
[328] BGH NJW-RR 1999, 813 = BauR 1999, 631, 632 = ZfBR 1999, 193.
[329] OLG Schleswig NJW-RR 1988, 1106.
[330] *Siegburg* Gewährleistung Rdn. 1034; *Renkl* BauR 1984, 475.
[331] Vgl. OLG Köln BauR 1988, 483 f.
[332] So, auch zu den nachfolgenden Fällen, *Ingenstau/Korbion (Wirth)* VOB/B § 13 Nr. 5 Rdn. 211; *Kaiser* Mängelhaftung Rdn. 84 a; *Siegburg* Gewährleistung Rdn. 1016 ff.; *Ehrhardt-Renken* S. 116 ff.; a. A. *Achilles-Baumgärtel* S. 60 f.; *Staudinger/Peters* § 634 Rdn. 77.
[333] OLG Karlsruhe Justiz 1983, 386; LG Köln BauR 1973, 114.
[334] BGHZ 47, 273 = NJW 1967, 1367 m. Anm. *Wussow*; a. A. *Kleine-Möller/Merl/Oelmaier (Merl)* § 12 Rdn. 398; *Werner/Pastor* Rdn. 1589.
[335] OLG Karlsruhe Justiz 1983, 386; *Kaiser* Mängelhaftung Rdn. 84 a.
[336] OLG Hamm NJW-RR 1996, 1046; *Werner/Pastor* Rdn. 1589.
[337] BGH NJW 1984, 2456 = BauR 1984, 406 = ZfBR 1984, 185; *Werner/Pastor* Rdn. 1592.
[338] BGHZ 61, 30 = NJW 1973, 1457 = BauR 1973, 322 m. Anm. *Locher*; BGH NJW 1987, 890 = BauR 1987, 210 = ZfBR 1987, 73.
[339] *Ehrhardt-Renken* S. 122 f.

Schwierigkeiten beim Nachweis der spezifisch schadensersatzrechtlichen Haftungsvoraussetzungen von der Geltendmachung eines Kostenvorschusses auf schadensersatzrechtlicher Grundlage absieht; dann kann er den hier behandelten eigentlichen Kostenvorschussanspruch durchsetzen,[340] was in der Praxis dazu geführt hat, dass der Vorschussanspruch insoweit den Schadensersatzanspruch weitgehend verdrängt hat, soweit Letzterer auf Ausgleich der Mangelbeseitigungskosten gerichtet ist.[341] Umgekehrt kann der Auftraggeber auch noch nach Empfang des Kostenvorschusses die Mangelbeseitigungskosten auf schadensersatzrechtlicher Grundlage ersetzt verlangen;[342] solchenfalls können der alsdann an sich zurückzuzahlende Vorschuss und der Schadensersatzanspruch gegeneinander aufgerechnet werden.[343]

**d) Entstandener Kostenerstattungsanspruch.** In zeitlicher Hinsicht ist der Kostenvorschussanspruch **ausgeschlossen, sobald** es möglich ist, den eigentlichen **Kostenerstattungsanspruch** gemäß § 13 Nr. 5 Abs. 2 VOB/B oder §§ 634 Nr. 2, 637 Abs. 1 BGB geltend zu machen,[344] weil nun konkret abgerechnet werden kann. Entscheidend für den Ausschluss des Kostenvorschussanspruchs ist nicht, ob der Mangel bereits beseitigt ist, sondern ob die durchgeführte Ersatzvornahme auch schon **abrechenbar** ist; nach der Mangelbeseitigung hat allerdings der Auftraggeber darzulegen und zu beweisen, warum eine Kostenabrechnung noch nicht möglich ist.[345] Ist der Kostenerstattungsanspruch abrechnungsfähig entstanden, ist der Vorschussanspruch auch dann ausgeschlossen, wenn der Auftraggeber die Mangelbeseitigungskosten bereits durch Darlehensaufnahme vorfinanziert hat.[346]

Bei schwebender Kostenvorschussklage ist mit abrechnungsfähiger Entstehung des Kostenerstattungsanspruchs die Hauptsache für erledigt zu erklären.[347] Dabei ist zu berücksichtigen, dass die Vorschussklage auch dann begründet gewesen sein kann, wenn sich nun nach durchgeführter Mangelbeseitigung herausgestellt hat, dass die Mangelbeseitigungskosten seinerzeit – aus verständlichen Gründen – überschätzt wurden.[348]

**e) Verjährung.** Hinsichtlich der Verjährung des Vorschussanspruchs ist auf die Kommentierung zu § 13 Nr. 4 VOB/B[349] zu verweisen.

## 4. Anspruchsberechtigter und -verpflichteter

Der Anspruch steht grundsätzlich **dem Auftraggeber** zu. Der Kostenvorschussanspruch ist ungehindert durch § 399, 1. Fall BGB **abtretbar**.[350] Der Kostenvorschussanspruch kann auch im Verhältnis zum neuen Gläubiger der Aufrechnung unterliegen.[351] Da auch der Mangelbeseitigungsanspruch abtretbar ist,[352] kann nach dessen Abtretung der Kostenvorschussanspruch auch unmittelbar in der Person eines Dritten, nämlich des neuen Gläubigers des Mangelbeseitigungsanspruchs, entstehen.[353] Vorauszusetzen ist allerdings, dass der Dritte

---

[340] *Ingenstau/Korbion (Wirth)* VOB/B § 13 Nr. 5 Rdn. 214 i. V. m. 2216.
[341] *Achilles-Baumgärtel* S. 25; *Ehrhardt-Renken* S. 122.
[342] BGHZ 105, 105 f. = NJW 1988, 2728 f. = BauR 1988, 593 f. = ZfBR 1988, 269.
[343] BGH BauR 1989, 202 = ZfBR 1989, 65.
[344] BGH BauR 1982, 67 = ZfBR 1982, 20; *Kaiser* Mängelhaftung Rdn. 84 g; *Werner/Pastor* Rdn. 1589; *Achilles-Baumgärtel* S. 21 f.; *Ehrhardt-Renken* S. 113 f.; *Renkl* BauR 1984, 473; a. A. *Mantscheff* BauR 1985, 389, 390 ff.
[345] BGH BauR 1990, 359.
[346] *Kaiser* Mängelhaftung Rdn. 84 g; *Ehrhardt-Renken* S. 99.
[347] BGH NJW-RR 1989, 407 = BauR 1989, 200; *Kaiser* Mängelhaftung Rdn. 84 g.
[348] OLG Koblenz NJW-RR 1990, 982.
[349] Siehe dazu → § 13 Nr. 4 Rdn. 296.
[350] BGHZ 95, 254 = BauR 1986, 686 f. und BGHZ 96, 146 = NJW 1986, 715 = BauR 1986, 98; OLG Düsseldorf BauR 1988, 608 f.; *Ingenstau/Korbion (Wirth)* VOB/B § 13 Nr. 5 Rdn. 231; *Kapellmann/Messerschmidt (Weyer)* VOB/B § 13 Rdn. 284; *Kaiser* Mängelhaftung Rdn. 79; *Kleine-Möller/Merl/Oelmaier (Merl)* § 12 Rdn. 829.
[351] BGH BauR 1989, 200; *Werner/Pastor* Rdn. 1592.
[352] BGH NJW 1986, 714.
[353] OLG Düsseldorf BauR 1988, 608 f.; *Kaiser* Mängelhaftung Rdn. 79.

die weiteren Erfordernisse des Kostenvorschussanspruchs erfüllt und in seiner Sphäre kein Grund für einen Anspruchsausschluss vorliegt; aber auch aus dem Bereich des Auftraggebers stammende Ausschlussgründe dürfen mit Rücksicht auf den Rechtsgedanken des § 404 BGB nicht bestehen.[354] Ein besonderes rechtliches Interesse des Dritten an dem Vorschuss ist nicht zu verlangen.[355] Auch im Verhältnis von **Haupt- und Subunternehmer** kann eine Kostenvorschusspflicht bestehen, und zwar unabhängig davon, ob der Hauptunternehmer seinem Auftraggeber Kostenvorschuss geleistet hat oder leisten muss.[356]

140  Besteht eine **Gewährleistungsbürgschaft,** kann auch der Bürge als Dritter auf Zahlung des Vorschusses haften, wenn die Bürgschaft auf die Nachbesserung und ihre Folgen erstreckt ist.[357] Führt der Auftraggeber die Mangelbeseitigung jedoch alsdann nicht innerhalb angemessener Zeit durch, kann der Auftragnehmer, der seinerseits bereits die Aufwendungen des Bürgen diesem erstattet hat, vom Auftraggeber Rückgewähr der Bürgenleistung gemäß § 812 Abs. 1 Satz 2 BGB verlangen.[358]

### 5. Einzelheiten zum Anspruchsinhalt

141  a) **Umfang.** Aus dem Sinnbezug des Kostenvorschussanspruchs auf den Kostenerstattungsanspruch folgt als Leitlinie, dass nur **der zur Mangelbeseitigung erforderliche Betrag,** soweit derzeit vorauszusehen, eingefordert werden kann.[359] Als erforderlich sind nur geeignete, technisch sinnvolle und damit im Sinne der erstrebten Nachbesserung Erfolg versprechende Maßnahmen anzusehen.[360] Der Kostenvorschussanspruch umfasst auch die Aufwendungen für Baumaßnahmen, die über den eigentlich mangelhaften Leistungsteil des Auftragnehmers hinausgehen, deren Durchführungen aber zur Herstellung eines mangelfreien Werks notwendig sind; dies gilt auch, wenn mehrere Auftragnehmer in der Weise mangelbeseitigungspflichtig sind, dass der Auftraggeber von jedem von ihnen Mangelbeseitigung in der Weise verlangen kann, dass dabei jeweils die Mangelbeseitigung durch den einen zugleich zur Beseitigung des vom anderen zu vertretenden Mangels führt.[361] Da der Anspruch inhaltlich auf Vorschuss der voraussichtlichen Kosten gerichtet ist, dürfen an die Darlegungen zur Anspruchshöhe nicht ebenso hohe Anforderungen gestellt werden wie beim Anspruch auf Erstattung der Ersatzvornahmekosten.[362] Den Umfang des Kostenvorschusses kann der Auftraggeber durch eine plausible und schlüssige Kostenschätzung anschlagsweise darlegen;[363] es genügt alsdann, wenn er für den Fall des Bestreitens ein Sachverständigengutachten als Beweis anbietet.[364] Entsprechend § 287 ZPO ist dem Gericht aber eine **Schätzung** des Betrags erlaubt, zumal eine überhöhte Schätzung keinen großen Schaden zum Nachteil des Auftragnehmers verursacht, weil

---

[354] So grundsätzlich auch *Kaiser* Mängelhaftung Rdn. 79; *Werner/Pastor* Rdn. 1592 stellen allein auf Mangelbeseitigungswille und -möglichkeit des Auftraggebers ab.
[355] So aber – ohne Begründung – *Ingenstau/Korbion (Wirth)* VOB/B § 13 Nr. 5 Rdn. 231; dagegen *Kaiser* Mängelhaftung Rdn. 79.
[356] BGHZ 110, 205 = NJW 1990, 1475 = BauR 1990, 359 = ZfBR 1990, 175.
[357] BGH NJW 1984, 2457 = BauR 1984, 407 = ZfBR 1984, 186; BGH NJW 2003, 352 = BauR 2003, 246, 248 = ZfBR 2003, 143; OLG Frankfurt ZfBR 1986, 287; OLG Braunschweig BauR 2003, 1234; *Ingenstau/Korbion (Wirth)* VOB/B § 13 Nr. 5 Rdn. 212; *Kaiser* Mängelhaftung Rdn. 216.
[358] BGH NJW 2003, 352 = BauR 2003, 246, 248 = ZfBR 2003, 143; OLG Braunschweig BauR 2003, 1234.
[359] BGH BauR 1983, 365 = ZfBR 1983, 185; BGH BauR 1989, 202 = ZfBR 1989, 65; BGH NJW 1992, 3297 = BauR 1993, 96 = ZfBR 1993, 25; BGH BauR 1997, 131 = ZfBR 1997, 31 (keine Einforderung von merkantilem Minderwert).
[360] OLG Frankfurt a. M. NJW-RR 1997, 340.
[361] OLG Karlsruhe BauR 2005, 1485 ff.; vgl. hierzu auch oben Rdn. 59.
[362] BauR 1977, 271, 274; BGH BauR 1997, 129, 131 = ZfBR 1997, 75, 76; BGH NJW-RR 1999, 813 = BauR 1999, 631, 632 = ZfBR 1999, 219; BGH NJW-RR 2001, 739 = BauR 2001, 789, 790 = ZfBR 2001, 219.
[363] *Ingenstau/Korbion (Wirth)* VOB/B § 13 Nr. 5 Rdn. 197.
[364] BGH NJW-RR 1999, 813 = BauR 1999, 631, 632 = ZfBR 1999, 213; BGH NJW-RR 2001, 739 = BauR 2001, 789, 790 = ZfBR 2001, 219; *Kapellmann/Messerschmidt (Weyer)* VOB/B § 13 Rdn. 280.

ohnehin später nach erfolgter Mangelbeseitigung über den gezahlten Vorschuss abgerechnet werden muss.³⁶⁵

**Kostenerhöhungen,** die **durch** ein unangemessen langes **Zuwarten des Auftraggebers** 142
bei der Beauftragung eines Dritten mit der Mangelbeseitigung verursacht sind bzw. wegen verzögerlicher Erledigung durch den beauftragten Dritten entstehen, braucht der Auftragnehmer **nicht** zu tragen.³⁶⁶ Nur wegen Verzögerung der Kostenvorschusszahlung kann der Auftraggeber die Einleitung der Ersatzvornahme grundsätzlich nicht aufschieben und dennoch erwarten, dass ihm der Auftragnehmer auch die aufschubbedingten Kosten der Ersatzvornahme zahlt; denn der Auftraggeber kann die Ersatzvornahme durch Kredit finanzieren und diese Kosten als Verzugsschaden einfordern.³⁶⁷ Anderes gilt nur, wenn dem Auftraggeber die Kreditvorfinanzierung unmöglich oder aus besonderen Gründen unzumutbar ist.

Hat sich der **Auftraggeber** wegen **Mitverantwortlichkeit** für das Entstehen des Mangels an den Kosten der Mangelbeseitigung anteilig zu beteiligen, ist dies beim Kostenvorschuss in der Weise zu berücksichtigen, dass der **Vorschuss** in entsprechendem Umfang **gekürzt** wird.³⁶⁸ Auch dies ist eine Folgerung aus der Hilfsfunktion, die der Vorschussanspruch im Verhältnis zum Kostenerstattungsanspruch hat. 143

Erscheinen dem Auftragnehmer die **Preisansätze zu hoch** – insbesondere etwa mangels Erforderlichkeit der vorgesehenen aufwändigen Mangelbeseitigungsmethode –, so ist ihm deren Beanstandung schon im Prozess um den Kostenvorschuss anzuraten. Anderenfalls läuft er nämlich Gefahr, **bei der späteren Abrechnung** über den erhaltenen Kostenvorschuss mit der **Rüge ausgeschlossen** zu sein, dass die Preise unangemessen hoch seien.³⁶⁹ 144

**b) Zinsen.** Kommt der Auftragnehmer mit der Zahlung des Kostenvorschusses nach Maßgabe des § 286 BGB in Verzug, sind nach höchstrichterlicher Rechtsprechung auf den geschuldeten Betrag **gesetzliche Verzugszinsen** gemäß § 288 Abs. 1 BGB bzw. im Verkehr zwischen Unternehmern nach Maßgabe des § 288 Abs. 2 BGB zu zahlen;³⁷⁰ bei Klage auf Vorschusszahlung sind gemäß § 291 BGB Prozesszinsen auch ohne Verzug geschuldet.³⁷¹ Formal ergibt sich diese Verzinsungspflicht schon aus dem Charakter des Anspruchs als einer Geldschuld im Sinne der genannten Vorschriften. Auch soll – das ist wohl das entscheidungstragende Motiv – kein Anreiz für eine verzögerliche Erfüllung des Kostenvorschussanspruchs geschaffen werden. Aufgrund dieses Bestrebens ist die Rechtsprechung hinzunehmen trotz der Bedenken, dass sie dem Wesen des Vorschussanspruchs als eines schlichten vorweggenommenen Aufwendungsersatzanspruchs nicht gerecht werde und sie die Grenze zur Schadensersatzhaftung überschreite.³⁷² 145

Dieser entscheidungstragende Grund rechtfertigt es insbesondere auch, dem Auftraggeber die geschuldeten Zinsen dann zu belassen, wenn sich schließlich ergibt, dass der Zinsbetrag zur Erledigung der Mangelbeseitigung nicht eingesetzt werden muss; zurückzugewähren 146

---

³⁶⁵ BGH NJW-RR 2001, 739 = BauR 2001, 789, 790 = ZfBR 2001, 219; *Kaiser* Mängelhaftung Rdn. 84 f.; *Vygen* Bauvertragsrecht Rdn. 547; *Grunsky* NJW 1984, 2545, 2547 f.
³⁶⁶ Vgl. KG ZfBR 1984, 134; *Kaiser* Mängelhaftung Rdn. 84 b.
³⁶⁷ *Kaiser* Mängelhaftung Rdn. 84 b gegen KG ZfBR 1984, 134.
³⁶⁸ OLG Düsseldorf MDR 1984, 756 f. = VersR 1985, 246 f.; *Ingenstau/Korbion (Wirth)* VOB/B § 13 Nr. 5 Rdn. 213; *Siegburg* Gewährleistung Rdn. 1026; *Achilles-Baumgärtel* S. 73 f.
³⁶⁹ LG Hannover MDR 1984, 229; *Ingenstau/Korbion (Wirth)* VOB/B § 13 Nr. 5 Rdn. 202; *Kaiser* Mängelhaftung Rdn. 84 c; *Werner/Pastor* Rdn. 1593, 1603.
³⁷⁰ BGHZ 77, 61 f. = NJW 1980, 1955 = BauR 1980, 359 f. = ZfBR 1980, 193 und BGH NJW 1983, 2191 = BauR 1983, 365 f. = ZfBR 1983, 185 = JZ 1983, 705 f. m. Anm. *Köhler*; vorausgesetzt auch von BGHZ 94, 332 = NJW 1985, 2325 = BauR 1985, 569 = ZfBR 1985, 218; BGH BauR 1988, 594; ebenso OLG Köln BauR 1973, 248 f.; *Ingenstau/Korbion (Wirth)* VOB/B § 13 Nr. 5 Rdn. 219; *Nicklisch/Weick (Nicklisch)* VOB/B § 13 Rdn. 159, 191; *Kaiser* Mängelhaftung Rdn. 84 c und BauR 1984, 177; *Kleine-Möller/Merl/Oelmaier (Merl)* § 12 Rdn. 828 mit a. A. bzgl. § 288 Abs. 2 BGB; *Werner/Pastor* Rdn. 1590; *Achilles-Baumgärtel* S. 93 ff.; *Ehrhardt-Renken* S. 129 ff.; a. A. OLG München NJW 1978, 766 = BauR 1978, 409; KG BauR 1983, 469; *Kapellmann/Messerschmidt (Weyer)* VOB/B § 13 Rdn. 282; *Kniestedt* DRiZ 1982, 229 ff. und DRiZ 1986, 342 ff.
³⁷¹ BGHZ 77, 62 f. = NJW 1980, 1955 f. = BauR 1980, 359 f.; BGH NJW 1983, 2191 = BauR 1983, 365 f. = ZfBR 1983, 185 f.; *Ingenstau/Korbion (Wirth)* VOB/B § 13 Nr. 5 Rdn. 218.
³⁷² *Kniestedt* DRiZ 1982, 229 ff. und DRiZ 1986, 342 ff.

sind dann nur die Zinsen, die auf denjenigen Vorschussbetrag entfallen, der für die Mangelbeseitigung schließlich entgegen der seinerzeitigen Erwartung doch nicht benötigt wurde.[373] Die Gebundenheit der vorschussweise gezahlten Mittel an den Mangelbeseitigungszweck, die auch in der Notwendigkeit der schließlichen Abrechnung über den Kostenvorschuss zum Ausdruck kommt,[374] tritt dagegen in den Hintergrund.

**147** Das Belassen der Zinsen ist weder als Ausdruck einer Strafe zu werten, noch kommt es darauf an, dass dem Auftraggeber durch die verzögerte Zahlung des Kostenvorschusses ein Schaden entstanden ist. Denn die gesetzliche Regelung der Zinspflicht im Verzugsfall soll in typisierender Weise der Tatsache Rechnung tragen, dass die mit der Innehabung von Geld verbundene Nutzungsmöglichkeit in aller Regel einen geldwerten Vorteil bietet, dessen Vorenthaltung rechtlich als Eingriff in eine dem Geldgläubiger zugewiesene Bewirtschaftungsposition anzusehen ist. Dies gilt unabhängig davon, ob der Berechtigte das Geld hätte verzinslich anlegen können oder ob er es bald anderweit, hier zur Mangelbeseitigung, ausgegeben hätte.

**148** **Schadensersatz gemäß § 280 Abs. 1 und 2 BGB,** der **über** den **gesetzlichen Verzugs- bzw. Prozesszins hinausgeht,** kann der Auftraggeber nur zum Ersatz etwaiger Kosten eines zur Mangelbeseitigung eingesetzten Kredits verlangen, soweit diese Kosten während des Verzugs mit der Zahlung des Kostenvorschusses entstanden.[375] Unter diesen Voraussetzungen ist auch der Zinsverlust des Auftraggebers bei Einsatz von Eigenkapital zur Bezahlung der Ersatzvornahmekosten in Ansatz zu bringen. In allen diesen Fällen werden die verwendungszweckbestimmten Grenzen des Kostenvorschusses noch nicht überschritten; denn diese Kosten sind auch bei der schließlichen Abrechnung als Drittnachbesserungskosten zum Nachteil des Auftragnehmers in Ansatz zu bringen. Anders verhält es sich allerdings mit der Ersatzfähigkeit im Rahmen des § 288 Abs. 1 BGB, wenn der Auftraggeber geltend macht, bei rechtzeitiger Vorschusszahlung hätte er andere Verbindlichkeiten decken oder das vorschussweise zu zahlende Kapital verzinslich anlegen können, und dies sei nun mangels Zahlung des Auftragnehmers tatsächlich nicht geschehen; die Ersatzfähigkeit dieser Nachteile ist nämlich nicht mit der Zweckgebundenheit des Kostenvorschusses in Einklang zu bringen.[376]

**149** Muss sich der Auftraggeber nach Titulierung des Kostenvorschussanspruchs ein **Darlehen** besorgen, weil der Auftragnehmer den Kostenvorschuss nicht zahlt, so kann er Ersatz für die Darlehenskosten nicht nur **materiellrechtlich** unter **Verzugsgesichtspunkten** verlangen. Vielmehr können sie auch gemäß **§ 887 ZPO** als **notwendige Kosten der Ersatzvornahme** beigetrieben werden;[377] für eine auf dasselbe Ziel hinauslaufende selbstständige Leistungsklage fehlt daher in der Regel das Rechtsschutzbedürfnis.

### III. Geltendmachung

#### 1. Prozessuale Durchsetzung

**150** a) **Klageverfahren.** Der Vorschuss ist durch **Klage** oder **Widerklage** erzwingbar.[378] Die Erhebung von Klage oder Widerklage hemmt gemäß § 213 BGB auch die Verjährung der anderen Gewährleistungsrechte.[379] Führt der Auftraggeber **Mangelbeseitigung** durch, bevor der eingeklagte **Vorschussanspruch tituliert** ist, kann er ohne Erledigungserklärung

---

[373] BGHZ 94, 335 = NJW 1985, 2326 = BauR 1985, 570 = ZfBR 1985, 218; BGH NJW 1988, 2728 = BauR 1988, 592 = ZfBR 1988, 264; *Ingenstau/Korbion (Wirth)* VOB/B § 13 Nr. 5 Rdn. 220; *Achilles-Baumgärtel* S. 102 f.; a. A. KG BauR 1983 468; OLG Düsseldorf BauR 1986, 469.
[374] Zu diesem Aspekt gegen die Auffassung des BGH vgl. KG BauR 1983, 469; *Jagenburg* NJW 1985, 17, 20.
[375] Vgl. OLG Köln BauR 1973, 248; *Kaiser* Mängelhaftung Rdn. 82 b.
[376] OLG Köln BauR 1973, 249; a. A. *Ehrhardt-Renken* S. 131 f.
[377] OLG Düsseldorf BauR 1984, 298; *Nicklisch/Weick (Nicklisch)* VOB/B § 13 Rdn. 191.
[378] *Werner/Pastor* Rdn. 1590.
[379] Vgl. ebenso zum früheren, insoweit sinngemäß fortgeltenden Recht *Mauer* FS Mantscheff S. 133 f.

auf die Kostenerstattungsklage übergehen; ein Wechsel des Streitgegenstandes liegt in diesem Fall nicht vor.[380] Eine **einstweilige Verfügung** läuft auf eine die Hauptsachevollstreckung im Wesentlichen vorwegnehmende Leistungsverfügung hinaus und ist daher als **grundsätzlich unzulässig** anzusehen.[381] Anderes wird gelten, wenn der seltene Ausnahmefall der dringenden Gefahr eines erheblichen, auch mit Rücksicht auf die Interessen des anderen Teils beachtlichen Nachteils für den Auftraggeber vorliegt; wegen der Möglichkeit einer verzugsrechtlichen Rückbelastung des Auftragnehmers bei einer Kreditfinanzierung der Kosten der Ersatzvornahme[382] liegt dieser Fall nur sehr selten vor.[383] Eine auf § 13 Nr. 5 Abs. 2 VOB/B gestützte Zahlungsklage zu einer Zeit, zu der der Auftraggeber weder mit der Mangelbeseitigung begonnen noch dafür Verbindlichkeiten gegenüber Dritten begründet hat, ist als Geltendmachung eines Vorschussanspruchs zu verstehen.[384]

**b) Klageart; Antrag.** Kann der Auftraggeber die zu erwartenden Kosten mangels Kostenvoranschlag oder Sachverständigengutachten nicht spezifizieren, ist **ausnahmsweise,** wenn eine Konkretisierung nicht mit zumutbarem Aufwand und hinreichender Präzision möglich ist, eine **unbezifferte Leistungsklage zulässig.**[385] Unzumutbar ist eine solche Kostenspezifizierung namentlich, wenn erst die Einschaltung von Sachverständigen Aufschluss über die Art des Mangels und die Beseitigungsmöglichkeit geben kann.[386] In diesen Fällen,[387] aber auch sonst in Ergänzung zur bezifferten Leistungsklage, kann, wenn weitere Mangelbeseitigungskosten zu erwarten sind, unter den Voraussetzungen des § 256 Abs. 1 ZPO auch eine Feststellungsklage zulässig sein, obwohl diese zur Verhinderung der Anspruchsverjährung nicht nötig ist.[388] Eine die Leistungsklage begleitende Feststellungsklage gemäß § 256 Abs. 1 ZPO ist im Übrigen zulässig und ratsam, um erneutem Streit über den Haftungsgrund im Abrechnungsprozess vorzubeugen.[389]

**151**

**c) Wiederholte Vorschussklage.** Der Umfang der Rechtskraft auch von Vorschussklagen ist streitgegenstandsbestimmt und daher nach der herrschenden Ansicht abhängig von dem zur Entscheidung gestellten Antrag und dem Sachverhalt. Macht der Auftraggeber später eine Nachforderung geltend, weil sich nun herausgestellt hat, dass mit höheren Mangelbeseitigungskosten zu rechnen ist, oder hat der Auftraggeber erklärtermaßen zunächst nur einen Teilbetrag eingefordert, ist er – weil er einen anderen Sachverhalt vorträgt – durch die frühere Entscheidung **nicht gehindert, weiteren Vorschuss einzuklagen.**[390] Allerdings kann die Einforderung bloß eines Vorschussteils unter besonderen Umständen als Verzicht auf weiteren Vorschuss zu werten sein;[391] dann ist eine weitere Klage unbegründet. Gleiches kann wegen Rechtsmissbrauchs gelten, wenn Vorschuss ohne erkennbaren Grund in zahlreichen Einzelklagen eingefordert wird.[392]

**152**

---

[380] *Achilles-Baumgärtel* S. 117 ff.; *Ehrhardt-Renken* S. 40; a. A. OLG Koblenz NJW-RR 1990, 981 f.; *Ingenstau-Korbion (Wirth)* VOB/B § 13 Nr. 5 Rdn. 190; *Kaiser* Mängelhaftung Rdn. 91 d.
[381] OLG Düsseldorf BauR 1972, 323 f.; *Ingenstau/Korbion (Wirth)* VOB/B § 13 Nr. 5 Rdn. 222; *Siegburg* Gewährleistung Rdn. 1005; *Werner/Pastor* Rdn. 1590; *Achilles-Baumgärtel* S. 128 ff.
[382] Dazu oben Rdn. 141.
[383] *Ingenstau/Korbion (Wirth)* VOB/B § 13 Nr. 5 Rdn. 222; *Achilles-Baumgärtel* S. 129 f.
[384] OLG Celle BauR 1999, 406.
[385] *Kaiser* Mängelhaftung Rdn. 84 e; *Renkl* BauR 1984, 476; noch weitergehend hält *Siegburg* Gewährleistung Rdn. 2975, 2977 gar eine unbezifferte Leistungsklage trotz Möglichkeit und Zumutbarkeit der Bezifferung für zulässig; allgemein *Werner/Pastor* Rdn. 1593; a. A. *Achilles-Baumgärtel* S. 130 ff.
[386] *Siegburg* Gewährleistung Rdn. 2986.
[387] OLG Hamm BauR 1998, 1019, 1020.
[388] BGH BauR 1986, 347; OLG Celle NJW-RR 1986, 99; *Kapellmann/Messerschmidt (Weyer)* VOB/B § 13 Rdn. 285; *Kaiser* Mängelhaftung Rdn. 84 e; *Siegburg* Gewährleistung Rdn. 2993; *Werner/Pastor* Rdn. 1593; *Achilles-Baumgärtel* S. 133; Erforderlichkeit einer Feststellungsklage zur Verjährungsvermeidung nimmt *Groß* FS Jagenburg S. 256 im Hinblick auf § 204 Abs. 1 S. 1 Nr. 1 BGB an.
[389] *Groß* FS Jagenburg S. 256; a. A. *Achilles-Baumgärtel* S. 132 f.
[390] OLG München BauR 1994, 517; vgl. auch BGH BauR 1986, 347 (allerdings zum Verhältnis einer Vorschussklage zu einer späteren Feststellungsklage); *Kaiser* Mängelhaftung Rdn. 84 f.; *Werner/Pastor* Rdn. 1602.
[391] *Werner/Pastor* Rdn. 1602.
[392] Vgl. OLG München BauR 1994, 516, 517.

**153** **d) Änderung zum Vorteil des Auftragnehmers.** Erweist sich die Zuerkennung des Vorschusses dem Grunde oder dem Umfang nach als **ungerechtfertigt,** kann der Auftragnehmer eine Überprüfung des Titels entsprechend **§ 767 ZPO** verlangen, allerdings nur gestützt auf neue Sachumstände.[393] Das gilt in der Praxis insbesondere, wenn sich herausstellt, dass die erwarteten Mangelbeseitigungsaufwendungen überzogen angesetzt oder gemäß § 287 ZPO zu hoch bemessen waren,[394] oder wenn sich Sowiesokosten[395] oder eine Mitverantwortung des Auftraggebers für die Mangelentstehung herausstellen. Auch gehören hierher die Fälle, in denen nachträglich erkennbar wird, dass der Vorschussanspruch von Rechts wegen ausgeschlossen ist;[396] so beispielsweise, weil der Auftraggeber die Ersatzvornahme nicht in angemessener Zeit betreibt. Nur ausnahmsweise wird man den Auftragnehmer hingegen mit dem Einwand hören können, der Auftraggeber habe ein nach dem Vorschussurteil erfolgendes Angebot zur Mangelbeseitigung wider Treu und Glauben zurückgewiesen.[397] In den genannten Fällen scheitert die Anwendung des § 767 ZPO aber praktisch wohl meist daran, dass die Vollstreckung aus dem Titel bereits beendet ist.[398] Dann ist der Auftragnehmer auf materiellrechtliche Erstattungsansprüche angewiesen, insbesondere auf den **Saldoanspruch aus der durchzuführenden Abrechnung,**[399] hilfsweise auf **Bereicherungsrecht;** dabei ist er gemäß § 242 BGB mit solchen Einwendungen ausgeschlossen, die im Rahmen einer Klage gemäß § 767 Abs. 2 und 3 ZPO ausgeschlossen gewesen wären, wenn der Auftragnehmer sich gegen die Vollstreckung aus einem Kostenvorschussurteil gewandt hätte.[400]

**154** **e) Verhältnis zu Schadensersatzklage und Minderung. aa) Prozessuales Verhältnis.** Die Streitgegenstände von Kostenvorschuss- und **Schadensersatzklage** sind **verschieden,** da beide Ansprüche unterschiedliche Voraussetzungen und Rechtsfolgen haben.[401] So erfordert der Vorschussanspruch im Gegensatz zum Schadensersatzverlangen kein Verschulden, er ist zweckgebunden, und über den erhaltenen Vorschuss ist nach Mangelbeseitigung abzurechnen. Der Kläger muss daher im Antrag, der erforderlichenfalls mit Rücksicht auf den sonstigen Klagevortrag auszulegen ist, klarstellen, ob er Schadensersatz oder Vorschuss verlangt; an dieses Begehren ist das Gericht gemäß § 308 ZPO gebunden. Der Wechsel zwischen dem auf Kostenvorschuss und dem auf Schadensersatz gerichteten Klagebegehren ist daher eine Klageänderung. Sie ist allerdings wegen Sachdienlichkeit gem. § 263 ZPO auch ohne Zustimmung des Beklagten zulässig, da mit der geänderten Klage der Streit zwischen den Parteien unter Verwertung des bisherigen Prozessstoffes endgültig behoben und ein neuer Prozess vermieden werden kann.[402]

**155** Auch im Verhältnis zur **Minderung** liegen **verschiedene Streitgegenstände** vor,[403] die die genannten prozessualen Folgen haben. Der Unterschied der Streitgegenstände ist schon deutlich wegen der unterschiedlichen Anspruchs- und Klageziele; der Kostenvorschuss soll zur Mangelbeseitigung führen, während mit der Minderung unabhängig von der Mangelbeseitigung die Reduzierung der Werkvergütung erstrebt wird.

**156** **bb) Materielles Wahlrecht.** Die zunächst getroffene Entscheidung des Auftraggebers für die Einforderung des Kostenvorschusses **hindert** ihn auch dann, wenn der Kostenvorschuss bereits tituliert und gezahlt ist, **nicht** daran, unter Verzicht auf die Geltendmachung des

---

[393] BGHZ 94, 330 = NJW 1985, 2325 = BauR 1985, 569 = ZfBR 1985, 217; *Werner/Pastor* Rdn. 1604.
[394] LG Hannover MDR 1984, 229 f.; *Werner/Pastor* Rdn. 1604.
[395] BGH BauR 1988, 468 f.; *Werner/Pastor* Rdn. 1604.
[396] Dazu oben Rdn. 132 ff.
[397] *Werner/Pastor* Rdn. 1604 unter Bezug auf OLG Koblenz NJW-RR 1997, 1176 = BauR 1998, 845.
[398] Offenbar von diesem Fall ausgehend und nur insoweit zutreffend *Groß* FS Jagenburg S. 257.
[399] Dazu unten Rdn. 162 ff.
[400] OLG Düsseldorf BauR 1993, 508; *Werner/Pastor* Rdn. 1601 ff.; *Groß* FS Jagenburg S. 257 ff.
[401] Vgl. BGH BauR 1987, 235 f. und 1988, 593; vorausgesetzt von OLG München BauR 1986, 729 f.; *Ingenstau/Korbion (Wirth)* VOB/B § 13 Nr. 5 Rdn. 216; *Kaiser* Mängelhaftung Rdn. 84 f.; *Werner/Pastor* Rdn. 1602; *Grunsky* NJW 1984, 2545 ff.; a. A. *Achilles-Baumgärtel* S. 121 ff.; *Ehrhardt-Renken* S. 137 ff.
[402] OLG Rostock BauR 1997, 654 = ZfBR 1997, 256.
[403] A. A. *Achilles-Baumgärtel* S. 120 f. m. w. N.

Mangelbeseitigungs- und des damit verbundenen Kostenvorschussanspruchs nunmehr **auf die sekundären Gewährschaftsrechte der Minderung und des Schadensersatzes überzugehen,** wenn die materiellen Voraussetzungen dieser Rechte erfüllt sind.[404]

Eine Einschränkung der Gewährleistungsrechte des Auftraggebers dahin gehend, dass Gewährleistungsrechte lediglich hinsichtlich der bisher nicht entdeckten und daher von der Vorschussleistung nicht erfassten Mängel bestünden,[405] ist generell nicht angezeigt, weil sich dies nicht mit der Absicht der zum Kostenvorschussanspruch führenden Rechtsfortbildung verträgt, die Rechtsstellung des Auftraggebers zu verbessern. Im Übrigen wird der Auftragnehmer nicht nennenswert belastet, da er in der Regel bei Zahlung des Kostenvorschusses das Recht zur Eigennachbesserung ohnehin verloren hat, der Schadensersatzanspruch das Recht zur Einforderung der Mangelbeseitigungskosten umfasst und insoweit eine den Auftragnehmer befreiende Aufrechnung mit dem Anspruch auf Rückzahlung des Vorschusses stattfinden kann. Eine Benachteiligung ist insbesondere auch praktisch deshalb ausgeschlossen, weil vom Auftraggeber nach Treu und Glauben erwartet wird, dass er bei Geltendmachung des Schadensersatzanspruchs Rechenschaft über die Verwendung des Vorschusses ablegt und die Höhe der notwendigen Mangelbeseitigungskosten darlegt.[406] 157

Diese zunächst zum BGB-Vertrag und im Verhältnis zum Schadensersatzanspruch entwickelte Auffassung hat Zustimmung gefunden mit der Klarstellung, dass diese Rechtslage auch beim VOB/B-Vertrag[407] und bei außerprozessualer Zahlung des eingeforderten Kostenvorschusses gilt.[408] Sie trifft ebenso für das Verhältnis zur Minderung zu. Auch hier darf die Entwicklung des Kostenvorschussanspruchs nicht zu einer Verkürzung der ohne diesen bestehenden Rechte des Auftraggebers führen. Nachteile für den Auftragnehmer sind auch hier in der Regel nicht zu befürchten, da sich der vom Auftragnehmer zurückzuzahlende[409] Minderungsbetrag häufig praktisch nicht wesentlich vom Aufwand zur Herstellung des mangelfreien Werks unterscheidet. 158

## 2. Aufrechnung

**Vergütungsansprüche,** aber auch sonstige Ansprüche[410] des Auftragnehmers einerseits und der Vorschussanspruch andererseits können – entgegen der wohl herrschenden Ansicht[411] – **grundsätzlich nicht** gegeneinander **aufgerechnet** werden.[412] Der Auftraggeber hat nämlich überhaupt keinen Vorschussanspruch, wenn die Auftragnehmerforderung den Vorschussbedarf zumindest erreicht.[413] Wegen der Subsidiarität des praeter legem entwickelten Vorschussanspruchs ist dieser nämlich ausgeschlossen,[414] wenn und soweit sich der Auftraggeber in dieser Situation die Mittel zur Vorabfinanzierung der Ersatzvornahme schlicht dadurch verfügbar machen kann, dass er den Vergütungsanspruch abwehrt, indem er 159

---

[404] Für das Verhältnis zum Schadensersatz BGHZ 105, 105 f. = NJW 1988, 2728 f. = BauR 1988, 593 f. = ZfBR 1988, 269; BGH NJW-RR 1989, 405 f. = BauR 1989, 202 = ZfBR 1989, 65; *Mauer* FS Mantscheff S. 129 f.
[405] So aber *Mantscheff* BauR 1985, 389, 396.
[406] BGH BauR 1989, 202 = ZfBR 1989, 265.
[407] OLG Rostock BauR 1997, 654.
[408] *Ingenstau/Korbion* (*Wirth*) VOB/B § 13 Nr. 5 Rdn. 208 ff.
[409] Soweit die Minderung schlicht zu einer Kürzung des Vergütungsanspruchs führt, weil der Auftraggeber Vergütungsteile einbehalten hat, besteht der Vorschussanspruch nicht; dazu oben Rdn. 129.
[410] *Ehrhardt-Renken* S. 127.
[411] BGHZ 54, 246 = NJW 1970, 2020 = BauR 1970, 237 f.; BGH BauR 1989, 166 f.; BGH NJW-RR 1989, 407 = BauR 1989, 200 (Aufrechnung nach Abtretung; wegen Vorrangs des Leistungsverweigerungsrechts bestand der abgetretene Vorschussanspruch aber in Wirklichkeit wohl nicht); OLG Düsseldorf BauR 1984, 544 (zum BGB-Vertrag); *Ingenstau/Korbion* (*Wirth*) VOB/B § 13 Nr. 5 Rdn. 225 f.; *Kaiser* Mängelhaftung Rdn. 84 b, e; *Werner/Pastor* Rdn. 1590; *Achilles-Baumärtel* S. 95 ff.
[412] Wie hier *Siegburg* Gewährleistung Rdn. 1018; *Ehrhardt-Renken* S. 127; *Haase* ZfBR 1998, 173 ff.; *Kohler* BauR 1992, 22 ff.
[413] *Kohler* BauR 1992, 22 ff.
[414] Dazu oben Rdn. 134 ff.

das Leistungsverweigerungsrecht geltend macht,[415] das bis zur Erfüllung des Mangelbeseitigungsanspruchs besteht. Auch für eine bloße Verrechnung von Vorschuss- und Vergütungsanspruch besteht solchenfalls kein Grund.[416]

**160** Wird die Aufrechnung mit der wohl **herrschenden Meinung** zugelassen, so scheitert sie jedenfalls nicht an der wegen § 387 BGB erheblichen Frage der Gleichartigkeit der gegeneinander aufzurechnenden Ansprüche.[417] Für die Gleichartigkeit kommt es nämlich auf die inhaltliche Übereinstimmung des vollstreckungsfähigen Inhalts und nicht auf die Identität der jeweils mit der Leistung verfolgten Zwecke an.[418] Bei Verjährung des Gewährleistungsanspruchs kann die Aufrechnungsmöglichkeit wegen § 215 BGB von besonderem Interesse für den Auftraggeber sein;[419] vorauszusetzen ist allerdings auch hier, dass beim Auftraggeber die besonderen Voraussetzungen des im Verhältnis zu § 390 Satz 2 BGB spezielleren § 634 a Abs. 4 Satz 2 BGB erfüllt sind.

**161** Ergibt sich nach Durchführung der Mangelbeseitigung, dass der – mit der h. M. – **zur Aufrechnung gestellte Kostenvorschussanspruch zu hoch** bemessen wurde, ist die **Aufrechnungswirkung** gemäß § 389 BGB auf das Maß des wirklich bestehenden Kostenvorschussanspruchs **beschränkt**. In Höhe der Differenz kann daher der Auftragnehmer seinen Vergütungsanspruch geltend machen. Eines Rückgriffs auf die §§ 667, 1. Alt, 666 BGB, auf das Bereicherungsrecht oder auf Treu und Glauben bedarf es zu diesem Zweck nicht.[420] Mit dem zu Unrecht aufrechnungsweise einbehaltenen Vergütungsteil ist der Auftraggeber allerdings nicht in Verzug, wenn der Auftragnehmer die überhöhte Aufrechnung bis zur schließlichen Abrechnung nach der Durchführung der Mangelbeseitigung unbeanstandet ließ. Liegt eine solche Beanstandung vor, kommt es für den Verzug im Hinblick auf das Verschuldenserfordernis gemäß § 286 Abs. 4 BGB darauf an, ob das Übermaß der Aufrechnung vom Auftraggeber zu vertreten ist; diese Frage ist danach zu entscheiden, ob bei einem seinerzeitigen Rechtsstreit über den Kostenvorschuss zu erwarten war, dass Kostenvorschuss in der zur Aufrechnung gestellten Höhe zuerkannt worden wäre.

### IV. Abrechnung

#### 1. Grundlagen

**162** Der Kostenvorschuss ist lediglich eine Vorableistung auf den zu erwartenden Kostenerstattungsanspruch für den Fall der durchgeführten Mangelbeseitigung. **Nach Beseitigung des Mangels ist** daher grundsätzlich alsbald über den gezahlten Vorschuss **abzurechnen**.[421] Die Rechnungslegungs- und daran anschließende Erstattungspflicht ist außer durch die wesensmäßige Zweckgebundenheit des Vorschussanspruchs auch durch die Verwandtschaft des Vorschussanspruchs mit dem Auftragsrecht begründet. Sie kann daher positivrechtlich an die §§ 667, 1. Alt, 666 BGB anknüpfen.[422] Eines Rückgriffs auf Bereiche-

---

[415] Dazu unten Rdn. 171 ff.
[416] Dafür OLG Düsseldorf BauR 1984, 308 f.; OLG München BauR 1987, 601; zu dieser Abgrenzung *Schellen* BauR 1988, 42.
[417] So aber OLG Köln BauR 1988, 484; wie hier *Haase* ZfBR 1998, 175 m. w. N.
[418] *Ehrhardt-Renken* S. 127; *Kohler* BauR 1992, 22, 24.
[419] *Ingenstau/Korbion* (*Wirth*) VOB/B § 13 Nr. 5 Rdn. 226 i. V. m. 228.
[420] Im Ergebnis allg. Meinung; zu den unterschiedlichen Begründungen *Ingenstau/Korbion* (*Wirth*) VOB/B § 13 Nr. 5 Rdn. 229 m. w. N.
[421] BGHZ 47, 272 = NJW 1967, 1366; BGHZ 66, 140 = NJW 1976, 956 = BauR 1976, 205; BGHZ 66, 149 = NJW 1976, 960 = BauR 1976, 202; BGHZ 68, 378 = NJW 1977, 1336 = BauR 1977, 271; BGH NJW 1983, 2191 = BauR 1983, 365 = ZfBR 1983, 185; BGH BauR 1986, 345 = ZfBR 1986, 120; BGHZ 105, 106 = NJW 1988, 2728 = BauR 1988, 592 = ZfBR 1988, 264; BGH BauR 1989, 81 = ZfBR 1989, 54.
[422] So ist wohl der Hinweis von OLG Schleswig NJW-RR 1988, 1106 auf den vertraglichen Charakter des Vorschussanspruchs zu verstehen; *Ingenstau/Korbion* (*Wirth*) VOB/B § 13 Nr. 5 Rdn. 198; *Werner/Pastor* Rdn. 1605; *Achilles-Baumgärtel* S. 99 ff.; *Ehrhardt-Renken* S. 133 f.; *Mantscheff* BauR 1985, 397.

rungsrecht[423] oder auf § 242 BGB[424] bedarf es nicht. Diese dogmatische Frage ist jedoch ohne praktische Bedeutung, da die Existenz der Rechenschafts- und eventuellen Erstattungspflicht allgemein anerkannt ist[425] und bei bereicherungsrechtlicher Grundlegung jedenfalls im Hinblick auf den Rechtsgedanken des § 820 Abs. 1 Satz 2 BGB ein Wegfall der Bereicherung nicht anerkannt werden kann.

## 2. Voraussetzungen

a) **Durchgeführte Mangelbeseitigung.** Nach erledigter Mangelbeseitigung ist der Auftraggeber gemäß §§ 666, 259 BGB **rechenschaftspflichtig.**[426] Dieser Anspruch ist je nach den Umständen des Einzelfalls in angemessener Zeit zu erfüllen.[427] Welche Zeit als angemessen anzusehen ist, ist eine Frage des Einzelfalls und hängt von der Art der gebotenen Mangelbeseitigung ab; in der Regel sollte der Mangel aber binnen Jahresfrist abrechnungsfähig behoben sein,[428] doch können auch kürzere oder längere[429] Fristen angemessen sein. In der Regel wird die Abrechnung durch den mit der Ersatzvornahme beauftragten Drittunternehmer abzuwarten sein; verzögert sich diese unangemessen, kann vom Auftraggeber je nach Fall beim VOB/B-Vertrag wohl erwartet werden, dass er selbst die Schlussrechnung legt. Inhaltlich hat der Auftraggeber im Hinblick auf Grund und Umfang des Kostenerstattungsanspruchs gemäß § 13 Nr. 5 Abs. 2 VOB/B bzw. §§ 634 Nr. 2, 637 Abs. 1 BGB in der Weise vorzutragen, in der er auch vorzutragen hätte, wenn er den Kostenvorschuss nicht erhalten hätte und er daher nun auf die Geltendmachung des Kostenerstattungsanspruchs angewiesen wäre; denn die vorherige Leistung des Kostenvorschusses darf sich insoweit nicht zu Gunsten des Auftraggebers auswirken. Allerdings kann der Auftragnehmer die Abrechnung in Anlehnung an den Rechtsgedanken des § 767 Abs. 2 ZPO nicht mehr mit Einwendungen in Zweifel ziehen, die im Vorprozess um die Gewährung des Kostenvorschusses vorgebracht worden sind oder in einem solchen Prozess hätten vorgebracht werden können.[430]

163

Der Auftraggeber kann den **Vorschuss** insoweit für sich **behalten** und von einer Rückzahlung absehen, wie er nun einen **Anspruch auf Erstattung der Kosten der Ersatzvornahme** geltend machen könnte, wenn er den Vorschuss nicht erhalten hätte. Gleiches gilt, wenn der Auftraggeber mit einem **Schadensersatzanspruch** aufrechnen kann, der den Mangelschaden betrifft und den Betrag des Vorschusses erreicht.[431] Insoweit besteht alsdann auch keine Abrechnungspflicht.[432] Auf den Vorschuss gezahlte Zinsen sind nur insoweit in die Rechnung einzustellen und zurückzuzahlen, als sie dem Kapital zuzurechnen sind, um das der Vorschuss zu hoch bemessen war.[433]

164

Der Abrechnungs- und eventuelle Rückzahlungsanspruch entsteht **ohne Kündigung.** Mit der Geltendmachung ist lediglich solange zu warten, wie die angemessene Frist zur Erledigung der Mangelbeseitigung und zur Erstellung der Abrechnung nicht verstrichen ist.[434]

165

---

[423] *Kaiser* Mängelhaftung Rdn. 84 a; *Renkl* BauR 1984, 475 f.
[424] BGHZ 94, 334 = NJW 1985, 2326 = BauR 1985, 570 = ZfBR 1985, 218; BGH BauR 1989, 202 = ZfBR 1989, 65; *Mauer* FS Mantscheff S. 124 f.
[425] Vgl. *Ehrhardt-Renken* S. 21 ff.
[426] *Achilles-Baumgärtel* S. 41; *Mauer* FS Mantscheff S. 125 ff.
[427] *Siegburg* Gewährleistung Rdn. 1027.
[428] OLG Köln BauR 1988, 483, 484; OLG Celle IBR 2002, 308; OLG Braunschweig BauR 2003, 1234, 1235; *Mauer* FS Mantscheff S. 125.
[429] BGH BauR 1984, 406, 408 = ZfBR 1984, 185 f. = NJW 1984, 2456 f.
[430] Vgl. BGH BauR 1985, 569, 570 = ZfBR 1985, 217 f. = NJW 1985, 2335 f.; *Mauer* FS Mantscheff S. 127 ff.
[431] BGH BauR 1987, 89 = ZfBR 1986, 251 = NJW 1987, 645 ff.; BGH BauR 1989, 201, 202 = ZfBR 1989, 60 ff.; *Mauer* FS Mantscheff S. 126 f.
[432] BGH BauR 1989, 201, 202 = ZfBR 1989, 60 ff.; *Mauer* FS Mantscheff S. 126.
[433] Dazu oben Rdn. 145.
[434] *Werner/Pastor* Rdn. 1607; *Mantscheff* BauR 1985, 389, 396.

**§ 13 Nr. 5**

**166** Erweist sich der gezahlte **Vorschuss** als **zu gering,** bleibt dem Auftraggeber das Recht unbenommen, Erstattung der verbleibenden Aufwendungen für die Mangelbeseitigung gemäß § 13 Nr. 5 Abs. 2 VOB/B bzw. §§ 634 Nr. 2, 637 Abs. 1 BGB zu verlangen.

**167** **b) Unterlassene Mangelbeseitigung.** Findet die Abrechnung nicht in angemessener Zeit statt,[435] ist zu vermuten, dass der Auftraggeber die Mangelbeseitigung überhaupt nicht betrieben hat und auch nicht mehr betreiben will. Wird diese Vermutung nicht vom Auftraggeber widerlegt, ist der gesamte **Vorschuss** gemäß § 812 Abs. 1 Satz 2 BGB[436] **zurückzuerstatten.**[437] Das gilt auch, wenn ein Gewährleistungsbürge den Vorschuss gezahlt hat; hatte diesem der Auftragnehmer die Bürgschaftsaufwendungen schon erstattet, steht der Anspruch auf Vorschusserstattung dem Auftragnehmer zu.[438] Ob der Auftraggeber den Vorschuss in gebotener Weise zur Mangelbeseitigung verwendet hat, ist im Übrigen nach Treu und Glauben zu beurteilen, und dem gemäß kann der Nachweis der Verwendung zur Mangelbeseitigung entbehrlich sein, wenn der Auftraggeber die Höhe der notwendigen Mangelbeseitigungskosten dartut und im Bestreitensfall beweist; dies gilt jedoch nur, wenn der Kostenvorschussanspruch mit einem gewährleistungsrechtlichen Schadensersatzanspruch konkurriert, auf dessen Grundlage der Auftraggeber denselben Betrag fordern könnte[439] oder sich Entsprechendes im Wege zulässiger Minderung ergibt.[440]

### 3. Rückforderungsausschluss

**168** Die **Aufrechnung** des Auftraggebers **mit Schadensersatzforderungen** namentlich gemäß § 13 Nr. 7 VOB/B oder gemäß den §§ 634 Nr. 4, 280 Abs. 1 und 3, 281, 636 oder 283, oder 311 a BGB, aber etwa auch mit Ansprüchen auf Grund einer Minderung, führt wegen § 389 BGB zu einem Erlöschen des Rückerstattungsanspruchs, soweit sich diese Ansprüche decken.[441] Wegen der Verschiedenheit der Streitgegenstände wird dabei die Durchsetzbarkeit von Schadensersatzansprüchen oder der Minderung nicht durch einen etwa vorangegangenen prozessualen Streit um den Kostenvorschussanspruch präjudiziert;[442] unberührt davon bleibt die Möglichkeit einer materiellrechtlichen Präklusion gemäß § 242 BGB wegen unzulässigen selbstwidersprüchlichen Verhaltens oder wegen Verwirkung, etwa und vor allem bei unterlassener Rüge der Angemessenheit eines Kostenanschlags im Kostenvorschussprozess.[443] Im Ergebnis kann damit die Rückforderung eines dem Grund oder dem Umfang nach zu Unrecht eingeforderten Vorschusses abgewehrt werden, soweit sich aus einem Anspruch auf Schadensersatz, wäre dieser statt des Kostenvorschussanspruchs geltend gemacht worden, eine mindestens gleich hohe Forderung ergeben hätte.[444] Ferner kann sich der Ausschluss der Rückforderung mittelbar durch den Verlust des Rechts ergeben, die Notwendigkeit und Angemessenheit von Mangelbeseitigungsmaßnahmen sowie ihrer Kosten zu rügen.[445] Schließlich kann die in der dreijährigen Regelfrist[446] eintretende **Verjährung** des Abrechnungs- und Rückforderungsanspruchs der Erstattung entgegenstehen.

---

[435] Vgl. dazu oben Rdn. 163.
[436] OLG Braunschweig BauR 2003, 1234.
[437] OLG Köln BauR 1988, 462 ff.; *Ingenstau/Korbion (Wirth)* VOB/B § 13 Nr. 5 Rdn. 205; *Siegburg* Gewährleistung Rdn. 1029; *Werner/Pastor* Rdn. 1609; *Achilles-Baumgärtel* S. 104 ff.
[438] OLG Braunschweig BauR 2003, 1234 f.
[439] BGH NJW-RR 1989, 405 = BauR 1989, 201 = ZfBR 1989, 60 ff.
[440] *Mauer* FS Mantscheff S. 129 f.
[441] BGHZ 105, 105 f. = NJW 1988, 2728 f. = BauR 1988, 593 f. = ZfBR 1988, 269; BGH BauR 1989, 202 = ZfBR 1989, 65; *Kaiser* Mängelhaftung Rdn. 84 h; *Siegburg* Gewährleistung Rdn. 1030 f.; *Achilles-Baumgärtel* S. 27, 108 f.; *Koeble* FS Jagenburg S. 375.
[442] BGH NJW 1998, 1006 f. = BauR 1998, 369, 370 = ZfBR 1998, 89 f.; *Grunsky* NJW 1984, 2545 ff.; *Mauer* FS Mantscheff S. 131.
[443] LG Hannover MDR 1984, 229 f.; *Werner/Pastor* Rdn. 1603; *Achilles-Baumgärtel* S. 126.
[444] BGH NJW-RR 1989, 405 = BauR 1989, 201 = ZfBR 1989, 60; *Koeble* FS Jagenburg S. 371, 373 ff.; *Mauer* FS Mantscheff S. 126 f.
[445] Dazu oben Rdn. 144.
[446] Zur früheren, insoweit fortgeltenden Rechtslage *Mauer* FS Mantscheff S. 132.

## F. Zahlungsverweigerung durch den Auftraggeber

### I. Grundlagen

Für den VOB/B- und den BGB-Vertrag gilt bei Vorliegen eines Mangels gleichermaßen, **169** dass die **Abnahme** oder die dieser gleichstehende Fertigstellungsbescheinigung gemäß § 641a BGB den Vergütungsanspruch fällig stellt und daher – anders als vor der Abnahme,[447] sofern es dort nicht um die Einforderung von Abschlagszahlungen geht[448] – eine **Abweisung der Vergütungsklage als derzeit unbegründet nicht** in Betracht kommt.[449] Gleichermaßen gilt aber ebenfalls, dass vom Auftraggeber auch nach der Abnahme der mangelhaften Werkleistung nicht erwartet werden kann, den Werklohn uneingeschränkt vor Erledigung der Mangelbeseitigung zu bezahlen. Nach wohl allgemeiner Auffassung ist vielmehr eine Verurteilung zur **Zahlung nur Zug um Zug gegen Mangelbeseitigung** angebracht.[450] Das damit zunächst im Ergebnis anerkannte Zurückbehaltungsrecht besteht dabei ferner nach wohl allgemeiner Auffassung gemäß § 215 BGB, vormals §§ 639, 478 BGB a. F., grundsätzlich **unabhängig von der Verjährung des Mangelbeseitigungsanspruchs**.[451] Die grundsätzliche Verjährungsunabhängigkeit entbindet aber trotz des § 218 BGB nicht davon, dass der Auftraggeber die Voraussetzungen für die Befugnis zur Minderung, zum Rücktritt oder für den Anspruch auf mangelbeseitigungsersetzenden Schadensersatz, sofern er ein Zurückbehaltungsrecht auf diese Rechte stützen will, bereits zu unverjährter Zeit gemäß den §§ 634 Nr. 3 und 4 BGB i. V. m. den §§ 323 Abs. 1 bzw. 281 Abs. 1 BGB gegenwärtig ausübbar geschaffen hat, oder dass diese Rechte gemäß den §§ 281 Abs. 2, 323 Abs. 2, 636 BGB ohne weiteres schon seinerzeit entstanden waren.[452]

Dieses Ergebnis zu gewährleisten, dürfte schon ein Gebot der Billigkeit sein. Es bedarf **170** dennoch der **positivrechtlichen Begründung.** Diese ist hinsichtlich der anzuwendenden Norm zweifelhaft. Als allgemein anerkannt kann zunächst nur gelten, dass sich der Auftraggeber nicht durch Wahl des Rücktritts, sofern dieser überhaupt im Bauvertragsrecht und im Anwendungsbereich der VOB/B im Besonderen zulässig ist, unmittelbar auf Grund der §§ 323 oder 326, 346 BGB seiner Zahlungspflicht entziehen kann, weil diese Vorschriften mit Rücksicht auf die Spezialität der gewährschaftsrechtlichen Regeln bei mangelhafter Werkleistung grundsätzlich nur unter Vermittlung des § 634 Nr. 3 BGB anzuwenden sind.[453]

### 1. Leistungsverweigerungsrecht

**a) § 320 BGB oder § 273 BGB?** Die unbestritten nötige Gewährung eines Leistungs- **171** verweigerungsrechts wurde herkömmlich von der bisher **überwiegenden Ansicht** mit Hilfe der **§§ 320 oder 273 BGB** begründet, und zwar auch beim VOB/B-Vertrag. Daran ist zunächst richtig, dass die allgemeinen bürgerlichrechtlichen Regeln der §§ 273, 320

---

[447] Dazu → § 4 Nr. 7 Rdn. 125 ff.
[448] Dazu unten Rdn. 186.
[449] BGHZ 26, 339 = NJW 1958, 706; BGHZ 55, 357 f. = NJW 1971, 839 f. = BauR 1971, 126 f.; BGHZ 61, 45 = NJW 1973, 1792 f. = BauR 1973, 315; BGHZ 73, 145 = BauR 1979, 162 = ZfBR 1979, 67; BGH BauR 1980, 358; BGH NJW 1982, 2494 = BauR 1982, 579 = ZfBR 1982, 253; *Ingenstau/Korbion (Wirth)* VOB/B § 13 Nr. 5 Rdn. 252; *Nicklisch/Weick (Nicklisch)* VOB/B § 13 Rdn. 172; *Kaiser* Mängelhaftung Rdn. 189 und BauR 1982, 205; *Siegburg* Gewährleistung Rdn. 3034 f.; *Werner/Pastor* Rdn. 2534 ff.; *Fenge* JR 1974, 66; *Weidemann* BauR 1980, 124.
[450] *Ingenstau/Korbion (Wirth)* VOB/B § 13 Nr. 5 Rdn. 247; *Kaiser* BauR 1982, 205; *Weyer* BauR 1981, 426; a. A. *Brügmann* BauR 1981, 128.
[451] BGHZ 53, 122 = NJW 1970, 561 = BauR 1970, 54; NJW-RR 2007, 597, 599.
[452] *Kohler* BauR 2003, 1804, 1813 ff. m. w. N. bestr.
[453] Vgl. zum früheren Recht *Kohler* BauR 1988, 278, 297 ff.

### § 13 Nr. 5 — Mangelbeseitigungsanspruch

BGB auf den VOB/B-Vertrag lückenfüllend angewendet werden können,[454] weil die VOB/B diese Frage nicht regelt und ihr Schweigen nicht den Rückschluss zulässt, dass diese Normen dort unanwendbar seien.[455] In der – vermeintlichen – Beschränkung auf die Wahl zwischen diesen beiden Normen sieht die herrschende Meinung die Grundlage für das nach Abnahme bestehende Leistungsverweigerungsrecht in § 320 BGB.[456] Diese Entscheidung, die in ihrer Konsequenz die Anwendung des § 273 BGB[457] wegen Vorrangigkeit des spezielleren § 320 BGB ausschließt, wird maßgeblich darauf gestützt,[458] dass der Mangelbeseitigungsanspruch auch nach der Abnahme wesentliche Bezüge zu dem vor Abnahme bestehenden synallagmatischen Erfüllungsanspruch hat.[459]

172 **b) Grundlegung beim BGB-Vertrag: §§ 641 Abs. 3, 634a Abs. 4 Satz 2, Abs. 5 BGB.** Vorzugswürdig ist jedoch – zunächst beim BGB-Vertrag – eine **andere Grundlegung,** und zwar auch dann, wenn der von der herrschenden Ansicht herausgestellte Bezug des Mangelbeseitigungsanspruchs zum Erfüllungsanspruch anerkannt wird.[460] Nach Abnahme ist die Verweigerung der Werkvergütung grundsätzlich nur berechtigt, soweit das Unterbleiben oder Fehlschlagen der Mangelbeseitigung zu einem Recht auf Kostenersatz bei Ersatzvornahme oder zur Minderung führen kann; eine vollständige Verweigerung der Werkvergütung ist nur zulässig, wenn es, namentlich in Abhängigkeit von den Beschränkungen gemäß den §§ 634 Nr. 3, 323 Abs. 5 Satz 2 BGB, auch zu einem mangelbedingten Rücktritt bzw. zu Schadensersatz unter Einbeziehung des rücktrittsartigen Rechts auf Zurückweisung der mangelhaften Werkleistung kommen kann.

173 Damit ist als Grund für das Zurückbehaltungsrecht die Regelung des **§ 641 Abs. 3 BGB** anzusehen, **soweit** der **Mangelbeseitigungsanspruch** geltend gemacht werden kann,[461] und zwar gemäß § 215 BGB[462] über dessen Verjährung hinaus. Soweit im Übrigen das Recht zum **Rücktritt oder** zur **Minderung** besteht, ergibt sich das Leistungsverweigerungsrecht aus **§ 634a Abs. 4 Satz 2, Abs. 5 BGB;**[463] dabei besteht die dort gewährte Leistungsverweigerungsbefugnis nicht nur nach Eintritt der in § 218 BGB angeordneten verjährungsgleichen Begrenzung des Rücktritts- oder Minderungsrechts, sondern trotz des insoweit im Unterschied zur Vorläuferregelung in den §§ 639 Abs. 1, 478 Abs. 1 BGB a. F. unklaren Wortlauts der Norm auch vor Eintritt der in § 218 BGB angeordneten Quasi-Verjährung der gestaltungsrechtlichen Befugnis zum Rücktritt oder zur Minderung. Zum **Verhältnis** der genannten Rechtsgrundlagen für mangelbedingte Zurückbehaltungsrechte ergibt sich im Einzelnen das Folgende: § 641 Abs. 3 BGB rechtfertigt ein Zurückbehaltungsrecht nicht mehr, sobald sich der Besteller zulässigerweise durch entsprechende Erklärung für Minderung, Rücktritt oder Schadensersatz entschieden hat, weil damit der das Zurückbehaltungsrecht gemäß § 641 Abs. 3 BGB tragende Nacherfüllungsanspruch nicht mehr geltend gemacht werden kann.[464] Sind hingegen das Recht auf Minderung oder zum

---

[454] Zu § 273 BGB BGHZ 53, 123 = NJW 1970, 562; *Kaiser* Mängelhaftung Rdn. 196; zu § 320 BGB insb. BGHZ 55, 358 = NJW 1971, 839 = BauR 1971, 127; *Ingenstau/Korbion (Wirth)* VOB/B § 13 Nr. 5 Rdn. 247; *Kaiser* Mängelhaftung Rdn. 188 und BauR 1982, 205; *Werner/Pastor* Rdn. 2539; *Weyer* BauR 1981, 426; a. A. *Brügmann* BauR 1981, 128.

[455] Zweifelnd *Kiesel* NJW 2000, 1678 f.

[456] So etwa BGHZ 26, 339 = NJW 1958, 706; BGH NJW 1970, 386; BGH BauR 1980, 358; *Ingenstau/Korbion (Wirth)* VOB/B § 13 Nr. 5 Rdn. 235; *Kaiser* BauR 1982, 205; *Kleine-Möller/Merl/Oelmaier (Merl)* § 12 Rdn. 994; *Siegburg* Gewährleistung Rdn. 3029.

[457] Dafür *Dähne* BauR 1972, 136, 140.

[458] Klar z. B. BGHZ 55, 357 f. = NJW 1971, 839 = BauR 1971, 127; BGHZ 61, 42 = NJW 1973, 1792 = BauR 1973, 313; BGH NJW 1982, 2494 = BauR 1982, 579 = ZfBR 1982, 253; *Nicklisch/Weick (Nicklisch)* VOB/B § 13 Rdn. 167; *Kaiser* Mängelhaftung Rdn. 189, jeweils m. w. N.

[459] Vgl. dazu auch *Jakobs* FS Beitzke S. 67, 85 ff.; *Kohler* BauR 1988, 278, 295 f.

[460] Näher *Kohler* BauR 2003, 1804, 1806 f.

[461] *Palandt/Heinrichs* § 320 Rdn. 11.

[462] Diese Vorschrift begründet selbst kein Zurückbehaltungsrecht, sondern perpetuiert lediglich ein anderweit begründetes Zurückbehaltungsrecht; *Kohler* BauR 2003, 1804, 1805 f.

[463] *Kohler* BauR 2003, 1804, 1808 f.

[464] *Kohler* BauR 2003, 1804, 1810.

Rücktritt oder der nacherfüllungsersetzende Schadensersatzanspruch gegenwärtig von Rechts wegen auf Grund des Vorrangs der mangelbeseitigenden Nacherfüllung noch nicht geltend zu machen, ist eine Zurückbehaltung nur auf § 641 Abs. 3 BGB zu stützen, um die in § 641 Abs. 3 BGB vorgesehene Limitierung des Zurückbehaltungsumfangs unmittelbar zur Geltung bringen zu können.[465] Beide Grundlagen für Zurückbehaltungsrechte stehen schließlich dem Besteller grundsätzlich zur Wahl, wenn er zwar schon gegenwärtig unmittelbar mindern, zurücktreten oder nacherfüllungsvertretend Schadensersatz verlangen kann, er aber noch nicht durch entsprechende Erklärung von dem Mangelbehebungsanspruch Abstand genommen hat; dabei schließt jedoch das Sichberufen auf ein Leistungsverweigerungsrecht gemäß § 634a Abs. 4 Satz 2, Abs. 5 BGB wegen des Verbots des selbstwidersprüchlichen Verhaltens aus, künftig Mangelbeseitigung zu verlangen, so dass das Berufen auf das Leistungsverweigerungsrecht gemäß § 634a Abs. 4 Satz 2, Abs. 5 BGB im Ergebnis auch ein auf § 641 Abs. 3 BGB gestütztes Zurückbehaltungsrecht ausschließt.[466] Diese Präklusion gilt allerdings nicht bei Geltendmachung eines Schadensersatzanspruchs gemäß § 13 Nr. 7 VOB/B, weil und soweit dieser den Mangelbeseitigungsanspruch gemäß § 13 Nr. 5 VOB/B unberührt lässt.[467]

**174** Für die von den §§ 273, 320 BGB absehende Grundlegung des Leistungsverweigerungsrechts spricht nicht nur der Charakter der angeführten werkvertraglichen Regelungen als leges speciales. Vielmehr machen diese Vorschriften durch die in ihnen enthaltene ausdrückliche Rückbeziehung des Leistungsverweigerungsrechts auf das gewährschaftsrechtliche Mangelbeseitigungs-, Rücktritts- oder Minderungsrecht des Bestellers gerade den **maßgeblichen Rechtsgedanken sichtbar** und bringen diesen zur Geltung, nämlich dass der Auftraggeber nicht soll zahlen müssen, was er bei bestehendem Mangelbeseitigungsanspruch einschließlich des Druckzuschlags einbehalten darf und was er für den Fall des Rücktritts oder der Minderung schließlich doch zurückfordern könnte. Folglich sind diese Normen in der mit der Abnahme eingeleiteten gewährschaftsrechtlichen Phase trotz inhaltlicher Bezüge des Mangelbeseitigungsanspruchs zum Erfüllungsanspruch als gegenüber § 320 BGB spezieller anzusehen, § 320 BGB wird daher durch sie verdrängt.

**175** Diese Grundlegung des Leistungsverweigerungsrechts hat im Gegensatz zur Lösung mit Hilfe des § 320 BGB auch den **praktischen Vorzug,** dass sie wegen der Bezugnahme des § 634a Abs. 4 Satz 2 BGB auf die mittels der §§ 634a Abs. 4 Satz 1, 218 BGB herangezogenen §§ 634 Nr. 3, 323, dort namentlich Abs. 5 Satz 2 BGB, klarer als die Formel des § 320 Abs. 2 BGB hervortreten lässt, unter welchen Umständen ein dem Betrage nach unbeschränktes Leistungsverweigerungsrecht angebracht ist. Ferner wird wegen der Bezugnahme auf § 641 Abs. 3 BGB auch deutlicher, in welchem Umfang das Zurückbehaltungsrecht im Grundfall des Mangelbeseitigungsanspruchs unter Erhöhung um einen Druck- und Prognoserisikozuschlag besteht; nämlich soweit, wie der verbleibende Anspruch auf Mangelbeseitigung, d. h. die eventuellen rückbelastbaren Kosten der Ersatzvornahme reichen, zuzüglich des in § 320 BGB nicht angeführten, wohl aber in § 641 Abs. 3 BGB bezeichneten Druckzuschlags.

**176** Für die Grundlegung des Leistungsverweigerungsrechts mit Hilfe des § 641 Abs. 3 BGB bzw. des § 634a Abs. 4 und 5 BGB ist auch anzuführen, dass dies so, wie dies für die Vorgängerregelung des § 478 BGB a. F. galt,[468] zu einer Verurteilung gemäß den Regeln der §§ 273 f. BGB führt. Damit wird im Unterschied zum Fall des § 320 BGB vermieden, dass schon das bloße Bestehen des Leistungsverweigerungsrechts den Verzug ausschließt, sofern nur der Schuldner sich spätestens im Zahlungsprozess auf das Leistungsverweigerungsrecht beruft;[469] denn bei Anwendung der §§ 273 f. BGB entfällt der Verzug erst mit Geltendma-

---
[465] *Kohler* BauR 2003, 1804, 1810 f.
[466] *Kohler* BauR 2003, 1804, 1811 f.
[467] *Kohler* BauR 2003, 1804, 1812 f.
[468] So wohl BGHZ 53, 126 = NJW 1970, 561 f.; a. A. *Kaiser* Mängelhaftung Rdn. 198: kumulativ §§ 320, 273 BGB.
[469] H. M. statt vieler *Jauernig/Vollkommer* § 320 Anm. 3 c.

§ 13 Nr. 5　　　　　　　　　　　　　　　　　　　　Mangelbeseitigungsanspruch

chung des Leistungsverweigerungsrechts.[470] Das ist hier sachlich angebracht. Der Auftraggeber wird nämlich auf diese Weise dazu veranlasst, dem Auftragnehmer durch frühzeitige Mangelrüge und Angabe desjenigen zu seiner Wahl stehenden Gewährschaftsrechts, auf das er seine Verteidigung stützen will, überhaupt erst die Gelegenheit zu geben, das Leistungsverweigerungsrecht vor Klageerhebung abzuwenden und damit den Rechtsstreit kalkulierbar zu machen. § 273 Abs. 1 Satz 3 BGB ist allerdings nicht anwendbar, weil dies gegen den Zweck des um den Druckzuschlag erhöhten Zurückbehaltungsrechts verstoßen würde, den Auftragnehmer tatsächlich zur Erledigung der Mangelbeseitigung zu drängen.

177　　c) **Geltung beim VOB/B-Vertrag.** Für den **VOB/B-Vertrag** treffen diese Erwägungen **ebenso** zu, auch wenn dort kein Recht zum Rücktritt oder zur Schadensersatzberechnung unter Zurückweisung der mangelhaften Bauleistung besteht. Dies folgt aus der auch beim VOB/B-Vertrag zutreffenden Erwägung, dass die Leistungsverweigerung durch den Auftraggeber nur dann und auch grundsätzlich – vom Druckzuschlag abgesehen – nur soweit berechtigt ist, wie die Verteidigungsmöglichkeit des Auftraggebers nach den spezifischen Regeln des Gewährleistungsrechts reicht.

**2. Aufrechnung**

178　　a) **Grundlagen.** Auch die **Aufrechnung** ist wegen der in § 389 BGB angeordneten Tilgungswirkung, soweit sich die aufgerechneten Forderungen decken, ein gegen das Zahlungsbegehren des Auftragnehmers **einsetzbares Verteidigungsmittel** des Auftraggebers. Gegenüber dem Leistungsverweigerungsrecht wird ein weitergehender Effekt erzielt, weil die zur Aufrechnung gestellten Forderungen **endgültig erledigt** sind; die Aufrechnung führt demgemäß zur Klageabweisung und nicht nur zur Zug-um-Zug-Verurteilung.

179　　b) **Aufrechnungslagen.** Die Aufrechnung erfordert im Unterschied zu einem auf Grund von §§ 320, 273 oder 641 Abs. 3, 634a Abs. 4 und 5 BGB bestehenden Leistungsverweigerungsrecht, dass die zur Aufrechnung gestellten Ansprüche **gegenseitig** und **gleichartig** sind. Gegenüber dem Zahlungsanspruch des Auftragnehmers trifft dies für **Kostenerstattungsansprüche** des Auftraggebers gemäß §§ 634 Nr. 2, 637 Abs. 1 BGB bzw. § 13 Nr. 5 Abs. 2 VOB/B zu, ferner für eventuelle Rückforderungen von **Überzahlungen im Fall der Minderung.**[471] Schließlich liegt Gleichartigkeit der gegenseitigen Ansprüche auch vor bei Geltendmachung von **Schadensersatz in Geld,** namentlich auf Grund von §§ 634 Nr. 4, 280 Abs. 1 und 3, 281, 636 oder 283, oder 311a BGB oder § 13 Nr. 7 VOB/B oder einer positiven Vertragsverletzung gemäß § 280 Abs. 1 BGB. Die Aufrechnungslage besteht allerdings nur dann, wenn der Zahlungsanspruch des Auftragnehmers nach schadensrechtlichen Berechnungsgrundsätzen fortbesteht; dies wiederum hängt davon ab, ob der Auftraggeber grundsätzlich am Leistungsaustausch festhält, er also die mangelhafte Leistung nicht insgesamt zurückweist, und er sich auf die Geltendmachung einzelner Mängel oder sonstiger Schäden, beispielsweise aus einer Nebenpflichtverletzung, beschränkt.[472]

180　　c) **Ausgeschlossene Aufrechnung.** In **anderen Minderungsfällen,** in denen es an einer Überzahlung fehlt, ferner beim BGB-Vertrag, soweit dort ein **Rücktritt** stattfinden soll, ist die Aufrechnung als Mittel zur Verteidigung gegen den Vergütungsanspruch nicht gegeben und auch nicht nötig. Diese Gewährschaftsrechte bewirken nämlich, dass – in diesem Fall der Minderung – der Auftraggeber keinen Rückforderungsanspruch hat, bzw. beim Rücktritt, dass der Vergütungsanspruch gemäß § 346 Satz 1 BGB schon dem Grunde nach entfällt. Das gilt auch, wenn der Auftraggeber bei einem untauglichen Werk **nach der**

---

[470] H. M.; *Jauernig/Vollkommer* § 273 Anm. 4 d; trotz Anwendung des § 273 f. BGB im Fall des § 478 BGB a. F. insoweit anders, nämlich wie bei § 320 BGB, *Jauernig/Vollkommer* (8. Aufl. 1997) § 478 Anm. 3 a und § 284 Anm. 3 a aa), allerdings ohne Begründung unter Bezug auf die insoweit unergiebige Entscheidung BGHZ 104, 6 ff.
[471] *Siegburg* Gewährleistung Rdn. 3059.
[472] *Werner/Pastor* Rdn. 2577; zu dieser Schadensberechnung unten Rdn. 193 ff.

**Differenztheorie Schadensersatz** unter Einbeziehung des Rechts zur rücktrittsveranlassten Rückgewähr der erlangten mangelhaften Leistung verlangen kann und demgemäß die Werklohnforderung als Saldoposten der Schadensberechnung untergeht.[473]

Der **Kostenvorschussanspruch** kann vom Auftraggeber **nicht** gegen den Vergütungsanspruch aufgerechnet – oder „verrechnet" – werden. Ein Vorschussanspruch **besteht** wegen seiner Subsidiarität nämlich insoweit schon **dem Grunde nach** überhaupt **nicht,** als der Vorschussbedarf durch die auf den Mangelbeseitigungsanspruch gestützte Weigerung des Auftraggebers, auf den geltend gemachten Vergütungsanspruch zu zahlen, gedeckt werden kann.[474]

181

d) **Aufrechnungsverbote; Allgemeine Geschäftsbedingungen.** Vereinbarte Aufrechnungsverbote sind in Individualverträgen grundsätzlich nicht zu beanstanden[475] und finden ihre Grenze nur ausnahmsweise nach Treu und Glauben in Fällen unzulässiger Rechtsausübung. In Allgemeinen Geschäftsbedingungen sind Aufrechnungsverbote nur nach Maßgabe des § 309 Nr. 3 BGB – also bei unbestrittenen oder rechtskräftig festgestellten Forderungen – unwirksam; § 309 Nr. 3 BGB ist inhaltlich im Geltungsbereich des § 310 Abs. 1 BGB, vermittelt durch § 307 BGB, ebenfalls maßgeblich.[476] Daneben kann ein formularmäßiges Aufrechnungsverbot in allen Fällen auch unmittelbar auf Grund von § 307 BGB unwirksam sein, wie etwa bei Vermögensverfall des Verwenders oder bei einem gegen ihn gerichteten Insolvenzverfahren sowie für den Fall, dass der Auftragnehmer zwar die zur Aufrechnung gestellte Forderung noch erfüllen könnte, die Leistung jedoch verjährungsbedingt verweigert.[477]

182

e) **Verjährung.** Die Verjährung der zur Aufrechnung gestellten Gewährleistungsforderung schließt die Aufrechnung nicht aus, wenn die Voraussetzungen des § 215 BGB[478] und, soweit der Auftraggeber mit Mangelansprüchen aufrechnen will, des als speziell anzusehenden[479] § 634a Abs. 4 Satz 2, Abs. 5 BGB erfüllt sind.[480] Das gilt auch beim VOB/B-Vertrag.[481] Die fortwährende Aufrechenbarkeit macht die verjährte Forderung allerdings nicht klagbar.

183

## 3. Verhältnis von Aufrechnung und Leistungsverweigerungsrecht

Die **Aufrechnungsmöglichkeit schließt** die Geltendmachung des bloßen **Leistungsverweigerungsrechts aus.**[482] Das gilt auch, wenn die Aufrechnung an einem zulässigen Aufrechnungsverbot scheitert, da dieses sonst umgangen würde.[483] Kann aber der Auftraggeber zwischen verschiedenen Mangelrechten wählen, von denen wenigstens eines nicht zu einer Aufrechnungslage führt, so sollte der Vorrang der Aufrechnung jedoch – das wird in der Regel nicht klargestellt – nur dann gelten, wenn sich der Auftraggeber bereits zur Geltendmachung eines Gewährleistungsrechts entschieden hat, das zu einer Aufrechnungslage führt. Anderenfalls würde die Versagung des Leistungsverweigerungsrechts den Auftraggeber vorzeitig, nämlich schon in der Verteidigerposition, in seiner Freiheit zur Auswahl zwischen mehreren ihm zur Verfügung stehenden Mangelrechten beschränken. Dies aber verträgt sich nicht mit der Regelung des § 634a Abs. 4 und 5 BGB, da sich dort zeigt, dass

184

---

[473] BGHZ 70, 240; *Siegburg* Gewährleistung Rdn. 3060; *Werner/Pastor* Rdn. 2576.
[474] Dazu oben Rdn. 134.
[475] *Siegburg* Gewährleistung Rdn. 3077.
[476] BGH NJW 1985, 320 (zum AGBG); bei Insolvenz des Klauselverwenders ist das sonst zulässige Aufrechnungsverbot unwirksam, BGH NJW 1984, 357.
[477] BGH NJW 1984, 357 (zum AGBG); *Werner/Pastor* Rdn. 2574.
[478] BGHZ 48, 117 = NJW 1967, 1902 f.
[479] *Siegburg* Gewährleistung Rdn. 3080 (zur Vorläufernorm § 639 BGB a. F.).
[480] *Kaiser* Mängelhaftung Rdn. 198; *Werner/Pastor* Rdn. 2569.
[481] BGH NJW 1970, 561 f.; *Kaiser* Mängelhaftung Rdn. 198.
[482] Vgl. BGH BauR 1986, 233; *Ingenstau/Korbion (Wirth)* VOB/B § 13 Nr. 5 Rdn. 244; *Kaiser* Mängelhaftung Rdn. 189; *Kohler* BauR 1992, 22, 24.
[483] BGH NJW-RR 1986, 543; *Werner/Pastor* Rdn. 2575.

§ 13 Nr. 5

sich der Zahlungsschuldner in der Verteidigerposition mit der Einrede verteidigen darf und sich noch nicht auf eines von mehreren ihm zur Verfügung stehenden Mangelrechten festlegen muss.

## II. Voraussetzungen des Leistungsverweigerungsrechts

### 1. Zahlungsverlangen des Auftragnehmers

185 **a) Fälligkeit des Zahlungsanspruchs.** Die Verteidigung des Auftraggebers richtet sich gegen Vergütungsansprüche des Auftragnehmers. **Vorauszusetzen** ist daher zunächst die **Fälligkeit des** erhobenen **Zahlungsanspruchs.** Wendet sich die Verteidigung des Auftraggebers gegen den Schlusszahlungsanspruch bzw. beim BGB-Vertrag gegen den Werklohnanspruch, kommt es also auf die fälligkeitsbegründende Abnahme bzw. abnahmefähige Herstellung oder das Vorliegen einer die Abnahme ersetzenden Fertigstellungsbescheinigung gemäß § 641a BGB an; davor ist die Klage schlicht mangels Fälligkeit des Vergütungsanspruchs abzuweisen,[484] auf das Bestehen eines Leistungsverweigerungsrechts mit der Folge einer Zug-um-Zug-Verurteilung kommt es nicht an.

186 Soweit der Auftragnehmer vor Abnahme bzw. abnahmefähiger Herstellung **Abschlagszahlungen** verlangen kann, ist die Klage des Auftragnehmers auf Abschlagszahlung nicht mangels Fälligkeit abzuweisen. Gegen Klagen auf Abschlagszahlungen sind dem Auftraggeber daher beim VOB/B-Vertrag[485] und ebenso beim BGB-Vertrag[486] die **Verteidigungsrechte** zu geben, die ihm mit Rücksicht auf die Mangelhaftigkeit der Leistung **bei Geltendmachung der Schlusszahlung** zustünden. Dem gemäß ist auch in diesen Fällen eine Zug-um-Zug-Verurteilung angebracht,[487] soweit nicht eine Aufrechnung stattfindet; die uneingeschränkte Beantragung der Klageabweisung belastet den Auftraggeber folglich mit einem Teil der Prozesskosten. Bei der Klage auf Abschlagszahlung richtet sich die rechnungsmäßige Höhe des Abschlags nach dem Wert der Teilleistung ohne Rücksicht auf den Mangel, wobei aber das mangelbedingte Leistungsverweigerungsrecht des Auftraggebers erheblich höher anzusetzen ist als der mangelbedingte Minderwert der erbrachten Teilleistung.[488]

187 **b) Fortbestand des Zahlungsanspruchs.** Das Leistungsverweigerungsrecht erfordert außer der Fälligkeit des vom Auftragnehmer geltend gemachten Zahlungsanspruchs, dass die vom Auftraggeber zu erhebenden Mangelrechte **nicht unmittelbar** zum **Fortfall des Vergütungsanspruchs** führen.[489] Ist nämlich der Zahlungsanspruch auf Grund von Mangelrechten des Auftraggebers bereits dem Grunde nach entfallen, so fehlt der von § 320 BGB und von § 273 BGB, aber auch in den §§ 641 Abs. 3, 634a Abs. 4 und 5 BGB vorausgesetzte Anspruch des Auftragnehmers, gegen den sich das Leistungsverweigerungsrecht des Auftraggebers richten könnte; eine mit Hilfe des Leistungsverweigerungsrechts zu erzielende Zug-um-Zug-Verurteilung kommt also in diesen Fällen nicht in Betracht.

### 2. Vorrang der Aufrechnung

188 **a) Beschränkung auf Mangelbeseitigungsanspruch.** Gegenüber einem vom Auftragnehmer geltend gemachten, dem Grunde nach bestehenden und fälligen Vergütungs-

---

[484] Dazu oben Rdn. 169.
[485] BGHZ 73, 144 f. = NJW 1979, 651 = BauR 1979, 161 f.; BGH BauR 1988, 475; = ZfBR 1988, 215 ff.; BGH BauR 1985, 93 = ZfBR 1985, 40; BGH NJW-RR 1988, 1043 = BauR 1988, 474 = ZfBR 1988, 215; *Siegburg* Gewährleistung Rdn. 3033.
[486] Vgl. BGH NJW 1985, 857 = BauR 1985, 195 f.; *Siegburg* Gewährleistung Rdn. 3033; *Staudinger/Peters* § 641 Rdn. 22.
[487] Vgl. Nachw. in den vorstehenden Fußnoten; *Werner/Pastor* Rdn. 1226 f.
[488] BGHZ 73, 140 = NJW 1979, 650 = BauR 1979, 159 = ZfBR 1979, 66.
[489] Dazu oben Rdn. 180 f.

anspruch hat der Auftraggeber ein Leistungsverweigerungsrecht wegen mangelhafter Werkleistung nur dann, wenn seine Mangelrechte **nicht zur Aufrechnung berechtigen**. Allerdings ist auch im Falle eines zwischen Auftraggeber und Auftragnehmer wirksam vereinbarten Aufrechnungsverbots das Leistungsverweigerungsrecht ausgeschlossen, da das Aufrechnungsverbot sonst umgangen würde.[490]

Ein Leistungsverweigerungsrecht kann auch dann geltend gemacht werden, wenn dem Auftraggeber zur Aufrechnung berechtigende Mangelrechte neben anderen Mangelrechten zustehen und er noch **nicht auf die Wahl eines zur Aufrechnung führenden Mangelrechts festgelegt ist**.[491] Zur Zurückbehaltung berechtigen daher grundsätzlich Ansprüche auf Mangelbeseitigung, entweder gemäß § 13 Nr. 5 Abs. 1 Satz 1 VOB/B oder auf Grund der §§ 634 Nr. 1, 635 BGB, und gegenüber der Anforderung von Abschlagszahlungen vor Abnahme auch § 4 Nr. 7 Satz 1 VOB/B; ferner Schadensersatzansprüche mit einem solchen Inhalt.[492]

**b) Kein Leistungsverweigerungsrecht wegen Kostenvorschussanspruchs.** Der Kostenvorschussanspruch als solcher ist, wie häufig verkannt wird, gegen den Vergütungsanspruch nicht nur nicht aufrechenbar oder „abrechenbar";[493] er begründet auch **kein Leistungsverweigerungsrecht**.[494] Der als Grundlage für ein Leistungsverweigerungsrecht nötige Vorschussanspruch besteht nämlich nicht, wenn – und soweit – der Auftraggeber seinen Bedarf an Vorfinanzierung der Ersatzvornahme durch Einbehalt von Teilen der Werkvergütung decken kann.[495] Dies kann er aber, weil ihm ein Recht zur Verweigerung der Zahlung auf Grund des neben dem Vorschussanspruch bestehenden Mangelbeseitigungsanspruchs gemäß § 13 Nr. 5 Abs. 1 Satz 1 VOB/B bzw. §§ 634 Nr. 1, 635 BGB zusteht. Wenn nämlich der Mangelbeseitigungsanspruch durch das Recht zur Ersatzvornahme nicht ausgeschlossen wird,[496] so muss dies auch für den Kostenvorschuss gelten, da dieser an die Voraussetzungen und Grenzen des Rechts zur Ersatzvornahme anknüpft.[497] Falls also der Auftraggeber Kostenvorschuss verlangt, muss er zwar die Werkvergütung nicht zahlen; doch dies ist nicht die Folge eines aus dem Vorschussanspruch abgeleiteten Leistungsverweigerungsrechts, einer Aufrechnung oder „Verrechnung", sondern folgt aus dem Leistungsverweigerungsrecht auf Grund des parallel zum Vorschussanspruch fortbestehenden Mangelbeseitigungsrechts.

### 3. Bestand des Mangelbeseitigungsanspruchs

Der **Mangelbeseitigungsanspruch**, dessen Voraussetzungen auch in diesem Zusammenhang vom Auftraggeber zu beweisen sind, darf **nicht von Rechts wegen ausgeschlossen** sein. Die Auftragsentziehung auf der Basis von § 4 Nr. 7 Satz 3 VOB/B gehört, ebenso wie die anderen Fälle des § 4 Nr. 7 VOB/B, nicht hierher, da es dort voraussetzungsgemäß an der Abnahme fehlt und deshalb die Vergütungsklage schon mangels Fälligkeit abzuweisen ist. Anderes kann gegenüber Abschlagszahlungen gelten; hier ist ein Leistungsverweigerungsrecht nur gegeben, sofern die Rechte aus § 4 Nr. 7 VOB/B den Anspruch auf mangelfreie Herstellung unberührt lassen.[498] Ist die Mangelbeseitigung unmöglich oder beruft sich der Auftragnehmer mit Recht auf unverhältnismäßigen Aufwand bei der Mangelbeseitigung, ist das Leistungsverweigerungsrecht zu versagen, weil der Mangelbeseitigungsanspruch gemäß § 275 Abs. 1 BGB erloschen[499] bzw. nach § 13 Nr. 6 VOB/B oder

---

[490] BGH NJW-RR 1986, 543; *Werner/Pastor* Rdn. 2516 f. m. w. N., Rdn. 2575, bestr.
[491] Dazu oben Rdn. 156 ff.
[492] *Ingenstau/Korbion (Wirth)* VOB/B § 13 Nr. 5 Rdn. 241 ff.; *Kaiser* Mängelhaftung Rdn. 189.
[493] Dazu oben Rdn. 181.
[494] Vgl. dagegen OLG Düsseldorf BauR 1970, 59 f.; OLG Köln BauR 1989, 484.
[495] *Kohler* BauR 1992, 22, 24 f.
[496] Dazu oben Rdn. 73.
[497] Dazu oben Rdn. 123, 126.
[498] Wohl in diesem Sinne *Kaiser* Mängelhaftung Rdn. 189.
[499] *Kaiser* Mängelhaftung Rdn. 189.

## § 13 Nr. 5

§§ 634 Nr. 1, 635, 275 Abs. 2 und 3 BGB ausgeschlossen[500] ist. Anders als nach früherem Recht nach Maßgabe des § 634 Abs. 1 Satz 3 a. E. BGB a. F. erlischt der Mangelbeseitigungsanspruch allerdings nicht mehr wegen fruchtlosen Ablaufs einer zur Mangelbehebung gesetzten Frist.

192 Die **Erledigung der Mangelbeseitigung** beendet selbstverständlich das Leistungsverweigerungsrecht.[501] Dasselbe gilt, wenn der **Auftraggeber** bestimmt zu erkennen gibt, dass er die Mangelbeseitigung durch den Auftragnehmer **nicht mehr entgegennehmen** werde.[502] Die Annahmeverweigerung kann auch durch die unzutreffende Auffassung des Auftraggebers motiviert sein, dass der Bauvertrag nicht mehr bestehe.[503] Auch die zu Annahmeverzug führende unberechtigte Weigerung, die angebotene Mangelbeseitigungsleistung anzunehmen oder zu dulden, schließt das Leistungsverweigerungsrecht wegen Verletzung der dem Auftraggeber obliegenden Mitwirkungspflicht schon materiellrechtlich[504] aus,[505] so dass der Auftraggeber uneingeschränkt zur Leistung zu verurteilen ist. Auf eine Vollstreckung gemäß den §§ 756, 765 ZPO muss sich der Auftragnehmer nicht verweisen lassen;[506] dieser Weg steht allerdings offen, falls der Auftragnehmer eine uneingeschränkte Verurteilung trotz Annahmeverzugs nicht beantragt hat oder der Annahmeverzug erst nach der letzten mündlichen Verhandlung eintrat.

193 Die **Verjährung** des Mangelbeseitigungsanspruchs schließt das Leistungsverweigerungsrecht gemäß § 634a Abs. 4 Satz 2 BGB nicht aus; das gilt auch beim VOB/B-Vertrag.[507] Eine Anwendung des § 215 BGB ist nicht nötig und wohl auch nicht zulässig, da dieser Fall dort speziell geregelt ist.[508] Im Ergebnis führt dies, wenn der Auftragnehmer seinen Vergütungsanspruch realisieren will, über das Leistungsverweigerungsrecht zu einer Mangelbeseitigung trotz Verjährung des Beseitigungsanspruchs, obwohl der Auftraggeber keinen klageweise durchsetzbaren Anspruch auf Mangelbeseitigung mehr hat.

### 4. Ausschlussklauseln; Allgemeine Geschäftsbedingungen

194 Unabhängig davon, ob das Leistungsverweigerungsrecht des Auftraggebers im Verhältnis zum Auftragnehmer, bzw. des Erwerbers gegenüber dem Bauträger, auf § 320 BGB, § 273 BGB oder die §§ 641 Abs. 3, 634a Abs. 4 und 5 BGB gestützt wird, kann dieses **individualvertraglich abbedungen** werden.[509] Der Rechtsausschluss kann allerdings im Einzelfall treuwidrig und daher unwirksam sein; so etwa, weil die Gewährleistungshaftung des Auftragnehmers feststeht, oder weil der Gegner eine grobe Vertragsverletzung begangen hat. Diese Grundsätze gelten auch in Fällen des § 310 Abs. 1 BGB für Ausschlussklauseln in Allgemeinen Geschäftsbedingungen; § 307 BGB hindert deren Wirksamkeit grundsätzlich nicht.[510]

195 Wegen § 309 Nr. 2 lit. a BGB ist eine Abbedingung des Leistungsverweigerungsrechts **in Allgemeinen Geschäftsbedingungen außerhalb** des Anwendungsbereichs von **§ 310 Abs. 1 BGB** jedoch **nicht zulässig**.[511] Das gilt auch für Umgehungen dieser Normen

---

[500] Vgl. OLG Düsseldorf NJW-RR 1987, 1167 f. = BauR 1987, 573; *Kleine-Möller/Merl/Oelmaier (Merl)* § 12 Rdn. 999.
[501] *Ingenstau/Korbion (Wirth)* VOB/B § 13 Nr. 5 Rdn. 270; *Werner/Pastor* Rdn. 2531.
[502] BGH NJW 1982, 875; BGH BauR 1984, 61 = ZfBR 1984, 32; *Kaiser* Mängelhaftung Rdn. 189; *Werner/Pastor* Rdn. 2531.
[503] BGH BauR 1984, 61 = ZfBR 1984, 32; *Ingenstau/Korbion (Wirth)* VOB/B § 13 Nr. 5 Rdn. 272.
[504] *Siegburg* BauR 1992, 419, 424 ff.
[505] LG Köln BauR 1972, 314; *Ingenstau/Korbion (Wirth)* VOB/B § 13 Nr. 5 Rdn. 270 f.; *Siegburg* 1992, 419, 423 ff.; *Werner/Pastor* Rdn. 2531; a. A. OLG Düsseldorf BauR 2004, 515, 516.
[506] So aber OLG Düsseldorf BauR 1992, 73.
[507] BGHZ 53, 125 = NJW 1970, 562 = BauR 1970, 55 f.; *Kaiser* Mängelhaftung Rdn. 198.
[508] Vgl. dagegen *Werner/Pastor* Rdn. 2506.
[509] *Siegburg* Gewährleistung Rdn. 3054; *Werner/Pastor* Rdn. 2511 f., 2533.
[510] *Kaiser* Mängelhaftung Rdn. 195 b, 197; *Siegburg* Gewährleistung Rdn. 3054; *Werner/Pastor* Rdn. 2518, 2533 (zum früheren AGBG).
[511] Vgl. BGH BauR 1984, 515 = ZfBR 1984, 226; *Ingenstau/Korbion (Wirth)* VOB/B § 13 Nr. 5 Rdn. 249; *Kaiser* Mängelhaftung Rdn. 192 d, 195 b; *Werner/Pastor* Rdn. 2513 f., 2532.

durch Rechtsgestaltungen, die im Ergebnis auf eine Vorleistungspflicht des Auftraggebers trotz bestehender Mängel hinauslaufen. Die Ausbedingung einer Vorleistungsklausel ist zwar nicht generell von § 309 Nr. 2 lit. a BGB oder als Umgehung von § 306 a BGB erfasst,[512] doch hält sie der Prüfung anhand des § 307 BGB nicht stand.[513]

**Unwirksam** ist daher eine **Klausel,** auf Grund deren die nahezu gesamte Vergütung schon vor Abnahme zu zahlen ist und die Fälligkeit in einem unangemessenen Verhältnis zum Bautenstand steht, so dass der Auftraggeber schon tatsächlich keine Gelegenheit zur Überprüfung des ordnungsgemäßen Empfangs der zugesagten Leistung hat.[514] Unwirksam ist auch die Formulierung, dass der vereinbarte Zahlungsplan ohne Rücksicht auf Mängel einzuhalten ist.[515] Das gilt auch für eine Hinterlegungsklausel des Inhalts, dass der Auftraggeber ohne Rücksicht auf Baumängel vor Übergabe des bezugsfertigen Bauwerks dann noch nicht fällige Zahlungen in einem nicht unerheblichen Umfang durch Hinterlegung bewirken soll.[516] Eine nach § 306 a BGB unzulässige Umgehung des in § 309 Nr. 2 lit. a BGB aufgestellten Verbots ist die Ausbedingung einer Bankgarantie, auf Grund deren eine Zahlung auf bloße Vorlage eines Bautenstandsberichts des Auftragnehmers stattfinden soll.[517] Auch das Verbot des Widerrufs einer in Auftrag gegebenen Überweisung oder das Verbot der Schecksperrung für den Fall der mangelhaften oder unvollständigen Leistung ist nicht gültig.[518] 196

Eine **Erweiterung des Leistungsverweigerungsrechts** zugunsten des Auftraggebers des Inhalts, dass es auch auf Grund von Rechten des Auftraggebers aus anderen Bauvorhaben geltend gemacht werden kann, ist nicht grundsätzlich zu beanstanden.[519] 197

## 5. Abtretung

Die **Abtretung der Gewährleistungsrechte** an Dritte, die namentlich beim Bauträgerbau vorkommt, **schließt** das Recht des Auftraggebers **nicht aus,** ein **Leistungsverweigerungsrecht** gegenüber dem Auftragnehmer mit Rücksicht auf das Ausstehen der geschuldeten Mangelbeseitigung geltend zu machen.[520] Kann der Auftraggeber auf diese Weise im Ergebnis einen mangelbedingten Preisnachlass erzielen, kann der Dritte diesen herausverlangen.[521] Der Dritte hat im Verhältnis zum Bauträger auch dann, wenn die Mangelbeseitigung noch nicht fehlgeschlagen ist und er daher mit Rücksicht auf die Vertragsgestaltung im Bauträgervertrag seine Gewährschaftsrechte im Verhältnis zum Bauträger noch nicht durchsetzen kann, ein Recht zur Verweigerung der Kaufpreiszahlung gemäß § 320 BGB, und zwar unabhängig davon, ob der Bauträger seinerseits gegenüber seinem Auftragnehmer Vergütungsteile einbehalten hat.[522] 198

---

[512] BGH NJW 1985, 851; *Kaiser* Mängelhaftung Rdn. 192 d; a. A. BGH BauR 1985, 95 f. = ZfBR 1985, 42 (zum früheren AGBG).
[513] *Kaiser* Mängelhaftung Rdn. 192 d (zum früheren AGBG).
[514] BGH NJW 1985, 857 = BauR 1985, 195 f. = ZfBR 1985, 136; BGH BauR 1986, 696 f. = ZfBR 1986, 225; *Ingenstau/Korbion (Wirth)* VOB/B § 13 Nr. 5 Rdn. 251; *Kaiser* Mängelhaftung Rdn. 192 d; *Werner/Pastor* Rdn. 2515.
[515] *Ingenstau/Korbion (Wirth)* VOB/B § 13 Nr. 5 Rdn. 249; vgl. auch BGH BauR 1986, 456 = ZfBR 1986, 225 f.
[516] BGH NJW 1985, 852 = BauR 1985, 95 = ZfBR 1985, 42; *Ingenstau/Korbion (Wirth)* VOB/B § 13 Nr. 5 Rdn. 249; *Kaiser* Mängelhaftung Rdn. 192 d; *Siegburg* Gewährleistung Rdn. 3056; *Werner/Pastor* Rdn. 2532.
[517] BGH BauR 1986, 456 = ZfBR 1986, 166; *Kaiser* Mängelhaftung Rdn. 192 d; *Siegburg* Gewährleistung Rdn. 3055; *Werner/Pastor* Rdn. 2515.
[518] BGH BauR 1986, 696 f. = ZfBR 1986, 225 f.; *Ingenstau/Korbion (Wirth)* VOB/B § 13 Nr. 5 Rdn. 250; *Kaiser* Mängelhaftung Rdn. 192 d.
[519] *Werner/Pastor* Rdn. 2520 gegen OLG Köln BauR 1973, 55 f.
[520] BGHZ 55, 356 = NJW 1971, 839 = BauR 1971, 126 f.; BGHZ 70, 193, 198 = NJW 1978, 634 = BauR 1978, 136; BGH BauR 1978, 399 = ZfBR 1978, 25; mittelbar auch BGHZ 70, 393 = NJW 1978, 1376 = BauR 1978, 310; *Ingenstau/Korbion (Wirth)* VOB/B § 13 Nr. 5 Rdn. 253; *Kaiser* Mängelhaftung Rdn. 192 b; *Werner/Pastor* Rdn. 2541; *Brych* NJW 1972, 896; a. A. *Ludewig* NJW 1972, 516.
[521] *Werner/Pastor* Rdn. 2541; *Jagenburg* NJW 1972, 1223.
[522] BGHZ 70, 197 = NJW 1978, 635 = BauR 1978, 137 (bei Vergütungseinbehalt des Bauträgers); BGH NJW 1982, 170 = BauR 1982, 62 f.; BGH NJW 1984, 726 = BauR 1984, 167 f. = ZfBR 1984, 36 f.; *Kaiser*

## III. Folgen des Leistungsverweigerungsrechts

### 1. Umfang

**199** **a) Grundsätze.** Das **Maß** des einzubehaltenen Betrags richtete sich grundsätzlich gemäß § 320 Abs. 2 BGB nach den Umständen des Einzelfalls unter Berücksichtigung von Treu und Glauben;[523] mit Einführung des § 641 Abs. 3 BGB ist jedoch dieser für das Maß der zulässigen Einbehaltung auch im Fall des § 634a Abs. 4 und 5 BGB bestimmend. Erheblich sind namentlich Art und Umfang des Mangels und der zu erwartenden Beseitigungsaufwendungen, das Vorhandensein anderweitiger Sicherheit, die Notwendigkeit, auf den Auftragnehmer durch den Einbehalt Druck dahingehend auszuüben, den Mangel alsbald zu beseitigen. Diesen Grundsatz hat **§ 641 Abs. 3 BGB** für das Werkvertragsrecht, insoweit auch für den VOB/B-Vertrag geltend, dahin gehend spezialgesetzlich **konkretisiert,** dass der Besteller einen angemessenen Teil der Vergütung verweigern kann, mindestens in Höhe des Dreifachen der für die Beseitigung des Mangels erforderlichen Kosten. Aus diesen Gesichtspunkten ergibt sich im Einzelnen Folgendes:

**200** Kann der vorhandene Mangel dazu führen, dass der Auftraggeber die gesamte bisherige **Leistung** als wertlos **zurückweisen** kann, so kann der gesamte Betrag einbehalten werden. Ist eine **Mangelbehebung** zu erwarten, ist grundsätzlich nur der Teil zurückzuhalten, der in einem angemessenen Verhältnis zu den voraussichtlichen Kosten der Mangelbeseitigung steht. Dabei ist wegen des Risikos der Kostenprognose großzügig zugunsten des Auftraggebers zu rechnen.

**201** **b) Druckzuschlag.** Der so ermittelte Betrag ist um einen Druckzuschlag zu erhöhen. Seine Berechtigung folgt aus der Funktion des Einbehalts, nicht nur zu einem minderungsartigen Effekt zu verhelfen, sondern auch den Auftragnehmer zu veranlassen, den Mangel wirklich zu beseitigen. Das Ausmaß des Druckzuschlags hängt etwa davon ab, ob ein hinhaltendes Verhalten des Auftragnehmers wegen der Art des Mangels, dabei übrigens oft gerade bei Geringfügigkeit des Mangels, zu erwarten ist. Bei Zugrundelegung dieser Maßstäbe ist in der Regel mit Rücksicht auf § 641 Abs. 3 BGB ein **Einbehalt des Dreifachen** der erwarteten Mangelbeseitigungskosten angemessen.[524] Aber auch das Fünffache, sogar je nach dem Verhältnis von Kleinheit des Mangelbeseitigungsaufwandes zu Größe des Mangelbeseitigungsinteresses das Hundert- oder Tausendfache ist bereits für angemessen gehalten worden.[525] Andererseits kann auch geboten sein, ausnahmsweise von einem Druckzuschlag abzusehen, wenn der Auftragnehmer die Mangelbeseitigung in Annahmeverzug begründender Weise angeboten hat.[526] Ferner ergibt sich aus der Funktion des Druckzuschlags, dass dieser in der Insolvenz des Auftragnehmers entfällt, wenn – und soweit – der Insolvenzverwalter nicht gemäß § 103 Abs. 1 InsO die Erfüllung des Vertrages wählt.[527]

**202** **c) Verhältnismäßigkeit.** Auf den Grundsatz der Verhältnismäßigkeit ist, wie positivrechtlich durch § 320 Abs. 2 BGB zum Ausdruck gebracht wird, zwar Rücksicht zu

---

Mängelhaftung Rdn. 192b Fn. 67, 192d; *Werner/Pastor* Rdn. 2543; *Diedrich* BauR 1978, 344ff.; *Löwe* NJW 1974, 1108ff.

[523] BGH NJW 1982, 2494 = BauR 1982, 580 = ZfBR 1982, 254; *Ingenstau/Korbion (Wirth)* VOB/B § 13 Nr. 5 Rdn. 256f.; *Kaiser* BauR 1982, 205 und Mängelhaftung Rdn. 191; *Siegburg* Gewährleistung Rdn. 3041; *Werner/Pastor* Rdn. 2527; *Weyer* BauR 1981, 426.

[524] Vgl. zum früheren Recht BGH NJW 1981, 1449 = BauR 1981, 288 = ZfBR 1981, 132; BGH NJW 1981, 2801f. = BauR 1981, 580 = ZfBR 1981, 267; BGH NJW 1984, 727 = BauR 1984, 169; *Werner/Pastor* Rdn. 2527; wohl auch *Ingenstau/Korbion (Wirth)* VOB/B § 13 Nr. 5 Rdn. 258ff.

[525] OLG Frankfurt BauR 1982, 377.

[526] OLG Hamm NJW-RR 1996, 86 = BauR 1996, 123; *Siegburg* Gewährleistung Rdn. 3048.

[527] BGH NJW 1999, 1261 = BauR 1999, 392 = ZfBR 1999, 142; vgl. zur Relevanz der Hauptunternehmerinsolvenz für die Gewährschaftsrechte des Hauptunternehmens gegenüber dem Subunternehmer, wenn der Insolvenzverwalter des Hauptunternehmens gegenüber dem Auftraggeber die Vertragserfüllung nach § 103 Abs. 1 InsO abgelehnt hat, BGHZ 169, 43 = NJW 2006, 2919.

nehmen. Das schließt aber **auch bei geringfügigen Mängeln** in der Regel das Leistungsverweigerungsrecht nicht völlig aus, weil sonst dem Auftraggeber das Mittel genommen würde, den Auftragnehmer zur Erledigung der Mangelbeseitigung zu bewegen. Ein Ausschluss des Einbehalts auf Grund von § 320 Abs. 2 BGB ist nur sehr selten anzunehmen.[528] Auch dann, wenn die Mangelverantwortung unstreitig und die Schadenshaftung durch eine Versicherungszusage sichergestellt ist, wird ein Leistungsverweigerungsrecht des Auftraggebers wegen der Notwendigkeit anzuerkennen sein, auf den Auftragnehmer zwecks Durchführung der Mangelbeseitigung einzuwirken.[529] § 641 Abs. 3 BGB indiziert lediglich, dass das Dreifache der zur Mangelbeseitigung erforderlichen Kosten als Minimum einbehalten werden kann; allerdings muss der Besteller darlegen, warum im Einzelfall mehr als das Dreifache einzubehalten ist, um die Durchführung der Nachbesserung sicherzustellen.[530]

**d) Teilvergütungsbegehren.** Verlangt der Auftragnehmer von sich aus nur einen Teil der Vergütung, kann **auch insoweit** ein **Leistungsverweigerungsrecht** bestehen.[531] Mit Rücksicht auf den Rechtsgedanken sowohl des § 320 Abs. 2 BGB als auch des § 641 Abs. 3 BGB ist es hier jedoch nötig, dass der nicht eingeforderte Vergütungsteil unter dem Betrag bleibt, den der Auftraggeber einbehalten könnte, wenn der Auftragnehmer die gesamte Vergütung verlangt hätte; schon mit Rücksicht auf den zuzubilligenden Druckzuschlag kommt es also nicht darauf an, ob der nicht eingeforderte Teil zur Mangelbeseitigung ausreichen würde.[532] Das Leistungsverweigerungsrecht besteht mithin in Höhe der Differenz zwischen dem bei voller Vergütungsklage einzubehaltenden Teil und dem nicht eingeforderten Teil der Vergütung. 203

**e) Sicherheitseinbehalt.** Der vertraglich, insbesondere gemäß § 17 VOB/B vorgesehene Sicherheitseinbehalt des Auftraggebers **schließt** das **Leistungsverweigerungsrecht in der Regel** auch soweit, als der einbehaltene Betrag die voraussichtlichen Mangelbeseitigungskosten deckt, grundsätzlich **nicht aus**;[533] er kann allenfalls im Einzelfall dazu führen, dass der im Wege des Leistungsverweigerungsrechts einzubehaltende Betrag zu reduzieren ist. Das folgt sowohl aus der Funktion des vertraglichen Sicherheitseinbehalts, in erster Linie für die Eventualität späterer und jetzt noch nicht bekannter Mängel vorzusorgen, als auch aus der Aufgabe des Leistungsverweigerungsrechts, auf den Auftragnehmer hinreichenden Druck zur Erledigung der Mangelbeseitigung auszuüben. 204

Dieser Grund rechtfertigt es im Übrigen bei der hier vertretenen Grundlegung des mangelbedingten Leistungsverweigerungsrechts mit Hilfe der §§ 641 Abs. 3, 634a Abs. 4 Satz 2, Abs. 5 BGB[534] auch, dem Auftragnehmer das Recht zur Abwendung des Leistungsverweigerungsrechts durch Sicherheitsleistung zu versagen, das ihm bei der – hier abgelehnten[535] – Begründung des Leistungsverweigerungsrechts mit Hilfe des § 273 BGB nach dessen drittem Absatz zustünde. 205

### 2. Allgemeine Geschäftsbedingungen

Eine Erweiterung des Umfangs des Leistungsverweigerungsrechts in Allgemeinen Geschäftsbedingungen des Auftraggebers ist an § 307 BGB zu messen.[536] Zu beanstanden ist 206

---

[528] *Ingenstau/Korbion (Wirth)* VOB/B § 13 Nr. 5 Rdn. 266.
[529] Wohl a. A. *Ingenstau/Korbion (Wirth)* VOB/B § 13 Nr. 5 Rdn. 266.
[530] *Staudinger/Peters* § 641 Rdn. 23.
[531] BGHZ 56, 316 = NJW 1971, 1801 = BauR 1971, 262; BGH NJW 1981, 1449 = BauR 1981, 288 = ZfBR 1981, 141; *Ingenstau/Korbion (Wirth)* VOB/B § 13 Nr. 5 Rdn. 254; *Werner/Pastor* Rdn. 2528.
[532] So – im Anschluss an BGH NJW 1967, 34 – *Ingenstau/Korbion (Wirth)* VOB/B § 13 Nr. 5 Rdn. 254 f.; *Werner/Pastor* Rdn. 2528.
[533] BGH NJW 1981, 2801 = BauR 1981, 577 = ZfBR 1981, 265; BGH NJW 1982, 2494 = BauR 1982, 579 = ZfBR 1982, 253; BGH NJW 1984, 725 = BauR 1984, 166 = ZfBR 1984, 35; OLG Hamm NJW-RR 1996, 1046 = BauR 1997, 141; *Ingenstau/Korbion (Wirth)* VOB/B § 13 Nr. 5 Rdn. 265; *Kaiser* Mängelhaftung Rdn. 191; *Kleine-Möller/Merl/Oelmaier (Merl)* § 12 Rdn. 996; *Siegburg* Gewährleistung 3052; *Werner/Pastor* Rdn. 2530; a. A. OLG Düsseldorf BauR 1975, 348 f.; *Trapp* BauR 1983, 318, 322 f.
[534] Dazu oben Rdn. 172 ff.
[535] Dazu oben Rdn. 171 ff.
[536] *Ingenstau/Korbion (Wirth)* VOB/B § 13 Nr. 5 Rdn. 264.

eine Klausel, die ein Recht des Auftraggebers zu einer umfangreichen **Leistungsverweigerung unabhängig** von der Art des **Mangels und** der voraussichtlichen **Mangelbeseitigungskosten** vorsieht.[537]

## IV. Prozessuales

### 1. Erkenntnisverfahren

207 a) **Alleinverantwortlichkeit des Auftragnehmers für den Mangel.** Ist allein der Auftragnehmer für den Mangel verantwortlich, führt die Geltendmachung des Leistungsverweigerungsrechts durch den Auftraggeber nach Abnahme[538] sowie vor Abnahme dann, wenn nicht der eigentliche Werklohn oder die Schlusszahlung,[539] sondern eine an sich fällige Abschlagszahlung gefordert wird,[540] zu einer **Zug-um-Zug-Verurteilung.**[541] Auch ein Klageabweisungsantrag kann dabei als Antrag auf Zug-um-Zug-Verurteilung wegen Geltendmachung eines Leistungsverweigerungsrechts auszulegen sein.[542]

208 Erforderlich ist die möglichst präzise Angabe der Mängel in dem vom Auftraggeber zu stellenden Antrag auf Zug-um-Zug-Leistung und schließlich auch im Urteil, um Schwierigkeiten in der Vollstreckung vorzubeugen;[543] das Gericht hat hier erforderlichenfalls gemäß § 139 ZPO für Klarheit zu sorgen. Ergibt sich später, dass der Gegenstand oder Umfang der Mangelbeseitigung, derentwegen der Einbehalt geltend gemacht wurde, unklar ist, kann erforderlichenfalls auf Feststellung des Urteilsinhalts, d. h. auf Feststellung der erwarteten Mangelbeseitigungsleistung, geklagt werden.[544] Der uneingeschränkte Klageabweisungsantrag des beklagten Auftraggebers steht zwar der Zug-um-Zug-Verurteilung, die sich als minus darstellt, nicht entgegen,[545] doch kann dies den Auftraggeber wegen teilweisen Unterliegens gemäß § 92 Abs. 1 ZPO mit Prozesskosten belasten.[546]

209 b) **Mit- oder Alleinverantwortlichkeit des Auftraggebers für den Mangel.** Ist der **Auftraggeber** für den Mangel **mitverantwortlich oder** beim BGB-Vertrag sogar **alleinverantwortlich,** kommt die herrschende Ansicht im Falle eines Zahlungsverlangens des Auftragnehmers zu einer **doppelten Zug-um-Zug-Verurteilung,** wenn die Mangelbeseitigung bis zur letzten mündlichen Verhandlung nicht erledigt ist. Die Einzelheiten und die Kritik an dieser Lösung waren bereits im Rahmen von § 4 Nr. 7 VOB/B, dort zunächst anlässlich der Einforderung von Abschlagszahlungen, darzustellen, doch gilt für Zahlungsverlangen nach Abnahme nichts anderes; insoweit kann daher verwiesen werden.[547]

### 2. Vollstreckung

210 a) **Einfache Zug-um-Zug-Verurteilung.** Bei einer Verurteilung zur Zahlung Zug um Zug gegen Beseitigung der angegebenen Mängel hängt die aus einem solchen Urteil allein zugunsten des Auftragnehmers[548] mögliche Vollstreckung wegen §§ 756, 765 ZPO davon ab, dass **entweder** der Auftragnehmer die angegebenen **Mängel ordnungsgemäß besei-**

---

[537] Vgl. (vor dem AGBG) OLG Köln BauR 1973, 54 m. Anm. *Heyers*; *Ingenstau/Korbion (Wirth)* VOB/B § 13 Nr. 5 Rdn. 264.
[538] BGHZ 55, 358 = NJW 1971, 839; BGHZ 61, 44 = NJW 1973, 1792 = BauR 1973, 315.
[539] Dazu → § 4 Nr. 7 Rdn. 125.
[540] Dazu → § 4 Nr. 7 Rdn. 131; BGHZ 73, 144 = NJW 1979, 651 = BauR 1979, 161; BGH NJW-RR 1988, 1043 = BauR 1988, 475.
[541] *Kaiser* Mängelhaftung Rdn. 193, 195; *Siegburg* Gewährleistung Rdn. 3035, 3040; *Werner/Pastor* Rdn. 2521, 2536; *Siegburg* BauR 1992, 421.
[542] BGH BauR 1999, 69 = ZfBR 1999, 35 f.; *Werner/Pastor* Rdn. 2503.
[543] *Werner/Pastor* Rdn. 2724 ff.; *Siegburg* BauR 1992, 419, 421.
[544] BGH BauR 1976, 431; *Ingenstau/Korbion (Wirth)* VOB/B § 13 Nr. 5 Rdn. 273; *Werner/Pastor* Rdn. 2522.
[545] Vgl. BGH NJW 1951, 518; *Werner/Pastor* Rdn. 2521.
[546] *Siegburg* Gewährleistung Rdn. 3050.
[547] Dazu → § 4 Nr. 7 Rdn. 143 ff.
[548] *Werner/Pastor* Rdn. 2725.

tigt und der Gerichtsvollzieher bzw. das Vollstreckungsgericht diese Leistung als mangelfrei und vollständig anerkennt, oder dass der Auftragnehmer den **Annahmeverzug** des Auftraggebers durch öffentliche oder öffentlich beglaubigte Urkunde **nachweist**.

Der Gerichtsvollzieher bzw. das Vollstreckungsgericht hat demgemäß die **Ordnungs-** 211 **mäßigkeit der Bauleistung zu überprüfen,** wobei allerdings die Grenzen seiner Prüfungspflicht und seines Prüfungsrechts umstritten sind.[549] Grundsätzlich ist der Gerichtsvollzieher im Rahmen des ihm technisch Möglichen zur selbstständigen Feststellung des Sachverhalts berechtigt und verpflichtet. Wird dieser Bereich verlassen – und dies ist bei technischen Fragen nicht ganz einfacher und evidenter Art in der Regel anzunehmen, jedenfalls wenn der Auftraggeber die Ordnungsmäßigkeit der Leistung des Auftragnehmers mit plausiblen Gründen rügt –, so kann und muss der Gerichtsvollzieher bzw. das Vollstreckungsgericht einen Sachverständigen konsultieren, der als sein Gehilfe tätig wird.[550]

Weigert sich der Gerichtsvollzieher, einen Sachverständigen zuzuziehen, ist er aber auch 212 nicht bereit, die Werkleistung als ordnungsgemäß anzuerkennen und demgemäß die Geldvollstreckung zugunsten des Auftragnehmers zu vollziehen, kann der **Auftragnehmer** den Gerichtsvollzieher im Wege der **Erinnerung,** § 766 ZPO, entsprechend anweisen lassen, die erforderliche Sachaufklärung zu veranlassen.[551] Entsprechend ist zu verfahren, wenn der zugezogene Sachverständige die Mangelbeseitigungsleistung als unzureichend ansieht; hier ist auf Erinnerung des Auftragnehmers die nötige Sachklärung durch einen gerichtlichen Sachverständigen zu leisten. Der Auftragnehmer kann auch auf entsprechende Feststellung klagen, allerdings nur bis zum Beginn der Zwangsvollstreckung, weil alsdann § 766 ZPO der einfachere und speziellere Behelf ist.[552]

Setzt der Gerichtsvollzieher allerdings die Zwangsvollstreckung fort, während der **Auf-** 213 **traggeber** der Ansicht ist, die Mangelbeseitigung sei nicht gelungen, kann dieser den Gerichtsvollzieher mittels **Erinnerung** gemäß § 766 ZPO anweisen lassen, die Vollstreckung einzustellen.[553] Das Gericht wird die Sachaufklärung im Erinnerungsverfahren selbst mit Hilfe eines Sachverständigen nachholen; hatte der Gerichtsvollzieher bisher noch keinen Sachverständigen eingeschaltet, kommt auch die gerichtliche Anweisung in Betracht, dieses nun nachzuholen.

Schwebt ein **Beweisverfahren** über die Ordnungsmäßigkeit der Mangelbeseitigung, ist 214 der Gerichtsvollzieher zwar nicht mit Notwendigkeit zu einer **einstweiligen Einstellung der Vollstreckung** verpflichtet, jedoch je nach Lage des Einzelfalls berechtigt.[554]

Erkennt das Vollstreckungsorgan bei der Vollstreckung des Zahlungstitels, dass die Man- 215 gelbeseitigung nicht durchgeführt wurde, und beruft sich der Auftraggeber nun materiell erkennbar zu Recht auf Minderung der Schadensersatzansprüche und setzt diese dem Zahlungsanspruch entgegen, so ist der Werklohntitel materiell nur noch in entsprechend geringerem Umfang vollstreckbar.[555] Im Streitfalle ist die weitere Vollstreckbarkeit des Titels mit einer Vollstreckungsgegenklage gemäß § 767 ZPO ganz oder teilweise zu beseitigen.

**b) Doppelte Zug-um-Zug-Verurteilung.** Kommt es zu einer doppelten Zug-um- 216 Zug-Verurteilung, weil der Auftraggeber die Kosten der vom Auftragnehmer geschuldeten Mangelbeseitigung ganz oder teilweise tragen muss, richtet sich die Vollstreckung nach dem Verfahren, das bereits im Zusammenhang des § 4 Nr. 7 VOB/B aus Anlass der Einforderung von Abschlagszahlungen zu erörtern war. Das dort Gesagte[556] gilt für die Schlusszahlung bzw., beim BGB-Vertrag, für die eigentliche Werklohnklage entsprechend.

---

[549] Dazu *Werner/Pastor* Rdn. 2738 ff.; *Schneider* DGVZ 1978, 65; *Stojek* MDR 1977, 456.
[550] Vgl. KG NJW-RR 1989, 638; *Werner/Pastor* Rdn. 2739.
[551] Vgl. LG Hannover DGVZ 1984, 152; *Werner/Pastor* Rdn. 2740; *Schneider* DGVZ 1978, 65, 66.
[552] So (zum Kaufrecht) im Ergebnis AG Pirmasens MDR 1975, 62; weitergehend für Zulässigkeit der Feststellungsklage *Werner/Pastor* Rdn. 2740; *Schneider* DGVZ 1978, 65, 67.
[553] KG NJW-RR 1989, 638; *Werner/Pastor* Rdn. 2740.
[554] LG Oldenburg DGVZ 1974, 43; *Werner/Pastor* Rdn. 2741.
[555] OLG Naumburg BauR 2002, 347.
[556] Dazu → § 4 Nr. 7 Rdn. 143 f.

# § 13 Nr. 6

## § 13 Nr. 6 [Minderungsanspruch]

Ist die Beseitigung des Mangels für den Auftraggeber unzumutbar oder ist sie unmöglich oder würde sie einen unverhältnismäßig hohen Aufwand erfordern und wird sie deshalb vom Auftragnehmer verweigert, so kann der Auftraggeber durch Erklärung gegenüber dem Auftragnehmer die Vergütung mindern (§ 638 BGB).

**Literatur:** *Aurnhammer*, Verfahren zur Bestimmung von Wertminderungen bei (Bau-)Mängeln und (Bau-)Schäden, BauR 1978, 356; *ders.*, Wert und Bewerten; einige grundsätzliche Gedanken zum Wertproblem, BauR 1981, 139; *ders.*, Der Wert des Sachverständigengutachtens – Der Beurteilungsweg über das Zielbaumverfahren, BauR 1983, 97; *Becker*, Gestaltungsrecht und Gestaltungsgrund, AcP 188 (1988), 24; *Bindhardt*, Merkantiler Minderwert von Immobilien – Probleme, BauR 1982, 442; *Brych*, Kein Ausschluß des Wandlungsrechtes im Bauträgervertrag, ZfBR 1979, 222; *Busche*, Voraussetzungen und Grenzen der „Nachbesserung" im Werkvertragsrecht, DB 1999, 1250; *Cuypers*, Zur Berechnung des Minderungsbetrages beim Bauvertrag, BauR 1993, 541; *Derleder*, Der Wechsel zwischen den Gläubigerrechten bei Leistungsstörungen und Mängeln, NJW 2003, 998; *Flach*, Die VOB/B und das Leitbild des gesetzlichen Werkvertragsrechtes, 1984; *Früh*, Die Kostenbeteiligung des Bauherrn bei der Mängelbeseitigung unter besonderer Berücksichtigung der sogenannten „echten Vorteilsausgleichung" (Abzug „neu für alt"), BauR 1992, 160; *v. Gerlach*, Der merkantile Minderwert in der Rechtsprechung des BGH, DAR 2003, 49; *H. Groß*, Vorteilsausgleichung im Gewährleistungsrecht, FS Korbion, 1986, S. 123; *Hörl*, „Minderwert", zfs 1999, 46; *Kaiser*, Die Minderung nach § 13 Nr. 6 VOB/B – Grundsätzliche Rechtsfragen –, ZfBR 1991, 87; *Kamphausen*, Alternativbegutachtungen durch Sachverständige – Rechtliche Grundlagen und Besonderheiten bei Wertminderungen, BauR 1986, 151; *ders.*, Der optische Bau- und Wohnungsmangel, BauR 1995, 343; *ders.*, Ermittlung von Minderwerten mangelhaft erstellter Wohnungen und Wohngebäude durch Sachverständige, BlGBW 1983, 1; *Kemper*, Die Neuregelung der Mängelansprüche in § 13 VOB/B -2002-, BauR 2002, 1613; *Knüttel*, Minderwertberechnungen, FS Vygen, 1999 S. 311; *Koller*, Aufgedrängte Bereicherung und Wertersatz bei der Wandlung im Werkvertrags- sowie Kaufrecht, DB 1974, 2385; *Kornmeier*, Anm. zu OLG Hamm (NJW 1978, 2035), NJW 1978, 2035; *Kratzenberg*, Der Beschluss des DVA-Hauptausschusses zur Neuherausgabe der VOB 2002 (Teile A und B), NZBau 2002, 177; *Kuhn*, Zur Frage der Wandlung bei Bauleistungen nach der VOB/B, NJW 1955, 412; *Leineweber*, Zur Feststellung einer „technischen Verursachungsquote" durch den Sachverständigen, FS Mantscheff, 2000, S. 249; *Mandelkow*, Die Unverhältnismäßigkeit der Nachbesserung, BauR 1996, 656; *Mantscheff*, Unzureichender Wärmeschutz – Ansätze für eine Minderwertberechnung, BauR 1982, 435; *Mortensen*, Das Ermitteln von Wertminderungen für eine spezielle Gruppe von Baumängeln, BauR 1998, 73; *Muscheler*, Wandelung, gesetzlicher Rücktritt und negatives Interesse, AcP 187 (1987), 342; *Nelting*, Die Schnittstelle zwischen Richter und Sachverständigem beim Sachverständigenbeweis, BIS 2003, 248; *Oertmann*, Wandlung beim Werkvertrag, Das Recht 1920, 154; *Oswald*, Die Beurteilung von optischen Mängeln, Jahrbuch Baurecht 1998, 357; *Pauly*, Zur Frage der Berechnung des Minderungsbetrages und des Minderwertes beim Bauvertrag am Beispiel von Schallschutzmängeln, BauR 2002, 1321; *Peters*, Die Wandlung des Werkvertrages, JR 1979, 265 f.; *ders.*, Praktische Probleme der Minderung bei Kauf und Werkvertrag, BB 1983, 1951; *ders.*, Das Bauzurecht im modernisierten Schuldrecht, NZBau 2002, 113; *Quack*, Vom Interesse des Bestellers an der Nachbesserung, FS Vygen, 1999 S. 368; *Ramrath*, Die Geltendmachung der Unwirksamkeit von Gestaltungserklärungen, JR 1993, 309; *Schlund*, Zum Umfang des merkantilen Minderwertes als Schaden, BB 1976, 908; *Schmalzl*, Die Gewährleistungsansprüche des Bauherrn gegen den Bauunternehmer, NJW 1965, 129; *H. W. Schmidt*, Gewährleistung nach § 13 VOB/B, MDR 1963, 263; *Schmidt-Rossbach*, Wertminderung bei Betonflächen, BauR 1982, 328; *F. Siegburg*, Unverhältnismäßigkeit der Nacherfüllung und Minderung nach der Schuldrechtsmodernisierung, FS Werner (2005), S. 289 f.; *Sienz*, Die Neuregelungen im Werkvertragsrecht nach dem Schuldrechtsmodernisierungsgesetz, BauR 2002, 181; *Stark*, Die Durchführung der Wandlung beim Bauwerkvertrag, JW 1929, 1727; *Teichmann*, Kauf- und Werkvertrag in der Schuldrechtsreform, ZfBR 2002, 13; *ders.*, Schuldrechtsmodernisierung 2001/2002 – Das neue Werkvertragsrecht, JuS 2002, 417; *Tempel*, Ist die VOB noch zeitgemäß?, NZBau 2002, 532; *Vorwerk* Mängelhaftung des Werkunternehmers und Rechte des Bestellers nach neuem Recht, BauR 2003, 1; *Wertenbruch*, Die Eingeschränkte Bindung des Käufers an Rücktritt und Minderung, JZ 2002, 862; *Weyer*, Hält § 13 VOB/B der isolierten Inhaltskontrolle stand?, NZBau 2002, 521; *ders.*, Werkvertragliche Mängelhaftung nach neuem Recht: Probleme bei Minderung und Schadensersatz, Jahrbuch Baurecht 2004, 245; *Zehfeld*, Zielbaumverfahren – auch Grundlage bei der Baupreisermittlung, FS Vygen, 1999 S. 380.

**Übersicht**

| | Rdn. | | Rdn. |
|---|---|---|---|
| A. Einführung: Bedeutung und systematische Stellung im Rahmen der Mangelanspruchsnormen | 1–7 | I. Minderung als Gestaltungsrecht<br>1. Wirksamkeit der Minderungserklärung | 8<br><br>9 |
| B. Rechtstechnik der Minderung; prozessuale Fragen; besondere Vertragsverhältnisse | 8–26 | 2. Folgen der wirksamen Minderungserklärung<br>II. Die Minderung im Prozess | 11k<br><br>12 |

Minderungsanspruch § 13 Nr. 6

|  | Rdn. |
|---|---|
| III. Minderung bei Sonderformen im Schuldverhältnis | 18 |
| 1. Forderungsteile; Aufrechnung; Teilabtretung | 18 |
| 2. Minderung beim Pauschalvertrag | 19 |
| 3. Mehrere Mängel | 22 |
| 4. Mehrere Vertragsparteien (§ 638 Abs. 2 BGB) | 23 |
| 5. Minderung bei Mängeln am Gemeinschaftseigentum | 26 |
| **C. Materielle Minderungsvoraussetzungen** | 27–54 |
| I. Anspruchsvoraussetzungen als tatsächliche und normative Frage; Probleme der Praxis | 27 |
| II. Unmöglichkeit der Mängelbeseitigung | 29 |
| 1. Systematischer Stellenwert der Nr. 6 | 29 |
| 2. Objektive Unmöglichkeit – Unvermögen – | 31 |
| 3. Unmöglichkeit – Unverhältnismäßigkeit; Teilunmöglichkeit | 33 |
| 4. Darlegungs- und Beweislast | 38 |
| III. Unverhältnismäßigkeit der Mängelbeseitigung | 40 |
| 1. Allgemeines | 40 |
| 2. Begriff der Unverhältnismäßigkeit | 41 |
| 3. Konkreter Kostenvergleich | 47 |
| IV. Unzumutbarkeit für den Auftraggeber | 50 |
| 1. Unzumutbarkeit aus fehlerhaften Beseitigungsangebot | 50 |
| 2. „Besonderes Interesse" des Auftraggebers (§ 634 Abs. 2 BGB) | 53 |

|  | Rdn. |
|---|---|
| **D. Feststellung der berechtigten Minderungshöhe** | 55–81 |
| I. Minderung gem. § 13 Nr. 6; § 472 BGB | 55 |
| 1. Ermittlungsprinzip der Rspr. und h. M. | 55 |
| 2. Kritische Würdigung | 60 |
| 3. Bestimmungswege in der Praxis („Zielbaummethode") | 62 |
| 4. Vorschlag des Verfassers: Minderungsumfang als Frage des vertraglichen Mängelwertes | 64 |
| a) Fehlerhafter Lösungsansatz der Praxis | 64 |
| b) Lösungsweg des Verfassers; Orientierung für gesetzliche Fallgruppen | 68 |
| c) Fallgruppeneinteilung nach gegenständlichen Problembereichen | 73 |
| 5. Stichtag der Minderungsberechnung | 79 a |
| 6. Mitverschulden des Auftraggebers beim Minderungsanspruch | 80 |
| II. Minderungswert und „Wertminderung" als Schaden | 81 |
| **E. Rücktritt vom Bauvertrag** | 82–91 |
| I. Allgemeines; Regelung des BGB | 82 |
| II. Rücktritt nach VOB/B zulässig? | 83 |
| 1. Der Meinungsstand | 83 |
| 2. Auffassung des Verfassers | 87 |
| **F. AGB-Probleme** | 92–95 |
| I. Minderung | 92 |
| II. Rücktritt | 94 |

## A. Einführung: Bedeutung und systematische Stellung im Rahmen der Mangelanspruchsnormen

§ 13 Nr. 6 VOB/B gibt dem Auftraggeber bei Mängeln ein Minderungsrecht gegenüber dem Vergütungsanspruch des Auftragnehmers. Der Auftraggeber hat jedoch zu beachten, dass die „Minderung" von **engen Voraussetzungen** abhängt, weil die VOB/B den vorrangigen Anspruch des Auftragnehmers auf Mängelbeseitigung schützt.[1] Nur wenn die Beseitigung des Mangels tatsächlich unmöglich, für den Auftragnehmer unverhältnismäßig aufwändig oder für den Auftraggeber aus besonderen Gründen unzumutbar ist, kann der Auftraggeber diesen Anspruch stellen. Ansonsten ist er auf die Rechte aus §§ 13 Nr. 5 und 13 Nr. 7 VOB/B verwiesen. 1

Die **Änderungen in der VOB/B 2002** bezgl. des § 13 Nr. 6 VOB/B gegenüber der vorherigen Fassung sind im Wesentlichen auf die Schuldrechtsreform zurückzuführen. Der 1 a

---

[1] Allg. Meinung vgl. *Ingenstau/Korbion/Wirth* VOB/B § 13 Nr. 6 Rdn. 8 – Strittig ist, ob § 13 Nr. 6 VOB/B auch im Rahmen des § 4 Nr. 7 VOB/B vor Abnahme anwendbar ist; vgl. dazu bei → § 4 Nr. 7 und eingehend *Kaiser* ZfBR 91, 87 (89).

DVA-Hauptausschuss wollte die bisherige Regelung in § 13 Nr. 6 VOB/B inhaltlich unverändert übernehmen.[2]

**1b** Wie im BGB (§ 638 Abs. 1 Satz 1 BGB) ist nun auch für den VOB/B-Vertrag geregelt, dass es sich bei der Minderung um ein **Gestaltungsrecht** handelt. Ob dies nur klarstellend erfolgt[3] ist allenfalls für Bauverträge von Bedeutung, die nach dem Inkrafttreten der Schuldrechtsreform am 1. 1. 2002 geschlossen wurden und die noch auf ältere Fassungen der VOB/B Bezug nehmen.

**1c** Nunmehr wird auf **§ 638 BGB Bezug genommen** (anstatt früher auf die §§ 634 Abs. 4, 472 BGB). Diese Änderung soll der Änderung der Gesetzeslage durch, die Schuldrechtsreform Rechnung tragen.[4] Entgegen einer in der Literatur vertretenen Auffassung[5] ergibt sich weder aus der Entstehungsgeschichte, noch aus dem Wortlaut allerdings eine Beschränkung dieser Bezugnahme nur auf die reine Berechnung der Minderung. Der Wortlaut besagt vielmehr, dass soweit § 13 Nr. 6 VOB/B keine besondere Regelung trifft, § 638 BGB anwendbar ist; ansonsten wäre nur auf § 638 Abs. 3 BGB Bezug genommen worden. Dies ist etwa von Bedeutung für die Frage, ob die Minderungserklärung einheitlich erklärt werden muss (so § 638 Abs. 2 BGB), aber auch für die Rückforderung überzahlter Beträge (§ 638 Abs. 4 BGB) und für den ausdrücklich nicht vorgesehenen Auschluss unerheblicher Pflichtverletzungen (§§ 638 Abs. 1 Satz 2, 323 Abs. 5 Satz 2 BGB). – Die Neuformulierung des Minderungsrechtes bei unzumutbarer Mängelbeseitigung dient der Klarstellung.[6]

**2** Die Minderungsvoraussetzungen nach **§ 13 Nr. 6 VOB/B unterscheiden sich von denen nach §§ 634, 638 BGB:**

Sachlich übereinstimmend konnte der Auftraggeber nach **altem Recht** zunächst nach § 634 BGB wie nach § 13 Nr. 6 mindern, wenn (soweit) ihm die **Hinnahme** einer **Mängelbeseitigung nicht (mehr) zumutbar** war. Die Begrenzung bezüglich der Unzumutbarkeit für den BGB-Vertrag ist entfallen, da § 638 Abs. 1 Satz 2 BGB ausdrücklich die Voraussetzung des § 323 Abs. 5 Satz 2 BGB („Pflichtverletzung unerheblich") ausschließt. Dies gilt, da § 13 Nr. 3 VOB/B auf § 638 BGB insgesamt Bezug nimmt, grundsätzlich auch für den VOB/B-Vertrag. Zumindest Teile der Literatur[7] gehen davon aus, dass beim Werkvertrag die Minderung gerade bei tragbaren Bagatellmängeln in Betracht kommt und es deshalb bei der Minderung generell keine Untergrenze in Form einer Unerheblichkeitsschwelle geben sollte.

**3** Das BGB gewährt einen Minderungsanspruch aber darüber hinaus, wenn der Unternehmer die Mängelbeseitigung **endgültig verweigert** oder eine ihm gesetzte angemessene Frist verstreichen lässt (§§ 638 Abs. 1 634 Nr. 3, 323 Abs. 1, Abs. 2 Nr. 1 BGB). Eine solche Leistungsverweigerung ist nach VOB/B für das Minderungsrecht an sich nicht ausreichend. Der Auftraggeber bleibt auf den Anspruch auf Resterfüllung verwiesen, ist aber gegenüber einer **Weigerungshaltung** des Auftragnehmers ebenfalls nicht wehrlos: Im Einzelfall kann eine Mängelbeseitigung durch den Auftragnehmer für den Auftraggeber unzumutbar sein (vgl. dazu unten Rdn. 50 f.); insoweit kann auch hier unmittelbar gemindert werden.

**4** Ansonsten steht dem Auftraggeber bei **Verzug des Auftragnehmers** mit der Mängelbeseitigung ein Anspruch auf Ersatzvornahme, evtl. Vorschusszahlung, zu, womit dem Interesse des Auftraggebers in ähnlicher Weise wie durch eine Minderung entsprochen ist, – nämlich durch Zahlung eines Geldausgleiches, im Wesentlichen in Höhe des Beseitigungs-

---

[2] *Kratzenberg* NZBau 2002, 177 (183).
[3] So *Kratzenberg* NZBau 2002, 177 (183).
[4] Vgl. *Kratzenberg* NZBau 2002, 177 (183).
[5] *Kemper* BauR 2002, 1613 (1617) – aus der von ihm zum Beleg zitierten Literaturstelle (*Kratzenberg* NZBau 2002, 177, 183) lässt sich allerdings dieser von *Kemper* behauptete Wille des DVA-Hauptausschusses nicht ableiten.
[6] *Kratzenberg* NZBau 2002, 177 (183).
[7] *Peters* NZBau 2002, 113 (119).

Minderungsanspruch § 13 Nr. 6

betrages.[8] Schäden, die unabhängig von einer Mängelbeseitigung am Objekt oder sonst im Vermögen des Auftraggebers verbleiben, können nach BGB[9] wie (im Rahmen des § 13 Nr. 7 VOB/B) nach VOB/B[10] auch unabhängig von den jeweils speziellen Minderungsvoraussetzungen geltend gemacht werden.

Das bedeutet, dass der Auftraggeber vor allem darauf zu achten hat, dass er seine Vertragsrechte in der **richtigen Ordnung** geltend macht.[11] Insoweit ist auch zu berücksichtigen, dass ein Schadensersatzanspruch nach § 13 Nr. 7 VOB/B auf Grund der Formulierung in dessen Absatz 3 Satz 1 („Im Übrigen") und Satz 2 („Einen darüber hinausgehenden Schaden") nach einem Teil des Schrifttums[12] nur ausschließlich des Minderungswertes (§ 13 Nr. 6 VOB/B) geltend gemacht werden kann, „der Schaden" also regelmäßig in einer Addition von „Minderung" und Schadensausgleich nach § 13 Nr. 7 Abs. 1 bzw. Abs. 2 VOB/B besteht. Diese Regelung der VOB/B bleibt in der Praxis aber vielfach unbeachtet,[13] erscheint auch unnötig kompliziert und sollte deshalb vereinfacht werden.[14]

Substantielle Unterschiede zwischen der **BGB- und VOB/B-Regelung** zur Minderung sind nur am Rande erkennbar und zudem strittig: Fraglich ist einmal, auf welchen Zeitpunkt für die Minderung abzustellen ist[15] und ob eine Minderung auch bereits vor Abnahme[16] geltend gemacht werden kann; problematisch ist ferner, wie sich auf Grund der formellen Ausgestaltung des Minderungsrechtes die Präklusion von Mängelhaftungsrechten nach **§ 640 Abs. 2 BGB** auf § 13 Nr. 6 VOB/B[17] und den Schadensersatzanspruch nach § 13 Nr. 7 VOB/B auswirkt. Das Recht des Auftraggebers auf Minderung der Vergütung stellt für die VOB/B eine vertraglich **abschließende Regelung** dar.[18] Liegen die Voraussetzungen nach § 13 Nr. 6 VOB/B nicht vor, kann nicht etwa auf andere Anspruchsgrundlagen, insbesondere nicht auf die §§ 634, 638 BGB oder §§ 812 f. BGB zurückgegriffen werden.[19]

Einen Grenzfall stellen völlig **wertlose Leistungen** dar. Die h. M.[20] geht davon aus, dass der Auftraggeber nach § 13 VOB/B kein Recht auf Rücktritt habe. Um aber auch in Fällen, in denen etwa nach BGB eine Rücktritt in Betracht käme, eine angemessene Lösung bereit zu stellen, gewährt die Praxis ein Recht auf **„Minderung auf Null"**.[21] Damit ist dem Vergütungsaspekt des Rücktrittes Rechnung getragen. Im Übrigen vgl. zum Rücktritt unten Rdn. 82 f.

---

[8] Ähnlich: *Kapellmann/Messerschmidt/Weyer* VOB/B § 13 Rdn. 264; zum Selbstbeseitigungsrecht bestehen formal Unterschiede, insb. wegen der Verwendungspflicht des Vorschusses.

[9] Noch zum alten Recht: BGHZ 72, 31 (33) = NJW 1978, 1626 = BauR 1978, 402 = ZfBR 1978, 77; BGHZ 92, 308 (310) = NJW 1985, 381 = BauR 1985, 83 = ZfBR 1985, 33; BGHZ 96, 221 (226) = NJW 1986, 922 = BauR 1986, 211 = ZfBR 1986, 67; zum neuen Recht: *Palandt/Thomas* § 634 Rdn. 8, 9; einschr.: *Bamberger/Roth/Voit* § 638 Rdn. 3 (Schadensersatz neben der Minderung nur, wenn es andere Mängel betrifft oder die Schadensursache zum Zeitpunkt der Minderung bereits vorlag).

[10] BGHZ 55, 198 = NJW 1971, 615.

[11] So auch *Ingenstau/Korbion/Wirth* § 13 Nr. 6 Rdn. 15, 24.

[12] Vgl. *Erman/Seiler* § 635 Rdn. 34; *Staudinger/Peters* Anh. I zu § 635 Rdn. 44; *Ingenstau/Korbion/Wirth* B § 13 N. 7 Rdn. 16. Vgl. auch OLG Düsseldorf BauR 1982, 587 (589).

[13] BGHZ 77, 126 = NJW 1980, 1952 = BauR 1980, 460 = ZfBR 19 890, 191; OLG Hamm BauR 1995, 109 f.; vgl. auch Staudinger/*Peters* a. a. O. (Fn. 8); *Heiermann/Riedl/Rusam* VOB/B § 13 Rdn. 168.

[14] „Außerdem" könnte durch: „unter den Voraussetzungen der Nr. 6 auch" ersetzt werden.

[15] Vgl. unten Rdn. 79 b.

[16] Vgl. unten Rdn. 29; eingehend *Kaiser* ZfBR 1991, 87, 91, 92.

[17] Nach wohl allg. Meinung unterscheidet sich die Rechtslage nach VOB/B nicht von der nach BGB; vgl. etwa *Ingenstau/Korbion/Oppler* VOB/B § 12 Rdn. 61 f.; zum alten Recht vgl. *Kaiser* Mängelhaftung Rdn. 136 f.; BGHZ 77, 134 = NJW 1980, 1952 = BauR 1980, 460 = ZfBR 1980, 191.

[18] *Ingenstau/Korbion/Wirth* VOB/B § 13 Nr. 6 Rdn. 9; *Heiermann/Riedl/Rusam* VOB/B § 13 Rdn. 161; *Kapellmann/Messerschmidt/Weyer* VOB/B § 13 Rdn. 291.

[19] *Ingenstau/Korbion/Wirth* VOB/B § 13 Nr. 6 Rdn. 9.

[20] *Ingenstau/Korbion/Wirth* VOB/B § 13 Nr. 6 Rdn. 78 f.; vgl. noch zum alten Recht BGHZ 42, 232 = NJW 1965, 152; vgl. näher zum Streitstand unten Rdn. 83.

[21] *Ingenstau/Korbion/Wirth* VOB/B § 13 Nr. 6 Rdn. 65; BGH LM Nr. 12 zu § 634 BGB; BGHZ 42, 232 = NJW 1965, 152; OLG Saarbrücken NJW-RR 1987, 470.

## B. Rechtstechnik der Minderung; prozessuale Fragen; besondere Vertragsverhältnisse

### I. Minderung als Gestaltungsrecht

**8**  Seit der Schuldrechtsreform und der Neufassung der VOB/B ist die Minderung als Gestaltungsrecht ausgeformt. Dies ergibt sich beim BGB-Vertrag aus § 638 Abs. 1 Satz 1 BGB („... durch Erklärung gegenüber dem Unternehmer mindern") und für den VOB/B-Vertrag aus der Formulierung „... so kann der Auftraggeber durch Erklärung gegenüber dem Auftragnehmer die Vergütung mindern" in § 13 Nr. 6 VOB/B. Bereits aus dem Wortlaut des § 638 Abs. 1 Satz 1 BGB wie auch des § 13 Nr. 6 VOB/B folgt, dass der Auftrag*nehmer* nicht einseitig die Minderung durchführen kann.[22] Den Vertragsparteien bleibt es daneben selbstverständlich unbenommen, sich bezüglich einer Minderung zu einigen.

**8a**  Nach **altem Recht** war demgegenüber die folgende Regelung vorgesehen: War das lt. Wortlaut erforderliche Einverständnis des Auftragnehmers mit der Minderung erklärt, ergab sich für den Auftraggeber ein Anspruch „aus" Minderung, der dann aber kein eigentlicher Gewährleistungsanspruch mehr war, sondern ein neu entstandenes Recht, das auch der Regelverjährung des § 195 BGB unterliegen sollte.[23] Einigkeit bestand darin, dass prozessual nicht das Einverständnis des Auftragnehmers eingeklagt zu werden brauchte, sondern sogleich das Recht „aus" dem behaupteten Minderungsanspruch geltend gemacht werden konnte (z. B. Klage auf Rückzahlung eines bestimmten Vergütungsbetrages);[24] die Feststellung des Gerichtes zu diesem Anspruch ersetzte die Einverständniserklärung. Bis zur verbindlichen Einverständniserklärung, ggf. bis zur Rechtskraft eines das Minderungsrecht bestätigenden Urteiles,[25] behielt der Auftraggeber das Wahlrecht, statt Minderung Resterfüllung nach § 13 Nr. 5 VOB/B zu fordern.[26] Eine Änderung des sachlichen Begehrens des Auftraggebers wirkte im Prozess nicht als Klagänderung,[27] einer Zulassung als „sachdienlich" bedurfte es deshalb nicht,[28] wenn nur die Form des Gewährleistungsinteresses, nicht aber der sachliche Gegenstand des Streites selbst abgewandelt wurde.[29] Umstritten war, welchen Inhalt die Einverständniserklärung des Auftragnehmers haben musste (vgl. hierzu unten → Rdn. 11 d). Wegen der damit zusammenhängenden Probleme im Kontext der Mängelklage sei insofern auf die Vorauflage (dort § 13 Nr. 6 Rdn. 12 ff.) verwiesen.

#### 1. Wirksamkeit der Minderungserklärung.

**9**  Wie bei jedem Gestaltungsrecht muss die Minderung wirksam erklärt werden und dem Erklärungsempfänger zugehen. Neben den in § 13 Nr. 6 VOB/B genannten materiellen Tatbestandsmerkmalen, Unmöglichkeit, Unzumutbarkeit und Unverhältnismäßigkeit (siehe zu diesen unten → Rdn. 27 ff.) treten weitere, sich aus der Rechtsnatur der Minderungs-

---

[22] Vghl. bereits zum alten Recht BGH LM Nr. 69 zu § 635 BGB = NJW 1982, 1521.
[23] BGH NJW 1983, 390; *Kaiser* Mängelhaftung Rdn. 86 a.
[24] MünchKomm/*Westermann* § 465 Rdn. 9, 10; Staudinger/*Peters* § 634 Rdn. 38.
[25] BGH NJW 1982, 1521; BGH NJW 1990, 2680; BGH NJW 1990, 2682.
[26] Soweit dafür sachlich Raum ist, beseitigt § 13 Nr. 6 VOB/B das grundsätzliche Wahlrecht des Auftraggebers nicht, vgl. Staudinger/*Peters* Anh. I zu § 635 Rdn. 42; *Nicklisch/Weick* VOB/B § 13 Rdn. 206; a. A. *Kaiser* Mängelhaftung Rdn. 90 b und ZfBR 1991, 87, 90; *Ingenstau/Korbion* (14. Aufl.) VOB/B § 13 Rdn. 640.
[27] BGH LM Nr. 69 zu § 635 BGB = NJW 1982, 1521.
[28] Es gilt § 264 ZPO, vgl. BGH NJW 1990, 2682, der allerdings grundsätzlich von einer „Klagänderung" spricht.
[29] Klagänderung, wenn ein weitergehender Schaden nach § 13 Nr. 7 geltend gemacht wird, i. Zw. aber sachdienlich, wenn der tatsächliche Klagegrund im Wesentlichen unverändert bleibt, vgl. BGH NJW 2000, 800 (803) und LG Mönchengladbach NJW 1992, 1524.

Minderungsanspruch § 13 Nr. 6

erklärung als Gestaltungsrecht ergebende Kriterien für die Wirksamkeit einer Minderungserklärung. Die Wirksamkeit ist ggf. vom Gericht als Vorfrage zu klären.

a) **Zugang:** Wie jede **Willenserklärung** ist die Minderung **zugangsbedürftig** (§ 130 **10** Abs. 1 Satz 1 BGB). Erklärungsgegner ist der (bzw. die) Vertragspartner in dessen oder deren Verantwortungsbereich die Minderung fällt.[30] Hieraus folgt zunächst, dass auch bei Verträgen mit mehreren Werkunternehmern die Erklärung trotz § 638 Abs. 2 BGB nur an denjenigen zu richten ist, zu dessen Gewerk der fragliche Mängel gehört. Eine Erklärung wegen eines mangelhaft gedeckten Daches kann beispielsweise nicht den mit der Herstellung der Kellersohle beauftragten Unternehmer betreffen. Unterschiedliche Verpflichtungen in einer formalen Urkunde können insofern nicht ausschlaggebend sein, es sei denn es besteht nur ein gemeinsamer Vergütungsanspruch, wenn etwa die Unternehmer als im Rahmen einer mit der Gesamtherstellung beauftragten Arge tätig werden. Dann ist gegenüber allen Vertragspartnern die Minderung zu erklären. Diese kann aber in derartigen Fällen auch einem zur Entgegennahme von Willenserklärungen beauftragten Vertreter erklärt werden. Hieraus folgt weiterhin, dass auch bei **unterschiedlichen Vertragspartnern,** welche gesamtschuldnerisch für einen Mangel haften, all diese Vertragspartner gem. § 638 eine Minderungserklärung empfangen müssen. Praktisch relevant dürfte dies spätestens seit der Entscheidung des BGH vom 26. 6. 2003[31] für Fälle werden, in denen ein Mangel an zwei Gewerken wirtschaftlich sinnvoll nur einheitlich beseitigt werden kann. In derartigen Fällen sollen die Unternehmer gesamtschuldnerisch für die Mängelbeseitigung haften. In jenem vom BGH entschiedenen Fall ging es um Risse im Putz, die durch den mangelhaft ausgeführten Rohbau und die Arbeit des mit dem Verputzen beauftragten Unternehmens verursacht worden waren.

**Mehrheiten von Auftragnehmern oder Auftraggebern.** § 638 Abs. 2 BGB, auf den **11** § 10 Nr. 6 VOB/B auch Bezug nimmt, regelt, dass bei Personenmehrheiten auf Auftraggeber- und Auftragnehmerseite die Minderung nur von allen und gegen alle einheitlich geltend gemacht werden kann. Die **Minderung** ist insofern **unteilbar** (näher zu Mehrheiten auf Auftraggeber- und Auftragnehmerseite s. u. → Rdn. 23 ff.). Bei mehreren Personen auf Unternehmerseite kann die Minderungserklärung wegen dieser Regelung erst mit dem Zugang bei dem letzten Auftragnehmer ihre Wirkung entfalten.[32]

Im Falle der gesamtschuldnerischen Haftung für einen Mangel ergibt sich aus dieser **11 a** gesetzlich angeordneten Unteilbarkeit der Minderung das Problem, dass verschiedene Vergütungen, u. U. zu unterschiedlichen Anteilen, zu mindern sind (vgl. hierzu unten → Rdn. 23 ff.).

b) **Form.** Die Minderung ist durch eine einfache – auch mündliche – Erklärung gegen- **11 b** über dem bzw. den Auftragnehmern möglich. Gestaltungsrechte sind in aller Regel **formfrei,**[33] dies gilt selbst bei Gestaltungsrechten, welche sich auf gem. § 311 b BGB der notariellen Form bedürftige Rechtsgeschäfte beziehen.[34] Auch eine ev. Einverständniserklärung bezüglich der Minderung ist formfrei.[35] Die Minderung ist hierbei gegenüber dem – zumindest bei auch auf Grundstückserwerb bezogenen Verträgen – formbedürftigen Erlass[36] abzugrenzen, der jedoch nur als Einverständnis wirksam werden kann. Aus Beweisgründen ist in jedem Fall zu einer schriftlichen Minderungserklärung zu raten.

c) **Bedingungsfeindlichkeit/Unwiderruflichkeit.** Gestaltungsrechte sind grundsätz- **11 c** lich bedingungsfeindlich, da der Erklärungsempfänger nicht im Ungewissen über die Aus-

---

[30] Palandt/*Sprau* § 634 Rdn. 18.
[31] BauR 2003, 1379 = NZBau 2003, 557 = NJW 2003, 2980; so auch OLG Stuttgart IBR 2004, 11; ferner schon *Ganten* BauR 1978, 187 (188); zu anderen Lösungsansätzen derartiger Fälle siehe → § 10 Nr. 1 Rdn. 57 a.
[32] Ingenstau/Korbion/*Wirth* § 13 Nr. 6 Rdn. 73; siehe hierzu auch unten → Rdn. 23 ff.
[33] MünchKomm/*Grothe* § 194 Rdn. 22.
[34] Palandt/*Heinrichs* § 311 b Rdn. 17, 41; MünchKomm/*Kanzleitner* § 311 b Rdn. 28.
[35] MünchKomm/*Kanzleitner* § 311 b Rdn. 28.
[36] Vgl. BGH NJW 1982, 434 (435).

übung des Gestaltungsrechtes belassen werden darf; unschädlich sind daher solche Bedingungen, die den Empfänger nicht im ungewissen lassen.[37] Dies gilt auch für die Minderung.[38] Nicht im Ungewissen lassen den Empfänger solche Bedingungen, deren Eintritt allein von dem Empfänger abhängt.[39] Dies gilt etwa, wenn die Minderung ausgesprochen wird unter der Bedingung, dass der Auftragnehmer sich nicht bis zu einem bestimmten Zeitpunkt mit der Mängelbeseitigung einverstanden erklärt. Weiterhin stehen solche Bedingungen der Wirksamkeit nicht entgegen, die als Rechtsbedingungen lediglich die gesetzlichen Voraussetzungen wiederholen.[40] Dies kann von Bedeutung sein, wenn bei einer überhöhten Minderungserklärung diese nur dann gelten sollte, wenn die Vergütung um diesen zu hohen Betrag zu mindern sei.[41] Auch wenn sich die „Bedingung" auf ein vergangenes oder gegenwärtiges Ereignis bezieht, ist dies nur zulässig, wenn dieses Ereignis dem Erklärungsempfänger bei Zugang der Erklärung bekannt ist,[42] etwa dass gemindert werde, wenn der Auftraggeber zum Zeitpunkt des Empfangs noch keine Mängelbeseitigungsarbeiten begonnen habe. Ist die Minderung mehreren gegenüber zu erklären (§ 638 Abs. 2 BGB) sind nur solche Bedingungen zulässig, die alle Empfänger und nicht nur einige Empfänger nicht im Ungewissen lassen.[43]

**11 d** Jede wirksame Gestaltungserklärung kann nicht oder nur mit Zustimmung des Erklärungsempfängers zurückgenommen oder widerrufen werden.[44] Grundsätzlich gilt daher auch für die Minderungserklärung, dass sie **unwiderruflich** ist.[45] Die Rücknahme einer unwirksamen Gestaltungserklärung ist jedoch i. d. R. zulässig, da hierdurch nur der Rechtsschein einer wirksamen Erklärung beseitigt wird.[46] Ferner kann die Wirkung einer Gestaltungserklärung von beiden Parteien einvernehmlich beseitigt werden, wobei nach Treu und Glauben im Bestreiten der Wirksamkeit eines Gestaltungsrechtes ein Einverständnis zur Zurücknahme erblickt werden kann.[47]

**11 e** **d) Mindestinhalt einer Minderungserklärung.** Eine Gestaltungserklärung – wie die der Minderung – muss im Interesse der Rechtssicherheit unzweideutig und klar sein.[48]

**11 f** Diese Notwendigkeit der Eindeutigkeit bewirkt, dass eine Androhung der Minderung selbst noch kein Minderung ist, da diese die Gestaltungswirkung nicht herbeiführen soll.[49] Ferner kann sich, wenn durch die Minderung ausgeschlossene Rechte gleichzeitig geltend gemacht werden, aus der gebotenen Auslegung der Erklärung ergeben, dass keine Minderung, sondern ein anderer Behelf gewollt ist. Problematisch kann dies u. a. sein, wenn man davon ausgeht, dass die Minderung Schadensersatzansprüche ausschließt, da eine dem § 325 BGB entsprechende Regelung fehle.[50] Zum Rücktritt nach früherem Recht hat die

---

[37] BGHZ 97, 264 (267) = NJW 1986, 2245 (2246); BAG NJW 1995, 1981 (1982); BAG NJW 2001, 3355 (3356); OLG Hamburg NJW-RR 1991, 1199 (1201).; *Medicus* BGB-AT Rdn. 850; dies gilt unabhängig davon, ob es sich um auflösende oder aufschiebende Bedingungen handelt (BAG NJW 2001, 3335).
[38] *Ingenstau/Korbion/Wirth* § 13 Nr. 6 Rdn. 53; *Palandt/Sprau* § 638 Rdn. 3, 7.
[39] Vgl. Nachweise in Fn. 37.
[40] BGHZ 97, 263 (264) = NJW 1986, 2245 (2246).
[41] Vgl. zu dieser Auslegung *Medicus* SchuldR II Rdn. 66; i. d. R. wird eine Minderungserklärung jedoch auch bei einem zu hohen Betrag dahin zu verstehen sein, dass die Minderung auch gelten solle, wenn ein niedrigerer Betrag angemessen ist.
[42] *Palandt/Heinrichs* Vor § 158 Rdn. 13.
[43] Vgl. BGHZ 97, 264 (268) = NJW 1986, 2245.
[44] *Palandt/Heinrichs* Vor § 104 Rdn. 17; LAG Düsseldorf DB 1975, 1081; a. A. wohl *Palandt/Heinrichs*(61. Aufl.) § 325 Rdn. 8 (Möglichkeit des Widerrufs eines Rücktritts).
[45] *Palandt/Sprau* § 638 Rdn. 3; *Heiermann/Riedl/Rusam* VOB/B § 13 Rdn. 169a; *Derleder* NJW 2003, 998 (1001).
[46] LAG Düsseldorf DB 1975, 1081; *Ramrath* JR 1993, 309 (311).
[47] Vgl. LAG Düsseldorf aaO (Fn. 46); weitergehend: *Medicus* BGB-AT Rdn. 90 (Widerruflichkeit stets wenn Wirksamkeit der Ausübung eines Gestaltungsrechtes bestritten wird); ähnlich weitgehend *Wertenbruch* JZ 2002, 862 (864 f.) – Keine Bindung an Minderungserklärung, wenn (Nach-)Erfüllung verweigert wird.
[48] *Palandt/Heinrichs* Vor § 104 Rdn. 17.
[49] Vgl. BGH NJW 1979, 762 (763) – noch zum Rücktritt nach altem Recht.
[50] So: *Palandt/Sprau* § 634 Rdn. 5; *Vorwerk* BauR 2003, 1 (13); *Ott* NZBau 2003, 233 (237); vgl. dagegen: *MünchKomm/Ernst* § 325 Rdn. 24 – direkte Anwendung des § 325 BGB, da die Minderung ein Teilrück-

Rechtsprechung auch anwaltliche Erklärungen, die ausdrücklich von „Rücktritt" sprachen und zugleich Schadensersatzansprüche geltend machten, dahin gedeutet, dass ein Schadensersatzanspruch geltend gemacht würde.[51] Hieran kann angeknüpft werden.

Bereits im **alten Recht** war umstritten, ob das **Einvernehmen** des Auftragnehmers mit der Minderung (§ 465 BGB) nur grundsätzlich erklärt zu sein brauchte oder sich bereits auf eine **bestimmte Summe** als Minderungsbetrag beziehen musste; Rechtsprechung ist dazu nicht bekannt.[52] Rechtsdogmatisch war einerseits *Westermann* und *Huber*[53] zuzubilligen, dass die Minderungsvereinbarung konkret und bestimmt (also: genau) sein musste, um vollzugsfähig zu sein. Andererseits bestand ein unabweisbares Bedürfnis, auch den Auftraggeber an einer einmal getroffenen Grundentscheidung („mit Minderung einverstanden") festzuhalten, wenn praktisch nur der oft schwierig zu ermittelnde Betrag noch bestimmt werden musste. **11 g**

Entgegen *Grunewald*[54] folgte daraus aber nicht die Möglichkeit einer **„Vorverlegung" des Minderungsvollzuges.** Zu helfen war jedoch mit einem „Vorvertrag" der Parteien, es dem Grunde nach bei einer Minderung zu belassen, also das Wahlrecht nicht mehr auszuüben. Dieses vielfach in der Sache bestehende Einverständnis verpflichtete dann den Auftraggeber, die Minderung konkret zu erklären, sobald auch die Minderungssumme feststand. Ob sich der Auftraggeber davon wieder lösen konnte, richtete sich nach allgemeinem Vertragsrecht. **11 h**

Aus dem Wortlaut sowohl des § 638 BGB, als auch des § 13 Nr. 6 VOB/B ergibt sich auch für das **neue Recht** nicht eindeutig, ob die Erklärung sich nur auf die Minderung als solche beziehen muss[55] oder ob auch die Höhe der Minderung und die Mängel, auf die sich die Minderung bezieht, bindend anzugeben sind.[56] Für die erstgenannte Auffassung spricht immerhin, dass Gestaltungsrechte grundsätzlich keinem Begründungszwang unterliegen.[57] Aus Gründen der Rechtssicherheit erscheint es aber geboten, dass zumindest die Mängel näher benannt werden, auf die sich die Minderung beziehen soll. Es muss auch klar sein, welche Mängelkomplexe die Gestaltung erfasst. Schließlich muss dem Werkunternehmer erkennbar sein, inwieweit er ggf. noch zur Nachbesserung verpflichtet ist. Entsprechend der Symptomtheorie[58] sind hieran aber nicht zu hohe Ansprüche zu stellen, es genügt vielmehr nur die Mangelerscheinungen zu benennen. Gleichzeitig muss ein **Betrag zumindest bestimmbar** (z. B. 10% der Vergütung) genannt werden, um den gemindert werden soll. **11 i**

Ob weitere Mängel zur Begründung einer Minderung „nachgeschoben" werden können ist fraglich, da umstritten ist, ob und wie weit Gründe bei Gestaltungserklärungen nach der Gestaltungserklärung geltend gemacht werden können. Verfehlt wäre es stets danach zu differenzieren, ob Gründe dem Mindernden bekannt waren oder nicht und falls diese vor der ersten Minderungserklärung bekannt waren eine Präklusionswirkung anzunehmen.[59] Sachgerecht ist es davon auszugehen, dass auch das **„Nachschieben" von Mängeln** als eine auch auf diese Mängel bezogene erneute Minderungserklärung aufzufassen. Sobald Fristen für die Geltendmachung abgelaufen sind, können demzufolge nachgeschobene Mängel nicht mehr berücksichtigt werden, selbst wenn die Erklärung der Minderung als solche rechtzeitig erfolgte. Ähnlich ist zu verfahren, wenn sich später – etwa in einem selbstständigen Beweissicherungsverfahren – herausstellt, dass der Mangel schwerer wiegt, als zunächst angenommen. Der Betrag, um die der Minderungsbetrag erhöht wurde ist als die Summe einer erneuten Erklärung aufzufassen. **11 j**

---

tritt sei –; *Derleder* NJW 2003, 998 (1003) – analoge Anwendung des § 325 BGB auf die Minderung wegen bestehender Regelungslücke; *Teichmann* ZfBR 15 (17). Siehe hierzu unten → Rdn. 11 r f.

[51] BGH NJW 1982, 1279 (1280); BGH NJW 1988 (2878; wohl abw. BGH NJW 1985, 2697; BGH NJW 1990, 2068 (2069); krit. hierzu *Derleder* NJW 2003, 998 (999).
[52] Vgl. aber BGH BauR 1984, 171 = ZfBR 84, 69 (Minderungsvertrag).
[53] MünchKomm/*Westermann* § 465 Rdn. 3 Soergel/*Huber* § 465 Rdn. 8.
[54] Erman/*Grunewald* § 465 Rdn. 3.
[55] *Teichmann* ZfBR 2002, 13 (17).
[56] Im letzteren Sinne Palandt/*Sprau* § 638 Rdn. 3.
[57] Vgl. *Becker* AcP 188 (1988), 24 (36, 44, 47).
[58] Vgl. Kapellmann/Messerschmidt-*Weyer* § 13 Nr. 1 Rdn. 205 f.
[59] So aber allg. für Gestaltungsrechte: *Becker* AcP 188 (1988), 24 (47 f.).

**11 k** Beantragt der Auftragnehmer **Klageabweisung** bei Erklärung der Minderung in einem Verfahren, in dem es um die Zahlung von Restwerklohn geht, ist zunächst davon auszugehen, wenn ein Minderungsbetrag nicht ausdrücklich benannt wird, dass konkludent erklärt wird, dass eine angemessene Minderung dem Klageantrag entspricht. Eine entsprechende Minderungserklärung im Prozess braucht daher einen Minderungsbetrag nicht ausdrücklich zu benennen. Eine Erklärung bei einer Klage auf vollen Werklohn ist dahin zu verstehen, dass nach Auffassung des Auftraggebers ein Fall der Minderung auf 0 vorliege.

**11 l** Nicht notwendig für eine wirksame Minderung ist, dass die speziellen materiellen Minderungsvorrausetzungen des § 13 Nr. 6 VOB/B (vgl. zu diesen unten → Rdn. 27 ff.) in der Minderungserklärung dargelegt werden. Diese sind ggf. im Prozess darzulegen und zu beweisen.

**11 m** **e) Verfristung (Quasiverjährung):** Da Gestaltungsrechte keine Ansprüche sind unterliegen sie nicht der Verjährung. Relevant können allerdings eine Ausschlussfrist und die Verwirkung werden.[60] Die VOB spricht nur von „Verjährung" (§ 13 Nr. 4 VOB/B), Ausschlussfristen werden nicht genannt. Die Verweisung des § 13 Nr. 6 VOB/B auf § 638 BGB erfasst die Verweisungskette der §§ 634a Abs. 5, 218 u. 634a Abs. 4 BGB nicht. Es ist daher auf die Regelungen des BGB direkt zurückzugreifen. § 634a Abs. 5 BGB ordnet für die Minderung eine entsprechende Anwendung der §§ 218, 634a Abs. 4 Satz 2 BGB an. § 218 BGB regelt, dass nach Ablauf der Verjährungsfrist für die Primärleistung oder Nacherfüllungsleistung sich der Auftragnehmer als Einrede gegen die Minderung hierauf berufen kann (Quasiverjährung). Für die Länge der Verjährungsfrist der Primär- und Nachbesserungsansprüche ist die Regelung des § 13 Nr. 4 VOB/B zu beachten.

**2. Folgen der wirksamen Minderungserklärung.**

**11 n** **a) Reduzierung des Vergütungsanspruches.** Durch die wirksame Erklärung der Minderung reduziert sich automatisch der Vergütungsanspruch mit Zugang der Erklärung.[61] Damit reduziert sich auch entsprechend ein etwa bestehender Anspruch des Auftragnehmers auf Sicherheitsleistung nach § 648a BGB.[62] Bei einer Mehrheit auf Auftragnehmerseite gilt wegen der Regelung des § 638 Abs. 2 BGB der Zugang erst in dem Augenblick, in dem die Erklärung beim letzten beteiligten Auftragnehmer zugeht. Wegen der Einzelheiten wird auf die Ausführungen unter Rdn. 11 verwiesen. Der Betrag, um den sich die Vergütung verringert errechnet sich nach der auch bislang üblichen Methode. Die Berechnung des Minderungsbetrages wird ausführlicher unten (Rdn. 55 ff.) dargestellt.

**11 o** Soweit über den verminderten Vergütungsanspruch hinaus bereits geleistet wurde entsteht gem. § 638 Abs. 4 BGB ein vertraglicher Rückgewähranspruch, auf den die Bestimmungen der §§ 346 Abs. 1, 347 Abs. 1 BGB entsprechend anwendbar sind (vgl. hierzu → Rdn. 11 t).

**11 p** **b) Ausschlusswirkung der Minderung/ius variandi.** Nach der zum alten Recht h. M. wurden Wandlung und Minderung erst mit dem Einverständnis des Unternehmers bzw. durch die Gestaltungswirkung des dieses Einverständnis ersetzenden Urteiles vollzogen. Der Besteller konnte daher bis zu dieser Einverständniserklärung bzw. bis zu dem Urteil zwischen den Behelfen bei Mängeln (Minderung, Wandlung, Schadensersatz, Nachbesserung) wechseln (ius variandi).[63] Ein Wechsel im Prozess wurde als Klageänderung angesehen.[64] Dieser Ansatz kann wegen der jetzigen Natur der Minderung als unmittelbar wirkendes Gestaltungsrecht nicht mehr aufrecht erhalten werden.[65] Teilweise wird in der Literatur

---

[60] MünchKomm/*Grothe* § 194 Rdn. 7; *Palandt/Heinrichs* Vor. § 194 Rdn. 13.
[61] *Ingenstau/Korbion/Wirth* VOB/B § 13 Nr. 6 Rdn. 53; *Teichmann* JuS 2002, 417 (420). Vgl. zum Zugang bei mehreren Verantwortlichen oben → Rdn. 11.
[62] BGHZ 146, 24 (32 f.) = BauR 2001, 386 = ZfBR 2001, 166; *Palandt/Sprau* § 648a Rdn. 10.
[63] MünchKomm/*Westermann* § 462 Rdn. 6, 7; § 465 Rdn. 6; *Staudinger/Peters* § 634 Rdn. 38, 39.
[64] MünchKomm/*Westermann* § 462 Rdn. 8.
[65] *Sienz* BauR 2002, 181 (189).

vertreten, dass die Möglichkeit, sich zwischen den einzelnen Behelfen des Mangelhaftungsrechtes zu entscheiden, auch weiterhin bis zum Ende der letzten mündlichen Tatsachenverhandlung möglich sein solle.[66] Dies ist jedoch unvereinbar mit der unmittelbar durch die Erklärung einseitig erfolgenden Änderung des Rechtsverhältnisses. Vielmehr kann das **Wahlrecht nur bis zur Ausübung des Gestaltungsrechtes** durch Zugang der Minderungserklärung ausgeübt werden.

Soweit wegen bestimmter Mängel wirksam gemindert wurde, erlöschen unproblematisch das **Selbstvornahmerecht, Nacherfüllungs- und Erfüllungsansprüche** aus § 13 Nr. 5 VOB/B; bezüglich anderer Mängel bleiben die entsprechenden Ansprüche bestehen.[67] Die Geltendmachung eines Anspruchs auf Mangelbeseitigungskostenerstattung nach § 13 Nr. 5 Abs. 2 VOB/B schließt umgekehrt einen Minderungsanspruch nicht aus, soweit damit ein Mangel ausgeglichen werden soll, der mit der Mängelbeseitigung nicht erledigt ist (z. B. merkantiler Minderwert).[68]   11 q

Problematischer gestaltet sich das **Verhältnis der Minderung** zum **Schadensersatzanspruch statt der Leistung.** Anders als zum Rücktritt (vgl. § 325 BGB) enthält das BGB zur Minderung keine Regelung, wonach neben der Minderung noch Schadensersatz geltend gemacht werden könne. Auch in der VOB/B findet sich keine entsprechende Regelung. Aus dem Fehlen derartiger Regelungen wird geschlossen, dass ein Schadensersatz neben der Minderung nicht geltend gemacht werden könne.[69] *Ernst*[70] vertritt dagegen die Auffassung, dass § 325 BGB direkt anzuwenden sei, da es sich bei der Minderung um einen Teilrücktritt handle. Teilweise wird schließlich in der Literatur angenommen, dass nach neuem Recht weiterhin ein Schadensersatzanspruch statt Leistung möglich sein soll, da hier eine echte Regelungslücke bestehe und § 325 BGB analog anzuwenden sei.[71] *Weyer*[72] lässt zwar einen Schadensersatz statt der Leistung nicht zu, will aber Mangelfolgeschäden neben der Minderung zulassen, da dies auch dem Willen des Gesetzgebers entspräche. *Voit*[73] will dies begrenzt wissen auf Mangelfolgeschäden, welche bereits vor der Minderungserklärung angelegt waren.   11 r

Zumindest für den VOB/B-Vertrag sieht § 13 Nr. 7 Abs. 3 Satz 2 VOB/B den Ersatz von Schäden, welche über den eigentlichen Mangelschaden hinausgehen, wenn auch unter konkreten Voraussetzungen, vor. Insofern sollte zumindest für den VOB-Vertrag angenommen werden, dass grundsätzlich neben der Minderung auch Schadensersatz verlangt werden kann. Bei diesem Anspruch handelt es sich jedoch nicht um einen echten „Schadensersatz statt der Leistung"; denn die „Leistung" ist im Kern durch die Minderung abgegolten. Offen bleibt der Regress hinsichtlich solcher Schäden, die durch die Minderung nicht abgegolten werden konnten (Folgeschäden). Insofern ist *Weyer* zuzustimmen. Auch das BGB behält in § 325 BGB i. d. Sache nur Ansprüche vor, die nicht schon mit dem Rücktritt ausgeglichen sind, dies können jenseits der Minderung Schadensersatzansprüche statt der Leistung sein.[74]   11 s

**c) Rückgewähranspruch (§ 638 Abs. 4 BGB):** Soweit der Werklohn bereits über den nach der Minderung zu entrichtenden Betrag entrichtet wurde, entsteht ein eigener vertraglicher Rückzahlungsanspruch des Auftraggebers (§ 638 Abs. 4 BGB). Dieser vertragliche   11 t

---

[66] Vgl. *Derleder* NJW 2003, 998 (1003); vgl. auch *Wertenbruch* JZ 2002, 862 (864 f.), der bei einer Nacherfüllungsverweigerung der Minderungserklärung keine Bindungswirkung zusprechen will.
[67] *Kapellmann/Messerschmidt/Weyer* § 13 Rdn. 308; *Bamberger/Roth/Voit* § 638 Rdn. 3; *Palandt/Sprau* § 634 Rdn. 5; *Sienz* BauR 2002, 181 (189).
[68] Vgl. *Derleder* NJW 2003, 998 (1003); vgl. auch (noch zum alten Recht) BGH BauR 1996, 858 (859) OLG Düsseldorf BauR 1998, 126 (128).
[69] *Bamberger/Roth/Voit* § 638 Rdn. 3, 4; *Palandt/Sprau* § 634 Rdn. 5; *Vorwerk* BauR 2003, 1 (13); *Ott* NZBau 2002, 233 (237).
[70] MünchKomm § 325 Rdn. 24.
[71] *Derleder* NJW 2003, 998 (1003); vgl. auch *Teichmann* ZfBR 2002 15 (17).
[72] Jahrbuch Baurecht 2004, 245 (255 ff.).
[73] *Bamberger/Roth* § 638 Rdn. 3, 4.
[74] *Palandt/Heinrichs* § 325 Rdn. 2; vgl. auch *Medicus* SchuldR II Rdn. 470 a.

## § 13 Nr. 6

Anspruch verdrängt Bereicherungsansprüche, da er spezieller ist.[75] Der Streit, ob es sich bei Überzahlung nach einer Minderung um einen Rückgewähranspruch eigener Art oder um einen bereicherungsrechtlichen Anspruch handelt,[76] ist damit erledigt. Der Anspruch aus § 638 Abs. 4 BGB erstreckt sich auch auf die durch die Zahlung verlorenen Zinsen (§§ 638 Abs. 4, 346 Abs. 1 BGB). Da es sich um die Verringerung der Hauptschuld handelt, können der Minderung nicht entspr. § 367 Abs. 1 BGB zunächst Kosten und Zinsen entgegengesetzt werden.

### II. Die Minderung im Prozess

**12**  Durch die Ausübung der Minderung als Gestaltungsrecht wird das Rechtsverhältnis privatautonom ohne Mitwirkung des Gerichtes geändert, für die Durchsetzung der sich hieraus ergebenen Konsequenzen sind allerdings die Gerichte zuständig. Dort ist die Wirksamkeit der Erklärung als Vorfrage zu prüfen.[77] Auf die gerichtliche Überprüfung nimmt insb. § 638 Abs. 3 Satz 2 BGB Rücksicht, in dem ausdrücklich geregelt wird, was sich ansonsten aus der allgemeinen Regelung des § 287 Abs. 1 Satz 1 ZPO ergeben würde: Das Gericht darf den Minderungsbetrag schätzen. Die Ermächtigung zum „Schätzen" ist nicht nicht als Erlaubnis zur „Daumenpeilung" misszuverstehen. Das Gericht hat vielmehr pflichtgemäß die Kriterien offenzulegen, nach denen die Bewertung vorgenommen wird und diese sodann nachvollziehbar darzulegen. Die **„Schätzung" ist Rechtsanwendung** (!) und nicht Tatsachenfeststellung; nur für die tatsächlichen Grundlagen der „Schätzung" sind daher Sachverständige zuständig.

**13**  Besteller und Auftragnehmer können sich beide nach einer Minderung im Prozess in der Klägerposition befinden: Der Unternehmer kann den seiner Ansicht nach ungeminderten Werklohn einklagen, der Auftraggeber einen eventuellen Anspruch aus § 638 Abs. 4 BGB. Die Regel wird aber sein, dass der Besteller sich in der verteidigenden Position befindet.

**14**  Möglich war es nach altem Recht, im Rechtsstreit verschiedene Gewährleistungsansprüche kumulativ oder im **Eventualverhältnis** geltend zu machen (BGH NJW 1996, 1962 „Hilfswandlung"). Notwendig war dabei prozessual, die Ansprüche bestimmt genug voneinander abzugrenzen und die Bedingungen darzulegen, unter denen sie, mit konkretem Anspruchsinhalt, gelten sollten. Allerdings mussten die Ansprüche vom Standpunkt der **Begründetheit** auch in dem prozessual gewollten Verhältnis nebeneinander bestehen können. Hierbei sollte es dem Besteller bis zur letzten mündlichen Tatsachenverhandlung freistehen, welches der alternativen Gewährleistungsrechte (nun Rechte aus der Mängelhaftung) er wahrnimmt. Zum neuen Recht wird im Schrifttum gefordert, dem Besteller diese Möglichkeit auch weiterhin einzuräumen.[78] Dem ist zuzustimmen, jedoch nur unter Berücksichtigung der Gestaltungswirkung der Minderungserklärung. Soweit gemindert ist können alternative Rechte nicht mehr zur Wahl stehen. Daraus ergibt sich für den Prozess:

**14 a**  Die Minderung kann unter eine Rechtsbedingung gestellt werden (vgl. o. → Rdn. 1 c). Wie zur Aufrechnung kann daher im Prozess auch die Eventualminderung erklärt werden, wenn zur Bedingung gemacht wird, dass das Vorliegen der gesetzlichen Voraussetzungen der erklärten Minderung im Prozess geklärt wird. Es bestehen dann keine Unsicherheiten.[79] Denkbar ist daher etwa die Verteidigung gegen eine Werklohnforderung mit der Einrede der Nichterfüllung, hilfsweise der Minderung für den Fall, dass dem Auftraggeber ein

---

[75] *Palandt/Sprau* § 441 Rdn. 20.
[76] Vgl. zum Streitstand: *Siegburg* Gewährleistung Rdn. 1105; *Franke/Kemper/Zanner/Grünhagen* VOB/B § 13 Rdn. 170.
[77] *Medicus* BGB-AT Rdn. 83.
[78] *Wertenbruch* JZ 2002, 862 (864 f.).
[79] Vgl. *Medicus* SchuldR. I Rdn. 62, 277.

Leistungsverweigerungsrecht nach § 635 Abs. 3 BGB oder § 648a Abs. 1 Satz 1 BGB zusteht, – oder umgekehrt: Minderungseinwand, hilfsweise Nichterfüllung, wenn Minderungsvorausetzungen nicht vorliegen. Jedoch kann die Minderung nicht mehr neben den durch die Minderungserklärung ausgeschlossenen Rechten (vgl. hierzu o. → Rdn. 11 o) gestellt werden.

Die **Höhe** des berechtigten Minderungsbetrages ist oftmals ungewiss. Das rechtfertigte es i. d. R. nach altem Recht, die Feststellung des endgültigen Vergütungsanspruches in das Ermessen des Gerichtes und einen **unbestimmten Klageantrag** zu stellen;[80] er war Leistungsantrag und ging der subsidiären Feststellungsklage vor. Der Klagevortrag zum Minderungsanspruch (ebenso die Minderungseinrede) musste dann so bestimmt sein, dass ein sachverständig beratenes Gericht in der Lage war, daraus die rechtlichen Bewertungen zur Minderungshöhe im Rahmen des § 287 ZPO abzuleiten.[81] Es war auch nach altem Recht nicht Aufgabe des Gerichtes, selbst auch die Grundlagen für eine Minderungsbewertung zu ermitteln. Eine **Feststellungsklage** war allerdings, etwa zur Verjährungsunterbrechung, auch möglich, wenn „Minderwerte" aus Mängeln tatsächlich noch nicht substantiiert werden konnten. Waren nur Teilbeträge der Minderung zu beziffern, die endgültige Forderungshöhe aber noch nicht, war bei einheitlichem Anspruch ein auf die Gesamtforderung bezogener Feststellungsantrag zuzulassen.[82]

15

Auch **nach der Schuldrechtsmodernisierung** kann es im Zusammenhang mit der Minderung zulässig sein, **unbezifferte Klageanträge** zu stellen. Der Betrag, um den gemindert werden soll, ist zwar durch den Auftraggeber – auch wenn die angemessene Höhe unklar ist – zumindest bestimmbar zu benennen (s. o. → Rdn. 11 i), aus Sicht eines Auftragnehmers, der Klage auf Zahlung seines Werklohnes oder Restwerklohnes erhebt, kann aber (zumindest wenn nur die Höhe der Minderung zwischen den Parteien strittig ist) das Problem auftreten, dass der ihm zustehende Betrag nicht sicher zu benennen ist, denn der vom Auftragnehmer behauptete Betrag kann zu hoch angesetzt sein. Bei Ansprüchen, bei denen es zur Bestimmung auf eine Schätzung des Gerichtes ankommt, ist zulässig, einen unbezifferten Klageantrag zu stellen.[83] Darzulegen sind bei zulässigerweise unbezifferten Zahlungsklageanträgen die Größenordnung des erstrebten Betrages und Schätzungsgrundlagen.[84] Dies hat so genau wie möglich zu erfolgen.[85] Da zur Ermittlung des angemessenen Minderungsbetrages die Schätzung durch das Gericht zulässig ist (§ 638 Abs. 3 Satz 2 BGB), ist daher ein unbestimmter Klageantrag zulässig, solange er eine Größenordnung enthält. Zulässig wäre hiernach etwa ein Antrag mit dem folgenden Inhalt: „Es wird beantragt, den Beklagten zu verurteilen an den Kläger den Restwerklohn abzüglich eines angemessenen Minderungsbetrages zu zahlen, mindestens jedoch 5000,00 €". Hierdurch kann das Kostenrisiko minimiert werden, wenn lediglich der Umfang der Mängel oder die Höhe des angemessenen Minderungsbetrages streitig ist. Das Gericht ist nicht nach § 308 Abs. 1 Satz 1 ZPO gehindert, über den als Mindestgrößenordnung genannten Betrag hinaus einen Anspruch zuzusprechen,[86] der Streitgegenstand wird auch nicht der Höhe nach auf die in der Klage genannte Größenordnung beschränkt, insb. verjähren über den Klageantrag hinausgehende Ansprüche nicht selbstständig.[87] Weiterhin zu beachten ist aber, dass bei Rechtsbehelfen eine Beschwer bei nur der Größenordnung nach bezifferten Beträgen dann nicht vorliegt, wenn der ausgeurteilte Betrag nicht unter dem der Größenordnung nach

15 a

---

[80] Ebenso wohl *Werner/Pastor* Rdn. 450.
[81] Ebenso *Kaiser* Mängelhaftung Rdn. 90 c; *Werner/Pastor* Rdn. 1667; zur Anwendbarkeit des § 287 ZPO ebenso Staudinger/*Peters* § 634 Rdn. 59.
[82] MünchKomm-ZPO/*Lüke* § 256 Rdn. 49.
[83] BGHZ 4, 138 (141) = NJW 1952, 382; BGH NJW 1967, 1420 (1421); Zöller/*Greger* § 253 Rdn. 14; Thomas/*Putzo/Reichold* § 253 Rdn. 12.
[84] Zöller/*Greger* § 253 Rdn. 14; *Baumbach/Lauterbach/Hartmann/Hartmann* § 253 Rdn. 50.
[85] BGH NJW 2002, 3769.
[86] Vgl. BGHZ 132, 341 (350 f.) = NJW 1996, 2425; BGH NJW 2002, 3769; Thomas/*Putzo/Reichold* § 253 Rdn. 12.
[87] BGH NJW 2002, 3769.

benannten Betrag liegt.[88] Unzulässig dürfte ein solcher Antrag allerdings sein, wenn etwa das Vorliegen von Mängeln oder anderer Tatbestandsvoraussetzungen der Minderung streitig sind. In diesem Fall muss der Klageantrag auf die volle Vergütung lauten, da der geforderte ungeminderte Werklohn bezifferbar ist.

**15 b** Wenn der Auftraggeber aus einem **Anspruch aus § 638 Abs. 4 BGB** wegen Überzahlung eine Klage gegen den Auftragnehmer führt, ist demgegenüber eine **unbezifferte Leistungsklage unzulässig,** da der Minderungsbetrag selbst in der Minderungserklärung zu benennen ist und der Antrag somit bezifferbar ist.

**15 c** Eine **Feststellungsklage** ist zulässig, wenn der Auftragnehmer nach der Bezahlung seiner Vergütung festgestellt haben will, dass eine Minderung oder eine weitergehende Minderung nicht in Betracht kommt. Da sich der Auftragnehmer in derartigen Fällen Ansprüchen aus § 638 Abs. 4 BGB ausgesetzt sehen kann, besteht an dieser Feststellung ein rechtliches Interesse i. S. d. § 256 Abs. 1 ZPO. Eine vorrangige Leistungsklage, etwa auf ungeminderten oder nicht in der Höhe geminderten Werklohn kann der Auftragnehmer nicht mehr erheben. Ist der Werklohn noch nicht gezahlt, kann der Auftragnehmer seine Ansprüche mit der vorrangigen Klage auf Zahlung der Vergütung oder ggf. auf Sicherheitsleistung nach § 648 a BGB verfolgen, eine Feststellungsklage wäre insofern unzulässig. Da eine Minderung auch den Anspruch auf eine Sicherheitsleistung nach § 648 a BGB vermindert,[89] kann für den Auftragnehmer mit Blick auf das Kündigungsrecht aus den §§ 648 a Abs. 5 Satz 1, 643 BGB und auf eine drohende Werklohnklage ein rechtliches Interesse an der Feststellung bestehen, dass eine Minderung und in welcher Höhe diese erfolgt ist.

**16** Die Minderung konnte nach **altem Recht** im Rechtsstreit auch (insbes. als Verteidigung gegen die Werklohnklage) durch **„Einrede"** geltend gemacht werden.[90] Materiell handelte es sich um den rechtsvernichtenden Einwand, dass die Forderung in Höhe des Minderungsbetrages nicht mehr bestehe. Daraus folgte zugleich die prozessuale Behandlung: Die „Minderung" im Prozess war weder Aufrechnung noch „Verrechnung", sondern das Feststellungsbegehren zur Minderungsfolge; entsprechend konnte es eine **Streitwertaddi-**
**17 tion** gem. § 19 GKG **nicht** geben.[91] Auch nach **neuem Recht** kann es nicht zu einer Streitwertaddition kommen, selbst wenn die Minderung erst im Prozess geltend gemacht wird, da es sich um die Wahrnehmung eines Gestaltungsrechtes handelt. Streitwerterhöhend kann es nur sein, wenn im Rahmen der Minderung ein Anspruch aus § 638 Abs. 4 BGB verfolgt wird – sei es im Rahmen einer Widerklage, sei es im Rahmen der Aufrechnung.

### III. Minderung bei Sonderformen im Schuldverhältnis

#### 1. Forderungsteile; Aufrechnung; Teilabtretung

**18** Problematisch ist die Wirkung der Minderungserklärung, wenn sie sich auf verschiedene Forderungsteile des Auftragnehmers beziehen kann.[92] Dazu kommt es im Prozessfall etwa, wenn nur ein Teil des Vergütungsanspruches eingeklagt ist und sich die Minderung auf diesen oder (auch) auf nicht eingeklagte Teile bezieht. Ähnlich schwierig liegen Fälle, in denen ein Teil des Vergütungsanspruches bereits beglichen ist, ein anderer aussteht oder in denen ein Teil fällig, ein anderer gestundet ist bzw. wenn ein Teilanspruch der Vergütung

---

[88] BGHZ 140, 335 (340) = NJW 1999, 1339 = VersR 1999, 902.
[89] *Palandt/Sprau* § 648 a Rdn. 10.
[90] *MünchKomm/Westermann* § 465 Rdn. 17; *Ingenstau/Korbion* (14. Aufl.) VOB/B § 13 Rdn. 641; *Kaiser* Mängelhaftung Rdn. 90 c.
[91] Ebenso *Ingenstau/Korbion* (14. Aufl.) VOB/B § 13 Rdn. 641 (mißverständlich allerdings: „Verrechnung"); OLG Düsseldorf BauR 1984, 543; OLG Hamm NJW-RR 1989, 1365 = BauR 1990, 479.
[92] Vgl. dazu *Peters* BB 1983, 1951 (1954); *MünchKomm/Westermann* § 472 Rdn. 11 f.; MünchKomm/*Soergel* § 634 Rdn. 35.

abgetreten ist. Rechtsprechung[93] und hL[94] differenzieren: Bei der **Teilklage** wird die Forderung des Auftragnehmers als Einheit gesehen, so dass sich die Minderung zunächst auf den letztrangigen Forderungsteil auswirkt; was (vorrangig) ungemindert bleibt, ist i. d. R. Gegenstand der Klage.[95] Bei (Teil-)**Abtretung** und **Stundung** sollen beide Teile dagegen anteilig erfasst und gekürzt werden.[96] Peters[97] schlägt dagegen mit guten Gründen eine Analogie zu § 366 Abs. 2 BGB vor. – Anders verhält es sich bei der Aufrechnung, weil deren Gegenstand gem. §§ 362 Satz 1, 366 Abs. 1 BGB vom Schuldner bestimmt werden kann.[98] Die Rechtsnatur der Minderung als Gestaltungsrecht nach neuem Recht ändert an diesen Überlegungen nichts.

Unterschiede zum alten Recht ergeben sich bei der **Abtretung und Teilabtretung**. Das Recht auf Minderung konnte nach altem Recht, da es einen Anspruch auf Minderung gab, auch selbst abgetreten werden.[99] Dies hat sich, da es keinen Anspruch auf Minderung mehr gibt, sondern es sich nunmehr um ein Gestaltungsrecht handelt, geändert. Die h. M. unterscheidet bei der Frage der Abtretbarkeit zwischen selbstständigen und unselbstständigen Gestaltungsrechten.[100] Bei den unselbstständigen Gestaltungsrechten gehen diejenigen automatisch auf den Zessionar über, welche die der Ausübung und Durchsetzung der Forderung als solche dienen.[101] Andere unselbstständige Gestaltungsrechte, die der Umgestaltung des Schuldverhältnisses dienen, können bei einer vollständigen oder teilweisen Zession zusammen mit der (Teil-)Forderung übertragen werden,[102] ohne eine solche verbleiben sie beim Zedenten.[103] Es war bereits im alten Recht zum Rücktritt anerkannt, dass dieses Gestaltungsrecht zu der letzteren Gruppe der Gestaltungsrechte gehörte und daher mit der Forderung abtretbar war.[104] Dies wird man, da zum einen auch die Minderung auf die gegenseitigen Verpflichtungen der Parteien unmittelbar einwirkt und diese insgesamt parallel zum Rücktritt ausgestaltet ist, auch für die Minderung annehmen müssen. Allgemein anerkannt ist, dass die Fristsetzung sowohl durch den Zedenten, als auch durch den Zessionar erklärt werden kann, da diese der Durchsetzung der Forderung als solcher dient.[105]

18 a

Von der Abtretbarkeit ist die **Wahrnehmung des Minderungsrechtes** zu unterscheiden. Soweit im Verhältnis Zessionar/Zedent die Rechte durch die Wahrnehmung eines Gestaltungsrechtes beeinträchtigt sein könnten, ist die Zustimmung des jeweils anderen einzuholen.[106] Dies wird bei einer Teilabtretung (z. B. der Auftraggeber tritt bei der Ein-

18 b

---

[93] BGHZ 46, 242 = NJW 67, 388, BGHZ 56, 312 (315) = NJW 1971, 1800 = BauR 1971, 260; MünchKomm/*Westermann* § 472 Rdn. 12; das gilt auch, wenn der letztrangige Teil verjährt ist (BGHZ 56, 312).
[94] Vgl. MünchKomm/*Westermann* § 472 Rdn. 11; Staudinger/Honsell § 472 Rdn. 10.
[95] BGHZ 46, 242 = NJW 67, 388, BGHZ 56, 312 (315) = NJW 1971, 1800 = BauR 1971, 260; Palandt/*Sprau* § 638 Rdn. 6; Kapellmann/Messerschmidt/Weyer VOB/B § 13 Rdn. 309; das gilt auch, wenn der letztrangige Teil verjährt ist (BGHZ 56, 312); *Weyer* a. a. O.
[96] BGHZ 46, 242 = NJW 1967, 388; kritisch MünchKomm/*Westermann* § 472 Rdn. 12; eingehend dazu *Derleder* AcP 1969 (1969), 97 (117).
[97] Staudinger/*Peters* § 634 Rdn. 42.
[98] Vgl. dazu BGHZ 56, 312 (wie Fn. 95); abweichend ebenfalls Peters aaO (Fn. 46).
[99] BGHZ 95, 250 = NJW 1985, 2822 = BauR 1985, 686 = ZfBR 1985, 277, str., vgl. dazu *Kaiser* Mängelhaftung Rdn. 91 c.
[100] Palandt/*Heinrichs* § 413 Rdn. 5–7; MünchKomm/*Roth* § 413 Rdn. 11.
[101] Palandt/*Heinrichs* § 413 Rdn. 6.
[102] Palandt/*Heinrichs* § 413 Rdn. 7.
[103] Palandt/*Heinrichs* § 398 Rdn. 18 b; BGH NJW 1985, 2640 (2641 f.).
[104] BGH NJW 1985, 2640 (2641 f.); Palandt/*Heinrichs* (61. u. 62. Aufl.) § 413 Rdn. 7; im Ergebnis auch Erman/*Westermann* (10. Aufl.) § 398 Rdn. 29.
[105] BGH NJW. 1985, 2640. (2641) – noch zur Fristsetzung mit Ablehnungsandrohung –; MünchKomm/*Roth* § 398 Rdn. 99.
[106] Vgl. zum Rücktritt nach altem Recht: BGH NJW 1985, 2640 (2642) – Wahrnehmung des Rücktrittsrechtes des Zessionars nur mit Zustimmung des Zedenten bei Teilabtretung; BGH JR 1974, 22 – Zustimmungserfordernis des Zessionars bei Rücktrittserklärung des Zedenten; vgl. auch Palandt/*Heinrichs* § 398 Rdn. 18b; a. A. *Schwenzer* AcP 182 (1982), 214 (219), welche davon ausgeht, dass es nicht überzeugen würde, dass es bei einer Abtretungsvereinbarung verboten sein könnte in die Rechtsstellung des Zessionsvertragspartners gegenüber dem Schuldner durch Ausübung eines Gestaltungsrechtes einzugreifen.

räumung von Wohnungseigentum am gerade zu errichtenden Gebäude Ansprüche bezgl. der Fertigstellung des Sondereigentums ab) stets der Fall sein. Insb. darf es durch die Geltendmachung der Minderung nicht zu einer Präjudizierung bezüglich der durch die Minderung ausgeschlossenen Rechte (z. B. Schadensersatz statt Leistung) kommen.[107] *Roth* legt im Münchener Kommentar überzeugend dar, dass der Zedent nicht einseitig die Rechte des Zessionars beeinträchtigen dürfe und deshalb bei der Minderung auf die Verteidigungsposition (Einrede) beschränkt sei.[108]

**18 c** Soweit der **Werklohnanspruch** – etwa im Rahmen einer Sicherungszession – **abgetreten** wurde, ist für die Frage danach, wem gegenüber die Minderung zu erklären ist danach zu unterscheiden, ob die Minderung vor oder nach der Abtretung wirksam erklärt wurde und ob es sich um eine offene oder stille Zession handelt. Eine vor der Abtretung erklärte Minderung bewirkt, dass nur die geminderte Vergütung geschuldet ist, der Zessionar nach § 398 BGB auch nur insoweit in die Gläubigerstellung einrücken kann. Insoweit bestehen keine Unterschiede zwischen der offenen und der stillen Zwession. Im Falle einer nicht offengelegten Abtretung wird der Zessionar eine eventuelle Minderungserklärung auch nach der Abtretung gem. § 407 Abs. 1 BGB gegen sich gelten lassen müssen. Sobald die Abtretung offen gelegt ist muss die Minderung gegenüber Zessionar und Zedent erklärt werden, da auf der Seite des Unternehmers mehrere beteiligt sind (§ 638 Abs. 2 BGB). Schließlich wirkt sich die Minderung sowohl auf die Primärpflicht der Vergütung (was den Zessionar interessiert) und den Umfang der zu erbringenden Leistung (was den Zedenten interessiert) aus. Zu beachten bei einer Teilabtretung des Werklohnes ist, dass durch die Minderung die jeweiligen Forderungen jeweils anteilig herbgesetzt werden.[109]

### 2. Minderung beim Pauschalvertrag

**19** Ein Pauschalpreis bewertet eine Sachgesamtheit (diverse einzelne Gewerke) als **einheitliche Leistung** des Auftragnehmers, so dass unter diesem Aspekt eine Besonderheit gegenüber der Minderung bei einem mangelhaften Einzelgewerk nicht besteht; nur der Bezugsgegenstand ist ein anderer. In der **Praxis** treten jedoch dadurch Probleme auf, dass sich der Minderwert einzelner Mängel i. d. R. nicht unmittelbar auf die Gesamtleistung auswirkt, sondern lediglich die Bewertung einzelner Gebäudeteile betrifft; dann entspricht es meist der **Verkehrsauffassung,** auch für die Minderungsbewertung von diesen (einzelnen) Gebäudeteilen auszugehen.

**20** Rechtlich war nach altem Recht allerdings an den durch die Schuldrechtsreform entfallenen **§ 472 Abs. 2 BGB** a. F. anzuknüpfen, der für die Minderung bei Pauschalpreisen nicht auf die Bewertung der (sich addierenden) Einzelgegenstände, sondern auf den (einheitlichen) Gesamtwert abstellte. Nun könnte man einen ähnlichen Gedanken aus § 638 Abs. 3 Satz 1 BGB ableiten, da hier von der „Vergütung" gesprochen wird, die beim Pauschalvertrag eine einheitliche ist und somit als einheitliche zu mindern wäre. Dieser Standpunkt wird entsprechend von *Wirth*[110] auch für den Pauschalpreisvertrag selbst nach dem Wegfall des § 472 Abs. 2 BGB vertreten. Dagegen bestehen jedoch insoweit Bedenken, als die Leistung nach der Verkehrsbeurteilung trotz der Preispauschalierung doch nicht als „einheitliche Leistung" (untrennbarer Gesamtwert) angesehen wird, sondern letztlich weiter als Summe von Einzelleistungen, jedenfalls **mehrerer Leistungskomplexe,** die je einer selbstständigen Bewertung zugänglich bleiben.[111]

---

[107] Vgl. MünchKomm/*Roth* § 398 Rdn. 99.
[108] MünchKomm/*Roth* § 398 Rdn. 99.
[109] *Palandt*/*Sprau* § 638 Rdn. 6; *Kapellmann*/*Messerschmidt*/*Weyer* VOB/B § 13 Rdn. 310 m. w. Nachw.
[110] *Ingenstau*/*Korbion*/*Wirth* VOB/B § 13 Nr. 6 Rdn. 71.
[111] *Daub*/*Piel*/*Soergel*/*Steffani* (ErlZ VOB/B 13 497) verweisen zu Recht auf die abweichende Behandlung beim EP-Vertrag. Entsprechendes muss gelten, wenn die Relation Leistung – Preis auch bei einer Preispauschalierung auf Einzelleistungen bezogen bleibt.

Bei der **Minderung von Pauschalpreisen** auf Grund von Einzelmängeln sollte deshalb 21
**differenziert** werden: Soweit der Preis die selbstständige Bewertbarkeit der Einzelgewerke
nach der Verkehrsauffassung unberührt lässt, ist an diese kleineren Einheiten auch für die
Minderung anzuknüpfen. Soweit diese Einheiten dagegen zu Gunsten eines (einheitlichen)
Gesamtwerkes aufgehoben sind, ist auf den Gesamtwert abzustellen. Vertragsabreden darüber
werden regelmäßig fehlen. Für die **Wertansätze kleinerer Einheiten** kann regelmäßig auf
die Einsatzpreise abgestellt werden. Es ist jedoch ein Minderwertzuschlag zu gewähren,
wenn die Einzelminderungen (nach Einsatzpreisen) dem Gesamtminderwert nicht gerecht
werden. Dies kann etwa der Fall sein, wenn bei der Errichtung eines Hotels der gehobenen
Klasse das Einzelgewerk Fahrstuhl in seiner Brauchbarkeit erheblich eingeschränkt ist und
damit das Gesamtwerk Hotel seinerseits als solches kaum zu gebrauchen ist (vgl. den Fall
BGH BauR 1997, 858).

### 3. Mehrere Mängel

Es ist keine Seltenheit, dass Bauvorhaben zahlreiche Mängel aufweisen, die durch Min- 22
derung ausgeglichen werden sollen. Hier verhält es sich etwa umgekehrt zum obigen
(Rdn. 19, „Pauschalvertrag") Fall der Einzelminderung bei Leistungsgesamtheiten. Für die
Betrachtung, ob die mehreren Mängel zu einer Gesamtminderung oder zu einer Summe
von Einzelminderungen führen, ist wiederum – soweit vertragliche Regelungen fehlen – auf
die Verkehrsanschauung zur Bewertung der Einzelmängel (als „Summe" oder Minderwert-
einheit) abzustellen. Im Regelfall wird eine getrennte Bewertung der Einzelmängel dem
Willen der Parteien entsprechen.[112]

### 4. Mehrere Vertragsparteien (§ 638 Abs. 2 BGB)

Sind die mehreren Auftragnehmer auch hinsichtlich der Mängelhaftung Gesamtschuldner, 23
kann die Minderung entspr. § 421 BGB von jedem der Gesamtschuldner nur einmal
gefordert werden, und zwar mit Befreiungswirkung für alle anderen Gesamtschuldner (§ 422
BGB); für den Innenausgleich nach allgemeinen Grundsätzen gilt § 426 BGB.[113] Wenn auch
die Minderung nur einmal gefordert werden kann, so ist diese jedoch einheitlich zu erklären
(§ 638 Abs. 2 BGB).

§ 13 Nr. 6 VOB/B nimmt auf den gesamten **§ 638 BGB** Bezug und damit auch auf die 23 a
Regelung des Absatzes 2. Dieser lautet: „Sind auf der Seite des Bestellers oder auf der Seite
des Unternehmers mehrere beteiligt, so kann die Minderung nur von allen oder gegen alle
erklärt werden." Eine wortgleiche Regelung findet sich im BGB für die Minderung beim
Kaufvertrag (§ 441 Abs. 2 BGB) und eine sehr ähnliche für den Rücktritt in § 351 BGB.
Ohne eine (rechtzeitige) Erklärung aller auf der Seite des Bestellers beteiligten Personen
oder an alle auf der Seite des Unternehmers beteiligten Personen ist eine Minderungserklärung daher unwirksam.[114] Unerheblich ist die Art der Beteiligung – ob Teilschuld
(§ 420 BGB), Gesamtschuld (§ 421 BGB), gemeinschaftliche Verpflichtung (§ 427 BGB),
Gesamtgläubigerschaft (§ 428 BGB), Gesellschaft oder Gemeinschaft. Diese Regelung führt
letztlich zu einem nicht unerheblichen Risiko für den Erklärenden, da er leicht einen der
Beteiligten „übersehen" kann.

§ 638 Abs. 2 BGB setzt ein einheitliches Rechtsgeschäft voraus.[115] Ob diese mehreren 23 b
Beteiligten i. S. d. § 638 Abs. 2 BGB durch ein derartiges einheitliches Rechtsverhältnis
miteinander verbunden sein müssen, ergibt sich allerdings nicht aus dem Wortlaut der Norm
selbst. Dies ergibt sich vielmehr aus dem Suinn der Vorschrift. § 638 Abs. 2 BGB – wie die
parallele Vorschrift des § 441 Abs. 2 BGB – sollen die Konsequenz aus der Rechtsnatur der

---

[112] So auch *Siegburg* Gewährleistung Rdn. 1099; a. A. (ohne nähere Begründung) *Kleine-Möller/Merl/Oel-maier/Merl* § 12 Rdn. 412.
[113] Vgl. MünchKomm-*Bydlinski* § 426 Rdn. 4, 5.
[114] *Ingenstau/Korbion/Wirth* § 13 Nbr. 6 Rdn. 73; s. o. → Rdn. 11.
[115] MünchKomm/*Gaier* § 351 Rdn. 2; wohl auch *Palandt/Sprau* § 638 Rdn. 3.

## § 13 Nr. 6

Minderung als Gestaltungsrecht ziehen.[116] Da die Wirkung der Gestaltungserklärung aber nur das betroffene Rechtsgeschäft erreicht, kann ein darüber hinausgehender Kreis von „Beteiligten" nicht gemeint sein. Insofern zu unterscheiden ist insb. zwischen der sich aus diesem Rechtsgeschäft ergebenden Primärverpflichtung und eventuellen Sekundärverpflichtungen, welche ihrerseits in einer beliebigen Beteiligungsform vorliegen können. Der zweite Fall (z. B. gesamtschuldnerische Mängelhaftung von Fliesen- und Estrichleger für wirtschaftlich sinnvoll nur einheitlich zu beseitigende Mängel[117]) ist kein Fall der Beteiligung i. S. d. § 688 Abs. 2 BGB, da die gestalterische Wirkung der Minderungserklärung sich nicht unmittelbar auf das jeweils andere vertragliche Verhältnis auswirkt.

**23 c** Praktisch können im baurechtlichen Bereich folgende Fälle einer Beteiligung relevant werden:
Beteiligung auf **Unternehmerseite:**
– ARGE als GbR;
– Offene Sicherungsabtretung der Werklohnforderung an Kreditgeber; Beteiligung auf **Bestellerseite:**
– Eine GbR zur Errichtung eines Bauwerkes (z. B.: zwei Grundstücksnachbarn schließen sich zusammen und beauftragen den Unternehmer mit der Errichtung eines Doppelhauses oder einer gemeinsamen Grenzeinrichtung);
– Miterbengemeinschaft;
– Miteigentum i. S. d. § 1008 BGB.

**24** **Gesamtschuldnerische Mängelhaftung.** Problematisch in Hinblick auf § 638 Abs. 2 BGB sind zunächst die Fälle, in denen die Gesamtverantwortung erst secundär aus einer praktischen Abwicklungsnotwendigkeit ergibt. Zu einer solchen Haftung kommt es, wenn es bei mehreren primär selbstständig vertraglich verpflichteten Werkunternehmern zu einem Mangel an beiden Gewerken kommt, der sinnvoll nur einheitlich beseitigt werden kann,[118] oder auch zwischen Architekt/Sondering. einerseits und einem Werkunternehmer andererseits.[119] Die Rechtsprechung geht zunächst in diesen Fällen davon aus, dass grundsätzlich keine vertragliche Gesamtschuld besteht. Lediglich bezüglich der Mängelbeseitigung bestünde eine Gleichstufigkeit und damit ein gesamtschuldnerisches Verhältnis. Gleichwohl würde es, wegen der an sich von unterschiedlichen Parteien verschieden geregelten Vertragsverhältnissen problematisch sein anzunehmen, dass andere Auftragnehmer oder die Architekten derart nahe an dem jeweiligen Verträgen der anderen am Bau Mitwirkenden sind, dass davon gesprochen werden kann, dass diese am Vertrag der jeweils anderen „beteiligt" (§ 638 Abs. 2 BGB) wären. Der Parteiwille geht regelmäßig nicht in diese Richtung. Auch nach der allgemeinen Verkehrsauffassung handelt es sich um unterschiedliche Vereinbarungen, die jeweils für sich zu erfüllen sind und daher zu keiner „Beteiligung" um jeweils anderen Vertrag bewirken. Daneben wäre es im Ergebnis unbillig, dem Auftraggeber bei dem Auftreten eines Mangels vorsorglich jedem möglichen Verursacher gegenüber die Minderung erklären zu lassen.

**24 a** Anders zu beurteilen ist jedoch die Frage, ob der Besteller an die einmal erklärte Minderung auch gegenüber Dritten (Mitunternehmern oder Architekt/Sondering.) gebunden ist, wenn ein einheitlicher Mangel vorliegt. Für den Rücktritt im BGB-Vertrag sieht § 351 Satz 2 BGB vor, dass ein Rücktrittsrecht erlischt, wenn es zumindest gegenüber einem anderen Beteiligten (i. S. d. § 351 Satz 1 BGB bzw. auch der §§ 638 Abs. 2, 441 Abs. 2 BGB) erlischt. Eine entsprechende Regelung enthalten die §§ 638 Abs. 2, 441 Abs. 2 BGB nicht. Gleichwohl wird man aus mehreren Gesichtspunkten eine vergleichbare Bindung im

---

[116] Vgl. Begründung zum Reg.-Entw., BT-Drs. 14/6040 S. 551.
[117] In derartigen Fällen liegt nach der neueren Rspr. (BGH NJW 2003, 2980 = BauR 2003, 1379 = NZBau 2003, 557; vgl. hierzu: → Vor § 13 Rdn. 66 f.) auf der Sekundärebene eine gesamtschuldnerische Mängelhaftung vor (vgl. zu diesen Fällen unten → Rdn. 24).
[118] BGH NJW 2003, 2980 = BauR 2003, 1379 = NZBau 2003, 557; vgl. hierzu: → Vor § 13 Rdn. 66 f.
[119] Grundlegung BGHZ 43, 227 (229) = NJW 1965, 1175; BGHZ 51, 275 = NJW 1969, 653; *Ingenstau/Korbion/Wirth* VOB/B § 4 Rdn. 313; vgl. hierzu: → Vor § 13 Rdn. 69 f.

Falle der Minderung im VOB-Vertrag bei gesamtschuldnerischer Mängelhaftung annehmen müssen. Zunächst gilt das Bereicherungsverbot des Schadensrechtes. Der geschädigte Besteller kann z. B. nicht erwarten, einerseits Nachbesserung von einem der Unternehmer verlangen zu können, von einem weiteren vollen Schadensersatz und bei dem Dritten die Vergütung mindern können, während er vom Vierten Vertrag zurücktritt. Er erhielte so Ersatz des Schadens, Beseitigung des Mangels (welcher letztlich auch im Schadensersatz enthalten wäre), erspart Aufwendungen bei der Vergütung und käme von einem ungeliebten Vertrag los. Das Mängelausgleichsinteresse des Bestellers ist zwar auf jeden Einzelvertrag zu beziehen, darf aber den materiellen Wert des Gesamtinteresses nicht übersteigen. Das Ergebnis kann nur in sorgsamer Abwägung gefunden werden.

Mehrfachbeteiligungen auf der Gläubiger- (Auftraggeber) Seite[120] werfen entsprechende 25 Fragen der sachlichen Anspruchsverbindung auf: Handelt es sich um Teilgläubiger, Gesamtgläubiger oder Mitgläubiger? Soweit von **Mitgläubigern** gem. § 432 BGB auszugehen ist, ergeben sich Fragen zur Abstimmung des Innen- mit dem Außenverhältnis[121] und der Berechtigung des einzelnen, das gemeinsame Recht nach außen geltend zu machen.[122]

### 5. Minderung bei Mängeln am Gemeinschaftseigentum

Die Rechtsprechung[123] gibt dem einzelnen Wohnungseigentümer das Recht auf Min- 26 derung nur nach vorhergehendem Gemeinschaftsbeschluss und Rückermächtigung zur Durchsetzung; nur ausnahmsweise[124] kann der Minderungsanspruch vom einzelnen Wohnungseigentümer auch unmittelbar verfolgt werden. – Die Fragen sind sehr strittig.[125] § 638 Abs. 2 BGB bezieht sich darauf, dass mehrere Auftraggeber nach der Verkehrsauffassung einen gemeinsamen Vertrag mit einem Auftragnehmer schlossen. Die Verträge von Wohnungseigentümern (Erwerbern) mit einem Bauträger sind jedoch jeweils als einzelne Verträge.[126]

## C. Materielle Minderungsvoraussetzungen

### I. Anspruchsvoraussetzungen als tatsächliche und normative Frage; Probleme der Praxis

Sämtliche Voraussetzungen eines Minderungsrechtes des Auftraggebers sind **normative** 27 **Kriterien,** d. h. nicht nur „tatsächlich", sondern auch rechtlich festzustellen. Das verbietet es den Gerichten, etwa die Frage der „Unzumutbarkeit" oder „Unverhältnismäßigkeit" einer Mängelbeseitigung abschließend Sachverständigen zur Verantwortung zu überlassen; die rechtlichen Maßstäbe hat ausschließlich das Gericht zu setzen.[127]

---

[120] Vgl. → Vor § 13 Rdn. 41 ff.
[121] Bedeutsam für das Verhältnis von Wohnungseigentümern zum Auftragnehmer, vgl. → Vor § 13 Rdn. 46 f.
[122] Zum Wohnungseigentum vgl. wie Fn. 57 und unten Rdn. 46.
[123] BGHZ 74, 258; BGH NJW 1991, 2480; vgl. dazu *Weitnauer* WE 1992, 95 f.
[124] BGH BauR 1990, 353.
[125] Aus der Aufsatzlit. vgl. etwa *Weitnauer* a. a. O. (Fn. 59); *Deckert* ZfBR 1990, 59 und WE 1991, 304; *Ehmann* FS Bärmann und Weitnauer S. 145; *Ganten* FS Bärmann und Weitnauer S. 269; *Kniffka* ZfBR 1990, 159; *Greiner* ZfBR 2001, 439; *Hanger* NZM 1999, 536; *Bub* NZM 1999, 530; *Kniffka* FS Ganten (2007), S. 125 ff.
[126] *Palandt/Sprau* § 638 Rdn. 3.
[127] Das schließt Erleichterungen bei der Minderungsfeststellung über § 638 Abs. 3 S. 2 BGB (oder zum früheren Recht nach § 287 ZPO) und Ermittlungshilfen (!) durch Gutachter nicht aus, ebenso (zum alten Recht) *Staudinger/Peters* § 634 Rdn. 59; weitergehend (Gutachteraufgabe!) *Daub/Piel/Soergel/Steffani* ErlZ VOB/B 13 493. Zu den Grenzen des § 287 ZPO: *Staudinger/Honsell* § 472 Rdn. 4; *MünchKomm/Westermann* § 472 Rdn. 5 („rechtlich geleitete Bewertung"); zu den Grenzen der sachverständigen Tatsachenermittlung bei normativ geprägten Begriffen (dort Kausalität) vgl. auch *Leineweber* FS Mantscheff S. 249.

**28** Der erhebliche rechtliche Wertungsanteil in den Minderungsvoraussetzungen macht es allerdings für die Parteien eines Bauvertrages und für Gerichte oftmals schwierig, die tatbestandlichen Bedingungen der Minderung sicher abzugrenzen. Noch mehr gilt dies für die Höhe einer berechtigten Minderung.[128] In der Beantwortung dieser Fragen liegt das eigentliche Problem der Praxis. Zu seiner Lösung ist es notwendig, kontrollfähige Kriterien für die Bestimmung der Minderungsvoraussetzungen und die berechtigte Höhe des Vergütungsabzuges zu entwickeln.

## II. Unmöglichkeit der Mängelbeseitigung

### 1. Systematischer Stellenwert der Nr. 6

**29** Ist eine Mängelbeseitigung undurchführbar, so folgt schon aus der Logik, dass sie real nicht gefordert werden kann (vgl. § 275 Abs. 1 BGB). Die Bedeutung des § 13 Nr. 6 VOB/B liegt deshalb insoweit auch nur in der positiven Anordnung des Minderungsanspruches, zu dem Alternativen denkbar gewesen wären, vgl. §§ 275, 281, 634 Nr. 4 BGB. § 13 VOB/B legt eine **Reihenfolge der Rechtswahl** fest: Bei unmöglicher Mängelbeseitigung „kann" (i. S. v. „darf") Minderung gefordert werden; andere Ansprüche (z. B. § 13 Nr. 7 VOB/B) sind zunächst ausgeschlossen, § 13 Nr. 7 Abs. 1, 2 VOB/B.[129]

**30** Allerdings halten sich Rechtsprechung[130] und Lehre[131] praktisch an dieses Prinzip nicht: Sobald sich der Auftraggeber nicht auf das Minderungsrecht beschränkt und objektiv gleichzeitig die Voraussetzungen des § 13 Nr. 7 VOB/B vorliegen, lässt es die Praxis zu, dass mit einheitlichem Anspruch die gesamte mängelbedingte Werteinbuße gem. § 13 Nr. 7 Abs. 1 VOB/B und ggf. der weitere Schaden gem. § 13 Nr. 7 Abs. 2 VOB/B liquidiert wird; das gilt sogar dann, wenn der Minderungsanspruch als solcher gem. § 640 Abs. 2 BGB ausgeschlossen ist.[132] Auch wenn sich der Auftragnehmer **grundlos weigert,** eine mögliche Mängelbeseitigung durchzuführen, soll der Auftraggeber trotz der in § 13 Nr. 5 bis 7 VOB/B enthaltenen Anspruchsschranken nicht verpflichtet sein, Mängelbeseitigung durch Ersatzvornahme einzufordern; er ist nach h. M.[133] vielmehr berechtigt, aus Pflichtverletzung (arg.: „endgültige Weigerung") sofort umfassend Schadensersatz gem. § 13 Nr. 7 VOB/B zu fordern.

### 2. Objektive Unmöglichkeit – Unvermögen

**31** „Unmöglichkeit" bedeutet nach allgemeiner Auffassung:[134] **objektive** Unmöglichkeit; die Mängelbeseitigung soll für jedermann, auch für das am besten dazu gerüstete Unternehmen, nicht ausführbar sein. – Gewiss liegt in diesen Fällen „Unmöglichkeit" vor. Es ist jedoch fraglich, ob es den Zwecken der VOB/B nicht besser gerecht würde, für die Rechte aus § 13 Nr. 6 VOB/B bereits das **Unvermögen** des konkreten Vertragspartners („subjektive Unmöglichkeit") genügen zu lassen. Immerhin hat der Gesetzgeber mit der Reform des Schuldrechtes die subjektive und objektive Unmöglichkeit weitgehend gleichgesetzt (vgl. § 275 Abs. 1 BGB) und enthält § 13 Nr. 6 VOB/B mit der Alternative der Unverhältnismäßigkeit einen dem § 275 Abs. 3 BGB entsprechenden Regelungsgehalt. Es geht in

---

[128] Vgl. dazu unten Rdn. 55 ff.
[129] *Ingenstau/Korbion/Wirth* § 13 N. 7 Rdn. 15; *Kaiser* Mängelhaftung Rdn. 96.
[130] Vgl. BGH MDR 1960, 838 f.; BGH NJW 1982, 1524 = BauR 1982, 277 = ZfBR 1982, 122 f.; OLG Hamm BauR 1995, 109 f.
[131] Vgl. *Ingenstau/Korbion/Wirth* § 13 Nr. 7 Rdn. 16 f.; *Kaiser* Mängelhaftung Rdn. 118; abweichend *Nicklisch/Weick* VOB/B § 13 Rdn. 225.
[132] BGH NJW 1982, 1524 = BauR 1982, 277 = ZfBR 1982, 122; enger: BGHZ 58, 181 (183) = NJW 1972, 821 = BauR 1972, 242.
[133] BGHZ 77, 134 = NJW 1980, 1952 = BauR 1980, 460; NJW 2003, 580 (581); *Ingenstau/Korbion/Wirth* § 13 Nr. 7 Rdn. 14, 36; abweichend *Nicklisch/Weick* a. a. O. (Fn. 66).
[134] *Ingenstau/Korbion/Wirth* § 13 Nr. 6 Rdn. 23; *Kapellmann/Messerschmidt/Weyer* § 13 Rdn. 295.

Minderungsanspruch § 13 Nr. 6

diesem Zusammenhang um die Voraussetzungen dafür, dass dem Auftraggeber im Falle einer Weigerung des Auftragnehmers (arg.: „unmöglich") adäquate Ersatzrechte gegenüber der realen Mängelbeseitigung zustehen.

Solche Ansprüche stehen dem Auftraggeber gem. §§ 638, 323 Abs. 1, 2 BGB auch schon für den Fall zu, dass eine Mängelbehebung zwar (objektiv) möglich wäre, vom Unternehmer aber grundlos abgelehnt wird. Bei Verzug mit der Mängelbeseitigung (§ 13 Nr. 5 VOB/B) können die Kosten der Mängelbeseitigung aus anderem Anspruchsgrund ohnehin verlangt werden. Dann aber ist es nur folgerichtig, dem Auftraggeber auch bereits bei bloßem Unvermögen des Auftragnehmers ein Minderungsrecht zu gewähren. Dem Auftragnehmer geschieht deswegen kein Unrecht; er will ja nicht beseitigen. Der Auftraggeber kann wählen, ob er mindert oder Ersatzvornahme betreibt. Entgegen der h. M. genügt also für die „Unmöglichkeit" des § 13 Nr. 6 VOB/B das (subjektive) Unvermögen des Auftragnehmers zur Mängelbeseitigung. Dieser Ansatz enthebt in kritischen Fällen auch der kaum lösbaren Aufgabe, die tatsächlich „objektive Unmöglichkeit" einer Mängelbeseitigung festzustellen.[135]

### 3. Unmöglichkeit – Unverhältnismäßigkeit; Teilunmöglichkeit

„Unmöglich" ist eine Mängelbeseitigung, wenn sie tatsächlich (überhaupt oder mit den Mitteln des Auftragnehmers vgl. oben Rdn. 31) nicht auszuführen ist. Der Begriffsschwerpunkt liegt im Technischen.[136] Eine **„unverhältnismäßige aufwändige"** Mängelbeseitigung ist dagegen faktisch möglich, sie kann vom Auftragnehmer aber nach § 635 Abs. 3 Satz 2 BGB, § 13 Nr. 6 VOB/B verweigert werden, weil die Maßnahme wirtschaftlich unvernünftig wäre; näheres dazu unten Rdn. 40 f. „Unverhältnismäßigkeit" ist ein normativer Begriff. Insoweit stehen in den gen. Minderungsvoraussetzungen Tat- und Rechtsfrage nebeneinander.

Dieser Unterschied verwischt sich in der Praxis. Auch die Frage der „Unmöglichkeit" verlangt in Wahrheit eine normative Antwort; denn kaum je ist eine Mängelbeseitigung generell und schlechthin ausgeschlossen. Zumal eine Mängelbeseitigung ebenfalls durch völligen Neubeginn mit der Werkherstellung geleistet werden kann (vgl. → § 13 Nr. 5 Rdn. 51), stellt sich in aller Regel auch in den „Unmöglichkeits"-Fällen zunächst die Frage des „wirtschaftlich Machbaren" und daran anschließend die Rechtsfrage, welcher Aufwand dem Auftragnehmer zur Beseitigung eines bestimmten Mangels nach der Verkehrsauffassung zugemutet werden soll.[137] **„Möglich"** ist eine Mängelbeseitigung, wenn sich ihre Kosten noch in einem „denkbaren", nicht von vornherein abwegigen, d. h. nach der Verkehrsbewertung nicht absolut „unvernünftigen" Rahmen bewegen. Erst unterhalb dieser Schwelle stellt sich die konkrete vertragliche Frage der **„Verhältnismäßigkeit"** (§ 13 Nr. 6 VOB/B): Darf nach den Umständen des Vertrages vom Auftragnehmer der („an sich mögliche") Aufwand zur Mängelbeseitigung gefordert werden? Zu den Kriterien einer Unverhältnismäßigkeit vgl. im Übrigen unten Rdn. 40 f.

Wegen der schwierigen Grenzziehung zwischen subjektiver und objektiver Unmöglichkeit einerseits (oben Rdn. 33) sowie unverhältnismäßig aufwändiger Mängelbeseitigung andererseits ist die Frage von Bedeutung, inwieweit rechtlich nach § 13 Nr. 6 VOB/B

---

[135] Kritisch zum Unmöglichkeitskriterium auch Staudinger/*Peters* § 634 Rdn. 21. – Beispiele aus der Rechtsprechung für eine „unmögliche" Mängelbeseitigung: BGH MDR 1960, 838 f. (Betongüte); BGH LM Nr. 4 zu § 472 BGB (Schwammbefall); BGH NJW-RR 1989, 775 = BauR 1989, 219 (Büroräume); OLG Saarbrücken NJW-RR 1987, 470 (toxische Gasemissionen).

[136] Zur rechtlichen Unmöglichkeit vgl. BGH NJW 1982, 1254 = BauR 1982, 277 = ZfBR 1982, 122.

[137] Zur problematischen Abgrenzung von Unmöglichkeit und Unverhältnismäßigkeit vgl. Ingenstau/*Korbion*/*Wirth* VOB/B § 13 Nr. 6 Rdn. 24; *Kaiser* Mängelhaftung Rdn. 87, 87 a. Die Trennlinie zwischen möglicher Neuherstellung und unmöglicher „Nachbesserung" zu ziehen, erscheint nach dem Neuherstellungsurteil des BGH (BGHZ 96, 111) willkürlich; ähnlich kritisch Nicklisch/*Weick* VOB/B § 13 Rdn. 198; OLG Düsseldorf BauR 1982, 587. – Auch soweit der BGH (BauR 1989, 219 = ZfBR 1989, 58) für einen (noch) verhältnismäßigen Aufwand auf die Substanz- oder Konzeptwahrung abstellt, sind letztlich vertragliche Risikofragen angesprochen.

überhaupt eine genaue **Begriffszuordnung** erforderlich ist. Zur Gleichsetzung von subjektiver und objektiver Unmöglichkeit als Minderungsvoraussetzung vgl. oben Rdn. 33 f. Zur Unverhältnismäßigkeit stellt Nr. 6 darauf ab, dass sich der Auftragnehmer auf sie beruft; erst dadurch wird der Minderungsanspruch des Auftraggebers ausgelöst.[138] Unmöglichkeit ist dagegen nach h. M. objektiv, schon nach dem Vortrag des Auftraggebers, zu beachten.[139] Ein merklicher Unterschied liegt darin aber nicht, weil es nach der Verkehrsauffassung einer Einrede auch bei „unmöglicher" Mängelbeseitigung bedarf. Im Regelfall erscheint deshalb die Differenzierung zwischen den Begriffsformen der technischen und wirtschaftlichen Möglichkeit entbehrlich.

36   Gelegentlich ist eine Mängelbeseitigung nur **zu einem Teil möglich,** im Übrigen nicht. Hier ergibt sich aus § 275 Abs. 1 BGB dass die Unmöglichkeit nur den Teil betrifft, der Unmöglich ist („soweit").[140] Im Übrigen wird der Auftragnehmer gem. § 326 Abs. 1 BGB nur insoweit von seiner Pflicht zur Nacherfüllung frei, als nachweislich kein Interesse mehr an der nicht unmöglichen Leistung besteht.[141] Der Auftragnehmer hat danach grundsätzlich einen Anspruch auf Teilbeseitigung von Mängeln; er ist damit nur ausgeschlossen, wenn der Auftraggeber geltend machen kann, dass eine solche Teilleistung für ihn aus besonderen Gründen – tatsächlich nachvollziehbar – nicht von Interesse ist. In jedem Falle kann eine Teilbeseitigung abgelehnt werden, wenn die engeren Voraussetzungen einer Unzumutbarkeit nach der dritten Alternative des § 13 Nr. 6 VOB/B vorliegen.[142]

37   Strittig war früher, ob eine „Unmöglichkeit" der Mängelbeseitigung auch vorliegt, wenn zwar eine **„Nachbesserung"** nicht möglich ist, der Baumangel aber durch eine **„Neuherstellung"** der Werkleistung insgesamt behoben werden kann. Seit der zutreffenden Entscheidung des BGH vom 10. 10. 1985,[143] der auch das Schrifttum einmütig folgt,[144] ist klargestellt, dass eine „Neuherstellung" im Wesen nichts anderes als eine „Mängelbeseitigung" ist und deshalb grundsätzlich wie sie behandelt werden muss. Allerdings wird sich bei einer völligen Beseitigung des hergestellten und einer Neuerrichtung des geschuldeten Bauteiles eher als bei einer „Nachbesserung" die Frage stellen, ob der Aufwand noch „verhältnismäßig" ist. Auch darin liegt jedoch kein prinzipieller Unterschied zum Mängelbeseitigungsanspruch.

### 4. Darlegungs- und Beweislast

38   Die Darlegungs- und Beweislast für eine Unmöglichkeit der Mängelbeseitigung trägt grundsätzlich der **Auftraggeber.**[145] Ist eine Mängelbeseitigung zwar denkbar, aber jedenfalls für diesen Auftragnehmer (subjektiv) unmöglich, gilt im Ausgangspunkt dasselbe: Auch Unvermögen als Minderungsvoraussetzung hat der Auftraggeber zu beweisen. Das gilt insb., wenn der Auftragnehmer zur Nachbesserung bereit ist. Bestreitet der Auftragnehmer zwar sein Unvermögen („ich könnte das!"), weigert er sich aber, weil die notwendigen Maßnahmen unverhältnismäßig aufwändig wären, genügt es für den Minderungsanspruch des Auftraggebers, wenn dieser die Weigerung des Auftragnehmers darlegt und beweist.[146] Bestreitet in diesem Falle aber der Auftraggeber die Unverhältnismäßigkeit, müsste sie vom Auftragnehmer dargelegt und bewiesen werden.[147] Wehrt sich der Auftragnehmer sowohl

---

[138] *Kaiser* Mängelhaftung Rdn. 88; dem Auftragnehmer bleibt die Möglichkeit, auch „unverhältnismäßige" Kosten aufzuwenden, *Nicklisch/Weick* VOB/B § 13 Rdn. 202.
[139] Vgl. *Ingenstau/Korbion/Wirth* VOB/B § 13 Nr. 6 Rdn. 15, 23; OLG Celle Schäfer/Finnern Z 2414, Bl. 88 f.
[140] *Palandt/Heinrichs* § 275 Rdn. 7.
[141] Vgl. *Palandt/Heinrichs* § 326 Rdn. 5.
[142] Vgl. dazu unten Rdn. 50 f.
[143] BGHZ 96, 111 (123) = NJW 1986, 711 (717) = BauR 1986, 93 = ZfBR 1986, 23.
[144] Vgl. *Ingenstau/Korbion* VOB/B § 13 Nr. 5 Rdn. 70; Staudinger/*Peters* § 633 Rdn. 171.
[145] *Ingenstau/Korbion/Wirth* VOB/B § 13 Nr. 6 Rdn. 23.
[146] BGH a. a. O. (Fn. 76).
[147] *Ingenstau/Korbion/Wirth* VOB/B § 13 Nr. 6 Rdn. 51; *Nicklisch/Weick* § 13 Rdn. 186; *Kaiser* Mängelhaftung Rdn. 88.

gegen den Nachbesserungsanspruch mit dem Argument der Unverhältnismäßigkeit, als auch gegen die Minderung mit dem Angebot der Mängelbeseitigung, so erklärt er in der Sache konkludent, dass die Mängelbeseitigung doch nicht wirtschaftlich unzumutbar sei. Er kann sich darauf dann nicht berufen.[148]

Möglich ist ferner der Fall, dass beide Vertragspartner von einer Unmöglichkeit ausgehen, tatsächlich aber eine Mängelbeseitigung durchaus in Betracht käme. Dies entspricht dem zulässigen Einvernehmen darüber, dass gemindert werden soll, auch wenn andere Rechte in Betracht kommen.[149] Beweispflichtig für solche Einigkeit ist, wer daraus Rechte ableiten will. **39**

### III. Unverhältnismäßigkeit der Mängelbeseitigung

#### 1. Allgemeines

Die 2. Alternative eines Minderungsrechtes des Auftraggebers nach § 13 Nr. 6 VOB/B entspricht § 635 Abs. 3 BGB. Sie stellt die „objektive" der **„wirtschaftlichen" Unmöglichkeit** gleich, vgl. auch oben Rdn. 34. Auch diese Parallelität ist anerkannten Grundsätzen des allgemeinen Schuldrechtes entnommen, vgl. insb. §§ 251 Abs. 2 Satz 1, 275 Abs. 3 BGB. Das Recht des Auftragnehmers, eine Mängelbeseitigung zu verweigern, wenn diese „unverhältnismäßig aufwändig" ist, hat praktisch große Bedeutung, weil es den Auftragnehmer nicht nur von der realen Mängelbeseitigung befreit, sondern in aller Regel auch von Kosten, die ein „verhältnismäßiges Maß" überschreiten. Das folgt aus § 251 Abs. 2 Satz 1 BGB, der nach der Rechtspr.[150] und Lehre[151] grundsätzlich auch für den Anspruch des Auftraggebers auf Kostenerstattung gem. § 13 Nr. 7, § 637 Abs. 1 BGB gilt.[152] Für Schadensersatzansprüche (insb. für Mangelfolgeschäden) soll der Einwand der Unverhältnismäßigkeit nach der Rechtsprechung jedoch grundsätzlich nicht gelten.[153] Allerdings soll § 251 Abs. 2 BGB beim Schadensersatzanspruch ausnahmsweise entsprechend heranzuziehen sein, wenn es für den Unternehmer nach allen Umständen unzumutbar wäre, Aufwendungen zur Mängelbeseitigung im vollem Umfang zu tragen und der Schadensersatz derjenige ist, der gewährt wird, da eine Nachbesserung unmöglich oder unverhältnismäßig ist.[154] Dies leuchtet unmittelbar ein, da der Werkunternehmer nicht von einer unverhältnismäßigen Nachbesserung (und den damit für ihn verbundenen Kosten) freigestellt sein kann und gleichzeitig durch die Hintertür des Schadensersatzrechtes doch zu diesen Mängelbeseitigungskosten verpflichtet sein soll. Der Begriff der Unverhältnismäßigkeit in § 251 Abs. 2 BGB entspricht daher weitgehend dem in § 13 Nr. 6 VOB/B. **40**

Zu § 251 Abs. 2 BGB hat die Rechtsprechung beispielsweise in folgenden Fällen eine Unverhältnismäßigkeit bejaht: **40 a**
– Die Beseitigung von Unebenheiten auf einer im Vergleich der Gesamtfläche (250 m²) geringen Fläche (21 m²), wenn Vor- und Nacharbeiten sich auf das Dreizigfache der eigentlichen Mängelbeseitigungskosten belaufen;[155]

---

[148] Vgl. OLG Düsseldorf BauR 2001, 1922.
[149] Vgl. BGH LM Nr. 4 zu § 472 BGB und schon oben Rdn. 8, 9.
[150] BGHZ 59, 365 = NJW 1973, 138 = BauR 1973, 112; BGHZ 99, 81 = NJW 1987, 645 = BauR 1987, 89; BGH NJW 1988, 699 = BauR 1988, 124 (L); BGH BauR 2003, 1209 (1211) = NZBau 2003, 433 = ZfBR 2003, 555.
[151] *Ingenstau/Korbion/Wirth* VOB/B § 13 Nr. 7 Rdn. 108, 111; *Kaiser* Mängelhaftung Rdn. 118.
[152] Der BGH a. a. O. (Fn. 82) wendet § 252 Abs. 2 BGB nur an, wenn ein abweichendes Ergebnis konkret unbillig wäre (vgl. v. a. BGH BauR 2003, 1209 (1211); das kann nach der vertraglichen Interessenlage anders sein. Dies ergibt sich seit der Schuldrechtsreform auch aus § 637 Abs. 1 2. HS BGB („... wenn nicht der Unternehmer die Nacherfüllung zu Recht verweigert") i. V. m. § 635 Abs. 3 BGB. Zum neuen Recht vgl. LG Ellwangen NJW 2003, 517.
[153] BGH BauR 2002, 1536 (1540) = NZBau 2002, 571 = ZfBR 2002, 767.
[154] OLG Karlsruhe BauR 2003, 98 (100).
[155] OLG Karlsruhe BauR 2003, 98 (100).

- Erneuerung einer Fußbodenheizung für 20 451,68 €, wenn damit eine jährliche Energieeinsparung von 9,03 € erzielt werden kann;[156]
- Wiederherstellung eines kompletten Fußbodens aus Carrara-Marmor zu 8518,84 € bei nur bei Gegen- und Streulicht sichtbaren und teilweise nur pfenniggroßen Flecken, welche nach einigen Jahren durch Wischpflege fast völlig unsichtbar werden und zu einer Wertminderung um 766,94 € führen;[157]
- Bei einem Gebäude mit einem Wert von 218 832,93 € – Reparaturkosten von 295 015,41 €;[158]
- Erneuerung der vollständigen Blendfassade einer Scheune, wenn der Ersatz einiger Steine etwa ein Viertel der Kosten verursachen würde.[159]

Die für Kraftfahrzeuge von der Rechtsprechung zu § 251 Abs. 2 BGB entwickelte Faustformel von Reparaturkosten von 130% des Wertes der Sache[160] ist bei Gebäuden und Grundstücken nicht anzuwenden.[161]

## 2. Begriff der Unverhältnismäßigkeit

41 Nach Auffassung des BGH[162] sind Aufwendungen für eine Mängelbeseitigung dann „**unverhältnismäßig**" hoch, und deshalb dem Auftragnehmer nach Treu und Glauben (§ 242 BGB) nicht zuzumuten, „wenn der damit in Richtung auf die Beseitigung des Mangels erzielte Erfolg oder Teilerfolg bei Abwägung aller Umstände des Einzelfalles in keinem vernünftigen Verhältnis zur Höhe des dafür gemachten Geldaufwandes steht. Das ist zu konkretisieren:

42 Zunächst ist unstrittig, dass die Höhe des notwendigen Aufwandes des Auftragnehmers allein nicht zur Unverhältnismäßigkeit führt.[163] Die Angemessenheit der Beseitigungskosten ist ausschließlich in ihrer Relation zur **Notwendigkeit** der Maßnahme bzw., begriffsschärfer, zum berechtigten vertraglichen Interesse des Auftraggebers an einer realen mängelfreien Herstellung festzustellen. In der Rechtsprechung[164] und im Schrifttum[165] wird dies zu unscharf meist mit einem „noch vernünftigen", „noch zumutbaren" Aufwand umschrieben. Keinesfalls von Bedeutung für die Unverhältnismäßigkeit sind die Kosten verschiedener Mängelbeseitigungsarten untereinander. So sind die Kosten des Anbringens einer Vorsatzschale (12 986,81 €) und das Durchsägen der Haustrennwände (ca. 30 000,00–40 000,00 €) als zwei alternative Möglichkeiten der Verbesserung des Schalschutzes nicht zueinander in Beziehung zu setzen, um das Durchsägen für unverhältnismäßig zu erklären.[166] Im Einzelfall kann aber eine vollständige Mängelbeseitigung unverhältnismäßig, aber eine teilweise Nachbesserung noch verhältnismäßig sein.[167]

43 Vertraglich kommt es – genauer – einerseits darauf an, welches **reale Erfüllungsinteresse** der Auftraggeber darlegen kann und ob andererseits evtl. schon eine geringere wirtschaftliche (geldliche) Ausgleichsleistung sein Vertragsinteresse an vollständiger Erfül-

---

[156] OLG Düsseldorf BauR 2001, 445 (447) = NZBau 2001, 328 = NJW-RR 2001, 522; das OLG stützte sich hierbei auf § 242 BGB und sah die Mängelbeseitigungskosten als „grob unverhältnismäßig" an.
[157] OLG Düsseldorf MDR 2000, 885.
[158] OLG Hamm VersR 1999, 237 = r+s 1999, 152.
[159] OLG Hamm MDR 1995, 691 = NZV 1995, 691.
[160] Vgl. hierzu Palandt/Heinrichs § 251 Rdn. 7; Geigel/Schlegelmilch/Rixecker Haftpflichtprozess Kap. 3 Rdn. 21 f.
[161] OLG Naumburg NJW-RR 1995, 1041; Kuß VOB/B § 13 Rdn. 330.
[162] BGH BauR 2002, 613 (616) = NZBau 2002, 338 m. w. N. BGHZ 59, 365 (367/368).
[163] BGHZ 96, 111 = NJW 1986, 711 (717) = BauR 1986, 93 = ZfBR 1986, 23; BGH BauR 1997, 638 (639) = NJW-RR 1997, 1106 = ZfBR 1997, 249; OLG Düsseldorf NZBau 2005, 105 (106); Mandelkow BauR 1996, 656.
[164] Vgl. BGH a. a. O. (Fn. 162); OLG Köln NJW-RR 1993, 1492 OLG Düsseldorf NJW-RR 1994, 342.
[165] Kaiser Mängelhaftung Rdn. 88 („kein vertretbares Verhältnis"); Ingenstau/Korbion/Wirth B § 13 Nr. 6, Rdn. 32 VOB/B § 13 Rdn. 622 („kein vernünftiges Verhältnis"); ebenso, aber mit weiterer Konkretisierung, Staudinger/Peters § 633 Rdn. 186.
[166] BGH BauR 1997, 638 (639 f.) = NJW-RR 1997, 1106 = ZfBR 1997, 249.
[167] Vgl. OLG Düsseldorf BauR 1998, 126 (127).

lung durch den Auftragnehmer befriedigen kann. Überall dort also, wo der Aufwand für eine vollständige Resterfüllung (Mängelbeseitigung) wesentlich den Betrag übersteigt, der als „Minderung" ausreichen würde, den Mangel vom Vertragssinn her zu kompensieren, kommt eine „Unverhältnismäßigkeit" des Beseitigungsaufwandes in Betracht.[168] Zu beachten ist jedoch, dass die Rechtsprechung[169] davon ausgeht, dass eine Unverhältnismäßigkeit in aller Regel nur vorliegt, wenn einem objektiv geringen Interesse des Auftraggebers an einer vollkommen ordnungsgemäßen vertraglichen Leistung ein ganz erheblicher und deshalb vergleichsweise unangemessener Aufwand gegenüber steht. Grund hierfür ist, dass der Werkunternehmer mit Vertragsschluss das Erfüllungsrisiko übernimmt und hieran auch – bis an die Grenze des Wegfalls der Geschäftsgrundlage – festzuhalten ist, selbst wenn die aufzuwendenden Kosten wesentlich höher sind als der vereinbarte Preis. Bei der Ermittlung des Leistungsinteresses des Auftraggebers ist hierbei die Gesamtsituation und nicht nur die am Werk selbst zu erzielende Wertsteigerung zu berücksichtigen.[170] Dies betrifft etwa den Wert der Nutzbarkeit eines Hotelaufzuges für das gesamte Hotel (BGH BauR 1996, 858).

**44** Interessen, die auf Seiten des Auftraggebers eine Mängelbeseitigung fordern können, d. h. die Schwelle der Unverhältnismäßigkeit nach oben verschieben, sind etwa: Das konkrete vertragliche **Nutzungsinteresse,** das eine Mängelbeseitigung ggf. unausweichlich macht;[171] die Zusicherung bestimmter Werkeigenschaften;[172] der auch für den Auftragnehmer erkennbare Vertragswert bestimmter baulicher Eigenschaften, die ggf. auch nur in „Schönheitswerten" liegen können.[173] Auch bloße Risiken, die vertraglich gerade ausgeschlossen sein sollten,[174] müssen evtl. trotz hoher Kosten beseitigt werden. Demgegenüber kann eine geringe optische Beeinträchtigung bei ansonsten vollständiger Nutzbarkeit[175] (oder wenn Mängel trotz umfangreicher Nachbesserungsarbeiten nicht vollständig beseitigt werden können[176]) zur Unverhältnismäßigkeit führen.

**45** Vom Standpunkt des Auftraggebers ist es zunächst unerheblich, ob der Beseitigungsaufwand den Werklohn des Auftragnehmers übersteigt.[177] Darüber hinaus entspricht es ständiger Rechtsprechung,[178] dass sich der Auftragnehmer umso weniger auf „unverhältnismäßige" Kosten der Beseitigung berufen kann, je mehr die Mängelursachen von ihm **zu vertreten** (§ 276 BGB) sind. Maßstab ist der Gedanke, dass sich der Auftraggeber umso

---

[168] Im Ergebnis ähnlich OLG Köln wie Fn. 164 und i. d. Sache BGH BauR 1986, 87. Letztlich liegt im „unverhältnismäßigen" Teil ein „Schaden" nicht mehr vor, vgl. die Rechtsprechung zum „Totalschaden" BGH NJW 1992, 302 (PKW); BGHZ 102, 322 f. (Wohnhaus, Brandschaden); kritisch insoweit Staudinger/Peters § 633 Rdn. 186.
[169] BGH BauR 1996, 858 f. = NJW 1996, 3269 = ZfBR 1996, 313; BGH BauR 1997, 638 (639) = NJW-RR 1997, 1106 = ZfBR 1997, 249; BGH BauR 2002, 613 (616) = NZBau 2002, 338 = ZfBR 2002, 345; OLG. Düsseldorf BauR 2001, 1922; NZBau 2005, 106.
[170] Busche DB 1999, 1250 (1252).
[171] Z. B. Schallmängel bei entspr. Ruhebedürfnis – OLG München BauR 1985, 453; OLG Naumburg BauR 2000, 274 (276); OLG Hamm BauR 2001, 1262 (1265); Nutzungsinteresse an einem ausreichend dimensioniertern Hotelaufzug – BGH BauR 1996, 858; Wärmeisolierung – OLG Düsseldorf BauR 2001, 1922 (1923); nicht licht- und wetterfeste Färbung bei vereinbartem Farbton – OLG Köln BauR 2002, 801.
[172] Vgl. BGH a. a. O. (Fn. 162); OLG Köln BauR 1990, 733. Unzutreffend ist die etwa von Mandelkow (BauR 1996, 656, 657) vertretene Ansicht, dass sich der Auftragnehmer bei zugesicherten Eigenschaften niemals auf eine „Unverhältnismäßigkeit" berufen könne.
[173] BGH NJW 1981, 280; OLG Düsseldorf NJW-RR 1994, 342; OLG Naumburg BauR 2000, 274 (276); vgl. auch Staudinger/Peters § 633 Rdn. 186.
[174] Z. B. Toleranzüberschreitungen bei Sicherheitsfragen; zu unschädlichen Toleranzverletzungen OLG Frankfurt BauR 1988, 611.
[175] OLG Celle BauR 1998, 401 (Marmortreppe); OLG Düsseldorf BauR 1999, 498 (500) (Unebenheiten im Außenputz).
[176] OLG Düsseldorf BauR 1999, 404 (405) = NJW-RR 1999, 529.
[177] BGHZ 59, 365 (vgl. Fn. 150); BGHZ 96, 111 (vgl. Fn. 163); BGH BauR 1996, 858 f. = NJW 1996, 3269 = ZfBR 1996, 313; BGH BauR 2002, 613 (616) = NZBau 2002, 338 = ZfBR 2002, 345.
[178] BGH BauR 1996, 858 f (859) = NJW 1996, 3269 = ZfBR 1996, 313; BGH NJW 1988, 699 = BauR 1988, 124 (L); OLG Hamburg MDR 1974, 489; OLG Düsseldorf BauR 1987, 572 f.; OLG Düsseldorf NJW-RR 1987, 1167.

## § 13 Nr. 6

weniger auf eine Herabsetzung oder Änderung seines Vertragsinteresses einzulassen braucht, je weniger der Auftragnehmer schützenswert erscheint.[179]

**46** „Formeln" für eine Verhältnismäßigkeit nach § 13 Nr. 6 VOB/B lassen sich danach **nicht** aufstellen. Unrichtig erscheint es jedenfalls, wenn etwa *Kaiser*[180] die Fälle einer berechtigten Weigerung des Auftragnehmers zur Mängelbeseitigung auf Bagatellmängel reduzieren will („unbeachtliche Schönheitsfehler"). Auch funktionale Mängel und schwere „Ärgernisse" müssen ggf. hingenommen werden, wenn bei objektiver Betrachtung der Nachbesserungsaufwand dem realen Erfüllungsinteresse nicht mehr entspricht. Das Gesetz (ebenso die VOB) sucht bei aller Würdigung der Vertragsinteressen wirtschaftliche Lösungen.

### 3. Konkreter Kostenvergleich

**47** Der konkrete Kostenvergleich bei der Prüfung der Unverhältnismäßigkeit muss hinsichtlich der Mängelbeseitigung sämtliche Kosten einschließen, die der Auftragnehmer im Falle einer Mängelbeseitigung haben würde. Dazu gehören insb. auch sämtliche Kosten der Maßnahmenvorbereitung sowie der Instandsetzung arbeitsbedingt beschädigter Bauteile.[181] Gerade aus letzteren kann sich eine erhebliche Kostenverteuerung ergeben. Andererseits ist bei der Abwägung („zu teuer!") zu berücksichtigen, welcher Betrag dem Auftraggeber zuzusprechen wäre, wenn er auf die Beseitigung verzichtet. Das ist zunächst der Minderungsbetrag. Bei dessen Bemessung ist zu beachten, dass ohnehin bestehende Ansprüche aus anderen Grundlagen als § 13 Nr. 6 VOB/B von einer „Unverhältnismäßigkeit" nicht betroffen werden können. Nach der Rechtsprechung nicht zu berücksichtigen sind Nachbesserungsmehrkosten, die durch den Aufwand für die Erbringung der mangelhaften Leistung oder deren Beseitigung, für die Leistungserbringung außerhalb des normalen Leistungszusammenhanges und durch Kostensteigerung in Folge von Zeitablauf entstehen.[182]

**48** Ist der Mangel aber vom Auftragnehmer auch **verschuldet** (§ 276 BGB) oder liegen zusätzlich die Voraussetzungen des § 13 Nr. 7 Abs. 2 lit. b, c VOB/B vor, so haftet der Auftragnehmer über die Minderung hinaus auch auf den danach zu erstattenden Schadensersatz. Bei einer wirtschaftlichen Betrachtung, um die es im Rahmen der „Unverhältnismäßigkeit" geht, ist dies aber in die Betrachtung einzubeziehen. Bei einem entsprechend hohem Grad von Verschulden des Auftragnehmers – etwa Vorsatz – kann dem Unternehmer auch der Einwand der Unverhältnismäßigkeit der Nachbesserung abgeschnitten sein.[183]

**48 a** Bei der Ermittlung des noch verhältnismäßigen Aufwandes sind nach § 242 BGB ggf. auch die **Sowieso-Kosten** zu berücksichtigen.[184] Bei diesen Kosten handelt es sich um denjenigen Kosten, die der Auftraggeber erspart hat, da das Werk bei ordnungsgemäßer Errichtung entsprechend teurer gewesen wäre. Diese Kosten sind bei der Nachbesserung in entsprechender Anwendung des Gedanken des Vorteilsausgleichs stets zu berücksichtigen.[185] Die Höhe dieser Sowieso-Kosten richtet sich gewöhnlich nicht nach dem Aufwand, der zum Zeitpunkt der letzten mündlichen Verhandlung zur ordnungsgemäßen Errichtung des Werkes erforderlich wäre, sondern nach dem Zeitpunkt zu dem das Werk ordnungsgemäß

---

[179] Vgl. etwa BGH BauR 1996, 858 (859) = NJW 1996, 3269 = ZfBR 1996, 313. Damit ist auch dem von *Staudinger/Peters* (§ 633 Rdn. 187) geforderten Abwägungsgebot Rechnung getragen; eine undifferenzierte „Verschuldenssanktion" ist abzulehnen. Problematisch insoweit OLG Hamburg MDR 1974, 489, OLG Düsseldorf NJW-RR 1987, 1167 = BauR 1987, 572.

[180] *Kaiser* Mängelhaftung Rdn. 88.

[181] Vgl. BGH NJW-RR 1989, 86 = BauR 1989, 97 = ZfBR 1989, 24; BGH NJW-RR 1991, 789 = BauR 1991, 329 = ZfBR 1991, 104; *Ingenstau/Korbion/Wirth* VOB/B § 13 Nr. 5 Rdn. 74.

[182] BGH BauR 1996, 858 (859) = NJW 1996, 3269 = ZfBR 1996, 313.

[183] BGH a. a. O. (Fn. 182); OLG Düsseldorf BauR 2001, 1922 (1923) – grobe Fahrlässigkeit; *Quack* FS Vygen S. 368.

[184] *Ingenstau/Korbion/Wirth* VOB/B § 13 Nr. 6 Rdn. 45.

[185] *Palandt/Heinrichs* Vor § 249 Rdn. 141; *Palandt/Sprau* § 635 Rdn. 7; *Messerschmidt/Kapellmann/Weyer* VOB/B § 13 Rdn. 221 – beide m. Nachw. zur Rspr. des BGH; abw. bzgl. der Rechtsgrundlage, im Ergebnis aber auch: *Früh* BauR 1992, 160 (162 f.).

hätte errichtet werden müssen.[186] Da der Auftraggeber im Falle der Nacherfüllung sich mit diesen Kosten zu beteiligen hat, ist es nur sachgerecht und entspricht Treu und Glauben diese von dem zu leistenden Aufwand abzusetzen und erst wenn auch nach der Berücksichtigung dieser Kosten das Werk nicht mehr mit einem verhältnismäßigem Aufwand zu errichten wäre von einem unverhältnismäßigem Aufwand i. S. d. § 13 Nr. 6 VOB/B auszugehen. Ein **„Abzug neu für alt"** ist bei der Mängelhaftung grundsätzlich nicht anzuwenden ist, weil es der Wertung den Mängelhaftungsrechten zuwiderlaufen würde den Auftragnehmer dafür Vorteile zu verschaffen, dass er das Werk nicht sogleich errichtet hat.[187] Ein derartiger Abzug ist deshalb auch bei der Ermittlung der Unverhältnismäßigkeit nicht zu berücksichtigen.

Dem Interesse des Auftraggebers ist die effektive **Mehrbelastung** des Auftragnehmers durch eine Mängelbeseitigung gegenüberzustellen. **Zu vergleichen** sind dazu 49
- einerseits sämtlicher mit der Mängelbeseitigung verbundene notwendige Aufwand, und zwar (im Weigerungsfall) als Fremdaufwand,
- andererseits die wirtschaftliche Belastung des Auftragnehmers ohne Mängelbeseitigung, einschließlich evtl. Schadensersatzverpflichtungen;
- Schäden (etwa Folgeschäden), die sowohl neben einer Mängelbeseitigung zu ersetzen wären als auch in der reinen Schadensbelastung auftauchen, können beim Kostenvergleich vernachlässigt werden.
- Bei der Bewertung des erforderlichen Beseitigungsaufwandes kommt es im Zweifelsfall auf den für die Vertragserfüllung vorgesehenen Zeitpunkt an. Spätere Kostensteigerungen werden bei der Minderungsbemessung nicht berücksichtigt (BGH BauR 1995, 540 = ZfBR 1995, 197; BauR 1996, 858, 859 = ZfBR 1996, 313 = NJW 1996, 3269).

Die Rechtsprechung wird diesen Kriterien nicht immer gerecht.[188]

Die Beseitigung der Mängel muss wegen der Unverhältnismäßigkeit durch den Auftragnehmer abgelehnt worden sein. Die entsprechende Erklärung des Unternehmers muss unmissverständlich sein. Jedenfalls kann der Unternehmer sich nicht auf eine derartige Ablehnung wegen Unverhältnismäßigkeit berufen, wenn er zugleich erklärt, dass er zur Mängelbeseitigung bereit und in der Lage sei.[189] 49 a

### IV. Unzumutbarkeit für den Auftraggeber

#### 1. Unzumutbarkeit aus fehlerhaftem Beseitigungsangebot

Der Auftraggeber braucht eine Mängelbeseitigung (auf die der Auftragnehmer an sich Anspruch hat) ausnahmsweise nicht hinzunehmen, wenn sie ihm **nicht zuzumuten** ist. Mit dem Wort „ausnahmsweise" wurde in der früheren Fassung der VOB ausgedrückt, dass es sich um eine Regeldurchbrechung handelt. Dies soll nach allg. Ansicht auch in der neuen Fassung der VOB/B gelten, die Änderung diente lediglich der sprachlichen Vereinfachung.[190] Der Auftraggeber muss deshalb darlegen und beweisen, dass kon- 50

---

[186] BGH NJW-RR 1994, 148 (149) = LM H. 2/1994 § 249(C) BGB Nr. 2 = MDR 1993, 1207.
[187] BGHZ 91, 206, (215) = BauR 1984, 510 = NJW 1984, 2457; OLG Hamm NJW-RR 1996, 274 (275); *Palandt/Heinrichs* Vor § 249 Rdn. 146; die von *Früh* (BauR 1992, 160 (166)) vertretene Ansicht, der Abzug „neu für alt" sei wegen der nach hinten verlängerten Erhaltungsdauer und der ersparten Unterhaltungskosten auch im Bereich der Sachmängelhaftung zu berücksichtigen, ist verfehlt, da diese Vorteile dem Besteller nicht zugute kommen – den Erhaltungsaufwand hat er entsprechend später zu leisten und die nach hinten längere Nutzungsdauer fehlt vorne.
[188] Unverhältnismäßigkeit bejaht: BGH BauR 1988, 123 = ZfBR 1988, 37 OLG Düsseldorf NJW 1974, 342 („optische Beeinträchtigung"); OLG Köln *Schäfer/Finnern/Hochstein* Nr. 12 zu § 8 VOB/B (Schallschutz) – abgelehnt: BGHZ 96, 111 (Fn. 86) („Neuherstellung" möglich); BGHZ 59, 365 (Fn. 82) (Kostenrelation ca. 1:2); OLG Düsseldorf, OLG Hamburg (wie Fn. 179) (Verschuldensargument); vgl. auch *Busche* DB 1999, 1250 (1252) zur Rspr. der Instanzgerichte.
[189] Vgl. OLG Düsseldorf BauR 2001, 1922.
[190] Vgl. *Kapellmann/Messerschmidt/Weyer* VOB/B § 13 Rdn. 293.

krete **Bedingungen des Beseitigungsanspruches** für den Auftragnehmer nicht erfüllt sind.

51  Zu diesen Bedingungen gehört positiv, dass einmal objektiv überhaupt eine terminlich und sachlich verlässliche Arbeit erwartet werden kann. Sodann muss ein Erfolg der Maßnahme nach sachkundigem Urteil jedenfalls wahrscheinlich sein. Die Nachbesserung muss nicht „todsicher" sein; der Auftraggeber braucht sich aber bei Arbeiten, deren Regeln im Gewerbe beherrscht werden, keine bloßen **„Experimente"** gefallen zu lassen.[191] Unzumutbarkeit kann auch bei zahlreichen erfolglosen Nachbesserungsversuchen in der Vergangenheit vorliegen,[192] weiterhin, wenn die Nacherfüllung nur eine sehr ungewisse Aussicht auf Erfolg verspricht.[193] Wo allerdings – für die Parteien bekannt – die Herstellung selbst schon Risiken in sich trägt, kann auch von einer Mängelbeseitigung nicht verlangt werden, dass sie sofort erfolgreich ist. Grundsätzlich steht im Übrigen dem Auftragnehmer auch bei der Mängelbeseitigung die Wahl der Mittel frei, vgl. → § 13 Nr. 5 Rdn. 55. Zeitlich muss er sich in Situationen, in denen Nacharbeiten sofort aufgenommen oder (nur) zu ganz bestimmten Zeiten ausgeführt werden können, auf die Rahmenbedingungen der Leistungszusage und der Mängelumstände einstellen.

52  Der Minderungsanspruch des Auftraggebers ist in dieser Variante davon abhängig, dass der Auftragnehmer die Mängelbeseitigung nicht vertragsgerecht anbietet. Das ist auch dann nicht der Fall, wenn der Auftragnehmer sein Nachbesserungsangebot mit **„Bedingungen"** versieht, die vertraglich keine Grundlage haben.[194] Problematisch ist dagegen, ob der Auftragnehmer sein Beseitigungsrecht auch verliert, wenn der Auftraggeber das noch mit Mängeln behaftete Werk veräußert, jedoch die Mängelhaftungsansprüche gegen den Auftragnehmer zurückbehält; ohne besondere Gründe geht das Nacherfüllungsrecht des Auftraggebers nicht verloren.[195]

### 2. „Besondere Umstände" im Bereich des des Auftraggebers (§§ 323 Abs. 2, 281 Abs. 1 BGB)

53  Insgesamt unterstreicht § 13 Nr. 6 Satz 2 VOB/B gegenüber § 636 BGB auch i. V. m. Den §§ 323 Abs. 2, 281 Abs. 1 BGB („besondere Umstände"), dass dem Anspruch des Auftragnehmers auf Mängelbeseitigung in hohem Maße Rechnung getragen werden soll. Ein mit dem Sachverhalt vertrauter („vernünftiger") Dritter muss aus der Person des Auftraggebers nachvollziehen, dass die Voraussetzungen eines Nachbesserungsrechtes verlassen sind; die vertraglichen Herstellungsbedingungen sind dabei zu berücksichtigen.

54  Allerdings gibt es Fälle der Unzumutbarkeit für den Auftraggeber, die nicht vorrangig im Vertragsverhalten des Auftragnehmers liegen, sondern in persönlichen oder wirtschaftlichen Umständen des Auftraggebers. Auch sie können dazu führen, dass die „Erträglichkeitsschwelle" für weitere Arbeiten durch den Auftragnehmer überschritten wird, z. B. bei zu erwartenden schweren Störungen im Wohn- oder Arbeitsbereich des Auftraggebers, oder etwa bei einem schwerwiegenden Verlust des Vertrauensverhältnisses, das von den Parteien nicht verschuldet zu sein braucht.[196]

54a Für folgende Fälle wurde beispielsweise eine **Unzumutbarkeit der Mängelbeseitigung bejaht**:

---

[191] BGHZ 92, 83 = BauR 1985, 83: OLG Celle *Schäfer/Finnern* Z 2414/88; vgl. aber auch BGHZ 85, 30 (33): es genügt eine wirtschaftlich gleichwertige Leistung.
[192] BGHZ a. a. O. (Fn. 191); allg. M.
[193] LG Nürnberg-Fürth NJW-RR 1986, 1466.
[194] Etwa terminlichen Bedingungen außerhalb der Vertragsansprüche.
[195] Abweichend OLG Frankfurt NJW-RR 1991, 665 = BauR 1991, 651 (L); *Ingenstau/Korbion/Wirth* VOB/B § 13 Nr. 6 Rdn. 19.
[196] BGHZ 46, 242 (45) = NJW 1967, 388 (Unzuverlässigkeit); BGH NJW 1981, 2801 = BauR 1981, 577 = ZfBR 1981, 265 (unsaubere Arbeit); BGH ZfBR 1982, 211; BGH NJW-RR 1990, 1303 (Teilleistungen).

- Wenn der Besteller für die Nachbesserung vorübergehend seinen Gewerbebetrieb stilllegen muss oder Wohnräume des Bestellers längere Zeit nicht bewohnt werden können;[197]
- Sie kann weiter vorliegen, wenn das für die Vertragsabwicklung notwendige Vertrauensverhältnis nachhaltig zerstört ist,[198] etwa wenn der Besteller dem Auftragnehmer über ein Jahr die Möglichkeit zur Nachbesserung gegeben hat.[199] Ergibt sich jedoch aus dem Vortrag der Parteien, dass sie auch weiterhin miteinander Geschäfte schließen, spricht dies gegen ein unzumutbar zerrüttetes Vertrauensverhältnis;[200]
- Unzumutbarkeit kann sich daraus ergeben, dass sich ein Handwerker als besonders unzuverlässig erwiesen hat. Dies kann vorliegen bei einer angebotenen Mängelbeseitigung, welche den vertraglich vereinbarten Erfolg nicht herbeiführen kann, insbesondere wenn der Auftragnehmer bewusst von der vertraglich vereinbarten Leistung und den anerkannten Regeln der Technik abwich und dies dem Auftraggeber verschwieg,[201] oder wenn das Gesamtbild des Mangels – etwa mit Blick auf erhebliche drohenden Folgeschäden – auf solche Folgeprobleme hindeutet;[202] jedoch genügt hierfür nicht jede Unregelmäßigkeit, um eine die Zumutbarkeit ausschließende Unzuverlässigkeit zu begründen;[203]
- Soweit eine Nacherfüllung die nicht nur unbedeutende Störung darstellt ist diese unzumutbar, wenn der Besteller das Werk selbst ohne Verzögerungen benötigt oder es an seinen Auftraggeber weiterzugeben hat;[204]
- Wenn der Gesundheitszustand des Auftraggebers oder anderer Hausbewohner die mit der Nacherfüllung verbundenen Störungen nicht zulassen ist eine Mängelbeseitigung unzumutbar.[205]

## D. Feststellung der berechtigten Minderungshöhe

### I. Minderung gem. § 13 Nr. 6; § 638 BGB

#### 1. Ermittlungsprinzip der Rspr. und h. M.

Zur Feststellung des Minderwertes verweist § 13 Nr. 6 – entgegen der früheren Verweisung auf die kaufrechtliche Regelung zur Minderung in § 472 BGB a. F. – auf **§ 638 BGB**, der für die Minderung folgende Formel festlegt: 55

**§ 638 Abs. 3 BGB.** „Bei der Minderung ist die Vergütung in dem Verhältnis herabzusetzen, in welchem zurzeit des Vertragsschlusses der Wert des Werks in mangelfreiem Zustand zu dem wirklichen Werte gestanden haben würde. Die Minderung ist, soweit erforderlich durch Schätzung zu ermitteln." Damit wurde die frühere Regelung des § 13 Nr. 6 VOB/B der durch die Schuldrechtsreform geänderten Bestimmungen zum Werkvertragsrecht angepasst. § 638 BGB entspricht dem § 472 BGB a. F. und wurde nur sprachlich an den Werkvertrag angepasst. Von der ursprünglich geplanten auch inhaltlich anderen Formulierung wurde abgesehen.[206]

---

[197] LG Nürnberg-Fürth NJW-RR 1986, 1466 (1467) – Stilllegung eines Architekturbüros und Unbewohnbarkeit der im selben Gebäude befindlichen Wohnräume für ca. eine Woche; LG München I *Schäfer/Finnern/Hochstein* § 13 Nr. 6 VOB/B Nr. 5 (Unbewohnbarkeit von Eigentumswohnungen).
[198] BGH NJW-RR 1998, 1268 (1269); BGH NJW-RR 1993, 882; BGH NJW 1981, 679 (680).
[199] BGH NJW-RR 1998, 1268 (1269).
[200] BGH NJW-RR 1993, 882; BGH NJW 1981, 679 (680).
[201] Vgl. OLG Hamm BauR 1997, 313 (314) = NJW-RR 1997, 20.
[202] OLG Düsseldorf BauR 1996, 260 = NJW 1996, 401 (Ansägen einer Mittelpfette beeinträchtigte die Stabilität eines Dachstuhls derart erheblich, dass dieser einzustürzen drohte, zu große Lattenabstände sorgten für die Gefahr der Durchfeuchtung des gesamten hinteren Teil eines Hauses).
[203] Vgl. etwa OLG Koblenz BauR 2002, 1110 (1111 f.) = NJW-RR 2002, 669 – Überschreitung der Lieferfrist um bis zu sechs Wochen genügt nicht.
[204] BGH NJW-RR 1993, 560 = MDR 1993, 1058.
[205] *Ingenstau/Korbion/Wirth* VOB/B § 13 Nr. 6 Rdn. 18; *Kapellmann/Messerschmidt/Weyer* VOB/B § 13 Rdn. 293 m. w. Nachw.
[206] BT-Drs. 14/6040 S. 267; krit. zur dort gegebenen Begründung: *Kniffka* IBR Kommentar § 638 Rdn. 16; vgl. dazu auch v. Olshausen JZ 2001, 1132.

## § 13 Nr. 6

**55a** Von der nach der früheren h. M. durchzuführenden Berechnung des Minderwertes besteht nach dem Wortlaut des § 638 Abs. 3 BGB zunächst ein wesentlicher Unterschied: Der **Zeitpunkt der Minderung** ist nach diesem Wortlaut der des Vertragsschlusses, nicht der Zeitpunkt der Abnahme. In korrigierender Auslegung ist wegen den Besonderheiten des Werk- und insb. des Bauvertrages weiterhin jedoch zutreffend vom Zeitpunkt der Abnahme auszugehen (str.). Vgl. näher hierzu unten → Rdn. 79 b f.

**55b** § 638 Abs. 3 BGB unterscheidet sich weiterhin von § 472 BGB a. F. dadurch, dass die alte Normierung keine ausdrückliche Regelung zur Schätzung enthielt. Diese war im alten Recht aber gem. § 287 Abs. 2 ZPO möglich.[207] Das Gericht hatte bei dieser Schätzung die seiner Schätzung zu Grunde zu legenden Tatsachen in den Gründen darzulegen,[208] eine Schätzung nach § 287 ZPO war ausgeschlossen, wenn diese mangels Tatsachen „völlig in der Luft" hing.[209] Auch § 638 Abs. 3 Satz 2 BGB richtet sich an den Richter und nicht an denjenigen, der die Minderung erklärt.[210] Die zu § 287 ZPO entwickelten Grundsätze zur Schätzung der Höhe eines Betrages sind auch im Rahmen des § 638 BGB anzuwenden.

**56** Zum maßgeblichen Stichtag vgl. schon oben Rdn. 11 u. – § 638 BGB erklärt lediglich das formale Ermittlungsprinzip für die Wertminderung; für die inhaltliche Feststellung des Minderwertes einer Leistung (der Differenz der Leistung in mangelhaftem Zustand gegenüber dem vertraglich Erwarteten) gibt sie dagegen nichts her. Hier liegt jedoch in der Praxis das eigentliche Problem. Die **Rechtsprechung**[211] und ganz h. L.[212] behelfen sich deshalb: Ist, wie in der Regel, davon auszugehen, dass die vereinbarte Vergütung dem Wert der Sache entspricht, so besteht der „Minderwert" auf Grund eines Mangels in eben dem Betrag, der notwendig ist, um aus der mangelhaften eine mangelfreie Leistung zu machen, d. h. in den **Beseitigungskosten.** „Beseitigungskosten" für die Minderwertberechnung sind dabei nach h. M. jedoch nicht etwa nur die vom Auftragnehmer ursprünglich für eine mängelfreie Herstellung ersparten Kosten oder die eigentlichen Nachholungskosten am unmittelbar fehlerhaften Gewerketeil, sondern sie sind sämtlicher Aufwand, der einschließlich aller Begleitarbeiten notwendig ist, um den Mangel der Bauleistung vertragsgerecht zu beheben, vgl. → § 13 Nr. 5 Rdn. 57, 61. Dazu gehören die Kosten der Leistungsvorbereitung, insb. die Abbruchkosten[213] sowie die Kosten der Wiederherstellung des in Anspruch genommenen Bauteiles.[214]

**56a** Eine Ausnahme hiervon macht der BGH spätestens mit einer Entscheidung vom 9. 1. 2003[215] jedoch bei zweien der drei Tatbestandsalternativen des VOB-Vertrages: bei der **Unmöglichkeit der Mängelbeseitigung** und im Falle der **Unverhältnismäßigkeit** der Mängelbeseitigung. Dies ist vom Grundansatz her zutreffend. Kosten einer unmöglichen Mängelbeseitigung können bereits aus tatsächlichen Gründen nicht ermittelt werden. Im Falle der Unverhältnismäßigkeit sind diese Kosten zwar tatsächlich ermittelbar, der Unter-

---

[207] *Palandt/Putzo* § 472 Rdn. 6; *Thomas/Putzo/Reichold* § 287 Rdn. 7; *Baumgärtel* § 634 Rdn. 3; a. A.: MünchKomm/*Westermann* § 634 Rdn. 5. § 287 Abs. 1 ZPO war und ist bei der Minderung nicht anwendbar – BGH WM 1971, 1382 (1383); MünchKomm/*Prütting* ZPO § 287 Rdn. 6; *Palandt/Putzo* a. a. O.; *Thomas/Putzo/Reichold* § 287 Rdn. 2.

[208] Vgl. BGH NJW-RR 1997, 688 (689).

[209] *Zöller/Greger* § 287 Rdn. 4; vgl. auch BGH BauR 2004, 1290.

[210] *Cuypers* in: *Dauner-Lieb/Konzen/Schmidt* S. 539; *Peters* NZBau 2002, 113 (119).

[211] BGHZ 58, 181 (184) = NJW 1972, 821 = BauR 1972, 242 BauR 1984, 401 = ZfBR 1984, 176 (ggf. Kosten einer „Ersatzlösung"); BGH NJW-RR 1997, 688 (689); OLG Hamm BauR 1989, 735 = NJW-RR 1989, 602.

[212] *Kaiser* Mängelhaftung Rdn. 90 d; *Ingenstau/Korbion/Wirth* VOB/B § 13 Nr. 6 Rdn. 61; teilweise kritisch *Staudinger/Peters* § 634 Rdn. 59; abweichend im Kaufrecht MünchKomm/*Westermann* § 472 Rdn. 8.

[213] BGHZ 58, 181 = NJW 1972, 821 = BauR 1972, 242 *Kaiser* Mängelhaftung Rdn. 90 d; *Ingenstau/Korbion/Wirth* VOB/B § 13 Nr. 6 Rdn. 61.

[214] Zum Umfang der Mängelbeseitigungspflicht BGH BauR 1975, 130 BGHZ 72, 31 (33) = NJW 1978, 1626 = BauR 1978, 402 = ZfBR 1978, 17.

[215] BauR 2003, 553 (554) = ZfBR 2003, 356 = NJW 2003, 1188 = NZBau 2003, 214 = ZfIR 2003, 279 (m. Anm. *Schwenker*); vgl. auch OLG Düsseldorf BauR 1999, 498 (501); OLG Düsseldorf BauR 1993, 733; OLG Köln NJW-RR 1994, 1431 (1432); *Siegburg* Gewährleistung Rdn. 1096.

nehmer soll aber von den Kosten einer Nachbesserung gem. § 635 Abs. 3 BGB entlastet werden, wenn diese unverhältnismäßig sind. Das dort geregelte Verweigerungsrecht würde aber unterlaufen, wenn die entsprechenden Kosten auf anderem Wege – etwa der Minderung – durch den Auftraggeber geltend gemacht werden könnten. In derartigen Fällen soll nach der Entscheidung des BGH vom 9. 1. 2003 die Minderung um den Vergütungsteil erfolgen, der der Differenz zwischen der erbrachten und der geschuldeten Leistung entspricht. Bei dem dritten, in der Praxis eher seltenen, Fall des § 13 Nr. 6 VOB/B (Unzumutbarkeit für den Auftraggeber) liegt die Interesselage völlig anders: Hier ist der Auftragnehmer nicht nicht vor einer Verpflichtung zu unverhältnismäßigen oder unmöglichen Leistungen zu schützen, sondern hier wird der Auftraggeber von der Duldung für ihn unzumutbarer Nachbesserungsarbeiten befreit. Die genannte Rechtsprechung kann daher nicht auf die Fälle der für den Auftragnehmer unzumutbaren Mängelbeseitigung erweitert werden.

Ob auch weitere Kosten, die insb. gem. § 13 Nr. 5 Abs. 2 VOB/B im Zusammenhang einer Fremdnachbesserung zu erstatten sind,[216] also evtl. auch Kosten vergeblicher Behebungsversuche,[217] Gutachter- und andere Nebenkosten,[218] Berechnungsfaktoren für den „Minderwert" sind, ist den Stellungnahmen der h. M. nicht zu entnehmen, jedoch auch von ihrem Standpunkt aus wohl zu verneinen.[219] **57**

Zu beachten ist ferner, dass die h. M. dem Minderungsbetrag über die notwendigen Beseitigungskosten hinaus auch die nach einer (gedachten) Mängelbeseitigung etwa verbleibende **technische und merkantile Wertminderung**[220] zuschlägt, so dass sich nach h. L. der restliche Vergütungsanspruch nach erklärter Minderung im Regelfall (nicht jedoch bei Unmöglichkeit oder Unverhältnismäßigkeit der Mängelbeseitigung – vgl. hierfür u. **58**

→ Rdn. 59 a) **wie folgt ermittelt:**
**Ausgangspunkt:** Vereinbarte Vergütung für die zu mindernde Werkleistung
abzgl. die wesentlichen Kosten[221] der Mängelbeseitigung
abzgl. etwa verbleibender technischer Minderwert
abzgl. etwa verbleibender merkantiler Minderwert
**Ergebnis:** verbleibende Restvergütung.

Die Legitimation für dieses Schema besteht für die Praxis darin, dass über den Aufwand fiktiver Beseitigungskosten und einen evtl. zusätzlichen Minderwertausgleich der „Verkehrswert" der Gegenleistung des Auftragnehmers (mangelhafte Werkleistung + Geldausgleich) wieder erreicht wird. Das vorgenannte Rechenprinzip gilt deshalb dann auch für die h. M. nicht, wenn der herzustellende **Sachwert** in mängelfreiem Zustand und die dafür vereinbarte Vergütung nicht wertgleich sind,[222] ferner nicht, wenn eine Mängelbeseitigung nicht durchführbar oder mit unverhältnismäßigen Kosten verbunden ist.[223] Nur in diesem Falle soll die Formel des **§ 638 BGB** (§ 472 BGB a. F.) angewandt werden: Der reale Minderwert der Leistung muss gegenüber dem Sollwert festgestellt und dieser Wertanteil in ein entsprechendes Verhältnis zur vereinbarten Vergütung gesetzt werden.[224] **59**

---

[216] Vgl. außer Fn. 214 BGH NJW 1979, 2095 = BauR 1979, 333 = ZfBR 1979, 150; BGHZ 96, 221 = NJW 1986, 922 = BauR 1986, 211 = ZfBR 1986, 67.
[217] Vgl. BGHZ 58, 30 (35) = NJW 1972, 526.
[218] Ablehnend: Staudinger/Peters § 634 Rdn. 59; Staudinger/Honsell § 472 Rdn. 9.
[219] Auszuklammern sind wohl jedenfalls Kosten, die nicht notwendig anfallen, vgl. oben Fn. 217 und 218.
[220] BGH BauR 2003, 533 (534) = ZfBR 2003, 356 = NZBau 2003, 214; OLG Düsseldorf BauR 1998, 126 (127) (technischer Minderwert). Ein „merkantiler Minderwert" wird in der Rechtsprechung neben Beseitigungskosten ständig anerkannt, RG JW 1912, 1103; BGHZ 9, 98; BGHZ 55, 198 = NJW 1971, 615; BGH BB 1968, 1355; BGH BauR 1979, 158; BGH NJW 1986, 428 (429) = BGH BauR 1986, 103; BGH ZfBR 1991, 265; OLG Nürnberg BauR 1989, 740; OLG Düsseldorf BauR 1998, 126 = NJW-RR 1997, 1450, abweichend: OLG Hamm BauR 1989, 735 = NJW-RR 1989, 602. Zustimmend das Schrifttum: Kaiser Mängelhaftung Rdn. 90 d; Werner/Pastor Rdn. 1167 u. a.
[221] Insb. die „engeren" Beseitigungskosten, vgl. oben Fn. 213–216.
[222] Vgl. BT-Drs. 14/6040 S. 267.
[223] BGH BauR 2003, 533 (534) = ZfBR 2003, 356 = NZBau 2003, 214.
[224] Zur „relativen" Rechenformel vgl. Staudinger/Honsell § 472 Rdn. 4.

**59a** Auch im Falle **unmöglicher oder unverhältnismäßiger Mängelbeseitigung** soll nach der neueren Rechtsprechung des BGH der Betrag eines technischer Minderwertes zusätzlich verlangt werden können. Maßstab für die Berechnung dieses technischen Minderwertes soll die Beeinträchtigung der Nutzbarkeit und damit des Errtrags- und Veräußerungswertes des Bauwerkes sein. Zumindest bei Gewerbeimmobilien sollen hierbei alle Nutzungsmöglichkeiten in Betracht gezogen werden, die bei vertragsgemäßem Zustand des Gebäudes in Betracht kommen.[225] Daneben kommt auch in Fällen der Undurchführbarkeit und Unverhältnismäßigkeit der Mängelbeseitigung ein merkantiler Minderwert in Betracht, wenn die vertragswidrige und im Vergleich zur vertragsgemäßen Ausführung geringere Verwertbarkeit zur Folge hat, dass die maßgeblichen Verkehrskreise ein geringeres Vertrauen in die Qualität des Bauwerkes haben.[226] Hiernach ergibt sich für den Fall der Undurchführbarkeit oder der Unverhältnismäßigkeit nach der Rechtsprechung das Folgende abweichende Schema:

**Ausgangspunkt:** Vereinbarte Vergütung für die zu mindernde Werkleistung
abzgl. Wertdifferenz zwischen erbrachter und geschuldeter Leistung
abzgl. etwa verbleibender merkantiler Minderwert
abzgl. etwa vorhandener technischer Minderwert
**Ergebnis:** verbleibende Restvergütung.

**59b** Diese Rechtsprechung wurde in der Literatrur kritisiert, da der merkantile und der technische Minderwert die Wertdifferenz zwischen erbrachter und geschuldeter Leistung ebenfalls erfassen würden, diese Berechnungsposten daher mehrfach berücksichtigt werden würden. Die Berechnung sei daher nur auf die Wertdifferenz zwischen erbrachter und geschuldeter Leistung zu beschränken.[227] Dem ist zuzustimmen, von der vereinbarten Vergütung kann daher lediglich die Wertdifferenz zwischen der erbrachten und der geschuldeten Leistung abzuziehen sein, die sich ihrerseits aus dem technischen und dem merkantilen Minderwert zusammensetzt. Der merkantile und der technische Minderwert sind laut Rechtsprechung hierbei von verschiedenen Sachverständigen zu ermitteln. Während für den technischen Minderwert die Ermittlung durch den technischen Bausachverständigen durchzuführen ist, ist der merkantile Minderwert durch einen Sachverständigen für Immobilienpreise, etwa durch einen sachverständigen Häusermakler zu begutachten.[228]

**59c** Wenn der Mangel in der **zu geringen Wohnfläche** eines Hauses oder einer Wohnung besteht wird von der Rechtsprechung der Minderungsbetrag auf der Basis dieser Abweichung bei den Wohnflächen berechnet.[229] Auch bei der Herstellung einer zu geringen Wohnfläche handelt es sich um einen Fall der unmöglichen Nacherfüllung.[230] Ausschlaggebend für die Berechnung von Wohnflächen sind in der Regel die Vorgaben der 2. BerechnungsV v. 12. 10. 1990 (BGBl. I. S. 2178).[231] Da sich bei Wohnraum der Kaufpreis und auch die Miethöhe üblicherweise nach der Quadratmeterzahl der Wohnflächen richtet, wird so in der Regel einer der Wertdifferenz zwischen der vereinbarten und der erbrachten Vergütung entsprechenden Wert erreicht. Ausschlaggebend dürfte bei dieser Rechtsprechung die relativ einfache tatsächliche Ermittlung der Wohnflächen sein. Dieses Verfahren kann aber nur dann mit praktisch zutreffenden Ergebnissen angewandt werden, wenn sich der Mangel allein aus den geringeren Wohnflächen ergibt.

---

[225] BGH BauR 2003, 533 (534) = ZfBR 2003, 356 = NJW 2003, 1188 = NZBau 2003, 214.
[226] BGH a. a. O. (Fn. 225).
[227] *Weyer* Jahrbuch Baurecht 2004, 245 (265 f.).
[228] Vgl. BGHZ 9, 98 = NJW 1953, 659 = BB 1953, 248; *Siegburg* Gewährleistung Rdn. 1095; *Kleine-Möller/Merl* § 12 Rdn. 471.
[229] BGH ZfBR 2004, 361; OLG Düsseldorf BauR 1981, 475 (476); KG NJW-RR 1989, 459 (460); OLG München NJW-RR 1996, 1417 (1418); OLG Celle NJW-RR 1999, 816 (817) = BauR 1998, 805; OLG Koblenz NZBau 2000, 562; OLG Hamm NJW-RR 2002, 415.
[230] OLG Celle NJW-RR 1999, 816 (817) = BauR 1998, 805; OLG Hamm NJW-RR 2002, 415.
[231] BGHZ 146, 250 (254 f.) = BauR 2001, 391 = NJW 2001, 818; BGH BauR 1997, 1030 (2).

Minderungsanspruch § 13 Nr. 6

## 2. Kritische Würdigung

Sieht man einmal davon ab, dass die in Rdn. 59 als Ausnahme gezeigte Fallkonstellation einer **60** Wertabweichung zwischen mangelfreiem Werk und vereinbarter Vergütung in der Praxis kaum je feststellbar sein wird,[232] muss vor allem gefragt werden, ob im **Regelfall** die Minderwertberechnung der h. M. dem gesetzlichen Prinzip des § 638 BGB gerecht wird. Die Rechenmethode der Praxis geht nicht nur einen ganz anderen Weg als der in § 13 Nr. 6 VOB/B ausdrücklich angezogene § 638 Abs. 3 BGB, sondern kann angesichts des möglichen Aufwandes für eine Mängelbeseitigung auch zu Ergebnissen führen, die – trotz eines unstreitig noch verbleibenden Gebrauchswertes der Leistung – die Vergütung „auf Null" bringt, rechnerisch sogar „ins Minus", wenn nicht die auch von der h. M.[233] anerkannte Grenze rechtstechnisch beim „Verbrauch" der Vergütungsforderung („Null") liegt. Dies führte letztlich dazu, dass die Rechtsprechung die in Rdn. 56 dargestellte „Ausnahme" für die faktischen Regelfälle der Unmöglichkeit und der Unverhältnismäßigkeit machte. Dogmatisch zutreffender wäre es das Regel-Ausnahmeverhältnis, wie es die Rechtsprechung zu Grunde legt, umzukehren.

Mag deshalb der gedankliche Ausgangspunkt der h. L. zunächst zutreffen, wonach sich **61** Beseitigungskosten und Mangelminderwert entsprechen, so wird dieser Ansatz bereits fragwürdig, sobald Nachbesserungskosten in den Mängelbeseitigungsaufwand eingerechnet werden, die als Beseitigungs„nebenkosten" ohnehin zum Minderwert keinen unmittelbaren Bezug mehr haben. Weiter ist schwer nachzuvollziehen, warum § 638 BGB nach h. M. nur gelten soll, wenn Leistung und Gegenleistung von vornherein in einem Ungleichgewicht stehen. Tatsächlich können die **„Beseitigungskosten"** deshalb nur einen Anhaltspunkt für die Minderwertberechnung bilden; die Methode der Berechnung hat dagegen grundsätzlich § 638 BGB zu folgen.[234]

## 3. Bestimmungswege in der Praxis („Zielbaummethode")

Das Hauptproblem der Praxis besteht darin, die Bezifferung des Wertabschlages gegenüber **62** der erwarteten Leistung kontrollfähig zu begründen. Um einer nicht begründbaren „Daumenpeilung" zu entgehen, ist insb. von *Aurnhammer*[235] die sogen. **„Zielbaummethode"** (auch „Nutzwertanalyse") empfohlen worden, die auch verbreiteten Eingang in Praxis und Schrifttum[236] gefunden hat. Methodisch wird darin der Gesamtwert der vereinbarten mängelfreien Leistung in Einzelbereiche aufgefächert und jeder Teilgesichtspunkt der Gesamtleistung in eine Punkteskala zwischen „mangelfrei" und „völlig wertlos" eingestuft. Mit Hilfe dieser „Skalierung" werden die Mängelaspekte der Gesamtleistung einzeln abgegriffen und bewertet. Dadurch entsteht bei der Minderwertermittlung die Notwendigkeit, sich exakter als meist üblich Rechenschaft darüber zu geben, welcher Aspekt der Gesamtleistung nach welchem Bewertungschema als (in welchem Umfang) minderwertig beurteilt werden soll.[237]

Die „Zielbaummethode" schafft zweifellos eine größere **Transparenz** als pauschal ge- **63** schätzte Mängelbewertungen. Der Umgang mit der Methode muss sich aber ihrer **Grenzen** bewusst bleiben: Sie ist eine Verfahrensanleitung und liefert keine materiellen Kriterien für die Minderwerteinstufung.[238] Das wird in der Praxis gutachterlicher Feststellungen oftmals

---

[232] Im Zweifel gehen die Parteien von einem Gleichwert aus.
[233] Vgl. die oben Fn. 211, 212 Genannten.
[234] Vgl. auch *Staudinger/Honsell* § 472 Rdn. 8.
[235] Vgl. BauR 1978, 356; BauR 1981, 139.
[236] Insb. *Kamphausen* BauR 1994, 379; *ders.* BauR 1996, 174 = VersR 1996, 676; *Knüttel* FS Vygen S. 311 (314 f.); *Pauly* BauR 2002, 1321; *Zehfeld* FS Vygen S. 380; vgl. auch OLG Stuttgart BauR 1989, 611; BauR 1994, 519; OLG Düsseldorf BauR 1994, 146; OLG Karlsruhe BauR 1994, 378 f.; OLG Schleswig BauR 2000, 1486; vgl. auch OLG Celle BauR 1998, 401 (402) – Ermittlung nach der „Nutzwertanalyse". Zum Belegung der Behauptung, die Methode habe sich in der Praxis bewährt, wird stets auf *Kamphausen* BauR 1994, 379 bzw. *ders.* BauR 1996, 174 Bezug genommen.
[237] So grundsätzlich *Kamphausen* a. a. O. (Fn. 120).
[238] *Zehfeld* FS Vygen S. 380 (385); vgl. auch *K. G. Aurnhammer* in: *Bayerlein* Handbuch Sachverständigenrecht § 46 Rdn. 68, der – bei grundsätzlicher Zustimmung zu dieser Methode – darauf hinweist, dass auch

verkannt. Ein weiteres Problem bei der Anwendung dieser Methode besteht darin, dass der Sachverständige bei seiner Bewertung gezwungen ist, auch Rechtsbegriffe auszufüllen, was oftmals übertrieben wird.[239] Im Übrigen dient die Zielbaumanalyse in der Praxis auch weniger der Minderwertberechnung für die Einzelvergütung (§ 638 BGB) als mehr der Schadensbestimmung an einer Gesamtbauleistung.[240] Die Grenzen zwischen diesen Beurteilungen werden deshalb oftmals verwischt, weil die Rechtsprechung[241] es unter den Voraussetzungen der §§ 635 BGB a. F.; 13 Nr. 7 VOB/B nicht für erforderlich hält, den Minderungsbetrag gesondert auszuweisen. Selbst grundsätzliche Befürworter weisen darauf hin, dass die dem Zielbaumverfahren zu Grunde liegende Nutzwertanalyse bei einer zu schematischen Anwendung zu wirklichkeitsfernen und unangemessenen Ergebnissen führen könne.[242] Insbesondere Fälle, in denen ein Bauteil relativ zum Gesamtwert des Gebäudes einen nur geringen Wert hat, aber ein Mangel an diesem Bauteil den Verkehrswert des Gebäudes erheblich beeinflusst, wie optische Mängel, können durch das Zielbaumverfahren nur schwer erfasst werden.[243] Zu weiteren Kritikpunkten vgl. die Hinweise bei *Weyers*[244] und *Quack*.[245]

### 4. Vorschlag des Verfassers: Minderungsumfang als Frage des vertraglichen Mangelwertes

64  **a) Fehlerhafter Lösungsansatz in der Praxis.** Im Anschluss an die Kritik vorliegender Modelle zur Minderwertbestimmung erscheint der nachfolgende Weg in höherem Maße vertraglich legitimiert und zugleich aus dem Vertragssinn (Normzweck) kontrollfähig. Gegenüber dem Ansatz der Rechtsprechung,[246] die zu sehr auf die Funktion der Mängelbeseitigungskosten als Maßstab eines Mängelminderwertes abstellt, kommt es darauf an, stärker der systematischen Eigenart der Minderung als relativer Größe zum Sollwert der Werkleistung Rechnung zu tragen. Gegenüber der zu mathematisch orientierten „Zielbaummethode" der Praxis muss der Vertragswert der Einzelmängel stärker zur Geltung kommen.

65  Ausgangspunkt einer Bemessung des berechtigten Minderungsabzuges von der Vergütung ist zunächst der Sollwert der Leistung. Er entspricht im Zweifel der vereinbarten Vergütung; nur bei begründbaren vertraglichen Anhaltspunkten erscheint ein anderer Maßstab zulässig. Die Gesamtminderung kann nach dem Normzweck des § 13 Nr. 6 VOB/B im Übrigen aber aus der Logik des § 638 BGB, den Vergütungsbetrag nicht übersteigen. Innerhalb dieser Spanne erscheint es jedoch, abweichend vom „Zielbaum"-Ansatz, nicht erforderlich und zulässig, in einem generellen (abstrakten) Rahmenschema sämtliche Werkeigenschaften auf exakt (und nur) 100% hochzurechnen, um jedem möglichen Minderwert (je nach Bedeutung) daraus einen Teilwert in der Gesamtskala zuzumessen.[247]

66  Auch wenn logisch der Gesamtwert aller Werkeigenschaften nach dem Vertragssinn 100% der Vergütung entspricht, können Einzelmängel (etwa: völlig verfehlte Akustik eines Konzertraumes; unansehnliche Fassade eines Repräsentativbaues) so schwerwiegend sein, dass die Minderung der (Gesamt-)Vergütung trotz vertraglicher Wahrung aller übrigen Gebäudefunktionen einen zum Bauwert der Mängelbereiche (Akustik, Fassade) überproportionalen

---

das Zielbaumverfahren auf eine Summe von Schätzungen hinausläuft; so auch *Knüttel* FS Vygen S. 310 (317); ähnlich auch die Ktitik von *Cuypers* BauR 1993, 541 (543).
[239] Vgl. *Nelting* BIS 2003, 248 (251).
[240] Vgl. die Rspr.-Nachweise Fn. 236.
[241] Vgl. die Nachweise oben Fn. 130, 131.
[242] *Oswald* Jahrbuch Baurecht 1998, 357 (376).
[243] Vgl. hierzu *Mortensen* BauR 1998, 73 (74, 84).
[244] Vgl. *Kleiber/Simon/Weyers* Verkehrswertermittlung von Grundstücken, § 13 WertV Rdn. 137.
[245] *Quack* FS Vygen S. 368 (372).
[246] Vgl. oben Fn. 211.
[247] Kritisch auch *Cuypers* BauR 1993, 541, dessen eigener Ansatz, die Minderung über den (Arbeits-)Zeitfaktor zu quantifizieren, aber nicht gefolgt werden kann. Cuypers wird dem Erfolgs- und Risikocharakter des Bauvertrages nicht gerecht.

Betrag ergeben darf. Sind etwa bei einem repräsentativen Konzerthaus Akustik und Fassade vollständig missraten, kann (wenn § 13 Nr. 6 erfüllt ist) die Minderung einen so hohen Prozent-Anteil der Gesamtvergütung ausmachen, dass für die übrigen (vertraglich einwandfreien) Funktionen des Gebäudes (bauliche Innenausstattung; technische Gewerke) kein ihrem objektiven Bauwert angemessener (Vergütungs-)Anteil mehr zurückbleibt.

Im Extremfall: Auch bei einer „Minderung auf Null" muss nicht die geschaffene Substanz ohne jeglichen Wert sein; sie ist es im Regelfall auch nicht. Eine Minderung auf Null kann aber dennoch berechtigt sein, wenn die für den Vertragszweck wesentlichen Baufunktionen überhaupt nicht erreicht sind.[248] Daraus ergibt sich, dass eine mathematische Aufteilung aller (möglichen) Wertfunktionen der geschuldeten Bauleistung auf 100% der Vergütung keine geeignete Vorgliederung für eine sich daran anschließende Minderwertbestimmung sein kann: Sämtliche denkbaren (!) Minderwerte können mehr als 100% der vereinbarten Vergütung ergeben! 67

**b) Lösungsweg des Verfassers; Orientierung für Fallgruppen.** Eine dem Vertragszweck entsprechende Minderung muss deshalb dem Interesse an einem mängelfreien Zustand gerecht werden. Maßstab für dieses Interesse ist allerdings nicht, wie beim Schadensersatz, dass Erfüllungs- und Integritätsinteresse des Auftraggebers,[249] sondern Maßstab ist seine Vergütungsbereitschaft für das erwartete Werk. Für die Höhe der Minderung kann es eine allgemeingültige „Formel" nicht geben: Das Minderungsinteresse ist das Gegenstück zur (vertraglich konkreten) Erwartung bestimmter mängelfreier Werkeigenschaften; das Maß der Enttäuschung, orientiert am Vertragsinteresse, rechtfertigt den Minderungsumfang. Trotz der auch darin notwendig noch verbleibenden Unbestimmtheit lässt dieser Ansatz Merkmale für eine praktische Orientierung zu, die nach Fallgruppen geordnet werden können. 68

**aa) Ablehnung einer Mängelbeseitigung bei üblichen Kosten.** Lehnt der Auftragnehmer eine mit „ganz normalen" Mitteln mögliche Mängelbeseitigung ab und steht dem Auftraggeber deshalb gem. der §§ 634 Nr. 3, 638 BGB ein Minderungsanspruch zu, so entspricht das Minderungsinteresse wirtschaftlich weitgehend dem Mängelbeseitigungsanspruch. In diesem Falle dürfen die Beseitigungskosten – in Übereinstimmung mit der Rechtsprechung[250] – eine zulässige Orientierung für den Minderwert sein. Zu den Beseitigungskosten werden im Regelfall auch die Vorbereitungskosten gehören. Sind diese aber sehr aufwändig, gerät die Fallgruppe in die Nähe der folgenden Variante (Rdn. 70) mit unverhältnismäßig hohem Beseitigungsaufwand. Dabei ist das Kriterium hier ein anderes als in § 635 Abs. 3 BGB: Eine Orientierung bieten die Beseitigungskosten nur, wenn sie in richtiger, direkter Relation zu dem Mangelminderwert stehen. Höhere Beseitigungskosten sind nicht mehr „Minderwert". Ebenfalls zu berücksichtigen bei der Bestimmung des Minderwertes sind die „Sowieso-Kosten", da diese bei einer Nacherfüllung nach allg. Ansicht[251] bei der Nachbesserung ebenfalls anfallen und vom Auftraggeber zuzuschießen bzw. von den Nachbesserungskosten abzusetzen wären. Die „Sowieso-Kosten" sind auch bei der Mängelhaftung und Minderung zu berücksichtigen (vgl. oben → Rdn. 48 a). Im Rahmen der Mängelhaftung nicht zu berücksichtigen ist demgegenüber der Abzug „neu für alt" (vgl. oben → Rdn. 48 a). 69

**bb) Minderung bei hohen Begleitkosten im Beseitigungsaufwand.** Ist die Mängelbeseitigung unverhältnismäßig aufwändig oder unmöglich (§ 13 Nr. 6 Satz 1 VOB/B), 70

---

[248] Vgl. BGHZ 42, 232 = NJW 1965, 152; OLG Köln NJW 1993, 666; LG Nürnberg-Fürth NJW-RR 1986, 1466; *Kaiser* Mängelhaftung Rdn. 90 d.
[249] Dieses steht auch bei der „Wertminderung" als Schaden im Vordergrund, vgl. die Rechtsprechungs-Nachweise oben Fn. 236.
[250] Nachweise oben Fn. 211. Bei unmöglicher oder unverhältnismäßiger Nachbesserung geht die Rechtsprechung (BGH BauR 2003, 533 = NZBau 2003, 214 = ZfBR 2003, 356) inzwischen davon aus, dass die Mängelbeseitigungskosten zur Ermittlung des Minderungsbetrages nicht heranzuziehen sind.
[251] *Palandt/Heinrichs* Vor § 249 Rdn. 141; *Palandt/Sprau* § 635 Rdn. 7; *Messerschmidt/Kapellmann/Weyer* VOB/B § 13 Rdn. 221 – beide m. Nachw. zur Rspr. des BGH; abw. bzgl. der Rechtsgrundlage, im Ergebnis aber auch: *Früh* BauR 1992, 160 (162 f.).

scheiden die Kosten einer Mängelbeseitigung als Minderungskriterium aus, vgl. oben Rdn. 59, 59 a 60. Im Falle einer „Unverhältnismäßigkeit" ist Maßstab der hypothetisch „noch verhältnismäßige" Aufwand für eine Mängelbeseitigung.[252] Zu ermitteln ist insoweit die Belastungsgrenze für den Auftragnehmer. Sie ergibt sich aus der Bedeutung des Mangels für die Werkfunktionen einerseits, insbesondere aber aus dem vertraglichen Gewicht des Versprechens des Auftragnehmers, diesen konkreten Mangel zu vermeiden. Dieser Ansatz vermeidet bei unmöglichen oder unverhältnismäßigen Mängelbeseitigungen das Problem, wie sich technischer und merkantiler Minderwert zur Wertdifferenz zwischen geschuldeter und erbrachter Leistung verhalten.[253] Dieser Ansatz ist – entgegen der Auffassung von *Weyer*[254] – auch praktikabel, da durch das Gericht die Zumutbarkeitsgrenze auch ansonsten zu ermitteln ist.

**70 a** Bei der Bestimmung der noch verhältnismäßigen Leistungserbringung zu der unverhältnismäßigen Nacherfüllung sind auch die „Sowieso-Kosten", nicht aber ein eventueller Abzug „neu für alt" zu berücksichtigen (siehe oben → Rdn. 48 a, 69). Die „Sowieso-Kosten" sind zunächst von der Summe der für die unzumutbare Mängelbeseitigung aufzubringenden Kosten abzusetzen, um zu ermitteln, ob die Nachbesserung unverhältnismäßig wäre. Im zweiten Schritt sind sie von der Belastungsgrenze des Unternehmers in dem Bruchteil abzusetzen, die auch dem Verhältnis der unzumutbaren Kosten relativ zu den noch zumutbaren Kosten entspricht.

**71** Im Falle einer unmöglichen Mängelbeseitigung scheiden die (gedachte) Kosten der Mängelbeseitigung als Minderungskriterium ohnehin aus. Hier kann das Ausgleichsinteresse des Auftraggebers auf einer ersten Stufe am geringeren Verkehrswert der Leistung orientiert werden; die Verkehrsbeurteilung setzt im Zweifel auch den Maßstab für das Vertragsinteresse einer fehlerfreien Leistung. Die Minderwertfeststellung muss aber – auf einer zweiten Stufe – stets auch die Frage beantworten, ob konkrete Vertragsinteressen und -risiken von der Verkehrsbeurteilung abweichen; diese sind ggf. zu berücksichtigen.

**72** **cc) Minderung bei „unzumutbarer" Mängelbeseitigung.** Fordert der Auftraggeber eine Minderung, weil ihm eine Mängelbeseitigung unzumutbar ist (§ 13 Nr. 6 3. Alt. VOB/B), kann das zu bewertende Ausgleichsinteresse sehr unterschiedlich sein. Besteht ein Beseitigungsinteresse des Auftraggebers, lehnt er aber die Nachbesserung (auf Grund „besonderer Umstände" vgl. §§ 281 Abs. 2 2. HS, 323 Abs. 2 Nr. 3 BGB) durch diesen Auftragnehmer ab, so gleicht die Fallgruppe den oben zu Rdn. 69 behandelten. Besteht die Unzumutbarkeit jedoch darin, dass der Auftraggeber aus anderen Gründen an einer Mängelbeseitigung überhaupt nicht mehr interessiert ist, weil sie etwa mit nicht hinnehmbaren Begleitstörungen verbunden ist, schließt die Beurteilung eher an die vorerwähnte Fallgruppe einer „unmöglichen" Mängelbeseitigung an.

**73** **c) Fallgruppenteilung nach gegenständlichen Problembereichen.** Eine Fallgruppenaufteilung ist auch vom gegenständlichen Interesse an einem Mängelausgleich her denkbar. Die hauptsächlichen Minderungsgründe bestehen in der Praxis in folgenden Tatbestandsgruppen:[255]

**74** **aa) Funktionsmängel/Gebrauchsbeeinträchtigungen.** In der Regel werden hier Gründe für eine Mängelbeseitigung vorliegen. Liegen die Voraussetzungen des § 13 Nr. 6 vor, so gilt das oben zu Rdn. 68 Gesagte. Maßgebend für den Minderungsumfang ist der vertragliche Zweck der beeinträchtigten Funktion.[256] – „Gebrauchsbeeinträchtigungen"

---

[252] Vgl. die Nachweise oben Fn. 150.
[253] Diese Wertdifferenz abzüglich des merkantilen und technischen Minderwertes soll nach der jüngsten Rspr. des BGH (BauR 2003, 533, 534 f.) bei unverhältnismäßiger oder unmöglicher Mängelbeseitigung den Minderungsbetrag ergeben; krit. hierzu *Weyer* Jahrbuch Baurecht 2004, 245 (265 f.); vgl. hierzu oben → Rdn. 59 a, 59 b.
[254] *Weyer* Jahrbuch Baurecht 2004, 245 (265 f.).
[255] Im Kern sind diese Fallgruppen in der Rechtspr. bekannt; es fehlt an einer Systematisierung.
[256] Bedeutsam in dieser Gruppe: Schallmängel (vgl. → § 13 Nr. 1 Rdn. 110 „Schallschutz"), aber auch die (oft aus nachträglichen Schalldämmungen folgenden) Wohnflächenverengungen, vgl. BGH NJW-RR 1998,

sind in der Sache auch Funktionsmängel. Je geringer die Gebrauchsnotwendigkeit ist, umso eher sind die Beseitigungskosten unverhältnismäßig hoch. – In dieser Fallgruppe sind in besonderer Weise Minderungs- von Schadensersatzgesichtspunkten zu unterscheiden. Wo ein „Schaden" nicht vorliegt, weil eben die Nutzungseinbuße „in Verlusten" nicht darstellbar ist, kann eine Minderung gleichwohl in Betracht kommen: Maßstab ist das „abstrakte" Vertragsinteresse an Nutzungsmöglichkeiten. Gleichwohl muss auch dieses messbar bleiben.

**bb) „Schönheitsfehler":** Sie müssen zunächst tatsächlich „Mängel"[257] sein. Sofern nicht ohnehin Zusicherungen verletzt sind oder die vertragliche Beschaffenheit nicht erreicht wurde, gehört zum vertragsgemäßen Gebrauch aber i. d. R. auch die Erfüllung vereinbarter ästhetischer Ansprüche. Diese müssen aber objektiv nachvollziehbar sein. – Je mehr die ästhetische Bedeutung des mangelhaften Bauteiles („Geltungswert") Vertragsinhalt ist, umso eher kann verfehlte „Schönheit" auch Minderungsgrund sein. **75**

**cc) Künftiges Mängelrisiko:** Auch die konkrete Möglichkeit künftiger Werteinbußen am Werk kann den Vertragszweck beeinträchtigen, wenn zum Herstellungsversprechen ebenfalls die Gewährleistung einer bestimmten Dauer der (gefährdeten) Eigenschaften gehört.[258] Hierzu gehört z. B. eine wegen einer geringeren Nutzschicht kürzere zu erwartende Lebensdauer eines Parkettbodens.[259] Der Höhe nach bemisst sich der Minderungsanspruch dann an der Bedeutung (Vertragsfunktion) des gefährdeten Interesses. Dieses kann insbes. gering (ggf. zu vernachlässigen) sein, wenn der Auftraggeber das Erhaltungsrisiko vertraglich mitträgt.[260] **76**

**dd) „Minderleistungen":** Ist das vertragliche Leistungsziel erreicht, war aber der Herstellungsaufwand geringer als vorgestellt, liegt i. d. R. ein Mangel überhaupt nicht vor, so dass auch eine Minderung ausscheidet, §§ 633 Abs. 2 BGB; 13 Nr. 1 VOB/B. Es handelt sich, da das Werk in der vereinbarten Weise errichtet wurde auch nicht um einen Fall des § 633 Abs. 2 Satz 3 BGB, denn es wurde nicht weniger erstellt, sondern mit weniger Aufwand. Diese Gruppe des Sachmangels nach wird nach neuem Recht als praktisch kaum relevant angesehen.[261] In Fällen, in denen das Leistungsziel aber auch durch bestimmte Mengen definiert wird – etwa ein detailliertes Leistungsverzeichnis sieht das Verbauen einer bestimmten Menge von Baustahlmatten vor –[262] kann auch dieser Fall eines Sachmangels i. S. d. § 633 Abs. 2 Satz 3 BGB relevant werden. Eine andere Frage bleibt in diesen Fällen, inwieweit die Leistungsmenge bei der Vergütungsermittlung nach § 2 VOB/B zu berücksichtigen ist.[263] – Ist allerdings die Werkleistung vertraglich unvollständig (mangelhaft) ist der Fall den obigen Kategorien zuzuordnen. In der Vergangenheit praktisch relevant waren die Fälle der Errichtung von Wohnungen und Wohnhäuser mit zu geringen Wohnflächen. Die Rechtsprechung hat diese Fälle bereits früher nicht als Fall der teilweisen Nichtleistung **77**

---

1169 = NZM 1998, 777 (L.); OLG Hamm NJW-RR 1989, 602 = BauR 1989, 735; LG Nürnberg/Fürth NJW-RR 1989, 1106; vgl. auch *Mantscheff* BauR 1982, 1982, 435 (Wärmeschutz).

[257] Bejaht bei OLG Braunschweig BauR 1981, 70 f. (Sichtmauerwerk); OLG Düsseldorf BauR 1992, 587 (Fugarbeiten); OLG Hamm BauR 1993, 604 (Anstrich); OLG Düsseldorf NJW-RR 1994, 342 (Fassadenfarbe); OLG Celle BauR 1998, 401 (Marmortreppe); OLG Düsseldorf BauR 1999, 498 (Außenputz); OLG Hamm BauR 2003, 1403 = NJW-RR 2003, 965 (Natursteinschwellen); – Verneint: OLG Köln BauR 1992, 634 (Lackierung); vgl. zu optischen Mängeln allgemein *Kamphausen* BauR 1995, 343; *Mortensen* BauR 1998, 73. – Die Erheblichkeit eines Mangels ist von der „Wesentlichkeit" gem. § 12 Nr. 3 zu unterscheiden, BGH ZfBR 1981, 139 und → § 13 Nr. 1 Rdn. 101.

[258] Ggf. bei der Wahrung der anerkannten Regeln der Technik, vgl. OLG Celle BauR 1990, 759 (Anm. *Reim*) und OLG Köln NJW-RR 1994, 1431.

[259] OLG Düsseldorf BauR 1998, 126 = NJW-RR 1997, 1450.

[260] Ggf. bei Schäden aus unerprobten Baustoffen, vgl. → § 13 Nr. 1 Rdn. 56 f.

[261] *Palandt/Sprau* § 633 Rdn. 8; *Mundt* NZBau 2003, 73 (77), der als einziges nennenswertes Bsp. den denkbaren Fall eines mit der Errichtung mehrerer Häuser beauftragten Unternehmers nennt, der eines der Gebäude komplett vergisst.

[262] Vgl. den Sachverhalt zu BGH VII ZR 116/02 v. 11. 9. 2003 (BauR 2004, 78 = IBR 2004, 59) m. Anm. *Schulze-Hagen* (Es wurden weniger Baustahlmatten verbaut als im Leistungsverzeichnis vorgesehen waren). Der BGH löste den Fall über § 2 VOB/B.

[263] Vgl. hierzu BGH a. a. O. (Fn. 262).

§ 13 Nr. 6                                                                                          Minderungsanspruch

erfasst, sondern die Wohnfläche als Eigenschaft und diese „Zuwenigleistung" auch bereits nach altem Recht als Mangel begriffen und Minderung zugelassen.[264] Auch nach neuem Recht wird man die Wohnfläche als Frage der (vereinbarten) Beschaffenheit ansehen müssen.

78  ee) „Merkantiler" Minderwert: Die Rechtsprechung des BGH und verschiedener Obergerichte[265] geht davon aus, dass zum Minderwert einer Werkleistung auch der sogen. „merkantile Minderwert" gehöre. Im Gegensatz zum technischen Minderwert, der ein nachweisbares Defizit gegenüber dem vertragsgemäßen Zustand aufweist,[266] ist dies beim „merkantilen Minderwert" jedenfalls gegenständlich nicht der Fall. Er beruht vielmehr auf der Überlegung, dass der Verkehr eine Bauleistung auch nach vollständiger Beseitigung eines (wesentlichen) Mangels noch als geringerwertig ansieht als ein von vornherein mangelfrei hergestelltes Werk.[267] Dies soll in der Sache auf der Möglichkeit der unsorgfältigen Beseitigung von Fehlern und der damit verbundenen Schwierigkeiten eventuelle spätere Ansprüche verfolgen zu können beruhen und so den merkantilen Minderwert rechtfertigen.[268]

79  Diese Problematik gehört der Sache nach in das Schadensersatzrecht, nicht zur Minderungsbestimmung nach § 638 BGB; das wird nicht immer klar erkannt.[269] Ob Entscheidungen indessen zu §§ 634 Nr. 3 638 BGB, 13 Nr. 6 VOB/B oder zu §§ 634 Nr. 4, 280, 281 BGB, 13 Nr. 7 VOB/B ergehen: die Rechtsprechung begegnet in ihrer meist pauschalen Aussage erheblichen Bedenken. Es ist nicht belegt, dass eine unvoreingenommene Verkehrsbeurteilung generell den von der Rechtspr. befürworteten Wertabschlag annimmt. Auch der Immobilienmarkt muss einen Minderwert mit tatsächlichen Risiken rechtfertigen. Problematisch ist vor diesem Hintergrund die Ermittlung der Höhe des merkantilen Minderwertes. Unzulässig ist laut Rechtsprechung i. d. R. die Ermittlung des merkantilen Minderwertes durch einen technischen Bausachverständigen, es muss vielmehr ein Sachverständiger für Immobilienpreise herangezogen werden.[270] Aber auch dieser wird auf Schätzungen angewiesen sein. Teilweise wird der so zu ermittelnde merkantile Minderwert als reine Fiktion bezeichnet.[271] Selbst im Hauptanwendungsbereich des merkantilen Minderwertes, der Schadensersatzermittlung bei Kfz-Unfallschäden hat sich keine einheitliche Schätzmethode durchsetzen können,[272] dabei handelt es sich bei Automobilen noch um nach Baujahr, Typ und Marke standardisierten Produkten, im Gegensatz zu den viel individuelleren Bauwerken. Die Rechtsprechung sollte deshalb ihren zu allgemeinen Bewertungsansatz überprüfen.[273]

79a  ff) „Technischer" Minderwert: Der technischen Minderwert ergibt sich aus den technischen Nachteilen, die durch den Mangel verursacht sind, dies sind z. B. der Verlust von Nutzungsmöglichkeiten, der Anfall höherer Betriebs- und Instandhaltungskosten oder eine verminderte Lebensdauer.[274] Bei der Ermittlung des technischen Minderwertes im Rahmen

---

[264] BGH BauR 1997, 1030; BGH NJW-RR 1998, 1169; OLG Düsseldorf BauR 1981, 475 KG NJW-RR 1989, 459; OLG Hamm BauR 1993, 729; OLG München NJW-RR 1996, 1417; OLG Celle NJW-RR 1999, 816 = BauR 1998, 805; OLG Koblenz NZBau 2000, 562; OLG Hamm NJW-RR 2002, 415´.
[265] Vgl. oben Fn. 220; vgl. insb. auch BGH BauR 2003, 533 (534) = ZfBR 2003, 356 = NZBau 2003, 214; krit. in Bezug auf die Einbeziehung des merkantilen Minderwertes, wenn – wie in der neueren Rspr. – von einer Wertdifferenz zwischen erbrachter und geschuldeter Leistung auszugehen ist: *Weyer* Jahrbuch Baurecht 2004, 245 (265 f.).
[266] *Siegburg* Gewährleistung Rdn. 1093; *Kleine-Möller/Merl* § 12 Rdn. 536; vgl. auch *Hörl* zfs 1999, 46.
[267] Vgl. zum merkantilen Minderwert allg.: *Geigel/Rixecker* Haftpflichtprozess Kap. 3 Rdn. 54; *Hörl* zfs 1999, 46; *v. Gerlach* DAR 2003, 49.
[268] BGH VersR 1961, 707 (708); *v. Gerlach* DAR 2003, 49, 52.
[269] Vgl. nur BGHZ 55, 198 = NJW 1971, 615 und BGH BauR 2003, 533.
[270] BGHZ 9, 181 = NJW 1953, 659 = BB 1953, 248; *Siegburg* Gewährleistung Rdn. 1095; vgl. auch *Bayerlein/Aurnhammer* Praxishandbuch Sachverständigenrecht § 46 Rdn. 58.
[271] *Bayerlein/Diedrichsen* Handbuch Sachverständigenrecht § 51 Rdn. 84; vgl. aber dagegen *v. Gerlach* DAR 2003, 49 (51), der von einer objektiven Größe ausgeht.
[272] *Palandt/Heinrichs* § 251 Rdn. 15; Übersicht über verschiedene Schätzungsmöglichkeiten bei *Geigel/Rixecker/Kap.* 3 Rdn. 56 ff.; vgl. auch *Hörl* zfs 1999, 46 (47).
[273] Zutreffend: OLG Hamm BauR 1989, 735.
[274] *Kleine-Möller/Merl* § 12 Rdn. 536.

der Minderung sind zumindest nach Teilen der Literatur[275] die sogenannten „Sowieso-" oder „Ohnehin-Kosten" zu berücksichtigen, indem diese dem Wert der mangelhaften Sache hinzuzurechnen seien. Einer Berücksichtigung der Sowieso-Kosten im Rahmen der Minderung ist im Ausgangspunkt zuzustimmen. Bezweckt die Minderung die Wiederherstellung des durch den Mangel gestörten Synallagmas, so sind die Kosten auf der anderen Seite ebenfalls ein Korrektiv bei einer Störung des Leistungsverhältnisses in Fällen, in denen der Auftragnehmer dem Auftraggeber mehr schuldet, als nach den Parteivereinbarungen vorgesehen. Um einer Störung des Gegenseitigkeitsverhältnisses entgegenzuwirken hat der Besteller sich den Vorteil der ersparten und bei ordnungsgemäßer Erfüllung sonst angefallenen Kosten aus der entsprechenden Anwendung des Gedankens des Vorteilsausgleiches zurechnen zu lassen. Diese ersparten Aufwendungen sind die Sowieso-Kosten.

### 5. Stichtag der Minderungsberechnung

Die Rechtsprechung[276] und h. L.[277] wandten die Regelungen des kaufrechtlichen Minderungsrechtes gem. § 634 Abs. 4 BGB entsprechend an und gingen hierbei davon aus, dass zumindest beim Bauvertrag entscheidender **Zeitpunkt der Minderung** nicht der Vertragsschluss, sondern der Zeitpunkt der Abnahme sei. Nach dem Wortlaut des § 638 Abs. 3 Satz 1 BGB ist nunmehr auf den Zeitpunkt des Vertragsschlusses abzustellen. Dies wird von Teilen der Literatur[278] als nicht korrigierbar, angesehen. Diese Regelung wird nahezu einhellig kritisiert, da die Besonderheiten des Werkvertrages nicht berücksichtigt würden.[279] Insbesondere für Langzeitverträge, wie dem Bauvertrag wird daher von anderen Teilen der Literatur eine berichtigende Auslegung dahingehend vertreten, dass zumindest beim Bauvertrag auch weiterhin vom Zeitpunkt der Abnahme auszugehen sei.[280]

**79 b**

Der zuletzt genannten Ansicht ist zu folgen, da zum Zeitpunkt des Vertragsschlusses – im Gegensatz zum Leitbild des Kaufvertrages – noch kein Werk besteht. Maßgebend ist, auf welchen Zeitpunkt das Preisäquivalent im Vertrag hergestellt sein soll; nur zu diesem Stichtag kann es auch gestört sein. Beim Kaufvertrag (i. d. R. über eine fertige Sache) bietet sich dazu der Vertragabschlusszeitpunkt an; für diesen Tag wird der Preis für die vorhandene Sache gebildet. Der entsprechende Zeitpunkt ist beim Werkvertrag die Abnahme des hergestellten Gegenstandes. Die Übernahme der kaufvertraglichen Regelung für den gerade in dieser Hinsicht von der Interessenlage der Parteien abweichenden Werkvertrag muss letztlich als gesetzgeberisches Versehen angesehen werden. *Weyer*[281] weist insofern zutreffend darauf hin, dass eine Änderung der durch die Rechtsprechung geschaffenen Rechtslage nicht gewollt war. Nach der Gegenauffassung kann es wegen des Langzeitcharakters des Bauvertrages zu erheblichen Wertungswidersprüchen kommen. Denkbar wäre etwa die Verletzung zum Zeitpunkt der Abnahme zwingender Normen oder anerkannter Regeln der Technik, die zu diesem Zeitpunkt als Mangel anzusehen sind, da das Werk so nicht der üblichen Beschaffenheit entspricht. Gleichzeitig kann dies zum Zeitpunkt des Vertragsschlusses durchaus eine übliche Beschaffenheit gewesen sein, weshalb zu diesem Zeitpunkt kein Mangel und damit

**79 c**

---

[275] *Siegburg* Gewährleistung Rdn. 1100; *Kleine-Möller/Merl* § 12 Rdn. 473; *H. Groß* FS Korbion S. 123 (132).
[276] BGHZ 58, 181 (183).; BauR 1996, 851 (853) = ZfBR 1996, 306 = NJW 1996, 3001.
[277] *Palandt/Sprau* (61. Aufl.) § 634 Rdn. 8; abw. *Erman/Seiler* § 634 Rdn. 21; *Staudinger/Peters* § 634 Rdn. 60.
[278] *Ingenstau-/Korbion/Wirth* VOB/B § 13 Nr. 6 Rdn. 60; *Palandt/Sprau* § 638 Rdn. 5; *Kniffka* IBR-Online § 638 Rdn. 16; *Bamberger/Roth/Voit* § 638 Rdn. 5; *Siegburg* FS Werner, S. 289 (298).
[279] Vgl. nur *Ingenstau/Korbion/Wirth* VOB/B § 13 Nr. 6 Rdn. 7, 60; *Preussner*, Das neue Werkvertragsrecht im BGB 2002, BauR 2002, 231 (237); *Funke*, Kurzdarstellung der Änderungen des Werkvertragsrechts im Rahmen der Schuldrechtsmodernisierung in der vom Bundestag am 11. Oktober beschlossenen Fassung, Jahrbuch Baurecht 2002, 217 (233).
[280] *Kapellmann/Messerschmidt/Weyer* VOB/B § 13 Rdn. 312; *Weyer* Jahrbuch Baurecht 2004, 245 (250 f.); *Teichmann*, Schuldrechtsmodernisierung 2001/2002 – Das neue Werkvertragsrecht, JuS 2002, 417 (421); vgl. ferner *Leinemann/Leinemann* § 13 Rdn. 373 (Letzterer allerdings ohne Begründung).
[281] *Weyer* Jahrbuch Baurecht 2004, 245 (252).

keine Wertminderung vorlag. Letztlich würde die von der Gegenauffassung nur am Wortlaut orientierte Auslegung gegen Art. 3 Abs. 1 GG verstoßen, welcher u. a. auch verbietet wesensmäßig ungleiches willkürlich bzw. ungerechtfertigt gleich zu behandeln.[282] Eine verfassungskonforme Auslegung gebietet daher das hier vertretene Verständnis der Minderung. Natürlich können die Parteien einen anderen Zeitpunkt vertraglich festlegen.

**79 d** Vom Stichtag als Bemessungszeitpunkt ist die Frage zu unterscheiden, wie (und auf welche auch nach Abnahme noch möglichen Erkenntnisse bezogen) der Minderwert ermittelt wird. Insoweit ist nach allgemeinen Grundsätzen auf den Tag der Letzten verwertbaren Kenntnis, d. h. im Rechtsstreit i. d. R auf den Tag der Letzten mündlichen Verhandlung[283] abzustellen.[284]

### 6. Mitverschulden des Auftraggebers beim Minderungsanspruch

**80** Zur Berücksichtigung eines „Mitverschuldens" des Auftraggebers oder seiner Erfüllungsgehilfen bei Mängelhaftungsansprüchen wird auf die Ausführungen → Vor § 13 Rdn. 185 f. Bezug genommen. Hinsichtlich der Minderung gibt das Schrifttum[285] einem Mitverschulden grundsätzlich Raum. Die Rechtsprechung hat sich ausdrücklich mit der Reduzierung von Minderungsansprüchen aus Mitverschuldensgründen nur vereinzelt auseinandergesetzt.[286] Wie das Schrifttum stützt sie die Berücksichtigung der Mitverantwortung des Auftraggebers im Wesentlichen auf § 242 BGB:[287] es sei unbillig, die Schadensmitverantwortung des Auftraggebers außer Betracht zu lassen. Zu Kritik und möglichen dogmatischen Verdeutlichung der Mithaftung des Auftraggebers vgl. → Vor § 13 Rdn. 185 ff. Der rechnerische Vollzug des Mitverschuldens ist bei der Minderung einfacher als bei dem (inhaltlich unteilbaren) Anspruch auf Mängelbeseitigung. Während Gegenrechte des beseitigungspflichtigen Auftragnehmers aus § 254 BGB nur Zug um Zug gegen seine Nachbesserungsleistung berücksichtigt werden können,[288] findet bei der Minderung, wie beim Schadensersatz, eine Saldierung statt, deren Ergebnis der reduzierte Anspruch des Auftraggebers ist.

### II. Minderungswert und „Wertminderung" als Schaden

**81** In der (auch forensischen) Praxis werden die Begriffe „Minderung", „Minderwert", „Minderungsschaden", „Wertminderung" u. a. oftmals untechnisch und ohne genaue Vorstellung darüber benutzt, auf welche Anspruchsgrundlage „Schäden" dieser Art gestützt werden. Das wird durch die Rechtspr. zur Berechnung der Minderung begünstigt (vgl. oben Rdn. 4, 5), die auch für § 13 Nr. 6 VOB/B weitgehend auf den tatsächlichen Aufwand abstellt, der zur Beseitigung des „Minderwertes" erforderlich ist. – Jedenfalls dort, wo die erforderliche Aufwandsberechnung nach Anspruchsgrundlagen verschieden ist (§ 13 Nr. 6 VOB/B; § 13 Nr. 7 Abs. 1, Abs. 2 VOB/B), kommt es aber auch auf **begriffliche Klarheit** an.[289] Von „Wertminderung" oder „Schaden" sollte deshalb nur gesprochen werden, wo es tatsächlich um Schadensberechnungen geht, die von der Ermittlung von „Minderungen" nach § 13 Nr. 6 VOB/B sehr verschieden sein können.

---

[282] Vgl. z. B. BVerfGE 49, 148 (165).
[283] Vgl. *Thomas/Putzo* § 313 Rdn. 17.
[284] Abw. kann sich z. B. bei Verfahren im schriftlichem Verfahren mit Zustimmung der Parteien (§ 128 Abs. 2 ZPO) oder bei nachgelassenen Schriftsätzen (§ 283 S. 1 ZPO) ergeben.
[285] *Kaiser* Mängelhaftung Rdn. 146, 146a; *Nicklisch/Weick* VOB/B § 13 Rdn. 179; *Werner/Pastor* Rdn. 2446.
[286] BGH DB 1961, 569.
[287] Abweichend insb. *Peters* JZ 1995, 754.
[288] BGH NJW 1984, 1676 = BauR 1984, 395 = ZfBR 1984, 173.
[289] Vgl. auch *Daub/Piel/Soergel/Steffani* ErlZ VOB/B 13 492 f. – Zur Berechnung des „technischen" Minderwerts BGH BauR 1995, 388 = ZfBR 1995, 129.

## E. Rücktritt vom Bauvertrag

### I. Allgemeines; Regelung des BGB

Die VOB/B enthält ausdrücklich keine Regelung über einen möglichen Rücktritt vom Bauvertrag als Mängelanspruch. Sofern dieser gleichwohl ist Betracht kommt, kann sie deshalb nur auf die entsprechenden Vorschriften des BGB gestützt werden. **§ 634 Nr. 3 BGB** lässt einen „Rücktritt" (früher: „Wandlung") zu. Ferner wird in § 323 BGB für jede Art von Pflichtverletzung der Rücktritt zugelassen. 82

### II. Rücktritt nach VOB/B zulässig?

#### 1. Der Meinungsstand

Ob und ggf. unter welchen Voraussetzungen ein Rücktritt (vormals: Wandlung) auch nach der VOB/B zulässig ist, ist nach der **Rspr.** unklar und im **Schrifttum** umstritten. Der BGH[290] hat die Frage für den VOB-Vertrag bisher ausdrücklich offengelassen. Außerhalb der VOB, etwa für einen Gesamthausbau[291] oder Teilleistungen mit wesentlichen „Lieferteilen" (z.B. Dacheindeckungsarbeiten)[292] räumt er die Möglichkeit eines Rücktritts/einer Wandlung jedoch ein. Die unteren Gerichte halten eine Wandlung z.T. für tatsächlich nicht möglich, z.T. als durch § 13 vertraglich ausgeschlossen,[293] z.T. aber auch für statthaft[294] gehalten. Das Schrifttum gibt ein ähnliches Bild; während die h.L.[295] einen Rücktritt als nicht möglich oder durch die VOB/B vertraglich ausgeschlossen ablehnt, gibt es andere Stimmen,[296] die einen Rücktritt/eine Wandlung auch nach der VOB/B zulassen wollen. Zu beachten ist jedoch, dass diese Diskussion sich noch im Bereich des früher als „Wandlung" geregelten auf die Mangelhaftung begründeten Rücktritt abspielt. 83

Die Argumente, auf Grund deren ein Rücktrittsrecht nach der VOB/B **nicht statthaft** sein soll, liegen auf verschiedenen Ebenen. Formal wird zunächst der Standpunkt vertreten, dass die Nichterwähnung des Rücktritts in § 13 Nr. 6 den Umkehrschluss rechtfertige, die VOB/B wolle sie eben nicht zulassen.[297] Dies werde weiter durch § 309 Nr. 8 lit. b, bb) BGB (§ 11 Nr. 10 lit. b AGB-Gesetz) bestätigt, der für Bauleistungen einen Rücktritt als 84

---

[290] BGHZ 42, 232 (234) = NJW 1965, 165; BGHZ 51, 275 (278) = NJW 1969, 653; vgl. aber auch BGHZ 87, 104, wo in der Sache auch eine bauvertragliche Wandlung (nun Rücktritt) zugelassen wird, siehe auch schon RGZ 147, 390 (393/394) und RGJW 1903, Beilage 58.

[291] So zum Fertighausvertrag BGHZ 87, 112 = NJW 1983, 1489 und (wohl) zum Bauträgervertrag NJW 1987, 2373; vgl. auch OLG Köln NJW 1986, 330 = BauR 1986, 219 („schlüsselfertige" Eig.Wohnung). Das OLG Saarbrücken (NJW-RR 1987, 470) mindert dagegen bei toxischer Belastung „auf Null".

[292] BGHZ 51, 275 (278); zweifelnd nur bezüglich der VOB-Vertragslage.

[293] OLG Koblenz NJW 1962, 741; OLG Karlsruhe BauR 1971, 55.

[294] LG Tübingen *Schäfer/Finnern/Hochstein* Nr. 6 zu § 634 BGB (Schallmängel); OLG Celle MDR 1967, 669 (Mangel eines Teilwerkes); OLG Hamm BauR 1984, 525 (Fensterlieferung); OLG München BauR 1984, 637 (Wärmepumpe); OLG Köln BauR 1986, 219 (Fertighaus); OLG Koblenz NJW 1989, 336 (Hoftoranlage); OLG Frankfurt BauR 1990, 473.

[295] *Nicklisch/Weick* VOB/B § 13 Rdn. 17 („Regelfall"); *Ingenstau/Korbion/Wirth* VOB/B § 13 Nr. 6 Rdn. 78, 80 („praxisfremd", „für den Bauvertrag ... ungeeignet"); *Kaiser* Mängelhaftung Rdn. 94; *Heiermann/Riedl/Rusam* VOB/B § 13 Rdn. 170; *Siegburg* Gewährleistung Rdn. 1139; *Staudinger/Peters* für § 13 Rdn. 6, nicht generell.

[296] *Nicklisch/Weick* VOB/B § 13 Rdn. 18 (differenzierend); ähnlich *Daub/Piel/Soergel/Steffani* ErlZ VOB/B 13 511; *Hereth/Ludwig/Naschold* ErlZ 13.14–13.24; *Kuhn* NJW 1955, 412; *Kornmeier* NJW 1978, 2035 (zu § 634 BGB); *Kemper* BauR 2002, 1613 (1618); *Tempel*, Ist die VOB noch zeitgemäß?, NZBau 2002, 532 (535).

[297] So *Flach* S. 117, 118.

§ 13 Nr. 6

(subsidiär) unverzichtbaren Rechtsbehelf ausdrücklich ausklammere.[298] Diese Hinweise überzeugen aber wenig: Aus der Entstehungsgeschichte der VOB/B ist ein Ausschluss der Wandlung oder eines Rücktrittsrechtes nicht abzuleiten. Der Verdingungsausschuss hat diese Frage bewusst ausgeklammert und die Lösung der Rechtspr. überlassen.[299] Auch bei der Formulierung der VOB 2002 ging der Verdingungsausschuss davon aus, dass zwar der größte Teil der Literatur davon ausginge, dass ein Rücktritts bzw. Wandlungsrecht ausgeschlossen sei, die Rechtsprechung dies aber bislang offen gelassen habe.[300] Nach der Schuldrechtsreform wurde in der Literatur darauf hingewiesen, dass, wenn die VOB den Rücktritt ausschließen wolle dies ausdrücklich hätte geschehen müssen, da ansonsten die Unklarheitenregelung des § 305 c Abs. 2 BGB und das Tranzparenzgebot eine Auslegung gebieten würde, nach der der Rücktritt nicht ausgeschlossen sei, insb. da der Rücktritt auch im Rahmen der Regelung des gesetzlichen Leitbildes umgesetzt wurde.[301]

85  Auch das AGB-Argument lässt sich nicht schlüssig für einen vollständigen Rücktrittsausschluss bei Werkvertragsmängeln in § 13 Nr. 6 VOB/B verwenden. Das AGB-Recht hat dieses Problem überhaupt nicht zu regeln, nicht einmal die Frage der Rücktrittsmöglichkeit in § 634 Nr. 3 BGB.[302] Deshalb hat das Sachargument mehr Gewicht, der Rücktritt sei beim Bauvertrag nicht oder derart schwierig durchzuführen, dass die „praxisorientierte VOB/B" dieses Mängelhaftungsrecht abbedungen habe. Eine denkbare Rückabwicklung des Vertrages führe bei ausgeführten Bauleistungen zur unnötigen Zerstörung geschaffener Werte und sei deshalb nicht sinnvoll. Im Übrigen könne das Ergebnis eines Rücktritts auch über eine „Minderung auf Null" oder über Schadensersatz gem. § 13 Nr. 7 VOB/B erreicht werden.[303]

86  Soweit abweichend hiervon der **Standpunkt** vertreten wird, dass ein **Rücktritt** auch beim VOB-Vertrag **möglich** und vertraglich zugelassen sei,[304] wird im Wesentlichen geltend gemacht, das § 13 Nr. 6 VOB/B einen Umkehrschluss nicht rechtfertige und die Nichterwähnung der Wandlung/des Rücktrittes dort lediglich dazu zwinge, auf die gesetzliche Vorschrift des § 634 BGB zurückzugehen. § 634 Nr. 3 BGB verweise mit näheren Bestimmungen auf das gesetzliche Rücktrittsrecht (§ 346 f. BGB). Insb. **§ 346 Abs. 2 Nr. 1 BGB** sehe aber ausdrücklich auch den Fall vor, dass bei ausgeschlossener Rückabwicklung eine Wertentschädigung zu leisten sei; das sei auch beim Bauvertrag sinnvoll und praktikabel.

86 a  Der Gesetzgeber hatte in der Schuldrechtsreform den früheren werk- und kaufvertraglichen Sondertatbestand der Wandlung im Gewährleistungsrecht dem allgemeinen Rücktrittsrecht angenähert und spricht daher im BGB sowohl in den § 323 ff. BGB, als auch in den §§ 631 ff. BGB einheitlich von „Rücktritt". Zwar ist noch ungeklärt, ob es sich bei der werkvertraglichen Regelung nur um eine das allgemeine Rücktrittsrecht teils modifizierende und teils abweichend regelnde Sonderregelung handelt[305] oder ob das allgemeine Leistungsstörungsrecht – einschließlich des dort geregelten Rücktrittsrechtes – nur bis zum Gefahrübergang gelten soll, die werkvertraglichen Regelungen aber hiernach und das allgemeine Leistungsstörungsrecht nur Kraft Verweisung nach diesem Zeitpunkt und nur wenn die Nacherfüllung fehlgeschlagen ist gelten soll.[306] Der zweiten Ansicht ist insoweit Recht

---

[298] *Flach* a.a.O. (Fn. 152); vgl. auch *Kaiser* Mängelhaftung Rdn. 94 a; *Ingenstau/Korbion* VOB/B § 13 Rdn. 659; *Weyer* NZBau 2002, 512 (525).
[299] Vgl. *Nicklisch/Weick* VOB/B Vor § 13 Rdn. 16; ferner zur letzten Änderung der VOB: *Kratzenberg* NZBau 2002, 177 (182; unerheblich ist hierbei – entgegen *Siegburg* Gewährleistung Rdn. 1138 – ob dies durch den Reichsverdingungsausschusses bewusst offen gelassen wurde, jedenfalls ließ es der Verdingungsausschuss für die Novellierung von 1973 bewusst offen und sah aus diesem Grund von einer Regelung ab.
[300] *Kratzenberg* NZBau 2002, 177 (182 f.).
[301] *Kemper* BauR 2002, 1613 (1618); *Tempel*, Ist die VOB noch zeitgemäß?, NZBau 2002, 532 (535).
[302] Diese besteht grundsätzlich auch zweifelsfrei, *Staudinger/Peters* § 634 Rdn. 37; *MünchKomm/Soergel* § 634 Rdn. 21.
[303] So die h. L., vgl. Nachweise oben Fn. 150; *Ingenstau/Korbion/Wirth* VOB/B § 13 Nr. 6 Rdn. 84; *Kratzenberg* NZBau 2002, 177 (182 f.).
[304] Vgl. Nachweise oben Fn. 151, 154 a.
[305] *MünchKomm/Ernst* § 323 Rdn. 23; so wohl auch *Teichmann* JuS 2002, 417 (420).
[306] *Palandt/Heinrichs* § 323 Rdn. 3; vgl. auch *Palandt/Heinrichs* § 280 Rdn. 17.

zu geben, als wesentliche Bereiche des allgemeinen Leistungsstörungsrechtes, die zum Rücktritt berechtigen würden (etwa Nichtleistung) zum Zeitpunkt des Gefahrüberganges faktisch ausgeschlossen sind. Allerdings sind auch in der Phase der Nacherfüllung noch Pflichtverletzungen denkbar, die nicht von dem Mangelansprüchen erfasst werden. Man denke an den Handwerker, der bei seiner Nachbesserung ohne Rücksicht auf sonstige Rechtsgüter des Auftraggebers vorgeht. Mit dem Kündigungsrecht des § 649 BGB bzw. nach § 8 Nr. 1 VOB/B ist dem Auftraggeber nicht unbedingt geholfen – die noch nicht nachgebesserte Arbeit kann etwa (noch) nicht brauchbar sein, sie wäre gleichwohl zu vergüten (§ 649 Satz 2 BGB bzw. § 8 Nr. 1 Abs. 2 VOB/B). Diese Vergütungspflicht kann, wenn mit Mängelbeseitigungsarbeiten bereits begonnen wurde, bei einer Kündigung u. U. in voller Höhe bestehen.[307] Ein Schadensersatzanspruch auf Entfernung des unbrauchbaren Werkes setzt ein diesbezügliches Verschulden voraus, das nicht notwendigerweise gegeben ist.

## 2. Auffassung des Verfassers

Die Beantwortung der Frage, ob eine mangelhafte VOB-Leistung auch im Rahmen eines Rücktrittes rückgängig gemacht werden kann, hängt vom Ergebnis zweier Grundüberlegungen ab: (1) Vertragsfrage: Schließt die VOB/B vertraglich den Rücktritt aus? Ist dieser Ausschluss ggf. AGB-konform, d. h. auch dann gesichert, wenn § 13 Nr. 6 VOB/B der AGB-Kontrolle standhalten muss? – Scheidet ein Rücktritt danach nicht aus: (2) Möglichkeit: Ist eine „Rückabwicklung" der erbrachten Bauleistung technisch und wirtschaftlich vernünftig möglich? Ist die Anerkennung eines Rechtes auf Rücktritt gem. § 346 Satz 2 BGB sinnvoll? 87

Die Vertragsfrage ist (allenfalls) offen[308] und kann deshalb jedenfalls nicht ohne weiteres i. S. eines Rücktrittsausschlusses beantwortet werden. Auszugehen ist allerdings davon, dass die VOB/B praxisnahe Lösungen verfolgt und die Nichterwähnung des Rücktrittes in § 13 Nr. 6 VOB/B wohl darauf schließen lässt, dass mindestens zunächst an ein Rücktritt als Mängelhaftungsbehelf des Auftraggebers nicht gedacht war. Das muss aber nicht ausschließen, dass es zahlreiche Fälle gibt, in denen sich ein Rücktritt auch nach der Praxis der Bauabwicklung durchaus anbietet und ein Rücktrittsausschluss von den Beteiligten sogar als überraschend empfunden werden müsste. 88

Das ist jedenfalls dort der Fall, wo die Bauleistung im Vordergrund **kaufrechtliche** Bestandteile hat, also von der Sache her eine **„Werklieferung"** (§ 651 BGB) darstellt. Beim Einbau etwa mangelhafter Fenster, deren Neuherstellung notwendig ist, aber abgelehnt wird, ist der Rücktritt jedenfalls dann sinnvoll, wenn Schadensersatzansprüche (Verschulden!) strittig sind. Ähnliches gilt für die Lieferung untauglicher Dachziegel.[309] Die Nähe zum Kaufrecht wird noch deutlicher, wenn zudem problematisch ist, ob die „herzustellenden" Werkteile nicht sogar vertretbare Sachen (§ 651 Satz. 3, 1. Hs.) sind. Notwendig ist es deshalb, auch für die VOB/B auf die Sachnähe der Möglichkeit einer realen Rückabwicklung außerhalb des Schadensersatzrechtes abzustellen. Die Stellungnahmen zum Rücktrittsausschluss in der VOB/B differenzieren in diesem Punkt nicht genügend. – **AGB-Probleme** werden jedenfalls dann nicht auftreten, wenn den Rücktritt dort zugelassen wird, wo ein wirtschaftliches Bedürfnis für sie besteht und ein gleichwertiger Rechtsschutz über andere Mängelhaftungsmittel der VOB nicht erreicht werden kann. 89

Die Frage nach der Möglichkeit des Rücktrittes ist oben zu Rdn. 89 teilweise mitbeantwortet. Sie ist jedenfalls dann zu bejahen, wenn zu liefernde Werkteile real der Bausubstanz wieder entnommen und wirtschaftlich sinnvoll zurückgewährt werden können. Auch hier hat eine Wertung stattzufinden, die sich am Sinn des kaufrechtlichen Rücktrittsrechtes orientieren kann. Dagegen ist der h. L. zuzustimmen, dass ein Rücktritt dort keinen zusätzlichen und erforderlichen Rechtsschutz schafft, wo eine tatsächliche Rückabwicklung 90

---

[307] Vgl. OLG Dresden NJW-RR 1998, 882.
[308] Vgl. oben Rdn. 83.
[309] BGHZ 87, 104; zum Fenstereinbau siehe OLG Hamm BauR 1984, 525.

## § 13 Nr. 6

des durchgeführten Bauvertrages wirtschaftlich nicht mehr sinnvoll („möglich") erscheint. Ein „Rücktritt gem. § 346 Satz 2 BGB"[310] ist zwar dogmatisch denkbar, führt aber zu keinem anderen Ergebnis als die Minderung. In diesen Fällen schützt die VOB/B den Auftraggeber durch eine mögliche „Minderung auf Null" und ggf. Schadensersatz (§ 13 Nr. 7 VOB/B) ausreichend.

91 Ergebnis: Die VOB/B schließt das Recht des Auftraggebers auf Rücktritt nicht vollständig aus. Es besteht jedenfalls dort, wo eine gegenständliche Rückgewähr nach dem Vorbild des Kaufrechtes möglich ist.

## F. AGB-Probleme

92 Die Regelung der Voraussetzungen für eine Minderung in § 13 Nr. 6 VOB/B wird allgemein für **ausgewogen** gehalten,[311] so dass die Bestimmung auch dann einer Kontrolle nach § 307 BGB (früher § 9 AGBG) standhält, wenn die Einzelprüfung auf Grund substanzieller Eingriffe in die VOB/B eröffnet ist. Dem ist zuzustimmen. Die Besonderheit des § 13 Nr. 6 VOB/B gegenüber § 634; 638 BGB liegt lediglich darin, dass die Minderungsvoraussetzungen nach § 634, 323 Abs. 1 BGB (Fristsetzung) als selbstständiger Grund entfallen; nach § 13 Nr. 6 VOB/B ist der Beseitigungsanspruch des Auftragnehmers grundsätzlich erst ausgeschlossen, wenn eine reale Nacherfüllung den Umständen nach nicht mehr stattfinden kann. Das Beseitigungsrecht des Auftragnehmers wird (im Ergebnis geringfügig, vgl. oben Rdn. 4 f.) ausgedehnt.

93 Dies beeinträchtigt aber die Situation des Auftraggebers in der Mängelhaftung nicht merklich, weil ihm das Minderungsrecht immer verbleibt, wenn das Beharren des Auftragnehmers auf einer Beseitigung für ihn unzumutbar wird. Im Übrigen schützen ihn § 13 Nr. 5 und Nr. 7 VOB/B in der Ausformung der Rechtsprechung genügend. – Nach Auffassung des **BGH**[312] ist der endgültige und gleichzeitige Ausschluss von Minderung und Rücktritt in AGB (auch im kaufmännischen Verkehr) unwirksam (§ 307 BGB).

---

[310] Vgl. dazu – noch zum alten Recht (Wandlung) – schon *Oertmann* DR 1920, 154 f.; *Peters* JR 1979, 265 f. (Analogie zu § 346); eingehend zum Wertausgleich beim Rücktritt: *Koller* DB 1974, 2385; 2458; *Muscheler* AcP 1987 (1987), 343 ff.

[311] *Ingenstau/Korbion/Wirth* VOB/B § 13 Nr. 6 Rdn. 9; *Nicklisch/Weick* VOB/B § 13 Rdn. 214; *Weyer* NZBau 2002, 521 (524 f.); a. A. *Tempel* NZBau 2002, 532 (535).

[312] NJW 1991, 2630 = ZfBR 1991, 262.

## § 13 Nr. 7 [Schadensersatzanspruch]

(1) Der Auftragnehmer haftet bei schuldhaft verursachten Mängeln für Schäden aus der Verletzung des Lebens, des Körpers oder der Gesundheit.

(2) Bei vorsätzlich oder grob fahrlässig verursachten Mängeln haftet er für alle Schäden.

(3) Im Übrigen ist dem Auftraggeber der Schaden an der baulichen Anlage zu ersetzen, zu deren Herstellung, Instandhaltung oder Änderung die Leistung dient, wenn ein wesentlicher Mangel vorliegt, der die Gebrauchsfähigkeit erheblich beeinträchtigt und auf ein Verschulden des Auftragnehmers zurückzuführen ist. Einen darüber hinausgehenden Schaden hat der Auftragnehmer nur dann zu ersetzen,
a) wenn der Mangel auf einem Verstoß gegen die anerkannten Regeln der Technik beruht,
b) wenn der Mangel in dem Fehlen einer vertraglich vereinbarten Beschaffenheit besteht oder
c) soweit der Auftragnehmer den Schaden durch Versicherung seiner gesetzlichen Haftpflicht gedeckt hat oder durch eine solche zu tarifmäßigen, nicht auf außergewöhnliche Verhältnisse abgestellten Prämien und Prämienzuschlägen bei einem im Inland zum Geschäftsbetrieb zugelassenen Versicherer hätte decken können.

(4) Abweichend von Nummer 4 gelten die gesetzlichen Verjährungsfristen, soweit sich der Auftragnehmer nach Absatz 3 durch Versicherung geschützt hat oder hätte schützen können oder soweit ein besonderer Versicherungsschutz vereinbart ist.

(5) Eine Einschränkung oder Erweiterung der Haftung kann in begründeten Sonderfällen vereinbart werden.

**Literatur:** *Aurnhammer,* Verfahren zur Bestimmung von Wertminderungen bei (Bau)Mängeln und (Bau)Schäden, BauR 1978, 356; *Barnikel,* Die Naturalrestitution beim gegenseitigen Vertrag, VersR 1977, 802; *Bindhardt,* Merkantiler Minderwert von Immobilien – Probleme!, BauR 1982, 442; *Brinkmann,* Die pauschale Entschädigung beeinträchtigter Nutzungen, BB 1987, 1828; *Brox/Elsing,* Die Mängelhaftung bei Kauf, Miete und Werkvertrag, JuS 1976, 1; *Canaris,* Sondertagung Schuldrechtsmodernisierung: Die Reform des Rechts der Leistungsstörungen, JZ 2001, 499; *Derleder,* Der Wechsel zwischen den Gläubigerrechten bei Leistungsstörungen und Mängeln, NJW 2003, 998; *Eiselt/Trapp,* Zur Abgrenzung der von der Betriebshaftpflichtversicherung nicht erfaßten Erfüllungspflicht des Werkunternehmers, VersR 1984, 899; *Flessner,* Geldersatz für Gebrauchsentgang, JZ 1987, 271; *Forstner,* Zum Ausschluß nach § 4 Nr. 1 Abs. 6 Buchst. b AHB, VersR 1984, 750; *Frikell,* Mögliche Auswirkungen der Schuldrechtsreform auf die Rechtssprechung zur VOB als Ganzes, BauR 2002, 671; *Ganten,* Gedanken zum Deliktsrisiko des Architekten, BauR 1973, 148; *Geiger,* Sondertagung Schuldrechtsmodernisierung: Einführung – Zum Start des Gesetzgebungsverfahrens, JZ 2001, 473; *Grunewald,* Eigentumsschutz im Zusammenhang mit fehlerhaften Werkleistungen, JZ 1987, 1098; *Haas,* Entwurf eines Schuldrechtsmodernisierungsgesetzes: Kauf- und Werkvertragsrecht, BB 2001, 1313; *Hehemann,* Zur Abgrenzung von nächsten und entfernteren Mangelfolgeschäden im Werkvertragsrecht, NJW 1988, 801; *Hochstein,* „Unmittelbarer Schaden", „Schaden am Bauwerk" und „unmittelbarer Schaden am Bauwerk", BauR 1972, 8; *Hoff,* Die VOB 2000 und das AGB-Gesetz – Der Anfang vom Ende der Privilegierung?, BauR 2001, 1654; *Hohloch,* Zur Frage des ersatzfähigen Vermögensschadens bei Nutzungsausfall einer vom Eigentümer selbst genutzten Sache (Wohnhaus) infolge deliktischen Handelns, JR 1987, 107; *Hübner,* Zum Ausschluß und Definition des Nutzungsausfalls bei der Lieferklausel (§ 4 II 5 AHB), VersR 1985, 810; *Jakobs,* Nichterfüllung und Gewährleistung beim Werkvertrag, FS Beitzke, 1979, S. 67; *Jagenburg,* Die Entwicklung des privaten Baurechts im Jahre 1980, NJW 1981, 2788; *ders.,* Die Rechtssprechung zum privaten Bauvertragsrecht im Jahre 1969, NJW 1970, 1289; *ders.,* Geldersatz für Mängel trotz vorbehaltloser Abnahme?, BauR 1974, 361; *Joswig,* Zur Erstattungsfähigkeit von Gutachterkosten, NJW 1985, 1323; *Kaiser,* Der Begriff des „Fehlers" und der „zugesicherten Eigenschaft" im gesetzlichen Werkvertragsrecht, BauR 1983, 19; *ders.,* Die Mängelhaftung nach VOB/B: Abgrenzung von den Ansprüchen aus positiver Vertragsverletzung, ZfBR 1990, 213; *ders.,* Nutzungsentgang als Vermögensschaden im privaten Baurecht, BauR 1988, 133; *Kamphausen,* Die Ermittlung von Nutzungsausfallschäden bei eigengenutzten Häusern und Wohnungen, BauR 1988, 48; *Kemper,* Die Neuregelung der Mängelansprüche in § 13 VOB/B – 2002, BauR 2002, 1613; *Klimke,* Zur Frage, ob für eigenen Zeitaufwand des Geschädigten bei der außergerichtlichen Schadensregulierung Ersatz verlangt werden kann, VersR 1977, 802; *Koch,* Schadensersatz für Baumängel gemäß § 13 Nr. 7 VOB/B unter besonderer Berücksichtigung des AGB-Gesetzes, 2000; *Koeble,* Mängelansprüche bei Veräußerung des Eigentums, FS Vygen, 1999; *Köhler,* Zum Ersatz von Mängelbeseitigungskosten nach Verkauf des mangelhaften Werks, JZ 1987, 248; *ders.,* Zur Funktion und Reichweite der gesetzlichen Gewährleistungsausschlüsse, JZ 1989, 761; *Kohler,* Funktionales Recht – Zum Wandel im Rechtsdenken, dargestellt an einem zivilprozessualen Beispiel, AcP 192 (1992), 255; *ders.,* Werkmangelrechte, Werkleistungsanspruch und allgemeines Leistungsstörungsrecht, BauR

§ 13 Nr. 7                                                                                                    Schadensersatzanspruch

1988, 278; *ders.,* Verfassungswidrigkeit des § 640 Abs. 2 BGB, oder: Handwerk und Gerechtigkeit in der Gesetzgebung, JZ 2003, 1081; *Lenkeit,* Das modernisierte Verjährungsrecht, BauR 2002, 196; *Littbarski,* Der Folgeschaden in der Betriebshaftpflichtversicherung, VersR 1982, 915; *Locher,* Das AGB-Gesetz und die Verdingungsordnung für Bauleistungen, NJW 1977, 1801; *Mansel,* Die Neuregelung des Verjährungsrechts, NJW 2002, 89; *Mantscheff,* Ansätze zur methodischen Ermittlung von Mietminderungen bei Wohnungsmängeln, BauR 1989, 44; *Medicus,* Nutzungsentgang als Vermögensschaden, Jura 1987, 240; *Merl,* Schuldrechtsmodernisierungsgesetz und werkvertragliche Gewährleistung, FS Jagenburg, 2002, S. 597; *Meyer-Kahlen,* Die „allmähliche Einwirkung" in § 4 Abs. 1 Nr. 5 AHB, VersPrax 1974, 74; *Müller,* Die Bedeutung der Funktionsgarantie im klimatechnischen Anlagenbau, BauR 1985, 517; *Nicklisch,* Die Schadensersatzhaftung für Eigenschaftszusicherung im Werkvertragsrecht und die Einschränkbarkeit durch Allgemeine Geschäftsbedingungen, FS Beitzke, 1979, S. 89; *Peters,* Der Anspruch auf Schadensersatz wegen Nichterfüllung gemäß § 635 BGB, JZ 1977, 458; *ders.,* Die Kosten der Mängelbeseitigung bei Verlust des Eigentums am Werk, Jura 1987, 422; *ders.,* Schadensersatz wegen Nichterfüllung bei vorbehaltloser Abnahme einer als mangelhaft erkannten Werkleistung, NJW 1980, 750; *ders.,* Unselbständige Rechnungspositionen und selbständige Forderungen, Aufrechnung und Verrechnung, JZ 1986, 669; *Rauscher,* Abschied vom Schadensersatz für Nutzungsausfall, NJW 1986, 2011; *Roth,* Sondertagung Schuldrechtsmodernisierung: Die Reform des Werkvertragsrechts, JZ 2001, 543; *Schacht,* Die Rechtsprechung zum Schadensersatzanspruch wegen entgangener Nutzungsmöglichkeit, NJW 1981, 1350; *Schellen,* Ermittlung des kleinen Schadensersatzanspruchs gemäß § 635 BGB, BauR 1988, 42; *Schmalzl,* Bauvertrag, Garantie und Verjährung, BauR 1976, 221; *ders.,* Die Bedeutung des Anspruchs auf Schadensersatz wegen Nichterfüllung im Sinne des § 635 BGB für die Haftpflichtversicherung des Architekten und des Bauunternehmers, FS Korbion, 1986, S. 371; *ders.,* Die Gewährleistungsansprüche des Bauherrn gegen den Bauunternehmer, NJW 1965, 129; *ders.,* Die Haftpflichtversicherung der Baubeteiligten, BauR 1981, 505; *ders.,* Die Haftpflichtversicherung des Bauunternehmers, BauR 1984, 456; *ders.,* Gedanken zur Rechtsnatur der Schadensersatzansprüche aus § 13 Ziff. 7 VOB/B, BauR 1971, 173; *Schmidt,* Zum Ersatz von Zeitaufwand für die Tätigkeit von Behördenpersonal bei der Abwicklung von Schadensersatzansprüchen, NJW 1976, 1932; *Schudnagies,* Das Werkvertragsrecht nach der Schuldrechtsreform, NJW 2002, 396; *Schulz,* Ermittlung von Mietminderungen, BauR 1990, 151; *Schulze,* Ersatz der Mängelbeseitigungskosten und allgemeines Schadensrecht, NJW 1987, 3097; *Schwenker/Heinze,* Die VOB/B 2002, BauR 2002, 1143; *Tempel,* Ist die VOB/B noch zeitgemäß?, NZBau 2002, 465; *Theda,* Kalkspatzen und Feuchtigkeitsklausel im Bereich der Allgemeinen Haftpflichtversicherung, VersPrax 1970, 196; *Trapp,* Die einseitige Aufrechnungserklärung mit Schadensersatzansprüchen gegen Honoraransprüche des Architekten, BauR 1977, 29; *Vygen,* Die VOB hat Geburtstag: 1926–2006 Aber: Wann wird die VOB/B endlich AGB-fest?, BauR 2006, 285; *Weise,* Gestaltung von VOB/B-Verträgen, NJW-Spezial, 165; *Weyer,* Die Privilegierung der VOB/B: Eine – nur vorerst? – entschärfte Zeitbombe, BauR 2002, 857; *ders.,* § 13 VOB/B 2002: Viele Änderungen und was wirklich Neues?, BauR 2003, 613; *ders.,* Hält § 13 VOB/B 2002 der isolierten Inhaltskontrolle stand?, NZBau 2003, 521; *ders.,* Nochmals: Freistellung des Bauträgers bei käuferseitiger Wandlung im VOB-Bereich, NZBau 2007, 281; *Wilhelm,* Mängelhaftung und Kenntnis des Gläubigers vom Mangel, JZ 1982, 488; *Wussow,* Baumängelhaftung und Versicherung in der VOB, NJW 1967, 1552; *ders.,* Haftung und Versicherung bei der Bauausführung, 1971; *Zimmermann/Leenen/Mansel/Grast,* Finis Litium? Zum Verjährungsrecht nach dem Regierungsentwurf eines Schuldrechtsmodernisierungsgesetzes, JZ 2001, 684.

## Übersicht

| | Rdn. | | Rdn. |
|---|---|---|---|
| **A. Grundlagen** | 1–48 | III. Verhältnis zu Mangelbeseitigungsanspruch, Rücktritt sowie Minderung; § 634 Nr. 1–3 BGB und § 13 Nr. 5 Abs. 1, Nr. 6 VOB/B | 14 |
| I. Wesentlicher Regelungsinhalt; andere Schadensersatzansprüche der VOB/B | 1 | 1. BGB-Vertrag | 14 |
| 1. Grundstruktur der mangelbedingten Schadensersatzhaftung | 1 | 2. VOB/B-Vertrag | 20 |
| 2. Abgrenzung zu anderen Schadenshaftungsnormen der VOB/B | 5 | a) Grundsatz | 20 |
| | | b) Schadensartenspezifische Grenze der Subsidiarität | 23 |
| a) Mangelbedingter Schaden vor Abnahme; § 4 Nr. 7 Satz 2 VOB/B | 6 | c) Grenzen des Mangelbeseitigungsvorrangs | 24 |
| b) Nicht mangelbedingter Schaden; allgemeine Haftungsgrundlagen, § 10 VOB/B | 8 | d) Grenzen des Minderungsvorrangs | 27 |
| | | IV. Verhältnis zum Kostenerstattungsanspruch; §§ 634 Nr. 2, 637 Abs. 1 BGB, § 13 Nr. 5 Abs. 2 VOB/B | 28 |
| II. Verhältnis zu Schadensersatzansprüchen nach BGB; § 13 Nr. 7 VOB/B und § 634 Nr. 4 sowie § 280 Abs. 1 BGB unmittelbar | 10 | 1. Diskussionsstand | 28 |
| | | 2. Lösungsvorschlag | 30 |

|  | Rdn. |
|---|---|
| a) Fälle ausgeschlossen Mangelbeseitigungs- und Kostenerstattungsanspruchs | 30 |
| b) Fälle dem Grunde nach bestehenden Mangelbeseitigungs- und Kostenerstattungsanspruchs | 35 |
| V. Verhältnis zur positiven Vertragsverletzung, § 280 Abs. 1 BGB | 39 |
| VI. Verhältnis zur Deliktshaftung | 43 |
| **B. Vereinbarkeit mit dem AGB-Recht** | 49–54 |
| **C. Haftung gemäß Absatz 1** | 55–68 |
| I. Grundlagen | 55 |
| II. Haftungsvoraussetzungen | 56 |
| 1. Mangel | 56 |
| 2. Verletzung persönlichkeitsbezogener Rechtsgüter | 57 |
| 3. Ursächlichkeit des Mangels für die Rechtsgutsverletzung | 59 |
| 4. Zurechenbarkeit und Verschulden des Mangels | 60 |
| 5. Schaden | 66 |
| 6. Haftungsausfüllende Kausalität | 67 |
| III. Rechtsfolge; Haftungsumfang | 68 |
| **D. Haftung gemäß Absatz 2** | 69–76 |
| I. Grundlagen | 69 |
| II. Haftungsvoraussetzungen | 71 |
| 1. Allgemeine Voraussetzungen | 71 |
| 2. Besonderes Verschulden | 74 |
| III. Rechtsfolge; Haftungsumfang | 76 |
| **E. Haftung gemäß Absatz 3 Satz 1** | 77–163 |
| I. Grundlagen | 77 |
| 1. Absatz 3 | 77 |
| 2. Absatz 3 Satz 1 | 79 |
| II. Haftungsvoraussetzungen | 80 |
| 1. Mangel | 80 |
| 2. Wesentlichkeit des Mangels | 81 |
| 3. Beeinträchtigung der Gebrauchsfähigkeit | 84 |
| 4. Erheblichkeit der Beeinträchtigung | 86 |
| 5. Zurechenbarkeit und Verschulden des Mangels | 89 |
| 6. Schadensursächlichkeit des Mangels | 91 |
| III. Haftungsumfang | 93 |
| 1. Grundlagen | 93 |
| a) Substanz- oder Funktionsschäden an anderen Bauteilen und anderen Sachen | 97 |
| b) Nicht unmittelbar sachbezogene (reine) Vermögensschäden | 101 |
| 2. Einzelne Schadenspositionen und Schadensersatzinhalte | 109 |
| a) Substanzschäden | 109 |

|  | Rdn. |
|---|---|
| b) Vermögensschäden außerhalb der Substanzschäden | 138 |
| 3. Schadensminderungsgründe | 156 |
| a) Vorteilsausgleichung, Sowiesokosten, Mitverantwortung des Auftraggebers | 156 |
| b) Aufrechnung oder Verrechnung | 157 |
| IV. Prozessuales | 158 |
| 1. Klageart | 158 |
| 2. Darlegungs- und Beweislast | 159 |
| **F. Haftung gemäß Abs. 3 Satz 2** | 164–235 |
| I. Grundlagen | 164 |
| II. Besondere Haftungsvoraussetzungen | 167 |
| 1. Buchstabe a: Verstoß gegen anerkannte Regeln der Technik | 168 |
| 2. Buchstabe b: Fehlen einer vertraglich vereinbarten Beschaffenheit | 170 |
| 3. Buchstabe c: Versicherte oder zu versichernde Schäden | 171 |
| a) Versicherungsgrundlagen | 174 |
| b) Ausschlussgründe | 180 |
| c) Mögliche Versicherungsdeckung | 214 |
| d) Festlegung der Schadenshöhe | 218 |
| III. Inhalt des Schadensersatzanspruchs | 219 |
| 1. Ersatzfähige Schadenspositionen | 219 |
| 2. Schadensersatzleistung | 223 |
| a) Art des Schadensersatzes | 223 |
| b) Schadensberechnung | 224 |
| 3. Schadensminderungsgründe | 229 |
| a) Vorteilsausgleichung, Sowiesokosten, Mitverantwortung des Auftraggebers | 229 |
| b) Aufrechnung oder Verrechnung | 231 |
| IV. Prozessuales | 235 |
| **G. Verjährung der Schadensersatzansprüche, Nr. 7 Abs. 4 VOB/B** | 236 |
| **H. Einschränkung oder Erweiterung der Mängelhaftung, Nr. 7 Abs. 5 VOB/B** | 237–259 |
| I. Grundlagen | 237 |
| II. Freizeichnungsklauseln | 240 |
| 1. Individualvertragliche Regelungen | 241 |
| 2. Allgemeine Geschäftsbedingungen | 246 |
| III. Gewährleistungsverschärfung | 250 |
| 1. Grundlagen | 250 |
| 2. Unselbstständige Garantie | 252 |
| 3. Selbstständige Garantie | 255 |
| 4. Materialgarantie Dritter | 259 |

## § 13 Nr. 7

## A. Grundlagen

### I. Wesentlicher Regelungsinhalt; andere Schadensersatzansprüche der VOB/B

#### 1. Grundstruktur der mangelbedingten Schadensersatzhaftung

1 § 13 Nr. 7 VOB/B enthält in den ersten drei Absätzen Ansprüche **auf Ersatz von mangelbedingten Schäden** für die Zeit **nach Abnahme** bzw., ihr gleichstehend, abnahmereifer Herstellung oder Vorliegen einer Fertigstellungsbescheinigung. Im Zusammenhang mit der Anfang 2002 in Kraft getretenen Schuldrechtsreform wurde § 13 Nr. 7 VOB/B insoweit grundlegend **umgestaltet,** wenngleich zahlreiche Elemente der vormaligen Regelung erhalten blieben. § 13 Nr. 7 VOB/B beinhaltet eine **Haftungsmatrix,** die einerseits an **Verschuldensgraden** und andererseits an **Schadensarten** orientiert ist; dazu tritt schließlich noch eine Haftungsgliederung je nach dem Grad der technischen und gebrauchsbeeinträchtigenden oder vertragsabredeverletzenden **Mangelgewichtigkeit** und der Möglichkeit der versicherungsweisen **Schadensweiterbelastung.**

2 Für § 13 Nr. 7 **Abs. 1 und 2** VOB/B gilt dies insofern, als gemäß § 13 Nr. 7 **Abs. 1** VOB/B bei Verletzung der persönlichkeitsbezogenen Rechtsgüter **Leben, Körper oder Gesundheit** für **jedes Verschulden** in Bezug auf **jeden** schadensursächlichen **Werkmangel** gehaftet wird, während gemäß § 13 Nr. 7 **Abs. 2** VOB/B – insoweit übereinstimmend mit § 13 Nr. 7 Abs. 2 lit. a) VOB/B a. F. – für **andere Schäden** nur bei Verletzung durch solche **Mängel jeglicher Art** gehaftet wird, die **vorsätzlich** oder **grob fahrlässig** verursacht wurden.

3 Daneben sieht § 13 Nr. 7 **Abs. 3** VOB/B für den Ersatz aller von § 13 Nr. 7 Abs. 1 und 2 VOB/B nicht erfasster **sonstiger Schäden,** also für die mangelbedingte Verletzung nicht persönlichkeitsbezogener Rechtsgüter infolge eines nicht mindestens grob fahrlässig verursachten Mangels, eine Haftung nur dann vor, wenn der schadensursächliche **Mangel wesentlich** ist und er die **Gebrauchsfähigkeit erheblich beeinträchtigt** und er auf ein mindestens als **leicht fahrlässig** einzustufendes Verschulden des Auftraggebers in Bezug auf die Mangelhaftigkeit der schadensursächlichen Werkleistung zurückzuführen ist. Gemäß § 13 Nr. 7 Abs. 3 **Satz 1** VOB/B ist diese Haftung allerdings dem Umfang nach **beschränkt auf** die Haftung für **Schäden an der baulichen Anlage;** dies entspricht im Wesentlichen § 13 Nr. 7 Abs. 1 Satz 1 VOB/B a. F. **Weitergehende Schäden** sind gemäß § 13 Nr. 7 Abs. 3 **Satz 2** VOB/B nur zu ersetzen, wenn **zusätzlich** zu den in § 13 Nr. 7 Abs. 3 Satz 1 VOB/B genannten Voraussetzungen die in § 13 Nr. 7 Abs. 3 Satz 2 VOB/B unter lit. a) bis c) aufgeführten **besonderen Umstände** vorliegen; diese Regelung entspricht im Wesentlichen § 13 Nr. 7 Abs. 2 lit. b) bis d) VOB/B a. F.

4 Wegen der Staffelung des Umfangs der jeweils ersatzfähigen Schäden hatten sich schon bei § 13 Nr. 7 Abs. 1 und 2 VOB/B a. F. die Begriffe „**kleiner**" und „**großer Schadensersatzanspruch**" zur Unterscheidung der beiden Absätze eingebürgert,[1] die für den jetzigen § 13 Nr. 7 Abs. 3 Satz 1 und 2 VOB/B ebenfalls den wesentlichen Unterschied anschaulich beschreiben. Diese Benennung darf nicht mit der gleichlautenden, schon bei § 635 BGB a. F. üblichen Bezeichnung beim allgemein bürgerlichrechtlichen Schadensersatzanspruch gemäß §§ 634 Nr. 4, 280 i. V. m. 281 oder 283, oder 311 a BGB verwechselt werden. Dort ist nämlich mit diesen Begriffen die Frage verknüpft, ob der Geschädigte die mangelhafte Leistung behält und er nur die verbliebenen Schäden liquidiert – „kleiner Schadensersatz" – oder ob er, sofern dem nicht § 281 Abs. 1 Satz 3 BGB bei Mängeln

---

[1] Statt vieler BGHZ 61, 203 = BGH NJW 1973, 1752 = BauR 1973, 38; *Ingenstau/Korbion (Wirth)* VOB/B § 13 Nr. 7 Rdn. 53 ff.; *Kaiser* Mängelhaftung Rdn. 95; *Koch* Schadensersatz S. 77; *Jagenburg* NJW 1970, 1291; *Schmalzl* BauR 1971, 173.

infolge einer unerheblichen Pflichtverletzung entgegensteht, im Wege eines quasi in die Schadensabwicklung vorgeschaltet gedachten Rücktritts die mangelhafte Leistung insgesamt zurückweist und Schadensersatz wegen Nichterbringung der gesamten Leistung verlangt – „großer Schadensersatz".[2] An dieser bereits schadensrechtsimmanenten Berechnungsmöglichkeit hat das novellierte Werkvertragsrecht in den für unerhebliche Mängel durch § 281 Abs. 1 Satz 3 BGB gezogenen Grenzen nichts geändert;[3] die durch § 325 BGB zugelassene Kumulierung von Rücktritt und Schadensersatz hat lediglich die Möglichkeit der Wahl des „großen Schadensersatzes" im Ergebnis auf den Fall der Vorleistung durch den Schadensersatzgläubiger erweitert, in dem das frühere Schuldrecht die Wahl des „großen Schadensersatzanspruchs" nicht zugelassen hatte.

## 2. Abgrenzung zu anderen Schadenshaftungsnormen der VOB/B

Da § 13 Nr. 7 VOB/B **Ansprüche auf Grund von Mängeln nach Abnahme** behandelt, wie sich aus seinem Regelungszusammenhang mit § 13 Nr. 1 VOB/B ergibt, ist sein Anwendungsbereich grundsätzlich leicht von anderen auf Schadensersatz gerichteten Anspruchsgrundlagen der VOB/B abzugrenzen: 5

a) **Mangelbedingter Schaden vor Abnahme; § 4 Nr. 7 Satz 2 VOB/B.** § 13 Nr. 7 und § 4 Nr. 7 Satz 2 VOB/B haben **gemeinsam**, dass sie die Schadensersatzhaftung regeln, soweit es um **Schäden infolge einer sachmangelhaften Leistung** geht. Die beiden Vorschriften **unterscheiden** sich vor allem **durch** ihren von der **Abnahme bestimmten Anwendungsbereich.** § 13 Nr. 7 VOB/B setzt die Abnahme bzw. abnahmefähige Herstellung oder das Vorliegen einer der Abnahme gleichstehenden Fertigstellungsbescheinigung gemäß § 641a BGB voraus, während § 4 Nr. 7 Satz 2 VOB/B gerade in der Zeit vor Abnahme bzw. abnahmefähiger Herstellung anzuwenden ist.[4] Die damit vorgegebene klare Abgrenzung der Anwendungsbereiche findet nur darin eine **Ausnahme**, dass § 4 Nr. 7 Satz 2 VOB/B über die Abnahme hinaus für die Erledigung solcher Ansprüche auf Ersatz mangelbedingter Schäden gilt, die vor oder nach Abnahme eintraten, aber von § 13 Nr. 7 VOB/B nicht erfasst werden können, weil der schadensursächliche Mangel noch vor der Abnahme behoben wurde; allerdings richtet sich die Verjährung dieser Schadensersatzansprüche nach den bei § 13 Nr. 7 VOB/B geltenden Regeln.[5] Alle anderen zunächst von § 4 Nr. 7 Satz 2 VOB/B erfassten Ansprüche sind nach der Abnahme, soweit sie nicht zuvor erfüllt wurden, nur noch auf Grund von § 13 Nr. 7 VOB/B geltend zu machen. 6

**Weitere Abweichungen** zwischen beiden Normen ergeben sich daraus, dass § 4 Nr. 7 Satz 2 VOB/B im Unterschied zu § 13 Nr. 7 Abs. 1 und VOB/B nicht nach der Art der verletzten Rechtsgüter und nach Verschuldensgraden differenziert. Weitere Unterschiede folgen daraus, dass § 13 Nr. 7 Abs. 3 VOB/B zwar wie § 4 Nr. 7 Satz 2 VOB/B an einen Mangel im Sinne des § 13 Nr. 1 VOB/B anknüpft, aber die Haftung auf den Fall eines wesentlichen, die Gebrauchsfähigkeit erheblich beeinträchtigenden Mangels beschränkt. Auch die besonderen Qualifizierungen des § 13 Nr. 7 Abs. 3 Satz 2 VOB/B sowie die damit verbundene Differenzierung in Schadenskreise sind dem § 4 Nr. 7 Satz 2 VOB/B fremd, da er wie § 13 Nr. 7 Abs. 1 VOB/B nur einen nach Maßgabe der §§ 276, 278 BGB vom Auftragnehmer zu vertretenden bzw. verschuldeten Mangel voraussetzt und alsdann jeder daraus folgende Schaden zu ersetzen ist. Schließlich findet sich in § 13 Nr. 7 VOB/B 7

---

[2] Statt vielen zum früheren Recht *Siegburg* Gewährleistung Rdn. 1285; zur Berechnungsproblematik *Schellen* BauR 1988, 42 ff.; zum neuen Recht *Staudinger/Peters* § 634 Rdn. 129 ff.
[3] AnwKomm-BGB *(Raab)* § 636 Rdn. 50.
[4] BGHZ 50, 162 = NJW 1968, 1525; BGHZ 51, 276 = NJW 1969, 653; BGH NJW 1998, 1141; *Ingenstau/Korbion (Oppler)* VOB/B § 4 Nr. 7 Rdn. 28; *Kleine-Möller/Merl/Oelmaier (Merl)* § 12 Rdn. 901; *Kaiser* Mängelhaftung Rdn. 24; *Werner/Pastor* Rdn. 1719; *Koch* Schadensersatz S. 75; *Siegburg* Gewährleistung Rdn. 1282 lässt abnahmereife Herstellung nicht genügen.
[5] Dazu → § 4 Nr. 7 Rdn. 43 ff.

§ 13 Nr. 7                                                                                    Schadensersatzanspruch

nicht die in § 4 Nr. 7 Satz 2 VOB/B getroffene Unterscheidung zwischen mangelhafter und vertragswidriger Leistung.[6]

8   **b) Nicht mangelbedingter Schaden; allgemeine Haftungsgrundlagen, § 10 VOB/B.** Nicht mangelbedingte Schäden sind nach allgemeinen bürgerlichrechtlichen Grundsätzen und dabei insbesondere auf Grund der jetzt in **§ 280 Abs. 1 BGB** normierten positiven Vertragsverletzung[7] oder des Rechts der **unerlaubten Handlung**[8] auszugleichen.[9] § 10 Nr. 1 VOB/B, der dies ausdrücklich nur für die Vertragshaftung deutlich macht, bedeutet nicht den Ausschluss der allgemeinen Haftung auf Grund unerlaubter Handlung zwischen den Bauvertragsparteien; Letztere konkurriert grundsätzlich mit der Haftung gemäß VOB/B.[10] **Verzugsschäden** sind auf der Grundlage der §§ 280 Abs. 1 und 2, 286 ff. BGB bzw. – beim VOB/B-Vertrag – der §§ 5 Nr. 4, 6 Nr. 6 VOB/B zu ersetzen,[11] doch sind sie grundsätzlich nur nach den Regeln des Mangelhaftungsrechts auszugleichen, wenn die Leistungsverzögerung die Folge eines Mangels ist.[12]

9   Eine Haftung nach den allgemeinen Grundsätzen der **positiven Vertragsverletzung** gemäß § 280 Abs. 1 BGB kommt insbesondere bei der Verletzung von **Hinweispflichten** in Betracht, auch wenn diese in Zusammenhang mit einem Werkmangel stehen. Eine solche Pflichtverletzung liegt beispielsweise vor, wenn ein Subunternehmer eine Änderung seiner Bauleistungspflicht unmittelbar mit dem Bauherrn und ohne Unterrichtung des Hauptunternehmers abspricht, aber später der Bauherr den Hauptunternehmer auf Haftung wegen der infolge dieser Absprache mangelhaften Bauleistung in Anspruch nimmt und sich der Hauptunternehmer dagegen mangels rechtzeitiger Kenntnis der zwischen seinem Subunternehmer und dem Bauherrn getroffenen Vereinbarungen zu seiner Verteidigung nicht auf diese berufen kann.[13]

### II. Verhältnis zu Schadensersatzansprüchen nach BGB; § 13 Nr. 7 VOB/B und §§ 634 Nr. 4 sowie 280 Abs. 1 BGB unmittelbar

10  Der in § 634 Nr. 4 BGB mit seinen Weiterverweisungen begründete allgemeine bürgerlichrechtliche Schadensersatzanspruch wegen Werkmängeln, der beim VOB/B-Vertrag durch die **Spezialregelung** des § 13 Nr. 7 VOB/B verdrängt wird, hat mit dem Schadensersatzanspruch gemäß § 13 Nr. 7 VOB/B **gemeinsam,** dass auch die Anwendung des § 634 Nr. 4 BGB wie ehedem des § 635 BGB a. F. die **Abnahme** des Werks oder ein ihr gleichstehendes Ereignis wie gemäß § 640 Abs. 1 Satz 3 BGB die abnahmefähige Herstellung oder das Vorliegen einer Fertigstellungsbescheinigung gemäß § 641 a BGB voraussetzt.[14] Erst die Abnahme bewirkt nämlich die zur Feststellung der Mangelhaftigkeit des Werks nötige Zuordnung der Werkleistung zum Werkversprechen; daran hat das neue Schuldrecht nichts geändert. Vorher ist auch beim BGB-Vertrag im Fall[15] schädigend man-

---

[6] Zur Bedeutung dieses Falles im Unterschied zum Mangel → § 4 Nr. 7 Rdn. 31 ff.
[7] Zu dieser im Zusammenhang mit mangelbedingten Schäden unten Rdn. 39 ff.
[8] Dazu im Zusammenhang mit mangelbedingten Schäden unten Rdn. 43 ff.
[9] *Ingenstau/Korbion (Wirth)* VOB/B § 13 Nr. 7 Rdn. 18; *Kaiser* Mängelhaftung Rdn. 153; *Werner/Pastor* Rdn. 1773.
[10] BGHZ 61, 203, 204 = NJW 1973, 1752 = BauR 1973, 381.
[11] Zur positiven Vertragsverletzung nach früherem Recht *Kaiser* Mängelhaftung Rdn. 150 a; *Werner/Pastor* Rdn. 1810 i. V. m. Rdn. 1821.
[12] Dazu → § 4 Nr. 7 Rdn. 182 f.
[13] OLG Dresden BauR 2001, 810.
[14] Vgl. zum früheren Recht BGH NJW 1969, 839; OLG Hamm NJW-RR 1989, 468 und 602; *Werner/Pastor* Rdn. 1675 f.; *Jakobs* FS Beitzke S. 67, 82 ff.; *Kohler* BauR 1988, 278, 294 f.; bestr., a. A. viele, vgl. *Staudinger/Peters* (2000) § 635 Rdn. 24 m. w. N. sowie *Kleine-Möller/Merl/Oelmaier (Merl)* (2. Aufl. 1997) § 12 Rdn. 454; wie hier zum neuen Recht *Staudinger/Peters* § 634 Rdn. 9; a. A. zum neuen Recht *Kleine-Möller/Merl/Oelmaier (Merl)* § 12 Rdn. 526.
[15] Zu dessen Geltung ab Abnahme BGH NJW 1998, 1141; *Kaiser* Mängelhaftung Rdn. 95; *Koch* Schadensersatz S. 75.

gelhafter Werkleistung nur eine Haftung wegen positiver Vertragsverletzung gemäß § 280 Abs. 1 BGB anzuerkennen;[16] ihr entspricht beim VOB/B-Vertrag die Schadensersatzpflicht auf Grund des § 4 Nr. 7 Satz 2 VOB/B.[17]

Allerdings **unterscheiden** sich die Schadensersatzgrundlagen des § 634 Nr. 4 BGB mit seinen Weiterverweisungen und des § 13 Nr. 7 VOB/B in den weiteren Voraussetzungen[18] und in den Folgen. Die §§ 634 Nr. 4, 280 Abs. 1 und 3 i. V. m. §§ 281 (636) oder 283, oder § 311a oder § 284 BGB gelten bei **jedem Mangel** im Sinne des § 633 BGB, also bei jedem – auch bei einem im Sinne der §§ 634 Nr. 3 i. V. m. 323 Abs. 5 Satz 2 BGB unerheblichen – Sachmangel im Sinne des § 633 Abs. 2 BGB. **Ebenso** verhält es sich bei der Haftung gemäß § 13 Nr. 7 **Abs. 1 und 2** VOB/B. § 13 Nr. 7 **Abs. 3** VOB/B betrifft hingegen nur die **wesentlichen Mängel**, die die **Gebrauchsfähigkeit erheblich beeinträchtigen**. Ferner sind die im allgemeinen Werkvertragsrecht maßgeblichen §§ 634 Nr. 4, 280 Abs. 1 und 3 i. V. m. §§ 281, 283 BGB bei jedem auch nur **leichtfahrlässig** verschuldeten Mangel anwendbar und umfassen **alle** adäquat kausal durch den Mangel verursachten **Schäden**. Im Rahmen der VOB/B genügt leichte Fahrlässigkeit zwar im Unterschied zum Fall des zumindest **grobe Fahrlässigkeit** voraussetzenden § 13 Nr. 7 Abs. 2 VOB/B auch bei § 13 Nr. 7 Abs. 1 und 3 VOB/B. Der **Kreis der ersatzfähigen Schäden** gemäß § 13 Nr. 7 VOB/B ist jedoch **bei leichtfahrlässig verschuldeten Mängeln** anders als bei der allgemein bürgerlich-rechtlichen Schadensersatzhaftung wegen Sachmängeln **verschieden groß**, da in § 13 Nr. 7 VOB/B eine **weitere** Schadensersatzhaftung als im **Grundfall** des § 13 Nr. 7 **Abs. 3 Satz 1** VOB/B nur dann vorgesehen ist, wenn **entweder** eine **personenbezogene Verletzung** gemäß § 13 Nr. 7 **Abs. 1** VOB/B vorliegt oder aber der Sonderfall des § 13 Nr. 7 **Abs. 3 Satz 2** VOB/B gegeben ist, also gegen die anerkannten **Regeln der Technik** verstoßen wurde, der Mangel im Fehlen einer **vertraglich vereinbarten Beschaffenheit** besteht oder ein durch **Versicherung** gedeckter oder zu deckender Schaden vorliegt.

Da sich mithin die schadensersatzrechtlichen Rechtsfolgen von Werkmängeln beim BGB- und VOB/B-Werkvertrag vor allem im Hinblick auf den Kreis der jeweils **ersatzfähigen Schäden** unterscheiden, ist ein Vergleich der jeweils erfassten Schadenskreise angezeigt. Bei **§ 634 Nr. 4 BGB** werden gemäß **§ 280 Abs. 1 und 3 i. V. m. §§ 281 oder 283 BGB** bzw., bei anfänglichen unbehebbaren Mängeln, gemäß § 311a BGB die eigentlichen **Mangelschäden** und parallel dazu gemäß **§ 280 Abs. 1 BGB alle Mangelfolgeschäden** erfasst; die früher nach herrschender Ansicht maßgebliche Unterscheidung in Mangelschäden und nahe Mangelfolgeschäden, die von § 635 BGB a. F. erfasst wurden und die der kurzen Verjährung gemäß § 638 BGB a. F. unterlagen, und in entferntere Mangelfolgeschäden, die der positiven Vertragsverletzung mit dreißigjähriger Verjährungsfrist zugeordnet wurden,[19] ist damit für das allgemeine Werkvertragsrecht aufgegeben. Bei **§ 13 Nr. 7 Abs. 3 Satz 1 VOB/B** ist hingegen der Kreis der ersatzfähigen Schäden nicht anders als bei § 13 Nr. 7 Abs. 1 VOB/B a. F. zu bestimmen, da die Textfassungen dieser beiden Regelungen übereinstimmen und die Abgrenzung zwischen § 13 Nr. 7 Abs. 3 Satz 1 und Satz 2 VOB/B eine Grenzziehung wie bei der vor 2002 geltenden VOB/B indiziert; bei § 13 Nr. 7 Abs. 1 VOB/B a. F. und daher auch bei § 13 Nr. 7 Abs. 3 Satz 1 VOB/B ist indessen nach herrschender Ansicht der Kreis der ersatzfähigen Schäden wie bei § 635 BGB a. F. zu ziehen, so dass die **Mangelschäden** und auch die **engeren Mangelfolgeschäden** miterfasst sind,[20] während daneben eine Erfassung der **weiteren Mangelfolgeschäden** auf der Grundlage der positiven Vertragsverletzung gemäß **§ 280 Abs. 1 BGB** aus Spezialitätsgründen im

---

[16] Vgl. zum früheren Recht BGH NJW 1969, 839; OLG Hamm NJW-RR 1989, 602; mit einer Ausnahme, sofern der Besteller berechtigterweise und nicht treuwidrig die Abnahme endgültig verweigert bzw. sofern ein nicht mehr nachbesserungsfähiger Mangel eines Architektenwerkes besteht, auch *Werner/Pastor* Rdn. 1676.
[17] Dazu → § 4 Nr. 7 Rdn. 161 f.
[18] *Siegburg* Gewährleistung Rdn. 1283.
[19] Statt vieler zum früheren Recht *Staudinger/Peters* (2000) § 635 Rdn. 49 ff.
[20] Dazu unten Rdn. 102 ff.; siehe auch *Kapellmann/Messerschmidt (Weyer)* VOB/B § 13 Rdn. 344.

Hinblick auf die nur unter den weiteren Voraussetzungen des § 13 Nr. 7 Abs. 3 Satz 2 VOB/B zulässige Schadensersatzerweiterung **ausgeschlossen** ist.[21]

**§ 13 Nr. 7 Abs. 3 Satz 2 VOB/B** umfasst hingegen **alle** mangelbedingten **Schäden** einschließlich der entfernten Mangelfolgeschäden, wie dies schon für den bis 2002 geltenden und in den hier wesentlichen Hinsichten textidentischen § 13 Nr. 7 Abs. 2 VOB/B a. F. galt,[22] so dass insoweit **kein Bedürfnis** für die ergänzende Anwendung der positiven Vertragsverletzung gemäß **§ 280 Abs. 1 BGB** besteht. **Dasselbe** gilt für den aus dem vormaligen § 13 Nr. 7 Abs. 2 lit. a) VOB/B a. F. hervorgegangenen **§ 13 Nr. 7 Abs. 2 VOB/B.** In den personenbezogenen Schadensfällen des **§ 13 Nr. 7 Abs. 1 VOB/B** handelt es sich um typische **Mangelfolgeschäden**, so dass diese Regelung gegenüber der allgemeinen Haftung gemäß § 280 Abs. 1 BGB speziell ist und diese **verdrängt**.

**13** Ein praktisch wichtiger Unterschied betrifft die **Verjährung**. Beim **BGB-Vertrag** sieht § 634a Abs. 1 Nr. 2 BGB **grundsätzlich** bei Arbeiten an einem Bauwerk oder bei einer auf ein solches bezogenen Planungs- oder Überwachungsleistung eine Verjährungsfrist von **fünf** Jahren vor, von der Abnahme an gerechnet; bei Arglist beträgt die Verjährungsfrist gemäß den §§ 634a Abs. 3, 195 BGB mindestens drei Jahre, und zwar gemäß § 199 Abs. 1 Nr. 2 BGB gerechnet von dem Zeitpunkt an, in dem der Gläubiger von den die Ansprüche begründenden Umständen und der Person des Schuldners Kenntnis erlangt hat oder ohne grobe Fahrlässigkeit erlangen musste. Beim **VOB/B-Vertrag** beträgt die Verjährungsfrist für Bauwerke gemäß § 13 Nr. 4 Abs. 1 VOB/B in der Regel **vier** Jahre, für **Arbeiten an einem Grundstück** und für die **vom Feuer berührten Teile** von Feuerungsanlagen **zwei** Jahre bzw. bei feuerberührten und abgasdämmenden Teilen von **industriellen** Feuerungsanlagen **ein** Jahr, jeweils ab Abnahme bzw. Teilabnahme. Für **maschinelle und elektrotechnische** bzw. **elektronische Anlagen** oder Teile davon, bei denen die Wartung Einfluss auf die Sicherheit und Funktionsfähigkeit hat, beträgt die Verjährungsfrist gemäß § 13 Nr. 4 Abs. 2 VOB/B ebenfalls **zwei** Jahre ab Abnahme bzw. Teilabnahme, wenn der Auftraggeber sich dafür entschieden hat, dem Auftragnehmer die Wartung für die Dauer der Verjährungsfrist nicht zu übertragen. Eine **Angleichung an** die **gesetzlichen Fristen** kann sich allerdings nach Maßgabe von § 13 Nr. 7 Abs. 4 VOB/B ergeben.

### III. Verhältnis zu Mangelbeseitigungsanspruch, Rücktritt sowie Minderung; § 634 Nr. 1–3 BGB und § 13 Nr. 5 Abs. 1, Nr. 6 VOB/B

#### 1. BGB-Vertrag

**14** Die Unterschiede hinsichtlich des Verhältnisses von § 634 Nr. 4 BGB und § 13 Nr. 7 VOB/B zu den jeweiligen übrigen Gewährleistungsrechten haben sich durch die 2002 in Kraft getretene Schuldrechtsreform verringert. Dies gilt namentlich für das Verhältnis von **Schadensersatz und Rücktritt**. Während beim **BGB-Werkvertrag** § 635 BGB a. F. Schadensersatzansprüche nur statt Wandelung oder Minderung gewährte, so dass diese Rechte nicht neben Schadensersatz gemäß § 635 BGB a. F. geltend zu machen waren[23] und lediglich die beiden bei § 635 BGB a. F. zur Verfügung stehenden Arten der Schadensberechnung Elemente der Minderung bzw. Wandelung in sich aufnahmen,[24] gestattet § 325 BGB nun zusätzlich zu den schon früher bekannten Differenzierungen in der Schadensberechnung, an der das neue Schuldrecht nichts geändert hat,[25] explizit die **Kumulierung**

---

[21] *Ingenstau/Korbion (Wirth)* VOB/B § 13 Nr. 5 Rdn. 53, 55.
[22] BGH NJW 1970, 423 = BauR 1970, 50; *Ingenstau/Korbion (Wirth)* VOB/B § 13 Nr. 7 Rdn. 123; *Kleine-Möller/Merl/Oelmaier (Merl)* § 12 Rdn. 961; *Werner/Pastor* Rdn. 1734.
[23] Vgl. RGZ 95, 3 f.; *Ingenstau/Korbion (Wirth)* (14. Aufl. 2001) VOB/B § 13 Rdn. 662; *Kaiser* Mängelhaftung Rdn. 95; *Kleine-Möller/Merl/Oelmaier (Merl)* § 12 Rdn. 682; *Werner/Pastor* Rdn. 1677.
[24] Dazu unten Rdn. 224 ff.
[25] Anw-Komm-BGB-*Raab* § 636 Rdn. 35; *Canaris* JZ 2001, 513 f.

**von Rücktritt und Schadensersatz;** dies entspricht der Rechtslage beim VOB/B-Vertrag,[26] sofern dort der Rücktritt überhaupt als zulässig angesehen wird.[27] Im Übrigen ist auch abgesehen von der Wahl des kleinen Schadensersatzes, der minderungsartige Wirkungen mit dem Anspruch auf Ersatz von nicht allein in der Äquivalenzstörung liegenden Schäden verbindet, eine **Kumulierung von Minderung** gemäß § 634 Nr. 3 BGB **und Schadensersatz** gemäß § 634 Nr. 4 BGB zulässig, wie sich daran zeigt, dass beide Rechte in der Fassung des § 634 Nr. 3 BGB additiv nebeneinander gestellt werden.

Beim BGB-Werkvertrag kann **Schadensersatz** gemäß § 634 Nr. 4 BGB grundsätzlich – anders als im früheren Werkvertragsrecht, in dem der Schadensersatzanspruch gemäß § 635 BGB a. F. schon tatbestandlich alternativ zu Wandelung sowie Minderung und damit wie diese gemäß § 634 Abs. 1 Satz 3 BGB a. F. als den Mangelbeseitigungsanspruch präkludierend konzipiert war[28] – **nicht mehr neben** dem **Mangelbeseitigungsanspruch** gemäß § 634 Nr. 1 BGB oder dem **Kostenerstattungsanspruch** gemäß § 634 Nr. 2 BGB bzw. dem **Kostenvorschussanspruch** gemäß den §§ 634 Nr. 2, 637 Abs. 3 BGB verlangt werden, **sobald** der Besteller **Schadensersatz statt der Leistung verlangt** hat. Dies folgt aus dem von § 634 Nr. 4 BGB in Bezug genommenen **§ 281 Abs. 4 BGB;** im Unterschied zum früheren BGB-Werkvertragsrecht sind daher die genannten Ansprüche nicht tatbestandlich alternativ, sondern die Präklusion der genannten, zunächst konkurrierenden Rechte hängt erst von dem Verhalten des Bestellers hinsichtlich der Geltendmachung des tatbestandlich ihm alternativ eingeräumten Schadensersatzanspruchs ab.[29] Im Fall des **§ 283 BGB** oder des **§ 311a BGB,** also bei Unmöglichkeit oder Unzumutbarkeit der Mangelbeseitigung, kann eine Mangelbeseitigung voraussetzungsgemäß nicht stattfinden, so dass der Schadensersatzanspruch ohnedies **an die Stelle** des gemäß § 275 BGB ausgeschlossenen Mangelbeseitigungsanspruchs und damit auch des diesen voraussetzenden Ersatzvornahmerechts sowie des Kostenvorschussanspruchs tritt.

Macht der Besteller Schadensersatzansprüche **unmittelbar** gemäß § 280 Abs. 1 BGB unter dem Gesichtspunkt der positiven Vertragsverletzung zum Ausgleich von Mangelfolgeschäden geltend, tritt eine **Präklusion** der Rechte gemäß den §§ 634 Nr. 1 und 2, 637 Abs. 3 BGB **nicht** ein; insoweit ist nämlich § 281 Abs. 4 BGB unanwendbar. So verhielt es sich schon nach früherem Werkvertragsrecht für die mangelbedingten Schäden, die auch durch eine Mangelbeseitigung nicht behoben werden konnten; in diesen Fällen war nach Abnahme Schadensersatz gemäß § 635 BGB a. F. geschuldet, ohne dass die Vertragsrechte des Bestellers bereits nach Maßgabe des § 634 Abs. 1 BGB a. F. auf Wandelung oder Minderung übergeleitet sein mussten.[30] Dies betrifft, wie dies auch für das frühere Recht galt, die unmittelbar von § 280 Abs. 1 BGB und früher von § 635 BGB a. F. erfassten nahen Mangelfolgeschäden, also namentlich Schäden an anderen Gegenständen als dem geschuldeten Werk und sonstige Mangelfolgeschäden wie Nutzungsausfall oder entgangenen Gewinn sowie Gerichts- und Gutachterkosten. Das berechtigte Anliegen, die Ersatzfähigkeit von Gutachterkosten auf die Fälle zu beschränken, in denen die Zuziehung eines Sachverständigen wirklich nötig war, um sich Klarheit über den Mangel zu verschaffen,[31] ist mit Hilfe des § 254 Abs. 2 BGB zu erreichen;[32] es ist deshalb nicht erforderlich, den Besteller durch Geltendmachung eines Schadensersatzanspruchs gemäß § 634 Nr. 4 BGB zur Aufgabe

---

[26] Dazu unten Rdn. 20 ff.; *Werner/Pastor* Rdn. 1698.
[27] Dazu → § 13 Nr. 6 Rdn. 82 ff.
[28] Vgl. Zum früheren Recht *Kaiser* Mängelhaftung Rdn. 95; *Siegburg* Gewährleistung Rdn. 1149.
[29] So auch *Derleder* NJW 2003, 998, 1003.
[30] BGHZ 92, 310 = NJW 1985, 382 = BauR 1985, 84; BGHZ 96, 226 f. = NJW 1986, 923 = BauR 1986, 213 = ZfBR 1986, 68; *Nicklisch/Weick* (*Nicklisch*) VOB/B § 13 Rdn. 220; *Siegburg* Gewährleistung Rdn. 1155 ff.; *Werner/Pastor* Rdn. 1676.
[31] Vgl. zu diesem Anliegen *Ingenstau/Korbion* (*Wirth*) VOB/B § 13 Nr. 7 Rdn. 107; *Joswig* NJW 1985, 1323, 1325.
[32] Vgl. zum früheren Recht *Nicklisch/Weick* (*Nicklisch*) VOB/B § 13 Rdn. 220; *Kaiser* Mängelhaftung Rdn. 96 b; mit dem zusätzlichen Hinweis, dass die Schuldrechtsreform hieran nichts geändert habe *Werner/Pastor* Rdn. 1570.

§ 13 Nr. 7

17  Scheitert der Mangelbeseitigungsanspruch wegen **unverhältnismäßigen Aufwands** an dem in der Nachfolge des § 633 Abs. 2 Satz 3 BGB a. F. stehenden § 635 Abs. 3 BGB oder an § 275 Abs. 2 und 3 BGB – wobei § 275 Abs. 3 BGB im Bauvertragsrecht wohl kaum einen Anwendungsbereich haben dürfte –, so sind **Rücktritt** und **Minderung** unmittelbar **zulässig** und es kann unter den weiteren Voraussetzungen des § 634 Nr. 4 BGB auch **Schadensersatz verlangt** werden.[33] Rücktritt und Schadensersatz statt der ganzen Leistung können in diesen Fällen jedoch je nach Sachlage an den Einschränkungen gemäß § 323 Abs. 5 Satz 2 BGB oder gemäß § 281 Abs. 1 Satz 3 BGB scheitern, wenn die zum Mangel führende Pflichtverletzung unerheblich ist.

18  In den Fällen des § 640 Abs. 2 BGB, also bei **vorbehaltloser** Abnahme in **Kenntnis des Mangels,** sind unmittelbar nur die **Rechte aus § 634 Nr. 1 bis 3 BGB ausgeschlossen.** Dies lässt prima facie einen **Schadensersatzanspruch** gemäß **§ 634 Nr. 4 BGB** oder gemäß § 13 Nr. 7 VOB/B zu, und zwar letzterenfalls, obwohl § 640 Abs. 2 BGB auch dort grundsätzlich anwendbar ist.[34] Damit wird die schon nach altem Werkvertragsrecht bestehende Kontroverse perpetuiert, ob auch der Schadensersatzanspruch auf Grund des § 635 BGB a. F. oder wegen positiver Vertragsverletzung, jetzt in § 280 Abs. 1 BGB positivrechtlich verankert, ausgeschlossen sei. Die Rechtsprechung[35] und die wohl herrschende Ansicht[36] **verneinen** dies in Übereinstimmung mit dem Wortlaut.

19  Dieser **Aufrechterhaltung** der **Schadensersatzpflicht** war schon für das frühere BGB-Werkvertragsrecht und für die Haftung auf Grund der VOB/B **nicht** zuzustimmen.[37] Die Nichteinbeziehung des § 635 BGB a. F. in den Tatbestand des seinerzeitigen § 640 Abs. 2 BGB beruht auf einem Redaktionsversehen, wie die normgeschichtliche Untersuchung zeigt.[38] Im Übrigen war der Tatbestand des § 640 Abs. 2 BGB entgegen der Behauptung des BGH schon im systematischen Zusammenhang des früheren Werkvertragsrechts nicht eindeutig, weil § 635 BGB a. F. nur statt Wandelung und Minderung anwendbar sein sollte, gerade diese Rechte aber durch § 640 Abs. 2 BGB a. F. ausgeschlossen wurden. Es war auch systemfremd, werkvertraglich anders als im Kauf- und Mietrecht zu entscheiden, wo die rügelose Entgegennahme der Leistung in Kenntnis des Mangels alle Gewährleistungsrechte einschließlich der verschuldensabhängigen Rechte, und zwar einschließlich des in § 463 BGB a. F. normierten Falles der Arglist, beseitigte, wie die Regelung der §§ 464, 539 BGB a. F. zeigte. Der Hinweis, wegen des vom Tatbestand des § 635 BGB a. F. vorausgesetzten Verschuldens sei es angemessen, die Haftung des Unternehmers auch im Fall des § 640 Abs. 2 BGB a. F. fortbestehen zu lassen, konnte daher mit Rücksicht auf die kauf- und mietvertragliche Lage schon im früheren Werkvertragsrecht nicht überzeugen. Das neue

---

[33] Vgl. zum Schadensersatzanspruch aus § 635 BGB a. F. *Siegburg* Gewährleistung Rdn. 1151.
[34] BGHZ 77, 136 ff. = NJW 1980, 1953 = BauR 1980, 461 = ZfBR 1980, 192; BGH NJW 1982, 1525; *Ingenstau/Korbion (Oppler)* VOB/B § 12 Rdn. 61 f.; *Werner/Pastor* Rdn. 1695; *Koch* Schadensersatz S. 172 f.
[35] BGHZ 77, 135 ff. = NJW 1980, 1952 f. = BauR 1980, 461 f. = ZfBR 1980, 191; BGH NJW 1982, 1522; BGH NJW 1982, 1525 = BauR 1982, 279 = ZfBR 1982, 123 (zu § 13 Nr. 7 VOB/B); OLG Nürnberg NJW-RR 1986, 1346.
[36] *Ingenstau/Korbion (Oppler)* VOB/B § 12 Rdn. 62; *MünchKomm/Busche* § 640 Rdn. 30; *Kleine-Möller/Merl/Oelmaier (Merl)* § 12 Rdn. 665; *Locher* PrivBauR Rdn. 87; *Werner/Pastor* Rdn. 1695; *Festge* BauR 1984, 435 f.; *Köhler* JZ 1989, 773 f.
[37] Zum früheren Recht so auch *Kaiser* Mängelhaftung Rdn. 136; *Koch* Schadensersatz S. 169 ff., allerdings begrenzt auf die systematisch der Gewährleistung zuzurechnenden Schäden; *Jagenburg* BauR 1974, 361 und NJW 1981, 2788, 2791; *Peters* NJW 1980, 750; *Wilhelm* JZ 1982, 48; trotz Anerkennung der besseren dogmatischen Gründe der hier vertretenen Auffassung hielt *Staudinger/Peters* (2000) § 640 Rdn. 63 f. letztlich die Auffassung der Rspr. für vorzugswürdig; zum neuen Recht nun ohne nähere Begründung für einen Ausschluss nur der Rechte nach § 634 Nr. 1 bis 3 BGB, also nicht des Schadensersatzanspruches auch *Staudinger/Peters* § 640 Rdn. 62, wenn auch in Rdn. 53 kritisch zu dieser gesetzgeberischen Entscheidung. – Grundsätzlich kritisch *Kohler* JZ 2003, 1081 ff.
[38] *Wilhelm* JZ 1982, 488, 491 f. m. w. N.

Schuldrecht gibt keinen Anlass, anders zu entscheiden. Vielmehr unterstützt es die hier vertretene Auffassung, weil die Schadensersatzhaftung gemäß §§ 634 Nr. 4, 280 Abs. 1 und 3 i. V. m. § 281 BGB daran scheitert, dass es wegen § 640 Abs. 2 BGB an der in **§ 281 Abs. 1 Satz 1 BGB** vorausgesetzten **Pflicht** zur Leistung oder **zur Nacherfüllung fehlt**. In den Fällen der §§ 634 Nr. 4, 280 Abs. 1 und 3 i. V. m. § 283 BGB bzw. des § 311 a BGB muss dies wegen der diesbezüglichen Gleichheit der Sachlagen entsprechend gelten, auch wenn dort § 281 Abs. 1 Satz 1 BGB nicht ausdrücklich in Bezug genommen wurde; es kann nämlich keinen schadensersatzrechtlich plausiblen Unterschied machen, ob ein Bauwerk mit technisch behebbarem oder unbehebbarem Mangel vorbehaltlos in Kenntnis des Mangels abgenommen wurde.

### 2. VOB/B-Vertrag

**a) Grundsatz.** § 13 Nr. 7 VOB/B lässt regelmäßig Schadensersatzansprüche neben den Rechten aus § 13 Nr. 5, 6 VOB/B zu.[39] Die Kumulierung der Rechte ist grundsätzlich dahingehend zu präzisieren, dass die Rechte aus § 13 Nr. 5 und Nr. 6 VOB/B, das heißt Mangelbeseitigungsanspruch und Minderung, grundsätzlich tatbestandlich neben dem Schadensersatzanspruch gemäß § 13 Nr. 7 VOB/B stehen, also insbesondere die **Voraussetzungen des Mangelbeseitigungsanspruchs erfüllt** sein müssen, und überdies, dass § 13 Nr. 7 VOB/B diesen Vorschriften bzw. Ansprüchen gegenüber grundsätzlich **subsidiär** ist.[40] Beides folgte aus der Textfassung des § 13 Nr. 7 VOB/B a. F., weil die Vorschrift davon sprach, dass Schadensersatz „außerdem" zu leisten sei; § 13 Nr. 7 Abs. 3 Satz 1 VOB/B greift dies ohne Sinnänderung auf, indem dort davon die Rede ist, dass unter den genannten Voraussetzungen Schadensersatz „im Übrigen" zu leisten sei. Die sachliche Richtigkeit der grundsätzlichen Geltung des Subsidiaritätsprinzips ergibt sich daraus, dass anderenfalls die Ausschlusswirkung vereitelt werden könnte, die nach § 13 Nr. 5 Abs. 2 VOB/B an die Unterlassung knüpft, den Auftragnehmer zur Mangelbeseitigung unter Setzung einer angemessenen Frist aufzufordern.

Der Schadensersatzanspruch kommt also prinzipiell nur dann und insoweit in Betracht, wenn bzw. wie trotz **Mangelbeseitigung** oder **Minderung** noch ein Schaden verbleibt.[41] Der Auftraggeber muss daher **grundsätzlich zunächst** diese Rechte **geltend machen**, ehe er gemäß § 13 Nr. 7 Abs. 3 VOB/B Schadensersatz verlangt. Allerdings ist die **Ersatzvornahme** gemäß § 13 Nr. 5 Abs. 2 VOB/B bzw. Geltendmachung eines **Vorschussanspruchs nicht** von Rechts wegen der Geltendmachung von Schadensersatz gemäß § 13 Nr. 7 Abs. 3 VOB/B **vorgeschaltet**. Der Auftraggeber würde nämlich sonst mittelbar zur Beschreitung des mit § 13 Nr. 5 Abs. 2 VOB/B vorgezeichneten Weges gezwungen, obwohl sich dies nicht damit verträgt, dass diese Regelung den Charakter einer Kannvorschrift hat.[42]

Aus dem Vorrang des § 13 Nr. 5 Abs. 1 VOB/B folgt für den Inhalt der Schadensersatzpflicht im Hinblick auf die im Fall des § 13 Nr. 7 VOB/B grundsätzlich anwendbaren §§ 249 ff. BGB, dass der Auftraggeber **Mangelbeseitigung in Natur** in der Regel **nur** gemäß **§ 13 Nr. 5 Abs. 1 VOB/B** verlangen kann, nicht aber auf Grund des § 13 Nr. 7 VOB/B.

**b) Schadensartenspezifische Grenze der Subsidiarität.** Die **Subsidiarität** reicht allerdings **nur soweit**, wie die **Mangelbeseitigung** den **Schaden** überhaupt **beseitigen**

---

[39] BGHZ 53, 127; BGHZ 77, 137 = NJW 1980, 1953 = BauR 1980, 461 = ZfBR 1980, 192; OLG Düsseldorf BauR 1982, 589; *Ingenstau/Korbion (Wirth)* VOB/B § 13 Nr. 7 Rdn. 14; *Kaiser* Mängelhaftung Rdn. 95; *Kleine-Möller/Merl/Oelmaier (Merl)* § 12 Rdn. 902; *Werner/Pastor* Rdn. 1719 f.
[40] BGH NJW 1971, 615; BGH ZfBR 1978, 78; BGH NJW 1982, 1524 f. = BauR 1982, 278 = ZfBR 1982, 123; *Ingenstau/Korbion (Wirth)* VOB/B § 13 Nr. 7 Rdn. 14 ff.; *Kaiser* Mängelhaftung Rdn. 96, 96 a.
[41] *Ingenstau/Korbion (Wirth)* VOB/B § 13 Nr. 5 Rdn. 107 und Nr. 7 Rdn. 14 f.; *Nicklisch/Weick (Nicklisch)* VOB/B § 13 Rdn. 220; *Kaiser* Mängelhaftung Rdn. 96; *Kleine-Möller/Merl/Oelmaier (Merl)* § 12 Rdn. 903; *Werner/Pastor* Rdn. 1705 und 1719 f.
[42] *Ingenstau/Korbion (Wirth)* VOB/B § 13 Nr. 5 Rdn. 154.

kann;[43] soweit dies nicht der Fall ist, kann Schadensersatz auf Grund des § 13 Nr. 7 VOB/B unmittelbar verlangt werden, sofern die Voraussetzungen des § 13 Nr. 5 Abs. 1 Satz 1 VOB/B erfüllt sind. Unabhängig von einer Mangelbeseitigung sind solche Schäden auf der Basis des § 13 Nr. 7 VOB/B unmittelbar abzurechnen, die durch die Beseitigung des Mangels nicht auszuschließen und daher durch diese überhaupt nicht abgedeckt sind.[44] Nur die trotz Vorgehens gemäß § 13 Nr. 5 Abs. 1 oder Nr. 6 VOB/B verbleibenden Schäden bzw. im Fall der Minderung die verbleibenden Vermögensnachteile sind daher ohne weiteres nach § 13 Nr. 7 VOB/B zu liquidieren.[45] Daraus ergibt sich ohne weiteres mit Rücksicht auf die Art der verletzten Rechtsgüter, dass die Haftung gemäß § 13 Nr. 7 **Abs. 1** VOB/B nicht subsidiär ist.

24   c) **Grenzen des Mangelbeseitigungsvorrangs.** Der grundsätzliche **Vorrang** der Mangelbeseitigung schließt **nicht** aus, auf Grund des § 13 Nr. 7 VOB/B sogleich die Mangelbeseitigungskosten einzufordern, wenn der **Mangelbeseitigungsanspruch aus Rechtsgründen ausgeschlossen** ist. So bleibt der Schadensersatzanspruch unberührt, wenn der Auftragnehmer berechtigt ist, die Mangelbeseitigung wegen **unverhältnismäßigen Aufwands** zu verweigern.[46] Die Mangelbeseitigung ist auch dann nicht vorrangig, wenn diese aus tatsächlichen Gründen **unmöglich** ist.[47]

25   Ferner soll ein Schadensersatzanspruch auch ohne vorherige Mangelbeseitigung dann in Betracht kommen, wenn der Anspruch auf Mangelbeseitigung sowie das Recht auf Minderung wegen **vorbehaltloser Abnahme in Kenntnis des Mangels** an § 640 Abs. 2 BGB in Verbindung mit § 12 Nr. 4 Satz 3 und Nr. 5 Abs. 3 VOB/B scheitern. Die herrschende Ansicht beschränkt nämlich auch beim VOB/B-Vertrag die – grundsätzlich mögliche[48] – Anwendung des § 640 Abs. 2 BGB auf die nichtschadensersatzrechtlichen Rechte.[49] In Entsprechung zu der beim BGB-Vertrag vorzugswürdigen Auffassung sollte unter den Voraussetzungen des § 640 Abs. 2 BGB richtigerweise aber auch der Schadensersatzanspruch aus § 13 Nr. 7 VOB/B ausgeschlossen sein.[50]

26   Auch ohne vorherige Mangelbeseitigung kann der Auftraggeber zugleich nach § 13 Nr. 7 VOB/B die Mangelbeseitigungskosten einfordern, wenn er dem Auftragnehmer zuvor **ohne Erfolg** eine **Frist zur Mangelbeseitigung** gesetzt hatte und damit die Voraussetzungen des § 13 Nr. 5 Abs. 2 VOB/B vorliegen.[51] Da das Prinzip der Subsidiarität des Schadensersatzanspruches nur das Recht des Auftragnehmers zur eigenen Mangelbeseitigung schützen soll, entfällt das Motiv für die Zurückstellung des Schadensersatzanspruchs, wenn der Auftragnehmer die Ersatzvornahme durch den Auftraggeber hinnehmen muss. Dem gemäß können die notwendigen Kosten einer Mangelbeseitigung als Schadensersatz grundsätzlich geltend gemacht werden, nachdem der Auftraggeber zunächst die Mangelbeseitigung unter Fristsetzung erfolglos verlangt hat.[52] Insoweit bestehen also der Mangelbeseitigungsanspruch und

---

[43] *Koch* Schadensersatz S. 103 ff., 115 ff. unter Hinweis auf BGHZ 92, 310 und *Peters* JZ 1977, 459 f. (zum BGB-Werkvertrag).
[44] BGHZ 92, 310 ff. = NJW 1985 382 = BauR 1985, 84 f. (zu § 635 BGB); BGHZ 96, 226 ff. = NJW 1986, 923 = BauR 1986, 213 = ZfBR 1986, 68; *Ingenstau/Korbion (Wirth)* VOB/B § 13 Nr. 7 Rdn. 14; *Nicklisch/Weick (Nicklisch)* VOB/B § 13 Rdn. 220; *Kaiser* Mängelhaftung Rdn. 96 b; *Siegburg* Gewährleistung Rdn. 1155 ff.; *Werner/Pastor* Rdn. 1721.
[45] *Kaiser* Mängelhaftung Rdn. 96 a; anders wohl *Werner/Pastor* Rdn. 1719 f.
[46] *Kleine-Möller/Merl/Oelmaier (Merl)* § 12 Rdn. 931; *Siegburg* Gewährleistung Rdn. 1312.
[47] OLG Rostock BauR 1997, 656 = ZfBR 1997, 256; vgl. auch § 4 Nr. 7 Rdn. 211.
[48] Statt vieler (zum früheren Recht) *Kaiser* Mängelhaftung Rdn. 137.
[49] Dazu oben Fn. 34 und 35; zum VOB/B-Vertrag etwa *Ingenstau/Korbion (Wirth)* VOB/B § 13 Nr. 7 Rdn. 17; *Nicklisch/Weick (Nicklisch)* VOB/B § 13 Rdn. 226.
[50] Dazu oben Rdn. 19 m. w. N.; vgl. zum VOB/B-Vertrag *Kaiser* Mängelhaftung Rdn. 137.
[51] BGH ZfBR 1978, 78; OLG Düsseldorf BauR 1997, 312, 313 und Urt. v. 15. 3. 2005 – 21 U 195/03, BauR 2005, 1819 (LS); OLG Brandenburg, Urt. v. 18. 1. 2007 – 12 U 120/06; *Ingenstau/Korbion (Wirth)* VOB/B § 13 Nr. 7 Rdn. 113; *Kleine-Möller/Merl/Oelmaier (Merl)* § 12 Rdn. 903; *Siegburg* Gewährleistung Rdn. 1307; *Werner/Pastor* Rdn. 1721; wohl auch *Kaiser* Mängelhaftung Rdn. 118; a. A. wohl *Koch* Schadensersatz S. 119 f.
[52] OLG Düsseldorf NJW-RR 1997, 976 unter Bezugnahme auf BGH NJW 1998, 1524 = BauR 1982, 277, 279; LG Hamburg NJW-RR 1997, 917, 918.

der auf Ersatz der Mangelbeseitigungskosten gerichtete Schadensersatzanspruch ausnahmsweise nebeneinander. Während jedoch im systematischen Zusammenhang mit dem vor 2002 geltenden Schuldrecht die Annahme indiziert war, dass nicht schon die Geltendmachung der Schadensersatzforderung zum Erlöschen des Mangelbeseitigungsanspruches führte,[53] weil das ius variandi des Auftraggebers nach dem Rechtsgedanken des § 465 BGB a. F.,[54] auf den im früheren Werkvertragsrecht mittels des § 634 Abs. 4 BGB a. F. verwiesen wurde, erst mit Vollzug erlosch, ist gemäß den §§ 634 Nr. 4, 281 Abs. 4 BGB anzunehmen, dass das Schadensersatzverlangen des Gläubigers den Mangelbeseitigungsanspruch ausschließt.[55]

d) **Grenzen des Minderungsvorrangs.** Auch die **Minderung** ist hinsichtlich des Ausgleichs für die Preisinadäquanz der mangelhaften Leistung grundsätzlich aus rechtssystematischen Gründen gegenüber dem Schadensersatzanspruch **vorrangig.** Dafür spricht neben der Textfassung des § 13 Nr. 7 Abs. 3 Satz 1 VOB/B, dass die VOB/B kein Wahlrecht zwischen Mangelbeseitigung und Minderung für den Fall nicht fristgemäßer Mangelbeseitigung gewährt, soweit nicht die Minderungsvoraussetzungen des § 13 Nr. 6 VOB/B erfüllt sind, so dass es auch nicht gestattet sein sollte, schadensersatzrechtlich einen der Minderung entsprechenden Wert zuzuerkennen, obwohl die Voraussetzungen der Minderung nicht vorliegen und der Auftraggeber lediglich den Anspruch auf Mangelbeseitigung nicht verfolgt.[56] Ist jedoch eine **Minderung** gemäß § 13 Nr. 6 VOB/B **zulässig,** so muss die Minderung allerdings nicht als solche vorab durchgeführt werden; vielmehr ist der Betrag, um den zu mindern ist, **aus Praktikabilitätsgründen** regelmäßig in den zu ersetzenden Schaden **als Schadensposten einzubeziehen,**[57] so dass in diesem praktischen Sinne der Vorrang der Minderung eingeschränkt ist.[58] Die **herrschende** Ansicht freilich lässt die schadensersatzrechtliche Haftung auf den Minderwert darüber hinaus **auch** dann zu, wenn die **Minderungsvoraussetzungen nicht** erfüllt sind.[59]

27

## IV. Verhältnis zum Kostenerstattungsanspruch; §§ 634 Nr. 2, 637 Abs. 1 BGB, § 13 Nr. 5 Abs. 2 VOB/B

### 1. Diskussionsstand

Die schon zu dem vor 2002 geltenden Werkvertragsrecht ergangene Rechtsprechung gestattete dem Auftraggeber beim BGB-Vertrag[60] und beim VOB/B-Vertrag[61] teils unter Zustimmung[62] und teils unter Ablehnung[63] der Literatur, sich **Mangelbeseitigungskosten** nicht nur auf Grund des seinerzeitigen § 633 Abs. 3 BGB a. F. – jetzt im Wesentlichen damit übereinstimmend §§ 634 Nr. 2, 637 Abs. 1 BGB – oder des § 13 Nr. 5 Abs. 2 VOB/B, sondern **auch schadensersatzrechtlich** auf der Basis des § 635 BGB a. F., dem § 634 Nr. 4

28

---

[53] *Kleine-Möller/Merl/Oelmaier (Merl)* (02. Aufl. 1997) § 12 Rdn. 716.
[54] Diese Norm wird auch bzgl. des Schadensersatzanspruches angewendet, MünchKomm/*Westermann* § 465 Rdn. 1.
[55] *Derleder* NJW 2003, 998, 1003; a. A. *Kleine-Möller/Merl/Oelmaier (Merl)* § 12 Rdn. 902.
[56] *Nicklisch/Weick (Nicklisch)* VOB/B § 13 Rdn. 225; *Koch* Schadensersatz S. 119; *Schmalzl* NJW 1965, 135.
[57] BGH BauR 1986, 104 f.; *Kaiser* Mängelhaftung Rdn. 96 d; *Locher* PrivBauR Rdn. 276.
[58] Vgl. zu dieser Praktikabilitätslösung *Koch* Schadensersatz S. 120 Fn. 449.
[59] Vgl. Komm. zu § 13 Nr. 6 Rdn. 4; krit. *Koch* Schadensersatz S. 119, 121 ff.
[60] Vgl. zum früheren Recht BGHZ 59, 366 = NJW 1973, 139 = BauR 1973, 112 f.; BGHZ 61, 29 = NJW 1973, 1457 = BauR 1973, 322; BGHZ 99, 84 f. = NJW 1987, 646 = BauR 1987, 90 = ZfBR 1987, 94; *Siegburg* Gewährleistung Rdn. 1186; *Werner/Pastor* Rdn. 1681 f.
[61] Vgl. zum früheren § 13 Nr. 7 Abs. 1 VOB/B BGHZ 77, 136 f. = NJW 1980, 1953 = BauR 1980, 461 = ZfBR 1980, 191; BGH NJW 1982, 1524 f. = BauR 1982, 279 = ZfBR 1982, 123; BGHZ 99, 84 f. = NJW 1987, 646 = BauR 1987, 90 = ZfBR 1987, 94; OLG Hamm NJW-RR 1991, 277 f.; OLG Hamm BauR 1995, 109.
[62] Vgl. zum früheren Recht *Ingenstau/Korbion (Wirth)* (14. Aufl. 2001) VOB/B § 13 Rdn. 580, 710; *Kaiser* Mängelhaftung Rdn. 118; *Kleine-Möller/Merl/Oelmaier (Merl)* § 12 Rdn. 903; *Siegburg* Gewährleistung Rdn. 1307 f.
[63] *Nicklisch/Weick (Nicklisch)* VOB/B § 13 Rdn. 222 ff.; *Schmalzl* BauR 1971, 172, 174 f.

BGB nachgefolgt ist, bzw. des § 13 Nr. 7 Abs. 3 VOB/B erstatten zu lassen. Das soll in allen Fällen zutreffen, in denen der Auftraggeber nach § 633 Abs. 3 BGB a. F., jetzt §§ 634 Nr. 2, 637 Abs. 1 BGB, bzw. § 13 Nr. 5 Abs. 2 VOB/B vorgehen kann.[64]

Der wesentliche praktische **Vorzug** der schadensersatzrechtlichen Abrechnung liegt hier darin, dass die **Mangelbeseitigung** überhaupt **nicht durchgeführt** werden muss,[65] so dass im Übrigen für einen Kostenvorschussanspruch mangels Abhängigkeit des Schadensersatzanspruchs von der Mangelbeseitigung kein Bedarf besteht.[66] Hinzukommt, dass die Nichteinhaltung des in den §§ 634 Nr. 2, 637 Abs. 1 und 2 BGB bzw. des in § 13 Nr. 5 Abs. 2 VOB/B vorgesehenen Verfahrens, also die **Nichtsetzung einer angemessenen Mangelbeseitigungsfrist, ohne Nachteil** für den Auftraggeber bleibt.

29  Die schadensersatzrechtliche Liquidation der Mangelbeseitigungskosten soll auch **zulässig** sein – und hier liegt wohl ihre wesentliche Bedeutung –, wenn die Anwendung des § 634 Nr. 2 BGB bzw. § 13 Nr. 5 Abs. 2 VOB/B und mithin die dort geregelte Ersatzvornahme auf Kosten des Auftragnehmers wegen § 640 Abs. 2 BGB infolge **vorbehaltloser Abnahme in Kenntnis des Mangels** ausgeschlossen ist.[67] Ferner sollen die Mangelbeseitigungsaufwendungen auf schadensersatzrechtlichem Wege einzufordern sein, wenn der Auftragnehmer die Mangelbeseitigung wegen **unverhältnismäßigen Aufwands** nach § 635 Abs. 3 BGB bzw. § 13 Nr. 6 VOB/B berechtigterweise ablehnt.[68] Schließlich soll eine schadensersatzrechtliche Abrechnung der Mangelbeseitigungskosten auch möglich sein, wenn der Mangelbeseitigungsanspruch und damit die Rechte aus den §§ 634 Nr. 2, 637 Abs. 1 BGB bzw. § 13 Nr. 5 Abs. 2 VOB/B daran scheitern sollten, dass die Mangelbeseitigung **vertraglich ausgeschlossen** war,[69] oder weil das Grundstück **vor Erledigung** der Mangelbeseitigung **veräußert** wurde.[70]

## 2. Lösungsvorschlag

30  a) **Fälle ausgeschlossenen Mangelbeseitigungs- und Kostenerstattungsanspruchs.** In den zuletzt genannten Fällen ist das der VOB/B eigene Prinzip der Subsidiarität des Schadensersatzes gegenüber der Mangelbeseitigung bzw. die beim BGB-Vertrag geltende Sperrwirkung der Mangelbeseitigung gegenüber dem Schadensersatz formal beachtet, weil der Mangelbeseitigungsanspruch und mit diesem das Recht zur Ersatzvornahme auf Kosten des Auftragnehmers überhaupt nicht besteht. Bedenken gegen die schadensersatzrechtliche Abrechnung bestehen daher in diesen Fällen nur, weil die **Schadensersatzhaftung** die mit der Versagung des Mangelbeseitigungs- und Kostenerstattungsanspruchs **verfolgten Schutzzwecke** zum Nachteil des Auftragnehmers zu **vereiteln** droht.

31  Diese Gefahr folgt jedoch im **Fall des § 640 Abs. 2 BGB,** also bei **vorbehaltloser Abnahme in Kenntnis des Mangels,** allein daraus, dass die herrschende Ansicht –

---

[64] BGH ZfBR 1978, 78; *Ingenstau/Korbion (Wirth)* VOB/B § 13 Nr. 7 Rdn. 113; *Kleine-Möller/Merl/Oelmaier (Merl)* § 12 Rdn. 903; *Siegburg* Gewährleistung Rdn. 1307; *Werner/Pastor* Rdn. 1721; wohl auch *Kaiser* Mängelhaftung Rdn. 118.
[65] Vgl. BGHZ 61, 30 f. = NJW 1973, 1457 = BauR 1973, 322; *Kaiser* Mängelhaftung Rdn. 126; *Locher* PrivBauR Rdn. 59.
[66] OLG Zweibrücken BauR 1992, 770; OLG Rostock BauR 1997, 655.
[67] *Ingenstau/Korbion (Oppler)* VOB/B § 12 Rdn. 61; vgl. zum früheren Recht BGHZ 77, 136 ff. = NJW 1980, 1952 f. = BauR 1980, 461 f. = ZfBR 1980, 192; BGH NJW 1982, 1525 = BauR 1982, 279 = ZfBR 1982, 123; OLG Nürnberg NJW-RR 1986, 1346; OLG Hamm NJW-RR 1991, 278; OLG Köln NJW-RR 1993, 212; *Kleine-Möller/Merl/Oelmaier (Merl)* § 12 Rdn. 904; *Kaiser* Mängelhaftung Rdn. 118 (falls der h. M. gefolgt wird); *Werner/Pastor* Rdn. 1721; *Köhler* JZ 1989, 774.
[68] Einschränkend *Ingenstau/Korbion (Wirth)* VOB/B § 13 Nr. 7 Rdn. 15; vgl. aber zum früheren Recht BGHZ 59, 366 = NJW 1973, 139 = BauR 1973, 112 f.; *Kaiser* Mängelhaftung Rdn. 118; *Siegburg* Gewährleistung Rdn. 1307; *Werner/Pastor* Rdn. 1684 (zu § 635 BGB); auch *Nicklisch/Weick (Nicklisch)* VOB/B § 13 Rdn. 225.
[69] BGH NJW 1982, 1525 = BauR 1982, 279 = ZfBR 1982, 123; *Nicklisch/Weick (Nicklisch)* VOB/B § 13 Rdn. 225.
[70] BGHZ 99, 84 ff. = NJW 1987, 646 f. = BauR 1987, 90 f. = ZfBR 1987, 94; *Nicklisch/Weick (Nicklisch)* VOB/B § 13 Rdn. 225; *Locher* PrivBauR Rdn. 59; kritisch *Kaiser* Mängelhaftung Rdn. 124 m. w. N.

entgegen der hier vertretenen Auffassung – diese Vorschrift auf den gewährschaftsrechtlichen Schadensersatzanspruch nicht anwendet. Wenn aber diese Nichtanwendung dadurch gerechtfertigt sein soll, dass der Schadensersatzanspruch Verschulden voraussetzt, ist es durchaus konsequent, in dem Verschuldenserfordernis auch die Rechtfertigung für die Folgerung zu sehen, dass Kostenerstattung hier unter Umgehung der sonst für den eigentlichen Kostenerstattungsanspruch geltenden Beschränkung gemäß § 640 Abs. 2 BGB verlangt werden kann. Allerdings darf dem Auftragnehmer nicht zum Nachteil gereichen, dass er zur Nachbesserung nicht verpflichtet ist. Er ist daher nicht schlechter zu stellen, als er bei eigener Nachbesserung stünde, so dass hier nur die solchenfalls entstehenden **Eigenkosten** als ersatzfähig anzusehen sind.[71]

Bei dem auf **§ 635 Abs. 3 BGB** bzw. **§ 13 Nr. 6 VOB/B** beruhenden Ausschluss des Mangelbeseitigungsanspruchs bzw. Rechts zur Ersatzvornahme wegen **unverhältnismäßigen Aufwands** beugt die herrschende Auffassung der Gefahr einer unzulässigen Umgehung der in §§ 634 Nr. 2, 637 Abs. 1 BGB bzw. § 13 Nr. 5 Abs. 2 VOB/B zum Schutz des Auftragnehmers enthaltenen Regelungen vor, indem sie den Schadensersatzanspruch mit Rücksicht auf § 251 Abs. 2 BGB dem Grund und dem Umfang nach davon abhängig macht, dass der Kostenaufwand und der Sanierungserfolg unter Berücksichtigung aller Umstände des Einzelfalls in keinem **unvernünftigen Missverhältnis** stehen; damit wird der Rechtsgedanke des § 637 Abs. 1 BGB bzw. des § 13 Nr. 5 Abs. 2 VOB/B der Sache nach in das Schadensersatzrecht übertragen. Dabei kommt es auf die Schwere des Mangels und des Auftragnehmerverschuldens und das Maß des dem Auftraggeber Zumutbaren an; ist dem Auftragnehmer die volle Kostenübernahme nach diesen Gesichtspunkten nicht zuzumuten, bleibt es bei der Erstattung des merkantilen Minderwerts. 32

Im Falle der schadensersatzrechtlichen Liquidierung der Mangelbeseitigungskosten nach **Veräußerung** des Grundstücks würde es den Auftragnehmer ungerechtfertigt begünstigen, wenn er nun wegen Unmöglichkeit der Mangelbeseitigung völlig von den Belastungen der erforderlichen Mangelbeseitigung freigestellt wäre. Allerdings ist auch hier der Umfang des Schadensersatzes wohl im Sinne einer Obergrenze auf die Kosten der Mangelbeseitigung im eigenen Betrieb des Auftragnehmers zu beschränken, da insoweit sein Recht und Interesse an einer eigenen und daher meist kostengünstigen Mangelbeseitigung Schutz verdient. Im Übrigen orientiert sich der Schadensersatzumfang an dem Maß, um das der Kaufpreis mangelbedingt hinter dem bei einem mangelfreien Bauwerk erzielbaren Erlös zurückblieb.[72] 33

Bei **vertraglicher Abbedingung** der Mangelbeseitigung schließlich ist es eine Frage der **Auslegung** dieser Abrede, ob der Auftragnehmer damit nur von der Last der eigenen Arbeitsleistung befreit werden sollte, oder ob die Vereinbarung auch einen Verzicht des Auftraggebers beinhaltet, wegen der Mangelbeseitigungskosten Rückgriff zu nehmen. 34

**b) Fälle dem Grunde nach bestehenden Mangelbeseitigungs- und Kostenerstattungsanspruchs.** Soweit der Kostenerstattungsanspruch auf Grund von §§ 634 Nr. 2, 637 Abs. 1 BGB bzw. § 13 Nr. 5 Abs. 2 VOB/B besteht, können die Kosten der eigenen Mangelbeseitigung **grundsätzlich** auch **als Schaden abgerechnet** werden. Wegen Inhaltsgleichheit der Ansprüche ist dies unproblematisch, wenn der Auftraggeber die Mangelbeseitigung **tatsächlich durchgeführt** hat. Auch bei **Unterlassen einer Mangelbeseitigung** ist eine schadensrechtliche Liquidierung der fiktiven Mangelbeseitigungsaufwendungen zuzulassen. Dem Auftraggeber ist wegen des hier gegebenen Verschuldens des Auftragnehmers eine im Vergleich zur Rechtslage beim eigentlichen Mangelbeseitigungsanspruch größere Freiheit zur Disposition über den zur Mangelbeseitigung erforderlichen Geldbetrag zuzubilligen, zumal dies für den Auftragnehmer schadlos ist, da er mit der Zahlung haftfrei wird.[73] 35

---

[71] So Ingenstau/Korbion (Wirth) VOB/B § 13 Nr. 7 Rdn. 96. Die Auffassung von Kleine-Möller/Merl/Oelmaier (Merl) § 12 Rdn. 931, dass auch in den Fällen des § 640 Abs. 2 BGB die Voraussetzungen der Ersatzvornahme oder der Minderung vorliegen müssten, führt demgegenüber zu keiner Besserstellung des Auftragnehmers.
[72] OLG Köln NJW-RR 1993, 1367 = ZfBR 1993, 231, 231 f.
[73] Dazu schon → § 13 Nr. 5 Rdn. 78.

**36** Zweifelhafter ist die Einforderung von Mangelbeseitigungskosten als Schadensersatz, wenn der Mangelbeseitigungsanspruch besteht und auch der Kostenerstattungsanspruch dem Grunde nach zwar entstehen könnte, der Auftraggeber aber **nicht mit Fristsetzung zur Mangelbeseitigung aufgefordert** hat. Da hier der Auftraggeber an der Geltendmachung seines Mangelbeseitigungsanspruchs nicht von Rechts wegen gehindert ist, sollte der Vorrang dieser Möglichkeit schadensrechtlich im Grundsatz respektiert werden.[74] Dieser **Vorrang des Mangelbeseitigungsanspruchs** trägt nämlich dem Primat der Mangelbeseitigung Rechnung, der sowohl den BGB- als auch den VOB/B-Vertrag beherrscht. Der bloße Hinweis darauf, nach den §§ 634 Nr. 2, 637 Abs. 1 BGB bzw. nach § 13 Nr. 5 Abs. 2 VOB/B „könne" der Auftraggeber im Wege der Ersatzvornahme vorgehen, müsse es aber nicht, stellt diesen Vorrang der Mangelbeseitigung gegenüber dem Schadensersatz nicht in Frage, weil das „Können" nur bedeutet, dass der Auftraggeber alternativ zur Ersatzvornahme und zur Kostenerstattung weiterhin vom Auftragnehmer Mangelbeseitigung verlangen darf.[75]

**37** Der mithin in diesem Fall grundsätzlich gebotene Vorrang der §§ 634 Nr. 2, 637 Abs. 1 und 2 BGB und des § 13 Nr. 5 Abs. 2 VOB/B muss allerdings **nicht** in der Weise verwirklicht werden, dass der **Schadensersatzanspruch** schon **dem Grunde nach ausgeschlossen** wird. Ein solcher Ausschluss dem Grunde nach soll sich allerdings nach der Rechtsprechung daraus ergeben, dass bei Nichteinhalten des in den §§ 634 Nr. 2, 637 Abs. 1 BGB oder des in § 13 Nr. 5 Abs. 2 VOB/B vorgesehenen Verfahrens kein Kostenerstattungsanspruch entsteht.[76] Dieses Argument überzeugt jedoch nicht, weil der Ausschluss des Schadensersatzanspruchs dem Grunde nach in Widerspruch steht zu der Gewährung eines an den Mangelbeseitigungskosten orientierten Schadensersatzanspruchs in den vorgenannten Fällen, in denen der Auftraggeber aus Rechtsgründen – § 635 Abs. 3 BGB bzw. § 13 Nr. 6 VOB/B und § 640 Abs. 2 BGB – die Kosten der ersatzweisen Nachbesserung auch nicht nach den §§ 634 Nr. 2, 637 Abs. 1 und 2 BGB bzw. nach § 13 Nr. 5 Abs. 2 VOB/B rückbelasten kann. Den Auftragnehmer im vorliegenden Fall nicht schon dem Grunde nach und damit vollständig zu schonen, ist auch angemessen in Anbetracht der Besonderheit, dass er den Mangel bei der schadensersatzrechtlichen Abrechnung der Mangelbeseitigungskosten stets zu vertreten hat. Der Vorrang der in den §§ 634 Nr. 2, 637 Abs. 1 und 2 BGB bzw. in § 13 Nr. 5 Abs. 1 und 2 VOB/B zum Schutz des Auftragnehmers getroffenen Regelung ist vielmehr schon dadurch hinreichend zu wahren, dass der Auftragnehmer dem **Umfang** des Schadensersatzes nach nur so belastet wird, als ob der Auftraggeber nach den §§ 634 Nr. 2, 637 Abs. 1 und 2 BGB bzw. § 13 Nr. 5 Abs. 2 VOB/B vorgegangen wäre; ein Totalausschluss des Anspruchs geht über das Schutzziel des § 13 Nr. 5 Abs. 2 VOB/B und der §§ 634 Nr. 2, 637 Abs. 1 und 2 BGB hinaus. Dabei ist zum Vorteil des Auftragnehmers zu unterstellen, dass dieser den Mangel pflichtgemäß selbst auf seine Rechnung oder durch andere beseitigt hätte; ersatzfähig sind daher grundsätzlich nur die Eigenkosten der Mangelbeseitigung im Betrieb des Auftragnehmers.

**38** **Praktisch** bedeutet dies: Soweit der Auftraggeber in dem hier behandelten Fall Mangelbeseitigungskosten schadensersatzrechtlich einfordern kann, kann er sie vor Durchführung der Ersatzvornahme und unabhängig von dieser verlangen.[77] Das ähnelt wirtschaftlich einem Kostenvorschussanspruch; allerdings besteht ein Unterschied insofern, als auf die Mangel-

---

[74] So zum früheren Recht, mit Totalausschluss des Schadensersatzes, BGH BauR 1981, 398 = ZfBR 1981, 179; KG BauR 1979, 520; OLG Düsseldorf BauR 1970, 113; *Ingenstau/Korbion (Wirth)* VOB/B § 13 Nr. 7 Rdn. 113; *Nicklisch/Weick (Nicklisch)* VOB/B § 13 Rdn. 225; *Kleine-Möller/Merl/Oelmaier (Merl)* § 12 Rdn. 903; wohl auch *Kaiser* Mängelhaftung Rdn. 118.

[75] *Nicklisch/Weick (Nicklisch)* VOB/B § 13 Rdn. 225.

[76] *Ingenstau/Korbion (Wirth)* VOB/B § 13 Nr. 7 Rdn. 113; vgl. zum früheren Recht BGH BauR 1981, 398 = ZfBR 1981, 179.

[77] So wohl *Siegburg* Gewährleistung (3. Aufl. 1994) Rdn. 331; ebenso *Kaiser* Mängelhaftung Rdn. 126, 126 a.

beseitigung und folglich auf die damit verbundene Kostenabrechnung und eventuelle Vorschusserstattung verzichtet wird.[78]

### V. Verhältnis zur positiven Vertragsverletzung, § 280 Abs. 1 BGB

Die Mangelhaftigkeit bzw. qualitative Vertragswidrigkeit der Bauleistung löst beim **VOB/B-Vertrag keine Haftung** wegen positiver Vertragsverletzung, die in § 280 Abs. 1 BGB normiert ist, aus.[79] Alle mangelbedingten Folgen einschließlich der entfernteren Mangelfolgeschäden werden bereits von § 13 Nr. 7 Abs. 3 Satz 2 VOB/B erfasst,[80] so dass insoweit kein Bedürfnis für die Anwendung der positiven Vertragsverletzung gemäß § 280 Abs. 1 BGB besteht. Im Übrigen, insbesondere soweit nur die Voraussetzungen von § 13 Nr. 7 Abs. 3 Satz 1 VOB/B erfüllt sind oder eine Schadensersatzhaftung mangels Erfüllung irgendeines der Tatbestände des § 13 Nr. 7 VOB/B wegen Verjährung eines Anspruchs aus § 13 Nr. 7 VOB/B oder aus einem sonstigen Grund überhaupt nicht stattfindet, ist die positive Vertragsverletzung gemäß § 280 Abs. 1 BGB nicht heranzuziehen. Dies würde nämlich zu einer Haftung führen, die nach den speziellen Vorgaben der VOB/B, die durch § 13 Nr. 7 VOB/B und die spezifische Verjährungsregelung bestimmt sind, gerade ausgeschlossen sein soll.

39

Für die positive Vertragsverletzung gemäß § 280 Abs. 1 BGB bleibt daher **nur** im Rahmen des **§ 10 VOB/B** Raum, soweit es um den Ausgleich nicht mangelbedingter Schäden geht.[81] Das ist insbesondere der Fall, wenn der Schaden nicht bei Erbringung der werkvertraglichen Leistung auftrat, etwa bei einer den Auftraggeber schädigenden Rodung außerhalb des vorgesehenen Arbeitsstreifens.[82] Ebenso verhält es sich bei einem Fehlverhalten des Auftragnehmers oder seines Erfüllungsgehilfen im Rahmen der werkvertraglichen Leistungserbringung, das nicht zu einem Werkmangel führt, z. B. bei einer im Ergebnis ordnungsgemäßen Schweißarbeit, bei der durch verschuldeten Funkenflug ein Brand ausgelöst wird.[83]

40

Damit unterscheidet sich die Rechtslage beim VOB/B-Vertrag erheblich von derjenigen des **BGB-Werkvertragsrechts,** und zwar sowohl nach altem wie nach neuem Recht. Bei dem **früheren,** bis 2002 geltenden **Werkvertragsrecht** wandte die herrschende, aber stark umstrittene[84] Meinung bei mangelbedingten Schäden die positive Vertragsverletzung mit der langen dreißigjährigen Verjährung an, soweit es sich umso genannte **entfernte Mangelfolgeschäden** handelte, die von § 635 BGB a. F. nicht erfasst wurden, weil dessen Anwendung – mit der Konsequenz der kürzeren Verjährung gemäß § 638 BGB a. F. – auf die Fälle der eigentlichen Mangelschäden und der so genannten nahen Mangelfolgeschäden beschränkt sei. Unstrittig[85] war dabei die ausschließliche Heranziehung des § 635 BGB a. F. für den Ersatz von **Mangelschäden.** Darunter sind die Schäden zu verstehen, die dem Werk unmittelbar anhaften, weil es infolge des Mangels unbrauchbar, wertlos oder minderwertig ist;[86] dazu treten als Mangelschäden in einem weiteren Sinn die Schäden an angrenzenden, schon vorhandenen Bauteilen des Werkleistungsgegenstandes, die entstehen, wenn die

41

---

[78] Vgl. BGH NJW 1988, 2728; Kleine-Möller/Merl/Oelmaier (Merl) (2. Aufl. 1997) § 12 Rdn. 489 (zu § 635 BGB).
[79] Ingenstau/Korbion (Wirth) VOB/B § 13 Nr. 5 Rdn. 53, 55; Kaiser Mängelhaftung Rdn. 153; ders. ZfBR 1990, 213, 217; Werner/Pastor Rdn. 1722, 1758.
[80] Ingenstau/Korbion (Wirth) VOB/B § 13 Nr. 7 Rdn. 53; Staudinger/Peters Anh I zu § 638 Rdn. 45 f. i. V. m. Rdn. 47; Kaiser Mängelhaftung Rdn. 154 f.; Kleine-Möller/Merl/Oelmaier (Merl) § 12 Rdn. 961; Werner/Pastor Rdn. 1734; a. A. Schmalzl Berufshaftpflichtversicherung Rdn. 187.
[81] Kaiser Mängelhaftung Rdn. 153; Kleine-Möller/Merl/Oelmaier (Merl) (2. Aufl. 1997) § 12 Rdn. 879; Werner/Pastor Rdn. 1722, 1758.
[82] BGH BauR 1989, 470 = ZfBR 1989, 161.
[83] Beispiel bei Kaiser Mängelhaftung Rdn. 151, 155.
[84] Übersicht bei Staudinger/Peters (2000) § 635 Rdn. 51 ff.
[85] Staudinger/Peters (2000) § 635 Rdn. 55.
[86] BGHZ 35, 132; Staudinger/Peters (2000) § 635 Rdn. 55.

geschuldete Leistung auf Verkörperung in einem weiteren Werk gerichtet ist und der Fehler so beschaffen ist, dass er sich zwangsläufig auf ein anderes Teil des Werkleistungsgegenstandes übertragen musste.[87] Problematisch insbesondere im Hinblick auf die Zuordnung des Einzelfalls[88] war hingegen die Einbeziehung der **nahen Mangelfolgeschäden** in den – alsdann ausschließlichen – Anwendungsbereich des § 635 BGB a. F.[89] Dies sind die mit dem Mangel eng und in einem örtlichen Sinne[90] unmittelbar zusammenhängenden Nachteile, die nicht Mangelschaden im vorbezeichneten Sinne sind.[91] Hingegen wurde ein von den Haftungsregeln der positiven Vertragsverletzung erfasster **entfernterer Mangelfolgeschaden** in der Regel angenommen, wenn der Schaden an Rechtsgütern außerhalb des werkvertraglichen Leistungssubstrats entstand und dieser Schadenseintritt nicht zwangsläufig aus der Mangelhaftigkeit der Werkleistung folgen musste; im Übrigen wurde auch darauf abgestellt, ob ein Schaden eingetreten ist, mit dessen Entstehen typischerweise erst nach Ablauf der kurzen Verjährungsfrist des § 638 BGB zu rechnen ist.

42  Das **neue,** seit 2002 geltende **BGB-Werkvertragsrecht** hat die Rechtslage insoweit wesentlich umgestaltet. **Mangelschäden** werden von den §§ 634 Nr. 4, 280 Abs. 1 und 3 i. V. m. §§ 281 oder 283, oder 311 a BGB erfasst, **Mangelfolgeschäden** ausschließlich unter dem Gesichtspunkt der in § 280 Abs. 1 BGB normierten positiven Vertragsverletzung. Die frühere **Unterscheidung** zwischen **nahen** und **entfernten** Mangelfolgeschäden ist daher insoweit **aufgegeben.**[92]

## VI. Verhältnis zur Deliktshaftung

43  Das Mangelhaftungsrecht des BGB und der VOB/B schließt die Anwendung des Rechts der **unerlaubten Handlung** zum Ausgleich von mangelbedingten Schäden nicht von vornherein aus Spezialitätsgründen aus,[93] weil die Pflichtenkreise verschieden sind und das Entstehen von Haftungslücken bei den so genannten „weiterfressenden Mängeln" vermieden werden muss.[94] Dies gilt auch für die Haftung auf Grund des Produkthaftungsgesetzes. Jede Haftungsordnung folgt dabei grundsätzlich ihren eigenen Regeln.[95]

44  Das **grundsätzliche Nebeneinander** darf jedoch wegen der Haftungsunterschiede nicht dazu führen, dass **speziellere Wertungen des Vertragsrechts** im Ergebnis außer Kraft gesetzt werden.[96] Diese Gefahr besteht zum einen, weil die deliktische Haftung den gewährleistungsrechtlichen **Vorrang der Mangelbeseitigung** vor dem Schadensersatz vereiteln könnte; soweit die Deliktshaftung zu diesem Resultat führen würde, ist sie nicht gegeben.[97]

---

[87] OLG Düsseldorf BauR 1990, 610 f.: Beeinträchtigung von Dachziegeln durch verfehlte Unterschäumung mit Polyurethan.
[88] Siehe z. B. BGHZ 87, 243 ff.
[89] Vgl. *Hehemann* NJW 1988, 801; typologisch *Staudinger/Peters* (2000) § 635 Rdn. 55 ff.
[90] OLG München BauR 1990, 737: Beispiel Ölversickerungsschaden infolge Undichtigkeit einer unterirdischen Ölzuleitung zum unterirdischen Tank für eine Heizung.
[91] BGHZ 87, 87 und 242; *Staudinger/Peters* (2000) § 635 Rdn. 55.
[92] Anw-Komm-BGB/*Raab* § 636 Rdn. 24 f.
[93] BGHZ 55, 395 = NJW 1971, 1132; BGHZ 61, 204 = NJW 1973, 1752 = BauR 1973, 381; BGHZ 96, 228 = NJW 1986, 924 = BauR 1986, 214 = ZfBR 1986, 69; *Nicklisch/Weick (Nicklisch)* VOB/B Vor § 13 Rdn. 34, 36; kritisch *Ganten* BauR 1973, 152.
[94] *Werner/Pastor* Rdn. 1839; *Haas* BB 2001, 1313, 1319; *Schudnagies* NJW 2002, 396, 400; *Zimmermann/Leenen/Mausel/Grast* JZ 2001, 684, 692; a. A. *Mausel* NJW 2002, 89, 98; *Geiger* JZ 2001, 473, 474; *Roth* JZ 2001, 543, 544.
[95] BGHZ 96, 229 = NJW 1986, 924 = BauR 1986, 214; *Nicklisch/Weick (Nicklisch)* VOB/B Vor § 13 Rdn. 36; *Kleine-Möller/Merl/Oelmaier (Merl)* § 12 Rdn. 1068; kritisch *Ganten* BauR 1973, 148, 157.
[96] BGHZ 61, 204 = NJW 1973, 1752 = BauR 1973, 382; BGHZ 96, 229 = NJW 1986, 924 = BauR 1986, 214; *Kapellmann/Messerschmidt (Weyer)* VOB/B § 13 Rdn. 407; *Nicklisch/Weick (Nicklisch)* VOB/B Vor § 13 Rdn. 36; *Werner/Pastor* Rdn. 1841; *Grunewald* JZ 1987, 1098, 1103 f.
[97] BGHZ 96, 229 f. = NJW 1986, 924 = BauR 1986, 214; OLG Bamberg BauR 1987, 212; *Nicklisch/Weick (Nicklisch)* VOB/B Vor § 13 Rdn. 36; *Kleine-Möller/Merl/Oelmaier (Merl)* § 12 Rdn. 1067; *Werner/Pastor* Rdn. 1841.

Im Bereich des BGB-Vertrags droht überdies, dass die **Subsidiarität** der vertraglichen Schadensersatzhaftung gegenüber der Nacherfüllung und die von § 281 Abs. 4 BGB in Abhängigkeit von der Geltendmachung des vertraglichen Schadensersatzanspruchs gesteuerte Alternativität von Rücktritt und Minderung einerseits und Schadensersatz andererseits durch die Deliktshaftung überspielt wird; auch dies ist nicht zuzulassen. Beim VOB/B-Vertrag ist namentlich sicherzustellen, dass ein **nach § 13 Nr. 7 VOB/B nicht ersatzfähiger mangelbedingter Schaden nicht deliktsrechtlich** liquidiert wird.[98]

Bei den mangelbedingten Schäden, gleichgültig ob sie von einem der in § 13 Nr. 7 VOB/B aufgeführten Haftungstatbestände erfasst werden oder ob dies nicht der Fall ist, **verringert** sich die **Konkurrenzproblematik** im Bereich des § 823 BGB allerdings schon **tatbestandlich**. Denn oft ist in den Fällen mangelhafter Werkleistung **kein Schutzgesetz** im Sinne des § 823 Abs. 2 BGB verletzt.[99] Ferner **scheitert** die von § 823 Abs. 1 BGB geforderte **Eigentumsverletzung** oft am Vorliegen eines unversehrten Vorzustands des Eigentums im Auftraggebervermögen,[100] so dass die unmittelbaren Mangelschäden am Werk selbst wohl kaum je erfasst werden. 45

Im praktischen Ergebnis bleibt daher nur die Haftung für so genannte „**weiterfressende Mängel**" problematisch. Auch hier ist aber die Deliktshaftung jedenfalls oft im Ergebnis eingeschränkt, weil § 831 BGB statt § 278 BGB – Entlastung von der Verantwortlichkeit für den **Verrichtungsgehilfen** statt unbedingter Zurechnung des Verschuldens des Erfüllungsgehilfen – gilt, und weil die auf das Vertretenmüssen der Pflichtverletzung bezogene, den Auftragnehmer benachteiligende vertragsrechtliche **Beweislastregel** des § 280 Abs. 1 Satz 2 BGB in der Praxis eine weitere Einschränkung der Deliktshaftung bedeutet. 46

In diesem verbleibenden engen Tatbestandsbereich der Deliktshaftung entstehen in der Regel **Haftungskonkurrenzen** bei **Mangelfolgeschäden**, die von **§ 13 Nr. 7 Abs. 1, Abs. 2 oder Abs. 3 Satz 2 VOB/B** erfasst werden.[101] Sind die tatbestandlichen Voraussetzungen einer dieser Haftungsnormen des § 13 Nr. 7 VOB/B erfüllt, so bestehen nur in **verjährungsrechtlicher** Hinsicht Konkurrenzprobleme, die als bedenklich angesehen werden können;[102] denn einerseits beträgt die deliktsrechtliche Verjährungsfrist gemäß den §§ 195, 199 Abs. 1 BGB drei Jahre ab Kenntnis oder Eintritt grob fahrlässiger Unkenntnis von den den Anspruch begründenden Umständen oder der Person des Schuldners, während andererseits die Mängelhaftung gemäß § 13 Nr. 4 VOB/B teils länger und teils kürzer ist, aber der Lauf der Frist abnahmebedingt und nicht gemäß § 199 Abs. 1 BGB hinausgeschoben ist. Die Deliktshaftung unter Anwendung der für sie geltenden Verjährungsregeln ist hier jedoch zuzulassen,[103] ebenso wie dies für das Verhältnis des Deliktsrechts zum BGB-Werkvertragsrecht anerkannt ist.[104] Denn der Auftraggeber kann wenigstens die Wahrung der allgemein geltenden Haftungsordnung erwarten, soweit es sich – wie bei Personenschäden im Sinne des § 13 Nr. 7 Abs. 1 VOB/B und den entfernteren Mangelfolgeschäden im Sinne des § 13 Nr. 7 Abs. 3 Satz 2 VOB/B die Regel – um Schäden an solchen Gütern handelt, die nicht willentlich in die Risikosphäre des Vertrags eingebracht wurden,[105] oder 47

---

[98] *Nicklisch/Weick* (Nicklisch) VOB/B Vor § 13 Rdn. 35.
[99] Dazu *Kapellmann/Messerschmidt* (Weyer) VOB/B § 13 Rdn. 406; *Kaiser* Mängelhaftung Rdn. 165. In Betracht kommt namentlich § 319 StGB; nicht hierher gehören insbesondere bauordnungsrechtliche Normen – siehe dazu *Kleine-Möller/Merl/Oelmaier* (Merl) § 12 Rdn. 228 – und die VOB.
[100] Dazu eingehend → § 10 Nr. 3 Rdn. 7 ff.; BGH NJW-RR 1990, 726 = BauR 1990, 501 = ZfBR 1990, 178; BGH BauR 1992, 388, 391; *Werner/Pastor* Rdn. 1839.
[101] BGHZ 61, 203 ff. = NJW 1973, 1752 f. = BauR 1973, 381 ff.; *Nicklisch/Weick* (Nicklisch) VOB/B Vor § 13 Rdn. 35.
[102] Daher für eine analoge Anwendung der vertraglichen Verjährungsregeln im Deliktsbereich: *Brox/Elsing* JuS 1976, 1, 8; *Finger* NJW 1973, 2104 ff.; *Ganten* NJW 1971, 1804 f.
[103] BGHZ 61, 207 = NJW 1973, 1753 = BauR 1973, 383; *Kaiser* Mängelhaftung Rdn. 165; *Kleine-Möller/Merl/Oelmaier* (Merl) § 12 Rdn. 1068; *Werner/Pastor* Rdn. 1842 (ohne Unterscheidung zwischen Schäden nach § 13 Nr. 7 Abs. 1 und Abs. 2 VOB/B).
[104] BGHZ 55, 395 = NJW 1971, 1132; BGHZ 66, 319 = NJW 1976, 1505; BGH NJW 1977, 1819; *Nicklisch/Weick* (Nicklisch) VOB/B Vor § 13 Rdn. 36; *Werner/Pastor* Rdn. 1842.
[105] In diesem Sinne *Nicklisch/Weick* (Nicklisch) VOB/B Vor § 13 Rdn. 42.

§ 13 Nr. 7 bei denen der Auftragnehmer mindestens grob fahrlässig gehandelt hat, wie im Fall des § 13 Nr. 7 Abs. 2 VOB/B.

48 Liegen nur die Voraussetzungen des **§ 13 Nr. 7 Abs. 3 Satz 1 VOB/B** vor, sollte für einen etwa auf dieser Grundlage erfassten Mangelschaden oder nahen Mangelfolgeschaden, der zugleich ausnahmsweise auch vom Tatbestand der unerlaubten Handlung erfasst wird, nicht zusätzlich auch deliktsrechtlich gehaftet werden.[106] Der Vereinbarung der VOB/B ist nämlich eine diesbezügliche, den Haftungsgegenstand und die Verjährung umfassende **Haftungsbegrenzung** zu entnehmen, die nicht durch Gewährung konkurrierender Deliktshaftung unterlaufen werden darf.[107] Hinzu kommt, dass der Auftragnehmer wegen seiner deliktischen Haftung in der Regel haftpflichtversichert ist oder sich entsprechend versichern kann und damit die Haftung gemäß § 13 Nr. 7 Abs. 3 Satz 2 VOB/B ausgelöst wird; die Zulassung der Deliktshaftung im Bereich der von § 13 Nr. 7 Abs. 3 Satz 1 VOB/B erfassten Schäden würde damit zu einer mittelbaren Verschiebung der Grenzen zwischen diesen Schadensersatzgrundlagen führen.

## B. Vereinbarkeit mit AGB-Recht

49 Die **Abweichung** des **§ 13 Nr. 7 VOB/B insgesamt** vom **gesetzlichen Leitbild** wird vor allem deutlich im Vergleich mit der mangelbedingten Schadensersatzhaftung des Bürgerlichen Gesetzbuchs, dort namentlich im Vergleich der Haftungsvoraussetzungen von Mangelgewährleistungsrecht und positiver Vertragsverletzung gemäß § 280 Abs. 1 BGB sowie der jeweils erfassten Schadensarten und der Konkurrenzverhältnisse zwischen den genannten Anspruchsgrundlagen, aber auch im Hinblick auf das Verhältnis von Mangelbeseitigungs- und Schadensersatzanspruch. Damit ist die Regelung als solche AGB-rechtlich grundsätzlich zweifelhaft, wenn nicht die unter der Geltung des vormaligen § 23 Abs. 2 Nr. 5 AGBG herrschend vertretene Auffassung, dass die VOB/B bei Einbeziehung als im Wesentlichen Ganzes AGB-rechtlich unbedenklich ist,[108] nach Einfügung des AGB-Rechts in das Bürgerliche Gesetzbuch fortgilt.[109] Ist dies in Übereinstimmung mit der neueren höchstrichterlichen Rechtsprechung[110] nicht der Fall, wenn die VOB/B nicht ausnahmslos als Ganzes vereinbart wird, oder wird die Möglichkeit und Erforderlichkeit einer isolierten Inhaltskontrolle des § 13 Nr. 7 VOB/B trotz Einbeziehung der VOB/B als Ganzes einschließlich des gesamten § 13 Nr. 7 VOB/B entgegen der jedenfalls bisher herrschenden Meinung befürwortet,[111] ist trotz **Vereinbarkeit mit § 305 c BGB**[112] – vormals § 3 AGBG – die Unvereinbarkeit des § 13 Nr. 7 VOB/B mit den AGB-rechtlichen Anforderungen der **§§ 307 ff. BGB** zu erwägen.[113]

50 Ein **Verstoß** gegen § 11 Nr. 7 AGBG und, insbesondere auch im kaufmännischen Verkehr, gegen § 9 Abs. 1 i. V. m. Abs. 2 Nr. 1 AGBG, jetzt § 309 Nr. 7 lit. b) bzw. § 307 Abs. 1 i. V. m. Abs. 2 Nr. 1 BGB, wurde namentlich wegen der früher in § 13 Nr. 7 Abs. 1 VOB/B a. F. vorgesehenen, jetzt in § 13 Nr. 7 Abs. 3 Satz 1 VOB/B enthaltenen und auch im Kontext des § 13 Nr. 7 Abs. 2 lit. a) VOB/B a. F., jetzt § 13 Nr. 7 Abs. 3 Satz 2 VOB/B

---

[106] MünchKomm/*Soergel* (3. Aufl. 1997) § 635 Rdn. 75; *Schmalzl* Berufshaftpflichtversicherung Rdn. 504; a. A. *Nicklisch/Weick* (*Nicklisch*) VOB/B Vor § 13 Rdn. 43; *Kaiser* Mängelhaftung Rdn. 164.
[107] MünchKomm/*Soergel* (3. Aufl. 1997) § 635 Rdn. 75.
[108] Maßgeblich BGHZ 86, 135 = NJW 1983, 816 ff. = BauR 1983, 161 = ZfBR 1983, 85 ff.; BGHZ 96, 129 = NJW 1986, 315 f. = BauR 1986, 89 ff. = ZfBR 1986, 33 f.
[109] Bestr.; dafür BT-Drucks. 14/6040 S. 154, 158; *Frikell* BauR 2002, 671 ff.; *Hoff* BauR 2001, 1654 ff.; *Lenkeit* BauR 2002, 196; *Schwenker/Heinze* BauR 2002, 1143 ff.; *Weyer* BauR 2002, 857 ff.; a. A. *Tempel* NZBau 2002, 465 ff., 532 ff. (536); kritisch *Vygen* BauR 2006, 285.
[110] BGH NJW 2004, 1597 = BauR 2004, 668 = NZBau 2004, 267 m. Anm. *v. Gehlen* NZBau 2004, 313; BGH BauR 2004, 1142 = NJW-RR 2004, 957 = NZBau 2004, 385; dazu *Weise* NJW-Spezial 2004, 165.
[111] So *Koch* Schadensersatz S. 38 ff., 175.
[112] *Koch* Schadensersatz S. 176.
[113] Eingehend *Koch* Schadensersatz pass., insbes. S. 175 ff., 207.

geltenden **Haftungsbeschränkung** angenommen, weil die Haftung in Abweichung vom gesetzlichen Leitbild **auch bei vorsätzlich oder grob fahrlässig verursachten Mängeln** auf **wesentliche, die Gebrauchstauglichkeit erheblich beeinträchtigende** Mängel **beschränkt** ist,[114] wobei sich das wesentliche Bedenken daraus ergibt, dass dies **sogar für den Fall der Versicherung** oder Versicherbarkeit unwesentlicher und die Gebrauchstauglichkeit nur unerheblich beeinträchtigender Mängel gilt.[115] Seit der Einführung des § 13 Nr. 7 Abs. 2 VOB/B bestehen diese Bedenken allerdings nicht fort,[116] wenn die VOB/B als Ganzes oder zumindest § 13 Nr. 7 VOB/B insgesamt in den Vertrag einbezogen wird, da gemäß dieser Vorschrift für alle vorsätzlich oder grob fahrlässig verursachten Mängel unter Einschluss der unwesentlichen Mängel ohne Rücksicht auf eine Versicherung oder Versicherbarkeit und ohne Rücksicht darauf gehaftet wird, ob der Mangel zu einem Schaden an der baulichen Anlage führt oder gegebenenfalls dadurch deren Gebrauchstauglichkeit erheblich beeinträchtigt wird. Das weitere Bedenken, dass § 13 Nr. 7 Abs. 3 Satz 1 VOB/B wie ehedem § 13 Nr. 7 Abs. 1 VOB/B a. F. die Haftung auf Ersatz fiktiver Mangelbeseitigungskosten nicht als Inhalt der Schadensersatzhaftung vorsehe,[117] ist indessen auf der Grundlage der abweichenden herrschenden Auffassung, die einen derartigen Schadensersatzinhalt anerkennt, ohnedies kein tragfähiger Einwand.

Werden daher **allein** § 13 Nr. 7 **Abs. 3 Satz 1 und Satz 2** VOB/B in Allgemeinen Geschäftsbedingungen vereinbart, also § 13 Nr. 7 Abs. 1 und 2 VOB/B nicht übernommen, oder wird die an sich übernommene Regelung des § 13 Nr. 7 VOB/B in anderer Weise wesentlich eingeschränkt, ist die Vorschrift uneingeschränkt an **§ 309 Nr. 7 BGB**, vormals § 11 Nr. 7 AGBG, zu messen; dort ist ein Haftungsausschluss bei Verletzung von Leben, Körper und Gesundheit in Abweichung von der gesetzlichen Vertragshaftung sowie eine Haftungsbeschränkung bei grober Fahrlässigkeit für unzulässig erklärt. Danach ist die isolierte Einbeziehung von § 13 Nr. 7 Abs. 3 Satz 1 und Satz 2 VOB/B unwirksam, da in diesen beiden Fällen des § 13 Nr. 7 VOB/B zwar für jedes mangelbezogene Verschulden, aber ohne Rücksicht auf die Art des Schadens und des Verschuldensgrades **nur für wesentliche Mängel** gehaftet wird und überdies nur für solche, die die **Gebrauchsfähigkeit erheblich beeinträchtigen**;[118] diese die Schadensersatzhaftung kumuliert begrenzenden Kriterien decken sich nämlich zwar tatsächlich wohl häufig, aber nicht mit Notwendigkeit mit dem in § 281 Abs. 1 Satz 3 BGB enthaltenen Haftungsausschlussgrund der unerheblichen Pflichtverletzung.[119] Dies gilt gemäß **§ 307 Abs. 1 und 2 BGB**, vormals § 9 Abs. 1 und 2 AGBG, auch bei Verwendung zum Nachteil der in § 310 Abs. 1 BGB genannten natürlichen oder juristischen Personen.[120] Wird hingegen **zusätzlich** auch § 13 Nr. 7 **Abs. 1 und 2** VOB/B einbezogen, ist den Erfordernissen des § 309 Nr. 7 BGB allerdings **genügt**, da alsdann unter Sicherstellung hinreichender Transparenz[121] unabhängig von der Wesentlichkeit des Mangels und der Erheblichkeit der Einschränkung in der Gebrauchstauglichkeit in Übereinstimmung mit § 309 Nr. 7 lit. a) BGB für jedweden Personenschaden gehaftet wird, der durch einen fahrlässig oder vorsätzlich verursachten Mangel verursacht wurde, und gemäß § 309 Nr. 7 lit. b) BGB auch für alle sonstigen Schäden, die auf einen grob fahrlässig oder vorsätzlich verursachten Mangel zurückzuführen sind.

---

[114] *Koch* Schadensersatz S. 179 f., 186.
[115] *Koch* Schadensersatz S. 216 ff.
[116] In diesem Sinne wohl auch *Weyer* NZBau 2003, 526.
[117] *Koch* Schadensersatz S. 179 f., 186.
[118] Vgl. zum früheren § 13 Nr. 7 Abs. 1 und 2 VOB/B, der den nunmehrigen § 13 Nr. 7 Abs. 3 VOB/B noch mitumfasste, BGH NJW-RR 1989, 85 f. = BauR 1989, 78 f. = ZfBR 1989, 29; OLG Nürnberg NJW-RR 1986, 1347; *Nicklisch/Weick (Nicklisch)* VOB/B § 13 Rdn. 232; *Koch* Schadensersatz S. 178 ff., 207; a. A. *Kaiser* Mängelhaftung Rdn. 102; differenzierend *Staudinger/Peters* (2000) Anh I zu § 635 Rdn. 48; vgl. zu § 13 Nr. 7 Abs. 3 VOB/B *Staudinger/Peters* Anh I zu § 638 Rdn. 38 f.
[119] A. A. *Weyer* NZBau 2003, 526; i. E. wie hier *Tempel* NZBau 2002, 537.
[120] *Koch* Schadensersatz S. 194 ff.
[121] *Weyer* NZBau 2003, 526; a. A. *Tempel* NZBau 536.

## § 13 Nr. 7

**52** Die wohl herrschende Ansicht nahm bis zur Schuldrechtsreform 2002 einen Verstoß gegen den vormaligen § 11 Nr. 11 AGBG an, wenn **allein** der dem vormaligen § 13 Nr. 7 Abs. 1 VOB/B a. F. entsprechende § 13 Nr. 7 **Abs. 3 Satz 1** VOB/B übernommen wurde, weil damit die Haftung für den Fall ausgeschlossen war, dass eine zugesicherte Eigenschaft fehlt;[122] vereinzelt wurde dies **auch** bei Übernahme des vormaligen § 13 Nr. 7 Abs. 2 VOB/B a. F., jetzt im Wesentlichen § 13 Nr. 7 **Abs. 3 Satz 2** VOB/B, angenommen, da auch dort nur für wesentliche, die Gebrauchsfähigkeit erheblich beeinträchtigende Mängel gehaftet wird.[123] Der frühere § 11 Nr. 11 AGBG wurde allerdings in § 309 BGB nicht übernommen; im Gewährleistungsrecht wurde die spezifische Haftungskategorie der zugesicherten Eigenschaft aufgehoben.

**53** Gemäß **§ 639 BGB** kann sich der Unternehmer nach der Schuldrechtsreform allerdings schon **nach allgemeinem Recht,** also auch bei individualvertraglicher Regelung und auch im Verhältnis zu natürlichen oder juristischen Personen im Sinne des § 310 Abs. 1 BGB, nicht auf eine Vereinbarung berufen, durch welche die Rechte des Bestellers wegen eines Mangels ausgeschlossen oder beschränkt werden, wenn der Unternehmer den **Mangel arglistig verschwiegen** oder eine **Garantie** für die Beschaffenheit des Werkes übernommen hat. Im Unterschied zu der im vormaligen § 637 BGB a. F. für den Fall der Arglist vorgesehenen Anordnung der Unwirksamkeit einer diesbezüglichen Vertragsklausel folgt aus der hier angeordneten Rechtsfolge, dass die dem entgegenstehende Haftungsausschlussklausel zwar nicht unwirksam ist, aber im Anwendungsbereich des § 639 BGB schlicht unbeachtlich ist. Daraus folgt bei isolierter Vereinbarung **nur** des § 13 Nr. 7 **Abs. 3 Satz 1** VOB/B, dass die Norm bei tatbestandlicher Anwendbarkeit des § 639 BGB nicht als Rechtsgrundlage für die Beschränkung der Schadensersatzhaftung unter das Maß der sich nach allgemeinem bürgerlichen Recht ergebenden Haftung herangezogen werden kann. Wird **zusätzlich** § 13 Nr. 7 **Abs. 3 Satz 2** VOB/B in den Bauvertrag einbezogen, der dem vormaligen § 13 Nr. 7 Abs. 2 lit. b) bis d) VOB/B entspricht,[124] wird zwar nicht unzulässig dagegen verstoßen, die Haftung für eine übernommene Garantie auszuschließen, wenn § 13 Nr. 7 Abs. 3 Satz 2 lit. b) VOB/B dahingehend verstanden wird, dass die dort begründete erweiterte Haftung beim Fehlen einer vertraglich vereinbarten Beschaffenheit gerade als Übernahme einer Garantiehaftung im Sinne des § 639 BGB anzusehen ist. Allerdings kann dennoch ein **Verstoß gegen § 639 BGB** insoweit bestehen, als § 13 Nr. 7 Abs. 3 Satz 2 VOB/B nur **bei wesentlichen Mängeln** gilt, die die Gebrauchsfähigkeit des Werkes erheblich beeinträchtigen, soweit sich die Garantievereinbarung gerade auf die Abwesenheit von unwesentlichen Mängeln oder von Mängeln mit unerheblicher Einschränkung der Gebrauchstauglichkeit bezieht. In einem solchen Fall gilt wiederum, dass wie bei einem Verstoß gegen § 639 BGB im Fall des § 13 Nr. 7 Abs. 3 Satz 1 VOB/B gehaftet wird, also ohne die dort vorgesehenen tatbestandlichen Beschränkungen auf die Fälle wesentlicher Mängel, die die Gebrauchstauglichkeit erheblich beeinträchtigen.

**54** Ein Verstoß gegen den vormaligen § 11 Nr. 15 AGBG, nun **§ 309 Nr. 12 BGB,** wurde unter der Geltung des früheren § 13 Nr. 7 Abs. 2 lit. a) VOB/B a. F. angenommen, da dort eine Beweislastumkehr zum Vorteil des Verwenders für grob fahrlässig oder vorsätzlich herbeigeführte schadensursächliche Mängel vorgesehen sei.[125] Die nunmehr selbstständige Regelung dieses Falles in **§ 13 Nr. 7 Abs. 2 VOB/B** lässt jedoch nicht erkennen, dass mit der Neuregelung eine Abweichung vom Beweislastprinzip des § 280 Abs. 1 Satz 2 BGB beabsichtigt ist, so dass insoweit jedenfalls nun kein Verstoß gegen AGB-Recht vorliegt.

---

[122] BGHZ 96, 133 = NJW 1986, 316 = BauR 1986, 90 = ZfBR 1986, 34; OLG Nürnberg NJW-RR 1986, 1347; *Koch* Schadensersatz S. 186 ff.; a. A. *Ingenstau/Korbion (Wirth)* (14. Aufl. 2001) VOB/B § 13 Rdn. 671; *Staudinger/Peters* (2000) Anh. I zu § 635 Rdn. 47; differenzierend zwischen Garantie und einfacher Zusicherung *Kaiser* Mängelhaftung Rdn. 104; *Nicklisch* FS *Beitzke* S. 107.

[123] *Koch* Schadensersatz S. 207.

[124] Vgl. zu dessen Vereinbarkeit mit dem vormaligen § 11 Nr. 11 VOB/B *Koch* Schadensersatz S. 206 f.

[125] *Koch* Schadensersatz S. 208 f.

## C. Haftung gemäß Abs. 1

### I. Grundlagen

Der mit der VOB/B 2002 neu eingefügte § 13 Nr. 7 Abs. 1 VOB/B gewährt einen **55** Schadensersatzanspruch bei Verletzungen der persönlichkeitsbezogenen Rechtsgüter Leben, Körper und Gesundheit, die durch einen Sachmangel schuldhaft verursacht werden. Da es anders als gemäß § 13 Nr. 7 Abs. 3 VOB/B nicht auf die Wesentlichkeit des Mangels und auf die Erheblichkeit der Beeinträchtigung der Gebrauchsfähigkeit ankommt und anders als im Fall des § 13 Nr. 7 Abs. 2 VOB/B jedwedes Verschulden einschließlich leichter Fahrlässigkeit haftbar macht, handelt es sich um eine **strenge Vertragshaftung**. § 13 Nr. 7 Abs. 1 VOB/B deckt sich mit allgemeinen vertragsrechtlichen Grundsätzen der Schadensersatzhaftung, wie sie in § 280 Abs. 1 BGB zum Ausdruck gebracht sind. Zugleich **genügt** die Regelung den AGB-rechtlichen Anforderungen des **§ 309 Nr. 7 lit. a) BGB**.[126]

### II. Haftungsvoraussetzungen

#### 1. Mangel

Die Haftung gemäß § 13 Nr. 7 Abs. 1 VOB/B setzt einen **Mangel der Werkleistung** **56** voraus. Das Vorhandensein eines solchen Mangels ist ebenso wie bei § 13 Nr. 5 Abs. 1 VOB/B **nach Maßgabe** des **§ 13 Nr. 1 VOB/B** zu beurteilen; auf die dortige Kommentierung ist daher zu verweisen. **Unerheblich** ist, ob der **Mangel wesentlich** ist und er die **Gebrauchsfähigkeit erheblich beeinträchtigt**; dies wird wegen der Art der verletzten Rechtsgüter allerdings auch tatsächlich in aller Regel der Fall sein.

#### 2. Verletzung persönlichkeitsbezogener Rechtsgüter

Die Haftung erfordert die **Verletzung** bestimmter persönlichkeitsbezogener Rechtsgüter, **57** nämlich des **Lebens**, des **Körpers** oder der **Gesundheit**. Die Norm folgt damit dem **Enumerationsprinzip**, wie es der deliktsrechtlichen Haftung gemäß § 823 Abs. 1 BGB eigen ist.[127] Die mit § 13 Nr. 7 Abs. 1 VOB/B gegenüber dem Recht der unerlaubten Handlung erzielte **Haftungsverstärkung** beruht insbesondere darauf, dass die Einstandspflicht für Erfüllungsgehilfen des Auftragnehmers gemäß **§ 278 BGB** uneingeschränkt besteht, während die deliktsrechtliche Haftung für Verrichtungsgehilfen nur in den Grenzen des § 831 Abs. 1 BGB begründet ist.

Die **Begriffe** der Verletzung des Lebens, des Körpers und der Gesundheit sind **wie im** **58** Tatbestand des **§ 823 Abs. 1 BGB** zu verstehen. Eine Verletzung des **Lebens** liegt bei **Tötung** eines Menschen vor; insoweit steht nach wohl herrschender Auffassung der Embryo gleich.[128] Eine Verletzung des **Körpers** ist bei einem nicht ganz unerheblichen Eingriff in die äußerlich **körperliche Integrität** eines Menschen einschließlich der Zufügung von **Schmerzen** gegeben, eine Verletzung der **Gesundheit** hingegen bei einer nicht ganz unerheblichen körperlichen, geistigen oder seelischen **Funktionsstörung**,[129] wobei es wegen der Identität der jeweils angeknüpften Rechtsfolgen nicht auf eine exakte Abgrenzung ankommt; auch insoweit steht die Verletzung eines Embryos gleich. Bei Baumängeln

---

[126] Vgl. zu etwaigen AGB-rechtlichen Bedenken bei § 13 Nr. 7 Abs. 1 VOB/B a. F. *Koch* Schadensersatz S. 216.
[127] Es handelt sich jedoch nicht deswegen um eine deliktische Haftung; für diese Kategorisierung beiläufig *Kemper* BauR 2002, 1618.
[128] *Staudinger/Hager* (1999) § 823 Rdn. B 1und VOB/B 4 f.
[129] BGH NJW 1980, 1452, 1453; BGHZ 124, 52, 54; *Staudinger/Hager* (1999) § 823 Rdn. B 5 ff.

kommen insbesondere Verletzungen durch sich ablösende Bauteile in Betracht, aber auch mechanisch selbst zugefügte Verletzungen etwa durch Schnitte an bzw. durch Ausrutschen auf vertragswidrig verwendetem scharfkantigen oder glatten Material oder wegen unsachgemäßen Einbaus an sich ordnungsgemäßen Materials, ferner etwa Verletzungen durch mangelhafte Elektrizitäts-, Gas-, Öl- oder Wasserinstallationen, schließlich auch durch chemische Einwirkungen infolge von Materialausdampfungen.

### 3. Ursächlichkeit des Mangels für die Rechtsgutsverletzung

59  Der **Mangel** muss die **Verletzung** des Lebens, des Körpers oder der Gesundheit **verursacht** haben. Dieser Kausalnexus ist sowohl von der Verursachung des Mangels durch den Auftragnehmer als auch von der Ursächlichkeit der Verletzung der genannten Rechtsgüter für den zu ersetzenden Schaden zu unterscheiden; während es sich bei Letzterem um eine Frage der haftungsausfüllenden Kausalität handelt, ist hier wie auch bei der Frage der Zurechnung des Mangels zum Auftragnehmer ein **Teil der haftungsbegründenden Kausalität** betroffen. Das Kriterium für die Ermittlung des Kausalnexus weicht nicht von der zivilrechtlichen Regel ab. Danach gilt die **Adäquanztheorie,** derzufolge eine solche Verletzung der genannten Rechtsgüter als durch den Sachmangel verursacht gelten muss, die ausgeblieben wäre, wenn der Sachmangel nicht vorgelegen hätte, wobei ganz unwahrscheinliche Verletzungsfolgen außer Betracht bleiben.

### 4. Zurechenbarkeit und Verschulden des Mangels

60  Der für die Verletzung ursächliche Mangel muss dem Auftraggeber **zuzurechnen** sein. Dies setzt insbesondere voraus, dass die werkvertragliche Leistung des Auftragnehmers oder sein vertragswidriges Unterlassen den Mangel verursacht hat, und dass überdies der Mangel auf sein Verschulden zurückzuführen ist.

61  **a)** Die **haftungsbegründende Kausalität** zwischen der vertragswidrigen Leistung und dem Mangel ist nach Maßgabe der **Adäquanzformel** zu ermitteln; ursächlich ist jedes Tun oder Unterlassen des Auftragnehmers, das nicht hinweggedacht werden kann, ohne dass alsdann der Mangel nicht eingetreten wäre, wobei ganz unwahrscheinliche Zusammenhänge außer Betracht bleiben.

62  Eine – ggf. verschuldete – **Mitverursachung** des Mangels durch den Auftraggeber **entlastet** den Auftragnehmer **mangels Zurechenbarkeit** des Mangels vollständig nur für den Fall, dass die Voraussetzungen des § 13 Nr. 3 i. V. m. § 4 Nr. 3 VOB/B erfüllt sind, weil der Auftragnehmer seiner **Prüfungs- und Hinweispflicht genügt** hat. Haftet der Auftragnehmer hingegen nach diesen Regeln fort, führt die Mitverantwortung des Auftraggebers allerdings dazu, dass dieser unter den Voraussetzungen und nach Maßgabe des § 254 Abs. 1 BGB einen Teil des Schadens selbst zu tragen hat.[130]

63  **b)** Der Mangel muss vom Auftragnehmer **verschuldet** sein. Gemäß § 10 Nr. 1 VOB/B bestimmt § 276 Abs. 1 BGB den Haftungsmaßstab;[131] es genügt also **leichte Fahrlässigkeit.** Fahrlässigkeit wird dort als Außerachtlassung der im Verkehr erforderlichen Sorgfalt definiert. Namentlich § 4 VOB/B wirkt hier pflicht- und verschuldenskonkretisierend. Jedenfalls gehört es zur Beachtung der im Verkehr erforderlichen Sorgfalt des Auftragnehmers, sich stets die nötige Sachkunde im Bereich der übernommenen Leistung zu verschaffen und insbesondere über die Weiterentwicklung auf dem eigenen Arbeitsgebiet informiert zu sein;[132] erforderlichenfalls muss der Auftragnehmer fachmännischen Rat einholen.[133] Eine **verschuldensunabhängige** Haftung kann gemäß § 13 Nr. 7 **Abs. 5** VOB/B begründet

---

[130] Dazu → § 4 Nr. 7 Rdn. 190.
[131] Dazu → § 10 Nr. 1 Rdn. 1 ff.
[132] BGH BauR 1979, 159 = ZfBR 1979, 24; *Kleine-Möller/Merl/Oelmaier (Merl)* § 12 Rdn. 912.
[133] *Ingenstau/Korbion (Wirth)* VOB/B § 13 Nr. 7 Rdn. 76.

werden;¹³⁴ sie bedarf jedoch einer entsprechenden Vereinbarung, die den Charakter einer Garantiezusage hat.

**Fehlt** es an der **Garantie und** am **Verschulden,** scheiden Schadensersatzansprüche auf Grund von § 13 Nr. 7 Nr. 1 VOB/B aus. Dies kann insbesondere der Fall sein, wenn die mangelnde Tauglichkeit von Vorleistungen anderer Gewerke oder die Verfehltheit von Leistungsanforderungen bzw. Materialgestellungen des Auftraggebers auch bei der nach § 13 Nr. 3 VOB/B erforderlichen Überprüfung durch den Auftragnehmer nicht erkennbar war.¹³⁵ Ferner gilt dies bei Verwendung fabrikneuer Werkteile – wie etwa bei Ventilen –, wenn kein Anlass zu Zweifeln an deren Funktionsfähigkeit besteht.¹³⁶ Schließlich fehlt es insbesondere dann an einem Verschulden, wenn die Leistung trotz Einhaltung der Regeln der Technik, die zurzeit der Abnahme gelten, als fehlerhaft anzusehen ist;¹³⁷ dann bestehen nur Rechte gemäß § 13 Nr. 5 und 6 VOB/B. 64

c) Dem zurechenbaren schuldhaften Verhalten des Auftragnehmers steht das Verhalten eines seiner **Erfüllungsgehilfen** gleich.¹³⁸ Der Begriff ist dem **§ 278 BGB** entnommen, der von § 10 Nr. 1 VOB/B aufgegriffen wird; auf die dortige Kommentierung ist zu verweisen.¹³⁹ Daneben kommt auch die Haftung juristischer Personen unter Vermittlung durch **§ 31 BGB** in Betracht. In keinem Fall kann sich der Auftragnehmer durch den Nachweis der ordentlichen Auswahl, Anleitung und Überwachung seiner Hilfspersonen der Verantwortung entziehen. 65

### 5. Schaden

Aus der Verletzung des Lebens, des Körpers oder der Gesundheit muss dem Auftraggeber ein **Schaden** erwachsen sein. Der Schaden ist in der Regel ein **materieller;** in Betracht kommen insbesondere Heilungskosten und Einkommensausfälle, im Fall der Tötung die Beisetzungskosten. Auch **immaterielle** Schäden sind erfasst. Es muss sich allerdings grundsätzlich um **Schäden des Auftraggebers** handeln; solche liegen allerdings auch im Fall eines Haftungsrückgriffs des Auftraggebers vor, wenn dieser einem Dritten für einen werkmangelbedingten Personenschaden haftet. Im Übrigen ist eine Haftung für **Schäden Dritter** auch im Fall des § 13 Nr. 7 Abs. 1 VOB/B nach den allgemeinen zivilrechtlichen Grundsätzen des **Vertrags mit Schutzwirkung zu Gunsten Dritter** oder der **Drittschadensliquidation** möglich, sofern die jeweiligen spezifischen Haftungsvoraussetzungen dieser Rechtsfiguren im gegebenen Fall erfüllt sind. 66

### 6. Haftungsausfüllende Kausalität

Der Schaden muss durch die Rechtsgutverletzung verursacht sein. Die Ursächlichkeit in Bezug auf die **haftungsausfüllende Kausalität** ist an Hand der Adäquanzformel zu beurteilen, so dass jeder Schaden der mangelbedingten Rechtsgutverletzung zuzurechnen ist, der nicht eingetreten wäre, wenn die Mangelhaftigkeit der Werkleistung nicht zu der Verletzung des Lebens, des Körpers oder der Gesundheit geführt hätte. 67

### III. Rechtsfolge; Haftungsumfang

Als **Rechtsfolge** ordnet § 13 Nr. 7 Abs. 1 VOB/B **Schadensersatz** an. Dessen Art und Umfang richtet sich nach den §§ 249 ff. BGB. Grundsätzlich ist bei allen Schäden einschließlich der immateriellen Schäden, soweit dies möglich und genügend ist, gemäß § 249 68

---

¹³⁴ Dazu unten Rdn. 237 ff.
¹³⁵ *Ingenstau/Korbion (Wirth)* VOB/B § 13 Nr. 7 Rdn. 75.
¹³⁶ BGH NJW 1978, 1158 = BauR 1978, 305 f.; *Ingenstau/Korbion (Wirth)* VOB/B § 13 Nr. 7 Rdn. 75.
¹³⁷ Dazu → § 13 Nr. 1 Rdn. 59, 76 ff.
¹³⁸ LG Hamburg NJW-RR 1997, 917, 918.
¹³⁹ Dazu → § 10 Nr. 1 Rdn. 12 ff.

§ 13 Nr. 7	Schadensersatzanspruch

Abs. 1 BGB primär **Naturalrestitution** geschuldet, anderenfalls ist gemäß § 251 Abs. 1 BGB in Geld zu entschädigen. Der Geschädigte kann auf Grund des § 249 Abs. 2 BGB auch den zur Wiederherstellung erforderlichen **Geldbetrag** verlangen; nach Maßgabe des § 251 Abs. 2 BGB kann grundsätzlich auch, aber bei Personenschäden praktisch wohl nur ausnahmsweise, ein Recht des Schuldners zur Geldleistung statt der an sich möglichen Naturalrestitution wegen unverhältnismäßigen Aufwands der Naturalherstellung in Betracht kommen. § 253 Abs. 2 BGB gestattet nun auch im Rahmen der Vertragshaftung als Inhalt des so genannten **Schmerzensgeldanspruchs,** in Fällen einer Verletzung des Körpers oder der Gesundheit eine billige Entschädigung in Geld für Schäden zu verlangen, die nicht Vermögensschäden sind.

## D. Haftung gemäß Abs. 2

### I. Grundlagen

69   Die in der VOB/B 2002 neu geschaffene Regelung ist aus § 13 Nr. 7 Abs. 2 lit. a) VOB/B a. F. hervorgegangen, in dem bereits vorgesehen war, dass der Kreis der ersatzfähigen Schäden unter den spezifischen Verschuldensvoraussetzungen des jetzigen § 13 Nr. 7 Abs. 2 VOB/B auf **alle Mangelfolgen** erstreckt wird. Durch die Herausnahme aus dem vormaligen Zusammenhang wird jedoch erreicht, dass diese Schadensersatzhaftung auch bei einem **unwesentlichen Mangel** im Sinne der VOB/B begründet sein kann und sie **nicht nur** dann stattfindet, wenn der schadensursächliche Mangel zu einem **Schaden an der baulichen Anlage** geführt hat und er objektiv die in § 13 Nr. 7 Abs. 1 VOB/B a. F. bzw. – insoweit im Wesentlichen unverändert auch in § 13 Nr. 7 Abs. 3 Satz 1 VOB/B – vorgesehenen gebrauchsfähigkeitsbezogenen **Erheblichkeitsschwellen überschritten** hat. Daher führt das neue Recht insofern zwar nicht zu einer Ausweitung des Kreises der ersatzfähigen Schäden, aber doch zu einer Ausweitung des Kreises der schadensersatzrelevanten Mängel auf alle Mängel im Sinne des Gewährleistungsrechts der VOB/B. Die Regelung befreit damit die VOB/B insoweit für die Fälle der groben Fahrlässigkeit **AGB-rechtlich** von dem Verdacht, gegen § 309 Nr. 7 lit. b) BGB, vormals § 11 Nr. 7 AGBG, zu verstoßen,[140] oder bei vorsätzlicher Mangelverursachung nicht mit **§ 276 Abs. 3 BGB** vereinbar zu sein.

70   Der Schadensersatzanspruch gemäß § 13 Nr. 7 Abs. 2 VOB/B setzt nicht voraus noch hat er zur Folge, dass der **Mangelbeseitigungsanspruch** gemäß § 13 Nr. 5 VOB/B nicht besteht oder dieser erlischt. Vielmehr **geht** dieser, soweit er nach den dafür geltenden Grundsätzen besteht, dem Schadensersatzanspruch in Bezug auf solche Schadenspositionen **vor,** die auf Herstellung eines vertragsgemäßen bzw. mangelfreien Werks gerichtet sind; insoweit gilt dasselbe wie bei § 13 Nr. 7 Abs. 3 VOB/B.[141]

### II. Haftungsvoraussetzungen

#### 1. Allgemeine Voraussetzungen

71   Wie im Fall des § 13 Nr. 7 Abs. 1 VOB/B, setzt die Haftung auf Grund des § 13 Nr. 7 VOB/B voraus, dass ein **Mangel** einer Werkleistung im Sinne des § 13 Nr. 1 VOB/B vorliegt, so dass insoweit auf die dortige Erläuterung verwiesen werden kann; auf eine besondere Qualität, insbesondere auf die **Wesentlichkeit** des Mangels, wie dies § 13 Nr. 7

---

[140] Vgl. zum früheren Recht *Koch* Schadensersatz S. 179 f., 186, 207.
[141] Vgl. dazu unten Rdn. 93 ff.

Abs. 3 VOB/B vorsieht, kommt es hier **nicht** an, ebenso wenig wie im Fall des § 13 Nr. 7 Abs. 1 VOB/B.

Ferner muss ein **ersatzfähiger Schaden** eingetreten sein. Dieser muss allerdings **nicht notwendigerweise** ein **Schaden an der baulichen Anlage** sein; insoweit gilt das zu § 13 Nr. 7 Abs. 3 Satz 2 VOB/B Ausgeführte entsprechend. Der Mangel muss abweichend von § 13 Nr. 7 Abs. 3 VOB/B auch **nicht** zur Folge haben, dass die **Gebrauchsfähigkeit** der baulichen Anlage **erheblich beeinträchtigt ist.** Auf die Verletzung eines absoluten Rechtsgutes kommt es im Unterschied zu § 13 Nr. 7 Abs. 1 VOB/B und abweichend von § 823 Abs. 1 BGB nicht an. 72

Der Mangel muss im Sinne der **haftungsbegründenden Kausalität** adäquat ursächlich für den Eintritt des Schadens beim Auftraggeber geworden sein; insoweit ist auf die diesbezügliche Kommentierung des § 13 Nr. 7 Abs. 1 VOB/B Bezug zu nehmen. Soweit neben dem im Mangel der Werkleistung selbst liegenden Schaden weitere Schäden geltend gemacht werden, müssen auch diese unter Vermittlung des Primärschadens dem Mangel zuzurechnen sein; in diesem Sinne kann auch hier von **haftungsausfüllender Kausalität** gesprochen werden. 73

## 2. Besonderes Verschulden

Der Mangel muss dem werkvertraglichen Tun oder pflichtwidrigen Unterlassen des Auftragnehmers nicht nur im **kausalen** Sinne **zuzurechnen** sein; insoweit gilt das zu § 13 Nr. 7 Abs. 1 VOB/B, insbesondere auch zu mangelhafter Vorleistung anderer Gewerke bzw. zur **Prüf- und Hinweispflicht** des in Anspruch genommenen später tätigen Auftragnehmers Ausgeführte entsprechend. Hinzutreten muss eine Zurechnung des Mangels als **verschuldet**, und zwar abweichend vom Normalfall des § 276 Abs. 1 BGB in der besonderen Form des **Vorsatzes** oder der **groben Fahrlässigkeit**. Vorsätzliches und grob fahrlässiges Verhalten eines **Erfüllungsgehilfen** steht dabei dem Eigenverschulden des Auftraggebers gleich; es wird diesem gemäß § 278 BGB wie eigenes Tun oder Unterlassen zugerechnet.[142] 74

**Grobe Fahrlässigkeit** liegt vor bei einem Außerachtlassen der im Verkehr erforderlichen Sorgfalt in einem solchen Maße, dass nicht einmal die einleuchtendsten Vorsichtsmaßregeln beachtet wurden.[143] Das kann beispielsweise der **Fall** sein, wenn eine fehlerhafte Holzimprägnierung so mit einer gegenüber dem Gebäudeäußeren wirkenden Isolierschicht verbunden wird, dass schädliche Gase nur ins Gebäudeinnere austreten können.[144] Dasselbe gilt bei Beschädigung eines Heizölbodentanks durch Auffüllen des Erdaushubs mit scharfkantigen Steinen.[145] Grobe Fahrlässigkeit ist auch anzunehmen, wenn ein auf Abdichtungen spezialisiertes Unternehmen grundlegende handwerkliche Fehler in Kenntnis des hohen Gefahrenpotentials aus einer Undichtigkeit begeht.[146] Die Beweislast liegt insoweit gemäß § 280 Abs. 1 Satz 2 BGB beim Auftragnehmer.[147] 75

## III. Rechtsfolge; Haftungsumfang

Der Anspruch gewährt Schadensersatz. Art und Umfang des Schadensersatzes richten sich grundsätzlich nach den **§§ 249 ff. BGB.** Primär ist demnach Herstellung des schadensfreien Zustands in natura geschuldet, doch kann der Gläubiger gemäß § 249 Abs. 2 BGB insoweit, 76

---

[142] Zum früheren Recht *Koch* Schadensersatz S. 148; *Locher* NJW 1977, 1803.
[143] Zu dem Begriff näher → § 10 Nr. 1 Rdn. 2.
[144] OLG Saarbrücken NJW-RR 1987, 470; *Ingenstau/Korbion (Wirth)* VOB/B § 13 Nr. 7 Rdn. 45.
[145] OLG Stuttgart VersR 1970, 531 m. Anm. *Ganten* VersR 1970, 823; *Ingenstau/Korbion (Wirth)* VOB/B § 13 Nr. 7 Rdn. 45.
[146] OLG Zweibrücken IBR 2001, 181.
[147] Anders *Ingenstau/Korbion (Wirth)* VOB/B § 13 Nr. 7 Rdn. 47; zum früheren § 13 Nr. 7 Abs. 2 lit. a) VOB/B die h. M., *Nicklisch/Weick (Nicklisch)* VOB/B § 13 Rdn. 270; *Kaiser* Mängelhaftung Rdn. 106 a; *Koch* Schadensersatz S. 149.

§ 13 Nr. 7    Schadensersatzanspruch

wie in den vorliegenden Fällen eine Sachbeschädigung gegeben ist, in der Regel auch den zur Schadensbeseitigung erforderlichen Geldbetrag verlangen. Auch bei an sich möglicher Naturalleistung ist jedoch in den Fällen, in denen die schadensersatzrechtliche Naturalleistung im Ergebnis an die Stelle eines Mangelbeseitigungsanspruchs treten würde, der Schadensersatzanspruch nur auf Geldleistung gerichtet, wenn der an sich gemäß § 13 Nr. 5 VOB/B gegebene Mangelbeseitigungsanspruch im konkreten Fall ausgeschlossen ist; insoweit gilt dasselbe wie im Fall des § 13 Nr. 7 Abs. 3 VOB/B.[148] Soweit eine Naturalherstellung nicht möglich oder nicht genügend ist, ist gemäß § 251 Abs. 1 BGB eine Geldentschädigung zu leisten. Entgangener Gewinn ist gemäß § 252 BGB zu ersetzen. Auch ein Schmerzensgeld kann auf Grund der Neufassung des § 253 BGB geschuldet sein, jedoch werden die insoweit in Betracht kommenden Fälle in aller Regel durch § 13 Nr. 7 Abs. 1 VOB/B erfasst. Der Anspruch kann gemäß § 254 BGB ausgeschlossen oder beschränkt sein. Hinsichtlich der Einzelfragen zu Inhalt, Modalitäten und Grenzen des Schadensersatzanspruchs ist auf die Kommentierung zu **§ 13 Nr. 7 Abs. 3 VOB/B** und dort **insbesondere Satz 2** zu verweisen; das dort Ausgeführte **gilt** mit Rücksicht auf die normgeschichtliche Herkunft des § 13 Nr. 7 Abs. 2 VOB/B grundsätzlich **entsprechend**.

## E. Haftung gemäß Abs. 3 Satz 1

### I. Grundlagen

#### 1. Abs. 3

77    § 13 Nr. 7 Abs. 3 BGB **insgesamt** beinhaltet im Wesentlichen die Regelungen, die bis zur VOB/B 2002 in § 13 Nr. 7 Abs. 1 und 2 VOB/B a. F. enthalten waren, wenn von § 13 Nr. 7 Abs. 2 lit. a) VOB/B a. F. abgesehen wird. In der Sache handelt es sich um die zumindest quantitativ **wichtigste Haftungsgrundlage** für den Ersatz mangelbedingter Schäden, da die Haftung gemäß § 13 Nr. 7 Abs. 1 VOB/B auf die Verletzung bestimmter personaler Rechtsgüter und die Haftung gemäß § 13 Nr. 7 Abs. 2 VOB/B auf ein besonders schwerwiegendes Verschulden begrenzt ist. § 13 Nr. 7 Abs. 3 VOB/B hingegen begründet eine Haftung bereits für **einfache Fahrlässigkeit;** auf die mangelbedingte Verletzung **spezifischer Rechtsgüter** kommt es **nicht** an. In diesen Hinsichten ist daher der **Haftungstatbestand weit**.

78    Der **Haftungstatbestand** des § 13 Nr. 7 Abs. 3 VOB/B, und zwar **beider** Sätze, ist hingegen insofern in **objektiver** Hinsicht **eng,** als die Haftung stets voraussetzt, dass der schadensträchtige **Mangel wesentlich** ist. Ferner muss er **zusätzlich** die **Gebrauchstauglichkeit beeinträchtigt** haben, und zwar **erheblich.** Beides setzt § 13 Nr. 7 Abs. 1 und 2 VOB/B nicht voraus. Dies gilt grundsätzlich auch für die werkvertragliche Schadensersatzhaftung des allgemeinen bürgerlichen Rechts, wie sich im Umkehrschluss zu den §§ 634 Nr. 4, 280 Abs. 1 und 3, 281 Abs. 1 Satz 3 BGB daraus ergibt, dass dort nur der Anspruch auf Schadensersatz statt der ganzen Leistung ausgeschlossen ist, wenn die Pflichtverletzung, also die mangelhafte Leistung, unerheblich ist. Das Verschuldenserfordernis im Sinne des § 276 BGB in der Weise, dass die Haftungsgrenze für Schadensersatzansprüche bei der leichten Fahrlässigkeit liegt, teilt § 13 Nr. 7 Abs. 3 VOB/B hingegen mit dem BGB-Werkvertrag.

#### 2. Abs. 3 Satz 1

79    § 13 Nr. 7 Abs. 3 **Satz 1** VOB/B beschränkt den Schadensersatzanspruch auf eine Teilmenge der Schäden, die durch verschuldete wesentliche, die Gebrauchsfähigkeit erheblich beeinträchtigende Mängel entstanden sind. Ersatzfähig ist hier nur der **Schaden an der**

---
[148] Vgl. die dortige Erläuterung in Rdn. 93 ff.

baulichen Anlage,¹⁴⁹ zu deren Herstellung, Instandhaltung oder Änderung die Leistung des Auftragnehmers dient. Nur wenn zusätzlich die besonderen Voraussetzungen von § 13 Nr. 7 Abs. 3 Satz 2 lit. a) bis c) VOB/B vorliegen, ist auch ein darüber hinausgehender Schaden ersatzfähig. Die Anregung,¹⁵⁰ im Zuge der Novellierung der VOB/B die Unterscheidung in den kleinen und den großen Schadensersatz aufzugeben, wurde daher nicht aufgegriffen.

## II. Haftungsvoraussetzungen

### 1. Mangel

Das Vorliegen eines Mangels ist nach § 13 Nr. 1 VOB/B zu beurteilen; der **Begriff** stimmt mit dem bei § 13 Nr. 5 Abs. 1 VOB/B geltenden überein. Insoweit ist auf die dortige Kommentierung zu verweisen. Maßgeblich ist dabei insbesondere die Vertragsmäßigkeit der Leistung, wobei es entscheidend auf den Inhalt der Vereinbarung mit dem jeweiligen Vertragspartner ankommt. Dieser ist im Verhältnis zum Subunternehmer der Hauptunternehmer, nicht aber der Bauherr, so dass auch leistungsabändernde Vereinbarungen grundsätzlich nicht der Subunternehmer unmittelbar mit dem Bauherrn treffen kann. Jedenfalls müssen solche Vereinbarungen dem Hauptunternehmer mitgeteilt werden, damit dieser sich in einem Rechtsstreit mit dem Bauherrn unter Berufung auf die leistungsändernde Vereinbarung angemessen verteidigen kann; unterbleibt dies und wird deshalb der Hauptunternehmer vom Bauherrn erfolgreich wegen Mängeln in die Haftung genommen, so haftet der Subunternehmer dem Hauptunternehmer unter dem Gesichtspunkt der positiven Vertragsverletzung, § 280 Abs. 1 BGB, wegen des Unterlassens der gebotenen Mitteilung auf den diesem dadurch entstandenen Schaden.¹⁵¹ 80

### 2. Wesentlichkeit des Mangels

Der Schadensersatzanspruch setzt außer dem Mangel auch dessen **Wesentlichkeit** voraus. Diese ist unter Berücksichtigung objektiver und subjektiver Gesichtspunkte zu ermitteln. In **objektiver** Hinsicht kommt es darauf an, ob der Mangel von einem unbeteiligten Dritten unter Berücksichtigung des Vertragszwecks als bedeutende Abweichung von der vertraglich erwarteten Qualität angesehen wird.¹⁵² In **subjektiver** Hinsicht ist das spezielle Interesse des Auftraggebers an der vertragsgerechten Leistung im Hinblick auf seine Verwendungsabsicht zu berücksichtigen,¹⁵³ wobei allerdings nur in Betracht zu ziehen ist, was dem Auftragnehmer bekannt war oder den Umständen nach bekannt sein musste.¹⁵⁴ Der Sinn und Zweck dieser Voraussetzung besteht darin, eine Schadensersatzpflicht wegen geringfügiger und somit unwesentlicher Mängel auszuschließen.¹⁵⁵ 81

Das Fehlen einer zugesicherten Eigenschaft im Sinne des früheren Rechts stellte daher in der Regel,¹⁵⁶ wenn auch nicht notwendigerweise,¹⁵⁷ einen wesentlichen Mangel 82

---

¹⁴⁹ Vgl. zum Anspruchsinhalt (Mangelschaden und enge Mangelfolgeschäden) *Kapellmann/Messerschmidt (Weyer)* VOB/B § 13 Rdn. 344.
¹⁵⁰ *Merl* FS Jagenburg S. 599.
¹⁵¹ OLG Dresden BauR 2001, 810.
¹⁵² *Ingenstau/Korbion (Wirth)* VOB/B § 13 Nr. 7 Rdn. 61; *Kleine-Möller/Merl/Oelmaier (Merl)* § 12 Rdn. 926; *Siegburg* Gewährleistung Rdn. 1291.
¹⁵³ OLG Stuttgart BauR 1979, 432; *Ingenstau/Korbion (Wirth)* VOB/B § 13 Nr. 7 Rdn. 58; *Nicklisch/Weick (Nicklisch)* VOB/B § 13 Rdn. 233; *Staudinger/Peters* Anh I zu § 638 Rdn. 42; *Kaiser* Mängelhaftung Rdn. 99 mit Fn. 62; *Kleine-Möller/Merl/Oelmaier (Merl)* § 12 Rdn. 926; *Werner/Pastor* Rdn. 1726.
¹⁵⁴ *Ingenstau/Korbion (Wirth)* VOB/B § 13 Nr. 7 Rdn. 62; *Nicklisch/Weick (Nicklisch)* VOB/B § 13 Rdn. 233; *Staudinger/Peters* Anh I zu § 638 Rdn. 42; *Kaiser* Mängelhaftung Rdn. 99 mit Fn. 62; *Kleine-Möller/Merl/Oelmaier (Merl)* § 12 Rdn. 926; *Siegburg* Gewährleistung Rdn. 1291; *Werner/Pastor* Rdn. 1726.
¹⁵⁵ *Kapellmann/Messerschmidt (Weyer)* VOB/B § 13 Rdn. 346.
¹⁵⁶ BGH NJW 1962, 1569; OLG Stuttgart BauR 1979, 432; *Siegburg* Gewährleistung Rdn. 1292.
¹⁵⁷ BGH NJW 1967, 390; BGH BauR 1981, 286 = ZfBR 1981, 140.

dar.[158] Dies gilt für das Fehlen einer **vereinbarten Beschaffenheit** im Sinne des § 13 Nr. 1 Satz 2 VOB/B weiter. Mindere Qualität in **elementaren** Punkten, namentlich **statischer** Art und dabei auch infolge der Verwendung **ungeeigneter Materialien**,[159] begründen wohl stets wesentliche Mängel. So verhält es sich etwa bei der Verwendung nicht frostbeständiger Vormauersteine,[160] mangelhafter Schallisolierung,[161] oder bei unterlassener Einbringung einer Feuchtigkeitssperre gegen aufsteigende Bodenfeuchtigkeit.[162] Mängel, die zu **Gesundheitsgefährdungen** oder **erheblichen Belästigungen** führen können, sind ebenfalls in der Regel wesentlich; dies gilt etwa für Chemikalienausdünstungen[163] oder für die fehlerhafte Isolierung von Gasleitungen mit der Folge eines besonderen Undichtigkeitsrisikos wegen gesteigerter Korrosionsgefahr.[164] Eine erhebliche mangelbedingte **Wertminderung** ist ebenfalls ein Anzeichen für die Wesentlichkeit des Mangels.[165]

83  Je nach Fall differenziert zu entscheiden ist bei **abredewidriger Verwendung bestimmter Baumaterialien;** generelle Regeln lassen sich nicht aufstellen, vielmehr kommt es darauf an, ob dennoch der vereinbarte Vertragszweck erreicht wurde. Die Verwendung einer nicht vereinbarten Holzart kann hingegen einen wesentlichen Mangel darstellen, sofern nicht das verwendete Holz dem Vertragszweck auch mit Rücksicht auf die speziellen Interessen des Auftraggebers doch im Wesentlichen gerecht wird.[166] Wesentliche Mängel können auch durch vertragswidrigen Gebrauch bestimmten Dämmmaterials[167] entstehen. Bei äußerlichen, **ästhetischen Abweichung** hängt die Wesentlichkeit ebenfalls je nach Einzelfall davon ab, ob die Zumutbarkeitsgrenze für einen durchschnittlich empfindsamen Bauherrn überschritten wird. Dazu genügen nur minimale Farbabweichungen bei Platten meist nicht;[168] Gleiches wird in der Regel für das Verlegen von kleinen statt großen Platten auf Haustürpodesten gelten.[169]

### 3. Beeinträchtigung der Gebrauchsfähigkeit

84  Die **zusätzlich** geforderte Beeinträchtigung der Gebrauchsfähigkeit ist nach Maßgabe des § 13 Nr. 1 Satz 3 VOB/B gegeben, wenn sich die Leistung nicht für die nach dem Vertrag vorausgesetzte Verwendung eignet, und in Ermangelung einer solchen vertraglich vorausgesetzten Verwendung, wenn sich die Leistung nicht für die gewöhnliche Verwendung eignet und sie nicht eine solche Beschaffenheit aufweist, die bei Werken der gleichen Art üblich ist und die der Auftraggeber nach der Art der Leistung erwarten darf.[170] Diese Beeinträchtigung kann unmittelbar im **technischen Defekt der Leistung** liegen; der

---

[158] *Ingenstau/Korbion (Wirth)* VOB/B § 13 Nr. 7 Rdn. 63; *Staudinger/Peters* (2000) Anh I zu § 635 Rdn. 51; *Kaiser* Mängelhaftung Rdn. 102; *Kleine-Möller/Merl/Oelmaier (Merl)* § 12 Rdn. 926; *Koch* Schadensersatz S. 87 f.; offengelassen von BGH NJW 1981, 1448 = BauR 1981, 284 (zu § 12 Nr. 3 VOB/B); so auch zur neuen VOB/B bezogen auf die Garantie *Staudinger/Peters* Anh I zu § 638 Rdn. 42.
[159] Nicht fest genug bindender Mörtel: *Ingenstau/Korbion (Wirth)* VOB/B § 13 Nr. 7 Rdn. 64; *Staudinger/Peters* Anh I zu § 638 Rdn. 42.
[160] BGH BauR 1979, 154.
[161] OLG Nürnberg BauR 1989, 740; LG Nürnberg-Fürth NJW-RR 1989, 1107 f.
[162] OLG Stuttgart BauR 1989, 611.
[163] OLG Nürnberg NJW-RR 1993, 1569 (Holzschutzmittel); *Siegburg* Gewährleistung Rdn. 1293.
[164] BGH *Schäfer/Finnern/Hochstein* Z. 2414 Bl. 157, 159.
[165] BGH BauR 1971, 125; BGH NJW 1986, 429.
[166] BGH NJW 1962, 1569; *Ingenstau/Korbion (Wirth)* VOB/B § 13 Nr. 7 Rdn. 64.
[167] OLG Stuttgart BauR 1979, 433.
[168] BGH BauR 1970, 237; *Ingenstau/Korbion (Wirth)* VOB/B § 13 Nr. 7 Rdn. 64.
[169] OLG Hamm NJW-RR 2003, 965 = BauR 2003, 1403 f.
[170] Auf die Mangeldefinition des § 13 Nr. 1 VOB/B wurde insoweit schon in der früheren VOB/B zurückgegriffen; vgl. BGHZ 55, 198 = NJW 1971, 613 = BauR 1971, 124; *Ingenstau/Korbion (Wirth)* VOB/B § 13 Nr. 7 Rdn. 66; *Kapellmann/Messerschmidt (Weyer)* VOB/B § 13 Rdn. 347; *Nicklisch/Weick (Nicklisch)* VOB/B § 13 Rdn. 234; *Kleine-Möller/Merl/Oelmaier (Merl)* § 12 Rdn. 927; *Locher* PrivBauR Rdn. 279; *Siegburg* Gewährleistung Rdn. 1295.

derart technisch bedingte Minderwert[171] umfasst immer den bei einer Minderung nach § 13 Nr. 6 VOB/B anzusetzenden Betrag.[172]

Die Beeinträchtigung kann jedoch ebenfalls, obwohl vom Wortlaut der Norm nicht gedeckt,[173] in einer Minderbewertung des Baus bei seiner Veräußerung, Belastung oder Vermietung bzw. Verpachtung bestehen, die auch bei einer Mangelbehebung nicht auszuräumen ist; hierbei handelt es sich um den so genannten **merkantilen Minderwert**.[174] Dabei ist gleichgültig, ob die Minderbewertung im Rechtsverkehr technisch gerechtfertigt ist oder nur auf der – gegebenenfalls sogar unbegründeten, aber nicht auszuräumenden – Furcht etwaiger künftiger Erwerber vor noch unentdeckten Mängeln beruht; es kommt auch nicht darauf an, ob der Bau zu Veräußerungs-, Vermietungs- oder Verpachtungszwecken durchgeführt wurde oder ob eine solche rechtsgeschäftliche Verwertung von Anbeginn beabsichtigt ist,[175] sofern nur eine Minderbewertung für den Fall der rechtsgeschäftlichen Verwertung nach der Lebenserfahrung zu erwarten ist.[176] Ein Defekt im technischen Sinne ist dabei nicht erforderlich; auch ästhetische Mängel genügen, wie sie etwa bei Einbau optisch mangelhafter Fenster in ein denkmalgeschütztes Gebäude vorliegen.[177] Die bloße Wertminderung, obwohl anders als in § 633 Abs. 1 BGB a. F. in § 13 Nr. 1 VOB/B nicht erwähnt, hat also auch hier Bedeutung.[178]

### 4. Erheblichkeit der Beeinträchtigung

Ist die **Gebrauchstauglichkeit** nicht aufgehoben, sondern bloß gemindert, muss die **Beeinträchtigung erheblich** sein. Hier wird der schon im früheren § 634 Abs. 3 BGB a. F. für die Wandelung und in den §§ 634 Nr. 3, 325 Abs. 5 Satz 2 BGB für den mangelbedingten Rücktritt anzutreffende Rechtsgedanke aufgenommen und damit der jedenfalls früher beim BGB-Vertrag bestehende Streit[179] vermieden, ob auch der so genannte kleine[180] Schadensersatzanspruch unter dem Vorbehalt der Wesentlichkeit der mangelbedingten Beeinträchtigung steht. Erheblichkeit der Beeinträchtigung liegt vor, wenn nach der Verkehrsauffassung anzunehmen ist, dass die Mangelbeseitigung und ggf. die Minderung in Anbetracht der Schwere des Mangels nicht genügen, um einen hinreichenden und gerechten Ausgleich zu schaffen.[181] Hier kommt es auf die Umstände des Einzelfalls an, und zwar auch beim Fehlen einer zugesicherten Eigenschaft.[182] Auch ästhetische Beeinträchtigungen können im Einzelfall eine erhebliche Einschränkung der Gebrauchstauglichkeit sein.[183]

Nicht erheblich ist etwa die geringfügige Überschreitung von **Maßtoleranzen,** soweit deren genaue Einhaltung in der Regel nicht von wesentlicher Bedeutung ist und, beispiels-

---

[171] Zum technischen Minderwert BGH BauR 1995, 388; *Kapellmann/Messerschmidt (Weyer)* VOB/B § 13 Rdn. 347.
[172] BGH MDR 1960, 839 = BB 1960, 755; *Ingenstau/Korbion (Wirth)* VOB/B § 13 Nr. 7 Rdn. 69.
[173] Kritisch insoweit daher unter AGB-rechtlichem Aspekt *Koch* Schadensersatz S. 96 ff.
[174] BGHZ 9, 99 f. = NJW 1953, 659; BGHZ 55, 200 = NJW 1971, 615 = BauR 1971, 125; OLG Stuttgart BauR 1979, 432; *Kaiser* Mängelhaftung Rdn. 99; *Kleine-Möller/Merl/Oelmaier (Merl)* § 12 Rdn. 940; *Locher* PrivBauR Rdn. 279; *Werner/Pastor* Rdn. 1726.
[175] BGH DB 1961, 1515 = BB 1961, 1216; BGH NJW 1986, 429 = BauR 1986, 104; *Ingenstau/Korbion (Wirth)* VOB/B § 13 Nr. 7 Rdn. 67; *Nicklisch/Weick (Nicklisch)* VOB/B § 13 Rdn. 234; *Kleine-Möller/Merl/Oelmaier (Merl)* § 12 Rdn. 927; *Locher* PrivBauR Rdn. 279; *Werner/Pastor* Rdn. 1726.
[176] BGH BauR 1979, 158; *Ingenstau/Korbion (Wirth)* VOB/B § 13 Nr. 7 Rdn. 67.
[177] OLG Dresden IBR 2000, 497.
[178] *Staudinger/Peters* Anh I zu § 638 Rdn. 43.
[179] Vgl. zur früheren Rechtslage BGHZ 27, 219 f.
[180] Für den großen Schadensersatzanspruch, der einen Quasirücktritt in die Schadensberechnung integriert, ist ein erheblich beeinträchtigender Mangel vorauszusetzen, wie sich aus § 281 Abs. 1 Satz 3 BGB ergibt.
[181] *Ingenstau/Korbion (Wirth)* VOB/B § 13 Nr. 7 Rdn. 70; *Kaiser* Mängelhaftung Rdn. 99.
[182] BGH NJW 1962, 1569 f.; *Staudinger/Peters* Anh I zu § 638 Rdn. 44; *Kleine-Möller/Merl/Oelmaier (Merl)* § 12 Rdn. 928.
[183] *Koch* Schadensersatz S. 95; vgl. auch OLG Stuttgart BauR 1979, 433.

weise infolge von Tapezierarbeiten, im praktischen Ergebnis schließlich ohnedies nicht gewährleistet ist.[184]

88   Anders verhält es sich bei **technischen Defekten** oder bei **Gesundheitsgefährdungen**, soweit diese einen wesentlichen Mangel darstellen. Dies liegt etwa vor bei der Gefahr von Leitungskorrosion infolge der Verwendung vertragswidrig beschaffenen Materials, namentlich auch wegen der deshalb bestehenden Gesundheitsrisiken, bei Fehlen einer ausreichenden Dampfsperre mit der Folge von Wasserabtropfungen in einer Lagerhalle[185] oder bei Wohnflächenverlust infolge nachträglicher Montage von Schallschutzschalen;[186] ferner bei der Verwendung des falschen Dämmmaterials, wenn damit eine Gebrauchseinschränkung verbunden ist.[187] Eine erhebliche Einschränkung der Gebrauchstauglichkeit ist auch gegeben, wenn bei einem Wohngebäude Gesundheitsgefährdungen drohen, beispielsweise durch Formaldehyd oder durch Lindanausdünstungen in einem erheblichen Umfang.[188]

### 5. Zurechenbarkeit und Verschulden des Mangels

89   Der wesentliche, die Gebrauchsfähigkeit des Werks erheblich beeinträchtigende Mangel muss dem Auftragnehmer zuzurechnen und von ihm verschuldet sein. Die **Zurechenbarkeit des Mangels** erfordert zunächst die Feststellung, dass der Mangel durch ein Verhalten oder pflichtwidriges Unterlassen des Auftragnehmers **verursacht** worden ist; gemäß § 278 BGB steht insoweit der **Erfüllungsgehilfe** dem Auftragnehmer gleich. Die Verantwortungszuweisung wird allerdings dadurch ausgeschlossen, dass der Auftragnehmer seine **Prüfungs- und Hinweispflichten** gemäß § 13 Nr. 3 bzw. § 4 Nr. 3 VOB/B **erfüllt** hat.[189] Insoweit gilt das zu § 13 Nr. 7 Abs. 1 VOB/B Ausgeführte auch hier.[190]

90   Daneben ist ein **Verschulden** des Auftragnehmers nötig. Es genügt **leichte Fahrlässigkeit** im Sinne des § 276 BGB,[191] für einen **Erfüllungsgehilfen** haftet der Auftragnehmer gemäß § 278 BGB. Das zu § 13 Nr. 7 Abs. 1 VOB/B Ausgeführte gilt entsprechend.[192]

### 6. Schadensursächlichkeit des Mangels

91   Die vorbezeichneten Umstände aus dem Verantwortungsbereich des Auftragnehmers müssen den geltend gemachten **Schaden** in einer rechtlich dem Auftragnehmer **zurechenbaren** Weise **verursacht** haben. Daran fehlt es unter dem Gesichtspunkt des Rechtswidrigkeitszusammenhangs namentlich bei den so genannten **Sowiesokosten**; diese Thematik wird, wie allgemein üblich, bei der Schadensbemessung behandelt.[193] Darauf ist auch für die Schadensbeteiligung zu verweisen, wenn der Auftraggeber oder eine ihm zuzurechnende Person für das Entstehen des Mangels **mitverantwortlich** ist.

92   Die Frage der Schadenszurechnung stellt sich allerdings nur bezüglich solcher Schäden, die auf der Grundlage des § 13 Nr. 7 Abs. 3 Satz 1 VOB/B überhaupt ersatzfähig sind. Die Frage nach der **Art des geltend gemachten Schadens** und seiner Ersatzfähigkeit steht

---

[184] Vgl. *Ingenstau/Korbion (Wirth)* VOB/B § 13 Nr. 7 Rdn. 71; *Kapellmann/Messerschmidt (Weyer)* VOB/B § 13 Rdn. 348; *Siegburg* Gewährleistung Rdn. 1296.
[185] OLG Düsseldorf NJW-RR 1997, 976.
[186] BGH NJW-RR 1998, 1169 = BauR 1998, 1117.
[187] *Ingenstau/Korbion (Wirth)* VOB/B § 13 Nr. 7 Rdn. 71 unter Hinweis auf BGH Schäfer/Finnern/Hochstein Z 2414 Bl. 157 ff. und zu Letzterem OLG Stuttgart BauR 1979, 432.
[188] OLG Nürnberg NJW-RR 1993, 1303 f.
[189] Insoweit ist zu verweisen auf die Kommentierung zu § 13 Nr. 5, oben Rdn. 25 ff.
[190] Vgl. oben Rdn. 60 ff.
[191] *Ingenstau/Korbion (Wirth)* VOB/B § 13 Nr. 7 Rdn. 74; *Kaiser* Mängelhaftung Rdn. 100; *Koch* Schadensersatz S. 100 f.; hierbei trifft den Auftragnehmer insoweit ein strenger Sorgfaltsmaßstab, als dass sich sein Verschulden nach den zur Werkausführung erforderlichen Fachkenntnissen selbst dann richtet, wenn er über diese Kenntnisse nicht verfügt und des Weiteren wegen seiner Pflicht, sich über die sein Metier betreffenden Neuerungen zu vergewissern, so *Kapellmann/Messerschmidt (Weyer)* VOB/B § 13 Rdn. 349 unter Bezug auf BGH BauR 1974, 125 (zu Ersterem) und BGH BauR 1979, 159 (zu Letzterem).
[192] Vgl. dazu oben Rdn. 60 ff.
[193] Dazu unten Rdn. 156 ff. und → § 4 Nr. 7 Rdn. 188 f.

## III. Haftungsumfang

### 1. Grundlagen

Die Haftung auf Grund von § 13 Nr. 7 Abs. 3 Satz 1 VOB/B erfordert einen **Schaden an der baulichen Anlage,** zu deren Herstellung, Instandhaltung oder Änderung die Leistung dient.[194] Die bauliche Anlage ist das von der Werkleistung betroffene Bauwerk in seiner Gesamtheit, das auf Grund seiner äußeren Gestaltung und des funktionellen Zusammenhangs als Einheit erscheint.[195] Bei der baulichen Anlage muss es sich grundsätzlich um diejenige handeln, die der Auftraggeber auf seine Rechnung erstellen ließ. Allerdings ist der Bereich dessen, was in diesem Sinne als bauliche Anlage des Auftraggebers gilt, nicht zu eng zu ziehen; so können dazu bei einer einheitlich ausgeführten Gartenhofhausanlage auch angrenzende Wände anderer Hauseigentümer zählen.[196]

Der Schaden muss dem Auftraggeber grundsätzlich selbst entstanden sein. Das schließt in den anerkannten Fällen der **Drittschadensliquidation** – Fälle der Obhut, der mittelbaren Stellvertretung und der schuldrechtlichen Entlastung von Zufallsgefahren, jeweils soweit der Drittgeschädigte keinen eigenen durchsetzbaren Anspruch hat – die ausnahmsweise Geltendmachung des Schadens eines Dritten durch den Auftraggeber nicht aus,[197] doch liegt diese Situation in den bautypischen Konstellationen der Leistungskette, die vom Subunternehmer über den Haupt- oder Generalunternehmer zum Auftraggeber führt, in der Regel gerade nicht vor.

Auch ein Vertrag mit Schutzwirkung **zugunsten Dritter,** der dem Dritten einen eigenen Schadensersatzanspruch aus Vertrag gibt, kann nach allgemeinen Grundsätzen vorliegen.[198] Dazu ist jedoch das allgemeine Interesse des Dritten, eine ordentliche Bauleistung zu bekommen, nicht ausreichend. Vielmehr begründet, um keine allgemeine vertragsrechtlich konzipierte Haftung zum Schutz des bloßen Vermögensinteresses eines Dritten an einer preisangemessenen Leistung zuzulassen, nur die Verletzung der auf die persönliche Unversehrtheit des Dritten und auf sein Eigentum bezogenen Schutzpflichten eine Haftung aus dem Gesichtspunkt des Vertrags mit Schutzwirkung zugunsten Dritter.

Mit dem Bezug auf Schäden an der baulichen Anlage im Tatbestand des § 13 Nr. 7 Abs. 3 Satz 1 VOB/B wird bezweckt, den Kreis der ersatzfähigen Schäden zu begrenzen. Diese **Schadensersatzbegrenzung** ist für die Unterscheidung gegenüber dem weiteren Haftungsrahmen des § 13 Nr. 7 Abs. 3 Satz 2 VOB/B bedeutsam; sie wird nachfolgend ermittelt.

**a) Substanz- oder Funktionsschäden an anderen Bauteilen und anderen Sachen.** Die Haftung für den Schaden an der baulichen Anlage im Sinne des § 13 Nr. 7 Abs. 3 Satz 1 VOB/B ist hinsichtlich der Substanzschäden unstreitig nicht auf den Schaden beschränkt, der **unmittelbar** an der vom Auftragnehmer zu erbringenden **Werkleistung** entstanden ist. Insbesondere ist sie nicht auf den vom Auftragnehmer erbrachten mangelhaften Leistungsteil begrenzt, wenn die Leistung des Auftragnehmers darin bestand, im Zusammenwirken mit anderen Gewerken zur Herstellung eines gemeinsam zu erstellenden Gesamtbauwerks beizutragen.

Die Haftung umfasst vielmehr **auch** jeden sonstigen, über die unmittelbar-eigenen Leistungsteile hinausgehenden Sachschaden, der an der übrigen, **mit der mangelhaften Werk-**

---

[194] *Kapellmann/Messerschmidt (Weyer)* VOB/B § 13 Rdn. 357.
[195] *Kleine-Möller/Merl/Oelmaier (Merl)* § 12 Rdn. 930.
[196] BGH BauR 1988, 461, 462 f.
[197] *Kaiser* Mängelhaftung Rdn. 97 a.
[198] *Kaiser* Mängelhaftung Rdn. 97 b.

leistung zusammenhängenden baulichen Anlage entsteht. In diesem Sinne gehören auch nur mittelbar verursachte Bauobjektschäden durchaus in den Anwendungsbereich des § 13 Nr. 7 Abs. 3 Satz 1 VOB/B, vorausgesetzt, dass sie in Gestalt von Substanzbeeinträchtigungen oder Funktionsstörungen an anderer Stelle derselben baulichen Anlage als Folge der mangelhaften Leistung des in Anspruch genommenen Auftragnehmers auftreten.[199]

99 Das trifft **beispielsweise** zu für Beschädigungen von Fensterrahmen infolge Herabfallens fehlerhaft montierter Jalousien,[200] bei Schwammbildung infolge unsachgemäßer Baugrubenverfüllung,[201] bei Gebäuderissen infolge fehlerhafter Erdarbeiten oder bei Feuchtigkeitsschäden, die sich von dem eigentlichen Ort der mangelhaften Leistung – etwa wegen unterlassener Anbringung wasserabweisender Vorrichtungen oder Mittel oder wegen konstruktiver Fehler – auf andere Gebäudeteile ausdehnen.[202]

100 Die Haftungsgrenze des § 13 Nr. 7 Abs. 3 Satz 1 VOB/B ist erst dann **überschritten,** wenn der Leistungsmangel zu **Schäden außerhalb der** von der erbrachten Leistung betroffenen **Gesamtanlage** führt. Dies ist etwa gegeben bei baufeuchtigkeitsbedingten Schäden an eingelagertem Material und an eingebrachtem Mobiliar.[203]

101 **b) Nicht unmittelbar sachbezogene (reine) Vermögensschäden.** Zweifelhaft ist, ob auch solche Schäden bereits durch § 13 Nr. 7 Abs. 3 Satz 1 VOB/B erfasst werden, die nicht unmittelbar in der mangelbedingten Beeinträchtigung der Bausubstanz an irgendeiner Stelle der baulichen Gesamtanlage bestehen, sondern bei denen es sich um **Vermögensschäden außerhalb des unmittelbaren Substanzschadens** handelt. Dies ist zwar nicht stets, aber typischerweise der Bereich der so genannten **Mangelfolgeschäden,** bei denen auch im früheren BGB-Werkvertragsrecht umstritten war, inwieweit sie von § 635 BGB a. F. statt von der dort mangelbedingten positiven Vertragsverletzung erfasst wurden; die Zuordnung solcher Schäden zu § 635 BGB a. F. wurde dort für die so genannten **nahen** Mangelfolgeschäden angenommen.[204]

102 Bei § 13 Nr. 7 Abs. 1 VOB/B a. F. war **umstritten** – und an der Frage nach der Gebotenheit oder Möglichkeit einer fortgesetzten Orientierung des insoweit unverändert gebliebenen § 13 Nr. 7 Abs. 3 Satz 1 VOB/B am früheren Werkvertragsrecht hat die Schuldrechtsreform als solche nichts geändert –, ob der Kreis der ersatzfähigen Schäden mit dem von § 635 BGB a. F. erfassten Bereich identisch ist, so dass von § 13 Nr. 7 Abs. 3 Satz 1 VOB/B – in der Rechtsnachfolge des vormaligen § 13 Nr. 7 Abs. 1 VOB/B stehend – wie von § 635 BGB a. F. neben den vorbezeichneten, unmittelbar an der baulichen Anlage in ihrer physischen Gesamtheit auftretenden Mangelschäden **auch die nahen Mangelfolgeschäden** erfasst werden.[205]

103 Die **herrschende Meinung** nahm dies unter der Geltung des früheren § 13 Nr. 7 Abs. 1 VOB/B a. F. an,[206] wenngleich mit der Einschränkung, dies sei „im Ergeb-

---

[199] BGH NJW 1970, 423; *Ingenstau/Korbion (Wirth)* VOB/B § 13 Nr. 7 Rdn. 87 f.; *Nicklisch/Weick (Nicklisch)* VOB/B § 13 Rdn. 237; *Kaiser* Mängelhaftung Rdn. 114; *Kleine-Möller/Merl/Oelmaier (Merl)* § 12 Rdn. 930; *Locher* PrivBauR Rdn. 280; *Werner/Pastor* Rdn. 1729.
[200] BGHZ 62, 295 f.; *Nicklisch/Weick (Nicklisch)* VOB/B § 13 Rdn. 237.
[201] *Ingenstau/Korbion (Wirth)* VOB/B § 13 Nr. 7 Rdn. 86 unter Hinweis auf den Fall RG JW 1938, 1646; *Werner/Pastor* Rdn. 1730.
[202] OLG Koblenz NJW-RR 1988, 532, 533; *Ingenstau/Korbion (Wirth)* VOB/B § 13 Nr. 7 Rdn. 86; *Kaiser* Mängelhaftung Rdn. 114; *Kleine-Möller/Merl/Oelmaier (Merl)* § 12 Rdn. 930; *Werner/Pastor* Rdn. 1730.
[203] BGH NJW 1971, 1130 = BauR 1971, 131; BGH NJW 1975, 1316 = BauR 1975, 287; *Ingenstau/Korbion (Wirth)* VOB/B § 13 Nr. 7 Rdn. 88; *Kleine-Möller/Merl/Oelmaier (Merl)* § 12 Rdn. 930.
[204] Dazu oben Rdn. 41.
[205] Vgl. *Werner/Pastor* Rdn. 1722: § 13 Nr. 7 Abs. 1 VOB/B trete teilweise an die Stelle des § 635 BGB a. F. und teilweise an die Stelle des Anspruchs aus pVV.
[206] BGH NJW 1970, 423; BGHZ 58, 340 = NJW 1972, 1282 = BauR 1972, 313; BGHZ 61, 204 f.; BGH BauR 1981, 398 = ZfBR 1981, 179; BGHZ 99, 84 = NJW 1987, 646 = BauR 1987, 89 = ZfBR 1987, 94 = JZ 1987, 247 m. Anm. *Köhler*; *Ingenstau/Korbion (Wirth)* (14. Aufl. 2001) VOB/B § 13 Rdn. 706; *Nicklisch/Weick* VOB/B § 13 Rdn. 240; *Kleine-Möller/Merl/Oelmaier (Merl)* (2. Aufl. 1997) § 12 Rdn. 739; *Locher* PrivBauR (6. Aufl. 1996) Rdn. 168; *Siegburg* Gewährleistung Rdn. 1305; *Hochstein* BauR 1972, 8.

nis"207 oder „grundsätzlich"208 der Fall; so wurde die bei § 635 BGB a. F. geltende Grenzziehung für Mangelfolgeschäden an der baulichen Anlage auch unter der Geltung des früheren Werkvertragsrechts durchaus nicht eingehalten.209 Eine Mindermeinung zog den erfassten Schadensbereich enger, indem sie zumindest einige der nahen Mangelfolgeschäden im Sinne des früheren BGB-Werkvertragsrechts, die dort dem § 635 BGB a. F. und nicht der mangelbedingten positiven Vertragsverletzung zugeordnet wurden, aus dem Bereich des § 13 Nr. 7 Abs. 1 VOB/B a. F., jetzt § 13 Nr. 7 Abs. 3 Satz 1 VOB/B, ausgrenzte.210

Die **Mindermeinung** hat zunächst für sich, dass die Schadensersatzgrenzen bei § 635 **104**
BGB a. F. und bei § 13 Nr. 7 Abs. 3 Satz 1 VOB/B **nicht notwendigerweise** auf Grund der ehedem bei § 635 BGB a. F. geltenden Überlegungen **übereinstimmen** müssen. Denn dort fand die Grenzziehung maßgeblich unter dem Eindruck der Verjährungsproblematik statt,211 die für den VOB/B-Vertrag nicht entscheidend sein muss bzw. kann. Bei diesem ist nämlich eine Differenzierung unter dem maßgeblichen Gesichtspunkt unterschiedlicher Verjährung schon wegen der tatbestandlichen Unanwendbarkeit der jetzt in § 280 Abs. 1 BGB normierten positiven Vertragsverletzung, soweit diese auf einen Mangel gestützt werden soll, überhaupt nicht möglich.212 Die Begründung, welcher Schadenskreis von § 13 Nr. 7 Abs. 3 Satz 1 VOB/B erfasst ist, muss daher eigenständig anhand dieser Regelung selbst erfolgen, ohne dass damit im Ergebnis eine Übereinstimmung mit dem bei § 635 BGB a. F. geltenden Bereich ausgeschlossen ist.

Entscheidend ist also das Verständnis des Begriffs „Schaden an der baulichen Anlage". **105**
Dieser Begriff ist mit Bedacht weiter als derjenige des Bauwerks im Sinne des § 634 a Abs. 1 Nr. 2 BGB;213 er umfasst alle mit dem Erdboden verbundenen, aus Baustoffen und Bauteilen hergestellten Anlagen und erfasst mithin **mehr als nur** die Einzelne **mangelhafte Bauleistung.** Der Begriff legt ferner nahe, dass der ersatzfähige Schaden allerdings **lokalobjektbezogen** bestimmt werden soll.214 Es kommt also darauf an, ob entweder gegenwärtige Rechtspositionen des Auftraggebers an der baulichen Anlage oder solche mit der Ausführung der baulichen Anlage zusammenhängende Rechtspositionen des Auftraggebers verletzt sind, deren Bestand oder Entstehen nach dem Vertragsversprechen des mangelhaft arbeitenden Auftragnehmers bei ordnungsgemäßer Bauleistung künftig zu erwarten waren.215 Damit wird die schadensträchtige Verletzung anderer, mit der Herstellung der baulichen Anlage nicht zusammenhängender Rechtsgüter des Auftraggebers auch für den Fall als Haftungsanknüpfung ausgeschieden, dass die Verletzung die Folge mangelhafter Leistung ist.

Ohne Unterschiede zwischen deliktischer und vertraglicher Haftung zu leugnen, kann **106**
festgestellt werden, dass diese Grenzziehung in einer hier entscheidenden Hinsicht dem bei § 823 Abs. 1 BGB geltenden **deliktsrechtlichen Haftungsmodell** ähnelt: Das Fehlverhalten des Schuldners soll diesen in den beiden Fällen gleichermaßen nur dann schadensersatzpflichtig machen, wenn und soweit der abzurechnende Schaden aus der Verletzung einer konkreten, eingegrenzten Rechtsposition des Geschädigten – dort eines absoluten Rechts im Sinne der Norm, hier einer gegenwärtigen oder einer vom Schädiger vertraglich versprochenen Rechtsposition an der baulichen Anlage – hervorging. Die konsequente Weiterführung der derartigen strukturellen Vergleichbarkeit bedeutet, dass so wie bei § 823 Abs. 1 BGB auch bei § 13 Nr. 7 Abs. 3 Satz 1 VOB/B alle nachteiligen Folgen einschließ-

---

207 So *Nicklisch/Weick (Nicklisch)* VOB/B § 13 Rdn. 240.
208 *Ingenstau/Korbion (Wirth)* (14. Aufl. 2001) VOB/B § 13 Rdn. 706, aber auch Rdn. 704 mit dem Bemerken, es könnten auch die so genannten entfernteren Mangelfolgeschäden erfasst werden; *Siegburg* Gewährleistung Rdn. 1305.
209 *Koch* Schadensersatz S. 129; vgl. auch Rdn. 116 ff.
210 Insb. *Kaiser* Mängelhaftung Rdn. 111; *Schmalzl* Berufshaftpflichtversicherung Rdn. 187.
211 *Kaiser* Mängelhaftung Rdn. 111.
212 So *Kaiser* Mängelhaftung Rdn. 111.
213 *Koch* Schadensersatz S. 115 f.
214 *Nicklisch/Weick (Nicklisch)* VOB/B § 13 Rdn. 240.
215 Wohl in diesem Sinne *Kaiser* Mängelhaftung Rdn. 112 f.

lich der mittelbaren Schäden,²¹⁶ die in dieser Weise dem **Mangel an der baulichen Anlage** zuzuordnen sind, von der Schadensersatzhaftung auf Grund des § 13 Nr. 7 Abs. 3 Satz 1 VOB/B erfasst werden. Das schließt ebenso wie bei § 823 Abs. 1 BGB die mittelbaren Vermögensschäden ein, soweit sie adäquat kausale Folgen des substantiellen Mangels an einer beliebigen Stelle der betroffenen baulichen Anlage sind und damit das Vermögensinteresse des Auftraggebers dadurch stören, dass ihm infolge des Baumangels wirtschaftliche Nachteile gleich welcher Art entstehen.

107   Nach diesem Kriterium an sich als ersatzfähig anzusehende Schadenspositionen lösen dennoch **keine Ersatzpflicht** aus, wenn ihre Abrechnung auf der Basis des § 13 Nr. 7 Abs. 3 Satz 1 VOB/B **nicht vom Schutzbereich** dieser Vorschrift **gedeckt** ist. Insoweit ist als haftungseingrenzendes Kriterium zu beachten, dass § 13 Nr. 7 Abs. 3 Satz 1 VOB/B die Einschränkung der Gebrauchsfähigkeit der baulichen Anlage als Haftungsgrund nennt. Infolge **Gebrauchseinschränkung** eintretende Vermögensnachteile fallen daher grundsätzlich in den Schutzbereich der Haftungsregelung. Derartige Vermögensnachteile müssen allerdings zusätzlich bzw. grundsätzlich der mangelhaften baulichen Anlage als solcher unmittelbar zuzurechnen sein; denn der Objektbezug ist der weitere wesentliche Haftungsgrund des § 13 Nr. 7 Abs. 3 Satz 1 VOB/B. Dieser ist nicht gegeben, wenn der Vermögensnachteil infolge eines freien Dispositionsakts des Auftraggebers über die bauliche Anlage nicht nur sichtbar wird, sondern er überhaupt erst entsteht.²¹⁷

108   Im **praktischen Ergebnis,** wenn auch nicht auf Grund derselben Erwägungen, werden daher von § 13 Nr. 7 Abs. 3 Satz 1 VOB/B im Bereich der Vermögensschäden, die nicht schon unmittelbar in der Mangelhaftigkeit der Substanz irgendeines Teils der baulichen Anlage bestehen, in der Regel die Positionen erfasst, die sich früher beim BGB-Vertrag als von § 635 BGB a. F. erfasste nahe Mangelfolgeschäden darstellen. Da auf verschiedenen rechtlichen Erwägungen beruhend, ist eine Koordination der von § 13 Nr. 7 Abs. 3 Satz 1 VOB/B und § 635 BGB a. F. erfassten Schadenspositionen aber nicht notwendigerweise stets gegeben. Vielmehr muss bei jedem Schadensposten selbstständig überprüft werden, ob er in dem vorgenannten Sinn dem Mangel an der baulichen Anlage als vermögensschädigende Folge zuzurechnen ist; dabei spricht allenfalls eine Vermutung dafür, dass dies bei nahen Mangelfolgeschäden im Sinne des § 635 BGB a. F. der Fall ist.

### 2. Einzelne Schadenspositionen und Schadensersatzinhalte

109   a) **Substanzschäden.** Die Haftung für die unmittelbaren und die mittelbaren Substanzschäden bzw. -schadensanlagen an **irgendeinem** Teil der von der mangelhaften Leistung betroffenen baulichen Anlage ist grundsätzlich unzweifelhaft.²¹⁸ In Bezug auf die eigentlichen, **unmittelbaren Mangelschäden** ist allerdings mit Rücksicht auf die mit § 13 Nr. 5 und 6 VOB/B bestehende Konkurrenzlage zu unterscheiden zwischen den behebbaren und den nicht behebbaren Mängeln.

110   aa) **Unmittelbarer Mangelschaden; Vorrang möglicher Mangelbeseitigung.** Ist die Mangelbeseitigung technisch möglich, weist § 13 Nr. 7 Abs. 3 Satz 1 VOB/B im Vergleich zum allgemeinen werkvertraglichen Schadensersatzanspruch wegen Mängeln auf Grund des § 634 Nr. 4 BGB die Besonderheit auf, dass der auf die VOB/B gestützte Mangelbeseitigungsanspruch entgegen den §§ 634 Nr. 4, 280 Abs. 1 und 3 i. V. m. § 281 Abs. 4 BGB neben dem Schadensersatzanspruch fortbesteht. Daher stellt sich hier ein auf die VOB/B beschränktes Konkurrenzproblem, soweit der Mangelbeseitigungsanspruch zur Beseitigung des **eigentlichen Mangelschadens** geeignet ist; damit sind alle Nachteile erfasst, die Gegenstand des Mangelbeseitigungsanspruchs sein können, also insbesondere auch die **bei Mangelbeseitigung** notwendigerweise **entstehenden** baulichen **Begleit-**

---

²¹⁶ Vgl. zur Deliktshaftung *Palandt/Sprau* Vor § 823 Rdn. 17.
²¹⁷ Zur praktischen Konsequenz unten Rdn. 124 ff. (merkantiler Minderwert einerseits, Mieterunterbringungskosten andererseits).
²¹⁸ Dazu oben Rdn. 69; insoweit auch *Koch* Schadensersatz S. 127 ff.

schäden.[219] Das Konkurrenzproblem ist grundsätzlich im Sinne des **Vorrangs des Mangelbeseitigungsanspruchs** aus § 13 Nr. 5 Abs. 1 VOB/B vor dem Schadensersatzanspruch aus § 13 Nr. 7 VOB/B zu entscheiden.[220] Im Ergebnis bedeutet dies grundsätzlich eine Beschränkung des Schadensersatzanspruchs auf den kleinen Schadensersatz im Sinne des allgemeinen Schuldrechts insofern, als die mangelhafte Leistung nicht zurückgewiesen werden kann, sondern der Mangel tunlichst zu beheben ist und nur die dennoch eventuell verbleibenden Schäden auszugleichen sind. Anderes kann insoweit allerdings in Subunternehmerverhältnissen gelten, wenn ein Auftraggeber in seiner Eigenschaft als Auftragnehmer dem Umfang nach vertretbare **Preisnachlässe** gewährt hat, um sich von seiner ihm gegenüber dem Bauherrn obliegenden Nachbesserungs- oder Kostenerstattungspflicht zu befreien; diese Preisnachlässe können vom Subunternehmer zu ersetzende Schäden sein.[221]

Der schadensersatzrechtliche Weg zur Mangelbehebung unter Zurückweisung der Mangelbeseitigung gemäß § 13 Nr. 5 VOB/B steht im Übrigen jedoch mit Rücksicht auf den prinzipiellen Vorrang des Mangelbeseitigungsanspruchs nur dann ohne weiteres offen, wenn und soweit entweder der betreffende Mangel überhaupt **nicht Gegenstand eines Mangelbeseitigungsanspruchs** ist, insbesondere weil die betreffende Schadensposition ihrer Natur nach von vornherein nicht von der Mangelbeseitigungspflicht erfasst wird.[222] Ferner kommt der Fall in Betracht, dass der Vorrang des an sich gegebenen Mangelbeseitigungsanspruchs aus besonderen Gründen durchbrochen ist. Ob ein Mangel einen Mangelbeseitigungsanspruch **begründet** und ob dieser alsdann gegebenenfalls **eingeschränkt** ist, richtet sich nach den **Voraussetzungen** des § 13 Nr. 5 Abs. 1 VOB/B, den dort geltenden **Anspruchsausschlüssen** und dem **dort vorgegebenen Anspruchsumfang**.[223] 111

Der Zugang zum Schadensersatzanspruch in Bezug auf den Werkmangel selbst ist daher wegen Fehlens eines Mangelbeseitigungsanspruchs zunächst – vorbehaltlich eines möglichen Vorrangs der Minderung[224] – eröffnet, wenn der Mangelbeseitigungsanspruch und mit ihm der Kostenerstattungsanspruch gemäß § 13 Nr. 5 Abs. 2 VOB/B wie auch der des § 634 Nr. 1 BGB **von Anbeginn** daran **scheitert**, dass der Auftragnehmer die Mangelbeseitigung wegen **unverhältnismäßigen Aufwands** oder wegen **Unzumutbarkeit** gemäß § 13 Nr. 6 VOB/B – beim BGB-Vertrag § 635 Abs. 3 BGB – zu Recht verweigert.[225] In solchen Fällen wird aber der Schadensersatzanspruch oft unter dem einschränkenden Vorbehalt des § 251 Abs. 2 Satz 1 BGB stehen,[226] so dass eine reale Mangelbeseitigung nicht geschuldet ist. 112

Der Schadensersatzanspruch ist ebenfalls gegeben, wenn der Mangelbeseitigungsanspruch gemäß § 640 Abs. 2 BGB an der **vorbehaltlosen Abnahme** der Leistung in Kenntnis des Mangels scheitert;[227] insoweit allerdings unter der Voraussetzung, dass alsdann nicht auch der Schadensersatzanspruch selbst wegen § 640 Abs. 2 BGB ausgeschlossen ist,[228] und unbeschadet des Rechts des Auftragnehmers, die Mangelbeseitigung anzubieten. Eine von der hier bejahten Frage nach dem Haftungsgrund zu trennende Problematik betrifft den Umfang der solchenfalls gegebenen Schadensersatzpflicht.[229] 113

---

[219] *Koch* Schadensersatz S. 125 ff.
[220] Dazu oben Rdn. 14 ff.; wie hier eingehend *Koch* Schadensersatz S. 116 ff.
[221] OLG Brandenburg BauR 2003, 1738, 1740 = ZfBR 2003, 769.
[222] Vgl. oben Rdn. 22; *Kaiser* Mängelhaftung Rdn. 96 b m. w. N.; *Locher* PrivBauR Rdn. 276; *Siegburg* Gewährleistung Rdn. 1307; *Werner/Pastor* Rdn. 1721.
[223] Dazu → § 13 Nr. 5 Rdn. 45 ff.
[224] Dazu oben Rdn. 27.
[225] *Ingenstau/Korbion (Wirth)* VOB/B § 13 Nr. 7 Rdn. 95; *Kaiser* Mängelhaftung Rdn. 118; *Locher* PrivBauR Rdn. 276.
[226] Vgl. *Kleine-Möller/Merl/Oelmaier (Merl)* § 12 Rdn. 935.
[227] BGHZ 77, 137 = NJW 1980, 1953 = BauR 1980, 461; OLG Köln BauR 1980, 77; OLG Nürnberg NJW-RR 1986, 1346; *Ingenstau/Korbion (Wirth)* VOB/B § 13 Nr. 7 Rdn. 96; *Kaiser* Mängelhaftung Rdn. 118; *Kleine-Möller/Merl/Oelmaier (Merl)* § 12 Rdn. 931; *Werner/Pastor* Rdn. 1721 m. w. N. Fn. 44.
[228] Dazu oben Rdn. 19, 25.
[229] Dazu oben Rdn. 93 ff.

**114** Der zweite Fall – **Zurücktreten des zunächst** vorrangig **gegebenen Mangelbeseitigungsanspruchs** – liegt vor, wenn der Auftraggeber zur **Ersatzvornahme** schreiten kann, weil er den Auftragnehmer gemäß § 13 Nr. 5 Abs. 2 VOB/B vergeblich unter Fristsetzung zur Mangelbeseitigung aufgefordert hat.[230] Die Mangelbeseitigungskosten können dann wahlweise auf Grund von § 13 Nr. 5 Abs. 2 VOB/B oder auf Grund Schadensersatzrechts eingefordert werden.[231] Inhaltsunterschiede ergeben sich nämlich nicht, sieht man von der den Auftragnehmer nicht benachteiligenden Befugnis des Auftraggebers ab, von der tatsächlichen Durchführung der Mangelbeseitigung abzusehen; dies steht der Schadensersatzhaftung nicht entgegen.[232]

**115** Problematischer ist die schadensersatzrechtliche Abrechnung von Kosten der vom Auftraggeber selbst unternommenen Mangelbeseitigung, wenn diese **Mangelbeseitigungskosten nicht auf Grund** von § **13 Nr. 5 Abs. 2 VOB/B** abgerechnet werden können. Dabei ist neben den schon behandelten[233] Fällen, in denen der Kostenerstattungsanspruch mangels Mangelbeseitigungspflicht schon dem Grunde nach nicht besteht, der Fall offen, in dem der Auftraggeber die Mangelbeseitigung noch nicht vergeblich unter Fristsetzung angemahnt hat. Hier muss der Unanwendbarkeit des § 13 Nr. 5 Abs. 2 VOB/B, also dem Fehlen des Kostenerstattungsanspruchs, zwar grundsätzlich Rechnung getragen werden. Dies geschieht jedoch **nicht** notwendigerweise durch **Ausschluss** des Schadensersatzanspruchs schon dem Grunde nach, sondern kann auch durch inhaltliche Gestaltung der **Schadensberechnung** verwirklicht werden.[234] Diese Erkenntnis wirkt sich hier bei der Schadensbemessung aus.[235]

**116** **Art und Umfang** eines dem Grunde nach zu leistenden Schadensersatzes richten sich grundsätzlich nach den allgemeinen schadensersatzrechtlichen Vorschriften, **§§ 249 ff. BGB**. Auf den Werkvertrag angewandt, bedeutet Schadensersatz gemäß § 249 Abs. 1 BGB grundsätzlich Naturalherstellung, sofern die Mangelbeseitigung tatsächlich möglich ist.[236] Das verträgt sich jedoch nicht mit der speziellen Rechtslage beim Werkvertrag, wenn und weil die Naturalherstellung inhaltlich auf die Erfüllung eines Herstellungs- oder Mangelbeseitigungsanspruchs hinausläuft, soweit dieser als Inhalt des Schadensersatzanspruchs werkvertragsrechtlich ausgeschlossen ist.[237]

**117** Ein solcher Ausschluss ergibt sich beim **BGB-Werkvertrag** aus den §§ 634 Nr. 4, 280 Abs. 1 und 3, 281 Abs. 4 BGB; § 281 Abs. 4 BGB lässt die Schadensersatzhaftung nur mit der Konsequenz zu, dass mit dem Schadensersatzverlangen zugleich der Anspruch auf Mangelbeseitigung ausgeschlossen ist. Daraus folgt, dass der Anspruch aus den §§ 634 Nr. 4, 280 Abs. 1 und 3, 281 BGB nicht auf Mangelbeseitigung, somit entgegen § 249 Abs. 1 BGB nicht auf Naturalherstellung gerichtet sein kann.[238] Diese Erwägung führt beispielsweise bei der mangelhaften Architektenleistung unmittelbar zur Geldersatzhaftung,[239] und

---

[230] *Ingenstau/Korbion (Wirth)* VOB/B § 13 Nr. 7 Rdn. 95; *Kleine-Möller/Merl/Oelmaier (Merl)* § 12 Rdn. 931.
[231] Dazu → § 13 Nr. 5 Rdn. 59 ff.
[232] Dazu → § 13 Nr. 5 Rdn. 71 ff.
[233] Dazu oben Rdn. 30 ff.
[234] Dies war bereits im Rahmen der Konkurrenzproblematik darzulegen; dazu oben Rdn. 34 ff.
[235] Dazu unten Rdn. 96 ff.
[236] So zunächst im Ansatz richtig *Ingenstau/Korbion (Wirth)* VOB/B § 13 Nr. 7 Rdn. 117; anders schon grundsätzlich *Nicklisch/Weick (Nicklisch)* VOB/B § 13 Rdn. 227.
[237] BGHZ 99, 81 = NJW 1987, 645 = BauR 1987, 83; *Kapellmann/Messerschmidt (Weyer)* VOB/B § 13 Rdn. 359.
[238] Zuerst OLG Köln NJW 1960, 1256; BGHZ 59, 367 = NJW 1973, 139 = BauR 1973, 113; BGHZ 61, 30 = NJW 1973, 1457 = BauR 1973, 322; BGHZ 61, 371 = NJW 1974, 144 = BauR 1974, 60; BGH NJW 1978, 1853 = BauR 1978, 498 = ZfBR 1978, 24; BGHZ 99, 84 = NJW 1987, 646 = BauR 1987, 89 f. = ZfBR 1987, 93 = JZ 1987, 247 m. abl. Anm. *Köhler*; *Ingenstau/Korbion (Wirth)* VOB/B § 13 Nr. 7; *Nicklisch/Weick (Nicklisch)* VOB/B § 13 Rdn. 227; *Peters* Jura 1987, 422; eingeschränkt auch *Staudinger/Peters* § 635 Rdn. 27 f. m. w. N.; a. A. *Barnikel* VersR 1977, 802; *Köhler* JZ 1987, 249.
[239] BGH NJW 1978, 1853 m. Anm. *Ganten* NJW 1978, 2593 = BauR 1978, 498 = ZfBR 1978, 24; BGH BauR 1981, 396 = ZfBR 1981, 174; *Ingenstau/Korbion (Wirth)* VOB/B § 13 Nr. 7 Rdn. 121; *Staudinger/Peters* § 634 Rdn. 126.

zwar im Grundsatz auch vor der erst mit Bauausführung eintretenden Unmöglichkeit der Naturalleistung.[240]

Beim **VOB/B-Vertrag** berührt der Schadensersatzanspruch zwar den Mangelbeseitigungsanspruch gemäß § 13 Nr. 5 Abs. 1 VOB/B im Unterschied zum BGB-Werkvertrag nicht. Der Fortbestand des Mangelbeseitigungsanspruchs zeigt jedoch gerade den Vorrang, d. h. den abschließenden Charakter dieses Anspruchs, soweit es um die Herstellung der mangelfreien Leistung als solcher geht; wenn der Schadensersatzanspruch nicht schon im Hinblick auf diesen Vorrang aus Konkurrenzgründen ausgeschlossen ist, so darf er doch grundsätzlich nicht inhaltlich zum Mangelbeseitigungsanspruch zurückführen. Auch beim VOB/B-Vertrag ist der Schadensersatzanspruch somit grundsätzlich nicht auf Mangelbeseitigung, sondern auf **Schadensersatz in Geld** gerichtet.[241] **118**

Aus dem genannten, in § 249 Abs. 1 BGB verankerten schadensersatzrechtlichen Prinzip des Vorrangs der Naturalrestitution folgt allerdings, dass grundsätzlich auf **Schadensbeseitigung in Natur** zu klagen ist, wenn der Schaden an Teilen der baulichen Anlage auftrat, deren **Herstellung nicht** zum werkvertraglichen **Pflichtenprogramm** des Auftragnehmers gehört und auch sonst nicht von seiner Mangelbeseitigungspflicht mitumfasst[242] wird;[243] so etwa bei Verunreinigung von Scheiben bei mangelhaften Arbeiten am Fensterrahmen, wenn der Einbau der Scheiben nicht zum Leistungsumfang des den Rahmeneinbau schuldenden Auftragnehmers gehört.[244] **119**

**Naturalerfüllung** ist auch in den Fällen geschuldet, in denen der Auftraggeber im Unterschied zu den Normalfällen der teilweise brauchbaren Leistung[245] ebenso, wie dies beim so genannten großen Schadensersatz bei einer Haftung gemäß den §§ 634 Nr. 4, 280 Abs. 1 und 3, 281 BGB anerkannt ist, bei einer völlig untauglichen und daher zur Minderung „auf Null" berechtigenden Leistung auch auf Grund des § 13 Nr. 7 Abs. 3 Satz 1 VOB/B die Beseitigung der mangelhaften Leistung verlangen kann und will.[246] In diesen Fällen hängt der Übergang zum Geldersatzanspruch von den §§ 250, 251 BGB ab.[247] **120**

Außerhalb der vorgenannten Fallgruppen ist hingegen unmittelbar nur Schadensersatz in Geld geschuldet; das ist gemessen am schadensersatzrechtlichen Prinzip des § 249 Abs. 1 BGB die Ausnahme, gilt aber im Baurecht aus den genannten spezifisch werkvertraglichen Gründen praktisch wohl in der Mehrzahl der Fälle. Hier ist der **Auftragnehmer** allerdings mit Rücksicht auf die in § 254 Abs. 2 BGB normierte Schadensminderungspflicht des Geschädigten **befugt,** seinerseits **Naturalleistung** anzubieten, wenn dies für ihn kostengünstiger und die Naturalleistung dem Auftraggeber auch bei Anlegung eines zu dessen Nachteil strengen Maßstabs zuzumuten ist.[248] Das kann auch in Fällen der Architektenhaftung gemäß den §§ 634 Nr. 4, 280 Abs. 1 und 3, 281 BGB bedeuten, dass der Architekt nicht nur die mangelfreie Herstellung seiner Leistung anbieten kann, sondern nach Bauausführung auch den aus seiner Leistung erwachsenen Baumangel selbst beseitigen darf.[249] **121**

---

[240] Insoweit missverständlich *Ingenstau/Korbion (Wirth)* VOB/B § 13 Nr. 7 Rdn. 121; zum Recht auf Naturalleistung, soweit bis zur Bauausführung noch möglich, unten Rdn. 93 ff.

[241] BGHZ 99, 81, 84 = NJW 1987, 646 = BauR 1987, 89 = ZfBR 1987, 93; *Kaiser* Mängelhaftung Rdn. 124; *Locher* PrivBauR Rdn. 281; *Siegburg* Gewährleistung Rdn. 1300; *Werner/Pastor* Rdn. 1723; *Koch* Schadensersatz S. 145 f.

[242] Dazu oben Rdn. 22 ff.; *Kaiser* Mängelhaftung Rdn. 124 m. w. N.; *Locher* PrivBauR Rdn. 281.

[243] *Ingenstau/Korbion (Wirth)* VOB/B § 13 Nr. 7 Rdn. 120; *Nicklisch/Weick (Nicklisch)* VOB/B § 13 Rdn. 228, 251; *Locher* PrivBauR Rdn. 281; *Koch* Schadensersatz S. 146.

[244] Beispiel von *Ingenstau/Korbion (Wirth)* VOB/B § 13 Nr. 7 Rdn. 120.

[245] *Nicklisch/Weick (Nicklisch)* VOB/B § 13 Rdn. 252.

[246] OLG Hamm NJW 1978, 1060 m. Anm. *Kornmeier* NJW 1978, 2035; LG Nürnberg-Fürth NJW-RR 1986, 1467; *Ingenstau/Korbion (Wirth)* VOB/B § 13 Nr. 7 Rdn. 115, 122; *Nicklisch/Weick (Nicklisch)* VOB/B § 13 Rdn. 227, 250; *Kaiser* Mängelhaftung Rdn. 118; *Werner/Pastor* Rdn. 1730.

[247] *Nicklisch/Weick (Nicklisch)* VOB/B § 13 Rdn. 251.

[248] *Staudinger/Peters* § 634 Rdn. 126; *Kaiser* Mängelhaftung Rdn. 124 m. w. N.

[249] BGH NJW 1978, 1853 m. Anm. *Ganten* NJW 1978, 2593 = BauR 1978, 498 = ZfBR 1978, 24; BGH BauR 1981, 396 = ZfBR 1981, 173; *Ingenstau/Korbion (Wirth)* VOB/B § 13 Nr. 7 Rdn. 121.

**§ 13 Nr. 7**

122  Der dem Grunde nach geschuldete **Geldersatz** bemisst sich grundsätzlich nach den notwendigen Kosten, die entstehen, wenn der Auftraggeber den Mangel durch einen Dritten beseitigen lässt. Muss die Leistung wegen Unbrauchbarkeit, beispielsweise bei falsch imprägnierten Holzteilen,[250] entfernt werden, gehören zum Schadensersatz auch die Kosten des Abrisses bzw. Ausbaus, des Abtransports und Lagerung oder Vernichtung der betroffenen Bauteile.[251]

123  Die Haftung ist gemäß § 254 Abs. 2 BGB begrenzt, so dass grundsätzlich nur die **erforderlichen** Kosten zu erstatten sind. Bei Beurteilung der Erforderlichkeit ist jedoch ein weiter Maßstab anzulegen; es gelten die bei der Ersatzvornahme zutreffenden Erwägungen entsprechend.[252] Insbesondere trägt deshalb der Auftragnehmer das Prognoserisiko, also das Risiko einer trotz an sich fachmännischer Situationseinschätzung nicht vermeidbaren Fehlbeurteilung der Geeignetheit der ergriffenen Maßnahme, sowie das Werkstattrisiko, d. h. die Gefahr der Beauftragung eines unvorhersehbar unwirtschaftlich arbeitenden Betriebs.[253]

124  Der Auftraggeber kann aber auch die Mangelbeseitigung unterlassen und auf der Basis der Kosten abrechnen, die entstünden, wenn er den Mangel beheben ließe.[254] Die damit vorgegebene **fiktive Schadensberechnung** ist zulässig, da der Auftraggeber den zur Mangelbeseitigung erforderlichen Betrag nicht tatsächlich zur Mangelbehebung verwenden muss.[255] In diesem Fall kommt eine Schadensschätzung gemäß § 287 ZPO in Betracht.

125  Wenn der Auftragnehmer in den Fällen der § 640 Abs. 2 BGB und § 635 Abs. 3 BGB bzw. § 13 Nr. 7 VOB/B auf Schadensersatz haftet, beschränkt sich der geschuldete Geldbetrag auf die **Kosten**, die dem Auftragnehmer bei der **selbst unternommenen Mangelbeseitigung** entstehen.[256] Dasselbe gilt, wenn der Auftraggeber die Kosten der Ersatzvornahme auf schadensersatzrechtlichem Wege einfordert, aber die spezifischen Voraussetzungen des § 13 Nr. 5 Abs. 2 VOB/B – vergebliche Aufforderung zur Mangelbeseitigung unter Setzung einer angemessenen Frist – nicht erfüllt sind.[257] In diesem Fall ist auch ein technischer Minderwert nicht zu ersetzen, den der Auftragnehmer hätte abwenden können, wenn ihn der Auftraggeber ordnungsgemäß zur fristgerechten Nachbesserung aufgefordert hätte.[258]

126  **Kosten einer Schadensminderung** bis zur Schadensbeseitigung, so beispielsweise der Betrieb einer Pumpe zur Vermeidung eines mangelbedingten Feuchtigkeitsschadens[259] oder Strahlerbeheizung zur einstweiligen Wandtrocknung, sind ebenfalls zu ersetzen.[260] Das ist schon die gebotene Konsequenz daraus, dass diese Kosten zumindest auch in Wahrnehmung des Interesses des Schädigers entstehen – § 254 Abs. 2 BGB – und daher geschäftsführungsartigen Charakter haben. Im Übrigen wäre es ein unzulässiger Selbstwiderspruch, wenn der Auftragnehmer vom Auftraggeber Schadensminderung unter Berufung auf § 254 Abs. 2 BGB erwartet und erwarten darf, dem Geschädigten aber die damit verbundene finanzielle Last nicht abnehmen will.

127  **Veräußert** der Auftraggeber die mangelbehaftete bauliche Anlage vor Behebung des Mangels, ohne den Mangelbeseitigungsanspruch auf den Erwerber zu übertragen, fragt sich, ob der Auftraggeber weiterhin nach den vorgenannten Grundsätzen Schadensersatz für den technisch an sich behebbaren Mangel verlangen kann. Die Veräußerung könnte nämlich gewissermaßen eine rechtliche Unmöglichkeit der Mangelbeseitigung zur Folge haben und

---

[250] OLG Saarbrücken NJW-RR 1987, 470.
[251] *Ingenstau/Korbion (Wirth)* VOB/B § 13 Nr. 7 Rdn. 104.
[252] Dazu → § 13 Nr. 5 Rdn. 105 ff.
[253] *Kaiser* Mängelhaftung Rdn. 119.
[254] BGHZ 99, 81 = NJW 1987, 645 = BauR 1987, 89 = ZfBR 1987, 93.
[255] Dazu → § 13 Nr. 5 Rdn. 78.
[256] Dazu oben Rdn. 97 ff.
[257] Dazu oben Rdn. 36; *Koeble* FS Vygen S. 323 f.
[258] BGH NJW-RR 1988, 209 f. = BauR 1988, 84 f. = ZfBR 1988, 39.
[259] Vgl. *Ingenstau/Korbion (Wirth)* VOB/B § 13 Nr. 7 Rdn. 105; *Nicklisch/Weick (Nicklisch)* VOB/B § 13 Rdn. 245; *Werner/Pastor* Rdn. 1730.
[260] *Ingenstau/Korbion (Wirth)* VOB/B § 13 Nr. 7 Rdn. 105; *Nicklisch/Weick (Nicklisch)* VOB/B § 13 Rdn. 245.

damit wie die technische Unmöglichkeit den Bestand und Inhalt des Schadensersatzanspruchs beeinflussen; § 251 Abs. 1 BGB könnte hier den Umfang des Schadensersatzanspruchs bestimmen und ihn je nach Sachlage gemessen am Inhalt des gemäß § 249 Abs. 1, 2 BGB zu Verlangenden zum Nachteil des Auftraggebers reduzieren.[261]

**128** Ein solcher veräußerungsbedingter Wechsel der schadensersatzrechtlich bestimmenden Norm ist jedoch abzulehnen; **dem Grunde nach** bleibt der **Schadensersatzanspruch** von der Veräußerung **unberührt**.[262] Der Schadensersatzanspruch ist nämlich in der Regel hinsichtlich der nachbesserungsfähigen Mangel bereits aus spezifisch werkvertraglichen Gründen unmittelbar und unabhängig von § 251 Abs. 1 BGB auf einen Geldanspruch umgestellt; für eine inhaltliche Umsteuerung des Schadensersatzinhalts unter dem Gesichtspunkt der fortwährenden Herstellbarkeit des mangelfreien Zustands ist daher kein Raum, soweit diese Herstellung an einem Eigentümerwechsel scheitern könnte. Die Fortdauer der Zahlungspflicht zugunsten des Auftraggebers steht auch mit dem Umstand in Einklang, dass der Auftraggeber den erhaltenen Schadensersatz nicht tatsächlich zur Behebung des Mangels verwenden muss. Die Schadensersatzhaftung, die auf fortwährendes Eigentum des Auftraggebers an der mangelhaften baulichen Anlage abstellt, würde deshalb oft zu zufälligen Haftungsresultaten führen, nämlich je nachdem, ob die Veräußerung ohne Mangelbeseitigung vor oder nach der Schadensersatzleistung stattfand. Das gilt im Ergebnis auch, wenn die Veräußerung stattfand, bevor die Voraussetzungen des § 13 Nr. 5 Abs. 2 VOB/B erfüllt waren, wobei allerdings der Umfang des mangelbedingten Schadens, wenn dieser in die Abrechnung gemäß § 13 Nr. 7 VOB/B integriert wird, auf das Maß des Eigenbeseitigungsaufwands des Auftragnehmers und höchstens auf den mangelbedingten Veräußerungsverlust beschränkt wird.[263]

**129** Eine andere Frage ist allerdings, ob nicht die Veräußerung zu einem **Fortfall** oder einer Umfangsminderung **des Schadens** geführt hat, etwa weil sich der Schaden auf den erzielten Preis nicht oder nicht voll ausgewirkt hat und der Auftraggeber dem Erwerber gegenüber auch nicht wegen des Mangels haftbar ist. Dies ist gegebenenfalls bei der Schadensbemessung zum Nachteil des Auftraggebers zu berücksichtigen und kann im äußersten Fall zur Reduzierung des Schadensersatzanspruchs auf Null führen.[264]

**130** **bb) Unmittelbarer Mangelschaden; ausgeschlossene Mangelbeseitigung.** Soweit die Mangelbeseitigung ganz oder teilweise **unmöglich** ist, besteht grundsätzlich weder ein Mangelbeseitigungsanspruch noch ein diesem folgender Kostenerstattungsanspruch oder Kostenvorschussanspruch für den Fall der Ersatzvornahme. Dem gleich stehen die in § 13 Nr. 6 VOB/B erwähnten Fälle der **Unzumutbarkeit** der Mangelbeseitigung und des **unverhältnismäßigen Aufwands,** dessentwegen der Auftragnehmer die Mangelbeseitigung mit Recht verweigert. Mangels Konkurrenz des Mangelbeseitigungsanspruchs ist der Weg zur Schadensersatzhaftung insoweit in der Regel offen.

**131** Bei völlig unbrauchbaren Leistungen, ebenso bei Leistungsteilen, die im Zuge der Mangelbehebung nicht verwendbar sind, gehört zur Schadensersatzpflicht auch, dass der Auftragnehmer diese **unzureichenden Leistungen** auf seine Kosten **entfernt** und den ohne deren Erbringung bestehenden **Vorzustand wiederherstellt**.[265]

**132** Zu prüfen ist jedoch, **ob** die Mangelbeseitigung nicht nur unmittelbar, sondern auch mittelbar tatsächlich **unmöglich** ist. Die Unmöglichkeit, den Mangel als solchen zu beseitigen, schließt es nicht stets aus, durch Einsatz von **Hilfsmitteln** den nachteiligen Effekt des Mangels zumindest zu mindern; dies kann beispielsweise geschehen durch Montage einer

---

[261] *Kaiser* Mängelhaftung Rdn. 124; *Köhler* JZ 1987, 247; *Schulze* NJW 1987, 3097.
[262] BGHZ 99, 87 = NJW 1987, 646 = BauR 1987, 90 = ZfBR 1987, 94 = JZ 1987, 247 f. m. abw. Anm. *Köhler*; *Ingenstau/Korbion (Wirth)* VOB/B § 13 Nr. 7 Rdn. 101; *Nicklisch/Weick (Nicklisch)* VOB/B § 13 Rdn. 225; *Peters* Jura 1987, 422.
[263] *Koeble* FS Vygen S. 319, 324; OLG Bremen NJW-RR 1990, 218; a. A. OLG Köln NJW-RR 1993, 1367 = BauR 1993, 734 = ZfBR 1993, 231.
[264] So auch *Ingenstau/Korbion (Wirth)* VOB/B § 13 Nr. 7 Rdn. 101; i. E. ebenso *Locher* PrivBauR Rdn. 276; a. A. *Kleine-Möller/Merl/Oelmaier (Merl)* § 12 Rdn. 941.
[265] *Nicklisch/Weick (Nicklisch)* VOB/B § 13 Rdn. 250; *Kaiser* Mängelhaftung Rdn. 118.

Wandvorsatzschale zur Herstellung der nötigen Schalldämmung[266] oder durch Dauerinstallation einer Pumpe zur Kompensation nicht unmittelbar behebbarer Mangel, die zum Eindringen von Feuchtigkeit führen.[267] Derartige Maßnahmen **gehören** in der Regel **schon zur Mangelbeseitigungspflicht** des Auftragnehmers. Anders verhält es sich jedoch, wenn, wie im Beispiel, die schadensmindernden Arbeiten für den Auftragnehmer in dem Sinne betriebsfremd sind, dass sie nicht von Inhalt und Umfang seiner vertraglichen Leistungspflicht erfasst sind;[268] denn der Nachbesserungsanspruch muss seiner Zielsetzung gemäß im Rahmen der geschuldeten Werkleistung bleiben. Hier schuldet der Auftragnehmer die geeigneten Ersatzmittel nur schadensersatzrechtlich,[269] und zwar in Natur, da sich der Mangelbeseitigungsanspruch auf diese Maßnahmen gerade nicht erstreckt und deshalb der auf Naturalleistung gerichtete Schadensersatzanspruch nicht in unzulässige Konkurrenz mit dem Mangelbeseitigungsanspruch tritt.[270]

**133** Ist die Mangelbeseitigung technisch ganz oder teilweise überhaupt undurchführbar oder verbleiben trotz aller Mangelbeseitigungsbemühungen baulich erheblich nachteilige Folgen der mangelhaften Leistung, liegt ein so genannter **technischer Minderwert** vor. Er besteht darin, dass die technische Brauchbarkeit der Leistung beeinträchtigt ist, weil ihre Funktionsfähigkeit, Lebensdauer oder Gebrauchssicherheit durch einen ganz oder teilweise nicht behebbaren Mangel herabgesetzt ist, oder weil der Betrieb erhöhte Aufwendungen erfordert.[271] Die aus dem so definierten technischen Minderwert erwachsenden Vermögensnachteile, die sich infolge eingeschränkter Gebrauchsfähigkeit einstellen, sind grundsätzlich schon **auf Grund von** § 13 Nr. 7 **Abs. 3 Satz 1** VOB/B **zu ersetzen.**[272] Der Schadensersatz ist dabei gemäß § 251 Abs. 1 BGB wegen Unmöglichkeit der Naturalherstellung in Geld zu leisten; er ist auf den Zeitpunkt der Abnahme zu bemessen.[273]

**134** Der technische Minderwert ist als unmittelbar dem mangelbedingten Schaden an der baulichen Anlage zuzuordnende Folge minderer Gebrauchstauglichkeit im Sinne des § 13 Nr. 7 Abs. 3 Satz 1 VOB/B ersatzfähig; seine Ersatzfähigkeit liegt auch im Schutzbereich des § 13 Nr. 7 Abs. 3 Satz 1 VOB/B, weil und soweit der auf Grund des technischen Minderwerts entstehende Schaden in die baubezogene Vermögenswertrechnung zum Nachteil des Auftraggebers schon abstrakt, d. h. ganz unabhängig von dessen weiteren konkreten Dispositionsakten, einzusetzen ist. Die Ersatzfähigkeit dieser Nachteile ergibt sich im Übrigen auch bereits aus der Fassung des § 13 Nr. 7 Abs. 3 Satz 1 VOB/B, der die mangelbedingte Einschränkung der Gebrauchsfähigkeit eigens erwähnt, ohne einen Ansatz für eine weitere Unterscheidung danach zu bieten, in welcher konkreten Weise sich der Nachteil infolge der Gebrauchseinschränkung darstellt.

**135** Schadensersatzfähig ist zumindest der **technische Minderwert im engeren Sinne.** Zum Bereich des technischen Minderwerts im engeren Sinne zählen in Abgrenzung zum technischen Minderwert im **weiteren** Sinne, bei dem es um die Erfassung der Nachteile aus einer Nichtnutzbarkeit oder von Aufwendungen für die Beschaffung von Ersatznutzungsmöglichkeiten geht, die vermögensmäßig messbaren **Nachteile bei der tatsächlichen Nutzung** der mangelbehafteten baulichen Anlage – auch bei Eigennutzung im nichtkommerziellen Bereich – **infolge** dauernd **eingeschränkter Nutzungsmöglichkeit.** Diese

---

[266] OLG Nürnberg BauR 1989, 741.
[267] Vgl. *Nicklisch/Weick (Nicklisch)* VOB/B § 13 Rdn. 245.
[268] *Nicklisch/Weick (Nicklisch)* VOB/B § 13 Rdn. 245.
[269] *Nicklisch/Weick (Nicklisch)* VOB/B § 13 Rdn. 245.
[270] Vgl. dazu oben Rdn. 20 ff.
[271] BGH NJW-RR 1992, 788 = BauR 1992, 504 = ZfBR 1992, 167; *Kleine-Möller/Merl/Oelmaier (Merl)* § 12 Rdn. 940.
[272] BGHZ 55, 200 = NJW 1971, 615 = BauR 1971, 125; *Ingenstau/Korbion (Wirth)* VOB/B § 13 Nr. 7 Rdn. 66; *Nicklisch/Weick (Nicklisch)* VOB/B § 13 Rdn. 241; *Kaiser* Mängelhaftung Rdn. 116; *Kleine-Möller/Merl/Oelmaier (Merl)* § 12 Rdn. 939; *Locher* PrivBauR Rdn. 281; *Werner/Pastor* Rdn. 1726, 1730; a. A. *Koch* Schadensersatz S. 135 ff.
[273] Zu Letzterem *Kleine-Möller/Merl/Oelmaier (Merl)* (2. Aufl. 1997) § 12 Rdn. 752, a. A. aber jetzt unter Verweis auf § 638 Abs. 3 Satz 1 BGB § 12 Rdn. 942.

Nachteile können beispielsweise auf Grund von Sicherheitsmängeln oder infolge gestalterisch-optischer Defekte, ferner wegen Einschränkungen der Lebensdauer[274] und Defiziten bei der Wärme-, Schall- und Feuchtigkeitsisolierung[275] eintreten. Zur Ermittlung des technischen Minderwerts empfiehlt sich die so genannte Zielbaummethode.[276] Hat der Mangel – ggf. auch nach Mangelbeseitigung im Rahmen des hilfsweise Möglichen – **erhöhte Betriebskosten** zur Folge, so sind auch diese als technischer Minderwert im engeren Sinne schadensersatzfähig. Dabei kann es sich beispielsweise um ständig erhöhte Aufwendungen für Betriebsmittel, namentlich etwa erhöhte Heizkosten in Fällen unzureichender Isolation handeln.[277] In Betracht kommt auch ein mangelbedingt erhöhter Erhaltungsaufwand, z. B. infolge größerer Korrosionsanfälligkeit.[278] Der ggf. nach § 287 ZPO zu schätzende Schaden ist auf die Zeitspanne zu beziehen, bis zu der bei ordnungsgemäßer Leistung ohnedies eine Überholung der Anlage erforderlich geworden wäre.[279]

Beim VOB/B-Vertrag werden die infolge technischer Mangel eintretenden Nachteile allerdings in der Regel bereits durch die **vorrangige Minderung** abgedeckt, der gegenüber der Schadensersatzanspruch **grundsätzlich** subsidiär ist, soweit die Minderung das Interesse deckt; soweit dies nicht der Fall ist, bleibt für den Schadensersatzanspruch insoweit lediglich eine Lückenfüllungsfunktion.[280] Eine Differenzierung zwischen der minderungsrechtlichen und der schadensersatzrechtlichen Abrechnung dieser Nachteile ist aber im Rahmen einer Klage und in den Entscheidungsgründen aus **praktischen** Gründen nicht anzustellen, weil und soweit sich aus der unterschiedlichen dogmatischen Zuordnung keine verschiedenen Rechtsfolgen ergeben, so dass nicht aus Konkurrenzgründen von einer **abrechnungsweisen Integration** des technischen Minderwerts in den Schadensersatzanspruch abgesehen werden muss.[281] **136**

cc) **Mittelbare Substanzschäden an der baulichen Anlage.** Hat der Mangel zu **Substanzschäden** an der baulichen Anlage geführt und handelt es sich bei diesen Schäden um **mittelbare** Schäden bzw. **Mangelfolgeschäden** in dem Sinne, dass deren Behebung von vornherein mit Rücksicht auf die objektiven Grenzen des vertraglichen Leistungsversprechens des Auftragnehmers **nicht Gegenstand des Mangelbeseitigungsanspruchs** bzw. unter Äquivalenzgesichtspunkten der Minderung ist, **weil** sich die übernommene **werkvertragliche Leistungspflicht nicht** auf die Herstellung oder sonstige Bearbeitung dieser beschädigten Teile der baulichen Anlage **erstreckt,** so ist ein Schadensersatzanspruch gemäß § 13 Nr. 7 Abs. 3 Satz 1 VOB/B möglich; dies gilt unabhängig davon, ob es sich dabei umso genannte enge Mangelfolgeschäden im Sinne des § 635 BGB a. F. handelt.[282] Ein Vorrang von § 13 Nr. 5 oder 6 VOB/B besteht insoweit wegen Schadenseintritts außerhalb des vertraglich geschuldeten Werkleistungsbereichs nicht. Andererseits zeigt der Begriff der baulichen Anlage als Angabe des Schutzbereichs des § 13 Nr. 7 Abs. 3 Satz 1 VOB/B positiv, dass alle Beschädigungen erfasst sein sollen, die sich an irgendeinem Teil derjenigen Anlage einstellen, die Gegenstand der Werkleistungen des Auftragnehmers ist; der Schadensersatzanspruch übersteigt damit den Schutzbereich der unmittelbar geschuldeten Werkleistung als solcher. In Betracht kommen hier Schäden an einem Kassettendach infolge der Undichtigkeit eines Flachdachs,[283] Abbrennen des gesamten Gebäudes wegen Defekts einer **137**

---

[274] *Nicklisch/Weick (Nicklisch)* VOB/B § 13 Rdn. 241.
[275] OLG Stuttgart BauR 1989, 612 ff.
[276] OLG Stuttgart BauR 1989, 612 ff. m. Anm. *Kamphausen; Aurnhammer* BauR 1978, 356 ff.; vgl. auch *Mantscheff* BauR 1989, 44 ff. und *Schulz* BauR 1990, 151 ff.
[277] *Ingenstau/Korbion (Wirth)* VOB/B § 13 Nr. 7 Rdn. 110; *Kaiser* Mängelhaftung Rdn. 116.
[278] *Nicklisch/Weick (Nicklisch)* VOB/B § 13 Rdn. 243.
[279] *Ingenstau/Korbion (Wirth)* VOB/B § 13 Nr. 7 Rdn. 110.
[280] *Koch* Schadensersatz S. 137 f.
[281] BGHZ 55, 199 = NJW 1971, 615 = BauR 1971, 125; OLG Stuttgart BauR 1989, 614; *Nicklisch/Weick (Nicklisch)* VOB/B § 13 Rdn. 241; *Kleine-Möller/Merl/Oelmaier (Merl)* § 12 Rdn. 939; vgl. insoweit auch *Koch* Schadensersatz S. 136.
[282] Näher *Koch* Schadensersatz S. 127 ff.
[283] OLG Hamm NJW-RR 1990, 982.

Ölfeuerungsanlage,[284] Korrosionsschäden an einem eisernen Rohrleitungsnetz wegen Verwendung einer Warmwasseraufbereitungsanlage aus Kupfer.[285]

138    b) **Vermögensschäden außerhalb der Substanzschäden.** Auch die Ersatzfähigkeit von Schäden außerhalb des eigentlichen Substanzschadens setzt voraus, dass diese gemäß § 13 Nr. 7 Abs. 3 Satz 1 VOB/B als Schäden **an der baulichen Anlage** anzusehen sind. Sie sind aber auch in einem solchen Fall nicht ohne weiteres schon dann dem § 13 Nr. 7 Abs. 3 Satz 1 VOB/B zuzuordnen, wenn sie adäquat-kausal aus dem Mangel an der baulichen Anlage folgen; vielmehr müssen sie überdies dem **Schutzbereich** der Regelung unterfallen. Dieser ist vor allem im Hinblick auf das tatbestandliche Erfordernis zu bestimmen, dass die **Gebrauchstauglichkeit erheblich beeinträchtigt** sein muss. Dabei kommt die **Objektbeschränktheit** des Anspruchs[286] dadurch zum Tragen, dass der Schaden möglicherweise zwar erst durch eine **weitere Disposition** des Auftraggebers **sichtbar** werden kann, **nicht** aber erst durch eine weitere Disposition des Auftraggebers **entstehen** darf. Anhand dieser Kriterien sind die folgenden Schadenspositionen zu beurteilen.

139    aa) **Nichtnutzbarkeit und Ersatznutzung.** Die wohl ganz **herrschende Ansicht** lässt bereits auf der Grundlage des § 13 Nr. 7 Abs. 3 Satz 1 VOB/B den Ersatz von **Nachteilen** zu, die der Auftraggeber **dadurch** erleidet, **dass** er wegen des Mangels an der baulichen Anlage zumindest zeitweise die **mangelbehaftete bauliche Anlage nicht oder nicht voll nutzen** kann oder eine **andere bauliche Anlage ersatzweise nutzen** muss. Hier liegt ein **technischer Minderwert im weiteren Sinne**[287] vor. Zu den **möglichen Schadenspositionen** bei Geltendmachung von technischem Minderwert im weiteren Sinne zählen etwa **anderweitige mietweise Unterbringung** von Personen oder Betriebsteilen.[288] Verdienstausfälle infolge eingeschränkter Möglichkeit einer tatsächlichen Eigennutzung sind ebenfalls hierher zu zählen;[289] das gilt namentlich bei intendierter **gewerblicher Nutzung** des Bauwerks auch für den **Gewinnentgang** infolge mangelbedingter Behinderung der Eigennutzung,[290] beispielsweise durch Produktionsausfälle.[291] In allen Fällen kommt jedoch nach den Umständen eine Begrenzung des Schadensersatzanspruchs unter dem Gesichtspunkt des § 254 Abs. 2 BGB, also wegen Verletzung der Schadensminderungspflicht, in Betracht.

140    Wenngleich diese Schadenspositionen nahe Mangelfolgeschäden im Sinne des § 635 BGB a. F. sein dürften, ist deren Ersatzfähigkeit jedoch im Rahmen des § 13 Nr. 7 Abs. 3 Satz 1 VOB/B **richtigerweise** zu **verneinen,** weil es sich nicht um Schäden an der baulichen Anlage handelt.[292] Vielmehr treten diese Schäden erst durch einen weiteren selbstständigen, und zwar – im Unterschied zum Fall des merkantilen Minderwerts im engeren Sinne – außerhalb des vom Auftragnehmer vertragsgemäß erwarteten Gebrauchs der mangelbehafteten baulichen Anlage ein. Insoweit handelt es sich daher um Schäden **aus,** nicht an, der mangelhaften baulichen Anlage, die außerhalb des auf die Gebrauchstauglichkeit der mangelhaften baulichen Anlage selbst bezogenen Schutzbereichs der Schadensersatzhaftung gemäß § 13 Nr. 7 Abs. 3 Satz 1 VOB/B liegen. Für den Ausschluss der Haftung auf entgangenen Gewinn spricht überdies, dass die VOB/B bis 1959 ausdrücklich vorsah, dass eine Haftung wegen entgangenen Gewinns im Fall des heutigen § 13 Nr. 7 Abs. 3 Satz 1 VOB/B nicht stattfinde; die diesbezügliche Änderung der VOB/B fand in der Erwartung

---

[284] BGHZ 58, 305, 307.
[285] BGH NJW 1979, 1651.
[286] Dazu näher oben Rdn. 86 ff.
[287] Zum technischen Minderwert im engeren Sinne oben Rdn. 135.
[288] *Nicklisch/Weick (Nicklisch)* VOB/B § 13 Rdn. 246.
[289] BGH NJW 1978, 1626; BGH NJW 1970, 423; BGHZ 92, 310 = NJW 1985, 382 = BauR 1985, 84 = ZfBR 1985, 33; *Ingenstau/Korbion (Wirth)* VOB/B § 13 Nr. 7 Rdn. 90; *Nicklisch/Weick (Nicklisch)* VOB/B § 13 Rdn. 246.
[290] Ganz h. M., vgl. BGH NJW-RR 1992, 788 = BauR 1992, 504 f. = ZfBR 1992, 167 f.; *Ingenstau/Korbion (Wirth)* VOB/B § 13 Nr. 7 Rdn. 90; *Nicklisch/Weick (Nicklisch)* VOB/B § 13 Rdn. 246; a. A. *Kaiser* Mängelhaftung Rdn. 122.
[291] *Kleine-Möller/Merl/Oelmaier (Merl)* § 12 Rdn. 943.
[292] *Koch* Schadensersatz S. 132 f.

statt, dass damit eine Änderung nicht verbunden sei, weil sich dies aus dem Erfordernis eines Schadens an der baulichen Anlage weiterhin ergebe.[293]

**bb) Abstrakter Nutzungsausfall.** Als technischer Minderwert in einem weiteren Sinn **141** kann es auch angesehen werden, wenn der Auftraggeber für die Dauer der Beseitigung eines behebbaren Mangels von der **nichtkommerziellen Nutzung ausgeschlossen** wird. Hier, mehr noch als beim nicht behebbaren Mangel, ist zu fragen, unter welchen Umständen der bloße Ausfall der Eigennutzungsmöglichkeit auch dann schadensrechtlich erheblich ist, wenn der Auftraggeber keine unmittelbar feststellbare Vermögensminderung durch kostenträchtige Beschaffung eines Ersatzobjekts erlitt.

Der Große Zivilsenat des BGH hat – zunächst für den **deliktsrechtlichen** Bereich – diese **142** Frage in den Grundzügen entschieden.[294] Trotz einiger Bedenken insbesondere hinsichtlich der Praktikabilität der entwickelten Abgrenzungskriterien[295] ist diese Entscheidung auch für andere Bereiche maßgeblich.

Danach ist im Wesentlichen von folgender Rechtslage auszugehen: Bei der Beurteilung **143** der entscheidenden Frage, ob ein materieller Schaden statt eines nach § 253 BGB nicht in Geld zu ersetzenden Schadens vorliegt, kommt es nicht auf eine formale Anwendung der schadensersatzrechtlich grundsätzlich maßgeblichen Differenzhypothese an, derzufolge der Geschädigte so zu stellen ist, als habe das schädigende Ereignis nicht stattgefunden. Vielmehr muss eine wertende Betrachtung stattfinden, bei der aus § 252 BGB kein Rückschluss auf die fehlende Ersetzbarkeit bei privat-nichtkommerzieller Nutzung zu ziehen ist. Nach wirtschaftlichen Gesichtspunkten wertend betrachtet, stellt der schlicht entgangene Nutzungswert vielmehr einen nach **§ 251 Abs. 1 BGB**[296] ersatzfähigen Schaden dar, wenn die Verfügbarkeit der Nutzung „kommerzialisiert" ist, d. h. wenn sie erkauft ist. Entscheidend ist, dass die Nutzung für den Geschädigten mehr als bloße Liebhaberei ist, sondern sie vielmehr nach der Verkehrsauffassung von so **zentraler Bedeutung für** seine **Lebensführung** ist, dass er auf die jederzeitige Nutzbarkeit des betroffenen Gutes fühlbar angewiesen ist und er die Nutzung, wäre sie ihm möglich, auch tatsächlich ausüben würde. Aus diesen einengenden Kriterien ergibt sich auch ohne weiteres, dass der Intensität oder der Dauer nach **nur geringfügige Beeinträchtigungen** auch bei wichtigen Wirtschaftsgütern **nicht** zu einem Schadensersatz wegen Nutzungsausfalls berechtigen.[297]

Diese Grundsätze sind in der höchstrichterlichen Rechtsprechung auch auf **vertragliche** **144** **Schadensersatzansprüche** übertragen worden, jedenfalls soweit der Vertrag gerade auf die Überlassung des Gebrauchs zielt.[298] Im ebenfalls vertraglichen Bereich des § 4 Nr. 7 Satz 2 VOB/B wie auch des § 13 Nr. 7 Abs. 3 Satz 1 VOB/B, bzw. beim BGB-Vertrag im Rahmen der Schadensersatzhaftung gemäß § 280 Abs. 1 BGB, zieht die herrschende Auffassung diese Grundsätze ebenfalls heran.[299]

Bei Anwendung dieser Grundsätze ist die Gebrauchsentziehung oder spürbare Gebrauchs- **145** beeinträchtigung bei **selbstgenutztem Wohnraum** in der Regel ersatzfähig.[300] Das trifft auch auf die Nebenanlagen zu, soweit ihre Nutzung nach der Verkehrsanschauung als

---

[293] Koch Schadensersatz S. 131 f.
[294] BGHZ 98, 212 = NJW 1987, 50 = BauR 1987, 312 = ZfBR 1986, 279 (auf Vorlagebeschluss des V. Senats, NJW 1986, 2037); dazu Brinkmann BB 1987, 1828 ff.; Flessner JZ 1987, 271 ff.; Hohloch JR 1987, 107; Kaiser BauR 1988, 133 ff.; Kamphausen BauR 1988, 48; Medicus Jura 1987, 240 ff.; zur dogmatischen Begründung und zur Bemessung des Schadensersatzes bei Nutzungsausfall Rauscher NJW 1987, 53 f.; BGHZ 101, 332 f. = NJW 1988, 252 f.; vgl. auch BGH NJW 1987, 772.
[295] Vgl. etwa die Kritik von Schacht NJW 1981, 1350 am Kriterium der Verkehrsauffassung; dag. Bindhardt BauR 1982, 442.
[296] Nach einer Mindermeinung soll die Ersatzpflicht auf § 249 Satz 2 BGB a. F. bzw. nunmehr § 249 Abs. 2 BGB zu stützen sein; so Rauscher NJW 1986, 2011, 2014 ff.
[297] OLG Düsseldorf BauR 1981, 477; Siegburg Gewährleistung Rdn. 1211 ff.
[298] BGHZ 101, 333 = NJW 1988, 253; vgl. schon BGHZ 96, 124 ff. = NJW 1986, 427 ff. = BauR 1986, 105 ff.; zustimmend Nicklisch/Weick (Nicklisch) VOB/B § 13 Rdn. 247.
[299] Nicklisch/Weick (Nicklisch) VOB/B § 13 Rdn. 247; zu der spezifisch baurechtlichen Anwendung insb. Kaiser BauR 1988, 133, 139 f.
[300] Vgl. BGHZ 98, 216 f.

notwendig oder sonst wesentlich anzusehen ist; das gilt insbesondere, wenn sie der Befriedigung allgemein geteilter oder alltäglicher Bedürfnisse dienen.[301] Ersatzfähig ist bei Anwendung der genannten Prinzipien in der Regel auch die entgangene Nutzung einer **Tiefgarage,** die wegen der durch sie erreichbaren Sicherheit gegen Diebstahl und Beschädigung sowie wegen der Gewährleistung jederzeit verfügbaren Parkraums erheblichen, übrigens durch die Existenz eines Mietmarkts erkennbaren, Wert hat.[302] Auch die **eingeschränkte Nutzbarkeit** einer zur Erzielung des nötigen Schallschutzes nachträglich als Nachbesserung montierten Wandversatzschale macht wegen Nutzungsbeeinträchtigung schadensersatzpflichtig.[303] **Ausgeschlossen** ist dagegen die Entschädigung für die zeitweilige Unbenutzbarkeit eines privaten **Schwimmbades;** nach der gegenwärtigen Verkehrsauffassung handelt es sich bei der Schwimmbadbenutzung nur um eine Liebhaberei.[304]

146    **Schadensersatzmaßstab** ist allerdings **nicht** der üblicherweise erzielbare **Mietzins,** wenngleich dieser nach Bereinigung um die spezifisch die erwerbswirtschaftliche Nutzung betreffenden Faktoren als Wertbemessungsgrundlage dienlich sein kann. Es geht nämlich nicht um das Reparationsinteresse, sondern um das Kompensationsinteresse, und dies bestimmt sich danach, was die Einsatzfähigkeit der Sache für den Eigengebrauch dem Verkehr in Geld wert ist.[305] Einen Maßstab[306] geben können insbesondere die anteilig in ein Verhältnis zum Gesamtwert des betroffenen Objekts und in Bezug zur Dauer der Gebrauchsvorenthaltung gesetzten **Vorhaltekosten,** die namentlich durch den entgangenen Zins für das baulich gebundene Kapital bzw. den anteiligen Zins für die Baufinanzierung sowie durch sonstige weiterlaufende Kosten bestimmt werden. Ferner ist bei der Schadensbemessung in den Fällen, in denen die Nutzungsbeeinträchtigung **auf Dauer** besteht, der **merkantile Minderwert** zu berücksichtigen, der dem betroffenen Gesamtobjekt bezogen auf die zu erwartende gesamte Nutzungsdauer wegen der zur Gebrauchseinschränkung führenden Fehlerhaftigkeit einer seiner Einrichtungen anhaftet.[307]

147    Im Rahmen des § 13 Nr. 7 Abs. 3 Satz 1 VOB/B ist allerdings ungeachtet der grundsätzlichen Frage nach der schadensersatzrechtlichen Relevanz eines abstrakten Nutzungsausfalls **vorzugswürdig,** diese Schadensposition als **nicht ersatzfähig** anzusehen.[308] Es liegt ein Schaden **aus,** nicht an der baulichen Anlage vor; im Kern handelt es sich um Enttäuschungen von Nutzungsmöglichkeiten, die schadensersatzrechtlich im Rahmen des § 13 Nr. 7 Abs. 3 Satz 1 VOB/B nicht besser behandelt werden können als Verwendungseinschränkungen mit unmittelbar messbaren wirtschaftlichen Nachteilen.

148    cc) **Einschränkung rechtsgeschäftlicher Verwertung.** Die Gebrauchsfähigkeit im Sinne der Fähigkeit zu rechtsgeschäftlicher Verwertung wird mangelbedingt eingeschränkt, wenn der Mangel nicht oder nicht vollständig behebbar ist und er daher die wirtschaftliche Verwertung der baulichen Anlage anders als durch Minderung der Eigennutzungsmöglichkeit behindert. Dies kann daran liegen, dass der Mangel eine **Vermietung** oder **Verpachtung** zu angemessenem Preis ausschließt, aber auch daran, dass der Mangel die Beleihung erschwert oder er zu einem Mindererlös oder zur Verzögerung beim **Objektverkauf** führt.[309] In diesen Fällen kann auch von einem merkantilen Minderwert in einem weiteren Sinn gesprochen werden.

---

[301] Im Anschluss an BGHZ 76, 186 = NJW 1980, 1388 = BauR 1980, 273 f. = ZfBR 1980, 130 und BGHZ 96, 127 f. = NJW 1986, 428 = BauR 1986, 106 f. = ZfBR 1986, 26.
[302] BGHZ 96, 128 = NJW 1986, 428 = BauR 1986, 107 = ZfBR 1986, 27.
[303] OLG Nürnberg BauR 1989, 741 f.
[304] BGHZ 76, 187 = NJW 1980, 1388 = BauR 1980, 274 = ZfBR 1980, 130.
[305] So BGHZ 98, 225 = NJW 1987, 53 = BauR 1987, 317 = ZfBR 1987, 282.
[306] Zu den Schadensbemessungsgesichtspunkten BGHZ 98, 225 = NJW 1987, 53 = BauR 1987, 317 = ZfBR 1986, 282; auch BGHZ 96, 129 = NJW 1986, 428 = BauR 1986, 107 = ZfBR 1986, 27; näher *Kamphausen* BauR 1988, 48; *Kaiser* BauR 1988, 139; *Siegburg* Gewährleistung (3. Aufl. 1994) Rdn. 311 f.
[307] Dazu insb. BGHZ 96, 129 = NJW 1986, 428 = BauR 1986, 107 = ZfBR 1986, 27.
[308] *Koch* Schadensersatz S. 135.
[309] *Kleine-Möller/Merl/Oelmaier (Merl)* § 12 Rdn. 940.

Die **Differenz** zwischen dem erzielten und dem ohne den Mangel erzielbaren **Mietzins** 149
oder Pachtzins oder Kaufpreis ist nach **herrschender Auffassung** ein schon auf der Basis
des § 13 Nr. 7 Abs. 3 Satz 1 VOB/B **erstattungsfähiger Schaden**.[310] Es kann danach
keinen Unterschied machen, ob sich der wirtschaftliche Nutzen, der durch die mangelbedingt eingeschränkte Gebrauchsfähigkeit gemindert wird, in der Ertragsrechnung als Verlust
an Eigennutzungswert oder als Verlust an geldwerter Verfügbarkeit über das Gebrauchspotential darstellt. Insoweit besteht etwa ein Unterschied zu dem Schaden, der dem Auftraggeber dadurch entsteht, dass er seinem **Mieter** oder Pächter wegen Nichtverfügbarkeit einer
mangelfreien Miet- bzw. Pachtsache **auf Schadensersatz haftet**. Dieser Schaden war
nämlich nicht unabhängig von weiteren Ereignissen schon mit der Mangelhaftigkeit der
Bauausführung notwendig angelegt und wurde nicht nur durch spätere Ereignisse lediglich
sichtbar; vielmehr entstand er erst infolge der tatsächlichen Vermietung oder Verpachtung,
also durch einen weiteren Dispositionsakt des Auftraggebers, und ein solcher Schaden gehört
nicht zu dem Kreis der nach § 13 Nr. 7 Abs. 3 Satz 1 VOB/B erstattungsfähigen Schäden.[311]

Auch insoweit ist jedoch **vorzugswürdig**, diese Schäden auch dann, wenn sie nahe 150
Mangelfolgeschäden im Sinne des § 635 BGB a. F. sein mögen, nicht als solche an, sondern
lediglich **aus** der baulichen Anlage anzusehen.[312] Sie beruhen überdies auf einem selbstständigen Dispositionsakt des Auftraggebers, der außerhalb der eigentlichen im engen Sinne
faktisch-baulichen Gebrauchserwartung des Auftragnehmers liegt. Auch insoweit wird im
Übrigen ein entgangener Gewinn entgegen der Intention des § 13 Nr. 7 Abs. 3 Satz 1
VOB/B, wie sich normgeschichtlich ergibt, schadensrechtlich ersatzfähig gestellt. Auch
insoweit sollte die Minderung als der richtige Behelf angesehen werden, unbeschadet der auf
Praktikabilität beruhenden Erwägung, die Minderung abrechnungstechnisch in die Schadensberechnung einbeziehen zu können.

Ein so genannter **merkantiler Minderwert** liegt vor, wenn der Mangel den Veräuße- 151
rungswert der baulichen Anlage mindert, und zwar im Unterschied zum technischen
Minderwert gerade dann, wenn dies trotz Mangelbehebung der Fall ist und die Wertminderung nur auf dem objektiv unbegründeten **Verdacht** beruht, das Bauwerk könne noch
**weitere verborgene Mängel** aufweisen.[313] Der damit zusammenhängende Minderwert ist
nach **herrschender Auffassung** schon nach § 13 Nr. 7 Abs. 3 Satz 1 VOB/B auszugleichen;[314] es handelt sich nämlich um eine fortwirkende Folge eines zumindest vormals
bestehenden Substanzschadens an der baulichen Anlage.[315] Die Ersatzfähigkeit wird auch
dann angenommen, wenn der Auftraggeber gegenwärtig keine Verkaufsabsicht hat und ein
Verkauf auch tatsächlich nicht stattfindet.[316] Der merkantile Minderwert muss allerdings
durch den Mangel **verursacht** sein; daran fehlt es, wenn die Preisfestsetzung bereits unabhängig vom Mangel stattfand, nämlich beim Verkauf der baulichen Anlage vor ihrer
mangelhaften Errichtung.[317]

---

[310] BGHZ 46, 240; *Nicklisch/Weick (Nicklisch)* VOB/B § 13 Rdn. 246; a. A. *Kaiser* Mängelhaftung Rdn. 119, Fn. 179; *Werner/Pastor* Rdn. 1731 (beachte auch dort Fn. 65).
[311] Dazu oben Rdn. 66.
[312] *Koch* Schadensersatz S. 136 f.
[313] Vgl. BGHZ 27, 182; BGH BauR 1979, 158; BGH BauR 1991, 744 = ZfBR 1991, 265; *Ingenstau/Korbion (Wirth)* VOB/B § 13 Nr. 7 Rdn. 66; *Kleine-Möller/Merl/Oelmaier (Merl)* § 12 Rdn. 941; *Werner/Pastor* Rdn. 1726.
[314] BGHZ 55, 199 = NJW 1971, 615 = BauR 1971, 125; BGH BauR 1986, 104; *Ingenstau/Korbion (Wirth)* VOB/B § 13 Rdn. 66; *Nicklisch/Weick (Nicklisch)* VOB/B § 13 Rdn. 242; *Kleine-Möller/Merl/Oelmaier (Merl)* § 12 Rdn. 941; *Locher* PrivBauR Rdn. 281; *Werner/Pastor* Rdn. 1730; a. A. *Kaiser* Mängelhaftung Rdn. 119; *Koch* S. 139.
[315] A. A. *Kaiser* Mängelhaftung Rdn. 119; *Koch* S. 139.
[316] BGH NJW 1986, 429 = BauR 1986, 104 m. w. N. = ZfBR 1986, 28; BGHZ 99, 87 = NJW 1987, 647 = BauR 1987, 91 = ZfBR 1987, 94; *Ingenstau/Korbion (Wirth)* VOB/B § 13 Nr. 7 Rdn. 67; *Nicklisch/Weick (Nicklisch)* VOB/B § 13 Rdn. 242; *Kaiser* Mängelhaftung Rdn. 119; *Kleine-Möller/Merl/Oelmaier (Merl)* § 12 Rdn. 941; *Locher* PrivBauR Rdn. 279; *Werner/Pastor* Rdn. 1726.
[317] *Nicklisch/Weick (Nicklisch)* VOB/B § 13 Rdn. 242.

**152** Die Einwände, die gegen den schadensersatzrechtlichen Ausgleich für Verwertungsnachteile bei technischem Minderwert bereits auf der Basis des § 13 Nr. 7 Abs. 3 Satz 1 VOB/B vorzubringen waren, gelten für den merkantilen Minderwert erst recht, da in diesem Fall ein Mangel an der baulichen Anlage objektiv nun nicht mehr vorliegt und der Schaden erst infolge eines weiteren selbstständigen Dispositionsaktes des Auftraggebers eintritt.[318] Im Übrigen trifft auch hier zu, dass der merkantile Minderwert in der Regel schon von der Minderung abgedeckt wird, die der Schadensersatzhaftung im Rahmen der VOB/B vorgeht;[319] einer scharfen Trennung von Minderung und Schadensersatz bedarf es aber aus Praktikabilitätsgründen abrechnungshalber nicht, so dass eine einheitliche Geltendmachung des merkantilen Minderwerts im schadensersatzrechtlichen Wege abrechnungstechnisch zuzulassen ist.[320]

**153** **dd) Zinsschaden.** Ein Zinsschaden, der sich auf das zu Bauzwecken eingesetzte und mangelbedingt nicht voll nutzbare Kapital gründet, ist **nicht ersatzfähig**.[321] Der Zinsverlust in Bezug auf eingesetztes Eigenkapital ist mangelunabhängig schon durch die Baudurchführung als solche entstanden; bei eingesetztem Fremdkapital wird in der Regel die Belastung ebenfalls nicht durch den Mangel erhöht.[322] Der Schaden besteht vielmehr stets in der Nichtnutzbarkeit der baulichen Anlage; der damit entstehende Schaden ist unmittelbar baubezogen zu ermitteln, indem der Ausfall an Baunutzung ermittelt wird, für den der Zinsausfall im Übrigen keine Bemessungsgrundlage bietet.[323]

**154** **ee) Mangelermittlungskosten.** Nach **herrschender Ansicht** können auch Kosten von Gutachten[324] und sonstigen **Beweiserhebungen** einschließlich eines nicht zu einem Hauptverfahren führenden Beweisverfahrens gemäß den §§ 485 ff. ZPO,[325] soweit diese zur Ermittlung von Mangeln und Schäden im Sinne des § 13 Nr. 7 Abs. 3 Satz 1 VOB/B dienen und notwendig sind, sowie auch die Kosten eines auf ein fehlerhaftes Beweissicherungsgutachten hin gegen einen anderen Baubeteiligten erfolglos geführten Rechtsstreits[326] auf der Grundlage dieser Schadensersatzregelung eingefordert werden.[327] Das soll jedenfalls dann gelten, wenn eine Sachaufklärung durch die billigere Beiziehung eines Fachbetriebs oder eigener Fachkräfte wegen Art und Umfang des vermuteten Mangels und Schadens als nicht ausreichend erscheint;[328] ist dies aber eindeutig ausreichend, kann die Beauftragung eines Gutachters gegen die Schadensminderungspflicht des Auftraggebers verstoßen und dessen Schadensersatzanspruch gemäß § 254 Abs. 2 BGB mindern.[329] Kann ein Gutachter herangezogen werden, so umfasst der Schadensersatzanspruch auch die Kosten einer objektiv überzogen intensiven Untersuchung durch den Sachverständigen.[330] Statt sachverständige Dritte zur Begutachtung einzuschalten, kann ein Auftraggeber, der selbst eine

---

[318] *Kaiser* Mängelhaftung Rdn. 119; *Koch* Schadensersatz S. 138 f.
[319] *Koch* Schadensersatz S. 138.
[320] BGHZ 55, 199 = NJW 1971, 615 = BauR 1971, 125; *Nicklisch/Weick (Nicklisch)* VOB/B § 13 Rdn. 242; *Locher* PrivBauR Rdn. 276.
[321] So auch *Nicklisch/Weick (Nicklisch)* VOB/B § 13 Rdn. 248; *Kaiser* Mängelhaftung Rdn. 119 m. w. N.; a. A. *Ingenstau/Korbion (Wirth)* VOB/B § 13 Nr. 7 Rdn. 90; *Kleine-Möller/Merl/Oelmaier (Merl)* § 12 Rdn. 949.
[322] *Nicklisch/Weick (Nicklisch)* VOB/B § 13 Rdn. 248.
[323] *Nicklisch/Weick (Nicklisch)* VOB/B § 13 Rdn. 248 unter Bezug auf BGHZ 71, 236; vgl. allgemein zum Zinsschaden *Kaiser* Mängelhaftung Rdn. 119 mit Fn. 179.
[324] BGH NJW 2002, 141 = BauR 2002, 86.
[325] BGHZ 132, 189 = BauR 1996, 702 = NJW 1996, 2372; OLG Rostock BauR 1997, 656; *Kaiser* Mängelhaftung Rdn. 117 (zum Beweissicherungsverfahren alten Rechts).
[326] OLG Hamm NJW-RR 2004, 1386, 1389.
[327] BGHZ 54, 357 = NJW 1971, 100 f. = BauR 1971, 52 f.; *Ingenstau/Korbion (Wirth)* VOB/B § 13 Nr. 7 Rdn. 107; *Nicklisch/Weick (Nicklisch)* VOB/B § 13 Rdn. 249; *Kaiser* Mängelhaftung Rdn. 117; *Kleine-Möller/Merl/Oelmaier (Merl)* § 12 Rdn. 947; *Locher* PrivBauR Rdn. 280 f.; *Werner/Pastor* Rdn. 1730; *Koch* Schadensersatz S. 140 ff.
[328] *Ingenstau/Korbion (Wirth)* VOB/B § 13 Nr. 7 Rdn. 107.
[329] *Kleine-Möller/Merl/Oelmaier (Merl)* § 12 Rdn. 947.
[330] *Ingenstau/Korbion (Wirth)* VOB/B § 13 Nr. 7 Rdn. 107.

Richtigerweise sollten die Mangel- und Schadensermittlungskosten **nur** auf Grund von  **155**
§ 280 Abs. 1 und 2 i. V. m. § 286 BGB **als Verzugsschäden** ersatzfähig sein. Sie betreffen nämlich nicht die Gebrauchsfähigkeit der baulichen Anlage und liegen damit außerhalb des Schutzbereichs des § 13 Nr. 7 Abs. 3 Satz 1 VOB/B. Die Verzugshaftung ist auch nicht deshalb ausgeschlossen, weil der Auftragnehmer nicht stets das Recht zur Mangelbeseitigung hat und die Erstattung der Gutachterkosten auch in den Fällen gewährleistet werden muss, in denen dieses Recht nicht besteht;[332] denn der hier relevante Verzug bezieht sich auf das jeweils bestehende Werkmangelgewährleistungsrecht, dessen Erfüllung der Auftragnehmer verweigert, und ist daher unabhängig vom Mangelbeseitigungsrecht des Auftragnehmers. Die praktischen Unterschiede zwischen der herrschenden und der hier vertretenen Auffassung dürften allerdings gering sein. Auch die herrschende Auffassung räumt nämlich im Hinblick auf § 254 Abs. 2 BGB und den Rechtsgedanken des § 93 ZPO ein, dass die Kostenabwälzung auf den Auftragnehmer voraussetzt, dass dieser zunächst um eine Stellungnahme zu den behaupteten Mangeln und der daraus folgenden gewährschaftsrechtlichen Haftung gebeten wurde und er sich dazu negativ oder in angemessener Frist nicht geäußert hat;[333] in diesen Fällen liegt aber praktisch stets Verzug vor.

### 3. Schadensminderungsgründe

**a) Vorteilsausgleichung, Sowiesokosten, Mitverantwortung des Auftraggebers.** **156**
Der Schadensersatzanspruch kann unter den Gesichtspunkten der **Vorteilsausgleichung**[334] und der **Sowiesokosten** zugunsten des Auftragnehmers eingeschränkt sein. Gleiches gilt, soweit den Auftraggeber insbesondere wegen einer verfehlten Anordnung eine **Mitverantwortung** bei der Schadensentstehung trifft und dies nicht bereits zur Haftungsbefreiung des Auftragnehmers dem Grunde nach gemäß § 13 Nr. 3 VOB/B führt; § 254 Abs. 1 BGB bietet hier die Grundlage für die Schadensbeteiligung. Wegen der Voraussetzungen dieser Fälle und der schadensersatzrechtlichen Folgen ist auf das Parallelproblem bei § 4 Nr. 7 S. 2 VOB/B zu verweisen.[335] Eine Schadensminderung kann auch gemäß § 254 Abs. 2 BGB stattfinden; dies etwa ist trotz Anerkennung des Umstands, dass das Prognoserisiko grundsätzlich zu Lasten des Auftragnehmers geht, dann der Fall, wenn der Auftraggeber ohne vernünftigen Grund einen von Anbeginn erkennbar ungeeigneten oder übertreuerten Weg der Mangelbehebung wählt.[336]

**b) Aufrechnung oder Verrechnung.** Der Schadensersatzanspruch kann ferner durch  **157**
**Aufrechnung** gemindert werden. In Betracht kommt insbesondere die Aufrechnung mit Vergütungsansprüchen, deren Fortbestand im Falle der Haftung auf Grund von § 13 Nr. 7 Abs. 3 Satz 1 VOB/B die Regel ist.[337] Insoweit sind allerdings etwa bestehende vertragliche und gesetzliche Aufrechnungsausschlussgründe zu beachten; insbesondere gilt § 215 BGB. Eine **Verrechnung,** bei der es sich um ein rechnerisches Verfahren zum Ausgleich von Aktiva und Passiva im Rahmen der Schadensberechnung handelt, kommt richtigerweise

---

[331] A. A. BGH NJW 1969, 1109 und NJW 1976, 1256; dagegen *Klimke* VersR 1977, 615; *Schmidt* NJW 1976, 1932; *Ingenstau/Korbion (Wirth)* VOB/B § 13 Nr. 7 Rdn. 107.
[332] So *Koch* Schadensersatz S. 140 f.
[333] BGH WM 1973, 954; OLG Koblenz NJW-RR 1990, 30; *Joswig* NJW 1985, 1323; a. A. BGHZ 92, 309.
[334] Beispiele: OLG Celle BauR 1988, 614 (unterdimensionierte Heizkörper) und OLG Celle BauR 1988, 615 (mangelhafte Wärmepumpe); zur Vorteilsausgleichung in einer Leistungskette jüngst BGH NJW 2007, 2697 (mangelhafte Pflasterarbeiten).
[335] Dazu → § 4 Nr. 7 Rdn. 99 ff.
[336] So im Ergebnis auch OLG Celle BauR 2004, 1018, 1019; mit der Mangelbeseitigung vom Auftraggeber Beauftragte sind nicht Erfüllungsgehilfen des Schadensersatzschuldners.
[337] OLG Frankfurt BauR 1986, 611; so auch noch *Ingenstau/Korbion (Wirth)* (14. Aufl. 2001) VOB/B § 13 Rdn. 800.

grundsätzlich nicht in Betracht.³³⁸ Eine Verrechnung findet nur ausnahmsweise statt, wenn sich die vertraglichen Ansprüche des Auftraggebers im Falle eines den Auftragnehmer betreffenden Insolvenzverfahrens in einen einheitlichen Schadensersatzanspruch gegen den Insolvenzschuldner umwandeln.³³⁹ Im Grundsatz hingegen ist die Aufrechnung erforderlich, weil der Vergütungsanspruch auf der Grundlage des Werkvertrags verdient ist und dieser daher allein dessen Regeln unterliegt. Eine Abrechnung auf der Basis einer Saldierung kann insbesondere nicht mit der schadensersatzrechtlichen Differenztheorie begründet werden, weil die sich darauf stützende Saldierung nur Rechnungsposten betrifft, die in einer synallagmatischen Beziehung stehen; daran fehlt es im Verhältnis von Vergütungsanspruch und mangelbedingtem Schadensersatzanspruch. Die Verrechnung führt im Übrigen im Unterschied zur Aufrechnungslösung dazu, dass Aufrechnungsverbote insoweit unerheblich sind, während Verrechnungsverbote in Allgemeinen Geschäftsbedingungen gemäß § 307 Abs. 1 Satz 1 i. V. m. Abs. 2 BGB unwirksam sind.³⁴⁰ Ein Vorbehaltsurteil gegen den Auftraggeber unter Zurückstellung der Schadensersatzansprüche des Auftraggebers ist ferner auf der Basis der Verrechnungslösung nicht zulässig.³⁴¹ Die Position des Auftragnehmers würde daher durch den Weg über die Verrechnung entgegen der Intention der neueren Gesetzgebung, ihn vor der Gefahr der Insolvenz infolge von sich schließlich als unbegründet erweisenden Mängelbehauptungen zu schützen, in der Regel verschlechtert; Verbesserungen durch Priorität der Verrechnung gegenüber der selbstständigen Einklagbarkeit eines Vorschussanspruchs fallen dagegen wenig ins Gewicht.³⁴² Sind Vergütungs- und Schadensersatzanspruch lediglich zu verrechnen, verlieren sie im Übrigen ihre selbstständige Abtretbarkeit; lediglich der sich nach Saldierung ergebende Restanspruch ist abtretbar.³⁴³

### IV. Prozessuales

#### 1. Klageart

158    Schadensersatz ist grundsätzlich im Wege der **Leistungsklage** einzufordern. Die **Feststellungsklage** ist demgegenüber subsidiär, sie ist aber **ausnahmsweise** doch zuzulassen.³⁴⁴ Dies ist der Fall, wenn der Umfang des Schadens oder die den Beklagten treffende Haftungsquote noch nicht ermittelt werden kann oder die Schadensentfaltung noch nicht abgeschlossen ist³⁴⁵ und ein Interesse an der Feststellungsklage besteht, insbesondere weil sie geeignet ist,³⁴⁶ der drohenden Verjährung des Schadensersatzanspruchs zuvorzukommen. Sind Schäden teilweise bezifferbar, kann insoweit eine Leistungsklage neben einer Feststellungsklage im Übrigen erhoben werden; ob Leistungs- und Feststellungsklage nebeneinander gestellt werden müssen, hängt davon ab, ob es dem Auftraggeber nach der konkreten Sachlage möglich und zumutbar ist, getrennte Klageanträge zu stellen.³⁴⁷ Die Feststellungsklage ist allerdings in Übereinstimmung mit den allgemeinen Voraussetzungen des

---

³³⁸ A. A. noch BGH BauR 2001, 1928, nun wie hier BGH NJW 2005, 2772 unter Aufgabe seiner Rechtsprechung zur Verrechnung; zu allem wie hier OLG Düsseldorf BauR 1974, 203 ff.; OLG Frankfurt BauR 1986, 612; OLG Köln OLGR 2002, 247; *Ingenstau/Korbion (Wirth)* VOB/B § 13 Nr. 7 Rdn. 157 f., 163; *Staudinger/Peters* § 634 Rdn. 128; *Kaiser* Mängelhaftung Rdn. 125; a. A. OLG Düsseldorf BauR 1984, 308; OLG Düsseldorf NJW-RR 1995, 1535 = NZBau 2002, 674 = BauR 2002, 1860; OLG Koblenz NZBau 2002, 453 = BauR 2002, 1124; OLG Hamm BauR 2005, 1344 ff.
³³⁹ BGH JZ 1986, 690.
³⁴⁰ *Ingenstau/Korbion (Wirth)* VOB/B § 13 Nr. 7 Rdn. 156.
³⁴¹ *Ingenstau/Korbion (Wirth)* VOB/B § 13 Nr. 7 Rdn. 153.
³⁴² *Ingenstau/Korbion (Wirth)* VOB/B § 13 Nr. 7 Rdn. 153.
³⁴³ *Ingenstau/Korbion (Wirth)* VOB/B § 13 Nr. 7 Rdn. 158.
³⁴⁴ Dazu *Kaiser* Mängelhaftung Rdn. 97 c.
³⁴⁵ KG BauR 1981, 382; OLG Düsseldorf BauR 1981, 504; OLG Celle BauR 1984, 647 f.; OLG Koblenz NJW-RR 1988, 533.
³⁴⁶ OLG Düsseldorf BauR 1981, 502 ff.
³⁴⁷ BGH NJW 1984, 1554; BGH BauR 1987, 702 f.; *Kaiser* Mängelhaftung Rdn. 97 c.

## 2. Darlegungs- und Beweislast

Bei Geltendmachung des Schadensersatzanspruchs **nach Abnahme,** der eine Fertigstellungsbescheinigung nach § 641a BGB gleichsteht, hat der **Auftraggeber** – wie im Fall eines BGB-Bauvertrages ehedem bei § 635 BGB a. F.[349] und nun bei Haftung gemäß den §§ 634 Nr. 4, 280 Abs. 1 und 3 i. V. m. §§ 281 oder 283, oder § 311a BGB – in Übereinstimmung mit dem Grundsatz, dass jeder die Voraussetzungen der ihm günstigen Norm darlegen und beweisen muss, die Darlegungs- und Beweislast;[350] dies gilt namentlich für das Vorhandensein eines vom Auftragnehmer zu verantwortenden Mangels und für dessen Schadensursächlichkeit.[351] Die Darlegungslast darf aber **nicht überspannt** werden.[352] So genügt in der Regel die Schilderung des Mangels in seinem äußeren Erscheinungsbild. Eine Ursachenanalyse ist dem Auftraggeber im Allgemeinen nicht zuzumuten;[353] allerdings muss sich dem Sachvortrag jenseits der Symptombeschreibung entnehmen lassen, dass der Mangel aus dem Verantwortungsbereich des beklagten Auftragnehmers herrühren soll. Ein bereits behobener Mangel muss so dargelegt werden, dass ein Sachverständiger auf dieser Grundlage die fachliche Richtigkeit der Ausführungsarbeiten nachträglich beurteilen kann.[354] **Vor** der **Abnahme** des Werkes, im Falle einer berechtigten Abnahmeverweigerung oder eines Vorbehalts gemäß § 640 Abs. 2 BGB trägt hingegen der **Auftragnehmer** die Darlegungs- und Beweislast für die Mangelfreiheit des Bauwerks, sofern der Auftraggeber das Vorhandensein eines Mangels so hinreichend konkret vorträgt, dass dieser identifizierbar ist.[355]

159

Die Darlegungs- und Beweislast nach Abnahme trifft den Auftraggeber grundsätzlich für alle **Tatbestandsvoraussetzungen,** ferner auch für den **Schaden** und seine **Verursachung** durch die zu beanstandende Leistung des Auftragnehmers. Bei Inanspruchnahme mehrerer Auftragnehmer gilt diese Beweislastregel in Bezug auf jeden von diesen, wobei Nachweis der Mitursächlichkeit genügt.[356] **Anders** verhält es sich mit dem **Verschulden.** Analog dem schon bei § 282 BGB a. F. geltenden Prinzip, jetzt fortgeltend in § 280 Abs. 1 Satz 2 BGB, und gestützt auf den Sphärengedanken muss der **Auftragnehmer** darlegen und beweisen, dass er den Mangel bzw. die Vertragswidrigkeit nicht zu vertreten hat.[357] Kann der Auftraggeber seinen **Schaden,** beispielsweise hinsichtlich entgangener Kapitalnutzung, **abstrakt-objektiv** berechnen, ist es Sache des Auftragnehmers, darzulegen und zu beweisen, dass im gegebenen Fall ein geringerer Schaden entstanden ist.[358]

160

---

[348] OLG Düsseldorf NJW-RR 1999, 1400 f. = BauR 1999, 932 (Leitsatz).
[349] BGHZ 42, 18 = NJW 1964, 1791; BGHZ 48, 312 = NJW 1968, 44; BGH NJW 1981, 2404 = BauR 1981, 576 = ZfBR 1981, 219.
[350] *Ingenstau/Korbion* (*Wirth*) VOB/B § 13 Nr. 7 Rdn. 78; *Nicklisch/Weick* (*Nicklisch*) VOB/B § 13 Rdn. 270; *Kaiser* Mängelhaftung Rdn. 106; *Werner/Pastor* Rdn. 1732.
[351] BGH BauR 1997, 129, 130 = ZfBR 1997, 75; BGH BauR 1998, 172, 173 = ZfBR 1998, 26; BGH NJW-RR 2002, 743 f. = BauR 2002, 784 f. = ZfBR 2002, 357 f.
[352] Vgl. BGH NJW-RR 2002, 743 f. = BauR 2002, 784 f. = ZfBR 2002, 357 f.; *Kaiser* Mängelhaftung Rdn. 97 d.
[353] BGH BauR 1980, 574 f.
[354] OLG Düsseldorf BauR 1998, 569, 570.
[355] BGH NJW-RR 1997, 339 = ZfBR 1997, 75.
[356] BGH BauR 1973, 52; BGH BauR 1975, 133; *Ingenstau/Korbion* (*Wirth*) VOB/B § 13 Nr. 1 Rdn. 124; *Kaiser* Mängelhaftung Rdn. 106, Fn. 93; *Locher* PrivBauR Rdn. 289; *Werner/Pastor* Rdn. 1728.
[357] BGHZ 48, 312 = NJW 1968, 44; BGH BauR 1974, 65; BGH BauR 1979, 159 = ZfBR 1979, 24; BGH BauR 1982, 516 = ZfBR 1982, 171; OLG Saarbrücken NJW-RR 1987, 470; OLG München NJW-RR 1987, 854; *Ingenstau/Korbion* (*Wirth*) VOB/B § 13 Nr. 7 Rdn. 83; *Nicklisch/Weick* (*Nicklisch*) VOB/B § 13 Rdn. 270; *Kaiser* Mängelhaftung Rdn. 106 m. w. N.; *Werner/Pastor* Rdn. 1732.
[358] BGH DB 1974, 529; *Ingenstau/Korbion* (*Wirth*) VOB/B § 13 Nr. 7 Rdn. 82.

§ 13 Nr. 7 Schadensersatzanspruch

161   Bei der dem Auftraggeber danach obliegenden Beweisführung können ihm die Grundsätze des **Beweises des ersten Anscheins** helfen.[359] So rechtfertigt ein grobfahrlässiger Verstoß gegen anerkannte Regeln der Technik, der sich auf den gerügten Mangel bezieht, im Allgemeinen den Schluss, dass ein aufgetretener Mangel durch diesen Verstoß verursacht worden ist;[360] das gilt ferner, wenn sich ein Mangel zeigt, der eine typische Folgeerscheinung des verwendeten Werkstoffs oder des angewendeten Bauverfahrens ist.[361] Kommen mehrere Schadensursachen in Betracht, ist der Nachweis der konkret wirksamen Ursache entbehrlich, wenn feststeht, dass alle denkbaren Ursachen in den Verantwortungsbereich des in Anspruch genommenen Auftragnehmers gehören.[362] Umgekehrt können dem Auftragnehmer die Grundsätze der **Beweisvereitelung** helfen, wenn der Auftraggeber Maßnahmen veranlasst, durch deren Ausführung die Ermittlung der Schadensursachen ausgeschlossen wird.[363]

162   Die Behauptung, dass der Schaden zu **geringeren Beseitigungskosten** als vom Auftraggeber in Ansatz gebracht behoben werden kann, ist **vom Auftragnehmer** zu beweisen.[364] Ebenfalls vom Auftragnehmer zu beweisen sind die Voraussetzungen der **Vorteilsausgleichung,** das Vorhandensein von **Sowiesokosten** sowie einer **Mitverantwortung des Auftraggebers** für die Entstehung des Mangels, da es sich um ihm günstige Umstände handelt.

163   **Vertraglich abweichende Beweislastregeln** stehen im Anwendungsbereich des AGB-Rechts unter dem Wirksamkeitsvorbehalt des § 309 Nr. 12 BGB, ehemals § 11 Nr. 15 AGBG. Danach ist beispielsweise eine über die Abnahme hinausgehende Beweisbelastung des Auftragnehmers für die Mangelfreiheit, aber auch für die Erledigung von Nebenarbeiten wie etwa Reinigungsarbeiten nicht zulässig.[365]

## F. Haftung gemäß Abs. 3 Satz 2

### I. Grundlagen

164   Der in § 13 Nr. 7 Abs. 3 Satz 2 VOB/B normierte so genannte **große Schadensersatzanspruch** setzt wie seine Vorgängerregelung in § 13 Nr. 7 Abs. 2 VOB/B a. F. voraus, dass **alle Tatbestandsmerkmale** des § 13 Nr. 7 **Abs. 3 Satz 1** VOB/B **erfüllt** sind. Nötig ist also ein **wesentlicher Mangel**, der die **Gebrauchsfähigkeit erheblich beeinträchtigt**; ferner muss der Mangel auf ein **Verschulden des Auftragnehmers** oder seiner Erfüllungsgehilfen zurückzuführen sein.[366] Wegen dieser im Vergleich sowohl zu § 635 BGB a. F. als auch zu den §§ 634 Nr. 4, 280 Abs. 1 und 3, 281 oder 283 BGB einschränkenden Haftungsvoraussetzungen genügt daher § 13 Nr. 7 Abs. 3 VOB/B auch unter Einbeziehung seines zweiten Satzes für sich genommen nicht den an Allgemeine Geschäftsbedingungen gestellten Anforderungen und ist insoweit nur bei einer im Wesentlichen gesamten Einbeziehung der VOB/B als angemessen zu akzeptieren.[367]

165   Im **Unterschied** zum kleinen Schadensersatzanspruch gemäß § 13 Nr. 7 Abs. 3 Satz 1 VOB/B ist die Haftung allerdings nicht beschränkt auf solche Schäden, die mit der baulichen Anlage zusammenhängen, sondern sie **erstreckt** sich **auf alle** darüber hinaus-

---

[359] *Ingenstau/Korbion (Wirth)* VOB/B § 13 Nr. 1 Rdn. 123; *Locher* PrivBauR Rdn. 289; *Siegburg* Gewährleistung Rdn. 1298.
[360] *Ingenstau/Korbion (Wirth)* VOB/B § 13 Nr. 7 Rdn. 79; *Kaiser* Mängelhaftung Rdn. 106.
[361] *Ingenstau/Korbion (Wirth)* VOB/B § 13 Nr. 7 Rdn. 80.
[362] BGH BauR 1987, 231; *Nicklisch/Weick (Nicklisch)* VOB/B § 13 Rdn. 270.
[363] OLG Düsseldorf BauR 1980, 290; *Ingenstau/Korbion (Wirth)* VOB/B § 13 Nr. 1 Rdn. 126.
[364] BGH MDR 1975, 924 = DB 1975, 1408; *Ingenstau/Korbion (Wirth)* VOB/B § 13 Nr. 7 Rdn. 82.
[365] *Ingenstau/Korbion (Wirth)* VOB/B § 13 Nr. 1 Rdn. 125.
[366] *Ingenstau/Korbion (Wirth)* VOB/B § 13 Nr. 7 Rdn. 60; *Kapellmann/Messerschmidt (Weyer)* VOB/B § 13 Rdn. 378; *Nicklisch/Weick (Nicklisch)* VOB/B § 13 Rdn. 254; *Kaiser* Mängelhaftung Rdn. 102; *Locher* PrivBauR Rdn. 282.
[367] Dazu oben Rdn. 49 ff.

gehenden **Schäden**,[368] z. B. auf Gesundheitsverletzungen und auf Sachbeschädigungen außerhalb der baulichen Anlage.[369] Die Regelung erfasst auch alle **Mangelfolgeschäden**, einschließlich der beim BGB-Bauvertrag nach früherem Werkvertragsrecht als entfernt einzustufenden,[370] die dort der Haftung wegen positiver Vertragsverletzung unterfielen. Insofern solche Schäden nach neuem Schuldrecht unmittelbar auf Grund des § 280 Abs. 1 BGB auszugleichen sind, kann § 13 Nr. 7 Abs. 3 Satz 2 VOB/B als Anspruch im Sinne der positiven Vertragsverletzung verstanden werden,[371] unbeschadet der Tatsache, dass er hinsichtlich der eigentlichen Mangelschäden den Charakter eines Schadensersatzanspruchs wegen Nichterfüllung bzw. statt der Leistung hat.[372]

Ein Rückgriff auf die allgemeine Haftung wegen positiver Vertragsverletzung **unmittelbar** gemäß **§ 280 Abs. 1 BGB** ist daher wegen des Vorrangs des § 13 Nr. 7 Abs. 3 Satz 2 VOB/B als der speziellen Regelung **nicht** zulässig.[373] **Anders** verhält es sich nur, soweit der auszugleichende **Schaden nicht mangelbedingt** ist; in diesem Fall haftet der Auftragnehmer nach allgemeinen Grundsätzen, also auf Grund positiver Vertragsverletzung gemäß § 280 Abs. 1 BGB oder auf Grund Delikts.[374] Auch für mangelbedingte Schäden, also im Anwendungsbereich des § 13 Nr. 7 Abs. 3 Satz 2 VOB/B, kommt aber eine **konkurrierende Delikthaftung** in Betracht, was praktisch vor allem den Bereich der entfernten Mangelfolgeschäden betreffen dürfte.[375]

## II. Besondere Haftungsvoraussetzungen

Die mit der Regelung bezweckte Haftungsverschärfung tritt nur unter **zusätzlichen,** die Haftungsvoraussetzungen des § 13 Nr. 7 Abs. 3 Satz 1 VOB/B übersteigenden **Umständen** ein, die auf unterschiedlichen Erwägungen beruhen. Es genügt, dass einer der nachgenannten Fälle vorliegt. Diese Fälle entstammen bereits dem § 13 Nr. 7 Abs. 2 VOB/B a. F.; lediglich dessen Fallgruppe gemäß lit. a) ist hier entfallen, diese besteht allerdings im Wesentlichen fort in § 13 Nr. 7 Abs. 2 VOB/B und ist damit befreit von den tatbestandlichen Haftungsrestriktionen des § 13 Nr. 7 Abs. 3 Satz 1 VOB/B. Wegen dieser Ausgliederung aus dem § 13 Nr. 7 Abs. 2 VOB/B a. F. hat sich im Vergleich zu § 13 Nr. 7 Abs. 2 VOB/B a. F. die Bezeichnung der früheren Fallgruppen lit. b) bis d) im neuen § 13 Nr. 7 Abs. 3 Satz 2 VOB/B aufrückend unter Beibehaltung der früheren Reihung verschoben; diese finden sich jetzt mit geringfügigen textlichen Modifikationen unter lit. a) bis c) wieder.

### 1. Buchstabe a: Verstoß gegen anerkannte Regeln der Technik

Haftungsverschärfend wirkt es zunächst, wenn ein Mangel durch eine Baumaßnahme verursacht wird, die entgegen der Vertragsvereinbarung gegen die anerkannten Regeln der

---

[368] *Ingenstau/Korbion (Wirth)* VOB/B § 13 Nr. 7 Rdn. 53, 122; *Nicklisch/Weick (Nicklisch)* VOB/B § 13 Rdn. 253; siehe hierzu *Kaiser* Mängelhaftung Rdn. 107 ff.; *Locher* PrivBauR Rdn. 282; *Siegburg* Gewährleistung Rdn. 1317; ferner *Weyer* BauR 2003, 613, 621.
[369] *Kaiser* Mängelhaftung Rdn. 154; für letzteres vgl. *Locher* PrivBauR Rdn. 282.
[370] BGH NJW 1970, 421 = BauR 1970, 48; BGHZ 58, 340; BGHZ 61, 203 = NJW 1973, 1752 = BauR 1973, 381.
[371] BGH NJW 1970, 421; BGHZ 58, 340; BGHZ 61, 203; *Nicklisch/Weick (Nicklisch)* VOB/B § 13 Rdn. 253.
[372] Vgl. *Kaiser* Mängelhaftung Rdn. 112 a.
[373] So zum früheren Recht *Nicklisch/Weick (Nicklisch)* VOB/B § 13 Rdn. 253; *Kaiser* Mängelhaftung Rdn. 153; *ders.* ZfBR 1990, 213, 217.
[374] *Nicklisch/Weick (Nicklisch)* VOB/B § 13 Rdn. 253; *Kaiser* Mängelhaftung Rdn. 153; *ders.* ZfBR 1990, 213, 217.
[375] Zum früheren Recht BGHZ 55, 395 = NJW 1971, 1132 m. Anm. *Ganten* NJW 1971, 1804; BGH BauR 1972, 114; BGHZ 61, 203 = NJW 1973, 1752 m. Anm. *Finger* NJW 1973, 2104 = BauR 1973, 381; im Anschluss an BGHZ 55, 392: BGHZ 96, 228 = NJW 1986, 924; *Ingenstau/Korbion (Wirth)* (14. Aufl. 2001) VOB/B § 13 Rdn. 295 u. 731; *Kaiser* Mängelhaftung Rdn. 164; *Locher* PrivBauR Rdn. 738 ff. Vgl. nunmehr *Ingenstau/Korbion (Wirth)* VOB/B Vor § 13 Rdn. 102 i. V. m. VOB/B § 13 Nr. 7 Rdn. 132.

§ 13 Nr. 7

Technik verstößt. Der **Begriff** „anerkannte Regeln der Technik" entspricht dem bei §§ 4 Nr. 2 Abs. 1 und 13 Nr. 1 Satz 2 VOB/B verwendeten.[376] Zumindest bei Einbeziehung der VOB/B ist mit Rücksicht auf § 1 Nr. 1 Satz 2 VOB/B **grundsätzlich** davon auszugehen, dass der Auftragnehmer Bauleistungen nach den anerkannten Regeln der Technik als Inhalt des Bauvertrags **zugesagt** hat; zwar kann etwas **anderes** im Einzelfall ausdrücklich oder stillschweigend **vereinbart** sein, doch ist eine abweichende Vereinbarung bei Anwendung der üblichen Auslegungsgrundsätze nicht schon dann anzunehmen, wenn die Vertragsparteien eine bestimmte Ausführungsart vereinbart haben, die den anerkannten Regeln der Technik nicht genügt und mit der der vereinbarte Werkerfolg nicht erreicht werden kann.[377]

169 Obwohl tatbestandlich nicht eigens erwähnt, setzt die Schadensersatzhaftung auch hier **Verschulden** voraus, da der Schadensersatzanspruch gemäß § 13 Nr. 7 Abs. 3 Satz 2 VOB/B stets erfordert, dass die Voraussetzungen des § 13 Nr. 7 Abs. 3 Satz 1 VOB/B erfüllt sind.[378] Es genügt aber demgemäß ein nur leichtfahrlässiger Verstoß gegen die anerkannten Regeln der Technik.[379] Praktisch liegt bei einem Verstoß gegen anerkannte Regeln der Technik, der zu einem wesentlichen Mangel im Sinne des § 13 Nr. 7 Abs. 3 Satz 1 VOB/B geführt hat, wohl stets das nötige Verschulden zumindest im Sinne leichter Fahrlässigkeit vor.[380] Hier ist die Sachlage des Beweises des ersten Anscheins gegeben, so dass es jedenfalls Sache des **Auftragnehmers** ist, darzulegen und zu **beweisen,** warum im gegebenen Fall ausnahmsweise **kein** Verschulden vorliegen soll.[381]

### 2. Buchstabe b: Fehlen einer vertraglich vereinbarten Beschaffenheit

170 Das Fehlen einer vertraglich vereinbarten Beschaffenheit ist, wie dies ehedem für den früher verwendeten Begriff der zugesicherten Eigenschaft im Sinne des § 13 Nr. 7 Abs. 2 lit. c) VOB/B a. F. galt,[382] unter Rückgriff auf **§ 13 Nr. 1 Satz 2 VOB/B** zu bestimmen; auf dessen Erläuterung ist daher zu verweisen. Als Schadensursache begründet ein solches Fehlen ebenfalls den großen Schadensersatzanspruch. Vorausgesetzt ist auf Grund des Zusammenhangs mit § 13 Nr. 7 Abs. 3 Satz 1 VOB/B jedoch auch hier, dass ein **wesentlicher Mangel** vorliegt, der die **Gebrauchsfähigkeit erheblich beeinträchtigt,** und dass den Auftragnehmer oder einen seiner Erfüllungsgehilfen zumindest ein leichtes **Verschulden** am Fehlen der vertraglich vereinbarten Eigenschaft trifft.[383] Liegt ein Verschulden nicht vor, kann eine entsprechende Haftung nur bei Übernahme einer **Garantie** begründet sein.[384]

### 3. Buchstabe c: Versicherte oder zu versichernde Schäden

171 Die in § 13 Nr. 7 Abs. 3 Satz 2 lit. c) VOB/B vorgesehene Regelung, die geringfügig im Hinblick auf die Neufassung des § 5 Abs. 3 Nr. 2 Versicherungsaufsichtsgesetz textlich angepasst wurde, soll zunächst für den Fall **bestehender Versicherung verhindern,** dass sich Haftungsbeschränkungen der VOB/B letztlich **nur zum Vorteil des** hinter dem

---

[376] Dazu → § 4 Nr. 2 Rdn. 29 ff.
[377] BGHZ 139, 244, 248 f. = NJW 1998, 3707, 3708 = BauR 1999, 37, 39 = ZfBR 1999, 14, 15.
[378] *Ingenstau/Korbion (Wirth)* VOB/B § 13 Nr. 7 Rdn. 136; *Koch* Schadensersatz S. 149.
[379] BGH BauR 1975, 133; *Ingenstau/Korbion (Wirth)* VOB/B § 13 Nr. 7 Rdn. 137; *Kapellmann/Messerschmidt (Weyer)* VOB/B § 13 Rdn. 479; *Nicklisch/Weick (Nicklisch)* VOB/B § 13 Rdn. 257; *Kaiser* Mängelhaftung Rdn. 103; *Kleine-Möller/Merl/Oelmaier (Merl)* § 12 Rdn. 950; *Locher* PrivBauR (6. Aufl. 1996) Rdn. 169; *Siegburg* Gewährleistung Rdn. 1320; *Werner/Pastor* Rdn. 1735.
[380] *Ingenstau/Korbion (Wirth)* VOB/B § 13 Nr. 7 Rdn. 138; *Siegburg* Gewährleistung Rdn. 1321.
[381] KG BauR 1988, 229; *Ingenstau/Korbion (Wirth)* VOB/B § 13 Nr. 7 Rdn. 138; *Kleine-Möller/Merl/Oelmaier (Merl)* § 12 Rdn. 953; *Siegburg* Gewährleistung Rdn. 1321; *Kaiser* Mängelhaftung Rdn. 106 – nur bei grobfahrlässigem Verstoß gegen anerkannte Regeln der Technik.
[382] Dazu oben Rdn. 52 ff.
[383] BGH NJW 1962, 1569; *Ingenstau/Korbion (Wirth)* VOB/B § 13 Nr. 7 Rdn. 140; *Kapellmann/Messerschmidt (Weyer)* VOB/B § 13 Rdn. 380; *Nicklisch/Weick (Nicklisch)* VOB/B § 13 Rdn. 258; *Werner/Pastor* Rdn. 1735.
[384] Dazu unten Rdn. 250 ff.

Auftragnehmer stehenden **Versicherers** auswirken.[385] Besteht **kein Versicherungsschutz,** wird der Auftragnehmer wegen **Verletzung seiner Obliegenheit** zur Deckung seines Haftpflichtrisikos derselben Haftung ausgesetzt, die ihn bei einer angemessenen Versicherung dieses Risikos träfe; mit dieser Haftungsanordnung wird in sachgerechter Weise die Konsequenz daraus gezogen, dass die Erwartung des Auftraggebers in das Bestehen des üblichen Versicherungsschutzes und in die damit verbundene Haftungsausdehnung enttäuscht wird.[386] Dabei ist für den Fall, dass Versicherungsschutz zwar besteht, aber ihr betraglicher **Deckungsumfang** zu gering ist, die Frage der Obliegenheitsverletzung darauf zu beziehen, ob eine den Schaden insgesamt abdeckender Versicherungsumfang geboten war.[387]

Die VOB/B beschränkt den Gegenstand der zu erwartenden Versicherung allerdings allein auf die **Haftpflichtversicherung,** indem die Textfassung der Regelung auf die gesetzliche Haftpflicht und die Allgemeinen Versicherungsbedingungen Bezug nimmt; insbesondere die Bauleistungsversicherung ist also nicht miterfasst.[388] **172**

Die angestrebte Haftungsverschärfung betrifft nur die Ausweitung des Kreises der zu ersetzenden Schäden. An den übrigen **Haftungsvoraussetzungen** des § 13 Nr. 7 **Abs. 3 Satz 1** VOB/B wird nichts geändert. Auch hier ist also ein verschuldeter wesentlicher, die Gebrauchsfähigkeit erheblich beeinträchtigender Mangel der baulichen Anlage nötig.[389] **173**

a) **Versicherungsgrundlagen.** Die in § 13 Nr. 7 Abs. 3 Satz 2 lit. c) VOB/B vorgesehene Regelung setzt Schäden des Auftraggebers voraus, die durch Versicherung der gesetzlichen Haftpflicht des Auftragnehmers gedeckt sind. Der Kreis der auf Grund dieser Regelung ersatzfähigen Schäden ist also anhand des Rahmens der schadensersatzbegründend in Bezug genommenen Haftpflichtversicherung zu bestimmen. Der Umfang der Haftpflichtversicherung richtet sich im Einzelnen nach den Allgemeinen Versicherungsbedingungen für die Haftpflichtversicherung – **AHB** – sowie den für das Baugewerbe geltenden Besonderen Bedingungen und Risikobeschreibungen – **BBR**.[390] **174**

Maßgebend ist zunächst § 1 Ziff. 1 AHB. Versichert sind danach nur bestimmte Schadensereignisse; nämlich Tod, Verletzung oder Gesundheitsschädigung von Menschen – **Personenschäden** – und Beschädigung oder Vernichtung von Sachen – **Sachschäden** –, zu denen auch konstruktionsbedingte Mängel gehören, soweit der Schaden allein in der Fehlerhaftigkeit des Bauwerks besteht.[391] **Nicht** versichert sind **reine Vermögensverletzungen,** die nicht Folge von Personen- oder Sachschäden sind.[392] Der Versicherungsschutz kann aber insoweit gemäß § 1 Ziff. 3 AHB durch besondere Vereinbarung auf solche bloßen Vermögensverletzungen ausgedehnt werden, doch kommt dies im Baugewerbe nur selten vor.[393] **175**

Im Unterschied zu der als reine Sachversicherung und damit haftungsunabhängig konzipierten Bauleistungsversicherung[394] setzt § 1 Ziff. 1 AHB ferner eine **Inanspruchnahme auf Grund gesetzlicher Haftpflichtbestimmungen** privatrechtlichen Inhalts voraus. Eine solche Inanspruchnahme liegt unzweifelhaft bei deliktsrechtlicher Haftung gemäß den §§ 823 ff. BGB vor. Fraglich ist dies allerdings bezüglich der Haftung auf Grund von § 13 **176**

---

[385] Statt vieler *Ingenstau/Korbion (Wirth)* VOB/B § 13 Nr. 7 Rdn. 145; *Nicklisch/Weick (Nicklisch)* VOB/B § 13 Rdn. 259.
[386] Vgl. *Kapellmann/Messerschmidt (Weyer)* VOB/B § 13 Rdn. 381; *Nicklisch/Weick (Nicklisch)* VOB/B § 13 Rdn. 259; *Kleine-Möller/Merl/Oelmaier (Merl)* § 12 Rdn. 956; *Wussow* NJW 1967, 1552.
[387] BGH NZBau 2003, 433; *Ingenstau/Korbion (Wirth)* VOB/B § 13 Nr. 7 Rdn. 149.
[388] *Ingenstau/Korbion (Wirth)* VOB/B § 13 Nr. 7 Rdn. 145; *Nicklisch/Weick (Nicklisch)* VOB/B § 13 Rdn. 259; *Wussow* NJW 1967, 1552 f.
[389] *Ingenstau/Korbion (Wirth)* VOB/B § 13 Nr. 7 Rdn. 144; *Kaiser* Mängelhaftung Rdn. 105.
[390] Dazu näher *Schmalzl* Berufshaftpflichtversicherung Rdn. 414 ff.
[391] OLG Hamm VersR 1978, 28; *Ingenstau/Korbion (Wirth)* (14. Aufl. 2001) VOB/B § 13 Rdn. 747.
[392] *Prölss/Martin VVG (Voit/Knappmann)* § 1 AHB Rdn. 17; *Ingenstau/Korbion (Wirth)* (14. Aufl. 2001) VOB/B § 13 Rdn. 747; *Koch* Schadensersatz S. 151; dazu BGHZ 23, 353 f.; BGH VersR 1961, 265.
[393] *Schmalzl* Berufshaftpflichtversicherung Rdn. 416 f., 496 ff.
[394] Dazu *Schmalzl* Berufshaftpflichtversicherung Rdn. 408.

§ 13 Nr. 7

Nr. 7 Abs. 1 bis 3 VOB/B bzw., außerhalb des VOB/B-Vertrags, auf Grund von §§ 634 Nr. 4, 280 Abs. 1 BGB unter dem Gesichtspunkt der Gewährleistung gemäß § 280 Abs. 3 i. V. m. §§ 281, 283 BGB oder gemäß § 311 a BGB oder wegen positiver Vertragsverletzung gemäß § 280 Abs. 1 BGB, da diese Anspruchsgrundlagen formal solche des Vertragsrechts sind.

177 Hier ist zu unterscheiden mit Rücksicht auf die Eigenart dieser Vertragshaftung einerseits und auf die versicherungsrechtlichen Umstände andererseits. Im Hinblick auf die **Eigenart der Vertragshaftung** darf es sich nicht auswirken, dass die Vertragshaftung insbesondere bei Mangelfolgeschäden in Bereiche der Deliktshaftung zu deren Ergänzung eingedrungen ist, um Schwächen der deliktsrechtlichen Haftung auszugleichen. Der damit dem Auftraggeber zugedachte Vorteil der erweiterten Vertragshaftung würde dann planwidrig zu seiner Benachteiligung führen, wenn die Zuordnung von Mangelfolgeschäden zu § 13 Nr. 7 Abs. 1 bis 3 VOB/B bzw., beim BGB-Vertrag, zum Schutzbereich der §§ 634 Nr. 4, 280 Abs. 1 BGB entweder – dann in Verbindung mit den §§ 280 Abs. 3, 281 oder 283 BGB oder in Verbindung mit § 311 a BGB – unter dem Gesichtspunkt der Gewährleistung oder unter dem Aspekt der positiven Vertragsverletzung gemäß § 280 Abs. 1 BGB die Erfassung von Mangelfolgeschäden durch die zunächst maßgebliche Deliktshaftung versicherungsrechtlich überlagern und damit verdrängen könnte. In versicherungsrechtlicher Hinsicht kommt es – auch mit Rücksicht auf § 4 I Ziff. 6 Abs. 1b und Abs. 3 AHB – darauf an, ob der begehrte Schadensersatz lediglich den vertraglichen Erfüllungsanspruch mit anderem Inhalt zu seinem Ziel führen soll, oder ob es sich um einen **über die Erfüllung hinausgehenden Ersatzanspruch** im Zusammenhang mit der mangelhaften Leistung handelt.[395]

178 Nur die erstgenannte Fallgruppe wird vom Versicherungsschutz gemäß § 4 I Ziff. 6 Abs. 3 AHB ausgeschlossen. Insoweit kann der Versicherungsschutz allenfalls durch Zusatzvereinbarung einer „**Mangelbeseitigungsnebenkostenklausel**" hergestellt werden, welche die Kosten solcher Aufwendungen[396] abdeckt, die notwendigerweise im Zusammenhang mit der Mangelbeseitigung entstehen, ohne die mangelfreie Leistung unmittelbar zu bewirken.[397] Auch solchenfalls sind aber vor Abnahme erbrachte Nachbesserungsleistungen nicht gedeckt.[398]

179 Zur zweiten Fallgruppe gehören hingegen typischerweise die schadensrechtlich als **Mangelfolgeschäden** zu erfassenden Positionen. Diese sind daher in der Regel auch dann von der Haftpflicht gedeckt, wenn sie auf Grund vertraglicher Anspruchsgrundlagen liquidiert werden. Hinsichtlich der hier interessierenden Haftungsausdehnung auf Grund von § 13 Nr. 7 Abs. 3 Satz 2 VOB/B ist dies insoweit bedeutsam, als damit die von § 13 Nr. 7 Abs. 3 Satz 1 VOB/B nicht erfassten Mangelfolgeschäden ersatzfähig werden, die beim BGB-Vertrag unter der Herrschaft des früheren Schuldrechts typischerweise, wenn auch nicht notwendigerweise,[399] entfernte Mangelfolgeschäden im Sinne der dort zur Haftung wegen positiver Vertragsverletzung führenden Kriterien waren.[400]

180 **b) Ausschlussgründe.** Soweit der Schaden von § 1 Ziff. 1 AHB zwar gedeckt ist, er aber wegen Erfüllung eines der in **§ 4 AHB** enthaltenen Ausschlussgründe doch nicht

---

[395] BGHZ 80, 284 = NJW 1981, 1780 = BauR 1981, 488 = ZfBR 1981, 229; dazu *Littbarski* VersR 1982, 915; vgl. auch BGH NJW 1982, 2244 = BauR 1982, 489 = ZfBR 1982, 205; BGH VersR 1985, 1153 = MDR 1986, 1513; *Schmalzl* FS Korbion S. 371, 385; *ders.* Berufshaftpflichtversicherung Rdn. 466 ff.; *Ingenstau/Korbion (Wirth)* (14. Aufl. 2001) VOB/B § 13 Rdn. 746; *Prölss/Martin VVG (Voit/Knappmann)* § 4 AHB Rdn. 75. Mit anderer Abgrenzung – Haftungsausschluss gelte nur für die im Rahmen der Leistungsbeschreibung liegenden Mangelbeseitigungsaufwendungen – *Eiselt/Trapp* NJW 1984, 899, *Koch* Schadensersatz S. 152 f.; dag. *Schmalzl* FS Korbion S. 371, 385; ebenfalls mit anderer Abgrenzung – Haftungsausschluss gelte auch für Folgeschäden, da Risiko mitkalkuliert sei – *Forstner* VersR 1984, 750; dagegen *Ingenstau/Korbion (Wirth)* (14. Aufl. 2001) VOB/B § 13 Rdn. 746.
[396] Dazu unten Rdn. 207.
[397] *Schmalzl* Berufshaftpflichtversicherung Rdn. 482 ff.
[398] OLG Hamm VersR 1977, 1093; *Ingenstau/Korbion (Wirth)* (14. Aufl. 2001) VOB/B § 13 Rdn. 748.
[399] Dazu oben Rdn. 39.
[400] Siehe zum früheren Recht BGHZ 61, 205; *Nicklisch/Weick (Nicklisch)* VOB/B § 13 Rdn. 263.

Schadensersatzanspruch                                                                    § 13 Nr. 7

mitversichert ist, **entfällt** im Sinne des § 13 Nr. 7 Abs. 2 VOB/B die **Deckung** durch Versicherung der gesetzlichen Haftpflicht des Auftragnehmers.[401]

Das gilt hingegen **nicht,** wenn die Versicherungsdeckung nur daran scheitert, dass der Auftragnehmer seinen versicherungsrechtlichen Obliegenheiten im Sinne der §§ 5, 6 AHB nicht nachkommt, er also namentlich die gebotenen **Anzeigen** an den Versicherer oder die sonst nötige **Rechtswahrung unterlässt,** er nicht zur erforderlichen **Schadensminderung** beiträgt oder er den **Haftpflichtprozess unautorisiert** selbst führt. Dieses vermeidbare versicherungsrechtliche Fehlverhalten des Auftragnehmers kann nicht zu dessen Vorteil zu einer Haftungsmilderung durch Fortfall der Haftung gemäß § 13 Nr. 7 Abs. 3 Satz 2 lit. c) VOB/B führen.[402] 181

Die wesentlichen **Deckungsausschlussgründe des § 4 AHB** im Baubereich sind in der Reihenfolge dieser Vorschrift die folgenden, wobei wegen der Einzelheiten auf Anh. § 7 sowie auf die Kommentare[403] zu den AHB zu verweisen ist: 182

**(1) § 4 AHB.** Im Bereich des § 4 I AHB ist eine Abbedingung der Ausschlussgründe, insbesondere in Besonderen Haftpflichtbedingungen, im Unterschied zu den Fällen des § 4 II AHB möglich. In der Praxis stehen die Probleme der Ziff. 5 und 6 Abs. 1 b des § 4 I AHB eindeutig im Vordergrund, so dass sich die Kommentierung hier auf diese Regelungen konzentrieren kann. 183

**(2) § 4 I Ziff. 5 AHB.** Ziff. 5 schließt die Haftpflichtdeckung für einen Sachschaden aus, „welcher entsteht durch allmähliche Einwirkung der Temperatur, von Gasen, Dämpfen oder Feuchtigkeit, von Niederschlägen (Rauch, Ruß, Staub u. dgl.), ferner durch Abwässer, Schwammbildung, Senkungen von Grundstücken, (auch eines darauf errichteten Werkes oder eines Teiles eines solchen), durch Erdrutschungen, Erschütterungen infolge Rammarbeiten, durch Überschwemmungen stehender oder fließender Gewässer sowie aus Flurschaden durch Weidevieh und aus Wildschaden." Im Bauwesen sind insbesondere die folgenden Ereignisse problematisch, wobei jedoch – was in vielen Bereichen der Fall ist – beachtet werden muss, ob nicht die Versicherungsdeckung abweichend von den AHB durch die Besonderen Bedingungen zur baugewerblichen Betriebshaftpflichtversicherung wiederhergestellt ist:[404] 184

Eine **allmähliche Einwirkung** der Temperatur, von Gasen, Dämpfen oder von Feuchtigkeit und von Niederschlägen der genannten Stoffe liegt bei einer gewissen Dauer des Schadensentwicklungsprozesses auf Grund der Einwirkung dieser Substanzen vor, mag auch der Schaden schließlich plötzlich sichtbar werden.[405] Temperaturschäden können Hitzeschäden sein, die von einem defekten Bauteil, insbesondere der Heizungsanlage, ausgehen;[406] es kann sich aber auch um Frostschäden handeln, die erst Tage nach dem an sich plötzlichen Ausfall einer Heizanlage und plötzlichem Frosteinfall eintreten.[407] 185

Ein praktischer Schwerpunkt liegt hier bei den allmählichen **Feuchtigkeitseinwirkungen.**[408] Sie liegen unabhängig von der Herkunft der Feuchtigkeit, und ohne dass es auf ein Verschulden eines Beteiligten ankommt, dann vor, wenn Flüssigkeit in fein verteilter Menge wirksam wird;[409] dabei kann es sich auch um Heizöl handeln.[410] Eine solche Einwirkung ist beispielsweise gegeben, wenn sich ein Kabeldefekt infolge Eindringens von Wasser in die Kabelummantelung einstellt;[411] wenn Feuchtigkeit in Verbindung mit ungelöschten Kalk- 186

---

[401] *Nicklisch/Weick (Nicklisch)* VOB/B § 13 Rdn. 261; *Wussow* NJW 1967, 1552.
[402] *Ingenstau/Korbion (Wirth)* (14. Aufl. 2001) VOB/B § 13 Rdn. 796; *Nicklisch/Weick (Nicklisch)* VOB/B § 13 Rdn. 262; *Kleine-Möller/Merl/Oelmaier (Merl)* § 12 Rdn. 957; *Wussow* NJW 1967, 1552, 1553.
[403] Standardwerke: *Prölss/Martin* VVG; *Späte* AHB; *Wussow* AHB.
[404] Dazu näher *Schmalzl* Berufshaftpflichtversicherung Rdn. 533 ff.
[405] OLG Hamm VersR 1983, 525; *Ingenstau/Korbion* (13. Aufl. 1996) VOB/B § 13 Rdn. 764.
[406] LG Nürnberg-Fürth VersR 1969, 1084.
[407] OLG Nürnberg VersR 1979, 125; *Ingenstau/Korbion* (13. Aufl. 1996) VOB/B § 13 Rdn. 768.
[408] Hierzu BGH NJW-RR 1990, 982; BGH NJW-RR 1990, 983.
[409] BGH VersR 1980, 813.
[410] *Ingenstau/Korbion* (13. Aufl. 1996) VOB/B § 13 Rdn. 764; *Prölss/Martin VVG (Voit/Knappmann)* § 4 AHB Rdn. 23; a. A. LG Kiel VersR 1965, 894.
[411] *Ingenstau/Korbion* (13. Aufl. 1996) VOB/B § 13 Rdn. 764.

teilchen einer Putzschicht zu Kalkausblühungen – „Kalkspatzen" – führt;[412] ferner bei feuchtigkeitsbedingtem Gipstreiben.[413]

**187** Versicherungsrechtlich ebenfalls nicht gedeckt sind **Abwässerschäden,** im Unterschied zu den gedeckten Wasserschäden. Abwasser ist Wasser, das infolge einer Beeinflussung in seiner Brauchbarkeit gemindert ist und daher aus dem versicherten Grundstück oder Betrieb abgeleitet wird.[414] Mangels brauchbarkeitsmindernder Beeinflussung kein Abwasser ist daher abgeleitetes, mit nicht mehr als den üblichen Umweltsubstanzen[415] oder mit Bausand[416] belastetes Regenwasser, allerdings nur bis zum Eintritt in einen Mischwasserkanal;[417] ebenso nicht Kondenswasser,[418] erwärmtes Kühlwasser,[419] sowie aus beschädigten Heizungsrohren von selbst ausfließendes Wasser.[420] Abwasser ist jedoch das Spülwasser einer Toilette in einem Neubau, wenn diese zur Beseitigung von Abfällen verwendet wird;[421] desgleichen zementhaltiges Wasser, das in einer Rohrleitung abbindet und zu Verstopfungen führt.[422] In vielen Wasserschadensfällen kommt jedoch ein Haftungsausschluss nach § 4 I Ziff. 6 Abs. 1 b AHB in Betracht, wenn der Schaden auf fehlerhaften Installationsarbeiten beruht.[423]

**188** **Schwammbildung** muss die Ursache des Schadens sein; ist sie die Folge der Beschädigung, gilt die Ausschlussklausel nicht.[424] Dieser Fall liegt vor, wenn sich der Schwamm außerhalb des vom Auftragnehmer zu verantwortenden Gefahrenkreises bildet.[425]

**189** Ein **Senkungsschaden** liegt bei einem ausschließlich in der Natur des Bodens liegenden Einsinken vor.[426] Daran fehlt es, wenn eine Wand infolge von Ausschachtungsarbeiten ihren Halt verliert.[427]

**190** **Erdrutschungen** liegen vor, wenn das Erdreich an irgendeiner Stelle, wenn auch nur unter Tage, die Verbindung zu seiner Umgebung verliert und dadurch in Bewegung gerät. Auf die Ursache einer solchen Rutschung kommt es nicht an.[428] Der Haftungsausschluss gilt jedoch nicht, wenn die Erdrutschung nur die Folge eines anderweitig gedeckten Schadensereignisses ist.[429] Eine Deckung ist auch gegeben, wenn der Erdrutschschaden an einem in die Bauausführung nicht einbezogenen Nachbargrundstück auftrat.[430] Schäden infolge von Erschütterungen sind nur von der Deckung ausgeschlossen, wenn die Erschütterungen auf Rammarbeiten beruhen.

**191** Eine deckungsausschließende **Überschwemmung** stehender oder fließender Gewässer liegt vor, wenn das Wasser über das Gewässerufer tritt;[431] unerheblich ist die Ursache für dieses Ereignis. Ein Wasseraustritt aus einem Leitungsrohr;[432] eine durch einen Wolkenbruch

---

[412] OLG München VersR 1970; *Ingenstau/Korbion* (13. Aufl. 1996) VOB/B § 13 Rdn. 764, 146; *Theda* VersPrax 1970, 196.
[413] LG Hamburg VersR 1972, 166; *Ingenstau/Korbion* (13. Aufl. 1996) VOB/B § 13 Rdn. 764; *Meyer-Kahlen* VersPrax 1974, 74, 82.
[414] BGH VersR 1962, 150 = MDR 1962, 283; *Prölss/Martin* VVG *(Voit/Knappmann)* § 4 AHB Rdn. 25.
[415] OLG Saarbrücken VersR 1975, 149; OLG Karlsruhe VersR 1985, 978; *Ingenstau/Korbion* (13. Aufl. 1996) VOB/B § 13 Rdn. 763.
[416] OLG Saarbrücken VersR 1987, 1003.
[417] BGH VersR 1968, 1080; BGH VersR 1973, 170.
[418] OLG Karlsruhe VersR 1981, 1121.
[419] LG Duisburg VersR 1977, 949.
[420] LG Berlin VersR 1972, 527.
[421] LG Köln VersR 1980, 225; *Ingenstau/Korbion* (13. Aufl. 1996) VOB/B § 13 Rdn. 763.
[422] OLG Karlsruhe VersR 1971, 1029; AG München VersR 1972, 241; *Ingenstau/Korbion* (13. Aufl. 1996) VOB/B § 13 Rdn. 763.
[423] KG VersR 1964, 1229.
[424] OLG Schleswig VersR 1985, 1053; *Prölss/Martin* VVG *(Voit/Knappmann)* § 4 AHB Rdn. 30; a. A. *Späte* AHB § 4 Rdn. 90; *Schmalzl* Berufshaftpflichtversicherung Rdn. 94.
[425] OLG Schleswig VersR 1985, 1053; *Ingenstau/Korbion* (13. Aufl. 1996) VOB/B § 13 Rdn. 791.
[426] *Prölss/Martin* VVG *(Voit/Knappmann)* § 4 AHB Rdn. 31.
[427] OLG Düsseldorf VersR 1968, 161.
[428] BGH VersR 1970, 611.
[429] OLG Düsseldorf VersR 1968, 161.
[430] *Ingenstau/Korbion* (13. Aufl. 1996) VOB/B § 13 Rdn. 766.
[431] BGH VersR 1962, 150 = MDR 1962, 284.
[432] KG VersR 1964, 1229.

verursachte Wasseransammlung an einer tiefergelegenen Stelle[433] oder unterirdische Wasserverschiebungen[434] sind keine Überschwemmungen im Sinne der Deckungsausschlussregel.

**(3) § 4 I Ziff. 6 Abs. 1 b AHB.** Die zweite wichtige Regelung betrifft den Deckungsausschluss auf Grund der so genannten **Bearbeitungsschadensklausel.** Hier wird die Versicherungshaftung für solche Schäden ausgeschlossen, deren Risiko der Auftragnehmer tragen soll, weil sie sich **im Bereich seiner gewerblichen Leistungserbringung,** also im Zuge der Vertragserfüllung, ereignen.[435] Der Ausschluss gilt nach wohl richtiger,[436] aber höchstrichterlich[437] nicht geteilter Auffassung auch für alle sekundären, infolge der nicht gedeckten Sachbeschädigung entstehenden Vermögensschäden, insbesondere für solche wegen Verzugs.

Vorausgesetzt ist zunächst eine Tätigkeit des Auftrag- bzw. Versicherungsnehmers. Dies erfordert ein bewusstes und **gewolltes Einwirken** auf die fremde Sache,[438] beispielsweise durch Bearbeitung, Reparatur, Beförderung oder Prüfung. Durch diese Beispiele wird verdeutlicht, dass ein **über den Allgemeingebrauch gesteigerter Umgang** mit der Sache vorliegen muss. Das Verkeilen einer Leiter bei Benutzung eines Fahrstuhls etwa genügt daher nicht.[439] Auch ein **Unterlassen** als solches ist **nicht** ausreichend. Kommt es also zu einem Wassereinbruch infolge nicht rechtzeitiger Ausführung einer übernommenen Reparatur- oder Dacheindeckungsleistung, ist die Deckung gegeben.[440] Auch eine Schadenszufügung **nur bei Gelegenheit** einer Werkleistung und ohne inneren Zusammenhang mit dieser genügt für die Anwendung der Bearbeitungsschadensklausel nicht; so beispielsweise bei der Verunreinigung eines Teppichbodens durch versehentliches Umstoßen eines Farbtopfs.[441]

Die Tätigkeit muss ferner eine nicht-private, nämlich **gewerbliche** oder **berufliche** sein. Eine solche Tätigkeit setzt nicht notwendigerweise Entgeltlichkeit oder Berufstypik der schädigenden Leistung voraus. Vielmehr kommt es für die Abgrenzung auf die vernünftige Lebensbetrachtung an.[442] Entscheidend ist die **Betriebsbezogenheit** der schädigenden Maßnahme, mag es sich im Einzelfall **auch** um eine **Gefälligkeit** handeln.[443] Dabei ist Betriebsbezogenheit gegeben, wenn – was bei Tätigkeit eines Betriebsangehörigen im Rahmen seiner dienstlichen Aufgaben zu vermuten ist – die Maßnahme zur Förderung der Betriebsinteressen durchgeführt wurde.[444] Eine berufliche oder gewerbliche Tätigkeit ist nach diesen Grundsätzen insbesondere gegeben, wenn der Schaden im Zusammenhang mit Arbeiten auftritt, die im Zuge der vom Auftragnehmer übernommenen Leistungsausführung erledigt wurden. Das gilt auch dann, wenn die Leistungspflicht gerade darauf gerichtet war, die konkret schädigende Handlung nicht nur zu unterlassen, sondern der Auftragnehmer sogar zur Vermeidung des Schadensereignisses angehalten war – Beispiel: beim Einschlagen eines Nagels am Dachinneren wird die Dachaußenhaut beschädigt.[445]

Umgekehrt greift die Ausschlussklausel auch ein, wenn die Beschädigung geradezu **zwangsläufig** auftreten musste, wie etwa der Eingriff in Dachgerüstelemente bei Sanierung von Flachdächern.[446] Nicht zur gewerblichen Tätigkeit eines Bauunternehmers gehört

---

[433] Vgl. OLG Hamm NJW-RR 1987, 279 zum Begriff der Überschwemmung in § 12 Nr. 1 lit. c AHB.
[434] BGH VersR 1962, 150 = MDR 1962, 283.
[435] *Ingenstau/Korbion* (13. Aufl. 1996) VOB/B § 13 Rdn. 751; *Nicklisch/Weick (Nicklisch)* VOB/B § 13 Rdn. 264; *Locher* PrivBauR (6. Aufl. 1996) Rdn. 466.
[436] *Schmalzl* Berufshaftpflichtversicherung Rdn. 121 ff.; *Forstner* VersR 1984, 751.
[437] BGHZ 88, 231 = NJW 1984, 370 = VersR 1984, 210; *Nicklisch/Weick (Nicklisch)* VOB/B § 13 Rdn. 264; *Kaiser* Mängelhaftung Rdn. 173.
[438] BGH NJW 1966, 1073 = VersR 1966, 434.
[439] BGH VersR 1970, 145.
[440] BGH NJW 1975, 1278 ff. = VersR 1975, 557; *Ingenstau/Korbion* (13. Aufl. 1996) VOB/B § 13 Rdn. 752.
[441] LG Göttingen VersR 1965, 79; *Ingenstau/Korbion* (13. Aufl. 1996) VOB/B § 13 Rdn. 772.
[442] *Prölss/Martin* VVG *(Voit/Knappmann)* § 4 AHB Rdn. 52.
[443] Vgl. BGH NJW-RR 1987, 1310 = VersR 1988, 125.
[444] *Ingenstau/Korbion* (13. Aufl. 1996) VOB/B § 13 Rdn. 785.
[445] OLG Hamm VersR 1973, 509.
[446] OLG Hamm VersR 1986, 1117.

§ 13 Nr. 7 Schadensersatzanspruch

hingegen in der Regel die falsche und daher schadenstiftende Beratung nach ordnungsgemäßem Abschluss der Werkleistung.[447]

196 Ausgeschlossen ist die Deckung nur bei Sachschäden, die bei der Tätigkeit an oder mit den fremden Sachen auftreten, und zwar ohne Rücksicht auf ein Verschulden hinsichtlich des Schadenseintritts;[448] bei Schäden an unbeweglichen Sachen – dies interessiert bei Bauarbeiten in aller Regel – gilt dies allerdings nur insoweit, als diese Sachen oder Teile von ihnen **unmittelbar Gegenstand der Tätigkeit** waren; alsdann handelt es sich um ein so genanntes Ausschlussobjekt.

197 **Ausschlussobjekt** ist im letztgenannten Fall eine Sache, wenn sie objektiv im Zusammenhang mit der übernommenen Tätigkeit bearbeitet oder zumindest als Hilfsmittel benutzt wurde und nach der Vorstellung des Auftragnehmers zur Auftragsausführung in Anspruch genommen werden sollte.[449] Dabei kommt es auf die Verkehrsanschauung unter Berücksichtigung der geschuldeten Leistung an;[450] Nebenleistungen sind dabei einzubeziehen,[451] so dass beispielsweise Sachschäden anlässlich des Abbaus des vom Anstrich- oder Verputzunternehmen errichteten Gerüsts nicht mitversichert sind.[452]

198 Ist demnach der Schaden an einem vom Auftragnehmer geschuldeten Teil der von ihm zu erbringenden Gesamtleistung entstanden, greift die Bearbeitungsschadensklausel auch dann ein, wenn sich die schädigende Handlung **nicht unmittelbar** auf den beschädigten Leistungsteil bezog.[453]

199 Der **Leistungsbereich** darf allerdings im Zusammenhang mit der Bearbeitungsschadensklausel **nicht zu eng** anhand des vertraglichen Leistungsumfangs bestimmt werden. Vielmehr genügt, dass der Schaden eine Sache betrifft, die lediglich Teil einer in sich bauleistungsmäßig abgeschlossenen Gesamtsache ist, an der der Auftragnehmer eine Bauleistung an einem anderen als dem unmittelbar geschädigten Teil zu erbringen hat.

200 So fehlt **beispielsweise** die Versicherungsdeckung, wenn ein Auftragnehmer, der zu einem Dachaufbau nur die Pappauflage beisteuern soll, bei seiner Arbeit eine Styropordämmschicht beschädigt; hier ist das gesamte Dach als solches einheitlich Ausschlussobjekt.[454] Anders ist es – Deckung ist also gegeben –, wenn nur Zimmererarbeiten an einem Dachstuhl zu verrichten sind, in Bezug auf Schäden an der Dachhaut, der Dachrinne oder Antenne;[455] der Dachstuhl ist eine in sich geschlossene Gesamtsache.

201 Wird ein Bauteil von einer zu erbringenden Leistung **zwangsläufig mitbetroffen,** so ist dieser Teil auch dann Ausschlussobjekt, wenn es sich nicht einmal um einen anderen Teil einer ganzheitlich zu sehenden Anlage handelt, sondern der Schaden an einer außerhalb der ganzheitlichen Anlage stehenden Sache eintritt.[456] Das Mitbetroffensein ergibt sich objektiv aus dem von der Natur der Sache bestimmten gewöhnlichen Einwirkungskreis,[457] beispielsweise bei großflächiger Arbeitsweise.[458]

202 Es kann sich aber auch subjektiv aus der **Erwartung des Auftragnehmers** ergeben, dass sich seine **Leistung** – beispielsweise **wegen** bewussten **Unterlassens** nahe liegen-

---

[447] OLG Hamm VersR 1983, 525.
[448] Auch die unmittelbar schadensträchtige Verwendung eines ungeeigneten Arbeitsmittels oder Werkstoffs begründet keine Versicherungsdeckung, ohne dass es darauf ankommt, ob der Auftragnehmer die Nichteignung kennen muss; vgl. BGH NJW 1969, 698 (Fensterscheibenbeschlag wegen Verwendung eines ungeeigneten Putzmittels).
[449] BGH VersR 1968, 1029; AG Beckum VersR 1978, 25; *Ingenstau/Korbion* (13. Aufl. 1996) VOB/B § 13 Rdn. 754.
[450] BGH VersR 1956, 637; BGH VersR 1962, 749; BGH VersR 1968, 1029; OLG Hamm VersR 1973, 634.
[451] Vgl. LG Kiel VersR 1965, 506; *Ingenstau/Korbion* (13. Aufl. 1996) VOB/B § 13 Rdn. 774.
[452] LG Tübingen VersR 1963, 249; *Ingenstau/Korbion* (13. Aufl. 1996) VOB/B § 13 Rdn. 769.
[453] Vgl. LG Frankfurt VersR 1964, 1237; *Ingenstau/Korbion* (13. Aufl. 1996) VOB/B § 13 Rdn. 776.
[454] LG Wiesbaden VersR 1974, 1169; *Ingenstau/Korbion* (13. Aufl. 1996) VOB/B § 13 Rdn. 755.
[455] BGH VersR 1956, 637.
[456] BGH VersR 1971, 807; OLG Hamm VersR 1973, 633; OLG Frankfurt VersR 1979, 562.
[457] BGH VersR 1971, 634.
[458] OLG Hamm VersR 1973, 634.

der Schutzmaßnahmen – **auf weitere Bauteile auswirken** werde oder doch auswirken könne.[459] So ist etwa die Deckung ausgeschlossen im Fall der Beschädigung von Kabeln bei gewissen Schachtarbeiten, jedenfalls wenn das Vorhandensein des Kabels bekannt ist;[460] hierher gehören ferner oft Fälle einer Beschädigung von Türen, Zargen oder Fensterscheiben und -rahmen im Zuge von Wandverputz-[461] oder Sandstrahlarbeiten,[462] ferner Schweißschäden[463] an benachbarten Bauteilen und schließlich das Eindringen aufgetragener Chemikalien, etwa Konservierungsmittel oder Farben, in angrenzende Bauteile.[464]

Dasselbe gilt, wenn ein an sich von der durchzuführenden Leistung nicht betroffener Bauteil **ohne Notwendigkeit** und nur bei Gelegenheit der geschuldeten Baumaßnahme **absichtlich in Anspruch genommen** und dabei beschädigt wird;[465] so etwa bei Dachschäden durch Dachbenutzung anlässlich der Errichtung eines Gerüstes für Fassadenarbeiten,[466] bei Beschädigung des Nachbarhauses anlässlich einer Gerüsterrichtung unter Zuhilfenahme des Nachbarhauses[467] oder bei der Benutzung eines Dachs als Lagerstätte.[468]

Die **bloße Nähe** der beschädigten Sache zum Gefahrenherd reicht hingegen **nicht** aus, um sie als Ausschlussobjekt anzusehen.[469] So kann etwa der Fall liegen, wenn bei einer Flachdachabdichtung der untere Dachaufbau unerwartet in Brand gerät,[470] durch Schweißarbeiten an einem anderen Bauteil ein Brand oder ein sonstiger Oberflächenschaden[471] entsteht oder bei Arbeiten mit einer Säure Spritzer andere Sachen beschädigen.[472] Gleiches gilt, wenn ein Nachbargrundstück durch Bodenaushub auf dem Baugrundstück ins Rutschen gerät;[473] anders bei Abbrucharbeiten, wenn das abzubrechende Gebäude bauliche Verbindungen zum Nachbarbau hat.[474]

Die **Verschuldensfrage** ist in allen Fällen für die Anwendung der Bearbeitungsschadensklausel **unerheblich,** sofern das Unterlassen von Schutzvorkehrungen nicht gerade zwangsläufig zu der Schädigung führen musste.[475]

Wird der nach den vorgenannten Grundsätzen als Bearbeitungsschaden zu qualifizierende Schaden von **Angestellten des Betriebs,** Arbeitern, Bediensteten, Bevollmächtigten oder Beauftragten verursacht, schließt § 4 I Ziff. 6 Abs. 2 AHB die Deckung ebenfalls aus.

**(4) § 4 I Ziff. 6 Abs. 3 AHB.** Keinen echten Deckungsausschluss enthält § 4 I Ziff. 6 Abs. 3 AHB, der **Vertragserfüllungs- und Erfüllungsersatzansprüche betrifft,** da es hier an den als Haftungsgrund vorausgesetzten Schadensersatzansprüchen fehlt. Erfüllungsersatzansprüche sind alle Gewährleistungsansprüche wegen mangelhafter Bauausführung, soweit sie das Interesse des Auftraggebers an ordnungsgemäßer Erbringung der eigentlichen Bauleistung befriedigen bzw. – wenn dies nicht durch mangelfreie Leistung geschehen kann

---

[459] Vgl. BGH VersR 1968, 1029; *Ingenstau/Korbion* (13. Aufl. 1996) VOB/B § 13 Rdn. 770.
[460] BGH VersR 1960, 109; OLG Saarbrücken VersR 1974, 794; OLG Frankfurt VersR 1979, 562; OLG Koblenz VersR 1983, 73; *Ingenstau/Korbion* (13. Aufl. 1996) VOB/B § 13 Rdn. 757.
[461] BGH VersR 1968, 1029; BGH VersR 1970, 610.
[462] LG Köln VersR 1964, 423.
[463] Zahlreiche unterschiedlich zu beurteilende Fälle bei *Prölss/Martin* VVG (*Voit/Knappmann*) § 4 AHB Rdn. 59; *Ingenstau/Korbion* (13. Aufl. 1996) VOB/B § 13 Rdn. 779.
[464] BGH VersR 1971, 807: Holzkonservierungsmittel beschädigt Stuck unter der Holzdecke.
[465] *Ingenstau/Korbion* (13. Aufl. 1996) VOB/B § 13 Rdn. 755.
[466] OLG München VersR 1975, 608.
[467] LG Hamburg VersR 1978, 241.
[468] *Nicklisch/Weick (Nicklisch)* VOB/B § 13 Rdn. 264.
[469] BGH VersR 1970, 612; *Ingenstau/Korbion* (13. Aufl. 1996) VOB/B § 13 Rdn. 757.
[470] OLG Hamm VersR 1986, 1117.
[471] OLG Köln VersR 1984, 73; AG Hamburg VersR 1965, 704; anders OLG Karlsruhe VersR 1981, 569 und OLG Bremen VersR 1984, 127.
[472] OLG Köln NJW-RR 1987, 1052.
[473] BGH VersR 1978, 1009; OLG Düsseldorf VersR 1968, 161; OLG Bamberg VersR 1969, 916; *Ingenstau/Korbion* (13. Aufl. 1996) VOB/B § 13 Rdn. 767.
[474] BGH VersR 1961, 602.
[475] Vgl. BGH VersR 1966, 434; *Ingenstau/Korbion* (13. Aufl. 1996) VOB/B § 13 Rdn. 780.

§ 13 Nr. 7

– ausgleichen.[476] Dabei kommt es auf das **Haftungsziel** und **nicht** auf die **Anspruchsgrundlage** an. Mangelfolgeschäden sind daher auch dann gedeckt, wenn sie wie das eigentliche Erfüllungsinteresse auf Grund derselben Anspruchsgrundlage – beispielsweise die nahen Mangelfolgeschäden beim VOB/B-Vertrag auf der Basis des § 13 Nr. 7 Abs. 3 Satz 1 VOB/B – zu liquidieren sind.[477] Zu den danach nicht gedeckten Positionen gehören die eigentliche Mangelbeseitigung einschließlich einer etwa nötigen Neuherstellung,[478] sonstige Mangelbeseitigungsnebenkosten, Schadensersatz wegen entgangener Nutzung[479] und Minderungsbeträge.

208 (5) § 4 II Ziff. 1 AHB. Der Deckungsausschluss in § 4 II Ziff. 1 AHB betrifft Fälle **vorsätzlicher** Schadensverursachung. Der Vorsatz muss sich auf die Schadensfolgen erstrecken.[480] Das ist auch der Fall, wenn der Auftragnehmer eine Arbeit entgegen einer Absprache in einer gefahrträchtigen Weise erledigt und dies den Schluss zulässt, dass er die Risikoverwirklichung billigend in Kauf genommen hat. Das kommt etwa bei einer Sachbeschädigung bei Baggerarbeiten in Betracht, wenn der Aushub wegen seiner spezifischen Gefährlichkeit in Handarbeit ausgeführt werden sollte.[481]

209 (6) § 4 II Ziff. 2 AHB. Die **Angehörigenklausel** gemäß § 4 II Ziff. 2 AHB bedarf hier mangels spezifisch baurechtlicher Problematik keiner Erörterung. Sie beinhaltet keinen Risikoausschluss, sondern nur eine den Versicherungsnehmer treffende Obliegenheit. Daher findet ein Haftungsausschluss wegen § 6 Abs. 1 Satz 1 VVG nur bei verschuldeter Nichtbeachtung der Obliegenheit statt.[482]

210 Aufgrund von § 6 Abs. 1 Satz 3 VVG bleibt die Deckung auch solchenfalls bestehen, wenn der **Versicherer** den Vertrag **nicht** binnen eines Monats nach Kenntnis von der Obliegenheitsverletzung **kündigt**.[483] Diese Regelung betrifft auch die Fälle, in denen sich besonders gefahrdrohende Umstände, deren Beseitigung der Versicherer billigerweise verlangen konnte und verlangt hat, schädigend ausgewirkt haben.

211 Diesen Fällen steht es gleich, wenn dem Versicherungsnehmer im Rahmen einer Betriebshaftpflichtversicherung **Erkundungspflichten** – beispielsweise hinsichtlich der Lokalisierung von Kabeln – **auferlegt** wurden,[484] oder wenn auf Grund Besonderer Betriebshaftpflichtbedingungen der vorschriftswidrige Umgang mit brennbaren und explosiblen Stoffen[485] als nicht versichert bezeichnet ist. In Sonderausschlussklauseln zur Betriebshaftpflichtversicherung wird ferner nicht selten die Deckung bei Abbrucharbeiten ausgeschlossen oder von besonderen Voraussetzungen abhängig gemacht.[486]

212 (7) § 4 II Ziff. 5 AHB. Im Baubereich kann nicht selten der Tatbestand des § 4 II Ziff. 5 AHB zutreffen, der die Deckung von Haftpflichtansprüchen ausschließt, die an den vom Versicherungsnehmer oder in seinem Auftrag oder für seine Rechnung **von Dritten hergestellten oder gelieferten Arbeiten oder Sachen** infolge einer in der Herstellung

---

[476] *Prölss/Martin VVG (Voit/Knappmann)* § 4 AHB Rdn. 74; *Ingenstau/Korbion* (13. Aufl. 1996) VOB/B § 13 Rdn. 786.
[477] So implizit BGHZ 46, 241 f. = NJW 1967, 340; BGHZ 80, 287 ff. = NJW 1981, 1780 = BauR 1981, 488 = ZfBR 1981, 229 = VersR 1981, 771; BGH NJW 1982, 2244 = BauR 1982, 489 = ZfBR 1982, 205; BGH VersR 1984, 252; *Eiselt/Trapp* NJW 1984, 899 ff.; *Ganten* VersR 1972, 541 f.; *Littbarski* VersR 1982, 915 ff.; *Schmalzl* BauR 1984, 456 ff. und FS Korbion S. 371 ff., 385; *Ingenstau/Korbion* (13. Aufl. 1996) VOB/B § 13 Rdn. 746 u. 787; *Nicklisch/Weick (Nicklisch)* VOB/B Vor § 13 Rdn. 72.
[478] BGHZ 23, 352.
[479] BGHZ 46, 242 = NJW 1967, 342.
[480] BGH VersR 1971, 806; vgl. auch OLG München VersR 1974, 1069.
[481] OLG München VersR 1987, 755; *Ingenstau/Korbion (Wirth)* (14. Aufl. 2001) VOB/B § 13 Rdn. 749.
[482] BGH NJW 1973, 284 = VersR 1973, 145.
[483] BGH VersR 1980, 153.
[484] OLG München VersR 1974, 153.
[485] Nicht schon die Teerpappeverklebung mit Propangasbrenner durch einen Nichtfachmann; OLG Hamm VersR 1981, 1122; *Ingenstau/Korbion* (13. Aufl. 1996) VOB/B § 13 Rdn. 781.
[486] Dazu OLG Düsseldorf VersR 1964, 669 und zur so genannten Radiusklausel OLG Celle VersR 1976, 133; zu Schuttaufladeschäden OLG Saarbrücken VersR 1974, 1165; zu Aufräumschäden LG Saarbrücken VersR 1974, 1117; zu Staubschäden OLG Düsseldorf VersR 1969, 693 m. Anm. *Wilcke* VersR 1969, 1084.

oder Lieferung liegenden Ursache entstehen.[487] Der Tatbestandsbereich überschneidet sich mit § 4 I Ziff. 6 Abs. 1 b AHB – Bearbeitungsschadensklausel –, ohne mit dessen Anwendungsbereich ganz übereinzustimmen. Der wesentliche Unterschied besteht außer in der Tatsache, dass die Bearbeitungsschadensklausel in Besonderen Bedingungen modifiziert werden kann, darin, dass diese auf vertragliche Haftungsansprüche zugeschnitten ist, während § 4 II Ziff. 5 AHB die außervertragliche Haftung, insbesondere aus unerlaubter Handlung, meint. Hinsichtlich vertraglicher Haftpflichtansprüche ist § 4 I Ziff. 6 Abs. 3 AHB abschließend und § 4 II Ziff. 5 AHB schon deshalb unanwendbar, weil von dem dort angeordneten Ausschluss nicht die Rede sein kann, da die von § 4 I Ziff. 6 Abs. 3 AHB genannte Fallgruppe von vornherein nicht Gegenstand der Versicherung ist.[488]

**Nicht** von § 4 II Ziff. 5 AHB **erfasst** werden Personen- und solche Sachschäden, die an einem **nicht von der vertraglichen Leistungspflicht betroffenen Gegenstand** auftreten, und zwar auch dann nicht, wenn die Verletzung auf einer mangelhaften Vertragsleistung beruht.[489] Ob der Sachschaden an einem von der Leistungspflicht betroffenen Gegenstand auftrat, wird in der Regel wie bei § 4 I Ziff. 6 Abs. 3 AHB zu bestimmen sein; Schäden an der Dachhaut infolge Loslösung mangelhaft verankerter Pfetten werden demgemäß von § 4 II Ziff. 5 AHB auch dann erfasst, wenn der betriebshaftpflichtversicherte Dachdecker das gesamte Dach zu errichten hatte.[490] Durch Sachbeschädigung unmittelbar entstandene Vermögensschäden sind, da zum Erfüllungsinteresse gehörend, ebenfalls wegen § 4 II Ziff. 5 AHB nicht gedeckt; dazu gehören der Nutzungsausfall[491] und erhöhte Personal- und Sachaufwendungen.[492] 213

**c) Mögliche Versicherungsdeckung.** Besteht im Einzelfall keine Versicherungsdeckung, weil es der Auftragnehmer unterlassen hat, seine gesetzliche Haftpflicht zu tarifmäßigen, nicht auf außergewöhnliche Verhältnisse abgestellten Prämien und Prämienzuschlägen bei einem im Inland zum Geschäftsbetrieb zugelassenen Versicherer zu decken, wird der Auftragnehmer auf Grund von § 13 Nr. 7 Abs. 2 lit. c) VOB/B **schadenshaftungsrechtlich so behandelt, als hätte** er sich entsprechend **versichert.** Der Abschluss der gebotenen Versicherung ist daher eine schadensersatzrechtlich sanktionierte **Obliegenheit** des Auftragnehmers. 214

Dem Auftragnehmer obliegt der Abschluss einer **in seiner Branche üblichen Haftpflichtversicherung mit hinreichendem Deckungsumfang;** die Bauleistungsversicherung kommt daher nicht in Betracht.[493] Auf außergewöhnliche Verhältnisse abgestellte Prämien oder Prämienzuschläge kommen zwar grundsätzlich nicht in Betracht, doch kann bei besonders gefahrträchtigen Arbeiten, wie etwa bei Sprengungen, eine Haftpflichtversicherung als normal und daher geboten gelten.[494] Besteht die übliche oder auf Grund besonderer Umstände zusätzliche Versicherung, ist aber die gedeckte Summe unüblich gering, ist die Haftung über den versicherungsrechtlich gedeckten Teil hinaus ebenfalls begründet.[495] 215

Aus dem Gesichtspunkt der **Als-ob-Betrachtung** ergibt sich, dass **Deckungseinschränkungen,** die sich bei bestehender Versicherung aus § 4 AHB ergeben, auch hier zum Vorteil des Auftragnehmers haftungseinschränkend wirken.[496] Versicherungsrechtliche Haftungsausschlüsse, die sich aus Obliegenheitsverletzungen des Auftragnehmers gegenüber 216

---

[487] *Schmalzl* Berufshaftpflichtversicherung Rdn. 140 ff., dort auch zum Folgenden.
[488] *Schmalzl* Berufshaftpflichtversicherung Rdn. 142.
[489] *Schmalzl* Berufshaftpflichtversicherung Rdn. 144 und FS Korbion S. 371, 387 f.; *Prölss/Martin* VVG *(Voit/Knappmann)* § 4 AHB Rdn. 98 m. w. N.
[490] LG Traunstein VersR 1968, 1029; *Ingenstau/Korbion* (13. Aufl. 1996) VOB/B § 13 Rdn. 786.
[491] BGHZ 23, 349 = NJW 1957, 907 = VersR 1957, 213; *Hübner* VersR 1985, 810 im Anschluss an OLG Köln VersR 1985, 933; bestätigt von BGH NJW 1986, 1346 = VersR 1985, 1153; *Schmalzl* Berufshaftpflichtversicherung Rdn. 144 f. u. FS Korbion S. 371, 387 f.
[492] *Ingenstau/Korbion* (13. Aufl. 1996) VOB/B § 13 Rdn. 786.
[493] *Nicklisch/Weick (Nicklisch)* VOB/B § 13 Rdn. 259 m. w. N.
[494] *Ingenstau/Korbion (Wirth)* VOB/B § 13 Nr. 7 Rdn. 148.
[495] *Ingenstau/Korbion (Wirth)* VOB/B § 13 Nr. 7 Rdn. 149.
[496] *Nicklisch/Weick (Nicklisch)* VOB/B § 13 Rdn. 261; *Wussow* NJW 1967, 1552.

§ 13 Nr. 7

seiner Versicherung aus den Gesichtspunkten der §§ 5, 6 AHB – namentlich Anzeigepflicht und Schadensminderung – ergeben, berühren die Haftung im Verhältnis zum Auftraggeber hingegen nicht.[497]

217  Bestritten ist die Behandlung des Falls, dass sich der Auftragnehmer nicht versichert und dies nach den Grundsätzen des § 13 Nr. 7 Abs. 3 Satz 2 lit. c) VOB/B auch an sich nicht zu beanstanden ist, die Nichtdeckung aber gegen eine insbesondere auf **DIN 18 299 Nr. 4.2.7** zu stützende **besondere Vereinbarung** zwischen Auftraggeber und Auftragnehmer **über die Herstellung von Versicherungsschutz** verstößt. Manche stellen diesen Fall dem in § 13 Nr. 7 Abs. 3 Satz 2 lit. c) VOB/B geregelten unmittelbar gleich,[498] andere leiten die Haftung aus einer – jetzt in § 280 Abs. 1 BGB gesetzlich normierten – positiven Vertragsverletzung her, auf Grund deren der Auftragnehmer den Auftraggeber haftungsrechtlich so zu stellen hat, wie er stünde, wenn die vereinbarte Versicherungsdeckung bestünde.[499] Unterschiede im Ergebnis werden aber nach allgemeiner Auffassung kaum je auftreten, da das Nichtabschließen der vereinbarten Versicherung wohl stets das im Rahmen der Haftung auf Grund positiver Vertragsverletzung nötige Verschulden darstellt.[500] Methodisch vorzugswürdig erscheint die Lösung mit Hilfe der positiven Vertragsverletzung gemäß § 280 Abs. 1 BGB. Sie erübrigt nämlich nicht nur die AGB-rechtlich zu beanstandende extensive Interpretation von § 13 Nr. 7 Abs. 3 Satz 2 lit. c) VOB/B, zumal die besondere und im auffälligen Gegensatz zur Erwähnung des vereinbarten Versicherungsschutzes in § 13 Nr. 7 Abs. 4 VOB/B stehende Erwähnung nur des Unterlassens der üblichen Versicherung in § 13 Nr. 7 Abs. 3 Satz 2 lit. c) VOB/B wohl einen Gegenschluss nahelegt; es bedarf auch keiner besonderen Begründung, warum im Rahmen der Verjährungsregel des § 13 Nr. 7 Abs. 4 VOB/B für den Fall der vertragswidrigen Nichtversicherung ein Verschulden nötig sei.[501]

218  **d) Festlegung der Schadenshöhe.** Ein zwischen Auftraggeber und Auftragnehmer geschlossener **Vergleich** über die Schadenshöhe ist für den Versicherer bindend.[502] Beschränkt auf die Schadenshöhe muss Entsprechendes für die auf § 13 Nr. 7 Abs. 3 Satz 2 lit. c) VOB/B gestützte rechtskräftige **Verurteilung** des Auftragnehmers zur Schadensersatzleistung gelten. Eine formularmäßige Klausel des Versicherers, dass der Geschädigte nicht nur auf weitere Ansprüche gegen den Versicherer und den Versicherungsnehmer, sondern auch auf Ansprüche gegen sonstige Dritte verzichte, ist als überraschend und unangemessen unwirksam.[503]

### III. Inhalt des Schadensersatzanspruchs

#### 1. Ersatzfähige Schadenspositionen

219  Unter den Voraussetzungen des § 13 Nr. 7 Abs. 3 Satz 2 VOB/B ist – im Gegensatz zu § 13 Nr. 7 Abs. 3 Satz 1 VOB/B – jeder Schaden in vollem Umfang zu ersetzen, der **adäquat kausal** auf die mangelhafte Leistung zurückzuführen ist.[504] Namentlich ein Bezug zwischen baulicher Anlage und Schaden ist nicht nötig.[505] Insbesondere werden hier die entfernteren Mangelfolgeschäden erfasst.[506]

---

[497] *Ingenstau/Korbion* (*Wirth*) (14. Aufl. 2001) VOB/B § 13 Rdn. 796; *Nicklisch/Weick* (*Nicklisch*) VOB/B § 13 Rdn. 262.
[498] *Ingenstau/Korbion* (*Wirth*) (14. Aufl. 2001) VOB/B § 13 Rdn. 798; *Kaiser* Mängelhaftung Rdn. 105 b.
[499] *Nicklisch/Weick* (*Nicklisch*) VOB/B § 13 Rdn. 260; *Wussow* NJW 1967, 1552.
[500] *Nicklisch/Weick* (*Nicklisch*) VOB/B § 13 Rdn. 260.
[501] So *Ingenstau/Korbion* (*Wirth*) VOB/B § 13 Nr. 7 Rdn. 166.
[502] OLG Hamburg VersR 1982, 458; *Ingenstau/Korbion* (*Wirth*) (14. Aufl. 2001) VOB/B § 13 Rdn. 797.
[503] BGH NJW 1985, 970 = BauR 1985, 100 = ZfBR 1985, 39.
[504] *Ingenstau/Korbion* (*Wirth*) VOB/B § 13 Nr. 7 Rdn. 53, 123; *Nicklisch/Weick* (*Nicklisch*) VOB/B § 13 Rdn. 265; *Kaiser* Mängelhaftung Rdn. 120; *Kleine-Möller/Merl/Oelmaier* (*Merl*) § 12 Rdn. 961.
[505] *Ingenstau/Korbion* (*Wirth*) VOB/B § 13 Nr. 7 Rdn. 122; *Nicklisch/Weick* (*Nicklisch*) VOB/B § 13 Rdn. 265.
[506] BGH NJW 1970, 423 = BauR 1970, 50; BGHZ 58, 340; BGHZ 61, 205 = NJW 1972, 1752 = BauR 1973, 382 m. Anm. *Finger* NJW 1973, 2104; *Ingenstau/Korbion* (*Wirth*) VOB/B § 13 Nr. 7 Rdn. 53, 55; *Locher* PrivBauR Rdn. 282.

**Ersatzfähig** sind also in den Grenzen der nach § 254 Abs. 2 BGB gebotenen Schadensminderung: Über Schäden an der baulichen Anlage hinausgehende Sachschäden; so etwa mangelbedingte Wasserschäden an eingebrachtem Mobiliar oder Schäden infolge Herabfallens mangelhaft befestigter Bauteile.[507] Darüber hinaus sind **reine Vermögensschäden** zu ersetzen; beispielsweise in Gestalt von Verzugsschäden als Folge verspäteter Herstellung einer ordnungsgemäßen Bauleistung – Ausfall von Nutzungen, bei Eigennutzung jedenfalls in Fällen der Einbuße von Nutzungsmöglichkeiten an zentralen Gütern des Lebensbedarfs, sowie Ausfall von Mieteinnahmen –;[508] oder Zusatzkosten zwecks Umgestaltung des Bauwerks zur Realisierung einer infolge des Mangels notwendig werdenden Alternativnutzung, etwa Planungs-, Genehmigungs- und Bauausführungskosten; ferner mangelbedingt auf Dauer oder jedenfalls bis zu Mangelbeseitigung erhöhte Betriebskosten, etwa für Heizung.[509] Auch Stillstandskosten, die ein Auftraggeber einem anderen Auftragnehmer infolge des Mangels schuldet,[510] sind hierher zu rechnen. Soweit **technischer** oder **merkantiler Minderwert** sowie **Nutzungsausfall** nicht schon als gemäß § 13 Nr. 7 Abs. 3 Satz 1 VOB/B ersatzfähig angesehen werden, sind diese Schäden hier ersetzbar.[511]

Ersatzfähig sind auch die Kosten, die dem Auftraggeber auf Grund eines **Vorprozesses** mit dem Erwerber oder einem anderen Auftragnehmer entstanden sind.[512] Dies gilt insbesondere für den Fall, dass der Auftraggeber den Vorprozess begann, weil der Auftragnehmer seine Verantwortlichkeit leugnete und unberechtigterweise auf einen anderen Auftragnehmer verwies.[513] Die Schadensminderungspflicht[514] des Auftraggebers kann hingegen verletzt sein, wenn er es auf den Vorprozess ankommen lässt, obwohl der Mangel ersichtlich ist oder sich die Frage seiner Mangelgewährleistungsansprüche in sonstiger Weise zuverlässig und billiger, etwa durch Einholung eines Gutachtens, klären lässt.[515]

Streitig,[516] aber zu bejahen ist die Ersatzfähigkeit mangelbedingter **Körper- oder Gesundheitsschäden des Auftraggebers** auf der Grundlage des § 13 Nr. 7 Abs. 3 Satz 2 VOB/B.[517] Die Gegenauffassung,[518] die diese Schäden für ersatzfähig nach den Grundsätzen der positiven Vertragsverletzung gemäß § 280 Abs. 1 BGB hält, beschränkt die Haftung auf Grund von § 13 Nr. 7 Abs. 3 Satz 2 VOB/B auf bauwerksbezogene Mängel. Für eine solche Begrenzung besteht aber kein Anlass. Sie widerspricht nicht nur dem Umstand, dass es sich um typische Mangelfolgeschäden handelt, die § 13 Nr. 7 Abs. 3 Satz 2 VOB/B in seinen Anwendungsbereich ziehen will; sie steht auch nicht im Einklang mit dem Ziel von § 13 Nr. 7 Abs. 3 Satz 2 VOB/B, die Haftung des Auftragnehmers zu erleichtern, indem die Schadensersatzpflicht von erschwerten Voraussetzungen abhängig gemacht wird und sie überdies in kurzer Frist verjähren soll. Mit der Einführung des Körper- und Gesundheitsschäden eigens erfassenden § 13 Nr. 7 Abs. 1 VOB/B ist freilich die praktische Bedeutung

---

[507] OLG Koblenz NJW-RR 1988, 593 f.; *Ingenstau/Korbion (Wirth)* VOB/B § 13 Nr. 7 Rdn. 123; *Nicklisch/Weick (Nicklisch)* VOB/B § 13 Rdn. 265; zur Schadensminderung BGH NJW 1975, 1316 = BauR 1975, 288 und allgemein *Ingenstau/Korbion (Wirth)* VOB/B § 13 Nr. 7 Rdn. 24 ff.

[508] BGHZ 72, 33 = NJW 1978, 1626 = BauR 1978, 403 = ZfBR 1978, 17; BGH BauR 1979, 159 = ZfBR 1979, 24; *Kapellmann/Messerschmidt (Weyer)* VOB/B § 13 Rdn. 385; *Werner/Pastor* Rdn. 1736; vgl. auch *Kaiser* Mängelhaftung Rdn. 121 ff.

[509] *Ingenstau/Korbion (Wirth)* VOB/B § 13 Nr. 7 Rdn. 128.

[510] Vgl. OLG Nürnberg BauR 1994, 518.

[511] *Koch* Schadensersatz S. 162.

[512] BGH NJW 1971, 134; BGH BauR 1983, 576 = ZfBR 1983, 269; KG BauR 1988, 229; *Ingenstau/Korbion (Wirth)* VOB/B § 13 Nr. 7 Rdn. 123; *Nicklisch/Weick (Nicklisch)* VOB/B § 13 Rdn. 265; *Kaiser* Mängelhaftung Rdn. 125 b, allerdings nur bei Wahl des so genannten kleinen Schadensersatzes; *Werner/Pastor* Rdn. 1736.

[513] KG BauR 1988, 230.

[514] *Kleine-Möller/Merl/Oelmaier (Merl)* § 12 Rdn. 962.

[515] *Ingenstau/Korbion (Wirth)* VOB/B § 13 Nr. 7 Rdn. 124.

[516] Offengelassen in BGHZ 58, 340.

[517] *Ingenstau/Korbion (Wirth)* VOB/B § 13 Nr. 7 Rdn. 132; *Nicklisch/Weick (Nicklisch)* VOB/B § 13 Rdn. 266; *Kaiser* Mängelhaftung Rdn. 123 a; *Locher* PrivBauR (6. Aufl. 1996) Rdn. 169; *Koch* Schadensersatz S. 161.

[518] *Schmalzl* BauR 1971, 172, 177 und ders. Berufshaftpflichtversicherung Rdn. 187; *Wussow* S. 238, 248.

der Frage, ob solche Schäden auf der Grundlage des § 13 Nr. 7 Abs. 3 Satz 2 VOB/B ersatzfähig sind, wohl entfallen.

### 2. Schadensersatzleistung

223 **a) Art des Schadensersatzes.** Schadensersatz ist hier – im Gegensatz zur Regel bei § 13 Nr. 7 Abs. 3 Satz 1 VOB/B – gemäß § 249 Abs. 1 BGB primär in natura zu leisten[519] und kann insbesondere auch auf Freistellung des seinerseits von Dritten gewährschaftsrechtlich in Anspruch genommenen Auftraggebers gerichtet sein;[520] Geldzahlungsansprüche entstehen nur unter den Voraussetzungen der §§ 249 Abs. 2, 250 f. BGB. Der Schadensersatz, der in der Regel entferntere Mangelfolgeschäden betrifft, berührt hier nämlich grundsätzlich nicht den Bereich der Vertragserfüllung, so dass der Vorrang der Naturalleistung, soweit es nicht um einen schadensersatzrechtlichen Anspruch auf Mangelbeseitigung geht – insoweit bleibt es allerdings bei den bei § 13 Nr. 7 Abs. 3 Satz 1 VOB/B geltenden Grundsätzen –, nicht aus Konkurrenzgründen bedenklich ist.

224 **b) Schadensberechnung.** Der geschädigte Auftraggeber kann so, wie sich dies beim BGB-Bauvertrag im Fall der §§ 634 Nr. 4, 280 Abs. 1 und 3 i. V. m. §§ 281 oder 283, oder § 311a BGB ergibt, zwischen zwei Methoden der Schadensberechnung wählen.[521] Man unterscheidet auch bei § 13 Nr. 7 Abs. 3 Satz 2 VOB/B zwischen dem „kleinen" und dem „großen" Schadensersatzanspruch, wobei diese Begriffe hier nicht mit der Differenzierung zwischen den Schadensersatzinhalten des § 13 Nr. 7 Abs. 3 Satz 1 und 2 VOB/B verwechselt werden dürfen.

225 Beim „kleinen" Schadensersatz entscheidet sich der Auftraggeber dafür, die mangelhafte Leistung zu behalten; er liquidiert den Betrag, der zur Herstellung der mangelhaften Leistung nötig ist, und verlangt Ersatz für etwaige weitere Schäden.[522] Bei Wahl des **„großen"** Schadensersatzanspruchs lehnt der Auftraggeber die erbrachte Leistung vollständig ab und verlangt ihre Beseitigung; damit tritt ein rücktrittsartiger Effekt ein. Alsdann berechnet der Auftraggeber das volle Erfüllungsinteresse, also praktisch die Kosten der Neuherstellung, und liquidiert zusätzlich etwa noch verbleibende weitere Schäden.[523]

226 Streitig ist, ob der große Schadensersatzanspruch in Analogie zu den §§ 281 Abs. 1 Satz 2, 283 Satz 2 BGB – vormals in Analogie zu den §§ 280 Abs. 2 Satz 1, 286 Abs. 2 Satz 1 BGB a. F. – nur dann gewählt werden darf, wenn der Auftraggeber nachweisen kann, dass die mangelhafte Leistung für ihn objektiv kein Interesse hat. Bei § 635 BGB a. F. wurde ein solcher Interessefortfall nicht gefordert.[524] Abgesehen davon, dass der werkmangelbedingte Schadensersatzanspruch im neuen Schuldrecht auch beim BGB-Vertrag den genannten allgemeinen schuldrechtlichen Grundsätzen unterliegt, sprechen jedoch die Eigenarten des VOB/B-Vertrags für die entgegengesetzte Entscheidung.[525] Der beim BGB-Vertrag alten Rechts zutreffende Hinweis darauf, dass ein Interessefortfall auch bei der seinerzeitigen Wandelung nicht nachgewiesen werden müsse, trägt nämlich beim VOB/B-Vertrag nicht, weil dort früher eine Wandelung und jetzt dem entsprechend ein Rücktritt ausgeschlossen ist. Hingegen zeigt § 4 Nr. 7 Satz 3 i. V. m. § 8 Nr. 3 Abs. 2 Satz 2 VOB/B, dass jedenfalls

---

[519] *Nicklisch/Weick (Nicklisch)* VOB/B § 13 Rdn. 267; *Siegburg* Gewährleistung Rdn. 1326; *Koch* Schadensersatz S. 164; indirekt auch *Ingenstau/Korbion (Wirth)* VOB/B § 13 Nr. 7 Rdn. 117, 119 f.; *Kleine-Möller/Merl/Oelmaier (Merl)* § 12 Rdn. 966; a. A. wohl *Kaiser* Mängelhaftung Rdn. 124: im Regelfall Ersatzverpflichtung in Geld auch beim Anspruch aus § 13 Nr. 7 Abs. 2.
[520] So zutr. OLG Celle NZBau 2007, 175; *Weyer* NZBau 2007, 281; a. A. *Schnapp* NZBau 2007, 177.
[521] So auch in dem hier allein behandelten Fall des früheren § 13 Nr. 7 Abs. 2 VOB/B *Siegburg* Gewährleistung Rdn. 1304.
[522] *Kapellmann/Messerschmidt (Weyer)* VOB/B § 13 Rdn. 387; *Schellen* BauR 1988, 42 ff.
[523] BGH BB 1963, 995 = DB 1963, 1213; in diesem Sinne auch *Ingenstau/Korbion (Wirth)* VOB/B § 13 Nr. 7 Rdn. 58, aber mit irreführendem Bezug auf die Unterscheidung zwischen großem und kleinem Schadensersatz im Sinne von § 13 Nr. 7 Abs. 3 Satz 1 und 2; *Nicklisch/Weick (Nicklisch)* VOB/B § 13 Rdn. 268; *Kaiser* Mängelhaftung Rdn. 125 b.
[524] BGHZ 27, 218 f.
[525] *Nicklisch/Weick (Nicklisch)* VOB/B § 13 Rdn. 268.

Schadensersatzanspruch § 13 Nr. 7

dann, wenn der Auftraggeber den Schadensersatz auf der Grundlage einer Abstandnahme von der weiteren Herstellung der mangelfreien Leistung durch den Auftragnehmer berechnen will – und dies ist beim großen Schadensersatzanspruch der Fall –, ein entsprechender Interessefortfall nachgewiesen werden muss.[526]

Die **Wahlfreiheit** ist in Analogie zu den §§ 281 Abs. 1 Satz 3, 283 Abs. 2 BGB, die als Ausprägung des allgemein geltenden Grundsatzes von Treu und Glauben anzusehen sind, auch beim VOB/B-Vertrag **ausgeschlossen,** wenn es insbesondere bei **unbedeutenden Mängeln** gegen Treu und Glaube verstößt, die erbrachte Leistung vollständig abzulehnen.[527] Gleiches gilt, wenn der Auftraggeber die Bauleistung **vorbehaltlos abgenommen** hat, soweit der „große" Schadensersatzanspruch auf Mängel gestützt wird, die dem Auftraggeber bei Abnahme bekannt waren;[528] in diesem Falle steht ihm ebenfalls nur der „kleine" Schadensersatzanspruch zu. Keine Wahlfreiheit besteht auch dann, wenn der Auftraggeber zu erkennen gegeben hat, dass er die mangelhafte Bauleistung **behalten will,** obgleich er Kenntnis vom Mangel sowie der Mangelfolge hatte.[529] Ob der Auftraggeber auf sein Wahlrecht **verzichtet** hat, kann sich aus den Umständen ergeben, z. B. aus einer längerdauernden, nicht nur probeweisen Nutzung.[530] Die Wahlfreiheit besteht wegen der Ähnlichkeit des großen Schadensersatzes mit einer Kombination von Rücktritt und Schadensersatz schließlich nicht, wenn der **Rücktritt** gemäß den §§ 634 Nr. 3, 326 Abs. 5, 323 Abs. 6 BGB **ausgeschlossen** wäre, weil der **Auftraggeber** dafür allein oder überwiegend **verantwortlich** ist, dass dem Auftragnehmer die Mangelbeseitigung unmöglich wurde; auch in diesem Fall ist nur auf der Basis des „kleinen" Schadensersatzanspruchs abzurechnen.[531] 227

Die Wahlfreiheit **endet,** sobald sich der Auftragnehmer auf die getroffene Wahl einstellen darf. Während dies im früheren Schuldrecht analog §§ 634 Abs. 4, 465 BGB a. F. zu entscheiden war, also insbesondere von einer entsprechend konkretisierenden Vereinbarung zwischen Auftraggeber und -nehmer abhing,[532] ist nach neuem Recht eine Analogie zu § 281 Abs. 4 BGB zu ziehen, so dass es auf die Geltendmachung des Schadensersatzes nach einer der beiden Schadensberechnungsarten ankommt. 228

### 3. Schadensminderungsgründe

**a) Vorteilsausgleichung, Sowiesokosten, Mitverantwortung des Auftraggebers.** 229
Der Schadensersatzanspruch kann unter den Gesichtspunkten der Vorteilsausgleichung, des Abzugs von Sowiesokosten und der Mitverantwortlichkeit des Auftraggebers für das Entstehen des Schadens gemindert sein. Diesbezüglich gilt das zu § 4 Nr. 7 Satz 2 VOB/B Ausgeführte entsprechend.[533]

Vom **mitwirkenden Verschulden, das bereits zum Entstehen des Mangels als solchem** beitrug und daher – wenngleich auch hier eine Haftung gemäß § 13 Nr. 7 VOB/B möglich ist – in der Regel schon im Rahmen des § 4 Nr. 7 VOB/B bedeutsam ist,[534] ist das mitwirkende Verschulden des Auftraggebers nach Ingebrauchnahme der mangelbehafteten 230

---

[526] *Nicklisch/Weick (Nicklisch)* VOB/B § 13 Rdn. 268; a. A. *Kaiser* Mängelhaftung Rdn. 125 b; *Kleine-Möller/Merl/Oelmaier (Merl)* § 12 Rdn. 968; *Siegburg* Gewährleistung Rdn. 1328.
[527] Vgl. zum früheren werkvertraglichen Schadensersatzanspruch gemäß § 635 BGB a. F. BGHZ 27, 220 = NJW 1958, 1285; *Kleine-Möller/Merl/Oelmaier (Merl)* § 12 Rdn. 968.
[528] *Kleine-Möller/Merl/Oelmaier (Merl)* § 12 Rdn. 968.
[529] *Kleine-Möller/Merl/Oelmaier (Merl)* § 12 Rdn. 968.
[530] BGH NJW 1958, 1286 (zu § 635 BGB).
[531] Diese nach früherem Recht auf Grund der §§ 280 Abs. 2 Satz 2, 286 Abs. 2 Satz 2 BGB a. F. gemäß den §§ 634 Abs. 4, 467 BGB a. F. zu entwickelnde Folge aus der Anwendung des §§ 350 ff. BGB a. F. (vgl. dazu *Kohler* Rückabwicklung S. 65 f. m. w. N.) gilt daher im neuen Schuldrecht mittelbar unter Vermittlung der §§ 326 Abs. 6, 323 Abs. 5 BGB im Ergebnis weitgehend fort; dazu *Kohler,* AcP 192 (1992) 255.
[532] Vgl. *Kleine-Möller/Merl/Oelmaier (Merl)* (02. Aufl. 1997) § 12 Rdn. 778; *Kaiser* Mängelhaftung Rdn. 125 c.
[533] Dazu → § 4 Nr. 7 Rdn. 188 ff.
[534] Vgl. dazu → § 4 Nr. 7 Rdn. 162.

Bauleistung zu unterscheiden, das darin besteht, dass eine **baumangelbedingte Schadensanlage** erst **durch Hinzutreten eines unsachgemäßen Gebrauchs zur effektiven Schädigung** wird. Da es sich hierbei typischerweise – wenngleich in Anbetracht möglicher bauausführungsbegleitender Sicherungspflichten des Auftraggebers nicht ausschließlich – um Fehler des Auftraggebers nach Abnahme handelt, verwirklicht sich das Schadensrisiko regelmäßig im Geltungsbereich des § 13 Nr. 7 VOB/B. In Betracht kommt hier als Grund für eine Anspruchseinschränkung gemäß § 254 Abs. 2 BGB beispielsweise, wenn es der Auftraggeber unterließ, bei Frost für die erforderliche Raumbeheizung zu sorgen und dadurch ein unzureichend isoliertes Rohr brach, auch wenn der Rohrbruch bei ordnungsgemäßer Rohrisolierung nicht eingetreten wäre.[535]

231  b) **Aufrechnung oder Verrechnung.** Ferner kommt eine Anspruchsreduzierung durch Aufrechnung mit Gegenansprüchen des Auftragnehmers in Betracht. Die Aufrechnung greift insbesondere bei fortbestehenden Vergütungsansprüchen des Auftragnehmers im Umfang des nicht als Sicherheitsleistung vereinbarten Teils[536] Platz, was bei Wahl des **kleinen Schadensersatzanspruchs** anzunehmen ist und von der auszugehen ist, wenn der Auftraggeber einzelne weiterhin vom Auftragnehmer zu behebende Mängel zur Grundlage seines Schadensersatzbegehrens macht. Hier sind nach zutreffender herrschender Ansicht alle gesetzlichen und vertraglichen Aufrechnungshindernisse zu beachten; ein Aufrechnungsausschluss kann sich dabei auch aus Treu und Glauben ergeben, beispielsweise wenn der Schadensersatz durch eine Deckungszusage des Versicherers des Auftragnehmers gesichert ist.[537] Eine bloße Verrechnung im Rahmen der Schadensberechnung ist wegen Fortbestehens der vertraglichen Leistungs- und Vergütungspflicht ausgeschlossen. Insoweit gilt das zu § 13 Nr. 7 Abs. 3 Satz 1 VOB/B Gesagte.[538]

232  Zweifelhaft ist hingegen, ob eine Aufrechnung oder eine schadensersatzinterne bloße Verrechnung stattfindet, wenn der Auftraggeber den **großen Schadensersatz** wählt, indem er die gesamte Leistung oder einen ganzen Leistungsteil zurückweist. Auszugehen ist von Folgendem: Wegen der dieser Schadensberechnungsart eigenen Bezüge zum Rücktrittsrecht entfällt gemäß den §§ 281 Abs. 5, 346 Abs. 1 BGB der Vergütungsanspruch. Den trotz Mangelhaftigkeit des Werks geschaffenen Wert der erbrachten Leistung setzt alsdann die **herrschende Meinung,** die generell eine Verrechnung statt der Aufrechnung befürwortet,[539] im Rahmen der Differenztheorie unmittelbar bei der Schadensberechnung mindernd an; mangels Zahlungsanspruchs des Auftraggebers entstehe keine Aufrechnungslage, vielmehr finde eine von Aufrechnungsverboten nicht betroffene Verrechnung im Rahmen der Schadensermittlung statt.[540]

233  Richtigerweise sollte jedoch eine Aufrechnungslage angenommen werden. Dafür spricht nicht nur, dass die Umgehung der Aufrechnungsausschlüsse auf bloß rechtstechnischen Erwägungen beruht.[541] Die konsequente Fortsetzung des Gedankens einer der Schadensberechnung vorgeschalteten rücktrittsrechtlichen Abrechnung der erbrachten Auftragnehmerleistung bedeutet auch, von Vergütungsansprüchen des Auftraggebers in Höhe des Teilwertes der mangelhaften Leistung auszugehen, die rücktrittsrechtlich durch § 346 Abs. 2 Satz 1 Nr. 1 und Satz 2, 1. Hs. BGB bzw. bereicherungsrechtlich unter dem Gesichtspunkt der Leistungskondiktion vorgegeben sind[542] und die ebenso wenig wie andere Gegenansprüche schlicht verrechnungsweise ausgeschlossen sind.

---

[535] OLG Hamburg BauR 2001, 1627 (Leitsatz) = NJW-RR 2001, 1534 ff.
[536] BGH NJW 1967, 34; *Ingenstau/Korbion (Wirth)* VOB/B § 13 Nr. 7 Rdn. 151 a. E.
[537] *Trapp* BauR 1977, 29; *Ingenstau/Korbion (Wirth)* VOB/B § 13 Nr. 7 Rdn. 162.
[538] Dazu oben Rdn. 157.
[539] Dazu oben Rdn. 157.
[540] BGH BauR 1972, 187 f. und BGHZ 70, 240 = NJW 1978, 816 = BauR 1978, 224; BGH NJW 1979, 549 f.; OLG Koblenz BauR 2002, 1124 f.; *Nicklisch/Weick (Nicklisch)* VOB/B § 13 Rdn. 268; zahlr. Nachw. bei *Staudinger/Peters* § 634 Rdn. 128; *Kaiser* Mängelhaftung Rdn. 125 b.
[541] So *Staudinger/Peters* § 634 Rdn. 128; *Peters* JZ 1986, 669.
[542] Vgl. *Kohler* Rückabwicklung S. 62 ff., 709 ff.

Bei diesem Ansatz sind **Aufrechnungsausschlussgründe** zu beachten; dies ist insbesondere für gesetzliche Gründe sachangemessen, wobei allerdings § 215 BGB zu beachten ist. Ein vertraglicher Aufrechnungsausschluss ist in Hinsicht auf die Tragweite der Vereinbarung auszulegen; es ist also insbesondere zu fragen, ob nichtvergütungsrechtliche Ansprüche aus Rücktritts- oder Bereicherungsrecht miterfasst sein sollen. Bei vergütungsanspruchbezogenen Aufrechnungsverbotsklauseln in AGB führt die Auslegung allerdings schon wegen des in § 305 c BGB aufgestellten Gebots der strengen Auslegung zum Nachteil des Verwenders nicht weiter. Hier können sich ggf. Gründe für eine Unwirksamkeit einer derartigen Klausel aus den §§ 307 ff. BGB ergeben; die Aufrechnung kann daher ungehindert durch vertragliche Verbote stattfinden, so dass sich insoweit ein verrechnungsgleicher Effekt einstellt.[543] 234

### IV. Prozessuales

Bei der Beweislast gilt nichts von § 13 Nr. 7 Abs. 3 Satz 1 VOB/B Abweichendes. Insbesondere hat der Auftraggeber auch alle speziellen Voraussetzungen des § 13 Nr. 7 Abs. 3 Satz 2 VOB/B zu beweisen.[544] Das gilt auch für das bei § 13 Nr. 7 Abs. 2 lit. c) VOB/B erhebliche Bestehen einer Versicherung, da dem Auftraggeber die hier vorhandenen Beweisschwierigkeiten bereits materiellrechtlich dadurch wesentlich abgenommen werden, dass dieselbe Haftung auch bei Unterlassen der gebotenen Versicherung begründet ist.[545] Haben Auftraggeber und Auftragnehmer einen bestimmten Versicherungsschutz vereinbart, kommt es auf den tatsächlichen Abschluss der Versicherung aus den vorgenannten Gründen ebenfalls in der Regel nicht an. Haftungsausschlussgründe gemäß § 4 AHB muss der Auftragnehmer beweisen, da es sich um ihm günstige Ausnahmetatbestände handelt. 235

## G. Verjährung der Schadensersatzansprüche, Nr. 7 Abs. 4 VOB/B

Hinsichtlich der Besonderheiten der Verjährung von Schadensersatzansprüchen in Fällen des § 13 Nr. 7 Abs. 3 Satz 2 lit. c) VOB/B und bei Vereinbarung eines besonderen Versicherungsschutzes ist auf die Kommentierung zu § 13 Nr. 4 VOB/B zu verweisen. 236

## H. Einschränkung oder Erweiterung der Mängelhaftung, Nr. 7 Abs. 5 VOB/B

### I. Grundlagen

Aus dem Grundsatz der Privatautonomie ergibt sich die Freiheit der Parteien, die Gewährleistung einverständlich abweichend von § 13 VOB/B zu regeln. § 13 Nr. 7 Abs. 5 VOB/B, der mit § 13 Nr. 7 Abs. 4 VOB/B a. F. identisch ist, spricht dies beschränkt auf die Schadensersatzhaftung gemäß § 13 Nr. 7 VOB/B eigens aus,[546] doch ist daraus nicht zu folgern, dass im Übrigen eine **Modifizierung** der Gewährleistungsrechte oder sonstiger Schadensausgleichsansprüche unzulässig sei. In seinem Anwendungsbereich stellt § 13 Nr. 7 Abs. 5 VOB/B nur heraus, dass eine Modifizierung der Schadensersatzhaftung, die **ausdrücklich – nicht** aber **notwendig individualvertraglich** – erfolgen muss,[547] auf begründete **Sonderfälle** beschränkt sein soll. Solche liegen vor, wenn die gewöhnliche Schadensersatzhaftung wegen der eigentümlichen Sachlage – besonderes Gefahrenpotential durch 237

---

[543] Zu allem *Staudinger/Peters* § 634 Rdn. 128.
[544] *Ingenstau/Korbion (Wirth)* VOB/B § 13 Nr. 7 Rdn. 78, 81 – vgl. aber Rdn. 79 f.; *Nicklisch/Weick (Nicklisch)* VOB/B § 13 Rdn. 270.
[545] *Nicklisch/Weick (Nicklisch)* VOB/B § 13 Rdn. 270.
[546] *Ingenstau/Korbion (Wirth)* VOB/B § 13 Nr. 7 Rdn. 170; *Nicklisch/Weick (Nicklisch)* VOB/B § 13 Rdn. 277; *Kaiser* Mängelhaftung Rdn. 139.
[547] *Nicklisch/Weick (Nicklisch)* VOB/B § 13 Rdn. 279.

Bodenumstände oder Nutzungsverhältnisse und besondere Schadensumfänge – als zu milde oder als zu streng erscheint.[548] Die **Beschränkung auf begründete Sonderfälle** ist **nur** als **Appell** an die Vertragsbeteiligten gedacht, § 13 Nr. 7 VOB/B nicht grundlos abzuändern; liegt ein solcher Sonderfall nicht vor, ist eine dennoch getroffene Änderung der Schadensersatzhaftung wirksam.[549] Die Regelung enthält daher keinen AGB-rechtlich bedenklichen Verstoß gegen den Grundsatz der Privatautonomie.[550]

238 Alle **haftungsändernden Abreden,** seien diese individualvertraglicher Natur oder in AGB enthalten, bedürfen im Rahmen des Zulässigen der **Auslegung** hinsichtlich ihrer Tragweite. Sie sind alsdann auf ihre **Wirksamkeit** nach den allgemeinen Regeln zu prüfen, namentlich nach Maßgabe der §§ 134, 138 BGB, wegen der damit verbundenen Nichtübernahme der VOB/B als Ganzes[551] auch des AGB-rechtlichen Regelwerks oder der sich aus § 242 BGB ergebenden Gebote von Treu und Glauben;[552] diese Unwirksamkeitsgesichtspunkte treffen auf Haftungserweiterungen wie auf Haftungseinschränkungen zu, doch sind sie in Bezug auf Letztere praktisch von größerer Bedeutung.

239 Zu beachten ist bei der Vereinbarung von Haftungsmodifizierungen, dabei insbesondere von **Freizeichnungsklauseln,** dass gerade eine wirksame Haftungsmodifizierung und namentlich eine Freizeichnung auch als individualvertragliche die Gefahr in sich trägt, dass der im Wesentlichen ausgewogene Charakter der VOB/B gestört wird, das Regelwerk alsdann mangels Übernahme der VOB/B als Ganzes vollständig AGB-rechtlich zu überprüfen[553] und diese daher ohne das Privileg des § 309 Nr. 8 lit. b) lit. ff) BGB zu beurteilen ist. Eine solche **Störung des Gleichgewichts der VOB/B** ist allerdings nicht anzunehmen, wenn die Schadensersatzhaftung in Übereinstimmung mit den Voraussetzungen des § 13 Nr. 7 Abs. 5 VOB/B abgeändert wird und die Abänderung den vorausgesetzten begründeten Sonderfällen angemessen Rechnung trägt.

## II. Freizeichnungsklauseln

240 Inhaltlich können Freizeichnungsklauseln auf **Haftungsausschlüsse** oder bloße **Haftungsmilderungen** zielen, und sie können auf **bestimmte Ereignisse** beschränkt sein. Formal können sie durch Individualvereinbarung oder durch AGB eingeführt werden.

### 1. Individualvertragliche Regelungen

241 Individualvertragliche Freizeichnungsklauseln sind nach **allgemeinen Grundsätzen auszulegen.** Auch eine ergänzende Vertragsauslegung ist möglich, doch sind dabei die Interessen beider Beteiligter angemessen und in Fortentwicklung des angelegten Vertragsprogramms zu berücksichtigen. Das führt dazu, dass bei Nichtfeststellbarkeit eines gemeinsamen hypothetischen Parteiwillens die Freizeichnungsergänzung unterbleiben muss und es bei der Regelung der VOB/B bleibt.[554] So wird sich oft ergeben, dass weder die vertragsimmanente Auslegung noch die ergänzende Vertragsauslegung dazu führen, dass ein Ausschluss gewährleistungsrechtlicher Schadensersatzansprüche auch solche aus positiver Vertragsverletzung gemäß § 280 Abs. 1 BGB mitumfasst.[555]

---

[548] *Ingenstau/Korbion (Wirth)* VOB/B § 13 Nr. 7 Rdn. 173.
[549] *Nicklisch/Weick (Nicklisch)* VOB/B § 13 Rdn. 278; *Kapellmann/Messerschmidt (Weyer)* VOB/B § 13 Rdn. 392 f. mit weiteren Beispielen; die AGB-rechtlichen Bedenken von *Tempel,* NZBau 2002, 537 wegen unzulässiger Einschränkung der Privatautonomie sind daher nicht begründet.
[550] *Weyer* NZBau 2003, 526 f.; a. A. *Tempel* NZBau 2002, 537.
[551] BGH NJW 1990, 2385; *Koch* Schadensersatz S. 167.
[552] Vgl. *Werner/Pastor* Rdn. 2138.
[553] Vgl. *Ingenstau/Korbion (Wirth)* VOB/B Vor § 13 Rdn. 331 a. E.; *Kapellmann/Messerschmidt (von Rintelen)* Einl. VOB/B Rdn. 47 f.
[554] *Ingenstau/Korbion (Wirth)* VOB/B § 13 Nr. 7 Rdn. 176.
[555] *Ingenstau/Korbion (Wirth)* VOB/B § 13 Nr. 7 Rdn. 175.

Bei vernünftiger Vertragsauslegung ergibt sich bereits, dass sich eine **Beschaffenheitsvereinbarung** nicht mit einer gewährschaftsrechtlichen Freizeichnung von Schadensersatzpflichten verträgt, wenn die Zusicherung gerade den Sinn hatte, dem Auftraggeber bestimmte Risiken aus dem Nichtvorhandensein der vereinbarten Eigenschaften zu nehmen. Der individualvertraglich an sich mögliche Haftungsausschluss[556] ist daher insoweit unwirksam.[557] 242

Auch individualvertraglich ist insbesondere die **Freizeichnungsgrenze des § 639 BGB,** der dem § 637 BGB a. F. entspricht, für den Fall **arglistigen Verschweigens** eines Mangels zu beachten;[558] dem steht das arglistige Vorspiegeln einer nicht vorhandenen Eigenschaft gleich. Bei Beschaffenheitszusicherungen, die die Qualität einer **Garantie** haben, ist zu beachten, dass ebenfalls § 639 BGB solche Bestimmungen für unwirksam erklärt, die Werkmangelrechte bei Fehlen der garantierten Beschaffenheit ausschließen oder beschränken. Auch die **Haftung für Vorsatz** kann gemäß § 276 Abs. 3 BGB nicht im Voraus erlassen werden; anderes gilt, soweit es sich um die Haftung für vorsätzliche Schädigung durch Erfüllungsgehilfen handelt, § 278 Satz 2 BGB. Eine Haftungsbeschränkung unter Verstoß gegen ein gesetzliches Verbot, § 134 BGB, oder gegen die guten Sitten, § 138 BGB, ist unwirksam,[559] doch werden die Voraussetzungen dieser Normen kaum je vorliegen. 243

Nach Treu und Glauben ist schließlich auch individualvertraglich, und zwar sogar nach notarieller Beurkundung und Belehrung,[560] ein **völliger Gewährleistungsausschluss unzulässig,** weil dies dem Auftraggeber jede sanktionsbewehrte Aussicht auf Erlangung der wenigstens im Wesentlichen vertragsgemäßen Leistung nimmt.[561] Das gilt namentlich für formelhafte Freizeichnungen, etwa für alle erkennbaren oder sichtbaren Mängel.[562] Eine vollständige Freizeichnung ist daher nur bezüglich einzelner Teile der Leistung oder hinsichtlich einzelner bestimmter Leistungsrisiken zuzulassen. Darüber hinaus ist wenigstens das Recht aus § 13 Nr. 5 VOB/B ohne Rücksicht auf ein Verschulden des Auftragnehmers zu belassen, so dass allein Minderung und Schadensersatz auszuschließen sind, solange die Mangelbeseitigung nicht fehlgeschlagen ist.[563] Bei einem Fehlschlagen der Mangelbeseitigung ist die Minderung zulässig, nicht aber auch stets der Schadensersatzanspruch, vielmehr kommt es insoweit auf den jeweiligen, durch Auslegung zu ermittelnden Sinn der Ausschlussklausel an.[564] 244

Aus dem Grundsatz von Treu und Glauben ergibt sich auch eine Inhaltskontrolle unangemessener, formelhafter Ausschlüsse von Gewährleistungsrechten in **notariellen Verträgen,** wenn es der Notar unterließ, hinreichend deutlich auf das mit der fraglichen Klausel verbundene Risiko hinzuweisen und das Risiko demgemäß unerörtert blieb.[565] In einem solchen Fall kann sich der Auftragnehmer nicht auf die Haftungsfreizeichnung berufen. 245

---

[556] BGHZ 54, 242 = NJW 1970, 2023.
[557] Vgl. zur früheren Eigenschaftszusicherung BGHZ 50, 207; BGH NJW 1974, 272 = BauR 1974, 126; BGHZ 65, 112 f. = NJW 1976, 43 = BauR 1976, 56 f.
[558] *Ingenstau/Korbion (Wirth)* VOB/B Vor § 13 Rdn. 269; *Nicklisch/Weick (Nicklisch)* VOB/B § 13 Rdn. 280; *Kaiser* Mängelhaftung Rdn. 138; *Werner/Pastor* Rdn. 2138.
[559] *Nicklisch/Weick (Nicklisch)* VOB/B § 13 Rdn. 280.
[560] BGH NJW 1989, 2748 = BauR 1989, 597 = ZfBR 1989, 245; BGH BauR 1990, 466, 467.
[561] *Ingenstau/Korbion (Wirth)* VOB/B Vor § 13 Rdn. 267; *Kaiser* Mängelhaftung Rdn. 138; siehe dagegen aber: BGHZ 74, 209 = NJW 1979, 1406; BGH NJW 1982, 2244; wohl auch *Werner/Pastor* Rdn. 2184 f.
[562] BGH NJW-RR 1986, 1026 = BauR 1987, 345 = ZfBR 1986, 120; BGH NJW 1988, 135 = BauR 1987, 686 = ZfBR 1988, 16.
[563] *Ingenstau/Korbion (Wirth)* VOB/B Vor § 13 Rdn. 268.
[564] Vgl. BGHZ 48, 266 = NJW 1968, 44; BGH NJW 1979, 2095 = BauR 1979, 333 = ZfBR 1979, 150.
[565] BGH NJW-RR 1986, 1026 = BauR 1986, 346 = ZfBR 1986, 120; BGH NJW 1988, 135 = BauR 1987, 686 = ZfBR 1988, 16; *Ingenstau/Korbion (Wirth)* (14. Aufl. 2001) VOB/B § 13 Rdn. 77 a; *Werner/Pastor* Rdn. 2156 f., 2166 mit dem weiterführenden Hinweis, dass die diesbezügliche Rechtsprechung des BGH nun in § 310 Abs. 3 BGB eine Rechtsgrundlage – und zwar für alle Verbraucherverträge – erhalten habe.

## 2. Allgemeine Geschäftsbedingungen

246  Die erste Einschränkung von Freizeichnungsklauseln in AGB ergibt sich schon daraus, dass **überraschende Klauseln** wegen § 305 c Abs. 1 BGB, ehemals § 3 AGBG, von vornherein als nicht vereinbart anzusehen sind. Ferner folgt praktisch die Nichtgeltung von ungünstigen Klauseln vor allem aus dem auf eine **enge Auslegung** zum Nachteil des Verwenders hinauslaufenden Gebot des § 305 c Abs. 2 BGB – vormals § 5 AGBG –, Zweifel am Inhalt der AGB zu Lasten des Verwenders gehen zu lassen.[566] Eine klare, auch für Nichtjuristen eindeutige Formulierung ist also nötig, um zu verhindern, dass die Klausel zum Nachteil des Verwenders ausgelegt wird.

247  Die gebotene **enge Auslegung**[567] führt **beispielsweise** dazu, dass die Beschränkung des Schadensersatzes auf unmittelbare Schäden am Bauwerk nicht Schadensersatzansprüche aus unerlaubter Handlung umfasst,[568] und dass der Ausschluss gewährleistungsrechtlicher Schadensersatzansprüche nicht auf solche auf Grund positiver Vertragsverletzung gemäß § 280 Abs. 1 BGB zu erstrecken ist.[569] Auch der Ausschluss von Verzugsschäden, „soweit dies gesetzlich zulässig ist", ist zu ungenau, um AGB-rechtlich bestehen zu können.[570]

248  Ferner haben **Individualabreden Vorrang** vor formularmäßigen Freizeichnungen; dies ergibt sich aus § 305 b BGB, vormals § 4 AGBG. Diesem Grundsatz ist bei sachgemäßer Auslegung des Gesamtvorgangs der Fall zuzurechnen, dass wegen der besonderen Risikoträchtigkeit eines Bauvorhabens eigens ein mit der Materie besonders vertrautes und daher Vertrauen erweckendes Fachunternehmen zur Erledigung der Bauleistung herangezogen wird, mit dem eine Haftungsverschärfung vereinbart wird, wenn dennoch Schäden wegen eines schuldhaften Fehlers dieses Unternehmens entstehen.[571] Hierher, nicht erst zu § 307 BGB, gehört es bei sachgerechter Auslegung des Bauvertrags auch, dass eine Haftungsfreizeichnung unwirksam ist, wenn die Baumaßnahme gerade den Eintritt des Schadens verhindern sollte, für den die Haftung in den AGB ausgeschlossen wurde.[572]

249  Schließlich ist die Unwirksamkeit von Klauseln gemäß **§ 307 BGB**, ehemals § 9 AGBG, und gemäß den **§§ 308, 309 BGB**, vormals §§ 10, 11 AGBG, zu beachten, soweit die Anwendung der Letzteren nicht durch die §§ 309 Nr. 8 lit. b) lit. ff) oder 310 BGB ausgeschlossen ist. Für den Werkmangelbereich folgt aus diesen Unwirksamkeitsregeln namentlich, dass beim Scheitern der Mangelbeseitigung oder bei unangemessener Verzögerung der Mangelbeseitigung der Weg zur Minderung offen stehen muss;[573] wegen § 307 BGB gilt dies auch im unternehmerischen Verkehr.[574] Bei Verschulden ist überdies mit Rücksicht auf § 309 Nr. 7, 8 BGB, deren Rechtsgedanke über § 307 BGB auch im unternehmerischen Verkehr zu beachten ist,[575] Schadensersatz auf vertragsrechtlicher Basis zu gewähren;[576] auch die Haftung aus unerlaubter Handlung kann nur bei leichtfahrlässiger Schadensverursachung beschränkt werden.[577] Die Mangelbeseitigungspflicht kann auch nicht auf den Fall des verschuldeten Mangels beschränkt werden.[578] Ebenso unzulässig und jedenfalls in der Regel nicht

---

[566] *Nicklisch/Weick (Nicklisch)* VOB/B § 13 Rdn. 280.
[567] *Ingenstau/Korbion (Wirth)* VOB/B § 13 Nr. 7 Rdn. 175.
[568] BGH NJW 1975, 1315 = BauR 1975, 286; *Ingenstau/Korbion (Wirth)* VOB/B § 13 Nr. 7 Rdn. 175; *Nicklisch/Weick (Nicklisch)* VOB/B § 13 Rdn. 280.
[569] *Ingenstau/Korbion (Wirth)* VOB/B § 13 Nr. 7 Rdn. 175.
[570] *Ingenstau/Korbion (Wirth)* VOB/B § 13 Nr. 7 Rdn. 180.
[571] Vgl. BGH NJW-RR 1986, 271 = BauR 1985, 319 = ZfBR 1985, 173; *Ingenstau/Korbion (Wirth)* VOB/B § 13 Nr. 7 Rdn. 179.
[572] Vgl. BGH BauR 1985, 317 ff.; *Nicklisch/Weick (Nicklisch)* VOB/B § 13 Rdn. 280.
[573] Vgl. (schon vor dem AGBG) BGHZ 62, 83 = NJW 1974, 551 = BauR 1974, 199; BGHZ 70, 242 f. = NJW 1978, 815 = BauR 1978, 225; *Ingenstau/Korbion (Wirth)* VOB/B Vor § 13 Rdn. 268 sowie § 13 Nr. 7 Rdn. 177 f.; *Werner/Pastor* Rdn. 2182, 2214 f.
[574] BGH NJW 1981, 1501; *Ingenstau/Korbion (Wirth)* VOB/B § 13 Nr. 7 Rdn. 178; *Werner/Pastor* Rdn. 2221.
[575] Vgl. *Ingenstau/Korbion (Wirth)* VOB/B § 13 Nr. 7 Rdn. 177 f.
[576] *Ingenstau/Korbion (Wirth)* VOB/B § 13 Nr. 7 Rdn. 179.
[577] BGH NJW 1979, 2148; *Ingenstau/Korbion (Wirth)* (14. Aufl. 2001) VOB/B § 13 Rdn. 822.
[578] BGHZ 62, 323 = NJW 1974, 1322 = BauR 1974, 276.

hinsichtlich der unerkannten und unerkennbaren Mängel gewollt ist es, wenn es in Allgemeinen Geschäftsbedingungen heißt, dass die Mangelbeseitigungspflicht bezüglich solcher Mängel ausgeschlossen sei, die nicht im Abnahmeprotokoll verzeichnet sind.[579]

### III. Gewährleistungsverschärfung

#### 1. Grundlagen

Eine **Erweiterung** der Haftung des Auftragnehmers kann bei der Übernahme einer so 250 genannten **„Garantie"** oder **„Gewähr"** stattfinden. Diese Begriffe sind rechtlich **mehrdeutig,**[580] also im Einzelfall auslegungsbedürftig und nach allgemeinen zivilrechtlichen Regeln, §§ 133, 157 BGB, auslegbar, wenn bzw. weil die Beteiligten den Rat nicht beherzigen, das rechtlich Gemeinte auch hinreichend präzise zum Ausdruck zu bringen.[581] Danach kommt es darauf an, wie der Auftraggeber, als verständiger Geschäftspartner gedacht, diese Begriffe in der konkreten Situation ihrer Verwendung redlicherweise verstehen darf und muss.

Oft hat, so ergibt vernünftige Auslegung, die Zusage von Garantie oder Gewähr, auch 251 wenn mit verstärkenden Attributen verknüpft, **keine eigenständige Bedeutung.** Sie meint häufig nicht mehr als eine schlichte Beschreibung der zu erbringenden Leistung bzw. ist eine gewöhnliche Beschaffenheitsbeschreibung im Sinne von § 633 Abs. 2 Satz 1 BGB bzw. § 13 Nr. 1 VOB/B, so dass nur die gewöhnlichen Gewährleistungsrechte bestehen.[582] Starke Worte sind im Baugewerbe nicht selten, aber meist ist nicht mehr gemeint als eine Anpreisung der Leistung mit Zusage der gewöhnlichen Mängelhaftung.[583] Bei der Auslegung ist daher grundsätzlich Zurückhaltung in diesem Sinne zu üben.[584] Die Auslegung von – scheinbaren – Garantieerklärungen führt oft zu der Erkenntnis, dass es sich bloß um eine Wiederholung der in BGB oder VOB/B vorgesehenen Gewährleistung, allenfalls mit gewissen unwesentlichen Variationen, handelt.[585] Das kann selbst dann gelten, wenn die Verwendung bestimmter Baustoffe, Bauteile oder Bauverfahren ausbedungen wurde und der Auftragnehmer die Übernahme von Schäden aus bestimmten Gefahrenkreisen, z. B. Grundwasserschäden, übernommen hat.[586]

#### 2. Unselbstständige Garantie

Eine Garantie- bzw. Gewährzusage kann auch im Sinne einer so genannten unselbst- 252 ständigen Garantie zu verstehen sein. Eine solche kann selbst dann im Wege der Auslegung zu gewinnen sein, wenn die Begriffe „Garantie" oder „Gewähr" nicht benutzt wurden. Für die unselbstständige Garantie ist kennzeichnend, **dass lediglich eine Voraussetzung der ohnehin bestehenden Gewährleistung** zum Vorteil des Auftraggebers **entfallen** soll, während es im Übrigen bei den Regeln der gesetzlichen Gewährleistung bzw. der VOB/B bleibt.[587] Eine selbstständige Anspruchsgrundlage wird hier nicht geschaffen, sondern nur eine anderweitig **bestehende Anspruchsgrundlage abgewandelt.**

---

[579] Vgl. BGH BauR 1975, 207; *Ingenstau/Korbion (Wirth)* VOB/B § 13 Nr. 7 Rdn. 179.
[580] RGZ 165, 46 f.; *Ingenstau/Korbion (Wirth)* VOB/B Vor § 13 Rdn. 271; *Kapellmann/Messerschmidt (Weyer)* VOB/B § 13 Rdn. 394; *Kaiser* BauR 1983, 19; *Müller* BauR 1985, 517, 518; *Schmalzl* BauR 1976, 221.
[581] *Ingenstau/Korbion (Wirth)* VOB/B Vor § 13 Rdn. 271.
[582] *Ingenstau/Korbion (Wirth)* VOB/B Vor § 13 Rdn. 272.
[583] Vgl. *Schmalzl* BauR 1976, 221; *Ingenstau/Korbion (Wirth)* VOB/B Vor § 13 Rdn. 271, 290 ff.
[584] *Nicklisch/Weick (Nicklisch)* VOB/B Vor § 13 Rdn. 33 unter Berufung auf BGH NJW 1975, 685.
[585] Vgl. *Ingenstau/Korbion (Wirth)* VOB/B Vor § 13 Rdn. 290 ff. zu Formulierungsvarianten.
[586] BGH BauR 1970, 107; *Ingenstau/Korbion (Wirth)* VOB/B Vor § 13 Rdn. 293.
[587] *Ingenstau/Korbion (Wirth)* VOB/B Vor § 13 Rdn. 273 ff.

§ 13 Nr. 7                                                                    Schadensersatzanspruch

253     Die hier charakteristische Modifizierung der Mängelhaftung kommt zum einen in der
Weise vor, dass der Auftragnehmer auf Schadensersatz nach den §§ 634 Nr. 4, 280 Abs. 1
und 3 i. V. m. §§ 281, 283, oder § 311 a BGB bzw. § 13 Nr. 7 VOB/B **ohne Rücksicht
auf Verschulden** haften will.[588]

254     Eine unselbstständige Garantie kann aber auch die Änderung der gesetzlich oder in der
VOB/B vorgesehenen **Gewährfrist** zum Gegenstand haben.[589] Dies kann auf zwei Arten
geschehen. Zum einen kann es sich schlicht um eine **Änderung der Fristlänge** handeln.
Diese abweichende vertragliche Regelung wird, da sie keine zusätzliche Verpflichtung
enthält, nicht als unselbstständige Garantie eingestuft;[590] hier gilt § 309 Nr. 8 lit. b) lit. ff)
BGB bei Fristverkürzungen. Ein solcher Fall wird in der Regel vorliegen, wenn lediglich
eine bestimmte Frist angegeben ist, bis zu deren Verstreichen Gewähr geleistet werden soll.
Zum anderen kann – dies im Sinne einer unselbstständigen Garantie – vereinbart werden,
dass der **Lauf der Gewährschaftsfrist** nicht mit der Abnahme beginnt, sondern **erst mit
der Entdeckung des Mangels** in der vereinbarten Frist.[591] Dabei bedeutet Entdeckung
nur Kenntnis vom Mangel und erfordert nicht, dass überdies der Umfang der gegenwärtigen
oder künftigen Schäden überblickt werden muss. Hier gilt § 309 Nr. 8 lit. b) lit. ff) BGB
nicht,[592] mit der Folge, dass im Einzelfall die Gewährfrist auf eine kürzere als die gesetzlich
oder in der VOB/B vorgesehene Frist reduziert wird.[593] Eine solche unselbstständige
Garantie kann etwa angenommen werden, wenn die Übernahme der Mangelbeseitigung für
eine bestimmte Zeit zugesagt wird.

### 3. Selbstständige Garantie

255     Eine **eigenständige** – und daher der regelmäßigen, jetzt gemäß § 195 BGB dreijährigen
Verjährung unterliegende[594] – vertragliche Anspruchsgrundlage ist bei der selbstständigen
Garantie gegeben. Für sie ist charakteristisch, dass der Auftragnehmer unabhängig von der
Frage nach der Mangelhaftigkeit und nach seinem Verschulden **für** einen **Erfolg einstehen
will**, der **über die Vertragsmäßigkeit der Werkleistung hinausgeht**.[595] Auch hier
kommt es nicht auf die verwendeten Worte an, sondern es entscheidet die nach allgemeinen Grundsätzen vorzunehmende Auslegung, ob die Erklärung den vorbezeichneten Garantiewillen zum Ausdruck bringen sollte. Der konkrete Umfang, insbesondere der zeitliche Rahmen der Garantie ist ebenfalls im Wege der Auslegung festzustellen, und zwar erforderlichenfalls durch ergänzende Vertragsauslegung mit Rücksicht auf Treu und Glauben.[596]

256     Eine selbstständige Garantie bezieht sich häufig auf den Eintritt bestimmter **wirtschaftlicher Erfolge**. Dazu gehört die Erzielung eines gewissen Mietertrags;[597] hier gilt die Haftung auch bei einem Kalkulationsirrtum des Auftragnehmers.[598] Hierher zählt insbesondere auch die Festpreisgarantie, wenn diese in dem Sinn zu verstehen ist, dass ein Baubeteiligter –

---

[588] *Ingenstau/Korbion (Wirth)* VOB/B Vor § 13 Rdn. 273.
[589] Vgl. *Ingenstau/Korbion (Wirth)* VOB/B Vor § 13 Rdn. 274.
[590] *Ingenstau/Korbion (Wirth)* VOB/B Vor § 13 Rdn. 276 ff.
[591] BGH NJW 1986, 1928 = BauR 1986, 437; *Ingenstau/Korbion (Wirth)* VOB/B Vor § 13 Rdn. 276.
[592] Vgl. zum vormaligen § 11 Nr. 10 f AGBG BGH NJW 1986, 1928 = BauR 1986, 440.
[593] KG DB 1981, 522 gegen OLG Hamm DB 1980, 778; zu allem vorsichtig *Ingenstau/Korbion (Wirth)* VOB/B Vor § 13 Rdn. 277.
[594] Vgl. *Ingenstau/Korbion (Wirth)* VOB/B Vor § 13 Rdn. 289; *Nicklisch/Weick (Nicklisch)* VOB/B Vor § 13 Rdn. 33.
[595] Im Anschluss an RGZ 165, 46 f. BGH NJW 1960, 1567; BGH NJW 1965, 149; BGH BauR 1970, 108; BGH BauR 1973, 192; BGH WM 1973, 1323; BGH NJW 1986, 1927 = BauR 1986, 439; *Ingenstau/Korbion (Wirth)* VOB/B Vor § 13 Rdn. 284 ff.; *Nicklisch/Weick (Nicklisch)* VOB/B Vor § 13 Rdn. 33; *Kaiser* Mängelhaftung Rdn. 66 g; *Schmalzl* BauR 1976, 221 ff.; *Nicklisch* FS Beitzke S. 89 ff.
[596] Vgl. *Ingenstau/Korbion (Wirth)* VOB/B Vor § 13 Rdn. 284 f.
[597] BGH BauR 1973, 192; *Ingenstau/Korbion (Wirth)* VOB/B Vor § 13 Rdn. 285; *Nicklisch/Weick (Nicklisch)* VOB/B Vor § 13 Rdn. 33.
[598] *Ingenstau/Korbion (Wirth)* VOB/B Vor § 13 Rdn. 285.

namentlich ein Baubetreuer – den Bauherrn von Auftragnehmerforderungen freistellen will, die über den Festpreis hinausgehen.[599]

Auch **technische Erfolge**, die unmittelbar mit der Bauleistung zusammenhängen, wie etwa die Haltbarkeit einer Leistung, können Gegenstand einer selbstständigen Garantie sein. Entscheidend ist hier, dass für den Eintritt des technischen Erfolgs unbedingt, d. h. ohne Rücksicht auf die Frage der Mangelhaftigkeit im gewährleistungsrechtlichen Sinn und daher unter Einschluss untypischer Risiken eingestanden werden soll. Das schließt nicht aus, dass die Garantie auch Schäden abdeckt, die bereits gewährleistungsrechtlich erfassbar sind.[600] 257

Die Zusage einer gewissen **Leistungsfähigkeit** eines zu errichtenden Bauwerks verpflichtet allerdings nicht unter dem Gesichtspunkt des selbstständigen, baumangelbezogenen Garantieversprechens zur Haftung, wenn diese Zusage nicht eingehalten wurde, weil die baulichen Verhältnisse ihrem Wesen gemäß die versprochene Leistung nicht zulassen; das gilt beispielsweise bei einem Brennofen zur Ziegelherstellung, wenn der Ofen baumangelbedingt die versprochene Produktivität nicht erreichen kann.[601] Denn eine selbstständige Garantie ist nur dort anzunehmen, wo die Gewähr für einen über die bloße Vertragsmäßigkeit der Werkleistung hinausgehenden Erfolg übernommen wird.[602] Eine andere Frage ist es, ob dann, wenn die versprochene Leistung zwar ordnungsgemäß erbracht wurde, die Leistung aber auf Grund ihrer konstruktiven Anlage nicht die gewünschte Produktivität haben kann, eine vorvertragliche Beratungspflicht des Auftragnehmers verletzt wurde und dieser deshalb wegen Verschuldens bei der Vertragsverhandlung – culpa in contrahendo, nunmehr normiert in §§ 280 Abs. 1, 311 Abs. 2, 241 Abs. 2 BGB – schadensersatzpflichtig ist. 258

### 4. Materialgarantie Dritter

Der **Hersteller von Baustoffen oder Bauteilen** gibt nicht selten **Garantieerklärungen** hinsichtlich der Qualität seiner Ware ab. Dadurch kommt in der Regel ein Garantievertrag mit dem Erwerber zustande, der neben dem Kaufvertrag des Erwerbers steht, wenn der Hersteller nicht zugleich auch Kaufvertragspartei ist.[603] Dieser Garantievertrag kann sich nach allgemeinen Auslegungsregeln und mit Rücksicht auf Treu und Glauben auch als **Vertrag zugunsten Dritter** gemäß § 328 BGB darstellen, nämlich vermittelt über den Baustofflieferanten und ggf. über den Auftragnehmer zugunsten des Auftraggebers. In einem solchen Fall entstehen unmittelbar vertragliche Ansprüche zwischen Auftraggeber und Hersteller, deren Inhalt sich nach der Garantieerklärung richtet. Sie sind in der Regel werkvertragsartige Gewährleistungsansprüche, die gemäß § 634a BGB verjähren, und zwar ohne Rücksicht darauf, dass der Auftragnehmer auf Grund eines VOB/B-Vertrags einer kürzeren Verjährung als beim BGB-Vertrag unterliegt.[604] 259

---

[599] BGHZ 85, 42 = NJW 1983, 109 = BauR 1983, 67; *Ingenstau/Korbion (Wirth)* VOB/B Vor § 13 Rdn. 286.
[600] Zu allem *Ingenstau/Korbion (Wirth)* VOB/B Vor § 13 Rdn. 287.
[601] BGH WM 1973, 1323 f.; *Nicklisch/Weick (Nicklisch)* VOB/B Vor § 13 Rdn. 33.
[602] *Nicklisch/Weick (Nicklisch)* VOB/B Vor § 13 Rdn. 33.
[603] BGH NJW 1981, 2249 = BauR 1982, 176 = ZfBR 1982, 216.
[604] Zu allem zum früheren Recht BGHZ 75, 75 = NJW 1979, 2036 = BauR 1979, 511 = ZfBR 1979, 204; *Nicklisch/Weick (Nicklisch)* VOB/B Vor § 13 Rdn. 33 a.

## § 14 Abrechnung

1. Der Auftragnehmer hat seine Leistungen prüfbar abzurechnen. Er hat die Rechnungen übersichtlich aufzustellen und dabei die Reihenfolge der Posten einzuhalten und die in den Vertragsbestandteilen enthaltenen Bezeichnungen zu verwenden. Die zum Nachweis von Art und Umfang der Leistung erforderlichen Mengenberechnungen, Zeichnungen und andere Belege sind beizufügen. Änderungen und Ergänzungen des Vertrags sind in der Rechnung besonders kenntlich zu machen; sie sind auf Verlangen getrennt abzurechnen.
2. Die für die Abrechnung notwendigen Feststellungen sind dem Fortgang der Leistung entsprechend möglichst gemeinsam vorzunehmen. Die Abrechnungsbestimmungen in den Technischen Vertragsbedingungen und den anderen Vertragsunterlagen sind zu beachten. Für Leistungen, die bei Weiterführung der Arbeiten nur schwer feststellbar sind, hat der Auftragnehmer rechtzeitig gemeinsame Feststellungen zu beantragen.
3. Die Schlussrechnung muss bei Leistungen mit einer vertraglichen Ausführungsfrist von höchstens 3 Monaten spätestens 12 Werktage nach Fertigstellung eingereicht werden, wenn nichts anderes vereinbart ist; diese Frist wird um je 6 Werktage für je weitere 3 Monate Ausführungsfrist verlängert.
4. Reicht der Auftragnehmer eine prüfbare Rechnung nicht ein, obwohl ihm der Auftraggeber dafür eine angemessene Frist gesetzt hat, so kann sie der Auftraggeber selbst auf Kosten des Auftragnehmers aufstellen.

## Vorbemerkung

### Übersicht

| | Rdn. | | Rdn. |
|---|---|---|---|
| A. Entstehungsgeschichte und Vorfassungen | 1 | IV. Frist für die Erstellung der Schlussrechnung (Nr. 3) und Recht zur Selbstausführung (Nr. 4) | 24 |
| B. Wirtschaftlicher Hintergrund | 2–5 | | |
| C. Allgemeine Fragen des § 14 VOB/B | 6–15 | E. Abdingbarkeit/Inhaltskontrolle bei isolierter Vereinbarung | 25–30 |
| I. Ausgestaltung der Vereinbarung über die prüfbare Abrechnung | 6–10 | I. Abdingbarkeit | 25–29 |
| 1. Einordnung als Pflicht | 6 | 1. Abbedingung der Abrechnungspflicht | 25 |
| 2. Klagbarkeit des Anspruchs | 9 | 2. Besonderheiten bei Abschlagszahlungen | 26 |
| II. Verjährung des Anspruchs auf Abrechnung | 11 | 3. Regelungen über die Ausgestaltung der Abrechnung | 27 |
| III. Ausgestaltung als Fälligkeitsvoraussetzung | 12 | a) Elektronische Abrechnung | 27 |
| IV. Auswirkung auf den Verjährungsbeginn | 13–15 | b) Verzicht auf Nachweise | 28 |
| D. Parallelbestimmungen im BGB | 16–24 | c) Erleichterungen der Selbstvornahme | 29 |
| I. Inhaltliche Anforderungen | 17–18 | II. Inhaltskontrolle der Regelungen des § 14 VOB/B | 30 |
| II. Nachweise | 19 | F. Reformbedarf | 31 |
| III. Fälligkeit | 20–23 | | |

**Literatur:** *Altmann*, Die Selbstkostenpreise nach der Baupreisverordnung 1972, BauR 1983, 426; *Bartmann*, Inwiefern macht eine „Abnahme" den Werklohn „fällig"?, BauR 1977, 16; *Bergmann*, Grundlagen der Vergütungsregelung nach BGB und § 16 VOB Teil B, ZfBR 1998, 59; *Billig/Degen*, Das Aufmaß beim VOB/B- und BGB-Bauvertrag, BauRB 2003, 149; *Borgmann*, Einige Besonderheiten von Werklohn-Ansprüchen nach VOB, AnwBl 1980, 109; *Brück/Reichelt*, Die Entwicklung des privaten Bauvertragsrechts seit 2002: VOB/B, NJW 2005, 2273; *Brügmann*, Ist der Sonnabend ein Werktag?, BauR 1978, 22; *Cuypers*, Die Abnahme beim Bauvertrag in Theorie und Praxis, BauR 1990, 537; *ders.*, Zur Berechnung des Minderungsbetrages beim Bauvertrag, BauR 1993, 541; *Dähne,* Die Schlussrechnung des Auftraggebers nach § 14 Nr. 4 VOB/B, BauR 1981, 233; *Damerau, von der/Tauterat,* VOB im Bild, Regeln für Ermittlung und Abrechnung aller Bauleistungen nach den Bestimmungen der ATV (Teil C) der VOB, 8. Aufl., 1980, *Deckers,* Zur Rechtskraft der die Architektenhonorarklage als „zur Zeit unbegründet" abweisenden Urteils, BauR 1999, 987; *ders.,* Nochmals: Die Vorlage einer neuen Schlussrechnung in der zweiten Instanz, NZBau 2007, 550; *Döllerer,* Die Rechtsprechung des Bundesfinanzhofs zum Steuerrecht der Unternehmen, ZGR 1987, 443; *Duffek,* Fälligkeit der Schlusszahlung nach VOB/B, BauR 1976, 164; *Ehmann,* Schuldanerkenntnis und Vergleich, München 2005; *Fischer,* Werklohnklage und Nachbesserungsanspruch beim Bauvertrag, BauR 1973, 210; *Grams,* Zum (Schuld-)Anerkenntnis im Baurecht, BauR 2004, 1513; *Grauvogel,* Die VOB Teil C und der Bauvertrag, Jahrbuch Baurecht 1998, S. 315 ff.; *Grimme,* Rechnungserteilung und Fälligkeit der Werklohnforderung, NJW 1987, 468; *Groß,* Zur Abrechnung des Pauschalvertrages bei vorzeitig beendetem Vertrag, BauR 1992, 36; *Heinrich,* Rechtskraftwirkung der Abweisung einer Klage auf Architektenhonorar oder Bauunternehmerwerklohn als „zur Zeit unbegründet", BauR 1999, 17; *Heyers,* Die rechtlich spezifische und individuelle Repräsentanz im Pauschalvertrag, besonders in Bausachen, BauR 1983, 297; *Höchstem,* Der Prüfvermerk des Architekten auf der Schlussrechnung, BauR 1973, 333; *ders.,* Die Abnahme als Fälligkeitsvoraussetzung des Vergütungsanspruchs beim VOB-Bauvertrag, BauR 1976, 168; *Jagenburg,* Die Entwicklung des privaten Bauvertragsrechts im Jahre 1984, NJW 1985, 2563; *ders.,* Die Entwicklung des Baubetreuungs-, Bauträger- und Wohnungseigentumsrechts seit 1989/90, NJW 1992, 282; *ders.,* Die Entwicklung des privaten Bauvertragsrechts seit 1991 – VOB-Vertrag und Verfahrensfragen, NJW 1992, 3203; *ders.,* Die Entwicklung des privaten Bauvertragsrechts seit 1994 – VOB-Vertrag, NJW 1996, 1998; *ders.,* Die Entwicklung des privaten Bauvertragsrechts seit 1996 – VOB/B Teil 2, NJW 1998, 2640; *ders.,* Die Entwicklung des privaten Bauvertragsrechts seit 1996: BGB- und Werkvertragsfragen – Teil 2, NJW 1999, 2218; *Jagenburg/Reichelt,* Die Entwicklung des privaten Bauvertragsrechts seit 1998 – VOB/B, NJW 2000, 2629; *dies.,* Die Entwicklung des privaten Bauvertragsrechts seit 2000 – VOB/B, NJW 2003, 102; *Jagenburg/Weber* Die Entwicklung des privaten Bauvertragsrechts seit 1998: BGB- und Werkvertragsfragen – Teil 2, NJW 2001, 191; *Junker,* Die Bindung an eine fehlerhafte Rechnung, ZIP 1982, 1158; *Kaiser,* Der Vergütungsanspruch des Bauunternehmers nach Gesetz und VOB/B, ZfBR 1987, 171; *ders.,* Vergütungs-, Fälligkeits- und Verjährungsfragen beim Bauvertrag nach BGB und VOB/B, DWW 1983, 158; *Kappel,* Die Klageabweisung „zur Zeit", Diss., Berlin 1999; *Keldungs,* Die Rechtsprechung der Oberlandesgerichte zum privaten Baurecht 2000, ZfBR 2001, 369; *Kniffka,* Prozessuale Aspekte der Prüfbarkeit einer Schlussrechnung, FS Thode, S. 291 ff.; *Koeble,* Zum Zeitpunkt der Kenntnisnahme eines Auftragnehmers vom Schlusszahlungsvermerk auf einem Überweisungsträger bei mittelfristiger Abholung der Bankunterlagen, EWiR 1987, 403; *Kratzenberg,* Der Beschluss des DVA-Hauptausschusses zur Neuherausgabe der VOB 2002 (Teile A und B), NZBau 2002, 177; *Kues/May,* Abrechnung und Durchsetzbarkeit von Abschlagsforderungen beim VOB/B-Vertrag, BauR 2007, 1137; *Kuffer,* Sicherungsvereinbarungen im Bauvertrag, BauR 2003, 155; *Leineweber,* Die Grenzen der Ausschlusswirkung des § 16 Nr. 3 Abs. 2 VOB B im Hinblick auf das Bestimmtheitserfordernis der Schlusszahlung und des Vorbehalts, BauR 1980, 303; *Lenzen,* Die ‚vorbehaltlose' Erteilung der Schlussrechnung im Baurecht, BauR 1982, 23; *Locher,* VOB/B und Bauträgervertrag, BauR 1984, 227; *ders.,* Die Rechnung im Werkvertragsrecht, 1990; *Mantscheff,* Prüfungsfähige Rechnungen, BauR 1972, 205; *Mathiak,* Rückstellung für Abrechnungsverpflichtungen im Baugewerbe, LSW Gruppe 3, 2867 (1/1987); Datum: 1987-01; *ders.,* Rechtsprechung zum Bilanzsteuerrecht, StuW 1987, 51; Datum: 1987-02; *Meissner,* Vertretung und Vollmacht in den Rechtsbeziehungen der am Bau Beteiligten, BauR 1987, 497; *Miernik,* Die Anwendbarkeit der VOB/B auf Planungsleistungen des Bauunternehmers, NZBau 2004, 409; *Moufang,* Das Forderungssicherungsgesetz – Entwurf eines Gesetzes zur dinglichen Sicherung von Werkunternehmeransprüchen und zur verbesserten Durchsetzung von Forderungen, BauRB 2004, 147; *Quack,* Was ist eigentlich vereinbart, wenn die VOB/C nicht wirksam in den Vertrag einbezogen wurde?, ZfBR 2005, 731; *Reck,* Die Erläuterung der Schlussrechnung in Schriftsätzen im Bauprozess, NZBau 2004, 128; *ders.,* Klage auf Erteilung der VOB-Schlussrechnung, ZfBR 2003, 640; *Rother,* Die Bedeutung der Rechnung für das Schuldverhältnis, AcP 164 (1964), 97; *Schenkel,* Neue Angriffs- und Verteidigungsmittel im Sinne der prozessrechtlichen Präklusionsvorschriften, MDR 2004, 790; *ders.,* Die Vorlage einer neuen Schlussrechnung in der Berufungsinstanz, NZBau 2007, 6; *Schimmel/Buhlmann,* Anmerkung zu BGH Urt. v. 26. 10. 2000 – BGH VII ZR 99/99 (zu den Anforderungen an die Prüfbarkeit der Schlussrechnung des Werkunternehmers), EWiR § 14 VOB/B 1/01, 401; *dies.,* Anmerkung zu BGH Urt. v. 22. 11. 2001 – VII ZR 168/00 (zur Prüfbarkeit einer Schlussrechnung), EWiR § 14 VOB/B 2/02, 547; *Schmalzl,* Ist im VOB-Vertrag die Abnahme der Bauleistung zusätzliche Voraussetzung für die Fälligkeit der Schlusszahlung?, MDR 1978, 619; *Schmidt,* Abrechnung und Zahlung nach der VOB, MDR 1965, 621; *Schmidt, Friedrich,* Zur Anwendung der VOB/B, DNotZ 1983, 462; *Schmidt, Hans Wolfgang,* Aus der Rechtsprechung des BGH zum Bau- und Architektenrecht, MDR 1984, 705; *ders.,* Die Rechtsprechung des Bundesgerichtshofs zum Bau-, Architekten- und Statikerrecht, WM 1985, 1085; *Schmitz,* Abnahme, Schlussrechnung und Schlusszahlung nach der VOB, DB 1980, 1009; *ders.,* Anmerkung zu BGH Urt. v. 22. 5. 2003 – VII ZR 143/02 (zu Fragen des gemeinsamen Aufmaßes), EWiR § 8 VOB/B 2/03, 789; *Scholtissek,* Die Bindungswirkung der Architekten-Honorarschlussrechnung oder die restriktive Rechtsprechung kommt in Bewegung, BauR 1993, 394; *Stellmann/Schinköth,* Schlussrechnung und Schlusszahlung nach der VOB/B – Eine Orientierung für die Praxis, ZfBR 2005, 3; *Tempel,* Der Bauprozess, JuS 1979, 643; *Trapp,* Die Aufrechnung mit ausgeschlossenen Gegenforderungen nach vorbehaltloser Annahme der Schlusszahlung (§ 390 Satz 2 BGB), BauR 1979, 271; *Vogel,* Anmerkung zu BGH Urt. v. 8. 11. 2001 – VII ZR 480/00 (zur Prüfbarkeit der Schlussrechnung), EWiR § 14 VOB/B 1/02, 313; *Voit,* Die Bedeutung der Bestätigung von Aufmaß und

Stundenlohnzetteln, FS für Gerd Motzke, 2006, S. 421 ff.; *Vygen,* Der Vergütungsanspruch beim Pauschalvertrag, BauR 1979, 375; *ders.,* Neuere OLG-Entscheidungen, BauR 1997, 523; *Weise,* Eine Leistung – zwei Rechnungen: Abschlags- und Schlussrechnung, NJW-Spezial 2005, 309; *Winkler,* VOB-Abrechnung von Bauleistungen, 2 Bde., 1975/1976; *Winkler/Hackmann,* Die Bewertung der Rückstellung für die Verpflichtung zur Rechnungsstellung nach § 14 VOB/B, BB 1985, 1103; *Wirth,* Neue Linie – Anforderungen nicht übertreiben, Grundeigentum 2001, 92; *Zanner/Schulze,* Zur Verwirkung von Einwendungen des Auftraggebers bei Überschreitung der Prüfungsfrist aus § 16 Nr. 3 Abs. 1 Satz 1 VOB/B, BauR 2001, 1186; *Zeitlmann,* Nicht immer sind die Rechnungen der Bauunternehmer überprüfbar..., FWW 1976, 131; *ders.,* Rechtliche Folgen der Schlussrechnung und der Schlusszahlung, FWW 1980, 167.

## A. Entstehungsgeschichte und Vorfassungen

§ 14 VOB/B wurde durch die VOB/B 1973 gegenüber der Fassung von 1952 geändert. Eingefügt wurde dabei die Voraussetzung der Prüfbarkeit der Abrechnung (Nr. 1 Satz 1), außerdem wurde die weichere Formulierung, der Auftragnehmer „solle" die erbrachte Leistung durch Belege etc. nachweisen, durch die strengere Formulierung „muss" ersetzt (Nr. 1 Satz 2). Des Weiteren gab es kleinere redaktionelle Änderungen.[1] Die Anpassung der VOB/B an die Modernisierung des Schuldrechts hat nicht zu einer Änderung der Vorschrift geführt, da diese sich aus der Sicht der Rechtsprechung und der Praxis bewährt hat.[2]

1

## B. Wirtschaftlicher Hintergrund

Angesichts der zum Teil sehr umfangreichen und komplexen Bauleistungen ist die Abrechnung der Leistungen von großer Bedeutung. Diese Abrechnung muss sicherstellen, dass die Vergütung nach den im **Vertrag niedergelegten Bemessungsgrundlagen** errechnet wird. Dabei geht es um eine transparente Abrechnung, die auch hinsichtlich ihrer tatsächlichen Grundlagen prüfbar ist. Dies ist umso wichtiger, wenn die Vergütung – wie vielfach üblich – nicht nach den veranschlagten Mengen, sondern nach den Ist-Mengen berechnet werden soll. Dieser Zusammenhang zwischen Vergütungsabrede und Abrechnung erklärt, warum die Anforderungen an die Abrechnung nur in Abhängigkeit von der Vergütungsabrede bestimmt werden können (vgl. Nr. 1 Rdn. 49 ff., 77 ff.; zur Anwendbarkeit auf den Pauschalpreisvertrag vgl. Nr. 1 Rdn. 51).

2

Die Abrechnung muss nicht nur angeben, welche Leistungen erbracht wurden und wie sich daraus die geforderte Vergütung errechnet, sondern muss sich auch in der **Reihenfolge der Posten** und den **Bezeichnungen** an der Vergütungsabrede und den ihr zu Grunde liegenden **Vereinbarungen orientieren.** Dies dient einer raschen und für den Auftraggeber einfachen Prüfung. Damit werden nicht nur die **Prüfungskosten reduziert** und Nachfragen wegen Belegen etc. entbehrlich, sondern es wird die **Gefahr einer Doppelabrechnung** und einer Überzahlung verringert. Diesem Ziel dient es auch, dass zur Prüfbarkeit der Rechnung die Angabe bereits geleisteter **Abschlagszahlungen** gehört (vgl. Nr. 1 Rdn. 62), obwohl insoweit nicht über eine Leistung des Auftragnehmers abgerechnet wird.

3

Eine Besonderheit des VOB/B-Vertrags liegt darin, dass eine solche prüfbare Abrechnung nicht nur erstellt werden muss, sondern Voraussetzung für die **Fälligkeit der Forderung** ist (vgl. Rdn. 12; zur Frage, ob die Fälligkeit darüber hinaus auch die Abnahme voraussetzt, vgl. § 16 Nr. 3 Rdn. 6). Damit wird dem Interesse des Auftraggebers in besonderer Weise Rechnung getragen, weil dieser erst nach Erstellung der Rechnung und ggf. ihrer Prüfung (§ 16 Nr. 3 Abs. 1 VOB/B) zur Zahlung verpflichtet ist und auch erst ab diesem Zeitpunkt in Verzug geraten kann.[3] Diese besondere Ausgestaltung der Rechnung als Fälligkeitsvoraus-

4

---

[1] Vgl. dazu *Daub/Piel/Soergel/Steffani* § 14 Vorbemerkung.
[2] *U. Locher* in *Ingenstau/Korbion* § 14 Rdn. 7.
[3] Vgl. BGH NJW 1982, 1815 f.; *Kniffka* in *Kniffka/Koeble* 5. Teil, Rdn. 163; *Messerschmidt* in Kapellmann/Messerschmidt Rdn. 2.

setzung hat auch auf die Verjährung des Vergütungsanspruchs Einfluss, weil diese unter anderem von der Fälligkeit des Anspruchs abhängt (vgl. Rdn. 13).

5   Die Regelung ist **nicht anwendbar,** wenn es nicht um Abrechnungen erbrachter Leistungen geht, sondern um eine **allgemeine Kostenkontrolle** während der Ausführung des Werkes. Eine solche Kostenkontrolle, die es auch ermöglicht, ggf. durch Einschränkungen und Umplanungen Abweichungen von den geplanten Kosten auszugleichen, ist insbesondere bei größeren Objekten unerlässlich, sofern nicht der Vergütungsanspruch pauschaliert ist. Eine solche Kostenkontrolle kann sich ebenfalls an den Vorgaben des § 14 VOB/B orientieren, inwieweit diese Regelung aber für derartige Kostenkontrollrechnungen verbindlich ist, ist eine Frage der vertraglichen Vereinbarung.

## C. Allgemeine Fragen des § 14 VOB/B

### I. Ausgestaltung der Vereinbarung über die prüfbare Abrechnung

#### 1. Einordnung als Pflicht

6   Die Frage, ob § 14 VOB/B eine Obliegenheit des Auftragnehmers begründet, die dieser im eigenen Interesse zu erfüllen hat, oder ob der Auftraggeber einen Anspruch auf die Abrechnung in der Form des § 14 VOB/B hat, wird in Rechtsprechung und Literatur unterschiedlich beantwortet.[4]

7   Da die prüfbare Abrechnung Voraussetzung für die Fälligkeit des Vergütungsanspruch ist (näher Rdn. 12), liegt es zunächst im Interesse des Auftragnehmers, diese Voraussetzung für die Durchsetzbarkeit des Vergütungsanspruchs zu schaffen. Dies legt die Einordnung als Obliegenheit nahe, die der **Auftragnehmer in eigenem Interesse** zu erfüllen hat. Für die Einordnung als Nebenpflicht spricht dagegen die imperative Formulierung der Bestimmung („hat ... abzurechnen"). Da diese Formulierung jedoch nicht zwingend über die Einordnung als Pflicht entscheidet, ist maßgebend die **dem Auftragnehmer erkennbare Interessenlage des Auftraggebers.**[5] Ihm ist an einer prüfbaren Abrechnung gelegen, um **Klarheit** über seine **finanziellen Belastungen** aus dem Bauvorhaben zu bekommen. Dies ist zunächst deshalb von besonderer Bedeutung, weil bei der Vergütung anhand von Einheitspreisen die Höhe der Gesamtvergütung noch nicht sicher vorhergesagt werden kann. Der Auftraggeber hat aber gerade bei einem insgesamt beschränkten Finanzrahmen und einer zeitlich gestaffelten Einzelvergabe von Leistungen ein ganz erhebliches Interesse daran, dass über die erbrachten Leistungen rasch und endgültig abgerechnet wird, um so den Finanzrahmen für die Vergabe weiterer Leistungen abstecken zu können.

8   Ein Interesse des Auftraggebers kann auch darin liegen, dass er auf der Grundlage dieser Abrechnung seinerseits mit **seinem Auftraggeber abrechnen** möchte, oder dass er die Abrechnung als Beleg gegenüber einem **Kreditgeber** über die erbrachten Leistungen benötigt. Weiterhin kann der Auftraggeber im Hinblick auf die Verjährung der Forderung am Eintritt der Fälligkeit interessiert sein, und diese hängt wiederum von der prüfbaren Abrechnung ab. Ein besonderes Interesse an der Abrechnung hat der Auftraggeber auch dann, wenn er bereits **Abschlagszahlungen** getätigt hat und nun zu klären ist, ob bereits eine Überzahlung stattgefunden hat. Ähnlich verhält es sich, wenn Teilleistungen bereits vergütet wurden, um feststellen zu können, welche Leistungen abgerechnet wurden und welche in späteren Rechnungen noch geltend gemacht werden können. Obwohl die

---

[4] Eine Pflicht nehmen z. B. an: OLG Dresden BauR 2000, 103; OLG Jena MDR 1999, 993, 994; LG Aachen BauR 2001, 107 (zur Klagbarkeit); *U. Locher* in *Ingenstau/Korbion* § 14 Nr. 1 Rdn. 2; *Weick* in *Nicklisch/Weick* Rdn. 5; *Heiermann* in *Heiermann/Riedl/Rusam* Rdn. 14; *BeckOK-Jansen* Nr. 1 Rdn. 1; a. A. *Cuypers* in der Vorauflage § 14 Nr. 1 Rdn. 5 (nicht einklagbar, aber schadensersatzbewehrt); *Reck* ZfBR 2003, 640, 642.

[5] Zur Interessenlage auf Seiten des Auftraggebers vgl. auch *Dähne* BauR 1981, 233, 234.

C. Allgemeine Fragen des § 14 VOB/B **Vor § 14**

Abrechnung primär im Interesse des Auftragnehmers liegt, gibt es also vielfältige Gründe dafür, dass auch der Auftraggeber ein Interesse an der Abrechnung hat. Dieses Interesse kommt in § 14 VOB/B auch klar zum Ausdruck, indem (knappe) Fristen für die Vorlage der Rechnung bestimmt werden und ein Selbstausführungsrecht vorgesehen ist. Dies spricht dafür, dass die prüfbare Abrechnung nicht nur im Interesse des Auftragnehmers an der Fälligstellung seines Vergütungsanspruchs erfolgen muss, sondern die rasche Abrechnung als **selbstständiger,** wenn auch untergeordneter **Teil der Leistungspflicht** des Auftragnehmers anzusehen ist.

### 2. Klagbarkeit des Anspruchs

Die Nebenpflicht des Auftragnehmers zur Abrechnung ist **schadensersatzbewehrt** und **einklagbar.**[6] Ihrer Durchsetzung im Wege der Klage steht auch die **Sonderregelung der Nr. 4** nicht im Wege. Diese regelt die Rechte des Auftraggebers nicht abschließend, sondern räumt ihm lediglich ein weiteres Recht ein.[7] Für diese Auslegung spricht zunächst der Vergleich mit § 637 BGB, der ebenfalls ein Selbstvornahmerecht einräumt, ohne den Nacherfüllungsanspruch auszuschließen. Auch in der Sache selbst wäre eine Beschränkung des Auftraggebers auf die Möglichkeit der Selbstvornahme nicht interessengerecht, denn der Auftraggeber kann nicht gezwungen sein, das Risiko einer Fehlabrechnung zu übernehmen, wenn der Auftragnehmer entgegen seinen vertraglichen Verpflichtungen die Abrechnung nicht vornimmt. Die Möglichkeit der klageweisen Durchsetzung endet auch nicht mit Ablauf der vom Auftraggeber gesetzten Frist zur Abrechnung (vgl. Nr. 4 Rdn. 11). Verlangt der Auftragnehmer eine **Abschlagszahlung,** so hat er zwar die erbrachten Leistungen nachzuweisen, um die Abschlagszahlung beanspruchen zu können, es besteht aber kein durchsetzbarer Anspruch des Auftraggebers auf eine prüfbare Abrechnung (näher dazu in Nr. 1 Rdn. 2 ff.).

9

Einer Klage auf Abrechnung stehen entgegen einer in der Literatur vertretenen Auffassung[8] auch **prozessuale Probleme** nicht entgegen.[9] Der Klageantrag richtet sich auf die Erstellung einer prüfbaren Rechnung und ist damit hinreichend bestimmt; die Zwangsvollstreckung ist nicht anders zu beurteilen als bei einer Klage auf Rechnungslegung. Sie richtet sich nach den Regeln der vertretbaren Handlungen, soweit es um Aufmaß und Rechenwerk geht. Eine unvertretbare Handlung ist dagegen anzunehmen, wenn nach Materialkosten abzurechnen ist und deshalb eine Bestätigung des Auftragnehmers über die Verwendung der geltend gemachten Materialien erforderlich ist.[10]

10

### II. Verjährung des Anspruchs auf Abrechnung

Der Anspruch des Auftraggebers auf Abrechnung verjährt nach § 195 BGB in der Regelverjährungsfrist von 3 Jahren. Der Verjährungsbeginn bestimmt sich nach § 199 BGB. Es handelt sich dabei um eine Verjährungsfrist, die erst am Ende des Jahres beginnt, in welchem der Anspruch entstanden ist und der Gläubiger von diesem Kenntnis hat oder haben muss. Diese Regelung setzt das Entstehen des Anspruchs voraus, wobei man verjährungsrechtlich vom Entstehen erst dann spricht, wenn der Gläubiger die Möglichkeit der klageweisen

11

---

[6] OLG Dresden BauR 2000, 103; OLG Jena MDR 1999, 993, 994; LG Aachen BauR 2001, 107 (zur Klagbarkeit); *U. Locher* in Ingenstau/Korbion § 14 Nr. 1 Rdn. 2; *Weick* in Nicklisch/Weick Rdn. 5; *Heiermann* in Heiermann/Riedl/Rusam Rdn. 14; *Kuß* Rdn. 6; *BeckOK-Jansen* Nr. 1 Rdn. 1; a. A. *Cuypers* in der Vorauflage § 14 Nr. 1 Rdn. 5 (nicht einklagbar, aber schadensersatzbewehrt); *Reck* ZfBR 2003, 640, 642.
[7] OLG München NJW-RR 1987, 146; LG Aachen BauR 2001, 107; a. A. *Cuypers* Vorauflage § 14 Nr. 1 Rdn. 5; *Reck* ZfBR 2003, 640, 642.
[8] *Reck* ZfBR 2003, 640, 642.
[9] Brandenburgisches OLG 17. 10. 2007 13 U 40/07 Tz. 33.
[10] Zur Einordnung der Rechnungslegung als vertretbare oder unvertretbare Handlung im Rahmen der Zwangsvollstreckung vgl. *Lackmann* in Musielak ZPO § 887 Rdn. 15.

Durchsetzung hat.[11] Maßgebend ist deshalb der Ablauf der Abrechnungsfrist, denn erst dann kann der Gläubiger die Abrechnung verlangen, vgl. § 271 Abs. 2 BGB.

### III. Ausgestaltung als Fälligkeitsvoraussetzung

12   Die prüfbare Abrechnung wird durch die VOB/B als eine besondere, zusätzlich zur Abnahme oder einem gleichgestellten Tatbestand erforderliche **Fälligkeitsvoraussetzung** ausgestaltet.[12] Dies ergibt sich für die **Schlussrechnung** aus § 16 Nr. 3 Abs. 1 VOB/B, denn dieser knüpft den Eintritt der Fälligkeit an die Prüfung und Feststellung einer vom Auftragnehmer vorgelegten Schlussrechnung (zur Wirksamkeit im Fall der Inhaltskontrolle vgl. § 16 Nr. 3 Rdn. 8 f.; zu den zeitlichen Grenzen der Berufung auf die fehlende Prüfbarkeit vgl. § 16 Nr. 3 Abs. 1 S. 2; zu den Grenzen aus Treu und Glauben vgl. Nr. 1 Rdn. 32, 34; bei Abrechnung nach längerer Zeit vgl. Nr. 1 Rdn. 74).[13] Nichts anderes gilt aber auch für die Abrechnung nach einer **Kündigung** (vgl. Nr. 1 Rdn. 8 ff.)[14] Für **Abschlagzahlungen** ergibt sich die Notwendigkeit eines Nachweises der Leistungen aus der Regelung des § 16 Nr. 1 Abs. 1 Satz 1 und 2 VOB/B (zu den Anforderungen an den Nachweis vgl. Nr. 1 Rdn. 3). Ohne eine den Anforderungen des § 14 VOB/B genügende Abrechnung (zu Besonderheiten bei fehlendem Informationsinteresse vgl. Nr. 1 Rdn. 25, 34), wird deshalb der Vergütungsanspruch nicht fällig. Damit kann der Auftraggeber auch nicht in Verzug mit Vergütungspflicht geraten. Auf das Fehlen der Fälligkeit kann sich auch der Bürge berufen; bei einer Bürgschaft auf erstes Anfordern jedoch nur dann, wenn die fehlende Prüfbarkeit offensichtlich ist.[15]

### IV. Auswirkung auf den Verjährungsbeginn

13   Die Abrechnung als Voraussetzung für die Fälligkeit ist für den Beginn der **Verjährung der Vergütungsforderung** von Bedeutung. Besonderes Gewicht erhält dies durch die Ultimoverjährung nach §§ 195, 199 Abs. 1 BGB, denn diese führt dazu, dass auch eine nur geringfügige Verschiebung der Fälligkeit – im Extremfall vom 31. 12. auf den 1. 1. des Folgejahres – den Eintritt der Verjährung um ein Jahr verlängert. Dies ist vor allem deshalb problematisch, weil der Auftragnehmer den Zeitpunkt des Erstellens der Schlussrechnung selbst in der Hand hat. Dennoch wird in dem Hinausschieben der Fälligkeit ein Verstoß gegen Treu und Glauben nicht gesehen, zumal der Aufschub der Fälligkeit auch für den Auftraggeber Vorteile mit sich bringt. Der Verjährungsbeginn hängt deshalb von der Fälligkeit und diese von der Schlussrechung und ihrer Prüfung bzw. dem Ablauf der Prüfungsfrist ab, und zwar auch dann, wenn der Auftragnehmer die (Schluss-)Rechnung hätte früher stellen können und müssen.[16] Nur wenn besondere Umstände vorliegen, die über das bloße

---

[11] *Henrich/Spindler* in *Bamberger/Roth* BGB § 199 Rdn. 4; zur Parallelfrage im früheren Verjährungsrecht BGHZ 113, 188, 194.

[12] BGH NJW-RR 1990, 1170, 1171; *Messerschmidt* in *Kapellmann/Messerschmidt* B § 16 Rdn. 192; *U. Locher* in *Ingenstau/Korbion* § 14 Nr. 1 Rdn. 5; *Heiermann* in *Heiermann/Riedl/Rusam* Rdn. 1, 58; *Kratzenberg* NZBau 2002, 177, 183; *Schmitz* DB 1980, 1009, 1010, 1012; *Hochstein* BauR 1976, 168 ff.; kritisch *Kniffka* FS Thode S. 291, 292 (Einordnung als Fälligkeitsvoraussetzung sei möglicherweise ein Fehler gewesen); vgl. auch (zur Bedeutung der Rechnung im BGB-Vertrag) *Grimme* NJW 1987, 468 ff.; a. A. (Fälligkeit bei Abnahme, nicht bei Rechnungserteilung) *Cuypers* in der Vorauflage § 14 Nr. 1 Rdn. 6; auf eine Abnahme neben der Rechnung verzichtend *Duffek* BauR 1976, 164 ff.; *Fischer* BauR 1973, 210, 211.

[13] BGH NJW-RR 1990, 1170, 1171; BGHZ 83, 382, 384.

[14] OLG München BauR 1989, 749, 750; vgl. auch BGH NJW 2003, 1450 (Aufmaß und Abnahme nach Kündigung).

[15] BGH NJW-RR 2007, 1392, 1393 = NZBau 2007, 635, 636.

[16] BGH NJW-RR 2000, 386 (zum Architektenrecht); BGH BauR 1977, 354, 355; BGH NJW-RR 1990, 1170, 1171; BGH NJW 1984, 1757; BGH NJW 1971, 1455; BGH 27. 2. 1969 VII ZR 38/67 juris; *Kaiser* DWW 1983, 158, 162, 164.

Hinausschieben der Fälligkeit über das Jahresende hinausgehen, kann der Auftraggeber, der sich auf die Verjährung der Vergütungsforderung berufen will, einwenden, der Verjährungsbeginn sei durch die verspätete Rechnungsstellung missbräuchlich verschoben worden.[17]

Entsprechend ist zu entscheiden, wenn der Auftragnehmer eine Schlussrechnung gestellt hat, die sich aber als **nicht prüfbar** erweist. Eine solche Rechnung setzt mangels Fälligkeit auch die Verjährungsfrist nicht in Gang. Hat der Auftraggeber die Prüfbarkeit der Schlussrechnung in einem Vorprozess erfolgreich bestritten, so beginnt deshalb auch keine Verjährungsfrist. Wird die Forderung später geltend gemacht, so handelt der Auftragnehmer nicht treuwidrig, wenn er sich zur Abwendung der Verjährungseinrede auf die fehlende Prüfbarkeit seiner eigenen Schlussrechnung beruft.[18] 14

Wurde eine nicht prüfbare Rechnung erteilt, die aber vom Auftraggeber **nicht beanstandet** wurde, so beginnt die Verjährung in dem Zeitpunkt, von dem an dem Auftraggeber die Berufung auf die fehlende Fälligkeit versagt ist. Dies bestimmt sich bei der Schlussrechnung nach § 16 Nr. 3 Abs. 1 S. 2 VOB/B (vgl. Nr. 1 Rdn. 32 f.);[19] bei anderen Rechnungen liegt es nahe, diese Frist von zwei Monaten entsprechend heranzuziehen (vgl. Nr. 1 Rdn. 32).[20] 15

## D. Parallelbestimmungen im BGB

Das BGB enthält keine ausdrückliche Regelung über die Abrechnung der Werkleistung. Bei der Frage, ob sich die Gedanken des § 14 VOB/B auf den BGB-Vertrag übertragen lassen, gilt es zwischen den inhaltlichen Anforderungen, den Nachweisen und den Auswirkungen auf die Fälligkeit zu unterscheiden. 16

### I. Inhaltliche Anforderungen

Wird in einem Vertrag, bei dem die Parteien nicht die VOB/B vereinbart haben, eine Vergütung festgelegt, deren Höhe sich nach dem Umfang der Leistungen des Werkunternehmers bestimmt, aber derzeit noch nicht abschließend berechnet wird, so kann der Besteller erwarten, dass ihm nicht nur der Gesamtbetrag genannt wird, sondern auch der **Rechenweg offengelegt** und der zu Grunde gelegte **Leistungsumfang** genannt wird.[21] Dies ergibt sich schon daraus, dass die Parteien kein Leistungsbestimmungsrecht des Unternehmers vereinbart, sondern die Vergütung an bestimmte Faktoren geknüpft haben. Damit hat der Unternehmer auf der Grundlage dieser Faktoren die Vergütung nachvollziehbar zu berechnen.[22] Weiterhin besteht auch bei einem BGB-Werkvertrag nach § 14 Abs. 1 Satz 1 UStG ein Anspruch auf eine Rechnung, in der die Umsatzsteuer gesondert ausgewiesen ist.[23] Dagegen können die weitergehenden Anforderungen des § 14 VOB/B – z. B. die Reihenfolge der Abrechnungsposten und die Zuordnung – nicht auf den BGB-Vertrag übertragen werden.[24] Nur mit dieser Einschränkung ist deshalb der Aussage zuzustimmen, 17

---

[17] BGH NJW-RR 2000, 386 f. (zum Architektenrecht).
[18] BGH NJW-RR 2001, 1383, 1384 (Architekt).
[19] *U. Locher* in *Ingenstau/Korbion* § 16 Nr. 3 Rdn. 25.
[20] BGH NJW-RR 2004, 445, 448 (zur Architektenrechnung).
[21] Ausführlich zu den Anforderungen an eine Rechnung im BGB-Vertrag *Messerschmidt* in *Messerschmidt/Voit* § 641 Rdn. 43 ff.
[22] BGH NZBau 2004, 672, 673.
[23] MünchKomm/*Busche* § 641 Rdn. 8; vgl. auch BGH NJW-RR 1991, 793 (Schadensersatz wegen verspäteter Erstellung der Rechnung mit Umsatzsteuerausweis).
[24] BGH NZBau 2004, 672, 673; vgl. auch OLG Hamm 2. 2. 1999 21 U 111/97 IBR 2001, 249; sehr weitgehend OLG Frankfurt/M. NJW-RR 2005, 169 f. (stillschweigende Vereinbarung einer Abrechnung nach VOB/B; keine Prüfbarkeit u. a. deshalb, weil Nachträge nicht kenntlich).

**Vor § 14**

§ 14 VOB/B gebe den Mindeststandard an die Abrechnung auch im Werkvertrag außerhalb der VOB/B vor.[25]

18 Auch im BGB-Vertrag steht es den Parteien frei, eine prüfbare Abrechnung nach den Grundsätzen des § 14 VOB/B zu vereinbaren. Eine solche Vereinbarung kann aber nicht bereits daraus abgeleitet werden, dass sich die Vergütung nach Einheitspreisen oder Stundenlohn bestimmt.[26] Haben die Parteien die prüfbare Abrechnung als Fälligkeitsvoraussetzung vereinbart, so erfordern Treu und Glauben, dass Einwände gegen die Prüfbarkeit auch dann innerhalb einer Frist von zwei Monaten erhoben werden, wenn die VOB/B nicht vereinbart ist.[27]

## II. Nachweise

19 Die Grundsätze der Rdn. 18 gelten – wenn auch mit Einschränkungen – auch für das Aufmaß und die Nachweise. So wird man zumindest dann, wenn der Auftraggeber dies verlangt, ein gemeinsames Aufmaß für erforderlich halten. Nachweise über die erbrachte Leistung sind jedenfalls bei **größeren Vorhaben** auch dann der Abrechnung beizufügen, wenn die VOB/B nicht vereinbart ist.[28] Maßgebend ist dabei, ob es sich um ein bedeutenderes Ausgabenvolumen handelt und ob die Vergütung von einer Vielzahl von Einzelpositionen abhängt, deren Erbringung nicht auf der Hand liegt.

## III. Fälligkeit

20 Unterschiede zwischen der Regelung des § 14 VOB/B und den Regelungen des Werkvertragsrechts bestehen dagegen hinsichtlich der Fälligkeit. Nach § 641 Abs. 1 Satz 1 BGB ist die Vergütung bei der Abnahme des Werkes zu entrichten. Damit ist die Fälligkeit allein an die **Abnahme, nicht** an eine prüfbare **Abrechnung**, geknüpft.[29] Dies gilt zunächst bei Verträgen mit einer von vornherein festgelegten Vergütungshöhe. Hat der Unternehmer die Vergütung noch zu beziffern, kann zwar die Zahlung keinesfalls vor der Bekanntgabe der errechneten Vergütung verlangt werden, und es kann auch kein Verzug eintreten, aber die Fälligkeit hängt wegen § 641 Abs. 1 Satz 1 BGB nicht von der Prüfbarkeit der Abrechnung ab. Jedoch kann **anderes vereinbart** werden,[30] wobei dies auch in **AGB** als wirksam anzusehen ist.[31] Dabei ist derjenige beweisbelastet, der sich auf die abweichende Vereinbarung beruft. Deshalb trägt der Auftraggeber die Beweislast für die Vereinbarung der VOB/B, wenn er dem Vergütungsanspruch entgegenhält, es sei noch nicht prüfbar abgerechnet und der Anspruch sei deshalb nicht fällig.[32]

21 Fehlt es an einer ausdrücklichen Vereinbarung über eine prüfbare Abrechnung als Voraussetzung der Fälligkeit, so kann sich nach den **Gepflogenheiten der Branche** gleichwohl eine Abrechnungspflicht ergeben. Diese kann – vor allem dann, wenn bereits Vorschuss-

---

[25] Insoweit zutreffend OLG Frankfurt/M. BauR 1997, 856; vgl. auch *Messerschmidt* in *Kapellmann/Messerschmidt* Rdn. 3 f.; BeckOK-*Jansen* vor Nr. 1; *Jagenburg* NJW 1999, 2218, 2219.
[26] So aber OLG Frankfurt/M. NJW-RR 2005, 169 f.
[27] BGH NJW-RR 2007, 17.
[28] OLG Köln NJW 1973, 2111; *Weick* in *Nicklisch/Weick* Rdn. 10; *Messerschmidt* in *Kapellmann/Messerschmidt* Rdn. 4.
[29] BGH NJW 2002, 1567, 1568 (obiter dictum); BGHZ 79, 176, 178 f.; OLG Celle NJW 1986, 327; OLG Köln NJW-RR 1997, 150, 151; ausführlich *Grimme* NJW 1987, 468 ff.; *Kaiser* DWW 1983, 158, 161; *Weick* in *Nicklisch/Weick* Rdn. 1; *Voit* in *Bamberger/Roth* § 641 Rdn. 2 ff.; BeckOK-*Jansen* § 14 vor Nr. 1; sehr eingehend *Messerschmidt/Voit/Messerschmidt* § 641 Rdn. 70 ff.
[30] Vgl. (zu großzügig mit der Annahme einer solchen Vereinbarung) OLG Frankfurt/M. NJW-RR 2005, 169, 170.
[31] A. A. OLG Stuttgart NJW-RR 1994, 17 f. (wegen der damit verbundenen mittelbaren Verlängerung der Verjährung; bei der Entscheidung ist die spätere Änderung des gesetzlichen Leitbilds durch § 202 BGB zu berücksichtigen, vgl. dazu *Palandt/Heinrichs* § 202 Rdn. 13).
[32] OLG Hamm 2. 2. 1999 – 21 U 111/97 – (LS).

oder Abschlagszahlungen geleistet wurden – auch auf einer ergänzenden Vertragsauslegung beruhen.³³

Diese Abrechnung hat aber regelmäßig nur den Charakter eines Nachweises und der Offenlegung der Berechnungsgrundlagen, **ohne Einfluss auf die Fälligkeit** der Vergütung zu gewinnen. Ein Hinausschieben des Fälligkeitszeitpunkts ist vielmehr nur dann anzunehmen, wenn dies mit hinreichender Deutlichkeit aus der vertraglichen Vereinbarung abzulesen ist.³⁴ Die Erstellung einer prüfbaren Abrechnung ist deshalb nur in diesem letztgenannten Fall für den Verjährungsbeginn bei einem BGB-Vertrag von Bedeutung. 22

Allerdings kommt der Rechnung auch im BGB-Vertrag Bedeutung für den **Eintritt des Verzugs** zu,³⁵ denn nach § 286 Abs. 3 Satz 1 BGB löst die Rechnung nach einer Frist von 30 Tagen ohne weitere Mahnung den Verzug aus. Damit können ab diesem Zeitpunkt die höheren Verzugszinsen nach § 288 BGB beansprucht werden, während sich die Verzinsung nach § 641 Abs. 4 BGB nach dem gesetzlichen Zinssatz des § 246 BGB bemisst. Dabei beginnt in Fällen, in denen sich der geforderte Vertrag erst aus einer Abrechnung seitens des Unternehmers ergibt, auch die Verzinsung nach § 641 Abs. 4 BGB nach einer entsprechenden Bezifferung der Forderung.³⁶ 23

### IV. Frist für die Erstellung der Schlussrechnung (Nr. 3) und Recht zur Selbstausführung (Nr. 4)

Eine Frist zur Abrechnung (Nr. 3) oder ein Recht zur Selbstausführung nach Fristsetzung (Nr. 4) kennt der BGB-Vertrag nicht. Wird allerdings in einem BGB-Vertrag die prüfbare Abrechnung als Voraussetzung der Fälligkeit vereinbart, dann kann sich im Wege einer ergänzenden Vertragsauslegung ergeben, dass auch die Frist zur Erstellung der Schlussrechnung und das Recht zur Selbstausführung vereinbart sein sollen.³⁷ 24

## E. Abdingbarkeit/Inhaltskontrolle bei isolierter Vereinbarung

### I. Abdingbarkeit

#### 1. Abbedingung der Abrechnungspflicht

Eine Abbedingung der Pflicht zur Vorlage einer prüfbaren Regelung insgesamt ist möglich, aber nicht üblich. Wird sie durch AGB des Auftragnehmers abbedungen, so dürfte dies als überraschende Klausel unwirksam sein. Die Unwirksamkeit wegen unbilliger Benachteiligung liegt angesichts der Interessen des Auftraggebers zwar nahe, ist jedoch abzulehnen, denn das Leitbild des BGB sieht eine solche Abrechnung nicht vor, und dieses wird als Vergleichsmaßstab für die Bestimmung der Unbilligkeit herangezogen. 25

---

³³ BGH NJW 2002, 1567, 1568 = BauR 2002, 938, 939 f.; wegen der Bezeichnung als Schlussrechnung weitergehend *Messerschmidt* in *Kapellmann/Messerschmidt* Rdn. 64.
³⁴ OLG Hamm 2. 2. 1999 21 U 1111/97 – juris; weitergehend OLG Bamberg 10. 6. 2002 4 U 248/01 juris = OLGR 2003, 132 ff.; OLG Frankfurt/M. 31. 5. 2000 7 U 65/99 juris (obiter dictum); zu großzügig OLG Frankfurt/M. NJW-RR 2005, 169, 170; a. A. OLG Frankfurt/M. BauR 1997, 856 (§ 14 VOB/B gebe die Mindestanforderungen an eine Rechnung auch nach BGB-Vertrag und damit an den Eintritt der Fälligkeit wieder); *Messerschmidt* in *Kapellmann/Messerschmidt* Rdn. 3 f.; *Werner* in *Werner/Pastor* Rdn. 1371 (Erteilung einer prüffähigen Rechnung auch im BGB-Vertrag Fälligkeitsvoraussetzung); differenzierend *Jagenburg* NJW 1999, 2218, 2219; *Jagenburg/Weber* NJW 2001, 191, 192 (Rechnung keine Fälligkeitsvoraussetzung, aber zur Einforderung der Vergütung erforderlich).
³⁵ *U. Locher* in *Ingenstau/Korbion* Rdn. 7; vgl. auch *Heiermann* in *Heiermann/Riedl/Rusam* Rdn. 6 ff.
³⁶ *Voit* in *Bamberger/Roth* § 641 Rdn. 31; *Jagenburg/Weber* NJW 2001, 191, 192.
³⁷ Vgl. OLG Düsseldorf BauR 1999, 655; *Heiermann* in *Heiermann/Riedl/Rusam* Rdn. 98; *U. Locher* in *Ingenstau/Korbion* Nr. 4 Rdn. 1.

## 2. Besonderheiten bei Abschlagszahlungen

**26** Sehen die vertraglichen Vereinbarungen Abschlagszahlungen vor, die pauschal ohne Nachweis im Einzelnen erbracht werden sollen, so ist dies in Individualvereinbarungen wirksam. Werden solche Regelungen in AGB getroffen, so ist zu bedenken, dass die Pflichten aus § 14 VOB/B für Abschlagszahlungen allenfalls mit erheblichen Einschränkungen gelten (vgl. Nr. 1 Rdn. 2 ff.). Dennoch sind solche Klauseln in AGB nicht unbedenklich, denn die Geltendmachung von Abschlagszahlungen ohne prüfbaren Nachweis der erbrachten Leistungen legt es nahe, dass die Höhe der Zahlung nicht zwingend an die erbrachten Leistungen gekoppelt ist. Damit kann es sich um Vorauszahlungen handeln, deren Ausbedingung in AGB gegen das Leitbild des BGB verstößt (vgl. § 16 Nr. 2 Rdn. 12). Dem Auftraggeber ist aber auch unabhängig davon von einer solchen Klausel abzuraten.[38] Denn es ist nicht sichergestellt und nicht einmal nachprüfbar, ob den Abschlagszahlungen entsprechende Leistungen gegenüberstehen. Probleme können deshalb auch mit Kreditgebern entstehen, wenn die Finanzierung eine Freigabe der Kredite erst nach Nachweis des Baufortschritts vorsieht und dies wegen der pauschalen Abschlagsforderung nicht möglich ist.

## 3. Regelungen über die Ausgestaltung der Abrechnung

**27** **a) Elektronische Abrechnung.** Üblich und ohne weiteres wirksam ist eine Modifikation der Regelung, wenn die Abrechnung elektronisch geprüft werden soll und deshalb die Abrechnung entsprechend aufbereitet sein muss. Derartige Klauseln sind weder überraschend noch unbillig, da sie lediglich dem geänderten Informationsbedürfnis des Auftraggebers Rechnung tragen. Näher dazu in Nr. 1 Rdn. 41 f.

**28** **b) Verzicht auf Nachweise.** Die Parteien können im Grundsatz vereinbaren, dass Nachweise nicht erforderlich sind (vgl. auch Nr. 1 Rdn. 88). Wird dies allerdings mit einer Vergütungsabrede verbunden, welche die Vergütung nach den geplanten und nicht den tatsächlich erbrachten Leistungen bemisst, so ist dies in AGB unwirksam,[39] weil damit die Vergütungsabrede letztlich durch eine verdeckte Pauschalierung überlagert wird.

**29** **c) Erleichterungen der Selbstvornahme.** Behält sich der Auftraggeber in allgemeinen Geschäftsbedingungen das Recht vor, das Aufmaß auf Kosten des Auftragnehmers selbst zu erstellen, wenn der Auftragnehmer es nicht oder unbrauchbar erstellt, so ist dies unwirksam, weil sich der Auftraggeber von dem Erfordernis einer Nachfristsetzung befreit (vgl. Nr. 4 Rdn. 7).

## II. Inhaltskontrolle der Regelungen des § 14 VOB/B

**30** Unterliegt die Regelung des § 14 VOB/B einer Inhaltskontrolle, weil man die Privilegierung der VOB/B bei Vereinbarung im Ganzen ablehnt oder weil die Voraussetzungen dafür nicht erfüllt sind, so ist sie nicht als unwirksam anzusehen.[40] Ihr Inhalt entspricht den berechtigten Interessen des Auftraggebers und belastet den Auftragnehmer nicht unbillig.

## F. Reformbedarf

**31** Aktueller Reformbedarf besteht derzeit nicht. Es ist jedoch an die Aufnahme einer Regelung über die EDV-Abrechnung zu denken.

---

[38] So auch *Messerschmidt* in *Kapellmann/Messerschmidt* Rdn. 14.
[39] *Messerschmidt* in *Kapellmann/Messerschmidt* Rdn. 31.
[40] So auch *Cuypers* in der Vorauflage § 14 Nr. 1 Rdn. 11.

## § 14 Nr. 1 [Prüfbarkeit der Abrechnung]

Der Auftragnehmer hat seine Leistungen prüfbar abzurechnen. Er hat die Rechnungen übersichtlich aufzustellen und dabei die Reihenfolge der Posten einzuhalten und die in den Vertragsbestandteilen enthaltenen Bezeichnungen zu verwenden. Die zum Nachweis von Art und Umfang der Leistung erforderlichen Mengenberechnungen, Zeichnungen und andere Belege sind beizufügen. Änderungen und Ergänzungen des Vertrags sind in der Rechnung besonders kenntlich zu machen; sie sind auf Verlangen getrennt abzurechnen.

Literatur: Siehe Vor § 14 VOB/B.

### Übersicht

| | Rdn. |
|---|---|
| **A. Anwendungsbereich** | 1–22 |
| I. Vergütungsansprüche | 1–13 |
| 1. Schlussrechnung und Teilschlussrechnung | 1 |
| 2. Abschlagszahlungen | 2 |
| a) Leistungsnachweis im Unterschied zur Abrechnung | 3 |
| b) Abweichende Ausgestaltung der Abschlagszahlung | 5 |
| c) Abschlagszahlungen unter Verzicht auf einen prüfbaren Leistungsnachweis | 6 |
| d) Abschlagszahlungen nach Kündigung | 7 |
| 3. Abrechnung der erbrachten Leistungen nach Kündigung oder bei vorzeitiger Abrechnung des Vertrages | 8 |
| 4. Abrechnung nach § 6 Nr. 5 VOB/B | 13 |
| II. Vergütungsersatzansprüche | 14–21 |
| 1. Vergütungsersatzansprüche nach § 649 BGB | 14 |
| 2. Ansprüche auf Teilvergütung und der darin nicht enthaltenen Auslagen nach § 7, § 6 Nr. 5 VOB/B sowie nach § 645 BGB | 15 |
| 3. Ansprüche des Auftragnehmers auf Entschädigung wegen Behinderung, § 6 Nr. 6 S. 1 VOB/B, oder unterlassener Mitwirkungshandlungen, § 642 Abs. 2 BGB, sowie nach § 9 Nr. 3 S. 2 VOB/B wegen Kündigung durch den Auftragnehmer | 18 |
| 4. Ansprüche des Auftraggebers | 20 |
| III. Schadensersatzansprüche | 22 |
| **B. Prüfbarkeit der Rechnung** | 23–70 |
| I. Sinn der prüfbaren Abrechnung | 23 |
| II. Bestimmung des Prüfbarkeitsmaßstabs | 24–37 |
| 1. Orientierung an den Kontrollinteressen des Auftraggebers | 24 |

| | Rdn. |
|---|---|
| a) Individualisierter Maßstab der Prüfbarkeit | 25 |
| b) Zurechnung der Fachkenntnisse von Hilfspersonen, Bedeutung des Prüfvermerks | 26 |
| c) Rechtsunsicherheit bei individualisierter Betrachtung | 27 |
| 2. Objektivierter Maßstab | 30 |
| 3. Zeitliche Befristung der Einwendungen gegen die Prüfbarkeit | 32 |
| 4. Praktische Konsequenzen | 33 |
| 5. Auswirkungen des Fristablaufs auf die Beweislast hinsichtlich der inhaltlichen Richtigkeit der Abrechnung | 35 |
| 6. Fortentwicklung zu einer Pflicht des Auftraggebers zur Prüfung der Rechnung? | 36 |
| III. Übersichtlichkeit | 38–70 |
| 1. Konkretisierung des Begriffs | 38 |
| 2. Form der Rechnung | 41 |
| 3. Reihenfolge der Posten | 43 |
| 4. Zusammenfassung von Positionen | 46 |
| 5. Bezeichnung der Leistungen | 48 |
| 6. Besonderheiten bei den einzelnen Vergütungsformen | 49 |
| a) Einheitspreisvertrag | 49 |
| b) Stundenlohnvertrag/ Selbstkostenerstattungsvertrag | 50 |
| c) Pauschalpreisvertrag | 51 |
| aa) Abrechnung des ausgeführten Pauschalpreisvertrags | 51 |
| bb) Abschlagszahlungen | 53 |
| cc) Detailpauschalvertrag | 54 |
| dd) Preisanpassung bei Mengenabweichungen | 56 |
| ee) Zusätzliche oder geänderte Leistungen | 57 |
| 7. Abrechnung der erbrachten Arbeiten bei vorzeitig beendetem Vertrag | 58 |

|  | Rdn. |  | Rdn. |
|---|---|---|---|
| 8. Berücksichtigung seitens des Auftraggebers erbrachter Leistungen | 62 | I. Begriff der Änderungen und Ergänzungen | 90–92 |
| a) Abschlagszahlungen | 62 | II. Kenntlichmachen | 93–95 |
| b) Vom Auftragnehmer zu vergütende Nebenleistungen des Auftraggebers | 67 | III. Unklarheit über die Frage des Nachtrags | 96 |
| 9. Abrechnung nicht erbrachter Leistungen bei gekündigtem Vertrag | 68 | IV. Gesonderte Abrechnung auf Verlangen des Auftraggebers | 97–101 |
| C. Zeitpunkt der Abrechnung | 71–74 | F. Bindungswirkung der Rechnung | 102–110 |
| D. Nachweise | 75–89 | I. Ausschluss von Nachforderungen durch § 16 Nr. 3 Abs. 2 VOB/B | 102–103 |
| I. Beifügung von Nachweisen | 75–85 | II. Anfechtung | 104–110 |
| 1. Erforderliche Nachweise | 76 | G. Kosten der Abrechnung | 111 |
| a) Abhängigkeit vom Vergütungstyp | 77 | H. Prozessuales | 112–123 |
| b) Beschränkung auf erforderliche Belege | 79 | I. Anforderungen an die Schlüssigkeit der Vergütungsklage in Bezug auf die Prüfbarkeit der Abrechnung | 112–114 |
| 2. Art der Kenntnisgabe | 82 | | |
| 3. Besonderheiten bei Nachunternehmerschaft | 83 | | |
| II. Treu und Glauben | 86–87 | II. Richterliche Hinweispflicht | 115 |
| III. Vertragliche Regelungen über Nachweise | 88 | III. Nachholung und Zurückweisung wegen Verspätung | 116–118 |
| IV. Bedeutung des Prüfvermerks | 89 | IV. Nachholung in der Rechtsmittelinstanz | 119 |
| E. Kenntlichmachen der Änderungen und Ergänzungen | 90–101 | V. Abweisung als zurzeit unbegründet bei fehlender Prüfbarkeit | 120–123 |

## A. Anwendungsbereich

### I. Vergütungsansprüche

#### 1. Schlussrechnung und Teilschlussrechnung

1  Die Regelungen der Nr. 1, 3 und 4 gelten für alle Rechnungen, mit denen der Auftragnehmer Leistungen abrechnet. Dies ist nicht nur bei der Schlussrechnung der Fall, sondern auch bei Rechnungen über Teilvergütungen insbesondere nach einer Teilabnahme (zur Anwendbarkeit der Nr. 3 und 4 auf Teilschlussrechnungen Nr. 3 Rdn. 2 f.; zum Inhalt der Schlussrechnung vgl. Nr. 3 Rdn. 4).

#### 2. Abschlagszahlungen

2  Werden Abschlagszahlungen nach § 16 Nr. 1 Abs. 1 VOB/B beansprucht, sind die Leistungen nach § 16 Nr. 1 Abs. 1 Satz VOB/B durch eine prüfbare Aufstellung nachzuweisen. Dies gilt auch bei vereinbarten Abschlagszahlungen, denn auch dann sollen die Zahlungen erst dann beansprucht werden können, wenn die entsprechenden Arbeiten ausgeführt und nachgewiesen wurden (vgl. § 16 Nr. 1 Abs. 1 Satz 1). Anders verhält es sich bei der Anforderung einer **Vorauszahlung,** denn dieser liegt eine bereits erbrachte Leistung nicht zu Grunde, vgl. § 16 Nr. 2 VOB/B. Die Anforderungen der Nr. 1 sind hier auf die Prüfbarkeit der Forderung zu beziehen, mit der die Vorauszahlung verrechnet wird. Die Anwendbarkeit des § 14 auf eine **Abschlagszahlung** ist nicht ganz zweifelsfrei. Die ganz überwiegende Auffassung fasst einerseits die Abschlagsrechnung unter § 14,[1] weist aber

---

[1] OLG Hamm 16. 4. 1999 12 U 64/98 juris; *U. Locher* in Ingenstau/Korbion Nr. 1 Rdn. 10; *Messerschmidt* in Kapellmann/Messerschmidt Rdn. 6; Heiermann in Heiermann/Riedl/Rusam Rdn. 1; BeckOK-Jansen § 14 vor Nr. 1; a. A. *Kues/May* BauR 2007, 1137, 1139.

anderseits darauf hin, dass die Anforderungen des § 14 VOB/B bei einer Abschlagszahlung abzusenken seien, weil es sich um eine überschlägige und vorläufige Rechnung handele (vgl. auch § 16 Nr. 1 Rdn. 24; zum Übergang von der Abschlagsforderung auf die Forderung aus der Schlussrechnung vgl. Rdn. 65 ff. und Nr. 3 Rdn. 7).[2] Bei der Entscheidung sind folgende Gesichtspunkte zu berücksichtigen:

a) **Leistungsnachweis im Unterschied zur Abrechnung.** Geht man vom Wortlaut des § 14 VOB/B aus, so ist auf den begrifflichen Unterschied zwischen einer **Abrechnung** der Leistungen und einer **Aufstellung** der Leistungen hinzuweisen. Während § 14 Nr. 1 VOB/B die Verpflichtung zur Abrechnung anordnet, vermeidet § 16 Nr. 1 Abs. 1 Satz 2 VOB/B diese Terminologie und spricht von einer prüfbaren Aufstellung der Leistungen. Diesem begrifflichen Unterschied liegt ein Unterschied in der Sache zu Grunde. Abschlagszahlungen brauchen nur in einem Maße geleistet zu werden, wie dies den bereits erbrachten Leistungen entspricht. Deshalb setzt die Abschlagszahlung auch den Nachweis entsprechender Leistungen voraus. Im Unterschied zu einer Teilschlussrechnung wird jedoch die **Zuordnung** der Abschlagszahlung **nicht auf einzelne Leistungspositionen** bezogen. Die Verrechnung der Abschlagszahlungen mit dem Vergütungsanspruch findet erst auf der Grundlage der Schlussrechnung statt (vgl. § 16 Nr. 1 Rdn. 15).[3] Der Auftraggeber hat also ohne weiteres die Möglichkeit, die Zuordnung seiner Zahlung zu den Leistungen noch zu ändern. Da deshalb eine endgültige Abrechnung noch aussteht, sind auch die **Informations- und Kontrollbedürfnisse** des Auftraggebers **deutlich geringer.** Für ihn ist vorrangig von Interesse, ob die erbrachten Leistungen insgesamt eine Abschlagszahlung in der begehrten Höhe rechtfertigen, während die Verteilung auf einzelne Posten noch nicht von Interesse ist. Deshalb kann sich bei Abschlagszahlungen der Leistungsnachweis auf ungefähre Angaben beschränken, solange nur sichergestellt ist, dass der Wert der erbrachten Leistungen die Summe der Abschlagszahlungen erreicht oder übersteigt.

Die Anforderungen des § 14 Nr. 1 VOB/B sind deshalb auf Abschlagszahlungen nach § 16 Nr. 1 VOB/B nicht übertragbar.[4] Insbesondere besteht hier kein einklagbarer Anspruch auf eine Abrechnung (vgl. zur Einklagbarkeit im Übrigen Vorbem. Rdn. 9 f.). Dies schließt es nicht aus, sich bei der Auslegung der Begriffe „Prüfbarkeit" und „Aufstellung, die eine rasche und sichere Beurteilung der Leistungen ermöglicht", an den Anforderungen in § 14 VOB/B zu orientieren, ohne diese jedoch vollständig zu übernehmen.[5]

b) **Abweichende Ausgestaltung der Abschlagszahlung.** Gestaltet der Vertrag die Abschlagszahlungen abweichend aus, so kommt eine Anwendung des § 14 VOB/B in Betracht, wenn die Leistungen in den Abschlagszahlungen bereits mit einer gewissen Endgültigkeit abgerechnet werden sollen. Dies kann z. B. dann der Fall sein, wenn der Auftaggeber nach dem Vertrag die Grundlagen der Abschlagszahlung zu prüfen hat und nach Zahlung des Abschlags die Beweislast für die Erbringung der Leistungen und die Richtigkeit der Abrechnung vom Auftragnehmer auf den Auftraggeber übergehen soll.

c) **Abschlagszahlungen unter Verzicht auf einen prüfbaren Leistungsnachweis.** Der Auftraggeber kann sich auch zu Abschlagszahlungen verpflichten, die vom Nachweis einer bestimmten Leistung unabhängig sind. Dies ist beispielsweise dann der Fall, wenn bestimmte Prozentsätze der Vergütung an vorher festgelegten Daten ohne Rücksicht auf den bis dahin erreichten Stand der Bauleistung fällig werden. Diese Vereinbarungen verwischen die Grenzen zur Vorauszahlung und sind für den Auftraggeber sehr problematisch (vgl. § 16 Nr. 1 Rdn. 11 ff.). Werden Abschlagszahlungen nach Baufortschritt vereinbart und wird vor Beginn der Arbeiten ein vordatierter Scheck begeben, so dient dieser regelmäßig der Sicherung der ersten Teil- oder Abschlagszahlung, wobei angesichts der Begebung im

---

[2] BGH NZBau 2002, 390, 391; *U. Locher* in *Ingenstau/Korbion* § 16 Nr. 1 Rdn. 14 (entsprechende Anwendung) *Messerschmidt* in *Kapellmann/Messerschmidt* B § 16 Rdn. 101.
[3] BGH NJW 1997, 1444 = MDR 1997, 455 m. Anm. *Hertwig.*
[4] *Kleine-Möller* in *Kleine-Möller/Merl* § 10 Rdn. 137; *Weick* in *Nicklisch/Weick* § 16 Rdn. 12.
[5] In diesem Sinne *U. Locher* in *Ingenstau/Korbion* § 16 Nr. 1 Rdn. 17.

§ 14 Nr. 1                                                                                          Prüfbarkeit der Abrechnung

Vorhinein angenommen werden kann, dass die Fälligkeit der Werklohnforderung nach prüfbarer Abrechnung nicht Voraussetzung für die Geltendmachung der Scheckforderung ist.[6]

7   **d) Abschlagszahlungen nach Kündigung.** Nach Kündigung des Vertrags kann eine Abschlagszahlung nicht mehr geltend gemacht werden (vgl. § 16 Nr. 1 Rdn. 16). Eine erhobene Klage auf Abschlagszahlung kann auf eine Abrechnung nach den Grundsätzen des gekündigten Vertrages geändert werden (vgl. § 16 Nr. 1 Rdn. 17). Dabei setzt die Fälligkeit dieses Anspruchs eine prüfbare Abrechnung voraus.[7]

## 3. Abrechnung der erbrachten Leistungen nach Kündigung oder bei vorzeitiger Abrechnung des Vertrages

8   Wird der Vertrag vom **Auftraggeber gekündigt,** so hat der Auftragnehmer **unverzüglich prüfbar** über die erbrachten Leistungen **abzurechnen** und kann dazu auch ein Aufmaß verlangen, § 8 Nr. 6 VOB/B. Dabei sind die erbrachten Leistungen prüfbar abzurechnen, so dass die Grundsätze des § 14 VOB/B anzuwenden sind (zur Abrechnung der nicht erbrachten Leistungen vgl. Rdn. 14 ff.; zur Frage eines gemeinsamen Aufmaßes der erbrachten Leistungen vgl. Nr. 2 Rdn. 5).[8]

9   Dies gilt in gleicher Weise, wenn der Vertrag wegen einer grundlosen **endgültigen Leistungsverweigerung** des Auftraggebers in das Abrechnungsstadium übergeht[9] oder der **Auftragnehmer** nach § 9 VOB/B den Vertrag **gekündigt** hat.[10] Die bisher erbrachten Leistungen können nach § 9 Nr. 3 Satz 1 VOB/B nach den Vertragspreisen abgerechnet werden. Auch insoweit sind die Anforderungen des § 14 VOB/B einzuhalten (zum Entschädigungsanspruch nach § 9 Nr. 3 Satz 2 VOB/B i. V. m. § 642 BGB vgl. Rdn. 18 ff.).

10  Die prüfbare Abrechnung der erbrachten Leistungen ist nicht nur erforderlich, wenn der Auftragnehmer eine **Abnahme des Teilwerks** verlangen kann,[11] sondern auch, wenn der Auftraggeber die **Abnahme mit Recht verweigert.**[12] Eine Ausnahme vom Grundsatz der prüfbaren Abrechnung gilt nur dann, wenn ein Aufmaß nicht erforderlich ist, weil eine Abrechnung des Teilwerks unter keinem Gesichtspunkt in Betracht kommt.

11  Die prüfbare Abrechnung ist auch im Fall der Kündigung **Voraussetzung für die Fälligkeit.**[13] Dasselbe gilt, wenn der Auftraggeber seine Mitwirkungsleistung grundlos endgültig verweigert und der Auftragnehmer deshalb seinen Vergütungsanspruch abrechnet.[14]

12  Von der Pflicht zur prüfbaren Abrechnung und ihrer Auswirkung auf die Fälligkeit sind Ansprüche **nicht erfasst,** die der Auftragnehmer nach der Kündigung wegen der **weiteren Nutzung** von Geräten, Gerüsten, Stoffen etc. nach § 8 Nr. 3 Abs. 3 VOB/B geltend macht.[15] Diese Ansprüche entstehen erst nach der Kündigung und können deshalb in der unverzüglich zu erstellenden Abrechnung nicht berücksichtigt werden. Im Übrigen beziehen sie sich auf Leistungen, die von der geschuldeten Werkleistung nicht umfasst sind.

## 4. Abrechnung nach § 6 Nr. 5 VOB/B

13  Hat der Auftragnehmer bei Fortbestehen des Bauvertrags wegen längerer Unterbrechung der Ausführung nach § 6 Nr. 5 VOB/B einen Anspruch auf Abrechnung der bereits

---

[6] OLG Hamm BauR 2000, 614 (LS).
[7] OLG Hamm BauR 2002, 1105 ff. (zur Teilschlussrechnung).
[8] BGH NJW 1999, 1867 f. (gekündigter Pauschalpreisvertrag); NJW-RR 2004, 1385, 1386 = NZBau 2004, 549.
[9] BGH NZBau 2001, 19 (entsprechende Anwendung des § 8 Nr. 6).
[10] BGH BauR 1987, 95 f.; *von Rintelen* in *Kapellmann/Messerschmidt* B § 9 Rdn. 83.
[11] In diese Richtung (nur denn könne der Auftragnehmer ein Aufmaß verlangen) BGH NJW 2003, 1450, 1452; NJW 2003, 2678 = NZBau 2003, 497 = BauR 2003, 1207 (jedenfalls nach Abnahme).
[12] *Schmitz* EWiR § 8 VOB/B 2/03, 789, 790.
[13] BGH NJW 1999, 1867; OLG Naumburg BauR 2003, 896.
[14] BGH NJW 2000, 3716.
[15] BGH NJW 2001, 367 f.

erbrachten Leistungen, so sind diese nach den Grundsätzen des § 14 VOB/B prüfbar abzurechnen.[16] Dies gilt auch für die weitergehenden Ansprüche auf Ersatz der in diesen Preisen noch nicht enthaltenen Kosten (vgl. Rdn. 16).

## II. Vergütungsersatzansprüche

### 1. Vergütungsersatzansprüche nach § 649 BGB

Ob Ansprüche nach § 14 Nr. 1 VOB/B abzurechnen sind, die kein Entgelt für erbrachte Leistungen gewähren, sondern wegen einer vorzeitigen Beendigung des Werkvertrages an die Stelle einer Vergütung für die **nicht mehr zu erbringende Leistung** treten, lässt sich dem Wortlaut des § 14 Nr. 1 VOB/B nicht zweifelsfrei entnehmen. Dieser spricht eher gegen eine Anwendung, weil in einem solchen Fall keine Leistungen abgerechnet werden, wie dies in § 14 Nr. 1 Satz 1 VOB/B gefordert wird. Dennoch besteht ein erhebliches Interesse des Auftraggebers, auch derartige Ansprüche erst nach einer Abrechnung befriedigen zu müssen, die ihm eine Prüfung der Forderung erlaubt. Da dieses Interesse dem Auftragnehmer ohne weiteres erkennbar ist, muss im Wege einer **ergänzenden Auslegung der Bestimmung** auch der Vergütungsersatzanspruch unter § 14 Nr. 1 VOB/B gefasst werden.[17] Obwohl damit im Grundsatz auch der Vergütungsersatzanspruch für nicht erbrachte Leistungen prüfbar abzurechnen ist, können sich im Einzelfall die Anforderungen an die Abrechnung reduzieren, weil nur ein eingeschränktes Informations- und Prüfungsbedürfnis besteht. So kann es in einem Fall, in dem noch keine Leistungen erbracht wurden und sich deshalb Abgrenzungsfragen nicht stellen, ausreichen, wenn der Vergütungsersatzanspruch schlüssig und nachvollziehbar dargelegt wird, ohne dass die Anforderungen des § 14 VOB/B im Einzelnen erfüllt sind.[18] Da in einem solchen Fall keine andere Zuordnung der Rechnungsposten erforderlich ist als der Vertrag ohnehin vorsieht, sinkt das Informationsbedürfnis des Auftraggebers und damit die Anforderungen an die Abrechnung, so dass diese nicht mehr den üblichen Anforderungen des § 14 VOB/B zu genügen braucht.

### 2. Ansprüche auf Teilvergütung und der darin nicht enthaltenen Auslagen nach § 7, § 6 Nr. 5 VOB/B sowie nach § 645 BGB

Hat der Auftragnehmer einen Anspruch auf Vergütung der geleisteten Arbeit, weil die bereits **ganz oder teilweise ausgeführte Leistung** vor der Abnahme durch einen vom Auftragnehmer nicht zu vertretenden Grund beschädigt oder zerstört wurde, § 7 Nr. 1 VOB/B, oder steht ihm ein entsprechender Anspruch auf Vergütung der geleisteten Arbeit nach § 645 BGB zu, weil sein Werk durch einen Stoffmangel oder eine Anweisung des Bestellers zerstört oder verschlechtert ist, so muss über diese Leistungen nach den Grundsätzen des § 14 VOB/B prüfbar abgerechnet werden.[19]

Wird die Ausführung der Leistung zwar nicht unmöglich, aber doch in Folge einer Behinderung voraussichtlich längere Zeit unterbrochen, so erlaubt § 6 Nr. 5 VOB/B nicht nur die Abrechnung der ausgeführten Leistungen, sondern gewährt auch einen Vergütungsanspruch für die Kosten, die dem Auftragnehmer bereits entstanden sind, aber in den Vertragspreisen der noch nicht ausgeführten und damit jetzt noch nicht zu vergütenden Leistung einkalkuliert wurden. Auch dieser Anspruch ist ein Vergütungsersatzanspruch, der

---

[16] *Kapellmann* in *Kapellmann/Messerschmidt* B § 6 Rdn. 45.
[17] So im Ergebnis auch BGH NJW 2003, 2678 = NZBau 2003, 497 = BauR 2003, 1207; NJW 1999, 1867, 1868 (zu den Anforderungen an die prüfbare Abrechnung des Vergütungsersatzanspruchs).
[18] BGHZ 131, 362, 365 f. = NJW 1996, 1282; vgl. auch BGHZ 140, 263, 267 f. = NJW 1999, 1253, 1254 f. (für die Bezifferung der ersparten Aufwendungen keine Kalkulation nach Einheitspreisen, sondern Fertigungskosten und Zuschläge für Gewinn und Gemeinkosten) = MDR 1999, 672 m. zust. Anm. *Hertwig*.
[19] *Heiermann* in *Heiermann/Riedl/Rusam* Rdn. 9.

nach den Grundsätzen des § 14 VOB/B abzurechnen und in die Teilschlussrechnung einzustellen ist.[20]

17 Gleiches gilt für den entsprechenden Anspruch aus **§ 645 BGB**. Im Unterschied zu § 7 Nr. 1 VOB/B sieht diese Bestimmung auch den Ersatz der in der **Vergütung nicht inbegriffenen Auslagen** vor. Nach Auffassung der Rechtsprechung kann der Auftragnehmer auf diesen Anspruch auch dann zurückgreifen, wenn die VOB/B vereinbart ist (kritisch dazu *Rüßmann* § 7 Nr. 3 Rdn. 24).[21] Obwohl sich dieser Anspruch damit gerade nicht aus der VOB/B ergibt, setzt seine Fälligkeit bei Vereinbarung der VOB/B eine prüfbare Abrechnung voraus, denn die Parteien haben mit § 14 VOB/B eine prüfbare Abrechnung auch dieser vergütungsähnlichen Ansprüche vereinbart.

### 3. Ansprüche des Auftragnehmers auf Entschädigung wegen Behinderung, § 6 Nr. 6 S. 1 VOB/B, oder unterlassener Mitwirkungshandlungen, § 642 Abs. 2 BGB, sowie nach § 9 Nr. 3 Satz 2 VOB/B wegen Kündigung durch den Auftragnehmer

18 Unterlässt der Auftraggeber erforderliche Mitwirkungshandlungen oder kommt es auf Grund von Umständen zu Behinderungen des Auftragnehmers, die der Auftraggeber zu vertreten hat, so kommen Entschädigungsansprüche nach § 6 Nr. 6 S. 1 VOB/B oder nach dem daneben anwendbaren § 642 BGB[22] in Betracht. Derartige Ansprüche sind nach überwiegend vertretener Auffassung auch in die **Schlussrechnung aufzunehmen** (vgl. § 16 Nr. 3 Rdn. 52).[23] Dem ist zuzustimmen, da § 16 Nr. 3 VOB/B eine abschließende Regelung nicht nur der Vergütung für die erbrachten Leistungen beabsichtigt, sondern dem Auftraggeber auch Gewissheit gegenüber anderen finanziellen Belastungen aus dem Bauvertrag gewähren will. Deshalb führt die vorbehaltlose Annahme der Schlusszahlung auch zum Ausschluss von Ansprüchen wegen Verzugs und wegen Behinderung nach § 16 Nr. 3 Abs. 2 VOB/B (vgl. § 16 Nr. 3 Rdn. 52).[24] Entsprechend verhält es sich, wenn derartige Ansprüche nach einer Kündigung des Vertrages durch den Auftragnehmer nach § 9 Nr. 3 VOB/B abgerechnet werden, denn auch dann ist eine entsprechende Schlussrechnung zu erstellen.[25]

19 Von der Aufnahme in die Schlussrechnung und der Ausschlusswirkung bei vorbehaltloser Annahme der Schlusszahlung lässt sich die Frage, ob diese Ansprüche auch von der Regelung des § 14 VOB/B erfasst werden, grundsätzlich trennen. Obwohl diesen Ansprüchen keine Leistungen zu Grunde liegen und auch die Zuordnung zu Positionen des Leistungsverzeichnisses naturgemäß entfällt, ist eine Anwendung des § 14 VOB/B im Übrigen jedoch zu bejahen.[26] Da die Forderungen in die Schlussrechnung aufzunehmen sind, tritt Fälligkeit erst dann ein, wenn prüfbar über diese Ansprüche abgerechnet wurde. Dies schließt die Pflicht zur Vorlage von Nachweisen ein. Auch die Regelungen der Nr. 3 und 4 sind auf solche Ansprüche anzuwenden, denn nur dann kann die Schlussrechnung ihren Sinn erfüllen.[27]

---

[20] Vgl. *Nicklisch* in *Nicklisch/Weick* § 6 Rdn. 78.

[21] Zur Anwendbarkeit des § 645 BGB neben § 7 VOB/B vgl. BGH BauR 1997, 1021, 1023 (Schürmannbau II); *Lederer* in *Kapellmann/Messerschmidt* B § 7 Rdn. 45.

[22] Die neue Regelung in § 6 Nr. 6 S. 2 VOB/B ist nur klarstellend, vgl. zur Anwendbarkeit des § 642 BGB neben § 6 Nr. 6 BGH NZBau 2000, 187; a. A. *Kapellmann* in *Kapellmann/Messerschmidt* B § 6 Rdn. 46 f.

[23] *Messerschmidt* in *Kapellmann/Messerschmidt* B § 16 Rdn. 222.

[24] *Kapellmann* in *Kapellmann/Messerschmidt* B § 6 Rdn. 87; *Döring* in *Ingenstau/Korbion* § 6 Nr. 6 Rdn. 49 (jedoch keine Anwendung des § 14 Nr. 4 VOB/B, weil insoweit der Schadensersatzcharakter den Vergütungscharakter überwiege); *Heiermann* in *Heiermann/Riedl/Rusam* Rdn. 9; a. A. OLG Frankfurt/M. BauR 1980, 570, 571.

[25] BGH NJW 1987, 382, 383; *Nicklisch* in *Nicklisch/Weick* vor §§ 8, 9 Rdn. 41 a; *von Rintelen* in *Kapellmann/Messerschmidt* B § 9 Rdn. 94.

[26] BGH NJW 1987, 382, 383.

[27] *Riedl* in *Heiermann/Riedl/Rusam* § 6 Rdn. 54; hinsichtlich § 14 Nr. 4 a. A.: *Döring* in *Ingenstau/Korbion* § 6 Nr. 6 Rdn. 49 (Charakter eines Schadensersatzanspruchs überwiege insoweit).

### 4. Ansprüche des Auftraggebers

Erstattungsansprüche des Auftraggebers wegen Mehrkosten der Ersatzvornahme nach Entziehung des Auftrages nach § 8 Nr. 3 Abs. 2 VOB/B sind zwar nach allgemeinen Grundsätzen **zu beziffern** und zu begründen, brauchen aber **nicht nach den Anforderungen des § 14 VOB/B** prüfbar abgerechnet zu werden,[28] denn nur der Auftragnehmer, nicht der Auftraggeber hat diese Verpflichtung übernommen. Insbesondere kann nicht verlangt werden, dass sich die Vergabe des Auftrags an den Drittunternehmer an den Positionen orientiert, die dem gekündigten Vertrag zu Grunde liegen. Es bleibt vielmehr dem Auftraggeber überlassen, auf Grundlage welcher vertraglichen Gestaltung er den noch ausstehenden Teil der Leistung ausführen lässt. Das – im Grundsatz berechtigte – Kontrollinteresse des Auftragnehmers unterscheidet sich nicht von dem eines anderen Schadensersatzverpflichteten, so dass sich die Darlegungslast an den allgemeinen Grundsätzen orientieren kann, ohne dass eine Kongruenz zwischen den Vertragsgrundlagen und der Vergütungsabrechnung erforderlich ist, so wie es § 14 VOB/B erfordert (vgl. Rdn. 38, 43 ff.). 20

Dasselbe gilt für die Ansprüche des Auftraggebers, die dieser wegen der Kosten einer Selbstvornahme der Nacherfüllung nach § 13 Nr. 5 Abs. 2 VOB/B bzw. § 637 BGB geltend macht.[29] Auch ein Anspruch des Auftraggebers nach § 6 Nr. 6 S. 1 VOB/B auf Ersatz von Schäden, die wegen hindernder, vom Auftragnehmer zu vertretender Umstände entstehen, braucht nicht nach § 14 VOB/B abgerechnet zu werden. 21

### III. Schadensersatzansprüche

Schadensersatzansprüche des Auftragnehmers, die sich nicht aus einer Behinderung bei der Leistungserbringung ergeben, sondern auf der Beeinträchtigung des **Integritätsinteresses des Auftragnehmers** beruhen, sind nicht vergütungsgleich. Sie sind in die Schlussrechnung **nicht** aufzunehmen und unterfallen auch nicht den Regelungen des § 14 VOB/B (vgl. § 16 Nr. 3 Rdn. 52 f.).[30] 22

## B. Prüfbarkeit der Rechnung

### I. Sinn der prüfbaren Abrechnung

Die Abrechnung dient dazu, dem Auftraggeber die rasche und zuverlässige Überprüfung der Vergütungsforderung zu ermöglichen. Da gerade bei umfangreicheren Bauvorhaben die Prüfung einen nicht unerheblichen Aufwand erfordert, dienen die Anforderungen an die Prüfbarkeit der Rechnung einer Verringerung des Prüfungsaufwands und damit einem **eigenen,** von der Richtigkeit der Rechnung zu unterscheidenden **Interesse des Auftraggebers.** Da die Prüfbarkeit im Interessse des Auftraggebers liegt, kann dieser auch auf die **Prüfbarkeit verzichten.** An einen solchen Verzicht sind aber hohe Anforderungen zu stellen (vgl. auch [zu den Anforderungen an einen Verzicht auf die Schlussrechnung] Nr. 3 Rdn. 14; zum Verzicht auf Nachweise vgl. Rdn. 88).[31] 23

---

[28] BGH NJW 2000, 1116 (jedenfalls nicht generell und unabhängig vom Einzelfall); ebenso *Vygen* in *Ingenstau/Korbion* § 8 Nr. 3 Rdn. 70; BeckOK-*Jansen* vor Nr. 1; a. A. OLG Celle NJW-RR 1996, 343; OLG Hamm BauR 1992, 516, 517 (jedoch letztlich abmildernd: erforderlich sei eine Verhältnisrechnung mit Gegenüberstellung der vereinbarten mit den tatsächlich aufgewendeten Kosten); *Motzke* § 8 Nr. 3 Rdn. 54; *Riedl* in *Heiermann/Riedl/Rusam* § 8 Rdn. 40.
[29] BGH NJW-RR 2000, 19.
[30] Zu weitgehend (alle Schadensersatzansprüche) *Messerschmidt* in *Kapellmann/Messerschmidt* Rdn. 65.
[31] *Heiermann* in *Heiermann/Riedl/Rusam* Rdn. 24.

## II. Bestimmung des Prüfbarkeitsmaßstabs

### 1. Orientierung an den Kontrollinteressen des Auftraggebers

24    Wenn die Rechnung eine schnelle und einfache Prüfung auch umfangreicher Bauleistungen ermöglichen soll, so erfordert dies an sich eine strenge Handhabung der Vorgaben des § 14 Nr. 1 VOB/B. Auf der anderen Seite dürfen formale Gesichtspunkte nicht dazu führen, dass korrekt erbrachte und sachlich richtig abgerechnete Leistungen nicht oder erst mit erheblicher Verzögerung vergütet zu werden brauchen, denn die Bedeutung der Prüfbarkeit erschöpft sich darin, dem Auftraggeber die Prüfung der Rechnung zu ermöglichen, und sie liegt nicht darin, einen Liquiditätsgewinn durch Aufschieben der Fälligkeit zu verbuchen. Bei der Bestimmung der Anforderungen an die Prüfbarkeit gilt es deshalb, Missbrauch und Schikane des Auftraggebers bei der Abwehr eines Vergütungsanspruchs unter Hinweis auf das Fehlen der Fälligkeitsvoraussetzungen zu verhindern. Dazu stehen zwei Möglichkeiten zur Verfügung, die sich nicht ausschließen müssen, sondern sich ergänzen können. Zum einen kann durch eine Individualisierung des Prüfungsmaßstabs verhindert werden, dass sich ein Auftraggeber auf die fehlende Prüfbarkeit einer Rechnung beruft, obwohl diese seinen eigenen Kontrollinteressen vollauf genügt, zum anderen kann die Berufung auf die fehlende Prüfbarkeit zeitlich begrenzt werden, um ein übermäßig langes Hinausschieben der Fälligkeit zu verhindern.

25    **a) Individualisierter Maßstab der Prüfbarkeit.** Die Rechtsprechung hat bis zu einer Grundsatzentscheidung im Jahr 2004, der die Neufassung des § 16 Nr. 3 Abs. 1 S. 2 VOB/B Rechnung trägt, Einwendungen gegen die Prüfbarkeit zeitlich unbegrenzt zugelassen und zugleich betont, die Prüfbarkeit dürfe nicht zum Selbstzweck erhoben werden, sondern habe sich stets an den **berechtigten Informations- und Kontrollinteressen des Auftraggebers** zu orientieren (zum Verzicht auf eine prüfbare Abrechnung vgl. Rdn. 23).[32] Damit werden die im Gesetz objektiv bestimmten Kriterien für die Prüfbarkeit einer Abrechnung mit einer individualisierenden Betrachtungsweise kombiniert. Diese Lösung hat den Vorteil, sich an dem konkreten Informationsbedürfnis und damit am Ziel der Regelung zu orientieren, übertriebene Anforderungen zu vermeiden und einer missbräuchlichen Berufung auf die fehlende Prüfbarkeit entgegenzutreten. Dabei liegt der Anreiz für einen solchen Missbrauch insbesondere darin, dass der Aufschub der Fälligkeit für den Auftraggeber zu einem Liquiditätsgewinn führen kann. Umgekehrt kann es sich hinsichtlich der Verjährung auszahlen, die Prüfbarkeit einer Rechnung nicht in Frage zu stellen.

26    **b) Zurechnung der Fachkenntnisse von Hilfspersonen, Bedeutung des Prüfvermerks.** Bei der Bestimmung der konkreten Informations- und Kontrollinteressen werden nicht nur die Fachkenntnisse des Auftraggebers berücksichtigt, sondern auch die seiner Hilfspersonen, insbesondere die des Architekten und des Projektsteuerers.[33] Daraus ergibt sich unter anderem, dass nach einer **Prüfung der Rechnung durch den Architekten** die pauschale Berufung auf eine fehlende Prüfbarkeit regelmäßig ausgeschlossen ist. Dies beruht auf der Überlegung, dass der Prüfvermerk zwar lediglich für das Innenverhältnis zwischen Auftraggeber und Architekt unmittelbar relevant ist,[34] er aber dennoch zeigt, dass die mit der Prüfung betraute Person des Auftraggebers die Rechnung als prüfbar angesehen hat (zur Bedeutung des Prüfvermerks vgl. auch Rdn. 89).[35]

---

[32] BGH NJW 2002, 676 = NZBau 2002, 90, 91 = BauR 2002, 468, 469; NJW-RR 2005, 1103 = NZBau 2005, 639, 640; NJW 2001, 521; dem folgend die h. M., vgl. *Heiermann* in *Heiermann/Riedl/Rusam* Rdn. 21; *Weick* in *Nicklisch/Weick* Rdn. 5 f.; *Messerschmidt* in *Kapellmann/Messerschmidt* Rdn. 12; *Locher* in *Ingenstau/Korbion* Nr. 1 Rdn. 7; für eine objektive Bestimmung *Cuypers* Vorauflage § 14 Nr. 1 Rdn. 32 ff.

[33] BGH BauR 1999, 1185, 1186 = NJW-RR 1999, 1180; BGH NJW-RR 2000, 1469, 1470 = NZBau 2000, 508; BGH NJW 2000, 2587, 2588 (Auftraggeber selbst Architekt).

[34] BGH NJW-RR 2002, 661, 662.

[35] BGH NJW 2002, 676 = NZBau 2002, 90, 91 = BauR 2002, 468, 469; zustimmend *Schimmel/Buhlmann* EWiR § 14 VOB/B 2/02, 547 f.; *Messerschmidt* in *Kapellmann/Messerschmidt* Rdn. 12.

**c) Rechtsunsicherheit bei individualisierter Betrachtung.** Der Nachteil einer solchen Betrachtungsweise liegt in der mit ihr verbundenen Rechtsunsicherheit. So kann eine Rechnung den Anforderungen in einem Fall genügen, während sie bei einem anderen Auftraggeber nicht geeignet ist, die Fälligkeit herbeizuführen. Sie kann auch zu Problemen führen, weil eine an sich nicht prüfbare Rechnung durch einen entsprechenden Aufwand des Architekten sich später als prüfbar herausstellt.

Die Beurteilung wird weiterhin dadurch kompliziert, dass die Frage der Prüfbarkeit bei dieser Betrachtungsweise auch davon abhängen kann, wie sich der Auftraggeber prozessual verhält. So soll eine Abrechnung auch ohne das erforderliche Aufmaß als prüfbar angesehen werden können, wenn der Auftraggeber die Mengen nicht bestreitet (vgl. Rdn. 33, 112 ff.).[36] Ebenso soll eine Abrechnung des gekündigten Vertrages auch ohne Offenlegung der Kalkulation prüfbar sein, wenn der Auftraggeber den Abzug wegen ersparter Aufwendungen nicht in Zweifel zieht,[37] oder wenn der Hauptunternehmer das Subunternehmerwerk seinerseits gegenüber dem Besteller auf der Grundlage eines von ihm selbst genommenen Aufmaßes abgerechnet hat. Das soll auch dann gelten, wenn der Besteller die Rechnung des Hauptunternehmers als nicht prüfbar zurückgewiesen hat.[38]

Diese Betrachtungsweise kann also zu erheblichen Unsicherheiten führen, weil sich die Prüfbarkeit und damit die Fälligkeit des Anspruchs nach Umständen bestimmt, die sich erst im Nachhinein einer Beurteilung stellen. Für den Verjährungsbeginn und für die Frage einer Verzinsung bzw. eines Verzugsschadens ist dies problematisch.[39]

**2. Objektivierter Maßstab**

Diese Unsicherheit, die auf einer individualisierten Bestimmung des Prüfbarkeitsmaßstabs beruht, kann beträchtliche Prozessrisiken nach sich ziehen. Diese werden vermieden, wenn man das individuelle Informationsbedürfnis zurückstellt und den **Maßstab objektiv** bestimmt. Damit richtet sich die Prüfbarkeit mangels besonderer Vereinbarung nach dem **Verständnishorizont** und dem Informations- und Kontrollinteresse eines **durchschnittlichen Auftraggebers.** Dabei beschränkt sich diese Objektivierung allein auf die Frage des Verständnishorizonts des Auftraggebers. Sie stellt nicht etwa in Frage, dass die Anforderungen an die Prüfbarkeit in Breite und Tiefe von der Art der erbrachten Werkleistung abhängen. Der **Vorteil** dieser Objektivierung des Maßstabs liegt darin, dass die Frage der Fälligkeit, des Verjährungsbeginns, aber auch der Schlüssigkeitsprüfung im Prozess nicht von subjektiven und nicht immer ganz rasch und eindeutig zu klärenden Kriterien abhängt.[40]

Ein **Nachteil** dieser Lösung besteht darin, dass sich Rechnungen bei objektiver Betrachtung im Nachhinein als nicht prüfbar herausstellen können, obwohl die Parteien sie zunächst übereinstimmend als prüfbar angesehen haben. Diese Gefahr besteht jedoch nur dann, wenn die Berufung auf die objektiv nicht gegebene Prüfbarkeit zeitlich uneingeschränkt möglich ist. Verlangt man dagegen mit der Neuregelung des § 16 Nr. 3 Abs. 1 S. 2 vom Auftraggeber, **Einwendungen gegen die Prüfbarkeit** (nicht die Richtigkeit) der Rechnung innerhalb einer bestimmten **Frist** zu erheben, so entfällt dieses Problem. Nach Ablauf der Frist kehrt Rechtssicherheit hinsichtlich der Prüfbarkeit ein.

**3. Zeitliche Befristung der Einwendungen gegen die Prüfbarkeit**

Die Neufassung der VOB/B im Juni 2006 hat den Zeitraum für Einwendungen gegen die Prüfbarkeit – nicht die Richtigkeit – der Schlussrechnung auf zwei Monate beschränkt (§ 16 Nr. 3 Abs. 1 S. 2, näher dazu § 16 Nr. 3 Rdn. 27 ff.). Dem liegt eine neuere Rechtspre-

---

[36] BGHZ 140, 365, 370 (obiter dictum).
[37] BGHZ 140, 365, 370 (obiter dictum).
[38] OLG Brandenburg BauR 2005, 765 (LS).
[39] Vgl. *Vogel* EWiR § 14 VOB/B 1/02, 313, 314; *Schimmel/Buhlmann* EWiR § 14 VOB/B 1/01, 401.
[40] BGH NJW-RR 2004, 445, 446.

chung des BGH zugrunde, der zunächst zum Architektenrecht,[41] dann auch im Bauvertragsrecht[42] entschied, es sei mit Treu und Glauben unvereinbar, wenn sich der Auftraggeber auf die fehlende Prüfbarkeit berufe, obwohl ihm ausreichend Zeit zur Prüfung der Rechnung auf die zur Prüfbarkeit erforderlichen Angaben zur Verfügung gestanden habe. Dabei zog der BGH bereits vor der Neufassung der VOB/B die Frist von zwei Monaten heran.[43] In den Entscheidungen und ihrer deklaratorischen Übernahme in die VOB/B ist noch nicht zwingend ein Abrücken von einer an den Informations- und Kontrollinteressen des konkreten Auftraggebers orientierten Bestimmung die Prüfbarkeit zu sehen.[44] Die zeitliche Befristung führt aber dazu, dass sich die Bedeutung der Frage erheblich verringert. Denn in den Fällen, in denen der Auftraggeber die nach **objektiven Kriterien nicht prüfbare** Rechnung wegen seiner besonderen Kenntnisse als prüfbar ansieht, wird die Prüfungsfrist ohne Einwendungen gegen die Prüfbarkeit ablaufen. Damit ist aber die Berufung auf die fehlende Prüfbarkeit ausgeschlossen. Die Frage des konkreten Informationsbedürfnisses ist dann für die Fälligkeit der Vergütungsforderung ohne Bedeutung. Diese Kenntnis des Auftraggebers im Einzelfall kann aber relevant werden, wenn es um die prozessualen Anforderungen an den Nachweis der erbrachten Leistungen geht.

### 4. Praktische Konsequenzen

33  Als praktische Konsequenz ergibt sich daraus: Nach Ablauf der Zweimonatsfrist des § 16 Nr. 3 Abs. 1 S. 2 kann sich der Auftraggeber nicht mehr auf die fehlende Prüfbarkeit einer Schlussordnung berufen.[45] Einwendungen gegen die **sachliche Richtigkeit der Rechnung** werden damit nicht ausgeschlossen, sondern können im Vergütungsprozess erhoben werden (vgl. auch Rdn. 120).[46] Werden aber Einwendungen gegen die Prüfbarkeit der Rechnung nicht innerhalb einer Frist von zwei Monaten nach Zugang der Rechnung erhoben, dann tritt ohne Rücksicht auf die Prüfbarkeit der Rechung Fälligkeit ein und die **Verjährungsfrist beginnt.** Soweit die vertraglichen Vereinbarungen die Fälligkeit und den Verjährungsbeginn an eine Prüffrist koppeln, kommt es damit auf die Frage nicht an, ob besondere Kenntnisse oder Informationen des Auftraggebers ihm die Prüfung einer objektiv nicht prüfbaren Rechnung erlaubten, wenn er die fehlende Prüfbarkeit nicht innerhalb der Frist gerügt hat. Maßgebend ist für die Fälligkeit damit der Ablauf der Prüffrist.

34  Es bleiben damit nur die Fälle, in denen der Auftraggeber innerhalb der Prüfungsfrist die Rechnungen als nicht prüfbar beanstandet, obwohl er sie ohne weiteres prüfen kann und geprüft hat. Will man die damit verbundene Schikanemöglichkeit nicht hinnehmen, wird man der Frage nachgehen müssen, ob die Berufung auf die fehlende Prüfbarkeit mit Treu und Glauben vereinbar ist.[47] Hier sind die Maßstäbe heranzuziehen, die in der Rechtsprechung bereits für die Beurteilung der Prüfbarkeit entwickelt wurden. Insbesondere die

---

[41] BGH NJW-RR 2004, 445, 446 ff.
[42] BGH NZBau 2005, 40, 41 = NJW-RR 2005, 167, 168 = ZfBR 2005, 56, 58 = MDR 2005, 206; bestätigt in BGH BauR 2005, 385; NZBau 2006, 179, 180.
[43] BGH NJW-RR 2004, 445, 448; in diesem Sinne bereits *Cuypers* in der Vorauflage, § 14 Nr. 3 Rdn. 17 f.; OLG Nürnberg BauR 1999, 1316 (keine Anforderung erforderlicher Unterlagen innerhalb von 2 Monaten); a. A. *Messerschmidt* in *Kapellmann/Messerschmidt* B § 16 Rdn. 188.
[44] Weitergehend (BGH habe sich für eine Objektivierung entschieden) *Kniffka* FS Thode 291, 293; BeckOK-*Jansen* Rdn. 4.
[45] BGH NZBau 2005, 40, 41 = NJW-RR 2005, 167, 168 = ZfBR 2005, 56, 58 = MDR 2005, 206; *U. Locher* in *Ingenstau/Korbion* § 16 Nr. 3 Rdn. 25; OLG Düsseldorf BauR 1990, 609 (betrifft weitergehend auch Einwendungen gegen die angewandten Abrechnungsbestimmungen; veraltete DIN-Norm); OLG Nürnberg BauR 1999, 1316; a. A. OLG Brandenburg NZBau 2000, 513, 514; *Heiermann* in *Heiermann/Riedl/Rusam* § 16 Rdn. 85; *Messerschmidt* in *Kapellmann/Messerschmidt* B § 16 Rdn. 188 (bei Großvorhaben kein Ausschlusstatbestand); wohl auch *Werner* in *Werner/Pastor* Rdn. 1396.
[46] BGH NZBau 2005, 40, 41 = NJW-RR 2005, 167, 168 = ZfBR 2005, 56, 58 = MDR 2005, 206; BGH 23. 7. 2006 VII ZR 68/05; *Zanner/Schulze* BauR 2001, 1186, 1190 ff.
[47] *Kniffka* FS Thode S. 291, 293.

Zurechnung der Kenntnisse der Hilfspersonen und die Frage des Prüfvermerks sind in diesen Fällen nicht anders zu beurteilen als bisher (vgl. Rdn. 26).

## 5. Auswirkungen des Fristablaufs auf die Beweislast hinsichtlich der inhaltlichen Richtigkeit der Abrechnung

Durch den Fristablauf ist der Auftraggeber nicht gehindert, Einwendungen gegen die Richtigkeit der Abrechnung vorzubringen.[48] Derartige Einwendungen stellen die Prüfbarkeit der Rechnung nicht in Frage (vgl. auch Rdn. 120).[49] Auch die Beweislastverteilung, die den Nachweis der erbrachten Leistungen im Grundsatz dem Auftragnehmer zuweist (zur Bedeutung des Aufmaßes vgl. Nr. 2 Rdn. 23 ff., 32), verschiebt sich durch den Fristablauf nicht. 35

## 6. Fortentwicklung zu einer Pflicht des Auftraggebers zur Prüfung der Rechnung?

Noch einen deutlichen Schritt weiter als die Befristung der Einwendungen gegen die Prüfbarkeit nach der Neuregelung in § 16 Nr. 3 Abs. 1 S. 2 geht eine in der Literatur vertretene Auffassung, die Pflicht des Auftraggebers zur Prüfung der Rechnung und zur alsbaldigen Rückgabe bei fehlender Prüfbarkeit erwägt. Verletze der Auftraggeber diese Pflicht, so kämen **Schadensersatzansprüche des Auftragnehmers** etwa wegen Zinsschäden in Folge späterer Fälligkeit der Vergütung in Betracht. Diese seien jedoch in weitem Maße dem Einwand des Mitverschuldens seitens des Auftragnehmers ausgesetzt.[50] Der Vorteil einer solchen Lösung liegt darin, dass sich die Rechtsfolgen bei einer unterlassenen Prüfung aus den allgemeinen Regeln der Pflichtverletzung ableiten lassen und eine Lösung über den Grundsatz von Treu und Glauben entbehrlich wird. Ein gewisser Anhaltspunkt für eine solche Pflicht findet sich auch in Teil I „Richtlinien" des Vergabehandbuchs[51] in Nr. 1 zu § 14 VOB/B. Dort wird angeordnet, dass eingehende Rechnungen unverzüglich darauf durchzusehen sind, ob die zur Prüfung erforderlichen Nachweise beigefügt sind und die Rechnung den Anforderungen entspricht. 36

Dennoch ist dieser Auffassung **nicht zu folgen,**[52] denn sie überspannt die Regelung des § 16 Nr. 3 VOB/B. Diese Bestimmung hält den Auftraggeber zwar zu einer zügigen Prüfung der Rechnung an, zugleich enthält sie aber selbst die Sanktion, indem als Obergrenze eine Frist von zwei Monaten gesetzt wird. Hätte man eine Pflicht des Auftraggebers regeln wollen, so hätte die Formulierung nicht „nach Möglichkeit" lauten dürfen, sondern es hätte dann eine unverzügliche Prüfung vorgeschrieben werden müssen. Im Übrigen werden die Gewichte verschoben, wenn derjenige, der prüfbar abzurechnen hat, den Gläubiger dieser Pflicht für die fehlende Beanstandung verantwortlich machen will. 37

### III. Übersichtlichkeit

#### 1. Konkretisierung des Begriffs

Die Frage der Prüfbarkeit einer Abrechnung wird in Nr. 1 noch konkretisiert, indem verlangt wird, dass die Rechnungen übersichtlich sind, die Reihenfolge der Posten eingehalten und die in den Vertragsbestandteilen enthaltenen Bezeichnungen verwendet werden. 38

---

[48] BGH NZBau 2005, 40, 41.
[49] BGH NJW-RR 2005, 1103.
[50] So noch *U. Locher* in *Ingenstau/Korbion* § 14 Nr. 1 Rdn. 3 in der 14. Auflage.
[51] Vergabehandbuch, http://www.bmvbs.de/Bauwesen/Bauauftragsvergabe-,1535/Vergabehandbuch.htm, Stand Februar 2006.
[52] Vgl. *Heiermann* in *Heiermann/Riedl/Rusam* § 16 Rdn. 85 (Frist habe lediglich für die Fälligkeit Bedeutung; keine Rechtsnachteile bei Fristablauf); vgl. auch *Weick* in *Nicklisch/Weick* § 16 Rdn. 35 a, der aber letztlich doch eine Haftung wegen positiver Forderungsverletzung zulassen will.

Darüber hinaus müssen Änderungen und Ergänzungen des Vertrages unaufgefordert in der Rechnung kenntlich gemacht werden.

39 Zur Übersichtlichkeit gehört auch die **Vertragsbezogenheit** der Abrechnung, denn es geht bei der Abrechnung darum, die Übereinstimmung der Abrechnung mit den vertraglichen Vereinbarungen leicht prüfen zu können. Werden zwischen denselben Parteien mehrere Verträge über unterschiedliche Gewerke eines Bauvorhabens geschlossen, so sind diese deshalb getrennt prüfbar abzurechnen.[53] Werden umgekehrt bei zwei Häusern mehrere Verträge über unterschiedliche Werkleistungen geschlossen, die sich jeweils auf beide Gebäude beziehen, so ist der Auftragnehmer nur zur vertragsbezogenen Abrechnung verpflichtet und der Auftraggeber kann keine bauwerksbezogene Abrechnung verlangen.[54]

40 Der Begriff der Übersichtlichkeit bezieht sich zunächst auf die **äußere Gestaltung** der Rechnung. Darüber hinaus verpflichtet er aber auch dazu, dem Auftraggeber die Übersicht zu verschaffen, indem die für die Bestimmung der Vergütung erforderlichen Rechnungsgrundlagen und die wesentlichen Abrechnungsfaktoren erkennbar sind. Der Rechenweg muss durch Angabe der einzelnen Rechnungsfaktoren nachvollziehbar sein. Dazu sind im Regelfall die Mengen und Massen und die zu Grunde gelegten Preise anzugeben (zur Abhängigkeit der Anforderungen von den Faktoren der Vergütungsberechnung vgl. Rdn. 49 ff., dort auch zu den Anforderungen beim Pauschalvertrag). Die **Umsatzsteuer** ist gesondert auszuweisen, wenn der Rechnung eine umsatzsteuerpflichtige Leistung zu Grunde liegt.[55]

## 2. Form der Rechnung

41 Obwohl dies nicht ausdrücklich bestimmt ist, muss die Rechnung im Grundsatz **schriftlich** erteilt werden.[56] Dies ergibt sich bereits daraus, dass Nachweise der Rechnung *beizufügen* sind. Eine Unterschrift ist nicht erforderlich.[57] Eine Abrechnung in **elektronischer Form** genügt der Pflicht zur prüfbaren Abrechnung, wenn der Vertrag unter Berücksichtigung aller Umstände eine solche Form der Abrechnung zulässt.[58] Dabei wird man angesichts der sehr großen Verbreitung der EDV im Regelfall die Abrechnung in elektronischer Form zulassen. Soweit allerdings besondere Programme erforderlich sind, um die Abrechnung zur Kenntnis nehmen und prüfen zu können, ist es nicht Sache des Auftraggebers, diese zur Verfügung zu haben. Fehlt es an besonderen Vereinbarungen, so genügt der Auftragnehmer der Pflicht zur prüfbaren Abrechnung nur, wenn er sicherstellt, dass der Auftraggeber über die erforderliche Software verfügt.

42 Die Parteien können eine **Abrechnung in elektronischer Form zwingend vereinbaren.** Eine solche Vereinbarung kann sich auch im Wege der Auslegung ergeben, etwa dann, wenn das Leistungsverzeichnis im Vertrag in elektronischer Form beigefügt ist und der Auftraggeber – wie der Auftragnehmer weiß – den Abgleich in elektronischer Form durchführen möchte.[59] Legt der Auftragnehmer in einem solchen Fall lediglich einen Papierausdruck vor, so fehlt es an einer prüffähigen Abrechnung, auch dann, wenn der Ausdruck den Anforderungen der Nr. 1 in Aufbau und Terminologie entspricht.

---

[53] OLG Hamm 20. 6. 2002 23 U 50/01 juris = IBR 2002, 657.
[54] BGH NJW-RR 2000, 1469, 1470 = NZBau 2000, 508.
[55] Vgl. BGH NJW-RR 2002, 376, 377.
[56] *U. Locher* in *Ingenstau/Korbion* § 14 Nr. 1 Rdn. 1.
[57] OLG Karlsruhe 19. 12. 1996 8 U 222/95; BeckOK-*Jansen* Rdn. 2.
[58] Abweichend *U. Locher* in *Ingenstau/Korbion* § 14 Nr. 1 Rdn. 4: Maßgebend sei, ob dem Auftraggeber entsprechende Prüfungsmittel zur Verfügung stehen oder zur Verfügung gestellt werden.
[59] Vgl. Vergabehandbuch, http://www.bmvbs.de/Bauwesen/Bauauftragsvergabe-,1535/Vergabehandbuch.htm, Stand Februar 2006, Teil I „Richtlinien" zu § 14 VOB/B Nr. 2 i. V. m. Teil V – 502 – Richtlinie zur Datenverarbeitung im Bauvertragswesen.

## 3. Reihenfolge der Posten

Nach Nr. 1 Satz 2 ist die Reihenfolge der Posten einzuhalten, d. h. sie muss der Reihenfolge und der Bezeichnung der entsprechenden **Positionen im Leistungsverzeichnis entsprechen.** Enthalten andere Vertragsgrundlagen noch weitere Aufteilungen der Leistung, die für die Bemessung der Vergütung relevant sind, so gilt dies entsprechend. Eine weitere Aufsplitterung unterhalb der Ebene der Positionen des Leistungsverzeichnisses bzw. dieser Konkretisierung durch andere Vertragsunterlagen ist nicht erforderlich.[60] War der Auftraggeber mit einer **Kurzfassung des Angebots** nach § 21 Nr. 1 Abs. 3 VOB/A einverstanden, so braucht sich die Rechnung regelmäßig auch nur an den Angaben in dieser Kurzfassung zu orientieren.[61]

In welchem Maße eine **Abweichung in der Reihenfolge** der Posten die Prüfbarkeit in Frage stellt, hängt vom Einzelfall und dabei vor allem von dem Mehraufwand ab, der dem Auftraggeber aus der Abweichung entsteht. Dabei braucht der Auftraggeber allenfalls einen ganz geringfügigen Mehraufwand hinzunehmen, denn die vertragliche Vereinbarung in Nr. 1 dient gerade der Vereinfachung der Prüfung. Der Auftraggeber verstößt deshalb in der Regel nicht gegen Treu und Glauben, wenn er sich gegen eine diesen Anforderungen nicht genügende Abrechnung wendet. In der Rechtsprechung wird zuweilen ein abweichender Maßstab angewendet. So lässt es das OLG Brandenburg ausreichen, wenn eine abweichende Reihenfolge die Prüfung dem Auftraggeber nicht wesentlich erschwert. Es hat deshalb eine Rechnung als prüfbar angesehen, weil dem Gericht die Zuordnung einer Vielzahl von Positionen möglich gewesen sei.[62] Bei diesem sehr großzügigen Maßstab darf die fortgeschrittene prozessuale Situation nicht vergessen werden. Er eignet sich nicht als allgemeine Regel. Deshalb ist der Auftraggeber **nicht gehindert, eine Rechnung als nicht prüffähig zurückzuweisen,** bei der eine Vielzahl von Preisen nicht zugeordnet ist. Beanstandet der Auftraggeber die Prüfbarkeit der Rechnung nicht innerhalb der Prüfungsfrist, so ist er ohnehin nach der neuen Auffassung des BGH mit diesem Einwand ausgeschlossen (vgl. Rdn. 32 f.). Probleme können sich deshalb nur bei schikanösen Beanstandungen innerhalb der Prüfungsfrist stellen. Hier ist das **Beharren auf den vertraglichen Vereinbarungen** über die Abrechnung in der Regel noch **nicht missbräuchlich.** Nur wenn Kontrollinteressen in keiner Weise betroffen sind oder nur ganz geringfügige Anstrengungen auf Seiten des Auftraggebers erforderlich sind, um die Zuordnung erkennen zu können, stehen Treu und Glauben der Berufung auf die fehlende Prüfbarkeit entgegen.

Hängt bei einer **elektronischen Prüfung** die Überprüfbarkeit von einer exakten Übereinstimmung der Posten ab, so berechtigen auch geringfügige Abweichungen dazu, die Abrechnung zurückzuweisen (zur Vereinbarung der Abrechnung in elektronischer Form vgl. Rdn. 42). Dieser strengere Maßstab rechtfertigt sich aus den Anforderungen, welche die elektronischen Prüfung stellt.

## 4. Zusammenfassung von Positionen

Werden Posten **zusammengefasst,** so führt dies nicht nur zu einem möglicherweise erhöhten Prüfungsaufwand, sondern es können auch die Kontrollinteressen des Auftraggebers beeinträchtigt werden. So dürfen Posten mit Materialien **unterschiedlicher Qualität** nicht zusammengefasst werden, wenn der Auftraggeber auf diese Weise nicht mehr feststellen kann, ob die vertraglich vorgesehene Qualität in der geschuldeten Menge verwendet wurde.

Dagegen kann eine Zusammenfassung gleichartiger Leistungen unschädlich sein, sofern die Zuordnung der Leistungsteile zu einem bestimmten Teil der Gesamtleistung für den

---

[60] *Weick* in *Nicklisch/Weick* Rdn. 9.
[61] *Weick* in *Nicklisch/Weick* Rdn. 8.
[62] OLG Bandenburg BauR 2000, 583, 584 = NZBau 2000, 511.

Auftraggeber ohne Interesse ist. Dies ist jedoch ein Ausnahmefall, denn der Auftraggeber hat ein schützenswertes Interesse daran zu erfahren, welcher Arbeitsumfang bei bestimmten Bereichen angefallen ist. Dabei braucht er sich auch nicht darauf verweisen zu lassen, dass sich diese Angaben aus den Stundenlohnzetteln ableiten lassen. Im Zweifel ist von einem Interesse an einer Trennung der Abrechnung auszugehen, denn die Überprüfung der angegebenen Leistungen ist in der Regel wesentlich einfacher, wenn diese einzelnen Bereichen zugeordnet wurden. Außerdem spricht bereits der Umstand, dass diese Posten im Leistungsverzeichnis gesondert aufgeführt wurden, für ein entsprechendes Kontrollinteresse. Nur in engen Ausnahmen wird man deshalb die Zusammenfassung von Posten tolerieren können.

### 5. Bezeichnung der Leistungen

48  Die Bezeichnung der Leistungen muss nach § 14 Nr. 1 VOB/B mit der Bezeichnung in den Vertragsbestandteilen übereinstimmen. Mit dieser Formulierung bezieht sich die Regelung auf § 1 VOB/B einschließlich der Vorrangregelung bei Widersprüchen in § 1 Abs. 2 VOB/B. Auch hinsichtlich der Bezeichnung der Leistungen sind Abweichungen unschädlich, wenn sie vom Auftraggeber ohne nennenswerten Zeitaufwand aufzulösen sind. Gebräuchliche oder sich selbst erklärende Abkürzungen stellen keine Abweichung dar.

### 6. Besonderheiten bei den einzelnen Vergütungsformen

49  **a) Einheitspreisvertrag.** Die Anforderungen der Nr. 1 sind vor allem auf Vergütungsabreden ausgerichtet, bei denen sich der Gesamtbetrag der Vergütung aus einem Abrechnungsprozess ergibt. Dies ist insbesondere bei einem **Einheitspreisvertrag** der Fall. Denn hier ergeben erst die Angaben der ausgeführten Mengen und der vereinbarten Einheitspreise die Vergütung, und gerade bei dieser Vergütungsform ist wegen des Umfangs der Abrechnungsposten die enge Anbindung der Abrechnung an die Positionen und Bezeichnungen im Vertrag erforderlich (zur Feststellung der ausgeführten Leistungen vgl. Nr. 2 Rdn. 2, 9 ff.). Zu den Besonderheiten bei vorzeitiger Beendigung des Vertrages vgl. Nr. 2 Rdn. 1.

50  **b) Stundenlohnvertrag/Selbstkostenerstattungsvertrag.** Ein Abrechnungsbedürfnis ergibt sich aber in ganz ähnlicher Weise beim Stundenlohnvertrag und beim Selbstkostenerstattungsvertrag. Beim Stundenlohnvertrag wird § 14 VOB/B durch die Regelung in § 15 VOB/B ergänzt, aber nicht verdrängt (vgl. auch Vorbem. § 15 Rdn. 6),[63] denn § 15 VOB/B will weder die Möglichkeit der Selbsterstellung der Rechnung nach § 14 VOB/B Nr. 4 ausschließen, noch die Anforderungen an eine übersichtliche und nachvollziehbare Abrechnung herabsetzen (näher § 15 Nr. 4 Rdn. 2 ff.). Die Grundsätze der Abrechnung der Werkleistung, der Übersichtlichkeit und der Prüfbarkeit gelten deshalb auch hier. Ebenso verhält es sich beim Selbstkostenerstattungsvertrag, bei dem die Selbstkosten nachzuweisen und in einer prüfbaren und übersichtlichen Form abzurechnen sind.

51  **c) Pauschalpreisvertrag. aa) Abrechnung des ausgeführten Pauschalpreisvertrags.** Im Unterschied zum Einheitspreisvertrag und zum Stundenlohn- und Selbstkostenerstattungsvertrag steht beim Pauschalpreis die zu entrichtende Vergütung bereits fest, ohne dass dazu einen Rechenweg erforderlich ist, der durch eine prüfbare Abrechnung nachvollziehbar gemacht werden müsste. Dennoch ist auch beim Pauschalpreisvertrag schon im Hinblick auf § 16 Nr. 3 VOB/B und den Ausschluss von Nachforderungen oder Entschädigungsansprüchen wegen Behinderungen nach vorbehaltloser Annahme einer Schlusszahlung die Erstellung einer **Schlussrechnung erforderlich**, die auch Fälligkeitsvoraussetzung ist.[64] Zugleich wird auf diesem Weg erreicht, dass der Auftragnehmer die Frage derartiger Ansprüche prüfen kann, ohne dass bereits die Frist für die Verjährung seiner Forderung

---

[63] *Messerschmidt* in *Kapellmann/Messerschmidt* Rdn. 36; *Weick* in *Nicklisch/Weick* Rdn. 15.
[64] BGHZ 105, 290, 293 ff. = NJW 1989, 836 f.; *Weick* in *Nicklisch/Weick* Rdn. 13; *Messerschmidt* in *Kapellmann/Messerschmidt* Rdn. 34.

läuft.⁶⁵ Darüber hinaus eröffnet § 2 Nr. 7 VOB/B unter engen Voraussetzungen die Anpassung des Pauschalpreises, so dass auch diese Möglichkeit zumindest einer Prüfung bedarf.

Da sich die Anforderungen an die Prüfbarkeit an den Informations- und Kontrollinteressen des Auftraggebers orientieren und die Pauschalpreisabrede die Vergütungshöhe von den im Einzelnen erbrachten Leistungen unabhängig macht, reicht es aus, wenn pauschalierte Leistungen auch zusammengefasst abgerechnet werden. Eine Aufteilung auf Positionen ist deshalb nicht erforderlich. **Gesondert aufzuführen** und abzurechnen sind aber alle Leistungen, die **nicht von der Pauschalierung erfasst** werden, etwa Nachträge oder Zusatzarbeiten, sofern diese nicht ihrerseits pauschaliert vergütet werden sollen. Führt der Auftragnehmer trotz der Pauschalierung Einzelleistungen auf, so dienen sie zur Information des Auftraggebers, haben aber keine Funktion bei der Abrechnung. 52

**bb) Abschlagszahlungen.** Auch in der Schlussrechnung eines Pauschalpreisvertrages sind bereits geleistete Abschlagszahlungen **aufzuführen** (vgl. Rdn. 62 ff.).⁶⁶ Soweit allerdings keinerlei Zweifel an der Höhe der geleisteten Abschlagszahlungen besteht, ist die Rechnung auch bei Fehlen dieser Angaben prüfbar.⁶⁷ 53

**cc) Detailpauschalvertrag.** Werden in einem Vertrag die Leistungen des Unternehmers nicht global umschrieben, sondern im Einzelnen aufgeführt und lediglich die Vergütung pauschaliert (Detailpauschalvertrag), so entspricht es regelmäßig der vertraglichen Vereinbarung, dass die Gesamtvergütung nur dann geschuldet wird, wenn die im Einzelnen aufgezählten Leistungen in dem vereinbarten Umfang erbracht wurden. Fallen einzelne Positionen weg oder werden sie vom Auftraggeber ausgeführt, so kann dies für die Höhe der Vergütung bedeutsam sein (vgl. § 2 Nr. 7 Abs. 1 S. 4 i. V. m. Nr. 4 und 5).⁶⁸ Sofern dies in Betracht kommt, sind auch bei einer Pauschalpreisvereinbarung die erbrachten Leistungen im Einzelnen prüfbar nachzuweisen.⁶⁹ 54

Werden im Vertrag für bestimmte Teilleistungen Pauschalen vereinbart, während im Übrigen nach Einheitspreisen abgerechnet wird, so ist eine Abrechnung wie bei einem Einheitspreisvertrag erforderlich und lediglich in den pauschalierten Bereichen kann die Leistung pauschal abgerechnet werden.⁷⁰ 55

**dd) Preisanpassung bei Mengenabweichungen.** Verlangt der Auftragnehmer bei einem Pauschalpreisvertrag Preiskorrekturen – etwa weil der Vertrag dies bei Mengenabweichungen ab einer bestimmten Größenordnung vorsieht (vgl. § 2 Nr. 7 Rdn. 66) – so sind die erbrachten Leistungen in der Form des § 14 VOB/B nachzuweisen. Sieht der Vertrag eine Absenkung des Preises bei Mindermengen vor oder ist diese Möglichkeit wegen § 2 Nr. 7 VOB/B zumindest nicht ausgeschlossen, so muss der Auftraggeber die Möglichkeit haben, die Mengen zu prüfen und ggf. auf eine Absenkung hinzuwirken. Deshalb ist auch in einem solchen Fall die Angabe der Mengen erforderlich.⁷¹ 56

**ee) Zusätzliche oder geänderte Leistungen.** Die Anforderungen an eine prüfbare Rechnung sind auch einzuhalten, soweit bei einem Pauschalpreisvertrag geänderte oder zusätzliche Leistungen (§ 2 Nr. 5, 6 VOB/B) abgerechnet werden (zum Kenntlichmachen vgl. Rdn. 93 ff.),⁷² falls nicht hinsichtlich der Änderungen oder Erweiterungen eine neue Pauschalabrede getroffen wurde.⁷³ 57

---

⁶⁵ BGHZ 105, 290, 293 = NJW 1989, 836.
⁶⁶ BGHZ 105, 290, 294 = NJW 1989, 836, 837.
⁶⁷ OLG Köln NJW-RR 1990, 1171, 1172 (im Fall abgelehnt); *Weick* in *Nicklisch/Weick* Rdn. 13.
⁶⁸ Vgl. *Riedl* in *Heiermann/Riedl/Rusam* § 2 Rdn. 152 d; *Vygen* BauR 1979, 375, 377.
⁶⁹ *Weick* in *Nicklisch/Weick* Rdn. 13; vgl. auch *Locher* in *Ingenstau/Korbion* Rdn. 5; vgl. auch OLG Celle BauR 2000, 932 (LS).
⁷⁰ *Weick* in *Nicklisch/Weick* Rdn. 13.
⁷¹ BGHZ 105, 290, 293 ff. = NJW 1989, 836, 837; Streit über den Umfang der vom Besteller gestellten Materialien steht aber der Prüfbarkeit der Rechnung nicht entgegen, über Mengen ist ggf. Beweis zu erheben, vgl. BGH NJW-RR 2001, 311 = NZBau 2001, 138.
⁷² BGHZ 105, 290, 293 ff. = NJW 1989, 836, 837.
⁷³ KG 30. 4. 1998 27 U 3646/97 juris (LS); *Locher* in *Ingenstau/Korbion* Rdn. 5.

### 7. Abrechnung der erbrachten Arbeiten bei vorzeitig beendetem Vertrag

**58** Wird ein Vertrag durch Kündigung oder aus anderem Grunde vorzeitig beendet, so sind die **erbrachten Leistungen** abzurechnen (vgl. oben Rdn. 8 ff.; zur Abrechnung nicht erbrachter Leistungen vgl. Rdn. 68 ff.). Dies bereitet beim Einheitspreis-, beim Stundenlohnvertrag oder beim Selbstkostenerstattungsvertrag im Grundsatz keine Probleme, weil sich die Vergütung der erbrachten Arbeiten ohne weiteres aus der Vergütungsabrede ermitteln lässt. Schwieriger verhält es sich bei **Pauschalverträgen,** weil hier den einzelnen Leistungen keine Preise zugeordnet werden, sondern für die (gerade noch nicht vollständig erbrachte) Gesamtleistung eine pauschale Vergütung vereinbart ist. Eine Bewertung des Teilwerks muss sich aber auch hier an den **vertraglichen Vereinbarungen** und **nicht** etwa **am objektiven Wert** der Leistungen oder an einer üblichen Vergütung orientieren, denn die vorzeitige Beendigung des Vertrages soll hinsichtlich der abzurechnenden Leistungen das vertraglich ausgehandelte Äquivalenzverhältnis abbilden. Ausgehandelte Vorteile für eine Vertragsseite müssen deshalb dieser Seite auch in dem Umfang zugute kommen, in dem der Vertrag ausgeführt wurde. Deshalb wird bei der Abrechnung eines vorzeitig beendeten Pauschalvertrags auf die **Urkalkulation** des Pauschalpreises zurückgegriffen. Dies ist nicht ganz unproblematisch, weil diese Urkalkulation nicht Vertragsbestandteil geworden, sondern nur Grundlage der internen Willensbildung des Auftragnehmers bei der Vereinbarung des Pauschalpreises ist. Dennoch ist es die einzige Möglichkeit, eine Bewertung nach vertraglichen Vereinbarungen vorzunehmen und zu verhindern, dass Bewertungspositionen im Interesse der Gewinnmaximierung oder der Kostenminimierung in den bereits ausgeführten oder in den noch auszuführenden Teil des Vertrages verschoben werden. Dies wird vor allem bei einem vom Auftraggeber ohne wichtigen Grund gekündigten Pauschalpreis relevant, weil hinsichtlich der Vergütung nicht erbrachter Leistungen die vom Auftragnehmer ersparten Aufwendungen abzuziehen sind (näher Rdn. 68 f.), während die erbrachten Leistungen nach ihrem Anteil vom Gesamtpauschalpreis abzurechnen sind. Verlustkalkulationen aus dem nicht ausgeführten Teil des Vertrages führen deshalb nicht zu einer Minderung der Vergütung des erbrachten Teils. Umgekehrt bleiben dem Auftragnehmer die Vorteile einer Kalkulation des nicht ausgeführten Teils erhalten, wenn die vereinbarte Verfügung mit nur geringen Aufwendungen seitens des Auftragnehmers zu erzielen war und deshalb der Abzug ersparter Aufwendungen entsprechend gering ausfällt. Aber eben dies muss der Auftraggeber prüfen können und deshalb ist im Interesse des Auftraggebers an der Abwehr unberechtigter Ansprüche eine prüfbare Abrechnung der Leistungen erforderlich. Sie ist dem Auftragnehmer zuzumuten, denn er hat vertraglich die Verpflichtung zur prüfbaren Abrechnung übernommen.

**59** Aus diesem Grund ist bei der vorzeitigen Beendigung des Pauschalpreisvertrages die Gesamtleistung in Teilleistungen aufzugliedern und diese nach der Ursprungskalkulation zu bewerten.[74] Der **Umfang der erbrachten Leistungen** ist dann in der Regel durch **Aufmaß** festzustellen.[75] Ein solches Aufmaß kann nicht durch die Vorlage der Rechnungen von Subunternehmern ersetzt werden,[76] derartige Unterlagen können aber bei der Frage berücksichtigt werden, ob die Ansätze des Auftragnehmers in seiner Abrechnung den vertraglichen Grundlagen in der Urkalkulation entsprechen.[77] So können diese Unterlagen plausibel machen, warum eine zunächst erstellte Kalkulation des Pauschalpreises nach den Verhandlungen mit den Subunternehmern geändert werden musste und so Verschiebungen in der Urkalkulation entstanden, die für die Bewertung der Teilleistung beachtlich sind.[78]

---

[74] BGH NJW 2003, 581, 582 = NZBau 2003, 151 = BauR 2003, 377; BGH NZBau 2002, 507 f.; NJW 1999, 2036.
[75] OLG Frankfurt/M. 26. 5. 1995 10 U 122/94 juris (LS).
[76] OLG Nürnberg 12. 5. 1993 13 U 3411/92 juris (LS).
[77] BGH NJW 2003, 581, 582 = NZBau 2003, 151 = BauR 2003, 377.
[78] Vgl. BGH NZBau 2002, 507 f.

Die Einzelheiten zur Abrechnung in diesen Fällen sind schwer festzulegen, denn ein **60** Vergleich zwischen einem mit Preisen versehenen Leistungsverzeichnis im Angebot und der Abrechnung nach den Ist-Mengen scheidet angesichts dieser vereinbarten Vergütungsform aus. Die Aufteilung nach erbrachten und nicht erbrachten Leistungen und ihre Gegenüberstellung anhand der Urkalkulation dient allein dazu, dem Auftraggeber die Möglichkeit des kritischen Nachvollziehens des nunmehr in Rechnung gestellten Betrages zu ermöglichen. Da dabei das im Vertrag vereinbarte Äquivalenzverhältnis zwischen Werkleistung und Vergütung aufrecht erhalten werden muss, sind die erbrachten Leistungen nicht nach dem objektiven Verkehrswert zu bewerten, sondern in **Relation zu der vereinbarten Pauschale**.[79] Entscheidend für den Detaillierungsgrad sind auch hier die Kontrollbedürfnisse und die Verteidigungsinteressen des Auftraggebers.[80] Diese sind jedenfalls dann berührt, wenn die Abrechnung lediglich die vereinbarte Vergütung, die später vereinbarte Mehrvergütung und die erhaltenen Abschlagszahlungen aufführt, ohne aber klar zwischen erbrachten und nicht erbrachten Leistungen zu trennen.[81] **Stehen** lediglich **ganz geringfügige Leistungen** noch **aus**, so kann eine Rechnung über den gekündigten Pauschalvertrag auch dann prüfbar sein, wenn diese lediglich die erbrachten Leistungen aufführt, ohne diesen die nicht erbrachten und ihre Behandlung in der Urkalkulation gegenüberzustellen, sofern damit Verschiebungen zu Lasten des Auftraggebers nicht verdeckt werden können und deshalb seine Verteidigungsinteressen nicht berührt werden.[82] Entsprechend hat der BGH eine Abrechnung als prüfbar angesehen, wenn der Unternehmer nur einen **kleinen Teil der Leistung erbracht** hat und diese ohne Bezugnahme auf die gesamte Urkalkulation abrechnet.[83]

Wird ein durch **Zusatzvereinbarungen geänderter** Pauschalvertrag gekündigt, so muss **61** grundsätzlich der geänderte Vertrag abgerechnet werden. Geschieht dies nicht, sondern werden die Zusatzvereinbarungen gesondert abgerechnet, so erschwert dies die Prüfbarkeit und widerspricht Nr. 1 Satz 4. Dennoch kann die Abrechnung je nach Fallgestaltung prüfbar sein, sofern klar erkennbar ist, welche einzelnen Posten der Ursprungskalkulation entfallen oder modifiziert werden.[84] Hat der Unternehmer in der **Ursprungskalkulation eine Position nicht berücksichtigt**, weil er irrtümlich der Auffassung war, sie sei nicht geschuldet, so reicht es für die Prüfbarkeit der Rechnung aus, wenn die Vergütung für den gekündigten Pauschalpreisvertrag auf der Grundlage der (fehlerhaften) Ursprungskalkulation berechnet wird.[85] In einem solchen Fall besteht allerdings die Gefahr, dass die Abrechnung eine zu hohe Vergütung ausweist. Denn bei Durchführung des Vertrages hätte die Pauschalvereinbarung den Auftragnehmer zur Erbringung der Leistung im Rahmen des vereinbarten Preises verpflichtet. Wird wegen der vorzeitigen Beendigung nun das Verhältnis zwischen erbrachter und geschuldeter Leistung bestimmt, so führt die Berechnung auf der Grundlage der Urkalkulation – also ohne die dort nicht kalkulierte Leistung – zu einem für den Auftragnehmer zu günstigen Ergebnis, wenn diese Leistung noch nicht erbracht wurde. Denn der Anteil der erbrachten Leistung sinkt, wenn die Gesamtleistung auch diesen weiteren Posten umfasst. Dies stellt jedoch die Prüfbarkeit der Rechnung auf Grundlage der

---

[79] OLG Naumburg BauR 2003, 896, 897.
[80] BGH NZBau 2004, 503 = NJW-RR 2004, 1384, 1385 = BauR 2004, 1443, 1444 f.; BGH NJW-RR 2002, 1177 = NZBau 2002, 508, 509; OLG Naumburg BauR 2003, 896, 897 (detaillierte Abrechnung wie beim Einheitspreisvertrag kann nicht ohne weiteres verlangt werden); zu großzügig OLG Dresden BauR 2003, 400 f. (ausreichend, wenn die Rechnungsposten i. V. m. dem Leistungsverzeichnis die berechneten Leistungen angeben und die Preise aus dem Leistungsverzeichnis und dem Verhältnis des Angebotsendpreises zum Pauschalpreis errechenbar sind).
[81] BGH NJW-RR 2002, 1177, 1178 = NZBau 2002, 508, 509; sehr großzügig OLG Dresden 27. 5. 2004, 13 U 1925/01, IBR-Online (Zusammenfassung der Kalkulation für die schlüsselfertige Herstellung eines Gebäudes in 14 Sammelposten) m. zust. Anm. *Schulze-Hagen* IBR 2005, 467.
[82] BGH NJW 2000, 2988, 2991; vgl. auch KG 29. 3. 1999 24 U 4679/98 juris (nach unstreitig gestelltem Leistungsumfang von nur 2% der Auftragssumme kann die Forderung nach einer aufgeschlüsselten Nachkalkulation treuwidrig sein).
[83] BGH BauR 2005, 385, 386 = NZBau 2005, 147, 148 = NJW-RR 2005, 325 f.
[84] BGH NJW-RR 2002, 1177, 1178 = NZBau 2002, 508, 509.
[85] BGH NJW-RR 2004, 1385, 1386 = NZBau 2004, 549 = BauR 2004, 1441, 1442 = ZfBR 2004, 687.

Urkalkulation und damit die Fälligkeit der Vergütungsforderung nicht in Frage, denn der Auftraggeber kann auf der Grundlage dieser Abrechnung die Vergütung für die erbrachte Leistung ableiten. Die Höhe der Vergütung unter Berücksichtigung der Verschiebung muss dann ggf. unter Zuhilfenahme eines Sachverständigen geklärt werden.

### 8. Berücksichtigung seitens des Auftraggebers erbrachter Leistungen

62    a) **Abschlagszahlungen.** Hat der Auftraggeber bereits Abschlagszahlungen geleistet, so sind diese im Grundsatz in der Rechnung aufzuführen, denn erst aus der Differenz ergibt sich der nunmehr geschuldete Betrag und dieser ist prüfbar abzurechnen (vgl. zum Pauschalpreisvertrag auch Rdn. 53).[86] Bevor eine Abrechnung, die solche Abschlagszahlungen nicht enthält, als nicht prüfbar angesehen wird, ist aber auch zu bedenken, dass diese Zahlungen vom Auftraggeber ohne weiteres selbst zu ermitteln sind und die Minderung des errechneten Gesamtbetrages durch bereits geleistete Abschlagszahlungen an sich ein Umstand ist, auf den sich der Auftraggeber zu berufen hat und für den er im Streitfall darlegungs- und beweisbelastet ist. Soweit **Kontrollinteressen** des Auftraggebers **nicht berührt** sind, stellt deshalb die Nichtaufführung der Abschlagszahlungen die Prüfbarkeit nicht in Frage.[87]

63    Eine **Zuordnung der Abschlagszahlungen** zu den Posten der Schlussrechnung ist nicht erforderlich, denn erst die nunmehr vorgelegte Rechnung führt zu einer endgültigen Abrechnung.[88] Damit reicht es zur Bestimmung des Umfangs der Restzahlungspflicht aus, wenn von der Gesamtsumme die gezahlte Abschlagssumme abgezogen wird. Wurden mehrere Abschlagszahlungen geleistet, so ist grundsätzlich eine Auflistung der einzelnen Zahlungen erforderlich. Anderes gilt auch hier, wenn die Kontrollinteressen des Auftraggebers nicht berührt sein können.[89]

64    Werden nach Abschlagszahlungen **Teilleistungen endgültig** abgerechnet, so ist in der Teilschlussrechnung eine Zuordnung erforderlich, denn der Auftraggeber muss dann im Hinblick auf weitere Abschlagsforderungen prüfen können, ob die damals angeforderten Abschlagszahlungen den bereits erbrachten Leistungen entsprochen haben. In Ausnahmefällen kann die Zusammenfassung der Rechnung über die Abschlagszahlungen eine Schlussrechnung entbehrlich machen.

65    Das **prozessuale Verhältnis** von Abschlagsforderung und Vergütungsanspruch nach Schlussrechnung ist zweifelhaft. Nachdem der BGH zunächst einen einheitlichen Streitgegenstand angenommen hatte,[90] ging er im folgenden von unterschiedlichen Streitgegenständen aus (anders, wenn bei der Vergütungsklage eine neue Schlussrechnung vorgelegt wird, vgl. Rdn. 118).[91] Dafür spricht einiges, denn der Vergütungsanspruch wird erst durch die Schlussrechnung fällig. Auch wenn die Abschlagsforderung auf dasselbe wirtschaftliche Interesse gerichtet ist, lässt sie sich schon wegen der fehlenden Zuordnung zu einzelnen Leistungen nicht als Teil des Vergütungsanspruchs begreifen. Mit Recht schwächt die neuere Rechtsprechung in der praktischen Handhabung die Folgen aus der Annahme unterschiedlicher Streitgegenstände durch die Anwendung von § 264 ZPO ganz weitgehend ab. Im **Übergang von der Abschlagsforderung auf den Vergütungsanspruch** liegt eine jederzeit zulässige Klageänderung nach § 264 Nr. 3 ZPO, wenn der Vergütungsanspruch durch eine nach Eintritt der Rechtshängigkeit vorgelegte (Teil-)Schlussrechnung fällig wird.[92]

---

[86] BGHZ 140, 365, 374.
[87] Vgl. BGH NJW 2000, 653, 655 (Architekt).
[88] Mit Recht verneint deshalb der BGH auch im Abrechnungsstadium die Erforderlichkeit einer Zuordnung der Abschlagszahlungen zu einer bestimmten Leistung, BGHZ 140, 365, 374 unter Hinweis auf BGH NJW 1999, 417, 418; BauR 1997, 468.
[89] Vgl. auch *Locher* in *Ingenstau/Korbion* Nr. 1 Rdn. 11.
[90] A. A. OLG Hamm NJW-RR 1996, 593.
[91] BGH NZBau 2005, 158, 160 f. = NJW-RR 2005, 318, 321 f. (zum Architekten) unter Aufgabe von BGH NJW 1999, 713 = BauR 1999, 267; BGH NJW 1985, 1840, 1841; NJW-RR 1987, 724.
[92] BGH NZBau 2005, 158, 160 f. = NJW-RR 2005, 318, 321; *Weise* NJW-Spezial 2005, 309 f. unter Angabe von BGH NJW 1999, 713.

Wurde die Schlussrechnung vor Eintritt der Rechtshängigkeit bereits erteilt, so wendet der BGH § 264 Nr. 1 ZPO an.[93] Wegen der Unterschiedlichkeit der Streitgegenstände entfaltet aber ohne eine solche Klageänderung die klageabweisende Entscheidung über eine Abschlagsforderung gegenüber einer Vergütungsklage nach Schlussrechnung keine Rechtskraftwirkung.[94]

Ausnahmsweise kann eine **Schlussrechnung** durch **mehrere Abschlagsrechnungen ersetzt** werden. Dies setzt voraus, dass die Abschlagsrechnungen ausnahmsweise so detailliert und prüfbar aufgestellt sind, dass sich aus ihrer Zusammenfassung die Übersicht über sämtliche Leistungen ergibt und sich deshalb eine weitere Schlussrechnung erkennbar erübrigt.[95] Dies wird aber nur in seltenen Ausnahmefällen anzunehmen sein. 66

**b) Vom Auftragnehmer zu vergütende Nebenleistungen des Auftraggebers.** Hat der Auftragnehmer nach den vertraglichen Vereinbarungen bestimmte Leistungen des Auftraggebers – wie etwa das Entgelt für die Wassernutzung – zu vergüten, so ist der entsprechende Abzugsposten in der Abrechnung über die Werkleistung aufzuführen, um die Prüfbarkeit der Abrechnung zu gewährleisten.[96] 67

### 9. Abrechnung nicht erbrachter Leistungen bei gekündigtem Vertrag

Werden bei einem gekündigten Vertrag Ansprüche nach § 8 Nr. 1 Abs. 2 VOB/B, § 649 BGB wegen solcher Leistungen abgerechnet, die nicht erbracht wurden, so sind die **ersparten Aufwendungen prüfbar** in die Abrechnung einzustellen. Dies gilt unabhängig von der vereinbarten Vergütungsart. Die Angabe der Ersparnis ist Teil der prüfbaren Abrechnung und damit Voraussetzung der Fälligkeit. Bei der Bestimmung des Maßstabs für die Prüfbarkeit muss man sich die wirtschaftliche Interessenlage des Auftragnehmers vor Augen führen: Die ersparten Aufwendungen bilden bei den nicht ausgeführten Leistungen einen Abzugsposten, während die erbrachten Leistungen ohne Rücksicht auf die dazu erforderlichen Aufwendungen nach Vertragspreisen abgerechnet werden. Damit ist die Zuordnung von Aufwendungen zu den erbrachten oder zu den nicht erbrachten Leistungen von entscheidender Bedeutung für die Höhe des Vergütungsanspruchs für die nicht ausgeführten Leistungen. Werden Aufwendungen, welche an sich die nicht ausgeführten Leistungen betreffen, den erbrachten Leistungen zugeordnet, so mindern sie weder die Vergütung der erbrachten Leistungen noch wirken sie sich als Abzugsposten bei der Vergütung der nicht erbrachten Leistungen aus. Daraus ergibt sich zugleich das Kontrollinteresse des Auftraggebers: Er muss prüfen können, dass eine solche Verschiebung nicht stattfindet.[97] Ganz geringfügige Abweichungen, welche die Nachvollziehbarkeit nicht in Frage stellen, sind bei dieser Form der Abrechnung hinzunehmen und führen nicht dazu, dass die Abrechnung insgesamt nicht mehr prüfbar ist.[98] 68

Erforderlich ist damit eine **strikte Trennung zwischen erbrachten und nicht erbrachten Leistungen** und eine **genaue Zuordnung der Aufwendungen.** Dies gilt auch beim **Pauschalpreisvertrag,** bei dem diese Aufteilung und Zuordnung auf der Grundlage der Urkalkulation erfolgen muss (vgl. Rdn. 58). Dabei kann eine gewerkebezogene Aufteilung des Pauschalpreises den Kontrollinteressen genügen, so dass es nicht erforderlich ist, die Leistungen nach der Art eines Einheitspreisvertrages aufzuteilen und fiktive Preise zuzuordnen.[99] Dies ist aber eine Frage des Einzelfalls und insbesondere der Detaillierung der zu Grunde liegenden Urkalkulation.[100] 69

---

[93] BGH NZBau 2006, 175.
[94] OLG Jena 14. 8. 1996 7 U 1253/95 juris (LS) = OLGR Jena 1996, 257 ff.
[95] OLG Hamm NJW-RR 1996, 593; *Messerschmidt* in *Kapellmann/Messerschmidt* B § 16 Rdn. 174.
[96] *Heiermann* in *Heiermann/Riedl/Rusam* Rdn. 13; zur Vereinbarung solcher Klauseln vgl. BGH NJW 1999, 3260.
[97] BGH NJW 2002, 2780.
[98] BGH NJW 1999, 2036 f.
[99] BGH NJW 2002, 2780.
[100] Vgl. BGH NJW 1999, 2036.

**70** Für die Höhe des Vergütungsanspruchs unter Abzug der ersparten Aufwendungen ist der **Auftragnehmer** als Anspruchsteller **beweispflichtig**. Dabei kann der Auftragnehmer das Fehlen ersparter Aufwendungen bei **Vergabe an Subunternehmer** durch die Vorlage der Rechnungen von Subunternehmern nachweisen, die diese wegen der Nichtausführung ihrer Leistungen dem Auftragnehmer gestellt haben.[101] Soweit die Subunternehmerleistungen bereits zum Teil erbracht wurden, ist die Vergütung dafür vorzutragen, um so sicherzustellen, dass die Kündigung für den Auftragnehmer weder zu Vor- noch zu Nachteilen führt.

## C. Zeitpunkt der Abrechnung

**71** Regelmäßig wird der Auftragnehmer bereits im eigenen Interesse zeitnah abrechnen, um die Fälligkeit des Vergütungsanspruchs herbeizuführen. Eine Beschleunigung kann aber auch im Interesse des Auftraggebers liegen, nicht nur aus den in der Vorbemerkung in Rdn. 7 f. genannten Gründen, sondern auch deshalb, weil sich dann die Prüfung der Abrechnung häufig einfacher und schneller gestaltet. § 14 VOB/B enthält deshalb bezüglich der **Schlussrechnung** in Nr. 3 eine Regelung über den Zeitpunkt der Abrechnung. **Abschlagszahlungen** können nach Maßgabe des § 16 Nr. 1 VOB/B beansprucht werden, jedoch gibt es dabei – vorbehaltlich der Vereinbarung von Abschlagszahlungsterminen, § 16 Nr. 1 Abs. 1 S. 1 – keine zeitliche Grenze wie im Fall der Nr. 3. Dies folgt schon daraus, dass Abschlagszahlungen nur auf Antrag zu begleichen sind, § 16 Nr. 1 VOB/B, ohne dass den Auftragnehmer eine Pflicht zur Antragstellung trifft. Weiterhin erlaubt § 632 a BGB die Geltendmachung von Abschlagsforderungen; aber auch hier gibt es keine zeitlichen Vorgaben, innerhalb derer die Forderung abzurechnen ist.

**72** Soweit es sich um einen **Stundenlohnvertrag** handelt, ist § 15 VOB/B zu beachten, der eine zeitnahe Abrechnung anordnet (vgl. § 15 Nr. 4 Rdn. 6 ff.).

**73** Für den Fall der **Teilabnahme** einer in sich abgeschlossenen Teilleistung ermöglicht § 16 Nr. 4 VOB/B die Abrechnung ohne Rücksicht auf die Vollendung der Leistungen (zur Anwendbarkeit der Nr. 3 vgl. Nr. 3 Rdn. 2 f.).

**74** Auch wenn die Leistung erst **nach langer Zeit abgerechnet** wird, sind die Anforderungen an die Prüfbarkeit der Abrechnung einzuhalten. Nur in sehr engen Grenzen ist es dem Auftraggeber versagt, sich in einem solchen Fall auf die fehlende Prüfbarkeit der Rechnung zu berufen. Denn im Grundsatz ist es Sache des Auftragnehmers, die Rechnung zu erstellen und es geht zu seinen Lasten, wenn dies wegen Zeitablaufs nicht mehr ordnungsgemäß möglich ist. Auf der anderen Seite ist zu bedenken, dass bei Festhalten am Erfordernis einer prüfbaren Abrechnung der Vergütungsanspruch insgesamt nicht durchsetzbar ist, wenn feststeht, dass die Abrechnung aus tatsächlichen Gründen nicht mehr erstellt werden kann. Deshalb hat der BGH mit Recht in einem Fall, in dem wegen der Insolvenz des Unternehmers und des Zeitablaufs eine prüfbare Abrechnung nicht mehr erstellt werden konnte, die Vergütungsforderung als fällig angesehen, wobei der Auftragnehmer den Umfang der erbrachten Leistungen im Prozess nachzuweisen hat und Zweifel an diesem Umfang zu seinen Lasten gehen. Dabei kann dem Auftragnehmer das günstigere Beweismaß des § 287 Abs. 2 ZPO zugute kommen, der eine Schätzung der Höhe einer Forderung zulässt, wenn die vollständige Aufklärung in keinem Verhältnis zur Bedeutung des streitigen Teils der Forderung steht.[102]

---

[101] BGH NJW 2002, 2780, 2781; NJW 1999, 3261, 3262.
[102] BGH NJW-RR 2005, 167, 168 = NZBau 2005, 40, 41; vgl. auch BGH NJW-RR 2006, 455, 456; U. *Locher* in *Ingenstau/Korbion* Nr. 1 Rdn. 6 unter Hinweis auf BGH 25. 9. 1967 VII ZR 46/65 juris (keine Berufung auf Fehlen einer prüfbaren Rechnung, wenn ordnungsgemäße Rechnung wegen Zeitablaufs nicht mehr erstellt werden kann); *Schäfer/Finnern/Hochstein* Z. 2331 Bl. 50, 51 (insoweit nicht abgedruckt in NJW 1967, 2353).

## D. Nachweise

### I. Beifügung von Nachweisen

Der Auftragnehmer hat den geltend gemachten Vergütungsanspruch bereits nach allgemeinen Regeln mit Nachweisen zu belegen, denn die Parteien vereinbaren hinsichtlich der Vergütung des Werklohns regelmäßig kein Leistungsbestimmungsrecht des Unternehmers, sondern wollen die Vergütung nach Maßgabe der erbrachten Leistungen oder der dafür erforderlicher Stunden berechnen. Deshalb wird man den Werkunternehmer auch ohne Vereinbarung der VOB/B für verpflichtet halten, zumindest bei einer entsprechenden Aufforderung des Bestellers Nachweise über seine Leistung vorzulegen (vgl. auch Vorbem. Rdn. 17, 19). Die Besonderheit bei Vereinbarung der VOB/B liegt darin, dass die Pflicht zur Beifügung von Nachweisen als Bestandteil der Pflicht zur prüfbaren Abrechnung zu verstehen ist, so dass das **Fehlen von Nachweisen** im Grundsatz zur **fehlenden Prüfbarkeit** und damit zum Aufschub der Fälligkeit führt (zur Grenze von Treu und Glauben vgl. Rdn. 86 f.).[103] Zugleich folgt aus dieser Einordnung, dass es sich auch bei diesem Punkt um eine Pflicht des Auftragnehmers, nicht nur um eine Obliegenheit handelt (vgl. Vorbem. Rdn. 6 ff.).[104]

**1. Erforderliche Nachweise**

Nach Nr. 1 Satz 3 sind zum Nachweis von Art und Umfang der Leistung Mengenberechnungen, Zeichnungen und andere Belege beizufügen. Indem die Regelung auf Mengenberechnungen und Zeichnungen abstellt wird klar, dass auch interne Unterlagen und eigene Aufstellungen als Beleg dienen können. Maßgebend ist, ob sich aus den betreffenden Unterlagen auf die Art oder den Umfang der Leistung schließen lässt. Erforderlich sind deshalb auch Unterlagen, aus denen sich Besonderheiten der Leistung, etwa die besondere Qualität der verwendeten Materialien, ergeben.

**a) Abhängigkeit vom Vergütungstyp.** Die Belege brauchen nur dann beigefügt zu werden, wenn sie zum Nachweis von Art und Umfang der Leistungen dienen. Da der Nachweisbedarf von der vereinbarten Vergütungsart abhängt (vgl. Rdn. 49 ff.), sind auch Belege nur insoweit vorzulegen, als sie sich auf Umstände beziehen, die für die Berechnung der Vergütung von Bedeutung sind.

Soweit ein Aufmaß zur Bestimmung der Vergütungshöhe notwendig ist, kann deshalb die Vorlage von **Aufmaßskizzen** erforderlich sein (zur Ersetzung des Aufmaßes vor Ort durch Zeichnungen vgl. Nr. 2 Rdn. 13).[105] Unterlagen über **Lohn-, Stoff- und Gerätekosten** zählen zu diesen Belegen, sofern diese nach dem Vertrag Grundlage der Vergütung des Auftragnehmers sind. **Nicht** zu den Belegen zählen **Revisions- oder Bestandspläne,** wenn diese zwar nach den vertraglichen Vereinbarungen dem Auftraggeber zu übergeben, aber angesichts der prüfbaren Abrechnung im Übrigen zur Erfüllung des Informations- und Kontrollbedürfnisses nicht erforderlich sind.[106] Werden solche Unterlagen nicht beigefügt, so steht das der Prüfbarkeit der Abrechnung nicht entgegen. Der Vergütungsanspruch kann damit fällig werden, wobei dem Auftraggeber wegen der noch ausstehenden Unterlagen und der damit verbundenen Unvollständigkeit der Leistung die Rechte nach § 13 VOB/B und damit insbesondere ein Zurückbehaltungsrecht nach § 320 BGB zustehen.[107]

---

[103] *U. Locher* in *Ingenstau/Korbion* Nr. 1 Rdn. 12 f.
[104] *U. Locher* in *Ingenstau/Korbion* Rdn. 12.
[105] *Messerschmidt* in *Kapellmann/Messerschmidt* Rdn. 24.
[106] Vgl. OLG Celle BauR 1995, 261; *Weick* in *Nicklisch/Weick* Rdn. 10.
[107] OLG Celle BauR 1995, 261; OLG Düsseldorf *Schäfer/Finnern/Hochstein* § 14 Nr. 3 VOB/B; *U. Locher* in *Ingenstau/Korbion* Nr. 1 Rdn. 13; *Kuß* Rdn. 17.

79 **b) Beschränkung auf erforderliche Belege.** Der Rechnung müssen Belege nur dann beigefügt werden, wenn sie erforderlich sind, um die Art und den Umfang der Leistung nachzuweisen. Ist der Nachweis erbracht, so brauchen weitere Unterlagen nicht mehr beigefügt zu werden. Deshalb kann aus dem Fehlen von Abrechnungszeichnungen, auch wenn ihre Vorlegung vertraglich eigens vereinbart ist, noch nicht ohne weiteres auf die mangelnde Prüfbarkeit der Rechnung geschlossen werden, denn auch in diesem Fall brauchen die Unterlagen nicht stets erforderlich zu sein.[108]

80 So ist die Vorlage von Unterlagen **entbehrlich,** wenn diese dem Auftraggeber **bereits zur Verfügung** stehen.[109] Da die Belege dem Auftraggeber nicht nur zur Einsicht gegeben, sondern zur Verfügung gestellt werden müssen (vgl. Rdn. 82), entfällt die Pflicht zur Übersendung der Belege jedoch **nicht** schon dadurch, dass dem Auftraggeber Belege oder andere Nachweise **gezeigt** wurden.

81 Hat der Auftraggeber die **Bauleitung übernommen** und konnte er sich so bei der Ausführung unmittelbar ein Bild von Art und Umfang der Leistung machen, so kann sich die Pflicht zur Beifügung der Belege reduzieren. Dabei ist jedoch zu beachten, dass die Belege eine nachträgliche und gründliche Prüfung ermöglichen sollen. Es wäre deshalb nicht sachgerecht, auf Belege ganz zu verzichten, weil der Auftraggeber die Bauleitung hatte. Auch in diesem Fall ist es erforderlich, die Übereinstimmung der Leistung mit dem vertraglich Vereinbarten und die inhaltliche Richtigkeit der Abrechnung noch zu prüfen.[110] In Betracht kommt deshalb allein eine Reduzierung der Belegpflicht, soweit die Leistungen nach Art und Umfang ohne weiteres für den Auftraggeber ersichtlich sind und kein Bedürfnis nach einer weiteren Prüfung besteht. Belege sind auch dann erforderlich, wenn der Auftraggeber einen Architekten mit der Bauleitung, nicht aber mit der Rechnungsprüfung beauftragt hat, denn die Kenntnisse des Architekten stehen dann dem Auftraggeber für die Prüfung der Rechnung nicht ohne weiteres zur Verfügung.[111] Es ist aber gerade Sinn der Belegpflicht, dem Auftraggeber die Prüfung zu erleichtern. Deshalb greifen allgemeine Grundsätze der Wissenszurechnung in diesem Fall nicht ein.

## 2. Art der Kenntnisgabe

82 Nr. 1 Satz 3 verpflichtet dazu, die Belege beizufügen. Aus dieser Formulierung folgt, dass die Gelegenheit zur Einsichtnahme nicht ausreicht. In der Regel werden einfache Kopien übersandt. Dies kann – soweit nichts anderes vereinbart ist[112] – auch in elektronischer Form geschehen. Die Übereinstimmung mit dem Original ist erforderlich, braucht aber nicht gesondert bestätigt zu werden. Der Auftraggeber darf die Belege als Teil der Abrechnung behalten.

## 3. Besonderheiten bei Nachunternehmerschaft

83 Setzt der Auftragnehmer Nachunternehmer zur Erbringung der Leistung ein, so sind Unterlagen über die vertraglichen Beziehungen **zum Nachunternehmer keine Belege** im Sinne des § 14 Nr. 1 VOB/B, denn sie dienen nicht dazu, die Leistung des Auftragneh-

---

[108] BGH NJW-RR 1990, 1170, 1171 = LM § 14 VOB/B 1973 Nr. 5.
[109] BGH BauR 1990, 605, 607; OLG München BauR 1993, 346, 347.
[110] *Messerschmidt* in Kapellmann/*Messerschmidt* Rdn. 26; für eine weitergehende Absenkung der Belegpflicht (Vorlage von Belegen nicht erforderlich) OLG Frankfurt/M. BauR 1980, 578, 579; *U. Locher* in *Ingenstau/Korbion* Nr. 1 Rdn. 13; ähnlich *Weick* in *Nicklisch/Weick* Rdn. 10 (Belege nicht erforderlich, wenn der Auftraggeber die Bauleitung vor Ort wahrnimmt oder einen Architekten mit der Bauleitung und der Rechnungsprüfung beauftragt); ähnlich auch *Heiermann* in *Heiermann/Riedl/Rusam* Rdn. 29.
[111] So im Ergebnis auch OLG Düsseldorf *Schäfer/Finnern/Hochstein* Nr. 3 zu § 14 VOB/B 1973; *Weick* in *Nicklisch/Weick* Rdn. 10.
[112] Die Richtlinien zur Anwendung der Datenverarbeitung im Bauwesen, Vergabehandbuch, http://www.bmvbs.de/Bauwesen/Bauauftragsvergabe-,1535/Vergabehandbuch.htm, Stand Februar 2006, Teil V – 502, gehen in Nummer 5.3. von der Übergabe der zur Prüfung erforderlichen Unterlagen neben der Übergabe der Datenträger aus.

mers gegenüber dem Auftraggeber nachzuweisen. Deshalb kann der Auftraggeber nicht über die Beanstandung der Rechnung die Vorlage der Unterlagen über den Subunternehmervertrag erreichen.¹¹³

Anders verhält es sich, wenn im Verhältnis zum Auftraggeber die **Vergütung des Auftragnehmers** auf der Grundlage der an den Nachunternehmer gezahlten Vergütung **errechnet** werden soll.¹¹⁴ Als Beleg ist dann die (prüfbare) Rechnung des Nachunternehmers beizufügen, denn nur diese erlaubt die Prüfung, ob allein die im Verhältnis zum Auftraggeber als Berechnungsgrundlage vereinbarte Vergütung vom Nachunternehmer in Rechnung gestellt wurde. 84

Die Nachunternehmerrechnungen sind auch dann als Belege beizufügen, wenn bei einem gekündigten Vertrag über die nicht erbrachten Leistungen abgerechnet wird und dabei die **ersparten Aufwendungen** nachzuweisen sind. Der Auftragnehmer kann dazu die Nachunternehmerrechnungen vorlegen und so nachweisen, dass er durch die Nichtausführung der Leistung insoweit nichts erspart hat (vgl. Rdn. 70). 85

## II. Treu und Glauben

Der Grundsatz von Treu und Glauben kann es dem Auftraggeber verwehren, sich auf das Fehlen beigefügter Unterlagen zu berufen. Dabei werden die praktisch wichtigsten Fälle bereits durch eine restriktive Auslegung des Begriffs der Erforderlichkeit eines Belegs erfasst, ohne dass ein Rückgriff auf Treu und Glauben erforderlich ist. Hat der Auftraggeber die Schlussrechnung unterschrieben, ohne das Fehlen von Belegen zu monieren, so kann er nach einer älteren Entscheidung des BGH die Prüfbarkeit der Rechnung nicht mehr wegen des Fehlens von Nachweisen beanstanden (zu Prüfvermerken des Architekten vgl. Rdn. 89).¹¹⁵ Nach der Neuregelung in § 16 Nr. 3 Abs. 1 S. 2 kann sich der Auftraggeber nach Ablauf einer Prüffrist von zwei Monaten nach Treu und Glauben nicht mehr darauf berufen, die Abrechnung sei nicht prüfbar gewesen (vgl. Rdn. 32 f.). Dies schließt auch die Rüge der fehlenden Prüfbarkeit wegen Fehlens von Belegen aus. Auch insoweit führt der Fristablauf jedoch nicht zu einem Ausschluss der Einwendungen gegen die Richtigkeit (vgl. Rdn. 35). Ausgeschlossen ist lediglich die Berufung darauf, die Vergütungsforderung sei wegen des Fehlens von Nachweisen nicht prüfbar und damit nicht fällig geworden. Hinsichtlich des Umfangs der erbrachten Leistungen bleibt es aber bei der Beweislast des Auftragnehmers, der die Voraussetzungen für den geltend gemachten Vergütungsanspruch nachzuweisen hat. Damit ist im Bestreitensfall auch noch nach Ablauf der Prüffrist ein Nachweis der erbrachten Leistungen erforderlich. 86

Der Auftraggeber verstößt auch nicht gegen Treu und Glauben, wenn er nach Ablauf der Prüffrist Nachweise verlangt, um die Abrechnung inhaltlich prüfen zu können, denn Einwendungen gegen die Richtigkeit werden durch den Ablauf der Prüffrist nicht ausgeschlossen (vgl. Rdn. 35). Verweigert der Auftragnehmer die Vorlage der Nachweise, so verletzt er trotz Ablauf der Prüffrist seine vertraglichen Nebenpflichten. Führt dies später zu einem Vergütungsprozess, weil der Auftraggeber die Vergütung der nicht nachgewiesenen Leistungen verweigert, so können die Prozesskosten einen Teil des Schadens des Auftraggebers aus der Verletzung der Pflicht zur Vorlage von Nachweisen bilden, denn der Ablauf der Prüffrist führt zwar zum Fälligwerden des Vergütungsanspruchs, entbindet aber nicht vom Nachweis der Vergütungsvoraussetzungen. 87

---

¹¹³ *Messerschmidt* in *Kapellmann/Messerschmidt* Rdn. 27.
¹¹⁴ *Messerschmidt* in *Kapellmann/Messerschmidt* Rdn. 27.
¹¹⁵ BGH 11. 2. 1965 VII ZR 78/63 juris.

### III. Vertragliche Regelungen über Nachweise

88  Den Parteien steht es frei, die Anforderungen an die Nachweise vertraglich abzuändern. Neben einer Vereinbarung über den Umfang der Belegpflicht kommt dabei auch eine Regelung über die Form in Betracht. Zum Verzicht auf Nachweise bei Abrechnung auf der Grundlage der Plan- und nicht der Istwerte vgl. Vorbem. Rdn. 28.

### IV. Bedeutung des Prüfvermerks

89  Hat der Architekt eine Rechnung „geprüft", obwohl erforderliche Nachweise nicht beigefügt sind, so liegt darin kein Verzicht auf diese Nachweise, denn der Vermerk enthält keine entsprechende Willenserklärung des Architekten (zu der er in aller Regel auch nicht bevollmächtigt wäre), sondern nur eine Wissenserklärung gegenüber dem Auftraggeber.[116] Allerdings können Treu und Glauben es dem Auftraggeber bei der Frage der Fälligkeit der Rechnung verwehren, sich auf die mangelnde Prüfbarkeit der Rechnung zu berufen, wenn sie der Architekt geprüft hat.[117] Deshalb wurde vor der Neubestimmung der Rechtsprechung zur Prüfungsfrist die Berufung auf die fehlende Prüfbarkeit ausgeschlossen, wenn die Prüfung tatsächlich erfolgt war.[118] Nach der Neuregelung in § 16 Nr. 3 Abs. 1 S. 2 ist die Berufung auf die fehlende Prüfbarkeit mit Ablauf der Prüfungsfrist ohnehin ausgeschlossen, so dass der Frage nach der Bedeutung des Prüfvermerkes nur noch geringe Bedeutung zukommt: Nach Ablauf der Prüffrist sind Einwände regelmäßig ausgeschlossen. Ein nach dieser Frist erteilter Prüfvermerk ist dann für die Beurteilung der Prüffähigkeit der Rechnung ohne Bedeutung. Vor Fristablauf ist regelmäßig die objektive Prüfbarkeit entscheidend. Nur in den Fällen, in denen ausnahmsweise vor Fristablauf dem Auftraggeber die Berufung auf die fehlende Prüfbarkeit versagt werden soll (Rdn. 34) oder bei denen der Auftraggeber innerhalb der Prüfungsfrist die fehlende Prüfbarkeit gerügt hat, kommt deshalb dem Prüfvermerk noch Bedeutung zu. Sachliche Einwände gegen die Richtigkeit der Abrechnung stellen dabei die Prüfbarkeit nicht in Frage, sondern belegen im Gegenteil die Möglichkeit der Prüfung.

## E. Kenntlichmachen der Änderungen und Ergänzungen

### I. Begriff der Änderungen und Ergänzungen

90  Abweichungen vom Vertrag berühren das Informations- und Kontrollinteresse des Auftraggebers in besonderer Weise, denn sie können zu einer Änderung der Vergütung führen. Dies gilt unabhängig von der Vergütungsform, so dass die Verpflichtung zur Kenntlichmachung von Änderungen und Ergänzungen auch bei Pauschalverträgen besteht.[119]

91  Unsicherheiten oder mögliche Veränderungen, denen im Vertrag bereits Rechnung getragen ist, sind keine Vertragsänderungen. Deshalb sind nach einer älteren Entscheidung des BGH **Abweichungen von den kalkulierten Massen** oder Mengen **nicht** kenntlich zu machen.[120] Dem ist zuzustimmen, sofern die Abweichungen nicht zu einer Anpassung der Vergütung wegen Mehr- oder Mindermengen führen. **Alternativ- oder Eventual-**

---

[116] BGH BauR 2005, 96, 97; *Heiermann* in *Heiermann/Riedl/Rusam* Rdn. 60.
[117] BGH NJW 2002, 676 = NZBau 2002, 90, 91 = BauR 2002, 468, 469; *Messerschmidt* in *Kapellmann/Messerschmidt* Rdn. 12.
[118] BGH NJW 2002, 676; NJW 1967, 342, 343; *Schmitz* DB 1980, 1009, 1011.
[119] Vgl. BGHZ 105, 290, 290 = NJW 1989, 836, 837 (obiter dictum); *U. Locher* in *Ingenstau/Korbion* § 14 Nr. 1 Rdn. 15.
[120] BGH NJW 1967, 342, 343.

**positionen** sind ebenfalls im Vertrag bereits angelegte Änderungen, so dass ihre Abrechnung ohne besondere Kenntlichmachung möglich ist.

Kenntlich zu machen sind insbesondere **Änderungs- und Zusatzleistungen** nach § 2 Nr. 5 und 6 VOB/B sowie die **Selbstausführung** von Leistungen durch den Auftraggeber nach § 2 Nr. 4 VOB/B mit der Folge der Abrechnung nach § 8 Nr. 1 Abs. 2 VOB/B. Bei zusätzlichen oder geänderten Leistungen kommt es für die Frage der Kenntlichmachung nicht darauf an, ob der Auftraggeber zu einer einseitigen Anordnung befugt war oder ob eine Leistungserweiterung nur mit Zustimmung des Auftragnehmers möglich war, denn die Kenntlichmachung dient gerade dazu, dem Auftraggeber die Prüfung zu ermöglichen, ob und von wem diese zusätzliche Leistung veranlasst wurde. Deshalb muss die Abrechnung die Beurteilung dieser Fragen auch ermöglichen.[121]

### II. Kenntlichmachen

Änderungen und Ergänzungen sind nach Nr. 1 Satz 4 **unaufgefordert kenntlich** zu machen. Dagegen ist eine gesonderte Abrechnung dieser Leistungen nur auf Verlangen des Auftraggebers erforderlich (Rdn. 97 ff.).

Über die **Art der Kenntlichmachung** enthält § 14 VOB/B keine Aussage. Möglich ist es, die Nachtragspositionen unmittelbar hinter den entsprechenden Positionen des Leistungsverzeichnisses einzuordnen, ebenso ist es möglich, alle Nachtragspositionen am Ende der Rechnung aufzuführen.[122] Eine **Zusammenfassung** der Nachtragspositionen **mit anderen Positionen** genügt den Anforderungen **nicht**. Ebenso reicht die **Zusammenfassung mehrerer Nachtragspositionen** nicht aus, wenn das Leistungsverzeichnis für die vertraglich vorgesehenen Leistungen eine Aufgliederung in unterschiedliche Positionen enthält.

Fehlt es an der Kenntlichmachung und wird dadurch das Informationsinteresse des Auftraggebers beeinträchtigt, weil die Trennung mehr als nur unerheblichen Aufwand erfordert, so ist die Rechnung **insgesamt nicht prüfbar** und der Vergütungsanspruch wird nicht fällig. Auch insoweit beschränkt die Zweimonatsfrist des § 16 Nr. 3 Abs. 1 S. 2 die Möglichkeit des Auftraggebers, sich auf die fehlende Prüfbarkeit wegen fehlendem Kenntlichmachen der Abweichungen zu berufen (vgl. Rdn. 86).

92

93

94

95

### III. Unklarheit über die Frage des Nachtrags

Die Kennzeichnung der Abweichung ist auch erforderlich, wenn über die Frage der **Berechtigung** der Nachtragsforderung **Uneinigkeit** besteht. Aus dem Fehlen einer Kennzeichnung kann jedoch mangels eines entsprechenden Erklärungswerts nicht darauf geschlossen werden, dass es sich aus Sicht des Auftragnehmers nicht um einen Nachtrag handelt.

96

### IV. Gesonderte Abrechnung auf Verlangen des Auftraggebers

Nachträge werden Bestandteil des ursprünglichen Vertrages. Soweit der Auftraggeber nach § 1 Nr. 3 VOB/B zur einseitigen Anordnung zusätzlicher Leistungen berechtigt ist, gestaltet er selbst den Vertragsinhalt um.[123] Für die Abrechnung bedeutet dies, dass der Vertrag als ganzer und damit in seiner geänderten Form unter Berücksichtigung des § 2 Nr. 5 abzurechnen ist.

97

---

[121] Vgl. OLG Hamm BauR 1997, 656, 659.
[122] *Messerschmidt* in *Kapellmann/Messerschmidt* Rdn. 29.
[123] Vgl. *von Rintelen* in *Kapellmann/Messerschmidt* B § 1 Rdn. 49 ff.

Nichts anderes gilt, wenn der Auftraggeber eine zusätzliche Leistung fordert, deren Vergütung der Auftragnehmer beansprucht (zur Frage der Ankündigung eines Zusatzvergütungsanspruchs bei zusätzlichen Leistungen vgl. § 2 Nr. 6 Rdn. 67 ff.). Selbstständig neben dem Hauptvertrag geschlossene Zusatzverträge können dagegen gesondert abgerechnet werden.

98 In Abweichung vom Grundsatz der Abrechnung des geänderten Vertrages als Ganzem ordnet Nr. 1 Satz 4 an, dass auf **Verlangen des Auftraggebers gesondert** abzurechnen ist. Dies geschieht durch eine separate Rechnung. Wird dieses Verlangen gestellt, so spaltet sich der Vergütungsanspruch entsprechend auf. Damit können beide Ansprüche zu **unterschiedlichen Zeitpunkten prüfbar** abgerechnet und damit **fällig** werden. Auch für die Verjährung können damit unterschiedliche Zeitpunkte gelten (vgl. Vorbem. Rdn. 13).

99 Das **Verlangen** muss **vom Auftraggeber** gestellt werden. Zur separaten Abrechnung ist der Auftragnehmer von sich aus nicht befugt. Wird dennoch separat abgerechnet, kann der Auftraggeber dies zurückweisen. Auch wenn die separate Rechnung nicht zurückgewiesen wird, tritt Fälligkeit erst ein, wenn hinsichtlich aller Leistungen prüfbar abgerechnet wurde. Anders ist nur dann zu entscheiden, wenn in der Annahme der separaten Rechnung der Wille des Auftraggebers oder einer von diesem zur Vertragsänderung bevollmächtigten Person (vgl. Rdn. 101) entnommen werden kann, in Abänderung des Vertrages mit der Aufteilung der Forderungen einverstanden zu sein.

100 Eine **Frist** für das Verlangen einer gesonderten Abrechnung sieht die VOB/B nicht vor.[124] Ihr ist auch nicht zu entnehmen, dass die gesonderte Abrechnung nur vor Erteilung der Abrechnung verlangt werden kann. Es bleibt dem Auftraggeber deshalb unbenommen, auch nach Erhalt der Rechnung noch eine gesonderte Abrechnung zu verlangen. Für ein solches Verlangen kann sich nach Erhalt einer Gesamtabrechnung ein besonderes Bedürfnis ergeben, beispielsweise deshalb, weil bei einer erheblichen Überschreitung der Kosten die Vergütungserhöhung in Folge der Änderung oder Ergänzungen von der Abrechnung des ursprünglichen Vertragsinhalts getrennt werden soll, um auch in diesem Bereich Kostenüberschreitung genauer identifizieren zu können. Ein Kostenerstattungsanspruch entsteht auch durch ein solches spätes Abrechnungsverlangen in der Regel nicht.[125]

101 Wird das Verlangen nicht vom Auftraggeber selbst gestellt, so darf nicht vorschnell eine **Vertretungsmacht** angenommen werden, denn es handelt sich nicht etwa um eine Formalie der Abrechnung, sondern um eine Änderung des Vertrags, die für die Fälligkeit und die Verjährung einige Bedeutung haben kann (vgl. Rdn. 98). Der bauleitende Architekt ist deshalb für ein solches Verlangen nicht ohne weiteres als bevollmächtigt anzusehen. Auch der mit der Rechnungsprüfung beauftragte Architekt wird einer besonderen Bevollmächtigung bedürfen.

## F. Bindungswirkung der Rechnung

### I. Ausschluss von Nachforderungen durch § 16 Nr. 3 Abs. 2 VOB/B

102 § 14 VOB/B enthält keine Aussage zur der Frage, ob der Auftragnehmer an die erteilte Rechnung gebunden ist oder ob er diese Abrechnung noch ändern kann. Der Grund für ein solches Änderungsbedürfnis kann zum einen darin liegen, dass Abrechnungsposten versehentlich nicht eingestellt wurden, zum anderen kommt aber auch eine Anpassung in Betracht, weil die Preise für die entsprechenden Einheiten korrigiert werden sollen. Dabei spricht aus Sicht des Auftraggebers einiges für eine Bindungswirkung, denn dieser hat sich vielfach in seinen Dispositionen auf den Gesamtvergütungsanspruch eingestellt.

---

[124] A. A. *Heiermann* in *Heiermann/Riedl/Rusam* Rdn. 32 (rechtzeitige Aufforderung, mindestens 12 Tage bevor der Auftragnehmer die Rechnung einreichen muss, verspätete Aufforderung führe zu Vergütungsanspruch des Auftragnehmers für die getrennte Abrechnung).
[125] A. A. *Heiermann* in *Heiermann/Riedl/Rusam* Rdn. 32.

Auf der anderen Seite zeigt aber die Regelung in § 16 Nr. 3 Abs. 2 VOB/B, dass erst die **103** vorbehaltlose Annahme der Schlusszahlung zum Ausschluss von Nachforderungen führt (zu den Einzelheiten vgl. § 16 Nr. 3 Rdn. 85 ff.; zur Unwirksamkeit im Fall einer Inhaltskontrolle vgl. vor § 16 Rdn. 30 ff.). Dabei muss die Schlusszahlung mit einem Hinweis auf diese Wirkung verbunden sein. Die VOB/B trifft also selbst eine Abwägung zwischen den Interessen des Auftraggebers an rascher Klärung der Frage, ob mit weiteren Forderungen zu rechnen ist, und den Interessen des Auftragnehmers. Daraus kann entnommen werden, dass durch die Abrechnung als solche weder Nachforderungen noch Richtigstellungen ausgeschlossen werden.[126] Deshalb kann die nach § 14 VOB/B gestellte Rechnung vom Auftragnehmer noch korrigiert werden.[127] Allein die Tatsache, dass eine Schlussrechnung gestellt wird, begründet also noch keinen hinreichenden Vertrauenstatbestand, dass weitere Forderungen nicht erhoben werden.

## II. Anfechtung

Die Abrechnung ist in der Regel keine Willenserklärung (zu Zweifelsfragen, wenn die **104** Vergütungsgrundlagen im Vertrag nicht abschließend festgelegt sind, vgl. Rdn. 105), weil sie nicht auf die Herbeiführung einer Rechtsfolge gerichtet ist, sondern auf die Berechnung und damit auf die Konkretisierung der bereits vereinbarten Vergütung durch den Auftragnehmer.[128] Unterlaufen dabei Rechenfehler oder werden Posten versehentlich nicht eingestellt, so wird diskutiert, ob der Auftragnehmer die Rechnung im Wege einer analogen Anwendung der §§ 119 ff. BGB anfechten kann.[129] Dazu ist zunächst darauf hinzuweisen, dass für eine solche Anfechtung kein Bedürfnis besteht, solange der Auftragnehmer die Möglichkeit der Korrektur seiner Rechnung hat (vgl. Rdn. 107).[130] Die Bedeutung der Anfechtung reduziert sich weiter, weil nach § 16 Nr. 3 Abs. 6 VOB/B Aufmaß und Rechenfehler auch nach vorbehaltloser Annahme der Schlusszahlung noch korrigiert werden können. Ebenfalls hier nicht zu behandeln sind die Fälle, in denen nicht die Abrechnung, sondern die zu Grunde liegende Vergütungsabrede angefochten werden soll.[131]

Relevant wird die Frage nach einer Anfechtung der Rechnung dagegen, wenn sich die **105** Rechnung nicht auf die Feststellung der Abrechnungsgrundlagen und den Rechenweg zu einer Vergütungssumme beschränkt, sondern mit der Rechnung noch **Vergütungsfaktoren** vom Auftragnehmer **einseitig bestimmt** werden. Dies ist beispielsweise dann der Fall, wenn die Parteien Stundenlohnarbeiten vereinbart haben, deren Vergütung sich nach den üblichen Stundenlohnsätzen bestimmen soll. Setzt der Auftragnehmer einen bestimmten Stundenlohnsatz an, so stellt sich die Frage, ob er an diesen Ansatz gebunden ist oder ihn nachträglich erhöhen kann. Die Frage nach der Irrtumsanfechtung stellt sich hier, weil man in der Bestimmung des Stundenlohnsatzes eine Willenserklärung des Unternehmers sehen könnte, die ihn bindet, sofern sie nicht erfolgreich angefochten wird. Da die auf Vertrags-

---

[126] BGHZ 102, 392, 394 ff. = NJW 1988, 910 f.; OLG Zweibrücken NJW-RR 2003, 1023 = NZBau 2003, 440 (jedenfalls dann, wenn Auftraggeber die Unvollständigkeit der Rechnung ohne weiteres erkennen kann; dort auch zum Unterschied zum Architektenrecht); *Stellmann/Schinköth* ZfBR 2005, 3 f. (Nachforderungen); *Kleine-Möller* in *Kleine-Möller/Merl* § 10 Rdn. 188.
[127] BGH NZBau 2004, 503 = NJW-RR 2004, 1384, 1385 = BauR 2004, 1443, 1444 (Rückgriff des Gerichts auf erste Schlussrechnung, wenn vorsorglich eine zweite Schlussrechnung gestellt wurde); *U. Locher* in *Ingenstau/Korbion* § 14 Nr. 1 Rdn. 17; *Schmitz* DB 1980, 1009, 1011; gegen eine Bindung auch *Scholtissek* BauR 1993, 394, 398 (zum Architekten).
[128] *Junker* ZIP 1982, 1158, 1159; vgl. auch MünchKomm/*Kramer* vor § 116 Rdn. 37 (bloße Mitteilung über die Vergütungshöhe und damit lediglich geschäftsähnliche Handlung).
[129] Verneinend: *Schmitz* DB 1980, 1009, 1011; *Messerschmidt* in *Kapellmann/Messerschmidt* Rdn. 40; *U. Locher* in *Ingenstau/Korbion* Nr. 1 Rdn. 17; *Zanner* in *Franke/Kemper/Zanner/Grünhagen* Rdn. 30; bejahend: *Rother* AcP 164 (1964), 97, 110 f.; differenzierend (in Fällen des § 632 Abs. 2 BGB Anfechtung, wenn ein Irrtum über den Umfang der Leistungen besteht) *Junker* ZIP 1982, 1158, 1163 ff.
[130] Insoweit zutreffend auch *Junker* ZIP 1982, 1158, 1159.
[131] Vgl. dazu *Staudinger/Peters* § 632 Rdn. 26 ff.

schluss gerichteten Willenserklärungen bereits abgegeben sind, kann der Sinn einer solchen Erklärung nur in der Konkretisierung der Vergütungshöhe gesehen werden. Ob dies jedoch als Willenserklärung einzuordnen ist, erscheint zweifelhaft. Nach der Konzeption des § 632 Abs. 2 BGB geht es in diesen Fällen gerade nicht um ein einseitiges Leistungsbestimmungsrecht des Unternehmers, sondern es wird „der" übliche Stundenlohn in der Rechnung lediglich nach außen festgestellt. Der Unternehmer kann durch seine Feststellung also die Höhe des Lohnes nicht beeinflussen und deshalb handelt es sich nicht um eine Erklärung, die auf den Eintritt einer Rechtsfolge gerichtet ist. Deshalb wird bei einem Streit über die Höhe des Stundenlohns nicht über die Vertretbarkeit der Angabe des Unternehmers gestritten, sondern über die Üblichkeit des Stundenlohns. Ein eingeschränkter Nachprüfungsspielraum wie bei §§ 315 ff. BGB besteht hier – zumindest in der Theorie – nicht. Damit entfällt aber auch die Einordnung als Willenserklärung. Wird also der Stundenlohn versehentlich zu niedrig angesetzt, so lässt sich eine Bindung des Auftragnehmers an den angegebenen Stundenlohn jedenfalls nicht nach den Regeln der Willenserklärung begründen.[132] Eine **Bindung an den angesetzten Stundenlohn** kann dann nur aus **allgemeinen Vertrauensschutzerwägungen** abgeleitet werden (dazu näher Rdn. 107).[133] Sie **entfällt** jedoch aus **wichtigem Grund,** wenn der Unternehmer darlegt, dass sein Ansatz auf unrichtigen Einschätzungen oder Feststellungen beruhte. Eine Anfechtung ist dazu nicht erforderlich.

106 Die **Gegenauffassung** betont, es gebe stets einen Korridor bei der Bemessung des Üblichen und der Unternehmer dürfe innerhalb dieses Korridors den für ihn geltenden Betrag konkretisieren. Deshalb wird die Festsetzung teils als Willenserklärung, teils als rechtsgeschäftsähnliche Handlung eingeordnet.[134] Auch von den Verfechtern der Auffassung, es handele sich um eine rechtsgeschäftliche Handlung, wird dann eine Bindung an diese Festsetzung bejaht, die nur durch eine Anfechtung beseitigt werden kann.[135] Für eine solche Anfechtung fehlt es aber an einem Anfechtungsgrund. Denn die Fehlvorstellungen über die Üblichkeit des Stundenlohns begründen keinen zur Anfechtung berechtigenden Irrtum.[136] Anders verhält es sich beim Verschreiben oder Verrechnen. Soweit sich der Fehler nicht durch Auslegung beseitigen lässt und auch kein Rechenfehler vorliegt, der als Motivirrtum aufzufassen ist (verdeckter Kalkulationsirrtum), muss nach dieser Auffassung eine Anfechtung möglich sein, sofern nicht die Rechnung ohnehin wegen Perplexität nichtig ist.[137]

107 Die **besseren Argumente** sprechen für die Auffassung, die eine **Bindung aus Treu und Glauben** bejaht, jedoch keine Bindung annimmt, die nur im Wege der Anfechtung beseitigt werden kann. Die Anfechtung ist nur dann erforderlich, wenn eine vom Erklärenden gesetzte Rechtsfolge beseitigt werden soll. Bei der Angabe eines „üblichen" Stundenlohnsatzes ist dies aber nicht der Fall, denn die Frage der Üblichkeit bestimmt sich **nicht nach dem Willen** des Unternehmers. Weil er aber diese Frage nicht entscheiden kann, ist es nicht sachgerecht, ihn an einer Angabe festzuhalten und ihm Schadenersatzansprüche aufzuerlegen, wenn er sich wegen eines Irrtums lossagt. Die Rechnung enthält vielmehr nur eine Angabe, welchen Betrag der Unternehmer als üblich fordert. Damit enthält sie ein wichtiges Indiz dafür, wie er selbst den Wert seiner Leistung einschätzt. Dies ist bei der Bestimmung der Üblichkeit zu berücksichtigen, ist aber mit einer Willenserklärung nicht zu vergleichen. Darin liegt auch der **Unterschied** zu einer Erklärung des Gläubigers bei einer **Wahlschuld.** Diese ist als Willenserklärung anzusehen, bindet den Gläubiger und unterliegt gegebenenfalls der Anfechtung. Der Vertrag räumt dem Unternehmer aber keine Wahl zwischen unter-

---

[132] Für eine entsprechende Anwendung *Junker* ZIP 1982, 1158, 1163 ff.
[133] BGHZ 62, 208, 211 (Architekt) = BGH NJW 1978, 319 (Architekt).
[134] *Rother* AcP 164 (1964), 97, 110 f. (Willenserklärung); *Junker* ZIP 1982, 1158, 1163 ff. (rechtsgeschäftsähnliche Handlung).
[135] *Rother* AcP 164 (1964), 97, 114.
[136] Zutreffend *Junker* ZIP 1982, 1158, 1164; wohl auch *Rother* AcP 164 (1964), 97, 113 f., 119.
[137] *Rother* AcP 164 (1964), 97, 111; für die Annahme einer Perplexität, sofern eine Auslegung nicht möglich ist, *Junker* ZIP 1982, 1158, 1163 ff.

schiedlichen Vergütungssätzen ein, sondern erlaubt es dem Unternehmer lediglich, den von ihm geforderten, aber prozessual voll nachprüfbaren üblichen Vergütungssatz zu konkretisieren. Dem Interesse des Auftragnehmers daran, eine nachträgliche Erhöhung zu vermeiden, kann dabei über eine Bindung nach Treu und Glauben Rechnung getragen werden, wobei diese Bindung entfällt, wenn ein wichtiger Grund auf Seiten des Auftragnehmers zur Änderung der Abrechnung gegeben ist. Der Unterschied zur Anfechtung liegt darin, dass kein Ersatz des Vertrauensschadens geschuldet wird und auch keine Fristen einzuhalten sind. Auch bei der Bestimmung des wichtigen Grundes ist man nicht auf die Gründe für die Anfechtung einer Willenserklärung beschränkt, sondern kann eine umfassendere Interessenbewertung vornehmen.

Für die **Schlussrechnung** stellt sich die Frage in gleicher Weise, denn auch hier kann es aus Sicht des Auftragnehmers erforderlich werden, sich von einem unrichtig angegebenen Berechnungsfaktor loszusagen. § 16 Nr. 3 Abs. 2 VOB/B schützt zwar das Vertrauen des Auftraggebers auf eine endgültige Abrechnung des Vertrages; dieser Schutz setzt aber **erst dann** ein, wenn der Auftragnehmer die **Schlusszahlung vorbehaltlos angenommen** hat.[138] **108**

**Nach vorbehaltloser Annahme** der Schlusszahlung ist die Beurteilung schwieriger. Auf den ersten Blick scheint es nahe zu liegen, das unbedingte Interesse des Auftragnehmers an der Endgültigkeit der Schlusszahlung in den Vordergrund zu stellen. Auf der anderen Seite zeigt die Regelung in § 16 Nr. 3 Abs. 6 VOB/B die Grenzen des Vertrauensschutzes: Die Ausschlussfristen gelten nicht für ein Verlangen nach Richtigstellung der Schlussrechnung und -zahlung wegen Aufmaß-, Rechen- und Übertragungsfehlern. Geschützt wird deshalb in erster Linie das Vertrauen, dass alle Leistungen in der Rechnung berücksichtigt wurden. Dagegen wird nicht in gleicher Weise das Vertrauen darauf geschützt, dass der Auftraggeber die von ihm genannten und noch nicht im Vertrag selbst festgelegten Berechnungsfaktoren zutreffend festgelegt hat. Es spricht deshalb einiges dafür, dass der Auftragnehmer auch nach Annahme der Schlusszahlung einen versehentlich zu niedrig angegebenen Bemessungsfaktor wie den „üblichen Stundenlohn" noch einseitig ändern kann. Dabei gebieten Treu und Glauben, dass ein solches Änderungsverlangen unverzüglich nach dem Bemerken des Versehens dem Auftraggeber mitgeteilt wird. **109**

Wird eine Rechnung **korrigiert oder geändert**, so stellt das die **Fälligkeit** der bereits prüfbar abgerechneten Forderung **nicht in Frage**, denn die Fälligkeit knüpft an die prüfbare Abrechnung, nicht an ihre inhaltliche Richtigkeit an. Erhöht sich die geforderte Vergütung, so wird allerdings der **Mehrbetrag** erst mit Zugang der **neuen prüfbaren Rechnung fällig**. Reduziert sich die Vergütung, so entscheidet die frühere (prüfbare) Rechnungsstellung über den Fälligkeitszeitpunkt. Bei eventuellen Verzugsfolgen ist jedoch zu berücksichtigen, dass eine wesentliche Zuvielforderung dem Verzugseintritt entgegenstehen kann.[139] **110**

## G. Kosten der Abrechnung

Die Kosten der Abrechnung hat der Auftragnehmer zu tragen, wie sich bereits an der Regelung der Nr. 4 zeigt. Sie sind Teil seiner allgemeinen Geschäftskosten, die in der Bemessung der Vergütung kalkuliert, aber in der Abrechnung nicht gesondert ausgewiesen werden. Angesichts der zuweilen beträchtlichen Kosten einer Abrechnung und der zugrundeliegenden Feststellungen kann in der Bilanz eine Rückstellung erforderlich sein.[140] **111**

---

[138] BGHZ 102, 392 = NJW 1988, 910.
[139] MünchKomm/*Ernst* § 286 Rdn. 50, 81; *Unberath* in *Bamberger/Roth* § 286 Rdn. 27.
[140] BFH NJW-RR 1987, 533, 534; zu den Bewertungsgrundsätzen vgl. *Winkler/Hackmann* BB 1985, 1103 ff.

## H. Prozessuales

### I. Anforderungen an die Schlüssigkeit der Vergütungsklage in Bezug auf die Prüfbarkeit der Abrechnung

112 Im Vergütungsprozess gehört der Vortrag über die Fälligkeit zur **Schlüssigkeit der Klage**. Damit ist auch die prüfbare Abrechnung Teil der Schlüssigkeitsprüfung durch das Gericht, so dass es nach allgemeinen Grundsätzen auf einen Vortrag des Beklagten zur fehlenden Prüfbarkeit nicht mehr ankommt. Das Gericht hat vielmehr im Rahmen der Schlüssigkeitsprüfung die Prüfbarkeit der Abrechnung zu prüfen. **Rechtsprechung und Literatur** entscheiden gegenteilig: Da die prüfbare Rechnung die Informations- und Kontrollinteressen des Auftraggebers befriedigen soll, können sich die Anforderungen an die Prüfbarkeit reduzieren, wenn der Auftraggeber die Angaben in der Rechnung nicht bestreitet. Daraus wird geschlossen, die Prüfbarkeit sei **nicht von Amts wegen** zu prüfen, sondern nur dann, wenn der **Auftragnehmer die Angaben bestreite**.[141]

113 Dieser von den allgemeinen Regeln abweichenden Verteilung der Darlegungslast liegt das Bemühen zu Grunde, die Prüfbarkeit der Rechnung nur dann zum Gegenstand der gerichtlichen Auseinandersetzung werden zu lassen, wenn der Auftraggeber seine Kontroll- und Prüfungsinteressen geltend macht.[142] Damit soll auch vermieden werden, dass eine Rechnung als nicht prüfbar und die Vergütungsforderung damit als nicht fällig angesehen wird, obwohl der Auftraggeber selbst keine Einwendungen gegen die Prüfbarkeit hat. Dieses im Grundsatz anzuerkennende Ziel lässt sich nach der zeitlichen Befristung der Einwendung der fehlenden Prüfbarkeit durch § 16 Nr. 3 Abs. 1 S. 2 auch erreichen, ohne von den allgemeinen Grundsätzen der Darlegungslast für die Fälligkeitsvoraussetzung abzuweichen. Versagt man dem Auftraggeber nach Ablauf der Zweimonatsfrist die Berufung auf die fehlende Fälligkeit wegen fehlender Prüfbarkeit, wenn dieser die fehlende Prüfbarkeit nicht innerhalb der Prüfungsfrist gerügt hat, so kann man zu den allgemeinen Grundsätzen der Darlegungslast zurückkehren. Im Rahmen der Schlüssigkeitsprüfung ist dann entweder die prüfbare Rechnung oder ein Vortrag dazu erforderlich, dass sich der Auftraggeber auf die fehlende Prüfbarkeit nicht berufen kann.[143] Dieser Vortrag kann dann vor allem darin bestehen, die Frist zur Prüfung sei verstrichen, ohne dass Einwände gegen die Prüfbarkeit erhoben wurden (vgl. Rdn. 33).

114 Damit ist für die Praxis auch das Problem gelöst, dass eine Vergütungsklage auf der Grundlage einer nicht prüffähigen Abrechnung als zurzeit unbegründet abgewiesen werden müsste, obwohl der Gegner gegen die Prüfbarkeit der Abrechnung gar keine Einwände erhebt, denn mit dem Ablauf der Prüfungsfrist – auch während des Prozesses – ist die Berufung auf die fehlende Prüfbarkeit im Grundsatz ausgeschlossen. Eine Abweisung als derzeit unbegründet wegen fehlender Prüfbarkeit kommt ohne Rüge des Gegners nur noch dann in Betracht, wenn die Prüfungsfrist noch nicht abgelaufen ist.[144]

### II. Richterliche Hinweispflicht

115 Das Gericht hat auf Bedenken gegen die Schlüssigkeit der Klage aufmerksam zu machen und Gelegenheit zur Stellungnahme zu geben. Dies gilt bei der Beurteilung der Prüfbarkeit

---

[141] BGH NJW-RR 2007, 1393, 1394 = NZBau 2007, 637; BauR 1997, 1065, 1066; *U. Locher* in Ingenstau/Korbion § 14 Nr. 1 Rdn. 8; *Messerschmidt* in Kapellmann/Messerschmidt Rdn. 15; *Kniffka* in Kniffka/Koeble Teil 9 Rdn. 41.

[142] Vgl. nur BGHZ 140, 365, 370 = NJW 1999, 1867, 1868; OLG Bamberg BauR 2004, 1188 = NZBau 2004, 272, 273 m. zust. Anm. *Boldt* IBR 2004, 193.

[143] *Kniffka* FS Thode S. 291, 296 f.

[144] Vgl. auch *Kniffka* FS Thode S. 291, 297 f.

einer Rechnung in besonderer Weise, weil diese nach der Rechtsprechung des BGH davon abhängt, in welchem Maße der Auftraggeber sein Kontrollinteresse im Prozess zur Geltung bringt. Deshalb erfordert der Grundsatz des rechtlichen Gehörs, dass das Gericht die **Punkte benennt,** die der Prüfbarkeit der Abrechnung entgegenstehen.[145] Wurde ein missverständlicher Hinweis des Gerichts ersichtlich nicht richtig aufgenommen, ist nach der Rechtsprechung des BGH auch ein weiterer Hinweis erforderlich.[146] Dieser Rechtsprechung ist zuzustimmen, sofern es darum geht, missverständliche und damit der richterlichen Hinweispflicht nicht in vollem Umfang genügende Hinweise zu konkretisieren. Eine allgemeine Pflicht, nicht befolgte Hinweise zu wiederholen, ist daraus nicht abzuleiten, und eine solche Pflicht wäre auch nicht sachgerecht.

### III. Nachholung und Zurückweisung wegen Verspätung

Die Nachholung einer prüfbaren Abrechnung schafft innerhalb desselben Streitgegenstands die Voraussetzungen für die Fälligkeit des geltendgemachten Vergütungsanspruchs (zum Übergang von einer Abschlagsforderung auf eine Teilschlussrechnung vgl. Rdn. 65). Als eine erst mit der Erstellung der prüfbaren Abrechnung entstehende Tatsache kann die im Verlauf des Rechtsstreits erst erstellte Schlussrechnung **nicht als verspätet zurückgewiesen** werden (zur Nachholung in der Rechtsmittelinstanz vgl. Rdn. 119, zur Zurückweisung in der Berufungsinstanz vgl. Rdn. 120 ff.).[147] Eine Zurückweisung als verspätet kommt nur in Betracht, wenn eine entsprechende Abrechnung bereits früher erfolgt ist und diese nicht vorgetragen wurde. Es verhält sich ähnlich wie bei einer Kündigungserklärung, die im Prozess nachgeholt wird und damit den geltendgemachten Räumungsanspruch begründet. 116

Die **Gegenauffassung** verweist auf einen Vergleich mit Gestaltungsrechten wie Aufrechnung oder Anfechtung.[148] Diese Konstellationen sind jedoch nicht vollständig vergleichbar. Die Präklusionsvorschriften sind kein Selbstzweck, sondern dienen der Prozessbeschleunigung und dem schonenden Umgang mit der knappen Ressource Justiz. Deshalb hat die Rechtsprechung – unter Kritik der Literatur[149] – für die Frage der Präklusion von Gestaltungsrechten auf den Zeitpunkt abgestellt, an denen die Ausübung des Rechts möglich ist und nicht auf den Ausübungszeitpunkt.[150] Der dahinterstehende Gedanke, die Partei zu einer raschen Entscheidung über das Gestaltungsrecht anzuhalten und zugleich den entscheidungsreifen Rechtsstreit auch abzuschließen, ist bei Aufrechnung und Anfechtung durchaus nachzuvollziehen. Denn in beiden Fällen kann der Rechtsstreit rasch und auch endgültig entschieden werden. Damit ist die Zurückweisung einer Schlussrechnung nur vordergründig vergleichbar. Wird sie zurückgewiesen, so wird der Rechtsstreit so entschieden, als wenn nicht prüfbar abgerechnet wurde. Die Forderung ist dann nicht fällig und die Klage wird als zurzeit unbegründet abgewiesen. Damit wird aber die Justiz keineswegs entlastet, sondern es wird ein zweiter Prozess über denselben Streitstoff erforderlich. Insofern ist die Rechtslage mit dem Nachschieben einer zweiten Kündigung vergleichbar. Auch hier verzichtet man im Interesse einer raschen und endgültigen Klärung der Rechtslage auf ein Zurückweisen der Kündigung wegen Verspätung. 117

---

[145] BGHZ 140, 365, 371 = NJW 1999, 1867, 1868.
[146] BGHZ 140, 365, 371 = NJW 1999, 1867, 1868; OLG Zweibrücken NZBau 2005, 643.
[147] BGH NJW-RR 2004, 167, 168; NJW-RR 2005, 1687 f.; *Kniffka* FS Thode S. 291, 299; a. A. OLG Hamburg IBR 2003, 338; *Schenkel* MDR 2004, 790 f.; *Schenkel* NZBau 2007, 6; OLG Brandenburg BauR 2005, 154 (LS); in der Tendenz auch BGH NJW 2003, 581, 582 = NZBau 2003, 151 = BauR 2003, 377 (obiter dictum); differenzierend *Reck* NZBau 2004, 128, 130.
[148] BGH NJW-RR 2005, 1687; *Schenkel* MDR 2004, 790 f.
[149] *Brox/Walker* Zwangsvollstreckungsrecht, 7. Aufl. 2003, Rdn. 1346; *Stein/Jonas/Münzberg* § 767 Rdn. 35.
[150] BGHZ 100, 222, 225 = NJW 1987, 1691; *Lackmann* in *Musielak* § 767 Rdn. 35 ff. m. w. N. (selbst Gewohnheitsrecht annehmend).

§ 14 Nr. 1                                                                                 Prüfbarkeit der Abrechnung

118      Dabei ist die Einführung der neuen Schlussrechnung in den Prozess **nicht als Änderung des Streitgegenstands** anzusehen, weil der geltend gemachte Anspruch und der zu Grunde liegende Lebenssachverhalt identisch sind.[151]

### IV. Nachholung in der Rechtsmittelinstanz

119      Auch in der Berufungsinstanz kann die prüfbare Abrechnung **noch nachgeholt** werden.[152] Da die Vorlage einer neuen Schlussrechnung nicht zu einer Änderung des Streitgegenstands führt (vgl. Rdn. 118), fehlt es einem Rechtsmittel nicht an einer Beschwer, wenn dieses sich auf eine nunmehr vorgelegte prüffähige Abrechnung stützt.[153] Die Grundsätze über die Einführung neuen Tatsachenvortrags gelten nicht, weil die Abrechnung ein Umstand ist, der sich erst mit der Vorlage der prüfbaren Abrechnung ergibt.[154] Auch hinsichtlich der Frage der **Nachlässigkeit** i. S. d. § 531 Abs. 2 Satz 1 Nr. 3 ZPO kann nicht auf ein verspätetes Erstellen der Schlussrechnung abgestellt werden,[155] denn unter „Nachlässigkeit" ist dort die Nachlässigkeit der Prozessführung als Verstoß gegen die Prozessförderungspflicht aus § 282 Abs. 1 ZPO zu verstehen. In der Revisionsinstanz kann sie nicht mehr berücksichtigt werden.

### V. Abweisung als zurzeit unbegründet bei fehlender Prüfbarkeit

120      Zwischen den Fällen einer prüfbaren, aber unrichtigen Schlussrechnung und denen einer nicht prüfbaren Schlussrechnung ist zu unterscheiden. Ist die Schlussrechnung zwar **prüfbar, aber unrichtig**, so wird die **Vergütungshöhe im Prozess geklärt**; soweit die Anhaltspunkte ausreichen, kann nach **§ 287 ZPO** geschätzt werden.[156] Dasselbe gilt, wenn die Prüfbarkeit der Schlussrechnung wegen Zeitablaufs nicht mehr in Frage gestellt werden kann (vgl. Rdn. 32). Der Auftragnehmer hat dann im Prozess seine Leistungen abzurechnen. Zu diesem Zweck kann in der Regel nicht über § 142 ZPO die Vorlage von Unterlagen aus dem Besitz des Auftraggebers verlangt werden, über die der Auftragnehmer auch selbst verfügt.[157] Anders verhält es sich, wenn der Auftragnehmer die zur Abrechnung erforderlichen Unterlagen dem Auftraggeber vorübergehend überlassen hat und ihm deshalb ein materiellrechtlicher Herausgabeanspruch zusteht.[158] Fehlt es dagegen schon an einer prüfbaren Abrechnung, kann sich der Auftraggeber ohne Verstoß gegen Treu und Glauben auf diesen Umstand berufen, und wird die prüfbare Abrechnung auch im Prozess nicht nachgeholt (zur Hinweispflicht vgl. Rdn. 115), so wird die Vergütungsklage abgewiesen und zwar **als zurzeit unbegründet**.[159] Dabei kann sich der Zusatz „zurzeit" auch aus den Entscheidungsgründen ergeben, sofern er nicht im Tenor bereits aufgenommen wurde.[160] Nach der neueren Rechtsprechung unterbleibt eine Abweisung als unbegründet, wenn mit der Klage nur ein **Teilbetrag der Vergütungsforderung** geltend gemacht wird

---

[151] BGH NJW-RR 2004, 167; BGH NJW-RR 2002, 1596, 1597; *Kniffka* FS Thode S. 291, 298 f.; *Reck* NZBau 2004, 128; 129; a. A. OLG Naumburg NJW-RR 2000, 391, 392.
[152] BGH NJW-RR 2006, 455, 456; NJW-RR 2006, 390 f. = NZBau 2006, 175; *Deckers* NZBau 2007, 550 ff.; a. A. *Schenkel* NZBau 2007, 6.
[153] OLG Zweibrücken NZBau 2005, 643.
[154] BGH NJW-RR 2004, 167, 168; a. A. OLG Brandenburg BauR 2005, 154 (LS).
[155] So aber OLG Brandenburg BauR 2005, 154 (LS); *Messerschmidt* in *Kapellmann/Messerschmidt* Rdn. 65; mit Recht kritisch *Schwenker* IBR 2005, 122.
[156] BGH NJW-RR 2006, 454; 2006, 455, 456; 2006, 1455, 1456.
[157] BGH NJW-RR 2007, 1393, 1394.
[158] OLG Oldenburg ZfBR 2007, 262 (Stufenklage auf Herausgabe).
[159] BGH NJW-RR 2005, 1687; BGH BauR 2000, 1191, 1192 = ZfBR 2000, 471; BGH NJW 1999, 1867; BGHZ 140, 365, 368; *Kniffka* FS Thode S. 291, 297 f.; kritisch dazu *Cuypers* in der Vorauflage Vor § 14 Rdn. 17.
[160] Vgl. BGH NJW-RR 2001, 310 (Architekt); *Kniffka* FS Thode S. 291, 298.

und die Leistung zu einem **Teil prüfbar** abgerechnet wurde, der diesen Betrag rechtfertigt.[161] Dieser Auffassung ist nicht zu folgen, denn im Grundsatz wird der Werklohn bei Vereinbarung der VOB/B erst nach Abrechnung der Gesamtleistung fällig.[162] Dieser Grundsatz ist im Zusammenhang mit der Schlussrechnung, der Schlusszahlung und dem Ausschluss von Nachforderungen durch § 16 Nr. 3 Abs. 2 VOB/B zu sehen. Spricht man auf der Grundlage einer nur in Teilen prüfbaren Abrechnung eine entsprechende Teilvergütung zu, so entstehen nicht nur auf Seiten des Auftraggebers erhöhte Prüfungsaufwendungen und es gehen Anreize zum Erstellen der vertraglich geschuldeten prüfbaren Abrechnung verloren, sondern es werden auch die Schutzmechanismen des § 16 Nr. 3 Abs. 2 VOB/B für den Auftraggeber ausgehöhlt. Sieht man von der Möglichkeit der Teilschlussrechnung ab, sind deshalb Ausnahmen von dem Grundsatz der prüffähigen Abrechnung der gesamten Leistung nur in den in Nr. 3 Rdn. 5 genannten Fällen sowie im Fall der Schikane anzuerkennen.

Die Rechtskraft einer Sachentscheidung, welche die Klage als zurzeit unbegründet abweist, weil es an der Fälligkeit der Forderung fehlt, steht einer **erneuten Klage** nach dem Eintritt der Fälligkeit **nicht entgegen**.[163] Für die Frage eines **Rechtsmittels** folgt daraus eine **Beschwer,** wenn eine Partei die Abweisung der Klage als unbegründet beantragt hat, diese aber nur als zurzeit unbegründet abgewiesen wurde.[164] Wird die Klage als zurzeit unbegründet abgewiesen, so tritt hinsichtlich der vom Gericht möglicherweise bejahten weiteren Anspruchsvoraussetzungen keine Bindungswirkung ein, denn diese nehmen an der Rechtskraft des Urteils nicht teil.[165] **121**

Wird die Vergütungsklage im **Urkundenprozess** erhoben und wird die prüfbare Abrechnung nicht vorgelegt, so ist die Klage als zurzeit unbegründet und nicht nur als im Urkundenprozess unstatthaft abzuweisen, denn die Abweisung beruht nicht auf den Besonderheiten des Urkundsverfahrens, sondern auf der mangelnden Fälligkeit wegen Fehlens einer prüfbaren Abrechnung.[166] **122**

Da die prüfbare Abrechnung zur Schlüssigkeit der Klage gehört, kann bei Säumnis des Beklagten **kein Versäumnisurteil** ergehen. Dies gilt jedenfalls dann, wenn man mit der hier vertretenen Auffassung im Vergütungsprozess des Auftragnehmers entweder eine prüfbare Abrechnung oder einen Vortrag zum Verstreichen der Prüfungsfrist verlangt und im konkreten Fall weder eine objektiv prüfbare Schlussrechnung vorliegt noch zum Verstreichen der Prüfungsfrist oder einem Verstoß des Auftraggebers gegen den Grundsatz von Treu und Glauben ausreichend vorgetragen ist.[167] **123**

---

[161] BGH NJW-RR 2004, 445, 448; KG NJW-RR 2000, 687; *Kniffka* FS Thode S. 291, 299.
[162] BGH NJW-RR 2006, 455, 456; NJW 1999, 1867, 1870.
[163] BGH BauR 2000, 1191, 1192 = ZfBR 2000, 471 f.; BGHZ 140, 365, 368; OLG Brandenburg 5. 1. 2001 4 U 62/00 = BauR 2001, 1155 (LS); *Musielak* in *Musielak* (Fn. 145) § 322 Rdn. 29, 51; *Kappel,* Die Klageabweisung „zurzeit", 1999, S. 56 ff.
[164] BGH NJW 2000, 2988 f.
[165] *Deckers* BauR 1999, 987, 988 ff.; *Musielak* in *Musielak* § 322 Rdn. 51; a. A. *Heinrich* BauR 1999, 17, 19 ff.
[166] Zu den Grundsätzen der Abweisung als im Urkundsprozess unstatthaft vgl. *Voit* in *Musielak* § 597 Rdn. 8.
[167] *Kniffka* FS Thode S. 291, 296 f.

## § 14 Nr. 2 [Einvernehmliches Aufmaß]

Die für die Abrechnung notwendigen Feststellungen sind dem Fortgang der Leistung entsprechend möglichst gemeinsam vorzunehmen. Die Abrechnungsbestimmungen in den Technischen Vertragsbedingungen und den anderen Vertragsunterlagen sind zu beachten. Für Leistungen, die bei Weiterführung der Arbeiten nur schwer feststellbar sind, hat der Auftragnehmer rechtzeitig gemeinsame Feststellungen zu beantragen.

**Literatur:** Siehe Vor § 14 VOB/B.

### Übersicht

| | Rdn. |
|---|---|
| **A. Anwendungsbereich** | 1 |
| **B. Für die Abrechnung notwendige Feststellungen** | 2–5 |
| **C. Art und Weise der Feststellungen** | 6–53 |
|   I. Feststellungen entsprechend dem Fortgang der Leistungen | 6–8 |
|   II. Gemeinsame Feststellung | 9–53 |
|     1. Bedeutung der gemeinsamen Feststellung | 9 |
|       a) Sinn des gemeinsamen Aufmaßes | 9 |
|       b) Begriff des Aufmaßes | 11 |
|       c) Aufmaß vor Ort und Ersetzung durch Aufmaß nach Zeichnungen | 12 |
|     2. Voraussetzungen für gemeinsame Feststellungen | 15 |
|       a) Antrag | 15 |
|       b) Form und Inhalt | 17 |
|       c) Rechtzeitigkeit | 19 |
|       d) Folgen der verspäteten oder ausbleibenden Information | 21 |
|     3. Folgen der gemeinsam getroffenen Feststellungen | 23 |
|       a) Keine gemeinsamen Feststellungen trotz gemeinsamen Termins | 23 |
|       b) Forderung nach erneuten Verhandlungen über die Feststellungen | 24 |
|       c) Nachträgliche Abweichungen vom gemeinsamen Aufmaß | 25 |
|     4. Einseitig vom Auftragnehmer getroffene Feststellungen | 36 |
|       a) Unberechtigt einseitig getroffene Feststellungen | 36 |
|       b) Einseitig getroffene Feststellungen nach unberechtigter Weigerung des Auftraggebers | 38 |
|         aa) Feststellung des Leistungsumfangs ist noch möglich | 38 |
|         bb) Feststellung des Leistungsumfangs ist nicht mehr möglich | 39 |
|       c) Abrechnung ohne Feststellung der erbrachten Leistungen | 41 |
|       d) Entschädigung des Auftragnehmers bei Weigerung des Auftraggebers? | 42 |
|       e) Besonders vereinbarte gemeinsame Feststellungen | 48 |
|       f) Vergleichsweise Einigung anlässlich des gemeinsamen Aufmaßes | 49 |
|     5. Anforderungen an die Vertretungsbefugnis Dritter | 50 |
| **D. Abrechnungsbestimmungen** | 54–77 |
|   I. Grundlagen der Abrechnungsbestimmungen | 54–58 |
|   II. Stillschweigende Änderung vereinbarter Abrechnungsbestimmungen | 59 |
|   III. Folgen eines Verstoßes gegen Abrechnungsbestimmungen | 60–61 |
|   IV. Rundung und Übermessung | 62–77 |
|     1. Praktische Bedeutung | 62 |
|     2. Übermessen kraft besonderer Abrede oder auf der Grundlage eines Handelsbrauchs | 64 |
|     3. Vorrangige Vereinbarung der Abrechnung allein der konkret erbrachten Leistungen | 67 |
|     4. Übermessen auf Grund allgemeiner Geschäftsbedingungen des Auftragnehmers | 68 |
|     5. Bescheinigungen Dritter anstelle gemeinsamer Feststellungen | 77 |

## A. Anwendungsbereich

Die Bestimmung des § 14 Nr. 2 VOB/B regelt, wie die für die Erstellung einer prüfbaren **1**
Abrechnung nach Nr. 1 erforderlichen Feststellungen getroffen werden. Die Regelung ist
nicht nur bei der **Schlussrechnung** und einer **Teilschlussrechnung** anzuwenden, sondern
auch in den Fällen der **vorzeitigen Beendigung** des Vertrages (vgl. Nr. 1 Rdn. 8 ff.). Dies
gilt im Fall der **Kündigung** jedenfalls dann, wenn der Auftragnehmer einen Anspruch auf
Abnahme hat.[1] Wenn der Auftraggeber nach § 12 Nr. 3 VOB/B berechtigt ist, die Abnahme zu verweigern, ist die Frage nach einem gemeinsamen Aufmaß noch nicht höchstrichterlich geklärt. Der BGH betont bislang nur, dass außerhalb dieser Fallgestaltung ein
Anspruch auf Mitwirkung am gemeinsamen Aufmaß besteht (vgl. Nr. 1 Rdn. 12).[2] Bedenkt
man die Funktion der Abnahme einerseits und des Aufmaßes andererseits, so spricht vieles
dafür, eine Mitwirkung am gemeinsamen Aufmaß **auch dann** zu verlangen, wenn die
**Abnahme berechtigterweise verweigert wird.** Denn die Abnahme enthält eine Billigung der erbrachten Leistungen und deshalb kann sie nach § 12 Nr. 3 VOB/B wegen
wesentlicher Mängel verweigert werden. Dagegen geht es beim Aufmaß um die Feststellung
des Umfangs der erbrachten Leistungen, mögen diese vertragsgemäß oder auch mangelhaft
sein. Eine Mitwirkung an diesen Feststellungen könnte deshalb nur dann versagt werden,
wenn eine Abrechnung der Leistungen wegen der Mangelhaftigkeit von vornherein ausscheidet und deshalb ein Aufmaß nicht erforderlich ist.

## B. Für die Abrechnung notwendige Feststellungen

Die Regelung in Nr. 2 bezieht sich auf die zur Abrechnung notwendigen Feststellungen. **2**
Maßgebend ist damit der vereinbarte Vergütungstyp, denn er entscheidet darüber, welche
Feststellungen zur Bestimmung der Vergütung benötigt werden. Beim **Einheitspreisvertrag** ist eine Feststellung der Mengen und Massen erforderlich (Nr. 1 Rdn. 49). Beim
**Stundenlohnvertrag** wird die Regelung durch § 15 VOB/B ergänzt.

Eine generelle Pflicht zur Feststellung der Leistungen besteht beim **Pauschalpreisvertrag** **3**
nicht, weil in Folge der Pauschalpreisabrede gerade die Frage einer Mengenabweichung für
irrelevant erklärt wird und damit nicht zuletzt auch die Kosten der Mengenfeststellung
eingespart werden sollen. Anders verhält es sich aber, wenn eine Preisanpassung nach § 2
Nr. 7 VOB/B in Betracht kommt, wenn Leistungen durch Selbstausführung durch den
Auftraggeber entfallen oder wenn eine Vergütung wegen geänderter oder zusätzlicher Leistungen erforderlich ist (vgl. Nr. 1 Rdn. 56 f.).

Auch beim **Detailpauschalpreisvertrag** können Feststellungen erforderlich sein, um **4**
eine Preiskorrektur bei Nichtausführung von Leistungen oder bei Mengenabweichungen
durchführen zu können (Nr. 1 Rdn. 3, 54, 56 f.). Dies wird aber nur dann der Fall sein,
wenn Mehrvergütungsansprüche in Folge einer Preisanpassung geltend gemacht werden
oder konkrete Anhaltspunkte für eine Preisabsenkung gegeben sind.

Wird ein Vertrag durch Kündigung oder auf andere Weise **vorzeitig beendet,** und ist **5**
deshalb eine prüfbare Abrechnung der erbrachten Teilleistungen erforderlich (Nr. 1
Rdn. 8 ff.), so sind die dazu erforderlichen Feststellungen nach Nr. 2 zu treffen. Damit ist
auch in diesem Fall in der Regel ein Aufmaß erforderlich (zu den Besonderheiten bei
berechtigter Abnahmeverweigerung vgl. Rdn. 1). Diesem kommt bei der vorzeitigen Vertragsbeendigung sogar eine besondere Bedeutung zu, weil vielfach die weitere Fertigstellung

---

[1] BGH NJW 2003, 1450, 1452; NJW 2003, 2678 = NZBau 2003, 497 = BauR 2003, 1207.
[2] BGH NJW 2003, 1450, 1452; NJW 2003, 2678 = NZBau 2003, 497 = BauR 2003, 1207.

durch Dritte beabsichtigt ist, und dann die bereits erbrachte Leistung schwer abgegrenzt werden kann.

## C. Art und Weise der Feststellungen

### I. Feststellungen entsprechend dem Fortgang der Leistungen

6 Der Zeitpunkt der Feststellungen soll nach Nr. 2 dem Fortgang der Leistungen entsprechen. Damit wird klargestellt, dass die Feststellungen nicht erst in dem Zeitpunkt zu treffen sind, an welchem die Abrechnung erfolgen soll. Der Auftragnehmer kann deshalb auch schon **während der Ausführungsphase** der zu erbringenden (Teil-)Leistungen den Auftraggeber zu gemeinsamen Feststellungen auffordern. In welchen zeitlichen Abständen der Auftraggeber auf eine solche Aufforderung zu einem Aufmaß eingehen muss, ergibt sich aus der Regelung nicht eindeutig. In zwei Fallgruppen ist dies aber ohne weiteres zu bejahen: Wenn der Auftragnehmer zur **Abrechnung eines Teils seiner Leistung** im Wege einer Abschlagzahlung, falls diese nach dem Vertrag von mehr als nur einer bloßen Übersicht über die erbrachten Leistungen abhängt (vgl. Nr. 1 Rdn. 5), oder einer Teilschlussrechnung berechtigt ist und wenn die Leistungen bei **Fortschreiten der Arbeiten** nur **noch schwer feststellbar** sind.[3]

7 Ob **darüber hinaus ein gemeinsames Aufmaß** verlangt werden kann, hängt vom Einzelfall ab. Dabei ist zu berücksichtigen, dass ein frühzeitiges Aufmaß bereits fertiggestellter Leistungsteile das weitere Abrechnungsverfahren entlasten kann. Auf der anderen Seite kann es nicht allein dem Willen des Auftragnehmers überlassen bleiben, in kurzen Abständen die Mitwirkung am Aufmaß zu verlangen, wenn bei dessen Verweigerung dem Auftraggeber beweisrechtliche Nachteile entstehen (Rdn. 38). Eine Aufforderung zum gemeinsamen Aufmaß, das im Augenblick zur Erstellung einer prüffähigen Rechnung nicht benötigt wird, sollte deshalb nicht voreilig als Grundlage derartiger Sanktionen genommen werden. Die **herrschende Lehre** ist großzügiger und bejaht **fortlaufend einen Anspruch** auf gemeinsames Aufmaß, sofern nur ein **nennenswerter Baufortschritt** erzielt wurde.[4]

8 Vereinbaren die Parteien, **vor Ausführung der Arbeiten ein Aufmaß** zu nehmen, so ist dies kein Aufmaß im Sinne des § 14 VOB/B, denn es werden nicht die erbrachten Ist-Leistungen festgestellt, sondern es geht darum, die dem Vertrag zu Grunde gelegte Sollleistung zu bestimmen, um auf dieser Grundlage die weiteren Vergütungsfaktoren festzulegen oder beispielsweise eine Pauschalvergütung zu vereinbaren.[5] Dennoch können die Parteien, die ein solches gemeinsames Aufmaß vor der Ausführung der Arbeiten zur Vermeidung von Streit vereinbaren, den gemeinsamen Feststellungen vor Ausführung der Arbeiten eine ähnliche Wirkung beilegen, wie sie nach einem gemeinsamen Aufmaß eintritt.[6] Diese besteht zumindest darin, dass derjenige die Beweislast trägt, der die gemeinsam getroffenen Feststellungen nicht gelten lassen will (zu weitergehenden Ansichten vgl. Rdn. 25).

### II. Gemeinsame Feststellung

#### 1. Bedeutung der gemeinsamen Feststellung

9 **a) Sinn des gemeinsamen Aufmaßes.** Die gemeinsame Feststellung der für die Abrechung erforderlichen Grundlagen dient dazu, rasch und einfach Klarheit über die Berechnungsgrundlagen zu schaffen und spätere Meinungsverschiedenheiten und Streitigkeiten

---

[3] Vgl. zu diesen Fällen *Weick* in *Nicklisch/Weick* Rdn. 24 f.
[4] *Messerschmidt* in *Kapellmann/Messerschmidt* Rdn. 49; *Weick* in *Nicklisch/Weick* Rdn. 24 f.; wohl auch *Heiermann* in *Heiermann/Riedl/Rusam* Rdn. 81 f.
[5] Vgl. *Messerschmidt* in *Kapellmann/Messerschmidt* Rdn. 51.
[6] OLG Braunschweig NJW-RR 2000, 1334 f.

nach Möglichkeit zu vermeiden. Dies liegt im Interesse beider Parteien, so dass auch die vertragliche Verstärkung einer entsprechenden Mitwirkungspflicht durch Vertragsstrafen oder andere Sanktionen durchaus sachgerecht ist.

Welche Feststellungen zur Abrechnung notwendig sind und deshalb getroffen werden 10 müssen, ergibt sich aus der Vergütungsabrede, denn dort wird festgelegt, welche Faktoren für die Berechnung der Vergütung relevant sind und deshalb prüfbar abgerechnet werden müssen. So ist bei einem Einheitspreisvertrag die Vergütung von dem Umfang der erbrachten Leistungen abhängig und damit regelmäßig eine Feststellung dieser Leistungen durch ein **Aufmaß** erforderlich.

b) **Begriff des Aufmaßes.** Unter einem Aufmaß versteht man die zahlenmäßige Fest- 11 stellung der ausgeführten Leistungen nach den Einheiten, die für die jeweilige Leistung vertraglich vereinbart wurden (zu Feststellungen auf der Grundlage von Zeichnungen vgl. Rdn. 13).[7] Dabei ergibt sich aus der Funktion des Aufmaßes als Grundlage der prüfbaren Abrechnung, dass die beim Aufmaß festgestellten Leistungen den Positionen der Abrechnung zugeordnet sein müssen.[8]

c) **Aufmaß vor Ort und Ersetzung durch Aufmaß nach Zeichnungen.** Die 12 VOB/B geht im Grundsatz von einem **Aufmaß vor Ort** aus.[9] Dies ergibt sich daraus, dass die Feststellungen gemeinsam getroffen werden und es folgt auch daraus, dass bei überdeckenden Leistungen die Feststellungen rechtzeitig zu beantragen sind. Dies wäre kaum erforderlich, wenn nicht ein Aufmaß der tatsächlich erbrachten Leistungen erforderlich wäre. Ein solches Aufmaß vor Ort ist nicht nur eine Formalie, sondern stellt sicher, dass auch die Istmengen und nicht die Sollmengen ermittelt und der Abrechnung zu Grunde gelegt werden. Dabei steht es einem gemeinsamen Aufmaß gleich, wenn die Parteien gemeinsam von Angaben ausgehen, die sie jeweils gesondert ermittelt haben.[10]

Trotz des Grundsatzes eines Aufmaßes vor Ort kann auch das **Aufmaß nach Zeichnun-** 13 **gen** möglich sein. Entsprechende Regelungen können Gegenstand besonderer **vertraglichen Vereinbarungen** sein. Auch die **DIN 18299 Abschnitt 5** sieht die Abrechnung der Leistung anhand von Zeichnungen vor (zur Anwendbarkeit dieser allgemeinen Regelung vgl. VOB/C DIN 18299 Rdn. 183). Derartige Vereinbarungen ändern nichts daran, dass für die Abrechnung die tatsächlichen Leistungen maßgebend sind. Deshalb scheidet diese Vereinfachung des Aufmaßes aus, wenn Anhaltspunkte dafür bestehen, dass die tatsächlich ausgeführte Leistung den Zeichnungen nicht vollständig entspricht oder wenn die Zeichnungen unvollständig oder unklar sind.[11]

Bei **Einverständnis der Parteien** kann das Aufmaß auch ohne vorherige Vereinbarung 14 nach Zeichnungen genommen werden.[12] Dabei ist jedoch zu beachten, dass es sich um eine Abweichung von dem ursprünglich vereinbarten Vorgehen handelt, so dass an die Feststellung einer entsprechenden Vereinbarung strenge Anforderungen zu stellen sind. Insbesondere bei unerfahrenen Auftraggebern wird der Auftragnehmer aus der bloßen Teilnahme am „Aufmaß" anhand von Zeichnungen nicht auf den Willen schließen können, dass die auf diese Weise errechneten Mengen auch dann maßgebend sein sollen, wenn sie den tatsächlichen Mengen nicht entsprechen.

## 2. Voraussetzungen für gemeinsame Feststellungen

a) **Antrag.** Nr. 2 sieht zwar vor, dass die erforderlichen Feststellungen möglichst gemein- 15 sam getroffen werden sollten, lässt aber die Frage nach der Initiative offen. Da die prüfbare Abrechnung zu den **Pflichten des Auftragnehmers** gehört, wird die Initiative für die

---

[7] *Heiermann* in *Heiermann/Riedl/Rusam* Rdn. 69.
[8] Vgl. OLG Frankfurt/M. 31. 5. 2000 7 U 65/99 juris.
[9] *Messerschmidt* in *Kapellmann/Messerschmidt* Rdn. 50.
[10] OLG Hamm NJW-RR 1991, 1496, 1497; vgl. auch BGH 26. 9. 1968 VII ZR 126/66 juris.
[11] *U. Locher* in *Ingenstau/Korbion* Nr. 2 Rdn. 7.
[12] OLG Hamm NJW-RR 1991, 1496, 1497.

gemeinsamen Feststellungen regelmäßig von diesem ausgehen. Dies wird in Satz 3 für den Sonderfall, dass die Feststellung bei Weiterführung der Arbeiten nur schwer feststellbar ist, besonders erwähnt. Dies gilt aber auch für alle anderen Fälle. Dabei gehört es zu den Pflichten des Auftragnehmers, den Auftraggeber zu informieren, wenn die Feststellungen getroffen werden sollen (zum abredewidrig einseitig genommenen Aufmaß vgl. Rdn. 36 f.).

16  Die Aufforderung, sich zu gemeinsamen Feststellungen zu treffen, kann aber auch **vom Auftraggeber** ausgehen. Daran kann er vor allem dann ein Interesse haben, wenn der Umfang der Leistungen später schwer festzustellen ist oder wenn er eine von ihm erstellte Schlussrechnung (Nr. 4) vorbereitet.

17  **b) Form und Inhalt.** Eine bestimmte Form des Antrags sieht die Regelung nicht vor. Auch wenn der Begriff „beantragen" auf eine gewisse Förmlichkeit des Ablaufs hindeutet, kann der Antrag auch mündlich, telefonisch oder auf elektronischem Wege gestellt werden.

18  Hinsichtlich des Inhalts des Antrags enthält § 14 VOB/B keine Regelung. Aus Satz 3 ist aber zu entnehmen, dass ein „Antrag" erforderlich ist. Auch wenn dieser Begriff im Verhältnis zwischen Privaten nicht ganz passend erscheint, bringt er doch zum Ausdruck, dass mehr als ein bloße Information über den Termin, an dem die Feststellungen getroffen werden, erforderlich ist. Der Auftraggeber hat zwar nicht die Möglichkeit, nach freien Stücken dem Antrag stattzugeben oder dies zu verweigern, denn er ist seinerseits gehalten, sich nach Möglichkeit an den gemeinschaftlichen Feststellungen zu beteiligen, aber es muss eine Absprache über den Termin angestrebt wurden. Geschieht dies nicht, so ist das Aufmaß als abredewidrig einseitiges Aufmaß zu behandeln (Rdn. 36 f.).

19  **c) Rechtzeitigkeit.** Bei Leistungen, die bei Weiterführung der Arbeiten nur schwer feststellbar sind, ist nach Satz 3 die gemeinsame Feststellung rechtzeitig zu beantragen. Die **Bedeutung dieser Regelung** liegt darin, dass der Auftraggeber nicht durch eine kurzfristige Bitte um gemeinsame Feststellungen vor die Wahl gestellt wird, entweder die Folgen des Nichterscheinens beim Aufmaßtermin tragen zu müssen oder aber durch einen Verschiebungswunsch eine Verzögerung des Baus verursacht zu haben. Die Regelung darf deshalb nicht dahingehend verstanden werden, dass nur in diesen Fällen ein Antrag des Auftragnehmers erforderlich ist, sondern sie will nur das Erfordernis der Rechtzeitigkeit betonen.

20  Der **Begriff der Rechtzeitigkeit** ist zum einen an den Bedürfnissen des Auftraggebers an einer möglichst frühzeitigen Information zu orientieren, zum anderen daran, in welchem Zeitpunkt der Auftragnehmer absehen kann, wann die Leistung so weit erbracht ist, dass ein Aufmaß sinnvoll ist. Zu berücksichtigen ist auch, ob der Umfang der Leistungen ohne weiteres vom Auftraggeber geprüft werden kann oder ob er sich dazu fachkundiger Hilfe bedienen muss, so dass auf Seiten des Auftraggebers intern Zeit für die Koordination erforderlich ist. Kann der Auftraggeber anhand seines Zeitplans ohnehin unschwer absehen, wann eine Leistung erbracht wird, die durch folgende Leistungen verdeckt wird, kann auch ein verhältnismäßig kurzfristig gestellter Antrag als rechtzeitig anzusehen sein.

21  **d) Folgen der verspäteten oder ausbleibenden Information.** Wird der Termin zu spät beantragt, gehen **Verzögerungen** durch eine nun erst später mögliche gemeinsame Feststellung der erbrachten Leistungen zu Lasten des Auftragnehmers. Er ist dann für eine Verzögerung verantwortlich, wenn der Auftraggeber erst einige Tage später an dem Aufmaß teilnehmen kann und es deshalb zu Fristüberschreitungen kommt. Dabei darf die Regelung nicht zulasten des Auftragnehmers überzogen und damit die Sanktionierung zum Selbstzweck werden. Weiß der Auftraggeber durch seine Bauzeitplanung oder durch die Bauüberwachung von der Erforderlichkeit der Feststellungen, so verstößt er gegen **Treu und Glauben,** wenn er unter Berufung auf die verspätete Aufforderung zum Aufmaß den Aufmaßzeitpunkt über Gebühr hinauszögert. Man wird hier Verzögerungen allenfalls um wenige Tage für angemessen halten. Eine Obergrenze bildet die Frist, die bei der Rechtzeitigkeit des Antrags angemessen wäre.

Wird der Auftraggeber **nicht** oder erst so spät **informiert,** dass eine gemeinsame Feststellung der Leistungen nicht mehr möglich ist, so kommen **Schadensersatzansprüche** gegen den Auftragnehmer in Betracht, denn dieser hat die Verpflichtung zur prüfbaren Abrechnung seiner Leistung übernommen und dazu gehört es auch, dem Auftraggeber die Gelegenheit zur Teilnahme an den gemeinsamen Feststellungen zu geben.[13]  22

### 3. Folgen der gemeinsam getroffenen Feststellungen

**a) Keine gemeinsamen Feststellungen trotz gemeinsamen Termins.** In der Regel 23 kommen die Parteien bei einem gemeinsamen Aufmaß zu gemeinsamen Feststellungen der Mengen. Ist dies ausnahmsweise nicht der Fall und kommt auch eine vergleichsweise Einigung nicht zustande (vgl. Rdn. 49), so hat das gemeinsame Aufmaß keine Konsequenzen. Der Auftragnehmer hat dann prüfbar abzurechnen und dazu seine erbrachten Leistungen darzulegen. Bestreitet der Auftraggeber die Mengen, auf deren Grundlage der Auftragnehmer abgerechnet hat, so ist der Auftragnehmer beweispflichtig. Es ist deshalb in einem solchen Fall zu empfehlen, zumindest die Punkte festzuhalten, über die Einvernehmen besteht und die streitigen Punkte gesondert aufzunehmen.

**b) Forderung nach erneuten Verhandlungen über die Feststellungen.** Haben die 24 Parteien die Feststellungen gemeinsam getroffen, so kann eine Neuverhandlung über diese Feststellungen regelmäßig nicht verlangt werden, denn es ist gerade Sinn der Regelung über die gemeinsamen Feststellung, über diese Fragen Einigkeit herzustellen. Nur in Ausnahmefällen kann deshalb die Kooperationspflicht als Ausfluss des Grundsatzes von Treu und Glauben eine Partei dazu verpflichten, dem Wunsch nach einer Wiederholung des Aufmaßes nachzukommen. Eine solche Pflicht wird man annehmen müssen, wenn unstreitig ist, dass die zunächst genommenen Feststellungen unrichtig oder aus anderen, unstreitigen Gründen unbrauchbar sind.

**c) Nachträgliche Abweichungen vom gemeinsamen Aufmaß.** Von dem Anspruch 25 auf erneute Verhandlung über gemeinsame Feststellungen ist die Frage zu unterscheiden, ob die gemeinsam getroffenen Feststellungen für die Parteien bindend sind und unter welchen Voraussetzungen sie sich auf die Unrichtigkeit dieser Feststellungen berufen können. Die in der Literatur und der Instanzrechtsprechung überwiegend vertretene Auffassung hält die gemeinsam getroffenen Feststellungen zumindest im Ausgangspunkt für bindend. Zur Begründung wird entweder auf ein **einseitiges deklaratorisches Schuldanerkenntnis**[14] oder auf einen **kausalen Feststellungsvertrag** verwiesen.[15] Beiden Auffassung ist gemeinsam, dass kein neuer Rechtsgrund geschaffen werden soll, sondern nur die Ungewissheit beseitigt wird. Sie unterscheiden sich dabei in der Erforderlichkeit einer Annahmeerklärung. Nach beiden Auffassungen können gemeinsam getroffene Feststellungen nur dann in Frage gestellt werden, wenn ihre Unrichtigkeit feststeht und nachgewiesen wird, dass die zur Unrichtigkeit führenden Tatsachen im Zeitpunkt der gemeinsamen Feststellung nicht bekannt waren.[16] Noch weitergehend wird zum Teil vertreten, die Bindungswirkung könnte

---

[13] *Heiermann* in *Heiermann/Riedl/Rusam* Rdn. 66; *U. Locher* in *Ingenstau/Korbion* Nr. 2 Rdn. 19; *Messerschmidt* in *Kapellmann/Messerschmidt* Rdn. 61; *Kuß* Rdn. 35; *Weick* in *Nicklisch/Weick* Rdn. 25.

[14] *Weick* in *Nicklisch/Weick* Rdn. 20 unter Hinweis auf BGH NJW 1976, 1259, 1260 (Schuldeingeständnis nach Verkehrsunfall); *Heiermann* in *Heiermann/Riedl/Rusam* Rdn. 75; *U. Locher* in *Ingenstau/Korbion* Nr. 2 Rdn. 1, 9; *Messerschmidt* in *Kapellmann/Messerschmidt* Rdn. 46; *Kuß* Rdn. 26; so auch (ohne nähere Begründung) OLG Hamm NJW-RR 1991, 1496, 1497; zurückhaltend *Grams* BauR 2004, 1513, 1524, 1527.

[15] *Kleine-Möller* in *Kleine-Möller/Merl* § 10 Rdn. 171.

[16] OLG Düsseldorf 17. 12. 1999 22 U 109/99 juris; OLG Düsseldorf 14. 4. 1994 5 U 139/93 juris (Zeugenvernehmung über Unrichtigkeit des Aufmaßes unter Hinweis auf die Bindungswirkung abgelehnt); OLG Hamm NJW-RR 1991, 1496, 1497; *U. Locher* in *Ingenstau/Korbion* § 14 Nr. 2 Rdn. 12 und 15 (sowohl anfechtbar nach § 119 BGB als auch nicht bindend, wenn Unrichtigkeit und fehlende Kenntnis nachgewiesen wird); ebenso *Weick* in *Nicklisch/Weick* Rdn. 21; *Kniffka* in *Kniffka/Koeble* Teil 5 Rdn. 167; BeckOK-*Jansen* Rdn. 4.

nur dann erst beseitigt werden, wenn man mit den später bekannt gewordenen Tatsachen nicht hätte rechnen können.[17]

26 Geht man von der Regelung des § 14 Nr. 2 VOB/B aus, so ist dort vereinbart, dass die Parteien die notwendigen Feststellungen gemeinsam treffen. Eine Bindung an diese Feststellung wird nicht ausdrücklich geregelt. Da die Parteien jedoch durch die Vereinbarung eines gemeinsamen Aufmaßes einen Streit über den Leistungsumfang gerade vermeiden wollten, kann es nach einer gemeinsamen Feststellung des Leistungsumfangs jedenfalls nicht mehr möglich sein, durch schlichtes Bestreiten der Mengen den Auftragnehmer zum Beweis der erbrachten Mengen zu zwingen. Denn damit wäre die gemeinsame Feststellung sinnlos. Es liegt deshalb in der Konsequenz der gemeinsam getroffenen Feststellungen, dass sie **jedenfalls beweisrechtliche, quittungsähnliche Bedeutung** haben (näher Rdn. 32). Für Abweichungen von den gemeinsam getroffenen Feststellungen ist damit die Partei beweisbelastet, die sich auf die Abweichung beruft. Dies wirkt sich bei Bestreiten der festgestellten Mengen durch den Auftragnehmer kaum aus, denn er ist für den Umfang der Leistungen ohnehin beweisbelastet. Beruft sich dagegen der Auftraggeber auf geringere als die gemeinsam festgestellten Leistungen, so muss er ihren Umfang beweisen.

27 Problematisch ist dagegen, ob eine **Bindungswirkung** auch dann besteht, wenn die Unrichtigkeit der gemeinsam getroffenen Feststellungen feststeht. Sie hielt die Partei auch an erwiesenermaßen unrichtigen Feststellungen fest, wenn sie nicht beweist, dass die maßgebenden Tatsachen ihr im Zeitpunkt der Feststellungen unbekannt waren und – folgt man der weitergehenden Auffassung – dass die bestreitende Partei mit diesen Tatsachen auch nicht rechnen konnte und sie ihr auch nicht hätten bekannt sein müssen. Es ist den Parteien im Grundsatz möglich, eine solche Bindungswirkung zu vereinbaren (vgl. auch Rdn. 49). Ein entsprechender Wille der Parteien wird sich aber regelmäßig nur dann feststellen lassen, wenn sie mit ihren Erklärungen eine Unsicherheit, die ihnen bewusst ist, dauerhaft ausräumen wollten.[18] Deshalb behandelt der BGH in anderen Bereichen das sogenannte kausale Schuldanerkenntnis mit zunehmender Zurückhaltung.[19] Folgt man diesem Gedanken, so wird man künftig differenzieren müssen zwischen den Fällen, in denen über den Leistungsumfang **Streit** herrschte, der dann durch eine **gemeinsame Feststellung beigelegt** wurde (näher Rdn. 49), und solchen Fällen, in denen beide Parteien übereinstimmend von einem Leistungsumfang ausgingen, der sich als unrichtig erweist. Im zweiten Fall besteht für eine Bindung kein Anlass, zumal es auch vom Zufall abhängt, zu wessen Gunsten oder Lasten diese Bindung ausgeht. Den Parteien kann ein solcher Bindungswille nicht unterstellt werden.

28 Dieses Ergebnis wird mittelbar durch die Regelung in § 16 Nr. 3 Abs. 6 VOB/B bestätigt. Sie knüpft an die Ausschlussfristen an, die in § 16 Nr. 3 Abs. 5 VOB/B für einen Vorbehalt gegen die Schlusszahlung angeordnet sind. Zunächst zeigt diese Regelung, dass Ausschlusswirkungen in der VOB/B ausdrücklich geregelt werden. Bereits dies spricht dagegen, aus dem gemeinsamen Aufmaß eine Bindungswirkung abzuleiten, die auch dann besteht, wenn das Ergebnis nachweislich falsch ist. Noch gewichtiger ist aber der Umstand,

---

[17] *Kleine-Möller* in Kleine-Möller/Merl § 10 Rdn. 171.
[18] Vgl. auch Vergabehandbuch, http://www.bmvbs.de/Bauwesen/Bauauftragsvergabe-,1535/Vergabehandbuch.htm, Stand Februar 2006, Richtlinien zu § 14 VOB/B 4.2.: „Das gemeinsame Aufmaß stellt kein Anerkenntnis der Feststellungen über den Leistungsumfang dar."; ausführlich dazu *Voit* FS Motzke, S. 421, 428 ff.; vgl. auch *Staudinger/Marburger* § 781 BGB Rdn. 27 (zum einseitigen nichtrechtsgeschäftlichen Anerkenntnis) und Rdn. 24 (zutreffend zur restriktiven Anwendung des kausalen Anerkennungsvertrags); für eine restriktive Anwendung auch MünchKomm/*Hüffer* § 781 BGB Rdn. 4; zum erforderlichen Erklärungsbewusstsein vgl. MünchKomm/*Hüffer* § 781 BGB Rdn. 31 (keine Regelung bei Einverständnis über gemeinschaftlich festgestellte Tatsachen; bezogen auf Feststellungen nach Unfall); ausführlich zu den unterschiedlichen Formen des Anerkenntnisses und zum vergleichsähnlichen Charakter des einseitigen Feststellungsvertrages *Ehmann*, Schuldanerkenntnis und Vergleich, S. 2 f. und S. 8, 207 ff. zur erforderlichen Zurückhaltung bei Annahme einer Bindungswirkung.
[19] Vgl. BGH NJW 1999, 2889 (kausales Schuldanerkenntnis setzt voraus, dass Einigung über strittige oder ungewisse Punkte stattfindet, die aus Sicht der Parteien klärungsbedürftig sind).

dass nach Abs. 6 selbst die vorbehaltlose Annahme der Schlusszahlung eine Berichtigung von Rechen- und Aufmaßfehlern nicht ausschließt. Wenn aber die Regelung über die Annahme der Schlusszahlung, die ausdrücklich einen Vertrauensschutz für den Auftraggeber enthält, indem Nachforderungen ausgeschlossen werden, unter dem Vorbehalt von Aufmaß- und Rechenfehlern steht, dann ist nicht verständlich, warum den gemeinsamen Feststellungen eine weitergehende Bindungswirkung zukommen sollte. Ebenso wenig wie § 16 Nr. 3 Abs. 6 VOB/B für eine Korrektur der Schlussrechnung verlangt, dass der Auftragnehmer den Fehler nicht erkennen konnte oder er auf neuen, bei Rechnungsstellung nicht erkennbaren Tatsachen beruht, ist dies bei der Korrektur gemeinsamer Feststellungen der Fall.

Der Vorrang der tatsächlich erbrachten Leistungen vor den auf Grund eines Fehlers in der Berechnung oder im Aufmaß in der Schlussrechnung angegebenen Werten zeigt sich auch darin, dass der BGH die Korrekturmöglichkeit des § 16 Nr. 3 Abs. 6 VOB/B für so wesentlich hält, dass ein Ausschluss durch AGB als unwirksam angesehen wird.[20] Mit Recht hat deshalb die Rechtsprechung zur Inhaltskontrolle des § 16 Nr. 3 Abs. 2 VOB/B betont, die Regelung sei eng auszulegen, weil hier formale Fragen zum Verlust einer berechtigten Nachforderung führen könnten.[21] Dies zeigt eine Gesamttendenz der heutigen Rechtsentwicklung, begründeten Forderungen nicht unter Berufung auf formale Akte und Bindungen die Durchsetzung abzusprechen, sofern dies nicht eindeutig vertraglich vereinbart ist. Dies zeigt sich nicht zuletzt auch daran, dass der BGH die Ausschlusswirkung des § 16 Nr. 3 Abs. 2 im Fall einer Inhaltskontrolle für unwirksam hält (näher vor § 16 Rdn. 30 ff.).[22] 29

Nichts anderes gilt aber bei einem Aufmaß, das erwiesenermaßen nicht mit der Realität übereinstimmt. Deshalb hat der BGH mit Recht in einem obiter dictum die Auffassung vertreten, ein vom Auftragnehmer einseitig genommenes Aufmaß, das vom Auftraggeber nachträglich bestätigt wurde, verliere seine Wirkung, wenn der Auftraggeber vorträgt und beweist, welche Massen zutreffen oder dass das durch den Auftragnehmer genommene Aufmaß unrichtig ist.[23] Weiterhin sind deshalb auch entgegen einer in der Literatur vertretenen Auffassung[24] Klauseln in allgemeinen Geschäftsbedingungen unbedenklich, mit denen sich der Auftraggeber das Nachmessen des Aufmaßes vorbehält. 30

Aus dieser Wertung der gemeinsamen Feststellungen folgt, dass eine **Anfechtung** der gemeinsam getroffenen Feststellungen oder des Aufmaßes entgegen der ganz überwiegend vertretenen Auffassung **nicht erforderlich** ist,[25] denn diese dient allein zur Beseitigung einer Bindungswirkung, die es richtiger Auffassung nach nicht gibt. Eine Anfechtung wäre auch hinsichtlich des Schadensersatzanspruchs nach § 122 BGB unangemessen und würde dem Erklärungswert des Aufmaßes nicht gerecht. Vor allem aber erscheint es wenig konsistent, auf der einen Seite den kooperativen und befriedenden Charakter des gemeinsamen Aufmaßes zu betonen und den Parteien im wohlverstandenen Interesse die Mitwirkung zu empfehlen, auf der anderen Seite aber an das erfolgte gemeinsam Aufmaß so weitreichende Folgen zu knüpfen. Es reicht vielmehr aus, wenn derjenige, der das gemeinsam Festgestellte nicht gelten lassen will, dessen Unrichtigkeit zu beweisen hat. 31

Offen ist dabei jedoch, ob der Auftraggeber, der die Feststellungen in einem gemeinsamen Aufmaß nicht gelten lassen will, lediglich dessen **Unrichtigkeit nachweisen** muss oder ob der Auftraggeber darüber hinaus auch den Umfang der vom Auftragnehmer im Einzelnen erbrachten Leistungen darzulegen und zu beweisen hat. Vor dem Hintergrund der grund- 32

---

[20] BGH NJW 1989, 2124 f.; *Kuß* Rdn. 42.
[21] BGH NJW 1988, 55, 56.
[22] BGH NJW 1998, 2053; NJW 2004, 1597 f.
[23] BGH NJW-RR 2004, 92, 95 = BauR 2003, 1892, 1897 = NZBau 2004, 31, 34; vgl. auch BGH BauR 2005, 95, 96 (Abhaken von Rechnungsposten durch den Architekten kein Angebot auf kausales Schuldanerkenntnis).
[24] *Werner* in *Werner/Pastor* Rdn. 2034.
[25] Für eine Anfechtung *Messerschmidt* in *Kapellmann/Messerschmidt* Rdn. 46; *U. Locher* in *Ingenstau/Korbion* § 14 Nr. 2 Rdn. 15; *Heiermann* in *Heiermann/Riedl/Rusam* Rdn. 79; offen lassend BGH *Schäfer/Finnern/Hochstein* Z 2302 Bl. 22.

sätzlichen Beweislast der Auftragnehmers und der Bedeutung des gemeinsamen Aufmaßes kann nur die erste Lösung zutreffend sein.[26] Das gemeinsame Aufmaß verliert seine Wirkung, wenn seine Unrichtigkeit feststeht, und damit trägt der Auftragnehmer die Beweislast für den Umfang der von ihm erbrachten Leistungen. Soweit diese nicht mehr feststellbar sind, kann der Umfang nach den Grundsätzen geschätzt werden, die eingreifen, wenn ein gemeinsamen Aufmaß nicht genommen wurde (Rdn. 36).

33 Entstehen bei der Nachholung der Feststellungen besondere **Kosten,** so können diese als Schadensersatzposten berücksichtigt werden, wenn das Aufmaß in Folge des Verschuldens einer Partei der Abrechnung nicht zu Grunde gelegt werden konnte.

34 Die Bindungswirkung der gemeinsamen Feststellungen beschränkt sich auch nach der herrschenden Auffassung auf die Feststellungen zu den **ausgeführten Mengen.** Sie bezieht sich **nicht** auf die **Qualität der Arbeit** und auch nicht darauf, ob sie **nach dem Vertrag geschuldet** war. Die Mitwirkung am Aufmaß schließt es deshalb nicht aus, sich anschließend darauf zu berufen, die Arbeiten seien über die vertraglichen Vereinbarungen hinaus erbracht worden.[27] Erst recht stehen die gemeinsamen Feststellungen über den Leistungsumfang nicht dem Einwand entgegen, es seien die vertraglichen Abrechnungsgrundlagen nicht beachtet.[28] Soweit die Wirkung des Aufmaßes reicht, tritt diese auch gegenüber **öffentlichen Auftraggebern** ein, auch wenn diese ihrerseits einer Rechnungsprüfung noch unterliegen.[29]

35 Diese Grundsätze zum gemeinsamen Aufmaß setzen die gleichzeitige Anwesenheit der Parteien beim Aufmaß nicht zwingend voraus.[30] Es reicht vielmehr aus, wenn die Parteien von übereinstimmenden Feststellungen ausgehen, die auf einem von beiden Seiten gesondert genommenen Aufmaß beruhen. Die Unterschrift beider Parteien ist nicht Voraussetzung eines gemeinsamen Aufmaßes.[31]

### 4. Einseitig vom Auftragnehmer getroffene Feststellungen

36 **a) Unberechtigt einseitig getroffene Feststellungen.** Rechnet der Auftragnehmer die Leistungen ab, ohne dass dem Auftraggeber die Gelegenheit zu gemeinsamen Feststellungen gegeben wurde, so steht dies der Prüfbarkeit der Abrechnung und damit der **Fälligkeit der Vergütungsforderung nicht entgegen**[32] (vgl. auch Rdn. 48). Jedoch hat der Auftragnehmer den Umfang der erbrachten Leistungen darzulegen und zu beweisen.[33] Der Auftraggeber kann sich auf ein **schlichtes Betreiten** beschränken, ohne dass ein qualifiziertes, durch nähere Angaben erhärtetes Bestreiten erforderlich ist.[34]

37 Entstehen dem **Auftraggeber** durch dieses vertragswidrige Vorgehen des Auftragnehmers **Schäden,** etwa deshalb, weil der Auftraggeber die Richtigkeit des Aufmaßes nachträglich und damit aufwändiger prüfen muss, so sind diese vom Auftragnehmer unter den Voraussetzungen des § 280 BGB zu ersetzen. Grundlage dafür ist weniger die Regelung in Nr. 2 als die Abrechnungspflicht nach Nr. 1. Da sie dem Auftraggeber eine leichte Prüfung der Rechnung ermöglichen will und Nr. 2 dazu ein gemeinsames Aufmaß vorsieht, wird der

---

[26] In diese Richtung auch BGH NJW-RR 2004, 92, 95 = BauR 2003, 1892, 1897 = NZBau 2004, 31, 34; vgl. auch *Ehmann,* Schuldanerkenntnis und Vergleich, S. 22.
[27] BGH NJW 1974, 646; NJW-RR 1992, 727; OLG Karlsruhe BauR 2003, 1244, 1245; *Messerschmidt* in *Kapellmann/Messerschmidt* Rdn. 46.
[28] *U. Locher* in *Ingenstau/Korbion* Nr. 2 Rdn. 10; BGH NJW-RR 1992, 727; OLG Düsseldorf NJW-RR 1992, 217; OLG Karlsruhe BauR 2003, 1244, 1245; vgl. auch BGH MDR 1975, 836.
[29] BGH MDR 1975, 836; OLG Hamm NJW-RR 1991, 1496, 1497 (ausgehend von einem deklaratorischen Schuldanerkenntnis); *Heiermann* in *Heiermann/Riedl/Rusam* Rdn. 74.
[30] OLG Hamm NJW-RR 1991, 1496, 1497; vgl. auch BGH 26. 9. 1968 VII ZR 126/66 juris.
[31] Thüringer OLG 27. 9. 2005 8 U 861/04 Tz. 99.
[32] BGH NJW-RR 1999, 1180.
[33] OLG Naumburg BauR 2003, 115, 116 (keine Aufforderung zum gemeinsamen Aufmaß, obwohl Feststellungen später nicht mehr zu treffen waren).
[34] Vgl. BGH NJW 2003, 2678 = NZBau 2003, 497 = BauR 2003, 1207, 1208 f.; BGH NJW-RR 2004, 92, 95 = BauR 2003, 1892, 1897 = NZBau 2004, 31, 34.

Auftragnehmer schadensersatzpflichtig, wenn er durch das einseitig genommene Aufmaß die Prüfungskosten schuldhaft erhöht, indem er dem Auftraggeber die Gelegenheit nimmt, an dem gemeinsamen Aufmaß teilzunehmen. Voraussetzung für einen solchen Anspruch ist jedoch die **Erforderlichkeit eines Gutachtens.** Diese wird in der Literatur unter Hinweis auf die Möglichkeit des Bestreitens im Prozess verneint und ein Schadensersatzanspruch daher abgelehnt.[35] Ob diese Beurteilung in jedem Fall zutrifft, erscheint jedoch zweifelhaft, denn der Auftraggeber braucht es nicht hinzunehmen, durch ein schuldhaftes und abredewidriges Verhalten des Auftragnehmers mit ungewisser Tatsachengrundlage in einen Prozess getrieben zu werden. Zur Frage eines Ersatzanspruchs des Auftragnehmers, wenn der Auftraggeber die Mitwirkung verweigert, vgl. Rdn. 42 ff.

**b) Einseitig getroffene Feststellungen nach unberechtigter Weigerung des Auftraggebers. aa) Feststellung des Leistungsumfangs ist noch möglich.** Verweigert der Auftraggeber unberechtigt die Mitwirkung an den gemeinsamen Feststellungen oder erscheint er grundlos zum Aufmaßtermin nicht, so verletzt der Auftragnehmer seine Pflicht nicht, wenn er die Feststellungen einseitig trifft und auf dieser Grundlage die prüfbare Abrechnung erstellt. Bestreitet der Auftraggeber die Angaben im Aufmaß und lässt sich der Leistungsumfang noch überprüfen, so muss der **Leistungsumfang** – sei es durch ein gemeinsames Aufmaß, sei es durch sachverständige Begutachtung im Prozess – noch **festgestellt werden.**[36] Dabei verbleibt nach der Rechtsprechung des BGH die Beweisführungslast beim Auftragnehmer, so dass das Fernbleiben beim Aufmaßtermin für den Auftraggeber folgenlos ist, sofern der Leistungsumfang später noch festgestellt werden kann.[37] Eine **allgemeine Beweislastumkehr** zu Lasten des Auftraggebers kann auf diese Weise also **nicht** begründet werden.[38] Die Interessen des Auftragnehmers werden durch diese Auslegung der Nr. 2 nicht verletzt, weil er die Fälligkeit des Vergütungsanspruchs auf der Grundlage des einseitig genommenen Aufmaßes herbeiführen kann. 38

**bb) Feststellung des Leistungsumfangs ist nicht mehr möglich.** Hat der Auftragnehmer nach unberechtigter Verweigerung des Auftraggebers das Aufmaß allein genommen und kann der Leistungsumfang später **nicht mehr nachgeprüft** werden, weil die Arbeiten durch andere Arbeiten überdeckt werden oder durch Weiterführung der Arbeiten seitens anderer Unternehmer nicht mehr abgegrenzt werden können, so trägt der Auftraggeber das Risiko der Nichterweislichkeit des Leistungsumfangs, denn er hat durch die Verweigerung des Aufmaßes die Beweisnot des Auftragnehmers herbeigeführt. Es ist deshalb von den einseitig genommenen Mengen auszugehen, sofern nicht der Auftraggeber die Unrichtigkeit der Angaben beweist.[39] Nicht erforderlich ist es jedoch, dass er den zutreffenden Umfang der Leistungen nachweist. 39

Die **Kosten** des vom Auftragnehmer nach der Weigerung des Auftraggebers einseitig genommenen Aufmaßes trägt der **Auftragnehmer,** denn er ist zur prüfbaren Abrechnung verpflichtet. Wird durch das Bestreiten des Auftraggebers ein erneutes Aufmaß erforderlich, so trifft den Auftraggeber die Darlegungs- und Beweislast, so dass dieses Aufmaß vom Auftraggeber zu veranlassen ist. Da er selbst es war, der dieses Aufmaß hat erforderlich werden lassen, hat er außerprozessual regelmäßig keinen Anspruch gegen den Auftragnehmer auf Ersatz dieser Kosten. Im Prozess sind die Kosten Teil der Prozesskosten. 40

**c) Abrechnung ohne Feststellung der erbrachten Leistungen.** Hat der Auftraggeber das Aufmaß durch den Auftragnehmer **vereitelt,** indem er das Werk vor der Feststellung der Leistungen des Auftragnehmers durch Dritte weiterführen lässt, so kann der Auftraggeber 41

---

[35] *U. Locher* in *Ingenstau/Korbion* Nr. 2 Rdn. 6.
[36] BGH NJW 2003, 2678 = NZBau 2003, 497 = BauR 2003, 1207.
[37] BGH NJW 2003, 2678 = NZBau 2003, 497 = BauR 2003, 1207, 1208 f. m. zust. Anm. *Luz.*
[38] *U. Locher* in *Ingenstau/Korbion* Nr. 2 Rdn. 6.
[39] BGH NJW 2003, 2678 = NZBau 2003, 497 = BauR 2003, 1207, 1208 f. m. zust. Anm. *Luz;* OLG Celle NJW-RR 2002, 1675 f. = BauR 2003, 1863, 1864; OLG Köln BauR 1994, 114, 115; *Messerschmidt* in *Kapellmann/Messerschmidt* Rdn. 48; BeckOK-*Jansen* Rdn. 6.

sich auf die vom Auftragnehmer nicht zu vertretende Beweisnot hinsichtlich des Umfangs der erbrachten Leistungen nicht berufen. Der Auftragnehmer bleibt dann zwar beweispflichtig, er genügt seiner Beweispflicht aber, indem er die ihm bekannten Tatsachen vorträgt, auf deren Grundlage ein Sachverständiger den Umfang der Leistungen schätzen kann.[40] Für die Prüfbarkeit der Rechnung und damit die Fälligkeit der Forderung reicht es aus, wenn der Auftragnehmer alle ihm zur Verfügung stehenden Umstände mitteilt, die eine Schätzung des Umfangs der erbrachten Leistungen zulassen.[41]

42  **d) Entschädigung des Auftragnehmers bei Weigerung des Auftraggebers?** Die Frage nach einer Entschädigung des Auftragnehmers, wenn die Verweigerung des Auftraggebers zu einer Behinderung führt oder zusätzliche Aufwendungen für die Feststellung des Leistungsumfangs erforderlich macht, hängt in erster Linie davon ab, ob eine Mitwirkungspflicht des Auftraggebers besteht. Dies wird in der Literatur vielfach angenommen.[42]

43  Gegen eine solche Pflicht spricht jedoch bereits der Wortlaut des § 14 Nr. 2 Satz 1 VOB/B, der zwar gemeinsame Feststellungen des Leistungsumfangs für wünschenswert hält, aber keine entsprechende Pflicht des Auftraggebers anordnet.[43] Gerade im Hinblick auf die beweisrechtlichen Konsequenzen des Aufmaßes oder – noch weitergehend – der Bindungswirkung einer gemeinsamen Feststellung des Leistungsumfangs (vgl. Rdn. 25 ff.) hätte eine vertragliche Verpflichtung des Auftraggebers an der Mitwirkung im Wortlaut der Bestimmung deutlicher zum Ausdruck kommen müssen.

44  Die Regelung in Satz 3 führt zu keinem anderen Ergebnis, denn sie will lediglich eine rechtzeitige Ankündigung des Aufmaßes sicherstellen und nicht eine über Satz 1 hinausgehende Pflicht zur Teilnahme festlegen.[44] Dies ergibt sich aus dem Wortlaut der Bestimmung, der als Rechtsfolge allein auf einen rechtzeitig gestellten Antrag durch den Auftragnehmer abstellt, ohne die Rechtsposition des Auftragnehmers gegenüber dem Auftraggeber zu verstärken. Dazu besteht auch kein Anlass, denn das Risiko eines nicht mehr aufklärbaren Leistungsumfangs geht zu Lasten des Auftraggebers, der dem rechtzeitig beantragten Aufmaßtermin ferngeblieben ist (vgl. Rdn. 39).

45  Als ein weiteres Argument zur Begründung einer Mitwirkungspflicht des Auftraggebers wird auf den Zusammenhang mit der Kooperationspflicht der Parteien verwiesen.[45] Dieser Hinweis ist im Grundsatz berechtigt, denn es ist letztlich der Verstoß gegen die Kooperationspflicht, der die beweisrechtlichen Nachteile rechtfertigt, welche durch die Verweigerung an der Mitwirkung an gemeinsamen Feststellungen entstehen (zu diesen Nachteilen vgl. Rdn. 32). Damit steht aber keineswegs fest, dass die Kooperationspflichtverletzung zu Schadensersatzansprüchen führt.[46] Denn die Pflicht zur Kooperation lässt sich erst durch eine Zusammenschau einer Vielzahl von Regelungen – darunter auch die des § 14 VOB/B – begründen, so dass über diese Rechtsfigur keine zusätzlichen Inhalte in § 14 VOB/B hineingelesen werden sollten. Ein Schadensersatzanspruch des Auftragnehmers würde auch über den Schutz seiner berechtigten Interessen hinausgehen, denn die gemeinsamen Feststellungen sollen ihm die Beweisführung erleichtern und dieses Ziel wird nach den oben

---

[40] BGH NZBau 2004, 503, 504 = NJW-RR 2004, 1384, 1385 = BauR 2004, 1443, 1444 f.
[41] BGH NZBau 2004, 503, 504 = BauR 2004, 1443, 1444 f.
[42] Eine Nebenpflicht nehmen an: *Weick* in *Nicklisch/Weick* Rdn. 17; *Kleine-Möller* in *Kleine-Möller/Merl* § 10 Rdn. 143; *Zanner* in *Franke/Kemper/Zanner/Grünhagen* Rdn. 37; jedenfalls für den Fall des Nr. 2 Satz 3 (im Übrigen ggf. Schadensersatz aus Kooperationsgedanken) auch *Messerschmidt* in *Kapellmann/Messerschmidt* Rdn. 45, 48, 53, 61 f.; *Kuß* Rdn. 35; einschränkend (Herleitung aus Kooperationsgedanken, ggf. Anspruch aus § 6 Nr. 6 VOB/B) *U. Locher* in *Ingenstau/Korbion* Nr. 2 Rdn. 4 f., 19.
[43] *U. Locher* in *Ingenstau/Korbion* § 14 Nr. 2 Rdn. 4; *Heiermann* in *Heiermann/Riedl/Rusam* Rdn. 62; *Werner* in *Werner/Pastor* Rdn. 1399; *BeckOK-Jansen* Rdn. 2; a. A. *Weick* in *Nicklisch/Weick* Rdn. 17; *Kleine-Möller* in *Kleine-Möller/Merl* § 10 Rdn. 143 (nicht klagbare, aber schadensersatzbewehrte Nebenpflicht); wohl auch *Messerschmidt* in *Kapellmann/Messerschmidt* Rdn. 45, 48, 53, 61 f. (Kooperationspflicht).
[44] A. A. *Kuß* Rdn. 35.
[45] Vgl. BGH NJW 2003, 2678 = NZBau 2003, 497 = BauR 2003, 1207.
[46] So aber die Folgerung bei *Messerschmidt* in *Kapellmann/Messerschmidt* Rdn. 45, 48, 53, 61 f.; *U. Locher* in *Ingenstau/Korbion* Nr. 2 Rdn. 4 f., 19; *Heiermann* in *Heiermann/Riedl/Rusam* Rdn. 68; *Kleine-Möller* in *Kleine-Möller/Merl* § 10 Rdn. 143.

dargelegten Grundsätzen auch für den Fall der Verweigerung der Mitwirkung durch den Auftraggeber erreicht. Denn der Auftragnehmer hat die Möglichkeit, die Feststellungen allein zu treffen, und wird durch die Beweislastumkehr im Falle der Nichterweislichkeit des Leistungsumfangs vor den Nachteilen der Mitwirkungsverweigerung geschützt.

Auch ein **Entschädigungsanspruch entsprechend § 642 BGB** ist in einem solchen Fall nicht gegeben, denn die Handlung des Auftraggebers ist zur Leistungserbringung nicht erforderlich. Damit scheidet auch entgegen der herrschenden Auffassung ein Anspruch aus § 6 Nr. 6 S. 1 VOB/B aus.[47] 46

Diese Rechtslage kann den Auftragnehmer in die unangenehme Situation bringen, dass er zur Absicherung seiner Feststellungen für die Vergütungsforderung das Aufmaß durch einen Dritten überprüfen lassen möchte, ohne dass er diese Kosten auf den Auftraggeber verlagern kann. Dies ist aber lediglich die Folge davon, dass § 14 VOB/B Nr. 2 keine Pflicht des Auftraggebers zur Mitwirkung begründet. Entgegen vielen Stimmen in der Literatur darf dies nicht durch eine nicht kodifizierte Kooperationspflicht mit der Folge der Schadensersatzpflicht überspielt werden. Als Lösung bietet sich entweder die Vereinbarung einer Verpflichtung zum gemeinsamen Aufmaß an (Rdn. 48) oder aber eine Vereinbarung, dass der Auftragnehmer bei Fernbleiben des Auftraggebers bei einem rechtzeitig angekündigten Termin berechtigt ist, die Feststellungen auf Kosten des Auftraggebers bestätigen zu lassen. 47

**e) Besonders vereinbarte gemeinsame Feststellungen.** Haben die Parteien vereinbart, die erforderlichen Feststellungen gemeinsam zu treffen, so dient dies regelmäßig nur dazu, eine einvernehmliche Feststellung zu ermöglichen und Differenzen zu vermeiden. Die Parteien wollen durch diese Abrede aber nicht das gemeinsame Aufmaß zur Voraussetzung für die Fälligkeit des Vergütungsanspruchs erheben.[48] Andernfalls hätte es der Auftraggeber in der Hand, durch Verzögerungen des Aufmaßes die Fälligkeit immer weiter hinauszuzögern. Wird eine solche Pflicht vereinbart, so führt ihre schuldhafte Verletzung zu Schadensersatzansprüchen nach § 280 Abs. 1 BGB. 48

**f) Vergleichsweise Einigung anlässlich des gemeinsamen Aufmaßes.** Herrschte schon beim Aufmaßtermin **Streit über den Umfang einer Leistung** und wurde dieser anlässlich des Aufmaßes von den Parteien **beigelegt,** so geht der Willen der Parteien regelmäßig über die übereinstimmende Feststellung der Leistungen hinaus. In einem solchen Fall liegt deshalb die Annahme eines Vergleichs nahe.[49] Haben die Parteien einen solchen geschlossen, so kommt eine Abrechnung nach anderen als den dabei festgelegten Mengen nur in Betracht, wenn der Vergleich unwirksam ist oder angefochten wird. Nur bei einer solchen Einigung in der Situation der erkannten Ungewissheit ist auch die Annahme eines **kausalen Anerkenntnisvertrages** gerechtfertigt. Dieser unterscheidet sich vom Vergleich dadurch, dass sich die Parteien darauf beschränken, lediglich einzelne Elemente eines Rechtsverhältnisses gemeinsam festzuhalten, ohne sich über das Rechtsverhältnis und die aus ihm folgenden Ansprüche zu einigen.[50] 49

## 5. Anforderungen an die Vertretungsbefugnis Dritter

Die Mitwirkung des Auftraggebers am gemeinsamen Aufmaß ist nach der hier vertretenen Auffassung keine Willenserklärung, sondern eine rechtsgeschäftsähnliche Handlung mit in erster Linie beweisrechtlicher Bedeutung (vgl. Rdn. 25 ff.), sofern nicht nach den in 50

---

[47] A. A. *Heiermann* in *Heiermann/Riedl/Rusam* Rdn. 68 (für den Fall des Satzes 3; anders jedoch in Rdn. 62); *U. Locher* in *Ingenstau/Korbion* Nr. 2 Rdn. 5, 19; *Weick* in *Nicklisch/Weick* Rdn. 17; *Messerschmidt* in *Kapellmann/Messerschmidt* Rdn. 62.
[48] BGH NJW-RR 1999, 1180.
[49] *U. Locher* in *Ingenstau/Korbion* § 14 Nr. 2 Rdn. 13; *Heiermann* in *Heiermann/Riedl/Rusam* Rdn. 78.
[50] Vgl. BGH NJW 1999, 2889 (kausales Schuldanerkenntnis setzt voraus, dass Einigung über strittige oder ungewisse Punkte stattfindet, die aus Sicht der Parteien klärungsbedürftig sind); vgl. auch BGH NJW 1974, 646 (Aufmaß kann bei entsprechendem Willen bindend sein).

Rdn. 49 genannten Grundsätzen eine vergleichsweise Einigung oder ein kausales Schuldanerkenntnis anzunehmen ist. Hat an Stelle des Auftraggebers ein von ihm beauftragter Dritter am Aufmaß teilgenommen, ist die Frage der Zurechnung nicht ohne weiteres nach allgemeinen Grundsätzen der **Vollmacht** i. S. d. § 167 BGB zu beantworten. Es kommt deshalb nur eine **entsprechende Anwendung** dieser Grundsätze in Betracht.

**51** Misst man dem gemeinsam aufgenommenen Aufmaß entgegen der hier vertretenen Auffassung generell eine Bindungswirkung zu, so wird durch das Aufmaß ähnlich wie bei einem Vergleich die Berufung darauf, dass die festgestellten Tatsachen nicht zutreffen, eingeschränkt (vgl. Rdn. 25 ff.). Deshalb muss für diese rechtsgeschäftlich zu begründende Wirkung eine Willenserklärung abgegeben worden sein,[51] für die der Dritte bevollmächtigt sein muss, damit die Wirkung gegenüber dem Vertretenen eintritt. Aber auch dann, wenn man mit der hier vertretenen Auffassung dem gemeinsamen Aufmaß lediglich bei der Beweisfrage Bedeutung beimisst, kann ein Dritter für den Auftraggeber nur dann die gemeinsamen Feststellungen treffen, wenn er dazu berechtigt ist. Da durch die Teilnahme am Aufmaß wichtige Vorentscheidungen für einen späteren Vergütungsprozess getroffen werden, sollte man nicht voreilig den Dritten als berechtigt ansehen, mit Wirkung für den Auftragnehmer die Feststellungen treffen zu können.

**52** Nimmt für den Auftraggeber ein **Architekt** oder ein **Bauleiter** an den gemeinsamen Feststellungen teil, so gilt dieser schon nach allgemeinen Grundsätzen als zur Vertretung des Auftraggebers berechtigt, wenn er von diesem zum Aufmaßtermin entsandt wurde. Da der Sinn dieses Termins darin besteht, das Aufmaß gemeinsam zu nehmen, kann sich der Auftraggeber nicht darauf berufen, der Architekt oder Bauleiter sei für diese Feststellungen nicht berechtigt. Hat der Auftragnehmer den Architekten nicht entsandt, so ist die Grundlage der Berechtigung nicht ganz unzweifelhaft. Nach § 15 Abs. 1 Nr. 8 HOAI gehört zwar das gemeinsame Aufmaß zum Leistungsbild des mit der **Bauüberwachung beauftragten** Architekten, dies betrifft aber nur die Frage, welche Leistungen der Architekt gegenüber dem Bauherrn zu erbringen hat – sofern man dieser Vergütungsregelung überhaupt Einfluss auf den Leistungsumfang einräumen will. Jedenfalls sagt sie aber nichts über eine Berechtigung zur Vertretung gegenüber Dritten aus. Dennoch wird man in der Regel davon ausgehen können, dass der Auftraggeber den mit der Bauüberwachung betrauten Architekten auch mit der Teilnahme am Aufmaß betrauen will. Maßgebend sind aber die Umstände des Einzelfalls.[52] Regelmäßig kann man auch beim bauleitenden Architekten und beim Bauleiter von einer Bevollmächtigung ausgehen.[53] Eine Bevollmächtigung ist auch anzunehmen, wenn ein Wohnungseigentümer mit dem Einverständnis des Verwalters am Gemeinschaftseigentum ausgeführte Sanierungsarbeiten aufmisst.[54]

**53** Für Erklärungen, die zu einer Vertragsänderung oder einem kausalen Schuldanerkenntnis führen, ist auch der bauleitende Architekt nicht ohne weiteres bevollmächtigt.[55] Dies gilt erst recht für den Verzicht auf eine Schlussrechnung[56] oder für die Anerkennung einer Restvergütungsforderung.[57]

---

[51] So konsequent *Weick* in *Nicklisch/Weick* Rdn. 20.
[52] OLG Nürnberg MDR 1999, 802 = NJW-RR 1999, 1036; *Heiermann* in *Heiermann/Riedl/Rusam* Rdn. 80; *Kuß* Rdn. 23; *U. Locher* in *Ingenstau/Korbion* § 14 Nr. 2 Rdn. 16 (der mit der Objektüberwachung betraute Architekt ist regelmäßig bevollmächtigt); weitergehend *Messerschmidt* in *Kapellmann/Messerschmidt* Rdn. 54 (Bestandteil der originären Vollmacht des Architekten, soweit dieser mit der Objektüberwachung beauftragt ist).
[53] OLG Brandenburg BauR 2003, 542, 543 f.; für die Annahme einer regelmäßigen Bevollmächtigung OLG Hamm NJW-RR 1991, 1496, 1497 (auch Bauleiter, auch zum Aufmaß nach Zeichnung); BGH NJW 1960, 859 (Frage des Einzelfalls; Musterverträge geben Anhaltspunkt; im Zweifel zu bejahen, obiter dictum); OLG Oldenburg BauR 1997, 523 (LS).
[54] OLG Düsseldorf BauR 2000, 614 (LS) = NZBau 2000, 252 (LS).
[55] BGH NZBau 2004, 503 = NJW-RR 2004, 1384, 1385 = BauR 2004, 144 (für die Vertragsänderung); OLG Düsseldorf BauR 1996, 740, 741.
[56] OLG Düsseldorf BauR 1996, 740, 741.
[57] OLG Brandenburg BauR 2003, 542, 544.

## D. Abrechnungsbestimmungen

### I. Grundlagen der Abrechnungsbestimmungen

§ 14 Nr. 2 Satz 2 VOB/B verpflichtet den Auftragnehmer, bei der Abrechnung die Abrechnungsbestimmungen in den Technischen Vertragsbedingungen und den anderen Vertragsunterlagen zu beachten. Diese allgemeinen Technischen Vertragsbedingungen sind nach § 1 Nr. 1 Satz 2 VOB/B Bestandteil des Vertrages. Werden abweichende Regelungen getroffen, so bestimmt sich das Rangverhältnis nach § 1 Nr. 2 VOB/B. Damit gehen Besondere Vertragsbedingungen und etwaige Zusätzliche Vertragsbedingungen oder Zusätzliche Technische Vertragsbedingungen den Allgemeinen Technischen Vertragsbedingungen vor. Ergibt die **Auslegung der Vergütungsvereinbarung** oder der **allgemeinen Vertragsbedingungen,** dass sich die Vergütung nach den tatsächlich erbrachten Leistungen bestimmt, kommt deshalb eine Berufung auf Abrechnungsbestimmungen in den ATV wegen des **Vorrangs der vertraglichen Vereinbarung** nicht in Betracht (vgl. auch § 1 Nr. 2 Rdn. 5).[58] 54

Werden Abrechnungsregeln in **allgemeinen Geschäftsbedingungen** vereinbart, so unterliegen sie einer **Inhaltskontrolle.** Dies gilt unabhängig davon, ob es sich um besondere oder zusätzliche Vertragsbedingungen oder entsprechende Technische Vertragsbedingungen handelt.[59] Bei der Bestimmung des gesetzlichen Leitbildes, das als Maßstab für die Frage der unbilligen Abweichung zu bestimmen ist, kann auf die Regelungen der Allgemeinen Technischen Vertragsbedingungen nicht zurückgegriffen werden,[60] denn diese sind ebenfalls nichts anderes als allgemeine Geschäftsbedingungen. Diese Bedingungen können aber Hinweise darauf geben, welche Abrechnung üblich ist und was die Parteien regelmäßig als angemessene Regelung ansehen. Nach allgemeinen Regeln sind **unklare Regelungen** über die Abrechnung dabei zu Lasten des Verwenders auszulegen.[61] 55

Soweit danach die **Allgemeinen Technischen Vertragsbedingungen** maßgebend sind, finden sich die Abrechnungsbestimmungen in **Abschnitt 5** der einschlägigen DIN-Norm. Auch diese Abrechnungsbestimmungen sind als AGB einzuordnen (vgl. auch Rdn. 69).[62] Je nach Leistung sehen die einschlägigen DIN-Normen weitere Abrechnungsregelungen vor. Zu den Besonderheiten bei **Erdaushubarbeiten** vgl. Beck'scher VOB-Kommentar VOB/C (Bd. 3) DIN 18300 *(Putzier/Katzenbach/Giere)* Rdn. 152 ff. (Vorrang der Leistungsbeschreibung; Abrechnung nach Soll- und nicht nach Istmengen; bei Abtransport keine Berücksichtigung der Mengenerweiterung in Folge der Auflockerung vgl. dazu auch Rdn. 77). Zu **Bohrarbeiten** vgl. DIN 18301 *(Marbach/Wend)* Rdn. 29 f. (Abrechnung nach einzelnen 56

---

[58] Zur Inhaltskontrolle der VOB/C vgl. allg. *Vogel* in Bd. 3 Syst. V, zu Abrechnungsregeln dort Rdn. 17; vgl. auch OLG Karlsruhe BauR 2003, 1244, 1245 (Formulierung „Kanalgrabenbreite beträgt entgegen VOB" als eine der DIN-Norm vorrangige Vergütungsabrede); OLG München BauR 2005, 1778–1780 (Vorrang des LV gegenüber einer entsprechenden Anwendung der ZTV-WA). Insoweit zutreffend auch OLG Celle NJW-RR 2004, 1390 = NZBau 2004, 675 = BauR 2004, 1786; vgl. auch *Janssen/Zanke* in Beck'scher VOB-Kommentar VOB/C DIN 18310 Rdn. 85 (Vorrang der Abrechnungseinheiten im Leistungsverzeichnis gegenüber den Abrechnungsbestimmungen der DIN-Norm); *Lethert/Krug* in Beck'scher VOB-Kommentar VOB/C DIN 18332 Rdn. 83; *Lethert/Ihle* in Beck'scher VOB-Kommentar VOB/C DIN 18333 Rdn. 87 f.; a. A. VOB-Ausschuss Sachsen-Anhalt IBR 2001, 161.
[59] BGH NZBau 2004, 500 = NJW-RR 2004, 1248 = ZfBR 2004, 778, 779; OLG München 26. 1. 2005, 27 U 481/04, IBR-Online.
[60] So *Götz/Böhme* in Beck'scher VOB-Kommentar VOB/C DIN 18307 Rdn. 79 Fn. 129; *Groß/Wust/Galiläa* in Beck'scher VOB-Kommentar VOB/C DIN 18334 Rdn. 154.
[61] BGH NZBau 2004, 500, 502; *Kapellmann/Schiffers,* Bd. 1, Rdn. 146.
[62] Näher *Vogel* in Beck'scher VOB-Kommentar VOB/C Syst. V Rdn. 17; *Quack* ZfBR 2005, 731 f.; vgl. auch BGH NZBau 2004, 500, 501; *Kapellmann/Schiffers* Bd. 1, 4. Aufl., Rdn. 146 (praktische Bedeutung sei allerdings gering); *Grauvogl,* Jhb. BauR 1998, S. 315, 331; *Heiermann* in Heiermann/Riedl/Rusam A § 10 Rdn. 54.

## § 14 Nr. 2

Leistungsarten des Abschnitts 05) und Rdn. 108 ff. (zu Abschnitt 5: Besonderheiten für aufgegebene Bohrungen und Materialverlust) zum Vorrang der Leistungsbeschreibung Rdn. 108. Zu Besonderheiten bei **Wasserhaltungsarbeiten** vgl. DIN 18305 *(Englert/Haugwitz)* Rdn. 90 (Abrechnung nach Kalendertagen, also nicht nur nach Arbeitstagen). Zu **Druckrohrleitungsarbeiten** vgl. DIN 18307 *(Götz/Böhme)* Rdn. 79 (Übermessen der Rohrverbindungen, Armaturen, Formstücke). Zu den Besonderheiten bei **Einpressarbeiten** vgl. DIN 18309 *(Grauvogel/Strobl)* Rdn. 74 (Abrechnung nach Einpresszeit, nicht nach Stückzahl; zu abweichenden Vereinbarungen ratend; zum Vorrang solcher Vereinbarungen vgl. auch hier Rdn. 54, 67); zu **Pflasterarbeiten** vgl. DIN 18318 *(Brößkamp/Kurth)* Rdn. 37 (Übermessen von Fugen, Schienen und Einsparungen von weniger als 1 qm Einzelgröße); zu **Rohrvortriebsarbeiten** vgl. DIN 18319 *(Liepe/Stein)* Rdn. 39 ff. (sehr differenzierte Abrechnungsmodalitäten); **Mauerarbeiten** DIN 18330 *(Müller/Graubner/Simon)* Rdn. 121 ff. (sehr differenzierte Abrechnungsmodalitäten).

57 Haben sich Abrechnungsbestimmungen in den einbezogenen Regelungswerken in der Zeit zwischen Vertragsschluss und Abrechnung **geändert,** so ist die beim Vertragsschluss geltende Fassung maßgebend, sofern sich die Änderung auf die vereinbarte Vergütung auswirken kann. Es verhält sich anders als bei Fragen der Gewährleistung, bei der man Änderungen von technischen Standards bei der Beurteilung von Mängeln einbezieht. Dies hat seinen Grund in dem Versprechen des Auftragnehmers, das Werk nach den Regeln der Technik herzustellen, während die Vergütung und die Grundlagen zu ihrer Bemessung im Zeitpunkt des Vertragsschlusses bereits abschließend festgelegt werden.[63]

58 Enthalten die Vertragsbedingungen **keine Regelung** über das Aufmaß und die Abrechnung, so müssen die Feststellungen möglichst exakt getroffen werden. Überschlägige Feststellungen sind erst dann zulässig, wenn genaue Feststellungen mit zumutbaren Mitteln ausgeschlossen sind.[64]

### II. Stillschweigende Änderung vereinbarter Abrechnungsbestimmungen

59 Haben die Parteien eine Art des Aufmaßes ausdrücklich oder durch allgemeine Geschäftsbedingungen vereinbart und wird dann in Anwesenheit und mit Billigung einer Hilfsperson des Auftraggebers nach **anderen Grundsätzen das Aufmaß** genommen, so bedarf die **Vertretungsmacht** der Hilfsperson einer genauen Prüfung. Regelmäßig ist diese nicht dazu befugt, die für die Vergütung maßgebenden Regeln zu Lasten des Auftraggebers abzuändern.[65]

### III. Folgen eines Verstoßes gegen Abrechnungsbestimmungen

60 Wird unter **Verstoß** gegen die einschlägigen Bestimmungen abgerechnet, so ist die Abrechnung nicht vertragsgemäß, auch wenn die einzelnen Posten prüfbar sind. Der Auftraggeber kann deshalb eine solche **Rechnung zurückweisen.** Dies muss zur Vermeidung einer Verwirkung in angemessener Frist geschehen, um dem Auftragnehmer die Möglichkeit eines neuen Aufmaßes einzuräumen. In der Rechtsprechung wird zur Bestimmung die Zweimonatsfrist des § 16 Nr. 3 Abs. 1 Satz 1 als Anhaltspunkt gewählt.[66] Da § 16 Nr. 3 S. 2 auch Einwendungen gegen die Prüfbarkeit dieser Zweimonatsfrist unterwirft (vgl. auch Nr. 1 Rdn. 32), spricht viel dafür, sie auch hier als maßgebend anzusehen. Werden durch

---

[63] OLG Köln BauR 1991, 348, 350 f.; *Lethert/Krug* in Beck'scher VOB-Kommentar VOB/C DIN 18332 Rdn. 83.
[64] *Weick* in *Nicklisch/Weick* Rdn. 19.
[65] OLG Karlsruhe BauR 2004, 1244, 1245 (Bauleiter); vgl. BGH 29. 1. 1962 VII ZR 195/60 juris („Durchmessen" entgegen der Ausschreibung mit Billigung der anwesenden Vertreter des Bauamts).
[66] OLG Düsseldorf NJW-RR 1991, 278; *Weick* in *Nicklisch/Weick* Rdn. 19.

Einvernehmliches Aufmaß                                                                § 14 Nr. 2

den Verstoß weder Informations- noch Kontrollinteressen des Auftraggebers beeinträchtigt, so kann dieser sich auch vor Ablauf der Zweimonatsfrist auf die Abweichung von den Abrechnungsbestimmungen nicht berufen (vgl. Nr. 1 Rdn. 34).

Von der Prüfbarkeit ist die Frage der **Richtigkeit der Abrechnung** zu unterscheiden 61 (vgl. Nr. 1 Rdn. 35). Streiten die Parteien über die Frage, ob eine Abrechnungsbestimmung, die zu Rundungen oder Übermessungen berechtigt, wirksam ist oder ob der Auftragnehmer berechtigt war, nach dieser Bestimmung abzurechnen, so stellt dies die Prüfbarkeit der Rechnung nicht in Frage (näher Nr. 1 Rdn. 35). Ergibt sich in der weiteren Auseinandersetzung, dass es auf die exakte Mengenbestimmung ankommt, so ist diese dann noch nachzuholen. Soweit dies nicht durch einen gerichtlich bestellten Sachverständigen geschieht, wird dazu ein Aufmaß genommen, das nach Nr. 2 Satz 1 nach Möglichkeit gemeinschaftlich zu erfolgen hat.

### IV. Rundung und Übermessung

#### 1. Praktische Bedeutung

Die DIN-Normen sehen in vielen Fällen Abrechnungsregelungen vor, bei denen die 62 Grundlagen der Vergütungsberechnung von der **tatsächlich erbrachten Leistung abweichen.** So werden z.B. bei der Fassadensanierung u. a. Flächen unter 2,5 qm übermessen (DIN 18351 Abschnitt 5.2.1), bei Rohrleitungen die Anschlussstücke und Rundungen (DIN 18307 Abschnitt 5), bei Straßenbauarbeiten u. a. die Dehnungsfugen (DIN 18316 Abschnitt 5.1; 18317 Abschnitt 5) bei Ansaaten im Rahmen von Landschaftsarbeiten die Einsparungen bis zu 100 qm (DIN 18320 Abschnitt 5.2.1).

In diesen Fällen führen die Abrechnungsregelungen zu einer **Abweichung** zwischen den 63 **Grundlagen der Vergütung und der tatsächlich erbrachten Leistung.** Diese Abweichung ist auch keineswegs unerheblich; im Einzelfall kann sie bis zu 25% betragen[67] und sich damit erheblich auf die Höhe der Gesamtvergütung auswirken. Zugleich tritt eine gewisse **Intransparenz** ein, weil der beim Einheitspreis genannte Preis bezogen auf die tatsächlich erbrachte Leistung steigt und zwar in einer für den Auftraggeber nicht ohne weiteres erkennbaren Weise.

#### 2. Übermessen kraft besonderer Abrede oder auf der Grundlage eines Handelsbrauchs

Die Abrechnung kann dennoch unter Übermessung oder Rundung erfolgen, wenn die 64 entsprechenden Regelungen **Bestandteil der Vergütungsabrede** geworden sind. Dies gilt unabhängig davon, ob die VOB/B vereinbart wurde. Auch wenn dies nicht der Fall ist, kann eine Abrechnung unter Übermessung zwischen den Parteien auf der Grundlage einer beiden Parteien geläufigen Übung vereinbart sein.

Eine solche Vereinbarung ist dann anzunehmen, wenn die Abrechnung unter Übermessen 65 von Flächen so üblich ist, dass **beide Parteien** von dieser Form der Abrechnung ausgehen und dies ihren Vergütungsvorstellungen zugrundelegen mussten.[68] Grundlage der Vergütungspflicht ist dann nicht die Abrechnungsregelung in der VOB/C, sondern das Leistungsversprechen der Parteien selbst.[69] Damit stellen sich in dieser Konstellation keine Prob-

---

[67] Vgl. nur AG Hamburg-Harburg BauR 2005, 114 (Malerarbeiten von 45 qm; nach Übermessen 57,6 qm).
[68] Vgl. (zur Anwendbarkeit einer DIN-Norm auf selbstständig vergebene Teilarbeiten) BGH NJW-RR 2004, 1248 = ZfBR 2004, 778; im konkreten Fall verneinend AG Hamburg-Harburg BauR 2005, 114 (ohne Vereinbarung der VOB/B); generell für DIN 18363 verneinend *Oppler/Schneider* in Beck'scher VOB/C-Kommentar DIN 18363 Rdn. 116; bejahend OLG Saarbrücken BauR 2000, 1332 ff. (VOB/B nicht vereinbart, die Abrechnung nach DIN 18350 entspräche Verkehrssitte).
[69] BGH NJW-RR 2004, 1248 = ZfBR 2004, 778.

leme der Inhaltskontrolle oder der Intransparenz der allgemeinen Geschäftsbedingungen. Für die Annahme einer solchen Vereinbarung genügt es jedoch nicht, wenn nur der Auftragnehmer branchenkundig ist und deshalb sein Angebot auf der Grundlage dieser Abrechnungsbestimmungen kalkuliert hat.

66   Zu weit geht es auch, wenn aus den Mengen- oder Längenangaben in dem vom Auftraggeber gestellten Leistungsverzeichnis auf die Zulässigkeit eines sonst nicht zulässigen Übermessens geschlossen werden soll.[70] Der Auftraggeber bringt durch ein Leistungsverzeichnis mit Einheitspreisen den Willen zur Abrechnung nach der tatsächlich erbrachten Leistung zum Ausdruck. Auch wenn die im Leistungsverzeichnis angegebene Länge mit der übereinstimmt, die sich bei Übermessen ergibt, kann daraus kaum entnommen werden, dass die übermessenen und damit tatsächlich nicht erbrachten Leistungen zu vergüten sind. Damit kann der Auftragnehmer bei seiner Kalkulation auch nicht auf die Zulässigkeit des Übermessens vertrauen.

### 3. Vorrangige Vereinbarung der Abrechnung allein der konkret erbrachten Leistungen

67   Haben die Partein die VOB/B vereinbart und sieht die einschlägige DIN-Norm ein Übermessen oder eine Rundung vor, so steht dies stets unter dem Vorbehalt einer abweichenden Vereinbarung der Parteien. Ergibt sich deshalb aus den Umständen, dass der Auftraggeber von der Abrechnung einer Istleistung ausgeht und nicht mit einer Übermessung von Flächen rechnet, die selbst nicht Gegenstand der Werkleistung waren, so kann darin eine Abrede zu den Vergütungsgrundlagen liegen, die dem Verweis in der VOB/B auf die allgemeinen technischen Vertragsbedingungen vorgeht.[71] So kann auch bei Vereinbarung eines Mischpreises kein Zuschlag für Arbeitnehmeraufwand verlangt werden, auch wenn die Abrechnungsvorschriften auf Grund der DIN dies vorsehen.[72]

### 4. Übermessen auf Grund allgemeiner Geschäftsbedingungen des Auftragnehmers

68   Lässt sich eine solche **Vergütungsvereinbarung nicht feststellen,** so kommt es auf die Wirksamkeit und die Auslegung der Abrechnungsbestimmungen in der DIN-Norm als allgemeine Geschäftsbedingung an. Dabei ist die Frage, welche Fallgestaltungen eine DIN-Norm erfasst, eine Rechtsfrage, die durch Auslegung zu beantworten ist und die einer Begutachtung durch Sachverständige nicht zugänglich ist (zur Unklarheitenregel vgl. Rdn. 55).[73] Dieser kann aber zur Üblichkeit oder einem entsprechenden Handelsbrauch Stellung nehmen.[74]

69   In **Verträgen mit Verbrauchern** wird es meist bereits an einer wirksamen Einbeziehung der Regelung fehlen, so dass sich eine Abrechnung nicht auf die DIN-Normen stützen kann. Dies gilt auch dann, wenn zwar die VOB/B wirksam einbezogen wurde, der Verbraucher aber vom Inhalt der Abrechnungsbestimmung nicht in zumutbarer Weise Kenntnis erlangen konnte.[75] Selbst wenn dies der Fall sein sollte, wird es häufig an der Transparenz der

---

[70] A. A. OLG Celle NZBau 2004, 675 = NJW-RR 2004, 1390 = BauR 2004, 1786.
[71] OLG Düsseldorf 17. 12. 1999 22 U 109/99 juris; vgl. auch (keine Übermessung, wenn in der Ausschreibung die Flächen erkennbar ohne Übermessung ermittelt wurden; auch bei Fenstern unter 2,5 qm) OLG Düsseldorf 26. 3. 1998 5 U 149/97 juris = BauR 1998, 1120 (LS); vgl. auch AG Hamburg-Harburg BauR 2005, 114, 115 (kein Übermessen kraft Handelsbrauch oder Verkehrssitte, wenn VOB/B nicht wirksam einbezogen ist und auf DIN-Normen nicht hingewiesen wird; a. A. (Abrechnung der Leibungsflächen nach laufenden Metern nach DIN 18350 auch wenn sich Auftraggeber über den Inhalt nicht im Klaren ist; Abweichung nur bei eindeutig abändernder Vereinbarung) LG Stuttgart BauR 1995, 262.
[72] OLG Köln 17. 12. 1991 22 U 161/91 juris (LS; zur DIN 18421 Nr. 5.2.5., DIN 18421 wurde mittlerweile hinsichtlich dieses Punkts geändert).
[73] BGH NJW-RR 2004, 1248 = ZfBR 2004, 778, 779 (Abrechnung der isoliert vergebenen Wärmedämmung für eine Natursteinfassade nach den Regeln für die Natursteinfassade).
[74] BGH NJW-RR 2004, 1248 = ZfBR 2004, 778, 779.
[75] Quack ZfBR 2005, 731.

Bedingungen fehlen, denn der mit Baufragen nicht vertraute Verbraucher wird nicht annehmen, dass zwar bei der Festlegung der Vergütungsfaktoren mit konkreten Maßangaben gerechnet wird, diese aber wegen der Regelungen in der VOB/C nicht mit den tatsächlich erbrachten Leistungen übereinzustimmen brauchen.

Bei **Unternehmern** aus der Baubranche wird man regelmäßig davon ausgehen können, dass sie die einschlägige DIN-Norm kennen und eine Abrechnung auf dieser Grundlage vereinbaren, so dass sich die Frage der AGB-Kontrolle der Abrechnungsbestimmungen nicht stellt. 70

Kommt es im Einzelfall dennoch auf die Angemessenheit einer solchen Abrechnungsregel an, so wird man zwischen unterschiedlichen Fallgestaltungen unterscheiden müssen. Zum einen gibt es Abrechnungsregelungen, die vom Ist-Maß abweichen, um **Verschnitt** oder Vergleichbares abzufangen. In diesen Fällen dient die Pauschalierung also weniger der Vereinfachung des Aufmaßes als dazu, die **Materialaufwendungen abzudecken,** die in Folge von Verschnitt etc. beim Auftragnehmer notwendigerweise anfallen ohne aber Bestandteil der am Bauwerk erbrachten Leistung zu werden. Bei derartigen Maß- und Flächenpauschalierungen kann ein genaues Aufmaß regelmäßig nicht verlangt werden.[76] Es bestehen auch inhaltlich gegen derartige Regelungen keine Bedenken. 71

Neben diesen Abrechnungsregeln, bei denen tatsächlich entstandene, aber in die Leistung nicht eingeflossene Aufwendungen ausgeglichen werden, gibt es Abrechnungsregeln, die im Interesse einer einfachen und kostengünstigen Abrechnung für **beide Parteien eine Ungewissheit** hinnehmen.[77] Da die Risiken beide Parteien in gleicher Weise treffen, bestehen gegen diese Regeln allenfalls im Hinblick auf die fehlende Transparenz Bedenken. Sie ergeben sich daraus, dass eine scheinbar eindeutige Vergütungsabrede – z.B. Abrechnung von Erdarbeiten nach Kubikmetern – durch eine Festlegung über die Bemessung der Kubikmeterzahl modifiziert wird. Dies wird man hinnehmen können, sofern die Vergütungabrede noch auslegungsbedürftig ist. Wird in der Vergütungsabrede die Bemessung abschließend festgelegt, so geht diese ohnehin den Abrechnungsregeln der DIN-Norm vor, vgl. Rdn. 67. 72

Eine dritte Gruppe der Abrechnungsregeln ermöglicht aus **Vereinfachungsgründen** das Übermessen von Flächen. Im Unterschied zur Pauschalierung führt hier die „Vereinfachung" notwendigerweise zu einer Vergütung für nicht erbrachte Leistungen. Damit sind derartige Klauseln, soweit sie nicht wegen der Üblichkeit und der Geschäftserfahrenheit der Parteien Teil der Vergütungsabrede sind (vgl. Rdn. 65 ff.), im Grundsatz bedenklich.[78] Die Begründung, eine exakte Leistungsbestimmung sei zu aufwändig, überzeugt in diesen Fällen kaum und steht insbesondere einem Recht des Auftraggebers entgegen, die Abweichungen der übermessenen Leistung von der tatsächlich erbrachten darzulegen und die Minderleistung zu errechnen. Hinzu kommt die Fortentwicklung der technischen Möglichkeiten, die es immer einfacher werden lassen, mittels elektronischer Datenverarbeitung die Leistung exakter zu bestimmen. 73

In einigen dieser Fälle werden Bereiche übermessen, die anschließend durch gesondert zu vergütende Leistungen ausgefüllt werden. Dies ist bei Rohrkrümmungen, Ventilen oder auch bei Dehnungsfugen[79] der Fall. Wirtschaftlich gesehen könnte in diesen Fällen die auf die Übermessung entfallende Teilvergütung auch als Teil der Vergütung für diese Leistung angesehen werden. Die Übermessung führt dann zwar zu einer gewissen Intransparenz der Abrechnung, immerhin aber steht ihr bei einer Gesamtbetrachtung eine Leistung gegenüber. 74

---

[76] *Messerschmidt* in *Kapellmann/Messerschmidt* Rdn. 59.
[77] Zu solchen Näherungsverfahren vgl. *Locher* in *Ingenstau/Korbion* Nr. 2 Rdn. 18.
[78] OLG Karlsruhe NJW-RR 1989, 52 f. (Unwirksamkeit einer Klausel zum Übermessen von Flächen unter 1,5 qm bei Holzdecken im BGB-Werkvertrag; mehr als 10% errechnete Mehrvergütung); für eine Inhaltskontrolle derartiger Bestimmungen auch OLG Düsseldorf NJW-RR 1992, 217, 218; *U. Locher* in *Ingenstau/Korbion* Nr. 2 Rdn. 17.
[79] Vgl. DIN 18316, vgl. dazu *Brößkamp/Bald/Böhm* in Beck'scher VOB/Kommentar VOB/C DIN 18316 Rdn. 29.

Da zugleich das Abrechnungsverfahren vereinfacht wird, mag man gegen diese Form der Abrechnung nur geringere Bedenken haben. Ganz aufzugeben sind diese Bedenken nicht, denn die technischen Möglichkeiten erlauben heute durchaus eine genaue Bestimmung der Leistung und damit auch eine genaue Zuordnung der Vergütung zu einer Leistung. Vor allem ergeben sich aus dieser Form der Abrechnung für den Auftraggeber Unsicherheiten über die Höhe der Gesamtvergütung, wenn er nicht damit rechnet, dass beispielsweise für die Laibung bei Fenstern eine gesonderte Vergütung berechnet wird, zugleich aber die ausgesparte Fläche bei der Berechnung der Vergütung mitgezählt wird.

75 Wird der übermessene Bereich nicht anderweitig vergütungspflichtig bearbeitet, wie dies bei nicht bearbeiteten Flächen im Landschaftsbau der Fall ist, kann ein Übermessen allenfalls mit den Mehraufwendungen für die Bearbeitung am Rand der Aussparung gerechtfertigt werden. Ob dies ein Übermessen von Flächen bis zu 100 qm im Landschaftsbau rechtfertigen kann,[80] ist jedoch durchaus zweifelhaft.[81]

76 Im Grundsatz ist es auch möglich, in allgemeinen Geschäftsbedingungen von den DIN-Normen abweichende Regelungen zur Abrechnung zu vereinbaren. Die Wirksamkeit derartiger Regeln bestimmt sich zunächst nach den oben dargestellten Grundsätzen. Darüber hinaus ist aber stets zu prüfen, ob die Klausel als überraschend anzusehen und damit nicht wirksam einbezogen ist. Als unwirksam können dabei **Klauseln des Auftraggebers** anzusehen sein, die tatsächlich erbrachte Leistungen von den abrechnungsfähigen Leistungen ausnehmen.[82] Ebenfalls unwirksam wird es regelmäßig sein, wenn zur Abrechnung auf eine andere als die fachlich einschlägige DIN-Norm verwiesen wird und sich auf diesem Wege Abweichungen bei den Abrechnungsmodalitäten ergeben.[83]

### 5. Bescheinigungen Dritter anstelle gemeinsamer Feststellungen

77 Legt der Auftragnehmer anlässlich des Aufmaßes Bescheinigungen oder Quittungen von dritter Seite vor – etwa **Deponierechnungen** –, ohne dass der Auftraggeber den Umfang der Leistung selbst prüfen konnte, so werden diese Leistungen nicht Bestandteil der gemeinschaftlichen Feststellungen. Ob solche Belege geeignet sind, den Beweis über die ausgeführte Leistung zu erbringen, hängt vom Einzelfall ab. Dies ist zu verneinen, wenn nicht prüfbar ist, ob der auf der Deponie nachweislich gelagerte Schutt vollständig aus dem Bauvorhaben des Auftraggebers stammt.[84] Nicht anders verhält es sich, wenn der Auftragnehmer zum Nachweis der verbauten Mehrmengen eine **Wiegenote** vorlegt; erforderlich ist demgegenüber eine Feststellung der tatsächlich verbauten Mengen.[85] Bei einem nach Kubikmetern zu vergütenden Erdaushub erbringen die Angaben zum Ladevolumen der abtransportierten LKW wegen der sich beim Ausheben verändernden Dichte keinen geeigneten Mengennachweis.[86]

---

[80] So *Kainz/Kolb* in Beck'scher VOB/Kommentar VOB/C DIN 18320 Rdn. 111.
[81] Vgl. auch OLG Düsseldorf BauR 2005, 725, 726 (Unanwendbarkeit einer Übermessensregelung für den Boden bei deutlich dickerer Bekleidung einer Wand).
[82] *Messerschmidt* in *Kapellmann/Messerschmidt* Rdn. 60.
[83] Vgl. *Messerschmidt* in *Kapellmann/Messerschmidt* Rdn. 60.
[84] OLG Düsseldorf BauR 2001, 806, 808.
[85] LG Hamburg 13. 2. 1995 320 S 38/94 juris.
[86] OLG Koblenz BauR 1992, 782 f.; *U. Locher* in *Ingenstau/Korbion* Nr. 2 Rdn. 18; *Putzier/Katzenbach/Giere* in Beck'scher VOB-Kommentar VOB/C DIN 18300 Rdn. 155 (mit der Empfehlung an den Auftragnehmer, bei der internen Kalkulation zu berücksichtigen, dass der Deponiebetreiber seinerseits üblicherweise nach Laderaum und damit nach dem aufgelockerten Volumen abrechnet).

## § 14 Nr. 3 [Einreichungsfrist der Schlußrechnung]

Die Schlussrechnung muss bei Leistungen mit einer vertraglichen Ausführungsfrist von höchstens 3 Monaten spätestens 12 Werktage nach Fertigstellung eingereicht werden, wenn nichts anderes vereinbart ist; diese Frist wird um je 6 Werktage für je weitere 3 Monate Ausführungsfrist verlängert.

Literatur: Siehe Vor § 14 VOB/B.

### Übersicht

| | Rdn. | | Rdn. |
|---|---|---|---|
| A. Schlussrechnung | 1–3 | III. Inhaltliche Anforderungen | 10–13 |
|   I. Die Bedeutung der Schlussrechnung | 1 |   1. Bezeichnung als Schlussrechnung | 10 |
|   II. Anwendungsbereich | 2–3 |   2. Form der Schlussrechnung | 13 |
| B. Inhalt der Schlussrechnung | 4–14 | IV. Verzicht auf Schlussrechnung | 14 |
|   I. Umfassende Abrechnung | 4–5 | C. Frist zur Einreichung der Schlussrechnung | 15–20 |
|   II. Voraus- und Abschlagszahlungen | 6–9 |   I. Bemessung nach der Ausführungsfrist | 15–17 |
|     1. Angabe in der Schlussrechnung | 6 |   II. Fristbeginn mit Fertigstellung | 18–20 |
|     2. Übergang von Vorschuss- und Abschlagsforderungen auf die Vergütungsforderung | 7 | D. Folgen der Fristversäumung | 21–22 |

## A. Schlussrechnung

### I. Die Bedeutung der Schlussrechnung

Die Schlussrechnung ist nicht nur Voraussetzung für die Fälligkeit des Vergütungsanspruchs, sondern dient auch als Grundlage für die Schlusszahlung. Da deren vorbehaltlose Entgegennahme durch den Auftragnehmer nach § 16 Nr. 3 Abs. 2 VOB/B Nachforderungen des Auftragnehmers ausschließen kann (zur Unwirksamkeit im Fall einer Inhaltskontrolle vgl. vor § 16 Rdn. 30 ff.), hat der **Auftraggeber** ein **besonderes Interesse** an der Erstellung der **Schlussrechnung.** Daraus erklären sich die Regelungen in § 14 Nr. 3 VOB/B und insbesondere Nr. 4 (näher Nr. 4 Rdn. 1). Ein Interesse des Auftraggebers an der Erstellung der Schlussrechnung kann sich bei bereits beglichenen Abschlagsforderungen auch daraus ergeben, dass der Auftraggeber eine Überzahlung und die Möglichkeit einer Rückforderung prüfen möchte.[1] 1

### II. Anwendungsbereich

Die Regelung der Nr. 3 mit ihrer Frist zur Vorlage beschränkt sich ihrem Wortlaut nach auf **Schlussrechnungen.** Ob damit auch **Teilschlussrechnung** nach § 16 Nr. 4 VOB/B erfasst sind, ist nicht ganz zweifelsfrei. Gegen ihre Anwendung scheint § 16 Nr. 4 VOB/B zu sprechen, denn nach dieser Bestimmung „können" Teilleistungen nach einer Teilabnahme abgerechnet werden. Versteht man dies als Wahlmöglichkeit für den Auftragnehmer und lehnt deshalb eine Pflicht zur Abrechnung ab, so kann der Auftraggeber dem Auftragnehmer keine Frist nach Nr. 4 setzen, nach deren Ablauf er selbst die Abrechnung auf Kosten des Auftragnehmers erstellt.[2] Damit ist aber auch die Anwendung der Nr. 3 auf Teilschluss- 2

---

[1] OLG München NJW-RR 1987, 146.
[2] *U. Locher* in *Ingenstau/Korbion* Nr. 3 Rdn. 2; *Heiermann* in *Heiermann/Riedl/Rusam* Rdn. 85; *Weick* in *Nicklisch/Weick* Rdn. 27; *Messerschmidt* in *Kapellmann/Messerschmidt* B § 16 Rdn. 280.

§ 14 Nr. 3   Einreichungsfrist der Schlußrechnung

rechnungen nicht sinnvoll. Anders verhält es sich nach dieser Auffassung aber dann, wenn der Vertrag die Teilschlussrechnung nicht in das Belieben des Auftragnehmers stellt, sondern sie verpflichtend anordnet.³

3   Aber auch wenn es an einer solchen Verpflichtung des Auftragnehmers fehlt, ist zu bedenken, dass **nach** einer **Teilabnahme** der **Auftraggeber** durchaus ein **Interesse** an einer zeitnahen Abrechnung haben kann, denn hinsichtlich der Teilleistung treten die Wirkungen einer Abnahme im vollem Umfang ein.⁴ Die Interessenlage unterscheidet sich deshalb hinsichtlich der Teilleistung nicht wesentlich von der bei Erstellung der Schlussrechnung. Es besteht auch kein schutzwürdiges Interesse des Auftragnehmers daran, einerseits eine Teilabnahme zu verlangen, sich aber andererseits einer Teilschlussrechnung zu widersetzen. Es spricht deshalb mehr dafür, die **Nr. 3 und Nr. 4** auch auf die **Teilschlussrechnung anzuwenden**, wenn der Auftragnehmer eine Teilabnahme verlangt hat und diese auch erfolgt ist.⁵ Mit dem Wortlaut des § 16 Nr. 4 VOB/B ist dies zu vereinbaren, indem man dem Begriff „können" kein Wahlrecht des Auftragnehmers entnimmt, sondern die Berechtigung einer Abrechnung ohne Rücksicht auf die Vollendung des Werks insgesamt. Für diese auf den ersten Blick eher fern liegende Auslegung spricht auch, dass der Wortlaut den Begriff „können" nicht nur auf das endgültige Feststellen von Leistungen, sondern auch auf das Bezahlen der Forderung bezieht. Dies dürfte aber kaum als Option des Auftraggebers zu verstehen sein.

## B. Inhalt der Schlussrechnung

### I. Umfassende Abrechnung

4   Die Schlussrechnung muss die Vergütung im Grundsatz **umfassend abrechnen** und darf nicht einzelne Posten ausklammern.⁶ Es reicht auch im Fall der **Kündigung** des Vertrages nicht aus, für die erbrachten Leistungen Abschlagsrechnungen und für die noch nicht erbrachten eine Schlussrechnung vorzulegen.⁷ Die Prüfbarkeit verlangt vielmehr, dass die Schlussrechnung über die gesamten Leistungen unter Abzug der bereits geleisteten Zahlungen abrechnet.⁸ Deshalb ist es auch **nicht** möglich, die auf eine **einzelne (prüfbare) Position** entfallende Forderung gesondert **abzutreten** und so die Fälligkeitsvoraussetzung einer insgesamt prüfbaren Abrechnung entfallen zu lassen.⁹ Dies stellt die Abtretung eines von einer solchen Position losgelösten Teilbetrags aus dem Schlusssaldo nicht in Frage.¹⁰

5   Der Grundsatz der umfassenden Abrechnung erfährt eine **Ausnahme**, wenn aus zwingenden sachlichen Gründen eine Abrechnung bestimmter Posten **noch nicht möglich** ist oder zu erheblichen Verzögerungen führen würde (zu Fällen, in denen die Erstellung einer Schlussrechnung nicht mehr möglich ist, vgl. Nr. 1 Rdn. 74). So hat der BGH eine Rechnung nach einem gekündigten Vertrag als Schlussrechnung anerkannt, obwohl die Vergütungsersatzansprüche von Subunternehmern, die diese wegen der Nichtausführung ihrer Leistungen verlangen, noch nicht abgerechnet werden konnten und deshalb noch unklar war, ob und in welchem Umfang der Auftragnehmer Aufwendungen bei der Vergütung der Subunternehmer ersparen wird.¹¹ In diesem Ausnahmefall kann der

---

³ *Locher* in *Ingenstau/Korbion* Nr. 4 Rdn. 3; *Messerschmidt* in *Kapellmann/Messerschmidt* B § 16 Rdn. 280.
⁴ Vgl. *Havers* in *Kapellmann/Messerschmidt* B § 12 Rdn. 82.
⁵ *Locher* in *Ingenstau/Korbion* Nr. 4 Rdn. 3.
⁶ BGH NJW 1997, 1444; BGH NJW-RR 1994, 1238, 1239 (zum gekündigten Architektenvertrag); OLG Köln 18. 8. 2005, 7 U 129/04, IBR-Online (Vorbehalt weiterer Abrechnungen von Nachträgen).
⁷ BGH NJW-RR 1994, 1238, 1239 (Architektenvertrag).
⁸ BGH NJW-RR 1994, 1238, 1239 (Architektenvertrag).
⁹ BGH NJW 1999, 417.
¹⁰ BGH NJW 1999, 417.
¹¹ BGHZ 140, 365, 378 f. = NJW 1999, 1867, 1870.

nach der Schlussrechnung feststehende und prüfbar abgerechnete Mindestbetrag klageweise geltend gemacht und im Übrigen eine Klage auf Feststellung weiterer Ansprüche wegen der Inanspruchnahme des Auftragnehmers durch die Subunternehmer erhoben werden.[12]

## II. Voraus- und Abschlagszahlungen

### 1. Angabe in der Schlussrechnung

In der Schlussrechnung müssen bereits erbrachte Voraus- und Abschlagszahlungen eingestellt werden.[13] Dies gilt unabhängig davon, ob diese nach den vertraglichen Vereinbarungen hätten erbracht werden müssen oder nicht, denn Grundlage für die Abrechnungspflicht ist die mit der Zahlung erkennbar verbundene Vorläufigkeit der Leistung (zur Zuordnung von Abschlagszahlungen zu einzelnen Leistungen vgl. Nr. 1 Rdn. 3).[14]

6

### 2. Übergang von Vorschuss- und Abschlagsforderungen auf die Vergütungsforderung

Mit dem Erstellen der Schlussrechnung zeigt der Auftragnehmer, dass das Werk aus seiner Sicht fertiggestellt ist. Damit können zumindest nach der Abnahme des Werkes und Erteilung der Schlussrechnung Vorschuss- und Abschlagsforderungen nicht mehr geltend gemacht werden (zum Übergang auf die Forderung aus der Schlussrechnung im Prozess vgl. Nr. 1 Rdn. 65).[15] Der Verzug mit einer solchen Zahlung endet mit dem Zugang der Schlussrechnung,[16] nicht erst mit Fälligkeit der Vergütungsforderung nach Prüfung der Schlussrechnung.

7

Damit entsteht ein Zeitraum, in welchem die Abschlagforderung nicht mehr und die Schlussrechnung noch nicht durchgesetzt werden kann. Dies ist jedoch im System des § 16 VOB/B angelegt, denn die Parteien vereinbaren dort im Interesse des Auftraggebers eine Prüfungsphase der Schlussrechnung und damit ein Hinausschieben der Fälligkeit gegenüber der Regelung im BGB.[17] Der nahe liegende Einwand, damit werde der Auftragnehmer benachteiligt, weil er wegen der Vereinbarung von Abschlagzahlungen gerade nicht auf die Liquidität während dieser Prüfungsphase verzichten wollte, ist bei der Berechnung des Verzugsschadens zu berücksichtigen, berechtigt den Auftragnehmer aber nicht dazu, die Abschlagsforderung noch durchzusetzen. Bei der Bemessung des Verzugsschadens ist einzustellen, dass der Auftragnehmer bei rechtzeitiger Zahlung auch während der Prüfungsphase über die Abschlagszahlung hätte verfügen können. Der in diesem Punkt gegenteiligen Auffassung des BGH ist nicht zu folgen. Sie führt zu einem Liquiditäts- und Zinsgewinn für den Auftraggeber, der berechtigte Abschlagsforderungen nicht erfüllt. Konstruktiv ist sie

8

---

[12] BGHZ 140, 365, 379 = NJW 1999, 1867, 1870 (dort auch zum Sonderfall, dass die dem Vertrag zugrundegelegten Subunternehmervergütungen niedriger angesetzt waren als die tatsächlich vereinbarten, so dass für den Auftragnehmer als Hauptunternehmer eine Verlustkalkulation eingetreten ist, die bei dem Vergütungsanspruch nach Kündigung anspruchsmindernd zu berücksichtigen ist).

[13] BGHZ 140, 365, 374 = NJW 1999, 1867, 1869.

[14] BGHZ 140, 365, 374 = NJW 1999, 1867, 1869.

[15] BGH NJW-RR 2004, 957, 958; weitergehende OLG Nürnberg NZBau 2000, 509 (Schlussrechnungsreife schließt Abschlagsforderung aus); einschränkend OLG Köln 18. 8. 2005, 7 U 129/04, IBR-Online (Abnahme während des Prozesses steht der Durchsetzbarkeit der Abschlagsforderung vor Erteilung der Schlussrechnung nicht entgegen); für ein Abstellen auf den Zeitpunkt der Abnahme *Weise* NJW-Spezial 2005, 309 f.; vgl. aber auch OLG Dresden BauR 2004, 1832 f. (LS) (Berufung auf Schlussrechnungsreife gegenüber Abschlagforderung rechtsmissbräuchlich, wenn Schlussrechnung ungeprüft zurückgesandt wurde); vgl. auch BGH NJW 2000, 2818 (hilfsweise Geltendmachung einer Abschlagsforderung, wenn Auftragnehmer die Abnahme oder eine unberechtigte Abnahmeverweigerung nicht nachweisen kann).

[16] BGH NJW-RR 2004, 957, 958.

[17] BGH NJW-RR 2004, 957, 958; vgl. auch *Weise* NJW-Spezial 2005, 309 f. (Benachteiligung gegenüber dem Werkvertrag).

nicht zwingend, wenn man nur den wirtschaftlichen Sinn einer Abschlagszahlung, die auch die Liquidität des Auftragnehmers während der Prüfungsphase sicherstellen soll, bei der Bemessung des Schadens wegen der Verletzung der vertraglichen Pflicht zur Abschlagszahlung berücksichtigt. Wenn der BGH demgegenüber betont, während der Prüfungsphase sei die Forderung gerade noch nicht fällig, wird dieser vertraglich vereinbarte Zusammenhang zerrissen.

9   Dies stellt aber die Grundaussage, dass mit Einreichen der Schlussrechnung das Recht auf Abschlagsforderung endet, nicht in Frage. Auf diese Weise wird aus Sicht des Auftraggebers erreicht, dass in einem Stadium, in welchem die endgültige Abrechnung bereits stattgefunden hat und die nun zur Prüfung ansteht, kein Anspruch auf eine möglicherweise überhöhte Abschlagszahlung mehr geltend gemacht werden kann.

## III. Inhaltliche Anforderungen

### 1. Bezeichnung als Schlussrechnung

10   Bei einer Rechnung handelt es sich um eine Schlussrechung, wenn sie sich aus der Sicht eines objektiven Dritten als Grundlage der **endgültigen Abrechnung** des Vertrages verstehen lässt.[18] Dies kann durch die Bezeichnung als Schlussrechnung oder als Endrechnung klargestellt werden, es kann sich aber auch aus den Umständen ergeben. Ein besonderer **Wille des Auftragnehmers** zum Erstellen der Rechnung als Schlussrechnung braucht **nicht** festgestellt zu werden; es reicht aus, wenn es sich um die Rechnung handelt, mit der die Vergütung abschließend bestimmt wird. **Behält** sich der Auftragnehmer eine **weitere Abrechnung vor,** so schließt dies die Annahme einer Schlussrechnung regelmäßig aus. Das gilt auch dann, wenn der Auftragnehmer eine als Schlussrechnung bezeichnete Rechnung erstellt und dabei (einseitig) erklärt, in dieser seien einige Posten noch nicht enthalten.[19] Es handelt sich dann um eine Abrechnung, deren vorbehaltlose Bezahlung nicht die Ausschlusswirkungen des § 16 Nr. 3 VOB/B herbeiführt. Eine Ausnahme gilt dann, wenn ein einzelner, abgrenzbarer Posten derzeit nicht abgerechnet werden kann. Der BGH lässt dann eine Schlussrechnung über den Mindestbetrag unter Aufgabe des Prinzips der umfassenden Abrechnung zu (vgl. oben Rdn. 5).

11   Eine Abrechnung kann auch **im Nachhinein** als abschließend deklariert werden und so die Funktion einer Schlussrechnung erhalten. So kann eine bereits erstellte Rechnung[20] oder die Zusammenfassung bereits erstellter Abschlagsrechnungen durch eine konstitutiv wirkende Erklärung ex nunc zur Schlussrechnung werden.[21]

12   In der Schlussrechnung sind eventuelle Nachtragsforderungen,[22] Entschädigungsansprüche oder Schadensersatzforderungen des Auftragnehmers gegen den Auftraggeber aufzunehmen,[23] denn die Wirkung des § 16 Nr. 3 Abs. 2 VOB/B bezieht sich auch auf diese Forderungen (zu Ausnahmen bei Schadensersatzansprüchen wegen Verletzung des Integritätsinteresses des Auftragnehmers vgl. Nr. 1 Rdn. 22).[24]

---

[18] Vgl. (ausreichend, wenn Rechnung alle übernommenen und ausgeführten Arbeiten enthält und sich weitere Rechnung erkennbar erübrigt) BGH WM 1975, 833; *Schmitz* DB 1980, 1009, 1011; *Kaiser* DWW 1983, 158, 161; *Stellmann/Schinköth* ZfBR 2005, 3 (ausreichend, wenn Auftraggeber zweifelsfrei erkennen kann, welche Vergütung insgesamt gefordert wird); vgl. auch OLG Bamberg BauR 2004, 1188 = NZBau 2004, 272, 273 (Klageschrift als Schlussrechnung).

[19] BGH NJW 1978, 994.

[20] BGH BauR 1975, 282 f.; BauR 1975, 349, 351 (im Fall abgelehnt).

[21] Vgl. OLG Hamm NJW-RR 1996, 593 (zur Entbehrlichkeit einer Schlussrechnung bei prüfbaren Abschlagszahlungsrechnungen); BGH NJW 1987, 493 (mehrere zusammengefasste Rechnungen); *Messerschmidt* in *Kapellmann/Messerschmidt* Rdn. 65.

[22] OLG Köln 18. 8. 2005, 7 U 129/04, IBR-Online; *Messerschmidt* in *Kapellmann/Messerschmidt* Rdn. 65.

[23] *Messerschmidt* in *Kapellmann/Messerschmidt* Rdn. 65.

[24] *Messerschmidt* in *Kapellmann/Messerschmidt* B § 16 Rdn. 222.

## 2. Form der Schlussrechnung

Die Schlussrechnung ist schriftlich zu erstellen.[25] Dies folgt bereits aus der Verwendung des Begriffs „einreichen". Dabei brauchen die Anforderungen des § 127 BGB an die Schriftlichkeit nicht eingehalten zu werden. Die Schlussrechnung ist deshalb beispielsweise auch dann eingereicht, wenn sie per e-mail ohne Unterschrift und Signatur dem Auftraggeber zugeht. Auch außerhalb des elektronischen Rechtsverkehrs ist eine Unterschrift nicht Voraussetzung für die Einordnung als Schlussrechnung.[26] Da die Schlussrechnung für den Beginn der Prüffrist nach § 16 VOB/B von Bedeutung ist, empfiehlt sich eine Übermittlung mit Zugangsnachweis.

### IV. Verzicht auf Schlussrechnung

Auf die Schlussrechnung kann durch entsprechende Vereinbarung verzichtet werden. Angesichts der besonderen Bedeutung dieser Rechnung bei der Kontrolle der gestellten Vergütungsforderung sind an die Vollmacht zur Erklärung eines solchen Verzichts strenge Anforderungen zu stellen. Selbst der zur Abrechnung bevollmächtigte Architekt ist zu einer solchen Erklärung nicht ohne weiteres bevollmächtigt.[27]

## C. Frist zur Einreichung der Schlussrechnung

### I. Bemessung nach der Ausführungsfrist

Nr. 3 bestimmt die Länge der Frist zur Einreichung der Schlussrechnung. Haben die Parteien nichts anderes vereinbart, so hängt die Länge der Frist von der vertraglich vereinbarten (nicht der tatsächlich benötigten) Ausführungsfrist ab. **Mindestens** beträgt die Frist **12 Werktage**, wobei die Samstage als Werktage zählen, wie sich aus dem Sprachgebrauch in § 11 Nr. 3 VOB/B ergibt.[28] Übersteigt die vertragliche **Ausführungsfrist** die Dauer von **drei Monaten**, ohne die Frist von sechs Monaten zu übersteigen, so beträgt sie mindestens 18 Werktage und verlängert sich dann jeweils um 6 Werktage für jede weitere drei Monate Ausführungsfrist. Die Frist berechnet sich nach den §§ 186 ff. BGB. Hinsichtlich des Fristablaufs ist § 193 BGB zu beachten, wenn letzter Tag der Frist ein Samstag oder ein Sonn- oder Feiertag ist.

Unter dem Begriff der **Ausführungsfrist** ist dabei der Zeitraum zu verstehen, der nach den **vertraglichen Vereinbarungen** für die Erbringung der Werkleistung vorgesehen ist (vgl. § 5 Nr. 1 Rdn. 5–7, 12 ff.). Dieser kann mit der Zeit zwischen Vertragsschluss und vorgesehenem Fertigstellungstermin identisch sein, dies ist jedoch nicht zwingend, denn der Vertrag kann von einem späteren Beginnzeitpunkt ausgehen. Wurde **keine Ausführungsfrist vereinbart**, so ist für die Bestimmung der Einreichungsfrist der Zeitraum maßgebend, der für die Ausführung der geschuldeten Leistung bei zügigem Einsatz erfahrungsgemäß erforderlich ist, wobei Verlängerungen für Zusatzaufträge oder geänderte Leistungen einzubeziehen sind.[29]

Hintergrund dieser Regelung ist die Überlegung, dass die Ausführungsfrist einen gewissen Anhaltspunkt für den Umfang der auszuführenden Arbeiten gibt. Da diese wiederum auf den Umfang der Schlussrechnung und den zeitlichen Bedarf für ihre Erstellung Auswirkungen haben, sieht die Regelung eine Verlängerung der Frist in Abhängigkeit von der Aus-

---

[25] *Stellmann/Schinköth* ZfBR 2005, 3; *Weick* in *Nicklisch/Weick* Rdn. 5.
[26] OLG Karlsruhe 19. 12. 1996 8 U 222/95 juris (LS).
[27] OLG Düsseldorf BauR 1996, 740, 741.
[28] *Weick* in *Nicklisch/Weick* Rdn. 31.
[29] *U. Locher* in *Ingenstau/Korbion* Nr. 3 Rdn. 4.

§ 14 Nr. 3                                                Einreichungsfrist der Schlußrechnung

führungsfrist vor. Da der Auftragnehmer aus dem Überschreiten des vereinbarten Zeitrahmens keine Vorteile ziehen sollte, stellt die Regelung auf die vertraglich vereinbarte Ausführungsfrist ab. Kommt es zu **Behinderungen** und damit zu einer Verlängerung der Ausführungsfrist, so führt dies regelmäßig nicht zu einer Erweiterung des Leistungsumfangs. Derartige Umstände bleiben deshalb bei der Fristberechnung außer Betracht. Haben dagegen **Änderungen des Leistungsumfangs** durch den Auftraggeber zu einer Verlängerung der Herstellungsphase geführt, so sind diese bei der Bestimmung der maßgebenden Ausführungsfrist als Vertragsänderungen zu berücksichtigen.

## II. Fristbeginn mit Fertigstellung

18    Die Frist **beginnt** mit der **Fertigstellung der gesamten geschuldeten Leistung.** Maßgebend dafür ist die tatsächliche Fertigstellung, nicht die Abnahme der Leistungen durch den Auftraggeber (anders bei der Teilschlussrechnung nach Teilabnahme, vgl. Rdn. 2). Als Anhaltspunkt für die Bestimmung der Fertigstellung liegt zunächst die Heranziehung der Grundsätze der Vollendung des Werkes nach § 646 BGB nahe. Da zur ordnungsgemäßen Erfüllung des Vertrages häufig auch noch Kosten für den Abschluss der Arbeiten und die Räumung der Baustelle gehören, ist der Begriff der Fertigstellung im Sinne des § 14 Nr. 3 VOB/B jedoch umfassender zu verstehen als der in § 646 BGB. So gehört auch die **Räumung der Baustelle** zur Fertigstellung.[30] Dabei wird man **geringfügige Restarbeiten** bei der Räumung außer Betracht lassen müssen, will man nicht dem Auftragnehmer die Möglichkeit geben, den Beginn die Abrechnungsfrist durch Verschleppung dieser Arbeiten hinauszuzögern. Hat der Auftragnehmer die **Fertigstellung** dem Auftraggeber **angezeigt** (vgl. § 12 Nr. 5 VOB/B), so ist der Zugang dieser Anzeige maßgebend, sofern die Leistung tatsächlich fertiggestellt ist. Eine verspätete Fertigstellungsanzeige führt nicht zu einer Verschiebung der Frist, wenn dem Auftraggeber die Fertigstellung auch ohne die Anzeige bekannt ist.[31] Der Zeitpunkt der tatsächlichen Fertigstellung ist auch dann maßgebend, wenn der Auftragnehmer nach den vertraglichen Vereinbarungen die Fertigstellung zu einem früheren Zeitpunkt schuldete.[32]

19    **Mängel der Bauleistung** haben auf den Zeitpunkt der Fertigstellung jedenfalls nach der Abnahme keinen Einfluss.[33] Verweigert der Auftraggeber wegen der Mängel die Abnahme, so sind **Arbeiten zur Beseitigung** der Mängel, die in engem zeitlichen Zusammenhang mit der Erstellung der Leistung erbracht werden, noch als Teil der Fertigstellung anzusehen. Dies ist insbesondere dann anzunehmen, wenn die Baustelle zwischenzeitlich nicht geräumt wurde.

20    In § 14 Nr. 3 VOB/B nicht geregelt ist die Frage, ob der Auftragnehmer die Schlussrechnung bereits **vor Abschluss der vollständigen Arbeiten erstellen** darf. Dies wird von Teilen der Literatur verneint. Zur Begründung wird angeführt, im Unterschied zu § 12 Nr. 3 VOB/B, der den Auftraggeber bei unwesentlichen Mängeln zur Abnahme der Leistung verpflichtete, enthalte der Begriff der Fertigstellung in § 14 Nr. 3 VOB/B eine derartige Einschränkung nicht. Damit sei der Auftragnehmer **nicht berechtigt,** vor der vollständigen Fertigstellung und Abschluss der Räumungsarbeiten eine Schlussrechnung zu erstellen.[34] Dieser Auffassung ist darin zuzustimmen, dass der Begriff der Fertigstellung in § 14 Nr. 3 VOB/B nicht eingeschränkt ist. Fraglich ist jedoch, ob sich daraus auch ein

---

[30] *Messerschmidt* in *Kapellmann/Messerschmidt* Rdn. 67; *Weick* in *Nicklisch/Weick* Rdn. 30; a. A. (Beginn der endgültigen Räumung, ohne dass noch ins Gewicht fallende Restarbeiten am Bauwerk selbst vorgenommen werden müssen) *U. Locher* in *Ingenstau/Korbion* Nr. 3 Rdn. 6.
[31] Ähnlich (Fristbeginn bei Fertigstellung, wenn Anzeige unterlassen wird) *Messerschmidt* in *Kapellmann/ Messerschmidt* Rdn. 67.
[32] Für den Fall des Verzugs anders *Cuypers* in der Vorauflage, § 14 Nr. 3 Rdn. 10.
[33] *Messerschmidt* in *Kapellmann/Messerschmidt* Rdn. 67; BeckOK-*Jansen* Rdn. 4.
[34] *Weick* in *Nicklisch/Weick* Rdn. 30; *Heiermann* in *Heiermann/Riedl/Rusam* Rdn. 86.

frühester Zeitpunkt für die Schlussrechnung entnehmen lässt. Der Wortlaut als solcher enthält darüber keine Festlegung und auch der Sinn der Regelung, die eine zeitnahe Prüfung der Rechnung ermöglichen soll, legt es nahe, eine Schlussrechnung schon dann zuzulassen, wenn die Leistungen schon so weit erbracht sind, dass sie umfassend und prüfbar abgerechnet werden können. Dies kann im Einzelfall auch schon dann der Fall sein, wenn **noch ganz geringfügige Arbeiten ausstehen,** welche die Prüfbarkeit der Rechnung nicht in Frage stellen. Zu denken ist beispielsweise an die Räumung der Baustelle, wenn diese ohnehin nicht gesondert zu vergüten ist. Wird in diesem Stadium bereits eine Schlussrechnung gestellt, so sind Informations- oder Kontrollinteressen des Auftraggebers nicht betroffen. Seinem Interesse am Abschluss der Arbeiten wird durch ein Zurückbehaltungsrecht gegenüber dem Vergütungsanspruch Rechnung getragen.

## D. Folgen der Fristversäumung

Die Frist ist **keine Ausschlussfrist.** Ihre Versäumung hat auf den Vergütungsanspruch selbst keine Auswirkungen (zu den prozessualen Fragen einer nachträglich vorgelegten Schlussrechnung vgl. Nr. 1 Rdn. 116). Der Auftraggeber ist aber nach Nr. 4 berechtigt, nach Nachfristsetzung die Rechnung auf Kosten des Auftragnehmers selbst aufstellen zu lassen. Mit Fristablauf gerät der Auftragnehmer nach § 286 Abs. 2 Nr. 2 BGB ohne Mahnung in Verzug, so dass auch **Verzugsschäden**[35] zu ersetzen sind.[36] 21

Der **Auftraggeber** ist **nicht** – auch nicht zur Erfüllung einer Schadensminderungspflicht – **gehalten,** von der **Selbstausführungsmöglichkeit nach Nr. 4 Gebrauch zu machen,** sondern kann auch klageweise die Schlussrechnung einfordern (vgl. auch Vorbem. Rdn. 9 zur Klagbarkeit des Anspruchs).[37] Diese Grundsätze gelten in gleicher Weise, wenn eine Schlussrechnung zwar eingereicht, aber **nicht prüfbar** ist und der Auftraggeber auch unter Berücksichtigung von Treu und Glauben die fehlende Prüfbarkeit rügen kann.[38] 22

---

[35] Vgl. (Verzugsschäden bei verspäteter Abrechnung der Erschließungskosten) BGH NJW 1999, 3630, 3631 f.
[36] *Messerschmidt* in *Kapellmann/Messerschmidt* Rdn. 68; *BeckOK-Jansen* Rdn. 6.
[37] OLG München NJW-RR 1987, 146; *U. Locher* in *Ingenstau/Korbion* Nr. 4 Rdn. 1.
[38] *Messerschmidt* in *Kapellmann/Messerschmidt* Rdn. 70 (ohne die Einschränkung durch Treu und Glauben).

## § 14 Nr. 4 [Nichteinreichung einer prüfbaren Rechnung]

Reicht der Auftragnehmer eine prüfbare Rechnung nicht ein, obwohl ihm der Auftraggeber dafür eine angemessene Frist gesetzt hat, so kann sie der Auftraggeber selbst auf Kosten des Auftragnehmers aufstellen.

**Literatur:** Siehe Vor § 14 VOB/B.

### Übersicht

| | Rdn. | | Rdn. |
|---|---|---|---|
| A. Bedeutung und Anwendungsbereich des Selbstausführungsrechts | 1–4 | D. Bindung des Auftraggebers | 18 |
| I. Bedeutung | 1 | E. Auswirkungen der vom Auftraggeber erstellten Schlussrechnung auf Fälligkeit und Verjährung | 19 |
| II. Anwendungsbereich | 2–4 | | |
| B. Nachfristsetzung | 5–12 | F. Auswirkungen der Entgegennahme der Schlusszahlung nach einer vom Auftraggeber erstellten Schlussrechnung | 20 |
| I. Fristsetzung | 5–7 | | |
| 1. Zeitpunkt | 5 | | |
| 2. Form | 6 | G. Kosten und Kostenersatz | 21–29 |
| 3. Verzicht auf Fristsetzung durch AGB | 7 | I. Anspruch auf Erstattung der Kosten | 21–28 |
| II. Angemessenheit der Frist | 8–9 | 1. Voraussetzungen | 21 |
| III. Folgen der unterlassenen Nachfristsetzung | 10 | 2. Umfang | 23 |
| | | a) Ansetzbare Kosten | 23 |
| IV. Folgen des Fristablaufs | 11–12 | b) Abzugsposten | 28 |
| C. Anforderungen an die durch den Auftraggeber erstellte Schlussrechnung | 13–17 | II. Vorschussanspruch | 29 |
| I. Prüfbarkeit | 13–14 | H. Klage auf Rückzahlung überzahlter Beträge ohne Schlussrechnung | 30 |
| II. Notwendige Feststellungen | 15–16 | | |
| III. Bestrittene Nachträge | 17 | | |

## A. Bedeutung und Anwendungsbereich des Selbstausführungsrechts

### I. Bedeutung

1   Nr. 4 gibt dem Auftraggeber nach Fristablauf das Recht, die Schlussrechnung auf Kosten des Auftragnehmers erstellen zu lassen. Mit diesem Recht zur Selbstausführung trägt die VOB/B den Interessen des Auftraggebers an einer zügigen Abrechnung Rechnung (zu diesen Interessen vgl. Vorbem. Rdn. 6 ff.).[1] Auf diesem Wege hat der Auftraggeber auch die Möglichkeit, die Verjährungsfrist für die Vergütungsforderung in Gang zu setzen.[2] Dabei kommt es für das Selbstausführungsrecht auf ein Verschulden des Auftragnehmers am Fehlen einer prüfbaren Abrechnung nicht an. Die Regelung hält einer Inhaltskontrolle stand.[3]

### II. Anwendungsbereich

2   Das Selbstausführungsrecht besteht, wenn innerhalb der Nachfrist (Rdn. 5 ff.) **keine Schlussrechnung** eingereicht wurde. Dem steht es gleich, wenn die **nicht prüfbare**

---

[1] *Dähne* BauR 1981, 233, 234.
[2] BGHZ 79, 176, 179; BGH NJW 2002, 676, 677 = NZBau 2002, 91 = BauR 2002, 313, 314.
[3] *U. Locher* in *Ingenstau/Korbion* Nr. 4 Rdn. 13.

Rechnung trotz konkreter Rüge der nicht prüfbaren Punkte und Fristsetzung nicht durch eine prüfbare ersetzt wird.[4]

Bei einer nur in **Teilbereichen** nicht prüfbaren Abrechnung beschränkt sich das Selbstausführungsrecht des Auftraggebers auf den nicht prüfbaren Teil der vom Auftragnehmer eingereichten Schlussrechnung, sofern es sich bei dem nicht prüfbaren Bereich um einen sachlich trennbaren Teil handelt.[5]  3

Das Selbstvornahmerecht besteht auch nach **Teilabnahme einer Teilleistung,** vgl. Nr. 3 Rdn. 3.  4

## B. Nachfristsetzung

### I. Fristsetzung

#### 1. Zeitpunkt

Das Selbstausführungsrecht setzt zunächst eine angemessene Nachfrist voraus. Regelmäßig kann die Frist erst dann gesetzt werden, wenn die **Frist zur Erteilung der Schlussrechnung abgelaufen** ist. Angesichts der möglichen Unsicherheiten bei der Bestimmung der Frist sollte es aber **unschädlich** sein, wenn die Nachfrist verfrüht gesetzt wurde. Allerdings beginnt die angemessene Frist nicht vor dem Ablauf der regulären Frist.  5

#### 2. Form

Die Fristsetzung ist nach der VOB/B **nicht formgebunden,** aus Beweisgründen wird die Frist aber in aller Regel schriftlich oder in einer anderen Form, die den Zugangsnachweis beim Auftragnehmer ermöglicht, gesetzt.  6

#### 3. Verzicht auf Fristsetzung durch AGB

Eine Erweiterung der Rechte des Auftraggebers, die eine Nachfristsetzung als Voraussetzung des Selbstvornahmerechts entbehrlich macht, ist in AGB unwirksam.[6]  7

### II. Angemessenheit der Frist

Die Nachfrist ist nach allgemeinen Grundsätzen angemessen, wenn sie die **Fertigstellung** einer bereits **begonnenen Schlussrechnung ermöglicht.** Sie braucht nach allgemeinen Grundsätzen der Nachfristsetzung[7] nicht so lang zu sein, dass der Auftragnehmer die noch nicht begonnene Schlussrechnung noch vollständig erstellen kann. Im Grundsatz kann man eine Frist von **2 Wochen** als angemessen ansehen.[8] Eine zu kurz bemessene Frist setzt den Lauf einer angemessenen in Gang.  8

Hat der Auftragnehmer eine Schlussrechnung erstellt, die nach Auffassung des Auftraggebers in **einzelnen Punkten nicht prüfbar** ist, so bestimmt sich die Nachfrist danach, in welchen Punkten der Auftraggeber die Prüfbarkeit angreift und welche Zeit benötigt wird, um diese Zweifel auszuräumen.  9

---

[4] *Dähne* BauR 1981, 233, 234.
[5] *U. Locher* in *Ingenstau/Korbion* Nr. 4 Rdn. 6; OLG Düsseldorf BauR 1987, 336 f. = *Schäfer/Finnern/Hochstein* § 14 Nr. 5 VOB/B (Fehlen von Mengenberechnungen bei 87 von 885 Positionen).
[6] BGH NJW-RR 1997, 1513 (Nichtannahmebeschluss); OLG Hamburg ZfBR 1998, 35, 38 (Vorinstanz; Unwirksamkeit im nichtkaufmännischen und kaufmännischen Verkehr); *Messerschmidt* in *Kapellmann/Messerschmidt* Rdn. 71.
[7] Vgl. nur MünchKomm/*Ernst* § 323 Rdn. 71.
[8] 2 Monate sind jedenfalls angemessen, vgl. OLG Düsseldorf NJW-RR 1995, 535; vgl. auch *U. Locher* in *Ingenstau/Korbion* Nr. 4 Rdn. 4 (höchstens die Fristen der Nr. 3).

### III. Folgen der unterlassenen Nachfristsetzung

**10** Hat der Auftraggeber von der Möglichkeit der Fristsetzung nach Nr. 4 keinen Gebrauch gemacht, so soll er sich nach einer in der Rechtsprechung vertretenen Auffassung regelmäßig **nicht** auf die **Verwirkung des Vergütungsanspruchs berufen** können.[9] Dieser Auffassung ist zuzugeben, dass der Auftraggeber durch die Möglichkeit der Fristsetzung auf die Erteilung der Schlussrechnung und damit auf den Beginn der Verjährungsfrist hinwirken kann (vgl. Rdn. 19), so dass es zweifelhaft ist, ob ein Vertrauenstatbestand entstehen kann,[10] wenn er von dieser Möglichkeit keinen Gebrauch macht. Auf der anderen Seite ist jedoch allgemein anerkannt, dass Nr. 4 dem Auftraggeber nur eine zusätzliche Möglichkeit einräumt, die er jedoch auch, ohne Rechtsnachteile befürchten zu müssen, ungenutzt lassen darf. Deshalb führt es nicht zum Ausschluss der Verwirkung, wenn die Frist nicht gesetzt wurde. Die Frage der Verwirkung bestimmt sich vielmehr nach allgemeinen Grundsätzen. Maßgebend ist damit, ob der Verpflichtete wegen der Länge der Zeit, während derer der Anspruch nicht geltend gemacht wurde, darauf vertrauen durfte, die Ansprüche würden auch nicht mehr geltend gemacht, und ob er entsprechend disponiert hat und in Anbetracht aller Umstände des Einzelfalls in seinem Vertrauen schutzwürdig ist.[11] Eine Verwirkung kann aber dann eintreten, wenn der Auftraggeber die Rechnung als nicht prüfbar beanstandet hat und dann über längere Zeit keine Rechnung mehr vorgelegt wird.[12]

### IV. Folgen des Fristablaufs

**11** In der VOB/B ist nicht geregelt, ob nach fruchtlosem Ablauf der Frist das Recht zur Erstellung einer Schlussrechnung auf den Auftraggeber übergeht, so dass der Auftragnehmer keine eigene Schlussrechnung mehr erstellen kann und der Auftraggeber auch keine Schlussrechnung mehr verlangen kann. Gegen eine solche Auslegung spricht zunächst, dass eine Ablehnungsandrohung oder ähnliches mit der Fristsetzung nicht verbunden ist. Es entspricht auch der Konzeption der Nacherfüllungsfrist im BGB, dass die Fristsetzung als solche den Erfüllungsanspruch unberührt lässt. Auch **nach Fristablauf** kann der Auftraggeber deshalb vom Auftragnehmer die Erstellung einer **Schlussrechnung verlangen.**[13]

**12** Davon zu unterscheiden ist die Frage, ob der **Auftraggeber** eine Schlussrechnung des Auftragnehmers nach Fristablauf **zurückweisen kann.**[14] Dies ist jedenfalls nicht uneingeschränkt möglich, denn der Auftraggeber könnte sonst die Fälligkeit des Vergütungsanspruchs hinauszögern, indem er die Schlussrechnung des Auftragnehmers zurückweist und seinerseits eine Schlussrechnung nicht oder nur verzögert aufstellt. Eine Zurückweisung der Schlussrechnung des Auftragnehmers ist aber dann möglich, wenn der Auftraggeber seinerseits eine Schlussrechnung bereits vorgelegt hat[15] oder die Vorlage in kürzester Frist zu erwarten ist. Letzteres ist erforderlich, um einem Missbrauch durch den Auftragnehmer vorzubeugen. In der Literatur wird deshalb auch vorgeschlagen, der Auftragnehmer solle dem Auftraggeber eine Frist zur Selbstausführung setzen und erst nach deren Ablauf wieder

---

[9] OLG Hamburg 30. 12. 1998 11 U 274/96 juris (LS); in diese Richtung auch BGH NJW 1984, 1757 f.
[10] Zur Erforderlichkeit eines Vertrauensmoments bei der Verwirkung vgl. *Larenz/Wolf*, Allgemeiner Teil des Bürgerlichen Rechts, 9. Aufl., 2004, § 16 Rdn. 51.
[11] Vgl. *Larenz/Wolf*, Allgemeiner Teil des Bürgerlichen Rechts, 9. Aufl., 2004, § 16 Rdn. 47 ff.
[12] BGH NJW-RR 2004, 445, 449.
[13] So auch *Weick* in *Nicklisch/Weick* Rdn. 37; *Messerschmidt* in *Kapellmann/Messerschmidt* Rdn. 79.
[14] Gegen ein solches Recht *Dähne* BauR 1981, 233, 236 f. (aber Erstattung der Kosten des Auftraggebers durch den Auftragnehmer wegen Verzugs).
[15] Vgl. OLG Düsseldorf NJW-RR 1995, 535.

selbst die Schlussrechnung erstellen, um so dem Risiko zu entgehen, neben den Kosten für die Aufstellung der Schlussrechnung durch den Auftraggeber auch die Kosten für eine eigene Schlussrechnung tragen zu müssen.[16] Dies kann sich in vielen Fällen aus praktischer Sicht empfehlen; eine Rechtsgrundlage für eine solche Frist und damit für das Ende des Selbstvornahmerechts des Auftraggebers gibt es nicht. Allenfalls der Grundsatz von Treu und Glauben kann in einem solchen Fall dazu führen, dem Auftraggeber den Kostenersatzanspruch zu versagen, wenn er seinerseits innerhalb einer angemessenen Frist nicht tätig geworden ist. Dies wird man aber angesichts des vertragswidrigen Verhaltens des Auftragnehmers, das erst zum Selbstvornahmerecht des Auftraggebers geführt hat, nur in engen Grenzen annehmen können.

## C. Anforderungen an die durch den Auftraggeber erstellte Schlussrechnung

### I. Prüfbarkeit

Macht der Auftraggeber von seinem Recht auf Selbsterstellung der Schlussrechnung Gebrauch, so hat er in **gleicher Weise prüfbar abzurechnen** wie dies vom Auftragnehmer zu erfolgen hätte,[17] denn auch die vom Auftraggeber erstellte Schlussrechnung soll eine abschließende und prüfbare Bestimmung der Vergütungsansprüche ermöglichen. Auch die Umsatzsteuer ist einzusetzen.[18] Bei der Abrechnung kann sich der Auftraggeber darauf beschränken, alle **ihm zugänglichen Leistungen** des Auftragnehmers in die Rechnung einzustellen.[19] Je nach Vergütungsvereinbarung ist dazu auch ein Aufmaß erforderlich (näher Rdn. 15). Der Auftragnehmer kann diese Abrechnung prüfen und gegebenenfalls auf Änderungen hinwirken.[20] Dieses Recht kann durch AGB nicht ausgeschlossen werden.[21]

Erhebt der **Auftragnehmer Einwendungen** gegen die vom Auftraggeber erstellte Schlussrechnung, so stellt dies in der Regel die Fälligkeit der vom Auftraggeber errechneten Vergütungsforderung nicht in Frage, denn der Auftragnehmer wird in aller Regel nicht die Prüfbarkeit als solche in Frage stellen, sondern den über diesen Betrag hinausgehenden Betrag als Vergütung verlangen. Insofern unterscheidet sich die Interessenlage von der bei Abrechnung durch den Auftragnehmer. Da der Auftraggeber die Abrechnung selbst erstellt hat, kann er sich auf die fehlende Prüfbarkeit der Abrechnung nicht berufen.[22] Zur Frage des Kostenersatzes bei nicht prüffähigen Schlussrechnungen vgl. Rdn. 27.

### II. Notwendige Feststellungen

Setzt die Abrechnung gemeinsame Feststellungen voraus und wurden diese bereits **gemeinsam getroffen,** so sind sie der Abrechnung zu Grunde zu legen.[23] Will der Auftraggeber von diesem Aufmaß abweichende Feststellungen der Abrechnung zu Grunde legen, so ist dies nicht von vornherein ausgeschlossen. Ebenso wie der Auftragnehmer sich von gemeinsam getroffenen Feststellungen lösen kann, ist dies auch dem Auftraggeber zuzuge-

---

[16] U. Locher in Ingenstau/Korbion Nr. 4 Rdn. 6.
[17] BGH NJW 2002, 676, 677 = NZBau 2002, 91 = BauR 2002, 313, 314; Dähne BauR 1981, 233, 235.
[18] U. Locher in Ingenstau/Korbion Nr. 4 Rdn. 6.
[19] BGH NJW 1984, 1757, 1758; NJW 2002, 676, 677 = NZBau 2002, 91 = BauR 2002, 313, 314.
[20] BGH NJW 2002, 676, 677 = NZBau 2002, 91 = BauR 2002, 313, 314.
[21] U. Locher in Ingenstau/Korbion Nr. 4 Rdn. 13.
[22] Heiermann in Heiermann/Riedl/Rusam Rdn. 95.
[23] U. Locher in Ingenstau/Korbion Nr. 4 Rdn. 2.

stehen. Die Abweichungen sind aber zu kennzeichnen und die Beweislast für die Unrichtigkeit des gemeinsam genommenen Aufmaßes liegt bei demjenigen, der sich auf die Abweichung beruft.

16  Wurden die erforderlichen Feststellungen **nicht gemeinsam** getroffen, so sind sie vom Auftraggeber zu treffen.[24] Dazu gelten die unter Nr. 1 und Nr. 2 genannten Grundsätze. Handelt es sich um einen vollständig ausgeführten Pauschalpreisvertrag, so reicht die Angabe des vereinbarten Preises und der Nachträge unter Berücksichtigung der einzeln aufgeführten Abschlagszahlungen aus.[25]

### III. Bestrittene Nachträge

17  Nachträge, die zwar geltend gemacht sind, aber vom Auftraggeber nicht anerkannt werden, braucht er nicht anzugeben.[26]

## D. Bindung des Auftraggebers

18  In einem Vergütungsprozess des Auftragnehmers gegen den Auftraggeber gelten die in der vom Auftraggeber erstellten Abrechnung enthaltenen Angaben als zugestanden. Jedoch sind **Neuberechnungen** möglich, da eine Bindung an die Schlussrechnung als solche nicht eintritt (vgl. Nr. 1 Rdn. 102 ff., 108). Macht der Auftragnehmer höhere Vergütungsansprüche geltend, so trägt er die Beweislast.[27] Darin liegt keine Besonderheit, denn er ist ohnehin für die Grundlagen seines Vergütungsanspruchs beweisbelastet.

## E. Auswirkungen der vom Auftraggeber erstellten Schlussrechnung auf Fälligkeit und Verjährung

19  Wird die Schlussrechnung vom Auftraggeber erstellt, so tritt die **Fälligkeit** der Vergütungsforderung mit **Zugang beim Auftragnehmer** ein (vgl. auch § 16 Nr. 3 Rdn. 24).[28] Da die Fälligkeit Auswirkungen auf die Verjährung des Vergütungsanspruchs hat (vgl. § 16 Nr. 3 Rdn. 8, 15 ff.),[29] empfiehlt sich eine Übermittlung, die einen Zugangsnachweis ermöglicht. Maßgebend ist der Zugang, weil der Auftragnehmer erst dann Kenntnis von der Rechnung und dem sich daraus ergebenden Anspruch hat.[30] Nicht maßgebend ist deshalb der Zeitpunkt, an dem der Auftraggeber den Vergütungsanspruch ermittelt hat.[31] Eine **Prüfungsfrist** für den Auftraggeber nach § 16 Nr. 3 Abs. 1 VOB/B entfällt, wenn der Auftraggeber selbst die Schlussrechnung erstellt hat.[32]

---

[24] BGH NJW 2002, 676, 677.
[25] BGH NJW 2002, 676, 677.
[26] BGH NJW 2002, 676, 677.
[27] BGH NJW 1984, 1757, 1758; *Messerschmidt* in Kapellmann/Messerschmidt Rdn. 81.
[28] *Messerschmidt* in Kapellmann/Messerschmidt Rdn. 84; *Kleine-Möller* in Kleine-Möller/Merl § 10 Rdn. 140; BeckOK-*Jansen* Rdn. 7.
[29] Vgl. BGH NJW 1981, 814.
[30] BGH NJW 2002, 676, 677 = NZBau 2002, 91, 92 = BauR 2002, 313, 315 (zur Fälligkeit als Voraussetzung des Verjährungsbeginns); *Messerschmidt* in Kapellmann/Messerschmidt Rdn. 84.
[31] So aber *U. Locher* in Ingenstau/Korbion Nr. 4 Rdn. 11; *Weick* in Nicklisch/Weick Rdn. 39 a; *Dähne* BauR 1981, 233, 236.
[32] BGH NJW 2002, 676, 677 = NZBau 2002, 91, 92 = BauR 2002, 313, 315.

## F. Auswirkungen der Entgegennahme der Schlusszahlung nach einer vom Auftraggeber erstellten Schlussrechnung

Die vom Auftraggeber nach Nr. 4 erstellte Schlussrechnung tritt an die Stelle der Schlussrechnung des Auftragnehmers. Nimmt dieser die auf der Grundlage der prüfbaren Schlussrechnung geleistete Schlusszahlung an, ohne innerhalb der Fristen des § 16 Nr. 3 Abs. 5 VOB/B einen Vorbehalt zu erklären und zu begründen, so tritt die **Ausschlusswirkung** des § 16 Nr. 3 Abs. 2 VOB/B ein.[33] Kommt der Auftraggeber in seiner Schlussrechnung zu dem Ergebnis, dass dem Auftragnehmer kein Vergütungsanspruch mehr zusteht, so steht dies der Ablehnung nach § 16 Nr. 3 Abs. 3 VOB/B gleich. Wird kein Vorbehalt erklärt, kann deshalb auch die Ausschlusswirkung des § 16 Nr. 3 Abs. 2 VOB/B eintreten.[34]

20

## G. Kosten und Kostenersatz

### I. Anspruch auf Erstattung der Kosten

**1. Voraussetzungen**

Nr. 4 berechtigt den Auftraggeber nach **Fristablauf** dazu, die Schlussrechnung auf Kosten des Auftragnehmers zu erstellen. Dabei besteht auch die Möglichkeit, mit dem Kostenanspruch gegen den Vergütungsanspruch aufzurechnen.[35] Hat der Auftragnehmer eine Abrechnung erstellt, die vom Auftraggeber als nicht prüfbar zurückgewiesen wurde, so trifft den Auftraggeber die **Beweislast** für die fehlende Prüfbarkeit der vom Auftragnehmer eingereichten Abrechnung, wenn ein Kostenerstattungsanspruch geltend gemacht wird.

21

Die Regelung stellt allein auf den Fristablauf ab, **ohne** ein **Verschulden** des Auftragnehmers an der Fristüberschreitung zu verlangen. Seine Rechtfertigung findet dieser verschuldensunabhängige Anspruch in der Überlegung, dass der Auftragnehmer auf seine Kosten die Schlussrechnung hätte erstellen müssen und sich dieser Kosten nicht durch Untätigkeit entziehen können soll.[36] Der Anspruch entspricht deshalb dem Selbstvornahmerecht des § 637 BGB.

22

**2. Umfang**

**a) Ansetzbare Kosten.** Die **Berechnung der Kosten** erfolgt nach den tatsächlich angefallenen Kosten, soweit diese bei verständiger und wirtschaftlicher Betrachtung zur Erstellung einer prüffähigen Rechnung erforderlich waren. Für die Kosten und ihre Erforderlichkeit trägt der Auftraggeber als Anspruchsteller die Beweislast. Nicht einzurechnen sind dabei die Kosten für die **Prüfung** einer **vom Auftragnehmer erstellten Rechnung,** die vom Auftraggeber als nicht prüfbar zurückgewiesen wurde, denn die Prüfungskosten sind vom Auftraggeber zu tragen.[37]

23

---

[33] OLG Celle BauR 2005, 1933, 1935; OLG Oldenburg BauR 1992, 83; OLG Schleswig BauR 1980, 477, 478; *Dähne* BauR 1981, 233, 238.
[34] *Heiermann* in *Heiermann/Riedl/Rusam* Rdn. 95.
[35] *U. Locher* in *Ingenstau/Korbion* Nr. 4 Rdn. 9.
[36] *Dähne* BauR 1981, 233, 236.
[37] OLG Celle BauR 2005, 1933, 1935; OLG Düsseldorf BauR 1987, 336, 337; *Weick* in *Nicklisch/Weick* Rdn. 38.

24 Erbringt der **Auftraggeber** die Leistungen **selbst,** so kann die Abrechnung nach den Sätzen erfolgen, die bei der Erstellung durch ein Ingenieurbüro anfallen.[38] Der Auftraggeber kann auch einen Dritten mit der Rechnungserstellung beauftragen.[39]

25 Hat der Auftragnehmer in **Teilbereichen prüfbar abgerechnet** und beschränkt sich deshalb das Selbstvornahmerecht nach Nr. 4 auf einen Teil der Leistungen (vgl. Rdn. 3), so sind die Aufwendungen für die Prüfung der prüffähigen Abrechnung nicht zu erstatten.[40]

26 Werden bei einem **vorzeitig beendeten Vertrag** zugleich mit der Erstellung der Schlussrechnung die **Restarbeiten** ermittelt, die nun noch anderweitig vergeben werden müssen, sind die darauf entfallenden Kosten nicht ersatzfähig.[41]

27 Nach allgemeinen Grundsätzen der Selbstvornahme – und darum geht es hier letztlich – sind auch **vergebliche oder unnötige Kosten** zu ersetzen, sofern der Auftraggeber sie für erforderlich halten durfte.[42] Denn diese Aufwendungen sind wegen des vertragswidrigen Verhaltens des Auftragnehmers entstanden und da der Auftraggeber keine entsprechende Verpflichtung übernommen hat, soll ihm kein Nachteil entstehen, wenn er bei pflichtgemäßer Prüfung diese Kosten für erforderlich halten durfte. Deshalb steht einem Kostenersatzanspruch auch nicht ohne weiteres entgegen, wenn die Abrechnung **geringfügige Ungenauigkeiten** oder **Unrichtigkeiten** enthält.[43] Stellen diese die Prüfbarkeit der Abrechnung in Frage, muss gegebenenfalls Gelegenheit gegeben werden, die Prüfbarkeit der Rechnung noch herzustellen. Dagegen sind Kosten nicht zu ersetzen, wenn die Abrechnung insgesamt nicht der vertraglich vereinbarten Art der Vergütungsberechnung entspricht.[44]

28 **b) Abzugsposten.** Erspart der Auftraggeber **Kosten der Rechnungsprüfung,** weil er die Rechnung nach Nr. 4 selbst erstellt, so verringern diese Kosten seinen Ersatzanspruch.[45] Zum ordnungsgemäßen **substantiierten Vortrag** bei der Geltendmachung des Ersatzanspruchs gehört die Angabe dieses Abzugspostens. Er braucht nicht vom Auftragnehmer geltend gemacht zu werden.

## II. Vorschussanspruch

29 Nr. 4 gewährt im Unterschied zu § 637 Abs. 3 BGB keinen Anspruch auf Vorschuss der Kosten. Häufig ist dieser auch entbehrlich, da der Auftraggeber mit dem Kostenerstattungsanspruch gegen die Vergütungsforderung aufrechnen kann. Besteht jedoch die Gefahr, dass wegen bereits geleisteter Abschlagszahlungen oder wegen Schadensersatzansprüchen des Auftraggebers die Kosten der Schlussrechnung möglicherweise nicht oder nur mit erheblichen Schwierigkeiten auf den Auftragnehmer verlagert werden können, kann sich der Weg empfehlen, den Anspruch auf Erteilung der Schlussrechnung gerichtlich geltend zu machen und dann über § 887 Abs. 2 ZPO einen Kostenvorschuss durchzusetzen. Durch diesen etwas zeitaufwändigeren Weg wird für den Auftraggeber zumindest vermieden, dass weitere Mittel investiert und verloren werden.

---

[38] OLG Düsseldorf BauR 1986, 612 (LS); OLG Düsseldorf BauR 1987, 336, 337.
[39] Wohl enger *U. Locher* in *Ingenstau/Korbion* Nr. 4 Rdn. 8 (nur im Notfall durch Dritte); *Dähne* BauR 1981, 233, 235.
[40] OLG Düsseldorf BauR 1987, 336, 337.
[41] OLG Düsseldorf BauR 1987, 336, 337.
[42] Vgl. *Heiermann* in *Heiermann/Riedl/Rusam* Rdn. 96; a. A. (objektiv erforderliche Kosten) *Weick* in *Nicklisch/Weick* Rdn. 38; OLG Düsseldorf BauR 1987, 336, 337 (unter Hinweis auf § 13 Nr. 5 Abs. 2 VOB/B; dieser wird aber ebenfalls wie der Anspruch aus § 637 BGB verstanden, vgl. *Weyer* in *Kapellmann/Messerschmidt* B § 13 Rdn. 267).
[43] Auf eine prüfbare Abrechnung abstellend: *U. Locher* in *Ingenstau/Korbion* Nr. 4 Rdn. 8; *Kleine-Möller* in *Kleine-Möller/Merl* § 10 Rdn. 139.
[44] OLG Düsseldorf BauR 1996, 740, 742; *Heiermann* in *Heiermann/Riedl/Rusam* Rdn. 97.
[45] OLG Düsseldorf BauR 1986, 612 (LS); *Messerschmidt* in *Kapellmann/Messerschmidt* Rdn. 83.

## H. Klage auf Rückzahlung überzahlter Beträge ohne Schlussrechnung

Übersteigen die Abschlagszahlungen den Vergütungsanspruch, so ist der Auftraggeber **30** nicht gezwungen, nach Nr. 4 vorzugehen, denn ihn trifft keine Pflicht zur prüfbaren Abrechnung. Er kann deshalb auch auf der Grundlage seines Kenntnisstands den Anspruch auf Rückzahlung des überzahlten Betrages geltend machen. Der Auftragnehmer kann sich nach Auffassung des BGH nicht auf ein einfaches Bestreiten dieser Abrechnung beschränken, sondern kann diesem Begehren nur durch eine prüfbare Abrechnung entgegnen.[46] Dieser Auffassung ist zuzustimmen, denn der Auftragnehmer handelt treuwidrig, wenn er aus seinem eigenen vertragswidrigen Vorgehen prozessuale Vorteile ziehen will. Entgegen den allgemeinen Regeln der Darlegungs- und Beweislast muss deshalb der Auftragnehmer hier in höherem Maße substantiieren als der klagende Auftraggeber, denn dieser kann seine Forderung nur deshalb nicht auf der Grundlage einer prüfbaren Abrechnung beziffern, weil der Auftragnehmer diese abredewidrig nicht erstellt hat. Hinsichtlich der Beweislast für die Grundlagen des Vergütungsanspruchs bleibt es ebenfalls bei der Beweisverpflichtung des Auftragnehmers, denn durch Abschlags- oder Vorauszahlung soll immer nur eine vorläufige Leistung erfolgen, welche den Auftragnehmer nicht aus seiner Beweispflicht entlässt.[47] Unbegründet wäre eine Klage auf Rückzahlung des Gesamtbetrages der bereits geleisteten Abschlagszahlungen mit der Begründung, der Auftragnehmer habe weder über die Abschlagszahlungen noch über den gekündigten Vertrag eine prüfbare Abrechnung vorgelegt.[48] Der Auftraggeber kann eine Sicherheit nach § 648 a BGB nicht zurückverlangen, wenn der Auftragnehmer trotz Schlussrechnungsreife nicht prüfbar abrechnet.[49] Dies ergibt sich aus dem Sinn der Vergütungssicherheit, die auch die Phase der Vertragsabwicklung bis hin zur Prüfung der Schlussrechnung absichern soll.

---

[46] BGHZ 140, 365, 375 = NJW 1999, 1867, 1869; zustimmend *Heiermann* LM § 8 VOB/B 1973 Nr. 24.
[47] BGHZ 140, 365, 376 = NJW 1999, 1867, 1870; OLG Karlsruhe BauR 2003, 1244.
[48] OLG Naumburg 15. 6. 1999 11 U 1560/97 juris = BauR 2000, 298 f. (LS).
[49] OLG Brandenburg NZBau 2005, 155.

## § 15 Stundenlohnarbeiten

1. (1) Stundenlohnarbeiten werden nach den vertraglichen Vereinbarungen abgerechnet.

   (2) Soweit für die Vergütung keine Vereinbarungen getroffen worden sind, gilt die ortsübliche Vergütung. Ist diese nicht zu ermitteln, so werden die Aufwendungen des Auftragnehmers für Lohn- und Gehaltskosten der Baustelle, Lohn- und Gehaltsnebenkosten der Baustelle, Stoffkosten der Baustelle, Kosten der Einrichtungen, Geräte, Maschinen und maschinellen Anlagen der Baustelle, Fracht-, Fuhr- und Ladekosten, Sozialkassenbeiträge und Sonderkosten, die bei wirtschaftlicher Betriebsführung entstehen, mit angemessenen Zuschlägen für Gemeinkosten und Gewinn (einschließlich allgemeinem Unternehmerwagnis) zuzüglich Umsatzsteuer vergütet.

2. Verlangt der Auftraggeber, dass die Stundenlohnarbeiten durch einen Polier oder eine andere Aufsichtsperson beaufsichtigt werden, oder ist die Aufsicht nach den einschlägigen Unfallverhütungsvorschriften notwendig, so gilt Nummer 1 entsprechend.

3. Dem Auftraggeber ist die Ausführung von Stundenlohnarbeiten vor Beginn anzuzeigen. Über die geleisteten Arbeitsstunden und den dabei erforderlichen, besonders zu vergütenden Aufwand für den Verbrauch von Stoffen, für Vorhaltung von Einrichtungen, Geräten, Maschinen und maschinellen Anlagen, für Frachten, Fuhr- und Ladeleistungen sowie etwaige Sonderkosten sind, wenn nichts anderes vereinbart ist, je nach der Verkehrssitte werktäglich oder wöchentlich Listen (Stundenlohnzettel) einzureichen. Der Auftraggeber hat die von ihm bescheinigten Stundenlohnzettel unverzüglich, spätestens jedoch innerhalb von 6 Werktagen nach Zugang, zurückzugeben. Dabei kann er Einwendungen auf den Stundenlohnzetteln oder gesondert schriftlich erheben. Nicht fristgemäß zurückgegebene Stundenlohnzettel gelten als anerkannt.

4. Stundenlohnrechnungen sind alsbald nach Abschluss der Stundenlohnarbeiten, längstens jedoch in Abständen von 4 Wochen, einzureichen. Für die Zahlung gilt § 16.

5. Wenn Stundenlohnarbeiten zwar vereinbart waren, über den Umfang der Stundenlohnleistungen aber mangels rechtzeitiger Vorlage der Stundenlohnzettel Zweifel bestehen, so kann der Auftraggeber verlangen, dass für die nachweisbar ausgeführten Leistungen eine Vergütung vereinbart wird, die nach Maßgabe von Nummer 1 Abs. 2 für einen wirtschaftlich vertretbaren Aufwand an Arbeitszeit und Verbrauch von Stoffen, für Vorhaltung von Einrichtungen, Geräten, Maschinen und maschinellen Anlagen, für Frachten, Fuhr- und Ladeleistungen sowie etwaige Sonderkosten ermittelt wird.

## Vorbemerkung § 15

### Übersicht

| | Rdn. | | Rdn. |
|---|---|---|---|
| A. Regelungsgehalt und systematische Einordnung | 1–16 | B. Begriffliche Vorklärungen | 7–8 |
| I. Entstehungsgeschichte und Vorfassungen | 1 | C. Geltung bei Verträgen ohne Vereinbarung der VOB/B | 9–11 |
| II. Regelungsgehalt und wirtschaftlicher Hintergrund | 2–6 | D. Inhaltskontrolle | 12–13 |

**Literatur:** *Altmann*, Die Selbstkostenpreise nach der Baupreisverordnung 1972 – Müssen sie vereinbart werden, wenn ihre Voraussetzungen vorliegen?, BauR 1983, 426; *Dähne*, Angehängte Stundenlohnarbeiten – juristisch betrachtet, FS Jagenburg, S. 57 ff.; *Ehmann*, Schuldanerkenntnis und Vergleich, München 2005;

*Grams,* BauR 2004, 1513; *Jede,* Preisermittlung für Bauleistungen, 1974; *Kaiser,* Vergütungs-, Fälligkeits- und Verjährungsfragen beim Bauvertrag nach BGB und VOB/B, DWW 1983, 158; *Keldungs,* Stundenlohnabrechnung mit unterschriebenen Stundenlohnzetteln: Beweislastfragen, BauR 2002, 322; *Korbion,* Stundenlohnarbeiten beim BGB-Bauvertrag, FS Soergel, S. 131; *Losert,* Die Bedeutung der Unterschrift unter einem Stundenlohnzettel, ZfBR 1993, 1; *Mantscheff,* Der ortsübliche Preis, FS für Klaus Vygen, 1999, S. 234; *Meurer,* Über die Möglichkeit des nachträglichen Fortschreibens von (bereits erstellten) Kostenermittlungen durch den Architekten, BauR 2003, 328; *Micklitz,* Bauverträge mit Verbrauchern und die VOB Teil B, 2005; *Mugler,* Die Bindung der Vertragsparteien an ihre Vereinbarung über die Höhe der Vergütung bei Regiearbeiten am Bau, BB 1989, 859 ff.; *Paulmann,* Anforderungen an die nachträgliche Stundenlohnvereinbarung, NZBau 2005, 325; *Schmidt,* Aktuelle Rechtsprechung des Bundesgerichtshofs in Bausachen, MDR 1995, 547; *Thamm/Möffert,* Stundenlohnzettel bei Werkverträgen aus wirtschaftlicher Sicht, BauRB 2004, 210; *Voit,* Die Bedeutung der Bestätigung von Aufmaß und Stundenlohnzetteln, FS für Gerd Motzke, 2006, S. 421 ff.; *Wietersheim,* Stundenlohnarbeiten-Abrechnung nach § 15 Nr. 5 VOB/B, BauR 2004, 210.

## A. Regelungsgehalt und systematische Einordnung

### I. Entstehungsgeschichte und Vorfassungen

1   Die Bestimmung wurde durch die VOB/B 1972 wesentlich geändert und blieb seitdem unverändert. Die Änderung durch die VOB/B 1972 war nicht durch sachliche Erfordernisse geboten, sondern diente einer klareren und folgerichtigeren Wiedergabe der bereits in der Vorfassung enthaltenen Grundgedanken.[1]

### II. Regelungsgehalt und wirtschaftlicher Hintergrund

2   § 15 VOB/B enthält Regelungen für die Abrechnung von Stundenlohnarbeiten. Obwohl dabei die Vergütung nach der benötigten Arbeitszeit berechnet wird, steht auch bei diesen Verträgen der **Erfolg der geschuldeten Leistung** im Mittelpunkt des vertraglichen Versprechens. Es handelt sich deshalb um einen Werkvertrag, nicht um einen Dienstvertrag.[2] Dabei setzt § 15 eine **wirksame Vereinbarung** über diese Arbeiten voraus; nur hinsichtlich der Vergütungshöhe enthält Nr. 1 Abs. 2 Sonderregelungen, welche die allgemeine Regelung in § 632 Abs. 2 BGB konkretisieren.

3   Aus **Sicht des Auftragnehmers** bieten sich Stundenlohnverträge immer dann an, wenn der zeitliche Aufwand für die Erbringung der Leistung nicht oder nur schwer vorauszusagen ist. Im Unterschied zu einer Abrechnung nach Einheitspreisen wird dieses **Risiko** bei Stundenlohnverträgen **auf den Auftraggeber verlagert.** Dies betrifft zunächst die Fälle, in denen die Ausführung der Arbeiten auf unerwartete Schwierigkeiten stößt. Darüber hinaus werden aber auch Risiken aus der mangelnden Koordination der Arbeiten verlagert. Während beim Einheitspreisvertrag zunächst der Auftragnehmer das Risiko trägt, wegen mangelnder Koordination in seinem Betrieb oder aber auf der Baustelle nicht in der geplanten Zeit und mit dem geplanten Personalaufwand die Arbeiten ausführen zu können, trägt dieses Risiko bei Stundenlohnverträgen zunächst der Auftraggeber. Zwar gibt es in beiden Konstellationen Möglichkeiten der Rückverlagerung, etwa indem geltend gemacht wird, die erbrachten Stunden seien zur Erbringung der Leistung nicht erforderlich gewesen, oder der Auftragnehmer habe die Arbeiten nicht ausreichend koordiniert (näher Nr. 3 Rdn. 52), aber dies ändert nichts an der im Ausgangspunkt anderen Risikoverteilung.

4   Aus diesen Besonderheiten des Stundenlohnvertrages ergibt sich für den **Auftraggeber** das Risiko einer finanziellen Belastung, die in ihrem Umfang **schwer kalkulierbar** ist.

---

[1] *Daub/Priel/Soergel/Steffani* ErlZ B 15.1.
[2] Vgl. *Dähne* in FS Jagenburg, 2002, S. 97, 99; das gilt auch dann, wenn dem Auftraggeber Weisungsrechte gegenüber den Mitarbeitern des Auftragnehmers eingeräumt werden, solange nur der Auftragnehmer einen Erfolg zugesagt hat und für diesen nach dem Vertrag einzustehen hat, vgl. OLG Karlsruhe 15. 10. 2002, 17 U 96/01, IBR-Online, zur Abgrenzung vgl. auch *Voit* in *Bamberger/Roth,* § 631 Rdn. 6.

Hinzu kommt, dass die **Prüfung** dieser Stundenlohnarbeiten durch die Feststellung des Arbeitsergebnisses mittels eines Aufmaßes nicht möglich ist und die Prüfung der geleisteten Arbeitszeit im Nachhinein ebenfalls auf Schwierigkeiten stößt. **Vergaberechtlich** sind die Stundenlohnverträge auch im Hinblick auf die Vergleichbarkeit der Angebote problematisch, weil ein geringerer Stundenlohnsatz noch keine Auskunft darüber gibt, ob es sich im Gesamtbetrag um ein günstigeres Angebot handelt.

Aus diesen Gründen stellt die VOB/B an die **Vereinbarung** von Stundenlohnarbeiten **strenge Anforderungen,** indem nach § 2 Nr. 10 VOB/B Stundenlohnarbeiten nur dann vergütet werden, wenn sie vorher ausdrücklich vereinbart wurden (näher § 2 Nr. 10 Rdn. 5 ff.). Die Wirksamkeit dieser Bestimmung wird allerdings neuerdings in Frage gestellt, sofern die VOB/B nicht insgesamt vereinbart ist.[3] Vergaberechtlich beschränkt § 5 Nr. 2 VOB/A Stundenlohnverträge auf Bauleistungen geringeren Umfangs, die überwiegend Lohnkosten verursachen (näher dazu § 5 Nr. 2 VOB/A Rdn. 142 f.). Auf die Wirksamkeit der Stundenlohnvereinbarung hat ein Verstoß keinen Einfluss.[4]

§ 15 VOB/B ergänzt diesen Schutz des Auftraggebers durch eine strenge Ausgestaltung der **Anforderungen an die Abrechnung** und die **Nachweise** für die geleisteten Stundenlohnarbeiten. Da im Unterschied zu anderen Abrechnungsarten eine nachträgliche Prüfung des Umfangs der erbrachten Leistungen bei einer Stundenlohnabrechnung kaum möglich ist, verlangt § 15 Nr. 3 S. 1 VOB/B eine **vorherige Anzeige** der Ausführung der Arbeiten, damit der Auftraggeber die Arbeiten von Beginn an überprüfen kann. Durch die Erstellung von Stundenlohnzetteln, die vom Auftraggeber unterzeichnet werden und zeitnah einzureichen sind, wird ebenfalls der Nachweis und die Prüfung der Arbeiten erleichtert. Insofern ergänzt § 15 VOB/B die Anforderungen an die prüfbare Abrechnung nach § 14 VOB/B. Werden die strengen Vorgaben über den Nachweis und die Abrechnung der Stundenlohnarbeiten **nicht beachtet,** so bemisst sich die Vergütung nach Nr. 5. Bei dieser Form der Abrechnung wird nicht mehr die tatsächliche Arbeitszeit zu Grunde gelegt, sondern es kommt auf einen wirtschaftlich vertretbaren Aufwand an Arbeitszeit an. Damit tritt eine gewisse Objektivierung der Bewertung ein. Vor allem geht in diesem Fall das Risiko besonderer, objektiv nicht gebotener Verzögerungen auf den Auftragnehmer über (näher Rdn. 3).

## B. Begriffliche Vorklärungen

Soll die gesamte vom Auftragnehmer geschuldete Leistung nach Stundenlohn zuzüglich Material, Gerätekosten etc. abgerechnet werden, so spricht man von **selbstständigen Stundenlohnarbeiten.**[5] Ihre Vergabe ist bei Anwendbarkeit des § 5 Nr. 2 VOB/A nur bei Bauleistungen geringeren Umfangs zulässig, die überwiegend Lohnkosten verursachen.

Werden die Leistungen des Auftragnehmers nach Einheitspreisen oder nach Selbstkosten mit Zuschlägen abgerechnet und sollen lediglich daneben insbesondere als Auffangposition Stundenlohnarbeiten ausgeführt werden, so werden diese als **angehängte Stundenlohnarbeiten** bezeichnet. Üblich ist auch der Begriff **Regiearbeiten.**[6] Dabei bleibt es den Vertragsparteien überlassen, ob sie solche angehängten Stundenlohnarbeiten nur für Arbeiten vereinbaren, deren Umfang bei Vertragsschluss nicht vorhersehbar ist, oder ob sie auch für andere Arbeiten diese Vergütungsform vorsehen.[7]

---

[3] OLG Schleswig 2. 6. 2005 11 U 90/04; zustimmend *Groß* IBR 2005, 414.
[4] *Weick* in *Nicklisch/Weick* Rdn. 4.
[5] Zum Sprachgebrauch vgl. auch Vergabehandbuch Nr. 2.2 zu § 5 VOB/A; (derzeitiger Stand April 2005; http://www.bmvbs.de/Bauwesen/Bauauftragsvergabe-,1535/Vergabehandbuch.htm).
[6] *Messerschmidt* in *Kapellmann/Messerschmidt* Rdn. 6; *Weick* in *Nicklisch/Weick* Rdn. 1.
[7] Auf Arbeiten mit nicht vorhersehbarem Umfang beschränkend *Dähne* FS Jagenburg S. 97, 101.

## C. Geltung bei Verträgen ohne Vereinbarung der VOB/B

9   Ist die VOB/B nicht oder nicht wirksam einbezogen, so bestimmen sich die vertraglichen Beziehungen nach dem Werkvertragsrecht. Die in **§ 15 Nr. 1 Abs. 1, Abs. 2 Satz 1** VOB/B getroffenen Vereinbarungen entsprechen diesen Grundsätzen, so dass sich insoweit die Frage nach der Übertragbarkeit der VOB/B-Bestimmung nicht stellt.

10  Abweichungen zwischen VOB/B und Werkvertragsrecht ergeben sich hinsichtlich der Regelung in **Nr. 1 Abs. 2 Satz 2.** Während § 632 Abs. 2 BGB davon ausgeht, dass die Ermittlung einer üblichen Vergütung stets möglich ist, setzt die VOB/B-Regelung gerade das Gegenteil voraus. Da inhaltlich diese Regelung jedoch auf eine Art objektivierte Nachkalkulation eines Stundenlohns hinausläuft, wird sich der Wert in der Regel von einer üblichen Vergütung nicht wesentlich unterscheiden.[8]

11  Die **formellen Anforderungen** einer ausdrücklichen Vereinbarung, der Anzeige vor Beginn der Arbeiten, der Stundenlohnnachweise und der zeitnahen Einreichung lassen sich **nicht** ohne weiteres auf Verträge übertragen, bei denen die VOB/B nicht vereinbart ist.[9] Insbesondere sind die Folgen einer abweichenden Vergütungsabrechnung, wenn diese formellen Voraussetzungen nicht eingehalten werden, auf den BGB-Vertrag nicht anwendbar.[10] Hat allerdings der Auftraggeber prüffähige Stundenlohnzettel unterschrieben, so trifft ihn die Beweislast dafür, dass diese Leistungen nicht erbracht wurden.[11]

## D. Inhaltskontrolle

12  Eine isolierte Inhaltskontrolle der Regelung in § 15 VOB/B führt bei der **Anerkennungsfiktion in Nr. 3** zur **Unwirksamkeit,** weil der Auftraggeber nicht auf die Folgen der nicht fristgerechte Rückgabe der Stundenlohnzettel gesondert hingewiesen wird.[12] Da die Fiktion zu einer Belastung des Auftraggebers führt, tritt die Unwirksamkeit jedoch nur dann ein, wenn der Auftragnehmer die entsprechende allgemeine Geschäftsbedingung stellt.[13]

13  Die Regelung in **Nr. 5** hält – trotz der Konstruktion als Änderung der vertraglichen Vereinbarung – einer **Inhaltskontrolle stand,** weil letztlich eine angemessene Vergütungsregelung getroffen wird.[14] In der Literatur wird dies zum Teil mit der Begründung bestritten, dem Auftragnehmer werde in Abweichung zu § 632 Abs. 2 BGB die Möglichkeit genommen, den Umfang der Stundenlohnleistungen nachzuweisen, und deshalb werde er durch das Wahlrecht des Auftraggebers unbillig benachteiligt, sofern die AGB durch diesen gestellt seien.[15] Dem ist nicht zu folgen, weil die Klausel an ein vertragswidriges Verhalten des Auftragnehmers anknüpft und deshalb die vorgesehene Abrechnung diesen nicht unbillig beeinträchtigt.

---

[8] Vgl. *Messerschmidt* in *Kapellmann/Messerschmidt* Rdn. 5 (Rückgriff auf die Regeln des § 15 VOB/B bei der Bestimmung der üblichen Vergütung).
[9] Vgl. OLG Köln NJW-RR 1997, 150.
[10] Vgl. aber auch OLG Düsseldorf NZBau 2000, 378, 379 (Nr. 5 entspreche der Regelung im BGB-Vertrag, da nur die erforderlichen Stunden abrechnungsfähig seien); für eine Orientierung an § 15 Nr. 5 VOB/B im BGB-Vertrag auch *Cuypers* in der Vorauflage Nr. 5 Rdn. 25.
[11] OLG Celle NZBau 2004, 41, 42 ff. (Umkehr auch hinsichtlich der Frage der Erforderlichkeit, dazu vgl. Kommentierung zu Nr. 3 Rdn. 55.
[12] Vgl. *Micklitz* S. 133 f. (mit Kritik an der Regelung bei Verwendung gegenüber Verbrauchern).
[13] *Heiermann* in *Heiermann/Riedl/Rusam* Rdn. 35.
[14] Vgl. OLG Düsseldorf NZBau 2000, 378, 379 (Abrechnung nach Nr. 5 auch im Werkvertrag).
[15] *Heiermann* in *Heiermann/Riedl/Rusam* Rdn. 51.

## § 15 Nr. 1 [Abrechnung von Stundenlohnarbeiten]

(1) **Stundenlohnarbeiten werden nach den vertraglichen Vereinbarungen abgerechnet.**

(2) **Soweit für die Vergütung keine Vereinbarungen getroffen worden sind, gilt die ortsübliche Vergütung.** Ist diese nicht zu ermitteln, so werden die Aufwendungen des Auftragnehmers für Lohn- und Gehaltskosten der Baustelle, Lohn- und Gehaltsnebenkosten der Baustelle, Stoffkosten der Baustelle, Kosten der Einrichtungen, Geräte, Maschinen und maschinellen Anlagen der Baustelle, Fracht-, Fuhr- und Ladekosten, Sozialkassenbeiträge und Sonderkosten, die bei wirtschaftlicher Betriebsführung entstehen, mit angemessenen Zuschlägen für Gemeinkosten und Gewinn (einschließlich allgemeinem Unternehmerwagnis) zuzüglich Umsatzsteuer vergütet.

### Übersicht

| | Rdn. | | Rdn. |
|---|---|---|---|
| A. Abrechnung nach vertraglichen Vereinbarungen | 1–9 | 2. Kriterien | 13 |
| I. Vereinbarung über die Vergütungshöhe | 1–8 | a) Maßgebender Ort | 13 |
| 1. Mögliche Formen der Vereinbarung über die Vergütungshöhe | 1 | b) Üblichkeit | 14 |
| | | c) Zeitpunkt | 15 |
| 2. Ausdrückliche Vereinbarung | 4 | 3. Beweislast | 18 |
| 3. Vereinbarung in AGB | 5 | III. Abrechnung bei Nichtermittelbarkeit einer ortsüblichen Vergütung | 20–32 |
| 4. Stillschweigende Vereinbarung | 6 | 1. Anwendungsbereich | 20 |
| 5. Nachträgliche Vergütungsvereinbarung | 7 | 2. Aufwendungen | 21 |
| II. Beweisfragen | 9 | a) Berücksichtigungsfähige Aufwendungen | 21 |
| B. Abrechnung bei Fehlen vertraglicher Vergütungsvereinbarung | 10–32 | b) Beschränkung auf Entstehen bei wirtschaftlicher Betriebsführung | 25 |
| I. Fehlen einer vertraglichen Vergütungsvereinbarung, Beweisfragen | 10–11 | 3. Zuschläge | 28 |
| II. Vergütung nach Ortsüblichkeit | 12–19 | a) Gemeinkosten | 28 |
| 1. Anwendungsbereich | 12 | b) Gewinn einschließlich Wagnis | 29 |
| | | c) Umsatzsteuer | 31 |
| | | 4. Beweislast | 32 |

**Literatur:** Siehe Vor § 15 VOB/B.

# A. Abrechnung nach vertraglichen Vereinbarungen

## I. Vereinbarung über die Vergütungshöhe

### 1. Mögliche Formen der Vereinbarung über die Vergütungshöhe

Nr. 1 Abs. 1 sieht eine **Abrechnung** nach der vertraglichen Vergütungsvereinbarung **1** vor. Dies wiederholt lediglich einen allgemeinen Grundsatz, denn die Privatautonomie stellt es den Parteien frei, die Bemessung der Stundenlohnvergütung zu vereinbaren. Die Anforderungen an die Vereinbarung bestimmen sich zunächst nach § 2 Nr. 10 VOB/B, denn nach dieser Regelung werden Stundenlohnarbeiten nur dann vergütet, wenn sie ausdrücklich vereinbart wurden (Vorbem. Rdn. 5; zu den Anforderungen vgl. § 2 Nr. 10 Rdn. 5 ff.; zur Frage, ob aus der Abzeichnung von Stundenzetteln eine solche Vereinbarung abgeleitet werden kann, vgl. Nr. 3 Rdn. 40 und § 2 Nr. 10 Rdn. 9 ff.). Dazu reicht eine Einigung über die Ausführung der Arbeiten nicht aus, denn nicht der Stundenlohnvertrag, sondern der Einheitspreisvertrag ist der Regelfall der VOB/B. § 2 Nr. 10 VOB/B verlangt deshalb eine **ausdrückliche Einigung** auch darüber, dass die **Arbeiten** gerade **nach Stunden abgerechnet** werden sollen. Dies gilt auch für angehängte Stundenlohnarbeiten.[1]

2   Dagegen verlangt § 2 Nr. 10 VOB/B **nicht,** dass auch die **Höhe der Vergütung ausdrücklich vereinbart** ist. Dies zeigt die Regelung des § 15 Nr. 1 Abs. 2 VOB/B, denn eine Regelung über die Bemessung der Vergütung bei Fehlen einer Vergütungsvereinbarung wäre andernfalls sinnlos. Dies entspricht auch dem Schutzzweck des § 2 Nr. 10 VOB/B und des § 15 VOB/B, denn dem Auftraggeber soll das Risiko von Stundenlohnarbeiten vor Augen geführt und eine Prüfung der erbrachten Leistungen ermöglicht werden. Dies erfordert zwar eine ausdrückliche Vereinbarung über die Ausführung der Stundenlohnarbeiten, nicht aber die Festlegung der Vergütungshöhe. Sie bestimmt sich bei Fehlen einer solchen Vereinbarung nach der Üblichkeit.

3   Da § 2 Nr. 10 VOB/B keine Regelung darüber enthält, in welcher Weise die Vergütungshöhe beim Stundenlohn zu vereinbaren ist, kommen nach allgemeinen Grundsätzen sowohl Individualvereinbarungen als auch Vereinbarungen in AGB oder auch stillschweigende Vereinbarungen über die Vergütungshöhe in Betracht. Nur wenn derartige Vereinbarungen fehlen, kann auf die Regelung des § 15 Nr. 1 Abs. 2 VOB/B zurückgegriffen werden.

### 2. Ausdrückliche Vereinbarung

4   Regelmäßig wird die ausdrückliche Vereinbarung über die Ausführung der Arbeiten nach Stundenlohn auch die Vereinbarung über die Höhe der Vergütung enthalten. Dabei wird der **Satz** regelmäßig nach Qualifikation und Funktion des eingesetzten Arbeitnehmers **unterschiedlich bemessen.** Wirksam ist es aber auch, Bemessungsfaktoren zu vereinbaren, aus denen sich die Stundenlohnvergütung durch **Zuschläge** errechnet. Denkbar sind weiterhin ausdrücklich vereinbarte Leistungsbestimmungsrechte einer Seite oder auch Dritter. Derartige Vereinbarungen gehen – sofern sie wirksam sind – den Vergütungsregeln des Abs. 2 vor.

### 3. Vereinbarung in AGB

5   **Eine Vereinbarung in allgemeinen Geschäftsbedingungen über die Höhe des Stundenlohns wird vor allem bei angehängten Stundenlohnarbeiten** in Betracht kommen. Derartige Vereinbarungen unterliegen nur eingeschränkt einer Inhaltskontrolle, denn die Festlegung der Vergütung ist Sache der Parteien und nicht Teil eines gesetzlichen Leitbilds, von dem durch die Vereinbarung abgewichen wird. Die Klauseln können aber als überraschende Klauseln oder als intransparente Klauseln unwirksam sein.

### 4. Stillschweigende Vereinbarung

6   Eine stillschweigende Vereinbarung der Vergütungshöhe ist trotz der Regelung in § 2 Nr. 10 VOB/B grundsätzlich denkbar, denn erforderlich ist nach dieser Bestimmung nur die ausdrückliche Vereinbarung von Stundenlohnarbeiten, nicht aber die ausdrückliche Festlegung der Vergütungshöhe (vgl. Rdn. 2). Regelmäßig wird eine stillschweigende Vereinbarung die **Vergütungshöhe nach der Ortsüblichkeit** bestimmen, so dass sich eine Abweichung zu Abs. 2 nicht ergibt. Anders verhält es sich aber, wenn die Parteien wiederholt in vertraglichen Beziehungen unter Vereinbarung von Stundenlöhnen standen, so dass sie auch ohne besondere Vereinbarung übereinstimmend davon ausgehen, es werde der bislang vereinbarte Stundenlohnsatz auch bei dem neuen Vertrag zu Grunde gelegt.[2]

---

[1] *Heiermann* in *Heiermann/Riedl/Rusam* Rdn. 1.
[2] *Keldungs* in *Ingenstau/Korbion* Nr. 1 Rdn. 2.

## 5. Nachträgliche Vergütungsvereinbarung

Haben die Parteien nachträglich eine Vereinbarung über die Vergütungshöhe getroffen, so ist dies wirksam. § 2 Nr. 10 VOB/B steht dem schon von seinem Regelungsgehalt her nicht entgegen, weil er nur die Frage der Ausführung der Arbeiten, nicht aber die Vergütungshöhe betrifft. Erst dann, wenn die nachträglich getroffene Vereinbarung nicht nur die Vergütungshöhe, sondern auch die Ausführung der Arbeiten auf Stundenlohnbasis überhaupt betrifft, stellt sich die Frage nach dem Verhältnis zu § 2 Nr. 10 VOB/B. Dabei ist diese Regelung mit der herrschenden Auffassung[3] einschränkend in der Weise auszulegen, dass den Parteien **auch im Nachhinein eine solche Vereinbarung möglich** ist, denn die Privatautonomie erlaubt es den Parteien, derartige Einschränkungen außer Kraft zu setzen. Dies gilt auch dann, wenn der Auftraggeber an die Vergabe nach der VOB gebunden ist. 7

Es steht damit den Parteien im Grundsatz frei, auch im Nachhinein eine Vergütungsabrede zu treffen, obwohl § 2 Nr. 10 VOB/B eine ausdrückliche Vereinbarung über Stundenlohnarbeiten und § 15 Nr. 3 VOB/B eine Anzeige vor Beginn der Arbeiten verlangt. An den **Willen der Parteien** zum Abschluss einer solchen rechtsgeschäftlichen Vereinbarung sind aber **strenge Anforderungen** zu stellen, will man nicht den durch die genannten Bestimmung beabsichtigten Schutz des Auftraggebers unterlaufen.[4] Die Unterzeichnung von Stundenlohnzetteln reicht in der Regel nicht aus, um einen solchen rechtsgeschäftlichen Willen annehmen zu können (näher Nr. 3 Rdn. 40). 8

### II. Beweisfragen

Beweispflichtig für die Vergütungsabrede ist der **Auftragnehmer.**[5] Handelt es sich um **angehängte Stundenlohnarbeiten,** so hat der Auftragnehmer darüber hinaus darzulegen und zu beweisen, dass die abzurechnenden Leistungen **nicht** bereits durch die Vergütung hinsichtlich der **Hauptleistung abgegolten** sind.[6] 9

## B. Abrechnung bei Fehlen vertraglicher Vergütungsvereinbarung

### I. Fehlen einer vertraglichen Vergütungsvereinbarung, Beweisfragen

Die Abrechnung nach den Regeln des § 15 Nr. 1 Abs. 2 VOB/B setzt das Fehlen einer vertraglichen Vergütungsvereinbarung voraus. Berechnet der **Auftragnehmer** seine Vergütung nach diesen Grundsätzen, so hat er das **Fehlen einer Vergütungsvereinbarung zu beweisen.** Wird vom Auftraggeber die Vereinbarung einer Vergütung unterhalb der üblichen Höhe substantiiert dargelegt, so kann der Auftragnehmer die übliche Vergütung deshalb nur dann verlangen, wenn er beweist, dass eine solche Vergütungsvereinbarung nicht getroffen wurde. 10

Die Abrechnung nach Nr. 1 Abs. 2 ist also nicht als eine Auffanglösung für die Fälle zu verstehen, in denen sich eine Stundenlohnvereinbarung oder Vergütungsvereinbarung nicht nachweisen lässt. Die Ansprüche des Auftragnehmers bestimmen sich dann nach den in § 2 Nr. 10 Rdn. 17 ff. dargestellten Grundsätzen. 11

---

[3] Vgl. nur *Dähne* FS Jagenburg S. 97, 103; *Schoofs* in *Leinemann* Rdn. 7; *Heiermann* in *Riedl/Rusam/Heiermann* Rdn. 6.
[4] BGH BauR 1994, 760, 761 f.; *Messerschmidt* in *Kapellmann/Messerschmidt* Rdn. 11.
[5] *Keldungs* in *Ingenstau/Korbion* Nr. 1 Rdn. 2.
[6] OLG München IBR 2002, 240; OLG Hamm NJW-RR 2005, 893, 894; *Messerschmidt* in *Kapellmann/Messerschmidt* Rdn. 13.

## II. Vergütung nach Ortsüblichkeit

### 1. Anwendungsbereich

12   Bei Fehlen einer vertraglichen Vergütungsvereinbarung bestimmt sich die Vergütung nach der Ortsüblichkeit. Nur wenn diese nicht feststellbar ist, kommt nach Satz 2 eine Bestimmung der Vergütung nach Aufwendungen des Auftragnehmers und Zuschlägen in Betracht (näher Rdn. 20 ff.).

### 2. Kriterien

13   **a) Maßgebender Ort.** Bereits aus dem Begriff Ortsüblichkeit folgt, dass der Vergütungsmaßstab für die selbe Leistung von Ort zu Ort variieren kann. Damit kann es von Bedeutung sein, ob bei der Bestimmung der Ortsüblichkeit auf den Geschäftssitz des Auftraggebers oder des Auftragnehmers oder aber auf den Ort der Werkleistung abzustellen ist. Als maßgebend ist letzterer anzusehen.[7] Dies ergibt sich nicht zwingend aus dem Wortlaut der Bestimmung, folgt aber aus einer sachgerechten Auslegung der Bestimmung. Denn bei einer unterstellten Vereinbarung der Vergütung wäre mutmaßlich kein anderer Preis bestimmt worden als der am Ort der Leistung übliche. Dies entspricht auch der Auslegung des § 632 Abs. 2 BGB.

Die Ortsüblichkeit der Vergütung richtet sich deshalb nach dem Ort, an dem die **Werkleistung erbracht** wird, nicht nach dem Geschäftssitz der Parteien. Dies gilt auch dann, wenn die Parteien ihren Geschäftssitz in einem Gebiet haben, in dem anerkanntermaßen eine andere Vergütungsstruktur besteht.

14   **b) Üblichkeit.** Zur Bestimmung des Begriffs der Üblichkeit kann an die Auslegung des entsprechenden Begriffs in § 632 Abs. 2 BGB angeknüpft werden. Danach ist eine Vergütung üblich, die nach **allgemeiner Auffassung der beteiligten Kreise** gewährt zu werden pflegt.[8] Als Vergleichsmaßstab wird dabei auf Leistungen gleicher Art, gleicher Güte und gleichen Umfangs abgestellt. Die Anerkennung der Üblichkeit setzt deshalb **gleiche Verhältnisse** in **zahlreichen Einzelfällen** voraus.[9] Daraus ergibt sich auch die Möglichkeit, dass es Leistungen geben kann, für die sich eine Üblichkeit an dem maßgebenden Ort nicht bestimmen lässt.

15   **c) Zeitpunkt.** Die Höhe der ortsüblichen Vergütung kann sich im Laufe der Zeit verändern, so dass auch die Frage des maßgebenden Zeitpunkts für die Bestimmung der ortsüblichen Vergütung zu beantworten ist. Dabei kommt der Zeitpunkt des Vertragsschlusses in Betracht oder aber der Zeitpunkt, an dem die Arbeiten ausgeführt werden. Der BGH hat in einer zu § 632 Abs. 2 BGB ergangenen Entscheidung den Zeitpunkt des Vertragsschlusses als maßgebend angesehen.[10] Dies entspricht auch einer in der Literatur vertretenen Auffassung.[11]

16   Richtigerweise wird man die Frage jedoch differenziert beantworten müssen. Bei einer vertraglichen Festlegung des Stundenlohns stehen den Parteien im Grundsatz zwei Wege offen, und beide sind auch in der Praxis üblich: Es kann ein fester Betrag pro Zeiteinheit vereinbart werden, der nach Qualifikation des Ausführenden unterschiedlich gestaffelt wird,

---

[7] *Messerschmidt* in *Kapellmann/Messerschmidt* Rdn. 18.
[8] BGH NJW 2001, 151, 152; kritisch zur Bestimmung nach Ortsüblichkeit, da der Wert sich nicht ermitteln lässt, *Mantscheff* FS Vygen, S. 234 ff.
[9] BGH NJW 2001, 151, 152.
[10] BGH NJW 2001, 151, 152.
[11] *Messerschmidt* in *Kapellmann/Messerschmidt* Rdn. 20; *Schoofs* in *Leinemann* Rdn. 13; BeckOK-*Jansen* Rdn. 3; a. A. (Zeitpunkt der Ausführung der Leistungen) *Weick* in *Nicklisch/Weick* Rdn. 12 (mit Ausnahme des Gewinnzuschlags); *Keldungs* in *Ingenstau/Korbion* Nr. 1 Rdn. 5 (mit Ausnahme der Gemeinkosten und des Gewinnzuschlags); *Kleine-Möller* in *Kleine-Möller/Merl* § 10 Rdn. 149 (mit Ausnahme des Gewinnzuschlags); differenzierend (grds. Zeitpunkt des Vertragsschlusses, wenn nicht die Leistungen zu einem wesentlich späteren Zeitpunkt ausgeführt werden, bei Gemeinkosten und Gewinn, aber auch bei dieser Ausnahme Zeitpunkt des Vertragsschlusses maßgebend) *Heiermann* in *Heiermann/Riedl/Rusam* Rdn. 13.

oder es wird vereinbart, dass sich die Stundenvergütung nach Aufwendungen und Zuschlägen bestimmt. Aus diesen zwei Vergütungsmodellen ergibt sich bereits, dass die Ortsüblichkeit im **Zeitpunkt des Vertragsschlusses** maßgebend sein muss, wenn nach dem Stundenlohnmodell abgerechnet wird, während es bei dem zweiten Modell zwar für die **Zuschläge** auf diesen Zeitpunkt ankommt, aber die Aufwendungen nach dem Zeitpunkt zu bestimmen sind, an welchem die **Leistungen ausgeführt** werden. Der gravierende Unterschied zwischen beiden Modellen liegt in der Verteilung des Risikos von Lohnsteigerungen. Während dieses Risiko bei einem Modell mit festen Stundenlöhnen der Auftragnehmer trägt, geht diese Entwicklung zu Lasten des Auftraggebers, wenn das zweite Modell üblich ist.[12] Maßgebend ist deshalb, welche Verfahrensweise ortsüblich ist. Ist dies das Zuschlagsmodell, so wird die weitere Preisentwicklung berücksichtigt, soweit sie sich in höheren Aufwendungen niederschlägt. Dagegen bestimmt sich der Gewinnzuschlag nach dem Zeitpunkt des Vertragsschlusses. Ist ein Stundenlohnmodell ortsüblich, so bestimmt sich die Höhe des Stundenlohns ebenfalls nach dem Zeitpunkt des Vertragsschlusses.

Bei **zusätzlichen Arbeiten** kann es auf den Zeitpunkt des Zusatzauftrags ankommen.[13] **17** Häufig wird aber bei vorhersehbarem Bedarf an solchen Arbeiten eine einheitliche Bewertung für den Zeitpunkt des Vertragsschlusses der vertraglichen Vereinbarung eher entsprechen. Wurde für vergleichbare Arbeiten im bereits geschlossenen Vertrag eine Vergütung festgelegt, dann spricht dies dafür, dass diese Vergütung auch für diesen Zusatzauftrag gelten soll (zur Möglichkeit einer stillschweigenden Vereinbarung über die Höhe der Vergütung vgl. Rdn. 6).

### 3. Beweislast

**Beweisbelastet** für die Höhe der ortsüblichen Vergütung ist der **Auftragnehmer.** **18** Sofern der Beweis nicht durch Auskunft der örtlichen Industrie- und Handelskammer geführt werden kann, bietet sich die Beauftragung eines ortsansässigen Sachverständigen an. Das Wissen des Gerichts um die Höhe der üblichen Vergütung ist nur dann verwertbar, wenn es in amtlicher Eigenschaft – etwa durch andere parallel gelagerte Fälle – bekannt geworden ist. Nicht ausreichend für die Ermittlung der üblichen Vergütung ist es, wenn das Gericht auf der Grundlage anderer Verträge desselben Auftragnehmers eine Vergütung ermittelt.[14]

Ergibt sich als übliche Vergütung eine **Spanne**, so setzt das **Gericht** auf dieser Grundlage **19** die **übliche Vergütung fest.** Dabei kommt dem Auftragnehmer keine Vorentscheidungsbefugnis in dem Sinne zu, dass lediglich ein Vertretbarkeitsurteil gefällt wird. Maßgebend ist nicht, ob sich die vom Auftragnehmer geforderte Vergütung noch innerhalb des Vertretbarkeitskorridors befindet,[15] sondern ob sie üblich ist. Damit wird das Gericht nicht ohne nähere Begründung eine vom Auftragnehmer geforderte Vergütung zusprechen können, wenn diese an der oberen Grenze der vom Sachverständigen angegebenen Spanne liegt.

## III. Abrechnung bei Nichtermittelbarkeit einer ortsüblichen Vergütung

### 1. Anwendungsbereich

Nr. 1 Abs. 2 Satz 2 gibt Kriterien für die Ermittlung einer Vergütung an, wenn die **20** Ausführung von Stundenlohnarbeiten ausdrücklich vereinbart ist (vgl. Rdn. 1) und weder eine Vergütung vereinbart wurde, noch eine ortsübliche Vergütung zu ermitteln ist (vgl. Rdn. 13 ff.). Zur Ermittlung der dann geschuldeten Vergütung verweist Satz 2 auf eine Berechnung nach Aufwand und Zuschlägen.

---

[12] Nur das erste Modell in den Blick nehmend dagegen *Schoofs* in *Leinemann* Rdn. 13.
[13] *Messerschmidt* in *Kapellmann/Messerschmidt* Rdn. 20.
[14] Vgl. BGH NJW 2001, 151, 152 (Orientierung an der Vergütung von Subunternehmern des Auftragnehmers auf anderen Baustellen ist unzureichend).
[15] So *Messerschmidt* in *Kapellmann/Messerschmidt* Rdn. 21; BeckOK-*Jansen* Rdn. 2.

## 2. Aufwendungen

**21**  **a) Berücksichtigungsfähige Aufwendungen.** Ziel der Regelung des Satz 2 ist eine Erfassung aller Parameter, die für die Preisbildung bei einem Stundenlohnvertrag relevant sind. Deshalb sind sowohl die **personenbezogenen Aufwendungen** (Lohn- und Gehaltskosten einschließlich der Nebenkosten) als auch die **sächlichen Kosten der Baustelle** (Einrichtungen, Maschinenkosten, Frachtkosten etc.) zu berücksichtigen. Dabei müssen nicht nur die sächlichen Aufwendungen, sondern auch die personenbezogenen Aufwendungen bei den konkreten Arbeiten entstanden sein. Erforderlich ist damit eine **konkrete Zuordnung** der dem Auftragnehmer für die Ausführung der Stundenlohnarbeiten entstandenen Aufwendungen. Sächliche Aufwendungen, die gesondert abgerechnet werden – etwa durch Kosten für die Zurverfügungstellung von Maschinen –, bleiben außer Betracht.

**22**  Zu den Aufwendungen gehören auch **Lohnzuschläge** und Lohnzulagen etwa für Mehrarbeit, Nacht- und Sonntagsarbeit (zur Beschränkung auf eine wirtschaftliche Betriebsführung vgl. Rdn. 25); Wege- und Fahrgelder, Trennungsgelder, Anreisekosten und Familienheimfahrten. Dabei ist die Frage, ob diese Posten unter den Begriff der Lohnnebenkosten oder unter den der Sonderkosten fallen, ohne Belang. Entscheidend ist allein, ob sie tatsächlich entstanden und den ausgeführten Stundenlohnarbeiten zuzuordnen sind. Insbesondere bei angehängten Stundenlohnarbeiten liegt die **Gefahr einer Doppelanrechnung** dieser Kosten nahe. Gegebenenfalls ist eine Aufteilung dieser Kosten und ihre anteilige Berücksichtigung sachgerecht. Entstehen etwa Kosten für die Anreise oder für Familienheimfahrten sowohl wegen der nach Einheitspreisen erbrachten Arbeiten als auch wegen der Stundenlohnarbeiten, so können diese nur anteilig bei der Vergütung nach Stundenlohn berücksichtigt werden. Das Verhältnis errechnet sich dabei aus dem Wertverhältnis der Leistungen.

**23**  Zu den **Sonderkosten** gehören auch Aufwendungen für **Subunternehmer, Versicherungsprämien**, die auf die konkrete Leistung entfallen (sonst: anteilige Gemeinkosten), Entwicklungs- und Entwurfskosten sowie Lizenzgebühren.

**24**  Angesichts der Zielsetzung der Regelung ist die Aufzählung des Satz 2 **nicht als abschließend** zu verstehen.[16] Deshalb sind auch solche Aufwendungen zu berücksichtigen, die für die konkrete Leistung entstanden, aber weder in der Aufzählung ausdrücklich aufgeführt sind, noch anderweit berechnet werden.[17]

**25**  **b) Beschränkung auf Entstehen bei wirtschaftlicher Betriebsführung.** Die für die Berechnung der Vergütung maßgebenden Aufwendungen sind nur dann zu berücksichtigen, wenn sie bei wirtschaftlicher Betriebsführung entstehen. Damit wird neben der Begrenzung auf die tatsächlich entstandenen Aufwendungen eine **zusätzliche Schranke** errichtet. Wurden Arbeiten nicht in einer der wirtschaftlichen Betriebsführung entsprechenden Weise verrichtet, so werden die Aufwendungen nicht insgesamt ausgeschlossen, sondern nur insoweit, wie sie diejenigen übersteigen, die bei wirtschaftlicher Betriebsführung entstanden wären.

**26**  Zur wirtschaftlichen Betriebsführung gehört insbesondere ein **sparsamer Personaleinsatz**. So entspricht die Anordnung von Überstunden oder Feiertagsarbeit wegen der damit verbundenen Lohnzuschlägen nur dann der wirtschaftlichen Betriebsführung, wenn diese zur Einhaltung der vertraglichen Ausführungsfristen erforderlich war. Betriebliche Erfordernisse des Auftragnehmers – etwa eine Beschleunigung der Arbeiten, weil andere Aufträge anstehen – rechtfertigen derartige Aufwendungen nicht. Ebenfalls nicht mit einer wirtschaftlichen Betriebsführung zu vereinbaren ist es, wenn der Auftragnehmer mit der Ausführung zögerlich begonnen hat und deshalb in der Endphase Arbeiten mit Lohnzuschlägen anordnen muss.

---

[16] *Schoofs* in *Leinemann* Rdn. 14; *Heiermann* in *Heiermann/Riedl/Rusam* Rdn. 14.
[17] *Messerschmidt* in *Kapellmann/Messerschmidt* Rdn. 23.

Bei den **Sachkosten** gebietet es eine wirtschaftliche Betriebsführung, die Bezugsquellen 27
sorgfältig auszuwählen, Rationalisierungsvorteile zu nutzen und unnötige Transportkosten
zu vermeiden.[18]

### 3. Zuschläge

**a) Gemeinkosten.** Zu den Gemeinkosten zählen zunächst **Aufwendungen für Werk-** 28
**zeug** und Maschinen, die zwar nicht allein für die konkrete im Stundenlohn erbrachte
Leistung getätigt wurden, aber doch für die Erbringung dieser Leistung erforderlich sind.
Weiterhin gehört dazu auch **Kleinmaterial,** das nicht gesondert berechnet wurde. Auch die
**Bürokosten** einschließlich der Kosten für das kaufmännische und technische Personal sowie
die Kosten für Miete von Geschäftsräumen oder Fahrzeugen sind hier anteilig einzusetzen.[19]

**b) Gewinn einschließlich Wagnis.** Der angemessene Gewinnzuschlag orientiert sich an 29
dem Betrag, der einem Unternehmer bei sorgfältiger und vertragsgemäßer Leistung nach
Abzug aller Aufwendungen verbleiben würde. Da die Regelung auf eine möglichst wirklich-
keitsgetreue Abbildung der Vergütung abzielt, muss sich die **Angemessenheit des Ge-**
**winnzuschlags** immer auch an den Marktverhältnissen bei der Vereinbarung der Stundenlohnarbeiten orientieren. Angemessen ist deshalb ein Gewinnanteil nur dann, wenn sich der
Unternehmer mit dieser Kalkulation der Arbeiten und am Ort der Arbeiten im Wettbewerb
hätte behaupten können (zum maßgeblichen Zeitpunkt vgl. Rdn. 16).[20] Nicht maßgebend
ist dagegen ein allgemeiner Durchschnittssatz in der entsprechenden Branche, wenn dieser
nicht auch am Markt hätte durchgesetzt werden können.[21] Auch der durchschnittliche
Unternehmergewinn in der entsprechenden Branche unter Berücksichtigung der regionalen
Besonderheiten[22] ist nur dann anzusetzen, wenn er sich im Wettbewerb hätte durchsetzen
können. Denn die Regelung will eine ausgeglichene Preisgestaltung vornehmen und nicht
denjenigen, der auf eine Festlegung eines Vergütungssatzes verzichtet, mit Kosten belasten,
auf die er sich bei einer Preisvereinbarung nicht hätte einlassen müssen und die der
Auftragnehmer bei einer Preisverhandlung auch nicht hätte erzielen können.

Bei der Höhe des angemessenen Zuschlags ist auch zu berücksichtigen, ob ein anteiliger 30
Unternehmerlohn bereits bei den angesetzten Gemeinkosten berücksichtigt wurde.[23]

**c) Umsatzsteuer.** Die Umsatzsteuer ist an sich kein eigener Zuschlagsposten. Die 31
Regelung bringt lediglich zum Ausdruck, dass auch im Fall der Berechnung der Vergütung
nach den Regeln des Satz 2 eine Leistung erbracht wird, die in aller Regel der Umsatzsteuer
unterliegt. Diese ist dann vom Auftraggeber mit zu entrichten. Soweit ausnahmsweise die
Leistung nicht der Umsatzsteuer unterliegt, entfällt auch der Zuschlag.

### 4. Beweislast

Der die Vergütung beanspruchende **Auftragnehmer** hat die tatsächlich angefallenen 32
**Aufwendungen** einschließlich ihrer **Zuordnung** zu den Stundenlohnarbeiten, ihre **Erfor-**
**derlichkeit** bei wirtschaftlicher Betriebsführung sowie die **Angemessenheit** der Zuschläge
darzulegen und bei Bestreiten zu beweisen. Im Prozess gehört eine zumindest grobe
Darlegung dieser Berechnungsposten bereits zur Schlüssigkeit der Klage; detaillierte Ausführungen sind erst erforderlich, wenn die Höhe des geltend gemachten Stundenlohns vom
Auftraggeber als unangemessen hoch bestritten wird.[24]

---

[18] *Weick* in *Nicklisch/Weick* Rdn. 15.
[19] *Weick* in *Nicklisch/Weick* Rdn. 15.
[20] *Messerschmidt* in *Kapellmann/Messerschmidt* Rdn. 25.
[21] So aber in der Tendenz *Heiermann* in *Heiermann/Riedl/Rusam* Rdn. 15.
[22] Für eine solche Bewertung *Weick* in *Nicklisch/Weick* Rdn. 15.
[23] *Messerschmidt* in *Kapellmann/Messerschmidt* Rdn. 27.
[24] Großzügiger (Darlegung erst nach Bestreiten) *Messerschmidt* in *Kapellmann/Messerschmidt* Rdn. 28.

## § 15 Nr. 2 [Beaufsichtigung von Stundenlohnarbeiten]

Verlangt der Auftraggeber, dass die Stundenlohnarbeiten durch einen Polier oder eine andere Aufsichtsperson beaufsichtigt werden, oder ist die Aufsicht nach den einschlägigen Unfallverhütungsvorschriften notwendig, so gilt Nummer 1 entsprechend.

### Übersicht

| | Rdn. | | Rdn. |
|---|---|---|---|
| A. Regelungsgehalt und Anwendungsbereich | 1–6 | III. Anforderungen an die Qualifikation der Aufsichtsperson | 14 |
| B. Voraussetzungen | 7–15 | IV. Beweisfragen | 15 |
| I. Verlangen des Auftraggebers | 7–9 | C. Vergütung | 16 |
| II. Unfallverhütungsvorschriften | 10–13 | | |

**Literatur:** Siehe Vor § 15 VOB/B.

## A. Regelungsgehalt und Anwendungsbereich

1   Nr. 2 regelt die **gesonderte Vergütung** von Aufsichtspersonen bei Stundenlohnarbeiten. Solche Aufsichtspersonen kennzeichnen sich dadurch, dass sie selbst **nicht unmittelbar** an der **Leistungserbringung beteiligt** sind. Wirkt ein Meister oder Polier dagegen selbst mit, so ergibt sich die Vergütung bereits aus Nr. 1.[1]

2   Ebenfalls nach **Nr. 1** ergibt sich eine Vergütungspflicht, wenn die **Parteien** bei der Vereinbarung der Stundenlohnarbeiten auch **Regelungen** über den Einsatz von Aufsichtskräften getroffen haben, was bei größeren Bauvorhaben regelmäßig geschieht. Diese vertragliche Vereinbarung geht der Regelung in Nr. 2 vor.[2] Waren sich die Parteien über den **Einsatz von Aufsichtskräften einig,** ohne aber eine Vergütung vereinbart zu haben, so bestimmt sich diese wegen Nr. 1 Abs. 2 Satz 1 nach der Ortsüblichkeit und falls sich diese nicht feststellen lässt, nach Nr. 1 Abs. 2 Satz 2. Haben die Parteien zwar die Beaufsichtigung der Arbeiten vereinbart, aber eine **Vergütung ausgeschlossen,** so führt diese Absprache zwar zu einer intransparenten Preisgestaltung, weil die Kosten der Aufsicht in den Stundenlohn bzw. den Gemeinkostenanteil des Stundenlohns einkalkuliert sein werden,[3] dies steht aber der Wirksamkeit dieser Vereinbarung nicht entgegen. Eine derartige Vereinbarung schließt es auch aus, eine Vergütung für eine nach den Unfallverhütungsvorschriften erforderliche Aufsichtsperson unter Hinweis auf Nr. 2 zu verlangen, denn der Auftragnehmer ist durch die Vereinbarung verpflichtet, eben diese Person ohne gesonderte Vergütung zur Verfügung zu stellen. Sehen die AGB des Auftraggebers eine Verpflichtung des Auftragnehmers vor, eventuelle **Aufsichtskosten** in der Stundenlohnvergütung **einzukalkulieren,** so ist dies wirksam, wenn die Leistungen feststehen und der Auftragnehmer deshalb eine entsprechende Vergütung bestimmen kann. Dagegen werden solche **Klauseln unwirksam** sein, wenn noch nicht absehbar ist, welche Arbeiten zu erbringen sind und ob eine Aufsicht erforderlich ist.[4] Ebenfalls unwirksam, weil für den Auftragnehmer unkalkulierbar, ist es, wenn die Vergütung auch für den Fall ausgeschlossen wird, dass der Auftraggeber eine Beaufsichtigung verlangt, obwohl diese nicht erforderlich ist.[5]

3   Eine Einigung über den Einsatz von Aufsichtspersonen kann auch **stillschweigend** erfolgen. Dies ist der Fall, wenn die Ausführung von Arbeiten auf Stundenlohnbasis verein-

---

[1] *Keldungs* in *Ingenstau/Korbion* Nr. 2 Rdn. 1; vgl. auch (keine Vergütung nach Nr. 2) *Heiermann* in *Heiermann/Riedl/Rusam* Rdn. 19.
[2] *Weick* in *Nicklisch/Weick* Rdn. 18.
[3] *Weick* in *Nicklisch/Weick* Rdn. 18.
[4] *Schoofs* in *Leinemann* Rdn. 20.
[5] *Keldungs* in *Ingenstau/Korbion* Nr. 2 Rdn. 3; *Messerschmidt* in *Kapellmann/Messerschmidt* Rdn. 92.

bart wird, die wegen ihrer Komplexität eine Beaufsichtigung erfordern. Dazu ist es aber nicht nur erforderlich, dass die Arbeiten besonders qualifizierte Kräfte verlangen, sondern dass die Koordination und die Beaufsichtigung der Arbeiten so umfangreich ist, dass dazu eine eigene, an der Werkleistung selbst nicht mitarbeitende Person notwendig ist, und dies dem Auftraggeber bei der Beauftragung der Leistungen vernünftigerweise nicht verborgen geblieben sein kann.[6] Auch bei einer solchen stillschweigenden Vereinbarung bestimmt sich die Vergütung nach Nr. 1, ohne dass auf die Regelung der Nr. 2 zurückzugreifen ist.

Wurde **keine Beaufsichtigung vereinbart,** so kann eine Vergütung für eine Aufsichtskraft verlangt werden, wenn der Auftraggeber ihren Einsatz verlangt (Rdn. 7 ff.) oder Unfallverhütungsvorschriften die Aufsicht erfordern (Rdn. 10 ff.). In beiden Fällen ergibt sich die Vergütungspflicht aus § 15 Nr. 2 VOB/B. Es handelt sich bei dem Einsatz der Aufsichtsperson nicht um eine besondere Leistung nach § 2 Nr. 6 VOB/B, so dass sich die Frage nach einer Ankündigung nicht stellt. 4

Sind die **Voraussetzungen des § 15 Nr. 2 VOB/B nicht erfüllt** und ist der Auftragnehmer der Auffassung, die Arbeit könne wegen ihrer **Komplexität nicht ohne Aufsicht ausgeführt** werden, so wird in der Literatur eine Vergütung als besondere Leistung nach § 2 Nr. 6 Abs. 1 VOB/B in Betracht gezogen.[7] Dem ist nicht zuzustimmen, denn diese Regelung setzt eine zusätzlich geforderte Leistung voraus. Die Beaufsichtigung der Beschäftigten ist aber keine solche Leistung, sondern Teil der Eigenorganisation des Auftragnehmers, der die Ausführung der Leistung zugesagt hat, ohne die Einbeziehung einer Aufsichtsperson zu vereinbaren. Damit ist es ebenfalls ausgeschlossen, dass der Auftragnehmer bei fehlender ausdrücklicher oder stillschweigender Vereinbarung (vgl. Rdn. 3) über den Einsatz einer Aufsichtsperson, die selbst an der Leistungserbringung nicht beteiligt ist, eine solche Person von sich aus einsetzt und dem Auftragnehmer in Rechnung stellt.[8] 5

Ist die **VOB/B nicht vereinbart,** so kann nicht ohne weiteres eine Vergütungspflicht für eine Aufsichtsperson angenommen werden.[9] Maßgebend ist vielmehr die Auslegung des Vertrages. So wird bei komplexen Aufgaben, die für den konkreten Auftraggeber erkennbar eine besondere Beaufsichtigung und Koordination erfordern, auch eine entsprechende Vertragsauslegung sachgerecht sein. Bei Auftraggebern, die im Baubereich nicht erfahren sind, wird eine nicht ausdrücklich vereinbarte Vergütung für Aufsichtspersonen nur in Betracht kommen, wenn der Auftraggeber darauf hingewiesen wurde, dass die Arbeiten möglicherweise eine gesondert zu vergütende Aufsichtskraft erfordern. Da durch einen solchen Hinweis die Vergütungsabrede modifiziert wird, wird ein pauschaler Hinweis in AGB jedenfalls Verbrauchern gegenüber kaum ausreichend sein. 6

# B. Voraussetzungen

## I. Verlangen des Auftraggebers

Eine gesonderte Vergütung kann abgerechnet werden, wenn der Auftraggeber die Aufsicht verlangt, also auf seine Initiative hin eine Aufsichtsperson gestellt wird, die bis zu diesem Zeitpunkt nicht eingesetzt wurde oder nicht eingesetzt werden sollte. Verlangt der Auftraggeber bereits während der Verhandlungen eine Beaufsichtigung, so wird dies in aller Regel Bestandteil der vertraglichen Vereinbarung, so dass sich die Vergütung bereits aus Nr. 1 ergibt. 7

---

[6] Vgl. (jedoch ohne die Erkennbarkeit für den Auftraggeber gesondert zu erwähnen) *Schoofs* in *Leinemann* Rdn. 16; *Messerschmidt* in *Kapellmann/Messerschmidt* Rdn. 31.
[7] *Schoofs* in *Leinemann* Rdn. 17; *Heiermann* in *Heiermann/Riedl/Rusam* Rdn. 16.
[8] So aber *Kemper* in *Franke/Kemper/Zanner/Grünhagen* Rdn. 8.
[9] Für eine generelle Anwendbarkeit der Nr. 2 *Keldungs* in *Ingenstau/Korbion* Nr. 2 Rdn. 1; *Korbion* in FS Soergel S. 131, 141.

8   Für die Vergütungspflicht ist es **ohne Bedeutung,** ob das Verlangen des Auftraggebers **sachlich gerechtfertigt** ist oder ob er zu einem solchen Verlangen vertraglich berechtigt ist. Dabei ergibt sich die Vergütungspflicht bereits aus § 15 Nr. 2 VOB/B.[10] Es handelt sich nicht um eine zusätzliche Leistung nach § 2 Nr. 6 VOB/B, so dass es auch keiner Ankündigung nach § 2 Nr. 6 Abs. 1 Satz 2 VOB/B bedarf, um die Zusatzvergütung geltend zu machen.[11]

9   Dieses Ergebnis ist jedenfalls dann sachgerecht, wenn der Auftraggeber unzweideutig erklärt, eine bislang nicht vorgesehene Aufsicht zu verlangen. Kommt nach den Umständen des Einzelfalls auch in Betracht, dass der Auftraggeber mit seinem Verlangen lediglich die Aufsicht verlangt, die seiner Auffassung nach ohnehin geschuldet ist, so ist der **Auftragnehmer gehalten,** auf die Zusatzvergütung **hinzuweisen,** wenn er die Voraussetzungen des § 15 Nr. 2 VOB/B für erfüllt hält. Dies folgt aus dem Grundsatz von Treu und Glauben und ist damit auch Teil einer Kooperationspflicht der Parteien. Fehlt es an einem solchen Hinweis und kann der Auftraggeber nachweisen, dass er bei Erfüllung der Hinweispflicht von dem Verlangen nach einer Aufsichtsperson Abstand genommen hätte, so steht bei Verschulden des Auftragnehmers dem Vergütungsanspruch ein Schadensersatzanspruch des Auftraggebers gegenüber.

## II. Unfallverhütungsvorschriften

10   Ist nach den einschlägigen, in der Regel von den Berufsgenossenschaften aufgestellten Unfallverhütungsvorschriften eine Aufsichtsperson erforderlich und wird diese auch tatsächlich tätig, so kann der Auftragnehmer nach Nr. 2 deren Einsatz vergütet verlangen, auch wenn der Vertrag diese Person nicht vorsieht und der Auftraggeber ihren Einsatz auch nicht verlangt. Auch hier sind Aufsichtspersonen nur solche, die nicht selbst an der Leistungserbringung mitwirken. Verlangt eine Norm, dass eine von mehreren tätigen Personen als Aufsichtsperson bestimmt wird, so erfüllt dies nicht die Voraussetzungen der Nr. 2. Gleiches gilt für Sicherheitsingenieure, denn diesen kommt eine eigene, von der Aufsicht zu unterscheidende Aufgabe zu.[12]

11   Enthält der **Vertrag** eine **Regelung über die Aufsicht,** so geht diese der Nr. 2 vor. Dies gilt insbesondere dann, wenn die Kosten eventuell erforderlicher Aufsichtspersonen bereits als Gemeinkostenzuschlag in den Stundenlöhnen berücksichtigt sind.

12   Werden durch die nach den Unfallverhütungsvorschriften erforderliche Aufsichtsperson nicht nur Stundenlohnarbeiten, sondern **auch Arbeiten** beaufsichtigt, die nach **anderen Regeln abgerechnet** werden, so besteht ein Vergütungsanspruch jedenfalls nur hinsichtlich des entsprechenden Anteils.[13] Dieser wird üblicherweise nach dem Wertverhältnis der Leistungen bestimmt; zum Teil wird auch eine Aufteilung nach der Zahl der beaufsichtigten, nach Stundenlohn zu vergütenden Beschäftigten im Verhältnis zur Gesamtzahl der beaufsichtigten Beschäftigten als maßgebend angesehen.[14]

13   Es bedarf dann aber einer genauen Auslegung des Vertrages, ob nicht die Aufsichtskosten durch die anderen Vergütungsvereinbarungen bereits abgedeckt sind. So kann der Auftragnehmer bei geringfügigen angehängten Stundenlohnarbeiten nicht ohne weiteres anteilige Aufsichtskosten verlangen, auch wenn die Aufsicht aus Gründen der Unfallverhütungsvorschriften erforderlich ist.

---

[10] *Messerschmidt* in *Kapellmann/Messerschmidt* Rdn. 33.
[11] Für eine analoge Anwendung des § 2 Nr. 6 *Weick* in *Nicklisch/Weick* Rdn. 19 (mit Ankündigungspflicht); *Keldungs* in *Ingenstau/Korbion* Nr. 2 Rdn. 3 (aber keine Ankündigung erforderlich, weil § 15 Nr. 2 insoweit vorrangig).
[12] *Weick* in *Nicklisch/Weick* Rdn. 20.
[13] *Messerschmidt* in *Kapellmann/Messerschmidt* Rdn. 35.
[14] *Heiermann* in *Heiermann/Riedl/Rusam* Rdn. 20 (unter Hinweis auf den Straßenbau – ZVB – StB 80).

## III. Anforderungen an die Qualifikation der Aufsichtsperson

Die Regelung in Nr. 2 nennt als Aufsichtsperson einen Polier oder eine andere Aufsichtsperson. Sofern Unfallverhütungsvorschriften eine bestimmte Qualifikation an die Aufsichtsperson stellen, muss diese erfüllt sein, um eine Vergütung nach § 15 Nr. 2 VOB/B verlagen zu können, denn die Aufsicht durch eine andere als ein geeignete Person ist nach den Unfallverhütungsvorschriften nicht erforderlich. Entsprechendes gilt, wenn der Auftraggeber eine Aufsichtsperson mit einer bestimmten Qualifikation verlangt. Weiterhin muss die Person zur Erteilung von Anordnungen gegenüber den zu beaufsichtigenden Personen befugt sein, damit sie als Aufsichtsperson angesehen werden kann. 14

## IV. Beweisfragen

Der **Auftragnehmer,** der die Vergütung beansprucht, hat das **Verlangen** bzw. die **Erforderlichkeit** nach den Unfallverhütungsvorschriften und den **tatsächlichen Einsatz** der Aufsichtskraft zu beweisen. Darüber hinaus hat er nachzuweisen, dass der Einsatz nicht bereits von den vertraglichen Vergütungsvereinbarungen abgedeckt ist. Wird die Aufsicht zugleich für andere, nicht nach Stundenlohn abzurechnende Arbeiten tätig, so hat der Auftragnehmer auch den Anteil darzulegen und gegebenenfalls zu beweisen.[15] 15

## C. Vergütung

Zur Bestimmung der Vergütungshöhe verweist die Regelung auf Nr. 1. Maßgebend ist also die **vertragliche Vereinbarung,** soweit dort für Aufsichtskräfte eine Vergütung festgelegt ist. Andernfalls gilt die **ortsübliche Vergütung.** Eine Berechnung nach den Kriterien der Nr. 1 Abs. 2 Satz 2 erfolgt nur, wenn eine ortsübliche Vergütung nicht festgestellt werden kann. 16

---

[15] *Messerschmidt* in *Kapellmann/Messerschmidt* Rdn. 36.

## § 15 Nr. 3 [Dokumentation durch Stundenzettel]

Dem Auftraggeber ist die Ausführung von Stundenlohnarbeiten vor Beginn anzuzeigen. Über die geleisteten Arbeitsstunden und den dabei erforderlichen, besonders zu vergütenden Aufwand für den Verbrauch von Stoffen, für Vorhaltung von Einrichtungen, Geräten, Maschinen und maschinellen Anlagen, für Frachten, Fuhr- und Ladeleistungen sowie etwaige Sonderkosten sind, wenn nichts anderes vereinbart ist, je nach der Verkehrssitte werktäglich oder wöchentlich Listen (Stundenlohnzettel) einzureichen. Der Auftraggeber hat die von ihm bescheinigten Stundenlohnzettel unverzüglich, spätestens jedoch innerhalb von 6 Werktagen nach Zugang, zurückzugeben. Dabei kann er Einwendungen auf den Stundenlohnzetteln oder gesondert schriftlich erheben. Nicht fristgemäß zurückgegebene Stundenlohnzettel gelten als anerkannt.

### Übersicht

| | Rdn. | | Rdn. |
|---|---|---|---|
| A. Regelungsgehalt und Anwendungsbereich | 1 | IV. Auswirkungen der Bescheinigung nicht vereinbarter Stundenlohnarbeiten | 40–41 |
| B. Anzeige der Ausführung | 2–11 | V. Bestätigung nicht prüffähiger Stundenlohnzettel | 42–43 |
| I. Inhalt der Anzeige | 2 | VI. Erhebung von Einwendungen | 44–57 |
| II. Form und Zeitpunkt | 3–4 | 1. Form | 44 |
| III. Adressat | 5 | 2. Frist | 47 |
| IV. Erneute Anzeige nach Unterbrechung | 6 | 3. Konkretisierung der Einwendung | 48 |
| V. Folgen fehlender Anzeige | 7–11 | a) Fehlende Prüfbarkeit | 49 |
| C. Einreichen von Listen (Stundenlohnzetteln) | 12–28 | b) Unrichtigkeit der Angaben | 50 |
| I. Anwendungsbereich | 12 | c) Unangemessenheit der tatsächlich benötigten Stunden | 51 |
| II. Inhalt und Form der Listen | 13–19 | d) Zweifel an der Richtigkeit der Stundenlohnzettel im Hinblick auf die erbrachte Leistung | 56 |
| III. Abrechnungszeitraum/Vorlagefrist | 20–25 | e) Nichtausführung der angegebenen Arbeiten | 57 |
| IV. Empfänger | 26 | VII. Folgen des Ablaufs der Prüfungsfrist | 58–64 |
| V. Beweislast | 27–28 | VIII. Treu und Glauben | 65 |
| D. Prüfung und Folgen nicht rechtzeitiger Prüfung | 29–41 | IX. Beweisfragen | 66 |
| I. Dogmatische Einordnung | 29–30 | | |
| II. Prüfungsfrist | 31–32 | | |
| III. Wirkung der Bestätigung | 33–39 | | |

**Literatur:** Siehe Vor § 15 VOB/B.

## A. Regelungsgehalt und Anwendungsbereich

**1** Da beim Stundenlohnvertrag die Vergütung von der Dauer des Arbeitseinsatzes und nicht allein von dem erreichten Ergebnis abhängt, besteht für den Auftraggeber nicht nur ein besonders Kontrollinteresse hinsichtlich der Frage, zu welcher Zeit die Arbeiten im Einzelnen erbracht wurden, sondern er muss auch die **Möglichkeit** haben, den Personaleinsatz zu diesen Zeiten **zu kontrollieren.** Deshalb verlangt Nr. 3 die vorherige Anzeige des Beginns der Stundenlohnarbeiten und die zeitnahe Festlegung durch den Auftragnehmer, welche Zeiten erbracht wurden und der späteren Abrechnung zu Grunde gelegt werden sollen (zu den besonderen Anforderungen an die Vereinbarung der Stundenlohnarbeiten vgl. Nr. 1 Rdn. 1). Aus dieser Zielrichtung folgt, dass sich die Anforderungen an die Aufzeichnungen nach den Kontrollinteressen des Auftraggebers bestimmen. Deshalb können bei **gering-**

**fügigen Arbeiten,** die durch wenige Personen ausgeführt werden, die Anforderungen geringer sein, denn der Auftraggeber kann ohne weiteres überprüfen, welche Person zu welcher Zeit mit den Stundenlohnarbeiten beschäftigt ist. Dagegen ist bei umfangreicheren Arbeiten oder bei Arbeiten, die teils nach anderen Vergütungsmodellen und teils nach Stundenlohn erbracht werden, eine detaillierte Aufstellung erforderlich, aus der hervorgehen muss, welche Person zu welcher Zeit mit welchem Gegenstand der Stundenlohnarbeiten beschäftigt war (zur Entbehrlichkeit einer Anzeige vgl. Rdn. 7).

## B. Anzeige der Ausführung

### I. Inhalt der Anzeige

Die Anzeige muss erkennen lassen, **zu welchem Zeitpunkt** die Arbeiten aufgenommen werden. Bei komplexeren Arbeiten und insbesondere bei angehängten Arbeiten muss die Anzeige auch erkennen lassen, **welche Arbeiten** ausgeführt werden, denn nur dann ist der Auftraggeber in der Lage, den Beginn und die Dauer der Arbeiten zu überwachen. Die Angabe der Zahl der eingesetzten Beschäftigten und deren Namen ist nicht zwingend erforderlich.[1] Dem Kontrollinteresse des Auftraggebers wird insoweit durch die zeitnah zu erstellenden Stundenlohnzettel ausreichend Rechnung getragen. Bei besonders umfangreichen oder bei unerwartet langwierigen Arbeiten kann es ratsam sein, diese Angaben zur Vermeidung von Nachfragen und möglicherweise auftretenden Streitfällen ergänzend aufzunehmen.[2]

### II. Form und Zeitpunkt

Die Anzeige ist – sofern nichts anderes vereinbart wurde – **nicht formbedürftig,** so dass sie auch mündlich, fernmündlich oder in elektronischer Form erstattet werden kann. Ratsam ist aber eine Form, die den Nachweis der Anzeige und ihres Zugangs ermöglicht,[3] denn im Bestreitensfall trägt der Auftragnehmer die Beweislast.

Die Anzeige muss **vor Beginn der Arbeiten** erfolgen. Dabei wird eine Abstandsfrist nicht vorgesehen. Je nach den Umständen des Einzelfalls kann aber eine Ankündigung am Tag vor der Aufnahme erforderlich sein, insbesondere dann, wenn dem Auftragnehmer bekannt ist, dass der Auftraggeber den Beginn der Arbeiten nur mit einem solchen Vorlauf kontrollieren kann.

### III. Adressat

Die Aufnahme der Arbeiten ist **dem Auftraggeber** gegenüber anzuzeigen. Eine Anzeige gegenüber Dritten reicht nur dann aus, wenn diese zur Entgegennahme bevollmächtigt sind. Auf die Anzeige als Wissenserklärung können die **Grundsätze der Vollmacht** entsprechend angewendet werden. Eine solche Empfangsvollmacht ist beim Architekten oder beim Bauleiter anzunehmen, wenn diese – wie regelmäßig – vom Auftraggeber mit der Überwachung der Arbeiten beauftragt sind.[4] Wird die Aufnahme der Arbeiten einer Person angezeigt, die nicht bevollmächtigt ist und auch nicht als bevollmächtigt anzusehen ist, so

---

[1] *Messerschmidt* in *Kapellmann/Messerschmidt* Rdn. 42.
[2] *Messerschmidt* in *Kapellmann/Messerschmidt* Rdn. 42.
[3] *Schoofs* in *Leinemann* Rdn. 23; *Heiermann* in *Heiermann/Riedl/Rusam* Rdn. 23.
[4] Vgl. nur *Schoofs* in *Leinemann* Rdn. 22; *Heiermann* in *Heiermann/Riedl/Rusam* Rdn. 25; BeckOK-*Jansen* Rdn. 4; weitergehend (originäre Vollmacht des Architekten) *Keldungs* in *Ingenstau/Korbion* Nr. 3 Rdn. 2; ähnlich auch *Messerschmidt* in *Kapellmann/Messerschmidt* Rdn. 41.

§ 15 Nr. 3

gelten die Grundsätze über den **Erklärungsboten** entsprechend. Damit wird die Anzeige wirksam, wenn der Bote diese an den Empfänger oder einen empfangsbevollmächtigten Dritten weiterleitet. Das **Übermittlungsrisiko** trägt der Auftragnehmer. Bei Personen im Geschäftsbereich des Auftraggebers, z. B. im Sekretariat, handelt es sich regelmäßig um Empfangsboten, so dass den Auftraggeber das Übermittlungsrisiko trifft. Dies gilt aber nur dann, wenn sich die Mitteilung an den Auftraggeber richtet und die Person lediglich als Mittler eingesetzt wird.

### IV. Erneute Anzeige nach Unterbrechung

6   Wurden die Stundenlohnarbeiten unterbrochen, so kann eine erneute Anzeige erforderlich sein. Dies hängt von den Besonderheiten des Einzelfalls ab.[5] Ist etwa witterungsbedingt die Ausführung an einem Tag nicht möglich, so erfordern die Kontrollinteressen des Auftraggebers in der Regel keine Anzeige der Fortsetzung am nächsten Tag. Anders verhält es sich, wenn der mögliche Beginn für den Auftraggeber nicht ersichtlich ist. Werden etwa Arbeiten unterbrochen, weil notwendige Materialien erst in einigen Tagen zur Verfügung stehen, so kann durchaus eine erneute Anzeige erforderlich, jedenfalls aber ratsam sein.

### V. Folgen fehlender Anzeige

7   Einigkeit besteht darüber, dass ein Unterlassen der Anzeige **nicht zum Entfallen des Vergütungsanspruchs** führt.[6] Dem ist zu folgen, denn die Anzeige ist keine Voraussetzung des Vergütungsanspruchs, sondern soll dem Auftraggeber lediglich die Kontrolle der abgerechneten Stunden ermöglichen. Die mit der Anzeige geschützten Kontrollinteressen sind weiterhin nicht berührt, wenn der Auftraggeber die Kontrolle ausgeübt hat oder wegen positiver Kenntnis vom Beginn der Stundenlohnarbeiten sie ohne weiteres hätte kontrollieren können. In diesen Fällen hat sich ein **Verstoß** gegen die Anzeigeobliegenheit **nicht ausgewirkt,** so dass sich daran auch keine Folgen knüpfen. Diese Kenntnis von Stundenlohnarbeiten hat der Auftraggeber regelmäßig spätestens dann, wenn einem Adressaten einer Anzeige (vgl. Rdn. 5) der erste Stundenlohnzettel vorgelegt wird oder zur Kenntnis gelangt. Ab diesem Zeitpunkt hat sich die Frage einer Anzeige für die nachfolgenden Arbeiten erledigt, denn der Auftraggeber hat nunmehr Kenntnis von der Ausführung der Arbeiten. Dies gilt jedenfalls dann, wenn der Auftraggeber aus dem Stundenlohnzettel den Beginn neuer Stundenlohnarbeiten erkennen muss. Anders kann es sich verhalten, wenn wegen der Vielzahl der Arbeiten eine solche Kenntnis trotz der Entgegennahme der Stundenlohnzettel nicht vorausgesetzt werden kann.

8   Die Frage nach den Folgen einer unterbliebenen Anzeige reduziert sich deshalb auf einen relativ geringen Zeitraum. Hier ist man angesichts der Schutzrichtung der Regelung geneigt, lediglich beweisrechtliche Nachteile anzunehmen, denn das Kontrollinteresse des Auftraggebers ist nicht berührt, wenn der Auftragnehmer den Umfang der geleisteten Stunden unzweifelhaft nachweist. Damit wird jedoch das Kontrollinteresse des Auftraggebers auf den zeitlichen Umfang der Arbeiten beschränkt. Richtigerweise umfasst dieses Interesse aber nicht nur den Nachweis der abgeleisteten Zeit, sondern auch die Möglichkeit, den tatsächlichen Arbeitseinsatz der Beschäftigten während dieser Zeit überprüfen zu können. Daraus ergibt sich folgendes: Unterbleibt die Anzeige und hat der Auftraggeber keine positive Kenntnis vom Beginn und der Art der ausgeführten Arbeiten, so hat der **Auftragnehmer** die **erbrachten Leistungen nachzuweisen.** Der Auftraggeber ist dann auch

---

[5] Weitergehend (stets Anzeige erforderlich) *Messerschmidt* in *Kapellmann/Messerschmidt* Rdn. 42.
[6] Vgl. nur *Schoofs* in *Leinemann* Rdn. 24; *Messerschmidt* in *Kapellmann/Messerschmidt* Rdn. 43; *Werner* in *Werner/Pastor* Rdn. 1213.

nicht gehalten, einen ihm vorgelegten Stundenzettel zu unterschreiben, denn er konnte die erbrachten Stunden nicht prüfen.

Führt dies zu einer **Unklarheit,** so ist Nr. 5 einschlägig. Dagegen wäre es nicht sachgerecht, die Regelung in Nr. 5 generell anzuwenden.[7] Für eine solche, unter Umständen über einen Schadensersatzanspruch noch hinausgehende Sanktion fehlt es an einer ausreichenden Grundlage.

Entstehen dem Auftraggeber besondere, über die normale Prüfung hinausgehende Kosten für die Prüfung der nicht rechtzeitig angekündigten Stundenlohnarbeiten, so stellt sich die Frage nach einem **Schadensersatzanspruch.**[8] Ein solcher Schadensersatzanspruch setzt das Bestehen einer vertraglichen Verpflichtung voraus. Ob es sich bei der Regelung um eine solche Pflicht oder nur um eine Obliegenheit handelt, lässt sich nicht allein nach dem Wortlaut entscheiden. Zur Begründung für die Annahme einer Obliegenheit lässt sich anführen, dass die Anzeige der Ausführung lediglich den Ausgangspunkt für die Regelung über Stundenlohnzettel und vor allem für die Frist zur Rückgabe und zur Erhebung von Einwendungen begründet. Damit wäre die Anzeige nur erforderlich, damit der Auftragnehmer die beweisrechtlichen Vorteile der anerkannten Stundenlohnzettel nutzen kann. Gegen eine solche Auffassung und für die Annahme einer Verpflichtung zur Anzeige spricht jedoch die Parallele zu § 14 VOB/B (vgl. § 14 Nr. 2 Rdn. 37). Ebenso wie dort für den Auftragnehmer eine Pflicht besteht, gemeinsame Feststellungen zu ermöglichen, verhält es sich bei § 15 Nr. 3 VOB/B. Deshalb ist der herrschenden Auffassung zu folgen, die auch eine **schadensersatzbewehrte Pflicht zur Anzeige** annimmt.

Dabei beschränkt sich der Anspruch auf die **zusätzlich entstandenen Kosten** der Prüfung. Bei der Frage ihrer Ersatzfähigkeit ist zu beachten, dass dem Auftragnehmer der Nachweis der erbrachten Leistungen obliegt. Der Auftraggeber kann sich deshalb bei nicht angekündigten Stundenlohnarbeiten auf ein Bestreiten der vorgelegten Stundenlohnzettel beschränken und dem Auftragnehmer den Nachweis überlassen. Damit bedarf es einer genauen Prüfung, ob Prüfungskosten, die der Auftraggeber wegen der pflichtwidrig unterlassenen Beginnanzeige beansprucht, erforderlich waren und über die einer normalen Prüfung hinausgehen.

## C. Einreichen von Listen (Stundenlohnzetteln)

### I. Anwendungsbereich

Die Regelung des Satz 2 gilt **auch** bei einem **gekündigten Vertrag,** und zwar sowohl hinsichtlich der Frist zum Einreichen der Stundenlohnzettel als auch hinsichtlich der Folgen der nicht fristgerechten Rückgabe.[9]

### II. Inhalt und Form der Listen

Der Auftragnehmer hat die erbrachten Stunden und die sonstigen für die Vergütung maßgebenden Umstände in Listen zeitnah zusammenzustellen. Diese Listen sollen die Prüfung der Angaben erleichtern, ersetzen aber nicht die Abrechnung der Leistung. Deshalb sind zwar Angaben zum Umfang der Leistung, nicht aber solche zur Vergütung oder zu den Gemeinkosten erforderlich.

---

[7] So aber *Keldungs* in *Ingenstau/Korbion* Nr. 3 Rdn. 3 f.; in diese Richtung auch *Heiermann/Riedl/Rusam* Rdn. 25.
[8] Bejahend *Schoofs* in *Leinemann* Rdn. 25; *Keldungs* in *Ingenstau/Korbion* Nr. 3 Rdn. 4; *Weick* in *Nicklisch/Weick* Rdn. 43; *Heiermann/Riedl/Rusam* Rdn. 25, 47; *Messerschmidt* in *Kapellmann/Messerschmidt* Rdn. 43; *Werner* in *Werner/Pastor* Rdn. 1213; BeckOK-*Jansen* Rdn. 1.
[9] OLG Düsseldorf BauR 2001, 117, 118; *Schoofs* in *Leinemann* Rdn. 32.

**14** Die **inhaltlichen Anforderungen** an diese in der Praxis auch als **Rapportzettel,** Tagelohnzettel oder **Regiebericht** bezeichneten Listen ergeben sich mangels besonderer Vereinbarungen aus dem Kontrollinteresse des Auftraggebers. Dazu ist die in Nr. 3 vorgesehene **Aufteilung** zwischen **Personalkosten und Sachkosten erforderlich.** Weiterhin müssen die einzelnen Angaben aber noch soweit detailliert werden, dass sie prüfbar sind.

**15** Im Bereich der **Personalkosten** sind die im Einzelnen ausgeführten Arbeiten,[10] die Namen der arbeitenden Personen sowie die genauen Einsatzzeiten anzugeben.[11] Sieht der Vertrag je nach Qualifikation des Beschäftigten eine unterschiedlich bemessene Vergütung vor, so muss sich die Zugehörigkeit zu der Vergütungsgruppe (nicht die Höhe der Vergütung selbst) aus der Liste ergeben,[12] sofern sie nicht ohnehin dem Auftraggeber bekannt ist. Aufsichtsstunden werden gesondert aufgeführt. Eine **Kennzeichnung** der Arbeitsstunden, die auf **Nachtragsarbeiten** entfallen, wird für entbehrlich gehalten.[13] Dies ist jedoch nicht unzweifelhaft. Jedenfalls in der Abrechnung der Stundenlohnarbeiten ist eine solche Kennzeichnung nach § 14 Nr. 1 VOB/B erforderlich.

**16** Bei den **Sachkosten** ist eine Aufteilung nach den jeweiligen Kostengruppen (verbrauchte Güter, Gerätekosten, Transportkosten, sonstige Kosten) erforderlich.[14] Für die Kostengruppe sind dann die für die spätere Berechnung der Vergütung erforderlichen Faktoren anzugeben. Diese sind regelmäßig: Umfang des Verbrauchs, Dauer des Maschinen- oder Geräteeinsatzes, transportierte Güter und Strecke. Die Angabe der Sachkosten ist nur erforderlich, wenn diese Grundlage der späteren Vergütung sind. Soweit Sachkosten über die Stundenlöhne bereits abgedeckt sind, brauchen diese nicht gesondert aufgeführt zu werden.[15] Nähere Ausführungen zur Erforderlichkeit des Aufwands sind in diesen Listen nicht zu fordern.[16] Ebenso wie bei den Angaben zu den benötigten Stunden wird zunächst nur die Menge der erbrachten Leistungen angegeben (zum Einwand, dieser Aufwand sei bei wirtschaftlicher Betriebsführung nicht erforderlich gewesen, vgl. Rdn. 51).

**17** Die Angaben sind in **Listen zusammenzufassen.** Es reicht also nicht aus, für jeden Beschäftigten oder die jeweiligen Sachkosten gesonderte Nachweise zu erstellen, sondern diese müssen im Interesse der Übersichtlichkeit und der leichteren Prüfbarkeit in Listen zusammengefasst werden. Die Anforderungen an die Übersichtlichkeit entsprechen denen in § 14 Nr. 1 VOB/B.

**18** Wie der Begriff Liste zeigt, ist eine **schriftliche** Zusammenstellung erforderlich. Dabei reicht eine Übermittlung in elektronischer Form in aller Regel aus. Die Ausführungen zur Abrechnung und zu Nachweisen in elektronische Form (§ 14 Nr. 1 Rdn. 41 f.) gelten hier entsprechend.

**19** Unvollständige oder widersprüchliche Listen können vom **Auftraggeber zurückgewiesen** werden. Werden beanstandete Listen nicht ergänzt, so haben sie keine Beweisfunktion. Dies soll nach überwiegend vertretener, jedoch unrichtiger Auffassung auch dann gelten, wenn der Auftraggeber solche unvollständigen oder nicht prüfbaren Listen unterschrieben zurückgibt (näher Rdn. 42). Reicht er dagegen derartige Listen nicht zurück, so kann die Anerkenntnisfiktion richtiger Ansicht nach nicht eintreten (vgl. Rdn. 62 f.). Beruft sich der Auftraggeber erst nach Ablauf der in Satz 3 genannten Frist auf die Unvollständigkeit oder Widersprüchlichkeit, so ist eine Übertragung der neuen Rechtsprechung zur Erhebung von Einwendungen gegen die Prüfbarkeit einer Schlussrechnung (vgl. dazu § 14 Nr. 1 Rdn. 32) zwar zu erwägen, aber im Ergebnis abzulehnen (vgl. Rdn. 63).

---

[10] KG NJW-RR 2000, 1690 = IBR 2001, 351 m. krit. Anm. *Jurisch*; OLG Karlsruhe BauR 1995, 114, 115 („Arbeit nach Angabe" reicht nicht aus); *Kniffka* in *Kniffka/Koeble* 5. Teil Rdn. 178.
[11] *Messerschmidt* in *Kapellmann/Messerschmidt* Rdn. 47; *Kniffka* in *Kniffka/Koeble* 5. Teil Rdn. 170.
[12] *Keldungs* in *Ingenstau/Korbion* Nr. 3 Rdn. 8; *Kniffka* in *Kniffka/Koeble* 5. Teil Rdn. 178.
[13] OLG Frankfurt/M. NJW-RR 2000, 1470; *Kemper* in *Franke/Kemper/Zanner/Grünhagen* Rdn. 13.
[14] *Schoofs* in *Leinemann* Rdn. 28.
[15] *Schoofs* in *Leinemann* Rdn. 28 f.
[16] So aber *Keldungs* in *Ingenstau/Korbion* Nr. 3 Rdn. 8 (mit der Folge einer Anwendung von Nr. 5, wenn die Angaben fehlen).

### III. Abrechnungszeitraum/Vorlagefrist

Der Auftragnehmer hat je nach der Verkehrssitte **täglich oder wöchentlich** die Listen 20 einzureichen. Maßgebend ist die Übung in dem entsprechenden Baugewerbe am Ort der Baustelle.[17] Diese Regelung steht nicht nur unter dem Vorbehalt einer anderweitigen Vereinbarung, sondern ist auch ohne eine solche Vereinbarung lediglich als Unter- und Obergrenze des Abrechnungszeitraums zu verstehen. Der Auftragnehmer ist nicht gehindert, auch alle zwei oder drei Tage Stundenlohnzettel vorzulegen, sofern nicht eine noch zeitnähere Abrechnung üblich ist. Dies wird sich vor allem bei Arbeiten mit einer großen Zahl von Beschäftigten empfehlen. Ist eine tägliche Abrechnung üblich, so ist eine spätere Einreichung verspätet, auch wenn die Wochenfrist gewahrt wird.[18]

Wird die Frist nicht beachtet, so führt dies **nicht zu einem Entfallen des Vergütungs-** 21 **anspruchs,**[19] sondern kann eine Vergütung nach Nr. 5 rechtfertigen sowie Schadensersatzansprüche auslösen (näher Nr. 5 Rdn. 24). Knüpfen **AGB des Auftraggebers** die Vergütungspflicht an die rechtzeitige Vorlage der Stundenlohnzettel, so geht dies über die berechtigten Kontrollinteressen des Auftraggebers hinaus und benachteiligt den Auftragnehmer unangemessen. Derartige Vereinbarungen sind deshalb unwirksam.[20]

Reicht der Auftragnehmer die Listen **verspätet** ein und **unterschreibt der Auftrag-** 22 **geber** diese dennoch, so hat die Unterschrift die in Rdn. 35 ff. dargestellten Folgen, denn die Frist hat den Sinn einer zeitnahen Überprüfbarkeit und es liegt am Auftraggeber, sich auf die Verspätung zu berufen.[21] Deshalb ist es auch ohne Bedeutung, wenn der Auftraggeber geltend macht, er habe von der Vorlagefrist und damit von der eingetretenen Fristüberschreitung keine Kenntnis gehabt.

**Weist** der Auftraggeber verspätet eingereichte Listen unter Hinweis auf die **Verfristung** 23 **zurück,** so treten die Wirkungen der Anerkenntnisfiktion nicht ein. Es ist dann Sache des Auftragnehmers, den Umfang der Stundenlohnarbeiten nachzuweisen. Dabei kommt es nicht darauf an, dass die Fristüberschreitung zu einer erschwerten Prüfbarkeit für den Auftraggeber führt, denn die Parteien haben durch die Vereinbarung der VOB/B eine Vorlagefrist gerade deshalb vereinbart, um auch nur möglicherweise auftretende Schwierigkeiten von vornherein zu vermeiden. Auf den konkreten Kausalitätsnachweis kommt es deshalb nicht an.[22] Je nach den Umständen des Einzelfalls kann es jedoch gerechtfertigt sein, dem Auftraggeber die Berufung auf die Fristüberschreitung zu versagen, wenn seine Interessen in keiner Weise betroffen sind und sich das Beharren auf der Fristüberschreitung als schikanös und rechtsmissbräuchlich darstellt.

Nimmt der Auftraggeber die verspätet eingereichen Listen an, **reicht** diese aber **nicht** 24 **zurück,** so kann sich der Auftragnehmer wegen der eigenen Vertragsuntreue nicht auf den Eintritt der Anerkenntnisfiktion berufen (vgl. Rdn. 62).

Legt der Auftragnehmer auch nach Ablauf der Vorlagefrist keine Listen vor, so kann der 25 Auftraggeber diese **Vorlage nicht erzwingen,** denn die Vorlage dient ausschließlich dem Interesse des Auftragnehmers und die Interessen des Auftraggebers sind gewahrt, weil der Auftragnehmer den Umfang seiner Leistungen nachzuweisen hat; dabei bleiben die Interessen des Auftraggebers gewahrt, weil der Auftragnehmer den Umfang seiner Leistungen nachzuweisen hat.[23] Darin liegt der maßgebende Unterschied zu der Verpflichtung des

---

[17] *Heiermann* in *Heiermann/Riedl/Rusam* Rdn. 28; im Ergebnis für die Wochenfrist, da ein Gutachten zur Frage der Üblichkeit aus Gründen der Rechtssicherheit nicht einzuholen sei, *Kempers* in *Franke/Kempers/Zanner/Grünhagen* Rdn. 14.
[18] Anders aber *Kemper* in *Franke/Kemper/Zanner/Grünhagen* Rdn. 14.
[19] OLG Brandenburg BauR 2005, 151 (LS); BeckOK-*Jansen* Rdn. 24.
[20] OLG Düsseldorf BauR 1997, 660; *Messerschmidt* in *Kapellmann/Messerschmidt* Rdn. 51.
[21] *Keldungs* BauR 2002, 322; a. A. OLG Hamm BauR 2002, 319, 321 (in einer Hilfserwägung).
[22] A. A. *Keldungs* BauR 2002, 322.
[23] Zu den Anforderungen an die Substantiierung der Klage vgl. OLG Hamm NJW-RR 2005, 893, 894.

Auftragnehmers, den Beginn der Arbeiten anzuzeigen (vgl. Rdn. 10). Während letzteres dem Auftraggeber die Kontrolle der Arbeiten ermöglichen will, wird durch die Vorlage der Stundenlohnlisten in aller erster Linie die Beweissituation des Auftragnehmers verbessert. Nimmt er diese Möglichkeit nicht wahr und entstehen deshalb Zweifel am Umfang der Arbeiten, so kann der Auftraggeber nach Nr. 5 vorgehen. Die Interessenlage der Parteien spricht deshalb gegen die Annahme einer schadensersatzbewehrten Nebenpflicht.[24] Dem kann auch die Parallele zum Aufmaß nicht entgegengesetzt werden (vgl. § 14 Nr. 2 Rdn. 22), denn die Ermöglichung gemeinsamer Feststellungen dient dazu, Streit zu vermeiden und Prüfungskosten für die Auftraggeber zu reduzieren. Diese Gesichtspunkte gelten für die Stundenlohnlisten angesichts der gerade für den Fall der Unsicherheit über den Umfang der Arbeiten konzipierten Regelung in Nr. 5 nicht.

## IV. Empfänger

26   Die Listen sind **dem Auftraggeber** oder einem von ihm zur Empfangnahme der Listen bevollmächtigten Dritten zu übergeben.[25] Wie bei der Anzeige zur Ausführung der Arbeiten (vgl. Rdn. 5) gilt auch hier, dass der **Architekt** oder der **Bauleiter** als bevollmächtigt gelten, wenn sie vom Bauherrn zur Bauüberwachung eingesetzt wurden.[26] In der Literatur wird weitergehend die Auffassung vertreten, bereits aus § 15 Abs. 2 Nr. 8 HOAI folge, dass der insoweit beauftragte Architekt Stundenlohnzettel entgegennehmen und mit bindender Wirkung unterzeichnen könne.[27] Damit wird jedoch dem Honorarrecht eine zu weitgehende Bedeutung beigemessen, denn dieses hat auf die Begründung oder den Umfang einer Vollmacht keinen unmittelbaren Einfluss.

## V. Beweislast

27   Der **Auftragnehmer** trägt die Beweislast, sofern es auf die **rechtzeitige Vorlage** der Listen ankommt. Dies ist insbesondere dann der Fall, wenn er sich gegenüber dem Auftraggeber darauf beruft, die ordnungsgemäß vorgelegten Listen seien vom Auftraggeber nicht zurückgegeben worden oder Einwendungen seien nicht oder nicht rechtzeitig erhoben worden.

28   Werden in einem Prozess zum Nachweis der geleisteten Arbeiten Stundenlohnzettel vorgelegt, die nicht hinreichend konkrete Angaben enthalten, so wird die **Klage** als **unschlüssig** angesehen.[28] Diese Auffassung beruht auf der Vorstellung, dass die prüfbare Abrechnung Voraussetzung für die Fälligkeit der Vergütung ist und deshalb auch bei Stundenlohnzetteln eine prüfbare Abrechnung erforderlich ist. Richtigerweise wird man jedoch **unterscheiden** müssen: Hat der Auftraggeber die **Abrechnung** als **prüfbar** angesehen und deshalb bei der Bestätigung keine Einwendungen gegen die Prüfbarkeit erhoben, so kommt es auf die Frage der ordnungsgemäßen Lohnzettel nicht mehr an (str., vgl. Rdn. 43). Wurden die Stundenlohnzettel nicht unterschrieben, so setzt ein schlüssiger Vortrag substantiierte Ausführungen zu den erbrachten Leistungen voraus. Auf die Stundenlohnzettel kann sich der Auftraggeber zum Nachweis nicht stützen. Anders verhält es sich nur, wenn Treu und Glauben dem Auftraggeber die Berufung auf die fehlende Prüfbarkeit versagen. Dazu reicht aber der bloße Ablauf der Prüfungsfrist nicht aus (vgl. Rdn. 63). Wurden keine Stundenlohnzettel erstellt, so muss eine Klageschrift die Arbeiten, die ausführenden Per-

---

[24] A. A. *Weick* in *Nicklisch/Weick* Rdn. 28.
[25] *Messerschmidt* in *Kapellmann/Messerschmidt* Rdn. 49.
[26] Vgl. *Schoofs* in *Leinemann* Rdn. 30; *Messerschmidt* in *Kapellmann/Messerschmidt* Rdn. 49; *Heiermann* in *Heiermann/Riedl/Rusam* Rdn. 31; zurückhaltend *Kniffka* in *Kniffka/Koeble* 5. Teil Rdn. 180.
[27] *Keldungs* in *Ingenstau/Korbion* Nr. 3 Rdn. 16; mit Recht kritisch dazu BeckOK-*Jansen* Rdn. 12.
[28] *Kniffka* in *Kniffka/Koeble* 5. Teil Rdn. 178.

sonen und die konkreten Zeiten ebenso detailliert aufführen, wie dies bei den Stundenlohnzetteln erforderlich gewesen wäre (Rdn. 14 ff.). Dies folgt zum einen aus der Notwendigkeit für den Beklagten, zum Vortrag substantiiert Stellung zu nehmen, zum anderen ergibt es sich daraus, dass sich die Anforderungen an die Dokumentation des Auftragnehmers nicht durch das eigene vertragswidrige Verhalten reduzieren dürfen.[29]

## D. Prüfung und Folgen nicht rechtzeitiger Prüfung

### I. Dogmatische Einordnung

Nach Satz 3 hat der Auftraggeber die von ihm bescheinigten Stundenlohnzettel unverzüglich, spätestens jedoch sechs Werktage nach Zugang zurückzugeben. Mit der Formulierung „bescheinigte Stundenlohnzettel" fordert die Regelung eine Erklärung des Auftraggebers zu den Angaben, die in der Liste enthalten sind. Will er die in den Listen enthaltenen Angaben nicht als richtig bescheinigen, so kann er Einwendungen auf den Zetteln oder schriftlich zugleich mit der Rückgabe erheben (Satz 4). Werden die Listen nicht innerhalb einer Frist von höchstens sechs Werktagen zurückgereicht, so sollen sie als anerkannt gelten (Satz 5). Damit führt die Nichterfüllung der Vorgaben des Satz 3 zu einer Anerkenntnisfiktion. Wie diese Rechtsfolge zeigt, handelt es sich bei Satz 3 **nicht** um eine **durchsetzbare und schadensersatzbewehrte Verpflichtung** des Auftraggebers.[30] Die Regelung des Satz 3 dient lediglich als Ausgangspunkt für ein Verfahren, das dem Auftragnehmer die Abrechnung erleichtern und spätere Schwierigkeiten bei der Abrechnung der Stundenlohnarbeiten vermeiden soll. Es handelt sich deshalb – wie bei § 14 Nr. 2 (vgl. dort Rdn. 43) – um eine **Obliegenheit des Auftraggebers,** die dieser zur Vermeidung von Rechtsnachteilen und damit im eigenen Interesse erfüllen sollte. 29

Die Frage, ob dem **Auftragnehmer** bei unterlassener Rückgabe der Stundenlohnzettel ein **Kündigungsrecht** zusteht,[31] dürfte kaum jemals relevant werden. Auch wenn eine Kündigung erfolgt, wird sie ihren eigentlichen Grund nicht in der fehlenden Rückgabe von Stundenlohnzetteln haben. Die Frage ist aber auch zu verneinen, denn die Folgen der nicht fristgerechten Rückgabe sind vertraglich geregelt und damit wird den Interessen des Auftragnehmers ausreichend Rechnung getragen. Im Einzelfall kann die unberechtigte Verweigerung der Bescheinigung zusammen mit anderen Umständen den Schluss auf eine so starke Störung des Vertrauensverhältnisses zulassen, dass diese eine Kündigung aus wichtigem Grund rechtfertigt.[32] 30

### II. Prüfungsfrist

Die Prüfung soll **unverzüglich,** also ohne schuldhaftes Zögern (§ 121 BGB) erfolgen. In der Regel wird es aber unschädlich sein, den Zeitraum von sechs Werktagen auszuschöpfen. Dieser Zeitraum **beginnt** mit dem **Zugang** der Listen beim Auftraggeber. Dies ist bei schriftlich verkörperten Wissenserklärungen der Zeitpunkt, an welchem der Auftraggeber nach den Umständen regelmäßig vom Inhalt Kenntnis nehmen kann. Der Zugang an einen Bevollmächtigten steht dem Zugang beim Auftraggeber gleich, § 164 Abs. 3 BGB. Bei 31

---

[29] OLG Hamm NJW-RR 2005, 893 ff.; vgl. auch OLG Frankfurt BauR 1999, 1460, 1461 (Nachholung ausreichend detaillierter Angaben in einer Anlage zur Schlussrechnung, nachdem zuvor keine Listen eingereicht wurden).
[30] *Schoofs* in *Leinemann* Rdn. 35.
[31] Bejahend *Schoofs* in *Leinemann* Rdn. 35 (wegen Schuldnerverzugs des Auftraggebers mit einer Nebenpflicht).
[32] Zur Kündigung aus wichtigem Grund bei Störung der Vertrauensgrundlage vgl. *v. Rintelen* in *Kapellmann/Messerschmidt* B § 9 Rdn. 43.

Übergabe oder Übersendung an Empfangsboten kommt es darauf an, wann regelmäßig die Weiterleitung zu erwarten ist.

32 Bei der **Berechnung der Frist** von sechs Werktagen zählen Samstage, nicht aber Sonn- und Feiertage mit. Für den Fristablauf gilt § 193 BGB, so dass die Frist am nächsten Werktag endet, wenn die Frist an einem Samstag, oder an einem Sonn- oder Feiertag endet. Hinsichtlich des **Samstags** kommt es damit zu einer unterschiedlichen Behandlung, weil er nach der VOB/B als Werktag angesehen wird, dagegen nach dem BGB einem Sonntag gleichsteht. Darin steckt eine gewisse Inkonsequenz, weil es an sich keinen Grund gibt, eine Frist zu verlängern, die an einem Tag ausläuft, der von den Parteien als Werktag angesehen wird, dies wird aber von der h. L. hingenommen (vgl. auch § 14 Nr. 3 Rdn. 15).[33]

### III. Wirkung der Bestätigung

33 Nach der Konzeption der Nr. 3 soll die Bestätigung des Auftraggebers Zweifel an den für die Berechnung der Vergütung maßgebenden Umständen ausräumen. Falls Einwendungen erhoben werden, soll zumindest eine zeitnahe Klärung ermöglicht werden. Um dies zu erreichen, ordnet Satz 5 an, dass nicht fristgerecht zurückgereichte Listen als anerkannt gelten.

34 Die Bescheinigung der Stundenlohnzettel erfolgt üblicherweise durch eine **Unterschrift des Auftraggebers** oder eines Bevollmächtigten (vgl. Rdn. 26) auf dem Zettel selbst. Ihr geht regelmäßig eine Überprüfung der angegebenen Stunden voraus, erforderlich ist dies aber nicht.[34]

35 Die Bescheinigung auf dem Lohnzettel enthält zunächst die **Erklärung,** dass derzeit **keine Einwendungen** gegen die Richtigkeit der Listen erhoben werden. Damit kommt der Bescheinigung eine wichtige **beweisrechtliche Bedeutung** zu, denn der Auftragnehmer kann die Listen der Berechnung seiner Vergütung zu Grunde legen. Beruft sich der Auftraggeber darauf, die bescheinigten oder nicht fristgerecht zurückgereichten Listen seien unrichtig, und bestreitet er deshalb den der Vergütungsforderung zu Grunde gelegten Umfang der Stundenlohnarbeiten, so trifft ihn die Beweislast. Dabei reicht es aus, wenn die Unrichtigkeit der Listen nachgewiesen wird. Auf die Frage, ob der Auftraggeber diese Unrichtigkeit bei Bescheinigung der Arbeiten erkennen konnte, kommt es nicht an.

36 Die ganz **herrschende Auffassung** geht hingegen in ihrem Verständnis der Bescheinigung zumindest in der Begrifflichkeit weiter und sieht in der Bescheinigung und der Entgegennahme durch den Auftragnehmer den Abschluss eines Vertrages über ein **deklaratorisches Schuldanerkenntnis.**[35] Einem solchen Anerkenntnis wäre eine Bindungswirkung eigen, die über die rein beweisrechtliche Wirkung deutlich hinausgeht: Der Auftraggeber könnte den Umfang der bescheinigten Stunden nur dann in Frage stellen, wenn er beweist, dass der angegebene Umfang mit den tatsächlich geleisteten Stunden nicht übereinstimmt und ihm dies bei der Bescheinigung weder bekannt war noch bekannt sein konnte.[36] Dabei variieren die Aussagen innerhalb dieser Auffassung in den Einzelheiten

---

[33] *Heiermann* in *Heiermann/Riedl/Rusam* Rdn. 31; *Messerschmidt* in *Kapellmann/Messerschmidt* Rdn. 65; *Schoofs* in *Leinemann* Rdn. 33; *Weick* in *Nicklisch/Weick* Rdn. 30; *Keldungs* in *Ingenstau/Korbion* Nr. 3 Rdn. 19.
[34] *Messerschmidt* in *Kapellmann/Messerschmidt* Rdn. 53.
[35] Vgl. nur *Messerschmidt* in *Kapellmann/Messerschmidt* Rdn. 60; *Schoofs* in *Leinemann* Rdn. 32; *Keldungs* in *Ingenstau/Korbion* Nr. 3 Rdn. 22; BeckOK-Jansen Rdn. 20; OLG Bamberg BauR 2004, 1623, 1624; OLG Oldenburg IBR 2005, 415; abweichend *Dähne* FS Jagenburg S. 97, 106 (Bestätigung der aufgewendeten Zeit; nicht ihrer Erforderlichkeit).
[36] KG BauR 2003, 726; OLG Karlsruhe 15. 10. 2002, 17 U 96/01, IBR-Online; *Weick* in *Nicklisch/Weick* Rdn. 29; *Keldungs* BauR 2002, 322; *Keldungs* in *Ingenstau/Korbion* Nr. 3 Rdn. 22; *Mugler* BB 1989, 859, 860; vgl. auch OLG Celle 18. 3. 2003 7 U 28/03 IBR 2003, 524 (Volltext) (Bindung des Auftraggebers entfällt nur bei feststehendem groben Missverhältnis und Nachweis, dass der Besteller die Unrichtigkeit nicht kannte und nicht damit rechnen musste).

stark.37 So wird zum Teil zwar von einem Schuldanerkenntnis gesprochen, dieses führe jedoch nur dazu, dass die dem Auftraggeber bekannten Einwendungen ausgeschlossen sind.38 Wieder andere entnehmen dem Begriff des deklaratorischen Schuldanerkenntnisses lediglich die Folge einer Beweislastumkehr zu Lasten des Auftraggebers, der den Stundenumfang bescheinigt hat.39

Nach allgemeinen Grundsätzen setzt ein deklaratorisches Schuldanerkenntnis eine vertragliche Einigung voraus, durch welche die Parteien eine Unsicherheit ausräumen wollen.40 Dabei streben die Parteien eine endgültige Klärung der Frage an und verzichten deshalb darauf, diese Vereinbarung mit Argumenten wieder in Frage zu stellen, die ihnen bekannt sind oder hätten bekannt sein können. Das deklaratorische Schuldanerkenntnis weist damit Parallelen zum Vergleich auf, wobei es sich aber im Unterschied zu einem Vergleich auf einzelne Elemente eines Schuldverhältnisses beschränkt und ein gegenseitiges Nachgeben nicht erfordert.41 Ob der Unterzeichnung eines Stundenlohnzettels dieser Erklärungswert zu entnehmen ist, hängt von dem **Willen des Erklärenden** aus Sicht des Erklärungsempfängers ab. Der Erklärung selbst ist dabei zunächst nur zu entnehmen, dass derzeit keine Einwendungen erhoben werden. Die Bescheinigung entspricht deshalb eher einem Schuldschein oder einer Quittung über eine erbrachte Leistung als einem Schuldanerkenntnis.42 Für eine weitergehende Erklärung besteht in diesem Stadium der Abrechnung in der Regel kein Anlass, denn es geht nicht darum, eine den Parteien bewusste Unsicherheit endgültig zu bereinigen, sondern darum, einen Nachweis für die erbrachten Stunden zu schaffen. Dabei hat der Auftraggeber kein Interesse an der Abgabe einer Erklärung, die ihm solche Einwendungen abschneidet, die ihm zwar bekannt sein können, ihm aber im Augenblick nicht präsent sind. Eine solche Erklärung ist schon deshalb nicht veranlasst, weil dem Auftraggeber keinerlei Vorteile aus einer solchen Erklärung erwachsen. Vorteile ergeben sich allenfalls daraus, dass Dokumentationsaufwendungen des Auftragnehmers – die über die Preiskalkulation letztlich wieder vom Auftraggeber zu erstatten wären – entfallen, die anfielen, wenn der Auftragnehmer seine Leistung in anderer Weise hieb- und stichfest dokumentieren müsste. Dem wird aber ausreichend Rechnung getragen, indem sich der Auftragnehmer zum Nachweis der erbrachten Stundenleistungen auf die Bescheinigung berufen kann und es am Auftraggeber ist, die Richtigkeit dieser schriftlich festgelegten Stundenzahl zu widerlegen.43

Für eine solche reduzierte Bedeutung der Bescheinigung spricht auch die Parallele zu den gemeinsamen Feststellungen im Sinne des § 14 VOB/B. Im Unterschied zu diesen gemeinsamen Feststellungen ist zwar bei den Stundenlohnarbeiten der Umfang häufig nur schwer im Nachhinein rekonstruierbar, so dass es etwas näher zu liegen scheint, der Bescheinigung eine endgültige Festlegung zu entnehmen. Bedenkt man aber, dass diese Beweisschwierigkeiten nicht zu Lasten des Auftragnehmers gehen, so spricht auch dieser Gesichtspunkt nicht gegen eine nur beweisrechtliche Bedeutung der Unterschrift.

Beschränkt man deshalb die Bedeutung der Unterschrift auf einem Stundenlohnzettel auf eine beweisrechtliche Bedeutung, so ist damit nicht ausgeschlossen, dass die Parteien **im**

---

37 Zu den unterschiedlichen Inhalten des Begriffs „Anerkenntnis" im Baurecht vgl. *Grams* BauR 2004, 1513 ff.
38 BGH NJW 1958, 1535; OLG Oldenburg IBR 2005, 415; *Messerschmidt* in *Kapellmann/Messerschmidt* Rdn. 60; *Kniffka* in *Kniffka/Koeble* 5. Teil Rdn. 179 (auch für den Fall der nicht fristgerecht zurückgegebenen Listen).
39 *Losert* ZfBR 1993, 1, 4; *Schoofs* in *Leinemann* Rdn. 32 (weitergehend Rdn. 33: auch Ausschluss bekannter Einwendungen).
40 Vgl. nur BGH NJW 1995, 960, 961.
41 Vgl. auch *Ehmann* Schuldanerkenntnis und Vergleich, S. 197.
42 Näher dazu *Voit* FS Motzke, 2006, S. 421, 428 ff.
43 *Losert* ZfBR 1993, 1, 4; in diese Richtung auch BGH NJW 1970, 2295 (LS; Auftraggeber könne unter Umständen durch ein Aufmaß nachweisen, dass die unterschriebenen Stundenlohnzettel übersetzt seien); tendenziell auch *Grams* BauR 2004, 1513, 1527 (zu Aufmaßfeststellungen) und *Dähne* FS Jagenburg S. 97, 106.

**Einzelfall** mit der Unterschrift eine **weitergehende Bedeutung** verbunden haben. Dies bedarf aber der Feststellung eines entsprechenden Parteiwillens und dieser kann nicht bereits aus dem Unterschreiben des Stundenlohnzettels abgeleitet werden.

### IV. Auswirkungen der Bescheinigung nicht vereinbarter Stundenlohnarbeiten

**40** Die Regelung in § 15 VOB/B setzt die wirksame Vereinbarung der Stundenlohnarbeiten voraus (vgl. Nr. 1 Rdn. 1). Fehlt es daran und werden dennoch derartige Arbeiten ausgeführt und Stundenlohnzettel eingereicht, so besteht keine Obliegenheit zur Prüfung und Bestätigung. Werden diese Stundenzettel nicht unterschrieben zurückgereicht, so tritt auch die Anerkenntnisfiktion nach Nr. 3 Satz 5 nicht ein. Wird der Stundenlohnzettel unterschrieben zurückgereicht, so ist darin regelmäßig **keine nachträgliche Vereinbarung von Stundenlohnarbeiten** zu sehen.[44] Eine solche Vereinbarung kann zwar trotz der Regelung in § 2 Nr. 10 VOB/B noch nachträglich getroffen werden (vgl. Nr. 1 Rdn. 7), ein solcher Wille lässt sich aber der Unterzeichnung eines Stundenlohnzettels nicht entnehmen.[45] Der Unterzeichner gibt hier lediglich eine Wissenserklärung ab, die nicht auf den Abschluss einer vertraglichen Vereinbarung gerichtet ist. Sollte sich im Einzelfall ein solcher Erklärungswille feststellen lassen, bedarf im Falle der Unterzeichnung durch einen Vertreter die **Vertretungsmacht** einer **genauen Prüfung**. Denn die Bevollmächtigung zur Unterzeichnung eines Stundenlohnzettels umfasst nicht ohne weiteres auch die Vollmacht zum Abschluss neuer Stundenlohnverträge.[46] Die betrifft insbesondere Personen, die lediglich mit der Überwachung der Ausführung betraut sind.

**41** Diese Grundsätze gelten entsprechend, wenn auf den Listen **andere vergütungsrelevante Angaben** als die geleisteten Stunden bestätigt werden. So kann der Bescheinigung von Fahrtzeiten oder des Einsatzes von Maschinen nicht entnommen werden, dass der Auftraggeber mit einer gesonderten Vergütung dieser Posten einverstanden ist.

### V. Bestätigung nicht prüffähiger Stundenlohnzettel

**42** Werden dem Auftraggeber Stundenzettel vorgelegt, die mangels näherer Konkretisierung nicht prüfbar sind, so kann er diese **zurückweisen** (vgl. Rdn. 19). Nimmt er sie an und gibt sie nicht fristgerecht zurück, so kann sich der Auftragnehmer auf die Anerkenntnisfiktion nicht berufen, da er sich seinerseits nicht vertragstreu verhalten hat. Weniger eindeutig ist demgegenüber die Rechtslage, wenn der Auftragnehmer die Zettel **unbeanstandet unterschrieben zurückreicht.** In Rechtsprechung[47] und Literatur[48] wird dann die Auffassung vertreten, die Wirkung der Bescheinigung trete bei solchen Stundenlohnzetteln nicht ein.

**43** Bedenken gegen eine so rigide Lösung bestehen zunächst deshalb, weil der Auftragnehmer im Vertrauen auf die Rückgabe der unterschriebenen Stundenlohnzettel möglicherweise auf andere Möglichkeiten der Dokumentation seines Leistungsumfangs verzichtet hat. Dieses Vertrauen wird enttäuscht, wenn der Auftraggeber, der die Stundenlohnzettel bestätigt hat, diese Bestätigung anschließend – und zum Teil mit einer erheblichen zeitlichen Verzögerung – wieder in Frage stellt. Ein so weitgehender Schutz des Auftraggebers steht auch in einem Spannungsverhältnis zu § 14 VOB/B. Wenn es dort ganz herrschende

---

[44] *Losert* ZfBR 1993, 1, 2; *Dähne* FS Jagenburg S. 97, 103, 105; *Messerschmidt* in *Kapellmann/Messerschmidt* Rdn. 63; *Heiermann* in *Heiermann/Riedl/Rusam* Rdn. 36; a. A. OLG Hamburg BauR 2000, 1491 ff. m. abl. Anm. *Vogel.*
[45] BGH NZBau 2004, 31, 33; zustimmend *Paulmann* NZBau 2005, 325 f.
[46] BGH NZBau 2004, 31, 33; BGH NJW-RR 1995, 80, 81; *Kniffka* in *Kniffka/Koeble* Teil 5 Rdn. 181.
[47] OLG Karlsruhe BauR 1995, 114; OLG Oldenburg 30. 10. 2003, 8 U 55/03, IBR-Online (Nichtzulassungsbeschwerde zurückgewiesen) m. zust. Anm. *Putzier* IBR 2005, 415.
[48] *Werner* in *Werner/Pastor* Rdn. 2024; *Messerschmidt* in *Kapellmann/Messerschmidt* Rdn. 47, 63.

Auffassung ist, dass sich der Auftraggeber auf die fehlende Prüfbarkeit nicht berufen kann, wenn er klar zum Ausdruck bringt, dass er eine Rechnung als prüfbar ansieht (vgl. § 14 Nr. 1 Rdn. 25 ff., 32), dann ist es nicht recht einsichtig, warum die Wirkung der Bestätigung von Stundenlohnzetteln in einer vergleichbaren Situation entfallen soll. Gerade dann, wenn man mit der hier vertretenen Auffassung die Wirkung einer solchen Bestätigung auf eine Beweislastumkehr beschränkt, gibt es auch der Sache nach **keinen Anlass,** der Unterschrift auf einem zu **wenig konkreten Stundenlohnzettel die Wirkung zu versagen,** denn der Auftraggeber ist nicht daran gehindert, den Umfang und die Angemessenheit der abgerechneten Stunden in Frage zu stellen (vgl. Rdn. 50 ff.). Dies zeigt letztlich auch die Ausgangsentscheidung zu dieser Frage,[49] denn es ging dort um ein völliges Missverhältnis zwischen den objektiv erforderlichen und den abgerechneten Stunden, wobei der Umfang der vertraglich vereinbarten Stundenlohnarbeiten ebenfalls unklar war. Dass in einem solchen Fall der Stundenlohnzettel mit der Angabe „Arbeiten nach Anweisung" keine Vergütungsansprüche belegen kann, folgt schon daraus, dass eine Aufteilung nach den Arbeiten, für die eine entsprechende vertragliche Vereinbarung gegeben ist, und solchen, bei denen es an einer Einigung über die Ausführung als Stundenlohnvertrag fehlt, nicht möglich ist.

## VI. Erhebung von Einwendungen

### 1. Form

Der Auftraggeber kann bei der Rückgabe der Stundenlohnzettel Einwendungen erheben. **44** Dies muss nach der Regelung der Nr. 3 Satz 4 auf den Stundenlohnzetteln selbst oder gesondert **schriftlich** geschehen. Einwendungen auf den Stundenlohnzetteln selbst können ausformuliert vermerkt werden, es reichen aber auch **Streichungen** oder Fragezeichen aus. Dabei kann sich aus praktischen Gründen eine Kennzeichnung dieser Streichung als durch den Auftraggeber vorgenommen empfehlen,[50] erforderlich ist sie aber nicht.

Möglich ist es auch, die Einwendungen nicht auf dem Stundenlohnzettel zu vermerken, **45** sondern diese gesondert zu erheben. Dies birgt für den Auftraggeber Risiken, weil er die Äußerung der Bedenken und den **Zugang** dieser Äußerung im Streitfall zu beweisen hat.

Nach dem Wortlaut der Regelung müssen solche nicht auf den Stundenlohnzetteln selbst **46** vermerkten Einwendungen schriftlich geltend gemacht werden.[51] Dieses Schriftformerfordernis ist jedoch vor dem Hintergrund der Diskussion um die rechtliche Beurteilung der Bestätigung zu relativieren.[52] Werden bei der Rückgabe **mündlich Einwendungen** erhoben, so steht fest, dass der Bestätigende durch seine Unterschrift jedenfalls auf diese Einwendungen nicht verzichten und insoweit auch keine für den Auftragnehmer günstige Beweisposition begründen will. Eine Wirkung hinsichtlich dieser Einwendungen kann deshalb der Rückgabe unterschriebener Stundenlohnzettel nur dann entnommen werden, wenn sich der Auftraggeber nach den Grundsätzen der protestatio contra factum proprium nicht auf seine mündlich erhobenen Einwendungen berufen darf. Dies wird aber kaum jemals der Fall sein, denn für die Anwendung dieses Grundsatzes fehlt es an einem schutzwürdigen Vertrauen auf Seiten des Erklärungsempfängers: Wenn ihm unterschriebene Stundenlohnzettel ausgehändigt und zugleich mündlich Einwendungen erhoben werden, so kann ein Vertrauen darauf, dass diese Einwendungen nach dem Willen des Auftraggebers künftig ausgeschlossen sein sollten, nicht schützenswert sein. Nur aus Beweisgründen ist

---

[49] OLG Karlsruhe BauR 1995, 114, 115.
[50] *Messerschmidt* in *Kapellmann/Messerschmidt* Rdn. 70.
[51] Dem folgen *Weick* in *Nicklisch/Weick* Rdn. 31; *Heiermann* in *Heiermann/Riedl/Rusam* Rdn. 36; *Schoofs* in *Leinemann* Rdn. 36; *Kemper* in *Franke/Kemper/Zanner/Grünhagen* Rdn. 19.
[52] So im Ergebnis auch *Messerschmidt* in *Kapellmann/Messerschmidt* Rdn. 69; *Keldungs* in *Ingenstau/Korbion* Nr. 3 Rdn. 20; BeckOK-*Jansen* Rdn. 24.

deshalb die Einhaltung der Schriftform erforderlich. Diesem Ergebnis steht auch die Vereinbarung der Schriftform nach §§ 126, 127 BGB nicht entgegen. Denn die Berufung auf die Formunwirksamkeit der Einwendung dürfte gegen Treu und Glauben verstoßen, wenn dem Erklärungsempfänger die Einwendungen bei der Aushändigung der Stundenlohnlisten mündlich erklärt werden und dieser nicht auf die Einhaltung der Schriftform drängt. Die Berufung auf die Unwirksamkeit würde diesen einheitlichen, aus schriftlichen und mündlichen Elementen bestehenden Lebenssachverhalt auseinanderreißen und dem Auftragnehmer einen Schutz gewähren, auf den er nicht vertrauen darf.

## 2. Frist

47 Die Einwendungen sind **bei der Rückgabe** zu erheben. Gibt der Auftraggeber die Stundenlohnzettel vor Ablauf der Frist von sechs Tagen unterschrieben zurück, so sind Einwendungen auch dann **verspätet,** wenn er sie **nach Rückgabe aber vor Ablauf der Frist** erhebt.[53] Dies folgt aus dem Inhalt des Bestätigungsvermerks und dem mit der vorbehaltlosen Rückgabe geschaffenen Vertrauenstatbestand für den Auftragnehmer.

## 3. Konkretisierung der Einwendung

48 Nr. 3 enthält keine Regelung der Frage, ob und in welchem Maße der Auftraggeber seine Einwendungen konkretisieren muss. Dennoch wird man eine **Konkretisierung** der Einwendungen **verlangen** müssen. Andernfalls wäre die Regelung über die Folgen einer fehlende Rückgabe der Stundenlohnzettel leicht durch eine Rückgabe mit nicht näher bezeichneten Einwendungen zu umgehen. Deshalb reicht es auch nicht aus, auf den Stundenlohnzetteln sich Einwendungen vorzubehalten oder darauf zu vermerken, dass Einwendungen später noch geltend gemacht werden.[54]

49 **a) Fehlende Prüfbarkeit.** Als Begründung für die Verweigerung der Bestätigung kommt zunächst die fehlende Prüfbarkeit der Zusammenstellung in Betracht. Sie kann sich daraus ergeben, dass dem Auftraggeber die **Aufnahme** der Arbeiten **nicht rechtzeitig angezeigt** wurde (Rdn. 2 ff.) oder die Angaben zu den geleisteten Stunden nicht hinreichend konkretisiert sind. In diesen Fällen fehlt es bereits an den Voraussetzungen für einen ordnungsgemäßen Stundenlohnzettel, so dass es sich nicht um eine Einwendung im engeren Sinne handelt. Vielmehr weist der Auftraggeber nur darauf hin, dass noch keine Lohnzettel vorgelegt wurden, die zu einer Bescheinigung Anlass geben. Eine solche Zurückweisung braucht auch nach der h. L. nicht schriftlich zu erfolgen.[55] Zugleich wird durch die Zurückweisung der Stundenlohnzettel als unprüfbar geltend gemacht, dass der Auftragnehmer seiner Obliegenheit zur Vorlage prüfbarer Stundenlohnzettel (vgl. Rdn. 25) noch nicht ordnungsgemäß nachgekommen ist (zur Berechnung der Vergütung in einem solchen Fall nach Nr. 5 vgl. Nr. 5 Rdn. 16).

50 **b) Unrichtigkeit der Angaben.** Einwenden kann der Auftraggeber vor allem die Unrichtigkeit der Angaben, indem er das Ableisten der Stundenlohnarbeiten in dem angegebenen Umfang durch die angegebene Person bestreitet. Dem **Auftragnehmer** bleibt es dann unbenommen, die Vergütung auf Grundlage der bestrittenen Angaben zu berechnen und ihre **Richtigkeit** – gegebenenfalls im Prozess – **nachzuweisen.** Eine entsprechende Anwendung der Nr. 5 wird im Ergebnis regelmäßig schon daran scheitern, dass der Auftraggeber keine Änderung der Vergütungsabrede verlangt. Es fehlt aber auch an der Vergleichbarkeit der Fälle, denn der Auftraggeber ist in den hier behandelten Fällen nicht in seinen Kontroll- und Prüfinteressen verletzt. Deshalb darf nicht auf Grund bloßer

---

[53] BeckOK-*Jansen* Rdn. 25. Die ganz herrschende Auffassung behandelt allein den Fall der Überschreitung der Frist von sechs Tagen, vgl. *Keldungs* in *Ingenstau/Korbion* Nr. 3 Rdn. 20; *Messerschmidt* in *Kapellmann/ Messerschmidt* Rdn. 73; *Schoofs* in *Leinemann* Rdn. 36.
[54] *Messerschmidt* in *Kapellmann/Messerschmidt* Rdn. 74; *Heiermann* in *Heiermann/Riedl/Rusam* Rdn. 38.
[55] *Messerschmidt* in *Kapellmann/Messerschmidt* Rdn. 72.

Zweifel dem Auftraggeber die Möglichkeit eingeräumt werden, eine abweichende Vergütung zu verlangen.

**c) Unangemessenheit der tatsächlich benötigten Stunden.** Stellt der Auftraggeber 51 die Angaben über die geleisteten Stunden nicht in Frage, hält aber die Zeiten insgesamt angesichts der erbrachten Leistung für unangemessen, so handelt es sich nicht um eine Einwendung im Sinne der Nr. 3 Satz 5. Denn die geforderte Bestätigung bezieht sich nur auf die geleisteten Arbeitsstunden und nicht auf ihre Erforderlichkeit. Deshalb wird dieser **Einwand nicht abgeschnitten,** wenn der Auftraggeber die Bescheinigung erteilt.[56]

Problematisch ist aber die **Berechtigung** eines solchen Einwands. Im Grundsatz ist bei 52 Vereinbarung einer Vergütung nach Stundenlohn die tatsächlich benötigte Zeit Maßstab für die Vergütungshöhe. Dies gilt auch dann, wenn sich die Arbeiten länger hinziehen als dies üblicherweise der Fall ist, denn dies ist das typische Risiko einer solchen Vergütungsform.[57] Dennoch trägt der Auftraggeber dieses Risiko nicht uneingeschränkt, denn die Vereinbarung einer Vergütung nach Stunden stellt den Auftragnehmer nicht davon frei, während dieser Zeit ordnungsgemäß an der Erreichung des Erfolgs zu arbeiten.[58] Die entscheidende Frage liegt nun in der Auslegung der Stundenlohnabrede. Sieht man in dieser Abrede das Versprechen, die **Vergütung** des Auftragnehmers nach den **bei wirtschaftlicher Betriebsführung erforderlichen Stunden** zu bemessen,[59] so ist der Einwand, die benötigten Stunden seien nicht erforderlich gewesen, unmittelbar vergütungsrelevant. Hinsichtlich der Beweislastverteilung ergibt sich dann eine Belastung des Auftragnehmers, der nicht nur die tatsächlich benötigten Stunden, sondern auch ihre Erforderlichkeit nachzuweisen hat.[60] Dafür lässt sich auch anführen, dass der Auftragnehmer allein die rechtliche Handhabe hat, die Ausführung der Stundenlohnarbeiten zu überwachen und die eingesetzten Personen zur gehörigen Arbeit anzuhalten.[61] Von diesem Verständnis ausgehend kommen dann einige Vertreter dieser Auffassung zu dem Ergebnis, die Unterzeichnung der Stundenlohnzettel führe zu einer Beweislastumkehr.[62]

Gegen eine solche Auslegung lässt sich anführen, dass die Parteien im Grundsatz eine 53 **Vergütung nach der benötigten Zeit** vereinbaren und nicht davon ausgehen, dass ein Nachweis der Erforderlichkeit der Zeit zu führen ist. Solange die Zeit benötigt wird, soll sie Grundlage der Vergütung sein, solange nicht unwirtschaftlich gearbeitet wird. Damit stellt sich der Einwand der unzureichenden Anstrengung des Auftragnehmers als Geltendmachung eines **Verstoßes** gegen eine **Pflicht des Auftragnehmers zur wirtschaftlichen Betriebsführung** und Arbeitsorganisation dar. In diese Richtung hat sich der BGH in einer Entscheidung geäußert, welche die Vergütung eines Wirtschaftsprüfers betraf.[63]

Diese Auffassung von einem Gegenanspruch führt zu gravierenden Konsequenzen: Dieser 54 Anspruch besteht nur verschuldensabhängig, der Auftraggeber ist als Gläubiger beweisbelas-

---

[56] OLG Hamm BauR 2002, 319, 321 m. Anm. *Keldungs*; *Dähne* FS Jagenburg S. 97, 107; OLG Karlsruhe 15. 10. 2002, 17 U 96/01, IBR-Online; OLG Celle BauR 2003, 1224, 1225 = NJW-RR 2003, 1243 (aber Beweislastumkehr); wohl auch OLG Bamberg 28. 1. 2004 3 U 65/00 IBR 2004, 302 (nur in der Volltextversion); *Messerschmidt* in *Kapellmann/Messerschmidt* Rdn. 75; *Heiermann* in *Heiermann/Riedl/Rusam* Rdn. 36; in der Tendenz auch *Kniffka* in *Kniffka/Koeble* 5. Teil Rdn. 179; a. A. OLG Celle 18. 3. 2003 7 U 28/03 IBR 2003, 524 (Volltext) (in den Grenzen wirtschaftlicher Betriebsführung).

[57] Insoweit zutreffend *Keldungs* BauR 2002, 322; für ein striktes Festhalten an den tatsächlich benötigten Stunden *Mugler* BB 1989, 859, 861.

[58] Vgl. OLG Düsseldorf NZBau 2000, 378, 379; OLG Frankfurt/M. NZBau 2001, 27, 28; *Heiermann* in *Heiermann/Riedl/Rusam* Rdn. 4.

[59] So *Losert* ZfBR 1993, 1, 3.

[60] OLG Düsseldorf NZBau 2000, 378, 379; *Werner* in *Werner/Pastor* Rdn. 1211, 1215; nicht eindeutig *Kniffka* in *Kniffka/Koeble* 5. Teil Rdn. 179; a. A. *Mugler* BB 1989, 859, 861.

[61] *Losert* ZfBR 1993, 1, 3.

[62] Vgl. OLG Celle BauR 2003, 1224, 1225 = NJW-RR 2003, 1243, 1244 = IBR 2003, 290 m. krit. Anm. *Schwenker*; weitergehend *Heiermann* in *Riedl/Rusam/Heiermann* Rdn. 15 (Beweislast für Wirtschaftlichkeit nicht beim Auftragnehmer); a. A. *Losert* ZfBR 1993, 1, 4; *Dähne* FS Jagenburg S. 97, 107.

[63] BGH BauR 2000, 1196, 1197 f.; OLG Düsseldorf NJW-RR 2003, 455, 457; OLG Karlsruhe 15. 10. 2002, 17 U 96/01, IBR-Online; vgl. auch *Messerschmidt* in *Kapellmann/Messerschmidt* Rdn. 113.

tet und der Anspruch wirkt sich nicht unmittelbar auf die Vergütung aus. Auch hinsichtlich der Verjährung ergeben sich Unterschiede.

55 Gegen diese Auffassung spricht zunächst, dass den Auftragnehmer keine Pflicht zur wirtschaftlichen Betriebsführung trifft. Die Auswahl eines Personals und sein Einsatz ist Angelegenheit des Auftragnehmers. Erst wenn es um die Vergütung geht, werden Interessen des Auftraggebers betroffen. Es ist deshalb sachgerecht, an diesem Punkt anzusetzen und nicht auf eine allgemeine Pflicht zur wirtschaftlichen Betriebsführung abzustellen. Um die Auswirkungen auf die Vergütungsforderung zu bestimmen, muss über den Wortlaut der getroffenen Vereinbarung an die vertragliche Risikoverteilung angeknüpft werden. Dabei besteht Einigkeit darüber, dass bei der Bemessung der Vergütung besondere Erschwernisse zu Lasten des Auftraggebers gehen, wenn sich in ihrem Gefolge die benötigte Zeit verlängert. Darin liegt der Unterschied zum Einheits- und zum Pauschalvertrag und dem tragen alle genanten Auffassungen Rechnung. Eine ganz andere Frage ist es aber, wer das **Risiko** einer zu **geringen Pflichtenanspannung** während der geleisteten Arbeitszeit zu tragen hat. Hier wird zu Recht auf die Steuerungsmöglichkeit des Auftragnehmers verwiesen, der für den Einsatz seines Personals verantwortlich ist. Darin liegt der richtige Kern der Auffassung, die als weitere Voraussetzung der Vergütung auch die Erforderlichkeit der aufgewendeten Stunden verlangt. Dennoch kann dieser Auffassung nicht gefolgt werden, denn die Parteien haben die **Erforderlichkeit nicht als weiteres Merkmal der Vergütung vereinbart.** Vielmehr soll es nach der vertraglichen Vereinbarung im Grundsatz bei der Vergütung nach den geleisteten Stunden bleiben, ohne dass der Nachweis ihrer Erforderlichkeit verlangt werden kann. Als Lösung bietet sich deshalb eine ergänzende Vertragsauslegung an, die zwar die **Vergütung nach Stunden als maßgebend** ansieht, aber nur **bis zur Grenze der Wirtschaftlichkeit.**[64] Da der Auftraggeber in die Einzelheiten der Ausführung der Arbeiten keinen Einblick hat, wird er sich bei der Frage der Unwirtschaftlichkeit auf den Nachweis beschränken können, dass der Umfang der geltend gemachten Stunden objektiv in keinem wirtschaftlich ausgewogenen Verhältnis zur erbrachten Leistung steht. Es ist dann am Auftragnehmer darzulegen, dass diese Stunden zur Erreichung des Erfolgs erforderlich waren.

56 **d) Zweifel an der Richtigkeit der Stundenlohnzettel im Hinblick auf die erbrachte Leistung.** Macht der Auftraggeber geltend, die vom Auftragnehmer abgerechneten Stunden könnten angesichts der geleisteten Arbeiten nicht aufgewendet worden sein, so behauptet der Auftraggeber die **Unrichtigkeit der Stundenlohnlisten.** Der BGH hat diesen Einwand trotz der Bestätigung der Stundenlohnzettel zugelassen, wenn der Umfang der Arbeiten den zwingenden Schluss darauf zulässt, dass die Abrechnung nicht mit den tatsächlich erbrachten Stunden übereinstimmen kann.[65] Dem ist nach der hier vertretenen Auffassung (vgl. Rdn. 35 ff.) ohne weiteres zuzustimmen, denn es reicht der Nachweis der Unrichtigkeit aus, um die Bindung an die Bestätigung zu beseitigen. Aus Sicht der h. L. wäre an sich zusätzlich der Nachweis erforderlich, dass diese Abweichung der Stundenlohnzettel von den tatsächlich erbrachten Leistungen dem Auftraggeber nicht bekannt war oder – nach anderer Auffassung – nicht bekannt sein konnte.[66]

57 **e) Nichtausführung der angegebenen Arbeiten.** Werden auf den Stundenlohnzetteln Arbeiten angegeben, die tatsächlich nicht ausgeführt wurden, so kann dies selbstverständlich als **Einwendung auf den Zetteln vermerkt** werden. Aber auch dann, wenn dies nicht geschehen ist, kann diese Einwendung noch erhoben werden, denn der **Erfolg** ist **nicht eingetreten** und die angegebenen Stunden waren dann nicht erforderlich. Kommt der Auftragnehmer zu dem Ergebnis, dass die Stunden zu anderen als den auf den Zetteln vermerkten Arbeiten erforderlich waren, so ist die Vergütung nach Nr. 5 zu bestimmen, denn für diese Arbeiten wurden Stundenlohnzettel nicht fristgerecht eingereicht.

---

[64] Vgl. OLG Celle 22. 4. 2003, 7 U 28/03, IBR-Online; OLG Bamberg BauR 2004, 1623, 1624; im Ergebnis ähnlich auch *Messerschmidt* in *Kapellmann/Messerschmidt* Rdn. 75 f.
[65] BGH BauR 1970, 239, 240.
[66] Vgl. OLG Karlsruhe 15. 10. 2002, 17 U 96/01, IBR-Online.

### VII. Folgen des Ablaufs der Prüfungsfrist

Läuft die in Nr. 3 Satz 3 vorgesehene Frist zur Rückgabe der Stundenlohnzettel ab (zur Fristberechnung vgl. Rdn. 31), ohne dass der Auftraggeber die Stundenlohnzettel zurückgibt, so gelten die Stundenlohnzettel nach Satz 5 als anerkannt. Dabei steht es der Nichtrückgabe gleich, wenn der Auftraggeber die Listen ununterschrieben zurückgibt, ohne hinreichend konkrete Einwendungen (vgl. Rdn. 48) zu erheben. 58

**Ohne Bedeutung** ist nach dieser Regelung der **Grund** für die fehlende Rückgabe. Damit kommt es auch auf ein Vertretenmüssen seitens des Auftraggebers nicht an.[67] 59

Als Rechtsfolge fingiert Satz 5 ein Anerkenntnis der Stundenlohnzettel. Daraus lässt sich entnehmen, dass Schadensersatzansprüche aus der Nichtrückgabe der Stundenlohnzettel nicht abgeleitet werden können (vgl. Rdn. 29), sondern sich die Konsequenzen in der Anerkenntnisfiktion erschöpfen. Welche Wirkungen dieses fingierten Anerkenntnisses nach sich zieht, lässt sich nur im Kontext mit der Wirkung der Rückgabe der bestätigten Stundenlohnzettel bestimmen. Denn die Fiktion soll den Auftragnehmer im Fall der Nichtrückgabe nicht besser stellen als er bei Rückgabe der unterschriebenen Zettel stünde. Der Begriff des Anerkenntnisses ist deshalb entgegen der herrschenden Auffassung[68] nur als Nachweis zum **Zwecke des Beweises** und **nicht als deklaratorisches Anerkenntnis** zu verstehen. Der Ablauf der Frist führt nicht zum Ausschluss von Einwendungen, die dem Auftraggeber bekannt sind oder hätten bekannt sein können, sondern nur dazu, dass er die Beweislast trägt, wenn er den Umfang der Stundenlohnarbeiten nun bestreitet, obwohl er innerhalb der vereinbarten Frist keine Einwendungen erhoben hat.[69] 60

Folgt man dieser Auffassung, so entfällt die Notwendigkeit einer **Anfechtung,** denn eine durch die Anfechtung zu beseitigende Bindungswirkung (vgl. Rdn. 36 ff.) besteht dann nicht. Sieht man dagegen in der Bestätigung ein deklaratorisches Schuldanerkenntnis, das im Fall des Fristablaufs fingiert wird, so rechtfertigt der Irrtum über die Folgen des Fristablaufs keine Anfechtung.[70] 61

Die Wirkung eines tatsächlichen Anerkenntnisses mit der **Folge der Beweislastumkehr** rechtfertigt sich aus den besonderen Beweisschwierigkeiten für den Auftragnehmer, der im Grundsatz für die Grundlagen der Vergütung beweisbelastet ist. Da durch die Wirkung der Stundenlohnzettel Kosten für eine andere Sicherung der Beweismöglichkeit eingespart werden, liegt die Regelung mittelbar auch im Interesse des Auftraggebers. Diese Wertung greift aber nur dann ein, wenn die berechtigten Kontrollinteressen des Auftraggebers gewahrt sind. Dazu gehört die rechtzeitige Anzeige der Aufnahme der Arbeiten und die prüfbare Aufstellung der Stundenlohnarbeiten, denn aus der fehlenden Rückgabe kann nicht etwa geschlossen werden, der Auftraggeber verzichte auf eine Kontrolle der Arbeiten und deshalb sei eine fehlende Anzeige oder eine nicht hinreichend detaillierte Auflistung der Arbeiten für ihn nicht relevant. 62

Diese Frage ist allerdings im Hinblick auf die Befristung des Einwands der fehlenden Prüfbarkeit durch § 16 Nr. 3 Abs. 1 S. 2 nicht ganz unproblematisch. Wenn sich der Auftraggeber dort nach Fristablauf nicht mehr auf die fehlende Prüfbarkeit berufen kann (vgl. § 14 Nr. 1 Rdn. 32), so könnte man diesen Gedanken auch auf das Verstreichenlassen der Prüfungsfrist der Nr. 3 übertragen. Dies würde dazu führen, dass sich der Auftraggeber zur Abwendung der Fiktion des Satz 5 nicht mehr auf die fehlende Prüfbarkeit der Stundenlohnzettel berufen kann. Eine solche Übertragung wäre aber wegen der unterschiedlichen Folgen der Prüfungsfristen nicht sachgerecht. Während bei der Schlussrech- 63

---

[67] *Messerschmidt* in *Kapellmann/Messerschmidt* Rdn. 77.
[68] *Messerschmidt* in *Kapellmann/Messerschmidt* Rdn. 78; *Weick* in *Nicklisch/Weick* Rdn. 33; *Kemper* in *Franke/Kemper/Zanner/Grünhagen* Rdn. 20.
[69] Näher *Voit* FS Motzke 421, 425 ff.; so im Ergebnis auch *Schoofs* in *Leinemann* Rdn. 39; *Roos* IBR 2004, 303.
[70] *Weick* in *Nicklisch/Weick* Rdn. 34.

nung dem Auftraggeber sachliche Einwendungen gegen die Richtigkeit der Abrechnung offen stehen und die Beweislast für die der Abrechnung zu Grunde liegenden Tatsachen weiterhin beim Auftragnehmer liegt, führt der Ablauf der Prüfungsfrist nach Satz 5 zu einer Beweislastumkehr. Dieser besondere Vorteil für den Auftragnehmer ist aber nur dann gerechtfertigt, wenn er seinerseits den vereinbarten Anforderungen an die Stundenlohnzettel genügt hat.

64 Die Anerkenntnisfiktion in Satz 5 ist unter dem Blickwinkel der **Inhaltskontrolle allgemeiner Geschäftsbedingungen unbedenklich,** sofern die **VOB/B insgesamt einbezogen** ist.[71] Dies ergibt sich aus der ausdrücklichen Ausnahmeregelung in § 308 Nr. 5 BGB. Fehlt es an einer solchen Freistellung der VOB/B, weil diese nicht insgesamt einbezogen wurde (näher Einleitung II), so ist ein ausdrücklicher Hinweis auf den Stundenlohnzetteln über die Folgen ihrer nicht fristgerechten Rückgabe erforderlich. Dies gilt auf der Grundlage einer entsprechenden Anwendung des § 308 Nr. 5 BGB, wenn man in der Anerkenntnisfiktion keine fingierte Willenserklärung sieht, sondern lediglich die Bestätigung, dass gegen die angegebenen Stunden derzeit keine Einwendungen erhoben werden. Wird ein solcher Hinweis gegeben, so hält die Klausel einer Inhaltskontrolle stand.[72] Schließt der Auftraggeber durch AGB die Folgen des Fristablaufs als Fiktion der Bestätigung aus, so kann das im Einzelfall zwar überraschend sein, eine solche Klausel nähert aber die vertragliche Vereinbarung dem gesetzlichen Leitbild des BGB wieder an, so dass sie den Auftragnehmer nicht unangemessen benachteiligt. Anders ist es zu beurteilen, wenn auch die Wirkungen einer ausdrücklichen Bestätigung durch AGB des Auftraggebers ausgeschlossen werden sollen. Dies ist als unwirksam anzusehen, weil sich der Auftraggeber damit in Widerspruch zum Inhalt der Bestätigung setzt und diese damit aushöhlt.[73]

## VIII. Treu und Glauben

65 In Ausnahmefällen können Treu und Glauben der Berufung auf den Eintritt der Wirkungen des Satz 5 entgegenstehen. Dies kann der Fall sein, wenn der Auftragnehmer eine große Zahl von Stundenlohnzetteln gemeinsam einreicht und diese unter Erhebung von Einwendungen erst ganz kurz nach Fristablauf zurückgegeben werden. Ebenfalls unter dem Gesichtspunkt von Treu und Glauben ist der Fall zu behandeln, dass der Auftragnehmer die Stundenlohnlisten nach Ablauf der Vorlagefrist einreicht, der Auftraggeber diese nicht zurückweist und keine Einwendung erhebt, sondern schlicht die Frist verstreichen lässt. Der Berufung des Auftragnehmers auf den Eintritt der Anerkenntnisfiktion steht dann der eigene Verstoß gegen die Vertragspflichten entgegen.[74]

## IX. Beweisfragen

66 Der Auftragnehmer, der sich zum Nachweis der Vergütungsgrundlagen auf die Anerkenntniswirkung beruft, trägt die Beweislast für die fristgerechte Einreichung der Stundenlohnzettel, ihre Prüfbarkeit einschließlich der rechtzeitigen Anzeige der Arbeiten und den Ablauf der Frist für das Zurückreichen der Zettel.

---

[71] A. A. bei Verwendung gegenüber Verbrauchern *Micklitz* S. 133 f.
[72] Zur Ausgewogenheit der Bestimmung vgl. *Keldungs* in *Ingenstau/Korbion* Nr. 3 Rdn. 25.
[73] So im Ergebnis auch *Keldungs* in *Ingenstau/Korbion* Nr. 3 Rdn. 25.
[74] Vgl. (eigene Vertragstreue sei Voraussetzung für das Eingreifen der Anerkenntnisfiktion) *Heiermann* in *Heiermann/Riedl/Rusam* Rdn. 28, 33; *Schoofs* in *Leinemann* Rdn. 40.

## § 15 Nr. 4 [Rechtzeitige Einreichung von Stundenlohnabrechnungen]

**Stundenlohnrechnungen sind alsbald nach Abschluss der Stundenlohnarbeiten, längstens jedoch in Abständen von 4 Wochen, einzureichen. Für die Zahlung gilt § 16.**

### Übersicht

| | Rdn. | | Rdn. |
|---|---|---|---|
| A. Normzweck und Anwendungsbereich | 1 | 1. Abgeschlossene angehängte Stundenlohnarbeiten | 9 |
| B. Anforderungen an die Abrechnung | 2–5 | 2. Noch nicht abgeschlossene Stundenlohnarbeiten | 11 |
| C. Abrechnungszeitpunkt und Abrechnungsfrist | 6–16 | a) Abrechnungszeitpunkt | 11 |
| I. Abrechnung nach Erreichen des zugesagten Erfolgs | 6–8 | b) Verhältnis zu Abschlagszahlungen nach § 16 Nr. 1 VOB/B | 16 |
| II. Abrechnung der Stundenlohnarbeiten vor Erreichen des zugesagten Erfolgs | 9–16 | D. Fälligkeit | 17–18 |
| | | E. Folgen der Fristüberschreitung | 19–23 |
| | | F. Zahlung der Stundenlohnabrechnung | 24 |

**Literatur:** Siehe Vor § 15 VOB/B.

## A. Normzweck und Anwendungsbereich

Nach Nr. 4 ist der Auftragnehmer gehalten, Stundenlohnrechnungen alsbald nach Abschluss der Stundenlohnarbeiten, längstens jedoch in Abständen von 4 Wochen einzureichen. Bei der dogmatischen Einordnung wiederholen sich im Grundsatz die Positionen, die auch bei der Abrechnung nach § 14 VOB/B eingenommen werden. Das Spektrum reicht von einer vertraglichen Nebenpflicht[1] bis zur Annahme eines bloßen Appells ohne rechtliche Bedeutung.[2] Aus den bei in § 14 VOB/B Vorbem. Rdn. 6 ff. näher dargelegten Gründen ist von einer **Nebenpflicht** auszugehen, die auch einklagbar ist.

## B. Anforderungen an die Abrechnung

Die inhaltlichen Anforderungen an die Stundenlohnabrechnung ergeben sich aus § 14 VOB/B. Dabei gelten für den Nachweis der Leistungen bei einer Abschalgsforderung und bei der Schlussrechnung unterschiedliche Anforderungen (vgl. § 14 Nr. 1 Rdn. 2 f.).

Der Abrechnung sind nach § 14 Nr. 2 VOB/B **Nachweise beizufügen.** Dies geschieht bei der Abrechnung von Stundenlohnverträgen durch die Befügung der Stundenlohnzettel und der entsprechenden Materiallisten einschließlich der Lieferscheine.[3] Der Auftragnehmer kann sich nicht darauf berufen, er habe die Zettel vom Auftraggeber unterschrieben zurückbekommen und deshalb bestehe kein Informationsbedürfnis des Auftraggebers mehr. Die Möglichkeit der Kenntnisnahme bei der Unterschrift auf dem Stundenlohnzettel reicht nicht aus, denn die Nachweise sind der Rechnung beizufügen (vgl. § 14 Nr. 1 Rdn. 82). Dies ist auch der Sache nach geboten, weil der Auftraggeber ein Interesse daran hat, die Gesamtheit der abgerechneten Stunden zu prüfen. Insbesondere bei größeren Vorhaben muss auch ausgeschlossen werden, dass dieselben Stunden auf unterschiedlichen Zetteln von unterschiedlichen Personen bestätigt wurden und so mehrfach abgerechnet werden. Die Rechnung kann

---

[1] *Weick* in Nicklisch/Weick Rdn. 35; *Kleine-Möller* in Kleine-Möller/Merl § 10 Rdn. 152.
[2] *Schoofs* in Leinemann Rdn. 42.
[3] *Keldungs* in Ingenstau/Korbion Nr. 4 Rdn. 6.

§ 15 Nr. 4    Rechtzeitige Einreichung von Stundenlohnabrechnungen

im Einzelfall auch ohne die Beifügung der Stundenlohnzettel prüfbar sein, wenn die Kontrollinteressen des Auftraggebers gewahrt sind. Dies ergibt sich aus den allgemeinen Grundsätzen des § 14 Nr. 1 VOB/B, der die Beifügung von Nachweisen nur dann verlangt, wenn diese erforderlich sind (vgl. § 14 Nr. 1 Rdn. 79 f.).[4]

4   Die Stundenlohnabrechnung muss prüfbar sein, also den Anforderungen des § 14 VOB/B genügen. Zur Prüfbarkeit gehört auch eine **Aufschlüsselung der Stunden** und ihre **Zuordnung** zu den erledigten Arbeiten. Dabei ist eine genaue Angabe dieser Arbeiten erforderlich (vgl. auch Nr. 3 Rdn. 14 ff.).[5]

5   Lässt sich diese Zuordnung problemlos aus den Stundenlohnzetteln entnehmen und sind diese der Abrechnung beigefügt, so wird man eine Wiederholung dieser Angaben nicht fordern müssen.[6] Dies gilt aber nur bei kleineren Objekten mit wenigen Stundenlohnzetteln. Sobald die Zuordnung schwieriger wird oder die Gefahr einer Doppelabrechnung besteht, kann der Auftraggeber auf eine Zuordnung in der Rechnung selbst bestehen.

## C. Abrechnungszeitpunkt und Abrechnungsfrist

### I. Abrechnung nach Erreichen des zugesagten Erfolgs

6   Die Abrechnung der Stundenlohnarbeiten soll alsbald nach ihrem Abschluss, spätestens aber in einem Zeitraum von vier Wochen danach erfolgen. Bei der Anwendung dieser Bestimmung muss zwischen den Arbeiten unterschieden werden, die abgeschlossen sind, bei denen der zugesagte Erfolg also bereits eingetreten ist, und länger andauernden Arbeiten, die noch nicht abgeschlossen sind.

7   Wurden die **Arbeiten abgeschlossen,** so verlangt die Regelung eine alsbaldige Abrechnung, wobei es auf den Abschluss der Arbeiten, nicht auf ihre Abnahme ankommt. Ein Ausschöpfen der Vierwochenfrist ist zwar nicht wünschenswert, kann aber auch nicht beanstandet werden. Diese Frist beginnt mit dem Abschluss der Arbeiten, denn dann ist aus Sicht des Unternehmers der Umfang der Vergütungsforderung zu bestimmen. Auf die Abnahme kommt es deshalb nicht an. Maßgebend für die Einhaltung der Frist ist der Zugangszeitpunkt.

8   Wird der **gesamte Vertrag nach Stundenlohn** abgerechnet und ist das Werk bereits abgenommen oder ist die Vergütungsforderung auf andere Weise – etwa durch eine unberechtigte Abnahmeverweigerung – **fällig** geworden,[7] so ist die Stundenlohnrechnung in der Regel auch die **Schlussrechnung**.[8] Die Frist von vier Wochen geht dann der kürzeren Frist in § 14 VOB/B Nr. 3 zur Vorlage der Schlussrechnung vor.

### II. Abrechnung der Stundenlohnarbeiten vor Erreichen des zugesagten Erfolgs

#### 1. Abgeschlossene angehängte Stundenlohnarbeiten

9   Handelt es sich um einen Vertrag, bei welchem Stundenlohnarbeiten nur eine untergeordnete Rolle spielen (angehängte Stundenlohnarbeiten), so dass sich auch nach Abschluss

---

[4] OLG Frankfurt/M. BauR 1999, 1460, 1461; *Heiermann* in *Heiermann/Riedl/Rusam* Rdn. 42; zustimmend, aber den Ausnahmecharakter der Entscheidung betonend *Schoofs* in *Leinemann* Rdn. 44.

[5] OLG Hamm NJW-RR 2005, 893 ff.; *Schoofs* in *Leinemann* Rdn. 44.

[6] *Messerschmidt* in *Kapellmann/Messerschmidt* Rdn. 90; *Kemper* in *Franke/Kemper/Zanner/Grünhagen* Rdn. 24; wohl auch *Keldungs* in *Ingenstau/Korbion* Nr. 4 Rdn. 5; widersprüchlich *Schoofs* in *Leinemann* Rdn. 44.

[7] Zu diesen Voraussetzungen der Schlussrechnung vgl. *Messerschmidt* in *Kapellmann/Messerschmidt* B § 16 Rdn. 192.

[8] Vgl. *Messerschmidt* in *Kapellmann/Messerschmidt* Rdn. 94; a. A. (Auftragnehmer sei nicht verpflichtet, eine Schlussrechnung zu stellen) *Kemper* in *Franke/Kemper/Zanner/Grünhagen* Rdn. 26.

der Stundenlohnarbeiten der eigentliche werkvertragliche Erfolg noch nicht eingestellt hat, so sind die Arbeiten alsbald nach ihrem Abschluss, spätestens innerhalb der Frist von vier Wochen abzurechnen (vgl. Rdn. 7). Da der werkvertragliche Erfolg insgesamt noch nicht eingetreten ist, kann noch keine Schlussrechnung gestellt werden, sondern es handelt sich dann um eine **Abschlagsrechnung**[9] mit der Folge, dass die Zuordnung der gezahlten Vergütung noch nicht abschließend festgelegt ist. Nr. 4 konkretisiert dann den Zeitraum, der für diese Abrechnung nach § 16 Nr. 1 Abs. 1 VOB/B zur Verfügung steht.

Eine Schlussrechung kann dann erst für den gesamten Vertrag erstellt werden. Dabei sind Zahlungen auf die Stundenlohnarbeiten wie Abschlagszahlungen in die Schlussrechnung einzustellen.[10] Haben die Parteien innerhalb des Vertrages den durch Stundenlohnverträge zu erreichenden Erfolg abgrenzbar festgelegt und wurde dieser erreicht, so kommt auch eine **Teilschlussrechnung** in Betracht.[11] 10

## 2. Noch nicht abgeschlossene Stundenlohnarbeiten

**a) Abrechnungszeitpunkt.** Wurden die Stundenlohnarbeiten noch nicht abgeschlossen, so scheidet eine Schlussrechnung aus. Welche Aufgabe die Regelung der Nr. 4 in diesen Fällen hat, erschließt sich aus dem Wortlaut nicht eindeutig, denn dieser enthält nur eine Aussage zu der Frage, mit welchem zeitlichen Abstand zu den abgerechneten Arbeiten die Abrechnung erfolgen muss. Durch die Verwendung des Plurals bei der Formulierung „längstens in Abständen von 4 Wochen" wird weiterhin angeordnet, dass auch bei mehreren Abrechnungszeiträumen eine solche Frist von 4 Wochen nach Abschluss des Zeitraums nicht überschritten werden darf. Dagegen wird nicht eindeutig bestimmt, in welchem Umfang nicht abgeschlossene Stundenlohnarbeiten in einer Rechnung zusammengefasst werden dürfen. So lässt sich mit dem Wortlaut der Regelung durchaus auch ein Verständnis vereinbaren, das dem Auftragnehmer freistellt, für welchen Zeitraum er die Stundenlohnforderung abrechnet, solange dies nur innerhalb von vier Wochen nach dem Ende des abgerechneten Zeitraums geschieht. So könnte der Auftragnehmer Stundenlohnarbeiten für einen Zeitraum von beispielsweise 6 Wochen abrechnen und hätte dazu eine Frist von vier Wochen. 11

Die ganz herrschende Auffassung schließt demgegenüber aus der Formulierung „längstens jedoch in Abständen von vier Wochen", dass bei längeren Stundenlohnarbeiten **Abrechnungsperioden** gebildet werden müssen, die abgerechnet werden müssen und die **jeweils keinen längeren Zeitraum als vier Wochen** umfassen dürfen. Dabei wird für den ersten Abrechnungszeitraum teils auf den Beginn der Stundenlohnarbeiten,[12] teils auf die Beendigung der ersten abrechenbaren Periode, also dem ersten Zeitraum, für den Stundenlohnzettel einzureichen waren,[13] abgestellt. 12

Dieser Auslegung ist zuzustimmen. Im Unterschied zu anderen Vergütungsformen, bei denen es dem Auftragnehmer überlassen bleibt, zu welchem Zeitpunkt Abschlagszahlungen verlangt werden, wird durch Nr. 4 beim Stundenlohnvertrag eine **Höchstfrist für Abschlagszahlungen** festgelegt. Der Grund dafür liegt weniger im besonderen Kontrollinteresse des Auftraggebers, denn diesem wird durch die Stundenlohnzettel bereits ausreichend Rechnung getragen. Maßgebend ist aber der Umstand, dass die Gesamthöhe der Vergütung beim Stundenlohnvertrag schwer vorherzusagen ist. Im Interesse einer **Kostenkontrolle** soll dem Auftraggeber zumindest in einem Abstand von vier Wochen vor Augen geführt werden, 13

---

[9] *Dähne* in FS Jagenburg S. 97, 108.
[10] *Messerschmidt* in *Kapellmann/Messerschmidt* Rdn. 94; a. A. (Stundenlohnabrechnung außerhalb der Schlussrechnung bei angehängten Stundenlohnarbeiten) *Kemper* in *Franke/Kemper/Zanner/Grünhagen* Rdn. 23; nicht ganz eindeutig *Keldungs* in *Ingenstau/Korbion* Nr. 4 Rdn. 3.
[11] *Dähne* in FS Jagenburg S. 97, 108.
[12] *Heiermann* in *Heiermann/Riedl/Rusam* Rdn. 40; *Keldungs* in *Ingenstau/Korbion* Nr. 4 Rdn. 3; wohl auch *Kemper* in *Franke/Kemper/Zanner/Grünhagen* Rdn. 25; *Weick* in *Nicklisch/Weick* Rdn. 35; *Schoofs* in *Leinemann* Rdn. 41.
[13] *Messerschmidt* in *Kapellmann/Messerschmidt* Rdn. 82; BeckOK-*Jansen* Rdn. 3.

welche Belastung auf ihn zukommt. Zugleich wird damit die Prüfung ermöglicht, ob die in dieser Zeit erbrachten Leistungen in einem angemessenen Verhältnis stehen.

14 Wenn damit die Regelung dazu zwingt, eine höchstens vierwöchige Abrechnungsperiode zu bilden, so ist noch die Frage offen, ob die erste dieser Perioden mit der Aufnahme der Arbeiten beginnt oder ob es darauf ankommt, wann die ersten Stundenlohnzettel einzureichen sind. Stellt man die Abrechnung der nicht abgeschlossenen Arbeiten der Abrechnung abgeschlossener Arbeiten gegenüber, so wird deutlich, dass es nicht auf den Beginn der Arbeiten ankommen kann.[14] In der Literatur wird deshalb vorgeschlagen, die Frist erst mit dem Abschluss der ersten durch Stundenlohnzettel nachgewiesenen Arbeiten beginnen zu lassen.[15] Aber auch dies weckt Bedenken: Warum sollte der Auftragnehmer abgeschlossene Arbeiten in einem Umfang von vier Wochen ohne weiteres mit einer Frist von weiteren vier Wochen abrechnen können, während bei umfangreicheren Arbeiten diese Frist bereits nach dem ersten Abrechnungszeitraum einzuhalten ist. Richtigerweise wird man deshalb dem Auftragnehmer eine **Abrechnungsfrist von höchstens vier Wochen** nach dem **Ende des ersten Abrechnungszeitraums** einräumen, wobei dieser wiederum **höchstens vier Wochen** beträgt. So müssen nach der hier vertretenen Auffassung Stundenlohnarbeiten, die vom Januar bis zum April erbracht werden, für den Zeitraum der ersten vier Wochen abgerechnet werden. Dazu hat der Auftragnehmer wiederum vier Wochen Zeit, also ungefähr Ende Februar. Demgegenüber würden die anderen Ansichten entweder schon Ende Januar eine Abrechnung verlangen oder in der ersten Februarwoche (vier Wochen nach den ersten Stundenlohnzetteln).

15 Den Parteien steht es frei, **abweichende Regelungen** über die Abrechnungsfrist zu treffen. Nicht zu beanstanden ist es, den Zeitraum für die Abrechnung zu verkürzen, um dem Auftraggeber die Kostenkontrolle zu erleichtern.[16] Wirksam ist aber auch eine Verlängerung des Abrechnungszeitraums bei noch andauernden Stundenlohnarbeiten,[17] denn das Leitbild des Werkvertrags sieht Fälligkeit und Abrechnung erst nach Abschluss der Arbeiten vor.

16 **b) Verhältnis zu Abschlagszahlungen nach § 16 Nr. 1 VOB/B.** Aus dem Wortlaut der Bestimmung ist nicht ohne weiteres zu entnehmen, ob es sich bei Nr. 4 um eine abschließende Regelung über Abschlagsforderungen handelt oder ob der Auftragnehmer nach § 16 Nr. 1 VOB/B einen Abschlag verlangen kann.[18] Für ein solches Nebeneinander fehlt es an einem Bedürfnis. Da Nr. 4 lediglich eine Höchstfrist für die Abrechnung nicht abgeschlossener Stundenlohnarbeiten vorsieht und Abschlagsforderungen nur hinsichtlich der nachgewiesenen Leistungen beansprucht werden können, ist die Anwendung des § 16 Nr. 1 VOB/B ohne eine Stundenlohnrechnung nicht erforderlich. Unbenommen bleibt den Parteien eine abweichende Vereinbarung, die auch Vorauszahlungen vorsehen kann (zu den Anforderungen an die Vereinbarung von Vorauszahlungen vgl. § 16 Nr. 2 Rdn. 8 ff.).

## D. Fälligkeit

17 Hinsichtlich der Zahlung verweist Nr. 4 Satz 2 auf § 16 VOB/B. Damit wird nicht nur die Wirkung der (Schluss-)Zahlung in Bezug genommen, sondern auf § 16 VOB/B insgesamt verwiesen, der mit dem Begriff „Zahlung" überschrieben ist. Deshalb gelten auch die Fälligkeitsregeln des § 16 VOB/B für die Abrechnung von Stundenlohnarbeiten.[19]

---

[14] So aber *Keldungs* in *Ingenstau/Korbion* Nr. 9 Rdn. 3.
[15] *Messerschmidt* in *Kapellmann/Messerschmidt* Rdn. 82.
[16] *Messerschmidt* in *Kapellmann/Messerschmidt* Rdn. 83.
[17] *Messerschmidt* in *Kapellmann/Messerschmidt* Rdn. 83.
[18] Im letzteren Sinne *Keldungs* in *Ingenstau/Korbion* Nr. 4 Rdn. 5.
[19] *Schoofs* in *Leinemann* Rdn. 43; kritisch zu dieser Regelung, weil eine Schlussrechnung nicht erforderlich sei, *Kemper* in *Franke/Kemper/Zanner/Grünhagen* Rdn. 26.

Daraus folgt eine unterschiedliche Fälligkeit: Handelt es sich um eine **Abschlagsforde-** 18 **rung,** so wird diese nach 18 Werktagen nach Zugang der Aufstellung fällig, § 16 Nr. 1 Abs. 3 VOB/B, während bei einer **Schlussrechnung** die Fälligkeit erst nach Prüfung und spätestens 2 Monate nach ihrem Zugang eintritt, § 16 Nr. 3 Abs. 1 VOB/B. Für die Einzelheiten kann auf § 16 Nr. 3 Rdn. 15 ff. verwiesen werden.

## E. Folgen der Fristüberschreitung

Die prüffähige Abrechnung ist **Voraussetzung für die Fälligkeit** der Abschlags- oder 19 Schlussrechnung, so dass der Auftragnehmer die Abrechnungsfrist im eigenen Interesse beachten wird. Es bestehen aber auch berechtigte Interessen des Auftraggebers an der zeitnahen Abrechnung (vgl. § 14 VOB/B Vorbem. Rdn. 6 ff.), die es wie bei § 14 nahelegen, eine Verpflichtung des Auftragnehmers zur Beachtung des Abrechnungszeitraums anzunehmen.[20] Unabhängig von dieser Frage herrscht aber über die Folgen einer Fristüberschreitung ganz weitgehend Einigkeit:

Wird die Frist überschritten, so führt dies **nicht zum Verlust der Vergütungsforde-** 20 **rung.** Eine solche Folge kann auch nicht wirksam durch Allgemeine Geschäftsbedingungen vereinbart werden.[21]

Sind die selbstständig vergebenen Stundenlohnarbeiten abgeschlossen, so dass der Auftrag- 21 nehmer eine Schlussrechnung zu stellen hat, kann der **Auftraggeber** nach erfolgloser Fristsetzung die **Rechnung** nach § 14 Nr. 4 VOB/B **selbst erstellen.**[22] Dabei müssen Stundenlohnzettel in die Abrechnung eingestellt werden,[23] die vom Auftraggeber bestätigt wurden oder bei denen die Bestätigung wegen der nicht fristgerechten Rückgabe fingiert wird (vgl. Nr. 3 Rdn. 60 ff.). Die vom Auftraggeber erstellte Rechnung muss den Anforderungen an die Prüfbarkeit genügen (vgl. § 14 Nr. 4 Rdn. 13 ff.).[24] Unter den bei § 14 Nr. 4 Rdn. 21 ff. genannten Voraussetzungen steht dem Auftraggeber ein Anspruch auf Erstattung der Kosten der Rechnungserstellung zu.

**Nicht** zulässig ist es, bei Fehlen einer Schlussrechnung ohne weiteres auf die **Abrechnung** 22 **nach Nr. 5** überzugehen,[25] obwohl die Stundenlohnzettel vom Auftragnehmer fristgerecht eingereicht wurden und deshalb eine Abrechnung nach § 14 Nr. 4 VOB/B durch den Auftraggeber möglich ist.[26]

Handelt es sich um Stundenlohnarbeiten, die noch nicht abgeschlossen sind, oder um 23 angehängte Stundenlohnarbeiten, bei denen der Hauptteil des Vertrages noch nicht abgerechnet werden kann, so scheidet eine Schlussrechnung aus (vgl. Rdn. 9). Bei der einzureichenden Stundenlohnrechnung handelt es sich dann der Sache nach um einen Leistungsnachweis zur Begründung einer **Abschlagsforderung** im Sinne des § 16 Nr. 1 VOB/B (zu den inhaltlichen Anforderungen vgl. § 14 Nr. 1 Rdn. 3). Auch für eine solche Abrechnung steht dem Auftraggeber der Weg über eine **Selbsterstellung der Rechnung nach § 14 Nr. 4 VOB/B** offen. Zwar spricht die systematische Stellung dieser Regelung im Anschluss an die Bestimmung über die Schlussrechnung dafür, ihren Anwendungsbereich auf die Erstellung der Schlussrechnung zu beschränken, damit wird aber dem Zweck der Regelung des § 15 Nr. 4 VOB/B nicht ausreichend Rechnung getragen, denn diese Regelung zielt gerade darauf ab, in angemessener Zeit Klarheit über den geltend gemachten Umfang der

---

[20] *Weick* in *Nicklisch/Weick* Rdn. 35; offen *Messerschmidt* in *Kapellmann/Messerschmidt* Rdn. 84.
[21] *Messerschmidt* in *Kapellmann/Messerschmidt* Rdn. 83; *Weick* in *Nicklisch/Weick* Rdn. 43; vgl. auch (zu einer Parallelregelung bei nicht fristgerechter Vorlage der Stundenlohnzettel) OLG Düsseldorf BauR 1997, 660 = NJW-RR 1997, 784.
[22] *Messerschmidt* in *Kapellmann/Messerschmidt* Rdn. 86.
[23] *Messerschmidt* in *Kapellmann/Messerschmidt* Rdn. 86.
[24] *Messerschmidt* in *Kapellmann/Messerschmidt* Rdn. 85.
[25] In diese Richtung aber *Keldungs* in *Ingenstau/Korbion* Nr. 4 Rdn. 4.
[26] *Schoofs* in *Leinemann* Rdn. 42.

§ 15 Nr. 4               Rechtzeitige Einreichung von Stundenlohnabrechnungen

Stundenlohnarbeiten zu erhalten. Darin liegt der Unterschied zu anderen Abschlagsforderungen nach § 16 Nr. 1 VOB/B, deren Geltendmachung im Belieben des Auftragnehmers steht.

## F. Zahlung der Stundenlohnabrechnung

24  Handelt es sich um eine Schlussrechnung über die Stundenlohnarbeiten, so schließt die vorbehaltlose Annahme der Schlusszahlung unter den Voraussetzungen des § 16 Nr. 3 Abs. 2 die Nachforderung aus. Auch bei Stundenlohnarbeiten steht dies jedoch unter dem Vorbehalt des § 16 Nr. 3 Abs. 6, so dass eine Nachforderung wegen versehentlich nicht in die Schlussrechnung übernommener Stundenlohnzettel noch möglich ist.

### § 15 Nr. 5 [Zweifel über Umfang von Stundenlohnleistungen]

Wenn Stundenlohnarbeiten zwar vereinbart waren, über den Umfang der Stundenlohnleistungen aber mangels rechtzeitiger Vorlage der Stundenlohnzettel Zweifel bestehen, so kann der Auftraggeber verlangen, dass für die nachweisbar ausgeführten Leistungen eine Vergütung vereinbart wird, die nach Maßgabe von Nummer 1 Abs. 2 für einen wirtschaftlich vertretbaren Aufwand an Arbeitszeit und Verbrauch von Stoffen, für Vorhaltung von Einrichtungen, Geräten, Maschinen und maschinellen Anlagen, für Frachten, Fuhr- und Ladeleistungen sowie etwaige Sonderkosten ermittelt wird.

### Übersicht

| | Rdn. |
|---|---|
| A. Normzweck und Anwendungsbereich | 1–3 |
| B. Voraussetzungen der Abrechnung nach Nr. 5 | 4–15 |
|    I. Vereinbarung von Stundenlohnarbeiten | 4 |
|    II. Nicht rechtzeitige Vorlegung der Stundenlohnzettel | 5–6 |
|    III. Nicht prüfbare Stundenlohnzettel | 7 |
|    IV. Mit Einwendungen versehene Stundenlohnzettel | 8 |
|    V. Nicht vorgelegte Stundenlohnzettel | 9 |
|    VI. Unterlassene Beginnanzeige | 10 |
|    VII. Zweifel am Umfang der Stundenlohnleistungen | 11–12 |
|    VIII. Verlangen seitens des Auftraggebers | 13–15 |
|       1. Inhalt und Form | 14 |
|       2. Frist? | 15 |
| C. Berechnung der Vergütung | 16–20 |
|    I. Nachweisbar erbrachte Leistungen | 16 |
|    II. Berechnungsfaktoren | 17–19 |
|    III. Beschränkung auf den wirtschaftlich vertretbaren Aufwand | 20 |
| D. Rechtsfolgen | 21–24 |
|    I. Anspruch auf Zustimmung zur geänderten Vergütungsregelung | 21 |
|    II. Selbstabrechnung der Vergütung nach § 15 Nr. 5 VOB/B auf der Grundlage des § 14 Nr. 4 VOB/B | 22–24 |
| E. Prozessuale Fragen | 25 |

**Literatur:** Siehe Vor § 15 VOB/B.

## A. Normzweck und Anwendungsbereich

Der Auftragnehmer ist zwar nach Nr. 3 Satz 3 zur Einreichung von Listen über die geleisteten Stunden und die verwendeten Materialen verpflichtet, die fristgerechte Erfüllung dieser Pflicht ist aber nicht Voraussetzung für eine Vergütung (näher Nr. 3 Rdn. 21). Hinsichtlich der Berechnung dieser Vergütung ist zu unterscheiden: Sofern der Umfang der geleisteten Stunden zweifelsfrei auch ohne diese Listen vom Auftragnehmer nachgewiesen werden kann, bleibt es bei einer Vergütung nach der getroffenen Stundenlohnvereinbarung. Bleibt der Umfang jedoch zweifelhaft, weil der Auftragnehmer die Stundenlohnzettel nicht fristgerecht eingereicht hat, so kann der Auftraggeber nach Nr. 5 verlangen, dass eine abweichende vertragliche Vergütungsvereinbarung geschlossen wird. Es ist dann nicht mehr nach den tatsächlich benötigten Stunden abzurechnen, sondern es wird eine Vergütung festgesetzt, die sich nach dem wirtschaftlich vertretbaren Aufwand an Zeit und Material etc. bestimmt. Damit wird die **vertragliche Risikoverteilung geändert,** denn es kommt bei dieser Vergütungsform nicht mehr auf die tatsächlich benötigten Stunden und Materialien an, sondern auf den wirtschaftlich vertretbaren Umfang. Dabei bestimmt sich dieser vertretbare Umfang aus der Retrospektive, so dass Erschwernisse der Leistungserbringung auch dann berücksichtigt werden, wenn sie bei Vertragsschluss nicht absehbar waren. Dieses Risiko verbleibt deshalb bei der Abrechnung nach Nr. 5 beim Auftraggeber, und zwar auch dann, wenn die Vergütung auf dieser Grundlage als pauschaler Vergütungsbetrag vereinbart wird.

2   Die Modifikation der Vergütungsvereinbarung wird von der VOB/B als **Verpflichtung der Parteien zur Vereinbarung einer abweichenden Vergütung** konstruiert. Insofern kann die Regelung als Ausdruck einer Kooperationspflicht der Parteien verstanden werden, indem sie eine Pflicht zur Mitwirkung an einer einvernehmlichen Problemlösung bei Scheitern der ursprünglich vereinbarten Vergütungsform anordnet. Dabei ist bemerkenswert, dass die Kooperationspflicht besteht, obwohl die Schwierigkeiten bei der Abrechnung auf einem Verstoß gegen die Pflichten des Auftragnehmers beruhen. Zugleich zeigt die Regelung, dass weder ein einseitiges Recht zur Festlegung der Vergütung besteht noch das Gericht ermächtigt ist, eine solche Verfügung festzulegen.

3   Nach allgemeinen Regeln steht es den Parteien frei, einen **Vergleich** über die Vergütung zu schließen[1] oder auch eine andere Vergütungsform zu vereinbaren, falls die Abrechnung nach den geleisteten Stunden wegen Zweifeln am Leistungsumfang nicht möglich ist.[2]

## B. Voraussetzungen der Abrechnung nach Nr. 5

### I. Vereinbarung von Stundenlohnarbeiten

4   Die Regelung setzt – wie § 15 VOB/B insgesamt – die **Vereinbarung von Stundenlohnarbeiten** voraus.[3] Sie ist deshalb nicht anwendbar, wenn die Parteien sich lediglich über die Ausführung der Arbeiten, nicht jedoch über deren Vergütung nach Maßgabe eines Stundenlohnvertrages geeinigt haben. Dabei muss diese Einigung grundsätzlich ausdrücklich geschehen, § 2 Nr. 10 VOB/B (vgl. vor § 15 Rdn. 5). Wirksam ist auch eine entsprechende im Nachhinein getroffene Vereinbarung; diese liegt jedoch in aller Regel nicht bereits in der Abzeichnung der Stundenlohnzettel (vgl. Nr. 3 Rdn. 40).[4]

### II. Nicht rechtzeitige Vorlegung der Stundenlohnzettel

5   Der Auftragnehmer ist nach Nr. 3 Satz 2 zur Vorlegung von Stundenlohnzetteln verpflichtet. Dabei ist die von der VOB/B gewählte Bezeichnung zu eng geraten, denn die Verpflichtung beschränkt sich nicht auf Listen über die geleisteten Stunden, sondern die Listen müssen auch Angaben zu sonstigen Aufwendungen enthalten, sofern diese gesondert zu vergüten sind (vgl. Nr. 3 Rdn. 13 ff.). Die Regelung in Nr. 5 knüpft an die bloße Überschreitung dieser Vorlegungsfrist (zur Bemessung der Frist vgl. Nr. 3 Rdn. 20) an, so dass es auf ein Verschulden des Auftragnehmers nicht ankommt.[5]

6   Hat der Auftraggeber die Stundenlohnzettel **trotz der verspäteten Einreichung bescheinigt,** so stehen Treu und Glauben einer späteren Berufung auf die Verspätung entgegen. Jedenfalls aber wird es in einem solchen Fall an berechtigten Zweifeln fehlen, die gerade auf der verspäteten Einreichung beruhen.

### III. Nicht prüfbare Stundenlohnzettel

7   Hat der Auftragnehmer innerhalb der Vorlegungsfrist Stundenlohnzettel vorgelegt, die jedoch in ihrer **Detaillierung hinter den erforderlichen Angaben zurückbleiben** – etwa deshalb, weil die Arbeiten nur ganz pauschal aufgeführt werden oder die Namen der

---

[1] *Messerschmidt* in *Kapellmann/Messerschmidt* Rdn. 98.
[2] Vgl. *Schoofs* in *Leinemann* Rdn. 51.
[3] *Schoofs* in *Leinemann* Rdn. 46; *Weick* in *Nicklisch/Weick* Rdn. 37.
[4] Vgl. BGH BauR 1994, 760, 761 f.
[5] *Keldungs* in *Ingenstau/Korbion* Nr. 5 Rdn. 3.

eingesetzten Personen fehlen (näher Nr. 3 Rdn. 15), so kann der Auftraggeber diese zurückweisen. Werden die Stundenlohnzettel nicht in angemessener Zeit durch prüfbare Listen ersetzt, so steht die Vorlage nicht prüfbarer Stundenlohnzettel der verspäteten Einreichung gleich.[6] Hat der Auftraggeber die Stundenlohnzettel bescheinigt, obwohl diese nicht prüfbar waren, so kann er sich nicht mehr darauf berufen, die Listen seien nicht ordnungsgemäß eingereicht worden, so dass eine Vergütungsvereinbarung nach Nr. 5 zu treffen sei. Eine andere Frage ist es, ob derartigen Listen die Wirkung einer Beweislastumkehr zukommt (dazu Nr. 3 Rdn. 42 ff.).

### IV. Mit Einwendungen versehene Stundenlohnzettel

Wurden Stundenlohnzettel fristgerecht vorgelegt, gegen die der Auftraggeber Einwendungen erhoben hat, so beruhen die Zweifel nicht auf einer Fristüberschreitung. Es ist dann Sache des Auftragnehmers, den Umfang der Arbeiten nachzuweisen. Der Auftraggeber kann aber nicht nach Nr. 5 eine Änderung der Vergütungsvereinbarung verlangen (vgl. Nr. 3 Rdn. 50). **8**

### V. Nicht vorgelegte Stundenlohnzettel

Wurden Stundenlohnzettel nicht vorgelegt, so sind die berechtigten Informations- und Kontrollinteressen des Auftraggebers in noch höherem Maße beeinträchtigt, als dies bei verspäteter Einreichung der Fall ist. Da dies auf einem Verstoß des Auftragnehmers gegen seine Pflicht aus Nr. 3 beruht, kann der Auftaggeber in **entsprechender Anwendung** der Regelung in Nr. 5 eine Anpassung der Vergütungsvereinbarung verlangen.[7] **9**

### VI. Unterlassene Beginnanzeige

Die Stundenlohnzettel sollen dem Auftraggeber die Prüfung der ausgeführten Stunden ermöglichen (Nr. 3 Rdn. 1). Diese Prüfung ist jedoch erheblich erschwert, wenn der Auftragnehmer entgegen seiner Verpflichtung aus Nr. 3 den Beginn der Arbeiten nicht anzeigt. Deshalb wendet die h. L. auch in diesem Fall die Regelung der **Nr. 5 entsprechend** an.[8] Dem ist im Grundsatz zu folgen, wobei jedoch der Frage der Kausalität genau nachzugehen ist. Hat der Auftraggeber Kenntnis vom Beginn der Arbeiten, so scheidet eine Berufung auf die fehlende Beginnanzeige aus. **10**

### VII. Zweifel am Umfang der Stundenlohnleistungen

Eine Änderung der Vergütungsvereinbarung kann verlangt werden, wenn in Folge der verspätet eingereichten Stundenlohnzettel Zweifel am Umfang der Stundenlohnleistungen bestehen. Damit wird ein **Ursachenzusammenhang** gefordert, so dass allgemeine Zweifel an der Vertragstreue oder der Zuverlässigkeit des Auftragnehmers nicht ausreichen. Ebenfalls nicht ausreichend ist es, wenn der Auftraggeber am Umfang der in Auftrag gegebenen angehängten Stundenlohnarbeiten zweifelt, weil er meint, die Arbeiten seien über einen nach anderen Vergütungsregeln zu vergütenden Teil des Vertrages geschuldet.[9] Erforderlich **11**

---

[6] *Keldungs* in *Ingenstau/Korbion* Nr. 5 Rdn. 3.
[7] OLG Frankfurt/M. BauR 1999, 1460, 1461; *Schoofs* in *Leinemann* Rdn. 45.
[8] *Schoofs* in *Leinemann* Rdn. 45; *Keldungs* in *Ingenstau/Korbion* Nr. 5 Rdn. 7.
[9] *Keldungs* in *Ingenstau/Korbion* Nr. 5 Rdn. 4; *Weick* in *Nicklisch/Weick* Rdn. 38.

## § 15 Nr. 5 — Zweifel über Umfang von Stundenlohnleistungen

ist vielmehr, dass wegen des Fehlens der Stundenlohnzettel der Umfang der Stundenlohnarbeiten zweifelhaft ist.

**12** Über die Frage, welche **Anforderungen an** diese **Zweifel** zu stellen sind, werden in der Literatur unterschiedliche Auffassungen vertreten. Während die einen darauf verweisen, dass die Kontrollinteressen des Auftraggebers durch die Pflichtverletzung des Auftragnehmers beeinträchtigt seien und es deshalb gleichsam sein gutes Recht sei, den Umfang zu bezweifeln, sofern dieser nicht ganz unzweifelhaft sei,[10] verlangen andere objektiv begründete Zweifel.[11] Beide Auffassungen nähern sich ganz wesentlich an, wenn man die Extremfälle ausklammert. Steht der Umfang der Leistung fest und sind deshalb die Kontrollinteressen des Auftraggebers nicht beeinträchtigt, so kommt eine Abrechnung nach Nr. 5 nicht in Betracht. Dies ist beispielsweise dann der Fall, wenn der Auftraggeber selbst mit dem Auftragnehmer zusammengearbeitet hat und für ihn die dabei geleisteten Arbeitsstunden unschwer nachzuvollziehen sind. Umgekehrt kann angesichts der Pflichtverletzung des Auftragnehmers nicht erwartet werden, dass der Auftraggeber Anhaltspunkte für Zweifel nachweist, denn es ist gerade Aufgabe der Vorlagepflicht, derartige Zweifel gar nicht erst aufkommen zu lassen. Maßgebend ist deshalb, ob angesichts der Umstände des Einzelfalls für einen vernünftigen Auftraggeber der Umfang der Arbeiten feststeht. Dabei sind die Anforderungen an berechtigte Zweifel angesichts des vertragswidrigen Verhaltens des Auftragnehmers nicht allzu hoch anzusetzen.[12]

### VIII. Verlangen seitens des Auftraggebers

**13** Die Regelung überlässt dem **Auftraggeber die Wahl,** ob er an der Vergütungsvereinbarung nach den geleisteten Stunden festhält oder ob er angesichts der Zweifel am Umfang der geltend gemachten Stunden eine Änderung der Vergütungsvereinbarung auf Abrechnung nach dem objektivierten Maßstab der Nr. 5 verlangt.

#### 1. Inhalt und Form

**14** Das Verlangen der Vertragsänderung ist eine empfangsbedürftige Willenserklärung.[13] Das Verlangen ist nicht formgebunden, muss aber wegen der rechtsgestaltenden Auswirkung auf die Vergütungsvereinbarung eindeutig erklärt werden.[14] Als Vertragsänderung ist sie von der Vollmacht des Architekten oder des Bauleiters in der Regel nicht umfasst.

#### 2. Frist?

**15** Die VOB/B enthält keine ausdrückliche zeitliche Grenze für die Ausübung des Wahlrechts. Da der Auftraggeber zunächst die Rechnung des Auftragnehmers auf mögliche Zweifel an den geltend gemachten Stunden durchsehen muss, kommt eine zeitliche Begrenzung frühestens mit dem Ablauf der Frist zur Prüfung der Rechnung in Betracht. Dies wird auch in der Literatur entsprechend vertreten.[15] Gegen eine solche Begrenzung spricht jedoch, dass Grundlage der Zweifel das vertragswidrige Verhalten des Auftragnehmers ist, der den Stundenlohnzettel nicht fristgerecht eingereicht hat. Weiterhin ist zu bedenken, dass sich die Zweifel letztlich gegen die Richtigkeit der Abrechnung und nicht nur gegen ihre Prüfbarkeit richten. Der Ablauf einer Prüffrist schließt es aber grundsätzlich nicht aus, noch

---

[10] *Weick* in Nicklisch/Weick Rdn. 39; *Messerschmidt* in Kapellmann/Messerschmidt Rdn. 101.
[11] So *Schoofs* in Leinemann Rdn. 47; *Keldungs* in Ingenstau/Korbion Nr. 5 Rdn. 6; *Heiermann* in Heiermann/Riedl/Rusam Rdn. 46.
[12] *Keldungs* in Ingenstau/Korbion Nr. 5 Rdn. 6.
[13] Vgl. *Keldungs* in Ingenstau/Korbion Nr. 5 Rdn. 8.
[14] BeckOK-*Jansen* Rdn. 6; vgl. *Keldungs* in Ingenstau/Korbion Nr. 5 Rdn. 8.
[15] *Schoofs* in Leinemann Rdn. 48; ähnlich *Keldungs* in Ingenstau/Korbion Nr. 5 Rdn. 8 (Zeitpunkt der Fälligkeit).

Einwendungen gegen die Richtigkeit der Abrechnung vorzubringen. Der Auftraggeber ist deshalb vorbehaltlich besonderer Umstände des Einzelfalls **nicht gehindert,** auch **noch nach Ablauf der Prüffrist** eine Abänderung der Vergütung nach Nr. 5 zu verlangen. Dafür spricht auch die wirtschaftliche Interessenlage, denn eine Beurteilung der Frage, ob dieses Verlangen wirtschaftlich sinnvoll ist, kann nicht immer sogleich erfolgen, denn sie hängt auch davon ab, in welchem Umfang der Auftragnehmer Stunden nachweislich erbracht hat und welche Stunden bei wirtschaftlich vertretbarem Aufwand angefallen wären. Je nach Fallkonstellation kann sich dies auch erst im Prozess sicher beurteilen lassen. Der Auftraggeber handelt deshalb nicht treuwidrig, wenn er die Entscheidung bis zur gerichtlichen Auseinandersetzung und dort regelmäßig bis zur letzten mündlichen Verhandlung offenlässt.[16] Vorausgesetzt ist dabei aber, dass auch in diesem Zeitpunkt die Zweifel noch nicht vom Auftragnehmer ausgeräumt sind und der Auftraggeber die Abrechnung nicht anerkannt hat.

## C. Berechnung der Vergütung

### I. Nachweisbar erbrachte Leistungen

Grundlage für die Berechnung der Vergütung nach Nr. 5 sind die nachweisbar ausgeführten Leistungen. Dieser Begriff bezieht sich auf den **werkvertraglichen Erfolg,** nicht auf den dafür benötigten zeitlichen Aufwand. Die Beweislast für den Umfang der erbrachten Leistungen liegt beim Auftragnehmer, der die Vergütung beansprucht.

### II. Berechnungsfaktoren

Bei der Bestimmung der Berechnungsfaktoren ist zu beachten, dass sich der Anspruch nach Nr. 5 auf die Vereinbarung einer Vergütung richtet und nicht etwa auf die gemeinsame Festlegung einer Stundenzahl oder eines Aufwands. Es geht deshalb um die **Festlegung eines Gesamtbetrages.** Bei der Festlegung dieses Betrages ist hinsichtlich der Mengen[17] nach Nr. 5 auf den wirtschaftlich vertretbaren Aufwand abzustellen. Zu diesem Aufwand gehören nach der Aufzählung in der Nr. 5 neben der Arbeitszeit und dem Verbrauch von Stoffen auch der Aufwand für Vorhaltung von Einrichtungen, Geräten, Maschinen und maschinellen Anlagen, für Frachten, Fuhr- und Ladeleistungen sowie etwaige Sonderkosten. Im Unterschied zu Nr. 1 Abs. 2 werden dabei Gewinn und Umsatzsteuer nicht eigens erwähnt. Dies ist nur konsequent, weil der Gewinnanteil der Umsatzsteuer nicht Bestandteil der Mengenfeststellung ist. Diese Faktoren fließen deshalb bei der Berechnung der Vergütung über den Wert der festgestellten Mengen ein.[18]

Auf der Grundlage der so festgelegten Mengen wird dann mittels der vereinbarten Stundenlohnvergütung und den Vereinbarungen über die Berechnung von Materialien etc. die Vergütung errechnet. Ein Rückgriff auf Nr. 1 Abs. 2 ist dazu nur dann erforderlich, wenn zwar Stundenlohnarbeiten vereinbart waren, aber hinsichtlich der Vergütung keine Vereinbarung getroffen wurde. Es ist dann auf die Ortsüblichkeit und hilfsweise auf die Faktoren in Nr. 1 Abs. 2 Satz 2 abzustellen.

Die so festgestellte Vergütung wird als Betrag vereinbart. Für eine Unterscheidung zwischen Einheitspreis, Pauschalpreis oder Stundenlohn besteht in diesem Zeitpunkt kein Bedürfnis mehr, denn die Vergütung kann abschließend festgelegt werden, ohne dass es auf diesen Rechenweg noch ankommt. Deshalb besteht auch entgegen der ganz überwiegend

---

[16] *Messerschmidt* in *Kapellmann/Messerschmidt* Rdn. 103 f.
[17] *Weick* in *Nicklisch/Weick* Rdn. 40.
[18] *Keldungs* in *Ingenstau/Korbion* Nr. 5 Rdn. 11.

vertretenen Auffassung[19] kein Raum für ein Wahlrecht des Auftraggebers. Die Vergütung bestimmt sich vielmehr nach den in Nr. 5 angegebenen Kriterien.

### III. Beschränkung auf den wirtschaftlich vertretbaren Aufwand

20  Die Beschränkung auf den wirtschaftlich vertretbaren Aufwand führt zu einer etwas **anderen als der vertraglich vereinbarten Risikoverteilung,** weil nicht mehr die tatsächlich benötigte Zeit, sondern eine angemessene Zeit vergütet wird. Andererseits fließen aber besondere Erschwernisse in die Bestimmung der angemessenen Zeit ein, so dass diese Risiken dem Auftraggeber verbleiben. Die Frage des wirtschaftlich vertretbaren Aufwands lässt sich ebenso wie die der wirtschaftlichen Betriebsführung letztlich nur unter **Beiziehung von Sachverständigen** feststellen.

## D. Rechtsfolgen

### I. Anspruch auf Zustimmung zur geänderten Vergütungsregelung

21  Unter den Voraussetzungen der Nr. 5 kann der Auftraggeber vom Auftragnehmer die Zustimmung zur Vereinbarung einer vom Vertrag abweichenden Vergütung verlangen. Dieser Anspruch richtet sich auf eine Zustimmung und damit eine Willenserklärung. Ähnlich wie bei der Anpassung eines Vertrages wegen Wegfall oder Störung der Geschäftsgrundlage kann aber der Anspruch sogleich auf die **Rechtsfolgen der abzugebenden Erklärung** gerichtet werden. Damit kann der Auftraggeber vom Auftragnehmer eine Abrechnung auf der Grundlage des objektiven Maßstabs der Nr. 5 verlangen.[20]

### II. Selbstabrechnung der Vergütung nach § 15 Nr. 5 VOB/B auf der Grundlage des § 14 Nr. 4 VOB/B

22  Zugelassen wird es in der Praxis auch, dass der Auftraggeber auch bei der Berechnung der Vergütung nach dem objektiven Maßstab des § 15 Nr. 5 VOB/B die Rechnung nach § 14 Nr. 4 VOB/B an der Stelle des Auftragnehmers erstellt.[21] Dies ist konstruktiv nicht ganz leicht zu begründen, denn die Abrechnung kann erst dann nach Maßgabe der Nr. 5 erfolgen, wenn die entsprechende Vereinbarung erfolgt ist. Solange der Auftragnehmer nicht zugestimmt hat, ist deshalb von ihm nicht auf dieser Grundlage abzurechnen und deshalb kommt auch eine Selbstvornahme durch den Auftraggeber nicht in Betracht. Dennoch ist schon aus praktischen Gründen der herrschenden Auffassung zu folgen. Eine Rechtfertigung findet sie am ehesten im Gedanken, dass sich der Auftragnehmer mit der Zustimmung zur der Vereinbarung in Verzug befindet und deshalb die Kosten der Selbstaufstellung durch den Auftraggeber als Verzugsschaden anzusehen sind.[22]

---

[19] So aber *Keldungs* in *Ingenstau/Korbion* Nr. 5 Rdn. 2 (Wahlrecht zwischen Pauschale und Einheitspreisvertrag); ähnlich *Heiermann* in *Heiermann/Riedl/Rusam* Rdn. 45 (Wahlrecht des Auftraggebers zwischen Pauschale und Einheitspreis als Basis der Vergütungsberechnung); *Weick* in *Nicklisch/Weick* Rdn. 41 (unter Hinweis auf § 15 Nr. 7 in der Fassung von 1952); für ein solches Wahlrecht auch *Messerschmidt* in *Kapellmann/Messerschmidt* Rdn. 111.

[20] *Messerschmidt* in *Kapellmann/Messerschmidt* Rdn. 105 f.; vgl. zur allgemeinen Frage bei Anpassung nach § 313 BGB *Grüneberg* in *Bamberger/Roth*. § 313 BGB Rdn. 94 (Klage zwingend auf Leistung, nicht auf Zustimmung zu richten).

[21] LG Mannheim BauR 1982, 71; *Messerschmidt* in *Kapellmann/Messerschmidt* Rdn. 107; *Schoofs* in *Leinemann* Rdn. 49; *Keldungs* in *Ingenstau/Korbion* Nr. 5 Rdn. 4.

[22] Zu einem solchen Kostenerstattungsanspruch vgl. *Messerschmidt* in *Kapellmann/Messerschmidt* Rdn. 112.

Bei der Aufstellung der Selbstabrechnung ist der Auftraggeber an die **Kriterien der Nr. 5 gebunden.** Dabei brauchen Nachweise zur Bemessung der angemessenen Vergütung nicht beigefügt zu werden, denn der Auftraggebr hat lediglich die Abrechnung anstelle des Auftragnehmers erstellt, ohne dass die Darlegungs- oder Beweislast für die Vergütungsfaktoren auf ihn übergeht (vgl. Rdn. 25). Bei der Abrechnung steht dem Auftraggeber **kein Leistungsbestimmungsrecht** zu. Die Kontrolle durch das Gericht ist auch nicht auf eine Prüfung auf Unbilligkeit beschränkt.[23] Ein solches Bestimmungsrecht des Auftraggebers kann dieser auch nicht wirksam durch AGB vereinbaren.[24] 23

Neben der Möglichkeit der Selbsterstellung der Rechnung kann der Auftraggeber regelmäßig auch **Schadensersatzansprüche** wegen der nicht rechtzeitigen Vorlage der Stundenlohnzettel geltend machen,[25] denn erst diese Pflichtverletzung des Auftragnehmers hat zu den Zweifeln an der Abrechnung geführt. 24

## E. Prozessuale Fragen

Da die Vergütungsregelung der Nr. 5 dem Auftraggeber ein Wahlrecht einräumt, hat er die Voraussetzungen darzulegen und zu beweisen, wenn er von dem Wahlrecht Gebrauch machen möchte.[26] Dazu gehört neben dem **Nachweis,** dass die **Stundenlohnzettel nicht fristgerecht** eingereicht wurden und deshalb **Zweifel** am Umfang der Arbeiten aufgekommen sind, auch der Nachweis der **Ausübung des Wahlrechts** (zur Möglichkeit, dies noch im Prozess auszuüben, vgl. Rdn. 15). Der Nachweis, welche Leistungen erbracht wurden und wie diese zu vergüten sind, obliegt dann dem Auftragnehmer, denn er verlangt auf der Grundlage der geänderten Vergütungsbestimmung seine Vergütung.[27] 25

---

[23] *Weick* in *Nicklisch/Weick* Rdn. 42; *Keldungs* in *Ingenstau/Korbion* Nr. 5 Rdn. 9; *Messerschmidt* in *Kapellmann/Messerschmidt* Rdn. 107; a. A. LG Mannheim BauR 1982, 71.
[24] *Messerschmidt* in *Kapellmann/Messerschmidt* Rdn. 107.
[25] *Messerschmidt* in *Kapellmann/Messerschmidt* Rdn. 112; *Heiermann* in *Heiermann/Riedel/Rusam* Rdn. 47.
[26] *Keldungs* in *Ingenstau/Korbion* Rdn. 12.
[27] Vgl. *Weick* in *Nicklisch/Weick* Rdn. 40.

## § 16 Zahlung

1. (1) Abschlagszahlungen sind auf Antrag in möglichst kurzen Zeitabständen oder zu den vereinbarten Zeitpunkten zu gewähren, und zwar in Höhe des Wertes der jeweils nachgewiesenen vertragsgemäßen Leistungen einschließlich des ausgewiesenen, darauf entfallenden Umsatzsteuerbetrages. Die Leistungen sind durch eine prüfbare Aufstellung nachzuweisen, die eine rasche und sichere Beurteilung der Leistungen ermöglichen muss. Als Leistungen gelten hierbei auch die für die geforderte Leistung eigens angefertigten und bereitgestellten Bauteile sowie die auf der Baustelle angelieferten Stoffe und Bauteile, wenn dem Auftraggeber nach seiner Wahl das Eigentum an ihnen übertragen ist oder entsprechende Sicherheit gegeben wird.

   (2) Gegenforderungen können einbehalten werden. Andere Einbehalte sind nur in den im Vertrag und in den gesetzlichen Bestimmungen vorgesehenen Fällen zulässig.

   (3) Ansprüche auf Abschlagszahlungen werden binnen 18 Werktagen nach Zugang der Aufstellung fällig.

   (4) Die Abschlagszahlungen sind ohne Einfluss auf die Haftung des Auftragnehmers; sie gelten nicht als Abnahme von Teilen der Leistung.

2. (1) Vorauszahlungen können auch nach Vertragsabschluss vereinbart werden; hierfür ist auf Verlangen des Auftraggebers ausreichende Sicherheit zu leisten. Diese Vorauszahlungen sind, sofern nichts anderes vereinbart wird, mit 3 v. H. über dem Basiszinssatz des § 247 BGB zu verzinsen.

   (2) Vorauszahlungen sind auf die nächstfälligen Zahlungen anzurechnen, soweit damit Leistungen abzugelten sind, für welche die Vorauszahlungen gewährt worden sind.

3. (1) Der Anspruch auf die Schlusszahlung wird alsbald nach Prüfung und Feststellung der vom Auftragnehmer vorgelegten Schlussrechnung fällig, spätestens innerhalb von 2 Monaten nach Zugang. Werden Einwendungen gegen die Prüfbarkeit unter Angabe der Gründe hierfür nicht spätestens innerhalb von 2 Monaten nach Zugang der Schlussrechnung erhoben, so kann der Auftraggeber sich nicht mehr auf die fehlende Prüfbarkeit berufen. Die Prüfung der Schlussrechnung ist nach Möglichkeit zu beschleunigen. Verzögert sie sich, so ist das unbestrittene Guthaben als Abschlagszahlung sofort zu zahlen.

   (2) Die vorbehaltlose Annahme der Schlusszahlung schließt Nachforderungen aus, wenn der Auftragnehmer über die Schlusszahlung schriftlich unterrichtet und auf die Ausschlusswirkung hingewiesen wurde.

   (3) Einer Schlusszahlung steht es gleich, wenn der Auftraggeber unter Hinweis auf geleistete Zahlungen weitere Zahlungen endgültig und schriftlich ablehnt.

   (4) Auch früher gestellte, aber unerledigte Forderungen werden ausgeschlossen, wenn sie nicht nochmals vorbehalten werden.

   (5) Ein Vorbehalt ist innerhalb von 24 Werktagen nach Zugang der Mitteilung nach den Absätzen 2 und 3 über die Schlusszahlung zu erklären. Er wird hinfällig, wenn nicht innerhalb von weiteren 24 Werktagen – beginnend am Tag nach Ablauf der in Satz 1 genannten 24 Werktage – eine prüfbare Rechnung über die vorbehaltenen Forderungen eingereicht oder, wenn das nicht möglich ist, der Vorbehalt eingehend begründet wird.

   (6) Die Ausschlussfristen gelten nicht für ein Verlangen nach Richtigstellung der Schlussrechnung und -zahlung wegen Aufmaß-, Rechen- und Übertragungsfehlern.

4. In sich abgeschlossene Teile der Leistung können nach Teilabnahme ohne Rücksicht auf die Vollendung der übrigen Leistungen endgültig festgestellt und bezahlt werden.

5. (1) Alle Zahlungen sind aufs äußerste zu beschleunigen.

   (2) Nicht vereinbarte Skontoabzüge sind unzulässig.

(3) Zahlt der Auftraggeber bei Fälligkeit nicht, so kann ihm der Auftragnehmer eine angemessene Nachfrist setzen. Zahlt er auch innerhalb der Nachfrist nicht, sohat der Auftragnehmer vom Ende der Nachfrist an Anspruch auf Zinsen in Höhe der § 288 BGB angegebenen Zinssätze, wenn er nicht einen höheren Verzugsschaden nachweist.

(4) Zahlt der Auftraggeber das fällige unbestrittene Guthaben nicht innerhalb von 2 Monaten nach Zugang der Schlussrechnung, so hat der Auftragnehmer für dieses Guthaben abweichend von Absatz 3 (ohne Nachfristsetzung) ab diesem Zeitpunkt Anspruch auf Zinsen in Höhe der in § 288 BGB angegebenen Zinssätze, wenn er nicht einen höheren Verzugsschaden nachweist.

(5) Der Auftragnehmer darf in den Fällen der Absätze 3 und 4 die Arbeiten bis zur Zahlung einstellen, sofern die dem Auftraggeber zuvor gesetzte angemessene Nachfrist erfolglos verstrichen ist.

6. Der Auftraggeber ist berechtigt, zur Erfüllung seiner Verpflichtungen aus den Nummern 1 bis 5 Zahlungen an Gläubiger des Auftragnehmers zu leisten, soweit sie an der Ausführung der vertraglichen Leistung des Auftragnehmers aufgrund eines mit diesem abgeschlossenen Dienst- und Werkvertrags beteiligt sind, wegen Zahlungsverzugs des Auftragnehmers die Fortsetzung ihrer Leistung zu Recht verweigern und die Direktzahlung die Fortsetzung der Leistung sicherstellen soll. Der Auftragnehmer ist verpflichtet, sich auf Verlangen des Auftraggebers innerhalb einer von diesem gesetzten Frist darüber zu erklären, ob und inwieweit er die Forderungen seiner Gläubiger anerkennt; wird diese Erklärung nicht rechtzeitig abgegeben, so gelten die Voraussetzungen für die Direktzahlung als anerkannt.

# Vorbemerkung § 16

## Übersicht

| | Rdn. | | Rdn. |
|---|---|---|---|
| A. Einführung | 1 | B. Rückzahlungsansprüche | 44 |
| I. Überblick | 1 | I. Rückzahlungen auf Grund von Abschlags- und Vorauszahlungen | 48 |
| II. Systematische Stellung zu den §§ 631 ff. BGB | 9 | II. Rückforderung auf Grund Schlussrechnungsüberzahlung | 55 |
| III. AGB-rechtliche Kontrolle des § 16 | 11 | III. Rückzahlungsansprüche auf Grund von Mängeln und sonstigen Pflichtverletzungen | 59 |
| 1. Erfassung der VOB/B durch die §§ 305 ff. BGB | 11 | IV. Ausschluss von Rückforderungsansprüchen | 64 |
| 2. Verwender der VOB/B | 16 | 1. Anerkenntnis des Auftraggebers | 65 |
| 3. Vereinbarkeit des § 16 VOB/B mit den §§ 307 ff. BGB | 17 | 2. Vergleich | 68 |
| a) Abschlagszahlungen nach § 16 Nr. 1 VOB/B | 18 | 3. Durchsetzungshindernisse | 69 |
| b) Fälligkeitsregelung des § 16 Nr. 3 Abs. 1 VOB/B | 22 | a) Verwirkung | 70 |
| | | b) Verjährung | 72 |
| c) Forderungsausschluss nach § 16 Nr. 3 Abs. 2 VOB/B | 30 | c) Schlusszahlungseinrede | 73 |
| | | V. Verzinsung | 74 |
| d) Verzugseintritt § 16 Nr. 5 VOB/B | 34 | C. Steuerliche Besonderheiten | 76 |
| e) Schuldbefreiende Leistung an Gläubiger des Auftragnehmers gemäß § 16 Nr. 6 VOB/B | 37 | I. Umsatzsteuer | 76 |
| | | II. Bauabzugsteuer | 78 |

**Literatur:** *Bunte,* Die Begrenzung des Kompensationseinwandes bei der richterlichen Vertragskontrolle, Festschrift für Hermann Korbion zum 60. Geburtstag, 23; *Frikell,* Mögliche Auswirkungen der Schuldrechtsreform auf die Rechtsprechung zur „VOB/B als Ganzes", BauR 2002, 671; *Gebauer,* Die AGB-rechtlich entprivilegierte VOB/B, BauR 2004, 1843; *Heiermann/Riedel/Rusam,* Handkommentar zur VOB, 10. Aufl. 2003;

A. Einführung **Vor § 16**

*Heiland,* Die Bauabzugssteuer gemäß §§ 48 ff. EStG im Bauprozess, NZBau 2002, 413; *Hoff,* Die VOB/B 2000 und das AGB-Gesetz – Der Anfang vom Ende der Privilegierung? BauR 2001, 1654; *Hofmann,* Das Kreuz mit den Allgemeinen Geschäftsbedingungen, Festschrift für Walter Jagenburg zum 60. Geburtstag, 291; *Ingenstau/ Korbion,* VOB Teil A und B, 15. Aufl. 2004; *Kapellmann/Messerschmidt,* VOB Teile A und B, 2003; *Kniffka,* Das Gesetz zur Beschleunigung fälliger Zahlungen – Neuregelung des Bauvertragsrechts und seine Folgen, ZfBR 2000, 227; *Kniffka/Quack,* Festschrift aus Anlass des fünfzigjährigen Bestehens von Bundesgerichtshof, Bundesanwaltschaft und Rechtsanwaltschaft beim Bundesgerichtshof, 17 ff.; *Koch,* Zum Verbot der isolierten Inhaltskontrolle der VOB, BauR 2001, 162; *Kraus,* Der Diskussionsentwurf eines Schuldrechtsmodernisierungsgesetzes, BauR 2001, 1; *Leinemann,* VOB/B, 2. Aufl. 2005; *Lenkeit,* Das modernisierte Verjährungsrecht, BauR 2002, 196; *Micklitz,* Die Richtlinie 93/13/EWG des Rates der Europäischen Gemeinschaften vom 5. 4. 1993 über missbräuchliche Klauseln in Verbraucherverträgen und ihre Bedeutung für die VOB/B; *Nicklisch,* Empfiehlt sich eine Neukonzeption des Werkvertragsrechts? unter besonderer Berücksichtigung komplexer Langzeitverträge –, JZ 1984, 757; *Peters,* Fälligkeit und Verzug bei den Zahlungsansprüchen des Bauunternehmers nach der VOB/B, NZBau 2002, 305; *Peters,* Das Baurecht im modernisierten Schuldrecht-Überblick, kritische Anmerkungen, Ausblick, NZBau 2002, 113; *Peters,* Fälligkeit und Verzug bei den Zahlungsansprüchen des Bauunternehmers nach der VOB/B, NZBau 2002, 305; *Preussner,* Das neue Werkvertragsrecht im BGB 2002, BauR 2002, 231; *Preussner,* Die VOB/B ist tot! BauR 2002, 1602; *Quack,* VOB/B als Ganzes und die Modernisierung des Schuldrechtes, ZfBR 2002, 428; *Schulze-Hagen,* Pauschalpreisrisiko und Verwirkung, IBR 2005, 1275; *Schwenker,* vom Auftraggeber erstellte Schlussrechnung löst Wirkungen des § 16 Nr. 3 VOB/B aus, IBR 2005, 523; *Siegburg,* Zum AGB-Charakter der VOB/B und deren Privilegierung durch das AGB-Gesetz, BauR 1993, 9; *Tempel,* Ist die VOB/B noch zeitgemäß? – Teil 1, NZBau 2002, 465; *Thierau,* Fälligkeitsregelung gemäß § 16 Nr. 3 Abs. 1 Satz 1 VOB/B ist unwirksam, IBR 2005, 666; *Thode,* Der Bauträgervertrag vor dem Aus? IBR 2001, 153; *Voppel,* Die AGB-rechtliche Bewertung der VOB/B nach dem neuen Schuldrecht, NZBau 2003, 6; *Werner/Pastor,* Der Bauprozess, 11. Aufl. 2005.

## A. Einführung

### I. Überblick

§ 16 VOB/B regelt die Leistungserbringung durch den Auftraggeber, somit die Zahlung der geschuldeten Vergütung. Die Regelung ergänzt die Bestimmungen des § 2 VOB/B zur Ermittlung der Vergütung sowie der §§ 14, 15 VOB/B zu deren Abrechnung. Über die Bestimmung der Leistungsmodalitäten hinausgehend regelt § 16 VOB/B in rudimentärer Form die Konsequenzen der Nichtleistung geschuldeter Beträge (§ 16 Nr. 5 VOB/B) sowie Anspruchsausschlüsse zu Lasten des Auftragnehmers (§ 16 Nr. 3 VOB/B). Die Gesamtvorschrift weicht dabei in erheblichem Umfang von den Vorgaben des BGB ab, wobei dieses überwiegend zu Lasten des Auftragnehmers geht. AGB-rechtlich unterliegen daher mehrere Klauseln des § 16 VOB/B erheblichen Wirksamkeitsbedenken. **1**

Im Einzelnen enthält § 16 in Nr. 1 VOB/B Regelungen zu Abschlagszahlungen, in Nr. 2 zu Vorauszahlungen, in Nr. 3 zur Schlusszahlung, in Nr. 4 zu Teilschlusszahlungen sowie in Nr. 5 Regelungen zu Verzinsungspflichten im Falle nicht rechtzeitiger Zahlung sowie zu Leistungsverweigerungsrechten des Auftragnehmers in einem solchen Fall. § 16 Nr. 6 VOB/B regelt schließlich die Berechtigung des Auftraggebers, schuldbefreiend an Dritte zu leisten. **2**

Die in 16 Nr. 1 VOB/B geregelten Abschlagszahlungen begründen einen eigenständigen Anspruch des Auftragnehmers auf die Vergütung von nachgewiesenen und prüfbar abgerechneten vertragsgemäßen Leistungen. Der Anspruch besteht nur bis zum Eintritt der Schlussrechnungsreife, allerdings unabhängig davon, ob es sich um in sich abgeschlossene Leistungen handelt. Abweichend von § 632 a BGB kann damit jede Art von Teilleistung, soweit sie als solches nachweisbar und die auf sie entfallende anteilige Vergütung bestimmbar ist, zum Gegenstand einer Abschlagsanforderung werden. Abschlagsanforderungen können vom Auftragnehmer durch formlose einseitige Erklärung verlangt werden oder nach Maßgabe eines Zahlungsplanes, wobei Fälligkeit jeweils 18 Werktage nach Zugang der Abschlagsrechnung eintritt. **3**

Mit der VOB/B 2006, hat erstmals der in der Praxis regelmäßig vereinbarte Zahlungsplan in § 16 Nr. 1 VOB/B Einzug gehalten. Aufgrund der weiterhin vorgesehenen Verknüpfung

## Vor § 16
Vorbemerkung Zahlung

mit der Vergütungsfähigkeit der jeweils nachgewiesenen Leistungen ist allerdings davon auszugehen, dass die mit der Ergänzung des § 16 Nr. 1 VOB/B verabfolgte Zielsetzung, Abweichungen von der VOB/B als Ganzes bei Vereinbarung von Zahlungsplänen zu verhindern, weiterhin nicht erreicht werden wird.

**4** § 16 Nr. 2 VOB/B enthält Rahmenbestimmungen zu Vorauszahlungen, wobei, anders als bei den Übrigen in § 16 VOB/B geregelten Zahlungen, eine Vorauszahlung nur dann geschuldet ist, wenn diese gesondert zwischen den Vertragsparteien vereinbart ist. § 16 Nr. 2 VOB/B enthält damit keine von den Vorgaben des BGB abweichende Regelung, da die Frage, ob Vorauszahlungen zu leisten sind, der Disposition der Vertragsparteien unterliegt.

**5** Durch § 16 Nr. 3 VOB/B wird die Schlusszahlung des Auftraggebers und damit die abschließende Befriedigung der Ansprüche des Auftragnehmers geregelt. Abweichend von § 641 BGB tritt die Fälligkeit der Schlussrechnungsforderung gemäß § 16 Nr. 3 Abs. 1 VOB/B erst mit der Prüfung und Feststellung der Schlussrechnung durch den Auftraggeber, spätestens jedoch 2 Monate nach dem Zugang der Schlussrechnung beim Auftraggeber ein. Darüber hinaus eröffnet § 16 Nr. 3 Abs. 2 VOB/B die Möglichkeit eines Forderungsausschlusses zu Lasten des Auftragnehmers, wenn dieser eine Schlusszahlung des Auftraggebers vorbehaltlos annimmt, er über die Schlusszahlung und die Konsequenzen ihrer vorbehaltlosen Entgegennahme schriftlich belehrt worden ist und nicht oder nicht fristgerecht Vorbehalte anmeldet und begründet. Die erheblichen Abweichungen vom gesetzlichen Leitbild durch § 16 Nr. 3 Abs. 2 VOB/B begründet durchgreifende Wirksamkeitsbedenken im Hinblick auf § 307 BGB. Soweit die VOB/B nicht als Ganzes vereinbart worden ist, ist diese Vorschrift nach einhelliger Auffassung wegen einer unangemessenen Benachteiligung des Auftragnehmers gemäß § 307 BGB auch im kaufmännischen Verkehr unwirksam, sofern die Klausel nicht vom Auftragnehmer als Verwender gestellt worden ist. Ob bei der Einbeziehung der VOB/B als Ganzes ein Ausschluss der AGB-rechtlichen Kontrolle noch möglich ist und daher für diesen Fall von der Wirksamkeit des § 16 Nr. 3 Abs. 2 VOB/B ausgegangen werden kann, ist zweifelhaft. Die besseren Gründe dürften dafür sprechen, auch hier die Anwendbarkeit des § 307 BGB zu bejahen, mit der Folge, dass die Vorschrift des § 16 Nr. 3 Abs. 2 VOB/B auch bei Einbeziehung der VOB/B als Ganzes unwirksam ist.

**6** § 16 Nr. 4 VOB/B ermöglicht für in sich abgeschlossene Teile der Leistung (§ 12 Nr. 2 VOB/B) eine Teilschlussrechnung sowie Teilschlusszahlung. Voraussetzung ist hierbei, dass es zu einer Teilabnahme im Sinne des § 12 Nr. 2 VOB/B gekommen ist. Zentraler Unterschied zu der Abschlagszahlung im Sinne des § 16 Nr. 1 VOB/B und auch jener nach § 632a BGB ist, dass die Teilschlusszahlung zu einer abschließenden Abgeltung der Ansprüche des Auftragnehmers für die teilabgenommene Leistung führt, während Abschlagszahlungen unter dem Vorbehalt der abschließenden Abrechnung in der Schlussrechnung stehen.

**7** Durch § 16 Nr. 5 VOB/B werden die Modalitäten der Zahlungsabwicklung sowie die Rechte des Auftragnehmers für den Fall der Nichtleistung fälliger Forderungen geregelt. Bedeutung hat hier die Verzinsungspflicht sowie die Möglichkeit zur Arbeitseinstellung bis zur Bewirkung der geschuldeten Zahlungen bei Ablauf einer zur Zahlung gesetzten Nachfrist.

**8** § 16 Nr. 6 VOB/B regelt schließlich die Möglichkeit für den Auftraggeber, Zahlungen schuldbefreiend statt an den Auftragnehmer an dessen Gläubiger zu leisten, wenn dieses die Fortführung der Arbeiten sicherstellen soll. Diese Vorschrift begegnet wegen des Eingriffs in die Rechtspositionen des Auftragnehmers ebenfalls Wirksamkeitsbedenken vor dem Hintergrund des § 307 BGB, die allerdings auf Grund der Neufassung in der VOB/B 2002 nicht mehr durchgreifend sind.

**8a** Durch die VOB/B 2006 hat § 16 VOB/B substantielle Änderungen nur bei § 16 Nr. 1 VOB/B durch Ermöglichung der Vereinbarung von Zahlungsplänen erfahren. Die neue Bestimmung des § 16 Nr. 3 Abs. 1 S. 2 VOB/B kodifiziert die Rechtsprechung des Bundesgerichtshofes zum Eintritt der Fälligkeit des Vergütungsanspruches auch im Falle der fehlenden Prüfbarkeit der Schlussrechnung, wenn nicht binnen zwei Monaten nach deren Zugang substantiierte Rügen vom Auftraggeber erhoben worden sind. Die weiteren Ver-

A. Einführung                                                              Vor § 16

änderungen bei § 16 Nr. 3 Abs. 5 VOB/B und § 16 Nr. 5 VOB/B stellen schließlich lediglich Klarstellungen dar, mit denen bestehende sprachliche Ungenauigkeiten beseitigt worden sind. Die darüber hinaus im Rahmen der Diskussion des DVA angedachten Änderungen, u. a. zur Prüfungsfrist bei Stundenlohn und Pauschalpreisverträgen, sind von der VOB/B 2006 nicht umgesetzt worden.

### II. Systematische Stellung zu den §§ 631 ff. BGB

§ 16 VOB/B trifft ergänzende Regelungen zur Abwicklung der Zahlungen durch den  9
Auftraggeber. Die eher spartanischen Bestimmungen der BGB-Werkvertragsrechtes, die sich auf die §§ 632 a, 641 BGB beschränken, werden durch § 16 VOB/B den Bedürfnissen des Bauvertrages angepasst. Das gilt explizit im Hinblick auf die Notwendigkeit der Vorlage von prüffähigen Rechnungen als Fälligkeitsvoraussetzung, die der BGB-Werkvertrag nicht kennt. Die Rechtsprechung hat folgerichtig bei einem BGB-Bauvertrag auch nur konzediert, dass das Fehlen einer Rechnung ein Durchsetzungshindernis für die Vergütungsforderung darstellen kann,[1] das Vorliegen einer Rechnung allerdings bewusst nicht als Fälligkeitsvoraussetzung ausgestaltet.[2] Konsequenzen hat diese unterschiedliche Gestaltung für den Auftragnehmer im Hinblick auf die Inlaufsetzung der Verjährungsfrist. Beim BGB-Werkvertrag beginnt die Verjährungsfrist der Vergütungsforderung zum Schluss des Jahres, in dem die Abnahme der Werkleistung stattfindet oder das Vertragsverhältnis, insbesondere auf Grund Kündigung, anderweitig in ein Abrechnungsverhältnis gelangt, ohne dass es auf eine (prüffähige) Abrechnung ankäme.[3] Nach Maßgabe des § 16 VOB/B beginnt die Verjährungsfrist demgegenüber erst zum Schluss des Jahres, vorherige Abnahme unterstellt, in dem die prüfbare Schlussrechnung dem Auftraggeber zugeht und dieser die Rechnung prüft bzw. die Prüffrist abläuft.[4] Für den Auftraggeber hat die Anknüpfung der Fälligkeit der Vergütungsforderung beim BGB-Vertrag allein an die Abnahme den Nachteil, Fälligkeitszinsen gemäß § 641 Abs. 4 BGB zahlen zu müssen, ohne die notwendige Kenntnis von der Höhe der Vergütung zu haben und damit überhaupt eine Zahlung leisten zu können. Ein weitergehender Verzugsanspruch des Auftragnehmers wird demgegenüber regelmäßig nicht bestehen, da die Voraussetzungen des § 286 Abs. 3 BGB ohne Rechnung nicht herbeigeführt werden können und darüber hinaus der Auftraggeber ohne vorliegende Rechnung das Unterbleiben der Zahlung nicht zu vertreten hat, es somit des Verschuldens im Sinne des § 286 Abs. 4 BGB ermangelt.

Die Bestimmungen des § 16 VOB/B sind demgegenüber auf die besonderen Interes-  10
senlagen der Bauvertragsparteien ausgerichtet. Durch das Abstellen auf Abrechnungen bzw. eine Schlussrechnung als Fälligkeitsvoraussetzung von Zahlungsansprüchen des Auftragnehmers wird dem Umstand der hohen Komplexität der Ermittlung der für die erbrachten Leistungen zu leistenden Vergütung Rechnung getragen. Anders als etwa bei einem Kaufvertrag, bei dem der wechselseitige, regelmäßig punktuell abzuwickelnde Leistungsaustausch bei Vertragsschluss abschließend fixiert ist,[5] ist bei dem auf einen längeren Zeitraum ausgerichteten Bauvertrag der Vergütungsanspruch des Auftragnehmers zwar bei Vertragsschluss bestimmbar, aber nicht abschließend bestimmt. Das gilt auch für den Fall des Pauschalpreisvertrags, da auch bei diesem eine Veränderung der vereinbarten Vergütung nach Maßgabe des § 2 Nr. 4–7 VOB/B möglich ist.[6] Dementsprechend muss bei jedem Bauvertragstyp – Einheitspreisvertrag, Stundenlohnvertrag und Pauschalpreisvertrag – zur Herbeiführung der

---

[1] OLG Hamm, 25. 3. 1996 17 U 117/94 BauR 1997, 656; OLG Bamberg, 15. 1. 2003 3 U 46/02 BauR 2003, 1227.
[2] BGH 18. 12. 1980 VII ZR 41/80, NJW 1981, 814.
[3] *Ingenstau/Korbion/Locher* § 16 VOB/B Rdn. 15.
[4] Vgl. im Einzelnen § 16 Nr. 3 Rdn. 18 ff.
[5] *Nicklisch* JZ 1984, 757, 759.
[6] BGH 20. 10. 1988, VII ZR 302/87, NJW 1989, 836.

Fälligkeit der Vergütung eine prüffähige Rechnung vorgelegt werden. Nur mit einer entsprechenden Abrechnung kann dem beiderseitigen Feststellungsbedarf hinsichtlich der Vergütungshöhe entsprochen werden. Dabei ist auch zu berücksichtigen, dass auch die vom Auftragnehmer zu erbringende Leistung regelmäßig nicht statisch bestimmt ist, sondern Änderungen während der Vertragserfüllung unterliegt, was dazu führt, das auch das Leistungssoll des Auftragnehmers flexibel ist. Das auf einen bei Vertragsschluss abschließend fixierten Inhalt der wechselseitigen Leistungen ausgerichtete BGB-Werkvertragsrecht ist für die Abwicklung eines Bauvertrages daher im Wesentlichen unbrauchbar. Daran hat sich auch nichts durch die Einführung des § 632a BGB sowie der § 641 Abs. 2 und 3 BGB geändert.

### III. AGB-rechtliche Kontrolle des § 16

#### 1. Erfassung der VOB/B durch die §§ 305 ff. BGB

11 Die VOB/B stellt eine Allgemeine Geschäftsbedingung dar, die damit grundsätzlich der Kontrolle durch die §§ 305 ff. BGB unterliegt.[7] Das gilt im Grundsatz auch dann, wenn die VOB/B als Ganzes in den Vertrag einbezogen worden ist.[8] Allerdings findet nach der bisher herrschenden Meinung eine Inhaltskontrolle der VOB/B nicht statt, wenn sie als Ganzes vereinbart worden ist. Die VOB/B als Ganzes ist Vertragsgegenstand, wenn sie ohne inhaltliche Abänderungen zwischen den Parteien des Bauvertrages vereinbart wird. Keine Abweichung stellt damit die Vereinbarung von solchen Vertragsbedingungen dar, die ohne materielle Änderungen den Regelungsgehalt der VOB/B nur mit anderen Worten wiedergibt. Ferner liegt eine Abweichung auch dann nicht vor, wenn die Vertragsparteien Regelungen treffen, für die in der VOB/B ausdrückliche Regelungsvorbehalte vorgesehen sind.[9] Das gilt etwa für den Fall des § 16 Nr. 2 VOB/B, der eine Vereinbarung über Vorauszahlungen erfordert, um überhaupt anwendbar zu sein, aber auch für von § 13 Nr. 4 VOB/B abweichende Regelungen. Darüber hinaus gehende substantielle Ergänzungen für besondere Belange eines Auftraggebers führen auch dann zur vollen AGB-rechtlichen Kontrolle, wenn es sich um einen öffentlichen Auftraggeber handelt, der die entsprechenden Anpassungen durch Einbeziehung der EVM (B) ZVB/E herbeiführen will. Die gegenteilige Auffassung,[9a] die darauf abstellt, dass keine „entscheidenden" Abänderungen erfolgen, übersieht, dass die Frage der Gewichtigkeit des Eingriffs in die VOB/B gerade kein für die Anwendbarkeit der §§ 307 ff. BGB maßgebliches Differenzierungsmerkmal mehr darstellt.[9b]

12 Die von der Rechtsprechung entwickelte Privilegierung der VOB/B als Ganzes und damit die Unanwendbarkeit der §§ 307 ff. BGB beruht auf der Annahme einer Ausgewogenheit des Gesamtwerkes und eines im Falle einer Inhaltskontrolle einzelner Klauseln eintretenden Ungleichgewichtes.[10] Wird verneint, dass die VOB/B als Ganzes in ihrer heutigen Fassung noch ein insgesamt ausgewogenes Klauselwerk ist,[11] muss daher auch bei einer Einbeziehung der VOB/B als Ganzes eine Inhaltskontrolle am Maßstab der §§ 307 ff. BGB erfolgen.[12] Bedeutung hat die Einbeziehung der VOB/B als Ganzes dann nur noch im Hinblick auf die Zulässigkeit von Einzelklauseln nach Maßgabe der § 308 Nr. 5 BGB sowie des § 309 Nr. 8b) ff) BGB,[13] die nur bei Vereinbarung der VOB/B als Ganzes eine Privilegierung der sonst AGB-rechtlich unwirksamen Verjährungsregelung des § 13 Nr. 4 VOB/B sowie der Abnahmefiktion des § 12 Nr. 5 VOB/B herbeiführen. Da damit § 16

---

[7] BGH 16. 12. 1982, VII ZR 92/82, NJW 1983, 816; *Ingenstau/Korbion/Locher,* Anhang 1, Rdn. 63.
[8] BGH, 17. 9. 1987, VII ZR 166/86, NJW-RR 1988, 210.
[9] *Ingenstau/Korbion/Locher,* Anhang 1, Rdn. 75.
[9a] OLG Celle, 7. 9. 2005, 7 U 12/05, LSK 2006, 030331.
[9b] *Schwenker,* IBR 2005, 523; BGH, 10. 5. 2007, VII ZR 226/05, NZBau 2007, 581.
[10] BGH 16. 12. 1982, VII ZR 92/82, NJW 1983, 816.
[11] Bunte FS *Korbion,* 23; *Tempel* NZBau 2002, 465, 468.
[12] *Peters* NZBau 2002, 113; *Preussner* BauR 2002, 231, 241.
[13] *Preussner* BauR 2002, 1602.

A. Einführung  **Vor § 16**

VOB/B von der Einzelprivilegierung der §§ 308 Nr. 5, 309 Nr. 8 b) ff) BGB bereits tatbestandlich nicht berührt werden, kann die Frage, ob diese beiden Vorschriften europarechtlich[14] und verfassungsrechtlich[15] Bestand haben, an dieser Stelle offen bleiben.

Die Ausgewogenheit der VOB/B als Ganzes ist nicht gegeben.[16] Die VOB/B unterliegt auch dann, wenn sie als Ganzes Vertragsgegenstand ist, der uneingeschränkten Inhaltskontrolle nach Maßgabe des §§ 307 ff. BGB.[17] Gegenteiliges ergibt sich zunächst nicht aus der Neufassung der AGB-rechtlichen Vorschriften in den §§ 305 ff. BGB. Diese Neufassung begründet, da eine vollständige Privilegierung der VOB/B in ihnen gerade nicht enthalten ist, keinen tragfähigen Ansatz für die Annahme, der Gesetzgeber habe die bisherige Rechtsprechung des Bundesgerichtshofes in Gesetzesform bringen wollen.[18] Die isolierte Privilegierung von Einzelregelungen spricht vielmehr eher gegen einen gesetzgeberischen Willen, die VOB/B als Ganzes von der Inhaltskontrolle auszunehmen. Darüber hinaus sind auch die tragenden Gründe für eine Privilegierung der VOB/B als Ganzes, wie sie von der Rechtsprechung herangezogen worden sind, in Wegfall geraten. Durch die Entscheidung, dass jede Abweichung von der VOB/B die Inhaltskontrolle eröffnet,[19] hat der Bundesgerichtshof der bisherigen Argumentationslinie, die VOB/B sei eine insgesamt ausgewogene Regelung, was es ausschließe, einzelne Bedingungen einer Inhaltskontrolle zu unterziehen, die Grundlage entzogen.

Die Annahme, die VOB/B als Ganzes stelle ein ausgewogenes Regelwerk dar, ist mit Rücksicht auf die Entscheidung des Bundesgerichtshofes vom 22. 1. 2004[20] nicht länger haltbar. Nach der früher herrschenden Rechtsprechung,[21] der die Literatur überwiegend gefolgt ist,[22] wurde die Privilegierung der VOB/B als Ganzes nur aufgehoben, wenn die Eingriffe durch abweichende Vertragsbedingungen „ins Gewicht fallende Einschränkungen"[23] der VOB/B darstellten. Unabhängig von der Frage, ob die Abgrenzung zwischen ins Gewicht fallenden Abweichungen und unerheblichen Modifikationen überhaupt sachgerecht möglich war,[24] war damit Voraussetzung einer Inhaltskontrolle ein substanzieller Eingriff in den materiellen Regelungsgehalt. Damit hat der Bundesgerichtshof jedenfalls im Umkehrschluss zugrunde gelegt, dass die VOB/B insgesamt angemessen war, da marginale Abweichungen gerade die Inhaltskontrolle nicht eröffneten. Durch die nunmehr erfolgte Eröffnung der Inhaltskontrolle in allen Fällen einer Abweichung von der VOB/B, somit auch einer Abweichung, die ohne eigenes Gewicht ist, ist die bisherige Annahme, die VOB/B sei in sich ausgewogen, in Wegfall geraten. Eine in sich ausgewogene Regelung kann nicht durch nicht ins Gewicht fallende Abweichungen unausgewogen werden. Diese Konsequenz hat der Bundesgerichtshof zwar bislang nicht ausdrücklich gezogen.[25] Mit Rücksicht auf die Ausführungen in der Entscheidung vom 22. 1. 2004 ist allerdings eine anderweitige Beurteilung nur möglich, wenn bewusst Wertungswidersprüche hingenommen werden.

Auch der Umstand, dass die VOB/B durch den Deutschen Vergabe- und Vertragsausschuss für Bauleistungen (DVA) erarbeitet wird und damit als Ergebnis kollektiver Verhandlungen angesehen werden kann, schließt die Inhaltskontrolle nach Maßgabe der §§ 307 ff.

---

[14] Vereinbarkeit mit der EG-Richtlinie über missbräuchliche Klauseln in Verbraucherverträgen, vgl. hierzu *Koch* BauR 2001, 162, 173; *Quack* ZfBR 2002, 428, 429; *Gebauer* BauR 2004, 1843, 1847 ff.
[15] Zulässigkeit einer dynamischen Verweisung auf ein nicht von Gesetzgeber stammendes Normenwerk, vgl. hierzu *Voppel* NZBau 2003, 6, 9.
[16] *Lenkeit* BauR 2002, 196, 223; *Hoff* BauR 2001, 1654; *Gebauer* BauR 2004, 1843, 1846.
[17] So auch *Hofmann* FS Jagenburg 291.
[18] A. A. *Frikell* BauR 2002, 671; wie hier *Gebauer* BauR 2004, 1843.
[19] BGH, 22. 1. 2004, VII ZR 419/02, NJW 2004, 1597.
[20] BGH, 22. 1. 2004, VII ZR 419/02, NJW 2004, 1597.
[21] BGH, 17. 12. 1998, VII ZR 243/97, NJW 1999, 942; BGH 17. 9. 1987, VII ZR 155/86, NJW 1988, 55.
[22] Vgl. *Ingenstau/Korbion/Locher* Anhang 1, Rdn. 83.
[23] BGH, 16. 12. 1982, VII ZR 92/82, NJW 1983, 816, 818.
[24] *Siegburg* BauR 1993, 9, 10, 16; *Kniffka/Quack* Festschrift, 17, 25; *Kraus* BauR 2001, 1, 10.
[25] Ob die Privilegierung der VOB/B als Ganzes auch unter Zugrundelegung des BGB in der seit dem 1. 1. 2002 geltend Fassung aufrechterhalten bleiben kann, ist ausdrücklich von BGH, 22. 1. 2004, VII ZR 419/02, NJW 2004, 1597, offen gelassen worden.

BGB nicht aus. Wie im Umkehrschluss aus § 310 Abs. 4 BGB zu entnehmen ist, unterliegen auch kollektiv ausgehandelte Vereinbarungen grundsätzlich der AGB-rechtlichen Kontrolle. Andernfalls wäre der ausdrückliche Ausschluss der Inhaltskontrolle von Tarifverträgen als einem Musterbeispiel kollektiv ausgehandelter Vertragsbedingungen entbehrlich.

15a Die von der Instanzrechtsprechung[25a] auch weiterhin bejahte Privilegierung überzeugt nicht. Dass der Gesetzgeber die Privilegierung nicht ausdrücklich ausschließt, hat nicht die Nichtanwendbarkeit der §§ 305 ff. BGB zur Folge. Genau das Gegenteil ist der Fall: solange der Anwendungsbereich eines Gesetzes nicht ausdrücklich eingeschränkt ist, ist es umfassend anzuwenden. Das gilt auch dann, wenn der Gesetzgeber oder am Gesetzgebungsprozess Beteiligte andere Vorstellungen entwickeln, diese Erwägungen aber nicht Eingang in den Gesetzeswortlaut finden.

## 2. Verwender der VOB/B

16 Die AGB-rechtliche Kontrolle ist unabhängig davon, von wem die VOB/B gestellt wird, findet daher also insbesondere auch dann statt, wenn die Einbeziehung durch den Auftragnehmer veranlasst wird. Allerdings kann die Vertragspartei, die die VOB/B als Verwender gestellt hat, sich im Verhältnis zum anderen Vertragspartner nicht darauf berufen, zu ihren Lasten gehende Regelungen seien wegen Verstoßes gegen die §§ 307 ff. BGB unwirksam.[26] Die Vorschriften der §§ 305 ff. BGB dienen nicht dem Zweck, den Verwender vor seinen eigenen Klauseln zu schützen, so dass sich zwar nicht der Verwendungsgegner, wohl aber der Verwender an sie halten lassen muss.[27] Soweit daher der Auftragnehmer die VOB/B als Vertragsbedingungen gestellt hat, muss er sich auch die ihm nachteiligen Klauseln des § 16 VOB/B entgegenhalten lassen.

## 3. Vereinbarkeit des § 16 VOB/B mit den §§ 307 ff. BGB

17 Die Vereinbarkeit der Klauseln des § 16 VOB/B mit den § 307 ff. BGB wird in vielfältiger Hinsicht in Frage gestellt. AGB-rechtlich unbedenklich sind insoweit nur die Nr. 2 sowie 4. Hinsichtlich der weiteren Regelungen werden Wirksamkeitsbedenken geäußert, wobei § 16 Nr. 3 Abs. 2 VOB/B und § 16 Nr. 5 Abs. 3 VOB/B der Inhaltskontrolle nach § 307 BGB nicht standhalten.

18 a) **Abschlagszahlungen nach § 16 Nr. 1 VOB/B.** Durch die Einfügung des § 632a BGB, der Leitbildcharakter aufweist,[28] sind Zweifel an der Wirksamkeit des § 16 Nr. 1 VOB/B aufgekommen. Begründet werden diese damit, dass die tatbestandlichen Voraussetzungen an Abschlagszahlungen im Sinne des § 16 Nr. 1 VOB/B wesentlich geringer seien als nach Maßgabe des § 632a BGB, was zu einer Verschlechterung der Situation des Auftraggebers gegenüber der gesetzlichen Leitbildregelung führe.[29] Die im Wesentlichen aus Verbrauchersicht angestellten Überlegungen zur unangemessenen Benachteiligung des Auftraggebers durch § 16 Nr. 1 VOB/B überzeugen indes nicht.

19 Die Erwägung, durch § 16 Nr. 1 VOB/B werde dem Sicherungsbedürfnis des Auftraggebers, wie es in § 632a BGB postuliert wird, nicht Rechnung getragen, ist schon in tatsächlicher Hinsicht nicht tragfähig. Der Auftragnehmer kann nach § 16 Nr. 1 VOB/B nur Abschlagszahlungen für erbrachte Leistungen verlangen, an denen somit er selbst bzw. der Grundstückseigentümer Eigentum gemäß § 946 BGB durch Einbau erlangt hat, oder für die er eine Sicherheit gestellt erhält.[30] Der Auftraggeber ist daher auch bei Abschlags-

---

[25a] LG Berlin, 7. 12. 2005, 26 O 46/05, NZBau 2006, 182; OLG Naumburg, 4. 11. 2005, 10 U 11/05, BauR 2005, 1971; KG Berlin, 15. 2. 2007, 23 u. 12/06, NZBau 2007, 584.
[26] BGH 25. 3. 1987, VIII ZR 71/86, NJW 1987, 2506, 2507; OLG Düsseldorf 28. 4. 1999, 11 U 69/98, NJW-RR 2000, 279; OLG Jena 8. 4. 2004, 1 U 603/03, IBR 2005, 478.
[27] Münchener Komm/*Basedow*, § 306 BGB, Rdn. 19.
[28] *Thode* IBR 2001, 153, 155; *Kniffka* ZfBR 2000, 227, 229; *Schmidt-Räntsch* ZfBR 2000, 337.
[29] *Micklitz* 127 f.
[30] *Ingenstau/Korbion/Locher* § 16 Rdn. 26.

A. Einführung                                                          Vor § 16

zahlungen im Sinne des § 16 VOB/B mindestens in dem Umfang gesichert, wie im Falle der Abschlagszahlungen nach § 632a BGB.

Auch das weitere Argument, es komme bei der Abschlagszahlung im Sinne des § 16 Nr. 1 **20** VOB/B nicht darauf an, dass die Leistungen im Wesentlichen frei von Mängeln, somit vertragsmäßig seien, vermag nicht zu überzeugen. Hier wird übersehen, dass auch im Falle des § 16 Nr. 1 VOB/B vom Auftraggeber eine Abschlagszahlung nur hinsichtlich der tatsächlich werthaltigen Leistung und unter Berücksichtigung der sich aus § 320 BGB ergebenden Möglichkeiten zu weitergehenden Einbehalten geschuldet ist.[31] Eine Benachteiligung des Auftraggebers liegt damit nicht vor, da sein Interesse, nur werthaltige Leistungen vergüten zu müssen, ebenso gewahrt wird, wie seine Möglichkeiten, durch Geltendmachung von Einbehalten („Druckzuschlag") dem Auftragnehmer Anreize zu geben, bestehende Mängel der Leistung zu beseitigen.

Der schließlich noch zur Rechtfertigung der Annahme einer Unwirksamkeit des § 16 **21** Nr. 1 VOB/B herangezogene Verweis auf die nach § 632a BGB für eine Abschlagszahlung bestehende Voraussetzung eines in sich abgeschlossenen Teiles des Werkes überzeugt bereits deshalb nicht, weil die Vorschrift insoweit keine Leitbildfunktion entfaltet. Dass eine Leitbildfunktion nicht gegeben ist, ergibt sich nicht zuletzt aus der Tatsache, dass der Gesetzgeber zwischenzeitlich die völlige Unbrauchbarkeit[32] des § 632a BGB erkannt hat und im Entwurf des Forderungssicherungsgesetzes eine Neufassung dieser Norm vorgesehen ist, die im Wesentlichen dem Regelungsgehalt des § 16 Nr. 1 VOB/B entsprechen soll.[33] Es war dementsprechend nach der bis zur Einführung des § 632a BGB ergangenen Rechtsprechung zu § 641 BGB im Wesentlichen unstreitig, dass auch durch Allgemeine Geschäftsbedingungen Abschlagszahlungen vereinbart werden konnten, sofern der Grundsatz der Vorleistungspflicht des Auftragnehmers hierdurch nicht verletzt wurde.[34] Da nach der gesetzgeberischen Intention die Einführung des § 632a BGB eine Verbesserung der Stellung des Auftragnehmers herbeiführen sollte,[35] ist eine Auslegung dieser Vorschrift dahingehend, dass zuvor zulässige Abschlagszahlungsregelungen wegen des Verzichtes auf die Tatbestandsvoraussetzung des in sich abgeschlossenen Teiles des Werkes unzulässig werden sollten, nicht vertretbar.[36] Die Klausel des § 16 Nr. 1 VOB/B ist daher mit § 307 BGB auch vor dem Hintergrund des § 632a BGB vereinbar,[37] jedenfalls, soweit die Rechte des Auftraggebers in Rede stehen.

Die Vereinbarkeit des § 16 Nr. 1 VOB/B mit § 623a BGB aus Auftragnehmersicht ist **21a** allerdings bei der Fassung der VOB/B 2006 zweifelhaft. Die Zulassung der Alternative, dass Abschlagszahlungen statt auf einseitige Anforderungen nur zu vereinbarten Zeitpunkten verlangt werden können, kann dazu führen, dass dem Auftragnehmer auch Abschlagszahlungen für in sich abgeschlossene Leistungsteile nicht mehr zustehen, die nach § 16 Nr. 1 VOB/B geschuldeten Abschlagszahlungen somit hinter dem zurückbleiben, was dem Auftragnehmer durch § 632a BGB eingeräumt wird. Da § 632a BGB jedenfalls den gesetzlichen Leitgedanken enthält, dass unter den dort genannten Voraussetzungen eine Abschlagszahlung verlangt werden kann, ist eine Abweichung zu Lasten des Auftragnehmers hiervon durch Allgemeine Geschäftsbedingungen gemäß § 307 BGB unwirksam. Dieses Ergebnis kann nicht dadurch umgangen werden, dass auf den Zahlungsplan als Individualvereinbarung abgestellt wird. Einer solchen Würdigung steht entgegen, dass der Ausschluss weiterer Abschlagsforderungen nicht durch den Zahlungsplan bewirkt wird, sondern durch den Regelungsgehalt des § 16 Nr. 1 VOB/B. Das hat zur Folge, dass der Auftragnehmer bei

---

[31] *Werner/Pastor* Rdn. 1226.
[32] *Böhme* BauR 2001, 535; *Werner/Pastor* Rdn. 1218 d.
[33] Vgl. die Gesetzesbegründung in BT-Drucks. 15/3594, 14.
[34] OLG Hamm 8. 11. 1988, 26 U 113/88, BauR 1989, 751; BGH 11. 10. 1984, VII ZR 248/83, NJW 1985, 852.
[35] *Ingenstau/Korbion/Locher* § 16 Nr. 1 Rdn. 2.
[36] OLG Koblenz, 22. 10. 2003, 7 U 49/03, OLGR 2004, 301.
[37] *Ingenstau/Korbion/Locher* § 16 Nr. 1 Rdn. 3.

vom Auftraggeber gestellter VOB/B sich auf die Unwirksamkeit der Beschränkung der Berechtigung zur Geltendmachung von Abschlagsforderungen durch einen Zahlungsplan berufen kann. Die Klausel ist in den ursprünglichen Regelungsgehalt und die mit der VOB/B 2006 vorgenommene Ergänzung aufspaltbar,[37a] so dass der Verstoß des Einschubs „oder zu den vereinbarten Zeitpunkten" gegen § 307 nur die Nichtigkeit dieses Teiles zur Folge hat, nicht hingegen der übrigen Regelung des § 16 Nr. 1 VOB/B.

22  b) **Fälligkeitsregelung des § 16 Nr. 3 Abs. 1 VOB/B.** Die Vorschrift des § 16 Nr. 3 Abs. 1 Satz 1 VOB/B stellt sich unzweifelhaft als erhebliche Abweichung von § 641 BGB dar, da die Fälligkeit der Vergütungsforderung nicht mit Abnahme eintritt, sondern erst mit Prüfung und Feststellung der Schlusszahlung, spätestens zwei Monate nach Zugang der Schlussrechnung beim Auftraggeber.[38] Die Fälligkeitsvoraussetzungen werden somit gegenüber der gesetzlichen Regelung deutlich verschärft, wobei mit Rücksicht auf den hinausgeschobenen Fälligkeitstermin zugleich die in § 286 Abs. 3 BGB beabsichtigte Beschleunigung des Verzugseintrittes konterkariert wird. Hieraus ist in der Literatur[39] und Rechtsprechung[40] der Schluss gezogen worden, dass die Bestimmung des § 16 Nr. 3 Abs. 1 Satz 1 VOB/B ebenfalls unwirksam sei, da mit den Leitgedanken des § 641 BGB nicht vereinbar. Eine Unwirksamkeit der Klausel wegen Verstoßes gegen § 307 BGB wird hierbei sowohl vor dem Gesichtspunkt der Benachteiligung des Auftragnehmers als auch einer solchen des Auftraggebers diskutiert.

23  Im Hinblick auf die Benachteiligung des Auftragnehmers ist hier insbesondere auf die durch den Gesetzgeber gewollte Beschleunigung der Zahlungen an den Auftragnehmer abgestellt worden,[41] während die Benachteiligung des Auftraggebers in der Hinausschiebung der Inlaufsetzung der Verjährungsfrist gesehen wird.[42]

24  Beide Erwägungen überzeugen nicht. Soweit eine Benachteiligung des Auftraggebers wegen des Erfordernisses einer Schlussrechnung als Fälligkeitsvoraussetzung angenommen wird, wird bereits § 14 Nr. 4 VOB/B nicht berücksichtigt. Der Auftraggeber hat danach die Möglichkeit, selbst eine Schlussrechnung aufzustellen und damit die Verjährungsfrist der Vergütungsforderung in Lauf zu setzen. Darüber hinaus überzeugt die Annahme, § 641 BGB diene dem – durch § 16 Nr. 3 VOB/B vermeintlich vereitelten – Zweck, den Auftraggeber vor verzögerter Inanspruchnahme auf Zahlung zu schützen, nicht. Die Postulierung der Vorleistungsverpflichtung des Auftragnehmers, die durch die Fälligkeitsbestimmung des § 641 BGB erfolgt, soll den Auftraggeber nur davor schützen, Zahlungen leisten zu müssen, bevor eine entsprechende werthaltige Werkleistung geschaffen worden ist. Ein beschleunigter Wegfall der Durchsetzbarkeit der Werklohnforderung wegen eingetretener Verjährung ist demgegenüber nicht Gesetzeszweck.

25  Auch die Begründung einer Prüfungsfrist von maximal 2 Monaten ab Zugang der Schlussrechnung ist im Hinblick auf eine damit ggf. verbundene Hinausschiebung des Beginns der Verjährung nicht geeignet, einen Verstoß gegen § 307 BGB zu begründen. Dem steht bereits der Schutzzweck des § 16 Nr. 3 Abs. 1 VOB/B entgegen. Denn der Auftraggeber erlangt durch diese Klausel die Möglichkeit, die Abrechnung der Vergütungsforderung durch den Auftragnehmer umfassend zu prüfen, ohne das Risiko in Kauf nehmen zu müssen, in Verzug zu geraten. Die Klausel dient damit dem Schutz des Auftraggebers. Darüber hinaus kann der Auftraggeber durch Prüfung und Feststellung der Schlusszahlung die Fälligkeit der gesamten Vergütungsforderung vor Ablauf der Prüffrist herbeiführen.

---

[37a] Vgl. BGH, 18. 4. 1989, X ZR 31/88, NJW 1989, 3215 zur Teilbarkeit von Klauselbestandteilen.
[38] OLG Brandenburg 7 U 131/02, 12. 3. 2003, BauR 2003, 1229.
[39] *Ingenstau/Korbion/Locher* § 16 Nr. 3 VOB/B Rdn. 11; *Peters* NZBau 2002, 305, 308.
[40] OLG Karlsruhe 6. 7. 1993, 3 U 57/92, NJW-RR 1993, 1435 (zu einer unabhängig von der VOB/B vereinbarten zweimonatigen Prüfungsfrist); LG Magdeburg, 25. 2. 2005, 5 O 2548/03 (404), IBR 2005, 188; OLG Düsseldorf, 11. 3. 2005, 22 U 99/04, BauR 2006, 120; OLG Naumburg, 4. 11. 2005, 10 U 11/05, BauR 2005, 1971.
[41] *Peters* a. a. O.
[42] LG Magdeburg IBR 2005, 188.

A. Einführung                                                                    **Vor § 16**

Damit liegt auch in tatsächlicher Hinsicht eine Benachteiligung des Auftraggebers nicht vor.[42a]

Auch für den Auftragnehmer stellt § 16 Nr. 3 Abs. 1 VOB/B keine unangemessene **26** Benachteiligung im Sinne des § 307 BGB dar. Es ermangelt bereits eines gesetzlichen Leitbildes, von dem mit dieser Klausel abgewichen würde. Die insoweit bemühte Bestimmung des § 286 Abs. 3 BGB ist nicht einschlägig, da in dieser Vorschrift nur Regelungen dazu getroffen werden, wann der Schuldner einer fälligen Forderung auch ohne Mahnung in Verzug gerät, nicht hingegen, wann die Fälligkeit einer Forderung eintritt. Bestimmungen zur Fälligkeit enthalten lediglich die §§ 271, 641 BGB, wobei § 271 BGB ausdrücklich die abweichende Regelung des Fälligkeitszeitpunktes durch Vereinbarung, damit auch durch Allgemeine Geschäftsbedingungen zulässt. Eine Grenze zieht hier lediglich § 308 Nr. 1 BGB, der zur Unwirksamkeit von Klauseln, die eine unangemessen lange Frist für die Erbringung einer Leistung vorsehen, führt. Diese Grenze wird indes durch die Notwendigkeit zur Vorlage einer prüffähigen Rechnung sowie die maximal zweimonatige Prüfungsfrist des § 16 Nr. 3 Abs. 1 VOB/B nicht überschritten.[43]

Dass bei der üblicherweise komplexen Ermittlung der Vergütung für erbrachte Bauleistungen die Fälligkeit der Vergütungsforderung von der Vorlage einer nachvollziehbaren Rechnung abhängig zu machen ist, ist sachgerecht. Ohne eine entsprechende Rechnungslegung ist es beiden Vertragsparteien nicht möglich, die Höhe der geschuldeten Vergütung zu ermitteln. **27**

Eine an die Vorlage der Rechnung sodann anschließende Prüffrist von maximal 2 Monaten stellt bei einem Einheitsvertrag sowie bei Mischverträgen keine unangemessen lange Frist zur Leistungserbringung durch den Auftraggeber dar. Hier ist zu berücksichtigen, dass der Auftraggeber einen angemessenen Zeitraum benötigt, um die Schlussrechnung nachvollziehen zu können, insbesondere Massenansätze zu prüfen und die Berechtigung von Nachträgen und Stundenlohnarbeiten nachzuhalten. Es spricht vieles dafür, die entsprechende Prüfungsdauer aus Gründen der Rechtssicherheit auch für Stundenlohn- und Pauschalpreisverträge als noch zulässig anzusehen,[44] zumal widrigenfalls zu erwarten ist, dass die Vertragsparteien in Streit darüber geraten, ob reine Pauschal- oder Stundenlohnverträge mit einer entsprechenden kürzeren Prüfungsfrist oder aber Mischverträge mit der längeren Prüfungsfrist vorliegen. Der Umstand, dass der DVA anlässlich der Diskussion um die VOB/B 2006[44a] eine Reduzierung der Prüfungsfristen für Stunden- und Pauschalpreisverträge auf 30 Tage entsprechend der Frist in § 286 Abs. 3 BGB erwogen hatte, dürfte allerdings der Auffassung, die die Fälligkeitsregelung des § 16 Nr. 3 Abs. 1 VOB/B auch im Hinblick auf die Prüfungsdauer als nicht mit § 307 BGB vereinbar ansieht, Vorschub leisten. **28**

Die Fälligkeitsregelung des § 16 Nr. 3 Abs. 1 VOB/B ist daher nicht wegen Verstoßes **29** gegen § 308 Nr. 1 BGB oder 307 BGB unwirksam.

**c) Forderungsausschluss nach § 16 Nr. 3 Abs. 2 VOB/B.** Durch § 16 Nr. 3 Abs. 2 **30** wird eine rechtsvernichtende Einrede für den Auftraggeber geschaffen, die es in dieser Form kraft Gesetzes nicht gibt. Das BGB kennt an vergleichbaren Einreden lediglich jene der Verjährung sowie der Verwirkung,[45] die sich von dem Schlusszahlungseinwand des § 16 Nr. 3 Abs. 2 VOB/B jedoch dadurch unterscheiden, dass sie eine Anspruchsrealisierung erst nach Verstreichen erheblicher Zeiträume ausschließen. Die Schlusszahlungseinrede führt demgegenüber im Regelfall zeitnah nach Abschluss des Bauvorhabens dazu, dass der Auftragnehmer Ansprüche nicht mehr durchsetzen kann, und zwar unabhängig davon, ob er sie in seine Schlussrechnung aufgenommen hat, oder ob ihre Abrechnung bislang vollständig

---
[42a] A. A. OLG Naumburg, 4. 11. 2005, 10 U 11/05, BauR 2005, 1981; *Thierau*, IBR 2005, 666.
[43] A. A. *Peters* NZBau 2002, 305, 308.
[44] *Leinemann* § 16 Rdn. 94, 166; *Heiermann/Riedl/Rusam* § 16 VOB/B Rdn. 83; a. A. *Ingenstau/Korbion/Locher* § 16 Nr. 3, Rdn. 11.
[44a] Beschluss des Hauptausschusses Allgemeines des DVA vom 17. 5. 2006.
[45] BGH 19. 3. 1998, VII ZR 116/97, NJW 1998, 2053.

## Vor § 16 Vorbemerkung Zahlung

unterblieben ist.[46] Zugleich stellt sich § 16 Nr. 3 Abs. 2 als Abweichung zu § 362 Abs. 1 BGB dar, da der Schlusszahlung Tilgungswirkung über die Höhe der geleisteten Zahlung hinaus zukommt.[47]

**31** Diese vertraglich begründete Einrede der Schlusszahlung stellt sich damit als erhebliche Abweichung von den gesetzlichen Regelungen, die eine weitere Anspruchsdurchsetzung ausschließen, dar. Aufgrund der erheblich benachteiligenden Wirkung für den Auftragnehmer, die durch andere Regelungen, insbesondere des § 16 Nr. 1 VOB/B, nicht kompensiert werden, folgt daraus die Unwirksamkeit des § 16 Nr. 3 Abs. 2 gemäß § 307 BGB jedenfalls dann, wenn die VOB/B nicht als Ganzes vereinbart ist.[48] Da es auf das Gewicht der Abweichung von der VOB/B nicht mehr ankommt, um die Inhaltskontrolle nach den §§ 307 ff. BGB zu eröffnen,[49] dürfte die praktische Bedeutung der Schlusszahlungseinrede bereits jetzt eher gering sein, da eine unveränderte Einbeziehung der VOB/B in ein Vertragsverhältnis die Ausnahme darstellt.

**32** Darüber hinaus kann § 16 Nr. 3 Abs. 2 auch bei Einbeziehung der VOB/B als Ganzes, jedenfalls soweit der Auftraggeber Verwender der Klauseln ist, nicht mehr wirksam als Allgemeine Geschäftsbedingung vereinbart werden. Da die VOB/B keine in sich ausgewogene Gesamtregelung darstellt, unterliegen auch bei der Einbeziehung der VOB/B als Ganzes die einzelnen Klauseln der Inhaltskontrolle.[50] Einer solchen Inhaltskontrolle hält § 16 Nr. 3 Abs. 2 VOB/B nicht stand. Die Klausel ist daher wegen Verstoßes gegen § 307 Abs. 1 BGB unwirksam, auch wenn die VOB/B als Ganzes Vertragsgrundlage ist.[51]

**33** Eine gegenteilige Würdigung eröffnet auch § 308 Nr. 5 BGB nicht. Zwar ist dort eine Privilegierung von fingierten Erklärungen bei Einbeziehung der VOB/B als Ganzes geregelt. Diese Bestimmung führt allerdings im Falle des § 16 Nr. 3 Abs. 2 VOB/B deshalb nicht weiter, weil der Forderungsausschluss nicht auf einer fingierten Erklärung beruht, sondern auf einem vom Auftragnehmer geschaffenen Vertrauenstatbestand.[52] Auf § 16 Nr. 3 Abs. 2 ist § 308 Nr. 5 BGB daher nicht anwendbar und kann daher auch nicht zur Wirksamkeit dieser Klausel führen.

**34** **d) Verzugseintritt § 16 Nr. 5 VOB/B.** Wirksamkeitsbedenken bestehen weiterhin jedenfalls für den Fall der isolierten Inhaltskontrolle im Hinblick auf § 16 Nr. 5 Abs. 3 VOB/B. Nach Maßgabe dieser Klausel kommt der Auftraggeber bei eingetretener Fälligkeit der Vergütungsforderung erst nach dem Ablauf einer ihm gesetzten Nachfrist in Verzug. Mit dieser Regelung wird von § 286 BGB in mehrfacher Hinsicht abgewichen, da weder eine bloße Mahnung ausreicht, um den Verzug des Auftraggebers zu begründen, noch ein Verzug ohne Mahnung nach Maßgabe des § 286 Abs. 3 BGB allein durch Zeitablauf – 30 Tage nach Rechnungszugang und Fälligkeit der Entgeltforderung – möglich ist. Zudem ist bei systematischer Betrachtung noch zu berücksichtigen, dass auch § 641 Abs. 4 BGB beim VOB/B-Vertrag nicht anwendbar ist, so dass auch ein Fälligkeitszins nicht geschuldet wird.[53] Die Erschwerung des Verzugseintrittes bei gleichzeitigem Ausschluss des Fälligkeitszinses nach § 641 Abs. 4 BGB führt dazu, dass von wesentlichen gesetzlichen Leitbildern zu Lasten des Auftragnehmers abgewichen wird, was zur Unwirksamkeit der Klausel des § 16 Nr. 5 Abs. 3 VOB/B wegen Verstoßes gegen § 307 Abs. 1 BGB führt.[54]

---

[46] BGH 12. 2. 1970, VII ZR 167/68, BGHZ 53, 222; OLG Bamberg 10. 3. 2003, 4 U 174/02, MDR 2003, 1350.
[47] BGH 17. 9. 1987, VII ZR 155/86, NJW 1988, 22.
[48] BGH 9. 10. 2001, X ZR 193/99, BauR 2002, 775; *Ingenstau/Korbion/Locher* § 16 Nr. 3 VOB/B Rdn. 96; BGH, 17. 9. 1987, VII ZR 155/86, NJW 1988, 22 f.; BGH, 19. 3. 1998, VII ZR 116/97, NJW 1998, 2053.
[49] BGH 22. 1. 2004, VII ZR 419/02, NJW 2004, 1597.
[50] Vgl. Rdn. 14.
[51] Für Fallgestaltungen, die unter das BGB in der Fassung des Schuldrechtsmodernisierungsgesetzes fallen, ausdrücklich offen gelassen durch BGH, 22. 1. 2004, VII ZR 419/02, NJW 2004, 1597.
[52] BGH 17. 9. 1987, VII ZR 155/86 NJW 1988, 22.
[53] OLG Naumburg 25. 9. 1996 5 U 109/96, NJW-RR 1997, 404.
[54] Wie hier: *Ingenstau/Korbion/Locher* § 16 Nr. 5 Rdn. 11; OLG Karlsruhe 6. 7. 1993, 3 U 57/92, NJW-RR 1993, 1435; a. A. *Peters* NZBau 2002, 305, 308.

A. Einführung  **Vor § 16**

An dieser Beurteilung ändert auch der durch die VOB/B 2002 neu eingeführte Verzugs- 35 zinsanspruch für unbestrittene Guthaben aus der Schlussrechnung bei Nichtzahlung spätestens 2 Monate nach Rechnungszugang gemäß § 16 Nr. 5 Abs. 4 VOB/B nichts. Abgesehen davon, dass der Verzug bei Abschlagsrechnungen sich weiterhin ausschließlich nach § 16 Nr. 5 Abs. 3 VOB/B richtet und damit Verzug des Auftraggebers mit Abschlagszahlungen nur nach Ablauf einer Nachfrist eintritt, stellt die Begrenzung des Verzugszinsanspruches auf Fälle des unbestrittenen Guthabens keinen angemessenen Ausgleich für den Auftragnehmer dar. Unabhängig von dem tatsächlichen Phänomen, dass es ein unbestrittenes Guthaben regelmäßig nicht gibt, kompensiert die Klausel des § 16 Nr. 5 Abs. 4 VOB/B allenfalls den Ausschluss des Fälligkeitszinses nach § 641 Abs. 4 BGB, nicht hingegen die Abweichungen zu Lasten des Auftragnehmers bei den Voraussetzungen des Verzugseintrittes. Für den Fall der isolierten Inhaltskontrolle ist daher von der Unwirksamkeit des § 16 Nr. 5 Abs. 3 VOB/B auszugehen.

Unter Zugrundelegung der hier vertretenen Auffassung gilt gleiches auch für den Fall der 36 Einbeziehung der VOB/B als Ganzes, da auch in diesem Fall die Inhaltskontrolle nach Maßgabe der §§ 307 ff. BGB stattzufinden hat.[55]

**e) Schuldbefreiende Leistung an Gläubiger des Auftragnehmers gemäß § 16** 37 **Nr. 6 VOB/B.** Die Vorschrift des § 16 Nr. 6 VOB/B ermöglicht es dem Auftraggeber, unter Abweichung von §§ 267 Abs. 1, 362 Abs. 1 BGB zur Befriedigung seiner gegenüber dem Auftragnehmer bestehenden Verbindlichkeiten Leistungen an Dritte zu erbringen.

Die Wirksamkeit dieser Bestimmung ist mit Rücksicht auf die Eingriffe in die Empfangs- 38 zuständigkeit des Auftragnehmers und die damit vorliegende Abweichung von gesetzlichen Grundgedanken bestritten worden. Der Bundesgerichtshof hat, allerdings nicht zur aktuellen Fassung der VOB/B, einen Verstoß gegen § 9 AGBG a. F. (§ 307 BGB) bejaht.[56] Er hat hierbei darauf abgestellt, dass nach der seinerzeitigen Fassung des § 16 Nr. 6 VOB/B Zahlungen an Dritte auch geleistet werden konnten, ohne dass dieses der Sicherstellung der Fortsetzung der Arbeiten durch den Dritten dienen musste. Dem diesbezüglichen Einwand trägt die VOB/B 2002 dadurch Rechnung, als nunmehr nur noch solche Zahlungen an Dritte schuldbefreiend erfolgen können, die die Fortsetzung der Leistungen durch den Dritten sicherstellen sollen. Vor diesem Hintergrund kann jedenfalls mit der bisherigen Begründung nicht mehr von einem Verstoß des § 16 Nr. 6 Satz 1 gegen § 307 BGB ausgegangen werden.[57]

Ein Wirksamkeitshindernis allein wegen der Ermöglichung der schuldbefreienden Leis- 39 tung an einen Dritten ist nicht anzunehmen. Der Auftragnehmer ist auch im Falle der Direktzahlung geschützt, da die Zahlung des Auftraggebers an den Dritten im Verhältnis zum Auftragnehmer nur schuldbefreiend wirkt, soweit Ansprüche des Dritten gegen den Auftragnehmer objektiv bestehen bzw. vom Auftragnehmer solche Ansprüche anerkannt sind, § 16 Nr. 6 Satz 2 VOB/B. Das Interesse des Auftraggebers, Zahlungen zur Sicherung des Fortgangs der Leistungen zu erbringen, muss gegenüber dem Interesse des Auftragnehmers, Zahlungen als Forderungsinhaber zu erhalten, nicht zurückstehen. Damit ist eine Unangemessenheit der Regelung des § 16 Nr. 6 Satz 1 VOB/B nicht zu bejahen. Das gilt auch mit Rücksicht darauf, dass der Dritte und der Auftraggeber über den Weg einer Zession der Forderung des Dritten an den Auftraggeber und die nachfolgende Aufrechnung des Auftraggebers mit dieser zedierten Forderung gegen die Vergütungsforderung des Auftragnehmers ein für den Auftragnehmer wirtschaftlich identisches Ergebnis herbeiführen können.

Auch die Fiktion der Voraussetzungen der Direktzahlung im Falle des fruchtlosen Ablau- 40 fes der dem Auftragnehmer gesetzten Erklärungsfrist gemäß § 16 Nr. 6 Satz 2 VOB/B stellt sich nicht als unwirksam dar.

---
[55] Vgl. Rdn. 14.
[56] BGH 21. 6. 1990, VII ZR 109/89 NJW 1990, 2384.
[57] *Kapellmann/Messerschmidt* § 16 VOB/B Rdn. 337.

**41** Für den Fall der Einbeziehung der VOB/B als Ganzes wird der Rechtsgedanke des § 308 Nr. 5 VOB/B heranzuziehen sein. Nach Maßgabe dieser Vorschrift kann auch zu Lasten des Verbrauchers an ein Unterlassen die Fiktion einer Erklärung angeknüpft werden, wenn die VOB/B als Ganzes vereinbart worden ist. Diese gesetzgeberische Würdigung ist auch dann zugrunde zu legen, wenn diese Vorschrift gemäß § 310 Abs. 1 BGB nicht anwendbar ist, weil der Verwendungsgegner ein Unternehmer ist und damit die Inhaltskontrolle sich allein nach § 307 BGB richtet. Danach liegt eine unangemessene Benachteiligung des Auftragnehmers, der Unternehmer im Sinne des § 14 BGB ist, jedenfalls bei der Einbeziehung der VOB/B als Ganzes durch die Fiktion des Anerkenntnisses gemäß § 16 Nr. 6 Satz 2 VOB/B nicht vor. Die Frage der Zulässigkeit der Privilegierung des § 308 Nr. 5 BGB in europarechtlicher Hinsicht[58] muss hierbei erneut nicht entschieden werden, da diese Vorschrift auf den Auftragnehmer als Unternehmer unmittelbar nicht anwendbar ist.

**42** Aber auch dann, wenn die VOB/B nicht als Ganzes Vertragsgegenstand geworden ist, scheitert § 16 Nr. 6 Satz 2 VOB/B nicht im Rahmen der isolierten Inhaltskontrolle gemäß § 307 BGB. Dem Auftragnehmer steht die Möglichkeit offen, durch Abgabe einer entsprechenden Erklärung die Fiktion eines Anerkenntnisses im Sinne des § 16 Nr. 6 Satz 2 VOB/B auszuschließen. Dass er über die Folgen einer Fristversäumung nicht gesondert aufgeklärt werden muss, führt jedenfalls bei dem Auftragnehmer, der Unternehmer ist, nicht zur Unwirksamkeit der Gesamtregelung, da bei einem Unternehmer die Kenntnis der VOB/B im Falle ihrer Vereinbarung zu unterstellen und er insoweit nicht schutzbedürftig ist.[59]

**43** Insgesamt ist durch die Neufassung des § 16 Nr. 6 VOB/B durch die VOB/B 2002 den zuvor bestehenden berechtigten Bedenken Rechnung getragen worden, so dass die Klausel in ihrer jetzigen Fassung der Inhaltskontrolle nach §§ 307 ff. BGB standhält.

## B. Rückzahlungsansprüche

**44** Durch § 16 VOB/B nicht geregelt werden Ansprüche des Auftraggebers gegen den Auftragnehmer auf Rückzahlung geleisteter Zahlungen. Die rechtliche Behandlung solcher Überzahlungen richtet sich dementsprechend nach allgemeinen Grundsätzen. Dabei ist zwischen drei verschiedenen Gruppen von Rückzahlungsansprüchen zu differenzieren, da diese rechtlich unterschiedlichen Regularien unterworfen sind.

**45** Die erste Gruppe stellen Rückzahlungsansprüche des Auftraggebers dar, die darauf beruhen, dass er Abschlags- oder Vorauszahlungen geleistet hat, die die tatsächlich im Rahmen der Schlussabrechnung geschuldete Vergütung übersteigen. Ursache für diese Form der Überzahlung können insbesondere unzutreffende Annahmen über die zu erwartende Gesamtvergütungshöhe bei der Vereinbarung der Vorauszahlung bzw. sachlich falsche Annahmen zum erreichten Leistungsstand bei Abschlagszahlungen sein.

**46** Die zweite Gruppe resultiert aus Überzahlungen der Schlussrechnung, die darauf zurückzuführen sind, dass der Auftraggeber einen die ermittelte Forderung übersteigenden Betrag an den Auftragnehmer leistet oder bereits bei der Ermittlung der Gesamtvergütungsforderung Fehler zugunsten des Auftragnehmers aufgetreten sind und ein objektiv überhöhter Betrag sodann gezahlt wurde. Letztgenannte Konstellation stellt sich als Folge von Rechenfehlern, falschen Massen- oder Preisansätzen dar.

**47** Zur dritten Gruppe gehören schließlich die Fälle, in denen der Auftraggeber auf Grund von Mängeln der Werkleistung oder sonstigen Pflichtverletzungen des Auftragnehmers Gegenansprüche erwirbt, die infolge bereits geleisteter Zahlungen an den Auftragnehmer nicht mehr mit dessen Vergütungsforderung saldiert werden können. In Betracht kommt hier der Ersatzvornahmekostenanspruch gem. § 13 Nr. 5 Abs. 2 VOB/B, der Anspruch auf

---

[58] Vgl. Rdn. 12.
[59] BGH 10. 6. 1999, VII ZR 170/98, NJW-RR 1999, 1246.

B. Rückzahlungsansprüche                                        **Vor § 16**

Rückgewähr geleisteter Zahlungen, die mit Rücksicht auf eine eingetretene Minderung gem. § 13 Nr. 6 VOB/B i. V. m. § 638 Abs. 4 BGB vom Auftraggeber nicht geschuldet sind und schließlich Schadensersatzansprüche im Sinne der § 13 Nr. 7 VOB/B und § 280 BGB.

## I. Rückzahlungen auf Grund von Abschlags- und Vorauszahlungen

Kommt es bei der Schlussabrechnung der Vergütung des Auftragnehmers zu einem Überschuss zugunsten des Auftraggebers auf Grund von Abschlags- oder Vorauszahlungen, steht dem Auftraggeber ein vertraglicher Auskehrungsanspruch wegen des überzahlten Betrages zu.[60] Mit der Vereinbarung von Abschlags- oder Vorauszahlungen treffen die Vertragsparteien die konkludente Abrede, dass über diese Zahlungen nach Abschluss der Leistungen bzw. nach anderweitiger Herstellung der Abrechnungsreife, insbesondere nach Kündigung, abgerechnet werden muss. Eine solche vertragsimmanente Abrede liegt auch beim BGB-Vertrag vor, wenn dort Abschlagszahlungen geleistet werden, und zwar unabhängig davon, ob die Vertragsparteien ausdrücklich das Recht auf Abschlagszahlungen vertraglich geregelt haben, oder ob es sich um Abschlagszahlungen im Sinne des § 632a BGB handelt.[61] Auch bei der gesetzlich geregelten Form der Abschlagszahlung ist Rechtsgrund der Zahlung der Vertrag der Parteien. 48

Die Abschlagszahlungen sowie die Vorauszahlungen sind auf Grund der vertraglichen Beziehung zwischen dem Auftraggeber und dem Auftragnehmer geleistet worden und damit entgegen der früher herrschenden Auffassung[62] mit Rechtsgrund. Das führt dazu, dass die bereicherungsrechtlichen Vorschriften der §§ 812 ff. BGB auf diese Sachverhaltskonstellation insgesamt nicht anwendbar sind.[63] 49

Die vertragliche Begründung des Rückzahlungsanspruchs des Auftraggebers hat Konsequenzen insoweit, als darlegungs- und beweisbelastet für das Bestehen eines weitergehenden Vergütungsanspruches der Auftragnehmer ist, während den Auftraggeber lediglich prozessual die Darlegungspflicht trifft, anhand einer entsprechenden Berechnung, die nicht den Anforderungen einer Schlussrechnung gem. § 14 Nr. 4 VOB/B genügen muss, das Vorliegen einer Überzahlung vorzutragen.[64] Der Auftragnehmer hat sodann unter Vorlage einer prüffähigen Rechnung die von ihm beanspruchte Vergütung abzurechnen.[65] 50

Weitere Konsequenz der vertraglichen Fundierung des Rückzahlungsanspruches ist es, dass der Auftragnehmer sich nicht auf den Einwand der Entreicherung gem. § 818 Abs. 3 BGB berufen kann. Dem Auftraggeber steht weder der Anspruch auf gezogene Nutzungen des § 818 Abs. 1 BGB noch jener auf die Prozesszinsen nach §§ 818 Abs. 4, 819, 291 BGB zu.[66] 51

Die Ermittlung einer Überzahlung muss auf der Grundlage des dem Auftragnehmer aus dem Bauvertragsverhältnis insgesamt zustehenden Vergütungsanspruches erfolgen. Eine Überzahlung liegt nur dann vor, wenn sich der Vergütungsanspruch des Auftragnehmers für das Vertragsverhältnis insgesamt als geringer darstellt, als Zahlungen an ihn geleistet wurden. Überzahlungen bei Einzelpositionen, die durch andere offene Vergütungsansprüche des Auftragnehmers aus dem Vertragsverhältnis kompensiert werden, begründen daher keinen Rückzahlungsanspruch.[67] 52

---

[60] BGH 11. 2. 1999, VII ZR 399/97, NJW 1999, 1867; BGH 20. 9. 2004, VII ZR 187/03; BauR 2004, 1940.
[61] *Ingenstau/Korbion/Locher* § 16 Nr. 3 VOB/B Rd. 39.
[62] OLG Düsseldorf 7. 9. 1993, 20 U 216/92, BauR 1994, 272; OLG Köln 17. 9. 1993, 19 U 190/92, BauR 1995, 583; KG 26. 9. 1997, 4 U 3098/95, NJW-RR 1998, 451.
[63] BGH 30. 9. 2004, VII ZR 187/03 BauR 2004, 1940; BGH 11. 2. 1999, VII ZR 399/97, NJW 1999, 1867; BGH 24. 1. 2002, VII ZR 196/00; NJW 2002, 1567.
[64] BGH 24. 1. 2002, VII ZR 196/00, NJW 2002, 1567, OLG Hamm 25. 10. 2000, 12 U 32/00, BauR 2002, 319.
[65] BGH 24. 1. 2002, VII ZR 196/00, NJW 2002, 1567.
[66] Vgl. Rdn. 74 f.
[67] *Ingenstau/Korbion/Locher* § 16 Nr. 3, Rdn. 48.

**53** Der Rückzahlungsanspruch unterliegt der Regelverjährung des § 195 BGB, wobei erhebliche Bedeutung der Bestimmung des § 199 Abs. 1 Nr. 2 BGB im Hinblick auf den Beginn dieser kurzen Verjährungsfrist zukommt. Danach beginnt der Lauf der dreijährigen Verjährungsfrist erst zum Schluss des Jahres (Ultimo-Regel), zu dem der Anspruch entstanden ist und der Auftraggeber Kenntnis von den den Anspruch begründenden Umständen und der Person des Schuldners erlangt oder ihm grobfahrlässige Unkenntnis dieser Umstände vorzuwerfen ist. Da es damit auf die Kenntnis des Auftraggebers von der eingetretenen Überzahlung für die Inlaufsetzung der dreijährigen Verjährungsfrist ankommt, wird der Zeitpunkt der Vollendung der Verjährung vielfach vom Ablauf der Höchstfrist von 10 Jahren ab Anspruchsentstehung gemäß § 199 Abs. 4 BGB abhängen.

**54** Der Rückforderungsanspruch entsteht mit dem Eintritt der Schlussrechnungsreife, somit entweder mit der Abnahme der Werkleistung oder der vorzeitigen Beendigung des Vertragsverhältnisses auf Grund Kündigung. Die Vorlage einer Schlussrechnung im Sinne des § 14 VOB/B ist für den Rückforderungsanspruch keine Fälligkeitsvoraussetzung[68] und damit auch nicht maßgeblich für die Inlaufsetzung der Verjährungshöchstfrist. Das Ende der Verjährungshöchstfrist von 10 Jahren ist taggenau zu bestimmen, da die Ultimo-Regelung des § 199 Abs. 1 BGB auf § 199 Abs. 4 BGB nicht anwendbar ist. Die Fristermittlung als solches richtet sich nach den §§ 187 ff. BGB.

## II. Rückforderung auf Grund Schlussrechnungsüberzahlung

**55** Abweichend stellt sich die rechtliche Situation im Falle der Überzahlung auf Grund einer sachlich falschen Schlussrechnung bzw. einer Überzahlung auf Grund einer Divergenz zwischen (geprüfter) Schlussrechnung und Schlusszahlung dar. In beiden Fällen liegt, anders als in den Fällen der Vorauszahlung und der Abschlagszahlung, keine vertragsimmanente Abrede über eine noch zu erfolgende Abrechnung vor. Eine vertragliche Grundlage für einen Rückforderungsanspruch des Auftraggebers kommt daher nur in dem Ausnahmefall in Betracht, dass ausdrückliche Abreden hierzu getroffen wurden. Die insoweit in tatsächlicher Hinsicht bestehenden Anforderungen an die Annahme einer solchen Abrede sind hoch. Eine entsprechende vertragliche Bestimmung wird, auch bei öffentlichen Auftraggebern, daher im Regelfall nicht zu unterstellen sein. Das gilt explizit auch im Hinblick auf Nr. 20.1 der EVM (B) ZVB/E von September 2000, die sich abweichend von der früheren Gestaltung ausdrücklich auf die Feststellung beschränkt, dass der Auftragnehmer sich nicht auf den Wegfall der Bereicherung berufen kann.

**56** Ein Rückforderungsanspruch besteht daher bei dieser Fallkonstellation im Regelfall nur unter Bereicherungsgesichtspunkten, wobei die Beweislast für das Vorliegen einer Überzahlung entsprechend der Regelung des § 812 BGB in vollem Umfange beim Auftraggeber liegt.[69] Ihm obliegt es, nachzuweisen, dass die von ihm geleistete Zahlung ohne Rechtsgrund erfolgt ist.

**57** Hinsichtlich der Verjährung des bereicherungsrechtlichen Anspruches gelten die Ausführungen zur Verjährung des vertraglichen Rückforderungsanspruches entsprechend. Durch die Neugestaltung des Verjährungsrechtes bestehen insoweit für beide Formen der Rückforderungsansprüche identische Regelungen zu Verjährungsfristen und deren Inlaufsetzung. Der Beginn der Regelverjährung bestimmt sich nach § 199 Abs. 1 BGB, so dass es auf die Entstehung des Anspruches sowie die Kenntnis des Auftraggebers bzw. seine grobfahrlässige Unkenntnis von den anspruchsbegründenden Umständen sowie der Person des Schuldners ankommt. Problematisch für den Auftraggeber kann hier vor allem die Frage der grobfahrlässigen Unkenntnis von den anspruchsbegründenden Umständen sein, die in den Fällen der

---

[68] BGH 11. 2. 1999, VII ZR 399/97, NJW 1999, 1867; BGH 24. 1. 1002, VII ZR 196/00, NJW 2002, 1567.
[69] *Ingenstau/Korbion/Locher* § 16 Nr. 3 VOB Rdn. 40.

B. Rückzahlungsansprüche  **Vor § 16**

Schlussrechnungsüberzahlung jedenfalls dann zu bejahen ist, wenn der Auftraggeber bei einer sachlich richtig ermittelten Schlusszahlungsforderung einen überhöhten Betrag zahlt.

Entstanden ist der Anspruch im Sinne des § 199 Abs. 1 BGB mit Bewirkung der nicht geschuldeten Zahlung. Dieser Zeitpunkt ist auch für den Beginn der Verjährungshöchstfrist gemäß § 199 Abs. 4 BGB maßgeblich. **58**

### III. Rückzahlungsansprüche auf Grund von Mängeln und sonstigen Pflichtverletzungen

Die dritte Fallgruppe von Rückzahlungsansprüchen im weiteren Sinn stellen Gegenforderungen des Auftraggebers auf Grund von Pflichtverletzungen des Auftragnehmers dar, die mit dem Vergütungsanspruch in Folge seiner Befriedigung nicht mehr saldiert werden können. Grundlage und Abwicklung solcher Gegenansprüche des Auftragebers sind bei Forderungen auf Grund von mangelhaften Leistungen ausschließlich die Vorschriften des Gewährleistungsrechtes, somit § 13 VOB/B, im Falle der Minderung in Verbindung mit § 638 BGB. Schadensersatzansprüche wegen sonstiger Pflichtverletzungen finden ihre Grundlage in § 280 BGB. **59**

Soweit der Auftraggeber Ersatzvornahmekosten geltend macht oder Schadensersatz beansprucht, liegt ein eigenständiger Gegenanspruch des Auftraggebers vor, nicht hingegen eine Überzahlung im Rechtssinne. Daraus folgt, dass entsprechende Ansprüche als eigene Ansprüche vom Auftraggeber klagweise gegen den Auftragnehmer verfolgt werden können.[70] Die Darlegungs- und Beweislast für das Bestehen von Schadensersatzansprüchen liegt grundsätzlich beim Auftraggeber. Folgerichtig hat der Bundesgerichtshof unter Aufgabe seiner bisherigen gegenteiligen Rechtsprechung nunmehr klargestellt, dass der Vergütungsanspruch einerseits, die Gegenansprüche des Auftraggebers andererseits nicht mehr bloße Verrechnungspositionen eines einheitlichen Anspruches darstellen, sondern aufrechenbar gegenüber stehen.[71] **60**

Hinsichtlich des Minderungsanspruches ergibt sich aus § 638 Abs. 4 BGB ein vertraglicher Rückforderungsanspruch des Auftraggebers, wobei auch insoweit ihn die Beweislast zu Grund und Höhe des Minderungsanspruches trifft. **61**

Die Verjährung der Mängelansprüche richtet sich nach § 13 Nr. 4 VOB/B bzw. einer ggf. abweichenden vertraglichen Bestimmung. Im Falle der Schadensersatzansprüche gemäß § 13 Nr. 7 VOB/B gilt die gesetzliche Verjährungsfrist, § 13 Nr. 7 Abs. 4 VOB/B, soweit Versicherbarkeit des Schadens gegeben oder vereinbart war. Die gesetzliche Verjährungsfrist ist dabei jene aus § 634a BGB.[72] Die Verjährungsfrist wird dementsprechend kenntnisunabhängig mit der Abnahme der Werkleistung durch den Auftraggeber in Lauf gesetzt. Die Bestimmungen des § 199 BGB sind auf die Verjährungsregeln des Gewährleistungsrechtes nicht anwendbar. **62**

Soweit schließlich Schadensersatzansprüche nicht auf Grund von Mängeln der Werkleistung des Auftragnehmers, sondern auf Grund von sonstigen Pflichtverletzungen bestehen (§ 280 BGB), greifen wiederum die Verjährungsvorschriften der §§ 195 ff. BGB ein.[73] **63**

### IV. Ausschluss von Rückforderungsansprüchen

Rückforderungsansprüche können trotz Vorliegen einer Überzahlung ausgeschlossen bzw. nicht mehr durchsetzbar sein. Ein Anspruchsausschluss kommt dabei insbesondere dann in **64**

---

[70] *Ingenstau/Korbion/Wirth* § 13 Nr. 7 VOB/B Rdn. 154.
[71] BGH, 23. 6. 2005, VII ZR 197/03, NJW 2005, 2771; BGH, 19. 1. 2006, IX ZR 104/03, BeckRS 2006, 01822 (zur Frage der Nichtanwendbarkeit des § 95 Abs. 1 Satz 3 InsO in diesem Fall).
[72] *Kapellmann/Messerschmidt* § 13 VOB/B Rdn. 377.
[73] *Ingenstau/Korbion/Wirth* § 13 Nr. 7 Rdn. 4.

Betracht, wenn der Auftraggeber die Forderung des Auftragnehmers in voller Höhe anerkannt hat oder über den Vergütungsanspruch ein Vergleich geschlossen wurde. Die Durchsetzbarkeit eines Rückforderungsanspruches kann unter dem Gesichtspunkt der Verjährung und Verwirkung nicht mehr gegeben sein.

### 1. Anerkenntnis des Auftraggebers

65   Sofern der Auftraggeber die Forderung des Auftragnehmers vorbehaltlos anerkannt hat, ist ihm eine Rückforderung regelmäßig verwehrt, da das Anerkenntnis einen eigenständigen Schuldgrund begründet, der vertragliche Rückforderungsansprüche ausschließt und kondiktionsrechtlich einen Rechtsgrund darstellt. Ein Anerkenntnis berührt allerdings in der Regel lediglich die Vergütungsforderung des Auftragnehmers, nicht hingegen selbstständige Gegenansprüche des Auftraggebers. Solche Gegenansprüche können daher auch einer anerkannten Vergütungsforderung noch entgegengehalten werden.

66   Ein Anerkenntnis kann allerdings nicht ohne weiteres in einer Schlussrechnungsprüfung oder einer Schlusszahlung gesehen werden. Ein Anerkenntnis setzt immer voraus, dass die Parteien mit der Vereinbarung das Schuldverhältnis insgesamt oder in einzelnen Bestimmungen dem Streit oder der Ungewissheit entziehen wollen.[74] Einen solchen Erklärungsgehalt weist regelmäßig weder eine Schlussrechnungsprüfung noch eine Schlusszahlung auf, da dem Auftraggeber in dieser Situation der Umstand der Überzahlung bereits nicht bekannt ist.[75] Dass sich aus der Leistung von Abschlags- oder Vorauszahlungen ein solches Anerkenntnis nicht ergibt, folgt bereits aus dem vorläufigen Charakter dieser Zahlungen.

67   Liegt ein Anerkenntnis vor, ist in seiner Höhe eine Rückforderung ausgeschlossen. Lediglich in den Fällen, in denen sich eine Überzahlung dergestalt ergibt, als über den anerkannten Betrag hinausgehend Zahlungen erfolgen, kommt noch ein Rückforderungsanspruch in Betracht, der dabei im Regelfall nur auf die §§ 812 ff. BGB gestützt werden kann.

### 2. Vergleich

68   Wenn sich Auftragnehmer und Auftraggeber über die Höhe des Vergütungsanspruches – ggf. unter Einbeziehung von Gegenansprüchen des Auftraggebers – abschließend einigen, kommt eine Rückforderung eines durch den Vergleich abgedeckten Betrages ebenfalls nicht in Betracht. Der Vergleich stellt eine gesonderte vertragliche Abrede dar, durch den der Anspruch auf Abrechnung der Voraus- und Abschlagszahlungen erledigt wird.[76] Zugleich stellt der Vergleich für erbrachte Zahlungen einen Rechtsgrund dar, der eine Kondiktion nach den §§ 812 ff. BGB ausschließt.[77] Ein Fall der Unwirksamkeit des Vergleiches gemäß § 779 Abs. 2 BGB wird regelmäßig nicht gegeben sein. Allerdings wird insbesondere bei öffentlichen Auftraggebern die Annahme eines Vergleichs nur dann möglich sein, wenn es ausdrückliche Erklärungen gibt, die den Vergleichswillen objektiv dokumentieren.[78]

### 3. Durchsetzungshindernisse

69   Ein Ausschluss der Durchsetzbarkeit eines Rückzahlungsanspruches kann auf Grund Verjährung und Verwirkung eintreten.

70   **a) Verwirkung.** Eine Verwirkung des Rückzahlungsanspruches setzt voraus, dass neben dem erheblichen Zeitablauf ein Vertrauenstatbestand vom Auftraggeber geschaffen worden ist, auf Grund dessen der Auftragnehmer darauf vertraut hat und auch darauf vertrauen

---

[74] BGH 24. 6. 1999, VII ZR 120/98, NJW 1999, 2889; BGH VII ZR 215/93, NJW 1995, 360.
[75] OLG Frankfurt 29. 2. 1996, 1 U 283/94, NJW-RR 1997, 526; OLG Celle 30. 12. 1998, 14 a(6) U 127/97, BauR 1999, 1457.
[76] BGH 8. 3. 1979, VII ZR 35/78, NJW 1979, 1306.
[77] *Kapellmann/Messerschmidt* § 16 VOB/B Rdn. 81.
[78] BGH 8. 3. 1979, VII ZR 35/78, NJW 1979, 1306.

B. Rückzahlungsansprüche **Vor § 16**

durfte, dass eine Rückforderung nicht mehr erfolgen werde.[79] Ein entsprechendes Vertrauen wird bei öffentlichen Auftraggebern, die der haushaltsrechtlichen Kontrolle unterliegen, im Regelfall nicht zu bejahen sein, da es in den einschlägigen Verkehrskreisen bekannt ist, dass entsprechende Rechnungsprüfungen insbesondere bei Großprojekten erst mit erheblicher zeitlicher Verzögerung erfolgen und damit aus dem Unterbleiben zeitnaher Rückforderungen nicht geschlussfolgert werden kann, dass solche Rückforderungen nicht mehr beabsichtigt seien.[80] Vor Ablauf signifikanter Teile der Verjährungshöchstfristen wird daher ein Vertrauendürfen des Auftragnehmers auf das Unterbleiben der Rückforderung durch einen öffentlichen Auftraggeber bei größeren Bauvorhaben nicht ohne weiteres zu bejahen sein.[81] Welcher Zeitraum im Einzelfall ausreicht, um die Verwirkungseinrede jedenfalls hinsichtlich des Zeitmomentes auszufüllen, ist primär vom Einzelfall und damit vor allem vom Auftragsumfang abhängig. Ein Zeitraum von 6 Jahren[82] dürfte dabei auch mit Rücksicht auf die Verjährungshöchstfrist von 10 Jahren noch nicht ausreichen, um das Zeitmoment der Verwirkung auszufüllen.

Bei privaten Auftraggebern kann demgegenüber grundsätzlich auch deutlich vor Vollendung der 10-jährigen Verjährungshöchstfrist des § 199 Abs. 4 BGB Verwirkung eintreten, sofern bei dem Auftragnehmer ein entsprechender Vertrauenstatbestand begründet worden ist. Insoweit ist darauf abzustellen, dass, anders als bei öffentlichen Auftraggebern, der private Auftraggeber eine entsprechende Rechnungsprüfung nur einmal – bei Eingang der Rechnung – durchführt, eine spätere Nachkontrolle jedoch regelmäßig unterbleibt.[83] Hier dürfte daher das Zeitmoment der Verwirkungseinrede vielfach bereits mit Ablauf der Regelverjährungsfrist, beginnend mit dem Entstehen des Rückforderungsanspruches, erfüllt sein.[83a] 71

**b) Verjährung.** Zu den Voraussetzungen der Verjährung ist vorstehend bei den einzelnen Formen der Rückforderungsansprüche ausgeführt worden, hierauf wird verwiesen. 72

**c) Schlusszahlungseinrede.** Die Schlusszahlungseinrede des Auftraggebers gemäß § 16 Nr. 3 Abs. 2 VOB/B führt nicht zum Ausschluss von Rückforderungsansprüchen des Auftraggebers. Die mit der Schlusszahlungseinrede angestrebte Befriedungswirkung wirkt nur einseitig zu Lasten des Auftragnehmers, schließt aber weitergehende Ansprüche des Auftraggebers nicht aus.[84] 73

## V. Verzinsung

Ein Zinsanspruch im Hinblick auf den Rückforderungsbetrag steht dem Auftraggeber nur nach allgemeinen Regeln zu. In Betracht kommen danach insbesondere Verzugszinsansprüche sowie der Anspruch auf Herausgabe von Nutzungen nach §§ 818, 819 BGB. 74

Eine Verzinsungspflicht ab Erhalt des überzahlten Betrages wird demgegenüber regelmäßig nicht bestehen. Denkbar ist hier lediglich eine gesonderte vertragliche Vereinbarung, die jedoch individualvertraglich getroffen werden muss. Die Anordnung einer Verzinsungspflicht durch Allgemeine Geschäftsbedingungen scheitert an § 307 BGB,[85] da mit einer solchen Bestimmung der Grundgedanke des § 818 Abs. 1 BGB verletzt wird. Danach sind 75

---

[79] BGH 20. 10. 1988 VII ZR 302/87, BGHZ 105, 290.
[80] BGH 22. 11. 1979 VII ZR 31/79, NJW 1980, 880; OLG Köln BauR 1979, 252, 23. 2. 1978, 12 U 158/77.
[81] OLG Köln 23. 2. 1978, 12 U 158/77, BauR 1979, 252; *Ingenstau/Korbion/Locher* § 16 Nr. 3 VOB/B Rdn. 56.
[82] BGH 22. 11. 1979, VII ZR 31/79, NJW 1980, 880, demgegenüber hält mehr als 7 Jahre für ausreichend: OLG Köln, 23. 2. 1978, 12 U 158/77, BauR 1979, 252.
[83] *Kapellmann/Messerschmidt* § 16 VOB/B Rdn. 78.
[83a] *Schulze-Hagen,* IBR 2005, 1275; weitergehender demgegenüber OLG Bamberg, 19. 1. 2005, 3 U 53/04, BauR 2005, 1819: Verwirkung 13 Monate nach Schlussrechnungsstellung.
[84] BGH 8. 7. 1982, VII ZR 13/81, NJW 1982, 2250.
[85] BGH NJW 1988, 258, 8. 10. 1987, VII ZR 185/86.

vom gutgläubigen Bereicherungsschuldner nur die tatsächlich gezogenen Nutzungen herauszugeben, was mit einem verschuldensunabhängigen Zinsanspruch nicht in Übereinstimmung zu bringen ist.[86] Denkbar ist insoweit lediglich, auch für die vertraglichen Rückforderungsansprüche die Verpflichtung zur Auskehrung der tatsächlich vom Auftragnehmer gezogenen Nutzungen durch AGB zu begründen.[87] Das wirtschaftliche Gewicht einer solchen Bestimmung dürfte allerdings eher gering sein.

## C. Steuerliche Besonderheiten

### I. Umsatzsteuer

76 Die vom Auftraggeber zu leistenden Zahlungen beinhalten grundsätzlich auch den Umsatzsteueranteil. Ausdrücklich geregelt ist das nur in § 16 Nr. 1 Abs. 1 VOB/B, es gilt aber unstreitig auch für die anderen Zahlungsformen.

77 Die entsprechende Pflicht zur Zahlung auch des Umsatzsteueranteiles der Vergütung an den Auftragnehmer entfällt allerdings in den Fällen des § 13b UStG, da nach Maßgabe dieser Vorschrift der Auftraggeber, der selbst Bauleistungen oder Baustofflieferungen vornimmt, Steuerschuldner ist. Dementsprechend hat diese Auftraggebergruppe die Umsatzsteuer unmittelbar selbst an das zuständige Finanzamt abzuführen. Eine Auskehrung des Umsatzsteueranteiles an den Auftragnehmer entfällt in diesem Fall; erfolgt sie dennoch, bleibt der Auftraggeber dem Risiko einer Inanspruchnahme durch die Finanzverwaltung ausgesetzt.

### II. Bauabzugssteuer

78 Durch § 48 EStG wird der Empfänger von Bauleistungen (Auftraggeber), der Unternehmer im Sinne des § 2 UStG oder juristische Person des öffentlichen Rechtes ist, verpflichtet, einen Anteil von 15% der jeweils von ihm zu erbringenden Gegenleistungen für Rechnung des Auftragnehmers an das für diesen zuständige Finanzamt abzuführen. Die Unternehmereigenschaft besteht auch bei Privatpersonen, die im Rahmen ihrer privaten Vermögensverwaltung mehr als 2 Wohnungen vermieten. Die Gegenleistung umfasst auch die Umsatzsteuer, stellt somit die Bruttovergütung dar.

79 Die Verpflichtung besteht nicht, wenn im Zeitpunkt der Erbringung der Gegenleistung dem Auftraggeber eine gültige Freistellungserklärung gemäß § 48b EStG vorliegt oder die Bagatellgrenzen nicht überschritten sind. Diese betragen bei Auftraggebern, die ausschließlich steuerfreie Umsätze nach § 4 Nr. 12 Satz 1 UStG ausführen, 15 000,– € im Kalenderjahr und in allen übrigen Fällen 5000,– € im Kalenderjahr. Maßgeblich ist dabei jeweils, welche Gegenleistungen der Auftraggeber insgesamt in einem Kalenderjahr für Bauleistungen erbringt, nicht hingegen, welche Leistungen an den konkreten Auftragnehmer zu erbringen sind.

80 Leistungen im Sinne des § 48 EStG sind hierbei nicht nur Zahlungen des Auftraggebers, sondern auch sonstige Maßnahmen zur Befriedigung der Vergütungsansprüche des Auftragnehmers, somit insbesondere die Aufrechnung mit Gegenforderungen. Keine Leistung ist demgegenüber das Einstellen von Rechnungspositionen in das Abrechnungsverhältnis zum Auftragnehmer, die sodann im Wege der Verrechnung zu einem Saldo für eine der Vertragsparteien führt.

81 Der Auftragnehmer kann, wenn die nach Maßgabe des § 48 EStG begründete Verpflichtung zur Abführung des Betrages von 15% der geschuldeten Bruttovergütung gegeben ist,

---

[86] OLG Hamburg 12. 4. 2002, 1 U 73/01, OLGR 2003, 2.
[87] *Ingenstau/Korbion/Locher* § 16 Nr. 3 VOB/B Rdn. 59.

den Auftraggeber nicht zu einer Auskehrung des entsprechenden Teilbetrages an sich zwingen. Da die Aktivlegitimation bezüglich dieses Forderungsteiles an die zuständige Finanzverwaltung übergeht,[88] steht dem Auftragnehmer insbesondere bezüglich des einzubehaltenden Betrages kein Zurückbehaltungsrecht[89] oder das Recht zur Arbeitseinstellung zu. Die Annahme, dem Auftragnehmer stehe ein Zurückbehaltungsrecht im Sinne des § 273 BGB zu, scheitert bereits an dem Umstand, dass der Auftraggeber keinen Anspruch darauf hat, dass der Auftragnehmer eine Freistellungsbescheinigung vorlegt. Darüber ist die abgabenrechtliche Pflicht des Auftraggebers unbedingt, was eine Zug-um-Zug-Verurteilung, die bei der Bejahung eines Zurückbehaltungsrechtes möglich sein müsste, ausschließt.[90] Die fehlende Berechtigung des Auftagnehmers an dem Vergütungsanteil von 15% im Falle des Fehlens der Freistellungsbescheinigung setzt sich im übrigen auch im Falle der Zession der Vergütungsforderung fort. Der Auftraggeber darf auch dann 15% der Vergütung schuldbefreiend an die zuständige Finanzverwaltung abführen, wenn zwar der Zessionar eine für ihn gültige Freistellungsbescheinigung vorlegen kann, nicht jedoch eine solche hinsichtlich des Auftragnehmers.[90a]

Prozessual führt die Bestimmung des § 48 EStG dazu, dass der Auftragnehmer, solange er **82** eine Freistellungsbescheinigung nicht vorlegt, nur 85% der Gesamtvergütung im Klagewege gegenüber dem Auftraggeber verfolgen kann.[91] Die Überleitung des Gegenleistungsanspruches auf den Fiskus erfolgt mit der Begründung des Vergütungsanspruches und erlischt erst, wenn eine Freistellungsbescheinigung vorliegt, die zum Zeitpunkt der Erbringung der Gegenleistung gültig ist. Prinzipiell kann dabei die Aktivlegitimation an dem Steuerabzugsbetrag wiederholt wechseln, wenn eine zeitlich beschränkte Freistellungsbescheinigung zwar nach Begründung der Vergütungsforderung gültig wird, aber vor Bewirkung der Gegenleistung abläuft. Sofern daher der Auftraggeber zur Zahlung von 100% der Vergütung verurteilt wird, weil zum Zeitpunkt der Letzten mündlichen Verhandlung eine gültige Freistellungsbescheinigung vorlag, deren Gültigkeit aber nachfolgend vor Zahlung endet und keine neue Freistellungserklärung vorgelegt wird, muss der Auftraggeber eine Vollstreckungsgegenklage wegen der Klageforderung in Höhe des Steuerabzuges erheben, um einer doppelten Inanspruchnahme zu entgehen.

Sofern sich nach Abführung der Bauabzugssteuer an das Finanzamt herausstellt, dass der **83** Auftraggeber die Vergütung nicht in der der Steueranmeldung zugrunde gelegten Höhe schuldete, kann der Auftraggeber einen Rückforderungsanspruch auch wegen des an das Finanzamt abgeführten Betrages nur gegen den Auftragnehmer richten. Da sich die Abführung des Steuereinbehaltes als Erfüllungshandlung im Verhältnis zum Auftragnehmer darstellt, ist auch die Rückforderung in diesem Leistungsverhältnis vorzunehmen.[92] Etwas anderes kann nur dann gelten, wenn der Auftraggeber tatsächlich nicht verpflichtet war, den entsprechenden Steuerabzug vorzunehmen, weil die vom Auftragnehmer zu erbringenden Leistungen keine Bauleistungen im Sinne des § 48 Abs. 1 Satz 2 EStG darstellten oder eine Gegenleistungspflicht, etwa wegen eines fehlenden Vertragsverhältnisses, überhaupt nicht bestand. Die fehlende Verpflichtung muss allerdings für den Auftraggeber offenkundig gewesen sein. Kann der Auftraggeber nicht eindeutig erkennen, dass die Verpflichtung zum Steuerabzug nicht besteht, hat seine Leistung an die Finanzbehörden Erfüllungswirkung im Verhältnis zum Auftragnehmer. Bestehende Unklarheiten der steuerlichen Situation gehen insoweit in keinem Fall zu Lasten des Auftraggebers.[93]

---

[88] BGH 17. 7. 2001, X ZR 13/99, NZBau 2001, 625 für den vergleichbaren Fall des Steuerabzugsverfahrens nach § 18 UStG.
[89] A. A. *Heiland* NZBau 2002, 414, 415.
[90] Das verkennt *Heiland* a. a. O., der insbesondere keinen prozessual zulässigen Weg aufzeigen kann, wie eine Zug-um-Zug-Verurteilung des Auftraggebers hinsichtlich des 15%-Anteiles zeitlich befristet werden könnte.
[90a] BGH, 12. 5. 2005 – VII ZR 97/04, NJW-RR 2005, 1261.
[91] *Kapellmann/Messerschmidt* § 16 VOB/B Rdn. 60.
[92] Ähnlich *Kapellmann/Messerschmidt* § 16 VOB/B Rdn. 57.
[93] BGH, 12. 5. 2005 – VII ZR 97/04, NJW-RR 2005, 1261.

## § 16 Nr. 1 [Abschlagszahlungen]

(1) **Abschlagszahlungen sind auf Antrag in möglichst kurzen Zeitabständen oder zu den vereinbarten Zeitpunkten zu gewähren, und zwar in Höhe des Wertes der jeweils nachgewiesenen vertragsgemäßen Leistungen einschließlich des ausgewiesenen, darauf entfallenden Umsatzsteuerbetrages. Die Leistungen sind durch eine prüfbare Aufstellung nachzuweisen, die eine rasche und sichere Beurteilung der Leistungen ermöglichen muss. Als Leistungen gelten hierbei auch die für die geforderte Leistung eigens angefertigten und bereitgestellten Bauteile sowie die auf der Baustelle angelieferten Stoffe und Bauteile, wenn dem Auftraggeber nach seiner Wahl das Eigentum an ihnen übertragen ist oder entsprechende Sicherheit gegeben wird.**

(2) **Gegenforderungen können einbehalten werden. Andere Einbehalte sind nur in den im Vertrag und in den gesetzlichen Bestimmungen vorgesehenen Fällen zulässig.**

(3) **Ansprüche auf Abschlagszahlungen werden binnen 18 Werktagen nach Zugang der Aufstellung fällig.**

(4) **Die Abschlagszahlungen sind ohne Einfluss auf die Haftung des Auftragnehmers; sie gelten nicht als Abnahme von Teilen der Leistung.**

**Literatur:** *Bergmann,* Grundlagen der Vergütungsregelung nach BGB und § 16 VOB/B, ZfBR 1998, 59; *Böhme,* Böhme, Einige Überlegungen zum neuen § 632a BGB, BauR 2001, 525; *Hochstein,* Der Prüfvermerk des Architekten auf der Schlussrechnung, BauR 1973, 326; *Karczewski/Vogel,* Abschlagszahlungspläne im Generalübernehmer- und Bauträgervertrag, BauR 2001, 859, 864; *Kniffka,* Das Gesetz zur Beschleunigung fälliger Zahlungen – Neuregelung des Bauvertragsrechtes und seine Folgen –, ZfBR 2000, 227, 229; *Kniffka,* IBR-Online Kommentar Bauvertragsrecht, Stand 17. 8. 2007; *Motzke,* Abschlagszahlung, Abnahme und Gutachterverfahren nach dem Beschleunigungsgesetz, NZBau 2000, 489; *Niemöller,* Der Abschlagszahlungsanspruch von eigens angefertigten oder angelieferten Stoffen oder Bauteilen nach § 632a BGB – Mittel zur Zahlungsbeschleunigung, Festschrift für Walter Jagenburg zum 65. Geburtstag, 689; *Pause,* Verstoßen Zahlungspläne gem. § 3 II MaBV gegen geltendes Recht? NZBau 2001, 181; *Peters,* Das Gesetz zur Beschleunigung fälliger Zahlungen, NZBau 2000, 169; *Rodemann,* § 632a BGB – Regelungsbedarf für Unternehmer, BauR 2002, 863; *Schreiber/Neudel,* Zur Frage der gerichtlichen Durchsetzbarkeit von fälligen Abschlagsforderungen nach Beendigung des Vertragsverhältnisses, BauR 2002, 1007; *Siegburg,* Verjährung im Baurecht; *Thode,* Werkleistung und Erfüllung im Bau- und Architektenvertrag, ZfBR 1999, 116, 124; *Trapp,* Das Leistungsverweigerungsrecht des Bestellers nach §§ 320ff. BGB als Druckmittel zur Leistungserbringung und Mängelbeseitigung, BauR 1983, 318; *Voppel,* Abschlagszahlungen im Baurecht und § 632a BGB, BauR 2001, 1165; *Weyer,* Keine Abschlagszahlung nach Schlussrechnungsreife, IBR 2000, 418; *Zielemann,* Vergütung, Zahlung und Sicherheitsleistung nach VOB.

### Übersicht

| | Rdn. |
|---|---|
| **A. Allgemeines** | 1 |
| I. Überblick | 1 |
| II. Systematische Stellung des § 16 Nr. 1 VOB/B | 5 |
|   1. Abschlagszahlungen nach § 16 Nr. 1 VOB/B | 5 |
|   2. Abschlagszahlung beim BGB Vertrag | 6 |
| III. Vertragliche Abweichungen von § 16 Nr. 1 VOB/B | 11 |
| IV. Rechtsnatur des § 16 Nr. 1 VOB/B | 15 |
|   1. Abschlagszahlungen als Anzahlung | 15 |
|   2. Verhältnis zur Schlussrechnung | 16 |
| **B. § 16 Nr. 1 VOB/B im Einzelnen** | 18 |
| I. Vertragsgemäße Leistungen § 16 Nr. 1 Abs. 1 VOB/B | 18 |
|   1. Geschuldete Leistung | 19 |
|   2. Vertragsgemäß erbrachte Leistung | 21 |
| II. Nachweis erbrachter Leistungen | 24 |
|   1. Einheitspreisvertrag | 25 |
|   2. Stundenlohnvertrag | 26 |
|   3. Pauschalpreisvertrag | 27 |
|   4. Form des Nachweises | 30 |
| III. Abschlagszahlungen für Baustoffe und Bauteile § 16 Nr. 1 Abs. 1 Satz 3 VOB/B | 31 |
|   1. Eigens angefertigte und bereitgestellte Bauteile | 33 |
|   2. Angelieferte Bauteile und Baustoffe | 35 |
|   3. Eigentumsverschaffung oder Sicherheitsleistung | 36 |
| IV. Erreichen des Abrechnungszeitpunktes oder Antrag des Auftragnehmers | 42 |
| V. Höhe der Abschlagszahlungen | 44 |

| | Rdn. | | Rdn. |
|---|---|---|---|
| VI. Umsatzsteuer | 45 | VIII. Fälligkeit § 16 Nr. 1 Abs. 3 VOB/B | 59 |
| VII. Einbehalte des Auftraggebers, § 16 Nr. 1 Abs. 2 VOB/B | 46 | IX. Verjährung | 63 |
| 1. Gegenforderungen | 47 | X. Konsequenzen der Abschlagszahlung und ihrer Nichtleistung | 65 |
| 2. Andere Einbehalte | 50 | | |
| 3. Abweichende Klauseln | 57 | | |

## A. Allgemeines

### I. Überblick

§ 16 Nr. 1 VOB/B regelt den Anspruch des Auftragnehmers auf Abschlagszahlungen als Anzahlung auf die insgesamt geschuldete Vergütung. Voraussetzung für eine Abschlagszahlung ist die Erbringung vertragsgemäßer Leistungen durch den Auftragnehmer, deren prüfbare Abrechnung unter Zugrundelegung der vereinbarten Preise. Ferner muss der vereinbarte Abrechnungszeitpunkt erreicht sein oder, wenn ein entsprechender Zahlungsplan nicht Vertragsgegenstand geworden ist, der Auftragnehmer einen formlosen Antrag an den Auftraggeber gerichtet haben. 1

Neben Abschlagszahlungen für vertragsgemäß erbrachte Leistungen kommen Abschlagszahlungen für Stoffe und Bauteile in Betracht, soweit dem Auftraggeber nach seiner Wahl Eigentum an ihnen verschafft oder ihm eine entsprechende Sicherheit gestellt wird. 2

Der Auftraggeber kann bei der Leistung von Abschlagszahlungen von der Vergütungsforderung des Auftragnehmers Gegenforderungen in Abzug bringen. Weitergehende Einbehalte sind nur insoweit zulässig, als sie nach dem Vertrag zwischen den Parteien vorgesehen oder kraft Gesetzes zulässig sind. 3

Die Fälligkeit der Abschlagszahlungen tritt, vorbehaltlich des Vorliegens der weiteren Zahlungsvoraussetzungen, 18 Werktage nach Zugang der prüfbaren Abrechnung ein. Die Leistung der Abschlagszahlungen berührt im Übrigen die vertraglichen Pflichten des Auftragnehmers nicht, insbesondere stellt eine Abschlagszahlung keine Abnahme oder Teilabnahme dar. 4

### II. Systematische Stellung des § 16 Nr. 1 VOB/B

#### 1. Abschlagszahlungen nach § 16 Nr. 1 VOB/B

§ 16 Nr. 1 VOB/B eröffnet abweichend von den Vorschriften der §§ 632 a, 641 BGB den Anspruch des Auftragnehmers auf Leistung von Abschlagszahlungen vor Abnahme und ohne dass die zu vergütenden Teile der insgesamt geschuldeten Leistungen in sich abgeschlossen sein müssten.[1] Der Auftragnehmer kann, vorbehaltlich eines vereinbarten Zahlungsplanes, dementsprechend für jede vertragsgemäß erbrachte Leistung, die sich unter Zugrundelegung der vertraglichen Vereinbarungen zur Vergütung als abrechenbar darstellt, auch vor einer Teilabnahme im Sinne des § 12 Nr. 2 VOB/B entsprechende Vergütungsteile verlangen. Da der Auftragnehmer auch in diesem Falle vorleistungspflichtig ist, bleibt das gesetzliche Leitbild des § 641 BGB zum vorleistungspflichtigen Werkunternehmer unberührt.[2] Die Bestimmung des § 16 Nr. 1 VOB/B trägt insoweit lediglich dem wirtschaftlichen Umstand Rechnung, dass bei der Erbringung von Bauleistungen der Umfang der Vorleistung des Auftragnehmers erheblich ist und sich diese über einen erheblichen Zeitraum erstreckt, was es unbillig machen würde, die Finanzierungslast sowie das Finanzierungsrisiko für die Dauer bis zu einer möglichen (Teil-)Abnahme allein dem Auftragnehmer aufzubürden.[3] 5

---

[1] *Ingenstau/Korbion/Locher* § 16 Nr. 1 VOB/B Rdn. 2.
[2] *Heiermann/Riedl/Rusam* § 16 VOB/B Rdn. 29.
[3] BGH 21. 2. 1985, VII ZR 160/83, NJW 1985, 1840; *Hochstein* BauR 1973, 336.

## 2. Abschlagszahlung beim BGB Vertrag

6   Die Bestimmung des § 632a BGB regelt demgegenüber sachlich nur Konstellationen, bei der eine Teilschlusszahlung möglich wäre.[4] Abweichend von der auf den Fall der Teilabnahme zugeschnittenen Bestimmung des § 16 Nr. 4 VOB/B führt die Abschlagszahlung im Sinne des BGB jedoch nicht zu einer abschließenden Abrechnung der auf die „in sich abgeschlossene Teilleistung" entfallenen Vergütung. Auch sieht § 632a BGB nur eine vorläufige Zahlung vor.

7   Voraussetzung des § 632a BGB ist zunächst, dass eine in sich abgeschlossene Teilleistung vorliegt. Mangels jeglicher Anhaltspunkte für einen abweichenden gesetzgeberischen Willen ist wegen dieses Tatbestandsmerkmales auf § 12 Nr. 2 VOB/B zu verweisen.[5] Soweit in der Literatur eine extensivere Auslegung des § 632a BGB präferiert wird,[6] kann dem zwar insoweit beigestimmt werden, als das Abstellen auf die „in sich abgeschlossene Leistung" im Sinne des § 12 Nr. 2 VOB/B dazu führt, das § 632a BGB kaum praktische Anwendungsbereiche hat.[7] Das Interesse an der Schaffung einer sachgerechten Vorschrift zu Abschlagszahlungen im BGB erlaubt allerdings keine Auslegung des § 632a BGB, die mit dem erklärten Willen des Gesetzgebers und dem Wortlaut der auszulegenden Vorschrift in offenem Widerspruch steht.[8]

8   Praktische Anwendungsfälle für § 632a BGB sind damit teilabnahmefähige Leistungen, bei denen eine Teilabnahme sodann jedoch nicht erfolgt. Bei erfolgter rechtsgeschäftlicher Teilabnahme ermöglicht § 641 Abs. 1 Satz 2 BGB eine Teilschlusszahlung jedenfalls dann, wenn die entsprechende Teilvergütung bestimmt ist. Im Regelfall wird in dieser Konstellation daher eine Teilschlusszahlung gemäß § 641 BGB vorgenommen werden, nicht hingegen die bloß vorläufige Abschlagszahlung nach § 632a BGB.

9   Weitere Tatbestandsvoraussetzung des § 632a BGB ist sodann, dass die im Wege der Abschlagszahlung zu vergütenden Leistungen vertragsmäßig sind. Damit wird die Formulierung des § 640 Abs. 1 Satz 1 BGB übernommen, was dazu führt, dass beide Vorschriften in dieser Beziehung gleich auszulegen sind. Vertragsmäßig bedeutet danach, dass allenfalls unwesentliche Mängel vorliegen dürfen, somit Abnahmereife gegeben ist.[9] Das Vorliegen weitergehender Mängel schließt einen Anspruch auf Abschlagszahlungen nach § 632a BGB wegen dieser Leistung vollständig aus,[10] während im Falle des § 16 Nr. 1 VOB/B das Vorliegen von Mängeln der Leistung lediglich zu einer Reduzierung der Abschlagszahlung im Umfang des auf Grund des Mangels reduzierten Wertes der Bauleistung zuzüglich des Druckzuschlages führt.[11]

10  Soweit beim BGB-Vertrag schließlich die Rechtsprechung aus § 242 BGB einen Anspruch auf Abschlagszahlungen im Sinne einer echten Anzahlung und nicht nur eine vorläufigen Teilschlusszahlung abgeleitet hat,[12] bliebt dieses erheblich hinter der Regelung des § 16 Nr. 1 VOB/B zurück. Der Anspruch des Auftragnehmers beschränkt sich auf solche eng umgrenzten Fälle, bei denen die Aufrechterhaltung der Fälligkeitsregelung des § 641 BGB treuwidrig wäre.[13] Dabei dürfte der Anwendungsbereich des § 242 BGB durch § 632a BGB noch weiter beschnitten worden sein, da der Gesetzgeber mit dieser Bestimmung eine gesetzliche Definition der Ausnahmen von § 641 BGB vorgenommen hat, die durch Anwendung des § 242 BGB nicht ohne weiteres umgangen werden kann.

---

[4] *Niemöller* FS Jagenburg, 689, 690 ff; *Pause* NZBau 2001, 181.
[5] *Niemöller* FS Jagenburg, 689, 690; *Voppel* BauR 2001, 1165.
[6] *Kniffka* ZfBR 2000, 227, 229; *Böhme* BauR 2001, 525; *Rodemann* BauR 2002, 863.
[7] *Peters* NZBau 2000, 169 f.; *Motzke* NZBau 2000, 489 f.
[8] Im Ergebnis ähnlich *Ingenstau/Korbion/Locher* § 16 Nr. 1 VOB/B Rdn. 2.
[9] *Niemöller* FS Jagenburg, 689, 692; *Karczewski/Vogel* BauR 2001, 859, 864.
[10] *Ingenstau/Korbion/Locher* § 16 Nr. 1 VOB/B Rdn. 2; OLG Schleswig, 30. 3. 2007, 17 U 21/07, IBR 2007, 299; a. A. *Kniffka*, IBR-Online Kommentar, § 632a BGB, Rdn. 6.
[11] *Kapellmann/Messerschmidt* § 16 VOB/B Rdn. 108; *Ingenstau/Korbion/Locher* § 16 Nr. 1 VOB/B Rdn. 8.
[12] BGH 6. 12. 1984, VII ZR 227/83, NJW 1985, 855; BGH, 27. 6. 1985, VII ZR 265/84, NJW 1985, 2696.
[13] *Ingenstau/Korbion/Locher* § 16 Nr. 1 VOB/B Rdn. 2.

## III. Vertragliche Abweichungen von § 16 Nr. 1 VOB/B

Durch allgemeine Geschäftsbedingungen kann im Falle des BGB-Vertrages eine Abschlagszahlungsregelung im Sinne des § 16 Nr. 1 VOB/B jedenfalls dann vereinbart werden, wenn der Auftragnehmer einseitig eine Abschlagszahlung verlangen kann oder jedenfalls der Zahlungsplan mindestens den Vorgaben des § 632a BGB genügt. In diesem Fall ist da eine Abweichung von gesetzlichen Leitgedanken durch diese Bestimmung nicht gegeben. Eine Verletzung der Vorleistungsverpflichtung des Auftragnehmers wird durch § 16 Nr. 1 VOB/B nicht herbeigeführt, so dass auch seine isolierte Vereinbarung keinen Verstoß gegen § 307 BGB darstellen kann.[14]

Eine Verletzung von § 307 BGB liegt allerdings vor, wenn im Rahmen einer Abschlagsregelung sachlich eine Vorleistungspflicht des Auftraggebers herbeigeführt wird, etwa in dem die Höhe der vereinbarten Abschlagszahlung den Wert der zum Zeitpunkt der vereinbarten Fälligkeit der Abschlagszahlungen erbrachten Leistungen übersteigt.[15] Unwirksam sind damit Regelungen, die eine Verpflichtung zur Leistung von Abschlagszahlungen bereits begründen sollen, bevor der nach Zahlungsplan vorgesehene Leistungsstand vollständig herbeigeführt worden ist. Weiter sind solche Zahlungspläne, die allein auf den Zeitablauf ohne Rücksicht auf den tatsächlichen Leistungsstand abzustellen, mit § 307 BGB nicht vereinbar.

Eine Abweichung von § 16 Nr. 1 VOB/B bei Vereinbarung der VOB/B ist auch durch Allgemeine Geschäftsbedingungen jedenfalls insoweit zulässig, als zumindest die Ansprüche aus § 632a BGB gewahrt bleiben.[16] Insbesondere sind Klauseln möglich, die Abschlagszahlungen nur in Höhe eines bestimmten Prozentsatzes des tatsächlichen Wertes der erbrachten Leistungen vorsehen. Allerdings führt eine entsprechende Abweichung von § 16 Nr. 1 VOB/B dazu, dass die VOB/B nicht mehr als Ganzes vereinbart ist und damit auf jeden Fall der AGB-rechtlichen Kontrolle nach Maßgabe der §§ 307 ff. BGB unterliegt.[17] Das gilt jedenfalls dann, wenn der prozentuale Abzug vom tatsächlichen Leistungswert sich nicht als Sicherheitsvereinbarung im Sinne des § 17 Nr. 6 Abs. 1 VOB/B darstellt. Ob sich ein Abzug als Sicherheit im Sinne des § 17 Nr. 6 VOB/B auslegen lässt und damit eine zulässige Abweichung von § 16 Nr. 1 VOB/B begründet, oder eine bloße Beschränkung des Anspruches des Auftragnehmers auf Abschlagszahlungen darstellt, ist nach den vertraglichen Vereinbarungen zu entscheiden. Eine Sicherheitsvereinbarung kann dabei aber nur angenommen werden, wenn sich dieses ausdrücklich aus den Vertragsbedingungen ergibt.[18] Eine Auslegung der Klausel „im Rahmen von Abschlagszahlungen werden 95% der nachgewiesenen Leistungen vergütet" als Sicherungsvereinbarung im Sinne des § 17 VOB/B als Vertragserfüllungssicherheit kommt insoweit nicht in Betracht.

In welchem Umfang eine prozentuale Reduzierung des Anspruches des Auftragnehmers auf Abschlagszahlungen sich als mit den Grundgedanken des § 632a BGB noch vereinbar darstellt, ist noch ungeklärt. Der Bundesgerichtshof hat zwar eine Klausel in einem Architektenvertrag, die lediglich Abschlagszahlungen in Höhe von 95% der Vergütung für die nachgewiesenen Leistungen vorsah, als Abweichung vom Leitbild des § 8 Abs. 2 HQAI angesehen, aber offengelassen, ob dieser Umstand generell zur Unwirksamkeit der Klausel führt.[18a] Bei einem stringenten Verständnis müsste danach auch eine Vereinbarung zur Leistung von Abschlagszahlungen in geringer Höhe als dem nachgewiesenen Wert der Leistung auch beim Bauvertrag gegen das gesetzliche Leitbild des § 632a BGB versto-

---

[14] *Ingenstau/Korbion/Locher* § 16 Nr. 1 VOB/B Rdn. 3.
[15] BGH 11. 10. 1984, VII ZR 248/83, NJW 1985, 852; BGH 10. 10. 1991, VII ZR 289/90, NJW 1992, 1107.
[16] *Kapellmann/Messerschmidt* § 16 VOB/B Rdn. 114.
[17] BGH 9. 10. 2001, X ZR 153/99, BauR 2002, 75 775; BGH 17. 9. 1987, VII ZR 155/86, BGHZ 101, 361; *Heiermann/Riedl/Rusam* § 16 VOB/B Rdn. 42.
[18] *Kapellmann/Messerschmidt* § 16 VOB/B Rdn. 115.
[18a] BGH, 22. 12. 2005, VII ZB 84/05, NZBau 2006, 245.

ßen.[18b] Es erscheint allerdings zweifelhaft, dass die Abweichung vom gesetzlichen Leitbild zu einer unangemessenen Benachteiligung des Auftragnehmers und damit zur Unwirksamkeit entsprechender Klauseln nach § 307 BGB führt. Auszugehen ist zwar davon, dass § 632a BGB hinsichtlich der erbrachten Leistungen grundsätzlich die Leistung von Abschlagszahlungen zu 100% des erbrachten Wertes vorsieht, was eine Einschränkung des Anspruches auf Abschlagszahlungen deutlich begrenzt. Da allerdings die Anforderungen an die Genauigkeit von Abschlagsrechnungen gegenüber den Anforderungen an eine Schlussrechnung deutlich herabgesetzt sind und damit auch das Risiko besteht, dass Leistungen bei der Überprüfung von Abschlagsrechnungen als nachgewiesen angesehen werden, die noch gar nicht erbracht sind, ist davon auszugehen, dass jedenfalls bei Auskehrung von 95% der Vergütung, die auf die nachgewiesenen Leistungen entfällt, die Verkürzung des Abschlagszahlungsanspruches des Auftragnehmers durch die Reduzierung der Darlegungsanforderungen bei der Abschlagsrechnung kompensiert wird. Bei einer Abzugsgröße von 10% dürften jedoch bereits erhebliche Wirksamkeitsbedenken begründet sein.[19] Das gilt insbesondere auch mit Rücksicht darauf, dass bei gleichzeitiger Vereinbarung einer Sicherheitsleistung gemäß § 17 Nr. 6 VOB/B sich die Abschlagszahlung auf 80% des Wertes der nachgewiesenen Leistungen beschränken würde.[20] Die Gegenposition,[21] die Abzüge von bis zu 30% für tolerabel hält, überzeugt nicht. Dass der Hauptauftragnehmer ggf. zur Befriedigung der Abschlagsforderungen seines Nachunternehmers auf Zahlungen des Hauptauftraggebers angewiesen ist, rechtfertigt ebenfalls nicht, Abschlagsforderungen des Nachunternehmers zu kürzen. Wie der Hauptauftragnehmer die notwendige Liquidität darstellt, ist allein seiner Risikosphäre zuzuordnen.

### IV. Rechtsnatur des § 16 Nr. 1 VOB/B

#### 1. Abschlagszahlungen als Anzahlung

15   Die Abschlagszahlungen stellen nicht eine endgültige Abgeltung des Vergütungsanspruches des Auftragnehmers für die abgerechneten Leistungen dar, sondern sind Anzahlungen auf die Gesamtvergütung, die nach Eintritt der Schlussrechnungsreife vollständig abgerechnet werden muss.[22] Sie haben damit einen rein vorläufigen Charakter.[23] Dementsprechend führt auch der Umstand, dass Abschlagszahlungen nur für nachgewiesene Leistungen erbracht werden müssen, nicht dazu, dass die einzelnen Abschlagszahlungen konkreten Einzelpositionen zugeordnet werden könnten.[24] Insoweit entspricht § 16 Nr. 1 VOB/B dem § 632a BGB. Im Rahmen der Schlussrechnung sind die geleisteten Abschlagszahlungen folglich als reine Rechnungsposten einzubeziehen, was dazu führt, dass als Ergebnis einer solchen Schlussrechnung grundsätzlich sowohl Zahlungsansprüche des Auftragnehmers als auch – im Falle der Überzahlung – des Auftraggebers stehen können.[25] Der damit zugunsten einer der Vertragsparteien begründete Zahlungsanspruch ist als Ergebnis der Abrechnung immer vertraglicher Natur.[26] Auf einen Rückzahlungsanspruch des Auftraggebers wegen Überzahlung auf Grund von Abschlagszahlungen ist dementsprechend § 812 BGB nicht anwendbar. Das hat die Konsequenz, dass dem Auftraggeber im Falle der

---

[18b] So *Kniffka*, § 632a BGB, Rdn. 36.
[19] So jetzt auch *Heiermann/Riedl/Rusam* § 16 VOB/B Rdn. 42.
[20] Noch restriktiver *Kapellmann/Messerschmidt* § 16 VOB/B Rdn. 114.
[21] *Heiermann/Riedl/Rusam* 9. Aufl., § 16 VOB/B Rdn. 28; in *Heiermann/Riedl/Rusam* § 16 VOB/B Rdn. 42 aufgegeben.
[22] BGH 19. 3. 2002, X ZR 125/00, NZBau 2002, 390.
[23] *Nicklisch/Weick* § 16 VOB/B Rdn. 8.
[24] BGH 11. 2. 1999 VII ZR 399/97, NJW 1999, 1867.
[25] BGH 23. 1. 1986 IX ZR 46/85, NJW 1986, 1681; BGH 24. 1. 2002, VII ZR 196/00, NJW 2002, 1567.
[26] BGH 11. 2. 1999, VII ZR 399/97, NJW 1999, 1867.

Leistung von Abschlagszahlungen, die materiell nicht in der Höhe oder jedenfalls nicht zum Zeitpunkt der Zahlung dem erreichten Leistungsstand des Auftragnehmers entsprachen, kein Anspruch auf Erstattung der vom Auftragnehmer aus den Abschlagszahlungen gezogenen Nutzungen zusteht.[27] Insbesondere kann der Auftraggeber eine Verzinsung der überzahlten Beträge jedenfalls solange nicht verlangen, wie der Auftragnehmer nicht mit der Auskehrung der auf der Grundlage einer Schlussrechnung ermittelten Überzahlung in Verzug ist.

## 2. Verhältnis zur Schlussrechnung

Aus der Natur der Abschlagszahlungen als Anzahlung auf die Gesamtvergütung ergibt sich zugleich, dass Abschlagszahlungen dann nicht mehr geltend gemacht werden können, wenn Schlussrechnungsreife eingetreten ist,[28] somit entweder sämtliche Leistungen vom Auftragnehmer erbracht und jedenfalls Abnahmereife eingetreten ist[29] oder das Vertragsverhältnis, insbesondere auf Grund einer Kündigung in ein Abrechnungsverhältnis umgewandelt wurde.[30] Gleichgestellt dem Fall der Kündigung ist dabei die Konstellation, bei der aus tatsächlichen Gründen eine weitere Leistungserbringung durch den Auftragnehmer nicht mehr erfolgen kann, etwa weil der Auftraggeber die Werkleistung durch einen Dritten hat vollenden lassen.[31] Fehlt es allerdings bei Fertigstellung der Leistungen an der Abnahme und auch Abnahmereife, kann der Auftragnehmer trotz vorliegender Schlussrechnung noch Ansprüche aus der Abschlagsrechnung auch klagweise verfolgen.[32]

Die mit der Schlussrechnungsreife eintretende zeitliche Sperrwirkung hat dabei zur Folge, dass neue Abschlagsrechnungen nicht mehr gestellt werden können und bereits gestellte Abschlagsrechnungen nicht mehr taugliche Grundlage einer Anspruchsverfolgung gegenüber dem Auftraggeber sind.[33] Prozessual hat dieses zur Folge, dass nach Schlussrechnungsreife eine auf eine Abschlussrechnung gestützte Klage auf die Schlussrechnung umgestellt werden muss,[34] was allerdings wegen Identität der zugrunde liegenden Forderung keine Klageänderung darstellt.[35] Die durch die Schlussrechnungsreife eintretende Sperre für die Geltendmachung von Ansprüchen aus Abschlagsrechnungen wird allerdings durchbrochen, wenn ein unbestrittenes Guthaben im Sinne des § 16 Nr. 3 Abs. 1 Satz 3 VOB/B vorliegt. Mit Rücksicht auf den Zweck dieser Regelung kann hier der Auftragnehmer das unbestrittene Guthaben noch als Abschlagsforderung einklagen.[36]

---

[27] BGH 19. 3. 2002, X ZR 125/00, NZBau 2002, 390.
[28] BGH 21. 2. 1985, VII ZR 160/83, NJW 1985, 1840; *Thode* ZfBR 1999, 116, 124.
[29] BGH 15. 6. 2000, VII ZR 30/99, NZBau 2000, 507.
[30] OLH Hamm 29. 10. 1998, 17 U 38/98, BauR 1999, 776; OLG Dresden 29. 9. 1999, 6 U 1480/99, NJW-RR 2000, 232.
[31] OLG Nürnberg 8. 6. 2000, 13 U 77/00, NZBau 2000, 509; *Weyer* IBR 2000, 418.
[32] BGH 15. 6. 2000, VII ZR 30/99, NJW 2000, 2818; für weitergehende Ausnahmen OLG Köln, 18. 8. 2005, 7 U 129/04.
[33] *Nicklisch/Weick* § 16 VOB/B Rdn. 25; *Ingenstau/Korbion/Locher* § 16 Nr. 1 VOB/B Rdn. 41; a. A: *Schreiber/Neudel* BauR 2002, 1007, die allerdings zu Unrecht davon ausgehen, dass Abschlags- und Schlusszahlungsanspruch nicht identisch seien.
[34] BGH 21. 2. 1985, VII ZR 160/83, NJW 1985, 1840; *Kapellmann/Messerschmidt* § 16 VOB/B Rdn. 98.
[35] BGH 11. 11. 2004, VII ZR 128/03, NZBau 2005, 158, unter Aufgabe von BGH 5. 11. 1998, VII ZR 191/97, NJW 1999, 713.
[36] *Nicklisch/Weick* § 16 VOB/B Rdn. 25; *Ingenstau/Korbion/Locher* § 16 Nr. 1 VOB/B Rdn. 41. Gegenteiliges ergibt sich nicht aus OLG Nürnberg, NZBau 2000, 509: der dort verneinte Anspruch auf ein unbestrittenes Guthaben aus einer Abschlagszahlung bezog sich nicht auf den Fall des § 16 Nr. 3 Abs. 1 VOB/B sondern auf eine „echte" Abschlagsrechnung im Sinne des § 16 Nr. 1 VOB/B nach Eintritt der Schlussrechnungsreife.

## B. § 16 Nr. 1 VOB/B im Einzelnen

### I. Vertragsgemäße Leistungen § 16 Nr. 1 Abs. 1 VOB/B

18  Voraussetzungen einer jeden Abschlagszahlung gem. § 16 Nr. 1 VOB/B ist zunächst die Erbringung von vertragsgemäßen Leistungen durch den Auftragnehmer. Eine Abgeschlossenheit der Einzelleistung ist dabei, anders als im Falle des § 632a BGB, nicht erforderlich.

#### 1. Geschuldete Leistung

19  Ausreichend, aber auch erforderlich ist, dass es sich bei den abzurechnenden Leistungen um selbstständig vergütungsfähige Leistungen im Sinne des § 2 VOB/B,[37] ggf. des § 6 Nr. 6 VOB/B handelt.[38] Welche Vertragsform – Einheitspreisvertrag, Stundenlohnvertrag oder Pauschalpreisvertrag – vorliegt, ist dabei unerheblich. Nicht Gegenstand einer Abschlagszahlung können damit im Ergebnis nur solche Leistungen des Auftragnehmers sein, die dieser zwar schuldet, die aber nicht gesondert – isoliert – zu vergüten sind. Das gilt etwa für nach Maßgabe der VOB/C geschuldete Nebenleistungen, hinsichtlich derer eine isolierte Vergütung nicht gesondert vereinbart wurde.

20  Zu den nach § 16 Nr. 1 berücksichtigungsfähigen Leistungen gehören auch solche, die unter die § 2 Nr. 3 bis 6 fallen.[39] Das gilt unabhängig davon, ob die in § 2 Nr. 3, Nr. 5 bzw. Nr. 6 VOB/B vorgesehenen Vergütungsvereinbarungen getroffen worden sind oder noch ausstehen. Auch in den Fällen der fehlenden Vereinbarung gebührt dem Auftragnehmer die Vergütung für die insoweit erbrachten Leistungen.[40] Der Auftragnehmer muss allerdings auch hinsichtlich der diesbezüglich beanspruchten Vergütung eine prüfbare Abrechnung vorlegen, was unter Umständen in tatsächlicher Hinsicht der Geltendmachung von Abschlagsforderungen für Leistungen im Sinne des § 2 Nr. 3 bis 6 VOB/B entgegenstehen kann.[41]

#### 2. Vertragsgemäß erbrachte Leistung

21  Die Leistung, wegen derer eine Abschlagszahlung geltend gemacht wird, muss hergestellt worden sein. Noch nicht hergestellte Leistungen können nicht Gegenstand einer Abschlagsforderung sein.[42] Die Vorleistungspflicht des Auftragnehmers wird auch durch § 16 Nr. 1 VOB/B nicht aufgehoben.

22  Die erbrachte Leistung muss vertragsgemäß sein. Abweichend von § 640 Abs. 1 BGB setzt dieses Tatbestandsmerkmal des § 16 Nr. 1 VOB/B nicht voraus, dass die entsprechenden Leistungen mangelfrei sind.[43] Das Vorliegen von Mängeln der Leistung schließt den Anspruch auf eine Abschlagszahlung gemäß § 16 Nr. 1 VOB/B damit nicht vollständig aus. Bei der Ermittlung der Höhe der Abschlagszahlung ist aber dem Umstand des Vorliegens von Mängeln, somit des qualitativen Zurückbleibens der erstellten Leistung gegenüber dem vertraglich Geschuldeten dahingehend Rechnung zu tragen, als nur die Vergütung als Abschlagszahlung zu leisten ist, die dem Wert der lediglich mangelhaft erbrachten Leistung abzüglich des weiteren Druckzuschlages entspricht.[44] Ein weitergehender Vergütungsanspruch ist dem Auftragnehmer nur Zug um Zug gegen Beseitigung der Mängel, deren

---

[37] Heiermann/Riedl/Rusam § 16 VOB/B Rdn. 32.
[38] Kapellmann/Messerschmidt § 16 VOB/B Rdn. 107.
[39] OLG Frankfurt 15. 2. 1986, 2 U 230/83, NJW-RR 1986, 1149; Bergmann ZfBR 1998, 59, 61.
[40] Vgl. Kommentierung zu § 2 Nr. 3 VOB/B.
[41] Ingenstau/Korbion/Locher § 16 Nr. 1 VOB/B Rdn. 5.
[42] BGH 23. 1. 1986, IX ZR 46/85, NJW 1986, 1681; Heiermann/Riedl/Rusam § 16 VOB/B Rdn. 32.
[43] BGH 21. 12. 1978, VII ZR 269/77, NJW 1979, 650.
[44] Ingenstau/Korbion/Locher § 16 Nr. 1 VOB/B Rdn. 8.

Vorliegen die Einbehalte des Auftraggebers rechtfertigen, zuzusprechen.[45] Insoweit wirkt sich das Zurückbehaltungsrecht des Auftraggebers aus § 320 BGB auch gegenüber der Abschlagszahlungsforderung aus.[46]

Im Rahmen der Ermittlung der Höhe der Abschlagsforderung kommt es allerdings zunächst nur auf die entsprechende Reduzierung des Wertes der erbrachten Leistung an. Die sich aus dem Mangel ergebenden weiteren Rechte des Auftraggebers berühren nicht die Frage der Ermittlung der Vergütung für die vertragsgemäß erbrachten Leistungen des Auftragnehmers, sondern stellen sich als Einbehalte gemäß § 16 Nr. 1 Abs. 2 VOB/B dar.[47] Als Einbehalt ist dabei insbesondere der Druckzuschlag anzusehen, den der Auftraggeber der Abschlagsforderung entgegenhalten kann. Unter Berücksichtigung dieses Einbehaltes als Druckmittel zur Realisierung des Anspruches aus § 4 Nr. 7 VOB/B wird der Auftraggeber daher im Regelfall die Abschlagsanforderung um das Dreifache der Mängelbeseitigungskosten kürzen dürfen.[48] Das gilt unbeschadet der Frage, ob man § 641 Abs. 3 BGB auf Abschlagsrechnungen anwendbar hält[49] oder nicht,[50] da mit Rücksicht auf das Schutzbedürfnis des Auftraggebers ein entsprechender Druckzuschlag zur Sicherung des Anspruches auf vertragsgemäße Herstellung des Werkes erforderlich ist[51] und jedenfalls auf § 320 BGB gestützt werden kann.

23

### II. Nachweis erbrachter Leistungen

Der Auftragnehmer muss die erbrachten Leistungen im Rahmen einer prüfbaren Aufstellung entsprechend der vertraglichen Vorgaben nachweisen. Die Nachweisführung setzt dabei voraus, dass eine prüfbare Abrechnung im Sinne des § 14 Nr. 1 und 2 VOB/B vorgelegt wird,[52] wobei allerdings die Anforderung an eine Aufstellung gegenüber jenen, die bei einer Schlussrechnung angesetzt werden, reduziert sind.[53] Da Abschlagszahlungen keine endgültige Abrechnung der berechneten Leistungen darstellen, reicht es aus, wenn die Aufstellung eine überschlägige Prüfung ermöglicht. Ein Auftraggeber muss aber die Möglichkeit haben, schnell und sicher zu beurteilen, welche Leistungen erbracht worden sind und welcher Vergütungsteil hierauf entfällt. Soweit der Vertrag weitergehende Voraussetzungen hinsichtlich der Ausgestaltung der Abrechnungen enthält, sind diese einzuhalten.[54]

24

### 1. Einheitspreisvertrag

Eine nachvollziehbare Abrechnung kann bei Einheitspreisverträgen weitgehend problemlos durch Verweisung auf entsprechende Leistungsverzeichnisse sowie Aufmassunterlagen erstellt werden.[55] Die notwendige Genauigkeit der entsprechenden Abrechnungen orientiert sich an den Prüfbedürfnissen des Auftraggebers. Je mehr Angaben dieser benötigt, um den Leistungsstand und die darauf entfallende Vergütung nachvollziehen zu können, desto präziser muss die Abrechnung der Leistungen sein.[56] Daraus folgt zugleich, dass die Abschlagsrechnungen nicht zwingend dem Aufbau des dem Vertrag zugrunde liegenden Leis-

25

---

[45] BGH 21. 12. 1978, VII ZR 269/77, NJW 1979, 650.
[46] BGH 21. 4. 1988, VII ZR 65/87, NJW-RR 1988, 1043.
[47] Vgl. Rdn. 52.
[48] BGH 9. 7. 1981, VII ZR 40/80, NJW 1981, 2801; *Kapellmann/Messerschmidt* § 16 VOB/B Rdn. 134.
[49] *Nicklisch/Weick* § 16 VOB/B Rdn. 11; *Kapellmann/Messerschmidt* § 16 VOB/B Rdn. 134.
[50] *Leinemann* § 16 VOB/B Rdn. 38.
[51] BGH 21. 12. 1978 VII ZR 269/77, NJW 1979, 650; *Ingenstau/Korbion/Locher* § 16 Nr. 1 VOB/B Rdn. 8.
[52] *Ingenstau/Korbion/Locher* § 16 Nr. 1 VOB/B Rdn. 14; a. A. Vorauflage § 14 Nr. 1 VOB/B Rdn. 27.
[53] BGH 9. 1. 1997, VII ZR 69/96, NJW 1997, 1444; BGH 19. 3. 2002, X ZR 125/00, NJW 2002, 2640; *Bergmann* ZfBR 1998, 59 ff.
[54] *Kapellmann/Messerschmidt* § 16 VOB/B Rdn. 103.
[55] *Nicklisch/Weick* § 16 VOB/B Rdn. 12; *Kapellmann/Messerschmidt* § 16 VOB/B Rdn. 101.
[56] *Kapellmann/Messerschmidt* § 16 VOB/B Rdn. 101; ähnlich *Nicklisch/Weick* § 16 VOB/B Rdn. 12.

tungsverzeichnis folgen müssen, wenn der Auftraggeber auch unabhängig von entsprechenden Angaben die Berechtigung der geltend gemachten Forderung überprüfen kann.[57] Soweit der Auftragnehmer auch Ansprüche auf Grund von Leistungen im Sinne des § 2 Nr. 5, 6, 8 oder 9 VOB/B geltend macht, sind diese Vergütungsteile gesondert auszuweisen und, soweit es entsprechender ausdrücklicher Vergütungsvereinbarungen ermangelt, auch die Preisermittlungsgrundlagen offen zu legen.[58] Letzteres wird regelmäßig nicht unerhebliche Schwierigkeiten jedenfalls dann verursachen, wenn die zugrunde zu legenden Berechnungsgrundlagen überhaupt noch nicht gegeben sind, insbesondere eine Kalkulation der Preise des Hauptvertrages in nachvollziehbarer Form fehlt.

### 2. Stundenlohnvertrag

26  Bei Stundenlohnverträgen ist ebenfalls eine Abrechnung relativ einfach durch Bezugnahme auf entsprechende Stundenlohnrapporte möglich.

### 3. Pauschalpreisvertrag

27  Erhebliche Abrechnungsschwierigkeiten können bei funktional beschriebenen Pauschalpreisverträgen auftreten, da hier, ebenso wie bei Nachtragsleistungen, die Kalkulationsgrundlagen für die erbrachten Teilleistungen zur Herstellung der Nachvollziehbarkeit einer Abschlagsrechnung offen gelegt werden müssen.[59] Die Vertragsparteien können die insoweit auftretenden Probleme allerdings reduzieren, in dem sie, insbesondere bei einem funktional beschriebenen Leistungsumfang, bestimmte Prozentsätze der Gesamtvergütung bestimmten Leistungsständen zuordnen.[60] Eine entsprechende Vereinbarung eines Zahlungsplanes birgt allerdings AGB-rechtliche Risiken, da bei bindender Ausgestaltung des Zahlungsplanes die VOB/B nicht mehr als Ganzes vereinbart ist.[61] Das gilt sowohl für die Ausgestaltung von Zahlungsplänen nach Leistungsstand als auch nach Zeitablauf, da in beiden Fällen die Möglichkeit für den Auftragnehmer zur Geltendmachung von Abschlagsforderungen beschnitten wird.[62] Auch aus Sicht des Auftragnehmers kann ein entsprechender, von ihm als Verwender gestellter Zahlungsplan AGB-rechtlich risikoreich sein, wenn er dazu führt, dass auf Grund überhöhter Abschlagszahlungen seine Vorleistungspflicht aufgehoben wird.[63] In diesem Fall ist dieser Zahlungsplan wegen Unvereinbarkeit mit § 307 BGB unwirksam.

28  Die Auswirkungen eines Verstoßes gegen § 307 BGB durch einen Zahlungsplan sind dabei ungleich gravierender, wenn der Auftragnehmer Verwender ist, als bei einem Verstoß eines vom Auftraggeber gestellten Zahlungsplanes. Der Auftraggeber verliert in einem solchen Fall lediglich die Vorteile der Privilegierung der VOB/B als Ganzes, falls sie überhaupt noch zu bejahen sein sollte, während der Zahlungsplan vorbehaltlich einer Unvereinbarkeit mit § 632a BGB grundsätzlich wirksam bleibt. Bei einem vom Auftragnehmer gestellten unwirksamen Zahlungsplan greift demgegenüber die gesetzliche Regelung ein, so dass der Auftragnehmer nur noch nach Maßgabe des § 632a BGB Abschlagszahlungen beanspruchen kann.

29  Um Wirksamkeitsrisiken für beide Vertragsparteien zu begegnen, muss daher zweierlei beachtet werden. Zum einen darf der Zahlungsplan nicht in dem Sinne bindend sein, dass dem Auftragnehmer verwehrt wird, andere als die im Zahlungsplan ausgewiesenen Abschlagsforderungen zu stellen. Er muss daher berechtigt bleiben, bei Nachweis entsprechen-

---

[57] OLG Brandenburg 2. 11. 1999, 11 U 3/99.
[58] *Ingenstau/Korbion/Locher* § 16 Nr. 1 Rdn. 15.
[59] BGH 25. 10. 1990, VII ZR 201/89, NJW 1991, 565 (zu einem Detailpauschalvertrag).
[60] *Ingenstau/Korbion/Locher* § 16 Nr. 1 VOB/B Rdn. 14.
[61] *Kapellmann/Messerschmidt* § 16 VOB/B Rdn. 118.
[62] A. A. *Heiermann/Riedl/Rusam* § 16 VOB/B Rdn. 46 (4 Wochen); *Leinemann* § 16 VOB/B Rdn. 20 (2 Wochen).
[63] BGH 11. 10. 1984 VII ZR 248/83, NJW 1985, 852.

der Leistungen und dazu korrespondierender Vergütungsteile auch neben den vereinbarten Zahlungsraten Abschlagszahlungen zu verlangen. Zum anderen müssen die im Zahlungsplan vorgesehenen Vergütungsanteile entweder jeweils individuell vereinbart und damit der Inhaltskontrolle nach § 307 BGB entzogen oder aber der Höhe nach so bestimmt werden, dass eine Vorauszahlung des Auftraggebers ausgeschlossen ist.

### 4. Form des Nachweises

Die entsprechende nachprüfbare Aufstellung bedarf einer dokumentierbaren Form, was die Mündlichkeit grundsätzlich ausschließt.[64] Neben der Schriftform und der diesen nach § 127 BGB gleichgestellten Verkörperungen kommt sowohl die Textform des § 126 b BGB als auch die elektronische Form nach § 126 a BGB in Betracht. Die nach Maßgabe des BGB eröffnete Formfreiheit wird allerdings in den Fällen, in denen eine Rechnung nach Maßgabe des UStG auszustellen ist, dahingehend beschränkt, als die Rechnung auf Papier auszufertigen oder, unter der Voraussetzung dass der Rechnungsempfänger dem zustimmt, in elektronischer Form zu errichten ist, wobei eine qualifizierte elektronische Signatur erforderlich ist (§ 14 Abs. 3 UStG). Die Nichteinhaltung der steuerrechtlichen Form ist im Hinblick auf die Begründung der Abschlagsforderung zwar zunächst unerheblich, führt allerdings zu Zurückbehaltungsrechten des Auftraggebers, was faktisch dazu zwingt, dass die umsatzsteuerrechtlich erforderliche Form der Rechnung eingehalten wird.

### III. Abschlagszahlungen für Baustoffe und Bauteile § 16 Nr. 1 Abs. 1 S. 3 VOB/B

Der Auftragnehmer kann auch für eigens angefertigte und bereitgestellten Bauteile sowie für bereits auf der Baustelle angelieferte, aber noch nicht eingebaute Stoffe und Bauteile Abschlagszahlungen geltend machen, soweit der Auftraggeber Eigentümer dieser Baustoffe bzw. Bauteile wird oder, nach Wahl des Auftraggebers, Sicherheit geleistet wird.

Die Höhe des auf Baustoffe bzw. Bauteile entfallenden Vergütungsteiles ist nach Maßgabe der Kalkulation des geschlossenen Bauvertrages zu bestimmen.[65] Der Verkehrs- oder Marktwert der Materialien ist für die Ermittlung der Höhe der Abschlagszahlung für Baustoffe und Bauteile unerheblich.[66] Die Notwendigkeit der Abrechnung auf der Basis der Vertragspreiskalkulation führt in tatsächlicher Hinsicht unter Umständen zu erheblichen Abrechnungsproblemen, wenn entsprechende Abgrenzungen nicht bereits im Rahmen eines Leistungsverzeichnisses vorgenommen worden sind.

### 1. Eigens angefertigte und bereitgestellte Bauteile

Die eigens angefertigten und bereitgestellten Bauteile müssen im Hinblick auf den konkreten Werkvertrag gefertigt werden, wobei nicht zwingend erforderlich ist, dass es sich um eine Sonderanfertigung handelt.[67] Auch die Fertigung von Serienteilen, die für das konkrete Werkvertragsverhältnis hergestellt werden, stellt eine eigene Anfertigung im Sinne des § 16 Nr. 1 Abs. 1 Satz 3 VOB/B dar.[68] Lediglich dann, wenn eine reine Vorratsfertigung ohne konkrete Bezugnahme auf ein bestimmtes Vertragsverhältnis gegeben ist, scheidet die Anwendbarkeit der ersten Variante von § 16 Nr. 1 Abs. 1 Satz 3 VOB/B aus. Die in der Vorauflage[69] vertretene weitergehende Auffassung, auch die nachträgliche Bereitstellung von Bauteilen aus einer Vorratsfertigung rechtfertige die Einordnung als eigens für das Vertragsverhältnis gefertigt und bereitgestellt lässt sich mit dem Regelungszweck der Klausel nicht

---

[64] *Nicklisch/Weick* § 16 VOB/B Rdn. 12.
[65] *Kapellmann/Messerschmidt* § 16 VOB/B Rdn. 128.
[66] *Leinemann* § 16 VOB/B Rdn. 29.
[67] *Ingenstau/Korbion/Locher* § 16 Nr. 1 VOB/B Rdn. 18.
[68] *Heiermann/Riedl/Rusam* § 16 VOB/B Rdn. 34.
[69] *Motzke* § 16 Nr. 1 VOB/B Rdn. 31.

§ 16 Nr. 1     Abschlagszahlungen

vereinbaren. Die Bereitstellung soll zur Begründung eines Anspruches auf Abschlagszahlung nur bei einer objektbezogenen Vorleistung ausreichen, während bei reinen Vorratsfertigungen es schon mit Rücksicht auf andernfalls bestehende Missbrauchsmöglichkeiten auf die Anlieferung ankommt.

34   Die Bereitstellung der eigens angefertigten Bauteile muss dergestalt erfolgen, dass objektiv eine Zuordnung zu einem bestimmten Bauvertragsverhältnis möglich ist. Das ist grundsätzlich auch durch entsprechend abgesonderte Lagerung in der Werkstatt des Auftragnehmers, aber auch eines Dritten möglich.[70] Die entsprechende Kennzeichnung muss sachlich eine Aussonderung im Sinne des § 47 InsO ermöglichen.

## 2. Angelieferte Bauteile und Baustoffe

35   Als zweite Alternative ermöglicht § 16 Abs. 1 Nr. 3 VOB/B die Vergütung für solche Bauteile und Baustoffe, die zwar noch nicht vom Auftragnehmer eingebaut wurden, aber bereits auf der Baustelle angeliefert worden sind. Eine eigene Anfertigung der entsprechenden Baustoffe bzw. Bauteile für diese Baustelle ist im Falle der Anlieferung auf der Baustelle nicht erforderlich. Erfasst werden von dieser Variante daher vor allem Massenprodukte. Maßgebliche Tatbestandsvoraussetzung ist die Anlieferung und der Verbleib dieser Baustoffe bzw. Bauteile auf der Baustelle, somit die umgesetzte örtliche Zuordnung zum Bauvorhaben.[71]

## 3. Eigentumsverschaffung oder Sicherheitsleistung

36   Weitere Voraussetzung einer Abschlagszahlung für Bauteile und Baustoffe ist die Verschaffung des Eigentums oder aber die Stellung einer Sicherheit gemäß § 17 VOB/B. Welche der beiden Sicherungsformen zu bewirken ist, obliegt der Wahl des Auftraggebers, dem insoweit ein Bestimmungsrecht im Sinne des § 315 BGB zusteht.[72] Der Auftraggeber ist hinsichtlich der Auswahl der Sicherungsform zur Mitwirkung verpflichtet.[73] Kommt er seiner diesbezüglichen Verpflichtung nicht nach, geht das Wahlrecht analog § 642 BGB auf den Auftragnehmer über.

37   Die Übereignung der entsprechenden Baustoffe und Bauteile richtet sich grundsätzlich nach Maßgabe der Vorschriften der §§ 929 ff. BGB. Bei den unmittelbar auf die Baustelle gelieferten Gegenständen, Besitz des Auftraggebers am Grundstück unterstellt, kommt die Übereignung nach § 929 BGB in Betracht. In anderen Fällen, in denen ein Dritter Besitzer der Baustoffe bzw. Bauteile ist, ist eine Übertragung gem. § 931 BGB durch Abtretung des Herausgabeanspruches des Auftragnehmers gegen diesen Dritten an den Auftraggeber maßgebend. Soweit schließlich die Bauteile sich im Besitz des Auftragnehmers befinden, kann eine Übereignung nach Maßgabe des § 930 BGB unter Begründung eines Besitzkonstitutes zugunsten des Auftraggebers erfolgen. Alle Formen der Übereignung setzen allerdings voraus, dass der Auftragnehmer Eigentümer der fraglichen Bauteile und Baustoffe ist, was mit Rücksicht auf Eigentumsvorbehalte von Lieferanten und Sicherungseigentum von Kreditgebern des Auftragnehmers regelmäßig nicht der Fall sein wird.[74] Insoweit kommt lediglich ein gutgläubiger Erwerb gemäß §§ 932, 933 ff. BGB in Betracht. Abgesehen davon, dass der Auftragnehmer hierbei nicht die nach Maßgabe von § 16 Nr. 1 Abs. 1 S. 3 VOB/B geschuldete Form der Übereignung leistet, ist der gutgläubige Erwerb nur in den Fällen praktikabel, in denen der Auftraggeber vom Auftragnehmer unmittelbaren Besitz an den Baustoffen und Bauteilen erhält. Das scheitert sowohl in den Fällen der Anlieferung dieser Materialien durch Baustoffhändler als auch beim Einsatz von Subunternehmern. Darüber hinaus müsste der Auftraggeber auch noch hin-

---

[70] *Ingenstau/Korbion/Locher* § 16 Nr. 1 VOB/B Rdn. 19.
[71] *Kapellmann/Messerschmidt* § 16 VOB/B Rdn. 122.
[72] *Leinemann* § 16 VOB/B Rdn. 26.
[73] *Kapellmann/Messerschmidt* § 16 VOB/B Rdn. 125.
[74] *Ingenstau/Korbion/Locher* § 16 Nr. 1 VOB/B Rdn. 24.

sichtlich des Eigentums des Auftragnehmers guten Glaubens sein, was mit Rücksicht auf den Verbreitungsgrad insbesondere von Eigentumsvorbehalten jedenfalls nicht ohne weiteres zu bejahen sein wird. Insoweit spricht vieles dafür, Gutgläubigkeit des Auftraggebers nur zu bejahen, wenn dieser sich zuvor nach etwaigen Eigentumsvorbehalten erkundigt hat.[75]

Mit Rücksicht auf die erheblichen Schwierigkeiten der Eigentumsverschaffung an Bauteilen nach Maßgabe der §§ 929 ff. BGB kommt dieser Form der Sicherung des Auftraggebers in der Baupraxis nur geringe Bedeutung zu. Die bestehenden tatsächlichen Schwierigkeiten der Eigentumsverschaffung an den Baustoffen und Bauteilen führen allerdings nicht dazu, dass die Wahl dieser Sicherungsform durch den Auftraggeber unbillig wäre. Das gilt umso mehr, als der Auftraggeber regelmäßig ein berechtigtes Interesse daran haben wird, dass er nicht dem Risiko ausgesetzt ist, dass der tatsächliche Eigentümer der Bauteile und Baustoffe diese wieder von der Baustelle entfernt. Die hierdurch möglicherweise entstehenden Beeinträchtigungen des Bauablaufes mit daraus folgenden Folgekosten wären von einer alternativen Sicherheitsleistung gemäß § 17 VOB/B nicht erfasst. **38**

Hinsichtlich der alternativ in Betracht kommenden Sicherheitsleistung gelten vorbehaltlich abweichender vertraglicher Bestimmung grundsätzlich die nach Maßgabe von § 17 möglichen Sicherungsformen. Sofern abweichendes nicht vereinbart ist, kann unter verschiedenen Sicherungsformen der Auftragnehmer wählen, § 17 Nr. 3 VOB/B.[76] Die Sicherheit muss in Höhe der auf die Bauteile und Baustoffe entfallenden Abschlagszahlung geleistet werden. Zu deren Ermittlung gelten die vorstehenden Ausführungen zur Abrechnung der fertiggestellten Leistungen entsprechend. **39**

Sofern schließlich der Auftraggeber die Alternative der Sicherheitsleistung wählt und ihm die Sicherheit gestellt wird, entfällt der Sicherungszweck mit dem Eigentumserwerb des Auftraggebers bzw., für den Fall, dass er nicht Grundstückseigentümer ist, mit dem Einbau der Baustoffe und Bauteile in das Bauvorhaben und des dadurch erwirkten Eigentumsüberganges gem. § 946 BGB auf den Grundstückseigentümer.[77] Die dem Auftraggeber insoweit gestellte Sicherheit ist mit Wegfall des Sicherungszweckes zurückzugewähren. **40**

Der Auftragnehmer ist auch wegen der Gewährung der Sicherheit bzw. der Eigentumsverschaffung vorleistungspflichtig. Solange die Sicherheit nicht verschafft ist, ist die Abschlagszahlung nicht fällig.[78] Es besteht insoweit nicht nur ein Recht zu einem Einbehalt im Sinne des § 16 Nr. 1 Abs. 2 VOB/B.[79] **41**

## IV. Erreichen des Abrechnungszeitpunktes oder Antrag des Auftragnehmers

Nach Maßgabe des § 16 Nr. 1 VOB/B 2006 kann der Auftragnehmer eine Abschlagsforderung stellen, wenn entweder der vereinbarte Zeitpunkt erreicht ist oder, in Ermangelung eines Zahlungsplanes, er einen formlosen Antrag an den Auftraggeber richtet. **41 a**

Zielsetzung der Neufassung von § 16 Nr. 1 VOB/B war es, zu verhindern, dass bereits die Vereinbarung eines Zahlungsplanes dazu führt, dass die VOB/B nicht mehr als Ganzes vereinbart ist. Die Umsetzung dieses Zieles ist unter AGB-rechtlichen Gesichtspunkten misslungen.[79a] Darüber hinaus sieht die Klausel die Vereinbarungen von Abrechnungszeitpunkten vor, der die in der Praxis vorzufindenden Zahlungsplänen vielfach nicht entsprechen. Abrechnungsabreden im Sinne des § 16 Nr. 1 VOB/B sind faktisch nur solche Vereinbarungen, die sich entweder darauf beschränken, einen bestimmten Bautenstand als Termin für die Abrechnung zu bestimmen, ohne dass die Abrechnungssumme zugleich **41 b**

---

[75] *Heiermann/Riedl/Rusam* § 16 VOB/B Rdn. 36.
[76] *Leinemann* § 16 VOB/B Rdn. 28.
[77] *Kapellmann/Messerschmidt* § 16 VOB/B Rdn. 127.
[78] *Heiermann/Riedl/Rusam* § 16 VOB/B Rdn. 38.
[79] A. A. *Ingenstau/Korbion/Locher* § 16 Nr. 1 VOB/B Rdn. 27.
[79a] Vgl. Vor § 16 Rdn. 21 a.

festgelegt würde, oder aber bestimmte Abrechnungssummen vorsehen, ohne dass der dazu korrespondierende Abrechnungstermin bestimmt wäre. Die weitere Variante der Vereinbarung von Abrechnungszeitpunkt und Abrechnungsbetrag ist zwar theoretisch ebenfalls denkbar, praktisch aber kaum realisierbar, da dann eine genaue Ermittlung des Wertes der zum Abrechnungszeitraum erbrachten Leistungen erforderlich ist. Eine solche exakte Bewertung ist in der bisherigen Praxis unüblich. Die Vereinbarung betragsmäßig oder prozentual bestimmter Beträge in den typischerweise vorzufindenden Zahlungsplänen genügt der Bestimmung des § 16 Nr. 1 VOB/B jedenfalls regelmäßig nicht, weil damit gerade nicht der Wert der erbrachten Leistungen abgegolten wird, vielmehr eine mehr oder weniger Große Differenz zwischen Vergütungshöhe und Wert der erbrachten Leistung besteht. Soweit der DVA daher in der Begründung der Neufassung des § 16 Nr. 1 VOB/B auf Zahlungspläne abgestellt hat, die prozentuale Anteile der Gesamtvergütung vorsehen, dürften damit nicht die in der Praxis tatsächlich vorkommenden Abschlagszahlungsvereinbarungen gemeint gewesen sein.

42  Liegt kein Zahlungsplan vor, kann der Auftragnehmer durch Antrag an den Auftraggeber eine Abschlagsforderung geltend machen. Der Antrag kann formlos gestellt werden und ist jedenfalls in der Vorlage einer Abschlagsrechnung zu erblicken.[80] Der Antrag als solches ist eine empfangsbedürftige Willenserklärung im Sinne des der §§ 130 ff. BGB, der dem Auftraggeber entsprechend zugehen muss, wobei mit Rücksicht auf § 16 Nr. 5 VOB/B es auch im Interesse des Auftragnehmers ist, den Zugangszeitpunkt nachweisbar zu gestalten. Schriftlichkeit des Antrages ist daher zweckmäßig.[81]

43  Da Abschlagszahlungen für jede nachgewiesene Leistung verlangt werden können, bestehen keine einzuhaltenden Mindestabstände in zeitlicher Hinsicht zwischen einzelnen Anträgen. Eine Grenze begründet lediglich die Möglichkeit, weitergehende Leistungen überhaupt abrechnen zu können.

### V. Höhe der Abschlagszahlungen

44  Abschlagszahlungen sind nach Maßgabe des § 16 Nr. 1 VOB/B grundsätzlich in Höhe von 100% der nachgewiesenen Leistungen geschuldet.[82] Maßgeblich bei der Ermittlung der Höhe der Abschlagszahlung ist dabei immer die vereinbarte Vergütung und die dieser Preisfindung zugrunde liegende Kalkulation. Ein objektiver Wert der erbrachten Leistungen ist demgegenüber grundsätzlich unbeachtlich.

### VI. Umsatzsteuer

45  Abschlagszahlungen sind, und zwar auch soweit sie für Baustoffe und Bauteile geltend gemacht werden, einschließlich des darauf entfallenden Umsatzsteuerbetrags zu gewähren. Abschlagsrechnungen haben dementsprechend einen Mehrwertsteuerausweis zu enthalten. Allerdings ist § 16 Nr. 1 Abs. 1 VOB/B inzwischen partiell nicht mehr mit § 13 b UStG vereinbar, da in den Fällen, in denen der Auftraggeber selbst Bauleistungen oder Baustofflieferungen erbringt, dieser gem. § 13 b Abs. 2 Satz 2 UStG selbst Steuerschuldner ist. Die Umsatzsteuer ist in diesen Fällen nicht an den Auftragnehmer auszukehren, sondern vom Auftraggeber unmittelbar abzuführen.[83]

---

[80] *Ingenstau/Korbion/Locher* § 16 Nr. 1 VOB/B Rdn. 12.
[81] *Kapellmann/Messerschmidt* § 16 VOB/B Rdn. 100.
[82] BGH 17. 9. 1987, VII ZR 155/86, NJW 1988, 55; BGH, 31. 1. 1991, VII ZR 291/88, NJW 1991, 1812.
[83] Vgl. vor § 16 Rdn. 76.

## VII. Einbehalte des Auftraggebers, § 16 Nr. 1 Abs. 2 VOB/B

Durch § 16 Nr. 1 Abs. 2 VOB/B wird zugunsten des Auftraggebers ein vertragliches **46** Recht geschaffen, Gegenforderungen und andere Einbehalte von der Abschlagszahlung abzusetzen, Abschlagszahlungen folglich entsprechend zu kürzen. Die Möglichkeit des Einbehalts von Gegenforderungen unterscheidet sich in wesentlichen Punkten von der gesetzlichen Regelung, insbesondere den Bestimmungen der §§ 273, 320 und 389 BGB, während die Berechtigung zur Vornahme von anderen Einbehalten der gesetzlichen Regelung entspricht.

### 1. Gegenforderungen

Der zentrale Unterschied der vertraglichen Einbehaltsregelung zu den gesetzlichen Zu- **47** rückbehaltungsrechten besteht darin, dass der Rechtsgrund des Gegenrechtes des Auftraggebers, auf dem die Gegenforderung beruht, für die Anwendbarkeit des § 16 Nr. 1 Abs. 2 unerheblich ist. Der Auftraggeber kann daher auch Gegenforderungen einbehalten, die weder auf dem zugrunde liegenden Vertragsverhältnis beruhen noch in einem Konnexitätsverhältnis stehen.[84] Da eine Aufrechnung grundsätzlich ebenfalls kein Konnexitätsverhältnis voraussetzt, besteht keine Veranlassung zu einer gegenüber der vorstehend vertretenen Auffassung einengenden Auslegung von § 16 Nr. 1 Abs. 2 VOB/B. Das gilt umso mehr, als jedenfalls ein damit auch umfasster Ausschluss der Aufrechenbarkeit mit unbestrittenen oder rechtskräftig festgestellten Gegenforderungen aus einem nicht konnexen Rechtsverhältnis zur Unwirksamkeit der Klausel wegen Verstoßes gegen § 309 Nr. 3 BGB führen würde. Erforderlich ist daher lediglich, dass die Forderungen in einem Gegenseitigkeitsverhältnis stehen, gleichartig sind und jedenfalls die Gegenforderung fällig ist.[85] Darüber hinaus wird zu fordern sein, dass die Gegenforderung durchsetzbar ist, somit auch die weiteren Voraussetzungen der Aufrechenbarkeit gegeben sind, wobei allerdings auch hier, wie im Rahmen der Aufrechnung als solches, die Vorschrift des § 215 BGB anwendbar ist.[86] Die Gegenforderungen können daher auch dann einbehalten werden, wenn sie zum Zeitpunkt der Geltendmachung des Einbehaltes bereits verjährt sind, jedoch in noch unverjährter Form der Abschlagsforderung entgegengehalten werden konnten.

Der Einbehalt von Gegenforderungen ist nicht als Aufrechnung zu bewerten, sondern **48** lediglich als Ankündigung der Aufrechnung für den Fall, dass sich im Rahmen der Ermittlung der Schlusszahlung ein Vergütungsanspruch des Auftragnehmers ergibt, der im Wege der Aufrechnung mit der Gegenforderung ganz oder teilweise getilgt werden soll.[87] Mit Rücksicht darauf, dass die Abschlagszahlungen als solches lediglich vorläufigen Charakter aufweisen, kann einem Einbehalt keine endgültige Wirkung, wie sie im Falle einer Aufrechnung eintreten würde, zukommen. Die Wirkung der Aufrechnung bzw. Verrechnung gegen die Vergütungsforderung des Auftragnehmers ist insoweit der Schlussrechnung vorbehalten.

Neben den Gegenansprüchen des Auftraggebers aus dem Vertragsverhältnis auf Grund **49** von Pflichtverletzungen des Auftragnehmers – vor allem Schadensersatzansprüche, Ersatzvornahmekosten und Vertragsstrafen – berechtigen auch sonstige vertragliche Ansprüche zu einem Einbehalt von der Abschlagszahlung. Typische Anwendungsfälle sind Kostenbeiträge des Auftragnehmers an Baustellennebenkosten (Baustrom, Kosten für überlassene Geräte und Baustellenbüros etc.). Hinsichtlich der nicht aus dem Bauvertragsverhältnis herrührenden Gegenansprüchen besteht sachlich keine Begrenzung der möglichen Anspruchsgrundlagen.

---

[84] *Ingenstau/Korbion/Locher* § 16 Nr. 1 VOB/B Rdn. 30.
[85] *Nicklisch/Weick* § 16 VOB/B Rdn. 22.
[86] *Ingenstau/Korbion/Locher* § 16 Nr. 1 VOB/B Rdn. 30.
[87] *Kapellmann/Messerschmidt* § 16 VOB/B Rdn. 129; *Heiermann/Riedl/Rusam* § 16 VOB/B Rdn. 43.

## 2. Andere Einbehalte

50 Andere Einbehalte als Gegenforderungen kann der Auftraggeber nur vornehmen, wenn diese vertraglich vorgesehen oder gesetzlich zugelassen sind. Eine entsprechende vertragliche Gestaltung stellt insbesondere der Sicherungseinbehalt nach § 17 VOB/B dar.[88] Wenn eine Sicherheitsleistung im Sinne des § 17 Nr. 6 Abs. 1 VOB/B vereinbart worden ist, ist der Auftraggeber berechtigt, von jeder Zahlung bis zur Ereichung der vereinbarten Sicherheit einen Abzug von maximal 10% vorzunehmen.

51 Darüber hinaus können sonstige vertragliche Bestimmungen, die den Umfang von Abschlagszahlungen gegenüber dem tatsächlich erbrachten Leistungsstand reduzieren sollen, ebenfalls einen entsprechenden Einbehalt rechtfertigen. Das gilt etwa für den Fall der Abrede, dass lediglich ein bestimmter Prozentsatz der nachgewiesenen Leistungen im Rahmen von Abschlagszahlungen vergütet wird.[89] Eine solche Klausel ist im Regelfall, wenn nicht ausdrückliche gegenteilige Hinweise im Vertrag dazu enthalten sind, nicht als Sicherungsabrede im Sinne des § 17 VOB/B zu würdigen,[90] mit der Folge, dass die VOB/B auf Grund der damit vorgenommenen Beschränkung des Anspruches des Auftragnehmers auf Abschlagszahlungen nicht mehr als Ganzes vereinbart ist.[91]

52 Weiterhin können Einbehalte dadurch gerechtfertigt sein, dass dem Auftraggeber ein gesetzliches Zurückbehaltungsrecht im Sinne des §§ 273, 320 BGB zusteht, ohne dass dieses auf (Geld-)Forderungen beruhen würde. Das gilt etwa bei Mängelbeseitigungsansprüchen gemäß § 4 Nr. 7 Satz 1 VOB/B hinsichtlich des Druckzuschlages.[92] Der notwendige Wertabzug infolge des Mangels als solches ist bereits im Rahmen der Ermittlung der nachgewiesenen Leistungen zu berücksichtigen

53 Soweit ein vereinbarter Sicherungseinbehalt mit Zurückbehaltungsrechten wegen Mängeln zusammentrifft, gilt, dass der Auftraggeber nicht darauf beschränkt ist, nur den den Sicherungseinbehalt übersteigenden Mängelbeseitigungsaufwand nebst Druckzuschlag einzubehalten. Dem Auftraggeber steht der Sicherungseinbehalt vielmehr grundsätzlich neben dem Zurückbehaltungsrecht wegen der mangelhaften Leistung zu, so dass er beide Einbehalte nebeneinander geltend machen kann.[93] Bedeutung kann eine Sicherheitsleistung allenfalls im Hinblick auf die Höhe des Zurückbehaltungsrechtes wegen des Mangels haben, wobei allerdings mit Rücksicht auf § 641 Abs. 3 BGB eine Zubilligung eines Zurückbehaltungsrechtes in einem geringerem Umfang als dem dreifachen der Mängelbeseitigungskosten nur in krassen Ausnahmefällen nach § 242 BGB geboten sein wird. Die Gegenauffassung,[94] die eine weitergehende Beschränkung des Zurückbehaltungsrechtes erreichen möchte, übersieht, dass der Aufbau der Sicherheit gemäß § 17 VOB/B im Regelfall auch der Sicherung des Auftraggebers für den Zeitraum der Gewährleistung dient, somit nach Abnahme. Die vertragliche Vereinbarung einer entsprechenden Sicherheit würde leer laufen, wenn der Auftraggeber beim Vorliegen von Mängeln vor Abnahme verpflichtet wäre, den Sicherheitseinbehalt bereits vor Abnahme zu verwerten mit der Folge, dass nachfolgend eine entsprechende Gewährleistungssicherheit nach Abnahme nicht mehr zur Verfügung steht. Darüber hinaus würde auch das gerade in der Phase vor Abnahme erhöhte Interesse des Auftraggebers, vermittels entsprechender Einbehalte den Auftragnehmer zu einer beschleunigten Beseitigung der festgestellten Mängel zu veranlassen, um den Bauablauf nicht noch weiter zu beeinträchtigen, nicht berücksichtigt, wenn bei der Ermittlung des zulässigen Einbehaltes nur der den Sicherungseinbehalt übersteigende Betrag zugrunde zu legen wäre.[95]

---

[88] *Heiermann/Riedl/Rusam* § 16 VOB/B Rdn. 41.
[89] *Ingenstau/Korbion/Locher* § 16 Nr. 1 VOB/B Rdn. 32.
[90] BGH 24. 3. 1988 VII ZR 126/87, NJW-RR 1988, 851.
[91] BGH 17. 9. 1987 VII ZR 155/86, NJW 1988, 55; BGH 9. 10. 2001 X ZR 153/99, BauR 2002, 775.
[92] *Kapellmann/Messerschmidt* § 16 VOB/B Rdn. 134.
[93] BGH 8. 7. 1982, VII ZR 96/81, NJW 1982, 2494; BGH 9. 7. 1981, VII ZR 40/80, NJW 1981, 2801.
[94] *Trapp* BauR 1983, 318.
[95] *Ingenstau/Korbion/Locher* § 16 Nr. 1 VOB/B Rdn. 34; *Kapellmann/Messerschmidt* § 16 VOB/B Rdn. 135.

Prozessual gilt, dass die Geltendmachung von Einbehalten wegen eines Zurückbehaltungsrechtes wegen mangelhafter Leistungen des Auftragnehmers nicht dazu führt, dass die vom Auftragnehmer wegen des entsprechenden Betrages erhobene Klage vollständig abzuweisen wäre. Vielmehr hat eine Verurteilung zur Zahlung Zug-um-Zug gegen Beseitigung der Mängel zu erfolgen.[96] 54

Keinen Fall eines Einbehalt stellt die Verpflichtung des Auftraggebers zur Abführung der Bauabzugssteuer nach den §§ 48 ff. EStG dar.[97] Nach Maßgabe des § 48 EStG hat der Auftraggeber 15% der Bruttovergütung an das für den Auftragnehmer zuständige Finanzamt abzuführen, sofern ihm keine gültige Freistellungsbescheinigung für den Auftragnehmer vorliegt und die Geringfügigkeitsgrenze überschritten wird. Die entsprechende Abführung der Bauabzugssteuer hat Tilgungswirkung gegenüber dem Vergütungsanspruch des Auftragnehmers und ist dementsprechend auch als Zahlung im Rahmen der Ermittlung der Schlusszahlung zu berücksichtigen.[98] Sofern sich im Rahmen der Schlusszahlung sodann ein Saldo zugunsten des Auftraggebers ergibt, kann der Auftraggeber Rückzahlungsansprüche nur gegen den Auftragnehmer richten. Eine Rückforderung beim empfangenden Finanzamt scheidet aus. 55

Die Abrechnung der Bauabzugssteuer im Verhältnis zwischen dem Finanzamt und dem Auftragnehmer bestimmt sich nach den dort zugrunde zu legenden steuerlichen Vorschriften. Soweit Steuerverbindlichkeiten des Auftragnehmers nicht vorliegen, ist der erhaltene Betrag vom Finanzamt an den Auftragnehmer auszukehren. 56

### 3. Abweichende Klauseln

Klauseln, mit denen seitens des Auftragnehmers erreicht werden soll, dass die Befugnis des Auftraggebers zur Geltendmachung von Einbehalten beschnitten werden, sind in Allgemeinen Geschäftsbedingungen nur eingeschränkt zulässig. Unwirksam sind Klauseln, die 57
- ein Leistungsverweigerungsrecht des Auftraggebers ausschließen oder einschränken, § 309 Nr. 2 a BGB,
- Zurückbehaltungsrechte, die auf dem Vertragsverhältnis beruhen, aus dem Zahlung beansprucht wird, ausschließen oder einschränken sollen, § 309 Nr. 2 b BGB,
- die Aufrechnung mit unbestrittenen oder rechtskräftig festgestellten Forderungen ausschließen sollen, § 309 Nr. 3 BGB,
- die Vorleistungspflicht des Auftragnehmers aufheben sollen, insbesondere Zahlungsverpflichtungen auch für nicht oder nicht vertragsgemäß hergestellte Leistungen begründen sollen, § 307 BGB.[99]

Versuche des Auftraggebers, durch Allgemeine Geschäftsbedingungen seine Rechte zu Einbehalten über den Regelungsgehalt des § 16 Nr. 1 Abs. 2 VOB/B hinaus auszudehnen, sind unwirksam, wenn 58
- der Umfang von Zurückbehaltungsrechten auf Grund mangelhafter Leistungen nicht mehr in einer Beziehung zur Höhe der Mängelbeseitigungskosten steht, insbesondere Zahlungen bis zur Beseitigung aller Mängel vollständig eingestellt werden dürfen, § 307 BGB,
- sie den Hauptauftragnehmer berechtigen sollen, Zahlungen an den Nachunternehmer nicht leisten zu müssen, wenn der Hauptauftraggeber Zahlungen an den Hauptauftragnehmer nicht leistet, § 307 BGB.

---

[96] BGH 21. 12. 1978, VII ZR 269/77, NJW 1979, 650; BGH 9. 7. 1981, VII ZR 40/80, NJW 1981, 2801; BGH 25. 10. 1990, VII ZR 201/89, NJW 1991, 565.
[97] Vgl. im Einzelnen vor § 16 Rdn. 78 ff.
[98] *Kapellmann/Messerschmidt* § 16 VOB/B Rdn. 55.
[99] BGH 6. 12. 1984, VII ZR 227/83, NJW 1985, 855; BGH 16. 9. 1993, VII ZR 206/92, NJW 1993, 3264.

## VIII. Fälligkeit § 16 Nr. 1 Abs. 3 VOB/B

**59** Abschlagsforderungen werden 18 Werktage nach Zugang der prüfbaren Aufstellung (Abschlagsrechnung) des Auftragnehmers beim Auftraggeber fällig. Das gilt auch in den Fällen, in denen ein Abrechnungszeitpunkt vereinbart worden ist. Dem Zugang beim Auftraggeber steht gleich der Eingang der entsprechenden prüfbaren Abrechnung bei dem vom Auftraggeber für die Entgegennahme bevollmächtigten Dritten, somit insbesondere eines als Rechnungsempfänger ausdrücklich ausgewiesenen Architekten oder Baubetreuer.[100] Anders als im Falle der Schlussrechnung sieht § 16 Nr. 1 VOB/B weder eine vorzeitige Fälligkeit im Falle einer vorzeitigen Prüfung der Abschlagsrechnung noch eine Verlängerung der Prüfungsfrist über 18 Werktage hinaus im Falle objektiv bestehender Hindernisse vor.

**60** Soweit der Auftraggeber dem Auftragnehmer einen Dritten als Adressaten für die Rechnungstellung benannt hat, stellt jede Vereinbarung, die eine Inlaufsetzung der 18-Werktage-Frist von einem anderen Termin als dem Zugang bei diesem Dritten herbeiführen soll, eine Abweichung zu § 16 Nr. 1 Abs. 3 VOB/B dar, was dazu führt, dass die VOB/B nicht mehr als Ganzes vereinbart ist.[101] Das gilt explizit für Vertragsklauseln, die die Frist erst mit Eingang der von dem Dritten geprüften Abschlagsrechnung beim Auftraggeber beginnen lassen. Soweit eine solche Klausel vom Auftraggeber als Allgemeine Geschäftsbedingung verwendet wird, stellt sie sich, ebenso wie eine Klausel, die den Fälligkeitstermin über 18 Werktage nach Zugang der Rechnung hinaus verschiebt, als eine unangemessene Benachteiligung des Auftragnehmers dar, mit der Folge, dass eine solche Klausel gem. § 307 BGB unwirksam ist und an ihre Stelle die gesetzliche Fälligkeitsregelung des § 271 BGB tritt.[102]

**61** Noch ungeklärt ist, welche Konsequenzen im Hinblick auf die Fälligkeit einer Abschlagsrechnung anzunehmen sind, wenn diese nicht prüfbar ist. Die Entscheidung des Bundesgerichtshofes vom 23. 9. 2004[103] ist auf die vorliegende Konstellation unmittelbar nicht anwendbar. Dass eine sinngemäße Anwendung sachgerecht wäre, dürfte zweifelhaft sein. Die dieser Entscheidung zugrundeliegende Erwägung, es solle dem Auftraggeber verwehrt werden, sich auch lange Zeit nach Schlussrechnungsstellung noch auf den formalen Einwand der fehlenden Prüffähigkeit als Fälligkeitshindernis zu berufen, ist auf Abschlagszahlungen nicht übertragbar, da sie einerseits lediglich eine vorläufige Abrechnung darstellen, andererseits üblicherweise eine Schlussrechnung ohnehin zeitnah nach der Abschlagsrechnung gefertigt werden muss, so dass auch vor diesem Hintergrund ein weitergehendes Schutzbedürfnis des Auftragnehmers nicht besteht. Darüber hinaus würde es eine Überspannung der Pflichten aus dem Kooperationsverhältnis der am Bau Beteiligten darstellen, wenn der Auftraggeber bereits im Hinblick auf Abschlagszahlungen dezidierte Hinweise zu den Ursachen der fehlenden Prüffähigkeit anbringen müsste. Auch mit Rücksicht auf die Konsequenzen aus §§ 9 Nr. 1 b VOB/B sowie 16 Nr. 5 Abs. 3 VOB/B scheint es unbillig, den Auftraggeber dafür einstehen zu lassen, dass der Auftragnehmer seine Obliegenheiten im Hinblick auf eine ordnungsgemäße Rechnungsstellung nicht erfüllt. Eine nicht prüfbare Abschlagsrechnung ist damit nicht geeignet, die Fälligkeit einer Abschlagsforderung zu begründen.[104] Vorschlägen, § 16 Nr. 3 Abs. 1 S. 2 VOB/B auch auf Abschlagsrechnungen auszudehnen, ist der DVA damit zu Recht nicht nachgegangen.

**62** Der Auftraggeber hat die Abschlagszahlungen innerhalb der Frist von 18 Werktagen ab Zugang der Abschlagsrechnung zu leisten. Bei Scheckzahlung ist die geschuldete Leistungs-

---

[100] OLG Frankfurt 11. 3. 1986 5 U 35/83, NJW-RR 1987, 979.
[101] OLG München 24. 11. 1988 29 U 2858/88, NJW-RR 1989, 276; *Zielemann* Rdn. 430.
[102] *Ingenstau/Korbion/Locher* § 16 Nr. 1 VOB/B Rdn. 39; großzügiger (30 Tage) *Kapellmann/Messerschmidt* § 16 VOB/B Rdn. 141.
[103] BGH 23. 9. 2004, VII ZR 173/03, BauR 2004, 1937.
[104] BGH, 16. 3. 2005, XII ZR 269/01, BeckRS 2005, 05455; *Heiermann/Riedl/Rusam* § 16 VOB/B Rdn. 47.

handlung mit der Aufgabe des Schecks zur Post eingetreten.[105] Bei unbaren Zahlungen hat der Auftraggeber die zur Herbeiführung des Zahlungserfolges notwendigen Handlungen vorzunehmen, somit den Überweisungsvertrag gemäß § 676a BGB zu schließen. Die notwendige Leistungshandlung des Auftraggebers ist damit zu dem Zeitpunkt vorgenommen, in dem die beauftragte Bank eine Bearbeitung der Überweisung – als Annahme des Angebotes auf Abschluss des Überweisungsvertrages – vornehmen kann. Unerheblich ist demgegenüber, wann der Leistungserfolg, somit die Gutschrift beim Auftragnehmer, eintritt. Die Geldschuld ist auch beim Bauvertrag reine Schickschuld gemäß § 270 BGB.

## IX. Verjährung

Ob Abschlagszahlungen einer eigenständigen Verjährung unterliegen, ist umstritten.[106] Die Frage wird im Grundsatz zu bejahen sein, da es keinen tragfähigen Ansatz gibt, warum Abschlagsforderungen keinen Anspruch im Sinne des § 194 Abs. 1 BGB darstellen sollten. Allein der Umstand, dass Abschlagsforderungen im Rahmen der Schlussrechnung nur Rechnungspositionen darstellen, rechtfertigt jedenfalls nicht, ihnen die Qualität eines Anspruches abzusprechen. Systematisch schlüssig wäre eine solche Argumentationslinie im Übrigen auch nur dann, wenn dann in einem weiteren Schritt auch die Klagbarkeit der Abschlagsforderungen verneint würde.

63

Der Gegenauffassung ist allerdings zu konzidieren, dass die Bejahung der Möglichkeit, dass Abschlagsforderungen verjähren können, rechtlich weitgehend bedeutungslos ist, weil der Auftragnehmer im Rahmen der Schlussrechnung auch die von der „verjährten" Abschlagsforderung erfassten Leistungspositionen wieder aufnehmen kann und sein Vergütungsanspruch damit nicht endgültig seine Durchsetzbarkeit verliert.[107] Die tatsächlich beschränkte Bedeutung der Verjährungseinrede bei Abschlagsforderungen stellt sich allerdings nur als Rechtsfolge der Vorläufigkeit der Abschlagszahlung dar und rechtfertigt es nicht, Abschlagsforderungen generell von der Geltung der §§ 194 BGB auszunehmen. Dies gilt umso mehr, als ein solches Verständnis auch mit § 202 Abs. 2 BGB nicht in Übereinstimmung zu bringen wäre.

64

## X. Konsequenzen der Abschlagszahlung und ihrer Nichtleistung

Gemäß § 16 Nr. 1 Abs. 4 VOB/B kommt der Leistung von Abschlagszahlungen keine Bedeutung im Hinblick auf Haftung, Gewährleistung und Abnahme zu. Sämtliche Ansprüche des Auftragebers aus dem Vertragsverhältnis bleiben daher von Abschlagszahlungen unberührt. Die Abschlagszahlung hat, da rein vorläufige Zahlung, keinerlei Anerkenntniswirkung.[108] Insbesondere ist der Auftraggeber ungehindert, im Rahmen der Schlussrechnung Leistungspositionen, die in Abschlagsrechnungen erfasst worden sind, in Frage zu stellen.

65

Werden Abschlagszahlungen nicht geleistet, kann der Auftragnehmer nach § 16 Nr. 5 Abs. 3 VOB/B vorgehen und nach fruchtlos abgelaufener Nachfrist Verzugszinsen verlangen. Der Verzug des Auftraggebers mit der Zahlung der Abschlagszahlung endet allerdings mit der Abnahme und Vorlage der Schlussrechnung.[109] Um erneut den Verzug des Auftraggebers herbeizuführen, muss der Auftragnehmer auch wegen der Schlusszahlungsforderung

66

---

[105] BGH 11. 2. 1998 VIII ZR 287/97, NJW 1998, 1302.
[106] Bejahend BGH 5. 11. 1998, VII ZR 191/97, NJW 1999, 713, ablehnend OLG Düsseldorf 26. 6. 1998, 22 U 3/98, BauR 1999, 176; Siegburg Verjährung im Baurecht Rdn. 42 ff.
[107] BGH 15. 4. 2004, VII ZR 471/01, NJW-RR 2004, 957.
[108] OLG Düsseldorf 11. 2. 2000, 22 U 154/99, BauR 2001, 806; OLG Hamm 27. 6. 2000, 21 U 111/99, BauR 2002, 1105.
[109] BGH 15. 4. 2004, VII ZR 471/01, NJW-RR 2004, 957.

## § 16 Nr. 1 Abschlagszahlungen

nach § 16 Nr. 5 VOB/B vorgehen. Der Umstand, dass der Auftraggeber damit in einem Zeitraum von maximal zwei Monaten einen Verzug ausschließen kann, ist Konsequenz der Regelung des § 16 Nr. 5 VOB/B.

67 Neben dem Zinsanspruch steht dem Auftragnehmer weiterhin die Möglichkeit zu, die Arbeiten gemäß § 16 Nr. 5 Abs. 5 VOB/B einzustellen und schließlich auch gemäß § 9 Nr. 1 b) VOB/B zu kündigen.

## § 16 Nr. 2 [Vorauszahlungen]

(1) **Vorauszahlungen können auch nach Vertragsabschluss vereinbart werden; hierfür ist auf Verlangen des Auftraggebers ausreichende Sicherheit zu leisten. Diese Vorauszahlungen sind, sofern nichts anderes vereinbart wird, mit 3 v. H. über dem Basiszinssatz des § 247 BGB zu verzinsen.**

(2) **Vorauszahlungen sind auf die nächstfälligen Zahlungen anzurechnen, soweit damit Leistungen abzugelten sind, für welche die Vorauszahlungen gewährt worden sind.**

**Literatur:** *Thode,* Werkleistung und Erfüllung im Bau- und Architektenvertrag, ZfBR 1999, 116; *Weise,* Sicherheiten im Baurecht,

### Übersicht

| | Rdn. | | Rdn. |
|---|---|---|---|
| A. Allgemeines | 1 | II. Höhe und Fälligkeit der Vorauszahlung | 14 |
| I. Überblick | 1 | | |
| II. Begriff der Vorauszahlung | 4 | III. Sicherungsleistung und Verzinsung | 16 |
| B. § 16 Nr. 2 VOB/B im Einzelnen | 8 | 1. Zinsanspruch | 17 |
| I. Vereinbarung einer Vorauszahlung | 8 | 2. Sicherheitsleistung | 20 |
| 1. Vorauszahlungsvereinbarung bereits bei Vertragschluss | 9 | a) Art der Sicherheit | 21 |
| | | b) Höhe der Sicherheit | 23 |
| 2. Vereinbarung von Vorauszahlungen nach Vertragschluss | 10 | c) Freigabe der Sicherheit | 24 |
| | | IV. Anrechnung der Vorauszahlung | 27 |
| | | V. Abrechnungspflicht | 32 |
| 3. Vereinbarung der Vorauszahlung durch AGB | 12 | VI. Vorauszahlungen durch öffentliche Auftraggeber | 34 |

## A. Allgemeines

### I. Überblick

Die in § 16 Nr. 2 VOB/B geregelte Vorauszahlung unterscheidet sich von den im Übrigen in § 16 VOB/B geregelten Zahlungsformen dadurch, dass diese nur gefordert werden kann, wenn eine über die Einbeziehung der VOB/B hinausgehende ausdrückliche Vereinbarung diesbezüglich getroffen worden ist. Mit einer solchen gesonderten Vereinbarung wird von der nach dem Gesetz vorgesehenen Vorausleistungspflicht des Auftragnehmers abgewichen, was dazu führt, dass entsprechende Abreden wirksam nur individualvertraglich geschlossen werden können. Eine Vereinbarung einer Vorauszahlungsverpflichtung des Auftraggebers durch Allgemeine Geschäftsbedingungen des Auftragnehmers ist wegen Verstoßes gegen § 307 BGB unwirksam. 1

Die Bestimmung des § 16 Nr. 2 VOB/B hat, da die zugrunde liegende Vereinbarung über eine Vorauszahlung gesondert getroffen werden muss, nur ergänzenden Charakter, da sie lediglich Bestimmungen zur Absicherung des Auftraggebers hinsichtlich einer zu leistenden Vorauszahlung sowie zur Verrechnung geleisteter Vorauszahlung auf Vergütungsansprüche für sodann erbrachte Leistungen enthält. 2

Da § 16 Nr. 2 VOB/B als solches nicht bestimmt, dass überhaupt Vorauszahlungen geleistet werden müssen, stellt sich diese Bestimmung auch nicht als Abweichung vom Grundgedanken der Vorausleistungspflicht des Auftragnehmers, wie er in § 641 BGB normiert worden ist, dar, so dass AGB-rechtlich die Bestimmung des § 16 Nr. 2 VOB/B mit § 307 BGB nicht kollidiert. 3

Kandel

## II. Begriff der Vorauszahlung

**4** Die Vorauszahlung stellt eine Anzahlung auf den für eine Bauleistung geschuldeten Werklohn dar. Ebenso wie im Fall der Abschlagszahlung ist daher eine Vorauszahlung lediglich eine vorläufige Zahlung, über die nach Eintritt der Schlussrechnungsreife abzurechnen ist.[1] Dementsprechend ist die Vorauszahlung im Rahmen der Schlussrechnung nicht als Vergütung für bestimmte Leistungsteile zu berücksichtigen, sondern als reiner Rechnungsposten. Daran ändert sich auch dann nichts, wenn eine Vorauszahlung für bestimmte Leistungen gewährt wird und auf die für sie anfallende Vergütung anzurechnen ist.[2] Entsprechende Anrechnungsbestimmungen im Sinne des § 16 Nr. 2 Abs. 2 VOB/B dienen lediglich dazu, den Umfang der Verrechnung mit Zahlungsansprüchen für erbrachte Leistungen zu regeln, somit klarzustellen, wann der Vorleistungscharakter einer entsprechenden Vorauszahlung durch zwischenzeitliche Leistungserbringung durch den Auftragnehmer entfällt.[3] Eine abschließende Abgeltung im Sinne einer Teilschlusszahlung wird hierdurch nicht herbeigeführt.

**5** Ebenso wie bei Abschlagszahlungen kann der Auftragnehmer Vorauszahlungen nicht mehr verlangen, wenn Schlussrechnungsreife gegeben ist. Das gilt insbesondere für den Fall der Kündigung. Der Auftragnehmer muss seinen Vergütungsanspruch in diesem Fall schlussabrechnen.[4]

**6** Der zentrale Unterschied zwischen der Vorauszahlung und der Abschlagszahlung besteht darin, dass sie zu leisten ist, ohne dass der Auftragnehmer zum Zeitpunkt der Zahlung bereits eine Gegenleistung erbracht hat,[5] während bei der Abschlagszahlung Zahlungen nur für bereits erbrachte Bauleistungen geleistet werden müssen.

**7** Weiterhin unterscheidet sich die Vorauszahlung von allen anderen Zahlungen der VOB/B dadurch, dass sie vom Auftragnehmer nur dann verlangt werden kann, wenn es eine dazu korrespondierende ausdrückliche Vereinbarung neben der VOB/B gibt.[6] Ein Anspruch auf Zustimmung des Auftraggebers zu einer entsprechenden Vorauszahlungsvereinbarung besteht mit Rücksicht auf die klare Regelung des § 641 BGB auch beim Bauvertrag nicht.[7]

## B. § 16 Nr. 2 VOB/B im Einzelnen

### I. Vereinbarung einer Vorauszahlung

**8** Die Vereinbarung über die Leistung einer Vorauszahlung durch den Auftraggeber kann sowohl bei Vertragsschluss vereinbart werden, als auch später;[8] durch § 16 Nr. 2 VOB/B wird hierbei ausdrücklich lediglich der Fall der Vereinbarung von Vorauszahlungen nach Vertragsschluss geregelt.[9]

#### 1. Vorauszahlungsvereinbarung bereits bei Vertragschluss

**9** Für den Fall der Vorauszahlungsvereinbarung bereits im Rahmen des Vertragsschlusses geht die VOB/B davon aus, dass die Vertragsparteien geeignete Maßnahmen zur Absicherung des Auftraggebers treffen, so dass diesbezüglich weitergehende Regularien entbehrlich

---

[1] BGH 11. 2. 1999, VII ZR 399/97, NJW 1999, 1867.
[2] *Thode* ZfBR 1999, 124; *Heiermann/Riedl/Rusam* § 16 VOB/B Rdn. 49.
[3] *Kapellmann/Messerschmidt* § 16 VOB/B Rdn. 152.
[4] *Heiermann/Riedl/Rusam* § 16 VOB/B Rdn. 72.
[5] BGH 23. 1. 1986, IX ZR 46/85, NJW 1986, 1681.
[6] *Ingenstau/Korbion/Locher* § 16 Nr. 2 VOB/B Rdn. 2; *Nicklisch/Weick* § 16 VOB/B Rdn. 27.
[7] *Kapellmann/Messerschmidt* § 16 VOB/B Rdn. 154.
[8] *Ingenstau/Korbion/Locher* § 16 Nr. 2 VOB/B Rdn. 4.
[9] *Kapellmann/Messerschmidt* § 16 VOB/B Rdn. 157.

sind.¹⁰ Dementsprechend ist § 16 Nr. 2 VOB/B auf bei Vertragsschluss vereinbarte Vorauszahlungen nicht anwendbar. Da bei Aushandlung der Vertragsbedingungen der Auftraggeber hinreichend Gelegenheit hat, dem Umstand der Vorauszahlung Rechnung zu tragen, besteht keine Veranlassung, den Vertragsparteien die Geltung des § 16 Nr. 2 VOB/B aufzuzwingen. Das gilt sowohl hinsichtlich der Frage der Verzinsung, für die auch im Rahmen der Preisfindung eine geeignete Kompensation gefunden werden kann, als auch der Sicherheitsleistung, für die sich im Rahmen der Vereinbarung der Vorauszahlung bei Vertragschluss geeignete Individualabreden finden lassen.¹¹ Der Auftraggeber ist bei Abschluss des Vertrages in seiner Entscheidung frei, ob und zu welchen Bedingungen er mit dem Auftragnehmer kontrahieren will. Nutzt er diese Verhandlungsposition nicht, um Sicherheiten für eine Vorauszahlung zu erhalten, besteht keine Veranlassung ihn weitergehender zu schützen.¹² Nutzt er jedoch die zu vereinbarende Vorauszahlung zur Herbeiführung eines günstigen Preisniveaus, würde sich eine kumulativ hinzutretende Verzinsung als Übergünstigung des Auftraggebers darstellen, die sachlich durch nichts gerechtfertigt ist.¹³

### 2. Vereinbarung von Vorauszahlungen nach Vertragschluss

Die Vereinbarung von Vorauszahlungen nach Vertragsschluss sind dadurch gekennzeichnet, dass damit auf bei Vertragsschluss nicht vorhergesehene Ereignisse reagiert werden soll.¹⁴ Da der Auftraggeber bei einem Vorauszahlungsverlangen nach Vertragschluss nicht mehr ohne weiteres in einer Vertragsposition ist, dieses Begehren zurückzuweisen, schafft § 16 Nr. 2 Abs. 1 VOB/B Schutzvorschriften zu seinen Gunsten. **10**

Kommt es nach Vertragsschluss zu einer Vorauszahlungsvereinbarung, ist dem durch die Verzinsungspflicht des § 16 Nr. 2 Abs. 1 VOB/B sowie die Berechtigung zur Geltendmachung einer Sicherheitsleistung Rechnung zu tragen. Die Klausel geht zu Recht davon aus, dass bei Erörterungen zu einem Vorauszahlungsverlangen nach Vertragsschluss der Auftraggeber in seiner Disposition, eine solche abzulehnen, vielfach beschränkt sein wird, um nicht den vertragsgemäßen Abschluss der Bauleistungen als solches zu gefährden. Da dem Auftraggeber in der Situation nach Vertragsschluss nicht mehr die Möglichkeit eröffnet ist, bei der Preisvereinbarung mit dem Auftragnehmer dem Umstand der Vorauszahlung Rechnung zu tragen, ist es geboten, den wirtschaftlichen Nachteil der Vorauszahlung durch eine entsprechende Verzinsung zu kompensieren. Zugleich ist, da regelmäßig die wirtschaftliche Situation des Auftragnehmers Anlass für eine Vorauszahlung geben wird, dem dann bestehenden besonderen Sicherungsbedürfnis des Auftraggebers durch eine Sicherheitsleistung zu entsprechen.¹⁵ Wenn der Auftraggeber sich nach Vertragsschluss unter Abänderung der bisherigen Vertragsbedingungen zu einer Vorauszahlung bereitfinden soll, darf dies jedenfalls wirtschaftlich nicht zu einer kompletten Risikoüberbürdung auf ihn führen. **11**

### 3. Vereinbarung der Vorauszahlung durch AGB

Die Vorauszahlung stellt eine Abweichung vom Grundsatz des vorleistungspflichtigen Auftragnehmers dar. Eine Abweichung von diesem gesetzlichen Leitbild¹⁶ durch Vereinbarung einer Vorauszahlung durch den Auftraggeber kann folgerichtig wirksam nur durch Individualvereinbarung, nicht hingegen mittels Allgemeiner Geschäftsbedingungen des Auftragnehmers vereinbart werden.¹⁷ Da die Vorauszahlungsverpflichtung nach § 641 BGB das **12**

---

[10] *Nicklisch/Weick* § 16 VOB/B Rdn. 27; *Heiermann/Riedl/Rusam* § 16 VOB/B Rdn. 66; *Ingenstau/Korbion/Locher* § 16 Nr. 2 VOB/B Rdn. 4; zweifelnd *Kapellmann/Messerschmidt* § 16 VOB/B Rdn. 157.
[11] *Kapellmann/Messerschmidt* § 16 VOB/B Rdn. 158.
[12] A. A. Vorauflage – *Motzke* § 16 Nr. 2 VOB/B Rdn. 3.
[13] A. A. Vorauflage – *Motzke* § 16 Nr. 2 VOB/B Rdn. 9.
[14] *Ingenstau/Korbion/Locher* § 16 Nr. 2 VOB/B Rdn. 5.
[15] *Ingenstau/Korbion/Locher* § 16 Nr. 2 VOB/B Rdn. 5.
[16] BGH 15. 6. 2000, VII ZR 30/99, NJW 2000, 2818; BGH 21. 2. 1985, VII ZR 160/83, NJW 1985, 1840.
[17] BGH 6. 12. 1984, VII ZR 227/83, NJW 1985, 855; *Kapellmann/Messerschmidt* § 16 VOB/B Rdn. 156.

gesetzliche Leitbild für alle Werkverträge darstellt, kann daher selbst bei einer etwaigen Üblichkeit entsprechender Abreden in bestimmten Branchen nicht von der Zulässigkeit einer entsprechenden Allgemeinen Geschäftsbedingung ausgegangen werden. Soweit, wie im Falle der VHB 2002 Nr. 10.3 zu § 10 VOB/A[18] im Falle üblicher Vorauszahlungen der öffentliche Auftraggeber berechtigt wird, Vorauszahlungsvereinbarungen auch in Klauselwerken zu treffen, ändert dieses nichts daran, dass auch eine solche Klausel grundsätzlich der Inhaltskontrolle nach § 307 BGB nicht standhält. Der Auftraggeber als Verwender dieser Klausel kann sich allerdings auf die danach gegebene Unwirksamkeit der Klausel nicht berufen, da die Inhaltskontrolle den Verwender nicht vor seinen eigenen, ihm nachteiligen Klauseln schützen soll.[19]

13  Von der Regelung der Verpflichtung zu einer Vorauszahlung zu unterscheiden sind allerdings die weiteren Modalitäten der Vorauszahlung, insbesondere Bestimmungen zur Verzinsung, Sicherheitsleistung und Anrechnung. Hier ist grundsätzlich auch die Verwendung von Allgemeinen Geschäftsbedingungen möglich.

## II. Höhe und Fälligkeit der Vorauszahlung

14  Die Höhe der Vorauszahlung obliegt der vertraglichen Vereinbarung der Parteien. Der Vorauszahlungsbetrag ist grundsätzlich einschließlich der darauf entfallenden Umsatzsteuer zu ermitteln. Allerdings ist die Auskehrung des Umsatzsteuerbetrages an den Auftragnehmer nur dann vorzunehmen, wenn nicht der Auftraggeber gem. § 13 b Abs. 2 UStG Steuerschuldner ist.[20] Im letztgenannten Fall ist der anteilige Umsatzsteuerbetrag der Vorauszahlung vom Auftraggeber an das zuständige Finanzamt abzuführen.

15  Die Fälligkeit der Vorauszahlung richtet sich nach allgemeinen Vorschriften. Mangels abweichender Abreden gilt daher § 271 BGB. Soweit vom Auftragnehmer allerdings eine Sicherheit zu leisten ist, ist die Vorauszahlung nur Zug um Zug gegen Stellung der Sicherheit zu leisten.[21]

## III. Sicherungsleistung und Verzinsung

16  Durch § 16 Nr. 2 Abs. 1 VOB/B werden Rahmenbedingungen für die Verzinsung der Vorauszahlung sowie die Sicherheitsleistung getroffen. Den Vertragsparteien ist es dabei unbenommen, die Zinsvereinbarung abzuändern. Die Regelung zu den Sicherheiten in § 16 Nr. 2 Abs. 1 Satz 1 VOB/B muss von den Vertragsparteien ausgefüllt werden, da sie ohne weitere Detailregelung nicht umsetzbar ist.

### 1. Zinsanspruch

17  Durch § 16 Nr. 2 Abs. 1 S. 2 VOB/B wird eine Verzinsung der Vorauszahlung in Höhe von 3% über dem Basiszinssatz des § 247 BGB vorgesehen. Mit der VOB/B 2002 ist insoweit die Bezugsgröße von der Spitzenrefinanzierungsfazilität der Europäischen Zentralbank auf den Basiszinssatz des BGB umgestellt worden.

18  Die Vertragsparteien können von dieser Zinsregelung sowohl hinsichtlich der Frage, ob überhaupt eine Verzinsung erfolgen soll, als auch im Hinblick auf die Zinshöhe abweichen.[22] Eine abweichende Verzinsung erfolgt aber nur auf Grund entsprechender Vereinbarung. Der

---

[18] Vgl. Rdn. 34.
[19] BGH 25. 3. 1987, VIII ZR 71/86, NJW 1987, 2506, 2507; OLG Düsseldorf 28. 4. 1999, 11 U 69/98, NJW-RR 2000, 279.
[20] Vgl. vor § 16, Rdn. 76.
[21] *Heiermann/Riedl/Rusam* § 16 VOB/B Rdn. 68.
[22] *Nicklisch/Weick* § 16 VOB/B Rdn. 28; *Kapellmann/Messerschmidt* § 16 VOB/B Rdn. 164.

Auftraggeber kann daher nicht einseitig einen höheren Zinssatz durchsetzen. Eine individuelle Zinsvereinbarung ist, in den Grenzen des § 138 BGB, kontrollfest.[23]

Die Verzinsungspflicht beginnt mit dem Empfang der Vorauszahlung und endet mit dem Zeitpunkt der Anrechnung auf die fällige Zahlung, deren Abgeltung die Vorauszahlung dient. Der Zeitpunkt der Fälligkeit der Zahlungen, auf die die Vorauszahlung angerechnet werden soll, bestimmt sich nach Maßgabe der Regelungen in § 16 Nr. 1, 3 und 4 VOB/B. Bei Abschlagszahlungen tritt danach 18 Werktage nach Zugang der Abrechnungsaufstellung die Fälligkeit ein, mit der Folge dass bis zu diesem Zeitpunkt eine Verzinsung vorgenommen werden muss.[24] Für den Fall der Schlussrechnung ist die Fälligkeitsregelung des § 16 Nr. 3 Abs. 1 VOB/B maßgeblich. Unerheblich ist demgegenüber wann die jeweiligen Leistungen tatsächlich erbracht worden sind.[25] Ohne fälligkeitsauslösende Abrechnung endet die Verzinsungspflicht nicht.

## 2. Sicherheitsleistung

Bei der Bestimmung der Sicherheit für die Vorauszahlung ist sowohl die Art der Sicherheit als auch ihre Höhe zu regeln.

**a) Art der Sicherheit.** Hinsichtlich der Sicherheitsleistung gilt, soweit die Parteien nichts Abweichendes vereinbaren, grundsätzlich § 17 VOB/B. Gebräuchlich ist die Stellung einer Vorauszahlungsbürgschaft. Mit Rücksicht auf § 17 Nr. 4 Satz 3 VOB/B scheidet eine Bürgschaft auf erstes Anfordern allerdings aus, wenn nicht individualvertraglich etwas anderes vereinbart ist. Ob durch Allgemeine Geschäftsbedingungen abweichend von § 17 Nr. 4 VOB/B noch wirksam eine Verpflichtung zur Gewährung einer Bürgschaft auf erstes Anfordern als Sicherheit für die gewährte Vorauszahlung vereinbart werden kann, ist zumindest zweifelhaft. Die bisher zur Frage der Bürgschaften auf erstes Anfordern ergangenen Entscheidungen des Bundesgerichtshofes beziehen sich auf Gewährleistungs-[26] und Vertragserfüllungsbürgschaften,[27] nicht hingegen Vorauszahlungsbürgschaften. Die dortigen Entscheidungsgründe ermöglichen daher keine unmittelbaren Rückschlüsse auf die Zulässigkeit einer Vorauszahlungsbürgschaft auf erstes Anfordern. Die gegen die Wirksamkeit einer Verpflichtung zur Stellung einer Vertragserfüllungsbürgschaft auf erstes Anfordern durch Allgemeine Geschäftsbedingungen angebrachten Gründe können allerdings auch gegen die Wirksamkeit einer entsprechenden Verpflichtung zur Stellung einer Vorauszahlungsbürgschaft auf erstes Anfordern herangezogen werden. In beiden Fällen wird die Liquidität des Auftragnehmers jedenfalls in den Fällen erheblich beeinträchtigt, in denen der Leistungsstand des Auftragnehmers Vergütungsansprüche begründet, die wesentliche Teile der Vorauszahlung aufzehren. Wird in diesem Fall die Bürgschaft auf erstes Anfordern vom Auftraggeber in Anspruch genommen, geht das Liquiditätsrisiko weitgehend auf den Auftragnehmer über. Das spricht dafür, auch insoweit eine Verpflichtung zur Stellung einer Bürgschaft auf erstes Anfordern als unwirksam anzusehen. Allerdings kann auch nicht verkannt werden, das abweichend von der Konstellation der Vertragserfüllungsbürgschaft der Auftraggeber mit der Vorauszahlung in Vorleistung geht und damit der Auftragnehmer im Falle der Inanspruchnahme der Bürgschaft im Ergebnis wirtschaftlich nicht anders steht als dieses ohne die Vorauszahlung der Fall wäre. Es liegt damit keine weitergehende Einschränkung der Liquidität des Auftragnehmers vor, was gegen die Annahme einer unangemessenen Benachteiligung des Auftragnehmers durch eine Verpflichtung zur Stellung einer Bürgschaft auf erstes Anfordern spricht.[28]

---

[23] A. A. *Ingenstau/Korbion/Locher* § 16 Nr. 2 VOB/B Rdn. 8: Angemessenheit des Zinses unter Berücksichtigung der Verhältnisse auf dem Kapitalmarkt.
[24] *Kapellmann/Messerschmidt* § 16 VOB/B Rdn. 165.
[25] *Heiermann/Riedl/Rusam* § 16 VOB/B Rdn. 73.
[26] BGH 5. 6. 1997, VII ZR 324/95, NJW 1997, 2598.
[27] BGH 18. 4. 2002, VII ZR 192/01, NJW 2002, 2388.
[28] *Kapellmann/Messerschmidt* § 16 VOB/B Rdn. 162.

22    Mit Rücksicht darauf, dass die Rechtsprechung zu diesem Punkt als offen anzusehen und darüber hinaus nicht annähernd sicher zu prognostizieren ist,[29] ob im Rahmen einer ergänzenden Vertragsauslegung aus einer unwirksamen Verpflichtung zur Stellung einer Bürgschaft auf erstes Anfordern eine Verpflichtung zur Stellung einer einfachen Bürgschaft abgeleitet werden kann, sollte von einer entsprechenden Regelung in Allgemeinen Geschäftsbedingungen Abstand genommen werden. Dem Sicherungsbedürfnis des Auftraggebers ist auch mit der einfachen Bürgschaft auf jeden Fall genüge getan.

23    **b) Höhe der Sicherheit.** § 16 Nr. 2 Abs. 1 VOB/B bestimmt lediglich, dass die Sicherheit ausreichend sein muss, ohne dieses jedoch konkret zu beziffern. Welcher Umfang der Sicherheit daher ausreichend ist, ist nach Maßgabe des Einzelfalles zu entscheiden, wobei im Regelfall die Höhe der Sicherheit sich an der Höhe der Vorauszahlung orientieren muss, da ein weitergehendes Sicherungsinteresse des Auftraggebers nicht bestehen wird.[30] Die Vorauszahlungssicherheit hat ausschließlich den Sinn, die Rückgewähr einer Vorauszahlung sicherzustellen, falls der Auftragnehmer mangels entsprechender Leistungserbringung keine Vergütung in entsprechender Höhe beanspruchen kann. Andere Ansprüche des Auftraggebers, insbesondere solche wegen einer vorzeitigen Beendigung des Vertragverhältnisses werden vom Sicherungszweck demgegenüber nicht erfasst,[31] sieht man von Zinsen und Kosten und ggf. Bereicherungsansprüchen[32] im Falle der Unwirksamkeit des gesamten Werkvertrages ab. Da der Auftraggeber allerdings zur Leistung einer Vorauszahlung nur dann verpflichtet ist, wenn er sich auf eine solche Zahlungsvereinbarung einlässt, sind die in der Literatur angestellten Erwägungen,[33] der Auftraggeber dürfe die Höhe der zu leistenden Sicherheit nicht als Druckmittel gegenüber dem Auftragnehmer nutzen, im Wesentlichen akademischer Natur. Jedenfalls faktisch kann der Auftragnehmer, wenn er einem objektiv überhöhten Sicherungsverlangen des Auftraggebers ausgesetzt ist, dieses nur um den Preis ablehnen, eine Vorauszahlung überhaupt nicht mehr zu erhalten. Lässt er sich demgegenüber auf ein überhöhtes Sicherungsverlangen ein, kann er eine nachträgliche Reduzierung der Sicherungshöhe bis zum Wegfall des Sicherungszweckes jedenfalls nicht beanspruchen, da eine Grundlage für eine Vertragsanpassung fehlt und eine etwa unter dem Gesichtspunkt des § 138 BGB angreifbare Vereinbarung über die Höhe der Sicherheit nur zur Unwirksamkeit der Gesamtabrede führen könnte, nicht hingegen zu einer auf den Aspekt der Sicherungshöhe beschränkten Nichtigkeit der Vereinbarung über die Vorauszahlung.

24    **c) Freigabe der Sicherheit.** Die gewährte Sicherheit ist mit Wegfall des Sicherungszweckes freizugeben. Der Sicherungszweck fällt weg, wenn die Vorauszahlung auf die fälligen Zahlungen angerechnet wird, die für die vorzufinanzierenden Leistungen verlangt werden können.[34] Dabei ist, auch wenn sich der endgültige Umfang der Anrechnung der Vorauszahlung auf den Vergütungsanspruch erst im Rahmen der Schlussrechnung ergibt, der Sicherungszweck dahingehend begrenzt, als eine Rückforderung der Vorauszahlung bereits dann nicht mehr möglich ist, wenn eine Anrechnung auf eine fällige Abschlagsrechnung erfolgt. Die Sicherheitenfreigabe kann, da mit der Anrechnung auf eine entsprechende Abschlagsrechnung keine Vorauszahlung mehr vorliegt, daher nicht bis zur Schlussrechnung hinausgeschoben werden.

25    Soweit der Auftragnehmer eine Bürgschaft als Sicherheit gestellt hat, erlischt mit Rücksicht auf die rein akzessorische Haftung des Bürgen gemäß § 767 Abs. 1 BGB die Bürgschaft in Höhe des Anrechnungsbetrages mit der Anrechnung auf eine Abschlagszahlung.[35]

---

[29] Vgl. zu einer entsprechenden Vertragsanpassung BGH 25. 3. 2004 VII ZR 453/02, NZBau 2004, 322 einerseits, BGH 22. 11. 2001 VII ZR 208/00, NJW 2002, 894; BGH 9. 12. 2004, VII ZR 265/03 andererseits.
[30] *Kapellmann/Messerschmidt* § 16 VOB/B Rdn. 159; *Ingenstau/Korbion/Locher* § 16 Nr. 2 VOB/B Rdn. 7.
[31] BGH 6. 5. 1999, IX ZR 430/97; NJW 1999, 2113.
[32] BGH 4. 11. 1999, IX ZR 320/98, NJW 2000, 511.
[33] *Ingenstau/Korbion/Locher* § 16 Nr. 2 VOB/B Rdn. 7.
[34] *Kapellmann/Messerschmidt* § 16 VOB/B Rdn. 168.
[35] *Weise* Sicherheiten im Baurecht Rdn. 449.

Die Fälligkeit der Zahlungen, auf die eine Anrechnung der Vorauszahlung erfolgen soll, 26
bestimmt sich nach Maßgabe der § 16 Nr. 1, 3 und 4. VOB/B. Dementsprechend kommt
es für die Verpflichtung zur Freigabe der Sicherheit nicht auf die Leistungserbringung durch
den Auftragnehmer, sondern die Herbeiführung der Fälligkeit durch Abrechnung der
erbrachten Leistungen an. Eine hiervon abweichende vertragliche Gestaltung ist grundsätzlich denkbar, allerdings kaum praktikabel. Der Auftraggeber wird regelmäßig ohne eine
prüfbare Aufstellung der erbrachten Leistungen nicht nachprüfen können, ob die Verpflichtung zur Freigabe der Sicherheit fällig geworden ist.

### IV. Anrechnung der Vorauszahlung

Gem. § 16 Nr. 2 Abs. 2 VOB/B sind die Vorauszahlungen grundsätzlich auf die nächst- 27
fällige Zahlung anzurechnen, somit im Regelfall auf die nächste Abschlagszahlung. Die
Parteien können allerdings eine davon abweichende Anrechnungsregelung treffen, wobei
sowohl die Anrechnung auf den Vergütungsanspruch für bestimmte Leistungsteile des Auftragnehmers vereinbart werden kann, als auch die Anrechnung erst auf die letztfälligen
Ansprüche des Auftragnehmers.[36] Bezugspunkt ist dabei in jedem Fall die fälligkeitsauslösende Abrechnung im Sinne des § 16 Nr. 1 oder 3 VOB/B, nicht hingegen die zugrunde
liegende Leistungserbringung durch den Auftragnehmer.[37]

Eine Vereinbarung über einen Abbau der Vorauszahlung erst zum Schluss des Vertrags- 28
verhältnisses kann auch durch Allgemeine Geschäftsbedingungen getroffen werden. Zwar
liegt in einer solchen Vereinbarung eine Abweichung zu § 366 BGB. Hierdurch wird
allerdings der Auftragnehmer nicht unangemessen benachteiligt, da ihm der Auftraggeber
sachlich durch eine entsprechende Klausel zusätzliche Liquidität zuführt, was sich grundsätzlich als für den Auftragnehmer vorteilhaft darstellt.

Die Anrechnungsbestimmung greift sowohl für Vereinbarungen über Vorauszahlungen 29
bei Vertragsschluss als auch solche, die erst nachfolgend getroffen werden.[38] Das gilt auch,
falls § 16 Nr. 2 Abs. 2 VOB/B nicht auf bei Vertragsschluss vereinbarte Vorauszahlungen
anwendbar sein sollte, da sich dann die entsprechende Anrechnungsbestimmung jedenfalls
aus der analogen Anwendung des § 366 BGB ableiten lässt. Bei der Vereinbarung der Vorauszahlung ist eine Verrechnungsbestimmung auf Ansprüche aus dem zugrunde liegenden
Bauvertragsverhältnis immanent, so dass (ältere) Ansprüche aus anderen Rechtsverhältnissen
nicht Gegenstand einer Verrechnung sein können. Die Anrechnung auf die (nächst-)fällige
Forderung folgt sodann aus § 366 Abs. 2 BGB. Sofern die Parteien eine abweichende
Anrechnungsbestimmung getroffen haben, ergibt sich deren Vorrangigkeit sowohl aus § 366
Abs. 1 BGB als auch aus § 16 Nr. 2 Abs. 2 VOB/B.

In tatsächlicher Hinsicht problematisch können sich Anrechnungsregeln darstellen, die 30
gegenstandsbezogen sind, etwa der Vorfinanzierung von bestimmten Bauteilen (Fenster,
Heizungsanlagen etc.) dienen sollen. Sofern hier der anteilige Wert nicht geregelt ist,
ergeben sich, ähnlich wie bei den Abschlagszahlungen für Baustoffe und Bauteile, Berechnungsschwierigkeiten. Es bietet sich daher an, im Falle der Vereinbarung von Vorauszahlungen für Baustoffe oder Bauteile zugleich zu vereinbaren, welcher Anteil der Vergütung
auf diese anteilig entfällt. Fehlt eine solche Vereinbarung und lässt sich auch aus den Preisvereinbarungen ein Vergütungsanteil nicht direkt entnehmen, wird es regelmäßig notwendig
sein, die Preiskalkulation offen zu legen um den anteiligen Umfang der Anrechnung auf
einzelne Abschlagsrechnungen ermitteln zu können.[39]

Konsequenzen ergeben sich aus der Anrechnungsverpflichtung sowohl für den Auftrag- 31
nehmer als auch den Auftraggeber. Der Auftragnehmer ist verpflichtet, entsprechend der

---

[36] *Kapellmann/Messerschmidt* § 16 VOB/B Rdn. 166.
[37] *Kapellmann/Messerschmidt* § 16 VOB/B Rdn. 167.
[38] *Ingenstau/Korbion/Locher* § 16 Nr. 2 VOB/B Rdn. 9.
[39] Ähnlich *Kapellmann/Messerschmidt* § 16 VOB/B Rdn. 159.

§ 16 Nr. 2                                                                                     Vorauszahlungen

vereinbarten Anrechnungsabrede die Vorauszahlung auf die dadurch abzugeltenden Vergütungsansprüche anzurechnen. Die Anrechnungsfunktion dient damit dem Zweck, das Vorleistungsrisiko des Auftraggebers durch vertragskonforme Anrechnung zu minimieren. Der Auftraggeber ist demgegenüber verpflichtet, die Anrechnung entsprechend der Abrede zu dulden, mit der Folge, dass er zur (Teil-)Freigabe der hingegebenen Sicherheit verpflichtet ist und die Zinspflicht des Auftragnehmers endet.[40]

## V. Abrechnungspflicht

32   Der Auftragnehmer ist verpflichtet, sowohl im Rahmen der Abschlagszahlungen den Umfang der Verrechnung der Vorauszahlung auszuweisen, als auch im Rahmen der Schlussrechnung eine Endabrechnung über die empfangene Vorauszahlung zu legen.[41] Ohne eine entsprechende Ausweisung kann jedenfalls im Einzelfall die Prüffähigkeit der Schlussrechnung nicht gegeben sein.

33   Soweit die Vorauszahlung nicht vollständig auf Vergütungsansprüche des Auftragnehmers angerechnet werden kann, da diese hinter den Vorauszahlung zurückbleiben, ist sie an den Auftraggeber entsprechend der konkludent getroffenen Abrechnungsvereinbarung nach Schlussrechnungslegung zurückzugewähren.[42] Das gilt sowohl in dem Fall, dass die Vorauszahlung die bei vollständiger Fertigstellung der Werkleistung tatsächlich geschuldete Vergütung übersteigt, als auch dann, wenn es nicht zur vollständigen Fertigstellung der Werkleistung durch den Auftragnehmer kommt, weil das Vertragsverhältnis vorzeitig beendet wird. In diesem Falle sichert die nach Maßgabe des § 16 Nr. 2 Abs. 1 VOB/B gestellte Sicherheit das Rückforderungssaldo in Höhe des nicht durch Anrechnung auf fällige Zahlungen verbrauchten Vorschussbetrages.[43] Dieser Betrag muss allerdings nicht zwingend identisch mit dem Schlussrechnungssaldo zugunsten des Auftraggebers sein. Das gilt explizit in den Fällen, in denen, etwa im Falle der Insolvenz des Auftragnehmers, Schadensersatzansprüche des Auftraggebers im Sinne des § 103 InsO mit als Rechnungsposten in die Schlussrechnung einfließen oder, richtigerweise,[44] eigenständige Gegenforderungen des Auftraggebers darstellen. Aber auch in anderen Fällen, in denen Gegenansprüche des Auftraggebers beim Schlussrechnungssaldo berücksichtigt werden, etwa Schadensersatzansprüche nach § 13 Nr. 7 VOB/B oder Vertragsstrafenansprüche, ergeben sich von der Vorauszahlungssicherheit nicht gedeckte Beträge.

## VI. Vorauszahlungen durch öffentliche Auftraggeber

34   Die Vereinbarungen von Vorauszahlungen durch öffentliche Auftraggeber ist nach Maßgabe der Regelungen des VHB 2002 Nr. 10 zu § 10 VOB/A deutlich eingeschränkt. Die entsprechenden Regelungen lauten wie folgt:
10      Vorauszahlungen
10.1.   Zulässigkeit
10.2.   Vorauszahlungen können in den Verdingungsunterlagen vorgesehen werden, wenn dies
        – allgemein üblich oder
        – durch besondere Umstände gerechtfertigt ist (§ 56 Abs. 1 BHO).
10.3.   Als allgemein üblich sind Vorauszahlungen anzusehen, wenn in dem betreffenden Wirtschaftszweig regelmäßig, d. h. auch bei nicht öffentlichen Auftraggebern, Vorauszahlungen ausbedungen werden. Bei maschinellen und elektrotechnischen Einrichtungen sind Vorauszahlungen allgemein üblich.

---
[40] *Ingenstau/Korbion/Locher* § 16 Nr. 2 VOB/B Rdn. 9.
[41] *Heiermann/Riedl/Rusam* § 16 VOB/B Rdn. 72.
[42] BGH 11. 2. 1999, VII ZR 399/97, NJW 1999, 1867; *Heiermann/Riedl/Rusam* § 16 VOB/B Rdn. 72.
[43] BGH 4. 11. 1999, IX ZR 320/98, NJW 2000, 511.
[44] BGH 23. 6. 2005, VII ZR 197/03, NJW 2005, 2771.

Vorauszahlungen  § 16 Nr. 2

**10.4.** Besondere Umstände für Vorauszahlungen liegen z. B. vor, wenn die Ausführung der Leistung infolge ihres Umfanges oder ihrer Eigenart für den Auftragnehmer mit einer unzumutbaren Kapitalinanspruchnahme verbunden ist.
Die Gründe für die Vereinbarung von Vorauszahlungen sind aktenkundig zu machen.
Ein besonderer Umstand ist nicht gegeben, wenn am Ende des Haushaltsjahres Ausgaben vor Fälligkeit geleistet werden, um zu verhindern, dass die Ausgaben sonst verfallen.
Lässt sich bei Aufstellung der Verdingungsunterlagen nicht ausreichend übersehen, ob die Voraussetzungen für Vorauszahlungen bei allen voraussichtlichen Bietern gleichmäßig gegeben sind, so können die Zahlungsbedingungen dem Wettbewerb unterstellt werden. In diesem Fall sind von den Bietern Angaben zu verlangen über
– die Höhe der Vorauszahlungen und
– die Zahlungstermine.
Bei der Wertung der Angebote ist auch die verlangte Zahlungsweise zu berücksichtigen.

**10.5.** Regelung im Einzelfall
Die Höhe der Vorauszahlung sowie der Zeitpunkt der Auszahlung, die Sicherheitsleistung (Nr. 10.6) und – ggf. die Art und Weise der Tilgung (Nr. 10.7) ist im Einzelfall in Nr. 10 der Besonderen Vertragsbedingungen EVM(B)BVB – 214 gemäß dem Text WBVB T2 35 zu vereinbaren.

**10.6.** Sicherheitsleistungen
Für Vorauszahlungen ist stets Sicherheit in Höhe der Vorauszahlung durch selbstschuldnerische Bürgschaft eines
– in den Europäischen Gemeinschaften oder
– in einem Staat der Vertragsparteien des Abkommens über den Europäischen Wirtschaftsraum oder
– in einem Staat der Vertragsparteien des WTO-Übereinkommens über das öffentliche Beschaffungswesen
zugelassenen Kreditinstituts bzw. Kredit- oder Kautionsversicherers nach vorgeschriebenem Formblatt EFB-Sich 3–323.3 zu fordern.

**10.7.** Tilgung von Vorauszahlungen
Nach § 16 Nr. 2 Abs. 2 VOB/B sind Vorauszahlungen auf die nächstfälligen Zahlungen anzurechnen, soweit damit Leistungen abgegolten sind, für welche die Vorauszahlungen gewährt worden sind.
Soll eine andere Art der Anrechnung vereinbart werden, ist die Art der Tilgung in Nr. 10 der Besonderen Vertragsbedingungen – EVM(B)BVB – 214 zu regeln.

**10.8.** Bei Vorauszahlungen für Anlagen der technischen Gebäudeausrüstung hat das Bauamt bereits bei Aufforderung zur Abgabe eines Angebots unter Nr. 10 der Besonderen Vertragsbedingungen EVM (B) BVB -214 den Text über Vorauszahlungen nach WBVB T2 35 aufzunehmen.

Für nachträglich vereinbarte Vorauszahlungen grenzt das VHB 2002 Nr. 2 zu § 16 VHB/B die Zulässigkeit entsprechender Vorauszahlungsvereinbarungen noch weiter ein. Die Bestimmung hierzu lautet: **35**

**2** Vorauszahlungen nach Vertragsabschluss
**2.1** Vorauszahlungen, die vertraglich nicht vereinbart sind, dürfen nachträglich ohne ausdrückliche Vertragsänderung nicht geleistet werden; die Vertragsänderung unterliegt § 58 BHO.
Nach Vertragsabschluss dürfen Vorauszahlungen auf Antrag des Auftragnehmers nur ausnahmsweise unter Abwägung aller Umstände und unter Berücksichtigung der Grundsätze sparsamer Wirtschaftsführung vereinbart werden.
Solche Vorauszahlungen sind mit 3 v. H. über dem Basiszinssatz nach § 247 BGB zu verzinsen, sofern nicht eine der Verzinsung entsprechende angemessene Preisermäßigung vereinbart wird.
Die Zinseinnahmen sind beim Titel für vermischte Einnahmen zu verbuchen.
**2.2** Vom Auftragnehmer ist als Sicherheit für die Vorauszahlung eine selbstschuldnerische Bürgschaft eines
– in den Europäischen Gemeinschaften oder
– in einem Staat der Vertragsparteien des Abkommens über den Europäischen Wirtschaftsraum oder
– in einem Staat der Vertragsparteien des WTO-Übereinkommens über das öffentliche Beschaffungswesen
zugelassenen Kreditinstituts bzw. Kredit- oder Kautionsversicherers in Höhe der Vorauszahlung nach vorgeschriebenem Formblatt EFB-Sich 3–323.3 zu fordern.

## § 16 Nr. 3 [Schlusszahlungen]

(1) Der Anspruch auf die Schlusszahlung wird alsbald nach Prüfung und Feststellung der vom Auftragnehmer vorgelegten Schlussrechnung fällig, spätestens innerhalb von 2 Monaten nach Zugang. Werden Einwendungen gegen die Prüfbarkeit unter Angabe der Gründe hierfür nicht spätestens innerhalb von 2 Monaten nach Zugang der Schlussrechnung erhoben, so kann der Auftraggeber sich nicht mehr auf die fehlende Prüfbarkeit berufen. Die Prüfung der Schlussrechnung ist nach Möglichkeit zu beschleunigen. Verzögert sie sich, so ist das unbestrittene Guthaben als Abschlagszahlung sofort zu zahlen.

(2) Die vorbehaltlose Annahme der Schlusszahlung schließt Nachforderungen aus, wenn der Auftragnehmer über die Schlusszahlung schriftlich unterrichtet und auf die Ausschlusswirkung hingewiesen wurde.

(3) Einer Schlusszahlung steht es gleich, wenn der Auftraggeber unter Hinweis auf geleistete Zahlungen weitere Zahlungen endgültig und schriftlich ablehnt.

(4) Auch früher gestellte, aber unerledigte Forderungen werden ausgeschlossen, wenn sie nicht nochmals vorbehalten werden.

(5) Ein Vorbehalt ist innerhalb von 24 Werktagen nach Zugang der Mitteilung nach den Absätzen 2 und 3 über die Schlusszahlung zu erklären. Er wird hinfällig, wenn nicht innerhalb von weiteren 24 Werktagen – beginnend am Tag nach Ablauf der in Satz 1 genannten 24 Werktage – eine prüfbare Rechnung über die vorbehaltenen Forderungen eingereicht oder, wenn das nicht möglich ist, der Vorbehalt eingehend begründet wird.

(6) Die Ausschlussfristen gelten nicht für ein Verlangen nach Richtigstellung der Schlussrechnung und -zahlung wegen Aufmaß-, Rechen- und Übertragungsfehlern.

**Literatur:** *Dähne*, Die Schlussrechnung des Auftraggebers nach § 14 Nr. 4 VOB/B, BauR 1981, 233; *Groß*, Vorbehaltsbegründung bei Schlusszahlungen, BauR 2000, 342; *Kainz*, Hat der Auftragnehmer stets 36 Werktage Zeit, um seinen Vorbehalt nach § 16 Nr. 3 Abs. 2 VOB/B zu begründen?, BauR 1981, 239; *Kaiser*, Fälligkeit und Verjährung des Vergütungsanspruches des Bauunternehmers nach BGB und VOB/B, ZfBR 1982, 231; *Kniffka*, Das Gesetz zur Beschleunigung fälliger Zahlungen – Neuregelung des Bauvertragsrechts und seine Folgen, ZfBR 2000, 227; *Kniffka*, Abnahme und Abnahmewirkungen nach der Kündigung des Bauvertrages, ZfBR 1998, 113; *Losert*, Der Adressat der Schlusszahlungserklärung nach § 16 Nr. 3 VOB/B bei einer abgetretenen Werklohnforderung, ZfBR 1988, 65; *Losert*, Die Änderungen der VOB/B in der Ausgabe Juli 1990, ZfBR 1991, 7; *Peters*, Die vorbehaltlose Annahme der Schlußzahlung und das AGB-Gesetz, NJW 1983, 798; *Peters*, Fälligkeit und Verzug bei den Zahlungsansprüchen des Bauunternehmers nach der VOB/B, NZBau 2002, 305; *Siegburg*, Verjährung im Baurecht; *Schmitz*, Kündigung: Werklohnforderung grundsätzlich erst mit Abnahme fällig, IBR 2006, 432; *Stellmann/Schinköth*, Schlussrechnung und Schlusszahlung nach der VOB/B – Eine Orientierung für die Praxis –, ZfBR 2005, 3; *Tempel*, Ist die VOB/B noch zeitgemäß? – Eine kritische Skizze zur Neufassung 2002, NZBau 2002, 465; *Thierau*, Fälligkeitsregelung gemäß § 16 Nr. 3 Abs. 1 Satz 1 VOB/B ist unwirksam, IBR 2005, 666; *Unterluggauer*, Zur Frage der Schlusszahlungs- und Vorbehaltserklärung im Falle einer abgetretenen Bauforderung, BauR 1990, 412; *Welte*, Verwirkung von Einwendungen gegen die Schlussrechnung nach Ablauf der Prüfungszeit von zwei Monaten oder beweisrechtliche Konsequenzen?, BauR 1998, 384.

### Übersicht

| | Rdn. | | Rdn. |
|---|---|---|---|
| **A. Allgemeines** | 1 | **B. Fälligkeit der Schlusszahlung § 16 Nr. 3 Abs. 1 VOB/B** | 18 |
| I. Übersicht | 1 | I. Schlussrechnung | 19 |
| II. Begriff der Schlusszahlung | 2 | II. Sonderfall: Aufstellung der Schlussrechnung durch den Auftraggeber | 24 |
| III. Abweichungen zur gesetzlichen Regelung | 5 | III. Prüffähigkeit der Schlussrechnung | 25 |
| 1. Fälligkeitsregelung, § 16 Nr. 3 Abs. 1 VOB/B | 6 | 1. Grundsatz: Prüffähige Schlussrechnung | 25 |
| 2. Schlusszahlungseinrede, § 16 Nr. 3 Abs. 2 VOB/B | 10 | 2. Entbehrlichkeit der Prüffähigkeit | 26 |
| IV. Abweichende Vereinbarungen | 13 | | |
| V. Verjährung | 15 | | |

|  | Rdn. |
|---|---|
| 3. Fälligkeit trotz fehlender Prüffähigkeit | 27 |
| IV. Abnahme | 30 |
| V. Prüfung der Schlussrechnung durch den Auftraggeber | 33 |
| 1. Prüfung | 34 |
| 2. Feststellung der Schlusszahlung | 35 |
| 3. Prüfungsfrist | 39 |
| a) Beschleunigung der Prüfung | 40 |
| b) Verlängerung der Frist | 41 |
| c) Unbestrittenes Guthaben als Abschlagszahlung | 44 |
| **C. Schlusszahlungseinrede § 16 Nr. 3 Abs. 2 VOB/B** | **48** |
| I. Rechtsnatur der Schlusszahlungseinrede | 51 |
| II. Reichweite der Ausschlusswirkung | 52 |
| III. Durchsetzbarkeit von Ansprüchen trotz erhobener Schlusszahlungseinrede | 54 |
| IV. Voraussetzungen der Schlusszahlungseinrede im Einzelnen: | 61 |
| 1. Schlussrechnung | 61 |
| 2. Schlusszahlung oder schlusszahlungsgleiche Erklärung | 64 |
| a) Schlusszahlung, § 16 Nr. 3 Abs. 2 VOB/B | 65 |
| b) Schlusszahlungsgleiche Erklärung § 16 Nr. 3 Abs. 3 VOB/B | 66 |

|  | Rdn. |
|---|---|
| (1) Form, Adressat, Erklärender der schlusszahlungsgleichen Erklärung | 68 |
| (2) Inhalt der schlusszahlungsgleichen Erklärung | 71 |
| 3. Hinweiserteilung, § 16 Nr. 3 Abs. 2 VOB/B | 76 |
| a) Hinweisinhalt | 76 |
| b) Zeitpunkt und Form der Hinweiserteilung | 78 |
| c) Hinweisadressat | 81 |
| 4. Annahme der Schlusszahlung | 83 |
| 5. Vorbehaltlose Annahme | 85 |
| a) Inhalt der Vorbehaltserklärung | 86 |
| b) Form, Frist, Erklärender und Erklärungsempfänger | 88 |
| c) Entbehrlichkeit der Vorbehaltserklärung | 95 |
| d) Vorbehaltsbegründung | 97 |
| (1) Begründungsinhalt | 98 |
| (2) Entbehrlichkeit der Begründung | 99 |
| (3) Frist und Form der Begründung, Erklärender und Erklärungsempfänger | 100 |
| 6. Reichweite der Ausschlusswirkung | 102 |
| 7. Richtigstellung der Schlussrechnung auf Grund von Übertragungs-, Rechen- und Aufmassfehlern, § 16 Nr. 3 Abs. 6 VOB/B | 103 |

## A. Allgemeines

### I. Übersicht

§ 16 Nr. 3 VOB/B regelt die Schlusszahlung durch den Auftraggeber, somit die aus seiner **1** Sicht abschließende Zahlung auf die Vergütungsforderung des Auftragnehmers. Neben der Regelung der Fälligkeit der Schlusszahlungsforderung des Auftragnehmers schafft § 16 Nr. 3 Abs. 2 VOB/B mit der Schlusszahlungseinrede die Möglichkeit für den Auftraggeber, durch eine Schlusszahlung die Durchsetzbarkeit weiterer Forderungen des Auftragnehmers auszuschließen. Aufgrund der erheblichen Abweichungen von wesentlichen Grundgedanken der gesetzlichen Regelung ist § 16 Nr. 3 VOB/B erheblichen Wirksamkeitsbedenken ausgesetzt, die im Ergebnis dazu führen, dass die Schlusszahlungseinrede des § 16 Nr. 3 Abs. 2 VOB/B inzwischen keine praktische Bedeutung mehr aufweist.

### II. Begriff der Schlusszahlung

§ 16 Nr. 3 Abs. 1 VOB/B regelt zunächst lediglich, dass vom Auftraggeber bei Vorliegen **2** der weiteren Voraussetzungen eine abschließende Zahlung zu leisten ist. Der hierbei verwandte Begriff der Schlusszahlung ist ein Terminus ausschließlich aus der VOB/B. Das allgemeine bürgerliche Recht und auch der allgemeine Zahlungsverkehr kennt ihn nicht.[1]

---
[1] BGH 2. 12. 1982, VII ZR 63/82, NJW 1983, 816.

3  Kennzeichen der Schlusszahlung ist es, dass sie aus der subjektiven Sicht des Auftraggebers die abschließende Zahlung auf die Forderung des Auftragnehmers im Hinblick auf das konkrete Bauvertragsverhältnis darstellt.[2] Ob eine Zahlung daher eine Schlusszahlung im Sinne des § 16 Nr. 3 Abs. 1 VOB/B sein soll, ergibt sich allein nach der vom Auftraggeber vorgenommen und dem Auftragnehmer zur Kenntnis gelangten Bestimmung.[3] Der Auftragnehmer als solches kann dementsprechend einer Zahlung weder den Schlusszahlungscharakter absprechen noch ihm gegen den Willen des Auftraggebers einer Zahlung beimessen. Mit Rücksicht auf das allein dem Auftraggeber zustehende Bestimmungsrecht kann eine Schlusszahlung auch die erste Zahlung des Auftraggebers sein. Zum Wesen der Schlussrechnung gehört es folgerichtig nicht, dass ihr Voraus- oder Abschlagszahlungen vorangegangen sind.[4] Da zudem der Zahlung die weiteren Erfüllungssurrogate gleichstehen, somit insbesondere die Aufrechnung, kann grundsätzlich ein Fall der Schlusszahlung im Sinne des § 16 Nr. 3 Abs. 1 VOB/B auch vorliegen, ohne dass der Auftraggeber tatsächlich eine Geldzahlung geleistet hat.[5]

4  Die Einordnung einer Zahlung als Schlusszahlung gemäß § 16 Nr. 3 Abs. 1 VOB/B wird nicht dadurch ausgeschlossen, dass der Auftraggeber noch einen Sicherungseinbehalt gemäß § 17 VOB/B vornimmt. Auch die Vornahme eines Sicherungseinbehaltes ändert nichts an der Intention des Auftraggebers, mit der Schlusszahlung eine abschließende Erledigung der Ansprüche des Auftragnehmers herbeizuführen.[6] Der Einbehalt der mangels Fälligkeit noch nicht auskehrungsreifen Sicherheit ändert nichts an der von der vom Auftraggeber im Übrigen beabsichtigten Befriedungswirkung durch Leistung der Schlusszahlung.[7]

### III. Abweichungen zur gesetzlichen Regelung

5  Die Regelung des § 16 Nr. 3 VOB/B enthält sowohl in Abs. 1 mit den Bestimmungen zur Fälligkeit der Vergütungsforderung als auch in Abs. 2 und 3 mit der Schlusszahlungseinrede Abweichungen zu den gesetzlichen Bestimmungen des Werkvertragsrechtes sowie des allgemeinen Schuldrechtes, was bei der Anwendung des § 307 BGB Konsequenzen hat.

#### 1. Fälligkeitsregelung, § 16 Nr. 3 Abs. 1 VOB/B

6  Durch § 16 Nr. 3 Abs. 1 VOB/B wird die Fälligkeit abweichend von § 641 BGB nicht nur von der Abnahme der Werkleistung abhängig gemacht, sondern darüber hinaus grundsätzlich von der Vorlage einer prüfbaren Schlussrechnung und der Prüfung und Feststellung der Schlusszahlung bzw. dem Ablauf der maximal zweimonatigen Prüfungsfrist.

7  Diese Verschärfung der Fälligkeitsvoraussetzungen hat, insbesondere seit dem Inkrafttreten des Gesetzes zur Beschleunigung fälliger Zahlungen vom 30. 3. 2000, Wirksamkeitsbedenken im Hinblick auf § 307 BGB begründet. Hierzu wird vertreten, dass weder das Erfordernis der Vorlage einer prüffähigen Schlussrechnung noch die zweimonatige Prüfungsfrist mit wesentlichen Grundgedanken der gesetzlichen Regelung vereinbar seien, was jedenfalls bei isolierter Inhaltskontrolle zur Unwirksamkeit der Klausel des § 16 Nr. 3 Abs. 1 VOB/B führe.[8] Die in der VOB/B enthaltene Regelung konterkariere sachlich das gesetzgeberische

---

[2] BGH 16. 4. 1970, VII ZR 40/69, BauR 1970, 240.
[3] BGH 20. 12. 1976, VII ZR 37/76, NJW 1977, 531.
[4] OLG München 4. 8. 1978, 19 U 2782/77, BauR 1979, 436.
[5] BGH 24. 3. 1983, VII ZR 329/81, BauR 1983, 476.
[6] BGH 29. 1. 1970, VII ZR 95/68, BauR 1970, 117; OLG Düsseldorf, 25. 5. 1982, 23 U 213/81, ZIP 1983, 342; *Ingenstau/Korbion/Locher* § 16 Nr. 3 VOB/B Rdn. 32.
[7] OLG Hamm 4. 1. 1991, 12 U 98/90, NJW-RR 1991, 792.
[8] OLG Karlsruhe 6. 7. 1993, 3 U 57/92, NJW-RR 1993, 1435; LG Magdeburg, 25. 2. 2005, 5 O 2548/03 (404), IBR 2005, 188; OLG Naumburg, 4. 11. 2005, 10 U 11/05, BauR 2005, 1971; OLG Düsseldorf, 10 3. 2005, 22 U 99/04, BeckRS 2005, 12212; *Peters* NZBau 2002, 305, 308; *Ingenstau/Korbion/Locher* § 16 Nr. 3 Rdn. 11.

Ziel, 30 Tage nach Rechnungszugang einen Verzug des Schuldners mit der Zahlung herbeizuführen.[9]

Der Auffassung, § 16 Nr. 3 Abs. 1 VOB/B sei wegen Verstoßes gegen § 307 BGB **8** unwirksam, kann nicht zugestimmt werden. Abgesehen davon, dass § 286 Abs. 3 BGB bereits keinen Leitbildcharakter für die Bestimmung der Fälligkeit einer Vergütungsforderung aufweist, da sich diese Vorschrift über den Eintritt der Fälligkeit von Entgeltforderungen nicht verhält,[10] liegt keine unangemessene Benachteiligung des Auftragnehmers in der Einräumung der Prüffrist von maximal zwei Monaten nach Zugang der Schlussrechnung. Die durch den Prüfungszeitraum geschaffene Abweichung zu § 641 BGB ist auf Grund der Besonderheiten beim Bauvertragsrecht gerechtfertigt. Insbesondere bei Einheitspreisverträgen und Mischvertragsformen ist ein Prüfungszeitraum von 2 Monaten erforderlich, um die entsprechenden komplexen Abrechnungsgrundlagen erfassen zu können.[11] Eine kürzere Prüffrist bei Stundenlohn- und Pauschalpreisverträgen dürfte zwar aufgrund des tatsächlichen Prüfungsaufwandes des Auftraggebers grundsätzlich möglich sein,[11a] so dass insoweit denkbar scheint, die Prüffrist von 2 Monaten als unangemessen zu bewerten. Bei einer solchen Betrachtung wird aber nicht berücksichtigt, dass typenreine Verträge in der Baupraxis eher selten sind. Differenzierte Prüfungsfristen in Abhängigkeit von der Vertragsform würden daher vor allem dazu führen, dass die Vertragsparteien in Streit darüber gerieten, ob noch ein „reiner" Pauschalpreis- oder Stundenlohnvertrag vorliegt, für den eine kürzere Prüfungsfrist gelten würde, oder ein Mischvertrag, bei dem eine längere Prüfungsfrist zur Verfügung stünde. Zur Vermeidung entsprechenden zusätzlichen Konfliktpotentials und zur Schaffung von Rechtssicherheit ist daher auch vor dem Hintergrund des § 307 BGB die Prüfungsfrist von 2 Monaten für alle Vertragsformen angemessen.

Auch im Hinblick auf die Notwendigkeit der Vorlage einer prüffähigen Schlussrechnung **9** liegt kein Verstoß gegen § 307 BGB vor. Der Auftraggeber wird – im Hinblick auf die Inlaufsetzung der Verjährungsfrist – jedenfalls deshalb nicht durch diese Fälligkeitsvoraussetzung benachteiligt, weil er nach § 14 Nr. 4 VOB/B die Schlussrechnung selbst aufstellen kann. Das gilt auch für einen Verbraucher als Auftraggeber. Die gegenteilige Auffassung[11b] ist bereits deshalb nicht überzeugend, weil nicht begründet wird, wieso ein Verbraucher, dem aufgrund des mit ihm geschlossenen Vertrages die gleichen Vergütungsermittlungsgrundlagen zur Verfügung stehen, wie einem gewerblichen Auftraggeber, nicht in der Lage sein soll, eine Schlussrechnung aufzustellen. Das gilt insbesondere auch mit Rücksicht darauf, dass die Rechnungserstellung durch den Auftraggeber auf Kosten des Auftragnehmers erfolgt, somit der entsprechende Kostenaufwand, den der Auftraggeber zunächst hat, gegen den Vergütungsanspruch des Auftragnehmers aufgerechnet werden kann. Auch unter wirtschaftlichen Gesichtspunkten ergibt sich daher auch für den Verbraucher als Auftraggeber keine Unzumutbarkeit, eine Schlussrechnung gemäß § 14 Nr. 4 VOB/B selbst aufzustellen. Eine unangemessene Benachteiligung des Auftragnehmers liegt nicht vor, weil ohne nachvollziehbare Abrechnung beiden Vertragsparteien nicht bekannt ist, welche Vergütung überhaupt geschuldet ist.

## 2. Schlusszahlungseinrede, § 16 Nr. 3 Abs. 2 VOB/B

Durch § 16 Nr. 3 Abs. 2 VOB/B wird dem Auftraggeber die Möglichkeit geschaffen, mit **10** der Schlusszahlung, gemäß § 16 Nr. 3 Abs. 3 VOB/B auch mit einer schlusszahlungsgleichen Erklärung, die Durchsetzbarkeit weiterer Vergütungsansprüche des Auftragnehmers aus dem Vertragsverhältnis zu beseitigen. Die Anforderungen an einen entsprechenden Ausschluss weitergehender Ansprüche sind hierbei zwar im Rahmen der einzelnen Fassungen der

---

[9] *Kniffka* ZfBR 2000, 228.
[10] *Heiermann/Riedl/Rusam* § 16 VOB/B Rdn. 88; *Peters* NZBau 2002, 305.
[11] *Leineweber* § 16 Rdn. 94, 166; a. A. *Ingenstau/Korbion/Locher* § 16 Nr. 3, VOB/B Rdn. 11.
[11a] In diesem Sinne der Beschluss des Hauptausschusses des DVA vom 17. 5. 2006.
[11b] *Thierau*, IBR 2005, 666.

## § 16 Nr. 3 — Schlusszahlungen

VOB/B zunehmend verschärft worden, ohne jedoch das grundlegende Problem von § 16 Nr. 3 Abs. 2 VOB/B beseitigen zu können.[12] Bei Wirksamkeit dieser Klausel führt die vorbehaltlose Annahme der Schlusszahlung durch den Auftragnehmer bei Vorliegen der weiteren tatbestandlichen Voraussetzungen dazu, dass dieser mit der Geltendmachung weiterer Forderungen, und zwar auch solcher, die in der zugrundeliegenden Schlussrechnung überhaupt nicht aufgeführt sind, ausgeschlossen ist. Die Klausel weicht damit sowohl von § 362 Abs. 1 BGB ab, da der Schlusszahlung Tilgungswirkung nicht nur in Höhe der geleisteten Zahlung zukommt,[13] als auch von den im BGB enthaltenen Regelungen, die zu einer Durchsetzungssperre für Forderungen des Auftragnehmers führen können. Nach Maßgabe der Vorschriften des BGB kommen lediglich Durchsetzungshindernisse in Gestalt der Verwirkung und der Verjährung von entsprechenden Vergütungsforderungen in Betracht,[14] die indes einen erheblich längeren Zeitraum zwischen Eintritt der Fälligkeit der entsprechenden Vergütungsforderung und dem Wegfall ihrer Durchsetzbarkeit bedingen, als dieses jedenfalls regelmäßig im Falle der Schlusszahlungseinrede des § 16 Nr. 3 Abs. 2 VOB/B der Fall ist.

**11** Mit Rücksicht auf diese erheblichen Abweichungen gegenüber den gesetzlichen Leitbildern des BGB bestand sowohl bei den Vorfassungen als auch der aktuellen Fassung des § 16 Nr. 3 Abs. 2 VOB/B die übereinstimmende Auffassung, dass die Klausel jedenfalls im Falle einer isolierten Inhaltskontrolle wegen Verstoßes gegen § 307 Abs. 1 BGB unwirksam ist.[15] Da die Einbeziehung der VOB/B als Ganzes, somit ohne jegliche Änderungen, in den seltensten Fällen erfolgt, entschärft sich in tatsächlicher Hinsicht das Problem des Schlusszahlungseinwandes erheblich.[16] Jedenfalls in den Fällen, in denen die VOB/B nicht als Ganzes vereinbart worden ist, ist danach von der Anwendbarkeit des § 16 Nr. 3 Abs. 2 VOB/B nur noch dann auszugehen, wenn die entsprechenden Vertragsbedingungen vom Auftragnehmer gestellt worden sind, dieser somit Verwender ist. Der Verwender kann sich nicht auf die Unwirksamkeit einer Klausel gem. § 307 BGB berufen, da die Vorschriften der Inhaltskontrolle nicht seinem, sondern nur dem Schutz des Verwendungsgegners dienen.[17]

**12** Wie in den Fällen der Einbeziehung der VOB/B als Ganzes die Klausel des § 16 Nr. 3 Abs. 2 VOB/B zu beurteilen ist, ist durch die Rechtsprechung noch nicht abschließend geklärt.[18] Nach der hier vertretenen Auffassung führt auch die Einbeziehung der VOB/B als Ganzes nicht mehr zum Ausschluss der Inhaltskontrolle, mit der Folge, dass auch in diesen Fällen bei vom Auftraggeber gestellten Vertragsbedingungen die Klausel des § 16 Nr. 3 Abs. 2 VOB/B unwirksam ist.[19]

**12 a** Wegen Unvereinbarkeit mit § 96 InsO kann die Schlusszahlungseinrede des § 16 Nr. 3 Abs. 2 VOB/B einem Vergütungsanspruche des Auftragnehmers nicht entgegengesetzt werden, wenn die Einrede auf einer auftraggeberseitig erklärten Aufrechnung beruht und die Aufrechnung als solches mit den §§ 95 f. InsO nicht vereinbar ist.[19a] Sachlich ergibt sich das aus § 134 BGB, da eine vertragliche Vereinbarung, die abweichend von gesetzlich bestehenden Aufrechnungsverboten diese zulassen soll, nichtig ist. Allerdings wird in der Entscheidung des Bundesgerichtshofes diese Konsequenz nicht gezogen, vielmehr die Klausel des § 16 Nr. 3 Abs. 2 VOB/B eng ausgelegt. Diese Vorgehensweise verstößt allerdings nicht nur gegen das Verbot der geltungserhaltenden Reduktion, sondern führt überdies auch noch zu einem Verstoß gegen das Transparenzverbot. Da die Aufrechnung mit Schadensersatzansprü-

---

[12] BGH 19. 3. 1998, VII ZR 116/97, NJW 1998, 2053; *Ingenstau/Korbion/Locher* § 16 Nr. 3 Rdn. 97.
[13] BGH 17. 9. 1987, VII ZR 155/86, NJW 1988, 55; *Peters* NJW 1983, 798, 802.
[14] BGH 19. 3. 1998, VII ZR 116/97, NJW 1998, 2053.
[15] BGH 17. 9. 1987 VII ZR 155/86, NJW 1988, 55; BGH, 19. 3. 1998, VII ZR 116/97, NJW 1998, 2053; *Ingenstau/Korbion/Locher* § 16 Nr. 3 Rdn. 97; *Werner/Pastor* Rdn. 2288.
[16] Vgl. auch *Werner/Pastor* Rdn. 2285.
[17] BGH 25. 3. 1987, VIII ZR 71/86, NJW 1987, 2506; OLG Düsseldorf 28. 4. 1999 – 11 U 69/98, NJW-RR 2000, 279.
[18] Ausdrücklich offen gelassen von BGH 22. 1. 2004, VII ZR 419/02, NJW 2004, 1597.
[19] Vgl. vor § 16 Rdn. 14; wie hier *Tempel* NZBau 2002, 465, 469; a. A. *Ingenstau/Korbion/Locher* § 16 Nr. 3 Rdn. 98; *Werner/Pastor* Rdn. 2288.
[19a] BGH, 12. 7. 2007, VII ZR 186/05, ZIP 2007, 1721.

chen durch den Auftraggeber im Insolvenzfall abweichend von § 95 Abs. 1 Satz 3 InsO in erheblichem Umfang zulässig ist,[19b] ist der Anwendungsbereich des § 16 Nr. 3 Abs. 2 VOB/B auch für den verständigen Normadressaten nicht mehr ohne weiteres feststellbar.

### IV. Abweichende Vereinbarungen

Abweichende Vereinbarungen von § 16 Nr. 3 VOB/B durch Allgemeine Geschäftsbedingungen zugunsten des Auftraggebers kommen kaum in Betracht. Klauseln, die eine Verlängerung der Prüfungsfristen[20] oder sonstige Erschwerungen des Eintrittes der Fälligkeit vorsehen, etwa Abnahmebescheinigungen Dritter als Zahlungsvoraussetzung,[21] halten wegen des damit gegebenen Verstoßes gegen gesetzliche Grundgedanken des § 641 BGB einer Inhaltskontrolle gemäß § 307 BGB nicht stand. **13**

Abweichungen von § 16 Nr. 3 VOB/B zugunsten des Auftragnehmers, sind, soweit sie sich in der Ausklammerung der Anwendbarkeit dieser Vorschrift beschränken, wirksam.[22] Nicht möglich ist es allerdings, durch Allgemeine Geschäftsbedingungen dem Prüfvermerk des nicht zur Feststellung der Schlusszahlung bevollmächtigten Architekten die Wirkung eines Anerkenntnisses des Auftraggebers beizulegen. **14**

### V. Verjährung

Die Verjährungsfrist der Schlusszahlungsforderung wird mit dem Ende des Jahres in Lauf gesetzt, in der die Prüfung und Feststellung der Schlussrechnung durch den Auftraggeber erfolgt bzw. bei Fehlen einer entsprechenden Feststellung mit dem Ende des Jahres, in dem die 2-monatige Prüfungsfrist des § 16 Nr. 3 Abs. 1 VOB/B abläuft, § 199 Abs. 1 BGB. Sie beträgt 3 Jahre gem. § 195 BGB. **15**

Der Lauf der Verjährungsfrist gilt einheitlich für sämtliche Zahlungsansprüche des Auftragnehmers aus dem Bauvertragsverhältnis, somit auch für solche Ansprüche, die vom Auftraggeber als nicht berechtigt gestrichen wurden oder in der Schlussrechnung nicht aufgeführt worden sind.[23] Etwas anderes gilt lediglich hinsichtlich des nach § 17 Nr. 8 VOB/B noch nicht fälligen Sicherungseinbehaltes. Die Verjährungsfrist für diesen Sicherungseinbehalt wird erst zum Schluss des Jahres in Lauf gesetzt, in dem der Sicherungseinbehalt zurückzugewähren ist.[24] **16**

Eine in Folge Verjährung nicht mehr durchsetzbare Abschlagsforderung berührt, auch rechnerisch, die Schlusszahlungsforderung des Auftragnehmers nicht.[25] Da der Vergütungsanspruch des Auftragnehmers einheitlich ist[26] und damit das Gesamtabrechnungsguthaben nur einheitlich verjähren kann, kommt es auf die Inlaufsetzung der Verjährungsfrist durch Eintritt der Fälligkeit der Schlusszahlungsforderung an, nicht hingegen auf jene der Abschlagsforderung. Damit führt die Verjährung von Abschlagsforderungen, falls man sie überhaupt bejahen sollte,[27] nicht dazu, dass der Auftraggeber sich auch im Hinblick auf die Schlussrechnung auf die Verjährung einer entsprechenden Teilforderung berufen könnte. **17**

---

[19b] BGH, 22. 9. 2005, VII ZR 117/03, NZBau 2005, 685.
[20] OLG München 7. 11. 1989, 9 U 3675/89, BauR 1990, 471; OLG Köln, 1. 2. 2006, 11 W 5/06, IBR 2006, 244.
[21] *Ingenstau/Korbion/Locher* § 16 Nr. 3, VOB/B Rdn. 10.
[22] *Ingenstau/Korbion/Locher* § 16 Nr. 3 VOB/B Rdn. 142.
[23] BGH 12. 2. 1970, VII ZR 168/67, BauR 1970, 113; BGH, 22. 4. 1982, VII ZR 191/81, BauR 1982, 377; *Stellmann/Schinköth* ZfBR 2005, 3, 4.
[24] *Werner/Pastor* Rdn. 2369.
[25] BGH 5. 11. 1998, VII ZR 191/97, NJW 1999, 713 zu Abschlagsforderungen des Architekten.
[26] BGH 15. 4. 2004, VII ZR 471/01, NJW-RR 2004, 957.
[27] Verneinend OLG Düsseldorf 26. 6. 1998, 22 U 3/98, BauR 1999, 176; *Siegburg* Verjährung im Baurecht, Rdn. 42 ff.

## B. Fälligkeit der Schlusszahlung § 16 Nr. 3 Abs. 1 VOB/B

**18** Nach Maßgabe von § 16 Nr. 3 Abs. 1 VOB/B wird der Anspruch auf die Schlusszahlung nach Prüfung und Feststellung der vom Auftragnehmer vorgelegten Schlussrechnung fällig, spätestens jedoch zwei Monate nach Zugang der prüffähigen Schlussrechnung. Weitere Fälligkeitsvoraussetzung ist die Abnahme der Werkleistung.

### I. Schlussrechnung

**19** Grundlage einer Schlusszahlung im Sinne des § 16 Nr. 3 Abs. 1 VOB/B kann nur eine Schlussrechnung sein. Diese Schlussrechnung muss nicht zwingend als solche bezeichnet sein. Ausreichend ist vielmehr der erkennbare Wille des Auftragnehmers, seine Vergütungsforderung für das Bauvorhaben mit der Rechnung abschließend zu ermitteln.[28] Die Schlussrechnung kann daher auch aus einer Mehrzahl von Einzelrechnungen bestehen, wenn alle vom Auftragnehmer übernommenen und ausgeführten Arbeiten offensichtlich in ihr erfasst sind, so dass sich die Aufstellung einer weiteren Rechnung als bloße Förmlichkeit darstellen würde.[29] Grundsätzlich denkbar ist daher auch, dass eine Mehrzahl von Abschlagsrechnungen eine Schlussrechnung darstellen.[30] Das wird allerdings nur in Ausnahmefällen zu bejahen sein, etwa wenn bei einem Pauschalpreisvertrag Abschlagszahlungen nach Maßgabe eines Zahlungsplanes verlangt werden können und die Gesamtsumme der Abschlagszahlungen die vereinbarte Gesamtvergütung darstellt, sich diese im Bauverlauf damit nicht geändert hat.

**20** Neben dem Kriterium der Vollständigkeit einer entsprechenden Rechnung in Gestalt von Einzelrechnungen kann auch aus dem zeitlichen Ablauf unter Umständen auf den Willen des Auftragnehmers geschlossen werden, durch eine Rechnung seine Vergütungsansprüche für die erbrachte Werkleistung abschließend zu ermitteln. Das gilt etwa dann, wenn durch den Auftragnehmer nach Leistungserbringung eine Rechnung gestellt wird, ohne dass dem Rechnungstext zu entnehmen wäre, dass noch weitere Forderungen geltend gemacht werden sollen.[31]

**21** Schließlich ist es auch möglich, dass auf Grund nachträglicher Erklärungen des Auftragnehmers aus einer ursprünglichen Abschlagsrechnung eine Schlussrechnung wird. Das gilt etwa, wenn seitens des Auftragnehmers erklärt wird, weitergehende Forderungen nicht geltend zu machen[32] oder ein in der ursprünglichen Teilrechnung enthaltener Vorbehalt bezüglich weiterer Forderungen nicht länger aufrechterhalten bleibt.[33] Maßgeblich ist für die Bestimmung der Prüfungsfrist des 16 Nr. 3 Abs. 1 VOB/B sodann allerdings nicht der Zugang der ursprünglichen Rechnung, sondern der Zugang der diesbezüglichen Erklärung des Auftragnehmers beim Auftraggeber.

**22** Da es auf den erkennbaren Willen des Auftragnehmers zur abschließenden Ermittlung seines Vergütungsanspruches ankommt, muss umgekehrt auch eine als Schlussrechnung bezeichnete Rechnung nicht zwingend eine solche im Sinne des § 16 Nr. 3 Abs. 1 VOB/B sein. Das gilt etwa in den Fällen, in denen der Auftragnehmer sich in einer als Schlussrechnung bezeichneten Rechnung noch weitere Ansprüche vorbehält, etwa die Vergütung

---

[28] BGH 22. 1. 1987, VII ZR 96/85, NJW 1987, 2582.
[29] Vgl. OLG Hamm 14. 6. 1995 – 12 U 142/94, NJW-RR 1996, 593.
[30] BGH 24. 3. 1988, VII ZR 126/87, NJW-RR 1988, 851.
[31] LG Freiburg 15. 8. 1989, 9 S 63/89, NJW-RR 1989, 1297.
[32] BGH 13. 2. 1975, VII ZR 120/74, BauR 1975, 282; OLG Koblenz 1. 9. 1999, 5 U 1974/98, NZBau 2000, 512.
[33] OLG Köln 19. 8. 1992, 19 U 141/91, NJW-RR 1992, 1375.

für von einem ursprünglich vereinbarten Pauschalpreis nicht erfasste zusätzliche Leistungen oder Ansprüche aus einer Lohn- und Materialpreisklausel.[34]

Das Erfordernis einer Schlussrechnung besteht bei jedem Vertragstyp, somit insbesondere 23 auch beim Pauschalpreisvertrag.[35] Zwar wird, sofern der Pauschalpreis tatsächlich unverändert geblieben ist, der Auftraggeber regelmäßig zur Ermittlung der dem Auftragnehmer zustehenden Vergütung nicht zwingend auf die Vorlage einer entsprechenden Schlussrechnung angewiesen sein, da sich die Höhe der Vergütung bereits aus den vertraglichen Vereinbarungen ergibt. Allerdings unterscheidet § 16 Nr. 3 Abs. 1 VOB/B nicht zwischen den verschiedenen Vertragstypen, was auch mit Rücksicht darauf sachgerecht ist, dass auch beim Pauschalpreisvertrag Abschlagszahlungen ausgewiesen werden müssen und Preisanpassungen erfolgen können. Eine Differenzierung im Rahmen des § 16 Nr. 3 Abs. 1 VOB/B zwischen solchen Pauschalpreisverträgen, bei denen der ursprünglich vereinbarte Pauschalpreis auch spätere Abrechnungssumme ist und solchen Verträgen, bei denen sich Änderungen, insbesondere nach Maßgabe der § 2 Nr. 4–7 VOB/B ergeben, würde dem Interesse nach Rechtssicherheit erkennbar entgegenstehen.[36]

## II. Sonderfall: Aufstellung der Schlussrechnung durch den Auftraggeber

Soweit der Auftraggeber nach Maßgabe des § 14 Nr. 4 VOB/B die Schlussrechnung 24 selbst aufstellt, ist § 16 Nr. 3 Abs. 1 VOB/B nicht unmittelbar anwendbar, da diese Bestimmung ausdrücklich auf die vom Auftragnehmer vorgelegte Schlussrechnung abstellt. Mit Rücksicht darauf, dass das Abrechnungsrecht für den Auftraggeber mit der Zielsetzung geschaffen worden ist, die Fälligkeit der Schlusszahlungsforderung herbeizuführen und damit auch die Verjährungsfrist für diese Forderung in Lauf zu setzen, ist § 16 Nr. 3 Abs. 1 VOB/B auf diese Konstellationen aber jedenfalls mit der Maßgabe anzuwenden, dass auch die Erstellung der Schlussrechnung durch den Auftraggeber fälligkeitsauslösend ist. Abweichend von § 16 Nr. 3 Abs. 1 VOB/B gilt die Aufstellung der Schlussrechnung durch den Auftraggeber allerdings gleichzeitig als Prüfung und Feststellung der Schlusszahlung.[37] An die Aufstellung der Schlussrechnung durch den Auftraggeber schließt sich dementsprechend nicht noch die Prüfungsfrist des § 16 Nr. 3 Abs. 1 VOB/B an. Zweifelhaft ist lediglich, ob Fälligkeit der Schlusszahlung mit der Feststellung durch den Auftraggeber eintritt,[38] oder aber maßgeblich für den Zeitpunkt des Eintritts der Fälligkeit der Zugang der vom Auftraggeber aufgestellten Schlussrechnung beim Auftragnehmer ist.[39] Zu folgen ist der Auffassung, die den Zugang der vom Auftraggeber erstellten Schlussrechnung beim Auftragnehmer als für den Eintritt der Fälligkeit maßgeblich ansieht. Das Kooperationsgebot der am Bau Beteiligten erzwingt es, den anderen Vertragspartner über die Inlaufsetzung der Verjährungsfrist eines Vergütungsanspruches nicht im Unklaren zu lassen. Dem kann nicht entgegengehalten werden, dass der Auftragnehmer sich durch die Nichtaufstellung der Schlussrechnung möglicherweise vertragsuntreu verhält, da das Kooperationsgebot gerade auch in solchen Fällen eingreift, um eine sachgerechte Abwicklung der Baustelle zu ermöglichen. Die allein am Schutzzweck des § 14 Nr. 4 VOB/B orientierte Gegenauffassung betrachtet zu einseitig die Interessenlage des Auftraggebers und lässt die Verjährungsproblematik außen vor.

---

[34] BGH 11. 3. 1982, VII ZR 104/81, NJW 1982, 1594.
[35] BGH, 20. 10. 1988, VII ZR 302/87, NJW 1989, 836.
[36] BGH 20. 10. 1988, VII ZR 302/87, NJW 1989, 836; OLG Köln 14. 2. 1990, 11 U 179/89, NJW-RR 1990, 1171.
[37] BGH 8. 11. 2001, VII ZR 480/00, NZBau 2002, 91; Kapellmann/Messerschmidt § 16 VOB/B Rdn. 194; Dähne BauR 1981, 233, 236.
[38] So Ingenstau/Korbion/Locher § 14 Nr. 4 Rdn. 11; Dähne BauR 1981, 233, 236; Niklisch/Weick § 14 VOB/B Rdn. 39 a.
[39] So BGH 8. 11. 2001 VII ZR 480/00, NZBau 2002, 91.

### III. Prüffähigkeit der Schlussrechnung

#### 1. Grundsatz: Prüffähige Schlussrechnung

25  Die Schlussrechnung muss prüffähig sein. Welche Angaben die Rechnung enthalten muss, ergibt sich aus § 14 Nr. 1 VOB/B, wobei allerdings der Umfang der Darstellung vom Informationsbedarf des jeweiligen Auftraggebers abhängig ist. Der Umfang der entsprechenden Angaben im Rahmen der Schlussrechnung kann daher nicht allein nach objektiven Kriterien beurteilt werden.[40]

#### 2. Entbehrlichkeit der Prüffähigkeit

26  Das Erfordernis der Prüffähigkeit der Schlussrechnung entfällt, wenn die Schlussrechnung vom Auftraggeber trotz objektiv nicht gegebener Prüffähigkeit tatsächlich geprüft wird,[41] ferner, wenn der Auftraggeber die sachliche und rechnerische Richtigkeit der Schlussrechnung nicht in Frage stellt, er somit eine Prüfung nicht vornehmen will.[42] Da die Prüffähigkeit der Schlussrechnung keinen Selbstzweck darstellt, scheidet der Einwand der fehlenden Prüffähigkeit immer dann aus, wenn das Informationsbedürfnis des Auftraggebers aus objektiven oder subjektiven Gründen auch ohne eine prüffähige Rechnung befriedigt wird.

#### 3. Fälligkeit trotz fehlender Prüffähigkeit

27  Die fehlende Prüffähigkeit der Schlussrechnung ist schließlich dann kein Fälligkeitshindernis, wenn der Auftraggeber innerhalb einer Frist von zwei Monaten nach Zugang der Schlussrechnung nicht substantiiert Einwendungen gegen die Prüffähigkeit der Schlussrechnung erhebt. Diese Frist wird auch durch erstmalige Zustellung einer Schlussrechnung in einem laufenden Vergütungsprozess in Lauf gesetzt.[42a] Die Fassung der VOB/B 2006 hat die bisherige Rechtsprechung des Bundesgerichtshofes, die auf Erwägungen von Treu und Glauben beruhte,[43] mit § 16 Nr. 3 Abs. 1 S. 2 VOB/B kodifiziert. Die Einwendungen des Auftraggebers müssen unter Angabe der Gründe erhoben werden und den Auftragnehmer in die Lage versetzen, die Schlussrechnung so aufzustellen, dass sie prüffähig ist. Allgemeine Ausführungen oder die nicht weiter konkretisierte Rüge der fehlenden Prüffähigkeit ist daher nicht ausreichend, um den Eintritt der Fälligkeit der Vergütung nach Ablauf der Frist des § 16 Nr. 3 Abs. 1 VOB/B zu verhindern.[44] Die Einräumung einer zweimonatigen Prüffrist durch § 16 Nr. 3 Abs. 1 VOB/B dient auch dem Ziel, alsbald nach Abschluss der Bauleistungen eine endgültige Klärung der Vergütungsansprüche des Auftragnehmers herbeizuführen. Das führt dazu, dass der Auftraggeber auf Grund des Kooperationsgebotes der am Bau Beteiligten dazu gehalten ist, etwaige Einwendungen gegen die Prüffähigkeit der Schlussrechnung dem Auftragnehmer alsbald nach Erhalt der Rechnung mitzuteilen.[45] Unterlässt der Auftraggeber eine entsprechende Informationserteilung, die den Auftragnehmer in die Lage versetzt, die bestehenden Mängel seiner Schlussrechnung zu beseitigen, kann der Auftragnehmer nach Treu und Glauben davon ausgehen, dass Einwendungen seitens des Auftraggebers gegen die Prüffähigkeit der Rechnung nicht erhoben werden. Es tritt daher nach Ablauf der Zwei-Monats-Frist nach Zugang der Schlussrechnung Fälligkeit

---

[40] BGH 26. 10. 2000 VII ZR 99/99, NZBau 2001, 85.
[41] BGH 22. 11. 2001 VII ZR 168/00, NZBau 2002, 90.
[42] BGH 30. 9. 1999 VII ZR 231/97, NJW 2000, 206; BGH 25. 11. 1999, VII ZR 388/97, NZBau 2000, 204.
[42a] BGH, 8. 12. 2005, VII ZR 50/04, NZBau 2006, 179.
[43] BGH 23. 9. 2004, VII ZR 173/03, NZBau 2005, 40; ähnlich bereits OLG Nürnberg 9. 7. 1999, 6 U 3845/99, BauR 1999, 1316.
[44] BGH 27. 11. 2003, VII ZR 288/02, NZBau 2004, 216.
[45] BGH 27. 11. 2003, VII ZR 288/02, NZBau 2004, 216 zu § 8 Abs. 1 HOAI.

der Schlussrechnungsforderung ein,[46] die zuvor erfolgte Abnahme der Werkleistung unterstellt.[47] Der Auftraggeber verliert den Schutz vor einer Inanspruchnahme durch den Auftragnehmer vor Ermöglichung einer entsprechenden Prüfung des Vergütungsanspruches, wenn er nicht auch dazu beiträgt, dass die Prüffähigkeit der Schlussrechnung hergestellt wird.

Die unbeschadet der fehlenden Prüffähigkeit nach Ablauf von zwei Monaten nach Zugang der Schlussrechnung eintretende Fälligkeit führt allerdings nicht dazu, dass die Einwendungen des Auftraggebers in sachlicher Hinsicht nunmehr unbeachtlich wären.[48] Insbesondere führen durch den Zeitablauf eintretende Beweisschwierigkeiten des Auftragnehmers nicht zu einer Verwirkung von Einwendungen des Auftraggebers.[49] Sie sind vielmehr im Rahmen der Sachprüfung zu berücksichtigen und führen, falls seitens des Auftragnehmers die sachliche Richtigkeit der Abrechnung nicht noch nachfolgend hergestellt wird, dazu, dass eine Vergütungsklage ganz oder teilweise endgültig abgewiesen wird.[50] Sachlich muss daher spätestens im Prozess die Prüffähigkeit der Schlussrechnung als materielle Sachentscheidungsvoraussetzung hergestellt sein, da der Auftragnehmer andernfalls seinen Vergütungsanspruch endgültig nicht mehr durchsetzen kann.

Die Herbeiführung der Fälligkeit der Schlussrechnung durch Ablauf der Prüffrist des § 16 Nr. 3 Abs. 1 VOB/B ändert weiterhin nichts an der Beweislast im Hinblick auf den Vergütungsanspruch. Ebenso wenig wie der Ablauf der Prüfungsfrist zu einer Verwirkung der Einwendungen des Auftraggebers führt, ändert er etwas an der den Auftragnehmer treffenden Beweislast zu Grund und Höhe des Vergütungsanspruches.[51] Die von der Gegenauffassung angestellten Überlegungen zum Schutzzweck des § 16 Nr. 3 VOB/B[52] führen zu unüberbrückbaren Wertungswidersprüchen. Würde der nicht prüffähig abrechnende Auftragnehmer mit Ablauf der Frist von 2 Monaten seit Zugang der Schlussrechnung beim Auftraggeber von seiner Darlegungs- und Beweislast zum Bestehen der Vergütungsforderung nach Grund und Höhe befreit, stünde er besser als der Auftragnehmer, der prüffähig abrechnet. Dass dieser in einem etwaigen Vergütungsprozess beweispflichtig ist, ist einhellige Auffassung. Die Annahme, der Ablauf der Prüffrist führe zu einer Beweislastumkehr, würde daher dazu führen, dass die Auftragnehmer möglichst keine prüffähigen Schlussrechnungen erstellen. Das ist weder mit dem Schutzzweck des § 16 Nr. 3 VOB/B noch dem Kooperationsverhältnis der am Bau Beteiligten vereinbar.

## IV. Abnahme

Weitere Fälligkeitsvoraussetzung ist die Abnahme der Werkleistung im Sinne des § 12 VOB/B. § 16 Nr. 3 Abs. 1 VOB/B nennt diese Voraussetzung zwar nicht ausdrücklich, sie ergibt sich aber aus § 641 BGB, der von § 16 Nr. 3 Abs. 1 VOB/B ergänzt, jedoch nicht wegen der in der VOB/B als solches nicht ausdrücklich aufgenommenen Tatbestandsvoraussetzungen der Fälligkeit ausgeschlossen wird.[53] Dass es der Abnahme als Fälligkeitsvoraussetzung der Schlusszahlung bedarf, ergibt sich schließlich auch aus § 16 Nr. 4 VOB/B, bei dem für Teilschlusszahlungen ausdrücklich auf die Notwendigkeit einer Teilabnahme abgestellt wird.

In allen Fällen ist eine rechtsgeschäftliche Abnahme erforderlich. Eine technische Abnahme gemäß § 4 Nr. 10 VOB/B ist nicht ausreichend. Einer Abnahme bedarf es zur Herbei-

---

[46] BGH 23. 9. 2004, VII ZR 173/03, NZBau 2005, 40.
[47] Vgl. hierzu Rdn. 30.
[48] *Welte* BauR 1998, 384, 387; a. A. OLG Düsseldorf 1. 7. 1997 21 U 245/96, BauR 1997, 1052, ferner für einen Sonderfall OLG Düsseldorf 30. 1. 1990, 23 U 136/89, NJW-RR 1991, 278.
[49] BGH 18. 1. 2001 VII ZR 416/99, NZBau 2001, 314.
[50] BGH 27. 11. 2003 VII ZR 288/02, NZBau 2004, 216; BGH, 22. 12. 2005, VII ZR 316/03, NZBau 2006, 231.
[51] *Kapellmann/Messerschmidt* § 16 VOB/B Rdn. 187.
[52] *Welte* BauR 1998, 384, 386 f.
[53] BGH 10. 5. 1990, VII ZR 257/89, NJW-RR 1990, 1170, 1171; *Kapellmann/Messerschmidt* § 16 VOB/B Rdn. 192.

führung der Fälligkeit grundsätzlich auch dann, wenn das Vertragsverhältnis vorzeitig, etwa durch Kündigung, beendet wird.[53a] Die bisherige Rechtsprechung,[53b] wenn nach der in allen Fällen der vorzeitigen Vertragsbeendigung durch Kündigung die Abnahme als Fälligkeitsvoraussetzung entbehrlich war, ist vom Bundesgerichtshof ausdrücklich aufgehoben worden. Entbehrlich ist die Abnahme danach im Falle der vorzeitigen Vertragsbeendigung danach nur noch, wenn das Vertragsverhältnis anderweitig als durch die Kündigung als solches in ein Abrechnungsverhältnis gelangt ist, somit insbesondere dann, wenn der Auftraggeber Mängel selbständig beseitigt hat und sich infolgedessen nicht mehr auf die erfolgte Abnahmeverweigerung berufen kann, wenn der Auftraggeber nicht mehr Erfüllung verlangt, sondern reine Geldzahlungsansprüche verfolgt oder wenn er die Abnahme ernsthaft und endgültig verweigert hat.[54] Keine Fälligkeitsvoraussetzung ist die Abnahme schließlich in den Fällen, in denen das Vertragsverhältnis aufgrund einer vom Auftragnehmer gesetzten, fruchtlos abgelaufenen Frist zur Stellung einer Sicherheit im Sinne des § 648a BGB gemäß § 643 BGB als aufgehoben gilt.[54a] Die Rechtsprechungsänderung zur Frage der Notwendigkeit der Abnahme als Fälligkeitsvoraussetzung gilt rückwirkend; ein Vertrauensschutz für Altfälle ist vom Bundesgerichtshof nicht eingeräumt worden. Die Abnahme ist schließlich weiterhin keine Fälligkeitsvoraussetzung in den Fällen des § 641a BGB, somit bei Vorliegen einer Fertigstellungsbescheinigung. Schließlich kann sich der Auftraggeber auf das Fehlen einer Abnahme nach Treu und Glauben in den Fällen nicht berufen, in denen Abnahmereife gegeben ist und eine Abnahme vom Auftraggeber grundlos und endgültig abgelehnt wird.[55]

32 Unerheblich ist nach Maßgabe des § 16 Nr. 3 Abs. 1 VOB/B, wann die Abnahme in zeitlicher Hinsicht im Verhältnis zum Zugang der Schlussrechnung erfolgt. Zwar wird im Regelfall eine Schlussrechnung nur dann ordnungsgemäß zu erstellen sein, wenn die Abnahme der Werkleistung des Auftragnehmers zuvor erfolgt ist, jedenfalls Abnahmereife eingetreten ist. Grundsätzlich ist allerdings auch die Möglichkeit nicht ausgeschlossen, dass erst nach Stellung der Schlussrechnung, gegebenenfalls sogar nach Ablauf der Prüffrist, eine Abnahme erfolgt. In diesem Fall ist, sofern die Prüfung der Schlussrechnung vom Auftraggeber bereits vorgenommen wurde bzw. die Prüffrist von zwei Monaten nach Zugang der Rechnung abgelaufen ist, die Fälligkeit der Vergütungsforderung mit dem Zeitpunkt der Abnahme eingetreten. Eine Anknüpfung der Frist von 2 Monaten an den Zeitpunkt der Abnahme erfolgt nicht.

## V. Prüfung der Schlussrechnung durch den Auftraggeber

33 Weitere Fälligkeitsvoraussetzungen des Schlusszahlungsanspruchs des Auftragnehmers sind die Prüfung und Feststellung der Schlusszahlung durch den Auftraggeber, alternativ der Ablauf der Prüffrist von zwei Monaten.

### 1. Prüfung

34 Die Prüfung der Schlussrechnung des Auftragnehmers ist auf die Kontrolle ihrer sachlichen und rechnerischen Richtigkeit gerichtet. Gegenstand der Prüfung ist dementsprechend die Richtigkeit der Leistungs- sowie Preisansätze der Schlussrechnung.[56] Die Ansätze müssen

---

[53a] BGH, 11. 5. 2006, VII ZR 146/04, BeckRS 2006, 07692; noch offengelassen in BGH, 22. 9. 2005, VII ZR 117/03, NZBau 2005, 685.
[53b] BGH, 9. 10. 1986, VII ZR 249/85, BauR 1987, 95; OLG Düsseldorf, 20. 9. 1976, 5 U 55/76, BauR 1978, 404; OLG Düsseldorf, 15. 10. 1979, 5 U 64/79, BauR 1980, 276; OLG Hamm, 30. 1. 1980, 25 U 157/78, BauR 1981, 376.
[54] BGH, 22. 9. 2005, VII ZR 117/03, NZBau 2005, 685; *Kniffka*, ZfBR 1998, 113, 114; *Schmitz*, IBR 2006, 432; OLG Brandenburg, 25. 4. 2007, 4 U 190/03.
[54a] KG Berlin, 1. 2. 2007, 27 U 56/04, IBR 2007, 247, *Kniffka*, IBR-Online Kommentar § 648a BGB, Rdn. 98.
[55] BGH 25. 1. 1996 VII ZR 26/95, NJW 1996, 1280.
[56] *Leinemann* § 16 Rdn. 92; *Kapellmann/Messerschmidt* § 16 VOB/B Rdn. 182.

den tatsächlich erbrachten Leistungsständen entsprechen und unter Zugrundelegung der vertraglichen Vereinbarungen zur Vergütung abgerechnet worden sein. Weiterhin müssen die bereits geleisteten Zahlungen und vorzunehmende Abzüge, etwa Vertragsstrafen, berücksichtigt werden.

**2. Feststellung der Schlusszahlung**

Die Feststellung der Schlusszahlung ist die Ermittlung des Betrages, der sich als Ergebnis der Schlussrechnungsprüfung ergibt, somit der nach Auffassung des Auftraggebers zutreffende Saldo. Dieser Saldo kann grundsätzlich sowohl zugunsten des Auftragnehmers als auch zugunsten des Auftraggebers bestehen. Im letztgenannten Fall ergibt sich auf Grund von Abschlags- oder Vorauszahlungen oder auf Grund einer Verrechnung oder Aufrechnung mit Gegenforderungen eine Überzahlung und ein daraus resultierender Rückforderungsanspruch des Auftraggebers.[57] 35

Soweit sich der Auftraggeber zur Prüfung der Schlussrechnung seines Architekten bedient, ist wie folgt zu differenzieren. Sofern der Architekt nicht über eine gesonderte Vollmacht des Auftraggebers zur abschließenden Feststellung der Schlusszahlung im Verhältnis zum Auftragnehmer verfügt, sind die tatsächlichen Feststellungen des Architekten im Verhältnis zwischen Auftraggeber und Auftragnehmer nicht bindend. Der Architekt gibt mit dem Ergebnis der seinerseits angestellten Rechnungsprüfung lediglich eine Wissenserklärung ab, die den Auftraggeber grundsätzlich nicht bindet, insbesondere kein Annerkenntnis darstellt.[58] Der Erklärungswert der Anbringung eines Prüfvermerkes auf der Schlussrechnung durch den Architekten beschränkt sich damit darauf, festzustellen, dass die Schlussrechnung geprüft worden ist, während die formale Feststellung der Schlusszahlungshöhe nicht erfolgt. Die Feststellung muss vom Auftraggeber vorgenommen werden, wobei dieses auch durch schlüssige Erklärung erfolgen kann. Eine schlüssige Feststellung der Schlusszahlungshöhe liegt vor, wenn der Auftraggeber dem Auftragnehmer eine Kopie der Schlussrechnung mit dem Prüfvermerk des Architekten und der Bitte um gleich lautende Buchung zuleitet,[59] wenn eine Schlusszahlungserklärung im Sinne des § 16 Nr. 3 Abs. 2 VOB/B abgegeben wird[60] oder der Auftraggeber nach Überlassung der geprüften Schlussrechnung an den Auftragnehmer die sich daraus ergebende Schlusszahlung tatsächlich leistet. 36

Eine Erklärung des Architekten bindet den Auftraggeber dementsprechend nur dann, wenn der Architekt zur entsprechenden Feststellung der Schlusszahlung ausdrücklich bevollmächtigt ist. Eine Grundlage für eine Rechtsscheinsvollmacht, etwa in Gestalt einer Verkehrssitte, besteht nicht.[61] Angenommen werden kann im Einzelfall eine Vollmacht für den Architekten, wenn dieser mit der vollständigen Abwicklung des Bauvertrages betraut war und auch sämtliche Verhandlungen mit dem Auftragnehmer geführt hat.[62] Diese Ausnahme ist allerdings sehr restriktiv zu handhaben. Die Verpflichtung des Auftragnehmers, Rechnungen unmittelbar an den Architekten zu senden, begründet eine Vollmacht zur Feststellung der Schlusszahlung nicht.[63] 37

Die Feststellung der Schlusszahlung ist dem Auftragnehmer mitzuteilen. Der Verstoß gegen diese Mitteilungspflicht ist allerdings für den Auftraggeber sanktionslos.[64] Mit der 38

---

[57] Vgl. vor § 16 Rdn. 48 ff.
[58] BGH 6. 12. 2001, VII ZR 241/00, NZBau 2002, 338, 339; OLG Düsseldorf, 10. 12. 2002, 21 U 106/02, BauR 2003, 887.
[59] OLG Karlsruhe 10. 10. 1997, 14 U 129/96, BauR 1998, 403; *Ingenstau/Korbion/Locher* § 16 Nr. 3 Rdn. 15.
[60] LG Bochum 4. 10. 2001, 14 O 61/01, BauR 2002, 344; LG Schwerin 6. 11. 2001, 22 O 113/01, BauR 2002, 346.
[61] *Ingenstau/Korbion/Locher* § 16 Nr. 3 Rdn. 14.
[62] BGH, 20. 11. 1986, VII ZR 332/85, NJW 1987, 775.
[63] BGH 6. 12. 2001, VII ZR 241/00, NZBau 2002, 338.
[64] *Ingenstau/Korbion/Locher* § 16 Nr. 3 VOB/B Rdn. 23.

**§ 16 Nr. 3**

Mitteilung der Feststellung der Schlusszahlung als Ergebnis der Schlussrechnungsprüfung kommt es zum Eintritt der Fälligkeit der Schlusszahlung.[65]

### 3. Prüfungsfrist

39  Der Auftraggeber ist verpflichtet, die Prüfung und Feststellung der Schlussrechnung innerhalb einer Prüfungsfrist von 2 Monaten ab Zugang der Rechnung vorzunehmen. Die entsprechende Frist stellt sich als Höchstfrist dar, was dazu führt, dass bei einer Prüfung und Feststellung vor Ablauf der 2 Monatsfrist die Fälligkeit entsprechend mit der Mitteilung der festgestellten Schlusszahlung an den Auftragnehmer eintritt.[66] Kommt es nicht zu einer entsprechenden Prüfung durch den Auftraggeber, wird die Schlusszahlung mit Ablauf von 2 Monaten nach Zugang der Schlussrechnung fällig.

40  **a) Beschleunigung der Prüfung.** Nach Maßgaben von § 16 Nr. 3 Abs. 1 Satz 2 VOB/B ist der Auftraggeber verpflichtet, die Prüfung und Feststellung der Schlussrechnung zu beschleunigen. Ebenso wie bei § 16 Nr. 5 Abs. 1 VOB/B handelt es sich hierbei aber um eine rein programmatische Aussage, da der Verstoß gegen die Beschleunigungspflicht sanktionslos bleibt.[67] Der Schlusszahlungsanspruch des Auftragnehmers wird daher selbst dann nicht vor Ablauf von 2 Monaten nach Zugang der Schlussrechnung fällig, wenn der Auftragnehmer nachweisen kann, dass der Auftraggeber vor Ablauf dieser Frist eine Schlussrechnungsprüfung hätte vornehmen können.[68]

41  **b) Verlängerung der Frist.** Ausnahmsweise kommt es zu einem Hinausschieben des Fälligkeitszeitpunktes über die Frist von 2 Monaten nach Zugang der Schlussrechnung, wenn aus objektiven, vom Auftraggeber nicht zu vertretenden Gründen eine abschließende Prüfung innerhalb dieses Zeitraumes nicht möglich ist.[69] Mit Rücksicht darauf, das § 16 Nr. 3 Abs. 1 VOB/B ohnehin eine erhebliche Benachteiligung des Auftragnehmers darstellt, kommen entsprechende Ausnahmen nur in sehr restriktiv zu beurteilenden Fällen in Betracht. Eine Prüfung muss, um eine Verlängerung der Prüfungsfrist rechtfertigen, objektiv innerhalb des Zeitraumes von 2 Monat nicht möglich sein, etwa weil notwendige Prüfungsunterlagen aus vom Auftraggeber nicht zu vertretenden Gründen nicht vorliegen[70] oder auf Grund der Größe des Objektes unter Zugrundelegung des objektiv beim Auftraggeber zu fordernden Ressourceneinsatzes innerhalb der Frist nicht möglich ist.[71] Allein aus der Sphäre des Auftraggebers stammende Hindernisse für eine fristgerechte Prüfung sind demgegenüber grundsätzlich nicht geeignet, ein Hinausschieben der Fälligkeit zu begründen. Urlaub des Auftraggebers oder seiner Erfüllungsgehilfen, etwa des Architekten, ist dementsprechend ebenso unerheblich wie eine personelle Unterversorgung im Bereich der Rechnungsprüfung des Auftraggebers.

42  Sofern objektive Hindernisse einer Prüfung innerhalb der Frist von 2 Monaten entgegenstehen, verlängert sich hierdurch die Prüfungsfrist nicht um 2 Monate nach Wegfall der Hindernisse. Vielmehr ist der Auftraggeber gehalten, nach Wegfall der Prüfungshindernisse unverzüglich die Prüfung durchzuführen und zur Feststellung der Schlusszahlung zu gelangen.[72] Der erforderliche Zeitraum für die abschließende Prüfung ist objektiv zu bestimmen. Verzögerungen, die das objektiv erforderliche Maß überschreiten, gehen zu Lasten des Auftraggebers. Sofern der Auftraggeber die Prüfung abschließt, obschon objektiv ein längerer Zeitraum für die Prüfung und Feststellung der Schlusszahlung angemessen gewesen wäre,

---

[65] BGH, 22. 4. 1982, VII ZR 191/81, NJW 1982, 1815.
[66] BGH 22. 4. 1982, VII ZR 191/81, NJW 1982, 1815; BGH, 19. 1. 2006, IX ZR 104/03, BeckRS 2006, 01822.
[67] *Ingenstau/Korbion/Locher* § 16 Nr. 3 VOB/B Rdn. 23; *Werner/Pastor* Rdn. 1396.
[68] BGH 22. 4. 1982, VII ZR 191/81, NJW 1982, 1815; *Heiermann/Riedl/Rusam* § 16 VOB/B Rdn. 84.
[69] *Ingenstau/Korbion/Locher* § 16 Nr. 3, VOB/B Rdn. 18.
[70] BGH 16. 12. 1968, VII ZR 141/66, NJW 1969, 428.
[71] *Heiermann/Riedl/Rusam* § 16 VOB/B Rdn. 88.
[72] *Ingenstau/Korbion/Locher* § 16 Nr. 3 VOB/B Rdn. 20.

Schlusszahlungen　　　　　　　　　　　　　　　　　　　　　　　　§ 16 Nr. 3

ist allerdings erneut der Zeitpunkt der tatsächlichen Feststellung der Schlusszahlung maßgeblich. Hier gilt nichts anderes als im Falle der Prüfung der Feststellung der Schlusszahlung vor Ablauf der Zweimonatsfrist.

Die Darlegungs- und Beweislast hinsichtlich des Vorliegens von objektiven Hindernissen, 43
die einem Abschluss der Schlussrechnungsprüfung innerhalb der Zweimonatsfrist entgegenstehen, liegt beim Auftraggeber.

**c) Unbestrittenes Guthaben als Abschlagszahlung.** Verzögert sich die Schlussrech- 44
nungsprüfung, hat der Auftraggeber gem. § 16 Nr. 3 Abs. 1 S. 2 VOB/B das unbestrittene Guthaben als Abschlagszahlungen unverzüglich an den Auftragnehmer auszukehren. Bedeutung hat die Klausel formal damit nur in den Fällen, in denen sich die Prüfung aus objektiven Gründen über den Zeitraum von 2 Monaten hinaus erstreckt.[73] In allen anderen Fällen wird die Schlusszahlungsforderung des Auftragnehmers mit Ablauf der Zweimonatsfrist ohnehin fällig, mit der Folge, dass der Gesamtbetrag, der objektiv dem Auftragnehmer geschuldet ist, vom Auftraggeber auszukehren ist. Allerdings hat auch in dem letztgenannten Fall das unbestrittene Guthaben insoweit Bedeutung, als der Auftraggeber mit der Zahlung dieses Betrages auch ohne Nachfristsetzung gem. § 16 Nr. 5 Abs. 4 VOB/B mit Ablauf der zweimonatigen Prüfungsfrist in Verzug gerät.[74]

Ein unbestrittenes Guthaben liegt nur vor, wenn als Ergebnis der Gesamtabrechnung 45
unter Berücksichtigung der bestrittenen Positionen auf jeden Fall ein Guthaben des Auftragnehmers verbleibt.[75] Sofern daher aus den Rechnungspositionen, die vom Auftraggeber als berechtigt angesehen werden, lediglich ein solcher Vergütungsanspruch resultiert, der durch bereits geleistete Zahlungen des Auftraggebers getilgt wird, liegt kein unbestrittenes Guthaben vor, welches noch gesondert ausgekehrt werden müsste.[76] Entsprechendes gilt, wenn zwar rechnerisch ein Vergütungsanspruch besteht, der Auftraggeber aber Gegenrechte geltend machen kann, insbesondere Schadensersatz- oder Vertragsstrafenansprüche gegeben sind oder ein Zurückbehaltungsrecht auf Grund von Mängeln besteht.

Liegt ein unbestrittenes Guthaben vor, da die Summe der unstreitigen Positionen größer 46
ist als die Summe geleisteter Zahlungen und etwaiger Gegenforderungen, ist dieses auszukehren, ohne dass es des nach Maßgabe von § 16 Nr. 1 VOB/B für Abschlagszahlungen sonst erforderlichen Antrages des Auftragnehmers hierzu bedürfte.[77] Zahlt der Auftraggeber ein entsprechendes unbestrittenes Guthaben nicht aus, gerät er nach Maßgabe von § 16 Nr. 5 Abs. 4 VOB/B ohne weitere Mahnung mit Ablauf der zweimonatigen Prüffrist mit diesem Betrag in Verzug.

Das unbestrittene Guthaben kann trotz gegebener Schlusszahlungsreife als Abschlagszah- 47
lung eingeklagt werden.[78] Da feststeht, dass das unbestrittene Guthaben als Mindestbetrag noch zu zahlen ist, besteht kein tragender Grund, die klagweise Geltendmachung dieses Guthabens als Abschlagszahlung trotz vorliegender Schlussrechnung auszuschließen. Das gilt umso mehr, als in der Bestätigung des unbestrittenen Guthabens durch den Auftraggeber im Regelfall ein Anerkenntnis liegen wird.

---

[73] *Kapellmann/Messerschmidt* § 16 VOB/B Rdn. 206.
[74] Vgl. § 16 Nr. 5 Rdn. 47.
[75] BGH 9. 1. 1997, VII ZR 69/96, NJW 1997, 1444.
[76] BGH 22. 10. 1998, VII ZR 167/97, NJW 1999, 417, 418; *Ingenstau/Korbion/Locher* § 16 Nr. 3 VOB/B Rdn. 21.
[77] *Ingenstau/Korbion/Locher* § 16 Nr. 3, VOB/B Rdn. 22.
[78] Offen gelassen von BGH 26. 2. 1987, VII ZR 215/85, NJW-RR 1987, 724, tendenziell für möglich erachtet von BGH 9. 1. 1997, VII ZR 69/96, NJW 1997, 1444.

*Kandel*

## C. Schlusszahlungseinrede § 16 Nr. 3 Abs. 2 VOB/B

48 Die Schlusszahlungseinrede gemäß § 16 Nr. 3 Abs. 2 VOB/B hat mit Rücksicht auf die Unvereinbarkeit dieser Klausel mit § 307 BGB nur noch einen geringen Anwendungsbereich. Der nachfolgenden Kommentierung liegt die Prämisse zugrunde, dass von der Wirksamkeit der Klausel auszugehen ist, etwa weil die Klausel vom Auftragnehmer gestellt worden ist.[79]

49 Kommt es zu einer Schlusszahlung durch den Auftraggeber, führt dieses gem. § 16 Nr. 3 Abs. 2 VOB/B zum Ausschluss weitergehender Ansprüche des Auftragnehmers, wenn dieser die Schlusszahlung vorbehaltlos annimmt, er über die Schlusszahlung schriftlich unterrichtet und auf die Ausschlusswirkung hingewiesen wurde. Fehlt es an einer dieser Voraussetzungen, beschränkt sich die Wirkung der Schlusszahlung auf die Tilgung der Vergütungsforderung des Auftragnehmers gemäß § 362 BGB in Höhe der Zahlung. Ein weitergehender Anspruchsausschluss findet in diesen Fällen nicht statt.

50 Aufgrund der Anknüpfung der Ausschlusswirkung an die subjektiv aus Auftraggebersicht zu beurteilende Schlusszahlung statt an die Schlussrechnung des Auftragnehmers ergibt sich zugleich, dass die Stellung der Schlussrechnung als solches nicht zu Rechtsverlusten des Auftragnehmers führt.[80] Der Auftragnehmer ist daher vorbehaltlich der Ausschlusswirkung des § 16 Nr. 3 Abs. 2 VOB/B grundsätzlich ungehalten, seine entsprechende Abrechnung zu ergänzen, insbesondere weitergehende, in der ursprünglichen Fassung der Schlussrechnung nicht erfasste Ansprüche geltend zu machen.[81] Beschränkt wird dieses lediglich unter dem Gesichtspunkt der Verjährung und ggf. der Verwirkung. Als Durchsetzungshindernis kann sich für den Auftragnehmer hier vor allem der Umstand auswirken, dass die Verjährungsfrist auch für die nicht in der Schlussrechnung erfassten Teile der Vergütung einheitlich mit der Prüfung und Feststellung der Schlusszahlung bzw. dem Ablauf der zweimonatigen Prüfungsfrist in Lauf gesetzt wird.[82]

### I. Rechtsnatur der Schlusszahlungseinrede

51 Abweichend vom Wortlaut des § 16 Nr. 3 Abs. 2 VOB/B stellt die Ausschlusswirkung der vorbehaltlosen Annahme der Schlusszahlung eine Einrede des Auftraggebers dar, ist somit nicht rechtsvernichtende Einwendung. Prozessual muss die Schlusszahlungseinrede vom Auftraggeber eingewandt werden, um beachtet zu werden.[83] Eine Berücksichtigung von Amts wegen scheidet aus. Die entsprechende Einrede muss vom Auftraggeber im Prozess ausdrücklich erhoben werden, wobei dieses grundsätzlich auch noch in der zweiten Instanz möglich ist. Die Einredeerhebung in der Berufungsinstanz kann allerdings gem. § 531 ZPO nur dann noch berücksichtigt werden, wenn die notwendigen tatsächlichen Feststellungen bereits erstinstanzlich getroffen wurden oder der entsprechende Sachverhalt, der der erhobenen Schlusszahlungseinrede zugrunde liegt, in der zweiten Instanz unstreitig ist oder wird.[84] Sofern über die tatsächlichen Grundlagen der Schlusszahlungseinrede zweitinstanzlich noch Beweis erhoben werden müsste, ist demgegenüber die Einrede gemäß § 531 ZPO präkludiert.[85] Auch sofern die erstmalig in der zweiten Instanz erhobene

---

[79] BGH 10. 5. 1990 VII ZR 257/89, NJW-RR 1990, 1170.
[80] BGH 17. 12. 1987 VII ZR 16/87, NJW 1988, 910; BGH 20. 4. 1989, VII ZR 35/88, NJW 1989, 2124.
[81] BGH 17. 12. 1987 VII ZR 16/87, NJW 1988, 910.
[82] OLG Düsseldorf, NJW 1977, 1298; *Ingenstau/Korbion/Locher* § 16 Nr. 3 VOB/B Rdn. 12.
[83] BGH 8. 11. 1979 II ZR 86/79, NJW 1980, 455; BGH 8. 7. 1982, VII ZR 13/81, NJW 1982, 2250.
[84] BGH 18. 11. 2004, IX ZR 229/03, WM 2005, 99.
[85] Für generelle Zulässigkeit *Ingenstau/Korbion/Locher* § 16 Nr. 3 VOB/B Rdn. 68, allerdings ohne Berücksichtigung der sich aus § 531 ZPO ergebenden Grenzen.

Schlusszahlungseinrede noch vom Berufungsgericht zu berücksichtigen ist, sind dem Auftraggeber die Kosten des Berufungsrechtszuges gem. § 97 Abs. 2 ZPO aufzuerlegen.[86]

## II. Reichweite der Ausschlusswirkung

Sofern der Auftraggeber sich erfolgreich auf die Schlusszahlungseinrede berufen kann, führt dieses zum Ausschluss sämtlicher Zahlungsansprüche des Auftragnehmers aus dem Bauvertragsverhältnis, auf das sich die Schlusszahlung bezieht. Betroffen sind damit neben den Ansprüchen auf die ausdrücklich vereinbarte Vergütung auch solche Ansprüche, die sich aus §§ 2 Nr. 3, 5–7, 9, 10 und 4 Nr. 1 VOB/B ergeben,[87] und zwar auch dann, wenn Vereinbarungen zur Vergütungshöhe noch nicht getroffen worden sind.[88] Weiterhin ausgeschlossen sind die Ansprüche nach § 2 Nr. 8 VOB/B aus Geschäftsführung ohne Auftrag sowie die aus dem Bauvertrag herrührenden Schadensersatzansprüche, insbesondere solche aus § 6 Nr. 6 VOB/B[89] sowie die Ansprüche des Auftragnehmers nach §§ 8, 9 VOB/B[90] und schließlich auch solche aus § 16 Nr. 5 VOB/B wegen Verzuges. **52**

Ausgeklammert von der Ausschlusswirkung werden lediglich solche Ansprüche, die nicht aus dem Vertragsverhältnis herrühren, etwa Schadensersatzansprüche wegen unerlaubter Handlung oder Bereicherungsansprüche nach den §§ 812 ff. BGB. Ferner wird nicht erfasst der Anspruch auf Auskehrung eines Sicherungseinbehaltes.[91] Das gilt allerdings nur mit der Maßgabe, dass der Auftraggeber diesen Sicherungseinbehalt als nicht fällig ausgewiesen hat. Wenn der Auftraggeber im Rahmen der Schlusszahlung bzw. Prüfung der Schlussrechnung den Sicherungseinbehalt mit Gegenansprüchen aufgerechnet hat oder eine Saldierung mit einer eingetretenen Überzahlung des Auftragnehmers erfolgt, ist der Sicherungseinbehalt bereits verwertet. Folgerichtig greift in diesem Fall die Ausschlusswirkung der Schlusszahlungseinrede ein.[92] **53**

## III. Durchsetzbarkeit von Ansprüchen trotz erhobener Schlusszahlungseinrede

Mit Rücksicht auf die Rechtsnatur der Schlusszahlungseinrede ist eine sinngemäße Anwendung der verjährungsrechtlichen Vorschriften geboten, soweit diese dem Auftragnehmer günstig sind.[93] Das gilt explizit hinsichtlich der §§ 214 Abs. 2 Satz 1, 215, 216 Abs. 1 und 813 Abs. 1 S. 2 BGB, darüber hinaus aber auch im Hinblick auf § 167 ZPO.[94] Die Heranziehung von Vorschriften des Verjährungsrechtes findet allerdings ihre Grenzen dann, wenn die zugrunde liegenden Interessenlagen nicht vergleichbar sind. Da § 16 Nr. 3 Abs. 2 VOB/B nur einschränkend auszulegen ist, ist eine entsprechende Anwendung von solchen Vorschriften des Verjährungsrechtes, die eine Begünstigung des Schuldners, vorliegend somit des Auftraggebers, begründen, ausgeschlossen.[95] **54**

Zulässig ist eine Vereinbarung zwischen dem Auftraggeber und Auftragnehmer über den Verzicht auf die Erhebung der Einrede der Schlusszahlung, die gegebenenfalls auch in einem Verjährungsverzicht gesehen werden kann.[96] **55**

---

[86] OLG Düsseldorf NJW 1976, 1753.
[87] OLG Düsseldorf 22. 5. 1973, 21 U 160/72, BauR 1973, 386; OLG Hamm NJW-RR 1987, 599.
[88] *Ingenstau/Korbion/Locher* § 16 Nr. 3 VOB/B Rdn. 79.
[89] BGH 6. 12. 1973, VII ZR 37/73, BGHZ 62, 15.
[90] *Kapellmann/Messerschmidt* § 16 VOB/B Rdn. 222; *Leinemann* § 16 VOB/B Rdn. 143.
[91] OLG Düsseldorf 25. 5. 1982, 23 U 213/81, ZIP 1983, 342.
[92] OLG München 23. 12. 1983, 10 U 10/83, BauR 1985, 460.
[93] BGH 17. 9. 1987, VII ZR 155/86, NJW 1988, 55.
[94] BGH 8. 11. 1979, VII ZR 86/79, NJW 1980, 455; BGH 22. 1. 1987 VII ZR 96/85, NJW 1987, 2582 für den Fall des § 693 Abs. 2 ZPO a. F.
[95] *Ingenstau/Korbion/Locher* § 16 Nr. 3, VOB/B Rdn. 69.
[96] BGH 27. 4. 1978, VII ZR 167/77, NJW 1978, 1485.

**§ 16 Nr. 3**

56  Anwendbar ist weiterhin § 215 BGB. Der Auftragnehmer kann daher auch mit der auf Grund der Schlusszahlungseinrede nicht mehr durchsetzbaren Vergütungsforderung die Aufrechnung gegen Forderungen des Auftraggebers erklären, sofern sich die beiden Forderungen zu einer Zeit gegenübergestanden haben, in der die Schlusszahlungseinrede noch nicht erhoben werden konnte.[97]

57  Auch die Möglichkeit, aus einer für die Vergütungsansprüche des Auftragnehmers gestellten Sicherheit noch nach Erhebung der Schlusszahlungseinrede Befriedigung zu suchen, wird nicht ausgeschlossen. Insoweit findet § 216 Abs. 1 BGB analoge Anwendung.[98] Da der Auftraggeber durch Gewährung der Sicherheit dem Auftragnehmer von vornherein eine besondere Möglichkeit zur Forderungsdurchsetzung verschafft hat, ist der Auftragnehmer in diesem Fall nicht gehalten, sich rechtzeitig um die Durchsetzung seiner Forderung zu kümmern. Der Auftraggeber muss damit rechnen, dass der Auftragnehmer von dem ihm eingeräumten Sicherungsrecht Gebrauch macht, solange eine Aufgabe der Sicherheit nicht erfolgt ist und der zugrunde liegenden Forderung keine rechtsvernichtenden Einwendungen entgegengehalten werden können.[99]

58  Soweit der Auftraggeber trotz Vorliegen der Voraussetzungen der Schlusszahlungseinrede – erst Recht im Fall der Geltendmachung dieser Einrede – über die festgestellte Schlusszahlung hinausgehende Beträge an den Auftragnehmer leistet, kann er diese nicht zurückfordern. Die ohnehin allein unter bereicherungsrechtlichen Gesichtspunkten denkbare Rückforderung scheitert an der analogen Anwendbarkeit des § 813 Abs. 1 Satz 2 BGB.[100] Ebenso wie bei der Begleichung verjährter Ansprüche ist auch im Falle der Schlusszahlungseinrede eine Rückforderung ausgeschlossen, sofern die weiter geleisteten Zahlungen materiell geschuldet waren, dem Auftraggeber somit nicht andere rechtsvernichtende Einreden zur Seite standen.

59  Auch der Abschluss eines Vergleiches unter Einbeziehung der Vergütungsforderung des Auftragnehmers führt dazu, dass im Hinblick auf die vom Vergleich erfassten Ansprüche die Schlusszahlungseinrede nicht erhoben werden kann. Die in dem Vergleich liegende Abrechnungsabrede geht als Individualvereinbarung der AGB-Klausel des § 16 Nr. 3 Abs. 2 VOB/B vor.[101] Die von § 16 Nr. 3 Abs. 2 VOB/B angestrebte rechtsbefriedigende Wirkung wird zudem in diesem Fall durch den Vergleich herbeigeführt.

60  Auch bei einem Vergleich der Bauvertragsparteien, der nicht die abschließende Erledigung der Vergütungsforderung zum Inhalt hat, sondern nur Abrechnungsmodalitäten klärt, kann die Schlusszahlungseinrede nicht mehr auf die ursprüngliche Schlussrechnung gestützt werden. Das gilt explizit, wenn Auftragnehmer und Auftraggeber sich darauf einigen, dass die bisher zugrunde gelegte Schlussrechnung zurückgezogen wird und vom Auftragnehmer eine neue Schlussrechnung erstellt werden soll. Abgesehen davon, dass es in diesem Falle regelmäßig der erforderlichen Prüfung und Feststellung der Schlusszahlung durch den Auftraggeber ermangelt, ist die entsprechende Abrede ebenfalls als Individualvereinbarung über eine abweichende Handhabung der Abrechnung des Vergütungsanspruchs des Auftragnehmers zu bewerten. Eine auf die ursprüngliche Schlussrechnung gestützte Schlusszahlungseinrede wird damit gegenstandslos.[102]

### IV. Voraussetzungen der Schlusszahlungseinrede im Einzelnen:

61  Der Auftraggeber kann nur die Schlusszahlungseinrede erheben, wenn eine Schlussrechnung vorliegt, eine Schlusszahlung geleistet und vom Auftragnehmer angenommen wird,

---

[97] BGH 8. 7. 1982, VII ZR 13/81, NJW 1982, 2250.
[98] BGH 23. 4. 1981, VII ZR 207/80, NJW 1981, 1784; *Ingenstau/Korbion/Locher* § 16 Nr. 3 Rdn. 73.
[99] BGH 23. 4. 1981, VII ZR 207/80, NJW 1981, 1784.
[100] BGH 6. 12. 1973, VII ZR 37/73, BGHZ 62, 15; BGH 23. 4. 1981, VII ZR 207/80, NJW 1981, 1784.
[101] BGH 18. 12. 1980, VII ZR 203/80, NJW 1981, 1040.
[102] BGH 28. 6. 1984, VII ZR 278/82, BauR 1984, 645, 646.

## 1. Schlussrechnung

Grundlage des Schlusszahlungseinwandes kann nur eine Schlussrechnung[103] sein. Liegt **62** eine solche nicht vor, steht dem Auftraggeber der Schlusszahlungseinwand nicht zu.[104]

Die Schlussrechnung muss, um dem Auftraggeber die Schlusszahlungseinrede zu eröffnen, **63** nicht prüffähig sein.[105] Bereits aus der Formulierung von § 16 Nr. 3 Abs. 5 VOB/B ergibt sich, dass lediglich die Vorbehaltsbegründung eine prüffähige Abrechnung enthalten muss, was es ausschließt, das bereits bei Erhebung der Schlusszahlungseinrede eine entsprechende Prüfbarkeit der Schlussrechnung gegeben sein muss.[106] Die Gegenmeinung[107] überzeugt nicht. Wenn die Vergütungsforderung des Auftragnehmers fällig werden kann, ohne dass eine prüfbare Schlussrechnung vorliegt, weil der Auftraggeber auf die Möglichkeit einer Prüfung verzichtet,[108] gibt es keinen tragenden Grund, ihm im Rahmen der Schlusszahlungseinrede die Folgen der Unzulänglichkeit der Rechnungserstellung durch den Auftragnehmer aufzubürden.

## 2. Schlusszahlung oder schlusszahlungsgleiche Erklärung

Der Auftraggeber muss eine Schlusszahlung leisten oder eine schlusszahlungsgleiche **64** Erklärung im Sinne des § 16 Nr. 3 Abs. 3 VOB/B abgeben.

**a) Schlusszahlung, § 16 Nr. 3 Abs. 2 VOB/B.** Die Schlusszahlung ist die Bewirkung **65** einer Geldzahlung an den Auftragnehmer bzw. den hinsichtlich der Vergütungsforderung Berechtigten, somit den Zessionar oder Insolvenzverwalter. Die Zahlung kann bar, durch Überweisung oder auch durch Scheckzahlung erfolgen.

**b) Schlusszahlungsgleiche Erklärung § 16 Nr. 3 Abs. 3 VOB/B.** Durch § 16 **66** Nr. 3 Abs. 3 VOB/B wird die schriftliche Erklärung des Auftraggebers, er verweigere unter Verweis auf bereits geleistete Zahlungen weitere Leistungen an den Auftragnehmer, der Schlusszahlung im Sinne des § 16 Nr. 3 Abs. 2 VOB/B gleichgestellt. Die schlusszahlungsgleiche Erklärung soll es dem Auftraggeber ermöglichen, auch in den Fällen, in denen als Ergebnis der Feststellung der Schlusszahlung kein Saldo zugunsten des Auftragnehmers verbleibt oder dem Auftraggeber aufrechenbare Gegenforderungen zustehen, die Voraussetzungen für die Schlusszahlungseinrede zu schaffen.[109] Die Regelung in § 16 Nr. 3 Abs. 3 VOB/B enthält damit lediglich eine klarstellende Ergänzung zu § 16 Nr. 3 Abs. 2 VOB/B. Da die schlusszahlungsgleiche Erklärung nur die Schlusszahlung ersetzt, müssen die weiteren Voraussetzungen des § 16 Nr. 3 Abs. 2 VOB/B auch im Falle des § 16 Nr. 3 Abs. 3 VOB/B gegeben sein, um die Schlusszahlungseinrede zu begründen. Das gilt im Besonderen für die nach § 16 Nr. 3 Abs. 2 VOB/B zu erteilenden Hinweise.[110]

Als reiner Annex zu § 16 Nr. 3 Abs. 2 VOB/B teilt auch die schlusszahlungsgleiche **67** Erklärung AGB-rechtlich dessen Schicksal. Eine wirksame Einbeziehung von § 16 Nr. 3

---

[103] Vgl. hierzu Rdn. 19 ff. sowie die Kommentierung zu § 14 VOB/B.
[104] BGH 26. 6. 1975, VII ZR 164/73, NJW 1975, 1833; BGH 5. 4. 1979, VII ZR 87/78, BauR 1979, 342; Werner/Pastor Rdn. 2295; Kapellmann/Messerschmidt § 16 VOB/B Rdn. 213.
[105] BGH 22. 1. 1987 VII ZR 96/85, NJW 1987, 2582; Kapellmann/Messerschmidt, § 16 VOB/B Rdn. 214.
[106] BGH 22. 1. 1987, VII ZR 96/85, NJW 1987 2582.
[107] OLG Düsseldorf 15. 12. 1981, 21 U 102/81, BauR 1982, 383.
[108] BGH 30. 9. 1999, VII ZR 231/97, NJW 2000, 206.
[109] BGH 24. 3. 1983, VII ZR 329/81, BauR 1983, 476; BGH 22. 1. 1987, VII ZR 96/85, NJW 1987, 2582.
[110] BGH 17. 12. 1998, VII ZR 37/98, BauR 1999, 396; Ingenstau/Korbion/Locher § 16 Nr. 3 VOB/B Rdn. 106.

**§ 16 Nr. 3**  

Abs. 3 VOB/B in das Vertragsverhältnis scheidet wegen Unvereinbarkeit dieser Vorschrift mit § 307 BGB daher aus, soweit der Auftraggeber Verwender der Klausel ist.[111]

67a  Im Insolvenzfall kann die schlusszahlungsgleiche Erklärung vom Auftraggeber nicht erhoben werden, wenn sie auf einer von ihm erklärten Aufrechnung beruht, die insolvenzrechtlich unzulässig ist.[111a] Der Insolvenzverwalter des Auftragnehmers ist daher zur Rechtswahrung in diesen Fällen nicht dazu verpflichtet, den Vorbehalt gegen die Schlusszahlungserklärung zu erheben und ggf. auch noch zu begründen.

68  **(1) Form, Adressat, Erklärender der schlusszahlungsgleichen Erklärung.** Die schlusszahlungsgleiche Erklärung ist eine empfangsbedürftige Willenserklärung des Auftraggebers. Sie bedarf konstitutiv der Schriftform, wobei mit Rücksicht auf § 127 BGB auch die Übertragung der Erklärung mit Telekommunikationsmitteln, somit als Telefax oder E-Mail, und auch die elektronische Form gemäß §§ 126a, 127 Abs. 3 BGB formwahrend sind. Als empfangsbedürftige Willenserklärung muss sie dem Adressaten zugehen, um Wirksamkeit zu entfalten.

69  Adressat der Erklärung ist, ebenso wie bei den Hinweisen und der Schlusszahlungserklärung im Sinne des § 16 Nr. 3 Abs. 2 VOB/B, grundsätzlich der Auftragnehmer. Sofern dieser nicht mehr Forderungsinhaber ist, muss die Erklärung gegenüber dem Zessionar abgegeben werden.[112]

70  Abgegeben werden muss die Erklärung durch den Auftraggeber, der sich hierbei allerdings nach allgemeinen Regeln auch vertreten lassen kann. Das gilt insbesondere im Hinblick auf einen Architekten, der allerdings vom Auftraggeber zu der Abgabe der schlusszahlungsgleichen Erklärung gesondert bevollmächtigt werden muss. Eine entsprechende Vollmacht ergibt sich weder aus dem Architektenvertrag, noch aus der Beauftragung des Architekten mit der Rechnungsprüfung. Da die Feststellungen des Architekten im Rahmen der Rechnungsprüfung grundsätzlich keine Bindungswirkung für den Auftraggeber entfalten,[113] kann eine stillschweigend erteilte Vollmacht des Auftraggebers zur Abgabe der schlusszahlungsgleichen Erklärung nicht unterstellt werden. Da darüber hinaus die Rechnungsprüfung des Architekten eine reine Wissenserklärung darstellt, ist insbesondere die Übermittlung des Prüfexemplars der Schlussrechnung an den Auftragnehmer nicht als Willenserklärung des Auftraggebers zu bewerten. Etwas anderes kann nur dann gelten, wenn der Auftraggeber den Architekten ausdrücklich ermächtigt, die geprüfte Schlussrechnung, aus der sich kein noch zu zahlender Vergütungsanspruch mehr ergibt, an den Auftragnehmer weiterzuleiten. Hierin kann im Einzelfall eine Vollmacht gesehen werden. Zu beachten bleibt allerdings, dass der Auftragnehmer eine von einem Architekten als Vertreter des Auftraggebers abgegebene schlusszahlungsgleiche Erklärung gemäß § 174 BGB zurückweisen kann, wenn der Architekt das Vorliegen einer Vollmacht nicht durch Vorlage einer Vollmachtsurkunde nachweist.

71  **(2) Inhalt der schlusszahlungsgleichen Erklärung.** Notwendiger Inhalt einer schlusszahlungsgleichen Erklärung ist die unzweifelhafte und endgültige Ablehnung weiterer Zahlungen durch den Auftraggeber auf Grund einer bereits eingetretenen Befriedigung des Vergütungsanspruches des Auftragnehmers und unter Hinweis auf geleistete Zahlungen bzw. diesen gleichstehende Erfüllungssurrogate.

72  Ursache der bereits vor der schlusszahlungsgleichen Erklärung bzw. spätestens zeitgleich mit dieser eingetretenen Abgeltung der nach Auffassung des Auftraggebers bestehenden Vergütungsansprüche können dabei neben den in § 16 Nr. 3 Abs. 3 VOB/B ausdrücklich genannten Zahlungen auch alle anderen Erfüllungssurrogate sein, somit insbesondere die Aufrechnung mit Gegenansprüchen.[114] Weiterhin kommt auch eine Verrechnung im Sinne

---

[111] Ingenstau/Korbion/Locher § 16 Nr. 3 VOB/B Rdn. 99.
[111a] BGH, 12. 7. 2007, VII ZR 186/06, ZIP 2007, 1721; vgl. § 16 Nr. 3 Rdn. 12a.
[112] OLG Frankfurt 19. 3. 1992, 1 U 176/89, NJW-RR 1994, 1241; *Unterluggauer BauR* 1990, 412, 415.
[113] BGH 6. 12. 2001 VII ZR 241/00, NJW-RR 2002, 661.
[114] BGH 20. 11. 1986 VII ZR 332/85, NJW 1987, 775.

einer Saldierung wechselseitiger Ansprüche aus dem Bauvorhaben als Ursache der Befriedigung der Vergütungsansprüche des Auftragnehmers in Betracht. Der Einstufung einer Ablehnung weiterer Zahlungen als schlusszahlungsgleiche Erklärung steht nicht entgegen, dass die vom Auftraggeber herangezogene Begründung für die nach seiner Auffassung eingetretene Befriedigung der Ansprüche des Auftragnehmers unzutreffend ist. Unschädlich ist daher insbesondere, wenn die zur Aufrechnung gestellte Gegenforderung tatsächlich nicht besteht.[115]

Einreden und Einwendungen des Auftraggebers, die lediglich die zeitweilige Durchsetzbarkeit der Vergütungsforderung des Auftragnehmers tangieren, führen nicht zu einer schlusszahlungsgleichen Erklärung. Das gilt explizit im Hinblick auf die Geltendmachung von Zurückbehaltungsrechten auf Grund von Mängeln der Werkleistungen des Auftragnehmers, da dieses Zurückbehaltungsrecht seiner Natur nach lediglich vorläufigen Charakter aufweist.[116] **73**

Die Befriedigung des Auftragnehmers muss vor Abgabe der schlusszahlungsgleichen Erklärung eingetreten sein, im Falle der Aufrechnung oder Verrechnung spätestens mit ihrer Abgabe.[117] Der zur Aufrechnung gestellte Anspruch muss daher schon bestehen und der Höhe nach bezifferbar sein. Auf die Befriedigung des Auftragnehmers durch Zahlung oder ein Erfüllungssurrogat muss in der schlusszahlungsgleichen Erklärung hingewiesen werden, was es ausschließt, dass der Widerspruch im Mahnbescheidsverfahren oder der reine Klageabweisungsantrag als schlusszahlungsgleiche Erklärung gewertet werden kann.[118] Grundsätzlich kann allerdings in einer Klageerwiderung eine entsprechende schlusszahlungsgleiche Erklärung gesehen werden, wenn sich aus dieser ein entsprechender Erklärungsinhalt entnehmen lässt.[119] **74**

Entbehrlich ist eine weitergehende Begründung der schlusszahlungsgleichen Erklärung über die Benennung der nach Auffassung des Auftraggebers zur Tilgung des Vergütungsanspruches führenden Zahlungen und sonstigen Erfüllungssurrogate hinaus. § 16 Nr. 3 VOB/B kennt einen Begründungszwang nur in Abs. 5 hinsichtlich des Vorbehaltes durch den Auftragnehmer, hat aber Entsprechendes nicht für die Schlusszahlungserklärung bzw. schlusszahlungsgleiche Erklärung vorgesehen.[120] Soweit der Auftraggeber seine Auffassung zur bereits eingetretenen Befriedigung des Auftragnehmers allein aus der Kürzung der geltend gemachten Vergütung durch den Auftraggeber auf Grund Kürzungen bei Massen- oder Preisansätzen herleitet, entspricht es den allgemeinen Regeln zur Darlegungs- und Beweislast, dass der Auftragnehmer die Höhe seines Vergütungsanspruches nachzuweisen hat. Ihm diese Last für den Fall der schlusszahlungsgleichen Erklärung abzunehmen, ist nicht veranlasst. Soweit der Auftraggeber auf Grund von Gegenansprüchen zu der Auffassung gelangt, der Vergütungsanspruch des Auftragnehmers sei befriedigt, muss er allerdings, schon um überhaupt die Wirkungen einer Aufrechnung herbeiführen können, den Grund des Gegenanspruches benennen. Eine darüber hinausgehende Begründungspflicht ist jedoch auch insoweit nicht gegeben. **75**

### 3. Hinweiserteilung, § 16 Nr. 3 Abs. 2 VOB/B

Der Auftraggeber muss den Auftragnehmer schriftlich über die Tatsache der Schlusszahlung unterrichten und ihn auf die Ausschlusswirkung hinweisen. Die Anforderungen an die Hinweiserteilung und auch die Belehrung über die Ausschlusswirkungen sind streng zu handhaben, da die Konsequenzen der Schlusszahlungseinrede gravierend sind. **76**

---

[115] BGH 31. 3. 1977 VII ZR 51/76, NJW 1977, 1294.
[116] BGH 11. 10. 1990, VII ZR 110/89, NJW-RR 1991, 275.
[117] KG 23. 11. 1987, 24 U 6857/86, NJW-RR 1988, 852; *Ingenstau/Korbion/Locher* § 16 Nr. 3, VOB/B Rdn. 103.
[118] BGH 22. 11. 1979, VII ZR 298/78, BauR 1980, 177.
[119] OLG Düsseldorf, NJW 1978, 1387.
[120] KG 24. 4. 1981, 21 U 681/81, BauR 1982, 594; *Ingenstau/Korbion/Locher* § 16 Nr. 3 Rdn. 104; *Nicklisch/Weick* § 16 VOB/B Rdn. 46.

**§ 16 Nr. 3**

77 **a) Hinweisinhalt.** Der Auftraggeber hat den Regelungsgehalt des § 16 Nr. 3 Abs. 2–5 VOB/B bei der Belehrung über die Ausschlusswirkungen wiederzugeben.[121] Die bloße Verweisung auf insbesondere § 16 Nr. 3 Abs. 5 VOB/B ohne zumindest sinngemäße Wiedergabe des Wortlautes ist unzulänglich.[122] Der Auftraggeber schuldet allerdings keine umfassende Rechtsberatung für den Auftragnehmer, so dass die inhaltliche, erst recht die wörtliche Wiedergabe von § 16 Nr. 3 Abs. 2–5 VOB/B auf jeden Fall ausreicht, um der Hinweispflicht auf die Ausschlusswirkung zu genügen.[123] Die entsprechende Belehrung ist im Fall des § 16 Nr. 3 Abs. 2 VOB/B um den Hinweis auf die erfolgte Schlusszahlung zu ergänzen. Bei der schlusszahlungsgleichen Erklärung tritt diese an die Stelle des Hinweises auf die erfolgte Schlusszahlung.

78 **b) Zeitpunkt und Form der Hinweiserteilung.** In zeitlicher Hinsicht sind die Hinweise auf die erfolgte Schlusszahlung und die Ausschlusswirkungen nach Bewirkung der Schlusszahlung notwendig. Das schließt es aus, dass der entsprechende Hinweis auf dem Überweisungsträger, mit dem die Schlusszahlung geleistet wird, angebracht wird.[124] Eine Endfrist für die Abgabe des Hinweises auf die Schlusszahlung und die Ausschlusswirkung besteht nicht. Er kann daher etwa auch noch im Rahmen eines Vergütungsprozesses erfolgen.

79 Streitig ist, ob der Hinweis auf die Schlusszahlung einerseits und der Hinweis auf die Ausschlusswirkung andererseits in jeweils gesonderten Erklärungen erfolgen können. Der Wortlaut des § 16 Nr. 3 Abs. 2 VOB/B lässt hierzu eine eindeutige Aussage nicht zu. Allerdings wird durch § 16 Nr. 3 Abs. 5 VOB/B für den Regelfall auf eine einheitliche Hinweiserteilung abgestellt.[125] Mit Rücksicht auf die mit der Hinweisverpflichtung verbundene Warnfunktion sprechen die besseren Gründe dafür, eine einheitliche Hinweiserteilung sowohl über den Umstand der erfolgten Schlusszahlung als auch die Ausschlusswirkungen der Schlusszahlung zu verlangen.[126] Die Gegenauffassung[127] überzeugt nicht. Dass nach Maßgabe von § 16 Nr. 3 Abs. 5 VOB/B die Vorbehaltsfrist erst in Lauf gesetzt wird, wenn beide Hinweise dem Auftragnehmer zugegangen sind, ändert nichts an dem Umstand, dass die Trennung der beiden Hinweise dem Zweck der Hinweispflicht zuwiderläuft.[128] Gerade dass § 16 Nr. 3 Abs. 2 VOB/B den Auftraggeber zwingt, zur Herbeiführung der Ausschlusswirkung den Auftragnehmer umfassend sowohl auf die Tatsache der Schlusszahlung als auch der Ausschlusswirkung der vorbehaltlosen Annahme hinzuweisen, obschon der Auftragnehmer regelmäßig auf Grund des Zahlungseinganges sowie einer bei einem Unternehmen zu unterstellenden Kenntnis von der VOB/B das Risiko erkennen können müsste, belegt, dass mit der Begründung der Hinweispflicht eine restriktive Gestaltung der Schlusszahlungseinrede geschaffen werden sollte. Die Aufweichung der Hinderniserfordernisse durch die Ermöglichung der Spaltung der beiden zu erteilenden Hinweise in unterschiedliche Erklärungen würde diesem Zweck insbesondere in den Fällen widersprechen, in denen der Auftragnehmer ausnahmsweise tatsächlich besonders schutzbedürftig ist, also wegen fehlender Kenntnis von der VOB/B das mit einer Schlusszahlung verbundene Risiko nicht realisiert hat. Da im Übrigen § 16 Nr. 3 Abs. 2 VOB/B den Auftraggeber ohnehin massiv begünstigt, besteht keine Veranlassung, ihm bei der Schaffung der entsprechenden Tatbestandsvoraussetzungen der Schlussrechnungseinrede noch weitere Erleichterungen zu verschaffen.

---

[121] KG 23. 3. 1999, 4 U 1635/97, BauR 2000, 575.
[122] *Ingenstau/Korbion/Locher* § 16 Nr. 3 Rdn. 94, *Heiermann/Riedl/Rusam* § 16 VOB/B Rdn. 110.
[123] *Werner/Pastor* Rdn. 2305.
[124] OLG Köln 6. 5. 1994, 19 U 205/92, NJW-RR 1994, 1501; a. A. *Werner/Pastor* Rdn. 2303.
[125] BGH 17. 12. 1998, VII ZR 37/98, NJW 1999, 944.
[126] BGH 17. 12. 1998, VII ZR 37/98, NJW 1999, 944; OLG Dresden, 8. 10. 1998, 7 U 1478/98, NJW-RR 1999, 1399; *Heiermann/Riedel/Rusam,* § 16 VOB/B Rdn. 110.
[127] *Ingenstau/Korbion/Locher* § 16 Nr. 3 VOB/B Rdn. 94; Vorauflage, § 16 Nr. 3, Rdn. 67; *Werner/Pastor* Rdn. 2306.
[128] BGH 17. 12. 1998 VII ZR 37/98, NJW 1999, 944.

Die Hinweiserteilung über die erfolgte Schlusszahlung sowie die mit einer Schlusszahlung 80
verbundenen Ausschlusswirkung muss schriftlich erfolgen. Die Schriftform wird gem. § 127
BGB auch gewahrt, wenn die Hinweiserteilung im Wege der telekommunikativen Übermittlung erfolgt. Dementsprechend sind sowohl ein Telefax als auch eine E-Mail grundsätzlich geeignet, um die Schriftform im Sinne des § 16 Nr. 3 Abs. 2 VOB/B auszufüllen.
Mit Rücksicht auf § 126 Abs. 3 BGB kommt darüber hinaus auch die elektronische Form
der §§ 126 a, 127 Abs. 3 BGB in Betracht.

c) **Hinweisadressat.** Die Hinweise auf die Schlusszahlung sowie die Ausschlusswirkung 81
sind gegenüber dem Auftragnehmer zu erklären. Etwas anderes gilt dann, wenn die
Vergütungsforderung dem Auftragnehmer infolge Abtretung nicht mehr zusteht. In diesem
Fall ist die Hinweiserteilung an den Zessionar zu richten.[129] Voraussetzung ist allerdings,
dass dem Auftraggeber die Zession offen gelegt wird. Ermangelt es einer solchen Abtretungsanzeige, gilt § 407 Abs. 1 BGB, so dass sich der Zessionar den an den Aufragnehmer
erteilten Hinweis entgegenhalten lassen muss. Im Falle der offen gelegten Zession ist eine
gesonderte Hinweiserteilung auch an den Auftragnehmer überflüssig.[130] Da die Schlusszahlungseinrede das Vertragsverhältnis als solches unberührt lässt, insbesondere sich nicht
als Gestaltungsrecht darstellt,[131] sondern allein die Durchsetzbarkeit der Forderung betrifft,
ist der Hinweis darauf, dass die Forderung nicht in einem die Schlusszahlung übersteigenden Umfange durchgesetzt werden kann, wenn ein Vorbehalt nicht fristgerecht eingelegt
und nachfolgend auch begründet wird, an den tatsächlichen Forderungsinhaber zu richten.
Entgegen der Auffassung der Vorauflage[132] ist insoweit von der Ausschlusswirkung die
Rechtsstellung des Zessionars betroffen, nicht hingegen die des Auftragnehmers, da dieser
über die zedierte Forderung ohnehin nicht mehr verfügen kann. Die von der Gegenauffassung zugrunde gelegte Annahme, lediglich der Auftragnehmer sei überhaupt in tatsächlicher Hinsicht in der Lage, insbesondere eine Vorbehaltsbegründung abzugeben, rechtfertigt keine abweichende Handhabung. Wenn der Zessionar es unterlässt, sich die notwendige Information zur Rechtsdurchsetzung vom Zedenten zu beschaffen, geht das auch
in allen übrigen Fällen von Einwendungen und Einreden des Forderungsschuldners zu
Lasten des Zessionars. Hiervon für den Fall der Schlusszahlungseinrede abzuweichen,
besteht keine Veranlassung. Das gilt auch vor dem Hintergrund der Bestimmung des § 404
BGB.[133] Lediglich in den Fällen einer Teilabtretung ist, da insoweit der Auftragnehmer
jedenfalls wegen des nicht abgetretenen Teiles der Vergütungsforderung noch aktivlegitimiert ist, der Hinweis vom Auftraggeber an den Auftragnehmer und den Zessionar zu
richten.

Ist über das Vermögen des Auftragnehmers das Insolvenzverfahren eröffnet worden, ist 82
Adressat der Hinweise der Insolvenzverwalter. Entsprechendes gilt bei dem vorläufigen
Insolvenzverwalter in den Fällen, in denen es sich um einen sogenannten starken Verwalter
mit den Rechten aus § 21 Abs. 2 Nr. 2 1. Altern. InsO handelt. Sofern demgegenüber
lediglich ein Zustimmungsvorbehalt zugunsten des vorläufigen Insolvenzverwalters im Sinne
des § 21 Abs. 2 Nr. 2 2. Altern. InsO angeordnet worden ist, ist der Schlusszahlungshinweis
sowie der Hinweis auf die Ausschlusswirkung an den Auftragnehmer selbst zu richten.[134]

### 4. Annahme der Schlusszahlung

Der Auftragnehmer muss die Schlusszahlung des Auftraggebers angenommen haben. 83
Maßgeblich ist insoweit, dass die Zahlung dem Auftragnehmer selbst oder einem von ihm

---

[129] OLG Frankfurt 19. 3. 1992, 1 U 176/89, BauR 1994, 251; *Ingenstau/Korbion/Locher* § 16 Nr. 3, VOB/B Rdn. 108.
[130] A. A. Losert ZfBR 1988, 65; wie hier *Ingenstau/Korbion/Locher* § 16 Nr. 3 VOB/B Rdn. 108.
[131] OLG Frankfurt 19. 3. 1992, 1 U 176/89, BauR 1994, 251; a. A. *Werner/Pastor* Rdn. 2293.
[132] *Motzke* § 16 Nr. 3 VOB/B Rdn. 79.
[133] *Ingenstau/Korbion/Locher* § 16 Nr. 3 VOB/B Rdn. 108.
[134] Unklar OLG Düsseldorf 25. 5. 1982 – 23 U 213/81, ZIP 1983, 342.

**§ 16 Nr. 3**                                                                                                                Schlusszahlungen

bestimmten Empfänger, insbesondere einer Bank als Zahlstelle, zugeht.[135] Sofern der Auftragnehmer nicht mehr selbst Forderungsinhaber ist oder aber über die Forderung nicht mehr verfügen darf, kommt es auf den Zahlungseingang beim Berechtigten, somit dem Zessionar oder gegebenenfalls dem Insolvenzverwalter an.

84     Die Annahme der Schlusszahlung setzt nicht voraus, dass bereits eine endgültige Erfüllung eintritt. Das hat zur Folge, dass auch die Entgegennahme eines Schecks oder Wechsels die Annahme der Schlusszahlung darstellt. Auf die endgültige Gutschrift des Scheckbetrages oder die Einlösung des Wechsels kommt es in diesem Zusammenhang nicht an.[136]

### 5. Vorbehaltlose Annahme

85     Weitere Voraussetzung der Schlusszahlungseinrede ist die Annahme der Schlusszahlung durch den Auftragnehmer ohne Anbringung eines Vorbehaltes. Gemäß § 16 Nr. 3 Abs. 5 VOB/B muss der Auftragnehmer, will er die Durchsetzbarkeit seines Vergütungsanspruches sichern, eine Vorbehaltserklärung an den Auftraggeber richten, wobei die Vorbehaltsfrist von 24 Werktagen gewahrt werden muss.

86     **a) Inhalt der Vorbehaltserklärung.** Die Vorbehaltserklärung des Auftragnehmers ist dessen Willenserklärung, weitergehende Vergütungsansprüche über die Schlusszahlung hinaus geltend zu machen, somit sich mit der ihm vom Auftraggeber zugedachten Vergütung nicht zufrieden zu geben.[137] Die an den Inhalt der Vorbehaltserklärung zu stellenden Anforderungen sind gering.[138] Es bedarf weder der Verwendung des Begriffes „Vorbehalt" noch der Erklärung, unbedingt an weiteren Vergütungsansprüchen festzuhalten.[139] Nicht ausreichend sind lediglich solche Erklärungen des Auftragnehmers, mit denen er den Auftraggeber um bloße Überprüfung bittet, wer die Leistungen bezahlen müsse,[140] ohne an weiteren Forderungen erkennbar festzuhalten.[141] Einer Begründung des Vorbehaltes bedarf es als solches zu seiner Wirksamkeit nicht.[142] Die Begründung muss vielmehr nach Maßgabe von § 16 Nr. 3 Abs. 5 Satz 2 VOB/B erst binnen einer weiteren Frist von 24 Werktagen angebracht werden.

87     Da jede Form der Erklärung, weitere Ansprüche geltend zu machen, ausreicht, um den Vorbehalt zu erklären, kann der Auftragnehmer auch durch einen Mahnbescheidsantrag[143] oder eine Klageerhebung auf Zahlung weiterer Vergütung den Anforderungen des § 16 Nr. 3 Abs. 5 VOB/B genügen.

88     **b) Form, Frist, Erklärender und Erklärungsempfänger.** Die Vorbehaltserklärung ist nicht formgebunden, so dass grundsätzlich auch ein mündlicher Vorbehalt wirksam ist. Allerdings ist schon aus Beweisgründen die Wahrung der Schriftform angezeigt.

89     Adressat des Vorbehaltes ist der Auftraggeber,[144] dessen Architekt demgegenüber nur in dem Ausnahmefall der entsprechenden Bevollmächtigung durch den Auftraggeber.[145] Eine solche Vollmacht wird dann zu bejahen sein, wenn der Architekt auch mit der rechtsgeschäftlichen Abnahme betraut worden ist,[146] aber nicht, wenn sich die Tätigkeit des Architekten auf die Rechnungsprüfung im Rahmen der Leistungen der Leistungsphase 8 gemäß § 15

---

[135] *Ingenstau/Korbion/Locher* § 16 Nr. 3, VOB/B Rdn. 89.
[136] BGH 29. 1. 1970, VII ZR 95/68, NJW 1970, 706.
[137] BGH 18. 4. 2002, VII ZR 260/01, NZBau 2002, 435.
[138] BGH 24. 3. 1983, VII ZR 329/81; BauR 1983, 476.
[139] BGH 18. 4. 2002, VII ZR 260/01, NZBau 2002, 435: Festhalten an der Vergütungsforderung „vorbehaltlich einer näheren Prüfung".
[140] OLG Düsseldorf 27. 5. 1975, 21 U 213/74, BauR 1975, 429.
[141] OLG Hamburg 24. 8. 1982, 12 U 67/82, BauR 1983, 371.
[142] *Leinemann* § 16 VOB/B Rdn. 131.
[143] BGH 8. 11. 1979, VII ZR 86/79, NJW 1980, 455.
[144] *Kapellmann/Messerschmidt* § 16 VOB/B Rdn. 247, *Nicklisch/Weick* § 16 VOB/B Rdn. 54 a.
[145] Weitergehender BGH 20. 4. 1978, VII ZR 67/77, NJW 1978, 1631; *Ingenstau/Korbion/Locher* § 16 Nr. 3 VOB/B Rdn. 127.
[146] BGH 25. 9. 1986, VII ZR 276/84, NJW 1987, 380.

HOAI beschränkt, er insbesondere nicht mit der abschließenden Abwicklung der Abrechnung betraut war. Da die Schlussrechnungsprüfung durch den Architekten nicht als Willenserklärung des Auftraggebers gilt, wenn nicht eine gesonderte Vollmacht vorliegt,[147] kann auch nicht umgekehrt vom Vorliegen einer Empfangsvollmacht ausgegangen werden.

Die Vorbehaltserklärung muss binnen 24 Werktagen seit Zugang der Belehrungen im Sinne des § 16 Nr. 3 Abs. 2, 3 VOB/B beim Auftragnehmer dem Auftraggeber zugehen. Der Zeitpunkt der Schlusszahlung ist für die Fristberechnung unerheblich, da § 16 Nr. 3 Abs. 5 VOB/B ausdrücklich auf den Zugang der Belehrungen abstellt. Sofern man entgegen der hier vertretenen Auffassung die Erteilung der Hinweise des § 16 Nr. 3 Abs. 2 VOB/B bzw. der Belehrung über die Ausschlusswirkung und die schlusszahlungsgleiche Erklärung in getrennten Schreiben zulässt, wird die Frist erst mit der zuletzt zugegangenen Erklärung des Auftraggebers in Lauf gesetzt.[148] Die Fristberechnung selbst erfolgt gemäß §§ 186 ff. BGB. Zu beachten ist, dass Samstage Werktage sind und daher bei der Fristberechnung berücksichtigt werden müssen. Fällt das Fristende auf einen Samstag, endet die Vorbehaltsfrist gemäß § 193 BGB an dem darauf folgenden Werktag, regelmäßig also an dem darauf folgenden Montag.[149] **90**

Fristwahrend ist auch eine vor Fristablauf anhängig gemachte Klage oder ein entsprechender Mahnbescheid, der sodann demnächst im Sinne des § 167 ZPO zugestellt wird.[150] Die durch die gerichtliche Geltendmachung bewirkte Fristwahrung entfällt dabei auch dann nicht, wenn die Klage bzw. der Mahnbescheidsantrag nachfolgend zurückgenommen wird.[151] § 212 Abs. 1 BGB a. F. war auf § 16 Nr. 3 Abs. 5 VOB/B nicht anzuwenden.[152] **91**

Sofern der Auftraggeber wiederholt „Schlusszahlungen" leistet und die entsprechenden Hinweise nach § 16 Nr. 3 Abs. 2 VOB/B erteilt, muss nicht jedes Mal erneut ein Vorbehalt vom Auftragnehmer erklärt werden. Ein einmal erteilter Vorbehalt wirkt vielmehr auch ohne Wiederholung fort.[153] Das folgt bereits daraus, dass die VOB/B nur eine Schlusszahlung für ein Vertragsverhältnis kennt, so dass der Auftraggeber auch nur einmal eine Schlusszahlung im Sinne des § 16 Nr. 3 VOB/B leisten kann.[154] **92**

Die Vorbehaltserklärung muss vom Auftragnehmer abgegeben werden. Hat er die Forderung vollständig abgetreten, ist der Vorbehalt vom Zessionar zu erklären.[155] Da der Vorbehalt kein Gestaltungsrecht darstellt, bedarf es nicht der gesonderten Abtretung des Rechtes zur Abgabe der Vorbehaltserklärung. Mit Rücksicht darauf, dass der Zessionar auch ohne weitere Einschränkungen Maßnahmen zur Hemmung der Verjährung der abgetretenen Forderung ergreifen darf, besteht kein tragfähiger Grund, ihm die Erklärung des Vorbehaltes zu untersagen, mit dem ebenfalls die weitere Durchsetzbarkeit der Forderung sichergestellt werden soll. Eine Vorbehaltserklärung kann im Falle der Zession der Vergütungsforderung auch durch den Auftragnehmer abgegeben werden, wenn die Abtretung nicht offen gelegt worden ist (§ 407 BGB), ferner, wenn nur eine Teilabtretung erfolgte. Der Auftragnehmer muss insoweit die Möglichkeit haben, den bei ihm verbliebenen Forderungsteil zu sichern.[156] **93**

Sofern der Auftragnehmer anderweitig seine Verfügungsbefugnis über die Vergütungsforderung verloren hat, also insbesondere in der Insolvenz, ist die Vorbehaltserklärung durch den tatsächlich Verfügungsbefugten auszusprechen, im Insolvenzfall somit durch den Insolvenzverwalter. **94**

---

[147] Vgl. zuletzt BGH 14. 10. 2004, VII ZR 190/03, IBR 2005, 1.
[148] *Kapellmann/Messerschmidt* § 16 VOB/B Rdn. 253.
[149] *Ingenstau/Korbion/Locher* § 16 Nr. 3 VOB/B Rdn. 132.
[150] BGH 8. 11. 1979, VII ZR 86/79, NJW 1980, 455.
[151] BGH 22. 1. 1987, VII ZR 96/85, NJW 1985, 2582.
[152] Die Vorschrift ist inzwischen ersatzlos in Wegfall geraten; § 204 Abs. 2 BGB sieht den rückwirkenden Wegfall der Wirkung der Klageerhebung nicht mehr vor.
[153] BGH 11. 3. 1982 VII ZR 104/81, NJW 1982, 1594; *Nicklisch/Weick* § 16 VOB/B Rdn. 59 a.
[154] BGH 22. 1. 1987, VII ZR 96/85, NJW 1987, 2582.
[155] OLG Frankfurt 19. 3. 1992, 1 U 176/89, BauR 1994, 251; *Ingenstau/Korbion/Locher* § 16 Nr. 3, VOB/B Rdn. 121.
[156] *Unterluggauer* BauR 1990, 412, 415.

95 **c) Entbehrlichkeit der Vorbehaltserklärung.** Der Vorbehalt nach § 16 Nr. 3 Abs. 5 VOB/B ist ausnahmsweise nach Treu und Glauben entbehrlich, wenn der Auftragnehmer bereits in unmittelbarem zeitlichem Zusammenhang zur Schlusszahlung unzweifelhaft zum Ausdruck gebracht hat, an seiner Forderung festhalten zu wollen. Erfasst sind von dieser Ausnahmeregelung neben den Fällen der Erklärung des Vorbehaltes nach Schlusszahlung, aber vor Inlaufsetzung der Vorbehaltsfrist durch Hinweiserteilung gemäß § 16 Nr. 3 Abs. 2 VOB/B vor allem die Fallkonstellationen, in denen zum Zeitpunkt der Schlusszahlung bereits die Vergütungsklage vom Auftragnehmer erhoben worden war.[157] Eine andere Bewertung kann dann gerechtfertigt sein, wenn der Auftragnehmer bereits erhebliche Zeit vor der Schlusszahlung ein Mahnverfahren eingeleitet hat, dieses nachfolgend aber jahrelang nicht betreibt.[158]

96 Auch sonstige, unzweideutige Erklärungen des Auftragnehmers in zeitlich engem Zusammenhang mit der Schlusszahlung können den Vorbehalt entbehrlich machen, wenn sich aus ihnen die Aufrechterhaltung der geltend gemachten Forderungen eindeutig ergibt, so dass sich die Erhebung eines weiteren Vorbehaltes nach der Hinweiserteilung gemäß § 16 Nr. 3 Abs. 2 VOB/B als reine Förmelei darstellen würde.[159]

97 **d) Vorbehaltsbegründung.** Der erklärte Vorbehalt wird gemäß § 16 Nr. 3 Abs. 5 Satz 2 VOB/B gegenstandslos, wenn nicht innerhalb einer weiteren Frist von 24 Werktagen eine Begründung des Vorbehaltes erfolgt. Die Begründung muss hierbei in Gestalt einer prüffähigen Rechnung, sofern dieses nicht möglich ist, durch eine eingehende Darlegung erfolgen.

98 **(1) Begründungsinhalt.** Die inhaltlichen Anforderungen an eine prüffähige Rechnung orientieren sich an den Maßgaben des § 14 VOB/B. Der Auftragnehmer muss daher eine entsprechende Abrechnung fertigen, aus der sich nachvollziehbar die Berechtigung der vorbehaltenen Ansprüche ergibt. Lediglich dann, wenn die Berechnung in der Frist von 24 Werktagen objektiv unter Berücksichtigung der gegebenen Möglichkeiten nicht gefertigt werden kann, ist der Auftragnehmer berechtigt, statt dieser eine eingehende Begründung des Vorbehaltes in anderer Form abzugeben.[160] Als Hindernis in diesem Sinn kann etwa die Notwendigkeit der Erstellung eines Aufmasses oder die schwierige Beibringung anderer Rechnungsunterlagen in Betracht kommen. Sofern der Auftragnehmer danach berechtigt ist, den Vorbehalt anderweitig als durch eine prüffähige Rechnung zu begründen, muss sich aus seiner Darlegung ergeben, welche Ansprüche er sich vorbehält und worauf sie gestützt werden sollen.

99 **(2) Entbehrlichkeit der Begründung.** Soweit sich aus den bereits dem Auftraggeber vorliegenden Rechnungsunterlagen die Herleitung der vorbehaltenen Ansprüche bereits ergibt, ist eine weitergehende Vorbehaltsbegründung entbehrlich. Hat der Auftragnehmer daher eine prüffähige Schlussrechnung bereits vorgelegt, in der sämtliche von ihm geltend gemachten Ansprüche erfasst sind, muss er nicht nochmals eine prüffähige Rechnung vorlegen.[161] Eine entsprechende Begründungspflicht ergibt sich daher nur in den Fällen, in denen bislang noch keine,[162] keine prüffähige oder keine vollständige Schlussrechnung[163] vorliegt.[164]

---

[157] *Kapellmann/Messerschmidt* § 16 VOB/B Rdn. 248.

[158] OLG Frankfurt 3. 6. 1981, 21 U 124/80, BauR 1983, 372: Mahnbescheidsantrag 8 Monate vor der Schlusszahlung und anschließendes Nichtbetreiben des Verfahrens über mehr als 2 Jahre nach Schlusszahlung hinaus.

[159] OLG Düsseldorf 23. 12. 1980 – 23 U 193/79, NJW 1981, 1455; *Ingenstau/Korbion/Locher* § 16 Nr. 3 VOB/B Rdn. 115.

[160] *Groß* BauR 2000, 342, 343 f.

[161] BGH 8. 11. 1979, VII ZR 113/79, BauR 1980, 178; BGH 20. 5. 1985, VII ZR 324/83, NJW 1986, 2049; a. A. Groß, BauR 2000, 342, 344.

[162] OLG Oldenburg 30. 5. 1991, 8 U 14/91, BauR 1992, 83 für den Fall der Aufstellung der Schlussrechnung durch den Auftraggeber gemäß § 14 Nr. 4 VOB/B.

[163] BGH 20. 5. 1985, VII ZR 324/83, NJW 1986, 2049 für in der Schlussrechnung nicht erfasste Forderungsteile.

[164] *Ingenstau/Korbion/Locher* § 16 Nr. 3 VOB/B Rdn. 139.

Die Anforderungen an die Vorbehaltsbegründung sind dabei gering anzusetzen. Es reicht aus, wenn der Auftraggeber aus den Angaben des Auftragnehmers erkennen kann, was dieser noch fordern zu können meint. Auf die sachliche Richtigkeit der Position des Auftragnehmers kommt es dabei nicht an.[165] Der Auftragnehmer ist schließlich nicht verpflichtet, sich im Rahmen der Vorbehaltsbegründung mit den vom Auftraggeber herangezogenen Gegenansprüchen zu befassen.[166] Die Begründungspflicht bezieht sich bereits dem Wortlaut von § 16 Nr. 3 Abs. 5 VOB/B nach nur auf die vorbehaltenen Forderungen, nicht hingegen zu Ausführungen zur fehlenden Begründetheit von Gegenforderungen.[167]

**(3) Frist und Form der Begründung, Erklärender und Erklärungsempfänger.** Die 100 Begründungsfrist beträgt 24 Werktage. Die Fristberechnung erfolgt gemäß §§ 186 ff. BGB.[168] Die Frist beginnt mit dem Ablauf der Frist zur Erklärung des Vorbehaltes,[169] was § 16 Nr. 3 Abs. 5 VOB/B nunmehr auch ausdrücklich klarstellt. Die Frage, ob die Frist zur Vorbehaltsbegründung nicht statt dessen an den Zeitpunkt des Zugangs des Vorbehaltes beim Auftraggeber anknüpft,[170] die allerdings auch bei den früheren Fassungen des § 16 Nr. 3 Abs. 5 VOB/B zu verneinen war,[171] ist damit gegenstandslos geworden.

Der Adressat der Vorbehaltsbegründung ist erneut der Auftraggeber. Die Begründung 101 muss vom Auftragnehmer abgegeben werden. Insoweit gilt, auch hinsichtlich der Ausnahmen, nichts anderes als bei der Vorbehaltserklärung.[172]

## 6. Reichweite der Ausschlusswirkung

Soweit der Auftraggeber die Schlusszahlungseinrede erheben kann, führt dieses zum 102 Ausschluss der Durchsetzbarkeit sämtlicher Ansprüche des Auftragnehmers aus dem Bauvertragsverhältnis. Das gilt sowohl hinsichtlich der Forderungen, die vom Auftragnehmer in der Schlussrechnung selbst oder in früheren Rechnungen aufgeführt worden sind, § 16 Nr. 3 Abs. 4 VOB/B, als auch für Forderungen, die nicht Gegenstand einer Abrechnung geworden sind. Mit der Bestimmung des § 16 Nr. 3 Abs. 4 VOB/B wird ausdrücklich klargestellt, dass die Abrechnung durch den Auftragnehmer grundsätzlich nicht ausreicht, um die Ausschlusswirkung der Schlusszahlungseinrede zu vermeiden.[173] Vielmehr muss der Auftragnehmer auch wegen dieser Forderungen – nochmals – einen Vorbehalt anbringen und, soweit die bisherige Abrechnung nicht prüfbar war, auch begründen.

## 7. Richtigstellung der Schlussrechnung auf Grund von Übertragungs-, Rechen- und Aufmaßfehlern, § 16 Nr. 3 Abs. 6 VOB/B

Ausgeklammert von der Ausschlusswirkung der Schlusszahlungseinrede sind nach Maß- 103 gabe des § 16 Nr. 3 Abs. 6 VOB/B lediglich Ansprüche, die sich aus einer Richtigstellung der Schlussrechnung bzw. Schlusszahlung wegen Aufmass-, Rechen- und Übertragungsfehlern ergeben. Bei Positionen, bei denen zwischen den Parteien sachlich keine Differenzen über erbrachte Leistungen oder die darauf entfallende Vergütung bestehen, ist es auch zur Herstellung des Rechtsfriedens nicht erforderlich, auch Ansprüche wegen bloßer Rechen- und Schreibfehler auszuschließen. Dabei kommt es nicht darauf an, von wem der Fehler verursacht worden ist oder wer seine Berichtigung begehrt. Dementsprechend ist es auch

---

[165] *Ingenstau/Korbion/Locher* § 16 Nr. 3 VOB/B Rdn. 137.
[166] A. A. *Groß* BauR 2000, 342, 344.
[167] OLG Karlsruhe. 15. 6. 1988 7 U 157/87, BauR 1989, 208.
[168] Vgl. Rdn. 90 zur Vorbehaltserklärung.
[169] *Heiermann/Riedl/Rusam* § 16 VOB/B Rdn. 120; *Kainz* BauR 1981, 239, 243; *Nicklisch/Weick* § 16 VOB/B Rdn. 61; *Kaiser* ZfBR 1982, 231, 234.
[170] So aber *Ingenstau/Korbion/Locher* § 16 Nr. 3 VOB/B Rdn. 135; *Werner/Pastor* Rdn. 2314.
[171] *Kainz* BauR 1981, 239, 242.
[172] Vgl. Rdn. 89.
[173] *Ingenstau/Korbion/Locher* § 16 Nr. 3, VOB/B Rdn. 112.

unerheblich, ob der Fehler bei der Aufstellung der Schlussrechnung oder bei der Schlussrechnungsprüfung entstanden ist.

104 Abzugrenzen ist die noch zulässige Korrektur auf Grund von Rechen-, Übertragungs- oder Aufmaßfehlern von nicht mehr durchsetzbaren Ansprüchen auf Grund von Fehlern, die auf unterbliebener Berechnung von Leistungen beruhen. Zur letztgenannten Fall gehören auch Beurteilungsfehler, somit Fehlvorstellungen dazu, ob bestimmte Leistungen isoliert vergütungsfähig sind. Werden Leistungen versehentlich oder bewusst nicht berechnet, ist zwar das Aufmaß unter Umständen auch falsch, weist aber keinen Aufmaßfehler im Sinne des § 16 Nr. 3 Abs. 6 VOB/B auf.[174]

105 Aufmaßfehler beruhen auf der falschen Anwendung der Aufmaßregeln des jeweiligen Gewerkes oder deren gänzlicher Nichtbeachtung.[175] Darüber hinaus sind auch rein tatsächliche Fehler wie Zählfehler oder Messfehler Aufmaßfehler im Sinne des § 16 Nr. 3 Abs. 6 VOB/B.

106 Rechenfehler sind Folgen mathematischer Fehler,[176] somit insbesondere Fehler bei der Ermittlung der Positionssummen, Aufsummierungsfehler oder unrichtige Ansätze bei der Prozentrechnung.[177] Auch rechnerische Fehler bei der Berücksichtigung von Abschlagszahlungen gehören zu den Rechenfehlern im Sinne des § 16 Nr. 3 Abs. 6 VOB/B. Kein Rechenfehler ist demgegenüber die Nichtberücksichtigung von Abrechnungsregeln, etwa Lohn- und Materialpreisgleitklauseln. Die Nichtanwendung solcher Abrechnungsbestimmungen stellt sich nicht als Rechenfehler, sondern als Rechtsanwendungsfehler dar, der von § 16 Nr. 3 Abs. 6 VOB/B nicht erfasst wird.[178]

Übertragungsfehler sind schließlich Abrechnungsfehler, die darauf beruhen, dass Daten von einer Berechnungsgrundlage in eine andere falsch übernommen werden. Anwendungsfälle sind vor allem aus Aufmassunterlagen falsch in den Rechnungstext übertragene Massenansätze, falsch aus den Vertragsunterlagen übernommene Einheitspreise oder auch Kopierfehler bei Unterlagen.[179]

107 Die Darlegungs- und Beweislast für das Vorliegen eines Fehlers und damit auch die Anwendbarkeit des § 16 Nr. 3 Abs. 6 VOB/B liegt beim Auftragnehmer.

---

[174] A. A. *Losert* ZfBR 1991, 7, 8; *Ingenstau/Korbion/Locher* § 16 Nr. 3, VOB/B Rdn. 144.
[175] *Kapellmann/Messerschmidt* § 16 VOB/B Rdn. 269.
[176] *Leinemann* § 16 VOB/B Rdn. 148.
[177] *Kapellmann/Messerschmidt* § 16 VOB/B Rdn. 270.
[178] A. A. *Ingenstau/Korbion/Locher* § 16 Nr. 3, VOB/B Rdn. 145.
[179] *Leinemann* § 16 VOB/B Rdn. 149.

## § 16 Nr. 4 [Teilschlusszahlungen]

**In sich abgeschlossene Teile der Leistung können nach Teilabnahme ohne Rücksicht auf die Vollendung der übrigen Leistungen endgültig festgestellt und bezahlt werden.**

**Literatur:** *Niemöller,* Der Abschlagszahlungsanspruch von eigens angefertigten oder angelieferten Stoffen oder Bauteilen nach § 632 a BGB – Mittel zur Zahlungsbeschleunigung, Festschrift für Walter Jagenburg zum 65. Geburtstag, 689; *Pause,* Verstoßen Zahlungspläne gem. § 3 II MaBV gegen geltendes Recht? NZBau 2001, 181.

### Übersicht

| | Rdn. | | Rdn. |
|---|---|---|---|
| **A. Allgemeines** | 1 | II. Abnahme | 10 |
| I. Überblick | 1 | III. Teilschlussrechnung | 12 |
| II. Systematische Einordnung des § 16 Nr. 4 VOB/B | 2 | IV. Verlangen der Teilschlusszahlung | 14 |
| III. Verhältnis zu den Vorschriften des BGB-Werkvertragsrechtes | 4 | V. Prüfung und Feststellung; Ablauf der Prüffrist | 15 |
| **B. § 16 Nr. 4 VOB/B im Einzelnen** | 8 | VI. Rechtsfolgen | 16 |
| I. In sich abgeschlossene Teilleistungen | 9 | **C. Vertragliche Abweichungen** | 18 |

## A. Allgemeines

### I. Überblick

Die Vorschrift des § 16 Nr. 4 VOB/B regelt sachlich eine Unterform der Schlusszahlung im Sinne des § 16 Nr. 3 VOB/B. Durch die Teilschlusszahlung gemäß § 16 Nr. 4 VOB/B wird eine endgültige Abrechnung einer bestimmten Teilleistung herbeigeführt. Sie unterscheidet sich damit von den Abschlagszahlungen des § 16 Nr. 1 VOB/B dadurch, dass die Abrechnung abschließend ist und von der Schlusszahlung des § 16 Nr. 3 VOB/B dadurch, dass nicht der gesamte Vergütungsanspruch der Auftragnehmer erfasst wird. Von der Vorauszahlung gemäß § 16 Nr. 2 VOB/B grenzt sich die Teilschlusszahlung schließlich noch dadurch ab, dass sie erst nach Leistungserbringung durch den Auftragnehmer zu leisten ist. 1

### II. Systematische Einordnung des § 16 Nr. 4 VOB/B

Die Bestimmung des § 16 Nr. 4 VOB/B ist sowohl im Hinblick auf die tatbestandlichen Voraussetzungen der Teilschlusszahlung als auch auf ihrer Rechtsfolgen ergänzungsbedürftig. Ebenso wie bei der Schlusszahlung im Sinne des § 16 Nr. 3 Abs. 1 VOB/B bedarf es der Abnahme der abzurechnenden Leistungen, allerdings beschränkt auf den abzurechnenden Leistungskomplex.[1] Ausreichend ist eine Teilabnahme im Sinne des § 12 Nr. 2 VOB/B. Weiterhin muss zur Herbeiführung der Fälligkeit eine prüffähige Teilschlussrechnung vorliegen und diese durch den Auftraggeber sodann geprüft und die Teilschlusszahlung festgestellt werden, alternativ die Prüffrist von 2 Monaten ab Zugang der Teilschlussrechnung verstrichen sein.[2] 2

---

[1] *Ingenstau/Korbion/Locher* § 16 Nr. 4 VOB/B Rdn. 3.
[2] *Heiermann/Riedl/Rusam* § 16 VOB/B Rdn. 127.

3   Die Rechtsfolgen einer Teilschlusszahlung ergeben sich sodann, vorbehaltlich einer Unwirksamkeit dieser Klausel wegen Unvereinbarkeit mit § 307 BGB, aus § 16 Nr. 3 Abs. 2 VOB/B. Die Vorschriften des § 16 Nr. 3 Abs. 3–6 VOB/B gelten auch für die Teilschlusszahlung.[3]

### III. Verhältnis zu den Vorschriften des BGB-Werkvertragsrechtes

4   Die Vorschriften des BGB zu Teilzahlungen beschränken sich auf die §§ 632a, 641 Abs. 1 S. 2 BGB. Beide Regelungen enthalten hierbei zum Teil erheblich abweichende Bestimmungen gegenüber § 16 Nr. 4 VOB/B.

5   Die Abschlagszahlung nach § 632a BGB kann zwar nur unter ähnlichen Voraussetzungen wie die Teilschlusszahlung nach § 16 Nr. 4 VOB/B beansprucht werden, führt aber anders als jene nicht zu einer abschließenden Abgeltung des zugrunde liegenden, in sich abgeschlossenen Leistungsteils.[4]

6   Die Regelung des § 641 Abs. 1 S. 2 BGB ermöglicht ebenfalls Teilzahlungen für gesondert abzunehmende Leistungsteile, setzt allerdings voraus, dass die Vertragsparteien eine entsprechende Verpflichtung zu Teilabnahmen schaffen.[5] Ohne ausdrückliche Abrede besteht daher abweichend von der Regelung des § 16 Nr. 4 VOB/B kein Anspruch auf Teilzahlungen. Dementsprechend stellt sich § 16 Nr. 4 VOB/B zusammen mit § 12 Nr. 2 VOB/B als Ausfüllung des ergänzungsbedürftig angelegten § 641 Abs. 1 S. 2 BGB dar.[6]

7   Die Bestimmung des § 16 Nr. 4 VOB/B begegnet, soweit sie sich auf die Ermöglichung einer Teilschlusszahlung als solches beschränkt, keinen Wirksamkeitsbedenken im Hinblick auf eine Inhaltskontrolle gemäß § 307 BGB. Die abschließende Abrechnung von Teilleistung nach deren Teilabnahme wird in § 641 Abs. 1 S. 2 BGB ausdrücklich ermöglicht, so dass es bereits einer Abweichung von der gesetzlichen Regelung durch diese Klausel ermangelt. Allerdings ist auch im Falle der Teilschlusszahlung die Vereinbarkeit des § 16 Nr. 3 Abs. 2 VOB/B mit § 307 BGB nicht gegeben, so dass jedenfalls bei vom Auftraggeber als Verwender gestellter VOB/B die Geltendmachung der Schlusszahlungseinrede auch bei der Teilschlusszahlung mangels wirksamer Vereinbarung ausscheidet.[7]

## B. § 16 Nr. 4 VOB/B im Einzelnen

8   Der Anspruch auf die Teilschlusszahlung setzt voraus, dass ein in sich abgeschlossener Teil der Leistung vom Auftraggeber abgenommen worden ist, der Auftragnehmer eine prüfbare Teilschlussrechnung gelegt hat und diese Teilschlussrechnung vom Auftraggeber geprüft und die Teilschlusszahlung festgestellt worden oder die zweimonatige Prüffrist abgelaufen ist.

### I. In sich abgeschlossene Teilleistungen

9   Voraussetzung einer Teilschlusszahlung ist das Vorliegen einer in sich abgeschlossenen Teilleistung im Sinne des § 12 Nr. 2 VOB/B. Der Auftragnehmer muss daher eine funktional selbstständige Leistung erbracht haben, die als solches auf ihre Tauglichkeit überprüft werden kann.[8] Das kann etwa bei einer vollständigen Sanitärinstallation der Fall sein, die von

---

[3] *Kapellmann/Messerschmidt* § 16 VOB/B Rdn. 274.
[4] BGH 30. 9. 2004 VII ZR 187/03 BauR 2004, 1940; *Niemöller* FS Jagenburg, 690 ff.; *Pause* NZBau 2001, 181, vgl. auch § 16 Nr. 1 Rdn. 6 ff.
[5] BGH 10. 2. 1994 VII ZR 20/93, NJW 1994, 1276.
[6] *Heiermann/Riedl/Rusam* § 16 VOB/B Rdn. 129.
[7] Vgl. § 16 Nr. 3 Rdn. 10 f.
[8] *Kapellmann/Messerschmidt* § 16 VOB/B Rdn. 275; *Ingenstau/Korbion/Locher* § 16 Nr. 4 VOB/B Rdn. 2.

einer zugleich beauftragten Heizungsinstallation abgrenzbar ist.[9] Einzelne Bauteile – Decken, Wände – stellen demgegenüber regelmäßig eine solche Teilleistung nicht dar und können folglich auch nicht Grundlage einer Teilschlusszahlung im Sinne des § 16 Nr. 4 VOB/B werden.[10] Wegen der Details zu den Voraussetzungen einer in sich abgeschlossenen Teilleistung wird auf die Kommentierung zu § 12 Nr. 2 VOB/B verwiesen.

## II. Abnahme

Die entsprechende Teilleistung muss abgenommen werden.[11] Insoweit gelten die allgemeinen Abnahmeregelungen des § 12 VOB/B. Abweichend vom Fall des BGB-Werkvertrages, für den grundsätzlich das sich aus § 266 BGB ergebende Recht zur Verweigerung der Annahme von Teilleistungen gilt, wird durch § 12 Nr. 2 VOB/B für den VOB/B-Vertrag ein Anspruch des Auftragnehmers auf eine Teilnahme bei Vorliegen einer in sich abgeschlossenen Teilleistung begründet.[12] 10

Die Abnahme kann als förmliche wie auch als konkludente Abnahme ausgestaltet werden. Mit Rücksicht auf den Wortlaut des § 12 Nr. 5 Abs. 1 VOB/B scheidet allerdings die Abnahmefiktion durch Ablauf der vom Auftragnehmer durch die Fertigstellungsmitteilung in Lauf gesetzten Frist aus. Eine Teilleistung kann bereits begrifflich nicht das Erfordernis der fertig gestellten Leistung ausfüllen.[13] Möglich ist allerdings die Abnahme gemäß § 12 Nr. 5 Abs. 2 VOB/B durch Ingebrauchnahme der Teilleistung durch den Auftraggeber.[14] Es muss allerdings im Einzelfall geprüft werden, ob die Ingebrauchnahme der Teilleistung als Billigung der Werkleistung zu würdigen ist. Eine solche Billigung kann insbesondere in den Fällen nicht angenommen werden, in denen der Auftraggeber zur Fortführung anderer Leistungen einen Teil der Arbeiten des Auftragnehmers in Gebrauch nimmt, im Übrigen aber Differenzen über die Vollständigkeit der Werkerstellung oder das Vorliegen von Mängeln bestehen.[15] 11

## III. Teilschlussrechnung

Der Auftragnehmer muss eine prüfbare Teilschlussrechnung legen.[16] Die Voraussetzungen an diese ergeben sich aus § 14 Nr. 1 VOB/B. Als Unterfall der Schlussrechnung des § 16 Nr. 3 VOB/B gelten die dort aufgezeigten Konsequenzen der fehlenden Prüffähigkeit[17] entsprechend. Das gilt insbesondere im Hinblick auf die Fiktion der Prüffähigkeit nach Ablauf von 2 Monaten seit Zugang der Teilschlussrechnung, wenn der Auftraggeber nicht zuvor substantiierte Einwendungen erhoben hat, aus denen der Auftragnehmer entnehmen kann, welche Bedenken des Auftragebers gegen die Prüffähigkeit er ausräumen muss.[18] 12

Sofern die Teilschlussrechnung vom Auftragnehmer nicht erstellt wird, kann grundsätzlich unter den Voraussetzungen des § 14 Nr. 4 VOB/B der Auftraggeber eine Teilschlussrechnung erstellen.[19] Mit Rücksicht darauf, dass die Teilschlussrechnung, wie die Schlussrechnung im Sinne des § 16 Nr. 3 VOB/B, Voraussetzung für die Inlaufsetzung der Verjährungsfrist ist, hat der Auftraggeber ein berechtigtes Interesse daran, ggf. selbst für Teilleistungen eine entsprechende Abrechnung herbeizuführen. 13

---

[9] BGH 10. 7. 1975 II ZR 64/73 BauR 1975, 423.
[10] BGH 6. 5. 1968, VII ZR 33/66, NJW 1968, 1524.
[11] *Ingenstau/Korbion/Locher* § 16 Nr. 4 VOB/B Rdn. 3.
[12] *Ingenstau/Korbion/Oppler* § 12 Nr. 2 VOB/B Rdn. 4; *Kapellmann/Messerschmidt* § 12 VOB/B Rdn. 71.
[13] *Kapellmann/Messerschmidt* § 12 VOB/B Rdn. 74.
[14] *Heiermann/Riedl/Rusam* § 12 VOB/B Rdn. 44 a.
[15] *Ingenstau/Korbion/Oppler* § 12 Nr. 5 VOB/B Rdn. 24.
[16] OLG Hamm 27. 6. 2000 21 U 111/99, BauR 2002, 1105.
[17] Vgl. § 16 Nr. 3 Rdn. 25 ff.
[18] BGH 23. 9. 2004, VII ZR 173/03, NZBau 2005, 40.
[19] *Leinemann* § 16 VOB/B Rdn. 152.

## IV. Verlangen der Teilschlusszahlung

**14** Die Teilschlusszahlung muss von einer Vertragspartei verlangt werden. Daraus folgt zunächst, dass auch bei Vorlage der weiteren Tatbestandsvoraussetzungen eine Teilschlusszahlung nicht geleistet werden muss, wenn keine der Vertragsparteien dieses will.[20] Wird der Anspruch auf Teilschlusszahlung – in der Regel vom Auftragnehmer – indes geltend gemacht, ist diese zu leisten. § 16 Nr. 4 VOB/B begründet einen Anspruch[21] und stellt nicht lediglich eine Ermessensvorschrift dar.[22] Die Gegenauffassung ist mit § 641 Abs. 1 Satz 2 BGB nicht vereinbar, da nach § 12 Nr. 2 VOB/B der Auftraggeber zur Teilabnahme verpflichtet ist.[23]

## V. Prüfung und Feststellung; Ablauf der Prüffrist

**15** Ebenso wie bei der Schlussrechnung ist die Schlussrechnung vom Auftraggeber zu prüfen und die Teilschlusszahlung festzustellen. Mit der Feststellung wird die Teilschlusszahlung fällig, spätestens jedoch 2 Monate nach Zugang der Teilschlussrechnung. § 16 Nr. 3 Abs. 1 VOB/B gilt entsprechend.[24] Die Vorschriften des § 16 Nr. 3 Abs. 1 Satz 3 VOB/B zur Zahlung eines unbestrittenen Guthabens als Abschlagszahlung gelten für den Fall der Teilschlussrechnung ebenfalls.

## VI. Rechtsfolgen

**16** Die eigenständig begründete Fälligkeit der Teilschlusszahlung führt dazu, dass der Vergütungsanspruch des Auftragnehmers auch verjährungsrechtlich auseinander fällt. Mit Schluss des Jahres, in dem die Fälligkeit der jeweiligen Teilschlusszahlung eintritt, beginnt gemäß § 199 BGB die Verjährungsfrist für diese. Die Teilschlussrechnung im Sinne des § 16 Nr. 4 VOB/B entfaltet dabei abschließenden Charakter, so dass die in ihr erfassten Forderungen anders als Abschlagsforderungen nicht nochmals in einer weiteren Schlussrechnung erfasst werden können.[25] Die Teilschlusszahlung unterscheidet sich damit auch in diesem Punkt maßgeblich von den Abschlagszahlungen im Sinne des § 16 Nr. 1 VOB/B.

**17** Auf die Teilschlusszahlungen im Sinne des § 16 Nr. 4 VOB/B ist, geht man überhaupt von einer grundsätzlichen Zulässigkeit dieser Klausel aus, § 16 Nr. 3 Abs. 2 VOB/B entsprechend anwendbar.[26] Dem Auftraggeber steht daher auch bei der Teilschlusszahlung der Schlusszahlungseinwand zu, allerdings inhaltlich beschränkt auf die Vergütungsansprüche des Auftragnehmers für die in sich abgeschlossene Teilleistung.[27] Vergütungsansprüche des Auftragnehmers wegen anderer Leistungsgegenstände bleiben damit von der Teilschlusszahlung in jedem Fall unberührt.

## C. Vertragliche Abweichungen

**18** Der Anspruch auf Teilschlusszahlung kann, auch durch Allgemeine Geschäftsbedingungen, ausgeschlossen werden. Da § 641 Abs. 1 Satz 2 BGB die Möglichkeit zu einer Teilzah-

---

[20] *Heiermann/Riedl/Rusam* § 16 VOB/B Rdn. 130.
[21] *Ingenstau/Korbion/Locher* § 16 Nr. 4 VOB/B Rdn. 7.
[22] A. A. *Nicklisch/Weick* § 16 VOB/B Rdn. 72.
[23] *Kapellmann/Messerschmidt* § 16 VOB/B Rdn. 280.
[24] *Ingenstau/Korbion/Locher* § 16 Nr. 4 VOB/B Rdn. 4.
[25] *Kapellmann/Messerschmidt* § 16 VOB/B Rdn. 282.
[26] Offen gelassen von BGH 11. 3. 1982 VII ZR 104/81 NJW 1982, 1594.
[27] *Ingenstau/Korbion/Locher* § 16 Nr. 4 Rdn. 6.

Teilschlusszahlungen                                                                                     § 16 Nr. 4

lung von einer diesbezüglichen Vereinbarung über Teilabnahmen abhängig macht, bestehen auch mit Rücksicht auf § 307 BGB keine Bedenken gegen den Ausschluss des Anspruches auf Teilabnahme nach § 12 Nr. 2 VOB/B oder der Teilschlusszahlung nach § 16 Nr. 4 VOB/B. Ein Verstoß gegen gesetzliche Grundgedanken liegt in beiden Varianten der Abweichung von der VOB/B nicht vor. Allerdings ist mit der Abdingung von § 16 Nr. 4 VOB/B bzw. § 12 Nr. 2 VOB/B die VOB/B nicht mehr als Ganzes vereinbart.

Ebenfalls möglich ist es, auch durch Allgemeine Geschäftsbedingungen die Voraussetzungen für Teilschlusszahlungen zu erleichtern, insbesondere eine solche auch für nicht in sich abgeschlossene Teile der Leistung zuzulassen.[28] § 641 Abs. 1 Satz 2 BGB stellt lediglich darauf ab, dass für gesondert abzunehmende Teile der Leistung eine Teilzahlung erfolgen könne, nicht hingegen, dass die gesondert abzunehmenden Teile der Leistung in sich abgeschlossen im Sinne des § 12 Nr. 2 VOB/B sein müssten. Sofern die Vertragsparteien daher Regelungen zum Abnahmerecht auch bei nicht in sich abgeschlossenen Teilleistungen treffen, stellt sich das nicht als Abweichung von § 641 BGB dar, so dass eine entsprechende Gestaltung auch AGB-rechtlich unproblematisch ist. **19**

---

[28] *Ingenstau/Korbion/Locher* § 16 Nr. 4 Rdn. 8.

## § 16 Nr. 5 [Zahlungen und Zahlungsverzug]

(1) Alle Zahlungen sind aufs äußerste zu beschleunigen.

(2) Nicht vereinbarte Skontoabzüge sind unzulässig.

(3) Zahlt der Auftraggeber bei Fälligkeit nicht, so kann ihm der Auftragnehmer eine angemessene Nachfrist setzen. Zahlt er auch innerhalb der Nachfrist nicht, sohat der Auftragnehmer vom Ende der Nachfrist an Anspruch auf Zinsen in Höhe der § 288 BGB angegebenen Zinssätze, wenn er nicht einen höheren Verzugsschaden nachweist.

(4) Zahlt der Auftraggeber das fällige unbestrittene Guthaben nicht innerhalb von 2 Monaten nach Zugang der Schlussrechnung, so hat der Auftragnehmer für dieses Guthaben abweichend von Absatz 3 (ohne Nachfristsetzung) ab diesem Zeitpunkt Anspruch auf Zinsen in Höhe der in § 288 BGB angegebenen Zinssätze, wenn er nicht einen höheren Verzugsschaden nachweist.

(5) Der Auftragnehmer darf in den Fällen der Absätze 3 und 4 die Arbeiten bis zur Zahlung einstellen, sofern die dem Auftraggeber zuvor gesetzte angemessene Nachfrist erfolglos verstrichen ist.

Literatur: *Grimme*, Die Vergütung beim Werkvertrag, 1987; *Kainz*, Zur Wertung von Skontoangeboten von öffentlichen Aufträgen, BauR 1998, 219; *Kainz*, Skonto und Preisnachlass beim Bauvertrag, 4. Aufl. 1998; *Kratzenberg*, Der Beschluss des DVA-Hauptausschusses zur Neuherausgabe der VOB 2002 (Teile A und B), NZBau 2002, 177; *Kronenbitter*, Der Skontoabzug in der Praxis der VOB/B, BB 1984, 2030; *Nettesheim*, Skonto bei nur teilweiser Bezahlung innerhalb der Skontofrist?, BB 1991, 1724; *Peters*, Fälligkeit und Verzug bei den Zahlungsansprüchen des Bauunternehmers nach der VOB/B, NZBau 2002, 305; *Stellmann/Isler*, Der Skontoabzug im Bauvertragswesen – Ein dogmatischer und praktischer Leitfaden –, ZfBR 2004, 633; *Weyand*, Die Skontovereinbarung in einem der VOB/B unterliegenden Bauvertrag unter besonderer Berücksichtigung der VOB/A, BauR 1988, 58.

### Übersicht

| | Rdn. |
|---|---|
| A. Allgemeines | 1 |
| I. Übersicht | 1 |
| II. Verhältnis zu den Vorschriften des BGB | 2 |
| B. § 16 Nr. 5 VOB/B im Einzelnen | 5 |
| I. Beschleunigungsgebot | 5 |
| II. Skontoabzüge | 6 |
| 1. Skontoeinräumung durch Vertrag | 7 |
| 2. Abgrenzung | 8 |
| 3. Modalitäten der Skontoabrede | 14 |
| 4. Inhalt der Skontoabrede | 16 |
| a) Skontofähige Zahlungen | 17 |
| b) Skontofrist und -höhe | 24 |
| 5. Skontoberechtigende Zahlungen | 27 |
| a) Zahlung innerhalb der Skontofrist | 27 |
| b) Teilzahlungen | 32 |
| 6. Abweichende Vereinbarungen in AGB | 35 |
| 7. Beweislast | 37 |
| III. Zahlungsverzug des Auftraggebers | 38 |
| 1. Voraussetzungen des Zinsanspruchs | 39 |
| a) Fälligkeit der Zahlung | 40 |
| b) Nachfrist | 41 |
| c) Nichtzahlung | 44 |
| 2. Zinshöhe | 45 |
| 3. Unbestrittene Guthaben | 47 |
| 4. Weitergehende Zinsansprüche | 48 |
| IV. Recht zur Arbeitseinstellung | 49 |

## A. Allgemeines

### I. Übersicht

1   § 16 Nr. 5 VOB/B befasst sich mit der Bewirkung der Zahlung als solcher sowie Konsequenzen für den Fall der Nichtleistung fälliger Zahlungen. § 16 Nr. 5 Abs. 1 u. 2 VOB/B enthalten programmatische Aussagen ohne rechtlichen Regelungsgehalt zur Bewirkung von Zahlungen mit schnellstmöglicher Beschleunigung sowie zum Verbot von nicht

vereinbarten Skontoabzügen. Mit § 16 Nr. 5 Abs. 3 VOB/B wird eine Erschwerung des Verzugseintrittes des Auftraggebers gegenüber der Bestimmung des § 286 BGB begründet, während durch § 16 Nr. 5 Abs. 4 VOB/B für unbestrittene Guthaben ein Eintritt des Zahlungsverzuges ohne vorausgehende Mahnung herbeiführt wird. Durch § 16 Nr. 5 Abs. 5 VOB/B wird für den Fall des fruchtlosen Ablaufes einer vom Auftragnehmer gesetzten Frist zur Zahlung das Recht zur Leistungseinstellung durch den Auftragnehmer geregelt.

## II. Verhältnis zu den Vorschriften des BGB

§ 16 Nr. 5 Abs. 3 stellt eine von den Vorschriften des BGB zum Verzugseintritt abweichende Regelung auf. Während § 286 Abs. 1 BGB einen Verzugseintritt nach Fälligkeit allein auf Grund einer Mahnung herbeiführt, ist es nach § 16 Nr. 5 Abs. 3 VOB/B erforderlich, dass eine nach Eintritt der Fälligkeit gesetzte Nachfrist fruchtlos abläuft. Darüber hinaus ist abweichend von § 286 Abs. 3 BGB ein Verzugseintritt ohne Mahnung nur in sehr eingeschränktem Umfang nach Maßgabe des § 16 Nr. 5 Abs. 4 VOB/B möglich. Nur im Falle der Nichtzahlung des unbestrittenen Guthabens aus der Schlussrechnung binnen 2 Monaten nach Zugang der Schlussrechnung kommt es zum Verzug des Auftraggebers ohne Mahnung. Ein Verzug aufgrund Mahnung oder einer dieser gemäß § 286 Abs. 2 BGB gleichgestellten Maßnahme ist damit weder bei Abschlagszahlungen noch hinsichtlich des streitigen Teiles einer Schlusszahlung möglich.[1] Soweit § 16 Nr. 5 Abs. 4 VOB/B anwendbar ist, erfolgt der Verzugseintritt allerdings regelmäßig zu einem früheren Zeitpunkt als nach der Regelung des BGB. Hinsichtlich des unbestrittenen Guthabens kommt es mit Fälligkeitseintritt zugleich zum Verzug und nicht, wie im Falle des § 286 Abs. 3 BGB, erst 30 Tage nach Eintritt der Fälligkeit.[2]

Die Regelung des § 16 Nr. 5 Abs. 3 und 4 VOB/B weicht damit von § 286 BGB in mehrfacher Hinsicht ab, wobei dieses überwiegend zu Lasten des Auftragnehmers erfolgt. Die Begünstigung im Hinblick auf das unbestrittene Guthaben ist demgegenüber in tatsächlicher Hinsicht unerheblich, da es ein unbestrittenes Guthaben kaum gibt. Darüber hinaus muss bei einer entsprechenden Kompensationsbetrachtung berücksichtigt werden, dass der Fälligkeitszinsanspruch gemäß § 641 Abs. 4 BGB beim VOB/B-Vertrag nicht besteht,[3] so dass sich der gegenüber der gesetzlichen Regelung ggf. frühere Verzugsbeginn relativiert.

Die Gesamtregelung des § 16 Nr. 5 Abs. 3, 4 VOB/B führt daher zu einer unbilligen Benachteiligung des Auftragnehmers von den Leitbildcharakter aufweisenden Vorschriften des § 286 BGB, was dazu führt, dass die den Verzugseintritt beschränkenden Regelungen der Inhaltskontrolle nach § 307 BGB nicht standhalten.[4] Weder die Einräumung einer zusätzlichen Nachfrist, die schon mit Rücksicht auf die Prüfdauer des § 16 Nr. 3 Abs. 1 VOB/B nicht geboten ist, noch der Ausschluss des Verzuges ohne Mahnung bei der Mehrzahl der Zahlungsansprüche sind durch Besonderheiten des Bauvertrages zu rechtfertigen.

Das gilt sowohl im Falle der isolierten Inhaltskontrolle, als auch, jedenfalls nach der hier vertretenen Auffassung,[5] im Falle der Vereinbarung der VOB/B als Ganzes.

---

[1] *Kratzenberg* NZBau 2002, 177, 184.
[2] MünchKomm/*Ernst* § 286 BGB Rdn. 86.
[3] OLG Naumburg 25. 9. 1996, 5 U 109/96 NJW-RR 1997, 404; *Heiermann/Riedl/Rusam* § 16 VOB/B Rdn. 143.
[4] Wie hier: OLG Düsseldorf 13. 3. 2003, 5 U 102/02, NJW-RR 2003, 1245; *Ingenstau/Korbion/Locher* § 16 Nr. 5 Rdn. 11; a. A. *Peters* NZBau 2002, 305, 308, der allerdings von der Unwirksamkeit des § 16 Nr. 3 Abs. 1 VOB/B hinsichtlich der zweimonatigen Prüffrist ausgeht.
[5] Vgl. vor § 16 Rdn. 13.

## B. § 16 Nr. 5 VOB/B im Einzelnen

### I. Beschleunigungsgebot

5   Gemäß § 16 Nr. 5 Abs. 1 VOB/B sind sämtliche Zahlungen auf äußerste zu beschleunigen. Diese Verpflichtung des Auftraggebers zeichnet sich dadurch aus, dass ein eigenständiger und einklagbarer Anspruch des Auftragnehmers aus ihm nicht abgeleitet werden kann.[6] Sachlich stellt sich diese Klausel daher als rein programmatische Äußerung dar.[7] Insbesondere ergibt sich aus der Bestimmung des § 16 Nr. 5 Abs. 1 VOB/B nicht, dass der Auftraggeber die ihm nach Maßgabe von § 16 Nr. 1 bzw. § 16 Nr. 3 VOB/B eingeräumten Prüffristen nicht ausschöpfen dürfte. Der Auftragnehmer kann insbesondere aus dem Umstand, dass der Auftraggeber zwar eine beschleunigte Prüfung und Feststellungen der geschuldeten Zahlungen vornehmen könnte, dieses jedoch nicht tut, keinerlei Schadensersatzansprüche herleiten. Sanktioniert ist vielmehr lediglich eine solche Zahlungsverzögerung, die auch die Voraussetzungen des § 16 Nr. 5 Abs. 3–5 VOB/B ausfüllt, bei denen somit zumindest, wie auch bei § 286 BGB, ein fälliger Anspruch gegeben ist. Da damit die Nichtbeachtung des Gebotes zur äußersten Beschleunigung der Zahlungen in jeder Beziehung sanktionslos bleibt, beschränkt sich die Bedeutung dieser Klausel auf einen reinen Appellcharakter.

### II. Skontoabzüge

6   Der normative Regelungsgehalt zum § 16 Nr. 5 Abs. 2 VOB/B beschränkt sich auf die Aussage, dass nicht vereinbarte Skontoabzüge unzulässig sind.[8] Positiv gewendet enthält diese Bestimmung daher nur die Aussage, dass geschuldete Zahlungen auch vollständig geleistet werden müssen.

#### 1. Skontoeinräumung durch Vertrag

7   Eine Regelung zu der Vereinbarung von Skontoabzügen enthält die VOB/B insgesamt nicht. Wenn daher eine Skontoberechtigung eingeräumt werden soll, bedarf es einer ausdrücklichen Vereinbarung im Rahmen des Bauvertrages. Ein entsprechender Handelsbrauch oder eine Verkehrssitte, die das Recht zu einem Skontoabzug unabhängig von einer ausdrücklichen Vereinbarung eröffnen würde, existiert nicht.[9]

#### 2. Abgrenzung

8   Welche rechtlichen Konsequenzen bei der Vereinbarungen eines „Skontos" im Bauvertrag tatsächlich gewollt sind, ist im Wege der Auslegung dieses Vertrages zu ermitteln. Die Verwendung des Begriffes „Skonto" rechtfertigt jedenfalls nicht ohne weitere die Annahme, dass auch tatsächlich ein Skonto gewollt war. Insoweit ist eine Abgrenzung sowohl zum Abgebot als auch zum Nachlass bzw. Rabatt erforderlich.

9   Eine Gewährung von Skonto ist die Einräumung eines, regelmäßig prozentual bestimmten Abzuges vom Rechnungsbetrag im Falle der Zahlung innerhalb bestimmter Fristen oder vermittels Bargeld.[10] Es liegt damit ein aufschiebend bedingter Teilerlass für den Fall vor, dass

---

[6] *Nicklisch/Weick* § 16 VOB/B Rdn. 76; *Heiermann/Riedl/Rusam* § 16 VOB/B 132.

[7] A. A. *Ingenstau/Korbion/Locher* § 16 Nr. 5 VOB/B Rdn. 2 ohne hieraus jedoch abweichende Konsequenzen abzuleiten.

[8] *Kapellmann/Messerschmidt* § 16 VOB/B Rdn. 289.

[9] *Ingenstau/Korbion/Locher* § 16 Nr. 5 VOB/B Rdn. 4; *Heiermann/Riedl/Rusam* § 16 VOB/B 134.

[10] *Kapellmann/Messerschmidt* § 16 VOB/B Rdn. 290.

die Skontobedingungen eingehalten werden.[11] Eine entsprechende Skontoabrede führt daher nicht zu einer Reduzierung des geschuldeten Entgeltes, sondern stellt sich als Vergütung des Auftragnehmers für die in der Vorfälligkeitszahlung liegende Kreditierung durch den Auftraggeber dar. Die Skontoabrede ist dementsprechend reine Zahlungsabrede. Sie ist dabei zwar tendenziell auf eine Zahlung vor Fälligkeit ausgerichtet,[12] aber auch in der Form möglich, dass die Skontofrist erst nach Eintritt der Fälligkeit endet. Der Gegenauffassung ist zwar zuzustimmen, dass das Skonto eine Vergütung für eine rasche Liquiditätszuführung durch den Auftraggeber und damit eine überobligatorische Leistung sein soll.[13] Die Anwendungspraxis ist aber mit auch von der Rechtsprechung anerkannten Klauseln über diese enge Auffassung des Skontobegriffes hinweggegangen und lässt dementsprechend eine Skontoziehung auch dann noch zu, wenn sich der Auftraggeber „nur" vertragsgemäß verhält, somit mit Zahlungen nicht auch noch in Verzug gerät.[14]

Aufgrund der Anknüpfung an bestimmte Zahlungsziele unterscheidet sich die Skontogewährung von einem Rabatt oder Abgebot, bei dem der entsprechende, häufig ebenfalls prozentual ermittelte Nachlass unabhängig von weiteren Voraussetzungen, insbesondere unabhängig vom Zahlungszeitpunkt gewährt wird. Im Falle der Rabattgewährung wird die Vergütungsforderung dementsprechend von vornherein nur in reduzierter Höhe begründet.[15]

10

Die Skontogewährung kann in der Gestalt eines Barzahlungsskontos – bei kurzfristiger Bargeldzahlung nach Rechnungslegung[16] –, als Vorauszahlungskonto oder als Vorzielzahlungskonto erfolgen.[17] Beim VOB/B-Vertrag hat lediglich das Vorzielzahlungskonto Bedeutung, da Barzahlungen ungebräuchlich sind und das Vorauszahlungskonto mit Rücksicht auf die gesonderte Vereinbarung zu einer Vorauszahlung gemäß § 16 Nr. 2 VOB/B gegenstandslos ist.[18]

11

Was zwischen den Bauvertragsparteien dementsprechend tatsächlich gewollt ist, ist unter Zugrundelegung der vorstehenden Differenzierungskriterien zu ermitteln, somit insbesondere danach auszulegen, inwieweit der Nachlass von der Einhaltung von Zahlungsfristen abhängig gemacht wird – dann Skonto – oder von entsprechenden Zahlungsfristen völlig unabhängig ist – dann Rabatt bzw. Abgebot –.

12

Die Möglichkeit zur Auslegung findet allerdings ihre Grenzen insoweit, als eine Auslegung einer unklaren oder unvollständigen Skontovereinbarung in ein Abgebot oder einen Rabatt ausscheidet. Der erkennbare, aber unvollständig umgesetzte Wille der Parteien, dem Auftraggeber in Gestalt eines Skontos eine Vergütung für eine Zahlung innerhalb der vereinbarten Zahlungsfristen zu gewähren, kann nicht in eine von der Einhaltung von Zahlungsfristen unabhängigen Reduzierung des Vergütungsanspruches umgedeutet werden.[19] Mängel der Skontoabrede führen daher im Regelfall dazu, dass eine Skontoberechtigung ausscheidet.[20]

13

## 3. Modalitäten der Skontoabrede

Eine Skontoabrede kann sowohl bei Vertragsschluss als auch noch nachfolgend während der Vertragsdurchführung vereinbart werden. Grundsätzlich kommt hierbei auch eine kon-

14

---

[11] BGH 11. 2. 1998 VIII ZR 287/97, NJW 1998, 1302.
[12] *Stellmann/Isler* ZfBR 2004, 633, 635.
[13] *Kainz* Skontoabzug, 58.
[14] OLG Karlsruhe 22. 1. 1999 14 U 146/97, BauR 1999, 1028; OLG Celle 4. 3. 2004, 14 U 226/03, NJW-RR 2004, 1165; *Ingenstau/Korbion/Locher* § 16 Nr. 5 VOB/B Rdn. 8.
[15] *Kainz* Skontoabzug, 57.
[16] OLG Düsseldorf 14. 12. 1982, 21 U 102/82, BauR 1985, 333.
[17] *Kronenbitter* BB 1984, 2030; *Ingenstau/Korbion/Locher* § 16 Nr. 5 Rdn. 5.
[18] *Kronenbitter* BB 1984, 2031.
[19] OLG Stuttgart 27. 7. 1997, 10 U 286/96, BauR 1998, 798; *Weyand* BauR 1988, 58, 59; *Kainz* BauR 1998, 219, 226.
[20] *Werner/Pastor* Rdn. 1278; *Leinemann* § 16 VOB/B Rdn. 158.

kludente Vereinbarung einer Skontoabrede in Betracht, wobei allerdings das stillschweigende Hinnehmen von gekürzten Zahlungen durch die Auftragnehmer nicht den Erklärungswert der Annahme eines in der Kürzung durch den Auftraggeber liegenden Angebotes auf Abschluss einer Skontoabrede enthält.[21] Insoweit bedarf es eines objektiv erkennbaren Bestätigungswillens des Auftragnehmers, die etwa darin gesehen werden kann, dass dieser bei fortgeschriebenen Rechnungen nicht die tatsächlich geleisteten Abschlagszahlungen ausweist, sondern die Beträge, die sich unter Hinzurechnung des vom Auftraggeber vorgenommenen Skontoabzuges ergeben.

15 Die Skontoabrede kann, wie auch andere vertragliche Nebenabreden, sowohl individualvertraglich als auch durch Allgemeine Geschäftsbedingungen[22] begründet werden, wobei allerdings im letztgenannten Fall insbesondere das Transparenzgebot beachtet werden muss. Ein unklarer Inhalt einer Skontoklausel geht zu Lasten des Verwenders und schließt die Skontoberechtigung regelmäßig vollständig aus.[23]

### 4. Inhalt der Skontoabrede

16 Inhaltlich setzt die Skontoabrede voraus, dass in hinreichend klarer und vollständiger Form niedergelegt wird, von welchen Zahlungen, in welcher Höhe und unter Wahrung welcher Zahlungsfristen ein Skontoabzug berechtigt sein soll.

17 **a) Skontofähige Zahlungen.** Geregelt werden muss daher insbesondere, ob die Skontoziehung bei allen Zahlungen oder nur bei bestimmten Zahlungen gestattet sein soll. Bei der Vereinbarung einer Skontoberechtigung „bei allen zu leistenden Zahlungen" ist der Auftraggeber berechtigt, auch von den Abschlagszahlungen Skonto abzuziehen.[24] Darüber hinaus muss klargestellt werden, ob die Skontoberechtigung davon abhängig gemacht werden soll, dass alle Zahlungen in der Skontofrist geleistet werden,[25] oder ob das Skontorecht von einer fristgerechten Leistung aller Einzelzahlungen unabhängig ist und jedenfalls für die Zahlungen besteht, die in der Skontofrist geleistet werden.[26]

18 Ermangelt es einer klaren Abrede dazu, von welcher Zahlung ein Skontoabzug erfolgen darf und ob ggf. die Skontoberechtigung davon abhängig sein soll, dass sämtliche geschuldeten Zahlungen fristgerecht gezahlt werden, muss die Skontoabrede ausgelegt werden. Insoweit geht die Auslegung einer Skontoabrede, soweit nicht das Transparenzgebot des § 307 Abs. 1 Satz 2 BGB zu Lasten des Verwenders die Unwirksamkeit der Skontoklauseln bei Vereinbarung in Allgemeinen Geschäftsbedingungen erzwingt, der Annahme ihrer vollständigen Unwirksamkeit vor.[27] Dem stehen auch die Regelungen zur Wertung von Angeboten bei Vergaben nicht entgegen,[28] da nicht nur Skontoregelungen einen auslegungsbedürftigen Inhalt haben können, sondern auch die weiteren Angebotsbedingungen, was indes ebenfalls nicht dazu führt, dass auslegungsbedürftige und -fähige Angebote bei der Submission unberücksichtigt bleiben müssten.[29]

19 Die dabei zugrunde zu legenden Auslegungsansätze sind umstritten. Nach einer Auffassung ist generell eine Einzelbeurteilung vorzunehmen, mit der Folge, dass bei jeder Zahlung und unabhängig von anderen Zahlungen ein Skontorecht besteht.[30] Die Gegen-

---

[21] OLG Hamm 14. 3. 1994, 17 U 200/93, NJW-RR 1994, 1474; *Ingenstau/Korbion/Locher* § 16 Nr. 5 Rdn. 4; a. A. OLG Köln 14. 8. 2003, 8 U 24/03, IBR 2004, 189 für den Fall der mehrjährigen widerspruchslosen Hinnahme von Skontoabzügen bei einer Vielzahl von Zahlungen.
[22] *Kapellmann/Messerschmidt* § 16 VOB/B Rdn. 292.
[23] OLG Düsseldorf 14. 12. 1982, 21 U 102/82, BauR 1985, 333.
[24] OLG Hamm 12. Januar 1994, 12 U 66/93, BauR 1994, 774; OLG Köln 30. 1. 1990, 22 U 181/90, NJW-RR 1990, 525.
[25] Vgl. OLG Celle 4. 3. 2004, 14 U 226/03, NJW-RR 2004, 1165; OLG Bremen 26. 11. 2003, 1 U 42/03, BauR 2004, 862.
[26] BGH 29. 6. 2000 VII ZR 186/99, NJW 2000, 3277.
[27] BGH 11. 2. 1998 VIII ZR 287/98, BauR 1998, 398; *Kapellmann/Messerschmidt* § 16 VOB/B Rdn. 292.
[28] OLG Köln 8. 10. 2002, 22 U 48/02, NZBau 2003, 377; a. A. *Weyand* BauR 1988, 58, 59 f.
[29] BGH 23. 6. 1994, VII ZR 163/93, NJW-RR 1994, 1108.
[30] *Werner/Pastor* Rdn. 1279; *Grimme* Die Vergütung beim Werkvertrag, 176.

position geht von der Notwendigkeit einer Gesamtbeurteilung aus und will eine Skontoziehung nur von der Schlussrechnung zulassen, wobei noch unterschiedliche Auffassungen dazu bestehen, ob eine entsprechende Skontoziehung davon abhängen soll, dass sämtliche Abschlagsrechnungen auch fristgerecht gezahlt worden sind,[31] oder ob die Skontoziehung davon unabhängig jedenfalls wegen solcher Beträge berechtigt sein soll, die fristgerecht gezahlt wurden.[32]

Richtig ist der Ausgangspunkt der Einzelbeurteilung. Sofern keine gegenteiligen Abreden im Vertrag getroffen worden sind, ist eine Skontoregelung, die ohne weitere Differenzierungen ein Skontorecht vorsieht, dahin auszulegen, dass das Recht zur Skontoziehung jeweils für jede Zahlung einzeln zu beurteilen ist. Durch eine Vorzielzahlung wird dem Auftragnehmer vom Auftraggeber ein Liquiditätsvorteil verschafft, der durch den Skontoabzug vergütet werden soll.[33] Dieser Liquiditätsvorteil tritt mit jeder einzelnen Zahlung ein und ist damit unabhängig davon, ob der Auftraggeber auch weitere Zahlungen in der vereinbarten Frist leistet. Wenn der Auftragnehmer eine Vergütung für die Verschaffung dieses Liquiditätsvorteiles nur dann gewähren will, wenn die Gesamtvergütung fristgerecht geleistet wird, muss er dieses ausdrücklich vereinbaren. Das kann etwa durch den Hinweis auf die uneingeschränkte Einhaltung der Zahlungsfristen der VOB/B als Voraussetzung einer Skontoberechtigung erfolgen.[34] **20**

Die einzelnen Skontoabzüge können auch bereits im Rahmen der Abschlagszahlungen realisiert werden.[35] Eine Veranlassung, den Auftraggeber auf die Abzugsmöglichkeiten im Rahmen der Schlussrechnung zu verweisen, besteht nicht.[36] Die bei den Abschlagszahlungen anzusetzenden Skontoabzüge sind endgültig, da der jeweilige Teilerlass durch den Skontoabzug in voller Höhe nachfolgend bei der Schlussrechnung zu berücksichtigen ist.[37] Hier gilt nichts anderes als bei der geleisteten Abschlagszahlung, die auch in voller Höhe bei der Schlussrechnung abzusetzen ist. Die Vergütung für den Liquiditätsvorteil steht bereits bei Gewährung dieses Vorteiles in Gestalt der Abschlagszahlung fest und ist damit unabhängig von der im Rahmen der Schlussrechnung zu treffenden Feststellung, ob dem Auftragnehmer überhaupt ein Vergütungsanspruch in Höhe der Abschlagszahlungen zusteht.[38] Die Vorläufigkeit der Abschlagszahlungen berührt lediglich die Frage, ob und in welchem Umfang der Auftragnehmer die empfangenen Zahlungen behalten darf. Der Umstand der bloß vorläufigen Abschlagszahlung rechtfertigt daher nicht, den Skontoabzug auf den Zeitpunkt der Schlusszahlung zu verschieben. **21**

Sofern die Skontoabzüge nicht bei den einzelnen Abschlagszahlungen erfolgen, können sie auch bei der Schlusszahlung, für alle skontofähigen Zahlungen, berücksichtigt werden. Nimmt der Auftraggeber auch im Rahmen der Schlussrechnung die ihm zustehenden Skontoabzüge nicht vor, kommt grundsätzlich ein Bereicherungsanspruch gemäß § 812 BGB in Betracht.[39] **22**

Ist auch im Wege der Auslegung eine eindeutige Bestimmung der skontofähigen Zahlungen nicht möglich oder scheitert eine Auslegung am Transparenzgebot des § 307 Abs. 1 Satz 2 BGB, ist die Skontovereinbarung insgesamt unwirksam. **23**

**b) Skontofrist und -höhe.** Ebenso wie bei der Ermittlung der skontofähigen Zahlungen ist auch bei den übrigen Skontobedingungen eine Auslegung möglich, soweit die Verein- **24**

---

[31] OLG München 4. 12. 1991, 27 U 346/91, NJW-RR 1992, 790.
[32] *Kapellmann/Messerschmidt* § 16 VOB/B Rdn. 299; *Ingenstau/Korbion/Locher* § 16 Nr. 5 VOB/B Rdn. 7.
[33] *Ingenstau/Korbion/Locher* § 16 Nr. 5 VOB/B Rdn. 7.
[34] OLG Celle 4. 3. 2004, 14 U 226/03, NJW-RR 2004, 1165.
[35] *Stellmann/Isler* ZfBR 2004, 633, 636.
[36] *Werner/Pastor* Rdn. 1279.
[37] LG Konstanz 27. 7. 1979, 7 S 41/79, BauR 1980, 79; *Grimme* Die Vergütung beim Werkvertrag, 176; *Kronenbitter* BB 1984, 2032.
[38] OLG Karlsruhe 22. 1. 1999, 14 U 146/97, BauR 1999, 1028; *Leinemann* § 16 VOB/B Rdn. 160; a. A. *Ingenstau/Korbion/Locher* § 16 Nr. 5 VOB/B Rdn. 7, der aber übersieht, dass die Vorläufigkeit der Abschlagszahlung nicht mit der Endgültigkeit des Liquiditätsvorteiles zu tun hat.
[39] *Stellmann/Isler* ZfBR 2004, 633, 637.

barung hierfür entsprechende Ansätze bietet. Auch hier ist allerdings erneut § 307 Abs. 1 Satz 2 BGB Rechnung zu tragen, was eine Auslegung einer Allgemeinen Geschäftsbedingung nur restriktiv zulässt.[40] Sind danach tragfähige Ansätze zu einer Auslegung der Skontovereinbarung nicht gegeben, was regelmäßig der Fall sein wird, wenn Bestimmungen zur Skontofrist überhaupt nicht, insbesondere auch nicht durch Bezugnahme auf § 16 Nr. 1, 3 VOB/B, getroffen wurden oder die Skontohöhe nicht geregelt ist, ist die Skontovereinbarung insgesamt unwirksam.[41] Das gilt auch für den Fall, dass zwar die Skontofrist, nicht aber der Fristbeginn der Vereinbarung entnommen werden kann.[42]

25  Regelungsgegenstand einer Skontoabrede muss der Beginn der Skontofrist sein. Regelmäßig wird auf den Eingang der Rechnung beim Auftraggeber abgestellt.[43] Problematisch ist in diesem Zusammenhang, welche Konsequenzen die Vorlage einer nicht prüfbaren Rechnung für die Inlaufsetzung der Skontofrist hat. Sofern der Auftraggeber die fehlende Prüffähigkeit selbst zu vertreten hat[44] oder trotz fehlender Prüffähigkeit eine Rechnungsprüfung vorgenommen hat,[45] kann er sich nicht darauf berufen, die Skontofrist sei nicht in Lauf gesetzt worden. Das gilt hinsichtlich der tatsächlich geprüften Rechnung jedenfalls dann, wenn der Auftraggeber nicht innerhalb des der Skontofrist entsprechenden Zeitraumes seit Zugang der Rechnung auf deren fehlende Prüfbarkeit hingewiesen hat.[46] Darüber hinaus wird aber auch bei einer nicht prüfbaren und nicht geprüften Schlussrechnung die Skontofrist jedenfalls dann mit dem Zeitpunkt in Lauf gesetzt, in dem die Rechnung dem Auftraggeber zugeht, wenn er nicht innerhalb dieser Frist den Auftragnehmer darauf hinweist, dass die Schlussrechnung nicht prüfbar ist.[47] Die Erwägungen, die zur Herbeiführung der Fälligkeit der Schlussrechnungsforderung bei Unterbleiben von Hinweisen auf die fehlende Prüffähigkeit der Schlussrechnung mit Ablauf der Frist des § 16 Nr. 3 Abs. 1 VOB/B eingreifen,[48] können sinngemäß auch auf die Skontovereinbarung übertragen werden. Das gilt allerdings nur hinsichtlich der Erteilung des Hinweises auf die fehlende Prüffähigkeit als solches. Eine substantiierte Hinweiserteilung, die es dem Auftragnehmer ermöglicht, die Mängel seiner Abrechnung abzustellen, ist demgegenüber nicht notwendig, um die Inlaufsetzung der Skontofrist durch den Zugang der nicht prüfbaren Schlussrechnung zu verhindern.

26  Ein Verständnis einer unvollständigen, nicht im Wege der Auslegung zu ergänzenden Skontovereinbarung dahingehend, dass dem Auftraggeber gemäß §§ 315, 316 BGB ein Bestimmungsrecht zustehen soll,[49] scheitert bereits daran, dass ein Parteiwille, der auf die Einräumung eines solchen einseitigen Bestimmungsrecht gerichtet wäre, nicht festzustellen sein wird.[50] Darüber hinaus gibt es weder eine dem billigen Ermessen entsprechende, allgemein anerkannte Skontofrist noch eine entsprechende Skontohöhe.

### 5. Skontoberechtigende Zahlungen

27  Die Berechtigung des Auftraggebers zum Skontoabzug besteht nur für solche Zahlungen, die entsprechend der Skontovereinbarung geleistet werden.

28  **a) Zahlung innerhalb der Skontofrist.** Die Rechtzeitigkeit einer Zahlung ist nach allgemeinen Grundsätzen zu beurteilen. Maßgeblich ist folgerichtig gemäß §§ 270, 269

---

[40] *Heiermann/Riedl/Rusam* § 16 VOB/B Rdn. 136.
[41] OLG Stuttgart 27. 7. 1997, 10 U 286/96, BauR 1998, 798; *Kapellmann/Messerschmidt* § 16 VOB/B Rdn. 292.
[42] *Ingenstau/Korbion/Locher* § 16 Nr. 5 Rdn. 8; *Nettesheim* BB 1991, 1724.
[43] OLG München, 27. 2. 1987, 23 U 4946/86, ZfBR 1988, 151.
[44] LG München I 16. 3. 1989 11 O 20714/88, NJW-RR 1989, 852.
[45] OLG Düsseldorf U. v. 19. 11. 1999 – 22 U 90/99, NZBau 2000, 78.
[46] *Werner/Pastor* Rdn. 1278.
[47] OLG München 27. 2. 1997, 23 U 4946/86, ZfBR 1988, 151.
[48] BGH 23. 9. 2004 VII ZR 173/03, NZBau 2005, 40; § 16 Nr. 3, Rdn. 27.
[49] *Kronenbitter* BB 1984, 2031.
[50] *Werner/Pastor* Rdn. 1278, *Stellmann/Isler* ZfBR 2004, 633, 634; a. A. *Ingenstau/Korbion/Locher* § 16 Nr. 5 VOB/B Rdn. 8.

BGB die Bewirkung der Leistungshandlung durch den Auftraggeber vor Ablauf der Frist, nicht hingegen der Eintritt des Leistungserfolges innerhalb der Skontofrist.[51] Im Falle der Scheckzahlung ist fristwahrend damit die Aufgabe des Schecks auf den Postweg.[52] Auf den Zeitpunkt, wann der Scheck in die Verfügungsgewalt des Auftragnehmers gelangt ist, kommt es in diesem Zusammenhang nicht an. Die hiergegen erhobene Einwendung, Erfüllungsort[53] für die beiderseitigen Verpflichtungen aus dem Bauvertrag sei der Ort des Bauvorhabens mit der Folge, dass die §§ 270 Abs. 4, 269 Abs. 1 BGB nicht anwendbar seien,[54] ist nicht überzeugend. Diese Auffassung übersieht bereits, dass der Auftragnehmer seinen Sitz regelmäßig nicht am Sitz des Bauvorhabens hat und damit eine Herbeiführung des Leistungserfolges oder auch nur der Leistungshandlung am Erfüllungsort des Bauvorhabens jedenfalls nicht dazu führen würde, dass am Sitz des Auftragnehmers zu leisten wäre. Wenn der Auftragnehmer eine Skontogewährung von einem rechtzeitigen Zahlungseingang abhängig machen will, muss er dieses daher ausdrücklich klarstellen; aus der Natur einer Skontovereinbarung ergibt sich solches nicht.[55]

Im Hinblick auf die Fristwahrung durch Überweisung der geschuldeten Vergütung gilt mit Rücksicht auf § 676a Abs. 1 BGB, dass hier die maßgebliche Leistungshandlung der Abschluss des Überweisungsauftrages zwischen dem Auftraggeber und seiner Bank ist. Abweichend von der bisherigen Rechtslage ist dementsprechend nicht mehr der Eingang des Überweisungsantrages bei der Bank des Auftraggebers und das Vorhandensein einer entsprechenden Deckung zur Wahrung der Frist maßgebend,[56] sondern das Zustandekommen des Überweisungsvertrages. Da die Sicherstellung des Leistungserfolges nicht mehr allein mit der einseitigen Weisung des Auftraggebers erfolgen kann, hat er als Leistungshandlung die zur Leistungsherbeiführung notwendige weitere Maßnahme, das Zustandekommen des Überweisungsvertrages, sicherzustellen. Das führt dazu, das der Auftraggeber seiner Leistungspflicht jedenfalls solange nicht Genüge getan hat, bis das in dem Überweisungsauftrag liegende Angebot auf Abschluss eines Überweisungsvertrages von der Bank angenommen worden ist. Eine Annahmeerklärung, deren Zugang gemäß § 151 BGB entbehrlich ist, wird in der Bearbeitung der Überweisung liegen, mit der Folge dass diese Bearbeitung durch die Bank für die Wahrung der Skontofrist maßgeblich ist.[57] Mit Rücksicht auf die nunmehr bestehende Notwendigkeit des Abschlusses eines Überweisungsvertrages als Leistungshandlung ist die Voraussetzung des Vorliegens einer ausreichenden Deckung auf dem Konto des Auftraggebers in Wegfall geraten. 29

Die Zahlung mit Wechsel ist schließlich in keinem Fall geeignet, die Skontofrist zu wahren, da dem Auftragnehmer mit dem Wechsel gerade keine sofort verfügbare Liquidität zur Verfügung gestellt wird.[58] 30

Sofern dem Auftraggeber eine Gegenforderung zusteht, mit der die Aufrechnung erklärt werden kann, ist der Eingang der Aufrechnungserklärung innerhalb der Skontofrist ebenfalls ausreichend, um das Skonto beanspruchen zu können,[59] sofern die Aufrechnung zulässig ist. Trotz § 389 BGB kommt es nicht auf den Zeitpunkt an, zu dem sich Forderung und Gegenforderung erstmalig aufrechenbar gegenüberstehen, sondern auf den Zeitpunkt des Zugangs der Aufrechnungserklärung.[60] Der Auftragnehmer soll innerhalb der Skontofrist 31

---

[51] *Ingenstau/Korbion/Locher* § 16 Nr. 5 VOB/B Rdn. 8.
[52] BGH 11. 2. 1998, VIII ZR 287/97, NJW 1998, 1302.
[53] BGH 5. 12. 1985, I ARZ 787/85, NJW 1986, 935.
[54] *Kainz* Skonto und Preisnachlass beim Bauvertrag, 170 f.
[55] *Heiermann/Riedl/Rusam* § 16 VOB/B Rdn. 139; *Kapellmann/Messerschmidt* § 16 VOB/B Rdn. 301; a. A. *Nettesheim* BB 1991, 1724, 1726; *Stellmann/Isler* ZfBR 2004, 633, 638.
[56] Zur alten Rechtslage OLG Köln 11. 1. 1990, 7 U 51/89, BauR 1990, 367.
[57] *Ingenstau/Korbion/Locher* § 16 Nr. 5 VOB/B Rdn. 8; *Stellmann/Isler* ZfBR 2004, 633, 638 f.; *Heiermann/Riedl/Rusam* § 16 VOB/B Rdn. 140 hat § 676a BGB nicht berücksichtigt.
[58] OLG Hamm 22. 9. 1986, 17 U 214/85, BauR 1987, 560; *Kapellmann/Messerschmidt* § 16 VOB/B Rdn., 301, *Heiermann/Riedl/Rusam* § 16 VOB/B Rdn. 140.
[59] *Kainz* Skonto und Preisnachlass beim Bauvertrag, 175.
[60] *Stellmann/Isler* ZfBR 2004, 633, 639.

abschließende Kenntnis von der Befriedigung der Vergütungsforderung erlangen, damit zum Zeitpunkt des Ablaufes der Skontofrist feststeht, ob durch die Aufrechnung die Voraussetzungen der Skontovereinbarungen erfüllt sind.

32 **b) Teilzahlungen.** Die Skontoberechtigung erlangt der Auftraggeber nur mit der Befriedigung der berechtigten Forderung des Auftragnehmers in vollem Umfang innerhalb der Skontofrist.[61] Die Skontogewährung ist, sofern sich aus der Skontovereinbarung nichts Gegenteiliges ergibt,[62] so auszulegen, dass der Auftragnehmer nur Skonto gewähren will, wenn seine berechtigte Forderung in vollem Umfang befriedigt wird.[63] Das ergibt sich nicht zuletzt aus § 266 BGB. Der Auftraggeber darf allerdings wegen Pflichtverletzungen des Auftragnehmers, insbesondere auf Grund von Mängeln, Gegenrechte geltend machen.[64] Problematisch erweisen sich hierbei die Fälle, in denen der Auftraggeber objektiv zu Unrecht das Vorliegen eines Mangels bejaht oder aber den Einbehalt zu hoch vornimmt. Soweit der Auftraggeber ohne nachvollziehbare Gründe zu entsprechenden Fehleinschätzungen gelangt, geht er, wie auch bei sonstigen nicht berechtigten Abzügen, seiner Skontoberechtigung verlustig.[65] Etwas anderes kann nach Treu und Glauben geboten sein, wenn der Auftraggeber aus objektiv nachvollziehbaren Gründen zu einer Fehleinschätzung hinsichtlich der Berechtigung der Einbehalte gelangt. Sofern dem Auftraggeber ein schuldhaftes Verhalten nicht zum Vorwurf gemacht werden kann, dürfte es geboten sein, ihm jedenfalls hinsichtlich des fristwahrend gezahlten Teilbetrages das Skontorecht zu gewähren.[66]

33 Fällt das Recht zum Einbehalt der Vergütungsforderung oder Teilen von dieser nachfolgend, etwa auf Grund Mängelbeseitigung durch den Auftragnehmer, weg, wird die Skontofrist mit dem Wegfall des Grundes für den Einbehalt in Lauf gesetzt.[67]

34 Keine Teilzahlung im vorgenannten Sinne stellt die um die Bauabzugsteuer bzw. die Umsatzsteuer gekürzte Zahlung an den Auftragnehmer dar, wenn der Auftraggeber gemäß § 48 EStG oder § 13 b UStG zur Abführung der entsprechenden Beträge an das zuständige Finanzamt verpflichtet ist. Das scheitert bereits mit Rücksicht auf die Tilgungswirkung der entsprechenden Zahlungen im Verhältnis zum Auftragnehmer. Da die abzuführenden Beträge zudem jeweils zu einem bestimmten, gesetzlich vorgegebenen Stichtag[68] an das zuständige Finanzamt abzuführen sind, kommt es auch für die Wahrung der Skontofrist nicht darauf an, dass die abzuführenden Steueranteile innerhalb der Skontofrist an das Finanzamt geleistet werden.[69]

### 6. Abweichende Vereinbarungen in AGB

35 Aufgrund der Regelungsnotwendigkeit der Skontobedingungen besteht, auch in AGB, eine weitreichende Regelungsfreiheit. AGB-rechtlich problematisch sind allerdings solche Klauseln, die hinsichtlich der Skontomodalitäten überraschend sind oder aber dem Transparenzgebot nicht genügen. Das gilt insbesondere für Klauseln, die Skontoabzüge auch deutlich nach Eintritt der Fälligkeit der Zahlungen noch zulassen sollen. Klauseln in Allgemeinen Geschäftsbedingungen, die nicht erkennen lassen, wann und für welche Zahlungen eine Skontoberechtigung bestehen soll, sind insgesamt unwirksam.[70]

36 Schließlich sind Allgemeine Geschäftsbedingungen des Auftraggebers, durch die die Inlaufsetzung der Skontofrist von Ereignissen, deren Eintritt vom Auftragnehmer nicht mehr

---

[61] KG 12. 12. 2003, 4 U 63/01, IBR 2005, 187.
[62] OLG Hamm NJW-RR 1985, 856.
[63] OLG Düsseldorf 19. 11. 1999, 22 U 90/99, BauR 2000, 729.
[64] *Ingenstau/Korbion/Locher* § 16 Nr. 5 VOB/B Rdn. 6.
[65] KG 12. 12. 2003, 4 U 63/01, IBR 2005, 187.
[66] OLG Karlsruhe MDR 1980, 933; *Stellmann/Isler* ZfBR 2004, 633, 637; *Nettesheim* BB 1991, 1724, 1726 f.
[67] *Werner/Pastor* Rdn. 1280; *Ingenstau/Korbion/Locher* § 16 Nr. 5 VOB/B Rdn. 6.
[68] § 48 a EStG für die Bauabzugsteuer und § 18 UStG für die Umsatzsteuer.
[69] So auch *Stellmann/Isler* ZfBR 2004, 633, 639.
[70] BGH 25. 1. 1996, VII ZR 233/94, NJW 1996, 1346.

beeinflusst werden kann, abhängig gemacht werden soll, wegen Unvereinbarkeit mit § 307 BGB unwirksam. Das gilt etwa für Klauseln, die die Skontofrist erst beginnen lassen mit dem Abschluss der Schlussrechnungsprüfung[71] oder der Übergabe der geprüften Rechnung durch den Architekten an den Auftraggeber.[72]

## 7. Beweislast

Die Darlegungs- und Beweislast für den Abschluss der Skontovereinbarung, den Beginn 37 der Skontofrist und die rechtzeitige Zahlung obliegt dem Auftraggeber.[73]

### III. Zahlungsverzug des Auftraggebers

Die Bestimmungen von § 16 Nr. 5 Abs. 3, 4 VOB/B regeln abweichend von den 38 §§ 286 f. BGB die Bedingungen, unter denen der Auftraggeber mit Zahlungen in Verzug gerät. Grundsätzlich setzt danach § 16 Nr. 5 Abs. 3 VOB/B voraus, dass der Auftragnehmer dem Auftraggeber nach Eintritt der Fälligkeit der Forderung eine Nachfrist setzen muss, deren fruchtloser Ablauf zum Verzug führt. Lediglich im Falle des § 16 Nr. 5 Abs. 4 VOB/B tritt Verzug des Auftraggebers mit der Zahlung des unbestrittenen Guthabens im Sinne des § 16 Nr. 3 Abs. 1 VOB/B ohne weitere Mahnung oder Fristsetzung zwei Monate nach Zugang der Schlussrechnung ein. Der Zinsanspruch bestimmt sich der Höhe nach aus § 288 BGB. Dem Auftragnehmer bleibt jedoch vorbehalten, einen höheren Verzugsschaden nachzuweisen.

## 1. Voraussetzungen des Zinsanspruchs

Der Zahlungsverzug des Auftraggebers setzt voraus, dass ein fälliger Zahlungsanspruch des 39 Auftragnehmers besteht, und dem Auftraggeber eine angemessene Nachfrist zur Zahlung gesetzt worden ist, die fruchtlos abläuft.

**a) Fälligkeit der Zahlung.** Der Auftraggeber muss bei Fälligkeit die von ihm geschulde- 40 ten Zahlungen nicht leisten. Voraussetzung ist damit mit Ausnahme des Falles der Vorauszahlung, dass eine Leistungserbringung des Auftragnehmers vorliegt, er diese prüffähig abgerechnet hat und diese Abrechnung geprüft und die sich daraus ergebende Zahlung vom Auftraggeber festgestellt wird, alternativ die nach Maßgabe von § 16 Nr. 3 VOB/B angesetzten Höchstfristen von 2 Monaten bei der Schlusszahlung abgelaufen sind.[74] Vorauszahlungen sind, vorbehaltlich der Zug um Zug ggf. zu stellenden Sicherheit, sofort fällig.

**b) Nachfrist.** Der Auftragnehmer muss nach Eintritt der Fälligkeit des Vergütungs- 41 anspruches dem Auftraggeber eine angemessene Nachfrist setzen, innerhalb derer die Zahlung zu bewirken ist. Die entsprechende Nachfristsetzung ist nach Maßgabe von § 16 Nr. 5 Abs. 3 VOB/B konstitutiv und lediglich in den Fällen entbehrlich, in denen der Auftraggeber die Leistung bereits ernsthaft und endgültig verweigert hat.[75] Eine solche Verweigerung kann auch in einem unbedingten Klageabweisungsantrag liegen.[76]

Die Nachfrist muss angemessen sein, wobei sie so ausreichend bemessen sein muss, dass 42 der Auftraggeber bei objektiver Betrachtung in der Lage ist, innerhalb der gesetzten Frist die erforderlichen Maßnahmen zur Zahlungsbewirkung zu treffen. Dabei ist maßgeblich allein der Zeitraum, der für die tatsächliche Zahlungsdurchführung erforderlich ist, während die Liquiditätsbeschaffung als solches nicht zu den im Rahmen der angemessenen Frist zu

---

[71] LG Berlin 18. 10. 1984, 93 S 1/84, BauR 1986, 700.
[72] OLG Frankfurt 21. 9. 1988, 17 U 191/87, NJW-RR 1988, 1485.
[73] BGH 11. 2. 1998, VIII ZR 287/97, BauR 1998, 398.
[74] *Kapellmann/Messerschmidt* § 16 VOB/B Rdn. 309.
[75] OLG Düsseldorf 13. 3. 2003 5 U 102/02, NJW-RR 2003, 1245.
[76] BGH 8. 12. 1983, VII ZR 139/82, NJW 1984, 1460.

bewirkenden Handlungen zählt.[77] Als angemessen dürfte, auch unter Berücksichtigung der üblichen Verkehrszeiten von Kreditinstituten und der Möglichkeiten des elektronischen Zahlungsverkehrs, eine Frist von wenigen Werktagen sein.[78] Ein Nachfrist von zwei Wochen ist, insbesondere mit Rücksicht auch auf die Zahlungsfristen des § 16 Nr. 1 VOB/B deutlich zu lang.[79] Setzt der Auftragnehmer dem Auftraggeber eine unangemessen kurze Frist, wird hierdurch eine angemessene Frist in Lauf gesetzt, mit deren Ablauf der Auftraggeber in Verzug gerät.[80]

43 Die Nachfristsetzung kann formlos erfolgen.[81] Sie sollte allerdings aus Beweiszwecken schriftlich niedergelegt werden. Eine Nachfristsetzung im Sinne des § 16 Nr. 5 Abs. 3 VOB/B liegt auch in der Aufforderung des § 692 Abs. 1 Nr. 3 ZPO zur Zahlung binnen 2 Wochen nach Zustellung des Mahnbescheides, so das der Auftragnehmer auch mit der Beantragung des Mahnbescheides die entsprechende Nachfristsetzung bewirken kann.[82] Adressat der Nachfristsetzung ist der Auftraggeber, nicht hingegen ein etwa mit der Rechnungsprüfung beauftragter Architekt. Da die Zahlungsbewirkung durch den Auftraggeber zu erfolgen hat und nicht durch dessen Architekten, ist zutreffender Ansprechpartner immer der Vertragspartner des Auftragnehmers.[83] Soweit der Auftragnehmer seinen Vergütungsanspruch zediert hat, muss die entsprechende Nachfristsetzung durch den tatsächlichen Forderungsinhaber, somit durch den Zessionar erfolgen.[84]

44 **c) Nichtzahlung.** Der Auftraggeber muss sodann innerhalb der ihm gesetzten Nachfrist, ggf. der angemessenen Nachfrist, die fällige Zahlung nicht geleistet haben. Vorbehaltlich eines allerdings vom Auftraggeber nachzuweisenden fehlenden Verschuldens an der Nichtzahlung liegt sodann Schuldnerverzug hinsichtlich der Zahlung vor. Sofern dem Auftraggeber Gegenrechte wegen Mängeln zustehen, scheidet ein Verzug und damit auch eine Verzinsungspflicht aus, da ein entsprechendes Zurückbehaltungsrecht gemäß § 320 BGB die Fälligkeit[85] des Vergütungsanspruches des Auftragnehmers beseitigt.[86] Hinzuweisen ist allerdings in diesem Zusammenhang darauf, dass die Verjährung des Vergütungsanspruches von einem Zurückbehaltungsrecht des Auftraggebers nicht tangiert wird. § 205 BGB ist auf die Fälle des gesetzlichen Zurückbehaltungsrechtes nicht anwendbar.

## 2. Zinshöhe

45 Mit der VOB/B 2002 ist der Zinsanspruch der Höhe nach an die Vorgaben des BGB gekoppelt worden, so dass § 288 BGB eingreift. Geschuldet werden daher Zinsen in Höhe von 5 Prozentpunkten (bei Verbrauchern als Auftraggebern) bzw. 8 Prozentpunkten über dem Basiszinssatz nach § 247 BGB. Dem Auftragnehmer ist allerdings unbelassen, einen höheren als den im BGB geregelten Verzugsschaden nachzuweisen und geltend zu machen. Der konkrete Nachweis eines höheren Verzugsschadens kann dem Auftragnehmer im Regelfall nur gelingen, wenn er die Inanspruchnahme von Kredit zu Konditionen, die die Zinssätze des § 288 BGB übersteigen, nachweist und er darlegen kann, dass bei rechtzeitiger Zahlung diese Darlehen zinsreduzierend zurückgeführt worden wären und dieses nach

---

[77] OLG Frankfurt 13. 3. 1986, 5 U 35/83, NJW-RR 1987, 979; *Ingenstau/Korbion/Locher* § 16 Nr. 5 VOB/B Rdn. 17; *Nicklisch/Weick* § 16 VOB/B Rdn. 80; a. A. *Heiermann/Riedl/Rusam* § 16 VOB/B Rdn. 148.
[78] *Leinemann* § 16 VOB/B Rdn. 167.
[79] A. A. *Ingenstau/Korbion/Locher* § 16 Nr. 5 Rdn. 17; *Kapellmann/Messerschmidt* § 16 VOB/B Rdn. 310.
[80] BGH 21. 6. 1985, V ZR 134/84, NJW 1985, 2640.
[81] *Ingenstau/Korbion/Locher* § 16 Nr. 5 Rdn. 18.
[82] BGH 3. 7. 1986, VII ZR 91/85, BauR 1986, 585; unter den weiteren Voraussetzungen des § 696 Abs. 3 ZPO besteht allerdings in diesem Fall ab Zustellung des Mahnbescheides auch der Prozesszinsanspruch nach § 291 BGB.
[83] *Kapellmann/Messerschmidt* § 16 VOB/B Rdn. 315.
[84] BGH 21. 6. 1985, V ZR 134/84, NJW 1985, 2640.
[85] A. A., aber unzutreffend *Ingenstau/Korbion/Locher* § 16 Nr. 5 VOB/B Rdn. 11: fehlendes Verschulden des Auftraggebers.
[86] BGH 14. 1. 1971, VII ZR 3/69, BGHZ 55, 198; BGH 6. 5. 1999, VII ZR 180/98, BauR 1999, 1025.

Maßgabe des Kreditvertrages auch zulässig gewesen wäre.[87] Der Sache nach wird eine solche Möglichkeit lediglich bei Kontokorrentdarlehen bestehen. Die weitere Behauptung des Auftragnehmers, er hätte bei rechtzeitiger Zahlung der Vergütung durch den Auftraggeber die empfangenen Gelder gewinnbringend anlegen können und hierdurch höhere Zinsen erzielt, als sie in § 288 BGB vorgesehen sind, dürfte im Wesentlichen theoretischer Natur sein.

Die Vereinbarung eines höheren als des gesetzlich vorgesehenen Zinssatzes durch Allgemeine Geschäftsbedingungen ist wegen Verstoßes gegen § 307 BGB im kaufmännischen Verkehr und im Übrigen wegen Verstoßes gegen § 309 Nr. 5 BGB unwirksam.[88]  **46**

### 3. Unbestrittene Guthaben

Durch die Neufassung der VOB/B 2002 ist § 16 Nr. 5 Abs. 4 neu eingeführt worden. **47** Nach Maßgabe dieser Regelung tritt Verzug hinsichtlich des unbestrittenen Guthabens aus der Schlussrechnung auch dann ein, wenn der Auftraggeber diese Guthaben nicht binnen 2 Monaten nach Zugang der Schlussrechnung zahlt. Einer Mahnung oder Nachfristsetzung bedarf es in diesem Falle nicht. Die Bestimmung des § 16 Nr. 5 Abs. 4 VOB/B entspricht tendenziell der Regelung des § 286 Abs. 3 BGB mit der Maßgabe, dass der Verzugseintritt nur hinsichtlich des unstreitigen Guthabens besteht und darüber hinaus der Zeitraum zwischen Zugang der Rechnung und Eintritt des Verzuges zwei Monate beträgt. Da der Fall des nicht gezahlten unbestrittenen Guthabens faktisch ohne wesentliche Relevanz ist, kommt der durch die VOB/B 2002 eingeführten Regelung nur geringe Bedeutung zu.[89] Auf Grund der erheblichen Einschränkungen gegenüber § 286 Abs. 3 BGB ist diese Klausel insbesondere nicht geeignet, die AGB-rechtlichen Bedenken gegen § 16 Nr. 5 Abs. 3 VOB/B auszuräumen.

### 4. Weitergehende Zinsansprüche

In zeitlicher Hinsicht weitergehende Zinsansprüche als jene, die § 16 Nr. 5 Abs. 3 **48** VOB/B vorsieht, kann der Auftragnehmer im Regelfall nicht geltend machen. Abgesehen von dem praktisch unbedeutenden § 16 Nr. 5 Abs. 4 VOB/B bestehen zeitlich zu einem früheren Zeitpunkt ansetzende Zinsansprüche nur nach § 291 BGB,[90] soweit der Auftragnehmer die Rechtshängigkeit des Vergütungsanspruches vor dem Ablauf einer Nachfrist gemäß § 16 Nr. 5 Abs. 3 VOB/B herbeiführt. Ein Fälligkeitszinsanspruch nach Maßgabe des § 641 Abs. 4 BGB besteht beim VOB/B-Vertrag mit Rücksicht auf die abschließenden Regelungen des § 16 VOB/B nicht.[91]

## IV. Recht zur Arbeitseinstellung

Nach Maßgabe von § 16 Nr. 5 Abs. 5 hat der Auftragnehmer schließlich unbeschadet des **49** Verzinsungsanspruchs noch das Recht, die Arbeiten solange einzustellen, bis er die Zahlung vom Auftraggeber erhält, derentwegen dieser im Verzug ist. Das Recht zur Arbeitseinstellung besteht, auch im Falle des Verzugseintrittes nach Maßgabe von § 16 Nr. 5 Abs. 4 VOB/B, nur, wenn dem Auftraggeber zuvor eine fruchtlos verlaufene Nachfrist im Sinne des § 16 Nr. 5 Abs. 3 VOB/B zur Zahlung gesetzt worden ist. Sachlich handelt es sich bei dieser Klausel um eine besondere Ausprägung des Zurückbehaltungsrechts des § 320 Abs. 1 BGB.[92]

---

[87] OLG Düsseldorf 26. 5. 1994, 5 U 242/93, OLGR Düsseldorf 1994, 292; *Werner/Pastor* Rdn. 1285.
[88] *Ingenstau/Korbion/Locher* § 16 Nr. 5 VOB/B Rdn. 22.
[89] So auch *Ingenstau/Korbion/Locher* § 16 Nr. 5 VOB/B Rdn. 32.
[90] *Werner/Pastor* Rdn. 1285.
[91] BGH 19. 2. 1964, I b ZR 203/62, NJW 1964, 1223; *Ingenstau/Korbion/Locher* § 16 Nr. 5 Rdn. 28.
[92] *Kapellmann/Messerschmidt* § 16 VOB/B Rdn. 329.

**50** Die praktische Bedeutung der Klausel ist relativ gering. Im Falle der Leistung von Schlusszahlungen kommt eine Arbeitseinstellung regelmäßig nicht mehr in Betracht, da zu diesem Zeitpunkt bereits sämtliche Leistungen erbracht sein müssen. Lediglich bei Teilschlusszahlungen kann noch ein Recht zur Arbeitseinstellung bestehen.[93] Eine Mängelbeseitigung kann der Auftragnehmer unter Verweis auf fällige Zahlungen nicht verweigern, da seine Vorleistungspflicht insoweit gerade nicht aufgehoben wird.[94] Von Bedeutung ist das Recht zur Arbeitseinstellung daher allenfalls bei unbezahlten Abschlagsrechnungen, wobei allerdings das Risiko des Auftragnehmers, sachlich zu Unrecht die Arbeit einzustellen, nicht unerheblich ist, wenn sich nachfolgend herausstellt, das Verzug des Auftraggebers nicht vorlag. Sofern sich die Arbeitseinstellung nachfolgend als nicht berechtigt darstellt, ist er dem Auftraggeber schadensersatzpflichtig und geht darüber hinaus das Risiko ein, dass der Auftraggeber nach §§ 5 Nr. 4, 8 Nr. 3 VOB/B das Vertragsverhältnis kündigt.

**51** Umstritten ist, ob der Auftragnehmer vor einer Arbeitseinstellung zusätzlich zu der Nachfristsetzung noch eine besondere Androhung der Arbeitseinstellung vornehmen muss.[95] Die Frage ist, von Ausnahmefällen abgesehen, zu verneinen. Eine besondere Schutzbedürftigkeit des Auftraggebers besteht auch mit Rücksicht auf § 18 Nr. 4 VOB/B nicht. Zwar stellt § 16 Nr. 5 Abs. 5 VOB/B eine Ausnahme zu diesem dar. Das rechtfertigt allerdings nicht, den Auftragnehmer zu weiteren Rechtsfolgenbelehrungen zu den Verzugsfolgen zu zwingen. Etwas anderes kann gelten, wenn dem Auftragnehmer ohne weiteres erkennbar ist, dass der Auftraggeber hinsichtlich der Konsequenzen der Nachfristsetzung Fehlvorstellungen erlegen ist. Hier wird, auch mit Rücksicht auf das Kooperationsverhältnis der am Bau Beteiligten, eine vorherige Ankündigung der Arbeitseinstellung, geboten sein, wobei eine entsprechende Erklärung allerdings auch schon mit der Nachfristsetzung gemäß § 16 Nr. 5 Abs. 3 VOB/B verbunden werden kann.

**52** Kommt es in Folge der Arbeitseinstellung zu Behinderungen, bestimmen sich die Rechtsfolgen nach § 6 Nr. 2, 4 VOB/B hinsichtlich etwaiger Fristverlängerungen sowie wegen des weitergehenden Schadensersatzanspruchs des Auftragnehmers nach § 6 Nr. 6 VOB/B.[96] Erfasst werden auf diesem Wege insbesondere Lohn- und Materialpreiserhöhungen, die im Zeitraum der Arbeitseinstellung anfallen. Da es sich hierbei um einen Verzugsschadensersatzanspruch handelt, können entsprechende Kostensteigerungen auch dann geltend gemacht werden, wenn durch Vertragsbedingungen eine Preisanpassung ausgeschlossen worden ist.[97] Als weiteres Folgerecht kann der Auftragnehmer, allerdings nur bei noch nicht schlussgerechneten Leistungen, gemäß § 9 Nr. 1 b VOB/B das Vertragsverhältnis kündigen. Sofern bereits eine Schlussrechnung gelegt worden ist, die Leistungen somit abgeschlossen sind, scheidet eine Kündigung aus sachlichen Gründen aus.

**53** Abweichungen von § 16 Nr. 5 Abs. 5 VOB/B durch Allgemeine Geschäftsbedingungen scheitern an §§ 307, 309, Nr. 2 BGB, soweit sie das Zurückbehaltungsrecht des Auftragnehmers beschränken sollen, und an § 307 BGB, soweit zu Lasten des Auftraggebers die Vorleistungspflicht des Auftragnehmers durch Ausweitung seines Rechtes zur Arbeitseinstellung erreicht werden soll.[98]

---

[93] *Heiermann/Riedl/Rusam* § 16 VOB/B Rdn. 156.
[94] OLG Düsseldorf 1. 8. 1995 – 21 U 225/94, NJW-RR 1996, 170.
[95] Bejahend *Kapellmann/Messerschmidt* § 16 VOB/B Rdn. 332, *Ingenstau/Korbion/Locher* § 16 Nr. 5 VOB/B Rdner. 36; ablehnend *Nicklisch/Weick* § 16 VOB/B Rdn. 85.
[96] *Leinemann* § 16 VOB/B Rdn. 178.
[97] *Ingenstau/Korbion/Locher* § 16 Nr. 5 VOB/B Rdn. 33.
[98] *Ingenstau/Korbion/Locher* § 16 Nr. 5 VOB/B Rdn. 38.

## § 16 Nr. 6 [Zahlung an Dritte]

Der Auftraggeber ist berechtigt, zur Erfüllung seiner Verpflichtungen aus den Nummern 1 bis 5 Zahlungen an Gläubiger des Auftragnehmers zu leisten, soweit sie an der Ausführung der vertraglichen Leistung des Auftragnehmers aufgrund eines mit diesem abgeschlossenen Dienst- und Werkvertrags beteiligt sind, wegen Zahlungsverzugs des Auftragnehmers die Fortsetzung ihrer Leistung zu Recht verweigern und die Direktzahlung die Fortsetzung der Leistung sicherstellen soll. Der Auftragnehmer ist verpflichtet, sich auf Verlangen des Auftraggebers innerhalb einer von diesem gesetzten Frist darüber zu erklären, ob und inwieweit er die Forderungen seiner Gläubiger anerkennt; wird diese Erklärung nicht rechtzeitig abgegeben, so gelten die Voraussetzungen für die Direktzahlung als anerkannt.

Literatur: *Siebeck*, Zur Problematik der Zahlung an Dritte nach § 16 Nr. 6 VOB/B, BauR 1976, 238; *Bergmann*, Grundlagen der Vergütungsregelung nach BGB und § 16 VOB/B, ZfBR 1998, 59; *Dähne*, Zur Problematik des § 16 Nr. 6 VOB/B: Zahlung an Dritte, BauR 1976, 29.

### Übersicht

| | Rdn. | | Rdn. |
|---|---|---|---|
| A. Allgemeines | 1 | IV. Andere Rechtsgründe für Leistungen des Auftraggebers an den Dritten | 16 |
| I. Überblick | 1 | | |
| II. Verhältnis zu den Vorschriften des BGB | 3 | B. § 16 Nr. 6 VOB/B im Einzelnen | 18 |
| 1. Dogmatische Einordnung | 3 | I. Zahlungspflicht gegenüber dem Auftragnehmer | 19 |
| 2. Vereinbarkeit mit § 307 BGB | 6 | | |
| III. Anwendungsausschlüsse | 7 | II. Dienst- oder Werkvertragsverhältnis des Dritten mit dem Auftragnehmer | 21 |
| 1. Abtretung | 8 | | |
| 2. Zession an den Dritten | 9 | III. Berechtigte Leistungsverweigerung des Dritten | 25 |
| 3. Forderungspfändung | 10 | | |
| 4. Insolvenz des Auftragnehmers | 11 | IV. Sicherstellung der Fortsetzung der Leistungen | 26 |
| 5. Wirtschaftliche Krise des Auftragnehmers | 12 | | |
| a) Anfechtbarer Erwerb des Dritten | 13 | V. Erklärung des Auftragnehmers und Fiktion der Voraussetzungen der Direktzahlung | 27 |
| b) Leistungspflicht des Dritten | 14 | VI. Rechtsfolgen | 29 |

## A. Allgemeines

### I. Überblick

Durch § 16 Nr. 6 VOB/B wird dem Auftraggeber die Möglichkeit eingeräumt, im Verhältnis zum Auftragnehmer schuldbefreiend an einen Dritten zu leisten, sofern dieser Dritte im Verhältnis zum Auftragnehmer auf Grund eines Dienst- oder Werkvertrages an dem Bauvorhaben beteiligt ist, der Auftragnehmer in Zahlungsverzug ist, die Dritten mit Rücksicht darauf ein Leistungsverweigerungsrecht ausüben und die Zahlung die Fortsetzung der Leistungen sicherstellen soll. § 16 Nr. 6 VOB/B ist durch die VOB/B 2002 umfassend neugestaltet worden, um insbesondere den von der Rechtsprechung zur Vorfassung vertretenen AGB-rechtlichen Wirksamkeitsbedenken entgegentreten zu können. Als Ergebnis dieser Neuformulierung, die dazu geführt hat, dass der Auftraggeber nur noch solche Zahlungen an Dritte leisten kann, die die Fortsetzung der vom Auftragnehmer geschuldeten Leistungen sicherstellen soll, ist von der Wirksamkeit der Klausel auch im Falle einer isolierten Inhaltskontrolle auszugehen. 1

§ 16 Nr. 6 VOB/B ist allerdings auch weiterhin strukturell unausgereift, da in den Fällen der Vollstreckung in die Vergütungsforderung des Auftragnehmers, darüber hinaus aber vor 2 allem auch bei der Insolvenz des Auftragnehmers die Möglichkeit einer schuldbefreienden Zahlung durch den Auftraggeber an den Dritten nicht besteht. Zudem stellen sich Zahlungen innerhalb der Krisensituation des Auftragnehmers im Verhältnis zum Dritten als Danaergeschenk dar, da geleistete Zahlungen vielfach der Insolvenzanfechtung nach Maßgabe der §§ 129 ff. InsO unterliegen und damit vom Dritten an den Auftragnehmer bzw. dessen Insolvenzverwalter ausgekehrt werden müssen.

## II. Verhältnis zu den Vorschriften des BGB

### 1. Dogmatische Einordnung

3   Nach Maßgabe der gesetzlichen Vorschriften kommt eine Zahlung eines Dritten (Auftraggeber) auf eine Verbindlichkeit des Schuldners (Auftragnehmer) nur in den Fällen der § 267 Abs. 1 sowie § 362 Abs. 2 BGB in Betracht. Im Falle des § 267 Abs. 1 BGB führt allerdings die Zahlung an den Dritten (Gläubiger des Auftragnehmers) nicht zur Tilgung der Verbindlichkeiten des Auftraggebers im Verhältnis zum Auftragnehmer. Der Auftraggeber ist vielmehr bei Zahlungen an den Gläubiger regelmäßig auf bereicherungsrechtliche Ansprüche gegenüber dem Auftragnehmer beschränkt,[1] mit denen sodann ggf. die Aufrechnung gegen den Vergütungsanspruch des Auftragnehmers erklärt werden kann.

4   Bei § 362 Abs. 2 BGB liegt demgegenüber eine Ermächtigung des Gläubigers (Auftragnehmers) der Forderung vor, die Leistung mit schuldbefreiender Wirkung auch an einen Dritten (Gläubiger des Auftragnehmers) erbringen zu dürfen. Im Falle der Ermächtigung gemäß § 185 BGB tritt daher durch die Leistung an den Dritten auch die Befriedigung des Anspruches des Auftragnehmers gegen den leistenden Auftraggeber ein.[2] Inwieweit die Leistung an den Dritten auch dessen Ansprüche gegenüber dem Gläubiger zum Erlöschen bringt, ist nach Maßgabe des zugrunde liegenden Rechtsverhältnisses zu beurteilen. Da die Zahlung durch den Auftraggeber rechtlich als Leistung des Auftragnehmers an den Dritten zu bewerten ist, bestimmt sich im Falle von Leistungsstörungen im Verhältnis des Auftragnehmers zum Dritten die Möglichkeit zur Rückforderung allein nach Maßgabe der Rechtsposition des Auftragnehmers im Verhältnis zum Dritten.[3] Den Auftraggeber berühren entsprechende Störungen in jenem Verhältnis nicht.

5   § 16 Nr. 6 VOB/B stellt eine Ermächtigung im Sinne des § 185 BGB dar, die formularmäßig durch Einbeziehung der Klausel in das Vertragsverhältnis von Auftraggeber und Auftragnehmer erteilt wird. Der Auftraggeber kann danach schuldbefreiend auch an den Dritten leisten, muss dieses aber nicht. Diese Entscheidungsmöglichkeit des Auftraggebers begründet aber kein Wahlrecht im Sinne einer Wahlschuld nach Maßgabe der §§ 262 ff. BGB, da ein eigenständiges Schuldverhältnis zwischen dem Auftraggeber und dem Dritten nicht begründet wird. Es ermangelt damit an einer Schuld des Auftraggebers gegenüber dem Dritten, die wahlweise neben einer Schuld gegenüber dem Auftragnehmer durch die Zahlung befriedigt werden könnte.[4] Die dogmatische Einstufung der Klausel des § 16 Nr. 6 VOB/B als Ermächtigung im Sinne des § 185 BGB[5] hat zur Folge, dass ein Anspruch des Dritten auf Zahlung an sich gegen den Auftraggeber nicht begründet wird. Der Dritte kann aus dem Umstand, dass der Auftraggeber von der ihm eingeräumten Ermächtigung keinen Gebrauch macht, diesem gegenüber keinerlei Ansprüche herleiten.[6]

---

[1] MünchKomm/*Krüger* § 267 BGB, Rdn. 20.
[2] BGH 25. 3. 1983, V ZR 168/81, NJW 1983, 1605; MünchKomm/*Wenzel* § 362 BGB Rdn. 17.
[3] BGH, 26. 9. 1995, XI ZR 159/94, NJW 1995, 3315; MünchKomm/*Lieb* § 812 BGB Rdn. 46.
[4] So auch *Kapellmann/Messerschmidt* § 16 VOB/B Rdn. 339, *Ingenstau/Korbion/Locher* § 16 Nr. 6 VOB/B Rdn. 3, die allerdings unter Verweis auf BGH 24. 4. 1986, VII ZR 248/85, BauR 1986, 454, den irreführenden Begriff des Wahlrechtes verwenden.
[5] Richtig *Ingenstau/Korbion/Locher* § 16 Nr. 6 VOB/B Rdn. 8.
[6] BGH 24. 4. 1986, VII ZR 248/85, BauR 1986, 454, *Ingenstau/Korbion/Locher* § 16 Nr. 6 VOB/B Rdn. 3.

## 2. Vereinbarkeit mit § 307 BGB

§ 16 Nr. 6 VOB/B stellt in der Fassung der VOB/B 2002 nicht mehr als unangemessene **6** Benachteiligung des Auftragnehmers dar und hält damit einer Kontrolle am Maßstab des § 307 BGB stand. Da eine Direktzahlung durch den Auftraggeber nur noch dann schuldbefreiend im Verhältnis zum Auftragnehmer wirkt, wenn die Leistung der Sicherstellung der Fortsetzung der Leistung des Dritten beim Bauvorhaben des Auftragabers dient, bestehen insoweit berechtigte und schutzwürdige Interessen des Auftraggebers, Zahlungen an den Dritten zu leisten, die hinter dem Interesse des Auftragnehmers, empfangszuständig für seine Vergütungsansprüche zu bleiben, nicht zurückstehen müssen.[7]

### III. Anwendungsausschlüsse

Das Recht des Auftraggebers zur Leistung an den Dritten erlischt, wenn der Auftragneh- **7** mer nicht Forderungsinhaber der gegen den Auftraggeber gerichteten Forderung ist oder seine Verfügungsbefugnis über die Forderung verloren hat.

### 1. Abtretung

Die Ermächtigungsnatur des § 16 Nr. 6 VOB/B führt dazu, dass im Falle der Zession der **8** Forderung dem Auftraggeber die Möglichkeit verwehrt wird, schuldbefreiend an einen Dritten zu leisten, da durch den Rechtsübergang der Forderung die Grundlage der Ermächtigung in Wegfall gerät.[8] Soweit der Auftragnehmer zum Zeitpunkt der Vornahme der Zahlung nicht mehr Gläubiger ist, ist die von ihm erteilte Ermächtigung zur schuldbefreienden Leistung an einen Dritten gegenstandslos. Eine vom Auftragnehmer erteilte Ermächtigung wirkt nicht gegenüber dessen Rechtsnachfolger. Das verkennt die Auffassung,[9] die auch trotz Abtretung eine Berechtigung des Auftraggebers zur Leistung an den Dritten bejaht. Lediglich in dem Fall der fehlenden Kenntnis des Auftraggebers von der erfolgten Abtretung ist es ihm gemäß § 407 BGB möglich, schuldbefreiend an den Dritten zu leisten. Mit dem Zeitpunkt der Kenntniserlangung scheidet eine schuldbefreiende Leistung an den Dritten aus, da es sich bei der Ermächtigung gemäß § 16 Nr. 6 VOB/B nicht um eine Einwendung im Sinne des § 404 BGB handelt.[10] Das Schuldverhältnis, aus dem heraus der Auftraggeber zur Zahlung verpflichtet ist, besteht nur zu dem Auftragnehmer und wird durch die Möglichkeit zur Leistung an Dritte oder den Wegfall dieser Berechtigung gerade nicht tangiert. Auch die Annahme einer Inhaltsänderung der Forderung im Sinne der Zession im Falle des § 399 BGB kommt nicht in Betracht. Die Zahlungsverpflichtung des Auftraggebers wird durch die Zession nicht berührt. Der Umstand, dass eine Ermächtigung zur Zahlung an einen Dritten in Wegfall gerät, stellt keine Veränderung des Inhaltes der Forderung dar, da auch die Zahlung an den Dritten leistungsrechtlich eine solche an den Auftragnehmer ist.[11]

### 2. Zession an den Dritten

Der Ausschluss der Anwendbarkeit des § 16 Nr. 6 VOB/B im Falle einer Zession gilt **9** grundsätzlich auch dann, wenn die Zession zugunsten des durch § 16 Nr. 6 VOB/B „begünstigten" Dritten erfolgt ist.[12] Der Auftraggeber ist in diesem Fall auf Grund des Rechtsüberganges zur Zahlung an den Dritten verpflichtet und kann, von den Fällen des

---

[7] Vgl. im Einzelnen vor § 16 Rdn. 37 ff.
[8] *Ingenstau/Korbion/Locher* § 16 Nr. 6 VOB/B Rdn. 8.
[9] *Siebeck* BauR 1976, 238; *Bergmann* ZfBR 1998, 59, 64.
[10] *Ingenstau/Korbion/Locher* § 16 Nr. 6 VOB/B Rdn. 8.
[11] BGH 6. 6. 2002, IX ZR 425/99, BauR 2002, 1408.
[12] *Kapellmann/Messerschmidt* § 16 VOB/B Rdn. 354; *Dähne* BauR 1976, 29, 33.

§ 407 BGB abgesehen, an den Auftragnehmer schuldbefreiend überhaupt nicht mehr leisten. Die schuldbefreiende Leistung an den Dritten erfolgt damit unabhängig vom Vorliegen der weiteren Voraussetzungen des § 16 Nr. 6 VOB/B.

### 3. Forderungspfändung

10   Im Falle der Forderungspfändung ergibt sich das Verbot der Leistung an den Dritten aus dem Umstand, dass durch die Pfändung dem Auftraggeber verboten wird, an den Auftragnehmer zu leisten, das sog. Arrestatorium gemäß § 829 Abs. 1 Satz 1 ZPO.[13] Da die Zahlung an den Dritten durch den Auftraggeber als Leistung an den Auftragnehmer und vom Auftragnehmer an den Dritten zu bewerten ist, würde sich eine Leistung unter Ausnutzung der Ermächtigung des Auftragnehmers an den Dritten als Verletzung des Pfändungspfandrechtes des Pfandgläubigers darstellen, mit der Folge, dass diesem gegenüber die Zahlung an den Dritten unwirksam ist.

### 4. Insolvenz des Auftragnehmers

11   Nicht anwendbar ist § 16 Nr. 6 VOB/B im Fall der Insolvenz des Auftragnehmers, da dieser spätestens mit der Eröffnung des Insolvenzverfahrens seine Verfügungsbefugnis über die Forderung gegen den Auftraggeber einbüßt, mit der Folge, dass die erteilte Ermächtigung gegenstandslos ist.[14] Etwa noch geleistete Zahlungen sind wegen Verstoßes gegen die §§ 81, 82 InsO der Insolvenzmasse gegenüber unwirksam, führen folglich nicht zu einer Schuldbefreiung des Auftraggebers gegenüber der Insolvenzmasse. Soweit ein allgemeines Verfügungs- bzw. Veräußerungsverbot nach Maßgabe der § 21 Abs. 2 Nr. 2 InsO erlassen worden ist, ist eine schuldbefreiende Leistung an den Dritten durch den Auftraggeber bereits im Insolvenzeröffnungsverfahren nicht mehr möglich.[15]

### 5. Wirtschaftliche Krise des Auftragnehmers

12   Wirksam ist § 16 Nr. 6 VOB/B allerdings in der Phase der Krise des Auftragnehmers, bevor es zum Erlass eines Verfügungsverbotes kommt.[16] Für den Dritten ergibt sich daraus eine erhebliche nachteilige Situation. Er erhält zwar die ausstehende Vergütung, kann allerdings nicht sicher davon ausgehen, sie auch behalten zu dürfen und muss dennoch, da das Zurückbehaltungsrecht entfällt, seine Tätigkeit fortsetzen.

13   **a) Anfechtbarer Erwerb des Dritten.** Der Dritte ist, soweit die Zahlungen des Auftraggebers in einem Zeitraum von maximal drei Monaten vor dem Antrag auf Eröffnung des Insolvenzverfahrens geleistet werden, dem Risiko einer Insolvenzanfechtung ausgesetzt. Die Zahlung des Auftraggebers stellt regelmäßig einen Fall der inkongruenten Deckung im Sinne des § 131 InsO dar, da dem Dritten ein Anspruch auf die Zahlung jedenfalls zu diesem Zeitpunkt nicht zusteht wird. Zahlungen, die im letzten Monat vor Antragstellung der Eröffnung des Insolvenzverfahrens geleistet werden, sind damit, ohne dass weitere subjektive Voraussetzungen in der Person des Dritten vorliegen müssten, anfechtbar. Das gilt auch für Leistungen im zweiten und dritten Monat vor der Beantragung des Insolvenzverfahrens, falls zu diesem Zeitpunkt bereits Zahlungsunfähigkeit des Auftragnehmers vorlag. Darüber hinaus wird vielfach der Dritte Kenntnis vom Vorliegen der gläubigerbenachteiligenden Wirkung der Direktzahlung haben, da die Krisensituation des Auftragnehmers sowohl Veranlassung für die Geltendmachung des Zurückbehaltungsrechtes durch den Dritten als auch für das Interesse des Auftraggebers zu einer Direktzahlung ist. Gemäß § 131

---

[13] *Dähne* BauR 1976, 29, 33; *Kapellmann/Messerschmidt* § 16 VOB/B Rdn. 355.
[14] BGH 24. 4. 1986, VII ZR 248/85, BauR 1986, 454; BGH 17. 6. 1999, IX ZR 176/98, NJW 1999, 2969; *Ingenstau/Korbion/Locher* § 16 Nr. 6 VOB/B Rdn. 20.
[15] BGH 17. 6. 1999, IX ZR 176/98, NJW 1999, 2696 zu § 106 KO; *Kapellmann/Messerschmidt* § 16 VOB/B Rdn. 357.
[16] *Dähne* BauR 1976, 29, 33.

Abs. 1 Nr. 3 InsO führt das zur Anfechtbarkeit von Leistungen, die der Dritte innerhalb des zweiten und dritten Monates vor dem Insolvenzeröffnungsantrag empfängt, ohne dass es auf die Zahlungsunfähigkeit des Auftragnehmers in dieser Zeit ankäme.[17]

**b) Leistungspflicht des Dritten.** Da der Dritte wegen der Zahlung des Auftraggebers etwaige Leistungsverweigerungsrechte auf Grund des Zahlungsverzuges des Auftragnehmers im Regelfall verliert, ist er sodann verpflichtet, weitere Leistungen zu erbringen. Der Umstand, dass er dem greifbaren Risiko ausgesetzt ist, die empfangenen Beträge anschließend wieder an den Insolvenzverwalter des Auftragnehmers auskehren zu müssen, begründet kein Leistungsverweigerungsrecht. Für den Dritten hat das unter Umständen zur Konsequenz, dass er nicht nur die bereits zum Zeitpunkt der Zahlung durch den Auftraggeber erbrachten Leistungen im Ergebnis nicht vergütet erhält, sondern auch die noch nachfolgend von ihm zu erbringenden, wenn er sich gegenüber dem Auftragnehmer sodann vertragstreu verhält. Eine Möglichkeit, der Leistung durch den Auftraggeber zu widersprechen, besteht nicht, da ein Fall des § 267 Abs. 2 BGB wegen der erteilten Ermächtigung im Sinne des § 16 Nr. 6 VOB/B gerade nicht vorliegt. Die Rechte des Dritten aus § 321 BGB reduzieren dessen Risiko ebenfalls nur eingeschränkt. 14

Die Vorschrift des § 16 Nr. 6 VOB/B ist daher für den Dritten jedenfalls in der wirtschaftlichen Krise des Auftragnehmers vielfach wirtschaftlich massiv nachteilig. Allerdings ist die Bestimmung, da ein Schuldverhältnis zwischen diesen beiden nicht begründet wird und zudem lediglich gesetzlich – in §§ 185, 362 Abs. 2 BGB – bereits angelegte Gestaltungsformen ausgenutzt werden, keinen Wirksamkeitsbedenken unterworfen. 15

### IV. Andere Rechtsgründe für Leistungen des Auftraggebers an den Dritten

Von § 16 Nr. 6 VOB/B unberührt bleiben andere Rechtsgründe, die zu einer Verpflichtung des Auftraggebers zur Leistungen an Dritte führen. Neben dem bereits erörterten Fall der Zession sowie der Forderungspfändung kommen weitere gesetzliche Pflichten in Betracht, die insbesondere zur Zahlungen an die Finanzbehörden verpflichten. Neben dem Fall des § 48 EStG – Bauabzugssteuer – gilt das insbesondere für § 13 b UStG in den dort genannten Fällen.[18] 16

Nicht zu den Fällen der Leistung des Auftraggebers an Dritte in diesem Sinne gehören solche Konstellationen, bei denen der Auftraggeber auf Grund eigener schuldrechtlicher Verpflichtungen gegenüber dem Dritten zur Zahlung an diesen verpflichtet ist. Das gilt etwa für Fälle der Schuldmitübernahme gegenüber dem Dritten oder der Bürgschaft.[19] In beiden Fällen liegen eigenständige Verpflichtungen des Auftraggebers neben der Vergütungspflicht gegenüber dem Auftragnehmer vor. 17

## B. § 16 Nr. 6 VOB/B im Einzelnen

Der Auftraggeber kann an den Dritten nur dann schuldbefreiend leisten, wenn der Auftragnehmer eine fällige Vergütungsforderung ihm gegenüber hat, gleichzeitig gegenüber dem Dritten aus einem Dienst- oder Werkvertrag, das sich (auch) auf die Bauverpflichtung gegenüber dem Auftraggeber bezieht, mit der Vergütungszahlung in Verzug ist, der Dritte deshalb Leistungsverweigerungsrechte geltend macht und die Direktzahlung der Sicherstellung der Leistungen des Dritten dienen soll. 18

---

[17] BGH 6. 6. 2002, IX ZR 425/99, BauR 2002, 1408; *Ingenstau/Korbion/Locher* § 16 Nr. 6 VOB/B Rdn. 2; die abweichende Entscheidung des OLG München, 17. 5. 2006, 27 U 77/05, IBR 2006, 397, betrifft keinen Fall des § 16 Nr. 6 VOB/B.
[18] Vgl. im Einzelnen Vor § 16 Rdn. 76 ff.
[19] *Ingenstau/Korbion/Locher* § 16 Nr. 6 VOB/B Rdn. 7.

## § 16 Nr. 6

### I. Zahlungspflicht gegenüber dem Auftragnehmer

19   Grundvoraussetzung der Anwendbarkeit von § 16 Nr. 6 VOB/B ist zunächst, dass der Auftraggeber dem Auftragnehmer gegenüber zur Leistung von Zahlungen verpflichtet ist, diesem somit ein fälliger Zahlungsanspruch im Sinne des der § 16 Nr. 1–4 VOB/B zusteht.[20] Vergütungsansprüche des Auftragnehmers, die noch nicht fällig sind, ermöglichen ein Vorgehen nach § 16 Nr. 6 VOB/B nicht.[21]

20   Sofern der Auftraggeber Umsatzsteuerschuldner gemäß § 13 b UStG ist oder die Bauabzugssteuer nach § 48 EStG einbehalten muss, liegt hinsichtlich dieser Steuerabzüge keine fällige Forderung des Auftragnehmers vor, mit der Folge, dass die anteiligen Steuerabzüge in keinem Fall gemäß § 16 Nr. 6 VOB/B schuldbefreiend vom Auftraggeber an den Dritten geleistet werden können.

### II. Dienst- oder Werkvertragsverhältnis des Dritten mit dem Auftragnehmer

21   Zwischen dem Auftragnehmer und dem Dritten muss ein Dienst- oder Werkvertragsverhältnis bestehen, auf Grund dessen dem Dritten ein fälliger Zahlungsanspruch gegen den Auftragnehmer zustehen muss.[22] Begünstigte Dritte können insbesondere Arbeitnehmer sowie Subunternehmer sein, im Regelfall allerdings nicht Baustofflieferanten, da das Rechtsverhältnis zu diesen sich jedenfalls bei vertretbaren Sachen als Kaufvertrag darstellt.[23] Zur Gruppe der Dienstverträge gehören neben den Arbeitsverhältnissen, die den Regelfall darstellen, grundsätzlich auch die Verträge über die Erbringung höherer Dienste, auf Grund dessen der Dienstverpflichtete, anders als der Arbeitnehmer, selbstständig und unabhängig die geschuldete Dienstleistung erbringen muss. Als Dienstverpflichtete in Betracht kommen insbesondere Architekten und Ingenieure,[24] sofern sie nicht als Arbeitnehmer oder Subunternehmer des Auftragnehmers tätig sind.

22   Aus diesem Vertragsverhältnis muss sich ein fälliger Zahlungsanspruch des Dritten ergeben. Im Falle eines Werkvertrages muss damit nach Maßgabe der §§ 632 a, 641 BGB, § 8 HOAI bzw. des § 16 VOB/B, im Falle des Dienstvertrages nach Maßgabe des § 614 BGB bzw. der arbeitsrechtlichen Sondervorschriften ein entsprechender Vergütungsanspruch gegeben und fällig sein. Fälligkeit liegt danach insbesondere nicht vor, wenn dem Auftraggeber ein Zurückbehaltungsrecht, etwa auf Grund von Mängeln der Leistung des Dritten, gemäß § 320 BGB zusteht. Ist der Auftragnehmer Umsatzsteuerschuldner gemäß § 13 b UStG oder muss er die Bauabzugssteuer einbehalten, fehlt es wegen dieser Beträge an einem Anspruch des Dritten.

23   Die vertragliche Beziehung zwischen dem Dritten und dem Auftragnehmer muss sich jedenfalls auch auf die vom Auftragnehmer dem Auftraggeber geschuldete Werkleistung beziehen. Der Dritte muss folglich Erfüllungsgehilfe des Auftragnehmers im Verhältnis zum Auftraggeber sein.[25] An dieser Voraussetzung kann es bei Ingenieuren und Architekten als Dritten mangeln, wenn der Auftragnehmer dem Auftraggeber nicht zur Erbringung von Planungsleistungen verpflichtet ist.[26]

24   Im Hinblick auf die Leistungen des Dritten für das Bauvorhaben muss ein Zahlungsverzug des Auftragsnehmers vorliegen.[27] Nicht ausreichend ist demgegenüber ein Zahlungsverzug

---

[20] *Kapellmann/Messerschmidt* § 16 VOB/B Rdn. 343.
[21] *Ingenstau/Korbion/Locher* § 16 Nr. 6, VOB/B Rdn. 10.
[22] *Dähne* BauR 1976, 29, 30; *Kapellmann/Messerschmidt* § 16 VOB/B Rdn. 344.
[23] *Ingenstau/Korbion/Locher* § 16 Nr. 6, VOB/B Rdn. 11 f.
[24] *Dähne* Baur 1976, 29, 30.
[25] *Ingenstau/Korbion/Locher* § 16 Nr. 6, VOB/B Rdn. 13.
[26] *Dähne* BauR 1976, 29, 30.
[27] *Nicklisch/Weick* § 16 VOB/B Rdn. 91.

des Auftragnehmers mit der Vergütung für andere Leistungen des Dritten.[28] Die Neufassung von § 16 Nr. 6 VOB/B, die dem Wortlaut nach auch eine andere Auslegung eröffnen würde, soll den Bedenken der Rechtsprechung[29] gegen die Vereinbarkeit mit § 307 BGB Rechnung tragen und ist daher restriktiv dahingehend auszulegen, als auch bei der Neufassung nicht auf die bisher bestehende Verknüpfung zwischen Forderung und Leistung im Hinblick auf das Bauvorhaben verzichtet werden kann.

### III. Berechtigte Leistungsverweigerung des Dritten

Der Dritte muss mit Rücksicht auf den bestehenden Zahlungsverzug zu Recht die Fortsetzung seiner Leistungen verweigern. Als Rechtsgrund eines entsprechenden Leistungsverweigerungsrechtes kommt insbesondere § 320 BGB, daneben allerdings auch § 16 Nr. 5 VOB/B in Betracht.[30] Das Risiko der zutreffenden rechtlichen Beurteilung des Leistungsverweigerungsrechtes des Dritten liegt, vorbehaltlich von § 16 Nr. 6 Satz 2 2. Halbsatz VOB/B, beim Auftraggeber.

25

### IV. Sicherstellung der Fortsetzung der Leistungen

Der Auftraggeber muss mit der Direktzahlung die Fortsetzung der Leistungen durch den Dritten sicherstellen wollen. Eine entsprechende Sicherstellung scheidet aus, wenn der Dritte für das Bauvorhaben keine Leistungen mehr erbringen muss. Auf eine Schlussrechnungsforderung des Dritten kann der Auftraggeber daher in keinem Fall mehr schuldbefreiend gemäß § 16 Nr. 6 VOB/B leisten.[31]

26

### V. Erklärung des Auftragnehmers und Fiktion der Voraussetzungen der Direktzahlung

Gem. § 16 Nr. 6 Satz 2 VOB/B ist der Auftragnehmer auf Verlangen des Auftraggebers verpflichtet, sich dazu zu erklären, ob und in welcher Höhe er die Forderungen des Dritten anerkennt. Dem Auftragnehmer wird durch diese Verpflichtung zur Erklärung innerhalb der vom Auftraggeber gesetzten Frist die Möglichkeit eingeräumt, sich zu den Forderungen des Dritten zu erklären, insbesondere deren Nichtbestehen darzulegen.[32] Der Auftraggeber hat demgegenüber die Möglichkeit, die Gefahr auszuschließen, mit seiner Zahlung an den Dritten seine Zahlungspflichten gegenüber dem Auftragnehmer nicht zu befriedigen. Da Zahlungen des Auftraggebers an den Dritten nur schuldbefreiend wirken, wenn die Forderung des Dritten gegenüber dem Auftragnehmer tatsächlich besteht, hat der Auftraggeber ein eminentes Interesse daran, sich abzusichern, dass sich der Dritte nicht zu Unrecht Forderungen gegenüber dem Auftragnehmer berühmt.[33] Daraus folgt die Verpflichtung des Auftragnehmers, nach entsprechender Fristsetzung zur Frage der Berechtigung der Forderung des Dritten Stellung zu nehmen. Eine dazu korrespondierende Verpflichtung des Auftraggebers zur Erkundigung besteht demgegenüber nicht.[34] Die Gegenauffassung[35] übersieht, dass eine solche Erkundigung im alleinigen Interesse des Auftraggebers liegt, da eine

27

---

[28] *Ingenstau/Korbion/Locher* § 16 Nr. 6, VOB/B Rdn. 13.
[29] BGH 21. 6. 1990, VII ZR 109/89, NJW 1990, 2384.
[30] *Kapellmann/Messerschmidt* § 16 VOB/B Rdn. 347.
[31] *Kapellmann/Messerschmidt* § 16 VOB/B Rdn. 348.
[32] *Ingenstau/Korbion/Locher* § 16 Nr. 6, VOB/B Rdn. 16.
[33] *Kapellmann/Messerschmidt* § 16 VOB/B Rdn. 349.
[34] *Nicklisch/Weick* § 16 VOB/B Rdn. 96.
[35] *Ingenstau/Korbion/Locher* § 16 Nr. 6, VOB/B Rdn. 18.

Zahlung an den Dritten nur dann schuldbefreiend gegenüber dem Auftragnehmer wirkt, wenn die Voraussetzungen des § 16 Nr. 6 VOB/B gegeben sind.[36] Zahlt der Auftraggeber daher an den Dritten, ohne sich zu vergewissern, dass er hierzu auch objektiv berechtigt ist, bleibt er zur Zahlung an den Auftragnehmer verpflichtet[37] und ist im Hinblick auf die Leistung an den Dritten, die dann als eine solche nach § 267 BGB zu qualifizieren ist, auf Bereicherungsansprüche beschränkt.

28 Kommt der Auftragnehmer seiner Verpflichtung zur Erklärung zu den Forderungen des Dritten nicht innerhalb der ihm vom Auftraggeber gesetzten Frist nach, führt dieses gem. § 16 Nr. 6 Satz 2 2. Halbsatz VOB/B zur Fiktion der Berechtigung des Auftraggebers zur Direktzahlung. Es wird damit nicht nur für den Auftragnehmer im Verhältnis zum Auftraggeber unwiderleglich unterstellt, dass dem Dritten eine fällige Forderung zusteht, sondern auch noch, dass der Auftragnehmer mit deren Begleichung in Verzug ist und der Dritte infolge dessen zur Leistungsverweigerung berechtigt ist.[38] Erklärt sich der Auftragnehmer daher in der ihm gesetzten Frist nicht, führt die Zahlung des Auftraggebers an den Dritten in voller Höhe zur Befreiung des Auftraggebers von den entsprechenden Verbindlichkeiten gegenüber dem Auftragnehmer.

## VI. Rechtsfolgen

29 Liegen die Voraussetzungen für eine Direktzahlung vor, wirkt die Leistung des Auftraggebers gemäß § 362 BGB schuldbefreiend im Verhältnis zwischen Auftraggeber und Auftragnehmer einerseits und Auftragnehmer und Drittem andererseits. Sofern die Voraussetzungen des § 16 Nr. 6 VOB/B nur auf Grund des Anerkenntnisses des Auftragnehmers oder der Nichterklärung in der gemäß § 16 Nr. 6 Satz 2 VOB/B gesetzten Frist fingiert werden, beschränkt sich die schuldbefreiende Wirkung auf das Verhältnis zwischen Auftraggeber und Auftragnehmer. Im Verhältnis zwischen Auftragnehmer und Drittem hat eine Abwicklung nach Bereicherungsrecht stattzufinden.

---

[36] *Heiermann/Riedl/Rusam* § 16 VOB/B Rdn. 162.
[37] *Kapellmann/Messerschmidt* § 16 VOB/B Rdn. 351; *Nicklisch/Weick* § 16 VOB/B Rdn. 96.
[38] *Ingenstau/Korbion/Locher* § 16 Nr. 6 VOB/B Rdn. 19.

## § 17 Sicherheitsleistung

1. (1) Wenn Sicherheitsleistung vereinbart ist, gelten die §§ 232 bis 240 BGB, soweit sich aus den nachstehenden Bestimmungen nichts anderes ergibt.
   (2) Die Sicherheit dient dazu, die vertragsgemäße Ausführung der Leistung und die Mängelansprüche sicherzustellen.
2. Wenn im Vertrag nichts anderes vereinbart ist, kann Sicherheit durch Einbehalt oder Hinterlegung von Geld oder durch Bürgschaft eines Kreditinstituts oder Kreditversicherers geleistet werden, sofern das Kreditinstitut oder der Kreditversicherer
   – in der Europäischen Gemeinschaft oder
   – in einem Staat der Vertragsparteien des Abkommens über den Europäischen Wirtschaftsraum oder
   – in einem Staat der Vertragsparteien des WTO-Übereinkommens über das öffentliche Beschaffungswesen
   zugelassen ist.
3. Der Auftragnehmer hat die Wahl unter den verschiedenen Arten der Sicherheit; er kann eine Sicherheit durch eine andere ersetzen.
4. Bei Sicherheitsleistung durch Bürgschaft ist Voraussetzung, dass der Auftraggeber den Bürgen als tauglich anerkannt hat. Die Bürgschaftserklärung ist schriftlich unter Verzicht auf die Einrede der Vorausklage abzugeben (§ 771 BGB); sie darf nicht auf bestimmte Zeit begrenzt sein und muss nach Vorschrift des Auftraggebers ausgestellt sein. Der Auftraggeber kann als Sicherheit keine Bürgschaft fordern, die dem Bürgen zur Zahlung auf erstes Anfordern verpflichtet.
5. Wird Sicherheit durch Hinterlegung von Geld geleistet, so hat der Auftragnehmer den Betrag bei einem zu vereinbarenden Geldinstitut auf ein Sperrkonto einzuzahlen, über das beide nur gemeinsam verfügen können („Und-Konto"). Etwaige Zinsen stehen dem Auftragnehmer zu.
6. (1) Soll der Auftraggeber vereinbarungsgemäß die Sicherheit in Teilbeträgen von seinen Zahlungen einbehalten, so darf er jeweils die Zahlung um höchstens 10 v. H. kürzen, bis die vereinbarte Sicherheitssumme erreicht ist. Sofern Rechnungen ohne Umsatzsteuer gemäß § 13 b UStG gestellt werden, bleibt die Umsatzsteuer bei der Berechnung des Sicherheitseinbehalts unberücksichtigt. Den jeweils einbehaltenen Betrag hat er dem Auftragnehmer mitzuteilen und binnen 18 Werktagen nach dieser Mitteilung auf ein Sperrkonto bei dem vereinbarten Geldinstitut einzuzahlen. Gleichzeitig muss er veranlassen, dass dieses Geldinstitut den Auftragnehmer von der Einzahlung des Sicherheitsbetrags benachrichtigt. Nr. 5 gilt entsprechend.
   (2) Bei kleineren oder kurzfristigen Aufträgen ist es zulässig, dass der Auftraggeber den einbehaltenen Sicherheitsbetrag erst bei der Schlusszahlung auf ein Sperrkonto einzahlt.
   (3) Zahlt der Auftraggeber den einbehaltenen Betrag nicht rechtzeitig ein, so kann ihm der Auftragnehmer hierfür eine angemessene Nachfrist setzen. Lässt der Auftraggeber auch diese verstreichen, so kann der Auftragnehmer die sofortige Auszahlung des einbehaltenen Betrags verlangen und braucht dann keine Sicherheit mehr zu leisten.
   (4) Öffentliche Auftraggeber sind berechtigt, den als Sicherheit einbehaltenen Betrag auf eigenes Verwahrgeldkonto zu nehmen; der Betrag wird nicht verzinst.
7. Der Auftragnehmer hat die Sicherheit binnen 18 Werktagen nach Vertragsabschluss zu leisten, wenn nichts anderes vereinbart ist. Soweit er diese Verpflichtung nicht erfüllt hat, ist der Auftraggeber berechtigt, vom Guthaben des Auftragnehmers einen Betrag in Höhe der vereinbarten Sicherheit einzubehalten. Im Übrigen gelten die Nummern 5 und 6 außer Abs. 1 Satz 1 entsprechend.
8. (1) Der Auftraggeber hat eine nicht verwertete Sicherheit für die Vertragserfüllung zum vereinbarten Zeitpunkt, spätestens nach Abnahme und Stellung der Sicherheit für Mängelansprüche zurückzugeben, es sei denn, dass Ansprüche des Auftraggebers, die nicht von der gestellten Sicherheit für Mängelansprüche umfasst sind,

noch nicht erfüllt sind. Dann darf er für diese Vertragserfüllungsansprüche einen entsprechenden Teil der Sicherheit zurückhalten.

(2) Der Auftraggeber hat eine nicht verwertete Sicherheit für Mängelansprüche nach Ablauf von 2 Jahren zurückzugeben, sofern kein anderer Rückgabezeitpunkt vereinbart worden ist. Soweit jedoch zu diesem Zeitpunkt seine geltend gemachten Ansprüche noch nicht erfüllt sind, darf er einen entsprechenden Teil der Sicherheit zurückhalten.

## Vorbemerkung § 17

### Übersicht

| | Rdn. | | Rdn. |
|---|---|---|---|
| A. Sinn und Zweck der Vorschrift | 1 | D. Dauer der Sicherheitsleistung | 32 |
| I. Verhältnis zu § 14 VOB/A | 2 | E. Arten der Sicherheitsleistung | 34 |
| II. Ergänzende Anwendung der §§ 232 ff. BGB | 3 | I. Hinterlegung | 37 |
| III. Anwendungsbereich des § 17 VOB/B | 6 | II. Einbehalt | 39 |
| 1. Sicherheit für den Auftraggeber | 7 | III. Bürgschaft | 41 |
| 2. Notwendigkeit der Einbeziehung der VOB/B in den Vertrag | 9 | 1. Abgrenzung zum Schuldbeitritt | 44 |
| 3. Notwendigkeit vertraglicher Vereinbarung der Sicherheitsleistung | 10 | 2. Umfang der Bürgschaftsverpflichtung | 46 |
| a) Kein Handelsbrauch | 12 | 3. Abtretung von Bürgschaft und Hauptschuld | 51 |
| b) Keine Übersicherung durch AGB | 13 | 4. Einreden und Einwendungen des Bürgen | 54 |
| c) hinreichende Bestimmtheit | 15 | 5. Bürgschaft „auf erste Anforderung" | 56 |
| B. Begriff der Sicherheitsleistung | 21 | F. Sicherheit für den Auftragnehmer | 62 |
| I. Verhältnis zum Leistungsverweigerungsrecht | 24 | 1. Bauhandwerkersicherungsgesetz § 648 a BGB | 63 |
| II. Abgrenzung zur Vertragsstrafe | 26 | 2. Bauhandwerkersicherungshypothek § 648 BGB | 66 |
| C. Höhe der Sicherheitsleistung | 27 | 3. Gesetz zur Sicherung von Bauforderungen | 69 |

**Literatur:** *Amelung,* Der Sicherheitseinbehalt gemäß § 17 Nr. 6 VOB/B in der Insolvenz des Auftraggebers, BauR 1999, 801; *Biebelheimer,* Der Anspruch auf Herausgabe einer als Austauschsicherheit gewährten Bürgschaft, NZBau 2002, 122; *Blau,* Blockierung der Auszahlung einer Bankgarantie auf erstes Anfordern durch Arrest und Hinterlegung?, WM 1988, 1474 ff.; *Bornhard,* Die Gewährleistungsbürgschaft auf erstes Anfordern auf dem Prüfstand des Bundesgerichtshofs, BauR 1998, 179; *Brauns,* Die jüngere Entwicklung der Rechtsprechung zum Ersetzungsrecht nach § 17 Nr. 3 VOB/B, BauR 2002, 1465; *Brauns,* Die Bürgschaft auf erstes Anfordern als Sicherungsmittel gemäß § 17 VOB/B, BauR 2002, 704; *Breyer,* Nochmals: Zur Frage der Wirksamkeit der Vereinbarung einer Bürgschaft auf erstes Anfordern in Allgemeinen Geschäftsbedingungen auf Basis einer Gesamtbetrachtung der betroffenen Rechtsverhältnisse, BauR 2001, 1192; *Bydlinski,* Die Bürgschaft auf erstes Anfordern: Darlegungs- und Beweislast bei Rückforderung durch den Bürgen, WM 1990, 1401; *Clemm,* Die Stellung des Gewährleistungsbürgen, insbesondere bei der Bürgschaft auf erstes Anfordern, BauR 1987, 123; *Daub,* Nochmals: Sicherheitsleistung durch Einbehalt, BauR 1977, 24 (Stellungnahme zu Heiermann BauR 1976, 73 und Kahle BauR 1976, 329); *Eichner,* Überlegungen zur Bedeutung von § 17 Nr. 6 Abs. 4 VOB/B für öffentlich-rechtliche Kreditinstitute, BauR 2001, 1665; *Gehle,* Die Sicherheitsbürgschaft des Subunternehmers, BauR 1982, 338; *Graf von Westphalen,* Die Entwicklung des AGB-Rechts im Jahr 2001, NJW 2002, 1688; *Greeve/Müller,* Die strafrechtliche Relevanz der Nichteinzahlung des Sicherheitseinbehaltes auf ein Sperrkonto gemäß § 17 VOB/B, NZBau 2000, 239; *Groß,* Die Ablösung des Garantierückbehalts durch Bankbürgschaft, BlGBW 1970, 191; *Handschumacher,* Sicherheitseinbehalt und AGB-Gesetz/Gewährleistungsbürgschaft auf erstes Anfordern, BauR 2001, 1812; *Heiermann,* Die Sicherheitsleistung durch Einbehalt nach § 17 Nr. 6 VOB/B, BauR 1976, 73; *Heiermann,* Die Sicherheitsleistung durch Bürgschaft nach der Verdingungsordnung für Bauleistungen, BB 1977, 1575; *Heiermann,* Die Bürgschaft auf erstes Anfordern, FS für Soergel, 1993; *Hickl,* Die Bürgschaft auf erstes Anfordern zur Ablösung eines Gewährleistungseinbehaltes, BauR 1979, 463; *Hildebrandt,* Zur Unwirksamkeit vertraglicher Sicherungsabreden und zu den Möglichkeiten einer Verwertung der Sicherheit trotz unwirksamer Sicherungsabrede, BauR 2007, 203; *Hogrefe,* Zur Unwirksamkeit formularmäßiger Verpflichtungen zur Stellung von Vertragserfüllungs- und Mängelgewährleistungsbürgschaften auf erstes Anfordern in Bau-, Werk- und Werklieferungsverträgen und die sich daraus ergebenden Rechtsfolgen, BauR 1999, 111; *Hogrefe;* Nochmals zur Unwirksamkeit formularmäßiger Verpflichtungen zur Stellung von Vertragserfüllungs- und Mängelgewährleistungsbürgschaften auf erstes Anfordern in Bau-, Werk- und Werklieferungsverträgen und die sich daraus ergebenden Rechtsfolgen, BauR 2003, 17; *Horn,* Bürgschaften und Garantien zur Zahlung auf erstes Anfordern, NJW 1980, 2153; *Horn,* Bürgschaften und Garantien – Aktuelle Rechtsfragen der Bank-, Unternehmens- und Außenwirtschaftspraxis, RWS-Skript 94, 6. Auflage 1995; *W. Jagenburg,* Die Entwicklung des privaten Bauvertragsrechts seit 1996: BGB- und Werkvertragsfragen – Teil 1, NJW 1999, 1153; *W. Jagenburg,* Die Entwicklung des privaten Bauvertragsrechts seit 1996: BGB- und Werkvertragsfragen – Teil 2, NJW 1999, 2218; *W. Jagenburg,* Die Entwicklung des privaten Bauvertragsrechts seit 1996: VOB/B Teil 2, NJW 1998, 2640; *W. Jagenburg/Kesselring,* Die Entwicklung des privaten Bauvertragsrechts seit 1998: BGB- und Werkvertragsfragen – Teil 1, NJW 2000, 3243; *W. Jagenburg/Weber,* Die Entwicklung des privaten Bauvertragsrechts seit 1998: BGB- und Werkvertragsfragen – Teil 2, NJW 2001, 191; *Jagenburg/Reichelt,* Die Entwicklung des privaten Bauvertragsrechts seit 1998: VOB/B, NJW 2000, 2629; *Jedzig,* Aktuelle Rechtsfragen der Bankgarantie auf erstes Anfordern, WM 1988, 1469 ff.; *Joussen,* Die Anforderungen an ein Sperrkonto nach § 17 Nr. 5, Nr. 6 Abs. 1 VOB/B, BauR 2004, 1677; *Joussen/Schranner,* VOB 2006 – Änderungen der VOB Teil B, BauR 2006, 1366; *Joussen,* Der öffentliche Auftraggeber i. S. des § 17 Nr. 6 Abs. 4 VOB/B, BauR 2002, 371; *Joussen,* Zukunft der Vertragserfüllungsbürgschaft auf erstes Anfordern, BauR 2003, 13; *Kahle,* Zur Frage der Sicherheitsleistung durch Einbehalt nach § 17 Nr. 6 VOB/B, BauR 1976, 329 (Stellungnahme zu Heiermann BauR 1976, 73); *Kainz,* Zur Unwirksamkeit von Vertragserfüllungs- und Gewährleistungsbürgschaften „auf erstes Anfordern" in der deutschen Bauwirtschaft und die sich daraus ergebenden Rechtsfolgen, BauR 1995, 616; *Kern,* Die Neuregelung der Mängelansprüche und Sicherheitsleistung in den §§ 13 u. 17 VOB/B 2002 – Anmerkungen zu *Kemper,* BauR 2002, 1613, 1616 f., BauR 2003, 793; *Kiesel,* Die VOB 2002 – Änderungen, Würdigung, AGB-Problematik, NJW 2002, 2064; *Kleine-Möller,* Die Sicherung bauvertraglicher Ansprüche durch Bankbürgschaft und Bankgarantie, NZBau 2002, 585; *Kniffka,* Offene Fragen zu § 648 a BGB, BauR 2007, 246; *Kohte,* Die Stellung des Schuldbeitritts zwischen Bürgschaft und Schuldübernahme, JZ 1990, 998; *Korbion,* Besondere Sicherheitsleistungen im bauvertraglichen Bereich, FS für Heiermann, 1995, 217; *Krakowsky,* Formularmäßige Bürgschaftsklauseln auf erstes Anfordern – Freibrief für Auftraggeber?, BauR 2002, 1620; *Kreikenbohm,* Der Verlust von Gewährleistungseinbehalten gemäß § 17 Nr. 6 VOB/B, BauR 2001, 1667; *Lambsdorff/Skora,* Handbuch des Bürgschaftsrechts, München, 1994; *Lauer,* Wem ist die Bürgschaftsurkunde zurückzugeben?, NZBau 2003, 318; *Leinemann/Sterner,* § 648 a BGB: Zu Art und Höhe der Sicherheit sowie zum Zeitpunkt des Sicherungsbegehrens, BauR 2000, 1414; *Lenkeit,* Das modernisierte Verjährungsrecht, BauR 2002, 196; *May,* Die Gewährleistungsbürgschaft (Mängelrechtebürgschaft) im Bauvertrag – das von den Bauvertragsparteien Vereinbarte ist nicht stets das vom Bürgen Geschuldete, BauR 2007, 187; *Mormann u. Merz,* Die Rechtsprechung des BGH zur Bürgschaft, WM 1974, 962, WM 1977, 1270, WM 1980, 230, WM 1982, 174, WM 1983, 1141; *Moufang,* Zum formularvertraglichen Verzicht des Bürgen auf die Einreden aus § 768 BGB in bauvertraglichen Sicherungsabreden, BauR 2002, 1314; *Otto,* Zur Ablösung des Bareinbehalts durch Gewährleistungsbürgschaft beim VOB-Vertrag, BGH, Urteil v. 3. 7. 1997 VII ZR 115/95, BauR 1999, 322; *Pape,* BGH-aktuell: Bürgschaftsrecht, NJW 1995, 1006 ff.; *Pasker,* Der Rückforderungsanspruch bei der Bürgschaft auf erstes Anfordern, NZBau 2000, 279; *Quack,* Der Eintritt des Sicherungsfalles bei den Bausicherheiten nach § 17 VOB/B und ähnlichen Gestaltungen, BauR 1997, 754; *Rixecker,* Die Sicherheitshypothek des zur Sicherheitsleistung verpflichteten Bauunternehmers, MDR 1982, 718; *Rodemann,* Sicherheitseinbehalt und Klage auf künftige Leistung, BauR 2002, 1477; *Roquette/Giesen,* Die Zulässigkeit aufschiebend bedingter Bürgschaftserklärungen, NZBau 2003, 297; *Roquette/Giesen,* Vertragserfüllungsbürgschaft auf erstes Anfordern in allgemeinen Geschäftsbedingungen, NZBau 2002, 547; *Schlünder,* Die VOB in der heutigen Beratungs- und Prozesspraxis, BauR 1998, 1123; *Schmidt,* Sind öffentlich-rechtliche Kreditinstitute öffentliche Auftraggeber gemäß § 17 Nr. 6 Abs. 4 VOB/B, BauR 2002, 385; *Schmidt,* Die Vertragserfüllungsbürgschaft auf erstes Anfordern in Allgemeinen Geschäftsbedingungen, BauR 2002, 21; *Schmidt,* Die Bürgschaft auf erstes Anfordern im einstweiligen Verfahren, BauR 1998, 1159; *Schulze-Hagen,* Die Vertragserfüllungsbürgschaft – 10 Thesen zu aktuellen Themen, BauR 2007, 170; *Schulze-Hagen,* Übermäßige AGB-Klauseln: Kassation oder Reduktion?, BauR 2003, 785; *Schwärzel-Peters,* Die Bürgschaft im Bauvertrag, Baurechtliche Schriften Bd. 22, Düsseldorf, 1992; *Schwenker,* Die VOB/B 2002, BauR 2002, 1143; *Sienz,* Vereinbarung von Bürgschaften auf erstes Anfordern in AGB ein Auslaufmodell?; BauR 2000, 1249; *Stammkötter,* Das Sperrkonto – ein bequemer Weg zum Sicherheitseinbehalt?, BauR 2003, 1287; *Stammkötter,* Bürgschaft auf erstes Anfordern unter gleichzeitigem Ausschluss der Einreden gemäß § 768 BGB, BauR 2001, 1295; *Steinbach,* Ablösung des Sicherheitseinbehaltes durch Gewährleistungsbürgschaft nach Vorausabtretung der Gewährleistungsansprüche, WM 1988, 809; *Thode,* Erfüllungs- und Gewährleistungssicherheiten in innerstaatlichen und grenzüberschreitenden Bauverträgen, ZfIR 2000, 165; *Thode,* Aktuelle höchstrichterliche Rechtsprechung zur Sicherungsabrede in Bauverträgen, ZfBR 2002, 4; *Tiedtke,* Die Rechtsprechung des BGH auf dem Gebiet des Bürgschaftsrechts seit 2003, NJW 2005, 2498; *Tiedtke,* Zur Rechtsprechung des Bundesgerichtshofs auf dem Gebiet des Bürgschaftsrechts seit dem 1. Januar 1986, ZIP 1990, 413; *Tiedtke,* Rechtsprechung des BGH auf dem Gebiet des Bürgschaftsrechts seit 1997, NJW 2001, 1015;

**Vor § 17**

*Tiedtke,* Die Rechtsprechung des BGH auf dem Gebiet des Bürgschaftsrechts in den Jahren 2001 und 2002, NJW 2003, 1359; *Vogel,* Rückforderungsprozess aus Bürgschaft auf erstes Anfordern im Urkundsverfahren, BauR 2002, 131; *Zeller,* Probleme bei der Abtretung einer Garantie „auf erstes Anfordern", BB 1990, 363 ff.

## A. Sinn und Zweck der Vorschrift

1 § 17 VOB/B regelt, in welcher Weise bei einem VOB-Bauvertrag die im Zusammenhang mit der Erbringung der vertraglichen Leistung des Auftragnehmers stehenden Ansprüche **für den Auftraggeber** abgesichert werden können. Bedeutung gewinnt diese Absicherung vor allem bei eintretender Insolvenz des Auftragnehmers während der Ausführung bzw. der Gewährleistungsdauer. Das BGB-Werkvertragsrecht sieht eine solche Sicherheitsleistung nicht vor, die Vereinbarung einer Sicherheitsleistung für den Auftraggeber ist jedoch beim BGB-Werkvertrag ebenfalls möglich. Der Werkvertrag geht zwar von der grundsätzlichen **Vorleistungspflicht des Auftragnehmers** aus, nach der diesem erst nach vollständiger Erbringung und Abnahme seiner Leistung ein Vergütungsanspruch zusteht. An dieser grundsätzlichen Vorleistungspflicht ändert auch der ins BGB neu eingefügte § 632 a BGB, der dem Auftragnehmer unter bestimmten Voraussetzungen die Möglichkeit auf Abschlagszahlungen gibt, nichts. Sowohl nach dieser Vorschrift als auch beim VOB-Vertrag steht dem Auftragnehmer eine Vergütung – auch als Abschlag – erst nach Erbringung/Teilerbringung seiner Leistung zu. Das Sicherungsbedürfnis des Auftraggebers ist dabei jedoch nach wie vor gegeben, da ihn die Sicherheit auch vor finanziellen Risiken wegen Mängeln der Leistung, Verzug bei der Fertigstellung und sonstigen Schäden in Folge einer Schlechterfüllung durch den Auftragnehmer schützt.

### I. Verhältnis zu § 14 VOB/A

2 Während § 17 VOB/B die sich aus dem **abgeschlossenen Vertrag** ergebenden gegenseitigen Rechte und Pflichten der Vertragsparteien bei vereinbarter Sicherheitsleistung regelt, bezieht sich § 14 VOB/A auf das Stadium der **Vergabe von Bauleistungen** und bestimmt, ob und in welchem Umfang eine Sicherheitsleistung im Bauvertrag ausbedungen werden sollte. So sieht § 14 VOB/A z. B. für bestimmte Fälle den Verzicht auf eine Sicherheitsleistung vor. Ist im Bauvertrag dennoch eine Sicherheitsleistung vereinbart worden, spielt § 14 VOB/A keine Rolle mehr. Die Rechtsbeziehungen der Vertragsparteien richten sich dann ausschließlich nach § 17 VOB/B. Da § 14 VOB/A keine vertragliche Bedeutung erlangt, können aus seiner Nichtbeachtung auch keine Rechte, insbesondere keine Schadensersatzansprüche, hergeleitet werden.

### II. Ergänzende Anwendung der §§ 232 ff. BGB

3 Die gesetzlichen Regelungen der §§ 232 bis 240 BGB über die Sicherheitsleistung gelten **ergänzend** zu den Bestimmungen des § 17 VOB/B. Sie regeln lediglich die **Art und Weise,** in der Sicherheit zu leisten ist, begründen jedoch ebenfalls keine Verpflichtung zur Sicherheitsleistung. Wie § 17 VOB/B setzen sie eine solche vielmehr voraus. Andererseits beschränken sich §§ 232 ff. BGB nicht nur auf die Sicherheitsleistung des Auftragnehmers, sondern gelten auch für eine **Sicherheitsleistung des Auftraggebers.** Darüber hinaus regeln sie alle sonstigen Fälle einer materiellen Sicherheitsleistung, während sich § 17 VOB/B lediglich auf die Fälle der **vertraglich vereinbarten** Sicherheitsleistung beim VOB-Bauvertrag bezieht.

4 Da die Anwendung des § 17 VOB/B einen VOB-Vertrag voraussetzt, regelt sich eine in einem **BGB-Werkvertrag** vereinbarte Sicherheitsleistung ausschließlich nach den Vorschriften der §§ 232 ff. BGB, sofern keine abweichenden vertraglichen Vereinbarungen

A. Sinn und Zweck der Vorschrift **Vor § 17**

getroffen sind. Der zur Sicherheitsleistung Verpflichtete kann damit unter den Sicherheitsarten des § 232 Abs. 1 BGB wählen und Sicherheit z. B. auch durch Hinterlegung von Geld oder Wertpapieren, Verpfändung von beweglichen Sachen und Bestellung von Hypotheken an inländischen Grundstücken leisten. Die der Baupraxis mit am besten gerecht werdende Form der Sicherheitsleistung durch **Bankbürgschaft** – Stellung eines tauglichen Bürgen – ist nach § 232 Abs. 2 BGB **nur subsidiär** zulässig, wenn keine der in § 232 Abs. 1 BGB genannten anderen Sicherheiten geleistet werden können. Es empfiehlt sich deshalb, in einem BGB-Bauvertrag eine eindeutige Festlegung in Bezug auf die Art und Weise, in der Sicherheit geleistet werden kann, zu treffen.

Eine **AGB-Klausel** in einem **BGB-Werkvertrag,** nach der der Besteller berechtigt sein **5** soll, von Baurechnungen eine **Sicherheit von 5% auf die Dauer von 5 Jahren einzubehalten,** benachteiligt jedoch den Unternehmer unangemessen und ist deshalb gem. **§ 307 BGB unwirksam.**[1] Dies gilt sowohl im kaufmännischen wie im nichtkaufmännischen Verkehr und selbst dann, wenn der Einbehalt verzinst wird, jedoch nur gegen **Bürgschaft auf erstes Anfordern** ablösbar ist.[2] Wird dem Auftragnehmer das Recht eingeräumt, den Sicherheitseinbehalt durch normale **Gewährleistungsbürgschaft abzulösen,** ist nach OLG Düsseldorf[3] eine Klausel, wonach der Auftraggeber 5% der Nettoabrechnungssumme für die Dauer der Gewährleistung **zinslos** einbehalten darf, nach den §§ 307 ff. BGB **nicht zu beanstanden.**

### III. Anwendungsbereich des § 17 VOB/B

In § 17 Nr. 1 VOB/B wird zunächst klargestellt, dass auch beim VOB-Vertrag eine **6** **Sicherheitsleistung nur bei ausdrücklicher vertraglicher Vereinbarung** zu leisten ist und dass die gesetzlichen Vorschriften der §§ 232 ff. BGB ergänzende Anwendung finden (Abs. 1), darüber hinaus wird der **Zweck der Sicherheitsleistung** beim VOB-Vertrag benannt (Abs. 2). § 17 Nr. 2 VOB/B zählt die nach VOB/B maßgeblichen **Sicherheitsarten** auf und § 17 Nr. 3 VOB/B räumt dem Auftragnehmer ein **Wahl- und Austauschrecht** unter den verschiedenen Sicherheiten ein. Weiterhin legt § 17 Nr. 4 VOB/B die Voraussetzungen fest, unter denen eine **Bürgschaft** als Sicherheit gestellt werden kann, während § 17 Nr. 5 VOB/B die bei **Hinterlegung** und § 17 Nr. 6 VOB/B die beim **Einbehalt** zu beachtenden Einzelheiten regelt. Schließlich befasst sich § 17 Nr. 7 VOB/B mit dem **Zeitpunkt der Bereitstellung** und § 17 Nr. 8 VOB/B mit dem **Zeitpunkt der Rückgabe** der Sicherheit.

#### 1. Sicherheit für den Auftraggeber

§ 17 VOB/B regelt die Absicherung etwaiger zukünftiger Ansprüche des **Auftraggebers** **7** aus dem Bauvertrag. Mit der Sicherheitsleistung soll das Risiko des Auftraggebers hinsichtlich finanzieller Verluste verringert werden, die ihm aus nicht ordnungsgemäßer Erfüllung der vertraglichen Verpflichtungen einschließlich der Gewährleistung des Auftragnehmers entstehen können.[4]

Die Abdeckung des **Risikos des Auftragnehmers,** etwa in Bezug auf die vertrags- **8** gemäße Vergütung seiner Leistungen, **ist von § 17 VOB/B nicht erfasst.** Es ist jedoch möglich, dass im Bauvertrag auch eine Sicherheit für den Auftragnehmer vereinbart wird,

---

[1] OLG Hamm ZfBR 1991, 71 und NJW-RR 1988, 726 = BauR 1988, 731; OLG Karlsruhe BauR 1989, 203 = BB 1989, 1643 m. zust. Anm. v. *Strobel*.
[2] OLG München NJW-RR 1992, 218 = BauR 1992, 234 m. Anm. v. *Koppmann;* OLG Zweibrücken NJW-RR 1994, 1363 = BauR 1994, 509; OLG München NJW-RR 1996, 534 = BauR 1995, 859 (für eine Gewährleistungssicherheit von 10% auf die Dauer von 5 Jahren und 1 Monat).
[3] BauR 1992, 677 (Ls.) zu § 9 AGBG (heute § 307 BGB).
[4] BGH NJW 1985, 1694 = BauR 1985, 461.

*I. Jagenburg*

etwa die Stellung einer Vertragserfüllungsbürgschaft.[5] Allerdings ist das Bedürfnis für eine derartige Absicherung des Auftragnehmers im Bauvertrag durch das **Bauhandwerkersicherungsgesetzes** und den dadurch eingefügten **§ 648a BGB** entscheidend verringert worden. Danach steht dem Auftragnehmer gesetzlich ein auch individualvertraglich nicht abdingbarer Anspruch auf Sicherheit in Höhe seines voraussichtlichen Vergütungsanspruchs zu. Die Notwendigkeit der vertraglichen Vereinbarung einer Vertragserfüllungssicherheit für den Auftragnehmer wird sich deshalb nur noch gegenüber den in § 648a BGB ausdrücklich ausgenommenen Auftraggebern ergeben. Auf die **Sicherheit nach § 648a BGB ist § 17 VOB/B nicht anzuwenden,** ebenso wenig auf eine vertraglich vereinbarte Vertragserfüllungsbürgschaft für den Auftragnehmer. Diese Sicherheitsleistungen regeln sich nach den §§ 232 bis 240 BGB. Selbstverständlich ist es möglich, im Bauvertrag auch eine Sicherheit für den Auftragnehmer der Regelung des § 17 VOB/B zu unterstellen, hierzu bedarf es jedoch einer ausdrücklichen und eindeutigen vertraglichen Vereinbarung, dass **die Sicherheit entsprechend § 17 VOB/B** zu leisten ist.

### 2. Notwendigkeit der Einbeziehung der VOB/B in den Vertrag

9    § 17 VOB/B findet nur beim VOB-Bauvertrag Anwendung, setzt also **eine wirksame Einbeziehung der VOB/B in den Vertrag** voraus (Vor § 1 Rdn. 44 m. N.). Anderenfalls richten sich die vertraglichen Beziehungen nach BGB-Werkvertragsrecht und eine etwa ausbedungene Sicherheitsleistung nach §§ 232 ff. BGB. Eine Anwendbarkeit des § 17 VOB/B kommt dann nur noch in Betracht, wenn dies im Vertrag ausdrücklich vereinbart worden ist. Eine solche **isolierte Vereinbarung des § 17 VOB/B** ist sowohl in AGB des Auftraggebers als auch in solchen des Auftragnehmers möglich, weil die Anwendbarkeit des § 17 VOB/B auf eine im Vertrag ausbedungene Sicherheitsleistung in beiden Fällen den Vertragspartner des Verwenders im Verhältnis zur gesetzlichen Regelung der §§ 232 ff. BGB nicht entgegen Treu und Glauben unangemessen benachteiligt.

### 3. Notwendigkeit vertraglicher Vereinbarung der Sicherheitsleistung

10   Das Vorliegen eines **VOB-Bauvertrages** allein gibt noch **keinen Anspruch auf Sicherheitsleistung** nach § 17 VOB/B, die Stellung der Sicherheit muss vielmehr **zusätzlich vertraglich vereinbart** worden sein (§ 17 Nr. 1 Abs. 1 VOB/B). Dies trifft auch auf den BGB-Werkvertrag zu, weil die §§ 232 bis 240 BGB ebenfalls eine entsprechende vertragliche Absprache voraussetzen (§ 232 Abs. 1 BGB).

11   Die Vereinbarung über die Stellung einer Sicherheit, sog. Sicherungsabrede/vereinbarung braucht nicht im Bauvertrag selbst getroffen zu sein, sie kann auch in den dem Bauvertrag zu Grunde liegenden **Zusätzlichen oder Besonderen Vertragsbedingungen** enthalten sein. Nach OLG Frankfurt[6] kann auch in **Allgemeinen Vergabebedingungen** (AVB) vereinbart werden, dass der Auftraggeber 10% des Rechnungsbetrages für die Dauer der Gewährleistungsfrist als Sicherheit einbehalten darf. Allerdings ist eine formularmäßige Klausel in AGB des Auftraggebers, bei der die Höhe der Sicherheit das berechtigte Sicherungsinteresse des Auftraggebers übersteigt, unwirksam.[7] Die Erbringung einer Sicherheitsleistung kann auch **noch nach Vertragsabschluss** bis zur endgültigen Abwicklung des Bauvertrages zwischen den Vertragsparteien abgesprochen werden.

12   **a) Kein Handelsbrauch.** In Bauverträgen wird zwar sehr häufig eine Sicherheitsleistung vereinbart, jedoch besteht **weder eine Üblichkeit noch ein Gewohnheitsrecht oder ein Handelsbrauch,**[8] dass eine Sicherheit auch ohne ausdrückliche vertragliche Vereinbarung

---

[5] Vgl. hierzu *Ingenstau/Korbion/Joussen* B § 17 Rdn. 8.
[6] BauR 1993, 375 L.
[7] BGH NJW 2000, 1182 (1185).
[8] *Ingenstau/Korbion/Joussen* B § 17 Nr. 1 Rdn. 3; *Kapellmann/Messerschmidt/Thierau* B § 17 Rdn. 17; *Leinemann* § 17 Rdn. 15.

A. Sinn und Zweck der Vorschrift **Vor § 17**

verlangt werden kann. Die Darlegungs- und Beweislast dafür, dass eine Vereinbarung über die Erbringung einer Sicherheitsleistung getroffen worden ist, liegt beim Auftraggeber.

**b) Keine Übersicherung durch AGB.** Die Sicherheitsleistung bindet die finanziellen 13 Mittel des Auftragnehmers und belastet seine Liquidität, was zur Erhöhung der Betriebskosten und damit der Baupreise führen kann. Aus diesem Grunde soll **die Vereinbarung einer Sicherheitsleistung** möglichst die Ausnahme und **nicht die Regel** sein (§ 14 VOB/A).

Insbesondere darf im Rahmen einer in **ABG des Auftraggebers** vereinbarten Sicher- 14 heitsleistung **keine Übersicherung** des Auftraggebers eintreten. So sind z. B. Klauseln unwirksam, wonach der Auftragnehmer nach Abschluss des Bauvertrages eine unbefristete Bürgschaft über 10% der Bruttoauftragssumme zu stellen hat und der Auftraggeber zusätzlich berechtigt sein soll, von allen anerkannten Rechnungsbeträgen weitere 10% zinslos einzubehalten[9] oder der Auftragnehmer eine Ausführungsbürgschaft in Höhe von 25% der Auftragssumme beizubringen hat.[10]

**c) Hinreichende Bestimmtheit.** Voraussetzung für die Wirksamkeit der Bürgschafts- 15 Vereinbarung ist, dass sie **hinreichend klar bestimmt** ist. Hierzu gehört, dass die **Hauptschuld**,[11] der zu sichernde Anspruch aus dem jeweiligen Bauvertrag, genau angegeben ist. Unklarheiten über den Umfang der Hauptschuld gehen dabei zu Lasten des Gläubigers.[12]

Beim **BGB-Werkvertrag** gehört zur hinreichenden Bestimmtheit der vertraglichen Ver- 16 einbarung, dass der **Zweck der Sicherheitsleistung** benannt ist,[13] während dies beim VOB-Vertrag entbehrlich ist, weil sich aus § 17 Nr. 1 Abs. 2 VOB/B ergibt, dass die Sicherheitsleistung im Zweifel der Absicherung der **vertragsgemäßen Ausführung einschließlich der Mängelansprüche** dient. Soll sich die Sicherheitsleistung allerdings auch auf andere Verpflichtungen des Auftragnehmers erstrecken oder soll die Sicherheitsleistung auf bestimmte Ansprüche beschränkt werden, ist hierzu auch beim VOB-Vertrag eine eindeutige Zweckbestimmung erforderlich.

So stellt eine Vereinbarung, nach der von den Rechnungsbeträgen der Abschlagszahlun- 17 gen 5% einbehalten werden, noch nicht die Vereinbarung einer **Sicherheitsleistung bis zum Ende der Gewährleistungsfrist** dar.[14] In einem solchen Fall ist vielmehr davon auszugehen, dass der Einbehalt nur bis zur Schlussabrechnung gelten soll. Auch ein Bürge, der sich nur für Erfüllungs- und Gewährleistungsansprüche verbürgt hat, braucht nicht **für Ansprüche aus Überzahlungen** zu haften.[15]

Andererseits kann allein aus dem **Begriff „Gewährleistungsbürgschaft"** nicht ge- 18 schlossen werden, dass die Sicherung von Ansprüchen aus dem Erfüllungsstadium nicht mit einbezogen ist, weil eine Gewährleistungsbürgschaft begrifflich und inhaltlich eine **Ergänzung zur Ausführungsbürgschaft** darstellt und deshalb Ansprüche wegen Mängeln mit absichert, die bereits vor Abnahme während der Ausführung erkennbar gewesen sind.[16] Jedoch deckt eine Gewährleistungssicherheit nur Ansprüche **nach Abnahme** ab und nicht auch solche aus Vertragskündigung oder aus § 4 Nr. 7 VOB/B wegen Mängeln während der Ausführung.[17] Zu den durch eine Gewährleistungsbürgschaft gesicherten Ansprüchen gehören auch die Ansprüche des Auftraggebers auf **Vorschuss für die voraussichtlichen Mängelbeseitigungskosten**.[18]

---

[9] *Glatzel/Hofmann/Frikell*, unwirksame Bauvertragsklauseln, 10. Aufl., S. 322.
[10] LG Bad Kreuznach, zitiert bei *Glatzel/Hofmann/Frikell*, a. a. O., S. 323.
[11] Hierzu BGH NJW 1993, 1261 = BauR 1993, 339.
[12] BGH NJW 1980, 1459 für die Bürgschaft.
[13] *Ingenstau/Korbion/Joussen* B § 17 Nr. 1 Rdn. 7, 12.
[14] BGH NJW-RR 1988, 851.
[15] BGH BauR 1980, 574.
[16] OLG Frankfurt NJW-RR 1987, 82 = BauR 1987, 101.
[17] *Clemm*, BauR 1987, 125.
[18] BGH NJW 1984, 2456 = BauR 1984, 406 = ZfBR 1984, 185.

**19** Die **Höhe der Sicherheitsleistung** muss in der Vereinbarung **nicht schon festgelegt sein.**[19] Die Vertragsparteien können sich entweder später auf eine bestimmte Höhe einigen oder im Vertrag vorsehen, dass einer der Vertragspartner, z. B. der Auftraggeber, die Höhe der Sicherheitsleistung festlegt (§ 315 BGB). Fehlt beides, muss notfalls über die Höhe **gerichtlich entschieden** werden.[20] Es ist deshalb dringend erforderlich, bei der Vereinbarung einer Sicherheitsleistung auch eine Bestimmung über deren Höhe zu treffen. Zur Höhe auch nachst. Rdn. 27 ff.

**20** Soweit in **AGB** zwar eine Vereinbarung über die Höhe getroffen, diese aber **unklar** ist, fällt sie unter die Regelung des § 305 c Abs. 2 BGB, so dass der Verwender, in der Regel der Auftraggeber, daraus keine Rechte herleiten kann. Dies ist beispielsweise der Fall, wenn eine Sicherheit in Höhe von 5% vereinbart, dabei aber nicht erwähnt ist, ob diese 5% von der **Auftrags- oder Abrechnungssumme** zu berechnen sind.[21]

## B. Begriff der Sicherheitsleistung

**21** Die Sicherheitsleistung des § 17 VOB/B ist Teil der Vergütung des Auftragnehmers. Sie stellt einen gemäß vertraglicher Vereinbarung dem Auftraggeber zur Verfügung stehenden **Vermögenswert des Auftragnehmers** dar, der dem Auftraggeber für einen bestimmten Zeitraum als Mittel zur Absicherung vor Folgen zukünftiger Rechtsverletzungen des Auftragnehmers dienen soll. Es handelt sich hierbei um eine materielle Sicherheitsleistung im Gegensatz zur prozessualen Sicherheitsleistung, die sich nach §§ 108 ff. ZPO richtet.[22]

**22** Abgesichert werden **mögliche zukünftige Ansprüche des Auftraggebers,** um diesen vor finanziellen Verlusten in Folge einer etwaigen Insolvenz des Auftragnehmers zu schützen.[23] Welche Ansprüche im Einzelnen abgesichert werden sollen, richtet sich nach der **vertraglichen Vereinbarung.** Ist vertraglich nichts besonderes geregelt, dient die Sicherheit beim VOB-Vertrag üblicherweise zur Sicherstellung der **vertragsgemäßen Ausführung** der Leistung und der **Mängelansprüche** (§ 17 Nr. 1 Abs. 2 VOB/B).

**23** Zusätzlich kann vereinbart werden, dass Vorauszahlungen (§ 16 Nr. 2 Abs. 1 VOB/B), Abschlagszahlungen (§ 16 Nr. 1 Abs. 1 S. 3 VOB/B), Rückforderungen bei Überzahlungen, Miet- und Umsatzausfallschäden etc. der Sicherheitsleistung unterliegen. Andererseits ist es auch möglich, die Sicherheitsleistung vertraglich **auf einzelne Ansprüche zu beschränken,** z. B. nur auf die Mängelansprüche/Gewährleistung. Ist im Bauvertrag keine ausdrückliche Beschränkung auf bestimmte Ansprüche erfolgt, umfasst eine Sicherheit für die Ausführung aller vertraglichen Verpflichtungen auch einen Anspruch auf **Vertragsstrafe,** sofern sich der Auftragnehmer im Bauvertrag zur Einhaltung fester, unter Vertragsstrafe gestellter Termine verpflichtet hat[24]

### I. Verhältnis zum Leistungsverweigerungsrecht

**24** Das Leistungsverweigerungsrecht nach §§ 273, 274 BGB oder §§ 320 ff. BGB besteht kraft Gesetzes und dient der Absicherung **bereits entstandener Ansprüche,** während die Sicherheitsleistung der vertraglichen Vereinbarung bedarf und **zukünftige Ansprüche** absichert. Leistungsverweigerungsrecht und Sicherheitsleistung schließen sich deshalb nicht aus, sondern bestehen nebeneinander. Auch wenn der Gläubiger eine Sicherheit geleistet

---

[19] Ingenstau/Korbion/Joussen B § 17 Nr. 1 Rdn. 32; Nicklisch/Weick B § 17 Rdn. 18; Heiermann/Riedl/Rusam A § 14 Rdn. 8 und B § 17 Rdn. 23; Werner/Pastor Rdn. 1262.
[20] Nicklisch/Weick B § 17 a. a. O. unter Hinweis auf die Motive; Werner/Pastor a. a. O.
[21] Kapellmann/Messerschmidt/Thierau B § 17 Rdn. 86.
[22] Nicklisch/Weick B § 17 Rdn. 2 ff.; Münchener Kommentar/von Feldmann § 232 BGB Rdn. 1.
[23] Ingenstau/Korbion/Joussen B § 17 Rdn. 2, 3.
[24] BGH NJW 1982, 2305 = BauR 1982, 506 = ZfBR 1982, 216.

hat, kann der Schuldner seine Leistung bis zur Bewirkung einer **fälligen Gegenleistung** des Gläubigers zurückhalten.[25] Deshalb ist der Auftraggeber grundsätzlich nicht gehindert, trotz eines vereinbarten Sicherheitseinbehaltes die Zahlung fälligen Werklohnes wegen mangelhafter Ausführung der Leistung des Auftragnehmers zu verweigern.[26] Dieses Recht steht ihm auch **nach Abnahme** zu,[27] weil der Sicherheitseinbehalt den Auftraggeber auch noch für die weitere Dauer der Gewährleistung sichern soll.

Bei der Festlegung der **Höhe des Zurückbehaltungsrechts** ist eine geleistete Sicherheit 25 anzurechnen.[28] Allerdings muss berücksichtigt werden, dass das Leistungsverweigerungsrecht des Auftraggebers bei Vorliegen von Mängeln nicht nur in Höhe der voraussichtlichen Mängelbeseitigungskosten ausgeübt werden kann. Da das Leistungsverweigerungsrecht dem Auftraggeber ein **Druckmittel** verschaffen soll, den Auftragnehmer zur ordnungsgemäßen Mängelbeseitigung anzuhalten, ist die Höhe des Zurückbehaltungsrechts mit **dem 2- bis 3-fachen Betrag der voraussichtlichen Mängelbeseitigungskosten** zu berechnen.[29] § 641 Abs. 3 BGB n. F. gibt dem Auftraggeber bei Mängelansprüchen **nach der Abnahme** zudem ein Zurückbehaltungsrecht in Höhe von mindestens dem 3fachen der für die Beseitigung der Mängel erforderlichen Kosten. Der Auftragnehmer kann deshalb auch nicht einwenden, der Auftraggeber dürfe das Leistungsverweigerungsrecht nur wegen eines den **Sicherheitseinbehalt wertmäßig übersteigenden Mängelbeseitigungsanspruchs** geltend machen.[30]

### II. Abgrenzung zur Vertragsstrafe

Vertragsstrafe kann ebenso wie Sicherheitsleistung nur verlangt werden, wenn dies im 26 Bauvertrag ausdrücklich vereinbart worden ist. Die Vertragsstrafe ist zu zahlen, wenn eine **konkrete Rechtsverletzung bereits eingetreten** ist und **unabhängig davon, ob ein Schaden entstanden ist** oder nicht (zur Vertragsstrafe im Einzelnen → § 11 VOB/B). Die Sicherheit hingegen ist zu leisten, auch wenn es nicht zu einer Rechtsverletzung kommt, sie kann jedoch nur in der Höhe in Anspruch genommen werden, in der dem Gläubiger tatsächlich ein Nachteil entstanden ist, der übersteigende Rest ist zurückzugeben. Ist in einem Bauvertrag der Zweck der Sicherheitsleistung nicht beschränkt, deckt sie auch etwaige spätere Ansprüche auf Zahlung der Vertragsstrafe mit ab.[31]

## C. Höhe der Sicherheitsleistung

Zur Höhe der Sicherheitsleistung ist weder im BGB noch in § 17 VOB/B eine Regelung 27 getroffen. Die Festlegung der Höhe obliegt der **Vereinbarung der Vertragsparteien (§ 17 Nr. 1 VOB/B)**. Es kann auch einem der Vertragspartner, meist dem Auftraggeber, das Recht eingeräumt werden, die Höhe der Sicherheit festzulegen. Er ist dann gem. § 315 BGB verpflichtet, die Höhe nach **billigem Ermessen** zu bestimmen. Wird in einer Vereinbarung die Höhe weder festgelegt noch einer Vertragspartei zur alleinigen Bestimmung überlassen

---

[25] *Ingenstau/Korbion/Joussen* B § 17 Rdn. 3; *Nicklisch/Weick* B § 17 Rdn. 6 ff.; *Heiermann/Riedl/Rusam* B § 17 Rdn. 6; *Werner/Pastor* Rdn. 1244.
[26] BGH NJW 1981, 2801 = BauR 1981, 577.
[27] BGH NJW 1982, 2494 = BauR 1982, 579 = ZfBR 1982, 253 gegen die vorangegangenen Entscheidungen des OLG Düsseldorf BauR 1975, 348, OLG Stuttgart BauR 1977, 65 und OLG Köln *Schäfer/Finnern/Hochstein* § 17 VOB/B Nr. 1.
[28] BGH NJW 1967, 34; OLG Köln, *Schäfer/Finnern/Hochstein* § 17 VOB/B Nr. 1; *Ingenstau/Korbion/Joussen* B § 17 Rdn. 3 m. w. N.
[29] BGH NJW 1981, 1448; BGH NJW 1984, 725.
[30] BGH NJW 1981, 2801 = BauR 1981, 577; BGH NJW 1982, 2494 = BauR 1982, 579 = ZfBR 1982, 253.
[31] BGH NJW 1982, 2305 = BauR 1982, 506 = ZfBR 1982, 216.

und einigen sich die Parteien später nicht über die Höhe, so ist als Richtschnur § 14 Nr. 2 VOB/A heranzuziehen, wonach die Höhe der Sicherheit so zu bemessen ist, dass dem Auftraggeber kein Schaden entsteht.[32] § 14 Nr. 2 VOB/A geht davon aus, dass die Sicherheit **für die Erfüllung** der vertraglichen Verpflichtungen **5% der Auftragssumme** und **für die Gewährleistung 3% der Abrechnungssumme**[33] nicht überschreiten soll.

28 In der **Baupraxis** werden üblicherweise **Vertragserfüllungssicherheiten in Höhe von 10%** und **Gewährleistungssicherheiten in Höhe von 5%** vereinbart.[34] Dass damit von der Empfehlung des § 14 VOB/A abgewichen wird, spielt keine Rolle, weil die Parteien bei der Vereinbarung von Sicherheitsleistungen selbst dann nicht an § 14 VOB/A gebunden sind, wenn sie bei der Vergabe zur Anwendung der VOB/A verpflichtet sind.

29 Die Vereinbarung noch höherer Sicherheiten kann jedoch unwirksam sein. Nach LG Bad Kreuznach[35] ist eine Bestimmung in **AGB des Auftraggebers,** wonach der Auftragnehmer eine **Ausführungsbürgschaft in Höhe von 25%** der Auftragssumme zu stellen hat, auch unter Kaufleuten unwirksam, weil diese Höhe weit über den in der Bauwirtschaft üblichen 5% liegt und damit unbillig ist (hierzu auch → § 17 Nr. 1 VOB/B). Demgegenüber ist es nach einer Entscheidung des OLG Frankfurt[36] auch in AGB möglich zu vereinbaren, dass der Auftraggeber **10% des Rechnungsbetrages** für die Dauer der **Gewährleistungsfrist** als Sicherheit einbehalten darf.

30 Die Höhe der Sicherheit kann auch **mit einem festen Betrag** vereinbart werden, üblich ist jedoch Sicherheit **in Höhe eines Prozentsatzes.** Zur Berechnung kommt es dabei auf die **Bezugssumme** an. In der Regel wird für die Vertragserfüllungssicherheit die Auftragssumme und für die Gewährleistungssicherheit die Abrechnungssumme zu Grunde gelegt (§ 14 VOB/A). Sind die Sicherheiten im Vertrag nicht aufgesplittet, sondern nur eine **einheitliche Sicherheit** für Erfüllung und Gewährleistung vereinbart, wird von der Auftragssumme[37] auszugehen sein. Ob die Berechnung der Höhe der Sicherheit von der **Brutto- oder Nettosumme** zu erfolgen hat, hängt von den vertraglichen Absprachen ab. Haben die Parteien nicht ausdrücklich vereinbart, dass die Sicherheit von der jeweiligen Nettosumme berechnet wird, ist der Prozentsatz der Sicherheit von der **Bruttosumme** zu berechnen.[38]

31 Ist vereinbart, dass Sicherheit von der **Abrechnungssumme** geleistet wird, gilt als Abrechnungssumme derjenige Betrag, den der **Auftraggeber nach Prüfung der Rechnung** ermittelt hat.[39] Dies gilt sowohl für die Höhe von Sicherheitseinbehalten bei Abschlagsrechnungen als auch für die Berechnung der **endgültigen Höhe der Sicherheit bei der Schlussrechnung.**

---

[32] Ebenso *Heiermann/Riedl/Rusam* B § 17 Rdn. 23. Anderer Ansicht *Ingenstau/Korbion/Joussen* B § 17 Nr. 1 Rdn. 32: § 14 VOB/A gelte nur für das Vergabeverfahren und habe keinen Einfluss auf geschlossene Verträge. *Kapellmann/Messerschmidt/Thierau* B § 17 Rdn. 85 f. vertritt die Ansicht, dass eine Vereinbarung über eine Sicherheitsleistung ohne Höhenangabe unwirksam sei. Für eine Unwirksamkeit der Sicherungsabrede auch *Leinemann* § 17 Rdn. 18.

[33] In der Fassung Juli 1990 war noch nicht differenziert zwischen Vertragserfüllungs- und Gewährleistungssicherheit. Für die Sicherheit war generell bestimmt „Sie soll 5 v. H. der Auftragssumme nicht überschreiten". Die Reduzierung bei der Gewährleistungssicherheit auf 3 v. H. der Abrechnungssumme ist in der Neufassung 1992 erfolgt.

[34] Vgl. auch Nr. 5 zu § 14 A, Teil I A des Vergabehandbuchs (VHB 2002): „Als Sicherheit für die vertragsgemäße Erfüllung ... sollen in der *Regel* bis zu 5 v. H. der Auftragssumme vorgesehen werden. Höhere Sicherheiten dürfen nur ausnahmsweise gefordert werden, wenn ein ungewöhnliches Risiko für den Auftraggeber zu erwarten ist. Die Sicherheit darf in diesem Fall 10 v. H. der Auftragssumme nicht überschreiten. Als Sicherheit für die Gewährleistung ... sollen in der *Regel* 3 v. H., höchstens 5. v. H. der Auftragssumme bzw. der Abrechnungssumme vorgesehen werden:".

[35] *Glatzel/Hofmann/Frikell,* 10. Aufl., S. 323.

[36] BauR 1993, 375 L.

[37] Zur Auftragssumme: OLG Düsseldorf BauR 1972, 121; OLG Karlsruhe NJW 1972, 451 = BauR 1972, 243; OLG Oldenburg NJW 1969, 1486; OLG Köln NJW 1971, 894.

[38] *Ingenstau/Korbion/Joussen* B § 17 Nr. 1 Rdn. 35; *Heiermann/Riedl/Rusam* B § 17 Rdn. 24; *Kapellmann/Messerschmidt/Thierau* B § 17 Rdn. 87; *Werner/Pastor* Rdn. 1262.

[39] *Ingenstau/Korbion/Joussen* B § 17 Nr. 1 Rdn. 35a; im Ergebnis so wohl auch *Heiermann/Riedl/Rusam* B § 17 Rdn. 24.

## D. Dauer der Sicherheitsleistung

Die Dauer der Sicherheitsleistung richtet sich nach der zwischen den Parteien getroffenen **32 Vereinbarung.** Ist keine besondere Vereinbarung getroffen, ist eine Vertragserfüllungssicherheit nach Abnahme und Stellung der Sicherheit für die Mängelansprüche (§ 17 Nr. 8 Abs. 1 VOB/B), eine Sicherheit für Mängelansprüche nach Ablauf von zwei Jahren (§ 17 Nr. 8 Abs. 2 VOB/B) zurückzugeben. Sofern zu diesen Zeitpunkten noch offene Ansprüche des Auftraggebers bestehen, kann er einen entsprechenden Teil der Sicherheit zurückhalten. Vereinbaren die Parteien nachträglich eine längere Verjährungsfrist für Mängelansprüche, müssen sie auch die Dauer der Sicherheit neu vereinbaren bzw. anpassen, anderenfalls verbleibt es bei der Rückgabepflicht des Auftraggebers nach Ablauf von 2 Jahren. Dies folgt daraus, dass nach der Neuregelung des § 17 Nr. 8 Abs. 2 VOB/B die Rückgabepflicht nicht mehr an die Dauer der Gewährleistung gebunden, sondern auf den Ablauf von 2 Jahren festgelegt worden ist. Auch eine Hemmung der Verjährungsfrist für Mängelansprüche hat deshalb keinen Einfluss mehr auf den Zeitpunkt der Rückgabepflicht. Hat der Auftragnehmer Sicherheit durch Bürgschaft geleistet, verlängert sich allerdings die **Haftung des Bürgen** nicht dadurch, dass die Parteien später eine neue Dauer der Sicherheit oder gar nur eine neue Verjährungsfrist für Mängelansprüche vereinbaren, es verbleibt vielmehr dem Bürgen gegenüber bei der im **Zeitpunkt der Übernahme der Bürgschaft** bestehenden Verpflichtung.[40]

Keinen Einfluss auf die Dauer der Sicherheitsleistung hat es, wenn der **Vertrag vorzeitig 33 gekündigt** wird[41] oder der Auftragnehmer **insolvent wird.**[42] In diesen Fällen verbleibt es für die erbrachten Leistungen bei den vereinbarten Fristen für die Sicherheitsleistung. Soll die Sicherheit für die **gesamte Regelfrist** des § 13 Nr. 4 VOB/B oder für eine längere – z.B. 5-jährige – Verjährungsfrist für Mängelansprüche zur Verfügung gestellt werden, so bedarf es einer gesonderten vertraglichen Vereinbarung, anderenfalls verbleibt es bei der Dauer von 2 Jahren. Andererseits werden aber durch eine frühere Rückgabe der Sicherheit **Mängelansprüche nicht ausgeschlossen.**[43]

## E. Arten der Sicherheitsleistung

§ 232 Abs. 1 BGB sieht für den Fall, dass Sicherheit zu leisten ist, folgende Arten der **34** Sicherheitsleistung vor:
– Hinterlegung von Geld oder Wertpapieren, letztere mit der Einschränkung des § 234 BGB;
– Verpfändung von Forderungen, die in das Bundesschuldbuch oder in das Landesschuldbuch eines Bundeslandes eingetragen sind;
– Verpfändung beweglicher Sachen;
– Bestellung von Schiffshypotheken an Schiffen oder Schiffsbauwerken, die in einem deutschen Schiffsregister oder Schiffsbauregister eingetragen sind;
– Bestellung von Hypotheken an inländischen Grundstücken;
– Verpfändung von Forderungen, für die eine Hypothek an einem inländischen Grundstück besteht, oder Verpfändung von Grundschulden oder Rentenschulden an inländischen Grundstücken, mit Einschränkung des § 238 BGB.

---

[40] OLG Düsseldorf BauR 1993, 747.
[41] OLG Düsseldorf BauR 1979, 325.
[42] OLG Hamm BauR 1984, 537.
[43] OLG Köln BauR 1987, 222; LG Frankfurt BauR 1989, 479.

**35** Die Stellung eines tauglichen **Bürgen** ist nach § 232 Abs. 2 BGB nur dann möglich, wenn keine der anderen Sicherheiten geleistet werden können. Der zur Sicherheitsleistung Verpflichtete hat unter den genannten Sicherheiten die **Wahl** und im Rahmen des § 235 BGB ein **Umtauschrecht** bei der Hinterlegung von Geld und Wertpapieren.

**36** Die Vorschriften des § 232 BGB über die Art der Sicherheitsleistung finden, wenn die Parteien nichts anderes vereinbart haben, beim **BGB-Bauvertrag** Anwendung. Für den **VOB-Bauvertrag** sind in § 17 Nr. 2 VOB/B die Arten der Sicherheitsleistung mit **Hinterlegung, Einbehalt oder Bürgschaft** festgelegt, die als vereinbart gelten, falls die Parteien in der Sicherungsabrede keine anderweitigen Bestimmungen getroffen haben.

## I. Hinterlegung

**37** Eine Hinterlegung einer Sicherheit, die sich nicht nach § 17 Nr. 5 VOB/B richtet, hat nach Maßgabe der **HinterlO bei den Hinterlegungsstellen der Amtsgerichte** zu erfolgen. Die Hinterlegung bei einem Notar oder Rechtsanwalt genügt nicht.[44] Hinterlegtes Geld, das als gesetzliches Zahlungsmittel zugelassen ist, geht nach § 7 Abs. 1 HinterlO in das **Eigentum des Staates** über und wird nach den Bestimmungen des § 8 HinterlO **verzinst**. **Ausländisches Geld** wird – wie auch Wertpapiere – gem. § 7 Abs. 2 HinterlO unverändert aufbewahrt. Kommt § 17 VOB/B zur Anwendung, richtet sich das **Verfahren bei der Hinterlegung nach § 17 Nr. 5 VOB/B** und die Vorschriften der §§ 232 ff. BGB finden nur ergänzend Anwendung.

**38** Mit der Hinterlegung erwirbt der Berechtigte ein **Pfandrecht an dem hinterlegten Geld** (§ 233 BGB) oder, soweit es in das Eigentum des Staates übergegangen ist, ein **Pfandrecht an der Forderung auf Rückerstattung.** Inhaber der Rückerstattungsforderung ist der Hinterleger, auch wenn ihm das hinterlegte Geld nicht gehört, sondern aus dem Vermögen eines Dritten stammt. Die **Herausgabe des hinterlegten Geldes** geschieht durch Verfügung der Hinterlegungsstelle auf Antrag, wenn die Beteiligten die Berechtigung des Empfängers schriftlich anerkannt haben oder der Empfänger seine Berechtigung durch einen rechtskräftigen Titel nachweist. Anderenfalls muss auf Freigabe des Geldes geklagt werden.

## II. Einbehalt

**39** Sicherheitsleistung durch **Einbehalt von Zahlungen** gilt nach § 17 Nr. 6 VOB/B nur **beim VOB-Bauvertrag** als vereinbart (→ im Einzelnen § 17 Nr. 6 VOB/B). Die Regelungen über die Sicherheitsarten in den §§ 232 ff. BGB sehen einen Einbehalt nicht vor, er wird jedoch oft auch in einem **BGB-Bauvertrag** zwischen den Vertragsparteien vereinbart. Wie mit dem einbehaltenen Betrag beim BGB-Bauvertrag verfahren werden soll, richtet sich nach den vertraglichen Vereinbarungen, § 17 Nr. 6 VOB/B findet nur Anwendung, wenn eine entsprechende vertragliche Absprache zwischen den Parteien vorliegt.

**40** Durch Vereinbarung eines Sicherheitseinbehalts wird die **Fälligkeit** des entsprechenden Teils der Vergütungsforderung des Auftragnehmers einverständlich **hinausgeschoben** und gleichzeitig in dieser Höhe ein **Zurückbehaltungsrecht** für den Auftraggeber begründet.[45]

---

[44] OLG Nürnberg JurBüro 1980, 1103.
[45] BGH BauR 1979, 525 = ZfBR 1979, 207; *Ingenstau/Korbion/Joussen* B § 17 Nr. 6 Rdn. 1; *Heiermann/Riedl/Rusam* B § 17 Rdn. 75; a. A. OLG Karlsruhe BauR 1989, 203.

## III. Bürgschaft

Die **allgemeinen Vorschriften über die Bürgschaft**[46] sind in den §§ 765 ff. BGB 41
enthalten. Mit der Übernahme der Bürgschaft verpflichtet sich der Bürge gegenüber dem
Gläubiger der Hauptforderung, für die Erfüllung dieser Verbindlichkeit einzustehen (§ 765
BGB). Zur Gültigkeit ist die **schriftliche** Erteilung der **Bürgschaftserklärung** erforderlich
(§ 766 S. 1 BGB). Erfüllt der Bürge später die Hauptverbindlichkeit, wird der Mangel der
Form geheilt (§ 766 S. 2 BGB). Bei **Kaufmannseigenschaft** des Bürgen, die bei Banken
in der Regel gegeben ist, ist allerdings auch eine formlos abgegebene Bürgschaftserklärung
gültig (§ 350 HGB). Die Übermittlung der Bürgschaftserklärung **per Telefax, Telex oder
Telegramm** reicht zur Wahrung der Schriftform deshalb nur bei einem **kaufmännischen
Bürgen** aus.[47] Der Auftraggeber kann, wenn § 17 VOB/B Anwendung findet, eine **formlose Bürgschaftserklärung zurückweisen,** weil sie nicht § 17 Nr. 4 VOB/B und damit
nicht der vertraglichen Vereinbarung mit dem Auftragnehmer entspricht.[48]

§ 232 Abs. 2 BGB sieht die Stellung eines **tauglichen Bürgen** vor, wozu nach § 239 42
BGB erforderlich ist, dass er ein der Höhe der zu leistenden Sicherheit angemessenes
Vermögen besitzt und seinen allgemeinen Gerichtsstand im Inland hat. Hiervon abweichend
genügt ein Gerichtsstand in der Europäischen Union, wenn der Bürge unstreitig über eine
ausreichende Bonität verfügt, er sich in der Bürgschaftsurkunde der Geltung deutschen
Rechts unterwirft sowie einen in Deutschland ansässigen Zustellungsbevollmächtigten benennt.[49] Ferner muss der Bürge seinen Sitz in einem der Vertragsstaaten der EuGVO
haben.[50] Für den VOB-Bauvertrag und wenn § 17 VOB/B sonst auf Grund besonderer
vertraglicher Vereinbarung Anwendung findet, sind **in § 17 Nr. 4 VOB/B hierfür einschränkende Sonderregelungen** getroffen, die das Verhältnis zwischen Auftraggeber und
Auftragnehmer betreffen.

Im Gegensatz zu § 17 Nr. 4 VOB/B darf eine Bürgschaft nach § 777 BGB auch **befristet** 43
sein. Die Bürgschaft erlischt in eine solchen Falle mit Ablauf der Befristung, wenn sie zuvor
nicht in Anspruch genommen worden ist. Fällt der Tag des **Ablaufs der Frist auf einen
Sonntag,** kann die Inanspruchnahme auch noch am nächsten Tag erklärt werden, falls die
Parteien das Fristende nicht ausdrücklich auf den Sonntag festgelegt haben.[51]

### 1. Abgrenzung zum Schuldbeitritt

Mit der Bürgschaft übernimmt ein Dritter, der Bürge, die **Haftung für eine fremde** 44
**Schuld,** während durch den Schuldbeitritt eine **eigene Schuld begründet** wird mit der
Folge, dass der Dritte gemeinsam mit dem bisherigen Schuldner als **Gesamtschuldner** für
die Schuld einzustehen hat. Ob eine Zahlungszusage als Schuldbeitritt oder als Bürgschaft zu
verstehen ist, hängt deshalb davon ab, ob mit der Zusage eine selbstständige oder eine an die
Hauptforderung „angelehnte" Schuld begründet werden soll. Verbleiben auch nach einer
Auslegung noch Zweifel, welche Form der Verpflichtung gemeint war, ist eine Bürgschaft
anzunehmen.[52]

Schuldbeitritt liegt immer dann vor, wenn der Dritte ein **eigenes sachliches und wirt-** 45
**schaftliches Interesse** an der Begleichung der Verbindlichkeit des Schuldners hat.[53] Des-

---

[46] Zu den Besonderheiten der VOB-Bürgschaft → § 17 Nr. 2 und Nr. 4.
[47] BGHZ 24, 297; BGH NJW 1993, 1126 = BauR 1993, 340; OLG Düsseldorf NJW-RR 1995, 93 und OLGR 1995, 165; *Ingenstau/Korbion/Joussen* B § 17 Nr. 4 Rdn. 18; *Nicklisch/Weick* B § 17 Rdn. 33; *Kapellmann/Messerschmidt/Thierau* B § 17 Rdn. 132; im Ergebnis so auch *Heiermann/Riedl/Rusam* B § 17 Rdn. 50.
[48] BGH NJW 1986, 1681 = BauR 1986, 361; OLG Celle BauR 2000, 1351.
[49] *Ingenstau/Korbion/Joussen* B § 17 Nr. 4 Rdn. 2 m. w. N.
[50] *Ingenstau/Korbion/Joussen* B § 17 Nr. 4 Rdn. 2.
[51] BGH NJW 1987, 1760 = BauR 1987, 339.
[52] BGH NJW 1981, 47; NJW 1986, 580; OLG Hamm NJW 1988, 3022; OLG Düsseldorf OLGR 1995, 1.
[53] BGH NJW 1981, 47.

halb kann nach OLG Hamm[54] bei einem Hauserwerber ein über den Verbürgungswillen hinausgehender Schuldbeitritt neben dem Bauträger nur dann angenommen werden, wenn bei dem Hauserwerber ein **besonderes Eigeninteresse an der Ausführung der Handwerkerarbeiten** bestanden hat. Gibt allerdings ein Bauherr in Kenntnis der **Zahlungsunfähigkeit des Generalunternehmers** eine mündliche **Zahlungszusage an den Subunternehmer,** damit dieser die Arbeiten fertiggestellt, so handelt es sich regelmäßig um einen **Schuldbeitritt** und nicht um eine – ansonsten formunwirksame – Bürgschaftserklärung.[55] Ein wirksamer Schuldbeitritt und nicht nur eine formunwirksame Bürgschaft liegt auch in der **mündlichen Zahlungszusage** des Geschäftsführers einer zahlungsunfähigen GmbH gegenüber dem Auftraggeber, die abgegeben wird, **um das Vertrauen in eine neugegründete Nachfolge-GmbH nicht zu erschüttern.**[56] Dagegen liegt nach OLG Hamm[57] in der telefonischen Zusage des Geschäftsführers einer GmbH, er werde für Lieferantenforderungen **„persönlich einstehen",** kein Schuldbeitritt, sondern eine **formnichtige Bürgschaft.**

### 2. Umfang der Bürgschaftsverpflichtung

46   Die Bürgschaft ist **akzessorisch zur Hauptschuld** und in ihrem Umfang und Bestand von dieser dauernd abhängig (§ 767 BGB). Der Inhalt der Hauptschuld ergibt sich aus dem ihr zu Grunde liegenden Vertrag, die **Beschreibung der gesicherten Hauptforderung** in der Bürgschaftsurkunde dient lediglich deren **Identitätsfestlegung** und ändert den Inhalt der Hauptpflicht nicht, auch nicht im Verhältnis zwischen dem Bürgen und dem Bürgschaftsnehmer.[58]

47   **Nachträgliche Änderungen** der Hauptschuld, Erhöhungen und Erweiterungen, werden von der Bürgschaftsverpflichtung nur erfasst, wenn sie auf ein Verschulden oder einen Verzug des Auftragnehmers und **nicht etwa auf nachträgliche rechtsgeschäftliche Vereinbarungen** zwischen Auftragnehmer und Auftraggeber zurückzuführen sind (§ 767 Abs. 1 S. 2 u. 3 BGB). Eine formularmäßige Erstreckung der Bürgenhaftung über diejenigen Forderungen hinaus, die Gegenstand der Verbürgung waren, ist unzulässig.[59] Eine Bürgschaft, die **für Verbindlichkeiten einer KG abgegeben wurde,** erlischt zwar nicht, wenn alle Gesellschafter bis auf einen ausscheiden und diesem die Gesellschaftsverbindlichkeiten zuwachsen, sie **gilt aber nicht für neue Verbindlichkeiten,** die der Einzelkaufmann danach begründet.[60] Demgegenüber kommen nachträgliche Vereinbarungen, die die **Hauptschuld verringern,** also die Stellung des Bürgen verbessern, dem Bürgen zugute.

48   Die **Bürgschaft umfasst** damit zwar Schadensersatzansprüche aus schuldhaftem Verhalten des Auftragnehmers, insbesondere auch aus Verzug, **nicht** jedoch Ansprüche aus nach Bürgschaftsübernahme vom Auftragnehmer **übernommenen Zusatzaufträgen.** Auch können die Parteien der Hauptschuld bei einer Gewährleistungsbürgschaft, die „für die vertragsgemäße Erfüllung der Gewährleistungsverpflichtungen für fertig gestellte und mängelfrei abgenommene Arbeiten" übernommen wurde, **im Nachhinein die Modalitäten der Abnahme nicht** zu Lasten des Bürgen **anders als in dem der Bürgschaft zu Grunde gelegten Werkvertrag regeln.**[61]

49   Die Bürgschaftsverpflichtung endet mit dem Erlöschen der Hauptschuld.[62] Ist in der Bürgschaftsurkunde vermerkt, dass die **Bürgschaft mit Rückgabe der Urkunde erlischt,**

---

[54] NJW 1993, 2625.
[55] OLG Hamm BauR 1992, 813 L.
[56] BGH NJW 1986, 580 = BauR 1986, 101.
[57] NJW 1988, 3022.
[58] OLG Köln NJW-RR 1986, 510 = BauR 1987, 222.
[59] BGH NJW 1996, 924 und ZfBR 1996, 125.
[60] BGH BauR 1993, 609.
[61] OLG Hamburg NJW-RR 1991, 1304 = BauR 1990, 745 und WM 1992, 349.
[62] Siehe hierzu auch § 17 Nr. 8.

E. Arten der Sicherheitsleistung                                    Vor § 17

kommt die Bürgenhaftung **nicht durch bloße Aushändigung** der Bürgschaftsurkunde, sondern durch **Erlassvertrag** in Wegfall.[63]

Ist die Bürgschaft **befristet**, erlischt sie zu dem festgelegten Zeitpunkt. Der Gläubiger 50 kann nur dann Rechte aus der Bürgschaft herleiten, wenn **die Fälligkeit der Hauptschuld** bis zu dem in der Urkunde genannten Zeitpunkt eintritt[64] und er die Bürgschaft bis dahin in Anspruch nimmt. Er kann sich jedoch seine Rechte durch die **fristgerechte Anzeige,** er nehme den selbstschuldnerischen Zeitbürgen in Anspruch, erhalten.[65] Allerdings ist hierfür nicht ausreichend ein am letzten Tag der Frist eingereichter Antrag auf Mahnbescheid, selbst wenn die Zustellung des Mahnbescheides demnächst erfolgt.[66]

### 3. Abtretung von Bürgschaft und Hauptschuld

Der Gläubiger der Hauptforderung und der Bürgschaftsgläubiger müssen ein und dieselbe 51 Person sein. Aus diesem Grunde ist eine **Abtretung der Rechte aus der Bürgschaft ohne die Hauptforderung unwirksam.**[67] Die Gläubigerrechte aus der Bürgschaft verbleiben in diesem Falle dem Gläubiger der Hauptforderung.

Bei der **Abtretung** der Hauptforderung, z. B. von Erfüllungs- und/oder Gewährleis- 52 tungsansprüchen durch den Auftraggeber, gehen dagegen auch **die Rechte aus der Bürgschaft auf den neuen Gläubiger über** (§ 401 BGB). Mit der Abtretung der gesicherten Hauptforderung geht auch das Recht über, die zur Fälligkeit der Bürgschaft erforderlichen Erklärungen abgeben zu können.[68] Tritt der **Generalunternehmer** seine Gewährleistungsansprüche gegen seine Subunternehmer an seinen Bauherrn ab, stehen diesem auch **die von den Subunternehmern gegebenen Gewährleistungsbürgschaften** zu.[69]

Wird im Vertrag die Übertragung der Rechte aus der Bürgschaft ausgeschlossen, führt 53 die Abtretung der Hauptforderung zum **Erlöschen der Bürgschaft.**[70] Allerdings können **vom Bürgen verwendete AGB,** die eine Übertragung der Rechte aus der Bürgschaft ausschließen, so dass bei Abtretung der Hauptforderung die Bürgschaft erlischt, wegen Verstoßes gegen das Transparenzgebot nach § 307 BGB unwirksam sein.[71] Ein Bürgschaftserklärung, in welcher der Übergang der Rechte auf einen Zessionar der Hauptforderung ausgeschlossen wird, kann jedoch dahin auszulegen sein, es solle auch für den Fall gebürgt werden, dass die Hauptforderung wieder an den ursprünglichen Gläubiger (zurück)abgetreten wird.[72]

### 4. Einreden und Einwendungen des Bürgen

Der Bürge kann dem Auftraggeber gegenüber die dem Auftragnehmer zustehenden 54 **Einwendungen und Einreden aus dem Hauptschuldverhältnis** geltend machen (§ 768 Abs. 1 S. 1 BGB). Er verliert dieses Recht auch nicht, wenn der Auftragnehmer auf seine Einreden **verzichtet** (§ 768 Abs. 2 BGB). Ebenso ist nicht erforderlich, dass der Auftragnehmer diese Einreden gegenüber dem Auftraggeber **bereits erhoben** hat.

Der Bürge kann sich beispielsweise auf ein **Zurückbehaltungs- bzw. Leistungsverwei-** 55 **gerungsrecht,** das dem Auftragnehmer bei Zahlungsverzug des Auftraggebers zusteht, berufen. Vor allem steht ihm aber die Einrede der **Aufrechenbarkeit** (§ 770 BGB) und die **Verjährungseinrede** zu, so dass der Auftraggeber den Bürgen wegen seiner Gewährleis-

---

[63] OLG Hamburg NJW 1986, 1691.
[64] BGHZ 91, 349 = NJW 1984, 2461.
[65] BGH NJW 1989, 1856 = BauR 1989, 491.
[66] BGH NJW 1982, 172 = ZfBR 1982, 70.
[67] BGH WM 1980, 372; WM 1980, 1085 und BauR 1992, 84 sowie BGHZ 95, 88.
[68] BGH NJW 1987, 2075.
[69] LG Tübingen BauR 1988, 232.
[70] BGH BauR 1992, 84.
[71] BGH a. a. O.; *Ingenstau/Korbion/Joussen* B § 17 Nr. 4 Rdn. 6.
[72] BGH a. a. O.

tungsansprüche **nicht mehr in Anspruch nehmen** kann, wenn dieser sich **erfolgreich auf Verjährung** beruft.[73]

### 5. Bürgschaft „auf erste Anforderung"

56  Die **Bürgschaft auf erstes Anfordern,** die auch im Baugewerbe durchaus üblich ist, verpflichtet den Bürgen, auf eine **bloße Zahlungsanforderung** des Auftraggebers zu zahlen, ohne dass das Bestehen der Hauptschuld und deren Fälligkeit schlüssig dargelegt werden muss.[74] Zur Inanspruchnahme einer **Gewährleistungsbürgschaft** auf erstes Anfordern ist eine **hinreichend konkrete Mängelrüge** erforderlich, aber auch ausreichend.[75]

57  **Einwendungen aus dem Hauptschuldverhältnis** können erst im **Rückforderungsprozess** geltend gemacht werden.[76] Dies gilt selbst dann, wenn die Bürgschaft auf erste Anforderung wegen damit gesicherter Zahlungsansprüche für eine Anlage in Anspruch genommen wird, die nach Angabe des (Bank)Kunden **mangelhaft** ist und für die **noch kein Abnahmeprotokoll vorliegt.**[77] Zahlungen des Bürgen stellen deshalb auch kein Anerkenntnis der Hauptschuld dar.[78] Nur wenn sich bereits **durch Auslegung aus der Bürgschaftsurkunde selbst** ergibt, dass die Bürgschaft nicht die dem Zahlungsbegehren des Gläubigers zugrundeliegende Hauptforderung sichert, oder sich aus dem Inhalt der Vertragsurkunden oder dem unstreitigen Sachverhalt die Unwirksamkeit der Sicherungsabrede ergibt, kann diese Tatsache schon im **Erstprozess** geltend gemacht werden.[79] Bei Inanspruchnahme einer **Gewährleistungsbürgschaft** auf erstes Anfordern ist hingegen der Einwand, die Leistung des Auftragnehmers sei **tatsächlich mangelfrei,** nicht im Erstprozess zu prüfen und die Inanspruchnahme auch nicht „offensichtlich" rechtsmissbräuchlich, weil der Einwand, der materielle Garantiefall liege nicht vor, nur aufgrund einer zwar möglichen, aber nicht zwingenden Auslegung des Valutaverhältnisses zu ermitteln ist.[80]

58  Ist die Zahlungsanforderung jedoch **erkennbar rechtsmissbräuchlich,** weil offenkundig oder zumindest liquide beweisbar der materielle Garantiefall nicht eingetreten bzw. die Bürgschaft auf erstes Anfordern unwirksam ist, d. h. der Gläubiger seine formelle Rechtsstellung als Inhaber einer Bürgschaft auf erstes Anfordern rechtsmissbräuchlich ausnutzt, bestehen gegen eine Inanspruchnahme **Abwehrrechte.**[81] Sowohl der Auftragnehmer als auch die Bank haben in diesem Falle einen – auch im Wege der **einstweiligen Verfügung**

---

[73] Siehe hierzu § 17 Nr. 8.
[74] BGH NJW 1994, 380 = BauR 1994, 144 L = ZfBR 1994, 70; BGHZ 136, 27 = BauR 1997, 829 = NJW 1997, 2598 = IBR 1997, 366; BGHZ 150, 305 = BauR 2002, 1239 = NJW 2002, 2388 = NZBau 2002, 494.
[75] OLG München NJW-RR 1995, 498 = BauR 1995, 139 L und 460.
[76] BGHZ 74, 244 = NJW 1979, 1500; BGH NJW 1984, 923 und 2030; NJW 1985, 1694; OLG Hamburg NJW 1986, 1691 = BB 1986, 834 m. Anm. v. *Meinert*; BGH NJW 1988, 2610 = BauR 1988, 594 = ZfBR 1988, 225; NJW 1989, 1480 = BauR 1989, 339 = ZfBR 1989, 157; NJW-RR 1989, 1324 = BauR 1989, 618; NJW-RR 1990, 1300 = BauR 1990, 608; OLG Hamm BauR 1994, 775 = ZfBR 1994, 223 und BGH NJW 1994, 380 = BauR 1994, 144 L = ZfBR 1994, 70; BGHZ 136, 27 = BauR 1997, 829 = NJW 1997, 2598 = IBR 1997, 366; BGH BauR 2001, 1093 = IBR 2001, 306 = NJW 2001, 1857 = NZBau 2001, 311; BGH NJW 2002, 1493; BGHZ 150, 305 = BauR 2002, 1239 = NJW 2002, 2388 = NZBau 2002, 494; OLG Hamm ZfBR 2000, 559; KG BauR 1997, 665; OLG Düsseldorf BauR 2001, 1940.
[77] BGH BauR 1989, 618.
[78] BGH NJW 1989, 1606 = BauR 1989, 342 = ZfBR 1989, 165.
[79] BGH BauR 1996, 251 = ZfBR 1996, 63 L und 139; BGH BauR 2001, 1093 = IBR 2001, 306 = NJW 2001, 1857 = NZBau 2001, 311; BGH NJW 2000, 1563 = BauR 2000, 887; BGH NJW 1999, 2361; OLG Düsseldorf BauR 2002, 492; OLG Düsseldorf BauR 2001, 1940; OLG Hamm BauR 2003, 1720.
[80] BHG BauR 1987, 98.
[81] BGHZ 90, 287; OLG Hamm NJW 1987, 1774; OLG Frankfurt WM 1988, 1480 und BauR 1988, 732; OLG Bremen WM 1990, 1369; BGH NJW 1997, 255; BGHZ 136, 27 = BauR 1997, 829 = NJW 1997, 2598 = IBR 1997, 366; BGHZ 150, 305 = BauR 2002, 1239 = NJW 2002, 2388 = NZBau 2002, 494; BGH NJW 2000, 1563 = BauR 2000, 887; BGH NJW 2002, 1493; KG BauR 1997, 665; LG Erfurt BauR 2001, 652; OLG Hamburg BauR 2000, 445; OLG Hamm NZBau 2000, 472; OLG Hamm BauR 2003, 1720.

E. Arten der Sicherheitsleistung

durchsetzbaren – Anspruch **gegen den Auftraggeber,** die Inanspruchnahme der Bürgschaft zu unterlassen.[82] Der Auftragnehmer hat jedoch **keinen Anspruch gegen die Bank,** die Zahlung zu unterlassen,[83] weil die Bank zum einen nicht verpflichtet ist, gegenüber dem Begünstigten (Auftraggeber) Einwendungen gegen den Bestand der Hauptforderung zu erheben.[84] Zum anderen **kann die Bank** trotz rechtsmissbräuchlicher Inanspruchnahme **ein Interesse daran haben,** den Bürgschaftsanspruch zu erfüllen, um **ihre Geschäftsverbindung und eigene wirtschaftliche Interessen nicht zu gefährden.**[85]

Die Bank ist somit sogar berechtigt, auch **gegen den Willen** des Auftragnehmers und **ohne Rücksprache** mit diesem sofort an den Auftraggeber zu zahlen.[86] Zahlt die Bank aus der Bürgschaft, obwohl die Geltendmachung des Bürgschaftsanspruchs offensichtlich und erkennbar missbräuchlich ist, so hat sie gegenüber ihrem Kunden, dem Auftragnehmer, **keinen Rückgriffsanspruch.**[87] Der Auftragnehmer hat vielmehr in diesem Falle einen – auch im Wege der **einstweiligen Verfügung** durchsetzbaren – Anspruch **gegen die Bank,** den Rückgriff auf seine Guthaben und Sicherheiten zu unterlassen.[88] Will die Bank entgegen dem Auftrag des Hauptschuldners, eine dem gesetzlichen Leitbild entsprechende Bürgschaft zu leisten, eine solche auf erstes Anfordern herausgeben, muss die Bank nicht nur dessen Zustimmung einholen, sondern ihn auch über die für ihn damit verbundenen rechtlichen Nachteile belehren. Erfüllt sie diese Verpflichtung nicht, kann der Auftraggeber sich gegenüber dem Aufwendungsersatzanspruch mit allen Einwendungen verteidigen, die ihm gegen die Hauptforderung zustehen, es sei denn, er hat der Erteilung der Bürgschaft auf erstes Anfordern in Kenntnis der für ihn damit verbundenen Rechtsfolgen zugestimmt.[89] 59

Ein Sonderfall des Missbrauchs der Bürgschaft auf erstes Anfordern ist gegeben, wenn der die Zahlung anfordernde Gläubiger **insolvent** geworden ist und der Insolvenzverwalter **Masseunzulänglichkeit** angezeigt hat, da der Gläubiger in diesem Fall kein schutzwürdiges Interesse an einer Leistung auf erstes Anfordern mehr hat.[90] Die als Bürgschaft auf erstes Anfordern erteilte Bürgschaft ist dann jedoch als gewöhnliche Bürgschaft aufrechtzuerhalten.[91]

Dennoch besteht bei einer Bürgschaft auf erstes Anfordern immer die Gefahr, dass der Auftraggeber die Bürgschaft missbräuchlich zieht, und sich auf diese Weise einen **Liquiditätsvorteil** verschafft. Wegen des mit einer Bürgschaft auf erste Anforderung verbundenen hohen Risikos ist die Übernahme einer solchen Bürgschaft den Kreditinstituten vorbehalten.[92] Außerhalb von AGB ist es zwar jedermann gestattet, im Rahmen einer Individualerklärung eine Bürgschaft auf erstes Anfordern abzugeben, jedoch sind die abgegebenen Willenserklärungen ggf. dahingehend auszulegen, dass nur eine gewöhnliche Bürgschaft vorliegt, wenn der Bürge mit dem Inhalt und den Rechtsfolgen einer Bürgschaft auf erstes Anfordern nicht hinreichend vertraut ist.[93] Darüber hinaus trifft den selbst **geschäftskundigen** Gläubiger gegenüber dem unkundigen Bürgen eine besondere Hinweis- und Aufklärungspflicht über die Rechtsfolgen einer Bürgschaft auf erstes Anfordern, wenn der Bürge 60

---

[82] BGH BauR 1987, 353; BGH NJW 1984, 2030; NJW 1988, 2610 = BauR 1988, 594 = ZfBR 1988, 225; KG NJW 1987, 1774; OLG Köln WM 1988, 21; KG BauR 1997, 665; LG Erfurt BauR 2001, 652; OLG Hamburg BauR 2000, 445.
[83] OLG Stuttgart NJW 1981, 1913; OLG Frankfurt NJW 1981, 1914, WM 1988; 1480 und BauR 1988, 732 m. anonymer Anm.
[84] BGH NJW 1986, 310; OLG Hamburg VersR 1984, 170; OLG Schleswig WM 1984, 651; KG NJW 1987, 1774; OLG Frankfurt BauR 1988, 732.
[85] OLG Köln WM 1991, 1751 m. abl. Anm. v. *Schwericke* u. *Regel.*
[86] KG a. a. O.
[87] OLG Frankfurt WM 1988, 1480; OLG Köln a. a. O.
[88] OLG Franfurt NJW 1981, 1914 und BauR 1988, 732; OLG Stuttgart a. a. O.
[89] BGH NJW 2000, 1563 = BauR 2000, 887.
[90] *Ingenstau/Korbion/Joussen* B § 17 Nr. 4 Rdn. 42; BGH BauR 2002, 1698.
[91] *Ingenstau/Korbion/Joussen* B § 17 Nr. 4 Rdn. 42; BGH BauR 2002, 1698.
[92] BGH NJW-RR 1990, 1300 = BauR 1990, 608.
[93] *Ingenstau/Korbion/Joussen* B § 17 Nr. 4 Rdn. 56; BGH NJW 1999, 2361.

sie nach Treu und Glauben erwarten darf. Bei Verletzung dieser Hinweispflicht kommt nur ein gewöhnlicher Bürgschaftsvertrag zustande.[94]

61 Ist die Bürgschaft auf erste Anforderung aufgrund einer **unwirksamen Sicherungsabrede** gestellt worden, kann der Auftragnehmer sie vom Auftraggeber aus **ungerechtfertigter Bereicherung zurückverlangen**.[95]

## F. Sicherheit für den Auftragnehmer

62 Die Parteien eines Bauvertrages können auch vereinbaren, dass der Auftraggeber **zur Absicherung der Ansprüche des Auftragnehmers** eine Sicherheit zu erbringen hat. Eine solche vertragliche Verpflichtung stellt eine selbstständig einklagbare „Nebenleistungspflicht" des Auftraggebers dar und gibt dem Auftragnehmer einen **klagbaren Anspruch** auf die vereinbarte Sicherheitsleistung.[96] Ist der Auftraggeber zur Stellung einer Vertragserfüllungsbürgschaft verpflichtet, entfällt diese Verpflichtung weder durch die Fertigstellung der Werkleistung noch durch die Erstellung der Schlussrechnung oder die Erhebung von Mängelrügen.[97] Gerade die Erhebung von Mängelrügen beweist das fortbestehende Sicherungsbedürfnis des Auftragnehmers, weil sich ein Prozess über seinen Werklohn jahrelang hinziehen kann und er in dieser Zeit das Insolvenzrisiko zu tragen hat, weshalb der Auftraggeber **gegenüber der Forderung auf Erfüllungsbürgschaft auch kein Zurückbehaltungsrecht** wegen behaupteter Mängel hat.[98] Die vom Auftraggeber zu leistenden Sicherheiten werden allerdings nicht von § 17 VOB/B erfasst, sondern richten sich nach den entsprechenden vertraglichen Einzelbestimmungen oder, wenn solche nicht getroffen sind, **nach den Vorschriften der §§ 232 ff. BGB.** Obwohl die Regelungen des § 17 VOB/B speziell auf die Sicherheitsleistung des Auftragnehmers zugeschnitten sind, ist es dennoch möglich, vertraglich zu vereinbaren, dass **§ 17 VOB/B entsprechend auch für die vom Auftraggeber zu erbringende Sicherheit Anwendung** finden soll.[99]

### 1. Bauhandwerkersicherungsgesetz § 648 a BGB

63 Die mit dem Bauhandwerkersicherungsgesetz eingefügte Bestimmung des § 648 a BGB gewährt dem Unternehmer/Auftragnehmer eines Bauwerkes, einer Außenanlage oder eines Teils davon einen auch **individualvertraglich nicht abdingbaren** gesetzlichen Anspruch auf Absicherung seines Vorleistungsrisikos. Im Gegensatz zu einer vertraglich vereinbarten Sicherheitsleistung hat der Auftragnehmer aus § 648 a BGB jedoch **keinen klagbaren Anspruch** auf Stellung der Sicherheit, sondern nur ein **Leistungsverweigerungsrecht** für den Fall, dass der Auftraggeber seiner Verpflichtung zur Sicherheitsleistung nicht nachkommt.[100] Die **Kosten**, die dem Auftraggeber für die geleistete Sicherheit entstehen, **hat der Auftragnehmer** zu tragen, allerdings der Höhe nach begrenzt auf 2% pro Jahr (§ 648 a Abs. 3 BGB).

64 Soweit der Auftragnehmer vom Auftraggeber Sicherheit nach § 648 a BGB erlangt hat, steht ihm **kein Anspruch auf Eintragung einer Bauhandwerkersicherungshypothek** mehr zu (§ 648 a Abs. 4 BGB), da er anderenfalls über eine doppelte Sicherheit verfügen würde und damit **übersichert** wäre. Das Gleiche gilt für eine Vormerkung zur Sicherung des Anspruchs aus § 648 BGB.

---

[94] *Ingenstau/Korbion* B § 17 Nr. 4 Rdn. 57; BGH BauR 1998, 634.
[95] OLG München BauR 1995, 859; BGH NJW 2000, 1563 = BauR 2000, 887; BGHZ 151, 229 = BauR 2002, 1533 = NJW 2002, 3098 = NZBau 2002, 559; OLG Dresden BauR 2001, 1447.
[96] OLG Düsseldorf BauR 1982, 592.
[97] OLG Nürnberg NJW-RR 1989, 1296.
[98] OLG Nürnberg a. a. O.
[99] *Ingenstau/Korbion/Joussen* B § 17 Rdn. 8; im Ergebnis so auch *Nicklisch/Weick* B § 17 Rdn. 14.
[100] BGH BauR 2006, 1294; *Kniffka*, BauR 2007, 246.

F. Sicherheit für den Auftragnehmer                                    **Vor § 17**

§ 648 a BGB findet **keine Anwendung** auf den **öffentlichen Auftraggeber** (§ 648 a   65
Abs. 6 S. 1 BGB), weil bei diesem kein Insolvenzrisiko gegeben ist. Ebenso besteht keine
Sicherungspflicht für den **privaten Auftraggeber,** wenn dieser eine natürliche Person ist,
ein Einfamilienhaus – auch mit Einliegerwohnung – errichten oder instandsetzen lässt und
das Bauvorhaben nicht durch einen zur Verfügung über die Finanzierungsmittel ermächtigten Baubetreuer betreut wird (§ 648 a Abs. 6 S. 2 BGB). Das Einfamilienhaus braucht **nicht
dem Eigenbedarf des Auftraggebers** zu dienen, kann also auch zum Zwecke der Weiterveräußerung errichtet oder instandgesetzt werden. Möglich ist sogar, dass der private Auftraggeber **mehrere Einfamilienhäuser** mit oder ohne Einliegerwohnung errichtet, ohne
dass er nach § 648 a BGB sicherungspflichtig ist. In diesen Ausnahmefällen des Gesetzes hat
somit in der Regel der **Generalunternehmer kein Sicherungsrecht,** während er **seinen
Subunternehmern** gegenüber **zur Sicherheitsleistung** nach § 648 a BGB **verpflichtet
ist.**

### 2. Bauhandwerkersicherungshypothek § 648 BGB

§ 648 BGB[101] gibt dem Unternehmer/Auftragnehmer eines Bauwerkes oder einzelner   66
Teile davon für seine Forderungen aus dem Vertrage einen schuldrechtlichen Anspruch auf
Einräumung einer Sicherungshypothek an dem **Baugrundstück des Bestellers,** was die
**Identität von Besteller/Auftraggeber und Grundstückseigentümer** voraussetzt. Lediglich **wirtschaftliche** Identität ist dabei nicht ausreichend, erforderlich ist **rechtliche
Identität.**[102] Allerdings ist im Einzelfall ein Grundstückseigentümer u. U. nach Treu und
Glauben wie ein Besteller/Auftraggeber zu behandeln,[103] wenn er beispielsweise einen
zahlungsunfähigen Mieter als Besteller für umfangreiche Reparaturarbeiten vorschiebt.[104]
Aus dem Gesagten folgt weiterhin, dass der **Generalunternehmer** gegen seinen Auftraggeber, der zugleich Grundstückseigentümer ist, einen Anspruch aus § 648 BGB hat,
während seinem **Subunternehmer,** der mit dem Grundstückseigentümer keinen Vertrag
hat, ein solcher Anspruch nicht zusteht. Bildet der Auftraggeber nach Durchführung der
Arbeiten **Wohnungs- bzw. Teileigentum,** steht dem Auftragnehmer ein Anspruch auf
Eintragung einer **Gesamthypothek** auf allen noch im Eigentum des Auftraggebers
stehenden Einheiten in voller Höhe der zu sichernden Forderung zu und nicht nur
Hypotheken in Höhe des auf die entsprechende Einheit jeweils entfallenden Leistungsanteiles.[105]

Im Gegensatz zu dem Recht aus § 648 a BGB sichert § 648 BGB **nicht die Vorleistung**   67
des Auftragnehmers ab, sondern setzt **erbrachte Leistungen** voraus, die zur **Werterhöhung des Grundstücks** geführt haben. Aus diesem Grunde ist beim Vorliegen von
Mängeln die zu sichernde Forderung des Auftragnehmers um den **Wert der Mängel zu
kürzen,**[106] d. h. die zur Mängelbeseitigung notwendigen Kosten sind abzuziehen. Nicht
dagegen ist abzusetzen das dem Auftraggeber bei Mängeln zustehende Zurückbehaltungsrecht in Höhe der 2- bis 3fachen Mängelbeseitigungskosten, weil für die Geltendmachung
des Sicherungsrechtes die **zu sichernde Forderung nicht fällig** sein muss. Der Anspruch
auf Eintragung einer Bauhandwerkersicherungshypothek besteht deshalb auch, wenn **noch**

---
[101] Findet nach EGBGB Art. 232 § 1 keine Anwendung auf Verträge, die vor dem 3. 10. 1990 in der ehemaligen DDR abgeschlossen worden sind: Bezirksgericht Dresden DtZ 1992, 189.
[102] OLG Hamm BauR 1982, 285 = ZfBR 1982, 65; OLG Zweibrücken ZfBR 1983, 264 m. Anm. von Blaesing; OLG Düsseldorf BauR 1985, 337; OLG Köln NJW-RR 1986, 960; OLG Hamm NJW-RR 1986, 570; KG BauR 1986, 705 und ZfBR 1987, 247; BGHZ 102, 95 = NJW 1988, 255 = BauR 1988, 88.
[103] BGHZ 102, 95 = NJW 1988, 255 = BauR 1988, 88.
[104] OLG Düsseldorf NJW-RR 1993, 851.
[105] OLG Köln OLGZ 75, 20; OLG Frankfurt OLGZ 85, 193 und NJW 1975, 785; OLG Düsseldorf BauR 1975, 62 und 1983, 376; OLG München NJW 1975, 220; a. A. OLG Frankfurt NJW 1974, 62 m. Anm. *Schmalzl.*
[106] BGHZ 68, 180 = NJW 1977, 947 = BauR 1977, 208; OLG Frankfurt BauR 1987, 343; OLG Rostock BauR 1995, 262.

*I. Jagenburg*                                                2435

**keine Abnahme** erfolgt ist und ebenso für den noch nicht fälligen **Sicherheitseinbehalt**,[107] auch wenn dieser auf ein Sperrkonto eingezahlt ist.

68 Der Anspruch aus § 648 BGB ist in **AGB nicht abdingbar,**[108] hierzu bedarf es einer individualvertraglichen Vereinbarung zwischen den Parteien. Der Auftraggeber kann jedoch den Anspruch des Auftragnehmers auf Einräumung einer Bauhandwerkersicherungshypothek durch **Stellung einer anderweitigen Sicherheit ablösen.** Hat der Auftraggeber bereits eine Sicherheit nach § 648 a BGB zur Verfügung gestellt, besteht kein Anspruch des Auftragnehmers aus § 648 BGB.

### 3. Gesetz zur Sicherung von Bauforderungen

69 Das Gesetz zur Sicherung von Bauforderungen – GSB – verpflichtet den **Empfänger von Baugeld,** diese Mittel zur Befriedigung der Forderungen der an der Herstellung des Baues beteiligten Unternehmer zu verwenden. Das Gesetz ist Schutzgesetz im Sinne von § 823 Abs. 2 BGB[109] und verpflichtet bei **vorsätzlicher**[110] **Zweckentfremdung der Mittel** zum Schadensersatz. Es bezieht sich nicht nur auf Arbeiten bei Neubauten, sondern auch auf solche bei Um- und Ausbauten und Sanierungen bereits bestehender Gebäude.[111] Im Gegensatz zu §§ 648 und 648 a BGB sind durch § 1 GSB auch **Baustoff-, Fertigteil- und sonstige Lieferanten** geschützt, die auf Grund eines **Kauf- oder Werklieferungsvertrages** an der Durchführung des Baues beteiligt sind.

70 Baugeld im Sinne dieses Gesetzes sind alle **Baufinanzierungsmittel,** für die nach der Vereinbarung zwischen der finanzierenden Bank und dem Darlehensnehmer, dem Bauherrn bzw. Erwerber, eine **grundbuchliche Absicherung** am zu bebauenden Objekt erfolgen soll,[112] wobei es keine Rolle spielt, wann die dingliche Sicherung tatsächlich eingetragen wird. Als Baugeldempfänger haften alle diejenigen, die die **tatsächliche Verfügungsgewalt** über die dinglich gesicherten Darlehensbeträge erhalten haben. Besondere praktische Bedeutung hat das Gesetz vor allem auch im Fall der **Insolvenz** des Baugeldempfängers, wenn dieser eine juristische Person ist, weil dann die konkret verfügungsberechtigten natürlichen Personen, d. h. der **Geschäftsführer,** evtl. auch der **Prokurist** oder **Generalbevollmächtigte persönlich** in Anspruch genommen werden können.[113]

71 **Vorsätzliche Zweckentfremdung** wird bei gewerblich tätigen Baugeldempfängern in der Regel vorliegen. Der Bauhandwerker oder Lieferant genügt seiner **Darlegungs- und Beweislast,** wenn er vorträgt, er habe eine **fällige Werklohnforderung,** für deren Befriedigung von dem empfangenen Baugeld nichts mehr zur Verfügung steht.[114] Der Nachweis der zweckentsprechenden Verwendung ist sodann vom Baugeldempfänger zu führen. Er hat zu diesem Zweck Einsicht in das **Baubuch** zu gewähren. Hat er ein solches Baubuch nicht geführt oder verweigert er aus anderen Gründen die Einsicht, trägt er die Beweislast dafür, dass das Baugeld zweckentsprechend verwendet worden ist.[115]

---

[107] KG BauR 1971, 265.
[108] BGHZ 91, 139 = NJW 1984, 2100 = BauR 1984, 413 = ZfBR 1984, 188.
[109] BGH NJW 1982, 1037 = ZfBR 1982, 75 und BauR 1991, 237; OLG Hamburg BauR 1994, 123.
[110] BGH a. a. O.; OLG Hamburg a. a. O.
[111] BGH NJW 1988, 263 = BauR 1988, 107 = ZfBR 1988, 20; OLG Hamburg a. a. O.
[112] BGH a. a. O.; BGH NJW-RR 1986, 446 = BauR 1986, 370 = ZfBR 1986, 134 und NJW-RR 1991, 728.
[113] BGH NJW 1982, 1037 = BauR 1982, 193 = ZfBR 1982, 75; BGH NJW 1985, 134 = BauR 1984, 658 = ZfBR 1984, 276; BGH NJW 1986, 1105 = BauR 1986, 235 = 1986, 72: KG NJW-RR 1986, 185.
[114] BGH NJW 1985, 134 = BauR 1984, 658 = ZfBR 1984, 276 und NJW-RR 1991, 141 = BauR 1991, 96.
[115] BGH NJW 1987, 1196 = BauR 1987, 229 = ZfBR 1987, 86; OLG Köln, BauR 1990, 506; OLG Bremen BauR 1993, 235.

## § 17 Nr. 1 [Vereinbarte Sicherheitsleistung]

(1) Wenn Sicherheitsleistung vereinbart ist, gelten die §§ 232 bis 240 BGB, soweit sich aus den nachstehenden Bestimmungen nichts anderes ergibt.

(2) Die Sicherheit dient dazu, die vertragsgemäße Ausführung der Leistung und die Mängelansprüche sicherzustellen.

**Literatur:** Siehe Hinweise → Vor § 17.

### Übersicht

| | Rdn. | | Rdn. |
|---|---|---|---|
| A. Allgemeines | 1 | 3. Klauseln in AGB des Auftragnehmers | 12 |
| B. Vertraglich vereinbarte Sicherheitsleistung (§ 17 Nr. 1 Abs. 1 VOB/B) | 2 | II. Anwendung der §§ 232 bis 240 BGB – insbesondere Nachschusspflicht des Auftragnehmers | 13 |
| I. Anderweitige vertragliche Vereinbarungen und §§ 305 ff. BGB | 3 | C. Sicherheit für die vertragsgemäße Ausführung und die Mängelansprüche (§ 17 Nr. 1 Abs. 2 VOB/B) | 15 |
| 1. Klauseln in AGB des Auftraggebers | 5 | | |
| 2. Verlangen einer Bürgschaft auf erstes Anfordern | 10 | | |

## A. Allgemeines

§ 17 VOB/B findet nur dann Anwendung, wenn die Parteien **ausdrücklich eine Vereinbarung** darüber getroffen haben, dass der Auftragnehmer verpflichtet sein soll, eine Sicherheit zu stellen. Es genügt nicht, dass dem Vertrag die VOB/B zu Grunde liegt, **die Sicherheitsabrede muss zusätzlich erfolgen.** Dies kann sowohl im Vertrag selbst als auch in den dem Vertrag zu Grunde liegenden Besonderen oder Zusätzlichen Vertragsbedingungen, Angebotsbedingungen oder Allgemeinen Vergabebedingungen[1] geschehen. Möglich ist auch, dass die Parteien sich noch später während der Ausführung der Arbeiten bis zur endgültigen Abwicklung des Bauvertrages über die Erbringung einer Sicherheitsleistung einigen. Fehlt eine solche ausdrückliche Vereinbarung, ist der Auftragnehmer **nicht verpflichtet,** eine Sicherheit nach § 17 VOB/B zu leisten. Ein Gewohnheitsrecht oder einen Handelsbrauch, aus dem der Auftraggeber einen Anspruch auf eine Sicherheitsleistung herleiten kann, gibt es nicht.[2]

## B. Vertraglich vereinbarte Sicherheitsleistung (§ 17 Nr. 1 Abs. 1 VOB/B)

§ 17 Nr. 1 Abs. 1 VOB/B stellt klar, dass im Falle einer vereinbarten Sicherheitsleistung die §§ 232 bis 240 BGB in dem Umfang ergänzende Anwendung finden, in dem die einzelnen Regelungen des § 17 VOB/B nichts anderes bestimmen. Allerdings steht es den Vertragsparteien frei, im Rahmen der Sicherungsabrede auch von § 17 VOB/B und den §§ 232 ff. BGB abweichende Vereinbarungen zu treffen. In diesem Falle geht die speziellere Regelung der allgemeineren vor, so dass zuerst die **speziellen Regelungen der Sicherheitsabsprache** Anwendung finden[3] und danach erst die einzelnen Bestimmungen des § 17 VOB/B, ergänzt durch die §§ 232 ff. BGB.

---

[1] OLG Frankfurt BauR 1993, 375 L.
[2] *Kapellmann/Messerschmidt/Thierau* B § 17 Rdn. 17; *Leinemann* § 17 Rdn. 15.
[3] Hierzu auch BGH BauR 1979, 525 = ZfBR 1979, 207.

## I. Anderweitige vertragliche Vereinbarungen und §§ 305 ff. BGB

3   Von § 17 VOB/B oder von den §§ 232 ff. BGB abweichende Vereinbarungen können die Parteien **individualvertraglich** jederzeit wirksam treffen. Grenzen sind derartigen Absprachen nur insoweit gesetzt, als sie den allgemeinen gesetzlichen Wirksamkeitsvoraussetzungen entsprechen müssen, also z. B. nicht gegen die **guten Sitten** (§ 138 BGB) oder gegen **gesetzliche Verbote** (§ 134 BGB) verstoßen dürfen.

4   Sind die **abweichenden Vereinbarungen in AGB** getroffen, beispielsweise in Besonderen oder Zusätzlichen Vertragsbedingungen, in Angebotsbedingungen oder in Allgemeinen Vergabebedingungen, sind sie unwirksam, wenn sie gegen die zwingenden Verbote der §§ 305 ff. BGB verstoßen, insbesondere den **Vertragspartner des Verwenders entgegen Treu und Glauben unangemessen benachteiligen** (§ 307 BGB).

### 1. Klauseln in AGB des Auftraggebers

5   Klauseln in **AGB des Auftraggebers** sind vor allem dann unwirksam, wenn sie zur **Übersicherung** führen, dem Auftraggeber ein verdecktes zusätzliches Finanzierungsmittel verschaffen oder das Insolvenzrisiko des Auftragnehmers unangemessen erhöhen. Letzteres ist regelmäßig dann der Fall, wenn formularmäßig die Verpflichtungen des Auftraggebers zur **Verzinsung** und zur Einzahlung des Einbehaltes **auf ein Sperrkonto,** sowie die **Ablösbarkeit durch Bankbürgschaft** ausgeschlossen werden.

6   Eine **Übersicherung** liegt vor, wenn der Auftragnehmer nach Vertragsabschluss eine unbefristete Bürgschaft über 10% der Bruttoauftragssumme stellen und außerdem hinnehmen muss, dass der Auftraggeber zusätzlich von allen anerkannten Rechnungsbeträgen 10% zinslos einbehält.[4] Ebenso liegt eine Ausführungsbürgschaft in Höhe von **25% der Auftragssumme** weit über den in der Bauwirtschaft üblichen Sätzen.[5] Eine Übersicherung liegt ferner vor, wenn der Auftragnehmer eine Vertragserfüllungsbürgschaft in Höhe von 20% der Bruttoauftragssumme stellen soll und der Auftraggeber zudem 10% der Abschlagszahlungen bis zur Endabrechnung zurückhalten kann.[6] Derartige zur Übersicherung des Auftraggebers führende Klauseln in AGB des Auftraggebers benachteiligen den Auftragnehmer entgegen Treu und Glauben unangemessen und sind deshalb unwirksam.[7] Eine Formularklausel ist auch dann unwirksam, wenn sie vorsieht, dass sich die Bürgschaft auch auf Zinsen, Provisionen und Kosten erstreckt, die im Zusammenhang mit der gesicherten Forderung stehen, und dadurch der vereinbarte Haftungshöchstbetrag überschritten wird.[8] Auch bei einer Höchstbetragsbürgschaft ist eine formularmäßige Erstreckung der Bürgenhaftung über diejenigen Forderungen hinaus, die Anlass zur Verbürgung gaben, auf zukünftige Ansprüche des Gläubigers unwirksam.[9]

7   Bei der Festlegung, in welcher Höhe Sicherheitsleistung in der Bauwirtschaft als **üblich und zulässig** angesehen werden kann, ist nicht unbedingt von den Richtwerten des § 14 VOB/A auszugehen. Vielmehr wird die Vereinbarung einer **Vertragserfüllungssicherheit in Höhe von 10%** der Brutto-Auftragssumme und einer **Gewährleistungssicherheit in Höhe von 5%** der Brutto-Abrechnungssumme als üblich anzusehen sein, weil sie dem tatsächlichen Baugeschehen entspricht.[10] Formularmäßige Vereinbarungen, die Sicherheiten

---

[4] *Glatzel/Hofmann/Frikell*, 10. Aufl., S. 322 unter Hinweis auf Gutachten des BDI, 5/78, VII. Leitsatz und RS des Deutschen Städtetages vom 15. 6. 1982, AZ: 6/03–10, zu § 17 VOB/B; *Kapellmann/Messerschmidt* B § 17 Rdn. 39.
[5] LG Bad Kreuznach, zitiert bei *Glatzel/Hofmann/Frikell*, 10. Aufl. S. 323; ebenso *Heiermann/Riedl/Rusam*, B § 17 B, Rdn. 25.
[6] Brandenburgisches OLG BauR 2001, 1450.
[7] *Glatzel/Hofmann/Frikell*, a. a. O.
[8] *Kapellmann/Messerschmidt/Thierau* B § 17 Rdn. 40.
[9] *Kapellmann/Messerschmidt/Thierau* B § 17 Rdn. 41.
[10] *Kapellmann/Messerschmidt/Thierau* B § 17 Rdn. 15; *Leinemann* § 17 Rdn. 11.

in dieser Höhe vorsehen, sind nach §§ 305 ff. BGB sowohl im kaufmännischen als auch im nichtkaufmännischen Verkehr zulässig.[11] Die formularmäßigen Vereinbarungen sind aber nur dann mit dem Gebot von Treu und Glauben (§ 307 BGB) vereinbar, wenn dem Unternehmer ein angemessener Ausgleich zugestanden wird.[12] Ein angemessener Ausgleich liegt in der Regel nicht vor, wenn durch die AGB des Bestellers das Wahl- und Austauschrecht des Unternehmers nach § 17 Nr. 3 VOB/B[13] bzw. das Recht des Unternehmers, die Einzahlung des Sicherheitseinbehaltes auf ein Sperrkonto gemäß § 17 Nr. 5, 6 VOB/B zu verlangen,[14] ausgeschlossen werden. Ein angemessener Ausgleich liegt auch insbesondere dann nicht vor, wenn der Unternehmer den Gewährleistungseinbehalt nur durch eine Bürgschaft auf erstes Anfordern ablösen darf[15] und zwar unabhängig von Höhe und Dauer des Bareinbehalts.[16]

Die formularmäßige Vereinbarung eines **zinslosen** Einbehaltes ohne Verpflichtung, das Geld auf ein **Sperrkonto** einzuzahlen, ermöglicht dem Auftraggeber dagegen, **fremdes Geld ohne Kosten** in Anspruch zu nehmen und **mit diesem zu wirtschaften,** wodurch das Insolvenzrisiko des Auftragnehmers entgegen dem gesetzlichen Leitbild des § 641 BGB unangemessen vergrößert wird.[17] Mit der Abnahme endet die Vorleistungspflicht des Auftragnehmers und er hat Anspruch auf die volle vertragliche Vergütung. Dieser Grundgedanke der Zug-um-Zug-Abwicklung des Bauvertrages wird durch eine Vereinbarung unterlaufen, nach der **ein Teil der Vergütung** dem Auftraggeber **ohne Ausgleich und ohne Absicherung gegen Insolvenz** noch bis zum Ablauf der Gewährleistungsfrist zur freien Verfügung belassen werden muss. Eine solche Vereinbarung ist mit § 307 BGB nicht vereinbar und unwirksam.[18] Ebenso benachteiligt der Auftraggeber den Auftragnehmer nach Ansicht des OLG Dresden unangemessen, wenn er den Einbehalt zur Sicherung seiner Gewährleistungsansprüche ohne Einzahlung auf ein Sperrkonto beansprucht, dem Auftragnehmer aber nur die Möglichkeit gibt, diesen Einbehalt durch Stellung einer Bürgschaft zu überwinden, wobei es nicht darauf ankommt, ob es sich um eine Bürgschaft auf erstes Anfordern handelt.[19]

8

Nach einer Entscheidung des KG[20] kann sich der Auftraggeber in seinen AGB auch dann nicht wirksam von der Verpflichtung zur Einzahlung des Restwerklohnes auf ein gemeinsames Sperrkonto freizeichnen, wenn der **Einbehalt durch selbstschuldnerische Bürgschaft ablösbar** ist, weil der Auftragnehmer ein berechtigtes Interesse daran haben kann,

9

---

[11] Einschränkend sowohl *Kapellmann/Messerschmidt/Thierau* B § 17 Rdn. 15 als auch *Ingenstau/Korbion/Joussen* B § 17 Nr. 1 Rdn. 33, 39.
[12] BGHZ 136, 27 = BGH BauR 1997, 829 = IBR 1997, 366; BGH BauR 2000, 1052 = IBR 2000, 324 = NZBau 2000, 285 = NJW 2000, 1863; BGH BauR 2000, 1498 = IBR 2000, 499; BGH BauR 2002, 1392 = IBR 2002, 475 = NJW-RR 2002, 1311 = NZBau 2002, 493 = ZfBR 2002, 677; BGH BauR 2001, 1093 = IBR 2001, 306; Brandenburgisches OLG BauR 2001, 1450; LG Bochum BauR 2002, 330.
[13] Vgl. BGHZ 136, 27 = BGH BauR 1997, 829 = IBR 1997, 366; BGH BauR 2000, 1052 = IBR 2000, 324 = NZBau 2000, 285 = NJW 2000, 1863; BGH BauR 2002, 1392 = IBR 2002, 475 = NJW-RR 2002, 1311 = NZBau 2002, 493 = ZfBR 2002, 677; OLG Köln BauR 2000, 1228.
[14] Vgl. BGHZ 136, 27 = BGH BauR 1997, 829 = IBR 1997, 366; BGH BauR 2000, 1052 = IBR 2000, 324 = NZBau 2000, 285 = NJW 2000, 1863; BGH BauR 2002, 1392 = IBR 2002, 475 = NJW-RR 2002, 1311 = NZBau 2002, 493 = ZfBR 2002, 677; OLG Dresden, BauR 2002, 807.
[15] BGHZ 136, 27 = BGH BauR 1997, 829 = IBR 1997, 366; BGH BauR 2000, 1052 = IBR 2000, 324 = NZBau 2000, 285 = NJW 2000, 1863; BGH BauR 2001, 1093 = IBR 2001, 306; BGH BauR 2002, 1392 = IBR 2002, 475 = NJW-RR 2002, 1311 = NZBau 2002, 493 = ZfBR 2002, 677; OLG Köln, BauR 2000, 1228.
[16] BGH IBR 2002, 663.
[17] OLG Hamm NJW-RR 1988, 726 = BauR 1988, 731 und ZfBR 1991, 71; OLG Karlsruhe BauR 1989, 203 = BB 1989, 1643 m. zust. Anm. v. *Strobel*.
[18] OLG Karlsruhe a. a. O.; OLG München NJW-RR 1992, 218 = BauR 1992, 234 m. Anm. v. *Koppmann*; OLG Zweibrücken NJW-RR 1994, 1363 = BauR 1994, 509; OLG München NJW-RR 1996, 534 = BauR 1995, 859; ebenso für den BGB-Vertrag OLG Hamm NJW-RR 1988, 726 = BauR 1988, 731; a. A. OLG Düsseldorf BauR 1992, 677 L, das eine formularmäßige Vereinbarung über einen zinslosen Einbehalt bei Ablösbarkeit durch Gewährleistungsbürgschaft für wirksam hält.
[19] OLG Dresden BauR 2002, 807. Anderer Ansicht *Ingenstau/Korbion/Joussen* B § 17 Nr. 3 Rdn. 8.
[20] NJW-RR 1988, 1365 = BauR 1989, 207.

§ 17 Nr. 1  Vereinbarte Sicherheitsleistung

den ihm von seiner Bank eingeräumten **Kreditrahmen nicht durch Bürgschaftsverpflichtungen zu belasten,** für die er außerdem **Avalzinsen** zu zahlen hat. Eine Klausel in den AGB eines Bauvertrages „Zahlungen werden bis zu 95% des Nettowertes geleistet. Der Rest ist durch eine kostenlose und befristete Gewährleistungsbürgschaft (Vorgabe der Befristung durch den Auftraggeber) ablösbar" ist unwirksam, da der Zeitraum für den Einbehalt nicht geregelt ist und dem Auftragnehmer lediglich das Recht eingeräumt wird, den Bareinbehalt durch eine befristete Gewährleistungsbürgschaft abzulösen, wobei die Befristung nach Vorgabe des Auftraggebers erfolgen soll. Diese Vertragsklausel ist unangemessen, da sie dem Auftraggeber ermöglicht, die Bürgschaft nach seinem Belieben zu befristen und das Bestimmungsrecht nicht auf die Dauer der Gewährleistungsfrist begrenzt ist.[21] Auch eine Klausel in allgemeinen Geschäftsbedingungen des Auftraggebers, wonach der Auftraggeber 5% der Auftragsumme bis zum Ablauf der Garantiezeit als Sicherheit für die Gewährleistung einbehalten kann, die Einzahlung auf ein Sperrkonto ausgeschlossen wird und der Einbehalt nur durch eine Bürgschaft nach Muster des Auftraggebers erfolgen darf, ist unwirksam.[22]

Ein genereller Ausschluss der Einreden aus § 768 BGB kann formularmäßig nicht wirksam vereinbart werden.[23]

## 2. Verlangen einer Bürgschaft auf erstes Anfordern

10  § 17 Nr. 4 VOB/B 2002 stellt klar, dass der Auftraggeber als Sicherheit keine Bürgschaft fordern kann, die den Bürgen zur Zahlung auf erstes Anfordern verpflichtet. Die Stellung einer Sicherheit durch Bürgschaft auf erstes Anfordern bedarf deshalb einer gesonderten vertraglichen Vereinbarung.

Eine formularmäßige Vereinbarung, wonach der Auftragnehmer eine **Bürgschaft auf erstes Anfordern** zu stellen hat, ist für sich allein genommen noch nicht generell unwirksam.[24] Jedoch wird dies von engen Ausnahmefällen[25] abgesehen der Regelfall sein.[26]

11  Das OLG München[27] hat schon im Jahre 1991 entschieden, dass eine formularmäßige Vereinbarung in AGB des Auftraggebers, wonach der Sicherheitseinbehalt **durch eine Bürgschaft auf erstes Anfordern** abgelöst werden kann, unzulässig ist, weil die Bürgschaft auf erstes Anfordern mit dem Grundgedanken der gesetzlichen Bürgschaft als **akzessorisches Sicherungsmittel** der Hauptschuld nicht vereinbar ist. Im entschiedenen Fall war weder eine Verzinsung noch eine Einzahlung des Einbehaltes auf ein Sperrkonto vorgesehen, und die Bank durfte sich nicht durch Hinterlegung befreien.[28]

Für Altfälle oder von § 17 Nr. 4 Abs. 3 VOB/B abweichende Vertragsklauseln bleibt der Verweis auf die Rechsprechung des BGH. Danach ist die in AGB des Auftraggebers vorgesehene formularmäßige Verpflichtung des Auftragnehmers, eine Bürgschaft auf erstes Anfordern zu stellen, regelmäßig unwirksam. Dies gilt sowohl für Vertragserfüllungs-[29] als auch Gewährleistungsbürgschaften,[30] und zwar selbst für den Fall, dass sie in AGB eines

---

[21] BGH NJW 2003, 2605 = ZfBR 2003, 672 = IBR 2003, 476 = NZBau 2003, 493.
[22] BGH NJW 2000, 1863 = BauR 2000, 1052 = IBR 2000, 324 = NZBau 2000, 285; *Kapellmann/Messerschmidt/Thierau* B § 17 Rdn. 29, 50, 111.
[23] BGH BauR 2001, 1093 = IBR 2001, 306 ff.; *Kapellmann/Messerschmidt/Thierau* B § 17 Rdn. 49.
[24] OLG München NJW-RR 1996, 534 = BauR 1995, 859; *Kniffka/Koeble,* Kompendium des Baurechts, 10. Teil C Rdn. 95.
[25] *Kapellmann/Messerschmidt/Thierau* B § 17 Rdn. 162 ff.
[26] Dies gilt sowohl für die Vertragserfüllungs- als auch für die Gewährleistungsbürgschaft, *Kniffka/Koeble,* Kompendium des Baurechts, 2. Aufl. 2004, 10. Teil C Rn. 94 f.; *Kapellmann/Messerschmidt/Thierau* B § 17 Rdn. 161 mit Hinweis in Fn. 322 auf die Rechtsprechung, allerdings nur zur Vertragserfüllungsbürgschaft BGH BauR 2002, 1533 = NZBau 2002, 559; BGH BauR 2002, 1239, 1240 = NZBau 2002, 494; zur Gewährleistungsbürgschaft siehe daher BGH BauR 1997, 829; BGH BauR 2000, 1052; BGH BauR 2002, 1392; BGH BauR 2005, 1154.
[27] NJW-RR 1992, 218 = BauR 1992, 234 m. Anm. v. *Koppmann.*
[28] *Koppmann* BauR 1992, 235 (Anm. z. OLG München a. a. O.).
[29] BGH BauR 2002, 1239; BGH BauR 2002, 1533.
[30] BGH BauR 1997, 829; BGH BauR 2000, 1052; BGH BauR 2002, 1392; BGH BauR 2005, 1154.

öffentlichen Auftraggebers verlangt werden.[31] In AGB eines öffentlichen Auftraggebers ist eine Klausel, nach der ein Sicherheitseinbehalt von 5% der Bausumme nur durch eine Bürgschaft auf erstes Anfordern abgelöst werden kann, sogar dann unwirksam, wenn der Sicherheitseinbehalt auf ein Verwahrgeldkonto zu nehmen ist.[32]

Hinsichtlich der Begründung ist dem BGH[33] zu folgen, dass die **formularmäßige Vereinbarung** einer Bürgschaft auf erstes Anfordern **den Auftragnehmer** in der Regel **unangemessen benachteiligt** und deshalb **auch im kaufmännischen** Geschäftsverkehr gemäß § 307 Abs. 1 BGB unwirksam ist, da der Auftraggeber als Bürgschaftsgläubiger den verbürgten Betrag sofort erlangen kann und er nicht verpflichtet ist, schlüssig darzulegen, dass die durch die Bürgschaft gesicherte Hauptforderung besteht. Einwendungen können – von Missbrauchsfällen abgesehen – erst im Rückforderungsprozess geltend gemacht werden. Die Bürgschaft auf erstes Anfordern führt damit dem Gläubiger sofort **liquide Mittel** zu, wenn er den Bürgschaftsfall für eingetreten erklärt. Zahlt der Bürge, so ist der Auftragnehmer wegen seiner Ansprüche u. U. auf einen langjährigen Prozess angewiesen. Während dieser Zeit hat er im vollen Umfang das Risiko der Bonität des Auftraggebers zu tragen.[34] Nach der Entscheidung des BGH vom 4. 7. 2002[35] kann jedoch die unwirksame formularmäßige Vereinbarung einer Bürgschaft auf erstes Anfordern für Verträge, die bis zur Bekanntmachung dieser Entscheidung abgeschlossen worden sind, **in eine unbefristete selbstschuldnerische Bürgschaft umgedeutet werden.** Die Umdeutung in eine „normale", d. h. unbefristete, selbstschuldnerische Bürgschaft[36] kommt nur unter den einschränkenden Voraussetzungen in Betracht, dass es sich erstens um einen bis zum Bekanntwerden der o. a. Entscheidung, d. h. bis zum 31. 12. 2002 abgeschlossenen Altvertrag handelt.[37] Zum anderen kommt eine geltungserhaltende Reduktion einer nach der o. a. Rechtsprechung unwirksamen Klausel nur bei der Vertragsfüllungs-, nicht aber bei der Gewährleistungsbürgschaft in Betracht.[38]

Eine einfache Gewährleistungsbürgschaft (also nicht auf erstes Anfordern) kann nicht in Anspruch genommen werden, wenn sie aufgrund einer formularmäßigen Sicherungsabrede erteilt wurde, die für die Ablösung eines Bareinbehaltes eine Gewährleistungsbürgschaft auf erstes Anfordern vorsieht und daher nach ständiger BGH-Rechtsprechung unwirksam ist.[39] Der BGH[40] hatte im umgekehrten Fall, dass die Sicherungsabrede eine „einfache" Gewährleistungsbürgschaft zur Ablösung des Sicherheitseinbehaltes vorsieht und stattdessen Bürgschaft auf erstes Anfordern übergeben und angenommen wird, **eine konkludente Vertragsänderung** abgelehnt. Denn allein in der Übersendung eines nicht dem Vertrag entsprechenden Formulars liege in der Regel noch kein Angebot auf Abänderung des Vertrages. Für ein solches Angebot seien vielmehr zusätzliche Umstände erforderlich, die für den Empfänger des Formulars erkennen lassen, dass eine Änderung des Vertrages gewollt ist. Dies übertrug das LG München I[41] auf die eingangs geschilderte Konstellation und entschied, dass in der Übersendung einer „einfachen" Bürgschaft und der bloßen Entgegen-

---

[31] BGH BauR 2004, 1143 (zur Vertragserfüllungsbürgschaft); BGH BauR 2005, 539; BGH BauR 2006, 374 (beide zur Gewährleistungsbürgschaft).
[32] BGH BauR 2006, 374 = IBR 2006, 92.
[33] BGHZ 136, 27 = BGH BauR 1997, 829 = IBR 1997, 366; BGH BauR 2000, 1052 = IBR 2000, 324 = NZBau 2000, 285 = NJW 2000, 1863; BGH BauR 2001, 1093 = IBR 2001, 306; BGH BauR 2002, 1392 = IBR 2002, 475 = NJW-RR 2002, 1311 = NZBau 2002, 493 = ZfBR 2002, 677; BGH IBR 2002, 663; BGH BauR 2002, 1239; BGH BauR 2002, 1533 = NZBau 2002, 559 = NJW 2002, 3098; so auch OLG Köln BauR 2000, 1228. (Alle Urteile sind zu § 9 AGBG a. F. ergangen.).
[34] BGHZ 136, 27 = BGH BauR 1997, 829 = IBR 1997, 366.
[35] BauR 2002, 1533 = NZBau 2002, 559 = NJW 2002, 3098; so auch BGH BauR 2003, 870; Anderer Ansicht noch BGH BauR 2002, 463 = IBR 2002, 73 = NJW 2002, 894.
[36] BGH 2003, 1385; BGH BauR 2004, 500.
[37] BGH BauR 2002, 1533; BGH BauR 2004, 1143.
[38] BGH BauR 2002, 1392.
[39] LG München I IBR 2006, 259; LG Hannover, ebenda, mit Anm. *Ripke*.
[40] IBR 2003, 413.
[41] IBR 2006, 259; ebenso LG Hannover, ebenda, mit Anm. *Ripke*.

nahme der Bürgschaft **keine konkludente Abänderung der unwirksamen Sicherungsabrede** zu sehen sei. Folglich fehle es an einer wirksamen Sicherungsabrede und damit an einem Rechtsgrund für die „einfache".

### 3. Klauseln in AGB des Auftragnehmers

12  Unzulässig sind Vereinbarungen in **AGB des Auftragnehmers,** die das gesetzliche Leistungsverweigerungs- und Zurückbehaltungsrecht des Auftraggebers einschränken. So ist nach BGH[42] eine formularmäßige Bankgarantie für Abschlagszahlungen privater Bauherren nach Baufortschritt gem. §§ 306 a, 309 Nr. 2 BGB unwirksam, wenn deren **Inanspruchnahme lediglich einen Bautenstandsbericht des Bauunternehmers** voraussetzt, weil sie der Umgehung des Verbotes des formularmäßigen Ausschlusses des Leistungsverweigerungsrechts gem. § 320 BGB und des Zurückbehaltungsrechts gem. § 273 BGB dient. Eine Klausel, wonach der Auftraggeber **vor Übergabe** des bezugsfertigen Bauwerkes die **noch nicht fälligen Kaupreisanteile** nach Weisung des Auftragnehmers zu dessen Gunsten **zu hinterlegen** hat, ist wegen Verstoßes gegen § 309 Nr. 2 lit. a BGB **unzulässig,** weil sie das Leistungsverweigerungsrecht des Auftraggebers für den Fall mangelhafter Ausführung abbedingen oder mindern soll.[43]

### II. Anwendung der §§ 232 bis 240 BGB – insbesondere Nachschusspflicht des Auftragnehmers

13  § 17 Nr. 1 Abs. 1 VOB/B bestimmt für den Fall vertraglich vereinbarter Sicherheitsleistung, dass die Vorschriften der §§ 232 bis 240 BGB ergänzende Anwendung finden, sofern weder die speziellen Vereinbarungen der Sicherungsabrede noch § 17 VOB/B abweichende Bestimmungen enthalten. Durch § 17 VOB/B bleibt damit ein Teil der gesetzlichen Regelungen unberührt, so z. B. neben dem Pfandrecht des Berechtigten an dem hinterlegten Geld (§ 233 BGB) insbesondere die **Nachschusspflicht des Auftragnehmers (§ 240 BGB).**

14  Nachschusspflichtig ist danach der Auftragnehmer, wenn die geleistete Sicherheit **ohne Verschulden des Auftraggebers** unzureichend wird. Das kann geschehen, wenn z. B. ein Währungsverfall der Geldwährung eintritt, worunter nicht der normale Kaufkraftschwund der Währung zu verstehen ist, oder beim Vermögensverfall des Bürgen. Der Auftraggeber hat darzulegen und zu beweisen, dass die Sicherheit ohne sein Verschulden unzureichend geworden ist. Ein etwaiges Verschulden des Auftraggebers hat der Auftragnehmer zu beweisen. Dem Auftragnehmer steht auch **die Wahl** zu, ob er die **Sicherheit ergänzen oder anderweitige Sicherheit** leisten will.[44]

## C. Sicherheit für die vertragsgemäße Ausführung und die Mängelansprüche (§ 17 Nr. 1 Abs. 2 VOB/B)

15  Es steht den Parteien frei zu vereinbaren, zu welchem **Zweck** eine Sicherheit geleistet werden soll. Dieser ergibt sich dann aus den Einzelheiten des Inhalts der Sicherungsabrede. Ohne dass eine besondere Zweckvereinbarung vorliegt, dient die von § 17 VOB/B erfasste Sicherheitsleistung des Auftragnehmers dazu, die **vertragsgemäße Ausführung der Leistung** und die **Mängelansprüche** sicherzustellen. Eine vom Auftragnehmer gestellte Sicherheitsleistung, die einen geringeren als den vertraglich vereinbarten oder den in § 17 Nr. 1

---

[42] BauR 1986, 455 = Sch/F/H § 320 BGB Nr. 12.
[43] BGH BB 1985, 148.
[44] *Palandt/Heinrichs* § 240 BGB Rdn. 1.

Abs. 2 VOB/B beschriebenen Umfang hat, kann der Auftraggeber zurückweisen. Dies gilt insbesondere für eine Bürgschaft, die einen anderen, **einschränkenden Inhalt** hat; was vorkommt, weil das Verhältnis der bürgenden Bank zum Auftragnehmer von § 17 VOB/B nicht berührt wird. Vereinbaren die Parteien in einem VOB-Bauvertrag eine Sicherheit zu einem besonderen Zweck, beispielsweise eine **Vorauszahlungssicherheit,** so gelten auch für diese Sicherheit die Regelungen des § 17 VOB/B, wenn in der Sicherungsabrede nichts abweichendes bestimmt ist.[45]

Die **Erfüllungssicherheit** deckt die Pflicht des Auftragnehmers zur Erfüllung der vertraglichen Verpflichtung bis zu Abnahme. Der Begriff der **„vertragsgemäßen Ausführung"** umfasst alle Leistungen des Auftragnehmers, die zur Verwirklichung des vertraglich vereinbarten Bauvorhabens notwendig sind.[46] Abgedeckt werden deshalb auch Ansprüche des Auftraggebers auf **Zahlung einer Vertragsstrafe,**[47] Ansprüche nach § 10 Nr. 1 und Nr. 6 VOB/B sowie auf **Schadensersatz wegen Nichterfüllung** und damit auch auf Ersatz des **Verlustes geleisteter Vorauszahlungen.**[48] Durch eine Vertragserfüllungssicherheit können Rückgriffsrechte des Auftraggebers gegen den Auftragnehmer wegen einer Haftung nach dem **Arbeitnehmerentsendegesetz** abgesichert sein.[49] Zur wirksamen Vereinbarung des Sicherungszwecks ist jedoch eine eindeutige textliche Ausgestaltung und eine inhaltlich klare und optisch hervorgehobene Aufzählung der abzusichernden Ansprüche im Bauvertrag und in der Bürgschaftsurkunde notwendig.[50]

Ansprüche aus **Überzahlung** des Auftragnehmers wollen *Ingenstau/Korbion/Joussen*[51] nicht ohne weiteres von der Vertragserfüllungssicherheit umfasst sehen. *Locher*[52] und *Nicklisch/Weick*[53] legen den Begriff „vertragsgemäße Ausführung" weit aus und lassen im Verhältnis zwischen den Bauvertragsparteien auch Ansprüche aus Verletzung der (Neben-)-Pflicht des Auftragnehmers zur **richtigen Berechnung von Abschlagsforderungen** darunter fallen.[54] Dem ist beizupflichten. Der BGH[55] legt bei Vertragserfüllungsbürgschaften insoweit die **Bürgschaftserklärung** eng aus, so dass der Bürge, der sich für Erfüllungs- und Gewährleistungsansprüche verbürgt hat, nicht schon deshalb auch für Ansprüche aus Überzahlungen zu haften braucht.[56] Soweit eine Bürgschaft gestellt wird, muss diese deshalb Ansprüche auf **Rückzahlung überzahlter Beträge** ausdrücklich mit einschließen. Dies gilt auch für **Abschlagszahlungsbürgschaften** nach § 16 Nr. 1 Abs. 1 VOB/B, die nicht auch den Rückzahlungsanspruch nach Überzahlung absichern.[57] Etwaige Unklarheiten über den Umfang der mit der Bürgschaft gesicherten Hauptschuld gehen dabei zu Lasten des Auftraggebers.[58]

Die **Sicherheit für Mängelansprüche** sichert die Gewährleistungsansprüche des Auftraggebers nach Abnahme. Dabei ist es gleichgültig, ob die Mängel bereits vor oder bei Abnahme der Leistung erkannt worden sind.[59] Denn eine **Gewährleistungsbürgschaft** stellt begrifflich und inhaltlich eine Ergänzung zur Ausführungsbürgschaft dar und erfasst

---

[45] OLG Karlsruhe BauR 1986, 227.
[46] Ebenso *Kapellmann/Messerschmidt* B § 17 Rdn. 59.
[47] BGH NJW 1982, 2305 = BauR 1982, 506 und NJW-RR 1990, 811; BGH BauR 2003, 870; *Leinemann* § 17 Rdn. 21.
[48] BGH NJW 1988, 907 = BauR 1988, 220 = ZfBR 1988, 119; *Ingenstau/Korbion* B § 17 Nr. 1 Rdn. 17; *Nicklisch/Weick* B § 17 Rdn. 16.
[49] *Ingenstau/Korbion* B § 17 Nr. Rdn. 20 f.; vgl. hierzu auch *Kapellmann/Messerschmidt* B § 17 Rdn. 69.
[50] OLG Stuttgart IBR 2002, 194.
[51] B § 17 Nr. 1 Rdn. 18.
[52] Das private Baurecht, 7. Aufl. Rdn. 677.
[53] B § 17 Rdn. 16.
[54] Vgl. auch die Nachweise zum Streitstand bei *Kapellmann/Messerschmidt/Thierau* B § 17 Rdn. 63.
[55] BGHZ 76, 187 = NJW 1980, 1459; BauR 1980, 574 und NJW 1988, 907 = BauR 1988, 220.
[56] BGH BauR 1980, 574; ebenso OLG Celle BauR 1997, 1057.
[57] BGH NJW-RR 1992, 1044 = BauR 1992, 632 = ZfBR 1992, 262.
[58] BGHZ 76, 187 = NJW 1980, 1459.
[59] *Ingenstau/Korbion/Joussen* B § 17 Nr. 1 Rdn. 23; *Kapellmann/Messerschmidt/Thierau* B § 17 Rdn. 73; OLG Dresden BauR 1997, 484.

§ 17 Nr. 1                                                              Vereinbarte Sicherheitsleistung

deshalb alle Mängel, die während der Gewährleistungsfrist auftreten, also auch solche, die bereits bei der Abnahme erkennbar waren.[60] Auch deckt eine Gewährleistungsbürgschaft Ansprüche des Auftraggebers auf **Vorschuss für voraussichtliche Mängelbeseitigungskosten,** falls der Auftragnehmer mit der Mängelbeseitigung in Verzug ist und die Gewährleistungsbürgschaft keine Einschränkung des Zweckes enthält.[61] Eine Einschränkung des Zweckes liegt jedoch nicht schon in Formulierungen der Bürgschaftserklärung, die Leistung sei in Übereinstimmung mit den vertraglichen Bestimmungen fertig gestellt und unbeanstandet angenommen worden oder der Bürge könne nur auf Bezahlung der Mängelbeseitigungskosten in Anspruch genommen werden.[62]

---

[60] OLG Frankfurt NJW-RR 1987, 82 = BauR 1987, 101 = ZfBR 1986, 286; *Ingenstau/Korbion/Joussen* a. a. O.

[61] BGH NJW 1984, 2456 = BauR 1984, 406 = ZfBR 1984, 185; *Ingenstau/Korbion/Joussen* a. a. O.; *Clemm* BauR 1987, 123; *Heiermann* FS f. Soergel S. 73; *Kapellmann/Messerschmidt/Thierau* B § 17 Rdn. 74.

[62] OLG Frankfurt a. a. O.

## § 17 Nr. 2 [Art der Sicherheitsleistung]

Wenn im Vertrag nichts anderes vereinbart ist, kann Sicherheit durch Einbehalt oder Hinterlegung von Geld oder durch Bürgschaft eines Kreditinstituts oder Kreditversicherers geleistet werden, sofern das Kreditinstitut oder der Kreditversicherer
– in der Europäischen Gemeinschaft oder
– in einem Staat der Vertragsparteien des Abkommens über den Europäischen Wirtschaftsraum oder
– in einem Staat der Vertragsparteien des WTO-Übereinkommens über das öffentliche Beschaffungswesen zugelassen ist.

**Literatur:** Siehe Hinweis → Vor § 17.

### Übersicht

| | Rdn. | | Rdn. |
|---|---|---|---|
| A. Allgemeines | 1 | 2. Gewährleistungsbürgschaft | 10 |
| B. Arten der Sicherheitsleistung | 2 | 3. Kein Anspruch auf Bürgschaft auf erstes Anfordern | 12 |
| I. Einbehalt von Zahlungen | 3 | 4. Bürge: Ein in den Europäischen Gemeinschaften zugelassenes Kreditinstitut oder Kreditversicherer | 14 |
| II. Hinterlegung von Geld | 4 | | |
| III. Bürgschaft | 5 | | |
| 1. Vertragserfüllungsbürgschaft | 9 | | |

## A. Allgemeines

Wenn die Parteien vertraglich zwar eine Sicherheitsleistung, aber keine bestimmte Sicherheitsart vereinbart haben, ist in der in § 17 Nr. 2 VOB/B festgelegten Weise Sicherheit zu leisten. Haben die Parteien dagegen hinsichtlich der Sicherheitsart **spezielle vertragliche Regelungen** getroffen, z. B. die Stellung einer der in § 232 BGB genannten Sicherheiten (siehe hierzu → Vor § 17 Rdn. 34), **gehen diese Bestimmungen denen des § 17 Nr. 2 VOB/B vor.**[1] Allerdings müssen solche abweichenden vertraglichen Vereinbarungen hinreichend klar, bestimmt und vollständig sein.[2]

## B. Arten der Sicherheitsleistung

§ 17 Nr. 2 VOB/B sieht als Sicherungsmittel den **Einbehalt** von Zahlungen, die **Hinterlegung** von Geld und die Stellung einer **Bürgschaft** vor. Die drei Sicherheitsarten sind **gleichwertig**[3] und bestehen wahlweise nebeneinander. In der Baupraxis haben der Einbehalt von Zahlungen und die Stellung von Bürgschaften die größte Bedeutung, während die Hinterlegung von Geld nur in seltenen Fällen vorkommt.

### I. Einbehalt von Zahlungen

Wird Sicherheit durch Einbehalt von Zahlungen geleistet, ist der Auftraggeber berechtigt, die **Sicherheit in Teilbeträgen von seinen Zahlungen** einzubehalten, wobei § 17 Nr. 6 VOB/B als Höchstgrenze hierfür 10% festlegt. Die Parteien können vereinbaren, dass die

---

[1] *Ingenstau/Korbion/Joussen* B § 17 Nr. 2 Rdn. 4; *Nicklisch/Weick* B § 17 Rdn. 19.
[2] *Ingenstau/Korbion/Joussen* B § 17 Nr. 2 Rdn. 4.
[3] OLG Stuttgart BauR 1977, 64; BGH NJW 1985, 1694 = BauR 1985, 461 = ZfBR 1985, 129; KG NJW-RR 1988, 1365.

Sicherheit nur von bestimmten Zahlungen einbehalten wird, z. B. nur von Abschlagszahlungen oder der Schlusszahlung. Mit dem einbehaltenden Geld **darf der Auftraggeber nicht frei wirtschaften,** er ist verpflichtet, das Geld insolvenzsicher auf ein **gemeinsames Sperrkonto** einzuzahlen und zu **verzinsen.** Vgl. zum Einbehalt im Einzelnen → § 17 Nr. 6 VOB/B.

## II. Hinterlegung von Geld

4   Die **Hinterlegung von Geld** ist eine Sicherheitsart, die auch in § 232 BGB vorgesehen ist. Allerdings richten sich bei nach VOB/B vereinbarter Sicherheitsleistung die Modalitäten der in § 17 Nr. 2 VOB/B festgelegten Hinterlegung nach der Vorschrift des § 17 Nr. 5 VOB/B, die Bestimmungen des BGB finden nur ergänzende Anwendung. Die in einem BGB-Bauvertrag als Sicherheitsleistung vereinbarte Hinterlegung von Geld richtet sich nur dann nach § 17 Nr. 5 VOB/B, wenn dies zusätzlich zur eigentlichen Sicherungsabrede zwischen den Parteien ausdrücklich so vereinbart worden ist. Vgl. zur Hinterlegung im Einzelnen § 17 Nr. 5 VOB/B.

## III. Bürgschaft

5   Die Sicherheitsart **Bürgschaft** ist in den §§ 232 ff. BGB nur subsidiär vorgesehen, falls die in § 232 Abs. 1 BGB genannten Sicherheiten nicht beigebracht werden können. § 17 Nr. 2 VOB/B stellt die **Bürgschaft als übliche** und gleichwertige **Sicherheitsart** neben die Hinterlegung und den Einbehalt. Tatsächlich ist beim Baugeschehen die Stellung von Bürgschaften eine der bedeutendsten Formen der Sicherheitsleistung. Zur Bürgschaft allgemein siehe → Vor § 17 Nr. 1 Rdn. 41 ff. sowie zu den Voraussetzungen beim VOB-Bauvertrag → § 17 Nr. 4 VOB/B.

6   Bürgschaften dienen wie die übrigen Sicherheiten nach § 17 Nr. 1 Abs. 2 VOB/B dazu, die vertragsgemäße Ausführung der Leistung und die Mängelansprüche sicherzustellen. Sie werden in der Praxis zum einen als **Vertragserfüllungs- oder Ausführungsbürgschaft** und zum anderen als **Gewährleistungsbürgschaft** gestellt.

7   Nicht unter § 17 VOB/B fallen **Bietungsbürgschaften,** die als Sicherheit gestellt werden für den Fall, dass der Bieter sein Angebot nicht aufrecht erhält, die also nur im vorvertraglichen Bereich angesiedelt sind. Nach Vertragsabschluss wird die Bietungsbürgschaft bei entsprechender Vereinbarung durch die Vertragserfüllungsbürgschaft abgelöst und sichert insoweit die diesbezügliche Verpflichtung des Auftragnehmers.

8   Ebenfalls nicht von § 17 VOB/B sind Sicherheiten aus dem Vergütungsbereich erfasst, wie **Abschlags- und Vorauszahlungsbürgschaften.** Diese sind vom Auftragnehmer zu leisten, wenn er nach § 16 Nr. 1 VOB/B für angefertigte und bereitgestellte Bauteile sowie für auf der Baustelle angelieferte Stoffe und Bauteile, die er noch nicht eingebaut hat, eine Abschlags- oder Vorauszahlung begehrt. Diese Bürgschaften sichern seine Verpflichtung zum Einbau der angefertigten bzw. angelieferten Stoffe und Bauteile. Die Abschlagszahlungsbürgschaft umfasst jedoch **nicht auch den Anspruch** des Auftraggebers auf Rückzahlungen **aus Überzahlung** des Auftragnehmers.[4] Vorauszahlungsbürgschaften sind auf Verlangen des Auftraggebers auch für vereinbarte Vorauszahlungen nach § 16 Nr. 2 VOB/B zu stellen.

### 1. Vertragserfüllungsbürgschaft

9   Die Vertragserfüllungs- bzw. Ausführungsbürgschaft sichert den Zeitraum bis zur Abnahme der Leistung des Auftragnehmers. Sie deckt sowohl die **ordnungsgemäße vollständige**

---

[4] BGH NJW-RR 1992, 1044 = BauR 1992, 632 = ZfBR 1992, 262.

**und mangelfreie Ausführung** als auch die **pünktliche Fertigstellung** der Arbeiten ab. Unter den Sicherungszweck fallen damit auch Ansprüche des Auftraggebers wegen verwirkter **Vertragsstrafen**[5] und auf **Rückzahlung gewährter Vorauszahlungen**.[6] Allerdings haftet ein Bürge, der sich für Erfüllungs- und Gewährleistungsansprüche verbürgt hat, **nicht auch für Ansprüche aus Überzahlungen**.[7] Der Auftraggeber kann eine Vertragserfüllungsbürgschaft nicht schon vorvertraglich verlangen, der Auftragnehmer hat sie vielmehr **binnen 18 Werktagen nach Vertragsabschluss** beizubringen (§ 17 Nr. 7 VOB/B). Jedoch ist eine in allgemeinen Geschäftsbedingungen enthaltene Verpflichtung, schon **bei Vertragsunterzeichnung** eine Vertragserfüllungsbürgschaft auszuhändigen, mit § 307 Abs. 1 BGB vereinbar.[8]

## 2. Gewährleistungsbürgschaft (Mängelbürgschaft)

Die Gewährleistungsbürgschaft dient der Absicherung der Mängelansprüche des Auftraggebers und deckt entsprechend § 17 Nr. 8 Abs. 2 VOB/B 2002 nur noch den Zeitraum von 2 Jahren **von der Abnahme gerechnet** ab. Die Parteien können vereinbaren, dass die **Gewährleistungsbürgschaft früher zurückzugeben** ist. Dies trägt dem Grundgedanken des § 14 VOB/A Rechnung, dass die Rückgabe der Sicherheit, die die Liquidität des Auftragnehmers belastet, nicht für einen späteren Zeitpunkt vorgesehen werden soll als nötig ist, um den Auftraggeber vor Schaden zu bewahren. Durch eine solche Vereinbarung werden **jedoch weder die Gewährleistungsfrist verkürzt noch Gewährleistungsansprüche ausgeschlossen**.[9] Möglich ist auch eine Vereinbarung, wonach die Bürgschaft die gesamte Dauer der Verjährungsfrist für Mängelansprüche abdecken soll, die nunmehr nach § 13 Nr. 4 VOB/B für Bauwerke 4 Jahre beträgt, da die Bürgschaft die **Mängelansprüche** des Auftraggebers **absichern** soll, was nicht ausreichend gewährleistet ist, wenn die Sicherheit nur die Hälfte der Verjährungsfrist für Mängelansprüche zur Verfügung steht.

10

Von der Gewährleistungsbürgschaft werden alle Ansprüche abgedeckt, die der Auftraggeber im Rahmen der Gewährleistungsverpflichtung des Auftragnehmers geltend machen kann. Mit ihr haftet der Bürge auf das „**Geldinteresse**" des Auftraggebers.[10] Erfasst werden Ansprüche auf **Kostenerstattung** und **Vorschuss für die voraussichtlichen Mängelbeseitigungskosten**,[11] und zwar nicht nur für Mängel, die erst während der Gewährleistungsfrist sichtbar werden. Die Gewährleistungsbürgschaft deckt vielmehr auch Ansprüche wegen Mängeln ab, die schon **bei der Abnahme erkennbar waren**.[12] Ebenso sind abgesichert die Ansprüche des Auftraggebers auf **Ausführung von Restarbeiten**.[13]

11

## 3. Kein Anspruch auf Bürgschaft auf erstes Anfordern

**Bürgschaften auf erstes Anfordern** werden von Auftraggebern bevorzugt und deshalb auch oft verlangt, weil diese Sicherheit einen **sofortigen Zahlungsanspruch** gegen die Bank bringt, ohne dass das Bestehen oder die Fälligkeit der Hauptschuld nachgewiesen sein muss. Zwar gehört nach OLG München[14] zu den Voraussetzungen für die wirksame Inanspruchnahme des Bürgen aus einer Bürgschaft auf erstes Anfordern eine hinreichend konkrete Mängelrüge, jedoch können **Einwendungen aus dem Hauptschuldverhältnis**

12

---

[5] BGH NJW-RR 1982, 2305 = BauR 1982, 506 und NJW-RR 1990, 811; OLG Brandenburg BauR 2002, 127.
[6] BGH NJW 1988, 907 = BauR 1988, 220 = ZfBR 1988, 119.
[7] BGHZ 76, 187 = NJW 1980, 1459; BauR 1980, 574 und NJW 1988, 907 = BauR 1988, 220.
[8] BGH BauR 2000, 1498 = IBR 2000, 499 zu § 9 Abs. 1 AGBG.
[9] OLG Köln BauR 1987, 467; LG Frankfurt BauR 1989, 479.
[10] *Werner/Pastor* Rdn. 1254.
[11] BGH NJW 1984, 2456 = BauR 1984, 406 = ZfBR 1984, 185.
[12] OLG Frankfurt NJW-RR 1987, 82 = BauR 1987, 101 = ZfBR 1986, 286.
[13] OLG Hamm NJW-RR 1987, 686.
[14] NJW-RR 1995, 498 = BauR 1995, 139 L und 460.

erst im **Rückforderungsprozess** geltend gemacht werden.[15] Die Bürgschaft auf erstes Anfordern stellt damit eine sofort liquidierbare Sicherheit nach dem Motto **„erst zahlen, dann prozessieren"** dar.[16] Vgl. zur Bürgschaft auf erstes Anfordern → Vor § 17 Nr. 1 Rdn. 56 ff.

13  **§ 17 Nr. 2 VOB/B sieht** als Sicherungsmittel **die Bürgschaft auf erstes Anfordern nicht vor.** Nach § 17 Nr. 4 Satz 3 VOB/B 2002 kann der Auftraggeber als Sicherheit eine Bürgschaft auf erstes Anfordern **nicht mehr fordern.** Die Bürgschaft muss lediglich den Anforderungen des § 17 Nr. 4 VOB/B entsprechen. Es ist deshalb eine entsprechende ausdrückliche Vereinbarung im Bauvertrag erforderlich, damit der Auftraggeber **die Stellung einer Bürgschaft auf erstes Anfordern** verlangen kann. Eine solche Vereinbarung ist trotz der Vorschrift des § 17 Nr. 4 Satz 3 VOB/B individualvertraglich als möglich und zulässig anzusehen, sofern im entsprechenden Einzelfall eine Bürgschaft auf erstes Anfordern überhaupt zulässig ist. Sie wird allerdings zur Folge haben, dass die Privilegierung der VOB/B als Ganzes nicht mehr besteht und damit alle Regeln der VOB/B einer Inhaltskontrolle nach §§ 307 ff. BGB unterliegen.[17] Wird jedoch eine solche besondere Vereinbarung zwischen den Parteien nicht getroffen, ist der Auftragnehmer nur zur Stellung einer den Anforderungen des § 17 Nr. 4 VOB/B entsprechenden Bürgschaft verpflichtet, die der Auftraggeber dann auch nicht zurückweisen kann. Eine Verpflichtung des Auftragnehmers zur Hergabe einer Bürgschaft auf erstes Anfordern **in AGB des Auftraggebers** ist **unwirksam.**[18]

### 4. Bürge: Ein in den Europäischen Gemeinschaften zugelassenes Kreditinstitut oder Kreditversicherer

14  Nach § 17 Nr. 2 VOB/B sind als Bürge nur Kreditinstitute oder Kreditversicherer zugelassen, welche in der Europäischen Gemeinschaft, in einem Staat der Vertragsparteien des Abkommens über den Europäischen Wirtschaftsraum oder in einem Staat der Vertragsparteien des WTO-Übereinkommens über das öffentliche Beschaffungswesen zugelassen sind. Welche Institute oder Versicherer eine Zulassung haben, ergibt sich aus den **Veröffentlichungen im Amtsblatt** der Europäischen Gemeinschaften. Im Zweifelsfall muss der Auftragnehmer den Nachweis für die Zulassung des von ihm ausgewählten Kreditinstituts oder Kreditversicherers erbringen.[19] Soll abweichend von § 17 Nr. 2 VOB/B eine **Bürgschaft eines anderen Kreditinstituts** genügen oder soll ein **Kreditinstitut von der Bürgschaftsstellung ausgeschlossen** sein, bedarf es hierzu einer eindeutigen und klaren vertraglichen Vereinbarung zwischen den Parteien.

---

[15] BGHZ 74, 244 = NJW 1979, 1500; BGH NJW 1984, 2030; NJW 1985, 1694; NJW 1988, 2610 = BauR 1988, 594; NJW 1989, 1480 = BauR 1989, 339 = ZfBR 1989, 157; NJW-RR 1989, 1324 = BauR 1989, 618; NJW-RR 1990, 1300 = BauR 1990, 608; OLG Hamm BauR 1994, 775 = ZfBR 1994, 223 und BGH NJW 1994, 380 = ZfBR 1994, 70; BGH BauR 1997, 134; BGHZ 136, 27 = BauR 1997, 829 = IBR 1997, 366.
[16] *Jedzig* WM 1988, 1469 ff.
[17] So auch *Ingenstau/Korbion/Joussen* B § 17 Nr. 4 Rdn. 71 ff.
[18] Vgl. hierzu bei § 17 Nr. 1 Rdn. 10 und 11.
[19] *Ingenstau/Korbion/Joussen* B § 17 Nr. 4 Rdn. 12.

## § 17 Nr. 3 [Wahl- und Austauschrecht des Auftragnehmers]

Der Auftragnehmer hat die Wahl unter den verschiedenen Arten der Sicherheit; er kann eine Sicherheit durch eine andere ersetzen.

**Literatur:** Siehe Hinweise: Vor § 17.

### Übersicht

| | Rdn. | | Rdn. |
|---|---|---|---|
| A. Allgemeines | 1 | C. Austauschrecht des Auftragnehmers | 3 |
| B. Wahlrecht des Auftragnehmers | 2 | | |

## A. Allgemeines

Die in § 17 Nr. 2 VOB/B vorgesehenen **Sicherheitsarten Hinterlegung, Einbehalt und Bürgschaft** sind grundsätzlich **gleichwertig**,[1] § 17 Nr. 3 VOB/B räumt deshalb dem Auftragnehmer ein **Wahlrecht** und ein **Austauschrecht** unter den Sicherheiten ein. Diese Regelung gilt allerdings nur, wenn die Parteien im Vertrag nichts anderes vereinbart haben. Nach §§ 232, 235 BGB hat der Auftragnehmer auch ein Wahl- und Umtauschrecht, das jedoch die dort genannten Sicherheitsarten betrifft und für den Fall der Anwendung des § 17 VOB/B durch die darin enthaltene spezielle Regelung ersetzt wird.

## B. Wahlrecht des Auftragnehmers

Das Wahlrecht des Auftragnehmers bezieht sich nur auf die in § 17 Nr. 2 VOB/B genannten Sicherheitsarten Hinterlegung, Einbehalt und Bürgschaft. Es ist dem Auftragnehmer freigestellt, **welche der drei Sicherheitsmittel er stellen will.** Er kann auch die Sicherheit aufsplitten, z. B. einen Teil als Einbehalt wählen und für den Rest eine Bürgschaft stellen. Der Auftraggeber kann das Wahlrecht des Auftragnehmers nicht einseitig einschränken, und von dem Auftragnehmer eine bestimmte Sicherheit verlangen. Die Parteien können jedoch vertraglich eine bestimmte Sicherheit festlegen und damit **das Wahlrecht des Auftragnehmers ausschließen**,[2] was allerdings, wenn es in AGB des Auftraggebers geschieht, unwirksam sein kann.[3] Ebenso ist es möglich, vertraglich eine bestimmte Sicherheitsart auszuschließen, der Auftragnehmer hat dann nur noch die Wahl zwischen den beiden verbliebenen Arten. Unzulässig und mit § 307 BGB unvereinbar ist es, wenn in AGB des Auftraggebers das Wahlrecht des Unternehmers auf eine Bürgschaft auf erstes Anfordern beschränkt wird.[4] Nicht vereinbart werden kann in AGB des Auftraggebers für die erstmalige Stellung einer Sicherheit ein Bareinbehalt unter Ausschluss der Verzinsung und des sonst nach § 17 Nr. 3 VOB/B bestehenden Wahlrechts.[5] Übt der Auftragnehmer sein Wahlrecht **nicht rechtzeitig**[6] aus, bestimmen sich die Rechtsfolgen nach § 17 Nr. 7 VOB/B.

---

[1] OLG Stuttgart BauR 1977, 64; BGH NJW 1985, 1694 = BauR 1985, 461 = ZfBR 1985, 129; KG NJW 1988, 1365.
[2] LG Stuttgart BauR 1983, 481; *Ingenstau/Korbion/Joussen* B § 17 Nr. 3 Rdn. 4.
[3] KG NJW-RR 1988, 1365.
[4] *Ingenstau/Korbion/Joussen* B § 17 Nr. 3 Rdn. 6.
[5] *Ingenstau/Korbion/Joussen* B § 17 Nr. 3 Rdn. 5.
[6] OLG München BauR 1984, 188.

## C. Austauschrecht des Auftragnehmers

3   Der Auftragnehmer ist berechtigt, **eine gestellte Sicherheit durch eine andere zu ersetzen,** ist dabei aber an die drei Sicherheitsarten des § 17 Nr. 2 VOB/B Hinterlegung, Einbehalt und Bürgschaft gebunden. „Ersetzen" heißt, die alte Sicherheit muss zurückgewährt werden, wenn eine neue gestellt wird. Der Auftragnehmer muss, wenn er sein Austauschrecht wahrnimmt, nicht eine Sicherheitsart gegen eine andere tauschen, er kann auch innerhalb einer Sicherheitsart tauschen, also z. B. einen anderen Bürgen stellen, sofern dieser den Anforderungen von § 17 Nr. 2 und Nr. 4 VOB/B entspricht. **Verweigert der Auftraggeber grundlos den Austausch** der Sicherheiten und nimmt er trotz angemessener Nachfristsetzung die neue Sicherheit nicht an, **verliert er seinen Anspruch auf Sicherheitsleistung.**[7] Der Auftragnehmer kann während der Dauer der Sicherheitsleistung von seinem Recht auf Austausch auch **mehrfach Gebrauch machen.**[8]

4   Das Austauschrecht kann vertraglich **eingeschränkt oder ausgeschlossen** werden,[9] allerdings ist eine solche Vereinbarung in AGB des Auftraggebers nach § 307 BGB unwirksam.[10] **Unzulässig** ist es, dem Auftragnehmer ohne Ausgleich das volle **Insolvenzrisiko aufzubürden,** indem auf Grund einer formularmäßigen Klausel des Auftraggebers einbehaltenes Geld nicht auf ein Sperrkonto eingezahlt werden muss und der Auftragnehmer den Einbehalt auch **nicht durch Bankbürgschaft ablösen darf.**[11] Nach OLG Dresden[12] ist eine formularmäßige Klausel, wonach der Auftraggeber das einbehaltene Geld nicht auf ein Sperrkonto einzahlen muss, sogar dann unwirksam, wenn der Auftragnehmer den Einbehalt nur durch eine Bankbürgschaft ablösen darf, wobei es unerheblich sein soll, ob es sich dabei um eine Bürgschaft auf erstes Anfordern handelt oder nicht.

5   Das Austauschrecht wird nicht schon dadurch ausgeschlossen, dass die Parteien vertraglich eine bestimmte Sicherheitsart festlegen. Damit wird nur das Wahlrecht des Auftragnehmers ausgeschlossen, nicht aber sein Recht, die Sicherheit anschließend durch eine andere zu ersetzen.[13] Haben die Parteien vereinbart, dass ein **Einbehalt gegen Bankbürgschaft auszutauschen** ist, bleibt der Auftraggeber dennoch verpflichtet, den Einbehalt auf ein **Sperrkonto** einzuzahlen.[14] Ist vertraglich eine Ablösung des Einbehaltes durch Bankbürgschaft ausgeschlossen und nimmt der Auftraggeber später doch angebotene Bürgschaftsurkunden an, kann der Auftragnehmer die Auszahlung des Einbehaltes verlangen.[15]

6   **Löst der Auftragnehmer vereinbarungsgemäß** den einbehaltenen Sicherheitsbetrag **durch Bankbürgschaft ab,** ist der Auftraggeber zur Auszahlung des Sicherheitsbetrages verpflichtet, ohne sich, wenn inzwischen Mängel aufgetreten sind, auf ein Zurückbehaltungsrecht berufen zu können, weil er anderenfalls eine **doppelte Sicherheit** in Händen halten würde.[16] Dabei gilt jedoch Folgendes: Stellt der Auftragnehmer eine Austauschbürgschaft zu einem Zeitpunkt, in dem der **Sicherungsfall noch nicht eingetreten** ist, ist der Auftraggeber verpflichtet, den Sicherheitseinbehalt auszuzahlen. Kommt er dem

---

[7] OLG Frankfurt BauR 1987, 577.
[8] *Ingenstau/Korbion/Joussen* B § 17 Nr. 3 Rdn. 10.
[9] OLG Stuttgart BauR 1977, 64; BGH NJW 1985, 1694; KG NJW-RR 1988, 1365.
[10] KG NJW-RR 1988, 1365; BauR 1989, 207; OLG Karlsruhe BauR 1989, 203.
[11] OLG Hamm NJW-RR 1988, 725 = BauR 1988, 731; OLG Karlsruhe BauR 1989, 203 = BB 1989, 1643 m. zust. Anm. v. *Strobel*; OLG München NJW-RR 1996, 534 = BauR 1995, 859 m. w. N.
[12] BauR 2002, 807; anderer Ansicht: *Ingenstau/Korbion/Joussen* B § 17 Nr. 3 Rdn. 8.
[13] LG Stuttgart BauR 1983, 481; a. A. OLG Dresden BauR 1997, 484; *Leinemann* § 17 Rdn. 29, 35; *Ingenstau/Korbion/Joussen* B § 17 Nr. 3 Rdn. 11: Eine derartige *Regelung* schließt nicht nur das Wahlrecht zur Sicherheitsleistung sondern auch das anschließende Austauschrecht aus, da sonst die vertraglich vereinbarte Beschränkung auf die Stellung eines bestimmten Sicherungsmittels unsinnig wäre.
[14] OLG München BB 1983, 406.
[15] OLG Köln *Schäfer/Finnern/Hochstein* § 17 VOB/B Nr. 1.
[16] BGH NJW 1984, 725 = BauR 1984, 166.

nicht unverzüglich nach, bleibt er zur Auszahlung regelmäßig auch dann verpflichtet, wenn der Sicherungsfall später eintritt. Den Anspruch auf eine Sicherheit verliert der Auftraggeber dadurch nicht. Er muss sich mit der Austauschsicherheit begnügen.[17] **Liegt der Sicherungsfall** bei Stellung der Austauschbürgschaft **bereits vor,** steht es im Belieben des Auftraggebers, ob er die Bürgschaft annimmt oder den Einbehalt verwertet. Er ist verpflichtet, sich insoweit dem Auftragnehmer unverzüglich zu erklären. Anderenfalls verbleibt es bei dem Austauschrecht des Auftragnehmers. Die Wahrnehmung des Austauschrechtes hindert den Auftraggeber nicht, bereits entstandene geldwerte Gewährleistungsansprüche durch Zugriffe auf das Bardepot zu befriedigen. Wählt er die **Verwertung,** ist für einen Austausch kein Raum mehr. Er darf die Bürgschaft nicht entgegennehmen. Entscheidet sich der Auftraggeber für die Bürgschaft, muss er den Sicherheitseinbehalt auszahlen.[18]

Das gilt auch, wenn die Mängelbeseitigungskosten den Bürgschaftsbetrag übersteigen, weil das vertragliche Ablösungsrecht auf **Austausch der Sicherheiten** gerichtet ist und deshalb schon von seinem Sinn und Zweck her nicht ein zusätzliches Sicherungsrecht des Auftraggebers entstehen lassen kann, das vorher nicht bestand.[19] **Rechnet der Auftraggeber** mit bestrittenen Gegenforderungen gegen den **Auszahlungsanspruch** des Auftragnehmers auf, was zulässig ist, kann er darüber hinaus jedoch **nicht auch noch die Bürgschaft in Anspruch** nehmen; denn die Aufrechnung mit einer bestrittenen Gegenforderung stellt keinen Erfüllungsersatz dar. Der Auftraggeber ist vielmehr wegen seiner weitergehenden Gegenansprüche auf die Geltendmachung im Wege eines Prozesses gegen den Auftragnehmer angewiesen.[20] **7**

Hat der Auftragnehmer dem Auftraggeber eine Bürgschaft als Austauschsicherheit übergeben und zahlt der Auftraggeber den Sicherheitseinbehalt dennoch nicht aus, so kann der Auftragnehmer die Bürgschaftsurkunde als **ungerechtfertigte Bereicherung** herausverlangen, da die Gestellung der Bürgschaft als Austauschsicherheit durch den Auftragnehmer dahingehend auszulegen ist, dass sie unter der auflösenden Bedingung steht, der Auftraggeber werde seiner Verpflichtung zur effektiven Auszahlung nachkommen. Weigert sich der Auftraggeber, die Barsicherheit auszuzahlen, so tritt die auflösende Bedingung ein, unter der die Bürgschaft als Sicherheit gestellt worden ist.[21] Dem Auftraggeber steht dann kein Zurückbehaltungsrecht an der Bürgschaft wegen streitiger Gewährleistungsansprüche zu.[22] **8**

Nimmt der Sicherungsnehmer die ihm als Austauschsicherheit gestellte Gewährleistungsbürgschaft entgegen und verletzt er seine Verpflichtung aus der Sicherungsabrede dadurch, dass er den **Bareinbehalt nicht auszahlt und die Bürgschaft nicht herausgibt,** sondern verwertet, dann steht dem Sicherungsgeber ein Schadensersatzanspruch in Höhe der an den Sicherungsnehmer ausgezahlten Bürgschaftssumme zu. Gegenüber diesem Anspruch auf Schadensersatz ist der Sicherungsnehmer nicht berechtigt, mit Gegenansprüchen aufzurechnen oder ein Zurückbehaltungsrecht geltend zu machen, selbst wenn die Gegenansprüche vom Sicherungszweck der Sicherungsabrede und der Bürgschaft erfasst werden.[23] **9**

Streitig ist jedoch, wann der Anspruch des Auftragnehmers auf Auszahlung des Gewährleistungseinbehaltes fällig wird. Nach OLG Brandenburg[24] wird der Auszahlungsanspruch **10**

---

[17] BGH BauR 2001, 1893 = IBR 2001, 612 = ZfBR 2002, 48 = NZBau 2001, 679 = NJW 2001, 3629; BGH BauR 200, 1543 = IBR 2002, 476.
[18] BGH BauR 2001, 1893 = IBR 2001, 612 = ZfBR 2002, 48 = NZBau 2001, 679 = NJW 2001, 3629; BGH BauR 2002, 1543 = IBR 2002, 476.
[19] OLG Köln *Schäfer/Finnern/Hochstein* § 17 VOB/B Nr. 1 und Nr. 7 m. zust. Anm. v. *Hochstein*.
[20] KG BauR 1982, 386.
[21] BGHZ 136, 195 = BauR 1997, 1026 = IBR 1997, 402 = ZfBR 1997, 298 = NJW 1997, 2958; OLG Celle NZBau 2001, 93.
[22] BGH 1998, 544 = IBR 1998, 234 = NJW 1998, 2057 = ZfBR 1998, 185.
[23] BGH BauR 2000, 1501 = IBR 2000, 432 = NZBau 2000, 423 = NJW-RR 2000, 1259 = ZfBR 2000, 481.
[24] BauR 1998, 1267.

## § 17 Nr. 3  Wahl- und Austauschrecht des Auftragnehmers

mit Übersendung der Gewährleistungsbürgschaft fällig. Dem ist zuzustimmen. Nach OLG Dresden[25] kann der Werkunternehmer vom Besteller Zahlung des Sicherheitseinbehaltes nur Zug um Zug gegen Gewährung der Bürgschaft verlangen, ohne die Bürgschaft diesem vorher ausgehändigt zu haben.

---

[25] BauR 2002, 1274 m. w. N.

## § 17 Nr. 4 [Bürgschaft]

Bei Sicherheitsleistung durch Bürgschaft ist Voraussetzung, dass der Auftraggeber den Bürgen als tauglich anerkannt hat. Die Bürgschaftserklärung ist schriftlich unter Verzicht auf die Einrede der Vorausklage abzugeben (§ 771 BGB); sie darf nicht auf bestimmte Zeit begrenzt und muss nach Vorschrift des Auftraggebers ausgestellt sein. Der Auftraggeber kann als Sicherheit keine Bürgschaft fordern, die dem Bürgen zur Zahlung auf erstes Anfordern verpflichtet.

Literatur: Siehe Hinweise Vor § 17.

### Übersicht

| | Rdn. |
|---|---|
| A. Allgemeines | 1 |
| B. Tauglicher Bürge | |
|    I. Objektive Tauglichkeit | 2 |
|    II. Anerkennung durch den Auftraggeber | 4 |
| C. Schriftform | 5 |
|    I. Schriftformerfordernis und kaufmännischer Bürge | 6 |
|    II. Übermittlung per Telefax, Telex, Telegramm oder E-Mail | 8 |
|    III. Umfang der Schriftform | 10 |
| D. Verzicht auf die Einrede der Vorausklage | 13 |
|    I. Selbstschuldnerische Bürgschaft | 14 |
|    II. Erhaltung der Einwendungen aus dem Grundgeschäft | 16 |
| E. Keine Befristung | 18 |
|    I. Abhängigkeit von der Dauer der Sicherheitsleistung | 19 |
|    II. Keine Zeitbürgschaft | 23 |
| F. Ausstellung nach Vorschrift des Auftraggebers | 25 |
|    I. Keine Bürgschaft auf erstes Anfordern | 27 |
|       1. Bürgschaft auf erstes Anfordern und allgemeine Geschäftsbedingungen | 29 |
|          a) Vertragserfüllungsbürgschaft | 30 |
|          b) Gewährleistungsbürgschaft | 33 |
|          c) Umdeutung der Bürgschaft auf erstes Anfordern | 40 |
|       2. Bürgschaft auf erstes Anfordern und Individualvertrag | 42 |
|       3. Rückforderung | 43 |
|    II. Hinterlegungsvorbehalt zulässig | 44 |

## A. Allgemeines

Die Stellung einer **Bürgschaft**[1] ist in der Baupraxis die häufigste und bedeutendste Form der Sicherheitsleistung. Die allgemeinen Bestimmungen über die Bürgschaft sind in §§ 765–778 BGB enthalten. § 17 Nr. 4 VOB/B regelt, welche **Voraussetzungen eine Bürgschaft** zu erfüllen hat, damit der Auftraggeber sie beim **VOB-Bauvertrag** als ordnungsgemäße Sicherheitsleistung entgegennehmen muss und nicht zurückweisen darf.   **1**

## B. Tauglicher Bürge

### I. Objektive Tauglichkeit

Die Beurteilung, welcher Bürge als **tauglicher Bürge** zu gelten hat, richtet sich nach § 239 BGB. Danach ist tauglich, wer ein der Höhe der zu leistenden Sicherheit angemessenes Vermögen besitzt und seinen allgemeinen Gerichtsstand im Inland hat. Die   **2**

---

[1] Siehe hierzu auch → Vor § 17 Rdn. 41 ff.

## § 17 Nr. 4

letzte Voraussetzung widerspricht § 17 Nr. 2 VOB/B. Danach ist als Bürge ein **in den Europäischen Gemeinschaften, in einem Staat der Vertragsparteien über den europäischen Wirtschaftsraum oder in einem Staat der Vertragsparteien des WTO-Übereinkommens über das öffentliche Beschaffungswesen zugelassenes** Kreditinstitut oder ein dort zugelassener Kreditversicherer vorgesehen, der, wenn er seinen Sitz nicht in Deutschland sondern in einem anderen Staat der EG bzw. in einem Vertragsstaat der erwähnten Abkommen hat, die Anforderung eines allgemeinen inländischen Gerichtsstands nicht erfüllt. Die Regelung in § 17 Nr. 2 VOB/B hat jedoch **Vorrang** vor den allgemeinen Bestimmungen des BGB. Konzernbürgschaften, insbesondere für unabhängige Tochterunternehmen, entsprechen den Anforderungen des § 17 Nr. 2 VOB/B nicht.[2]

3   Bei der Beurteilung des „angemessenen" Vermögens sind **objektive Maßstäbe** anzusetzen. Der Auftraggeber wird deshalb ein Kreditinstitut oder einen Kreditversicherer nur in Ausnahmefällen als Bürgen zurückweisen können, etwa wenn sich der Bürge bekanntermaßen in Liquiditätsschwierigkeiten befindet. Der **Auftragnehmer ist nachweispflichtig** dafür, dass der von ihm ausgewählte Bürge – Kreditinstitut oder Kreditversicherer – ein entsprechendes Vermögen besitzt und in den Europäischen Gemeinschaften bzw. in einem Vertragsstaat der o. a. Abkommen zugelassen ist. Bestehen **Zweifel an der Bonität des Bürgen,** kann der Auftraggeber vom Auftragnehmer zum Nachweis entsprechende Angaben und Unterlagen verlangen, eigene Nachforschungen und Erkundigungen braucht er nicht anzustellen oder einzuholen.

### II. Anerkennung durch den Auftraggeber

4   § 17 Nr. 4 Satz 1 VOB/B verlangt, dass **der Auftraggeber den Bürgen als tauglich anerkennt.** Der Auftraggeber darf dieses Recht jedoch **nicht willkürlich** ausüben. Insbesondere hat er keinen Anspruch darauf, den Bürgen selbst auszuwählen und dem Auftragnehmer vorzuschreiben. Er ist deshalb verpflichtet, den Bürgen als tauglich anzuerkennen, wenn der Auftragnehmer auf Verlangen die **objektive Tauglichkeit nachgewiesen** hat. Weigert sich der Auftraggeber dennoch die Bürgschaft anzunehmen, kann er keine andere Sicherheit verlangen.[3]

## C. Schriftform

5   § 17 Nr. 4 Satz 2 VOB/B verlangt eine **schriftliche Bürgschaftserklärung.** Die Bürgschaftserklärung ist die Willenserklärung des Bürgen gegenüber dem Auftraggeber, sich für die Hauptschuld des Auftragnehmers zu verbürgen. Bereits in § 766 Satz 1 BGB ist bestimmt, dass die Gültigkeit der Bürgschaftserklärung von der Einhaltung der Schriftform abhängt. Das gilt auch für einen **Bürgschaftsvorvertrag.** Gemäß § 766 Satz 2 BGB ist die Erteilung der Bürgschaftserklärung in elektronischer Form (§ 126a BGB) ausgeschlossen. Nach § 766 Satz 3 BGB wird der **Mangel der Form** allerdings **geheilt, wenn der Bürge die Hauptschuld erfüllt.** Nicht der Schriftform unterliegen der **Auftrag und die Vollmacht** zur Erklärung der Bürgschaft[4] sowie die **Annahme** der Bürgschaft durch den Auftraggeber, sie können deshalb auch formlos erfolgen.

---

[2] *Leinemann* § 17 Rdn. 54; *Kapellmann/Messerschmidt/Thierau* B § 17 Rdn. 12.
[3] *Ingenstau/Korbion* B § 17 Nr. 4 Rdn. 13.
[4] RGZ 76, 99 und 304.

Bürgschaft § 17 Nr. 4

## I. Schriftformerfordernis und kaufmännischer Bürge

§ 766 BGB schließt allerdings nicht aus, dass nach § 350 HGB die Bürgschaftserklärung eines **Kaufmannes** keiner Form bedarf, also auch **mündlich gültig** ist. § 17 Nr. 4 Satz 2 VOB/B stellt klar, dass die **Ausnahme des § 350 HGB bei Bürgschaften nach § 17 VOB/B keine Anwendung** findet, vielmehr auch die Bürgschaftserklärungen der in den Europäischen Gemeinschaften bzw. in den Vertragsstaaten des Abkommens über den Europäischen Wirtschaftsraum oder des WTO-Übereinkommens über das öffentliche Beschaffungswesen zugelassenen **Kreditinstitute und Kreditversicherer,** die in der Regel immer Kaufleute sind, **der Schriftform bedürfen.** 6

Das Schriftformerfordernis gilt **nur zwischen den Vertragspartnern des Bauvertrages,** da nur zwischen ihnen § 17 VOB/B Anwendung findet. Eine **formlose Bürgschaftserklärung** eines in den Europäischen Gemeinschaften, im europäischen Wirtschaftsraum oder in einem Vertragsstaat des WTO-Übereinkommens über das öffentliche Beschaffungswesen zugelassenen kaufmännischen Kreditinstitutes oder Kreditversicherers, die nach § 350 HGB wirksam ist, kann der Auftraggeber deshalb **zurückweisen,**[5] weil sie nicht den Anforderungen des § 17 Nr. 4 VOB/B entspricht. 7

## II. Übermittlung per Telefax, Telex oder Telegramm

Zur Auslegung des Begriffs „schriftlich" sind die allgemeinen Bestimmungen des BGB heranzuziehen. Danach ist bei der für einen nichtkaufmännischen Bürgen nach § 766 BGB gesetzlich vorgeschriebenen Schriftform die Unterzeichnung der Urkunde durch eigenhändige Namensunterschrift erforderlich (§ 126 Abs. 1 BGB). An dieser Voraussetzung fehlt es bei einer Übermittlung per Telefax,[6] Telex oder Telegramm. Bei einem **nichtkaufmännischen Bürgen reicht** deshalb eine derartige Übermittlung der Bürgschaftserklärung **zur Wahrung der Schriftform nicht aus.**[7] 8

Die vom Auftragnehmer nach § 17 VOB/B zu stellenden Bürgen sind als **Kreditinstitute und Kreditversicherer** in der Regel immer **Kaufmann**. Deren Bürgschaftserklärung ist nach § 350 HGB formlos gültig und bedarf nur im Hinblick auf § 17 Nr. 4 VOB/B der Schriftform, die in diesem Falle gem. § 127 Abs. 2 BGB durch telekommunikative Übermittlung, d. h. Übermittlung per Telefax, Telex, Telegramm oder E-Mail,[8] gewahrt ist. Bei einem kaufmännischen Bürgen kann somit die **Übermittlung der Bürgschaftserklärung wirksam per Telefax, Telex, Telegramm oder E-Mail** erfolgen.[9] 9

## III. Umfang der Schriftform

Die Schriftform umfasst alle **wesentlichen Teile der Bürgschaftserklärung.**[10] Dazu gehört die Benennung der **Person des Gläubigers** (Auftraggebers)[11] **und des Schuldners** (Auftragnehmers), die Bezeichnung (Bau-Vertrag) und der Umfang der **Hauptschuld** (z. B. ob Vertragserfüllungs- oder Gewährleistungsanspruch) sowie die Erklärung, dass **der Bürge** 10

---

[5] BGH NJW 1986, 1681 = BauR 1986, 361; OLG Celle BauR 2000, 1351.
[6] BGHZ 121, 224 = NJW 1993, 1126.
[7] BGHZ 24, 297; BGH NJW 1993, 1126 = BauR 1993, 340; OLG Düsseldorf NJW-RR 1995, 93 und OLGR 1995, 165; *Ingenstau/Korbion/Joussen* B § 17 Nr. 4 Rdn. 18; im Ergebnis auch *Heiermann/Riedl/Rusam* B § 17 Rdn. 50; *Nicklisch/Weick* B § 17 Rdn. 33.
[8] *Palandt/Heinrich* § 127 BGB Rdn. 2.
[9] *Ingenstau/Korbion/Joussen* B § 17 Nr. 4 Rdn. 18; *Nicklisch/Weick* B § 17 Rdn. 33; *Kapellmann/Messerschmidt/Thierau* B § 17 Rdn. 132.
[10] BGH NJW 1989, 1484; dazu auch BGH NJW-RR 1991, 757 und NJW 1992, 896.
[11] BGHZ 26, 142.

*I. Jagenburg*

§ 17 Nr. 4 Bürgschaft

für die Erfüllung der Hauptschuld einstehen will.[12] Weiterhin unterliegen der Schriftform der **Verzicht auf die Einrede der Vorausklage** sowie etwaige **Hinterlegungsvorbehalte.**

11  Verbleiben **Unklarheiten,** ist der Inhalt durch **Auslegung** zu ermitteln, wobei auch **außerhalb der Urkunde liegende Umstände** mit zu berücksichtigen sind, sofern für den durch Auslegung zu ermittelnden Parteiwillen irgend ein Anhaltspunkt in der Urkunde zu finden ist.[13] So kann sich ein **Hinweis auf die verbürgte Hauptverbindlichkeit** auch aus der Person des in der Urkunde genannten Hauptschuldners ergeben.[14] Nicht wirksam ist die Bürgschaft erteilt, wenn der für die **Bezeichnung der Hauptschuld vorgesehene Raum in der Urkunde freigeblieben ist** und sich aus ihr auch im Übrigen **keine hinreichenden Anhaltspunkte** für die zu sichernde Verbindlichkeit ergeben.[15]

12  Die Bürgschaftserklärung eines **Kaufmanns** kann nach BGH[16] auch wirksam sein, wenn sich die Hauptschuld **ausschließlich** aus Umständen außerhalb der Urkunde ergibt, was nach einer früheren Entscheidung des BGH[17] bei einem nichtkaufmännischen Bürgen nur eingeschränkt gilt. Allerdings wird eine solche **Bürgschaftserklärung nicht den Erfordernissen des § 17 Nr. 4 VOB/B entsprechen** und deshalb vom Auftraggeber zurückgewiesen werden können. Genügen kann es jedoch, wenn die Person des Gläubigers (Auftraggebers) in der Bürgschaftserklärung zwar nicht ausdrücklich genannt ist, sich aber zweifelsfrei im Wege der Auslegung aus der Urkunde ermitteln lässt.[18]

## D. Verzicht auf die Einrede der Vorausklage

13  Nach § 17 Nr. 4 Satz 2 VOB/B ist die Bürgschaftserklärung nicht nur **schriftlich,** sondern außerdem auch „unter Verzicht auf die Einrede der Vorausklage abzugeben (§ 771 BGB)". Anderenfalls, d. h. ohne einen solchen Verzicht, könnte der Bürge nach § 771 BGB die Befriedigung des Gläubigers **verweigern,** solange nicht der Gläubiger eine Zwangsvollstreckung gegen den Hauptschuldner **ohne Erfolg** versucht hat (Einrede der Vorausklage).

### I. Selbstschuldnerische Bürgschaft

14  Da dem Auftraggeber nicht zuzumuten ist, die Ansprüche, für die Sicherheit durch Bürgschaft geleistet ist, zunächst gegen den Auftragnehmer durchzuprozessieren, ehe er den Bürgen in Anspruch nehmen kann, verlangt § 17 Nr. 4 Satz 2 VOB/B den Verzicht auf die Einrede der Vorausklage, lässt als Sicherheitsleistung durch Bankbürgschaft also **nur eine selbstschuldnerische Bürgschaft** zu. Das folgt im Übrigen auch schon aus § 239 Abs. 2 BGB, denn danach muss, damit der Bürge als tauglich gilt, „die Bürgschaftserklärung ... den Verzicht auf die Einrede der Vorausklage enthalten".

15  Im Gegensatz zum **Schuldbeitritt,**[19] der keiner Schriftform bedarf, dient die Bürgschaft, auch in der hier vorgeschriebenen Form selbstschuldnerischer Bürgschaft immer der Absicherung einer **fremden Schuld,** während der Schuldbeitritt eine eigene Verbindlichkeit begründet und deshalb ein unmittelbares **eigenes Interesse** des Übernehmers an der

---

[12] BGH NJW-RR 1991, 757.
[13] BGHZ 76, 187; BGH WM 1991, 536; NJW 1993, 1261 = BauR 1993, 339.
[14] BGH NJW 1993, 724.
[15] BGH NJW 1993, 1261 = BauR 1993, 339.
[16] BGH NJW 1993, 724.
[17] BGH NJW 1992, 1448 = BauR 1992, 243.
[18] BGH NJW 1962, 1102.
[19] Schuldmitübernahme oder kumulative Schuldübernahme: vgl. *Palandt/Heinrichs* Überblick vor § 414 BGB Rdn. 2 ff.

Befriedigung des Gläubigers voraussetzt.[20] Ein Schuldbeitritt kann z. B. gegeben sein, wenn der Auftraggeber, dem der Haupt- oder Generalunternehmer zahlungsunfähig geworden ist, den Nachunternehmern unmittelbar Zahlung zusagt, um sie zur Weiterarbeit zu bewegen.[21] Ohne ein solches Eigeninteresse des Übernehmers ist **im Zweifel** jedoch anzunehmen, dass lediglich eine nur bei schriftlicher Übernahme wirksame selbstschuldnerische **Bürgschaft** vorliegt.[22]

### II. Erhaltung der Einwendungen aus dem Grundgeschäft

Auf Grund der Akzessorietät der Bürgschaft bleiben dem Bürgen **auch im Falle selbstschuldnerischer Bürgschaft** alle dem Hauptschuldner zustehenden Einwendungen erhalten (§ 768 BGB), und zwar einschließlich der Einreden der Anfechtbarkeit und Aufrechenbarkeit (§ 770 BGB). Gleiches gilt für die Einrede der Verjährung der Hauptschuld[23] (vgl. dazu aber auch bei § 17 Nr. 8 Rdn. 9). Das Recht des Bürgen aus § 768 BGB, die dem Hauptschuldner zustehenden Einreden geltend zu machen, kann nicht formularmäßig in AGB ausgeschlossen werden,[24] dies gilt auch für die Einrede der Verjährung.[25] 16

Dadurch unterscheidet sich die selbstschuldnerische Bürgschaft von der Bürgschaft auf erstes Anfordern, die gesondert vereinbart werden muss (vgl. vor § 17 Rdn. 56). Ohne eine solche Vereinbarung ist eine selbstschuldnerische Bürgschaft trotz des mit ihr verbundenen Verzichts auf die Einrede der Vorausklage **keine Bürgschaft auf erstes Anfordern.** 17

## E. Keine Befristung

Wie sich aus § 17 Nr. 4 Satz 2 VOB/B weiter ergibt, darf eine Bürgschaft, wenn sie zur Sicherheitsleistung geeignet sein soll, „**nicht auf bestimmte Zeit begrenzt**" sein. 18

### I. Abhängigkeit von der Dauer der Sicherheitsleistung

Während eine Bürgschaft nur dann als Sicherheitsleistung im Sinne von § 17 Nr. 4 VOB/B tauglich ist, wenn sie **unbefristet** ist kennt § 777 BGB auch eine **Bürgschaft auf Zeit,** bei der der Bürge sich nur „auf bestimmte Zeit verbürgt". In der Praxis, insbesondere von Seiten der bürgenden Bank, immer wieder versucht, herausgelegte Bürgschaften zu befristen. 19

Als Sicherheitsleistung nach § 17 Nr. 4 VOB/B sind derartige Bürgschaften aber **untauglich,** denn die Sicherheit soll dem Auftraggeber so lange zur Verfügung stehen, wie die durch sie gesicherten Ansprüche bestehen und durchsetzbar sind.[26] Dadurch soll erreicht werden, dass der Auftraggeber sich aus der als Sicherheitsleistung gegebenen Bürgschaft in jedem Fall befriedigen kann, was nicht möglich wäre, wenn die Bürgschaft **befristet** wäre, verfiele und zurückgegeben werden müsste, obwohl die zu Grunde liegenden Ansprüche des Auftraggebers fortbestehen. 20

---

[20] BGH NJW 1981, 47; BGH NJW 1986, 580 = BauR 1986, 101 = ZfBR 1986, 273 (Zahlungszusage des Geschäftsführers einer insolvent gewordenen GmbH).
[21] Vgl. etwa OLG Düsseldorf NJW-RR 1995, 592 = BauR 1995, 257, wo in einem solchen Fall sogar eine Bevollmächtigung des Architekten zur Schuldmitübernahme bejaht worden ist.
[22] *Ingenstau/Korbion/Joussen* B § 17 Nr. 4 Rdn. 28.
[23] *Ingenstau/Korbion/Joussen* B § 17 Nr. 4 Rdn. 98.
[24] BGH BauR 2001, 1093 = IBR 2001, 306; *Ingenstau/Korbion/Joussen* B § 17 Nr. 4 Rdn. 96.
[25] *Ingenstau/Korbion/Joussen* B § 17 Nr. 4 Rdn. 98.
[26] Im Ergebnis ebenso *Ingenstau/Korbion/Joussen* B § 17 Nr. 4 Rdn. 85.

## § 17 Nr. 4

**21** Gedacht ist dabei vor allem daran, dass eine Bürgschaft als **Gewährleistungssicherheit** gegeben ist (Gewährleistungsbürgschaft), sich die vereinbarte Gewährleistungsdauer von 4 oder 5 Jahren aber durch schriftliche Mängelanzeige nach § 13 Nr. 5 VOB/B verlängert oder die Verjährung gehemmt wird insbesondere durch ein selbstständiges Beweisverfahren (§§ 485 ff. ZPO) oder neu beginnt. Dann würde eine befristete Bürgschaft verfallen, obwohl die durch sie gesicherten Gewährleistungsansprüche fortbestehen.

**22** Das Verbot der Befristung gilt aber nicht nur, wenn Sicherheitsleistung **für die Dauer der Gewährleistung** geschuldet ist, sondern, wenn für die Sicherheitsleistung eine kürzere Dauer vereinbart ist. Fallen Gewährleistungsdauer und Dauer der Sicherheitsleistung auseinander, wenn die Dauer der Gewährleistung mit 5 Jahren vorgesehen, für die Sicherheitsleistung aber nur eine kürzere Frist vereinbart ist. Auch dann muss aber eine dafür gegebene **Bürgschaft unbefristet** sein, damit sie nicht abläuft und verfällt, wenn der Auftraggeber seine Ansprüche zwar vor Ablauf geltend gemacht, diese aber noch nicht realisiert hat.

Eine zulässige Befristung der Bürgschaft kann auch nicht aus der Tatsache hergeleitet werden, dass die Sicherheit für Mängelansprüche gem. § 17 Nr. 8 Abs. 2 VOB/B 2002 **nach 2 Jahren zurückzugeben** ist; denn diese Rückgabepflicht besteht nur in dem Umfang, in dem keine vom Auftraggeber geltend gemachten aber noch nicht erfüllten Mängelansprüche bestehen. Bei einer Befristung auf 2 Jahre würde der Auftraggeber für diese Ansprüche dann keine Sicherheit mehr in Händen halten.

Aus dem Verbot der Befristung lässt sich auch schließen, dass auch anderweitige aufschiebende oder auflösende Bedingungen in den nach § 17 VOB/B vorgesehenen Bürgschaften grundsätzlich unzulässig sind.[27]

### II. Keine Zeitbürgschaft

**23** Eine auf bestimmte Zeit begrenzte Bürgschaft entspricht nach dem Vorgesagten nicht den Anforderungen des § 17 Nr. 4 VOB/B. Eine derartige Befristung, auch wenn sie nach § 777 BGB möglich ist, hätte nicht nur zur Folge, dass hierdurch die VOB/B **nicht mehr „als Ganzes"** vereinbart wäre. Sie wäre, sofern sie nicht ausdrücklich ausgehandelt und individualvertraglich vereinbart ist, auch ein **Verstoß gegen § 307 BGB**.

**24** Im Übrigen kann, wenn einer Bürgschaft eine **zeitliche Begrenzung** hinzugefügt ist, selbst dies zweierlei bedeuten:[28]

Wenn die Verbindlichkeit, für die der Bürge einstehen soll, im Zeitpunkt der Bürgschaftsübernahme schon **abgeschlossen** vorliegt, hat die zeitliche Begrenzung die Bedeutung eines Endtermins, nach dessen Ablauf die Verpflichtung des Bürgen erlöschen soll. Wenn dagegen für künftige oder in der **Entwicklung begriffene** Verbindlichkeiten des Hauptschuldners gebürgt werden soll, z. B. für etwaige zukünftige Gewährleistungsansprüche des Auftraggebers, bedeutet die zeitliche Begrenzung, dass der Bürge nur für solche Verbindlichkeiten einstehen soll, die innerhalb der durch die zeitliche Begrenzung bestimmten Zeit begründet worden sind, für diese aber **unbefristet**.[29]

### F. Ausstellung nach Vorschrift des Auftraggebers

**25** Schließlich bestimmt § 17 Nr. 4 Satz 2 VOB/B im letzten Halbsatz, dass die Bürgschaft, wenn sie als Sicherheitsleistung taugen soll, außerdem „nach Vorschrift des Auftraggebers ausgestellt sein" muss. Dadurch und durch eine Vereinbarung im Bauvertrag, dass Sicherheit durch schriftliche Bürgschaftserklärung **nach besonderem Vordruck** des Auftraggebers zu

---

[27] *Leinemann* § 17 Rdn. 62; *Ingenstau/Korbion/Joussen* B § 17 Nr. 4 Rdn. 82.
[28] BGH NJW 1988, 908.
[29] BGH a. a. O. unter Hinweis auf BGH NJW 1979, 417.

leisten sei, wird im Verhältnis zwischen dem Gläubiger und dem nicht am Bauvertrag beteiligten Bürgen aber **keine qualifizierte Schriftform** im Sinne von § 127 BGB vereinbart.[30] Die Wirksamkeit der Bürgschaftserklärung ist allein nach den **gesetzlichen Formvorschriften** zu beurteilen, sofern mit dem Bürgen selbst nichts anderes vereinbart ist.[31] Die Vereinbarungen über die Form der Bürgschaftserklärung gelten nur für das Verhältnis zwischen den Parteien des Bauvertrages und begründen das Recht des Auftraggebers, eine den vertraglichen Formvorschriften **nicht entsprechende** Bürgschaft als Sicherheit zurückzuweisen.[32]

Auftragnehmer und Bürge können also nicht von sich aus bestimmen, welche Bürgschaft als Sicherheitsleistung ausreicht und vom Auftraggeber entgegengenommen werden muss. Insbesondere darf die Bürgschaft dem Auftraggeber **keine geringere Sicherheit** bieten als die Sicherheitsleistung selbst, also in ihrem Sicherungszweck und Sicherungsumfang nicht hinter dieser zurückbleiben. Umgekehrt kann der Auftraggeber aber auch keine Bürgschaft verlangen, die über den Sicherungszweck und Sicherungsumfang der Sicherheitsleistung hinausgeht und ihm eine **größere Sicherheit** als diese bietet. 26

## I. Keine Bürgschaft auf erstes Anfordern

Die Bestimmung in § 17 Nr. 4 Satz 2 VOB/B, dass die Bürgschaft „nach Vorschrift des Auftraggebers ausgestellt sein" muss, gibt diesem nicht das Recht, ohne entsprechende besondere Vereinbarung im Bauvertrag **einseitig** eine Bürgschaft auf erstes Anfordern zu verlangen.[33] Denn dadurch könnte der Auftraggeber sich, ohne seine behaupteten Ansprüche nachweisen zu müssen, ungehindert aus der Bürgschaft befriedigen und den Auftragnehmer auf den Weg der Rückforderung verweisen (vgl. vor § 17 Rdn. 56 ff.), während der Auftraggeber eine einbehaltene Sicherheit nach § 17 Nr. 6 VOB/B (siehe dort) auf **gemeinsames Sperrkonto einzahlen** muss. 27

In § 17 Nr. 4 Satz 3 VOB/B 2002 ist nunmehr ausdrücklich klargestellt, dass der Auftraggeber als Sicherheit keine Bürgschaft fordern kann, die den Bürgen zur Zahlung auf erstes Anfordern verpflichtet. Zur Stellung einer Bürgschaft auf erstes Anfordern ist deshalb eine **zusätzliche Vereinbarung** zwischen den Parteien erforderlich, die trotz der Regelung in § 17 Nr. 4 Satz 3 VOB/B möglich und zulässig ist, sofern im entsprechenden Einzelfall eine Bürgschaft auf erstes Anfordern überhaupt zulässig ist. Die Folge ist, dass durch eine solche von der Regel des § 17 Nr. 4 Satz 3 VOB/B abweichende Zusatzvereinbarung in die VOB/B eingreift und damit die Privilegierung der VOB als Ganzes wegfällt, so dass in diesem Falle alle Regelungen der VOB/B einer Inhaltskontrolle nach §§ 307 ff. BGB unterliegen.[34] 28

### 1. Bürgschaft auf erstes Anfordern und allgemeine Geschäftsbedingungen

Bei jeder Form der Bürgschaft können die **Einreden des Bürgen** aus § 768 BGB **nicht** durch allgemeine Geschäftsbedingungen **ausgeschlossen** werden.[35] Enthält eine formularmäßige Sicherungsabrede die Klausel, dass ein Bareinbehalt nur durch eine Bürgschaft abgelöst werden kann, die einen Ausschluss der Einwendungen und Einreden des Hauptschuld- 29

---

[30] BGH NJW 1986, 1681 = BauR 1986, 361 unter Hinweis auf *Heiermann* BB 1977, 1575, 1578 und *Nicklisch/Weick* B § 17 Rdn. 36.
[31] BGH NJW 1986, 1681 = BauR 1986, 361.
[32] BGH a. a. O.
[33] OLG Frankfurt, *Schäfer/Finnern/Hochstein* Nr. 10 zu § 17 VOB/B; OLG München BauR 1991, 798 L; *Ingenstau/Korbion/Joussen* B § 17 Nr. 4 Rdn. 13.
[34] So auch *Ingenstau/Korbion/Joussen* B § 17 Nr. 4 Rdn. 71 ff.
[35] BGH BauR 2001, 1093 = IBR 2001, 306 = NJW 2001, 1857 = NZBau 2001, 311; LG Wiesbaden IBR 2007, 618; LG München I IBR 2006, 619; LG Hamburg IBR 2006, 258; abweichend LG Frankfurt, dass die Bürgschaft als einfache Bürgschaft aufrecht erhält (IBR 2004, 502).

ners gem. § 768 BGB enthält, so ist diese insgesamt unwirksam. Eine Umdeutung dahin, dass der Bareinbehalt durch eine Bürgschaft ohne Ausschluss des § 768 BGB abgelöst werden kann, kommt nicht in Betracht.[36] Etwas anderes gilt jedoch, wenn der Bürge selbst, ohne dass dies zwischen den Bauvertragsparteien vereinbart war, in den von ihm verwendeten Bürgschaftsbedingungen auf die Einreden gemäß § 768 BGB verzichtet hat.[37] Auch ein formularmäßig vereinbarter Ausschluss der Einrede der **Aufrechenbarkeit** (§ 770 Abs. 2 BGB) bei unbestrittenen oder rechtskräftig festgestellten Forderungen ist unzulässig.[38] Ebenso ist ein vom Auftraggeber formularmäßig geforderter Verzicht des Bürgen auf die Einreden des § 776 BGB **unwirksam**.[39]

War in allgemeinen Geschäftsbedingungen des Auftraggebers in Altverträgen eine Verpflichtung des Auftragnehmers zur Stellung einer Bürgschaft auf erstes Anfordern enthalten, so ist diese Klausel nach der Rechtsprechung in der Regel unwirksam. Maßgeblich ist, ob dem Auftragnehmer ein **angemessener Ausgleich** zugestanden wird. Im Einzelnen ergibt sich folgendes:

30    a) **Vertragserfüllungsbürgschaft.** Die Verpflichtung eines Bauunternehmers in **AGB des Auftraggebers,** zur Sicherung von Vertragserfüllungsansprüchen eine Bürgschaft auf erstes Anfordern zu stellen, ist in der Regel **unwirksam,**[40] da im Falle der Inanspruchnahme eine schlüssige Darlegung des Sicherungsfalles nicht erforderlich ist und der Bürge Einwendungen aus dem Verhältnis des Auftraggebers zum Hauptschuldner – Auftragnehmer – nur entgegensetzen kann, wenn der Auftraggeber seine formale Rechtsstellung offensichtlich missbraucht.[41] Die Bürgschaft auf erstes Anfordern hat damit nicht nur die Funktion einer Sicherung, sondern sie räumt dem Auftraggeber weiterreichend die Möglichkeit ein, sich **liquide Mittel** zu verschaffen, **auch wenn der Sicherungsfall nicht eingetreten ist.** Damit unterliegt der Auftragnehmer der Gefahr, durch den Rückgriff des Bürgen belastet zu werden, ohne dass der Anspruch des Auftraggebers besteht.[42] Es ist dabei unerheblich, ob es sich bei dem Gegner des Klauselverwenders um einen Unternehmer handelt. Die im kaufmännischen Geschäftsverkehr bestehenden Interessen weisen keine Besonderheiten auf, die eine andere Beurteilung rechtfertigen könnten.[43]

31    Abweichend davon hat der BGH jedoch in seiner Entscheidung vom 12. Juli 2001[44] eine **formularmäßig vereinbarte Vertragserfüllungsbürgschaft auf erstes Anfordern** ausnahmsweise für **zulässig** erachtet. Im entschiedenen Falle verpflichtete der zwischen den Parteien geschlossene Generalunternehmervertrag den Auftraggeber, Zug um Zug gegen Vorlage der Vertragserfüllungsbürgschaft in Höhe von ca. 22% der Auftragssumme bereits knapp 50% des vereinbarten Pauschalpreises zu entrichten. Die Restvergütung erfolgte in festen, nach dem Kalender bestimmten Raten ohne direkte Bindung an den Baufortschritt. Nach Ansicht des BGH lag damit in der Vereinbarung eine Abweichung von § 641 BGB zugunsten des Unternehmers, mit der auch die Durchsetzung von Ansprüchen des Auftraggebers bei **Baufristüberschreitung** erschwert wurde, so dass die von dem Unternehmer vertragsgemäß gestellte Erfüllungsbürgschaft auf erstes Anfordern nur das von dem Auftrag-

---

[36] LG München I IBR 2006, 619; LG Wiesbaden, IBR 2007, 425; IBR 2007, 618; 2007, 617; LG Hamburg IBR 2006, 258.

[37] *Ingenstau/Korbion/Joussen* B § 17 Nr. 4 Rdn. 37; OLG Düsseldorf BauR 2002, 492 (Revision vom BGH nicht zur Entscheidung angenommen.).

[38] BGH NJW 2003, 1521 = NZBau 2003, 377 (Ls.); *Ingenstau/Korbion* B § 17 Nr. 4 Rdn. 38.

[39] *Ingenstau/Korbion/Joussen* B § 17 Nr. 4 Rdn. 39; BGH NJW 2000, 1566; BGH NJW 2002, 295.

[40] BGHZ 150, 305 = BauR 2002, 1239 = NJW 2002, 2388 = NZBau 2002, 494; BGH BauR 2002, 1533 = NZBau 2002, 559 = NJW 2002, 3098; BGH NZBau 2003, 321 = BauR 2003, 870; BGH NJW 2003, 352; OLG Dresden BauR 2001, 1447; anderer Ansicht noch OLG Jena NJW-RR 2001, 1103 und OLG Stuttgart NJW-RR 2000, 546 = NZBau 2000, 134. a. a. O.

[41] BGHZ 150, 305 = BauR 2002, 1239 = NJW 2002, 2388 = NZBau 2002, 494.

[42] BGHZ a. a. O.

[43] BGHZ a. a. O.; im Ergebnis ebenso für die Gewährleistungsbürgschaft OLG München BauR 2002, 1109 und LG Hamburg BauR 2000, 445; anderer Ansicht noch OLG Hamm BauR 1998, 135; LG Erfurt BauR 2001, 652 und OLG München BauR 2001, 1618.

[44] BauR 2002, 123.

geber eingegangene Vorleistungsrisiko in bestimmten Umfang ausglich, ohne dass dieser Ausgleich in Folge des Regressrisikos für den Unternehmer in eine unangemessene Benachteiligung i. S. d. § 307 BGB umgeschlagen ist.[45]

Entscheidend für die Frage, ob **in AGB des Auftraggebers** die Stellung einer Bürgschaft auf erste Anforderung **wirksam vereinbart werden kann,** ist deshalb, ob im **Einzelfall tatsächlich eine unangemessene Benachteiligung** des Auftragnehmers vorliegt.[46] Kriterien hierfür sind neben den besonderen Vereinbarungen im jeweiligen Bauvertrag insbesondere, ob dem Vertrag die VOB/B zu Grunde liegt, ob das Wahl- und Austauschrecht des § 17 Nr. 3 VOB/B uneingeschränkt erhalten ist, ob es sich bei den Beteiligten um Vollkaufleute handelt, die im Bereich des Bauens ständig gewerblich tätig sind, beispielsweise um Großbauunternehmen mit eigenen Rechtsabteilungen,[47] in welcher prozentualen Höhe von der Auftragssumme die Vertragserfüllungsbürgschaft gestellt werden soll und ob der Auftraggeber zu Abschlagszahlungen in voller Höhe entsprechend § 16 Nr. 1 Abs. 1 VOB/B verpflichtet ist. 32

**b) Gewährleistungsbürgschaft.** Das Verlangen des Auftraggebers nach einer Gewährleistungsbürgschaft auf erstes Anfordern in seinen AGB ist regelmäßig unwirksam.[48] Regelungen in AGB des Auftraggebers, wonach ein **Bareinbehalt durch Bürgschaft auf erstes Anfordern** abgelöst werden kann, sind in aller Regel unwirksam, wenn zugleich das Wahl- und Austauschrecht des Auftragnehmer sowie sein Recht, die Einzahlung auf ein Sperrkonto zu verlangen, ausgeschlossen sind.[49] 33

Unwirksam ist deshalb eine Bestimmung in AGB des Auftraggebers, dass nach Abnahme des Bauwerks **5% der Auftragssumme** für die Dauer einer **fünfjährigen Gewährleistungsfrist** als Sicherheit einbehalten werden, das Recht des Auftragnehmers, die Einzahlung des Einbehalts auf ein Sperrkonto zu verlangen und die übrigen Rechte aus § 17 VOB/B ausgeschlossen sind und der Einbehalt **nur durch eine Bürgschaft auf erstes Anfordern ablösbar** ist.[50] Bei einer derartigen Klausel werden die Interessen des Auftragnehmers nicht hinreichend gewahrt, da er auf Grund des vereinbarten Einbehalts für die Dauer von fünf Jahren nach Abnahme des Werkes, also für einen verhältnismäßig langen Zeitraum, das Bonitätsrisiko des Auftraggebers tragen muss, bis er den restlichen, nicht unbeträchtlichen Teil seines Werklohnes erhält und daher sein Interesse an eigener Liquidität in Höhe des Einbehalts ebenso unberücksichtigt bleibt, wie sein Interesse, die vom Gesetz vorgesehene **Verzinsung des Werklohnes** nach Abnahme zu erhalten.[51] Die Möglichkeit, den Einbehalt nur durch eine Bürgschaft auf erstes Anfordern abzulösen, stellt **keinen angemessenen Ausgleich** dar und eröffnet dem Auftragnehmer keine faire Alternative, da der Auftraggeber als Bürgschaftsgläubiger den verbürgten Betrag sofort erlangen kann und er nicht verpflichtet ist, schlüssig darzulegen, dass die durch die Bürgschaft gesicherte Hauptforderung besteht. Einwendungen können – von Missbrauchsfällen abgesehen – erst im Rückforderungsprozess geltend gemacht werden. Die Bürgschaft auf erstes Anfordern führt damit dem Gläubiger sofort liquide Mittel zu, wenn er den Bürgschaftsfall für eingetreten erklärt. Zahlt der Bürge, so ist der Auftragnehmer wegen seiner Ansprüche u. U. auf einen langjährigen Prozess angewiesen. Während dieser Zeit hat er im vollen Umfang das Risiko der Bonität des Auftraggebers zu tragen.[52] 34

---

[45] BGH BauR 2002, 123.
[46] So auch *Ingenstau/Korbion/Joussen* B § 17 Nr. 4 Rdn. 67; OLG Dresden BauR 2003, 255; ähnlich *Kapellmann/Messerschmidt/Thierau* B § 17 Rdn. 164 und 175; differenzierter *Leinemann* § 17 Rdn. 96.
[47] LG Erfurt BauR 2001, 652.
[48] BGH BauR 1977, 829; BGH BauR 2000, 1052; BGH BauR 2002, 1392; BGH BauR 2005, 1154.
[49] *Kniffka/Koeble*, a. a. O., Rdn. 94.
[50] BGHZ 136, 27 = BauR 1997, 829 = IBR 1997, 366; BGH BauR 2000, 1052 = IBR 2000, 324 = NZBau 2000, 285 = NJW 2000, 1863; BGH BauR 2001, 1093 = IBR 2001, 306; BGH BauR 2002, 1392 = IBR 2002, 475 = NJW-RR 2002, 1311 = NZBau 2002, 493 = ZfBR 2002, 677; BGH IBR 2002, 73 = BauR 2002, 463 = NJW 2002, 894; OLG Düsseldorf NZBau 2003, 674; OLG Hamburg BauR 2000, 445.
[51] BGHZ 136, 27 = BauR 1997, 829 = IBR 1997, 366.
[52] BGH a. a. O.

## § 17 Nr. 4

35  Ebenso ist eine Klausel in AGB des Auftraggebers **unwirksam,** nach der er nach Abnahme **3% der Schlussrechnungssumme** für zwei Jahre **zinslos** einbehalten kann. Sie benachteiligt **auch den kaufmännischen** Auftragnehmer unangemessen, wenn der Auftraggeber den Einbehalt nicht auf ein Sperrkonto einzahlen muss. Die Möglichkeit der Ablöse des Einbehalts durch eine Bürgschaft auf erstes Anfordern beseitigt die Unangemessenheit nicht.[53]

36  Auch **unabhängig von Höhe und Dauer eines Bareinbehaltes** zur Sicherung von Gewährleistungsansprüchen ist eine Klausel in AGB des Auftraggebers unwirksam, wenn der Einbehalt ausschließlich durch eine Bürgschaft auf erstes Anfordern ablösbar ist,[54] der Auftragnehmer also kein Wahl- und Austauschrecht hat und auch die Einzahlung auf ein Sperrkonto ausgeschlossen ist.

37  Eine Bestimmung in AGB des Auftraggebers, wonach der Gewährleistungseinbehalt durch eine **Bürgschaft nach Muster des Auftraggebers** ablösbar ist, verstößt ebenfalls gegen § 307 BGB und ist **unwirksam.** Bei einer solchen Klausel bleibt unklar, mit welcher Art von Bürgschaft (Bürgschaft mit Einrede der Vorausklage, selbstschuldnerische Bürgschaft oder Bürgschaft auf erstes Anfordern) der Einbehalt vom Auftragnehmer abgelöst werden kann.[55] Die Formulierung „nach Muster des AG" ist zudem in der Regel dahin zu verstehen, dass eine bei Kaufleuten im Baugewerbe nicht unübliche Bürgschaft auf erstes Anfordern gemeint ist.[56] Das dem Auftragnehmer eingeräumte Recht, den Einbehalt nur durch eine solche Bürgschaft abzulösen, ist kein angemessener Ausgleich für einen Einbehalt.[57] Eine derartige formularmäßige Sicherungsabrede kann deshalb nur dann wirksam sein, wenn ihr bei Vertragsschluss das Muster des Bürgschaftsformulars beigefügt ist, weil damit **die Art der Bürgschaft von vornherein feststeht.**[58]

38  Ist in AGB des öffentlichen Auftraggebers vorgesehen, dass ein Sicherheitseinbehalt nur durch selbstschuldnerische Bürgschaft auf erstes Anfordern abgelöst werden kann, ist diese Klausel unwirksam.[59] Zwar trage der Auftragnehmer beim öffentlichen Auftraggeber kein Insolvenzrisiko und auch das Missbrauchsrisiko sei möglicherweise geringer, obwohl in Zeiten knapper öffentlicher Kassen und Haushaltssperren die Neigung einzelner Mitarbeiter größer werden könne, Zweifel an dem Bestehen eines durchsetzbaren Anspruchs zurückzustellen und gegen den Hauptschuldner aus der Bürgschaft vorzugehen. Dem Auftragnehmer werde dadurch das Risiko eines Liquiditätsentzuges für ungewisse Dauer aufgebürdet, da die Praxis zeige, dass Bauprozesse, an denen die öffentliche Hand beteiligt sei, nicht selten über längere Jahre und bis ins Detail geführt würden, weil die einzelnen Beamten gegenüber Vorgesetzten, Rechnungsprüfungsämtern und Selbstverwaltungsgremien unter Rechtfertigungsdruck stünden und deshalb manchmal die Bereitschaft zu pragmatischen und den Prozess beschleunigenden Problemlösungen fehle. Eine unangemessene Benachteiligung folge jedoch schon aus der Tatsache, dass der Auftragnehmer für eine Bürgschaft auf erstes Anfordern gegenüber einer gewöhnlichen selbstschuldnerischen Bürgschaft **höhere Avalgebühren** zu tragen habe und seine Liquidität bereits dadurch beeinträchtigt werde.[60] Zudem sehe **§ 14 VOB/A** vor, dass öffentliche Auftraggeber Sicherheiten nur restriktiv verlangen sollen. Es widerspreche dem Grundgedanken dieser Regelung, wenn in allgemeinen Vertragsbedingungen ohne Prüfung des Einzelfalles Bürgschaften auf erstes Anfordern vereinbart würden.

39  Dem ist nicht in allem zuzustimmen. Richtig ist, dass die Liquidität des Auftragnehmers durch eine Bürgschaft auf erstes Anfordern stärker belastet ist, als durch eine normale

---

[53] OLG München BauR 2002, 1109.
[54] BGH IBR 2002, 663.
[55] BGH BauR 2000, 1052 = IBR 2000, 324 = NZBau 2000, 285 = NJW 2000, 1863.
[56] BGH a. a. O.
[57] BGH a. a. O.
[58] So auch *Heiermann/Riedl/Rusam* B § 17 Rdn. 47.
[59] OLG Hamm, BauR 2003, 1720; jetzt auch BGH BauR 2005, 539; BGH BauR 2006, 374.
[60] OLG Hamm a. a. O.; ebenso *Leinemann* § 17 Rdn. 86.

Bürgschaft nach § 17 VOB/B. Dieses Argument allein kann jedoch nicht ausreichen, eine Unzumutbarkeit zu begründen. Trotz der vom OLG Hamm in seiner Entscheidung angeführten Bedenken ist **das Risiko**, dass der **öffentliche Auftraggeber** eine Inanspruchnahme **missbräuchlich** vornimmt, **sehr gering**, was für die Liquidität des Auftragnehmers ein erheblicher Vorteil ist und den Nachteil höherer Avalzinsen ausgleicht. Da beim öffentliche Auftraggeber insbesondere aber ein Bonitäts- und Insolvenzrisiko nicht besteht, kann das Austauschrecht des Auftragnehmers in AGB des öffentlichen Auftraggebers auf eine Gewährleistungsbürgschaft auf erstes Anfordern beschränkt werden,[61] ohne dass dies für den Auftragnehmer unzumutbar sein kann, zumal beim öffentlichen Auftraggeber bei Einzahlung des Bareinbehaltes auf Verwahrgeldkonto eine Verzinsung nach § 17 Nr. 5 VOB/B nicht stattfindet.

**c) Umdeutung der Bürgschaft auf erstes Anfordern.** Mit Urteil vom 4. Juli 2002 **40** hat der BGH[62] für Verträge in denen eine unwirksame Sicherungsabrede auf Stellung einer Bürgschaft auf erste Anforderung enthalten ist, eine **ergänzende Vertragsauslegung** zugelassen. Danach ist der durch die Unwirksamkeit der Sicherungsklausel lückenhaft gewordene Vertrag dahingehend auszulegen, dass der Bauunternehmer statt der Bürgschaft auf erste Anforderung eine unbefristete selbstschuldnerische Bürgschaft schuldet.[63] Eine solche ergänzende Vertragsauslegung kommt jedoch nicht mehr für Verträge in Betracht, die nach der Bekanntgabe dieser Entscheidung abgeschlossen werden.[64]

Ist eine formularmäßig vereinbarte Bürgschaft auf erstes Anfordern unwirksam und die Sicherungsabrede dahingehend auszulegen, dass eine unbefristete selbstschuldnerische Bürgschaft vereinbart war, hat der Bürge aber **dennoch auf erstes Anfordern gezahlt**, so kann der Auftragnehmer diese Zahlung nicht deshalb zurückfordern, weil nach der Sicherungsabrede die Bürgschaft nicht unter den privilegierenden Voraussetzungen einer Bürgschaft auf erstes Anfordern hätte angefordert werden dürfen.[65] Eine Rückforderung ist dann ausgeschlossen, wenn der Auftraggeber den Bürgen aus der selbstschuldnerischen Bürgschaft in Anspruch nehmen kann, weil die selbstschuldnerische Bürgschaft den geltend gemachten Anspruch sichert und der Gläubiger einen fälligen Anspruch gegen den Bürgen hat.[66]

Die vom BGH herangezogenen Grundsätze der ergänzenden Vertragsauslegung, dass der **41** Auftragnehmer zumindest eine unbefristete selbstschuldnerische Bürgschaft schuldet, können jedoch dann nicht auf Gewährleistungsbürgschaften übertragen werden, wenn die der Bürgschaftsingabe zu Grunde liegende Sicherungsabrede unwirksam ist und dieser Einwand auch gegenüber einer gewöhnlichen Bürgschaft erhoben werden kann.[67]

### 2. Bürgschaft auf erstes Anfordern und Individualvertrag

Die Vereinbarung einer Sicherheit durch Stellung einer Bürgschaft auf erstes Anfordern **42** ist **individualvertraglich wirksam möglich**.[68] Bei Verträgen, die vor Inkrafttreten des § 17 Nr. 4 Satz 3 VOB/B 2002 abgeschlossen worden sind, ist eine solche Vereinbarung weniger problematisch, weil es erst mit dieser Neuregelung dem Auftraggeber verwehrt ist, als Sicherheit eine Bürgschaft zu fordern, die den Bürgen zur Zahlung auf erstes Anfordern verpflichtet. Nach Inkrafttreten der Neuregelung führt eine dem § 17 Nr. 4 Satz 3 VOB/B 2002 entgegenstehende Vereinbarung der Parteien dazu, dass die VOB/B abgeändert wird

---

[61] So auch *Ingenstau/Korbion/Joussen* B § 17 Nr. 4 Rdn. 63.
[62] BGHZ 151, 229 = BauR 2002, 1533 = NZBau 2002, 559 = NJW 2002, 3098; ebenso BGH NZBau 2003, 321; im Ergebnis wohl ähnlich aber ohne Begründung OLG Köln BauR 2000, 1228.
[63] BGHZ 151, 229 = BauR 2002, 1533 = NZBau 2002, 559 = NJW 2002, 3098; ebenso BGH NZBau 2003, 321; im Ergebnis zustimmend aber mit Kritik an der rechtsdogmatischen Begründung *Ingenstau/Korbion/Joussen* B § 17 Nr. 4 Rdn. 75. Anderer Ansicht *Kapellmann/Messerschmidt-Thierau* B § 17 Rdn. 166 f.
[64] BGHZ 151, 229 = BauR 2002, 1533 = NZBau 2002, 559 = NJW 2002, 3098.
[65] BGH NZBau 2003, 321.
[66] BGH NZBau 2003, 321.
[67] OLG Düsseldorf NZBau 2003, 674.
[68] *Thode* ZfIR 2000, 165, 169; *ders.* ZfBR 2002, 4, 8; *Ingenstau/Korbion/Joussen* B § 17 Nr. 4 Rdn. 59.

und deshalb die **Privilegierung „als Ganzes" wegfällt,** so dass alle Regelungen der VOB/B der **Inhaltskontrolle nach §§ 307 ff. BGB** unterliegen.[69]

Auch bei einer individualrechtlich getroffenen Verpflichtung des Auftragnehmers, eine Gewährleistungsbürgschaft auf erstes Anfordern zu stellen, tritt der **Sicherungsfall** regelmäßig erst dann ein, wenn der Auftraggeber einen auf Geldzahlung gerichteten Gewährleistungsanspruch hat.

### 3. Rückforderung

43 Wird die Bürgschaft auf erstes Anfordern in Anspruch genommen, obwohl der Sicherungsfall noch nicht eingetreten war, ist der Anspruch auf **Rückzahlung** der Bürgschaftssumme sofort fällig.[70]

Der **Bürge** kann die auf Grund einer Bürgschaft auf erstes Anfordern geleistete Zahlungen jedoch nur **zurückfordern,** wenn der Auftraggeber die Leistung nach materiellem Bürgschaftsrecht nicht behalten darf. Ob der Bürge die Anforderung wegen des Fehlens der als Voraussetzung der Inanspruchnahme vereinbarten **formellen Merkmale** hätte zurückweisen dürfen, ist unerheblich.[71] Ebenso besteht ein **Rückforderungsrecht des Auftragnehmers** aus der Sicherungsabrede nur, wenn der Bürgschaftsfall nicht eingetreten ist, nicht jedoch schon wegen Verletzung der bei Anforderung der Bürgenleistung einzuhaltenden Förmlichkeiten.[72] Steht dem Auftraggeber der Bürgschaftsbetrag nicht zu, weil der Sicherungsfall nicht eingetreten ist, kann der Auftragnehmer Befreiung vom Aufwendungsersatzanspruch des Bürgen selbst dann verlangen, wenn dieser zu Unrecht gegen ihn geltend gemacht wird.[73]

Hat sich der **Bürge entgegen der Sicherungsabrede** auf erstes Anfordern verbürgt, darf er, wenn er auf Grund der Bürgschaft leistet, den Hauptschuldner im Rückgriff erst belasten, wenn sich der Anspruch aus der Bürgschaft als begründet erweist,[74] und nicht schon, wenn er gezahlt hat.

Bei einer Bürgschaft auf erstes Anfordern ist das **Urkundenverfahren** für den Rückforderungsprozess in der Regel unstatthaft.[75]

### II. Hinterlegungsvorbehalt zulässig

44 Weil der Auftraggeber nach der vorgenannten Vorschrift des § 17 Nr. 6 VOB/B selbst verpflichtet ist, eine einbehaltene Sicherheit auf ein **gemeinsames Sperrkonto einzuzahlen,** ist andererseits auch in einer als Sicherheitsleistung gegebenen Bürgschaft ein entsprechender Hinterlegungsvorbehalt zulässig. Haben deshalb die Parteien eines VOB-Bauvertrages vereinbart, dass der als Sicherheit einbehaltene Werklohn durch Stellung einer **Gewährleistungsbürgschaft** abgelöst werden kann, genügt mangels ausdrücklicher anderweitiger Vereinbarung eine vom Auftragnehmer beigebrachte Bankbürgschaft diesen Anforderungen auch dann, wenn die Bank sich eine **Hinterlegungsbefugnis** vorbehalten hat. Der Auftraggeber kann die Annahme einer solchen Bürgschaft hiernach nicht mit der Begründung ablehnen, sie sei nicht nach **Vorschrift des Auftraggebers** ausgestellt (§ 17 Nr. 4 Satz 2 VOB/B).[76]

---

[69] So auch *Ingenstau/Korbion/Joussen* B § 17 Nr. 4 Rdn. 71 ff.
[70] BGH BauR 2001, 109.
[71] BGH NJW 2003, 352; BGH NZBau 2003, 321.
[72] BGH NJW 2003, 352.
[73] BGH NJW 2003, 352.
[74] BGH NJW 2000, 1563 = BauR 2000, 887; OLG Köln NJW-RR 2002, 1164.
[75] BGH BauR 2002, 123.
[76] OLG Köln NJW-RR 1993, 1494 = BauR 1994, 114 = ZfBR 1993, 290.

## § 17 Nr. 5 [Hinterlegung von Geld]

Wird Sicherheit durch Hinterlegung von Geld geleistet, so hat der Auftragnehmer den Betrag bei einem zu vereinbarenden Geldinstitut auf ein Sperrkonto einzuzahlen, über das beide nur gemeinsam verfügen können („Und-Konto"). Etwaige Zinsen stehen dem Auftragnehmer zu.

**Literatur:** Siehe Hinweise Vor § 17.

### Übersicht

| | Rdn. | | Rdn. |
|---|---|---|---|
| A. Allgemeines | 1 | II. Sperrwirkung gemeinsamer Verfügung | 10 |
| B. Einzahlung auf gemeinsames Sperrkonto (§ 17 Nr. 5 Satz 1 VOB/B) | 3 | C. Zinsanspruch des Auftragnehmers (§ 17 Nr. 5 Satz 2 VOB/B) | 14 |
| I. Bestimmung des Geldinstituts | 4 | | |

## A. Allgemeines

Nach **§ 232 Abs. 1 BGB** kann, wer Sicherheit zu leisten hat, dies auch durch Hinterlegung von Geld tun („bewirken"). § 17 Nr. 5 VOB/B **ergänzt** diese Bestimmung und regelt die Modalitäten der **Hinterlegung durch den Auftragnehmer,** die allerdings im Baubereich kaum vorkommt, weil dem Anspruch des Auftraggebers auf Sicherheitsleistung, wenn eine solche vereinbart ist, im Allgemeinen weit höhere Forderungen des Auftragnehmers aus erbrachten Bauleistungen gegenüberstehen. Im Normalfall entnimmt deshalb der **Auftraggeber selbst** die vereinbarte Sicherheit aus den Forderungen des Auftragnehmers und nimmt seinerseits einen entsprechenden **Einbehalt** vor, in dem er bei Abschlagszahlungen wie bei der Schlusszahlung den an den Auftragnehmer auszuzahlenden Betrag um die vereinbarte Sicherheit kürzt (§ 17 Nr. 6 und 7 VOB/B). 1

Die Bedeutung des § 17 Nr. 5 liegt deshalb vor allem darin, dass das, was hiernach für die Hinterlegung durch den Auftragnehmer bestimmt ist, **sinngemäß auch für den Einbehalt des Auftraggebers** nach § 17 Nr. 6 und 7 VOB/B gilt (siehe dort), und zwar sowohl, was die Einzahlung auf **Sperrkonto** angeht, als auch, bezüglich der **Verzinsung** der Sicherheitsleistung. 2

## B. Einzahlung auf gemeinsames Sperrkonto (§ 17 Nr. 5 Satz 1 VOB/B)

Nach § 17 Nr. 5 Satz 1 VOB/B hat der **Auftragnehmer,** wenn er Sicherheit durch Hinterlegung von Geld leistet, den Betrag bei einem zu vereinbarenden Geldinstitut auf ein **Sperrkonto** einzuzahlen, über das beide Parteien **nur gemeinsam** verfügen können. 3

Um eine **wirksame Insolvenzsicherung** zu gewährleisten, muss es sich bei dem Sperrkonto um ein **„Und-Konto"** im bankenrechtlichen Sinne handeln, d. h. Auftragnehmer und Auftraggeber müssen gemeinsam Kontoinhaber sein, so dass beide nur gemeinsam verfügen können und die auf dem Konto befindlichen Beträge ihnen nur gemeinsam zustehen. Durch die Neufassung der VOB im Jahre 2006 ist ausdrücklich geregelt worden, dass es sich bei dem Sperrkonto in § 17 Nr. 5 Satz 1 VOB/B um ein „Und-Konto" handeln muss.[1] Ein **Sperrkonto im bankenrechtlichen Sinn,** d. h. ein Konto, bei dem nur der

---

[1] So schon *I. Jagenburg* in der Vorauflage (1997) B § 17 Nr. 5 Rdn. 3; vorsichtiger *Joussen,* BauR 2004, 1677, der das „Und-Konto" zwar für sinnvoll aber rechtlich nicht zwingend hielt. Zu den damit verbundenen Problemen siehe *Joussen/Schranner,* BauR 2006, 1366, 1374.

*I. Jagenburg*

Einzahler Kontoinhaber wird, ist nicht ausreichend, da der Kontoinhaber nur schuldrechtlich in seiner Verfügung über das Konto beschränkt ist. Lediglich bei einem „Und-Konto" besteht eine effektive Sperrwirkung, weil eine dingliche Verfügungsbeschränkung vorliegt und somit Verfügungen nur gemeinsam getroffen werden können.[2]

## I. Bestimmung des Geldinstituts

4 § 17 Nr. 5 Satz 1 VOB/B spricht von der Hinterlegung durch Einzahlung auf ein Sperrkonto „bei einem **zu vereinbarenden** Geldinstitut". Damit wird vorausgesetzt, dass die Parteien das Geldinstitut, bei dem das gemeinsame Sperrkonto eingerichtet wird, **einvernehmlich** bestimmen. Die Vereinbarung sollte deshalb möglichst schon im Bauvertrag selbst getroffen und dort festgelegt werden, bei **welchem Geldinstitut** das gemeinsame Sperrkonto einzurichten ist.[3] Anderenfalls muss die Vereinbarung nachträglich getroffen werden. Den Auftraggeber trifft insoweit grundsätzlich eine entsprechende **Mitwirkungspflicht**.[4]

5 Allerdings kann der Auftraggeber auf die Mitwirkung bei der Bestimmung des Geldinstituts ausdrücklich oder stillschweigend **verzichten**.[5] Tut er dies oder erhebt er gegen das vom Auftragnehmer vorgeschlagene Geldinstitut **keine Einwendungen,** kann der Auftragnehmer die Einzahlung bei dem von ihm vorgeschlagenen Geldinstitut vornehmen.[6]

6 Nach *Ingenstau/Korbion/Joussen*[7] soll der Auftragnehmer zur Einzahlung bei dem von ihm vorgeschlagenen Geldinstitut nur berechtigt sein, „falls der Auftraggeber gegen den Vorschlag des Auftragnehmers innerhalb einer ihm hierzu **gesetzten Frist** keine Einwendungen erhebt". Das erscheint zu weitgehend und eine ausdrückliche Fristsetzung **nicht erforderlich.** Es genügt, wenn der Auftragnehmer nach seinem Vorschlag eine **angemessene Frist** verstreichen lässt, ohne dass seitens des Auftraggebers Einwendungen erhoben werden. Da die Sicherheit selbst nach § 17 Nr. 6 und 7 VOB/B innerhalb von **18 Werktagen** zu leisten bzw. einzuzahlen ist, dürfte als Erklärungsfrist für den Auftraggeber die Hälfte dieser Zeit ausreichen, d. h. eine Frist von 1 bis 2 Wochen = max. **9 Werktage.**

7 Erhebt der Auftraggeber jedoch **Einwendungen** gegen das vom Auftragnehmer vorgeschlagene Geldinstitut, muss der Auftragnehmer die Einzahlung stattdessen bei dem vom **Auftraggeber benannten** Geldinstitut vornehmen, denn in diesem Fall hat der Auftraggeber insoweit das **Bestimmungsrecht.** Das ergibt sich aus § 17 Nr. 4 Satz 2 VOB/B a. E., wo für die Sicherheitsleistung durch Bankbürgschaft geregelt ist, dass diese „nach **Vorschrift des Auftraggebers** ausgestellt" sein muss.[8] Dagegen will die überwiegende Meinung[9] darauf nur abstellen, „wenn die Bedenken des Auftraggebers **berechtigt** sind, wofür ihn die Darlegungs- und Beweislast trifft". Darauf, ob dies der Fall ist oder der Auftraggeber „keine hinreichend begründeten Einwände" erhoben hat,[10] kann es jedoch insoweit nicht ankommen. Insbesondere ergibt sich im letzteren Fall nicht aus § 17 Nr. 3 VOB/B, dass der Auftragnehmer bei nicht hinreichend begründeten Einwendungen des Auftraggebers berechtigt ist, „die Einzahlung bei dem von ihm vorgeschlagenen Institut vorzunehmen".[11]

Wenn der Auftraggeber nicht erreichbar ist, und deshalb dem Auftragnehmer weder eine Vereinbarung noch eine Benachrichtigung wegen eines gemeinsamen Kontos möglich ist, muss dieser dennoch den zu hinterlegenden Betrag auf ein Konto einzahlen und die **Sperr-**

---

[2] LG Leipzig BauR 2001, 1920 = ZfBR 2001, 548.
[3] *Ingenstau/Korbion/Joussen* B § 17 Nr. 5 Rdn. 2.
[4] KG *Schäfer/Finnern/Hochstein* Nr. 2 zu § 17 VOB/B; *Ingenstau/Korbion/Joussen* B § 17 Nr. 5 Rdn. 2.
[5] LG Tübingen BauR 1977, 207; *Ingenstau/Korbion/Joussen* B § 17 Nr. 5 Rdn. 2.
[6] *Ingenstau/Korbion/Joussen* a. a. O.; *Heiermann/Riedl/Rusam* B § 17 Rdn. 74.
[7] B § 17 Nr. 5 Rdn. 2.
[8] Ebenso G. *Kaiser*, Mängelhaftungsrecht Rdn. 218.
[9] *Ingenstau/Korbion/Joussen* B § 17 Nr. 5 Rdn. 2; *Nicklisch/Weick* B § 17 Rdn. 39.
[10] *Ingenstau/Korbion/Joussen* a. a. O.
[11] So *Ingenstau/Korbion/Joussen* B § 17 Nr. 5 Rdn. 2 und *Nicklisch/Weick* B § 17 Rdn. 39 gegen G. *Kaiser*, Mängelhaftungsrecht Rdn. 218.

funktion bei der Kontoerrichtung auch unabhängig davon sicherstellen, z. B. durch Einrichtung eines Kontos zugunsten Dritter (des Auftraggebers) mit der Maßgabe, dass der Auftragnehmer nur gemeinschaftlich mit dem Auftraggeber verfügungsbefugt ist oder durch Verpflichtung gegenüber dem Kreditinstitut, vor Verfügungen über die Einlageforderung die Zustimmung des Auftraggebers einzuholen.[12]

§ 17 Nr. 3 VOB/B besagt nur, dass der Auftragnehmer die Wahl unter den verschiedenen **Arten der Sicherheit** hat, also zwischen Hinterlegung, Einbehalt und der Bürgschaft wählen kann. Nachdem er diese Wahl getroffen und sich z. B. für Sicherheitsleistung durch Bürgschaft entschieden hat, geht aber das **Bestimmungsrecht auf den Auftraggeber** über, weshalb nach § 17 Nr. 4 VOB/B a. E. die Bürgschaft „nach Vorschrift des Auftraggebers ausgestellt sein" muss. Entsprechendes gilt dann auch für die **Bestimmung des Geldinstituts** nach § 17 Nr. 5 Satz 1 VOB/B, wenn die Parteien sich nicht anderweitig einigen oder der Auftraggeber gegen das vom Auftragnehmer vorgeschlagene Geldinstitut zu Recht oder zu Unrecht Einwendungen erhebt. Denn die Bestimmung des Geldinstituts, bei der die Einzahlung der Sicherheit zu erfolgen hat, kann nicht davon abhängen, ob die diesbezüglichen Einwendungen des Auftraggebers „hinreichend begründet" sind oder nicht. **8**

Ansonsten ist „**Geldinstitut**" im Sinne von § 17 Nr. 5 Satz 1 VOB/B jedes nach dem Gesetz über das Kreditwesen[13] **zugelassene Kreditinstitut**, insbesondere Banken und Sparkassen, aber auch Bausparkassen, mag die Einzahlung bei ihnen auch unüblich sein. **9**

## II. Sperrwirkung gemeinsamer Verfügung

Wie § 17 Nr. 5 Satz 1 VOB/B ausdrücklich bestimmt, hat die Einzahlung nicht auf irgendein Konto zu erfolgen, insbesondere nicht auf ein laufendes oder alleiniges Konto des Auftragnehmers oder des Auftraggebers, sondern „auf ein **Sperrkonto** ..., über das beide Parteien **nur gemeinsam** verfügen können". Die damit verbundene Sperrwirkung ist eine doppelte: sie bindet sowohl die **Parteien** als auch das betreffende **Geldinstitut.** **10**

Da es sich um ein Sperrkonto handelt, über das **beide Parteien** nur gemeinsam verfügen können, ist der dort eingezahlte Sicherheitsbetrag zum einen dem **Zugriff des Geldinstituts** entzogen. Insbesondere kann dieses die Sicherheitsleistung nicht wegen **eigener Ansprüche** aus Kreditgeschäften mit der einen oder anderen Partei mit Beschlag belegen, sondern frühestens **nach Freigabe zugunsten einer Partei.** **11**

Zum anderen kann aber auch **keine der Parteien ohne Zustimmung der anderen** über die auf das Sperrkonto eingezahlte Sicherheit verfügen. Zwar erwirbt nach § 233 BGB „mit der Hinterlegung ... der Berechtigte ein **Pfandrecht**" an dem hinterlegten Gelde" oder, weil dieses mit der Hinterlegung in das Eigentum des Geldinstituts übergeht, „**an der Forderung auf Rückerstattung**". Berechtigter in diesem Sinne ist im Falle der Hinterlegung zum Zwecke der Sicherheitsleistung der **Auftraggeber.** Jedoch ist dessen Pfandrecht bei Einzahlung auf das Sperrkonto gem. § 17 Nr. 5 Satz 2 VOB/B **eingeschränkt durch das gemeinsame Verfügungsrecht** der Parteien.[14] **12**

Die Auszahlung der auf das Sperrkonto eingezahlten Sicherheit an eine der Parteien setzt deshalb die **Zustimmung und Freigabe der anderen Partei** voraus. Verlangt der Auftraggeber wegen fälliger Ansprüche, die durch den hinterlegten Betrag abgesichert sind, die **Auszahlung** der Sicherheit an sich oder einen Dritten, z. B. einen mit der Mängelbeseitigung beauftragten Handwerker, muss der **Auftragnehmer** dem zustimmen. Verlangt der Auftragnehmer, weil die Sicherheit nicht mehr in Anspruch genommen werden kann, die **Rückzahlung** an sich oder einen Dritten, muss der **Auftraggeber** sich damit einverstanden **13**

---

[12] *Ingenstau/Korbion/Joussen* B § 17 Nr. 5 Rdn. 3.
[13] In der Neufassung der Bekanntmachung vom 9. September 1998 (BGBl. I 1998, S. 2776), zuletzt geändert durch Art. 3 des Gesetzes vom 22. August 2002 (BGBl. I 2002, S. 3387).
[14] *Ingenstau/Korbion/Joussen* B § 17 Nr. 5 Rdn. 5.

§ 17 Nr. 5 Hinterlegung von Geld

erklären. Das ist auch dann der Fall, wenn der Auftragnehmer den eingezahlten Sicherheitsbetrag nachträglich durch **Bürgschaft ablöst**.[15] Unterbleibt eine derartige **einvernehmliche Freigabe,** weil die Parteien über die Berechtigung der Inanspruchnahme der Sicherheit oder deren Fortdauer streiten, bleibt der jeweils betroffenen Partei nur der Weg der **Freigabeklage,** d. h. der Klage auf Zustimmung zur Auszahlung oder Rückzahlung nach § 894 ZPO.[16]

## C. Zinsanspruch des Auftragnehmers (§ 17 Nr. 5 Satz 2 VOB/B)

14  Nach § 17 Nr. 5 Satz 2 VOB/B stehen „etwaige Zinsen dem Auftragnehmer zu". Das ist insofern nicht selbstverständlich, als die Sicherheit für die Dauer ihrer Vereinbarung dem Auftraggeber zusteht und nach **§ 101 BGB** „die Früchte einer Sache oder eines Rechtes" während der Dauer der Berechtigung dem **Berechtigten** zustehen, in diesem Fall also dem **Auftraggeber.** Bei Zinsen „gebührt dem Berechtigten ein der Dauer seiner Berechtigung entsprechender Teil" (§ 101 Nr. 2 BGB). Jedoch gilt dies nicht bei **abweichender Vereinbarung,**[17] wie sie hier durch § 17 Nr. 5 Satz 2 VOB/B getroffen worden ist.

15  Wenn § 17 Nr. 5 Satz 2 VOB/B lediglich davon spricht, dass „**etwaige Zinsen** dem Auftragnehmer" zustehen, bezieht sich dies u. a. auf § 17 Nr. 6 Abs. 4 VOB/B, wonach **öffentliche Auftraggeber** berechtigt sind, die als Sicherheit einbehaltenen Beträge „auf eigenes Verwahrgeldkonto zu nehmen", und insoweit ausdrücklich bestimmt ist, dass „der Betrag ... **nicht verzinst**" wird.

16  Gleiches gilt aber auch, wenn der Auftragnehmer im Falle der Hinterlegung die Sicherheit etwa bei der **Gerichtskasse** einzahlt oder wenn der Auftragnehmer zunächst Sicherheit durch Bankbürgschaft geleistet hatte, die Bank oder Sparkasse den Gegenwert der Bürgschaft dann auf Grund entsprechenden **Hinterlegungsvorbehalts** mit befreiender Wirkung hinterlegt.[18]

17  Dagegen fallen, wenn die Sicherheit bei einem Geldinstitut eingezahlt wird, auch wenn dies auf gemeinsamem Sperrkonto geschieht, regelmäßig **normale Habenzinsen** zugunsten des Auftragnehmers an. Dass die Einzahlung bei einem Geldinstitut erfolgt, das **besonders günstige Zinsen** gewährt, kann der Auftragnehmer jedoch nicht verlangen, falls der Auftraggeber dem nicht zustimmt.

18  Umgekehrt kann der Auftraggeber den in § 17 Nr. 5 Satz 2 VOB/B vorgesehenen Zinsanspruch aber auch **nicht formularmäßig ausschließen.** Eine Regelung in Allgemeinen Geschäftsbedingungen eines Bauauftraggebers, dass entgegen § 17 Nr. 5 Satz 2 VOB/B die Sicherheitsleistung nicht verzinst wird, wäre ein Verstoß gegen **§ 307 BGB**.[19]

---

[15] OLG Köln, *Schäfer/Finnern/Hochstein* Nr. 1 zu § 17 VOB/B.
[16] *Ingenstau/Korbion/Joussen* B § 17 Nr. 5 Rdn. 5; *Heiermann/Riedl/Rusam* B § 17 Rdn. 74.
[17] *Palandt/Heinrichs* § 101 BGB Rdn. 1.
[18] Ein derartiger Hinterlegungsvorbehalt gem. den Bedingungen der Banken oder Sparkassen ist zulässig und wirksam, weil dem Auftraggeber dadurch die Möglichkeit einer Klage auf Zustimmung zur Auszahlung des hinterlegten Betrages gegen die Bank oder Sparkasse nicht genommen wird: BGH BauR 1985, 462; ebenso OLG Köln NJW-RR 1993, 1494 = BauR 1994, 114 = ZfBR 1993, 290.
[19] OLG Karlsruhe BauR 1989, 203 (zu § 9 AGBG) = BB 1989, 1643 m. zust. Anm. v. *Strobel*.

§ 17 Nr. 6 [Einbehalt von Zahlungen]

(1) Soll der Auftraggeber vereinbarungsgemäß die Sicherheit in Teilbeträgen von seinen Zahlungen einbehalten, so darf er jeweils die Zahlung um höchstens 10 v. H. kürzen, bis die vereinbarte Sicherheitssumme erreicht ist. Sofern Rechnungen ohne Umsatzsteuer gemäß § 13 b UStG gestellt werden, bleibt die Umsatzsteuer bei der Berechnung des Sicherheitseinbehalts unberücksichtigt. Den jeweils einbehaltenen Betrag hat er dem Auftragnehmer mitzuteilen und binnen 18 Werktagen nach dieser Mitteilung auf ein Sperrkonto bei dem vereinbarten Geldinstitut einzuzahlen. Gleichzeitig muss er veranlassen, dass dieses Geldinstitut den Auftragnehmer von der Einzahlung des Sicherheitsbetrags benachrichtigt. Nr. 5 gilt entsprechend.

(2) Bei kleineren oder kurzfristigen Aufträgen ist es zulässig, dass der Auftraggeber den einbehaltenen Sicherheitsbetrag erst bei der Schlusszahlung auf ein Sperrkonto einzahlt.

(3) Zahlt der Auftraggeber den einbehaltenen Betrag nicht rechtzeitig ein, so kann ihm der Auftragnehmer hierfür eine angemessene Nachfrist setzen. Lässt der Auftraggeber auch diese verstreichen, so kann der Auftragnehmer die sofortige Auszahlung des einbehaltenen Betrags verlangen und braucht dann keine Sicherheit mehr zu leisten.

(4) Öffentliche Auftraggeber sind berechtigt, den als Sicherheit einbehaltenen Betrag auf eigenes Verwahrgeldkonto zu nehmen; der Betrag wird nicht verzinst.

Literatur: Siehe Hinweise Vor § 17.

## Übersicht

| | Rdn. | | Rdn. |
|---|---|---|---|
| A. Allgemeines | 1 | I. Kleinere Aufträge | 25 |
| B. Vereinbarung des Einbehalts in Teilbeträgen (§ 17 Nr. 6 Abs. 1 VOB/B) | 5 | II. Kurzfristige Aufträge | 29 |
| | | D. Wegfall der Pflicht zur Sicherheitsleistung bei Nichteinzahlung (§ 17 Nr. 6 Abs. 3 VOB/B) | 30 |
| I. Einbehalt jeweils max. 10% (§ 17 Nr. 6 Abs. 1 Satz 1 VOB/B) | 7 | I. Nachfristsetzung des Auftragnehmers (§ 17 Nr. 6 Abs. 3 Satz 1 VOB/B) | 32 |
| II. Gesamtbetrag der Sicherheit als Obergrenze | 11 | II. Anspruch auf sofortige Auszahlung (§ 17 Nr. 6 Abs. 3 Satz 2 VOB/B) | 35 |
| III. Mitteilung des Einbehalts und Einzahlung auf Sperrkonto (§ 17 Nr. 6 Abs. 1 Satz 2 VOB/B) | 12 | E. Recht des öffentlichen Auftraggebers zur Einzahlung auf Verwahrgeldkonto (§ 17 Nr. 6 Abs. 4 VOB/B) | 41 |
| IV. Benachrichtigung des Auftragnehmers von der Einzahlung (§ 17 Nr. 6 Abs. 1 Satz 3 VOB/B) | 19 | F. Von § 17 Nr. 6 VOB/B abweichende Vereinbarungen | 44 |
| V. Entsprechende Anwendung von § 17 Nr. 5 VOB/B (§ 17 Nr. 6 Abs. 1 Satz 4 VOB/B) | 20 | I. Sicherheitsleistung über 10% hinaus | 45 |
| 1. Gemeinsames Sperrkonto | 21 | II. Ausschluss der Pflicht zur Einzahlung auf Sperrkonto | 49 |
| 2. Zinsanspruch des Auftragnehmers | 23 | III. Ausschluss des Zinsanspruchs des Auftragnehmers | 50 |
| C. Ausnahmsweise Einzahlung erst bei der Schlusszahlung (§ 17 Nr. 6 Abs. 2 VOB/B) | 24 | | |

## A. Allgemeines

§ 17 Nr. 6 VOB/B betrifft den **Normalfall des Bauvertrages,** dass Sicherheitsleistung 1
vereinbart ist und der Auftraggeber, solange der Auftragnehmer nicht entsprechend seinem

§ 17 Nr. 6

Wahlrecht nach § 17 Nr. 3 VOB/B Bankbürgschaft stellt, die **Sicherheit** von den an den Auftragnehmer zu leistenden **Zahlungen einbehält**.

2 Rechtlich wird durch die Vereinbarung eines solchen **Sicherheitseinbehalts** die Fälligkeit des diesbezüglichen Teils des Vergütungsanspruchs des Auftragnehmers hinausgeschoben und für den Auftraggeber in gleicher Höhe ein **Zurückbehaltungsrecht** begründet.[1]

3 Ist lediglich **Sicherheitsleistung als solche** und deren Höhe vereinbart, kann der Auftraggeber einen derartigen Sicherheitseinbehalt **in einem Betrag** bis zur vollen vereinbarten Höhe vornehmen. Ist auch die **Höhe** des Sicherheitseinbehalts **nicht vereinbart**, gilt in Anlehnung an § 14 Nr. 2 VOB Teil A eine solche von **maximal 5%**, weil die Sicherheit für die Erfüllung hiernach „5 v. H. der Auftragssumme nicht überschreiten" soll.[2] Im **Vergabehandbuch** (VHB 2002) ist vorgesehen, dass als Sicherheit für die vertragsgemäße Erfüllung in der Regel 5% der Auftragssumme und für die Gewährleistung (Mängelansprüche) in der Regel 3% der Auftrags- bzw. Abrechnungssumme zu vereinbaren sind. Höhere Sicherheiten kommen nur in Betracht, wenn ein ungewöhnliches Risiko für den Auftraggeber zu erwarten ist.[3] Die Sicherheitssumme darf allerdings auch in diesen Fällen 10% für die Vertragserfüllung und 5% für die Gewährleistung nicht überschreiten. In der Praxis werden üblicherweise **10% für die Vertragserfüllung** und **5% für die Gewährleistung** als Sicherheit vereinbart.

4 Ist außerdem nichts dazu vereinbart, von **welchen Zahlungen** die einmalige Sicherheit einzubehalten ist, kommt es auf den Zweck der Sicherheit an.[4] Dient die vereinbarte Sicherheit der **Vertragserfüllung,** kann sie sofort einbehalten werden und schon bei der ersten Zahlung und/oder jeder der weiteren Zahlungen erfolgen.[5] Handelt es sich dagegen nach den getroffenen Vereinbarungen um eine **Gewährleistungssicherheit,** kann der Auftraggeber den Einbehalt nicht vor Beginn der Gewährleistung vornehmen, d. h. grundsätzlich erst im Rahmen der **Schlusszahlung**.[6]

## B. Vereinbarung des Einbehalts in Teilbeträgen (§ 17 Nr. 6 Abs. 1 VOB/B)

5 Eine Vornahme des vereinbarten Sicherheitseinbehalts **in einem Betrag** zu Beginn oder Ende der Bauzeit entspricht nicht den Bedürfnissen der Praxis und ist deshalb **nicht üblich**. Denn durch die gerade bei VOB-Bauverträgen auch ohne Vereinbarung zu leistenden **Abschlagszahlungen** (vgl. § 16 Nr. 1 VOB/B) soll der Auftragnehmer „einen alsbaldigen Ausgleich oder jedenfalls Teilausgleich" für die von ihm bereits erbrachten (Teil-)Leistungen erhalten. Dem liefe es zuwider, wenn bei Vereinbarung einer Sicherheit für die Vertragserfüllung diese **in voller Höhe** von der ersten Abschlagszahlung in Abzug gebracht würde.

6 Deshalb strebt § 17 Nr. 6 Abs. 1 Satz 1 VOB/B im Interesse eines **ausgewogenen Verhältnisses** zwischen den Zahlungen des Auftraggebers und dessen Interesse an einem ausreichenden Sicherheitseinbehalt eine Regelung an, dass die Sicherheit vom Auftraggeber lediglich **in Teilbeträgen** einbehalten wird. Allerdings gilt das nur, wenn die Parteien dies auch vereinbart haben. § 17 Nr. 6 Abs. 1 Satz 1 VOB/B setzt also eine entsprechende **zusätzliche Vereinbarung** voraus,[7] an die seitens des Auftragnehmers unbedingt gedacht

---

[1] BGH BauR 1979, 525 = ZfBR 1979, 207; *Ingenstau/Korbion/Joussen* B § 17 Nr. 6 Rdn. 1; *Heiermann/Riedl/Rusam* B 17 Rdn. 75.
[2] *Ingenstau/Korbion/Joussen* A § 14 Rdn. 14; *Heiermann/Riedl/Rusam* A § 14 Rdn. 8.
[3] Teil I A des Vergabehandbuchs (VHB 2002).
[4] *Ingenstau/Korbion* (14. Aufl. 2001) B § 17 Rdn. 150.
[5] *Ingenstau/Korbion* (14. Aufl. 2001) B § 17 Rdn. 150.
[6] *Ingenstau/Korbion* (14. Aufl. 2001) a. a. O.
[7] *Ingenstau/Korbion/Joussen* B § 17 Nr. 6 Rdn. 4; *Heiermann/Riedl/Rusam* B § 17 Rdn. 75.

werden muss, damit ihm die Sicherheit für die Vertragserfüllung nicht in voller Höhe auf einmal einbehalten werden kann.

### I. Einbehalt jeweils max. 10% (§ 17 Nr. 6 Abs. 1 Satz 1 VOB/B)

Ist im vorstehenden Sinne vereinbart, dass der Auftraggeber „die Sicherheit in Teilbeträgen von seinen Zahlungen einbehalten" soll, darf er nach § 17 Nr. 6 Abs. 1 Satz 1 VOB/B die jeweilige Zahlung nur „um **höchstens 10 v. H.** kürzen, bis die vereinbarte Sicherheitssumme erreicht ist". 7

Diese Regelung beruht auf § 13 Abs. 1 Nr. 1 a Umsatzsteuergesetz[8] und stellt sicher, dass der Auftragnehmer auf den diesbezüglichen Teil des Sicherheitseinbehalts nicht bereits Umsatzsteuer entrichten muss.[9] 8

§ 17 Nr. 6 Abs. 1 Satz 1 VOB/B besagt allerdings nicht, von **welchen Zahlungen** der Auftraggeber den jeweiligen 10%-igen Sicherheitseinbehalt vorzunehmen hat. Deshalb hat, wenn dies vertraglich nicht geregelt ist, insoweit grundsätzlich der **Auftraggeber die Wahl** und kann gleichgültig, ob es sich um Vorauszahlungen, Abschlagszahlungen, Teilschlusszahlungen oder die Schlusszahlung handelt, nach seinem Belieben **jede seiner Zahlungen** entsprechend um 10% kürzen.[10] 9

Soweit der jeweilige Sicherheitseinbehalt von höchstens 10% der einzelnen Zahlungen des Auftraggebers in Rede steht, ist damit in Ermangelung anderweitiger Anhaltspunkte der **Bruttobetrag der Zahlungen** einschließlich Mehrwertsteuer gemeint.[11] Folglich werden Einbehalte von der zu zahlenden Bruttovergütung vorgenommen. Anders liegt der Fall, wenn – etwa im Nachunternehmerverhältnis – Rechnungen ohne Umsatzsteuer gestellt werden.[12] Gemeint ist also der Anwendungsbereich des § 13 b UStG, in dem es zu einer Verlagerung der Umsatzsteuerpflicht für den Auftraggeber kommt.[13] Insoweit, d. h. hinsichtlich der **Bemessungsgrundlage** bei der **Berechnung des Sicherheitseinbehalts** in Bezug auf **§ 13 b UStG**, brachte die VOB 2006 mit **§ 17 Nr. 6 Abs. 1 Satz 2 VOB/B** eine Veränderung. Der mit der Änderung der VOB 2006 neu eingefügte Satz 2 des § 17 Nr. 6 Abs. 1 VOB/B stellt klar, dass in diesen Fällen die Umsatzsteuer bei der Berechnung des Sicherheitseinbehaltes ohne Berücksichtigung bleibt.[14] 10

### II. Gesamtbetrag der Sicherheit als Obergrenze

Wie sich aus § 17 Nr. 6 Abs. 1 Satz 1 VOB/B weiter ergibt, darf der Auftraggeber, wenn Sicherheitsleistung in Teilbeträgen vereinbart ist, seine Zahlungen nur so lange um jeweils höchstens 10% kürzen, „bis die **vereinbarte Sicherheitssumme erreicht** ist". Dadurch wird klargestellt, dass der Gesamtbetrag der Kürzungen den vereinbarten Sicherheitseinbehalt der Höhe nach nicht überschreiten darf.[15] Eine formularmäßige Vereinbarung, durch die bei Addition der Einbehalte eine Sicherheitssumme von 10% der Auftragssumme überschritten wird, ist unwirksam.[16] 11

---

[8] *Nicklisch/Weick* B § 17 Rdn. 43.
[9] *Ingenstau/Korbion/Joussen* B § 17 Nr. 78.
[10] *Ingenstau/Korbion/Joussen* B § 17 Nr. 6 Rdn. 6; *Heiermann/Riedl/Rusam* B § 17 Rdn. 34.
[11] *Ingenstau/Korbion/Joussen* B § 17 Nr. 6 Rdn. 9; *Heiermann/Riedl/Rusam* B § 17 Rdn. 24.
[12] *Ingenstau/Korbion/Joussen* B § 17 Nr. 6 Rdn. 9.
[13] *Joussen/Schranner* BauR 2006, 1366, 1374 f.; zu den Gründen, die zu der Änderung geführt haben vgl. *Joussen/Schranner* ebenda.
[14] *Joussen/Schranner* BauR 2006, 1366, 1374 f.; *Ingenstau/Korbion/Joussen* B § 17 Nr. 6 Rdn. 9 mit Einzelheiten zur Berechnung bzw. Vorgehensweise.
[15] *Ingenstau/Korbion/Joussen* B § 17 Nr. 6 Rdn. 10.
[16] *Kapellmann/Messerschmidt/Thierau* B § 17 Rdn. 202.

*I. Jagenburg*

### III. Mitteilung des Einbehalts und Einzahlung auf Sperrkonto (§ 17 Nr. 6 Abs. 1 Satz 3 VOB/B)

**12** Nach § 17 Nr. 6 Abs. 1 Satz 3 VOB/B hat der Auftraggeber „den jeweils einbehaltenen Betrag ... dem Auftragnehmer mitzuteilen". Das gilt nicht nur bezüglich der **Höhe des Einbehalts,** sondern auch dem Grunde nach und für die Tatsache des Einbehalts als solche. Der Auftraggeber muss dem Auftragnehmer also auch mitteilen, dass er die Kürzung **als Sicherheitseinbehalt** vorgenommen hat und nicht etwa aus anderen Gründen, z. B. in Verrechnung mit tatsächlichen und angeblichen **Gegenforderungen** oder wegen momentaner Liquiditätsprobleme. Denn aus der Kürzung der Zahlung allein kann der Auftragnehmer allenfalls die Höhe des nicht gezahlten/einbehaltenen Betrages ersehen, nicht aber den **Grund dafür.**

**13** Nichts gesagt ist in § 17 Nr. 6 Abs. 1 Satz 3 VOB/B darüber, **wann** der Auftraggeber dem Auftragnehmer die Mitteilung über den Einbehalt machen muss, d. h. innerhalb welcher Frist. Jedenfalls ist dafür in § 17 Nr. 6 Abs. 1 Satz 3 VOB/B keine Frist bestimmt. Jedoch kann angenommen werden, dass die Mitteilung **unverzüglich nach dem Einbehalt** erfolgen muss, also ohne schuldhaftes Zögern im Sinne von § 121 BGB.

**14** Das folgt schon daraus, dass nach der weiteren Regelung des § 17 Nr. 6 Abs. 1 Satz 3 VOB/B der Auftraggeber den jeweils einbehaltenen Betrag „**binnen 18 Werktagen** nach dieser Mitteilung auf ein Sperrkonto bei dem vereinbarten Geldinstitut einzuzahlen" hat und sonst durch Hinauszögern der vorgenannten Mitteilung den Beginn der **Frist für die Einzahlung** auf Sperrkonto verhindern könnte. Da der Sicherheitseinbehalt von den jeweiligen Abschlagszahlungen auf der Basis der vom Auftraggeber geprüften Abschlagsrechnungen zu erfolgen hat, kommt der Auftraggeber der unverzüglichen Mitteilungspflicht nur nach, wenn er gleichzeitig mit Ablauf der Rechnungsprüfungspflicht gemäß § 16 Nr. 1 Abs. 3 VOB/B auch die entsprechende Mitteilung an den Auftragnehmer gibt.[17]

**15** Die Einzahlung der einbehaltenen Beträge auf **Sperrkonto** ist noch keine endgültige Erfüllung der Vergütungspflicht aus dem Bauvertrag im Sinne einer **Zahlung des Auftraggebers** an den Auftragnehmer. Die auf Sperrkonto eingezahlten Beträge behalten vielmehr nach wie vor den Charakter der **Sicherheitsleistung.**[18]

**16** Durch die Verpflichtung zur Einzahlung der einbehaltenen Beträge auf ein Sperrkonto soll der Auftraggeber jedoch gezwungen werden, diese **aus seinem Vermögen auszusondern,** damit sie im Falle einer Insolvenz des Auftraggebers für den Auftragnehmer insolvenzsicher sind. Das ist insbesondere für **Subunternehmer** in Generalunternehmer- oder Bauträgerfällen immer wieder ein Problem, weshalb die Pflicht des Auftraggebers zur Einzahlung einbehaltener Sicherheitsbeträge auf ein Sperrkonto sehr genau genommen werden muss und darauf nicht genug geachtet werden kann.

**17** Die schuldhafte Verletzung der diesbezüglichen Pflichten des Auftraggebers stellt nicht nur eine **positive Vertragsverletzung (§ 280 BGB)** dar, die Schadensersatzansprüche des Auftragnehmers auslösen kann.[19] Sie führt unter den Voraussetzungen des § 17 Nr. 6 Abs. 3 VOB/B sogar zum **Wegfall der Pflicht zur Sicherheitsleistung** durch den Auftragnehmer (→ Rdn. 30 ff.). Denn letztendlich handelt es sich hierbei um „vom Auftragnehmer bereits verdientes Geld", das wegen des Rechts des Auftraggebers zum Sicherheitseinbehalt nur noch nicht fällig ist. Das ändert aber nichts daran, dass es sich dabei für den Auftraggeber um **Fremdgeld** handelt, solange er die Sicherheit nicht in Anspruch nehmen kann. Der Auftraggeber ist deshalb auch nicht berechtigt, mit den einbehaltenen Beträgen weiter **zu arbeiten,** statt sie fristgemäß auf Sperrkonto einzuzahlen.[20]

---

[17] *Kapellmann/Messerschmidt/Thierau* B § 17 Rdn. 104; *Leinemann* § 17 Rdn. 104.
[18] *Ingenstau/Korbion/Joussen* B § 17 Nr. 6 Rdn. 17.
[19] *Ingenstau/Korbion/Joussen* B § 17 Nr. 6 Rdn. 26 f.; *Heiermann/Riedl/Rusam* B § 17 Rdn. 77.
[20] *Ingenstau/Korbion/Joussen* B § 17 Nr. 6 Rdn. 12.

Soweit § 17 Nr. 6 Abs. 1 Satz 2 VOB/B bestimmt, dass die Einzahlung auf ein Sperrkonto „bei dem **vereinbarten Geldinstitut**" zu erfolgen hat, gilt sinngemäß das zu § 17 Nr. 5 VOB/B Gesagte (→ Rdn. 4 ff.). 18

### IV. Benachrichtigung des Auftragnehmers von der Einzahlung (§ 17 Nr. 6 Abs. 1 Satz 4 VOB/B)

Damit der Auftragnehmer zuverlässig davon erfährt, ob der Auftraggeber seiner Pflicht zur Einzahlung einbehaltener Sicherheitsbeträge auf das Sperrkonto nachgekommen ist, verpflichtet § 17 Nr. 6 Abs. 1 Satz 4 VOB/B den Auftraggeber außerdem, das **Geldinstitut** zu „veranlassen, dass dieses ... den Auftragnehmer von der Einzahlung des Sicherheitsbetrages **benachrichtigt**". Eine Mitteilung des Auftraggebers selbst über die Einzahlung genügt insoweit nicht, weil nur die **Nachricht des Geldinstituts** dem Auftragnehmer die erforderliche Gewissheit gibt, „dass das Geld tatsächlich hinterlegt ist".[21] 19

### V. Entsprechende Anwendung von § 17 Nr. 5 VOB/B (§ 17 Nr. 6 Abs. 1 Satz 5 VOB/B)

Soweit § 17 Nr. 6 Abs. 1 VOB/B a. E. schließlich bestimmt, dass § 17 Nr. 5 VOB/B entsprechend gilt, ist damit zweierlei gesagt: 20

#### 1. Gemeinsames Sperrkonto

Zunächst einmal ergibt sich aus § 17 Nr. 5 Satz 1 VOB/B, dass als Sperrkonto, auf das der Auftraggeber die einbehaltenen Sicherheitsbeträge einzuzahlen hat, nur ein solches in Betracht kommt, „über das **beide Parteien nur gemeinsam** verfügen können" („Und-Konto"). 21

Hinsichtlich der **Bestimmung des Geldinstituts,** wenn sich die Parteien darüber nicht geeinigt haben oder einigen können, gilt ebenfalls das zu § 17 Nr. 5 VOB/B Gesagte (vgl. dort Rdn. 4 ff.). § 17 Nr. 6 Abs. 1 Satz 4 VOB/B geht allerdings von einem „**vereinbarten** Geldinstitut" aus, während in § 17 Nr. 5 Satz 1 VOB/B von dem „zu vereinbarenden Geldinstitut" die Rede ist. Das ändert aber nichts daran, dass in beiden Fällen, wenn die Parteien sich nicht einigen können, insoweit letztendlich der **Auftraggeber das Bestimmungsrecht** hat. 22

#### 2. Zinsanspruch des Auftragnehmers

Durch die Verweisung auf § 17 Nr. 5 Satz 2 VOB/B ergibt sich weiterhin, dass auch bei Einzahlung der Sicherheitsbeträge durch den Auftraggeber etwaige Zinsen daraus „dem **Auftragnehmer**" zustehen. 23

## C. Ausnahmsweise Einzahlung erst bei der Schlusszahlung (§ 17 Nr. 6 Abs. 2 VOB/B)

Von der grundsätzlich gegebenen Verpflichtung des Auftraggebers, einbehaltene Sicherheitsbeträge **binnen 18 Werktagen** nach Mitteilung auf das Sperrkonto einzuzahlen (§ 17 Nr. 6 Abs. 1 Satz 3 VOB/B), macht § 17 Nr. 6 Abs. 2 VOB/B in zwei Fällen eine **Ausnahme:** 24

---

[21] *Ingenstau/Korbion/Joussen* B § 17 Nr. 6 Rdn. 15.

## I. Kleinere Aufträge

25 Bei kleineren Aufträgen ist es zulässig, dass der Auftraggeber den einbehaltenen Sicherheitsbetrag „erst **bei der Schlusszahlung** auf ein Sperrkonto einzahlt". Damit sind nicht nur solche Aufträge gemeint, bei denen wegen ihrer geringen Größenordnung **keine Abschlagszahlungen** in Betracht kommen. Denn dafür hätte es der Regelung des § 17 Nr. 6 Abs. 2 VOB/B nicht bedurft.

26 Auch wenn eine Abschlagszahlung erfolgt, aber der einbehaltene **Sicherheitsbetrag geringfügig** ist, lässt § 17 Nr. 6 Abs. 2 VOB/B es zu, die Einzahlung erst bei der Schlusszahlung vorzunehmen. Allgemein wird angenommen, dass dies dann der Fall ist, wenn die **Grenze von „mehreren hundert Euro"** nicht überschritten wird, weil sich dafür der mit mehrfacher Einzahlung verbundene Aufwand nicht lohnt.[22]

27 Allerdings ist zu beachten, dass § 17 Nr. 6 Abs. 2 VOB/B es lediglich für zulässig erklärt, „**den** einbehaltenen Sicherheits**betrag**" erst bei der Schlusszahlung auf ein Sperrkonto einzuzahlen, also in der Einzahl spricht. Bei mehreren Abschlagszahlungen und **mehrfachen Einbehalten** von jeweils max. 10% (vgl. § 17 Nr. 6 Abs. 1 Satz 1 VOB/B) dürfte die Ausnahmevorschrift des § 17 Nr. 6 Abs. 2 VOB/B deshalb nicht gelten.

28 Außerdem verliert der Auftraggeber auch bei kleineren Aufträgen das Recht, mit der Einzahlung eines einbehaltenen Sicherheitsbetrages bis zur Schlusszahlung zu warten, wenn sich seine **Vermögensverhältnisse verschlechtern** (vgl. § 321 BGB). Denn er muss nach seiner Vermögenssituation „jederzeit **in der Lage" sein,** den einbehaltenen Sicherheitsbetrag auf Sperrkonto einzuzahlen.[23]

## II. Kurzfristige Aufträge

29 Was für kleinere Aufträge im vorstehenden Sinne gesagt ist, gilt nach § 17 Nr. 6 Abs. 2 VOB/B auch bei kurzfristigen Aufträgen. Das sind nach *Ingenstau/Korbion/Joussen*[24] solche, die innerhalb von **2 Monaten** abgewickelt werden,[25] weil dies nach § 16 Nr. 3 Abs. 1 VOB/B „die für die Fälligkeit der Schlusszahlung maßgebende Frist" ist, innerhalb der wegen des verhältnismäßig kurzen Zeitraums „die **Gefahr der sachfremden Verwendung** des einbehaltenen Geldes wesentlich geringer" ist.[26]

## D. Wegfall der Pflicht zur Sicherheitsleistung bei Nichteinzahlung (§ 17 Nr. 6 Abs. 3 VOB/B)

30 Außerordentlich bedeutsam, weil eine der **wichtigsten Regelungen des § 17 VOB/B überhaupt,** ist die bei Auftragnehmern wie Auftraggebern weithin unbekannte und von Auftraggebern außerdem unterschätzte Bestimmung des § 17 Nr. 6 Abs. 3 VOB/B.

31 Denn nach dieser Vorschrift kann, wenn der Auftraggeber den einbehaltenen Betrag nicht rechtzeitig auf das gemeinsame Sperrkonto einzahlt, der Auftragnehmer ihm hierfür eine **angemessene Nachfrist** setzen und, wenn der Auftraggeber auch diese fruchtlos verstrei-

---

[22] *Ingenstau/Korbion/Joussen* B § 17 Nr. 6 Rdn. 23; *Leinemann* § 17 Rdn. 110: 100 bis 200 €; *Heiermann/Riedl/Rusam* B § 17 Rdn. 81 stellen insoweit auf den Einzelfall ab.
[23] *Ingenstau/Korbion/Joussen* B § 17 Nr. 6 Rdn. 23.
[24] B § 17 Nr. 6 Rdn. 24.
[25] Ebenso *Nicklisch/Weick* B § 17 Rdn. 44; zweifelnd insoweit *Heiermann/Riedl/Rusam* B § 17 Rdn. 81, der auf den jeweiligen Einzelfall abstellen will, was die übrigen Autoren allerdings auch tun: zwei bis drei Monate; *Leinemann* § 17 Rdn. 110.
[26] *Ingenstau/Korbion/Joussen* B § 17 Nr. 6 Rdn. 24.

## I. Nachfristsetzung des Auftragnehmers (§ 17 Nr. 6 Abs. 3 Satz 1 VOB/B)

Da der Auftraggeber gem. § 17 Nr. 6 Abs. 1 Satz 3 VOB/B verpflichtet ist, den jeweils einbehaltenen Sicherheitsbetrag **binnen 18 Werktagen** nach Mitteilung des Einbehalts auf das gemeinsame Sperrkonto einzuzahlen, genügt als angemessene Nachfristsetzung seitens des Auftragnehmers hierfür die Hälfte dieser Zeit, d. h. eine **Nachfrist von 9 Werktagen.**[27] Eine zu kurze Nachfristsetzung setzt eine angemessene Frist in Gang.[28]

Die Nachfristsetzung des Auftragnehmers bedarf **keiner besonderen Form**, kann also auch mündlich erfolgen. Sie sollte aber zu Beweiszwecken sicherheitshalber **schriftlich** vorgenommen werden.[29]

Wie in anderen Fällen auch (vgl. §§ 281 Abs. 2, 323 Abs. 2 BGB n. F.), ist die **Nachfristsetzung entbehrlich,** wenn der Auftraggeber bereits vorher die Einzahlung auf das Sperrkonto **ernsthaft und endgültig verweigert** und erklärt hat, er werde dem auch bei Aufforderung durch den Auftragnehmer nicht nachkommen, weil er nach der Devise „Bargeld lacht" mit dem einbehaltenen Geld **arbeiten** wolle.[30]

## II. Anspruch auf sofortige Auszahlung (§ 17 Nr. 6 Abs. 3 Satz 2 VOB/B)

Lässt der Auftraggeber die ihm vom Auftragnehmer gesetzte Nachfrist **fruchtlos verstreichen** oder ist eine Nachfristsetzung seitens des Auftragnehmers als nutzlose Förmlichkeit aus vorgenannten Gründen entbehrlich, kann der Auftragnehmer nach § 17 Nr. 6 Abs. 3 Satz 2 VOB/B die sofortige Auszahlung des einbehaltenen Betrages verlangen und braucht dann **keine Sicherheit mehr** zu leisten. Der Auftragnehmer kann sich jedoch nicht auf die Folgen des § 17 Nr. 6 Abs. 3 VOB/B berufen, wenn er seiner Verpflichtung zur Mitwirkung an der Errichtung des Sperrkontos („Und-Konto") nicht nachgekommen ist.[31] Ein Auftragnehmer, der mit der Fristsetzung zur Einzahlung des Sicherheitseinbehalts auf ein Sperrkonto ein bestimmtes Kreditinstitut vorschreibt, kann nach Ablauf der Frist den Sicherheitseinbehalt nicht ohne andere Sicherheit ausbezahlt verlangen.[32]

Die Regelung bedeutet, dass bei **Nichteinzahlung** des Sicherheitseinbehalts auf das Sperrkonto durch den Auftraggeber für den Auftragnehmer die **Pflicht zur Sicherheitsleistung entfällt** und er hiervon frei wird.[33] Allerdings steht dem Auftraggeber nach OLG Dresden[34] und KG[35] an den nichteingezahlten Geldern ein **Zurückbehaltungsrecht** zu, falls bereits Mängel aufgetreten sind. LG Berlin[36] und OLG Celle[37] lassen die **Aufrech-**

---

[27] Ingenstau/Korbion/Joussen B § 17 Nr. 6 Rdn. 25 a: 8 bis 10 Werktage; Heiermann/Riedl/Rusam B § 17 Rdn. 78: ca. 1 Woche; Leinemann § 17 Rdn. 112: ca. 8 Werktage; KG BauR 2003, 727: 7 Werktage, 2 Wochen sind auf jeden Fall angemessen.
[28] Kammergericht a. a. O.
[29] Ingenstau/Korbion/Joussen B § 17 Nr. 6 Rdn. 25; Heiermann/Riedl/Rusam B § 17 Rdn. 78.
[30] KG, Schäfer/Finnern/Hochstein Nr. 2 zu § 17 VOB/B; OLG Stuttgart BauR 1977, 64; LG Tübingen BauR 1977, 207; Ingenstau/Korbion/Joussen B § 17 Nr. 6 Rdn. 30; Heiermann/Riedl/Rusam B § 17 Rdn. 78; BGH NZBau 2003, 560 = NJW-RR 2003, 1321; Leinemann § 17 Rdn. 112.
[31] LG Leipzig, BauR 2001, 1920 = ZfBR 2001, 548; anderer Ansicht Ingenstau/Korbion/Joussen B § 17 Nr. 6 Rdn. 27.
[32] LG Bochum BauR 2002, 330.
[33] OLG München BauR 1984, 188; Ingenstau/Korbion/Joussen B § 17 Rdn. 27; Heiermann/Riedl/Rusam B § 17 Rdn. 78; LG Erfurt BauR 1999, 771.
[34] BauR 2001, 1918 = NJW-RR 2001, 1598.
[35] BauR 2002, 1567; BauR 2003, 728 = NJW-RR 2003, 804 = NZBau 2003, 331.
[36] BauR 2002, 969.
[37] BauR 2003, 906.

§ 17 Nr. 6                                                                                 Einbehalt von Zahlungen

nung mit fälligen Gewährleistungsansprüchen zu. Bei bereits entstandenen und fälligen Mängelansprüchen des Auftraggebers stehen diesem sowohl Zurückbehaltungsrechte als auch Aufrechnungsrechte zu. Er kann diese Rechte auch dadurch ausüben, dass er die nicht auf das Sperrkonto einbezahlten Gelder hierfür heranzieht. Diese Gelder sind Teil der Vergütung des Auftragnehmers und es kann keinen Unterschied machen, ob andere Vergütungsteile oder die nichteingezahlte Sicherheit wegen der Mängelansprüche in Anspruch genommen wird.[38]

37     Der Auftragnehmer wird aber nur **insoweit** von seiner Pflicht zur Sicherheitsleistung frei, als der Auftraggeber seine Pflicht zur Einzahlung auf Sperrkonto verletzt hat, ggf. also nur **anteilig** für diejenigen Sicherheitsbeträge, die der Auftraggeber nicht eingezahlt hat. Andere Beträge dagegen, die er zu einem früheren Zeitpunkt vertragsgemäß eingezahlt hat, bleiben **auf dem Sperrkonto stehen** und werden nicht zugunsten des Auftragnehmers frei.[39]

38     § 17 Nr. 6 Abs. 3 Satz 2 VOB/B enthält, wenn der Auftraggeber die einbehaltene Sicherheit nicht auf Sperrkonto einzahlt, insofern eine **abschließende Regelung** der Rechte des Auftragnehmers, als der Auftragnehmer daneben bzw. darüber hinaus **nicht auf Einzahlung klagen** kann. Denn er wird dadurch, dass er von seiner weiteren Pflicht zur Sicherheitsleistung befreit wird und sofortige Auszahlung der einbehaltenen Beträge verlangen kann, ausreichend geschützt.[40]

39     Soweit der Auftragnehmer sofortige Auszahlung der einbehaltenen Sicherheit verlangen kann, ist er aber naturgemäß berechtigt, darauf auch zu klagen, weil er einen **klagbaren Anspruch auf Auszahlung** der hiernach zu Unrecht einbehaltenen Sicherheitsbeträge hat.[41]

40     Außerdem kann der Auftragnehmer für den zu Unrecht einbehaltenen Betrag nach § 16 Nr. 5 Abs. 3 VOB/B **Verzugszinsen** verlangen. Auch kann er, wenn er seine Leistungen noch nicht vollständig erbracht hat, die weiteren **Arbeiten einstellen** und unter den Voraussetzungen des § 9 Nr. 1 VOB/B den Bauvertrag **kündigen**.[42]

## E. Recht des öffentlichen Auftraggebers zur Einzahlung auf Verwahrgeldkonto (§ 17 Nr. 6 Abs. 4 VOB/B)

41     Für öffentliche Auftraggeber besteht nach § 17 Nr. 6 Abs. 4 VOB/B insofern eine **Sonderregelung**, als diese nicht verpflichtet sind, von ihnen einbehaltene Sicherheitsbeträge auf ein Sperrkonto bei einem Geldinstitut einzuzahlen. Sie sind, weil bei ihnen **kein Insolvenzrisiko** besteht, vielmehr berechtigt, die Sicherheitsbeträge auf ein **eigenes Verwahrgeldkonto** zu nehmen. Öffentliche Auftraggeber i. S. d. § 17 Nr. 6 Abs. 4 VOB/B sind nur Behörden und juristische Personen des öffentlichen Rechts. Juristische Personen des Privatrechts, an denen die öffentliche Hand beteiligt ist, können nicht einen vereinbarten Sicherheitseinbehalt auf ein eigenes Verwahrgeldkonto nehmen.[43] Verwahrgeldkonto i. S. d. § 17 Nr. 6 Abs. 4 VOB/B ist ein buchhalterisches Eigenkonto des öffentlichen Auftraggebers im Rahmen der eigenen Verwaltung der Haushaltsmittel.[44]

42     Daraus ergibt sich zugleich, dass die Sicherheitsbeträge in diesem Fall **nicht verzinst** werden, wie § 17 Nr. 6 Abs. 4 VOB/B a. E. zur Klarstellung ausdrücklich hinzufügt. Das ist, wie *Ingenstau/Korbion/Joussen*[45] mit Recht betonen, **kein Verstoß gegen § 307 BGB**,

---

[38] Im Ergebnis so auch *Ingenstau/Korbion/Joussen* B § 17 Nr. 6 Rdn. 31.
[39] *Ingenstau/Korbion/Joussen* B § 17 Nr. 6 Rdn. 27; *Heiermann/Riedl/Rusam* B § 17 Rdn. 78.
[40] *Ingenstau/Korbion/Joussen* a. a. O.
[41] *Ingenstau/Korbion/Joussen* B § 17 Nr. 6 Rdn. 31.
[42] *Ingenstau/Korbion/Joussen* § 17 Nr. 6 Rdn. 31.
[43] AG Erfurt BauR 2001, 271 (rechtskräftig). Anderer Ansicht: *Ingenstau/Korbion/Joussen* B § 17 Nr. 5 Rdn. 33; *Joussen* BauR 2002, 371.
[44] OLG Naumburg NZBau 2003, 330 = BauR 2003, 909 = NJW-RR 2003, 382.
[45] B § 17 Nr. 6 Rdn. 32.

Einbehalt von Zahlungen § 17 Nr. 6

denn auch nach § 17 Nr. 5 Satz 2 VOB/B stehen dem Auftragnehmer nur „etwaige Zinsen" zu, wie sie im Falle der Einzahlung bei dem Kreditinstitut normalerweise gewährt werden. Es ist also auch hier **keine generelle Verzinsung** des Sicherheitseinbehalts vorgesehen. Zudem wird der Ausschluss der Zinspflicht im Falle des § 17 Nr. 6 Abs. 4 VOB/B dadurch kompensiert, dass der öffentliche Auftraggeber für den Auftragnehmer auch im Übrigen ein verlässlicher Vertragspartner ist, dessen Zahlungsfähigkeit in jedem Fall sichergestellt ist.

Will der Auftragnehmer gleichwohl auf die Verzinsung des einbehaltenen Betrages nicht **43** verzichten, hat er hier ebenfalls die Möglichkeit, den auf Verwahrgeldkonto des öffentlichen Auftraggebers genommenen Betrag nach § 17 Nr. 3 VOB/B **durch Bankbürgschaft abzulösen** und kann dann die Auszahlung des einbehaltenen Betrages verlangen. Diese **Ersetzungsbefugnis** kann nicht zum Nachteil des Auftragnehmers abbedungen werden, insbesondere nicht in Allgemeinen Geschäftsbedingungen.[46]

## F. Von § 17 Nr. 6 VOB/B abweichende Vereinbarungen

Von § 17 Nr. 6 VOB/B abweichende Vereinbarungen, insbesondere in Allgemeinen **44** Geschäftsbedingungen (AVB, BVB, ZVB), verstoßen in aller Regel gegen **§ 307 BGB,** wenn sie das berechtigte Sicherheitsbedürfnis des Auftraggebers zu Lasten des Auftragnehmers überschreiten.[47]

### I. Sicherheitsleistung über 10% hinaus

Ob schon ein Verstoß gegen § 307 BGB vorliegt, wenn die Parteien formularmäßig **45** eine über § 14 Nr. 2 VOB/A oder den üblichen Rahmen hinausgehende **Gesamthöhe des Sicherheitseinbehalts** vereinbaren, ist allerdings fraglich und hängt vom Einzelfall ab.

*Ingenstau/Korbion/Joussen*[48] vertreten hierzu die Meinung, dass „die Festlegung eines die **46** grundlegende Richtlinie in Teil A § 14 Nr. 2 erheblich übersteigenden Satzes des Sicherheitseinbehalts von **generell 20%** unzulässig" sei. Ebenso könne nicht vereinbart werden, dass der Auftragnehmer „nach Vertragsschluss eine Bürgschaft in Höhe von 10% des Bruttoauftrages zu leisten" hat und außerdem vom „Auftraggeber 10% aller anerkannten Rechnungsbeträge" einbehalten werden.

Für die Zulässigkeit einer solchen Regelung spricht jedoch, dass § 14 Nr. 2 VOB/A keine **47** unmittelbare vertragsrechtliche Bedeutung hat und auch § 17 VOB/B selbst die zulässige **Gesamthöhe der Sicherheitsleistung nicht festlegt.** Außerdem ist zu berücksichtigen, dass umgekehrt nach dem durch das Bauhandwerkersicherungsgesetz eingeführten § 648a BGB seit 1. 5. 1993 der **Auftragnehmer volle Sicherheit bis zu 100% im Voraus** verlangen kann.

Etwas anderes ist es, wenn Sicherheitsleistung durch **Einbehalt von Teilbeträgen** nach **48** § 17 Nr. 6 Abs. 1 Satz 1 VOB/B vorgesehen ist und die Kürzung der einzelnen Zahlungen des Auftraggebers dabei über die dort ausdrücklich festgelegte **Obergrenze von höchstens 10 v. H.** hinaus vereinbart wird. Denn dadurch wird nicht nur die diesbezügliche Regelung des § 17 Nr. 6 Abs. 1 Satz 1 abgeändert, sondern außerdem auch der Anspruch des Auftragnehmers auf seiner Leistung entsprechende **angemessene Abschlagszahlungen** nach § 16 Nr. 1 VOB/B unterlaufen. Die Erhöhung des Einbehalts von Teilbeträgen **über 10%**

---

[46] *Ingenstau/Korbion/Joussen* B § 17 Nr. 6 Rdn. 32.
[47] *Ingenstau/Korbion/Joussen* B § 17 Nr. 6 Rdn. 18.
[48] B § 17 Nr. 6 Rdn. 19 unter Hinweis auf *Bunte/Hensen*, S. 95; ähnlich *Heiermann/Riedl/Rusam* B § 17 Rdn. 25.

§ 17 Nr. 6　　　　　　　　　　　　　　　　　　　　　　　Einbehalt von Zahlungen

hinaus dürfte deshalb eine unangemessene Benachteiligung des Auftragnehmers im Sinne von § 307 BGB darstellen und deshalb unwirksam sein.[49]

## II. Ausschluss der Pflicht zur Einzahlung auf Sperrkonto

49　Unbestritten und anerkannt ist,[50] dass die Pflicht des Auftraggebers, einbehaltene Sicherheitsbeträge auf Sperrkonto einzuzahlen, **nicht ausgeschlossen werden kann,** weil dem Auftragnehmer sonst unzulässigerweise das Insolvenzrisiko des Auftraggebers aufgebürdet würde.[51] Erst recht gilt das, wenn zusätzlich auch noch das **Ersetzungsrecht** des Auftragnehmers nach § 17 Nr. 3 VOB/B, den Sicherheitseinbehalt des Auftraggebers durch Bankbürgschaft abzulösen, abbedungen sein soll, was ebenfalls unzulässig ist.[52] Daher ist auch eine Klausel in AGB des Auftraggebers unwirksam, nach der dieser nach Abnahme 3% der Schlussrechnungssumme für 2 Jahre zinslos einbehalten kann und der Auftragnehmer den Einbehalt nicht durch eine andere Sicherheit ersetzen oder die Einzahlung auf ein Sperrkonto verlangen kann.[53]

## III. Ausschluss des Zinsanspruchs des Auftragnehmers

50　Schließlich stellt es einen Verstoß gegen § 307 BGB dar, wenn in Allgemeinen Geschäftsbedingungen des Auftraggebers der Anspruch des Auftragnehmers auf Verzinsung des Sicherheitseinbehalts bei Einzahlung auf das Sperrkonto des vereinbarten Kreditinstituts ausgeschlossen wird.[54]

---

[49] Ebenso *Heiermann/Riedl/Rusam* B § 17 Rdn. 25.
[50] *Ingenstau/Korbion/Joussen* B § 17 Nr. 6 Rdn. 12.
[51] OLG München BauR 1984, 188; OLG Hamm NJW-RR 1988, 726 = BauR 1988, 731; KG NJW-RR 1988, 1365 = BauR 1989, 207; OLG Karlsruhe BauR 1989, 203 = BB 1989, 143 m. zus. Anm. v. *Strobel*; OLG München NJW-RR 1992, 218 = BauR 1992, 234 m. Anm. v. *Koppmann;* OLG Zweibrücken NJW-RR 1994, 1363 = BauR 1994, 509; OLG München NJW-RR 1996, 534 = BauR 1995, 859; LG Hamburg BauR 2001, 119; OLG Dresden BauR 2002, 807.
[52] Vgl. auch BGH BauR 2002, 1392 = IBR 2002, 475 = NJW-RR 2002, 1311 = NZBau 2002, 493 = ZfBR 2002, 677; BGH BauR 2000, 1052 = IBR 2000, 324 = NZBau 2000, 285 = NJW 2000, 1863; BGHZ 136, 27 = BauR 1997, 829 = IBR 1997, 366.
[53] *Ingenstau/Korbion/Joussen* B § 17 Nr. 6 Rdn. 20; OLG München BauR 2002, 1109.
[54] OLG Karlsruhe BauR 1989, 203 = BB 1989, 1643 m. zus. Anm. v. *Strobel*; *Ingenstau/Korbion* B § 17 Nr. 6 Rdn. 20.

## § 17 Nr. 7 [Frist zur Sicherheitsleistung]

Der Auftragnehmer hat die Sicherheit binnen 18 Werktagen nach Vertragsabschluss zu leisten, wenn nichts anderes vereinbart ist. Soweit er diese Verpflichtung nicht erfüllt hat, ist der Auftraggeber berechtigt, vom Guthaben des Auftragnehmers einen Betrag in Höhe der vereinbarten Sicherheit einzubehalten. Im Übrigen gelten die Nummern 5 und 6 außer Abs. 1 Satz 1 entsprechend.

**Literatur:** Siehe Hinweise Vor § 17.

### Übersicht

| | Rdn. | | Rdn. |
|---|---|---|---|
| A. Allgemeines | 1 | C. Ersatzweiser Einbehalt des Auftraggebers (§ 17 Nr. 7 Satz 2 VOB/B) | 6 |
| B. Sicherheitsleistung des Auftragnehmers (§ 17 Nr. 7 Satz 1 VOB/B) | 3 | D. Entsprechende Anwendung von § 17 Nr. 5 und 6 VOB/B (§ 17 Nr. 7 Satz 3 VOB/B) | 9 |
| I. Sicherheit für die Vertragserfüllung | 4 | E. Einforderung der Sicherheitsleistung | 11 |
| II. Gewährleistungssicherheit (Sicherheit für Mängelansprüche) | 5 | | |

## A. Allgemeines

§ 17 Nr. 7 VOB/B regelt die Frist, innerhalb der der **Auftragnehmer** die von ihm 1 geschuldete Sicherheit zu leisten hat, insbesondere also bei Sicherheitsleistung durch **Bürgschaft** oder Hinterlegung.

Der Fall, dass die Sicherheitsleistung stattdessen durch **Einbehalt des Auftraggebers** 2 erfolgt, ist dagegen hier nicht gemeint, weil dieser Fall bereits in § 17 Nr. 6 VOB/B geregelt ist.[1]

## B. Sicherheitsleistung des Auftragnehmers (§ 17 Nr. 7 Satz 1 VOB/B)

Nach § 17 Nr. 7 Satz 1 VOB/B hat der Auftragnehmer die von ihm beizubringende 3 Sicherheit **binnen 18 Werktagen** nach Vertragsabschluss zu leisten, wenn nichts anderes vereinbart ist. Zulässig und mit § 307 BGB vereinbar ist es, wenn in den AGB des Auftraggebers die **Erteilung des Zuschlages** von der vorherigen Stellung einer VOB-konformen selbstschuldnerischen Vertragserfüllungsbürgschaft abhängig gemacht wird.[2] Dies gilt jedoch nicht für Bürgschaften auf erstes Anfordern.[3]

### I. Sicherheit für die Vertragserfüllung

Wie sich daraus ergibt, dass die Sicherheit binnen 18 Werktagen **nach Vertrags-** 4 **abschluss** zu leisten ist, meint § 17 Nr. 7 Satz 1 VOB/B die für die Vertragserfüllung vereinbarte Sicherheit, insbesondere eine etwa beizubringende **Vertragserfüllungsbürgschaft**.

---

[1] *Ingenstau/Korbion/Joussen* B § 17 Nr. 7 Rdn. 1.
[2] *Ingenstau/Korbion/Joussen* B § 17 Nr. 7 Rdn. 3; BGH BauR 2000, 1498 = IBR 2000, 499.
[3] *Ingenstau/Korbion/Joussen* a. a. O.

## II. Gewährleistungssicherheit (Sicherheit für Mängelansprüche)

5  Ist die Sicherheitsleistung dagegen erst für die Gewährleistung vereinbart, ergibt sich gem. dem zweiten Halbsatz des § 17 Nr. 7 Satz 1 VOB/B: „wenn nichts **anderes vereinbart ist**", dass die Gewährleistungssicherheit nicht schon nach Vertragsabschluss, sondern erst binnen 18 Werktagen **nach Abnahme** beizubringen ist.[4]

## C. Ersatzweiser Einbehalt des Auftraggebers (§ 17 Nr. 7 Satz 2 VOB/B)

6  Wenn der Auftragnehmer seiner Pflicht zur Sicherheitsleistung **nicht nachkommt** ist der Auftraggeber nach § 17 Nr. 7 Satz 2 VOB/B ersatzweise berechtigt, seine Zahlungen an den Auftragnehmer entsprechend zu kürzen und einen Betrag in Höhe der vereinbarten Sicherheit vom Guthaben des Auftragnehmers **einzubehalten**.

7  Wird die Sicherheit vom Auftragnehmer nur **teilweise** nicht geleistet, beschränkt sich das Recht des Auftraggebers zum Sicherheitseinbehalt auf einen entsprechenden Teilbetrag. Das ergibt sich daraus, dass § 17 Nr. 7 Satz 2 VOB/B ihm dieses Recht nur gibt, „**soweit**" der Auftragnehmer seine Verpflichtung zur Sicherheitsleistung nicht erfüllt.

8  Das **Ersatzvornahmerecht** des Auftraggebers gilt in allen Fällen der vom Auftragnehmer geschuldeten Sicherheitsleistung, auch wenn der Auftragnehmer eine vereinbarte **Vertragserfüllungs- oder Gewährleistungsbürgschaft** nicht beibringt.[5] Macht der Auftraggeber von seinem Einbehaltungsrecht Gebrauch, führt dies dazu, dass sich die vom Auftragnehmer zu stellende Sicherheit nunmehr auf eine Sicherheit in Geld beschränkt, auch wenn zunächst eine andere Art der Sicherheit vereinbart war.[6]

## D. Entsprechende Anwendung von § 17 Nr. 5 und 6 VOB/B (§ 17 Nr. 7 Satz 3 VOB/B)

9  Für die **Sicherheitsleistung des Auftragnehmers** gilt nach § 17 Nr. 7 Satz 3 VOB/B die Regelung des § 17 Nr. 5 VOB/B entsprechend (siehe dort).

10  Für den Fall, dass stattdessen ersatzweise der **Auftraggeber zum Sicherheitseinbehalt** berechtigt ist, gilt nach derselben Bestimmung § 17 Nr. 6 VOB/B entsprechend, allerdings ohne Abs. 1 Satz 1, dass der Auftraggeber die Sicherheit nur in Teilbeträgen von jeweils höchstens 10 v. H. seiner Zahlungen einbehalten darf, weil diese Regelung im Falle des ersatzweisen Sicherheitseinbehalts des Auftraggebers nicht passt. Der Auftraggeber ist verpflichtet, den einbehaltenen Betrag ohne eine gesonderte Aufforderung auf ein zugunsten des Auftragnehmers verzinsliches Sperrkonto einzuzahlen.[7]

## E. Einforderung der Sicherheitsleistung

11  Neben den Rechten aus Nr. 7 kann der Auftraggeber bei nicht rechtzeitig gestellter Sicherheit alternativ die Sicherheit einfordern, da der Anspruch auf Stellung der Sicherheit auf einer selbstständigen Nebenleistungspflicht des Auftragnehmers beruht, die gesondert einklagbar ist.[8]

---

[4] Anderer Ansicht *Ingenstau/Korbion/Joussen* B § 17 Nr. 7 Rdn. 4.
[5] KG *Schäfer/Finnern/Hochstein* Nr. 2 zu § 17 VOB/B.
[6] *Ingenstau/Korbion/Joussen* B § 17 Nr. 7 Rdn. 6; OLG Celle BauR 2003, 906.
[7] *Ingenstau/Korbion/Joussen* B § 17 Nr. 7 Rdn. 5; OLG Celle BauR 2003, 906.
[8] *Ingenstau/Korbion/Joussen* B § 17 Nr. 7 Rdn. 7; *Leinemann* § 17 Rdn. 127.

## § 17 Nr. 8 [Rückgabe der Sicherheit]

(1) Der Auftraggeber hat eine nicht verwertete Sicherheit für die Vertragserfüllung zum vereinbarten Zeitpunkt, spätestens nach Abnahme und Stellung der Sicherheit für Mängelansprüche zurückzugeben, es sei denn, dass Ansprüche des Auftraggebers, die nicht von der gestellten Sicherheit für Mängelansprüche umfasst sind, noch nicht erfüllt sind. Dann darf er für diese Vertragserfüllungsansprüche einen entsprechenden Teil der Sicherheit zurückhalten.

(2) Der Auftraggeber hat eine nicht verwertete Sicherheit für Mängelansprüche nach Ablauf von 2 Jahren zurückzugeben, sofern kein anderer Rückgabezeitpunkt vereinbart worden ist. Soweit jedoch zu diesem Zeitpunkt seine geltend gemachten Ansprüche noch nicht erfüllt sind, darf er einen entsprechenden Teil der Sicherheit zurückhalten.

Literatur: Siehe Hinweise Vor § 17.

### Übersicht

| | Rdn. | | Rdn. |
|---|---|---|---|
| A. Allgemeines | 1 | 1. Umfang des Zurückbehaltungsrecht | 7 |
| B. Sicherheit für die Vertragserfüllung | 2 | 2. Zurückbehaltungsrecht auch bei verjährten Gewährleistungsansprüchen | 9 |
| I. Rückgabe der Sicherheit | 2 | III. Insolvenz des Auftragnehmers | 10 |
| II. Zurückbehaltungsrecht des Auftraggebers (§ 17 Nr. Abs. 1 Satz 1, 2 VOB/B) | 4 | IV. Rückgabeanspruch des Subunternehmers | 13 |
| C. Sicherheit für Mängelansprüche (§ 17 Nr. 8 Abs. 2 VOB/B) | 5 | D. Ansprüche des Auftragnehmers bei Nichtrückgabe | 14 |
| I. Rückgabe der Sicherheit | 5 | E. Verjährung des Rückgabeanspruchs | 17 |
| II. Zurückbehaltungsrecht des Auftraggebers (§ 17 Nr. 8 Abs. 2 Satz 2 VOB/B) | 6 | | |

## A. Allgemeines

Die Neufassung des § 17 Nr. 8 VOB/B 2002 unterscheidet nun zwischen Vertragserfüllungssicherheiten und Gewährleistungssicherheiten. 1

## B. Sicherheit für die Vertragserfüllung

### I. Rückgabe der Sicherheit

§ 17 Nr. 8 Abs. 1 VOB/B setzt voraus, dass im Bauvertrag eine Vertragserfüllungssicherheit im engeren Sinne vereinbart worden ist, d. h. eine Sicherheit, die **lediglich das Ausführungsstadium** bis zur Abnahme abdeckt.[1] Sollte demgegenüber nach der Sicherungsabrede eine Vertragserfüllungssicherheit im weiteren Sinne vereinbart worden sein, die **auch den Zeitraum nach der Abnahme** abdeckt, ist § 17 Nr. 8 Abs. 1 VOB/B mit der Anknüpfung an die Abnahme als vertraglich vereinbarter Rückgabezeitpunkt nicht anwendbar. Für die Rückgabe einer solchen Sicherheit gilt ausschließlich § 17 Nr. 8 Abs. 2 VOB/B.[2] 2

---

[1] *Ingenstau/Korbion/Joussen* B § 17 Nr. 8 Rdn. 2.
[2] *Ingenstau/Korbion/Joussen* a. a. O.

§ 17 Nr. 8 Rückgabe der Sicherheit

Nach § 17 Nr. 8 Abs. 1 Satz 1 VOB/B ist eine nicht verwertete Sicherheit für die Vertragserfüllung vom Auftraggeber **„zum vereinbarten Zeitpunkt, spätestens nach Abnahme und Stellung der Sicherheit für Mängelansprüche zurückzugeben"**. Das bedeutet nicht, dass der Auftraggeber eine Vertragserfüllungssicherheit immer erst nach der Abnahme und der Stellung der Gewährleistungssicherheit zurückgeben kann und so lange einbehalten darf. Durch die vorgeschalteten Worte: „zum vereinbarten Zeitpunkt" wird vielmehr deutlich gemacht, dass es auch insoweit in erster Linie auf die **Vereinbarung der Parteien** ankommt. Eine derartige Vereinbarung zur Rückgabe der Sicherheit kann auch **konkludent** getroffen werden oder sich aus dem Sicherungszweck ergeben.[3] In diesem Fall liegt im vereinbarten Sicherungszweck gleichzeitig eine konkludente Regelung des Rückgabezeitpunktes für die Sicherheit dergestalt, dass die Sicherheit zurückzugeben ist, sobald der Sicherungsfall nicht mehr eintreten kann.[4] Werden Vereinbarungen zum Rückgabezeitpunkt **in AGB** getroffen, droht ein Verstoß gegen § 307 BGB vor allem dann, wenn die Rückgabe der Sicherheit von Voraussetzungen abhängig gemacht werden soll, die der Auftragnehmer nicht kraft eigenen durchsetzbaren Rechts erfüllen kann.[5]

3 Die für die Vertragserfüllung vereinbarte Sicherheit, z. B. eine Vertragserfüllungsbürgschaft, ist grundsätzlich **nach der Abnahme** und der Stellung der Sicherheit für Mängelansprüche – sofern eine solche vereinbart ist – zurückzugeben. Denn mit der Abnahme endet das Erfüllungsstadium: die Abnahme ist die Annahme/Entgegennahme und Billigung der Leistung des Auftragnehmers als im Wesentlichen vertragsgerechte Erfüllung. Ist eine Sicherheit für Mängelansprüche vereinbart, muss der Auftraggeber trotz erfolgter Abnahme die Sicherheit für die Vertragserfüllung jedoch erst dann zurückgeben, wenn er vom Auftragnehmer die Sicherheit für Mängelansprüche erhalten hat. Der Auftragnehmer ist insoweit bzgl. der Übergabe der Gewährleistungssicherheit **vorleistungspflichtig**.[6]

### II. Zurückbehaltungsrecht des Auftraggebers (§ 17 Nr. 8 Abs. 1 Satz 1, 2 VOB/B)

4 Hat der Auftragnehmer die vertraglich geschuldete Leistung noch nicht vollständig erbracht oder bestehen sonstige Ansprüche des Auftraggebers (z. B. wegen Verzuges oder wegen einer Vertragsstrafe), steht dem Auftraggeber insoweit nach § 17 Nr. 8 Abs. 1 Satz 1, 2 VOB/B ein Zurückbehaltungsrecht an einem entsprechenden Teil der Vertragserfüllungssicherheit zu, soweit seine Ansprüche nicht durch eine bereits gestellte Gewährleistungssicherheit abgedeckt sind. Der übrige, nicht benötigte Teil der Sicherheit ist jedoch zurückzugeben, eine als Sicherheit gegebene Bürgschaft in entsprechender Höhe freizugeben. Auch bei Vertragserfüllungssicherheiten kann der **Druckzuschlag** in Höhe des 3fachen Betrages der voraussichtlichen Mängelbeseitigungskosten in vollem Umfang berücksichtigt werden.[7]

---

[3] *Ingenstau/Korbion/Joussen* B § 17 Nr. 8 Rdn. 3.
[4] *Ingenstau/Korbion/Joussen* B § 17 Nr. 8 Rdn. 3; BGH BauR 2002, 1533 = NZBau 2002, 559 = NJW 2002, 3089.
[5] *Ingenstau/Korbion/Joussen* B § 17 Nr. 8 Rdn. 4.
[6] *Ingenstau/Korbion/Joussen* B § 17 Nr. 8 Rdn. 8; *Heiermann/Riedl/Rusam* B § 17 Rdn. 88; *Kapellmann/Messerschmidt/Thierau* B § 17 Rdn. 222.
[7] *Kapellmann/Messerschmidt/Thierau* B § 17 Rdn. 226 f.; anderer Ansicht *Ingenstau/Korbion/Joussen* B § 17 Nr. 8 Rdn. 10 und *Heiermann/Riedl/Rusam* B § 17 Rdn. 90: Berücksichtigung des vollen Druckzuschlages nur bei Bareinbehalten gemäß § 17 Nr. 6 VOB/B, bei Vertragserfüllungsbürgschaften nur Berücksichtigung der Mängelbeseitigungskosten in einfacher Höhe. Vgl. auch unten Rdn. 7 zu dem gleichen Problem bei der Gewährleistungssicherheit.

## C. Sicherheit für Mängelansprüche (§ 17 Nr. 8 Abs. 2 VOB/B)

### I. Rückgabe der Sicherheit

Nach § 17 Nr. 8 Abs. 2 VOB/B richtet sich auch der Zeitpunkt der Rückgabe der Gewährleistungssicherheit primär nach der **individuellen Vereinbarung** der Vertragsparteien. Haben die Parteien keinen speziellen Rückgabetermin vereinbart, ist die Gewährleistungssicherheit **nach zwei Jahren** zurückzugeben. Unbedenklich ist es, in AGB die Dauer für die Vorhaltung der Mängelsicherheit an die Dauer der Gewährleistung zu knüpfen.[8]

### II. Zurückbehaltungsrecht des Auftraggebers (§ 17 Nr. 8 Abs. 2 Satz 2 VOB/B)

Soweit zum Zeitpunkt der Rückgabe der Gewährleistungssicherheit – sei es nach zwei Jahren, sei es zu einem vereinbarten früheren oder späteren Zeitpunkt – **noch nicht erfüllte Gewährleistungsansprüche** des Auftraggebers bestehen und er diese schon geltend gemacht hat, darf der Auftraggeber einen seinen Gewährleistungsansprüchen entsprechenden Teil der Sicherheit zurückhalten. Der übrige, nicht benötigte Teil der Sicherheit ist jedoch zurückzugeben, eine als Sicherheit gegebene Bürgschaft in entsprechender Höhe freizugeben.

#### 1. Umfang des Zurückbehaltungsrechts

Bei **Mängeln,** in Bezug auf die dem Auftraggeber noch ein Anspruch auf Beseitigung bzw. Nacherfüllung zusteht, kann dieser wegen des **Druckmittelcharakters** des Zurückbehaltungsrechts auch die vom Auftragnehmer gestellte Sicherheit grundsätzlich **bis zum 3fachen Betrag** der Mängelbeseitigungskosten zurückhalten.[9] Unstreitig trifft dies auf jeden Fall zu, sofern es sich bei der Gewährleistungssicherheit um einen **Bareinbehalt** gemäß § 17 Nr. 6 VOB/B handelt. Umstritten ist jedoch, ob auch bei einer Gewährleistungsbürgschaft ein Druckzuschlag zu berücksichtigen ist. Nach Ansicht von *Ingenstau/Korbion, Heiermann/Riedl/Rusam* und OLG Oldenburg sind bei einer **Bürgschaft,** nur Mängelbeseitigungskosten in **einfacher Höhe** in Ansatz zu bringen.[10] Dies wird damit begründet, dass die Bürgschaft nur der Sicherung der Mängelbeseitigungskosten diene und nicht wie das Leistungsverweigerungsrecht gegenüber dem Werklohn über die Sicherung des Anspruchs hinaus den Zweck verfolge, Druck auf den Auftragnehmer auszuüben, damit dieser die ihm obliegende Leistung umgehend erbringe.[11] Der Sicherheitseinbehalt sei lediglich ein Teil der geschuldeten Vergütung, so dass der nach §§ 320, 641 Abs. 3 BGB mögliche Einbehalt bei Mängeln zulässig sei. Bei der Bürgschaft sei die Vergütung jedoch schon vollständig bezahlt, so dass sich nur die Frage nach dem Schicksal des Sicherungsmittels stelle. Dieses Sicherungsmittel sichere aber nur die potentiellen Folgekosten bei auftretenden Mängeln.[12] Diese Ansicht vermag nicht zu überzeugen. *Kapellmann/Messerschmidt/Thierau*[13] weist zutreffend darauf hin, dass auch das Zurückbehaltungsrecht an der Bürgschaft dazu dient, Druck auf den Auftragnehmer auszuüben, die Ansprüche des Auftraggebers zu erfüllen. Insoweit gibt

---

[8] *Ingenstau/Korbion/Joussen* B § 17 Nr. 8 Rdn. 14; *Kapellmann/Messerschmidt/Thierau* B § 17 Rdn. 230.
[9] *Kapellmann/Messerschmidt/Thierau* B § 17 Rdn. 231; *Ingenstau/Korbion/Joussen* B § 17 Nr. 8 Rdn. 17; *Heiermann/Riedl/Rusam* B § 17 Rdn. 90.
[10] *Ingenstau/Korbion/Joussen* B § 17 Nr. 8 Rdn. 17; *Heiermann/Riedl/Rusam* B § 17 Rdn. 90; OLG Oldenburg BauR 2002, 328 = ZfBR 2002, 152.
[11] OLG Oldenburg a. a. O.
[12] *Ingenstau/Korbion/Joussen* B § 17 Nr. 8 Rdn. 10.
[13] B § 17 Rdn. 227.

es keinen sachlichen Grund hinsichtlich der Berücksichtigung des Druckzuschlages zwischen den verschiedenen Arten der Sicherheitsleistung zu differenzieren.

8   Sind die Mängelansprüche des Auftraggebers dagegen bereits in Geldansprüche übergegangen und auf **Zahlung** gerichtet, gleichgültig ob als Kostenvorschuss, Kostenerstattungs- oder Schadensersatzanspruch, ist der Auftraggeber gegenüber dem Anspruch des Auftragnehmers auf Rückzahlung einer einbehaltenen Sicherheit zur **Aufrechnung** befugt. Aber auch im Falle der Sicherheitsleistung durch **Bürgschaft** führt ein gem. § 17 Nr. 8 Abs. 2 Satz 2 VOB/B bestehendes Zurückbehaltungsrecht an der Bürgschaftsurkunde in diesem Fall zur Abweisung der auf Herausgabe der Urkunde gerichteten Klage und nicht zu einer Zug-um-Zug-Verurteilung.[14]

## 2. Zurückbehaltungsrecht auch bei verjährten Gewährleistungsansprüchen

9   § 17 Nr. 8 Abs. 2 Satz 2 VOB/B stellt nun präzisierend klar, dass dem Auftraggeber sein Zurückbehaltungsrecht an der Sicherheit für Mängelansprüche nur zusteht, wenn er vor dem vereinbarten Rückgabezeitpunkt bzw. vor Ablauf von zwei Jahren seine **Ansprüche schon geltend gemacht hat.** In der Sache ändert sich durch diese redaktionelle Änderung des § 17 Nr. 8 VOB/B nichts. Schon nach der Altregelung des § 17 Nr. 8 VOB/B konnte der Auftraggeber eine Sicherheit nach dem vereinbarten Rückgabetermin nur verwerten, wenn er die ihm zustehenden Ansprüche gegenüber dem Auftragnehmer in unverjährter Zeit angezeigt hatte.[15] Dies wurde mit einer entsprechenden Anwendung der §§ 639, 478 BGB a. F. begründet.[16] Da § 478 BGB a. F. durch das Schuldrechtsmodernisierungsgesetz ersatzlos gestrichen wurde, bestand die Gefahr, dass der Auftraggeber, der eine Sicherheit länger als vereinbart bzw. länger als zwei Jahre behält, diese noch für nach diesem Zeitraum auftretende Mängel hätte verwerten können.[17] Dies sollte durch die Neufassung des § 17 Nr. 8 verhindert werden. Daher ist es auch weiterhin notwendig, dass der Auftraggeber die **Mängelansprüche in unverjährter Zeit anzeigt,** wenn er eine Gewährleistungssicherheit nach dem vereinbarten Rückgabezeitpunkt verwerten will.[18] Dabei ist im Falle einer Bürgschaft jedoch zu beachten, dass die Mängelrüge gegenüber dem Auftragnehmer erfolgen muss. Die Mängelrüge gegenüber dem Bürgen ist nicht ausreichend.[19]

## III. Insolvenz des Auftragnehmers

10  Dass über das Vermögen des Auftragnehmers zwischenzeitlich das Insolvenzverfahren eröffnet worden ist, hat auf die Pflicht des Auftraggebers, eine nicht verwertete Sicherheit nach § 17 Nr. 8 Abs. 1 Satz 1 und § 17 Nr. 8 Abs. 2 Satz 1 VOB/B zurückzugeben, **grundsätzlich keinen Einfluss.**

11  Die Insolvenz des Auftragnehmers hindert den Auftraggeber nicht, die von diesem gestellte Gewährleistungssicherheit **bis zum vereinbarten Zeitpunkt bzw. zwei Jahre einzubehalten,** auch wenn bislang keine Mängel aufgetreten sind.[20] Denn die Gewährleistungssicherheit dient gerade dazu, „künftige, innerhalb der Gewährleistungsfrist auftretende Mängelansprüche abzusichern", auch und insbesondere im Falle der Insolvenz des Auftragnehmers.[21]

---

[14] BGH NJW 1993, 1132 = BauR 1993, 337 = ZfBR 1993, 120.
[15] *Ingenstau/Korbion/Joussen* B § 17 Nr. 8 Rdn. 18.
[16] Vgl. BGHZ 121, 168 = NJW 1993, 1131 = BauR 1993, 335 = ZfBR 1993, 125.
[17] *Ingenstau/Korbion/Joussen* B § 17 Nr. 8 Rdn. 18.
[18] *Ingenstau/Korbion/Joussen* a. a. O.
[19] Vgl. OLG Celle BauR 2001, 259.
[20] *Ingenstau/Korbion/Joussen* B § 17 Nr. 8 Rdn. 13, 21 ff.; *Heiermann/Riedl/Rusam* B § 17 Rdn. 93 ff.; anderer Ansicht: OLG Hamburg MDR 1988, 862.
[21] *Ingenstau/Korbion/Joussen* B § 17 Nr. 8 Rdn. 13.

Umgekehrt muss eine solche Gewährleistungssicherheit aber trotz zwischenzeitlicher Eröffnung des Insolvenzverfahrens über das Vermögen des Auftragnehmers zurückgegeben werden, wenn die für die Sicherheitsleistung vereinbarte Frist abgelaufen ist und **keine Mängel vorliegen,** die eine Inanspruchnahme der Sicherheit rechtfertigen.[22]

### IV. Rückgabeanspruch des Subunternehmers

Hat der Haupt- oder Generalunternehmer die ihm gegen seinen Subunternehmer zustehenden Gewährleistungsansprüche an den Auftraggeber **abgetreten** und diesem entsprechend § 401 BGB auch die vom Subunternehmer dafür gestellte **Bürgschaft**/Bürgschaftsurkunde übergeben, kann der Subunternehmer, wenn seine Gewährleistungsfrist abgelaufen ist, die Bürgschaftsurkunde **unmittelbar vom Auftraggeber** zurückverlangen.[23]

## D. Ansprüche des Auftragnehmers bei Nichtrückgabe

Die Rückgabe der ganz oder teilweise nicht verwerteten Sicherheit zu dem in § 17 Nr. 8 Abs. 1 Satz 1 bzw. § 17 Nr. 8 Abs. 2 Satz 1 VOB/B vorgeschriebenen Zeitpunkt ist eine **Hauptpflicht des Auftraggebers.** Kommt er dieser Pflicht nicht nach, obwohl ihm kein Zurückbehaltungsrecht nach § 17 Nr. 8 Abs. 1 Satz 1, 2 bzw. § 17 Nr. 8 Abs. 2 Satz 2 VOB/B zur Seite steht, gerät er gemäß §§ 286 ff. BGB in **Schuldnerverzug** mit allen sich daraus ergebenden Folgen.[24]

Außerdem kann der Auftragnehmer auch auf Rückgabe der Sicherheit klagen, also **Klage auf Rückzahlung** der einbehaltenen Sicherheit erheben oder auf deren Freigabe und Zustimmung des Auftraggebers in die Auszahlung durch das Kreditinstitut, bei dem die Sicherheit hinterlegt bzw. eingezahlt ist.[25]

Bei Sicherheitsleistung durch Bürgschaft richtet sich die **Klage auf Rückgabe der Bürgschaft**/Bürgschaftsurkunde an den Auftragnehmer bzw. an den Bürgen. Denn in diesem Fall hat der Auftragnehmer einen durch den Wegfall des Sicherungszwecks begründeten Anspruch auf Rückgewähr der Bürgschaft an ihn und, wenn der Bestand der Bürgschaftsverpflichtung davon abhängig ist, auf **Herausgabe der Bürgschaftsurkunde an den Bürgen.**[26]

## E. Verjährung des Rückgabeanspruchs

Der Anspruch auf Rückgabe der Sicherheit verjährt nach dem Inkrafttreten des **Schuldrechtsmodernisierungsgesetzes** unabhängig von der Art der Sicherheit gemäß §§ 195, 199 BGB regelmäßig **in drei Jahren.** Die Verjährung beginnt gemäß § 199 Abs. 1 Nr. 1 BGB mit dem Schluss des Jahres, in dem die Rückgabe der Sicherheit gemäß § 17 Nr. 8 VOB/B fällig wird. Die weiteren Voraussetzungen des Verjährungsbeginns gemäß § 199 Abs. 1 Nr. 2 BGB – Kenntnis des Unternehmers vom Zeitpunkt der Rückgabeverpflichtung und der Person des Bestellers – dürften regelmäßig vorliegen, so dass die Verjährungsfrist von 10 Jahren des § 199 Abs. 4 BGB nur selten einschlägig sein wird.

---

[22] OLG Hamm BauR 1984, 537; *Ingenstau/Korbion/Joussen* B § 17 Nr. 8 Rdn. 25.
[23] LG Tübingen BauR 1988, 232.
[24] Ebenso *Ingenstau/Korbion/Joussen* B § 17 Nr. 8 Rdn. 33.
[25] *Ingenstau/Korbion/Joussen* a. a. O.
[26] OLG Hamm ZIP 1991, 1572 = WM 1992, 640 = BauR 1992, 122 L; *Ingenstau/Korbion/Joussen* B § 17 Nr. 8 Rdn. 32; anderer Ansicht OLG Düsseldorf BauR 2002, 1714 = NJW-RR 2003, 668: Herausgabe der Bürgschaftsurkunde nur an den Bürgen.

## § 18 [Streitigkeiten]

1. Liegen die Voraussetzungen für eine Gerichtsstandvereinbarung nach § 38 Zivilprozessordnung vor, richtet sich der Gerichtsstand für Streitigkeiten aus dem Vertrag nach dem Sitz der für die Prozessvertretung des Auftraggebers zuständigen Stelle, wenn nichts anderes vereinbart ist. Sie ist dem Auftragnehmer auf Verlangen mitzuteilen.
2. (1) Entstehen bei Verträgen mit Behörden Meinungsverschiedenheiten, so soll der Auftragnehmer zunächst die der auftraggebenden Stelle unmittelbar vorgesetzte Stelle anrufen. Diese soll dem Auftragnehmer Gelegenheit zur mündlichen Aussprache geben und ihn möglichst innerhalb von 2 Monaten nach der Anrufung schriftlich bescheiden und dabei auf die Rechtsfolgen des Satzes 3 hinweisen. Die Entscheidung gilt als anerkannt, wenn der Auftragnehmer nicht innerhalb von 3 Monaten nach Eingang des Bescheides schriftlich Einspruch beim Auftraggeber erhebt und dieser ihn auf die Ausschlussfrist hingewiesen hat.

    (2) Mit dem Eingang des schriftlichen Antrages auf Durchführung eines Verfahrens nach Absatz 1 wird die Verjährung des in diesem Antrag geltend gemachten Anspruchs gehemmt. Wollen Auftraggeber oder Auftragnehmer das Verfahren nicht weiter betreiben, teilen sie dies dem jeweils anderen Teil schriftlich mit. Die Hemmung endet 3 Monate nach Zugang des schriftlichen Bescheides oder der Mitteilung nach Satz 2.
3. Daneben kann ein Verfahren zur Streitbeilegung vereinbart werden. Die Vereinbarung sollte mit Vertragsabschluss erfolgen.
4. Bei Meinungsverschiedenheiten über die Eigenschaft von Stoffen und Bauteilen, für die allgemeingültige Prüfungsverfahren bestehen, und über die Zulässigkeit oder Zuverlässigkeit der bei der Prüfung verwendeten Maschinen oder angewendeten Prüfungsverfahren kann jede Vertragspartei nach vorheriger Benachrichtigung der anderen Vertragspartei die materialtechnische Untersuchung durch eine staatliche oder staatlich anerkannte Materialprüfungsstelle vornehmen lassen; deren Feststellungen sind verbindlich. Die Kosten trägt der unterliegende Teil.
5. Streitfälle berechtigen den Auftragnehmer nicht, die Arbeiten einzustellen.

# Vorbemerkung § 18

**Übersicht**

| | Rdn. | | Rdn. |
|---|---|---|---|
| A. Sinn und Zweck der Vorschrift | 1–6 | II. Abschluss eines Schiedsgutachtenvertrages | 12 |
| B. Weitere Möglichkeiten der Konfliktbewältigung | 7–17 | III. Anrufung einer Bau-Schlichtungsstelle | 14 |
| I. Durchführung eines Schiedsgerichtsverfahrens | 8 | | |

**Literatur:** *Altschwager*, Das Schiedsgutachtenverfahren nach § 18 Nr. 3 VOB/B – ein vergessenes Verfahren?, BauR 1991, 157; *Denzinger*, Die Auswirkungen des AGB-Gesetzes auf die Verdingungsordnung für Bauleistungen unter Berücksichtigung des § 5 AGB-Gesetz, BB 1978, 1123; *Diederichsen*, Die neuen Grenzen für Gerichtsstandsvereinbarungen, BB 1974, 377; *Duffek*, Gerichtsstand bei Bauverträgen, BauR 1980, 316; *Englert*, Die „Zuständigkeits-Falle" des § 18 Nr. 1 VOB Teil B, BauR 1995, 774; *Gottwald/Plett/Schmidt-v. Rhein*, Streitbeilegung in Bausachen: Die Bau-Schlichtungsstelle, NJW 1983, 665; *Hök*, Das Schiedsverfahren in Bausachen nach neuem Recht: Ein Vergleich des Schiedsverfahrens mit dem gerichtlichen Verfahren in Bausachen, BauR 1998, 835; *Kaiser*, Die vertragsrechtliche Bedeutung des § 18 Nr. 2 Satz 3 VOB/B, BB 1978, 1548; *Korbion*, Das neue AGB-Gesetz und das Bauvertragsrecht, VersR 1977, 681; *Löwe*, Das neue Recht der Gerichtsstandsvereinbarungen, NJW 1974, 473; *Mandelkow*, Schiedsgerichtsverfahren in Bausachen, BauR 1997, 785; *Meyer-Lindemann*, Gesamtrechtsnachfolge bei Gerichtsstandsvereinbarungen gemäß § 38

## Vor § 18
Vorbemerkung Streitigkeiten

Abs. 1 ZPO, JZ 1982, 593; *Nicklisch,* Instrumente der Internationalen Handelsschiedsgerichtsbarkeit zur Konfliktregelung bei Langzeitverträgen, RIW 1978, 633; *Rosenberger,* § 18 Nr. 1 VOB/B und der besondere Gerichtsstand des Erfüllungsortes (§ 29 ZPO), Festschrift für Jack Mantscheff, 395; *Rutsatz,* Örtliche Zuständigkeit nach § 18 Nr. 1 VOB/B, BauR 1998, 692; *Schilken,* Grundlagen des Beweissicherungsverfahrens, ZZP 92, 238; *Schiller,* Gerichtsstandsklauseln in AGB zwischen Vollkaufleuten und das AGB-Gesetz, NJW 1979, 636; *Schmidt-v. Rhein,* Neue Ansätze in der außergerichtlichen Konfliktregelung, ZRP 1984, 119; *Völker,* Nochmals: Gerichtsstand bei Bauverträgen, BauR 1981, 522; *Zerhusen,* Schlichtungs- und Schiedsordnung für Baustreitigkeiten (SOBau) der ARGE-Baurecht im Deutschen AnwaltVerein, BauR 1998, 849; *Zerhusen,* Die SOBau der ARGE-Baurecht im Deutschen AnwaltVerein – praktische Erfahrungen, BauR 2004, 216.

### A. Sinn und Zweck der Vorschrift

1 § 18 fasst verschiedene Bestimmungen zusammen, die Meinungsverschiedenheiten zwischen Bauvertragsparteien betreffen, für deren Rechtsbeziehungen die Geltung der VOB/B vereinbart worden ist. Die Vorschrift hat **keine Gesamtregelung** für mögliche Konflikte aus Bauverträgen zum Inhalt, sondern beschränkt sich darauf, punktuell einige Bereiche aus dem Feld denkbarer Meinungsverschiedenheiten herauszugreifen. Sie enthält im Wesentlichen Verfahrensregeln (Nr. 1, Nr. 2 Abs. 1 und 2 Satz 2, Nr. 3 und Nr. 4), aber auch einige materiell-rechtliche Bestimmungen (Nr. 2 Abs. 2 Sätze 1 und 3, Nr. 4).

2 **Nr. 1** betrifft den Fall einer zivilgerichtlichen Auseinandersetzung der Parteien und enthält hierfür – falls keine abweichende Vereinbarung getroffen wird – eine durch die bloße Abrede der Geltung der VOB eintretende Gerichtsstandsvereinbarung. Die Vorschrift eröffnet den Parteien des Bauvertrags die Möglichkeit, die örtliche Zuständigkeit eines Gerichts im Einzelfall zu bestimmen, soweit das Gesetz eine solche Prorogation gestattet.

3 **Nr. 2** enthält in Absatz 1 Bestimmungen zur außergerichtlichen Vorgehensweise bei Meinungsverschiedenheiten aus Verträgen, bei denen der Auftraggeber die öffentliche Hand ist; die Regelungen zielen auf die Herbeiführung einer gütlichen Einigung zwischen den Vertragsparteien ab. Der durch die VOB/B 2002 eingefügte Abs. 2 bestimmt, dass während des Schlichtungsverfahrens nach Abs. 1 die Verjährung des geltend gemachten Anspruches gehemmt ist.

4 **Nr. 3** wurde durch die VOB/B 2006 eingefügt und erweitert die in Nr. 2 Abs. 1 getroffene Regelung durch die Möglichkeit der Vereinbarung eines besonderen Schlichtungsverfahrens.

5 **Nr. 4** gibt den Parteien des Bauvertrages für den Fall, dass zwischen ihnen Meinungsverschiedenheiten über die Eigenschaften bestimmter Stoffe und Bauteile auftreten, die Möglichkeit, diese Differenzen durch die Einschaltung von Materialprüfungsstellen außergerichtlich beizulegen.

6 **Nr. 5** bestimmt schließlich, dass der Auftragnehmer bei gerichtlichen oder außergerichtlichen Streitigkeiten mit dem Auftraggeber kein Recht zur Arbeitseinstellung besitzt.

### B. Weitere Möglichkeiten der Konfliktbewältigung

7 Wollen die Beteiligten nicht nur auf die von der VOB angebotenen Konfliktlösungsmöglichkeiten beschränkt bleiben und auch das oft langwierige und kostenträchtige staatliche Zivilgerichtsverfahren vermeiden, so müssen sie sich bereits bei den Vertragsverhandlungen Gedanken über **mögliche Alternativen** hierzu machen und gegebenenfalls bereits im Bauvertrag Mechanismen zur Konfliktregulierung vorsehen. Als solche kommen insbesondere eine Schiedsgerichtsvereinbarung, der Abschluss eines Schiedsgutachtenvertrages oder die Vereinbarung, wonach im Konfliktfalle vor Durchführung eines streitigen Verfahrens zunächst eine Bauschlichtungsstelle anzurufen ist, in Betracht.

B. Weitere Möglichkeiten der Konfliktbewältigung

## I. Durchführung eines Schiedsgerichtsverfahrens

Machen die Parteien des Bauvertrages von der Möglichkeit Gebrauch, durch eine Schiedsgerichtsvereinbarung über eventuelle Streitigkeiten abschließend ein Schiedsgericht entscheiden zu lassen (§§ 1025 ff. ZPO), so tritt dieses an die Stelle der staatlichen Gerichte. § 10 Nr. 5 VOB/A erwähnt diese Möglichkeit ausdrücklich. Die – private – Schiedsgerichtsbarkeit ist **echte Gerichtsbarkeit**. 8

Das Schiedsgerichtsverfahren bietet den Parteien eine Reihe von **Vorteilen:** Es sind dies die Möglichkeit der Übertragung der Entscheidung auf Personen, die das Vertrauen beider Parteien genießen und die für das betreffende Spezialgebiet besonders sachkundig sind, die Nichtöffentlichkeit des Verfahrens sowie die in der Regel – schon wegen des Wegfalls mehrerer Instanzen – schnellere und kostengünstigere Herbeiführung einer Entscheidung.[1] 9

Treffen die Parteien eines Bauvertrages eine Schiedsgerichtsvereinbarung, so bestimmen sie häufig, dass das Schiedsgericht nach der **Schiedsgerichtsordnung für das Bauwesen** in der jeweils gültigen Fassung entscheiden soll. Diese vom Deutschen Beton-Verein e. V. in Wiesbaden und der Deutschen Gesellschaft für Baurecht e. V. in Frankfurt am Main herausgegebene Schiedsgerichtsordnung stellt auf die besonderen Gegebenheiten der Streitfälle auf dem Gebiete des Bauwesens ab – die solchen Streitfällen zu Grunde liegenden Fragen sind nicht selten eher technischer als rechtlicher Natur – und schafft deshalb insbesondere die Möglichkeit, ein Gremium anzurufen, in dem die jeweils sachkundigen Personen unmittelbar an der Entscheidung mitwirken. 10

Auf die Besonderheiten des baurechtlichen Schiedsverfahrens stellt auch die **Schlichtungs- und Schiedsordnung für Baustreitigkeiten (SOBau)** der ARGE Baurecht im Deutschen Anwaltverein ab.[2] 11

## II. Abschluss eines Schiedsgutachtenvertrages

Die Parteien des Bauvertrages können auch vereinbaren, dass im Falle von Streitigkeiten zwischen ihnen die Feststellung bestimmter entscheidungserheblicher Tatsachen von einem Schiedsgutachter vorgenommen wird, wobei die Parteien dem Schiedsgutachter neben der Ermittlung von Tatsachen auch deren rechtliche Einordnung übertragen können.[3] 12

Auf einen solchen Schiedsgutachtenvertrag (der Vertrag zwischen den Parteien einerseits und dem Gutachter andererseits heißt Schiedsgutachtervertrag) finden die §§ 317 bis 319 BGB Anwendung. Daraus ergibt sich vor allem, dass eine Schiedsgutachtenabrede den Parteien den Weg zu den **ordentlichen Gerichten** nicht völlig versperrt, sondern ihnen die Möglichkeit offen lässt, gewisse Fehler des Schiedsgutachtens nachprüfen zu lassen. Dies ist zugleich der wesentliche Unterschied zu einem Schiedsvertrag, in dem für den Streitfall die Durchführung eines schiedsrichterlichen Verfahrens und damit der Ausschluss des ordentlichen Rechtsweges vereinbart wird. 13

## III. Anrufung einer Bau-Schlichtungsstelle

In Bereichen, in denen sich zur Beilegung des Streits in der Regel die Hinzuziehung eines Sachverständigen als notwendig erweist, sind von öffentlich-rechtlichen Körperschaften oder Interessenvereinen häufig sog. **Schieds- oder Schlichtungsstellen** eingerichtet worden, so etwa von verschiedenen Landesärztekammern für Streitigkeiten zwischen Ärzten und 14

---

[1] Vgl. etwa *Schwab/Walter* Kap. 1 II 2.
[2] Wegen der Einzelheiten vgl. *Zerhusen* BauR 1998, 849 und BauR 2004, 216.
[3] BGHZ 48, 25, 30 f. = NJW 1967, 1804, 1805; BGH NJW 1975, 1556.

Patienten wegen ärztlicher Behandlungsfehler, von zahlreichen Handwerkskammern für das Kraftfahrzeughandwerk oder auch vereinzelt gemeinsam von Mieterschutzverbänden und Haus- und Grundbesitzervereinen für Mietstreitigkeiten.[4] Auch im Baubereich existieren in einigen Großstädten der Bundesrepublik derartige Schlichtungsstellen,[5] die von den örtlichen Handwerkskammern – häufig in Zusammenarbeit mit den zuständigen Industrie- und Handelskammern – eingerichtet worden sind.

**15** Die Schlichtungsverfahren dürfen nicht mit Schiedsgerichtsverfahren nach den §§ 1025 ff. ZPO (vgl. oben Rdn. 7 ff.) verwechselt werden. Sie sind nicht wie diese echte Gerichtsbarkeit, sondern zielen auf die Herbeiführung einer gütlichen Einigung zwischen den Parteien ab, stellen also **Vergleichsverhandlungen** dar, an denen teilzunehmen oder nicht den Parteien freigestellt ist und die den Weg zu den staatlichen Gerichten nicht versperren.[6] Das schließt nicht aus, dass die Geschäftsordnung, nach der die Schlichtungsstelle arbeitet, die §§ 1034 ff. ZPO für entsprechend anwendbar erklärt.[7]

**16** Die sehr kostengünstig arbeitenden Bau-Schlichtungsstellen werden im Allgemeinen in der Besetzung mit einem Vorsitzenden, der die Befähigung zum Richteramt haben muss, und zwei auf dem Gebiete des Bauwesens besonders sachverständigen Beisitzern tätig. Aufgrund der damit gegebenen Sachkunde und angesichts der Tatsache, dass die Geschäftsordnungen den Schlichtern bezüglich des Verfahrens ein **weites Ermessen** einräumen, arbeiten die Schlichtungsstellen sehr erfolgreich.

**17** Ihre Effizienz wird noch dadurch erhöht, dass viele Schlichtungsstellen von den Landesjustizverwaltungen als **Gütestellen** im Sinne des § 794 Abs. 1 Nr. 1 ZPO anerkannt worden sind und daher die Möglichkeit haben, Vollstreckungsklauseln für die vor ihnen geschlossenen Vergleiche zu erteilen.[8]

---

[4] Vgl. etwa die Aufstellung bei *Schmidt-v. Rhein* ZRP 1984, 119 f.

[5] Z. B. Bau-Schlichtungsstelle, Rhein-Main in Frankfurt am Main; über deren Gründung, Ausgestaltung und Verfahrensgrundsätze vgl. *Gottwald/Plett/Schmidt-v. Rhein* NJW 1983, 665 ff. Zu dieser Schlichtungsstelle sowie zu anderen vgl. auch *Boysen/Platt* Bauschlichtung S. 9 ff.

[6] Vgl. *Schmidt-v. Rhein* ZRP 1984, 120.

[7] So z. B. die Geschäftsordnung für die Bau-Schlichtungsstelle Rhein-Main; vgl. *Gottwald/Plett/Schmidt-v. Rhein* NJW 1983, 666.

[8] Ein Verzeichnis der durch die Landesjustizverwaltungen anerkannten Gütestellen – darunter zahlreiche Bauschlichtungsstellen – findet sich in JMBlNW 1997, 278.

## § 18 Nr. 1 [Gerichtsstandsvereinbarung]

Liegen die Voraussetzungen für eine Gerichtsstandvereinbarung nach § 38 Zivilprozessordnung vor, richtet sich der Gerichtsstand für Streitigkeiten aus dem Vertrag nach dem Sitz der für die Prozessvertretung des Auftraggebers zuständigen Stelle, wenn nichts anderes vereinbart ist. Sie ist dem Auftragnehmer auf Verlangen mitzuteilen.

Literatur: Siehe die Hinweise → Vor § 18.

### Übersicht

| | Rdn. | | Rdn. |
|---|---|---|---|
| A. Regelungsinhalt | 1–3 | I. Allgemeines | 45 |
| B. Regelungsumfang | 4–43 | 1. Sinn und Zweck des § 38 ZPO | 45 |
| I. Vertragsparteien | 4 | 2. Bedeutung des § 38 ZPO im Rahmen von Nr. 1 | 47 |
| II. Zuständigkeit | 6 | 3. Späterer Wegfall der Prorogationsbefugnis | 49 |
| 1. Regelung allein der örtlichen Zuständigkeit | 7 | II. § 38 Abs. 1 ZPO | 50 |
| 2. Übrige Zuständigkeitsarten | 8 | 1. Allgemeines | 50 |
| a) Funktionelle Zuständigkeit | 9 | 2. Prorogationsberechtigter Personenkreis | 52 |
| b) Sachliche Zuständigkeit | 10 | a) Vollkaufleute | 52 |
| c) Internationale Zuständigkeit | 12 | b) Juristische Personen des öffentlichen Rechts | 57 |
| 3. Wirkung der Gerichtsstandsvereinbarung | 15 | c) Öffentlich-rechtliche Sondervermögen | 61 |
| III. Streitigkeiten aus Vertrag | 17 | III. § 38 Abs. 2 ZPO | 62 |
| 1. Konkreter Bauvertrag | 17 | D. Sitz des Auftraggebers | 66, 67 |
| 2. Streit um Wirksamkeit des Bauvertrages | 18 | E. Auskunftspflicht | 68, 69 |
| 3. Sonstige Ansprüche | 19 | F. Anderweitige Vereinbarung | 70–80 |
| IV. Streitigkeiten als solche | 29 | I. Allgemeines | 70 |
| 1. Gerichtliche Streitigkeiten | 29 | II. Voraussetzungen im Einzelnen | 72 |
| 2. Einzelne Verfahren | 31 | 1. § 38 ZPO | 72 |
| a) Gewöhnlicher Zivilprozess | 31 | 2. § 39 ZPO | 75 |
| b) Mahnverfahren | 32 | 3. § 40 ZPO | 76 |
| c) Urkundenprozess | 34 | III. Vereinbarung durch AGB | 77 |
| d) Arrest/einstweilige Verfügung | 36 | G. Fehlende Prorogationsvoraussetzungen | 81–88 |
| e) Selbstständiges Beweisverfahren | 41 | H. Prozessuales | 89–90 |
| f) Schiedsgerichtsverfahren | 43 | | |
| C. Zulässigkeitsvoraussetzungen des § 38 ZPO | 45–65 | | |

## A. Regelungsinhalt

Nr. 1 legt fest, dass sich der Gerichtsstand für Streitigkeiten zwischen Auftraggeber und Auftragnehmer aus dem Bauvertrag nach dem Sitz der für die Prozessvertretung des Auftraggebers zuständigen und dem Auftragnehmer auf Verlangen mitzuteilenden Stelle richtet, wenn die Voraussetzungen für eine Gerichtsstandsvereinbarung nach § 38 ZPO vorliegen und die Parteien nichts anderes vereinbart haben. Mit der Übereinkunft, dass für ihre vertraglichen Beziehungen die VOB gelten soll, treffen also die Parteien des Bauvertrages zugleich eine **Gerichtsstandsvereinbarung,** d. h. eine Vereinbarung über die Zuständigkeit des Gerichts erster Instanz.

1

## § 18 Nr. 1

2   Die **Wirksamkeit** der Gerichtsstandsklausel hängt nicht davon ab, dass die VOB als Ganzes vereinbart wird; denn die Klausel beeinträchtigt den Antragnehmer nicht unangemessen und hält daher der isolierten Inhaltskontrolle nach § 307 BGB stand.[1]

3   Bezüglich der Voraussetzungen einer Gerichtsstandsvereinbarung verweist Nr. 1 auf § 38 ZPO. Diese Vorschrift hat folgenden Wortlaut:

> Ein an sich unzuständiges Gericht des ersten Rechtszuges wird durch ausdrückliche oder stillschweigende Vereinbarung der Parteien zuständig, wenn die Vertragsparteien Kaufleute, die nicht zu den in § 4 des Handelsgesetzbuchs bezeichneten Gewerbetreibenden gehören, juristische Personen des öffentlichen Rechts oder öffentlich-rechtliche Sondervermögen sind.
>
> Die Zuständigkeit eines Gerichts des ersten Rechtszuges kann ferner vereinbart werden, wenn mindestens eine der Vertragsparteien keinen allgemeinen Gerichtsstand im Inland hat. Die Vereinbarung muss schriftlich abgeschlossen oder, falls sie mündlich getroffen wird, schriftlich bestätigt werden. Hat eine der Parteien einen inländischen allgemeinen Gerichtsstand, so kann für das Inland nur ein Gericht gewählt werden, bei dem diese Partei ihren allgemeinen Gerichtsstand hat oder ein besonderer Gerichtsstand begründet ist.
>
> Im Übrigen ist eine Gerichtsstandsvereinbarung nur zulässig, wenn sie ausdrücklich und schriftlich
> 1. nach dem Entstehen der Streitigkeit oder
> 2. für den Fall geschlossen wird, dass die im Klageweg in Anspruch genommene Partei nach Vertragsschluss ihren Wohnsitz oder gewöhnlichen Aufenthaltsort aus dem Geltungsbereich dieses Gesetzes verlegt oder ihr Wohnsitz oder gewöhnlicher Aufenthalt im Zeitpunkt der Klageerhebung nicht bekannt ist.

### B. Regelungsumfang

#### I. Vertragsparteien

4   Wie sich aus dem Wortlaut der Bestimmung ('Sitz der für die Prozessvertretung des Auftraggebers zuständigen Stelle') ergibt, ist Nr. 1 auf **öffentliche Auftraggeber** zugeschnitten.[2] Im Hinblick auf die typische Organisation solcher Auftraggeber soll in Anlehnung an § 18 ZPO – nach dieser Vorschrift wird der allgemeine Gerichtsstand des Fiskus durch den Sitz der Behörde bestimmt, die berufen ist, den Fiskus in dem Rechtsstreit zu vertreten – für die öffentliche Hand ein Gerichtsstand geschaffen werden, der ihr die Prozessführung erleichtert.[3] Obwohl damit auf die Belange der öffentlichen Hand abgestellt wird, wird überwiegend anerkannt, dass Nr. 1 auch für **private Auftraggeber** gilt.[4]

5   Die Gerichtsstandsvereinbarung gilt nicht nur für Prozesse gegen den Auftraggeber, auch wenn der Wortlaut der Nr. 1 hierauf hindeuten könnte. Vielmehr betrifft sie sowohl Klagen des Auftraggebers als auch des Auftragnehmers.[5]

#### II. Zuständigkeit

6   Nr. 1 trifft eine Zuständigkeitsvereinbarung. Generell enthalten Zuständigkeitsregelungen Aussagen darüber, welches Gericht in einem **konkreten Rechtsstreit** zur Entscheidung

---

[1] OLG Oldenburg, NJW-RR 1996, 1486 f. = BauR 1997, 147 = ZfBR 1997, 298.

[2] BGHZ 94, 158 = NJW 1985, 2090 = BauR 1985, 475 = ZfBR 1985, 180, 181; OLG Köln RIW 1984, 315; *Heiermann/Riedl/Rusam* B § 18 Rdn. 1 u. 4; *Ingenstau/Korbion* B § 18 Nr. 1 Rdn. 4 u. 16; *Nicklisch/Weick* B § 18 Rdn. 8; *Winkler* B § 18 Anm. 1.

[3] BGHZ 94, 158 = NJW 1985, 2090 = BauR 1985, 475 f. = ZfBR 1985, 180, 181.

[4] OLG Köln RIW 1984, 315; LG Rostock BauR 1997, 696; *Nicklisch/Weick* B § 18 Rdn. 8; *Rutsatz* BauR 1998, 697; a. A. OLG Brandenburg, NJW-RR 1997, 1518 = BauR 1997, 1071 = ZfBR 1997, 307; *Heiermann/Riedl/Rusam* B § 18 Rdn. 1 und offenbar auch *Englert* BauR 1995, 779.

[5] *Hereth/Ludwig/Naschold* B § 18 ErlZ 2.

## 1. Regelung allein der örtlichen Zuständigkeit

Die Vereinbarung gemäß Nr. 1 betrifft allein die **örtliche Zuständigkeit,** beantwortet 7 also nur die Frage, welches inländische Gericht die Sache wegen seines örtlichen Sitzes zu entscheiden hat, wobei insoweit der landesrechtlich bestimmte Gerichtsbezirk maßgebend ist.

## 2. Übrige Zuständigkeitsarten

Die übrigen Zuständigkeitsarten werden durch die Vereinbarung gemäß Nr. 1 **nicht** 8 **erfasst;** auch eine analoge Anwendung kommt nicht in Betracht.

**a) Funktionelle Zuständigkeit.** Die funktionelle Zuständigkeit bestimmt, welches 9 Rechtspflegeorgan innerhalb der Gerichtsorganisation in ein und derselben Sache (etwa innerhalb des Rechtsmittelzuges) zur Entscheidung berufen ist. Die funktionelle Zuständigkeit regelt also die Verteilung der gerichtlichen Tätigkeit auf die verschiedenen **Organe der Rechtspflege** aus. Da diese Verteilung allein Sache des Staates ist und nicht der Disposition der Parteien unterliegt, ist Nr. 1 bereits aus diesem Grunde nicht auf die funktionelle Zuständigkeit anwendbar.

**b) Sachliche Zuständigkeit.** Die sachliche Zuständigkeit sagt etwas darüber aus, wel- 10 ches Gericht die Sache **wegen ihrer Art** in erster Instanz zu erledigen hat. Sie kann zwar Gegenstand der Prorogation sein. Gleichwohl ist Nr. 1 nicht einschlägig, weil die Vorschrift lediglich an den Sitz des Auftraggebers anknüpft und keine Aussage über das Eingangsgericht trifft.

Im Bereich der hier interessierenden Zivilgerichtsbarkeit kommen als Eingangsgerichte 11 für Streitigkeiten aus dem Bauvertrag entweder das Amts- oder das Landgericht in Betracht. Welches der genannten Gerichte sachlich zuständig ist, richtet sich nach der **Höhe des Streitwertes** der Klage: bei einem Streitwert bis einschließlich € 5000,– ist die Zuständigkeit des Amtsgerichts, bei einem darüber liegenden Streitwert die des Landgerichts gegeben (§§ 1 ZPO, 23 Nr. 1, 71 Abs. 1 GVG).

**c) Internationale Zuständigkeit.** Die internationale Zuständigkeit betrifft die Frage, 12 ob ein bestimmtes deutsches oder ein ausländisches Gericht zuständig ist. Sie ist in der ZPO nicht ausdrücklich und unmittelbar, sondern lediglich durch stillschweigende Verweisung auf die §§ 12 ff. geregelt. Die Bestimmung der internationalen Zuständigkeit im deutschen Zivilprozessrecht ist daher den Vorschriften über die örtliche Zuständigkeit zu entnehmen.[6]

Bereits vom Sinn und Zweck der Nr. 1 her – Erleichterung der Prozessführung durch 13 den öffentlichen und damit inländischen Auftraggeber (siehe oben Rdn. 3) – lässt sich herleiten, dass die Vorschrift im Gegensatz zu den §§ 12 ff. ZPO nicht zugleich eine Regelung der internationalen Zuständigkeit enthält. Es bestand bei der Schaffung der VOB keine Veranlassung, auch eine Entscheidung darüber zu treffen, ob bei einem aus dem Bauvertrag resultierenden Rechtsstreit bei Beteiligung eines ausländischen Auftraggebers ein inländisches oder ein ausländisches Gericht zuständig sein sollte; Nr. 1 kann daher nicht als Regelung angesehen werden, die neben der örtlichen auch die internationale Zuständigkeit bestimmt.[7]

Auch eine **analoge Anwendung** der Nr. 1 auf die internationale Zuständigkeit scheidet 14 aus; denn während es mit dem von der VOB angestrebten Interessenausgleich noch zu vereinbaren ist, den Auftragnehmer bei der Auswahl des örtlich zuständigen Gerichts zu beschränken, ist dies bei der Frage der internationalen Zuständigkeit nicht mehr der Fall.

---

[6] BGHZ 44, 46 f. = NJW 1965, 1665; BGHZ 63, 220 = NJW 1975, 114, 115; BGHZ 94, 157 f. = NJW 1985, 2090, 2091 = BauR 1985, 475, 476 = ZfBR 1985, 180, 181.
[7] BGHZ 94, 156, 159 = NJW 1985, 2090, 2091 = BauR 1985, 475, 476 = ZfBR 1985, 180, 181.

Durch die Zuweisung des Rechtsstreits an ein ausländisches Gericht wäre für den inländischen Auftragnehmer die Rechtsverfolgung nämlich wesentlich erschwert und damit unzumutbar.[8]

### 3. Wirkung der Gerichtsstandsvereinbarung

15   Mit der Feststellung, dass Nr. 1 lediglich die örtliche Zuständigkeit betrifft, ist noch keine Aussage darüber getroffen, ob der vereinbarte Gerichtsstand – Sitz des Auftraggebers – zusätzlich neben die gesetzlichen Gerichtsstände treten soll oder ob mit der Vereinbarung alle anderen Gerichtsstände ausgeschlossen sein sollen mit der Folge, dass in diesem Falle vor jedem anderem Gericht erfolgreich die Einrede der Unzuständigkeit erhoben werden könnte, die hier jedoch – anders als bei der gesetzlichen Ausschließlichkeit – dem Verzicht unterliegt, etwa durch rügelose Einlassung zur Hauptsache (§ 39 ZPO). Ob die Zuständigkeit als ausschließliche vereinbart worden ist, ist anhand der **Interessenlage** der Beteiligten zu ermitteln; es spricht weder eine Vermutung für die Ausschließlichkeit noch gegen sie.[9]

16   **Sinn** der Gerichtsstandsvereinbarung der Nr. 1 ist es, dem Auftraggeber die Prozessführung zu erleichtern (vgl. oben Rdn. 4). Dieser kann aber kein Interesse daran haben, sich durch die Vereinbarung einer ausschließlichen Zuständigkeit die Möglichkeit zu nehmen, den Auftragnehmer an dessen allgemeinem Gerichtsstand oder an dem Ort der Baustelle als Erfüllungsort (vgl. unten Rdn. 86) zu verklagen. Umgekehrt muss ihm jedoch daran gelegen sein, im Passivprozess nicht gegen seinen Willen an einem anderen Ort als dem seines Sitzes verklagt zu werden. Hieraus folgt, dass Nr. 1 lediglich für den Auftraggeber einen zusätzlichen Gerichtsstand begründet, während für den Auftragnehmer alle anderen Gerichtsstände ausgeschlossen sind.[10]

## III. Streitigkeiten aus Vertrag

### 1. Konkreter Bauvertrag

17   Die Vereinbarung gemäß Nr. 1 betrifft nur „Streitigkeiten aus dem Vertrag". Sie erfasst also lediglich Konflikte um Rechte und Pflichten aus dem konkreten Bauvertrag, dem vereinbarungsgemäß die VOB zu Grunde liegt.

### 2. Streit um Wirksamkeit des Bauvertrages

18   Ist die Wirksamkeit des Bauvertrages zwischen den Parteien streitig, so berührt die mögliche Nichtigkeit des Hauptvertrages die dazugehörige Prorogation im Zweifel nicht, da anzunehmen ist (vgl. § 139 BGB), dass die Gerichtsstandsvereinbarung gerade auch für den Streit um die Wirksamkeit des ganzen Vertrages gelten soll.[11]

### 3. Sonstige Ansprüche

19   Nr. 1 erfasst nicht nur Streitigkeiten um vertragliche Ansprüche im technischen Sinn, d. h. um Ansprüche, die unmittelbar aus dem Bauvertrag selbst herrühren.

20   Grundsätzlich sind zwar Klauseln, die zum Nachteil des Vertragspartners vom dispositiven Recht abweichen, nach dem bei der Auslegung von AGB anzuwendenden **Restriktionsprinzip** eng auszulegen. Im vorliegenden Fall ist dieser Grundsatz jedoch gemildert, so dass

---

[8] BGHZ 94, 156, 159 f. = NJW 1985, 2090, 2091 = BauR 1985, 475, 476 = ZfBR 1985, 180, 181.
[9] RGZ 159, 254, 256; BGHZ 59, 116, 119 = NJW 1972, 1671; OLG Stuttgart BauR 1999, 683; *Stein/Jonas/Bork* § 38 Rdn. 66; *Zöller/Vollkommer* § 38 Rdn. 14; a. A. *Thomas/Putzo* § 38 Rdn. 32 (Vermutung für Ausschließlichkeit).
[10] So auch *Rosenberger* Festschrift für Jack Mantscheff, 399 ff.
[11] RGZ 140, 149, 151; BGH BB 1960, 265; KG BB 1983, 213 f.; MünchKomm-ZPO/*Patzina* § 38 Rdn. 12; *Stein/Jonas/Bork* § 38 Rdn. 61; *Thomas/Putzo* § 38 Rdn. 30; *Zöller/Vollkommer* § 38 Rdn. 8.

aus der in Nr. 1 gewählten Formulierung nicht bereits das Verbot einer erweiternden Auslegung folgt.

Der im Restriktionsprinzip zum Ausdruck kommende Schutzgedanke tritt nämlich angesichts der Tatsache zurück, dass die VOB als „bereitliegende Vertragsordnung" einen auf die Besonderheiten des Bauvertrages abgestimmten, im ganzen einigermaßen ausgewogenen **Ausgleich der Interessen der Beteiligten** enthält und – anders als die typischen AGB – nicht nur den Vorteil lediglich einer Vertragsseite verfolgt.[12] Darüber hinaus verliert der Schutzgedanke hier auch deshalb an Gewicht, weil mit dem Inkrafttreten des Gesetzes zur Änderung der Zivilprozessordnung vom 21. 3. 1974[13] – sog. Gerichtsstandsnovelle – der Kreis der prorogationsbefugten Personen stark eingeschränkt worden ist und insbesondere die bei der hier interessierenden Konstellation als Vertragspartner vor allem in Betracht kommenden Kreise (Kaufleute, öffentliche Hand) keines besonderen Schutzes bedürfen (vgl. unten Rdn. 49 ff.).

Es begegnet daher keinen Bedenken, von einer zu engen Auslegung abzusehen und bei der hier gebotenen **wirtschaftlichen Betrachtungsweise**[14] unter Streitigkeiten aus dem Vertrag alle diejenigen Konflikte zu verstehen, die ihren Ursprung in dem Bauvertrag haben oder mit dessen Abschluss in unmittelbarem Zusammenhang stehen.[15] Daher gilt:

(1) **Culpa in contrahendo.** Ansprüche aus culpa in contrahendo (§ 311 Abs. 2 u. 3 BGB), d. h. Ansprüche aus Verschulden bei Vertragsschluss, haben ihre Rechtfertigung darin, dass bereits durch die Aufnahme von Vertragsverhandlungen oder das Eingehen geschäftlicher Kontakte ein vertragsähnliches Vertrauensverhältnis entsteht, das die Parteien bezüglich der von ihnen zu beobachtenden Sorgfalt Vertragspartnern gleichstellt.[16]

Die Frage, ob Streitigkeiten aus derartigen Vertrauensverhältnissen von der Gerichtsstandsvereinbarung der Nr. 1 umfasst werden, stellt sich nur, wenn es überhaupt zum Abschluss des die Zuständigkeitsvereinbarung erst begründenden Bauvertrages kommt. Ist dies allerdings der Fall, so besteht ein derart enger und unmittelbarer Zusammenhang mit dem Bauvertrag, dass auch für solche Streitigkeiten derselbe Gerichtsstand gegeben ist wie für vertragliche Ansprüche selbst.

(2) **Geschäftsführung ohne Auftrag.** Streitigkeiten aus Geschäftsführung ohne Auftrag (§§ 677 ff. BGB) sind trotz bestehenden Bauvertrages denkbar, etwa um die Vergütung von Leistungen des Auftragnehmers über den vertraglich vereinbarten Rahmen hinaus oder – sofern nicht die Voraussetzungen des Selbstbeseitigungsrechts gemäß § 13 Nr. 5 Abs. 2 VOB/B gegeben sind – um die Kosten der Mangelbeseitigung durch den Auftraggeber. Derartige Ansprüche werden im Hinblick auf ihren engen Zusammenhang mit dem Bauvertrag ebenfalls von der Gerichtsstandsvereinbarung des Nr. 1 umfasst.

(3) **Ungerechtfertigte Bereicherung.** Für Streitigkeiten aus ungerechtfertigter Bereicherung (§§ 812 ff. BGB) – etwa um die Rückforderung überzahlten Werklohnes – gilt die Gerichtsstandsvereinbarung ebenfalls. Auch in diesem Fall ist der erforderliche enge Zusammenhang mit dem Bauvertrag gegeben.[17]

(4) **Unerlaubte Handlung.** Bei Ansprüchen, die aus unerlaubten Handlungen resultieren, die nicht zugleich eine Verletzung des Bauvertrages darstellen, bei denen also Schädiger und Geschädigter lediglich zufällig mit den Vertragsparteien identisch sind, kommt eine Anwendung der Gerichtsstandsvereinbarung der Nr. 1 schon deshalb nicht in Betracht, weil keine Verletzung des Bauvertrages vorliegt.

Im Falle der Konkurrenz mit bauvertraglichen Ansprüchen gilt jedoch auch für deliktische Ansprüche der in Nr. 1 vereinbarte Gerichtsstand. Zwar existiert keine Vermutung dafür, dass bei einer Prorogation konkurrierende Deliktsansprüche einbezogen sein sol-

---

[12] BGHZ 86, 135, 141 = NJW 1983, 816, 818 = BauR 1983, 161, 163 f. = ZfBR 1983, 85, 87.
[13] BGBl. I S. 753.
[14] Vgl. *Ingenstau/Korbion* B § 18 Nr. 1 Rdn. 38.
[15] Vgl. *Ingenstau/Korbion* B § 18 Nr. 1 Rdn. 38; *Nicklisch/Weick* B § 18 Rdn. 4.
[16] Vgl. etwa *Palandt/Grüneberg* § 311 Rdn. 11.
[17] OLG Stuttgart BauR 1996, 149; vgl. *Ingenstau/Korbion* B § 18 Nr. 1 Rdn. 38.

len.[18] Ein einheitlicher Gerichtsstand folgt aber seit dem 1. 1. 1991 – dem Zeitpunkt des Inkrafttretens des Gesetzes zur Neuregelung des verwaltungsgerichtlichen Verfahrens[19] – aus dem Sachzusammenhang; denn der durch dieses Gesetz neu gefasste § 17 Abs. 2 Satz 1 GVG sieht nunmehr vor, dass das zulässig angerufene Gericht den Rechtsstreit unter allen in Betracht kommenden Gesichtspunkten zu entscheiden hat. Auch wenn die Bestimmung sich nach ihrem Wortlaut nur auf das Gericht des zulässigen Rechtsweges bezieht, so gilt doch der ihm zu Grunde liegende Gedanke – Vermeidung von Mehrfachentscheidungen über denselben Streitgegenstand durch Verfahrenskonzentration bei einem einzigen zuständigen Gericht – auch hinsichtlich der Zuständigkeit im Zivilprozess.[20]

## IV. Streitigkeiten als solche

### 1. Gerichtliche Streitigkeiten

29   Unter Streitigkeiten sind lediglich gerichtliche Streitigkeiten, d. h. solche vor den **staatlichen Gerichten,** zu verstehen. Sonstige Meinungsverschiedenheiten, insbesondere solche im Sinne der Nr. 2 und Nr. 3 werden also nicht erfasst. Dass sich die Gerichtsstandsvereinbarung der Nr. 1 lediglich auf gerichtliche Streitigkeiten in dem vorgenannten Sinne bezieht, ist gänzlich unbestritten[21] und folgt bereits aus dem Wortlaut der Bestimmung („Gerichts'stand, ‚Prozess'vertretung).

30   Als Streitigkeiten vor staatlichen Gerichten kommen schon auf Grund der Regelungsmaterie der VOB nur **bürgerliche Rechtsstreitigkeiten** im Sinne des § 13 GVG in Betracht, Rechtsstreitigkeiten also, die vor die Zivilgerichte gehören.[22] Das Verfahren selbst richtet sich nach den Vorschriften der Zivilprozessordnung; diese unterliegen nicht der Disposition der Parteien, sind also zwingend.

### 2. Einzelne Verfahren

31   a) **Gewöhnlicher Zivilprozess.** Aus der Tatsache, dass sich Nr. 1 auf vor den staatlichen Gerichten auszutragende bürgerliche Rechtsstreitigkeiten bezieht, ergibt sich bereits, dass die Gerichtsstandsvereinbarung in erster Linie für gewöhnliche Zivilprozesse von Bedeutung ist, die den Hauptanteil aller Baurechtsstreitigkeiten bilden.

32   b) **Mahnverfahren.** Für Ansprüche, die im Mahnverfahren gemäß den §§ 688 ff. ZPO geltend gemacht werden, gilt Nr. 1 nicht. Denn im Mahnverfahren besteht keine Prorogationsmöglichkeit. Gemäß § 689 Abs. 2 ZPO ist vielmehr die ausschließliche Zuständigkeit des Amtsgerichts gegeben, bei dem der Antragsteller seinen allgemeinen Gerichtsstand hat. Dieser bestimmt sich nach den §§ 12 ff. ZPO, stellt bei natürlichen Personen also regelmäßig auf den Wohnsitz (§ 13 ZPO) und bei juristischen Personen, sonstigen Personenvereinigungen sowie Vermögensmassen auf den Sitz (§§ 17 bis 19 ZPO) ab.

33   Bei Überleitung des Mahnverfahrens in das **streitige Verfahren** (§§ 696, 697 ZPO) findet jedoch Nr. 1 Anwendung. Sofern der Auftragsteller nicht von der Möglichkeit Gebrauch macht, bereits im Mahnantrag das nach Nr. 1 für das streitige Verfahren zuständige Gericht zu bezeichnen (§ 690 Abs. 1 Nr. 5 ZPO), ist eine Korrektur des angegebenen Gerichtsstandes dann nur auf Grund eines übereinstimmenden Verlangens beider Parteien möglich (§§ 696 Abs. 1 Satz 1, 700 Abs. 3 Satz 1 ZPO).

---

[18] OLG Stuttgart BB 1974, 1270; a. A. AK-ZPO/*Röhl* § 40 Rdn. 2 (für Vermutung).
[19] BGBl. I S. 2809.
[20] *Zöller/Vollkommer* § 12 Rdn. 20.
[21] *Daub/Piel/Soergel/Steffani* ErlZ B 18.13; *Ingenstau/Korbion* B § 18 Nr. 1 Rdn. 1; *Nicklisch/Weick* B § 18 Rdn. 4.
[22] Vgl. *Ingenstau/Korbion* B § 18 Nr. 1 Rdn. 3.

**c) Urkundenprozess.** Der Urkundenprozess ist in den §§ 592 ff. ZPO geregelt und 34 stellt eine besondere Verfahrensart dar, durch die dem Kläger möglichst rasch zu einem vollstreckbaren Titel verholfen werden soll. Dieses Ziel wird durch eine Beweismittelbeschränkung und den Ausschluss von Widerklagen erreicht (§§ 592, 595 ZPO). Die Rechte des Beklagten bleiben dadurch gewahrt, dass ihm – sofern er dem geltend gemachten Anspruch widersprochen hat – die Ausführung seiner Rechte im Nachverfahren, in dem im ordentlichen Prozess die im Urkundenverfahren getroffene Entscheidung überprüft wird, vorbehalten bleibt (§§ 599, 600 ZPO).

Auch Forderungen aus dem Bauvertrag können Gegenstand des Urkundenprozesses sein, 35 etwa eine Werklohnforderung trotz fehlender Abnahme, wenn die fiktive Abnahme gemäß § 12 Nr. 5 Abs. 1 VOB/B (Ablauf von 12 Werktagen nach schriftlicher Mitteilung über die Fertigstellung) urkundlich belegt wird.[23] Derartige Klagen werden ebenfalls von der Gerichtsstandsvereinbarung der Nr. 1 erfasst.

**d) Arrest/einstweilige Verfügung.** Durch das Arrest- und das einstweilige Verfügungs- 36 verfahren (§§ 916 ff. ZPO) wird dem Anspruchsberechtigten ein vorläufiger Rechtsschutz in Fällen gewährt, in denen bei Durchführung des zeitaufwändigeren ordentlichen Verfahrens die Gefahr besteht, dass die Verwirklichung seines Rechts trotz Obsiegens vereitelt oder wesentlich erschwert wird. Dabei dient das Arrestverfahren der Sicherung der Zwangsvollstreckung wegen einer Geldforderung oder wegen eines Anspruchs, der in eine Geldforderung übergehen kann (§ 916 ZPO), während das einstweilige Verfügungsverfahren auf die Sicherung eines Individualanspruchs (§ 935 ZPO) oder die einstweilige Regelung eines Rechtsverhältnisses (§ 940 ZPO) abzielt.

Auf das Arrest- und das einstweilige Verfügungsverfahren finden – soweit die §§ 916 ff. 37 ZPO keine Sonderregelungen enthalten – die für das ordentliche Erkenntnisverfahren geltenden Vorschriften Anwendung. Hieraus folgt aber noch nicht die Geltung der Gerichtsstandsvereinbarung der Nr. 1 auch für das Arrest- und einstweilige Verfügungsverfahren. Es sind vielmehr **Sondervorschriften** zu beachten, wonach für die Anordnung des Arrestes das Gericht der Hauptsache oder der belegenen Sache (§ 919 ZPO) und für den Erlass einer einstweiligen Verfügung das Gericht der Hauptsache zuständig ist (§ 937 Abs. 1 ZPO). Dabei ist unter Gericht der Hauptsache das für die Hauptsache örtlich und sachlich zuständige Gericht zu verstehen; mit der Berufungseinlegung wird das Berufungsgericht zuständig (§ 943 Abs. 1 ZPO).

Bei den Gerichtsständen der §§ 919, 937 Abs. 1 ZPO handelt es sich – wie bei allen 38 Gerichtsständen des 8. Buches der ZPO – um ausschließliche (§ 802 ZPO) mit der Folge, dass sie **der Prorogation entzogen** sind. Gleichwohl ist eine von den Parteien gemäß Nr. 1 mit dem Bauvertrag getroffene Gerichtsstandsvereinbarung für die Zuständigkeit des erstinstanzlichen Gerichts im Arrest- oder einstweiligen Verfügungsverfahren nicht ohne Bedeutung:

Bei bereits gegebener **Anhängigkeit der Hauptsache** – Rechtshängigkeit ist nicht 39 erforderlich – ist das damit befasste Gericht nämlich Gericht der Hauptsache im Sinne der §§ 919, 937 Abs. 1 ZPO,[24] und zwar unabhängig davon, ob seine Zuständigkeit gegeben ist oder nicht.[25] Ist das Hauptsachegericht das gemäß Nr. 1 vereinbarte Gericht, so beruht seine Zuständigkeit für das Arrest- oder einstweilige Verfügungsverfahren also mittelbar auf dieser Gerichtsstandsvereinbarung.

Ist die **Hauptsache noch nicht anhängig,** so ist jedes Gericht für das Arrest- und 40 einstweilige Verfügungsverfahren zuständig, dessen Zuständigkeit für die Hauptsache gegeben wäre. Durch eine wirksame Gerichtsstandsvereinbarung nach Nr. 1 ist daher auch in

---

[23] OLG Stuttgart NJW-RR 1986, 898.
[24] *Baumbach/Lauterbach/Hartmann* § 919 Rdn. 6; MünchKomm-ZPO/*Heinze* § 919 Rdn. 6; *Stein/Jonas/Grunsky* § 919 Rdn. 4; *Thomas/Putzo* § 919 Rdn. 3; *Zöller/Vollkommer* § 919 Rdn. 4.
[25] OLG Hamburg MDR 1981, 1027; *Baumbach/Lauterbach/Hartmann* § 919 Rdn. 8; MünchKomm-ZPO/*Heinze* § 919 Rdn. 6; *Stein/Jonas/Grunsky* § 919 Rdn. 5; *Thomas/Putzo* § 919 Rdn. 3; *Zöller/Vollkommer* § 919 Rdn. 8.

§ 18 Nr. 1                                                                      Gerichtsstandsvereinbarung

diesem Falle die Möglichkeit gegeben, mittelbar Einfluss auf die Zuständigkeit im summarischen Verfahren zu nehmen.

41    e) **Selbstständiges Beweisverfahren.** Das selbstständige Beweisverfahren dient der Sicherung der Tatsachenfeststellung und ist eine vorsorgliche Beweisaufnahme durch Augenscheinseinnahme, Zeugenvernehmung oder Einholung eines Sachverständigengutachtens vor Beginn des Rechtsstreits oder – solange eine Beweisanordnung noch nicht getroffen worden ist – auch während des Prozesses. Es ist in den §§ 485 ff. ZPO geregelt und gehört nach h. M.[26] zur streitigen Gerichtsbarkeit.

42    Der Antrag auf Durchführung des Beweissicherungsverfahrens ist bei dem Gericht zu stellen, vor dem der Rechtsstreit über die Hauptsache bereits anhängig ist (§ 486 Abs. 1 ZPO), oder, sofern ein Rechtsstreit noch nicht anhängig ist, bei dem Gericht, das nach dem Vortrag des Antragstellers zur Entscheidung in der Hauptsache berufen wäre (§ 486 Abs. 2 ZPO). Handelt es sich in den genannten Fällen um das nach Nr. 1 vereinbarte Gericht, so beeinflusst die Gerichtsstandsvereinbarung **mittelbar** auch die Zuständigkeit für das Beweissicherungsverfahren. Unabhängig hiervon ist jedoch § 486 Abs. 3 ZPO zu beachten, wonach in Fällen dringender Gefahr der Antrag auch bei dem Amtsgericht gestellt werden kann, in dessen Bezirk sich die zu vernehmenden Personen aufhalten oder der in Augenschein zu nehmende Gegenstand sich befindet.

43    f) **Schiedsgerichtsverfahren.** Obwohl die ZPO in den §§ 1025 ff. Regelungen für das Schiedsgerichtsverfahren enthält, handelt es sich bei diesem nicht um staatliche, sondern um private Gerichtsbarkeit, die in bürgerlichen Rechtsstreitigkeiten an die Stelle der staatlichen tritt. Für Schiedsgerichtsverfahren gilt daher die auf Streitigkeiten, die vor den staatlichen Gerichten auszutragen sind, abzielende Gerichtsstandsvereinbarung der Nr. 1 von vornherein nicht.[27]

44    Die Frage nach der Anwendbarkeit der Nr. 1 auf Schiedsgerichtsverfahren kann sich daher nur insoweit stellen, als im Zusammenhang mit der Durchführung derartiger Verfahren die **Anrufung eines staatlichen Gerichts** erforderlich wird. Die insoweit einschlägigen – durch das am 1. 1. 1998 in Kraft getretene Schiedsverfahrens-Neuregelungsgesetz (SchiedsVfG) vom 22. 12. 1997[28] neu geschaffenen Normen – begründen in erster Linie eine weitgehende sachliche Zuständigkeit der Oberlandesgerichte (§ 1062 ZPO); lediglich für die Unterstützung des Schiedsgerichts bei der Beweisaufnahme und für einige wenige richterliche Handlungen sind die Amtsgerichte zuständig (§ 1050 ZPO). § 1062 regelt aber auch die örtliche Zuständigkeit (für die Amtsgerichte in Abs. 4); diese unterliegt nach zutreffender Auffassung der Parteivereinbarung,[29] so dass Nr. 1 Anwendung findet.

## C. Zulässigkeitsvoraussetzungen des § 38 ZPO

### I. Allgemeines

#### 1. Sinn und Zweck des § 38 ZPO

45    Nr. 1 nimmt eine Gerichtsstandsvereinbarung nur bei Vorliegen der Voraussetzungen des § 38 ZPO an. Die jetzige Fassung dieser Norm geht im Wesentlichen auf das am 1. 4. 1974 in Kraft getretene Gesetz zur Änderung der Zivilprozessordnung vom 21. 3. 1974[30] – sog.

---

[26] Vgl. OLG Karlsruhe MDR 1982, 1026, 1027; MünchKomm-ZPO/*Schreiber* § 485 Rdn. 1; *Thomas/Putzo* Vor § 485 Rdn. 2; *Schilken* ZZP 92, 239 ff.
[27] Vgl. *Nicklisch/Weick* B § 18 Rdn. 4.
[28] BGBl. I 3224.
[29] MünchKomm-ZPO/*Münch* § 1062 Rdn. 16 ff.; *Musielak/Voit* § 1062 Rdn. 3; a. A. BayObLG NJW-RR 2002, 934, 935.
[30] BGBl. I S. 753.

Gerichtsstandsnovelle – zurück,[31] die teilweise wiederum durch das Gesetz zur Vereinfachung und Beschleunigung gerichtlicher Verfahren (Vereinfachung und Beschleunigung gerichtlicher Verfahren (Vereinfachungsnovelle) vom 3. 12. 1976[32] – u. a. auch in § 38 Abs. 3 Nr. 2 ZPO – geändert worden ist.

Im deutschen Zivilprozessrecht galt bis dahin der Grundsatz der Prorogationsfreiheit. Es war den Parteien freigestellt, in vermögensrechtlichen Angelegenheiten formfreie Vereinbarungen über die örtliche und sachliche Zuständigkeit des erstinstanzlichen Gerichts zu treffen, sofern nicht ausnahmsweise ein ausschließlicher Gerichtsstand gegeben war. Wegen der damit verbunden gewesenen Mißstände – massenweise in ABG zum Nachteil Privater vereinbarte Gerichtsstände (zumeist Sitz des Verwenders) hatten zu häufig ungerechtfertigten Versäumnisurteilen geführt – erlaubt die Gerichtsstandsnovelle Zuständigkeitsvereinbarungen nur noch **in beschränktem Umfang** und geht damit von einem ungeschriebenen allgemeinen Prorogationsverbot aus.[33] Dieses ist unabdingbar und gilt sowohl für die eigentliche Prorogation (Begründung einer gesetzlich nicht vorgesehenen Zuständigkeit, auch positive Prorogation genannt) und die Derogation (Ausschluss einer gesetzlichen Zuständigkeit, auch negative Prorogation genannt) als auch für die örtliche und die sachliche Zuständigkeit. 46

### 2. Bedeutung des § 38 ZPO im Rahmen von Nr. 1

Da nach Nr. 1 immer dann eine Vereinbarung dahin angenommen wird, dass Gerichtsstand der Sitz des Auftraggebers ist, wenn eine ausdrückliche anderweitige Vereinbarung nicht getroffen worden und die Prorogationsvoraussetzungen des § 38 ZPO gegeben sind, liegt in dem Hinweis auf diese Vorschrift eine Anknüpfung an die gesetzliche Prorogationsbefugnis der Parteien des VOB-Bauvertrages. 47

Die Prorogationsbefugnis kann entweder auf **besonderen Eigenschaften** beruhen (vgl. § 38 Abs. 1 ZPO) oder sich aus **objektiven Umständen** ergeben (vgl. § 38 Abs. 2 ZPO). Soweit § 38 Abs. 3 ZPO darüber hinaus eine Gerichtsstandsvereinbarung auch nach dem Entstehen der Streitigkeit (vgl. dort Nr. 1) und für den Fall erschwerter Rechtsverfolgung – Verlegung des Wohnsitzes der in Anspruch zu nehmenden Partei ins Ausland oder Unkenntnis des Wohnsitzes oder des gewöhnlichen Aufenthaltes dieser Partei im Zeitpunkt der Klagerhebung – erlaubt (vgl. dort Nr. 2), beruht diese Prorogation notwendigerweise auf einer ausdrücklichen Vereinbarung, so dass diese Regelung in dem hier interessierenden Zusammenhang nicht von Bedeutung ist. Im Folgenden ist daher allein auf § 38 Abs. 1 und 2 ZPO abzustellen. 48

### 3. Späterer Wegfall der Prorogationsbefugnis

Die Zugehörigkeit der Vertragsschließenden zu dem prorogationsbefugten Personenkreis muss im **Zeitpunkt der Vereinbarung** bestehen. Der spätere Wegfall der Prorogationsbefugnis berührt nach zutreffender h. M. die Wirksamkeit der einmal getroffenen Zuständigkeitsvereinbarung nicht mehr.[34] Die Prorogation wirkt daher grundsätzlich auch für und gegen den nicht prorogationsbefugten Einzel- oder Gesamtrechtsnachfolger sowie den Insolvenzverwalter, sofern nicht die Vereinbarung ausdrücklich oder erkennbar auf die ursprünglichen Parteien beschränkt sein sollte.[35] 49

---

[31] Vgl. dazu im Einzelnen z. B. *Diederichsen* BB 1974, 377 ff.; *Löwe* NJW 1974, 473 ff.
[32] BGBl. I S. 3281.
[33] BGH NJW 1983, 162; AK-ZPO/*Röhl* § 38 Rdn. 3; MünchKomm-ZPO/*Patzina* § 38 Rdn. 1; Zöller/Vollkommer Vor § 38 Rdn. 8; *Diederichsen* BB 1974, 378; *Löwe* NJW 1974, 475.
[34] OLG Köln NJW-RR 1992, 571; AK-ZPO/*Röhl* § 38 Rdn. 9; *Thomas/Putzo* Vor § 38 Rdn. 9; Zöller/Vollkommer § 38 Rdn. 10; *Daub/Piel/Soergel/Steffani* ErlZ B 18.5; *Nicklisch/Weick* B § 18 Rdn. 7; *Diederichsen* BB 1974, 379; *Meyer-Lindemann* JZ 1982, 594.
[35] OLG Koblenz BB 1983, 1635; AK-ZPO/*Röhl* § 38 Rdn. 9; *Stein/Jonas/Leipold* § 38 Rdn. 50; Zöller/Vollkommer § 38 Rdn. 10; a. A. LG Trier NJW 1982, 286, 287; MünchKomm-ZPO/*Patzina* § 38 Rdn. 19; *Meyer/Lindemann* JZ 1982, 594 f.

## II. § 38 Abs. 1 ZPO

### 1. Allgemeines

50  Nach § 38 Abs. 1 ZPO sind **bestimmte Personenkreise** vom Verbot der Prorogation ausgenommen. Es handelt sich hierbei um Vollkaufleute, juristische Personen des öffentlichen Rechts und öffentlich-rechtliche Sondervermögen. Der Grund für diese Regelung liegt in der fehlenden Schutzwürdigkeit der genannten Personengruppen.

51  Für die **Wirksamkeit der Zuständigkeitsvereinbarung** genügt es, wenn der Bauvertrag überhaupt von Angehörigen der bezeichneten Personenkreise abgeschlossen wird; nicht erforderlich ist, dass die Vereinbarung von Vertretern derselben Gruppe getroffen wird.[36] Sind allein Kaufleute Vertragsschließende, so ist nicht notwendig, dass sich die Prorogation auf ein Handelsgeschäft im Sinne des § 343 HGB bezieht;[37] denn § 38 Abs. 1 ZPO stellt allein auf die vertragschließenden Personen ab.

### 2. Prorogationsberechtigter Personenkreis

52  a) **Vollkaufleute.** Zu den prorogationsberechtigten Kaufleuten zählen nach § 38 Abs. 1 ZPO allein solche, die nicht zu den in § 1 Abs. 2 HGB bezeichneten Gewerbetreibenden gehören. Bei letzteren handelt es sich um sog. Minderkaufleute, deren Gewerbebetrieb nach Art oder Umfang einen in kaufmännischer Weise eingerichteten Geschäftsbetrieb nicht erfordert. Als **prorogationsbefugte Vollkaufleute** auf dem Bausektor verbleiben damit:

53  (1) Sog. **Istkaufleute.** Nach § 1 Abs. 1 HGB ergibt sich die Kaufmannseigenschaft schon aus dem Betreiben eines Handelsgewerbes, sofern dieses nach Art und Umfang einen in kaufmännischer Weise eingerichteten Geschäftsbetrieb erfordert (vgl. § 1 Abs. 2 HGB).

54  (2) Sog. **Kannkaufleute.** Gewerbetreibende, deren Unternehmen einen in kaufmännischer Weise eingerichteten Geschäftsbetrieb nicht erfordern, sind berechtigt, aber nicht verpflichtet, sich mit einer kaufmännischen Firma in das Handelsregister eintragen zu lassen (§ 2 HGB). Die Eintragung ist konstitutiv.

55  (3) Sog. **Formkaufleute.** § 6 HGB bestimmt in seinem Absatz 1, dass jede Handelsgesellschaft Kaufmannseigenschaft besitzt und ergänzt diese Regelung in Absatz. 2 klarstellend dahin, dass diejenigen Gesellschaften (Handelsgesellschaften und andere), die bereits kraft Rechtsform die Kaufmannseigenschaft besitzen, unabhängig von der Art und dem Umfang ihres Gewerbes stets Vollkaufleute sind. Die in den beiden Absätzen jeweils angesprochenen Organisationen werden häufig verallgemeinernd als Formkaufleute bezeichnet, obwohl die Handelsgesellschaften des Absatz 1 nicht zu ihnen gehören und es sich nur bei den Gesellschaften des Absatz 2 um Formkaufleute im engeren Sinne handelt, nämlich Kaufleute, die ihre Vollkaufmannseigenschaften auf Grund ihrer Rechtsform besitzen.[38]

56  Für den **Bausektor** haben von den Handelsgesellschaften als typische Unternehmensformen der kleineren und der mittelständischen Gewerbetreibenden die offene Handelsgesellschaft, die Kommanditgesellschaft und die Gesellschaft mit beschränkter Haftung besondere Bedeutung.

57  b) **Juristische Personen des öffentlichen Rechts.** Juristische Personen des öffentlichen Rechts sind Rechtssubjekte, die auf Grund öffentlich-rechtlicher Anerkennung (z. B. Gemeinden, Kirchen), durch Gesetz (z. B. Bundesanstalt für Arbeit) oder durch Staatsakt (z. B. Stiftungen) entstehen. Sie haben das Recht der Selbstverwaltung, unterliegen staatlicher Aufsicht und sind in der Regel befugt, für ihren Aufgabenbereich durch Satzung objektives

---

[36] *Diederichsen* BB 1974, 379.
[37] AK-ZPO/*Röhl* § 38 Rdn. 9; *Baumbach/Lauterbach/Hartmann* § 38 Rdn. 17; *Thomas/Putzo* § 38 Rdn. 9; *Zöller/Vollkommer* § 38 Rdn. 19; *Daub/Piel/Soergel/Steffani* ErlZ B 18.6; *Nicklisch/Weick* B § 18 Rdn. 7; *Löwe* NJW 1974, 475; a. A. *Diederichsen* BB 1974, 379.
[38] Vgl. etwa *Staub/Brüggemann* § 6 Rdn. 1.

Recht zu setzen. Mit der Errichtung einer juristischen Person des öffentlichen Rechts erwirbt diese neben der öffentlich-rechtlichen zugleich auch die privatrechtliche Rechtsfähigkeit. Die juristischen Personen des öffentlichen Rechts werden eingeteilt in Körperschaften, Anstalten und Stiftungen des öffentlichen Rechts:

**(1) Körperschaften des öffentlichen Rechts.** Charakteristisch für Körperschaften des öffentlichen Rechts ist das Vorhandensein von Mitgliedern, wobei die Mitgliedschaft freiwillig sein oder auf Zwang beruhen kann. Man unterscheidet Gebietskörperschaften, welche ein bestimmtes Gebiet umfassen und dessen Bewohner betreuen (z. B. Gemeinden, Bundesländer), und Personalkörperschaften, welche Mitglieder gleicher Berufe oder Interessen zusammenfassen (z. B. Ärztekammern, Wasserverbände).

**(2) Anstalten des öffentlichen Rechts.** Anstalten des öffentlichen Rechts haben keine Mitglieder, sondern sind öffentlich-rechtliche Verwaltungseinrichtungen, die mit einem Bestand von sächlichen und personellen Mitteln einem bestimmten öffentlichen Zweck dienen (z. B. Bundesanstalt für Arbeit, Stadtwerke).

**(3) Stiftungen des öffentlichen Rechts.** Stiftungen des öffentlichen Rechts sind Vermögensbestände, welche durch die Stiftungsanordnung bestimmten öffentlichen Zwecken dienen.

**c) Öffentlich-rechtliche Sondervermögen.** Öffentlich-rechtliche Sondervermögen sind nicht rechtsfähige anstaltsähnliche Zweige der unmittelbaren Bundesverwaltung.[39] Trotz Fehlens der Rechtsfähigkeit können sie in Rechtsverkehr unter ihrem Namen handeln, klagen und verklagt werden.

### III. § 38 Abs. 2 ZPO

§ 38 Abs. 2 ZPO regelt die Gerichtsstandsvereinbarung in **Auslandssachen** und nimmt im Interesse der Erleichterung des internationalen Rechtsverkehrs vom Prorogationsverbot diejenigen Fälle aus, in denen mindestens eine Vertragspartei im Inland keinen allgemeinen Gerichtsstand hat. Die Bestimmungen der am 1. 3. 2002 in Kraft getretenen EuGVVO[40] gehen als Spezialregelungen § 38 Abs. 2 ZPO vor.[41] Treffen daher Parteien, von denen mindestens eine im Geltungsbereich der EuGVVO wohnt oder ihren Sitz hat, eine Gerichtsstandsvereinbarung, so findet § 38 Abs. 2 ZPO keine Anwendung. Bedeutung hat § 38 Abs. 2 ZPO im Rahmen des § 18 Nr. 1 VOB/B daher nur, wenn die Parteien des VOB-Bauvertrages beide außerhalb des Geltungsbereichs der EuGVVO wohnen oder ihren Sitz haben.

§ 38 Abs. 2 Satz 1 knüpft allein an das **Fehlen eines inländischen allgemeinen Gerichtsstandes** bei mindestens einem der Vertragsschließenden an. Besondere persönliche Eigenschaften der Parteien – wie in § 38 Abs. 1 ZPO – brauchen nicht vorzuliegen. Abs. 2 findet daher auch auf Nichtkaufleute Anwendung.

Der **Begriff des allgemeinen Gerichtsstandes** ist in § 12 ZPO definiert. Danach ist allgemeiner Gerichtsstand einer Person derjenige, der für alle gegen diese Person zu erhebenden Klagen gilt, sofern nicht im Einzelfall ein ausschließlicher Gerichtsstand begründet ist. Welchen allgemeinen Gerichtsstand eine Person im Einzelfall hat, ergibt sich aus der erschöpfenden Regelung der §§ 13 bis 19 ZPO. Bei natürlichen Personen ist dies im Allgemeinen deren Wohnsitz (§ 13 ZPO); dessen Voraussetzungen sind in den §§ 7 bis 11 BGB geregelt. Der allgemeine Gerichtsstand juristischer Personen wird durch deren Sitz

---

[39] Beispiele bei *Baumbach/Lauterbach/Hartmann* § 38 Rdn. 19.
[40] Verordnung (EG) Nr. 44/2001 vom 22. 12. 2000 des Rates über die gerichtliche Zuständigkeit und die Anerkennung und Vollstreckung von Entscheidungen in Zivil- und Handelssachen (ABlEG Nr. L 12 vom 16. 1. 2001, S. 1).
[41] *Baumbach/Lauterbach/Hartmann* § 38 Rdn. 22; *Musielak/Smid* § 38 Rdn. 14; *Stein/Jonas/Bork* § 38 Rdn. 26; *Thomas/Putzo* § 38 Rdn. 14; *Zöller/Vollkommer* § 38 Rdn. 24.

§ 18 Nr. 1                                                            Gerichtsstandsvereinbarung

bestimmt (§ 17 ZPO), der das Fiskus durch den Sitz der vertretungsberechtigten Behörde (§ 18 ZPO).

65   Da alleiniger Anknüpfungspunkt das Fehlen eines allgemeinen Gerichtsstandes im Inland ist, kommt es auf das Bestehen eines **besonderen inländischen Gerichtsstandes** nicht an. Das Vorhandensein eines solchen nur für einzelne bestimmte Klagen bestehenden Gerichtsstandes (§§ 20 bis 34 ZPO) hindert beim Fehlen eines allgemeinen Gerichtsstandes einer der Parteien des VOB-Bauvertrages also nicht die Anwendung des § 18 Nr. 1 VOB/B.

## D. Sitz des Auftraggebers

66   Für Rechtsstreitigkeiten zwischen den Parteien des VOB-Bauvertrages bestimmt Nr. 1 Satz 1 als Gerichtsstand den Sitz des für die Prozessvertretung des Auftraggebers zuständigen Stelle. Wie bereits dargelegt (vgl. oben Rdn. 4), stellt die Regelung damit auf die Organisationsform **öffentlicher Auftraggeber** ab. Welche Stelle für die Prozessvertretung zuständig ist und wo sich diese Stelle befindet, hat der klagende Auftragnehmer jeweils im Einzelfall festzustellen; gegebenenfalls ist der öffentliche Auftraggeber um Auskunft zu ersuchen (vgl. Nr. 1 Satz 2).

67   Trotz ihres Wortlauts gilt die Regelung auch für **private Auftraggeber**.[42] Bei Streitigkeiten aus Verträgen mit derartigen Auftraggebern ist daher – und zwar auch dann, wenn der Auftraggeber Kläger ist – örtlich das Gericht zuständig, in dessen Bezirk der private Auftraggeber seinen allgemeinen Gerichtsstand hat. Bei Privatpersonen wird dieser in aller Regel durch deren Wohnsitz (§ 13 ZPO) bestimmt, bei juristischen Personen und sonstigen Prozessparteien, die keine natürlichen Personen sind (z. B. offenen Handelsgesellschaften, Kommanditgesellschaften), durch deren Sitz (§ 17 ZPO).

## E. Auskunftspflicht

68   Bei öffentlichen Verwaltungen, aber auch bei großen überregionalen Unternehmen ist die auftraggebende Stelle nicht immer mit der für die Prozessvertretung zuständigen Stelle identisch und häufig an einem anderen Ort angesiedelt als jene. Ist die für die Prozessvertretung zuständige Stelle nicht im Bauvertrag genannt, kann es im Einzelfall zweifelhaft sein, wo sich diese befindet. Nr. 1 Satz 2 verpflichtet daher den Auftraggeber, dem Auftragnehmer hierüber **auf Verlangen** Auskunft zu erteilen.

69   Kommt der Auftraggeber dieser Verpflichtung schuldhaft verspätet oder überhaupt nicht nach oder erteilt er eine falsche Auskunft, so ist er dem Auftragnehmer nach § 280 Abs. 1 BGB **schadensersatzpflichtig**.[43] Erhebt also der Auftragnehmer in einem solchen Falle Klage bei einem örtlich unzuständigen Gericht, so haftet ihm der Auftraggeber für die hierdurch entstehenden Mehrkosten.

## F. Anderweitige Vereinbarung

### I. Allgemeines

70   Zu einer Prorogation der örtlichen Zuständigkeit nach Nr. 1 Satz 1 kann es mit dem Abschluss des Bauvertrages nur kommen, wenn die Vertragsparteien nicht eine andere Gerichtsstandsvereinbarung treffen. Eine **abweichende Vereinbarung** kann – mittels Be-

---

[42] A. A. OLG Brandenburg BauR 1997, 1071.
[43] Vgl. *Daub/Piel/Soergel/Steffani* ErlZ. B 18.18; *Heiermann/Riedl/Rusam* B § 18 Rdn. 8; *Ingenstau/Korbion* B § 18 Nr. 1 Rdn. 40; *Nicklisch/Weick* B § 18 Nr. 9.

sonderer oder Zusätzlicher Vertragsbedingungen (vgl. § 10 Nr. 4 Abs. 1 Buchstabe m VOB/A) – im Bauvertrag selbst, durch gesonderte Abrede in jedem Stadium der Vertragsabwicklung (und zwar auch noch nach Klagerhebung) oder durch die Einbeziehung der AGB einer der Vertragsparteien erfolgen (siehe unten Rdn. 77).

Eine anderweitige Vereinbarung ist nur unter den Voraussetzungen der §§ 38 bis 40 ZPO möglich. 71

## II. Voraussetzungen im Einzelnen

### 1. § 38 ZPO

Während § 38 **Abs. 1** ZPO bestimmte Personenkreise wegen fehlender Schutzbedürftigkeit und § 38 **Abs. 2** ZPO im Interesse der Erleichterung des internationalen Rechtsverkehrs bestimmte Sachen mit Auslandsberührung vom Prorogationsverbot ausnimmt (siehe oben Rdn. 50 ff. und 62 ff.), erlaubt § 38 Abs. 3 ZPO eine Gerichtsstandsvereinbarung auch dann, wenn sie entweder nach der Streitentstehung oder für bestimmte Fälle erschwerter Rechtsverfolgung getroffen wird. Im Einzelnen gilt bezüglich § 38 **Abs. 3** ZPO: 72

Die Zulässigkeit einer Gerichtsstandsvereinbarung ‚nach dem Entstehen der Streitigkeit' ist in Nr. 1 der vorgenannten Vorschrift geregelt. ‚Streitigkeit' ist nicht mit ‚Rechtsstreit' gleichzusetzen. Eine Streitigkeit ist bereits entstanden, wenn die Parteien sich über die Rechtsfolgen aus dem Rechtsverhältnis, auf das sich die Prorogation bezieht, nicht einig sind und dies nach außen kundgetan haben.[44] § 38 **Abs. 3 Nr. 1** ZPO nimmt jedermann, d. h. auch geschäftsungewandte Privatpersonen, vom Prorogationsverbot aus; denn die Gefahr, dass die Bedeutung der Gerichtsstandsvereinbarung verkannt wird, ist relativ gering, da eine solche Vereinbarung notwendigerweise nach dem Abschluss des Hauptvertrages liegen und damit gesondert erfolgen muss, so dass sie ein besonderes Gewicht erhält. Zudem muss die Abrede ausdrücklich und schriftlich, d. h. in der Form des § 126 BGB, getroffen werden. 73

§ 38 **Abs. 3 Nr. 2** ZPO trägt dem Umstand Rechnung, dass die Bundesrepublik Deutschland ein Staat mit hohem Ausländeranteil ist, und gestattet daher für den Fall, dass die in Anspruch zu nehmende Person nach Abschluss des Vertrages ihren Wohnsitz (§ 13 ZPO) oder ihren gewöhnlichen Aufenthaltsort (§ 16 ZPO) in das Ausland verlegt oder deren Wohnsitz oder gewöhnlicher Aufenthaltsort im Zeitpunkt der Klagerhebung nicht bekannt ist, im Interesse des insoweit besonders schutzwürdigen Klägers den vorsorglichen Abschluss einer Gerichtsstandsvereinbarung. Die Vereinbarung muss ebenfalls ausdrücklich und schriftlich (§ 126 BGB) erfolgen. 74

### 2. § 39 ZPO

Nach § 39 Satz 1 ZPO wird die Zuständigkeit eines Gerichts des ersten Rechtszuges ferner dadurch begründet, dass der Beklagte, ohne die Unzuständigkeit geltend zu machen, **zur Hauptsache mündlich verhandelt.** Dies gilt allerdings ohne weiteres nur für das landgerichtliche Verfahren. Ist der Rechtsstreit vor dem Amtsgericht anhängig, so wird dieses durch rügelose Einlassung nur zuständig, wenn es die nach § 504 ZPO vorgeschriebene Belehrung vorgenommen hat. Diese Vorschrift bestimmt für den Fall der örtlichen oder sachlichen Unzuständigkeit des Amtsgerichts, dass der Beklagte vor der Verhandlung zur Hauptsache hierauf und auf die Folgen einer rügelosen Einlassung zur Hauptsache hinzuweisen ist. 75

---

[44] Vgl. *Thomas/Putzo* § 38 Rdn. 17; *Löwe* NJW 1974, 475; enger *Zöller/Vollkommer* § 38 Rdn. 33, der zusätzlich fordert, dass ein gerichtliches Verfahren unmittelbar oder in Kürze bevorsteht (ähnlich *Diederichsen* BB 1974, 380); nach *Baumbach/Lauterbach/Hartmann* § 38 Rdn. 34 soll dagegen schon irgendeine Unsicherheit genügen.

### 3. § 40 ZPO

76 § 40 ZPO enthält für die nach § 38 ZPO als Ausnahme von dem allgemeinen Prorogationsverbot erlaubten Gerichtsstandsvereinbarungen **zusätzliche Einschränkungen**. Absatz 1 bestimmt, dass die Gerichtsstandsvereinbarung unwirksam ist, wenn sie sich nicht auf ein bestimmtes Rechtsverhältnis und die aus ihm entspringenden Rechtsstreitigkeiten bezieht. Absatz 2 hat für Bauvertragssachen keine Bedeutung, da die Vorschrift nichtvermögensrechtliche und solche Streitigkeiten betrifft, für die ein ausschließlicher Gerichtsstand begründet ist.

### III. Vereinbarung durch AGB

77 Die Frage einer abweichenden Gerichtsstandsvereinbarung in AGB kann sich in der Regel nur bei dem in § 38 Abs. 1 ZPO genannten Personenkreis stellen, da die anderen in Betracht kommenden Prorogationsmöglichkeiten entweder eine Individualvereinbarung voraussetzen (§ 38 Abs. 2 im Allgemeinen und § 38 Abs. 3 ZPO stets) oder auf rügeloser Einlassung vor Gericht beruhen (§ 39 ZPO). Die Prorogation gemäß § 38 Abs. 2 ZPO ist zwar – unter bestimmten Bedingungen[45] auch in AGB möglich; sie spielt aber im Bauvertragsrecht keine Rolle und kann daher hier vernachlässigt werden.

78 Werden beim Abschluss des Bauvertrages AGB verwendet, so findet bei der Prüfung, ob die darin enthaltene Gerichtsstandsvereinbarung Vertragsbestandteil geworden ist oder nicht, § 305 Abs. 2 BGB – nach dieser Vorschrift ist eine Einbeziehung von AGB nur unter eingeschränkten Voraussetzungen möglich – keine Anwendung, wenn die AGB gegenüber dem in § 310 Abs. 1 BGB genannten Personenkreis verwendet werden. Allerdings wird eine in einem nur unter Heranziehung von Hilfsmitteln (Lupe) lesbaren Klauselwerk enthaltene Gerichtsstandsvereinbarung auch gegenüber diesem Personenkreis nicht Vertragsinhalt.[46]

79 Ist die Gerichtsstandsklausel nach den Umständen so ungewöhnlich, dass der Vertragspartner des Verwenders mit ihr nicht zu rechnen braucht, so wird sie als sog. überraschende Klausel nach § 305c Abs. 1 BGB nicht Vertragsbestandteil. Überraschend ist eine Klausel dann, wenn durch sie ein Gerichtsstand begründet wird, zu dem keine der vertragschließenden Parteien eine erkennbare Beziehung hat.[47]

80 Wirksam einbezogene Gerichtsstandsklauseln unterliegen der Inhaltskontrolle nach **§ 9 AGB-Gesetz**. Den dabei anzulegenden Maßstäben genügen insbesondere solche Klauseln nicht, die mit wesentlichen Grundgedanken der gesetzlichen Regelung, von der abgewichen wird, nicht zu vereinbaren sind (§ 9 Abs. 2 Nr. 1 AGB-Gesetz). Da auch die Vorschriften der §§ 12 ff. ZPO solche wesentlichen Grundgedanken enthalten,[48] scheitert eine Gerichtsstandsklausel, die trotz Bestimmung eines von den allgemeinen Gerichtsständen der Vertragsparteien weit entfernt liegenden Gerichts ausnahmsweise Vertragsbestandteil geworden sind, etwa weil der Verwender – für den Vertragspartner erkennbar (so dass § 305c Abs. 1 BGB keine Anwendung findet) – ein legitimes Interesse an der Klausel hat, jedenfalls an § 307 Abs. 2 Nr. 1 BGB.[49]

## G. Fehlende Prorogationsvoraussetzungen

81 Kommt es zwischen den Parteien des Bauvertrages weder durch die Vereinbarung der VOB noch durch anderweitige Vereinbarung zu einer Prorogation, so gelten die **gesetzli-**

---

[45] Vgl. im Einzelnen Zöller/Vollkommer § 38 Rdn. 27.
[46] BGH NJW 1983, 2772, 2773.
[47] Vgl. OLG Karlsruhe NJW 1982, 1950, 1951; LG Konstanz BB 1983, 1372; MünchKomm-ZPO/Patzina § 38 Rdn. 21; Zöller/Vollkommer § 38 Rdn. 22; Schiller NJW 1979, 637.
[48] Schiller NJW 1979, 637.
[49] Vgl. BGH NJW 1983, 1320, 1322.

chen Regelungen der §§ 12 ff. ZPO über die örtliche Zuständigkeit. Dabei ist zu unterscheiden zwischen den allgemeinen und den besonderen Gerichtsständen.

Der **allgemeine Gerichtsstand** einer Person ist derjenige, der für alle gegen diese Person zu erhebenden Klagen gilt, sofern nicht im Einzelfall ein ausschließlicher Gerichtsstand begründet ist (§ 12 ZPO). Maßgeblich ist also der allgemeine Gerichtsstand des Beklagten. Dies ist bei natürlichen Personen in aller Regel deren Wohnsitz (§ 13 ZPO), der sich wiederum aus den §§ 7 bis 12 BGB ergibt. Der allgemeine Gerichtsstand juristischer Personen wird durch deren Sitz (§ 17 ZPO), der des Fiskus durch den Sitz der vertretungsberechtigten Behörde bestimmt (§ 18 ZPO). 82

Zu beachten ist, dass daneben für einzelne bestimmte Klagen **besondere Gerichtsstände** gegeben sind (§§ 20 bis 34 ZPO). Für Streitigkeiten aus Bauverträgen kommen insbesondere in Betracht: 83

Gerichtsstand der **Niederlassung (§ 21 ZPO):** Dieser erleichtert die Rechtsverfolgung gegen Gewerbetreibende und tritt kumulativ neben die allgemeinen Gerichtsstände der §§ 13 bis 17 ZPO. Der Gerichtsstand der Niederlassung ist gegeben, wenn eine gewerbliche Niederlassung besteht, die zum selbstständigen Geschäftsabschluss und Handeln berechtigt ist. Des Weiteren ist erforderlich, dass der Kläganspruch eine Beziehung zum Geschäftsbetrieb der Niederlassung aufweist.[50] 84

Gerichtsstand des **Erfüllungsortes (§ 29 ZPO):** Nach § 29 ZPO ist für Streitigkeiten aus einem Vertragsverhältnis und über dessen Bestehen das Gericht des Ortes zuständig, an dem die streitige Verpflichtung zu erfüllen ist. Welcher Ort das ist, bestimmt § 269 BGB. Danach hat die Leistung grundsätzlich an dem Ort zu erfolgen, an welchem der Schuldner der streitigen Verpflichtung zurzeit der Entstehung des Schuldverhältnisses seinen Wohnsitz (§ 269 Abs. 1 BGB) – bei gewerblichen Verpflichtungen seine gewerbliche Niederlassung (§ 269 Abs. 2 BGB) – hat, sofern ein Ort der Leistung weder bestimmt – z. B. gemäß § 261 BGB (Abgabe der Versicherung an Eides Statt) – noch aus den Umständen, insbesondere aus der Natur des Schuldverhältnisses zu entnehmen ist. Der Erfüllungsort ist also grundsätzlich für jede im Streit befindliche Verpflichtung gesondert zu bestimmen, so dass aus demselben Vertragsverhältnis im Einzelfall – je nachdem, wer Schuldner der streitigen Verpflichtung ist – verschiedene Erfüllungsorte bestehen können. Da im Allgemeinen der Schuldner Beklagter ist, fällt im Regelfall der besondere Gerichtsstand des (gesetzlichen) Erfüllungsortes mit dem allgemeinen Gerichtsstand der beklagten Partei (§§ 13, 17 ZPO) zusammen. Dies gilt allerdings nicht, wenn der Schuldner nach dem Entstehen des Schuldverhältnisses seinen Wohnsitz oder den Sitz seiner gewerblichen Niederlassung verlegt. 85

Ungeachtet des Grundsatzes, dass für jede Vertragsverpflichtung der Erfüllungsort gesondert zu bestimmen ist, besteht in der Rechtsprechung eine Tendenz dahin, eine Aufspaltung des Leistungsortes zu vermeiden und in geeigneten Fällen aus den Umständen einen **gemeinsamen Erfüllungsort** zu entnehmen; dabei wird in der Regel auf den Ort abgestellt, wo die für den Vertrag charakteristische Leistung zu erbringen ist.[51] Bei Bauverträgen ist dies nach inzwischen h. M.[52] wegen der besonderen Ortsbezogenheit der vertragstypischen Werkleistung der Ort, an dem das Bauwerk errichtet wird. 86

§ 29 ZPO gilt nicht nur für Streitigkeiten auf Erfüllung von vertraglichen Haupt- oder Nebenpflichten, sondern umfasst alle Klagen (auch Feststellungsklagen), mit denen **Rechte aus dem Vertragsverhältnis** geltend gemacht werden. In Betracht kommen etwa Klagen 87

---

[50] Vgl. zu diesem Erfordernis BGH NJW 1975, 2142.
[51] *Erman/Kuckuk* § 269 Rdn. 12.
[52] BGH NJW 1986, 935 = BauR 1986, 241 f. = ZfBR 1986, 80; ebenso BayObLGZ 83, 64, 66 f. = BauR 1983, 390 f.; OLG Düsseldorf BauR 1982, 297; *MünchKomm/Keller* § 269 Rdn. 26; *Palandt/Heinrichs* § 269 Rdn. 14; *Soergel/Wolf* § 269 Rdn. 24; *Staudinger/Bittner* § 269 Rdn. 24; *Baumbach/Lauterbach/Hartmann* § 29 Rdn. 33; *MünchKomm-ZPO/Patzina* § 29 Rdn. 57; *Stein/Jonas/Roth* § 29 Rdn. 44; *Thomas/Putzo* § 29 Rdn. 6; *Zöller/Vollkommer* § 29 Rdn. 25 (Stichwort ‚Bauwerkvertrag‘); *Duffek* BauR 1980, 318; a. A. LG Konstanz BauR 1984, 86 f.; LG Wiesbaden BauR 1984, 88 f.; LG Braunschweig BauR 1985, 721 f.; LG Karlsruhe MDR 1990, 1010; *Völker* BauR 1981, 522 f.

§ 18 Nr. 1 Gerichtsstandsvereinbarung

auf Wandlung und Minderung, auf Bestimmung der Leistung (§§ 315, 317 BGB), auf Herabsetzung der Vertragsstrafe (§ 343 BGB) und auf Schadensersatz wegen Nicht- oder Schlechterfüllung. Auch für die gerichtliche Geltendmachung von Schadensersatzansprüchen aus **culpa in contrahendo** (§ 311 Abs. 2 u. 3 BGB) gilt § 29 ZPO.[53]

88 Möglich ist auch die Vereinbarung eines Erfüllungsortes. Um zu verhindern, dass hierdurch die in § 38 ZPO normierten Prorogationsbeschränkungen umgangen werden, schränkt **§ 29 Abs. 2 ZPO** die zuständigkeitsbegründende Wirkung der vertraglichen Einigung über den Erfüllungsort im selben Umfang ein wie die Gerichtsstandsvereinbarung selbst.

## H. Prozessuales

89 Die fehlende örtliche Zuständigkeit hat das Gericht – wie sich aus § 39 ZPO ergibt – von Amts wegen grundsätzlich nur dann zu berücksichtigen, wenn es sich um eine ausschließliche Zuständigkeit handelt. Nr. 1 knüpft aber gerade an die Prorogierbarkeit des Gerichtsstandes an, so dass eine Überprüfung der Wirksamkeit der Gerichtsstandsvereinbarung in der Regel nur auf die **Rüge des Beklagten** geschieht.

90 Zu beachten ist jedoch, dass in Verfahren **vor dem Amtsgericht** der Richter gemäß § 504 ZPO auf die örtliche Unzuständigkeit und auf die sich aus § 39 ZPO ergebenden Folgen einer rügelosen Einlassung hinzuweisen hat und dass im **Säumnisverfahren** die Behauptung des Klägers, es liege eine wirksame Gerichtsstandsvereinbarung gemäß Nr. 1 vor, nicht als zugestanden gilt, sondern nach § 331 Abs. 1 Satz 2 vom Gericht von Amts wegen zu überprüfen ist. Dies bedeutet allerdings nicht, dass das Gericht die zuständigkeitsbegründenden Tatsachen von Amts wegen zu ermitteln hat, denn der Beibringungsgrundsatz wird nicht berührt. Das Gericht hat lediglich die Voraussetzungen für das Vorliegen einer wirksamen Gerichtsstandsvereinbarung von Amts wegen zu prüfen, wobei § 286 ZPO gilt; gegebenenfalls muss es den Kläger zur Beschaffung der Nachweise auffordern (vgl. § 335 Abs. 1 Nr. 1 ZPO). Denn dieser ist, wenn er sich auf Nr. 1 beruft, für das Vorliegen der dort genannten Voraussetzungen – z. B. für das Vorhandensein der Kaufmannseigenschaft – darlegungs- und beweisbelastet.[54]

---

[53] BayObLG VersR 1985, 741, 743; OLG München NJW 1980, 1531; *Baumbach/Lauterbach/Hartmann* § 29 Rdn. 12; MünchKomm-ZPO/*Patzina* § 29 Rdn. 8; *Stein/Jonas/Roth* § 29 Rdn. 5 u. 18; *Thomas/Putzo* § 29 Rdn. 3; *Zöller/Vollkommer* § 29 Rdn. 6; a. A. LG Arnsberg NJW 1985, 1172 (für den Fall des Fehlens vertraglicher Beziehungen).

[54] *Ingenstau/Korbion* B § 18 Nr. 1 Rdn. 22.

### § 18 Nr. 2 [Meinungsverschiedenheiten mit Behörden]

(1) Entstehen bei Verträgen mit Behörden Meinungsverschiedenheiten, so soll der Auftragnehmer zunächst die der auftraggebenden Stelle unmittelbar vorgesetzte Stelle anrufen. Diese soll dem Auftragnehmer Gelegenheit zur mündlichen Aussprache geben und ihn möglichst innerhalb von 2 Monaten nach der Anrufung schriftlich bescheiden und dabei auf die Rechtsfolgen des Satzes 3 hinweisen. Die Entscheidung gilt als anerkannt, wenn der Auftragnehmer nicht innerhalb von 3 Monaten nach Eingang des Bescheides schriftlich Einspruch beim Auftraggeber erhebt und dieser ihn auf die Ausschlussfrist hingewiesen hat.

(2) Mit dem Eingang des schriftlichen Antrages auf Durchführung eines Verfahrens nach Absatz 1 wird die Verjährung des in diesem Antrag geltend gemachten Anspruchs gehemmt. Wollen Auftraggeber oder Auftragnehmer das Verfahren nicht weiter betreiben, teilen sie dies dem jeweils anderen Teil schriftlich mit. Die Hemmung endet 3 Monate nach Zugang des schriftlichen Bescheides oder der Mitteilung nach Satz 2.

**Literatur:** Siehe die Hinweise → Vor § 18.

### Übersicht

| | Rdn. | | Rdn. |
|---|---|---|---|
| A. Regelungsinhalt und -zweck | 1–3 | E. Anerkenntniswirkung des Bescheides | 26–47 |
| B. Behörden als Vertragspartner | 4–5 | I. Zweck | 26 |
| C. Meinungsverschiedenheiten aus Vertrag | 6–7 | II. Dogmatische Einordnung | 27 |
| | | 1. Meinungsstand | 27 |
| D. Verfahrensweise | 8–25 | 2. Eigene Auffassung | 33 |
| I. Anrufung der vorgesetzten Stelle | 8 | III. Nichteintritt und nachträgliche Beseitigung der Anerkenntniswirkung | 39 |
| II. Mündliche Aussprache | 15 | | |
| III. Schriftlicher Bescheid | 16 | IV. Inhaltskontrolle nach den §§ 307 ff. BGB | 42 |
| 1. Zeitpunkt der Erteilung | 16 | | |
| 2. Schriftform | 17 | V. Darlegungs- und Beweislast | 46 |
| 3. Rechtsfolgenbelehrung | 18 | | |
| IV. Einspruch durch Auftragnehmer | 19 | F. Verjährungshemmung (Absatz 2) | 48 |

## A. Regelungsinhalt und -zweck

§ 18 Nr. 2 sieht ein besonderes Verfahren für den Fall von Meinungsverschiedenheiten aus Bauverträgen vor, bei denen Auftraggeber eine Behörde ist. Die Bestimmung zielt darauf ab, kostenträchtige und langwierige gerichtliche Auseinandersetzungen zu vermeiden, und strebt **im Interesse beider Vertragsparteien**[1] eine gütliche Einigung zwischen ihnen an. Als Mittel hierzu dient die Einschaltung der der auftraggebenden Behörde unmittelbar vorgesetzten Stelle. 1

Der Versuch der Klärung von Meinungsverschiedenheiten in dem Verfahren nach § 18 Nr. 2 kommt im Übrigen nicht nur dann in Betracht, wenn die Streitigkeit im Fall des Scheiterns einer gütlichen Einigung vor den ordentlichen Gerichten auszutragen ist, sondern auch dann, wenn die Vertragsparteien eine **Schiedsgerichtsvereinbarung** getroffen haben. 2

Die Vorschrift hat – wie sich aus ihrer Formulierung ergibt – keinen zwingenden Charakter. Es handelt sich um eine bloße **Sollvorschrift,** die dem Auftragnehmer lediglich ein bestimmtes Vorgehen nahelegt, ihn jedoch nicht dazu verpflichtet. Dem Auftragnehmer steht es daher frei, sofort den Klageweg zu beschreiten, ohne dass ihm hierdurch Rechtsnachteile entstehen, wobei allerdings zu beachten ist, dass in einigen Bundesländern von der 3

---

[1] Vgl. *Ingenstau/Korbion* B § 18 Nr. 2 Rdn. 6.

Möglichkeit des § 15a Gebrauch gemacht worden ist, bestimmte zivilgerichtliche Klagen von der Durchführung eines vorgeschalteten außergerichtlichen Schlichtungsverfahrens abhängig zu machen.

## B. Behörden als Vertragspartner

4 Voraussetzung für die Anwendung des § 18 Nr. 2 ist, dass die auftraggebende Stelle eine **Behörde** ist. Hierunter sind organisatorisch selbstständige (jedoch nicht rechtsfähige) Einrichtungen des Staates oder einer anderen juristischen Person des öffentlichen Rechts zu verstehen, die – ohne Rücksicht auf die konkrete Bezeichnung und unabhängig vom Wechsel der in ihnen tätigen Personen – eigenverantwortlich Aufgaben der öffentlichen Verwaltung wahrnehmen. Derartige Einrichtungen zur Führung ihrer Amtsgeschäfte haben lediglich die Gebietskörperschaften – d. h. die Bundesrepublik Deutschland, die Bundesländer und die Gemeinden – sowie die Kirchen bestellt.

5 Nr. 2 Abs. 1 geht von einem **mehrstufigen Aufbau** der mit der Durchführung von Baumaßnahmen befassten Verwaltung aus. Behörden im Sinne dieser Bestimmung sind daher nur solche, die im Rahmen eines hierarchischen Aufbaus eine vorgesetzte Stelle haben. Hat der öffentliche Auftraggeber nicht mehrere Instanzen, so ist die Bestimmung unanwendbar. Dies ist etwa bei kommunalen Auftraggebern der Fall, da diese einstufig organisiert sind; die Kreisverwaltungsbehörde ist nicht vorgesetzte Stelle, sondern führt lediglich die Rechtsaufsicht über die Gemeinden.

## C. Meinungsverschiedenheiten aus Vertrag

6 Die vorgesetzte Stelle kann nur angerufen werden, wenn zwischen den Bauvertragsparteien Meinungsverschiedenheiten bestehen. Eine Definition des Begriffs ‚Meinungsverschiedenheiten' enthält Nr. 2 Abs. 1 Satz 1 nicht; einer **weiten Auslegung** stehen deshalb Bedenken nicht entgegen. Der Auftragnehmer kann daher die vorgesetzte Stelle sowohl dann anrufen, wenn unterschiedliche Rechtsauffassungen über bestimmte Rechtsfolgen aus dem Bauvertrag bestehen, als auch dann, wenn es zu Differenzen in tatsächlicher Hinsicht kommt.

7 Einzige Begrenzung ist, dass die Meinungsverschiedenheiten ihren **Ursprung im Bauvertrag** haben müssen. Wann dies der Fall ist, ergibt sich aus den entsprechend geltenden Erläuterungen zu dem in Nr. 1 Satz 1 verwendeten Begriff der ‚Streitigkeiten aus dem Vertrag' (vgl. → § 18 Nr. 1 Rdn. 17 ff.).

## D. Verfahrensweise

### I. Anrufung der vorgesetzten Stelle

8 Bestehen zwischen den Bauvertragsparteien Meinungsverschiedenheiten, so soll der Auftragnehmer nach Nr. 2 Abs. 1 Satz 1 die der auftraggebenden Behörde vorgesetzten Stelle anrufen. Dies setzt voraus, dass mit der auftraggebenden Behörde **zuvor ein Versuch der Einigung** über die strittigen Punkte unternommen worden ist.

9 Die Anrufung der vorgesetzten Stelle im Falle des Scheiterns von Einigungsbemühungen ist Ausdruck des öffentlich-rechtlichen Grundsatzes, dass innerhalb des Verwaltungsaufbaus die Entscheidungskompetenzen bezüglich desselben Gegenstandes verfahrensmäßig verschiedenen Instanzen übertragen werden können, und entspricht den **verwaltungsorganisatorischen Belangen** des öffentlichen Auftraggebers.[2]

---

[2] Vgl. *Kaiser* BB 1978, 1548; ähnlich *Nicklisch/Weick* B § 18 Rdn. 15.

Es handelt sich trotz gewisser Ähnlichkeiten nicht um ein dem Widerspruchsverfahren 10 der §§ 68 ff. VwGO[3] gleichzusetzendes Verfahren. Die Anrufung der vorgesetzten Behörde ist auch nicht als Dienstaufsichtsbeschwerde gegen die auftraggebenden Stelle anzusehen;[4] denn mit der Einschaltung der dieser übergeordneten Behörde bezweckt der Auftragnehmer nicht deren Einschreiten im Wege der Dienstaufsicht, sondern macht nur von einer ihm vom Auftraggeber selbst nahegelegten Möglichkeit Gebrauch.[5] Nr. 2 Satz 1 enthält vielmehr lediglich eine zwischen gleichberechtigten Parteien **zivilrechtlich vereinbarte** Übertragung einer Entscheidung auf eine mit bestimmten Befugnissen ausgestattete Einrichtung innerhalb der Organisation eines der Vertragspartner.[6] Damit besteht eine gewisse Ähnlichkeit mit der im Zivilrecht anerkannten Möglichkeit der Übertragung der Leistungsbestimmung auf einen Dritten (§ 317 BGB); allerdings ist im vorliegenden Fall die übergeordnete Behörde nicht Dritten im vorgenannten Sinne, sondern als unselbständige Einrichtung des Auftraggebers diesem zuzurechnen.[7]

Mit der Bestimmung, dass die der auftraggebenden Stelle unmittelbar vorgesetzte Behörde 11 angerufen werden soll, trifft Nr. 2 Abs. 1 Satz 1 zugleich eine **Zuständigkeitsregelung.** Welches die vorgesetzte Behörde ist, hängt von dem jeweiligen Verwaltungsaufbau des Auftraggebers ab.

Obwohl sich die nächsthöhere Stelle häufig aus den Verdingungsunterlagen ergeben 12 wird, können im Einzelfall Zweifel auftreten. In diesem Fall ist die auftraggebende Stelle dem Auftragnehmer zur Auskunft verpflichtet.[8] Diese **Auskunftspflicht** ist für den vorliegenden Fall – anders als in Nr. 1 Satz 2 bezüglich des Sitzes der für die Prozessvertretung des Auftraggebers zuständigen Stelle – nicht ausdrücklich erwähnt; sie ergibt sich jedoch als **Nebenpflicht aus dem Bauvertrag.** Denn nach Treu und Glauben (§ 242 BGB) besteht eine Auskunftspflicht dann, wenn die zwischen den Parteien bestehenden Rechtsbeziehungen es mit sich bringen, dass der Berechtigte in entschuldbarer Weise über die zur Durchsetzung seines Rechtes (hier: auf Anrufung der vorgesetzten Stelle) erforderlichen Tatsachen im Ungewissen ist und der Verpflichtete die zur Beseitigung der Ungewissheit erforderlichen Auskunft unschwer erteilen kann.[9] Verletzt die auftraggebende Stelle schuldhaft diese Pflicht, indem sie eine verspätete, unrichtige oder überhaupt keine Auskunft erteilt, so ist der Auftraggeber dem Auftragnehmer nach § 280 Abs. 1 BGB **schadensersatzpflichtig.**[10]

Die Anrufung der vorgesetzten Stelle ist **formlos** möglich und kann daher auch mündlich 13 geschehen. Auf die Schriftform sollte jedoch schon aus Beweisgründen nicht verzichtet werden. Nicht erforderlich ist, dass der Auftragnehmer sich unmittelbar an die auftraggebende Stelle wendet. Das Verfahren nach Nr. 2 kann auch dadurch eingeleitet werden, dass der Auftragnehmer die auftraggebende Stelle bittet, die Meinungsverschiedenheit von dort aus an die vorgesetzte Stelle heranzutragen.[11]

Die Anrufung der vorgesetzten Stelle ist grundsätzlich **nicht fristgebunden.** Sie kann 14 daher jederzeit schon vor, während und nach der Bauausführung geschehen. Zu beachten ist jedoch, dass bei Meinungsverschiedenheiten bezüglich der Abrechnung der Auftragnehmer gemäß § 16 Nr. 3 Abs. 2 VOB/B innerhalb von 12 Werktagen nach Eingang der Schlusszahlung einen Vorbehalt erklären und diesen innerhalb einer weiteren Frist von 24 Werktagen begründen muss, wenn er nicht mit der Geltendmachung weiterer Forderungen aus der Abrechnung ausgeschlossen sein will.

---

[3] Vgl. aber *Weick* S. 225, der davon spricht, dass hier ‚ein typisches administratives Modell erkennbar' sei.
[4] So aber *Epinius* S. 217, der die Anrufung als ‚eine Art Dienstaufsichtsbeschwerde' bezeichnet.
[5] Vgl. *Daub/Piel/Soergel/Steffani* ErlZ B 18.22; *Hereth/Ludwig/Naschold* B § 18 Rdn. 8.
[6] Ähnlich *Kaiser* BB 1978, 1548.
[7] Vgl. *Kaiser* BB 1978, 1548.
[8] *Ingenstau/Korbion* B § 18 Nr. 2 Rdn. 12; *Nicklisch/Weick* B § 18 Rdn. 15.
[9] Vgl. RGZ 108, 1, 7; BGHZ 10, 385, 387 = NJW 1954, 70, 71; BGHZ 81, 21, 24; BGHZ 95, 285, 287 = NJW 1986, 1247 f.
[10] *Ingenstau/Korbion* B § 18 Nr. 2 Rdn. 12.
[11] *Heiermann/Riedl/Rusam* B § 18 Rdn. 11.

## II. Mündliche Aussprache

**15** Nach Nr. 2 Abs. 1 Satz 2 soll die vorgesetzte Stelle dem Auftragnehmer Gelegenheit zur mündlichen Aussprache geben. Die Aussprache ist der zweite Schritt in dem durch die Anrufung eingeleiteten Verfahren nach Nr. 2. Die vorgesetzte Stelle trifft allerdings **keine Verpflichtung,** eine derartige Aussprache herbeizuführen (‚soll'). Umgekehrt ist – wie sich aus der Formulierung (‚Gelegenheit ... geben') ergibt – auch der Auftragnehmer nicht verpflichtet, zu einem eventuell anberaumten Aussprachetermin zu erscheinen; irgendwelche Rechtsnachteile entstehen ihm durch ein Fernbleiben nicht. Die Wahrnehmung des Termins ist dem Auftragnehmer jedoch dringend anzuraten, wenn er den Zweck des Verfahrens – Herbeiführung einer gütlichen Einigung – nicht gefährden will. Im Übrigen wäre ein Nichterscheinen zu der Aussprache angesichts der Tatsache, dass der Auftragnehmer das Verfahren nach Nr. 2 durch die Anrufung der vorgesetzten Stelle selbst in Gang gebracht hat, auch inkonsequent.

## III. Schriftlicher Bescheid

### 1. Zeitpunkt der Erteilung

**16** Unabhängig davon, ob die vorgesetzte Stelle dem Auftragnehmer Gelegenheit zur mündlichen Aussprache gegeben hat oder nicht, soll die Behörde ihn nach Nr. 2 Abs. 1 Satz 2 möglichst innerhalb von zwei Monaten nach der Anrufung schriftlich bescheiden, d. h. ihm eine Antwort auf sein Begehren erteilen. Es handelt sich auch insoweit nur um eine Sollvorschrift, wie bereits der Formulierung (‚soll ... möglichst ...') zu entnehmen ist. Eine **echte Fristsetzung** liegt **nicht** vor.[12] An die Überschreitung der Zweimonatsfrist sind daher – ebenso wie an eine völlig unterbliebene Bescheidung des Auftragnehmers – keine Rechtsfolgen geknüpft; insbesondere ergibt sich hieraus für den Aufnehmer kein Schadensersatzanspruch.

### 2. Schriftform

**17** Der Bescheid soll schriftlich ergehen. Obwohl Behörden sich in aller Regel schriftlich zu äußern pflegen, ist auch eine Entscheidung möglich, die dem Auftragnehmer nur mündlich – etwa im Anschluss an die Aussprache – mitgeteilt wird; denn die Schriftform ist **nicht zwingend** vorgeschrieben.[13] Zu beachten ist jedoch, dass die Anerkenntniswirkung nach Satz 3 (vgl. unten Rdn. 26 ff.) davon abhängt, dass bezüglich der sog. Rechtsfolgenbelehrung die Schriftform eingehalten worden ist.[14]

### 3. Rechtsfolgenbelehrung

**18** In dem Bescheid, d. h. der Antwort auf das mit der Anrufung der vorgesetzten Stelle herangetragene Begehren des Auftragnehmers, soll die Behörde diesen auch auf die Rechtsfolgen des Satzes 3 hinweisen, ihn also darüber belehren, dass die Entscheidung als anerkannt gilt, wenn er nicht innerhalb von zwei Monaten nach Eingang des Bescheides schriftlich Einspruch beim Auftraggeber erhebt. Diese sog. Rechtsfolgenbelehrung ist **zwingend,** wenn die in Satz 3 beschriebene Anerkenntniswirkung (vgl. unten Rdn. 26 ff.) eintreten soll.

---

[12] Ebenso *Ingenstau/Korbion* B § 18 Nr. 2 Rdn. 14 und *Nicklisch/Weick* B § 18 Rdn. 16; a. A. *Eplinius* S. 217.
[13] *Daub/Piel/Soergel/Steffani* ErlZ B 18.26.
[14] *Daub/Piel/Soergel/Steffani* ErlZ B 18.26; *Ingenstau/Korbion* B § 18 Nr. 2 Rdn. 15.

### IV. Einspruch durch Auftragnehmer

Ist der Bescheid der vorgesetzten Stelle ordnungsgemäß ergangen und enthält dieser 19
insbesondere eine den Anforderungen des Satzes 3 genügende Rechtsfolgenbelehrung, so
muss der Auftragnehmer, will er die Anerkenntnisverwirkung der genannten Vorschrift
vermeiden, Einspruch einlegen. Dies muss **schriftlich** und innerhalb einer **Frist von zwei
Monaten** ab Eingang des Bescheides beim Auftragnehmer geschehen (Nr. 2 Satz 3).

Der Lauf der zweimonatigen Einspruchsfrist beginnt mit dem **Zugang** des Bescheides. 20
Denn da es sich bei dem schriftlichen Bescheid um eine Willenserklärung handelt, die einem
Abwesenden gegenüber abzugeben ist, wird die Entscheidung der Behörde gemäß § 130
Abs. 1 BGB erst wirksam, wenn sie dem Auftragnehmer zugegangen ist. Der Bescheid ist
dann zugegangen, wenn er so in den Machtbereich des Auftragnehmers gelangt ist, dass dieser
unter normalen Verhältnissen die Möglichkeit hat, vom Inhalt des Bescheides Kenntnis zu
nehmen.[15] Zum Bereich des Auftragnehmers gehören auch die von ihm zur Entgegennahme
von Erklärungen bereit gehaltenen Einrichtungen, wie z. B. Briefkasten und Postfach.[16]

Die **Berechnung** der Frist ist nach den §§ 187 ff. BGB vorzunehmen. Demgemäß ist der 21
Tag des Eingangs des Bescheides gemäß § 187 Abs. 1 BGB bei der Fristberechnung nicht
mitzurechnen. Die Frist endet mit dem Ablauf des Tages des letzten Monats, welcher durch
seine Zahl dem Tage entspricht, in den das Ereignis fällt (§ 188 Abs. 2). Fällt der letzte Tag
der Frist auf einen Sonntag, einen am Erklärungs- oder Leistungsorte staatlich anerkannten
allgemeinen Feiertag oder einen Sonnabend, so tritt an die Stelle eines solchen Tages der
nächste Werktag (§ 193 BGB).

Nr. 2 trifft keine Bestimmung darüber, an wen der Einspruch zu richten ist. Es kann 22
daher nach allgemeiner Meinung[17] sowohl an die **auftraggebende** als auch an die **vorgesetzte** Stelle gerichtet werden, da beide Stellen den Auftraggeber gegenüber dem Auftragnehmer vertreten.

Für den Einspruch ist **Schriftform** (§§ 126 ff. BGB) erforderlich. Wird diese nicht 23
eingehalten, ist der Einspruch unwirksam.

Außer der Einhaltung der Schriftform sind **keine weiteren Formalien** zu beachten. 24
Insbesondere ist es nicht erforderlich, dass der Auftragnehmer seine Eingabe ausdrücklich als
Einspruch bezeichnet. Es genügt, wenn er deutlich macht, dass er mit der im Bescheid
getroffenen Entscheidung nicht einverstanden ist.[18]

Hat der Auftragnehmer gegen den Bescheid der vorgesetzten Stelle wirksam Einspruch 25
eingelegt, so steht das Scheitern des Versuchs einer **gütlichen Beilegung** der zwischen den
Vertragsparteien aufgetretenen Meinungsverschiedenheiten fest. Es bleibt nunmehr den
Parteien unbenommen, erneut eine gütliche Einigung zu versuchen oder aber ihren Streit
vor den ordentlichen Gerichten oder gegebenenfalls in einem Schiedsgerichtsverfahren zu
klären.

## E. Anerkenntniswirkung des Bescheides

### I. Zweck

Legt der Auftragnehmer gegen den Bescheid der vorgesetzten Stelle keinen Einspruch ein 26
oder ist der Einspruch wegen Fristversäumnis oder Nichteinhaltung der Schriftform un-

---

[15] Vgl. BGHZ 67, 271, 275 = NJW 1977, 194; BGH NJW 1980, 990 f.; BGH NJW 1983, 929, 930.
[16] Einzelfälle s. etwa bei *Palandt/Heinrichs* § 130 Rdn. 6 f.
[17] *Daub/Piel/Soergel/Steffani* ErlZ B 18.26; *Hereth/Ludwig/Naschold* B § 18 Rdn. 14; *Ingenstau/Korbion* B § 18 Nr. 2 Rdn. 19; *Nicklisch/Weick* B § 18 Rdn. 17.
[18] *Daub/Piel/Soergel/Steffani* ErlZ B 18.25; *Ingenstau/Korbion* B § 18 Nr. 2 Rdn. 19; *Nicklisch/Weick* B § 18 Rdn. 17.

wirksam, so gilt nach Nr. 2 Abs. 1 Satz 3 die „Entscheidung als anerkannt". Zweck der Bestimmung ist es, **klare Rechtsverhältnisse** zu schaffen und eine für längere Zeit anhaltende Unsicherheit zu vermeiden.

## II. Dogmatische Einordnung

### 1. Meinungsstand

27   Die dogmatische Einordnung der in Nr. 2 Abs. 1 Satz 3 beschriebenen Anerkenntniswirkung im Einzelnen ist unklar. Während sich die Rechtsprechung hiermit bisher offenbar überhaupt noch nicht beschäftigt hat – entsprechende Entscheidungen sind jedenfalls nicht veröffentlicht worden –, behandelt das **Schrifttum** das Problem in aller Regel nur am Rande und kommt dabei zu unterschiedlichen Ergebnissen.

28   Einige Autoren beschränken sich darauf, dem Inhalt des Bescheides der vorgesetzten Stelle bei fehlendem oder nicht frist- und formgerechtem Einspruch ohne nähere Begründung Vereinbarungscharakter beizumessen. So meinen *Hereth/Ludwig/Naschold*,[19] die Entscheidung habe in diesem Fall die ‚Bedeutung einer Vereinbarung'. Nach *Daub/Piel/Soergel/Steffani*[20] hat die Entscheidung bei fehlendem wirksamen Einspruch ‚als Vereinbarung zu gelten'. Und *Heiermann*[21] spricht in diesem Zusammenhang von einem ‚fingierten Anerkenntnis'.

29   Andere Autoren unternehmen den Versuch einer näheren dogmatischen Einordnung. *Weick*[22] führt hierzu aus, es liege nahe, dass eine materiellrechtliche Vereinbarung, die je nach ihrem Inhalt ein Vergleich, ein Verzicht usw. sein könne, getroffen werde, und zwar in der Weise, dass die entscheidende Behörde ein Angebot mache, welches der Auftragnehmer dann durch schlüssiges Handeln annehme.

30   Ähnlich meint *Nicklisch*,[23] das Schweigen des Auftragnehmers auf den Bescheid hin werde unwiderleglich als Annahme der Entscheidung vermutet, so dass im rechtsgeschäftlichen Bereich eine entsprechende Vereinbarung zwischen den Parteien des Bauvertrages zustandekomme, während hinsichtlich der in dem Bescheid enthaltenen tatsächlichen Feststellungen der Regelung in Satz 3 die Bedeutung zuzumessen sei, dass der Auftragnehmer bei künftigen Auseinandersetzungen an die getroffenen Feststellungen gebunden sei.

31   Auch *Joussen*[24] sieht in dem Bescheid der vorgesetzten Stelle vertragsrechtlich ein Angebot, das bei Unterlassung eines ordnungsgemäßen Einspruchs durch den Auftragnehmer angenommen wird; dabei laufe die Regelung in Satz 3 darauf hinaus, das Fehlen eines form- und fristgerechten Einspruchs des Auftragnehmers als vorweg erklärten Verzicht auf die Annahme des Angebots anzusehen und so die Wirkungen des § 151 Satz 1 BGB herbeizuführen.

32   *Kaiser*[25] schließlich interpretiert die Regelung des Satzes 3 als Rechtsfolgenvereinbarung. Er sieht in der Entscheidung der Behörde ein Angebot, das an sich bei Schweigen des Auftragnehmers gemäß § 146 BGB erlöschen würde. Dies verhindere jedoch Satz 3, der insoweit kraft vertraglicher Vereinbarung eine Lücke schließe. Soweit allerdings der Bescheid des öffentlichen Auftraggebers kein Angebot im vertragsrechtlichen Sinn enthalte – etwa im Falle der vollständigen Zurückweisung einer Mehrforderung des Auftragnehmers – gehe die Bestimmung des Satzes 3 ins Leere.

---

[19] *Hereth/Ludwig/Naschold* B § 18 Rdn. 13.
[20] *Daub/Piel/Soergel/Steffani* ErlZ B 18.25.
[21] *Heiermann/Riedl/Rusam* B § 18 Rdn. 12.
[22] *Weick* S. 225.
[23] *Nicklisch/Weick* B § 18 Rdn. 17.
[24] *Ingenstau/Korbion* B § 18 Nr. 2 Rdn. 23.
[25] *Kaiser* BB 1978, 1550.

## 2. Eigene Auffassung

Richtiger Ansatzpunkt für dogmatische Überlegungen zur zivilrechtlichen Bedeutung der in Satz 3 enthaltenen Regelung ist der Wortlaut dieser Bestimmung. Danach „gilt" die Entscheidung der vorgesetzten Stelle „als anerkannt", wenn der Auftragnehmer einen form- und fristgerechten Einspruch nicht einlegt. Diesem Unterlassen des Auftragnehmers wird also ein bestimmter – rechtsgeschäftlicher – Erklärungsinhalt beigemessen. Es handelt sich dabei nicht um eine Fiktion im technischen Sinne,[26] da nicht ein in Wirklichkeit nicht bestehender Sachverhalt einem anderen gleichgestellt wird; denn das Verhalten des Auftragnehmers kann durchaus darauf beruhen, dass er mit dem Inhalt des behördlichen Bescheids einverstanden ist. Die Bestimmung des Satzes 3 soll daher lediglich Zweifel in der rechtlichen Einordnung der Regelung ausschließen. Mithin liegt eine **unwiderlegliche Vermutung**[27] dahin vor, dass das Unterlassen eines ordnungsgemäßen Einspruchs eine Einverständniserklärung enthält.[28]

Welche **Rechtsfolgen** sich im Einzelnen aus dem unwiderleglich vermuteten Einverständnis des Auftragnehmers ergeben, hängt von der rechtlichen Einordnung des Erklärungsinhalts des behördlichen Bescheids ab. Dieser Inhalt kann sich auf rein tatsächliche Feststellungen beschränken (etwa darauf, dass die Leistung des Auftragnehmers mit bestimmten Mängeln behaftet ist) oder sich in rechtsgeschäftlichen Erklärungen erschöpfen (etwa darin, dass der entstandene Schaden im Hinblick auf eine Mithaftung des Auftraggebers in Folge eigenen Planungsverschuldens von beiden Bauvertragsparteien je zur Hälfte zu tragen sei); in der Praxis wird der Bescheid der vorgesetzten Behörde jedoch häufig sowohl tatsächliche als auch rechtsgeschäftliche Elemente enthalten (etwa dergestalt, dass zwar die tatsächlich erbrachte Leistungsmenge nur in geringerem Umfang anerkannt wird, als der Auftragnehmer dies verlangt hat, dass im Übrigen jedoch seinem Wunsche nach Erhöhung bestimmter Einheitspreise stattgegeben wird). Soweit die Entscheidung der übergeordneten Behörde einen rechtsgeschäftlichen Inhalt hat, können die Willenserklärungen grundsätzlich auf drei verschiedene Rechtsfolgen abzielen, wobei diese in dem Bescheid einzeln oder auch kombiniert angestrebt werden können: dem Begehren des Auftragnehmers kann stattgegeben werden, es kann abgelehnt werden, und schließlich kann die Behörde einen dritten Weg beschreiten und dem Auftragnehmer einen qualitativ anderen Vorschlag zur Lösung des Konflikts machen.

Aus dem Vorstehenden folgt, dass jeweils im **Einzelfall** zu prüfen ist, welche rechtlichen Konsequenzen aus der unwiderleglichen Vermutung der Akzeptierung des Inhalts der behördlichen Entscheidung durch den Auftragnehmer zu ziehen sind. Dabei ist bezüglich des Bescheides zwischen dessen tatsächlichem und rechtsgeschäftlichem Inhalt zu unterscheiden.

Werden in der Entscheidung der vorgesetzten Stelle **Tatsachen** festgestellt, hat die unwiderleglich vermutete Willenserklärung des Auftragnehmers die Wirkungen eines **deklaratorischen Schuldanerkenntnisses,** d. h. eines einseitigen bestätigenden Feststellungsvertrages.[29] Dies bedeutet, dass die von der vorgesetzten Stelle festgestellten Tatsachen für den Auftragnehmer grundsätzlich bindend sind. Mit dem Einwand, die Feststellungen seien unrichtig, kann der Auftragnehmer nur gehört werden, wenn er die Unrichtigkeit bei Ablauf der Zweimonatsfrist nicht kannte und zu diesem Zeitpunkt mit ihr auch nicht zumindest rechnete.[30]

---

[26] So aber offenbar *Heiermann/Riedl/Rusam* B § 18 Rdn. 12 (‚fingiertes Anerkenntnis') und *Kaiser* BB 1978, 1550 (‚fingierte Willenserklärung').
[27] Vgl. zum Begriff der unwiderleglichen Vermutung und zur Abgrenzung von der Fiktion z. B. *Köhler* § 3 Nr. 4.
[28] So zutreffend *Nicklisch/Weick* B § 18 Rdn. 17.
[29] Vgl. zum Begriff des deklaratorischen Schuldanerkenntnisses BGHZ 66, 250, 253 f. = NJW 1976, 1259, 1260; s. z. B. auch *Staudinger/Marburger* § 781 Rdn. 8 ff.
[30] Vgl. zu den Wirkungen des deklaratorischen Schuldanerkenntnisses BGHZ 69, 328, 331 = NJW 1978, 44 f.; s. z. B. auch *Staudinger/Marburger* § 781 Rdn. 11.

**37** Enthält der Bescheid der vorgesetzten Stelle **rechtsgeschäftliche Erklärungen,** so haben diese Angebotscharakter[31] mit der Folge, dass die §§ 145 ff. BGB Anwendung finden. Da das Unterlassen eines ordnungsgemäßen Einspruches unwiderleglich als Annahme vermutet wird, kommt – sofern nicht der Auftragnehmer das Angebot der Behörde schon vorher ausdrücklich annimmt – mit dem Ablauf der Zweimonatsfrist zwischen den Bauvertragsparteien eine **vertragliche Vereinbarung** zustande, deren Charakter sich nach dem Inhalt des behördlichen Bescheides bestimmt. Je nach den Umständen wird daher die Vereinbarung als Vergleich, Erlassvertrag usw. zu qualifizieren sein.

**38** Die Vereinbarung kommt im Übrigen auch dann erst **mit dem Fristablauf** zustande, wenn die vorgesetzte Behörde dem mit der Anrufung an sie herangetragenen Begehren des Auftragnehmers in ihrem Bescheid in vollem Umfang nachkommt. Denn das Angebot im Rechtssinne enthält erst die behördliche Entscheidung; die Anrufung stellt lediglich eine sog. invitatio ad offerendum dar.

### III. Nichteintritt und nachträgliche Beseitigung der Anerkenntniswirkung

**39** Da nach der Regelung in Satz 3 beim Unterlassen eines form- und fristgerechten Einspruchs unwiderleglich eine – rechtsgeschäftliche – Annahmeerklärung des Auftragnehmers vermutet wird, gelten hierfür grundsätzlich auch die **allgemeinen Regeln** über die Unwirksamkeit von Willenserklärungen (etwa eines Vergleichs gemäß § 779 BGB) oder deren Anfechtung (etwa wegen Irrtums gemäß § 119 BGB oder wegen arglistiger Täuschung gemäß § 123 BGB).[32] In Betracht kommt allerdings nach h. M.[33] nur eine analoge Anwendung, da das Schweigen mit Erklärungswirkung zwar eine Willenserklärung ist, jedoch eine solche, die nicht alle Tatbestandsmerkmale enthält. Angesichts der Unwiderleglichkeit der Vermutung kann jedoch nicht darauf abgestellt werden, der Auftragnehmer habe die Bedeutung der Nichteinlegung eines form- und fristgerechten Einspruchs verkannt.[34]

**40** Hat der Auftragnehmer die Einspruchsfrist ohne sein Verschulden nicht gewahrt – in der Praxis dürften derartige Fälle angesichts der Länge der Frist von zwei Monaten äußerst selten sein –, so ist entgegen einer im Schrifttum[35] vertretenen Ansicht für eine analoge Anwendung der Vorschriften über die **Wiedereinsetzung** in den vorigen Stand (§§ 233 ff. ZPO) kein Raum. Eine Analogie scheitert, weil die Wiedereinsetzung allein ein Institut des Prozessrechts und damit des öffentlichen Rechts ist, während das in Nr. 2 geregelte Verfahren im Privatrecht angesiedelt ist.

**41** Im Einzelfall kann jedoch im Fall der Nichteinhaltung der Einspruchsfrist, insbesondere bei schuldhafter Säumnis, die Berufung des Auftraggebers auf die Anerkenntniswirkung gegen **Treu und Glauben** (§ 242 BGB) verstoßen.[36]

### IV. Inhaltskontrolle nach den §§ 307 ff. BGB

**42** Die in Satz 3 statuierte Anerkenntniswirkung verstößt nicht gegen die §§ 307 ff. BGB. Finden diese Vorschriften zugunsten des Auftragnehmers Anwendung – die auftraggebende

---

[31] So ausdrücklich *Ingenstau/Korbion* B § 18 Nr. 2 Rdn. 23; *Kaiser* BB 1978, 1550.
[32] Vgl. *Kaiser* BB 1978, 1550.
[33] Vgl. etwa *Palandt/Heinrichs* Vor § 116 Rdn. 12; RGRK-*Krüger-Nieland* Vor § 116 Rdn. 21; *Staudinger/Dilcher* Vor § 116 Rdn. 79.
[34] Vgl. *Kaiser* BB 1978, 1550.
[35] *Eplinius* S. 218; *Kaiser* BB 1978, 1550.
[36] Die Versäumung der Frist des Satzes 3 ist vergleichbar mit der Versäumung der Klagefrist des § 12 Abs. 3 VVG nach Ablehnung des Deckungsanspruchs durch den Versicherer. Wenn die Rechtsprechung (vgl. RGZ 150, 181, 186; BGHZ 43, 235, 236 ff. = NJW 1965, 1137) dem Versicherer die Berufung auf diese gesetzliche Frist in bestimmten Fällen im Hinblick auf § 242 BGB verwehrt (vgl. im Einzelnen *Prölss/Martin* VVG § 12 Rdn. 50 ff.), so besteht keine Veranlassung, den Auftragnehmer im Falle des § 18 Nr. 2 Abs. 1 Satz 3 VOB/B schlechter zu stellen, zumal es sich hier nur um eine vertragliche Frist handelt.

Behörde ist immer Verwender im Sinne des § 305 Abs. 1 BGB (vgl. § 10 Nr. 1 VOB/A) –, so kommt als Prüfungsnorm für die generelle Zulässigkeit der Regelung in Satz 3 nur § 308 Nr. 5 BGB in Betracht, während die inhaltliche Überprüfung nach § 307 BGB vorzunehmen ist.

Gemäß § 308 Nr. 5 BGB sind fingierte Erklärungen nur **begrenzt zulässig.** Dass Satz 3 keine Fiktion, sondern eine unwiderlegliche Vermutung enthält (vgl. oben Rdn. 33), berührt nicht die grundsätzliche Anwendbarkeit des § 308 Nr. 5 BGB, da diese Vorschrift allein auf die Unabwendbarkeit des Eintritts der Folgen der Erklärungsfiktion abstellt und sich dieses Problem gleichermaßen bei einer unwiderleglich vermuteten Erklärung stellt. 43

Wird – wie das bei öffentlichen Auftraggebern in aller Regel der Fall ist (vgl. § 10 Nr. 2 Abs. 1 VOB/A) – die **VOB unverändert als Ganzes** in den Bauvertrag einbezogen, so scheidet eine Prüfung nach § 308 Nr. 5 BGB von vornherein schon deshalb aus, weil diese Vorschrift nach ihrem 2. Halbsatz in diesem Fall nicht zur Anwendung kommt. 44

Eine Prüfung, ob die Voraussetzungen des in § 10 Nr. 5 AGB-Gesetz enthaltenen Verbots vorliegen, kommt daher nur dann in Betracht, wenn ausnahmsweise einmal die VOB nur **in Teilen** oder mit wesentlichen **Abänderungen** Vertragsgrundlage geworden ist. Liegt ein solcher Fall vor, so erfüllt Satz 3 jedenfalls die in § 308 Nr. 5 lit. a und b BGB kumulativ aufgestellten Mindestwirksamkeitsvoraussetzungen: Mit der Möglichkeit, innerhalb von zwei Monaten Einspruch gegen die Entscheidung der Behörde zu erheben, wird dem benachteiligten Auftragnehmer eine angemessene Frist zur Abgabe einer ausdrücklichen Erklärung eingeräumt, und mit dem schon als Wirksamkeitsvoraussetzung für die Anerkenntniswirkung erforderlichen Hinweis auf die Ausschlussfrist in dem behördlichen Bescheid ist auch dem Erfordernis Genüge getan, den Vertragspartner bei Fristbeginn auf die vorgesehene Bedeutung seines Verhaltens aufmerksam zu machen. 45

### V. Darlegungs- und Beweislast

Beruft sich der öffentliche Auftraggeber auf die Anerkenntniswirkung des Bescheides der vorgesetzten Stelle, so muss er beweisen, dass die Voraussetzungen vorliegen, unter denen die unwiderlegliche Vermutung des Abs. 1 Satz 3 eintritt. Es ist also zum einen zu beweisen, dass der Bescheid der **Schriftform** genügte und den Hinweis auf die **Ausschlussfrist** enthielt; zum anderen ist der Beweis für den **Zugang** des Bescheides zu erbringen. Hierfür gelten § 130 BGB und die für diese Vorschrift bestehenden Beweislastregeln.[37] Dies bedeutet, dass es für den Zugang des Vollbeweises bedarf; der Nachweis der Eintragung der Einlieferung des Schriftstückes bei der Post genügt für den Beweis des Zugangs nicht, da es keinen Erfahrungssatz gibt, dass der Post übergebene Schreiben den Adressaten auch erreichen. Dies gilt sowohl für gewöhnliche[38] als auch für Einschreibesendungen.[39] Bei letzteren kann der Zugang allerdings durch Vorlage des bei der Post aufbewahrten Ablieferungsscheines bewiesen werden.[40] 46

Für die **Ordnungsmäßigkeit** des Einspruchs gegen den Bescheid der vorgesetzten Stelle hat der Auftragnehmer den Beweis zu führen. Zwar ist das Unterlassen eines nicht ordnungsgemäßen Einspruchs Voraussetzung für die unwiderlegliche Vermutung des Abs. 1 Satz 3, auf die sich die Behörde stützt; aus der Formulierung des Satzes 3 (,wenn nicht ...') folgt aber, dass der Auftraggeber die Beweislast trägt. Dieser ist für den Zugang des Einspruchs bei der Behörde und für die Rechtzeitigkeit des Zugangs beweisbelastet. 47

---

[37] Vgl. hierzu etwa *Baumgärtel/Laumen* § 130 BGB Rdn. 1 m. N.
[38] BAG NJW 1961, 2131; BGH NJW 1964, 1176 f.
[39] BGHZ 24, 308, 312 f. = NJW 1957, 1230, 1231.
[40] BGHZ 24, 308, 313 = NJW 1957, 1230, 1231.

## F. Verjährungshemmung (Absatz 2)

48   Durch die **Anführung des Absatzes 2** ist die jahrzehntelange Streitfrage, ob die Durchführung des in § 18 Nr. 2 VOB/B geregelten Schlichtungsverfahrens die Verjährung des geltend gemachten Anspruchs hemmt oder nicht,[41] im Sinne einer Verjährungshemmung entschieden worden. Die Regelung lehnt sich dabei in Satz 1 an die für das schiedsrichterliche Verfahren geltenden Vorschriften (§§ 204 Abs. 1 Nr. 11 BGB, 1044 ZPO) und in den Sätzen 2 und 3 an § 203 BGB an.

---

[41] Vgl. hierzu die Darstellung bei *Ingenstau/Korbion* § 18 Nr. 2 Rdn. 27 ff.

## § 18 Nr. 3 [Streitbeilegung]

Daneben kann ein Verfahren zur Streitbeilegung vereinbart werden. Die Vereinbarung sollte mit Vertragsschluß erfolgen.

**Literatur:** Siehe Literatur Vor § 18.

### Übersicht

| | Rdn. | | Rdn. |
|---|---|---|---|
| A. Regelungsinhalt und -zweck | 1–3 | B. Bedeutung und Rechtsfolgen der Vereinbarung | 4–10 |

## A. Regelungsinhalt und -zweck

Der durch die VOB/B 2006 eingeführte § 18 Nr. 3 weist die Parteien auf die Möglichkeit 1 hin, über die Regelung des § 18 Nr. 2 Abs. 1 hinaus ein **Verfahren zur Streitbeilegung** zu vereinbaren. Eine solche Vereinbarung bietet sich insbesondere für komplexe Bauvorhaben an.

Eine solche Vereinbarung nach § 18 Nr. 3 hilft, ein streitiges Verfahren zu vermeiden, 2 und leistet damit zugleich einen Beitrag zur **Entlastung der Justiz**.

Das Verfahren zur Streitbeilegung sollte möglichst **bei Abschluß des Bauvertrages** 3 vereinbart werden. Eine nachträgliche Vereinbarung ist jedoch möglich.

## B. Bedeutung und Rechtsfolgen der Vereinbarung

Eine Streitbeilegung zielt ihrem Wortsinn nach darauf ab, einen Konflikt im guten zu 4 beenden, d. h. ihn zu schlichten. Meinungsverschiedenheiten der Bauvertragsparteien sollen daher einer **Schlichtung** zugeführt werden.

Daraus folgt zugleich, dass die Einfügung des § 18 Nr. 3 **nicht die Durchführung eines** 5 **kontradiktorischen Verfahrens** im Auge hat.[1]

Das Verfahren der Streitbeilegung ist nicht vorgegeben. Den Vertragsparteien steht es 6 daher frei, den Inhalt der Vereinbarung **individuell** festzulegen und das Verfahren auf die Art der möglichen Meinungsverschiedenheiten abzustimmen.

Denkbar ist auch, dass die Parteien auf **bereits bestehende Schlichtungsstellen** und 7 Verfahrensregeln zurückgreifen (vgl. in einzelnen Vor § 18 Rdn. 14 ff.).

Da die Tätigkeit des oder der Schlichter auf die Herbeiführung einer gütlichen Einigung 8 zwischen den Parteien abstellt, führen die Parteien rechtlich **Vergleichsverhandlungen,** die den Weg zu den staatlichen Gerichten grundsätzlich nicht versperren (vgl. Vor § 18 Rdn. 15).

Auch wenn die Vereinbarung eines Schlichtungsverfahrens nicht zwingend zu einer 9 Beendigung des Konflikts der Bauvertragsparteien führt, sollte es – insbesondere bei komplexen Bauvorhaben – von den Parteien in der Regel wegen der unbestreitbaren **Vorteile** vereinbart werden: fachkundige (durch Auswahl geeigneter und anerkannter Schlichter durch die Parteien) und zeitnahe (da baubegleitende) Konfliktlösung.

Da § 18 Nr. 2 Abs. 1, an die § 18 Nr. 3 anknüpft, lediglich eine Kannvorschrift enthält, 10 die den Parteien ein bestimmtes Vorgehen nahe legt, sie jedoch nicht dazu verpflichtet (vgl. § 18 Nr. 2 Rdn. 3), folgt aus der Wortwahl in § 18 Nr. 3 (**„daneben"**) nicht, dass beide Verfahren durchlaufen werden müssen.

---

[1] So aber *Ingenstau/Korbion* B § 18 Nr. 3 Rdn. 4, der von einem weiten Begriff der Streitbeilegung ausgeht.

## § 18 Nr. 4 [Einschaltung von Materialprüfstellen]

Bei Meinungsverschiedenheiten über die Eigenschaft von Stoffen und Bauteilen, für die allgemeingültige Prüfungsverfahren bestehen, und über die Zulässigkeit oder Zuverlässigkeit der bei der Prüfung verwendeten Maschinen oder angewendeten Prüfungsverfahren kann jede Vertragspartei nach vorheriger Benachrichtigung der anderen Vertragspartei die materialtechnische Untersuchung durch eine staatliche oder staatlich anerkannte Materialprüfungsstelle vornehmen lassen; deren Feststellungen sind verbindlich. Die Kosten trägt der unterliegende Teil.

Literatur: Siehe die Hinweise → Vor § 18.

### Übersicht

| | Rdn. | | Rdn. |
|---|---|---|---|
| A. Regelungsinhalt und -zweck | 1–3 | III. Meinungsverschiedenheiten über die Zulässigkeit oder Zuverlässigkeit der verwendeten Maschinen oder angewendeten Prüfungsverfahren | 14 |
| B. Voraussetzungen für die Einschaltung von Materialprüfungsstellen | 4–17 | | |
| I. Allgemeines | 4 | | |
| II. Meinungsverschiedenheiten über Eigenschaften von Stoffen und Bauteilen | 6 | IV. Pflicht zur vorherigen Benachrichtigung | 15 |
| 1. Eigenschaften von Stoffen und Bauteilen | 7 | C. Staatliche oder staatlich anerkannte Materialprüfungsstellen | 18, 19 |
| a) Eigenschaften | 7 | D. Verbindlichkeit der Feststellungen der Materialprüfungsstellen | 20–26 |
| b) Stoffe | 8 | | |
| c) Bauteile | 12 | E. Kosten der Prüfung | 27, 28 |
| 2. Allgemeingültige Prüfungsverfahren | 13 | F. Darlegungs- und Beweislast | 29, 30 |

## A. Regelungsinhalt und -zweck

**1** Nr. 4 eröffnet jeder Partei des Bauvertrages die Möglichkeit, nach vorheriger Benachrichtigung der anderen Partei bei Meinungsverschiedenheiten über Eigenschaften von Stoffen und Bauteilen, für die allgemeingültige Prüfungsverfahren bestehen, sowie bei unterschiedlichen Auffassungen über die Zulässigkeit oder Zuverlässigkeit der bei der Prüfung verwendeten Maschinen oder angewendeten Prüfungsverfahren durch eine staatliche oder staatlich anerkannte Materialprüfungsstelle eine materialtechnische Untersuchung vornehmen zu lassen. Geschieht dies, so sind für beide Bauvertragsparteien die Feststellungen der Materialprüfungsstelle **verbindlich.** Die Kosten der materialtechnischen Untersuchung hat die unterliegende Partei zu tragen.

**2** Der Zweck der Nr. 4 deckt sich mit dem der Nrn. 2 und 3: Im Interesse beider Parteien sollen zwischen ihnen bestehende Zweifel mit verbindlicher Wirkung ausgeräumt und zwecks Vermeidung einer kostenträchtigen und langwierigen gerichtlichen Auseinandersetzung eine **gütliche Einigung** gefördert werden. Anders als Nr. 2 gilt Nr. 3 auch dann, wenn der Auftrag nicht von einer Behörde, sondern von privater Seite erteilt worden ist.

**3** Da Nr. 4 auf eine gütliche Einigung der Vertragsparteien abzielt, kommt eine Einschaltung der Materialprüfungsstelle nicht mehr in Betracht, wenn bereits ein **Rechtsstreit** zwischen den Parteien schwebt.[1] Ist dies der Fall, so hat über die streitigen Tatsachen allein das Gericht zu entscheiden und gegebenenfalls Beweis zu erheben.

---

[1] So zutreffend *Ingenstau/Korbion* B § 18 Nr. 4 Rdn. 7; vgl. auch *Altschwager* BauR 1991, 158 f.

## B. Voraussetzungen für die Einschaltung von Materialprüfungsstellen

### I. Allgemeines

Die Einschaltung von Materialprüfungsstellen kommt nur dann in Betracht, wenn sich die 4 Meinungsverschiedenheiten auf die in Nr. 4 aufgeführten **Tatsachen** beziehen, nämlich auf
– das Fehlen oder Vorhandensein von Eigenschaften von Stoffen,
– das Fehlen oder Vorhandensein von Eigenschaften von Bauteilen,
– die Zulässigkeit der bei der Prüfung verwendeten Maschinen,
– die Zuverlässigkeit dieser Maschinen,
– die Zulässigkeit der bei der Prüfung angewendeten Verfahren oder
– die Zuverlässigkeit dieser Verfahren.

Die Aufzählung ist **abschließend;** für eine ausdehnende Auslegung ist kein Raum. Es 5 bleibt den Parteien jedoch unbenommen, durch gesonderte Vereinbarung Materialprüfungsstellen auch bei anderen Streitigkeiten tatsächlicher Art einzuschalten.

### II. Meinungsverschiedenheiten über Eigenschaften von Stoffen und Bauteilen

Es genügt nicht, dass sich die Meinungsverschiedenheit auf irgendwelche Eigenschaften 6 von Stoffen oder Bauteilen bezieht. Nr. 4 kommt nur zur Anwendung, wenn für die Prüfung der Eigenschaften **allgemeingültige Prüfungsverfahren** bestehen.

#### 1. Eigenschaften von Stoffen und Bauteilen

**a) Eigenschaften.** Der Eigenschaftsbegriff in Nr. 4 deckt sich mit dem in § 13 Nr. 1 7 VOB/B.[2] Dies bedeutet, dass als Eigenschaften nur Merkmale bezeichnet werden können, die dem Stoff oder Bauteil unmittelbar anhaften und von gewisser Dauer sind. Wegen aller Einzelheiten kann auf die Kommentierung zu § 13 Nr. 1 VOB/B verwiesen werden (vgl. → § 13 Nr. 1 Rdn. 92).

**b) Stoffe.** Der Stoffbegriff ist identisch mit dem in § 1 Nr. 1 VOB/A. Stoffe sind 8 Materialien, die bei der Herstellung des Bauwerkes verwendet werden. Es handelt sich dabei um Sachen im Sinne des § 90 BGB. Man unterscheidet:

**(1) Baustoffe.** Baustoffe sind – originäre oder wenig be- oder verarbeitete – Materialien, 9 die in das Bauwerk eingehen, als solche jedoch keine eigenständige Funktion haben, sondern zu Bauteilen verarbeitet werden. Baustoffe sind etwa Sand, Kies, Zement, Bewehrungsstahl, Steine, Mörtel, Fensterglas, Beschläge.

**(2) Bauhilfsstoffe.** Es handelt sich dabei um Stoffe, die – anders als Baustoffe – nicht in 10 das Bauwerk eingehen, sondern für die Bauausführung (Baubetrieb und Baustelleneinrichtung), d. h. als Hilfsmittel bei der Herstellung des Bauwerkes, Verwendung finden. Viele Bauhilfsstoffe können mehrfach verwendet werden. Bauhilfsstoffe sind z. B. Schalttafeln, Bindedraht, Bauklammern.

**(3) Betriebsstoffe.** Hierunter werden Stoffe verstanden, die als Energieträger, Schmier- 11 und Reinigungsmittel zum Betrieb von Baumaschinen benötigt werden. Als Beispiele sind zu nennen: Dieselöl, elektrischer Strom, Schmierfett.

**c) Bauteile.** Bauteile sind Sachen (§ 90 BGB), die aus Baustoffen hergestellt werden und 12 als Sachgüter eines höheren komplexen Fertigungsgrades[3] durch den Einbau in das Bauwerk

---

[2] *Nicklisch/Weick* B § 18 Rdn. 19.
[3] *Daub/Piel/Soergel* ErlZ A 1.7.

innerhalb desselben eine eigenständige Funktion erhalten.[4] Bauteile – diese können auch Fertigteile sein – sind etwa Fenster, Türen, Träger, Waschbecken, Leitungsrohre, Estriche.

## 2. Allgemeingültige Prüfungsverfahren

13     Da für die Prüfung von Eigenschaften von Stoffen und Bauteilen allgemeingültige Verfahren bestehen müssen, hat die Partei, die die Untersuchung durchführen lassen will, zunächst zu klären, ob derartige – d. h. von den **Fachkreisen** des betreffenden bautechnischen Bereichs allgemein anerkannte – Prüfungsverfahren bestehen. Ob dies der Fall ist, lässt sich in der Regel durch die Einholung von Auskünften bei Materialprüfungsstellen oder bei einschlägigen Hochschulinstituten feststellen.

### III. Meinungsverschiedenheiten über die Zulässigkeit oder Zuverlässigkeit der verwendeten Maschinen oder angewendeten Prüfungsverfahren

14     Die Differenzen zwischen den Bauvertragsparteien können sich auch auf die Zulässigkeit oder Zuverlässigkeit der bei der Prüfung verwendeten Maschinen oder angewendeten Prüfungsverfahren beziehen. **Zusätzliche Voraussetzung** für die Einschaltung der Materialprüfungsstelle ist in diesem Falle also, dass zuvor ein Prüfungsverfahren bezüglich des Vorhandenseins oder Fehlens von Eigenschaften von Stoffen oder Bauteilen stattgefunden hat, da andernfalls ein Streit um die Ordnungsgemäßheit der dabei benutzten Maschinen oder angewendeten Verfahren nicht denkbar ist.

### IV. Pflicht zur vorherigen Benachrichtigung

15     Die in Satz 1 statuierte Pflicht zur Benachrichtigung der anderen Partei vor Einschaltung der Materialprüfungsstelle ist Ausfluss des Grundsatzes des jedermann zustehenden Anspruchs auf Gewährung **rechtlichen Gehörs.** Die Benachrichtigungspflicht soll sicherstellen, dass die andere Partei der Prüfungsstelle ihre Sicht bezüglich der streitigen Tatsachen darlegen und sich an dem Verfahren beteiligen kann, insbesondere in die Lage versetzt wird, die Entnahme von Mustern und Proben zu kontrollieren.

16     Die Mitteilung über die beabsichtigte Einschaltung einer Materialprüfungsstelle bedarf **keiner Form,** kann also auch mündlich geschehen. Auf die Schriftform sollte jedoch schon aus Beweisgründen nicht verzichtet werden.

17     Wird die **Benachrichtigungspflicht verletzt** – etwa indem die Mitteilung an die andere Vertragspartei völlig unterbleibt oder erst während des Prüfungsverfahrens und damit verspätet erfolgt –, so sind die Ergebnisse des Prüfungsverfahrens nicht verbindlich.[5]

## C. Staatliche oder staatlich anerkannte Materialprüfungsstellen

18     Nach Satz 1 können allein staatliche oder staatlich anerkannte Materialprüfungsstellen Untersuchungen durchführen, deren Ergebnisse für die Parteien des Bauvertrages verbindlich sind. Nicht hierunter fallen die von den Bauaufsichtsämtern vorgenommenen Baustellenprüfungen.[6]

19     Ob eine Prüfungsstelle – sofern sie nach ihrem Tätigkeitsbereich im Einzelfall in Betracht kommt – die in Satz 1 genannten Voraussetzungen erfüllt, ist am einfachsten

---

[4] Vgl. *Dähle/Schelle* Stichwort ‚Bauteil'.
[5] *Heiermann/Riedl/Rusam* B § 18 Rdn. 22; *Ingenstau/Korbion* B § 18 Nr. 4 Rdn. 9; *Nicklisch/Weick* B § 18 Rdn. 20.
[6] BGH *Schäfer/Finnern* Z. 3.13 Bl. 29.

durch Anfrage bei der betreffenden Stelle selbst zu erfahren. Auskünfte können auch die zuständigen **Industrie- und Handelskammern** sowie die **Handwerkskammern** erteilen. Schließlich hilft auch das vom Verband der Materialprüfungsämter e. V. herausgegebenen Verzeichnis „Wer prüft was?" in der Bearbeitung von *Czech* (2. Aufl. Wiesbaden/Berlin 1979) weiter.

## D. Verbindlichkeit der Feststellungen der Materialprüfungsstellen

Kraft ausdrücklicher Regelung in Satz 1 sind die Feststellungen der – nach vorheriger Benachrichtigung des Vertragspartners – eingeschalteten Prüfungsstelle für beide Parteien des Bauvertrages verbindlich. Mit der Feststellung ist also die **Meinungsverschiedenheit beigelegt**, die zwischen den Vertragspartnern bestanden hat. 20

Die Materialprüfungsstellen werden hier also als **Schiedsgutachter** tätig; ihre Feststellungen stellen sich rechtlich als Schiedsgutachten dar. Mit der Vereinbarung der VOB/B und damit auch des § 18 Nr. 4 haben die Parteien des Bauvertrages nämlich zugleich einen Schiedsgutachtenvertrag geschlossen.[7] Es finden daher die §§ 317 bis 319 BGB Anwendung. 21

Vom Schiedsvertrag unterscheidet sich der Schiedsgutachtenvertrag vor allem dadurch, dass das Schiedsgutachten nur auf die **Feststellung bestimmter Tatbestandsmerkmale** gerichtet ist (die unter Umständen in einem eventuellen späteren Rechtsstreit von entscheidungserheblicher Bedeutung sein können), während das Schiedsgericht unter Ausschluss des ordentlichen Rechtsweges endgültig über das Rechtsverhältnis entscheidet.[8] Gemeinsam ist beiden Institutionen jedoch die Heranziehung eines Dritten zur Beilegung eines Konfliktes sowie die bindende Wirkung sowohl des Schiedsgutachtens als auch des Schiedsspruchs. 22

Aus dieser ‚funktionalen Nähe'[9] des Schiedsgutachtens zum Schiedsspruch wird gefolgert, dass auch bei ersterem **verfahrensrechtliche Mindestgarantien** einzuhalten sind, nämlich das Gebot der Neutralität und Unabhängigkeit des Schiedsgutachters[10] und die Gewährung rechtlichen Gehörs für den Vertragspartner. Die Einhaltung des letztgenannten Grundsatzes wird durch die in Satz 1 ausdrücklich erwähnte Pflicht zur Benachrichtigung der anderen Vertragspartei vor Einschaltung der Prüfungsstelle sichergestellt. Eine weitergehende Benachrichtigungspflicht – etwa der Prüfungsstelle gegenüber den Parteien des Bauvertrages[11] – sieht § 18 Nr. 4 nicht vor. 23

Die Nichteinhaltung der Mindestgarantien führt bei der Einschaltung von Materialprüfungsstellen zur **Unverbindlichkeit der Feststellungen**.[12] Bezüglich des Grundsatzes der Gewährung rechtlichen Gehörs ergibt sich dies schon aus der Tatsache, dass Satz 1 die Benachrichtigung der anderen Vertragspartei vor Einschaltung der Prüfungsstelle ausdrücklich und bindend vorschreibt.[13] Ist der Grundsatz der Neutralität und Unabhängigkeit des Schiedsgutachters nicht beachtet worden, so folgt die Unverbindlichkeit der Feststellungen 24

---

[7] *Daub/Piel/Soergel/Steffani* ErlZ B 18.30; *Heiermann/Riedl/Rusam* B § 18 Rdn. 22; *Hereth/Ludwig/Naschold* B § 18 Rdn. 15; *Ingenstau/Korbion* B § 18 Nr. 4 Rdn. 16; *Nicklisch/Weick* B § 18 Rdn. 21.

[8] Vgl. etwa *Erman/Battes* § 317 Rdn. 15; *MünchKomm/Gottwald* § 317 Rdn. 12; *Palandt/Grüneberg* § 317 Rdn. 8; *RGRK-Ballhaus* 317 Rdn. 11; *Soergel/Wolf* § 317 Rdn. 21; *Staudinger/Mader* § 317 Rdn. 31.

[9] So *Nicklisch/Weick* B § 18 Rdn. 22.

[10] Vgl. *Ingenstau/Korbion* B § 18 Nr. 4 Rdn. 19; *Nicklisch/Weick* B § 18 Rdn. 22; *Nicklisch* RIW 1978, 641 f.

[11] OLG Celle BauR 1995, 556, 557.

[12] Vgl. *Nicklisch/Weick* B § 18 Rdn. 22.

[13] Dass in einem solchen Falle die Verletzung des rechtlichen Gehörs zur Unverbindlichkeit des Schiedsgutachtens führt, ist unstr.; vgl. etwa *RGRK-Ballhaus* § 317 Rdn. 20. Streitig ist allein, ob diese Rechtsfolge auch eintritt, wenn die Einhaltung des rechtlichen Gehörs nicht vereinbart war (ja: *MünchKomm/Gottwald* § 317 Rdn. 42; *Nicklisch* RIW 1978, 641 f.; nein: BGHZ 6, 335, 341 = NJW 1952, 1296, 1297; BGH NJW 1955, 665; *Palandt/Grüneberg* § 317 Rdn. 8; *RGRK-Ballhaus* § 317 Rdn. 19; *Staudinger/Riedl* § 317 Rdn. 43).

§ 18 Nr. 4                                                 Einschaltung von Materialprüfstellen

der Materialprüfungsstelle aus § 319 BGB (analog). Denn bei Feststellung der Parteilichkeit oder Abhängigkeit des Schiedsgutachters spricht eine Vermutung für die offenbare Unrichtigkeit des Schiedsgutachtens.[14] Dies gilt insbesondere für die Regelung in Satz 1, die dadurch, dass nur staatliche oder staatlich anerkannte Materialprüfungsstellen eingeschaltet werden dürfen, zwar in erster Linie sicherstellen will, dass nur Prüfungsstellen Untersuchungen vornehmen, die auf Grund ihrer Sachkompetenz und ihres Rufs im Allgemeinen einen höheren Grad von Neutralität und Unabhängigkeit besitzen als andere Institutionen.

25   Die Verbindlichkeit der vom Schiedsgutachter getroffenen Feststellungen entfällt auch dann, wenn sie **inhaltlich offenbar unrichtig** sind. Dies ergibt sich aus einer entsprechenden Anwendung des § 319 Abs. 1 BGB.[15] Offenbare Unrichtigkeit liegt nicht bereits vor, wenn die Feststellungen Fehler enthalten; erforderlich ist vielmehr, dass sich die Fehler einem sachkundigen und unbefangenen Beobachter – wenn auch möglicherweise erst nach eingehender Prüfung – aufdrängen.[16] Dabei sind an das Vorliegen einer offenbaren Unrichtigkeit strenge Anforderungen zu stellen, weil andernfalls der mit der Bestellung eines Schiedsgutachters verfolgte Zweck, ein möglicherweise langwieriges und kostenspieliges Prozessverfahren zu vermeiden, in Frage gestellt würde.[17]

26   Die Vertragsbeziehungen zwischen der Materialprüfungsstelle bzw. – sofern diese nicht selbst rechtsfähig ist – ihrem Träger und der Partei, die sie eingeschaltet hat, richten sich nach den §§ 675, 611 ff. BGB;[18] denn bei dem **Schiedsgutachtervertrag** (zur Terminologie vgl. → Vor § 18 Rdn. 13) handelt es sich um einen Geschäftsbesorgungsvertrag mit Dienstvertragscharakter. Die Materialprüfungsstellen bzw. ihre Träger haften nur bei groben Verstößen gegen anerkannte fachliche Regeln und nur, wenn die Feststellungen nach § 319 Abs. 1 BGB (analog) wegen offenbarer Unrichtigkeit unverbindlich und damit für den Auftraggeber wertlos sind.[19]

## E. Kosten der Prüfung

27   Nach Nr. 3 Satz 2 hat die unterliegende Vertragspartei die durch die Einschaltung der Materialprüfungsstelle entstandenen Kosten zu tragen. Die Vorschrift regelt das Verhältnis der Parteien des Bauvertrages untereinander[20] und entspricht der Regelung des **§ 91 ZPO**, wonach dem unterliegenden Teil die Kosten des Verfahrens zur Last fallen.

28   Die unterliegende Partei ist derjenige Vertragspartner, dessen Behauptungen sich durch die Feststellungen der Materialprüfungsstelle als unrichtig erwiesen haben. Stellen sich die Behauptungen beider Parteien als ganz oder teilweise unzutreffend heraus, so sind die Kosten entsprechend dem in **§ 92 ZPO** enthaltenen Rechtsgedanken verhältnismäßig zu teilen.[21]

---

[14] Vgl. *Soergel/Wolf* § 317 Rdn. 26; nach *MünchKomm/Gottwald* § 319 Rdn. 19 sind in einem solchen Falle strengere Anforderungen an die inhaltliche Richtigkeit des Schiedsgutachtens zu stellen als sonst.
[15] BGHZ 43, 374, 376 = NJW 1965, 1523, 1524; BGH BauR 1973, 60, 61; es kommt nur eine entsprechende Anwendung in Betracht, weil das Schiedsgutachten nicht (voluntative) Festsetzungen vornimmt, sondern (kognitive) Feststellungen trifft, die nicht als solche ‚unbillig', sondern nur richtig oder falsch sein können; vgl. *MünchKomm/Gottwald* § 319 Rdn. 14.
[16] BGH NJW 1979, 1885; BGH NJW 1983, 2244, 2245.
[17] BGH NJW 1983, 2244, 2245.
[18] Vgl. BGHZ 22, 343, 345 = NJW 1957, 587; *Erman/Battes* § 317 Rdn. 12; s. auch *MünchKomm/Gottwald* § 317 Rdn. 50.
[19] BGHZ 43, 374, 376 f. = NJW 1965, 1523, 1524; für eine weitergehende Haftung *MünchKomm/Gottwald* § 317 Rdn. 52.
[20] Im Verhältnis zur Materialprüfungsstelle ist auf Grund des Geschäftsbesorgungsvertrages diejenige Vertragspartei zahlungspflichtig, die die Prüfungsstelle eingeschaltet hat.
[21] Vgl. *Daub/Piel/Soergel/Steffani* ErlZ B 18.35; *Heiermann/Riedl/Rusam* B § 18 Rdn. 25; *Ingenstau/Korbion* B § 18 Nr. 4 Rdn. 26; *Nicklisch/Weick* B § 18 Rdn. 23.

## F. Darlegungs- und Beweislast

Die Vertragspartei, die sich im Falle der Einschaltung der Materialprüfungsstelle auf die **Verbindlichkeit** der getroffenen Entscheidung beruft, hat zum einen die Tatsache der Entscheidung selbst darzulegen und zu beweisen; darüber hinaus trägt sie die Darlegungs- und Beweislast dafür, dass die Entscheidung auch im Übrigen den formalen Anforderungen des Satzes 1 genügt. Dies bedeutet, dass der Auftragnehmer das Bestehen allgemeingültiger Prüfungsverfahren, die Einhaltung verfahrensrechtlicher Mindestgarantien (siehe oben Rdn. 24) und die Tatsache darzulegen und zu beweisen hat, dass es sich bei der eingeschalteten Materialprüfungsstelle um eine solche gehandelt hat, die staatlich oder staatlich anerkannt ist. 29

Die Darlegungs- und Beweislast für die Tatsachen, auf denen die **offenbare Unbilligkeit** der getroffenen Entscheidung gemäß § 319 Abs. 1 BGB (analog) beruht, trägt der Vertragspartner, der sie behauptet.[22] 30

---

[22] *Erman/Battes* § 319 Rdn. 4; *MünchKomm/Gottwald* § 319 Rdn. 2; *Palandt/Grüneberg* § 319 Rdn. 7; RGRK-*Ballhaus* § 319 Rdn. 9; *Soergel/Schmidt* § 319 Rdn. 7; *Staudinger/Riedl* § 319 Rdn. 24; *Baumgärtel/Strieder* § 319 BGB Rdn. 1.

## § 18 Nr. 5

**§ 18 Nr. 5 [Leistungspflicht des Auftragnehmers bei Streitigkeiten]**
Streitfälle berechtigen den Auftragnehmer nicht, die Arbeiten einzustellen.

Literatur: Siehe die Hinweise → Vor § 18.

### Übersicht

| | Rdn. | | Rdn. |
|---|---|---|---|
| A. Regelungsinhalt und -zweck | 1–3 | C. Rechtsfolgen bei verbotswidriger Arbeitseinstellung | 8, 9 |
| B. Nichtanwendbarkeit des Verbots der Arbeitseinstellung | 4–7 | | |

### A. Regelungsinhalt und -zweck

1   Nach Nr. 5 berechtigen Streitfälle den Auftragnehmer nicht, die Arbeiten einzustellen. Die Bestimmung ist nicht auf in Nr. 2 bis 4 genannten Meinungsverschiedenheiten beschränkt,[1] sondern umfasst nach ihrem Wortlaut **alle Streitfälle** einschließlich solcher, die bereits bei Gericht rechtshängig sind.[2]

2   Nr. 5 hat lediglich deklaratorischen Charakter. Die Bestimmung begründet keine zusätzliche Verpflichtung des Auftragnehmers, sondern stellt nur klar, dass Streitfälle allein kein Recht zur **Arbeitseinstellung** begründen.[3]

3   Da Nr. 5 bereits seit Jahrzehnten übereinstimmend dahin verstanden wird, dass Streitfälle allein den Auftragnehmer nicht berechtigen, die Arbeiten einzustellen, dass ihm nach der VOB oder nach gesetzlichen Vorschriften zustehende Leistungsverweigerungsrechte durch die Bestimmung jedoch nicht abgeschnitten werden, ist die Klausel objektiv nicht mehrdeutig und kann nicht zu einer kundenfeindlichen Auslegung führen; Nr. 5 hält daher im Falle der fehlenden Vereinbarung der VOB als Ganzes einer **isolierten Inhaltskontrolle** nach § 307 BGB stand.[4]

### B. Nichtanwendbarkeit des Verbots der Arbeitseinstellung

4   Da Nr. 5 lediglich klarstellend den bereits bestehenden Rechtszustand beschreibt, ist es dem Auftragnehmer unbenommen, bei Streitfällen die Arbeit einzustellen, die aus Sachverhalten resultieren, die dem Auftragnehmer ohnehin ein **Leistungsverweigerungsrecht** geben. In derartigen Fällen beruht die Arbeitseinstellung nicht auf dem Streitfall als solchem, sondern auf dem zu Grunde liegenden Sachverhalt.

5   Eine **Befugnis zur Einstellung** der übernommenen Arbeiten kann dem Auftragnehmer etwa aus § 16 Nr. 5 Abs. 3 Satz 3 VOB/B zustehen, wenn der Auftraggeber fällige Zahlungen trotz Inverzugsetzung nicht leistet.[5] Des Weiteren ist dem Auftragnehmer die Geltendmachung von Zurückbehaltungsrechten bezüglich der Erbringung der Arbeitsleistung nicht abgeschnitten, wenn die Voraussetzungen hierfür gemäß den §§ 273, 320, 322 BGB gegeben sind.[6] Schließlich kommt eine Arbeitseinstellung durch den Auftragnehmer auch

---

[1] *Ingenstau/Korbion* B § 18 Nr. 5 Rdn. 1; *Nicklisch/Weick* B § 18 Rdn. 24.
[2] *Ingenstau/Korbion* B § 18 Nr. 5 Rdn. 1.
[3] Vgl. *Daub/Piel/Soergel/Steffani* ErlZ B 18.37; *Heiermann/Riedl/Rusam* B § 18 Rdn. 26 sowie *Hereth/Ludwig/Naschold* B § 18 Rdn. 21, die in Nr. 4 „eine zweckmäßige Aufklärung über die fortbestehende Leistungspflicht des Auftragnehmers" sehen; a. A. offenbar *Eplinius* S. 220, der ausführt, dass Nr. 4 ‚eine Beschränkung der gesetzlichen Bestimmung des § 273 BGB über das Zurückbehaltungsrecht' enthalte.
[4] BGH BauR 1996, 378, 381 = NJW 1996, 1346, 1348.
[5] *Hereth/Ludwig/Naschold* B § 18 Rdn. 22; *Ingenstau/Korbion* B § 18 Nr. 5 Rdn. 3.
[6] *Heiermann/Riedl/Rusam* B § 18 Rdn. 25.

dann in Betracht, wenn ihm nach § 9 Nr. 1 VOB/B ein Recht zur Kündigung des Bauvertrages zusteht; denn wer berechtigt ist, die – weitergehende – Kündigung auszusprechen, darf zur Wahrung seiner Interessen erst recht das weniger weitgehende Mittel der Arbeitseinstellung einsetzen.[7]

Ausnahmsweise ist der Auftragnehmer auch dann zur Einstellung der Arbeiten berechtigt, 6 wenn kein besonderer Leistungsverweigerungstatbestand vorliegt. Im Einzelfall kann nämlich die Erbringung der Arbeitsleistung bei objektiver Betrachtungsweise nach den Grundsätzen von **Treu und Glauben** (§ 242 BGB) für den Auftragnehmer unzumutbar sein[8] dabei ist allerdings ein **strenger Maßstab** anzulegen.[9] Unzumutbar ist die Weiterführung der Arbeiten dann, wenn das zur Abwicklung des Bauvertrages notwendige Vertrauensverhältnis zwischen den Parteien durch ein auf grobem Verschulden beruhenden Verhalten des Auftraggebers völlig zerstört worden ist.[10] Dies ist z. B. der Fall, wenn der Auftraggeber durch die Vornahme oder das Unterlassen bestimmter Handlungen die Arbeiten des Auftragnehmers aufs äußerste gefährdet.

Stellt der Auftragnehmer die von ihm vertraglich übernommenen Arbeiten ein, so hat er 7 nach allgemeinen Grundsätzen die tatsächlichen Voraussetzungen für das Bestehen eines Leistungsverweigerungsrechts **darzulegen und zu beweisen.**

## C. Rechtsfolgen bei verbotswidriger Arbeitseinstellung

Beachtet der Auftragnehmer das grundsätzliche Verbot der Arbeitseinstellung nicht, 8 erbringt er also – ohne dass er ein Leistungsverweigerungsrecht hat (vgl. oben Rdn. 4 ff.) – seine Arbeitsleistung nicht, so stehen dem Auftragnehmer insbesondere die Rechte aus § 5 Nr. 4 VOB/B i. V. m. § 8 Nr. 3 VOB/B zu.[11] Der Auftraggeber kann also bei Aufrechterhaltung des Vertrages vom Auftragnehmer Schadensersatz verlangen oder diesem eine angemessene Frist zur Fortführung der Arbeiten setzen und erklären, dass er nach fruchtlosem Ablauf der Frist den Auftrag kündige.

Sollte der Auftragnehmer im Falle der unberechtigten Arbeitseinstellung schon vor der 9 Abnahme fällige Ansprüche auf Teilvergütung geltend machen, hat der Auftraggeber die Möglichkeit, die **Einrede des nichterfüllten Vertrages** gemäß § 320 BGB zu erheben.

---

[7] *Daub/Piel/Soergel/Steffani* ErlZ B 18.36.
[8] *Ingenstau/Korbion* B § 18 Nr. 5 Rdn. 4; *Nicklisch/Weick* B § 18 Rdn. 25; vgl. auch OLG Düsseldorf NJW 1995, 3323, 3324.
[9] *Ingenstau/Korbion* B § 18 Nr. 5 Rdn. 5.
[10] *Ingenstau/Korbion* B § 18 Nr. 5 Rdn. 5.
[11] *Ingenstau/Korbion* B § 18 Nr. 5 Rdn. 6; *Nicklisch/Weick* B § 18 Rdn. 26; *Winkler* B § 18 Nr. 4.

# Sachverzeichnis

Die fetten Zahlen bezeichnen die Paragraphen bzw. Paragraphennummern,
die mageren Zahlen die Randnummern

**Abgeltung 2 Nr. 1** 1 ff.

**Abhilfeverlangen des Auftraggebers
5 Nr. 3** 1 ff.
– Anspruchsgrundlage **5 Nr. 3** 1 ff.
– Anspruchsrealisierung **5 Nr. 3** 20 f.
– Auskunftsanspruch des Auftraggebers
  **5 Nr. 3** 19
– Baustellenförderungspflicht **5 Nr. 3** 13 f.
– Form **5 Nr. 3** 5
– Inhalt und Rechtsnatur **5 Nr. 3** 4
– offenbare Nichteinhaltung der Ausführungsfristen
  **5 Nr. 3** 15 f.
– Voraussetzungen **5 Nr. 3** 6 ff.
– weitere Rechte bei fruchtlosem Abhilfeverlangen
  **5 Nr. 4** 35 ff.

**Ablaufplanung Vor 5** 1 ff., 15 ff.
– Angebotsphase **5 Nr. 1** 18
– Baumanagementregeln **Vor 5** 28 ff.
– Begriff
  – Leistungsphasen des § 15 HOAI **Vor 5** 107
– Beschleunigung **6 Nr. 2** 67 ff.
– Einsicht in Ausführungsunterlagen **Vor 5** 47
– Einsichtsrecht in Ausführungsunterlagen
  **5 Nr. 1** 51 f.
– Pufferzeiten **6 Nr. 1** 61
– des Unternehmers **Vor 5** 44 ff.

**ABN/ABU Anh. 7** 13 ff.
– Agentenvollmacht § 18 **Anh. 7** 120
– einzelne Klauseln **Anh. 7** 123 ff.
– Entschädigung § 9 **Anh. 7** 105 ff.
– Entschädigung § 13 **Anh. 7** 112
– Entschädigung § 16 **Anh. 7** 115
– Gefahren § 2 **Anh. 7** 23 ff.
– Gefahrumstände § 5 a **Anh. 7** 94
– Geltungsbereich **Anh. 7** 13 ff.
– Gerichtsstand § 19 **Anh. 7** 121
– Haftungsbeginn § 7 **Anh. 7** 79 ff.
– Haftungsende § 8 **Anh. 7** 100 ff.
– Kosten der Wiederherstellung §§ 10, 11
  **Anh. 7** 108 ff.
– Obliegenheiten **Anh. 7** 56 ff.; **Anh. 7** 116 ff.
– Prämie § 6 **Anh. 7** 95 f.
– Regress des Versicherers **Anh. 7** 86 f.
– Sachschadensbegriff **Anh. 7** 85
– Sachverständige § 15 **Anh. 7** 114
– Selbstbehalt § 14 **Anh. 7** 113
– Unterversicherung § 12 **Anh. 7** 111
– Versicherte Interessen § 3 **Anh. 7** 68 ff.
– Versicherungsort § 4 **Anh. 7** 88 ff.
– Versicherungssummen § 5 **Anh. 7** 90 ff.
– Versicherungsumfang § 1 **Anh. 7** 16 ff.

**Abnahme Vor 12** 1 ff.; **12 Nr. 2**
– Abhängigkeit von der Entscheidung Dritter
  **Vor 12** 150 ff.

– und Abrechnung **8 Nr. 6** 29 ff.
– Änderung des Zeitpunkts **Vor 12** 143 ff.
– AGB **8 Nr. 6** 58 f.; **Vor 12** 138 ff.
– keine Anfechtung **Vor 12** 45 ff.
– Auschluss der A. **Vor 12** 137 ff.
– baubehördliche **Vor 12** 151
– Beginn der Gewährleistungsfrist
  **Vor 12** 111 ff.
– Beweislast
  – Umkehr **Vor 12** 115 f.
– als Billigung des Werkes **Vor 12** 14 ff.
– Durchführung **12 Nr. 1** 13 ff.
– als Erfüllungsannahme **Vor 12** 7 ff.
– als Fälligkeitsvoraussetzung **8 Nr. 6** 37 ff., 53 ff.;
  **Vor 12** 105 f.
– als Fälligkeitsvoraussetzung der Schlusszahlung
  **16 Nr. 3** 30 ff.
– Fertigstellung der Leistung **Vor 12** 91 ff.
– Fertigstellungsbescheinigung gem. § 641 a BGB
  **Vor 12** 74 ff., 85
– Fertigstellungsmitteilung **12 Nr. 5** 19 ff.
– Fiktion
– fiktive **8 Nr. 6** 31 a; **Vor 12** 15, 69 ff., 84 ff.,
  125 ff., 142; **12 Nr. 1** 18; **12 Nr. 5** 1 ff.
  – Abgrenzung zur stillschweigenden A.
    **12 Nr. 5** 6 ff.
  – AGB **12 Nr. 5** 4 f., 44 ff.
  – Allgemeine Technische Vertragsbedingungen
    **Einl** 239
  – Anwendungsbereich **Einl** 87 ff.
  – Fertigstellungsmitteilung **12 Nr. 5** 19 ff.
  – Generalunternehmer **12 Nr. 5** 31 ff.
  – Inbenutzungnahme der Leistung
    **12 Nr. 5** 27 ff.
  – Neuregelung **Einl** 120 ff.
  – als Sonderregelung **Einl** 252
  – Subunternehmer **12 Nr. 5** 31 ff.
  – Voraussetzungen **12 Nr. 5** 3 ff.
  – Vorbehalte wegen Mängeln oder Vertragsstrafen **12 Nr. 5** 40 ff.
– förmliche **Vor 12** 50 ff.; **12 Nr. 1** 15;
  **12 Nr. 4** 1 ff.
  – Abwesenheit des Auftragnehmers
    **12 Nr. 4** 43 ff.
  – Anwesenheit des Auftragnehmers
    **12 Nr. 4** 7 ff.
  – Bestimmung des Abnahmetermins
    **12 Nr. 4** 19 ff.
  – nachträgliche **12 Nr. 4** 15 f.
  – Sachverständiger **12 Nr. 4** 26 ff.
  – schriftliche Niederlegung **12 Nr. 4** 31 f.
  – Verlangen eine Vertragspartei **12 Nr. 4** 8 ff.
– Formen **Vor 12** 48 ff.; **12 Nr. 1** 14 ff.
– Fortsetzungsleistungen des Drittunternehmens
  **8 Nr. 6** 36 ff.
– Gefahrübergang **12 Nr. 6** 1 ff.
– Generalunternehmer **Vor 12** 152
  – Verschiebung des Zeitpunkts **Vor 12** 148 f.

2527

# Sachverzeichnis
Fette Zahlen Paragraphen bzw. Paragraphennummern

- Inbenutzungnahme der Leistung **Vor 12** 62 ff., 87 f.
- Inhalt **Vor 12** 10 ff.
- keine Prüfungspflicht **Vor 12** 16 ff.
- Kosten **12 Nr. 1** 30
- Mängel nach A. **Vor 12** 107 f.
- bei Mängeln **8 Nr. 6** 50 ff.
- trotz Mängelrügen **Vor 12** 22 ff.
- öffentlicher Auftraggeber **Vor 12** 41
- Protokoll **Vor 12** 50
- Prüfungsfrist bei stillschweigender A. **Vor 12** 20 f.
- Rechtsfolgen **Vor 12** 97 ff.
- Rechtsnatur **Vor 12** 25 ff.
- und Schadensersatzansprüche **Vor 12** 129 ff.
- Schlussrechnungsstellung **8 Nr. 6** 34 ff.
- stillschweigende **8 Nr. 6** 31 d; **Vor 12** 55 ff., 124, 140 f.; **12 Nr. 1** 16 f.
- Subunternehmer **Vor 12** 153
  - Verschiebung des Zeitpunkts **Vor 12** 148 f.
- Teilabnahme **Vor 12** 112; **12 Nr. 2** 1 ff.
  - Abgeschlossene Teile **12 Nr. 2** 12 ff.
  - Abnahmeverlangen **12 Nr. 2** 4 ff.
  - Formen **12 Nr. 2** 8 ff.
  - Generalunternehmer **12 Nr. 2** 16 f.
  - Schlüsselfertighaus **12 Nr. 2** 18
  - Subunternehmer **12 Nr. 2** 16 f.
  - Voraussetzungen **12 Nr. 2** 3 ff.
- Übergang der Leistungsgefahr **Vor 12** 109 f.
- Umkehr der Beweislast **Vor 12** 115 f.
- Vergütungsfolgen **Vor 12** 98 ff.
- Verhältnis von § 12 VOB zu § 640 BGB **Vor 12** 3 f.
- und Verjährungsfrist der Gewährleistungsansprüche **8 Nr. 6** 29 ff.
- Verlangen **Vor 12** 1 ff.; **12 Nr. 1** 1; s. a. Abnahmeverlangen
- und Vertragstrafe **Vor 12** 132 ff.
- Verweigerung **12 Nr. 3** 1 ff.
  - und Verjährung **13 Nr. 4** 229 ff. s. a. Abnahmeverweigerung
- Verzug mit A. **12 Nr. 1** 27 ff.
- als Voraussetzung des Schlusszahlungsanspruchs **Vor 2** 443
- Voraussetzungen **8 Nr. 6** 32 ff.; **Vor 12** 89 ff.
- ohne Vorbehalt **Vor 12** 117 ff.
- Vorbehalt der Vertragsstrafe **11 Nr. 4** 1 ff.
- als Willenserklärung **Vor 12** 28 ff.
- Wohnungseigentum **Vor 12** 42

**Abnahmeverlangen 12 Nr. 1** 1 ff.
- Form **12 Nr. 1** 5 ff.
- Teilabnahme **12 Nr. 2** 4
- Voraussetzungen **12 Nr. 1** 9 ff.

**Abnahmeverweigerung 12 Nr. 3** 1 ff.
- Beispielfälle **12 Nr. 3** 16 ff.
- Form und Frist **12 Nr. 3** 21 ff.
- Rechtsfolgen **12 Nr. 3** 24 ff.
- wesentlicher Mangel **12 Nr. 3** 5 ff., 17 ff.
- Zumutbarkeit der Annahme als Erfüllung **12 Nr. 3** 12 ff.

**Abrechnung Vor 14** 1 ff.
- Abgrenzung zum Leistungsnachweis **8 Nr. 6** 3
- und Abnahme **8 Nr. 6** 5, 29 ff.
- Abschlagsrechnung **8 Nr. 6** 9
- Abschlagszahlungen **14 Nr. 1** 2 ff.
- und AGB **Vor 14** 25 ff.
- Anfechtung **14 Nr. 1** 104 ff.
- Aufmaß **8 Nr. 6** 4; **14 Nr. 2** 1 ff.; s. a. dort
- Bestimmungen **14 Nr. 2** 54 ff.
  - ATV **14 Nr. 2** 56
- Beweisfragen **8 Nr. 1** 68 ff.
- Detailpauschalvertrag **14 Nr. 1** 54 f.
- Einheiten nach DIN 18 351 **DIN 18351** 121 ff.
- Einheitspreisvertrag **8 Nr. 1** 36 b, 41 f., 61 ff.; **8 Nr. 6** 39; **14 Nr. 1** 49
- als Fälligkeitsvoraussetzung **Vor 14** 12
- bei freier Kündigung **8 Nr. 1** 33 ff.
- gem. DIN 18351 **DIN 18351** 251 ff.
- gem. DIN 18353 **DIN 18353** 111 ff.
- Klage auf A. **Vor 14** 9 f.
- Kosten **14 Nr. 1** 111
- des Kostenvorschuss bei Ersatzvornahme **13 Nr. 5** 162 ff.
- Kriterien **8 Nr. 6** 38 ff.
- bei Kündigung **14 Nr. 1** 8 ff.
  - Abrechnungspflicht **8 Nr. 6** 1 ff.
  - des Auftragnehmers **9 Nr. 3** 9 ff.
  - wegen Leistungsstörung **8 Nr. 3** 53 ff.
  - bei Unterbrechung der Ausführung **6 Nr. 5** 19 ff.; **6 Nr. 7** 17 ff., 40 ff.
  - wegen Vermögensverfall **8 Nr. 2** 73 ff., 87
- bei Mangel **4 Nr. 7** 118 ff.
- Mengenänderungen **14 Nr. 1** 56
- Pauschalpreisvertrag **8 Nr. 1** 36 c, 43 ff., 64 ff.; **8 Nr. 6** 41 ff.; **14 Nr. 1** 51 ff., 69
- Prüfbarkeit **8 Nr. 1** 60 ff.
- Prüfbarkeit der Rechnung gem. § **14 Nr. 1** **14 Nr. 1** 23 ff.; **8 Nr. 6** 3
  - vom Auftraggeber erbrachte Leistungen **14 Nr. 1** 62 ff.
  - Bindungswirkung der Rechnung **14 Nr. 1** 102 ff.
  - Form der Rechnung **14 Nr. 1** 41 ff.
  - Kenntlichmachen der Änderungen **14 Nr. 1** 90 ff.
  - Nachweise **14 Nr. 1** 75 ff.
  - nichterbrachte Leistungen bei Kündigung **14 Nr. 1** 68 ff.
  - Prozessuales **14 Nr. 1** 112 ff.
  - Prüfungspflicht des Auftraggebers **14 Nr. 1** 36 f.
  - Reihenfolge der Posten **14 Nr. 1** 43 ff.
  - Treu und Glauben **14 Nr. 1** 86 f.
  - Übersichtlichkeit **14 Nr. 1** 38 ff.
  - Zusammenfassung von Positionen **14 Nr. 1** 46 ff.
- Regeln **8 Nr. 1** 39 a ff.
- Schadensersatzansprüche **14 Nr. 1** 22
- Schlussrechnung **8 Nr. 6** 8; **14 Nr. 3** 1 ff.; s. a. dort
- Stundenlohnvertrag **8 Nr. 1** 36 l, 50; **8 Nr. 6** 40; **14 Nr. 1** 50, 72; **Vor 15** 1 ff.; **15 Nr. 1** 1 ff.
- bei Unterbrechung der Ausführung **6 Nr. 5** 1 ff.
  - Beispiele **6 Nr. 5** 2
  - bereits entstandene Kosten **6 Nr. 5** 24 ff.
  - Einheitspreisvertrag **6 Nr. 5** 3, 28
  - Einwendungen des Auftraggebers **6 Nr. 5** 32 f.

Magere Zahlen Randnummern **Sachverzeichnis**

- Fälligkeitsvoraussetzungen **6 Nr. 5** 3
- Kündigung **6 Nr. 5** 12
- Pauschalvertrag **6 Nr. 5** 3, 29
- Rechtsfolgen **6 Nr. 5** 14, 21 ff.
- Rechtsmissbrauchsverbot **6 Nr. 5** 13
- Selbstkostenerstattungsvertrag **6 Nr. 5** 31
- Stundenlohnvertrag **6 Nr. 5** 30
- Unterbrechungsdauer **6 Nr. 5** 18 ff.
- Ursachenvielfalt **6 Nr. 5** 34
- Vergütung **6 Nr. 5** 22 f.
- Voraussetzungen **6 Nr. 5** 15 ff.
- Vergütungsansprüche **14 Nr. 1** 1 ff.
- Vergütungsersatzansprüche **14 Nr. 1** 14 ff.
- Verhältnis von § 14 zu BGB-Bestimmungen **Vor 14** 16 ff.
- Verjährung des Anspruchs **Vor 14** 11
- und Vorauszahlungen gem. § 16 Nr. 3 **16 Nr. 2** 32 f.
- bei vorzeitig beendetem Vertrag **14 Nr. 1** 58 ff.
- vorzeitige **6 Nr. 5** 1 ff.; s. a. Abrechnung bei Unterbrechung der Ausführung
- Zeitpunkt der A. **14 Nr. 1** 71 ff.

**Abrechnungspflicht**
- bei Kündigung **8 Nr. 6** 1 ff.

**Abrufrecht des Auftraggebers 5 Nr. 2** 1 ff.
- Auskunftsanspruch des Auftraggebers **5 Nr. 2** 17 ff.
- Beginn der Ausführung **5 Nr. 2** 32 ff.
  - Zwölf-Werktagesfrist **5 Nr. 2** 34 ff.
- Form und Frist **5 Nr. 2** 22 ff.
- fortbestehende Dispositionsbefugnis des Auftraggebers **5 Nr. 2** 28 ff.
- nach VOB **5 Nr. 2** 13 ff.
- nicht ausgeübtes **5 Nr. 2** 6 ff.
- Obliegenheit oder Mitwirkungspflicht **5 Nr. 2** 15 f.
- Rechtsnatur **5 Nr. 2** 14 ff.
- vereinbarte Ausübungsfrist **5 Nr. 2** 12
- vertragliches A. nach BGB **5 Nr. 2** 3 ff.
- wiederholte Ausübung **5 Nr. 2** 29 f.
- zeitlimitiertes **5 Nr. 2** 6 ff.

**Abschlagszahlungen 16 Nr. 1** 1 ff., 2 ff.
- als Anerkenntnis **Vor 2** 510
- Anspruch bei Widerruf **Vor 2** 356
- Anspruch nach Kündigung **6 Nr. 7** 18 f.
- nach Leistungsverweigerungsrecht **Vor 2** 377
- bei Schadensersatzanspruch wegen Behinderung gem. § 6 Nr. 6 **Nr. 6** 111
- Abrechnung **14 Nr. 1** 62 ff.
- Abtretbarkeit **Vor 2** 243
- AGB **16 Nr. 1** 57 f.
- für Baustoffe und Bauteile **16 Nr. 1** 31 ff.
- bei beiderseitiger Verantwortung für Mangel **4 Nr. 7** 156 ff.
- BGB Vertrag **16 Nr. 1** 6 ff.
- Einbehalte des Auftraggebers **16 Nr. 1** 46 ff.
- Einheitspreisvertrag **16 Nr. 1** 25
- Fälligkeit gem. § 16 Nr. 1 Abs. 3 **16 Nr. 1** 59 ff.
- Höhe **16 Nr. 1** 44
- nach Kündigung **8 Nr. 1** 4
- Nachweis erbrachter Leistungen **16 Nr. 1** 24 ff.
- Pauschalpreisvertrag **16 Nr. 1** 27 ff.
- Rechtsfolgen **16 Nr. 1** 65 ff.
- Rechtsnatur des § 16 Nr. 1 **16 Nr. 1** 15 ff.
- Rückzahlungsansprüche des Auftraggebers **Vor 16** 48 ff.
- und Schlussrechnung **14 Nr. 3** 6 ff.; **16 Nr. 1** 16 f.
- Stundenlohnvertrag **16 Nr. 1** 26
- und Umsatzsteuer **16 Nr. 1** 45
- unbestrittenes Guthaben als A. bei Schlusszahlung **16 Nr. 3** 44 ff.
- Verjährung **16 Nr. 1** 63 f.
- Voraussetzungen des § 16 Nr. 1 **16 Nr. 1** 18 ff.

**Abtretung**
- Abschlagszahlungen **Vor 2** 243; s. a. dort
- Abtretungsverbot nach § 354 a HGB **Vor 2** 249
- Ausschluss durch Parteivereinbarung **Vor 2** 247 ff.
- Baugeld **Vor 2** 243
- Eigentumsvorbehalt **Vor 2** 244 ff.
- und Minderung **13 Nr. 6** 18 ff.
- bei öffentlichem Auftraggeber **Vor 2** 250 ff.
- des Vergütungsanspruchs **Vor 2** 241 ff.
- Zulässigkeit **Vor 2** 242

**Änderungsrecht des Auftraggebers**
- anderweitige Vergabe **1 Nr. 3** 37
- Bauentwurf **1 Nr. 3** 1
- billiges Ermessen **1 Nr. 3** 21
- einseitiges **1 Nr. 3** 3 ff.
  - Vollmacht des Architekten **1 Nr. 3** 7
- Grenzen **1 Nr. 3** 8 ff.
- keine Auftragsentziehung **1 Nr. 3** 31
- Leistungsverweigerungsrecht **1 Nr. 3** 58
- Mehrvergütungsansprüche **1 Nr. 3** 26
- nicht von § 1 Nr. 3 erfasste Fälle **1 Nr. 3** 64 ff.
- Selbstübernahme **1 Nr. 3** 34
- Subunternehmerverhältnis **1 Nr. 3** 38 f.
- Teilleistungen **1 Nr. 3** 30
- vergütungsrechtliche Folgen **1 Nr. 3** 40
  - Pauschalvertrag **1 Nr. 3** 46
- Zumutbarkeit **1 Nr. 3** 27

**Änderungsvorbehalt**
- Abgrenzung zur Selbstübernahme **2 Nr. 4** 6 ff.

**Äquivalenzkostenverfahren 6 Nr. 6** 109

**Allgemeine Geschäftsbedingungen**
- Abnahme **8 Nr. 6** 58 f.; **Vor 12** 138 ff.
- und Abrechnung **Vor 14** 25 ff.
- Abschlagszahlungen **16 Nr. 1** 57 f.
- Ankündigungserfordernis des Mehrvergütungsanspruchs bei Zusatzleistungen **2 Nr. 6** 74
- Anordnungsbefugnis des Auftraggebers **4 Nr. 1** 281 ff.
- Aufmaß **Vor 2** 239
- Aufrechnungsverbot **Vor 2** 240
- vom Auftraggeber verursachte Mängel **13 Nr. 3** 70 a f.
- Ausschluss der Pauschalpreisregelungen **2 Nr. 7** 116 ff.
- Ausschluss der Vergütungspflicht für Planungsleistungen **2 Nr. 9** 24 f.
- Ausschluss des Mehrvergütungsanspruchs bei Zusatzleistungen **2 Nr. 6** 100 ff.
- Ausschluss des Nachforderungsanspruchs **2 Nr. 8** 89

2529

# Sachverzeichnis

Fette Zahlen Paragraphen bzw. Paragraphennummern

- Baugrund- und Bodenrisiko **Vor 2** 171
- Bauhandwerkersicherungshypothek § 648 BGB **Vor 2** 294
- baurechtliche Besonderheiten **Vor 2** 232
- Bauträgerverträge **Vor 1** 68
- Begriff **Vor 2** 222 ff.
- Behinderungsanzeige **6 Nr. 1** 94
- behördliche Auflagen **Vor 2** 239
- Beschaffungspflicht von Unterlagen seitens des Auftragnehmers **3 Nr. 5** 2, 19 ff.
- Beschränkung der Preisanpassungsmöglichkeit in AGB **2 Nr. 3** 75 ff.
- besondere Schutzpflichten des Auftragnehmers **4 Nr. 5** 42
- Bestimmung der geschuldeten Gesamtleistung **2 Nr. 1** 37 ff.
- Bürgschaft
  - auf Erste Anforderung **17 Nr. 4** 29 ff.
  - Mängelbürgschaft **17 Nr. 4** 33 ff.
- Centklausel **Vor 2** 240
- Darlegungs- und Beweislast **Vor 2** 229
- deliktische Haftung gegenüber Dritten **10 Nr. 3** 91 f.
- Detailpauschalvertrag **2 Nr. 1** 39
- Einbeziehung **Vor 1** 44; **Vor 2** 226
- Einheitspreisvertrag **2 Nr. 1** 40
- einseitige Leistungsbestimmungsrechte **2 Nr. 5** 92
- Einzelfristen als Vertragsfristen **5 Nr. 1** 58
- Erfüllungsgehilfe **10 Nr. 1** 70
- Ersatzvornahme der Mangelbeseitigung **13 Nr. 5** 98 ff.
- Fälligkeitsregelungen **Vor 2** 240
- Festpreisklausel **Vor 2** 240
- fiktive Abnahme **12 Nr. 5** 4 f., 44 ff.
- Form und Verfahrensvoraussetzungen bei Auftragnehmerkündigung **9 Nr. 2** 44 f.
- freies Kündigungsrecht gem. § 8 Nr. 1 **8 Nr. 1** 72 ff.
- Freizeichnungsklauseln **13 Nr. 7** 246 ff.
- Fristsetzung zur Mängelbeseitigung **4 Nr. 7** 204 ff., 217 f.
- Fristverlängerung von Ausführungsfristen **6 Nr. 4** 31
- Gerichtsstandsvereinbarung **18 Nr. 1** 77 ff.
- Gleitklausel **Vor 2** 240
- Globalpauschalvertrag **2 Nr. 1** 38
- Haftung **Vor 10** 7 f.
- Höchstpreisklausel **Vor 2** 240
- Inhaltskontrolle
  - Grenzen **Vor 2** 228
  - keine I. der Leistungsbeschreibung **Vor 2** 236
- Kalkulationsirrtum **Vor 2** 240
- Komplettheitsklauseln beim Pauschalvertrag **2 Nr. 7** 121
- Koordinierungspflichten des Auftraggebers **4 Nr. 1** 112 ff.
- Kündigung
  - bei Qualitäts- und Zeitstörungen **8 Nr. 3** 64 f.
- Kündigungsrecht bei Unterbrechung der Ausführung **6 Nr. 7** 47
- leistungsbestimmende Klauseln **Vor 2** 233 ff.
- Materialpreisgleitklausel **Vor 2** 240
- Mehrvergütungsanspruch **2 Nr. 5** 83 ff.
- Minderungsanspruch **13 Nr. 6** 92 f.
- Nachfristsetzung mit Ablehnungsandrohung **5 Nr. 4** 73 f.
- Nebenleistungen **Vor 2** 239
- öffentlicher Auftraggeber **2 Nr. 5** 89
- Ordnungspflichten des Auftraggebers/Arbeitsschutz **4 Nr. 2** 182
- Pauschalpreisvereinbarung mit Anpassungsklausel bei Mengenänderungen **2 Nr. 7** 18
- Pauschalpreisvertrag **Vor 2** 239; **2 Nr. 1** 38
- Pfennigklausel **Vor 2** 240
- Prozentklausel **Vor 2** 240
- Prüfungs- und Hinweispflichten des Auftragnehmers **3 Nr. 3** 45; **4 Nr. 3** 70 ff.
- Rechnungsprüfungsfrist **Vor 2** 240
- Richtlinie 93/13/EWG **Vor 2** 232; **2 Nr. 2** 3
- Schadensersatz bei Kartellverstoß **Vor 2** 115
- Schadensersatz wegen Behinderung gem. § 6 Nr. 6 **6 Nr. 6** 120 f.
- Schlüsselfertighaus **Vor 2** 239
- Schriftform **8 Nr. 5** 13
- Schriftformklauseln **Vor 2** 240; **2 Nr. 5** 83 ff.
- Selbstübernahme des Auftraggebers **2 Nr. 4** 35 ff.
- Sicherungseinbehalt **Vor 2** 240
- Sicherungspflicht gem. § 648 a BGB **Vor 2** 405 f.
- Stundenlohnvereinbarung **2 Nr. 10** 20
- Subunternehmervertrag **4 Nr. 8** 25 f.
- Übergabepflicht der Ausführungsunterlagen **3 Nr. 1** 31 ff.
- Überlassungspflichten des Auftraggebers **4 Nr. 4** 13 ff.
- überraschende Klauseln **Vor 2** 227
- Umsatzsteuervereinbarungen **2 Nr. 1** 62
- Unwirksamkeit **Vor 2** 230 f.
- Vergütung **Vor 2** 221 ff., 240 ff.
- Verjährungsfrist **13 Nr. 4** 80 ff.
- Verlängerung der Ausführungsfrist **6 Nr. 2** 88 f.
- Vermessungspflicht **3 Nr. 2** 15
- Versicherbare Schäden **10 Nr. 2** 21 f.
- Vertragsfristen **5 Nr. 1** 29 ff.
- Vertragsstrafe **8 Nr. 7** 17; **11 Nr. 1** 51 ff.
  - bei Wettbewerbsbeschränkung **8 Nr. 4** 26 ff.
- VOB/B als A. **Einl** 35 ff.
- Weiterführungspflicht bei Behinderung **6 Nr. 3** 53
- Zahlungsfrist in AGB **Vor 2** 240
- Zerstörung der Leistung **7 Nr. 1–3** 38
- Zurückbehaltungsrecht **Vor 2** 240

**Allgemeine Technische Vertragsbedingungen ATV**
- Begriff **1 Nr. 1** 26; **2 Nr. 1** 23
- Einbeziehung **1 Nr. 1** 28
- als Vertragsunterlagen **1 Nr. 1** 7

**Amtshaftung**
- bei öffentlich-rechtlichen Genehmigungen **4 Nr. 1** 86 ff.
- Verjährung **4 Nr. 1** 90

**Anerkenntnis**
- durch Abschlagszahlung **Vor 2** 510
- bei Leistungen ohne Auftrag **2 Nr. 8** 51 ff.
- Neubeginn der Verjährung **Vor 2** 510
- und Rückforderungsansprüche **Vor 16** 64 ff.
- als Voraussetzung der Zahlung einer Bankbürgschaft **Vor 2** 362

Magere Zahlen Randnummern

– bei Zustandsfeststellung im Baubereich durch Niederschrift **3 Nr. 4** 7 f.

**Anfechtung**
– keine A. der Abnahme **Vor 12** 45 ff.
– der Abrechnung **14 Nr. 1** 104 ff.
– arglistige Täuschung **Vor 2** 152 ff.
  – Verjährung **13 Nr. 4** 325 ff.
– Drohung gem. § 123 BGB **Vor 8** 59 f.
  – Ausschluss **Vor 8** 60
– Erklärungsirrtum gem. § 119 BGB **Vor 8** 43 f.
– wegen fehlender berufsrechtlicher Qualifikation **Vor 8** 13
– Frist bei Irrtum **Vor 2** 146 ff.
– Frist bei Täuschung oder Drohung **Vor 2** 155 f.
– des gemeinsamen Aufmaßes **2 Nr. 2** 26; **14 Nr. 2** 31
– Inhaltsirrtum gem. § 119 BGB **Vor 2** 125 ff.; **Vor 8** 45 ff.
– bei Kartellverstoß **Vor 2** 114
– Motivirrtum **Vor 8** 45 ff.
– wegen Nichteintragung in die Handwerksrolle **Vor 2** 129

**Angebotsbearbeitung**
– ausnahmsweise Vergütung **Vor 2** 71
– grundsätzliche Unentgeltlichkeit **Vor 2** 67 ff.

**Angebotskosten**
– Vergütung **Vor 2** 64 ff.

**Annahmeverzug**
– bei nicht ausgeübten Abrufrecht **5 Nr. 2** 6 ff.
– bei unterlassener Mitwirkungshandlung **Vor 3** 40
– bei Verletzung der Koordinierungspflichten **4 Nr. 1** 103
– Verzögerung durch den Vorunternehmer **4 Nr. 1** 5
– Zerstörung der Leistung **7 Nr. 1–3** 32

**Anordnungsbefugnis des Auftraggebers**
– Abhilfeverlangen keine Anordnung **5 Nr. 3** 2
– AGB **4 Nr. 1** 281 ff.
– „andere Anordnungen" **2 Nr. 5** 21
– Anordnungen zum zeitlichen Ablauf **2 Nr. 5** 15 ff.
– Ausführungsanordnung gem. § 4 Nr. 1 Abs. 3 **4 Nr. 1** 182 ff.
  – Abgrenzung zu anderweitigen Anordnungen **4 Nr. 1** 202 ff.
  – ausnahmsweise Pflicht **4 Nr. 1** 187 ff.
  – Ergänzung des Überwachungsrechts **4 Nr. 1** 184
  – grundsätzlich keine Pflicht **4 Nr. 1** 185 ff.
  – Notwendigkeit **4 Nr. 1** 198 ff., 209 ff.
  – Prüfungspflicht des Auftragnehmers **4 Nr. 1**; s. Bedenkenmitteilung
– Ausführungsfristen **Vor 5** 87
– Ausübung des Anordnungsrechts
  – durch den Auftraggeber **2 Nr. 5** 22
  – durch Dritte **2 Nr. 5** 25
– Auswirkungen beim Pauschalvertrag **2 Nr. 7** 95 ff.
– als Behinderung **6 Nr. 6** 54 ff.
  – Schadensersatz **6 Nr. 6** 116 ff.
– Delikthaftung **4 Nr. 1** 279

# Sachverzeichnis

– als Ergänzung zum Überwachungsrecht **4 Nr. 1** 131
– Folge der Ausübung für die Vergütung **2 Nr. 6** 1 ff.
– Gefahr im Verzug **4 Nr. 1** 219 ff.
– Haftung bei unterlassener Bedenkenmitteilung **4 Nr. 1** 274 ff.
– zur Koordinierung mehrerer Auftragnehmer **4 Nr. 1** 50
– Mehrvergütungsausgleich **4 Nr. 1** 261 ff.
  – Beweislast **4 Nr. 1** 271
  – nur bei ungerechtfertigter Erschwerung **4 Nr. 1** 265 ff.
– Preisanpassung bei VOB-Vertrag **2 Nr. 5** 4
– unberechtigte oder unzweckmäßige Anordnungen **4 Nr. 1** 226 ff.
– als verbindliche Willenserklärung **4 Nr. 1** 194 f.
– Verhältnis zum BGB **Einl** 129 ff.

**Anordnungsbefugnis des Auftragnehmers**
– bei Bauausführung **Vor 4** 27

**Anrechnung von Vorteilen** s. Vorteilsanrechnung

**Anscheinsvollmacht** s. Vollmacht

**Anzeigepflicht des Auftragnehmers**
– bei Baubeginn **5 Nr. 1** 70; **5 Nr. 2** 1 ff., 41 ff.
  – Rechtsfolgen bei Pflichtverletzung **5 Nr. 2** 44
– bei Behinderung **2 Nr. 5** 75 f.
– Behinderungsanzeige des Auftragnehmers **6 Nr. 1** 15 ff.; s. a. dort
– Schadensersatz bei Pflichtverletzung **Vor 2** 210 ff.
– bei wesentlicher Überschreitung des Kostenanschlages **Vor 2** 203 ff.

**Arbeiten**
– an „Dach und Fach" **2 Nr. 1** 51
– an einem Grundstück **Vor 1** 50
– „an einem Grundstück"
  – Begriff **Vor 2** 266
  – mehrere Grundstücke **Vor 2** 278
– Bauarbeiten
  – Begriff **Vor 1** 35
– bei Bauwerken **Vor 1** 47
  – Begriff **Vor 1** 34
– „bei Bauwerken"
  – Begriff **Vor 2** 262 ff.
  – Beispiele aus der Rechtsprechung **Vor 2** 269
– „fix und fertige A." **2 Nr. 1** 53 f.
– gefahrgeneigte A.
  – Haftungseinschränkung **4 Nr. 2** 203

**Arbeitnehmerüberlassung 4 Nr. 2** 213 ff.
– Abgrenzung
  – zu Subunternehmerverträgen **4 Nr. 2** 214
– Erlaubnispflichtigkeit **4 Nr. 2** 213
– Mitverantwortung des Auftraggebers **4 Nr. 2** 206
– Nichtigkeit des Bauvertrages **Vor 8** 29 f.

**Arbeitseinstellung**
– bei Zahlungsverzug des Auftraggebers **16 Nr. 5** 49 ff.

2531

# Sachverzeichnis

Fette Zahlen Paragraphen bzw. Paragraphennummern

**Arbeitsgemeinschaft ARGE**
- Begriff **8 Nr. 2** 62 ff.

**Arbeitsschutz 4 Nr. 2** 184 ff.
- Arbeitsschutzgesetz (ArbSchG) **4 Nr. 2** 191 ff.
- Baustellenverordnung **4 Nr. 2** 8, 192 ff.
- europarechtliche Regelungen
  - Richtlinien **4 Nr. 2** 191
- Normen **4 Nr. 2** 186
- Übersicht **4 Nr. 2** 184

**Architekt**
- A. nicht automatisch SiGeKo **4 Nr. 2** 196
- Abnahme nur bei Sondervollmacht **Vor 12** 32 ff.
- Anordnugsbefugnis **2 Nr. 5** 25
- Anwendbarkeit der VOB auf Leistungen **Vor 1** 48
- Aufmaß **14 Nr. 2** 52
- Bauvoranfrage **4 Nr. 1** 75
- Bauzeitplanung gem. § 15 HOAI **Vor 5** 8 ff.
- Entgegennahme einer Behinderungsanzeige **6 Nr. 1** 47 ff.
- als Erfüllungsgehilfe des Auftraggebers **10 Nr. 1** 65 ff.
  - Rechtsprechungsübersicht **10 Nr. 1** 69
  - bei Vorleistungen **4 Nr. 1** 2 ff.
- Erstellung des Bauzeitenplans **5 Nr. 1** 32 f.
- Folgen von Planungsfehlern für die Prüfungspflicht des Auftragnehmers **3 Nr. 3** 20
- Haftung
  - bei nicht genehmigungsfähiger Planung **4 Nr. 1** 75
- Kostenfolgen mangelhafter Planung **4 Nr. 7** 112 ff.
- Mängelhaftung **Vor 13** 32 ff.
- Planungsverschulden des A. **4 Nr. 1** 17
- selbständige Planungsleistungen **Vor 1** 59
- Sicherheit nach § 648 a BGB **Vor 2** 327 ff.
- Sicherungshypothek **Vor 2** 271
- Vollmacht **Vor 2** 24 ff.
  - Grenzen der Vollmacht **1 Nr. 3** 7
  - keine Vollmacht für Anerkenntnis **2 Nr. 8** 55
  - ohne Vollmacht **Vor 2** 57
- Wissenszurechnung bei Behinderung **6 Nr. 1** 64
- Zurechnung bei Planungsverschulden **6 Nr. 6** 83

**Arglistige Täuschung**
- Erfüllungsgehilfe **10 Nr. 1** 31 ff.; **13 Nr. 4** 342 ff.
- Verjährung **13 Nr. 4** 325 ff.; s. a. Anfechtung

**Aufhebungsvertrag Vor 8** 95 ff.
- Form **Vor 8** 100
- Rückwirkung **Vor 8** 97
- Wirkung für Zukunft **Vor 8** 98 f.

**Auflagen**
- behördliche in AGB **Vor 2** 239
- Mehrvergütungsansprüche verursacht durch A. **2 Nr. 5** 91

**Aufmaß 14 Nr. 2** 1 ff.
- in AGB **Vor 2** 239
- Architekt **14 Nr. 2** 52
- vom Auftraggeber vereiteltes A. **14 Nr. 2** 41 ff.

- Begriff **14 Nr. 2** 11
- Bescheinigung Dritter anstelle von Feststellungen **14 Nr. 2** 77
- Bestimmung der tatsächlich ausgeführten Leistung **2 Nr. 2** 16 ff.
- Bestimmungen **14 Nr. 2** 54 ff.
- Bindungswirkung **2 Nr. 2** 20 ff.
- Detailpauschalpreisvertrag **14 Nr. 2** 4 f.
- Einheitspreisvertrag **14 Nr. 2** 2
- einseitig vom Auftragnehmer getroffene Feststellungen **14 Nr. 2** 36 ff.
- einseitiges **8 Nr. 6** 27
- gemeinsames gem. § **14 Nr. 2 8 Nr. 6** 26; **14 Nr. 2** 9 ff.
  - Anfechtung **14 Nr. 2** 31
  - Bindungswirkung **2 Nr. 2** 20 ff.
  - Irrtumsanfechtung **2 Nr. 2** 26
  - nicht automatisch Fälligkeitsvereinbahrung **Vor 2** 444
  - Rechtsfolgen **14 Nr. 2** 23 ff.
  - Voraussetzungen **14 Nr. 2** 15 ff.
- als Grundlage der Abrechnung **8 Nr. 6** 4
- örtliches **2 Nr. 2** 19
- Pauschalpreisvertrag **14 Nr. 2** 3
  - kein A. **2 Nr. 2** 39 f.; **2 Nr. 7** 15
- Regeln **8 Nr. 6** 18
- Rundung und Übermessung **14 Nr. 2** 62 ff.
- Stundenlohnvertrag **14 Nr. 2** 2
- Vertretung durch Dritte **14 Nr. 2** 50 ff.
- zeichnerisches **2 Nr. 2** 19

**Aufrechnung**
- Einfluss der A. auf die Sicherheit gem. § 648 a BGB **Vor 2** 342
- und Insolvenz **8 Nr. 2** 48
- bei Mängeln **13 Nr. 5** 178 ff.
- und Minderung **13 Nr. 6** 18 ff.
- als Schadensminderungsgrund **13 Nr. 7** 157, 231 ff.
- bei Vermögensverfall **8 Nr. 2** 87
- und Vertragsstrafe **11 Nr. 4** 21

**Auftraggeber**
- Disposition der Bauzeit **Vor 5** 92 ff.
- Einbehalte des A. **16 Nr. 1** 46 ff.
- Haftung **Vor 10** 1 ff.; s. a. Haftung
- Mitwirkung **Einl** 245
- Pflichten **Einl** 170
- Selbstübernahme durch A. **2 Nr. 4** 1 ff.
- Vergütungspflicht **1 Nr. 1** 2
- vom A. verursachte Mängel gem. **13 Nr. 3** **13 Nr. 3** 1 ff.
- Wahlrecht bei Leistungsvarianten **1 Nr. 1** 17
- Zahlungsverweigerung bei Mängeln **13 Nr. 5** 169 ff.

**Auftragnehmer**
- Dokumentationspflichten **Einl** 173
- Eigenverantwortung des A. **4 Nr. 2**; s. Eigenverantwortung des Auftragnehmers
- Erfüllungsgehilfe des A. **Vor 13** 41 ff.
- Haftung **Vor 10** 1 ff.; s. a. dort
- Leistungsverweigerungsrecht bei Änderungsanordnung **1 Nr. 3** 58
- Prüfungs- und Mitteilungspflichten **Einl** 236; **3 Nr. 3;** s. dort

Magere Zahlen Randnummern

# Sachverzeichnis

– Schutzpflichten des A. **4 Nr. 5**; s. Schutzpflichten des Auftragnehmers
– Selbstausführungsgebot **4 Nr. 8** 1 ff.; s. a. dort
– Verlangen von Zusatzleistungen **1 Nr. 4** 1
– Weiterführungspflicht bei Behinderung **6 Nr. 3** 19 ff.

**Auftragsentziehung**
– wegen Mängeln **4 Nr. 7** 194 ff.
  – Abgrenzung zur Kündigung gem. § 8 Nr. 1 **4 Nr. 7** 207
  – AGB **4 Nr. 7** 217 f.
  – Androhung des Auftragsentzugs **4 Nr. 7** 207 f.
  – Aufforderung zur Mängelbeseitigung **4 Nr. 7** 202
  – BGB Vertrag **4 Nr. 7** 10 ff.
  – Entbehrlichkeit der Fristsetzung **4 Nr. 7** 210 ff.
  – Folgen der A. **4 Nr. 7** 223 ff.
  – Fristsetzung **4 Nr. 7** 203 ff.
  – als Kündigung **4 Nr. 7** 220 f.
  – Regeln des BGB **4 Nr. 7** 196 ff.
  – Verhältnis zum Schadensersatz **4 Nr. 7** 170 f.
  – Voraussetzungen **4 Nr. 7** 201 f.
– Nachfristsetzung mit Ablehnungsandrohung **5 Nr. 4**; s. dort
– bei Verstoß gegen Selbstausführungsgebot **4 Nr. 8** 47, 64
– Wahlrecht **5 Nr. 4** 76 ff.

**Ausführung**
– Beginn **5 Nr. 4** 16
  – bei Abruf **5 Nr. 2** 32 ff.
  – AGB **5 Nr. 2** 37 f.
  – bei fehlender Vertragsfrist **5 Nr. 2** 1 ff.
  – Verzögerung **5 Nr. 4** 11 ff.
– Behinderung **Vor 6** 19 ff.
– Vollendung **5 Nr. 4** 18 f.
  – bei Abnahmereife **5 Nr. 1** 71

**Ausführungsfristen**
– AGB **5 Nr. 1** 29 ff.
– Anzeigepflicht
  – bei Baubeginn **5 Nr. 1** 70
– Ausübung des Dispositionsrechts nur einmal **5 Nr. 1** 28
– Bauvorbereitung **5 Nr. 1** 62 ff.
– Beginn
  – Abgrenzung zur Bauvorbereitung **5 Nr. 1** 63 ff.
– Begriff **5 Nr. 1** 7
– Bemessung **5 Nr. 1** 14 ff.
– einseitige Verfügungsmacht des Auftraggebers **Vor 5** 84 ff.
– Einzelfristen **5 Nr. 1** 37 ff.; s. a. dort
– Empfehlungen durch §§ 10, 11 VOB/A **Vor 5** 63 ff.
– gegen § 11 VOB/A verstoßende A. nicht nichtig gem. § 134 BGB **Vor 5** 77
– Hinderungsgründe für die Einhaltung **5 Nr. 1** 67 ff.
– kalendermäßigen Bestimmung **5 Nr. 1** 22
– kraft vertraglicher Regelungen **Vor 5** 102
– bei öffentlichem Auftraggeber §§ 10, 11 VOB/A **Vor 5** 61 ff.

– keine positive Baufristenkompetenz für Auftraggeber **6 Nr. 1** 73
– Puffer- oder Reservezeiten **5 Nr. 1** 16
– Rechtscharakter **Vor 5** 115
– Richtlinien des VHB **Vor 5** 82
– Verlängerung der A.
  – bei Behinderung **6 Nr. 2** 1 ff.; s. a. Verlängerung der Ausführungsfrist
– Zeiteinheiten **5 Nr. 1** 12 f.

**Ausführungsunterlagen Vor 3** 1 ff.
– Ablaufplanung **Vor 5** 47
– Änderungsanordnungen **3 Nr. 1** 15
– Begriff und Inhalt **3 Nr. 1** 11 ff.
– behördliche Genehmigungen **3 Nr. 1** 13
– Beispiele **3 Nr. 1** 14
– Einsichtsrecht des Auftraggebers in die Ablaufplanung **5 Nr. 1** 51 f.
– durch Erfüllungsgehilfen **Vor 3** 93
– fehlende Übergabe als Behinderung **3 Nr. 1** 9 f.
– Haftungsfreizeichnung in AGB **3 Nr. 1** 31 ff.
– Maßgeblichkeit der A. für die Prüfungspflicht des Auftragnehmers **3 Nr. 3** 1 ff.
– auch mündliche Angaben **3 Nr. 1** 11
– nötige A. **3 Nr. 1** 16 ff.
– notwendige Stückzahl der A. **3 Nr. 1** 22
– rechtzeitige Übergabe **3 Nr. 1** 24 ff.
– Übergabe der A. als Mitwirkungspflicht des Auftraggebers **3 Nr. 1** 1 ff.
– unentgeltliche Überlassung **3 Nr. 1** 23
– Vermessungen **3 Nr. 2** 1 ff.
  – Abstecken der Geländegrenzen **3 Nr. 2** 7
  – Abstecken der Hauptachsen **3 Nr. 2** 6
  – Rechtsfolgen bei fehlerhafter Vermessung **3 Nr. 2** 12 ff.
  – Regelungen in AGB **3 Nr. 2** 15
  – Schaffen der notwendigen Höhenfestpunkte **3 Nr. 2** 8 ff.
– Verschulden des Auftraggebers bei verspäteter Übergabe **3 Nr. 1** 28
– Zusatzleistungen **3 Nr. 1** 15

**Auskunft**
– über Baubeginn **5 Nr. 2** 1 ff.

**Auskunftsanspruch**
– des Auftraggebers
  – bei Abhilfeverlangen **5 Nr. 3** 19
– des Auftragnehmers
  – Abruf **5 Nr. 2** 17 ff.

**Auskunftsrecht 4 Nr. 1** 164 ff.

**Ausschreibung**
– unzulässige Abreden **8 Nr. 4** 7 ff.

**Bau- Schlichtungsstelle Vor 18** 14 ff.

**Bauabzugssteuer Vor 16** 78 ff.

**Bauaufsicht 4 Nr. 1** 118
– Anordnungsbefugnis des Auftraggebers
  – als Ergänzung des Überwachungsrechts **4 Nr. 1** 131
– Ausführungsanordnungen

2533

# Sachverzeichnis

Fette Zahlen Paragraphen bzw. Paragraphennummern

- als Ergänzung des Überwachungsrechts **4 Nr. 1** 182 ff.
- Prüfungspflicht des Auftragnehmers **4 Nr. 1**; s. Bedenkenmitteilung
- ausnahmsweise Pflicht **4 Nr. 1** 140 ff.
- deliktsrechtliche Überwachungspflichten **4 Nr. 1** 146
- Duldungspflicht des Auftragnehmers **4 Nr. 1** 180 f.
- Einschränkung bei Geschäftsgeheimnissen **4 Nr. 1** 170 ff.
- kein Mitverschulden durch mangelnde Aufsicht **4 Nr. 1** 134
- keine Pflicht **4 Nr. 1** 124 ff., 132
- Rechte und Hilfsmittel **4 Nr. 1** 150 ff.
  - AGB **4 Nr. 1** 168
  - Auskunftsrecht **4 Nr. 1** 164 ff.
  - Baubesprechungen **4 Nr. 1** 167
  - Bautagebücher **4 Nr. 1** 167
  - Bautagesberichte **4 Nr. 1** 167
  - Einsichtsrecht **4 Nr. 1** 160 ff.
  - Zutrittsrecht **4 Nr. 1** 150 ff.
- Überwachungsrecht
  - als Besonderheit der VOB/B **4 Nr. 1** 119 ff.
  - Reichweite **4 Nr. 1** 147 ff.

**Bauausführung Vor 4** 1 ff.
- „erstklassige Ausführung" **2 Nr. 1** 55
- „fix und fertige Arbeit" **2 Nr. 1** 53 f.
- „gehobener Standard" **2 Nr. 1** 55
- Kontrollrecht des Auftraggebers **Vor 4** 25 ff.
  - Anordnungsbefugnis **Vor 4** 27
  - Einsicht in die Bauausführungsunterlagen **Vor 4** 25
  - Zutrittsrecht **Vor 4** 25
- Koordinierungs- und Beschaffungspflichten des Auftraggebers **4 Nr. 1** 1 ff.
- Mitwirkungspflichten des Auftraggebers **Vor 4** 4 ff.
  - Inhalt der Pflichten **Vor 4** 8
  - als Nebenleistungspflichten **Vor 4** 4 ff.
  - Rechtnatur der Pflichten **Vor 4** 13 ff.
- Verhaltenspflichten des Auftragnehmers **Vor 4** 16 ff.
  - Inhalt der Pflichten **Vor 4** 17 f.
  - Rechtsfolgen bei Pflichtverletzung **Vor 4** 22 ff.

**Baubesprechungen**
- Pflicht des Auftragnehmers zur Teilnahme **4 Nr. 1** 167

**Baubetreuer**
- Empfänger von Baugeld **Vor 2** 310
- Haftung **Vor 2** 50
- Sicherheit nach § 648 a BGB **Vor 2** 332
- Sicherungshypothek **Vor 2** 272
- Vollmacht **Vor 2** 24 ff., 43 ff.

**Baubetreuungsverträge**
- Formbedürftigkeit **Vor 2** 102

**Baubuch**
- Einsichtnahme **Vor 2** 315

**Bauentwurf**
- Änderung des B. **1 Nr. 3**, 1; **2 Nr. 5** 1 ff., 10 ff.
- Abgrenzung zur zusätzlichen Leistung **2 Nr. 5** 13
- Auswirkungen beim Pauschalvertrag **2 Nr. 7** 95 ff.
- s. Änderungsrecht des Auftraggebers
- Begriff **2 Nr. 5** 19

**Baufertigteile**
- Lieferung keine Arbeiten „bei Bauwerken" **Vor 2** 270
- Liefervertrag **Vor 1** 73

**Baugeld**
- Abtretbarkeit **Vor 2** 243
- Begriff nach § 1 GSB **Vor 2** 307 f.
- Empfänger von B. **Vor 2** 309 ff.
- Subunternehmer kein Empfänger von B. **Vor 2** 311
- unabtretbar und unpfändbar **Vor 2** 308

**Baugenehmigung**
- Behinderung **6 Nr. 2** 48
- als Gläubigerobliegenheit **Vor 8** 16
- Leistungsverweigerungsrecht **Vor 8** 18
- als Nebenpflicht des Auftragnehmers **Vor 8** 17
- Risiko des Auftraggebers **Vor 2** 169

**Baugrund**
- Bebaubarkeit des Grundstücks als Geschäftsgrundlage **Vor 2** 166
- Bereitstellung des Baugrundstücks **4 Nr. 1** 4 ff.
- Risiko **7 Nr. 1–3** 26
- AGB **Vor 2** 239
- Rechtsprechung **13 Nr. 1** 134

**Bauhandwerkersicherungsgesetz § 648 a BGB Vor 17** 63 ff.

**Bauhandwerkersicherungshypothek § 648 BGB Vor 2** 256 ff.; **Vor 17** 66 ff.
- Ablösung durch anderweitige Sicherheit **Vor 2** 286
- Beschränkungen des Anspruchs **Vor 2** 294
- Verhältnis zur Sicherheitsleistung nach § 648 a BGB **Vor 2** 374
- Vormerkung gem. § 885 BGB **Vor 2** 281, 295 ff.

**Bauherr**
- Definition **4 Nr. 8** 14
- Haftpflichtversicherung **Anh. 7** 8 ff.; s. a. dort

**Bauherrengemeinschaft**
- Haftung bei nicht gebildeter B. **Vor 2** 51
- Haftung bei nicht zustandegekommener B. **Vor 2** 50
- Vollmacht des Baubetreuers **Vor 2** 45

**Bauleistung**
- Begriff **Vor 1** 31

**Bauleistungsversicherung Anh. 7** 1 ff.
- Abgrenzung zu anderen Versicherungen **Anh. 7** 6 ff.
- ABN/ABU **Anh. 7** 1 ff.; s. a. dort

Magere Zahlen Randnummern

# Sachverzeichnis

**Bauleiter**
- Anordnungsbefugnis **2 Nr. 5** 25

**Bauliche Anlage**
- Begriff **Vor 1** 41

**Bauplanung**
- nach Baumanagementgesichtspunkten **Vor 5** 111
- Zeitplanungsaufgaben **Vor 5** 12 ff.

**Bauproduktengesetz 4 Nr. 2** 104 ff.
- und anerkannte Regeln der Technik **4 Nr. 2** 117
- CE-Zeichen **4 Nr. 2** 115 ff.
- als öffentliches Recht **4 Nr. 2** 116
- als Vertragsmäßigkeitsmaßstab für Stoffe und Bauteile **4 Nr. 6** 15 ff.

**Bausatzverträge**
- Widerruf **Vor 2** 157

**Baustelle**
- allgemeine Ordnung auf der B. **4 Nr. 1** 9, 20 a
  - Abgrenzung zur inneren Organisation des Auftragnehmers **4 Nr. 1** 33 f.
  - Abgrenzung zur Überwachungspflicht **4 Nr. 1** 143
- Baustellenbesetzungsrüge **Einl** 134
- Baustellenförderungspflicht **5 Nr. 3** 13 f.
- Baustellenordnungsplan **4 Nr. 1** 27
- Gesundheitsschutz **4 Nr. 1** 23
- Sauberkeit und Sicherheit auf der B. **4 Nr. 2** 173

**Baustellengemeinkosten**
- Abrechnung bei Kündigung **8 Nr. 1** 52 a
- als Festkosten **2 Nr. 3** 9

**Baustellenverordnung 4 Nr. 2** 192 ff.
- als Gegensatz zur Eigenverantwortung des Auftraggebers **4 Nr. 2** 199
- Gesundheitsschutz **4 Nr. 1** 23
- Schutzgesetz gem. § 823 Abs. 2 BGB **4 Nr. 2** 198
- Sicherheits- und Gesundheitskoordinator (SiGeKo) **4 Nr. 2** 193
  - Architekt nicht automatisch SiGeKo **4 Nr. 2** 196
  - Bestellung eines Dritten **4 Nr. 2** 194
- Sicherheits- und Gesundheitsplan **4 Nr. 2** 193
- Text der B. **4 Nr. 1** 24
- Unfallverhütungsvorschriften **4 Nr. 1** 21
- Verantwortung des Bauherren für Arbeitsschutz **4 Nr. 2** 8
- Zusammenwirken verschiedener Unternehmer **4 Nr. 1** 44

**Bautagebuch**
- und Behinderungsanzeige **6 Nr. 1** 39
- als Beweismittel bei Abrechnung **8 Nr. 1** 67

**Bauträger**
- Empfänger von Baugeld **Vor 2** 310
- Sicherungshypothek **Vor 2** 274

**Bauträgervertrag**
- Formbedürftigkeit **Vor 2** 102
- Mängelansprüche bei Teileigentum **Vor 13** 63 ff.

**Bauüberwachung**
- Abgrenzung
  - zur Koordinierungspflichten des Auftraggebers **4 Nr. 1** 39 ff., 57 ff.

**Bauvertrag**
- Herstellungsphase **Einl** 244
- notarielle Beurkundung **Vor 2** 102
- als Werkvertrag **Einl** 241

**Bauvorbereitungsmaßnahmen**
- als Bauleistung **Vor 1** 49

**Bauwerk**
- Begriff **Vor 1** 42
- wesentlicher Bestandteil **Vor 1** 53 a

**Bauzeit**
- Ablaufplanung **Vor 5** 1 ff., 107 ff.
  - nach Managementregeln **Vor 5** 28 ff.
- Auftraggeberdisposition **Vor 5** 92 ff.
- Auftragnehmerdisposition **Vor 5** 98 ff.
- Ausführungsfristen **Vor 5,** 61 ff.; s. dort
- Ausführungsplanung und Vergabe § 55 HOAI **Vor 5** 36 ff.
- Bauoberleitung § 55 HOAI **Vor 5** 40
- Baustopp **Vor 5** 96
- Bauvorbereitungszeit zwölf Werktage gem. § 5 Nr. 2 Satz 2 **Vor 5** 80
- Bauzeitenplan
  - des Auftragnehmers **5 Nr. 1** 49
  - Leistungsbild des § 15 HOAI **5 Nr. 1** 45
  - Pufferzeiten **4 Nr. 1** 48
  - typische Aufgabe des Architekten **5 Nr. 1** 32 f.
- Bauzeitenplan
  - als Hilfsmittel zur Koordinierung **4 Nr. 1** 46 ff.
  - als Steuerungsmittel **Vor 5** 93 ff.
- Beschleunigungsmaßnahmen **6 Nr. 2** 67 ff.; **6 Nr. 4** 27 ff.
- Einzelfristen **5 Nr. 1** 37 ff.; s. a. dort
- Ingenieur nach dem Leistungsbild gem. §§ 55, 57 HOAI **Vor 5** 34
- kalendermäßige Bestimmung **5 Nr. 1** 22
- mittelbare Rechtswirkung der VOB/A unterhalb der Schwellenwerte **Vor 5** 73
- öffentlicher Auftraggeber §§ 10, 11 VOB/A **Vor 5** 61 ff.
- Planung **Vor 5** 12 ff., 110 ff.
- Planung des Architekten gem. § 15 HOAI **Vor 5** 8 ff.
- Puffer- oder Reservezeiten **5 Nr. 1** 16
- Richtlinien des VHB **Vor 5** 82
- Termine **5 Nr. 1** 8
- Unterbrechung der Ausführung **6 Nr. 7**; s. dort
- Unternehmer **Vor 5** 43 ff.
- Vertragsfristen **5 Nr. 1;** s. dort
- VOB-Regeln **Vor 5** 55 ff.
- Weiterführungspflicht bei Behinderung **6 Nr. 3** 1 ff.; s. a. dort
- Zeitplanung nach BGB-Werkvertragsrecht **Vor 5** 20 ff.

**Bebauungsreife**
- Begriff **Vor 3** 5

2535

# Sachverzeichnis

Fette Zahlen Paragraphen bzw. Paragraphennummern

**Bedenkenmitteilung 4 Nr. 1** 224 ff.; **4 Nr. 3** 1 ff.
– Abgrenzung zur Hinweispflicht gem. § 13 Nr. 3 **4 Nr. 3** 8 ff.
– AGB **4 Nr. 3** 70 ff.
– vom Auftraggeber gelieferte Stoffe **4 Nr. 3** 33 ff.
– Baugrundrisiko **4 Nr. 3** 33 ff.
– Beweislast für ausreichenden Hinweis **4 Nr. 3** 58
– Eignung der Vorleistungen
  – Beispiele der Rechtsprechung **4 Nr. 3** 49
– Erklärungsempfänger **4 Nr. 3** 59 f.
– und externe Leistungsrisiken **4 Nr. 3** 1
– fehlerhafte Nachleistungen **4 Nr. 3** 40 f.
– fehlerhafte Vorleistungen anderer Unternehmer **4 Nr. 3** 37 ff.
– Grenzen **4 Nr. 3** 52 ff.
– als Hauptpflicht **4 Nr. 3** 21
– Konkretisierung von Rücksichtspflichten **4 Nr. 3** 6 ff.
– Kündigungsrecht nach B. **4 Nr. 3** 68
– Leistungsverweigerungsrecht **4 Nr. 1** 247 ff.
– Mängelhaftung bei unterlassener B. **4 Nr. 1** 274 ff.
– Rechtsfolgen **4 Nr. 1** 233 ff.; **4 Nr. 3** 63 ff.
  – Beispiele der Rechtsprechung **4 Nr. 3** 69
– Reichweite der Hinweispflicht **4 Nr. 3** 17 ff.
– Schriftform **4 Nr. 3** 54 ff.
– Systemrisiko **4 Nr. 3** 33 ff.
– Umfang und Grenzen der Prüfpflicht **4 Nr. 3** 42 ff.
  – Beispiele der Rechtsprechung **4 Nr. 3** 49
– unberechtigte oder unzweckmäßige Anordnungen **4 Nr. 1** 226 ff.
– Unverzüglichkeit **4 Nr. 3** 61
– Verhältnis zu Beratungs- und Treuepflichten **4 Nr. 3** 23 f.
– Verstoß gegen gesetzliche oder behördliche Bestimmungen **4 Nr. 1** 277
– Wesen und Anwendungsbereich **4 Nr. 1** 233 ff.
– als Willenserklärung **4 Nr. 1** 241
– zunehmende Ausweitung der Hinweispflichten **4 Nr. 3** 15
– Zurückbehaltungsrecht nach B. **4 Nr. 3** 66 ff.

**Behinderung des Auftragnehmers Vor 6** 1 ff.
– Abgrenzung zur Zusatzleistung **2 Nr. 6** 39 ff.
– Änderung des Bauentwurfs **1 Nr. 3** 53 ff.; **2 Nr. 5** 75 f.
  – Verlängerung der Ausführungsfrist **1 Nr. 3** 55
– Änderungen durch VOB/B 2006 **6 Nr. 6** 27
– Anzeige **6 Nr. 1**; s. Behinderungsanzeige
– durch Auftraggeber **2 Nr. 5** 35
– bei Baubeginn **6 Nr. 2** 23
– Baugenehmigung **6 Nr. 2** 48
– Baustopp **6 Nr. 1** 72
– Bedeutung des Bauvertragstyps **6 Nr. 2** 59 ff.
– befürchtete **6 Nr. 1** 25
– Begriff **Vor 6** 32 f.
– Beispiele **Vor 6** 38; **6 Nr. 1** 32 ff.
– nach BGB **Vor 6** 2 ff.
  – Übertragbarkeit der VOB-Grundsätze **Vor 6** 4 ff.
– Detailpauschalvertrag **Vor 6** 46
– eingetretene **6 Nr. 1** 28
– Einheitspreisvertrag **Vor 6** 47
– Entschädigungsanspruch gem. § 642 BGB **6 Nr. 1** 91 ff.; **6 Nr. 6** 118

– fehlende Übergabe der Ausführungsunterlagen als B. **3 Nr. 1** 9 f.
– Globalpauschalvertrag **Vor 6** 45
– hindernde Umstände **6 Nr. 1** 30 ff.
– höhere Gewalt **Vor 6** 25; **6 Nr. 2** 77 ff.
– Leistungsverweigerung als B. **6 Nr. 2** 53
– mehrere Behinderungsursachen **6 Nr. 2** 28 ff.
– Nachtragsvereinbarung als B. **6 Nr. 2** 53
– des Nachunternehmers **6 Nr. 1** 32
– nicht eröffneter Anwendungsbereich **Vor 6** 26 ff.
– öffentlich-rechtliche Genehmigungen **6 Nr. 2** 48
– Prüfungspflichten des Auftragnehmers **6 Nr. 1** 26 f.
– durch rechtliche Umstände **Vor 6** 40
– durch rechtmäßige Maßnahmen **Vor 6** 41 f.
– durch rechtswidrige Maßnahmen **Vor 6** 43
– Schadensersatz gem. § **6 Nr. 6 6 Nr. 6** 1 ff.
  – Abgrenzung gegenüber anderen Schadensersatzansprüchen **6 Nr. 6** 3
  – Änderungen der VOB/B 2006 **6 Nr. 6** 121
  – AGB **6 Nr. 6** 120 f.
  – Anspruchskonkurrenz **6 Nr. 6** 116 ff.
  – Anwendungsbereich **6 Nr. 6** 13 ff.
  – Behinderungsanzeige **6 Nr. 6** 64 f.
  – Berechnung der Schadenshöhe **6 Nr. 6** 93 ff.
  – Beweislast **6 Nr. 6** 119
  – entgangener Gewinn **6 Nr. 6** 107 f.
  – Erfüllungsgehilfe **6 Nr.** 74, 81 ff.
  – Finanzierungskosten **6 Nr. 6** 95
  – Mitverschulden **6 Nr. 6** 92
  – Nutzungsausfall **6 Nr. 6** 95
  – parallele Ansprüche **6 Nr. 6** 26 ff., 89 ff.
  – Schaden des Auftragnehmers **6 Nr. 6** 97 ff.
  – Schadensfeststellung **6 Nr. 6** 94
  – Schadensnachweis **6 Nr. 6** 109
  – Umsatzsteuer **6 Nr. 6** 115
  – Verjährung **6 Nr. 6** 110
  – verschlossener Anwendungsbereich **6 Nr. 6** 4 ff.
  – Verschulden **6 Nr. 6** 69 ff.
  – Verschulden des Vorunternehmers **6 Nr. 6** 85 ff.
  – Vertragsstrafe **6 Nr. 6** 95
  – Voraussetzungen **6 Nr. 6** 43 ff.
  – Zurechnungszusammenhang **6 Nr. 6** 66 ff.
– Sphäre des Auftraggebers **Vor 6** 22; **6 Nr. 6** 17 ff., 46 ff.
– Sphäre des Auftragnehmers **Vor 6** 23; **6 Nr. 6** 14 f., 45
– Streik **Vor 6** 25; **6 Nr. 2** 70 ff.
– Tatbestand **6 Nr. 1** 29 ff.
– durch tatsächliche Umstände **Vor 6** 38 f.
– Unterbrechung **Vor 6** 34
– durch unterlassene Mitwirkungshandlung des Auftraggebers **Vor 3** 52 ff.
– Verlängerung der Ausführungsfrist **6 Nr. 2** 1 ff.; s. a. Verlängerung der Ausführungsfrist
– durch Verletzung der Koordinierungspflichten **4 Nr. 1** 104
– Verzug mit Ausübung des Wahlrechts **1 Nr. 1** 18
– des Vorunternehmers **4 Nr. 1** 4
– Weiterführungspflicht bei B. **6 Nr. 3** 1 ff.; s. a. dort

Magere Zahlen Randnummern

- Witterungsverhältnisse **6 Nr. 2** 76 ff.
- Zusatzleistungen **1 Nr. 4** 25

**Behinderungsanzeige des Auftragnehmers**
- Abgrenzung zur Hinweispflicht gem. § 3 Nr. 3 Satz 2 **3 Nr. 3** 44
- bei Änderung des Bauentwurfs **1 Nr. 3** 54; **2 Nr. 5** 76
- AGB **6 Nr. 1** 94
- Anwendungsbereich **Vor 6** 19 ff.
- Anzeigepflicht
  - Beweislast **6 Nr. 1** 55
  - Rechtsfolgen der Pflichtverletzung **6 Nr. 1** 78 ff., 86 ff.
  - Verteidigungsmöglichkeiten des Auftragnehmers **6 Nr. 1** 89
  - Vertragsstrafenansprüche **6 Nr. 1**
  - Voraussetzungen **6 Nr. 1** 24 ff.
- Entbehrlichkeit **6 Nr. 1** 56 ff.
- Ergänzungsbedarf nach Treu und Glauben **6 Nr. 1** 2 f.
- als Gestaltungsrecht **6 Nr. 1** 10 ff.
- Inhalt **6 Nr. 1** 40 ff.
- als Nebenpflicht **Vor 6** 4; **6 Nr. 1** 1, 7 f.
- Offenkundigkeit **6 Nr. 1** 58 ff.
  - Bau-Soll **6 Nr. 1** 68
  - Bauumstände **6 Nr. 1** 69 ff.
  - Bauzeit **6 Nr. 1** 72
  - Beweislast **6 Nr. 1** 77
  - einzelne Behinderungstatbestände **6 Nr. 1** 67 ff.
- Prüfungspflichten des Auftragnehmers **6 Nr. 1** 26 f.
- Rechtsfolge bei Verletzung der Anzeigepflicht **6 Nr. 1** 15 ff.
- als Rechtsgeschäft **6 Nr. 1** 14
- Rechtsnatur **6 Nr. 1** 7 ff.
- Schriftform **6 Nr. 1** 36 ff.
- bei unterlassener Mitwirkungshandlung des Auftraggebers **Vor 3** 82
- Unverzüglichkeit **6 Nr. 1** 53 f.
- verspätete Baugenehmigung **6 Nr. 1** 74 ff.
- als Voraussetzung für Schadensersatz gem. § 6 Nr. 6 **6 Nr. 6** 64 f.
- Zeitstörungen **Vor 6** 19 f.
- Zusatzleistungen **1 Nr. 4** 26

**Behörden**
- Meinungsverschiedenheiten **18 Nr. 2** 1 ff.
  - Anerkenntniswirkung des Bescheides **18 Nr. 2** 26 ff.
  - Beweislast **18 Nr. 2** 46 f.
  - Einspruch durch den Auftragnehmer **18 Nr. 2** 19 ff.
  - Verfahrensweisen **18 Nr. 2** 8 ff.

**Bereitstellung des Baugrundstücks**
**4 Nr. 1** 4 ff.

**Beschädigung**
- der Leistung **7 Nr.** 1–3; s. Zerstörung der Leistung

**Beschäftigungsverbote**
- einzelne Regelungen **4 Nr. 2** 207 ff.

# Sachverzeichnis

**Beschaffungs- und Vorlagepflicht des Auftragnehmers 3 Nr. 5** 1 ff.
- und AGB **3 Nr. 5** 19 ff.
- gewerbliche Verkehrssitte **3 Nr. 5** 8
- Haftung **3 Nr. 5** 13 f.
- mangelhafte Unterlagen **3 Nr. 5** 17
- als Nebenleistungspflicht **3 Nr. 5** 15
- unzulässige AGB **3 Nr. 5** 2
- Vergütung **3 Nr. 5** 11 f.
- Verzug **3 Nr. 5** 16

**Beseitigungsanspruch des Auftraggebers 4 Nr. 6** 1 ff.
- Anspruchsvoraussetzungen **4 Nr. 6** 10 ff.
- Beseitigungsanordnung des Auftraggebers **4 Nr. 6** 18 ff.
  - Fristsetzung **4 Nr. 6** 26 ff.
  - unberechtigte Anordnung **4 Nr. 6** 24 f.
- Ersatzvornahme **2 Nr. 8** 38 ff.
- bei Leistung ohne Auftrag **2 Nr. 8** 31 ff.
- Meinungsverschiedenheiten **4 Nr. 6** 21 ff.
- Selbsthilferecht des Auftraggebers **4 Nr. 6** 32 ff.
- bei Überschießender Werkleistung gem. § 2 Nr. 8 **Vor 8** 111
- Veräußerungsbefugnis **4 Nr. 6** 40 ff.
- als vertraglicher Erfüllungsanspruch **4 Nr. 6** 6

**Besondere Vertragsbedingungen (BVB)**
- Begriff **Einl** 226; **1 Nr. 1** 21; **2 Nr. 1** 20

**Bestechungsgelder** s. Schmiergelder

**Betonarbeiten**
- DIN 18 331 Betonarbeiten **2 Nr. 1** 28

**Betriebsstätte**
- gemeinsame B. i. S.d. SGB VII **4 Nr. 1** 20 b

**Beweis**
- bei Abrechnung **8 Nr. 1** 68 ff.
- Beweisprobleme bei anerkannten Regeln der Technik **4 Nr. 2** 59 f.
- Mangelermittlungskosten **13 Nr. 7** 154 f.
- Selbständiges Beweisverfahren gem. § 485 ZPO **4 Nr. 8** 33
  - Vertragswidrigkeit von Stoffen und Bauteilen **4 Nr. 6** 23
- selbstständiges Beweisverfahren **18 Nr. 1** 41 ff.
- Verjährungshemmung **13 Nr. 4** 306 ff.
- Selbstständiges Beweisverfahren gem. § 485 ZPO
- Zustandsfeststellung im Baubereich **3 Nr. 4** 1 ff.; **4 Nr. 10** 2 ff.
  - selbstständiges Beweisverfahren gem. § 485 ZPO **3 Nr. 4** 17 ff.

**Beweislast**
- AGB **Vor 2** 229
- bei anderen Berechnungsarten als nach Einheitspreis **2 Nr. 2** 33
- beiderseitige Verantwortlichkeit für Mangel **4 Nr. 7** 117
- Einheitspreisvertrag **Vor 2** 19; **2 Nr. 2** 7 f.
- Erfüllung der Anzeigepflicht **6 Nr. 1** 55
- fiktive Kündigung bei Überschreitung des Kostenanschlages **Vor 2** 211 ff.
- bei freier Kündigung **8 Nr. 1** 69 ff.

2537

# Sachverzeichnis

Fette Zahlen Paragraphen bzw. Paragraphennummern

- für Grund und Höhe der Werklohnforderung **Vor 2** 19 ff.
- Kündigung bei Leistungsstörung **8 Nr. 3** 35
- Kündigungsrecht bei Unterbrechung der Ausführung **6 Nr. 7** 46
- Leistungen ohne Auftrag **2 Nr. 8** 86 f.
- für Leistungsänderungen **2 Nr. 5** 59 ff.
- bei Leistungsverweigerungsrecht bei Ausführungsanordnungen **4 Nr. 1** 260
- bei Mängeln **Vor 13** 135 ff.; **13 Nr. 1** 128 ff.
- Mehrkostenausgleich bei Ausführungsanordnung **4 Nr. 1** 271
- Pauschalvertrag **Vor 2** 19; **2 Nr. 7** 107
- bei Prüfungs- und Hinweispflichten des Auftragnehmers **3 Nr. 3** 37 f.
- bei Regeln der Technik **4 Nr. 2** 156 ff.
- Schaden bei gefahrgeneigter Arbeit **4 Nr. 2** 203
- Schadensersatzansprüche
  - gem. § 13 Nr. 7 **13 Nr. 7** 159 ff.
  - nach § 823 Abs. 2 i. V. m. § 1 GSB **Vor 2** 315
  - wegen Behinderung gem. § 6 Nr. 6 **6 Nr. 6** 119
- Stundenlohnvertrag
  - Vorliegen einer ausdrücklichen Vereinbarung **2 Nr. 10** 6
- bei Stundenzetteln **15 Nr. 3** 27 f.
- Unmöglichkeit **13 Nr. 3** 38 f.
- bei unzulässiger Wettbewerbsbeschränkung **8 Nr. 4** 34
- Vergütungsanspruch des Auftraggebers **Vor 2** 8
- Wegfall der Geschäftsgrundlage **Vor 2** 179
- Zerstörung der Leistung **7 Nr. 1–3** 37
- Zustandsfeststellung **4 Nr. 10** 7 f.

**BGB**
- Parallelgeltung **Einl** 261

**Boden- und Grundwasserverhältnisse**
- Angaben als Pflicht des Auftraggebers **Vor 3** 5
- und Behinderung **6 Nr. 2** 47
- Berücksichtigung der Grundwasserstandshöhen als Planungsleistung **3 Nr. 2** 11
- Risikobereich des Auftraggebers **2 Nr. 1** 38
- Risikobereiche von Auftraggeber und Auftragnehmer **Vor 2** 171
- Zusatzleistungen **2 Nr. 6** 42 f.

**Bohrarbeiten**
- DIN 18 301 Bohrarbeiten **2 Nr. 1** 26

**Bürgschaft Vor 17** 41 ff.; **17 Nr. 2** 5 ff.; **17 Nr. 4** 1 ff.
- Abgrenzung zum Schuldbeitritt **Vor 17** 44 f.
- Abtretung der B. **Vor 17** 51 f.
- auf erstes Anfordern **Vor 2** 364; **Vor 17** 56 f.; **17 Nr. 1** 10 ff.; **17 Nr. 2** 12 f.; **17 Nr. 4** 27 f.
  - AGB **17 Nr. 4** 29 ff.
- Bankbürgschaft **Vor 2** 358
  - Anerkenntnis als Voraussetzung der Zahlung **Vor 2** 362
- Einwendungen des Bürgen **Vor 17** 54 f.
- Hinterlegungsvorbehalt **17 Nr. 4** 44
- und Insolvenz **Vor 17** 59
- keine Befristung **17 Nr. 4** 18
- Mängelbürgschaft **17 Nr. 2** 10 f.

- AGB **17 Nr. 4** 33 ff.
- Schriftform **17 Nr. 4** 5 ff.
- selbstschuldnerische **17 Nr. 4** 14 f.
- tauglicher Bürge **17 Nr. 4** 2 ff.
- Umfang der Verpflichtung **Vor 17** 46 ff.
- Vertragserfüllungsbürgschaft **17 Nr. 2** 9
- Verzicht auf Einrede der Vorausklage **17 Nr. 4** 13 ff.
- Widerrufsvorbehalt **Vor 2** 350

**CE-Zeichen**
- Begriff **4 Nr. 6** 16 b

**Dachdeckungsarbeiten**
- DIN 18 338 Dachdeckungs- und Dachabdichtungsarbeiten **2 Nr. 1** 30

**Datenverarbeitungs-Programme DV**
- DV bleiben Eigentum des Auftragnehmers **3 Nr. 6** 5 ff.
- Nutzungsrechte des Auftraggebers **3 Nr. 6** 1 ff., 23 ff.
  - Herstellung zweier Kopien **3 Nr. 6** 26
  - Identifikation der Sicherungskopien **3 Nr. 6** 27
  - Rechtsfolgen bei Pflichtverletzung **3 Nr. 6** 31 ff.
  - Verbleib der Sicherungskopien **3 Nr. 6** 28
  - Vorraussetzungen **3 Nr. 6** 24
- Nutzungsvereinbarung **3 Nr. 6** 8

**Deliktshaftung Vor 10** 1 ff.
- AGB **10 Nr. 3** 91 f.
- des Auftragnehmers bei Verletzung der Ordnungspflicht **4 Nr. 2** 174 ff.
  - für Subunternehmer gem. § 831 BGB **4 Nr. 2** 175 ff.
- des Auftragnehmers gegenüber Dritten **10 Nr. 3** 1 ff.
- bei Ausführungsanordnungen des Auftraggebers **4 Nr. 2** 279
- Baustellenverordnung als Schutzgesetz gem. § 823 Abs. 2 BGB **4 Nr. 2** 198
- bei Diebstahl/Beschädigung **4 Nr. 5** 27 f.
- Entnahme von Boden **10 Nr. 3** 54 ff.
- Gerichtsstandsvereinbarung **18 Nr. 1** 27 f.
- gesetzliche Bestimmungen zum Schadensausgleich **10 Nr. 2** 16 ff.
- gesetzliche Haftpflichtbestimmungen **10 Nr. 3** 37 ff.
- H. gegenüber Kindern **10 Nr. 3** 80
- Konkurrenz mit Gewährleistungsanspruch **13 Nr. 4** 35 ff.
- Schutzgesetze i. S. v. § 823 Abs. 2 **10 Nr. 3** 18 ff.
- Schutzpflichten **10 Nr. 1** 20 ff.
- Stromkabelfälle **10 Nr. 3** 81 ff.
- Subunternehmer kein Verrichtungsgehilfe **4 Nr. 8** 22 f.
- unbefugtes Betreten **10 Nr. 3** 39 ff.
- Unfallverhütungsvorschriften (UVV)
  - keine Schutzgesetze gem. § 823 Abs. 2 BGB **4 Nr. 2** 188
- Verantwortung des Auftraggebers für Verrichtungsgehilfen gem. § 831 BGB **4 Nr. 2** 240
- Verhältnis Haupt- zum Subunternehmer **4 Nr. 8** 31

Magere Zahlen Randnummern

# Sachverzeichnis

– Verhältnis zu § 13 Nr. 7 VOB **13 Nr. 7** 43 ff.
– Verhältnis zum Mängelrecht **Vor 13** 10 ff.
– Verkehrssicherungspflichten **10 Nr. 3** 76
– Verrichtungsgehilfe des Auftragnehmers
  **10 Nr. 3** 87 ff.
– Versperrung von Wegen oder Wasserläufen
  **10 Nr. 3** 60 ff.

**Detailpauschalvertrag**
– Abrechnung **14 Nr. 1** 54 f.
  – bei Kündigung **8 Nr. 1** 64 ff.
– Anfechtung wegen Motivirrtums **Vor 8** 48
– Aufmaß **14 Nr. 2** 4 f.
– Begriff **2 Nr. 2** 42; **2 Nr. 7** 31 f.
– Behinderung **Vor 6** 46
– Unveränderbarkeit des Preises nur im Umfang der
  Risikoübernahme **2 Nr. 7** 52 f.
– Zuschussantrag bei Sowiesokosten **2 Nr. 7** 35

**Diebstahl**
– Schutzpflichten des Auftragnehmers
  **4 Nr. 5** 1 ff.

**DIN Normen**
– Abrechnungsprobleme **2 Nr. 1** 24 ff.
– AGB-Kontrolle **4 Nr. 2** 94
– Beschaffungspflicht von Unterlagen seitens des
  Auftragnehmers **3 Nr. 5** 3
– Beweiswert der Einhaltung der D. für Einhaltung
  der Regeln der Technik **4 Nr. 2** 98
– DIN 4108 Wärmeschutz **4 Nr. 2** 47
– DIN 4109 Trittschallschutz **4 Nr. 2** 45
– DIN 18 299 **2 Nr. 1** 24; **6 Nr. 2** 78
– DIN 18 299
  – als allgemeine Regelung **8 Nr. 6** 4
  – Arbeitsablauf **Vor 6** 33
  – Schutzpflichten gegen Diebstahl/Beschädi-
    gung **4 Nr. 5** 17
– DIN 18 300 Erdarbeiten **2 Nr. 1** 25
– DIN 18 301 Bohrarbeiten **2 Nr. 1** 26
– DIN 18 312 Untertagebauarbeiten **2 Nr. 1** 27
– DIN 18 331 Betonarbeiten **2 Nr. 1** 28
– DIN 18 331 i. V. m. DIN 1045 **2 Nr. 1** 28
– DIN 18 332 Naturwerksteinarbeiten
  **2 Nr. 1** 29
– DIN 18 334 Holzbauarbeiten **2 Nr. 1** 29
– DIN 18 338 Dachdeckungs- und Dachabdich-
  tungsarbeiten **2 Nr. 1** 30
– DIN 18 350 Putzarbeiten **2 Nr. 1** 31
– DIN 18 421 Wärmedämmarbeiten **2 Nr. 1** 31
– DIN ISO **4 Nr. 2** 105
– ETB **4 Nr. 2** 142
– europäische Normen **4 Nr. 2** 104 ff.
  – CEN/CENLEC/EN-Normen **4 Nr. 2** 112
  – CE-Zeichen **4 Nr. 2** 113 ff.
  – DIN ISO **4 Nr. 2** 105
– Europarecht **4 Nr. 2** 89
– höhere Planungsverantwortung in neueren D.
  **4 Nr. 2** 9
– Normausschüsse NA
  – Abgrenzung zum DVA **4 Nr. 2** 90
– Norm-Blatt **4 Nr. 2** 91
– als private Regelwerke ohne Gesetzeskraft
  **4 Nr. 2** 85 ff.
– als „quasi-beliehene" Position **4 Nr. 2** 88
– und Schuldrechtsreform **Einl** 116

– TA-Luft, TA-Lärm **4 Nr. 2** 152
– Verhältnis zu den anerkannten Regeln der Technik **4 Nr. 2** 84 ff.
– zur Zustandsfeststellung im Baubereich
  **3 Nr. 4** 14

**DVA**
– VOB/B **Einl** 41 ff.

**Eigentumsvorbehalt**
– Globalzession **Vor 2** 246
– Übersicherung **Vor 2** 246
– Vorausabtretung **Vor 2** 244 f.

**Eigenverantwortung des Auftragnehmers**
**4 Nr. 2** 1 ff.
– Beachtung der anerkannten Regeln der Technik
  **4 Nr. 2** 17 ff.
– Beachtung gesetzlicher und behördlicher Bestim-
  mungen **4 Nr. 2** 164 ff.
  – DIN-Normen keine gesetzliche Bestimmung
    **4 Nr. 2** 166 ff.
– Fürsorgepflicht gegenüber Arbeitnehmern
  **4 Nr. 2** 200 ff.
  – Begriff **4 Nr. 2** 200
  – Rechtsfolgen der Verletzung **4 Nr. 2** 201 ff.
– gesetzmäßige Beschäftigung **4 Nr. 2** 205 ff.
  – Arbeitnehmerüberlassung **4 Nr. 2** 206
  – Beschäftigungsverbote **4 Nr. 2** 207 ff.
  – Schwarzarbeit **4 Nr. 2** 205, 218 ff.
– gesetzmäßige Betriebsführung **4 Nr. 2** 183 ff.
– Haftung gegenüber Trägern der Sozialsysteme
  **4 Nr. 2** 231 ff.
  – § 1 a AEntG **4 Nr. 2** 232
  – § 28 e SGB IV **4 Nr. 2** 233
– Leitungs- und Ordnungsverantwortung
  **4 Nr. 2** 169 ff.
  – Abgrenzung zu Koordinationspflichten des
    Auftraggebers **4 Nr. 2** 169 ff.
  – AGB **4 Nr. 2** 182
  – Deliktsrechtliche Auswirkung
    **4 Nr. 2** 174 ff.
  – Einstandspflicht für Subunternehmer
    **4 Nr. 2** 172
  – Regieverantwortung **4 Nr. 2** 171
  – Sauberkeit und Sicherheit auf der Baustelle
    **4 Nr. 2** 173
– Pflicht und Recht des Auftragnehmers
  **4 Nr. 2** 3 ff.
– Überschneidung mit Koordinationspflichten des
  Auftraggebers **4 Nr. 2** 14
– Zuständigkeit des Auftragnehmers für seine Leute
  **4 Nr. 2** 234 ff.
– Verkehrssicherung **4 Nr. 2** 238

**Einbehalt von Zahlungen gem. § 17 Nr. 6**
**17 Nr. 6** 1 ff.
– abweichende Vereinbarungen **17 Nr. 6** 44 ff.
– ausnahmsweise erst bei Schlusszahlung
  **17 Nr. 6** 24 ff.
– Mitteilung **17 Nr. 6** 12 ff.
– Obergrenze **17 Nr. 6** 11
– öffentlicher Auftraggeber **17 Nr. 6** 41 ff.
– in Teilbeträgen **17 Nr. 6** 5 ff.
– Wegfall der Pflicht zur Sicherheitsleistung bei
  Nichteinzahlung **17 Nr. 6** 30 ff.

2539

# Sachverzeichnis

Fette Zahlen Paragraphen bzw. Paragraphennummern

**Einfamilienhaus**
– keine Sicherungspflicht **Vor 2** 401

**Einheitspreisvertrag**
– Abrechnung **8 Nr. 6** 39, 49
  – bei Kündigung **8 Nr. 1** 36 b, 41 f., 61 ff.
– Abschlagszahlungen **16 Nr. 1** 25
– Änderung des E. bei Mengenänderung einer Eventualposition **2 Nr. 1** 17
– AGB **2 Nr. 1** 40
– allgemeine Geschäftskosten **2 Nr. 3** 10
– Aufmaß **Vor 2** 14; **14 Nr. 2** 2
– Baustellengemeinkosten **2 Nr. 3** 9
– Behinderung **Vor 6** 47; **6 Nr. 2** 64 f.
– Beschränkung der Preisanpassungsmöglichkeit in AGB **2 Nr. 3** 75 ff.
– Beweislast **Vor 2** 19; **2 Nr. 2** 7 f.
– Erhöhung des E. bei Mengenunterschreitungen **2 Nr. 3** 39 ff.
– Fixkosten **2 Nr. 3** 7
– Höchstpreisklausel **2 Nr. 2** 27 f.
– Mengenänderungen **2 Nr. 3** 1 ff.
– Minderleistungen durch Selbstübernahme des Auftraggebers **2 Nr. 7** 91
– als Normalfall der Vergütung **2 Nr. 2** 4 ff.
– Preisanpassungsanspruch bei geringfügigen Kostenänderungen **2 Nr. 5** 41 ff.
– Rechtsfolgen bei Kündigung **8 Nr. 3** 40
– Vergütung **Vor 2** 13 f.
– Verlängerung der Ausführungsfrist **6 Nr. 2** 51
– vorzeitige Leistungsabrechnung **6 Nr. 5** 3, 28
– Wegfall der Geschäftsgrundlage **Vor 2** 162
– wesentliche Überschreitung des Kostenanschlages **Vor 2** 186
– Zusammensetzung des E. **2 Nr. 2** 10

**Einsichtsrecht 4 Nr. 1** 160 ff.

**Einstweilige Verfügung 18 Nr. 1** 36 ff.

**Einzelfristen 5 Nr. 1** 37 ff.
– und Bauzeitenplan **5 Nr. 1** 44 ff.
– Inhalt **5 Nr. 1** 59
– als Kontrollfristen oder Vertragsfristen **5 Nr. 1** 43
– Regelung nach § 11 Nr. 2 VOB/A **5 Nr. 1** 38 ff.
– Vereinbarung **5 Nr. 1** 57 ff.
  – in AGB **5 Nr. 1** 58
– Verlängerung der Ausführungsfrist bei Behinderung **6 Nr. 2** 22
– als Vertragsfristen **5 Nr. 1** 56 ff.

**Entschädigungsansprüche**
– bei Behinderung gem. § 642 BGB **6 Nr. 6** 118
– wegen Behinderung neben Schadensersatz gem. § 6 Nr. 6 **6 Nr. 6** 27, 89 ff.

**Erdarbeiten**
– DIN 18 300 Erdarbeiten **2 Nr. 1** 25
– Stromkabelfälle **10 Nr. 3** 83

**Erfüllungsgehilfe**
– AGB **10 Nr. 1** 70
– Architekt **10 Nr. 1** 65 ff.
  – bei Vorleistungen **4 Nr. 1** 2 ff.
  – arglistige Täuschung **10 Nr. 1** 31 ff.; **13 Nr. 4** 342 ff.
– Aufklärungspflichten des Planungsfachmanns bei Genehmigungen **4 Nr. 1** 74
– des Auftraggebers
  – Architekt **Vor 3** 97
  – Auftraggeber-Auftragnehmer-Kette **Vor 3** 98
  – Erfüllungsgehilfenhaftung **Vor 3** 95 ff.
  – Mitverschulden bei Planung **Vor 3** 92
  – Planungsbeteiligte **Vor 3** 91 ff.
– des Auftragnehmers **Vor 13** 41 ff.
– Begriff **6 Nr. 6** 74
– Entlastung des E. bei Freistellung **10 Nr. 5** 1 ff.
– Gesetzlicher Vertreter **10 Nr. 1** 12 f.
– Haftung **10 Nr. 1** 1 ff.
– Handlungen bei Gelegenheit von Leistungspflichten **10 Nr. 1** 23 ff.
– Lieferant als E. **10 Nr. 1** 43 ff.
– Lieferant kein E. **4 Nr. 8** 22
– und Mängel **Vor 13** 31 ff.
– Mithersteller **10 Nr. 1** 56 ff.
– Mitverschulden **10 Nr. 1** 8 ff.
– Organisationsverschulden **10 Nr. 1** 31 ff.
– planender Sonderfachmann **Vor 13** 37
– Risikoverteilung **10 Nr. 1** 4 ff.
– Schadensersatz wegen Behinderung gem. § 6 Nr. 6 **6 Nr. 6** 74
– Subunternehmer **4 Nr. 8** 15, 22
– Subunternehmer als E. **10 Nr. 1** 52 ff.
– Voraussetzungen der Zurechnung **10 Nr. 1** 12 ff.
– Vorunternehmer **10 Nr. 1** 59; **Vor 13** 39
  – Vorunternehmer-Urteile **4 Nr. 1** 4 ff., 13 ff.
– Zurechnung bei Obliegenheiten **6 Nr. 6** 81

**Erfüllungsverweigerung**
– keine Behinderung **Vor 6** 27 f.

**Ersatzvornahme und Kostenvorschuss**
– Kostenvorschussanspruch **4 Nr. 7** 238
– bei Mängeln während Ausführung **4 Nr. 7** 226 ff.
  – durch Vollstreckung eines Leistungsurteils gem. § 887 ZPO **4 Nr. 7** 235
– bei unterlassener Mitwirkungshandlung des Auftraggebers **Vor 3** 86

**Erschwernisse**
– keine Änderung der ausgeschriebenen Leistung **2 Nr. 5** 7
– keine Zusatzleistungen **2 Nr. 6** 13

**Eventual- oder Alternativpositionen**
– verspätete Anordnung als Behinderung **6 Nr. 6** 55

**Fälligkeit**
– Abnahme als Voraussetzung **8 Nr. 6** 37 ff., 54 ff.
– Abnahme bei Teilleistung **8 Nr. 1** 32 a
– der Abschlagszahlungen **16 Nr. 1** 59 ff.
– in AGB **Vor 2** 240
– Durchgriffsf. bei Subunternehmerverträgen **4 Nr. 8** 29
– des Schlusszahlungsanspruchs **Vor 2** 442; **16 Nr. 3** 18 ff.
– mit Vollendung **5 Nr. 4** 21

2540

Magere Zahlen Randnummern

# Sachverzeichnis

**Fertighausvertrag**
– Anwendbarkeit der VOB/B **Vor 1** 54
– im Gegensatz zu Lieferverträgen **Vor 1** 70; s. a. Schlüsselfertighaus

**Fertigstellungsmitteilung 12 Nr. 5** 19 ff.
– Schlussrechnung als F. **12 Nr. 5** 22 f.
– zwingende Schriftform **12 Nr. 5** 20 f.

**Festpreisvertrag**
– in AGB **Vor 2** 240
– Begriff **2 Nr. 2** 3
– Unanwendbarkeit des § 650 BGB **Vor 2** 185
– vertragliche Risikoübernahme **Vor 2** 176

**Fiktive Abnahme** s. Abnahme

**Fix und fertige Arbeit**
– keine Zusatzleistungen **2 Nr. 6** 8

**Fixkosten**
– als Bestandteil des Einheitspreisvertrages **2 Nr. 3** 7

**Förderungspflicht des Auftragnehmers**
– fristgemäße Vollendung des Werks **5 Nr. 1** 75

**Förmliche Abnahme** s. Abnahme

**Formvorschriften**
– Aufhebungsvertrag **Vor 8** 100
– Beseitigungsverlangen ohne Schriftform **13 Nr. 5** 41 f.
– Heilung **Vor 2** 104
– Kündigung **8 Nr. 5** 1 ff.
– landes- und kirchenrechtliche Schriftformerfordernisse **Vor 2** 100 f.
– Nichtigkeit bei Verletzung des § 311 b BGB **Vor 8** 20 ff.
– notarielle Beurkundung des Bauvertrages **Vor 2** 102
– vereinbarte Form **Vor 2** 99
– Verjährungsvereinbarungen formfrei **Vor 2** 512 f.
– Verstoß als Unwirksamkeitsgrund **Vor 2** 98 ff.
– Vollmacht **Vor 2** 101

**Fristen**
– Abnahme **12 Nr. 1** 19 ff.
– Abnahmefiktion nach Fristsetzung **Vor 12** 70 ff.
– bei Abrufrecht **5 Nr. 2** 27
– Anfechtungsfrist
  – Irrtum **Vor 2** 146 ff.
  – Täuschung oder Drohung **Vor 2** 155 f.
– Ausführungsf. **5 Nr. 1**; s. dort
– Beginn der Gewährleistungsf. **Vor 12** 111 ff.
– Berechnung der Fristverlängerung **6 Nr. 4** 1 ff.; s. a. Verlängerung der Ausführungsfristen
– für Beseitigungsverlangen bei Leistung ohne Auftrag **2 Nr. 8** 38 ff.
– zur Einreichung der Schlussrechnung **14 Nr. 4** 1 ff.
– F. zur Sicherheitsleistung gem. § 17 Nr. 7 **17 Nr. 7** 1 ff.
– Fristsetzung vor Kündigung des Auftragnehmers **9 Nr. 2** 9 f.
– Nachfristsetzung mit Ablehnungsandrohung nach -F. **5 Nr. 4**; s. dort
– Nichteinhaltung von E. und Schadensersatz **5 Nr. 4** 49
– Prüfungsfrist der Schlussrechnung **16 Nr. 3** 39 ff.
– Rechnungsprüfungsfrist in AGB **Vor 2** 240
– Vertrags-F. **5 Nr. 1**; s. dort
– bei Vertragsstrafe **11 Nr. 3** 1 ff.
– Zahlungsfrist in AGB **Vor 2** 240
– Zwölf-Werktagesfrist gem. § 5 Nr. 2 für Baubeginn **5 Nr. 2** 34 ff.

**Fristsetzung**
– zur Entfernung vertragswidriger Stoffe **4 Nr. 6** 26 ff.
– zur Mängelbeseitigung **4 Nr. 7** 203 ff.
  – AGB **4 Nr. 7** 204 ff.
  – Entbehrlichkeit der F. **4 Nr. 7** 210 ff.
  – Rechtsfolgen unangemessener Frist **4 Nr. 7** 206

**Funde 4 Nr. 9** 1 ff.; s. a. Schatzfunde

**Garantie**
– Dritter **13 Nr. 7** 259
– des Herstellers **13 Nr. 4** 361 f.
– und Mängelrecht **13 Nr. 1** 70
– selbstständige **13 Nr. 4** 358; **13 Nr. 7** 255 ff.
– unselbstständige **13 Nr. 4** 359; **13 Nr. 7** 252 ff.
– Verjährung **13 Nr. 4** 357 ff.

**Gefahr**
– akute G. des Einbaus vertragswidriger Stoffe/Bauteile **4 Nr. 6** 35
– Gefahrübergang gem. § 12 Nr. 6 **12 Nr. 6** 1 ff.
– Gegenleistungsg. in BGB-Vertrag **Vor 7** 18 ff.
– im Verzug
  – Ausführungsanordnung gem. § 4 Nr. 1 Abs. 3 **4 Nr. 1** 219 ff.
  – Leistungen ohne Auftrag **2 Nr. 8** 11
– Preisg. **Vor 7** 7
– Sachg. **Vor 7** 3
– Sachleistungsg. **Vor 7** 4 ff.
– Übergang der Leistungsgefahr bei Abnahme **Vor 12** 109 f.
– Vergütungsgefahr gem. § 645 BGB **13 Nr. 3** 65 ff.

**Gefahrverteilung gem. § 7 Vor 7** 1 ff.
– Baugrundrisiko **7 Nr. 1–3** 26
– Gefahrenbegriff des § 7 **Vor 7** 8 ff.
– Gefahrtragung **Einl** 248
– Gegenleistungsgefahr im BGB-Vertrag **Vor 7** 18 ff.
– Kriterien **Vor 7** 24 ff.
– und Mängelansprüche **Vor 7** 15 f.
– Risikoteilung **7 Nr. 1–3** 27
– unabwendbare Umstände **7 Nr. 1–3** 17 ff.
– Versicherung **Vor 7** 28
– Vertretenmüssen **7 Nr. 1–3** 28 ff.

**Gemeingebrauch**
– Begriff **10 Nr. 3** 65
– gesteigerter **10 Nr. 3** 66

2541

# Sachverzeichnis

Fette Zahlen Paragraphen bzw. Paragraphennummern

**Generalübernehmer**
- Begriff **4 Nr. 8** 13
- Doppelrolle von Planung und Ausführung **Vor 3** 15
- Empfänger von Baugeld **Vor 2** 310
- Vollmacht **Vor 2** 43

**Generalunternehmer**
- Abnahme **Vor 12** 152
  - Verschiebung des Zeitpunkts **Vor 12** 148 f.
- Doppelrolle von Planung und Ausführung **Vor 3** 15
- Empfänger von Baugeld **Vor 2** 310
- Erfüllungsgehilfenhaftung des Auftraggerbers **Vor 3** 95 ff.
- fiktive Abnahme **12 Nr. 5** 31 ff.
- Formzwang gem. § 311 b BGB **Vor 8** 24
- G.-Vertrag als erweiterter Pauschalvertrag **2 Nr. 7** 42 ff.
- Sicherungshypothek **Vor 2** 272
- Teilabnahme **12 Nr. 2** 16 f.
- als Totalunternehmer **4 Nr. 8** 12

**Gerichtsstandsvereinbarung gem. § 18 Nr. 1 18 Nr. 1** 1 ff.
- AGB **18 Nr. 1** 77 ff.
- Auslandssachen **18 Nr. 1** 62 ff.
- erfasste Streitigkeiten **18 Nr. 1** 17 ff.
- fehlende Prorogationsvoraussetzungen **18 Nr. 1** 89 ff.
- Prozessuales **18 Nr. 1** 89 f.
- Verfahrensarten **18 Nr. 1** 31 ff.
- Voraussetzungen des § 38 ZPO **18 Nr. 1** 45 ff., 72 ff.
- Voraussetzungen des § 39 ZPO **18 Nr. 1** 75

**Gesamtschuld Vor 13** 95 ff.
- Ausgleich **Vor 13** 112 ff.
- Fallgruppen **Vor 13** 98 ff.
- „gestörte" G. **Vor 13** 119
- und Minderung **13 Nr. 6** 24 ff.
- Verjährung des Ausgleichsanspruchs **Vor 13** 129 ff.

**Geschäftsführung ohne Auftrag**
- kein Anspruch gegen Subunternehmer bei wirksamen Vertrag **4 Nr. 8** 28
- Gerichtsstandsvereinbarung **18 Nr. 1** 25
- Sicherung des Anspruches gem. § 648 a BGB **Vor 2** 339
- bei Unwirksamkeit des Vertrages **Vor 2** 122
- Verhältnis zu § 2 Nr. 8 VOB **2 Nr. 8** 81 ff.
- bei vollmachtslosem Vertreter **Vor 2** 60 ff.

**Geschäftsgeheimnisse**
- Begriff **4 Nr. 1** 171 f.
- Einschränkung der Überwachungsbefugnis des Auftraggebers **4 Nr. 1** 170 ff.
- Verletzung der Pflicht zur Vertraulichkeit **4 Nr. 1** 178 f.

**Geschäftsgrundlage Vor 2;** s. Wegfall der Geschäftsgrundlage

**Gesetz zur Beschleunigung fälliger Zahlungen 4 Nr. 8** 29

**Gewährleistung**
- bei Mengenänderung beim Pauschalvertrag **2 Nr. 7** 124
- Schwarzarbeit **Vor 2** 108
- bei Selbstübernahme des Auftraggebers **2 Nr. 4** 30 ff.
- s. Mängel

**Gewerbliche Schutzrechte**
- Verletzung von G. gem. § 10 Nr. 4 **10 Nr. 4** 1 ff.

**Gewerbliche Verkehrssitte**
- Arbeiten an „Dach und Fach" **2 Nr. 1** 51
- Begriff **2 Nr. 1** 44 ff.
- Beschaffungspflicht von Unterlagen seitens des Auftragnehmers **3 Nr. 5** 8
- zur Bestimmung von Zusatzleistungen **2 Nr. 6** 8 f.
- Pauschalvertrag **2 Nr. 7** 12
- Planungsleistungen **2 Nr. 9** 7
- Regeln der Technik **2 Nr. 1** 45 f.
- Schlüsselfertighaus **2 Nr. 1** 52
- Schutzpflichten gegen Diebstahl **4 Nr. 5** 16

**Globalpauschalvertrag**
- Abrechnung bei Kündigung **8 Nr. 1** 36 e ff., 64 ff.
- Begriff **2 Nr. 1** 38; **2 Nr. 2** 43 f.; **2 Nr. 7** 45 ff.
- Behinderung **Vor 6** 45
- Unveränderbarkeit des Preises nur im Umfang der Risikoübernahme **2 Nr. 7** 54; s. a. Pauschalvertrag

**GSB**
- Durchgriff durch die juristische Person **Vor 2** 312
- als Schutzgesetz i. S. d. § 823 Abs. 2 BGB **Vor 2** 313 ff.
- Sicherung von Bauforderungen **Vor 2** 305 ff.
- Verstoß als Nichtigkeitsgrund gem. § 134 BGB **Vor 2** 111

**Haftpflichtversicherung**
- Abgrenzung zur Bauleistungsversicherung **Anh. 7** 8 ff.
- des Architekten **Anh. 7** 10
- des Bauhandwerkers **Anh. 7** 11 f.
- des Bauherrn **Anh. 7** 8 f.
- des Bauunternehmers **Anh. 7** 11 f.

**Haftung Vor 10** 1 ff.
- und AGB **Vor 10** 7 f.
- des Arbeitnehmers
  - Haftungseinschränkung bei gefahrgeneigter Arbeit **4 Nr. 2** 203
- des Baubetreuers bei nicht zustandegekommener Bauherrengemeinschaft **Vor 2** 50
- für Baugeld nach § 1 GSB **Vor 2** 305 ff.
- deliktische H. **10 Nr. 2;** s. dort
- Entlastung der Erfüllungsgehilfen bei Freistellung **10 Nr. 5** 1 ff.
- Erfüllungsgehilfe **10 Nr. 1** 1 ff.; s. a. dort
- für Erfüllungsgehilfen
  - Planungsbeteiligte **Vor 3** 91 ff.
- Freistellung **Vor 10** 7 f.

2542

Magere Zahlen Randnummern

- Freistellungsanspruch des Arbeitgebers bei Arbeitsunfällen **4 Nr. 2** 204
- Garantiehaftung **Vor 2** 96
- gegenüber Dritten **10 Nr. 2** 1 ff.
  - deliktische H. des Auftragnehmers **10 Nr. 3** 1 ff.
  - gemeinsame H. gegenüber Dritten **10 Nr. 2** 1 ff.
  - AGB **10 Nr. 2** 21 f.
  - Innenregress **10 Nr. 6** 1 ff.
  - Prinzipien der Schadensverteilung **10 Nr. 2** 9 ff.
  - versicherbare Schäden **10 Nr. 2** 19 ff.
- gesetzliche Haftpflichtbestimmungen **10 Nr. 3** 37 ff.
- bei nicht genehmigungsfähiger Planung **4 Nr. 1** 75 ff.
- Sonderfachmann
  - bei öffentlich-rechtlichen Genehmigungen **4 Nr. 1** 77
- Subunternehmer **4 Nr. 8** 31
- des Treuhänders bei nicht gebildeter Bauherrengemeinschaft **Vor 2** 51
- Verkehrssicherungspflichten **10 Nr. 3** 76
- Verletzung gewerblicher Schutzrechte **10 Nr. 4** 1 ff.
- Versicherung **10 Nr. 2** 19 ff.
- des vollmachtlosen Vertreters **Vor 2** 52 ff.

**Handwerksrolle**
- fehlende Eintragung **Vor 2** 110; **Vor 8** 12 f.
  - Rechtsfolgen **4 Nr. 2** 224
- Nichteintragung als Anfechtungsgrund **Vor 8** 50

**Haustürgeschäft**
- Widerruf **Vor 2** 157

**HGB**
- Abtretungsverbot nach § 354 a HGB **Vor 2** 249
- Anwendbarkeit **Vor 1** 7 ff.
- Handelsgewerbe **Vor 1** 10
- Werklieferungsvertrag **Vor 1** 53 a

**Hinterlegung von Geld gem. § 17 Nr. 5** **17 Nr. 5** 1 ff.
- Einzahlung auf gemeinsames Sperrkonto **17 Nr. 5** 3 ff.
- Zinsanspruch des Auftragnehmers **17 Nr. 5** 14 ff.

**Höhere Gewalt 6 Nr. 2** 77 ff.
- Zerstörung der Leistung **7 Nr. 1–3** 12 ff.

**Holzbauarbeiten**
- DIN 18334 Holzbauarbeiten **2 Nr. 1** 29

**Informationspflichten**
- Anzeigepflichten **5 Nr. 1**; s. dort
- Auskunftsrecht des Auftragnehmers bei Abruf **5 Nr. 2** 17 ff.
- Behinderungsanzeige **Vor 6**; s. dort
- Benachrichtigungspflicht bei Wiederaufnahme der Arbeiten **6 Nr. 3** 47 f.
- bei Überschreitung des Kostenanschlags **Vor 8** 110 ff.

**Insolvenz**
- Aufrechnung **8 Nr. 2** 48, 87

- des Auftraggebers als Kündigungsgrund **9 Nr. 1** 13
- des Auftragnehmers
  - Rückgabe der Sicherheit **17 Nr. 8** 10 ff.
  - Zahlung an Dritte **16 Nr. 6** 11
- und Bürgschaft **Vor 17** 59
- Erfüllungsablehnung durch Insolvenzverwalter **8 Nr. 2** 39 ff.
- Erfüllungswahl des Insolvenzverwalters **8 Nr. 2** 35 ff.
- Eröffnung des Insolvenzverfahrens **8 Nr. 2** 21 ff., 46 ff.
- Folgen für den Bauvertrag **8 Nr. 2** 30 ff.
- Kündigung des Auftraggebers **8 Nr. 2** 8 ff.
- Mängel der Leistung **8 Nr. 2** 79 ff.
- Teilbarkeit der Leistung **8 Nr. 2** 43 ff.
- Verjährungshemmung durch Anmeldung von Mängelrechten **13 Nr. 4** 321 a

**Kalkulationsirrtum**
- AGB **Vor 8** 58
- Anfechtbarkeit des Bauvertrages **Vor 2** 133 ff.
- Ausschluss in AGB **Vor 2** 240
- externer **Vor 8** 56 f.
- interner **Vor 8** 53 ff.
- Leistungsverweigerungsrecht **Vor 2** 165
- bei Mengenüberschreitungen über 10% hinaus **2 Nr. 3** 32 ff.
- Über- und Unter- Wert- Preise **2 Nr. 5** 62 ff.
  - bei Zusatzleistungen **2 Nr. 6** 88 ff.
- unzulässige Rechtsausübung gem. § 242 BGB **Vor 2** 137
- als Wegfall der Geschäftsgrundlage **Vor 2** 164 ff.

**Kinder**
- Haftung gegenüber K. **10 Nr. 3** 80

**Kirchlicher Auftraggeber**
- Formvorschriften **Vor 2** 101

**Klage**
- auf Abnahme **12 Nr. 1** 29
- auf Abrechnung **Vor 14** 9 f.
- auf Abschlagszahlung bei Mangel **4 Nr. 7** 131 ff.
- Abweisung der Schlusszahlungsklage bei Mangel **4 Nr. 7** 125 ff.
- auf Beseitigung **2 Nr. 8** 42
- Hemmung der Verjährung bei Klage **13 Nr. 4** 298 f.
- Herstellungsklage bei Mangel **4 Nr. 7** 129 f.
- Hilfswiderklage bei Aufrechnung **Vor 2** 240
- auf Kostenvorschuss zur Ersatzvornahme **13 Nr. 5** 150 ff.
- auf Mangelbeseitigung **13 Nr. 5** 58
- auf Rückzahlung überzahlter Beträge **14 Nr. 4** 30
- Schadensersatzklage **13 Nr. 7** 158
- Vergütungsklage
  - bei freier Kündigung **8 Nr. 1** 69 a
  - und Abnahme **Vor 12** 101
  - und Abrechnung **14 Nr. 1** 112 ff.
- auf Vorschuss für Beseitigungskosten **2 Nr. 8** 42
- Zug-um-Zug bei Schlusszahlungsklage bei Mangel **4 Nr. 7** 143 ff.

# Sachverzeichnis

Fette Zahlen Paragraphen bzw. Paragraphennummern

**Koordinierungspflichten des Auftraggebers**
- Abgrenzung
  - zur Bauüberwachung **4 Nr. 1** 39 ff., 57 ff.
  - von der Eigenverantwortlichkeit des Auftragnehmers **4 Nr. 1** 59 ff.
  - von Prüfpflicht des Auftragnehmers der Vorleistungen **4 Nr. 1** 61
- Ablaufstörung **Vor 5** 96 f.
- AGB **4 Nr. 1** 52; **4 Nr. 1** 112 ff.
- allgemeine Ordnung auf der Baustelle **4 Nr. 1** 9, 20 a ff.
  - Abgrenzung zur inneren Organisation des Auftragnehmers **4 Nr. 1** 33 f.
- Auftraggeber-Auftragnehmer-Kette **4 Nr. 1** 17 ff.
- Bauzeitenplan als Steuerungsmittel **Vor 5** 93 ff.
- Bereitstellung des Baugrundstücks **4 Nr. 1** 2
- Bereitstellung von Ausführungsvoraussetzungen **4 Nr. 1** 1 ff.
- Grenzen der Koordinationspflicht **4 Nr. 1** 51 ff.
- Grundsatz **4 Nr. 1** 1 ff.
- Koordinierungsverschulden **4 Nr. 1** 18
- mehrere Unternehmer **4 Nr. 1** 37 ff.
- Mitwirkungspflichten des Auftraggebers
  - Rechtsfolgen bei Pflichtverletzung **4 Nr. 1** 102 ff.
  - öffentlich-rechtliche Genehmigungen **4 Nr. 1** 3; **4 Nr. 1** 63 ff.
  - Beschaffungspflicht des Auftraggebers **4 Nr. 1** 63 ff.
- im Planungsbereich **4 Nr. 1** 11
- Planungsverschulden des Architekten **4 Nr. 1** 17
- Rechtsfolgen bei Verletzung **4 Nr. 1** 32
- Schadensersatz wegen Behinderung gem. § 6 Nr. 6 **6 Nr. 6** 52
- Überschneidung mit Eigenverantwortlichkeit des Auftragnehmers **4 Nr. 2** 14
- Unfallverhütung **4 Nr. 1** 21
- Vorleistungen **4 Nr. 1** 2 ff.
  - Architekt als Erfüllungsgehilfe **4 Nr. 1** 2 ff.
- Vorunternehmer
  - Behinderung **4 Nr. 1** 4
  - Vorunternehmer-Urteile **4 Nr. 1** 4 ff., 13 ff.

**Kosten**
- der Abrechnung **14 Nr. 1** 111
- einer vom Auftraggeber erstellten Schlussrechnung **14 Nr. 4** 21 ff.

**Kostenanschlag**
- Abgrenzung zum Kostenangebot **Vor 8** 106 f.
- Anwendbarkeit von § 650 beim VOB-Vertrag **Vor 2** 192 ff.
- Anzeigepflicht bei wesentlicher Überschreitung **Vor 2** 202 ff.
- keine Leistungsänderung **Vor 2** 195
- Kostenbeobachtungspflicht des Auftraggebers **Vor 8** 104
- Kriterien für wesentliche Überschreitung **Vor 2** 197 ff.
- Kündigung bei wesentlicher Überschreitung gem. § 650 BGB **Vor 8** 102 ff.
- Kündigungsrecht wegen wesentlicher Überschreitung **Vor 2** 180 ff.
- Mitteilungspflicht bei Überschreitung **Vor 8** 110 ff.
- Mitverschulden **Vor 2** 217
- Überschreitung bei Einheitspreis- und Stundenlohnvertrag **Vor 2** 186 f.
- Überschreitung bei Fest- oder Pauschalpreisvertrag **Vor 2** 185
- Vergütung **Vor 2** 64 ff.
- Vorteilsausgleichung **Vor 2** 216

**Kostenvorschuss**
- Anspruch des Auftraggebers bei Ersatzvornahme **13 Nr. 5** 123 ff.
  - Abrechnung **13 Nr. 5** 162 ff.
  - Abtretbarkeit **13 Nr. 5** 139 f.
  - Aufrechnung **13 Nr. 5** 159 ff.
  - kein Leistungsverweigerungsrecht **13 Nr. 5** 190
  - prozessuale Durchsetzung **13 Nr. 5** 150 ff.
  - und Schadensersatzanspruch **13 Nr. 5** 156 ff.
  - Umfang **13 Nr. 5** 141 ff.
  - Voraussetzungen **13 Nr. 5** 126 ff.
  - Zinsen **13 Nr. 5** 145 ff.
- Hauptunternehmer gegen Subunternehmer
  - Rechtsprechungsbeispiele **4 Nr. 8** 30

**Kündigung**
- Abgrenzung zum Rücktritt **Vor 8** 93; **8 Nr. 1** 3
- Abrechnungsgebot **8 Nr. 6** 1 ff.
- Androhung bei nicht gestellter Sicherheit gem. § 648 Abs. 5 BGB **Vor 2** 389
- nach Bedenkenmitteilung **4 Nr. 3** 68
- einzelne K.-Tatbestände **Vor 8** 101 ff.
- Ersetzung der BGB-Kündigungstatbestände durch VOB **Vor 8** 101
- fiktive K. bei Überschreitung des Kostenanschlages **Vor 2** 211 ff.
- als Gestaltungsrecht **8 Nr. 1** 3 ff.
- Inhalt der Kündigungserklärung **8 Nr. 5** 11 f.
- Konkurrenz zwischen Auftraggeber- und Auftragnehmerkündigung **Vor 9** 28 f.
- nach Leistungsverweigerung des Auftragnehmers wegen fehlender Sicherheit **Vor 2** 376
- Pauschalvertrag
  - Abrechnung **2 Nr. 7** 110 ff.
  - nur in Ausnahmefällen **2 Nr. 7** 81 ff.
- und Rücktritt **Vor 8** 61 ff.; **13 Nr. 6**; s. dort
- Schriftform **8 Nr. 5** 1 ff.
- Subunternehmerverträge
  - AGB **4 Nr. 8** 50 ff.
- bei Überschreitung des Kostenanschlags gem. § 650 BGB **Vor 8** 102
- bei ungeklärtem finanziellen Ausgleich für Zusatzleistungen **2 Nr. 6** 95
- bei Unterbrechung der Ausführung **6 Nr. 7**; s. dort
- bei unterlassener Mitwirkung bei Zustandsfeststellung **3 Nr. 4** 13
- bei unterlassener Mitwirkungshandlung des Auftraggebers **Vor 3** 56, 78
- Vertragsstrafe **8 Nr. 7** 1 ff.
- bei Verweigerung der Preisanpassung **2 Nr. 5** 77 ff.
- Wirkung für die Zukunft **8 Nr. 1** 4
- Zugang **9 Nr. 2** 19

**Kündigung aus wichtigem Grund**
- bei Qualitäts- und Zeitstörungen **8 Nr. 3** 1 ff.

Magere Zahlen Randnummern

- Abrechnungsgebot **8 Nr. 3** 53 ff.
- AGB **8 Nr. 3** 64 f.
- Beweislast **8 Nr. 3** 35
- Rechtsfolgen **8 Nr. 3** 37 ff.
- Schadensersatzansprüche **8 Nr. 3** 45 ff.
- Teilwirkung **8 Nr. 3** 21 ff.
- Voraussetzungen **8 Nr. 3** 20 ff.
- bei Schmiergeldern **Vor 2** 118
- Schuldrechtsreform **Vor 8** 90 ff.
- wegen Schwarzarbeit **Vor 8** 11
- bei unzulässiger Wettbewerbsbeschränkung **8 Nr. 4** 1 ff.
  - Vertragsstrafen **8 Nr. 4** 26 ff.
  - Voraussetzungen **8 Nr. 4** 18 ff.
- Verletzung des Selbstausführungsgebots **4 Nr. 8** 64
- Vermögensverfall des Auftragnehmers **8 Nr. 2** 1 ff.
  - Abgrenzung zur freien Kündigung **8 Nr. 2** 5 ff.
  - gemeinschaftliche Verträge und ARGEN **8 Nr. 2** 59 ff.
  - Insolvenzeröffnung **8 Nr. 2** 21 ff.
  - Kündigungserklärung **8 Nr. 2** 64 ff.
  - Rechtsfolgen **8 Nr. 2** 30 ff., 70 ff.
  - Schadensersatz wegen Nichterfüllung **8 Nr. 2** 83 ff.
  - Voraussetzungen **8 Nr. 2** 51 ff.

**Kündigungsrecht bei Unterbrechung der Ausführung 6 Nr. 7** 1 ff.
- Abrechnung **6 Nr. 7** 40 ff.
- Abschlagszahlung **6 Nr. 7** 18 f.
- AGB **6 Nr. 7** 47
- Beweislast **6 Nr. 7** 46
- Form der Erklärung **6 Nr. 7** 35 ff.
- Konkurrenz mit anderen Kündigungsmöglichkeiten **6 Nr. 7** 7 ff.
- Rechtsfolgen **6 Nr. 7** 39 ff.
- Rechtsmissbrauchsverbot **6 Nr. 7** 28
- Rechtswahl **6 Nr. 7** 14
- Schlussrechnung **6 Nr. 7** 17 ff.
- Schranken **6 Nr. 7** 25 ff.
- Teilkündigung **6 Nr. 7** 16, 37
- Verhältnis zu anderen Rechtsinstituten **6 Nr. 7** 1 ff.
- Voraussetzungen **6 Nr. 7** 29 ff.

**Kündigungsrecht des Auftraggebers**
- gem. § 8 Nr. 1 **8 Nr. 1** 1 ff.
  - Abschlagszahlungen **8 Nr. 1** 4
  - AGB **8 Nr. 1** 72 ff.
  - Aufwendungsersparnis **8 Nr. 1** 51 ff.
  - Beweislast **8 Nr. 1** 69 ff.
  - Form der Kündigung **8 Nr. 1** 14 ff.
  - Fortbestand des Vertrages für erbrachte Leistung **8 Nr. 1** 5 ff.
  - Inhalt der Kündigungserklärung **8 Nr. 1** 18 ff.
  - Sachmängelansprüche **8 Nr. 1** 7 ff.
  - Teilleistung **8 Nr. 1** 13
  - Umdeutung **8 Nr. 1** 23
  - Umfang **8 Nr. 1** 30
  - Vergütungsanspruch **8 Nr. 1** 6
  - Vergütungsfolgen **8 Nr. 1** 31 ff.
- bei Kartellverstoß **Vor 2** 114

- bei Qualitäts- und Zeitstörungen **8 Nr. 3** 1 ff.; s. a. Kündigung aus wichtigem Grund
- bei unzulässiger Wettbewerbsbeschränkung **8 Nr. 4** 1 ff.; s. a. Kündigung aus wichtigem Grund
- und Verjährung **13 Nr. 4** 220 ff.
- wegen Vermögensverfall **8 Nr. 2** 1 ff.; s. a. Kündigung aus wichtigem Grund
- wegen wesentlicher Überschreitung des Kostenanschlages **Vor 2** 180 ff.

**Kündigungsrecht des Auftragnehmers Vor 9** 1 ff.
- Abrechnung bei Kündigung **9 Nr. 3** 9 ff.
- Aufhebungsvertrag **Vor 9** 27
- Ausübungsgrenzen **9 Nr. 2** 24 ff.
- Entschädigungsanspruch gem. § 9 Nr. 3 Satz 1 **9 Nr. 3** 15 ff.
- Form und Verfahrensvoraussetzungen **9 Nr. 2** 1 ff.
  - AGB **9 Nr. 2** 30, 44 f.
- Fortbestand sonstiger Vorschriften **Vor 9** 20 ff.
- inhaltliche Anforderungen an die Kündigung **9 Nr. 2** 14 ff.
- Insolvenz des Auftragnehmers **9 Nr. 1** 13
- Kündigungsberechtigter **9 Nr. 2** 20 ff.
- Kündigungsempfänger **9 Nr. 2** 20 ff.
- Kündigungsgründe **9 Nr. 1** 1 ff.
- Obliegenheitsverletzung des Auftraggebers **9 Nr. 2** 8 ff., 14 ff.
- Rechtsfolgen **9 Nr. 3** 1 ff.
  - AGB **9 Nr. 3** 23
- Schadensersatzansprüche **Vor 9** 17 ff.
- Schuldnerverzug **9 Nr. 1** 33
- sonstige Reaktionsmöglichkeiten bei Zahlungsschwierigkeiten **Vor 9** 25
- sonstige Vertragsuntreuetatbestände **9 Nr. 1** 12 f.
- und Vergütung **9 Nr. 3** 1 ff.
- und Verjährung **13 Nr. 4** 220 ff.
- Verletzung der Gläubigerobliegenheiten **Vor 9** 14 ff.
- Verletzung von Mitwirkungspflichten gem. §§ 642, 643 **Vor 9** 7
- Vertragsuntreue des Auftraggebers **Vor 9** 9
- Vorverfahren **9 Nr. 2** 31 ff.
- wegen fehlender Sicherheit gem. § 648 a BGB **Vor 9** 8
- Zahlungsverzug des Auftraggebers **9 Nr. 1** 29 ff.

**Leistung**
- abgeschlossene Teile der L. **12 Nr. 2** 12 ff.
- Abgrenzung
  - der Vertragsleistung zu Zusatzleistung **2 Nr. 6** 7
- Abrechnung **6 Nr. 5**; s. dort
- Änderungen **Einl** 233 ff.
- Allgemeine Technische Vertragsbedingungen (ATV) **2 Nr. 1** 23
- Art der L. **Vor 1** 30
- besondere **5 Nr. 1** 72
- Besondere Vertragsbedingungen (BVB) **2 Nr. 1** 20
- Bestimmung der L. **1 Nr. 1** 1; **2 Nr. 1** 7 ff.; **2 Nr. 6** 6 ff.

# Sachverzeichnis

Fette Zahlen Paragraphen bzw. Paragraphennummern

- durch Aufmaß **2 Nr. 2** 16 ff.
- gewerbliche Verkehrssitte **2 Nr. 1** 44 ff.
- Bestimmung des Umfangs **2 Nr. 5** 6
- Eigenverantwortung des Auftragnehmers **4 Nr. 2**; s. Eigenverantwortung des Auftragnehmers
- Einheitspreisvertrag **Vor 2** 13 f.
- entbehrliche L.
  - ersatzlose Herausnahme **2 Nr. 3** 56 ff.
- Fertighausverträge **Vor 1** 54
- als Gesamtleistung **2 Nr. 1** 2
- Leistungsänderung
  - Änderung des Bauentwurfs **2 Nr. 5** 1 ff.
  - Preisanpassungsanspruch **2 Nr. 5** 1 ff. s. a. dort
- Mengenänderung bei Eventualpositionen **2 Nr. 1** 17
- Nebenleistungen in Abgrenzung zu besonderen Leistungen **2 Nr. 1** 32 ff.
- nicht vereinbarte L. **1 Nr. 4** 1 ff.
- notwendige **2 Nr. 8** 61 ff.
- ohne Auftrag **2 Nr. 8** 1 ff.; s. a. dort
- Pauschalvertrag **Vor 2** 15 f.; **2 Nr. 3** 65 ff.; **2 Nr. 7** 11 ff.
- Planungsleistungen **2 Nr. 9** 1 ff.
  - selbstständige **Vor 1** 58 ff.
  - unselbstständige **Vor 1** 55 ff.
- Selbstkostenerstattungsvertrag **Vor 2** 18
- sonstige **Vor 2** 64 ff.
- Stundenlohnvertrag **Vor 2** 17
- Umfang **Vor 1** 36
- unverlangte **2 Nr. 8** 9 ff.
- Vermutung für entgeltliche L. **Vor 2** 6
- als vertragliche Gesamtleistung **Vor 1** 37
- Vorleistungen **4 Nr. 1** 42
- Zusätzliche Technische Vertragsbedingungen (ZTV) **2 Nr. 1** 22
- Zusätzliche Vertragsbedingungen (ZVB) **2 Nr. 1** 21
- Zusatzleistungen **2 Nr. 5** 31 ff.; **2 Nr. 6** 1 ff.

**Leistungen ohne Auftrag 2 Nr. 8** 1 ff.
- Abgrenzung
  - zur Zusatzleistung **2 Nr. 6** 36 ff.
- Anerkenntnis **2 Nr. 8** 51 ff.
- Auftrag unwirksam **2 Nr. 8** 13 f.
- Ausschluss des Nachforderungsanspruchs durch AGB **2 Nr. 8** 89
- Beweislast **2 Nr. 8** 86 f.
- Geschäftsführung ohne Auftrag **2 Nr. 8** 81 ff.
- nicht angeordnete Leistungsänderungen **2 Nr. 8** 15 ff.
- nicht notwendige L. **2 Nr. 8** 25 ff.
- notwendige L. **2 Nr. 8** 61 ff.
  - mutmaßlicher Wille des Auftraggebers **2 Nr. 8** 66
  - unverzügliche Anzeige **2 Nr. 8** 68 ff.
- Schadensersatz **2 Nr. 8** 44 ff.
- ungerechtfertigte Bereicherung **2 Nr. 8** 85
- Vergütungsanspruch insbesondere bei notwendigen Leistungen **2 Nr. 8** 50 ff., 61 ff.
- Verhältnis zum Mängelbeseitigungsanspruch **2 Nr. 8** 43
- Verjährung **2 Nr. 8** 88

**Leistungsänderung**
- Abgrenzung
  - zur Ausführungsanordnung gem. § 4 Nr. 1 Abs. 3 **4 Nr. 1** 202 ff.
  - zur Leistung ohne Auftrag **2 Nr. 5** 34
  - zur Massenänderung **2 Nr. 5** 27 ff.
  - zur Zusatzleistung **2 Nr. 5** 31; **2 Nr. 6** 31 f.
- Änderung des Bauentwurfs **2 Nr. 5** 1 ff., 10 ff.
- Behinderung **6 Nr. 1** 32; **6 Nr. 2** 51
- Beweislast **2 Nr. 5** 59 ff.
- nicht angeordnete L. **2 Nr. 8** 15 ff.
- Rechtsfolge Neuberechnung **2 Nr. 5** 47 ff.
- Selbstkostenerstattungsvertrag **2 Nr. 2** 56 f.
- beim Stundenlohnvertrag **2 Nr. 2** 50 ff.
- und Zusatzleistungen **2 Nr. 2** 29 ff.

**Leistungsbeschreibung**
- Bauzeichnungen **1 Nr. 1** 14
- Begriff **1 Nr. 1** 11; **2 Nr. 1** 9
- durch Erfüllungsgehilfen **Vor 3** 93
- „fix und fertige Arbeit" **2 Nr. 1** 53 f.
- funktionale L. **2 Nr. 1** 12
- Inhalt **2 Nr. 1** 10 ff.
- keine Inhaltskontrolle bei AGB **Vor 2** 236
- mit Leistungsprogramm **Vor 1** 61; **1 Nr. 1** 20
  - Nebenangebote des Auftragnehmers **2 Nr. 3** 81
- Leistungsvarianten **1 Nr. 1** 15
- mit Leistungsverzeichnis **1 Nr. 1** 12
- Rechtsnatur **Einl** 231
- und Regeln der Technik **2 Nr. 1** 18
- unklare L. **2 Nr. 1** 19
  - Bestimmung des Umfangs der geschuldeten Leistung **2 Nr. 5** 6
  - keine Leistungsänderung **2 Nr. 5** 8
  - keine Zusatzleistungen **2 Nr. 6** 14 f.
- Verdingungsunterlagen **Einl** 269
- Wahlrecht des Auftraggebers **1 Nr. 1** 17
- Widersprüche innerhalb der L. **1 Nr. 2** 11

**Leistungspflicht des Auftragnehmers**
- Erweiterung der L. **1 Nr. 4** 1

**Leistungsverweigerungsrecht**
- Abschlagszahlung nach Geltendmachung des L. **Vor 2** 377
- des Arbeitnehmers bei Verletzung der Schutzpflichten **4 Nr. 2** 202
- bei Ausführungsanordnungen des Auftraggebers **4 Nr. 1** 247 ff.
- bei fehlender Baugenehmigung **Vor 8** 18
- bei fehlender Sicherheit gem. § 648 a BGB **Vor 2** 376 ff.
- bei Kalkulationsirrtum **Vor 2** 165
- Leistungsverweigerung als Behinderung **6 Nr. 2** 53
- bei Mängeln **13 Nr. 5** 171 ff.
  - AGB **13 Nr. 5** 194 ff.
  - kein L. wegen Kostenvorschussanspruchs **13 Nr. 5** 190
  - Prozessuales **13 Nr. 5** 207 ff.
  - Rechtsfolgen **13 Nr. 5** 199 ff.
  - Voraussetzungen **13 Nr. 5** 185 ff.
  - Vorrang der Aufrechnung **13 Nr. 5** 188 f.
- nach § 648 a BGB **Vor 2** 325

- bei ungeklärtem finanziellen Ausgleich für Zusatzleistungen **2 Nr. 6** 95
- des Unternehmers gem. § 648 a Abs. 1 BGB **Vor 2** 380 ff.
- wegen unverhältnismäßigem Aufwand der Mängelbeseitigung **4 Nr. 7** 68 ff.; **4 Nr. 7** 178;
- Verhältnis zur Sicherheitsleistung gem. § 17 **Vor 17** 24 f.
- bei verjährten Gewährleistungsansprüchen **13 Nr. 4** 372 ff.
- Verjährungshemmung **13 Nr. 4** 321 c
- bei Verweigerung der Preisanpassung **2 Nr. 5** 77 ff.

**Leistungsverzeichnis**
- Auslegung **Einl** 232
- Teilleistung **Vor 1** 39

**Lieferant**
- als Erfüllungsgehilfe **10 Nr. 1** 43 ff.

**Lieferverträge**
- im Gegensatz zu Werklieferungsverträgen **Vor 1** 71 ff.

**Mängel**
- bei Abnahme **8 Nr. 6** 50 ff.
- nach Abnahme **Vor 12** 107 f.
- Abnahme trotz M. **Vor 12** 22 ff.
- Alleinverantwortlichkeit des Auftraggebers für Mangel **4 Nr. 7** 52 ff.
- Altbausanierung **Vor 13** 20 ff.
- und anerkannte Regeln der Technik **13 Nr. 1** 4, 65, 76 ff.
  - Kasuistik **13 Nr. 1** 134
- Anerkenntnis und Verjährung **13 Nr. 4** 277 ff.
- Ansprüche **Vor 13** 1 ff.
- Architekt **Vor 13** 32 ff.
- Arten von Mängeln **4 Nr. 7** 34 ff.
- vom Auftraggeber verursachte M. **13 Nr. 3** 1 ff.
  - AGB **13 Nr. 3** 70 a ff.
  - Kausalitätsfrage **13 Nr. 3** 39 ff.
  - Mitteilung gem. § 4 Nr. 3 **13 Nr. 3** 38
  - Mitverantwortlichkeit gem. § 254 BGB **13 Nr. 3** 42 ff.
  - Planungsfehler **13 Nr. 3** 34 ff.
  - Risikoentlastung des Auftragnehmers **13 Nr. 3** 1 a ff.
  - Tatbestandsmerkmale **13 Nr. 3** 18 ff.
  - Verhältnis von § 13 Nr. 3 zu 645 BGB **13 Nr. 3** 64 ff.
- Ausschluss der Haftung durch Vertrag **Vor 13** 17 ff.
- durch Ausführungsanordnung
  - Haftung bei unterlassener Bedenkenmitteilung **4 Nr. 1** 274 ff.
- Auswirkung von M. auf Sicherungsanspruch **Vor 2** 281
- trotz Beachtung der Regeln der Technik **4 Nr. 2** 29 ff.
- Beginn der Gewährleistungsfrist bei Abnahme **Vor 12** 111 ff.
- Begriff **Einl** 91 ff., 99 ff.; **4 Nr. 3** 12; **4 Nr. 7** 30 ff.; **Vor 13** 139 ff.
  - funktionaler M. **Einl** 161; **Vor 13** 141; **13 Nr. 1** 14 ff., 68 ff.
- Kasuistik **13 Nr. 1** 134
- normativer M. **13 Nr. 1** 22 ff.
- Soll-/Ist-Abweichung **13 Nr. 1** 1 ff.
- Beratungsfehler **13 Nr. 1** 34 ff.
- Beschaffenheitsvereinbarung **Einl** 92 ff.; **13 Nr. 1** 11 ff., 66 ff.
- Beseitigungsanspruch **13 Nr. 5** 1 ff.; s. a. dort
- Beweisfragen **13 Nr. 1** 128 ff.
- Beweislast **Vor 13** 135 ff., 144 ff.
  - Anscheinsbeweis **Vor 13** 149; **13 Nr. 1** 132
  - Beweiserleichterungen **Vor 13** 146 ff.
  - Symptomrechtsprechung **Vor 13** 136 ff.; **13 Nr. 1** 130
  - Überzeugung gem. § 286 ZPO **Vor 13** 145 ff.
- und Deliktsrecht **Vor 13** 10 ff.
- Einfluss von M. auf die Sicherheit gem. § 648 a BGB **Vor 2** 341
- und Garantie **13 Nr. 1** 70
- Gesamtschuld **Vor 13** 95 ff.
  - Ausgleich **Vor 13** 112 ff.
  - bauüberwachender Architekt und Unternehmer **Vor 13** 98 f.
  - gestörte Gesamtschuld **Vor 13** 119
  - Minderung **13 Nr. 6** 24 ff.
  - planender Architekt und Unternehmer **Vor 13** 100
  - Verjährung des Ausgleichsanspruchs **Vor 13** 129 ff.
  - verschiedene Unternehmen **Vor 13** 101 f.
- gewöhnliche Verwendung **13 Nr. 1** 83
- Gläubigermehrheit bei Wohnungseigentum **Vor 13** 61 ff.
- Gütezeichen als zugesicherte Eigenschaft **4 Nr. 2** 133 ff.
- Haftung bei unterlassener Bedenkenmitteilung **4 Nr. 3** 64 ff.
- und Insolvenz **8 Nr. 2** 46 ff., 79 ff.
- Invasion der vereinbarten Beschaffenheit **Einl** 94 ff.
- Konkurrenz mit Deliktsanspruch **13 Nr. 4** 35 ff.
- Kooperationspflicht **13 Nr. 1** 51
- Leistung nach Probe gem. § 13 Nr. 2 **13 Nr. 2** 1 ff.
  - Probe als vereinbarte Beschaffenheit **13 Nr. 2** 1 ff.
  - nach Verkehrssitte **13 Nr. 2** 4 ff.
- Leistungstreuepflicht **13 Nr. 1** 47 ff.
- Leistungsverweigerungsrecht **13 Nr. 5** 171 ff.
  - prozessuales **13 Nr. 5** 207 ff.
- M. während Ausführung
  - Schadensersatzanspruch **4 Nr. 7** 159 ff.; s. a. Schadensersatzanspruch des Auftraggebers
  - Mängelbeseitigung während Ausführung **4 Nr. 7**; s. Mängelbeseitigungsanspruch während Ausführung
  - Mängelbeseitigungskosten **Vor 13** 54 ff.; s. a. Mängelbeseitigung
- mangelhafte Bauunterlagen des Auftragnehmers **3 Nr. 5** 17
- mangelhafte Genehmigungsplanung **4 Nr. 1** 76
- Materialprüfstellen **18 Nr. 4** 1 ff.
- Minderungsanspruch **13 Nr. 6** 1 ff.; s. a. dort
- Mitverschulden **Vor 13** 30 ff.
- Mitverschulden des Auftraggebers durch verzögerte Übergabe der Planungsunterlagen **Vor 3** 18 f.

2547

# Sachverzeichnis

Fette Zahlen Paragraphen bzw. Paragraphennummern

- und Nebenpflichtverletzung **13 Nr. 1** 34 ff.
- offensichtliche
  - Verhalten des Auftragnehmers **3 Nr. 3** 31 ff.
- optische **Einl** 108 ff.
- Planungsmängel **3 Nr. 1** 20
- praktische Fragen zu Baumängeln **13 Nr. 1** 85 ff.
  - Baugrundrisiko **13 Nr. 1** 115 ff.
  - neue Bauverfahren/neue Baustoffe **13 Nr. 1** 85 ff.
  - Sanierungsaufgaben **13 Nr. 1** 107 ff.
  - Schönheitsfehler **13 Nr. 1** 121 ff.
  - toxische Baustoffe **13 Nr. 1** 99 ff.
- Produkthaftungsgesetz **Vor 13** 14 ff.
- richtlinienkonforme Auslegung **13 Nr. 1** 29 ff.
- Sachmangeltatbestand **Einl** 249
- Schönheitsfehler **Einl** 109 ff.; **13 Nr. 1** 121 ff.
  - Rechtsprechung **13 Nr. 1** 134
- Sicherheit für M.-Ansprüche **17 Nr. 1** 15 ff.
- Subunternehmer
  - Rechtsprechung zur Mängelhaftung **4 Nr. 8** 30
- Systematik des § **13 Vor 13** 1 ff.
- Tatbestand des § **13 Nr. 1 13 Nr. 1** 52 ff.
  - Aliudlieferung **13 Nr. 1** 60
  - Einhaltung der Regeln der Technik **13 Nr. 1** 59
  - Mängelfreiheit im Abnahmezeitpunkt **13 Nr. 1** 54 ff.
  - Prüfungsschema **13 Nr. 1** 62 ff.
  - Unterschiede zu § 633 BGB **13 Nr. 1** 52 f.
  - Verschaffenspflicht **13 Nr. 1** 61
- unterlassene Mängelrüge **4 Nr. 7** 47 ff.
- Verhältnis des § 13 zu anderen Anspruchsgrundlagen **Vor 13** 7 ff.
- Verjährung **13 Nr. 4** 1 ff.
  - abweichende Vertragsregelung **13 Nr. 4** 43 ff.
  - AGB **13 Nr. 4** 80 ff.
  - arglistige Täuschung **13 Nr. 4** 325 ff.
  - Einrede der Verjährung **13 Nr. 4** 369 ff.
  - Fristenlauf **13 Nr. 4** 209 ff.
  - Garantie **13 Nr. 4** 357 ff.
  - Gebot zur widerspruchsfreien Vereinbarung der Verjährungsfrist **13 Nr. 4** 103 ff.
  - Konkurrenzen **13 Nr. 4** 18 ff.
  - Mängel während Ausführung **13 Nr. 4** 11 ff.
  - Vergleich **13 Nr. 4** 363
  - verjährte Mängelansprüche **13 Nr. 4** 372 ff.
- vermutete M. **3 Nr. 3** 34
- Vorteilsanrechnung **Vor 13** 46 ff.
- Weiterfressermängel **13 Nr. 4** 40
- Zahlungsverweigerung des Auftraggebers bei M. **13 Nr. 5** 169 ff.
  - Aufrechnung **13 Nr. 5** 178 ff.
- Zusätzliche Technische Vertragsbedingungen **Einl** 217 f.; s. a. dort
- Zusicherung von Eigenschaften **13 Nr. 1** 6 ff.; **13 Nr. 1** 70

**Mängelbeseitigung**
- Abgrenzung
  - zur Gefahrverteilung gem. § 7 **Vor 7** 15 f.
- Kosten
  - Abzug „Neu für Alt" **Vor 13** 47 ff.
  - beiderseitige Verantwortlichkeit für Mangel **4 Nr. 7** 99 ff.
  - bei Mitverschulden des Auftraggebers **3 Nr. 3** 23
  - Folgen mangelhafter Planung **4 Nr. 7** 112 ff.
  - Sowiesokosten **4 Nr. 7** 83; **Vor 13** 54 ff.; s. a. dort
  - Vorteilsanrechnung **Vor 13** 46 ff.
  - Zuschussanspruch des Unternehmers **Vor 13** 59 f.
- bei Alleinverantwortlichkeit des Auftraggebers **4 Nr. 7** 91 ff.
- Beseitigung während Ausführung **4 Nr. 7** 82 ff.
- Mehrkosten bei Benutzung der Anlagen des Auftraggebers **4 Nr. 4** 6
- Vergütung **Vor 2** 6

**Mängelbeseitigungsanspruch während Ausführung 4 Nr. 7** 1 ff.
- Abgrenzung des § 4 Nr. 7 zu anderen Regelungen der VOB/B **4 Nr. 7** 3 ff.
- Abrechnung **4 Nr. 7** 118 ff.
- Alleinverantwortlichkeit des Auftraggebers für Mangel **4 Nr. 7** 52 ff.
- allgemeine Anspruchsvoraussetzungen **4 Nr. 7** 23 ff.
- Anspruchsinhalt **4 Nr. 7** 77 ff.
- beiderseitige Verantwortlichkeit für Mangel
  - Beweislast **4 Nr. 7** 117
  - Erfüllungsanspruch und Kosten **4 Nr. 7** 99 ff.
  - Haftungsquoten **4 Nr. 7** 108 ff.
  - Kostenteilung **4 Nr. 7** 101 ff.
  - mehrere Auftragnehmer **4 Nr. 7** 123
- besondere Anspruchsvoraussetzungen **4 Nr. 7** 67 ff.
  - unverhältnismäßiger Aufwand **4 Nr. 7** 68 ff.
  - Verschulden nicht erforderlich **4 Nr. 7** 67
- als Erfüllungsanspruch **4 Nr. 7** 16 ff.
- Ersatzvornahme und Kostenvorschuss **4 Nr. 7** 226 ff.
  - Kostenvorschussanspruch **4 Nr. 7** 238
  - durch Vollstreckung eines Leistungsurteils gem. § 887 ZPO **4 Nr. 7** 235
- Kosten **4 Nr. 7** 82 ff.
- Mangelbegriff **4 Nr. 7** 30 ff.
- Minderung bei Versagen des M. **4 Nr. 7** 73 f.
- Prozessuales **4 Nr. 7** 124 ff.
  - Abweisung der Schlusszahlungsklage bei Mangel **4 Nr. 7** 125 ff.
  - Herstellungsklage **4 Nr. 7** 129 f.
  - Klage auf Abschlagszahlung **4 Nr. 7** 131 ff.
  - Schlusszahlungsklage **4 Nr. 7** 143 ff.
- Rechtslage nach BGB **4 Nr. 7** 6 ff.
- Verhältnis zum Schadensersatz **4 Nr. 7** 170 f.
- zeitliche Grenzen **4 Nr. 7** 38 ff.

**Mängelrüge**
- unterlassene M. **4 Nr. 7** 47 ff.

**Mahnung**
- Adressat und Form **5 Nr. 4** 30
- Anforderungen **5 Nr. 4** 26
- Entbehrlichkeit **5 Nr. 4** 22 ff.
- Nachfristsetzung mit Ablehnungsandrohung **5 Nr. 4** 28
- Zeitpunkt **5 Nr. 4** 27

**Mahnverfahren 18 Nr. 1** 32 f.

Magere Zahlen Randnummern

# Sachverzeichnis

**Mangel**
- und freie Kündigung **8 Nr. 1** 7 ff.
- M.- Folgeschaden **13 Nr. 7** 12 f.
- Veräußerung des mangelbehafteten Bauwerks **13 Nr. 7** 127 ff.
- wesentlicher M. **13 Nr. 7** 81 ff.

**Mangelbeseitigungsanspruch gem. § 13 Nr. 5**
**13 Nr. 5** 1 ff.
- Beseitigung durch Auftraggeber gem. § 13 Nr. 5 Abs. 2 **13 Nr. 5** 71 ff.
  - AGB **13 Nr. 5** 98 ff.
  - fehlgeschlagene Mangelbeseitigung **13 Nr. 5** 113 ff.
  - Kosten **13 Nr. 5** 102 ff.
  - Kostenvorschussanspruch **13 Nr. 5** 123 ff.
  - Rechtsfolgen **13 Nr. 5** 10 ff.
  - Voraussetzungen **13 Nr. 5** 84 ff.
- Beseitigungsverlangen **13 Nr. 5** 35 ff.
  - Schriftlichkeit **13 Nr. 5** 41 f.
- Inhalt des Anspruchs **13 Nr. 5** 48 ff.
  - Nachbesserung **13 Nr. 5** 52
  - Neuherstellung **13 Nr. 5** 53
- Klage **13 Nr. 5** 58
- Kosten **13 Nr. 5** 59
  - Abgrenzung zum Schadensersatz **13 Nr. 5** 64 ff.
  - Ersatzvornahme **13 Nr. 5** 102 ff.
  - Kostenvorschussanspruch **13 Nr. 5** 123 ff.
  - Mangelermittlungskosten **13 Nr. 7** 154 f.
  - Mitverantwortlichkeit des Auftraggebers **13 Nr. 5** 70
  - Nebenkosten **13 Nr. 5** 62
  - Rechtsverteidigungskosten **13 Nr. 5** 67
  - und Schadensersatz **13 Nr. 7** 115
  - Sowieso- Kosten **13 Nr. 5** 68
  - Unverhältnismäßigkeit **13 Nr. 6** 40 ff.
  - Vorteilsanrechnung **13 Nr. 6** 48
  - Vorteilsausgleich **13 Nr. 5** 69
- Rechtsnatur **13 Nr. 5** 12 ff.
- Unmöglichkeit **13 Nr. 6** 29 ff.
- Unmöglichkeit
  - und Schadensersatz **13 Nr. 7** 130 ff.
- Unverhältnismäßigkeit der Beseitigung **13 Nr. 6** 40 ff.
- Unzumutbarkeit für den Auftraggeber **13 Nr. 6** 50 ff.
- Vertragswidrigkeit der Leistung **13 Nr. 5** 32
- Voraussetzungen **13 Nr. 5** 15 ff.
- Zurechenbarkeit der Leistung **13 Nr. 5** 19 ff.

**Materialprüfstellen 18 Nr. 4** 1 ff.
- Kosten der Prüfung **18 Nr. 4** 27 f.

**Mehrwertsteuer** s. Umsatzsteuer

**Mengenänderungen**
- Abgrenzung zur Zusatzleistung **2 Nr. 6** 33 ff.
- Abrechnung **14 Nr. 1** 56
- Begriff **2 Nr. 3** 1 ff.
- bei Eventualpositionen **2 Nr. 1** 17
- keine M. **2 Nr. 3** 55 ff.
  - anderweitige Vergabe **2 Nr. 3** 60 ff.
  - ersatzlose Herausnahme **2 Nr. 3** 56 ff.
  - Selbstausführung **2 Nr. 3** 59
  - M. über 10% hinaus **2 Nr. 3** 13 ff.
- Kalkulationsirrtum **2 Nr. 3** 32 ff.
- Preisnachlässe **2 Nr. 3** 24
- Umsatzsteuer **2 Nr. 3** 28
- Mengenüber- und unterschreitung bis 10% **2 Nr. 3** 4 ff.
- Mengenunterschreitungen über 10% hinaus **2 Nr. 3** 38 ff.
- Umsatzsteuer **2 Nr. 3** 53
- Verjährung des Preiserhöhungsanspruchs **2 Nr. 3** 54
- beim Pauschalvertrag **2 Nr. 7** 15
- Vergütung **2 Nr. 3** 1 ff.
- Verlängerung der Ausführungsfrist **6 Nr. 2** 51

**Mietrechtsverbesserungsgesetz MRVG**
- Verbot der Architektenbindung **Vor 2** 113

**Mietvertrag**
- Anwendbarkeit der VOB **Vor 1** 75

**Minderungsanspruch gem. § 13 Nr. 6**
**13 Nr. 6** 1 ff.
- Abgrenzung zum Schadensersatz **13 Nr. 6** 81
- AGB **13 Nr. 6** 92 f.
- Aufrechnung und Teilabtretung **13 Nr. 6** 18 ff.
- Erklärung **13 Nr. 6** 9 ff.
  - Form **13 Nr. 6** 11 b
  - Inhalt **13 Nr. 6** 11 e
  - Unwiderruflichkeit **13 Nr. 6** 11 c
- gesamtschuldnerische Mängelhaftung **13 Nr. 6** 24 ff.
- Höhe **13 Nr. 6** 55 ff.
  - Ermittlung in der Praxis **13 Nr. 6** 62 ff.
  - technische und merkantile Wertminderung **13 Nr. 6** 58 ff.
- merkantiler Minderwert **13 Nr. 6** 78 f.
- Minderleistungen **13 Nr. 6** 77
- Mitverschulden des Auftraggebers **13 Nr. 6** 80
- Pauschalvertrag **13 Nr. 6** 19 ff.
- Prozessuales **13 Nr. 6** 12 ff.
- Quasiverjährung **13 Nr. 6** 11 m
- Rechtsfolgen **13 Nr. 6** 11 n ff.
- Rechtsnatur **13 Nr. 6** 8 ff.
- Schönheitsfehler **13 Nr. 6** 75
- Stichtag der Minderungsberechnung **13 Nr. 6** 79 b ff.
- technischer Minderwert **13 Nr. 6** 79 a
- Unmöglichkeit **13 Nr. 6** 29 ff.
- bei Versagung des Mängelbeseitigungsanspruchs **4 Nr. 7** 73 f.
- Voraussetzungen **13 Nr. 6** 27 ff.

**Mitverantwortlichkeit des Auftraggebers**
- für Mangel **4 Nr. 7** 99 ff.

**Mitverschulden**
- des Auftraggebers
  - bei fehlerhafter Genehmigungsplanung **4 Nr. 1** 74
  - und Minderungsanspruch **13 Nr. 6** 80
  - bei verzögerter Übergabe der Planungsunterlagen **Vor 3** 18 f.
  - wegen Behinderung gem. § 6 Nr. 6 **6 Nr. 6** 92
- des Erfüllungsgehilfen **10 Nr. 1** 8 ff.
- bei Planung **Vor 3** 92

# Sachverzeichnis

Fette Zahlen Paragraphen bzw. Paragraphennummern

- bei Kalkulationsfehler **2 Nr. 5** 64
- kein M. durch mangelnde Bauaufsicht
  **4 Nr. 1** 134
- Kostenzuschussanspruch für Nachbesserung
  **3 Nr. 3** 23
- bei Mängeln **Vor 13** 30 ff.; **13 Nr. 3** 42 ff.
- Quote bei Planungsfehlern des Architekten
  **3 Nr. 3** 20
- bei ungenaue Mengenermittlung **2 Nr. 3** 36
- bei unterlassener Mitwirkungshandlung des Auftraggebers **Vor 3** 84 f.
- bei wesentlicher Überschreitung des Kostenanschlages **Vor 2** 217 ff.

**Mitwirkungspflicht des Auftraggebers**
  **Vor 3** 9 ff.
- Ablaufplanung **Vor 3** 93
- Änderung/Erweiterung der Pflichten
  **Vor 3** 87 f.
- Annahmeverzug **Vor 3** 40 ff., 56
- bei Ausführung der Bauleistung **Vor 3** 25 ff.
- Ausführungsunterlagen
  - ausnahmsweise keine Pflicht zur Übergabe
    **3 Nr. 1** 4 ff.
  - Begriff und Inhalt **3 Nr. 1** 11 ff.
  - Haftungsfreizeichnung in AGB **3 Nr. 1** 31 ff.
  - Rechtsfolgen bei fehlender Übergabe
    **3 Nr. 1** 7 ff.
  - Rechtsfolgen bei fehlerhafter Vermessung
    **3 Nr. 2** 12 ff.
  - Übergabe **3 Nr. 1** 1 ff.
  - Vermessungen **3 Nr. 2** 1 ff.
- bei Bauausführung **Vor 4** 4 ff.
  - Inhalt der Pflichten **Vor 4** 8
  - Koordinierungspflichten **4 Nr. 1** 1 ff.
  - Rechtnatur der Pflichten **Vor 4** 13 ff.
- Behinderungsanzeige als Anspruchsvoraussetzung des Entschädigungsanspruchs **Vor 3** 82
- Beispiele **Vor 3** 30
- Einklagbarkeit **Vor 3** 39, 44
- entgangener Gewinn bei unterlassener Mitwirkung **Vor 3** 82
- Entschädigungsanspruch **Vor 3** 74
- Erfüllbarkeit der M. Risikosphäre des Bestellers
  **Vor 3** 28
- Erfüllungsgehilfen **Vor 3** 91 ff.
- keine Ersatzvornahme **Vor 3** 86
- Fälligkeit **Vor 3** 40 ff.
- als Hauptleistungspflicht in Ausnahmefällen
  **Vor 3** 46
- Konkretisierung der M. **Vor 3** 28
- Koordinierungspflichten **Vor 3** 93
  - Rechtsfolgen bei Pflichtverletzung
    **4 Nr. 1** 102 ff.
- Kündigungsrecht bei Unterlassen **Vor 3** 56
- Mitverschulden bei verzögerter Übergabe der Planungsunterlagen **Vor 3** 18 f.
- Mitverschulden des Auftragnehmers **Vor 3** 84 f.
- als Obliegenheit **Vor 3** 31
- Planungsbeteiligte als Erfüllungsgehilfen
  **Vor 3** 91 ff.
- Rechtsfolgen der Pflichtverletzung **Vor 3** 31, 51 ff.
  - Behinderung **6 Nr. 2** 49 f.
  - Schadensersatz **Vor 3** 32, 62
- Schadensersatz bei Pflichtverletzung **Vor 3** 32, 62

- als schuldrechtliche Verbindlichkeit **Vor 3** 27, 35
- Überwachung der Arbeit des Auftragnehmers
  **4 Nr. 2** 15
- Unmöglichkeit **Vor 3** 67
- Unterlassen als Behinderung **Vor 3** 52 ff.
- Unterstützungspflichten des Auftragnehmers als Nebenpflicht **Vor 3** 90
- Verhältnis der Rechte bei unterlassener Mitwirkung **Vor 3** 76 ff.
  - Kündigungsrecht **Vor 3** 78
- als vertragliche Nebenpflicht **Vor 3** 33 ff., 43 ff.
- als Vertragspflicht **Vor 3** 32
- weitergehende Ansprüche wie Schadensersatz
  **Vor 3** 75
- bei Zustandsfeststellung im Baubereich
  **3 Nr. 4** 10

**Nachfristsetzung mit Ablehnungsandrohung**
  **5 Nr. 4** 1 ff.
- AGB **5 Nr. 4** 73 f.
- Anspruchskonkurrenz **5 Nr. 4** 82
- Beweislast **5 Nr. 4** 52 ff.
- Entbehrlichkeit des N. **5 Nr. 4** 71 f.
- Inhalt und Form **5 Nr. 4** 57 ff.
- Verstoß gegen Baustellenförderungspflicht gem.
  § 5 Nr. 3 **5 Nr. 4** 35 ff.
- Verzögerung **5 Nr. 4** 11 ff.
- Verzug mit Vollendung **5 Nr. 4** 17 ff.

**Nachunternehmer**
- Haftung des Vorunternehmers **10 Nr. 1** 59 ff.

**Nebenleistungen**
- Abgrenzung zur Zusatzleistung **2 Nr. 6** 7
- Begriff **2 Nr. 1** 32 ff.

**Nichtigkeit**
- Anfechtung **Vor 8** 41 ff.
- Arbeitnehmerüberlassung **Vor 8** 29 f.
- Sittenwidrigkeit gem. § 138 BGB
  **Vor 8** 31 ff.
- Unmöglichkeit der Leistung **Vor 8** 35 ff.
- Verletzung von Formvorschriften § 311 b BGB
  **Vor 8** 20 ff.
- Verstoß gegen gesetzliches Verbot § 134 BGB
  **Vor 8** 3 ff.

**Obliegenheit**
- Begriff **10 Nr. 1** 16 ff.
- des Gläubigers
  - Stellen einer Sicherheit **Vor 2** 326

**Öffentlicher Auftraggeber 16 Nr. 2** 34 f.
- Abnahme **Vor 12** 41
- Abtretung nur mit Zustimmung **Vor 2** 250 ff.
- Ausschluss von Mehrvergütungsansprüchen durch AGB **2 Nr. 5** 89
- Einbehalt von Zahlungen gem. § 17 Nr. 6
  **17 Nr. 6** 41 ff.
- Entschädigung bei Aufforderung zur Angebotsabgabe **Vor 2** 72 ff.
- keine Sicherungspflicht **Vor 2** 400
- Meinungsverschiedenheiten mit Ö.
  **18 Nr. 2** 1 ff.
  - Anerkenntniswirkung des Bescheides
    **18 Nr. 2** 26 ff.

2550

**Magere Zahlen Randnummern**

- Beweislast **18 Nr. 2** 46 f.
- Einspruch durch den Auftragnehmer **18 Nr. 2** 19 ff.
- Verfahrensweisen **18 Nr. 2** 8 ff.
- Selbstausführungsgebot **4 Nr. 8** 66
- unwirksame Vollmacht **Vor 2** 56
- Verlängerung der Verjährungsfrist **13 Nr. 4** 53
- Verordnung PR Nr. 1/72 **4 Nr. 8** 49
- Verschulden bei Vertragsverhandlungen **Vor 2** 74 f.
- Verstoß gegen VgV **Vor 2** 116
- und Vertragsstrafe **11 Nr. 1** 74 ff.
- Vertreter ohne Vertretungsmacht **Vor 2** 101

**Öffentlich-rechtliche Genehmigungen**
- AGB **4 Nr. 1** 116 f.
- Amtshaftung **4 Nr. 1** 86 ff.
- Aufklärungspflichten des Planungsfachmanns **4 Nr. 1** 74
- vom Auftragnehmer zu beschaffende ö. **4 Nr. 1** 94 ff.
- ausnahmsweise Aufklärungspflicht des Auftragnehmers **4 Nr. 1** 78 f.
- Auswirkung fehlender Baugenehmigung auf Bauvertrag **4 Nr. 1** 97 ff.
- Bauen ohne ö. als Gesetzesverstoß **4 Nr. 1** 99 ff.
- Bautafel **4 Nr. 1** 92 f.
- Bauvoranfrage **4 Nr. 1** 75
- als Behinderung **6 Nr. 2** 48
- Beschaffungspflicht des Auftraggebers **4 Nr. 1** 63 f.
- Fehlen der ö. als Behinderung **6 Nr. 6** 53
- Haftung **4 Nr. 1** 75 ff.
- im Einzelnen **4 Nr. 1** 82 ff.
  - BImSchG **4 Nr. 1** 83
  - feuerpolizeiliche Vorschriften **4 Nr. 1** 85
  - Gewerbeordnung **4 Nr. 1** 83
  - Straßenverkehrsrecht **4 Nr. 1** 85
  - Wasserrecht **4 Nr. 1** 85
- Mitverschulden des Auftraggebers
  - bei fehlerhafter Genehmigungsplanung **4 Nr. 1** 74
- Pflicht zur rechtzeitigen Antragstellung **4 Nr. 1** 67
- privatrechtliche Genehmigungen **4 Nr. 1** 80
- Prüfingenieur/Amtshaftung **4 Nr. 1** 86
- Versagen der ö
  - Mitverschulden **4 Nr. 1** 109 ff.
  - Verschulden des Auftraggebers **4 Nr. 1** 108
  - als Unmöglichkeitsgrund **4 Nr. 1** 72 f.

**O.R.-Abrede**
- als Unwirksamkeitsgrund des Vertrages **Vor 2** 110

**Pauschalvertrag 2 Nr. 7** 1 ff.
- Abgrenzung zum Festpreisvertrag **2 Nr. 7** 8 ff.
- Abrechnung **8 Nr. 6** 41 ff.; **14 Nr. 1** 51 ff., 58, 69
  - bei Kündigung **8 Nr. 1** 36 c, 43 ff., 64 ff.
- Abrechnung des gekündigten Pauschalvertrages **2 Nr. 7** 110 ff.
- Abrechnung nach P. **2 Nr. 2** 34 ff.
- Abschlagszahlungen **16 Nr. 1** 27 ff.
- und AGB **Vor 2** 239
- Aufmaß **14 Nr. 2** 3
- Ausschluss der Pauschalpreisregelungen durch AGB **2 Nr. 7** 116 ff.
- Begriff, Wesen und Rechtsnatur **2 Nr. 7** 6 ff.
- Behinderung **6 Nr. 2** 64 f.
- Beweislast **Vor 2** 19; **2 Nr. 7** 107
- Detailpauschalvertrag **2 Nr. 1** 39
  - Begriff **2 Nr. 2** 42
- eigenständige Ausgleichstatbestände **2 Nr. 7** 87
- Ermittlung der Leistung wie beim Einheitspreisvertrag **2 Nr. 7** 11 ff.
- Gegenstand der Pauschalierung
  - Leistung **2 Nr. 7** 26 ff.
  - Preis **2 Nr. 7** 24 f., 20 ff.
- gewerbliche Verkehrssitte **2 Nr. 7** 12
- Globalpauschalvertrag
  - AGB **2 Nr. 1** 38
  - Begriff **2 Nr. 2** 43 f.; s. a. dort
- kein Aufmaß **Vor 2** 15 f.; **2 Nr. 2** 39 f.; **2 Nr. 7** 15 ff.
- Kündigung nur in Ausnahmefällen **2 Nr. 7** 81 ff.
- Leistung ohne Auftrag **2 Nr. 8** 1
- Leistungsänderungen **2 Nr. 2** 31; **2 Nr. 7** 88
- Massenüberschreitung als Risiko des Auftragnehmers **Vor 2** 173
- Massenunterschreitung als Risiko des Auftraggebers **Vor 2** 172
- Mehrleistungen aufgrund von Leistungsänderungen oder Zusatzleistungen **2 Nr. 7** 88
- Mengenänderung beim P. **2 Nr. 7** 124
- Mengenänderungen **2 Nr. 7** 15
- Minderleistungen durch Selbstübernahme des Auftraggebers **2 Nr. 7** 88
- Minderungsanspruch gem. § 13 Nr. 6 **13 Nr. 6** 19 ff.
- Preisänderungsanspruch **2 Nr. 3** 66 ff.
- Preisanpassungsanspruch bei geringfügigen Kostenänderungen **2 Nr. 5** 46
- Preisnachlässe **2 Nr. 7** 106
- Rechtsfolgen bei Kündigung **8 Nr. 3** 40 b
- Selbstübernahme des Auftraggebers **2 Nr. 7** 88
- Unanwendbarkeit des § 650 BGB **Vor 2** 185
- Unveränderbarkeit des Preises nur im Umfang der Risikoübernahme **2 Nr. 7** 50 ff.
- Vereinbarung für Teile der Leistung **2 Nr. 7** 108 f.
- Vergütung
  - Berechnung der Mehr- oder Minderkosten **2 Nr. 7** 101 ff.
  - Verjährung des Vergütungsanspruchs **2 Nr. 7** 112 ff.
- verschiedenen Typen **2 Nr. 2** 41 ff.; **2 Nr. 7** 30 ff.
  - Detailpauschalvertrag **2 Nr. 7** 31 ff.
  - erweiterter Pauschalvertrag **2 Nr. 7** 42 ff.
  - Globalpauschalvertrag **2 Nr. 7** 45 ff.
- vorzeitige Leistungsabrechnung **6 Nr. 5** 3, 29
- Wegfall der Geschäftsgrundlage gem. § 313 BGB als Grenze **2 Nr. 7** 55 ff.; **Vor 2** 161 f.
  - Überschreitung der Auftragssumme um 20% **2 Nr. 7** 66
- Zusatzleistungen **2 Nr. 7** 88

**Pflichtverletzung**
- Begriff **Vor 3** 51
- positive Vertragsverletzung pVV **Vor 3** 51

# Sachverzeichnis

Fette Zahlen Paragraphen bzw. Paragraphennummern

- und Rücktrittsrecht **Vor 8** 82 ff.
  - endgültige Erfüllungsverweigerung **Vor 8** 83 f.

**Planungsfehler**
- Haftung
  - bei mangelhafter Genehmigungsplanung **4 Nr. 1** 76

**Planungsleistungen 2 Nr. 9** 1 ff.
- Ausschluss der Vergütungspflicht in AGB **2 Nr. 9** 24 f.
- Bausatzverträge **Vor 1** 69
- Bauträgerverträge **Vor 1** 66 ff.
- Begriff **2 Nr. 9** 1
- geschuldete P.
  - Auslegung durch Verkehrssitte **2 Nr. 9** 7
- getrennte Vergabe **Vor 1** 64
- Höhe der Vergütung **2 Nr. 9** 20 ff.
- keine Vergütung ohnehin geschuldeter P. **2 Nr. 9** 5 ff.
- Lieferverträge **Vor 1** 71
- Nachprüfung technischer Berechnungen Dritter **2 Nr. 9** 16 ff.
- als Nebenleistungen **2 Nr. 9** 6
- Planungsunterlagen für Nachtragsangebote **2 Nr. 9** 8
- selbstständige P. **2 Nr. 9** 11
- unselbstständige P. **2 Nr. 9** 12 ff.
- Urheberrechtsschutz **2 Nr. 9** 23
- Vergütung
  - nachträgliche P. **Vor 2** 91 ff.
- Zeichnungen **2 Nr. 9** 3

**Planungsunterlagen**
- Bauablaufplan **Vor 3** 10
- Leistungsplanung **Vor 3** 10
- Trennung von Planung und Ausführung **Vor 3** 13 ff.

**Planungsverschulden**
- Haftung des Auftraggebers für Architekten **4 Nr. 1** 17

**Positive Forderungsverletzung gem. § 280 Abs. 1 BGB**
- Verhältnis zu § 13 Nr. 7 VOB **13 Nr. 7** 39 ff.

**Preisabsprachen**
- Anfechtungsgrund **Vor 2** 153
- keine Nichtigkeit des Bauvertrages **Vor 2** 114

**Preisänderungsanspruch**
- Beschränkung der Preisanpassungsmöglichkeit **2 Nr. 3** 77 ff.
- bei Mengenänderungen **2 Nr. 3** 13 ff.
- Mengenüberschreitungen über 10% hinaus
  - neuer Einheitspreis **2 Nr. 3** 20 ff.
- Pauschalpreis **2 Nr. 3** 66 ff.
- Verjährung **2 Nr. 3** 37

**Preisanpassungsanspruch**
- nur bei Änderung der Preisgrundlagen **2 Nr. 5** 36
- Ausschluss **2 Nr. 5** 82 ff.
- Berechnung **2 Nr. 5** 47 ff.
- Bestimmung
  - durch Dritte **2 Nr. 5** 70
  - durch Gericht **2 Nr. 5** 71
- bei geringfügigen Kostenänderungen **2 Nr. 5** 39 f.
- keine Hinweispflicht **2 Nr. 5** 73
- Kosten der Nachtragskalkulation **2 Nr. 5** 54
- Preisgrundlagen **2 Nr. 5** 37 f.
- Verjährung/Verwirkung **2 Nr. 5** 80 f.
- nur auf Verlangen **2 Nr. 5** 67 ff.
- Verweigerung der Preisanpassung **Vor 2** 144

**Preisanpassungsanspruch**
- Ausschluss von Preisanpassungsansprüchen **1 Nr. 1** 19
- bei BGB-Vertrag **2 Nr. 5** 3
- bei VOB-Vertrag **2 Nr. 5** 4

**Preisnachlässe**
- keine automatische Geltung für Nachträge **2 Nr. 6** 85
- bei Nachträgen **2 Nr. 5** 58
- beim Pauschalvertrag **2 Nr. 7** 106

**Preisnebenabreden**
- Begriff **Vor 2** 235

**Preisvereinbarung**
- Begriff **Vor 2** 234

**Produkthaftungsgesetz**
- Verhältnis zum Mängelrecht **Vor 13** 14 ff.

**Projektierungsarbeiten**
- ungerechtfertigte Bereicherung **Vor 2** 86 f.
  - Bemessung nach HOAI **Vor 2** 90
- Vergütung **Vor 2** 64 ff., 81

**Prozessuales**
- Beweislast für Entstehung der Werklohnforderung **Vor 2** 19 ff.
- einstweilige Verfügung **18 Nr. 1** 36 ff.
- Gerichtsstandsvereinbarung **18 Nr. 1** 1 ff., 89 f.; s. a. dort
- Mahnverfahren **18 Nr. 1** 32 f.
- Minderung **13 Nr. 6** 12 ff.
- selbstständiges Beweisverfahren **18 Nr. 1** 41 ff.
- Urkundenprozess **18 Nr. 1** 34 f.
- Verhältnis von Vergütungsanspruch und Abschlagsforderung **14 Nr. 1** 65
- Verjährungshemmung
  - durch Aufrechnung im Prozess **13 Nr. 4** 302 f.
  - bei Klage **13 Nr. 4** 298 ff.
  - bei Leistungsverweigerungsrecht **13 Nr. 4** 321 c
  - durch Mahnbescheid **13 Nr. 4** 301 a
  - durch selbständiges Beweisverfahren **13 Nr. 4** 306 ff.
  - durch Streitverkündung **13 Nr. 4** 304 f.

**Prüfungs- und Hinweispflichten des Auftragnehmers 3 Nr. 3** 1 ff.; **4 Nr. 1** 224 ff.
- Abgrenzung
  - zur Bedenkenmitteilung gem. § 4 Nr. 3 **3 Nr. 3** 39 ff.

2552

Magere Zahlen Randnummern

- zur Behinderungsanzeige gem. § 6 Nr. 1 **3 Nr. 3** 44
- AGB **4 Nr. 3** 70 ff.
- AGB-Klauseln zur Anordnungsbefugnis **4 Nr. 1** 281 ff.
- als Ausfluss der Treuepflicht **3 Nr. 3** 16
- Ausführungsanordnungen
  - Beweislast bei Leistungsverweigerung **4 Nr. 1** 260
  - gesetzliche oder behördliche Bestimmungen **4 Nr. 1** 277
  - Haftung bei unterlassener Bedenkenmitteilung **4 Nr. 1** 274 ff.
  - Verstoß gegen gesetzliche oder behördliche Bestimmungen **4 Nr. 1** 248 f.
  - Verstoß gegen Regeln der Technik **4 Nr. 1** 255 ff.
  - Verstoß gegen Treu und Glauben § 242 BGB **4 Nr. 1** 250 ff.
- Bedenkenmitteilung **4 Nr. 3, 4 Nr. 1**; s. Bedenkenmitteilung
- Bedenkenmitteilungspflichten **3 Nr. 3** 10
- Beweislast **3 Nr. 3** 37 f.
- Gewährleistungs- und Schadensersatzfolgen **3 Nr. 3** 35 f.
- als Hauptpflicht **4 Nr. 3** 21
- Hinweispflichten
  - Inhalt **3 Nr. 3** 25 ff.
- Maßgeblichkeit der Unterlagen für die P. **3 Nr. 3** 1 ff.
- Mitverschulden des Auftraggebers **3 Nr. 3** 23 ff.
  - Haftungsquoten **3 Nr. 3** 24
- Mitverschulden des Planungserfüllungsgehilfen **3 Nr. 3** 20
- bei offensichtlichen Mängeln **3 Nr. 3** 31 ff.
- Rechtsfolgen der Pflichtverletzung
  - Beispiele der Rechtsprechung **4 Nr. 3** 69
- Rechtsnatur **3 Nr. 3** 35 ff.
- Schadensersatzanspruch und Kündigungsrecht bei fruchtlosem Hinweis **3 Nr. 3** 32
- keine Schriftform **3 Nr. 3** 27
- Überprüfungs- und Haftungsbefreiung **3 Nr. 3** 17 ff.
- Umfang der Überprüfungspflicht **3 Nr. 3** 12 ff.
- Umfang und Grenzen der P. bei Bedenkenmitteilung **4 Nr. 3** 42 ff.
- Unstimmigkeiten **3 Nr. 3** 6 ff.
- unzulässige AGB **3 Nr. 3** 45
- Verhältnis
  - zu Beratungs- und Treuepflichten **4 Nr. 3** 23 f.
- bei vermuteten Mängeln **3 Nr. 3** 34

**Prüfungs- und Hinweispflichten des Auftraggebers**
- § 242 BGB **Einl** 132

**Prüfvermerk**
- als Wissenserklärung **Vor 2** 28

**Putzarbeiten**
- DIN 18 350 Putzarbeiten **2 Nr. 1** 31

**RAL-Gütezeichen 4 Nr. 2** 129 ff.

# Sachverzeichnis

**Ratenlieferungsvertrag**
- Widerruf **Vor 2** 157

**Rechnung**
- Anspruch auf R. mit Umsatzsteuer-Ausweis **2 Nr. 1** 64 ff.

**Rechtsmangel**
- Nichtbeachtung gesetzlicher und behördlicher Bestimmungen **4 Nr. 2** 168

**Rechtswahl**
- Kündigungsrecht bei Unterbrechung der Ausführung **6 Nr. 7** 14

**Rechtswahl bei Verzögerung und Verzug 5 Nr. 4** 1 ff.
- Anspruchskonkurrenz **5 Nr. 4** 82
- Anwendungsbereich **5 Nr. 4** 9
- Aufrechterhaltung des Vertrages und Schadensersatz **5 Nr. 4** 43
- Beweislast **5 Nr. 4** 52 ff.
- Bindung **5 Nr. 4** 41
- Erklärung und Form **5 Nr. 4** 79 f.
- Erklärungsfrist **5 Nr. 4** 77 f.
- Nachfristsetzung mit Ablehnungsandrohung **5 Nr. 4** 57 ff.
- nicht eröffneter Anwendungsbereich **5 Nr. 4** 4 ff.
- Verstoß gegen Baustellenförderungspflicht gem. § 5 Nr. 3 **5 Nr. 4** 35 ff.
- Voraussetzungen **5 Nr. 4** 3 ff.

**Regeln der Technik**
- Anerkennung der R. **4 Nr. 2** 54 ff.
- Beachtung der R. durch Auftragnehmer
  - Beispiele der Rechtsprechung **4 Nr. 3** 49
- Begriff **4 Nr. 2** 39 ff.
- Bewährung der R. **4 Nr. 2** 67
- Beweisprobleme **4 Nr. 2** 59 f.
- Beweiswert der Einhaltung der DIN-Normen für Einhaltung der R. **4 Nr. 2** 98
- Einhaltung der R. verbindlich **4 Nr. 2** 18
- geänderte gesellschaftliche Bewertungen **4 Nr. 2** 46 ff.
- Geltungsgrund **Einl** 188 ff.
- als gewerbliche Verkehrssitte **2 Nr. 1** 45 f.
- Kriterien **4 Nr. 2** 70 f.
- und Leistungsbeschreibung **2 Nr. 1** 18
- Leistungsverweigerungsrecht des Auftragnehmers bei Verstoß gegen R. **4 Nr. 1** 255 ff.
- und Mängel **13 Nr. 1** 4, 65, 76 ff.
- Mangel trotz Beachtung der R. **4 Nr. 2** 29 ff.
- neue Nutzungsmaßstäbe **4 Nr. 2** 44 f.
- Nichteinhaltung der R.
  - Beispiele der Rechtsprechung **4 Nr. 3** 69
- Schadensersatz bei Verstoß **13 Nr. 7** 168 f.
- Scheinregeln **4 Nr. 2** 49 ff.
- Spannungsverhältnis zwischen Verhaltensregel und Erfolgsmaßstab **4 Nr. 2** 25
- Verhältnis zu den DIN Normen **4 Nr. 2** 84 ff.
- Verhältnis zu sonstigen Regelwerken
  - Bauregelliste **4 Nr. 2** 149
  - DVGW-/VDE-/VDI-Richtlinien **4 Nr. 2** 121 ff.
  - ETB **4 Nr. 2** 142

# Sachverzeichnis

Fette Zahlen Paragraphen bzw. Paragraphennummern

- öffentlich-rechtliche Normen **4 Nr. 2** 136 ff.
- Qualitätszeugnisse **4 Nr. 2** 127 ff.
- RAL-Gütezeichen **4 Nr. 2** 129 ff.
- Richtlinien und Merkblätter **4 Nr. 2** 126
- TA-Luft, TA-Lärm **4 Nr. 2** 152
- Umweltzeichen (blauer Engel) **4 Nr. 2** 132
- Unfallverhütungsvorschriften **4 Nr. 2** 155
- Zulassungsbescheide des Instituts für Bautechnik **4 Nr. 2** 143 ff.
- Verhältnis zu verwandten Normbegriffen **4 Nr. 2** 72 ff.
  - die besten verfügbaren Technologien **4 Nr. 2** 81 ff.
  - Stand der Technik **4 Nr. 2** 75 ff.
  - Stand von Wissenschaft und Technik **4 Nr. 2** 78 ff.
- Verschulden bei Nichtbeachtung **4 Nr. 2** 161
- als Vertragsunterlagen **1 Nr. 1** 9
- Wandel **4 Nr. 2** 43
- und Wirkung auf die Darlegungs- und Beweislast **4 Nr. 2** 156 ff.

**Regiekosten**
- Begriff **Vor 2** 93

**Regress**
- bei gemeinsamer Verantwortung der Vertragsparteien **10 Nr. 6** 1 ff.
- bei Mängeln **13 Nr. 3** 61 ff.

**Reugeld**
- Begriff **Vor 11** 18 f.

**Richtlinien**
- zum Arbeitsschutz **4 Nr. 2** 191
- Klauselrichtlinie **13 Nr. 1** 29

**R. 93/13/EWG**
- Allgemeine Geschäftsbedingungen **Vor 2** 232
- Vereinbarkeit mit §§ 305 ff. BGB **2 Nr. 2** 3
- Verbrauchsgüterkaufrichtlinie **13 Nr. 1** 29

**Risikosphären der Vertragsparteien Vor 2** 168
- allgemeine Ordnung auf der Baustelle **4 Nr. 1** 9
- Baugenehmigung als Risiko des Auftraggebers **Vor 2** 169
- Baugrundrisiko **Vor 2** 171; **Vor 3** 6; **6 Nr. 6** 48; **7 Nr. 1–3** 26
- Erfüllungsgehilfe **10 Nr. 1** 4 ff.
- Finanzierung als Risiko des Auftraggebers **Vor 2** 170
- Koordinierung als Risiko des Auftraggebers **6 Nr. 6** 52
- Massenüberschreitung bei Pauschalvertrag **Vor 2** 173
- Massenunterschreitung bei Pauschalvertrag **Vor 2** 172
- öffentlich-rechtliche Genehmigungen als Risiko des Auftraggebers **6 Nr. 6** 53
- Stoffrisiko **Vor 3** 6
- Vergütungsgefahr bis Abnahme **Vor 2** 174
- Vermessungsfehler als Risiko des Auftraggebers **6 Nr. 6** 49 f.
- nach VOB/A **6 Nr. 2** 57
- nach VOB/C **6 Nr. 2** 58

**Rücktritt 13 Nr. 6** 82 ff.
- Abgrenzung zur Kündigung **8 Nr. 1** 3
- und Kündigung **Vor 8** 93
- bei mangelhafter Leistung beim BGB Vertrag **4 Nr. 7** 10 ff.
- nach VOB/B **13 Nr. 6** 83
- und Schadensersatz **13 Nr. 7** 14 ff.
- und Schuldrechtsmodernisierung **Vor 8** 66 ff.
- und Unmöglichkeit **Vor 8** 62 ff.
- Verdrängung durch Kündigung **Vor 8** 65 ff.
- vertraglich vereinbartes Rücktrittsrecht **Vor 8** 93 f.

**Rückzahlungsansprüche des Auftraggebers Vor 16** 44 ff.
- wegen Abschlags- Vorrauszahlungen **Vor 16** 48 ff.
- Ausschluss von Rückforderungsansprüchen **Vor 16** 64 ff.
- wegen Mängeln und sonstiger Pflichtverletzungen **Vor 16** 59 ff.
- wegen Schlussrechnungsüberzahlung **Vor 16** 55 ff.
- steuerliche Besonderheiten **Vor 16** 76 ff.
- Verzinsung **Vor 16** 74 f.

**Sachbeschädigung**
- Schutzpflichten des Auftragnehmers **4 Nr. 5** 1 ff.

**Sachverständiger**
- und förmliche Abnahme **12 Nr. 4** 26 ff.

**Schadensersatz**
- und Abnahme **Vor 12** 125 ff.
- bei Änderungsanordnung **1 Nr. 3** 56 f.
- allgemeine Geschäftskosten **6 Nr. 6** 100
- Anspruch auf Vertragsschluss **Einl** 294
- bei Anzeigenverpflichtung **Vor 2** 210
- bei Auftragnehmerkündigung **9 Nr. 3** 15 ff.
- Ausgleich bei gemeinsamer Haftung **10 Nr. 2** 1 ff.
- Baustellengemeinkosten als Schadensposten **6 Nr. 6** 99
- Behinderung durch Auftraggeber **2 Nr. 5** 35
- wegen Behinderung gem. § **6 Nr. 6 6 Nr. 6** 1 ff.
  - Abgrenzung gegenüber anderen Schadensersatzansprüchen **6 Nr. 6** 3
  - Änderungen der VOB/B 2006 **6 Nr. 6** 121
  - AGB **6 Nr. 6** 120 f.
  - Anspruchskonkurrenz **6 Nr. 6** 116 ff.
  - Anwendungsbereich **6 Nr. 6** 13 ff.
  - Behinderungsanzeige **6 Nr. 6** 64 f.
  - Berechnung der Schadenshöhe **6 Nr. 6** 93 ff.
  - Beweislast **6 Nr. 6** 119
  - entgangener Gewinn **6 Nr. 6** 107 f.
  - Erfüllungsgehilfe **6 Nr. 6** 74, 81 ff.
  - Finanzierungskosten **6 Nr. 6** 95
  - Mitverschulden **6 Nr. 6** 92
  - Nutzungsausfall **6 Nr. 6** 95
  - parallele Ansprüche **6 Nr. 6** 26 ff., 89 ff.
  - Schaden des Auftragnehmers **6 Nr. 6** 97 ff.
  - Schadensfeststellung **6 Nr. 6** 94
  - Schadensnachweis **6 Nr. 6** 109
  - Umsatzsteuer **6 Nr. 6** 115
  - Verjährung **6 Nr. 6** 110

- verschlossener Anwendungsbereich
  **6 Nr. 6** 4 ff.
- Verschulden **6 Nr. 6** 69 ff.
- Vertragsstrafe **6 Nr. 6** 95
- Voraussetzungen **6 Nr. 6** 43 ff.
- Zurechnungszusammenhang **6 Nr. 6** 66 f.
- Berechnung der Schadenshöhe **6 Nr. 6** 93 ff.
- Beschleunigungskosten als Schadensposten
  **6 Nr. 6** 103 f.
- bei deliktischer Haftung gegenüber Dritten
  **10 Nr. 3** 16 ff.
- Einschränkung rechtsgeschäftlicher Verwertung
  **13 Nr. 7** 148
- entgangener Gewinn **6 Nr. 6** 107 f.
- Finanzierungskosten **6 Nr. 6** 95
- Freizeichnungsklauseln **13 Nr. 7** 240 ff.
- gem. § 5 **Nr. 4** **5 Nr. 4** 43
- großer S. **13 Nr. 7** 225
- GSB als Schutzgesetz i. S. d. § 823 Abs. 2 BGB
  **Vor 2** 313 ff.
- immaterielle Schäden **13 Nr. 7** 66
- Kartellverstoß **Vor 2** 114
- kleiner S. **13 Nr. 7** 225
- Kündigung
  - wegen Qualitäts- und Zeitstörungen
    **8 Nr. 3** 45 ff.
- bei Leistungen ohne Auftrag **2 Nr. 8** 44 ff.
- Mängel vor Abnahme **4 Nr. 7** 8 f.
  - Verjährungsprobleme **4 Nr. 7** 43
- Mangelbedingter Schaden vor Abnahme
  **13 Nr. 7** 6 ff.
- Mangelermittlungskosten **13 Nr. 7** 154 f.
- Mangelfolgeschaden **13 Nr. 7** 12 f., 39 ff., 101 ff., 137
- merkantiler Minderwert **13 Nr. 7** 85, 146, 151
- Minderleistungen als Schadensposten
  **6 Nr. 6** 101 f.
- Naturalrestitution **13 Nr. 7** 119 ff.
- bei Nebenpflichten **8 Nr. 3** 12
- Nichtnutzbarkeit als Schaden **13 Nr. 7** 139 ff.
- Nutzungsausfall **6 Nr. 6** 95
- pauschalierter S. **Vor 11** 22 f.
- positive Forderungsverletzung gem. § 280 Abs. 1 BGB **13 Nr. 7** 39 ff.
- Schadensberechnung **4 Nr. 7** 174 ff.
- Schadensminderungsgründe **13 Nr. 7** 156 ff.
- Schadenspauschalierung **8 Nr. 4** 26 ff.
  - AGB **5 Nr. 4** 50
- Schätzung gem. § 287 ZPO **6 Nr. 6** 119
- bei Schmiergelder **Vor 2** 118
- kein Schutzgesetz i. S. d. § 823 Abs. 2 BGB
  **Einl** 296
- bei Selbstübernahme ohne Erklärung
  **2 Nr. 4** 11
- Sicherung des Anspruchs **Vor 2** 279
- Sowieso- Kosten **13 Nr. 7** 156
- Substanzschäden **13 Nr. 7** 109 ff.
- technischer Minderwert **13 Nr. 7** 133 ff.
- bei Unmöglichkeit **Vor 2** 96; **Vor 8** 37 f.
- bei unrealistischer Zeitplanung **Vor 5** 74
- unrechtmäßige Nutzung von Unterlagen des Auftragnehmers **3 Nr. 6** 31 ff.
- bei unterbliebener Ankündigung des Mehrvergütungsanspruchs bei Zusatzleistungen
  **2 Nr. 6** 75 ff.
- unterlassene Behinderungsanzeige **6 Nr. 1** 78
- unterlassene Mitwirkung bei Zustandsfeststellung
  **3 Nr. 4** 12
- bei unterlassener Bedenkenmitteilung
  **4 Nr. 3** 63
- bei unterlassener Mängelrüge **4 Nr. 7** 49
- bei unterlassener Mitwirkungshandlung des Auftraggebers **Vor 3** 62, 75
- Urheberrechtsverletzung bei Unterlagen
  **3 Nr. 6** 13
- Verletzung der Koordinierungspflichten des Auftraggebers **4 Nr. 1** 105
- Verletzung der Prüfungs- und Hinweispflicht
  **1 Nr. 4** 28
- Verletzung des Selbstausführungsgebots
  **4 Nr. 8** 62 f.
- bei Vermögensverfall **8 Nr. 2** 83 ff.
- Verschulden bei Vertragsverhandlungen
  **Einl** 298 ff.
  - Architekt ohne Vollmacht **Vor 2** 37
  - negatives Interesse **Einl** 304
  - bei öffentlichem Auftraggeber
    **Vor 2** 74 f.
  - positives Interesse **Einl** 304
  - ungenaue Mengenermittlung
    **2 Nr. 3** 35
  - bei VOB-widriger Vergabe **Vor 2** 75
  - bei vollmachtslosem Vertreter **Vor 2** 58 f.
- versicherte Schäden gem. § 13 Nr. 7 Abs. 3 Satz 2 **13 Nr. 7** 171 ff.
- wegen Vertragsaufhebung gem. § 648 a Abs. 5 BGB **Vor 2** 396
- Vertragsdurchführung als S. **8 Nr. 4** 14 ff.
- Vertragsstrafe als Schadensposten **6 Nr. 6** 95
- Vertreter ohne Vertretungsmacht bei öffentlichem Auftraggeber **Vor 2** 101
- Vorteilsausgleichung **4 Nr. 7** 185 ff.;
  **13 Nr. 7** 156
- Weiterfressermangel **13 Nr. 7** 46
- Zinsschaden **13 Nr. 7** 153

**Schadensersatzanspruch des Auftraggebers**
- Mängel vor Abnahme **4 Nr. 7** 159 ff.
- Mängel während Ausführung **4 Nr. 7** 153 ff.
  - Beweislast **4 Nr. 7** 192 f.
  - Fälligkeit **4 Nr. 7** 191
  - Gebrauchseinschränkungen **4 Nr. 7** 184
  - Mangelbeseitigung durch Auftraggeber
    **4 Nr. 7** 179 f.
  - Mitverantwortung des Auftraggebers
    **4 Nr. 7** 190
  - Neuherstellung **4 Nr. 7** 177 f.
  - Nichterfüllung **4 Nr. 7** 163 ff.
  - Schadensberechnung **4 Nr. 7** 174 ff.
  - Schadensminderungsgründe **4 Nr. 7** 185 ff.
  - Schadensursächlichkeit **4 Nr. 7** 161
  - Sowiesokosten **4 Nr. 7** 188 f.
  - Verhältnis zum Herstellungsanspruch
    **4 Nr. 7** 170 f.
  - Verhältnis zur Auftragsentziehung
    **4 Nr. 7** 170 f.
  - Verhältnis zur Vertragsstrafe **4 Nr. 7** 172
  - Verschulden **4 Nr. 7** 162
  - Vorenthaltungsschäden **4 Nr. 7** 181 ff.
  - Vorteilsausgleichung **4 Nr. 7** 185 ff.
- Prüfungs- und Hinweispflicht des Auftragnehmers **1 Nr. 3** 62

# Sachverzeichnis

Fette Zahlen Paragraphen bzw. Paragraphennummern

**Schadensersatzanspruch gem. § 13 Nr. 7**
**13 Nr. 7** 1 ff.
- Abgrenzung zu anderen Schadenshaftungsnormen **13 Nr. 7** 5 ff.
- beim VOB/B Vertrag
  - Vorrang der Mängelbeseitigung **13 Nr. 7** 20 ff.
  - Vorrang der Minderung **13 Nr. 7** 26 f.
- und Deliktshaftung **13 Nr. 7** 43 ff.
- Einschränkung oder Erweiterung der Haftung **13 Nr. 7** 237 ff.
  - Freizeichnungsklauseln **13 Nr. 7** 240 ff.
- gem. Abs. 1 **13 Nr. 7** 55 ff.
  - immaterielle Schäden **13 Nr. 7** 66
  - Rechtsfolgen **13 Nr. 7** 68
  - Verschulden **13 Nr. 7** 63 ff.
  - Voraussetzungen **13 Nr. 7** 56 ff.
- gem. Abs. 2 **13 Nr. 7** 69 ff.
  - Rechtsfolgen **13 Nr. 7** 76
  - Voraussetzungen **13 Nr. 7** 71 ff.
- gem. Abs. 3 Satz 1 **13 Nr. 7** 77 ff.
  - Beweislast **13 Nr. 7** 159 ff.
  - einzelne Schadenspositionen **13 Nr. 7** 109 ff.
  - Mangelfolgeschaden **13 Nr. 7** 137
  - merkantiler Minderwert **13 Nr. 7** 85, 146, 151
  - Prozessuales **13 Nr. 7** 158 ff.
  - Rechtsfolgen **13 Nr. 7** 93 ff.
  - Schadensminderungsgründe **13 Nr. 7** 156 ff.
  - sonstige Vermögensschäden **13 Nr. 7** 138
  - technischer Defekt der Leistung **13 Nr. 7** 84 f.
  - technischer Minderwert **13 Nr. 7** 133 ff.
  - Veräußerung des mangelbehafteten Bauwerks **13 Nr. 7** 127 ff.
  - Verschulden **13 Nr. 7** 89 f.
  - Voraussetzungen **13 Nr. 7** 80 ff.
  - Zinsschaden **13 Nr. 7** 153
- gem. Abs. 3 Satz 2 **13 Nr. 7** 164 ff.
  - Beschaffenheitsvereinbarung **13 Nr. 7** 170
  - Körperschäden **13 Nr. 7** 222
  - Prozessuales **13 Nr. 7** 235
  - Schadensberechnung **13 Nr. 7** 224 ff.
  - Schadensminderungsgründe **13 Nr. 7** 229 ff.
  - technischer und merkantiler Minderwert **13 Nr. 7** 220
  - Verjährung **13 Nr. 7** 236
  - Versicherung **13 Nr. 7** 171 ff.
  - Verstoß gegen anerkannte Regeln der Technik **13 Nr. 7** 168 f.
- Körperverletzung **13 Nr. 7** 57 ff.
- und Kostenerstattungsanspruch **13 Nr. 7** 28 ff.
- und Mängelbeseitigungsanspruch **13 Nr. 7** 14 ff.
- und Minderung **13 Nr. 7** 14 ff.
- und positive Vertragsverletzungen gem. § 280 Abs. 1 BGB **13 Nr. 7** 39 ff.
- und Rücktritt **13 Nr. 7** 14 ff.

**Schatzfunde 4 Nr. 9** 1 ff.
- Ablieferungspflicht des Auftragnehmers **4 Nr. 9** 11 ff.
- Anzeigepflicht des Auftragnehmers **4 Nr. 9** 8 ff.
- Art der Gegenstände **4 Nr. 9** 2 ff.
- Entdeckerrechte **4 Nr. 9** 18 ff.
- Entdeckung **4 Nr. 9** 6
- Fürsorge- und Obhutspflicht **4 Nr. 9** 13

- Funde ohne Wert **4 Nr. 9** 7
- öffentlich-rechtliche Bestimmungen **4 Nr. 9** 14
- Rechtsfolgen bei Pflichtverletzung **4 Nr. 9** 24 ff.
- Vergütung von Mehrkosten **4 Nr. 9** 15 ff.

**Schiedsgerichtsverfahren Vor 18** 8 ff.

**Schlechtleistung**
- keine Behinderung **Vor 6** 29 f.
- Mängel **Vor 6**; s. dort

**Schlüsselfertighaus**
- Abnahme **Vor 12** 96
- AGB **Vor 2** 239
- Anwendbarkeit der VOB/B **Vor 1** 56
- als Arbeiten „bei Bauwerken" **Vor 2** 269
- Formbedürftigkeit **Vor 2** 102
- Formzwang gem. § 311 b BGB **Vor 8** 24
- gewerbliche Verkehrssitte **2 Nr. 1** 52
- Mängel
  - Rechtsprechung **13 Nr. 1** 134
- Planung und Ausführung als Vertragsmodell **Vor 3** 15
- Planungsverpflichtung **Vor 1** 62
- Teilabnahme **12 Nr. 2** 18
- kein Vergütungsanspruch für Umplanungsarbeiten **Vor 2** 80
- Verkäufer als Empfänger von Baugeld **Vor 2** 310
- Widerruf **Vor 2** 157
- Zulässigkeit der Übertragung von Leistungen an Subunternehmer **4 Nr. 8** 8 ff.
- Zusatzleistungen **2 Nr. 5** 31

**Schlussrechnung 14 Nr. 3** 1 ff.
- und Abschlagszahlungen **14 Nr. 3** 6 ff.; **16 Nr. 1** 16 f.
- Aufstellung durch den Auftraggeber **16 Nr. 3** 24
- durch den Auftraggeber erstellte S. **14 Nr. 4** 15 ff.
  - Auswirkungen auf Fälligkeit und Verjährung **14 Nr. 4** 19
  - Kosten **14 Nr. 4** 21 ff.
- als Fälligkeitsvoraussetzung **6 Nr. 7** 20
- als Fertigstellungsmitteilung **12 Nr. 5** 22 f.
- Frist zur Einreichung **14 Nr. 3** 15 ff.
- Inhalt **6 Nr. 7** 23; **14 Nr. 3** 4 ff.
- Kündigung bei Unterbrechung der Ausführung **6 Nr. 7** 18 ff.
- Nichteinreichung gem. § 14 Nr. 4 **14 Nr. 4** 1 ff.
- Prüffähigkeit **16 Nr. 3** 25 ff.
- Prüfung der S. durch den Auftraggeber **16 Nr. 3** 33 ff.
- Prüfungsfrist **16 Nr. 3** 39 ff.
- Richtigstellung von Fehlern **16 Nr. 3** 103 ff.
- Rückforderungsanspruch des Auftraggebers wegen Überzahlung **Vor 16** 55 ff.
- Teilschlussrechnung **16 Nr. 4** 12 f.
- Verjährung **6 Nr. 7** 23
- vorbehaltlose Annahme **14 Nr. 1** 108 ff.

**Schlusszahlungen 16 Nr. 3** 1 ff.
- Begriff **16 Nr. 3** 2 ff.
- Einrede **Vor 2** 287; **16 Nr. 3** 10 ff., 48 ff.
  - Durchsetzbarkeit von Ansprüchen trotz Einrede **16 Nr. 3** 54 ff.
  - Rechtsnatur **16 Nr. 3** 51

Magere Zahlen Randnummern

- Voraussetzungen **16 Nr. 3** 61 ff.
- Fälligkeit **16 Nr. 3** 18 ff.
  - Abnahme **16 Nr. 3** 30 ff.
  - Prüfung der Schlussrechnung **16 Nr. 3** 33 ff.
  - Schlussrechnung **16 Nr. 3** 19 ff.; s. a. dort
  - Feststellung der S. **16 Nr. 3** 35 ff.
- gem. § **16 Nr. 3 16 Nr. 3** 1 ff.
  - Abweichungen zur gesetzlichen Regelung **16 Nr. 3** 5 ff.
- Teilschlusszahlungen gem. § **16 Nr. 4** **16 Nr. 4** 1 ff.
  - Rechtsfolgen **16 Nr. 4** 16 f.
  - Teilschlussrechnung **16 Nr. 4** 12 f.
  - vertragliche Abweichungen **16 Nr. 4** 18 f.
  - Voraussetzungen **16 Nr. 4** 8 ff.
- unbestrittenes Guthaben als Abschlagszahlung **16 Nr. 3** 44 ff.
- Verjährung **16 Nr. 3** 15 ff.
- vorbehaltlose Annahme **16 Nr. 3** 85 ff.

**Schlusszahlungsanspruch**
- Abnahme **Vor 2** 443
- Fälligkeit als Beginn der Verjährung **Vor 2** 442 ff.
- Schlussrechnung beim BGB-Vertrag **Vor 2** 444
- Schlussrechnung beim VOB-Vertrag **Vor 2** 447 ff.

**Schmiergelder**
- als Kündigungsgrund **Vor 2** 118
- als Nichtigkeitsgrund **Vor 8** 34
- Sittenwidrigkeit § 138 BGB **Vor 2** 118 ff.

**Schriftform**
- Änderungsvereinbarungen nach Auflassung **Vor 2** 104
- AGB **8 Nr. 5** 13
- bei Bedenkenmitteilung **4 Nr. 3** 54 ff.
- Behinderungsanzeige **6 Nr. 1** 36 ff.
- Bürgschaft **17 Nr. 4** 5 ff.
- gewillkürte **Vor 2** 99
- Heilung **Vor 2** 104
- keine S. bei Hinweispflichten des Auftraggebers **3 Nr. 3** 27
- Klauseln bei Zusatz- oder Nachtragsaufträgen **2 Nr. 6** 104
- Kündigung **8 Nr. 5** 1 ff.
- Kündigung bei längerer Unterbrechung **6 Nr. 7** 35 ff.
- bei Kündigung des Auftragnehmers **9 Nr. 2** 8
- landes- und kirchenrechtliche Schriftformerfordernisse **Vor 2** 100 f.
- S.- Klausel in AGB **Vor 2** 240; **2 Nr. 5** 83 ff.
- bei Zustandsfeststellung **4 Nr. 10** 6
- Zustimmung des Auftraggebers zur Übertragung von Leistungen **4 Nr. 8** 36 ff.
  - AGB **4 Nr. 8** 38

**Schuldbeitritt**
- Subunternehmer
  - Rechtsprechung zur Vergütung **4 Nr. 8** 30

**Schuldrechtsmodernisierungsgesetz**
- Übergangsvorschrift des Art. 229 § 6 EGBGB **Vor 2** 409 ff.
- Verjährung **Vor 2** 408 ff.
  - Neuregelung **Vor 2** 492 ff.

# Sachverzeichnis

**Schutzmaßnahmen**
- als Bauleistung **Vor 1** 49

**Schutzpflichten des Auftragnehmers** **4 Nr. 5** 1 ff.
- Beschädigung und Diebstahl **4 Nr. 5** 2 ff., 6 ff.
- Art und Umfang der Schutzpflicht **4 Nr. 5** 11 ff.
- Beginn und Ende der Schutzpflicht **4 Nr. 5** 6 ff.
- Beweislast **4 Nr. 5** 29
- Deliktshaftung **4 Nr. 5** 27 f.
- DIN Normen **4 Nr. 5** 17
- gewerbliche Verkehrssitte **4 Nr. 5** 16
- keine gesonderte Vergütung **4 Nr. 5** 22
- keine Versicherungspflicht **4 Nr. 5** 21
- Rechtsfolgen bei Pflichtverletzung **4 Nr. 5** 23 ff.
- weitere Schutzpflichten auf besonderes Verlangen **4 Nr. 5** 5
  - AGB **4 Nr. 5** 42
  - Entfernen von Eis und Schnee **4 Nr. 5** 40
  - Rechtsfolgen bei Pflichtverletzung **4 Nr. 5** 40
  - Schutz gegen Winterschäden und Grundwasser **4 Nr. 5** 36 ff.
  - Vergütungspflicht **4 Nr. 5** 35
  - Verlangen als einseitige Willenserklärung **4 Nr. 5** 33
  - Winterschäden/Grundwasser/Eis und Schnee **4 Nr. 5** 30 ff.

**Schwarzarbeit 4 Nr. 2** 218 ff.
- Beachtung des SchwarzarbG durch Auftraggeber **4 Nr. 2** 205
- beiderseitiger Verstoß **Vor 8** 4 ff.
- Beschäftigungsverbote des Auftraggebers **4 Nr. 2** 222
- einseitiger Verstoß **Vor 8** 8 ff.
- Festpreiszusage **4 Nr. 2** 226
- Gewährleistung bei S. **Vor 2** 108
- Kündigung aus wichtigem Grund **Vor 8** 11
- als Nichtigkeitsgrund **Vor 8** 3 ff.
- O.-R. Abrede **Vor 8** 14
- SchwarzarbG **Vor 2** 107
- SchwarzarbG
  - Fundstelle im BGBl. **4 Nr. 2** 212
- Überblick **4 Nr. 2** 218 ff.
- als Unwirksamkeitsgrund des Vertrages **Vor 2** 106 f.
- Vergütung der S. **Vor 2** 108
- zivilrechtliche Folgen **4 Nr. 2** 223 ff.

**Selbständige Planungsleistungen**
- Anwendbarkeit der VOB/B **Vor 1** 58 ff.

**Selbstausführungsgebot 4 Nr. 8** 1 ff.
- Besonderheiten bei öffentlichem Auftraggeber **4 Nr. 8** 66
- betriebsfremde Leistungen **4 Nr. 8** 43 ff.
- eigener Betrieb **4 Nr. 8** 4 ff.
- Pflicht zur Bekanntgabe des Subunternehmers **4 Nr. 8** 59 ff.
- Pflicht zur Zugrundelegung der VOB bei Weitergabe **4 Nr. 8** 48 ff.
- Rechtsfolgen bei Pflichtverletzung **4 Nr. 8** 62 ff.

# Sachverzeichnis

Fette Zahlen Paragraphen bzw. Paragraphennummern

- schriftliche Zustimmung zur Übertragung der Leistung **4 Nr. 8** 34 ff.
  - AGB **4 Nr. 8** 42
- Tochterunternehmen **4 Nr. 8** 5
- übertragbare Leistung **4 Nr. 8** 19
- Übertragung der Leistung an Subunternehmer **4 Nr. 8** 8 ff.; s. a. Subunternehmer

**Selbstkostenerstattungsvertrag**
- Abrechnung **2 Nr. 2** 53 ff.
- Leistungsänderungen **2 Nr. 2** 56 f.
- Vergütung **Vor 2** 18

**Selbstübernahme des Auftraggebers 2 Nr. 4** 1 ff.
- Abgrenzung zum Änderungsvorbehalt **2 Nr. 4** 6 ff.
- Abgrenzung zur anderweitigen Vergabe **2 Nr. 4** 16 ff.
- als Änderung des Vertragsinhalts **2 Nr. 4** 4
- und AGB **2 Nr. 4** 35 ff.
- Art und Umfang **2 Nr. 4** 10 f.
- beim Einheitspreisvertrag **2 Nr. 7** 91
- kein Fall der Teilkündigung **2 Nr. 4** 5
- Folgen **2 Nr. 4** 22 ff.
- Gewährleistungsansprüche **2 Nr. 4** 30 ff.
- beim Pauschalvertrag **2 Nr. 7** 88
- Vergütung des Auftragnehmers **2 Nr. 4** 23 ff.
- Verjährungsprobleme beim Pauschalvertrag **2 Nr. 7** 115

**Sicherheit Vor 2** 255 ff.
- Ablösung durch anderweitige Sicherheit **Vor 2** 286
- Arten der Sicherheitsleistung **17 Nr. 2** 1 ff.
  - Bürgschaft **17 Nr. 2** 5 ff.
  - Einbehalt von Zahlungen **17 Nr. 2** 3
  - Hinterlegung von Geld **17 Nr. 2** 4
- Bauhandwerkersicherungsgesetz § 648 a BGB **Vor 17** 63 ff.
- Bauhandwerkersicherungshypothek § 648 BGB **Vor 2** 256 ff.; **Vor 17** 66 ff.
- Beendigung des Vertrages bei Verweigerung der S. gem. § 648 a BGB **Vor 8** 86
- Bürgschaft **Vor 17** 41 ff.
  - gem. § 17 Nr. 4 **17 Nr. 4** 1 ff.
- Bürgschaft
  - als anderweitige Sicherheit **Vor 2** 286
- Einbehalt von Zahlungen **17 Nr. 6** 1 ff.; **Vor 17** 39 f.; s. a. dort
- Einfluss der Aufrechnung auf die S. gem. § 648 a BGB **Vor 2** 342 f.
- und freie Kündigung **8 Nr. 1** 11
- Frist zur Sicherheitsleistung gem. § 17 Nr. 7 **17 Nr. 7** 1 ff.
- gem. § 648 a BGB **Vor 2** 318 ff.
  - Kündigungsrecht des Auftragnehmers **Vor 9** 8
  - Verhältnis von § 648 a BGB zu § 648 BGB **Vor 2** 374
  - Verweigerung der Sicherheit **Vor 2** 375 ff.
- Gesetz zur Sicherung von Bauforderungen **Vor 17** 69 ff.
- nach GSB **Vor 2** 305 ff.
- durch Hinterlegung von Geld **17 Nr. 5** 1 ff.; **Vor 17** 37 f.

- keine S.
  - bei Einfamilienhaus **Vor 2** 401 ff.
  - bei öffentlichem Auftraggeber **Vor 2** 400
- Kosten **Vor 2** 366 ff.
- für Nachtragsvergütung **2 Nr. 8** 84
- Rückgabe der S. gem. § 17 Nr. 8 **17 Nr. 8** 1 ff.
  - Ansprüche bei Nichtrückgabe **17 Nr. 8** 14 ff.
  - Insolvenz des Auftraggebers **17 Nr. 8** 10 ff.
  - bei Mängelansprüchen **17 Nr. 8** 5 ff.
  - Verjährung **17 Nr. 8** 17
  - Zurückbehaltungsrecht des Auftraggebers **17 Nr. 8** 4
- Sicherheitsleistung bei Zuschusspflicht bei Mangel **4 Nr. 7** 137
- Sicherheitsleistung gem. § 17 **Vor 17** 1 ff.
  - AGB **17 Nr. 1** 5 ff.
  - Arten **Vor 17** 34
  - Begriff **Vor 17** 21 ff.
  - Bürgschaft auf erstes Anfordern **17 Nr. 1** 10 ff.
  - Dauer **Vor 17** 32 f.
  - hinreichende Bestimmtheit **Vor 17** 15 ff.
  - Höhe **Vor 17** 27 ff.
  - keine Übersicherung durch AGB **Vor 17** 13 f.
  - für Mängelansprüche **17 Nr. 1** 15 ff.
  - Nachschusspflicht des Auftragnehmers **17 Nr. 1** 13 f.
  - S. für den Auftraggeber **Vor 17** 7 f.
  - S. für den Auftragnehmer **Vor 17** 62 ff.
  - vereinbarte S. **17 Nr. 1** 1 ff.
  - Verhältnis von § 17 zu § 14 **Vor 17** 2
  - Verhältnis zum Leistungsverweigerungsrecht **Vor 17** 24 f.
  - und Vertragsstrafe **Vor 17** 26
- Sicherungsgeber **Vor 2** 346 ff.
- überhöhtes Sicherungsverlangen **Vor 2** 344
- Übersicherung **17 Nr. 1** 6
- Vertragsstrafe **11 Nr. 1** 20
- bei Vorauszahlungen gem. § 16 Nr. 3 **16 Nr. 2** 20 ff.
- Wahl- und Austauschrecht des Auftragnehmers **17 Nr. 3** 1 ff.

**Sicherungshypothek Vor 2**; s. Bauhandwerkersicherungshypothek

**Sittenwidrigkeit**
- Missverhältnis von Preis und Leistung **Vor 8** 31 ff.
- Schmiergelder **Vor 8** 34
- Vertragstrafe **11 Nr. 1** 14

**Skonto 16 Nr. 5** 6 ff.
- AGB **16 Nr. 5** 35 f.

**Sowieso-Kosten**
- bei Mängelbeseitigung **Vor 13** 54 ff.
- Mängelbeseitigung während Ausführung **4 Nr. 7** 83
- Schadensersatz wegen Mangel **4 Nr. 7** 188 f.
- als Schadensminderungsgrund **13 Nr. 7** 156, 229 f.
- und Zusatzleistungen **2 Nr. 6** 24

**Sparkassen**
- Formvorschriften **Vor 2** 101

Magere Zahlen Randnummern

**Sachverzeichnis**

**Statik**
– Fehler der S.
  – Beispiele der Rechtsprechung **4 Nr. 3** 69

**Stillschweigende Abnahme** s. Abnahme

**Störung der Geschäftsgrundlage Vor 2;** s. Wegfall der Geschäftsgrundlage

**Streitigkeiten aus dem Bauvertrag Vor 18** 1 ff.
– Bau- Schlichtungsstelle **Vor 18** 14 ff.
– Einschaltung von Materialprüfstellen gem. § 18 Nr. 4 **18 Nr. 4** 1 ff.
– und Leistungspflicht des Auftragnehmers **18 Nr. 5** 1 ff.
– Schiedsgerichtsverfahren **Vor 18** 8 ff.
– Schiedsgutachtenvertrag **Vor 18** 12 f.
– Streitbeilegung gem. § 18 Nr. 3 **18 Nr. 3** 1 ff.

**Stundenlohnvertrag Vor 15** 1 ff.
– Abrechnung **2 Nr. 2** 47 ff.; **8 Nr. 6** 40; **14 Nr. 1** 50; **15 Nr. 1** 1 ff.
  – bei fehlender vertraglicher Vergütungsvereinbarung **15 Nr. 1** 10 ff.
  – Ortsüblichkeit **15 Nr. 1** 12 ff.
  – rechtzeitige Einreichung gem. § 15 Nr. 4 **15 Nr. 4** 1 ff.
– Abrechnung bei Kündigung **8 Nr. 1** 36 l, 50
– Abschlagszahlungen **16 Nr. 1** 26
– abweichende Vereinbarungen in AGB **2 Nr. 10** 20
– Aufmaß **14 Nr. 2** 2
– Leistungsänderungen **2 Nr. 2** 50 ff.
– Notwendigkeit ausdrücklicher Vereinbarung **2 Nr. 10** 5 ff.
– Stundenzettel gem. § 15 Nr. 3 **15 Nr. 3** 1 ff.
  – Abrechnungszeitraum **15 Nr. 3** 20 ff.
  – Anzeige der Ausführung **15 Nr. 3** 2 ff.
  – Beweislast **15 Nr. 3** 27 f.
  – Einreichung der Listen **15 Nr. 3** 12 ff.
  – Einwendungen **15 Nr. 3** 44 ff.
  – Folgen nicht rechtzeitiger Prüfung **15 Nr. 3** 29 ff.
  – keine nachträgliche Vereinbarung **2 Nr. 10** 9
  – nichtprüfbarer Stundenlohnzettel **15 Nr. 5** 7
  – Unangemessenheit der benötigten Stunden **15 Nr. 3** 51 ff.
  – Wirkung der Bestätigung **15 Nr. 3** 33 ff.
– ohne Vereinbarung Abrechnung nach Einheitspreisen **2 Nr. 10** 17 ff.
– Vereinbarung vor Beginn der Arbeiten **2 Nr. 10** 16
– Vergütung **Vor 2** 17; **2 Nr. 10** 1 ff.
  – bei Beaufsichtigung der Arbeiten **15 Nr. 2** 1 ff.
– Zweifel über Umfang von Leistungen gem. § 15 Nr. 5 **15 Nr. 5** 1 ff.

**Subunternehmer**
– Abgrenzung
  – zur Arbeitnehmerüberlassung **4 Nr. 2**
  – zum Nebenunternehmer **4 Nr. 8** 19
  – zum Mithersteller **10 Nr. 1** 56 ff.
– Abnahme **Vor 12** 153
  – Verschiebung des Zeitpunkts **Vor 12** 148 f.
  – Änderungsanordnung **1 Nr. 3** 38 f.

– Änderungsrecht des Auftraggebers **1 Nr. 3** 38
– AGB im S.-Vertrag **4 Nr. 8** 25 f.
– Begriff **4 Nr. 8** 15
– Deliktshaftung **4 Nr. 8** 31
– Durchgriffsfälligkeit bei S.-Verträgen **4 Nr. 8** 29
– kein Empfänger von Baugeld **Vor 2** 311
– Erfüllungsgehilfe **4 Nr. 8** 15, 22; **10 Nr. 1** 52 ff.
  – Haftung des Auftraggerbers **Vor 3** 95 ff.
– fiktive Abnahme **12 Nr. 5** 31 ff.
– Haftung **4 Nr. 8** 31
– Kündigungsklauseln in AGB **4 Nr. 8** 50 ff.
– Lieferant kein Erfüllungsgehilfe **4 Nr. 8** 22
– Mängel
  – Inanspruchnahme des S. durch Hauptunternehmer **4 Nr. 8** 33
  – Selbstständiges Beweisverfahren gem. § 485 ZPO **4 Nr. 8** 33
  – Streitverkündung **4 Nr. 8** 33
– Mängelhaftung
  – Rechtsprechungsbeispiele **4 Nr. 8** 30
– öffentlicher Auftraggeber **4 Nr. 8** 49
– Schuldbeitritt
  – Vergütung **4 Nr. 8** 30
– Sicherheit nach § 648 a BGB **Vor 2** 327 ff.
– Sicherheit nach § 648 a BGB **Vor 2** 321
– S.-Vertrag mit Schutzwirkung zugunsten Dritter **4 Nr. 8** 24
– Teilabnahme **12 Nr. 2** 16 f.
– kein Verrichtungsgehilfe **4 Nr. 8** 22 f.
– Vertragsstrafe des Hauptunternehmers **4 Nr. 8** 31
– Verzug **4 Nr. 8** 31
– Zulässigkeit der Übertragung von Leistungen an S. **4 Nr. 8** 8 ff.
  – übertragbare Leistung **4 Nr. 8** 19
– Zusatzleistungen **1 Nr. 4** 16

**Technische Spezifikationen**
– Sachmangelbegriff **Einl** 112 ff.

**Teilleistung**
– kündigungsbedingte **Einl** 88 ff.

**Teilzahlungsgeschäft**
– Widerruf **Vor 2** 157

**Termine**
– Begriff **5 Nr. 1** 8
– Bemessung **5 Nr. 1** 14 ff.
– Puffer- oder Reservezeiten **5 Nr. 1** 16

**Treuepflicht**
– Bedenkenmitteilung als Ausdruck der T. **4 Nr. 3** 6
– Prüfungs- und Hinweispflichten des Auftragnehmers **3 Nr. 3** 16

**Treuhänder**
– Haftung bei nicht gebildeter Bauherrengemeinschaft **Vor 2** 51
– Sicherheit nach § 648 a BGB **Vor 2** 332
– Vollmacht des Baubetreuers **Vor 2** 43 ff.

**Überlassungspflichten des Auftraggebers 4 Nr. 4** 1 ff.
– AGB **4 Nr. 4** 13 ff.
– keine Pflicht zur Herstellung **4 Nr. 4** 3 ff.

# Sachverzeichnis

Fette Zahlen Paragraphen bzw. Paragraphennummern

- Kostentragung **4 Nr. 4** 8 f.
- Obhutspflicht des Auftragnehmers **4 Nr. 4** 10 f.
- Rechtsfolgen bei Pflichtverletzung **4 Nr. 4** 12

**Umsatzsteuer**
- Abschlagszahlungen **16 Nr. 1** 45
- Erstattung nur bei Vereinbarung **2 Nr. 1** 56 ff.
- bei Mengenüberschreitungen **2 Nr. 3** 18
- bei Mengenunterschreitungen
  – über 10% hinaus **2 Nr. 3** 53
- Rechnung mit Umsatzsteuer-Ausweis
  **2 Nr. 1** 64 ff.
- und Rückforderungsansprüche des Auftraggebers
  **Vor 16** 76 f.
- bei Schadensersatzanspruch wegen Behinderung
  gem. § 6 **Nr.** 6 **6 Nr. 6** 115
- Sicherung des Anspruchs **Vor 2** 279
- Teilleistung **8 Nr. 1** 45
- Wegfall der Geschäftsgrundlage **2 Nr. 1** 59

**Unfallverhütung 4 Nr. 2** 184 ff.
- Aufgabe des Auftraggebers und des Auftragnehmers **4 Nr. 1** 21
- als Pflicht des Auftragnehmers **4 Nr. 2** 184
- Unfallverhütungsvorschriften (UVV)
  **4 Nr. 2** 187 ff.
  - keine Schutzgesetze gem. § 823 Abs. 2 BGB
    **4 Nr. 2** 188
- Zusammenwirken verschiedener Unternehmer
  **4 Nr. 1** 44

**Ungerechtfertigte Bereicherung**
- kein Anspruch gegen Subunternehmer bei wirksamen Vertrag **4 Nr. 8** 28
- Gerichtsstandsvereinbarung **18 Nr. 1** 26
- bei Leistungen ohne Auftrag **2 Nr. 8** 85
- bei Projektierungsarbeiten **Vor 2** 86 f.
- Schwarzarbeit **Vor 2** 108
- Sicherung des Anspruches gem. § 648 a BGB
  **Vor 2** 339
- bei Unwirksamkeit des Vertrages **Vor 2** 122
- bei vollmachtslosem Vertreter **Vor 2** 60 ff.

**Unmöglichkeit**
- keine Behinderung **Vor 6** 31
- Beweislast **13 Nr. 6** 38 f.
- als Erlöschungsgrund des Bauvertrages **Vor 2** 96;
  **Vor 8** 35 ff.
- der Mängelbeseitigung **13 Nr. 6** 29 ff.
  – Unverhältnismäßigkeit **13 Nr. 6** 40 ff.
- der Mangelbeseitigung
  – Schadensersatz **13 Nr. 7** 130 ff.
- Schadensersatz gem. § 311 a BGB **Vor 8** 37 f.
- bei Versagung der öffentlich-rechtlichen Genehmigung **4 Nr. 1** 72 f., 98

**Unselbständige Planungsleistungen**
- Anwendbarkeit der VOB/B **Vor 1** 55 ff.

**Unterbrechung der Ausführung**
- Abrechnung **6 Nr. 5** 1 ff.; **6 Nr. 7** 17 ff.; s. a. dort
- Begriff **6 Nr. 7** 29 f.
- Fortbestand der U. **6 Nr. 7** 33 f.

**Untertagebauarbeiten**
- DIN 18 312 Untertagebauarbeiten **2 Nr. 1** 27

**Unverhältnismäßigkeit**
- der Mängelbeseitigung **4 Nr. 7** 68 ff.

**Unwirksamkeit des Vertrages**
- Anfechtung **Vor 2** 124 ff.
- Dissens gem. § 155 BGB **Vor 2** 97
- fehlende Eintragung in die Handelsrolle
  **Vor 2** 110
- gesetzliches Verbot § 134 BGB **Vor 2** 105 ff.
- Nichtigkeit **Vor 2** 95 ff.
- o.R.-Abrede **Vor 2** 110
- Rechtsfolgen der Nichtigkeit **Vor 2** 121 ff.
- Schwarzarbeit **Vor 2** 106 ff.
- unerlaubte Rechtsberatung **Vor 2** 112
- Unmöglichkeit **Vor 2** 96
- Verbot der Architektenbindung nach MRVG
  **Vor 2** 113
- Verstoß
  – gegen die guten Sitten **Vor 2** 117 ff.
  – gegen Formvorschriften **Vor 2** 98
  – gegen GSB **Vor 2** 111
  – gegen Kartellvorschriften **Vor 2** 114
  – gegen Vergabeverordnung VgV **Vor 2** 116
- Widerruf **Vor 2** 157
- Wucher **Vor 2** 119

**Unzulässige Rechtsausübung gem. § 242 BGB**
- bei Kalkulationsirrtum **Vor 2** 137
- Verweigerung der Preisanpassung **Vor 2** 144

**Urheberrechtsschutz**
- Haftung des Auftragnehmers bei Verletzung
  **10 Nr. 4** 1 ff.
- von Planungsleistungen **2 Nr. 9** 23
- Verfügungsbefugnis über Unterlagen des Auftragnehmers **3 Nr. 6** 1 ff., 11 ff.
  – Änderungsverbot **3 Nr. 6** 17
  – Subunternehmer **3 Nr. 6** 19
  – Veröffentlichungsverbot **3 Nr. 6** 17
  – Vervielfältigungsverbot **3 Nr. 6** 17
- Verletzung bei Verwendung von Projektierungsarbeiten **Vor 2** 88

**Urkundenprozess 18 Nr. 1** 34 f.

**VDE-Richtlinien 4 Nr. 2** 121 ff.

**Verfallklausel**
- Begriff **Vor 11** 16 f.

**Verfügungsbefugnis über Unterlagen**
**3 Nr. 6** 1 ff.
- Dauer des Besitzrechts des Auftraggebers
  **3 Nr. 6** 9
- Rechte des Urhebers **3 Nr. 6** 11 ff.
- Rechtsfolgen bei Pflichtverletzung **3 Nr. 6** 31 ff.
- Schadensersatzanspruch nach § 97 UrhG
  **3 Nr. 6** 13

**Vergabe**
- anderweitige
  – Abgrenzung zur Selbstübernahme
    **2 Nr. 4** 16 ff.
  – keine Mengenänderung **2 Nr. 3** 60 ff.
  – Schadensersatzanspruch **2 Nr. 3** 64
  – Schriftform **2 Nr. 3** 60 ff.

Magere Zahlen Randnummern

- öffentliche Ausschreibung begründet Vertrauenstatbestand bzgl. VOB/A-Regeln **Vor 5** 71 f.
- V.-Unterlagen **Vor 5** 69

**Vergabeverordnung VgV**
- Verstoß als Unwirksamkeitsgrund **Vor 2** 116

**Vergütung Vor 2** 1 ff.
- Abgeltung **2 Nr. 1** 1 ff.
- Abnahme **Vor 12** 98 ff.
- Abrechnung **Einl** 251
  - bei Mangelbeseitigung **4 Nr. 7** 119
  - Probleme bei DIN-Normen **2 Nr. 1** 24 ff.
- Abschlagszahlungen **Vor 16**; s. dort
- Abtretung **Vor 2** 241 ff.
- Änderungsrecht des Auftraggebers **1 Nr. 3** 40
  - Pauschalvertrag **1 Nr. 3** 46
- in AGB **Vor 2** 221 ff., 240 ff.
- Angebotskosten **Vor 2** 64 ff.
- Aufrechnungsverbot in AGB **Vor 2** 240
- Berechnung **2 Nr. 2** 1 ff.
- Berechnungsarten
  - Einheitspreisvertrag **Vor 2** 13 f.
  - Pauschalvertrag **Vor 2** 15 f.
  - Selbstkostenerstattungsvertrag **Vor 2** 18
  - Stundenlohnvertrag **Vor 2** 17
- Beweislast
  - bei anderen Berechnungsarten als nach Einheitspreis **2 Nr. 2** 33
- Centklausel **Vor 2** 240
- Einheitspreisvertrag als Normalfall **2 Nr. 2** 4 ff.
- Ersatzansprüche **14 Nr. 1** 14 ff.
- Fälligkeit
  - Abweichung vom BGB **Einl** 168
  - Regelungen **Vor 2** 240
- Festpreisklausel **Vor 2** 240
- Folgen bei Auftragnehmerkündigung **9 Nr. 3** 1 ff.
- bei freier Kündigung **8 Nr. 1** 31 ff.
- Gleitklausel **Vor 2** 240
- Höchstpreisklausel **Vor 2** 240
- Kalkulationsirrtum **Vor 2** 240
- Kostenanschlag **Vor 2** 64 ff.
- Leistungsänderungen **2 Nr. 2** 29 ff.; **2 Nr. 5** 1 ff.
  - Pauschalvertrag **2 Nr. 2** 31
- bei Mängelbeseitigung **Vor 2** 6
- Materialpreisgleitklausel **Vor 2** 240
- Mehrkostenausgleich bei Ausführungsanordnung **4 Nr. 1** 261 ff.
- Mehrvergütungsansprüche nach Änderung **1 Nr. 3** 26
- Minderung **13 Nr. 6** 11 n ff.
- nachträgliche Planungsleistungen **Vor 2** 91 ff.
- nicht notwendiger Leistungen ohne Auftrag **2 Nr. 8** 25 ff.
- Pauschalverträge **2 Nr. 7** 1 ff.
- Pfennigklausel **Vor 2** 240
- Pflicht des Auftraggebers **1 Nr. 1** 2
- von Planungsleistungen **2 Nr. 9** 1 ff.
- Preisanpassungsanspruch **2 Nr. 5** 1 ff.
- Projektierungsarbeiten **Vor 2** 64 ff.
- Prozentklausel **Vor 2** 240
- Rechnungsprüfungsfrist **Vor 2** 240
- Regiekosten **Vor 2** 93
- Schatzfunde **4 Nr. 9** 15 ff.
- Schriftformklausel **Vor 2** 240

**Sachverzeichnis**

- Schwarzarbeit **Vor 2** 108
- Selbstübernahme des Auftraggebers **2 Nr. 4** 23 ff.
  - ohne Erklärung **2 Nr. 4** 11
- Sicherung des Anspruchs auf V. **Vor 2** 255 ff.
- Sicherungseinbehalt **Vor 2** 240
- sonstige Leistungen **Vor 2** 64 ff.
- stillschweigende **Vor 2** 2
- nach Stundenlohnsätzen **2 Nr. 2** 47 ff.
- Stundenlohnvertrag **2 Nr. 10** 1 ff.; **15 Nr. 1** 1 ff.
- Subunternehmer
  - Durchgriffsfälligkeit **4 Nr. 8** 29
- übliche **Vor 2** 7
  - Beweislast **Vor 2** 20
  - Umsatzsteuer **2 Nr. 1** 60
- Umsatzsteuer
  - Erstattung nur bei Vereinbarung **2 Nr. 1** 56 ff.
  - bei Unterbrechung der Ausführung **6 Nr. 5** 22 f.
  - bei Verlangen besonderer Schutzmaßnahmen durch Auftragnehmer **4 Nr. 5** 35
- Vertragsaufhebung gem. § 648 a Abs. 5 BGB **Vor 2** 392 ff.
- Vorarbeiten **Vor 2** 64 ff.
- Vorfinanzierung **Einl** 247
- Zahlung **Vor 16**; s. dort
- Zahlungsfrist in AGB **Vor 2** 240
- Zurückbehaltungsrecht **Vor 2** 240
- für Zusatzleistungen **1 Nr. 4** 17; **2 Nr. 6** 1 ff., 45 ff., 79 ff.

**Vergütungsanspruch des Auftragnehmers**
- Beweislast **Vor 2** 8; **Vor 2** 19 ff.
- Einheitspreisvertrag als Normalfall **2 Nr. 2** 4 ff.
- stillschweigend vereinbarter V.
  - bei Sonderleistungen **Vor 2** 81
- Verjährung **Vor 2** 408 ff.
- Verwirkung **Vor 2** 514

**Vergütungsvereinbarung**
- Selbstkostenerstattungsvertrag **2 Nr. 2** 53 ff.
- stillschweigende **Vor 2** 2
- Stundenlohnvertrag **2 Nr. 2** 47 ff.
- Unwirksamkeit **Vor 2** 94 ff.

**Verjährung**
- Abnahme als Voraussetzung **8 Nr. 1** 32 b ff.
- Abrechnungsanspruch **Vor 14** 11, 13 ff.
- Abschlagszahlungen **16 Nr. 1** 63 f.
- Amtshaftungsansprüche **4 Nr. 1** 90
- Anspruch auf Vergütung von Zusatzleistungen **2 Nr. 6** 97 f.
- Arbeiten an einem Grundstück **13 Nr. 4** 172 ff.
- Arglist **10 Nr. 1** 40 a
- Bauwerke **13 Nr. 4** 145 ff.
- Beginn **Vor 2** 494 ff.
- Beginn bei Schlussrechnung **8 Nr. 6** 55
- Fälligkeit des Schlusszahlungsanspruchs **Vor 2** 442
- Garantiefristen **13 Nr. 4** 84
- Hemmung **Vor 2** 501 ff.
- bei Kündigung
  - wegen Leistungsstörung **8 Nr. 3** 58 ff.
- Leistungen ohne Auftrag **2 Nr. 8** 88
- Mängelansprüche **13 Nr. 4** 1 ff.
  - abweichende Vertragsregelung **13 Nr. 4** 43 ff.
  - AGB **13 Nr. 4** 80 ff.
  - arglistige Täuschung **13 Nr. 4** 325 ff.

# Sachverzeichnis

Fette Zahlen Paragraphen bzw. Paragraphennummern

- Ausgleichsanspruch **Vor 13** 129 ff.
- Einrede der V. **13 Nr. 4** 369 ff.
- Fristbeginn **13 Nr. 4** 210 ff.
- Fristberechnung **13 Nr. 4** 368
- Fristenlauf **13 Nr. 4** 209 ff.
- Garantie **13 Nr. 4** 357 ff.
- Gebot zur widerspruchsfreien Vereinbarung der Verjährungsfrist **13 Nr. 4** 103 ff.
- Hemmung der V. **13 Nr. 4** 236 ff.
- Konkurrenzen **13 Nr. 4** 18 ff.
- Mängel während Ausführung **13 Nr. 4** 11 ff.
- Neubeginn der V. **13 Nr. 4** 275 ff.
- bei Teileigentum **Vor 13** 90 ff.
- Vergleich **13 Nr. 4** 363
- verjährte Mängelansprüche **13 Nr. 4** 372 ff.
- Vollendung der V. **13 Nr. 4** 324 a
- Minderung **13 Nr. 6** 11 m
- Neubeginn der V. **Vor 2** 509 ff.
    - Anerkenntnis **Vor 2** 510
- Neuregelung **Vor 2** 492 ff.
- Preisänderungsanspruch
    - bei Mengenüberschreitungen über 10% hinaus **2 Nr. 3** 37
    - bei Mengenunterschreitungen über 10% hinaus **2 Nr. 3** 54
- Preisanpassungsanspruch **2 Nr. 5** 80 f.
- Rechtslage bis zum 31. 12. 2001 **Vor 2** 410 ff.
- Regelfrist gem. § 195 BGB **Vor 2** 493
- des Rückgabeanspruchs **17 Nr. 8** 17
- Schadensersatzanspruch
    - gem. § 5 Nr. 4 **5 Nr. 4** 51
    - wegen Mängeln vor Abnahme **4 Nr. 7** 43
- des Schadensersatzanspruchs
    - wegen Behinderung gem. § 6 Nr. 6 **6 Nr. 6** 110
- Schadensersatzansprüche
    - gem. § 823 Abs. 2 i. V. m. § 1 GSB **Vor 2** 317
- Schlusszahlungen **16 Nr. 3** 15 ff.
- Übergangsvorschrift des Art. 229 § 6 EGBGB **Vor 2** 409 ff., 508
- Ultimo-Regel **Vor 2** 499
- Umfang der V. **Vor 2** 500
- Vereinbarungen über die V. **Vor 2** 512 f.
- Vergütungsanspruch **Vor 2** 408 ff.
- Vergütungsanspruch
    - beim Pauschalvertrag **2 Nr. 7** 112 ff.
- Vertragsstrafe **11 Nr. 1** 89 f.
- Verwirkung **Vor 2** 514

**Verlängerung der Ausführungsfrist 6 Nr. 2** 1 ff.
- Abgrenzung von § 6 Nr. 2 zu § 5 Nr. 3 **6 Nr. 2** 1 a ff.
- AGB **6 Nr. 2** 88 f.
- während Ausführung **6 Nr. 2** 24
- bei Baubeginn **6 Nr. 2** 23
- Baustopp **6 Nr. 2** 52
- Behinderung **6 Nr. 2** 52
- Berechnung der Fristverlängerung
    - AGB **6 Nr. 4** 31
    - Beweisführung **6 Nr. 4** 25 f.
    - kein einseitiges Zeitbestimmungsrecht **6 Nr. 4** 13 f.
    - Fristfestlegung durch das Gericht **6 Nr. 4** 12
    - Kriterium für die Berechnung **6 Nr. 4** 16 ff.
    - § 6 Nr. 2 als Ausgangsregel **6 Nr. 4** 2 ff.
    - Verzug **6 Nr. 4** 24

- Berechnung der V. **6 Nr. 4** 1 ff.
- Einheitspreisvertrag **6 Nr. 2** 51
- Einzelfristen **6 Nr. 2** 22
- Gesetzesänderung VOB 2000 **6 Nr. 2** 1, 32
- höhere Gewalt **6 Nr. 2** 77 ff.
- Leistungsverweigerung **6 Nr. 2** 53
- Maßnahmen zur Vermeidung der V. **6 Nr. 2** 67 ff.
- mehrere Behinderungsursachen **6 Nr. 2** 28 ff.
- Mengenänderungen **6 Nr. 2** 51
- Nachtragsvereinbarung **6 Nr. 2** 53
- nur bei effektiver Behinderung **6 Nr. 2** 25 ff.
- § 6 Nr. 2
    - als Gestaltungsgrundlage **6 Nr. 2** 13 ff.
    - systematische Stellung **6 Nr. 2** 7 ff.
    - Zeitgefahrtragungsregel **6 Nr. 2** 5
- Sphären und Verantwortungsbereiche der Behinderung **6 Nr. 2** 33 ff.
- Streik **6 Nr. 2** 70 ff.
- unabwendbare Umstände **6 Nr. 2** 80 f.
- V. auf Anordnung des Auftragnehmers **6 Nr. 2** 6
- Voraussetzungen **6 Nr. 1** 81
- Weiterführungspflicht bei Behinderung **6 Nr. 3** 1 ff.; s. a. dort
- Witterungsverhältnisse **6 Nr. 2** 76 ff.

**Vermessung**
- Schadensersatz bei Vermessungsfehlern **6 Nr. 6** 49 f.

**Verrichtungsgehilfe**
- deliktische Haftung des Auftragnehmers **10 Nr. 3** 87 ff.

**Verschulden**
- Schadensersatz gem. § 6 Nr. 6 **6 Nr. 6** 69 ff.
- bei Vertragsstrafe **11 Nr. 1** 31 ff.
- bei Vertragsverhandlungen
    - Gerichtsstandsvereinbarung **18 Nr. 1** 23 f.; s. a. Vertretenmüssen

**Versicherung**
- Allmählichkeitsschäden **10 Nr. 2** 20 c
- Angehörigenklauseln **13 Nr. 7** 209 ff.
- Bauleistungsversicherung **Anh. 7**; s. dort
- Haftpflichtversicherung **13 Nr. 7** 215 ff.
- Schadensersatzanspruch gem. § 13 Nr. 7 Abs. 3 Satz 2 **13 Nr. 7** 171 ff.
- Selbstbehalt **10 Nr. 2** 20 h
- Tätigkeitsklausel **10 Nr. 2** 20 e
- versicherbare Schäden **10 Nr. 2** 19 ff.

**Vertragsaufhebung**
- bei nicht gestellter Sicherheit gem. § 648 a BGB **Vor 2** 390 ff.
- Schadensersatz **Vor 2** 396 ff.

**Vertragsauslegung**
- Abrechnung nach Einheitspreisen **2 Nr. 2** 5 f.
- gewerbliche Verkehrssitte **2 Nr. 1** 49 ff.
- unklare Leistungsbeschreibung **2 Nr. 1** 19

**Vertragsbedingungen**
- Allgemeine Technische V. **1 Nr. 1** 26
- Allgemeine V. **1 Nr. 1** 30
- Besondere V. **1 Nr. 1** 21

Magere Zahlen Randnummern

- Zusätzliche V. **1 Nr. 1** 23
- Zusätzlichen Technische V. **1 Nr. 1** 25

**Vertragsfristen 5 Nr. 1** 1 ff.
- Änderung und Verschiebung **5 Nr. 1** 84 ff.
  - Behinderung trotz einvernehmliche Verschiebung **5 Nr. 1** 87
  - einseitige **5 Nr. 1** 88 f.
- AGB-Kontrolle des Bauzeitenplans **5 Nr. 1** 44
- Ausführungsfristen **5 Nr. 1**; s. dort
- Ausübung des Dispositionsrechts nur einmal **5 Nr. 1** 28
- Bauvorbereitung **5 Nr. 1** 62 ff.
- Bauzeitenplan als Mittel zur Kontrolle **5 Nr. 1** 47
- Begriff **5 Nr. 1** 7
- Berechnung der Fristverlängerung **6 Nr. 4** 1 ff.; s. a. Verlängerung der Ausführungsfristen
- Dispositionsbefugnis
  - AGB **5 Nr. 1** 53
- Einzelfristen **5 Nr. 1** 37 ff.; s. a. dort
- fehlende
  - für Beginn der Ausführung **5 Nr. 2** 1 ff.
- Hinderungsgründe für die Einhaltung **5 Nr. 1** 67 ff.
- kalendermäßigen Bestimmung **5 Nr. 1** 22
- Kontrollfrist als Alternative zur V. **5 Nr. 1** 39
- Rechtsfolgen **5 Nr. 1** 60 ff.
- Vereinbarung **5 Nr. 1** 23 ff.
  - AGB **5 Nr. 1** 29 ff.
  - Fehlen einer Vereinbarung **5 Nr. 1** 79 f.
- Verlängerung der Ausführungsfrist **6 Nr. 2** 1 ff.; s. a. dort
- Verzug auch ohne V. **5 Nr. 1** 82 f.
- Wegfall **5 Nr. 1** 81

**Vertragsmuster Zusätzliche Vertragsbedingungen EVM 8 Nr. 3** 16 ff.

**Vertragsstrafe Vor 11** 1 ff.
- Abdingbarkeit des Vorbehalts **11 Nr. 4** 34
- und Abnahme **Vor 12** 132 ff.
- AGB **8 Nr. 7** 17
- Akzessorietät **11 Nr. 1** 20 ff.
- Anwendbarkeit der §§ 339–345 BGB **11 Nr. 1** 1 ff.
- Aufrechnung **11 Nr. 4** 21
- Begrenzung der Höhe **8 Nr. 7** 14 f.
- Beweislast
  - Höhe **11 Nr. 1** 77 f.
  - Verschulden **11 Nr. 1** 39
  - Vorbehalt **11 Nr. 4** 42
  - Zustandekommen **11 Nr. 1** 18 f.
- Fristberechnung **11 Nr. 3** 1 ff.
- Gegenstand der V. **11 Nr. 1** 46 ff.
- Haftung des Subunternehmers **4 Nr. 8** 31
- Höhe **11 Nr. 1** 48 ff.
  - AGB **11 Nr. 1** 51 ff.
  - Beweislast **11 Nr. 1** 77 f.
  - Herabsetzung **11 Nr. 1** 57 ff.
  - unverhältnismäßige **11 Nr. 1** 69 f.
- Kaufmannseigenschaft **11 Nr. 1** 71 ff.
- keine V. nach Annahme **11 Nr. 4** 31 ff.
- Konkurrenzen **11 Nr. 1** 79 ff.
- bei Kündigung **8 Nr. 7** 1 ff.
- öffentlicher Auftraggeber **11 Nr. 1** 74 ff.
- und pauschalierter Schadensersatz **Vor 11** 22 f.

# Sachverzeichnis

- Rechtsnatur **Vor 11** 7 f.
- und Schadensersatzanspruch **11 Nr. 1** 86 f.
- als Schadensposten bei Behinderung **6 Nr. 6** 95
- Schriftformerfordernis bei Grundstückserwerb **Vor 2** 102
- selbstständiges Strafversprechen **Vor 11** 14 f.
- und Sicherheitsleistung gem. § 17 **Vor 17** 26
- Sicherung des Anspruchs **Vor 2** 279
- als Sicherungsmittel **11 Nr. 1** 20
- sittenwidrige **11 Nr. 1** 14
- bei unzulässiger Wettbewerbsbeschränkung **8 Nr. 4** 26 ff.
- Verhältnis
  - zum Schadensersatz wegen Mangel **4 Nr. 7** 172
- Verjährung **11 Nr. 1** 89 f.
- Verschulden **11 Nr. 1** 31 ff.
- Verstoß gegen Handlungspflichten **11 Nr. 2** 3 ff.
- Verstoß gegen Unterlassungspflichten **11 Nr. 2** 8 ff.
- vertragsstrafeähnliche Rechtsinstitute **Vor 11** 13 ff.
- Vollmacht **11 Nr. 4** 23 ff.
- Voraussetzungen des Anspruchs **11 Nr. 1** 2 ff.
- Vorbehalt der V. bei Abnahme **11 Nr. 4** 1 ff.
- wirksame Vereinbarung **11 Nr. 1** 4 ff.
  - AGB **11 Nr. 1** 7 f., 16 f.
  - Inhalt **11 Nr. 1** 9 ff.

**Vertragsunterlagen**
- als Grundlage des Vertrages **2 Nr. 5** 6

**Vertragswidrigkeit**
- von Stoffen und Bauteilen **4 Nr. 6** 12 ff.
  - Bauprodukten-Gesetz **4 Nr. 6** 15 ff.
  - Meinungsverschiedenheiten **4 Nr. 6** 21 ff.

**Vertretenmüssen 7 Nr. 1–3** 28 ff.
- Verschulden **7 Nr. 1–3** 28 ff.
- Verzug **7 Nr. 1–3** 29
s. a. Verschulden

**Vertretung**
- durch Architekt **Vor 2** 24 ff.
- Haftung des vollmachtlosen Vertreters **Vor 2** 52 ff.
- Rechtsscheinsvollmacht **Vor 2** 35 ff.
- Vergütungsvereinbarungen **Vor 2** 22
s. Vollmacht

**Verzug**
- AGB **5 Nr. 4** 32
- Annahmeverzug als Kündigungsgrund **9 Nr. 1** 24
- bei Beschaffungspflicht von Unterlagen seitens des Auftragnehmers **3 Nr. 5** 16
- Eintritt des V. **5 Nr. 4** 31
- Entbehrlichkeit der Mahnung **5 Nr. 4** 22 ff.
- Fälligkeit **5 Nr. 4** 21
- und Kündigung **8 Nr. 3** 20
- nicht bei verspätetem Stellen einer Sicherheit **Vor 2** 326
- Rechtswahl bei V. gem. § 5 **Nr. 4 5 Nr. 4** 1 ff.
- Schuldnerverzug des Auftraggebers **9 Nr. 1** 33
- Sicherung des Anspruchs auf Schadensersatz **Vor 2** 279

2563

# Sachverzeichnis

Fette Zahlen Paragraphen bzw. Paragraphennummern

- des Subunternehmers **4 Nr. 8** 31
- Verschulden **5 Nr. 4** 33 f.
- auch ohne Vertragsfristen **5 Nr. 1** 82 f.
- mit Vollendung **5 Nr. 4** 17 ff.
- Zahlungsv. des Auftraggebers **9 Nr. 1** 29 ff.; **16 Nr. 5** 38 ff.
  - Recht zur Arbeitseinstellung **16 Nr. 5** 49 ff.
- Zerstörung der Leistung **7 Nr. 1–3** 29

**VOB**
- Geltungsbereich **Vor 1** 44 ff.
- Regelungsprinzipien der einzelnen Teile **Einl** 265
- als Sonderordnung **Einl** 254 ff.

**VOB/A**
- mittelbare Rechtswirkung unterhalb der Schwellenwerte **Vor 5** 73
- Öffnungsklauseln **Einl** 209 ff.
- Rechtsqualität **Einl** 178 ff.
- Technische Spezifikationen **Einl** 112 ff.
- als Vergaberegelung **Einl** 268
- als Verwaltungsvorschrift **Einl** 183

**VOB/B**
- Abweichungen vom BGB **Einl** 166 ff.
- als Allgemeine Geschäftsbedingung **Einl** 35 ff.
  - Auslegung **Einl** 85 ff.
- Anwendungsbereich **Einl** 82 ff.
- Beschaffenheitsvereinbarung **Einl** 99 ff.
- Beschleunigungsgesetz **Einl** 118
- und DIN Normen **Einl** 116
- DVA **Einl** 41 ff.
- Forderungssicherungsgesetz **Einl** 43 ff., 124
- Kompensation **Einl** 38 ff.
- Modifikationen durch die VOB/C **Einl** 287
- Öffnungsklauseln **Einl** 209 ff.
- Rechtsqualität **Einl** 35 ff., 186 ff.
- Richtlinie 93/13/EWG **Einl** 37 ff.
- mit Richtliniencharakter **Einl** 128 ff.
- Schuldrechtsreform **Einl** 35 ff.
- Verbraucherschutzrichtlinie **Einl** 37 ff.
- Verknüpfung mit VOB/C **Einl** 90 ff.
- als Vertragsordnung **Einl** 89 ff., 117 ff.
- als Vertragswerk **Einl** 137 ff.

**VOB/C**
- als Bauvertragsordnung der Wahl **Einl** 197
- Beschaffenheitsvereinbarung **Einl** 92 ff., 99 ff.
- und DIN Normen **Einl** 116
- Öffnungsklauseln **Einl** 209 ff.
- Rechtsqualität **Einl** 187 ff.
- Verknüpfung mit VOB/B **Einl** 90 ff.

**Vollmacht**
- Abnahme nur bei Sondervollmacht **Vor 12** 32 ff.
- Anscheinsvollmacht **Vor 2** 36 ff.
  - bei Abnahme **Vor 12** 37
- Architekt **Vor 2** 24 ff.
  - bei Abnahme **Vor 12** 37
  - bei Gefahr im Verzug **Vor 2** 32
  - keine V. für Anerkenntnis **2 Nr. 8** 55
  - bei kleineren Nachtragsaufträgen **Vor 2** 32
  - vollmachtsloser Architekt **2 Nr. 8** 56
  - bei Zusatzaufträgen **Vor 2** 33
- Baubetreuer **Vor 2** 43 ff.; **Vor 2** 24 ff.

- Befugnis zur Auftragsentziehung nur bei besonderer V. **4 Nr. 7** 221
- Duldungsvollmacht **Vor 2** 35
- Entgegennahme einer Behinderungsanzeige **6 Nr. 1** 47 ff.
- Formvorschriften **Vor 2** 101
- Haftung des vollmachtlosen Vertreters **Vor 2** 52 ff.
- Haftung für vollmachtlosen Vertreter **Vor 2** 58 f.
- und Vertragsstrafe **11 Nr. 4** 23 ff.
- Vertreter ohne Vertretungsmacht bei öffentlichem Auftraggeber **Vor 2** 101
- vollmachtsloser Architekt
  - Genehmigung **2 Nr. 8** 56
- vollmachtsloser Empfänger einer Willenserklärung **6 Nr. 1** 51; s. a. Vertretung

**Vorarbeiten**
- Vergütung **Vor 2** 64 ff.

**Vorauszahlungen gem. § 16 Nr. 2 16 Nr. 2** 1 ff.
- Abrechnungspflicht **16 Nr. 2** 32 f.
- Anrechnung **16 Nr. 2** 27 ff.
- Begriff **16 Nr. 2** 4 ff.
- Höhe **16 Nr. 2** 14 f.
- und öffentlicher Auftraggeber **16 Nr. 2** 34 f.
- Sicherungsleistung **16 Nr. 2** 16 ff.
- Vereinbarung **16 Nr. 2** 8 ff.
  - durch AGB **16 Nr. 2** 12 f.
- Verzinsung **16 Nr. 2** 16 ff.

**Vordersätze**
- Abhängigkeit der Einheitspreise von den V. **2 Nr. 3** 5 ff.
- Ermittlung durch Auftragnehmer **Vor 2** 188 f.

**Vorleistungen**
- fehlerhafte V. **4 Nr. 3** 37 ff.
- Koordinierungspflichten des Auftraggebers **4 Nr. 1** 42

**Vormerkung gem. § 885 BGB**
- Bauhandwerkersicherungshypothek § 648 BGB **Vor 2** 281, 295 ff.
- Kosten der einstweiligen Verfügung **Vor 2** 304
- Streitwert **Vor 2** 303

**Vorschuss 16 Nr. 2**
- Verhältnis zum Schadensersatzanspruch **13 Nr. 7** 28 ff.
- s. Vorauszahlungen

**Vorteilsanrechnung Vor 13** 46 ff.
- Abzug „neu für alt" **Vor 13** 47 ff.

**Vorteilsausgleich**
- bei Mängelbeseitigung während Ausführung **4 Nr. 7** 86 f
- bei Schadensersatz wegen wesentlicher Überschreitung des Kostenanschlages **Vor 2** 216

**Vorunternehmer**
- Behinderung **4 Nr. 1** 4
- als Erfüllungsgehilfe
  - bei Vorleistungen **4 Nr. 1** 2 ff.
- Kostenfolge von Mängeln **4 Nr. 7** 111

## Sachverzeichnis

- Verschuldenszurechnung bei Schadensersatz gem. § 6 Nr. 6 **6 Nr. 6** 85 ff.
- V-Urteile **4 Nr. 1** 4 ff., 13 ff.

**Wärmedämmarbeiten**
- DIN 18 421 Wärmedämmarbeiten **2 Nr. 1** 31

**Wagniszuschlag**
- als Instrument gegen Veränderungen bei Preisermittlungsgrundlagen **Vor 2** 175
- Schriftformerfordernis bei Grundstückserwerb **Vor 2** 102

**Wahlpositionen**
- Alternativpositionen **2 Nr. 1** 14 f.

**Wasser**
- Abwasserschäden **13 Nr. 7** 187
- Versperrung von Wasserläufen **10 Nr. 3** 60 ff.
- Wasserlauf **10 Nr. 3** 72
- Wasserleitungen
  - Rechtsprechung zu Mängeln **13 Nr. 1** 134

**Wegfall der Geschäftsgrundlage gem. § 313 BGB Vor 2** 158 ff.
- Abgrenzung zur Änderung der Preisgrundlage **2 Nr. 5** 36
- Begriff **Vor 2** 159 ff.
- bei beiderseitigem Irrtum **Vor 2** 138 ff.
- Beweislast **Vor 2** 179
- Fehlen der G. **Vor 2** 163 ff.
- bei gemeinsamen Kalkulationsirrtum **Vor 2** 142
- als Grenze der Unveränderbarkeit des Pauschalpreises **2 Nr. 7** 55 ff.
- Kalkulationsirrtum **Vor 8** 56 f.
- und Kündigung **Vor 8** 74 f.
- längere Unterbrechung **6 Nr. 7** 1
- Lohn- und Materialpreiserhöhungen **2 Nr. 7** 9
- nachträglicher Wegfall **Vor 2** 166 ff.
- Rechtsfolgen
  - Anpassung des Vertrages als ultima ratio **Vor 2** 177 ff.
  - Rücktritt oder Kündigung **Vor 2** 178 ff.
- Risikosphären der Vertragsparteien **Vor 2** 168 ff.
- steuerliche Fehlvorstellungen **Vor 2** 163
- Störung der G. **Vor 2** 162 ff.
- Umsatzsteuer **2 Nr. 1** 59
- Verlängerung der Ausführungsfrist **6 Nr. 2** 12; s. a. dort
- vorhersehbare Änderungen **Vor 2** 167

**Weiterführungspflicht bei Behinderung 6 Nr. 3** 1 ff.
- AGB **6 Nr. 3** 53
- Anwendungsbereich des § 6 Nr. 3 **6 Nr. 3** 14
- Befugnislage des Auftraggebers **6 Nr. 3** 49 ff.
  - Leistungsbestimmungsrecht **6 Nr. 3** 51
  - Zeitbestimmungsrecht **6 Nr. 3** 50
- Fortbestand des Bauvertrags als Voraussetzung **6 Nr. 3** 52
- Pflichtenlage des Auftragnehmers **6 Nr. 3** 19 ff.
  - Benachrichtigungspflicht bei Wiederaufnahme **6 Nr. 3** 47 f.
  - Kündigung **6 Nr. 3** 39
  - Pflichtverletzung und Rechtsfolgen **6 Nr. 3** 37 ff.
- Reduzierung der Baustellenbesetzung **6 Nr. 3** 40
- Wiederaufnahmepflicht der Arbeiten **6 Nr. 3** 41 ff.
- W. als Form des Schadensersatzes **6 Nr. 3** 35

**Werklieferungsvertrag**
- Abgrenzung zum Werkvertrag **Vor 1** 21
- Anwendbarkeit des HGB **Vor 1** 53 a
- Bauleistungen **Vor 1** 51

**Werkvertrag**
- und HGB **Vor 1** 18

**Wettbewerbsbeschränkungen**
- unzulässige Abreden
  - Kündigung **8 Nr. 4** 1 ff.

**Widerruf**
- der Bürgschaft **Vor 2** 350
- als Unwirksamkeitsgrund **Vor 2** 157
- Widerrufsvorbehalt bei Sicherung bei Versprechen einer Sicherheit **Vor 2** 349 ff.

**Widersprüche im Vertrag**
- echter Widerspruch **1 Nr. 2** 4
- innerhalb der Vertragsunterlagen **1 Nr. 2** 9
- Leistungsbeschreibung **1 Nr. 2** 11
- Reihenfolge **1 Nr. 2** 1
- der Vertragsunterlagen untereinander **1 Nr. 2** 2 ff.

**Witterungsverhältnisse**
- außergewöhnliche **6 Nr. 2** 83 ff.
- als Behinderung **6 Nr. 2** 76 ff.
- höhere Gewalt **6 Nr. 2** 77 ff.
- normale **6 Nr. 2** 83 ff.

**Wucher Vor 2** 119
- als Nichtigkeitsgrund des Vertrages **Vor 2** 119

**Zahlung Vor 16** 1 ff.
- Abschlagszahlungen **Vor 16** 1 ff.; s. a. dort
- Beschleunigungsgebot gem. § 16 Nr. 5 **16 Nr. 5** 1 ff.
- an Dritte gem. § 16 Nr. 6 **16 Nr. 6** 1 ff.
  - Abtretung **16 Nr. 6** 8
  - Forderungspfändung **16 Nr. 6** 10
  - Insolvenz des Auftragnehmers **16 Nr. 6** 11
  - Rechtsfolgen **16 Nr. 6** 29
  - Voraussetzungen **16 Nr. 6** 18 ff.
  - wirtschaftliche Krise des Auftragnehmers **16 Nr. 6** 12 ff.
  - Zession **16 Nr. 6** 9
- Einbehalt von Z. **17 Nr. 6** 1 ff.; s. a. dort
- Rückzahlungsansprüche des Auftraggebers **Vor 16** 44; s. a. dort
- Schlusszahlungen **16 Nr. 3**; s. dort
- Skonto **16 Nr. 5** 6 ff.
  - AGB **16 Nr. 5** 35 f.
- Verhältnis von § 16 zu den §§ 631 ff. BGB **Vor 16** 9 ff.
- Verzug des Auftraggebers **16 Nr. 5** 38 ff.
  - Recht zur Arbeitseinstellung **16 Nr. 5** 49 ff.
- Vorauszahlungen gem. § 16 Nr. 2 **16 Nr. 2**; s. dort

# Sachverzeichnis

Fette Zahlen Paragraphen bzw. Paragraphennummern

**Zahlungsbeschleunigungsgesetz 4 Nr. 2** 20 f.

**Zeichnungen**
- Vorrang vor Leitungsverzeichnis **1 Nr. 2** 14
- Widerspruch innerhalb von Z. **1 Nr. 2** 14

**Zerstörung der Leistung**
- AGB **7 Nr. 1–3** 38
- Beweislast **7 Nr. 1–3** 37
- Diebstahl **7 Nr. 1–3** 33
- Gefahr i. S. d. § **7 Vor 7** 8 ff.
- Gefahrverteilung gem. § **7 Vor 7** 1 ff.; s. a. dort
- Gegenleistungsgefahr im BGB-Vertrag **Vor 7** 18 ff.
- höhere Gewalt **7 Nr. 1–3** 12 ff.
- Leistungsbegriff **7 Nr. 1–3** 1 ff.
- Preisgefahr **Vor 7** 7
- Sachgefahr **Vor 7** 3; **Vor 7** 4 ff.
- unabwendbare Umstände **7 Nr. 1–3** 17 ff.
- Ursachen **7 Nr. 1–3** 9 ff.
- Vertretenmüssen **7 Nr. 1–3** 28 ff.

**Zinsen**
- bei Hinterlegung von Geld **17 Nr. 5** 14 ff.
- auf Rückforderungsansprüche des Auftraggebers **Vor 16** 74 f.
- als Schaden **13 Nr. 7** 153
- Verzugsz. bei Zahlungsverzug des Auftraggebers **16 Nr. 5** 39 ff.
- Vorauszahlungen gem. § 16 Nr. 2 **16 Nr. 2** 16 ff.

**Zivilprozess** s. Prozessuales

**Zurückbehaltungsrecht**
- des Auftraggebers
  - wegen Rückgabe der Sicherheit **17 Nr. 8** 4
- des Auftraggebers
  - gegen Zahlungsbegehren bei Mangel **4 Nr. 7** 155
- Ausschluss in AGB **Vor 2** 240
- nach Bedenkenmitteilung **4 Nr. 3** 66 ff.

**Zusätzliche Technische Vertragsbedingungen ZTV**
- Begriff **1 Nr. 1** 25; **2 Nr. 1** 22
- Mangelfrage **Einl** 217 f.
- Verlängerung der Verjährungsfrist **13 Nr. 4** 53

**Zusätzliche Vertragsbedingungen ZVB**
- Begriff **Einl** 227; **1 Nr. 1** 23 f.; **2 Nr. 1** 21

**Zusatzleistungen 2 Nr. 6** 1 ff.
- Abgrenzung
  - zu anderen Vorschriften **2 Nr. 6** 17 ff.
  - zur Ausführungsanordnung gem. § 4 Nr. 1 Abs. 3 **4 Nr. 1** 202 ff.
  - zur Behinderung **2 Nr. 6** 39 ff.
  - zur Leistung ohne Auftrag **2 Nr. 6** 36 ff.
  - zur Leistungsänderung **2 Nr. 6** 31 f.
  - zur Mengenänderung **2 Nr. 6** 33 ff.
  - von der Vertragsleistungen **2 Nr. 6** 5 ff.
- Ausschluss des Mehrvergütungsanspruchs durch AGB **2 Nr. 6** 100 ff.
- als Ausführungsunterlage **3 Nr. 1** 15
- als Behinderung **1 Nr. 4** 25; **2 Nr. 6** 41; **6 Nr. 2** 51
- BGB Vertrag **2 Nr. 6** 3
- einseitiges Bestimmungsrecht in AGB **5 Nr. 1** 34
- erforderliche **1 Nr. 4** 8
- Erschwernisse keine Zusatzleistungen **2 Nr. 6** 13
- „fix und fertige Arbeit"
  - keine Zusatzleistungen **2 Nr. 6** 8
- gewerbliche Verkehrssitte **2 Nr. 6** 8 f.
- Kündigungsrecht **2 Nr. 6** 95
- Leistungsverweigerungsrecht **1 Nr. 4** 27; **2 Nr. 6** 95
- Nachtragsvereinbarungen **2 Nr. 6** 106 f.
- nicht notwendige **2 Nr. 6** 25 ff.
- nicht von der VOB erfasste Fälle **1 Nr. 4** 30
- notwendige **2 Nr. 6** 22 ff.
- Preisvereinbarung vor Beginn der Ausführung **2 Nr. 6** 91 ff.
  - keine Pflicht **2 Nr. 6** 92 ff.
- „Sowieso-Kosten"
  - Zuschussanspruch **2 Nr. 6** 24
- unverlangte **2 Nr. 8** 9 ff.
- Vergütung **1 Nr. 4** 17; **2 Nr. 6** 45 ff.
  - Bestimmung der V. **2 Nr. 6** 79 ff.
  - gerichtliche Bestimmung **2 Nr. 6** 96
  - Kalkulationsfehler **2 Nr. 6** 88 ff.
  - Preisnachlässe **2 Nr. 6** 85
- Verjährung/Verwirkung **2 Nr. 6** 97 f.
- Verlangen der Vergütung
  - durch Dritte **2 Nr. 6** 50 f.
  - durch konkludentes Verhalten **2 Nr. 6** 47 ff.
- VOB-Vertrag **2 Nr. 6** 4
- vorherige Ankündigung des Mehrvergütungsanspruchs **2 Nr. 6** 58 ff.
  - Rechtsfolge fehlender Ankündigung **2 Nr. 6** 67 ff.
  - Zeitpunkt und Form **2 Nr. 6** 61 ff.

**Zustandsfeststellung 4 Nr. 10** 1 ff.
- keine Abnahme im Rechtssinne **4 Nr. 10** 1 ff.
- Begriff **3 Nr. 4** 5 ff.
- Beweislast **4 Nr. 10** 7 f.
- Beweissicherungsfunktion **4 Nr. 10** 2 ff.
- Form der Niederschrift **4 Nr. 10** 6
- gemeinsame Niederschrift **3 Nr. 4** 5
  - als Anerkenntnis **3 Nr. 4** 7 f.
- gerichtliche Beweissicherung **3 Nr. 4** 17 ff.
- Kosten der Feststellung **3 Nr. 4** 14
- Mehrkosten einer verweigerten Z. **4 Nr. 10** 9 f.
- Mitwirkungspflichten der Vertragsparteien **3 Nr. 4** 10
  - als Nebenpflicht **3 Nr. 4** 11
  - Pflichtverletzung **3 Nr. 4** 12 f.
- Sachverständige **3 Nr. 4** 17 ff.
- Zweck **3 Nr. 4** 1 ff.

**Zutrittsrecht 4 Nr. 1** 150 ff.

**Zwangsvollstreckung**
- bei unwirksamer Abtretung **Vor 2** 252